Berliner Kommentare

ZPO
Zivilprozessordnung

Kommentar

Herausgegeben von

Dr. Christoph Kern
Richter am Amtsgericht, Nördlingen,
Lehrbeauftragter an der Universität Würzburg

und

Dr. Dirk Diehm, LL.M. Eur.
Richter am Landgericht, Würzburg, zuvor abgeordnet
an das Bundesverfassungsgericht, Karlsruhe

Bearbeitet von den Herausgebern und

Dr. Christian Baudewin	Dr. Nino Goldbeck
Markus Beck	Dr. Christian Hanft
Alexander Chasklowicz	Dr. Tobias Kostuch
Dr. Ralf Dietrich	Dr. Jochen Müller
Erkan Elden	Dr. Alexander Müller-Teckhof
Sabine Eymelt-Niemann, LL.M.	Dr. Claus Pätzel
Prof. Dr. Achim Förster	Marius Rasper
Timm Frauenknecht	Stephan Stolzhäuser
Johannes Gerds	Thorsten Thamm

ERICH SCHMIDT VERLAG

Bibliografische Information der Deutschen Nationalbibliothek
Die Deutsche Nationalbibliothek verzeichnet diese Publikation in der
Deutschen Nationalbibliografie; detaillierte bibliografische Daten sind im
Internet über http://dnb.d-nb.de abrufbar.

Weitere Informationen zu diesem Titel finden Sie im Internet unter
ESV.info/978 3 503 17493 5

Zitiervorschlag:
Bearbeiter, in: Kern/Diehm (Hrsg.), ZPO, § … Rn. …

ISBN 978 3 503 17493 5
ISSN 1865-4177

Alle Rechte vorbehalten
© Erich Schmidt Verlag GmbH & Co. KG, Berlin 2017
www.ESV.info

Dieses Papier erfüllt die Frankfurter Forderungen
der Deutschen Nationalbibliothek und der Gesellschaft für das Buch
bezüglich der Alterungsbeständigkeit und entspricht sowohl den
strengen Bestimmungen der US Norm Ansi/Niso Z 39.48-1992
als auch der ISO Norm 9706.

Gesetzt aus 7,5/8,5 Punkt Candida

Satz: multitext, Berlin
Druck und Bindung: Kösel, Altusried-Krugzell

Vorwort

Die deutsche Zivilprozessordnung wurde am 30. Januar 1877 als „Civilprozeßordnung", bestehend aus 872 Paragrafen, erlassen. In Kraft trat sie erst deutlich später, am 1. Oktober 1879, als Teil der Reichsjustizgesetze gemeinsam mit dem Gerichtsverfassungsgesetz, der Strafprozessordnung, der Konkursordnung und weiteren Gesetzen. Sie hat seither naturgemäß viele Änderungen erfahren, allein in jüngster Zeit durch zwei größere und mehrere kleine Änderungsgesetze in kurzer Abfolge. Und weitere Vorschläge werden unter den Richtern diskutiert.
140 Jahre, nachdem die ZPO das „Licht der Welt erblickt" hat, möchten wir die – durchaus zahlreiche – Kommentarliteratur bereichern. Das hier vorgelegte Werk ist als Kommentar für die Praxis bei Gericht und in der Kanzlei konzipiert. Es richtet sich hauptsächlich, aber keineswegs ausschließlich an Richter der Zivilgerichtsbarkeit und Rechtsanwälte mit entsprechenden Tätigkeitsschwerpunkten. Der Fokus der jeweiligen Kommentierungen wurde deshalb auf die Darstellung der aktuellen obergerichtlichen und höchstrichterlichen Rechtsprechung gelegt. Zugleich wirken an dem Werk ausschließlich in der Rechtsmaterie der ZPO erfahrene und im aktiven Berufsleben stehende Praktiker mit, die insbesondere auch ihre eigenen Erfahrungen mit alltäglichen, aber auch ungewöhnlichen und seltenen Prozesskonstellationen zum Gegenstand der jeweiligen Kommentierung machen können und dies auch getan haben.
Ein wesentliches Anliegen der Herausgeber ist es dabei gewesen, dass insbesondere „in die Jahre gekommene" Leitentscheidungen auf ihre Aktualität, also ihre jeweilige Bestätigung und gegebenenfalls sogar Fortentwicklung in der jüngeren Rechtsprechung, geprüft und entsprechend dargestellt werden. Daneben war es den Herausgebern wichtig, insbesondere auch unter Berücksichtigung der digitalen Informationsquellen, nach Möglichkeit zu jeder einschlägigen Entscheidung zwei Fundstellen in den beiden großen Informationsverbünden liefern zu können. Fallbeispiele aus der Praxis, hilfreiche Formulierungsvorschläge und Tenorierungsempfehlungen sowie Hinweise zu Prozesstaktik, Kosten- und Gebührenfragen runden das Werk ab.
Von einer supplementären Kommentierung des FamFG, das für das „reine" Zivilprozessverfahren keine Rolle spielt, sondern seinerseits teilweise auf die ZPO Bezug nimmt, ist bewusst abgesehen worden. Dies zum einen, um der Kommentierung der ZPO selbst den nötigen Raum zuzugestehen, und zum anderen auch vor dem Hintergrund, dass mit dem ebenfalls im Erich Schmidt Verlag in der 3. Auflage 2017 erschienenen FamFG-Kommentar von Bahrenfuss bereits ein Standardwerk vorhanden ist.
Die vorliegende Kommentierung berücksichtigt die jüngsten Änderungen der Zivilprozessordnung durch das Gesetz zur Änderung des Sachverständigenrechts vom 11. Oktober 2016, die Einführung der §§ 946–959 ZPO im Zuge der Durchführung der VO (EU) Nr. 655/2014 durch das Gesetz vom 21. November 2016 sowie die Änderungen durch das Gesetz über die Änderung von Vorschriften im Bereich des Internationalen Privat- und Zivilverfahrensrechts vom 11. Juni 2017.
Der Bearbeitungsstand entspricht dem Gesetzesstand im Juni 2017.
Die Herausgeber möchten sich bei allen Mitwirkenden, die am Gelingen dieses Kommentarprojekts beteiligt waren, insbesondere bei der verlagsseitig zuständigen Lektorin, Frau Renate Güpner-Krause, herzlich bedanken.
Gerne werden Anregungen, Hinweise und Kritik unter zpo@ESVmedien.de entgegengenommen.

Thierhaupten/Eibelstadt, im Juni 2017   Dr. Christoph Kern
                                                                                       Dr. Dirk Diehm

Inhaltsverzeichnis

Vorwort	V
Autorenverzeichnis	XXXI
Abkürzungsverzeichnis	XXXIII
Literaturverzeichnis	XLVII
Einleitung	1

BUCH 1
Allgemeine Vorschriften
ABSCHNITT 1
Gerichte

Vorbemerkungen zu §§ 1–37 ZPO		13

Titel 1
Sachliche Zuständigkeit der Gerichte und Wertvorschriften

§ 1	Sachliche Zuständigkeit	19
§ 2	Bedeutung des Wertes	22
§ 3	Wertfestsetzung nach freiem Ermessen	25
§ 4	Wertberechnung; Nebenforderungen	36
§ 5	Mehrere Ansprüche	43
§ 6	Besitz; Sicherstellung; Pfandrecht	47
§ 7	Grunddienstbarkeit	50
§ 8	Pacht- oder Mietverhältnis	52
§ 9	Wiederkehrende Nutzungen und Leistungen	56
§ 10	*(weggefallen)*	
§ 11	Bindende Entscheidungen über Unzuständigkeit	59

Titel 2
Gerichtsstand

§ 12	Allgemeiner Gerichtsstand; Begriff	60
§ 13	Allgemeiner Gerichtsstand des Wohnsitzes	61
§ 14	*(weggefallen)*	
§ 15	Allgemeiner Gerichtsstand für exterritoriale Deutsche	62
§ 16	Allgemeiner Gerichtsstand wohnsitzloser Personen	63
§ 17	Allgemeiner Gerichtsstand juristischer Personen	65
§ 18	Allgemeiner Gerichtsstand des Fiskus	66
§ 19	Mehrere Gerichtsbezirke am Behördensitz	67
§ 19a	Allgemeiner Gerichtsstand des Insolvenzverwalters	67
§ 20	Besonderer Gerichtsstand des Aufenthaltsorts	68
§ 21	Besonderer Gerichtsstand der Niederlassung	70
§ 22	Besonderer Gerichtsstand der Mitgliedschaft	74
§ 23	Besonderer Gerichtsstand des Vermögens und des Gegenstands	78
§ 23a	*(weggefallen)*	
§ 24	Ausschließlicher dinglicher Gerichtsstand	83
§ 25	Dinglicher Gerichtsstand des Sachzusammenhanges	87
§ 26	Dinglicher Gerichtsstand für persönliche Klagen	90
§ 27	Besonderer Gerichtsstand der Erbschaft	93
§ 28	Erweiterter Gerichtsstand der Erbschaft	95
§ 29	Besonderer Gerichtsstand des Erfüllungsorts	98
§ 29a	Ausschließlicher Gerichtsstand bei Miet- oder Pachträumen	111
§ 29b	*(weggefallen)*	
§ 29c	Besonderer Gerichtsstand für Haustürgeschäfte	114
§ 30	Gerichtsstand bei Beförderungen	118

§ 30a	Gerichtsstand bei Bergungsansprüchen	121
§ 31	Besonderer Gerichtsstand der Vermögensverwaltung	123
§ 32	Besonderer Gerichtsstand der unerlaubten Handlung	124
§ 32a	Ausschließlicher Gerichtsstand der Umwelteinwirkung	130
§ 32b	Ausschließlicher Gerichtsstand bei falschen, irreführenden oder unterlassenen öffentlichen Kapitalmarktinformationen	133
§ 33	Besonderer Gerichtsstand der Widerklage	140
§ 34	Besonderer Gerichtsstand des Hauptprozesses	150
§ 35	Wahl unter mehreren Gerichtsständen	151
§ 35a	(weggefallen)	
§ 36	Gerichtliche Bestimmung der Zuständigkeit	152
§ 37	Verfahren bei gerichtlicher Bestimmung	164

Titel 3
Vereinbarung über die Zuständigkeit der Gerichte

§ 38	Zugelassene Gerichtsstandsvereinbarung	166
§ 39	Zuständigkeit infolge rügeloser Verhandlung	174
§ 40	Unwirksame und unzulässige Gerichtsstandsvereinbarung	178

Titel 4
Ausschließung und Ablehnung der Gerichtspersonen

§ 41	Ausschluss von der Ausübung des Richteramtes	179
§ 42	Ablehnung eines Richters	184
§ 43	Verlust des Ablehnungsrechts	190
§ 44	Ablehnungsgesuch	192
§ 45	Entscheidung über das Ablehnungsgesuch	194
§ 46	Entscheidung und Rechtsmittel	196
§ 47	Unaufschiebbare Amtshandlungen	199
§ 48	Selbstablehnung; Ablehnung von Amts wegen	201
§ 49	Urkundsbeamte	202

ABSCHNITT 2
Parteien

Titel 1
Parteifähigkeit; Prozessfähigkeit

§ 50	Parteifähigkeit	203
§ 51	Prozessfähigkeit; gesetzliche Vertretung; Prozessführung	214
§ 52	Umfang der Prozessfähigkeit	224
§ 53	Prozessunfähigkeit bei Betreuung oder Pflegschaft	225
§ 53a	(weggefallen)	
§ 54	Besondere Ermächtigung zu Prozesshandlungen	227
§ 55	Prozessfähigkeit von Ausländern	228
§ 56	Prüfung von Amts wegen	229
§ 57	Prozesspfleger	235
§ 58	Prozesspfleger bei herrenlosem Grundstück oder Schiff	238

Titel 2
Streitgenossenschaft

§ 59	Streitgenossenschaft bei Rechtsgemeinschaft oder Identität des Grundes	240
§ 60	Streitgenossenschaft bei Gleichartigkeit der Ansprüche	240
§ 61	Wirkung der Streitgenossenschaft	243
§ 62	Notwendige Streitgenossenschaft	246
§ 63	Prozessbetrieb; Ladungen	254

Titel 3
Beteiligung Dritter am Rechtsstreit

§ 64	Hauptintervention	255
§ 65	Aussetzung des Hauptprozesses	255
§ 66	Nebenintervention	258
§ 67	Rechtsstellung des Nebenintervenienten	262
§ 68	Wirkungen der Nebenintervention	267
§ 69	Streitgenössische Nebenintervention	271

§ 70	Beitritt des Nebenintervenienten	274
§ 71	Zwischenstreit über Nebenintervention	276
§ 72	Zulässigkeit der Streitverkündung	279
§ 73	Form der Streitverkündung	283
§ 74	Wirkung der Streitverkündung	285
§ 75	Gläubigerstreit	288
§ 76	Urheberbenennung bei Besitz	291
§ 77	Urheberbenennung bei Eigentumsbeeinträchtigung	291

Titel 4
Prozessbevollmächtigte und Beistände

Vorbemerkungen zu §§ 78–90 ZPO		293
§ 78	Anwaltsprozess	294
§ 78a	*(weggefallen)*	
§ 78b	Notanwalt	301
§ 78c	Auswahl des Rechtsanwalts	302
§ 79	Parteiprozess	306
§ 80	Prozessvollmacht	309
§ 81	Umfang der Prozessvollmacht	313
§ 82	Geltung für Nebenverfahren	313
§ 83	Beschränkung der Prozessvollmacht	316
§ 84	Mehrere Prozessbevollmächtigte	317
§ 85	Wirkung der Prozessvollmacht	320
§ 86	Fortbestand der Prozessvollmacht	325
§ 87	Erlöschen der Vollmacht	326
§ 88	Mangel der Vollmacht	329
§ 89	Vollmachtloser Vertreter	332
§ 90	Beistand	337

Titel 5
Prozesskosten

Vorbemerkungen zu §§ 91–107 ZPO		338
§ 91	Grundsatz und Umfang der Kostenpflicht	344
§ 91a	Kosten bei Erledigung der Hauptsache	375
§ 92	Kosten bei teilweisem Obsiegen	392
§ 93	Kosten bei sofortigem Anerkenntnis	397
§ 93a	*(weggefallen)*	
§ 93b	Kosten bei Räumungsklagen	404
§ 93c	*(weggefallen)*	
§ 93d	*(weggefallen)*	
§ 94	Kosten bei übergegangenem Anspruch	407
§ 95	Kosten bei Säumnis oder Verschulden	408
§ 96	Kosten erfolgloser Angriffs- oder Verteidigungsmittel	410
§ 97	Rechtsmittelkosten	412
§ 98	Vergleichskosten	416
§ 99	Anfechtung von Kostenentscheidungen	420
§ 100	Kosten bei Streitgenossen	427
§ 101	Kosten einer Nebenintervention	432
§ 102	*(weggefallen)*	
§ 103	Kostenfestsetzungsgrundlage; Kostenfestsetzungsantrag	439
§ 104	Kostenfestsetzungsverfahren	446
§ 105	Vereinfachter Kostenfestsetzungsbeschluss	465
§ 106	Verteilung nach Quoten	467
§ 107	Änderung nach Streitwertfestsetzung	470

Titel 6
Sicherheitsleistung

Vorbemerkungen zu §§ 108–113 ZPO		472
§ 108	Art und Höhe der Sicherheit	472
§ 109	Rückgabe der Sicherheit	476
§ 110	Prozesskostensicherheit	480
§ 111	Nachträgliche Prozesskostensicherheit	485

| § 112 | Höhe der Prozesskostensicherheit | 486 |
| § 113 | Fristbestimmung für Prozesskostensicherheit | 487 |

Titel 7
Prozesskostenhilfe und Prozesskostenvorschuss

	Vorbemerkungen zu §§ 114–127 ZPO	488
§ 114	Voraussetzungen	489
§ 115	Einsatz von Einkommen und Vermögen	495
§ 116	Partei kraft Amtes; juristische Person; parteifähige Vereinigung	507
§ 117	Antrag	511
§ 118	Bewilligungsverfahren	516
§ 119	Bewilligung	519
§ 120	Festsetzung von Zahlungen	522
§ 120a	Änderung der Bewilligung	525
§ 121	Beiordnung eines Rechtsanwalts	528
§ 122	Wirkung der Prozesskostenhilfe	532
§ 123	Kostenerstattung	535
§ 124	Aufhebung der Bewilligung	535
§ 125	Einziehung der Kosten	539
§ 126	Beitreibung der Rechtsanwaltskosten	540
§ 127	Entscheidungen	541
§ 127a	*(weggefallen)*	

ABSCHNITT 3
Verfahren

Titel 1
Mündliche Verhandlung

§ 128	Grundsatz der Mündlichkeit; schriftliches Verfahren	547
§ 128a	Verhandlung im Wege der Bild- und Tonübertragung	549
§ 129	Vorbereitende Schriftsätze	550
§ 129a	Anträge und Erklärungen zu Protokoll	551
§ 130	Inhalt der Schriftsätze	552
§ 130a	Elektronisches Dokument	553
§ 130b	Gerichtliches elektronisches Dokument	555
§ 130c	Formulare; Verordnungsermächtigung	555
§ 131	Beifügung von Urkunden	556
§ 132	Fristen für Schriftsätze	557
§ 133	Abschriften	558
§ 134	Einsicht von Urkunden	558
§ 135	Mitteilung von Urkunden unter Rechtsanwälten	559
§ 136	Prozessleitung durch Vorsitzenden	560
§ 137	Gang der mündlichen Verhandlung	561
§ 138	Erklärungspflicht über Tatsachen; Wahrheitspflicht	562
§ 139	Materielle Prozessleitung	564
§ 140	Beanstandung von Prozessleitung oder Fragen	566
§ 141	Anordnung des persönlichen Erscheinens	567
§ 142	Anordnung der Urkundenvorlegung	569
§ 143	Anordnung der Aktenübermittlung	571
§ 144	Augenschein; Sachverständige	571
§ 145	Prozesstrennung	572
§ 146	Beschränkung auf einzelne Angriffs- und Verteidigungsmittel	575
§ 147	Prozessverbindung	575
§ 148	Aussetzung bei Vorgreiflichkeit	577
§ 149	Aussetzung bei Verdacht einer Straftat	578
§ 150	Aufhebung von Trennung, Verbindung oder Aussetzung	579
§ 151	*(weggefallen)*	
§ 152	Aussetzung bei Eheaufhebungsantrag	580
§ 153	Aussetzung bei Vaterschaftsanfechtungsklage	580
§ 154	Aussetzung bei Ehe- oder Kindschaftsstreit	580
§ 155	Aufhebung der Aussetzung bei Verzögerung	581
§ 156	Wiedereröffnung der Verhandlung	581
§ 157	Untervertretung in der Verhandlung	582
§ 158	Entfernung infolge Prozessleitungsanordnung	583

§ 159	Protokollaufnahme	583
§ 160	Inhalt des Protokolls	584
§ 160a	Vorläufige Protokollaufzeichnung	587
§ 161	Entbehrliche Feststellungen	588
§ 162	Genehmigung des Protokolls	589
§ 163	Unterschreiben des Protokolls	590
§ 164	Protokollberichtigung	591
§ 165	Beweiskraft des Protokolls	592

Titel 2
Verfahren bei Zustellungen

Untertitel 1
Zustellungen von Amts wegen

Vorbemerkungen zu §§ 166 ff. ZPO		593
§ 166	Zustellung	595
§ 167	Rückwirkung der Zustellung	596
§ 168	Aufgaben der Geschäftsstelle	600
§ 169	Bescheinigung des Zeitpunktes der Zustellung; Beglaubigung	601
§ 170	Zustellung an Vertreter	605
§ 171	Zustellung an Bevollmächtigte	607
§ 172	Zustellung an Prozessbevollmächtigte	608
§ 173	Zustellung durch Aushändigung an der Amtsstelle	611
§ 174	Zustellung gegen Empfangsbekenntnis	613
§ 175	Zustellung durch Einschreiben mit Rückschein	616
§ 176	Zustellungsauftrag	617
§ 177	Ort der Zustellung	618
§ 178	Ersatzzustellung in der Wohnung, in Geschäftsräumen und Einrichtungen	619
§ 179	Zustellung bei verweigerter Annahme	623
§ 180	Ersatzzustellung durch Einlegen in den Briefkasten	624
§ 181	Ersatzzustellung durch Niederlegung	626
§ 182	Zustellungsurkunde	628
§ 183	Zustellung im Ausland	632
§ 184	Zustellungsbevollmächtigter; Zustellung durch Aufgabe zur Post	635
§ 185	Öffentliche Zustellung	638
§ 186	Bewilligung und Ausführung der öffentlichen Zustellung	641
§ 187	Veröffentlichung der Benachrichtigung	643
§ 188	Zeitpunkt der öffentlichen Zustellung	644
§ 189	Heilung von Zustellungsmängeln	645
§ 190	Einheitliche Zustellungsformulare	647

Untertitel 2
Zustellungen auf Betreiben der Parteien

§ 191	Zustellung	647
§ 192	Zustellung durch Gerichtsvollzieher	649
§ 193	Ausführung der Zustellung	650
§ 194	Zustellungsauftrag	651
§ 195	Zustellung von Anwalt zu Anwalt	652
§§ 195a–213a *(weggefallen)*		

Titel 3
Ladungen, Termine und Fristen

§ 214	Ladung zum Termin	655
§ 215	Notwendiger Inhalt der Ladung zur mündlichen Verhandlung	658
§ 216	Terminsbestimmung	659
§ 217	Ladungsfrist	664
§ 218	Entbehrlichkeit der Ladung	665
§ 219	Terminsort	667
§ 220	Aufruf der Sache; versäumter Termin	669
§ 221	Fristbeginn	673
§ 222	Fristberechnung	676
§ 223	*(weggefallen)*	
§ 224	Fristkürzung; Fristverlängerung	680
§ 225	Verfahren bei Friständerung	686
§ 226	Abkürzung von Zwischenfristen	689

§ 227	Terminsänderung	691
§ 228	*(weggefallen)*	
§ 229	Beauftragter oder ersuchter Richter	708

Titel 4
Folgen der Versäumung; Rechtsbehelfsbelehrung; Wiedereinsetzung in den vorigen Stand

§ 230	Allgemeine Versäumungsfolge	709
§ 231	Keine Androhung; Nachholung der Prozesshandlung	710
§ 232	Rechtsbehelfsbelehrung	710
§ 233	Wiedereinsetzung in den vorigen Stand	712
§ 234	Wiedereinsetzungsfrist	714
§ 235	*(weggefallen)*	
§ 236	Wiedereinsetzungsantrag	716
§ 237	Zuständigkeit für Wiedereinsetzung	718
§ 238	Verfahren bei Wiedereinsetzung	718

Titel 5
Unterbrechung und Aussetzung des Verfahrens

§ 239	Unterbrechung durch Tod der Partei	721
§ 240	Unterbrechung durch Insolvenzverfahren	724
§ 241	Unterbrechung durch Prozessunfähigkeit	726
§ 242	Unterbrechung durch Nacherbfolge	727
§ 243	Aufnahme bei Nachlasspflegschaft und Testamentsvollstreckung	728
§ 244	Unterbrechung durch Anwaltsverlust	728
§ 245	Unterbrechung durch Stillstand der Rechtspflege	729
§ 246	Aussetzung bei Vertretung durch Prozessbevollmächtigten	730
§ 247	Aussetzung bei abgeschnittenem Verkehr	731
§ 248	Verfahren bei Aussetzung	731
§ 249	Wirkung von Unterbrechung und Aussetzung	732
§ 250	Form von Aufnahme und Anzeige	733
§ 251	Ruhen des Verfahrens	734
§ 251a	Säumnis beider Parteien; Entscheidung nach Lage der Akten	735
§ 252	Rechtsmittel bei Aussetzung	736

BUCH 2
Verfahren im ersten Rechtszug

ABSCHNITT 1
Verfahren vor den Landgerichten

Titel 1
Verfahren bis zum Urteil

§ 253	Klageschrift	739
§ 254	Stufenklage	742
§ 255	Fristbestimmung im Urteil	745
§ 256	Feststellungsklage	747
§ 257	Klage auf künftige Zahlung oder Räumung	750
§ 258	Klage auf wiederkehrende Leistungen	750
§ 259	Klage wegen Besorgnis nicht rechtzeitiger Leistung	751
§ 260	Anspruchshäufung	753
§ 261	Rechtshängigkeit	755
§ 262	Sonstige Wirkungen der Rechtshängigkeit	756
§ 263	Klageänderung	759
§ 264	Keine Klageänderung	759
§ 265	Veräußerung oder Abtretung der Streitsache	763
§ 266	Veräußerung eines Grundstücks	763
§ 267	Vermutete Einwilligung in die Klageänderung	766
§ 268	Unanfechtbarkeit der Entscheidung	767
§ 269	Klagerücknahme	767
§ 270	Zustellung; formlose Mitteilung	772
§ 271	Zustellung der Klageschrift	774
§ 272	Bestimmung der Verfahrensweise	776

§ 273	Vorbereitung des Termins	779
§ 274	Ladung der Parteien; Einlassungsfrist	782
§ 275	Früher erster Termin	783
§ 276	Schriftliches Vorverfahren	784
§ 277	Klageerwiderung; Replik	786
§ 278	Gütliche Streitbeilegung, Güteverhandlung, Vergleich	788
§ 278a	Mediation, außergerichtliche Konfliktbeilegung	789
§ 279	Mündliche Verhandlung	792
§ 280	Abgesonderte Verhandlung über Zulässigkeit der Klage	793
§ 281	Verweisung bei Unzuständigkeit	795
§ 282	Rechtzeitigkeit des Vorbringens	799
§ 283	Schriftsatzfrist für Erklärungen zum Vorbringen des Gegners	803
§ 283a	Sicherungsanordnung	806
§ 284	Beweisaufnahme	808
§ 285	Verhandlung nach Beweisaufnahme	809
§ 286	Freie Beweiswürdigung	811
§ 287	Schadensermittlung; Höhe der Forderung	814
§ 288	Gerichtliches Geständnis	816
§ 289	Zusätze beim Geständnis	816
§ 290	Widerruf des Geständnisses	816
§ 291	Offenkundige Tatsachen	819
§ 292	Gesetzliche Vermutungen	820
§ 292a	*(weggefallen)*	
§ 293	Fremdes Recht; Gewohnheitsrecht; Statuten	822
§ 294	Glaubhaftmachung	823
§ 295	Verfahrensrügen	824
§ 296	Zurückweisung verspäteten Vorbringens	826
§ 296a	Vorbringen nach Schluss der mündlichen Verhandlung	826
§ 297	Form der Antragstellung	832
§ 298	Aktenausdruck	834
§ 298a	Elektronische Akte	834
§ 299	Akteneinsicht; Abschriften	836
§ 299a	Datenträgerarchiv	839

Titel 2
Urteil

§ 300	Endurteil	839
§ 301	Teilurteil	841
§ 302	Vorbehaltsurteil	844
§ 303	Zwischenurteil	847
§ 304	Zwischenurteil über den Grund	848
§ 305	Urteil unter Vorbehalt erbrechtlich beschränkter Haftung	851
§ 305a	Urteil unter Vorbehalt seerechtlich beschränkter Haftung	852
§ 306	Verzicht	853
§ 307	Anerkenntnis	855
§ 308	Bindung an die Parteianträge	857
§ 308a	Entscheidung ohne Antrag in Mietsachen	858
§ 309	Erkennende Richter	859
§ 310	Termin der Urteilsverkündung	860
§ 311	Form der Urteilsverkündung	863
§ 312	Anwesenheit der Parteien	864
§ 313	Form und Inhalt des Urteils	865
§ 313a	Weglassen von Tatbestand und Entscheidungsgründen	869
§ 313b	Versäumnis-, Anerkenntnis- und Verzichtsurteil	871
§ 314	Beweiskraft des Tatbestandes	872
§ 315	Unterschrift der Richter	873
§ 316	*(weggefallen)*	
§ 317	Urteilszustellung und -ausfertigung	875
§ 318	Bindung des Gerichts	877
§ 319	Berichtigung des Urteils	878
§ 320	Berichtigung des Tatbestandes	882
§ 321	Ergänzung des Urteils	885
§ 321a	Abhilfe bei Verletzung des Anspruchs auf rechtliches Gehör	887
§ 322	Materielle Rechtskraft	892

§ 323	Abänderung von Urteilen	899
§ 323a	Abänderung von Vergleichen und Urkunden	903
§ 323b	Verschärfte Haftung	904
§ 324	Nachforderungsklage zur Sicherheitsleistung	905
§ 325	Subjektive Rechtskraftwirkung	905
§ 325a	Feststellungswirkung des Musterentscheids	909
§ 326	Rechtskraft bei Nacherbfolge	910
§ 327	Rechtskraft bei Testamentsvollstreckung	911
§ 328	Anerkennung ausländischer Urteile	911
§ 329	Beschlüsse und Verfügungen	917

Titel 3
Versäumnisurteil

§ 330	Versäumnisurteil gegen den Kläger	921
§ 331	Versäumnisurteil gegen den Beklagten	923
§ 331a	Entscheidung nach Aktenlage	926
§ 332	Begriff des Verhandlungstermins	927
§ 333	Nichtverhandeln der erschienenen Partei	927
§ 334	Unvollständiges Verhandeln	928
§ 335	Unzulässigkeit einer Versäumnisentscheidung	928
§ 336	Rechtsmittel bei Zurückweisung	930
§ 337	Vertagung von Amts wegen	931
§ 338	Einspruch	932
§ 339	Einspruchsfrist	933
§ 340	Einspruchsschrift	934
§ 340a	Zustellung der Einspruchsschrift	935
§ 341	Einspruchsprüfung	936
§ 341a	Einspruchstermin	937
§ 342	Wirkung des zulässigen Einspruchs	938
§ 343	Entscheidung nach Einspruch	938
§ 344	Versäumniskosten	940
§ 345	Zweites Versäumnisurteil	941
§ 346	Verzicht und Zurücknahme des Einspruchs	941
§ 347	Verfahren bei Widerklage und Zwischenstreit	942

Titel 4
Verfahren vor dem Einzelrichter

§ 348	Originärer Einzelrichter	942
§ 348a	Obligatorischer Einzelrichter	945
§ 349	Vorsitzender der Kammer für Handelssachen	947
§ 350	Rechtsmittel	948
§§ 351–354 *(weggefallen)*		

Titel 5
Allgemeine Vorschriften über die Beweisaufnahme

§ 355	Unmittelbarkeit der Beweisaufnahme	948
§ 356	Beibringungsfrist	952
§ 357	Parteiöffentlichkeit	953
§ 357a	*(weggefallen)*	
§ 358	Notwendigkeit eines Beweisbeschlusses	955
§ 358a	Beweisbeschluss und Beweisaufnahme vor mündlicher Verhandlung	956
§ 359	Inhalt des Beweisbeschlusses	957
§ 360	Änderung des Beweisbeschlusses	959
§ 361	Beweisaufnahme durch beauftragten Richter	960
§ 362	Beweisaufnahme durch ersuchten Richter	961
§ 363	Beweisaufnahme im Ausland	961
§ 364	Parteimitwirkung bei Beweisaufnahme im Ausland	962
§ 365	Abgabe durch beauftragten oder ersuchten Richter	963
§ 366	Zwischenstreit	963
§ 367	Ausbleiben der Partei	964
§ 368	Neuer Beweistermin	965
§ 369	Ausländische Beweisaufnahme	965
§ 370	Fortsetzung der mündlichen Verhandlung	966

Titel 6
Beweis durch Augenschein

§ 371	Beweis durch Augenschein	967
§ 371a	Beweiskraft elektronischer Dokumente	968
§ 371b	Beweiskraft gescannter öffentlicher Urkunden	969
§ 372	Beweisaufnahme	970
§ 372a	Untersuchungen zur Feststellung der Abstammung	971

Titel 7
Zeugenbeweis

§ 373	Beweisantritt	972
§ 374	(weggefallen)	
§ 375	Beweisaufnahme durch beauftragten oder ersuchten Richter	974
§ 376	Vernehmung bei Amtsverschwiegenheit	975
§ 377	Zeugenladung	977
§ 378	Aussageerleichternde Unterlagen	978
§ 379	Auslagenvorschuss	979
§ 380	Folgen des Ausbleibens des Zeugen	980
§ 381	Genügende Entschuldigung des Ausbleibens	982
§ 382	Vernehmung an bestimmten Orten	983
§ 383	Zeugnisverweigerungsrecht aus persönlichen Gründen	983
§ 384	Zeugnisverweigerungsrecht aus sachlichen Gründen	987
§ 385	Ausnahmen vom Zeugnisverweigerungsrecht	988
§ 386	Erklärung der Zeugnisverweigerung	990
§ 387	Zwischenstreit über die Zeugnisverweigerung	990
§ 388	Zwischenstreit über schriftliche Zeugnisverweigerung	991
§ 389	Zeugnisverweigerung vor beauftragtem oder ersuchtem Richter	992
§ 390	Folgen der Zeugnisverweigerung	992
§ 391	Zeugenbeeidigung	993
§ 392	Nacheid; Eidesnorm	994
§ 393	Uneidliche Vernehmung	994
§ 394	Einzelvernehmung	994
§ 395	Wahrheitsermahnung; Vernehmung zur Person	995
§ 396	Vernehmung zur Sache	995
§ 397	Fragerecht der Parteien	996
§ 398	Wiederholte und nachträgliche Vernehmung	997
§ 399	Verzicht auf Zeugen	997
§ 400	Befugnisse des mit der Beweisaufnahme betrauten Richters	998
§ 401	Zeugenentschädigung	998

Titel 8
Beweis durch Sachverständige

§ 402	Anwendbarkeit der Vorschriften für Zeugen	999
§ 403	Beweisantritt	1000
§ 404	Sachverständigenauswahl	1001
§ 404a	Leitung der Tätigkeit des Sachverständigen	1002
§ 405	Auswahl durch den mit der Beweisaufnahme betrauten Richter	1004
§ 406	Ablehnung eines Sachverständigen	1004
§ 407	Pflicht zur Erstattung des Gutachtens	1007
§ 407a	Weitere Pflichten des Sachverständigen	1008
§ 408	Gutachtenverweigerungsrecht	1010
§ 409	Folgen des Ausbleibens oder der Gutachtenverweigerung	1010
§ 410	Sachverständigenbeeidigung	1011
§ 411	Schriftliches Gutachten	1011
§ 411a	Verwertung von Sachverständigengutachten aus anderen Verfahren	1013
§ 412	Neues Gutachten	1015
§ 413	Sachverständigenvergütung	1015
§ 414	Sachverständige Zeugen	1015

Titel 9
Beweis durch Urkunden

§ 415	Beweiskraft öffentlicher Urkunden über Erklärungen	1016
§ 416	Beweiskraft von Privaturkunden	1017

§ 416a	Beweiskraft des Ausdrucks eines öffentlichen elektronischen Dokuments	1019
§ 417	Beweiskraft öffentlicher Urkunden über amtliche Anordnung, Verfügung oder Entscheidung	1019
§ 418	Beweiskraft öffentlicher Urkunden mit anderem Inhalt	1020
§ 419	Beweiskraft mangelbehafteter Urkunden	1021
§ 420	Vorlegung durch Beweisführer; Beweisantritt	1021
§ 421	Vorlegung durch den Gegner; Beweisantritt	1022
§ 422	Vorlegungspflicht des Gegners nach bürgerlichem Recht	1022
§ 423	Vorlegungspflicht des Gegners bei Bezugnahme	1023
§ 424	Antrag bei Vorlegung durch Gegner	1023
§ 425	Anordnung der Vorlegung durch Gegner	1024
§ 426	Vernehmung des Gegners über den Verbleib	1024
§ 427	Folgen der Nichtvorlegung durch Gegner	1025
§ 428	Vorlegung durch Dritte; Beweisantritt	1025
§ 429	Vorlegungspflicht Dritter	1025
§ 430	Antrag bei Vorlegung durch Dritte	1026
§ 431	Vorlegungsfrist bei Vorlegung durch Dritte	1026
§ 432	Vorlegung durch Behörden oder Beamte; Beweisantritt	1027
§ 433	*(weggefallen)*	
§ 434	Vorlegung vor beauftragtem oder ersuchtem Richter	1027
§ 435	Vorlegung öffentlicher Urkunden in Urschrift oder beglaubigter Abschrift	1028
§ 436	Verzicht nach Vorlegung	1028
§ 437	Echtheit inländischer öffentlicher Urkunden	1028
§ 438	Echtheit ausländischer öffentlicher Urkunden	1029
§ 439	Erklärung über Echtheit von Privaturkunden	1029
§ 440	Beweis der Echtheit von Privaturkunden	1030
§ 441	Schriftvergleichung	1030
§ 442	Würdigung der Schriftvergleichung	1031
§ 443	Verwahrung verdächtiger Urkunden	1031
§ 444	Folgen der Beseitigung einer Urkunde	1031

Titel 10
Beweis durch Parteivernehmung

§ 445	Vernehmung des Gegners; Beweisantritt	1032
§ 446	Weigerung des Gegners	1033
§ 447	Vernehmung der beweispflichtigen Partei auf Antrag	1033
§ 448	Vernehmung von Amts wegen	1034
§ 449	Vernehmung von Streitgenossen	1035
§ 450	Beweisbeschluss	1036
§ 451	Ausführung der Vernehmung	1036
§ 452	Beeidigung der Partei	1037
§ 453	Beweiswürdigung bei Parteivernehmung	1037
§ 454	Ausbleiben der Partei	1037
§ 455	Prozessunfähige	1038
§§ 456–477 *(weggefallen)*		

Titel 11
Abnahme von Eiden und Bekräftigungen

§ 478	Eidesleistung in Person	1039
§ 479	Eidesleistung vor beauftragtem oder ersuchtem Richter	1039
§ 480	Eidesbelehrung	1039
§ 481	Eidesleistung; Eidesformel	1039
§ 482	*(weggefallen)*	
§ 483	Eidesleistung sprach- oder hörbehinderter Personen	1040
§ 484	Eidesgleiche Bekräftigung	1041

Titel 12
Selbständiges Beweisverfahren

§ 485	Zulässigkeit	1041
§ 486	Zuständiges Gericht	1043
§ 487	Inhalt des Antrages	1044
§§ 488–489 *(weggefallen)*		
§ 490	Entscheidung über den Antrag	1045

§ 491	Ladung des Gegners	1045
§ 492	Beweisaufnahme	1046
§ 493	Benutzung im Prozess	1046
§ 494	Unbekannter Gegner	1047
§ 494a	Frist zur Klageerhebung	1047

ABSCHNITT 2
Verfahren vor den Amtsgerichten

§ 495	Anzuwendende Vorschriften	1049
§ 495a	Verfahren nach billigem Ermessen	1050
§ 496	Einreichung von Schriftsätzen; Erklärungen zu Protokoll	1054
§ 497	Ladungen	1055
§ 498	Zustellung des Protokolls über die Klage	1056
§ 499	Belehrungen	1056
§§ 499a–503	*(weggefallen)*	
§ 504	Hinweis bei Unzuständigkeit des Amtsgerichts	1058
§ 505	*(weggefallen)*	
§ 506	Nachträgliche sachliche Unzuständigkeit	1059
§§ 507–509	*(weggefallen)*	
§ 510	Erklärung über Urkunden	1062
§ 510a	Inhalt des Protokolls	1063
§ 510b	Urteil auf Vornahme einer Handlung	1063
§ 510c	*(weggefallen)*	

BUCH 3
Rechtsmittel

ABSCHNITT 1
Berufung

Vorbemerkungen zu §§ 511–577 ZPO		1067
§ 511	Statthaftigkeit der Berufung	1078
§ 512	Vorentscheidungen im ersten Rechtszug	1085
§ 513	Berufungsgründe	1087
§ 514	Versäumnisurteile	1091
§ 515	Verzicht auf Berufung	1095
§ 516	Zurücknahme der Berufung	1099
§ 517	Berufungsfrist	1102
§ 518	Berufungsfrist bei Urteilsergänzung	1104
§ 519	Berufungsschrift	1106
§ 520	Berufungsbegründung	1111
§ 521	Zustellung der Berufungsschrift und -begründung	1120
§ 522	Zulässigkeitsprüfung; Zurückweisungsbeschluss	1120
§ 523	Terminsbestimmung	1128
§ 524	Anschlussberufung	1130
§ 525	Allgemeine Verfahrensgrundsätze	1134
§ 526	Entscheidender Richter	1136
§ 527	Vorbereitender Einzelrichter	1139
§ 528	Bindung an die Berufungsanträge	1141
§ 529	Prüfungsumfang des Berufungsgerichts	1144
§ 530	Verspätet vorgebrachte Angriffs- und Verteidigungsmittel	1147
§ 531	Zurückgewiesene und neue Angriffs- und Verteidigungsmittel	1149
§ 532	Rügen der Unzulässigkeit der Klage	1152
§ 533	Klageänderung; Aufrechnungserklärung; Widerklage	1154
§ 534	Verlust des Rügerechts	1156
§ 535	Gerichtliches Geständnis	1157
§ 536	Parteivernehmung	1158
§ 537	Vorläufige Vollstreckbarkeit	1159
§ 538	Zurückverweisung	1161
§ 539	Versäumnisverfahren	1167
§ 540	Inhalt des Berufungsurteils	1170
§ 541	Prozessakten	1175

ABSCHNITT 2
Revision

Vorbemerkungen zu §§ 542–566 ZPO		1176
§ 542	Statthaftigkeit der Berufung	1177
§ 543	Zulassungsrevision	1180
§ 544	Nichtzulassungsbeschwerde	1192
§ 545	Revisionsgründe	1203
§ 546	Begriff der Rechtsverletzung	1206
§ 547	Absolute Revisionsgründe	1212
§ 548	Revisionsfrist	1217
§ 549	Revisionseinlegung	1217
§ 550	Zustellung der Revisionsschrift	1218
§ 551	Revisionsbegründung	1218
§ 552	Zulässigkeitsprüfung	1222
§ 552a	Zurückweisungsbeschluss	1222
§ 553	Terminsbestimmung; Einlassungsfrist	1223
§ 554	Anschlussrevision	1223
§ 555	Allgemeine Verfahrensgrundsätze	1226
§ 556	Verlust des Rügerechts	1228
§ 557	Umfang der Revisionsprüfung	1228
§ 558	Vorläufige Vollstreckbarkeit	1231
§ 559	Beschränkte Nachprüfung tatsächlicher Feststellungen	1231
§ 560	Nicht revisible Gesetze	1234
§ 561	Revisionszurückweisung	1236
§ 562	Aufhebung des angefochtenen Urteils	1238
§ 563	Zurückverweisung; eigene Sachentscheidung	1239
§ 564	Keine Begründung der Entscheidung bei Rügen von Verfahrensmängeln	1242
§ 565	Anzuwendende Vorschriften des Berufungsverfahrens	1243
§ 566	Sprungrevision	1244

ABSCHNITT 3
Beschwerde

Titel 1
Sofortige Beschwerde

§ 567	Sofortige Beschwerde; Anschlussbeschwerde	1247
§ 568	Originärer Einzelrichter	1250
§ 569	Frist und Form	1252
§ 570	Aufschiebende Wirkung; einstweilige Anordnungen	1255
§ 571	Begründung, Präklusion, Ausnahmen vom Anwaltszwang	1257
§ 572	Gang des Beschwerdeverfahrens	1258
§ 573	Erinnerung	1263

Titel 2
Rechtsbeschwerde

§ 574	Rechtsbeschwerde; Anschlussrechtsbeschwerde	1265
§ 575	Frist, Form und Begründung der Rechtsbeschwerde	1270
§ 576	Gründe der Rechtsbeschwerde	1274
§ 577	Prüfung und Entscheidung der Rechtsbeschwerde	1275

BUCH 4
Wiederaufnahme des Verfahrens

Vorbemerkungen zu §§ 578–591 ZPO		1279
§ 578	Arten der Wiederaufnahme	1281
§ 579	Nichtigkeitsklage	1282
§ 580	Restitutionsklage	1284
§ 581	Besondere Voraussetzungen der Restitutionsklage	1288
§ 582	Hilfsnatur der Restitutionsklage	1289
§ 583	Vorentscheidungen	1289
§ 584	Ausschließliche Zuständigkeit für Nichtigkeits- und Restitutionsklagen	1290
§ 585	Allgemeine Verfahrensgrundsätze	1291
§ 586	Klagefrist	1292

§ 587	Klageschrift	1294
§ 588	Inhalt der Klageschrift	1294
§ 589	Zulässigkeitsprüfung	1295
§ 590	Neue Verhandlung	1296
§ 591	Rechtsmittel	1297

BUCH 5
Urkunden- und Wechselprozess

§ 592	Zulässigkeit	1299
§ 593	Klageinhalt; Urkunden	1304
§ 594	(weggefallen)	
§ 595	Keine Widerklage; Beweismittel	1305
§ 596	Abstehen vom Urkundenprozess	1307
§ 597	Klageabweisung	1310
§ 598	Zurückweisung von Einwendungen	1313
§ 599	Vorbehaltsurteil	1313
§ 600	Nachverfahren	1316
§ 601	(weggefallen)	
§ 602	Wechselprozess	1320
§ 603	Gerichtsstand	1321
§ 604	Klageinhalt; Ladungsfrist	1322
§ 605	Beweisvorschriften	1322
§ 605a	Scheckprozess	1323

BUCH 6
(weggefallen)

§§ 606–687 *(weggefallen)*

BUCH 7
Mahnverfahren

Vorbemerkungen zu §§ 688–703d ZPO		1327
§ 688	Zulässigkeit	1328
§ 689	Zuständigkeit; maschinelle Bearbeitung	1329
§ 690	Mahnantrag	1331
§ 691	Zurückweisung des Mahnantrags	1332
§ 692	Mahnbescheid	1333
§ 693	Zustellung des Mahnbescheids	1334
§ 694	Widerspruch gegen den Mahnbescheid	1335
§ 695	Mitteilung des Widerspruchs; Abschriften	1336
§ 696	Verfahren nach Widerspruch	1337
§ 697	Einleitung des Streitverfahrens	1339
§ 698	Abgabe des Verfahrens am selben Gericht	1341
§ 699	Vollstreckungsbescheid	1341
§ 700	Einspruch gegen den Vollstreckungsbescheid	1343
§ 701	Wegfall der Wirkung des Mahnbescheids	1346
§ 702	Form von Anträgen und Erklärungen	1346
§ 703	Kein Nachweis der Vollmacht	1347
§ 703a	Urkunden-, Wechsel- und Scheckmahnverfahren	1347
§ 703b	Sonderregelungen für maschinelle Bearbeitung	1348
§ 703c	Formulare; Einführung der maschinellen Bearbeitung	1348
§ 703d	Antragsgegner ohne allgemeinen inländischen Gerichtsstand	1349

BUCH 8
Zwangsvollstreckung

ABSCHNITT 1
Allgemeine Vorschriften

§ 704	Vollstreckbare Endurteile	1351
§ 705	Formelle Rechtskraft	1352
§ 706	Rechtskraft- und Notfristzeugnis	1353
§ 707	Einstweilige Einstellung der Zwangsvollstreckung	1355

§ 708	Vorläufige Vollstreckbarkeit ohne Sicherheitsleistung.	1357
§ 709	Vorläufige Vollstreckbarkeit gegen Sicherheitsleistung.	1358
§ 710	Ausnahmen von der Sicherheitsleistung des Gläubigers.	1360
§ 711	Abwendungsbefugnis.	1361
§ 712	Schutzantrag des Schuldners.	1362
§ 713	Unterbleiben von Schuldnerschutzanordnungen.	1363
§ 714	Anträge zur vorläufigen Vollstreckbarkeit.	1364
§ 715	Rückgabe der Sicherheit.	1365
§ 716	Ergänzung des Urteils.	1365
§ 717	Wirkungen eines aufhebenden oder abändernden Urteils.	1366
§ 718	Vorabentscheidung über vorläufige Vollstreckbarkeit.	1368
§ 719	Einstweilige Einstellung bei Rechtsmittel und Einspruch.	1369
§ 720	Hinterlegung bei Abwendung der Vollstreckung.	1370
§ 720a	Sicherungsvollstreckung.	1370
§ 721	Räumungsfrist.	1372
§ 722	Vollstreckbarkeit ausländischer Urteile.	1373
§ 723	Vollstreckungsurteil.	1374
§ 724	Vollstreckbare Ausfertigung.	1375
§ 725	Vollstreckungsklausel.	1376
§ 726	Vollstreckbare Ausfertigung bei bedingten Leistungen.	1377
§ 727	Vollstreckbare Ausfertigung für und gegen Rechtsnachfolger.	1378
§ 728	Vollstreckbare Ausfertigung bei Nacherbe oder Testamentsvollstrecker.	1379
§ 729	Vollstreckbare Ausfertigung gegen Vermögens- und Firmenübernehmer.	1380
§ 730	Anhörung des Schuldners.	1381
§ 731	Klage auf Erteilung der Vollstreckungsklausel.	1382
§ 732	Erinnerung gegen Erteilung der Vollstreckungsklausel.	1383
§ 733	Weitere vollstreckbare Ausfertigung.	1384
§ 734	Vermerk über Ausfertigungserteilung auf der Urteilsurschrift.	1386
§ 735	Zwangsvollstreckung gegen nicht rechtsfähigen Verein.	1386
§ 736	Zwangsvollstreckung gegen BGB-Gesellschaft.	1387
§ 737	Zwangsvollstreckung bei Vermögens- oder Erbschaftsnießbrauch.	1387
§ 738	Vollstreckbare Ausfertigung gegen Nießbraucher.	1388
§ 739	Gewahrsamsvermutung bei Zwangsvollstreckung gegen Ehegatten und Lebenspartner.	1388
§ 740	Zwangsvollstreckung in das Gesamtgut.	1389
§ 741	Zwangsvollstreckung in das Gesamtgut bei Erwerbsgeschäft.	1390
§ 742	Vollstreckbare Ausfertigung bei Gütergemeinschaft während des Rechtsstreits.	1391
§ 743	Beendete Gütergemeinschaft.	1392
§ 744	Vollstreckbare Ausfertigung bei beendeter Gütergemeinschaft.	1393
§ 744a	Zwangsvollstreckung bei Eigentums- und Vermögensgemeinschaft.	1394
§ 745	Zwangsvollstreckung bei fortgesetzter Gütergemeinschaft.	1394
§ 746	*(weggefallen)*	
§ 747	Zwangsvollstreckung in ungeteilten Nachlass.	1394
§ 748	Zwangsvollstreckung bei Testamentsvollstrecker.	1395
§ 749	Vollstreckbare Ausfertigung für und gegen Testamentsvollstrecker.	1396
§ 750	Voraussetzungen der Zwangsvollstreckung.	1396
§ 751	Bedingungen für Vollstreckungsbeginn.	1398
§ 752	Sicherheitsleistung bei Teilvollstreckung.	1398
§ 753	Vollstreckung durch Gerichtsvollzieher; Verordnungsermächtigung.	1399
§ 754	Vollstreckungsauftrag und vollstreckbare Ausfertigung.	1400
§ 754a	Vereinfachter Vollstreckungsauftrag bei Vollstreckungsbescheiden.	1401
§ 755	Ermittlung des Aufenthaltsorts des Schuldners.	1403
§ 756	Zwangsvollstreckung bei Leistung Zug um Zug.	1405
§ 757	Übergabe des Titels und Quittung.	1406
§ 758	Durchsuchung; Gewaltanwendung.	1407
§ 758a	Richterliche Durchsuchungsanordnung; Vollstreckung zur Unzeit.	1408
§ 759	Zuziehung von Zeugen.	1410
§ 760	Akteneinsicht; Aktenabschrift.	1410
§ 761	*(weggefallen)*	
§ 762	Protokoll über Vollstreckungshandlungen.	1411
§ 763	Aufforderungen und Mitteilungen.	1411
§ 764	Vollstreckungsgericht.	1412
§ 765	Vollstreckungsgerichtliche Anordnungen bei Leistung Zug und Zug.	1412
§ 765a	Vollstreckungsschutz.	1413

§ 766	Erinnerung gegen Art und Weise der Zwangsvollstreckung	1415
§ 767	Vollstreckungsabwehrklage	1418
§ 768	Klage gegen Vollstreckungsklausel	1419
§ 769	Einstweilige Anordnungen	1420
§ 770	Einstweilige Anordnungen im Urteil	1421
§ 771	Drittwiderspruchsklage	1421
§ 772	Drittwiderspruchsklage bei Veräußerungsverbot	1423
§ 773	Drittwiderspruchsklage des Nacherben	1423
§ 774	Drittwiderspruchsklage des Ehegatten oder Lebenspartners	1423
§ 775	Einstellung oder Beschränkung der Zwangsvollstreckung	1424
§ 776	Aufhebung von Vollstreckungsmaßregeln	1425
§ 777	Erinnerung bei genügender Sicherung des Gläubigers	1426
§ 778	Zwangsvollstreckung vor Erbschaftsannahme	1426
§ 779	Fortsetzung der Zwangsvollstreckung nach dem Tod des Schuldners	1427
§ 780	Vorbehalt der beschränkten Erbenhaftung	1428
§ 781	Beschränkte Erbenhaftung in der Zwangsvollstreckung	1428
§ 782	Einreden des Erben gegen Nachlassgläubiger	1428
§ 783	Einreden des Erben gegen persönliche Gläubiger	1429
§ 784	Zwangsvollstreckung bei Nachlassverwaltung und -insolvenzverfahren	1429
§ 785	Vollstreckungsabwehrklage des Erben	1429
§ 786	Vollstreckungsabwehrklage bei beschränkter Haftung	1430
§ 786a	See- und binnenschifffahrtsrechtliche Haftungsbeschränkung	1430
§ 787	Zwangsvollstreckung bei herrenlosem Grundstück oder Schiff	1431
§ 788	Kosten der Zwangsvollstreckung	1431
§ 789	Einschreiten von Behörden	1433
§ 790	*(aufgehoben)*	
§ 791	*(weggefallen)*	
§ 792	Erteilung von Urkunden an Gläubiger	1434
§ 793	Sofortige Beschwerde	1434
§ 794	Weitere Vollstreckungstitel	1435
§ 794a	Zwangsvollstreckung aus Räumungsvergleich	1437
§ 795	Anwendung der allgemeinen Vorschriften auf die weiteren Vollstreckungstitel	1438
§ 795a	Zwangsvollstreckung aus Kostenfestsetzungsbeschluss	1439
§ 795b	Vollstreckbarerklärung des gerichtlichen Vergleichs	1439
§ 796	Zwangsvollstreckung aus Vollstreckungsbescheiden	1439
§ 796a	Voraussetzungen für die Vollstreckbarerklärung des Anwaltsvergleichs	1440
§ 796b	Vollstreckbarerklärung durch das Prozessgericht	1441
§ 796c	Vollstreckbarerklärung durch einen Notar	1441
§ 797	Verfahren bei vollstreckbaren Urkunden	1442
§ 797a	Verfahren bei Gütestellenvergleichen	1443
§ 798	Wartefrist	1444
§ 798a	*(aufgehoben)*	
§ 799	Vollstreckbare Urkunde bei Rechtsnachfolge	1444
§ 799a	Schadensersatzpflicht bei der Vollstreckung aus Urkunden durch andere Gläubiger	1445
§ 800	Vollstreckbare Urkunde gegen den jeweiligen Grundstückseigentümer	1445
§ 800a	Vollstreckbare Urkunde bei Schiffshypothek	1446
§ 801	Landesrechtliche Vollstreckungstitel	1446
§ 802	Ausschließlichkeit der Gerichtsstände	1446

ABSCHNITT 2
Zwangsvollstreckung wegen Geldforderungen

Titel 1
Allgemeine Vorschriften

§ 802a	Grundsätze der Vollstreckung; Regelbefugnisse des Gerichtsvollziehers	1447
§ 802b	Gütliche Erledigung; Vollstreckungsaufschub bei Zahlungsvereinbarung	1448
§ 802c	Vermögensauskunft des Schuldners	1449
§ 802d	Erneute Vermögensauskunft	1451
§ 802e	Zuständigkeit	1453
§ 802f	Verfahren zur Abnahme der Vermögensauskunft	1454
§ 802g	Erzwingungshaft	1456
§ 802h	Unzulässigkeit der Haftvollstreckung	1457
§ 802i	Vermögensauskunft des verhafteten Schuldners	1458

§ 802j	Dauer der Haft; erneute Haft	1460
§ 802k	Zentrale Verwaltung der Vermögensverzeichnisse	1460
§ 802l	Auskunftsrechte des Gerichtsvollziehers	1462

Titel 2
Zwangsvollstreckung in das bewegliche Vermögen

Untertitel 1
Allgemeine Vorschriften

§ 803	Pfändung	1463
§ 804	Pfändungspfandrecht	1464
§ 805	Klage auf vorzugsweise Befriedigung	1466
§ 806	Keine Gewährleistung bei Pfandveräußerung	1467
§ 806a	Mitteilungen und Befragung durch den Gerichtsvollzieher	1467
§ 806b	*(aufgehoben)*	
§ 807	Abnahme der Vermögensauskunft nach Pfändungsversuch	1469

Untertitel 2
Zwangsvollstreckung in körperliche Sachen

§ 808	Pfändung beim Schuldner	1470
§ 809	Pfändung beim Gläubiger oder bei Dritten	1472
§ 810	Pfändung ungetrennter Früchte	1472
§ 811	Unpfändbare Sachen	1473
§ 811a	Austauschpfändung	1478
§ 811b	Vorläufige Austauschpfändung	1480
§ 811c	Unpfändbarkeit von Haustieren	1480
§ 811d	Vorwegpfändung	1481
§ 812	Pfändung von Hausrat	1482
§ 813	Schätzung	1482
§ 813a	*(aufgehoben)*	
§ 813b	*(aufgehoben)*	
§ 814	Öffentliche Versteigerung	1483
§ 815	Gepfändetes Geld	1485
§ 816	Zeit und Ort der Versteigerung	1486
§ 817	Zuschlag und Ablieferung	1487
§ 817a	Mindestgebot	1487
§ 818	Einstellung der Versteigerung	1488
§ 819	Wirkung des Erlösempfanges	1488
§ 820	*(aufgehoben)*	
§ 821	Verwertung von Wertpapieren	1489
§ 822	Umschreibung von Namenspapieren	1490
§ 823	Außer Kurs gesetzte Inhaberpapiere	1490
§ 824	Verwertung ungetrennter Früchte	1490
§ 825	Andere Verwertungsart	1491
§ 826	Anschlusspfändung	1493
§ 827	Verfahren bei mehrfacher Pfändung	1494

Untertitel 3
Zwangsvollstreckung in Forderungen und andere Vermögensrechte

§ 828	Zuständigkeit des Vollstreckungsgerichts	1495
§ 829	Pfändung einer Geldforderung	1497
§ 829a	Vereinfachter Vollstreckungsantrag bei Vollstreckungsbescheiden	1499
§ 830	Pfändung einer Hypothekenforderung	1500
§ 830a	Pfändung; Schiffshypothekenforderung	1502
§ 831	Pfändung indossabler Papiere	1502
§ 832	Pfändungsumfang bei fortlaufenden Bezügen	1503
§ 833	Pfändungsumfang bei Arbeits- und Diensteinkommen	1503
§ 833a	Pfändungsumfang bei Kontoguthaben	1504
§ 834	Keine Anhörung des Schuldners	1504
§ 835	Überweisung einer Geldforderung	1505
§ 836	Wirkung der Überweisung	1507
§ 837	Überweisung einer Hypothekenforderung	1509
§ 837a	Überweisung einer Schiffshypothekenforderung	1510
§ 838	Einrede des Schuldners bei Faustpfand	1511
§ 839	Überweisung bei Abwendungsbefugnis	1511

§ 840	Erklärungspflicht des Drittschuldners.	1512
§ 841	Pflicht zur Streitverkündung	1514
§ 842	Schadensersatz bei verzögerter Beitreibung	1514
§ 843	Verzicht des Pfandgläubigers	1515
§ 844	Andere Verwertungsart	1516
§ 845	Vorpfändung.	1517
§ 846	Zwangsvollstreckung in Herausgabeansprüche	1518
§ 847	Herausgabeanspruch auf eine bewegliche Sache	1519
§ 847a	Herausgabeanspruch auf ein Schiff	1520
§ 848	Herausgabeanspruch auf eine unbewegliche Sache.	1521
§ 849	Keine Überweisung an Zahlungs statt	1523
§ 850	Pfändungsschutz für Arbeitseinkommen	1523
§ 850a	Unpfändbare Bezüge	1524
§ 850b	Bedingt pfändbare Bezüge	1526
§ 850c	Pfändungsgrenzen für Arbeitseinkommen.	1527
§ 850d	Pfändbarkeit bei Unterhaltsansprüchen.	1529
§ 850e	Berechnung des pfändbaren Arbeitseinkommens.	1530
§ 850f	Änderung des unpfändbaren Betrages.	1532
§ 850g	Änderung der Unpfändbarkeitsvoraussetzungen	1533
§ 850h	Verschleiertes Arbeitseinkommen.	1534
§ 850i	Pfändungsschutz für sonstige Einkünfte.	1534
§ 850k	Pfändungsschutzkonto	1535
§ 850l	Anordnung der Unpfändbarkeit von Kontoguthaben auf dem Pfändungsschutzkonto	1537
§ 851	Nicht übertragbare Forderungen	1537
§ 851a	Pfändungsschutz für Landwirte.	1538
§ 851b	Pfändungsschutz bei Miet- und Pachtzinsen	1539
§ 851c	Pfändungsschutz bei Altersrenten.	1541
§ 851d	Pfändungsschutz bei steuerlich gefördertem Altersvorsorgevermögen.	1543
§ 852	Beschränkt pfändbare Forderungen	1544
§ 853	Mehrfache Pfändung einer Geldforderung	1545
§ 854	Mehrfache Pfändung eines Anspruchs auf bewegliche Sachen.	1545
§ 855	Mehrfache Pfändung eines Anspruchs auf eine unbewegliche Sache	1546
§ 855a	Mehrfache Pfändung eines Anspruchs auf ein Schiff	1546
§ 856	Klage bei mehrfacher Pfändung	1546
§ 857	Zwangsvollstreckung in andere Vermögensrechte	1548
§ 858	Zwangsvollstreckung in Schiffspart	1549
§ 859	Pfändung von Gesamthandanteilen	1550
§ 860	Pfändung von Gesamtgutanteilen.	1552
§ 861	(aufgehoben)	
§ 862	(aufgehoben)	
§ 863	Pfändungsbeschränkungen bei Erbschaftsnutzungen	1552

Titel 3
Zwangsvollstreckung in das unbewegliche Vermögen

Vorbemerkungen zu §§ 864–871 ZPO.		1553
§ 864	Gegenstand der Immobiliarvollstreckung	1553
§ 865	Verhältnis zur Mobiliarvollstreckung	1554
§ 866	Arten der Vollstreckung.	1555
§ 867	Zwangshypothek	1556
§ 868	Erwerb der Zwangshypothek durch den Eigentümer	1558
§ 869	Zwangsversteigerung und Zwangsverwaltung	1559
§ 870	Grundstücksgleiche Rechte	1560
§ 870a	Zwangsvollstreckung in ein Schiff oder Schiffsbauwerk	1560
§ 871	Landesrechtlicher Vorbehalt bei Eisenbahnen	1561

Titel 4
Verteilungsverfahren

§ 872	Voraussetzungen.	1561
§ 873	Aufforderung des Verteilungsgerichts	1562
§ 874	Teilungsplan	1562
§ 875	Terminsbestimmung.	1563
§ 876	Termin zur Erklärung und Ausführung.	1564
§ 877	Säumnisfolgen.	1565

§ 878	Widerspruchsklage	1565
§ 879	Zuständigkeit für die Widerspruchsklage	1567
§ 880	Inhalt des Urteils	1567
§ 881	Versäumnisurteil	1568
§ 882	Verfahren nach dem Urteil	1568

Titel 5
Zwangsvollstreckung gegen juristische Personen des öffentlichen Rechts

§ 882a	Zwangsvollstreckung wegen einer Geldforderung	1569

Titel 6
Schuldnerverzeichnis

Vorbemerkungen zu §§ 882b–882h ZPO		1571
§ 882b	Inhalt des Schuldnerverzeichnisses	1571
§ 882c	Eintragungsanordnung	1572
§ 882d	Vollziehung der Eintragungsanordnung	1574
§ 882e	Löschung	1575
§ 882f	Einsicht in das Schuldnerverzeichnis	1577
§ 882g	Erteilung von Abdrucken	1579
§ 882h	Zuständigkeit; Ausgestaltung des Schuldnerverzeichnisses	1582

ABSCHNITT 3
**Zwangsvollstreckung
zur Erwirkung der Herausgabe von Sachen
und zur Erwirkung von Handlungen oder Unterlassungen**

Vorbemerkungen zu §§ 883–898 ZPO		1583
§ 883	Herausgabe bestimmter beweglicher Sachen	1583
§ 884	Leistung einer bestimmten Menge vertretbarer Sachen	1585
§ 885	Herausgabe von Grundstücken oder Schiffen	1586
§ 885a	Beschränkter Vollstreckungsauftrag	1588
§ 886	Herausgabe bei Gewahrsam eines Dritten	1590
§ 887	Vertretbare Handlungen	1591
§ 888	Nicht vertretbare Handlungen	1593
§ 888a	Keine Handlungsvollstreckung bei Entschädigungspflicht	1595
§ 889	Eidesstattliche Versicherung nach bürgerlichem Recht	1595
§ 890	Erzwingung von Unterlassungen und Duldungen	1596
§ 891	Verfahren; Anhörung des Schuldners; Kostenentscheidung	1599
§ 892	Widerstand des Schuldners	1600
§ 892a	*(weggefallen)*	
§ 893	Klage auf Leistung des Interesses	1600
§ 894	Fiktion der Abgabe einer Willenserklärung	1601
§ 895	Willenserklärung zwecks Eintragung bei vorläufig vollstreckbarem Urteil	1602
§ 896	Erteilung von Urkunden an Gläubiger	1602
§ 897	Übereignung; Verschaffung von Grundpfandrechten	1603
§ 898	Gutgläubiger Erwerb	1603

ABSCHNITT 4
(weggefallen)

§§ 899–915h *(weggefallen)*

ABSCHNITT 5
Arrest und einstweilige Verfügung

Vorbemerkungen zu §§ 916–945b ZPO		1604
§ 916	Arrestanspruch	1604
§ 917	Arrestgrund bei dinglichem Arrest	1605
§ 918	Arrestgrund bei persönlichem Arrest	1607
§ 919	Arrestgericht	1608
§ 920	Arrestgesuch	1609
§ 921	Entscheidung über das Arrestgesuch	1610
§ 922	Arresturteil und Arrestbeschluss	1612
§ 923	Abwendungsbefugnis	1614
§ 924	Widerspruch	1615

§ 925	Entscheidung nach Widerspruch	1617
§ 926	Anordnung der Klageerhebung	1618
§ 927	Aufhebung wegen veränderter Umstände	1620
§ 928	Vollziehung des Arrestes	1622
§ 929	Vollstreckungsklausel; Vollziehungsfrist	1623
§ 930	Vollziehung in bewegliches Vermögen und Forderungen	1625
§ 931	Vollziehung in ein eingetragenes Schiff oder Schiffsbauwerk	1627
§ 932	Arresthypothek	1628
§ 933	Vollziehung des persönlichen Arrestes	1629
§ 934	Aufhebung der Arrestvollziehung	1630
§ 935	Einstweilige Verfügung bezüglich Streitgegenstand	1631
§ 936	Anwendung der Arrestvorschriften	1634
§ 937	Zuständiges Gericht	1634
§ 938	Inhalt der einstweiligen Verfügung	1636
§ 939	Aufhebung gegen Sicherheitsleistung	1637
§ 940	Einstweilige Verfügung zur Regelung eines einstweiligen Zustandes	1638
§ 940a	Räumung von Wohnraum	1639
§ 941	Ersuchen um Eintragungen im Grundbuch usw.	1641
§ 942	Zuständigkeit des Amtsgerichts der belegenen Sache	1642
§ 943	Gericht der Hauptsache	1644
§ 944	Entscheidung des Vorsitzenden bei Dringlichkeit	1644
§ 945	Schadensersatzpflicht	1645
§ 945a	Einreichung von Schutzschriften	1647
§ 945b	Verordnungsermächtigung	1648

ABSCHNITT 6
Grenzüberschreitende vorläufige Kontenpfändung

| Vorbemerkungen zu §§ 946–959 ZPO | 1648 |

Titel 1
Erlass des Beschlusses zur vorläufigen Kontenpfändung

§ 946	Zuständigkeit	1649
§ 947	Verfahren	1649
§ 948	Ersuchen um Einholung von Kontoinformationen	1649
§ 949	Nicht rechtzeitige Einleitung des Hauptsacheverfahrens	1650

Titel 2
Vollziehung des Beschlusses zur vorläufigen Kontenpfändung

§ 950	Anwendbare Vorschriften	1650
§ 951	Vollziehung von im Inland erlassenen Beschlüssen	1650
§ 952	Vollziehung von in einem anderen Mitgliedstaat erlassenen Beschlüssen	1651

Titel 3
Rechtsbehelfe

§ 953	Rechtsbehelfe des Gläubigers	1651
§ 954	Rechtsbehelfe nach den Artikeln 33 bis 35 der Verordnung (EU) Nr. 655/2014	1651
§ 955	Sicherheitsleistung nach Artikel 38 der Verordnung (EU) Nr. 655/2014	1652
§ 956	Rechtsmittel gegen die Entscheidungen nach § 954 Absatz 1 bis 3 und § 955	1652
§ 957	Ausschluss der Rechtsbeschwerde	1652

Titel 4
Schadensersatz; Verordnungsermächtigung

| § 958 | Schadensersatz | 1653 |
| § 959 | Verordnungsermächtigung | 1653 |

BUCH 9
(weggefallen)

§§ 960–1024 *(weggefallen)*

BUCH 10
Schiedsrichterliches Verfahren

Vorbemerkungen zu § 1025–1066 ZPO 1657

ABSCHNITT 1
Allgemeine Vorschriften

§ 1025	Anwendungsbereich	1660
§ 1026	Umfang gerichtlicher Tätigkeit...................................	1662
§ 1027	Verlust des Rügerechts	1662
§ 1028	Empfang schriftlicher Mitteilungen bei unbekanntem Aufenthalt	1664

ABSCHNITT 2
Schiedsvereinbarung

§ 1029	Begriffsbestimmung..	1665
§ 1030	Schiedsfähigkeit...	1674
§ 1031	Form der Schiedsvereinbarung......................................	1677
§ 1032	Schiedsvereinbarung und Klage vor Gericht.........................	1681
§ 1033	Schiedsvereinbarung und einstweilige gerichtliche Maßnahmen...........	1686

ABSCHNITT 3
Bildung des Schiedsgerichts

§ 1034	Zusammensetzung des Schiedsgerichts..............................	1687
§ 1035	Bestellung der Schiedsrichter	1690
§ 1036	Ablehnung eines Schiedsrichters	1696
§ 1037	Ablehnungsverfahren	1698
§ 1038	Untätigkeit oder Unmöglichkeit der Aufgabenerfüllung	1701
§ 1039	Bestellung eines Ersatzschiedsrichters...............................	1703

ABSCHNITT 4
Zuständigkeit des Schiedsgerichts

§ 1040	Befugnis des Schiedsgerichts zur Entscheidung über die eigene Zuständigkeit...	1704
§ 1041	Maßnahmen des einstweiligen Rechtsschutzes........................	1709

ABSCHNITT 5
Durchführung des schiedsrichterlichen Verfahrens

§ 1042	Allgemeine Verfahrensregeln.......................................	1714
§ 1043	Ort des schiedsrichterlichen Verfahrens	1719
§ 1044	Beginn des schiedsrichterlichen Verfahrens	1720
§ 1045	Verfahrenssprache	1721
§ 1046	Klage und Klagebeantwortung......................................	1722
§ 1047	Mündliche Verhandlung und schriftliches Verfahren...................	1724
§ 1048	Säumnis einer Partei	1725
§ 1049	Vom Schiedsgericht bestellter Sachverständiger	1727
§ 1050	Gerichtliche Unterstützung bei der Beweisaufnahme und sonstige richterliche Handlungen..	1729

ABSCHNITT 6
Schiedsspruch und Beendigung des Verfahrens

§ 1051	Anwendbares Recht..	1731
§ 1052	Entscheidung durch ein Schiedsrichterkollegium.....................	1733
§ 1053	Vergleich..	1735
§ 1054	Form und Inhalt des Schiedsspruchs	1738
§ 1055	Wirkungen des Schiedsspruchs	1741
§ 1056	Beendigung des schiedsrichterlichen Verfahrens.....................	1743
§ 1057	Entscheidung über die Kosten	1745
§ 1058	Berichtigung, Auslegung und Ergänzung des Schiedsspruchs	1747

ABSCHNITT 7
Rechtsbehelf gegen den Schiedsspruch

§ 1059	Aufhebungsantrag	1750

ABSCHNITT 8
Voraussetzungen der Anerkennung und Vollstreckung von Schiedssprüchen

§ 1060	Inländische Schiedssprüche	1759
§ 1061	Ausländische Schiedssprüche	1763

ABSCHNITT 9
Gerichtliches Verfahren

§ 1062	Zuständigkeit	1770
§ 1063	Allgemeine Vorschriften	1772
§ 1064	Besonderheiten bei der Vollstreckbarerklärung von Schiedssprüchen	1774
§ 1065	Rechtsmittel	1775

ABSCHNITT 10
Außervertragliche Schiedsgerichte

§ 1066	Entsprechende Anwendung der Vorschriften des Buches 10	1777

BUCH 11
Justizielle Zusammenarbeit in der Europäischen Union

Vorbemerkungen zu §§ 1067–1117 ZPO 1781

ABSCHNITT 1
Zustellung nach der Verordnung (EG) Nr. 1393/2007

Vorbemerkungen zu §§ 1067–1071 ZPO 1782

§ 1067	Zustellung durch diplomatische oder konsularische Vertretungen	1782
§ 1068	Zustellung durch die Post	1783
§ 1069	Zuständigkeiten; Verordnungsermächtigungen	1783
§ 1070	Zustellung nach dem Abkommen zwischen der Europäischen Gemeinschaft und dem Königreich Dänemark vom 19. Oktober 2005 über die Zustellung gerichtlicher und außergerichtlicher Schriftstücke in Zivil- oder Handelssachen	1784
§ 1071	*(weggefallen)*	

Anhang zu §§ 1067–1071 Zustellungsverordnung (EuZustVO) 1785

ABSCHNITT 2
Beweisaufnahme nach der Verordnung (EG) Nr. 1206/2001

Vorbemerkungen zu §§ 1072–1075 ZPO 1794

§ 1072	Beweisaufnahme in den Mitgliedstaaten der Europäischen Union	1794
§ 1073	Teilnahmerechte	1794
§ 1074	Zuständigkeiten nach der Verordnung (EG) Nr. 1206/2001	1795
§ 1075	Sprache eingehender Ersuchen	1796

Anhang zu §§ 1072–1075 Beweisaufnahmeverordnung (EuBeweisVO) 1796

ABSCHNITT 3
Prozesskostenhilfe nach der Richtlinie 2003/8/EG

Vorbemerkungen zu §§ 1076–1078 ZPO 1804

§ 1076	Anwendbare Vorschriften	1805
§ 1077	Ausgehende Ersuchen	1805
§ 1078	Eingehende Ersuchen	1806

Anhang zu §§ 1076–1078 Prozesskostenhilfe (PKH-RiLi) 1808

ABSCHNITT 4
Europäische Vollstreckungstitel nach der Verordnung (EG) Nr. 805/2004

Vorbemerkungen zu §§ 1079–1086 ZPO 1816

Titel 1
Bestätigung inländischer Titel als Europäische Vollstreckungstitel

§ 1079	Zuständigkeit	1816
§ 1080	Entscheidung	1817
§ 1081	Berichtigung und Widerruf	1817

Titel 2
Zwangsvollstreckung aus Europäischen Vollstreckungstiteln im Inland

§ 1082	Vollstreckungstitel	1818
§ 1083	Übersetzung	1818
§ 1084	Anträge nach den Artikeln 21 und 23 der Verordnung (EG) Nr. 805/2004	1819
§ 1085	Einstellung der Zwangsvollstreckung	1820
§ 1086	Vollstreckungsabwehrklage	1820
Anhang zu §§ 1079–1086 VO (EG) Nr. 805/2004		1820

ABSCHNITT 5
Europäisches Mahnverfahren nach der Verordnung (EG) Nr. 1896/2006

Vorbemerkungen zu §§ 1087–1096 ZPO		1831

Titel 1
Allgemeine Vorschriften

§ 1087	Zuständigkeit	1832
§ 1088	Maschinelle Bearbeitung	1832
§ 1089	Zustellung	1833

Titel 2
Einspruch gegen den Europäischen Zahlungsbefehl

§ 1090	Verfahren nach Einspruch	1833
§ 1091	Einleitung des Streitverfahrens	1834

Titel 3
Überprüfung des Europäischen Zahlungsbefehls in Ausnahmefällen

§ 1092	Verfahren	1834
§ 1092a	Rechtsbehelf bei Nichtzustellung oder bei nicht ordnungsgemäßer Zustellung des Europäischen Zahlungsbefehls	1835

Titel 4
Zwangsvollstreckung aus dem Europäischen Zahlungsbefehl

§ 1093	Vollstreckungsklausel	1836
§ 1094	Übersetzung	1836
§ 1095	Vollstreckungsschutz und Vollstreckungsabwehrklage gegen den im Inland erlassenen Europäischen Zahlungsbefehl	1837
§ 1096	Anträge nach den Artikeln 22 und 23 der Verordnung (EG) Nr. 1896/2006; Vollstreckungsabwehrklage	1837
Anhang zu §§ 1087–1096 Mahnverordnung (EuMahnVVO)		1838

ABSCHNITT 6
Europäisches Verfahren für geringfügige Forderungen nach der Verordnung (EG) Nr. 861/2007

Vorbemerkungen zu §§ 1097–1109 ZPO		1851

Titel 1
Erkenntnisverfahren

§ 1097	Einleitung und Durchführung des Verfahrens	1851
§ 1098	Annahmeverweigerung auf Grund der verwendeten Sprache	1852
§ 1099	Widerklage	1852
§ 1100	Mündliche Verhandlung	1853
§ 1101	Beweisaufnahme	1853
§ 1102	Urteil	1854
§ 1103	Säumnis	1854
§ 1104	Abhilfe bei unverschuldeter Säumnis des Beklagten	1854
§ 1104a	Gemeinsame Gerichte	1855

Titel 2
Zwangsvollstreckung

§ 1105	Zwangsvollstreckung inländischer Titel	1855
§ 1106	Bestätigung inländischer Titel	1856

§ 1107	Ausländische Vollstreckungstitel	1856
§ 1108	Übersetzung	1857
§ 1109	Anträge nach den Artikeln 22 und 23 der Verordnung (EG) Nr. 861/2007; Vollstreckungsabwehrklage	1857

Anhang zu §§ 1097–1109 Verordnung über geringfügige Forderungen (EuGFVO).... 1857

ABSCHNITT 7
Anerkennung und Vollstreckung nach der Verordnung (EU) Nr. 1215/2012

Vorbemerkungen zu §§ 1110–1117 ZPO.................................... 1873

Titel 1
Bescheinigung über inländische Titel

§ 1110	Zuständigkeit	1873
§ 1111	Verfahren	1873

Titel 2
Anerkennung und Vollstreckung ausländischer Titel im Inland

§ 1112	Entbehrlichkeit der Vollstreckungsklausel	1874
§ 1113	Übersetzung oder Transliteration	1874
§ 1114	Anfechtung der Anpassung eines Titels	1875
§ 1115	Versagung der Anerkennung oder der Vollstreckung	1875
§ 1116	Wegfall oder Beschränkung der Vollstreckbarkeit im Ursprungsmitgliedstaat	1876
§ 1117	Vollstreckungsabwehrklage	1876

Anhang zu §§ 1110–1117 EuGVVO 1877

Gesetz, betreffend die Einführung der Zivilprozeßordnung (EGZPO) 1901
Gerichtsverfassungsgesetz (GVG).. 1921
Einführungsgesetz zum Gerichtsverfassungsgesetz (EGGVG) 1981

Anhang 1	Justizvergütungs- und -entschädigungsgesetz	1993
Anhang 2	Verordnung über das elektronische Schutzschriftenregister	2011
Anhang 3	Pfändungsfreigrenzen bei monatlicher Auszahlung gem. Pfändungsfreigrenzenbekanntmachung 2017	2015

Stichwortverzeichnis.. 2021

Autorenverzeichnis

Dr. Christian Baudewin, Richter am Landgericht, Kassel

Markus Beck, Rechtsanwalt, Augsburg

Alexander Chasklowicz, Rechtsanwalt, Kaufbeuren, Lehrbeauftragter an der Hochschule für angewandte Wissenschaften Kempten

Dr. Dirk Diehm, LL.M. Eur., Richter am Landgericht, Würzburg, zuvor abgeordnet an das Bundesverfassungsgericht, Karlsruhe

Dr. Ralf Dietrich, Staatsanwalt, Stuttgart, abgeordnet an das Oberlandesgericht Stuttgart

Erkan Elden, Rechtsanwalt, Fachanwalt für Steuerrecht, Fachanwalt für Familienrecht, Bachelor of Science, München

Sabine Eymelt-Niemann, LL.M., Richterin am Landgericht, Kassel

Prof. Dr. Achim Förster, Richter am Landgericht, Schweinfurt, Hochschule für angewandte Wissenschaften Würzburg-Schweinfurt

Timm Frauenknecht, Rechtsanwalt, Fachanwalt für Arbeitsrecht, Fachanwalt für Familienrecht, München

Johannes Gerds, Staatsanwalt, abgeordnet an das Bundesministerium der Justiz und für Verbraucherschutz, Berlin

Dr. Nino Goldbeck, Richter am Landgericht, Bamberg

Dr. Christian Hanft, Richter am Landgericht, Augsburg

Dr. Christoph Kern, Richter am Amtsgericht, Nördlingen, Lehrbeauftragter an der Universität Würzburg

Dr. Tobias Kostuch, Staatsanwalt als Gruppenleiter, Würzburg, vormals Richter am Landgericht, Würzburg

Dr. Jochen Müller, Oberregierungsrat, Frankfurt a.M., vormals Rechtsanwalt, Frankfurt a.M.

Dr. Alexander Müller-Teckhof, Richter am Landgericht, Schweinfurt, abgeordnet an den Bundesgerichtshof, Karlsruhe, Lehrbeauftragter an der Ludwig-Maximilians-Universität München

Dr. Claus Pätzel, Vorsitzender Richter am Landgericht (w.a.Ri.), Augsburg

Marius Rasper, Richter am Landgericht, Fulda, abgeordnet an das Studienzentrum der Finanzverwaltung und Justiz, Rotenburg a.d. Fulda, Lehrbeauftragter an der Hochschule Fulda

Stephan Stolzhäuser, Richter am Landgericht, abgeordnet an die Bundesanwaltschaft, Karlsruhe

Thorsten Thamm, Richter am Landgericht, Kempten

Abkürzungsverzeichnis

a.A.	andere Ansicht
a.d.O.	(Frankfurt) an der Oder
a.E.	am Ende
a.F.	alte Fassung
a.M.	(Frankfurt) am Main
AbgG	Gesetz über die Rechtsverhältnisse der Mitglieder des Deutschen Bundestages (Abgeordnetengesetz)
Abk.	Abkommen
abl.	ablehnend
ABl.	Amtsblatt
Abs.	Absatz
abw.	abweichend
AcP	Archiv für die civilistische Praxis
AEUV	Vertrag über die Arbeitsweise der Europäischen Union
AfP	Archiv für Presserecht
AG	Aktiengesellschaft; Amtsgericht; Die Aktiengesellschaft
aG	auf Gegenseitigkeit
AGB	Allgemeine Geschäftsbedingungen
AGG	Allgemeines Gleichbehandlungsgesetz
AGGVG BW	Gesetz zur Ausführung des Gerichtsverfassungsgesetzes und von Verfahrensgesetzen der ordentlichen Gerichtsbarkeit (des Landes Baden-Württemberg)
AGHZÜ	Gesetz zur Ausführung des Haager Übereinkommens vom 15. November 1965 über die Zustellung gerichtlicher und außergerichtlicher Schriftstücke im Ausland in Zivil- oder Handelssachen und des Haager Übereinkommens vom 18. März 1970 über die Beweisaufnahme im Ausland in Zivil- oder Handelssachen
AGJusG SL	Gesetz zur Ausführung bundesrechtlicher Justizgesetze (des Landes Schleswig-Holstein)
AGS	Anwaltsgebühren Spezial
AGZVG RP	Landesgesetz zur Ausführung des Gesetzes über die Zwangsversteigerung und die Zwangsverwaltung und der Insolvenzordnung (des Landes Rheinland-Pfalz)
AKostG	Auslandskostengesetz
AKostV	Auslandskostenverordnung
AktG	Aktiengesetz
allg.	allgemein
Alt.	Alternative
AMG	Gesetz über den Verkehr mit Arzneimitteln
ÄndVO	Änderungsverordnung
AnfG	Gesetz über die Anfechtung von Rechtshandlungen eines Schuldners außerhalb des Insolvenzverfahrens (Anfechtungsgesetz)
Anh.	Anhang
Anm.	Anmerkung
AnwBl.	Anwaltsblatt
AO	Abgabenordnung
AR	Allgemeines Register
ArbG	Arbeitsgericht
ArbGG	Arbeitsgerichtsgesetz
arg.	argumentum
ARGE	Arbeitsgemeinschaft
Art.	Artikel
AUG	Gesetz zur Geltendmachung von Unterhaltsansprüchen im Verkehr mit ausländischen Staaten (Auslandsunterhaltsgesetz)
AuR	Arbeit und Recht

Abkürzungsverzeichnis

AVAG	Gesetz zur Ausführung zwischenstaatlicher Verträge und zur Durchführung von Abkommen der Europäischen Union auf dem Gebiet der Anerkennung und Vollstreckung in Zivil- und Handelssachen (Anerkennungs- und Vollstreckungsausführungsgesetz)
BAG	Bundesarbeitsgericht
BAGE	Entscheidungen des Bundesarbeitsgerichts
BauGB	Baugesetzbuch
BauR	Baurecht
BayAGGVG	(Bayerisches) Gesetz zur Ausführung des Gerichtsverfassungsgesetzes und von Verfahrensgesetzen des Bundes
BayEG	Bayerisches Gesetz über die entschädigungspflichtige Enteignung
BayHintG	Bayerisches Hinterlegungsgesetz
BayIntVerstVO	Bayerische Verordnung zur Regelung von Versteigerungen im Internet (Bayerische Internetversteigerungsverordnung)
BayObLG	Bayerisches Oberstes Landesgericht
BayObLGR	Report Bayerisches Oberstes Landesgericht
BayObLGZ	Entscheidungen des Bayerischen Obersten Landesgerichts in Zivilsachen
BayVBl.	Bayerische Verwaltungsblätter
BayVerfGH	Bayerischer Verfassungsgerichtshof
BayVGH	Bayerischer Verwaltungsgerichtshof
BB	Betriebs-Berater; Brandenburg
BBG	Bundesbeamtengesetz
BbgVerfG	Brandenburgisches Verfassungsgericht
Bd.	Band
BeamtStG	Gesetz zur Regelung des Statusrechts der Beamtinnen und Beamten in den Ländern (Beamtenstatusgesetz)
BeckOK	Beck'scher Online-Kommentar
BeckRS	Beck online Rechtsprechung
belg	belgischer/s
Ber	Berlin
BerdGVR	Berichte der Deutschen Gesellschaft für Internationales Recht; Berichte der Deutschen Gesellschaft für Völkerrecht
BerHG	Gesetz über Rechtsberatung und Vertretung für Bürger mit geringem Einkommen (Beratungshilfegesetz)
BetrVG	Betriebsverfassungsgesetz
BeurkG	Beurkundungsgesetz
BFH	Bundesfinanzhof
BFH/NV	Sammlung nicht veröffentlichter Entscheidungen des BFH
BGB	Bürgerliches Gesetzbuch
BGBl.	Bundesgesetzblatt
BGE	Leitentscheidungen des Schweizerischen Bundesgerichts
BGH	Bundesgerichtshof
BGHR	Sammlung der BGH-Rechtsprechung in Zivil- und Strafsachen
BGHReport	Schnelldienste zur Zivilrechtsprechung des Bundesgerichtshofs und der Oberlandesgerichte
BGHSt	Entscheidungen des Bundesgerichtshofes in Strafsachen
BGHZ	Entscheidungen des Bundesgerichtshofs in Zivilsachen
BilMoG	Gesetz zur Modernisierung des Bilanzrechts (Bilanzrechtsmodernisierungsgesetz)
BImschG	Gesetz zum Schutz vor schädlichen Umwelteinwirkungen durch Luftverunreinigungen, Geräusche, Erschütterungen und ähnliche Vorgänge (Bundes-Immissionsschutzgesetz)
BinnSchiffVerfG	Gesetz über das gerichtliche Verfahren in Binnenschifffahrtssachen
BinSchG	Gesetz betreffend die privatrechtlichen Verhältnisse der Binnenschiffahrt (Binnenschiffahrtsgesetz)
BJagdG	Bundesjagdgesetz
BKR	Zeitschrift für Bank- und Kapitalmarktrecht
BMinG	Gesetz über die Rechtsverhältnisse der Mitglieder der Bundesregierung (Bundesministergesetz)
BMJV	Bundesministerium der Justiz und für Verbraucherschutz
BNotO	Bundesnotarordnung
BörsG	Börsengesetz

BPatG	Bundespatentgericht
BPatGE	Entscheidungen des Bundespatentgerichts
BPersVG	Bundespersonalvertretungsgesetz
BRAO	Bundesrechtsanwaltsordnung
BR-Drucks.	Bundesrats-Drucksache
Brem. GBl.	Gesetzblatt der Freien Hansestadt Bremen
BremAGZPO	Gesetz zur Ausführung der Zivilprozeßordnung, der Insolvenzordnung und des Zwangsversteigerungsgesetzes (der Freien Hansestadt Bremen)
BRRG	Rahmengesetz zur Vereinheitlichung des Beamtenrechts (Beamtenrechtsrahmengesetz)
BSG	Bundessozialgericht
BSI	Bundesamt für Sicherheit in der Informationstechnik
BT-Drucks.	Bundestags-Drucksache
Buchst.	Buchstabe
BV	Verfassung des Freistaates Bayern
BVerfG	Bundesverfassungsgericht
BVerfGE	Entscheidungen des Bundesverfassungsgerichts
BVerfGG	Gesetz über das Bundesverfassungsgericht (Bundesverfassungsgerichtsgesetz)
BVerfGK	Neue Amtliche Sammlung der Kammerentscheidungen des Bundesverfassungsgerichts
BVFG	Gesetz über die Angelegenheiten der Vertriebenen und Flüchtlinge (Bundesvertriebenengesetz)
bzgl.	bezüglich
bzw.	beziehungsweise
c.i.c.	culpa in contrahendo
CISG	Übereinkommen der Vereinten Nationen über Verträge über den internationalen Warenkauf
CMR	Übereinkommen über den Beförderungsvertrag im internationalen Straßengüterverkehr
ContStifG	Gesetz über die Conterganstiftung für behinderte Menschen (Conterganstiftungsgesetz)
D&O	Directors-and-Officers
d.h.	das heißt
DAR	Deutsches Autorecht
DAV	Deutscher Anwaltsverein
DB	Der Betrieb
DDR	Deutsche Demokratische Republik
DelV	Verordnung über die Zuständigkeit zum Erlass von Rechtsverordnungen (Delegationsverordnung) (des Freistaates Bayern)
DeMailG	De-Mail-Gesetz
DesignG	Gesetz über den rechtlichen Schutz von Design (Designgesetz)
DGVB	Deutscher Gerichtsvollzieher Bund e.V.
DGVZ	Deutsche Gerichtsvollzieherzeitung
DIS	Deutsche Institution für Schiedsgerichtsbarkeit e.V.
DIS-SchiedsO	Schiedsordnung der Deutsche Institution für Schiedsgerichtsbarkeit e.V.
DNotI-Report	Informationsdienst des Deutschen Notarinstituts
DNotZ	Deutsche Notar-Zeitschrift
DNS	Desoxyribonukleinsäure
DR	Deutsches Recht
DRiG	Deutsches Richtergesetz
DRiZ	Deutsche Richterzeitung
DS	Der Sachverständige
DStRE	DStR Entscheidungsdienst
dt	deutscher/s
DVBl.	Deutsche Verwaltungsblätter
DV-BSHG	Verordnung zur Durchführung des § 82 des Zwölften Buches Sozialgesetzbuch
DZWir	Deutsche Zeitschrift für Wirtschaftsrecht

EEAR	Europäische EDV-Akademie des Rechts
EEG	Gesetz für den Ausbau erneuerbarer Energien (Erneuerbare-Energien-Gesetz – EEG 2017)
EFZG	Gesetz über die Zahlung des Arbeitsentgelts an Feiertagen und im Krankheitsfall (Entgeltfortzahlungsgesetz)
EG	Europäische Gemeinschaft
EGBGB	Einführungsgesetz zum Bürgerlichen Gesetzbuche
EGGVG	Einführungsgesetz zum Gerichtsverfassungsgesetz
EG-KartVO	Verordnung (EG) Nr. 1/2003 des Rates vom 16. Dezember 2002 zur Durchführung der in den Artikeln 81 und 82 des Vertrags niedergelegten Wettbewerbsregeln
EGMR	Europäischer Gerichtshof für Menschenrechte
EG-PKHVV	Verordnung zur Einführung eines Vordrucks für die Erklärung über die persönlichen und wirtschaftlichen Verhältnisse bei Prozesskostenhilfe sowie eines Vordrucks für die Übermittlung der Anträge auf Bewilligung von Prozesskostenhilfe im grenzüberschreitenden Verkehr (EG-Prozesskostenhilfevordruckverordnung)
EGStGB	Einführungsgesetz zum Strafgesetzbuch
EGV	Vertrag über die Europäische Gemeinschaft
EGZPO	Gesetz, betreffend die Einführung der Zivilprozeßordnung
Einl	Einleitung
EMRK	Europäische Konvention zum Schutze der Menschenrechte und Grundfreiheiten
entspr	entsprechend
EnWG	Gesetz über die Elektrizitäts- und Gasversorgung (Energiewirtschaftsgesetz)
EnWZ	Zeitschrift für das gesamte Recht der Energiewirtschaft
ErbR	Erbrecht
ErsteÄndVO	Erste Änderungsverordnung
EStG	Einkommensteuergesetz
etc.	et cetera
EU	Europäische Union
EuBagatellVO	Verordnung (EG) Nr. 861/2007 des Europäischen Parlamentes und des Rates vom 11. Juli 2007 zur Einführung eines europäischen Verfahrens für geringfügige Forderungen
EuBeweisVO	Verordnung (EG) Nr. 1206/2001 des Rates vom 28. Mai 2001 über die Zusammenarbeit zwischen den Gerichten der Mitgliedstaaten auf dem Gebiet der Beweisaufnahme in Zivil- oder Handelssachen
EuEheVO	Verordnung (EG) Nr. 2201/2003 des Rates vom 27. November 2003 über die Zuständigkeit und die Anerkennung und Vollstreckung von Entscheidungen in Ehesachen und in Verfahren betreffend die elterliche Verantwortung und zur Aufhebung der Verordnung (EG) Nr. 1347/2000
EuErbVO	Verordnung (EU) Nr. 650/2012 des Europäischen Parlaments und des Rates vom 4. Juli 2012 über die Zuständigkeit, das anzuwendende Recht, die Anerkennung und Vollstreckung von Entscheidungen und die Annahme und Vollstreckung öffentlicher Urkunden in Erbsachen sowie zur Einführung eines Europäischen Nachlasszeugnisses
EuGFVO	Verordnung (EG) Nr. 861/2007 des Europäischen Parlaments und des Rates vom 11. Juli 2007 zur Einführung eines europäischen Verfahrens für geringfügige Forderungen
EuGH	Gerichtshof der Europäischen Union
EuGRCh	Europäische Grundrechte-Charta
EuGRZ	Europäische Grundrechte-Zeitschrift
EuGVO	siehe EuGVVO
EuGVÜ	Übereinkommen über die gerichtliche Zuständigkeit und die Vollstreckung gerichtlicher Entscheidungen in Zivil- und Handelssachen
EuGVVO	Verordnung (EU) Nr. 1215/2012 des Europäischen Parlaments und des Rates vom 12. Dezember 2012 über die gerichtliche Zuständigkeit und die Anerkennung und Vollstreckung von Entscheidungen in Zivil- und Handelssachen
EuInsVO	Verordnung (EG) Nr. 1346/2000 des Rates vom 29. Mai 2000 über Insolvenzverfahren
EuKoPfVODG	Gesetz zur Durchführung der Verordnung (EU) Nr. 655/2014 sowie zur Änderung sonstiger zivilprozessualer, grundbuchrechtlicher und ver-

	mögensrechtlicher Vorschriften und zur Änderung der Justizbeitreibungsordnung
EuMahnVO	Verordnung (EG) Nr. 1896/2006 des Europäischen Parlaments und des Rates vom 12. Dezember 2006 zur Einführung eines Europäischen Mahnverfahrens
EuRAG	Gesetz über die Tätigkeit europäischer Rechtsanwälte in Deutschland
EuUnthVO	Verordnung (EG) Nr. 4/2009 des Rates vom 18. Dezember 2008 über die Zuständigkeit, das anwendbare Recht, die Anerkennung und Vollstreckung von Entscheidungen und die Zusammenarbeit in Unterhaltssachen
EuVTVO	Verordnung (EG) Nr. 805/2004 des Europäischen Parlaments und des Rates vom 21. April 2004 zur Einführung eines europäischen Vollstreckungstitels für unbestrittene Forderungen
EuZustVO	Verordnung (EG) Nr. 1393/2007 des Europäischen Parlaments und des Rates vom 13. November 2007 über die Zustellung gerichtlicher und außergerichtlicher Schriftstücke in Zivil- oder Handelssachen in den Mitgliedstaaten (Zustellung von Schriftstücken) und zur Aufhebung der Verordnung (EG) Nr. 1348/2000 des Rates
EuZW	Europäische Zeitschrift für Wirtschaftsrecht
EWiR	Entscheidungen zum Wirtschaftsrecht
EWIV	Europäische wirtschaftliche Interessenvereinigung
EWIV-AG	Gesetz zur Ausführung der EWG-Verordnung über die Europäische wirtschaftliche Interessenvereinigung
EWIV-VO	Verordnung (EWG) Nr. 2137/85 des Rates vom 25. Juli 1985 über die Schaffung einer Europäischen wirtschaftlichen Interessenvereinigung (EWIV)
EWR	Europäischer Wirtschaftsraum
f.	folgend
FamFG	Gesetz über das Verfahren in Familiensachen und in den Angelegenheiten der freiwilligen Gerichtsbarkeit
FamGKG	Gesetz über Gerichtskosten in Familiensachen
FamRZ	Zeitschrift für das gesamte Familienrecht
FD-MietR	fachdienst miet- und wohnungseigentumsrecht
FernUSG	Gesetz zum Schutz der Teilnehmer am Fernunterricht (Fernunterrichtsschutzgesetz)
FF	Forum Familien- und Erbrecht
ff.	folgende
FG	Finanzgericht
FGG	Gesetz über die Angelegenheiten der freiwilligen Gerichtsbarkeit
FGG-RG	Gesetz zur Reform des Verfahrens in Familiensachen und in den Angelegenheiten der freiwilligen Gerichtsbarkeit (FGG-Reformgesetz)
FGO	Finanzgerichtsordnung
FGPrax	Praxis der freiwilligen Gerichtsbarkeit
FHZivR	Fundheft für Zivilrecht
FIFA	Fédération Internationale de Football Association
FinDAG	Gesetz über die Bundesanstalt für Finanzdienstleistungsaufsicht (Finanzdienstleistungsaufsichtsgesetz)
Fn.	Fußnote
FoVo	Forderung und Vollstreckung
FPR	Familie, Partnerschaft, Recht
FS	Festschrift
FUR	Familie und Recht
GasGVV	Verordnung über Allgemeine Bedingungen für die Grundversorgung von Haushaltskunden und die Ersatzversorgung mit Gas aus dem Niederdrucknetz (Gasgrundversorgungsverordnung)
GBl. BW	Gesetzblatt Baden-Württemberg
GBO	Grundbuchordnung
GbR	Gesellschaft des bürgerlichen Rechts
GebrMG	Gebrauchsmustergesetz
GemSOGB	Gemeinsamer Senat der Obersten Gerichtshöfe des Bundes
GenG	Gesetz betreffend die Erwerbs- und Wirtschaftsgenossenschaften (Genossenschaftsgesetz)

GenTG	Gesetz zur Regelung der Gentechnik (Gentechnikgesetz)
ges	gesetzliches
GeschMG	Gesetz über den rechtlichen Schutz von Mustern und Modellen (Geschmacksmustergesetz)
GewO	Gewerbeordnung
GewSchG	Gesetz zum zivilrechtlichen Schutz vor Gewalttaten und Nachstellungen (Gewaltschutzgesetz)
GG	Grundgesetz
ggf.	gegebenenfalls
GKG	Gerichtskostengesetz
GmbH	Gesellschaft mit beschränkter Haftung
GmbHG	Gesetz betreffend die Gesellschaften mit beschränkter Haftung
GmbHR	GmbH-Rundschau
GmS-OGB	Gemeinsamer Senat der obersten Gerichtshöfe des Bundes
GNotKG	Gesetz über Kosten der freiwilligen Gerichtsbarkeit für Gerichte und Notare (Gerichts- und Notarkostengesetz)
GPR	Zeitschrift für das Privatrecht der Europäischen Union
Grdz	Grundsätzliches
griech	griechischer/s
GrundE/ Grundeigentum	Das Grundeigentum
GRUR	Gewerblicher Rechtsschutz und Urheberrecht
GRUR-RR	Gewerblicher Rechtsschutz und Urheberrecht Rechtsprechungs-Report
GüSchlG NRW	Gesetz über die Anerkennung von Gütestellen im Sinne des § 794 Abs. 1 Nr. 1 der Zivilprozeßordnung und die obligatorische außergerichtliche Streitschlichtung in Nordrhein-Westfalen (Gütestellen- und Schlichtungsgesetz) (des Landes Nordrhein-Westfalen)
GuT	Gewerbemiete und Teileigentum
GV. NRW	Gesetz- und Verordnungsblatt für das Land Nordrhein-Westfalen
GVBl. LSA	Gesetz- und Verordnungsblatt des Landes Sachsen-Anhalt
GVBl.	Gesetz- und Verordnungsblatt
GVFV	Verordnung über das Formular für den Vollstreckungsauftrag an den Gerichtsvollzieher (Gerichtsvollzieherformular-Verordnung)
GVG	Gerichtsverfassungsgesetz
GVGA	Geschäftsanweisung für Gerichtsvollzieher
GvKostG	Gesetz über Kosten der Gerichtsvollzieher (Gerichtsvollzieherkostengesetz)
GVO	Gerichtsvollzieherordnung
GVOBl. M-V	Gesetz- und Verordnungsblatt für Mecklenburg-Vorpommern
GVOBl. Schl.-H.	Gesetz- und Verordnungsblatt für Schleswig-Holstein
GVOBl.	Gesetz- und Verordnungsblatt
GWB	Gesetz gegen Wettbewerbsbeschränkungen
GWR	Gesellschafts- und Wirtschaftsrecht
GZVJu	Verordnung über gerichtliche Zuständigkeiten im Bereich des Staatsministeriums der Justiz (des Freistaates Bayern)
h.L.	herrschende Literaturmeinung
h.Lit.	herrschende Literatur
h.M.	herrschende Meinung
HaftPflG	Haftpflichtgesetz
HandwO	Handwerksordnung
HAÜ	Übereinkommen zur Befreiung ausländischer öffentlicher Urkunden von der Legalisation (Haager Apostilleübereinkommen)
HB	Hansestadt Bremen
HBÜ	Übereinkommen über die Beweisaufnahme im Ausland in Zivil- oder Handelssachen (Haager Beweisübereinkommen)
HEG	Hessisches Enteignungsgesetz
HessAGZPO	Hessisches Ausführungsgesetz zur Zivilprozeßordnung und zum Gesetz über die Zwangsversteigerung und die Zwangsverwaltung
HFR	Höchstrichterliche Finanzrechtsprechung
HGB	Handelsgesetzbuch
HH	Hansestadt Hamburg

HmbAGZVG	Hamburgisches Gesetz zur Ausführung des Gesetzes über die Zwangsversteigerung und die Zwangsverwaltung
HmbGVBl	Hamburgisches Gesetz- und Verkündungsblatt
HmbSchRZ	Hamburger Zeitschrift für Schifffahrtsrecht
HRR	Höchstrichterliche Rechtsprechung
Hs.	Halbsatz
HSchlG	Gesetz zur Regelung der außergerichtlichen Streitschlichtung (des Landes Hessen)
HWiG	Gesetz über den Widerruf von Haustürgeschäften und ähnlichen Geschäften (Haustürwiderrufsgesetz)
HZPÜ	Haager Übereinkommen über den Zivilprozess (1954)
HZÜ	Übereinkommen über die Zustellung gerichtlicher und außergerichtlicher Schriftstücke im Ausland in Zivil- oder Handelssachen (Haager Zustellungsübereinkommen)
i.d.R.	in der Regel
i.d.S.	in diesem Sinne
i.Erg.	im Ergebnis
i.L.	in Liquidation
i.R.d.	im Rahmen des
i.R.v.	im Rahmen von
i.S.d.	im Sinne der/s
i.V.m.	in Verbindung mit
IBA	International Bar Association
IBR	Immobilien- & Baurecht
IBRRS	Immobilien- & Baurecht Rechtssache
ICC-SchiedsO	Schiedsordnung der International Chamber of commerce
ICSID-Ü	Übereinkommen des International Centre for Settlement of Investment Disputes
IHK	Industrie- und Handelskammer
IHKG	Gesetz zur vorläufigen Regelung des Rechts der Industrie- und Handelskammern
IHR	Internationales Handelsrecht
IMR	Immobilienverwaltung & Recht
InsO	Insolvenzordnung
InternetversteigerungsVO BE	Verordnung zur Regelung der Versteigerung im Internet gemäß § 814 Absatz 3 ZPO und § 979 Absatz 1b BGB (InternetversteigerungsVO) (des Landes Berlin)
InternetversteigerungsVO HE	Verordnung über die Internetversteigerung in der Zwangsvollstreckung (des Landes Hessen)
InternetversteigerungsVO NRW	Verordnung zur Regelung der Versteigerung im Internet gemäß § 814 Absatz 3 ZPO und § 979 Absatz 1b BGB (InternetversteigerungsVO) (des Landes Nordrhein-Westfalen)
InternetversteigerungsVO SA	Verordnung zur Regelung von Versteigerungen im Internet (Internetversteigerungsverordnung) (des Landes Saarland)
InternetversteigerungsVO ST	Verordnung über die Versteigerung durch Gerichtsvollzieher und Justizbehörden im Internet (Internetversteigerungsverordnung) (des Landes Sachsen-Anhalt)
InternetversteigerungsVO-HA	Verordnung über die Internetversteigerung in der Zwangsvollstreckung sowie von Fundsachen und unanbringbaren Sachen im Justizbereich (Internetversteigerungsverordnung) (der Freien und Hansestadt Hamburg)
IntVerstV	Verordnung zur Regelung der Versteigerung im Internet gemäß § 814 Absatz 3 ZPO und § 979 Absatz 1b BGB (Internetversteigerungsverordnung) des Landes Brandenburg
IntVerstVO BW	Verordnung des Justizministeriums zur Regelung von Versteigerungen im Internet gemäß § 814 Abs. 3 ZPO und § 979 Abs. 1b BGB (Internetversteigerungsverordnung) (des Landes Baden-Württemberg)
IntVerstVO M-V	Verordnung zur Regelung von Versteigerungen im Internet bei Zwangsvollstreckungen (Internetversteigerungsverordnung) (des Landes Mecklenburg-Vorpommern)
InVo	Insolvenz und Vollstreckung
IPrax	Praxis des internationalen Privat- und Verfahrensrechts
IPRspr	Die deutsche Rechtsprechung auf dem Gebiet des internationalen Privatrechts

Abkürzungsverzeichnis

ital	italienischer/s
ITRB	IT-Rechtsberater
IVVO	Landesverordnung zur Regelung von Versteigerungen im Internet (Internetversteigerungsverordnung) (des Landes Schleswig-Holstein)
JA	Juristische Arbeitsblätter
JBeitrO	Justizbeitreibungsordnung
JMBlNRW	Justizministerialblatt für das Land Nordrhein-Westfalen
JR	Juristische Rundschau
JurBüro	Das Juristische Büro
JurionRS	Jurion Rechtsprechung
jurisPR-VerkR	juris Praxis Report Verkehrsrecht
JuS	Juristische Schulung
JustG NRW	Gesetz über die Justiz im Land Nordrhein-Westfalen (Justizgesetz Nordrhein-Westfalen)
JustizzuständigkeitsVO	Justizzuständigkeitsverordnung (des Landes Hessen)
JVA	Justizvollzugsanstalt
JVEG	Gesetz über die Vergütung von Sachverständigen, Dolmetscherinnen, Dolmetschern, Übersetzerinnen und Übersetzern sowie die Entschädigung von ehrenamtlichen Richterinnen, ehrenamtlichen Richtern, Zeuginnen, Zeugen und Dritten (Justizvergütungs- und -entschädigungsgesetz)
JVKostG	Gesetz über Kosten in Angelegenheiten der Justizverwaltung (Justizverwaltungskostengesetz)
JW	Juristische Wochenschrift
JZ	Juristenzeitung
K&R	Kommunikation und Recht
Kap.	Kapitel
KapMuG	Gesetz über Musterverfahren in kapitalmarktrechtlichen Streitigkeiten (Kapitalanleger-Musterverfahrensgesetz)
Kfz	Kraftfahrzeug
KG	Kammergericht; Kommanditgesellschaft
KGaA	Kommanditgesellschaft auf Aktien
KGR	KG Report Berlin
KKZ	Kommunal-Kassen-Zeitschrift
KO	Konkursordnung
KonsularG	Gesetz über die Konsularbeamten, ihre Aufgaben und Befugnisse (Konsulargesetz)
KonzVOZPOKapMuG	Verordnung über die Konzentration der Verfahren nach § 32b der Zivilprozessordnung und nach dem Gesetz über Musterverfahren in kapitalmarktrechtlichen Streitigkeiten (des Landes Nordrhein-Westfalen)
KostO	Kostenordnung
krit.	kritisch
KritV	Kritische Vierteljahresschrift für Gesetzgebung und Rechtswissenschaft
KSchG	Kündigungsschutzgesetz
KV	Kostenverzeichnis
KV-GKG	Kostenverzeichnis zum GKG (Anlage 1 zu § 3 Abs. 2 GKG)
KV-GvKostG	Kostenverzeichnis zum GvKostG (Anlage zu § 9 GvKostG)
KWG	Gesetz über das Kreditwesen (Kreditwesengesetz)
LAG	Landesarbeitsgericht
LAGE	Entscheidungssammlung der Landesarbeitsgerichte
LBG	Gesetz über die Landbeschaffung für Aufgaben der Verteidigung (Landbeschaffungsgesetz)
LG	Landgericht
li.	linke
LM	Lindenmaier/Möhring, Nachschlagewerk des BGH
LPartG	Gesetz über die Eingetragene Lebenspartnerschaft (Lebenspartnerschaftsgesetz)
Ls.	Leitsatz

LSchlG RP	Landesgesetz zur Ausführung des § 15a des Gesetzes betreffend die Einführung der Zivilprozessordnung (Landesschlichtungsgesetz) (des Landes Rheinland-Pfalz)
LSG	Landessozialgericht
LuftFzgG	Gesetz über Rechte an Luftfahrzeugen
LuftVG	Luftverkehrsgesetz
LugÜ(-II)	Übereinkommen über die gerichtliche Zuständigkeit und die Anerkennung und Vollstreckung von Entscheidungen in Zivil- und Handelssachen
LwVG	Gesetz über das gerichtliche Verfahren in Landwirtschaftssachen
m.V.a.	mit Verweis auf
m.w.N.	mit weiteren Nachweisen
MarkenG	Gesetz über den Schutz von Marken und sonstigen Kennzeichen (Markengesetz)
MarkenR	Markenrecht
MD	Magazindienst
MdJ	Ministerium der Justiz
MDR	Monatsschrift für Deutsches Recht
MedR	Medizinrecht
MietRB	Miet-Rechtsberater
MK	Münchener Kommentar
MMR	Multimedia und Recht
ModG	UNCITRAL-Modellgesetz von 1985
MV	Mecklenburg-Vorpommern
n.F.	neue Fassung
NdsRpfl	Niedersächsische Rechtspflege
NIntVerstVO	Niedersächsische Verordnung über die Internetversteigerung von gepfändeten Sachen sowie von Fundsachen und unanbringbaren Sachen im Bereich der Justizbehörden (Niedersächsische Internetversteigerungsverordnung)
NJ	Neue Justiz
NJOZ	Neue Juristische Online-Zeitschrift
NJW	Neue Juristische Wochenschrift
NJWE-Mietrecht	NJW Entscheidungsdienst Miet- und Wohnungsrecht
NJW-RR	NJW-Rechtsprechungsreport Zivilrecht
Nr.	Nummer
NStZ	Neue Zeitschrift für Strafrecht
NTS-ZA	Zusatzabkommen zu dem Abkommen zwischen den Parteien des Nordatlantikvertrages über die Rechtsstellung ihrer Truppen hinsichtlich der in der Bundesrepublik Deutschland stationierten ausländischen Truppen
NVersZ	Neue Zeitschrift für das Versicherungsrecht
NVwZ	Neue Zeitschrift für Verwaltungsrecht
NVwZ-RR	NVwZ-Rechtsprechungs-Report Verwaltungsrecht
NWB	Neue Wirtschafts-Briefe
NZA-RR	NZA-Rechtsprechungs-Report Arbeitsrecht
NZB	Nichtzulassungsbeschwerde
NZBau	Neue Zeitschrift für Baurecht
NZFam	Neue Zeitschrift für Familienrecht
NZG	Neue Zeitschrift für Gesellschaftsrecht
NZM	Neue Zeitschrift für Miet- und Wohnungsrecht
NZS	Neue Zeitschrift für Sozialrecht
NZV	Neue Zeitschrift für Verkehrsrecht
ö.ä.	oder ähnlich
o.g.	oben genannt
o.	ohne
oHG	offene Handelsgesellschaft
OLG	Oberlandesgericht
OLG-NL	OLG-Rechtsprechung Neue Länder
OLGR	OLG-Report
OLGRspr	Die Rechtsprechung der Oberlandesgerichte

österr	österreichischer/s
OVG	Oberverwaltungsgericht
p.a.	per annum/pro anno
ParlStG	Gesetz über die Rechtsverhältnisse der Parlamentarischen Staatssekretäre
PartG	Partnerschaftsgesellschaft; Gesetz über die politischen Parteien (Parteiengesetz)
PartGG	Gesetz über Partnerschaftsgesellschaften Angehöriger Freier Berufe (Partnerschaftsgesellschaftsgesetz)
PatG	Patentgesetz
pdf	portable document format
PKH	Prozesskostenhilfe
PKHFV	Verordnung zur Verwendung eines Formulars für die Erklärung über die persönlichen und wirtschaftlichen Verhältnisse bei Prozess- und Verfahrenskostenhilfe (Prozesskostenhilfeformularverordnung)
PKH-RiL	Richtlinie 2002/8/EG des Rates vom 27. Januar 2003 zur Verbesserung des Zugangs zum Recht bei Streitsachen mit grenzüberschreitendem Bezug durch Festlegung gemeinsamer Mindestvorschriften für die Prozesskostenhilfe in derartigen Streitsachen
Pkw	Personenkraftwagen
ProdHaftG	Gesetz über die Haftung für fehlerhafte Produkte (Produkthaftungsgesetz)
ProzRB	Der Prozessberater
PStR	Praxis Steuerstrafrecht
pVV	positive Vertragsverletzung
r+s	recht und schaden
RBEG	Gesetz zur Ermittlung der Regelbedarfe nach § 28 des Zwölften Buches Sozialgesetzbuch (Regelbedarfs-Ermittlungsgesetz)
RBerG	Gesetz zur Verhütung von Mißbräuchen auf dem Gebiete der Rechtsberatung (Rechtsberatungsgesetz)
RdE	Recht der Elektrizitätswirtschaft; Recht der Energiewirtschaft
RDG	Gesetz über außergerichtliche Rechtsdienstleistungen (Rechtsdienstleistungsgesetz)
RDGEG	Einführungsgesetz zum Rechtsdienstleistungsgesetz
RegE	Regierungsentwurf
RG	Reichsgericht
RGBl.	Reichsgesetzblatt
RGZ	Entscheidungen des Reichsgerichts in Zivilsachen
RIW	Recht der internationalen Wirtschaft
RL	Richtlinie
Rn.	Randnummer
RNotZ	Rheinische Notar-Zeitschrift
Rom II-VO	Verordnung (EG) Nr. 864/2007 des Europäischen Parlaments und des Rates vom 11. Juli 2007 über das auf außervertragliche Schuldverhältnisse anzuwendende Recht
Rom I-VO	Verordnung (EG) Nr. 593/2008 des Europäischen Parlaments und des Rates vom 17. Juni 2008 über das auf vertragliche Schuldverhältnisse anzuwendende Recht
Rpfleger	Der Rechtspfleger
RPflG	Rechtspflegergesetz
RSiedlGErgG 1935	Gesetz zur Ergänzung des Reichssiedlungsgesetzes
Rspr.	Rechtsprechung
RVG	Gesetz über die Vergütung der Rechtsanwältinnen und Rechtsanwälte (Rechtsanwaltsvergütungsgesetz)
s.o.	siehe oben
s.u.	siehe unten
S.	Seite
s.	siehe
SachenRBerG	Gesetz zur Sachenrechtsbereinigung im Beitrittsgebiet (Sachenrechtsbereinigungsgesetz)

SächsIntVerstVO	Verordnung der Sächsischen Staatsregierung zur Regelung der Internetversteigerung in der Zwangsvollstreckung und von Fundsachen (Sächsische Internetversteigerungsverordnung)
SächsIntVerstVO	Sächsische Internetversteigerungsverordnung
SächsJG	Gesetz über die Justiz im Freistaat Sachsen (Sächsisches Justizgesetz)
SächsJOrgVO	Verordnung des Sächsischen Staatsministeriums der Justiz über die Organisation der Justiz
SächsVerfGH	Verfassungsgerichtshof (des Freistaates Sachsen)
SchBerG	Gesetz über die Beschränkung von Grundeigentum für die militärische Verteidigung (Schutzbereichsgesetz)
ScheckG	Scheckgesetz
SchiedsG	Schiedsgericht
SchiedsVZ	Zeitschrift für Schiedsverfahren
SchlG BW	Gesetz zur obligatorischen außergerichtlichen Streitschlichtung (Schlichtungsgesetz) (des Landes Baden-Württemberg)
SchlHA	Schleswig-Holsteinische Anzeigen
SchRegO	Schiffsregisterordnung
SchRG	Gesetz über Rechte an eingetragenen Schiffen und Schiffsbauwerken
SchuFV	Verordnung über die Führung des Schuldnerverzeichnisses (Schuldnerverzeichnisführungsverordnung)
SchuldRAnpG	Gesetz zur Anpassung schuldrechtlicher Nutzungsverhältnisse an Grundstücken im Beitrittsgebiet (Schuldrechtsanpassungsgesetz)
SchuVAbdrV	Verordnung über den Bezug von Abdrucken aus dem Schuldnerverzeichnis (Schuldnerverzeichnisabdruckverordnung)
schweizer	schweizerischer/s
SE	Societas Europeae (Europäische Aktiengesellschaft)
SEAG	Gesetz zur Ausführung der Verordnung (EG) Nr. 2157/2001 des Rates vom 8. Oktober 2001 über das Statut der Europäischen Gesellschaft (SE) (SE-Ausführungsgesetz)
Seufferts A(rchiv)	J.A. Seufferts Archiv für Entscheidungen der obersten Gerichte in den deutschen Staaten
SGB I	Sozialgesetzbuch (SGB) Erstes Buch (I) – Allgemeiner Teil –
SGB II	Sozialgesetzbuch (SGB) Zweites Buch (II) – Grundsicherung für Arbeitsuchende –
SGB III	Sozialgesetzbuch (SGB) Drittes Buch (III) – Arbeitsförderung –
SGB IV	Sozialgesetzbuch (SGB) Viertes Buch (IV) – Gemeinsame Vorschriften für die Sozialversicherung –
SGB V	Sozialgesetzbuch (SGB) Fünftes Buch (V) – Gesetzliche Krankenversicherung –
SGB VII	Siebtes Buch Sozialgesetzbuch – Gesetzliche Unfallversicherung –
SGB VIII	Sozialgesetzbuch (SGB) Achtes Buch (VIII) – Kinder- und Jugendhilfe –
SGB IX	Sozialgesetzbuch (SGB) Neuntes Buch (IX) – Rehabilitation und Teilhabe behinderter Menschen –
SGB X	Zehntes Buch Sozialgesetzbuch – Sozialverwaltungsverfahren und Sozialdatenschutz – (SGB X)
SGB XI	Sozialgesetzbuch (SGB) Elftes Buch (XI) – Soziale Pflegeversicherung –
SGB XII	Sozialgesetzbuch (SGB) Zwölftes Buch (XII) – Sozialhilfe –
SGG	Sozialgerichtsgesetz
SigG	Gesetz über Rahmenbedingungen für elektronische Signaturen (Signaturgesetz)
SozR	Sozialrecht
SozSich	Soziale Sicherheit: Zeitschrift für Arbeit und Soziales
Sp.	Spalte
SpruchG	Gesetz über das gesellschaftsrechtliche Spruchverfahren (Spruchverfahrensgesetz)
SpuRT	Zeitschrift für Sport und Recht
SRV	Verordnung über das elektronische Schutzschriftenregister (Schutzschriftenregisterverordnung)
st.	ständige (Rechtsprechung)
StGB	Strafgesetzbuch
StPO	Strafprozessordnung
str.	streitig
StrEG	Gesetz über die Entschädigung für Strafverfolgungsmaßnahmen

StromGVV	Verordnung über Allgemeine Bedingungen für die Grundversorgung von Haushaltskunden und die Ersatzversorgung mit Elektrizität aus dem Niederspannungsnetz (Stromgrundversorgungsverordnung)
StrVollStrO	Strafvollstreckungsordnung
StVG	Straßenverkehrsgesetz
StVollzG	Gesetz über den Vollzug der Freiheitsstrafe und der freiheitsentziehenden Maßregeln der Besserung und Sicherung (Strafvollzugsgesetz)
ThürAGZVG	Thüringer Gesetz zur Ausführung des Gesetzes über die Zwangsversteigerung und die Zwangsverwaltung
ThürGerZustVO	Thüringer Verordnung über gerichtliche Zuständigkeiten in der ordentlichen Gerichtsbarkeit
ThürIntVerstVO	Thüringer Verordnung zur Regelung von Versteigerungen im Internet (Thüringer Internetversteigerungsverordnung)
TierschG	Tierschutzgesetz
TR	Technische Richtlinie
TranspR	Transportrecht
tunes	tunesischer/s
u.a.	unter andere(m)
u.U.	unter Umständen
u.	und
Übk	Übereinkommen
UG	Unternehmergesellschaft
UKlaG	Gesetz über Unterlassungsklagen bei Verbraucherrechts- und anderen Verstößen (Unterlassungsklagengesetz)
UMAG	Gesetz zur Unternehmensintegrität und Modernisierung des Anfechtungsrechts
UmweltHG	Umwelthaftungsgesetz
UmwG	Umwandlungsgesetz
UNCITRAL	United Nations Commission on International Trade Law
UnÜ	UN-Übereinkommen über die Anerkennung und Vollstreckung ausländischer Schiedssprüche
UPR	Umwelt- und Planungsrecht
UrhG	Gesetz über Urheberrecht und verwandte Schutzrechte (Urheberrechtsgesetz)
UrhWahrnG	Gesetz über die Wahrnehmung von Urheberrechten und verwandten Schutzrechten (Urheberrechtswahrnehmungsgesetz)
UWG	Gesetz gegen den unlauteren Wettbewerb
v.a.	vor allem
v.	vom/von
VAG	Gesetz über die Beaufsichtigung der Versicherungsunternehmen (Versicherungsaufsichtsgesetz)
Var.	Variante
VermAnlG	Gesetz über Vermögensanlagen (Vermögensanlagengesetz)
VermVV	Verordnung über das Vermögensverzeichnis (Vermögensverzeichnisverordnung)
VerschG	Verschollenheitsgesetz
VersR	Versicherungsrecht
VerwRspr	Verwaltungsrechtsprechung
VG	Verwaltungsgericht
VGG	Gesetz über die Wahrnehmung von Urheberrechten und verwandten Schutzrechten (Verwertungsgesellschaftengesetz)
VGH	Verwaltungsgerichtshof
vgl.	vergleiche
VIZ	Zeitschrift für Vermögens- und Immobilienrecht
VMBl.	Ministerialblatt des Bundesministers der Verteidigung
VO	Verordnung
Vorbem.	Vorbemerkung
VU	Versäumnisurteil
VV	Vergütungsverzeichnis
VVaG	Versicherungsverein auf Gegenseitigkeit
VVG	Gesetz über den Versicherungsvertrag

VV-GNotKG	Vergütungsverzeichnis zum GNotKG (Anlage 1 zu § 3 Abs. 2 GNotKG)
VV-RVG	Vergütungsverzeichnis zum RVG (Anlage 1 zu § 2 Abs. 2 RVG)
VW	Versicherungswirtschaft
VwGO	Verwaltungsgerichtsordnung
VwVfG	Verwaltungsverfahrensgesetz
WEG	Wohnungseigentümergemeinschaft; Gesetz über das Wohnungseigentum und das Dauerwohnrecht (Wohnungseigentumsgesetz)
WG	Wechselgesetz
WHG	Gesetz zur Ordnung des Wasserhaushalts (Wasserhaushaltsgesetz)
WiB	Wirtschaftliche Beratung
WIPO	World Intellectual Property Organization
WM	Wertpapier-Mitteilungen
WpHG	Gesetz über den Wertpapierhandel (Wertpapierhandelsgesetz)
WpPG	Gesetz über die Erstellung, Billigung und Veröffentlichung des Prospekts, der beim öffentlichen Angebot von Wertpapieren oder bei der Zulassung von Wertpapieren zum Handel an einem organisierten Markt zu veröffentlichen ist (Wertpapierprospektgesetz)
WpÜG	Wertpapiererwerbs- und Übernahmegesetz
WRP	Wettbewerb in Recht und Praxis
WRV	Weimarer Reichsverfassung
WTO	World Trade Organisation
WuM	Wohnungswirtschaft und Mietrecht
WuW	Wirtschaft und Wettbewerb
www	world wide web
z.B.	zum Beispiel
ZEV	Zeitschrift für Erbrecht und Vermögensnachfolge
ZfBR	Zeitschrift für deutsches und internationales Bau- und Vergaberecht
ZfIR	Zeitschrift für Immobilienrecht
ZfS/ZfSch	Zeitschrift für Schadensrecht
ZGB-DDR	Zivilgesetzbuch der Deutschen Demokratischen Republik
Ziff.	Ziffer
ZInsO	Zeitschrift für Insolvenzrecht
ZIP	Zeitschrift für Wirtschaftsrecht
ZMGR	Zeitschrift für das gesamte Medizinrecht
ZMR	Zeitschrift für Miet- und Raumrecht
ZPO	Zivilprozessordnung
ZRHO	Rechtshilfeordnung für Zivilsachen
ZUM	Zeitschrift für Urheber- und Medienrecht
ZUM-RD	ZUM-Rechtsprechungsdienst
zust.	zustimmend
ZustVV	Verordnung zur Einführung von Vordrucken für die Zustellung im gerichtlichen Verfahren (Zustellungsvordruckverordnung)
zutr.	zutreffend
ZVertriebsR	Zeitschrift für Vertriebsrecht
ZVFV	Verordnung über Formulare für die Zwangsvollstreckung (Zwangsvollstreckungsformular-Verordnung)
ZVG	Gesetz über die Zwangsversteigerung und die Zwangsverwaltung
ZVglRWiss	Zeitschrift für vergleichende Rechtswissenschaft
ZVI	Zeitschrift für Verbraucher- und Privat-Insolvenzrecht
ZwangsVVBW	Verwaltungsvorschrift der Bundeswehr über Zustellungen, Ladungen, Vorführungen und Zwangsvollstreckungen bezüglich Soldaten der Bundeswehr
ZwVwV	Zwangsverwalterverordnung
ZZP	Zeitschrift für Zivilprozess

Literaturverzeichnis

Ahrens/Achilles	Ahrens/Achilles, Der Wettbewerbsprozess, 8. Aufl. 2017
Altenkirch	Altenkirch, Sicherheitsleistung für Prozesskosten, 2013
Bahrenfuss-*Bearbeiter*	Bahrenfuss, FamFG, 3. Aufl. 2017
Balzer	Balzer, Beweisaufnahme und Beweiswürdigung im Zivilprozess, 3. Aufl. 2011
Bandel	Bandel, Einstweiliger Rechtschutz im Schiedsverfahren, 2000
Baumbach/Hück-*Bearbeiter*	Baumbach/Hück, GmbHG, 21. Aufl. 2017
Baumbach/Lauterbach/ Albers/Hartmann	Baumbach/Lauterbach/Albers/Hartmann, ZPO, 74. Aufl. 2016
Baumert	Baumert, Beweis im Schiedsverfahren, 2015
Berger	Berger, Einstweiliger Rechtsschutz im Zivilrecht, 2006
Binz/Dörndorfer/Petzold/ Zimmermann-*Bearbeiter*	Binz/Dörndorfer/Petzold/Zimmermann, GKG – FamGKG – JVEG, 3. Aufl. 2014
Böckstiegel/Berger/Bredow	Böckstiegel/Berger/Bredow, Die Beteiligung Dritter an Schiedsverfahren, 2005
Böckstiegel/Kröll/Nacimiento	Böckstiegel/Kröll/Nacimiento, Arbitration in Germany, 2. Aufl. 2014
Bodungen/Eberl/Geimer	Bodungen/Eberl/Geimer, Taktik im Schiedsverfahren, 2008
Boog	Boog, Die Durchsetzung einstweiliger Maßnahmen in internationalen Schiedsverfahren, 2011
Burkiczak/Dollinger/ Schorkopf-*Bearbeiter*	Burkiczak/Dollinger/Schorkopf, BVerfGG, 2015
Christ	Christ, Berichtigung, Auslegung und Ergänzung des Schiedsspruchs, 2008
Distler	Distler, Schiedsgerichtsbarkeit und Verfassung, 2000
Dreyer/Lamm/Müller-*Bearbeiter*	Dreyer/Lamm/Müller, RDG, 2009
Eberl	Eberl, Beweis im Schiedsverfahren, 2015
EK-*Bearbeiter*	Erfurter Kommentar zum Arbeitsrecht, 17. Aufl. 2017
Fezer	Fezer, Markenrecht, 4. Aufl. 2009
FS Baur	Gursky/Stürner/Walter/Wolf, Festschrift für Fritz Baur, 1981
FS Eichele	Buschbell-Steeger/Schmidt/Jansen/Levernick, Festschrift für Karl Eichele, 2013
FS Käfer	Rüssmann, Festschrift für Gerhard Käfer, 2009
FS Kaissis	Geimer/Schütze, Recht ohne Grenzen: Festschrift für Athanassios Kaissis zum 65. Geburtstag, 2012
FS Schlosser	Bachmann/Breidenbach/Coester-Waltjen/Hess/Nelle/Wolf, Grenzüberschreitungen: Beiträge zum Internationalen Verfahrensrecht und zur Schiedsgerichtsbarkeit. Festschrift für Peter Schlosser zum 70. Geburtstag, 2005
FS Stürner	Stürner/Bruns/Kern, Festschrift für Rolf Stürner zum 70. Geburtstag, 2013
FS Westermann	Aderhold/Grunewald/Klingberg/Paefgen, Festschrift für Harm Peter Westermann, 2008
Geimer	Geimer, Internationales Zivilprozessrecht, 7. Aufl. 2014
Geimer/Schütze	Geimer/Schütze, Europäisches Zivilverfahrensrecht: EuZVR, 3. Aufl. 2010
Gerold/Schmidt-Bearbeiter	Gerold/Schmidt, Rechtsanwaltsvergütungsgesetz: RVG, 22. Aufl. 2015

Goldbeck	Goldbeck, Der „umgekehrte" Wettbewerbsprozess, 2008
Hamme	Hamme, Die Teilungsversteigerung, 5. Aufl. 2015
Henssler/Prütting-*Bearbeiter*	Henssler/Prütting, Bundesrechtsanwaltsordnung: BRAO, 4. Aufl. 2014
Hüffer/Koch-*Bearbeiter*	Hüffer/Koch, Aktienrecht, 12. Aufl. 2016
Kalanke	Kalanke, Schiedsgerichtsbarkeit und schiedsgerichtsähnliche Verfahren im Internet, 2004
Keller	Keller, Handbuch Zwangsvollstreckungsrecht, 2013
Kern	Kern, Pachtrecht, 2012
Köhler/Bornkamm-*Bearbeiter*	Köhler/Bornkamm, Gesetz gegen den unlauteren Wettbewerb: UWG mit PAngV, UKlaG, DL-InfoV, 35. Aufl. 2017
Krug	Krug, Pflichtteilsprozess, 2014
Lachmann	Lachmann, Handbuch für die Schiedsgerichtspraxis, 2002
Landmann/Rohmer-*Bearbeiter*	Landmann/Rohmer, Umweltrecht: UmweltR, 81. Aufl. 2016
Martens	Martens, Wirkungen der Schiedsvereinbarung und des Schiedsverfahrens auf Dritte, 2005
Meinert	Meinert, Befangenheit im Rechtsstreit, 2015
MK-*Bearbeiter*	Münchener Kommentar zum FamFG, 2. Aufl. 2013; Münchener Kommentar zum BGB, 7. Aufl. 2015; Münchener Kommentar zur Insolvenzordnung, 3. Aufl. 2013 ff.; Münchener Kommentar zur Zivilprozessordnung, 5. Aufl. 2016
Musielak/Voit-*Bearbeiter*	Musielak/Voit, Zivilprozessordnung: ZPO, 13. Aufl. 2016
Nagel/Gottwald-*Bearbeiter*	Nagel/Gottwald, Internationales Zivilprozessrecht, 7. Aufl. 2013
Nieder/Kössinger-*Bearbeiter*	Nieder/Kössinger, Handbuch der Testamentsgestaltung – Grundlagen und Gestaltungsmittel für Verfügungen von Todes wegen und vorbereitende Erbfolgemaßnahmen, 5. Aufl. 2015
Ohly/Sosnitza-*Bearbeiter*	Ohly/Sosnitza, Gesetz gegen den unlauteren Wettbewerb: UWG, 7. Aufl. 2016
Palandt-*Bearbeiter*	Palandt, Bürgerliches Gesetzbuch: BGB, 75. Aufl. 2016
Peltzer	Peltzer, Die Dissenting Opinion in der Schiedsgerichtsbarkeit, 2000
Prütting/Gehrlein-*Bearbeiter*	Prütting/Gehrlein, ZPO Kommentar, 8. Aufl. 2016
Reithmann/Martiny	Reithmann/Martiny, Internationales Vertragsrecht, 8. Aufl. 2015
Rosenberg/Schwab/Gottwald	Rosenberg/Schwab/Gottwald, Zivilprozessrecht, 17. Aufl. 2010
Saenger-*Bearbeiter*	Saenger, Zivilprozessordnung: ZPO, 3. Aufl. 2016
Schlosser	Schlosser, Recht der internationalen privaten Schiedsgerichtsbarkeit, 1989
Schuschke/Walker	Schuschke/Walker, Vollstreckung und Vorläufiger Rechtsschutz, 6. Aufl. 2016
Schütze	Schütze, Schiedsgericht und Schiedsverfahren, 6. Aufl. 2016
Schwab/Walter	Schwab/Walter, Schiedsgerichtsbarkeit, 7. Aufl. 2005
Spielbauer/Schneider-*Bearbeiter*	Spielbauer/Schneider, Mietrecht, 2013
Spielbauer/Then-*Bearbeiter*	Spielbauer/Then, WEG, 3. Aufl. 2017
Splittgerber	Splittgerber, Online-Schiedsgerichtsbarkeit in Deutschland und den USA, 2003
Spohnheimer	Spohnheimer, Gestaltungsfreiheit bei antezipiertem Legalanerkenntnis des Schiedsspruchs, 2010
Staudinger-*Bearbeiter*	Staudinger, J. von Staudingers Kommentar zum Bürgerlichen Gesetzbuch, 2000 ff.
Stein/Jonas-*Bearbeiter*	Stein/Jonas, Kommentar zur Zivilprozessordnung: ZPO, 22. Aufl. 2003 ff.
Steinbrück	Steinbrück, Die Unterstützung ausländischer Schiedsverfahren durch staatliche Gerichte, 2009

Stolzke	Stolzke, Aufrechnung und Widerklage in der Schiedsgerichtsbarkeit, 2006
Stürner	Stürner, Die Aufklärungspflicht der Parteien des Zivilprozesses, 1978
Stuckert	Stuckert, Die Erledigung in der Rechtsmittelinstanz, 2007
Teplitzky	Teplitzky, Wettbewerbsrechtliche Ansprüche und Verfahrende, 11. Aufl. 2016
Thomas/Putzo-*Bearbeiter*	Thomas/Putzo, Zivilprozessordnung: ZPO, 37. Aufl. 2016
von Eicken/Hellstab/Lappe/Dorndörfer/Asperger	von Eicken/Hellstab/Lappe/Dorndörfer/Asperger, Die Kostenfestsetzung, 22. Aufl. 2015
von Schultz	von Schultz, Markenrecht, 3. Aufl. 2012
Wagner	Wagner, Die Erledigung im Mahnverfahren, 2015
Wieczorek/Schütze-*Bearbeiter*	Wieczorek/Schütze, Zivilprozessordnung und Nebengesetze: ZPO, 4. Aufl. 2014 ff.
Zimmermann	Zimmermann, Zivilprozessordnung: ZPO, 10. Aufl. 2015
Zöller-*Bearbeiter*	Zöller, Kommentar zur Zivilprozessordnung, 31. Aufl. 2016

Einleitung

Inhalt:

	Rn.		Rn.
A. Allgemeines/Entwicklung der ZPO	1	a) Voraussetzungen eines Klageantrags	23
B. Prinzipien des deutschen Zivilprozesses	3	b) Besonderheiten bei Leistungs-/Feststellungs- und Gestaltungsklagen	25
I. Parteiherrschaft	4		
II. Unmittelbarkeitsgrundsatz	8		
III. Rechtliches Gehör	11	c) Auslegung eines Klageantrags	27
IV. Grundsatz des fairen Verfahrens	11	2. Klagebegründender Sachverhalt	29
C. Auslegung des Prozessrechts	20	E. Prozesshandlungen der beteiligten Parteien	33
D. Streitgegenstand	21		
I. Allgemeines	21	I. Prozesshandlungsvoraussetzungen	35
II. Der Streitgegenstand als prozessualer Anspruch	22	1. Allgemeine Wirksamkeitsvoraussetzungen	35
1. Der Klageantrag	23	2. Auslegung/Heilung	37
		II. Besonderheit: Prozessvertrag	38

A. Allgemeines/Entwicklung der ZPO

§ 13 GVG weist die bürgerlichen Rechtsstreitigkeiten der **ordentlichen Gerichtsbarkeit** zu. Die Zivilprozessordnung (ZPO) regelt – aufgeteilt in nunmehr elf Bücher – das Verfahren und unterteilt es in das jeweils unabhängige Erkenntnis- und Vollstreckungsverfahren. Die ZPO unterlag nach ihrem Inkrafttreten im Jahre 1877 einer umfangreichen Entwicklung und Veränderung durch eine Vielzahl von Änderungsgesetzen,[1] und wurde zuletzt im Jahre 2017 weiter reformiert,[2] ist in ihrem Kern jedoch weitgehend beständig, wenngleich durch jüngere Reformen größere Teile des Familienprozessrechts in das Gesetz über das Verfahren in Familiensachen und in den Angelegenheiten der freiwilligen Gerichtsbarkeit (FamFG) ausgelagert wurden. Dennoch gelten über § 113 FamFG in Familienstreit- und Ehesachen teilweise die Regelungen der ZPO entsprechend. Darüber hinaus wird auch in anderen Gesetzen auf die Regelungen der ZPO verwiesen, so z.B. in § 46 Abs. 2 ArbGG für das arbeitsgerichtliche Verfahren, in § 202 Satz 1 SGG für das sozialgerichtliche Verfahren, in § 173 Satz 1 VwGO für das verwaltungsgerichtliche Verfahren sowie in § 167 Abs. 1 Satz 1 VwGO für die Vollstreckung verwaltungsgerichtlicher Entscheidungen, in § 37 Abs. 1 StPO für das strafprozessuale Verfahren sowie in § 155 Satz 1 FGO für das finanzgerichtliche Verfahren. 1

Das **Erkenntnisverfahren** regelt den Weg bis zum Abschluss des Verfahrens (sog. Urteilsverfahren; §§ 253–510b ZPO), in dem über den Anspruch des Klägers/Widerklägers entschieden wird. Dabei sind verschiedene Ausgestaltungen gesetzlich vorgesehen, so z.B. der Urkunden-, Wechsel- und Scheckprozess (§§ 592–605a ZPO), die einstweilige Verfügung/Arrest (§§ 916–945 ZPO), das Mahnverfahren (§§ 688–703d ZPO, das durch Einspruch in das Urteilsverfahren übergeht) oder das nur teilweise den staatlichen Gerichten zugeordnete schiedsgerichtliche Verfahren (§§ 1025–1066 ZPO). Im **Vollstreckungsverfahren** wird die gerichtliche Entscheidung (in der Regel das Urteil oder ein anderer Vollstreckungstitel) vollstreckt. Soweit in den Sonderverfahren keine abweichenden Regelungen vorgesehen sind, gelten die allgemeinen Vorschriften des ersten Buchs der ZPO. 2

---

1 Vgl. zur Historie ausführlich Zöller-*Vollkommer*, ZPO, Einleitung Rn. 1 ff.
2 Gesetz zur Änderung von Vorschriften im Bereich des Internationalen Privat- und Zivilverfahrensrechts. Das Gesetz dient der Anpassung zivilprozessualer Vorschriften an die Änderungen der Verordnung (EG) Nr. 861/2007 des Europäischen Parlaments und des Rates vom 11.07.2007 zur Einführung eines europäischen Verfahrens für geringfügige Forderungen (ABl. L 199 v. 31.07.2007, S. 1; L 141 v. 05.06.2015, S. 118), die zuletzt durch die Verordnung (EU) 2015/2421 (ABl. L 341 v. 24.12.2015, S. 1) geändert worden ist (BT-Drucks. 18/10714, S. 1).

B. Prinzipien des deutschen Zivilprozesses

3 Generell kann Jedermann bei einem deutschen Gericht Rechtsschutz ersuchen (sog. **Rechtsschutzgarantie**). Das Bundesverfassungsgericht hat den aus dem Rechtsstaatsprinzip in Verbindung mit den Grundrechten folgenden allgemeinen Justizgewährungsanspruch als Grundlage des Rechtsschutzes in zivilrechtlichen Streitigkeiten anerkannt.[3] Die Rechtsschutzgarantie wird lediglich bei grob die befassten Justizorgane verunglimpfenden, frivolen, grob querulatorischen oder rechtsmissbräuchlichen Ersuchen versagt.[4] Der Zivilprozess wird in seinem Ablauf geprägt von einigen, im Folgenden dargestellten Grundprinzipien. Diese Grundsätze gelten im gesamten Bereich der ZPO.

I. Parteiherrschaft

4 Anders als beispielsweise im Strafrecht sind die Parteien „Herr oder Herrin" des Verfahrens (zum Parteibegriff, siehe § 50 Rn. 1) und bestimmen weitgehend den Inhalt des Prozesses. Sie haben den Prozessstoff beizubringen (sog. **Beibringungsgrundsatz**, auch Verhandlungsgrundsatz). Dabei ist es auch Aufgabe der Parteien darüber zu entscheiden, ob über einen Sachvortrag Beweis zu erheben ist oder dieser für das Gericht als unstreitig zu berücksichtigen ist. Allerdings hat der erkennende Richter stets die **Wahrheit** zu erforschen (§ 138 Abs. 1 ZPO).[5] Er darf aber nur den Vortrag verwerten, der ihm durch die Parteien vorgegeben wird (jedoch wirkt das Gericht an der Sachverhaltserforschung mit, vgl. z.B. §§ 139, 141, 273 ZPO). Dies findet seine Ausnahme in gerichtsbekannten Umständen oder Erfahrungssätzen.[6] Soweit über einen Sachverhalt Beweis zu erheben ist (was ausschließlich die Parteien durch Bestreiten herbeiführen können), hat die beweisbelastete Partei **Beweismittel** anzubieten;[7] wird der Beweis durch die beweisbelastete Partei nicht angeboten, darf das Gericht nicht von Amts wegen den Beweis erheben. Dabei sind grundsätzlich alle Formen von Beweismitteln (Zeugen [§§ 373 ff. ZPO], Sachverständige [§§ 402 ff. ZPO], Urkunden [§§ 415 ff. ZPO], Augenschein [§§ 371 ff. ZPO], Parteivernehmung [§§ 445 ff. ZPO; jedoch subsidiär, vgl. § 450 Abs. 2 ZPO]; für den Freibeweis stehen folgende Beweismittel zur Verfügung: Versicherung an Eides statt [§ 294 Abs. 1 ZPO] sowie als Substitut die behördliche Auskunft [§ 273 Abs. 2 Nr. 2 ZPO]) denkbar und können von den Parteien angeboten werden. **Rechtswidrig erlangte Beweismittel** sind nicht per se unverwertbar.[8] Es kommt entscheidend auf den Grad der materiellen Rechtsverletzung an, mithin einen Eingriff in eine grundrechtlich geschützte Position (z.B. Eingriff in das verfassungsrechtlich gewährleistete Recht am gesprochenen Wort als Teil des allgemeinen Persönlichkeitsrechts durch Mithören eines Telefonats durch einen Dritten, der dann als Zeugenbeweis angeboten wird).[9] Die Beschaffung eines Beweismittels durch einen Eingriff in die

---

3 Vgl. BVerfGE 107, 395 = NJW 2003, 1924 (1926).
4 Vgl. EGMR, NJW 2012, 3501, Rn. 3: Insbesondere kann es nicht Aufgabe des Gerichtshofs sein, sich mit einer Folge von unbegründeten und querulatorischen Beschwerden zu befassen, die unnütze und mit seiner eigentlichen Aufgabe unvereinbare Arbeit verursachen (= Leitsatz 2); Zöller-*Vollkommer*, ZPO, Einleitung Rn. 48a.
5 Vgl. hierzu BVerfG, IBRRS 2013, 0227 = MDR 2013, 294: Auch der Zivilrichter ist nach Maßgabe der anwendbaren Verfahrensordnung, seinem Amtseid gemäß, verpflichtet, der Wahrheit zu dienen (§ 38 Abs. 1 DRiG). In dem entschiedenen Fall hatte ein Zivilrichter nach einem Beweisantrag geäußert: „Die Wahrheit interessiert mich nicht." Das BVerfG hat zutreffend festgestellt, dass in dieser Äußerung kein bloßer Hinweis auf die zivilprozessrechtlichen Grenzen der richterlichen Pflicht zur Sachverhaltsermittlung zu sehen sei. Die grob unsachliche Äußerung des Richters war offensichtlich geeignet, den Eindruck einer Voreingenommenheit zu erzeugen. Vgl. zur Befangenheit ausführlich die Kommentierung zu §§ 42 ff. ZPO.
6 Vgl. BGH, MDR 1978, 567 = WM 1978, 244.
7 Einem Antrag auf Beiziehung von Strafakten muss das Gericht nicht folgen, vgl. OLG Hamm, NJW-RR 2002, 504, zumindest dann, wenn die Parteien sich selbst einsehen können und dem Gericht aufgrund des Umfangs eine Beiziehung nicht zumutbar ist. Der Inhalt der Strafakte kann jedoch durch schriftsätzlichen Vortrag in den Prozess eingeführt werden. Entsprechende Beweise aus der Strafakte können benannt werden. Zur Aktenbeiziehung auch BGH, NJW 1994, 3295: Gibt der Richter einem Antrag auf Beiziehung von Akten statt, obwohl der Beweisantrag die Urkunden oder Aktenteile nicht benennt, die der Beweisführer für erheblich hält, gehört dennoch derjenige Akteninhalt, auf den sich keine Partei substantiiert beruft, nicht zum Prozessstoff. Dies gilt auch dann, wenn in der Terminsniederschrift oder im Urteil vermerkt ist, die Akte sei zum Gegenstand der mündlichen Verhandlung gemacht worden (= Leitsatz 3).
8 So aber LG Kassel, NJW-RR 1990, 63; LG Frankfurt a.M., NJW 1982, 1056; zum Ausforschungsbeweis: BGH, NJW 1988, 1529.
9 Vgl. statt aller BVerfG, NJW 2002, 3619: heimliches Mithören eines Telefonats durch einen Dritten begründet ein Verwertungsverbot der eingeführten Zeugenvernehmung des Dritten; auf das Recht am gesprochenen Wort kann sich auch eine juristische Person des Privatrechts berufen, vgl. BVerfG, MMR 2003, 35 (38); BVerfG, DB 1992, 786 = NJW 1992, 815: unzulässiges Abhören eines

Intimsphäre oder eine Beeinträchtigung der Menschenwürde führt daher stets zur Unverwertbarkeit des Beweismittels.

Das Pendant, der **Untersuchungsgrundsatz**, gilt v. a. im Straf- und Verwaltungsprozessrecht, wonach das Gericht den für die abschließende Entscheidung erheblichen Sachverhalt selbst ermittelt. Im deutschen Zivilprozess greift der Untersuchungsgrundsatz z. b. bei der gerichtlichen Entscheidung, ob ein **Erfahrungssatz**, also Regeln der allgemeinen Lebenserfahrung oder besonderen Sach- und Fachkunde, greift. Darüber hinaus kommt der Untersuchungsgrundsatz beim Handeln des Gerichtsvollziehers und somit im Rahmen der **Zwangsvollstreckung**[10] sowie im **Insolvenzverfahren** zum tragen. In diesen Anwendungsbereichen greift der Verhandlungsgrundsatz nicht. Ordnet das Gericht im Zivilprozess dennoch Ermittlungen an, ohne dass dies von den Parteien vorgetragen wurde, und überschreitet es somit die Grenze zur Amtsermittlung, werden die Erkenntnisse hieraus – ohne, dass ein Beweisverwertungsverbot anzunehmen ist – in den Prozess einfließen und können durch die Parteien übernommen werden, soweit dem Vorgehen des Gerichts nicht rechtzeitig entgegengetreten wird.[11]

Ein weiterer Unterpunkt der Parteiherrschaft ist die sog. **Dispositionsmaxime** (auch Verfügungsgrundsatz), wonach es den Parteien freisteht, über Beginn und Ende des Prozesses zu entscheiden, so z. B. bei – ggf. zustimmungsbedürftiger – Klagerücknahme (§ 269 ZPO), (übereinstimmender) Erledigungserklärung (§ 91a ZPO), Abschluss eines Vergleichs (§ 278 Abs. 6 ZPO; einschränkend bei offensichtlich gesetzeswidrigen bzw. sittenwidrigen Vergleichsvorschlägen der Parteien, denen das Gericht nicht folgen muss), Verzicht (§ 306 ZPO), Anerkenntnis (§ 307 ZPO), Klageänderung (§ 263 ZPO) oder Versäumnis (§§ 330 ff. ZPO). Ebenso entscheiden sie durch ihre Anträge (§ 308 Abs. 1 ZPO), in welchem Umfang das Gericht zur Entscheidung berufen ist. Prozessparteien können sich zu einem bestimmten prozessualen Verhalten verpflichten. Sie können auch – soweit die gesetzlichen Voraussetzungen vorliegen – wirksam vereinbaren, weitere zwischen ihnen streitige Ansprüche nur in diesem Prozess geltend zu machen.[12]

Die Dispositionsmaxime ist auch im Rahmen von **FamFG-Verfahren** möglich, da das Gesetz teilweise ausdrücklich Anträge der Beteiligten als Voraussetzung für den Beginn des Verfahrens vorsieht (so z. B. § 223 Abs. 1 FamFG [Ausgleichsansprüche nach Scheidung] oder § 417 FamFG [Freiheitsentziehung durch Antrag der zuständigen Verwaltungsbehörde]). Fehlt ein solcher formeller Antrag, kann das Gericht ein Verfahren nicht einleiten. Einleitung, Gegenstand und Beendigung des Verfahrens obliegt einzig den Beteiligten.[13] Für das FamFG-Verfahren eher typisch ist der **Amtsermittlungsgrundsatz** (§ 26 FamFG), der das Gericht verpflichtet, den Sachverhalt von Amts wegen aufzuklären. Das Gericht ist hierbei nicht an das Parteivorbringen gebunden.[14]

II. Unmittelbarkeitsgrundsatz

Nach dem Grundsatz der Unmittelbarkeit findet das Verfahren und die Beweisaufnahme **vor dem erkennenden Gericht** statt, § 128 Abs. 1 ZPO bzw. § 355 Abs. 1 ZPO;[15] zur Verhandlung im Wege der Bild- und Tonübertragung vgl. § 128a ZPO. Es ist nicht von Relevanz, ob mündlich verhandelt wird oder eine Entscheidung im schriftlichen Verfahren (§ 128 Abs. 2 ZPO) erfolgt. Zulässige **Einschränkungen** können sich insoweit ergeben, dass die Durchführung von Beweiserhebungen auf einen beauftragten Richter (Mitglied des Kollegiums) übertragen wird (vgl. §§ 372 Abs. 2, 375, 402, 434, 451 ZPO). Eine weitere zulässige Einschränkung ergibt sich aus der Möglichkeit, dass – mit Zustimmung der Parteien – eine Entscheidung aufgrund eines

---

Dienstgesprächs durch den Arbeitgeber unter Berücksichtigung der beruflichen Verschwiegenheitspflicht; BVerfGE 34, 238 = NJW 1973, 891, zur unzulässigen Verwertung einer heimlichen Tonbandaufnahme im Strafprozess; BGHZ 80, 25 = MDR 1981, 484 = NJW 1981, 1089: Einschleichen in einen Betrieb (hier: Redaktion der Bild-Zeitung); BGH, NJW 1970, 1848 = FamRZ 1970, 589: Hat ein Ehegatte den anderen in dessen Wohnung heimlich durch einen Dritten beobachten lassen, um ihm im Ehescheidungsprozess ehewidrige Handlungen nachweisen zu können, so darf der Dritte in diesem Prozess über seine Beobachtungen nicht vernommen und eine von ihm darüber gemachte Aussage nicht verwertet werden (= Leitsatz 1).

10 Vgl. auch LG Erfurt, DGVZ 2015, 204.
11 So *Stackmann*, NJW 2007, 3521; zur Verwendung fremder Daten im Zivilprozess und zivilprozessuale Beweisverbote, vgl. *Dauster/Braun*, NJW 2000, 313.
12 Vgl. BGH, WM 1973, 144.
13 Vgl. MK-*Ulrici*, FamFG, Vorbem. zu §§ 23 ff. Rn. 14 f.; Bahrenfuss-*Blank*, FamFG, § 113 Rn. 8 ff.
14 Vgl. Bahrenfuss-*Rüntz*, FamFG, § 23 Rn. 5.
15 Der Grundsatz der Unmittelbarkeit der Beweisaufnahme gilt im Verfahren der freiwilligen Gerichtsbarkeit nur insoweit, als das Gericht förmliche Beweiserhebungen durchführt, OLG München, FGPrax 2008, 211 (212) = NJW-RR 2009, 83 (85).

Richterwechsels durch den neuen Richter ergeht, der an der Beweisaufnahme nicht beteiligt war. Dies ist Ausfluss des Grundsatzes der Parteiherrschaft, setzt aber voraus, dass die Parteien ihre Zustimmung zur Verwertung der (bisherigen) Beweisergebnisse erteilt haben.[16] Eine weitere Ausnahme vom Unmittelbarkeitsgrundsatz sieht § 411a ZPO für das **schriftliche Sachverständigengutachten** vor.

9 Mit dem Unmittelbarkeitsgrundsatz hängt notwendigerweise auch der **Mündlichkeitsgrundsatz** zusammen. In der Regel findet die Beweisaufnahme in einer mündlichen Verhandlung statt. Eine zulässige **Einschränkung** findet der Mündlichkeitsgrundsatz z.B. im Verfahren nach § 495a ZPO. In der Praxis setzt sich in vereinfachten Verfahren nach § 495a ZPO immer mehr durch, dass den Parteien durch das Gericht aufgegeben wird, sämtliche Kontaktdaten möglicher Beweismittel, in der Regel der angebotenen Zeugen zu benennen, damit das Gericht diese z.B. telefonisch vernehmen kann. Das im Anschluss durch den erkennenden Richter zu erstellende Protokoll wird dann den Parteien zugestellt, die hierzu Stellung nehmen können. Eine Entscheidung ergeht dann unter Verwertung der auf diese Weise gewonnenen Erkenntnisse. Der Schutz der Parteien besteht darin, dass sie jederzeit einen Antrag auf mündliche Verhandlung stellen können, § 495a Satz 2 ZPO.

10 Mit dem Mündlichkeitsgrundsatz geht der **Öffentlichkeitsgrundsatz** (§ 169 GVG), der das Vertrauen der Bevölkerung in die Rechtsprechung stärken soll, einher. Die mündlichen Verhandlungen sind daher stets öffentlich (**Ausnahme in Familiensachen**, vgl. § 170 GVG: Verhandlungen, Erörterungen und Anhörungen in Familiensachen sind stets nichtöffentlich). Beim auswärtigen Augenschein (als Teil der Beweisaufnahme) ist auf einen entsprechenden und unmissverständlichen Verweis am Sitzungssaal bzw. Sitzungsaushang zu achten. Dabei genügt nicht der Hinweis, dass ein auswärtiger Augenschein anberaumt ist. Vielmehr muss genau bezeichnet sein, wann und wo dieser stattfindet.

III. Rechtliches Gehör

11 Der Anspruch auf rechtliches Gehör ist verfassungsrechtlich durch Art. 103 Abs. 1 GG bzw. Art. 6 Abs. 1 EMRK **garantiert**. Unter Berücksichtigung der vorgenannten Grundsätze (Rn. 3 ff.), insbesondere des Grundsatzes der Parteiherrschaft, ist es unausweichlich, dass sämtliche Verfahrensbeteiligten,[17] auf die sich eine gerichtliche Entscheidung auswirkt, also nicht nur die Klage- und Beklagtenpartei, sondern auch z.B. der Nebenintervenient (oder Zeugen vor einer Entscheidung nach §§ 380, 387 ZPO; Rechtsanwälten vor einer Entscheidung nach § 135 Abs. 2 ZPO),[18] zeitnah (nicht jedoch unverzüglich) Kenntnis von allen inhaltlichen und verfahrensrelevanten Vorträgen/Vorgängen haben (rechtliches Gehör, z.B. in §§ 118, 136–139, 141, 337, 404a Abs. 5 Satz 1, 547 Nr. 4 ZPO einfach gesetzlich geregelt). Hierdurch, insbesondere auch durch die Hinweispflicht des Gerichts gem. § 139 Abs. 2 ZPO, werden verfassungswidrige **Überraschungsentscheidungen**[19] der Gerichte vermieden; nicht im schiedsgerichtlichen Verfahren.[20] In zeitlicher Hinsicht ist dieser Anspruch auf rechtliches Gehör bzw. die Möglichkeit sich zum Prozessstoff zu äußern, v.a. vor Entscheidungen des erkennenden Gerichts relevant und führt bei **Verstoß** in der Regel zur Aufhebung der Entscheidung. Das Gericht muss den mündlichen sowie schriftlichen Sachvortrag sowie auch die rechtlichen Ausführungen zur Kenntnis nehmen, in Erwägung ziehen und – soweit sie nicht unbehelflich sind – im Urteil erörtern.[21] Dies gilt freilich nicht, wenn der Sachvortrag präkludiert ist und schon – verfassungsrechtlich unbedenklich – gesetzlich durch das Gericht nicht mehr verwer-

---

16 Zur eingeschränkten Verwertung des persönlichen Eindrucks eines vernommenen Zeugen: OLG München, FGPrax 2008, 211 (212) = NJW-RR 2009, 83 (85), wonach eine Berücksichtigung nur dann durch den neuen Richter möglich ist, wenn der vernehmende Richter seinen Eindruck ausreichend protokolliert hat.
17 Vgl. BVerfG, MDR 1982, 544 = NJW 1982, 1635 (1636): Art. 103 Abs. 1 GG gebietet bei einer Auflösungsklage gegen eine Gesellschaft den Mitgesellschafter als notwendigen Streitgenossen zumindest von der Klageerhebung in Kenntnis zu setzen und ihn nicht vor vollendete Tatsachen zu stellen. Diese Unterrichtung widerspricht dem Grundsatz der Parteimaxime schon deshalb nicht, weil das Verfahrensrecht eine Beteiligung des notwendigen Streitgenossen am Rechtsstreit vorsieht.
18 Vgl. Thomas/Putzo-*Reichold*, ZPO, Einl. I Rn. 11.
19 Vgl. BVerfG, NJW 1996, 45; BVerfG, NJW 1994, 1210; BVerfG, NJW 1994, 1274.
20 Vgl. BGHZ 85, 291 ff.; OLG München, SchiedsVZ 2015, 303.
21 Vgl. zuletzt BVerfG, NJW 2015, 1746, Rn. 15, wonach das Gericht grundsätzlich nicht gehalten ist, „jedes Vorbringen in den Gründen seiner Entscheidung ausdrücklich zu bescheiden. Geht das Gericht aber auf den wesentlichen Kern des Tatsachenvortrags einer Partei zu einer Frage, die für das Verfahren von entscheidender Bedeutung ist, in den Entscheidungsgründen nicht ein, so lässt dies auf die Nichtberücksichtigung des Vortrags schließen, sofern er nicht nach dem Rechtsstandpunkt des Gerichts unerheblich oder offensichtlich unsubstanziiert war."

tet werden darf, §§ 296, 296a ZPO.[22] Ebenso erfährt der Grundsatz des rechtlichen Gehörs bei **Eilentscheidungen** Einschränkungen, indem rechtliches Gehör im einstweiligen Rechtsschutz in der Regel erst im nachfolgenden Verfahren gewährt wird, soweit dies von der betroffenen Partei angestrengt wird. Das Gericht hat **vor jeder Entscheidung** zu prüfen, ob den Parteien zum entscheidungserheblichen Sachverhalt rechtliches Gehör tatsächlich gewährt wurde;[23] eine tatsächliche Äußerung der Partei ist jedoch nicht erforderlich. Soweit keine förmliche Zustellung erfolgte, muss das Gericht auch einen Verlust bei der Postversendung in Betracht ziehen;[24] insoweit scheidet ein Ordnungsgeld gegen einen Zeugen, der nicht förmlich geladen wurde und sich auch nicht anderweitig äußerte, in der Regel aus.

Die **Art und Weise** des rechtlichen Gehörs bestimmt sich nach dem Verfahrensablauf. In der Regel kann dies durch Möglichkeiten zur schriftlichen Stellungnahme, bei notwendiger mündlicher Verhandlung, mündlich geschehen. Soweit im Rahmen der mündlichen Verhandlung neue Aspekte oder neuer – verwertbarer, nicht präkludierter – Sachverhalt durch eine Partei vorgetragen wird, wird in der Praxis zumeist rechtliches Gehör durch eine **fristgebundene Schriftsatzfrist** zum neuen Sachvortrag gewährt. Erst nach Ablauf dieser Frist, aber dann zu jeder Zeit, kann eine Entscheidung des Gerichts ergehen, soweit dieser neue Sachvortrag vom Gericht verwertet werden soll. Ein **Vertrauen** darauf, das Gericht werde – wie bei diesem Gericht üblich – nicht am nächsten Tag auf die Fristende entscheiden, besteht nicht. Auch dann nicht, wenn den anfragenden Prozessbevollmächtigten über die Geschäftsstelle mitgeteilt wird, der zuständige Richter sei am Freitagmittag bereits nach Hause gegangen oder für eine Woche im Urlaub. Eine Entscheidung des Gerichts kann – nach Fristablauf – auch am Wochenende ergehen. Sind unter gesamtbetrachtender Würdigung gesetzte **Fristen zu kurz**, so müssen sie durch das Gericht auf (rechtzeitigen!) Antrag der betroffenen Partei verlängert werden. 12

Entscheidungen unter **kausalem Verstoß**[25] gegen das rechtliche Gehör können infolge einer **Gehörsrüge (§ 321a ZPO)** aufgehoben werden. Zuständig hierfür ist zunächst das erkennende Gericht (§ 321a Abs. 4 Satz 1 ZPO). Darüber hinaus besteht die Möglichkeit zur Überprüfung eines Gehörsverstoßes im Rechtsmittelverfahren sowie – nach Ausschöpfung des Rechtswegs – durch Verfassungsbeschwerde (§ 90 Abs. 2 BVerfGG), wobei eine (erfolglose) fachgerichtliche Entscheidung über den Gehörsverstoß erfolgt sein muss, was die Erhebung der Gehörsrüge unerlässlich macht.[26] Darüber hinaus ist auch Menschenrechtsbeschwerde (Art. 34 EMRK) möglich. 13

Ein Gehörsverstoß muss **ausreichend bezeichnet und dargelegt** werden (vgl. hierzu auch § 321a Abs. 2 Satz 5 ZPO). Ein allgemeiner Hinweis genügt nicht. Es ist vielmehr eine Erläuterung, Erklärung oder ein näher auf etwas Eingehen erforderlich, mithin ist ein substantiierter Vortrag erforderlich. Die bloße Behauptung genügt hingegen nicht.[27] 14

Weitere Beispiele für Gehörsverstöße, siehe § 321a Rn. 3ff. 15

Eine **Heilung** ist durch (ausdrücklichen oder stillschweigenden) **Verzicht** (§ 295 ZPO) der betroffenen Partei oder **nachträgliche Gewährung** des rechtlichen Gehörs, z.B. im Einspruchsverfahren (§ 338 ZPO) oder in den Rechtsmittelverfahren, soweit es dem Rechtsmittelgericht noch offensteht, über diese Tatsachen/Rechtsansichten zu entscheiden. Natürlich ist auch eine Heilung im Verfahren nach § 321a ZPO möglich. 16

IV. Grundsatz des fairen Verfahrens

Der Grundsatz des fairen Verfahrens leitet sich aus Art. 2 Abs. 1 i.V.m. Art. 20 Abs. 3 GG (Rechtsstaatsprinzip) bzw. Art. 6 EMRK ab[28] und wird vom Bundesverfassungsgericht als **all-** 17

---

22 Vgl. BVerfG, NJW 2015, 1746, Rn. 15; hingegen BVerfG, NJW 1984, 2203, wonach Verletzung des Anspruchs auf rechtliches Gehör durch fehlerhafte Anwendung einer Präklusionsvorschrift angenommen werden kann. Im Übrigen vgl. auch die Ausführungen unter § 296 Rn. 1ff.
23 Vgl. BVerfG, FamRZ 2006, 763 = NJW 2006, 2248 (2249), Rn. 15 – bezogen auf ein Verfahren nach § 495a ZPO, bei dem die Kenntnis der Parteien von gegnerischen Schriftsätzen mittels Empfangsbekenntnisses zu überwachen ist.
24 Vgl. BVerfG, NJW 2013, 2658, Rn. 9: Der Bürger trägt weder das Risiko des Verlusts im Übermittlungsweg noch eine irgendwie geartete Beweislast für den Nichtzugang.
25 Vgl. BVerfGE 13, 132 (144) = VerwRspr 1962, 394 (397): Die unterlassene Anhörung des Beteiligten muss zu einer anderen, ihm günstigeren Entscheidung führen können; nur dann beruht die Entscheidung darauf, dass der Beteiligte nicht gehört wurde.
26 Vgl. BVerfGE 107, 395 = NJW 2003, 1924 (1927); bei Zurückverweisung durch die Rechtsmittelinstanz (§§ 538 Abs. 2, 563, 572 Abs. 3, 577 Abs. 4 ZPO) ist der Rechtsweg noch nicht ausgeschöpft, so BVerfG, NJW 2000, 3198 (3199).
27 Vgl. BGHZ 152, 182 = GRUR 2003, 259 (261f.) = MDR 2003, 104.
28 Vgl. EGMR, NJW 1995, 1413ff.; BVerfGE 110, 339; BVerfGE 122, 248 (271f.); BVerfG, NJW 1994, 1853; BGH, NJW 2000, 3284 (3285) = MDR 2000, 1333.

gemeines Prozessgrundrecht hervorgehoben.[29] Im Wesentlichen wird hierdurch ein unabdingbarer Anspruch der Parteien begründet, durch den/die erkennenden Richter ein widerspruchsfrei geführtes Verfahren nach den zivilprozessualen Grundsätzen zu erfahren. Fehler des Gerichts (oder diesem zurechenbar) dürften sich nicht zum Nachteil für die Parteien auswirken.[30] Zudem besteht eine **Rücksichtnahme- und Fürsorgepflicht** bezogen auf die Belange der Parteien. Waffengleichheit muss stets hergestellt sein.[31]

18 **Beispiele:**
Geschützt sind insoweit die Vertrauenssphäre zwischen Anwalt und Mandant bzw. in den Schutzbereich der Eigenverteidigung einer Partei. Eingriffe sind nur in außergewöhnlichen Fällen, z.B. bei Missbrauch des Privilegs möglich. Fehlgeleitete Rechtsmittelschriften müssen in der Regel weitergeleitet werden, jedoch dann nicht, wenn das angegangene Gericht vorher mit dem Verfahren nicht befasst war oder die Unzuständigkeit offensichtlich ist.[32] Unleserliche Unterschriften eines Rechtsanwalts führen nicht zur Zurückweisung eines Rechtsmittels. Ebenso nicht ein falsches Datum und Aktenzeichen, wenn ansonsten durch Anhang des angefochtenen Urteils eine Zuordnung problemlos möglich ist.[33] Eine gerichtliche Entscheidung entgegen dem vorher erteilten rechtlichen Hinweis zu einer entscheidungserheblichen Rechtsfrage verstößt gegen den Grundsatz des fairen Verfahrens.[34]

19 Das Gericht muss ein Verfahren in angemessener Zeit bearbeiten und somit effektiven Rechtsschutz gewähren. **Überlange Verfahrensdauern** können einen Verstoß gegen Art. 2 Abs. 1 i.V.m. Art. 20 Abs. 3 GG (Rechtsstaatsprinzip) bzw. Art. 6 EMRK begründen. Zur Bestimmung einer **„Überlänge"** verbietet sich ein vorgegebenes Schema. Es ist stets auf den Einzelfall abzustellen. Dabei sind z.B. mietrechtliche Räumungsklagen vorrangig und zügig zu bearbeiten. Das Gericht hat jedoch – soweit eine schlüssige Klageschrift vorliegt – binnen sechs Monate zumindest einen Gütetermin anzuberaumen, um sich insoweit bezüglich der Dringlichkeit einen Eindruck zu verschaffen. Im Übrigen wird aber in der Regel eine Überlänge bei mehr als zehnjähriger Rechtshängigkeit in 1. Instanz anzunehmen sein, soweit das Verfahren nicht zwischenzeitlich übereinstimmend für einen nicht unerheblichen Zeitraum ruhte.

C. Auslegung des Prozessrechts

20 Die Vorschriften der ZPO sind anhand der **allgemeinen Auslegungsgrundsätze** generell auslegungsfähig; die vorgenannten Grundsätze (Rn. 3–19) sind anwendbar; soweit geboten sind die Normen verfassungskonform auszulegen. Soweit – generell ausgehend vom **Wortlaut** der jeweiligen ZPO-Vorschrift – sich Widersprüche ergeben, ist auf das **Ziel und Zweck** einer ZPO-Vorschrift abzustellen. Generelles Ziel der ZPO ist eine zügige, unter Zugrundelegung der Wahrheit getroffene gerichtliche Entscheidung über eine zivilrechtliche Streitigkeit (prozessökonomisches Verfahren). Auch wenn die ZPO, zur Herstellung eines ordnungsgemäß ablaufenden Prozesses, Form- und Fristvorschriften vorsieht, so sind diese zwar generell einzuhalten, eine im Einzelfall unangemessene Form- und Friststrenge soll jedoch vermieden werden, wenn die Rechtssicherheit tangiert wird.[35] **Analogien** sind, soweit die Voraussetzungen vorliegen (Gesetzeslücke, vergleichbare Fallgestaltung, allgemeiner Rechtsgedanke), zulässig. Im Übrigen hat das Gericht unter Zweckmäßigkeitsaspekten bei Beachtung der vorgenannten (verfassungsrechtlichen und zivilprozessrechtlichen) Grundsätze zu entscheiden.

---

29 Vgl. BVerfG, NJW 2014, 205, Rn. 20 = BeckRS 2013, 54070; BFH, BeckRS 2015, 95058, Rn. 19, mit Verweis auf die vorgenannte BVerfG-Entscheidung.
30 Vgl. BVerfGE 110, 339 = NJW 2004, 2887 ff.: Fristversäumung beruhte auf Fehlern (falsche Hinweise) des Gerichts.
31 Vgl. EGMR, NJW 1995, 1413, Rn. 30: Der EGMR verlangt, dass jeder Partei eine vernünftige Möglichkeit eingeräumt werden muss, ihren Fall – einschließlich der Zeugenaussagen – vor Gericht unter Bedingungen zu vertreten, die für diese Partei keinen wesentlichen Nachteil im Verhältnis zum Prozessgegner bedeuten (= BGH, NJW 1999, 352 = MDR 1999, 350).
32 Vgl. BVerfG, NJW 2006, 1579, Rn. 8.
33 Vgl. BVerfG, NJW 1991, 3140.
34 Vgl. BVerfG, NJW 1996, 3202; BGH, NJW 2014, 2796, Rn. 5; BGH, FamRZ 2011, 1144 = NJW-RR 2011, 1009 (1010), Rn. 13 ff., zur Pflicht der nächsthöheren Instanz, die Parteien darauf hinzuweisen, wenn sie nunmehr – entgegen der vorherigen Instanz – von einer Schlüssigkeit der Klage ausgeht, damit der gegnerischen Partei die Möglichkeit zur Stellungnahme und ggf. Ergänzung gewahrt bleibt.
35 Vgl. Zöller-*Vollkommer*, ZPO, Einleitung Rn. 93 f., der auch vom „Verbot von Wortformalismus" spricht; Thomas/Putzo-*Reichold*, ZPO, Einl. IV Rn. 3.

D. Streitgegenstand
I. Allgemeines

Der Streitgegenstand (auch **prozessualer Anspruch**) hat im deutschen Zivilprozessrecht eine immense praktische Bedeutung. Nach ihm richtet sich die Frage der Bestimmtheit der Klage (§ 253 Abs. 2 Nr. 2 ZPO). Der Streitgegenstand ist zudem rechtswegbestimmend; nach dessen Umfang bestimmt sich die sachliche bzw. unter Umständen die örtliche Zuständigkeit (§§ 23–23b GVG, insbesondere bei der Bewertung des begehrten Geldeswerts i.S.d. § 23 Nr. 1 GVG bzw. §§ 23 ff. ZPO). Durch seine Bestimmung ist die Frage nach Klagehäufung (§ 260 ZPO) bzw. Klageänderung (§ 263 ZPO) bzw. die Möglichkeit von Teilurteilen (§ 301 ZPO) zu klären. Darüber hinaus bestimmt sich auch der Umfang der Rechtshängigkeit (§ 261 ZPO) bzw. der letztendlichen Rechtskraft (§ 322 ZPO) einer gerichtlichen Entscheidung, die Verjährungshemmung durch Erhebung einer Leistungsklage (§ 204 Abs. 1 Nr. 1 ZPO) sowie der Streitwert nach dem Streitgegenstand.

21

II. Der Streitgegenstand als prozessualer Anspruch

Der Streitgegenstand ist ein rein prozessualer Anspruch.[36] Anders als der materiell-rechtliche Anspruch begründet er kein subjektives Recht gegen den Beklagten. Entgegen dem Wortlaut des Begriffs „Streitgegenstand" ist zunächst klar herauszustellen, dass der Streitgegenstand gerade **nicht das streitige Objekt** des Prozesses ist. Zudem ist es auch nicht alleine der vorgetragene Sachverhalt[37] sowie nicht der materiell-rechtliche Anspruch. Dies ergibt sich im Wesentlichen auch aus § 253 Abs. 2 Nr. 2 ZPO, wonach eine Klageschrift eine bestimmte Angabe des Gegenstandes und – darüber hinaus – des Grundes des erhobenen Anspruchs (= konkreter Sachverhalt, Lebensvorgang, siehe Rn. 23 ff.) erfordert. Dass, zumindest bei der Leistungsklage, der Klageantrag alleine für die Bestimmung des Streitgegenstandes nicht ausreichend ist, zeigt sich bereits beim Klageantrag auf Zahlung von 10.000,00 €. Ob sich diese Zahlung aus Vertrag oder unerlaubter Handlung begründet, wird alleine aus dem (Leistungs-)Klageantrag nicht deutlich, was jedoch für die Frage der Rechtshängigkeit entscheidend ist. Zudem wäre die Zuständigkeit nach § 23 Nr. 2 Buchst. a GVG nicht bestimmbar, weil sich aus dem obigen Klageantrag nicht ergibt, ob die eingeforderten 10.000,00 € aus einem Mietverhältnis oder einem schuldrechtlichen Vertrag begehrt würden. Vielmehr bedarf es – zweigliedrig – eines **(1.) bestimmten Klageantrags** und **(2.) eines klagebegründenden Sachverhalts**, der einzig vom Kläger (bzw. Widerkläger) bestimmt wird. Auf den Vortrag des Beklagten (bzw. Widerbeklagten) kommt es nicht an.[38]

22

1. Der Klageantrag
a) Voraussetzungen eines Klageantrags

Der Klageantrag, als Herzstück einer Klageschrift (§ 253 Abs. 2 Nr. 2 ZPO a.E.: „bestimmten Antrag"), muss nach Inhalt und Umfang konkret bezeichnet sein, sodass das **Begehren und die Rechtsbehauptung** deutlich wird (zur Auslegung eines Klageantrags, siehe Rn. 27). Er muss mithin die vom Kläger begehrte Rechtsfolge erkennen lassen, sodass er auch den Streitgegenstand bestimmt. Insoweit muss sich auch erkennen lassen, ob eine Leistungs-, Feststellungs- oder Gestaltungsklage erhoben wurde. Ausnahmen zu den Anforderungen des § 253 Abs. 2 Nr. 2 ZPO gelten bei der Stufenklage (§ 254 ZPO: „so kann die bestimmte Angabe der Leistung, die der Kläger beansprucht, vorbehalten werden, …") als objektive Klagehäufung[39] – vgl. hierzu die Ausführungen bei § 254 Rn. 1. Es genügt nicht, dass sich aus der Klagebegründung oder einer Anlage der Gegenstand des Rechtsstreits erschließen lässt. Ebenso sind Formulierungen wie „Unterlassung einer Veröffentlichung, *ähnlich wie* bei der Veröffentlichung von …", „zu Verwechslungen geeignet" oder den „Eindruck zu erwecken" unzulässig.[40]

23

Ein prozessualer Anspruch liegt vor, wenn die Klage einen Antrag enthält und dieser auf einen Lebenssachverhalt gestützt wird, wobei unbeachtlich ist, ob mehrere Anspruchsgrundlagen den prozessualen Anspruch begründen (Beispiel: A klagt gegen B einen Betrag in Höhe von 1.000,00 € ein, weil B den von ihm verwahrten Pkw mit einem Hammer beschädigt hat).

24

---

36 Vgl. BGH, NJW 2001, 157 (158) = MDR 2001, 168 m.w.N.; zur anderslautenden Ansichten in der Literatur siehe die Darstellung bei Thomas/Putzo-*Reichold*, ZPO, Einl. II Rn. 3 ff. bzw. Zöller-*Vollkommer*, ZPO, Einleitung Rn. 60 ff.
37 Insoweit auch die klarstellende Erklärung bei Thomas/Putzo-*Reichold*, ZPO, Einl. II Rn. 33.
38 Vgl. BGH, NJW 2001, 157 (159) = MDR 2001, 168; BGH, NJW-RR 1999, 360; BGHZ 117, 1 = NJW 1992, 1172 (1173 f.).
39 Vgl. auch BGH, NJW 2000, 1645 (1646) = MDR 2000, 717.
40 Vgl. LAG Frankfurt a.M., BeckRS 2015, 67833, Rn. 21 f.; BGH, WPR 2001, 1294; BGH, NJW 1991, 1114; OLG Hamburg, NJW-RR 1994, 290.

Anspruchsgrundlagen für den Schadensersatz sind §§ 280 Abs. 1, 688 sowie § 823 BGB – sog. Anspruchskonkurrenz). Ebenso bei Gesetzeskonkurrenz, also Ausschluss einer ansonsten einschlägigen Anspruchsgrundlage.[41] Hingegen liegen **zwei prozessuale Ansprüche** vor, wenn zwar in einem Klageantrag eine Gesamtsumme eingeklagt wird, diese sich aber auf verschiedene Lebenssachverhalte bezieht. (Beispiel: A klagt gegen B einen Betrag in Höhe von 1.000,00 € ein, weil B den von ihm verwahrten Pkw mit einem Hammer beschädigt hat, wodurch ein Schaden in Höhe von 800,00 € entstanden ist, und darüber hinaus den verwahrten Pkw nicht zum vereinbarten Zeitpunkt dem A zurückgab, sodass diesem A ein weiterer Schaden in Höhe von 200,00 € entstand). In diesem Fall muss von zwei prozessualen Ansprüchen – trotz teilweise identischer Anspruchsgrundlage (§§ 280 Abs. 1, 688 BGB) – ausgegangen werden (Schadensersatz in Höhe von 800,00 € wegen Beschädigung des Pkw einerseits und Schadensersatz wegen verspäteter Rückgabe in Höhe von 200,00 € andererseits). Dies ist u.a. auch deshalb entscheidend, weil sich u.U. unterschiedliche Verjährungszeiten ergeben (z.B. besonderer Verjährungsbeginn in § 695 Satz 2 BGB).

b) Besonderheiten bei Leistungs-/Feststellungs- und Gestaltungsklagen

25 Bei der **Leistungsklage** ist zunächst inhaltlich zwischen Individualleistungen und Geld-/Gattungsschulden zu differenzieren. Begehrt der Kläger eine **Individualleistung** (z.B. Herausgabe eines Autos, Abgabe einer Willenserklärung, Feststellung der Nichtigkeit eines GbR-Gesellschafterbeschlusses)[42] liegt bei einem Antrag nur ein Streitgegenstand vor; begehrt er die Herausgabe mehrere Autos bei gleichbleibendem Sachverhalt, dann mehrere Anträge. Eine abgewiesene Leistungsklage stellt grundsätzlich auch fest, dass die begehrte Rechtsfolge aus dem Lebenssachverhalt unter keinem rechtlichen Gesichtspunkt hergeleitet werden kann, ungeachtet, ob durch das Gericht sämtliche Anspruchsgrundlagen berücksichtigt wurden.[43] Zu **Geld-/Gattungsschulden** siehe Rn. 23. Für die **Feststellungsklage** gilt das Gesagte weitgehend entsprechend, soweit die (negative) Feststellung einer Rechtsfolge begehrt wird. Soweit die (negative) Feststellung eines Rechts begehrt wird, kommt es im Ergebnis auf den einzelnen Umfang an. So ist die begehrte Eigentumsfeststellung an einem Pkw als ein Streitgegenstand, an zwei Pkws als zwei Streitgegenstände zu bewerten.[44] Bei **Gestaltungsklagen** wird der Streitgegenstand bereits aus dem Klageantrag selbst deutlich. Begehrt der Kläger die Kündigung eines Mobilfunkvertrages (ein Streitgegenstand), begehrt er hingegen die Kündigung eines Mobilfunk- und eines separat abgeschlossenen Festnetzvertrages (zwei Streitgegenstände). Bei der Kündigung eines Gesamtdienstleistungsvertrages (Mobilfunk- und Festnetzvertrag) handelt es sich hingegen nur um einen Streitgegenstand.

26 Bei **Unterlassungsklagen** gilt die Besonderheit, dass das Begehren (z.B. „Unterlassung der Äußerung ,Vollidiot' gegenüber dem Mieter X") in aller Regel vom Beklagten nur einmal unterlassen werden kann (zu Besonderheiten beim Klageantrag vgl. Rn. 23). Der Umfang der materiellen Rechtskraft einer Unterlassungsverurteilung ist beschränkt auf den Streitgegenstand, über den entschieden worden ist. Dieser wird durch die konkrete Verletzungshandlung begrenzt, aus der das Klagebegehren hergeleitet worden ist. In Rechtskraft erwächst der in die Zukunft gerichtete Verbotsausspruch nicht als solcher, sondern nur in seinem Bezug auf die festgestellte Verletzungshandlung.[45]

c) Auslegung eines Klageantrags

27 Der konkrete Wortlaut eines Antrags ist für die Bestimmtheit entscheidend. Dies ergibt sich bereits aus der gesetzlichen Vorgabe in § 253 Abs. 2 Nr. 2 ZPO („bestimmte Angabe des Gegenstandes und des Grundes" sowie „einen bestimmten Antrag"). Ungeachtet dessen sind **Klageanträge auch der Auslegung zugänglich**, wobei das Gericht – nach entsprechendem rechtlichen Hinweis (§ 139 ZPO) – stets auf das, von der Rechtsordnung getragene Vernünftige

---

41 Vgl. BGH, WM 1996, 2963; Thomas/Putzo-*Reichold*, ZPO, Einl. II Rn. 16.
42 Vgl. BGH, NJW-RR 1992, 227: Feststellungsklagen gegen verschiedene Gesellschafterbeschlüsse stellen verschiedene Streitgegenstände dar; Thomas/Putzo-*Reichold*, ZPO, Einl. II Rn. 17.
43 Vgl. BGH, BeckRS 2016, 00095, Rn. 12: Es werden alle materiell-rechtlichen Ansprüche erfasst, die sich im Rahmen des Rechtsschutzbegehrens aus dem zur Entscheidung unterbreiteten Lebenssachverhalt herleiten lassen. In Anlageberatungsfällen sämtliche Pflichtverletzungen eines zu einer Anlageentscheidung führenden Beratungsvorgangs, und zwar ohne Rücksicht darauf, ob diese Pflichtverletzungen vorgetragen worden sind oder hätten vorgetragen werden können; BGH, NJW 1990, 1795 (1796) = MDR 1990, 607.
44 Vgl. Thomas/Putzo-*Reichold*, ZPO, Einl. II Rn. 21 f., mit Verweis auf BAGE 29, 57 = MDR 1977, 787: Zwei Streitgegenstände bei begehrter Feststellung, dass außerordentliche und ordentliche Kündigung unwirksam sind.
45 Vgl. insoweit BGHZ 166, 253 = NJW-RR 2006, 1118 (1120 f.), Rn. 29, m.w.N.

abstellen muss, das der recht verstandenen Interessenlage entspricht.[46] Die **Fürsorgepflicht des Gerichts** (siehe Rn. 17) ist gerade bei amtsgerichtlichen Verfahren, bei denen die Parteien nicht durch einen Rechtsanwalt vertreten werden größer. Dies z.B. bei offensichtlichen Tipp- oder Rechenfehlern im Klageantrag (z.B. ergibt sich aus dem Sachverhalt eine begehrte Schadensersatzsumme in Höhe von 2.000,00 €; im Klageantrag sind hingegen 2.500,00 € angegeben). Auch von Rechtsanwälten verfasste Anträge sind in Ausnahmefällen der Auslegung zugänglich (vgl. hierzu auch § 42 Rn. 9). Ihre **Grenze** findet die Auslegung aber jedenfalls bei offensichtlich bewusstem Handeln.

Beispiel: 28

Eine durch einen Rechtsanwalt vertretene Partei verklagt zunächst sechs natürliche Personen. Gegen drei der Beklagten ergehen im Laufe des Verfahrens – rechtskräftige – Versäumnisurteile. Dennoch stellt der Prozessbevollmächtigte der Klägerpartei trotz des protokollierten ausdrücklichen Hinweises des Gerichts bezogen auf eine entgegenstehende Rechtskraft, den Antrag aus der Klageschrift, in der noch alle sechs natürlichen Personen verklagt werden.

Eine so weitgehende Auslegung eines Antrags, dass der Parteiwillen natürlich nicht – nochmals – auf Verurteilung der bereits im identischen Streitgegenstand (und Verfahren) rechtskräftig verurteilten natürlichen Personen abzielt, ist auch unter verfassungsrechtlichen Gesichtspunkten nicht angezeigt. Die Klage ist (bei Begründetheit gegen die ersten drei Beklagten) teilweise abzuweisen. In der Praxis wird jedoch auf den rechtlichen Hinweis des Gerichts in der Regel eine Klarstellung durch die Parteien erfolgen, sodass eine eigene Auslegung des Gerichts nicht angezeigt sein wird.

2. Klagebegründender Sachverhalt

§ 253 Abs. 2 Nr. 2 ZPO („bestimmten Angabe des [...] Grundes des erhobenen Anspruchs") normiert das Erfordernis eines vorzutragenden klagebegründenden Sachverhalts (**Lebenssachverhalt**, der Anspruchsgrund aus dem die Rechtsfolge hergeleitet wird), der stets im Einzelfall zu bestimmen ist. Die **Anforderungen** an den klagebegründenden Sachverhalt dürfen nicht zu eng gezogen werden. Es ist stets der Lebenssachverhalt vorzutragen, zu dem alle Tatsachen gehören, die bei natürlicher Betrachtungsweise aus der Sicht der Parteien aus dem Sachverhalt ausmachen, den der Kläger dem Gericht zur Begründung seines Begehrens vorträgt oder – bei unsubstantiiertem Vortrag – hätte vortragen müssen.[47] Hierbei darf sich der Vortrag nicht auf die – sachverhaltsuntermauernden – Tatbestandsmerkmale der heranzuziehenden (materiellrechtlichen) Anspruchsgrundlage beschränken. Bei einer Abtretung oder Insolvenzeröffnung (Übergang der Prozessführungsbefugnis) wird der Streitgegenstand nicht aufgespalten.[48] 29

Beispiele: 30

– *Werklohnforderung aus verschiedenen – abgetretenen – Rechnungsbeträgen.*[49]
– *Abschluss des Darlehensvertrags und dessen Durchführung.*[50]
– *Amtshaftungsklagen bezogen auf eine (behauptete) Äußerung.*[51]
– *Übergang vom „großen" zum „kleinen" Schadensersatzanspruch.*[52]
– *Zunächst Geltendmachung der abgetretenen Forderung aufgrund einer eingeräumten Einziehungsermächtigung eines Zedenten bei einer stillen Sicherungszession und späterer Weiterverfolgung des Sicherungsnehmers aufgrund einer Rückabtretung.*[53]
– *Umstellung des Klageantrags auf Zahlung an den Sicherungsnehmer nach Offenlegung der Sicherungsabtretung.*[54]
– *Sämtliche dem Behandlungsgeschehen in einem gewissen zeitlichen und räumlichen Zusammenhang stehende Behandlungsfehler, unabhängig davon, ob sie von*

---

46 So BGH, NZM 2003, 372 = MDR 2003, 769; LG Dresden, FD-MietR 2015, 364983, zur Thematik einer Auslegung bei vorgetragenem Schreibversehen. In dieser Konstellation sind die Gesamtumstände zu beleuchten, ob ein Schreibversehen wirklich vorliegen kann.
47 So BGH, NJW 2007, 2560 (2561), Rn. 16.
48 Vgl. BGHZ 140, 179f. = NJW 1999, 715 = MDR 1999, 348; Zöller-*Vollkommer*, ZPO, Einleitung Rn. 85a.
49 Vgl. BGH, NJW-RR 2004, 167 = MDR 2004, 148.
50 Vgl. OLG Karlsruhe, BeckRS 2008, 16627, Rn. 19.
51 Vgl. OLG Bremen, BeckRS 2001, 17384, Rn. 64.
52 Vgl. Thomas/Putzo-*Reichold*, ZPO, Einl. II Rn. 31 und dort § 260 Rn. 4.
53 Vgl. BGH, NJW 2007, 2560 (2561), Rn. 17; BGH, WM 1999, 1065 (1066).
54 Vgl. BGH, NJW 2007, 2560 (2561), Rn. 17; BGH, WM 1999, 1065 (1066).

dem Patienten im Rahmen eines Arzthaftungsprozesses im Einzelnen vorgetragen wurden.[55]
- Soweit der zur Begründung einer Anfechtungsklage vorgetragene Sachverhalt zugleich das Eingreifen weiterer Anspruchsgrundlagen, beispielsweise nach § 812 BGB oder § 826 BGB rechtfertigt, gehören auch diese mit zum Streitgegenstand.[56]
- Erhöhung des Mindestbetrags einer Schmerzensgeldklage ohne Änderung des Sachverhalts.[57]

31 Ein **neuer Lebenssachverhalt** liegt dann vor, wenn sich zwei Sachverhalte im Kern unterscheiden.[58]

32 **Beispiele:**
- *Schmerzensgeldklage wegen HWS und Psychose jeweils als Folge eines Unfallereignisses.*[59]
- *Übergang von einem Anspruch aus eigenem Recht zu einem solchen aus abgetretenem Recht wegen der Änderung des dazu vorgetragenen Lebenssachverhalts.*[60]
- *Zahlungsklage des Mieters auf Rückzahlung zu viel gezahlter Miete infolge erklärter Minderung und Anspruch auf Rückzahlung der Mietkaution.*
- *Verletzungshandlungen gegen ein urheberrechtlich geschütztes Werk durch mehrere Personen unabhängig voneinander.*[61]
- *Anspruch auf Rückabwicklung des Kaufvertrags wegen Rücktritts und auf Minderung gestützte Rückzahlungsklage.*[62]
- *Zahlungsklage aus Vertrag und abgetretenem Recht.*[63]
- *Schadensersatz aus materiellem und immateriellen Recht.*[64]
- *Auskunftsanspruch hinsichtlich verschiedener Musikwerke, weil das Anbieten jeweils des geschützten Werks das den Lebenssachverhalt entscheidend prägende Element darstellt.*[65]
- *Klagen aus Wechsel/Scheck/abstrakten Schuldanerkenntnis einerseits und Grundgeschäft andererseits.*[66]
- *Übergang vom Anspruch auf Kostenvorschuss zu dem auf Schadensersatz.*[67]

E. Prozesshandlungen der beteiligten Parteien

33 Sämtliche (i. d. R. **einseitigen**) Handlungen (aber auch bewusstes Unterlassen) der beteiligten Parteien (Kläger, Beklagter, Nebenintervenient), die ein Verfahren eröffnen, beeinflussen, fördern oder (zeitweise) beenden werden als **Prozesshandlungen** bezeichnet. Beispiele: Klage, Anträge, Widerklage, Anerkenntnis, Verzicht, Behaupten, Bestreiten, Gestehen, Rücknahme/Widerruf/Anfechtung von Prozesshandlungen, Beweisantritt, Berufung, Revision, Beschwerde; nicht hingegen: Realakte, materiell-rechtliche Willenserklärungen (z.B. Anfechtung, Kündigung von Rechtsgeschäften), soweit sie nicht im Prozess erklärt werden,

---

55 Vgl. OLG Saarbrücken, NJOZ 2001, 2345 = MDR 2000, 1317.
56 Vgl. BGH, NJW 2015, 3711 (3712), Rn. 9.
57 Vgl. LG Ingolstadt, NJW-RR 2012, 1110 = ZfS 2012, 318, das auf den Grundsatz der Einheitlichkeit des Schmerzensgeldes abstellt und mit der ständigen Rechtsprechung (BGH, NJW-RR 2006, 712) mit der einmaligen, uneingeschränkten Geltendmachung von Schmerzensgeld alle Schadensfolgen abgelten lässt, die entweder bereits eingetreten und objektiv erkennbar waren oder deren Eintritt jedenfalls hätte vorhergesehen und bei der Entscheidung hätte berücksichtigt werden können. Ein neues Schmerzensgeld kann nur für solche Verletzungsfolgen geltend gemacht werden, die zum Beurteilungszeitpunkt, dem Schluss der mündlichen Verhandlung in der letzten Tatsacheninstanz (vgl. BGH, NJW-RR 2006, 712, Rn. 16) - noch nicht eingetreten waren und mit deren Eintritt auch nicht oder nicht ernstlich zu rechnen war.
58 Vgl. BGH, GRUR 2010, 1180, Rn. 16; BGH, NJW 1999, 1795 (1796): Der Sachverhalt muss sich in „seinem Wesen" unterscheiden; im Ergebnis auch Thomas/Putzo-*Reichold*, ZPO, Einl. II Rn. 30; Musielak, NJW 2000, 3593.
59 Vgl. BGH, NJW 1998, 1786 = NZV 1998, 372; Thomas/Putzo-*Reichold*, ZPO, Einl. II Rn. 32.
60 Vgl. BGH, NJW 2005, 2004 (2005).
61 Vgl. OLG Düsseldorf, FGPrax 2009, 130.
62 Vgl. BGH, NJW 2007, 2414 (2415), Rn. 8.
63 Vgl. BGH, NJW 2015, 2106, Rn. 18 = MDR 2015, 693.
64 Vgl. BGHZ 122, 363 = NJW 1993, 2173; Thomas/Putzo-*Reichold*, ZPO, Einl. II Rn. 32.
65 Vgl. Thomas/Putzo-*Reichold*, ZPO, Einl. II Rn. 32.
66 Vgl. LG Köln, BeckRS 2012, 25353.
67 Vgl. BGH, NJW-RR 1998, 1006 = MDR 1998, 557; aufgreifend LG Stuttgart, BeckRS 2012, 23802.

z. B. – praxisrelevant – die Prozessaufrechnung.[68] Prozesshandlungen können aber auch **übereinstimmend** vorgenommen werden, so z. B. Prozessvertrag oder -vergleich. Dabei ist nicht entscheidend, ob die ZPO derartige Prozesshandlungen ausdrücklich vorsieht.

Prozesshandlungen können grundsätzlich **widerrufen** (oder zurückgenommen) werden, soweit eine andere Partei durch die Prozesshandlung keine Rechtsstellung erlangt hat (z. b. Anerkenntnis, Berufungseinlegung/-rücknahme, Rechtsmittelverzicht, etc.).[69] Durch den Widerruf wird die Prozesshandlung rückwirkend beseitigt. Ein **Widerruf des Widerrufs** ist nicht möglich. Die Prozesshandlung kann jedoch (soweit sie nicht an eine Frist gebunden ist, siehe hierzu Rn. 35 f.) wiederholt bzw. neuvorgenommen werden. 34

I. Prozesshandlungsvoraussetzungen
1. Allgemeine Wirksamkeitsvoraussetzungen

Im Folgenden werden die **Prozesshandlungsvoraussetzungen**, die jedoch nicht zwingend Prozessvoraussetzung sind, dargestellt. 35

- Parteifähigkeit, § 50 ZPO, ggf. Vertretungsmacht, § 51 Abs. 1, 3 ZPO
- Prozessvollmacht, § 80 ZPO, soweit keine Eigenführung, § 79 Abs. 1 Satz 1 ZPO
- Postulationsfähigkeit, § 78 ZPO
- Bei Nebenintervention/Streitverkündung: §§ 70, 73 ZPO

Prozesshandlungen müssen – soweit sie gesetzlich vorgesehen sind – den gesetzlichen Anforderungen entsprechen, bestimmt sein (zur Auslegung, siehe Rn. 36) und dem Empfänger (empfangsbedürftig!) **zugehen**, zumeist unter der Voraussetzung einer Zustellung. Prozesshandlungen dürfen nicht unter eine **Bedingung** (zukünftiges ungewisses Ereignis) **oder Befristung** (zeitliche Einschränkung) gestellt werden, außer die Bedingung wird im Rahmen des Prozesses durch das Gericht geklärt (so z. B. Erhebung einer Klage unter der Bedingung, dass dem Kläger Prozesskostenhilfe gewährt wird; (Hilfs-)Antrag für den Fall, dass der Hauptantrag erfolglos bleibt); insoweit ist das Ereignis für das Gericht nicht ungewiss. Soweit gesetzlich keine **Form** vorgeschrieben ist (so aber z. B. bei Einlegung einer Berufung, § 519 Abs. 1, 4 ZPO) sind Prozesshandlungen formfrei. In der Praxis werden Prozesshandlungen z. B. in der mündlichen Verhandlung formlos abgegeben (z. B. Bestreiten von neuen Sachvortrag, Erledigungserklärung, Anerkenntnis, etc.), dann aber durch das Gericht protokolliert. Entsprechendes gilt für ein **Fristerfordernis**. Prozesshandlungen unterliegen nur dann einer Frist, wenn eine solche gesetzlich vorgeschrieben ist (z. B. Frist zur Einlegung einer Berufung, § 517 ZPO). Nach Rechtskraft sind keine Prozesshandlungen mehr möglich, da der Prozess als Ganzes beendet ist. In der Regel keinen Einfluss auf die Wirksamkeit von Prozesshandlungen haben Willensmängel, Irrtum, Täuschung, Drohung, Verstöße nach §§ 138, 139, 242 BGB.[70] Eine **Anfechtung** ist – mit Ausnahme des Prozessvertrages – ausgeschlossen,[71] jedoch bleibt der Widerruf/Rücknahme möglich (Rn. 33). 36

2. Auslegung/Heilung

Soweit eine Prozesshandlung nicht der gesetzlichen Ausgestaltung entspricht (insbesondere inhaltliche Bestimmtheit), ist eine **laiengünstige Auslegung** durch das Gericht, anhand der Maßstäbe unter Rn. 27, möglich, § 133 BGB analog. Der wirkliche Parteiwille ist zu erforschen. Insoweit kommt es zunächst auf den Wortlaut, den erklärten Willen und den Standpunkt des Erklärungsempfängers sowie die Gesamtumstände an.[72] Soweit eine (nachgebesserte) **Neuvornahme** – innerhalb einer ggf. einzuhaltenden Frist – möglich ist, ersetzt diese die ältere Prozesshandlung. Die bloße Möglichkeit einer Neuvornahme der auslegungsbedürftigen Pro- 37

---

68 Vgl. Thomas/Putzo-*Reichold*, ZPO, Einl. III Rn. 4 f.
69 Vgl. BGH, BeckRS 2015, 19849, Rn. 17 f., m. w. N.; Thomas/Putzo-*Reichold*, ZPO, Einl. III Rn. 22.
70 Vgl. Thomas/Putzo-*Reichold*, ZPO, Einl. III Rn. 17, 23.
71 Vgl. BGH, FamRZ 2007, 375 = NJW 2007, 1460 (1461), Rn. 13 m. w. N.
72 So BGH, NJW 2000, 3216 (3217): Bei der Auslegung von Prozesshandlungen ist davon auszugehen, dass Form- und Verfahrensvorschriften nicht Selbstzweck sind. Auch sie dienen letztlich der Wahrung des materiellen Rechts der Prozessbeteiligten, sollen also eine einwandfreie Durchführung des Rechtsstreits unter Wahrung der Rechte aller Beteiligten sicherstellen und nicht behindern (BGHZ 75, 340 = NJW 1980, 172). Soweit irgend möglich, soll die Klärung materieller Rechtsfragen daher durch Formvorschriften nicht beeinträchtigt werden; BGH, NJW-RR 1994, 566; Thomas/Putzo-*Reichold*, ZPO, Einl. III Rn. 16; hingegen einschränkend BayVerfGH, BayVBl 2012, 640 = NZG 2011, 1419, der eine Beschwerde, die ausdrücklich allein im Namen des Komplementärs einer Kommanditgesellschaft erhoben wurde, nicht als Beschwerde der von den angegriffenen Entscheidungen unmittelbar betroffenen Gesellschaft behandelt hat, wenn keine Anhaltspunkte für eine solche Auslegung gegen den eindeutigen Wortlaut der Beschwerdeschrift vorliegen (weitgehend amtlicher Leitsatz).

zesshandlung entbindet das Gericht jedoch nicht vor einer Auslegung. Ist also eine Prozesshandlung mängelbehaftet, wäre sie jedoch noch innerhalb einer bestehenden Frist mangelfrei erneut vornehmbar, kann das Gericht – auch bei einem entsprechenden rechtlichen Hinweis (§ 139 ZPO) – eine Neuvornahme dann nicht verlangen, wenn die Prozesshandlung der Auslegung oder (nachrangig) der Umdeutung zugänglich ist. Werden **widersprüchliche Prozesshandlungen** abgegeben, kann dies zur Unzulässigkeit beider Prozesshandlungen führen, soweit auch eine Auslegung oder eine Umdeutung unter Gesamtabwägung keinen Aufschluss gibt. In der Regel wird bei widersprüchlichen Prozesshandlungen aber angezeigt sein, die letzte Prozesshandlung entsprechend einer recht verstandenen Interessenlage auszulegen. **Heilung** ist grundsätzlich möglich, z.B. durch Genehmigung, Rügeverzicht oder gesetzliche Heilungsvorschriften (z.B. § 189 ZPO: Heilung von Zustellungsmängeln).

II. Besonderheit: Prozessvertrag

38 Der Prozessvertrag unterscheidet sich kaum vom materiell-rechtlichen Vertrag. Es gelten zum Zustandekommen die §§ 145 ff. BGB analog sowie die übrigen Vorschriften zur Nichtigkeit, §§ 119 ff. BGB analog. Der Prozessvertrag wird **zwischen zwei Prozessparteien** im Rechtsstreit, in der Regel gegenüber dem Gericht (dann müssen die allgemeinen Wirksamkeitsvoraussetzungen für Prozesshandlungen vorliegen, Rn. 34) oder außergerichtlich, geschlossen und kann inhaltlich auf jeden zulässigen – auch zukünftigen – Inhalt gestützt werden. Der in der Praxis bedeutsamste Fall ist der **Prozessvergleich**, durch den der Prozess zumeist unmittelbar beendet wird.

39 **Beispiel:**

1. Der Beklagte zahlt an den Kläger einmalig einen Betrag in Höhe von 1.000,00 € bis spätestens 31.03.2017 auf das Konto des Prozessbevollmächtigten des Klägers.

2. Damit sind sämtliche streitgegenständlichen Ansprüche abgegolten und erledigt.

3. Die Kosten des Verfahrens und dieses Vergleichs werden gegeneinander aufgehoben.

40 Darüber hinaus kommen als Prozessvertrag – jeweils mit unmittelbarer Wirkung auf das laufende Verfahren – auch individuelle Gerichtsstandsvereinbarungen, Schiedsvereinbarungen oder Fristvereinbarungen (§ 224 Abs. 1 ZPO) in Betracht. Lediglich mittelbare Wirkung haben der Beweislastvertrag oder Vereinbarungen, welche die Pflicht zur Rücknahme eines Rechtsmittels oder einer Klage, vorsehen. Vereinbarungen mit mittelbarer Wirkung werden durch das Gericht nur dann berücksichtigt, wenn sie von einer Partei geltend gemacht werden.

BUCH 1
Allgemeine Vorschriften

ABSCHNITT 1
Gerichte

Vorbemerkungen zu §§ 1–37 ZPO

Inhalt:

	Rn.		Rn.
A. Arten der Zuständigkeit	1	C. Allgemeine, besondere und ausschließliche Zuständigkeit	11
I. Sachliche Zuständigkeit	2	I. Allgemeine und besondere Zuständigkeit	11
II. Funktionelle Zuständigkeit	3		
III. Örtliche Zuständigkeit	4		
IV. Internationale Zuständigkeit	5	II. Ausschließliche Zuständigkeit	12
V. Zuständigkeit kraft Sachzusammenhangs	6	D. Rechtswegzuständigkeit	14
		E. Prozessuales	15
B. Abgrenzung der Zuständigkeit von der Geschäftsverteilung	8	I. Prüfung durch das Gericht	15
		II. Erschleichen einer Zuständigkeit	18

A. Arten der Zuständigkeit

Die §§ 1–37 ZPO (i. V. m. den §§ des GVG) stellen Regeln auf, die gewährleisten, dass ein anhängiger konkreter Rechtsstreit durch den gesetzlichen Richter i.S.d. Art. 101 Abs. 1 Satz 2 GG entschieden wird. Die Zuständigkeitsvorschriften sehen insoweit Bestimmungen für die sachliche, funktionelle, örtliche und internationale Zuständigkeit vor und ermöglichen ein effektives Rechtssystem, das dem Rechtsanwender den Weg zum zuständigen Gericht klar vorgibt, jedoch – unter den gesetzlichen Voraussetzungen – Raum lässt, eigene Zuständigkeitsregelungen aufzustellen (z.B. Vereinbarungen über die Zuständigkeit, § 40 ZPO). Das Gericht ist zuständig, wenn die sachliche, funktionelle, örtliche und internationale Zuständigkeit vorliegt. 1

I. Sachliche Zuständigkeit

Die sachliche Zuständigkeit (§ 1 ZPO) verteilt in erster Instanz die Rechtsstreitigkeiten zwischen dem Amtsgericht und dem Landgericht. Die ordentliche Gerichtsbarkeit wird durch die Amts-, Land- und Oberlandesgerichte sowie den Bundesgerichtshof ausgeübt (§ 12 GVG), wobei das Amtsgericht stets erste Instanz, das Oberlandesgericht (§ 119 GVG) und der Bundesgerichtshof (§ 133 GVG) ausschließlich Rechtsmittelinstanzen sind; das Landgericht kann sowohl erste Instanz (§ 71 GVG) als auch Rechtsmittelinstanz (§ 72 GVG) sein. Die Zuweisung erfolgt nach der **Art des Streitgegenstandes**, im Übrigen nach dem **Streitwert** (§ 23 Nr. 1 GVG; vgl. § 1 Rn. 1). 2

II. Funktionelle Zuständigkeit

Die funktionelle Zuständigkeit ist in der ZPO nicht explizit geregelt. Hiernach werden den verschiedenen **Rechtspflegeorganen**, in ihrer Funktion als solche, in einem Rechtsstreit **(verschiedene) Aufgaben** zugewiesen. Dabei wird geregelt, ob z.B. der Richter (auch hinsichtlich der Frage, ob Einzelrichter oder Kollegium entscheidet),[1] Rechtspfleger oder Gerichtsvollzieher tätig wird, wenn das Amtsgericht beispielsweise als Prozessgericht, Familiengericht (§ 23b Abs. 1 GVG), Betreuungsgericht (§ 23c Abs. 1 GVG), Vollstreckungsgericht (§ 764 ZPO), Insolvenzgericht (§ 2 Abs. 1 InsO), Mahngericht (§ 689 Abs. 1 Satz 1 ZPO) oder als Rechtshilfegericht (§ 157 Abs. 1 GVG) zur Entscheidung berufen ist. Auch die instanzielle Zuständigkeit (Verhältnis erste Instanz zu Rechtsmittelinstanz; vgl. zum Instanzenzug Rn. 2), ist zumindest 3

---

1 Vgl. Prütting/Gehrlein-*Gehle*, ZPO, § 1 Rn. 2.

als Teilbereich der funktionellen Zuständigkeit anerkannt.[2] Die funktionelle Zuständigkeit ist stets **ausschließlich** (Rn. 12).[3]

III. Örtliche Zuständigkeit

4 Die örtliche Zuständigkeit (auch Gerichtsstand)[4] weist einem (sachlich zuständigen, vgl. Rn. 2) Gericht eine Sache aufgrund seines **regionalen Standorts** (Gerichtsbezirk) zu. Die örtliche Zuständigkeit ist in den §§ 12–37 ZPO geregelt. Zumindest im 2. Titel des 1. Abschnitts ist mit „Gerichtsstand" die örtliche Zuständigkeit gemeint. Im 3. Titel ist darüber hinaus in § 40 Abs. 1 Satz 1 ZPO auch die sachliche Zuständigkeit umfasst; so auch in § 802 ZPO. Die Regelungen im 2. Titel über die örtliche Zuständigkeit sind nicht abschließend. Es finden sich in der ZPO weitere Vorschriften betreffend die örtliche Zuständigkeit, so z.B. § 64 ZPO (Hauptintervention), § 603 ZPO (Wechselprozess), § 764 ZPO bzw. § 771 ZPO (Zwangsvollstreckung).[5] Die Einteilung der Gerichtsbezirke erfolgt durch das Landesrecht (Ausführungsgesetz zum Gerichtsverfassungsgesetz bzw. Gerichtsorganisationsgesetz) und kann nur durch Gesetz geändert werden (Vorbehalt des Gesetzes).[6]

IV. Internationale Zuständigkeit

5 Die internationale Zuständigkeit regelt, ob deutsche Gerichte in **Streitigkeiten mit Auslandsbezug** berufen sind, eine Entscheidung zu treffen; sie ist selbstständige Prozessvoraussetzung.[7] Es muss für jeden Streitgenossen die internationale Zuständigkeit deutscher Gerichte gegeben sein.[8] Die innerstaatliche Gerichtszuständigkeit ist hiervon zu unterscheiden. Die Staatsangehörigkeit ist für die Frage der internationalen Zuständigkeit nicht von Relevanz. Es sind zunächst gemeinschaftsrechtliche Vorschriften (z.B. EuGVVO/LugÜ-II; EuEheVO; EuUntVO) heranzuziehen. Soweit der Anwendungsbereich der EuGVVO eröffnet ist, werden die innerstaatlichen Vorschriften durch die Zuständigkeitsvorschriften der Art. 2–31 EuGVVO verdrängt.[9] Nachrangig können Rechtsgrundlagen für die Bestimmung der internationalen Zuständigkeit auch spezielle Zuständigkeitsvorschriften sein, wie § 12 Abs. 1 Verschollenheitsgesetz; §§ 98 ff. FamFG; § 738a Abs. 1 HGB. Greifen auch diese im Einzelfall nicht, sind – wiederum nachrangig – die allgemeinen **Regelungen zur örtlichen Zuständigkeit** (§§ 12–37 ZPO) heranzuziehen;[10] vgl. insoweit die Kommentierung zu den jeweiligen Vorschriften. In den §§ 12 ff. ZPO ist die internationale Zuständigkeit über die örtliche Zuständigkeit mitgeregelt („doppelfunktional"). Sobald unter Anwendung der Gerichtsstandregelungen der ZPO die örtliche Zuständigkeit eines Gerichts gegeben ist, indiziert dies regelmäßig die internationale Zuständigkeit deutscher Gerichte.[11] Bei einer konkurrierenden internationalen Zuständigkeit kann der Kläger grundsätzlich den Staat wählen, dessen Gerichte er zur Entscheidung berufen

---

2 Vgl. BGH, NJW-RR 2004, 1655 (1656) = VersR 2005, 247; BGH, MDR 2013, 296 = IBRRS 2013, 0288, Rn. 5, unterscheidet jedoch ausdrücklich zwischen funktioneller und instanzieller Zuständigkeit; Prütting/Gehrlein-*Gehle*, ZPO, § 1 Rn. 2.
3 Vgl. Zöller-*Vollkommer*, ZPO, § 1 Rn. 6.
4 Es kann jedoch auch Fälle geben, in denen die örtliche Zuständigkeit und der Gerichtsstand nicht identisch sind, so – nach BeckOK-*Toussiant*, ZPO, § 12 Rn. 2 – z.B., wenn im Gerichtsbezirk A ein Gerichtsstand begründet ist, im Gerichtsbezirk B jedoch ein ausschließlicher Gerichtsstand besteht, so ist das Gericht im Gerichtsbezirk A örtlich unzuständig, wenngleich dort ein Gerichtsstand besteht; ebenso im Fall des rügelosen Einlassens zu einem Gerichtsstand (§ 39 ZPO).
5 Vgl. Thomas/Putzo-*Hüßtege*, ZPO, Vorbem § 12 Rn. 1.
6 Vgl. BVerfG, NJW 1953, 1177, das eine Verordnung zur Änderung der Gerichtsbezirke für nichtig erklärt hat.
7 Vgl. BGHZ 153, 173 = NJW 2003, 828 (830) = MDR 2003, 345.
8 BGH, FamRZ 1990, 1224 (1225); BayObLGR 2003, 144 m.w.N.; ausführlich zur Zuständigkeitsbestimmung bei internationalen Sachverhalten Stein/Jonas-*Roth*, ZPO, § 36 Rn. 25.
9 Art. 2 EuGVVO: (1) Vorbehaltlich der Vorschriften dieser Verordnung sind Personen, die ihren Wohnsitz im Hoheitsgebiet eines Mitgliedstaats haben, ohne Rücksicht auf ihre Staatsangehörigkeit vor den Gerichten dieses Mitgliedstaats zu verklagen. (2) Auf Personen, die nicht dem Mitgliedstaat, in dem sie ihren Wohnsitz haben, angehören, sind die für Inländer maßgebenden Zuständigkeitsvorschriften anzuwenden; vgl. LG Würzburg, BeckRS 2017, 103822, zur internationalen Zuständigkeit der deutschen Gerichte bei Klagen gegen Facebook aufgrund einer im Raum stehenden Persönlichkeitsverletzung; auch Saenger-*Kayer*, ZPO, § 12 Rn. 1.
10 Vgl. BGH, NJW 1997, 2245 f. = MDR 1997, 683: § 893 Abs. 2 ZPO enthält eine Regelung zur internationalen Zuständigkeit, wobei der BGH in vorgenannter Entscheidung ausdrücklich offenließ, ob diese Zuständigkeitsregelung im Hinblick auf § 802 ZPO eine ausschließliche ist; nicht § 3 InsO, da dieser nur die Zuständigkeit der Insolvenzgerichte, nicht aber der Streitgerichte regelt, vgl. BGH, WM 2013, 333; BGHZ 44, 46 = NJW 1965, 1665.
11 Vgl. BGH, NJW-RR 2007, 1570 (1572), Rn. 24 = WM 2007, 1586; OLG Frankfurt a.M., ZIP 2013, 277.

will. Ist die deutsche internationale Zuständigkeit im Verfahren der ersten Instanz gegeben, so liegt sie generell auch für die zweite Instanz vor. Ändern sich Umstände, die zunächst zur internationalen Zuständigkeit geführt haben oder entfallen sie im Laufe des Rechtsstreits, so hat dies keine Auswirkung.[12]

V. Zuständigkeit kraft Sachzusammenhangs

Die Zuständigkeit kraft Sachzusammenhangs weist einem Gericht die Zuständigkeit zu, da es z.B. mit der Sache vorbefasst war, so §§ 25, 26, 64, 731, 767, 768, 887 ff., 893 ZPO, § 88 GWB, Art. 6 Nr. 1 EuGVO, § 2 Abs. 3 ArbGG, § 131 Abs. 2 VGG (= § 17 Abs. 2 UrhWahrnG a.F.).[13] 6

Ein darüber hinaus **ungeschriebener Grundsatz** der Zuständigkeit kraft Sachzusammenhangs besteht nicht.[14] Der Gesetzgeber hat lediglich in § 17 Abs. 2 Satz 1 GVG (Rechtswegzuständigkeit) und in § 32 ZPO[15] (örtliche Zuständigkeit) Prüfungskompetenzen der Gerichte vorab vorgesehen; weitere rechtliche Grundlagen bestehen nicht. Sich hieraus möglicherweise ergebende Aufspaltungen in der Zuständigkeit sind hinzunehmen, wenngleich diese in der Praxis kaum Relevanz haben. Bei Klagehäufung ist § 5 ZPO heranzuziehen, im Übrigen für jeden Anspruch und für jede Partei separat zu prüfen. Die Sonderregelung des § 33 ZPO ist zu beachten.[16] 7

B. Abgrenzung der Zuständigkeit von der Geschäftsverteilung

Nach § 21e Abs. 1 Satz 1 GVG bestimmt das Präsidium eines Gerichts die Besetzung der Spruchkörper (Zuteilung der eingehenden Rechtssachen an die jeweiligen Kammern bzw. Abteilungen) und verteilt die Geschäfte (sog. Geschäftsverteilung). Dies erfolgt jeweils zu Beginn eines Geschäftsjahres, § 21e Abs. 1 Satz 2 GVG. Die Geschäftsverteilung ist jedoch, auch wenn durch sie im Ergebnis der (tatsächliche) gesetzliche Richter (vgl. Rn. 1) festgelegt wird, von der Zuständigkeit zu unterscheiden.[17] Lediglich die Abgrenzung der Zuständigkeiten der Kammer für Handelssachen und der Zivilkammer des Landgerichts ist ein Fall der gesetzlichen Geschäftsverteilung; nicht hingegen die Abgrenzung der Abteilung für Familiensachen und der allgemeinen Prozessabteilung des Amtsgerichts.[18] Aufgrund der zumeist turnusmäßigen Zuteilung der Rechtssachen an die jeweiligen Abteilungen/Kammern/Senate kann – anders als bei der Zuständigkeit der Gerichte – auch nicht bei Klageeinreichung bereits der zuständige Richter benannt werden. 8

Ein Verstoß gegen die Geschäftsverteilung kann sowohl Rechtsmittel begründen (§ 547 Nr. 1 ZPO) sowie eine Nichtigkeitsklage ermöglichen (§ 579 Abs. 1 Nr. 1 ZPO). Ist der Verstoß gegen die Geschäftsverteilung willkürlich ist eine Verfassungsbeschwerde möglich, § 90 BVerfGG i.V.m. Art. 101 Abs. 1 Satz 2 GG.[19] Die Nichtveröffentlichung der Geschäftsverteilung kann nicht gerügt werden (arg.: § 21e Abs. 9 Hs. 2 GVG). 9

Eine **Parteivereinbarung**, welcher Spruchkörper oder Richter eines Gerichts zuständig sein soll, ist generell unzulässig.[20] 10

C. Allgemeine, besondere und ausschließliche Zuständigkeit
I. Allgemeine und besondere Zuständigkeit

Die ZPO spricht sowohl von allgemeinen als auch von besonderen Zuständigkeiten. Dabei geht das Gesetz davon aus, dass **grundsätzlich** („allgemein") eine Klage am Ort des Wohnsitzes des Beklagten (als natürliche Person) zu erheben bzw. einzureichen ist (§§ 12, 13 ZPO); für wohnsitzlose Personen sieht § 16 ZPO einen Hilfsgerichtsstand vor. Ist die Beklagtenpartei eine juristische Person oder ein parteifähiges Gebilde, so ist die allgemeine Zuständigkeit an ihrem Sitz begründet (§ 17 ZPO). Die zahlreichen besonderen Zuständigkeiten sieht das Gesetz vor, um bei **„besonderen" Sachverhalten** (z.B. §§ 23, 24, 64, 256 Abs. 2, 486, 584, 603, 689 Abs. 2 ZPO), ein näherstehendes Gericht zu beauftragen. Dies soll für den Kläger die Prozess- 11

---

12 Vgl. BGHZ 188, 373 = NJW 2011, 2515 (2516), Rn. 13 ff. = MDR 2011, 686.
13 Aufzählung nach Stein/Jonas-*Roth*, ZPO, § 1 Rn. 6, 56.
14 Vgl. Prütting/Gehrlein-*Gehle*, ZPO, § 1 Rn. 2; a.A. Stein/Jonas-*Roth*, ZPO, § 1 Rn. 6.
15 Vgl. BGHZ 153, 173 = NJW 2003, 828 (829) = MDR 2003, 345.
16 Vgl. zutr. Prütting/Gehrlein-*Gehle*, ZPO, § 1 Rn. 2.
17 So auch Zöller-*Vollkommer*, ZPO, § 1 Rn. 4.
18 So BGHZ 97, 79 = NJW 1986, 1178 = FamRZ 1986, 347; BayObLG, NJW-RR 1993, 10 = FamRZ 1992, 333; OLG Dresden, BeckRS 2010, 11767.
19 Vgl. Zöller-*Vollkommer*, ZPO, § 1 Rn. 4.
20 Zutr. Thomas/Putzo-*Hüßtege*, ZPO, § 1 Vorbem Rn. 8.

führung erleichtern. Auch Gerichtsstände anderer Gesetze sind „besondere Gerichtsstände", vgl. z.B. § 411 FamFG (für weitere Angelegenheiten der freiwilligen Gerichtsbarkeit). Ein **Rangverhältnis** zwischen allgemeiner und besonderer Zuständigkeit **besteht nicht**. Eine **Parteivereinbarung** über die allgemeinen und die besonderen Zuständigkeiten ist möglich (vgl. auch Rn. 13).

II. Ausschließliche Zuständigkeit

12 Eine ausschließliche Zuständigkeit ist stets im Gesetz als solche benannt. Die Ausschließlichkeit einer Zuständigkeit führt per Gesetz zu deren **Vorrang** vor allgemeinen oder besonderen Zuständigkeiten, § 12 letzter Hs. ZPO. Weitere Zuständigkeiten können daneben nicht gewählt werden; § 35 ZPO greift nicht im Verhältnis einer ausschließlichen Zuständigkeit zu anderen allgemeinen oder besonderen Zuständigkeiten, jedoch im Verhältnis zu weiteren ausschließlichen Zuständigkeiten.[21] Ausschließliche Zuständigkeiten sind sowohl bei der sachlichen (z.B. § 23 Nr. 2a GVG, § 71 Abs. 2 GVG, § 689 Abs. 1 ZPO) als auch bei der örtlichen Zuständigkeit (z.B. §§ 24, 29a, 29c Abs. 1, §§ 32a, 32b, 689 Abs. 2, §§ 771, 802 ZPO; auch im FamFG finden sich verschiedene Vorschriften über eine ausschließliche örtliche Zuständigkeit, z.B. § 272 FamFG (Verfahren in Betreuungssachen); § 232 FamFG (Verfahren in Unterhaltssachen); § 187 FamFG (Adoptionssachen); § 152 FamFG; § 377 FamFG (Register- bzw. Unternehmensrechtlicheverfahren); zu den Rechtsfolgen bei örtlicher Unzuständigkeit: § 343 FamFG) gesetzlich geregelt. **Weitere ausschließliche Zuständigkeiten** außerhalb der ZPO:
- § 246 Abs. 3 AktG (Anfechtungsklage; sachliche [Landgericht] und örtliche [Bezirk, in dem die Gesellschaft ihren Sitz hat] Zuständigkeit),
- § 249 Abs. 1 i.V.m. § 246 Abs. 3 AktG (Nichtigkeitsklage; sachliche [Landgericht] und örtliche [Bezirk, in dem die Gesellschaft ihren Sitz hat] Zuständigkeit),
- § 61 GmbHG (Auflösung der Gesellschaft durch Urteil; Landgericht, in dessen Bezirk die Gesellschaft ihren Sitz hat),
- § 62 GmbHG (Auflösung durch Verwaltungsbehörde; Verwaltungsrecht), § 13 Abs. 1 Satz 1 UmwG (Landgericht),
- § 51 Abs. 3 Satz 2 GenG (Anfechtung von Beschlüssen der Generalversammlung; ausschließlich das Landgericht, in dessen Bezirke die Genossenschaft ihren Sitz hat),
- § 109 Abs. 3 GenG (Einziehung der Vorschüsse; für die in den Fällen der §§ 731, 767, 768 ZPO zu erhebenden Klagen ist das Amtsgericht, bei welchem das Insolvenzverfahren anhängig ist und, wenn der Streitgegenstand zur Zuständigkeit der Amtsgerichte nicht gehört, das Landgericht ausschließlich zuständig, zu dessen Bezirk das Insolvenzgericht gehört.),
- § 112 Abs. 1 und 2 GenG (Anfechtungsklage; ausschließlich bei dem Amtsgericht zu erheben, welches die Berechnung für vollstreckbar erklärt hat [= Abs. 1]; übersteigt der Streitgegenstand eines Prozesses die sonst für die sachliche Zuständigkeit der Amtsgerichte geltende Summe, so hat das Gericht nach entsprechendem Antrag zur Sachverhandlung an das Landgericht, in dessen Bezirk es seinen Sitz hat, zu verweisen [= Abs. 2]),
- § 26 FernUSG (örtliche Zuständigkeit: Bezirk, in dem der Teilnehmer seinen allgemeinen Gerichtsstand hat),
- § 104a UrhG (in dessen Bezirk die Person, die geschützte Werke oder andere nach dem UrhG geschützte Schutzgegenstände nicht für ihre gewerbliche oder selbstständige berufliche Tätigkeit verwendet, zur Zeit der Klageerhebung ihren Wohnsitz, in Ermangelung eines solchen, ihren gewöhnlichen Aufenthalt hat. Wenn die beklagte Person im Inland weder einen Wohnsitz noch ihren gewöhnlichen Aufenthalt hat, ist das Gericht zuständig, in dessen Bezirk die Handlung begangen ist.),
- § 105 UrhG i.V.m. einer landesrechtlichen Rechtsverordnung,[22]
- § 6 Abs. 1 Satz 1 UKlaG (Landgericht, in dessen Bezirk der Beklagte seine gewerbliche Niederlassung oder in Ermangelung einer solchen seinen Wohnsitz hat; für den Fall, dass der Beklagte im Inland keine gewerbliche Niederlassung oder einen Wohnsitz hat: inländischer Aufenthaltsort, § 6 Abs. 1 Satz 2 UKlaG).[23]

---

21 A.A. Zöller-*Vollkommer*, ZPO, § 1 Rn. 9 mit Verweis auf OLG Stuttgart, NJW 1978, 1272: „Nach allgemeinen Grundsätzen geht die Zuständigkeit vor, die im Verhältnis zueinander die speziellere ist."
22 Z.B. § 1 der Verordnung über die Zusammenfassung von Geschmacksmusterstreitsachen, Kennzeichenstreitsachen und Urheberstreitsachen sowie Streitigkeiten nach dem Olympiamarkenschutzgesetz des Landes Nordrhein-Westfalen v. 30.08.2011 (GV. NRW, S. 48).
23 Vgl. hierzu auch die VO v. 05.05.1977, GVBl. 197 für Bayern; VO v. 18.03.1977, GVBl. 133 für Nordrhein-Westfalen.

Eine **Parteivereinbarung** ist bei Vorliegen einer ausschließlichen Zuständigkeit nicht möglich, 13
§ 40 Abs. 2 Satz 1 Nr. 2 ZPO. Eine Parteivereinbarung ist jedoch in Fällen, in denen nur die
sachliche Zuständigkeit ausschließlich ist, für die örtliche möglich; so denknotwendig auch,
wenn nur die örtliche ausschließlich ist, kann hinsichtlich der sachlichen Zuständigkeit eine
Parteivereinbarung erfolgen. Die Parteien können eine Zuständigkeit als ausschließliche **vereinbaren** (vgl. § 38 Rn. 33). Liegen mehrere ausschließliche Zuständigkeiten vor, so können
die Parteien unter den Voraussetzungen des § 38 ZPO den Ausschluss einer ausschließlichen
Zuständigkeit vereinbaren.[24] § 689 Abs. 2 Satz 3 ZPO regelt für das **Mahnverfahren** gesetzlich
den Vorrang zwischen mehreren ausschließlichen Zuständigkeiten. In diesem Fall ist eine Vereinbarung, die den § 689 Abs. 2 Satz 3 ZPO abändert, unzulässig. In **nicht vermögensrechtlichen Streitigkeiten** ist die sachliche und die örtliche Zuständigkeit nur dann ausschließlich,
wenn eine eigenständige gesetzliche Zuweisung an das Amtsgericht erfolgt (vgl. § 40 Abs. 2
Satz 1 Nr. 1 ZPO). **Vermögensrechtliche Streitigkeiten** sind in der Regel nicht ausschließlich,
es sei denn, das Gesetz sieht dies explizit vor (so z.B. für Amtshaftungssachen, § 71 Abs. 2
Nr. 1 GVG). § 731 bzw. § 767 jeweils i.V.m. § 802 ZPO sieht eine ausschließliche Zuständigkeit
sowohl für die sachliche als auch für die örtliche Zuständigkeit vor.

D. Rechtswegzuständigkeit

Abzugrenzen von der Zuständigkeit (Rn. 1–5) ist die sog. Rechtswegzuständigkeit, die bestimmt, ob der Weg zur ordentlichen Gerichtsbarkeit (§ 13 GVG: bürgerliche Rechtsstreitigkeiten, die Familiensachen und die Angelegenheiten der freiwilligen Gerichtsbarkeit [Zivilsachen]) eröffnet ist. In Betracht kommt der Rechtsweg zu den ordentlichen Gerichten (§ 13 GVG), den Arbeitsgerichten (§§ 1–3 ZPO i.V.m. § 48 ArbGG), den Finanzgerichten, den Sozialgerichten sowie den Verwaltungsgerichten (§ 40 VwGO). Die Rechtswegzuständigkeit ist grundsätzlich vor der Zulässigkeit einer Rechtssache zu prüfen. Dies ergibt sich aus § 17a Abs. 2 Satz 1 GVG, wonach ein im Rechtsweg unzuständiges Gericht die Sache – ohne sich inhaltlich (auch bezogen auf die Zulässigkeit) mit der Sache zu befassen – **von Amts wegen nach Anhörung der Parteien** an das zuständige Gericht abzugeben hat. Auch für den Fall, dass das Gericht bereits nach dem Vortrag in der Klage einen anderen Rechtsweg für eröffnet sieht, hat es die Klage an die Beklagtenpartei zuzustellen, auf die Problematik der Rechtswegzuständigkeit hinzuweisen und rechtliches Gehör zu gewähren, bevor es eine Verweisungsentscheidung trifft; zur Frage der Säumnis, Rn. 15. 14

E. Prozessuales
I. Prüfung durch das Gericht

Zwingende Sachurteilsvoraussetzung ist die sachliche und örtliche Zuständigkeit des Gerichts, 15
die für jeden prozessualen Anspruch (Streitgegenstand) zu prüfen ist. Die Prüfung (keine
Amtsermittlung!) der ausschließlichen Zuständigkeit erfolgt durch das Gericht generell von
Amts wegen, im Übrigen nur im Parteiprozess beim Amtsgericht von Amts wegen, da das Gericht gem. § 39 Satz 2 i.V.m. § 504 ZPO verpflichtet ist, bei Unzuständigkeit die Parteien vor
Verhandlung zur Hauptsache auf diesen Umstand und die Folgen hinzuweisen.[25] Im Anwaltsprozess greift § 39 Satz 1 ZPO, sodass das Gericht eine Prüfung nicht vornehmen braucht, da
die Parteien die Zuständigkeit durch rügeloses Verhandeln/Einlassen begründen können. Hat
das Gericht eine Prüfung von Amts wegen vorzunehmen, so geschieht dies im Wesentlichen
auf der Grundlage des **Vortrags des Klägers**, der Tatsachen substantiiert und schlüssig vortragen muss, die zur Zuständigkeit des angerufenen Gerichts führen (vgl. hierzu auch § 12
Rn. 2 ff.). Widerspricht sich der Vortrag des Klägers aus der Klageschrift und seiner Replik, so
kann dies zur Unschlüssigkeit des Vortrags führen. Die Klageerwiderung durch den Beklagten
und dessen Vortrag sind vom Gericht zu beachten, v.a. dann, wenn der Beklagte den klägerischen Vortrag, der die Zuständigkeit begründet, bestreitet.[26] In diesem Fall hat der Kläger
die vorgetragenen Tatsachen unter Beweis zu stellen.[27] Im Falle der **Säumnis** erstreckt sich die
Geständnisfiktion bei Ausbleiben **des Beklagten** nicht auf die zuständigkeitsbegründenden
Tatsachen der § 29 Abs. 2 ZPO und § 38 ZPO, vgl. § 331 Abs. 1 Satz 2 ZPO; zur möglichen
Folge der Ablehnung des Versäumnisurteilserlasses gem. § 335 Nr. 1 ZPO, vgl. die Ausführungen bei § 335 Rn. 2. Eine Ausnahme gilt dann, wenn zur Annahme der Zuständigkeit zwin-

---

24 Vgl. Stein/Jonas-*Roth*, ZPO, § 1 Rn. 2.
25 Vgl. Zöller-*Vollkommer*, ZPO, § 1 Rn. 17.
26 Insoweit genügt es nicht, wenn der Beklagte nur den Sachvortrag bestreitet, der den Anspruch
 begründet oder lediglich Klageabweisung beantragt, vgl. auch Stein/Jonas-*Roth*, ZPO, § 1 Rn. 22
 a.E.: Absicht muss erkennbar sein, dass die Zulässigkeit der Klage gerügt wird.
27 Vgl. BGHZ 183, 49 = NJW 2010, 873; OLG Celle, OLGR 2008, 177; Stein/Jonas-*Roth*, ZPO, § 1
 Rn. 22, 23; wohl auch *Klein*, NJW 2003, 16.

gend inhaltliche Fragen des Rechtsstreits zu klären sind (sog. „**doppelrelevante Tatsachen**": relevant für die Frage der Zuständigkeit und der Begründetheit des Anspruchs; vgl. auch ausführlich § 32 Rn. 2). In diesem Fall ist die Richtigkeit des Klägervortrags zu unterstellen,[28] auf den Vortrag des Beklagten kommt es sodann nicht an. Vom Kläger vorgetragene Wertangaben sind für das Gericht nicht bindend (arg: § 253 Abs. 3 Nr. 2 ZPO: Sollvorschrift zu Wertangaben in der Klageschrift). Entscheidender **Zeitpunkt** für die Beurteilung der Zuständigkeit ist der Verhandlungstermin, sodass auch nach Klageerhebung ein Gerichtsstand begründet werden kann; ändert sich der Gerichtsstand nach Klageerhebung, z.B. indem der Beklagte seinen Wohnsitz aufgibt, so hat dies auf die Zuständigkeit wegen § 261 Abs. 2 Nr. 2 ZPO keine Auswirkung.[29]

16 Die Zuständigkeit des Gerichts kann durch den Beklagten gem. §§ 282, 296 Abs. 3 ZPO bzw. unter den Voraussetzungen des § 532 bzw. § 565 i.V.m. § 532 ZPO gerügt werden. Das Gericht kann über die Frage der Zuständigkeit durch bejahendes Zwischenurteil gesondert entscheiden (§ 280 Abs. 1 ZPO, dort Rn. 5). Weist es die Klage wegen Unzulässigkeit mangels Zuständigkeit durch Endurteil ab, so kann diese Entscheidung mit der Berufung und der Revision gerügt werden (vgl. im Einzelnen die Ausführungen zu § 280 ZPO). Ein **Rechtsmittel** gegen eine zu Unrecht angenommene oder verneinte Zuständigkeit der ersten Instanz besteht nicht (§ 513 Abs. 2 ZPO [Berufung]; § 545 Abs. 2 ZPO [Revision]; § 571 Abs. 2 Satz 2 ZPO [sofortige Beschwerde] bzw. § 576 Abs. 2 ZPO [Rechtsbeschwerde] sowie § 17a Abs. 5, 6 GVG [Rechtswegrechtsmittel]).[30] Im Zweifel sollte Hilfsverweisungsantrag gestellt werden:

> *Hilfsweise für den Fall, dass das Amtsgericht/Landgericht [Ort] nicht zuständig ist, wird beantragt, das Verfahren an das zuständige Gericht [Ort] zu verweisen.*

Ein solcher Hilfsantrag kann jedoch in der **Revisionsinstanz** nicht mehr gestellt werden.[31]

17 Im Übrigen, insbesondere hinsichtlich der Folgen bei Fehlen der Zuständigkeit oder Klageermäßigung bzw. -erweiterung wird auf die Ausführungen zu § 1 ZPO (dort Rn. 5) verwiesen.

II. Erschleichen einer Zuständigkeit

18 Erschleicht eine Partei missbräuchlich die tatsächlichen Voraussetzungen für die Begründung der Zuständigkeit oder die Bestimmung durch das nächsthöhere Gericht gem. § 36 ZPO, so kann die benachteiligte Partei die **Einrede der Arglist** erheben, was zum Ausscheiden der Zuständigkeit führt.[32] Dies kann durch falschen, das Gericht bzw. die Parteien täuschenden Sachvortrag erfolgen. Die **Rechtsgrundlage** für diese Arglisteinrede ergibt sich aus dem der Zivilprozessordnung immanenten Grundsatz vom Missbrauchsverbot (vgl. Einl. Rn. 3).[33] Unter den vorgenannten Voraussetzungen kann eine Arglisteinrede auch durch den Kläger gegenüber einer (missbräuchlichen) Unzuständigkeitsrüge des Beklagten oder einer schikanösen oder prozessverschleppenden Unzuständigkeitsrüge des Beklagten geltend gemacht werden.[34] Folgende Einzelfälle sind praxisrelevant:

– Scheidet eine Zuständigkeit aufgrund missbräuchlichen Erschleichens aus, so verhandelt das (ggf. auch unzuständige) Gericht in der Sache weiter, soweit eine missbräuchliche Unzuständigkeitsrüge (in diesem Fall erfolgte Arglisteinrede durch den **Kläger**) erhoben wird.

– Erfolgt die Arglisteinrede durch den **Beklagten** und führt dies zu einem Ausscheiden der Zuständigkeit, so ist die fehlende Zuständigkeit von Amts wegen durch das Gericht zu beachten. Soweit seitens des Klägers kein weiterer Sachvortrag, der eine anderweitige Zuständigkeit begründet, erfolgt bzw. (nach Hinweis gem. § 139 Abs. 2, 3 ZPO) kein Verweisungsantrag gem. § 281 Abs. 1 ZPO durch den Kläger gestellt wird, hat das Gericht die

---

28 Vgl. auch BGHZ 183, 49 = NJW 2010, 873 (875), Rn. 18; OLG Celle, OLGR 2008, 177, jeweils zur Rechtswegzuständigkeit nach § 17a GVG; für die Arbeitnehmereigenschaft im Rahmen einer Kündigungsschutzklage: BAGE 83, 40 = NJW 1996, 2948; a.A. KG Berlin, NJW-RR 2001, 1509, zur Frage der Rechtswegzuständigkeit im Rahmen einer Vorabentscheidung gem. § 17a Abs. 3 Satz 2 GVG.
29 Vgl. auch Saenger-*Kayser*, ZPO, § 12 Rn. 11.
30 Klarstellend BGH, NJW-RR 2007, 1509 = MDR 2007, 1094; BGH, NJW-RR 2006, 930 = MDR 2006, 1126.
31 Vgl. BGH, NJW-RR 2007, 1509 (1519), Rn. 5f. = MDR 2007, 1094.
32 Vgl. zur Frage der missbräuchlichen Erschleichung der Zuständigkeit durch (vermeintlich rechtswidrige) Sitzverlegung einer GmbH: BGHZ 132, 195 = NJW 1996, 2235 = MDR 1996, 1064; Stein/Jonas-*Roth*, ZPO, § 1 Rn. 12 m.w.N. aus der älteren Rechtsprechung.
33 Die Arglisteinrede ist der Rechtsordnung nicht unbekannt und wird z.B. in Art. 6 Nr. 2 EuGVVO angedeutet, erwähnt bei Stein/Jonas-*Roth*, ZPO, § 1 Rn. 12.
34 So zutr. Stein/Jonas-*Roth*, ZPO, § 1 Rn. 13.

Klage mit Endurteil (oder Teilurteil bei mehreren prozessualen Ansprüchen) als unzulässig abzuweisen.

Ausschließliche Gerichtsstände sind auch im Falle des Ausscheidens der Zuständigkeit aufgrund einer Arglisteinrede weiterhin durch das Gericht von Amts wegen zu beachten, da die Parteien über ausschließliche Gerichtsstände keine Vereinbarung treffen können, vgl. Rn. 12 f.[35]

Das **Gericht prüft** alleine die Tatsachen, die für die Zuständigkeitsbestimmung erforderlich sind. **Missbräuchlich** erschleicht eine Partei die Zuständigkeit z.b. durch wahrheitswidrigen Vortrag, dass eine Niederlassung an einem Ort i.S.d. § 21 ZPO besteht; durch Benennung eines Wohnsitzes, der jedoch nur zum Schein errichtet wurde (auch Auslandswohnsitz zur Erschleichung der Zuständigkeit eines ausländischen Gerichts).[36] **Nicht missbräuchlich** ist die überhöhte Streitwertangabe und damit eine Begründung der sachlichen Zuständigkeit des Landgerichts (§ 23 Nr. 1 GVG), da der Beklagte bei vermögensrechtlichen Streitigkeiten bei denen kein anderweitiger ausschließlicher Gerichtsstand besteht, durch rügeloses Verhandeln, die Zuständigkeit des Landgerichts begründen kann (§ 39 Satz 1 ZPO). Hat der Beklagte z.B. keine stichhaltigen Argumente gegen die Hauptsacheforderung, so ist dies für die Zuständigkeitsbestimmung unbeachtlich und die Erhebung der Unzuständigkeitsklage durch den Beklagten nicht missbräuchlich.[37]

Die **Beweislast** für die Missbräuchlichkeit trägt stets die Partei, die sich auf die Einrede beruft.

Titel 1
Sachliche Zuständigkeit der Gerichte und Wertvorschriften

§ 1
Sachliche Zuständigkeit

Die sachliche Zuständigkeit der Gerichte wird durch das Gesetz über die Gerichtsverfassung bestimmt.

Inhalt:

	Rn.		Rn.
A. Allgemeines	1	C. Sachliche Zuständigkeit des Landgerichts	3
B. Sachliche Zuständigkeit des Amtsgerichts	2	D. Prozessuales	4

A. Allgemeines

§ 1 ZPO regelt die sachliche Zuständigkeit, also die Frage, welches Gericht in einem anhängigen Verfahren eine abschließende Sachentscheidung zu treffen hat (zum Begriff: Vorbem. zu §§ 1–37 Rn. 2). Die sachliche Zuständigkeit in erster Instanz richtet sich gem. § 1 ZPO i.V.m. §§ 23–23c GVG für die Zuständigkeit des Amtsgerichts und gem. § 1 ZPO i.V.m. § 71 GVG für die Zuständigkeit des Landgerichts entweder nach der Art des Streitgegenstandes oder nach der Höhe des Streitwertes (§ 23 Nr. 1 GVG). § 1 ZPO ist auch auf das FamFG anzuwenden, vgl. § 113 Abs. 1 FamFG. Die Frage, ob das Amtsgericht als Prozessgericht oder als Familiengericht entscheidet, ist eine Frage der sachlichen Zuständigkeit (arg.: § 23a Abs. 1 Nr. 1, § 23b Abs. 1 i.V.m. § 17a Abs. 6 GVG).[1]

B. Sachliche Zuständigkeit des Amtsgerichts

Das **Amtsgericht** ist gem. § 23 Nr. 1 GVG zuständig, wenn ein Anspruch von nicht mehr als 5.000,00 € geltend gemacht wird, außer es ist eine originäre sachliche Zuständigkeit des Landgerichts begründet (§ 71 GVG, vgl. auch Rn. 3). Ohne Rücksicht auf den Streitwert ist das Amtsgericht ferner bei Ansprüchen aus einem Mietverhältnis über Wohnraum oder über den Bestand eines solchen Mietverhältnisses ausschließlich zuständig (§ 23 Nr. 2a GVG); sowie bei

---

35 Vgl. Stein/Jonas-*Roth*, ZPO, § 1 Rn. 14.
36 Teils einschränkend BGH, NJW 2002, 960 = MDR 2002, 233, wenn der Wohnsitz im Ausland von einem ausländischen Gericht anerkannt wurde und für die Sitzverlegung nicht offensichtlich sachfremde Erwägungen angestellt wurden.
37 Vgl. OLG Frankfurt a.M., MDR 1980, 318 = RIW 1980, 60.

Zu § 1:
1 So auch Zöller-*Vollkommer*, ZPO, § 1 Rn. 4 a.E.

Streitigkeiten zwischen Reisenden und Wirten, Fuhrleuten, Schiffern oder Auswanderungsexpedienten in den Einschiffungshäfen, die über Wirtszechen, Fuhrlohn, Überfahrtsgelder, Beförderung der Reisenden und ihrer Habe und über Verlust und Beschädigung der letzteren, sowie Streitigkeiten zwischen Reisenden und Handwerkern, die aus Anlass der Reise entstanden sind (nicht ausschließlich; § 23 Nr. 2b GVG), Streitigkeiten nach dem Wohnungseigentumsgesetz (ausschließlich; § 23 Nr. 2c GVG i.V.m. § 43 Nr. 1–4, 6 WEG),[2] mit Ausnahme von Klagen Dritter, die sich gegen die Gemeinschaft der Wohnungseigentümer oder gegen Wohnungseigentümer richten und sich auf das gemeinschaftliche Eigentum, seine Verwaltung oder das Sondereigentum beziehen (§ 43 Abs. 4 WEG);[3] Streitigkeiten wegen Wildschaden (§ 23 Nr. 2d GVG) sowie hinsichtlich Ansprüche aus einem mit der Überlassung eines Grundstücks in Verbindung stehenden Leibgedings-, Leibzuchts-, Altenteils- oder Auszugsvertrag (nicht ausschließlich; § 23 Nr. 2 Buchst. g GVG). Das Amtsgericht ist ferner gem. § 1 Nr. 1 Buchst. a i.V.m. § 2 Abs. 1 Satz 2, § 48 LwVG ausschließlich für bürgerliche Rechtsstreitigkeiten als Landwirtschaftsgericht zuständig, die den Landpachtvertrag im Übrigen betreffen; in diesem Fall sind die Regelungen der ZPO anwendbar (§ 48 Abs. 1 LwVG; mit der Besonderheit einer geänderten örtlichen Zuständigkeit: § 10 LwVG). § 1 Nr. 1 Buchst. a LwVG muss im Zusammenhang mit dem § 1 Nr. 1 und 2–6 LwVG betrachtet werden, wonach in den dort genannten Fällen das Amtsgericht als Landwirtschaftsgericht aufgrund der Vorschriften des FamFG entscheidet.[4] Zu den Fällen des § 1 Nr. 1 Buchst. a LwVG (sog. streitige Landwirtschaftssachen) gehören insbesondere Streitigkeiten aufgrund der §§ 585–597 BGB, soweit sie nicht speziell von § 1 Nr. 1 und 2–6 LwVG erfasst werden.[5]

C. Sachliche Zuständigkeit des Landgerichts

3 Das **Landgericht** ist zuständig, wenn eine Forderung von mindestens 5.000,01 € geltend gemacht wird und sich keine ausdrückliche Zuständigkeit des Amtsgerichts ergibt (§ 23 Nr. 2 Buchst. a–g GVG; Rn. 2). Ohne Rücksicht auf den Streitwert ist das Landgericht ausschließlich zuständig für Ansprüche, die aufgrund der Beamtengesetze gegen den Fiskus erhoben werden (§ 71 Abs. 2 Nr. 1 GVG); Ansprüche gegen Richter und Beamte wegen Überschreitung ihrer amtlichen Befugnisse oder wegen pflichtwidriger Unterlassung von Amtshandlungen (§ 71 Abs. 2 Nr. 2 GVG); Ansprüche, die auf eine falsche, irreführende oder unterlassene öffentliche Kapitalmarktinformation, auf die Verwendung einer falschen oder irreführenden öffentlichen Kapitalmarktinformation oder auf die Unterlassung der gebotenen Aufklärung darüber, dass eine öffentliche Kapitalmarktinformation falsch oder irreführend ist, gestützt werden (§ 71 Abs. 2 Nr. 3 GVG); in Verfahren nach den §§ 98 Abs. 1, 99 AktG (gerichtliche Entscheidung über die Zusammensetzung des Aufsichtsrats; ausschließliche sachliche Zuständigkeit), § 132 Abs. 1 AktG (gerichtliche Entscheidung über das Auskunftsrecht; ausschließliche sachliche Zuständigkeit), § 142 Abs. 5 Satz 3 AktG (Bestellung der Sonderprüfer – Geltendmachung von Ersatzansprüchen; sachliche und örtliche Zuständigkeit: Landgericht, in dessen Bezirk die Gesellschaft ihren Sitz hat), § 258 Abs. 3 Satz 3 AktG (Bestellung der Sonderprüfer wegen unzulässiger Unterbewertung; sachliche und örtliche Zuständigkeit: Landgericht, in dessen Bezirk die Gesellschaft ihren Sitz hat), § 260 Abs. 1 Satz 1 AktG (gerichtliche Entscheidung über die abschließenden Feststellungen der Sonderprüfer; Zuständigkeit wie § 132 Abs. 1 AktG: ausschließliche sachliche Zuständigkeit), § 293c Abs. 1 Satz 3 AktG (Bestellung der Vertragsprüfer; sachliche und örtliche Zuständigkeit: Landgericht, in dessen Bezirk die Gesellschaft ihren Sitz hat), § 315 Satz 3 AktG (Sonderprüfung – Verantwortlichkeit bei Fehlen eines Beherrschungsvertrags; sachliche und örtliche Zuständigkeit: Landgericht, in dessen Bezirk die Ge-

---

2 Vgl. hierzu weiterführend Spielbauer/Then-*Then*, WEG, § 43 Rn. 3.
3 Vgl. hierzu weiterführend Spielbauer/Then-*Then*, WEG, § 43 Rn. 25 f.
4 § 23a Abs. 2 Nr. 9 GVG i.V.m. § 2 Abs. 1 Satz 1 LwVG als Landwirtschaftsgericht (ausschließlich) zuständig für Verfahren nach § 1 Nr. 1 und 2–6 LwVG, nämlich Verfahren aufgrund der Vorschriften über die Anzeige und Beanstandung von Landpachtverträgen im Landpachtverkehrsgesetz und über den Landpachtvertrag in den Fällen des § 585b Abs. 2 BGB, §§ 588, 590 Abs. 2 BGB, § 591 Abs. 2, 3 BGB, §§ 593, 594d Abs. 2 BGB, §§ 595, 595a Abs. 2, 3 BGB, vgl. § 1 Nr. 1 LwVG, die rechtsgeschäftliche Veräußerung, die Veränderung oder Aufhebung einer Auflage, die gerichtliche Zuweisung eines Betriebes sowie die Festsetzung von Zwangsgeld im Grundstückverkehrsgesetz, vgl. § 1 Nr. 2 LwVG, Einwendungen gegen das siedlungsrechtliche Vorkaufsrecht in § 10 des Reichssiedlungsgesetzes, vgl. § 1 Nr. 3 LwVG, die Aufhebung von Pacht- und sonstigen Nutzungsverhältnissen sowie die Inanspruchnahme von Gebäuden oder Land in §§ 59, 63 Abs. 3, 4 BVFG, die Festsetzung des Ersatzanspruchs und der Entschädigung nach § 7 Abs. 2 RSiedlGErg G 1935, vgl. § 1 Nr. 4 LwVG, das Anerbenrecht, einschließlich der Versorgungsansprüche bei Höfen, Hofgütern, Landgütern und Anerbengütern, vgl. § 1 Nr. 5 LwVG, Angelegenheiten, die mit der Aufhebung der früheren Vorschriften über Erbhöfe zusammenhängen, vgl. § 1 Nr. 6 LwVG.
5 Vgl. *Kern*, Pachtrecht, § 1 LwVG Rn. 3.

sellschaft ihren Sitz hat), vgl. § 71 Abs. 2 Nr. 4 Buchst. b GVG; in Verfahren zur Bestellung der Verschmelzungsprüfer gem. § 10 Abs. 2 Satz 1 UmwG (sachliche und örtliche Zuständigkeit: Landgericht, in dessen Bezirk ein übertragender Rechtsträger seinen Sitz hat), § 71 Abs. 2 Nr. 4 Buchst. d GVG; in Verfahren nach § 26 Abs. 1 SEAG (gerichtliche Entscheidung über die Zusammensetzung des Verwaltungsrats; ausschließliche sachliche und örtliche Zuständigkeit: Landgericht, in dessen Bezirk die Gesellschaft ihren Sitz hat), § 71 Abs. 2 Nr. 4 Buchst. c GVG; in Verfahren nach dem Gesetz über das gesellschaftliche Spruchverfahren (sachliche und örtliche Zuständigkeit gem. § 2 Abs. 1 Satz 1 SpruchG: Landgericht, in dessen Bezirk der Rechtsträger, dessen Anteilsinhaber antragsberechtigt sind, seinen Sitz hat), § 71 Abs. 2 Nr. 4 Buchst. e GVG; in Verfahren gem. §§ 39a, 39b WpÜG (Ausschluss der übrigen Aktionäre; ausschließliche sachliche und örtliche Zuständigkeit des Landgerichts Frankfurt a.M., § 39a Abs. 5 WpÜG), § 71 Abs. 2 Nr. 4 Buchst. f GVG.[6]

D. Prozessuales

Ist bereits zum Zeitpunkt der Einreichung einer Klageschrift keine sachliche Zuständigkeit begründet, so weist das Gericht im **Anwaltsprozess** die Klage mit Endurteil als unzulässig ab, da es sich um eine Sachurteilsvoraussetzung handelt:

Die Klage wird als unzulässig abgewiesen.

Im **Parteienprozess** muss das Gericht gem. § 504 ZPO ausdrücklich auf die Unzuständigkeit und die Folge von rügelosem Einlassen hinweisen. Im Mahnverfahren ergeht die Abgabe von Amts wegen an das sachlich zuständige Gericht (§ 696 Abs. 1 ZPO, § 700 Abs. 3 ZPO; Ausnahme: Parteivereinbarung gem. § 700 Abs. 3 Satz 1 ZPO). Einer Klageabweisung im Anwaltsprozess kann der Kläger vorgreifen, in dem er einen **Verweisungsantrag** nach § 281 Abs. 1 ZPO (bzw. bei nachträglicher Unzuständigkeit gem. § 506 Abs. 1 ZPO) – ggf. auch hilfsweise (vgl. Vorbem. zu §§ 1–37 Rn. 16) – stellt:

Es wird beantragt, den Rechtsstreit an das zuständige Amtsgericht/Landgericht [Ort] zu verweisen.

Das Gericht erlässt nach Prüfung von Amts wegen sodann einen sog. **Verweisungsbeschluss**, in dem es sich für unzuständig erklärt und den Rechtsstreit an das sachlich und örtlich zuständige Gericht verweist.

1. *Das Amtsgericht/Landgericht [Ort] erklärt sich für sachlich unzuständig.*
2. *Der Rechtsstreit wird an das zuständige Amtsgericht/Landgericht [Ort] verwiesen.*

Die Entscheidung über die Unzuständigkeit ist nach deren Rechtskraft für das Gericht bindend, bei dem die Sache später anhängig wird, vgl. § 11 ZPO und die Ausführungen dort.

Soweit sich die sachliche Zuständigkeit aufgrund des Streitwertes ergibt (§ 23 Nr. 1 GVG), kann es im Rahmen des anhängigen Rechtsstreits zu Fragen der Änderung der Zuständigkeit kommen. **Ermäßigt** z.B. der Kläger seine Klageforderung, die ursprünglich die Zuständigkeit des Landgerichts begründete, und führt dies sodann dazu, dass die eingeklagte Forderung die Grenze von 5.000,00 € erreicht oder unterschreitet, so hat dies wegen § 261 Abs. 3 Nr. 2 ZPO keine Auswirkung auf die sachliche Zuständigkeit des Landgerichts. Im Gegenzug wirkt sich eine **Erweiterung** der Klage, die aufgrund des Streitwerts von bis zu 5.000,00 € beim Amtsgericht anhängig ist, bezüglich der Zuständigkeit aus, wenn die Klageforderung sodann 5.000,00 € übersteigt. Dies kann sich auch ergeben, wenn eine Widerklage erhoben wird, die für sich gesehen (nicht in Addition mit dem Klageanspruch, vgl. § 5 Hs. 2 ZPO) in den Zuständigkeitsbereich des Landgerichts fällt (z.B. Widerklage in Höhe von 6.000,00 €). Das Amtsgericht wird ab einem Betrag von mindestens 5.000,01 € unzuständig und muss, soweit dies von einer Partei beantragt wird, an das zuständige Landgericht durch Beschluss verweisen (§ 506 Abs. 1 ZPO). Wird ein Verweisungsantrag – auch nach Hinweis des Gerichts – nicht gestellt, bleibt das Amtsgericht infolge rügelosem Einlassen zuständig (§ 39 Satz 1 ZPO). Eine vor Schluss der mündlichen Verhandlung zumindest anhängige Klageerweiterung erhöht den Streitwert;[7] hingegen hat eine **unzulässige Klageerweiterung** nach Schluss der mündlichen Verhandlung keine Auswirkung auf den Streitwert.[8]

Macht der Kläger einen Anspruch, den er gegen einen Beklagten geltend machen will, in mehreren – inhaltlich gleichen – Klagen geltend, so kann dies unter Umständen eine **missbräuchliche Mehrfachverfolgung** sein, wenn die einzelnen Klagen für sich gesehen jeweils

---

6 § 71 Abs. 2 Nr. 4a GVG begründet nach Änderung des § 324 HGB keine Zuständigkeit mehr. § 324 HGB wurde durch das BilMoG v. 25.05.2009 (BGBl. I, S. 1102) mit Wirkung v. 29.05.2009 neugefasst, sodass die Verweisungsnorm des § 71 Abs. 2 Nr. 4a GVG ins Leere geht.
7 Vgl. OLG Düsseldorf, OLGR 2009, 338.
8 So OLG Karlsruhe, OLGR 2007, 592.

die Zuständigkeit des Amtsgerichts, in ihrer Gesamtheit jedoch die Zuständigkeit des Landgerichts begründet hätten. An eine derartige missbräuchliche Mehrfachverfolgung sind indes hohe Anforderungen zu stellen. Die Rechtsprechungen hierzu sind ausschließlich auf dem Gebiet des Urheberrechts ergangen, die im Wesentlichen zur Folge hatten, dass der Beklagte neben erheblichen (Verfahrens-) Kosten und Gebühren zusätzlich eine Beeinträchtigung im Wettbewerb erfuhr, worauf es dem Kläger offensichtlich ankam.[9] Im „normalen" Zivilprozess wird dies nur in gravierenden Ausnahmefällen denkbar sein. So kann es durchaus auch für den Kläger aus Kostengründen sinnvoll sein, durch Erhebung einer (offenen) Teilklage abzusehen, ob ein weitergehendes (klageweise) Vorgehen zweckmäßig erscheint.[10] Eine gezielte Schädigungsabsicht des Klägers durch Aufbürdung eines Kostenrisikos auf den Beklagten ist kaum denkbar, zumal der Kläger selbst – im Falle des Unterliegens – ein Kostenrisiko trägt. Für den Fall einer offensichtlich begründeten Klage hat der Beklagte stets die Möglichkeit des sofortigen Anerkenntnisses und die sich daraus ergebende Kostenfolge zu Lasten des Klägers gem. § 93 ZPO. Hat der Beklagte vorab Anlass zur Klage gegeben, sodass § 93 ZPO nicht greift, ist er (auch hinsichtlich einer Mehrfachverfolgung) in der Regel nicht schutzwürdig. Zusätzliche Beeinträchtigungen neben dem Kostenrisiko, wie vorgenannt im Wettbewerbsrecht, sind im „normalen" Zivilrechtsstreit, zumindest fußend auf mehreren eingereichten Klagen, kaum denkbar. Die **Beweislast** für die Missbräuchlichkeit trägt der Beklagte.

§ 2
Bedeutung des Wertes

Kommt es nach den Vorschriften dieses Gesetzes oder des Gerichtsverfassungsgesetzes auf den Wert des Streitgegenstandes, des Beschwerdegegenstandes, der Beschwer oder der Verurteilung an, so gelten die nachfolgenden Vorschriften.

Inhalt:

	Rn.		Rn.
A. Allgemeines	1	II. Unterscheidung Zuständigkeits-,	
I. Begrifflichkeiten	1	Rechtsmittel- und Gebührenstreit-	
1. Wert	1	wert	6
2. Streitgegenstand	2	III. Anwendungsbereich	7
3. Beschwerdegegenstand	3	**B. Besondere Streitwertvorschriften**	8
4. Beschwer	4	**C. Prozessuales**	9
5. Verurteilung	5		

A. Allgemeines
I. Begrifflichkeiten
1. Wert

1 Der (Streit-)Wert i.S.d. § 2 ZPO stellt einen **stets konkret in Geld** beschriebenen Ausdruck eines zivilprozessrechtlich geltend gemachten Gegenstandes (sog. Streitgegenstand – Rn. 2) dar.[1] Eine Legaldefinition findet sich in § 3 Abs. 1 GKG. Wird klageweise eine Geldforderung geltend gemacht, so ist diese allein maßgeblich; wird hingegen eine nichtvermögensrechtliche Forderung gestellt (z.B. Auskunftsklage oder Feststellungsklage), so wird der (in Geld darzustellende) Streitwert gem. § 3 Hs. 1 ZPO nach freiem Ermessen durch das Gericht festgesetzt; vgl. hierzu die Kommentierung zu § 3 ZPO. Eine anderweitige Darstellung des Streitwertes außer in Geld ist nicht möglich. Außerhalb des Zivilprozesses wird der Streitwert als **Gegenstandswert** bezeichnet.

2. Streitgegenstand

2 Der Streitgegenstand wird durch den Antrag des Klägers (oder Widerklägers) und dem sich in diesem widerspiegelnden allgemeinen Rechtsschutzziel sowie der begehrten Rechtsfolge bestimmt. Er orientiert sich maßgeblich am vom Kläger vorgetragenen **Lebenssachverhalt** (hierzu

---

9 Vgl. BGH, NJW 2004, 290 (291f.) = GRUR 2004, 70; BGHZ 144, 165 = NJW 2000, 3566 (3568); BGH, BGHReport 2001, 46; OLG Hamm, NJW-RR 2011, 1261; OLG Bremen, OLGR 2001, 225; OLG München, OLGR 2001, 105 = MDR 2001, 652; Zöller-*Vollkommer*, ZPO, § 1 Rn. 23.
10 Vgl. BGH, NJW 2015, 2566 (2567), Rn. 19; BGHZ 135, 178 = NJW 1997, 1990 = MDR 1997, 778; BGH, NJW 1997, 3019 = MDR 1997, 966.

Zu § 2:
1 Vgl. auch MK-*Wöstmann*, ZPO, § 2 Rn. 3: „quantitative Maß des Begehrens".

ausführlich Einl. Rn. 28 ff.), aus dem die Rechtsfolge hergeleitet wird.[2] Einwendungen des Beklagten sind für den Streitgegenstand grundsätzlich ohne Bedeutung.

3. Beschwerdegegenstand
Der Wert des Beschwerdegegenstandes (sog. **Beschwerdewert**)[3] ist **zweigliedrig**. Er ist durch die Beschwer (Rn. 4) und das Abänderungsbegehren der erstinstanzlichen Entscheidung, das durch die Beschwerde deutlich wird, im Zusammenhang zu sehen. Gegen Entscheidungen über Kosten (z. B. § 91a Abs. 2, § 99 Abs. 2 Satz 1 ZPO [jedoch ist Abs. 2 Satz 2 zu beachten], § 269 Abs. 3 ZPO) ist die Beschwerde ab einem Wert des Beschwerdegegenstands von 200,01 € möglich, § 567 Abs. 2 ZPO. 3

4. Beschwer
Die Beschwer bestimmt sich danach, wie weit der rechtskräftige Inhalt der anzufechtenden Entscheidung hinter dem erstinstanzlichen Rechtsschutzbegehren des Rechtsmittelführers zurückbleibt.[4] Der Wert der Beschwer bemisst sich nicht an den Anträgen des Berufungsführers, sondern einzig an dem **in erster Instanz erfolgten Unterliegen**. Insoweit kann sich die Berufung auch gegen eine Verurteilung in Höhe von 200,00 € richten, wenn die Klage (und damit die Verurteilung) insgesamt mit 1.000,00 € erfolgreich war.[5] Die Bemessung des Wertes der Beschwer kann nur bis zum **Zeitpunkt** der letzten mündlichen Verhandlung herauf- oder herabgesetzt werden; mithin ist eine Abänderung in der Revisionsinstanz (auch Nichtzulassungsbeschwerde) nicht mehr möglich.[6] Neue Tatsachen sind nur beachtlich, wenn sie zum Zeitpunkt der letzten mündlichen Verhandlung bereits relevant sind.[7] 4

5. Verurteilung
Die Verurteilung ergibt sich direkt aus der gerichtlichen Entscheidung und stellt im Ergebnis den **begründeten und zusprechenden Teil der Klage** dar. Der Wert der Vollstreckung ist relevant für § 708 Nr. 11 Hs. 1 ZPO (bzw. § 708 Nr. 11 Hs. 2 ZPO, soweit nur Kosten vollstreckt werden) und gesondert zu ermitteln. Er ist – anders als die vorgenannten Streitwerte (Rn. 2-4) – Streitgegenstand unabhängig. Hinsichtlich des Wertes der Vollstreckung bei zusprechenden Urteilen liegt der Wert für die Möglichkeit einer vorläufigen Vollstreckung ohne Sicherheitsleistung (sog. privilegierte Vollstreckung, § 708 Nr. 11 Hs. 1 ZPO) bei 1.250,00 €, hinsichtlich der Kostenentscheidung bei 1.500,00 € (§ 708 Nr. 11 Hs. 2 ZPO). 5

II. Unterscheidung Zuständigkeits-, Rechtsmittel- und Gebührenstreitwert
Im Rahmen eines Zivilprozesses sind verschiedene Streitwerte (vgl. Rn. 1) maßgeblich (z.B. für die sachliche Zuständigkeit, die Zulässigkeit von Rechtsmitteln, die Gebührenbemessung oder die vorläufige Vollstreckbarkeit). Diese sind: **Zuständigkeitsstreitwert**, der für die Frage der sachlichen Zuständigkeit (vgl. § 1 Rn. 1-3: Bis zu 5.000,00 € das Amtsgericht, vgl. § 23 Nr. 1 GVG; ab 5.000,01 € das Landgericht, vgl. § 71 Abs. 1 GVG) oder die Wertgrenze des § 495a ZPO[8] als **Bagatellstreitwert**, der für die Durchführung eines vereinfachten Verfahrens möglich) von Relevanz ist; **Rechtsmittelstreitwert**, dessen Höhe relevant ist für die Frage, ob ein Beschwerdegegenstand vom Wert zur Verfolgung eines Rechtsmittels berechtigt (vgl. § 511 Abs. 2 Nr. 1 ZPO: Wert des Beschwerdegegenstands bei Berufung mindestens 600,01 €; § 567 Abs. 2 ZPO: Wert des Beschwerdegegenstands bei sofortiger Beschwerde mindestens 200,01 €). Nach § 47 Abs. 1 Satz 1 GKG bestimmt sich im Rechtsmittelverfahren der Streitwert nach den Anträgen des Rechtsmittelführers. Endet das Verfahren, ohne dass solche Anträge eingereicht werden, oder werden, wenn eine Frist für die Rechtsmittelbegründung vorgeschrieben ist, innerhalb dieser Frist Rechtsmittelanträge nicht eingereicht, ist die Beschwer maßgebend (§ 47 Abs. 1 Satz 2 GKG bzw. § 40 Abs. 1 FamGKG). Darüber hinaus gibt es den **Gebührenstreitwert**, der maßgeblich für die festzusetzenden Gerichtsgebühren nach GKG, FamGKG und für die festzusetzenden Rechtsanwaltsgebühren (§ 2 Abs. 1 RVG: **Gegenstandswert**) ist. Der Wert der Verurteilung ist maßgebend für die Anwendung des § 708 Nr. 11 ZPO. 6

---
2 Vgl. BGHZ 59, 17 = NJW 1972, 1235; OLG Bamberg, JurBüro 1991, 1690; Prütting/Gehrlein-*Gehle*, ZPO, § 2 Rn. 1; ausführlich auch Stein/Jonas-*Roth*, ZPO, § 2 Rn. 13 ff.
3 Vgl. Stein/Jonas-*Roth*, ZPO, § 2 Rn. 40; Prütting/Gehrlein-*Gehle*, ZPO, § 2 Rn. 5.
4 Vgl. BeckOK-*Wulf*, ZPO, § 511 Rn. 32.
5 Vgl. Stein/Jonas-*Roth*, ZPO, § 2 Rn. 41.
6 Vgl. BGH v. 10.06.2008, VI ZR 316/07, juris; BGH, NJW 2001, 1652 (1653); BGH v. 03.05.2001, III ZR 9/01, juris; BGH v. 08.02.2000, VI ZR 283/99, VersR 2000, 869.
7 Vgl. BGH, VersR 2009, 279.
8 Vgl. LG Mainz, WuM 2012, 507; Zöller-*Herget*, ZPO, § 495a Rn. 5; Musielak/Voit-*Wittschier*, ZPO, § 495a Rn. 4.

Der **Vollstreckungsstreitwert** ist bei § 866 Abs. 3 Satz 1 ZPO (Sicherungshypothek darf nur für einen Betrag ab 750,01 € eingetragen werden) relevant.

III. Anwendungsbereich

7 § 2 ZPO verweist auf die §§ 3–9 ZPO, soweit es für den Rechtsstreit oder für ein Rechtsmittel auf den Wert des Streitgegenstandes ankommt. Dabei sind die §§ 3–9 ZPO auf den Zuständigkeitsstreitwert stets anwendbar. Weitgehend sind die §§ 3–9 ZPO auch auf den Rechtsmittelstreitwert anzuwenden, soweit in den Rechtsmittelvorschriften keine Sonderregelung besteht. Hinsichtlich des Gebührenstreitwerts gelten die §§ 39–47 GKG, im Übrigen sind die §§ 3–9 ZPO anwendbar, § 48 GKG. Hinsichtlich der Verfahren nach dem FamFG sind die §§ 3–9 ZPO nicht anwendbar, vgl. § 113 Abs. 1 FamFG; die §§ 33 ff. FamGKG stellen eigene Regelungen dar. § 62 Satz 1 GKG sieht vor, dass in der Regel der Streitwert, der für die Entscheidung über die Zuständigkeit des Prozessgerichts oder die Zulässigkeit des Rechtsmittels festgesetzt ist, auch für die Festsetzung und Berechnung der Gebühren maßgebend ist. Hinsichtlich der Rechtsanwaltsgebühren gilt bei Festsetzung nach dem Gegenstandswert § 23 Abs. 1 RVG: Soweit sich die Gerichtsgebühren nach dem Wert richten, bestimmt sich der Gegenstandswert im gerichtlichen Verfahren nach den für die Gerichtsgebühren geltenden Wertvorschriften; bei Festsetzung nach dem Wertgegenstand § 32 Abs. 1 RVG: Wird der für die Gerichtsgebühren maßgebende Wert gerichtlich festgesetzt, ist die Festsetzung auch für die Gebühren des Rechtsanwalts maßgebend.[9] Auf den Bagatellstreitwert sowie den Wert der Verurteilung und den Vollstreckungsstreitwert sind die §§ 3–9 ZPO anzuwenden.

A. Besondere Streitwertvorschriften

8 In verschiedenen Gesetzen finden sich Sondervorschriften hinsichtlich des Streitwertes.[10] So sieht z.B. **§ 182 InsO** vor, dass sich der Wert des Streitgegenstands einer Klage auf Feststellung einer Forderung, deren Bestand vom Insolvenzverwalter oder von einem Insolvenzgläubiger bestritten worden ist, nach dem Betrag bestimmt, der bei der Verteilung der Insolvenzmasse für die Forderung zu erwarten ist. **§ 247 Abs. 1 Satz 1 AktG** sieht vor, dass das Prozessgericht den Streitwert unter Berücksichtigung aller Umstände des einzelnen Falles, insbesondere der Bedeutung der Sache für die Parteien, nach billigem Ermessen bestimmt. Der Streitwert darf jedoch ein Zehntel des Grundkapitals oder, wenn dieses Zehntel mehr als 500.000,00 € beträgt, 500.000,00 € nur insoweit übersteigen, als die Bedeutung der Sache für den Kläger höher zu bewerten ist, vgl. § 247 Abs. 1 Satz 2 AktG. **§ 142 Abs. 1 MarkenG, § 144 PatG, § 26 Abs. 1 GbrMG, § 247 Abs. 2 AktG** regeln jeweils eine Streitwertbegünstigung, wonach das Gericht auf Antrag anordnen kann, dass die Verpflichtung zur Zahlung von Gerichtskosten sich nach einem der Wirtschaftslage einer der Parteien angepassten Teil des Streitwerts bemisst, wenn diese Partei glaubhaft macht, dass die Belastung mit den Prozesskosten nach dem vollen Streitwert ihre wirtschaftliche Lage erheblich gefährden würde.

B. Prozessuales

9 Eine **Vorabentscheidung** durch Beschluss **über den Zuständigkeitsstreitwert**, soweit dieser für die sachliche Zuständigkeit von Relevanz ist, kann durch das Gericht ergehen, wenngleich dies nicht zwingend ist; in der Praxis wird regelmäßig ein vorläufiger Streitwert durch Beschluss festgesetzt. Eine Beschwerde gegen diesen Beschluss, der nur Bedeutung für die sachliche Zuständigkeit des Gerichts hat, ist unstatthaft;[11] eine Anfechtung ist nur mit der Hauptsacheentscheidung möglich. Dies gilt auch für den durch das Gericht festgesetzten Streitwert im Verfahren nach § 495a ZPO. Hat der Kläger einen Verweisungsantrag nach § 281 ZPO gestellt, so kann das Gericht im (Vorab-Zuständigkeitsstreitwert-)Beschluss auch die Verweisung an das zuständige Gericht vornehmen.[12] Entscheidet das verweisende Gericht nicht vorab, so trifft das angerufene Gericht diese Entscheidung im verfahrensabschließenden Urteil.

---

9 Zur Hinweispflicht des Rechtsanwalts gem. § 49b Abs. 5 BRAO, wenn sich die zu erhebenden Gebühren nach dem Gegenstandswert richten, vgl. *Hartmann*, NJW 2004, 2482; sowie zur möglichen Schadensersatzpflicht: BGH, NJW 2008, 371 (372) = WM 2007, 2351; Zöller-*Vollkommer*, ZPO, § 2 Rn. 3 a.E.

10 Aufzählung nach Musielak/Voit-*Heinrich*, ZPO, § 2 Rn. 4; Stein/Jonas-*Roth*, ZPO, § 2 Rn. 5, mit Verweis auf die Kommentierung bei MK-*Schumacher*, InsO, § 182 Rn. 1; Hüffer, AktG, § 247 Rn. 1, 4 ff.; *Fezer*, MarkenR, § 142 Rn. 9 ff.; v. Schultz-v. *Zumbusch*, MarkenR, § 142 Rn. 11 ff.

11 So OLG Jena v. 19.03.2009, 4 W 106/09, juris; OLG Koblenz, MDR 2004, 709; abl. *Cuypers*, MDR 2012, 381.

12 So OLG Jena v. 19.03.2009, 4 W 106/09, juris: Aus Gründen der Rechtssicherheit und Prozesswirtschaftlichkeit sinnvoll.

§ 3
Wertfestsetzung nach freiem Ermessen

Der Wert wird von dem Gericht nach freiem Ermessen festgesetzt; es kann eine beantragte Beweisaufnahme sowie von Amts wegen die Einnahme des Augenscheins und die Begutachtung durch Sachverständige anordnen.

Inhalt:

	Rn.		Rn.
A. Allgemeines	1	C. Verfahrensrechtliches	11
B. Wertfestsetzung „nach freiem Ermessen"	3	D. Ausgewählte praxisrelevante Einzelfragen	16

A. Allgemeines

Der Streitwert bemisst sich nach dem Interesse an der Durchführung des Rechtsstreits. Hierbei ist abzustellen auf das Interesse des Klägers, Antragstellers bzw. Rechtsmittelführers.[1] Auf den Streitwert ohne Einfluss ist es, wenn das gleiche Rechtsschutzziel auf anderem Wege mit einem geringeren Gegenstandswert erreichbar gewesen wäre.[2] 1

Gemeinhin werden drei Streitwertbegriffe unterschieden:[3] 2

Zuständigkeitsstreitwert: Der Zuständigkeitsstreitwert ist von Bedeutung für die Bestimmung des sachlich zuständigen Gerichts (§§ 23 Nr. 1, 71 Abs. 1 GVG), sofern die sachliche Zuständigkeit nicht ohne Rücksicht auf den Streitwert bestimmt ist (z.B. § 23 Nr. 2, § 23a, § 71 Abs. 2 GVG).

Gebührenstreitwert: Für die Gerichtskosten nach dem GKG (bzw. FamGKG) und die Rechtsanwaltsgebühren ist der sog. Gebührenstreitwert von Bedeutung (siehe § 3 Abs. 1 GKG bzw. § 2 Abs. 1 RVG). Für diesen gilt § 3 ZPO, soweit im GKG, insbesondere den §§ 41 ff. GKG,[4] keine abweichende Regelung getroffen wird (vgl. § 62 GKG). Beachtlich ist insoweit insbesondere, dass die Werte von Klage- und Widerklageanspruch zusammengerechnet werden (§ 45 Abs. 1 Satz 1 GKG anders als § 5 Hs. 2 ZPO).

Rechtsmittelstreitwert/Beschwerdewert:[5] Der Rechtsmittelstreitwert bzw. Beschwerdewert richtet sich nach dem mit dem Rechtsmittel verfolgten Interesse des Rechtsmittelführers an der Abänderung der angefochtenen Entscheidung,[6] wobei dem Rechtsmittelstreitwert insoweit Bedeutung zukommt, als die Zulässigkeit des Rechtsmittels vom Erreichen eines bestimmten Wertes abhängig sein kann (z.B. § 511 Abs. 2 Nr. 1 ZPO). Beim Kläger (bzw. Antragsteller) bestimmt sich dieser danach, wie weit die angefochtene Entscheidung zu seinen Lasten von seinem Begehren abweicht,[7] beim Beklagten (bzw. Antragsgegner) nach dem Umfang der Verurteilung zu seinen Lasten.[8]

B. Wertfestsetzung „nach freiem Ermessen"

Die Einräumung **„freien Ermessens"** entbindet das Gericht freilich nicht von der Verpflichtung, den Streitwert nach sachgerechten Kriterien festzusetzen. Vielmehr räumt das Gesetz dem Gericht weitergehende Möglichkeiten der Schätzung ein.[9] Erhebliche Gestaltungsfreiräume bestehen gerade im Hinblick auf die Gestaltung des Verfahrens der Wertfestsetzung.[10] 3

Die **Durchführung einer Beweisaufnahme** über die Höhe des Streitwertes ist gemäß Hs. 2 in das Ermessen des Gerichts gestellt. Beweiserhebung durch Augenschein und Sachverständigengutachten kann das Gericht (entsprechend § 144 Abs. 1 ZPO) von Amts wegen anordnen, Zeugenbeweis hingegen nur auf Antrag einer Partei. Da die Beweisaufnahme freigestellt ist, muss einem solchen Antrag aber nicht entsprochen werden. Die Entscheidung über Kosten ei- 4

---

1 Sog. „Angreiferinteresseprinzip", siehe *Schumann*, NJW 1982, 1257 (1260f.); vgl. bspw. auch BGH, NJW 1994, 1222 (1224). In der Folge wird in diesem Zusammenhang aus Gründen der Vereinfachung der Begriff Interesse „des Klägers" verwandt.
2 OLG München, OLGR 1993, 312.
3 Siehe beispielsweise Zöller-*Herget*, ZPO, § 3 Rn. 2–5.
4 Im Anwendungsbereich des FamFG: Bahrenfuss-*Blank*, FamFG, § 113 Rn. 7 ff.
5 Auch unter der Bezeichnung „Wert des Beschwerdegegenstandes" geläufig; so etwa Thomas/Putzo-*Hüßtege*, ZPO, § 2 Rn. 3.
6 Vgl. etwa MK-*Wöstmann*, ZPO, § 3 Rn. 21.
7 Siehe z.B. OLG Köln v. 02.07.2012, 2 U 55/12, juris, Rn. 26.
8 Zöller-*Herget*, ZPO, § 3 Rn. 4.
9 BeckOK-*Wendtland*, ZPO, § 3 Rn. 1.
10 MK-*Wöstmann*, ZPO, § 3 Rn. 3.

nes mit der Bestimmung des Streitwertes beauftragten Sachverständigen erfolgt gemäß § 64 GKG durch Beschluss, wobei § 64 Satz 2 GKG die Kosten derjenigen Partei auferlegt werden können, die durch ein dort bezeichnetes Prozessverhalten die Beauftragung des Sachverständigen erforderlich gemacht hat.

5 Regelmäßig wird es nicht zu beanstanden sein, wenn das Gericht (nachvollziehbare) Angaben der Parteien zu nicht eindeutig bezifferbaren Gegenstandswerten bei der Streitwertfestsetzung zu Grunde legt,[11] wobei freilich eine Bindung hieran nicht besteht.[12] Bei der Frage, ob und in welchem Umfang eine Beweiserhebung durchgeführt werden soll, wird neben der Plausibilität etwaiger Parteiangaben insbesondere der zu erwartende Aufwand im Verhältnis zur Bedeutung der Sache abzuwägen sein.

6 Die Streitwertfestsetzung kann – sofern eine genauere Ermittlung nicht oder nicht mit vertretbarem Aufwand möglich ist – auch dergestalt erfolgen, dass eine Festsetzung innerhalb einer bestimmten Gebührenstufe der Anlage 2 zu § 34 GKG vorgenommen wird.[13]
Beispiel:
Der Streitwert wird festgesetzt auf bis zu 16.000,00 €.

7 Fehlen hinreichende oder gar jegliche Anhaltspunkte für die Festsetzung des Streitwerts, so kennt das GKG für den Bereich der öffentlich-rechtlichen Gerichtsbarkeiten (Verwaltungs-, Sozial- und Finanzgerichtsbarkeit) in § 52 Abs. 2 GKG einen **Auffangstreitwert** von 5.000,00 €.[14] Für das Zivilverfahren existiert ein solcher allgemeiner Auffangstreitwert im GKG nicht,[15] jedoch zieht der BGH im Bereich nichtvermögensrechtlicher Streitigkeiten die Regelung des § 23 Abs. 3 Satz 2 RVG als Orientierungswert (entsprechend) heran, sofern keine Anhaltspunkte für ein höheres oder ein geringeres Interesse bestehen.[16] Für Streitigkeiten über Unterlassungs- und Beseitigungsansprüche im Bereich des gewerblichen Rechtsschutzes sieht § 51 Abs. 3 Satz 2 GKG einen Auffangstreitwert in Höhe von 1.000,00 € im Kontext des § 51 Abs. 3 Satz 1 GKG vor.[17] Im Familienrecht gilt § 42 Abs. 3 FamGKG.

8 Im Falle der **Beendigung des Rechtsstreits durch Vergleich** kann es im Hinblick auf § 3 Abs. 2 GKG i.V.m. Nr. 1900 KV-GKG (Anlage 1 zu § 3 Abs. 2 GKG) sowie die anwaltliche Einigungsgebühr erforderlich sein, neben dem Streitwert des Rechtsstreits den Wert des Vergleichs festzusetzen, weil der Vergleich weitergehende Ansprüche erfasst als der Rechtsstreit. Dies kann auch dadurch erfolgen, dass lediglich der Vergleichsmehrwert zusätzlich festgesetzt wird. Im Falle eines Streitwerts von 7.000,00 € und einem Vergleichsmehrwert von 2.000,00 € kann die Tenorierung somit beispielsweise alternativ lauten:
Der Streitwert wird auf 7.000,00 € festgesetzt, ein Vergleichsmehrwert besteht in Höhe von 2.000,00 €.
oder:
Der Streitwert wird auf 7.000,00 € festgesetzt, der Wert des Vergleichs auf 9.000,00 €.

9 Beispielsweise **Klageänderungen, -erweiterungen, -teilrücknahmen oder (Teil-)Erledigterklärungen** (vgl. zum relevanten Zeitpunkt Rn. 35) **können** (aufgrund des Entstehens verschiedener Gebührentatbestände zu verschiedenen Zeitpunkten) die Festsetzung des (Gebühren-)Streitwertes für verschiedene Zeitabschnitte erforderlich machen, z.B.:
Der Streitwert wird bis zum 21.12.2016 auf 5.200,00 €, ab dem 22.12.2016 auf 8.500,00 € festgesetzt.
Ändert sich das Interesse an der Streitdurchführung im Laufe des Verfahrensfortgangs aus anderem Grund (etwa bei Fremdwährungen oder beispielsweise von Baukostensteigerungen bei einem Feststellungsantrag), so ist hinsichtlich des Gebührenstreitwertes und des Rechtsmittelstreitwertes auf den Zeitpunkt der letzten mündlichen Verhandlung abzustellen,[18]

---

11 MK-*Wöstmann*, ZPO, § 3 Rn. 15; siehe dazu BGH, FamRZ 1991, 547 f.
12 BGH, FamRZ 1991, 547 f.; vgl. auch OLG München v. 13.04.2007, 1 W 1328/07, juris; LAG Stuttgart, NZA-RR 2015, 97.
13 Beispiele aus der Rechtsprechung: BGH, NJW-RR 2012, 888; BGH v. 06.04.2009, VI ZB 88/08, juris (Tenor); OLG Stuttgart, JurBüro 2013, 307; OLG Naumburg, JurBüro 2010, 306; KG Berlin v. 16.06.2008, 6 W 59/07, juris (Tenor); OLG Karlsruhe, JurBüro 2006, 539.
14 Vgl. hierzu *Bräutigam*, NVwZ 1989, 1022; *Spellbrink*, NZS 2012, 283.
15 Siehe hierzu Musielak/Voit-*Heinrich*, ZPO, § 3 Rn. 7.
16 BGH, WM 2016, 96 ff.; BGH, NJW 2010, 1582 (1583).
17 Zur Grenze des Anwendungsbereichs siehe OLG Dresden v. 01.12.2014, 14 W 1007/14, juris, Rn. 2 ff.
18 Siehe z.B. KG Berlin, MDR 1998, 1310; OLG Koblenz v. 31.03.1988, 5 U 1156/87, juris, Rn. 112 ff.; für den Rechtsmittelstreitwert: BGH, NJW 2000, 2750 = MDR 2000, 850; BayObLG v. 12.03.1998, 1Z RR 442/97, juris. Auf diesen Zeitpunkt ist auch abzustellen, wenn sich der Wert durch Ergänzung des Sachvortrags ändert, vgl. OLG Frankfurt a.M., MDR 1989, 743.

wobei für den Rechtsmittelstreitwert beim Revisionsgericht die letzte Tatsacheninstanz (regelmäßig Berufungsgericht) maßgeblich ist.[19] Wertbeeinflussende Umstände können auch dann Berücksichtigung finden, wenn sie dem Gericht erst nach dem vorgenannten Zeitraum bekannt werden, solange sie tatsächlich gegeben waren.[20] Für die streitwertabhängige Zuständigkeit sind spätere Wertänderungen bei gleichbleibendem Streitgegenstand gemäß § 261 Abs. 3 Nr. 2 ZPO hingegen grundsätzlich ohne Bedeutung (§ 4 ZPO; für den Fall einer Klageerweiterung oder Widerklage siehe hingegen § 506 ZPO). **Nebenforderungen** i.S.d. § 4 ZPO bleiben grundsätzlich unberücksichtigt. Jedoch kann ein „fiktiver Streitwert"[21] unter Einbeziehung auch von Nebenforderungen zwar nicht den Gegenstand einer Streitwertfestsetzung darstellen, jedoch bei der Bestimmung der Kostenquote im Fall des § 92 Abs. 1 ZPO von Bedeutung sein, so z.b., wenn die Klagepartei zwar in der Hauptsache vollständig obsiegt, jedoch mit Nebenforderungen (z.B. Zinsen) unterliegt.[22]

C. Verfahrensrechtliches

Die **Streitwertfestsetzung** erfolgt – sofern sich die gerichtliche Zuständigkeit oder die Zulässigkeit eines Rechtsmittels nach dem Streitwert richtet – für den Zuständigkeits- bzw. Rechtsmittelstreitwert gemäß § 62 GKG, wobei diese im Rahmen der verfahrensabschließenden Entscheidung enthalten sein kann und nach ganz h.M. nicht gesondert anfechtbar ist.[23]

Die Festsetzung des Gebührenstreitwerts erfolgt gemäß § 63 Abs. 2 GKG durch Beschluss, soweit keine nach § 62 GKG bindende Entscheidung erfolgt ist. Bereits zu Beginn der Instanz kann eine vorläufige Streitwertfestsetzung (§ 63 Abs. 1 GKG) zur Bestimmung des § 12 GKG einzuzahlenden Kostenvorschusses erforderlich sein.

Die Streitwertfestsetzung gemäß § 63 Abs. 2 GKG (nicht jedoch die vorläufige gemäß Abs. 1,[24] hinsichtlich derer aber – sofern sie den zu zahlenden Gerichtskostenvorschuss betrifft – §§ 63 Abs. 1 Satz 2, 67 GKG gelten kann) ist mittels **Streitwertbeschwerde** gemäß § 68 GKG anfechtbar. Hinsichtlich der Möglichkeit der Streitwertbeschwerde ist gemäß § 5b GKG eine Rechtsbehelfsbelehrung zu erteilen. Eine weitere Beschwerde kommt in den Fällen der §§ 68 Abs. 1 Satz 5, 66 Abs. 4 GKG in Betracht. Auch dem Prozessbevollmächtigten steht gemäß § 32 Abs. 2 RVG die Beschwerde aus eigenem Recht offen.[25]

Der Beschwerdeinstanz wird nach h.M. im Rahmen der Streitwertfestsetzung – anders als bei der weiteren Beschwerde – ein eigenes Ermessen eingeräumt;[26] mangels Bindung an die Beschwerdeanträge kann auch eine Abänderung zum Nachteil des Beschwerdeführers erfolgen.[27] Gelangt eine Entscheidung über den Streitwert im Rechtsbeschwerdeverfahren zur Überprüfung (etwa gemäß §§ 522 Abs. 1 Satz 4, 574 Abs. 1 Nr. 1 ZPO) erfolgt eine solche jedoch nur eingeschränkt daraufhin, ob Rechtsfehler unterlaufen sind oder das den Streitwert festsetzende Gericht die gesetzlichen Grenzen des ihm eingeräumten Ermessens überschritten oder sein Ermessen fehlerhaft ausgeübt hat.[28]

Eine **Änderung der Streitwertfestsetzung** gemäß § 63 GKG ist auch von Amts wegen möglich. Eine zeitliche Grenze hierfür sieht § 63 Abs. 3 Satz 2 GKG vor. Sehr umstritten ist die Frage, in welchem Umfang eine Änderung der Streitwertfestsetzung noch möglich ist, wenn die Kostenentscheidung bereits rechtskräftig geworden ist und die Streitwertänderung sich zu Lasten einer Partei im Widerspruch zu der rechtskräftig getroffenen Kostenregelung auswirken würde.[29]

---

19 BGH, VersR 2012, 204.
20 Musielak/Voit-*Heinrich*, ZPO, § 3 Rn. 10.
21 Musielak/Voit-*Flockenhaus*, ZPO, § 92 Rn. 4.
22 Vgl. OLG Schleswig, NJW-RR 2009, 552.
23 Vgl. OLG Stuttgart, NJW-RR 2005, 942; OLG Saarbrücken, MDR 2007, 422.
24 Vgl. z.B. OLG Frankfurt a.M., MDR 2012, 733; OLG Koblenz, MDR 2012, 1315 f.; OLG Koblenz, NJW-RR 2009, 499; OLG Düsseldorf, BeckRS 2008, 14697; OLG Stuttgart, MDR 2007, 422.
25 Zudem sieht § 33 RVG in den dort in Abs. 1 genannten Fällen ein Antragsrecht auf Festsetzung eines gesonderten Wertes der anwaltlichen Tätigkeit vor.
26 OLG Stuttgart v. 12.01.2012, 13 W 38/12, juris, Rn. 11; OLG Koblenz, WuM 2011, 131 (132); Zöller-*Herget*, ZPO, § 3 Rn. 13; hingegen wird in der Praxis oftmals eine Ermessensfehlerkontrolle der erstinstanzlichen Entscheidung vorgenommen, vgl. etwa LAG Stuttgart, NZA-RR 2015, 97; OLG München v. 08.01.2008, 19 W 3005/07, juris, Rn. 3 f.; KG Berlin, BeckRS 2008, 03472.
27 OLG Düsseldorf, MDR 2009, 1187; OLG Karlsruhe, OLGR 2005, 353 (354); siehe auch OLG München, BeckRS 2016, 03642; Thomas/Putzo-*Hüßtege*, ZPO, § 2 Rn. 13.
28 BGH, WM 2016, 96; BGH, MMR 2015, 136 unter Fortführung von BGH, NJW-RR 2010, 1081.
29 Siehe zu dieser Problematik – jeweils gegen die Zulässigkeit einer Änderung der Streitwertfestsetzung in diesen Fällen – BGH v. 31.08.2000, XII ZR 103/98, juris, in Fortführung von BGH, MDR 1977, 925; hiergegen aus der oberlandesgerichtlichen Rechtsprechung OLG Stuttgart, NJW 2015, 421 f.; OLG Dresden, NJ 2005, 41.

D. Ausgewählte praxisrelevante Einzelfragen[30]

16 **Abänderungsklage (§§ 323, 323a ZPO):** Es gilt § 9 ZPO.[31] Maßgeblich ist der Unterschied zwischen dem Klageantrag und dem abzuändernden Titel.

17 **Ablehnung von Richtern oder Sachverständigen:** Der Streitwert des Ablehnungsverfahrens bemisst sich nach dem Interesse, das der Ablehnende an seinem Antrag hat. Für die Richterablehnung wird dieses in der Rechtsprechung überwiegend mit dem Wert der Hauptsache,[32] teilweise geringer;[33] für die Ablehnung des Sachverständigen geringer, üblicher Weise mit $1/3$ des Hauptsachewertes,[34] bewertet.

18 **Abstammungssachen:**[35] Für den Gebührenstreitwert (Verfahrenswert) gilt § 47 FamGKG.

19 **Arbeitszeugnis:** Bei einem Streit über die Erteilung eines Arbeitszeugnisses wird nach der gängigen Rechtsprechung regelmäßig 1 Brutto-Monatseinkommen als Streitwert zu Grunde gelegt.[36] Regelmäßig niedriger bewertet wird das reine „Titulierungsinteresse" des Zeugniserteilungsanspruches, etwa bei Aufnahme des Anspruchs in einen Vergleich ohne inhaltliche Festlegungen.[37]

Wird über die Berichtigung eines Arbeitszeugnisses gestritten, soll grundsätzlich ebenfalls eine Orientierung am Monatseinkommen vorgenommen werden,[38] jedoch werden nach verbreiteter Rechtsprechung bei Beschränkung auf einzelne Punkte entsprechende Abschläge vorgenommen.[39]

20 **Arrest:** Der Streitwert für das Arrestverfahren[40] bestimmt sich nach dem Interesse des Gläubigers an der Sicherung seiner Forderung. Dieses wird hinsichtlich der Anordnung bzw. Aufhebung regelmäßig ca. $1/3$ des Wertes der zu sichernden Forderung entsprechen,[41] bei bloßer Änderung eines Arrestes regelmäßig niedriger.[42] In Einzelfällen kann das Interesse aber höher zu bewerten sein.[43] Der Streitwert für die Arrestvollziehung darf nach h.M. nicht höher angesetzt werden als der Streitwert für die Arrestanordnung.[44]

21 **Auflassung:** Für den Streitwert der Auflassungsklage ist grundsätzlich gemäß § 6 ZPO der Verkehrswert des Grundstücks anzusetzen. Strittig und in der obergerichtlichen Rechtsprechung im Hinblick auf den Gebührenstreitwert kontrovers beurteilt ist indes die Konstellation, in der dem (an sich unstrittigen) Auflassungsanspruch ein (strittiger) Restkaufpreis- bzw. Rest-

---

30 Ausgehend von der Regelungssystematik des § 3 ZPO gehen die nachfolgenden Erläuterungen vom Zuständigkeitsstreitwert aus. Abweichungen, die den Gebühren- oder Rechtsmittelstreitwert betreffen, finden als solche besondere Erwähnung. Aufgrund der schier unüberblickbaren Vielzahl von den Streitwert betreffenden Entscheidungen kann die nachfolgende Darstellung lediglich eine Auswahl relevanter Rechtsprechung und Literatur darstellen, ohne freilich Anspruch auf Vollständigkeit erheben zu können.
31 MK-*Wöstmann*, ZPO, § 3 Rn. 17.
32 BGH, NJW 1968, 796; OLG Hamm, AGS 2015, 522; OLG Düsseldorf, MDR 2008, 1060; OLG Frankfurt a.M., MDR 2006, 1079.
33 So z.B. OLG Frankfurt v. 27.05.2011, 19 W 24/11, juris, Rn. 3f. (50% des Hauptsachewerts).
34 BGH, AGS 2004, 159; OLG Celle, MDR 2008, 1180; OLG Bamberg, BauR 2000, 773. vgl. auch OLG Köln v. 15.06.2011, 19 W 40/10 m.w.N.: mit einem Bruchteil des Hauptsachewertes zu bewertendes Interesse, dass das Gutachten im gegenständlichen Verfahren nicht von dem Sachverständigen erstattet wird. Der Streitwert mag freilich entsprechend geringer festzusetzen sein, wenn der Sachverständige nur mit einer Begutachtung zu Teilen der Hauptsache beauftragt ist.
35 Siehe überdies die Hinweise zum Stichwort „Familiensachen".
36 BAGE 97, 57; LAG Köln, MDR 1999, 1336; LAG Kiel v. 23.06.2011, 3 Ta 97/11, juris, Rn. 13 (für qualifiziertes Arbeitszeugnis, nicht aber für das bloße Titulierungsinteresse).
37 Siehe hierzu die ausführliche Darstellung der (sehr kasuistischen) Rechtsprechung in LAG Chemnitz v. 07.07.2009, 4 Ta 59/09, juris, Rn. 13ff.; in der zitierten Entscheidung wird das Titulierungsinteresse hinsichtlich eines qualifizierten Zeugnisses mit 25% eines Bruttomonatsgehalts angesetzt.
38 LAG Düsseldorf, NZA-RR 2011, 123; LAG Stuttgart v. 27.11.2014, 3 Sa 21/14, juris, Rn. 52.
39 LAG Düsseldorf, NZA-RR 2011, 123; LAG Köln, NZA-RR 2001, 324; LAG Kiel v. 14.01.2014, 5 Ta 2/14, juris, Rn. 9 (Anspruch auf Erteilung des Zeugnisses an sich, ohne inhaltliche Vorgaben); vgl. hierzu auch LAG Nürnberg v. 19.07.2004, 6 Ta 60/04, juris; LAG Hamburg, NZA-RR 2011, 152; a.A. aber BAGE 97, 57; LAG Mainz v. 13.07.2009, 1 Ta 174/09, juris.
40 Anordnung, Änderung oder Aufhebung des Arrestes; vgl. § 53 Abs. 1 Nr. 1 GKG.
41 OLG Hamm v. 17.01.2008, 3 Ws 560/07; OLG Dresden, AGS 2007, 259; OLG Koblenz, JurBüro 1992, 191; LG Frankfurt a.M., JurBüro 1995, 487.
42 Thomas/Putzo-*Hüßtege*, ZPO, § 3 Rn. 16.
43 Siehe z.B. OLG Frankfurt a.M. v. 09.02.2004, 2 W 8/04, juris, Rn. 2 (bis zur Höhe der zu sichernden Forderung); i.d.S. auch KG Berlin v. 20.12.1996, 14 W 8213/96, juris. Nach OLG Hamburg, MDR 1991, 1196: im Einzelfall 75% des Wertes der zu sichernden Forderung.
44 OLG Karlsruhe, Rpfleger 1999, 509.

werklohnanspruch entgegengehalten wird. Während die Mehrzahl der Oberlandesgerichte zunächst auch hier den vollen Grundstückswert ansetzte,[45] setzt sich mittlerweile in der obergerichtlichen Rechtsprechung zunehmend die Auffassung durch, dass der Streitwert dem Wert der streitigen Gegenforderungen entspricht,[46] wobei dies teilweise lediglich dann angenommen wird, wenn sich die Gegenforderung als verhältnismäßig gering darstellt. Erhebt der Beklagte in einer solchen Konstellation Widerklage auf Zahlung der restlichen Vergütung, so liegt hinsichtlich Klage und Widerklage keine wirtschaftliche Identität vor, so dass beim Gebührenstreitwert eine Wertaddition erfolgt.[47] Macht der Kläger zugleich Rückabwicklung des Grundstückskaufvertrages und Abgabe einer Rückauflassungserklärung geltend, so ist das Interesse an der Auflassungserklärung nicht noch einmal mit dem Grundstückswert, sondern erheblich niedriger einzustufen.[48]

Aufrechnung: Eine Änderung des Zuständigkeitsstreitwerts tritt (auch) im Falle einer (hilfsweisen) Aufrechnung nicht ein. Für den Gebührenstreitwert gilt die Sonderregelung des § 45 Abs. 3 GKG. Eine Erhöhung des Gebührenstreitwertes ergibt sich im Falle der hilfsweise erklärten Aufrechnung mit einer bestrittenen Gegenforderung, und zwar um den Wert der Gegenforderung, soweit eine der Rechtskraft fähige Entscheidung über sie ergeht (vgl. § 322 Abs. 2 ZPO). Bei mehrfacher hilfsweiser Aufrechnung gilt dies für jede Gegenforderung, jeweils aber nur bis zur Höhe der Klageforderung.[49] Hilfsweise erhobene Einwendungen gemäß § 628 Abs. 1 Satz 2 BGB[50] sowie die hilfsweise Einwendung von Positionen, die nicht als selbstständige Aufrechnungspositionen, sondern lediglich als unselbstständige Rechnungsposten (insbesondere in sog. Abrechnungsverhältnissen) zu würdigen sind, führen nach h.M. nicht zu einer Erhöhung des Gebührenstreitwerts.[51] Die Erhöhung tritt auch dann ein, wenn die eingewandte Gegenforderung nicht hinreichend substantiiert vorgetragen wird,[52] allerdings kann bei einer Bewertung von Gegenforderungen, deren Realisierung fraglich erscheint, im Rahmen einer wirtschaftlichen Betrachtung ein Abschlag vorgenommen werden.[53] Für die Streitwerterhöhung ist ausreichend, dass die Rechtskraft sich lediglich auf die Frage einer (fehlenden) Gegenseitigkeit der zur Aufrechnung gestellten Forderungen erstreckt.[54]

22

Auskunftsklage: Das Interesse des Klägers an der Erteilung der Auskunft ist gemäß § 3 ZPO zu schätzen.[55] Ausgangspunkt ist der Wert des Anspruchs, dessen Geltendmachung durch die Auskunft vorbereitet werden soll.[56] Hiervon ist regelmäßig ein Bruchteil in Ansatz zu bringen als Interesse an der Auskunftserteilung, wobei dieses davon abhängt, über welchen Kenntnisstand der Kläger hinsichtlich der anspruchsbegründenden Tatsachen verfügt.[57] In der Rechtsprechung variieren die Bruchteilswerte hierbei zwischen $1/10$,[58] $1/5$[59] und $1/4$,[60] im Einzelfall aber auch höher.[61]

23

Bauhandwerkersicherung (§§ 648, 648a BGB): Der Streitwert einer Klage auf Eintragung einer Bauhandwerkersicherungshypothek (§ 648 BGB) bemisst sich nach dem Wert der zu sichernden Forderung.[62] Selbiges gilt auch für die Klage auf Leistung einer Bauhandwerkersicherung gemäß § 648a BGB.[63] Wird nur die Eintragung einer Vormerkung im einstweiligen Verfü-

24

---

45 So z.B. OLG Köln, MDR 2005, 298 f.; OLG Stuttgart, JurBüro 2002, 424 f.; OLG München, NJW-RR 1998, 142 f.; OLG Nürnberg, MDR 1995, 966.
46 I.d.S. BGH, NJW 2002, 684; OLG Karlsruhe, JurBüro 2005, 145. Unter Beschränkung auf Fälle, in denen die Gegenforderung vergleichsweise geringwertig erscheint KG Berlin, NJW-RR 2003, 787; ähnlich auch OLG Nürnberg, MDR 2011, 514 f.; ähnlich (letzte Kaufpreisrate) OLG Düsseldorf, BauR 2015, 869 ff.; OLG Schleswig v. 09.03.1998, 4 W 8/98, juris, Rn. 5 ff.
47 OLG Karlsruhe, MDR 1988, 1067; Binz/Dorndörfer/Petzold/Zimmermann-*Zimmermann*, GKG, § 45 Rn. 14.
48 OLG Schleswig, JurBüro 1998, 421.
49 OLG Köln, JurBüro 1992, 683.
50 Vgl. BGH v. 14.10.2010, IX ZR 2/09, juris, Rn. 5.
51 BGH, NJW 1992, 317 f.; OLG Düsseldorf v. 09.01.1992, 5 W 60/91; krit. OLG Dresden v. 02.04.2002, 11 W 356/02, juris; vgl. auch OLG Düsseldorf, BauR 2010, 937 ff.
52 OLG Koblenz, BauR 2003, 584.
53 Vgl. OLG Frankfurt a.M., MDR 1981, 57.
54 OLG Celle, AnwBl. 1984, 311.
55 Siehe z.B. BGH, WM 2016, 348; BGH, BeckRS 2016, 01924 (für den Rechtsmittelstreitwert).
56 BGH, WM 2016, 75; Thomas/Putzo-*Hüßtege*, ZPO, § 3 Rn. 21a.
57 BGH v. 20.03.2002, IV ZR 3/01, juris, Rn. 6; Zöller-*Herget*, ZPO, § 23 Rn. 76.
58 Vgl. BGH, WM 2016, 75.
59 Siehe z.B. OLG Frankfurt a.M., NJW-RR 2012, 762 f.; OLG Stuttgart, NJW-RR 2013, 637.
60 OLG Frankfurt a.M., MDR 2005, 164 f.
61 Siehe z.B. OLG Koblenz, JurBüro 2005, 39: Ansatz von „unter $1/2$"; KG Berlin, FamRZ 1996, 500.
62 OLG Stuttgart, BauR 2012, 1989.
63 LG München II, BauR 2011, 896.

gungsverfahren geltend gemacht, so ist der Streitwert niedriger anzusetzen.[64] Werden mit derselben Klage sowohl die Zahlung des Werklohnes als auch die Eintragung einer Sicherungshypothek geltend gemacht, so sind die Streitwerte aufgrund der Unterschiedlichkeit der Streitgegenstände zu addieren.[65]

25 **Berufung:** Für den Streitwert der Berufungsinstanz gilt § 47 GKG. Danach ist grundsätzlich der Berufungsantrag (§ 47 Abs. 1 Satz 1 GKG), in den Fällen, in denen ein solcher nicht gestellt wird, die Beschwer durch die Entscheidung erster Instanz (§ 47 Abs. 1 Satz 2 GKG) anzusetzen. Dies gilt nach vorzugswürdiger Ansicht auch für den Fall der Berufungsrücknahme, bei der der Streitwert nicht auf die Verfahrenskosten zu beschränken ist.[66]

26 **Besitz:** Insoweit ist die Regelung des § 6 ZPO maßgeblich. Bei Herausgabe-/Räumungsklagen ist hinsichtlich des Zuständigkeits- und Rechtsmittelstreitwerts § 8 ZPO, hinsichtlich des Gebührenstreitwerts die Sonderregelung des § 41 GKG zu beachten.

27 **Beweissicherungsverfahren** *siehe selbstständiges Beweisverfahren*

28 **Bürgschaft:** Bei Feststellungsklagen über das Bestehen einer Bürgschaft ist § 6 Satz 1 Alt. 2, Satz 2 ZPO anwendbar.[67] Bei einer Leistungsklage gegen den Bürgen und den Hauptschuldner findet keine Zusammenrechnung der Streitwerte statt.[68] Bei Klage auf Herausgabe einer Bürgschaftsurkunde ist das Interesse an der Wiedererlangung der Urkunde gemäß § 3 ZPO zu bewerten,[69] wobei dieses sowohl von der Bürgschaftssumme[70] als auch vom Wert der zu sichernden Forderung abweichen kann,[71] und zwar insbesondere dann, wenn das Risiko einer Inanspruchnahme im Einzelfall als gering einzustufen ist.[72]

29 **Darlehensvertrag:** Bei Klage auf Gewährung eines Darlehens ist der Darlehensbetrag anzusetzen.[73] Bei einem Streit über die Beendigung eines Darlehensvertrags durch Widerruf ist die Höhe des Streitwertes in der jüngeren obergerichtlichen Rechtsprechung höchst umstritten. Entsprechend dem Interesse des Widerrufenden soll nach einer von mehreren Oberlandesgerichten vertretenen Auffassung regelmäßig an Hand der im Zeitpunkt des Widerrufs nach dem Vertrag bis zum Ablauf der Zinsbindung noch anfallenden Zinsen zu bestimmen sein,[74] wobei der Streitwert entsprechend § 9 ZPO auf den 3,5fache Betrag des (jährlichen) Vertragszinses begrenzt sein soll;[75] die offene Darlehensforderung soll nach Auffassung des OLG Stuttgart hingegen dort für die Streitwertbestimmung relevant sein, wo im Falle des Erfolges auch eine Befreiung von der Rückzahlung des Darlehens selbst eintritt.[76] Der BGH hat entgegen der vorgenannten Rechtsprechung der Oberlandesgerichte mittlerweile entschieden, dass darauf abzustellen ist, welche Leistungen der Darlehensnehmer nach dem Widerruf gemäß §§ 346 ff. BGB zurückfordern kann; somit bemisst er den Streitwert nach den bereits erbrachten Zins- und Tilgungsleistungen.[77]

---

64 Regelmäßig 1/3 der zu sichernden Forderung, vgl. OLG Celle, BauR 2015, 1195 (1196); sehr hoch LG Saarbrücken, AnwBl. 1981, 70: 9/10.
65 Str.; wie hier OLG München, BauR 2000, 927; OLG Düsseldorf, BauR 2009, 1009; a.A. OLG Nürnberg, MDR 2003, 1382; OLG Koblenz, OLGR 2003, 256; OLG Dresden, BauR 2014, 1352; zu § 648a BGB siehe OLG Brandenburg, BauR 2012, 997.
66 OLG Rostock, JurBüro 2008, 370; OLG München, MDR 2004, 966; Zöller-*Herget*, ZPO, § 3 Rn. 16 („Berufungsrücknahme"); siehe aber BGHZ 15, 394.
67 Musielak/Voit-*Heinrich*, ZPO, § 3 Rn. 24; Thomas/Putzo-*Hüßtege*, ZPO, § 6 Rn. 5.
68 Thomas/Putzo-*Hüßtege*, ZPO, § 3 Rn. 36. Zur Konstellation einer Widerklage auf Herausgabe der Bürgschaftsurkunden gegen den den Bürgen in Anspruch nehmenden Kläger siehe OLG Stuttgart, MDR 1980, 678.
69 BGH, NJW-RR 1994, 758; fortgeführt BGH, WuM 2006, 215.
70 OLG Schleswig v. 06.05.2014, 1 W 21/14, juris, Rn. 4 ff.
71 Vgl. OLG Dresden v. 29.06.2015, 12 W 606/15, juris, Rn. 2.
72 OLG Düsseldorf, BauR 2014, 1517.
73 BGH, NJW 1959, 1493.
74 Str.; i.d.S. OLG Stuttgart, WM 2015, 1147 (sowie die in der folgenden Fußnote zitierten Entscheidungen); OLG Koblenz, JurBüro 2016, 25 f.; a.A. OLG Frankfurt a.M. v. 01.10.2013, 23 W 56/13, juris (restliche Darlehensschuld); siehe nachfolgend aber OLG Frankfurt a.M. v. 16.11.2015, 1 W 41/15, juris. Nach OLG München v. 08.02.2016, 5 W 187/16, juris, Rn. 9 ff. (mit ausführlicher Übersicht über den damaligen Streitstand), soll der Streitwert der Nettodarlehenssumme entsprechen, sofern sich aus dem Klageantrag nicht ausdrücklich eine Beschränkung des Rechtsschutzbegehrens ergibt. Zum Streit über das Fortbestehen eines Bausparvertrages siehe OLG Karlsruhe v. 16.02.2016, 17 W 3/16, juris.
75 OLG Celle v. 22.07.2015, 3 W 48/15, juris, Rn. 5; OLG Stuttgart v. 30.04.2015, 6 W 25/15, juris, Rn. 9 ff.; OLG Koblenz v. 03.09.2015, 8 W 528/15, juris, Rn. 5 ff.
76 Vgl. hierzu OLG Stuttgart v. 30.04.2015, 6 W 25/15, juris, Rn. 9 ff.
77 BGH, MDR 2016, 480 (481 f.); BGH v. 04.03.2016, XI ZR 39/15, juris, Rn. 2. I.d.S. nunmehr auch OLG Koblenz v. 31.03.2016, 8 W 143/16, juris, Rn. 5.

Dienstvertrag: Für den Zuständigkeitsstreitwert gilt § 9 ZPO, der Gebührenstreitwert richtet 30
sich nach § 42 GKG.[78]

Dinglicher Arrest siehe Arrest 31

Drittwiderspruchsklage (§ 771 ZPO): Für den Streitwert gilt § 6 ZPO. Grundsätzlich ist von 32
dem Wert der Pfandforderung auszugehen. Wenn der Wert des gepfändeten Gegenstandes geringer ist, so ist dessen Wert maßgeblich. Bei der sog. „unechten Drittwiderspruchsklage", mit der beantragt wird, die Zwangsversteigerung zur Aufhebung der Gemeinschaft für unzulässig zu erklären, ist hingegen die Wertbestimmung durch Schätzung des mit der Klage verfolgten Interesses gemäß § 3 ZPO vorzunehmen.[79]

Einreden (§§ 273, 320 BGB) siehe Zug-um-Zug-Verurteilung 33

Erbrecht: Ausgehend von dem maßgeblichen Interesse des Klägers bestimmt sich der Streit- 34
wert grundsätzlich nach dem Wert des mit der Klage verfolgten Interesses, das nach dem jeweiligen Klagegegenstand, insbesondere unter Berücksichtigung der Reichweite der Rechtskrafterstreckung, zu bestimmen ist, wobei insoweit im erheblichem Umfang Einzelfallrechtsprechung festzustellen ist. Für die Erbunwürdigkeitsklage hat der BGH insoweit seine ursprünglich am Wert des Erbteils des Klägers ausgerichtete Rechtsprechung[80] mittlerweile aufgegeben und sieht den Wert der Beteiligung des Beklagten als maßgeblich an.[81] Entsprechendes gilt für Klagen auf Feststellung der Nichtigkeit einer letztwilligen Verfügung.[82] Für die Klage auf Herausgabe eines Erbscheins bemisst sich das für § 3 ZPO relevante Interesse nach den sich aufgrund der Rechtsscheinwirkung des Erbscheins drohenden Nachteilen.[83] Bei Klagen auf (positive) Feststellung des Erbrechts ist der insoweit übliche Abschlag von regelmäßig 20 % vorzunehmen;[84] insoweit ist grundsätzlich auszugehen von dem Wert des Erbteils, dessen sich der Kläger berühmt.[85]

Erledigung der Hauptsache: Die in der Praxis bedeutsame Konstellation einer Erledigung der 35
Hauptsache ist hinsichtlich ihrer Auswirkungen für den Streitwert im Einzelnen sehr umstritten, wobei insoweit zu differenzieren ist. Nach **beiderseitiger (vollständiger) Erledigterklärung** mit den Wirkungen des § 91a ZPO bemisst sich der Streitwert nach den angefallenen Kosten (gerichtliche und außergerichtliche),[86] allerdings nach oben begrenzt durch den bisherigen Streitwert der Hauptsache.[87] Die **beiderseitige Teilerledigterklärung** führt nach der Rechtsprechung des BGH dazu, dass für den Streitwert im Folgenden nur noch der Wert der verbliebenen Forderung relevant ist.[88] Dies gilt nach vorzugswürdiger Ansicht bereits ab dem Eingang der Teilerledigungserklärung des Klägers bei Gericht.[89] Im Falle der **einseitigen Erledigterklärung des Klägers** ist die Streitwertbestimmung höchst umstritten. Während nach Teilen der Rechtsprechung sich der Wert entsprechend den Grundsätzen der Feststellungsklage ermitteln lassen soll,[90] nach anderer Auffassung nach wie vor der volle Hauptsachewert

---

78 Hierzu BGH, NZA 2006, 287 f.
79 OLG Karlsruhe, FamRZ 2004, 229 f.; i.d.S. auch OLG Nürnberg v. 30.10.1980, 11 WF 2251/80, juris (Leitsatz); OLG München v. 06.07.1987, 24 W 98/87, juris (Leitsatz).
80 BGH, NJW 1956, 1071.
81 BGH, NJW 1970, 197 f.; a.A. Thomas/Putzo-*Hüßtege*, ZPO, § 3 Rn. 61.
82 Str., siehe OLG Koblenz, MDR 1997, 693; a.A. Zöller-*Herget*, ZPO, § 3 Rn. 16 („Erbrechtliche Ansprüche").
83 Thomas/Putzo-*Hüßtege*, ZPO, § 3 Rn. 60.
84 Vgl. hierzu unten zum Stichwort „Feststellungsklage".
85 Thomas/Putzo-*Hüßtege*, ZPO, § 3 Rn. 59; differenzierend für den Rechtsmittelstreitwert BGH, ZEV 2011, 656; vgl. auch OLG Frankfurt a.M., ZEV 1994, 247 f.; OLG Köln v. 27.05.1979, 2 U 127/77, juris, (Leitsatz).
86 Zur Berücksichtigung vorprozessualer Rechtsanwaltskosten BGH, NJW 2008, 999 f.
87 MK-*Wöstmann*, ZPO, § 3 Rn. 69; Musielak/Voit-*Heinrich*, ZPO, § 3 Rn. 26. Diese Begrenzung gilt insoweit entsprechend auch bei einseitiger klägerischer Erledigterklärung, siehe BGH, NJW-RR 1990, 1474.
88 BGH, NJW-RR 1995, 1089 f.; KG Berlin v. 12.11.2009, 8 W 91/09, juris, Rn. 4; a.A. (Berücksichtigung auch des Kostenwertes für den erledigten Teil) OLG Koblenz, AGS 1997, 118 f.; OLG Brandenburg v. 05.12.1996, 5 U 49/96, juris, Rn. 70; gegen den BGH auch MK-*Wöstmann*, ZPO, § 3 Rn. 69.
89 OLG Köln v. 05.09.2013, 11 W 44/13, juris, Rn. 4; OLG Karlsruhe, NJW-RR 2013, 444 ff. (mit Nachweisen auch zur Gegenansicht, insbesondere OLG Düsseldorf, JurBüro 1991, 408 f.).
90 OLG Frankfurt a.M., MDR 1995, 207 f.; OLG München, MDR 1995, 642; OLG Köln, VersR 1994, 954; OLG Celle, NJW 1970, 2113.

maßgeblich sein soll,[91] bemisst der BGH den Streitwert an Hand der Verfahrenskosten.[92] Die **einseitige Erledigterklärung des Beklagten** ist mangels dessen Dispositionsbefugnis über den Streitgegenstand für Rechtsstreit und Streitwert unbeachtlich.

36 **Familiensachen:** Wegen der ausschließlichen sachlichen Zuständigkeit des Amtsgerichts gemäß § 23a GVG ist der Zuständigkeitsstreitwert von untergeordneter Bedeutung. Für den Gebührenstreitwert gelten die Regelungen der §§ 33–42 FamGKG (allgemeine Wertvorschriften), §§ 43–52 FamGKG (besondere Wertvorschriften) sowie §§ 53–56 FamGKG (Wertfestsetzung).[93]

37 **Feststellungsklage:** Das Interesse des Klägers an der mit der Klage begehrten Feststellung ist ggf. durch Schätzung[94] und ausgehend von den Angaben in der Klageschrift[95] zu ermitteln. Bei der **positiven Feststellungsklage** ist nach h.M. angesichts des im Vergleich zur Leistungsklage geringeren „Wertes" des zu erreichenden Titels (insbesondere im Hinblick auf die Vollstreckbarkeit) ein Abschlag von dem Wert des Rechtsverhältnisses vorzunehmen, dessen Bestehen festgestellt werden soll. Dieser wird regelmäßig mit ca. 20 % anzusetzen sein,[96] kann im Einzelfall auch abweichend – gerade bei erheblichen Zweifeln an der Realisierbarkeit eines festzustellenden Anspruchs – festgesetzt werden.[97] Umgekehrt soll nach h.M. der Umstand, dass bei bestimmten Beteiligten – etwa bei Beklagten aus dem Bereich öffentlich-rechtlicher Körperschaften – regelmäßig davon ausgegangen werden kann, dass auch bei Feststellungstiteln eine Zwangsvollstreckung nicht erforderlich sein dürfte, nicht zu einer Reduzierung des Abschlages führen.[98] Bei der **negativen Feststellungsklage** ist hingegen ein Abschlag vom Wert des Gegenstands, dessen Nichtbestehen festgestellt werden kann, nicht vorzunehmen, da im Erfolgsfall der Beklagte seiner Forderung vollumfänglich aberkannt wird.[99] Erscheint die Gefahr der Inanspruchnahme äußerst gering, insbesondere weil die Forderungen, derer sich der Beklagte berühmt hat, völlig überzogen[100] oder aus der Luft gegriffen erscheinen,[101] kann ein Abschlag veranlasst sein.

38 **Fremdwährung:** Bei einer in Fremdwährung erhobenen Klage ist der Streitwert durch Umrechnung in € zu ermitteln. Für den Umrechnungszeitpunkt gilt § 4 Abs. 1 Hs. 1 ZPO.[102]

39 **Gesamtschuldner:** Wird dieselbe Forderung in einem Prozess gegen mehrere Gesamtschuldner geltend gemacht, so ist sie beim Streitwert aufgrund der bestehenden wirtschaftlichen Identität der Ansprüche nur in einfacher Höhe zu berücksichtigen.[103]

40 **Gewaltschutzsachen:**[104] Der Verfahrenswert (Gebührenstreitwert) richtet sich nach § 49 FamGKG. Werden in einem Verfahren Anträge sowohl nach § 1 GewSchG als auch nach § 2 GewSchG gestellt, findet eine Addition der in § 49 FamGKG genannten Werte statt.[105]

41 **Grunddienstbarkeit:** Für die §§ 1018–1029 BGB gilt § 7 ZPO. Hingegen findet im Hinblick auf die Dienstbarkeit (nach § 1090 BGB) § 3 ZPO Anwendung.[106]

---

91 So z.B. OLG Hamm, FamRZ 2012, 242; OLG München v. 26.07.1988, 28 W 622/88, juris; LG Duisburg, MDR 2004, 419.
92 Siehe z.B. BGH, NJW 2015, 3173 m.w.N.; zur Konstellation einer einseitigen Teilerledigterklärung BGH, NJW-RR 1988, 1465. I.d.S. beispielsweise auch OLG Köln, JurBüro 1991, 1385; OLG Karlsruhe v. 12.01.1987, 17 W 65/86, juris.
93 Siehe einführend zum FamGKG *Schneider*, AnwBl. 2009, 777 ff. sowie *Enders*, JurBüro 2009, 337 ff.; 400 ff.
94 Siehe z.B. OLG Saarbrücken, AGS 2016, 85.
95 OLG Karlsruhe, MDR 2012, 1493.
96 Siehe z.B. BGH, NJW-RR 2000, 1266; VersR 2012, 336 f.; jüngst OLG Stuttgart v. 09.02.2016, 10 U 137/15, juris, Rn. 52; OLG Karlsruhe v. 16.02.2016, 17 W 3/16, juris, Rn. 10.
97 BGH, NJW-RR 1991, 509 f. (betreffend Ersatzpflicht für künftige Schäden); OLG Saarbrücken, OLGR 2008, 784.
98 *Zöller-Herget*, ZPO, § 3 Rn. 16 („Feststellungsklagen").
99 Ganz h.M.; BGH, NJW 1970, 2025; OLG Düsseldorf, MDR 2003, 236 f.
100 OLG Dresden, JurBüro 2004, 141.
101 Vgl. OLG Koblenz, MDR 1996, 103.
102 Vgl. Thomas/Putzo-*Hüßtege*, ZPO, § 3 Rn. 22; OLG Celle, JurBüro 2012, 531 (Zeitpunkt der Berufungseinlegung für den Rechtsmittelstreitwert); OLG Frankfurt a.M., NJW 1991, 643 (Zeitpunkt der letzten mündlichen Verhandlung für Gebührenstreitwert bei Kursverfall der Fremdwährung). Siehe hierzu auch § 3 Rn. 9.
103 BGH, MDR 2004, 406 m.w.N.; zur Regelung eines nicht rechtshängigen Gesamtschuldnerausgleichsanspruches zwischen Hauptpartei und Streithelfer in einem Vergleich siehe OLG Stuttgart, BauR 2015, 1362 f.
104 Siehe überdies die Hinweise zum Stichwort „Familiensachen".
105 OLG Frankfurt v. 12.09.2014, 4 WF 205/14, juris, Rn. 3, mit Anm. *Schneider*, NZFam 2015, 84.
106 Thomas/Putzo-*Hüßtege*, ZPO, § 3 Rn. 40.

Grundpfandrechte, Grundschuld, Hypothek: Es gilt § 6 ZPO. 42
Hilfsaufrechnung *siehe Aufrechnung* 43
Kapitalanlagerecht: Bei Streit über die Rückabwicklung eines Kredites zur Finanzierung einer Kapitalanlage bemisst die Rechtsprechung den Streitwert nach dem Nettodarlehensbetrag, wenn der Kläger so gestellt werden will, als hätte er das Geschäft nicht getätigt.[107] 44
Kreditvertragsrecht *siehe Darlehensvertrag* 45
Leistungsklage: Bei Klage auf Zahlung eines bestimmten Geldbetrages bemisst sich der Streitwert nach dem Nennwert der Forderung ohne Berücksichtigung von Nebenforderungen gemäß § 4 ZPO. 46
Mietrecht: Für den Zuständigkeitsstreitwert gilt grundsätzlich § 8 ZPO; ist bei einer Klage auf Räumung und Herausgabe die Dauer des Mietverhältnisses streitig, ist zur Bestimmung der „streitigen Zeit" auf den Zeitpunkt abzustellen, zu dem das Mietverhältnis jedenfalls geendet hätte. Ist ein solcher Zeitpunkt nicht sicher feststellbar, bemisst sich die Beschwer gemäß § 9 ZPO analog nach dem dreieinhalbfachen Wert der Jahresmiete.[108] Hinsichtlich des Gebührenstreitwerts gilt die Sonderregelung des § 41 GKG. 47
Nebenforderungen *siehe § 4 ZPO* 48
Nebenintervention: Im Falle der Nebenintervention ist der Streitwert nach vorzugswürdiger Ansicht nach dem Interesse des Streithelfers und nicht nach dem Streitwert des Rechtsstreits der Hauptpartei zu bestimmen;[109] das Interesse des Nebenintervenienten kann insbesondere dann abweichen, wenn die Nebenintervention nur einen Teil mehrerer in einer Klage geltend gemachter Ansprüche betrifft.[110] Stellt der Nebenintervenient die gleichen Anträge wie die Hauptpartei, so gehen der BGH[111] und ein Teil der oberlandesgerichtlichen Rechtsprechung[112] jedoch von einem Gleichlauf der Streitwerte aus. 49
Negative Feststellungsklage *siehe Feststellungsklage* 50
Nichtvermögensrechtliche Streitigkeiten: Für den Gebührenstreitwert gilt § 48 Abs. 2 GKG; wird neben dem nichtvermögensrechtlichen Anspruch ein hieraus abgeleiteter vermögensrechtlicher Anspruch geltend gemacht, so ist für den Streitwert lediglich der höherwertige Anspruch maßgeblich (§ 48 Abs. 2 GKG). 51
Parabolantenne: Bei auf Entfernung einer Parabolantenne gerichteter Klage ist die Streitwertfestsetzung gemäß § 48 Abs. 2 GKG vorzunehmen. Zu berücksichtigen sind hierbei insbesondere die Kosten der Beseitigung[113] sowie das Interesse des Klägers (regelmäßig des Vermieters) an der Verhinderung optischer Beeinträchtigungen an dem Gebäude.[114] 52
Persönlicher Arrest *siehe Arrest* 53
Selbständiges Beweisverfahren: Der Streitwert des selbstständigen Beweisverfahrens bemisst sich nach dem Interesse des Antragstellers an der Beweiserhebung. Dieses entspricht regelmäßig dem Hauptsachewert oder dem Teil des Hauptsachewerts, auf den sich die Beweiserhebung bezieht.[115] Soweit der Sachverständige behauptete Mängel oder Schäden bestätigt hat, bemisst sich der Streitwert regelmäßig nach den vom Sachverständigen geschätzten Beseitigungskosten[116] und nicht nach der Kostenschätzung des Antragstellers.[117] Wenn der An- 54

---

107 BGH v. 07.04.2015, XI ZR 121/14, juris, Rn. 3; BGH v. 10.03.2015, XI ZR 121/14, juris; BGH v. 29.09.2009, XI ZR 498/07, juris.
108 BGH, MDR 2016, 122; BGH, WuM 2014, 754; BGH, NJW-RR 2009, 775; BGH, WuM 2008, 417; BGH, NZM 2007, 355.
109 Wie hier OLG Nürnberg, MDR 2006, 1318; OLG Schleswig, NJW-RR 2009, 238f.; OLG Düsseldorf, BauR 2012, 548; OLG München, BauR 2010, 668; danach abgrenzend, ob sich die Nebenintervention nur auf „abgrenzbaren Teil" der Hauptsache erstreckt, OLG Stuttgart v. 20.09.2012, 1 W 43/12, juris, Rn. 5f.; in diese Richtung auch OLG Karlsruhe, NJW-RR 2013, 533; OLG Brandenburg, BauR 2013, 817 ff. Grundlegend auch *Schmeel*, MDR 2012, 13f. Zur Frage des Vorliegens eines Vergleichsmehrwertes im Verhältnis zum Nebenintervenienten siehe OLG Stuttgart, MDR 2016, 1052f.
110 Siehe z.B. OLG München, BauR 2013, 477f.
111 BGH, NJW 1960, 42; fortgeführt in JurBüro 2013, 477.
112 OLG Celle, BauR 2011, 1208; OLG München, BauR 2010, 942; krit. hierzu aber OLG München, BauR 2012, 681.
113 LG München I, WuM 1993, 745f.
114 AG Lörrach v. 20.09.2011, 4 C 1292/11, juris, Rn. 7f.
115 BGH, NJW 2004, 3488; OLG Köln v. 03.09.2012, 19 W 26/12; OLG Düsseldorf, BauR 2001, 1785; OLG Düsseldorf, NJW-RR 2003, 1530; OLG Köln, NJW-RR 1994, 761; a.A. OLG Schleswig, MDR 2004, 229.
116 H.M.; OLG Karlsruhe, NJW-RR 2011, 22; OLG Hamburg v. 16.12.2005, 14 W 64/05, juris; OLG Naumburg, OLGR 2003, 549; OLG Düsseldorf, BauR 2001, 838; OLG Frankfurt a.M., NJW-RR 2000, 613; KG Berlin, BauR 2000, 1905.
117 In diese Richtung aber OLG Celle, NJW-RR 2004, 234.

tragsteller zum Vorsteuerabzug berechtigt ist, sind insoweit die Netto-Kosten, andernfalls die Brutto-Kosten in Ansatz zu bringen.[118] Ergibt die Beweisaufnahme, dass die behaupteten Mängel oder Schäden (ganz oder teilweise) nicht bestehen oder nicht in den Verantwortungsbereich des Antragsgegners fallen, so ist das streitwertbildende Interesse des Antragstellers an der Durchführung des selbstständigen Beweisverfahrens (für den sich nicht bestätigenden Teil) anderweitig zu bestimmen; insoweit ist eine Schätzung der hypothetischen Mangelbeseitigungskosten zulässig.[119] Eine vom Antragsteller vorgenommene Schätzung kann hierbei – soweit diese plausibel erscheint – bei Fehlen anderweitiger Erkenntnisquellen – subsidiär herangezogen werden.[120] Im Falle einer teilweisen Bestätigung der Mangelbehauptungen ergibt sich der Streitwert durch Addition der ermittelten Beseitigungskosten und den geschätzten hypothetischen Kosten für die Beseitigung der nicht bestätigten Schäden bzw. Mangelbehauptungen. Sog. „Sowiesokosten" werden nur dann streitwertmindernd berücksichtigt, wenn der Antragsteller von Anfang an zu erkennen gibt, dass er diese bei der Geltendmachung etwaiger Ansprüche in Abzug bringen wird.[121] Im Falle der Beteiligung mehrerer Antragsgegner kann die Festsetzung mehrerer Streitwerte je nach Umfang der Beteiligung der jeweiligen Partei erforderlich sein.[122]

55 **Streithilfe** siehe Nebenintervention
56 **Stromzähler:** Der Streitwert einer Klage auf Wegnahme des Stromzählers zur Unterbrechung der Energieversorgung bemisst sich danach, welcher Schaden dem Versorger bei Fortsetzung der Lieferungen in den nächsten sechs Monaten voraussichtlich entstehen wird.[123]
57 **Stufenklage (§ 254 ZPO):** Für den Zuständigkeitsstreitwert geht die h.M. unter Anwendung von § 5 Hs. 1 ZPO von einer Addition der Werte der einzelnen Ansprüche aus.[124] Für den Gebührenstreitwert gilt hingegen § 44 GKG, so dass nur der Wert des höheren Anspruchs maßgeblich ist. Dies gilt auch dann, wenn es zur Verhandlung über die Leistungsklage gar nicht mehr kommt (sog. „stecken gebliebene Stufenklage").[125] Bei der Festsetzung des Gebührenstreitwerts für eine im Hauptantrag noch unbezifferte Stufenklage ist eine Schätzung des wirtschaftlichen Interesses an Hand der in der Klagebegründung zum Ausdruck gekommenen Vorstellungen und Erwartungen des Klägers vorzunehmen.[126] Zum Stufenantrag im Verfahren nach dem FamFG siehe § 38 FamGKG.[127]
58 **Teilerledigung der Hauptsache** siehe Erledigung der Hauptsache
59 **Teilklage:** Für den Streitwert ist lediglich der Wert des mit der Teilklage verfolgten (Teil-)anspruchs relevant. Erhebt der Beklagte negative Feststellungswiderklage gegen den Gesamtanspruch, so ist für den Wert der Widerklage die Differenz aus dem Wert des Gesamtanspruches und der Teilklage in Ansatz zu bringen.[128]
60 **Unbezifferte Zahlungsanträge:** Der Streitwert ist regelmäßig durch Schätzung des Interesses der Klagepartei zu ermitteln.[129]
61 **Unterlassungsklagen:** Der Streitwert bemisst sich nach dem Interesse des Klägers an der begehrten Unterlassung, somit der Beeinträchtigung, die durch das zu untersagende Verhalten zu besorgen ist.[130] Soweit es um die künftige Unterlassung strafbaren Verhaltens geht, kann hierbei der Schutz des Geschädigten durch die Strafnorm streitwertmindernd bei der Bemes-

---

118 OLG Düsseldorf, NJW-RR 1996, 1469; OLG Stuttgart, OLGR 2000, 220.
119 OLG Düsseldorf, NZBau 2010, 705; OLG Köln v. 15.10.2010, 19 W 29/10, juris, Rn. 2f.; OLG Hamm, BauR 2005, 142; OLG Karlsruhe, OLGR 2005, 216.
120 Vgl. OLG Nürnberg, OLGR 2003, 111.
121 OLG Rostock, JurBüro 2008, 369; OLG Köln, BauR 2005, 1806; OLG Nürnberg, OLGR 2003, 111.
122 Vgl. OLG Stuttgart, OLGR 2000, 220.
123 OLG Düsseldorf v. 02.01.2013, 3 W 201/12, juris, Rn. 30; OLG Koblenz, MDR 2012, 996; OLG Oldenburg, MDR 2009, 1407; OLG Braunschweig, NJW-RR 2006, 1584.
124 OLG Brandenburg, MDR 2002, 536; OLG Stuttgart v. 20.11.2006, 19 W 62/06, juris, Rn. 15; KG Berlin, NJW-RR 2003, 787; Thomas/Putzo-*Hüßtege*, ZPO, § 3 Rn. 141; Zöller-*Herget*, ZPO, § 3 Rn. 16 („Stufenklage"); a.A. Musielak/Voit-*Heinrich*, ZPO, § 3 Rn. 34; MK-*Wöstmann*, ZPO, § 5 Rn. 21.
125 OLG Karlsruhe, ZEV 2009, 40; OLG Karlsruhe, FamRZ 2008, 1205; OLG Saarbrücken, AGS 2011, 91ff.; OLG Stuttgart, FamRZ 2005, 1765; OLG Brandenburg, AGS 2009, 134f.; vgl. auch OLG Koblenz, MDR 2014, 243 (auch zur Problematik der Höhe einer in diesem Stadium angefallene Terminsgebühr).
126 KG Berlin, FamRZ 2007, 69; siehe auch OLG Koblenz v. 16.06.2005, 13 WF 435/05, juris, Rn. 7.
127 Siehe OLG Schleswig, AGS 2015, 458; OLG Karlsruhe v. 16.09.2015, 5 WF 110/15 (Wiedergabe in NZFam 2015, 1162); jeweils auch zum Problem des sog. „stecken gebliebenen" Stufenantrags.
128 OLG Düsseldorf, JurBüro 2009, 484f.
129 OLG Düsseldorf, MDR 2003, 236f.
130 Zöller-*Herget*, ZPO, § 3 Rn. 16 („Unterlassung").

sung des Streitwertes für die Unterlassungsklage Berücksichtigung finden.[131] In der Rechtsprechung hat sich insoweit gerade im Bereich der neuen Medien eine umfangreiche, nicht als einheitlich zu bewertende Kasuistik entwickelt, aus der im Folgenden nur einige aktuelle Beispiele aufgezeigt werden können.

– Unterlassung der Nutzung eines Bildes im Rahmen eines gewerblichen Internetauftritts: 15.000,00 €, jedoch geringer, wenn es sich um die Verwendung lediglich bei einem Verkaufsangebot handelt.[132]
– Unterlassung der unerwünschten Zusendung von E-Mails an Privatpersonen: im Bagatellbereich von 50,00 € bis 100,00 €[133] bzw. (bis) 600,00 €.[134]
– Unterlassung des (einmaligen und nicht gewerblichen) unerlaubten Angebots eines Tonträgers im Rahmen einer Internetauktion in Höhe des vierfachen Wertes der Lizenzkosten je Musiktitel.[135]

Verbindung von Prozessen (§ 147 ZPO): Sind Gebühren vor der Verbindung in den jeweiligen Prozessen angefallen, so bleiben diese auch nach der Verbindung (gesondert) bestehen.[136] 62

Vergleich: Bei der Festsetzung eines Vergleichs(mehr)wertes (siehe Rn. 8) ist eine Erhöhung 63
zum Streitwert des Verfahrens erforderlich, wenn mit dem Vergleich weitere Ansprüche erledigt werden.[137] Entscheidend für den Vergleichswert ist nicht, worauf sich die Parteien geeinigt haben, sondern worüber sie den Vergleich geschlossen haben.[138] Hierbei sind sämtliche zusätzlich zum Streitgegenstand des Verfahrens miterledigte Ansprüche zu berücksichtigen und deren Wert zu addieren.[139] Gerade im Falle der Einbeziehung nicht rechtshängiger Ansprüche, oder z.B. der Abgeltung „sämtlicher wechselseitiger Ansprüche" kommt der Möglichkeit der Schätzung besondere Bedeutung zu. Jedenfalls sollte in einem solchen Fall den Parteien seitens des Gerichts Gelegenheit gegeben werden, darzulegen, in welchem Umfang sonstige Ansprüche zwischen ihnen im Raum stehen könnten. Hierbei kann bei Forderungen, deren Realisierbarkeit fraglich erscheint, auch dieser Umstand, im Rahmen eines Abschlags berücksichtigt werden.[140] Die Berücksichtigung von Widerklage und Aufrechnungen erfolgt im selben Umfang wie bei der Erledigung des Rechtsstreits durch Urteil (§ 45 Abs. 4 GKG). Wird über die Frage gestritten, ob ein Rechtsstreit wirksam durch Vergleich beendet wurde, so gilt für den Streitwert in diesem Rechtsstreit nicht der Wert des Vergleichs, sondern grundsätzlich die ursprünglich gestellten Anträge maßgeblich.[141] Der (höhere) Vergleichswert ist nur dann bei der Streitwertbemessung heranzuziehen, wenn zugleich die Feststellung der Wirksamkeit des Vergleichs beantragt wird.[142]

Versorgungsausgleich:[143] Der Verfahrenswert (Gebührenstreitwert) richtet sich nach § 50 64
FamGKG.

Vollstreckungsabwehrklage (§ 767 ZPO): Der Streitwert ist entsprechend dem Interesse des 65
Klägers an der Beseitigung des vollstreckbaren Titels nach dem Nennbetrag des gesamten vollstreckbaren Anspruchs festzusetzen,[144] es sei denn, aus der Klage ergibt sich, dass die Unzulässigkeit der Zwangsvollstreckung nur wegen eines bestimmten Teils des titulierten Anspruchs erreicht werden soll.[145]

---

131 OLG Saarbrücken v. 09.01.2013, 5 W 436/12, juris, Rn. 9f.; OLG Saarbrücken, MDR 2013, 1244.
132 OLG München, ZUM 2015, 585f. (unter Darstellung weiterer Entscheidungen zur Verwendung von Lichtbildern im Internet).
133 OLG Hamm, NJW-RR 2014, 613f. mit Nachweisen zu weiteren Entscheidungen.
134 AG Hamburg v. 08.04.2015, 49 C 557/14, juris, Rn. 28, unter Verweis auf OLG Hamburg v. 08.09.2007, 14 W 75/07 (nicht veröffentlicht).
135 OLG Schleswig v. 20.01.2015, 6 W 36/14, juris, Rn. 12 (im dortigen Fall 4 × 50,00 € [Lizenzkosten] × 2 Titel = 4.400,00 €); vergleichsweise höherer Wertansatz bei OLG Hamburg, ZUM 2015, 263.
136 OLG Hamm v. 12.05.2005, 24 U 7/05, juris, Rn. 5.
137 Vgl. OLG Karlsruhe, NJW-RR 2015, 872.
138 OLG Hamm, VersR 2013, 920; OLG Stuttgart, JurBüro 2009, 596; OLG Düsseldorf, NJW-RR 2008, 1697.
139 Siehe OLG Düsseldorf, ZMR 2010, 177f.
140 OLG Karlsruhe, OLGR 2000, 404; LAG Mainz, JurBüro 2010, 529; vgl. auch LAG Stuttgart, AGS 2011, 196.
141 H.M.; siehe BGH, NJW 2013, 470f. m.w.N. zum Meinungsstand.
142 BGH, NJW 2013, 470f.
143 Siehe überdies die Hinweise zum Stichwort „Familiensachen".
144 Ganz h.M.; vgl. BGH, NJW-RR 2015, 1471; BGH, NJW-RR 2006, 1146f.; BGH, NJW 1962, 806f.
145 BGH, NJW-RR 2006, 1146f.; BGH v. 26.03.2012, XI ZR 227/11, juris; OLG Bamberg, JurBüro 1981, 1571.

66 **Vollstreckungsverfahren:** Der Streitwert des Vollstreckungsverfahrens (z.B. § 887 bzw. § 888 ZPO) bemisst sich nach dem Interesse des Gläubigers an der Zwangsvollstreckung, mithin regelmäßig dem Wert der (zu vollstreckenden) Hauptsache, nicht nach der Höhe etwaig festzusetzender Zwangsmittel.[146]

67 **Wahlschuld (§ 262 BGB):** Steht dem Kläger das Wahlrecht zu, so ist der Wert des höheren Anspruchs, steht dem Beklagten das Wahlrecht zu, der Wert des geringeren Anspruchs maßgeblich.[147]

68 **Widerklage:** Für den Zuständigkeitsstreitwert gilt § 5 Hs. 2 ZPO, für den Gebührenstreitwert § 45 Abs. 1 GKG (Zusammenrechnung außer in den Fällen wirtschaftlicher Identität).

69 **Willenserklärung:** Bei Klage auf Abgabe einer Willenserklärung bemisst sich der Streitwert nach dem gemäß § 3 ZPO zu schätzenden Interesses des Klägers hieran.[148]

70 **Zinsen:** Sofern diese selbstständig geltend gemacht und damit nicht als Nebenforderung nach § 4 ZPO für den Streitwert unbeachtlich sind, ist grundsätzlich der geltend gemachte Betrag anzusetzen.

71 **Zug-um-Zug-Verurteilung:** Der Streitwert bemisst sich grundsätzlich nach der Klageforderung ohne Abzug der Gegenforderung.[149] Ist hingegen lediglich der Ausspruch der Zug-um-Zug-Verurteilung und damit wirtschaftlich die Gegenforderung im Streit (insbesondere, wenn der Kläger sich im Rechtsmittelweg gegen die Einschränkung einer Zug-um-Zug-Verurteilung wendet), so ist deren Wert maßgeblich, jedoch begrenzt durch den Wert der Klageforderung.[150]

72 **Zulässigkeit:** Wird gesondert über die Zulässigkeit der Klage gestritten (§ 280 Abs. 1 ZPO), so bestimmt sich der Streitwert auch insoweit nach dem Wert der Hauptsache.[151]

73 **Zwangsvollstreckung:** Bei Anträgen auf Einstellung der Zwangsvollstreckung richtet sich der Streitwert nach dem Wert des vollstreckbaren Anspruchs.[152] Bei Beschwerden, die lediglich die einstweilige Einstellung der Zwangsvollstreckung betreffen, ist lediglich ein Bruchteil, regelmäßig 1/5,[153] als Beschwerdewert in Ansatz zu bringen. Noch geringer ist der Beschwerdewert, wenn es lediglich um die Frage der Anordnung einer Sicherheitsleistung[154] bzw. die Art und Weise der Sicherheitsleistung[155] geht. Siehe im Übrigen auch Vollstreckungsabwehrklage und Vollstreckungsverfahren.

§ 4
Wertberechnung; Nebenforderungen

(1) Für die Wertberechnung ist der Zeitpunkt der Einreichung der Klage, in der Rechtsmittelinstanz der Zeitpunkt der Einlegung des Rechtsmittels, bei der Verurteilung der Zeitpunkt des Schlusses der mündlichen Verhandlung, auf die das Urteil ergeht, entscheidend; Früchte, Nutzungen, Zinsen und Kosten bleiben unberücksichtigt, wenn sie als Nebenforderungen geltend gemacht werden.

(2) Bei Ansprüchen aus Wechseln im Sinne des Wechselgesetzes sind Zinsen, Kosten und Provision, die außer der Wechselsumme gefordert werden, als Nebenforderungen anzusehen.

---

146 OLG Rostock, JurBüro 2009, 105.
147 Thomas/Putzo-*Hüßtege*, ZPO, § 3 Rn. 169.
148 OLG München v. 08.01.2008, 19 W 3005/07, juris, Rn. 3; OLG Düsseldorf, JurBüro 1995, 254.
149 OLG Schleswig v. 30.01.2015, 5 W 14/15, juris, Rn. 7; OLG Stuttgart v. 27.06.2013, 7 W 34/13 (für den Fall der Vorteilsausgleichung), juris, Rn. 17 ff.
150 BGH, NJW-RR 2012, 1087f.; BGH, NJW-RR 2010, 1295f.; BGH, NJW 1999, 723f. Zum Erreichen des Werts der Hauptforderung siehe BGH, MDR 1995, 1162f.
151 Zöller-*Herget*, ZPO, § 3 Rn. 16 („Zwischenstreit"); OLG Dresden, OLGR 2001, 350, m.w.N.; siehe zur Bewertung des Interesses eines Rechtsmittels gegen ein Zuständigkeit betreffendes Urteil jedoch OLG Frankfurt a.M., OLGR 1999, 153.
152 Thomas/Putzo-*Hüßtege*, ZPO, § 3 Rn. 188.
153 BGH, MDR 1991, 1204f.
154 OLG München, MDR 1981, 1029.
155 OLG Hamburg, MDR 1990, 252: 1/20.

Inhalt:

	Rn.		Rn.
A. Allgemeines	1	II. Unterscheidung Haupt- und Nebenforderung, Abs. 1 Hs. 2	9
B. Erläuterungen	3	III. Früchte, Nutzungen, Zinsen und Kosten, Abs. 1 Hs. 2	12
I. Zeitpunkt der Wertberechnung, Abs. 1 Hs. 1	3	1. Früchte	12
1. Einreichung der Klage (1. Instanz)	4	2. Nutzungen	13
2. Einlegung des Rechtsmittels	5	3. Zinsen	14
3. Schluss der mündlichen Verhandlung (Verurteilung)	6	4. Kosten	15
		IV. Ansprüche aus Wechsel, Abs. 2	17
4. Besonderheit: Mahnverfahren	7	**C. Prozessuales**	18
5. Besonderheit: Prozesskostenhilfe. .	8		

A. Allgemeines

Der **Anwendungsbereich** erstreckt sich auf den Zuständigkeits-, Bagatell- und Rechtsmittelstreitwert (ausführlich hierzu § 2 Rn. 6; zur Besonderheit beim Gebührenstreitwert siehe unten Rn. 2). § 4 Abs. 1 Hs. 1 ZPO regelt den Zeitpunkt, der für die Wertberechnung und -festsetzung bezüglich der sachlichen Zuständigkeit (1. Instanz, vgl. § 1 Rn. 2 f., und Rechtsmittelbeschwer, vgl. § 3 Rn. 3 f.) relevant ist. Dies gilt sowohl für die Haupt- als auch die Nebenforderung. Für die Anwendung von § 4 ZPO in der Rechtsmittelinstanz muss es sich um ein streitwertabhängiges Rechtsmittel handeln (z.B. Berufung [§ 511 Abs. 2 Nr. 1 ZPO] oder sofortige Beschwerde [§ 567 Abs. 2 ZPO]; nicht aber Revision oder Nichtzulassungsbeschwerde, die jeweils streitwertunabhängig sind). § 4 Abs. 1 Hs. 2 ZPO stellt klar, dass hinsichtlich der vorgenannten Wertberechnung Früchte, Nutzungen, Zinsen und Kosten nur beachtlich sind, wenn sie als Hauptforderung geltend gemacht werden; eine Ausnahme von dieser Regelung sieht § 4 Abs. 2 ZPO für Ansprüche aus Wechseln vor. Entgegen dem Wortlaut („der Klage", vgl. § 4 Abs. 1 Hs. 1 ZPO) sind von der Norm **sämtliche Klagearten**, daher z.B. auch Vollstreckungsabwehrklage,[1] **und Anträge** erfasst, insoweit auch der Antrag auf Erlass eines Arrests (§ 916 Abs. 1 ZPO) oder einer einstweiligen Verfügung (§ 935 ZPO). Im Anfechtungsprozess außerhalb des Insolvenzverfahrens sowie bei Klage auf Duldung der Zwangsvollstreckung werden Zinsen und Kosten der Hauptforderung hinzuaddiert.[2] 1

§ 4 ZPO ist subsidiär zu **Sondervorschriften**, wie z.B. § 34 FamGKG, wonach für die Wertberechnung der Zeitpunkt der den jeweiligen Verfahrensgegenstand betreffenden ersten Antragstellung in dem jeweiligen Rechtszug entscheidend ist. In Verfahren, die von Amts wegen eingeleitet werden, ist der Zeitpunkt der Fälligkeit der Gebühr maßgebend. Hinsichtlich des **Gebührenstreitwerts** gilt § 40 GKG vorrangig, wonach für die Wertberechnung der Zeitpunkt der den jeweiligen Streitgegenstand betreffenden Antragstellung (Prozesshandlung) maßgebend ist, die den Rechtszug einleitet; im Rechtsmittelverfahren gilt § 47 GKG. Bei der Gebührenberechnung des Gerichts gilt § 43 Abs. 1, 2 GKG. Obergrenze ist stets der Wert des Hauptanspruchs.[3] Gem. § 23 Abs. 1 Satz 1 RVG gelten die Wertvorschriften des GKG (§§ 40, 47 GKG) entsprechend. 2

B. Erläuterungen
I. Zeitpunkt der Wertberechnung, Abs. 1 Hs. 1

Der Vorschrift liegt der **Grundsatz der Wertkonstanz**, der auch auf das GKG und RVG anzuwenden ist, zugrunde, wonach Veränderungen des Streitwerts nach den im Folgenden genannten Zeitpunkten des § 4 Abs. 1 ZPO in der Regel unbeachtlich sind (vgl. jedoch die Besonderheiten bei den Rn. 4 ff.). 3

1. Einreichung der Klage (1. Instanz)
In der ersten Instanz ist der Zeitpunkt der Einreichung der Klage- oder Antragsschrift beim zuständigen Gericht entscheidend. Von **Einreichen** ist auszugehen, wenn der Klageschriftsatz bei Gericht eingeht (Eingangsstempel/Faxeingang). Auf die Datierung der Klageschrift, deren Zustellung beim Beklagten oder gar die Zulässigkeit[4] der Klage kommt es nicht an. **Ändert** 4

---

1 Vgl. BGH, NJW-RR 2015, 1471, Rn. 2; BGH, ZEV 2009, 246; BGH, WuM 2008, 296; BGH, NJW-RR 2006, 1146 = BB 2006, 629; OLG Rostock v. 30.01.2012, 1 U 75/11, juris.
2 So BGH v. 27.10.1994, IX ZR 81/94, juris; BGH, WM 1982, 435; BGH, NJW-RR 1999, 1080; zum Rechtsmittelstreitwert eines in der Vorinstanz abgewiesenen unterhaltsrechtlichen Auskunftsanspruchs siehe BGH, NJW 1997, 1016.
3 So Zöller-*Herget*, ZPO, § 4 Rn. 15.
4 Vgl. Prütting/Gehrlein-*Gehle*, ZPO, § 4 Rn. 4; Musielak/Voit-*Heinrich*, ZPO, § 4 Rn. 4.

sich der Streitgegenstand und insoweit auch die Klageanträge, so ist auf den Zeitpunkt der Einreichung des Klageänderungsantrages bei Gericht bzw. einer entsprechenden Geltendmachung in der mündlichen Verhandlung (zur Form: § 297 Abs. 1 Satz 2, 3 ZPO) abzustellen, § 261 Abs. 2 ZPO. Für die endgültige Berechnung bei Änderung des Streitgegenstandes ist insoweit auf zwei Zeitpunkte abzustellen: Hinsichtlich des zuerst eingeklagten Streitgegenstandes ist auf den Wert zum Zeitpunkt der Klage abzustellen; hinsichtlich des neuen Streitgegenstandes ist auf den Wert bei Einreichung des Klageänderungsschriftsatzes bzw. der Geltendmachung in der mündlichen Verhandlung abzustellen.[5] **Ändert sich der Streitgegenstand nicht**, ändert sich jedoch zu einem späteren Zeitpunkt der zum Zeitpunkt der Einreichung der Klage bemessene Wert (z.B. Wertminderung einer Sache), so hat dies auf die Wertberechnung keine Auswirkung (arg.: § 261 Abs. 3 Nr. 2 ZPO); dies gilt auch für die Trennung (§ 145 ZPO), Verbindung (§ 147 ZPO),[6] Teilurteil (§ 301 ZPO)[7] sowie eine unzulässige Klageerweiterung nach Schluss der mündlichen Verhandlung.[8] **Reine Klarstellungen** durch den Kläger oder ergänzende Wertangaben in folgenden Schriftsätzen sind beachtlich und führen zur Erhöhung des Streitwerts,[9] soweit kein weiterer (neuer) Sachvortrag erfolgt und die Klarstellung des (neuen) Streitwerts hierauf basiert.

2. Einlegung des Rechtsmittels

5   Im Rahmen des angestrebten (streitwertabhängigen, vgl. Rn. 1) Rechtsmittels kommt es auf den Wert des Tages der Einlegung des Rechtsmittels beim zuständigen Rechtsmittelgericht an, wenn der Rechtsmittelschriftsatz bereits konkrete Anträge enthält. Da Berufungsanträge erst mit der Berufungsbegründung zwingend sind (§ 520 Abs. 3 Nr. 1 ZPO), kommt es – soweit die Berufungseinlegung noch keine Anträge beinhaltet – auf den Zeitpunkt der Berufungsbegründungsschrift beim zuständigen Gericht an.[10] Wertänderungen zwischen 1. Instanz und Rechtsmitteleinlegung sind beachtlich. War z.B. der Wert bei Einreichung der Klage in 1. Instanz über 1.000,00 € und verringerte dieser sich durch Vergleich oder anderweitige Erledigung (ggf. auch durch Kursverlust eines Wertpapiers)[11] bis zur Einlegung des Rechtsmittels auf 600,00 € oder weniger, so ist ein Rechtsmittel unzulässig (§ 511 Abs. 2 Nr. 1 ZPO). Nach Einreichung der Rechtsmittelschrift beim zuständigen Rechtsmittelgericht ist eine Änderung des Werts nicht mehr von Relevanz; auch nicht nach Einschränkung des Antrags oder Teilvergleichs.[12]

---

5 Vgl. MK-*Wöstmann*, ZPO, § 4 Rn. 5; Prütting/Gehrlein-*Gehle*, ZPO, § 4 Rn. 2.
6 Vgl. Thomas/Putzo-*Hüßtege*, ZPO, § 4 Rn. 2.
7 Vgl. Zöller-*Herget*, ZPO, § 4 Rn. 7; Stein/Jonas-*Roth*, ZPO, § 4 Rn. 36.
8 Vgl. OLG Karlsruhe, OLGR 2007, 592; Prütting/Gehrlein-*Gehle*, ZPO, § 4 Rn. 2; abgrenzend hierzu OLG Düsseldorf, OLGR 2009, 338, wonach eine anhängige (nicht jedoch rechtshängige) Klageerweiterung vor Schluss der mündlichen Verhandlung den Streitwert erhöht.
9 So Prütting/Gehrlein-*Gehle*, ZPO, § 4 Rn. 4.
10 Vgl. zutr. Zöller-*Herget*, ZPO, § 4 Rn. 4 mit Verweis auf OLG Düsseldorf, NJW 1971, 147; a.A. Prütting/Gehrlein-*Gehle*, ZPO, § 4 Rn. 6, der im Wesentlichen vorbringt, dass es mit dem Gebot der Verfahrenssicherheit und dem Grundsatz der Wertkonstanz nicht vereinbar sei, dass der Berufungsführer nach Ablauf der Rechtsmittelfrist den Bewertungszeitpunkt noch in der Hand habe. Die Kritik greift nicht, bedenkt man, dass der Berufungsführer selbst den Gegenstand der Beschwer bis zum letztmöglichen Zeitpunkt des § 520 Abs. 2 Satz 1 ZPO umschreiben kann und dieser dem Berufungsbeklagten auch bis dahin in seiner letztlichen Ausgestaltung nicht bekannt ist; es bleibt dem Berufungsführer unbenommen, ganze Teile des (ursprünglichen) Streitgegenstandes auszusparen (vgl. BGH, NJW 1978, 1263 [zu § 14 GKG a.F.] zum „Spielraum" des Rechtsmittelführers im Rahmen der gesetzlichen Begründungsfrist). Wenn es dem Berufungsführer demnach per Gesetz – im Rahmen der Beschwer – möglich ist, den Gegenstand der Beschwer zu gestalten, sind keine Gründe ersichtlich, warum es ihm nicht auch möglich sein soll, den Zeitpunkt hierfür – im Rahmen der gesetzlichen Frist – festzulegen. Diese gesetzliche Frist beträgt gem. § 520 Abs. 2 Satz 1 ZPO zwei Monate nach Zustellung des Urteils; insoweit besteht Verfahrenssicherheit, da der Berufungsbeklagte nur in diesem Zeitraum mit der Festsetzung durch Antragstellung rechnen muss. Dies kann u.U. durchaus dazu führen, dass der Rechtsmittelführer den Zeitpunkt des § 4 Abs. 1 ZPO für sich günstig legt, z.B. wenn der Kurswert einer Sache höher ist. Dieser Umstand ist der ZPO jedoch nicht fremd: Im Rahmen des § 4 Abs. 1 Hs. 1 Alt. 1 ZPO kann der Kläger mit der Einreichung der Klage in 1. Instanz zuwarten, bis der Wert der Sache für ihn günstig ist; auch in diesem Fall liegt die Bestimmung des Zeitpunkts des § 4 Abs. 1 ZPO in seiner Hand.
11 Vgl. Thomas/Putzo-*Hüßtege*, ZPO, § 4 Rn. 4; Prütting/Gehrlein-*Gehle*, ZPO, § 4 Rn. 1.
12 Vgl. Thomas/Putzo-*Hüßtege*, ZPO, § 4 Rn. 4.

3. Schluss der mündlichen Verhandlung (Verurteilung)

Kommt es zu einer Verurteilung, so ist der Wert, der für die vorläufige Vollstreckbarkeit von Relevanz ist, zum Zeitpunkt des Schlusses der mündlichen Verhandlung (§ 136 Abs. 4 ZPO) maßgebend. Wird im schriftlichen Verfahren entschieden (§ 128 Abs. 2 ZPO), so ist der Zeitpunkt relevant, bis zu dem Schriftsätze eingereicht werden konnten, § 128 Abs. 2 Satz 2 ZPO.

6

4. Besonderheit: Mahnverfahren

Im Mahnverfahren gilt die Besonderheit, dass wegen § 689 Abs. 1 Satz 1 ZPO das Amtsgericht stets – streitwertunabhängig – zuständig ist. Eine streitwertbezogene Prüfung hinsichtlich der sachlichen Zuständigkeit erfolgt erst nach erfolgtem Widerspruch gegen den Mahnbescheid (§ 694 Abs. 1 ZPO) und Abgabe des Mahngerichts an das im Mahnantrag benannte Gericht (§ 696 Abs. 1 Nr. 5 ZPO). Dort erfolgt nach Eingang der Akten (sodann Anhängigkeit gem. § 696 Abs. 1 Satz 4 ZPO) die Prüfung der sachlichen Zuständigkeit von Amts wegen, sodass nach h.M. der Tag des Eingangs der Akten beim im Mahnantrag benannten Gericht als Zeitpunkt i. S. des § 4 Abs. 1 ZPO gesehen wird.[13] Bei Teilzahlung nach Erlass eines Mahnbescheides, Teilrücknahme vor Abgabe an das Streitgericht bzw. Teilwiderspruch oder -einspruch, entspricht der Streitwert des Klageverfahrens dem nunmehr im streitigen Verfahren gestellten Antrag, wenn bereits im Mahnbescheid die Abgabe beantragt wurde.[14]

7

5. Besonderheit: Prozesskostenhilfe

Stellt der Kläger/Antragsteller/Rechtsmittelführer einen Antrag auf Prozesskostenhilfe, so kommt es analog § 4 Abs. 1 ZPO auf den Zeitpunkt des **Einreichens des PKH-Antrags** beim zuständigen Gericht an.[15] Durch diese Zeitpunktbestimmung werden mögliche Streitwertveränderungen in der Zeit zwischen Prüfung und Bewilligung des PKH-Antrags vermieden. Derartige Streitwertveränderungen können u.U. Auswirkung auf ein späteres Rechtsmittel haben, nämlich, wenn sich der Streitwert z.B. durch Teilklagerücknahme in der vorgenannten Prüfzeit derart verringert, dass der Wert der Beschwer unter die Grenze des § 511 Abs. 2 Nr. 1 ZPO fällt. Dies ist einer Partei, die alleine aufgrund ihrer persönlichen und wirtschaftlichen Verhältnisse die Prozessführungskosten nicht tragen und insoweit den Prozess aus eigener Kraft nicht sofort anstreben kann, unzumutbar. Eine Partei, der Prozesskostenhilfe zu gewähren ist, ist weitgehend so zu stellen, wie eine bemittelte Streitpartei.[16] Alleine die Möglichkeit, dass durch ein für die unbemittelte Partei erforderliches PKH-Verfahren ein Rechtsmittel abgeschnitten werden kann, würde der vorgenannten weitgehenden Angleichung der unbemittelten Partei und dem Gebot der Rechtsschutzsicherheit (Grundgedanke der §§ 114 ff. ZPO) zuwiderlaufen.

8

II. Unterscheidung Haupt- und Nebenforderung, Abs. 1 Hs. 2

Bei der Wertberechnung, mit **Ausnahme** des Gebührenstreitwerts (Sonderregelung: § 43 GKG und § 25 Abs. 1 Nr. 1 RVG), bleiben Früchte, Nutzungen, Zinsen und Kosten unberücksichtigt, wenn sie als Nebenforderungen geltend gemacht werden (vgl. aber § 91a Rn. 42).[17] Sie sind im Umkehrschluss dann beachtlich, wenn sie als (selbstständige, vgl. Rn. 10) Hauptforderung geltend gemacht werden. Die Aufzählung in § 4 Abs. 1 Hs. 2 ZPO ist **abschließend**. Es soll verhindert werden, dass stetiger Zuwachs, der bei Früchten, Nutzungen, Zinsen und Kosten immanent ist, zu einem Zuständigkeitswechsel (z.B. durch Überschreiten der Wertgrenze des § 23 Abs. 1 GVG) führen kann. Diese Regelung ist Auswuchs der Rechts- und Verfahrenssicherheit. Alle nicht in § 4 Abs. 1 Hs. 2 ZPO genannten Nebenforderungen sind generell hinzuzurechnen, so z.B. Zubehör nach § 93 BGB, Draufgabe nach § 336 BGB, Nebenleistungen nach § 466 BGB, Zuwachs nach § 946 BGB, Zinsen nach § 1115 BGB, künftige Nebenleistungen nach § 1158 BGB, Lagergelder, Frachten, Zölle, Mehrwertsteuer, soweit sie sich nicht auf die Nebenforderungen, die gem. § 4 Abs. 1 Hs. 2 ZPO unberücksichtigt bleiben müssen (z.B. Steuern auf Zinsen), beziehen;[18] nicht aber Inkassogebühren neben einem Hauptanspruch,

9

---

13 So OLG Frankfurt a.M., NJW-RR 1996, 1403; sowie in der Literatur statt aller Zöller-*Herget*, ZPO, § 4 Rn. 3.
14 So OLG Dresden, OLG-NL 2004, 112; Zöller-*Herget*, ZPO, § 4 Rn. 3.
15 Zutr. Prütting/Gehrlein-*Gehle*, ZPO, § 4 Rn. 3; Stein/Jonas-*Roth*, ZPO, § 4 Rn. 3; a.A. MK-*Wöstmann*, ZPO, § 4 Rn. 11; Musielak/Voit-*Heinrich*, ZPO, § 4 Rn. 9.
16 Vgl. BVerfGE 9, 124 = NJW 1959, 715: Der allgemeine Gleichheitssatz des Art. 3 Abs. 1 GG in Verbindung mit der Sozialpflicht des Staates Art. 20 Abs. 1 GG verlangt eine weitgehende Angleichung der Situation von Bemittelten und Unbemittelten bei der Verwirklichung des Rechtsschutzes. Fortführend: BVerfG, NJW 2008, 1060; BVerfG, NJW 1991, 413.
17 Ausdrücklich BGH, NJW 2010, 681 (682), Rn. 8 = NZBau 2010, 171; BGH, NJW 2008, 999 (1000), Rn. 8f. = MDR 2008, 404; BGH, VersR 2007, 1102; Thomas/Putzo-*Hüßtege*, ZPO, § 4 Rn. 8.
18 So BGH, MDR 1977, 220 = BB 1976, 1580; Aufzählung auch bei Thomas/Putzo-*Hüßtege*, ZPO, § 4 Rn. 11; Prütting/Gehrlein-*Gehle*, ZPO, § 4 Rn. 11; Stein/Jonas-*Roth*, ZPO, § 4 Rn. 18.

unabhängig, ob sich die Gebühren auf einen noch im Streit befindlichen Teil des Hauptanspruchs beziehen.[19]

10 Eine **Nebenforderung** wird von derselben Partei separat zur Hauptforderung geltend gemacht. Sie ist in ihrer Entstehung unselbstständig und abhängig von der Hauptforderung.[20] Bei der Frage, ob es sich bei der eingeklagten Forderung um eine Haupt- oder Nebenforderung handelt, muss daher das Verhältnis des zu beurteilenden Anspruchs zu dem als Hauptforderung in Betracht kommenden Anspruch in jedem Einzelfall bezogen auf den konkreten Streitgegenstand betrachtet werden. Haupt- und Nebenforderung müssen voneinander zwingend abhängig sein; im Falle des Gleichrangs, ist der zu beurteilende Anspruch keine Nebenforderung.[21] Es kommt auf den Zeitpunkt der Wertfestsetzung an. Die **Bezeichnung** oder Errechnung des Anspruchs als „Hauptanspruch" ist unbeachtlich.[22] Ob die Nebenforderung durch einen Prozentsatz oder aber durch einen festen, bezifferten oder bezifferbaren Betrag bezeichnet wird, ist für die Frage der Geltendmachung als Nebenforderung nicht relevant.[23] Zu beachten ist jedoch, dass die Nebenforderung nach Erledigung oder anderer Prozesserledigung der Hauptforderung eigens zur Hauptforderung wird (Nebenforderung erstarkt zur **selbstständigen Hauptforderung**); die Nebenforderung hat sich in diesem Fall von der bedingten Hauptforderung „emanzipiert".[24] Bei Teilerledigung erstarkt die diesen Teil betreffende (frühere) Nebenforderung zur Hauptforderung, z.B. bei Zinsen für den erledigten Teil.[25] Eine Forderung gegen einen Dritten (ebenso von einem Dritten nach Abtretung), gegen den die Hauptforderung nicht gerichtet ist, ist keine Nebenforderung.[26] Beim **Bereicherungsanspruch** sind Nutzungen und Zinsen Teil der Hauptforderung, wenn sie Gegenstand eines einheitlichen Gesamtanspruchs sind.[27]

11 Wird in **zweiter Instanz** nur noch die ursprüngliche Nebenforderung weiterverfolgt, so wird sie zur Hauptforderung, da der Hauptanspruch nicht mehr Streitgegenstand ist; ebenso, wenn im **Mahnverfahren** die Hauptforderung vor Akteneingang beim zuständigen Gericht wegfällt (vgl. zur zwingenden Abhängigkeit zwischen Haupt- und Nebenanspruch: Rn. 10).[28]

III. Früchte, Nutzungen, Zinsen und Kosten, Abs. 1 Hs. 2

1. Früchte

12 Früchte sind in § 99 BGB legaldefiniert.[29] Als Rechtsverhältnis i.S.d. § 99 Abs. 2 BGB kommen z.B. Miet-, Pacht- oder Leasingverhältnisse in Betracht. Früchte eines Rechts i.S.d. § 99 Abs. 3 BGB sind beispielsweise Darlehenszinsen. Streng zu unterscheiden sind die Früchte i.S.d. § 99 BGB von den Sachfrüchten i.S.d. § 810 Abs. 1 Satz 1 ZPO, vgl. § 810 Rn. 1.

2. Nutzungen

13 Nutzungen sind in § 100 BGB legaldefiniert.[30] Darunter fallen auch die Gebrauchsvorteile einer Sache oder eines Rechts,[31] z.B. auch ersparte Schuldzinsen.[32]

---

19 Vgl. BGHZ 26, 174; OLG Köln, BB 1974, 1414.
20 Vgl. BGH, MDR 1976, 649.
21 Vgl. BGH, NJW 2007, 1752, Rn. 9 = MDR 2007, 852; BGH, NJW 1998, 2060 (2061) = MDR 1998, 857.
22 Im Ergebnis auch BGH, VersR 1999 378; BGH, NJW-RR 1995, 706 (707); Stein/Jonas-*Roth*, ZPO, § 4 Rn. 17; Prütting/Gehrlein-*Gehle*, ZPO, § 4 Rn. 15.
23 So BGH, NJW 1998, 2060 (2061) = MDR 1998, 857; BGH, NJW-RR 1995, 706 (707).
24 Ausdrücklich BGH, FamRZ 2012, 971 = MDR 2012, 738; BGH, FamRZ 2009, 867; BGH, VersR 2008, 557; Thomas/Putzo-*Hüßtege*, ZPO, § 4 Rn. 9; ausf. Stein/Jonas-*Roth*, ZPO, § 4 Rn. 16.
25 Vgl. BGH, NJW 1994, 1869 (1870) = MDR 1994, 720: Auch, wenn ein anderer Teil des Hauptanspruchs noch in demselben Rechtszug anhängig ist.
26 Zutr. Stein/Jonas-*Roth*, ZPO, § 4 Rn. 29.
27 So BGH, NJW-RR 2000, 1015.
28 Vgl. BGH, WuM 2011, 177; BGH v. 21.09.2010, VIII ZB 39/09, juris; OLG Brandenburg, NZG 2001, 366; Zöller-*Herget*, ZPO, § 4 Rn. 11.
29 § 99 BGB: (1) Früchte einer Sache sind die Erzeugnisse der Sache und die sonstige Ausbeute, welche aus der Sache ihrer Bestimmung gemäß gewonnen wird. (2) Früchte eines Rechts sind die Erträge, welche das Recht seiner Bestimmung gemäß gewährt, insbesondere bei einem Recht auf Gewinnung von Bodenbestandteilen die gewonnenen Bestandteile. (3) Früchte sind auch die Erträge, welche eine Sache oder ein Recht vermöge eines Rechtsverhältnisses gewährt.
30 § 100 BGB: Nutzungen sind die Früchte einer Sache oder eines Rechts sowie die Vorteile, welche der Gebrauch der Sache oder des Rechts gewährt.
31 So Stein/Jonas-*Roth*, ZPO, § 4 Rn. 21.
32 Vgl. BGHZ 167, 108 = NJW 2006, 1582 (1583), Rn. 9 ff.; BGH, NJW 1998, 2354.

3. Zinsen

Zinsen fallen für die Nutzung oder die Möglichkeit zur Nutzung von Kapital an und sind stets vom Schuldner zu tragen; auf die Bezeichnung als „Zinsen" kommt es nicht an. § 4 Abs. 1 Hs. 2 ZPO umfasst alle Zinsen, sowohl gesetzliche, als auch vertragliche Zinsen (z.b. Kautionszinsen), auch solche vor Fälligkeit der Hauptforderung (sog. Vorfälligkeitszinsen) z.b. Zinsen für die Stundung des Kaufpreises (sog. Stundungszinsen, die auch bereits bei Vertragsabschluss vereinbart werden können) oder Verzugszinsen.[33] Der zukünftige Zinsanspruch (§ 247 BGB) ist gem. § 3 ZPO zu schätzen (nicht pauschal der 3,5fache Jahreswert des § 9 ZPO).[34] **Zinsen sind Nebenforderung**, z.b. beim Befreiungsanspruch von dem Anspruch, von dem befreit werden soll,[35] bei kapitalisierenden Zinsen, wenn sie von noch streitgegenständlichen Hauptansprüchen abhängen,[36] oder, wenn Zinsen im Vergleich übernommen werden (so bleiben sie Nebenforderung).[37] Der Zinsanspruch ist Nebenforderung, wenn er als Verzugsschaden geltend gemacht wird und mit der Abgabe einer Willenserklärung verlangt wird.[38] Werden Zinsen erst mit der Anschlussberufung oder -revision geltend gemacht, bleiben sie Nebenforderung.[39] **Zinsen sind keine Nebenforderung**, z.b. bei entgangenen Anlagezinsen.[40] Hat sich der Hauptanspruch bereits vorprozessual erledigt, so sind nunmehr eingeklagte Zinsen Hauptforderung (Nebenforderung erstarkt zur Hauptforderung, vgl. Rn. 10). Eine Abhängigkeit zwischen Haupt- und Nebenforderung fehlt, wenn die Zinsen durch die Staatskasse zu tragen sind.[41] Hingegen können Zinsen **ausnahmsweise** beim Streitwert berücksichtigt werden, z.b. Hinterlegungszinsen,[42] der (novierende) Teil eines abstrakten (nicht aber deklaratorischen) Schuldanerkenntnisses,[43] Rückzahlung einer Mietkaution (nebst aufgelaufener Zinsen),[44] Zinsen, die bei Klage auf Zustimmung zu einem Teilungsplan, dem zu teilenden Konto inzwischen gutgeschrieben sind, da sie – wie Hinterlegungszinsen – Berechnungsfaktor für die Hauptforderung sind.[45]

14

4. Kosten

Unter Kosten versteht man sämtliche Vermögensopfer, die zur Durchsetzung des Anspruchs erforderlich sind.[46] Hierunter fallen die **gerichtlichen** (s.u. Prozesskosten, auch Kosten der Beweissicherung;[47] Mahnkosten; auch Verfahrens- und Vergleichskosten, selbst wenn sie von einer Partei im Vergleich voll übernommen werden; Kosten des Vorprozesses bei Klage auf Befreiung von einer Verbindlichkeit)[48] und **außergerichtlichen** Kosten sowie alle **vorprozessual aufgewendeten Kosten** zur Vorbereitung oder Durchsetzung des im laufenden Verfahren geltend gemachten Hauptanspruchs (z.B. Mahnschreiben/Abmahnungen;[49] Bearbeitungsgebühren; Hinterlegungskosten; Versteigerungskosten; Übersendungskosten; Übergabekosten; Auflassungskosten; Kosten der Begutachtung mangelhaft gelieferter Sachen [sie aber die Besonderheit bei Gutachten als Entscheidungsgrundlage, Rn. 14 a.E.]; Nacherfüllungskosten gem. § 439 Abs. 2 BGB; Kosten nach § 932 Abs. 2 BGB).[50] Rückbelastungskosten bei Widerruf einer Kontoeinziehung sind Verzugsschaden und Hauptforderung.[51] **Anwaltskosten** (Geschäftsgebühr, Nr. 2300 VV-RVG), die nicht auf die Verfahrensgebühr angerechnet werden

15

---

33 So BGH, NJW 1998, 2060 (2061) = MDR 1998, 857.
34 Vgl. OLG Naumburg, OLGR 2007, 846; OLG Köln, NJW-RR 1993, 1215.
35 Vgl. BGH, NJW 1960, 2336 = MDR 1961, 48.
36 Vgl. BGH v. 25.11.2004, III ZR 325/03, juris; BGH, WM 1981, 1092.
37 Vgl. OLG Düsseldorf, JurBüro 1984, 1865.
38 Vgl. OLG Hamburg, JurBüro 1994, 364; Prütting/Gehrlein-*Gehle*, ZPO, § 4 Rn. 21.
39 So BGH, NJW 1984, 2952; Zöller-*Herget*, ZPO, § 4 Rn. 11.
40 Vgl. OLG Frankfurt a.M., WM 2012, 445; OLG Stuttgart, NJW-RR 2011, 714 (715); OLG Frankfurt a.M. v. 20.06.2011, 17 U 173/10, juris; OLG Frankfurt a.M., BKR 2010, 391; a.A. OLG Düsseldorf v. 16.03.2012, 6 U 253/10, juris, im Falle von entgangenen Anlagezinsen aus einer hypothetischen Alternativkapitalanlage.
41 Vgl. Prütting/Gehrlein-*Gehle*, ZPO, § 4 Rn. 19.
42 Vgl. BGH, WM 1967, 279 = MDR 1967, 280.
43 So OLG Koblenz, AGS 1999, 43.
44 Vgl. LG Köln, ZMR 1996, 146, arg.: § 551 Abs. 3 Satz 4 BGB.
45 So BGH, NJW-RR 1998, 1284.
46 Vgl. Stein/Jonas-*Roth*, ZPO, § 4 Rn. 24.
47 Vgl. OLG Koblenz, JurBüro 2012, 473.
48 Vgl. OLG Jena, OLGR 2004, 223; OLG Hamburg, OLGR 2008, 183: Kosten des Vorprozesses bleiben als Nebenforderung unberücksichtigt; OLG Düsseldorf, JurBüro 1984, 1865.
49 Vgl. BGH, GRUR 2012, 496; BGH, GRUR 2012, 136; OLG München, OLGR 2007, 545.
50 Aufzählung nach Stein/Jonas-*Roth*, ZPO, § 4 Rn. 24.
51 Zutr. Prütting/Gehrlein-*Gehle*, ZPO, § 4 Rn. 26.

können, sind Nebenforderungen;[52] jedoch dann nicht, wenn sie für einen Anspruch geltend gemacht werden, der nicht (mehr) Streitgegenstand des Verfahrens ist[53] oder, wenn die Anwaltskosten als Verzugsschaden miteingeklagt geltend gemacht werden (jeweils sodann Hauptforderung).[54] Kosten eines vorprozessual eingeholten **Sachverständigengutachtens** sowie die **Unkostenpauschalen** (aktuell zwischen 20,00 € und 30,00 €) sind in der Regel Nebenforderungen (nicht jedoch im Verkehrsunfallhaftpflichtprozess, wenn sie neben anderen Positionen eingeklagt wird);[55] im Falle von Verkehrsunfallschadensprozessen stellen vorprozessual eingeholte Sachverständigengutachten nach der herrschenden Rechtsprechung jedoch keine Nebenforderungen dar, jedenfalls dann nicht, wenn der Berechnung des geltend gemachten Anspruchs mehrere – gleichwertige – Forderungen z.B. Unfallschaden, Nutzungsausfall und/oder sonstigen Schadenspositionen zugrunde liegen. Diese Schadenspositionen sind – anders als die Kosten des Sachverständigengutachtens – abhängig von der Erfüllung der jeweiligen Anspruchsnormen (z.B. § 7 StVG oder § 823 BGB; §§ 249 ff. BGB).[56] Die Kosten eines Sachverständigengutachtens (als Verzugsschaden) sind auch dann als Hauptforderung ersatzfähig, wenn das Gutachten – neben der Möglichkeit, den Schaden zu beziffern – auch als Entscheidungsgrundlage dafür diente, ob das beschädigte Fahrzeug noch reparaturwürdig ist,[57] oder, wenn das Gutachten als Entscheidungsgrundlage dient, in welchem Umfang eine Mängelbeseitigung erforderlich ist, um im Anschluss einschätzen zu können, welche Kosten der Mängelbeseitigung erforderlich werden.[58]

16 **Prozesskosten**, insbesondere Anwaltskosten (siehe auch Rn. 14),[59] aus dem laufenden (anhängigen) Prozess können nicht eigens geltend gemacht werden. Hierfür ist das Kostenfestsetzungsverfahren gem. §§ 103 ff. ZPO vorgesehen. Prozesskosten aus früheren Rechtsstreitigkeiten (z.B. Schiedsverfahren; Vollstreckungsabwehrklage bzw. Klage gem. § 826 BGB auf Unterlassung der Zwangsvollstreckung; Kosten des Verfahrens zunächst gegen den Hauptschuldner, nunmehr im Prozess gegen den Bürgen; negative Feststellungsklage) über dieselbe (!) Hauptforderung sind Nebenforderungen i.S.d. § 4 Abs. 1 Hs. 2 ZPO.[60] Anders im Deckungsprozess: Kosten, die im Ausgangsverfahren (gegen den Versicherungsnehmer) rechtskräftig festgesetzt wurden, sind im Streitverfahren gegen den Versicherer dem Streitwert hinzuzurechnen.[61]

IV. Ansprüche aus Wechsel, Abs. 2

17 Nach Art. 48 Abs. 1, Art. 49 WG wird dem Einlöser eines Wechsels eine Hauptforderung auch hinsichtlich der Kosten und Zinsen gewährt.[62] § 4 Abs. 2 ZPO **erklärt** hingegen bei Ansprüchen aus Art. 48, 49 Wechselgesetzes die Zinsen, Kosten und Provisionen als **Nebenforderungen**. Die Vorschrift ist auch auf **Schecks** anzuwenden (dort Art. 45, 46 ScheckG).[63] Die Vorschrift gilt in allen Verfahren[64] und ist abschließend hinsichtlich der Aufzählung (Zinsen, Kosten und Provisionen); für alle anderen gilt Absatz 1.

---

52 Vgl. BGH, FamRZ 2009, 867 = VersR 2009, 806; BGH, NJW-RR 2008, 898 = NZV 2008, 455; BGH, AGS 2007, 578; BGH, NJW 2007, 3289 = FamRZ 2007, 808; OLG Celle, NJW-RR 2013, 188 = MDR 2013, 53; unabhängig der Formulierung des Klageantrags, vgl. BGH, NJW-RR 2008, 374 (375).
53 Vgl. BGH, FamRZ 2012, 971 = MDR 2012, 738; BGH, NJW-RR 2011, 1430 (1431), Rn. 4 = MDR 2011, 811; BGH, FamRZ 2009, 867; BGH, VersR 2008, 557; BGH, NJW-RR 2008, 898; OLG Celle, NJW-RR 2013, 188.
54 Vgl. OLG Köln, AGS 2007, 65.
55 Vgl. BGH, NJW-RR 2008, 898 = NZV 2008, 455; BGH, NJW 2007, 1752, Rn. 8 ff. = MDR 2007, 852.
56 Vgl. BGH, VersR 2008, 557; OLG Karlsruhe, NZV 2012, 492.
57 Vgl. OLG München, NJW-RR 1994, 1484.
58 Vgl. OLG Brandenburg, NZBau 2001, 330; OLG Oldenburg, OLGR 2007, 424.
59 Vgl. BGH, NJW-RR 2008, 374 (375), Rn. 5; BGH, NJW-RR 2007, 1150 = MDR 2007, 983; KG Berlin, NJW-RR 2008, 879; Das Prozesskostenhilfebeschwerdeverfahren und das zugehörige Hauptsacheverfahren sind nicht dieselbe Angelegenheit i.S.d. RVG, vgl. BayVGH, NJW 2007, 861 = JurBüro 2006, 596.
60 So Stein/Jonas-*Roth*, ZPO, § 4 Rn. 25, 26 mit Verweis auf BGH, NJW 1957, 103 (Schiedsverfahren) und RG, RGZ 56, 256 (Kosten der Klage gegen den Hauptschuldner, im Verfahren gegen den Bürgen) sowie BGHZ 50, 115 = NJW 1968, 1275 (Klage gem. § 826 BGB).
61 So BGH, MDR 1976, 649 = VersR 1976, 477; generell: OLG Bremen, OLGR 2003, 176 bezüglich eines Freihalteanspruchs.
62 Art. 49 WG bzw. Art. 46 ScheckG: Wer den Wechsel [bzw. Scheck] eingelöst hat, kann von seinen Vormännern verlangen: 1. den vollen Betrag, den er gezahlt hat; 2. die Zinsen dieses Betrags zu sechs vom Hundert seit dem Tag der Einlösung (...).
63 H.M., vgl. statt aller Thomas/Putzo-*Hüßtege*, ZPO, § 4 Rn. 10.
64 So Thomas/Putzo-*Hüßtege*, ZPO, § 4 Rn. 10.

C. Prozessuales

Die Nebenforderungen sind bei der Kostenentscheidung jedoch dann relevant, wenn ein Unterliegen nur hinsichtlich der Nebenforderung („Im übrigen wird die Klage abgewiesen.") erfolgt (z. B. außergerichtliche Rechtsanwaltskosten oder Zinsen). Dann ist ein früherer Streitwert für die Nebenforderung anzusetzen, die sodann mit der obsiegten Hauptforderung ins Verhältnis zu setzen ist (Kostenquote). Soweit ein Unterliegen nur hinsichtlich (geringer Zinsen) erfolgt, kann i. d. R. von § 92 Abs. 2 Nr. 1 ZPO Gebrauch gemacht werden. 18

Der Wert einer **Vollstreckungsgegenklage** bemisst sich grundsätzlich nach dem Nennbetrag des vollstreckbaren Hauptanspruchs. Die titulierten Zinsen und Kosten erhöhen den Streitwert nicht.[65] Wendet sich die Vollstreckungsgegenklage neben der Vollstreckung in eine Hauptsache also auch gegen die dazugehörigen Früchte, Nutzungen oder Zinsen (z. B. Grundschuldzinsen) so sind diese für den Streitwert unbeachtlich. Das gilt auch dann, wenn sich die Vollstreckungsgegenklage nicht nur gegen die Vollstreckung aus einem Urteil, sondern auch gegen die Vollstreckung aus einem in diesem Verfahren ergangenen **Kostenfestsetzungsbeschluss** richtet.[66] Wendet sich die Vollstreckungsgegenklage hingegen nur gegen die Früchte, Nutzungen oder Zinsen, z. B. Grundschuldzinsen, so sind diese für den Streitwert beachtlich, da die Einwendung (gegen Früchte, Nutzungen oder Zinsen) bei der Vollstreckungsgegenklage Hauptanspruch ist.[67] Wird im Rahmen der **Revisionsinstanz** von einer Partei wegen des Hauptanspruchs, von der anderen Partei wegen der Nebenforderung die Revision verfolgt, so bleibt die Nebenforderung für die Wertberechnung außer Betracht.[68] 19

§ 5
Mehrere Ansprüche

Mehrere in einer Klage geltend gemachte Ansprüche werden zusammengerechnet; dies gilt nicht für den Gegenstand der Klage und der Widerklage.

Inhalt:

	Rn.		Rn.
A. Allgemeines	1	III. Keine Addition bei Klage und	
B. Erläuterungen	3	Widerklage, Hs. 2	7
I. Addition mehrerer Ansprüche		IV. Aufrechnung	9
in einer Klage, Hs. 1	3	C. Prozessuales	10
II. Identität zweier Anträge	6		

A. Allgemeines

Der **Anwendungsbereich** erstreckt sich auf den Zuständigkeits- und Bagatellstreitwert und diesbezüglich auf alle Verfahrensarten sowie Anspruchs- (§ 260 ZPO) und zulässige Klagehäufung (§§ 59 ff. ZPO); hinsichtlich des Rechtsmittelstreitwerts (nur) § 5 Hs. 1 ZPO entsprechend (siehe unten Rn. 8) und nur hinsichtlich des Rechtsmittels einer Partei. Beim Gebührenstreitwert gilt vorrangig § 39 Abs. 1 GKG (für § 5 Hs. 1 ZPO) bzw. § 45 Abs. 1 Satz 1 GKG, § 39 Abs. 1 FamGKG (für § 5 Hs. 2 ZPO), hinsichtlich wechselseitig eingelegter Rechtsmittel findet eine Addition beim Gebührenstreitwert statt.[1] Bei Verbindung durch das Gericht (§ 147 ZPO) ist § 5 ZPO bezüglich des Zuständigkeitsstreitwerts (§ 261 Abs. 3 Nr. 2 ZPO) nicht anwendbar.[2] Eine Addition findet in der Rechtsmittelinstanz nur dann statt, wenn in der Vorinstanz willkürlich die Verfahren getrennt wurden.[3] Bei der Wahlschuld (§§ 282 ff. BGB) ist eine Addition nach § 5 ZPO nicht möglich (Alternativschuld), vielmehr ist bei Wahlrecht des Gläubigers auf den höheren und bei Wahlrecht des Schuldners auf den niedrigen Wert abzustellen.[4] 1

---

65 Vgl. BGH, NJW-RR 2015, 1471, Rn. 2.
66 Vgl. BGH, WM 1956, 144 (145); OLG Celle, OLG-Report 2009, 834 (835).
67 Vgl. OLG Hamm v. 26.06.2012, 5 W 41/12, juris; OLG Jena, OLGR 2008, 634; OLG Stuttgart, MDR 2007, 355.
68 So BGH, NJW 1984 2952; BGH v. 06.02.1953, VI ZR 9/52, LM Nr. 1 zu § 4 ZPO.

Zu § 5:
1 Zutr. Prütting/Gehrlein-*Gehle*, ZPO, § 5 Rn. 1.
2 Vgl. Thomas/Putzo-*Hüßtege*, ZPO, § 5 Rn. 2: Anwendbar jedoch für die Gebühren.
3 Vgl. BGH, NJW 2000, 217 (218) = BB 1999, 2532.
4 Vgl. Stein/Jonas-*Roth*, ZPO, § 5 Rn. 41; a. A. Prütting/Gehrlein-*Gehle*, ZPO, § 5 Rn. 19 für den Zuständigkeits- und Rechtsmittelstreitwert.

2   Die im **Klageantrag zugrundeliegenden tatsächlichen Angaben** zum Wert sind für die Wertermittlung einzig entscheidend. Im Rechtsmittelverfahren ist der Wert der nach dem beabsichtigten Rechtsmittelantrag insgesamt erstrebten Abänderung des angefochtenen Urteils maßgeblich.[5] Es muss jedoch zu jedem in rechtlicher und tatsächlicher Hinsicht selbstständigen und abtrennbaren Teil des Streitstoffes ein Zulassungsgrund dargelegt werden.[6] Im Fall der Einlegung der Berufung der zur Auskunftserteilung verurteilten Person wird der Wert des Beschwerdegegenstands nach freiem Ermessen, nach dem Interesse, die Auskunft nicht erteilen zu müssen (hierauf ist die Berufung gerichtet), festgesetzt. Dabei ist im Wesentlichen darauf abzustellen, welchen Aufwand an Zeit und Kosten die Erteilung der Auskunft erfordert und ob die verurteilte Partei ein schützenswertes Interesse daran hat, bestimmte Tatsachen vor dem Gegner geheim zu halten.[7] Allerdings kann der Beschwerdeführer im **Nichtzulassungsbeschwerdeverfahren** seine früheren Angaben zur Wertbemessung nicht mehr ändern oder ergänzen, um die Wertgrenze des § 26 Nr. 8 EGZPO zu überwinden.[8]

B. Erläuterungen
I. Addition mehrerer Ansprüche in einer Klage, Hs. 1

3   Nach § 5 Hs. 1 ZPO werden die (vermögensrechtlichen sowie nicht vermögensrechtlichen) Ansprüche einer Klage (auch Stufenklage; § 254 ZPO)[9] zusammengerechnet. „Mehrere Ansprüche" liegen vor, wenn es sich „nicht um wirtschaftlich identische Streitgegenstände" handelt, mithin muss eine wirtschaftliche Werthäufung erfolgen.[10] Addiert werden alle selbstständigen Streitgegenstände, unabhängig ob sie nacheinander, gleichzeitig oder später (z.B. durch Klageerweiterung) oder durch Klageänderung geltend gemacht werden.[11]

4   **Haupt- und Hilfsantrag** werden für den Zuständigkeitsstreitwert nicht zusammengerechnet (es gilt der höhere Wert); für den Gebührenstreitwert findet eine Addition statt, wenn auch über den Hilfsantrag entschieden wurde (§ 45 Abs. 1 Satz 2 GKG; § 39 Abs. 1 Satz 2 FamGKG; Ausnahme: bei Identität von Haupt- und Hilfsantrag § 45 Abs. 1 Satz 3 GKG, § 39 Abs. 1 Satz 2 FamGKG). Wird die Zulässigkeit des Hauptantrags hingegen offengelassen und war nur im Falle ihrer Verneinung über den Hilfsantrag zu entscheiden, findet keine Addition statt.[12] Früchte, Nutzungen, Zinsen und Kosten, auf insoweit, als sie nicht unter § 4 Abs. 1 Hs. 2 ZPO fallen (siehe insoweit § 4 Rn. 12 ff.). **Hilfsbegründungen** für denselben Streitgegenstand sind stets im Hinblick auf § 5 ZPO unbeachtlich.[13]

5   **Einzelfälle** für Addition: Nicht identische Haupt- und Hilfsansprüche; Stufenklage (§ 254 ZPO); Anspruch auf Räumung und Anspruch auf künftige Nutzungsentschädigung; Scheidung und Folgesachen (§ 44 Abs. 1, 2 FamGKG); Forderungen mehrerer Beschwerdeführer, die ein-

---

5   Vgl. BGH, NJW 2016, 1150 (1151), Rn. 4: Im konkreten Fall bewertete der BGH den Gegenstandswert mit der niedrigsten Wertstufe (bis zu 500,00 €). Mit der Nichtzulassungsbeschwerde wurde das Berufungsurteil nur insoweit angegriffen, als es einen Schadensersatzanspruch aus Amtshaftung (§ 839 BGB i.V. m. Art. 34 GG) verneint hat. Eine Darlegung der Beschwer erfolgte nicht.
6   Vgl. BGH, BeckRS 2015, 14065, Rn. 2: So reicht es für die Zulässigkeit der Nichtzulassungsbeschwerde nicht aus, wenn der Beschwerdeführer im Fall der Anspruchshäufung nur hinsichtlich eines der mehreren selbstständigen Ansprüche einen Zulassungsgrund gemäß § 544 Abs. 2 Satz 3 ZPO darlegt, dieser Anspruch jedoch für das Revisionsverfahren keinen Beschwerdegegenstand im Wert von mehr als 20.000,00 € eröffnet.
7   Vgl. BGH, BeckRS 2016, 17022, Rn. 10. Der BGH hat in der Annahme der Vorinstanz (OLG Köln), der Beschwerdewert überschreite 600,00 € nicht, keinen Rechtsfehler gesehen. Hierzu hatte das OLG Köln ausgeführt (Rn. 8): Es ist Sache des Berufungsführers, die tatsächlichen Grundlagen für eine Schätzung seiner Beschwer nachvollziehbar darzulegen. Der Beklagte hat nur vage Angaben gemacht. Der Bruttostundenlohn eines Bürokaufmanns oder eines Buchhalters liege bei 12,68 € oder 16,26 €. Geht man von einem Stundenlohn von 20,00 € aus, ist nicht ersichtlich, dass die Sichtung ungeordneter Unterlagen in mehreren Kartons und die Herausnahme der Rechnungen betreffend acht Kunstgegenstände mehr als 30 Stunden in Anspruch nehmen würden. Selbst wenn sich die Unterlagen in 12 Kartons befinden sollten, beträgt der Kostenaufwand bei einem unterstellten Zeitaufwand von 1,5 Stunden pro Kiste weit weniger als 600,00 €. Der Beklagte hat zu einem höheren Kostenaufwand nicht substantiiert vorgetragen.
8   Vgl. BGH, BeckRS 2015, 14870, Rn. 5.
9   Vgl. Zöller-*Vollkommer*, ZPO, § 5 Rn. 7; a.A. Prütting/Gehrlein-*Gehle*, ZPO, § 5 Rn. 18.
10 Vgl. BGH, NJW 1984, 927 (928); BGH, NJW 1981, 578.
11 Vgl. zutr. KG Berlin, MDR 2008, 173; Zöller-*Vollkommer*, ZPO, § 5 Rn. 3; a.A. OLG Nürnberg, NJW-RR 2009, 1078 (1079).
12 So BGH, NJW-RR 1999, 1157.
13 Vgl. BGH, NJW-RR 2003, 713 = MDR 2003, 716; zutr. *Zöller*, ZPO, § 5 Rn. 4.

fache Streitgenossen nach §§ 59, 60 ZPO sind;[14] gegenläufige güterrechtliche Ansprüche;[15] entgegengesetzte Abänderungen eines Unterhaltstitels;[16] Unterlassungsanspruch gegen eine juristische Person als auch deren gesetzlichen Vertreter wegen eines im Rahmen der Tätigkeit der juristischen Person begangenen Rechtsverstoßes.[17] Beim Unterlassungsanspruch gegen mehrere Beklage, ist nach h.M. von mehreren Ansprüchen auszugehen, die gem. § 5 Hs. 1 ZPO zusammenzurechnen sind.[18] **Nicht addiert** werden innerhalb eines Anspruchs mehrere Anspruchsgrundlagen (konkurrierende Ansprüche); siehe auch Rn. 6; der Parteiwechsel wirkt sich nicht aus.

II. Identität zweier Anträge

Grundsätzlich werden Anträge nicht zusammengerechnet, wenn sie identisch (sog. Identitätsformel)[19] sind oder im anderen Antrag mitenthalten sind (vgl. auch Rn. 3).[20] **Teilidentität:** Ist mit einem nichtvermögensrechtlichen Anspruch ein aus ihm hergeleiteter vermögensrechtlicher Anspruch verbunden, ist nur ein Anspruch, und zwar der höhere, maßgebend (§ 48 Abs. 3 GKG); weitere Einzelfälle: Negative Feststellungsklage, auch, wenn sowohl (negative) Feststellung hinsichtlich eines Anspruchs als auch hinsichtlich des (Nicht-)Bestehens einer Sicherheit begehrt wird, es sei denn, dass am Nichtbestehen der Sicherheit ein zusätzliches (!) den Forderungsbetrag übertreffendes Interesse besteht (dann Addition);[21] Leistungs- und Feststellungsklage (nicht jedoch, wenn Feststellungsausspruch neben der Verurteilung zur Leistung selbstständige Bedeutung hat; i.d.R. wohl nicht bei Zwischenfeststellungsklage).[22] **Vollidentität:** Es ist nur der Wert des höheren Anspruchs maßgebend (§ 45 Abs. 1 Satz 3 GKG; § 39 Abs. 1 Satz 3 FamGKG), wobei für Vollidentität der gleiche Anspruchsgrund nicht ausreichend ist.[23] Vollidentität (wirtschaftlich identischer Gegenstand) liegt z.B. bei Gesamtgläubigern bzw. -schuldnern vor.[24] Weitere **Einzelfälle**:[25] Anspruch auf Zahlung des Kaufpreises und Anspruch auf Abnahme; Anspruch auf Leistung und Duldung der Zwangsvollstreckung; Hauptschuldner und Bürge; Anspruchsforderung und Inanspruchnahme aus der entsprechenden Sicherheit;[26] Erbunwürdigkeitsklage und Herausgabe des Nachlassanteils; Darlehensrückzahlung und Herausgabe der Sicherheit; Zahlungsantrag und Anspruch auf Freigabe;[27] Herausgabeanspruch aus Eigentumsvorbehalt und Anspruch auf Zahlung des Restkaufpreises; Leistung und gleichzeitige Feststellung des Annahmeverzugs;[28] Klage auf Zahlung von Miete und Feststellung des Fortbestehens des Mietverhältnisses im Umfang der zeitlichen Kongruenz;[29] Anfechtungsklage und Wertersatzklage gegen Rechtsvorgänger;[30] Anspruch auf Stellung einer Sicherheit gem. § 648a BGB und der betragsmäßig hierdurch abgedeckte Anspruch auf Zahlung des restlichen Werklohns;[31] Klagen mehrerer Miteigentümer eines Grundstücks auf Unterlassung einer Lärmimmission werden im Wert nicht zusammengerechnet, da jeder Miteigentümer den Unterlassungsanspruch selbst geltend machen könnte (insoweit wirtschaftlich identischer

6

---

14 Vgl. BGH, NJW 2015, 2816, Rn. 7 = MDR 2015, 1149.
15 So OLG Stuttgart, FamRZ 2006, 1055 = OLGR 2006, 912.
16 So OLG München, OLGR 2007, 416 = FamRZ 2007, 750.
17 Vgl. OLG Hamm, BeckRS 2016, 00410, Rn. 5: Der festzusetzende Streitwert entspricht der Summe der Einzelwerte des Unterlassungsanspruches gegen die juristische Person einerseits und des Unterlassungsanspruches gegen den gesetzlichen Vertreter andererseits.
18 So OLG München, OLGR 1993, 31.
19 Vgl. BGHZ 43, 31 = NJW 1965, 440.
20 Vgl. OLG Stuttgart, NJW-RR 2009, 708; Thomas/Putzo-*Hüßtege*, ZPO, § 5 Rn. 7f.
21 Vgl. OLG Koblenz, OLGR 2008, 442.
22 Vgl. BGH, NJW-RR 1992, 698 = WM 1991, 2121; BGH, NJW-RR 1992, 1404 = WM 1992, 1129: Streitwert einer einseitig für erledigt erklärten negativen Feststellungswiderklage ist nicht zu dem Streitwert der Klage zu addieren.
23 Vgl. Thomas/Putzo-*Hüßtege*, ZPO, § 5 Rn. 8, mit Verweis auf BGH, NJW-RR 2003, 713 = MDR 2003, 716; OLG Rostock, NJ 2008, 82 = BeckRS 2007, 18657.
24 Vgl. BGH, NJW-RR 2004, 638 (639) = MDR 2004, 406.
25 S. Thomas/Putzo-*Hüßtege*, ZPO, § 5 Rn. 8; Zöller-*Vollkommer*, ZPO, § 5 Rn. 8; Prütting/Gehrlein-Gehle, ZPO, § 5 Rn. 5.
26 Vgl. BGH, NJW-RR 2006, 997: Der Rückkaufswert einer als Sicherheit abgetretenen Lebensversicherung ist nach dem Grundsatz des Additionsverbots bei wirtschaftlicher Einheit bei der Berechnung des Beschwerdewerts nach § 26 Nr. 8 EGZPO nicht zu berücksichtigen; OLG Nürnberg, MDR 2003, 1382: Werklohnforderung und Bauunternehmerhypothek.
27 Vgl. OLG Frankfurt a.M., OLGR 1994, 96.
28 Vgl. KG Berlin, JurBüro 2008, 596; OLG Naumburg, NJW-RR 2012, 1213.
29 Vgl. BGH, NJW-RR 2006, 1004 = MDR 2006, 980.
30 Vgl. OLG Frankfurt a.M., MDR 1955, 495.
31 Vgl. OLG Stuttgart v. 26.03.2013, 10 W 14/13, juris; OLG Brandenburg, BauR 2012, 997.

Streitgegenstand).³² Einzelfälle für **unterschiedliche Streitgegenstände**: Auf Zahlung gerichtete Leistungsklage und Feststellungsklage, dass der Anspruch aus einer vorsätzlich begangenen unerlaubten Handlung bestehe.³³

III. Keine Addition bei Klage und Widerklage, Hs. 2

7 Nach § 5 Hs. 2 ZPO findet keine Wertaddition bei Klage und Widerklage statt. Eine Wider-Widerklage ist als Klagehäufung zu bewerten (siehe insoweit Rn. 1). Das Additionsverbot besteht nicht bei wirtschaftlicher Identität, z.B. Klage und Widerklage auf gegenläufige güterrechtliche Ansprüche,³⁴ sowie, wenn sich die Ansprüche der Klage und der Widerklage gegenseitig ausschließen.³⁵ Diese Identität ist dann gegeben, wenn die Ansprüche aus Klage und Widerklage nicht in der Weise nebeneinander stehen können, dass beiden stattgegeben werden kann, sondern die Verurteilung nach dem einen Antrag notwendigerweise die Abweisung des anderen Antrags nach sich zieht. Der Identitätsgrundsatz greift nur dann nicht ein, wenn mit Klage und Widerklage lediglich Teilansprüche aus demselben Rechtsverhältnis hergeleitet werden, die sich rechtlich zwar wechselseitig ausschließen, wirtschaftlich aber nicht überschneiden, sondern unterschiedliche Vermögenspositionen betreffen. Dementsprechend ist vom Erfordernis einer Werteaddition nur in den Fällen auszugehen, in denen der Kläger aus einem streitigen Rechtsverhältnis einen über geleistete Zahlungen hinausgehenden Rest- oder Mehrbetrag beansprucht, während der Beklagte widerklagend die aus dem Rechtsverhältnis geschuldete Gesamtvergütung den Gegenstand des Streits der Parteien bildet.³⁶ Bei Teilidentität findet keine Addition statt.³⁷ Werden der Anspruch auf Räumung (§§ 574–574b BGB) und der Anspruch auf Fortsetzung des Mietverhältnisses klagend und widerklagend geltend gemacht, werden die Gebührenstreitwerte nicht zusammengerechnet, vgl. § 41 Abs. 3 GKG.

8 § 5 Hs. 2 ZPO gilt für den **Rechtsmittelstreitwert** nicht. Der Rechtsmittelstreitwert ist für Kläger und Widerkläger jeweils separat festzustellen. Eine Addition für den Rechtsmittelstreitwert findet hingegen statt, wenn mehrere voneinander unabhängige Forderungen aus selbstständigen Rechtsverhältnissen in einem mehrfach gestaffelten Hilfsverhältnis geltend gemacht wurden, und nunmehr mit Rechtsmittel nach vorangegangener Abweisung gänzlich geltend gemacht werden.³⁸

IV. Aufrechnung

9 Für die (zulässige) Aufrechnung gilt: Klageforderung und Gegenforderung werden für den Zuständigkeitsstreitwert nicht zusammengerechnet. Beim Gebührenstreitwert und beim Rechtsmittelstreitwert findet eine Addition statt, soweit eine der Rechtskraft fähige Entscheidung über sie ergeht, § 45 Abs. 3 GKG (für den Rechtsmittelstreitwert entsprechend); der Zeitpunkt der Aufrechnung ist nicht relevant.³⁹

C. Prozessuales

10 Fallen zwei Ansprüche in **verschiedene Gerichtszuständigkeiten**, so sind sie isoliert zu betrachten. So ist der Anspruch des Vermieters gegen den Mieter auf Zahlung der Miete in Höhe von 6.000,00 € beim Amtsgericht aufgrund der streitwertunabhängigen Zuständigkeit gegeben. Macht nun der Vermieter gegen den Mieter noch einen Anspruch aus unerlaubter Handlung in Höhe von 4.000,00 € geltend, so findet keine Addition statt, sondern ist im Rahmen der isolierten Betrachtung weiterhin das Amtsgericht für beide Ansprüche zuständig. Ist die ausschließliche Zuständigkeit des Landgerichts gegeben, so bleibt dieses auch für weitere Ansprüche zuständig, die in den Zuständigkeitsbereich des Amtsgerichts fallen würden. Hinsichtlich des Gebührenstreitwerts findet indes eine Addition statt.⁴⁰

---

32 Vgl. BGH, NJW-RR 1987, 1148 = MDR 1987, 570.
33 Vgl. OLG Jena v. 03.03.2011, 5 W 405/10, juris.
34 Vgl. OLG Stuttgart, FamRZ 2006, 1055 = OLGR 2006, 912.
35 Vgl. OLG München, FamRZ 2007, 750: Klage und Widerklage sind zu addieren, wenn beide Klagen entgegengesetzte Abänderungen eines Unterhaltstitels zum Ziel haben; so auch zum Unterhalt OLG Bamberg, FamRZ 1995, 492; a.A. – zum Unterhalt – OLG Hamm, FamRZ 2002, 1642.
36 Vgl. AG Nördlingen, BeckRS 2017, 100204 = ZWE 2017, 146 mit Verweis auf BGH, MDR 2014 234 f.
37 Vgl. OLG Saarbrücken, NJW-RR 2009, 864; OLG Hamburg, OLGR 2000, 306: „Wenn Klage und Widerklage sich jedoch allein im Punkt der Zug-um-Zug-Leistung überschneiden, diese Leistung bei der Berechnung der einzelnen Streitwerte von Klage und Widerklage aber unbeachtlich ist, ist es nicht zutreffend, hieraus eine Identität von Klage und Widerklage im Rahmen der Streitwertfestsetzung zu folgern und deshalb einen geringeren Gegenstandswert zugrunde zu legen."
38 So BGH, NJW 1984, 371 = MDR 1984, 208 (weitgehend Leitsatz); BGHZ 26, 295 = NJW 1958, 631 (632).
39 Vgl. BGH, NJW 1992, 982 = MDR 1992, 611.
40 Vgl. Prütting/Gehrlein-*Gehle*, ZPO, § 5 Rn. 23.

Eine beim Amtsgericht erhobene Hilfswiderklage, die eine Zuständigkeit des Landgerichts begründet, führt sofort zu dessen Zuständigkeit (§ 506 ZPO). 11

§ 6
Besitz; Sicherstellung; Pfandrecht

¹Der Wert wird bestimmt: durch den Wert einer Sache, wenn es auf deren Besitz, und durch den Betrag einer Forderung, wenn es auf deren Sicherstellung oder ein Pfandrecht ankommt. ²Hat der Gegenstand des Pfandrechts einen geringeren Wert, so ist dieser maßgebend.

Inhalt:
	Rn.		Rn.
A. Allgemeines...................	1	II. Betrag einer Forderung,	
B. Erläuterungen.................	3	Sicherstellung..................	6
I. Wert einer Sache, Besitz..........	3	III. Gegenstand eines Pfandrechts......	7
		C. Prozessuales....................	9

A. Allgemeines

§ 6 ZPO (in allen im Folgenden dargestellten Varianten: Rn. 3 f., 6, 7) bestimmt den **Wert** als 1 maßgebend **für die Zuständigkeit** des Gerichts, das **Rechtsmittel** und die **Gebühren** (dort: § 48 Abs. 1 Satz 1 GKG bzw. Gegenstandswert für Anwaltsgebühren, § 23 Abs. 1 Satz 1 RVG; zur Ausnahme, vgl. Rn. 5), für den Fall, dass gerichtlich der Besitz – auch Eigentum, siehe Rn. 2 – an einer Sache (§ 90 BGB; Urkunden nur dann, wenn der Besitz den Wert eines Rechts verkörpert oder der Urkunde sonst ein eigener Wert zukommt), eine Forderungssicherstellung (jeweils Satz 1) oder ein Pfandrecht (Satz 2) geltend gemacht wird. Die Vorschrift ist auch auf ein Miet- und Pachtverhältnis anwendbar, es sei denn, dass es um das Bestehen, die Dauer eines solchen oder um Räumung (auch Wiedereinräumung des Besitzes) und Herausgabe geht; in diesen Fällen greift § 8 ZPO.¹ Bei einem Streit um die Forderung selbst oder eine Abtretung, richtet sich der Wert nach ihrem Nennbetrag (Ausnahme: §§ 8, 9 ZPO),² unabhängig eines etwaigen Sicherungsmittels.

In Fällen, in denen aufgrund der konkreten Umstände eindeutig zu erkennen ist, dass der wirtschaftliche Wert des Verfahrens für den Kläger weit unter dem sich aus § 6 ZPO ergebenden Streitwert liegt, ist von Verfassungs wegen die tatsächliche wirtschaftliche Bedeutung des Rechtsstreits für den Kläger bei der Streitwertfestsetzung zu berücksichtigen.³

§ 6 Satz 1 Alt. 2 ZPO geht § 6 Satz 1 Alt. 1 ZPO vor, wenn die Sache zur Forderungssicherung 2 herausgegeben werden soll.⁴

B. Erläuterungen
I. Wert einer Sache, Besitz

§ 6 Satz 1 ZPO greift hinsichtlich der 1. Variante bei **jeglicher Besitzform** (unmittelbarer, mit- 3 telbarer Besitz; Eigen- oder Fremdbesitz; vgl. §§ 854 ff. BGB; bei Teil- bzw. Mitbesitz ist der Teilwert heranzuziehen; bei Klage zugunsten der Gesamthand, der volle Verkehrswert; nicht jedoch bei bloßer Besitzstörung gem. § 862 BGB), wenn es auf den jeweiligen Besitz **ankommt**. Dies ist dann der Fall, wenn die gerichtliche Geltendmachung (nicht zwingend der konkrete Klageantrag, sondern nur der mit der Klage verfolgte Zweck) auf die **endgültige Erlangung oder Erhaltung** abzielt.⁵ In der Praxis kommt § 6 Satz 1 ZPO daher insbesondere bei Herausgabeklagen gem. §§ 985, 1368, 2039 BGB (bei Wertminderung ist der geminderte Wert anzusetzen, beispielsweise, wenn die Sache bereits ausgebaut wurde),⁶ Klage auf Duldung der

---

1 Vgl. BGH, NZM 2013, 265 (266), Rn. 8 = NJW-RR 2013, 718; siehe auch OLG Frankfurt a.M., ZMR 2012, 204: Bei einer Klage des Hauptvermieters gegen den Untermieter auf Rückgabe der Räumlichkeiten, nachdem bereits die Räumungsklage gegen den Hauptmieter/Untervermieter erfolgreich war, ist für die Streitwertbestimmung dieser Räumungsklage § 41 Abs. 2 GKG anzuwenden, und nicht § 6 ZPO.
2 Vgl. Zöller-*Vollkommer*, ZPO, § 6 Rn. 13.
3 Vgl. BVerfG, NJW-RR 2000, 946; BGH, BeckRS 2016, 11938, Rn. 1.
4 So MK-*Wöstmann*, ZPO, § 6 Rn. 3.
5 So MK-*Wöstmann*, ZPO, § 6 Rn. 8.
6 Vgl. BGH, BeckRS 2016, 16090, Rn. 5, wonach bei einem synallagmatischen Austauschverhältnis die Vermutung besteht, dass Leistung und Gegenleistung gleichwertig sind (bereits klarstellend (Fortsetzung siehe Seite 48)

Wegnahme einer eingebauten Sache;[7] Klagen auf Wiedererlangung gem. § 861 Abs. 1 BGB, Rückgewähr gem. § 346 Abs. 1 BGB, Ansprüchen des früheren Besitzers gem. § 1007 BGB zur Anwendung.[8] Die Vorschrift gilt nach h.M. auch für (Vorbehalts-)Eigentum[9] (z.B. [Rück-] Auflassung[10] [nicht jedoch bei der bloßen Zustimmung zum Vollzug ohne Übertragung bzw. Erklärung],[11] Grundbuchberichtigung; Eigentumsumschreibung; bei Verweigerung der Auflassung wegen einer umstrittenen Restforderung, kommt es auf diese an [§ 3 ZPO][12]), nicht jedoch für das Anwartschaftsrecht oder Bewilligung der Löschung einer Grundschuld.[13] § 6 Satz 1 Alt. 1 ZPO greift auch bei Räumung und Herausgabe von Räumlichkeiten nach der Kündigung einer Leihe;[14] maßgeblich ist der nach § 3 ZPO zu schätzende Verkehrswert der Räume. Für den Wert einer Beseitigungsklage ist das Interesse des Klägers an der Beseitigung des beanstandeten Zustands maßgeblich, er ist ebenfalls nach § 3 ZPO zu schätzen. Beide Werte sind zusammenzurechnen.[15] Der Streitwert einer Klage auf Aufhebung einer Bruchteilsgemeinschaft an einem Grundstück richtet sich nach § 3 ZPO.[16] Bei Sicherungseigentum gilt § 6 Satz 1 Hs. 2, Satz 2 ZPO.

4   Heranzuziehen ist – soweit es auf den Besitz ankommt (siehe Rn. 2) – der **objektive Verkehrswert** – also der Wert, der bei Veräußerung erzielt werden könnte, der sodann nach § 3 Hs. 1 ZPO ermittelt wird – einer beweglichen oder unbeweglichen Sache (oder Wertpapier; nicht jedoch Hypotheken- oder Grundschuldbriefe, Sparbücher, Bürgschaftsurkunden, KfZ-Briefe).[17] Der objektive Verkehrswert wird durch dingliche Belastungen nur dann gemindert, wenn diese den wirtschaftlichen Wert oder die Nutzung (dauerhaft und nicht unerheblich) beeinträchtigen (z.B. Erbbaurecht, Baubeschränkungen, Grunddienstbarkeiten; nicht: Nießbrauch);[18] Grundpfandrechte werden nicht wertmindernd berücksichtigt.[19] Bei Leistungsverweigerung ist – im Gegensatz zur Rechtsmittelstreitwert – der Wert der Einwendung oder geringeren Gegenforderung nicht in Abzug zu bringen,[20] Gegenforderungen oder Einreden bleiben grundsätzlich unberücksichtigt. Bei Duldung der Zwangsvollstreckung in ein Vollstreckungsobjekt ist dessen Wert maßgeblich. Relevant ist der **Zeitpunkt** der Klage- bzw. Rechtsmitteleinreichung.[21]

5   Eine **Einschränkung der Wertbemessung** des § 6 Satz 1 ZPO kann bezogen auf den **Gebührenstreitwert** ausnahmsweise aus Verhältnismäßigkeitsgesichtspunkten dann erfolgen, wenn

---

BGHZ 167, 108 [116], Rn. 24), sodass der Verkehrswert des Grundstücks in der Regel entsprechend dem gezahlten Kaufpreis bemessen wird. Begehrt der klagende Zwangsverwalter von den beklagten Eigentümern des beschlagnahmten Grundstücks hingegen die Herausgabe eines Grundstücksteils zwecks Vermietung des Grundstücks, ist demgemäß bei der Streitwertfestsetzung nicht der Wert des Grundstücks zugrunde zu legen, so BGH, BeckRS 2016, 11938, Rn. 1; allg. hierzu auch Thomas/Putzo-*Hüßtege*, ZPO, § 6 Rn. 2.

7   Vgl. BGH, NJW 1991, 3221 (3222) = ZMR 1991, 426.
8   So Aufzählung bei Musielak/Voit-*Heinrich*, ZPO, § 6 Rn. 2; Zöller-*Vollkommer*, ZPO, § 6 Rn. 3 f.
9   So zumindest die h.M.: OLG Köln, MDR 2005, 298; OLG Nürnberg, JurBüro 2004, 337; Thomas/Putzo-*Hüßtege*, ZPO, § 6 Rn. 4.
10 Vgl. u.a. OLG Nürnberg, NJW-RR 2012, 1105 (1106) = MDR 2012, 978: Der Streitwert eines Anspruchs auf Übereignung eines Grundstücks durch Erklärung der Auflassung und Bewilligung der Eintragung des Eigentumsübergangs im Grundbuch bestimmt sich gemäß § 6 ZPO nach dem Verkehrswert des Grundstücks. Ist ein Grundstück vermacht, so richtet sich der Wert des Anspruchs des Vermächtnisnehmers gegen den Erben auf Zustimmung zur Auflassung nach dem Verkehrswert des Grundstücks.
11 Dann gilt § 3 ZPO: BGH, NJW 2002, 684 = MDR 2002, 295.
12 Vgl. OLG München, NJW-RR 1998, 142; OLG Frankfurt a.M., NJW-RR 1996, 636; Thomas/Putzo-*Hüßtege*, ZPO, § 6 Rn. 4 mit Verweis auch auf die Gegenansicht: OLG Celle, NJW-RR 1998, 141.
13 Vgl. OLG Nürnberg, NJW-RR 2009, 1315; MK-*Wöstmann*, ZPO, § 6 Rn. 6; a.A. OLG Saarbrücken, MDR 2001, 897 (zur Bewilligung der Löschung).
14 Vgl. OLG Brandenburg, NZM 2011, 135 (136) = FamRZ 2010, 1096 hinsichtlich einer Herausgabe und Räumung eines Grundstücks nach Beendigung einer nichtehelichen Lebensgemeinschaft.
15 So BGH, NZM 2014, 255, Rn. 4 = ZIP 2014, 96; BGH, NJW-RR 2013, 1402, Rn. 3; BGH, Grundeigentum 2013, 347.
16 Vgl. KG Berlin, MDR 2008, 1417 = AGS 2009, 185.
17 Zutr. Musielak/Voit-*Heinrich*, ZPO, § 6 Rn. 2: Ausgeschlossen sind insb. qualifizierte Legitimationspapiere wie Versicherungsschein (so BGH, NJW-RR 2002, 573) und reine Beweisurkunden (vgl. OLG Düsseldorf, MDR 1999, 891).
18 So MK-*Wöstmann*, ZPO, § 6 Rn. 12.
19 Vgl. BGH, NJW-RR 2001, 518; OLG Karlsruhe, FamRZ 2004, 2004; OLG München, MDR 1981, 501; Thomas/Putzo-*Hüßtege*, ZPO, § 6 Rn. 2.
20 Vgl. OLG Hamm, MDR 2002, 1458; Thomas/Putzo-*Hüßtege*, ZPO, § 6 Rn. 2; a.A. OLG Stuttgart, RVG-Letter 2004, 83; KG Berlin, NJW-RR 2003, 787.
21 Vgl. Zöller-*Vollkommer*, ZPO, § 6 Rn. 2.

aufgrund einer formalen Anwendung der gesetzlichen Regelung des § 6 Satz 1 ZPO das Gebührenrisiko den wirtschaftlichen Wert bzw. das wirtschaftliche Interesse des Rechtsstreites einer Partei erreicht oder übersteigt. Dies kann z.b. in folgendem Beispiel geschehen: Einem Anspruch des Klägers auf Herausgabe eines Grundstücks wird vom Beklagten ein Zurückbehaltungsrecht mit einer geringen Gegenforderung entgegengehalten. In diesem Falle wären – wendet man formal die gesetzliche Regelung des § 6 Satz 1 ZPO an – die Kosten des Rechtsstreits aufgrund des objektiven Verkehrswertes der Sache enorm und im Ergebnis wohl unverhältnismäßig.[22] In diesem Fall bemisst sich der Gebührenstreitwert in Analogie zu § 6 Satz 1 ZPO am individuellen (wirtschaftlichen) Interesse des Klägers.[23]

II. Betrag einer Forderung, Sicherstellung

Nach § 6 Satz 1 ZPO ist hinsichtlich der 2. Alternative bei einer Klage betreffend eine Sicherstellung – als jede erst noch zu leistende Sicherheit, z.b. Sicherungseigentum (nicht Vorbehaltseigentum) oder -abtretung, Bürgschaft,[24] Duldung der Zwangsvollstreckung,[25] Vormerkungsbewilligung (nicht Löschung),[26] Insolvenzanfechtung[27] oder Hinterlegung einer Sicherheit[28] – einer (nicht erloschenen – sonst Schätzung nach § 3 ZPO –) **Geldforderung** deren (Teil-)Betrag (ohne Berücksichtigung eines wirtschaftlichen Wertes oder etwaiger Gegenrechte bzw. Einreden) für die Wertbestimmung relevant, unabhängig, ob die Forderung gegebenenfalls aufschiebend oder auflösend bedingt ist. Nebenforderungen sind nicht zu berücksichtigen (§ 4 Abs. 1 Hs. 2 ZPO). Es muss auf die Sicherstellung **ankommen**, mithin muss sich die Klage (nicht zwingend der konkrete Antrag, sondern nur der verfolgte Zweck) wesentlich auf die Bestellung der Sicherheit oder die bestehende Sicherheit erstrecken; wird daneben die Forderung geltend gemacht, greift § 6 Satz 1 Alt. 2 ZPO nicht; es besteht wirtschaftliche Identität.[29] **Sachforderungen** sind unter die 1. Alternative zu subsumieren (Rn. 3 f.). 6

III. Gegenstand eines Pfandrechts

§ 6 Satz 1 Alt. 2 ZPO greift bei einer Klage (auch Drittwiderspruchsklage gem. § 771 ZPO), die ein (gesetzliches, vertragliches oder Pfändungs-)[30] **Pfandrecht**, also eine bereits bestehende Sicherheit zur Grundlage hat. Auch hier muss es auf das Pfandrecht **ankommen**, die Klage (nicht zwingend der konkrete Antrag, sondern nur der verfolgte Zweck) muss sich also wesentliche um die Bestellung, Feststellung, Rückgewähr, Vorzugsweise Befriedigung, Duldung der Zwangsvollstreckung, Befriedigung aus einem Pfandrecht bzw. Herausgabe des Sicherungsgutes,[31] Freistellung von einem Pfandrecht, erstrecken;[32] ebenso bei persönlichen Zurückbehaltungsrechten (§ 273 BGB oder § 369 HGB),[33] Hypotheken, Grundschulden und Rentenschulden.[34] In diesen Fällen ist sodann der Forderungsbetrag, bei Grundschulden der Nennbetrag, entscheidend. Bei Klage auf Löschung bzw. auf Zustimmung zur Löschung eines (nach- oder gleichrangigen) Grundpfandrechts bemisst sich der Streitwert am eingetragenen 7

---

22 Vgl. BVerfG, NJW-RR 2000, 946; OLG Celle, IBR 2011, 3825; OLG Stuttgart, MDR 2009, 1353; Zöller-*Vollkommer*, ZPO, § 6 Rn. 1; abl. Musielak/Voit-*Heinrich*, ZPO, § 6 Rn. 2, der zutr. ausführt, dass die durch die Rechtsprechung angenommenen Ausnahmefälle mit der Zweckrichtung normativer Streitwerte nicht vereinbar sind.
23 Vgl. OLG Hamm, BauR 2013, 995; OLG Nürnberg, NJW-RR 2011, 1007 = MDR 2011, 514; OLG Stuttgart, MDR 2009, 1353 = IBR 2010, 31.
24 Vgl. Stein/Jonas-*Roth*, ZPO, § 6 Rn. 26; Thomas/Putzo-*Hüßtege*, ZPO, § 6 Rn. 5; a.A. wohl Musielak/Voit-*Heinrich*, ZPO, § 6 Rn. 6.
25 Vgl. BGH, NJW-RR 1999, 1080.
26 Vgl. MK-*Wöstmann*, ZPO, § 6 Rn. 15.
27 Vgl. OLG Celle, ZinsO 2001, 131.
28 Vgl. OLG Saarbrücken, JurBüro 1980, 280.
29 So Zöller-*Vollkommer*, ZPO, § 6 Rn. 17; MK-*Wöstmann*, ZPO, § 6 Rn. 16; a.A. OLG Düsseldorf, MDR 2009, 322, wonach das Zahlungsbegehren auf der einen und das Sicherungsbegehren auf der anderen Seite unterschiedliche Streitgegenstände darstellen, mit denen der jeweilige Kläger auch unterschiedliche Ziele verfolgt, und dies bei der Streitwertfestsetzung nicht außer Betracht bleiben dürfe. In der vorgenannten Entscheidung des OLG Düsseldorf wird aufgrund dessen eine Zusammenrechnung der Werte der eigenständigen Streitgegenstände vorgenommen.
30 Vgl. zum Werkunternehmerpfandrecht: OLG Frankfurt a.M., MDR 2003, 356; LG Köln, AGS 2008, 613.
31 Vgl. OLG Naumburg, MDR 2009, 1354 = AGS 2009, 603.
32 Vgl. Thomas/Putzo-*Hüßtege*, ZPO, § 6 Rn. 8; MK-*Wöstmann*, ZPO, § 6 Rn. 16.
33 Vgl. Musielak/Voit-*Heinrich*, ZPO, § 6 Rn. 8.
34 Vgl. Thomas/Putzo-*Hüßtege*, ZPO, § 6 Rn. 7.

Nennwert, auch dann, wenn das Grundpfandrecht nicht mehr valutiert ist.[35] Dies gilt ebenso, wenn ein Teilverzicht auf einen wesentlichen Teil der Forderung erklärt wurde,[36] denn sowohl bei einem Verkauf als auch bei einer möglichen Beleihung wirkt sich die dingliche Belastung i.d.R. in voller Höhe des Nennwertes aus.[37] Der Streitwert für eine Klage auf eine Bauhandwerkersicherung wird durch den Betrag der zu sichernden Forderung bestimmt.[38]

8 § 6 Satz 2 ZPO regelt eine Ausnahme von dem vorgenannten Grundsatz (Rn. 6), wonach bei einem geringeren Wert des Pfandgegenstandes (wenn Sache: § 6 Satz 1 Alt. 1 ZPO; bei Forderung: § 6 Satz 1 Alt. 2 ZPO; bei sonstigem Recht: § 3 ZPO)[39] dieser maßgebend ist. Satz 2 des § 6 ZPO stellt eine Obergrenzenregelung dar.

C. Prozessuales

9 Die jeweilige **Klageart** ist für die Anwendung des § 6 ZPO nicht von Relevanz. Bei der Anfechtungsklage wird der Gegenstandswert nach dem Betrag der Forderung bemessen, derentwegen angefochten wird, und entsprechend § 6 ZPO nach dem Wert der Gegenstände, in die vollstreckt werden soll, falls dieser geringer ist.[40] Bei einer **positiven Feststellungsklage** ist grundsätzlich ein Abschlag von 20 % vorzunehmen. Bei Klage auf Feststellung auf Nichtbestehen einer Forderung und gleichzeitiger Klage auf Feststellung, dass für diese Forderung ein Pfandrecht nicht besteht, wird der Gebührenstreitwert nicht erhöht. Von dieser Regelung ist nur dann abzuweichen, wenn der Kläger neben dem Interesse, dass der Beklagte sich nicht aus dem angeblichen Pfandrecht befriedigt, im Einzelfall ein zusätzliches Interesse an der Feststellung dartut.[41] Bei **Vollstreckungsgegenklage** bemisst sich der Wert nach dem Umfang der erstrebten Ausschließung der Vollstreckung; der Nennbetrag des vollstreckbaren Anspruchs ist ohne Rücksicht auf seine Realisierbarkeit anzusetzen. Dies ist bei einer Sicherungsgrundschuld ihr Nennbetrag (siehe bereits Rn. 7).[42] Beim **einstweiligen Rechtsschutz** ist nur ein Bruchteil des Verkehrswertes (maximal 20 %) anzusetzen.[43] Wird in der **Rechtsmittelinstanz** das Rechtsmittel zulässig auf ein Gegenrecht beschränkt, greift § 6 ZPO nicht und die Rechtsmittelgrenze bemisst sich nach dem Wert des Gegenrechts. In diesem Fall ist Gegenstand des gerichtlichen Angriffs nicht mehr ein Besitz auf den es „ankommt" (vgl. Rn. 3).

§ 7
Grunddienstbarkeit

Der Wert einer Grunddienstbarkeit wird durch den Wert, den sie für das herrschende Grundstück hat, und wenn der Betrag, um den sich der Wert des dienenden Grundstücks durch die Dienstbarkeit mindert, größer ist, durch diesen Betrag bestimmt.

Inhalt:

	Rn.		Rn.
A. Anwendungsbereich	1	C. Prozessuales	5
B. Wertberechnung	3		

---

35 Hierzu nunmehr ausdrücklich BGH v. 16.02.2017, V ZR 165/16, juris, Rn. 6 f., unter ausdrücklicher Ablehnung der bis dahin deutlichen Tendenz der OLG-Rechtsprechung, wonach 20 % des Nennwerts anzusetzen seien, vgl. hierzu noch OLG Stuttgart, NJOZ 2011, 208, Rn. 8 = MDR 2010, 778 (Abgabe der Löschungsbewilligung einer Sicherungshypothek, wenn die Höhe der Valutierung der Sicherungshypothek unstreitig ist); OLG Nürnberg, NJW-RR 2009, 1315 = MDR 2009, 217 (Klage auf Bewilligung der Löschung einer Grundschuld, wenn die zu sichernde Forderung nicht mehr besteht, sofern der Kläger nicht konkrete weitere Nachteile vorträgt); OLG Frankfurt a.M., AGS 2008, 190 (zur Klage auf Löschung einer nicht mehr valutierten Grundschuld); OLG Rostock, OLGR 2009, 969 (zur Löschung einer Hypothek, deren besicherte Forderung bereits erfüllt ist); jeweils 20 % angenommen; OLG Koblenz, JurBüro 2009, 430, zur Bewilligung der Löschung einer Tilgungshypothek, wonach der Streitwert sich nicht nach dem Nominalbetrag, sondern nach dem Umfang der besicherten Restforderung richtet; so auch OLG Dresden, MDR 2008, 1005.
36 So AG Nördlingen v. 30.05.2017, 2 C 76/17, nicht veröffentlicht.
37 So BGH v. 16.02.2017, V ZR 165/16, juris, Rn. 7.
38 So OLG Stuttgart, NJW-RR 2012, 1418; OLG Düsseldorf, MDR 2009, 332.
39 So Thomas/Putzo-*Hüßtege*, ZPO, § 6 Rn. 7.
40 So aus der Entscheidung des BGH, JurBüro 2008, 368.
41 So Leitsätze aus OLG Koblenz, OLGR 2008, 442.
42 So OLG Hamm v. 12.12.2011, 5 U 73/11, juris (Leitsatz).
43 Vgl. OLG Celle, OLGR 2009, 1024, nimmt ca. 16 % an; a.A. Musielak/Voit-*Heinrich*, ZPO, § 6 Rn. 9, der § 6 ZPO im einstweiligen Rechtsschutzverfahren nicht zur Anwendung bringen will und stattdessen § 3 Hs. 1 ZPO heranzieht.

A. Anwendungsbereich

§ 7 ZPO ist bei allen Streitwertarten – mit Ausnahme des Rechtsmittelstreitwerts (siehe Rn. 6)[1] **1**
– anwendbar, wenn die gerichtliche **Streitigkeit (zwingend) auf** das Nicht-/Bestehen, Bestellung, Erlöschen, Beseitigung oder den Umfang (nicht jedoch bei Verlegung gem. § 1023 BGB von der jetzigen Ausübungsstelle an eine andere Stelle[2]) **einer Grunddienstbarkeit** (§§ 1018 ff. BGB, wenn der Eigentümer des „dienenden" Grundstücks einzelne Rechte dulden, Handlungen nicht vornehmen oder Rechte nicht ausüben darf, wobei der Berechtigte der Grunddienstbarkeit, der Eigentümer eines anderen, des „herrschenden" – nicht zwingend benachbarten – Grundstücks ist), **oder anderen subjektiv-dinglichen Rechten,** wie z.b. nachbarrechtliche Eigentumsbeschränkung,[3] das Fischereirecht,[4] subjektiv-dingliche Reallasten (§ 1105 Abs. 2 BGB; nicht jedoch subjektiv-persönliche Reallasten gem. § 1105 Abs. 1 BGB – vgl. insoweit Rn. 2),[5] das Notwegerecht (§§ 917, 918 BGB)[6] oder das Grenzrecht (§ 920 ff. BGB), **gerichtet ist.** Der materiell-rechtliche Rechtsgrund ist für die Anwendung des § 7 ZPO unbeachtlich.[7] § 7 ZPO greift bei klageweise Beanspruchung der Unterlassung oder Beseitigung von bloßen Eigentumsbeeinträchtigungen nicht, da in diesen Fällen gerade nicht die Grunddienstbarkeit Gegenstand der Streitigkeit ist (s.o.).[8] Jedoch ist § 7 ZPO anwendbar bei Klagen auf Unterlassung der Beeinträchtigung der Grunddienstbarkeit,[9] es sei denn, die Beeinträchtigung kann mit geringem Aufwand abgewendet werden, diese mithin Bagatellcharakter (bis max. 500,00 €) hat.[10] Beim Überbau (§§ 912 ff. BGB)[11] ist zu unterscheiden: Bei einer Klage auf Duldung des Überbaus ist § 7 ZPO anwendbar,[12] nicht hingegen bei Beseitigung eines Überbaus; der Wert bestimmt sich dann am Wertverlust des überbauten Grundstücks.[13] § 7 ZPO ist auch anwendbar für eine Beseitigungsklage oder eine Klage auf Wiederherstellung des früheren Zustands des mit der Grunddienstbarkeit belasteten Grundstücks, wenn über die Reichweite der Grunddienstbarkeit gestritten wird.[14] Die Rechtsprechung nimmt bei einer Klage auf Gestattung der Zufahrt/Zugangs über ein Grundstück eine Analogie zu § 7 ZPO i.V.m. § 9 ZPO an.[15]

Nicht anzuwenden ist § 7 ZPO – sondern § 3 ZPO – auf persönliche Rechte, insbesondere den **2** Nießbrauch (§§ 1030 ff. BGB), Grundpfandrechte (§§ 1113 ff. BGB), das subjektiv-persönliche Vorkaufsrecht (§ 1094 Abs. 1 BGB),[16] auf schuldrechtliche Verpflichtungen oder das schuldrechtliche Wegerecht.[17]

B. Wertberechnung

Zunächst sind die in § 7 ZPO angesprochenen Werte gem. § 3 ZPO bezogen auf den Zeitpunkt **3** der Einreichung der Klage (§ 4 Hs. 1 ZPO) **zu schätzen**.[18] Zur Beurteilung des Wertes können

---

1 Vgl. BGHZ 23, 205 = WM 1957 440; BGHZ 23, 291 = NJW 1957, 790.
2 Vgl. OLG Frankfurt a.M. v. 19.03.2009, 1 W 14/09, juris.
3 Vgl. OLG Koblenz, AGS 2001, 160; MK-*Wöstmann*, ZPO, § 7 Rn. 3.
4 Vgl. Musielak/Voit-*Heinrich*, ZPO, § 7 Rn. 3.
5 Vgl. Musielak/Voit-*Heinrich*, ZPO, § 7 Rn. 3; Stein/Jonas-*Roth*, ZPO, § 7 Rn. 5; Zöller-*Vollkommer*, ZPO, § 7 Rn. 5.
6 Vgl. MK-*Wöstmann*, ZPO, § 7 Rn. 3.
7 Vgl. OLG Celle, OLGR 2006, 534.
8 Vgl. BGH, NJW 1998, 2368 = MDR 1998, 982; MK-*Wöstmann*, ZPO, § 7 Rn. 5f.
9 Vgl. BGH, GE 2015, 1155 = BeckRS 2015, 14391, Rn. 4; BGH, Grundeigentum 2012, 1314.
10 Vgl. BGH, Grundeigentum 2010, 1418 = WuM 2011, 296: Beeinträchtigung mit ca. 150,00 € abwendbar.
11 Vgl. auch BGH, NJW-RR 1986, 737 = MDR 1986, 663: Der Wert einer Klage auf Beseitigung eines Überbaus richtet sich nach § 3 ZPO, nicht nach § 7 ZPO.
12 Vgl. MK-*Wöstmann*, ZPO, § 7 Rn. 3; Zöller-*Vollkommer*, ZPO, § 7 Rn. 2.
13 Vgl. BGH, Grundeigentum 2010, 265; BGH, NZM 2007, 300: Der Wertverlust eines Grundstücks durch den Überbau des Nachbarn ist mit dem Wert der überbauten Fläche anzusetzen, wenn nichts dafür vorgetragen wird oder zu erkennen ist, dass auch die Nutzung der nicht überbauten Fläche beeinträchtigt worden ist; BGH, NZM 2014, 806 (807), Rn. 7.
14 Vgl. BGH, Grundeigentum 2015, 1155 = BeckRS 2015, 14391, Rn. 4.
15 Vgl. OLG Köln, JurBüro 2011, 262; abweichend: OLG Koblenz, AGS 2001, 160: § 7 ZPO direkt.
16 Vgl. Musielak/Voit-*Heinrich*, ZPO, § 7 Rn. 4; Zöller-*Vollkommer*, ZPO, § 7 Rn. 5.
17 Vgl. BGH v. 18.05.1990, V ZR 291/89, juris: Der Streitwert für einen schulrechtlich vereinbarten Grundstückszugang bemisst sich nach § 3 ZPO; OLG Rostock, Grundeigentum 2013, 1002: Lediglich das Verlangen, die schuldrechtliche Verpflichtung zur Einräumung eines Wegerechts in den Vertrag aufzunehmen bemisst sich nach § 3 ZPO; OLG Dresden v. 24.04.2002, 11 W 149/02, juris: Der Streitwert für die Klage auf Feststellung eines Notweg- und Notleitungsrechts ist gem. §§ 3, 9 ZPO analog zu bestimmen.
18 Vgl. BGH, BeckRS 2016, 02867, Rn. 11; BGH, MDR 2004, 296 = VIZ 2004, 134; MK-*Wöstmann*, ZPO, § 7 Rn. 9; Zöller-*Vollkommer*, ZPO, § 7 Rn. 4.

die Beseitigungskosten einer zu entfernenden Anlage oder die Höhe einer Notweg-/Überbaurente herangezogen werden.[19] Bei einer Beseitigungsklage (siehe Rn. 1 a.E.) ist der Wert, den die Grunddienstbarkeit für das herrschende Grundstück hat, entscheidend, der dem Wert der vergeblich angestrebten Wertsteigerung dieses Grundstücks entspricht.[20] Wird nur eine als Nebenpflicht aus dem durch die Grunddienstbarkeit geschaffenes gesetzliches Schuldverhältnisses begehrt (z.B. Verpflichtung, eine der bereits bestehenden Grunddienstbarkeit inhaltsgleiche Baulasterklärung abzugeben), so ist der Wert nur mit einem Bruchteil (maximal 25 %) des Wertes der Grunddienstbarkeit anzusetzen.[21]

4 Der Wert der Grunddienstbarkeit bemisst sich gem. § 7 ZPO **grundsätzlich** nach dem Wert, den die Grunddienstbarkeit für das „herrschende" Grundstück hat. Bei dem „herrschenden" Grundstück handelt es sich um das Grundstück, dessen Eigentümer gleichzeitig Berechtigter der Grunddienstbarkeit des „dienenden" Grundstücks ist. Kurzum: Interesse bzw. Vorteil des Grunddienstbarkeitsgläubigers. Eine **Ausnahme** von der vorgenannten grundsätzlichen Wertbestimmung greift gem. § 7 ZPO nur dann, wenn der Betrag, um den sich der Wert des „dienenden" Grundstücks durch die Dienstbarkeit mindert, größer ist. Kurzum: Nachteil des Grunddienstbarkeitsschuldners. In diesem Fall bestimmt sich der Wert der Grunddienstbarkeit nach diesem (größeren) Betrag.

C. Prozessuales

5 § 7 ZPO findet stets Anwendung, unabhängig der Parteirolle, also ob der Eigentümer des herrschenden oder dienenden Grundstücks Klagepartei ist oder ein Dritter klagt.[22] Die **Klageart** (auch positive Feststellungsklage, sodann mit dem üblichen Abschlag) ist für die Anwendung von § 7 ZPO nicht von Relevanz; im einstweiligen Rechtsschutz oder bei Klagen gem. § 1024 bzw. § 1004 BGB greift § 7 ZPO nicht, es sei denn, die Klage gem. § 1024 BGB (bzw. § 1004 BGB) richtet sich auf Bestehen/Umfang der Grunddienstbarkeit oder sie richtet sich gegen eine Handlung aus angemaßter Grunddienstbarkeit.[23]

6 Für den **Rechtsmittelstreitwert** ist alleine das Interesse des Rechtsmittelführers (an der Abänderung der angefochtenen Entscheidung) entscheidend.[24] Wird der Eigentümer vom Erstgericht daher zur Bestellung einer Grunddienstbarkeit verurteilt, so bestimmt sich der Beschwerdewert anhand der Wertminderung des dienenden Grundstücks.[25] Wird die Klage auf Bestellung einer Grunddienstbarkeit hingegen abgewiesen, so richtet sich der Beschwerdewert einzig anhand der vom Kläger angestrebten Werterhöhung für das herrschende Grundstück; ggf. höhere Interessen des Beklagten sind nicht von Relevanz.[26] Wird mit dem Rechtsmittel die Verurteilung zur Beseitigung und Unterlassung der Beeinträchtigung begehrt, ist die Wertminderung anzusetzen, die das herrschende Grundstück durch die Beeinträchtigung der Grunddienstbarkeit erleidet.[27] Für die **Ermittlung des Wertverlusts** ist der Verkehrswert des Grundstücks mit der Grunddienstbarkeit mit demjenigen ohne die Grunddienstbarkeit zu vergleichen.[28]

§ 8
Pacht- oder Mietverhältnis

Ist das Bestehen oder die Dauer eines Pacht- oder Mietverhältnisses streitig, so ist der Betrag der auf die gesamte streitige Zeit entfallenden Pacht oder Miete und, wenn der 25fache Betrag des einjährigen Entgelts geringer ist, dieser Betrag für die Wertberechnung entscheidend.

---

19 So MK-*Wöstmann*, ZPO, § 7 Rn. 9.
20 So BGH, GE 2015, 1155 = BeckRS 2015, 14391, Rn. 4.
21 Vgl. OLG Köln, OLGR 1999, 246.
22 Vgl. h.M.: MK-*Wöstmann*, ZPO, § 7 Rn. 1; a.A. wohl noch BayObLG v. 12.03.1998, 1 Z RR 442/97, juris.
23 Zutr. Musielak/Voit-*Heinrich*, ZPO, § 7 Rn. 5; Zöller-*Vollkommer*, ZPO, § 7 Rn. 3.
24 Vgl. BGH, BeckRS 2014, 14138, Rn. 6; BGHZ 23, 205 = WM 1957 440.
25 Vgl. BGH, Grundeigentum 2009, 715; BGH, MDR 2004, 296.
26 Vgl. BGHZ 23, 291 = NJW 1957, 790; Zöller-*Vollkommer*, ZPO, § 7 Rn. 4.
27 Vgl. BGH, BeckRS 2016, 02867, Rn. 11.
28 Vgl. BGH, NZM 2014, 806 (807), Rn. 7; BGH, Grundeigentum 2014, 55, Rn. 7.

Inhalt:

	Rn.		Rn.
A. Allgemeines	1	2. Streitige Zeit	8
B. Erläuterungen	3	3. 25facher-Betrag	9
I. Miet-/Pachtverhältnis	3	4. Berechnung der Rechtsmittel-	
II. Bestehen oder Dauer	5	beschwer	10
III. Höhe des Streitwerts	7	C. Prozessuales	11
1. Betrag der Miete bzw. Pacht	7		

A. Allgemeines

§ 8 ZPO, der im Verhältnis zu §§ 3, 6 ZPO als Spezialnorm vorgeht, ist auf den **Zuständigkeits-,** 1 **Bagatell-, Verurteilungs- und Rechtsmittelstreitwert** anwendbar, wenn im Rahmen eines Rechtsstreits das Bestehen oder die Dauer eines Pacht- oder Mietverhältnisses streitig ist; für auf Lebenszeit geschlossene Verträge gilt § 9 ZPO. Die Norm ist dennoch weitgehend nicht auf Wohnraummietverhältnisse anwendbar, da die sachliche Zuständigkeit des Gerichts diesbezüglich gem. §§ 23 Nr. 2 Buchst. a, 72 GVG streitwertunabhängig zwingend dem Amtsgericht übertragen ist; ebenso bei Landpachtstreitigkeiten, vgl. §§ 2, 24 Abs. 1, 2, § 48 LwVG. Anders bei Gewerbemiet-/-pachtverhältnissen, da sich die sachliche Zuständigkeit diesbezüglich nach dem Streitwert richtet, vgl. § 23 Nr. 2 Buchst. a GVG, sodass § 8 ZPO anwendbar ist. Auf den **Gebührenstreit- und Gegenstandswert** ist § 8 ZPO **nicht anwendbar**. Hier greift die weiterreichende Spezialnorm des § 41 GKG bzw. § 23 Abs. 1 Satz 1 RVG. § 41 GKG findet indes auch im Rahmen des § 8 ZPO hinsichtlich der Berechnung der Rechtsmittelbeschwer keine Anwendung.[1]

§ 8 ZPO **greift bei** Streitigkeiten zwischen Vermieter/Verpächter und Mieter/Pächter, zwischen 2 Hauptmieter/Hauptpächter und Untermieter/Unterpächter sowie zwischen Vermieter/Verpächter und Untermieter/Unterpächter; auch zwischen Hauptvermieter/Hauptverpächter und Miet- bzw. Pachtbürgen.[2] § 8 ZPO ist **hingegen nicht** auf Streitigkeiten zwischen mehreren Vermietern/Verpächtern oder zwischen Mietern/Pächtern untereinander anwendbar; ebenso nicht auf Streitigkeiten zwischen Vermietern/Verpächtern/Mietern/Pächtern und Dritten.[3]

B. Erläuterungen
I. Miet-/Pachtverhältnis

Der **Mietvertrag** ist ein zweiseitig verpflichtender schuldrechtlicher Vertrag. Durch ihn wird 3 ein Dauerschuldrechtsverhältnis begründet, das auf entgeltliche Gebrauchsüberlassung beweglicher oder unbeweglicher Sachen gerichtet ist.[4] Ein **Pachtvertrag** ist ein schuldrechtlicher Vertrag, der auf entgeltliche Gebrauchsüberlassung von beweglichen, unbeweglichen Sachen oder Rechten, die Sach- oder Rechtsfrüchte abwerfen können, gerichtet ist, wobei die verpachteten Gegenstände oder Rechte zur Gewährung von Gebrauchsvorteilen und zur Fruchtziehung generell geeignet sein müssen.[5] Auf die Bezeichnung des Vertrags kommt es nicht an. Hat ein Vertrag mehrere Elemente (Miet-, Pacht-, Kauf-, Dienstleistungs- oder Werkvertragselement), so ist maßgeblich für die Frage, welchem Grundvertragstyp er zuzuordnen ist, welche Nutzungsart nach dem Vertragszweck überwiegt.[6] Liegt bei diesen sog. **typengemischten Verträgen** im Ergebnis die einem Miet- oder Pachtverhältnis typische entgeltliche Gebrauchsüberlassung zu Grunde und ist diese im konkreten Rechtsstreit streitig, ist § 8 ZPO anwendbar. **Einzelfälle:** Apothekenpachtvertrag, Beherbergungsvertrag,[7] Campingvertrag, Filmverleih, Fitnessstudiovertrag, Franchisevertrag (mit regelmäßig kauf-, dienst- und pachtvertraglichen Elementen; nicht jedoch Dienstleistungsfranchising),[8] Hausmeistervertrag, wenn

---

1 Vgl. BVerfG, NJW-MietR 1996, 54; BGH, NJW-RR 2006, 1004 = MDR 2006, 980; MK-*Wöstmann*, ZPO, § 8 Rn. 4.
2 Vgl. Musielak/Voit-*Heinrich*, ZPO, § 8 Rn. 4.
3 Zutr. Musielak/Voit-*Heinrich*, ZPO, § 8 Rn. 4.
4 Vgl. BGH, NJW 2014, 2864 (2866), Rn. 24 ff. mit Hinweis auf die gebotene Einzelfallprüfung; BGHZ 123, 166 = NJW 1993, 3131; Spielbauer/Schneider-*Kern*, Mietrecht, § 535 Rn. 45 m.w.N.
5 Vgl. *Kern*, Pachtrecht, § 581 Rn. 90.
6 Vgl. BGH, ZMR 1979, 49 = NJW 1979, 309; *Kern*, Pachtrecht, § 581 Rn. 4.
7 Vgl. BGH, NJW 1963, 1449; OLG Düsseldorf, ZMR 1992, 532; Spielbauer/Schneider-*Kern*, Mietrecht, § 535 Rn. 6.
8 Vgl. Spielbauer/Schneider-*Kern*, Mietrecht, § 535 Rn. 12.

diesem eine Wohnung überlassen wird,[9] Heimvertrag,[10] Jagdpacht,[11] Leasingvertrag,[12] Kleingartenpachtvertrag,[13] Mietkauf,[14] Überlassung von Räumlichkeiten (ohne Obhutspflicht,[15] z.B. Pferdeboxen, Park- oder Garagenplatz), Unternehmenspacht.[16] Richtet sich der Rechtsstreit bei gemischttypischen Verträgen auf ein Interesse, das nicht dem Miet- oder Pachtrecht zuzuordnen ist (z.B. auf das Dienstvertragselement), so richtet sich der Streitwert nach § 3 ZPO.

4   Über die unter Rn. 3 genannten Miet-/Pachtverhältnisse oder solche, die im Wesentlichen auf eine entgeltliche Gebrauchsüberlassung abzielen, hinaus, also z.B. Nießbrauch, dingliches Wohnrecht, Werk-/Dienstverträge, Leihe, Erbbauwohnrechte, Wärmelieferungsvertrag, Ansprüche aus Wohnungseigentum,[17] ist § 8 ZPO (wohl aber § 41 GKG) **weder direkt, noch analog anwendbar**.[18]

II. Bestehen oder Dauer

5   Unabhängig vom konkreten Klageantrag muss das Bestehen, der Fortbestand oder die Dauer eines Miet-/Pachtverhältnisses für den Anwendungsbereich des § 8 ZPO streitig – nicht zwingend Streitgegenstand – sein;[19] es ist in der Regel auch ausreichend, wenn diesem Umstand nur präjudizielle Bedeutung zukommt.[20] Das **Bestehen** z.B. eines Mietvertrages ist dann nicht streitig, wenn das Klageziel auf das Zustandekommen eines Vertragsverhältnisses gerichtet ist, also Klage auf Abgabe einer Willenserklärung zum Zustandekommen eines Mietvertrages; in diesem Fall richtet sich der Streitwert nach § 3 ZPO. Besitzstörung durch den Vermieter ist dem Nichtbestehen eines Miet-/Pachtverhältnisses gleichzusetzen und mit der anteiligen Jahresmiete zu bemessen; bei Klage auf Besitzeinräumung greift § 8 ZPO.[21] **Einzelfälle: § 8 ZPO anwendbar**: Klage auf Räumung (jedoch nicht auf Vollzug der Räumung; es muss stets der Bestand des Vertragsverhältnisses Grundlage der Räumungsklage sein);[22] Klage auf Verlängerung des Miet- oder Pachtverhältnisses; Herausgabeklagen, unabhängig ob sich diese aus dinglichem, z.B. § 985 BGB, oder miet- oder pachtvertraglichem Recht ergeben;[23] Klage auf Feststellung, dass der Miet-/Pachtvertrag zustande gekommen ist. **§ 8 ZPO nicht anwendbar**: Entgelt-Leistungsklage/Zahlungsklage (auch Streitigkeit über die Entgelthöhe), selbst bei streitigem Vertragsverhältnis; Klage auf rechtliche Einordnung eines für sich gesehen unstreitigen Nutzungsverhältnisses;[24] Klage auf Instandhaltung nach unstreitiger Herausgabe bei beendetem unstreitigem Mietverhältnis;[25] Klage bezüglich Umfang von Rechten und Pflichten aus einem unstreitig bestehenden Miet-/Pachtverhältnis.[26]

6   Bei Klagen auf Miet-/Pachterhöhung ist der Streitwert ausschließlich nach § 9 ZPO zu bestimmen.

---

9 Vgl. Staudinger-*Emmerich*, BGB, § 535 Rn. 88.
10 Vgl. Spielbauer/Schneider-*Kern*, Mietrecht, § 535 Rn. 23.
11 Vgl. *Kern*, Pachtrecht, Anh. 4 zu § 581 Rn. 1 ff.
12 Vgl. BGH, NJW 1998, 1637 (1638 f.) = MDR 1998, 648; BGH, NJW 1990, 1113 (1114 f.).
13 Vgl. BGH, NJW-RR 2016, 1506, Rn. 6; BGH, NJOZ 2010, 1723, Rn. 8 = MDR 2010, 355; BGH, NJW-RR 2005, 867 (868); *Kern*, Pachtrecht, Anh. 3 zu § 581 Rn. 1 ff.
14 Vgl. Spielbauer/Schneider-*Kern*, Mietrecht, § 535 Rn. 30.
15 Vgl. BGH, NJW-RR 1990, 1422 (1423); Spielbauer/Schneider-*Kern*, Mietrecht, § 535 Rn. 6.
16 Vgl. BGH, NJW 1952, 821.
17 Aufzählung u.a. bei Musielak/Voit-*Heinrich*, ZPO, § 8 Rn. 2; Thomas/Putzo-*Hüßtege*, ZPO, § 8 Rn. 2; zur Rechtsprechung: BGH, NJW-RR 1989, 381 (Streitwert für Wärmelieferungsverträge); BayObLG, JurBüro 1995, 27; OLG Schleswig, SchlHA 1986, 46 (Löschung des Nießbrauchsrechts an einer Wohnung).
18 H.M., vgl. nur BGH, NZM 1999, 189 (190); Musielak/Voit-*Heinrich*, ZPO, § 8 Rn. 2; MK-*Wöstmann*, ZPO, § 8 Rn. 5; Thomas/Putzo-*Hüßtege*, ZPO, § 8 Rn. 2.
19 Vgl. BGH, NZM 1999, 189: § 8 ZPO setzt nicht voraus, dass zwischen den Parteien tatsächlich ein Mietverhältnis besteht, es genügt, wenn eine Partei sich gegenüber dem dinglichen Herausgabeanspruch mit der Berufung auf ein angebliches Mietverhältnis verteidigt.
20 Zutr. Musielak/Voit-*Heinrich*, ZPO, § 8 Rn. 3; Prütting/Gehrlein-*Gehle*, ZPO, § 8 Rn. 7.
21 Vgl. OLG Rostock, OLGR 2006, 1004; OLG Brandenburg, MDR 2007, 1225; jeweils zu § 41 GKG; Prütting/Gehrlein-*Gehle*, ZPO, § 8 Rn. 26.
22 Vgl. BGH, NJW-RR 1995, 781.
23 Vgl. BGH, WM 1991, 1616; BGH, NJW 1953, 384; Prütting/Gehrlein-*Gehle*, ZPO, § 8 Rn. 8: Klageziel und Anspruchsgrundlage sind für die Anwendung § 8 ZPO nicht relevant.
24 Vgl. BGH, NJOZ 2010, 1723, Rn. 10 = MDR 2010, 355.
25 Vgl. Aufzählung bei Musielak/Voit-*Heinrich*, ZPO, § 8 Rn. 3.
26 Vgl. MK-*Wöstmann*, ZPO, § 8 Rn. 9.

III. Höhe des Streitwerts

1. Betrag der Miete bzw. Pacht

Ausweislich des Gesetzeswortlauts ist zur Bestimmung des Streitwerts, soweit eine Streitigkeit über das Bestehen oder die Dauer eines Pacht- oder Mietverhältnisses vorliegt, grundsätzlich der Betrag, der auf die gesamte streitige Zeit entfallenden Miete oder Pacht für die Wertberechnung entscheidend, § 8 (Hs. 1) ZPO. Der **Betrag** der Miete bzw. Pacht bemisst sich – entsprechend objektiven Maßstäben[27] – nach der konkret für die streitige Zeit (siehe Rn. 8) vertraglich vereinbarten Miete bzw. Pacht (Mietveränderungen in der streitigen Zeit sind zu berücksichtigen), einschließlich der Nebenkosten, soweit sie pauschal, verbrauchsunabhängig und nicht separat, sondern zusammen mit der Miete/Pacht abgerechnet werden,[28] einschließlich einer etwaig geschuldeten Mehrwertsteuer sowie vertraglich vereinbarter Neben- bzw. Gegenleistungen, die Entgeltcharakter haben, wie z.B. öffentliche Abgaben.[29] Mittelbare Belastungen, wie z.B. Kosten der Räumung bleiben unberücksichtigt.[30] Diese umfassende Betragsbestimmung gilt auch für gemischttypische Verträge (Rn. 3), es sei denn, dass dem maßgeblichen Schwerpunkt, wonach sich auch die rechtliche Einordnung bemisst, eine abgrenzbare wirtschaftliche Bewertung zukommt; in diesem Fall ist nur diese heranzuziehen (z.B. Vertragstyp mit dienst- und mietvertraglichen Elementen, wobei die streitigen mietvertraglichen Elemente überwiegen und wirtschaftlich eine abgrenzbare Bewertung bilden; in diesem Fall bleiben die dienstvertraglichen Elemente unberücksichtigt). Bei gleichzeitiger Verurteilung zur Räumung und Entfernung von Gebäuden ist eine Streitwertaddition von Räumung (Streitwertbemessung nach § 8 ZPO) und Entfernung von Gebäuden (Streitwertbemessung nach § 3 ZPO) vorzunehmen.[31] Bei Untermiete kann aufgrund des Verwaltungsaufwands ein Zuschlag von 15 % gerechtfertigt sein.[32]

2. Streitige Zeit

Die Regelung des § 8 ZPO ist auf Fälle zugeschnitten, in denen die „streitige Zeit" genau bestimmt werden kann.[33] Die „streitige Zeit" **beginnt** mit der Erhebung der Klage (z.B. Räumungsklage), es sei denn, dass klageweise auch festgestellt werden soll, dass ein Vertragsverhältnis vor Klageerhebung (nicht) bestand. In diesem Fall ist der Zeitraum vor Klageerhebung, den die Klage benennt, auch zu berücksichtigen.[34] Die „streitige Zeit" **endet** bei Verträgen mit einer bestimmten Dauer mit dem vertraglich vereinbarten Beendigungsdatum bzw. dem Wirksamwerden einer – unstreitigen – Kündigung; bei streitiger Kündigung ist das Ende der streitigen Zeit am vertraglich vereinbarten Beendigungsdatum zu bemessen.[35] Eine vertragliche Verlängerungsoption kann, soweit sie bereits geltend gemacht wurde, Teil der „streitigen Zeit" sein. Bei Klagen auf der Grundlage von Mieterschutzvorschriften, wie z.B. § 549 Abs. 2 BGB, richtet sich das Ende nach dem vom Mieter beanspruchten Endzeitpunkt.[36] Bei Verträgen mit einer unbestimmten Dauer endet die „streitige Zeit" in dem Zeitpunkt, zu dem derjenige hätte kündigen können, der die längere Bestehenszeit des Vertrags für sich in Anspruch nimmt. Ist das Vertragsende weder bestimmt noch bestimmbar, hat also der Mieter/Pächter keinen Zeitpunkt genannt, sondern zu erkennen gegeben, die Sache möglichst lange nutzen

---

27 Vgl. BGH, NJW-RR 2006, 16 (17) = MDR 2006, 384: beim Vorliegen eines schriftlichen Mietvertrages sind regelmäßig dessen Regelungen für die Bemessung der Miethöhe heranzuziehen; MK-*Wöstmann*, ZPO, § 8 Rn. 14.

28 Zutr. Musielak/Voit-*Heinrich*, ZPO, § 8 Rn. 5 mit Verweis auf LG Krefeld, WuM 2005, 263; BGH, NJW-RR 2009, 775, Rn. 10 = MDR 2009, 775: Nicht nur die eigentliche Miete/Pacht, sondern auch vertragliche Gegenleistungen anderer Art (z.B. Übernahme von öffentlichen Abgaben und sonstigen Lasten, Feuerversicherungsprämien, Instandsetzungskosten, Baukostenzuschüsse, etc.) mit Ausnahme solcher Leistungen, insbesondere nebensächlicher Art, die im Verkehr nicht als Entgelt für die Gebrauchsüberlassung angesehen werden; BGH, NJW 1999, 1385; Zöller-*Vollkommer*, ZPO, § 8 Rn. 6.

29 Vgl. BGH, NJW-RR 2009, 775 = NZM 2009, 526; BGHZ 18, 168; Thomas/Putzo-*Hüßtege*, ZPO, § 8 Rn. 4.

30 Vgl. BGH, NJW-RR 2000, 1739 = NZM 2000, 1227; Zöller-*Vollkommer*, ZPO, § 8 Rn. 6.

31 Vgl. BGH, NZM 2005, 677 = MDR 2005, 1431; Zöller-*Vollkommer*, ZPO, § 8 Rn. 6.

32 Vgl. BGH, NJW-RR 1997, 648; Prütting/Gehrlein-*Gehle*, ZPO, § 8 Rn. 15.

33 Vgl. BGH, NJW-RR 2005, 867 (869) = WuM 2005, 351.

34 Vgl. BGH, NJW-RR 2009, 156, Rn. 7 = NZM 2009, 51: Die Beschwer eines Beklagten durch ein Urteil zur Feststellung der Nichtbeendigung eines Mietverhältnisses bestimmt sich gem. § 8 ZPO nach dem Betrag der auf die gesamte streitige Zeit entfallenden Miete; MK-*Wöstmann*, ZPO, § 8 Rn. 18; BGH, NJW 1958, 1291 = MDR 1958, 601; Zöller-*Vollkommer*, ZPO, § 8 Rn. 5.

35 Vgl. BGH, NJW-RR 1992, 1359; bei nur streitiger fristloser Kündigung begrenzt sich nach OLG Koblenz, FamRZ 2005, 1850, der Zeitraum auf Vertragsablauf bei ordentlicher Kündigung; MK-*Wöstmann*, ZPO, § 8 Rn. 19; Prütting/Gehrlein-*Gehle*, ZPO, § 8 Rn. 11.

36 Vgl. BGH, NJW-RR 2005, 867 (868) = WuM 2005, 351; Thomas/Putzo-*Hüßtege* ZPO, § 8 Rn. 5.

zu wollen, so ist der Zeitpunkt der Beendigung des Rechts ungewiss. In diesem Fall bestimmt sich die „streitige Zeit" in entsprechender Anwendung nach § 9 ZPO.[37] Dies gilt auch für die Klage des gewerblichen Untermieters gegen den Hauptvermieter auf Einräumung des Besitzes.[38]

3. 25facher-Betrag

9 § 8 Hs. 2 ZPO regelt eine Ausnahme von der grundsätzlichen Streitwertberechnung, die sich an dem Betrag der streitigen Zeit orientiert (siehe Rn. 7 f.). Danach ist der 25fache Betrag des einjährigen Entgelts dann (vorrangig) als Streitwert heranzuziehen, wenn dieser sich hieraus ergebende Betrag geringer ist, als der Betrag, der auf die gesamte streitige Zeit entfallenden Miete oder Pacht. Für die **Bewertung eines Feststellungsantrags**, der das Bestehen oder die Dauer eines Miet- oder Pachtverhältnisses zum Gegenstand hat, ist kein Abschlag vorzunehmen.[39]

4. Berechnung der Rechtsmittelbeschwer

10 Die Rechtsmittelbeschwer bestimmt sich einzig nach dem vorinstanzlichen Vortrag bezüglich der streitigen Zeit, nicht also mit Rechtsmitteleinlegung. Begehrt der Rechtsmittelführer die Fortführung des Vertragsverhältnisses und stellt die vorinstanzliche Gericht durch Urteil der Beendigung fest, so beginnt die streitige Zeit, unabhängig des Zeitpunkts des eingelegten Rechtsmittels, erst mit dem im Urteil benannten Zeitpunkt betreffend die Vertragsbeendigung.[40] Die monatlichen Betriebskostenvorauszahlungen erhöhen den Beschwerdewert nicht.[41]

C. Prozessuales

11 § 8 ZPO ist bei allen Klagearten, sowohl Leistungsklage, als auch positive/negative Feststellungsklage anwendbar.[42] Das Bestehen bzw. die Dauer eines Miet-/Pachtverhältnisses muss nicht explizit im Klageantrag deutlich werden. Ausreichend ist ein entsprechender Sachvortrag im Klage- bzw. Beklagtenschriftsatz, aus dem deutlich wird, dass ein Bestehen oder die Dauer eines Miet-/Pachtverhältnisses streitig ist.[43]

§ 9
Wiederkehrende Nutzungen und Leistungen

¹Der Wert des Rechts auf wiederkehrende Nutzungen oder Leistungen wird nach dem dreieinhalbfachen Wert des einjährigen Bezuges berechnet. ²Bei bestimmter Dauer des Bezugsrechts ist der Gesamtbetrag der künftigen Bezüge maßgebend, wenn er der geringere ist.

Inhalt:

	Rn.		Rn.
A. Allgemeines...................	1	III. Unbestimmte Bezugsdauer........	5
B. Erläuterungen.................	2	IV. Bestimmte Bezugsdauer, Satz 2.....	6
I. Stammrecht als Streitgegenstand....	2	C. Prozessuales..................	7
II. Wiederkehrende Nutzungen oder Leistungen......................	3		

A. Allgemeines

1 § 9 ZPO ist auf den **Zuständigkeits-, Bagatell-, Verurteilungs- und Rechtsmittelstreitwert** anwendbar, soweit § 23 Nr. 2 GVG nicht vorgeht. Auf den **Gebührenstreitwert** ist § 9 ZPO nur subsidiär anwendbar, wenn die Spezialnorm des § 42 Abs. 1 GKG (bzw. § 51 Abs. 1 FamGKG) nicht greift. § 9 ZPO will nur solche Rechte treffen, die ihrer Natur nach und erfahrungsgemäß eine Dauer von wenigstens 3,5 Jahren haben oder jedenfalls mit Rücksicht auf den Grad der

---

[37] Die Beschwer wäre deshalb mit dem 3,5fachen Jahresbetrag des für die Nutzung zu zahlenden Entgelts anzusetzen, vgl. BVerfG, NZM 2006, 578; BGH, NJW-RR 2016, 506, Rn. 6; BGH, BeckRS 2015, 20727, Rn. 6; BGH, IBRRS 2012, 4368, Rn. 5; BGH, NJW-RR 2009, 775 = MDR 2009, 227.
[38] Vgl. KG Berlin, NZM 2006, 720; Thomas/Putzo-*Hüßtege*, ZPO, § 8 Rn. 6.
[39] Vgl. BGH, NJW-RR 2009, 156, Rn. 9 = NZM 2009, 51.
[40] Vgl. BGH, NJW-RR 1992, 698; BGH, NJW 1969, 2164; BGH, NJW 1959, 2164; MK-*Wöstmann*, ZPO, § 8 Rn. 25.
[41] Vgl. BGH, IBRRS 2016, 1910, Rn. 2 = WuM 2016, 509.
[42] Vgl. BGH, NJW-RR 2016, 506, Rn. 7.
[43] Vgl. BGH, MDR 2005, 204; BGH, BGHReport 2003, 757.

Unbestimmtheit des Zeitpunkts, wann das den Wegfall des Rechts begründende Ereignis eintritt, eine solche Dauer haben können; mithin kann § 9 ZPO nur auf Rechte angewendet werden, die ihrer Beschaffenheit nach von dauerndem Bestand sind.[1]

B. Erläuterungen
I. Stammrecht als Streitgegenstand

§ 9 ZPO regelt die Wertbestimmung eines **Rechts** auf wiederkehrende Nutzungen oder Leistungen. Hierbei muss das Stammrecht Gegenstand des Rechtsstreits sein, also nicht der Umfang künftig zu erbringender (Einzel-) Leistungen oder Rückstände, die dem Stammrecht entspringen.[2] **Einzelfälle:**[3] Beschwer bei Räumungsklagen; Pacht-/Mieterhöhungsklagen;[4] Klage auf Herabsetzung der Miete;[5] Mängelbeseitigung;[6] Duldung der Modernisierung.

§ 9 ZPO greift insoweit nicht, wenn ein bezifferter, feststehender Geldbetrag eingeklagt wird, da in diesen Fällen eine Leistung aus einem Recht geltend gemacht wird.[7] Eine Bedingung, dass das Recht erst in einigen Jahren beginnt, ist nicht möglich.[8]

II. Wiederkehrende Nutzungen oder Leistungen

Nutzungen sind in § 100 BGB legaldefiniert.[9] Darunter fallen auch die Gebrauchsvorteile einer Sache oder eines Rechts,[10] z.B. auch ersparte Schuldzinsen.[11] Der Begriff der **Leistungen** entspricht dem aus § 241 BGB. **Wiederkehrend** sind Nutzungen oder Leistungen dann, wenn sie sich, nicht zwingend regelmäßig als gleichmäßige Folge eines stets einheitlichen Rechtsverhältnisses ergeben, nicht einmalig, nur vorübergehend wiederkehrend oder ununterbrochen fortdauernd sind.[12] Auch bei in Raten zu erbringender Einzelleistung greift § 9 ZPO nicht.[13]

Beispiele:[14]
Rente (jedoch nicht Klage auf künftige Rente);[15] Überbau- oder Notwegrenten; Leibrente sowie im Wege des Schadensersatzes geltend gemachtes Recht auf eine lebenslange Leibrente;[16] Altenteil; Reallasten;[17] Unterhaltsansprüche (auch Schadensersatzansprüche wegen versäumter Durchsetzung von Unterhaltsansprüchen);[18] Bestehen eines privaten Kranken- und Pflegeversicherungsvertrages;[19] Dienst- bzw. Versorgungsbezüge; Lohn- und Gehaltsansprüche; Darlehen; Klage auf künftige Beitragsbefreiung in der Berufsunfähigkeitszusatzversicherung;[20] Erbbauzinsen; künftige Miete/

---

1 Vgl. aus BGHZ 36, 144 = NJW 1962, 583 (584).
2 Vgl. OLG Düsseldorf, JurBüro 1993, 166; MK-*Wöstmann*, ZPO, § 9 Rn. 7; Thomas/Putzo-*Hüßtege*, ZPO, § 9 Rn. 3; Zöller-*Vollkommer*, ZPO, § 9 Rn. 1.
3 Aufzählung u.a. bei Zöller-*Vollkommer*, ZPO, § 9 Rn. 1.
4 Vgl. BVerfG, NJW 1996, 1531 = ZMR 1996, 308; BGH, BeckRS 2006, 15036, Rn. 4f. = WuM 2007, 32; AG München, BeckRS 2016, 16307: Der Streitwert einer Mieterhöhungsklage ist auf das Zwölffache des Monatsbetrages der geltend gemachten Erhöhung festzusetzen (§ 41 Abs. 5 GKG). Im Rahmen der Kostenentscheidung ist hingegen gemäß § 9 ZPO bei der Ermittlung des Wertes der Mieterhöhungsklage von einem Streitwert von 42 Monatsmieten auszugehen.
5 Vgl. BGH, JurBüro 2004, 207.
6 Vgl. BGH, WuM 2004; BGH, MDR 2001, 354.
7 Vgl. OLG Köln, OLGR 1999, 404; MK-*Wöstmann*, ZPO, § 9 Rn. 6.
8 Vgl. Zöller-*Vollkommer*, ZPO, § 9 Rn. 3.
9 § 100 BGB: Nutzungen sind die Früchte einer Sache oder eines Rechts sowie die Vorteile, welche der Gebrauch der Sache oder des Rechts gewährt.
10 So Stein/Jonas-*Roth*, ZPO, § 4 Rn. 21.
11 Vgl. BGHZ 167, 108 = NJW 2006, 1582 (1583); BGH, NJW 1998, 2354.
12 Vgl. OLG Köln, VersR 2010, 1057; Zöller-*Vollkommer*, ZPO, § 9 Rn. 2f.; Thomas/Putzo-*Hüßtege*, ZPO, § 9 Rn. 2.
13 Vgl. OLG München, OLGR 2001, 220: Eine in Raten zu zahlende Ausgleichsverbindlichkeit macht einen klageweise geltend gemachten Zahlungsanspruch nicht zu einem Recht auf wiederkehrende Leistung gem. § 9 ZPO.
14 Vgl. Thomas/Putzo-*Hüßtege*, ZPO, § 9 Rn. 2; Zöller-*Vollkommer*, ZPO, § 9 Rn. 4; MK-*Wöstmann*, ZPO, § 9 Rn. 4; Musielak/Voit-*Heinrich*, ZPO, § 9 Rn. 3.
15 BGH, BeckRS 2016, 16644, Rn. 4: Streitwert und Beschwer von Klagen, mit denen der Versicherte Rentenzahlungen begehrt, die von einer sich nach der Berechnung des Versicherers tatsächlich ergebenden Rente abweichen, richten sich nach dem dreieinhalbfachen Jahresbetrag der Differenz.
16 Vgl. BGH, BGHReport 2001, 530.
17 Vgl. OLG Frankfurt a.M., MDR 1982, 411.
18 Vgl. BGH, NJW 1997, 1016 = MDR 1997, 504; OLG Düsseldorf, OLGR 2004, 156 = FamRZ 2004, 1225.
19 Vgl. BGH, BeckRS 2015, 20117, Rn. 2.
20 Vgl. OLG München, JurBüro 2000, 416.

Pacht;[21] Klage auf Pacht-/Mieterhöhung;[22] laufende Versicherungsleistungen;[23] Klage auf Feststellung des Fortbestandes einer Kfz-Versicherung nach Kündigung;[24] Krankenversicherungsverträge;[25] Maklercourtage, die alljährlich in Höhe eines bestimmten Prozentsatzes der im wesentlichen gleichbleibenden Netto-Prämien fällig wird;[26] Anstellungsverhältnis eines GmbH-Geschäftsführers;[27] monatliche Einlagezahlungen eines stillen Gesellschafters;[28] Schadensersatz bei unterlassener Beamtenbeförderung;[29] jährliches Zurückschneiden einer Hecke;[30] Stromeinspeisungsverträge;[31] Beraterverträge.[32]

Nicht: Grunddienstbarkeit (hier greift die Spezialnorm des § 7 ZPO); Jagd-/Fischereirecht; Wohnrecht; schuldrechtliches Wegerecht;[33] Nießbrauch; Leistungen aus einer Krankentagegeldversicherung;[34] Abberufung eines GmbH-Geschäftsführers;[35] Verzugszinsen aus einer fälligen, jedoch nicht anhängigen Forderung (hier: § 3 ZPO).[36]

III. Unbestimmte Bezugsdauer

5 § 9 Satz 1 ZPO ist an einer gewissen, aber unbestimmten Bezugsdauer ausgerichtet; z.B. bei Bezugsdauer bis zum Tode. In diesem Fall ist der **3,5fache Wert des einjährigen Bezugs**, bei dem auch Rückstände bzw. bei Klageerhebung bereits fällige Beträge zu berücksichtigen sind,[37] anzunehmen. **Beispiel:** Monatliche Rente in Höhe von 500,00 €, ergibt einen Jahreswert in Höhe von 6.000,00 €, der mit 3,5 zu multiplizieren ist, ergibt 21.000,00 €.[38] Bei veränderlichen Nutzungen oder Leistungen und insoweit sich unterscheidenden Jahresbeträgen, sind die höchsten Jahresbeträge heranzuziehen.[39] Ist das Ende eines streitigen Miet- oder Pachtverhältnisses weder bestimmt noch sonst näher bestimmbar, so ist im Rahmen der Wertbemessung gemäß § 8 ZPO die in § 9 ZPO festgelegte Höchstgrenze des dreieinhalbfachen Jahresbetrages entsprechend anzuwenden (siehe hierzu auch § 8 Rn. 8 m.w.N.).[40]

IV. Bestimmte Bezugsdauer, Satz 2

6 Bei einer bestimmten Bezugsdauer umfasst gem. § 9 Satz 2 ZPO der Gesamtbetrag grundsätzlich die Summe der Bezüge in der gesamten Bezugsdauer, jedoch maximal den 3,5fachen Wert des einjährigen Bezugs. Im Falle unterschiedlicher jährlicher Beträge, vgl. Rn. 5.

---

21 Vgl. BGH, NJW-RR 2006, 16 (17) = NZM 2005, 944; OLG Düsseldorf, NZM 2010, 600; vgl. auch zur Staffel-Inklusivmiete BGH, NZM 2007, 935, wonach der maßgebliche Jahresbetrag aus dem höchsten Entgelt zu errechnen ist, wenn das Entgelt aufgrund einer Staffelmiete in verschiedenen Zeiträumen verschieden hoch ist.
22 Vgl. BGH, WuM 2007, 32 = ZMR 2007, 107.
23 Vgl. BGH, BGHReport 2002, 154; OLG Hamm, MDR 2013, 342: Anderes gilt jedoch, wenn der Versicherungsnehmer von einer ihm eingeräumten Kündigungsmöglichkeit während des Rechtsstreits Gebrauch macht. Ab diesem Zeitpunkt steht die Dauer des Versicherungsvertrages fest, so dass sich – bei entsprechend angepasstem Antrag – der Streitwert ab diesem Zeitpunkt bis zur Beendigung des Vertrages nach § 9 Satz 2 ZPO bemisst.
24 Vgl. BGH, NVersZ 2001, 92 = VersR 2001, 492.
25 Vgl. OLG Frankfurt a.M., OLGR 2000, 142.
26 Vgl. OLG Köln, OLGR 2000, 78.
27 Vgl. BGH, GmbHR 1994, 244, im Falle einer außerordentlichen Kündigung.
28 Vgl. BGH, BeckRS 2005, 05010: Dass die Ratenzahlungspflicht nach dem Gesellschaftsvertrag eine bestimmte Dauer hat, steht wegen § 9 Satz 2 ZPO nicht entgegen; KG Berlin, MDR 2010, 47; KG Berlin, NZG 2009, 436; OLG Karlsruhe, MDR 2012, 1482; a.A. OLG Frankfurt a.M., MDR 2009, 353.
29 Vgl. BGH, MDR 2008, 829; BGH v. 03.05.2005, IX ZR 195/02, juris.
30 Vgl. BGH, NJW-RR 2012, 82 (84), Rn. 16 = MDR 2012, 117.
31 Vgl. OLG Schleswig, OLGR 1998, 347.
32 Vgl. OLG Frankfurt a.M., OLGR 1998, 349.
33 Vgl. OLG Rostock, Grundeigentum 2013, 1002: § 3 ZPO ist anzuwenden.
34 Vgl. OLG Karlsruhe, OLGR 2006, 406 = VersR 2007, 416.
35 Vgl. BGH, NJW-RR 1990, 1123 (1124): Streitwert der Klage des Geschäftsführers einer Gesellschaft gegen seine Abberufung richtet sich nach § 3 ZPO, wenn damit nicht gleichzeitig die Beendigung seines Dienstverhältnisses angegriffen wird (dann § 9 ZPO).
36 Vgl. BGHZ 36, 144 = NJW 1962, 583 (584).
37 Vgl. Zöller-*Vollkommer*, ZPO, § 9 Rn. 5; MK-*Wöstmann*, ZPO, § 9 Rn. 11.
38 Beispiel weitgehend nach Thomas/Putzo-*Hüßtege*, ZPO, § 9 Rn. 7.
39 Vgl. MK-*Wöstmann*, ZPO, § 9 Rn. 6; Musielak/Voit-*Heinrich*, ZPO, § 9 Rn. 4; Thomas/Putzo-*Hüßtege*, ZPO, § 9 Rn. 5.
40 Vgl. BGH, BeckRS 2015, 20727, Rn. 6.

C. Prozessuales

Als Klageart kommt sowohl die Leistungs- (auf Leistung, Abtretung, Abänderung) wie auch die positive (mit entsprechendem Abschlag von 20 %)[41] und negative Feststellungsklage (ohne Abschlag),[42] der § 9 ZPO die Höchstgrenze gibt, in Betracht. Bei einer Klage des Mieters auf Feststellung einer Mietminderung ist § 41 Abs. 5 GKG weder direkt noch analog anwendbar. Der Gebührenstreitwert richtet sich nach den allgemeinen Vorschriften (§ 48 Abs. 1 Satz 1 GKG, §§ 3, 9 ZPO) mit dem 3,5fachen Jahresbetrag der geltend gemachten Mietminderung.[43]

7

§ 10
(weggefallen)

§ 11
Bindende Entscheidungen über Unzuständigkeit

Ist die Unzuständigkeit eines Gerichts auf Grund der Vorschriften über die sachliche Zuständigkeit der Gerichte rechtskräftig ausgesprochen, so ist diese Entscheidung für das Gericht bindend, bei dem die Sache später anhängig wird.

§ 11 ZPO soll – langwierige – Zuständigkeitsstreitigkeiten bezogen auf die sachliche und (entsprechend § 11 ZPO) die funktionale, nicht jedoch die örtliche Zuständigkeit, unter den Gerichten der ordentlichen Gerichtsbarkeit verhindern. Im Verhältnis zu anderen Gerichtsbarkeiten, wie z.B. der Arbeitsgerichtsbarkeit, ist § 11 ZPO nicht anwendbar, hier greift § 48 Abs. 1 ArbGG i.V.m. § 17a Abs. 2 GVG.

1

Tatbestandlich setzt § 11 ZPO voraus, dass die **Zuständigkeitsentscheidung** durch das angegangene Gericht, ob im Form eines Urteils (z.B. Klageabweisung wegen sachlicher Unzuständigkeit) oder eines Beschlusses (formell und materiell) **rechtskräftig** ist. In diesem Fall tritt sodann die Bindungswirkung des § 11 ZPO für jedes sich später mit der Sache befassenden Gerichts, auch das die Zuständigkeitsentscheidung treffende Gericht, ein. Eine negative Zuständigkeitsentscheidung ist dann nicht erforderlich, wenn die Voraussetzungen einer Verweisung der Streitsache durch Verweisungsbeschluss, der weitergehend auch die Zuständigkeit des Adressatengerichts umfasst, an ein anderes Gericht vorliegen, §§ 281, 506 ZPO bzw. §§ 17–17b GVG.

2

Bindungswirkung besteht auch dann, wenn das ursprünglich mit der Sache befasste Gericht ausschließlich Zuständigkeit ist, z.B. durch § 893 Abs. 2 ZPO. Ein Verweisungsbeschluss kann die Rechtskraft einer Unzuständigkeitsentscheidung nicht übergehen, sodass ein sich rechtskräftig als unzuständig befundenes Gericht nicht durch Verweisung gem. § 281 ZPO durch ein anderes Gericht (wieder) zuständig werden kann. **Keine Bindungswirkung** besteht hinsichtlich weiterer Entscheidungen, die das sich als unzuständig ausgesprochene Gericht getroffen hat, u.a. auch nicht, dass ein anderes Gericht zuständig ist.

3

Für den Fall, dass sich auch das nächste Gericht, das durch die Klägerpartei angerufen wird, für unzuständig erklärt, ist nach § 36 Abs. 1 Nr. 6 ZPO zu verfahren, vgl. die Kommentierung dort.

4

---

41 Vgl. BGH, VersR 68, 278; BGHZ 1, 43 = NJW 1951, 194.
42 Vgl. BGHZ 2, 277 = NJW 1951, 801; KG Berlin, MDR 2010, 47; a.A. Zöller-*Vollkommer*, ZPO, § 9 Rn. 3.
43 Vgl. BGH v. 14.06.2016, VIII ZR 43/15, juris, Rn. 7; BGH v. 21.09.2005, XII ZR 256/03, NJW-RR 2006, 16, II.3; BGH v. 20.04.2005, XII ZR 248/04, NJW-RR 2005, 938, II.1.a.

Titel 2
Gerichtsstand

§ 12
Allgemeiner Gerichtsstand; Begriff

Das Gericht, bei dem eine Person ihren allgemeinen Gerichtsstand hat, ist für alle gegen sie zu erhebenden Klagen zuständig, sofern nicht für eine Klage ein ausschließlicher Gerichtsstand begründet ist.

Inhalt:

	Rn.		Rn.
A. Allgemeines	1	C. Entscheidung über die örtliche Zuständigkeit	6
B. Bestimmung der örtlichen Zuständigkeit	2		

A. Allgemeines

1 Die ZPO benennt die (örtliche) Zuständigkeit als Gerichtsstand; zu den Begrifflichkeiten des allgemeinen, besonderen und ausschließlichen Gerichtsstands, zur systematischen Konkurrenz der Gerichtsstände untereinander sowie zum Wahlrecht unter mehreren Gerichtsständen (§ 35 ZPO, vgl. Vorbem. zu §§ 1–37 Rn. 2 ff. sowie die Kommentierung zu § 35 ZPO; vgl. zur internationalen Zuständigkeit auch Vorbem. zu §§ 1–37 Rn. 5). Bei Klagen **gegen eine natürliche Person** wird die örtliche Zuständigkeit nach den §§ 13–16 ZPO bestimmt. Bei arbeitsrechtlichen Streitigkeiten richtet sich die örtliche Zuständigkeit nach dem Bezirk, in dem die Arbeit erbracht wird, § 48 Abs. 1a ArbGG. Bei Klagen **gegen eine juristische Person** wird die örtliche Zuständigkeit nach § 17 ZPO bestimmt. Bei Klagen **gegen den Staat oder selbstständige Behörden** wird die örtliche Zuständigkeit nach §§ 18, 19 ZPO bestimmt.

B. Bestimmung der örtlichen Zuständigkeit

2 Die Bestimmung der örtlichen Zuständigkeit ist **Prozessvoraussetzung** und hat unter Darlegungspflicht des Klägers in der Klageschrift durch das Gericht (auch Berufungs- bzw. Revisionsgericht – mit der Einschränkung der § 513 Abs. 2, 529 Abs. 2, 545 Abs. 2 ZPO) von Amts wegen zu erfolgen. Es gilt indes nur eine **Amtsprüfung**, keine Amtsermittlungspflicht des Gerichts. Es hat zunächst die allgemeinen Gerichtsstände zu prüfen, namentlich den Wohnsitz (§§ 12, 13 ZPO), sodann den inländischen Aufenthaltsort (§ 16 Hs. 1 ZPO) und letztlich den letztmaligen Aufenthaltsort (§ 16 Hs. 2 ZPO). In der Folge sind die besonderen Gerichtsstände (§§ 20 ff. ZPO) in die Prüfung einzubeziehen; besteht kein Gerichtsstand, ist die Klage im Ausland zu erheben.[1] Der Kläger hat hierbei sämtliche Umstände darzulegen, die zur Bestimmung der örtlichen Zuständigkeit erforderlich sind; soweit sich eine Zuständigkeit bereits aus dem einen Anspruch begründenden Sachverhaltsvortrag ergibt (z.B. unerlaubte Handlung gem. § 823 Abs. 1 BGB, § 32 ZPO), so sind weitere Ausführungen zur örtlichen Zuständigkeit entbehrlich (sog. **doppelrelevante Tatsache**), vgl. hierzu auch § 32 Rn. 2.

3 **Beispielsfall**, der eine Zuständigkeit des Amtsgerichts Augsburg begründet und aufgrund dessen keine weiteren Ausführungen, z.B. zum Wohnort des Beklagten (§§ 12, 13 ZPO) erforderlich sind:

Der Kläger macht gegen den Beklagten Schadensersatz und Schmerzensgeld aus unerlaubter Handlung geltend. Dem Anspruch liegt folgender Sachverhalt zugrunde:

> Der Kläger begab sich am 05.03.2016 um 15.30 Uhr mit seiner Ehefrau, Frau Sieglinde Schmidt, zum Moritzplatz in Augsburg.
>
> Beweis: Zeugnis der Ehefrau, Frau Sieglinde Schmidt, zu laden über den Kläger
>
> Dort, auf der Höhe des Einstiegs in die Straßenbahn, kam es zu einer Auseinandersetzung mit dem Beklagten, als sowohl der Kläger, als auch der Beklagte die Straßenbahn betreten wollten. Als der Kläger bereits mit einem Bein auf der Einstiegstreppe stand, schlug der Beklagte, der noch außerhalb der Straßenbahn auf dem Gehsteig, rechts vom Kläger stand, ohne erkennbaren Grund mit dessen rechter Faust gegen die rechte Oberkörperseite, Höhe Brust des Klägers und traf diesen an den Rippen. (...)

4 Soweit kein ausschließlicher Gerichtsstand besteht, kann durch **rügelose Verhandlung/Einlassung** die örtliche Zuständigkeit bestimmt werden (§ 39 Satz 1 ZPO; beim Verfahren vor dem Amtsgericht jedoch nur nach entsprechender Belehrung, § 39 Satz 2 i.V.m. § 504 ZPO).

---

[1] Vgl. zur Prüfungsreihenfolge: Baumbach/Lauterbach/Albers/Hartmann, ZPO, § 12 Rn. 1.

Werden im Wege einer Klage **mehrere Anspruchsgrundlagen** im Rahmen eines Streitgegen- 5
standes geltend gemacht, so bestimmt sich der Gerichtsstand nach einer dieser Anspruchsgrundlagen für die das Gericht örtlich zuständig ist; über die anderen Anspruchsgrundlagen,
auch wenn für diese ein anderer besonderer (nicht jedoch ein ausschließlicher) Gerichtsstand
begründet ist, entscheidet das Gericht vor dem Hintergrund des Rechtsgedankens von § 17
Abs. 2 GVG mit. Dies gilt nicht nur, wenn ein Gerichtsstand nach § 32 ZPO in Betracht kommt,
sondern in allen denkbaren Konstellationen.[2]

C. Entscheidung über die örtliche Zuständigkeit

Über die örtliche Zuständigkeit kann im Rahmen eines Zwischenurteils entschieden werden 6
(§§ 280 Abs. 2, 303 ZPO), ergeht in der Regel aber in den Urteilsgründen (§ 300 ZPO). Zur
(eingeschränkten) Anfechtbarkeit der Entscheidung vgl. die Ausführungen zu § 513 ZPO (dort
Rn. 10 ff.) bzw. § 545 ZPO (dort Rn. 7 ff.)

Soweit ein unzuständiges Gericht durch den Kläger angerufen wurde, trägt er die entstande- 7
nen Mehrkosten, § 281 Abs. 3 Satz 2 ZPO.

§ 13
Allgemeiner Gerichtsstand des Wohnsitzes

Der allgemeine Gerichtsstand einer Person wird durch den Wohnsitz bestimmt.

Inhalt:

	Rn.		Rn.
A. Allgemeines	1	C. Prozessuales	5
B. Wohnsitz	2		

A. Allgemeines

§ 13 ZPO gilt nur für – auch ausländische[1] – natürliche Personen, bei Minderjährigen wird der 1
Wohnsitz gem. § 11 Satz 1 BGB vom Wohnsitz der Eltern abgeleitet;[2] für juristische Personen:
§ 17 ZPO. Die Vorschrift bestimmt bei Annahme eines inländischen Wohnsitzes einen allgemeinen Gerichtsstand und greift bei allen Klagen gegen den Beklagten; zum Vorrang ausschließlicher Gerichtsstände (vgl. Vorbem. zu §§ 1–37 Rn. 12). Hat eine Person mehrere Wohnsitze (§ 7 Abs. 2 BGB), so begründet sich an jedem Wohnsitz ein allgemeiner Gerichtsstand
nach § 13 ZPO (sodann besteht Wahlrecht gem. § 35 ZPO). Bei ausländischem Wohnort des
Beklagten ist die Klage im Ausland zu erheben, soweit kein besonderer Gerichtsstand (insbesondere § 15 ZPO) greift.[3] Für wohnsitzlose Personen siehe § 16 ZPO. § 13 ZPO wird von § 19a
ZPO (Insolvenzverfahren) verdrängt.

B. Wohnsitz

Der **Wohnsitz** bestimmt sich grundsätzlich nach §§ 7–11 BGB (§ 7 BGB: Wohnsitz; Begründung 2
und Aufhebung; § 8 BGB: Wohnsitz nicht voll Geschäftsfähiger; § 9 BGB: Wohnsitz eines Soldaten; § 11 BGB: Wohnsitz des Kindes);[4] er ist strikt zu trennen vom (gewöhnlichen) Aufenthalt. Ein Wohnsitz ist gem. § 7 Abs. 1 BGB an dem Ort, an dem sich die natürliche Person ständig niederlässt. Eine **ständige Niederlassung** ist an dem Ort begründet, an dem eine
natürliche Person den Mittelpunkt ihrer gesamten Lebensverhältnisse hat, mithin dort, wo sie

---

2 Vgl. zutr. Thomas/Putzo-*Hüßtege*, ZPO, Vorbem § 12 Rn. 8; Zöller-*Vollkommer*, ZPO, § 12 Rn. 20 f.;
   tendenziell auch BGHZ 153, 173 = NJW 2003, 828, wonach (im Folgenden weitgehend Leitsatz
   nach juris) nach Inkrafttreten von § 17 Abs. 2 GVG i.d.F. des Gesetzes vom 17.12.1990 (BGBl. I,
   S. 2809) das nach § 32 ZPO örtlich zuständige Gericht den Rechtsstreit unter allen in Betracht kommenden rechtlichen Gesichtspunkten zu entscheiden hat, wenn im Gerichtsstand der unerlaubten
   Handlung im Rahmen der Darlegung eines Anspruchs aus unerlaubter Handlung ein einheitlicher
   prozessualer Anspruch geltend gemacht wird; hieran festhaltend BGH, NJW-RR 2011, 548 (549),
   Rn. 17 = WM 2010, 2025; BGH, MDR 2005, 587 = NJW-RR 2005, 581 (583); OLG Brandenburg v.
   21.02.2013, 1 (Z) Sa 1/13, juris; eher abl. OLG München, NJW-RR 2011, 1002 = MDR 2011, 942;
   Saenger-*Kayser*, ZPO, § 12 Rn. 13, der keine umfassende Entscheidungskompetenz annimmt.

Zu § 13:
1 Vgl. BGH, FamRZ 1994, 299 = NJW-RR 1994, 646; BGH, MDR 1992, 487 = NJW-RR 1992, 579.
2 Vgl. OLG Hamm, FamRZ 2005, 1259; ausführlich Zöller-*Vollkommer*, ZPO, § 13 Rn. 9.
3 Vgl. Zöller-*Vollkommer*, ZPO, § 13 Rn. 1.
4 Vgl. BGH, NJW 2002, 960 = MDR 2002, 233; BGH, NJW-RR 1988, 387.

ihre wirtschaftlichen, sozialen und gesellschaftlichen Tätigkeiten gestaltet (Wohnung, Möbel, Bankverbindung, etc.). Dabei ist nicht entscheidend, wo die natürliche Person polizeilich gemeldet ist, was jedoch ein – für sich allein gesehen nicht ausreichendes – Beweisanzeichen ist;[5] ebenso führt eine polizeiliche Abmeldung nicht zwingend zur Auflösung des Wohnsitzes (siehe Rn. 4). Im Zweifel ist eine Gesamtschau sämtlicher Umstände anzustellen. Eheleute können unterschiedliche Wohnsitze haben. **Ort** ist die kleinste politische Einheit (Stadt/Gemeinde), in der die Wohnung liegt;[6] bei grenzbezogener Unterteilung einer Gemeinde und entsprechende verschiedene Zugehörigkeiten zu Gerichtssprengeln, ist die ständige Niederlassung der Person in der Gemeinde entscheidend.[7]

3 **Keinen Wohnsitz** begründen Lehr- oder Studienort im Ausland;[8] Arbeitsplatz; nur vorrübergehende Aufenthalte, z.B. Untersuchungs- oder Strafhaft;[9] Unterbringung in einer Entziehungsanstalt nach § 64 StGB, die maximal 2 Jahre andauern kann; vorübergehende Unterkunft in einem Frauenhaus – wohl aber eine dauerhafte Unterkunft (z.B. im Frauenhaus oder Pflegewohnheim)[10] von zumindest über 3 Monaten; oder eine Unterbringung in einer Sicherungsanstalt. Eine Briefkastenanschrift begründet ebenso keinen Wohnsitz.[11] Ist eine natürliche Person im Ausland ein dauerhaftes Arbeitsverhältnis eingegangen und kommt sie nur „zu Besuch" ab und zu nach Deutschland, beispielsweis um die Ehefrau nebst Kind zu sehen wird in Deutschland kein Wohnsitz begründet.[12]

4 Gemäß § 7 Abs. 3 BGB **gibt** eine Person ihren **Wohnsitz auf**, wenn sie die Niederlassung an einem Ort willentlich aufgehoben hat, wobei auch hier die polizeiliche Abmeldung lediglich ein Beweisanzeichen darstellt; ebenso die Veräußerung der Immobilie[13] oder eine nur gelegentliche Anwesenheit; wohl aber eine dauerhafte, nicht nur vorrübergehende Untervermietung. Es ist – wie auch bei der Begründung des Wohnsitzes – eine Gesamtschau anzustellen.

C. Prozessuales

5 Entscheidender **Zeitpunkt** für die Beurteilung des Wohnsitzes ist der Verhandlungstermin, sodass auch nach Klageerhebung der allgemeine Gerichtsstand des Wohnsitzes begründet werden kann; ändert sich der Gerichtsstand nach Klageerhebung, z.B. indem der Beklagte seinen Wohnsitz aufgibt, so hat dies auf die Zuständigkeit wegen § 261 Abs. 3 Nr. 2 ZPO keine Auswirkung.[14]

§ 14

(weggefallen)

§ 15

Allgemeiner Gerichtsstand für exterritoriale Deutsche

(1) [1]**Deutsche, die das Recht der Exterritorialität genießen, sowie die im Ausland beschäftigten deutschen Angehörigen des öffentlichen Dienstes behalten den Gerichtsstand ihres letzten inländischen Wohnsitzes.** [2]**Wenn sie einen solchen Wohnsitz nicht hatten, haben sie ihren allgemeinen Gerichtsstand beim Amtsgericht Schöneberg in Berlin.**

(2) Auf Honorarkonsuln ist diese Vorschrift nicht anzuwenden.

---

5 Vgl. BGH, NJW 2002, 960 = MDR 2002, 233; BGH, NJW-RR 1995, 507. Baumbach/Lauterbach/Albers/Hartmann, ZPO, § 13 Rn. 3; Zöller-*Vollkommer*, ZPO, § 13 Rn. 4.
6 Vgl. BayObLG, Rpfleger 1990, 73; Thomas/Putzo-*Hüßtege*, ZPO, § 13 Rn. 1; Palandt-*Ellenberger*, BGB, § 7 Rn. 1.
7 Vgl. BVerfGE 53, 100 = NJW 1980, 1619, mit dem Hinweis, dass eine „politische Gemeinde in verschiedene Gerichtsbezirke aufgeteilt sein kann und dass der „Wohnsitz" i.S.d. Zuständigkeitsvorschriften dann auf den jeweiligen durch die Gerichtsbezirksgrenzen umschriebenen Gemeindeteil zu beziehen ist. Dies sei dem Gesetzgeber im Hinblick auf § 19 ZPO auch nicht fremd.
8 Vgl. OLG Frankfurt a.M., FamRZ 2009, 796; OLG Hamm, FamRZ 2002, 54 = JuS 2002, 616, zum Studium eines Kindes im Ausland (dort kein Wohnsitz).
9 Vgl. BGH, NZI 2008, 121; BGH, NJW-RR 1996, 1217.
10 Vgl. BGH, NJW 1995, 1224 (1225): dreiwöchiger Aufenthalt; OLG Karlsruhe, NJW-RR 2009, 1598.
11 Vgl. BGHZ 132, 196 = MDR 1996, 1064.
12 Vgl. AG Hamburg, ZVI 2007, 182 = ZInsO 2007, 503.
13 Vgl. auch Saenger-*Kayser*, ZPO, § 13 Rn. 4.
14 Vgl. BGHZ 188, 373 = NJW 2011, 2515 (2516), Rn. 13 ff., zur Begründung der internationalen Zuständigkeit deutscher Gerichte nach Art. 2 Abs. 1 EuGVVO, wonach es ausreicht, dass diese erst im Laufe des Rechtsstreits eingetreten ist; auch Saenger-*Kayser*, ZPO, § 12 Rn. 11.

§ 15 Abs. 1 ZPO bestimmt für einen besonderen Personenkreis (exterritoriale Deutsche sowie die im Ausland beschäftigten deutschen Angehörigen des öffentlichen Dienstes) – in Ergänzung an den nicht anwendbaren § 13 ZPO – den **allgemeinen Gerichtsstand** nach dem letzten inländischen Wohnsitz. Soweit es keinen letzten inländischen Wohnsitz gibt, sieht das Gesetz die Zuständigkeit des Amtsgerichts Berlin-Schöneberg vor. § 15 ZPO bezweckt, zur Vermeidung stets nach § 38 Abs. 2 ZPO zu vereinbarender inländischer Gerichtsstände, die Erleichterung der Rechtsverfolgung. § 15 ZPO verdrängt die weiteren Gerichtsstandsmöglichkeiten der §§ 20–34 ZPO nicht, auch nicht § 29a ZPO, es sei denn, es handelt sich um einen inländischen Wohnraum. 1

§ 15 Abs. 1 ZPO sieht den allgemeinen Gerichtsstand (siehe Rn. 1) für **exterritoriale Deutsche**, also solche deutschen Staatsangehörigen vor, die im Ausland völkerrechtlich nicht dem Recht des Gaststaates unterliegen (§§ 18, 19 GVG). **Im Ausland beschäftigte deutsche Angehörigen des öffentlichen Dienstes** sind v. a. Beamte, Richter, Soldaten, Bundes- oder Landesangestellte, Angestellte einer deutschen Handelskammer; Mitglieder einer Körperschaft oder Anstalt des öffentlichen Rechts. Dabei ist stets eine dauerhafte, nicht nur vorrübergehende Beschäftigung erforderlich, wenngleich eine nur befristete Tätigkeit nicht entgegensteht. § 15 Abs. 2 ZPO nimmt ausdrücklich nur die **Honorarkonsuln** (also Ehrenbeamte i. S. des Beamtenrechts, die mit der Wahrnehmung konsularischer Aufgaben beauftragt sind, vgl. § 20 Abs. 1 KonsularG) vom Anwendungsbereich der Norm aus, nicht jedoch die **Berufskonsuln**, die zu den im Ausland beschäftigten deutschen Angehörigen des öffentlichen Dienstes zählen. 2

§ 16
Allgemeiner Gerichtsstand wohnsitzloser Personen

Der allgemeine Gerichtsstand einer Person, die keinen Wohnsitz hat, wird durch den Aufenthaltsort im Inland und, wenn ein solcher nicht bekannt ist, durch den letzten Wohnsitz bestimmt.

Inhalt:
	Rn.		Rn.
A. Allgemeines	1	II. Aufenthaltsort im Inland	3
B. Erläuterungen	2	III. Letzter Wohnsitz	5
I. Wohnsitzlos	2	C. Prozessuales	6

A. Allgemeines

§ 16 ZPO regelt für alle Klagearten einen weiteren allgemeinen Gerichtsstand (siehe hierzu Vorbem. zu §§ 1–37 Rn. 11 ff., insbesondere zum Vorrang ausschließlicher Gerichtsstände und zur Anwendbarkeit besonderer Gerichtsstände) für wohnsitzlose Personen. Insoweit stellt § 16 ZPO einen **Hilfsgerichtsstand** für die §§ 12, 13 ZPO dar. § 16 ZPO greift dann nicht, wenn eine Person zwar keinen Wohnsitz hat, sich jedoch dort schlicht aufhält. In diesen Fällen kann der besondere Gerichtsstand nach § 20 ZPO anwendbar sein. Stellen ausschließliche Gerichtsstände auf den Aufenthaltsort ab (so z.B. § 14 Abs. 1 Satz 2 UWG), so gehen diese entsprechend der gesetzlichen Systematik vor (vgl. Vorbem. zu §§ 1–37 Rn. 11). § 16 ZPO kann auch zur Begründung der internationalen Zuständigkeit angewandt werden;[1] ebenso ist § 16 ZPO über § 4 InsO für das Insolvenzverfahren anwendbar. 1

B. Erläuterungen
I. Wohnsitzlos

Voraussetzung für die Anwendbarkeit des Gerichtsstands nach § 16 ZPO ist die **nachgewiesene** (siehe hierzu Rn. 6) uneingeschränkte Wohnsitzlosigkeit der Beklagten Person; Klagen gegen Angehörige oder Ehegatten des Wohnsitzlosen sind von § 16 ZPO nicht erfasst (hier dann §§ 12, 13 ZPO). Der Beklagte darf weder im In- noch im Ausland einen Wohnsitz haben, sodass sich der praktische Anwendungsbereich des § 16 ZPO wohl auf politische Flüchtlinge oder (Zirkus-)Artisten beschränkt. Die h. M. lehnt eine Anwendbarkeit des § 16 ZPO dann ab, wenn ein Wohnsitz lediglich unbekannt ist.[2] 2

---

[1] Vgl. OLG Hamm, OLGR 2006, 206.
[2] Vgl. auch EuGH, NJW 2012, 1199 (1202), Rn. 55 = RIW 2012, 158, bezogen auf einen Hypothekendarlehensvertrag zwischen einem Verbraucher aus einem Mitgliedstaat und einer in einem anderen Mitgliedstaat niedergelassenen Bank bei einem Verfahren in Abwesenheit, wonach der letzte bekannte Wohnsitz in Verbrauchersachen eine autonome Zuständigkeit begründet; hierzu Zöller-*Vollkommer*, ZPO, § 16 Rn. 3, 4.

II. Aufenthaltsort im Inland

3 Seinen Aufenthaltsort hat eine Person dort, wo sie sich gewollt oder ungewollt bis auf Weiteres tatsächlich aufhält. Die Begründung des Aufenthaltes i.S.d. § 16 ZPO setzt keinen Aufenthalt von einer gewissen Dauer oder ein überwiegendes Aufhalten voraus, ebenso wenig müssen die Interessen der Person in der Hauptsache am aktuellen Aufenthaltsort zusammenlaufen; vielmehr sind auch **kurzzeitige – nicht zwingend freiwillige – Aufenthalte** möglich (z.B. Frauenhaus, Klinikaufenthalt, Inhaftierung, Studienzeit, ggf. sogar Durchreise).[3] Ist ein Aufenthalt begründet, so begründet ein nur vorübergehender Aufenthalt oder ein besuchsweiser tatsächlicher Aufenthalt an einem anderen Ort keinen weiteren Gerichtsstand nach § 16 ZPO.[4] Begründet beispielsweise der beklagte Zirkusartist seinen Aufenthaltsort in München während einer Zirkuswoche, ist der Gerichtsstand nur in München, auch wenn er während der Zirkuswoche einen Freund in Augsburg besucht und sich dort tatsächlich aufhält. Ob ein Deutscher einen Aufenthalt im Ausland hat, wird nach deutschem Recht bestimmt. Der Aufenthalt muss nur bis zur **Zustellung der Klageschrift** bestehen (vgl. auch Rn. 5).

4 **Inland** i.S.d. des § 16 ZPO bedeutet das Gebiet der Bundesrepublik Deutschland.

III. Letzter Wohnsitz

5 Nur für den Fall,[5] dass ein inländischer Aufenthaltsort (ein ausländischer Aufenthaltsort ist unschädlich) zum Zeitpunkt der Klageerhebung unbekannt ist und durch den Kläger nachgewiesene zeitnahe Ermittlungen hierzu getätigt wurden,[6] greift die 2. Alternative des § 16 ZPO, wonach der **letzte Wohnsitz** des Beklagten, dessen Vorhandensein der Kläger zu beweisen hat, als allgemeiner Gerichtsstand herangezogen werden kann. Der Gerichtsstand des letzten Wohnsitzes besteht bei **Wohnsitzaufgabe** und vergeblicher zweckentsprechender Nachforschung solange fort, bis klargestellt ist, dass kein neuer Wohnsitz begründet wurde.[7]

C. Prozessuales

6 Maßgeblicher Zeitpunkt ist die Klageerhebung. Der **Kläger** muss die Wohnsitzlosigkeit sowohl im Hinblick auf § 331 Abs. 1 Satz 1 ZPO behaupten, als auch im Ergebnis beweisen, wobei eine nach herrschender Rechtsprechung nachhaltig und sorgfältig getätigte Ermittlung, in der Regel durch eine Polizei- bzw. Einwohnermeldeamtsauskunft oder nicht feststellbarer Wohnsitz nach feststehender Aufgabe eines früheren Wohnsitzes ausreichend sind.[8] Ein nachträgliches Bekanntwerden eines Wohnsitzes ist unschädlich (§ 261 Abs. 3 Nr. 2 ZPO). Macht der **Beklagte** die Unzuständigkeit des Gerichts geltend, richtet sich die Beweislast, dass er zum Zeitpunkt der Klageerhebung einen **bekannten** Wohnsitz bzw. Aufenthaltsort begründet hat, an ihn.[9]

---

3 Vgl. BGH, NJW 2008, 3288 (3289), Rn. 15 f.: Anwesenheit im Ziviljustizgebäude in Hamburg, ohne dass es auf eine Freiwilligkeit ankommt; BayObLG, NJW 2003, 596 = FamRZ 2003, 937; BayObLG, VersR 1985, 742; BGH, NJW-RR 1988, 387 = MDR 1987, 829.
4 So im Ergebnis auch BGH, NJW 1983, 2771 = MDR 1984, 134: Eine vorübergehende Unterbrechung eines begründeten gewöhnlichen Aufenthalts kann – je nach Einzelfall – unschädlich sein, z.B. dann, wenn klar ist, dass er nach Unterbrechung des Aufenthalts dorthin wieder zurückkehrt; Baumbach/Lauterbach/Albers/Hartmann, ZPO, § 16 Rn. 3, wonach mehrfacher Aufenthalt rechtlich möglich sei.
5 Vgl. OLG München, NZI 2016, 698 f., wonach der allgemeine Gerichtsstand einer Person, die keinen (weder im Inland noch im Ausland) Wohnsitz hat, in erster Linie durch den Aufenthaltsort im Inland, nur, wenn ein solcher nicht bekannt ist, durch den letzten inländischen Wohnsitz bestimmt.
6 Vgl. BGHZ 149, 314 ff. = NJW 2002, 827: Nachweise, die über ein Jahr zurückreichen, genügen nicht.
7 So OLG Zweibrücken, OLGR 1999, 426 = NJW-RR 2000, 929.
8 Vgl. BGH, NJW-RR 1992, 578; OLG Hamm, OLGR 2006, 206; LG Hamburg, Rpfleger 2002, 467; Zöller-*Vollkommer*, ZPO, § 16 Rn. 4.
9 Vgl. OLG Hamm, OLGR 2006, 206.

§ 17
Allgemeiner Gerichtsstand juristischer Personen

(1) ¹Der allgemeine Gerichtsstand der Gemeinden, der Korporationen sowie derjenigen Gesellschaften, Genossenschaften oder anderen Vereine und derjenigen Stiftungen, Anstalten und Vermögensmassen, die als solche verklagt werden können, wird durch ihren Sitz bestimmt. ²Als Sitz gilt, wenn sich nichts anderes ergibt, der Ort, wo die Verwaltung geführt wird.

(2) Gewerkschaften haben den allgemeinen Gerichtsstand bei dem Gericht, in dessen Bezirk das Bergwerk liegt, Behörden, wenn sie als solche verklagt werden können, bei dem Gericht ihres Amtssitzes.

(3) Neben dem durch die Vorschriften dieses Paragraphen bestimmten Gerichtsstand ist ein durch Statut oder in anderer Weise besonders geregelter Gerichtsstand zulässig.

Inhalt:

	Rn.		Rn.
A. Allgemeines	1	2. Personen- und Personenhandels-	
B. Erläuterungen	4	gesellschaften	5
I. Anwendungsbereich	4	II. Sitz	6
1. Juristische Personen	4	C. Prozessuales	8

A. Allgemeines

§ 17 Abs. 1 ZPO regelt den in der Praxis wichtigen Gerichtsstand für **alle nicht natürlichen Personen**, die passiv parteifähig sind (zum Begriff der Parteifähigkeit, vgl. § 50 Rn. 9).[1] Es ist kein ausschließlicher Gerichtsstand, daneben können weitere Gerichtsstände, auch ausschließliche bestehen, z.B. für die Aktiengesellschaft: §§ 132, 246, 249, 275 AktG. Die Norm bestimmt den Gerichtsstand am Sitz der – in Absatz 1 nicht abschließend dargestellten – nicht natürlichen Personen (siehe hier Rn. 4 ff.). Über § 10 ArbGG ist die Norm auch auf weitere Verbände anwendbar. Ausgenommen vom Anwendungsbereich sind lediglich der Fiskus (Bund und Länder), da für diesen mit den §§ 18, 19 ZPO ein eigenständiger Gerichtsstand begründet ist; dies gilt wegen § 19a ZPO auch für den Insolvenzverwalter bzw. Klagen gegen die Insolvenzmasse ab Eröffnung des Insolvenzverfahrens. Für **Klagen aus dem Versicherungsvertrag** oder der Versicherungsvermittlung ist nach § 215 Abs. 1 VVG auch das Gericht örtlich zuständig, in dessen Bezirk der Versicherungsnehmer zur Zeit der Klageerhebung seinen Wohnsitz, in Ermangelung eines solchen seinen gewöhnlichen Aufenthalt hat.[2] Für Klagen gegen den Versicherungsnehmer ist dieses Gericht ausschließlich zuständig. 1

§ 17 Abs. 2 ZPO hat in der Praxis keinen Anwendungsbereich mehr. Behörden (§ 17 Abs. 2 Hs. 2 ZPO) sind regelmäßig nicht passiv parteifähig. 2

§ 17 Abs. 3 ZPO ermöglicht als Nebensitz z.B. durch Statut noch einen weiteren allgemeinen Gerichtsstand neben § 17 Abs. 1 ZPO. Auch dieser Nebensitz ist nicht ausschließlich. 3

B. Erläuterungen
I. Anwendungsbereich

1. Juristische Personen

Hierunter fallen alle juristischen Personen, sowohl des privat, wie des öffentlichen Rechts (Ausnahme siehe Rn. 1), also private oder öffentlich-rechtliche Personenvereinigungen oder Zweckvermögen, denen vom Gesetz oder der Rechtsprechung rechtliche Selbständigkeit verliehen worden ist. Beispiele: Gebietskörperschaften wie Gemeinden und Landkreise, Korporationen sowie deren Gesellschaften, eingetragene Genossenschaften, rechtsfähige Vereine, Stiftungen, Anstalten (z.B. öffentlich-rechtliche Rundfunkanstalten), Vermögensmassen, Zweckverbände, Sozialversicherungsträger, Verwertungsgesellschaften, Kammern und Innungen, Re- 4

---

1 Zum internationalen Anwendungsbereich der EuGVVO/LugÜ-II, vgl. Thomas/Putzo-*Hüßtege*, ZPO, § 17 Rn. 3; Zöller-*Vollkommer*, ZPO, § 17 Rn. 8, 8a.

2 Vgl. auch LG Limburg, VersR 2011, 609 = MDR 2011, 855, wonach die Vorschrift des § 215 VVG für juristische Personen und andere rechtsfähige Personenvereinigungen wie z.B. die Wohnungseigentümergemeinschaft weder unmittelbar noch mittelbar anwendbar ist; OLG Hamm, NZI 2014, 182 = VersR 2014, 724: Für den Insolvenzverwalter über das Vermögen des Versicherungsnehmers ist der Wahlgerichtsstand aus § 215 Abs. 1 VVG weder am Wohnort des Versicherungsnehmers noch am Sitz des Insolvenzverwalters eröffnet.

ligionsgemeinschaften, AG,[3] GmbH sowie Vor-GmbH,[4] KGaA, Nachfolgeunternehmen der deutschen Bundespost.[5]

2. Personen- und Personenhandelsgesellschaften

5 Anerkannt ist, dass auch nicht rechtsfähige Personenhandelsgesellschaften unter den Anwendungsbereich des § 17 Abs. 1 ZPO fallen, also z.b. die oHG, KG, PartG, nicht der rechtsfähige Verein, politische Parteien, Gewerkschaften; Gesamthandsgemeinschaften nur, wenn sie nach außen im Rechtsverkehr auftreten, z.B. die GbR,[6] ARGE, WEG (§ 10 Abs. 6 Satz 5 WEG).

II. Sitz

6 Der Gerichtsstand richtet sich **ab dem Zeitpunkt** der Erlangung der Rechtsfähigkeit des Beklagten nach dem Sitz, der entweder durch Gesetz, Rechtsverordnung oder Vereinbarung begründet wird oder sich aus der Verleihung oder der Satzung z.B. einer Gesellschaft ergibt. Der **Gerichtsstand endet** mit dem Verlust der Rechtsfähigkeit, greift jedoch weiter bei der Abwicklung der Gesellschaft. Ist hierzu keine Regelung vorhanden, so **fingiert** § 17 Abs. 1 Satz 2 ZPO den Gerichtsstand an dem Ort, wo die **Verwaltung geführt** wird. Maßgebend dafür ist der Tätigkeitsort der Geschäftsführung und der dazu berufenen Vertretungsorgane, also der Ort, wo die grundlegenden Entscheidungen der Unternehmensleitung effektiv in laufende Geschäftsführungsakte umgesetzt werden.[7] Bei einem Konzern ist auf das einzelne Unternehmen, nicht auf die Konzernzentrale abzustellen.[8] Nicht von Relevanz ist der Entstehungsort der streitigen Forderung.

7 Deutsche Gerichte sind für Klagen gegen eine ausländische Gesellschaft mit satzungsmäßigem Sitz im Ausland international zuständig, wenn der tatsächliche Verwaltungssitz in Deutschland liegt. Der tatsächliche Verwaltungssitz liegt in Deutschland, wenn das hier wohnende Leitungsorgan seine wesentlichen unternehmerischen Entscheidungen in Deutschland trifft und die Gesellschaft über keine eigene Geschäftsstelle (Büroräume, eigenes Büropersonal) im Ausland verfügt, sondern das Leitungsorgan zur Umsetzung seiner Entscheidungen vor Ort dort ansässige selbstständige Dienstleister (z.B. Rechtsanwaltskanzlei, Hausverwaltung, Buchhaltung) einschaltet.[9]

C. Prozessuales

8 Bei einem **Doppelsitz**, der nur ausnahmsweise zulässig ist, greift § 17 Abs. 1 ZPO an beiden Orten. Bei den Gesellschaften ergibt sich der Sitz regelmäßig aus dem Handelsregister. Fehlen klare Nachweise, so hat der Kläger entsprechende Hinweise darzulegen (siehe z.B. Rn. 7). Dass es sich bei einer Gesellschaft um eine bloße **Briefkastenfirma** handelt, hat auf die Anwendbarkeit des § 17 ZPO keine Auswirkung.

§ 18
Allgemeiner Gerichtsstand des Fiskus

Der allgemeine Gerichtsstand des Fiskus wird durch den Sitz der Behörde bestimmt, die berufen ist, den Fiskus in dem Rechtsstreit zu vertreten.

1 § 18 ZPO, der eine Entlastung von Gerichten an Orten größerer Verwaltungsträger herbeiführt und § 17 ZPO ergänzt, stellt einen weiteren allgemeinen Gerichtsstand dar; besondere Gerichtsstände bleiben unberührt (z.B. § 29 ZPO). Mit „Fiskus" ist der Staat (Bund, Land) gemeint.

---

3 Vgl. BGH, NJW 1998, 1322 = MDR 1998, 733.
4 Vgl. OLG Brandenburg, ZGD 2004, 100 = GmbHR 2003, 1488.
5 Vgl. Zöller-*Vollkommer*, ZPO, § 17 Rn. 4, 14.
6 Vgl. BGHZ 146, 341 = NJW 2001, 1056 ff.; jedoch nicht die stille Gesellschaft, vgl. Zöller-*Vollkommer*, ZPO, § 17 Rn. 5.
7 Vgl. BGHZ 97, 269 = NJW 1986, 2194; OLG Köln, ZIP 2007, 935 = IPrax 2007, 530: „Der tatsächliche Verwaltungssitz befindet sich dort, wo der Schwerpunkt körperschaftlichen Lebens liegt, wo die Willensbildung des Leitungsorgans erfolgt und wo die wesentlichen Geschäfte der Gesellschaft geführt werden."
8 Vgl. Zöller-*Vollkommer*, ZPO, § 17 Rn. 10; AG Essen, ZIP 2009, 1826.
9 So OLG Köln, ZIP 2007, 935 = IPrax 2007, 530 – im Wesentlichen Leitsätze.

§ 18 ZPO bestimmt den Gerichtsstand an dem Sitz der Behörde, welche die **gesetzliche Vertretung** (Prozessvertretung) der zuständigen staatlichen Stelle wahrzunehmen hat.¹ Die gesetzliche Vertretung bestimmt sich nach der entsprechenden (verwaltungs- bzw. verfassungsrechtlichen) Organisation, die den entsprechenden Gesetzen, Verordnungen oder Satzungen zu entnehmen sind. Der Bundesfiskus wird durch die einzelnen Bundesminister vertreten (Art. 65 Abs. 1 Satz 2 GG), hilfsweise greift die Zuständigkeit des Bundesministers für Finanzen.²   2

Die **Bezeichnung des Klagegegners** ist Aufgabe der Klägerpartei (§ 253 Abs. 2 ZPO), wobei auch die richtig bezeichnete gesetzliche Vertretung anzugeben ist. Das Gericht kann die angegebene gesetzliche Vertretung als unklar bezeichnen und eine angemessene Frist zur Klärung bestimmen. Die Klägerpartei kann im Bedarfsfalle die befasste oder übergeordnete Behörde um Auskunft ersuchen, da hinsichtlich der gesetzlichen Vertretung (Rn. 2) **Auskunfts- und Belehrungspflicht** besteht.³   3

§ 19
Mehrere Gerichtsbezirke am Behördensitz

Ist der Ort, an dem eine Behörde ihren Sitz hat, in mehrere Gerichtsbezirke geteilt, so wird der Bezirk, der im Sinne der §§ 17, 18 als Sitz der Behörde gilt, für die Bundesbehörden von dem Bundesministerium der Justiz und für Verbraucherschutz, im Übrigen von der Landesjustizverwaltung durch allgemeine Anordnung bestimmt.

Die Norm, die sich **nicht auf natürliche oder sonst juristische Personen** bezieht (insoweit fehlgehend der Verweis auf § 17 ZPO), hat bis auf die Stadt Berlin (dort Amtsgericht Berlin-Schöneberg) praktisch keine Relevanz mehr. § 19 ZPO normiert einen **allgemeinen Gerichtsstand** und ergänzt § 18 ZPO. Die Norm ist nur auf Behörden, nicht jedoch auf Gemeinden anwendbar. Entscheidend für die Bestimmung des Gerichtsstands ist die Lage des Dienstgebäudes; bei Doppelsitz einer Behörde gilt § 35 ZPO.¹   1

§ 19a
Allgemeiner Gerichtsstand des Insolvenzverwalters

Der allgemeine Gerichtsstand eines Insolvenzverwalters für Klagen, sie sich auf die Insolvenzmasse beziehen, wird durch den Sitz des Insolvenzgerichts bestimmt.

Inhalt:

	Rn.		Rn.
A. Allgemeines	1	III. Insolvenzmasse	4
B. Erläuterungen	2	IV. Sitz des Insolvenzgerichts	5
I. Insolvenzverfahren	2	V. Klageverfahren	6
II. Insolvenzverwalter	3		

A. Allgemeines

§ 19a ZPO bestimmt einen weiteren **allgemeinen Gerichtsstand** (vgl. hierzu Vorbem. zu §§ 1–37 Rn. 11 auch zur Abgrenzung und Vorrangigkeit von ausschließlichen Gerichtsständen, wie z.B. § 29a ZPO) für Passivprozesse,¹ wobei die §§ 13, 17 ZPO im Anwendungsbereich des § 19a ZPO nicht herangezogen werden können.² Der Wohnsitz des Schuldners oder des Insolvenzverwalters ist daher unerheblich. Nach der Rechtsprechung ist § 19a ZPO im EU-Bereich   1

---

1 Vgl. Zöller-*Vollkommer*, ZPO, § 18 Rn. 3.
2 Vgl. Saenger-*Kayser*, ZPO, § 18 Rn. 2; im Einzelnen ausführlich dargestellt bei Zöller-*Vollkommer*, ZPO, § 18 Rn. 5 ff.; Baumbach/Lauterbach/Albers/Hartmann, ZPO, § 18 Rn. 6 ff.
3 Vgl. Zöller-*Vollkommer*, ZPO, § 18 Rn. 3.
Zu § 19:
1 Vgl. Zöller-*Vollkommer*, ZPO, § 19 Rn. 1.
Zu § 19a:
1 A.A. offenbar Baumbach/Lauterbach/Albers/Hartmann, ZPO, § 19a Rn. 4, die – entgegen BGH, NJW 2003, 2916 – den persönlichen Geltungsbereich auch auf Aktivprozesse des Insolvenzverwalters uneingeschränkt zulassen wollen.
2 So im Ergebnis BayObLG, NJW-RR 2003, 925 = NZG 2003, 334.

auch entsprechend auf die internationale Zuständigkeit deutscher Gerichte anwendbar.[3] Für grenzüberschreitende Anfechtungsklagen des Insolvenzverwalters greift jedoch § 3 EuInsVO.[4] Die Vorschrift beschränkt sich einzig auf Klagen des Insolvenzverwalters, nicht hingegen auf Zivilprozesse, bei denen eine Partei im Laufe des Verfahrens insolvent wird. Hier greift ohnehin in der Regel die Unterbrechungsvorschrift des § 240 ZPO.

B. Erläuterungen
I. Insolvenzverfahren

2 Die Anwendung der Norm setzt ein gem. § 27 InsO eröffnetes und noch nicht beendetes (§§ 200, 207 ff. InsO) Insolvenzverfahren voraus. Auch der vorläufige Verwalter (§ 22 InsO) ist erfasst.

II. Insolvenzverwalter

3 Der Insolvenzverwalter i. S. des § 19a ZPO ist der gerichtlich bestellte Betreuer der Vermögensmasse, ab dem **Zeitpunkt** der gerichtlichen Bestellung (§ 56 InsO) und bis zu Entlassung (§ 59 InsO). Im Falle eines Wechsels des Insolvenzverwalters greift § 261 Abs. 3 Nr. 2 ZPO mit der Konsequenz, dass die Zuständigkeit fortbesteht.[5]

III. Insolvenzmasse

4 Insolvenzmasse ist entsprechend der Legaldefinition des § 35 Abs. 1 InsO das gesamte Vermögen, das dem Schuldner zur Zeit der Eröffnung des Verfahrens gehört und das er während des Verfahrens erlangt. Zum Umfang vgl. § 36 InsO.

IV. Sitz des Insolvenzgerichts

5 Der Gerichtsstand des § 19a ZPO ist an dem ordentlichen Gericht begründet, wo das zuständige Insolvenzgericht seinen Sitz hat. Das ist gem. §§ 2, 3 InsO dort, wo das Insolvenzverfahren anhängig ist, zumeist am Sitz des Schuldners (§ 3 Abs. 1 Satz 1 InsO i. V. m. §§ 13, 17 ZPO) oder gem. § 3 Abs. 1 Satz 2 InsO vorrangig am Mittelpunkt einer selbstständigen wirtschaftlichen Tätigkeit.

V. Klageverfahren

6 **Kläger** kann jede natürliche oder juristische Person sein, die einen massebezogenen Anspruch[6] (z.B. auf Leistung oder Abgabe einer Willenserklärung) geltend machen will; für Feststellungsklagen des Insolvenzgläubigers bestrittener Insolvenzforderungen geht der ausschließliche Gerichtsstand des § 180 Abs. 1 InsO vor. In Betracht kommen folgende Klageverfahren: Aus- und Absonderungsklagen (§§ 47 ff. InsO) und Klagen auf Masseverbindlichkeit (§§ 53 ff. InsO). **Beklagter** im Verfahren ist der Insolvenzverwalter als Partei kraft Amtes.

7 Die Vorschrift ist auch auf das **Mahnverfahren** anwendbar.

§ 20
Besonderer Gerichtsstand des Aufenthaltsorts

Wenn Personen an einem Ort unter Verhältnissen, die ihrer Natur nach auf einen Aufenthalt von längerer Dauer hinweisen, insbesondere als Hausgehilfen, Arbeiter, Gewerbegehilfen, Studierende, Schüler oder Lehrlinge sich aufhalten, so ist das Gericht des Aufenthaltsortes für alle Klagen zuständig, die gegen diese Personen wegen vermögensrechtlicher Ansprüche erhoben werden.

Inhalt:

	Rn.		Rn.
A. Allgemeines	1	a) Von längerer Dauer	3
B. Erläuterungen	2	b) Zur Erreichung eines bestimmten Zwecks	4
I. In personeller Hinsicht	2		
II. In sachlicher Hinsicht	3	2. Vermögensrechtliche Ansprüche	6
1. Aufenthalt von längerer Dauer zur Erreichung eines bestimmten Zwecks	3	III. Internationale Zuständigkeit	7

---

[3] Vgl. BGH, NJW 2009, 2215 (2216), Rn. 11 = MDR 2009, 1250; BGH, NJW 2003, 2916 = MDR 2003, 1256.
[4] Vgl. EuGH, NJW 2009, 2189 = EuZW 2009, 179, zur internationalen Zuständigkeit für Insolvenzanfechtungsklagen; BGH, NJW 2009, 2215 = EuZW 2009, 590.
[5] Vgl. Thomas/Putzo-*Hüßtege*, ZPO, § 19a Rn. 2.
[6] Vgl. BGH, ZIP 2003, 1419; BayObLG, NJW-RR 2003, 925.

A. Allgemeines

Mit § 20 ZPO beginnt die Normierung der besonderen Gerichtsstände (§§ 20–34 ZPO; vgl. im Allgemeinen Vorbem. zu §§ 1–37 Rn. 11). Hält der Beklagte sich längere Zeit zu einem bestimmten Zweck an einem Ort auf, so darf der Kläger auch dort gegen ihn Klage erheben. Dem Kläger wird so ermöglicht, das örtlich nähere Gericht mit besonderer Kenntnis der tatsächlichen Verhältnisse anrufen zu können;[1] es geht um die Erzielung von **Waffengleichheit** und von **Prozesswirtschaftlichkeit**. Es handelt sich um einen **Wahlgerichtsstand** i.S.v. § 35 ZPO.

1

B. Erläuterungen
I. In personeller Hinsicht

„**Personen**" meint natürliche Personen, dagegen nicht juristische Personen. Umfasst sind Inländer und Ausländer. Auf die Prozessfähigkeit kommt es nicht an, vgl. § 57 Abs. 2 ZPO. Erforderlich ist ein anderweitiger Wohnsitz (ansonsten § 16 ZPO). Der Gerichtsstand des § 20 ZPO der Eltern gilt nicht automatisch für deren Kinder; § 11 BGB ermöglicht die Ableitung des Wohnsitzes, nicht die Ableitung des Aufenthaltsortes.[2] Ein Kind/**Minderjähriger** darf mit Zustimmung der Erziehungsberechtigten einen Gerichtsstand i.S.d. § 20 ZPO begründen. Ohne Zustimmung der Erziehungsberechtigten gilt dies nicht; hierfür sprechen Gründe des Minderjährigenschutzes sowie der Umstand, dass sonst dem gesetzlichen Vertreter gegen seinen Willen ein Prozess an einem anderen Ort aufgedrängt werden könnte (streitig).[3] § 57 Abs. 2 ZPO löst die Frage nicht, sondern bestimmt nur, wie verfahren werden kann, wenn ein Gerichtsstand i.S.v. § 20 ZPO gegeben ist.

2

II. In sachlicher Hinsicht
1. Aufenthalt von längerer Dauer zur Erreichung eines bestimmten Zwecks
a) Von längerer Dauer

„**Von längerer Dauer**" liegt zeitlich zwischen bloß vorübergehend (etwa Geschäftsreise oder Urlaub) oder nur tagsüber einerseits (etwa Pendler) und Begründung eines Wohnsitzes andererseits (zum Wohnsitz: § 13 Rn. 2 ff.). Dabei kommt es nicht auf die tatsächliche Verweildauer an; maßgeblich ist vielmehr, ob der Aufenthalt bei seiner Begründung seiner Natur, d.h. seinen Umständen nach auf eine längere Dauer hinweist.[4] Temporäre Abwesenheit schadet nicht; ausreichend ist, dass sich der Beklagte irgendwann im Laufe des Rechtsstreits – nicht notwendigerweise bei Klageerhebung – für längere Zeit zur Erreichung eines bestimmten Zwecks an dem Aufenthaltsort aufgehalten hat.[5]

3

b) Zur Erreichung eines bestimmten Zwecks

Die Aufzählung im Gesetzestext ist nicht abschließend („insbesondere"). Beispiele: Teilnahme an Lehrgängen, Beamtenvorbereitungsdienst;[6] Saisonarbeit,[7] etwa im Gastronomiebereich,[8] als Skilehrer oder Animateur;[9] Kuraufenthalte;[10] Abgeordnete am Sitz des Parlaments während der Sitzungsperiode;[11] Ferien- und Wochenendhaus;[12] Heimunterbringung;[13] Frauenhaus;[14] Insasse einer Justizvollzugsanstalt bei länger andauernder Haft;[15] längerer Krankenhausaufenthalt;[16] Wehrdienst als Soldat;[17] örtliche Verwendung des Soldaten außerhalb des Standorts.[18]

4

---

1 MK-*Patzina*, ZPO, § 20 Rn. 1.
2 MK-*Patzina*, ZPO, § 20 Rn. 5.
3 MK-*Patzina*, ZPO, § 20 Rn. 10; Musielak/Voit-*Heinrich*, ZPO, § 20 Rn. 3; vgl. dort auch zur Gegenansicht.
4 OLG Naumburg, BeckRS 2010, 10560, II.1a.
5 KG Berlin, BeckRS 2009, 04440, 1. = JurBüro 2009, 208, Rn. 2.
6 Thomas/Putzo-*Hüßtege*, ZPO, § 20 Rn. 1; Zöller-*Vollkommer*, ZPO, § 20 Rn. 5.
7 Zöller-*Vollkommer*, ZPO, § 20 Rn. 5.
8 MK-*Patzina*, ZPO, § 20 Rn. 6.
9 Musielak/Voit-*Heinrich*, ZPO, § 20 Rn. 6; MK-*Patzina*, ZPO, § 20 Rn. 6.
10 Zöller-*Vollkommer*, ZPO, § 20 Rn. 5; MK-*Patzina*, ZPO, § 20 Rn. 6.
11 KG Berlin, OLGRspr. 20, 286.
12 MK-*Patzina*, ZPO, § 20 Rn. 6.
13 MK-*Patzina*, ZPO, § 20 Rn. 6.
14 BeckOK-*Toussaint*, ZPO, § 20 Rn. 4.1.
15 OLG Naumburg, BeckRS 2010, 10560, B.II.; vgl. auch OLG München, NZI 2016, 698, II.2.c = ZInsO 2016, 1702, II.2.c: abgrenzend zwischen Strafhaft von längerer Dauer einerseits und Untersuchungshaft oder Strafhaft von kürzerer Dauer andererseits.
16 Thomas/Putzo-*Hüßtege*, ZPO, § 20 Rn. 1.
17 Zöller-*Vollkommer*, ZPO, § 20 Rn. 5.
18 Musielak/Voit-*Heinrich*, ZPO, § 20 Rn. 6, wegen § 9 BGB.

5 Es ist nicht erforderlich, dass zwischen Aufenthalt und Anspruch eine innere Beziehung besteht. Sogar Ansprüche, die am Wohnsitz entstanden sind, können am Gerichtsstand des § 20 ZPO geltend gemacht werden. Der Anspruch muss auch nicht zeitlich während des Aufenthaltes begründet werden.

2. Vermögensrechtliche Ansprüche

6 „**Vermögensrechtliche Ansprüche**" sind solche, die entweder auf Geld oder geldwerte Gegenstände gerichtet sind (unabhängig vom zugrundeliegenden Rechtsverhältnis) oder solche, die auf einem vermögensrechtlichen Rechtsverhältnis beruhen (z.B. Unterlassungsklagen des gewerblichen Rechtsschutzes).[19]

III. Internationale Zuständigkeit

7 § 20 ZPO ist auch anwendbar, wenn der Wohnsitz im Ausland und der Aufenthaltsort längerer Dauer im Inland liegt; hier begründet § 20 ZPO die internationale Zuständigkeit (vgl. hierzu auch Vorbem. zu §§ 1–37 Rn. 5) **doppelfunktional**.[20] Ausnahme: Wenn der Beklagte seinen Wohnsitz in einem ausländischen EU-Mitgliedstaat hat, ist § 20 ZPO nicht anwendbar, Art. 4 Abs. 1, 62 EuGVO; es ist dann im entsprechenden Mitgliedstaat zu klagen. Gleiches gilt für den Anwendungsbereich des LugÜ-II, Art. 2 Abs. 1, 59 LugÜ-II.[21]

§ 21
Besonderer Gerichtsstand der Niederlassung

(1) Hat jemand zum Betrieb einer Fabrik, einer Handlung oder eines anderen Gewerbes eine Niederlassung, von der aus unmittelbar Geschäfte geschlossen werden, so können gegen ihn alle Klagen, die auf den Geschäftsbetrieb der Niederlassung Bezug haben, bei dem Gericht des Ortes erhoben werden, wo die Niederlassung sich befindet.

(2) Der Gerichtsstand der Niederlassung ist auch für Klagen gegen Personen begründet, die ein mit Wohn- und Wirtschaftsgebäuden versehenes Gut als Eigentümer, Nutznießer oder Pächter bewirtschaften, soweit diese Klagen die auf die Bewirtschaftung des Gutes sich beziehenden Rechtsverhältnisse betreffen.

Inhalt:

	Rn.		Rn.
A. Allgemeines	1	III. Bezug auf den Geschäftsbetrieb der Niederlassung	11
B. Erläuterungen	3	IV. Person des Beklagten	14
I. Niederlassung	3	V. Zuständiges Gericht	15
II. Zum Betrieb einer Fabrik, Halle oder eines anderen Gewerbes, Abs. 1/ Landwirtschaft, Abs. 2	9	VI. Internationale Zuständigkeit	16

A. Allgemeines

1 § 21 ZPO schafft einen besonderen Gerichtsstand der Niederlassung. Er dient damit der **Waffengleichheit** und der **Prozesswirtschaftlichkeit**, indem das örtlich nähere und darum oft zugleich sachnähere Gericht entscheidet.[1] Es handelt sich um einen besonderen Gerichtsstand nach **Wahl** des Klägers (§ 35 ZPO). § 21 ZPO findet keine Anwendung auf das Mahnverfahren.[2]

2 **Sonderregeln**, die in Bezug auf eine Niederlassung relevant sein können, finden sich in § 14 UWG (bei Wettbewerbssachen); § 6 Abs. 1 UKlaG (für Unterlassungsklagen nach UKlaG); §§ 2 Abs. 1, 3 Abs. 1 InsO; § 215 Abs. 1 VVG; § 53 KWG (inländische Zweigstelle von Unternehmen mit Sitz im Ausland); Art. 31 Abs. 1 CMR; § 106 VAG.

---

19 Thomas/Putzo-*Reichold*, ZPO, Einl. IV Rn. 1f.; vgl. auch OLG München, BeckRS 2014, 17245, Rn. 29 = SchiedsVZ 2014, 262, Rn. 40.
20 Musielak/Voit-*Heinrich*, ZPO, § 20 Rn. 11; MK-*Patzina*, ZPO, § 20 Rn. 14; vgl. auch KG Berlin, BeckRS 2009, 04440, 1. = JurBüro 2009, 208, Rn. 2.
21 BeckOK-*Toussaint*, ZPO, § 20 Rn. 7.

Zu § 21:
1 Vgl. BGH, NJW 2011, 2056 (2057), Rn. 20 = WM 2011, 427, Rn. 20; Musielak/Voit-*Heinrich*, ZPO, § 21 Rn. 1; MK-*Patzina*, ZPO, § 21 Rn. 1.
2 BayObLG, BeckRS 2002, 30255070, II.3. = BB 2002, 1437, Rn. 9; Musielak/Voit-*Heinrich*, ZPO, § 21 Rn. 8.

B. Erläuterungen
I. Niederlassung

Eine **Niederlassung** erfordert folgende Merkmale:[3] gewerbliche Tätigkeit (also auf Erwerb abzielend; siehe Rn. 9) durch eine ständig betriebene Geschäftsstelle, die für eine gewisse Dauer errichtet ist (saisonaler Betrieb reicht aus; nicht dagegen bloße Messe oder Markt),[4] mit hinreichender Organisation zur Aufrechterhaltung des Gewerbes, die berechtigt ist, selbstständig und nach eigenständiger Entscheidung[5] Geschäfte unmittelbar im Namen und für Rechnung des Beklagten abzuschließen und über eine räumliche Einrichtung verfügt.[6] Es kommt nicht darauf an, ob eine Eintragung im Gewerberegister oder Handelsregister vorliegt.[7]   3

Es reicht bereits der **Schein** einer Niederlassung;[8] etwa durch Eintragung ins Handelsregister;[9] durch Geschäftsbrief mit Aufdruck „Niederlassung Filialen";[10] oder durch Bezeichnung als „Bezirksdirektion".[11] Die Niederlassung muss bei Klageerhebung noch bestehen; eine Klage im Gerichtsstand des § 21 ZPO ist nicht möglich, wenn die Niederlassung bei Klageerhebung bereits aufgelöst ist.[12]   4

Nicht ausreichend ist rein virtuelle Präsenz im Internet auf lokalem Server;[13] Interneteintrag mit Bezeichnung als „Office" ohne weitere Befugnis zum Abschluss von Geschäften aus eigener Entscheidung;[14] Bezeichnung als „Niederlassung".[15]   5

Eine **Zweigniederlassung** fällt nur dann unter § 21 ZPO, wenn sie selbstständig ist oder einen derartigen Rechtsschein erweckt.[16] Erforderlich hierfür ist eine im Wesentlichen **selbstständige** Leitung mit dem Recht, aus eigener Entschließung Geschäfte abzuschließen.[17] Es reicht nicht aus, dass die Leitung nur nach Weisungen der Hauptstelle handeln darf;[18] nicht auch nicht, wenn der Abschluss von Geschäften nur gelegentlich und ausnahmsweise geschieht;[19] wenn nur ausnahmsweise Geschäfte von untergeordneter Bedeutung abgeschlossen werden;[20] wenn Geschäftsabschlüsse nicht selbst getätigt, sondern Vertragsangebote nur weitergeleitet und Verträge lediglich vermittelt werden;[21] wenn die Nebenstelle nur untergeordnete, dem Geschäftsbetrieb dienende Geschäfte selbst abschließt (z. B. Bestellung von Reparaturen, Einstellung oder Entlassung von Arbeitern);[22] oder wenn die Niederlassung Geschäfte ohne jede Selbständigkeit der Entschließung lediglich im Rahmen der von der Hauptstelle ausgehenden Geschäftsführung abwickelt.[23] Es reicht, wenn die Zweigniederlassung in tatsächlicher Hin-   6

---

3 Vgl. Musielak/Voit-*Heinrich*, ZPO, § 21 Rn. 2, 5.
4 MK-*Patzina*, ZPO, § 21 Rn. 10; Musielak/Voit-*Heinrich*, ZPO, § 21 Rn. 2.
5 LG Frankfurt a.M., BeckRS 2015, 18417, II. = TranspR 2015, 404, II.
6 BGH, NJW 2011, 2056 (2057), Rn. 20 = WM 2011, 427, Rn. 20.
7 LG Frankfurt a.M., GRUR-RR 2009, 15, I. = MMR 2008, 829, I.
8 BGH, NJW 2011, 2056 (2057), Rn. 20 = WM 2011, 427, Rn. 20; OLG Köln, BeckRS 2015, 12445, Rn. 4; OLG Köln, BeckRS 2015, 18216; OLG Düsseldorf, BeckRS 2011, 00535, II.B.1.a)aa)(1) = IPRspr 2010, Nr. 238, 592, Rn. 36; OLG Hamm, BeckRS 2009, 19104, II.1.c) = MDR 2009, 1391, Rn. 54 f.; OLG Saarbrücken, BeckRS 2005, 00412, 2.b)aa) = OLGR 2004, 137; OLG Frankfurt a.M., BeckRS 9998, 04339, 1. = OLGR 2002, 351, Rn. 25 f.: arglistiges Vorspiegeln des Bestehens einer Niederlassung; OLG Naumburg, BeckRS 2001, 30197002, II.1. = OLGR 2002, 105, Rn. 6; BayObLG, BeckRS 2002, 30242417, II.2.a) = NJOZ 2002, 1598 (1599); OLG Frankfurt a.M., NJOZ 2002, 2726 (2728) = DB 2003, 41, 1.: arglistiges Vorspiegeln einer inländischen Niederlassung; LG Frankfurt a.M., BeckRS 2015, 13446, Rn. 35.
9 BeckOK-*Toussaint*, ZPO, § 21 Rn. 10.
10 BayObLG, BeckRS 2002, 30242417, II.2.a) = NJOZ 2002, 1598 (1599 f.).
11 OLG Naumburg, BeckRS 2001, 30197002, II.1. = OLGR 2002, 105, Rn. 6.
12 LAG Frankfurt a.M., BeckRS 2012, 70746, B.I.1.a) = IPRspr 2011, Nr. 325, 878, B.I.1.a; vgl. auch zu Art. 15 Abs. 2 EuGVO: BGH, NJW-RR 2007, 1570, Rn. 11 ff. = WM 2007, 1586, II.I.1.a)aa).
13 Musielak/Voit-*Heinrich*, ZPO, § 21 Rn. 2.
14 LG Frankfurt a.M., ZIP 2012, 293, Rn. 28.
15 OLG Hamm, BeckRS 2009, 19104, II.1.c) = MDR 2009, 1391, Rn. 57.
16 OLG Düsseldorf, BeckRS 2011, 00535, II.B.1.a)aa)(1) = IPRspr 2010, Nr. 238, 592, II.B.1.a)aa); OLG Hamm, BeckRS 2009, 19104, II.1.c) = MDR 2009, 1391, Rn. 54 f.; OLG Hamm, r + s 2009, 403 (404); OLG Frankfurt a.M., BeckRS 9998, 04339, 1. = OLGR 2002, 351, Rn. 25 f.; OLG Naumburg, BeckRS 2001, 30197002, II.1. = OLGR 2002, 105, II.1.
17 OLG Hamm, BeckRS 2009, 19104, II.1.c) = MDR 2009, 1391 (1392).
18 OLG Hamm, BeckRS 2009, 19104, II.1.c) = MDR 2009, 1391 (1392); OLG Naumburg, BeckRS 2001, 30197002, II.1. = OLGR 2002, 105, II.1.
19 OLG Hamm, BeckRS 2009, 19104, II.1.c) = MDR 2009, 1391 (1392).
20 OLG München, NJOZ 2001, 1410 (1411), 2.b) = OLGR 2001, 254, 2.b).
21 OLG Naumburg, BeckRS 2001, 30197002, II.1. = OLGR 2002, 105, II.1.
22 OLG Hamm, BeckRS 2009, 19104, II.1.c) = MDR 2009, 1391 (1392).
23 OLG Hamm, BeckRS 2009, 19104, II.1.c) = MDR 2009, 1391 (1392).

sicht selbstständig ist (streitig);[24] das Erfordernis rechtlicher Selbständigkeit ergibt sich weder aus dem Wortlaut des Gesetzes noch aus dessen Sinn und Zweck.

7 **Unter § 21 ZPO können fallen:** inländische Niederlassung eines Unternehmens mit Stammsitz im Ausland;[25] Lokalredaktion einer überregional tätigen Zeitung;[26] Bahnhöfe der Deutschen Bahn AG;[27] Postämter;[28] Schadensaußenstelle des Kfz-Haftpflichtversicherers;[29] Niederlassung eines Mobilfunkanbieters, in der der Mobilfunkvertrag geschlossen wurde;[30] kontoführende Niederlassung der Postbank AG;[31] Sitz einer Arbeitsgemeinschaft von Bauunternehmen;[32] vom Stammhaus hergestellte und über ein Ladengeschäft vertriebene Waren;[33] örtliche Buchungsstelle eines Reiseveranstalters;[34] Zweigstellen von Kreditinstituten gem. § 53 KWG.[35] Bei inländischen Zweigstellen ausländischer Kreditinstitute kann am Ort der Zweigstelle im Inland geklagt werden, vgl. § 53 Abs. 1, 3 KWG (nicht abdingbar).

8 **Nicht erfasst sind:** bloße Annahmestellen (z. B. Reinigungen, Färbereien, Reparaturbetriebe);[36] Geschäftsstellen ausländischer Fluggesellschaften (es sei denn keine anderweitige Stelle zum Abschluss von Geschäften im Inland);[37] Agenturen oder Filialen, die Verträge lediglich vermitteln, aber nicht selbst abschließen/bloße Vermittlungsagenturen;[38] bloße Anlaufstellen und Kontaktbüros;[39] öffentliche Lehranstalten, Gefängnisverwaltung, Berufsgenossenschaften;[40] Warenlager, Lagerplätze, Messestände oder Produktionsstände einer Fabrik ohne kaufmännische Abteilung.[41]

II. Zum Betrieb einer Fabrik, Halle oder eines anderen Gewerbes, Abs. 1/Landwirtschaft, Abs. 2

9 Ein **Gewerbe** i.S.d. GewO muss nicht vorliegen. Auch nach § 6 GewO ausgeschlossene Bereiche – freie Berufe (etwa Rechtsanwalt oder Arzt), künstlerische oder erzieherische Tätigkeiten, Urproduktion – können § 21 ZPO unterfallen,[42] sofern nur die Tätigkeit auf Erwerb abzielt.[43] Nicht erfasst sind hoheitliche Tätigkeiten.[44] Es muss sich um einen vermögensrechtlichen Anspruch handeln.[45]

10 **§ 21 Abs. 2 ZPO** erweitert den Gerichtsstand auf Betriebe der Landwirtschaft. „Bewirtschaften" setzt voraus, dass der Beklagte das Gut selbst bewirtschaftet und verwaltet oder dies auf seinen Namen und seine Rechnung vornehmen lässt.[46] Unter den Begriff des Bewirtschaftens fallen auch Rechtsgeschäfte, die dem Abschluss oder der Aufhebung des der Bewirtschaftung

---

24 Ebenso BeckOK-*Toussaint*, ZPO, § 21 Rn. 9; LG Frankfurt a.M., GRUR-RR 2009, 15, I. = MMR 2008, 829, I.; a.A. – rechtliche Selbständigkeit erforderlich – OLG Naumburg, BeckRS 2012, 02515, B.I.2.a).
25 Musielak/Voit-*Heinrich*, ZPO, § 21 Rn. 5.
26 Musielak/Voit-*Heinrich*, ZPO, § 21 Rn. 5.
27 Musielak/Voit-*Heinrich*, ZPO, § 21 Rn. 5; MK-*Patzina*, ZPO, § 21 Rn. 5.
28 BayObLG, BeckRS 2002, 30242417, II.2.a) = NJOZ 2002, 1598 (1599).
29 AG Dortmund, Schaden-Praxis 2012, 198, Rn. 16 = BeckRS 2011, 25988; vgl. auch OLG Hamm, BeckRS 2016, 05997 zu Schadenaußenstelle oder Schadensregulierungsbüro einer Versicherung.
30 AG Frankfurt a.O., NJW-RR 2001, 276.
31 Zöller-*Vollkommer*, ZPO, § 21 Rn. 8.
32 Musielak/Voit-*Heinrich*, ZPO, § 21 Rn. 5.
33 OLG München, NJOZ 2001, 1410 (1411), 2.b) = OLGR 2001, 254, 2.b); Musielak/Voit-*Heinrich*, ZPO, § 21 Rn. 6.
34 MK-*Patzina*, ZPO, § 21 Rn. 9.
35 MK-*Patzina*, ZPO, § 21 Rn. 9.
36 OLG München, NJOZ 2001, 1410 (1411), 2.b) = OLGR 2001, 254, 2.b).
37 Musielak/Voit-*Heinrich*, ZPO, § 21 Rn. 6.
38 OLG München, NJOZ 2001, 1410 (1411), 2.b) = OLGR 2001, 254, 2.b); OLG Naumburg, BeckRS 2001, 30197002, II.1. = OLGR 2002, 105, II.1.; OLG Frankfurt a.M., BeckRS 2011, 27061, II.2.b) = WM 2011, 2360, II.2.b); Musielak/Voit-*Heinrich*, ZPO, § 21 Rn. 6; Zöller-*Vollkommer*, ZPO, § 21 Rn. 9.
39 OLG München, NJOZ 2001, 1410 (1411), 2.b) = OLGR 2001, 254, 2.b).
40 MK-*Patzina*, ZPO, § 21 Rn. 5.
41 OLG München, NJOZ 2001, 1410 (1411), 2.b) = OLGR 2001, 254, 2.b).
42 OLG Hamm, BeckRS 2015, 11143, II.2.d) = ZMGR 2015, 241, II.2.d).
43 LG München II, BeckRS 2007, 16208, I.2.b); Musielak/Voit-*Heinrich*, ZPO, § 21 Rn. 3; BeckOK-*Toussaint*, ZPO, § 21 Rn. 3.
44 BeckOK-*Toussaint*, ZPO, § 21 Rn. 3; vgl. auch LAG Stuttgart, BeckRS 2012, 66412, II.1.
45 BGH, NJW 1975, 2142, II.2.a) = WM 1975, 1056, II.2.a); Zöller-*Vollkommer*, ZPO, § 21 Rn. 10; Musielak/Voit-*Heinrich*, ZPO, § 21 Rn. 1; a.A. BeckOK-*Toussaint*, ZPO, § 21 Rn. 7.
46 Musielak/Voit-*Heinrich*, ZPO, § 21 Rn. 4; BeckOK-*Toussaint*, ZPO, § 21 Rn. 4.

zugrunde liegenden Rechtsverhältnisses dienen (streitig);⁴⁷ eine anderweitige Einschränkung lässt sich dem Gesetzeswortlaut nicht entnehmen.

III. Bezug auf den Geschäftsbetrieb der Niederlassung

Die Klage muss „auf den Geschäftsbetrieb der Niederlassung **Bezug**" haben (§ 21 Abs. 1 ZPO)⁴⁸ bzw. „die auf die Bewirtschaftung des Gutes sich beziehenden Rechtsverhältnisse betreffen" (§ 21 Abs. 2 ZPO). Für den genannten Bezug reicht es aus, wenn zwischen Klageanspruch und Geschäftsbetrieb eine unmittelbare Zweckbeziehung besteht, die insbesondere in einem wirtschaftlichen Zusammenhang zum Geschäftsbetrieb der Niederlassung gesehen werden kann⁴⁹ bzw. wenn ein (hinreichend gewichtiger) Sachzusammenhang der streitgegenständlichen Angelegenheit zum Geschäftsbetrieb der Niederlassung besteht.⁵⁰ Bei einer Klage am Ort der Zweigniederlassung muss der Bezug gerade zu dieser Zweigniederlassung bestehen.⁵¹ Dass die Ansprüche am Geschäftsbetrieb der Niederlassung zu erfüllen sind, ist nicht erforderlich.   11

Erfasst sind Ansprüche aus Verträgen, die im Geschäftsbetrieb der Niederlassung geschlossen wurden;⁵² Ansprüche, die mit Rücksicht auf den Geschäftsbetrieb der Niederlassung geschlossen wurden,⁵³ etwa Arbeitsverhältnisse von Mitarbeitern des Beklagten, die in der Niederlassung arbeiten;⁵⁴ etwa Mietvertrag hinsichtlich der von der Niederlassung genutzten Räumlichkeiten;⁵⁵ Ansprüche, die in einem wirtschaftlichen Zusammenhang zum Geschäftsbetrieb der Niederlassung stehen;⁵⁶ Ansprüche, die im Geschäftsbetrieb der Niederlassung zu erfüllen sind;⁵⁷ Klagen, die als Folge der Geschäftstätigkeit der Niederlassung erscheinen,⁵⁸ etwa aus unerlaubter Handlung,⁵⁹ Pflichtverletzung/vertragliches Verschulden;⁶⁰ Gefährdungshaftung, Wettbewerbsverletzungen.⁶¹ Auch Rechtsverhältnisse, die der Begründung oder Aufhebung der Niederlassung dienen, fallen unter § 21 ZPO (streitig).⁶²   12

Nicht erfasst sind Ansprüche, die vor Gründung der Niederlassung entstanden sind,⁶³ sowie Ansprüche auf Herausgabe von Sachen, die nur zufällig im Besitz der Niederlassung sind.⁶⁴   13

IV. Person des Beklagten

Eine Klage nach § 21 ZPO richtet sich nicht gegen die Niederlassung, sondern gegen deren **Inhaber**; dies gilt auch bei einer Klage gegen eine Zweigniederlassung. Inhaber kann eine natürliche oder juristische Person⁶⁵ oder rechtsfähige Personengemeinschaft⁶⁶ sein. Inhaber kann nicht nur der Eigentümer sein, sondern auch der Nutznießer oder Pächter (vgl. § 21   14

---

47 Ebenso Musielak/Voit-*Heinrich*, ZPO, § 21 Rn. 4; a.A. Thomas/Putzo-*Hüßtege*, ZPO, § 21 Rn. 4: kein § 21 ZPO bei Geschäften, die den Betrieb der Niederlassung erst ermöglichen sollen.
48 BGH, NJW 2011, 2056 (2057), Rn. 21 = WM 2011, 427, Rn. 21; OLG Köln, BeckRS 2015, 12445, Rn. 4; OLG Saarbrücken, BeckRS 2005, 00412, 2.b)bb) = OLGR 2004, 137, 2.b)bb); LG Düsseldorf, BeckRS 2015, 04907, I.1.a) = IPRspr 2014, Nr. 186, 461, I.1.a).
49 OLG Saarbrücken, BeckRS 2005, 00412, 2.b)bb) = OLGR 2004, 137, 2.bb).
50 OLG Düsseldorf, BeckRS 2011, 00535, II.B.1.a)aa)(2) = IPRspr 2010, Nr. 238, 592, Rn. 38.
51 OLG Frankfurt a.M., BeckRS 2011, 27061, II.2.b) = WM 2011, 2360, II.2.b); OLG Stuttgart, BeckRS 2010, 11747, 2. = IPRspr 1991, Nr. 166a, 322, 2.; LG Dortmund, BeckRS 2007, 12838, II. = VersR 2007, 1674, Rn. 13; a.A. Baumbach/Lauterbach/Albers/Hartmann, ZPO, § 21 Rn. 10: kein besonderer Bezug gerade zu dieser Niederlassung erforderlich.
52 BGH, NJW 2011, 2056 (2057), Rn. 21 = WM 2011, 427, Rn. 21; Musielak/Voit-*Heinrich*, ZPO, § 21 Rn. 8.
53 BGH, NJW 2011, 2056 (2057), Rn. 23 = WM 2011, 427, Rn. 23; LG Düsseldorf, BeckRS 2015, 04907, I.1.a) = IPRspr 2014, Nr. 186, 461, I.1.a); Musielak/Voit-*Heinrich*, ZPO, § 21 Rn. 8.
54 BeckOK-*Toussaint*, ZPO, § 21 Rn. 6.
55 BeckOK-*Toussaint*, ZPO, § 21 Rn. 6; a.A. Baumbach/Lauterbach/Albers/Hartmann, ZPO, § 21 Rn. 10: Anmietung von Geschäftsräumen keine „betriebstypische Angelegenheit".
56 OLG Saarbrücken, BeckRS 2005, 00412, 2.b)bb) = OLGR 2004, 137, 2.b)bb).
57 MK-*Patzina*, ZPO, § 21 Rn. 12.
58 BGH, NJW 2011, 2056 (2057), Rn. 23 = WM 2011, 427, Rn. 23; LG Düsseldorf, BeckRS 2015, 04907, I.1a) = IPRspr. 2001, Nr. 186, 461, I.1.a); Musielak/Voit-*Heinrich*, ZPO, § 21 Rn. 8.
59 Musielak/Voit-*Heinrich*, ZPO, § 21 Rn. 8.
60 BayObLG, BeckRS 2002, 30242417, II.2.a) = NJOZ 2002, 1598 (1599).
61 Musielak/Voit-*Heinrich*, ZPO, § 21 Rn. 8.
62 Ebenso Musielak/Voit-*Heinrich*, ZPO, § 21 Rn. 8; BeckOK-*Toussaint*, ZPO, § 21 Rn. 6 (dort auch m.w.N. zur a.A.); ablehnend Thomas/Putzo-*Hüßtege*, ZPO, § 21 Rn. 4.
63 Musielak/Voit-*Heinrich*, ZPO, § 21 Rn. 8.
64 Musielak/Voit-*Heinrich*, ZPO, § 21 Rn. 8.
65 LG München II, BeckRS 2007, 16208, I.2.c).
66 BeckOK-*Toussaint*, ZPO, § 21 Rn. 2.

Abs. 2 ZPO). Der Verpächter ist nicht erfasst.[67] Der Beklagte muss nicht selbst tätig werden; ausreichend ist, wenn die Niederlassung für Rechnung und im Namen des Beklagten geführt wird[68] oder wenn auch nur der Rechtsschein einer derartigen Tätigkeit erweckt wird.[69] Aus dem Wortlaut „gegen ihn" folgt, dass sich die Klage gegen den Inhaber der Niederlassung richten muss. Klagen durch den Inhaber der Niederlassung sind nicht umfasst.[70]

V. Zuständiges Gericht

15 Zuständig ist das Gericht des Ortes, an dem sich die Niederlassung befindet.

VI. Internationale Zuständigkeit

16 § 21 ZPO begründet nicht nur die örtliche, sondern auch die internationale Zuständigkeit (**Doppelfunktionalität**).[71]

17 Den Gerichtsstand des § 21 ZPO begründende Niederlassung einer ausländischen Gesellschaft kann auch eine inländische GmbH sein.[72] Es reicht, wenn der Anschein erweckt wird, die inländische GmbH sei eine Geschäftsstelle der ausländischen Gesellschaft.[73] Die deutsche Niederlassung eines ausländischen Unternehmens ist nur von § 21 ZPO erfasst, wenn es sich bei der (Zweig-)Niederlassung um eine selbstständige Tochtergesellschaft in der Form einer deutschen juristischen Person handelt.[74]

18 § 21 ZPO wird durch das **EuGVO**[75] und durch **LugÜ-II** verdrängt. Vgl. dann aber Art. 7 Nr. 5 EuGVO bzw. Art. 5 Nr. 5 LugÜ-II.[76] Für Versicherungssachen vgl. Art. 10 ff. EuGVO/Art. 8 ff. LugÜ-II. Für Verbrauchersachen vgl. Art. 17 ff. EuGVO/Art. 15 ff. LugÜ-II; v. a. Art. 17 Abs. 2 EuGVO/[77]Art. 15 Abs. 2 LugÜ-II.

§ 22
Besonderer Gerichtsstand der Mitgliedschaft

Das Gericht, bei dem Gemeinden, Korporationen, Gesellschaften, Genossenschaften oder andere Vereine den allgemeinen Gerichtsstand haben, ist für die Klagen zuständig, die von ihnen oder von dem Insolvenzverwalter gegen die Mitglieder als solche oder von den Mitgliedern in dieser Eigenschaft gegeneinander erhoben werden.

Inhalt:

	Rn.		Rn.
A. Allgemeines	1	2. Klagen der Mitglieder der Personenvereinigung „in dieser Eigenschaft gegeneinander", Alt. 2	13
B. Erläuterungen	3		
I. Personenvereinigungen	3		
II. Erfasste Klagen	8		
1. Klagen der Personenvereinigung oder ihres Insolvenzverwalters gegen die Mitglieder „als solche", Alt. 1	8	III. Zuständiges Gericht	16
		IV. Internationale Zuständigkeit	17

---

67 MK-*Patzina*, ZPO, § 21 Rn. 13.
68 OLG Düsseldorf, BeckRS 2011, 00535, II.B.1.a)aa)(1) = IPRspr 2010, Nr. 238, 592, Rn. 36; AG Leipzig, MRW 2012, 56, Rn. 4; Musielak/Voit-*Heinrich*, ZPO, § 21 Rn. 4.
69 LAG Frankfurt a.M., IPRspr 2010, Nr. 205, 516, Rn. 35 = BeckRS 2011, 69014, I.3.b); OLG Düsseldorf, BeckRS 2011, 00535, II.B.1.a)aa)(1) = IPRspr 2010, Nr. 238, 592, Rn. 36.
70 LG Heidelberg, BeckRS 2016, 12128, II.2.
71 BGH, NJW 2011, 2056 (2057), Rn. 18 = WM 2011, 427, Rn. 18; BAG, NZA-RR 2014, 46 (47) = ZIP 2014, 939, Rn. 13; OLG Stuttgart, BeckRS 2012, 18825, III.1.a) = IPRspr 2012, Nr. 175a, 395, III.1.a); LAG Mainz, BeckRS 2011, 66194, B.I.; OLG Frankfurt a.M., BeckRS 2011, 16032, II.1. = ZIP 2011, 1354, II.1.
72 BeckOK-*Toussaint*, ZPO, § 21 Rn. 12.1 unter Verweis auf OLG Düsseldorf, BeckRS 2011, 00535 = IPRspr 2010, Nr. 238, 592.
73 OLG Düsseldorf, BeckRS 2011, 00535, B.I.a)aa)(1) = IPRspr 2010, Nr. 238, 592, B.I.a)aa)(1).
74 OLG Frankfurt a.M., BeckRS 2010, 30830, II.A. = VersR 2011, 390, II.A.; krit. BeckOK-*Toussaint*, ZPO, § 21 Rn. 9.
75 OLG Naumburg, BeckRS 2014, 02836, II.3. = IPRspr 2013, Nr. 190, 408, Rn. 24.
76 Vgl. OLG Düsseldorf, NJW-RR 2004, 1720, B.I.2. = IPRspr 2004, Nr. 107, 223, B.I.2.; OLG Rostock, BeckRS 2009, 10372, I.1.b)aa) = IPRspr 2009, Nr. 173, 452, I.1.b)aa); jeweils zu Art. 5 Nr. 5 LugÜ.
77 Vgl. hierzu – bzw. zu damals Art. 15 Abs. 2 EuGVVO – BGH, NJW-RR 2007, 1570, Rn. 11 ff. = WM 2007, 1586, Rn. 11 ff. sowie LG Darmstadt, ZIP 2004, 1924.

A. Allgemeines

Durch § 22 ZPO sollen Rechtsstreitigkeiten, die die inneren Rechtsbeziehungen der Personenvereinigungen betreffen, beim Gericht des Gesellschaftssitzes konzentriert werden.[1] Es geht um die **einheitliche Auslegung** von Satzungen, Statuten und Gesellschaftsverträgen und damit um Rechtssicherheit sowie Rechtsklarheit.[2] Es handelt sich um einen nicht ausschließlichen **Wahlgerichtsstand** i.S.v. § 35 ZPO. 1

Besondere Regeln gelten für die Nichtigkeitsklage nach § 249 Abs. 1 Satz 1 AktG (Klage gegen die Gesellschaft auf Feststellung der Nichtigkeit eines Hauptversammlungsbeschlusses); die Klage wegen Anfechtung des Beschlusses über die Verwendung des Bilanzgewinns nach § 254 AktG; die Klage wegen Anfechtung der Feststellung des Jahresabschlusses durch die Hauptversammlung (§ 257 AktG); sowie die Klage auf Nichtigerklärung der Gesellschaft (§ 275 AktG bzw. § 75 GmbHG). In all diesen Vorschriften wird auf § 246 Abs. 3 AktG verwiesen, wonach jeweils das Landgericht ausschließlich zuständig ist, in dessen Bezirk die Gesellschaft ihren Sitz hat. Gleiches gilt für die Auflösungsklage, vgl. § 61 Abs. 3 GmbHG. Eine weitere Sondervorschrift findet sich für Anfechtungsklagen betreffend Beschlüsse der Generalversammlung; hier besteht eine ausschließliche Zuständigkeit des Landgerichts, in dessen Bezirk die Genossenschaft ihren Sitz hat, § 51 Abs. 3 Satz 3 GenG. 2

B. Erläuterungen
I. Personenvereinigungen

§ 22 ZPO zählt „Gemeinden, Korporationen, Gesellschaften, Genossenschaften oder andere Vereine" auf; diese werden auch in § 17 ZPO genannt. Erfasst von § 22 ZPO sind darum alle rechtsfähigen **Personenvereinigungen** (mit oder ohne eigene Rechtspersönlichkeit) entsprechend den in § 17 Abs. 1 ZPO genannten Personenverbänden.[3] Auch die **Gesellschaft bürgerlichen Rechts** fällt unter § 22 ZPO.[4] Abweichende Ansichten sind überholt, nachdem die neuere Rechtsprechung auch für die GbR Partei- und Rechtsfähigkeit annimmt.[5] Dies gilt auch für eine Rechtsanwaltssozietät in Form einer GbR; hier kommt es für den Gerichtsstand auf den Ort der Kanzlei an.[6] 3

§ 22 ZPO ist auch anwendbar auf **überregionale Massenvereine**,[7] insbesondere Gewerkschaften und VVaG,[8] etwa für Klagen des VVaG gegen Mitglieder auf rückständige Prämien.[9] Eine diesbezüglich einschränkende Auslegung ist nicht angezeigt (streitig);[10] dem Gesetzgeber war die Problematik bekannt, gleichwohl ist eine Änderung der Vorschrift nicht erfolgt.[11] 4

§ 22 ZPO umfasst auch **Prospekthaftungsansprüche** gegen Personen, welche die Gesellschafter bei den Beitrittsverhandlungen vertreten haben oder der Anlagegesellschaft als Initiatoren, Gestalter oder Gründer nahestehen.[12] Der Wortlaut greift zwar nicht; doch ist eine entsprechende Anwendung geboten wegen des Zwecks des § 22 ZPO, Streitigkeiten, die die inneren Rechtsbeziehungen einer Gesellschaft betreffen, am Gesellschaftssitz zu konzentrieren und über Lebenssachverhalte dieser Art ein und dasselbe – ortsnahe – Gericht entscheiden zu lassen.[13] Von dieser Rechtsprechung nicht erfasst sind Ansprüche gegen selbstständige 5

---

1 OLG München, BeckRS 2006, 10643, 1. = ZIP 2006, 2402, Rn. 3; OLG Köln, NJW 2004, 862, Rn. 2 = MDR 2003, 1374, Rn. 2; LG Berlin, BeckRS 2009, 28373.
2 Musielak/Voit-*Heinrich*, ZPO, § 22 Rn. 1.
3 BeckOK-*Toussaint*, ZPO, § 22 Rn. 1.
4 OLG Frankfurt a.M., BeckRS 2009, 25687, II.1.; OLG Köln, NJW 2004, 862, Rn. 2 = MDR 2003, 1374, Rn. 2; OLG Koblenz, BeckRS 2002, 30297551; OLG Celle, BeckRS 2001, 30180916 = OLGR 2001, 198, Rn. 2; LG Bonn, NJW-RR 2002, 1399, Rn. 11 f.; BeckOK-*Toussaint*, ZPO, § 22 Rn. 1.1; Musielak/Voit-*Heinrich*, ZPO, § 22 Rn. 2.
5 BGH, NJW 2002, 1207 = ZIP 2002, 614; BGH, NJW 2001, 1056 = WM 2001, 408; vgl. auch BVerfG, NJW 2002, 3533 = WuM 2003, 20 (Grundrechtsfähigkeit); BGH, NJW 2002, 1642 = WM 2002, 958.
6 OLG Köln, NJW 2004, 862 = MDR 2003, 1374.
7 KG Berlin, BeckRS 2008, 12243, II.2. = WM 2008, 1571, II.2.
8 KG Berlin, BeckRS 2008, 12243, II.2. = WM 2008, 1571, Rn. 3; OLG Hamburg, BeckRS 2005, 30363548, 2. = OLGR 2005, 803, Rn. 6; BeckOK-*Toussaint*, ZPO, § 22 Rn. 1.1; MK-*Patzina*, ZPO, § 22 Rn. 4.
9 MK-*Patzina*, ZPO, § 22 Rn. 6.
10 Ebenso Musielak/Voit-*Heinrich*, ZPO, § 22 Rn. 3; BeckOK-*Toussaint*, ZPO, § 22 Rn. 1.1 jew. m.w.N.
11 Musielak/Voit-*Heinrich*, ZPO, § 22 Rn. 3; MK-*Patzina*, ZPO, § 22 Rn. 4.
12 BGH, NJW 1980, 1470, Rn. 17 = MDR 1980, 560, 2.c).
13 BGH, NJW 1980, 1470, Rn. 17 = MDR 1980, 560, 2.c); vgl. auch zu diesem sogenannten „Prospektgerichtsstand", wie ihn BeckOK-*Toussaint*, ZPO, § 22 Rn. 6, bezeichnet; OLG Koblenz, BeckRS 2010, 20215, II.; OLG Koblenz, BeckRS 2010, 02768 = MDR 2010, 589; OLG Frankfurt a.M.,
(Fortsetzung siehe Seite 76)

Werbeunternehmen, die den Beitritt neuer Anleger vermitteln, im Übrigen aber der Anlagegesellschaft fernstehen, sowie deren Erfüllungsgehilfen.[14]

6 Nicht unter § 22 ZPO fällt die **stille Gesellschaft** i.S.v. § 230 HGB; hier wird der Inhaber aus den im Betrieb geschlossenen Geschäften allein berechtigt und verpflichtet, § 230 Abs. 2 HGB.

7 **Zeitlich** greift § 22 ZPO von der Gründungsphase der Gesellschaft bis zu deren Liquidation.[15]

II. Erfasste Klagen
1. Klagen der Personenvereinigung oder ihres Insolvenzverwalters gegen die Mitglieder „als solche", Alt. 1

8 § 22 Alt. 1 ZPO umfasst Klagen der Personenvereinigung oder ihres Insolvenzverwalters gegen die Mitglieder „als solche". Die Klage muss einen unmittelbaren Bezug zu der durch die Mitgliedschaft begründeten Rechtsbeziehung haben.[16] Die vermittels eines Treuhänders begründete Mitgliedschaft genügt.[17]

9 **Erfasst** sind vermögensrechtliche ebenso wie nichtvermögensrechtliche Streitigkeiten.[18] Auch die Anspruchsgrundlage der Klageforderung ist irrelevant. Erfasst sind etwa Klagen auf Mitgliedsbeiträge;[19] auf rückständige Prämien bei einem VVaG;[20] auf Rückzahlung unberechtigt empfangener Leistungen;[21] auf Rückgewähr eigenkapitalersetzender Leistungen;[22] auf Erfüllung von Nachschusspflichten, auch wenn die Beklagte nicht selbst, sondern vermittels eines Treuhänders in das Handelsregister als Gesellschafter eingetragen ist;[23] auf Rückforderung aus dem Gesellschaftsvertrag gegenüber den Mitgliedern der Gesellschaft betreffend empfangener Leistungen bzw. Ausschüttungen (unabhängig davon, ob Darlehen oder zurückgewährte Einlage) aufgrund ihrer mitgliedschaftlichen Stellung;[24] auf Stammeinlage,[25] auf Geltendmachung von Ansprüchen aus Unternehmensverträgen;[26] sowie bei Anfechtungsklagen des Insolvenzverwalters gegen einen Gesellschafter nach §§ 143 Abs. 3 Satz 1, 135 InsO.[27]

10 § 22 ZPO **greift nicht**, wenn der Kommanditist einer KG durch den Insolvenzverwalter auf Zahlung der Einlage gemäß § 171 Abs. 2 HGB in Anspruch genommen wird; hier geht es nicht um einen Anspruch der Gesellschaft, sondern der Gläubiger der KG.[28] Gleiches gilt für den Anspruch gegen den Gesellschafter aufgrund akzessorischer Haftung (§ 128 HGB)[29] sowie den Anspruch des Treuhandgesellschafters gegen den Treugeber auf Freistellung von der Haftung nach § 128 HGB.[30] **Nicht erfasst** – weil nicht in der Natur der Mitgliedschaft begründet – sind auch Ansprüche aus Miete einer Wohnung oder aus Deliktsrecht sowie aus unerlaubter Handlung von Vorständen oder Aufsichtsräten einer AG.[31]

BeckRS 2009, 21235 = OLGR 2009, 378; OLG Frankfurt a.M., BeckRS 2007, 01696 = OLGR 2007, 917, Rn. 9; OLG Hamburg, BeckRS 2007, 02603 = OLGR 2007, 33; BayObLG, BeckRS 2005, 05023, II.1.; BayObLG, NJW-RR 2003, 134, II.2.e) = DB 2003, 936, II.2.e); BayObLG, NJW-RR 2002, 1684, Rn. 11 = DB 2002, 2210, Rn. 11.

14 OLG Koblenz, BeckRS 2010, 02768, II. = MDR 2010, 589, II.; OLG Koblenz, BeckRS 2010, 20215; OLG Frankfurt a.M., BeckRS 2009, 21235 = OLGR 2009, 378; OLG Frankfurt a.M., BeckRS 2007, 01696 = OLGR 2007, 917, Rn. 9; OLG Hamburg, BeckRS 2007, 02603, II.2.b)bb) = OLGR 2007, 33, Rn. 20; BayObLG, NJW-RR 2002, 1684, Rn. 11 = DB 2002, 2210; BeckOK-*Toussaint*, ZPO, § 22 Rn. 6; MK-*Patzina*, ZPO, § 22 Rn. 5.

15 LG Bonn, NJW-RR 2002, 1399, Rn. 13 (für Auseinandersetzung); Musielak/Voit-*Heinrich*, ZPO, § 22 Rn. 2.

16 LG Krefeld, NZI 2014, 408, Rn. 25 = IPRspr 2013, Nr. 302, 714, 1.; BeckOK-*Toussaint*, ZPO, § 22 Rn. 2.

17 KG Berlin, BeckRS 2008, 12243, II.2. = WM 2008, 1571, Rn. 3.

18 Musielak/Voit-*Heinrich*, ZPO, § 22 Rn. 1.

19 Musielak/Voit-*Heinrich*, ZPO, § 22 Rn. 5; BeckOK-*Toussaint*, ZPO, § 22 Rn. 2.1.

20 Musielak/Voit-*Heinrich*, ZPO, § 22 Rn. 5.

21 Musielak/Voit-*Heinrich*, ZPO, § 22 Rn. 5.

22 OLG München, BeckRS 2006, 10643 = ZIP 2006, 2402.

23 KG Berlin, BeckRS 2008, 12243, II.2. = WM 2008, 1571, Rn. 3.

24 LG Dortmund, BeckRS 2010, 22184; LG Dortmund, BeckRS 2010, 30450.

25 BeckOK-*Toussaint*, ZPO, § 22 Rn. 2.1.

26 BeckOK-*Toussaint*, ZPO, § 22 Rn. 2.1.

27 OLG Frankfurt a.M., NZI 2015, 619 = ZIP 2015, 841; OLG München, BeckRS 2006, 10643, 1. = ZIP 2006, 2402, Rn. 3; LG Krefeld, NZI 2014, 408, Rn. 24 ff. = IPRspr 2013, Nr. 302, 714, 1.; vgl. auch OLG Koblenz, NZI 2002, 56, Rn. 33.

28 KG Berlin, NZG 2010, 515, Rn. 7; Musielak/Voit-*Heinrich*, ZPO, § 22 Rn. 5.

29 KG Berlin, NZG 2010, 515, Rn. 7; BeckOK-*Toussaint*, ZPO, § 22 Rn. 2.2.

30 KG Berlin, NZG 2010, 515, Rn. 7.

31 Musielak/Voit-*Heinrich*, ZPO, § 22 Rn. 5.

In **zeitlicher** Hinsicht genügt es, wenn die Klage die Begründung der Mitgliedschaft betrifft 11
oder gegen ein ausgeschiedenes Mitglied oder dessen Rechtsnachfolger gerichtet ist.[32] Bei
Klageerhebung muss die Mitgliedschaft also nicht fortbestehen.

Auf Aktivseite reicht es, wenn ein Rechtsnachfolger der Personenvereinigung Klage erhebt.[33] 12
Dass der Insolvenzverwalter klagen kann, ist seit dem Gesetz zur Modernisierung des GmbH-
Rechts und zur Bekämpfung von Missbräuchen (MoMiG) vom 23.10.2008[34] ausdrücklich
geregelt.[35]

2. Klagen der Mitglieder der Personenvereinigung „in dieser Eigenschaft gegeneinander", Alt. 2

Bei der Klage von Mitgliedern „in dieser Eigenschaft gegeneinander" (**§ 22 Alt. 2 ZPO**) ist er- 13
forderlich, dass die Klage das Rechtsverhältnis der Mitgliedschaft als solches betrifft, also
Rechte aus der Mitgliedschaft zur Gesellschaft geltend gemacht werden. Auf die Art des mitgliedschaftlichen Anspruchs kommt es nicht an.[36] Um mitgliedschaftliche Ansprüche geht es
nicht, wenn private Ansprüche, etwa aus Rechtsgeschäft/vertraglicher Verpflichtung jenseits
des Gesellschaftsverhältnisses oder Delikt, in Rede stehen.[37]

Erfasst sind etwa Klagen auf Auflösung der Gesellschaft durch gerichtliche Entscheidung nach 14
§ 133 HGB und auf Ausschließung eines Gesellschafters nach § 140 HGB; auf Ausgleichsansprüche nach Befriedigung eines Gesellschaftsgläubigers durch Gesellschafter;[38] auf Ren-
tenzahlungsansprüche aufgrund Gesellschaftsvertrages;[39] im Streit um die Zugehörigkeit
eines Gesellschafters zur Gesellschaft (Klage gegen Ausschluss aus KG im Wege von Gesellschafterbeschlüssen);[40] Klage zwischen Gesellschaftern einer Publikums-KG wegen mittelbarer Beteiligung eines Kapitalgebers;[41] sowie Streitigkeiten unter Gesellschaftern auf das
Auseinandersetzungsguthaben einer GbR.[42] Nicht erforderlich ist, dass die Mitgliedschaft im
Zeitpunkt der Klage noch andauert.[43] Auch Rechtsnachfolge schadet nicht.[44]

§ 22 ZPO umfasst nicht Klagen gegen Dritte, Klagen von Dritten sowie auf Drittrechte bezo- 15
gene Klagen.[45]

III. Zuständiges Gericht

Zuständig für Klagen nach § 22 ZPO ist das Gericht, bei dem die Personenvereinigung ihren 16
allgemeinen Gerichtsstand hat. Dieser wiederum bestimmt sich nach § 17 ZPO. Abzustellen ist
auf den **Sitz**, der sich primär aus der Satzung bzw. dem Gründungsakt ergibt;[46] hilfsweise gilt
§ 17 Abs. 1 Satz 2 ZPO, es kommt also auf den Ort an, an dem die Verwaltung geführt wird.[47]
Soweit § 22 ZPO greift, gilt der Sitz der Personenvereinigung damit nicht nur für deren Passiv-,
sondern auch für Aktivprozesse und für Prozesse unter den Mitgliedern.[48] Für den Fall, dass
im Gesellschaftsvertrag einer GbR kein Sitz festgelegt wurde und es auch sonst keine Anhaltspunkte für den Sitz der Gesellschaft gibt, gilt § 36 Abs. 1 Nr. 3 ZPO.[49]

---

32 Musielak/Voit-*Heinrich*, ZPO, § 22 Rn. 5.
33 BeckOK-*Toussaint*, ZPO, § 22 Rn. 4.
34 BGBl. I, S. 2026.
35 Vgl. zu diesem Gesetz ausführlich *Kindler*, NJW 2008, 3249; vgl. zur vorherigen Rechtslage: OLG München, BeckRS 2006, 10643 = ZIP 2006, 2402.
36 OLG Köln, NJW 2004, 862, Rn. 3 = MDR 2003, 1374, Rn. 3.
37 OLG Köln, NJW 2004, 862, Rn. 3 = MDR 2003, 1374, Rn. 3.
38 BeckOK-*Toussaint*, ZPO, § 22 Rn. 5.1.
39 OLG Köln, NJW 2004, 862, Rn. 3 = MDR 2003, 1374, Rn. 3; vgl. dort auch zur Nachhaftung, § 736 Abs. 2 BGB i.V.m. § 160 HGB.
40 OLG Stuttgart, BeckRS 2013, 04339, B.III.4.
41 Musielak/Voit-*Heinrich*, ZPO, § 22 Rn. 6.
42 LG Bonn, NJW-RR 2002, 1399, Rn. 13.
43 OLG Stuttgart, BeckRS 2013, 04339, B.III.4.; OLG Köln, NJW 2004, 862, Rn. 3 = MDR 2003, 1374, Rn. 3; BayObLG, BeckRS 2003, 100018, Rn. 7: Klage gegen ausgeschiedenes Mitglied; LG Bonn, NJW-RR 2002, 1399, Rn. 13: Klage nach Auflösung der Gesellschaft; BeckOK-*Toussaint*, ZPO, § 22 Rn. 5; Musielak/Voit-*Heinrich*, ZPO, § 22 Rn. 6.
44 BeckOK-*Toussaint*, ZPO, § 22 Rn. 5.
45 Musielak/Voit-*Heinrich*, ZPO, § 22 Rn. 6.
46 Musielak/Voit-*Heinrich*, ZPO, § 22 Rn. 2.
47 Vgl. hierzu OLG Frankfurt a.M., BeckRS 2009, 25687, II.1.
48 BeckOK-*Toussaint*, ZPO, § 22 Rn. 7.
49 OLG Celle, BeckRS 2001, 30180916 = OLGR 2001, 198, Rn. 2.

IV. Internationale Zuständigkeit

17 Wegen der **Doppelfunktionalität** begründet § 22 ZPO auch die internationale Zuständigkeit deutscher Gerichte.[50]

18 Soweit **EuGVO und LugÜ-II** reichen, findet § 22 ZPO indes keine Anwendung. Diese Regelwerke kennen auch keinen allgemeinen Gerichtsstand der Mitgliedschaft entsprechend § 22 ZPO.[51] Die internationale Zuständigkeit eines deutschen Gerichts mag aber – soweit die Voraussetzungen gegeben sind – aus Art. 7 Nr. 1 EuGVO bzw. Art. 5 Nr. 1 LugÜ-II (Erfüllungsgerichtsstand) folgen. EuGVO und LugÜ-II sind nicht anzuwenden auf Konkurse, Vergleiche und ähnliche Verfahren (vgl. Art. 1 Abs. 2b EuGVO und Art. 1 Abs. 2b LugÜ-II).[52] Allerdings folgt hieraus noch nicht die Anwendbarkeit des § 22 ZPO, wenn der Insolvenzverwalter Ansprüche in der Insolvenz geltend macht.[53] Auch im Geltungsbereich der **EUInsVO** wird § 22 ZPO verdrängt.[54] Art. 3 Abs. 1 EUInsVO ist dahin auszulegen, dass die Gerichte des Mitgliedstaats, in dessen Gebiet das Insolvenzverfahren eröffnet worden ist, für eine Insolvenzanfechtungsklage gegen einen Anfechtungsgegner, der seinen satzungsmäßigen Sitz in einem anderen Mitgliedstaat hat, zuständig sind.[55] Relevant ist ferner **Art. 24 Nr. 2 EuGVO bzw. Art. 22 Nr. 2 LugÜ-II**; danach besteht bei Verfahren, die die Gültigkeit, Nichtigkeit oder Auflösung einer Gesellschaft oder juristischen Person oder die Gültigkeit ihrer Beschlüsse ihrer Organe zum Gegenstand haben, eine ausschließliche Zuständigkeit der Gerichte des Mitgliedstaates, in dessen Hoheitsgebiet die Gesellschaft oder juristische Person ihren Sitz hat, wobei das Gericht bei der Entscheidung darüber, wo der Sitz sich befindet, die Vorschriften seines Internationalen Privatrechts anwendet. Insoweit wird § 22 ZPO in seiner Funktion als Regelung der internationalen Zuständigkeit verdrängt; als örtliche Zuständigkeitsregelung bleibt er jedoch erhalten.[56]

§ 23
Besonderer Gerichtsstand des Vermögens und des Gegenstands

¹Für Klagen wegen vermögensrechtlicher Ansprüche gegen eine Person, die im Inland keinen Wohnsitz hat, ist das Gericht zuständig, in dessen Bezirk sich Vermögen derselben oder der mit der Klage in Anspruch genommene Gegenstand befindet. ²Bei Forderungen gilt als der Ort, wo das Vermögen sich befindet, der Wohnsitz des Schuldners und, wenn für die Forderungen eine Sache zur Sicherheit haftet, auch der Ort, wo die Sache sich befindet.

Inhalt:

	Rn.		Rn.
A. Allgemeines	1	III. Zuständiges Gericht	15
B. Erläuterungen	5	1. Vermögen bzw. Gegenstand,	
I. Parteien	5	Satz 1	15
1. Kläger	5	2. Wohnsitz oder Belegenheitsort,	
2. Beklagter	6	Satz 2	16
II. Klage wegen vermögensrechtlicher Ansprüche	8	a) Wohnsitz des Schuldners, Alt. 1	16
1. Vermögensrechtliche Ansprüche	8	b) Belegenheitsort der Sache, Alt. 2	17
2. Klagen	14	IV. Internationale Zuständigkeit	18

A. Allgemeines

1 § 23 ZPO dient dem **Inländerschutz**. Von der Überlegung getragen, Ausländer mit im Inland gelegenem Vermögen könnten anderenfalls nicht verklagt werden, wird ein Auffanggerichtsstand für klagende Inländer – ohne Rücksicht auf ihre Staatsangehörigkeit – geschaffen.¹ Ziel

---

50 OLG München, BeckRS 2006, 10643, 3. = ZIP 2006, 2402, Rn. 8f.; OLG Köln, NZG 2004, 1009, Rn. 10; OLG Naumburg, NZG 2001, 1218, Rn. 33.
51 OLG Köln, NZG 2004, 1009, Rn. 9; BeckOK-*Toussaint*, ZPO, § 22 Rn. 10.
52 Vgl. OLG Koblenz, NZI 2002, 56, Rn. 19; OLG Koblenz, NZG 2001, 759, 2.a).
53 So OLG Koblenz, NZI 2002, 56, Rn. 33 (EuGVÜ); OLG München, BeckRS 2006, 10643 = ZIP 2006, 2402, Rn. 3ff. (LugÜ).
54 BeckOK-*Toussaint*, ZPO, § 22 Rn. 10.1.
55 EuGH, NJW 2009, 2189, Rn. 20, 28 = ZIP 2009, 427, Rn. 20, 28; vgl. die entsprechende Vorlage: BGH, NZI 2007, 538 = ZIP 2007, 1415. Vgl. dann zur örtlichen Zuständigkeit: BGH, NJW 2009, 2215, Rn. 11ff. = ZIP 2009, 1287, Rn. 11ff.
56 OLG Naumburg, NZG 2000, 1218, Rn. 34.

Zu § 23:
1 BGH, NJW 2013, 386, Rn. 16 = ZIP 2013, 239, III.2.

ist es, die Rechtsverfolgung im Inland zu erleichtern, indem dort vorhandenes Vermögen als Gegenstand der Zwangsvollstreckung herangezogen werden kann.² § 23 ZPO wird vielfach als zu weitgehend kritisiert.³

Für die Zulässigkeit reicht es aus, wenn der Kläger die Voraussetzungen des § 23 ZPO schlüssig darlegt, diese werden im Rahmen der Zulässigkeit als wahr unterstellt⁴ (**doppelrelevante Tatsachen**). Für den Einwand rechtsmissbräuchlicher Inanspruchnahme des besonderen Gerichtsstandes des § 23 ZPO wegen fehlender Befriedigungsaussicht des Gläubigers trägt dagegen der Beklagte die Darlegungs- und Beweislast.⁵

Wenn im **Zeitpunkt** der Klageerhebung Vermögen der Beklagtenseite in Deutschland vorhanden ist, wird die einmal begründete Zuständigkeit perpetuiert.⁶ Ein nachträglicher Wegfall der den Vermögensgerichtsstand begründenden Umstände schadet also wegen § 261 Abs. 3 Nr. 2 ZPO nicht.⁷ Es reicht aber auch aus, wenn die Zuständigkeit später – durch den Erwerb von Vermögen nach Klageerhebung – begründet wird; dies ist möglich bis zur letzten mündlichen Tatsachenverhandlung.⁸

Es handelt sich um einen **Wahlgerichtsstand** i.S.v. § 35 ZPO. Auch wenn verschiedene Varianten des § 23 ZPO eingreifen, hat der Kläger die Wahl.

B. Erläuterungen
I. Parteien
1. Kläger

Im Gerichtsstand des § 23 ZPO klagen kann jede natürliche oder juristische Person bzw. (aktiv prozessfähige) rechtsfähige Personenvereinigung ohne eigene Rechtspersönlichkeit.⁹ Der **Kläger** muss nicht deutscher Staatsangehöriger¹⁰ und noch nicht einmal im Inland ansässig sein.¹¹ Die Vorschrift gilt also auch für klagende Ausländer ohne Rücksicht auf deren Wohnsitz (streitig).¹²

2. Beklagter

Beklagter kann jede natürliche und juristische Person und passivprozessfähige Partei unabhängig von ihrer Staatsangehörigkeit sein, sofern sie keinen Wohnsitz bzw. im Fall juristischer Personen oder passivparteifähiger Personenmehrheiten keinen Sitz im Inland hat.¹³

§ 23 ZPO kann auch die internationale Zuständigkeit gegenüber dem **ausländischen Fiskus** begründen (streitig).¹⁴ Der Gerichtsstand des Vermögens greift indes gegenüber Klagen gegen einen ausländischen Staat nicht, soweit dessen inländisches Vermögen wegen Vollstreckungsimmunität nicht pfändbar ist.¹⁵ Die Zwangsvollstreckung aus einem Vollstreckungstitel, der über ein nicht hoheitliches Verhalten (acta iure gestionis) eines fremden Staates ergangen ist, in dessen Vermögensgegenstände ist ohne seine Zustimmung unzulässig, soweit diese im Zeitpunkt des Beginns der Vollstreckungsmaßnahme hoheitlichen Zwecken dienen.¹⁶ Ob ein Vermögensgegenstand hoheitlichen Zwecken dient, richtet sich danach, ob er für eine hoheitliche Tätigkeit verwendet werden soll.¹⁷ Der Vollstreckungsimmunität unterfallen beispiels-

---

2 BAG, NZA-RR 2014, 46, Rn. 36 = ZIP 2014, 939, Rn. 36.
3 Vgl. Musielak/Voit-*Heinrich*, ZPO, § 23 Rn. 2; BeckOK-*Toussaint*, ZPO, § 23 Rn. 13; Zöller-*Vollkommer*, ZPO, § 23 Rn. 1 jeweils m.w.N.; anders Baumbach/Lauterbach/Albers/Hartmann, ZPO, § 23 Rn. 2: Gerichtsstand des § 23 ZPO „nicht unnötig erschweren".
4 OLG Frankfurt a.M., ZIP 2013, 277, Rn. 31.
5 OLG Dresden, NJW-RR 2007, 1145, Rn. 32.
6 OLG München, BeckRS 2015, 09718, II.5.a) = MDR 2015, 728, Rn. 26.
7 OLG Frankfurt a.M., BeckRS 2007, 19085, II.A.
8 OLG München, BeckRS 2015, 09718, II.5.a) = MDR 2015, 728, Rn. 26; OLG Frankfurt a.M., BeckRS 2007, 19085, II.A.
9 BeckOK-*Toussaint*, ZPO, § 23 Rn. 1.
10 BGH, NJW 2013, 386 = ZIP 2013, 239, Rn. 16; OLG Frankfurt a.M., IPRspr 2012, Nr. 224, 521, Rn. 44.
11 BeckOK-*Toussaint*, ZPO, § 23 Rn. 1.
12 Musielak/Voit-*Heinrich*, ZPO, § 23 Rn. 5 m.w.N.
13 OLG Brandenburg, BeckRS 2014, 08192, II.3.a).
14 OLG Köln, BeckRS 2015, 12442, II.3.b) = IBR 2015, 530, Rn. 47; a.A. Zöller-*Vollkommer*, ZPO, § 23 Rn. 3.
15 OLG Köln, BeckRS 2015, 12442, II.3.b) = IBR 2015, 530, Rn. 50.
16 BGH, NJW-RR 2014, 1088, Rn. 13 = MDR 2014, 1108, Rn. 13.
17 BGH, NJW-RR 2014, 1088, Rn. 13 = MDR 2014, 1108, Rn. 13.

weise kulturelle Einrichtungen eines ausländischen Staates, etwa der Betrieb einer Auslandsschule.[18]

II. Klage wegen vermögensrechtlicher Ansprüche
1. Vermögensrechtliche Ansprüche

8   § 23 ZPO setzt voraus, dass es um eine Klage wegen **vermögensrechtlicher Ansprüche** geht. Vermögensrechtlich ist der Rechtsstreit, wenn der prozessuale Anspruch auf Geld oder geldwerte Gegenstände gerichtet ist.[19] Vermögen ist also grundsätzlich jeder Gegenstand, der einen – wenn auch geringen[20] – Geldwert hat, sei es eine Sache oder eine Forderung oder ein sonstiges Vermögensrecht.[21] Es ist nicht erforderlich, dass sich das gesamte Vermögen des Beklagten im Inland befindet.[22] Es ist grundsätzlich auch nicht erforderlich, dass das Vermögensstück zur Befriedigung des Klägers ausreicht;[23] dass es in angemessener Relation zum Streitwert des Prozesses steht;[24] oder dass das Vermögen pfändbar ist.[25] Diese Rechtsprechung wurde modifiziert[26] dahingehend, dass es an der Zuständigkeit nach § 23 ZPO fehlt, wenn ein schutzwürdiges und anzuerkennendes Interesse des Klägers schlechthin nicht besteht,[27] insbesondere dann, wenn der mögliche Erlös aus der Zwangsvollstreckung aufgezehrt würde durch die Kosten der Verwertung.[28]

9   **Im Einzelnen** sind etwa erfasst: Sachen; dingliche Rechte, etwa auch ein dingliches Verwertungsrecht wie die Grundschuld[29] oder beschränkt dingliche Rechte wie z.B. ein Pfändungspfandrecht;[30] Immaterialgüterrechte,[31] etwa Marke nach Markengesetz;[32] Vorhandensein einer Zweigniederlassung[33] oder eines Büros im Inland, weil dieses nach allgemeiner Lebenserfahrung über eine entsprechende Ausstattung verfügt.[34]

10 Der Gerichtsstand des Klagegegenstandes – **§ 23 Satz 1 Alt. 2 ZPO** – begründet eine Zuständigkeit auch in dem Gerichtsbezirk, in dem sich der mit der Klage in Anspruch genommene Gegenstand befindet.[35] Er ergänzt den Gerichtsstand des Vermögens, hat selbstständige Bedeutung und schafft einen zusätzlichen Gerichtsstand, falls der des Vermögens versagt.[36] Gegenstand i.d.S. kann jede Sache und jedes Recht sein, etwa Grundschuldbrief, Bürgschaft oder die Klageforderung selbst.[37]

---

18 BGH, NJW-RR 2014, 1088, Rn. 13 = MDR 2014, 1108, Rn. 13; OLG Köln, BeckRS 2015, 12442, II.3.b) = IBR 2015, 530, Rn. 51.
19 OLG Hamburg, IPRspr 2011, Nr. 263b, 678, Rn. 13.
20 OLG München, WM 2006, 1556, Rn. 24.
21 OLG München, BeckRS 2015, 09718, II.5.b) = MDR 2015, 728, Rn. 27; OLG München, WM 2006, 1556, Rn. 24.
22 BAG, NZA-RR 2014, 46, Rn. 36 = ZIP 2014, 939, Rn. 36.
23 BGH, BeckRS 2005, 11442, I. = BGHReport 2005, 1611, Rn. 4; OLG München, WM 2006, 1556, Rn. 24; OLG Naumburg, OLGR 2004, 366, Rn. 20; OLG Rostock, TransportR 2000, 40, Rn. 40; dagegen OLG München, BeckRS 2015, 09718, II.5.c)cc)(3) = MDR 2015, 728, Rn. 36: adäquates Verhältnis von Streitwert und Vermögen gefordert.
24 BGH, BeckRS 2005, 11442, I. = BGHReport 2005, 1611, Rn. 4; OLG Naumburg, OLGR 2004, 366, Rn. 20; OLG Rostock, TransportR 2000, 40, Rn. 40; dagegen OLG München, BeckRS 2015, 09718, II.5.c)cc)(3) = MDR 2015, 728, Rn. 36: adäquates Verhältnis von Streitwert und Vermögen gefordert.
25 OLG Düsseldorf, NJOZ 2006, 2719 (2724), II.2.b)bb); OLG Rostock, TransportR 2000, 40, Rn. 40.
26 Vgl. BeckOK-*Toussaint*, ZPO, § 23 Rn. 6: „unausgesprochen modifiziert"; vgl. auch OLG Dresden, NJW-RR 2007, 1145, Rn. 32: „welchen Umfang das inländische Vermögen haben ... muss, ist noch nicht abschließend geklärt." Vgl. auch zur Kritik BeckOK-*Toussaint*, ZPO, § 23 Rn. 6.1: „Gefahr einer rechtsmissbräuchlichen Erschleichung eines inländischen Gerichtsstandes."
27 BGH, BeckRS 2005, 11442, I. = BGHReport 2005, 1611, Rn. 1; OLG München, BeckRS 2015, 09718, II.5.b) = MDR 2015, 728, Rn. 28.
28 BGH, BeckRS 2005, 11442, I. = BGHReport 2005, 1611, Rn. 1; OLG München, BeckRS 2015, 09718, II.5.b) = MDR 2015, 728, Rn. 28; OLG Dresden, NJW-RR 2007, 1145, Rn. 32; OLG Düsseldorf, BeckRS 2006, 01220, II.2.e).
29 OLG Brandenburg, BeckRS 2014, 08192, II.3.a); OLG Naumburg, OLGR 2004, 366 (367).
30 BeckOK-*Toussaint*, ZPO, § 23 Rn. 7.1.
31 BeckOK-*Toussaint*, ZPO, § 23 Rn. 7.
32 OLG Frankfurt a.M., BeckRS 2012, 21368, II.2.d).
33 LAG Köln, NZA-RR 2002, 40, Rn. 3.
34 BAG, NZA 2008, 761, Rn. 22 = IPRspr 2007, Nr. 50, 166, II.1.c).
35 OLG Frankfurt a.M., MDR 1981, 322.
36 OLG Frankfurt a.M., MDR 1981, 322.
37 BeckOK-*Toussaint*, ZPO, § 23 Rn. 12.

Erfasst sind über **§ 23 Satz 2 Alt. 1 ZPO** auch Forderungen gegen eine im Inland wohnende Person, etwa Kostenerstattungsansprüche aus Prozessen des oder gegen den Beklagten, es sei denn es handelt sich um gerade zum Zweck der Zuständigkeitserschleichung vom Kläger gegen den Beklagten angestrengte Prozesse oder um Prozesse, in denen der Kostenerstattungsanspruch des Beklagten aus der Abweisung einer Klage des hiesigen Klägers mangels internationaler und örtlicher Zuständigkeit herrührt.[38] Erfasst sind über **§ 23 Satz 2 Alt. 2 ZPO** weiter Forderungen, für die eine Sache zur Sicherheit haftet, die im Inland belegen ist. 11

Forderungen i.S.v. § 23 Satz 2 ZPO können sich **gegen** im Inland ansässige **Dritte** richten, etwa Bankguthaben als Forderung gegen die Bank;[39] Ruhegehaltsansprüche gegen Notarkasse als im Inland ansässige Drittschuldnerin;[40] öffentlich-rechtlicher Herausgabeanspruch gegen die Hinterlegungsstelle.[41] Forderungen i.S.v. § 23 Satz 2 ZPO können sich auch **gegen den Kläger selbst** richten.[42] Der Kläger kann sich aber auf eine Forderung zur Begründung der Zuständigkeit nicht berufen, wenn er diese selbst bestreitet[43] Gleiches gilt, wenn sich der Anspruch des Klägers und des Beklagten gegenseitig ausschließen.[44] 12

Erforderlich ist das Vorliegen **eigenen Vermögens** des Beklagten i.S. einer rechtlichen Vermögenszuordnung, die vollstreckungsrechtlich den Zugriff erlaubt; wirtschaftliche Verfügungsbefugnis reicht nicht,[45] ebenso wenig mittelbare Inhaberstellung.[46] Nicht umfasst sind auch künftige Rechte und erst recht nicht bloße Erwartungen über künftiges vermögensrelevantes Verhalten von Prozessparteien.[47] Gegenwärtig sind aber bedingte und befristete Rechte, insbesondere Anwartschaftsrechte (streitig).[48] Kein Vermögen bilden auch Anspruch auf Auskunft, auf Rechnung, auf Quittung, auf Herausgabe von Aktien oder Briefen, sofern diesen kein Geldwert zukommt.[49] 13

2. Klagen

Erfasst ist nicht nur die **Leistungsklage**, sondern auch die positive ebenso wie die negative **Feststellungsklage**[50] (etwa auf Feststellung des Nichtbestehens eines vermögensrechtlichen Anspruchs). § 23 ZPO gilt auch für Arrest und einstweilige Verfügung[51] sowie für das Zwangsvollstreckungsverfahren, vgl. § 797 Abs. 5 ZPO; § 828 Abs. 2 ZPO (dann ausschließlicher Gerichtsstand, § 802 ZPO).[52] Vgl. auch § 722 Abs. 2 ZPO, § 110 Abs. 3 FamFG sowie § 113 Abs. 1 FamFG. 14

III. Zuständiges Gericht
1. Vermögen bzw. Gegenstand, Satz 1

Zuständig ist das Gericht, in dessen Bezirk sich Vermögen des Beklagten befindet (**§ 23 Satz 1 Alt. 1 ZPO**) bzw. das Gericht, in dessen Bezirk sich der mit der Klage in Anspruch genommene Gegenstand befindet (**§ 23 Satz 1 Alt. 2 ZPO**). Bei Sachen kommt es darauf an, wo diese sich befinden (nicht auf den Besitzer),[53] gleichermaßen bei Rechten aus Inhaber- und Orderpapieren, etwa Aktien und Wechseln.[54] Bei Patent-, Gebrauchs-, Markenrechten vgl. zunächst § 25 Abs. 3 PatG, § 28 Abs. 3 GebrauchsmusterG, § 96 Abs. 3 MarkenG; darüber hinaus kommt es für Immaterialgüterrechte auf den (Wohn-)Sitz des Rechteinhabers an (streitig).[55] 15

---

38 OLG Frankfurt a.M., BeckRS 2007, 19085, II.A.
39 Vgl. OLG Frankfurt a.M., BeckRS 2015, 07924, Rn. 9 = IPRspr 2014, Nr. 263, 705, Rn. 9.
40 BGH, NJW-RR 2013, 880, Rn. 13 = MDR 2013, 491, Rn. 13 mit Anm. Kern, LMK 2013, 343830.
41 OLG Frankfurt a.M., BeckRS 2015, 07924, Rn. 9 = IPRspr 2014, Nr. 263, 705, Rn. 9.
42 OLG Dresden, NJW-RR 2007, 1145, Rn. 32.
43 OLG Frankfurt a.M., ZIP 2013, 277, Rn. 33; OLG Saarbrücken, NJW 2000, 670, Rn. 30.
44 OLG Saarbrücken, NJW-RR 2000, 670, Rn. 30.
45 BGH, NJW-RR 2007, 1570, Rn. 26 = WM 2007, 1586, II.2.b).
46 BeckOK-*Toussaint*, ZPO, § 23 Rn. 9.
47 OLG München, BeckRS 2015, 09718, II.5.b) = MDR 2015, 728, Rn. 27.
48 Thomas/Putzo-*Hüßtege*, ZPO, § 23 Rn. 6; a.A. Baumbach/Lauterbach/Albers/Hartmann, ZPO, § 23 Rn. 9: grundsätzlich nicht, aber „Fallfrage".
49 Musielak/Voit-*Heinrich*, ZPO, § 23 Rn. 7.
50 OLG München, GRUR 2004, 94, Rn. 32.
51 Thomas/Putzo-*Hüßtege*, ZPO, § 23 Rn. 2.
52 Musielak/Voit-*Heinrich*, ZPO, § 23 Rn. 6.
53 Musielak/Voit-*Heinrich*, ZPO, § 23 Rn. 9.
54 Thomas/Putzo-*Hüßtege*, ZPO, § 23 Rn. 7.
55 Musielak/Voit-*Heinrich*, ZPO, § 23 Rn. 10; a.A.: BeckOK-*Toussaint*, ZPO, § 23 Rn. 15 – allgegenwärtig, also in jedem inländischen Gerichtsbezirk belegen.

2. Wohnsitz oder Belegenheitsort, Satz 2

a) Wohnsitz des Schuldners, Alt. 1

16 Bei Forderungen gilt gemäß **§ 23 Satz 2 Alt. 1 ZPO** der Wohnsitz des Schuldners. So befindet sich etwa der Belegenheitsort des öffentlich-rechtlichen Herausgabeanspruches bezüglich eines hinterlegten Geldbetrages i.S.v. § 23 Satz 2 Alt. 1 ZPO am Sitz des zuständigen Amtsgerichts; darauf, wo das Konto der Gerichtskasse geführt wird, kommt es nicht an.[56]

b) Belegenheitsort der Sache, Alt. 2

17 Wenn für die Forderungen eine Sache zur Sicherheit haftet, gilt gemäß **§ 23 Satz 2 Alt. 2 ZPO** der Ort, an dem die Sache sich befindet.

IV. Internationale Zuständigkeit

18 Liegt örtliche Zuständigkeit nach § 23 ZPO vor, wird damit zugleich die internationale Zuständigkeit begründet **(Doppelfunktionalität)**.[57]

19 Jedenfalls sofern es um die Begründung der internationalen Zuständigkeit geht,[58] ist § 23 ZPO nur anwendbar, wenn der Rechtsstreit einen über die Vermögensbelegenheit hinausgehenden **hinreichenden Inlandsbezug** aufweist.[59] Wann dieser gegeben ist, lässt sich nur für den Einzelfall beurteilen.[60] Bejaht wird er in den Fällen, in denen eine Partei Deutscher ist[61] oder ihr Sitz/Wohnsitz in Deutschland liegt,[62] die Rechtsbeziehungen der Parteien ihren Ursprung in der Bundesrepublik Deutschland haben, deutsches Recht anzuwenden ist,[63] eine besondere Teilnahme des Beklagten am Geschäftsleben in der Bundesrepublik festzustellen ist oder es eine besondere Rechts- oder Beweisnähe deutscher Gerichte gibt[64] bzw. ein sonstiges berechtigtes Interesse des Klägers an einer inländischen Entscheidung dargetan wird.[65] Ausreichend ist auch, wenn die Leistung, deren Vergütung erstrebt wird, jedenfalls zu einem wesentlichen Teil im Inland erbracht wurde,[66] wenn die vertragsgemäße Tätigkeit unter anderem in Deutschland stattfindet;[67] wenn die Beklagte in Deutschland ein Büro mit Büroausstattung unterhält;[68] wenn das Insolvenzverfahren im Inland eröffnet wurde und die Ansprüche des Insolvenzschuldners aus seiner im Inland durchgeführten Tätigkeit resultieren;[69] wenn der Klageanspruch mit einem Arbeitsverhältnis zusammenhängt, das ausschließlich für eine Beschäftigung in Deutschland geschlossen und ausschließlich in Deutschland vollzogen wurde.[70]

20 § 23 ZPO gilt nicht, soweit **EuGVO**[71] **und LugÜ-II** Anwendung finden, vgl. Art. 5 Abs. 2 EuGVO[72] und Art. 3 Abs. 2 LugÜ-II i.V.m. Anh. 1 Spiegelstrich 5. § 23 ZPO ist in einigen bilateralen Verträgen ausgeschlossen.[73]

§ 23a

(weggefallen)

---

56 OLG Frankfurt a.M., BeckRS 2015, 07924, Rn. 9 = IPRspr. 2014, Nr. 263, 705, Rn. 9.
57 OLG Düsseldorf, NJOZ 2006, 2719 (2724), II.2.b)aa); OLG Rostock, TransportR 2000, 40, Rn. 37.
58 BeckOK-*Toussaint*, ZPO, § 23 Rn. 13; Zöller-*Vollkommer*, ZPO, § 23 Rn. 1.
59 BGH, NJW 2013, 386, Rn. 16 = ZIP 2013, 239, III.2.; BGH, NJW-RR 2013, 880, Rn. 13 = MDR 2013, 491, Rn. 13; BAG, NZA-RR 2014, 46, Rn. 36 = ZIP 2014, 939, Rn. 36; OLG Köln, BeckRS 2015, 12442, II.3.b) = IBR 2015, 530, Rn. 48; OLG Frankfurt a.M., IPRspr 2012, Nr. 224, 521, Rn. 44; OLG Dresden, NJW-RR 2007, 1145, Rn. 32; a.A. Baumbach/Lauterbach/Albers/Hartmann, ZPO, § 23 Rn. 16.
60 OLG Düsseldorf, NJOZ 2006, 2719 (2725).
61 OLG Düsseldorf, NJOZ 2006, 2719 (2725); OLG Frankfurt a.M., BeckRS 2011, 27061, II.2.e) = WM 2011, 2360, Rn. 47 – dort kumulativ: ständiger Aufenthalt im Inland „und darüber hinaus deutscher Staatsangehöriger".
62 BGH, NJW 2013, 386, Rn. 16 = ZIP 2013, 239, III.2; vgl. auch BAG, NZA-RR 2014, 46, Rn. 36 = ZIP 2014, 939, Rn. 36 (dort allerdings zusätzlich darauf abstellend, dass der Kläger mit Wohnsitz in Deutschland deutscher Staatsbürger ist); OLG Düsseldorf, NJOZ 2006, 2719 (2725); LG Bonn, BeckRS 2015, 16136, Rn. 26.
63 OLG Düsseldorf, NJOZ 2006, 2719 (2725).
64 OLG Düsseldorf, NJOZ 2006, 2719 (2725).
65 OLG Rostock, TransportR 2000, 40, Rn. 46.
66 OLG Köln, BeckRS 2015, 12442, II.2.b) = IBR 2015, 530, Rn. 48.
67 OLG München, WM 2006, 1556, Rn. 24.
68 BAG, NZA-RR 2014, 46, Rn. 36 = ZIP 2014, 939, Rn. 36.
69 BGH, NJW-RR 2013, 880, Rn. 13 = MDR 2013, 491, Rn. 13.
70 LAG Köln, NZA-RR 2002, 40, Rn. 4.
71 Vgl. LG Frankfurt a.M., BeckRS 2016, 05583, II.
72 Vgl. auch LG Frankfurt a.M., IPRspr 2009, Nr. 256, 675, Rn. 2.
73 Dazu Musielak/Voit-*Heinrich*, ZPO, § 23 Rn. 21 m.w.N.

§ 24
Ausschließlicher dinglicher Gerichtsstand

(1) Für Klagen, durch die das Eigentum, eine dingliche Belastung oder die Freiheit von einer solchen geltend gemacht wird, für Grenzscheidungs-, Teilungs- und Besitzklagen ist, sofern es sich um unbewegliche Sachen handelt, das Gericht ausschließlich zuständig, in dessen Bezirk die Sache belegen ist.

(2) Bei den eine Grunddienstbarkeit, eine Reallast oder ein Vorkaufsrecht betreffenden Klagen ist die Lage des dienenden oder belasteten Grundstücks entscheidend.

Inhalt:

	Rn.		Rn.
A. Allgemeines	1	3. Klagen auf Geltendmachung der Freiheit von einer dinglichen Belastung, Var. 3	12
B. Erläuterungen	3		
I. Unbewegliche Sachen	3		
II. Erfasste Klagen, Abs. 1	6	4. Grenzscheidungsklagen, Var. 4	15
1. Klagen auf Geltendmachung des Eigentums, Var. 1	7	5. Teilungsklagen, Var. 5	17
		6. Besitzklagen, Var. 6	19
2. Klagen auf Geltendmachung einer dinglichen Belastung, Var. 2	9	III. Zuständiges Gericht	21
		IV. Internationale Zuständigkeit	23

A. Allgemeines

Mit § 24 ZPO beginnt die Regelung der dinglichen Gerichtsstände (§§ 24–26 ZPO) – *forum rei sitae*. Ziel ist die Entscheidung durch den ortsnahen Richter,[1] der zu einer sicheren Feststellung und Würdigung der sachenrechtlichen Rechtsverhältnisse in der Lage ist.[2] Am Ort der Belegenheit der Sache sollen alle Rechtsstreitigkeiten konzentriert werden.[3] Ausreichend für die Bestimmung des Gerichtsstands ist die schlüssige Behauptung der die Zuständigkeit begründenden Tatsachen (**doppelrelevante Tatsachen**).

Es handelt sich um einen ausschließlichen Gerichtsstand.[4] Damit sind der allgemeine, der besondere und der vereinbarte Gerichtsstand ausgeschlossen, ebenso der Gerichtsstand der Widerklage (§ 33 Abs. 2 ZPO).[5] § 24 ZPO durchbricht auch die Exterritorialität.[6] Der ausschließliche dingliche Gerichtsstand des § 24 ZPO gilt auch für Beklagte, die im übrigen Immunität genießen.[7] Zulässig sind aber Schiedsklauseln.[8]

B. Erläuterungen
I. Unbewegliche Sachen

Für den Begriff der **unbeweglichen Sache** sind auch die Bestimmungen der §§ 93–96 BGB einzubeziehen; die Vorschrift des § 864 ZPO findet dagegen keine Anwendung. Unbewegliche Sachen sind damit Grundstücke nebst ihren wesentlichen und nichtwesentlichen Bestandteilen, letztere nur, solange die Verbindung fortdauert.[9] Aus § 24 Abs. 2 ZPO lässt sich ableiten, dass ebenso subjektiv-dingliche Rechte, die mit dem Eigentum am Grundstück verbunden sind, umfasst sind; z.B. Grunddienstbarkeiten (§ 1018 BGB), subjektiv-dingliche Vorkaufsrechte (§ 1094 Abs. 2 BGB), subjektiv-dingliche Reallasten (§ 1105 Abs. 2 BGB); weiter entsprechende Anwartschaften.[10]

Unter § 24 Abs. 1 ZPO fallen **auch grundstücksgleiche Rechte**, z.B. Erbbaurecht nach der ErbbauVO; Jagdrecht nach dem Bundesjagdgesetz; Recht aus § 912 BGB; bestimmte grundstücksgleiche Rechte nach Landesgesetzen,[11] vgl. Art. 63, 67 ff., 196 EGBGB. Zu § 24 ZPO gehören ebenfalls Bruchteile an Grundstücken oder grundstücksgleichen Rechten, v.a. Miteigentumsanteile i.S.v. § 1008 BGB, Wohnungseigentum i.S.v. §§ 1, 2 WEG; fortbestehendes

---

1 OLG Frankfurt a.M., BeckRS 2013, 15958, II.2.
2 OLG Hamm, BeckRS 2015, 03363, Rn. 16.
3 MK-*Patzina*, ZPO, § 24 Rn. 1; Musielak/Voit-*Heinrich*, ZPO, § 24 Rn. 1.
4 OLG Naumburg, BeckRS 2015, 19776, Rn. 5; OLG Dresden, BeckRS 2011, 23878, III.1.b); OLG Brandenburg, BeckRS 2009, 21995, II.2.d).
5 Zöller-*Vollkommer*, ZPO, § 24 Rn. 18.
6 Musielak/Voit-*Heinrich*, ZPO, § 24 Rn. 1, 14; MK-*Patzina*, ZPO, § 24 Rn. 1; vgl. hierzu auch BeckOK-*Toussaint*, ZPO, § 24 Rn. 21.1.
7 BeckOK-*Toussaint*, ZPO, § 24 Rn. 21.1.
8 MK-*Patzina*, ZPO, § 24 Rn. 21.
9 Musielak/Voit-*Heinrich*, ZPO, § 24 Rn. 3.
10 Musielak/Voit-*Heinrich*, ZPO, § 24 Rn. 3.
11 MK-*Patzina*, ZPO, § 24 Rn. 4.

Gebäudeeigentum in den neuen Bundesländern (Art. 233 § 4 Abs. 1 Satz 1 EGBGB);[12] und das Bergwerkseigentum nach § 9 Abs. 1 BBergG.

5 **Nicht erfasst** sind: Zubehör, §§ 97, 98 BGB; andere Rechte an Grundstücken, sofern nicht um ihren Bestand gestritten wird,[13] wie z.B. Hypothek, Grundschuld, Rentenschuld, subjektiv-persönliches Vorkaufsrecht, persönliche Reallast; diese Rechte gelten nicht als unbewegliche.[14]

II. Erfasste Klagen, Abs. 1

6 Für die **Anwendbarkeit** des § 24 ZPO reicht es nicht, wenn es um ein Grundstück oder grundstücksgleiches Recht geht. Erforderlich ist zusätzlich, dass der Streitgegenstand unter eine der folgenden Fallgruppen fällt. Ist dies gegeben, greift § 24 ZPO, und zwar auch für Anträge auf Arrest und einstweilige Verfügung, denn diese verweisen auf das Gericht der Hauptsache, §§ 919, 937, 943 ZPO.[15] Es ist ferner ohne Belang, ob es sich um eine Leistungsklage oder eine (positive oder negative) Feststellungsklage handelt.[16]

1. Klagen auf Geltendmachung des Eigentums, Var. 1

7 Hierunter fallen Klagen auf Feststellung des **Eigentums** oder auf Grundbuchberichtigung (§ 894 BGB), zudem Klagen, deren Anspruchsgrundlage das Eigentum ist, ohne dass hierüber eine rechtskräftige Entscheidung gefällt wird;[17] v.a. Herausgabe nach § 985 BGB;[18] Abwehr nach § 1004 BGB; aus §§ 905, 1004 BGB; nach § 1053 BGB; aus Nachbarrecht gemäß §§ 906 ff., 1004 BGB.

8 **Nicht erfasst** sind Klagen, bei denen der Kläger sich das Eigentum aufgrund eines persönlichen Anspruchs erst verschaffen will,[19] auch wenn sie auf Bewilligung einer Vormerkung oder Auflassung gerichtet sind;[20] Erbschaftsklagen gemäß §§ 2018 ff. BGB, selbst wenn der Nachlass nur aus einem Grundstück besteht;[21] gesellschaftsrechtliche Streitigkeiten, die ihren Grund nur darin haben, dass die Gesellschaft Grundbesitz hat;[22] Gläubigeranfechtungsklagen betreffend ein Grundstück (streitig);[23] Klagen aus Anwartschaft des Nacherben auf Feststellung der Unwirksamkeit der Verfügung des Vorerben über ein zur Erbschaft gehörendes Grundstück;[24] Klagen aus § 812 BGB wegen Vertragsnichtigkeit;[25] Aussonderungsberechtigung aufgrund eines persönlichen Rechts (anders bei Aussonderungsberechtigung aufgrund eines dinglichen Rechts);[26] Duldungsanspruch aus notarieller Urkunde.[27]

2. Klagen auf Geltendmachung einer dinglichen Belastung, Var. 2

9 Hier geht es um Klagen aus **dinglicher Belastung** an unbeweglichen Sachen, d.h. insbesondere um beschränkt dingliche Rechte (Hypothek, Grundschuld, Reallast, Vorkaufsrecht etc.);[28] beschränkt persönliche Dienstbarkeiten (§§ 1090 ff. BGB); Klagen wegen Erbbaurechts, Nießbrauch (§§ 1030 ff. BGB), Grunddienstbarkeit (§§ 1018 ff. BGB), Rentenschuld, Klagen auf Beseitigung oder Unterlassung einer Störung des Rechts (auch durch Anspruch nach § 894 BGB);[29] Klagen auf Zahlung von Kapital, Zinsen und Renten bei Hypothek, Grundschuld, Rentenschuld;[30] Klagen auf Duldung der Zwangsvollstreckung (§§ 1147, 1192 BGB);[31] Belastungen

---

12 BeckOK-*Toussaint*, ZPO, § 24 Rn. 2.
13 Musielak/Voit-*Heinrich*, ZPO, § 24 Rn. 6.
14 MK-*Patzina*, ZPO, § 24 Rn. 5.
15 Musielak/Voit-*Heinrich*, ZPO, § 24 Rn. 7; vgl. auch LG Magdeburg, BeckRS 2012, 09145.
16 MK-*Patzina*, ZPO, § 24 Rn. 6; Musielak/Voit-*Heinrich*, ZPO, § 24 Rn. 7; vgl. zur negativen Feststellungsklage LG Duisburg, BeckRS 2015, 03875, I.
17 MK-*Patzina*, ZPO, § 24 Rn. 7.
18 LG Flensburg, BeckRS 2011, 24084.
19 BeckOK-*Toussaint*, ZPO, § 24 Rn. 7.
20 Musielak/Voit-*Heinrich*, ZPO, § 24 Rn. 9.
21 MK-*Patzina*, ZPO, § 24 Rn. 8.
22 MK-*Patzina*, ZPO, § 24 Rn. 8; Musielak/Voit-*Heinrich*, ZPO, § 24 Rn. 9.
23 OLG Celle, BeckRS 2008, 04112; MK-*Patzina*, ZPO, § 24 Rn. 8; Musielak/Voit-*Heinrich*, ZPO, § 24 Rn. 9; a.A. OLG Brandenburg, BeckRS 2014, 08192, II.3.a); OLG Naumburg, OLGR 2004, 366; OLG Hamm, OLGR 2002, 262; vgl. auch BayObLG, BeckRS 2003, 08673, II.3.b).
24 Musielak/Voit-*Heinrich*, ZPO, § 24 Rn. 9; MK-*Patzina*, ZPO, § 24 Rn. 8.
25 MK-*Patzina*, ZPO, § 24 Rn. 8.
26 OLG Brandenburg, BeckRS 2009, 21995, II.2.d).
27 BeckOK-*Toussaint*, ZPO, § 24 Rn. 8.1.
28 Thomas/Putzo-*Hüßtege*, ZPO, § 24 Rn. 4; zur Grundschuld: OLG Frankfurt a.M., BeckRS 2015, 08027, Rn. 3, 6.
29 BeckOK-*Toussaint*, ZPO, § 24 Rn. 9.
30 MK-*Patzina*, ZPO, § 24 Rn. 10.
31 LG Magdeburg, BeckRS 2012, 09145, 1.; Musielak/Voit-*Heinrich*, ZPO, § 24 Rn. 10.

nach Art. 184 EGBGB und Art. 66 ff. EGBGB nach Landesrecht.[32] Eine **Vormerkung** (§ 883 BGB) ist nur erfasst, soweit die Wirkung des § 883 Abs. 2 BGB gegen Dritte geltend gemacht wird, nicht wenn der durch die Vormerkung gesicherte Anspruch betroffen ist;[33] denn dann geht es um einen schuldrechtlichen Anspruch.[34] Bei einem Rechtsstreit angeblich Berechtigter – Prätendenten – greift § 24 ZPO, wenn es um die dingliche Belastung selbst geht, aber nicht, wenn es um die subjektive Berechtigung eines Prätendenten an der dinglichen Belastung geht.[35]

Geltend gemacht wird die Belastung, wenn die Klage gerichtet ist auf Feststellung, Zahlung, Abwehr der Zwangsvollstreckung aus einer vollstreckbaren Urkunde, sofern die Klage den dinglichen und den persönlichen Anspruch betrifft,[36] wenn Erfüllung, auch Grundbuchberichtigung (§ 894 BGB) begehrt wird; nicht dagegen, wenn um die Inhaberschaft (oder Belastung) des Rechts gestritten oder dessen Übertragung begehrt wird.[37] 10

Nicht erfasst ist die Klage auf Begründung oder Übertragung einer dinglichen Last sowie die Klage bei Streit, ob ein Pfandrecht an einer Hypothek besteht oder nicht.[38] 11

3. Klagen auf Geltendmachung der Freiheit von einer dinglichen Belastung, Var. 3

Geht es bei § 24 Abs. 1 Var. 2 ZPO um die Klage auf Geltendmachung einer dinglichen Belastung, so findet sich hier – in Variante 3 – das Spiegelbild: Klage auf Geltendmachung der **Freiheit von einer dinglichen Belastung**. Für den Begriff der Belastung gelten die Ausführungen zu § 24 Abs. 1 Var. 2 ZPO; zusätzlich auch Löschung von Auflassungsvormerkung.[39] Erforderlich für § 24 Abs. 1 Var. 3 ZPO ist weiter eine rechtliche Beziehung des Klägers zu dem Grundstück, dessen Befreiung von einer Belastung verlangt wird.[40] 12

Erfasst sind negative Feststellungsklagen auf Nichtbestehen des Rechts; Klagen auf Grundbuchberichtigung;[41] Klagen auf Herabsetzung des Zinssatzes oder Änderung der Kündigungsbestimmungen;[42] Klagen auf Vorlegung (§ 896 BGB) und Aushändigung des Briefes; Klagen auf Übertragung einer Grundschuld wegen Erlöschens der gesicherten Forderung; Klagen auf Erteilung von Löschungsbewilligung für Grundschuld.[43] Erfasst sind auch Fälle, in denen die Klage gegen den Inhaber des dinglichen Rechts zwecks Löschung auf einen schuldrechtlichen Anspruch gestützt wird (streitig).[44] Dies folgt aus dem Wortlaut der Norm;[45] auch wäre ansons- 13

---

32 Thomas/Putzo-*Hüßtege*, ZPO, § 24 Rn. 4; Musielak/Voit-*Heinrich*, ZPO, § 24 Rn. 10.
33 Thomas/Putzo-*Hüßtege*, ZPO, § 24 Rn. 4; MK-*Patzina*, ZPO, § 24 Rn. 9; Musielak/Voit-*Heinrich*, ZPO, § 24 Rn. 10.
34 BeckOK-*Toussaint*, ZPO, § 24 Rn. 8.2.
35 MK-*Patzina*, ZPO, § 24 Rn. 10.
36 OLG Hamm, BeckRS 2015, 15800; BayObLG, NJW-RR 2002, 1295, Rn. 6; Zöller-*Vollkommer*, ZPO, § 24 Rn. 10; vgl. auch OLG Hamburg, MDR 2003, 1072; BayObLG, LSK 2006, 220253: kein § 24 ZPO, wenn die Klage nur den persönlichen Anspruch betrifft.
37 Thomas/Putzo-*Hüßtege*, ZPO, § 24 Rn. 4.
38 Zöller-*Vollkommer*, ZPO, § 24 Rn. 12.
39 OLG Hamm, BeckRS 2015, 03363, Rn. 14; Musielak/Voit-*Heinrich*, ZPO, § 24 Rn. 11; Thomas/Putzo-*Hüßtege*, ZPO, § 24 Rn. 4.
40 OLG Hamm, BeckRS 2015, 03363.
41 BeckOK-*Toussaint*, ZPO, § 24 Rn. 11; vgl. auch OLG Naumburg, NJOZ 2003, 2672 (2677), zu Art. 22 Nr. 1 EuGVVO.
42 Zöller-*Vollkommer*, ZPO, § 24 Rn. 13.
43 OLG Hamm, BeckRS 2016, 10259, Rn. 11 f.; OLG Hamm, BeckRS 2016, 04266, Rn. 13; OLG Frankfurt a.M., BeckRS 2015, 08027, Rn. 3, 6; OLG Brandenburg, BeckRS 2014, 08192, II.3.a); LG Frankfurt a.M., BeckRS 2016, 01462; a.A. LG Kleve, NJOZ 2016, 755.
44 OLG Hamm, BeckRS 2016, 04266, Rn. 14: Klage auf Erteilung einer Löschungsbewilligung für eine Grundschuld stets § 24 ZPO, unabhängig davon, ob der Klagegrund persönlich oder dinglich ist; OLG Brandenburg, BeckRS 2014, 08192, II.3.a); OLG Naumburg, OLGR 2004, 366; LG Frankfurt a.M., BeckRS 2016, 01462: gleichgültig, ob Befreiung von der Belastung lediglich aufgrund eines schuldrechtlichen Anspruchs verlangt; LG Frankfurt a.M., BeckRS 2015, 20244: ausreichend, dass unbewegliche Sache Gegenstand der Klage, selbst wenn Befreiung von der Belastung auf schuldrechtlichen Anspruch gestützt wird; a.A. BeckOK-*Toussaint*, ZPO, § 24 Rn. 11; vgl. auch LG Itzehoe, BeckRS 2016, 03368, II.: kein § 24 ZPO, wenn der Streit über einen obligatorischen Anspruch von der Frage nach dem Bestand und der rechtlichen Qualifikation der dinglichen Belastung nicht berührt wird; für Ansprüche auf Rückgewähr einer Grundschuld aus einem Rückgewährschuldverhältnis gilt § 24 ZPO nicht, auch wenn der Rückgewähranspruch in Form eines Anspruchs auf Abgabe einer Löschungsbewilligung erhoben wird; OLG Frankfurt a.M., BeckRS 2015, 08027; OLG Köln, BeckRS 2016, 09553, Rn. 13 zu Verweisung und Willkür; vgl. auch Zöller-*Vollkommer*, ZPO, § 24 Rn. 13.
45 OLG Hamm, BeckRS 2016, 04266, Rn. 15.

ten bereits im Rahmen der Zulässigkeit zu differenzieren, ob der Anspruch (nur) schuldrechtlich oder (auch) dinglich begründet wird; das wäre nicht praktikabel.[46]

14 **Nicht erfasst** sind Ansprüche auf Übertragung eines dinglichen Rechts; Klagen auf Übertragung einer Grundschuld wegen Wegfalls des Sicherungsgrundes; Klagen auf Löschung einer Hypothekenpfändung; Feststellungsklagen auf Unwirksamerklärung einer Kündigung;[47] Klagen wegen Belastung eines Grundpfandrechts;[48] Befreiung der Belastung einer Hypothek; Klagen auf Löschung einer Hypothekenpfändung.[49]

4. Grenzscheidungsklagen, Var. 4

15 Hierunter fallen die Klage auf **Grenzscheidung** (§ 920 BGB – „Grenzverwirrung") zwecks Herstellung einer nicht zu ermittelnden Grenzlinie zwischen zwei Grundstücken[50] und die Klage betreffend Grenzabmarkung (§ 919 BGB) auf Errichtung fester Grenzzeichen oder Mitwirkung bei deren Wiederherstellung.

16 Klagen nach §§ 921–923 BGB sind dagegen nicht von § 24 ZPO umfasst (streitig).[51]

5. Teilungsklagen, Var. 5

17 **Teilungsklagen** fallen unter § 24 ZPO, wenn Grundstücke oder grundstücksgleiche Rechte geteilt werden sollen, etwa gestützt auf §§ 749ff. BGB oder §§ 1008ff. BGB.[52]

18 **Nicht erfasst** sind Auseinandersetzungen unter Mitgesellschaftern oder Miterben, Klagen auf Teilung einer Vermögensmasse oder von Erträgnissen,[53] selbst wenn das Eigentum der Gesamthand oder der Vermögensgemeinschaft nur aus einem Grundstück besteht.[54]

6. Besitzklagen, Var. 6

19 Erfasst sind **possessorische Klagen**, die allein auf einer Verletzung des Besitzes an einem Grundstück oder grundstücksgleichen Recht beruhen; so nach § 861 BGB und § 862 BGB;[55] bei verbotener Eigenmacht auch für den mittelbaren Besitzer (§ 869 BGB); bei Störung der Ausübung einer Grunddienstbarkeit, § 1029 BGB.

20 Nicht erfasst sind **petitorische Klagen** aus obligatorischem Grund auf Besitzverschaffung (z.B. Kaufvertrag, Mietvertrag)[56] sowie Klagen gegen den Erbschaftsbesitzer aus § 2018 BGB.

III. Zuständiges Gericht

21 Liegen die Voraussetzungen des § 24 ZPO vor, ist das Gericht ausschließlich zuständig, in dessen Bezirk die Sache belegen ist. Wo das Grundbuch geführt wird, ist irrelevant; ebenso kommt es auf den Ort der Störung nicht an.[57] Bei **subjektiv-dinglichen Rechten** zählt der Ort des dienenden bzw. belasteten Grundstücks, § 24 Abs. 2 ZPO.[58] Geht es um Einwirkungen von einem auf ein anderes Grundstück, so kommt es auf das beeinträchtigte Grundstück an.[59] Wenn die unbewegliche Sache in mehreren Gerichtsbezirken liegt, so findet § 36 Nr. 4 ZPO Anwendung.[60]

22 Bei **Wohnraum** gilt § 23 Nr. 2a GVG. Bei § 43 **WEG** ist das Amtsgericht ausschließlich zuständig, in dessen Bezirk das Grundstück liegt. Bei Zusammenführung von Sondereigentum i.S.d. § 295 Abs. 2 ZGB-DDR mit Grundeigentum auf Grundlage des BGB (**Sachenrechtsbereini-**

---

46 OLG Hamm, BeckRS 2016, 04266, Rn. 18.
47 Zöller-*Vollkommer*, ZPO, § 24 Rn. 14; Musielak/Voit-*Heinrich*, ZPO, § 24 Rn. 11.
48 Musielak/Voit-*Heinrich*, ZPO, § 24 Rn. 11.
49 MK-*Patzina*, ZPO, § 24 Rn. 12.
50 BeckOK-*Toussaint*, ZPO, § 24 Rn. 13.
51 BeckOK-*Toussaint*, ZPO, § 24 Rn. 13; a.A. Thomas/Putzo-*Hüßtege*, ZPO, § 24 Rn. 6a; Baumbach/Lauterbach/Albers/Hartmann, ZPO, § 24 Rn. 10.
52 Musielak/Voit-*Heinrich*, ZPO, § 24 Rn. 12; Zöller-*Vollkommer*, ZPO, § 24 Rn. 16.
53 Zöller-*Vollkommer*, ZPO, § 24 Rn. 16; Musielak/Voit-*Heinrich*, ZPO, § 24 Rn. 13.
54 MK-*Patzina*, ZPO, § 24 Rn. 14.
55 OLG Naumburg, BeckRS 2015, 19776, Rn. 5; BeckOK-*Toussaint*, ZPO, § 24 Rn. 15; Thomas/Putzo-*Hüßtege*, ZPO, § 24 Rn. 6.
56 Thomas/Putzo-*Hüßtege*, ZPO, § 24 Rn. 6; Musielak/Voit-*Heinrich*, ZPO, § 24 Rn. 12; BeckOK-*Toussaint*, ZPO, § 24 Rn. 11.
57 MK-*Patzina*, ZPO, § 24 Rn. 16.
58 Thomas/Putzo-*Hüßtege*, ZPO, § 24 Rn. 7.
59 BeckOK-*Toussaint*, ZPO, § 24 Rn. 15.
60 MK-*Patzina*, ZPO, § 24 Rn. 16; BeckOK-*Toussaint*, ZPO, § 24 Rn. 19; vgl. auch OLG Frankfurt a.M., BeckRS 2015, 08027 bei mehreren Grundstücken in verschiedenen Gerichtsbezirken, die der Besicherung desselben Darlehens dienen; vgl. auch OLG Dresden, BeckRS 2011, 23878, III.1.b).

gung) gilt ausschließlich die Zuständigkeit nach § 103 Abs. 1 Satz 2 SachenRBerG.[61] Es geht um Ansprüche nach dem SachenRBerG, betreffend derer es ein notarielles Vermittlungsverfahren gab: §§ 32 ff. SachenRBerG (Erbbaurechtsbestellungen), §§ 61 ff., 81 ff. SachenRBerG (Grundstücks- oder Gebäudekauf).[62] Bei Klagen nach § 800 Abs. 3 ZPO und bei **Aufgebotsverfahren** (§§ 442, 447 FamFG) ist das Gericht zuständig, in dessen Bezirk das Grundstück gelegen ist.

IV. Internationale Zuständigkeit

Soweit deutsches Prozessrecht gilt, wird durch die örtliche Zuständigkeit nach § 24 ZPO zugleich auch die internationale Zuständigkeit deutscher Gerichte begründet (**Doppelfunktionalität**).[63] Aus § 24 ZPO lässt sich nicht im Umkehrschluss ableiten, dass für Grundstücke und grundstücksgleiche Rechte im Ausland deutsche Gerichte unzuständig seien; vielmehr mag ein anderweitiger inländischer Gerichtsstand gegeben sein (streitig).[64]   23

Nach Art. 24 Nr. 1 EuGVO (n.F.) und Art. 22 Nr. 1 LugÜ-II sind bei Klagen, die dingliche Rechte an unbeweglichen Sachen zum Gegenstand haben, die Gerichte des Mitglieds- bzw. Vertragsstaats international ausschließlich zuständig, in dem die unbewegliche Sache belegen ist (wobei für die örtliche Zuständigkeit innerhalb Deutschlands § 24 ZPO anwendbar bleibt).[65] Hierdurch wird eine **ausschließliche internationale Zuständigkeit** für dingliche Klagen sowie diesbezügliche Miet- und Pachtklagen begründet.[66] Dies gilt nicht für: schuldrechtlich begründete Klagen an Immobilienrechten;[67] Klagen bezüglich Wohngeldansprüchen der Eigentümer einer Wohnanlage (streitig);[68] Streitigkeiten aus einem Vertrag über eine Clubmitgliedschaft betreffend Erwerb eines tauschbaren Teilzeitnutzungsrechts an einer Immobilie (Time-Sharing-Recht hinsichtlich Hotelanlagen);[69] Verträge über den Erwerb „tauschfähiger Urlaubswochen" in einer Ferienanlage.[70]   24

§ 25
Dinglicher Gerichtsstand des Sachzusammenhanges

In dem dinglichen Gerichtsstand kann mit der Klage aus einer Hypothek, Grundschuld oder Rentenschuld die Schuldklage, mit der Klage auf Umschreibung oder Löschung einer Hypothek, Grundschuld oder Rentenschuld die Klage auf Befreiung von der persönlichen Verbindlichkeit, mit der Klage auf Anerkennung einer Reallast die Klage auf rückständige Leistungen erhoben werden, wenn die verbundenen Klagen gegen denselben Beklagten gerichtet sind.

Inhalt:

	Rn.		Rn.
A. Allgemeines	1	Verbindung mit Klage auf Umschreibung oder Löschung einer Hypothek, Grundschuld oder Rentenschuld, Var. 2	8
B. Erläuterungen	3		
I. Verbundene Klagen	3		
II. Gegen denselben Beklagten	5		
III. Fallgruppen	6	3. Klage auf rückständige Leistungen in Verbindung mit Klage auf Anerkennung einer Reallast, Var. 3	9
1. Schuldklage in Verbindung mit der Klage aus Hypothek, Grundschuld oder Rentenschuld, Var. 1	7		
2. Klage auf Befreiung von der persönlichen Verbindlichkeit in		IV. Internationale Zuständigkeit	10

---

61 Musielak/Voit-*Heinrich*, ZPO, § 24 Rn. 6.
62 MK-*Patzina*, ZPO, § 24 Rn. 19.
63 BeckOK-*Toussaint*, ZPO, § 24 Rn. 21.
64 So BeckOK-*Toussaint*, ZPO, § 24 Rn. 22, dort auch m.w.N. zur abweichenden Auffassung; ebenso wie dort Zöller-*Vollkommer*, ZPO, § 24 Rn. 6a; Thomas/Putzo-*Hüßtege*, ZPO, § 24 Rn. 8.
65 MK-*Patzina*, ZPO, § 24 Rn. 20; vgl. auch OLG Brandenburg, BeckRS 2009, 21995, II.2.d).
66 Zöller-*Vollkommer*, ZPO, § 24 Rn. 6a; vgl. auch EuGH, NJW 2000, 2009 = ZMR 2000, 275 zu Art. 16 Nr. 1a EuGVÜ.
67 Zöller-*Vollkommer*, ZPO, § 24 Rn. 6a unter Verweis auf BGH, NJW-RR 2005, 72 = MDR 2005, 138: internationale Zuständigkeit bei Streit um Löschung eines Nießbrauchrechts.
68 BayObLG, MDR 2003, 1196; a.A. Stuttgart, NJW-RR 2005, 814; OLG Düsseldorf, VersR 2003, 1324; Zöller-*Vollkommer*, ZPO, § 24 Rn. 6a.
69 EuGH, NZM 2005, 912 = IPrax 2006, 159; Zöller-*Vollkommer*, ZPO, § 24 Rn. 6a.
70 BGH, NJW-RR 2008, 1381 = MDR 2008, 1027; Zöller-*Vollkommer*, ZPO, § 24 Rn. 6a.

A. Allgemeines

1 Die ZPO kennt keinen allgemeinen Gerichtsstand des Sachzusammenhangs;[1] nur dass es sinnvoll wäre, verschiedene Gegenstände bei einem Gericht einzuklagen, reicht für die Begründung der örtlichen Zuständigkeit nicht aus. § 25 ZPO bildet aber einen speziell geregelten Gerichtsstand des **Sachzusammenhangs**, der es weitgehend erlaubt, die mit einer dinglichen Klage zusammenhängenden schuldrechtlichen Ansprüche am Belegenheitsort mitzuklären.[2] § 25 ZPO ermöglicht damit in den dort **enumerativ** aufgeführten Fällen eine Verbindung von dinglicher und persönlicher Klage, wenn diese materiell-rechtlich im Zusammenhang stehen, gegen denselben Beklagten gerichtet sind und die übrigen Voraussetzungen der Klageverbindung – insbesondere sachliche Zuständigkeit des angerufenen Gerichts – vorliegen.[3] Im Gerichtsstand der dinglichen Hauptklage können so bestimmte Ansprüche erhoben werden, die mit unbeweglichen Sachen i.S.v. § 24 ZPO in sachlichem Zusammenhang stehen.[4] **Ziel** ist die Erleichterung der Rechtsverfolgung.[5]

2 Der Gerichtsstand des § 25 ZPO ist ein **Wahlgerichtsstand**. Die mit § 24 ZPO verbundene Klage nach § 25 ZPO kann örtlich am Gerichtsstand des § 24 ZPO geltend gemacht werden, muss es aber nicht.

B. Erläuterungen
I. Verbundene Klagen

3 Die von § 25 ZPO und die von § 24 ZPO erfassten Klagen müssen im Wege der **objektiven Klagehäufung** verbunden sein.[6] Die objektive Klagehäufung kann von Beginn an gegeben sein oder erst nachträglich entstehen.[7] Die Sachurteilsvoraussetzungen auch der Klage nach § 25 ZPO müssen vorliegen, mit Ausnahme der örtlichen Zuständigkeit; diese besteht über § 25 ZPO i.V.m. § 24 ZPO.[8]

4 § 25 ZPO begründet i.d.S. keinen selbstständigen Gerichtsstand;[9] die entsprechende persönliche Klage kann also nicht separat in dem Gerichtsstand des § 24 ZPO erhoben werden, sondern **nur in Verbindung mit** der dinglichen Klage nach § 24 ZPO. Wenn die dingliche Klage unbegründet ist, ist dies ohne Einfluss auf die Zuständigkeit für die persönliche Klage.[10] Gleiches gilt wegen § 261 Abs. 3 Nr. 2 ZPO, *perpetuatio fori*,[11] wenn die Klage betreffend des dinglichen Anspruchs später zurückgenommen wird.[12]

II. Gegen denselben Beklagten

5 Die verbundenen Klagen müssen sich gegen denselben Beklagten richten. Wenn sich die Klage gegen mehrere Beklagte richtet, kann hinsichtlich der weiteren Beklagten **Gerichtsstandsbestimmung** nach § 36 Abs. 1 Nr. 3 ZPO erfolgen.[13]

III. Fallgruppen

6 § 25 ZPO begründet den dinglichen Gerichtsstand des Sachzusammenhangs nur in den dort geregelten Fällen.

---

1 Baumbach/Lauterbach/Albers/Hartmann, ZPO, § 25 Rn. 1.
2 LG Krefeld, BeckRS 2016, 03101.
3 Zöller-*Vollkommer*, ZPO, § 25 Rn. 1.
4 MK-*Patzina*, ZPO, § 25 Rn. 1.
5 MK-*Patzina*, ZPO, § 25 Rn. 1.
6 BeckOK-*Toussaint*, ZPO, § 25 Rn. 1.
7 BeckOK-*Toussaint*, ZPO, § 25 Rn. 1.
8 Musielak/Voit-*Heinrich*, ZPO, § 25 Rn. 1; MK-*Patzina*, ZPO, § 25 Rn. 1.
9 Musielak/Voit-*Heinrich*, ZPO, § 25 Rn. 2.
10 Baumbach/Lauterbach/Albers/Hartmann, ZPO, § 25 Rn. 1; Zöller-*Vollkommer*, ZPO, § 25 Rn. 2; Musielak/Voit-*Heinrich*, ZPO, § 25 Rn. 2.
11 Vgl. allgemein zur *perpetuatio fori*: BGH, BeckRS 2013, 09101, Rn. 20, 23, 31 = MDR 2013, 867, Rn. 20, 23, 31.
12 BeckOK-*Toussaint*, ZPO, § 25 Rn. 5.
13 BeckOK-*Toussaint*, ZPO, § 25 Rn. 1; MK-*Patzina*, ZPO, § 25 Rn. 2; vgl. allgemein zu § 36 Abs. 1 Nr. 3 ZPO OLG Stuttgart, BeckRS 2015, 19637 = MDR 2016, 179; OLG Hamm, BeckRS 2015, 20344, Rn. 5 ff.; vgl. auch OLG München, BeckRS 2016, 21369, Rn. 5, wonach eine Gerichtsstandsbestimmung grundsätzlich dann nicht erfolgen kann, wenn ein gemeinschaftlicher besonderer Gerichtsstand besteht oder bestanden hat.

1. Schuldklage in Verbindung mit der Klage aus Hypothek, Grundschuld oder Rentenschuld, Var. 1

Die Grundpfandrechte ermöglichen die Zahlung einer bestimmten Geldsumme „aus dem Grundstück" (§§ 1113 Abs. 1, 1191 Abs. 1, 1199 Abs. 1 BGB). Diese dinglichen Ansprüche werden im Wege der Zwangsvollstreckung, gerichtet auf Duldung der Zwangsvollstreckung, vollstreckt. Zahlung folgt aus der Schuld, die durch das Grundpfandrecht gesichert wird.[14] Nach § 25 Var. 1 ZPO können persönliche Schuldklage und dingliche Klage zusammen im Gerichtsstand des § 24 ZPO geltend gemacht werden.[15] Die persönliche Klage betrifft damit die durch das Grundpfandrecht gesicherte schuldrechtliche Forderung,[16] wobei es sich um eine Leistungsklage oder positive oder negative Feststellungsklage handeln kann.[17] Die Verbindung zwischen persönlicher Schuld und Sicherungsmittel folgt bei der Hypothek aus dem Grundsatz der Akzessorietät (§§ 1113, 1153 BGB; evtl. Ausnahmen über §§ 892, 1138 BGB) und bei der Grundschuld und Rentenschuld durch die in der Praxis häufig getroffene Sicherungsabrede.[18]

7

2. Klage auf Befreiung von der persönlichen Verbindlichkeit in Verbindung mit Klage auf Umschreibung oder Löschung einer Hypothek, Grundschuld oder Rentenschuld, Var. 2

Umschreibung oder Löschung eines Grundpfandrechts ist vor allem der unter § 24 ZPO fallende Grundbuchberichtigungsanspruch (§ 894 BGB). Ist das Grundbuch unrichtig geworden durch Erlöschen des Grundpfandrechts (insbesondere durch Befriedigung aus dem Grundstück im Wege der Zwangsvollstreckung) oder durch Übergang des Grundpfandrechts auf den Eigentümer des Grundstücks (insbesondere durch Verzicht auf das Grundpfandrecht, durch Erfüllung der durch die Hypothek gesicherten Forderung, durch Zahlung auf die Grundschuld), so besteht ein Anspruch auf Grundbuchberichtigung nach § 894 BGB.[19] Besteht die durch das Grundpfandrecht gesicherte Forderung nicht mehr, kann zusammen mit der Klage nach § 894 BGB auch negative Feststellungsklage im dinglichen Gerichtsstand erhoben werden.[20] Unter § 25 Var. 2 ZPO fallen weiter Klagen mit dem Ziel Anfechtung, Aufhebung oder Rückabwicklung im Übrigen.[21]

8

3. Klage auf rückständige Leistungen in Verbindung mit Klage auf Anerkennung einer Reallast, Var. 3

Bei einer Reallast besteht ein Recht auf wiederkehrende Leistungen aus einem bestimmten Grundstück, und zwar entweder zugunsten des jeweiligen Eigentümers eines Grundstücks (§ 1110 BGB) oder zugunsten einer bestimmten Person (§ 1111 BGB).[22] Die Reallast führt zur dinglichen Haftung – Duldung der Zwangsvollstreckung – ebenso wie zur persönlichen Zahlung aus Vermögen.[23] Durch § 25 Var. 3 ZPO kann die Klage, gerichtet auf den persönlichen Anspruch, am Gerichtsstand der dinglichen Haftung aus der Reallast erhoben werden.[24]

9

IV. Internationale Zuständigkeit

Soweit das EuGVO reicht, wird § 25 ZPO verdrängt.[25] Soweit das EuGVO nicht reicht, begründet § 25 ZPO neben der örtlichen auch die internationale Zuständigkeit (**Doppelfunktionalität**).[26]

10

In Art. 8 Nr. 4 EuGVO n.F. und Art. 6 Nr. 4 LugÜ-II findet sich ein Gerichtsstand des Sachzusammenhangs für eine Klage betreffend vertragliche Ansprüche, die mit einer Klage wegen dinglicher Rechte an unbeweglichen Sachen gegen denselben Beklagten verbunden werden kann; hier kann Klage erhoben werden vor dem Gericht des Mitgliedstaates, in dessen Hoheitsgebiet die unbewegliche Sache belegen ist. Dies gilt auch, wenn der Beklagte seinen

11

---

14 BeckOK-*Toussaint*, ZPO, § 25 Rn. 2.1.
15 BeckOK-*Toussaint*, ZPO, § 25 Rn. 2 sowie 2.1.
16 BeckOK-*Toussaint*, ZPO, § 25 Rn. 2.
17 Musielak/Voit-*Heinrich*, ZPO, § 25 Rn. 2; BeckOK-*Toussaint*, ZPO, § 25 Rn. 2.
18 Musielak/Voit-*Heinrich*, ZPO, § 25 Rn. 2; MK-*Patzina*, ZPO, § 25 Rn. 3.
19 BeckOK-*Toussaint*, ZPO, § 25 Rn. 3.1; allgemein zu den Voraussetzungen der Grundbuchberichtigung vgl. OLG Naumburg, BeckRS 2014, 16156 = FGPrax 2014, 200.
20 BeckOK-*Toussaint*, ZPO, § 25 Rn. 3 sowie 3.1.
21 Musielak/Voit-*Heinrich*, ZPO, § 25 Rn. 2; Zöller-*Vollkommer*, ZPO, § 25 Rn. 5.
22 BeckOK-*Toussaint*, ZPO, § 25 Rn. 4.1; allgemein zur Reallast vgl. OLG Koblenz, NJOZ 2007, 2314 (2315), II.1.
23 BeckOK-*Toussaint*, ZPO, § 25 Rn. 4.1.
24 BeckOK-*Toussaint*, ZPO, § 25 Rn. 4.1.
25 MK-*Patzina*, ZPO, § 25 Rn. 7.
26 MK-*Patzina*, ZPO, § 25 Rn. 7; vgl. allgemein zur Doppelfunktionalität: BGH, NJW 2015, 169 (171) = WM 2014, 2257; OLG München, ZEV 2012, 215 (216).

allgemeinen Gerichtsstand in einem anderen Staat als dem der Belegenheit der unbeweglichen Sache hat.[27]

§ 26
Dinglicher Gerichtsstand für persönliche Klagen

In dem dinglichen Gerichtsstand können persönliche Klagen, die gegen den Eigentümer oder Besitzer einer unbeweglichen Sache als solche gerichtet werden, sowie Klagen wegen Beschädigung eines Grundstücks oder hinsichtlich der Entschädigung wegen Enteignung eines Grundstücks erhoben werden.

Inhalt:

	Rn.		Rn.
A. Allgemeines	1	2. Klagen wegen Beschädigung eines Grundstücks	8
B. Erläuterungen	3	3. Klagen hinsichtlich Entschädigung wegen Enteignung eines Grundstücks	10
I. Unbewegliche Sachen	3		
II. Erfasste Klagen	4		
1. Persönliche Klagen gegen den Eigentümer oder Besitzer einer unbeweglichen Sache	4	III. Internationale Zuständigkeit	12

A. Allgemeines

1 § 26 ZPO bezweckt die Erleichterung der Rechtsverfolgung durch Ausweitung des dinglichen Gerichtsstandes des § 24 ZPO auf bestimmte persönliche Klagen, an denen Grundstückseigentümer oder -besitzer beteiligt sind; auch sie sollen durch den „ortsnahen" Richter entschieden werden können,[1] der über besondere Sachkunde hinsichtlich der örtlichen Verhältnisse verfügt; Ziel ist die Erleichterung der Rechtsverfolgung.[2] Anders als bei § 25 ZPO handelt es sich um einen isolierten Gerichtsstand, der nicht nur i. V. m. einem anderen Gerichtsstand anwendbar ist (§ 25 ZPO i. V. m. § 24 ZPO), sondern auch separat. Es handelt sich um einen **Wahlgerichtsstand**.[3] Sind die Voraussetzungen von § 24 ZPO und von § 26 ZPO gegeben, gilt § 24 ZPO, d. h. dann muss im Gerichtsstand des § 24 ZPO geklagt werden (keine Wahlmöglichkeit).

2 Soweit Duldungs-, Beseitigungs- oder Unterlassungsansprüche gemäß §§ 906 ff., 1004 BGB geltend gemacht werden, muss das Eigentum des Beklagten nach dem Klägervortrag gerade zum **Zeitpunkt** der Klageerhebung bestehen;[4] soweit die geltend gemachten Ansprüche an einen in der Vergangenheit liegenden Zustand des betreffenden Grundstücks anknüpfen und die Passivlegitimation nach dem Klägervortrag auf die damalige Stellung des Beklagten als Grundstückseigentümer gestützt wird, besteht für diese – sich nicht aus dem Gesetzeswortlaut ergebende – Einschränkung keine Veranlassung; Anknüpfungspunkt ist dann ein Tun oder Unterlassen des Beklagten in seiner Eigenschaft als (ehemaliger) Grundstückseigentümer.[5]

B. Erläuterungen
I. Unbewegliche Sachen

3 Es gilt der Begriff wie in § 24 ZPO (siehe dort). Die sprachliche Differenzierung zwischen „**unbewegliche Sache**" (§ 26 Var. 1 ZPO) und „Grundstück" (§ 26 Var. 2 und 3 ZPO) ist ohne Belang. In allen Fällen sind Grundstücke und grundstücksgleiche Rechte erfasst.[6] Die jeweiligen Ansprüche müssen sich auf unbewegliche Sachen i. d. S. beziehen, also gerade im Zusammenhang mit diesen geltend gemacht werden.

---

27 MK-*Patzina*, ZPO, § 25 Rn. 7.

Zu § 26:
1 OLG Frankfurt a.M., NZM 2014, 448, Rn. 9 = BauR 2014, 152 (Leitsatz).
2 MK-*Patzina*, ZPO, § 26 Rn. 1; Musielak/Voit-*Heinrich*, ZPO, § 26 Rn. 1.
3 OLG Frankfurt a.M., NZM 2014, 448, Rn. 10 = BauR 2014, 152 (Leitsatz).
4 OLG Frankfurt a.M., NZM 2014, 448, Rn. 9 = BauR 2014, 152 (Leitsatz).
5 OLG Frankfurt a.M., NZM 2014, 448, Rn. 9 = BauR 2014, 152 (Leitsatz).
6 BeckOK-*Toussaint*, ZPO, § 26 Rn. 1.

II. Erfasste Klagen
1. Persönliche Klagen gegen den Eigentümer oder Besitzer einer unbeweglichen Sache

Besitz meint alle Formen des Besitzes; also unmittelbaren wie mittelbaren Besitz, Eigenbesitz wie Fremdbesitz.[7] Unter **Eigentum** fällt auch das Miteigentum.[8] **Persönliche Klagen** umfassen solche, mit denen schuldrechtliche Ansprüche geltend gemacht werden.[9] Aber auch **dingliche Ansprüche** sind erfasst[10] (soweit nicht bereits § 24 ZPO greift[11] und darum vorgeht), wenn diese Klagen gegen den Eigentümer oder Besitzer gerichtet sind.[12] 4

Zwischen Besitz/Eigentum und geltend gemachtem Anspruch muss eine **Verbindung** bestehen dergestalt, dass diese Ansprüche gegen den Eigentümer bzw. Besitzer als solchen geltend gemacht werden; es muss also der Beklagte gerade wegen seines Eigentums oder Besitzes an der unbeweglichen Sache in Anspruch genommen werden.[13] Die grammatikalische Verkürzung („Eigentümer oder Besitzer als solche" – also fehlendes „n")[14] ist in der Praxis ohne Relevanz. 5

Erfasst sind: Ansprüche aus §§ 906 ff., 1004 BGB;[15] Ansprüche aus §§ 994–1003 BGB (Eigentümer-Besitzer-Verhältnis); für den Nießbraucher § 1049 BGB;[16] Klage auf Besichtigung (§ 809 BGB);[17] Klage zwecks Gestattung von Aufsuchung und Wegschaffung (§§ 867, 1005 BGB);[18] Klage auf Vorkehrungen zur Abwehr eines drohenden Gebäudeeinsturzes (§§ 908, 836 BGB);[19] Nebenansprüche aus Eigentümer-Besitzer-Verhältnis (§§ 987–993 BGB);[20] Klagen zwischen Miteigentümern auf Mittragung von Sanierungskosten;[21] Klage auf Zahlung von Überbaurente (§ 913 BGB); Klage auf gemeinschaftliche Nutzung von Grenzanlagen (§ 921 BGB); Klage auf Art der Nutzung und Unterhaltung (§ 922 BGB);[22] Kostentragung für Erhaltung eines gemeinschaftlichen Weges[23] ebenso wie anteiliger Ausgleich vorverauslagter Grundsteuer und Gebäudeversicherungen (§ 748 BGB);[24] Ausgleich zwischen Miteigentümern wegen Grundstückslasten und -kosten.[25] 6

Erfasst sind nicht: Schadensersatzanspruch wegen Gebäudeeinsturzes (§ 836 BGB), da Geltendmachung nicht an Besitz geknüpft;[26] anders, wenn Nachbargrundstück beschädigt;[27] Ansprüche aus Vermietung und Verpachtung, da keine zwingende Verbindung zu Eigentum oder Besitz;[28] aus dem gleichen Grund nicht erfasst sind Anfechtungsklagen nach InsO oder AnfG;[29] persönliche Haftung des Eigentümers aus Reallast (§ 1108 BGB);[30] Aufwendungsersatz gemäß § 3 Abs. 3 Satz 4 VermG.[31] Ebenfalls nicht erfasst sind vertragliche Ansprüche gegen den Grundstückseigentümer auf Verschaffung von Eigentum, weil diese ihre Grundlage nicht im Eigentum, sondern in vertraglich begründeter Schuldnerschaft haben (streitig),[32] auch 7

---

7 MK-*Patzina*, ZPO, § 26 Rn. 2.
8 MK-*Patzina*, ZPO, § 26 Rn. 2.
9 MK-*Patzina*, ZPO, § 26 Rn. 2.
10 MK-*Patzina*, ZPO, § 26 Rn. 2.
11 BeckOK-*Toussaint*, ZPO, § 26 Rn. 2.
12 Musielak/Voit-*Heinrich*, ZPO, § 26 Rn. 2.
13 OLG Brandenburg, IPRspr 2009, Nr. 195, 504, Rn. 47; MK-*Patzina*, ZPO, § 26 Rn. 2.
14 Vgl. dazu BeckOK-*Toussaint*, ZPO, § 26 Rn. 2.1; Baumbach/Lauterbach/Albers/Hartmann, ZPO, § 26 Rn. 3.
15 OLG Frankfurt a.M., NZM 2014, 448, Rn. 9 = BauR 2014, 152 (Leitsatz).
16 MK-*Patzina*, ZPO, § 26 Rn. 2.
17 Zöller-*Vollkommer*, ZPO, § 26 Rn. 2.
18 Zöller-*Vollkommer*, ZPO, § 26 Rn. 2.
19 BeckOK-*Toussaint*, ZPO, § 26 Rn. 4.
20 BeckOK-*Toussaint*, ZPO, § 26 Rn. 4.
21 Musielak/Voit-*Heinrich*, ZPO, § 26 Rn. 3.
22 MK-*Patzina*, ZPO, § 26 Rn. 2.
23 Zöller-*Vollkommer*, ZPO, § 26 Rn. 2.
24 OLG Rostock, OLGR 2009, 753, Rn. 2, 4.
25 Zöller-*Vollkommer*, ZPO, § 26 Rn. 2.
26 MK-*Patzina*, ZPO, § 26 Rn. 3.
27 MK-*Patzina*, ZPO, § 26 Rn. 3; Zöller-*Vollkommer*, ZPO, § 26 Rn. 2.
28 MK-*Patzina*, ZPO, § 26 Rn. 3.
29 Musielak/Voit-*Heinrich*, ZPO, § 26 Rn. 5.
30 MK-*Patzina*, ZPO, § 26 Rn. 3; Zöller-*Vollkommer*, ZPO, § 26 Rn. 2.
31 MK-*Patzina*, ZPO, § 26 Rn. 3.
32 So wie hier *Schäfer*, NJOZ 2011, 1753, unter umfangreicher Darstellung des Sach- und Streitstandes; ebenso OLG Hamm, BeckRS 2014, 20468 = Prozessrecht aktiv 2015, 60: kein § 26 ZPO, soweit schuldrechtliche Ansprüche auf Auflassung eines Grundstücks Gegenstand der Klage sind; LG Stralsund, BeckRS 2011, 21332, unter Einbeziehung auch historischer Gesichtspunkte: kein § 26

(Fortsetzung siehe Seite 92)

wenn der Anspruch durch eine Vormerkung gesichert ist (Klage des Vormerkungsgläubigers gegen den Eigentümer auf Eigentumsverschaffung) (streitig).[33] Aus dem gleichen Grund fällt der Anspruch auf Einräumung einer Bauhandwerkerhypothek nach § 648 BGB nicht unter § 26 ZPO (streitig).[34]

2. Klagen wegen Beschädigung eines Grundstücks

8   Auf die Anspruchsgrundlage kommt es nicht an,[35] ebenso wenig auf das Klageziel[36] sowie auf die Frage, ob die anspruchsbegründende Handlung rechtmäßig oder rechtswidrig, schuldhaft oder schuldlos ist.[37] Die Beschädigung muss der einzige Klagegrund sein.[38] Es ist nicht erforderlich, dass der Kläger noch Eigentümer oder Besitzer des Grundstücks ist.[39]

9   **Erfasst** sind: Ersatz nach § 904 Satz 2 BGB; Klagen nach §§ 823, 826 ff. BGB; Schadensersatz wegen Einsturz eines Gebäudes, wenn es um Beschädigung des Nachbargrundstücks geht (§§ 836, 837 f. BGB);[40] Ersatz eines Wild- oder Jagdschadens (§§ 29 ff. BJagdG);[41] Klagen auf Beseitigung oder Unterlassung gemäß §§ 1004 Abs. 1, 1134 BGB;[42] Klage nach § 989 BGB;[43] Klage nach § 867 BGB, auch i.V. m. § 1005 BGB.[44]

3. Klagen hinsichtlich Entschädigung wegen Enteignung eines Grundstücks

10 Der Zivilrechtsweg ist eröffnet, **Art. 14 Abs. 3 Satz 4 GG**. Für die sachliche Zuständigkeit ist § 71 Abs. 3 GVG zu beachten. Nach **Landesrecht** (i.V. m. § 15 Nr. 2 EGZPO, der die Möglichkeit landesrechtlicher Vorbehalte vorsieht) ist zum Teil eine ausschließliche Zuständigkeit am Gerichtsstand der belegenen Sache begründet;[45] etwa § 50 Abs. 1 Satz 2 HEG;[46] Art. 45 Abs. 1 Satz 2 BayEG.[47] Häufig werden hierdurch auch weitere Zulässigkeitsvoraussetzungen begründet,[48] etwa § 50 Abs. 2 HEG (Zulässigkeit der Klage erst nach Unanfechtbarkeit von Enteignungsbeschluss oder Besitzeinweisungsbeschluss).

11 **Erfasst** sind: Klage auf Entschädigung wegen enteignungsgleichen Eingriffs in ein Grundstück;[49] Klage auf Entschädigung wegen Enteignung;[50] Klage nach § 59 Abs. 3 LBG;[51] Klage nach § 25 Abs. 3 SchBerG.[52] **Erfasst sind nicht**: Ansprüche aus § 906 Abs. 2 Satz 2 BGB, da § 24 ZPO als ausschließlicher Gerichtsstand vorgeht.[53]

ZPO bei vertraglichen Ansprüchen gegen den Grundstückseigentümer auf Eigentumsübertragung oder auf Bestellung beschränkter dinglicher Rechte an seinem Grundstück; Zöller-*Vollkommer*, ZPO, § 26 Rn. 2; BeckOK-*Toussaint*, ZPO, § 26 Rn. 3.1; a.A. Musielak/Voit-*Heinrich*, ZPO, § 26 Rn. 5 (v. a. auch zu Kettenverträgen); MK-*Patzina*, ZPO, § 26 Rn. 2.

33 So wie hier BeckOK-*Toussaint*, ZPO, § 26 Rn. 3.1; *Schäfer*, NJOZ 2011, 1753; a.A. Musielak/Voit-*Heinrich*, ZPO, § 26 Rn. 3; MK-*Patzina*, ZPO, § 26 Rn. 2.
34 So wie hier *Schäfer*, NJOZ 2011, 1753; BeckOK-*Toussaint*, ZPO, § 26 Rn. 3.1; Baumbach/Lauterbach/Albers/Hartmann, ZPO, § 26 Rn. 4, a.A. Zöller-*Vollkommer*, ZPO, § 26 Rn. 2; Thomas/Putzo-*Hüßtege*, ZPO, § 26 Rn. 1; Musielak/Voit-*Heinrich*, ZPO, § 26 Rn. 3; MK-*Patzina*, ZPO, § 26 Rn. 2.
35 MK-*Patzina*, ZPO, § 26 Rn. 4; Musielak/Voit-*Heinrich*, ZPO, § 26 Rn. 6.
36 BeckOK-*Toussaint*, ZPO, § 26 Rn. 5.
37 Thomas/Putzo-*Hüßtege*, ZPO, § 26 Rn. 1.
38 Baumbach/Lauterbach/Albers/Hartmann, ZPO, § 26 Rn. 6.
39 Zu Eigentum: OLG Frankfurt a.M., NZM 2014, 448 = BauR 2014, 152 (Leitsatz); zu Eigentum und Besitz: Baumbach/Lauterbach/Albers/Hartmann, ZPO, § 26 Rn. 6; BeckOK-*Toussaint*, ZPO, § 26 Rn. 5.
40 MK-*Patzina*, ZPO, § 26 Rn. 4; Zöller-*Vollkommer*, ZPO, § 26 Rn. 3.
41 MK-*Patzina*, ZPO, § 26 Rn. 4; Musielak/Voit-*Heinrich*, ZPO, § 26 Rn. 6.
42 BeckOK-*Toussaint*, ZPO, § 26 Rn. 5.
43 BeckOK-*Toussaint*, ZPO, § 26 Rn. 5.
44 Baumbach/Lauterbach/Albers/Hartmann, ZPO, § 26 Rn. 6.
45 Zöller-*Vollkommer*, ZPO, § 26 Rn. 4; MK-*Patzina*, ZPO, § 26 Rn. 5.
46 Hessisches Enteignungsgesetz vom 04.04.1973, GVBl. I, S. 107.
47 Bayerisches Gesetz über die entschädigungspflichtige Enteignung i.d.F. der Bekanntmachung v. 25.07.1978 (BayRS III, S. 601), zuletzt geändert 22.07.2014 (GVBl., S. 286).
48 MK-*Patzina*, ZPO, § 26 Rn. 5.
49 MK-*Patzina*, ZPO, § 26 Rn. 5; BeckOK-*Toussaint*, ZPO, § 26 Rn. 6; Zöller-*Vollkommer*, ZPO, § 26 Rn. 4.
50 Musielak/Voit-*Heinrich*, ZPO, § 26 Rn. 7.
51 Baumbach/Lauterbach/Albers/Hartmann, ZPO, § 26 Rn. 7.
52 Baumbach/Lauterbach/Albers/Hartmann, ZPO, § 26 Rn. 7.
53 AG Lebach, BeckRS 2007, 06741; a.A. BeckOK-*Toussaint*, ZPO, § 26 Rn. 6, 6.1: Analogie zu § 26 Var. 3 ZPO, darum Wahlgerichtsstand. Ggf. ist auch § 32a ZPO in Betracht zu ziehen, vgl. dazu BeckOK-*Toussaint*, ZPO, § 26 Rn. 8.

III. Internationale Zuständigkeit

Soweit das deutsche Prozessrecht anwendbar ist, wird durch § 26 ZPO nicht nur die örtliche, sondern auch die internationale Zuständigkeit deutscher Gerichte begründet (**Doppelfunktionalität**).[54]

Im Geltungsbereich von **EuGVO und LugÜ-II** begründen Art. 24 Nr. 1 EuGVO n.F. bzw. Art. 22 Nr. 1 LugÜ-II einen ausschließlichen internationalen Gerichtsstand am Ort der Belegenheit der unbeweglichen Sache für Klagen, die dingliche Rechte an unbeweglichen Sachen zum Gegenstand haben.[55] Die örtliche Zuständigkeit innerhalb Deutschlands ergibt sich dann – wenn das Grundstück in Deutschland liegt – aus § 26 ZPO.[56] Ein gemeinsamer Gerichtsstand am Belegenheitsort der unbeweglichen Sache im Zusammenhang mit vertraglichen Ansprüchen findet sich in Art. 8 Nr. 4 EuGVO n.F. bzw. Art. 6 Nr. 4 LugÜ-II.

12

13

§ 27
Besonderer Gerichtsstand der Erbschaft

(1) Klagen, welche die Feststellung des Erbrechts, Ansprüche des Erben gegen einen Erbschaftsbesitzer, Ansprüche aus Vermächtnissen oder sonstigen Verfügungen von Todes wegen, Pflichtteilsansprüche oder die Teilung der Erbschaft zum Gegenstand haben, können vor dem Gericht erhoben werden, bei dem der Erblasser zur Zeit seines Todes den allgemeinen Gerichtsstand gehabt hat.

(2) Ist der Erblasser ein Deutscher und hatte er zur Zeit seines Todes im Inland keinen allgemeinen Gerichtsstand, so können die im Absatz 1 bezeichneten Klagen vor dem Gericht erhoben werden, in dessen Bezirk der Erblasser seinen letzten inländischen Wohnsitz hatte; wenn er einen solchen Wohnsitz nicht hatte, so gilt die Vorschrift des § 15 Abs. 1 Satz 2 entsprechend.

Inhalt:

	Rn.		Rn.
A. Allgemeines	1	3. Ansprüche aus Vermächtnis	8
B. Erläuterungen	3	4. Ansprüche aus sonstigen Verfügungen von Todes wegen	9
I. Normbereich	3		
II. Fallgruppen im Einzelnen	5	5. Pflichtteilsansprüche	10
1. Klage auf Feststellung des Erbrechts	5	6. Teilung der Erbschaft	11
		III. Internationale Zuständigkeit	12
2. Ansprüche gegen den Erbschaftsbesitzer	7		

A. Allgemeines

Für enumerativ aufgeführte erbrechtliche Auseinandersetzungen begründet § 27 ZPO einen besonderen Gerichtsstand. Alle einen bestimmten Erbfall betreffenden Streitigkeiten sollen nach § 27 Abs. 1 ZPO einheitlich vor einem Gericht ausgetragen werden.[1] Ziel ist ein sach- und vollstreckungsnahes Gericht, das zudem leicht feststellbar ist.[2] § 27 Abs. 2 ZPO bezweckt einen inländischen Hilfsgerichtsstand, um die Anwendung deutschen Rechts durch deutsche Gerichte zu gewährleisten;[3] in allen Fällen, in denen erbrechtliche Verhältnisse nach deutschen Gesetzen zu beurteilen sind, muss ein inländischer Gerichtsstand gegeben sein.

1

Der besondere Gerichtsstand des § 27 Abs. 1 ZPO richtet sich nach dem allgemeinen **Gerichtsstand (§§ 13, 15, 16 ZPO) des Erblassers** im Zeitpunkt seines Todes.[5] Hatte der Erblasser zur Zeit seines Todes keinen inländischen allgemeinen Gerichtsstand (§§ 13, 15, 16 ZPO), so kommt es – sofern er Deutscher ist – auf seinen letzten inländischen Wohnsitz an; für den Fall, dass er auch einen solchen nicht hatte, wird ein Gerichtsstand in Berlin-Schöneberg begründet

2

---

54 BeckOK-*Toussaint*, ZPO, § 26 Rn. 9.
55 BeckOK-*Toussaint*, ZPO, § 26 Rn. 23.
56 MK-*Patzina*, ZPO, § 26 Rn. 7; Musielak/Voit-*Heinrich*, ZPO, § 26 Rn. 8.

Zu § 27:
1 LG Heidelberg, BeckRS 2015, 02579, I.1.; ebenso Zöller-*Vollkommer*, ZPO, § 27 Rn. 1; Musielak/Voit-*Heinrich*, ZPO, § 27 Rn. 1.
2 Musielak/Voit-*Heinrich*, ZPO, § 27 Rn. 1.
3 MK-*Patzina*, ZPO, § 27 Rn. 1.
4 LG Traunstein, ZEV 2013, 345, Rn. 59.
5 OLG München, ZEV 2012, 215, Rn. 29; OLG Stuttgart, ZEV 2008, 434, Rn. 52.

(§ 27 Abs. 2 Hs. 2 ZPO i. V. m. § 15 Abs. 1 Satz 2 ZPO). Es handelt sich um einen **Wahlgerichtsstand** i. S. v. § 35 ZPO.

B. Erläuterungen
I. Normbereich

3 Für § 27 ZPO ist es nicht erforderlich, dass sich **Nachlassgegenstände** im Gerichtsbezirk befinden oder befunden haben.[6] § 27 ZPO greift sogar dann, wenn der Nachlass ganz oder teilweise im Ausland liegt.[7] Es kommt auch nicht auf die **Parteirollen** an; denkbar sind etwa Klagen gegen den Erben, den mit einem Vermächtnis Beschwerten, dessen Rechtsnachfolger oder die für einen erbrechtlichen Anspruch prozessführungsbefugte Partei kraft Amtes, z. B. Insolvenzverwalter, Nachlassverwalter, Testamentsvollstrecker.[8] Der Gerichtsstand des § 27 ZPO beinhaltet auch keine **zeitliche** Begrenzung.[9] Er kann aber naturgemäß erst nach Eintritt des Erbfalls begründet sein, da es um Rechtsverhältnisse geht, die erst nach dem Erbfall entstehen.[10] Erbfall/Todeseintritt ist der Eintritt des Gesamthirntodes, d. h. der vollständige Ausfall aller Funktionen von Großhirn, Kleinhirn und Hirnstamm.[11]

4 Entscheidend für die Anwendung des § 27 ZPO ist nur, dass die Klage einen der dort genannten Gründe zum Gegenstand hat[12] (siehe Rn. 5 ff.). Es geht um alle Ansprüche aus den aufgezählten **Rechtsverhältnissen** unabhängig von deren Inhalt, etwa auch Auskunftsansprüche.[13]

II. Fallgruppen im Einzelnen
1. Klage auf Feststellung des Erbrechts

5 Bei der Klage auf Feststellung des Erbrechts steht die durch Testament, Erbvertrag oder Gesetz bestimmte **Erbfolge** im Streit. Erbe kann auch sein der Fiskus (§ 1936 BGB) und der Nacherbe (§ 2100 BGB); dagegen fällt nicht darunter das Nachfolgerecht bei fortgesetzter Gütergemeinschaft (§ 1483 BGB).[14] Zu dieser Fallgruppe zählt insbesondere die **Feststellungsklage** (§ 256 ZPO). Erfasst sind aber **auch** Testamentsanfechtung nach §§ 2078 ff. BGB, Erbunwürdigkeitsklage nach § 2342 BGB, Erbverzicht nach § 2346 BGB.[15]

6 **Nicht erfasst** sind Klagen wegen Rechten an einzelnen Nachlassgegenständen;[16] eines schuldrechtlichen Anspruchs des Erbschaftskäufers aus § 2374 BGB;[17] Recht auf Widerruf einer in einem Erbvertrag vorgenommenen Erbeinsetzung;[18] sowie Feststellung der Zugehörigkeit von Gegenständen zum Nachlass als Vorfrage erbrechtlicher Ansprüche.[19]

2. Ansprüche gegen den Erbschaftsbesitzer

7 **Erbschaftsbesitzer** ist, wer aufgrund eines ihm in Wirklichkeit nicht zustehenden Erbrechts etwas aus der Erbschaft erlangt hat, § 2018 BGB. Erfasst sind Ansprüche aus §§ 2018–2031 BGB. Der besondere Gerichtsstand der Erbschaft erfasst auch den Auskunftsanspruch nach § 2027 Abs. 1 BGB,[20] ebenso die darauf bezogene Abgabe der eidesstattlichen Versicherung.[21] Nicht erfasst von § 27 ZPO sind dagegen Auskunftsansprüche gegen andere als den Erbschaftsbesitzer i. S. v. § 2027 Abs. 2 BGB[22] und i. S. v. § 2028 BGB[23] (streitig), weil diese nicht unter den eindeutigen Wortlaut des § 27 ZPO fallen. Erfasst sind nur Klagen, die das **Gesamterbe** betref-

---

6 Zöller-*Vollkommer*, ZPO, § 27 Rn. 1.
7 BeckOK-*Toussaint*, ZPO, § 27 Rn. 4.
8 BeckOK-*Toussaint*, ZPO, § 27 Rn. 3; Zöller-*Vollkommer*, ZPO, § 27 Rn. 3; MK-*Patzina*, ZPO, § 27 Rn. 4.
9 MK-*Patzina*, ZPO, § 27 Rn. 4.
10 BeckOK-*Toussaint*, ZPO, § 27 Rn. 1.
11 Musielak/Voit-*Heinrich*, ZPO, § 27 Rn. 2.
12 Musielak/Voit-*Heinrich*, ZPO, § 27 Rn. 3.
13 BeckOK-*Toussaint*, ZPO, § 27 Rn. 3.
14 Zöller-*Vollkommer*, ZPO, § 27 Rn. 4; Thomas/Putzo-*Hüßtege*, ZPO, § 27 Rn. 1; Musielak/Voit-*Heinrich*, ZPO, § 27 Rn. 4 (str.).
15 Musielak/Voit-*Heinrich*, ZPO, § 27 Rn. 4.
16 Zöller-*Vollkommer*, ZPO, § 27 Rn. 4
17 Zöller-*Vollkommer*, ZPO, § 27 Rn. 4; Musielak/Voit-*Heinrich*, ZPO, § 27 Rn. 4.
18 MK-*Patzina*, ZPO, § 27 Rn. 5.
19 OLG Stuttgart, ZEV 2008, 434 (439); BeckOK-*Toussaint*, ZPO, § 27 Rn. 2.1.
20 LG Berlin, BeckRS 2014, 09393, B.
21 Musielak/Voit-*Heinrich*, ZPO, § 27 Rn. 5.
22 Musielak/Voit-*Heinrich*, ZPO, § 27 Rn. 5 (str.); a.A. Thomas/Putzo-*Hüßtege*, ZPO, § 27 Rn. 2; Baumbach/Lauterbach/Albers/Hartmann, ZPO, § 27 Rn. 7.
23 Musielak/Voit-*Heinrich*, ZPO, § 27 Rn. 5; Thomas/Putzo-*Hüßtege*, ZPO, § 27 Rn. 2; Baumbach/Lauterbach/Albers/Hartmann, ZPO, § 27 Rn. 7 (str.); a.A. Zöller-*Vollkommer*, ZPO, § 27 Rn. 5; MK-*Patzina*, ZPO, § 27 Rn. 7.

fen,²⁴ nicht Klagen hinsichtlich Rechten an einzelnen Nachlassgegenständen (§§ 985, 989 f., 2029 BGB).²⁵ Es kann auch gegen den Erben des Erbschaftsbesitzers sowie gegen den Erbschaftserwerber nach § 2030 BGB geklagt werden, nicht aber gegen den Testamentsvollstrecker oder einen Beauftragten des Erblassers.²⁶

3. Ansprüche aus Vermächtnis
Durch **Vermächtnis** wird einer Person ein Vermögensvorteil zugewendet, ohne ihn als Erben einzusetzen, § 1939 BGB; vgl. im Einzelnen §§ 1932, 1939, 1941, 1969, 2150, 2174 BGB. Der Vermächtnisnehmer ist Nachlassgläubiger, soweit der Erbe belastet ist, §§ 2174, 1967 Abs. 2 BGB.²⁷ § 27 ZPO ist weit auszulegen, um sicherzustellen, dass alle einen bestimmten Erbfall betreffenden Streitigkeiten einheitlich vor einem Gericht ausgetragen werden.²⁸ Erfasst wird nicht nur die Geltendmachung von Vermächtnissen durch den Vermächtnisnehmer, sondern auch die Klage auf Feststellung des Nichtbestehens oder die Anfechtung des Vermächtnisses durch den Beschwerten.²⁹ Eine vergleichbare Zielrichtung hat die Klage auf Rückzahlung eines ausgezahlten Vermächtnisses; auch dort geht es um Umfang und Inhalt der Vermächtnisanordnung, auch dort greift darum § 27 ZPO.³⁰

8

4. Ansprüche aus sonstigen Verfügungen von Todes wegen
Hierunter fallen **Auflage** (§§ 1940, 2192–2196 BGB) und **Schenkungsversprechen von Todes wegen** (§ 2301 BGB).

9

5. Pflichtteilsansprüche
Erfasst sind Ansprüche aus §§ 2303 ff. BGB auf Zahlung; aus §§ 2325, 2329 BGB auf Pflichtteilsergänzung; aus § 2345 Abs. 2 BGB gegen den unwürdigen Pflichtteilsberechtigten; aus § 2314 BGB auf Auskunft.

10

6. Teilung der Erbschaft
Hierunter fällt die Auseinandersetzung unter Miterben (§§ 2042 ff. BGB) einschließlich Ausgleichung gemäß §§ 2055 ff., 2057a BGB. § 27 ZPO gilt auch bei §§ 1482 BGB, 1483 Abs. 2 BGB, Klage auf Zustimmung zu Auseinandersetzungsplan, Anfechtung einer erfolgten Teilung; nicht dagegen für Klage auf Aufhebung und Vornahme der Auseinandersetzung einer fortgesetzten Gütergemeinschaft gemäß §§ 1495 ff. BGB.³¹

11

III. Internationale Zuständigkeit
Besteht nach § 27 ZPO die örtliche Zuständigkeit eines deutschen Gerichts, so wird dadurch zugleich die internationale Zuständigkeit deutscher Gerichte begründet³² **(Doppelfunktionalität)**.

12

§ 27 ZPO wird durch **EuGVO** und **LugÜ-II** nicht verdrängt; diese sind im Bereich des Erbrechts nicht anwendbar (Art. 1 Abs. 2 Buchst. f EuGVO n. F., Art. 1 Abs. 2 Buchst. a LugÜ-II).³³ Hinter Art. 20 des deutsch-türkischen Konsularvertrages vom 28.05.1929 tritt § 27 ZPO zurück.³⁴

13

§ 28
Erweiterter Gerichtsstand der Erbschaft

In dem Gerichtsstand der Erbschaft können auch Klagen wegen anderer Nachlassverbindlichkeiten erhoben werden, solange sich der Nachlass noch ganz oder teilweise im Bezirk des Gerichts befindet oder die vorhandenen mehreren Erben noch als Gesamtschuldner haften.

---

24 MK-*Patzina*, ZPO, § 27 Rn. 7.
25 Zöller-*Vollkommer*, ZPO, § 27 Rn. 5; Musielak/Voit-*Heinrich*, ZPO, § 27 Rn. 5.
26 Musielak/Voit-*Heinrich*, ZPO, § 27 Rn. 5.
27 MK-*Patzina*, ZPO, § 27 Rn. 9.
28 LG Heidelberg, ErbR 2015, 271, Rn. 29.
29 LG Heidelberg, ErbR 2015, 271, Rn. 29.
30 LG Heidelberg, ErbR 2015, 271, Rn. 29.
31 Musielak/Voit-*Heinrich*, ZPO, § 27 Rn. 9; MK-*Patzina*, ZPO, § 27 Rn. 12.
32 OLG Saarbrücken, BeckRS 2014, 06740 = ZEV 2014, 495 (Leitsatz); OLG Stuttgart, ZEV 2008, 434; BeckOK-*Toussaint*, ZPO, § 27 Rn. 8.
33 BeckOK-*Toussaint*, ZPO, § 27 Rn. 8; vgl. auch OLG München, ZEV 2012, 215, Rn. 26.
34 Musielak/Voit-*Heinrich*, ZPO, § 27 Rn. 10.

Inhalt:

	Rn.		Rn.
A. Allgemeines	1	1. Nachlass noch ganz oder teilweise im Bezirk des Gerichts	10
B. Erläuterungen	3		
I. Andere Nachlassverbindlichkeiten	3	2. Vorhandene mehrere Erben haften noch als Gesamtschuldner	11
1. Erblasserschulden	4		
2. Erbfallschulden	6	III. Internationale Zuständigkeit	12
II. Einschränkung: Nachlass im Bezirk des Gerichts oder fortdauernde Haftung als Gesamtschuldner	9		

A. Allgemeines

1 § 28 ZPO schafft einen erweiterten Gerichtsstand der Erbschaft für Klagen wegen anderer, von § 27 ZPO noch nicht erfasster Nachlassverbindlichkeiten. **Ziel** ist die Erleichterung der Rechtsverfolgung, allerdings nur für einen begrenzten Zeitraum:[1] entweder muss der Nachlass sich noch (ganz oder teilweise) im Bezirk des Gerichts befinden, oder die vorhandenen mehreren Erben müssen noch als Gesamtschuldner haften. Bei § 28 ZPO kommt es – wie bei § 27 ZPO – weder auf das Ziel der Klage noch die Klageart oder die Parteirolle an.[2] Unter § 28 ZPO fallen auch Streitigkeiten unter **Miterben**.[3]

2 Für die Eröffnung des Gerichtsstands des § 28 ZPO genügt die schlüssige Darlegung einer Nachlassverbindlichkeit durch den Kläger.[4] Das gilt auch, soweit dieselben Tatsachen sowohl für die Zulässigkeit als auch für die Begründetheit der Klage erheblich sind (**doppelrelevante Tatsachen**).[5] Die den Gerichtsstand des § 28 ZPO begründenden Umstände muss der Kläger, den Wegfall der Gesamthaftung müssen die beklagten Erben darlegen und **beweisen**.[6] Es handelt sich um einen **Wahlgerichtsstand** i.S.v. § 35 ZPO.

B. Erläuterungen
I. Andere Nachlassverbindlichkeiten

3 **Andere Nachlassverbindlichkeiten** i.S.d. § 28 ZPO sind solche, die nicht schon unter § 27 ZPO fallen (siehe dort). § 1967 Abs. 2 BGB differenziert zwischen zweierlei Arten von Nachlassverbindlichkeiten: die „vom Erblasser herrührenden Schulden" und „die den Erben als solchen treffenden Verbindlichkeiten".

1. Erblasserschulden

4 **Erblasserschulden** sind die „vom Erblasser herrührenden Schulden" (§ 1967 Abs. 2 Alt. 1 BGB), also zur Zeit des Erbfalls schon in der Person des Erblassers begründete gesetzliche, vertragliche und außervertragliche Verpflichtungen, sofern sie nicht durch dessen Tod erloschen sind;[7] ebenso dingliche und diesen gleichgestellte Ansprüche gemäß § 1971 BGB.[8] Klagen wegen Erblasserschulden unterfallen nicht § 27 ZPO, da § 27 ZPO auf durch den Erbfall entstandene Rechtsverhältnisse abstellt, so dass hier ein eigenständiger Anwendungsbereich des § 28 ZPO eröffnet ist.[9]

5 **In Betracht** kommen etwa Ansprüche aus unerlaubter Handlung, auch wenn die Folge erst nach dem Erbfall eintritt;[10] Rückzahlung eines dem Erblasser zu Lebzeiten gewährten Darlehens;[11] Anspruch aus einer Krankenbehandlung des Erblassers;[12] Zahlungsanspruch des Lebensgefährten nach dem Tod des Partners gegen dessen Erben;[13] vertragliche Verpflichtungen aus einem Gesellschaftsverhältnis;[14] bereicherungsrechtliche Ansprüche wegen Zweckverfeh-

---

1 Musielak/Voit-*Heinrich*, ZPO, § 28 Rn. 1.
2 BeckOK-*Toussaint*, ZPO, § 28 Rn. 4.
3 BGH, NJW-RR 2008, 1516 = MDR 2008, 1178; OLG Schleswig, NJW-RR 2008, 96; OLG Naumburg, ZEV 2006, 33, Rn. 7; OLG Karlsruhe, OLGR 2003, 347, Rn. 3; Zöller-*Vollkommer*, ZPO, § 28 Rn. 1.
4 BGH, NJW-RR 2008, 1516, Rn. 10 = MDR 2008, 1178, III.1.a).
5 BGH, NJW-RR 2008, 1516, Rn. 10 = MDR 2008, 1178, III.1.a).
6 BayObLG, NJW-RR 2006, 15, Rn. 4; Musielak/Voit-*Heinrich*, ZPO, § 28 Rn. 10; Baumbach/Lauterbach/Albers/Hartmann, ZPO, § 28 Rn. 7.
7 Musielak/Voit-*Heinrich*, ZPO, § 28 Rn. 2.
8 Musielak/Voit-*Heinrich*, ZPO, § 28 Rn. 3.
9 BeckOK-*Toussaint*, ZPO, § 28 Rn. 2.
10 Musielak/Voit-*Heinrich*, ZPO, § 28 Rn. 3.
11 OLG Rostock, OLGR 2009, 216, Rn. 8.
12 BayObLG, NJW-RR 2006, 15, Rn. 4.
13 Musielak/Voit-*Heinrich*, ZPO, § 28 Rn. 3.
14 BeckOK-*Toussaint*, ZPO, § 28 Rn. 2.

lung (Klage eines Lebenspartners wegen zugunsten des Eigentums des anderen erbrachter Leistungen, die mit dessen Tod ihren Zweck verfehlen).[15]

2. Erbfallschulden
Erbfallschulden sind „die den Erben als solchen treffenden Verbindlichkeiten" (§ 1967 Abs. 2 Alt. 2 BGB), die aus dem Erbfall stammen und den Erben als solchen treffen.[16] Soweit es um Ansprüche aus Vermächtnissen oder sonstigen Verfügungen von Todes wegen und Pflichtteilsansprüche geht, greift bereits § 27 ZPO.[17] Eigenständige Bedeutung gewinnt § 28 ZPO insoweit bei den Erbschaftsverwaltungs- oder Nachlasserbenschulden, die aus Anlass des Erbfalls bzw. aus der Verwaltung und Abwicklung des Nachlasses entstehen.[18]

In Betracht kommen etwa Beerdigungskosten i.S.v. § 1968 BGB;[19] im Rahmen der Verwaltung und Abwicklung des noch ungeteilten Nachlasses abgeschlossene Verträge;[20] Verbindlichkeiten, die auf eine ordnungsgemäße Verwaltung des Nachlasses zurückgehen;[21] Duldung der Zwangsvollstreckung in Nachlassgegenstände;[22] Unterhalt der werdenden Mutter eines Erben gemäß § 1963 Satz 1 BGB;[23] Erbschaftssteuerschulden (streitig);[24] Verbindlichkeiten aufgrund wirksamer Rechtshandlungen des Nachlasspflegers (§§ 1960, 1961 BGB) oder -verwalters (§§ 1975, 1981, 1987 BGB), im Rahmen eines Nachlassinsolvenzverfahrens (§ 315 InsO, § 1978 BGB) oder durch Tätigkeiten des Testamentsvollstreckers;[25] Ansprüche aus Geschäftsführung mit (§ 672 BGB) und ohne (§§ 683, 684 BGB) Auftrag im Interesse der Erbschaft.[26]

Nicht erfasst sind dagegen Ansprüche des Erbschaftskäufers (§§ 2371 ff. BGB), da es sich nicht um Nachlassverbindlichkeiten handelt.[27]

II. Einschränkung: Nachlass im Bezirk des Gerichts oder fortdauernde Haftung als Gesamtschuldner

Anders als § 27 ZPO beinhaltet § 28 ZPO eine **Einschränkung**: Die Vorschrift findet nur Anwendung, solange sich der Nachlass noch (ganz oder teilweise) im Bezirk des Gerichts befindet oder solange die vorhandenen mehreren Erben noch als Gesamtschuldner haften. Die beiden Fallgruppen stehen in einem alternativen Verhältnis; es reicht also aus, wenn eine davon vorliegt.

1. Nachlass noch ganz oder teilweise im Bezirk des Gerichts
Der Nachlass muss sich noch ganz oder teilweise im Bezirk des Gerichts befinden. Dies bedeutet:
– **zeitlich**: Entscheidender Zeitpunkt für dieses Tatbestandsmerkmal ist wegen § 261 Abs. 3 Nr. 2 ZPO der Eintritt der Rechtshängigkeit.
– **räumlich**: Bei der Belegenheit von Sachen kommt es auf ihre örtliche Lage,[28] bei der Belegenheit von Forderungen auf den Wohnsitz des Schuldners an, § 23 Satz 2 ZPO.
– **gegenständlich**: Es reicht aus, wenn sich der Nachlass zumindest teilweise im Bezirk des Gerichts befindet. Dabei kommt es auf den Wert des verbliebenen Nachlassgegenstandes nicht an.[29]
– **Korrektiv**: § 28 ZPO gilt nicht, wenn Nachlassgegenstände arglistig zwecks Beeinflussung des Gerichtsstandes in dessen Bezirk verbracht oder aus diesem entfernt wurden.[30]

---

15 OLG Naumburg, BeckRS 2014, 02837 = MDR 2014, 410, Rn. 1.
16 BeckOK-*Toussaint*, ZPO, § 28 Rn. 1.
17 BeckOK-*Toussaint*, ZPO, § 28 Rn. 3.
18 BeckOK-*Toussaint*, ZPO, § 28 Rn. 3; OLG Schleswig, NJW-RR 2008, 96, Rn. 3.
19 OLG Karlsruhe, OLGR 2003, 347, Rn. 2; BayObLG, NJW-RR 2004, 944, Rn. 5.
20 BeckOK-*Toussaint*, ZPO, § 28 Rn. 3.
21 BGH, NJW-RR 2008, 1516, Rn. 11 = MDR 2008, 1178, III.1.a).
22 OLG München, ZEV 2012, 215, Rn. 29.
23 Musielak/Voit-*Heinrich*, ZPO, § 28 Rn. 4.
24 Musielak/Voit-*Heinrich*, ZPO, § 28 Rn. 4; a.A. OLG Hamm, BeckRS 2008, 00826, II.2.
25 Musielak/Voit-*Heinrich*, ZPO, § 28 Rn. 4.
26 MK-*Patzina*, ZPO, § 28 Rn. 7.
27 MK-*Patzina*, ZPO, § 28 Rn. 2; Zöller-*Vollkommer*, ZPO, § 28 Rn. 2.
28 BeckOK-*Toussaint*, ZPO, § 28 Rn. 15.
29 MK-*Patzina*, ZPO, § 28 Rn. 3.
30 MK-*Patzina*, ZPO, § 28 Rn. 3; Baumbach/Lauterbach/Albers/Hartmann, ZPO, § 28 Rn. 4.

2. Vorhandene mehrere Erben haften noch als Gesamtschuldner

11 Auch wenn der Nachlass sich im Zeitpunkt des Eintritts der Rechtshängigkeit nicht im Bezirk des Gerichts befindet, greift § 28 ZPO, solange die **Erben als Gesamtschuldner** für die streitige Nachlassverbindlichkeit gem. §§ 2058 ff., 421 ff. BGB haften[31] (und zwar unabhängig davon, ob sich jemals Nachlassgegenstände im Gerichtsbezirk befunden haben).[32] Eine Auseinandersetzung der Erbengemeinschaft ist unschädlich.[33] Die Gesamtschuldnerschaft muss sich genau auf die eingeklagte Nachlassverbindlichkeit beziehen.[34] Auch hier kommt es wegen § 261 Abs. 3 Nr. 2 ZPO auf den Eintritt der Rechtshängigkeit an.[35] Das Ende der Gesamthaftung der Erben als Gesamtschuldner ergibt sich aus §§ 2060, 2061 BGB (danach nur noch anteilige Haftung der Erben).[36]

III. Internationale Zuständigkeit

12 Ist ein Gerichtsstand nach § 28 ZPO gegeben, ist damit zugleich auch die internationale Zuständigkeit deutscher Gerichte begründet (Grundsatz der **Doppelfunktionalität** der örtlichen Zuständigkeitsnormen).[37]

13 § 28 ZPO wird durch **EuGVO** und **LugÜ-II** nicht verdrängt, weil diese auf den Bereich des Erbrechts einschließlich des Testamentsrechts nicht anwendbar sind, Art. 1 Abs. 2 Buchst. f EuGVO (n. F.), Art. 1 Abs. 2 Buchst. a LugÜ-II.[38] Dies gilt aber dann nicht, wenn die Grundlage der Streitigkeit nicht im Erb- oder Testamentsrecht liegt und die Erbberechtigung nur Vorfrage ist; dann wird § 28 ZPO verdrängt.[39]

§ 29
Besonderer Gerichtsstand des Erfüllungsorts

(1) Für Streitigkeiten aus einem Vertragsverhältnis und über dessen Bestehen ist das Gericht des Ortes zuständig, an dem die streitige Verpflichtung zu erfüllen ist.

(2) Eine Vereinbarung über den Erfüllungsort begründet die Zuständigkeit nur, wenn die Vertragsparteien Kaufleute, juristische Personen des öffentlichen Rechts oder öffentlich-rechtliche Sondervermögen sind.

Inhalt:

	Rn.		Rn.
A. Allgemeines	1	a) Parteivereinbarung	25
B. Erläuterungen	7	b) Gesetzliche Sonderregelungen des Leistungsorts	29
I. Vertragsverhältnis	7		
1. Definition	8	c) Umstände, vor allem Natur des Schuldverhältnisses	30
2. Einzelfälle	10		
II. Erfasste Streitigkeiten	21	d) Wohnsitz des Schuldners	31
1. Streitigkeiten aus einem Vertragsverhältnis	21	2. Anknüpfungspunkt der streitigen Verpflichtung	32
2. Streitigkeiten über Feststellung des Bestehens eines Vertragsverhältnisses	23	3. Gemeinsamer Erfüllungsort am Ort der vertragscharakteristischen Leistung?	33
III. Gericht des Erfüllungsorts	24	IV. Internationale Zuständigkeit	37
1. Erfüllungsort nach materiellem Recht	24	V. Einzelfälle in alphabetischer Reihenfolge	40

---

31 BayObLG, NJW-RR 2004, 944, Rn. 5; Zöller-*Vollkommer*, ZPO, § 28 Rn. 4.
32 BGH, NJW-RR 2008, 1516, Rn. 12 = MDR 2008, 1178, III.1.b); BeckOK-*Toussaint*, ZPO, § 28 Rn. 6.
33 BGH, NJW-RR 2008, 1516, Rn. 12 = MDR 2008, 1178, III.1.b); OLG Schleswig, NJW-RR 2008, 96, Rn. 3.
34 BayObLG, NJW-RR 2004, 944, Rn. 5; MK-*Patzina*, ZPO, § 28 Rn. 4.
35 Thomas/Putzo-*Hüßtege*, ZPO, § 28 Rn. 2.
36 OLG Rostock, OLGR 2009, 216, Rn. 9; BayObLG, NJW-RR 2004, 944, Rn. 5; Thomas/Putzo-*Hüßtege*, ZPO, § 28 Rn. 3.
37 Musielak/Voit-*Heinrich*, ZPO, § 28 Rn. 11; MK-*Patzina*, ZPO, § 28 Rn. 7.
38 BeckOK-*Toussaint*, ZPO, § 28 Rn. 8.
39 BeckOK-*Toussaint*, ZPO, § 28 Rn. 8; MK-*Patzina*, ZPO, § 28 Rn. 7; Musielak/Voit-*Heinrich*, ZPO, § 28 Rn. 11.

A. Allgemeines

Nach § 29 Abs. 1 ZPO ist bei vertraglichen Streitigkeiten das Gericht des Ortes zuständig, an dem die streitige Verpflichtung zu erfüllen ist. **Ziel** ist die Erleichterung der Rechtsverfolgung:[1] Das örtlich nahe und darum besonders sachkundige Gericht soll entscheiden.[2] Indem am jeweiligen Ort der Leistungspflicht geklagt wird, geht es darüber hinaus um eine gerechte Lastenverteilung in prozessualer Hinsicht[3] und um Gewährleistung von Chancen- und Waffengleichheit.[4] Der Gerichtsstand des Erfüllungsortes gilt als der bedeutsamste besondere Gerichtsstand.[5] Die 1974 erfolgte Neufassung bezweckte eine sprachliche Zusammenfassung, nicht eine sachliche Änderung der Norm.[6]   1

§ 29 Abs. 2 ZPO ist im Zusammenhang mit § 38 ZPO zu lesen. Das **Prorogationsverbot** für den nichtkaufmännischen Verkehr könnte unterlaufen werden, wenn durch Vereinbarung des Erfüllungsortes durch Nichtkaufleute doch ein Gerichtsstand nach § 29 ZPO begründet werden könnte. Geschäftlich ungewandten Schuldnern soll kein für sie ungünstiger Gerichtsstand aufgedrängt werden können.   2

Bei § 29 ZPO handelt es sich um einen **Wahlgerichtsstand**. Ausschließliche Gerichtsstände gehen vor, etwa § 29a ZPO (Streitigkeiten aus Miet- oder Pachtverhältnis); § 29c Abs. 1 Satz 2 ZPO (Haustürgeschäfte); § 26 FernUSG; §§ 122, 152, 170, 187, 201, 218, 232, 262, 267 FamFG; § 55 Schuldrechtsanpassungsgesetz; § 215 Abs. 1 Satz 2 VVG (Klage gegen den Versicherungsnehmer aus dem Versicherungsvertrag). Bei **Scheck- und Wechselklagen** gelten die besonderen, nicht ausschließlichen Gerichtsstände der §§ 603, 605a ZPO. Eine gesetzliche Bestimmung, **wo** der **Erfüllungsort** liegt, findet sich in § 48 Abs. 1a ArbGG; § 22 StromGVV[7] und § 22 GasGVV.[8] Auch Gerichtsstandsvereinbarungen nach § 38 ZPO – sofern wirksam – sind zu beachten. Eine Vereinbarung des Erfüllungsortes i.S.v. § 28 Abs. 2 ZPO ist in der Regel nicht als ausschließlich zu verstehen; in der Regel wollen die Parteien die Möglichkeit der Wahl anderer Gerichtsstände nicht aufgeben.[9]   3

Werden **mehrere Ansprüche** im Wege der Klagehäufung geltend gemacht, so ist für jeden Anspruch gesondert zu prüfen, wo zu erfüllen ist.[10] Das Gericht darf nur über diejenigen Ansprüche entscheiden, für die es zuständig ist. Bei konkurrierenden Anspruchsgrundlagen eines einheitlichen Anspruchs dagegen darf das Gericht auch konkurrierende, nichtvertragliche Anspruchsgrundlagen prüfen[11] (anders im Rahmen der internationalen Zuständigkeit).[12]   4

Die Prüfung der Voraussetzungen des § 29 ZPO erfolgt von Amts wegen, da es um eine Prozessvoraussetzung geht.[13] Es ist Sache des Klägers, die den Gerichtsstand des § 29 ZPO begründenden Umstände darzutun.[14] **Doppelrelevante Tatsachen**, die für die Zulässigkeit wie für die Begründetheit der Klage relevant sind, sind bei der Zuständigkeitsprüfung als wahr zu unterstellen.[15] Besteht ein Vertrag dann nicht, bleibt die Zuständigkeit des Gerichts gleichwohl bestehen.[16] Im **Säumnisverfahren** gilt hinsichtlich der Vereinbarung des Erfüllungsorts (§ 29 Abs. 2 ZPO) nicht die Geständnisfiktion des § 331 Abs. 1 Satz 1 ZPO (streitig).[17]   5

§ 29 Abs. 1 ZPO gilt **in personeller Hinsicht** für die Vertragsschließenden selbst, ebenso aber auch für ihre Rechtsnachfolger, und zwar sowohl für Gesamtrechtsnachfolger[18] als auch für Einzelrechtsnachfolger aufgrund von Abtretung.[19] Anwendbar ist § 29 ZPO auch bei Schuld-   6

---

1 MK-*Patzina*, ZPO, § 29 Rn. 1.
2 BGH, BeckRS 2010, 04916, Rn. 11 = VersR 2010, 645, Rn. 11.
3 MK-*Patzina*, ZPO, § 29 Rn. 1.
4 Musielak/Voit-*Heinrich*, ZPO, § 29 Rn. 1.
5 Baumbach/Lauterbach/Albers/Hartmann, ZPO, § 29 Rn. 1; MK-*Patzina*, ZPO, § 29 Rn. 1.
6 Vgl. dazu im einzelnen BeckOK-*Toussaint*, ZPO, § 29 Rn. 1.1.
7 Vgl. etwa OLG Köln, NJW-RR 2009, 987.
8 Vgl. etwa LG Kassel, NJW-RR 2007, 1651.
9 Musielak/Voit-*Heinrich*, ZPO, § 29 Rn. 44.
10 BayObLG, BeckRS 2000, 15062, Rn. 9, III.1.
11 BGH, NJW 2003, 828, Rn. 8 = MDR 2003, 345.
12 BGH, NJW-RR 2010, 1554, Rn. 12 = MDR 2010, 943, II.1.c); BGH, NJW-RR 2005, 581 = MDR 2005, 587.
13 Thomas/Putzo-*Hüßtege*, ZPO, § 29 Rn. 7.
14 OLG Karlsruhe, IPRspr 2008, Nr. 37, 98, Rn. 14.
15 BGH, NJW-RR 2010, 1554, Rn. 8 = MDR 2010, 943, II.1.a); OLG Schleswig, SchlHA 2013, 108, Rn. 16; OLG Stuttgart, OLGR 2000, 276, Rn. 101.
16 OLG Schleswig, SchlHA 2013, 108, Rn. 34.
17 Musielak/Voit-*Heinrich*, ZPO, § 29 Rn. 44; a.A. MK-*Patzina*, ZPO, § 29 Rn. 103.
18 BayObLG, NJW-RR 2006, 15; LG Berlin, ZEV 15, 239 (240).
19 OLG Schleswig, NJOZ 2007, 5393 (5394).

beitritt;[20] sowie auf den Begünstigten beim Vertrag zugunsten Dritter.[21] Weiter sind erfasst die abgeleitete Haftung der Gesellschafter nach § 128 HGB und §§ 161, 171 HGB;[22] die Haftung nach § 54 Satz 2 BGB, 11 Abs. 2 GmbHG, 41 Abs. 1 Satz 2 AktG; Ansprüche aus dem WEG-Verhältnis nach § 10 WEG;[23] Ansprüche aus dem Gemeinschaftsverhältnis i.S.v. §§ 741 ff. BGB sowie der Bürge.

B. Erläuterungen
I. Vertragsverhältnis

7 Voraussetzung für die Anwendung des § 29 ZPO ist, dass es um ein Vertragsverhältnis geht. Welchem Rechtsgebiet das Vertragsverhältnis entstammt, spielt keine Rolle (streitig).[24] Auch ein Kontrahierungszwang schadet nicht.[25]

1. Definition

8 Vertragsverhältnis ist ein durch Vertrag begründetes Schuldverhältnis. Ein **Schuldverhältnis** ist eine Sonderverbindung zwischen mindestens zwei Personen, kraft deren die eine – der Gläubiger – von der anderen – dem Schuldner – eine Leistung zu fordern berechtigt ist.[26] Ein Schuldverhältnis entsteht durch Vertrag, einseitiges Rechtsgeschäft oder Gesetz.[27] § 29 ZPO umfasst nur die durch Vertrag begründeten Schuldverhältnisse. **Vertrag** ist die von zwei oder mehr Personen erklärte Willensübereinstimmung über die Herbeiführung eines rechtlichen Erfolges.[28] Erforderlich sind mindestens zwei übereinstimmende Willenserklärungen verschiedener Rechtssubjekte.[29]

9 Ein **Vertragsverhältnis** liegt nur vor, wenn es um eine Willensübereinstimmung über die Herbeiführung eines rechtlichen Erfolges geht. Nicht erfasst von § 29 ZPO sind darum Verfügungen, die unmittelbar eine Rechtsänderung bewirken. Hierzu zählen Erlass (§ 397 BGB); Abtretung (§ 398 BGB); dingliche Verträge (v. a. Einigung, §§ 873, 925, 929 ff. BGB); erbrechtliche Verfügungsverträge wie Erb-, Erbverzichts- oder Pflichtteilsverzichtsverträge; der Ehevertrag, der die güterrechtlichen Verhältnisse regelt; sowie der Prozessvertrag, der auf unmittelbare prozessuale Wirkungen gerichtet ist.[30] Ein Vertrag liegt auch nicht vor, wenn eine Rechtsfolge kraft Gesetzes eintritt. Hier sind etwa zu nennen Delikt (§§ 823 ff. BGB); Inhaberschuldverschreibung (§ 793 BGB); Anspruch auf Quittung oder Schuldschein (§§ 368, 371 BGB).

2. Einzelfälle
Im Einzelnen ist zu differenzieren:

10 § 29 ZPO findet auch Anwendung auf Ansprüche aus **culpa in contrahendo/§ 311 Abs. 2 BGB** (streitig).[31] Es handelt sich in materiell-rechtlicher Hinsicht um einen vertragsähnlichen Haftungstatbestand (vgl. § 311 Abs. 2 i.V.m. §§ 241 Abs. 2, 280 BGB).[32] Die amtliche Überschrift qualifiziert die c.i.c. als „rechtsgeschäftsähnliches Schuldverhältnis". § 29 ZPO gilt für c.i.c./§ 311 Abs. 2 BGB unabhängig von der Frage, ob es zu einem Vertragsschluss gekommen ist (streitig).[33]

---

20 BeckOK-*Toussaint*, ZPO, § 29 Rn. 24.
21 AG Bremen, NJW-RR 2011, 853, Rn. 12.
22 BayObLG, MDR 2002, 1360.
23 OLG Stuttgart, OLGR 2000, 191.
24 BeckOK-*Toussaint*, ZPO, § 29 Rn. 5; a.A. MK-*Patzina*, ZPO, § 29 Rn. 12: nur schuldrechtliche Verträge; Musielak/Voit-*Heinrich*, ZPO, § 29 Rn. 3: „Verpflichtungsvertrag".
25 KG Berlin, BeckRS 2005, 06208.
26 Palandt-*Grüneberg*, BGB, vor § 241 Rn. 3.
27 Palandt-*Grüneberg*, BGB, vor § 241 Rn. 3.
28 Palandt-*Ellenberger*, BGB, vor § 145 Rn. 1.
29 Palandt-*Ellenberger*, BGB, vor § 145 Rn. 1.
30 BeckOK-*Toussaint*, ZPO, § 29 Rn. 9.1; Musielak/Voit-*Heinrich*, ZPO, § 29 Rn. 6.
31 BGH, BeckRS 2010, 04916, II. 2. = VersR 2010, 645, Rn. 6 ff.; OLG München, VersR 2009, 1382; BayObLG, NJW-RR 2002, 1502, Rn. 10; Musielak/Voit-*Heinrich*, ZPO, § 29 Rn. 4; MK-*Patzina*, ZPO, § 29 Rn. 11; Thomas/Putzo-*Hüßtege*, ZPO, § 29 Rn. 4; Baumbach/Lauterbach/Albers/Hartmann, ZPO, § 29 Rn. 12; Zöller-*Vollkommer*, ZPO, § 29 Rn. 6; a.A. BeckOK-*Toussaint*, ZPO, § 29 Rn. 13, 13.1, 13.2, unter Verweis darauf, dass unter den Voraussetzungen des § 311 Abs. 2 BGB ein gesetzliches Schuldverhältnis entstehe; auch stehe c.i.c. aufgrund der Begründung nicht von primären Leistungs-, sondern Schutzpflichten der unerlaubten Handlung näher als dem Vertrag, so dass § 32 ZPO Anwendung finden solle.
32 Zöller-*Vollkommer*, ZPO, § 29 Rn. 6.
33 Musielak/Voit-*Heinrich*, ZPO, § 29 Rn. 4 auch m.w.N. zur abweichenden Ansicht.

Ansprüche aus ungerechtfertigter Bereicherung (§§ 812 ff. BGB) sind keine vertraglichen An- 11
sprüche, so dass § 29 ZPO grundsätzlich keine Anwendung findet. Anders ist es, wenn in
einem Vertragsverhältnis die Rückzahlung überzahlter Beträge aus § 812 BGB begehrt wird.[34]
Wegen des engen Zusammenhangs zum Vertrag selbst gilt hier § 29 ZPO. § 29 ZPO findet
auch Anwendung auf Bereicherungsansprüche, wenn es um einen nichtigen Vertrag geht (sei
es originär über etwa §§ 134, 138 BGB, sei es rückwirkend über Anfechtung gemäß § 142
BGB) (streitig). Zwar setzt § 812 Abs. 1 Satz 1 Alt. 1 BGB die Nichtigkeit des Vertrages voraus,[35] so dass der Anspruch auf einem gesetzlichen Schuldverhältnis beruht.[36] Andererseits
wirkt sich auch beim unwirksamen Vertrag das Gegenseitigkeitsverhältnis auf die Rückabwicklung aus (Saldotheorie).[37] Auch wäre es unbillig, dem etwa getäuschten Kläger den Gerichtsstand des § 29 ZPO zu verwehren, der ihm eröffnet gewesen wäre, wenn der Vertrag
wirksam gewesen wäre.[38] Wenn die Rückabwicklung eines Vertrages nach Rücktritt gemäß
§§ 346 ff. BGB unzweifelhaft § 29 ZPO unterfällt, muss § 29 ZPO auch anwendbar sein bei
Rückabwicklung eines nichtigen Vertrages (streitig).[39] Dies führt im Ergebnis dazu, dass § 29
ZPO Anwendung findet bei Rückabwicklung nach der bereicherungsrechtlichen Leistungs-
kondiktion, nicht aber bei der bereicherungsrechtlichen Nichtleistungskondiktion.

Die Haftung des **vollmachtlosen Vertreters** nach § 179 Abs. 1 BGB unterfällt § 29 ZPO; denn 12
er muss sich behandeln lassen, als wäre er selbst Vertragspartei.[40]

Der Innenausgleich unter **Gesamtschuldnern** nach § 426 Abs. 1 BGB unterfällt jedenfalls dann 13
§ 29 ZPO, wenn zwischen den Gesamtschuldnern ein Vertragsverhältnis besteht.[41]

Unter § 29 ZPO fallen auch Schuldverhältnisse aus Auslobung (**§ 657 BGB**), Preisausschreiben 14
(**§ 661 BGB**) und Gewinnzusagen (**§ 661a BGB**) (streitig).[42] Konstruiert wird dies – auch wenn
es um einseitige Rechtsgeschäfte geht – durch Einordnung als „quasivertragliche/vertragsähn-
liche Schuldverhältnisse"[43] bzw. als „rechtsgeschäftsähnliche Schuldverhältnisse".[44] In euro-
parechtlicher Hinsicht umfassen „Ansprüche aus einem Vertrag" i.S.v. Art. 7 Nr. 1a EuGVO
auch einseitige Leistungsversprechen.[45]

Sollte für eine Streitigkeit aus **öffentlich-rechtlichem Vertrag** der Zivilrechtsweg eröffnet 15
sein,[46] findet § 29 ZPO Anwendung.

§ 29 ZPO gilt auch für die Haftung **gesellschaftsrechtlicher Organe** gegenüber ihren Verbän- 16
den aus §§ 93 Abs. 1, 116 AktG; § 43 Abs. 2 GmbHG; §§ 34, 41 GenG; es geht um quasiver-
tragliche Beziehungen, die nicht durch Gesetz, sondern durch Willenserklärung begründet
werden.[47]

Verträge des **Sachenrechts** sind typischerweise Verfügungen und unterfallen darum nicht § 29 17
ZPO. Damit ist indes kein genereller Ausschluss verbunden: sofern etwa ein gesetzliches
Schuldverhältnis des Sachenrechts vertraglich geregelt ist, kommt § 29 ZPO zur Anwendung.[48]

Im **Familienrecht** gilt: Auf das Verlöbnis (§§ 1297 ff. BGB) und die Ansprüche nach dessen 18
Auflösung (§§ 1298, 1301 BGB) ist § 29 ZPO nicht anwendbar (streitig);[49] ebenso wenig auf

---

34 OLG Stuttgart, OLGR 2004, 362.
35 Offen gelassen durch OLG Saarbrücken, NJW 2005, 906 (907). Ursprünglich darum ablehnend hinsichtlich § 29 ZPO: BGH, BeckRS 1961, 31188226, III.1. = JZ 62, 315, III.1.
36 BayObLG, BeckRS 1994, 11831, II.2.c).
37 Zöller-*Vollkommer*, ZPO, § 29 Rn. 6; MK-*Patzina*, ZPO, § 29 Rn. 13; Musielak/Voit-*Heinrich*, ZPO, § 29 Rn. 7.
38 Musielak/Voit-*Heinrich*, ZPO, § 29 Rn. 7.
39 Musielak/Voit-*Heinrich*, ZPO, § 29 Rn. 7; a.A. BeckOK-*Toussaint*, ZPO, § 29 Rn. 16.
40 Vgl. BeckOK-*Toussaint*, ZPO, § 29 Rn. 17.1; Musielak/Voit-*Heinrich*, ZPO, § 29 Rn. 4; Thomas/Putzo-*Hüßtege*, ZPO, § 29 Rn. 3; Zöller-*Vollkommer*, ZPO, § 29 Rn. 6; MK-*Patzina*, ZPO, § 29 Rn. 3.
41 BeckOK-*Toussaint*, ZPO, § 29 Rn. 17.2; generell bejahend OLG Hamm, BeckRS 2002, 13188.
42 Vgl. BGH, NJW 2006, 230 (231 f.) = WM 2006, 230 zur internationalen Zuständigkeit bei Klagen aus grenzüberschreitender Gewinnzusage: Klage aus einem Vertrag i.S.d. Art. 5 Nr. 1 Hs. 1 EuGVÜ – der Begriff „Vertrag oder Ansprüche aus einem Vertrag" werde vom EuGH nicht eng ausgelegt; OLG Dresden, BeckRS 2004, 08834; a.A. Musielak/Voit-*Heinrich*, ZPO, § 29 Rn. 6; BeckOK-*Toussaint*, ZPO, § 29 Rn. 11.
43 Zöller-*Vollkommer*, ZPO, § 29 Rn. 6.
44 Palandt-*Sprau*, BGB, § 661a Rn. 1.
45 EuGH, NJW 2005, 811 (813) = JZ 2005, 782; BGH, NJW 2006, 230 (232), Rn. 20 = WM 2006, 230.
46 Ob dies je eintritt, ist streitig; ablehnend BeckOK-*Toussaint*, ZPO, § 29 Rn. 7.3; bejahend Musielak/Voit-*Heinrich*, ZPO, § 29 Rn. 3.
47 BeckOK-*Toussaint*, ZPO, § 29 Rn. 8; Musielak/Voit-*Heinrich*, ZPO, § 29 Rn. 5.
48 BeckOK-*Toussaint*, ZPO, § 29 Rn. 7.1.
49 OLG Stuttgart, OLGR 2004, 362, Rn. 10; LG Heidelberg, NJW-RR 2014, 777; BeckOK-*Toussaint*, ZPO, § 29 Rn. 7.2; siehe dort weitere Nachweise zur abweichenden Ansicht.

Unterhaltsvereinbarungen, die nur die gesetzliche Unterhaltspflicht konkretisieren.[50] Ebenso ist § 29 ZPO nicht anwendbar auf den Anspruch nach § 1357 Abs. 1 Satz 2 BGB.[51] Dagegen gilt § 29 ZPO für Verträge zwischen Partnern einer nichtehelichen Lebensgemeinschaft.[52]

19 Hinsichtlich des **Erbrechts** gilt: Der Erbvertrag (§§ 2274ff. BGB) unterfällt nicht § 29 ZPO, da er eine Verfügung enthält.[53] Gleiches gilt für § 2346 BGB (Erbverzicht durch Vertrag).[54] Denkbar i.S.v. § 29 ZPO sind aber Vereinbarungen unter Miterben im Rahmen der Auseinandersetzung.[55]

20 Nicht unter § 29 ZPO fallen **prozessrechtliche Verträge** wie der Schiedsvertrag gem. §§ 1025ff. ZPO.[56]

II. Erfasste Streitigkeiten

1. Streitigkeiten aus einem Vertragsverhältnis

21 § 29 ZPO gilt für alle **Klagearten**, also Leistungsklage, positive und negative Feststellungsklage sowie (selten) Gestaltungsklage (etwa auf Herabsetzung der Vertragsstrafe, § 343 Abs. 1 Satz 1 BGB; auf Auflösung der Gesellschaft, § 133 Abs. 1 Satz 1 HGB; oder auf Ausschluss eines Gesellschafters, § 140 Abs. 1 Satz 1 HGB).[57]

22 § 29 ZPO gilt weiter für alle **Prozessarten**, auch für Anträge auf vorläufigen Rechtsschutz, also auf Arrest (§ 919 ZPO) und einstweilige Verfügung (§ 937 ZPO). Es ist ohne Belang, worauf der Anspruch gerichtet ist. Zu nennen sind etwa Klagen, gerichtet auf Erfüllung durch Tun, Dulden oder Unterlassen; auf Rückgewähr wegen Rücktritts; auf Aufhebung, Rückabwicklung, Umgestaltung oder Inhaltsänderung eines Vertrages; auf Schadensersatz wegen Nicht- oder Schlechterfüllung von Haupt- oder Nebenpflichten.[58] Auch Hilfs- (z.B. Auskunfts-)oder Nebenansprüche (z.B. Zinsen) sind umfasst, ebenso auf unselbstständige Vertragsstrafe oder Anpassung nach Störung der Geschäftsgrundlage (§ 313 BGB);[59] sowie Klagen auf Zustimmung zur Auszahlung von Auseinandersetzungsguthaben nach Beendigung einer GbR.[60]

2. Streitigkeiten über Feststellung des Bestehens eines Vertragsverhältnisses

23 Damit sind Feststellungsklagen i.S.v. § 256 ZPO gemeint, und zwar nicht nur solche auf Feststellung des Bestehens, sondern auch auf Feststellung des Nichtbestehens eines Vertragsverhältnisses.[61] Für den Erfüllungsort ist hier auf die klägerische Hauptleistungspflicht abzustellen.[62]

III. Gericht des Erfüllungsorts

1. Erfüllungsort nach materiellem Recht

24 **Zuständig** ist „das Gericht des Ortes, an dem die streitige Verpflichtung zu erfüllen ist". Gemeint ist trotz der missverständlichen Formulierung[63] nicht der Ort, an dem der Leistungserfolg eintritt, sondern der Ort, an dem die Leistungshandlung vorzunehmen ist.[64] Wo dies ist, ergibt sich aus dem **materiellen Recht**.[65] Maßgebend hierfür ist § 269 BGB.[66]

---

50 OLG Dresden, MDR 2000, 1325.
51 LG Heidelberg, NJW-RR 2014, 777.
52 Zöller-*Vollkommer*, ZPO, § 29 Rn. 10.
53 Thomas/Putzo-*Hüßtege*, ZPO, § 29 Rn. 2; MK-*Patzina*, ZPO, § 29 Rn. 12; Musielak/Voit-*Heinrich*, ZPO, § 29 Rn. 6.
54 Musielak/Voit-*Heinrich*, ZPO, § 29 Rn. 6; einschränkend BeckOK-*Toussaint*, ZPO, § 29 Rn. 7 und 7.1: anders, wenn ausnahmsweise schuldrechtliche Wirkungen.
55 Musielak/Voit-*Heinrich*, ZPO, § 29 Rn. 6.
56 LG Köln, SpuRT 2007, 30, Rn. 96; MK-*Patzina*, ZPO, § 29 Rn. 12; Musielak/Voit-*Heinrich*, ZPO, § 29 Rn. 6; einschränkend BeckOK-*Toussaint*, ZPO, § 29 Rn. 7.1: anders, wenn prozessrechtlicher Vertrag mit verpflichtender Wirkung.
57 Musielak/Voit-*Heinrich*, ZPO, § 29 Rn. 11.
58 Zöller-*Vollkommer*, ZPO, § 29 Rn. 18ff.
59 BeckOK-*Toussaint*, ZPO, § 29 Rn. 19.
60 Musielak/Voit-*Heinrich*, ZPO, § 29 Rn. 10.
61 OLG Frankfurt a.M., BeckRS 2014, 03144, II.2.; Zöller-*Vollkommer*, ZPO, § 29 Rn. 17.
62 OLG Frankfurt a.M., BeckRS 2014, 03144, II.2.; Musielak/Voit-*Heinrich*, ZPO, § 29 Rn. 14; a.A. Zöller-*Vollkommer*, ZPO, § 29 Rn. 24 a.E.: Gerichtsstand am Erfüllungsort der einen wie auch der anderen Verpflichtung.
63 Vgl. dazu Palandt-*Grüneberg*, BGB, § 269 Rn. 1: „(...) hat sich so allgemein durchgesetzt, dass Kritik nicht mehr sinnvoll ist."
64 BGH, NJW-RR 2013, 309, Rn. 15 = MDR 2013, 168.
65 BGH, NJW-RR 2013, 309, Rn. 15 = MDR 2013, 168; BGH, NJW-RR 2007, 777, Rn. 11 = MDR 2007, 904; OLG München, BeckRS 2014, 01992, II.1. = MDR 2014, 450, Rn. 14; LG Krefeld, BeckRS 2016, 03101.
66 LG Waldshut-Tiengen, VersR 2016, 1333.

a) Parteivereinbarung
Danach entscheidet primär die **Parteivereinbarung** über den Leistungsort, wobei diese Vereinbarung ausdrücklich oder stillschweigend getroffen werden kann.[67] Parteivereinbarungen über den Erfüllungsort sind aber für die Zuständigkeit nur dann relevant, wenn sie von Kaufleuten, juristischen Personen des öffentlichen Rechts oder öffentlich-rechtlichen Sondervermögen geschlossen werden, und zwar auf beiden Seiten, vgl. **§ 29 Abs. 2 ZPO**. Das Prorogationsverbot des § 38 ZPO soll nicht durch eine Vereinbarung über den Erfüllungsort unterlaufen werden können. Die entsprechende Eignung muss im Zeitpunkt des Abschlusses der Vereinbarung vorliegen; eine nachträgliche Heilung kommt nicht in Betracht; dagegen ist ein späterer Wegfall der Eignung unschädlich.[68] Auch Einzel- oder Gesamtrechtsnachfolger bleiben gebunden, ob sie zu dem in § 29 Abs. 2 ZPO genannten Personenkreis gehören oder nicht.[69] Fallen entgegen § 29 Abs. 2 ZPO vereinbarter Erfüllungsort und Wohnsitz des Schuldners zusammen, so gilt jedoch gleichwohl der Wohnsitz des Schuldners.[70]

25

Ein Formerfordernis besteht grundsätzlich nicht, es sei denn es gelten für den Vertrag aus sonstigen Gründen Formvorschriften.[71] Auch eine Vereinbarung in AGB ist denkbar, begrenzt durch §§ 307 und 305c Abs. 1 BGB.

26

Eine Festlegung nach Vertragsschluss reicht nicht; Ausnahmen sind denkbar bei ständiger Geschäftsverbindung zwischen Kaufleuten.[72] Es finden auch die Grundsätze des kaufmännischen Bestätigungsschreibens Anwendung. Nach der cif-Klausel (= cost, insurance, freight)[73] und der fob-Klausel (= free on board) ist Leistungsort der Verschiffungshafen.[74] Auch ein Gewerbetreibender, der nicht Kaufmann ist, kann eine zuständigkeitsbegründende Vereinbarung nicht treffen.[75]

27

Wird eine Vereinbarung über den Erfüllungsort durch den in § 29 Abs. 2 ZPO **genannten Personenkreis** getroffen, so greift der Gerichtsstand des § 29 ZPO; dies gilt gleichermaßen, wenn an einem anderen Ort erfüllt wird oder erfüllt werden soll.[76] Der Gerichtsstand des § 29 ZPO greift auch dann, wenn die Parteien sich dieser Rechtsfolge nicht bewusst waren.[77] Wird dagegen eine Vereinbarung über den Erfüllungsort durch **Nichtkaufleute** getroffen, so ist zu differenzieren: Die materiell-rechtliche Vereinbarung über den Erfüllungsort bleibt gleichwohl wirksam.[78] Der Gerichtsstand des § 29 ZPO wird dagegen nicht begründet.[79] Eine einschränkende Auslegung dahingehend, dass „fiktive"/"abstrakte" Vereinbarungen über den Erfüllungsort unbeachtlich, „konkrete" Vereinbarungen über den Erfüllungsort dagegen relevant sind,[80] findet im Gesetzeswortlaut keine Stütze.[81] Nicht zuletzt dient dies auch der Rechtsklarheit und Rechtssicherheit.[82]

28

b) Gesetzliche Sonderregelungen des Leistungsorts
Liegt eine Parteivereinbarung über den Leistungsort nicht vor, kommt es auf **gesetzliche Sonderregelungen des Leistungsorts** an, siehe §§ 374 Abs. 1, 697, 700, 811, 1194, 1200 Abs. 1 BGB, § 36 VVG, § 2 Abs. 3, 75 Nr. 4, 76 Abs. 3 WG.

29

c) Umstände, vor allem Natur des Schuldverhältnisses
Greift keine gesetzliche Sonderbestimmung hinsichtlich des Leistungsorts, so kommt es auf die **Umstände, insbesondere die Natur des Schuldverhältnisses** an. Dazu zählen die Verkehrs-

30

---

67 Palandt-*Grüneberg*, BGB, § 269 Rn. 8.
68 Musielak/Voit-*Heinrich*, ZPO, § 29 Rn. 39.
69 Musielak/Voit-*Heinrich*, ZPO, § 29 Rn. 39; vgl. auch OLG Frankfurt a.M., BauR 2012, 692, Rn. 10 zur Gerichtsstandsvereinbarung ausschließlichen Charakters.
70 Thomas/Putzo-*Hüßtege*, ZPO, § 29 Rn. 10.
71 Musielak/Voit-*Heinrich*, ZPO, § 29 Rn. 40.
72 Palandt-*Grüneberg*, BGB, § 269 Rn. 8.
73 *Buchwitz*, IHR 2013, 108 (112).
74 Palandt-*Grüneberg*, BGB, § 271 Rn. 10; a.A. Musielak/Voit-*Heinrich*, ZPO, § 29 Rn. 43, nur Gefahr- und Kostentragungsregel, keine Bestimmung des Erfüllungsorts.
75 Thomas/Putzo-*Hüßtege*, ZPO, § 29 Rn. 10.
76 Musielak/Voit-*Heinrich*, ZPO, § 29 Rn. 42.
77 BGH, NJW-RR 2013, 309, Rn. 27 = MDR 2013, 168.
78 ArbG Hamburg, BeckRS 2004, 41578; BeckOK-*Toussaint*, ZPO, § 29 Rn. 33; Thomas/Putzo-*Hüßtege*, ZPO, § 29 Rn. 10; Musielak/Voit-*Heinrich*, ZPO, § 29 Rn. 42.
79 OLG München, NJW-RR 2010, 139; MK-*Patzina*, ZPO, § 29 Rn. 102; a.A. – auch prozessual beachtlich – Zöller-*Vollkommer*, ZPO, § 29 Rn. 26.
80 So Zöller-*Vollkommer*, ZPO, § 29 Rn. 30.
81 Ablehnend darum BeckOK-*Toussaint*, ZPO, § 29 Rn. 33.1; Musielak/Voit-*Heinrich*, ZPO, § 29 Rn. 42 auch unter Einbeziehung historischer und teleologischer Gesichtspunkte.
82 Musielak/Voit-*Heinrich*, ZPO, § 29 Rn. 42.

sitte und bei handelsrechtlichen Geschäften der Handelsbrauch.[83] Aus der Natur des Schuldverhältnisses folgt, dass die Übergabe eines Grundstücks nur an dessen Ort erfolgen kann.[84] Dies gilt auch für die Übereignung des Grundstücks (streitig).[85]

d) Wohnsitz des Schuldners

31 Wenn sich aus den Umständen ein Ort für die Leistung i.S.d. § 269 BGB nicht entnehmen lässt, ist Erfüllungsort der **Wohnsitz des Schuldners** zur Zeit der Entstehung des Schuldverhältnisses; bei gewerblichen Verbindlichkeiten kommt es gem. § 269 Abs. 2 BGB auf den Ort der Niederlassung bei Entstehung des Schuldverhältnisses an, bei einer Gesellschaft zählt deren Sitz. Ein späterer Umzug ist irrelevant;[86] Ausnahme: bei § 36 VVG gilt der jeweilige Wohnsitz bzw. Sitz der Niederlassung des Versicherungsnehmers.

2. Anknüpfungspunkt der streitigen Verpflichtung

32 „Streitige Verpflichtung" i.S.v. § 29 ZPO meint stets die **originäre Vertragspflicht**. Relevant ist dies, wenn es um einen Schadensersatzanspruch geht; auch hier ist abzustellen nicht auf die sekundäre Ersatzpflicht, sondern auf die primäre Vertragspflicht, wegen deren Verletzung Schadensersatz begehrt wird.[87] Bei der Aufrechnung – sei es nun Hauptaufrechnung oder Hilfsaufrechnung – kommt es für § 29 ZPO nicht auf die zur Aufrechnung gestellte Forderung, sondern allein auf den eingeklagten Anspruch an.[88]

3. Gemeinsamer Erfüllungsort am Ort der vertragscharakteristischen Leistung?

33 Für den Erfüllungsort kommt es auf die jeweils streitige Verpflichtung an. Darum besteht bei gegenseitigen Verträgen im Allgemeinen kein einheitlicher Erfüllungsort; der jeweilige Erfüllungsort ist vielmehr für jede aus dem Vertrag folgende Verpflichtung gesondert zu bestimmen.[89] Er kann also für die Vertragsparteien ebenso wie in Bezug auf die einzelnen Verpflichtungen unterschiedlich sein; von einem einzigen Ort der „vertragstypischen Leistung" ist grundsätzlich nicht auszugehen,[90] auch nicht bei synallagmatisch verknüpften Leistungspflichten.[91]

34 So besteht am Ort des Kanzleisitzes kein gemeinsamer Erfüllungsort für die beiderseitigen Verpflichtungen. Das **Rechtsanwaltshonorar** ist nicht am Sitz der Kanzlei, sondern am Wohnort des Mandanten einzuklagen.[92] Dies gilt indes nicht im Anwendungsbereich des Art. 7 Nr. 1b EuGVO;[93] dort wird auf den „Ort der vertragscharakteristischen Leistung" als einheitlichen Erfüllungsort abgestellt.[94] Gleiches – kein gemeinsamer Erfüllungsort – gilt für die Honoraransprüche des Arztes (streitig)[95] und des Steuerberaters;[96] ebenso auch für die Ansprüche aus Kaufvertrag und aus Werkvertrag[97] sowie bei Banken.[98]

---

83 Palandt-*Grüneberg*, BGB, § 269 Rn. 12.
84 OLG Düsseldorf, IPRspr 2005, Nr. 99, 247, Rn. 49; BeckOK-*Toussaint*, ZPO, § 29 Rn. 35.
85 Bejahend: Musielak/Voit-*Heinrich*, ZPO, § 29 Rn. 28; speziell für Schadensersatzanspruch wegen Mangels der Kaufsache auch BGH, NJW-RR 2015, 1016 = MDR 2015, 908, Rn. 14; OLG Frankfurt a.M., BeckRS 2015, 08026, Rn. 7 = BauR 2015, 880 (Leitsatz); krit. BeckOK-*Toussaint*, ZPO, § 29 Rn. 35.1.
86 OLG Bamberg, ZfSch 2013, 568.
87 BGH, NJW-RR 2013, 309, Rn. 14 = MDR 2013, 168; BGH, NJW 2011, 2056, Rn. 29 = WM 2011, 427, Rn. 29; BGH, BeckRS 2010, 04916 = VersR 2010, 645, Rn. 12; OLG Düsseldorf, BeckRS 2015, 17116; OLG Karlsruhe, VersR 2014, 260, Rn. 12 = BeckRS 2013, 12648, II.2.c); OLG München, VersR 2009, 1382; a.A. – Verhandlungsort bei c.i.c./§ 311 Abs. 2 BGB – BayObLG, NJW 2002, 2888. Krit. BeckOK-*Toussaint*, ZPO, § 29 Rn. 28, 28.1, 28.2, 29, maßgebend sei die konkrete Verpflichtung, deren Leistung begehrt werde.
88 BeckOK-*Toussaint*, ZPO, § 29 Rn. 29.
89 BGH, NJW-RR 2013, 309, Rn. 13 = MDR 2013, 168; BGH, NJW 2010, 2442 = WM 2010, 1144.
90 OLG Düsseldorf, BeckRS 2015, 17116.
91 OLG Karlsruhe, NJW 2003, 2174; LG Stralsund, BB 2011, 2690, Rn. 6f.
92 BGH, NJW 2004, 54 = FamRZ 2004, 95; bestätigend BGH, NJW-RR 2004, 932 = FamRZ 2004, 938.
93 BGH, NJW 2006, 1806, Rn. 16 = MDR 2006, 1063.
94 BGH, NJW 2006, 1806, Rn. 16 = MDR 2006, 1063.
95 LG Mainz, NJW 2003, 1612; AG Frankfurt a.M., NJW 2000, 1802; Palandt-*Grüneberg*, BGB, § 269 Rn. 13; a.A. AG Hamburg-Blankenese, BeckRS 2016, 15939, 1. (für Zahnarzt) sowie AG Berlin-Schöneberg, MedR 2004, 694 (jedenfalls bei Ärzten, die „üblicherweise hoch technisierte medizinische Geräte einsetzen") sowie MK-*Patzina*, ZPO, § 29 Rn. 24: Ort der Praxis.
96 LG Berlin, NJW-RR 2002, 207, Rn. 5; Palandt-*Grüneberg*, BGB, § 269 Rn. 13.
97 Kaufvertrag: LG Tübingen, BeckRS 2015, 18497, I.2.c); Werkvertrag: LG Krefeld, NJW-RR 2013, 1432, Rn. 3ff.; allgemein: Palandt-*Grüneberg*, BGB, § 269 Rn. 15.
98 MK-*Patzina*, ZPO, § 29 Rn. 24; vgl. auch LG Freiburg, BKR 2016, 289, II. zu den wechselseitigen Verpflichtungen aus einem Darlehen nach Darlehenswiderruf.

In anderen Fällen wird indes ein gemeinsamer Erfüllungsort am Ort der „vertragscharakteristischen Leistung" angenommen,[99] etwa beim Bauvertrag (streitig);[100] beim Energielieferungsvertrag;[101] beim Architektenvertrag, dessen Gegenstand auch die Bauaufsicht ist;[102] beim Beherbergungsvertrag, es sei denn der Hotelgast ist nicht Vertragspartner;[103] beim Krankenhausaufnahmevertrag;[104] beim Arbeitsverhältnis;[105] bei Ladengeschäften des täglichen Lebens.[106] 35

Im Einzelnen ist hier vieles streitig. Die Annahme eines gemeinsamen Erfüllungsorts am Ort der „vertragscharakteristischen Leistung" sollte zurückhaltend verwendet werden. Weil der Schwerpunkt des Vertrages typischerweise nicht durch die Zahlungspflicht bestimmt wird, führte dies dazu, dass der Erfüllungsort jeder Geldschuld vorwiegend im Bereich des Gläubigers läge; dies widerspräche den allgemeinen Zuständigkeitsvorschriften, die gerade keinen Gerichtsstand des Sachzusammenhangs kennen, sondern auf den Wohnsitz des Schuldners und damit auf dessen Schutz abstellen.[107] 36

IV. Internationale Zuständigkeit

Der Gerichtsstand des Erfüllungsorts begründet nicht nur die örtliche, sondern auch die internationale Zuständigkeit (**Doppelfunktionalität**).[108] Folgt aus § 29 ZPO eine internationale Zuständigkeit deutscher Gerichte, so sind diese – anders als im Bereich der örtlichen Zuständigkeit – nicht befugt, über etwaige außervertragliche Anspruchsgrundlagen zu entscheiden.[109] 37

Im Geltungsbereich von **EuGVO und LugÜ-II** ist ein Rückgriff auf § 29 ZPO nicht möglich. In Art. 7 Nr. 1a EuGVO (n.F.) und in Art. 5 Nr. 1a LugÜ-II findet sich aber bei vertraglichen Ansprüchen ein Gerichtsstand vor dem Gericht des Ortes, an dem die Verpflichtung erfüllt worden ist oder zu erfüllen wäre.[110] Auch hier geht es also um den Erfüllungsort. Art. 7 Nr. 1 EuGVO bzw. Art. 5 Nr. 1b LugÜ-II normieren hinsichtlich Kauf- und Dienstleistungsverträgen einen einheitlichen Erfüllungsort für alle sich aus diesen Verträgen ergebenden Ansprüche nach der vertragscharakteristischen Leistung.[111] Für die übrigen Vertragstypen ist der Erfüllungsort jeweils gesondert zu ermitteln.[112] Bei Versicherungssachen vgl. Art. 10–16 EuGVO; bei Verbrauchersachen vgl. Art. 17–19 EuGVO; bei individuellen Arbeitsverträgen vgl. Art. 20–23 EuGVO. 38

Beim **UN-Kaufrecht** ist der Kaufpreis am Ort der Niederlassung des Verkäufers bzw. am Ort der Übergabe zu zahlen, vgl. Art. 57 CISG. 39

V. Einzelfälle in alphabetischer Reihenfolge

Anlageberatung: Für den Erfüllungsort der Beratungspflicht kommt es darauf an, wo die Beratung vorgenommen wurde bzw. vorgenommen werden soll.[113] 40

Anwaltsvertrag: Am Ort des Kanzleisitzes besteht kein gemeinsamer Erfüllungsort für die beiderseitigen Verpflichtungen. Nach geänderter BGH-Rechtsprechung ist das Rechtsanwaltshonorar nicht am Sitz der Kanzlei, sondern am Wohnort des Mandanten einzuklagen.[114] Dies 41

---

99 Siehe die folgende Auflistung aus BeckOK-*Toussaint*, ZPO, § 29 Rn. 36.3; ähnliche Aufstellungen bei Palandt-*Grüneberg*, BGB, § 269 Rn. 14; bei MK-*Patzina*, ZPO, § 29 Rn. 24; bei Zöller-*Vollkommer*, ZPO, § 29 Rn. 24; sowie bei Musielak/Voit-*Heinrich*, ZPO, § 29 Rn. 17.
100 OLG Naumburg, BeckRS 2011, 04395, B.II.4.; a.A.: LG Stralsund, BeckRS 2012, 03170.
101 BGH, NJW 2003, 3418 = MDR 2003, 1405: Ort der Abnahme.
102 BGH, NJW 2001, 1936 (1937) = MDR 2001, 686.
103 BeckOK-*Toussaint*, ZPO, § 29 Rn. 36.3 m.w.N.; vgl. auch LG Magdeburg, NJW-RR 2008, 1591, Rn. 6.
104 BGH, NJW 2012, 860 = MDR 2012, 426 bei internationaler Zuständigkeit.
105 BAG, NZA 2003, 339 (340) = IPRspr 2002, Nr. 151, 392.
106 BGH, NJW-RR 2003, 192, Rn. 10 = MDR 2003, 402, II.2.b).
107 LG Berlin, NJW-RR 2002, 207, Rn. 5; siehe auch Musielak/Voit-*Heinrich*, ZPO, § 29 Rn. 17 m.w.N.
108 BGH, NJW-RR 2013, 309, Rn. 11 = MDR 2013, 168; BGH, NJW 2011, 2056, Rn. 13 = WM 2011, 427, Rn. 13.
109 BGH, NJW-RR 2005, 581 = MDR 2005, 587.
110 Vgl. auch BGH, NJW 2010, 3452 = WM 2010, 1712.
111 EuGH, NJW 2010, 1059 = ZIP 2010, 1194; BGH, NJW 2010, 3452 = WM 2010, 1712; Zöller-*Vollkommer*, ZPO, § 29 Rn. 3.
112 EuGH, NJW 2000, 721, Rn. 32; Musielak/Voit-*Heinrich*, ZPO, § 29 Rn. 45.
113 OLG Karlsruhe, VersR 2014, 260 = BeckRS 2013, 12648; OLG Zweibrücken, NJW-RR 2012, 831; OLG München, VersR 2009, 1382; OLG Köln, OLGR 2005, 554; OLG Schleswig, OLGR 2005, 630.
114 BGH, NJW 2004, 54 = FamRZ 2004, 95; bestätigend BGH, NJW-RR 2004, 932 = FamRZ 2004, 938; OLG Karlsruhe, NJW 2003, 2174.

gilt indes nicht im Anwendungsbereich des Art. 7 Nr. 1b EuGVO;[115] dort wird auf den „Ort der vertragscharakteristischen Leistung" als einheitlichen Erfüllungsort abgestellt.[116]

42 **Arbeitsvertrag:** Bei Arbeitsverhältnissen wird ein einheitlicher gemeinsamer Erfüllungsort angenommen.[117] Erfüllungsort für alle Streitigkeiten aus dem Arbeitsverhältnis ist grundsätzlich der Beschäftigungsort, an dem die Arbeitsleistung erbracht wird.[118] Wird der Arbeitnehmer an ständig wechselnden Orten eingesetzt, zählt der Ort, von dem aus der Arbeitnehmer Weisungen erhält.[119] Handelt es sich um einen reisenden Vertreter in einem ihm zugewiesenen Arbeitsbezirk, kommt es auf den Wohnsitz des Arbeitnehmers an (streitig),[120] auch wenn er nicht täglich nach Hause zurückkehrt.[121] Für fliegendes Personal kommt kein bestimmter Arbeitsort in Betracht, so dass die Zuständigkeit nach §§ 12 ff. ZPO zu bestimmen ist.[122] Während der Freistellungsphase einer Teilzeitarbeit ist maßgeblich der Firmensitz des beklagten Arbeitgebers.[123] Bei Telearbeit kommt es auf den Firmensitz an.[124] Zusätzlich gibt es einen besonderen Gerichtsstand in Arbeitssachen, vgl. § 48 Abs. 1a ArbGG; maßgeblich ist danach der „gewöhnliche Arbeitsort"; hilfsweise zählt der Ort, von dessen Bezirk aus der Arbeitnehmer gewöhnlich seine Arbeit verrichtet. Im EU-Bereich finden sich besondere Gerichtsstände in Art. 20–23 EuGVO (individuelle Arbeitsverträge).

43 **Architektenvertrag:** Obliegen dem Architekten sämtliche Architektenleistungen einschließlich Planung und Bauaufsicht, realisiert er also das Bauvorhaben, so besteht ein gemeinsamer Erfüllungsort für die gegenseitigen Leistungen am Ort des Bauwerks.[125] Geht es dagegen lediglich um Aufgaben der Planung, zählt für die Planungsleistung des Architekten dessen Geschäftssitz und für die Zahlungspflicht der Wohnsitz des Auftraggebers.[126] Wird das Bauvorhaben nicht errichtet, kommt ein einheitlicher Erfüllungsort am Wohnsitz des Auftraggebers in Betracht.[127]

44 **Auftrag, Geschäftsbesorgung:** Der Beauftragte ist am Ausführungsort zu verklagen; wegen der Herausgabepflicht des § 667 BGB zählt dessen Wohnsitz am Ende des Vertrages.[128] Für die Klage gegen den Auftraggeber auf Aufwendungsersatz zählt dessen Wohnsitz.[129]

45 **Ausbildungsvertrag:** Bislang wurde als gemeinsamer Erfüllungsort für die Pflichten beider Seiten der Ort angenommen, an dem der Kurs bzw. die Schulung stattfindet; ebenso beim Internatsvertrag (Sitz des Internats).[130] Ob das nach der Änderung der BGH-Rechtsprechung hinsichtlich der Rechtsanwaltsgebühren weiter gilt, bleibt abzuwarten.[131] Bei Fernunterricht ist § 26 FernUSG zu beachten.

46 **Bankgeschäfte:** Erfüllungsort für die Pflichten des Kontoinhabers ist sein Wohnsitz bei Kontoeröffnung, nicht der Ort der kontoführenden Bank.[132] Erfüllungsort für die Auszahlung des Sparguthabens ist der Ort der kontoführenden Stelle.[133] Für Nebenpflichten kommt es auf den

---

115 BGH, NJW 2006, 1806 = MDR 2006, 1063.
116 BGH, NJW 2006, 1806, Rn. 14 = MDR 2006, 1063.
117 BAG, BeckRS 2003, 40246, I.2.c) = IPRspr 2002, Nr. 151, 392, I.2.c); LAG Bremen, BeckRS 2014, 73128, II.2.d)cc).
118 BAG, NZA 2005, 297 = DB 2004, 2483.
119 ArbG Stendal, BeckRS 2011, 70638.
120 LAG Bremen, NZA-RR 2004, 323, Rn. 16; a.A. ArbG Nürnberg, AE 2008, 66.
121 Musielak/Voit-*Heinrich*, ZPO, § 29 Rn. 20 – „Arbeitsverträge".
122 ArbG Berlin v. 13.02.2014, 42 Ca 1022/14, juris, Rn. 14; vgl. dazu auch BAG, NZA 2015, 448 = AP Nr. 63 zu § 36 ZPO; a.A. MK-*Patzina*, ZPO, § 29 Rn. 26 – „Arbeitsverträge": Ort der Personalleitung und -betreuung und Ausgangspunkt der Einsätze; vgl. auch MK-*Patzina*, ZPO, § 29 Rn. 26 – „Arbeitsvertrag".
123 ArbG Dortmund, NZA 2002, 1359.
124 ArbG Elmshorn, NZA-RR 2007, 493.
125 BGH, NJW 2001, 1936, Rn. 30 = MDR 2001, 686, IV.2.; OLG Hamm, NJW-Spezial 2012, 205, Rn. 33; LG Kaiserslautern, IBR 2006, 369.
126 OLG Hamm, NJW-Spezial 2012, 205, Rn. 33; LG Heidelberg, NJW-RR 2007, 1030; bei Projektcontrollingvertrag siehe LG Heidelberg, NJW-RR 2013, 268: vertragliche Leistungen schwerpunktmäßig im Büro des Auftragnehmers.
127 Musielak/Voit-*Heinrich*, ZPO, § 29, Rn. 20 – „Architektenverträge".
128 OLG Stuttgart, OLGR 2007, 632, Rn. 31.
129 Zöller-*Vollkommer*, ZPO, § 29 Rn. 25 – „Auftrag, Geschäftsbesorgungsvertrag".
130 OLG Karlsruhe, BeckRS 2013, 05928; Baumbach/Lauterbach/Albers/Hartmann, ZPO, § 29 Rn. 20 – „Ausbildungsvertrag"; Zöller-*Vollkommer*, ZPO, § 29 Rn. 25 – „Ausbildungsvertrag, Internatsvertrag"; Musielak/Voit-*Heinrich*, ZPO, § 29 Rn. 20 – „Ausbildungsverträge".
131 Offen gelassen durch OLG Zweibrücken, OLGR 2009, 209.
132 OLG Frankfurt a.M., NJW 2001, 3792.
133 Vgl. OLG Düsseldorf, MDR 2013, 673; Zöller-*Vollkommer*, ZPO, § 29 Rn. 25 – „Bankgeschäfte".

Geschäftssitz an.[134] Ggf. kommt § 29c ZPO zur Anwendung.[135] Bei Darlehen zählt der Wohnsitz des Schuldners bei Kreditgewährung, §§ 269, 270 Abs. 1, 4 BGB.[136] Bei Rückzahlung von geleisteten „Darlehensgebühren" (Bearbeitungsgebühren) gilt der Ort des kontoführenden Kreditinstituts bzw. der Bank.[137]

Bauwerkvertrag: Erfüllungsort für die beiderseitigen Verpflichtungen aus einem Bauwerkvertrag ist regelmäßig der Ort des zu errichtenden Bauwerks.[138] Dies wird auch für sonstige Werkleistungen angenommen, die notwendig ortsgebunden sind, ohne Bauleistungen zu sein.[139] Am Ort des Grundstücks ist auch zu klagen auf Bewilligung der Eintragung einer Bauhandwerkersicherungshypothek nach § 648 BGB.[140] 47

Beförderungsvertrag: Beim Beförderungsvertrag mit Fluggast ist gemeinsamer Erfüllungsort nach Wahl entweder der Abflugs- oder der Ankunftsort.[141] Dies gilt auch für den Reiseveranstalter.[142] In § 56 Abs. 1, 2 LuftVG findet sich ein Gerichtsstand des Unfall- und des Bestimmungsortes. Bei einer der CMR unterliegenden Beförderung siehe Art. 31 CMR.[143] 48

Behandlungsvertrag: Hier gibt es zwei gegenläufige Positionen. Teilweise wird ein einheitlicher Erfüllungsort für die beiderseitigen Pflichten am Ort der Praxis bzw. des Krankenhauses zugrunde gelegt;[144] hier werde die „vertragstypische Leistung" erbracht[145] bzw. dies ergebe sich aus der „Natur des Schuldverhältnisses i.S.d. § 269 Abs. 1 BGB.[146] Teilweise – und im Einklang mit der hier vertretenen zurückhaltenden Annahme eines gemeinsamen Erfüllungsorts – werden die jeweiligen Leistungspflichten gesondert betrachtet, so dass das Honorar am Wohnsitz des Patienten einzuklagen ist.[147] 49

Beherbergungsvertrag: Wenn der Gast die Bestellung selbst aufgibt und die Bezahlung am Ort der Beherbergung zu erbringen hat, besteht ein einheitlicher Erfüllungsort am Ort des Hotels;[148] auch dann, wenn der Gast das Hotel nicht aufgesucht hat (streitig).[149] Dies gilt aber nicht, wenn ein Reisebüro für seinen Kunden ein Zimmer im eigenen Namen bestellt und Zahlung nicht vor Ort, sondern vom Sitz des Reisebüros aus erfolgen soll; Erfüllungsort für den Zahlungsanspruch ist dann der Sitz des Reisebüros.[150] 50

---

134 BGH, NJW 2002, 2703, Rn. 21 = MDR 2002, 1135, II.1.a).
135 Vgl. BGH, NJW 2003, 1190 = WM 2003, 605; OLG Köln, OLGR 2005, 554.
136 BGH, NJW-RR 2005, 581, Rn. 26 = MDR 2005, 587, II.2.a)bb); Zöller-*Vollkommer*, ZPO, § 29 Rn. 25 – „Darlehensvertrag"; für den EU-Bereich siehe BGH, NJW 2012, 1817, Rn. 24 = WM 2012, 747, II.1.b)bb)(2): „charakteristische Leistung der Kredithingabe".
137 AG Brandenburg, BeckRS 2016, 08470.
138 BGH, NJW-RR 2010, 891, Rn. 8 = BauR 2010, 934, III.1.b); OLG Schleswig, MDR 2010, 282; BayObLG, MDR 2004, 273; BayObLG, MDR 2002, 942; zum EuGVO siehe OLG München, NJW-RR 2011, 1169.
139 OLG Schleswig, NJW-RR 2010, 1111.
140 Zöller-*Vollkommer*, ZPO, § 29 Rn. 25 – „Bauwerkvertrag", auch m.w.N. zur abweichenden Ansicht.
141 EuGH, NJW 2009, 2801 = DAR 2009, 512; BGH, NJW 2011, 2056, Rn. 35 = WM 2011, 427, Rn. 35; LG Frankfurt a.M., IPRspr 2012, Nr. 176a, 401, Rn. 46; *Staudinger*, JR 2012, 47; vgl. auch OLG Frankfurt a.M., NJW-RR 2013, 59, Rn. 8: „jedenfalls auch am Abflugsort".
142 Thomas/Putzo-*Hüßtege*, ZPO, § 29 Rn. 6 – „Beförderungsverträge"; vgl. auch OLG Frankfurt a.M., NJW-RR 2013, 59, Rn. 8: „jedenfalls auch am Abflugsort".
143 Vgl. BGH, NJW-RR 2004, 762 = MDR 2004, 762.
144 Für stationäre Behandlung BGH, NJW 2012, 860, Rn. 18 = MDR 2012, 426: einheitlicher Leistungsort am Ort der Klinik; BayObLG, NJW-RR 2006, 15, Rn. 5: einheitlicher Leistungsort am Sitz der Klinik; ebenso OLG Karlsruhe, MedR 2010, 508, Rn. 7; OLG Celle, MDR 2007, 604, Rn. 10ff. (auch zur Rechtslage nach der geänderten BGH-Rechtsprechung zum Gerichtsstand für Honorarforderungen des Rechtsanwalts); LG München I, NJW-RR 2003, 488; LG München I, MDR 2003, 53; für Belegarzt: BayObLG, MDR 2005, 677, Rn. 5; bei Wahlleistungen: LG Bremen, VersR 2005, 1260.
145 OLG Düsseldorf, MedR 2005, 410, Rn. 13.
146 BGH, NJW 2012, 860, Rn. 18 = MDR 2012, 426.
147 OLG Zweibrücken, NJW-RR 2007, 1145, Rn. 8; LG Heidelberg, NJW-RR 2014, 777, Rn. 2; LG Hagen, MedR 2009, 675, Rn. 1; LG Magdeburg, NJW-RR 2008, 1591, Rn. 2; LG Osnabrück, NJW-RR 2003, 789; LG Mainz, NJW 2003, 1612; AG Frankfurt a.M., NJW 2000, 1802; *Prechtel*, MDR 2006, 248.
148 Vgl. BGH, NJW-RR 2007, 777, Rn. 18 = MDR 2007, 904, II.1.b)bb); zum Beherbergungsvertrag allgemein: Spielbauer/Schneider-*Kern*, Mietrecht, § 535 Rn. 6f.
149 Thomas/Putzo-*Hüßtege*, ZPO, § 29 Rn. 6 – „Beherbergungsverträge"; Musielak/Voit-*Heinrich*, ZPO, § 29 Rn. 21 – „Beherbergungsverträge"; a.A. Zöller-*Vollkommer*, ZPO, § 29 Rn. 25 – „Beherbergungsvertrag": dann allgemeiner Gerichtsstand des Gastes.
150 BGH, NJW-RR 2007, 777, Rn. 18–20 = MDR 2007, 904, II.1.b)bb),cc).

51 **Bürgschaft:** Entscheidend ist nicht der Erfüllungsort der Hauptschuld. Erfüllungsort für die Verpflichtung des Bürgen ist vielmehr dessen Wohnsitz im Zeitpunkt des Entstehens des Schuldverhältnisses.[151]

52 **Culpa in contrahendo/§ 311 Abs. 2 BGB:** Bei einem Schadensersatzanspruch wegen Verletzung einer Aufklärungspflicht liegt der Erfüllungsort am Erfüllungsort der Primärverpflichtung.[152]

53 **Daseinsvorsorge (Energie, Wasser pp.):** Erfüllungsort für die beiderseitigen Verpflichtungen aus einem Energie- oder Wasserlieferungsvertrag ist der Ort der Abnahme.[153] Bei Straßenreinigung und Müllentsorgung ist gemeinsamer Erfüllungsort der Ort des belegenen Grundstücks.[154] Besondere Gerichtsstände finden sich in § 22 StromGVV, eine ausschließliche sachliche Zuständigkeit in § 102 EnWG.

54 **Dienstvertrag:** Ein einheitlicher Erfüllungsort besteht nicht.[155] Für Zahlungsansprüche gilt der Wohnsitz des Zahlungspflichtigen;[156] für Aufklärungs- und Beratungspflichten nach Aufklärung bzw. Beratung in der Wohnung gilt der Wohnsitz dessen, der beraten wird.[157]

55 **Geldschuld:** Geldschulden sind qualifizierte Schickschulden. Erfüllungsort ist damit der Wohnsitz des Schuldners; dieser muss aber nach § 270 Abs. 1 BGB erneut leisten, wenn das Geld auf dem Weg zum Gläubiger verloren geht.[158] Die Einordnung als qualifizierte Bringschuld nach Zahlungsverzugsrichtlinie ändert nichts am Erfüllungsort.[159]

56 **Gesamtschuldner:** Der Erfüllungsort ist für jeden Gesamtschuldner getrennt zu bestimmen.[160] Für den Ausgleichsanspruch nach § 426 Abs. 1 BGB ist Erfüllungsort der Wohnsitz des Beklagten.[161]

57 **Gewinnzusage (§ 661a BGB):** Erfüllungsort für die Zahlungspflicht des Unternehmers ist am Wohnsitz des Adressaten der Gewinnzusage.[162]

58 **Handelsvertretervertrag:** Erfüllungsort für die Pflichten des Handelsvertreters ist sein Wohnsitz oder der Gewerbebetrieb.[163] Klage auf Buchauszug (§ 87c Abs. 2 HGB) sowie auf Provisions- und Ausgleichszahlung (§§ 87, 89b HGB) ist am Sitz des Unternehmers zu erheben; es ist grundsätzlich kein gemeinsamer Erfüllungsort gegeben.[164]

59 **Internet:** Verträge, die im Internet geschlossen wurden, folgen den allgemeinen Regeln, ein gemeinsamer Erfüllungsort besteht nicht.[165] Der Anspruch auf Lieferung ist am Sitz des Verkäufers und der Anspruch auf Zahlung am Wohnsitz des Schuldners zu erfüllen.[166] Bei Kauf/Herunterladen zahlungspflichtiger Software von einem Server ist die Kaufpreiszahlung am Wohnsitz des Käufers und das Bereitstellen der Software am Standort des Servers beim Anbieter einzuklagen.[167]

60 **Internet-Anschluss:** Erfüllungsort für Streitigkeiten im Zusammenhang mit einem DSL-Anschluss ist der Wohnsitz des Kunden (streitig).[168]

---

151 BayObLG, MDR 2003, 1103, Rn. 5.
152 BGH, BeckRS 2010, 04916, Rn. 8 ff. = VersR 2010, 645 (646), Rn. 8 ff.; OLG Karlsruhe, MDR 2013, 1108, Rn. 12; a.A.: BayObLG, NJW 2002, 2888: selbstständiger Gerichtsstand am Ort der Verhandlungen.
153 BGH, NJW 2003, 3418 = MDR 2003, 1405.
154 KG Berlin, KGR 2005, 723.
155 BGH, NJW 2009, 148, Rn. 9 = MDR 2009, 100, Rn. 9.
156 BGH, NJW 2009, 148, Rn. 9 = MDR 2009, 100, Rn. 9.
157 Karlsruhe, MDR 2013, 1108, Rn. 13.
158 OLG Hamm, BeckRS 2014, 18500, Rn. 13 = MDR 2014, 1247, Rn. 13.
159 OLG Hamm, BeckRS 2014, 18500, Rn. 13 f. = MDR 2014, 1247, Rn. 13 f.; a.A. LG Bonn, BeckRS 2005, 13025, IV.1.: Durch Zahlungsverzugsrichtlinie nunmehr Bringschulden.
160 Musielak/Voit-*Heinrich*, ZPO, § 29 Rn. 25 – „Gesamtschuldner"; vgl. auch OLG Celle, BeckRS 2012, 19624.
161 OLG Hamm, FamRZ 2003, 315.
162 BGH, NJW 2006, 230, Rn. 33 = WM 2006, 230; OLG Hamm, OLGR 2007, 285, Rn. 44.
163 Zöller-*Vollkommer*, ZPO, § 29 Rn. 25 – „Handelsvertretervertrag".
164 Zöller-*Vollkommer*, ZPO, § 29 Rn. 25 – „Handelsvertretervertrag"; vgl. aber zur Rechtslage unter Art. 5 Nr. 1b EuGVO (Art. 7 Nr. 1b EuGVO): EuGH, NJW 2010, 1189, Rn. 42 = IPRax 2011, 73, Rn. 42.
165 AG München, CR 2001, 132.
166 MK-*Patzina*, ZPO, § 29 Rn. 73 – „Online-Verträge"; siehe dort auch ausführlich zu Online-Verträgen.
167 Musielak/Voit-*Heinrich*, ZPO, § 29 Rn. 27 – „Internetverträge".
168 AG Fürth, BeckRS 2009, 21512; AG Ehingen, BeckRS 2009, 07616; anders dagegen AG Bremen, BeckRS 2009, 26784: Klage auf Freigabe des DSL-Ports am Geschäftssitz des Diensteanbieters.

Kaufvertrag: 61
Am **Wohnort/Sitz des Käufers** ist zu klagen bei:
- Klage auf Zahlung des Kaufpreises;[169] anders Kaufpreisanspruch bei Ladenkauf oder Kunstauktionskauf: hier Ort des Geschäftsabschlusses i.S. eines einheitlichen Erfüllungsorts;[170]
- Abnahme nach § 433 Abs. 2 BGB.[171]

Am **Wohnort/Sitz des Verkäufers** ist zu klagen bei:
- Klage auf Übergabe und Eigentumsverschaffung der Kaufsache;[172] dies gilt auch bei Versandhandel (streitig);[173]
- Warenlieferungen im Handelsverkehr, die Schickschulden sind, § 447 BGB;[174]
- Kaufpreiszahlung gemäß Art. 57 Abs. 1a CISG und Lieferpflicht des Verkäufers nach Art. 31 CISG im UN-Kaufrecht;[175]

Der Erfüllungsort der Nacherfüllungspflicht i.S.v. § 439 BGB ist streitig; es kommen in Betracht:
- Wohnort/Sitz des Verkäufers, wenn aus den Umständen nichts anderes folgt;[176]
- ursprünglicher Leistungsort des durch den Kaufvertrag begründeten Primärleistungsanspruchs, wenn ein Ort für die Durchführung der Nacherfüllung im Vertrag nicht bestimmt ist;[177]
- Wohnort/Sitz des Käufers, wenn ein Ort für die Durchführung der Nacherfüllung im Vertrag nicht bestimmt ist und das Fahrzeug bestimmungsgemäß beim Käufer sein sollte.[178]

Zur Rechtslage nach Art. 31 CISG.[179]

Nach erfolgter Rückgängigmachung des Kaufs ist für die Klage auf Rücknahme der Kaufsache oder Aufwendungsersatz Zug um Zug gegen Rückgewähr der Kaufsache Erfüllungsort der Ort, an dem sich der Kaufgegenstand im Zeitpunkt des Rücktritts vertragsgemäß befindet bzw. befinden müsste, sogenannter „**Austauschort**" oder „Belegenheitsort".[180] Beim Grundstückskauf kommt es auf dessen Belegenheit an.[181] Der Austauschort gilt auch bei der schadensrechtlichen Rückabwicklung des Kaufvertrages bzw. der Verbindung von Rücktritt und Schadensersatz (streitig).[182]

Am **Austauschort** ist ferner zu klagen:
- bei Klage auf Rückzahlung des Kaufpreises nach Untergang, Versteigerung oder Verlust; dies gilt auch bei bereits erfolgter Rückgabe der Kaufsache, da der Käufer sonst schlechter stünde als vor Rückgabe der Kaufsache (streitig);[183]
- bei Rückgewähransprüchen bei Teilzahlung und Widerruf nach §§ 346, 357, 355, 495 Abs. 1 BGB;[184]

---

169 Baumbach/Lauterbach/Albers/Hartmann, ZPO, § 29 Rn. 26 – „Kaufvertrag"; Zöller-*Vollkommer*, ZPO, § 29 Rn. 25 – „Kaufvertrag".
170 BGH, NJW-RR 2003, 192, Rn. 10 = MDR 2003, 402, II.2.b); BGH, NJW 2004, 54, Rn. 18 = FamRZ 2004, 95, IV.1.c)(2).
171 Musielak/Voit-*Heinrich*, ZPO, § 29 Rn. 28 – „Kaufvertrag".
172 BGH, NJW 2003, 3341, Rn. 10 = MDR 2004, 22, II.3.b).
173 Vgl. BGH, NJW 2003, 3341, Rn. 10 = MDR 2004, 22, II.3.b): am Wohnort/Sitz des Verkäufers zu klagen; dagegen EuGH, NJW 2010, 1059, Rn. 44 ff. = ZIP 2010, 1194 und OLG Stuttgart, IHR 2011, 236, Rn. 44; beim Käufer, wenn dieser die Ware dort erst in Besitz nehmen soll.
174 Musielak/Voit-*Heinrich*, ZPO, § 29 Rn. 28 – „Kaufverträge".
175 BGH, NJW-RR 2003, 1582, Rn. 13 = BGHReport 2003, 897, Rn. 13; OLG Karlsruhe, OLGR 2004, 164, Rn. 14; Musielak/Voit-*Heinrich*, ZPO, § 29 Rn. 28 – „Kaufverträge".
176 BGH, NJW 2013, 1074, Rn. 24 = MDR 2013, 258, II.2.b); BGH, NJW 2011, 2278, Leitsätze = MDR 2011, 775; OLG Koblenz, DAR 2011, 84, Rn. 7 ff.
177 OLG München, NJW 2007, 3214, Rn. 6–8.
178 OLG Celle, MDR 2010, 372, Rn. 26 f.; OLG München, NJW 2006, 449, Rn. 31.
179 BGH, NJW-RR 2013, 309 = MDR 2013, 168, Rn. 16 f.
180 KG Berlin, BeckRS 2016, 06514, Rn. 10; OLG Düsseldorf, BeckRS 2015, 17116, Rn. 16; OLG Karlsruhe, MDR 2013, 898; OLG Schleswig, BeckRS 2012, 25123; OLG Schleswig, BB 2012, 2318; OLG Köln, DAR 2011, 260, Rn. 10; BayObLG, MDR 2004, 646.
181 Musielak/Voit-*Heinrich*, ZPO, § 29 Rn.
182 Zöller-*Vollkommer*, ZPO, § 29 Rn. 25 – „Kaufvertrag"; MK-*Patzina*, ZPO, § 29 Rn. 62 – „Kaufvertrag"; a.A.: LG Aurich, MDR 2007, 424 (nicht Austauschort, sondern Wohnsitz des Verkäufers).
183 OLG Düsseldorf, BeckRS 2015, 17116, Rn. 17 f.; MK-*Patzina*, ZPO, § 29 Rn. 62 – „Kaufvertrag"; Zöller-*Vollkommer*, ZPO, § 29 Rn. 25 – „Kaufverträge"; Musielak/Voit-*Heinrich*, ZPO, § 29 Rn. 28 – „Kaufverträge"; siehe dort auch m.w.N. zur abweichenden Ansicht.
184 Musielak/Voit-*Heinrich*, ZPO, § 29 Rn. 28 – „Kaufverträge".

- bei Schadensersatz statt der Leistung gemäß §§ 437 Nr. 3, 280, 281 BGB neben dem Rücktritt.[185]
- Bei Schadensersatzklagen wegen Verletzung von Nebenpflichten (§§ 280, 311 Abs. 2, 3, 241 Abs. 2 BGB) ist auf den Erfüllungsort der verletzten Hauptleistungspflicht abzustellen.[186]

Für die Rechtslage beim nichtigen Kaufvertrag siehe die Ausführungen zu §§ 812 ff. BGB (Rn. 11).

62 **Leihe:** Die Rückgabepflicht nach § 604 BGB ist Bringschuld. Gerichtsstand ist darum am (Wohn-)Sitz des Verleihers.[187]

63 **Miete:** Erfüllungsort für die Zahlung der Miete ist grundsätzlich der Wohnsitz des Schuldners bei Entstehung des Mietverhältnisses; der Ort der Belegenheit des vermieteten Grundstücks zählt aber bei Beherbergungsvertrag oder bei Ferienhausmietvertrag.[188] Erfüllungsort für die Rückgabe der Miet- bzw. Leasingsache ist der Übergabe-(Empfangs-)ort (streitig).[189] Bei der Grundstücksmiete ist Zahlungspflicht des Mieters am Ort des Grundstücks.[190]

64 **Mobilfunk:** Beim Mobilfunkvertrag besteht kein gemeinsamer Erfüllungsort. Der Kunde ist an seinem Wohnort, der Mobilfunkbetreiber im Bereich seines Funknetzes zu verklagen.[191]

65 **Nebenpflichten:** Sie sind am Ort der Hauptleistungspflicht zu erfüllen;[192] etwa Ansprüche auf Auskunfts- oder Rechnungslegung;[193] Vertragsstrafenverpflichtung;[194] Aufklärungspflicht;[195] Unterlassung.[196]

66 **Reisevertrag:** Die Klage gegen den Reisenden auf den Reisepreis ist am Wohnsitz des Reisenden, die Klage gegen den Reiseveranstalter am Ort von dessen Niederlassung zu erheben.[197] Beim Beförderungsvertrag mit Luftgast ist gemeinsamer Erfüllungsort nach Wahl entweder der Abflugs- oder der Ankunftsort.[198]

67 **Steuerberater:** Ebenso wie beim Anwaltsvertrag besteht kein gemeinsamer Erfüllungsort am Kanzleisitz; das Honorar des Steuerberaters ist am Wohnort des Mandanten einzuklagen.[199]

68 **Time Sharing-Vertrag:** Es besteht keine ausschließliche Zuständigkeit am Ort der Hotelanlage im Ausland (Vertrag über Clubmitgliedschaft, der den Mitgliedern ermöglicht, das Teilzeitnutzungsrecht an einer lediglich nach Typ und Lageort bezeichneten Immobilie zu erwerben, mit Möglichkeit des Tauschs des Nutzungsrechts).[200] Der Anspruch auf Rückgewähr nach Widerruf, Rücktritt oder verbotswidriger Auszahlung (§§ 485, 323, 486 BGB) ist am Wohnsitz des Verbrauchers einzuklagen.[201]

---

185 Vgl. OLG Celle, OLGR 2000, 81, Rn. 5; Musielak/Voit-*Heinrich*, ZPO, § 29 Rn. 28 – „Kaufverträge".
186 OLG Düsseldorf, BeckRS 2015, 17116, Rn. 14.
187 BGH, NJW-RR 2002, 1027 = ZUM 2002, 141; Zöller-*Vollkommer*, ZPO, § 29 Rn. 25 – „Leihe".
188 MK-*Patzina*, ZPO, § 29 Rn. 69 – „Mietvertrag"; Musielak/Voit-*Heinrich*, ZPO, § 29 Rn. 30 – „Mietverträge"; siehe auch § 29a ZPO (Miet- und Pachtvertrag über Räume).
189 So OLG Düsseldorf, MDR 2007, 1421, Rn. 15; OLG Naumburg, OLGR 2005, 109, Rn. 26 f. (Bringschuld); a.A. LG Lüneburg, NJW-RR 2002, 1584, Rn. 4: Wohnsitz des Leasingnehmers bei Vertragsschluss; differenzierend OLG Rostock, OLGR 2001, 255, Rn. 37: „jedenfalls bei erheblichen Entfernungen" keine Rückgabepflicht am Sitz des Leasinggebers.
190 MK-*Patzina*, ZPO, § 29 Rn. 69 – „Mietvertrag".
191 Zöller-*Vollkommer*, ZPO, § 29 Rn. 25 – „Mobilfunk-(Dienst-)Vertrag"; Musielak/Voit-*Heinrich*, ZPO, § 29 Rn. 27 – „Internetverträge"; vgl. auch OLG Frankfurt a.M., BeckRS 2014, 03144; OLG Brandenburg, BeckRS 2014, 10929.
192 BGH, NJW-RR 2014, 248, Rn. 13 = MDR 2014, 239, III.3.a); OLG Düsseldorf, BeckRS 2015, 17116, Rn. 14; OLG Karlsruhe, OLGR 2000, 403, Rn. 5.
193 BGH, NJW 2002, 2703, Rn. 21 = MDR 2002, 1135, II.1.a); Musielak/Voit-*Heinrich*, ZPO, § 29 Rn. 16.
194 OLG Karlsruhe, OLGR 2000, 403; Musielak/Voit-*Heinrich*, ZPO, § 29 Rn. 16.
195 OLG München, OLGR 2009, 332.
196 OLG Dresden, ZIP 2001, 1531.
197 Zöller-*Vollkommer*, ZPO, § 29 Rn. 25 – „Reisevertrag".
198 EuGH, NJW 2009, 2801 = DAR 2009, 512; BGH, NJW 2011, 2056, Rn. 35 = WM 2011, 427, Rn. 35; LG Frankfurt a.M., IPRspr 2012, Nr. 176a, 401, Rn. 46; *Staudinger*, JR 2012, 47; vgl. auch OLG Frankfurt a.M., NJW-RR 2013, 59, Rn. 8: „jedenfalls auch am Abflugort".
199 BGH, BeckRS 2006, 14471 = DStR 2007, 1099; OLG Hamburg, NJW-RR 2003, 1705; a.A. BayObLG, NJW 2003, 1196.
200 EuGH, NJW 2006, 39 = IPRax 2006, 159; daran anschließend BGH, NJW-RR 2008, 1381 = MDR 2008, 1027.
201 Zöller-*Vollkommer*, ZPO, § 29 Rn. 25 – „Teilzeit-Wohnrechtevertrag usw.", … Time-Sharing-Vertrag"; vgl. auch OLG Naumburg, OLGR 2007, 374; BayObLG, NZM 2002, 796 (797).

Unterlassung: Es zählt der allgemeine Gerichtsstand des Schuldners bei Entstehung des Schuldverhältnisses; auch, wenn es um Unterlassung in einem ausgedehnten Gebiet geht.[202] Kommt dagegen die Unterlassung nur an einem bestimmten Ort in Betracht, ist dort zu klagen.[203] 69

Vertragsstrafe: Es ist am Erfüllungsort der gesicherten Hauptverbindlichkeit zu klagen.[204] 70

Verwahrungsvertrag: Klage auf Rückgabe ist am Ort der Verwahrung zu erheben, §§ 697, 700 BGB.[205] 71

Wechsel und Scheck: In § 603 ZPO findet sich ein besonderer Gerichtsstand des Zahlungsorts für Wechsel-/Scheck-Klagen (§ 605a ZPO). Hinsichtlich des Zahlungsorts gilt Art. 1 Nr. 5, Art. 75 Nr. 4 WG (Wechsel) bzw. Art. 1 Nr. 4, Art. 2 Abs. 2 ScheckG (Scheck).[206] Bei Hingabe eines Schecks/Wechsels erfüllungshalber besteht keine Zuständigkeit am Erfüllungsort der Kaufpreisforderung.[207] 72

Werkvertrag: Erfüllungsort für die Nachbesserung im Werkvertrag ist dort, wo sich das nachzubessernde Werk vertragsgemäß befindet.[208] Bei Reparatur eines Pkw. besteht ein gemeinsamer Erfüllungsort am Sitz der Werkstatt.[209] 73

§ 29a
Ausschließlicher Gerichtsstand bei Miet- oder Pachträumen

(1) Für Streitigkeiten über Ansprüche aus Miet- oder Pachtverhältnissen über Räume oder über das Bestehen solcher Verhältnisse ist das Gericht ausschließlich zuständig, in dessen Bezirk sich die Räume befinden.

(2) Absatz 1 ist nicht anzuwenden, wenn es sich um Wohnraum der in § 549 Abs. 2 Nr. 1 bis 3 des Bürgerlichen Gesetzbuchs genannten Art handelt.

Inhalt:

	Rn.		Rn.
A. Allgemeines	1	3. Ansprüche und Bestehen des Verhältnisses, Abs. 1 Alt. 1 und Alt. 2.	9
B. Erläuterungen	4	4. Streitigkeit	11
I. Streitigkeit hinsichtlich Miet- oder Pachtverhältnissen über Räume	4	II. Ausschluss, Abs. 2	12
1. Räume	5	III. Parteien	13
2. Miet- oder Pachtverhältnis	8	IV. Internationale Zuständigkeit	14

A. Allgemeines

In Streitigkeiten über Ansprüche aus Miet- oder Pachtverhältnissen über Räume soll das Gericht entscheiden, in dessen Bezirk sich die Räume befinden, ohne Rücksicht auf den Nutzungszweck, insbesondere ob diese etwa als Wohnraum oder gewerblich genutzt werden.[1] Die ursprüngliche Stoßrichtung der Vorschrift aus dem Jahre 1967 – Begrenzung auf Wohnraummiete mit dem Ziel eines „sozialen Mietprozessrechts", um dem Mieter den Prozess an seinem Wohnort zu ermöglichen – wurde 1993 aufgegeben bzw. verbreitert zugunsten eines allgemeinen Belegenheitsgerichtsstands in Miet- und Pachtsachen über Räume.[2] **Ziel** ist es, entsprechende Rechtsstreitigkeiten bei einem ortsnahen Gericht zu konzentrieren, das mit den ört- 1

---

202 Musielak/Voit-*Heinrich*, ZPO, § 29 Rn. 34 – „Unterlassungsklagen".
203 Musielak/Voit-*Heinrich*, ZPO, § 29 Rn. 34 – „Unterlassungsklagen".
204 OLG Karlsruhe, OLGR 2000, 403.
205 Vgl. BGH, NJW 2005, 988 = MDR 2005, 774; MK-*Patzina*, ZPO, § 29 Rn. 92 – „Verwahrungsvertrag"; Zöller-*Vollkommer*, ZPO, § 29 Rn. 25 – „Verwahrungsvertrag".
206 Vgl. auch BGH, NJW 2004, 1456 = MDR 2004, 707.
207 Zöller-*Vollkommer*, ZPO, § 29 Rn. 25 – „Wechsel, Scheck"; zu Art. 5 Nr. 1 EuGVÜ siehe BGH, NJW 2004, 1456 = MDR 2004, 707.
208 BGH, NJW-RR 2008, 724, Rn. 13 = MDR 2008, 552.
209 Zöller-*Vollkommer*, ZPO, § 29 Rn. 25 – „Werkvertrag"; MK-*Patzina*, ZPO, § 29 Rn. 93 – „Werkvertrag".

Zu § 29a:
1 LG München I, NJW-RR 2014, 266, Rn. 7.
2 BGH, NJW 2004, 1239, Rn. 6 = MDR 2004, 769, III.2.b); vgl. weiter zur Historie BeckOK-*Toussaint*, ZPO, § 29a Rn. 8.1.

lichen Verhältnissen vertraut und zur Beurteilung etwaiger Einwendungen besonders in der Lage ist,[3] es geht also um Prozessökonomie sowie Erleichterung der Rechtsverfolgung.[4]

2 Es handelt sich um einen **ausschließlichen Gerichtsstand**.[5] Der Kläger kann nicht am allgemeinen Gerichtsstand des Beklagten und nicht an anderen besonderen Gerichtsständen Klage erheben; auch ist eine Gerichtsstandsvereinbarung i.S.v. § 38 ZPO nicht möglich, ebenso wenig eine rügelose Einlassung i.S.v. § 39 ZPO; vgl. § 40 Abs. 2 Satz 1 Nr. 2, Satz 2 ZPO.

3 Es reicht schlüssiger Vortrag der den Gerichtsstand begründenden Tatsachen, die im Rahmen der Zulässigkeit als wahr unterstellt werden (**doppelrelevante Tatsachen**).[6] Liegen die Voraussetzungen des § 29a ZPO vor, ist das Gericht nicht auf die Prüfung von miet- oder pachtvertraglichen Anspruchsgrundlagen beschränkt (anders bei internationaler Zuständigkeit, siehe dazu Rn. 14), sondern prüft den Rechtsstreit unter allen in Betracht kommenden Gesichtspunkten.[7]

B. Erläuterungen
I. Streitigkeit hinsichtlich Miet- oder Pachtverhältnissen über Räume

4 § 29a ZPO betrifft Streitigkeiten (4.), die auf Miet- oder Pachtverhältnisse (2.) über Räume (1.) bezogen sind, wobei differenziert wird zwischen Streitigkeiten über Ansprüche aus Miet- oder Pachtverhältnissen einerseits und Streitigkeiten über das Bestehen solcher Verhältnisse andererseits (3.).

1. Räume

5 Der Begriff **Räume** in § 29a ZPO ist Oberbegriff für Wohnräume, Gewerberäume und sonstige Räume;[8] auf die konkrete Nutzungsart kommt es nicht an.[9] Auch ob die Räume zum Aufenthalt von Menschen bestimmt sind oder nicht, ist irrelevant.[10] **Erfasst** sind Wohnungen, Gaststätten, Fabrikhallen, Werkstätten, Keller, Schuppen, Abstellkammern, Lagerräume und alle mit dem Grundstück selbst fest verbundenen Gebäudeteile,[11] auch wenn diese unwesentlich sind.[12] Erfasst sind weiter auch Pferdeboxen,[13] transportable Behelfsheime, Baracken, Wohnschiffe und dergleichen mehr, sofern diese nicht nur vorübergehend mit dem Grundstück verbunden sind.[14]

6 **Nicht erfasst** sind Gebäudeaußenflächen, Schaukästen oder bloße Grundstücksflächen, also Freiflächen, wie Garten, Hof- und Lagerplatz unabhängig von Einfriedung oder anderer Umschließung; ebenso wenig ein Platz in einem Raum, z.B. Parkplatz in Parkhaus.[15] Nicht erfasst sind auch bewegliche Sachen, z.B. Wohnwagen, oder das Grundstück bzw. ein Grundstücksteil selbst.[16]

7 Entgegen der wohl überwiegenden Auffassung[17] umfasst § 29a ZPO nicht **Mobilfunksendeanlagen** auf dem Dach eines Gebäudes (streitig).[18] Der Verweis auf Art. 231 § 5, Art. 233 § 8 EGBGB greift nicht, weil diese Vorschriften einen anderen Regelungsbereich aufweisen.[19] Eine Mobilfunksendeanlage bildet eben keinen Raum. Vermietet ist im Übrigen nicht die Anlage selbst, sondern die Dachfläche; diese aber unterfällt nicht § 29a ZPO.[20]

---

3 BGH, NJW 2004, 1239, Rn. 5 = MDR 2004, 769, III.2.a); OLG Düsseldorf, MDR 2012, 1119, Rn. 15.
4 LG München I, NJW-RR 2014, 266, Rn. 7.
5 LG München I, NJW-RR 2014, 266, Rn. 2.
6 AG Pfaffenhofen, BeckRS 2013, 23054, Rn. 42.
7 BeckOK-*Toussaint*, ZPO, § 29a Rn. 23.
8 LG München I, NJW-RR 2014, 266, Rn. 4.
9 AG Menden, MDR 2007, 648, Rn. 7.
10 LG München, NJW-RR 2014, 266, Rn. 4.
11 Musielak/Voit-*Heinrich*, ZPO, § 29a Rn. 4.
12 LG München I, NJW-RR 2014, 266, Rn. 4.
13 OLG München, BeckRS 2016, 01561, Rn. 8; AG Menden, MDR 2007, 648, Rn. 7.
14 Musielak/Voit-*Heinrich*, ZPO, § 29a Rn. 4.
15 Musielak/Voit-*Heinrich*, ZPO, § 29a Rn. 4.
16 BeckOK-*Toussaint*, ZPO, § 29a Rn. 6.
17 LG München I, NJW-RR 2014, 266, Rn. 6; Musielak/Voit-*Heinrich*, ZPO, § 29a Rn. 4; *Kniep*, WuM 2006, 182 ff.
18 BeckOK-*Toussaint*, ZPO, § 29a Rn. 7.1; a.A. LG München I, NJW-RR 2014, 266, Rn. 6; Musielak/Voit-*Heinrich*, ZPO, § 29a Rn. 4; *Kniep*, WuM 2006, 182 ff.
19 BeckOK-*Toussaint*, ZPO, § 29a Rn. 7.1.
20 BeckOK-*Toussaint*, ZPO, § 29a Rn. 7.1.

2. Miet- oder Pachtverhältnis

Erforderlich ist das Vorliegen eines **Miet- oder Pachtverhältnisses**. Dies bedeutet zunächst, dass entgeltliche Gebrauchsüberlassung erforderlich ist; Leihe scheidet also aus. Erforderlich ist weiter, dass es sich um ein Rechtsverhältnis auf vertraglicher Grundlage handelt; gesetzliche Rechtsverhältnisse – etwa §§ 985 ff. BGB oder Bereicherungsrecht;[21] Ersatz für Mietausfall als Nebenpflicht zu Kaufvertrag;[22] Ansprüche wegen Insolvenzanfechtung,[23] selbst wenn auf Rückabwicklung der mietvertraglichen Leistung gerichtet[24] – unterfallen nicht § 29a ZPO. Bei gemischten Verträgen kommt es nach der **Übergewichtstheorie** darauf an, ob der Schwerpunkt auf der Raumüberlassung liegt (dann § 29a ZPO) oder nicht;[25] etwa bei Pferdeeinstellverträgen[26] oder Heimverträgen.[27] Bei Franchise-Verträgen liegt das Schwergewicht typischerweise nicht auf der Raumpacht.[28] Bei Werkswohnungen ist zu differenzieren zwischen Werkmietwohnung (§ 576 BGB) und Werkdienstwohnung (§ 576b BGB);[29] bei ersterer gilt § 29a ZPO, bei letzterer nicht.

8

3. Ansprüche und Bestehen des Verhältnisses, Abs. 1 Alt. 1 und Alt. 2

§ 29a ZPO unterscheidet zwei Alternativen. Zum einen sind umfasst Streitigkeiten über Ansprüche aus Miet- oder Pachtverhältnissen über Räume (§ 29a Abs. 1 **Alt. 1 ZPO**). Dabei spielt das Ziel der Ansprüche – Erfüllung oder sekundäre Ansprüche – keine Rolle.[30] Erfasst sind weiter auch Klagen, die sich auf Abwicklungspflichten aus einem Mietverhältnis beziehen;[31] Klagen auf Mieterhöhung nach § 558 BGB;[32] Klagen wegen Verletzung von Verkehrssicherungspflichten aus Wohnraum-Mietverhältnissen.[33]

9

Zum anderen sind erfasst Streitigkeiten über das Bestehen solcher Verhältnisse (§ 29a Abs. 1 **Alt. 2** ZPO); entweder separat oder als Vorfrage, ob das Rechtsverhältnis beendet ist oder nicht;[34] etwa auch Klagen auf Fortsetzung des Mietverhältnisses nach §§ 574 ff. BGB.[35] Ausreichend ist es, wenn der begehrte Anspruch vom Vorliegen oder der Wirksamkeit eines derartigen Verhältnisses abhängt, etwa Recht zum Besitz i.S.v. § 986 BGB.[36]

10

4. Streitigkeit

§ 29a ZPO erfasst Leistungs- sowie (positive und negative) Feststellungsklagen. Die Vorschrift gilt auch für Arrest und einstweilige Verfügung,[37] nicht dagegen im Mahnverfahren (vgl. § 689 Abs. 2 Satz 1 ZPO). Nicht ausreichend ist die bloße Aufrechnung mit Ansprüchen i.S.v. § 29a ZPO.[38]

11

II. Ausschluss, Abs. 2

Nach **§ 29a Abs. 2 ZPO** gilt die Vorschrift nicht für Wohnraum i.S.v. § 549 Abs. 2 Nr. 1 (etwa Ferienhäuser, Ferienwohnungen,[39] Hotelzimmer; nicht dagegen dauerhafter Platz im Studentenwohnheim);[40] § 549 Abs. 2 Nr. 2 BGB (etwa möblierte Zimmer); sowie § 549 Abs. 2 Nr. 3 BGB (juristische Person des öffentlichen Rechts oder anerkannter privater Träger der Wohlfahrtspflege vermieten wegen Wohnungsbedarf).

12

---

21 BeckOK-*Toussaint*, ZPO, § 29a Rn. 1, 15.
22 BayObLG, NZM 2000, 784, Rn. 8.
23 OLG Frankfurt a.M., NJW-RR 2013, 824, Rn. 11.
24 OLG Frankfurt a.M., NJW-RR 2013, 824, Rn. 13 ff.
25 OLG München, OLGR 2016, Anm. 9, Rn. 8 zu OLG München, BeckRS 2016, 01561; OLG Hamburg, BeckRS 2011, 17242; LG Krefeld, BeckRS 2010, 20252.
26 OLG München, BeckRS 2016, 01561, Rn. 8; LG Krefeld, BeckRS 2010, 20252.
27 BayObLG, NJOZ 2005, 5120 (5122).
28 MK-*Patzina*, ZPO, § 29a Rn. 14.
29 Musielak/Voit-*Heinrich*, ZPO, § 29a Rn. 8.
30 BeckOK-*Toussaint*, ZPO, § 29a Rn. 13 ff.
31 OLG Brandenburg, NZM 2002, 927.
32 Musielak/Voit-*Heinrich*, ZPO, § 29a Rn. 12.
33 OLG Düsseldorf, MDR 2006, 327, Rn. 2 ff.
34 Thomas/Putzo-*Hüßtege*, ZPO, § 29a Rn. 7.
35 Musielak/Voit-*Heinrich*, ZPO, § 23a, Rn. 14.
36 BeckOK-*Toussaint*, ZPO, § 29a Rn. 17 ff.
37 LG Augsburg, BeckRS 2011, 18537, A.
38 KG Berlin, NJOZ 2008, 1744 (1745).
39 OLG Celle, OLGR 2000, 244, Rn. 11.
40 Musielak/Voit-*Heinrich*, ZPO, § 29a Rn. 5.

III. Parteien

13 § 29a ZPO gilt für die **Parteien** des Miet- bzw. Pachtverhältnisses, auch wenn der Eintritt durch Einzel- oder Gesamtrechtsnachfolge erfolgt ist, weiter auch für Untermiete/Unterpacht[41] sowie Zwischenmiete/Zwischenpacht sowie echte Mietverträge zugunsten Dritter bei Verletzung einer drittbezogenen Schutzpflicht.[42] Er gilt nicht für am Vertragsverhältnis nicht beteiligte Dritte, etwa Ansprüche des Vermieters aufgrund eines selbstständigen Gewähr-, Garantie- oder Bürgschaftsvertrages gegen einen Dritten, der nicht Partei des Miet- oder Pachtvertrages, dessen Anbahnung oder Abwicklung ist.[43] § 29a ZPO gilt auch für die akzessorische Haftung nach § 128 HGB (ggf. i. V. m. § 161 Abs. 2 HGB).[44]

IV. Internationale Zuständigkeit

14 Aufgrund der **Doppelfunktionalität** begründet § 29a ZPO in seinem Anwendungsbereich nicht nur die örtliche, sondern auch die internationale Zuständigkeit. Das Gericht kann dann aber nur miet- und pachtvertragliche, nicht auch konkurrierende anderweitige Ansprüche prüfen.[45] Bei ausländischen Miet- oder Pachtverhältnissen begründet § 29a ZPO keine Zuständigkeit, entfaltet aber auch keine Sperrwirkung; die Zuständigkeit eines deutschen Gerichts kann sich aus anderen Vorschriften ergeben.[46] **EuGVO** und **LugÜ-II** gehen vor; vgl. dort Art. 24 Nr. 1 EuGVO[47] und Art. 22 Nr. 1 LugÜ-II mit ausschließlicher Zuständigkeit am Belegenheitsort.

§ 29b

(weggefallen)

§ 29c
Besonderer Gerichtsstand für Haustürgeschäfte

(1) ¹Für Klagen aus außerhalb von Geschäftsräumen geschlossenen Verträgen (§ 312b des Bürgerlichen Gesetzbuchs) ist das Gericht zuständig, in dessen Bezirk der Verbraucher zur Zeit der Klageerhebung seinen Wohnsitz, in Ermangelung eines solchen seinen gewöhnlichen Aufenthalt hat. ²Für Klagen gegen den Verbraucher ist dieses Gericht ausschließlich zuständig.

(2) § 33 Abs. 2 findet auf Widerklagen der anderen Vertragspartei keine Anwendung.

(3) Eine von Absatz 1 abweichende Vereinbarung ist zulässig für den Fall, dass der Verbraucher nach Vertragsschluss seinen Wohnsitz oder gewöhnlichen Aufenthalt aus dem Geltungsbereich dieses Gesetzes verlegt oder sein Wohnsitz oder gewöhnlicher Aufenthalt im Zeitpunkt der Klageerhebung nicht bekannt ist.

Inhalt:

	Rn.		Rn.
A. Allgemeines	1	1. Vertragspartner	11
I. Ziel	1	2. Dritte	12
II. Wahl- versus ausschließlicher Gerichtsstand	3	III. Zuständiges Gericht	13
B. Erläuterungen	5	IV. Widerklage, Abs. 2	17
I. Reichweite in sachlicher Hinsicht	5	V. Gerichtsstandsvereinbarung, Abs. 3	18
II. Reichweite in personeller Hinsicht	11	VI. Internationale Zuständigkeit	19

---

[41] BeckOK-*Toussaint*, ZPO, § 29a Rn. 18.
[42] Musielak/Voit-*Heinrich*, ZPO, § 29a Rn. 6.
[43] BGH, NJW 2004, 1239, Rn. 5 = MDR 2004, 769, III.2.a); OLG Düsseldorf, MDR 2012, 1119, Rn. 14.
[44] OLG Naumburg, BeckRS 2015, 19809, Rn. 15; LG Augsburg, BeckRS 2011, 18537, A.
[45] BeckOK-*Toussaint*, ZPO, § 29a Rn. 24.
[46] BeckOK-*Toussaint*, ZPO, § 29a, Rn. 25.
[47] Vgl. BGH, NJW-RR 2008, 1381, Rn. 14 = MDR 2008, 1027.

A. Allgemeines
I. Ziel

§ 29c ZPO begründet einen besonderen Gerichtsstand für Haustürgeschäfte i.S.d. § 312b BGB. Der Verbraucher soll davor **geschützt** werden, wohnsitzfern in Anspruch genommen zu werden[1] sowie seine Rechte im Wege der Klageerhebung an einem unter Umständen weit entfernt liegenden Gericht geltend machen zu müssen.[2]

Die vormals in § 7 HWiG enthaltene Gerichtsstandsregelung wurde durch das Schuldrechtsmodernisierungsgesetz mit Wirkung zum 01.01.2002 als § 29c in die ZPO aufgenommen.[3] Die **Änderung** durch das Gesetz zur Umsetzung der Verbraucherrechtlinie und zur Änderung des Gesetzes zur Regelung der Wohnungsvermittlung vom 20.09.2013 mit Wirkung vom 13.06.2014 brachte rein sprachliche, keine inhaltlichen Änderungen.

II. Wahl- versus ausschließlicher Gerichtsstand

Der Gerichtsstand des § 29c ZPO begründet für Klagen des Verbrauchers gegen den Unternehmer einen **Wahlgerichtsstand**,[4] für Klagen des Unternehmers gegen den Verbraucher dagegen einen **ausschließlichen Gerichtsstand**, vgl. § 29c Abs. 1 Satz 2 ZPO. Dies gilt auch bei Klagen des Unternehmers aus Wechsel oder Scheck i.S.v. § 603 Abs. 1 ZPO; dieser tritt dann hinter § 29c ZPO zurück.[5] Bei Ansprüchen, die unter § 29c Abs. 1 ZPO ebenso wie unter § 32b ZPO fallen, geht § 32b ZPO vor.[6] Werden mehrere Verbraucher mit Wohnsitz in verschiedenen Gerichtsbezirken als Gesamtschuldner verklagt, wird der Gerichtsstand nach § 36 Abs. 1 Nr. 3 ZPO bestimmt.

Für das Vorliegen eines außerhalb von Geschäftsräumen geschlossenen Vertrages i.S.v. § 312b BGB genügt schlüssiger Sachvortrag des Klägers, der als wahr unterstellt wird **(doppelrelevante Tatsachen)**.[7]

B. Erläuterungen
I. Reichweite in sachlicher Hinsicht

§ 29c ZPO erfordert eine Klage „aus **außerhalb von Geschäftsräumen geschlossenen Verträgen**" und verweist hierfür auf § 312b BGB. § 312b BGB enthält eine Legaldefinition, die vier Fallgruppen unterscheidet. Außerhalb von Geschäftsräumen geschlossene Verträge sind danach Verträge, die bei gleichzeitiger körperlicher Anwesenheit des Verbrauchers und des Unternehmers an einem Ort geschlossen werden, der kein Geschäftsraum des Unternehmers ist (§ 312b Abs. 1 Satz 1 Nr. 1 BGB); für die der Verbraucher unter den in Nummer 1 genannten Umständen ein Angebot abgegeben hat (§ 312b Abs. 1 Satz 1 Nr. 2 BGB); die in den Geschäftsräumen des Unternehmers oder durch Fernkommunikationsmittel geschlossen werden, bei denen der Verbraucher jedoch unmittelbar zuvor außerhalb der Geschäftsräume des Unternehmers bei gleichzeitiger körperlicher Anwesenheit des Verbrauchers und des Unternehmers persönlich und individuell angesprochen wurde (§ 312b Abs. 1 Satz 1 Nr. 3 BGB); oder die auf einem Ausflug geschlossen werden, der von dem Unternehmer oder mit seiner Hilfe organisiert wurde, um beim Verbraucher für den Verkauf von Waren oder die Erbringung von Dienstleistungen zu werben und mit ihm entsprechende Verträge abzuschließen (§ 312b Abs. 1 Satz 1 Nr. 4 BGB). Den Fallgruppen gemeinsam ist das Überraschungsmoment bei Verträgen, die außerhalb von Geschäftsräumen des Unternehmers auf dessen Initiative abgeschlossen werden.[8] Erforderlich ist Kausalität zwischen der Haustürsituation und der auf den Vertragsschluss gerichteten Willenserklärung des Verbrauchers.[9]

---

1 OLG München, VersR 2009, 1382, Rn. 23.
2 BGH, NJW 2004, 1239 = MDR 2004, 769, Rn. 22f.; BGH, NJW 2003, 1190, Rn. 9 = WM 2003, 605, III.1.
3 BGH, NJW 2015, 169, Rn. 22 = WM 2014, 2257; BGH, NJW 2002, 2029, Rn. 19 = WM 2002, 1218, II.2.b)dd).
4 BGH, NJW 2015, 169, Rn. 16 = WM 2014, 2257; OLG Düsseldorf, NZG 2013, 1234, Rn. 6; OLG Dresden, BeckRS 2011, 16546, II.A.1.1; OLG Karlsruhe, NJW 2005, 2718, Rn. 15; OLG Celle, BeckRS 2004, 00190.
5 Musielak/Voit-*Heinrich*, ZPO, § 29c Rn. 8.
6 OLG Düsseldorf, NZG 2013, 1234; OLG Brandenburg, BeckRS 2011, 17729; Zöller-*Vollkommer*, ZPO, § 29c Rn. 5f.
7 OLG Dresden, BeckRS 2011, 16546, II.A.1.2; LG Augsburg, BeckRS 2014, 20990, II.1.b); LG Tübingen, NJW 2005, 1513, Rn. 29.
8 OLG Hamm, BeckRS 2016, 14579, Rn. 4; OLG Frankfurt a.M., OLGR 2005, 568, Rn. 5; MK-*Patzina*, ZPO, § 29c Rn. 5.
9 OLG Hamm, BeckRS 2016, 01713, Rn. 19.

6 Trotz des Verweises auf § 312b BGB ist § 29c ZPO auch anwendbar auf Haustürgeschäfte, die vor dem 01.01.2002 abgeschlossen wurden, sofern ein Haustürgeschäft i.S.d. – damaligen – § 1 HWiG vorliegt.[10] § 29c ZPO gilt auch, wenn das Widerrufsrecht wegen § 312 Abs. 3 a.F., § 312a a.F. oder § 312g Abs. 2, Abs. 3 BGB ausgeschlossen ist.[11] § 29c ZPO verweist auf die Legaldefinition des § 312b BGB, ohne auf einen anderweitigen Ausschluss Bezug zu nehmen. § 29c ZPO gilt nicht – auch nicht entsprechend – für Fernabsatzverträge i.S.v. § 312c BGB.[12]

7 **Klagen** aus außerhalb von Geschäftsräumen geschlossenen Verträgen meint alle Streitigkeiten, die eine Vereinbarung betreffen, die – unabhängig vom Vertragstyp – unter den Bedingungen des § 312b Abs. 1 BGB geschlossen wurden.[13] Wegen des Normzwecks ist die Vorschrift weit auszulegen.[14]

8 Auf die **Klageart** kommt es nicht an.[15] Erfasst sind Leistungsklage sowie positive und negative Feststellungsklage.[16]

9 Auf den **Vertragstyp** kommt es nicht an. Ausnahme sind lediglich Versicherungsverträge; für diese gilt ab dem 01.01.2008 die Zuständigkeitsregelung des § 215 VVG, der § 29c ZPO inhaltlich entspricht. Für Altverträge bleibt es bei dem VVG in der bis 31.12.2007 geltenden Fassung.[17]

10 Auf die **Anspruchsgrundlage** kommt es nicht an.[18] Erfasst sind vertragliche, vertragsähnliche und gesetzliche Ansprüche, wenn sie auf einem außerhalb von Geschäftsräumen geschlossenen Vertrag beruhen.[19] Erfasst sind etwa Ansprüche aus c.i.c.[20]/§ 311 Abs. 2 BGB; Ansprüche aus pVV[21]/§ 280 Abs. 1 BGB; Ansprüche aus Rückgewährschuldverhältnis nach Widerrufs- oder Rückgaberecht;[22] Ansprüche wegen einer im Zusammenhang mit dem Haustürgeschäft begangenen unerlaubten Handlung gegen den Vertragspartner einschließlich § 826 BGB;[23] Erfüllungsansprüche;[24] Folgeansprüche aus Haustürgeschäften;[25] Fondsbeteiligung;[26] Geltendmachung der Nichtigkeit des Geschäfts; der geschäftsunfähige Verbraucher ist gerade besonders schutzbedürftig;[27] Herausgabeansprüche nach § 985 BGB; Sekundäransprüche wegen Schlechtleistung;[28] vertragliche Ansprüche. § 29c ZPO gilt entsprechend für Ansprüche aus Gewinnzusage i.S.v. § 661a BGB im Zusammenhang mit internationaler Zuständigkeit nach EuGVO.[29]

---

10 BGH, NJW 2003, 1190, Rn. 9 = WM 2003, 605, III.1.; BeckOK-*Toussaint*, ZPO, § 29c Rn. 1.1.
11 BeckOK-*Toussaint*, ZPO, § 29c Rn. 2; siehe ebenda Rn. 2.1, 2.2, 2.3 sehr ausführlich und m.w.N. zu § 312 Abs. 3 BGB a.F. und § 312a BGB a.F.
12 Zöller-*Vollkommer*, ZPO, § 29c Rn. 4.
13 Musielak/Voit-*Heinrich*, ZPO, § 29c Rn. 7; vgl. auch BGH, NJW 2003, 1190, Rn. 9 = WM 2003, 605, III.1.; KG Berlin, BeckRS 2014, 12402, II.5. = IPRspr 2014, Nr. 48, 95, Rn. 25; OLG Dresden, BeckRS 2011, 16546, II.A.1.1; OLG Celle, NJW 2004, 2602, Rn. 5.
14 BGH, NJW 2003, 1190, Rn. 9 = WM 2003, 605, III.1.; OLG Dresden, BeckRS 2011, 16546, II.A.1.1; OLG Celle, NJW 2004, 2602, Rn. 5.
15 BGH, NJW 2003, 1190, Rn. 9 = WM 2003, 605, III.1.; OLG Celle, NJW 2004, 2602, Rn. 5.
16 OLG Celle, NJW 2004, 2602, Rn. 5; LG Traunstein, BeckRS 2009, 16454 (Feststellungsklage).
17 OLG Bamberg, MDR 2011, 103, Rn. 5; OLG Naumburg, VersR 2010, 374; OLG Nürnberg, VersR 2010, 935; a.A. OLG Saarbrücken, VersR 2008, 1337.
18 BGH, NJW-RR 2011, 1137, III.1.a) = VersR 2012, 1452, Rn. 12; BGH, NJW 2003, 1190, Rn. 9 = WM 2003, 605, III.1.; OLG Celle, NJW 2004, 2602, Rn. 5.
19 BGH, NJW 2003, 1190, Rn. 9 = WM 2003, 605, III.1.; KG Berlin, BeckRS 2014, 12402, II.5. = IPRspr 2014, Nr. 48, 95, Rn. 25; OLG Dresden, BeckRS 2011, 16546, II.A.1.1; OLG Celle, NJW 2004, 2602, Rn. 5; BeckOK-*Toussaint*, ZPO, § 29c Rn. 4.
20 BGH, NJW-RR 2011, 1137, III.1.a) = VersR 2012, 1452, Rn. 12; BGH, NJW 2003, 1190, Rn. 9 = WM 2003, 605, III.1.; OLG Hamm, BeckRS 2015, 19537, Rn. 30; OLG Dresden, BeckRS 2011, 16546, II.A.1.1; OLG Celle, NJW 2004, 2602, Rn. 5.
21 OLG Celle, NJW 2004, 2602 (2603), Rn. 5.
22 LG Tübingen, NJW 2005, 1513, Rn. 29.
23 BGH, NJW-RR 2011, 1137, III.1.a) = VersR 2012, 1452, Rn. 12; BGH, NJW 2003, 1190, Rn. 16 f. = WM 2003, 605, III.3.; OLG Celle, NJW 2004, 2602, Rn. 5. Einschränkend Musielak/Voit-*Heinrich*, ZPO, § 29c Rn. 7: nur bei Klage des Verbrauchers; dagegen bei Klage des Unternehmers: § 32 ZPO; vgl. ausführlich auch MK-*Patzina*, ZPO, § 29c Rn. 15.
24 OLG Celle, NJW 2004, 2602, Rn. 5.
25 BGH, NJW-RR 2011, 1137, III.1.a) = VersR 2012, 1452, Rn. 12; BGH, NJW 2003, 1190, Rn. 9 = WM 2003, 605, III.1.
26 OLG Naumburg, NJW-RR 2014, 957, Rn. 5.
27 MK-*Patzina*, ZPO, § 29c Rn. 16.
28 BGH, NJW 2003, 1190, Rn. 9 = WM 2003, 605, III.1.; OLG Dresden, BeckRS 2011, 16546, II.A.1.1.
29 LG Kaiserslautern, BeckRS 2004, 08411, I.

II. Reichweite in personeller Hinsicht

1. Vertragspartner

In personeller Hinsicht umfasst sind die **Vertragspartner**, also Verbraucher (§ 13 BGB) und Unternehmer (§ 14 BGB), zwischen denen das Haustürgeschäft i.S.v. § 312b BGB abgeschlossen bzw. angebahnt wurde.[30] Der Begriff des Unternehmers ist nicht handelsrechtlich, sondern funktionell zu verstehen und umfasst damit etwa auch Freiberufler oder Handwerker, sofern eine planmäßige und dauerhafte Tätigkeit gegen Entgelt ausgeübt wird.[31]

2. Dritte

§ 29c ZPO gilt auch für Klagen gegen **Dritte**, die etwa als Vertreter, Verhandlungsgehilfe, Treuhänder oder Vermittler in Vertragsanbahnung, Vertragsschluss oder Vertragsabwicklung einbezogen waren;[32] etwa wenn der Vertreter des Unternehmers aus c.i.c./§ 311 Abs. 2 BGB haftet.[33] Für sonstige Dritte gilt § 29c ZPO nicht,[34] etwa Klage eines an einem Vermögensfonds beteiligten Anlegers gegen ein Wirtschaftsprüfungsunternehmen wegen Pflichtverletzung aus Mittelverwendungskontrollvertrag.[35] Für den **Bürgen** findet § 29c ZPO nur Anwendung, wenn die Bürgschaft selbst unter den Umständen des § 312b BGB geschlossen wurde.[36] § 29c ZPO gilt nicht für (Einzel- oder Gesamt-)**Rechtsnachfolger** des Verbrauchers;[37] ein Gerichtsstand am Wohn- bzw. Aufenthaltsort des Rechtsvorgängers ist weder vom Gesetzeszweck geboten noch sinnvoll. Dagegen unterliegen wegen des Gesetzeszwecks der (Einzel- oder Gesamt-)Rechtsnachfolger des Unternehmers § 29c ZPO.[38]

III. Zuständiges Gericht

Zuständig ist das Gericht, in dessen Bezirk der Verbraucher zur Zeit der Klageerhebung seinen Wohnsitz, in Ermangelung eines solchen seinen gewöhnlichen Aufenthalt hat.

Verbraucher i.d.S. meint die Partei, die an dem außerhalb von Geschäftsräumen geschlossenen Vertrag beteiligt ist; dass etwa der Rechtsnachfolger (auch) Verbraucher ist, genügt nicht.[39]

Wohnsitz ist gemäß § 7 BGB der räumliche Mittelpunkt der gesamten Lebensverhältnisse einer Person, also der Ort, an dem sich jemand ständig niederlässt, um ihn zum Mittelpunkt seiner wirtschaftlichen und gesellschaftlichen Tätigkeit zu machen.[40] Wegen der Einzelheiten wird auf § 13 ZPO verwiesen. Fehlt ein Wohnsitz, ist auf den **gewöhnlichen Aufenthaltsort** abzustellen. Das ist der Ort, an dem sich jemand ständig oder jedenfalls für längere Zeit aufhält,[41] also der Ort, an dem sich der tatsächliche Mittelpunkt des Daseins befindet.[42] Dieser Ort muss nicht freiwillig gewählt sein, in Betracht kommen etwa auch Krankenhaus oder Strafanstalt.[43] Liegen Wohn- bzw. Aufenthaltsort im **Ausland**, so findet § 29c ZPO keine Anwendung.[44] Gehört die Gemeinde, in der sich Wohn- bzw. Aufenthaltsort befinden, **mehreren Gerichtsbezirken** an, so ist die konkrete Lage des Wohn- bzw. Aufenthaltsorts entscheidend.[45]

Entscheidend in zeitlicher Hinsicht ist nicht der Wohn- bzw. Aufenthaltsort des Verbrauchers bei Abschluss des Geschäfts i.S.v. § 312b BGB, sondern **zur Zeit der Klageerhebung**.[46] Die Veränderung des Wohn- bzw. Aufenthaltsorts nach Klageerhebung hat keine Auswirkung,

---

30 BeckOK-*Toussaint*, ZPO, § 29c Rn. 5.
31 Musielak/Voit-*Heinrich*, ZPO, § 29c Rn. 6.
32 BGH, NJW-RR 2011, 1137, III.1.a) = VersR 2012, 1452, Rn. 12; OLG Hamm, BeckRS 2015, 19337, Rn. 30; KG Berlin, BeckRS 2014, 12402, II.5. = IPRspr 2014, Nr. 48, 95, Rn. 25; OLG Naumburg, NJW-RR 2014, 957, Rn. 5; OLG Celle, NJW 2004, 2602, Rn. 5; Zöller-*Vollkommer*, ZPO, § 29c, Rn. 5.
33 BGH, NJW 2003, 1190, Rn. 9 = WM 2003, 605, III.1.; OLG Celle, NJW 2004, 2602, Rn. 5.
34 BGH, NJW-RR 2011, 1137, Rn. 13 = VersR 2012, 1452, Rn. 13.
35 BGH, NJW-RR 2011, 1137, Rn. 13 = VersR 2012, 1452, III.1.a).
36 BeckOK-*Toussaint*, ZPO, § 29c Rn. 9.1; Musielak/Voit-*Heinrich*, ZPO, § 29c Rn. 7; MK-*Patzina*, ZPO, § 29c Rn. 12.
37 BGH, BeckRS 2010, 04916, Rn. 5 = VersR 2010, 645 (646), Rn. 5 (Zession: neue Situation durch die Abtretung); OLG München, VersR 2009, 1382, Rn. 23.
38 OLG Hamm, BeckRS 2015, 19337, Rn. 30; BeckOK-*Toussaint*, ZPO, § 29c Rn. 10.
39 BeckOK-*Toussaint*, ZPO, § 29c Rn. 12.
40 AG Oldenburg, BeckRS 2012, 06934.
41 Musielak/Voit-*Heinrich*, ZPO, § 29c Rn. 10.
42 MK-*Patzina*, ZPO, § 29c Rn. 21.
43 MK-*Patzina*, ZPO, § 29c Rn. 21.
44 BeckOK-*Toussaint*, ZPO, § 29c Rn. 15.
45 BeckOK-*Toussaint*, ZPO, § 29c Rn. 17.
46 BGH, NJW 2003, 1190, Rn. 9 = WM 2003, 605, III.1.; OLG Celle, OLGR 2003, 393, Rn. 4.

§ 261 Abs. 3 Nr. 2 ZPO (*perpetuatio fori*). Bei vorangegangenem Mahnverfahren kommt es auf den Wohn- bzw. Aufenthaltsort zur Zeit der Abgabe ans Streitgericht an (streitig).[47]

IV. Widerklage, Abs. 2

17 § 33 Abs. 2 ZPO findet auf **Widerklagen** der anderen Vertragspartei keine Anwendung, § 29c Abs. 2 ZPO. Anderenfalls könnte bei einer Klage des Verbrauchers gegen den Unternehmer der Unternehmer in diesem Prozess keine Widerklage gegen den Verbraucher erheben; denn § 33 Abs. 2 ZPO verbietet die Widerklage, wenn für eine Klage wegen des Gegenanspruchs die Vereinbarung der Zuständigkeit des Gerichts nach § 40 Abs. 2 ZPO unzulässig ist; und nach § 40 Abs. 2 ZPO ist eine derartige Vereinbarung unzulässig, wenn für die Klage ein ausschließlicher Gerichtsstand begründet ist. Dies ist für die Klage des Unternehmers gegen den Verbraucher aber gerade der Fall, § 29c Abs. 1 Satz 2 ZPO. Wegen seines Zwecks ist § 29c Abs. 2 ZPO eng auszulegen.[48] Gegenansprüche des Unternehmers, die mit der Klage nicht im Zusammenhang stehen, fallen nicht unter § 29c Abs. 2 ZPO.[49]

V. Gerichtsstandsvereinbarung, Abs. 3

18 Eine von § 29c Abs. 1 ZPO abweichende Vereinbarung ist zulässig für den Fall, dass der Verbraucher nach Vertragsschluss seinen Wohnsitz oder gewöhnlichen Aufenthalt aus dem Geltungsbereich dieses Gesetzes verlegt oder sein Wohnsitz oder gewöhnlicher Aufenthalt im Zeitpunkt der Klageerhebung nicht bekannt ist. Die Vorschrift erlaubt damit für den von ihr genannten Fall in Abweichung von § 29c Abs. 1 Satz 2 i.V.m. § 40 Abs. 2 Satz 1 Nr. 2, Satz 2 ZPO den Abschluss einer **Gerichtsstandsvereinbarung**.[50] Der Unternehmer soll vor erschwerter Rechtsverfolgung geschützt werden.[51] Die nach § 29c Abs. 3 ZPO getroffene Vereinbarung muss die Anforderungen des § 38 Abs. 3 ZPO erfüllen. Aus § 29c Abs. 3 ZPO folgt zugleich, dass jenseits der dort genannten Ausnahmen jegliche von § 29c ZPO abweichende Vereinbarung ausgeschlossen ist.[52]

VI. Internationale Zuständigkeit

19 Ein Gerichtsstand nach § 29c ZPO begründet nicht nur die örtliche, sondern auch die internationale Zuständigkeit deutscher Gerichte (**Doppelfunktionalität**).[53] Hat der Verbraucher keinen inländischen Wohn- bzw. Aufenthaltsort, so greift zwar § 29c ZPO nicht; wohl mag sich aber aus anderen Vorschriften die internationale Zuständigkeit deutscher Gerichte ergeben.[54]

20 Die Regelungen über die Zuständigkeit bei Verbrauchersachen in Art. 17–19 **EuGVO** und Art. 15–17 **LugÜ-II** verdrängen § 29c ZPO.[55]

§ 30
Gerichtsstand bei Beförderungen

(1) ¹Für Rechtsstreitigkeiten aus einer Güterbeförderung ist auch das Gericht zuständig, in dessen Bezirk der Ort der Übernahme des Gutes oder der für die Ablieferung des Gutes vorgesehene Ort liegt. ²Eine Klage gegen den ausführenden Frachtführer oder ausführenden Verfrachter kann auch in dem Gerichtsstand des Frachtführers oder Verfrachters erhoben werden. ³Eine Klage gegen den Frachtführer oder Verfrachter kann auch in dem Gerichtsstand des ausführenden Frachtführers oder ausführenden Verfrachters erhoben werden.

(2) ¹Für Rechtsstreitigkeiten wegen einer Beförderung von Fahrgästen und ihrem Gepäck auf Schiffen ist auch das Gericht zuständig, in dessen Bezirk sich der im Beförderungsvertrag bestimmte Abgangs- oder Bestimmungsort befindet. ²Eine von Satz 1 abweichende Vereinbarung ist unwirksam, wenn sie vor Eintritt des Ereignisses getroffen wird, das den Tod oder die Körperverletzung des Fahrgasts oder den Verlust, die Beschädigung oder die verspätete Aushändigung des Gepäcks verursacht hat.

---

47 Ebenso Musielak/Voit-*Heinrich*, ZPO, § 29c Rn. 9; Zöller-*Vollkommer*, ZPO, § 29c Rn. 8; a.A. MK-*Patzina*, ZPO, § 29c Rn. 17: es zählt Zeit der Zustellung des Mahnbescheids.
48 Zöller-*Vollkommer*, ZPO, § 29c Rn. 10.
49 Zöller-*Vollkommer*, ZPO, § 29c Rn. 10; Musielak/Voit-*Heinrich*, ZPO, § 29c Rn. 12.
50 BGH, NJW 2015, 169, Rn. 18 = WM 2014, 2257.
51 Thomas/Putzo-*Hüßtege*, ZPO, § 29c Rn. 3.
52 BGH, NJW 2015, 169, Rn. 19 = WM 2014, 2257; BGH, BeckRS 2014, 20985, Rn. 20 = IPRspr. 2014, Nr. 198, 496, II.1.b); OLG Bamberg, BeckRS 2014, 22727; OLG Stuttgart, BeckRS 2014, 22728, I.
53 OLG Brandenburg, BeckRS 2016, 10047, Rn. 6; OLG München, NJOZ 2009, 1210; LG Tübingen, NJW 2005, 1513, A.
54 BeckOK-*Toussaint*, ZPO, § 29c Rn. 22.
55 BeckOK-*Toussaint*, ZPO, § 29c Rn. 23; Musielak/Voit-*Heinrich*, ZPO, § 29c Rn. 15.

Inhalt:

	Rn.		Rn.
A. Allgemeines	1	II. Rechtsstreitigkeiten wegen einer Beförderung von Fahrgästen und ihrem Gepäck auf Schiffen, Abs. 2...	10
B. Erläuterungen	2		
I. Rechtsstreitigkeiten aus einer Güterbeförderung, Abs. 1	2		
1. Güterbeförderung	3	1. Beförderung von Fahrgästen und ihrem Gepäck auf Schiffen	11
2. Persönlicher Geltungsbereich	4	2. Persönlicher Geltungsbereich	12
3. Gerichtsstand	5	3. Gerichtsstand	13
4. Erweiterung für Passivprozesse, Abs. 1 Satz 2, Satz 3	9	4. Abweichende Gerichtsstandsvereinbarung, Abs. 2 Satz 2	14
		III. Internationale Zuständigkeit	15

A. Allgemeines

§ 30 ZPO wurde durch das Gesetz zur Reform des Seehandelsrechts vom 20.04.2013 mit Wirkung zum 25.04.2013 in die ZPO aufgenommen; der damalige § 30 ZPO wurde dadurch zu § 30a ZPO. Ziel des § 30 ZPO ist es, eine einheitliche örtliche Zuständigkeit insbesondere auch dann zu schaffen, wenn mehrere Personen an dem Transportrechtsverhältnis beteiligt sind.[1] Es handelt sich um **Wahlgerichtsstände** i.S.v. § 35 ZPO. Allerdings geht bei Beförderung auf Binnengewässern der ausschließliche Gerichtsstand des § 3 Abs. 1 Satz 2 BinnSchVerfG vor.[2]   *1*

B. Erläuterungen
I. Rechtsstreitigkeiten aus einer Güterbeförderung, Abs. 1

§ 30 Abs. 1 ZPO entspricht § 440 HGB a.F. § 440 HGB a.F. wiederum geht auf Art. 1a CMRG und § 56 Abs. 2 LuftVG zurück. Rechtsprechung hierzu mag zur Auslegung ggf. herangezogen werden.   *2*

1. Güterbeförderung

Das Tatbestandsmerkmal der **Güterbeförderung** erfordert einen Vertrag, dessen Inhalt die Beförderung eines Gutes zum Bestimmungsort und Ablieferung an den Empfänger ist.[3] Es ist **nicht von Belang**,   *3*

- welches Transportmittel verwendet wird;
- ob die Beförderung zu Lande, auf Binnengewässern, über See oder mit Luftfahrzeugen erfolgt;[4]
- welche Vorschriften dem Vertrag zugrunde liegen; etwa Frachtvertrag (§ 407 HGB); Umzugsvertrag (§ 451 HGB); Speditionsvertrag bei Selbsteintritt (§ 458 HGB) oder zu festen Kosten (§ 459 HGB); Übereinkommen über den Beförderungsvertrag im internationalen Straßengüterverkehr (CMR); Warschauer Abkommen über die Beförderung im internationalen Luftverkehr; Montrealer Übereinkommen (Übereinkommen zur Vereinheitlichung bestimmter Vorschriften über die Beförderung im internationalen Luftverkehr); Stückgutfrachtvertrag (§ 481 HGB); Reisefrachtvertrag (§ 527 HGB);
- ob es um vertragliche oder gesetzliche (etwa auch deliktische) Ansprüche geht;[5]
- um welche Klageart es sich handelt;
- um welche Art der Güterbeförderung es sich handelt.[6]

2. Persönlicher Geltungsbereich

Dem Anwendungsbereich der Vorschrift unterliegen Absender/Befrachter, Be- und Entlader, Empfänger, (ausführender) Frachtführer/Verfrachter sowie deren Rechtsnachfolger.[7]   *4*

3. Gerichtsstand

Der Gerichtsstand des § 30 ZPO liegt am Ort der Übernahme des Gutes oder an dem für die Ablieferung des Gutes vorgesehenen Gut.   *5*

---

1 BeckOK-*Toussaint*, ZPO, § 30 Rn. 1.1.
2 Vgl. hierzu etwa OLG Nürnberg, BeckRS 2013, 23062.
3 BeckOK-*Toussaint*, ZPO, § 30 Rn. 2.
4 Bei Binnengewässern allerdings ggf. vorgehender ausschließlicher Gerichtsstand des § 3 Abs. 1 Satz 2 BinnSchVerfG.
5 BGH, NJW-RR 2002, 31 (32) = MDR 2002, 283.
6 OLG Hamm, BeckRS 2015, 16111, II. = TranspR 2016, 74, II.: Klavier.
7 BeckOK-*Toussaint*, ZPO, § 30 Rn. 7; Musielak/Voit-*Heinrich*, ZPO, § 30 Rn. 2.

6 Für den **Ort der Übernahme des Gutes** kommt es nicht auf die vertragliche Vereinbarung, sondern auf die tatsächliche Übernahme an. Bei Einschaltung mehrerer Frachtführer ist im Regelungsbereich des Art. 31 Abs. 1b CMR nicht der Ort der Übernahme des Gutes durch den Unterfrachtführer, sondern der Abgangsort der gesamten Beförderung Ort der Übernahme.[8] Entscheidend ist also im Bereich des Art. 31 Abs. 1b CMR der zwischen dem Hauptfrachtführer und seinem Auftraggeber geschlossene Frachtvertrag und nicht das Vertragsverhältnis zwischen dem Haupt-/Unterfrachtführer und einem (weiteren) Unterfrachtführer.[9] Diese Rechtsprechung ist auf § 30 ZPO nicht übertragbar; hier ist vielmehr maßgeblich der Ort, an dem der ausführende Frachtführer/Verfrachter das Gut übernommen hat, ansonsten wäre § 30 Abs. 1 Satz 2 ZPO überflüssig.[10]

7 Zur Bestimmung des **für die Ablieferung des Gutes vorgesehenen Ortes** kommt es nicht auf die tatsächliche Ablieferung, sondern auf den vertraglich bestimmten Ort (bzw. den durch eine nachträgliche Weisung bestimmten Ort) an, selbst wenn das Gut gar nicht abgeliefert, sondern zurückbefördert wird.[11] Bei mehreren Frachtführern/Verfrachtern gilt nicht der endgültige Ablieferungsort, sondern der für den jeweils verklagten Frachtführer/Verfrachter maßgebliche Ablieferungsort; siehe dazu oben Rn. 6.

8 Bei Übernahme bzw. Ablieferung **mehrerer Güter** an verschiedenen Orten zählt der Übernahme- bzw. Ablieferungsort des jeweils im Streit befindlichen Gutes, hilfsweise der örtliche Schwerpunkt des Vertrages.[12]

4. Erweiterung für Passivprozesse, Abs. 1 Satz 2, Satz 3

9 Für Passivprozesse gegen den ausführenden Frachtführer oder ausführenden Verfrachter (vgl. § 509 HGB) gilt auch der Gerichtsstand des Frachtführers oder Verfrachters (**§ 30 Abs. 1 Satz 2 ZPO**). Für Passivprozesse gegen den Frachtführer oder Verfrachter gilt auch der Gerichtsstand des ausführenden Frachtführers oder ausführenden Verfrachters (**§ 30 Abs. 1 Satz 3 ZPO**). Zum Gerichtsstand des jeweils anderen Frachtführers/Verfrachters zählt nicht der Gerichtsstand des § 30 ZPO, sondern jeder allgemeine oder besondere Gerichtsstand.[13] Die Vorschrift erleichtert gemeinsame Klagen gegen mehrere Beförderer; aber auch eine isolierte Klageerhebung gegen nur einen Beförderer ist möglich.

II. Rechtsstreitigkeiten wegen einer Beförderung von Fahrgästen und ihrem Gepäck auf Schiffen, Abs. 2

10 Vorbild des § 30 Abs. 2 ZPO war Art. 17 des Athener Übereinkommens von 2002 sowie Art. 14 und 15 der Anlage zu § 644 HGB a.F. Rechtsprechung hierzu mag zur Auslegung ggf. herangezogen werden.

1. Beförderung von Fahrgästen und ihrem Gepäck auf Schiffen

11 § 30 Abs. 2 ZPO betrifft jede vertragliche Fahrgastbeförderung auf Schiffen,[14] sei es nun über See oder auf einem Binnengewässer (zur Definition Fahrgast vgl. § 537 Nr. 2 HGB; vgl. auch § 77 BinnSchG i.V.m. §§ 536 ff. HGB). Dagegen ist die Vorschrift nicht anwendbar bei Personenbeförderung zu Lande oder zu Luft.[15] Die Anspruchsgrundlage – ob vertraglich oder gesetzlich einschließlich deliktisch – ist nicht von Belang, etwa §§ 536 ff. HGB, ggf. i.V.m. § 77 BinnSchG. Inhaltlich in Betracht kommen Klagen wegen Personenschäden, Gepäckschäden und Verspätungsschäden (vgl. §§ 538 f. HGB).

2. Persönlicher Geltungsbereich

12 § 30 Abs. 2 ZPO gilt im Verhältnis zwischen Fahrgast und Beförderer sowie deren Rechtsnachfolgern. Umfasst sind auch Ansprüche gegen Hilfskräfte des Beförderers (streitig).[16]

---

8 BGH, NJW-RR 2002, 31, Rn. 13 = MDR 2002, 283.
9 BGH, NJW-RR 2009, 1070, Rn. 18 = MDR 2009, 397, II.1.c)aa).
10 So BeckOK-*Toussaint*, ZPO, § 30 Rn. 9.1; vgl. auch Zöller-*Vollkommer*, ZPO, § 30 Rn. 3: unterschiedliche Übernahme-/Ablieferungsorte für unterschiedliche Beförderer.
11 BGH, NJW-RR 2004, 762 (763) = MDR 2004, 762, II. zu Art. 31 CMR.
12 BeckOK-*Toussaint*, ZPO, § 30 Rn. 11, 13.
13 BeckOK-*Toussaint*, ZPO, § 30 Rn. 14.
14 Zöller-*Vollkommer*, ZPO, § 30 Rn. 4.
15 Denkbar dann evtl. § 56 LuftVG; Art. 33 Abs. 1, 46 Montrealer Übereinkommen; Art. 28 Abs. 1 Warschauer Abkommen.
16 Musielak/Voit-*Heinrich*, ZPO, § 30, Rn. 3; Zöller-*Vollkommer*, ZPO, § 30 Rn. 5; a.A. BeckOK-*Toussaint*, ZPO, § 30 Rn. 18: keine Ansprüche gegen Bedienstete/Beauftragte des Beförderers im Gerichtsstand des § 30 ZPO.

3. Gerichtsstand
§ 30 Abs. 2 ZPO begründet einen Gerichtsstand am Ort des im Beförderungsvertrag bestimmten Abgangs- oder Bestimmungsorts. Nach dem Wortlaut der Norm kommt es nicht auf den tatsächlichen, sondern den vertraglich vereinbarten Ort an. 13

4. Abweichende Gerichtsstandsvereinbarung, Abs. 2 Satz 2
Die Einschränkung der Prorogation gemäß **§ 30 Abs. 2 Satz 2 ZPO** (vgl. auch § 551 HGB) gilt auch für Kaufleute. Möglich bleibt eine nachträgliche Gerichtsstandsvereinbarung. 14

III. Internationale Zuständigkeit
§ 30 ZPO begründet nicht nur die örtliche, sondern auch die internationale Zuständigkeit **(Doppelfunktionalität)**. Durch **internationale Abkommen** bzw. EuGVO wird § 30 ZPO verdrängt bzw. ergänzt;[17] etwa[18] Art. 31 Abs. 1 CMR (ausschließliche internationale Zuständigkeit), Art. 46 § 1 CIM (ausschließliche Zuständigkeit), Art. 28 Abs. 1 Warschauer Abkommen 1929/1955,[19] Art. 33 Abs. 1 Montrealer Übereinkommen,[20] Art. 17 Athener Übereinkommen von 2002, Art. 7 Nr. 1b 2. Gedankenstrich EuGVO.[21] Zur Gerichtsstandsvereinbarung mit grenzüberschreitendem Bezug vgl. Art. 25 EuGVO/Art. 23 LugÜ-II. 15

§ 30a
Gerichtsstand bei Bergungsansprüchen

Für Klagen wegen Ansprüchen aus Bergung von Schiffen oder sonstigen Vermögensgegenständen in einem Gewässer gegen eine Person, die im Inland keinen Gerichtsstand hat, ist das Gericht zuständig, bei dem der Kläger im Inland seinen allgemeinen Gerichtsstand hat.

Inhalt:

	Rn.		Rn.
A. Allgemeines	1	III. Anwendbarkeit in subjektiver Hinsicht	8
B. Erläuterungen	3	IV. Zuständiges Gericht	9
I. Ansprüche aus Bergung	3	V. Internationale Zuständigkeit	10
II. Beklagter ohne Gerichtsstand im Inland	7		

A. Allgemeines
Der vormalige § 30 ZPO – aufgenommen in die ZPO durch Art. 4 des 3. Seerechtsänderungsgesetzes vom 16.05.2001 – findet sich infolge von Art. 7 Nr. 2 Seehandelsreformgesetz vom 20.04.2013 nunmehr in § 30a ZPO. Im Wesentlichen entspricht er dem vormaligen § 30 ZPO; neu ist nur die Ausdehnung des Anwendungsbereichs auf ausländisches Recht.[1] **Ziel** ist die effektive Durchsetzung von Ansprüchen aus Bergung, indem die deutsche internationale Zuständigkeit erweitert wird.[2] 1

Es handelt sich um einen **besonderen**, nicht ausschließlichen **Gerichtsstand**. Abweichende Vereinbarungen (vgl. § 38 ZPO) sind möglich, etwa im Bergungsvertrag (§ 584 HGB). Die ausschließliche (aber derogierbare) Zuständigkeit am Bergungsort nach § 3 Abs. 1 Satz 2 i.V.m. § 2 Abs. 1e BinnSchiffVerfG bleibt unberührt (Ansprüche aus Bergung, die mit der Benutzung von Binnengewässern durch Schifffahrt zusammenhängen). Es genügt die schlüssige Darlegung der den Gerichtsstand begründenden Tatsachen **(doppelrelevante Tatsachen)**.[3] 2

---

17 Musielak/Voit-*Heinrich*, ZPO, § 30 Rn. 4.
18 BeckOK-*Toussaint*, ZPO, § 30 Rn. 24.
19 Vgl. hierzu BayObLG, NJW-RR 2001, 1325.
20 AG Frankfurt a.M., BeckRS 2016, 02969.
21 Vgl. hierzu BGH, NJW 2011, 2056 = WM 2011, 427: Ausgleichsanspruch nach der EG-Fluggastrechteverordnung (VO [EG] Nr. 261/2004) sowie EuGH, NJW 2009, 2801 = DAR 2009, 512: Entschädigungsansprüche von Flugpassagieren.

Zu § 30a:
1 BeckOK-*Toussaint*, ZPO, § 30a Rn. 1.2.
2 Musielak/Voit-*Heinrich*, ZPO, § 30a Rn. 1.
3 Vgl. zu doppelrelevanten Tatsachen etwa OLG Stuttgart, BeckRS 2015, 12064, Rn. 46 = WM 2015, 2185, II.2.a); OLG Köln, BeckRS 2010, 21271, II.1.c); OLG Koblenz, BeckRS 2010, 10375, II.

B. Erläuterungen
I. Ansprüche aus Bergung

3 § 30a ZPO greift bei Ansprüchen aus **Bergung**. Seehandelsrechtliche Vorschriften zur Bergung finden sich in §§ 574–587 HGB; diese begründen Pflichten des Bergers (§§ 574 f. HGB) und Ansprüche des Bergers (§§ 576, 578 HGB).

4 **Berger** ist nach der Legaldefinition des § 574 Abs. 1 HGB der, der folgenden Schiffen oder Vermögensgegenständen Hilfe leistet: einem in Seegewässern in Gefahr befindlichen See- oder Binnenschiff oder sonstigen Vermögensgegenstand (Nr. 1); einem in Binnengewässern in Gefahr befindlichen Seeschiff (Nr. 2); oder einem in Binnengewässern in Gefahr befindlichen Binnenschiff oder sonstigen Vermögensgegenstand, wenn ihm von einem Seeschiff aus Hilfe geleistet wird (Nr. 3).

5 Zu den **Ansprüchen aus Bergung** zählen insbesondere Ansprüche des Bergers auf Bergelohn (§ 576 Abs. 1 Satz 1 HGB)[4] einschließlich Ersatz von Aufwendungen zum Zwecke des Bergens (§ 576 Abs. 2 Satz 1 HGB); Ansprüche des Bergers auf Bergungskosten (§ 576 Abs. 2 Satz 2 HGB); Ansprüche des Bergers auf Sondervergütung – auch bei misslungener Bergung – (§ 578 HGB); sowie Ausgleichsansprüche (§ 581 Abs. 1, 2 HGB).

6 **Irrelevant** ist, ob
- es um gesetzliche (z.B. Verletzung von Pflichten aus § 575 HGB; z.B. deliktische) oder vertragliche (etwa aus Bergungsvertrag, § 584 HGB) Ansprüche geht, sofern diese nur im Zusammenhang mit der Bergung stehen;
- es um Ansprüche des Bergers oder um Ansprüche gegen den Berger oder um Ausgleichsansprüche i.S.v. § 581 HGB geht (vgl. Wortlaut: „wegen Ansprüchen aus Bergung");[5]
- Leistungsklage oder (positive oder negative) Feststellungsklage erhoben wird;
- es um Bergungsansprüche nach deutschem oder nach ausländischem Recht geht (anders als § 30 ZPO a.F.);
- es um den Rechtsstreit in der Hauptsache oder um einstweiligen Rechtsschutz (vgl. § 618 HGB) geht.

II. Beklagter ohne Gerichtsstand im Inland

7 § 30a ZPO kommt nur zur Anwendung, wenn der Beklagte im Inland keinen Gerichtsstand hat. Gerichtsstand meint nicht nur den allgemeinen (§§ 13–17 ZPO), sondern auch einen besonderen Gerichtsstand (etwa §§ 21, 23 ZPO).

III. Anwendbarkeit in subjektiver Hinsicht

8 Bei **Rechtsnachfolge** auf Klägerseite kommt es auf den Gerichtsstand des aktuellen Klägers und nicht den des Rechtsvorgängers an (streitig); dies ergibt sich aus dem Wortlaut der Norm.[6] Bei Rechtsnachfolge auf Beklagtenseite ist § 30a ZPO nicht anwendbar, wenn der Rechtsnachfolger des Beklagten einen inländischen Gerichtsstand hat.

IV. Zuständiges Gericht

9 **Zuständig** ist das Gericht, bei dem der Kläger im Inland seinen allgemeinen Gerichtsstand hat. Auf besondere Gerichtsstände des Klägers kommt es damit nicht an. Mehrere allgemeine Gerichtsstände (z.B. mehrere Wohnsitze) sind dagegen denkbar.[7] Fehlt es an einem allgemeinen Gerichtsstand des Klägers im Inland, findet § 30a ZPO keine Anwendung.

V. Internationale Zuständigkeit

10 Soweit er anwendbar ist, begründet § 30a ZPO nicht nur die örtliche, sondern auch die internationale Zuständigkeit (**Doppelfunktionalität**). **EuGVO** (etwa Art. 7) und **LugÜ-II** gehen § 30a ZPO vor.

---

4 Vgl. etwa LG Hamburg, IPRspr 2010, Nr. 72, 142; OLG Karlsruhe – Schifffahrtsobergericht –, NZV 2009, 232.
5 Musielak/Voit-*Heinrich*, ZPO, § 30a Rn. 2.
6 BeckOK-*Toussaint*, ZPO, § 30a Rn. 6; a.A. Musielak/Voit-*Heinrich*, ZPO, § 30a Rn. 2: keine gewillkürte Verschiebung des zuständigen Gerichts.
7 Musielak/Voit-*Heinrich*, ZPO, § 30a Rn. 5.

§ 31
Besonderer Gerichtsstand der Vermögensverwaltung

Für Klagen, die aus einer Vermögensverwaltung von dem Geschäftsherrn gegen den Verwalter oder von dem Verwalter gegen den Geschäftsherrn erhoben werden, ist das Gericht des Ortes zuständig, wo die Verwaltung geführt ist.

Inhalt:

	Rn.		Rn.
A. Allgemeines	1	II. Parteien	5
B. Erläuterungen	2	III. Zuständiges Gericht	6
I. Klage aus Vermögensverwaltung	2	IV. Internationale Zuständigkeit	7

A. Allgemeines

§ 31 ZPO schafft einen Gerichtsstand am Ort der Vermögensverwaltung und ermöglicht so die Entscheidung des ortsnäheren Gerichts.[1] Hierdurch wird die **Rechtsverfolgung erleichtert**; Beweisaufnahmen sind leichter und weniger aufwendig durchzuführen, wenn der Rechtsstreit aus der Vermögensverwaltung in räumlicher Nähe zum verwalteten Vermögen geführt wird.[2] Es handelt sich um einen besonderen, nicht ausschließlichen **Wahlgerichtsstand**. Ausreichend, aber auch erforderlich ist der schlüssige Vortrag von Tatsachen, die den Gerichtsstand nach § 31 ZPO begründen **(doppelrelevante Tatsachen)**. 1

B. Erläuterungen
I. Klage aus Vermögensverwaltung

§ 31 ZPO erfordert eine Klage „aus einer **Vermögensverwaltung**". Vermögensverwaltung i.d.S. ist jede Verwaltung, gleich ob gesetzlich, vertraglich oder ohne Rechtsgrund, die sich auch auf einen einzelnen Vermögensgegenstand beziehen kann, sofern sie nur eine Mehrheit von zu besorgenden Angelegenheiten beinhaltet.[3] Dem Begriff sind vier Elemente zueigen[4]: 2

– Vermögensverwaltung beinhaltet mehr als bloße Verwahrung; erforderlich sind aktive Dispositionen.[5]
– Vermögensverwaltung ist fremdnützig.[6]
– Vermögensverwaltung bedeutet selbstständige Tätigkeit des Verwalters.[7]
– Vermögensverwaltung beinhaltet mehrere gleichartige Geschäfte über einen gewissen Zeitraum.[8]

Nicht ausreichend ist das bloße Halten eines Warenlagers; das Besorgen einzelner Geschäfte durch einen Agenten (anders bei Generalagent);[9] oder die Tätigkeit als Frachtführer oder Spediteur.[10] Nicht erfasst sind auch Ansprüche, die aus Gelegenheit der Vermögensverwaltung entstehen.[11] 3

Vermögensverwaltung kann **basieren auf** Gesetz (etwa elterliche Vermögenssorge, § 1626 Abs. 1 BGB; Verwaltung des Gesamtguts der Gütergemeinschaft, § 1421 BGB; etwa gerichtliche Einsetzung bei Vormundschaft, §§ 1774 BGB; Pflegschaft, §§ 1909 ff. BGB; Nachlassverwaltung, § 1985 BGB; Testamentsvollstreckung, §§ 2197 ff. BGB) oder auf Vertrag (etwa Dienstvertrag, Geschäftsbesorgungsvertrag, Auftrag) bzw. Quasivertrag (Geschäftsführung ohne Auftrag).[12] Irrelevant ist, ob sich die Vermögensverwaltung auf das gesamte Vermögen oder auf einzelne Vermögensteile bezieht[13] sowie ob Leistungsklage oder (positive oder nega- 4

---

1 Musielak/Voit-*Heinrich*, ZPO, § 31 Rn. 1.
2 OLG Brandenburg, BeckRS 2006, 09685, II.
3 OLG Brandenburg, BeckRS 2006, 09685, II.
4 Vgl. BeckOK-*Toussaint*, ZPO, § 31 Rn. 1.
5 BGH, NJW-RR 2007, 1570, Rn. 29 = WM 2007, 1586, II.2.c)bb); BeckOK-*Toussaint*, ZPO, § 31 Rn. 1.
6 OLG Brandenburg, BeckRS 2006, 09685, II.; BeckOK-*Toussaint*, ZPO, § 31 Rn. 1.
7 BGH, NJW-RR 2007, 1570, Rn. 29 = WM 2007, 1586, II.2.c)bb); BeckOK-*Toussaint*, ZPO, § 31 Rn. 1.
8 BGH, NJW-RR 2007, 1570, Rn. 29 = WM 2007, 1586, II.2.c)bb); OLG Brandenburg, BeckRS 2006, 09685, II.; BeckOK-*Toussaint*, ZPO, § 31 Rn. 1.
9 MK-*Patzina*, ZPO, § 31 Rn. 7.
10 Musielak/Voit-*Heinrich*, ZPO, § 31 Rn. 4.
11 Musielak/Voit-*Heinrich*, ZPO, § 31 Rn. 4.
12 Musielak/Voit-*Heinrich*, ZPO, § 31 Rn. 2.
13 OLG Brandenburg, BeckRS 2006, 09685, II.; BeckOK-*Toussaint*, ZPO, § 31 Rn. 1.

tive) Feststellungsklage erhoben wird. Der Gerichtsstand dauert nach Beendigung der Verwaltung fort.[14]

II. Parteien

5 Auf die **Parteirolle** kommt es nicht an;[15] § 31 ZPO umfasst Klagen aus der Vermögensverwaltung vom Geschäftsherrn gegen den Verwalter ebenso wie vom Verwalter gegen den Geschäftsherrn.[16] Umfasst sind auch deren Rechtsnachfolger,[17] nicht dagegen sonstige Dritte.[18] Typische **Ansprüche** des Geschäftsherrn sind solche auf Rechnungslegung, Auskunftserteilung und Herausgabe des Erlangten.[19] Typische Ansprüche des Verwalters sind solche auf Aufwendungsersatz, Entlastung und Vergütung.[20]

III. Zuständiges Gericht

6 **Zuständig** ist das Gericht des Ortes, an dem die Verwaltung geführt wird; dies ist der Ort, an dem Kassen und Bücher geführt werden[21] bzw. an dem der Verwalter regelmäßig tätig wird.[22] Dabei kommt es nicht darauf an, wo sich das verwaltete Vermögen befindet oder wo der Verwalter hätte tätig werden sollen, sondern darauf, wo der Verwalter regelmäßig tätig wird.[23]

IV. Internationale Zuständigkeit

7 § 31 ZPO begründet neben der örtlichen auch die internationale Zuständigkeit **(Doppelfunktionalität)**. Im sachlichen und räumlichen Geltungsbereich der **EuGVÜ/LugÜ-II** findet § 31 ZPO keine Anwendung;[24] etwa im Rahmen von Art. 4 sowie Art. 7 Nr. 1, Nr. 5 EuGVO. Bei Versicherungsagenten vgl. Art. 10ff. EuGVO.

§ 32
Besonderer Gerichtsstand der unerlaubten Handlung

Für Klagen aus unerlaubten Handlungen ist das Gericht zuständig, in dessen Bezirk die Handlung begangen ist.

Inhalt:

	Rn.		Rn.
A. Allgemeines	1	II. Klage	9
B. Erläuterungen	4	III. Parteien	10
I. Unerlaubte Handlung	4	1. Kläger	10
1. §§ 823ff. BGB	5	2. Beklagter	11
2. Gefährdungshaftung	6	IV. Zuständiges Gericht	12
3. Weitere Tatbestände	7	V. Internationale Zuständigkeit	15
4. Keine Fälle des § 32 ZPO	8		

A. Allgemeines

1 Durch den besonderen Gerichtsstand der unerlaubten Handlung (*forum delicti commissi*) ist das Gericht zur Entscheidung befugt, in dessen Bezirk die Handlung begangen wurde. Zuständig ist damit das sachnähere Gericht mit Kenntnis von den örtlichen Verhältnissen; dort kann die sachliche Aufklärung und Beweiserhebung in der Regel am besten, **sachlichsten und mit den geringsten Kosten** erfolgen.[1] Dem Geschädigten soll die **Geltendmachung seiner An-**

---

14 Zöller-*Vollkommer*, ZPO, § 31 Rn. 2; BeckOK-*Toussaint*, ZPO, § 31 Rn. 2 a.E.; Musielak/Voit-*Heinrich*, ZPO, § 31 Rn. 5.
15 Musielak/Voit-*Heinrich*, ZPO, § 31 Rn. 1.
16 BeckOK-*Toussaint*, ZPO, § 31 Rn. 4.
17 OLG Brandenburg, BeckRS 2006, 09685, II.; Grund: Bereitstellung des besonderen Gerichtsstands hängt nicht von der Schutzbedürftigkeit der betreffenden Person ab.
18 BeckOK-*Toussaint*, ZPO, § 31 Rn. 4.
19 Musielak/Voit-*Heinrich*, ZPO, § 31 Rn. 3.
20 Musielak/Voit-*Heinrich*, ZPO, § 31 Rn. 3.
21 Musielak/Voit-*Heinrich*, ZPO, § 31 Rn. 5.
22 OLG Brandenburg, BeckRS 2006, 09685, II.
23 OLG Brandenburg, BeckRS 2006, 09685, II.; BeckOK-*Toussaint*, ZPO, § 31 Rn. 6; vgl. auch Musielak/Voit-*Heinrich*, ZPO, § 31 Rn. 6: „Ort der faktischen Vermögensverwaltung".
24 OLG Stuttgart, NJOZ 2007, 716 (722).

Zu § 32:
1 BGH, NJW 2011, 2059, Rn. 13 = MDR 2011, 812, II.2.a)bb).

sprüche erleichtert** werden.² Demgegenüber ist das Interesse des deliktisch handelnden Schuldners, an seinem Wohnsitz verklagt zu werden, weniger schutzwürdig.³

Zur Begründung der Zuständigkeit genügt es, wenn der Kläger schlüssig Tatsachen behauptet, aus denen sich eine im Gerichtsbezirk begangene unerlaubte Handlung ergibt⁴ (**doppelrelevante Tatsachen**). Ein Schaden ist für § 32 ZPO nur dann darzulegen, wenn er zu den Tatbestandsvoraussetzungen und nicht nur zur Rechtsfolge gehört.⁵ Wenn im Gerichtsstand der unerlaubten Handlung ein einheitlicher prozessualer Anspruch geltend gemacht wird, hat das nach § 32 ZPO örtlich zuständige Gericht nach Inkrafttreten von **§ 17 Abs. 2 GVG** den Rechtsstreit nicht nur unter dem Gesichtspunkt der unerlaubten Handlung, sondern unter allen in Betracht kommenden rechtlichen Gesichtspunkten zu prüfen und zu entscheiden⁶ (anders bei internationaler Zuständigkeit,⁷ dazu Rn. 15 ff.). 2

Es handelt sich um einen **Wahlgerichtsstand** i.S.v. § 35 ZPO. Der Kläger hat auch die Wahl, wenn sich die unerlaubte Handlung über mehrere Gerichtsbezirke erstreckt. Im Wettbewerbsrecht findet sich in § 14 UWG ein besonderer Gerichtsstand der unerlaubten Handlung; daneben ist auch § 32 ZPO anwendbar.⁸ Vgl. auch die ausschließliche Zuständigkeit des § 104a UrhG⁹ sowie des § 17 WahrnG. 3

B. Erläuterungen
I. Unerlaubte Handlung

§ 32 ZPO gilt für **rechtswidrige Eingriffe in eine fremde Rechtssphäre**.¹⁰ Der Anwendungsbereich der Norm ist schon dem Wortlaut nach nicht auf Schadensersatzansprüche begrenzt, sondern steht für verschiedenste andere Ansprüche offen, die ganz unterschiedliche Rechtsfolgen haben,¹¹ etwa auch für Unterlassungsansprüche.¹² 4

1. §§ 823 ff. BGB

Der Begriff der unerlaubten Handlung findet sich als Überschrift zu den **§§ 823–853 BGB**. Für sämtliche Klagen, die auf eine derartige Anspruchsgrundlage gestützt sind, ist der Gerichtsstand des § 32 ZPO eröffnet (unerlaubte Handlungen im engeren Sinne);¹³ unerheblich ist, ob die Anspruchsgrundlage Verschuldenshaftung begründet (etwa 823 Abs. 1 BGB oder § 839 BGB); oder eine Verschuldensvermutung beinhaltet (die aber im Einzelfall widerlegt werden kann) (etwa § 831 BGB, § 832 BGB; § 833 Satz 2 BGB); oder ob es um Gefährdungshaftung geht (etwa § 833 Satz 1 BGB).¹⁴ Erfasst sind über § 823 Abs. 1 BGB auch die Verletzung des allgemeinen Persönlichkeitsrechts¹⁵ und über § 823 Abs. 2 BGB Verstöße gegen Schutzgesetze. 5

---

2 OLG Frankfurt a.M., NJOZ 2007, 4637.
3 BGH, NJW 2011, 2059, Rn. 13 = MDR 2011, 812, II.2.a)bb).
4 BGH, NJW 2011, 2059, Rn. 7 = MDR 2011, 812, II.2.b); BGH, NZG 2010, 587, Rn. 8 = WM 2010, 928, II.1.; BGH, NJW 2003, 828, Rn. 8 = MDR 2003, 345; OLG Stuttgart, NJW-RR 2006, 1362, Rn. 18.
5 BeckOK-*Toussaint*, ZPO, § 32 Rn. 7.
6 BGH, NJW 2003, 828, Rn. 8 = MDR 2003, 345; OLG Brandenburg, BeckRS 2013, 04176, II.3.; vgl. zur Rechtslage früher – Entscheidung nur über den deliktischen Teil, so dass bei Abweisung erneut Klage, gestützt auf vertragliche Ansprüche, erhoben werden konnte – Musielak/Voit-*Heinrich*, ZPO, § 32 Rn. 10 m.w.N. Kritisch zur neuen Rechtsprechung und für gespaltene Zuständigkeit: MK-*Patzina*, ZPO, § 32 Rn. 19.
7 BGH, NJW-RR 2005, 581 = MDR 2005, 587.
8 LG Hamburg, GRUR-RR 2001, 95; Musielak/Voit-*Heinrich*, ZPO, § 32 Rn. 4; dagegen Anwendbarkeit von § 32 ZPO ausgeschlossen, wenn der Kläger Ansprüche geltend macht, die sich nur aus dem UWG ergeben; vgl. MK-*Patzina*, ZPO, § 32 Rn. 9.
9 Vgl. OLG Hamburg, GRUR-RR 2014, 109 = MMR 2014, 553.
10 BGH, NJW 2011, 2518, Rn. 9 = WM 2011, 1233, II.3.a); OLG Hamm, MDR 2013, 1187, Rn. 10; Zöller-*Vollkommer*, ZPO, § 32 Rn. 4. Krit. BeckOK-*Toussaint*, ZPO, § 32 Rn. 2, 2.1, 2.2: kein „eigenständiger zivilprozessualer Begriff der unerlaubten Handlung", sondern „Begriff des materiellen Rechts".
11 BGH, NJW 2011, 2518, Rn. 9 = WM 2011, 1233, II.3.a).
12 BGH, NJW 2011, 2059, Rn. 7 = MDR 2012, 812, II.1.b).
13 BGH, NJW 2011, 2518, Rn. 9 = WM 2011, 1233, II.3.a).
14 OLG Karlsruhe, BeckRS 2003, 30327461, II.3.c); vgl. auch BeckOK-*Toussaint*, ZPO, § 32 Rn. 2.
15 OLG Hamm, NJOZ 2014, 1174, C.I. = GRUR-RR 2014, 328, Rn. 12 ff.; Zöller-*Vollkommer*, ZPO, § 32 Rn. 5.

2. Gefährdungshaftung

6 Der Begriff der unerlaubten Handlung i.S.v. § 32 ZPO ist nicht auf die Tatbestände der §§ 823 ff. BGB beschränkt, sondern hat umfassendere Bedeutung.[16] So gilt § 32 ZPO auch für Ansprüche aus (verschuldensunabhängiger) **Gefährdungshaftung**;[17] etwa § 33 LuftVG (vgl. auch § 56 LuftVG – besonderer Gerichtsstand); § 7 StVG (vgl. auch § 20 StVG – besonderer Gerichtsstand); §§ 1–3 HaftPflG (vgl. auch § 14 HaftPflG – besonderer Gerichtsstand); § 1 ProdHaftG; § 84 AMG (vgl. auch § 94a AMG – besonderer Gerichtsstand); §§ 1, 2 UmweltHG; § 32 GenTG; (verschuldensunabhängiger, als Fall der Gefährdungshaftung einzustufender) Rückgewähranspruch aus § 717 Abs. 2 Satz 1 ZPO (Schadensersatz nach Aufhebung oder Änderung eines für vorläufig vollstreckbar erklärten Urteils);[18] nach den Grundsätzen der Gefährdungshaftung begründeter, bereicherungsrechtlich ausgestalteter Erstattungsanspruch des § 717 Abs. 3 Satz 2 ZPO nach Aufhebung oder Abänderung eines für vorläufig vollstreckbar erklärten Berufungsurteils in vermögensrechtlichen Streitigkeiten;[19] Anspruch nach § 302 Abs. 4 Satz 3 ZPO (Schadensersatz nach Aufhebung des Vorbehaltsurteils), ggf. i.V.m. § 600 Abs. 2 ZPO (Nachverfahren).[20]

3. Weitere Tatbestände

7 Im Gerichtsstand des § 32 ZPO können auch geltend gemacht werden: wettbewerbsrechtliche Ansprüche nach §§ 8–10 UWG; Ansprüche nach § 33 GWB; Ansprüche aus §§ 687 Abs. 2, 677, 678, 681, 667 BGB wegen des bewusst rechtswidrigen Eingriffs in die Rechtssphäre eines anderen (streitig);[21] Ansprüche aus Eingriffskondiktion (§ 812 Abs. 1 Satz 1 Alt. 2 BGB), weil auch hier eine unerlaubte, der Rechtsordnung zuwiderlaufende Handlung vorliegt (streitig);[22] Ansprüche aus verbotener Eigenmacht auf Schadensersatz gegen den bösgläubigen, deliktischen oder verklagten Besitzer (§§ 989, 990, 992 BGB) (streitig);[23] Ansprüche aus enteignungs- und aufopferungsgleichem Eingriff (streitig);[24] widerrechtliche Verletzung der durch das Urhebergesetz geschützten Rechte;[25] Ansprüche nach §§ 302, 303 AktG aus Konzernhaftung des beherrschenden Unternehmens wegen Schädigung abhängiger Gesellschaften;[26] Schadensersatz wegen Preisabsprachen, Liefersperren, Diskriminierung bei Kartellverstößen;[27] Amtspflichtverletzungen eines Notars nach § 19 BNotO;[28] Ansprüche nach §§ 60, 61, 71 InsO wegen deren deliktsrechtlichen Struktur;[29] Klage auf Feststellung der Unwirksamkeit eines angefochtenen Vertrages, wenn die Anfechtung auf die behauptete unerlaubte Handlung – Betrug – gestützt war;[30] Ansprüche auf Gesamtschuldnerausgleich nach § 426 Abs. 1 BGB, wenn Anlass der Anspruchsentstehung ein Deliktsfall mit Deliktsansprüchen oder deliktisch einzuordnenden Schadensverhinderungsansprüchen ist.[31]

4. Keine Fälle des § 32 ZPO

8 Nicht unter § 32 ZPO fallen: Ansprüche, die auf Verletzung eines Vertrages beruhen;[32] etwa aus pVV/[33]§ 280 Abs. 1 BGB oder c.i.c./§ 311 Abs. 2 BGB; also Schlechtleistung, Nichtleistung, Verletzung (vor-)vertraglicher Nebenpflichten, Verletzung vertraglicher Unterlassungspflichten, Vertragsstrafe (auch wenn Anlass für Abgabe des Vertragsstrafeversprechens der Vorwurf unerlaubter Handlung ist);[34] Bereicherungsansprüche[35] (anders bei Eingriffskondiktion, s.o.),

---

16 OLG Hamm, MDR 2013, 1187, Rn. 10.
17 BGH, NJW 2011, 2518, Rn. 9 = WM 2011, 1233, II.3.a).
18 BGH, NJW 2011, 2518, Rn. 10 = WM 2011, 1233, II.3.a).
19 BGH, NJW 2011, 2518, Rn. 14 = WM 2011, 1233, II.3.a).
20 BeckOK-*Toussaint*, ZPO, § 32 Rn. 4.1.
21 OLG Hamm, OLGR 2003, 82, Rn. 36; a.A.: BeckOK-*Toussaint*, ZPO, § 32 Rn. 2.2.
22 Musielak/Voit-*Heinrich*, ZPO, § 32 Rn. 7; MK-*Patzina*, ZPO, § 32 Rn. 8; a.A. BeckOK-*Toussaint*, ZPO, § 32 Rn. 2.2.
23 MK-*Patzina*, ZPO, § 32 Rn. 5; a.A. BeckOK-*Toussaint*, ZPO, § 32 Rn. 2.2.
24 Musielak/Voit-*Heinrich*, ZPO, § 32 Rn. 3; Zöller-*Vollkommer*, ZPO, § 32 Rn. 5; a.A. BeckOK-*Toussaint*, ZPO, § 32 Rn. 2.2.
25 OLG Schleswig, NJW-RR 2014, 442, Rn. 18 = SchlHA 2014, 282, II.2.a)(1).
26 Musielak/Voit-*Heinrich*, ZPO, § 32 Rn. 3; MK-*Patzina*, ZPO, § 32 Rn. 12.
27 MK-*Patzina*, ZPO, § 32 Rn. 11.
28 OLG Hamburg, BeckRS 2014, 22747, II.2.a) = MDR 2014, 1411, Rn. 9.
29 Musielak/Voit-*Heinrich*, ZPO, § 32 Rn. 8.
30 BayObLG, MDR 2003, 1311, Rn. 5.
31 Offen gelassen durch OLG Stuttgart, NJW-RR 2006, 1362, Rn. 23; bejahend Zöller-*Vollkommer*, ZPO, § 32 Rn. 5 a.E.; ablehnend Musielak/Voit-*Heinrich*, ZPO, § 32 Rn. 9.
32 Musielak/Voit-*Heinrich*, ZPO, § 32 Rn. 2.
33 OLG Hamm, BeckRS 2002, 17494, Rn. 33.
34 LG Mannheim, BB 2010, 2382, Rn. 7.
35 BGH, NJW 2011, 2518, Rn. 13 = WM 2011, 1233, II.3.c)bb).

es sei denn die Verletzung vertraglicher Pflichten bildet auch eine unerlaubte Handlung, etwa Arglist, Eingehungsbetrug;[36] Verstoß gegen Pflichten nach §§ 1298 ff. BGB;[37] Ansprüche nach § 64 Abs. 2 GmbHG, da Ersatzanspruch eigener Art;[38] Anfechtungstatbestände nach §§ 3 ff. AnfG, §§ 129 ff. InsO, da kein Deliktscharakter;[39] Ansprüche aus Geschäftsführung ohne Auftrag[40] (anders § 687 Abs. 2 BGB wegen des bewusst unberechtigten Eingriffs in die Rechtssphäre eines anderen, s. o.);[41] Anspruch auf Wildschadensersatz gemäß § 29 Bundesjagdgesetz, da keine Gefährdungshaftung, sondern dem Aufopferungsgedanken entspringender Ausgleichsanspruch;[42] Ansprüche aus Gewinnzusagen nach § 661a BGB, da einseitiges Rechtsgeschäft oder geschäftsähnliche Handlung, durch die Ansprüche nicht auf Schadensersatz, sondern auf Erfüllung begründet werden;[43] Ansprüche auf Gegendarstellung nach den Landespressegesetzen;[44] Ansprüche wegen Pflichtverletzung des Vormunds, Betreuers, Testamentsvollstreckers.[45]

II. Klage

§ 32 ZPO umfasst **sämtliche Klagen**; also nicht nur Leistungs-, sondern auch positive und negative Feststellungsklagen.[46] Umfasst sind auch Klagen auf Widerruf sowie negatorische Unterlassungsklagen. Dass eine Rechtsgutsverletzung eingetreten ist, ist nicht erforderlich; es genügt, wenn eine solche droht, so dass auch vorbeugende Klagen in den Anwendungsbereich dieser Bestimmung fallen,[47] etwa vorbeugende Beseitigungs- und Unterlassungsklagen,[48] sofern eine unerlaubte Handlung schlüssig dargelegt ist.[49] § 32 ZPO gilt auch bei Arrest und einstweiliger Verfügung, §§ 919, 937 ZPO.[50]

9

III. Parteien

1. Kläger

In persönlicher Hinsicht unterliegt die Anwendung des § 32 ZPO keinerlei Einschränkungen.[51] Im Gerichtsstand des § 32 ZPO kann nicht nur der Geschädigte selbst **klagen**, sondern auch dessen Rechtsnachfolger, sei es durch Abtretung, sei es durch Legalzession (etwa durch § 116 Abs. 1 SGB X;[52] § 6 Abs. 1 EFZG; § 426 Abs. 2 BGB;[53] § 86 VVG). Im Gegensatz dazu begründet § 110 SGB VII einen originären Rückgriffsanspruch zivilrechtlicher Natur, der nicht aus dem Anspruch des Geschädigten abgeleitet ist, von dem Rückgriffsmodell des gesetzlichen Forderungsübergangs (etwa § 116 SGB X) abweicht und darum nicht § 32 ZPO unterfällt.[54]

10

2. Beklagter

Die Klage im Gerichtsstand des § 32 ZPO kann sich auch gegen Mittäter, Anstifter und Gehilfen (§§ 830, 840 BGB) richten.[55] Bei **Beteiligung mehrerer** an einer unerlaubten Handlung muss sich jeder Beteiligte die von einem anderen Beteiligten erbrachten Tatbeiträge nicht nur im Rahmen des § 830 BGB, sondern auch des § 32 ZPO zurechnen lassen.[56] Dies gilt auch für

11

---

36 MK-*Patzina*, ZPO, § 32 Rn. 18.
37 Musielak/Voit-*Heinrich*, ZPO, § 32 Rn. 9.
38 LG Magdeburg, BeckRS 2012, 09262 unter Verweis auf BGH, BeckRS 2008, 08817 = WM 2008, 1020; MK-*Patzina*, ZPO, § 32 Rn. 16.
39 Musielak/Voit-*Heinrich*, ZPO, § 32 Rn. 9.
40 Musielak/Voit-*Heinrich*, ZPO, § 32 Rn. 9.
41 OLG Hamm, OLGR 2003, 82, Rn. 36.
42 OLG Karlsruhe, BeckRS 2003, 30327461, II.3.c); offengelassen, ob evtl. analoge Anwendung.
43 BGH, NJW 2006, 230, Rn. 27 = WM 2006, 230; OLG Düsseldorf, OLGR 2005, 348, Rn. 9; OLG Dresden, MDR 2005, 591, Rn. 4; a.A. OLG Karlsruhe, OLGR 2004, 255, Rn. 2.
44 MK-*Patzina*, ZPO, § 32 Rn. 16.
45 MK-*Patzina*, ZPO, § 32 Rn. 17.
46 LG Hamburg, BeckRS 2014, 11084, II.1.
47 BGH, NJW 2011, 2059, Rn. 7 = MDR 2011, 812, II.1.b); OLG Stuttgart, NJW 2006, 1362, Rn. 18.
48 Musielak/Voit-*Heinrich*, ZPO, § 32 Rn. 14.
49 BeckOK-*Toussaint*, ZPO, § 32 Rn. 5.1.
50 MK-*Patzina*, ZPO, § 32 Rn. 13.
51 OLG Hamm, MDR 2013, 1187, Rn. 10.
52 OLG Hamm, MDR 2013, 1187, Rn. 10.
53 BGH, NJW 2003, 828, Rn. 9 = MDR 2003, 345.
54 OLG Hamm, MDR 2013, 1187, Rn. 11.
55 BeckOK-*Toussaint*, ZPO, § 32 Rn. 6.
56 BGH, NZG 2010, 550, II.1.b) = ZIP 2010, 786, Rn. 19; OLG München, ZUM-RD 2012, 88, Rn. 42 = BeckRS 2011, 26313, II.2.c)aa); dort auch zu § 101 Abs. 2 UrhG.

Dritte i.S.d. § 101 Abs. 2 UrhG.[57] Verklagt werden können auch deren Rechtsnachfolger. Umfasst sind auch Klagen gegen die **haftungsrechtlich verantwortlichen Personen**, so Organe (§ 31 BGB); Geschäftsherr des Verrichtungsgehilfen (§ 831 BGB); nach §§ 161 Abs. 2, 128 HGB Einstandspflichtige; Aufsichtspersonen (§§ 832, 834 BGB); Gastwirte (§ 701 BGB).[58] § 32 ZPO gilt auch für den Direktanspruch gegen den Pflichtversicherer, § 115 VVG.[59]

IV. Zuständiges Gericht

12 **Zuständig** ist das Gericht, in dessen Bezirk die Handlung begangen worden ist. Dabei liegt der Tatort einer unerlaubten Handlung i.S.v. § 32 ZPO überall, wo auch nur eines der wesentlichen Tatbestandsmerkmale verwirklicht worden ist, bis hin zu dem Ort, an dem in das geschützte Rechtsgut eingegriffen worden ist.[60] Begehungsort der deliktischen Handlung ist also sowohl der Handlungs- als auch der Erfolgsort, so dass insoweit Zuständigkeit wahlweise dort gegeben ist, wo die Verletzungshandlung begangen **(Handlungsort)** oder wo in ein geschütztes Rechtsgut eingegriffen wurde **(Erfolgsort)**.[61] Nur der **Schadensort** als solcher ist ohne Belang.[62] Anders ist es, wenn der Schadenseintritt selbst zum Tatbestand der Rechtsverletzung gehört, dann ist der Ort des Schadenseintritts Verletzungs- und damit Begehungsort;[63] etwa beim Betrug[64] bei § 826 BGB;[65] bei § 839 BGB.[66]

13 **Handlungsort** bei Unterlassungen ist dort, wo hätte gehandelt werden müssen.[67] Handlungsort bei einer persönlichkeitsverletzenden Presseveröffentlichung ist der Erscheinungsort des Druckerzeugnisses.[68] Bei einer Ehrverletzung, die durch den Inhalt eines Briefes erfolgt sein soll, ist für den Handlungsort der Ort der Absendung des Schreibens maßgeblich.[69] Auch bei Telekommunikation ist Handlungsort der Ort der Übermittlung.[70] Handlungsort bei Produkthaftung ist auch der Ort, an dem später Gefährlichkeit ausstrahlende Produkte durch den Teilehersteller so in Verkehr gebracht werden, dass sie an einem für den Teilehersteller vorhersehbaren Platz in einem Gesamtprodukt Verwendung finden können.[71] Abzugrenzen ist zu bloßen Vorbereitungshandlungen.[72]

14 **Erfolgsort** ist derjenige Ort, an dem die Verletzung des primär geschützten Rechtsguts eintritt, wobei der Begriff nicht schon jeden Ort erfasst, an dem die nachteiligen Folgen eines Umstands spürbar werden – tatsächlich an einem anderen Ort entstandenen – Schaden verursacht hat.[73] Bei **Pressedelikten** zählt der Ort, an dem das Presseerzeugnis verbreitet wird;[74] erforderlich ist, dass der Inhalt des Presseerzeugnisses dritten Personen bestimmungsgemäß und nicht bloß zufällig zur Kenntnis gebracht wird.[75] Bei einer Ehrverletzung, die durch den Inhalt eines Briefes erfolgt sein soll, ist für den Erfolgsort der Ort der Empfangnahme maßgeblich.[76] Auch bei Telekommunikation ist Erfolgsort der Ort des Empfangs.[77] Bei

---

57 OLG München, ZUM-RD 2012, 88, Rn. 42 = BeckRS 2011, 26313, II.2.c)aa).
58 Musielak/Voit-*Heinrich*, ZPO, § 32 Rn. 13.
59 OLG Hamm, BeckRS 2015, 20344, Rn. 12.
60 BGH, NJW 2011, 2518, Rn. 21 = WM 2011, 1233, II.4.b); OLG Frankfurt a.M., NJOZ 2007, 4637 (4638).
61 BGH, NJW 2011, 2059, Rn. 7 = MDR 2011, 812, II.1.b); BGH, NJW 2010, 1752, Rn. 8 = VersR 2010, 690, II.1.; BGH, NZG 2010, 587, Rn. 8 = WM 2010, 928, II.1.; BayObLG, Rpfleger 2004, 365, Rn. 7; LG Hamburg, BeckRS 2016, 02896, I.
62 BayObLG, Rpfleger 2004, 365, Rn. 7; OLG Köln, MDR 2009, 222, Rn. 25.
63 BayObLG, Rpfleger 2004, 365, Rn. 7; vgl. auch OLG Frankfurt a.M., NJOZ 2007, 4637 (4638), II.1. generell zu Delikten, bei denen ein Vermögensschaden ersetzt wird.
64 OLG Frankfurt a.M., NJOZ 2007, 4637 (4638); BayObLG, Rpfleger 2004, 365, Rn. 8.
65 OLG Frankfurt a.M., NJOZ 2007, 4637 (4638).
66 OLG Celle, BeckRS 2010, 09739, II.1.; einschränkend OLG Frankfurt a.M., OLGR 2008, 4, Rn. 7: Vermögensbeeinträchtigung am Sitz des Gläubigers, nicht dort, wo das Vermögen als solches zufällig belegen ist, etwa wo der Gläubiger ein Bankkonto unterhält.
67 OLG Frankfurt a.M., OLGR 2008, 4, Rn. 7.
68 BeckOK-*Toussaint*, ZPO, § 32 Rn. 10.1.
69 OLG Karlsruhe, BeckRS 2014, 06297, II.4.d) = ZMR 2014, 232, Rn. 24.
70 MK-*Patzina*, ZPO, § 32 Rn. 34.
71 OLG Stuttgart, NJW-RR 2006, 1362, Rn. 21.
72 Musielak/Voit-*Heinrich*, ZPO, § 32 Rn. 16 m.w.N.
73 OLG Hamm, BeckRS 2015, 11143, Rn. 14 = ZMGR 2015, 241, Rn. 14; vgl. auch zu Art. 5 EuGVÜ: BGH, NJW 2006, 2630, II.1. = MDR 2006, 941, Rn. 22; OLG Köln, NJW-RR 2008, 359, Rn. 3; vgl. auch LG Rottweil, BeckRS 2005, 14293, Rn. 2: kein Gerichtsstand durch Umzug des Verletzten.
74 BGH, NJW 2010, 1752, Rn. 10 = VersR 2010, 690, II.2.a); BeckOK-*Toussaint*, ZPO, § 32 Rn. 10.1.
75 BGH, NJW 2010, 1752, Rn. 10 = VersR 2010, 90, II.2.a); BeckOK-*Toussaint*, ZPO, § 32 Rn. 10.1.
76 OLG Karlsruhe, BeckRS 2014, 06297, II.4.d) = ZMR 2014, 232, Rn. 24.
77 MK-*Patzina*, ZPO, § 32 Rn. 34.

Internetdelikten ist der Erfolgsort einer unerlaubten Handlung durch ein öffentliches Zugänglichmachen des Schutzgegenstands über eine Internetseite im Inland belegen, wenn die geltend gemachten Rechte im Inland geschützt sind und die Internetseite (auch) im Inland öffentlich zugänglich ist; es ist dagegen nicht erforderlich, dass der Internetauftritt bestimmungsgemäß (auch) im Inland abgerufen werden kann.[78] Das Verbreitungsgebiet der Werbung im Internet kann durch einen sog. **Disclaimer** eingeschränkt werden, in dem angekündigt wird, Adressaten in einem bestimmten Land nicht zu beliefern, wenn der Disclaimer klar und eindeutig gestaltet und aufgrund seiner Aufmachung als ernst gemeint aufzufassen ist und wenn ihn der Werbende auch tatsächlich beachtet und nicht gleichwohl in das ausgenommene Absatzgebiet liefert.[79] Bei Schadensersatzklagen wegen ärztlicher Kunstfehler sind – unabhängig vom Behandlungsort – grundsätzlich auch die Gerichte am Wohnort des Verletzten zuständig, da hier der Verletzungserfolg eintritt;[80] dies gilt auch bei Behandlungsfehlern durch falsche telefonische Beratung.[81]

V. Internationale Zuständigkeit

Soweit nach § 32 ZPO ein deutsches Gericht örtlich zuständig ist, ist es im Verhältnis zu den ausländischen Gerichten auch international zuständig (**Doppelfunktionalität**).[82] Es reicht, wenn ein Handlungs- oder Erfolgsort in Deutschland liegt, mögen auch Teile der unerlaubten Handlung im Ausland begangen sein.[83] Soweit § 32 ZPO zur Begründung der internationalen Zuständigkeit herangezogen wird, ist die Entscheidungsbefugnis deutscher Gerichte auf deliktsrechtliche Anspruchsgrundlagen beschränkt.[84]   15

Bei **Internetdelikten** reicht nicht bereits die Abrufbarkeit der rechtsverletzenden Inhalte, um bei allen deutschen Gerichten den Erfolgsort zu begründen.[85] Vielmehr ist bei Internetdelikten Erfolgsort nur dort, wo der beanstandete Internetauftritt gemäß der zielgerichteten Bestimmung abrufbar ist.[86] Bei Persönlichkeitsbeeinträchtigung durch im Internet abrufbare Veröffentlichungen sind deutsche Gerichte also international zuständig, wenn die Inhalte objektiv einen deutlichen Bezug zum Inland i.d.S. aufweisen, dass eine Kollision der widerstreitenden Interessen – Interesse des Klägers an der Achtung seines Persönlichkeitsrechts einerseits, Interesse des Beklagten an der Gestaltung seines Internetauftritts und einer Berichterstattung andererseits – nach den Umständen des konkreten Falls, insbesondere aufgrund des Inhalts der beanstandeten Meldung, im Inland tatsächlich eingetreten sein kann oder eintreten kann.[87] Dies ist dann anzunehmen, wenn eine Kenntnisnahme von der beanstandeten Meldung nach den Umständen des konkreten Falls im Inland erheblich näher liegt, als es aufgrund der bloßen Abrufbarkeit des Angebots der Fall wäre, und die vom Kläger behauptete Beeinträchtigung seines Persönlichkeitsrechts durch Kenntnisnahme von der Meldung (auch) im Inland eintreten würde.[88] Ergibt sich weder aufgrund des Inhalts noch der Umstände der   16

---

78 BGH, GRUR 2016, 1048, Rn. 18 = ZUM 2016, 861, B.I.1.b) unter ausdrücklicher Aufgabe von BGH, GRUR 2010, 628 = ZUM 2010, 580 wegen EuGH, GRUR 2010, 100, Rn. 42 = IPRax 2015, 87. Zur alten Rechtsprechung vgl. noch OLG Schleswig, NJW-RR 2014, 442, Rn. 22 = SchlHA 2014, 282, II.2.a)(1); LG Frankenthal, BeckRS 2016, 06545, Rn. 16; vgl. für die internationale Zuständigkeit: BGH, NJW 2006, 2630, II.1. = MDR 2006, 941, Rn. 21. Vgl. auch OLG Köln, NJW-RR 2008, 359, Rn. 3: jedenfalls, wenn Fotos zu gewerblichen Zwecken ins Internet gestellt wurden.
79 BGH, NJW 2006, 2630, II.1. = MDR 2006, 941, Rn. 22.
80 KG Berlin, NJW 2006, 2336, Rn. 4f.; OLG Saarbrücken, BeckRS 2008, 01343, II.3.a); a.A. OLG Hamm, NJW-RR 2015, 1534f., Rn. 11 ff.: bloße Auswirkungen einer bereits an einem anderen Ort vollendeten Körperverletzung am Wohnort des Verletzten genügen auch im Bereich des Arzthaftungsrechts für § 32 ZPO nicht.
81 OLG Karlsruhe, OLGR 2003, 438, Rn. 3 ff.
82 BGH, NZG 2010, 550, II.1.a) = VersR 2011, 750, Rn. 18; BGH, NJW 2011, 2518, Rn. 7 = WM 2011, 1233, II.2.
83 BeckOK-*Toussaint*, ZPO, § 32 Rn. 17.
84 BGH, NJW 2003, 828 (830) = MDR 2003, 345.
85 So aber – zu Art. 5 Nr. 3 EuGVÜ – OLG Karlsruhe, MMR 2002, 814 ff.
86 BGH, NJW 2011, 2059, Rn. 8 ff. = MDR 2011, 812, II.1.c); BGH, NJW 2006, 2630, Rn. 21 = MDR 2006, 941, II.1. zu Art. 5 Nr. 3 EuGVÜ; OLG Schleswig, BeckRS 2014, 00910, II.2.a)(1) = SchlHA 2014, 282; OLG Düsseldorf, NJW-RR 2009, 701, Rn. 28.
87 BGH, NJW 2012, 148, Rn. 11 = MDR 2012, 92, II.1.; BGH, NJW 2011, 2059, Rn. 8 = MDR 2011, 812, II.1.c); BGH, NJW 2010, 1752, Rn. 16, 20 = VersR 2010, 690, II.2.c); LG Hamburg, BeckRS 2016, 02896.
88 BGH, NJW 2012, 148, Rn. 11 (Blog-Eintrag) = MDR 2012, 92, II.1.; BGH, NJW 2011, 2059, Rn. 8 = MDR 2011, 812, II.1.c); BGH, NJW 2010, 1752, Rn. 16, 20 = VersR 2010, 690.

Veröffentlichung ein erkennbarer regionaler Bezug, ist eine bestimmungsgemäße Kenntnisnahme an jedem Ort in der Bundesrepublik Deutschland gleichermaßen wahrscheinlich, so dass sämtliche Amts- oder Landgerichte der Bundesrepublik Deutschland örtlich zuständig sind.[89] Am maßgeblichen deutlichen Inlandsbezug fehlt es, wenn sich die in fremder Sprache und Schrift gehaltenen Berichte über Vorkommnisse im Ausland ganz überwiegend an Adressaten im Ausland richten.[90]

17 **EuGVO und LugÜ-II** gehen vor. Auch hier findet sich ein Gerichtsstand der unerlaubten Handlung: Art. 7 Nr. 2 EuGVO, Art. 5 Nr. 3 LugÜ-II. Maßgeblich sind auch dort Handlungsort ebenso wie Erfolgsort.[91] Der EuGH legt den Begriff der „unerlaubten Handlung" und der „Handlung, die einer unerlaubten Handlung gleichgestellt ist", autonom und sehr weit aus.[92] Auch die Entscheidungsbefugnis des international zuständigen Gerichts erstreckt sich nicht auf die Prüfung anderer, nicht deliktsrechtlicher Anspruchsgrundlagen.[93]

§ 32a
Ausschließlicher Gerichtsstand der Umwelteinwirkung

¹Für Klagen gegen den Inhaber einer im Anhang 1 des Umwelthaftungsgesetzes genannten Anlage, mit denen der Ersatz eines durch eine Umwelteinwirkung verursachten Schadens geltend gemacht wird, ist das Gericht ausschließlich zuständig, in dessen Bezirk die Umwelteinwirkung von der Anlage ausgegangen ist. ²Dies gilt nicht, wenn die Anlage im Ausland belegen ist.

Inhalt:

	Rn.		Rn.
A. Allgemeines	1	II. Prozessbeteiligte	13
B. Erläuterungen	4	1. Kläger	13
I. Klage auf Ersatz eines durch eine Umwelteinwirkung verursachten Schadens	4	2. Beklagter	14
		III. Zuständiges Gericht	15
		IV. Internationale Zuständigkeit	16

A. Allgemeines

1 § 32a ZPO eröffnet einen ausschließlichen Gerichtsstand für Klagen gegen Inhaber bestimmter Anlagen, deren Ziel der Ersatz eines durch eine Umwelteinwirkung verursachten Schadens ist. Durch den Gerichtsstand am Ort der emittierenden Anlage werden die diesbezüglichen Verfahren **konzentriert**. Das wirkt Zersplitterung und divergierenden Entscheidungen entgegen und dient damit der Rechtssicherheit und Rechtsklarheit. Nicht zuletzt geht es um Prozessökonomie, indem die Sachkenntnis des Gerichts mit jedem Rechtsstreit zunimmt.[1] Auch entscheidet auf diese Weise das **sachnähere Gericht**. Kehrseite der Medaille ist, dass der Kläger gegebenenfalls weit fahren muss, wenn er weit von der emittierenden Anlage entfernt wohnt; auch mag es zu Problemen bei der Bestimmung des Gerichtsstands kommen, wenn ein Schaden durch mehrere Anlagen verursacht wurde.[2]

2 § 32a ZPO begründet einen besonderen **ausschließlichen Gerichtsstand**. Der Kläger hat nicht die Wahl; er kann nicht am allgemeinen Gerichtsstand des Beklagten oder nicht an anderen besonderen Gerichtsständen Klage erheben. Eine Gerichtsstandsvereinbarung i.S.v. § 38 ZPO ist nicht möglich, ebenso wenig eine rügelose Einlassung i.S.v. § 39 ZPO; vgl. § 40 Abs. 2 Satz 1 Nr. 2, Satz 2 ZPO. Liegen sowohl die Voraussetzungen des § 32a ZPO als auch die des § 24 ZPO vor – denkbar etwa beim Ausgleichsanspruch nach § 906 Abs. 2 Satz 2 BGB, der § 24

---

89 OLG Brandenburg, MMR 2017, 261 (262).
90 BGH, NJW 2011, 2059, Rn. 8 f., 12 ff. = MDR 2011, 812.
91 Vgl. zu Art. 5 Nr. 3 LugÜ-II: BGH, NJW-RR 2008, 516, Rn. 24 = VersR 2008, 1129, II.4.a); sowie zu Art. 5 Nr. 3 Brüssel-I-VO: BGH, NJW 2014, 2504, Rn. 17 = MDR 2014, 604, II.3.; vgl. auch KG Berlin, Magazindienst 2016, 23, Rn. 27.
92 BGH, GRUR 2011, 554, Rn. 10 = ZIP 2011, 975, II.2.; BGH, NJW 2008, 2344, Rn. 11 = MDR 2008, 934, II.2.a); BGH, NJW 2006, 689, Rn. 6 = WM 2006, 350, 1.
93 BGH, NJW-RR 2005, 581 = MDR 2005, 587 zu Art. 5 Nr. 3 EuGVÜ.

Zu § 32a:
1 Musielak/Voit-*Heinrich*, ZPO, § 32a Rn. 1.
2 BeckOK-*Toussaint*, ZPO, § 32a Rn. 7.

ZPO unterfällt (streitig) –,[3] so hat der Kläger zwischen diesen beiden – jeweils ausschließlichen – Gerichtsständen die Wahl.[4]

Die Tatsachen, die den Gerichtsstand des § 32a ZPO begründen – Ersatzanspruch eines durch eine Umwelteinwirkung verursachten Schadens gegen den Inhaber der Anlage –, sind zugleich relevant für die Begründetheit der Klage, sog. **doppelrelevante Tatsachen**. Für den Gerichtsstand des § 32a ZPO reicht es aus, wenn der Kläger dessen Voraussetzungen schlüssig darlegt. Für Schäden, die vor dem 01.01.1991 eingetreten sind, gilt nicht § 32a ZPO, sondern die ZPO in der vormaligen Fassung.

B. Erläuterungen
I. Klage auf Ersatz eines durch eine Umwelteinwirkung verursachten Schadens

§ 32a ZPO erfasst Klagen, mit denen der Ersatz eines durch eine Umwelteinwirkung verursachten Schadens geltend gemacht wird. Wegen der Nähe des § 32a ZPO zum Umwelthaftungsgesetz ist die Vorschrift mit Blick auf dieses Gesetz auszulegen.

Nach **§ 3 Abs. 1 UmweltHG** entsteht ein Schaden durch eine **Umwelteinwirkung**, wenn er durch Stoffe, Erschütterungen, Geräusche, Druck, Strahlen, Gase, Dämpfe, Wärme oder sonstige Erscheinungen verursacht wird, die sich in Boden, Luft oder Wasser ausgebreitet haben. Eine **Ausbreitung** in Boden, Luft oder Wasser liegt vor, wenn sich die Stoffe oder die ähnlichen Erscheinungen nach dem Austritt aus der Anlage in der Umwelt verteilen, d.h. in eines der Umweltmedien Boden, Luft oder Wasser eintreten und sich in diesem verteilen, wobei sie mit Hilfe des Mediums weitertransportiert werden.[5] Aus § 1 UmweltHG folgt, dass solche durch Umwelteinwirkungen verursachte **Schäden** erfasst sind, die einen Menschen töten oder seinen Körper oder seine Gesundheit verletzen oder eine Sache beschädigen. Nicht erfasst sind Schäden, die durch höhere Gewalt verursacht wurden, vgl. § 4 UmweltHG.

Zwischen der Umwelteinwirkung und dem Schaden muss eine **kausale** Verknüpfung bestehen. Im Rahmen der Prüfung des Gerichtsstandes handelt es sich hierbei um eine geringe Hürde. Zum einen handelt es sich um eine doppelrelevante Tatsache, so dass der schlüssige Vortrag des Klägers ausreicht (s. o. Rn. 3). Zum anderen stellt § 6 Abs. 1 Satz 1 UmweltHG eine **Ursachenvermutung** auf; danach wird vermutet, dass der Schaden durch die Anlage verursacht ist, wenn diese nach den Gegebenheiten des Einzelfalles geeignet ist, den entstandenen Schaden zu verursachen.[6] Die Eignung im Einzelfall beurteilt sich nach dem Betriebsablauf, den verwendeten Einrichtungen, der Art und Konzentration der eingesetzten und freigesetzten Stoffe, den meteorologischen Gegebenheiten, nach Zeit und Ort des Schadenseintritts und nach dem Schadensbild sowie allen sonstigen Gegebenheiten, die im Einzelfall für oder gegen die Schadensverursachung sprechen; vgl. § 6 Abs. 1 Satz 2 UmweltHG. Die Ursachenvermutung gilt allerdings nicht bei bestimmungsgemäßem Betrieb der Anlage (§ 6 Abs. 2 UmweltHG); bei Schadenseignung mehrerer Anlagen (§ 7 Abs. 1 UmweltHG);[7] sowie bei Eignung nur einer Anlage, wenn ein anderer Umstand nach den Gegebenheiten des Einzelfalles geeignet ist, den Schaden zu verursachen (§ 7 Abs. 2 UmweltHG).[8]

Erfasst sind nur Klagen gegen den Inhaber einer im Anhang 1 des Umwelthaftungsgesetzes genannten Anlage. Erforderlich ist darum, dass es um einen Schaden geht, der durch Emissionen aus einer Anlage i.S.d. Anhangs 1 des Umwelthaftungsgesetzes verursacht wurde.[9]

Für den Begriff der **Anlage** findet sich eine Legaldefinition in § 3 Abs. 2 UmweltHG;[10] danach sind Anlagen ortsfeste Einrichtungen wie Betriebsstätten und Lager. Nach § 3 Abs. 3 UmweltHG gehören zu den Anlagen auch Maschinen, Geräte, Fahrzeuge und sonstige ortsveränderliche technische Einrichtungen (§ 3 Abs. 3a UmweltHG) sowie Nebeneinrichtungen (§ 3 Abs. 3b UmweltHG), die mit der Anlage oder einem Anlagenteil in einem räumlichen oder

---

3 AG Lebach, BeckRS 2007, 06741, A. zu § 906 Abs. 2 Satz 2 BGB; allgemein zu Ansprüchen aus dem Nachbarverhältnis Musielak/Voit-*Heinrich*, ZPO, § 24 Rn. 8; a. A. BeckOK-*Toussaint*, ZPO, § 26 Rn. 6.2 – für Anwendbarkeit von § 26 Var. 3 ZPO analog.
4 BeckOK-*Toussaint*, ZPO, § 32a Rn. 8.1.
5 OLG Köln, VersR 2009, 350, Rn. 97; vgl. ebenda, Rn. 96f.: kein Ausbreiten bei Erdrutsch, da keine Verteilung mit Hilfe eines Mediums, sondern bloße Einwirkung von Sachen durch Schwerkraft.
6 Vgl. zu dieser Ursachenvermutung OLG Düsseldorf, BeckRS 2011, 22544, B.I.; OLG Düsseldorf, NJW-RR 2002, 26, Rn. 3: abstrakte und konkrete Eignung erforderlich; ebenso LG Aachen, BeckRS 2006, 09747.
7 Vgl. etwa OLG Schleswig, OLGR 2008, 299, Rn. 72; insgesamt vgl. Landmann/Rohmer-*Hager*, UmweltHG, § 7, Rn. 3ff.; zur analogen Anwendung der Ursachenvermutung aus §§ 6, 7 UmweltHG vgl. BGH, NJW-RR 2004, 1243, Rn. 36f. = WM 2005, 184, III.1.a),b).
8 Vgl. hierzu Landmann/Rohmer-*Hager*, UmweltHG, § 7, Rn. 44f.
9 BeckOK-*Toussaint*, ZPO, § 32a Rn. 2.
10 Vgl. im Übrigen zum engen vs. weiten Anlagenbegriff im Rahmen der Haftung nach § 1 UmweltHG: OVG Münster, BeckRS 2014, 59312, 1.a)bb); OLG Düsseldorf, BeckRS 2011, 22544, I.3.a).

9 betriebstechnischen Zusammenhang stehen und für das Entstehen von Umwelteinwirkungen von Bedeutung sein können.

9 Erfasst sind nur Anlagen, die **in Anhang 1 des Umwelthaftungsgesetzes** enumerativ genannt sind.[11] Dieser Anhang 1 beruht im Kern auf dem Anhang zur 4. BImSchV, nimmt aber darüber hinaus weitere Anlagen auf.[12] Im einzelnen sind in der Anlage 1 des UmweltHG insgesamt 96 Anlagetypen aufgelistet, die folgenden Bereichen angehören: Wärmeerzeugung, Bergbau, Energie (Nr. 1–18); Steine und Erden, Glas, Keramik, Baustoffe (Nr. 19–27); Stahl, Eisen und sonstige Metalle einschließlich Verarbeitung (Nr. 28–44); chemische Erzeugnisse, Arzneimittel, Mineralölraffination und Weiterverarbeitung (Nr. 45–55); Oberflächenbehandlung mit organischen Stoffen, Herstellung von bahnenförmigen Materialien aus Kunststoffen, sonstige Verarbeitung von Harzen und Kunststoffen (Nr. 56–61); Holz, Zellstoff (Nr. 62–63); Nahrungs-, Genuss- und Futtermittel, landwirtschaftliche Erzeugnisse (Nr. 64–67); Abfälle und Reststoffe (Nr. 68–77); Lagerung, Be- und Entladen von Stoffen (Nr. 78–89); sowie weitere Anlagen, etwa nach Sprengstoffgesetz (Nr. 90–96). Nicht enthalten sind insbesondere Verkehrsanlagen (z.B. Flughäfen oder Bahnhöfe) sowie Kleinemittenten (z.B. Kraftfahrzeuge oder Heizungsanlagen in Gebäuden).[13]

10 Unter das Umwelthaftungsgesetz und darum auch unter § 32a ZPO fallen auch noch nicht fertiggestellte Anlagen (vgl. § 2 Abs. 1 UmweltHG) sowie nicht mehr betriebene Anlagen (vgl. § 2 Abs. 2 UmweltHG), sofern die Umwelteinwirkung auf Umständen beruht, die die Gefährlichkeit der Anlage nach Fertigstellung (§ 2 Abs. 1 UmweltHG) bzw. vor Betriebseinstellung (§ 2 Abs. 2 UmweltHG) begründen bzw. begründet haben.[14]

11 Nicht unter § 32a ZPO fallen Schadensfälle wegen eines **nuklearen Ereignisses**, soweit für den Schaden das Atomgesetz i.V.m. dem Pariser Atomhaftungsübereinkommen vom 29.07.1960, dem Brüsseler Reaktorschiff-Übereinkommen vom 25.05.1962 und dem Brüsseler Kernmaterial-Seetransport-Abkommen vom 17.12.1971 maßgebend ist, vgl. § 18 Abs. 2 UmweltHG.

12 Für die Anwendbarkeit des § 32a ZPO kommt es nicht an
 – auf die Anspruchsgrundlage; erfasst sind nicht nur Ansprüche aus Umwelthaftungsgesetz, sondern auch aus Deliktsrecht, Nachbarrecht – inkl. § 906 Abs. 2 Satz 2 BGB –, Vertrag[15] sowie aus Gefährdungshaftung (etwa AMG, HaftPflG, BImSchG, WHG);[16]
 – auf die Schadensart; erfasst sind Personen-, Sach- und immaterieller Schaden;[17]
 – auf die Klageart; erfasst sind Leistungsklage und positive Feststellungsklage, auch vorbeugende Unterlassungsklage und Auskunftsklage etwa gemäß § 8 UmweltHG;[18] die negative Feststellungsklage des Inhabers der Anlage ist dagegen nicht möglich, da § 32a ZPO nach dem klaren Wortlaut nur Klagen gegen den Inhaber der Anlage erfasst.

II. Prozessbeteiligte

1. Kläger

13 Auf Klägerseite gibt es keine Einschränkungen im Rahmen des § 32a ZPO. Erfasst werden nicht nur außenstehende Personen, sondern auch Arbeiter, Angestellte, Besucher und andere Personengruppen, die sich innerhalb der Anlage aufhalten; es kann nicht darauf ankommen, ob eine Explosionswelle den Geschädigten vor oder hinter dem Werkstor erfasst.[19]

2. Beklagter

14 § 32a ZPO erfasst nur Klagen gegen den **Inhaber** einer im Anhang 1 des Umwelthaftungsgesetzes genannten Anlage. Der Begriff des Inhabers der Anlage findet sich auch in § 1 UmweltHG, der eine verschuldensunabhängige Gefährdungshaftung des Inhabers der Anlage bei Umwelteinwirkungen begründet.[20] Wegen dieses Zusammenhangs ist der Inhaberbegriff in § 32a ZPO nicht zivilrechtlich, sondern umweltrechtlich auszulegen (streitig); entscheidend ist, wer umwelthaftungsrechtlich für den Schaden einzustehen hat.[21] Dafür kommt es auf das

---

11 Vgl. BT-Drucks. 11/7104, S. 16: „geschlossene Liste"; vgl. auch VG Düsseldorf, BeckRS 2010, 50679: Katalog ist abschließend.
12 BT-Drucks. 11/7104, S. 16.
13 Musielak/Voit-*Heinrich*, ZPO, § 32a Rn. 2.
14 Vgl. auch OVG Münster, NVwZ 2010, 466, Rn. 4, zur Schadensentstehung außerhalb der „Betriebszeiten".
15 BeckOK-*Toussaint*, ZPO, § 32a Rn. 4.
16 Musielak/Voit-*Heinrich*, ZPO, § 32a Rn. 7; MK-*Patzina*, ZPO, § 32a Rn. 7.
17 BeckOK-*Toussaint*, ZPO, § 32a Rn. 3.
18 Zöller-*Vollkommer*, ZPO, § 32a Rn. 6a.
19 Vgl. BT-Drucks. 11/7104, S. 17.
20 Vgl. BT-Drucks. 11/7104, S. 16; ebenso BVerwG, NVwZ 2015, 153, Rn. 30 = UPR 2015, 103; OVG Münster, NVwZ 2010, 466; VG Köln, BeckRS 2010, 49247.
21 BeckOK-*Toussaint*, ZPO, § 32a Rn. 5.

Eigentum nicht an; Inhaber der Anlage ist vielmehr derjenige, der die Gefahrenquelle dauernd für eigene Zwecke benutzt, d.h. auf eigene Rechnung betreibt, die Kosten für ihre Unterhaltung aufbringt und ihren Einsatz tatsächlich beherrscht.[22] Hierunter fällt auch der Betreiber (streitig);[23] hierdurch wird dem Aspekt der Gefährdungshaftung hinreichend Rechnung getragen.[24]

III. Zuständiges Gericht

Ausschließlich zuständig ist das Gericht, in dessen Bezirk die Umwelteinwirkung von der Anlage ausgegangen ist. Erstreckt sich die Anlage über mehrere Gerichtsbezirke, hat der Kläger die Wahl;[25] denkbar ist auch eine Bestimmung der Zuständigkeit über § 36 Abs. 1 Nr. 4 ZPO analog.[26] Bei Inanspruchnahme mehrerer Inhaber von Anlagen gilt § 36 Abs. 1 Nr. 3 ZPO analog.[27]   15

IV. Internationale Zuständigkeit

Bei Vorliegen der Voraussetzungen des § 32a ZPO ist nicht nur die örtliche, sondern auch die internationale Zuständigkeit begründet (**Doppelfunktionalität** der Gerichtsstandsregelungen). Wohnt der Geschädigte im Ausland, handelt es sich dann jedoch nicht um eine ausschließliche Zuständigkeit (streitig); sonst könnte ein im Heimatland des Geschädigten erwirktes Urteil nach § 328 Abs. 1 Nr. 1 ZPO nicht anerkannt werden.[28] Dies führte zu einer ungerechten Benachteiligung des von der Umwelteinwirkung einer Anlage Geschädigten.   16

Ist die Anlage im Ausland belegen, greift § 32a ZPO nicht, vgl. **§ 32a Satz 2 ZPO**. Auch dann mag aber die internationale Zuständigkeit deutscher Gerichte aus anderen Vorschriften folgen;[29] die internationale Zuständigkeit deutscher Gerichte ist also nicht ausgeschlossen.   17

§ 32a ZPO ist nicht anwendbar im Geltungsbereich von **EuGVO** und **LugÜ-II**. In Betracht kommen ggf. Art. 7 Nr. 2 EuGVO sowie Art. 5 Nr. 3 LugÜ-II, wonach im Falle einer unerlaubten Handlung vor dem Gericht des Ortes geklagt werden kann, an dem das schädigende Ereignis eingetreten ist oder einzutreten droht. Der Ort, an dem das schädigende Ereignis eingetreten ist, meint sowohl den Ort, an dem der Schaden eingetreten ist (Erfolgsort), als auch den Ort des diesem zugrunde liegenden ursächlichen Geschehens (Handlungsort).[30]   18

Nach Art. 13 **Pariser Atomhaftungs-Übereinkommen** sind für bestimmte dort genannte Klagen nur die Gerichte derjenigen Vertragspartei zuständig, in deren Hoheitsgebiet das nukleare Ereignis eingetreten ist (Art. 13a Pariser Atomhaftungs-Übereinkommen); tritt ein nukleares Ereignis außerhalb der Hoheitsgebiete der Vertragsparteien ein oder kann der Ort des nuklearen Ereignisses nicht mit Sicherheit festgestellt werden, so sind für solche Klagen die Gerichte derjenigen Vertragspartei zuständig, in deren Hoheitsgebiet die Kernanlage des haftenden Inhabers gelegen ist (Art. 13b Pariser Atomhaftungs-Übereinkommen). Bei nuklearen Ereignissen vgl. auch § 18 Abs. 2 UmweltHG (siehe dazu oben Rn. 11).   19

§ 32b
Ausschließlicher Gerichtsstand bei falschen, irreführenden oder unterlassenen öffentlichen Kapitalmarktinformationen

(1) Für Klagen, in denen

1. ein Schadensersatzanspruch wegen falscher, irreführender oder unterlassener öffentlicher **Kapitalmarktinformation**,

2. ein Schadensersatzanspruch wegen Verwendung einer falschen oder irreführenden öffentlichen Kapitalmarktinformation oder wegen Unterlassung der gebotenen Aufklärung darüber, dass eine öffentliche Kapitalmarktinformation falsch oder irreführend ist, oder

---

22 OLG Düsseldorf, BeckRS 2011, 22544, B.I.3.a); LG Krefeld, BeckRS 2010, 29385; ebenso BeckOK-*Toussaint*, ZPO, § 32a Rn. 5; Musielak/Voit-*Heinrich*, ZPO, § 32a Rn. 5.
23 Musielak/Voit-*Heinrich*, ZPO, § 32a Rn. 6; Zöller-*Vollkommer*, ZPO, § 32a Rn. 5; MK-*Patzina*, ZPO, § 32a Rn. 5; a.A. Baumbach/Lauterbach/Albers/Hartmann, ZPO, § 32a Rn. 4.
24 Musielak/Voit-*Heinrich*, ZPO, § 32a Rn. 6.
25 MK-*Patzina*, ZPO, § 32a Rn. 10.
26 BeckOK-*Toussaint*, ZPO, § 32a Rn. 9.
27 Zöller-*Vollkommer*, ZPO, § 32a Rn. 7.
28 Musielak/Voit-*Heinrich*, ZPO, § 32a Rn. 10, auch m.w.N. zur abweichenden Auffassung; vgl. ebenda zur geringen praktischen Auswirkung (wegen Art. 7 Nr. 2 EuGVO).
29 BeckOK-*Toussaint*, ZPO, § 32a Rn. 9.
30 EuGH, NJW 2009, 3501, Rn. 23, 25 = IPRax 2010, 358, Rn. 23, 25.

3. ein Erfüllungsanspruch aus Vertrag, der auf einem Angebot nach dem Wertpapiererwerbs- und Übernahmegesetz beruht,

geltend gemacht wird, ist das Gericht ausschließlich am Sitz des betroffenen Emittenten, des betroffenen Anbieters von sonstigen Vermögensanlagen oder der Zielgesellschaft zuständig, wenn sich dieser Sitz im Inland befindet und die Klage zumindest auch gegen den Emittenten, den Anbieter oder die Zielgesellschaft gerichtet wird.

(2) ¹Die Landesregierungen werden ermächtigt, durch Rechtsverordnung die in Absatz 1 genannten Klagen einem Landgericht für die Bezirke mehrerer Landgerichte zuzuweisen, sofern dies der sachlichen Förderung oder schnelleren Erledigung der Verfahren dienlich ist. ²Die Landesregierungen können diese Ermächtigung auf die Landesjustizverwaltungen übertragen.

Inhalt:

	Rn.		Rn.
A. Allgemeines	1	3. Erfüllungsanspruch betr. WpÜG, Nr. 3	14
B. Erläuterungen	6	4. Zweifache Einschränkung	15
I. Unter § 32b ZPO fallende Klagen	6	a) Sitz im Inland	16
1. Öffentliche Kapitalmarktinformation und Unmittelbarkeit, Nr. 1	7	b) Klagegegner	18
2. Öffentliche Kapitalmarktinformation und Mittelbarkeit, Nr. 2	12	II. Verordnungsermächtigung, Abs. 2	21
		III. Zuständiges Gericht	23
		IV. Internationale Zuständigkeit	24

A. Allgemeines

1 § 32b ZPO wurde zum 01.11.2005 durch das Gesetz zur Einführung von Kapitalanleger-Musterverfahren vom 16.08.2005 eingeführt,[1] und zwar **zusammen mit dem KapMuG** (Gesetz über Musterverfahren in kapitalmarktrechtlichen Streitigkeiten). Durch dieses Kapital-Anlegermusterverfahren wird zur Bündelung gleichgerichteter Ansprüche geschädigter Kapitalanleger eine in verschiedenen Prozessen gestellte Musterfrage einheitlich mit Breitenwirkung durch einen vom Oberlandesgericht zu erlassenden Musterentscheid geklärt, wobei dieser Musterentscheid im Rahmen eines eigenständigen, vom Ausgangsverfahren losgelösten Musterverfahrens getroffen wird.[2] Ziel war die Verbesserung des **Kapitalanlegerschutzes**.[3] Der – ausschließliche – Gerichtsstand des § 32b ZPO wurde hierbei neu eingeführt, um bestimmte Klagen im Zusammenhang mit falschen, irreführenden oder unterlassenen öffentlichen Kapitalmarktinformationen zu konzentrieren. Hierdurch sollen divergierende Sachverständigengutachten vermieden sowie Verfahrensbeschleunigung und Kostenersparnis erreicht werden.[4] § 1 KapMuG und § 32b ZPO haben denselben Anwendungsbereich. § 32b Abs. 1 Nr. 1 ZPO trat an die Stelle der bisherigen § 48 BörsG und § 13 Abs. 2 VerkaufsprospektG.[5] Die ursprünglich vorgesehene zeitliche Begrenzung zum 31.10.2010 wurde aufgehoben durch Art. 12 des Zweiten Gesetzes zur Modernisierung der Justiz.[6]

2 Durch das Gesetz zur Reform des Kapitalanleger-Musterverfahrensgesetzes und zur Änderung anderer Vorschriften vom 19.10.2012[7] wurde nicht nur das KapMuG, sondern auch § 32b ZPO **modifiziert**, da beide Vorschriften eine Einheit bilden.[8] § 32b ZPO wurde ausgeweitet durch Aufnahme des § 32b Abs. 1 Nr. 2 ZPO,[9] zugleich aber auch eingeschränkt dahingehend, dass

---

1 BGBl. I, S. 2437, 2442.
2 BT-Drucks. 15/5091, S. 1.
3 Musielak/Voit-*Heinrich*, ZPO, § 32b Rn. 1; MK-*Patzina*, ZPO, § 32b Rn. 1.
4 BT-Drucks. 15/5091, S. 33. Vgl. auch zur intertemporalen Regelung des § 31 EGZPO: OLG Hamburg, BeckRS 2007, 02603, II.2.b)aa)(1) = OLGR 2007, 33, Rn. 14; OLG München, BeckRS 2008, 15421.
5 BT-Drucks. 15/5091, S. 33. Vgl. zum Außerkrafttreten von § 13 Abs. 2 VerkaufsprospektG: BGH, NJW-RR 2008, 1514, Rn. 13ff. = WM 2008, 1425, III.2.a). Vgl. weiter Musielak/Voit-*Heinrich*, ZPO, § 32b Rn. 6 m.w.N. zu kritischen Stimmen bezüglich Aufgabe der für Prospekthaftungsklagen ausschließlichen Zuständigkeit des Landgerichts Frankfurt a.M. nach § 48 BörsG und § 13 Abs. 2 VerkaufsprospektG.
6 Zweites Gesetz zur Modernisierung der Justiz vom 22.12.2006, BGBl. I, S. 3416; MK-*Patzina*, ZPO, § 32b Rn. 1.
7 BGBl. I, S. 2182.
8 BT-Drucks. 17/8799, S. 27. Vgl. zur Übergangszeit: OLG Frankfurt a.M., NJW-RR 2014, 120; OLG Frankfurt a.M., BeckRS 2015, 13375, Rn. 19 = WM 2014, 701, Rn. 19.
9 OLG München, BeckRS 2016, 06134, II.2.c)cc).

die Klage sich jedenfalls auch gegen den Emittenten, den Anbieter oder die Zielgesellschaft richten muss (siehe dazu Rn. 17).[10]

§ 32b ZPO begründet einen besonderen **ausschließlichen Gerichtsstand**. Der Kläger hat nicht die Wahl; er kann nicht am allgemeinen Gerichtsstand des Beklagten und nicht an anderen besonderen Gerichtsständen Klage erheben. Eine Gerichtsstandsvereinbarung i.S.v. § 38 ZPO ist nicht möglich, ebenso wenig eine rügelose Einlassung i.S.v. § 39 ZPO; vgl. § 40 Abs. 2 Satz 1 Nr. 2, Satz 2 ZPO. Hinsichtlich der sachlichen Zuständigkeit gilt **§ 71 Abs. 2 Nr. 3 GVG**. Die Einführung des § 32b ZPO hat keine Auswirkungen auf bereits eingeleitete Prozesse; insbesondere führt sie zu keiner Verweisung von vor Inkrafttreten des § 32b Abs. 1 ZPO eingeleiteten Rechtsstreitigkeiten wegen Unzuständigkeit nach § 281 ZPO.[11] 3

Das nach § 32b ZPO zuständige Gericht ist zur umfassenden Entscheidung des Rechtsstreits unter allen in Betracht kommenden rechtlichen Gesichtspunkten berufen.[12] 4

Bei den Voraussetzungen des § 32b ZPO handelt es sich um **doppelrelevante Tatsachen**; ausreichend für die Begründung der Zuständigkeit ist schlüssiger Klägervortrag.[13] 5

B. Erläuterungen
I. Unter § 32b ZPO fallende Klagen
§ 32b ZPO umfasst drei verschiedene Varianten.[14] 6

1. Öffentliche Kapitalmarktinformation und Unmittelbarkeit, Nr. 1
Klagegegenstand muss eine **öffentliche Kapitalmarktinformation** sein. Nach der Legaldefinition des § 1 Abs. 2 Satz 1 KapMuG[15] sind öffentliche Kapitalmarktinformationen Informationen über Tatsachen, Umstände, Kennzahlen und sonstige Unternehmensdaten, die für eine Vielzahl von Kapitalanlegern bestimmt sind und einen Emittenten von Wertpapieren oder einen Anbieter von sonstigen Vermögensanlagen betreffen. In § 1 Abs. 2 Satz 1 KapMuG findet sich eine beispielhafte – nicht abschließende – Aufzählung. Schriftlichkeit ist nicht erforderlich.[16] 7

§ 32b Abs. 1 Nr. 1 ZPO wird dahingehend ausgelegt, dass die falsche, irreführende oder unterlassene öffentliche Kapitalmarktinformation **„unmittelbar"** den Anspruch begründen muss. Streitigkeiten, die lediglich mittelbar Bezug zu einer öffentlichen Kapitalmarktinformation haben – wie etwa solche aus einem Anlageberatungsvertrag –, werden vom Kapitalanleger-Musterverfahrensgesetz nicht erfasst.[17] Dies gilt auch dann, wenn im Zuge der Beratungs- oder Auskunftstätigkeit dem Anleger ein Prospekt ausgehändigt wurde und dieser (fehlerhafte) Prospekt eine wesentliche Grundlage für die Anlageentscheidung darstellte;[18] wenn sich der Beklagte auf öffentliche Kapitalmarktinformationen bezogen hat;[19] oder wenn im Rahmen der individuellen Beratung Verkaufsprospekte zum Einsatz gekommen sind.[20] Die individuelle Anlageberatung, mag sie auch unter Verwendung von Prospekten erfolgen, hat eine einzelfallbezogene, keine öffentliche Zielrichtung.[21] Vertragliche Schadensersatzansprüche gegen einen Anlageberater oder Anlagevermittler wegen Verletzung der Pflichten aus einem 8

---

10 BeckOK-*Toussaint*, ZPO, § 32b Rn. 1.2.
11 BT-Drucks. 15/5091, S. 33; OLG München, BeckRS 2008, 15421, IV.; Musielak/Voit-*Heinrich*, ZPO, § 32b Rn. 6.
12 OLG München, NJW-RR 2007, 1644, Rn. 7.
13 OLG Nürnberg, WM 2008, 1060, Rn. 6; LG Dortmund, BeckRS 2013, 16221, A.I.; LG Dortmund, BeckRS 2013, 13580, A.I.
14 Vgl. *Mormann*, ZP 2011, 1182: „Gerichtsstands-Dreifaltigkeit".
15 Zur Reichweite dieses Begriffs vgl. BGH, NJW 2007, 1364, Rn. 10 = WM 2007, 587, III.
16 OLG Nürnberg, ZIP 2008, 1351, Rn. 9: ausreichend, dass der Inhalt des Prospekts Grundlage der Beratungsgespräche und auch der Anlageentscheidung war; OLG Koblenz, NJW 2006, 3723, Rn. 16; LG Hildesheim, WM 2006, 2133, Rn. 3: unzulängliche mündliche Aufklärung reicht; Thomas/Putzo-*Hüßtege*, ZPO, § 32b Rn. 6.
17 BGH, NJW 2009, 513, Rn. 11 = WM 2009, 110, II.2.a); BGHZ 177, 88, Rn. 15 = NZG 2008, 592, Rn. 15.
18 BGH, NJW 2009, 513, Rn. 12. = WM 2009, 110, II.2.a).
19 BGH, NJW-RR 2011, 1137, Rn. 15 = VersR 2012, 1452, III.1.b); BGH, NJW 2007, 1364, Rn. 11 = WM 2007, 587, III.; OLG Koblenz, OLGR 2008, 903, Rn. 13; OLG Schleswig, BeckRS 2008, 21724, II.1., BeckOK-*Toussaint*, ZPO, § 32b Rn. 6; dort auch – Rn. 6.1 – zur früher anders gestalteten Rechtsprechung.
20 OLG Frankfurt a.M., OLGR 2007, 378, Rn. 2.
21 OLG Hamburg, BeckRS 2007, 02603, II.2.b)aa)(2) = OLGR 2007, 33, Rn. 18.

Anlageberatungs- oder Auskunftsvertrag sind darum nicht von § 32b Abs. 1 Nr. 1 ZPO umfasst,[22] sondern nur **außervertragliche Schadensersatzansprüche**.

9 Die Vorschrift setzt nicht voraus, dass Schadensersatzansprüche geltend gemacht werden, die auf bestimmten spezialgesetzlichen Regelungen beruhen; sie umfasst alle Haftungstatbestände, sofern nur der Schaden, für den Ersatz verlangt wird, aufgrund falscher, irreführender oder unterlassener öffentlicher Kapitalmarktinformationen entstanden ist.[23] Schadensersatzansprüche i.S.v. § 32b Abs. 1 Nr. 1 ZPO sind Ansprüche aus Prospekthaftung,[24] insbesondere Schadensersatzansprüche nach §§ 37b und 37c WpHG; Schadensersatzansprüche nach § 823 Abs. 2 BGB i.V.m. § 264a StGB/§ 400 AktG/§ 331 HGB;[25] sowie Ansprüche aus c.i.c./§ 311 Abs. 2 BGB.[26]

10 Der Musterfeststellungsantrag kann gestellt werden im Wege der Leistungsklage ebenso wie im Wege der positiven Feststellungsklage.[27] Er kann dagegen nicht gestellt werden im Wege der negativen Feststellungsklage.[28]

11 Es kommt nicht an
– auf das Vorliegen einer gesetzlichen Prospektpflicht; § 32b ZPO gilt auch für den sogenannten **grauen Kapitalmarkt**;[29]
– auf Schriftform; eine öffentliche Kapitalmarktinformation kann also auch mündlich erfolgen (siehe Rn. 7);[30]
– auf die Anspruchsgrundlage (siehe auch Rn. 9);[31]
– auf die Person des **Beklagten**; Beklagter kann jeder Pflichtige (z.B. Emittent, Prospektverantwortlicher) sein.[32] Insbesondere ist nicht erforderlich, dass der Anbieter der Vermögensanlage mitverklagt ist.[33] Beklagte können auch sein: Organe des Emittenten bzw. Anbieters, der Emissionsbegleiter, die Mitglieder des Verwaltungs- und Aufsichtsorgans, Bieter nach § 2 Abs. 4 WpÜG sowie sonstige Dritte als Prospektverantwortliche.[34]

---

22 BGH, NJW 2009, 513, Rn. 11 = WM 2009, 110, II.2.a): Streitigkeiten, die lediglich einen mittelbaren Bezug zu einer öffentlichen Kapitalmarktinformation haben, wie etwa solche aus einem Anlageberatungsvertrag, werden von diesem Gesetz nicht erfasst; ebenso BGH, NZG 2008, 592, II.2.b)aa) = MDR 2008, 1057, Rn. 15; BGH, NJW 2007, 1365, Rn. 12; OLG Köln, WM 2008, 166; OLG Frankfurt a.M., OLGR 2007, 378, Rn. 2: kein § 32b ZPO bei Schadensersatzansprüchen aufgrund individueller Beratung. Vgl. auch BeckOK-*Toussaint*, ZPO, § 32b Rn. 6, der die Kausalität am Tatbestandsmerkmal „Schadensersatzanspruch wegen falscher, irreführender oder unterlassener öffentlicher Kapitalmarktinformation" festmacht.
23 BGH, NJW 2007, 1364, Rn. 10 = WM 2007, 587, III.
24 BeckOK-*Toussaint*, ZPO, § 32b Rn. 5.
25 BT-Drucks. 15/5091, S. 33 f.
26 KG Berlin, BeckRS 2015, 09941, Rn. 19, 23 = WM 2015, 1844, II.2.b)bb); BeckOK-*Toussaint*, ZPO, § 32b Rn. 5.
27 BGH, NZG 2016, 67, 68 f. = ZIP 2015, 2437.
28 BeckOK-*Toussaint*, ZPO, § 32b Rn. 7; Thomas/Putzo-*Hüßtege*, ZPO, § 32b Rn. 6a; Zöller-*Vollkommer*, ZPO § 32b Rn. 6 (keine negative Feststellungsklage von haftenden Unternehmen); a.A. LG Göttingen, NJOZ 2012, 892, 893 ff.: § 32b ZPO gilt zumindest entsprechend auch für die negative Feststellungsklage. Vgl. zu dem Problemkreis auch *Mormann*, ZIP 2011, 1182. Vgl. auch *Thole*, NJW 2013, 1192, zur negativen Feststellungsklage insbesondere bei kapitalmarktrechtlichen Rechtsstreitigkeiten.
29 BGH, NZG 2008, 592, II.2.a) = MDR 2008, 1057, Rn. 12; BGH, NJW 2007, 1365, Rn. 11; BGH, NJW 2007, 1364, Rn. 10 = WM 2007, 587, III; OLG Hamm, BeckRS 2016, 03256, Rn. 7.; OLG Dresden, BeckRS 2008, 07865, II.3.A.bb); OLG München, NJW-RR 2007, 1644, Rn. 7; OLG Koblenz, NJW 2006, 3723, Rn. 14; *Schneider*, BB 2005, 2249, II.3.; überholt ist damit OLG München, NJW 2007, 163, Rn. 9 ff.; OLG München, BeckRS 2006, 14641, II.1.a); OLG Schleswig, BeckRS 2008, 21714, II.1.
30 OLG Nürnberg, ZIP 2008, 1351, Rn. 9: ausreichend, dass der Inhalt des Prospekts Grundlage der Beratungsgespräche und auch der Anlageentscheidung war; OLG Koblenz, NJW 2006, 3723, Rn. 16; LG Hildesheim, WM 2006, 2133, Rn. 3: unzulängliche mündliche Aufklärung reicht; Thomas/Putzo-*Hüßtege*, ZPO, § 32b Rn. 6.
31 OLG Hamm, BeckRS 2016, 03256, Rn. 7.
32 OLG Nürnberg, WM 2006, 2079, Rn. 10; BeckOK-*Toussaint*, ZPO, § 32b Rn. 8; vgl. auch differenzierend OLG München (Vorlagebeschluss an den BGH), BeckRS 2016, 06616, Rn. 25: keine Prospektverantwortlichkeit im engeren Sinne bloß aus dem Innehaben bestimmter Funktionen in der Fondsgesellschaft.
33 OLG München, NJW-RR 2007, 1644, Rn. 8; LG Leipzig, ZIP 2008, 1733, Rn. 16.
34 Musielak/Voit-*Heinrich*, ZPO, § 32b Rn. 5 jew. m.w.N.; Baumbach/Lauterbach/Albers/Hartmann, ZPO, § 32b Rn. 3.

2. Öffentliche Kapitalmarktinformationen und Mittelbarkeit, Nr. 2

§ 32b Abs. 1 Nr. 2 ZPO wurde durch eine Gesetzesreform 2012 neu eingefügt;[35] Ziel war die Anpassung an den ebenfalls geänderten § 1 KapMuG. Anders als Nr. 1 umfasst Nr. 2 **vertragliche Ansprüche**, etwa wegen Verletzung eines Anlageberatungs- oder Anlagevermittlungsvertrages, sofern der Beklagte sich auf öffentliche Kapitalmarktinformationen bezogen hat.[36] Erfasst sind also nunmehr auch Prozesse, in denen lediglich ein **mittelbarer Bezug** zu einer öffentlichen Kapitalmarktinformation besteht, etwa wenn Anlageberater oder Anlagevermittler ebenfalls mitverklagt sind. Bisher war in diesen Fällen ein gemeinsamer Gerichtsstand nach § 36 ZPO durch das Oberlandesgericht zu bestimmen, was häufig zu einer örtlichen Verteilung gleichgelagerter Prozesse geführt hatte.[37] In Betracht kommen etwa Ansprüche aus c.i.c./§ 311 Abs. 2 BGB oder aus fehlerhafter Anlageberatung oder -vermittlung.[38]

12

Erforderlich ist die Verwendung einer falschen oder irreführenden öffentlichen Kapitalmarktinformation bzw. das diesbezügliche Unterlassen einer gebotenen Aufklärung (§ 32b Abs. 1 Nr. 2 ZPO), also ein **Bezug** zu einer öffentlichen Kapitalmarktinformation; daran fehlt es etwa, wenn der Prospekt erst nach Abgabe der Beitrittserklärung versandt wurde.[39] An dem Bezug fehlt es auch, wenn ein Anlageberater oder -vermittler mit der Begründung in Anspruch genommen wird, er habe eine im Prospekt enthaltene zutreffende Information verschwiegen.[40] Für die Zuständigkeit nach § 32b Abs. 1 Nr. 2 ZPO reicht es aus, wenn nach dem Klagevortrag eine öffentliche Kapitalmarktinformation verwendet wurde. Ob dies durch Übergabe des Prospekts oder in sonstiger Weise erfolgte, ist unerheblich.[41] Entscheidend ist nur, dass der Berater oder Vermittler eine Information aus dem Prospekt an den Interessenten weitergegeben hat; auf die Form der Weitergabe kommt es nicht an, sofern nur die Information unmittelbar oder mittelbar auf den Prospekt zurückgeht.[42] Trägt der Kläger vor, dass ein Berater oder Vermittler eine in einem Prospekt veröffentlichte Kapitalmarktinformation verwendet hat, ist näheres Vorbringen zu der Frage, ob diese Information unmittelbar oder mittelbar auf den Prospekt zurückgeht, jedenfalls dann nicht erforderlich, wenn keine anderen Quellen ersichtlich sind, denen der Berater oder Vermittler sie unabhängig vom Prospektinhalt hätte entnehmen können.[43]

13

3. Erfüllungsanspruch betr. WpÜG, Nr. 3

Der Gerichtsstand des § 32b ZPO greift auch bei Klagen, in denen ein Erfüllungsanspruch aus Vertrag geltend gemacht wird, der auf einem Angebot nach dem Wertpapiererwerbs- und Übernahmegesetz beruht. Das Wertpapiererwerbs- und Übernahmegesetz ist anzuwenden auf Angebote zum Erwerb von Wertpapieren, die von einer Zielgesellschaft ausgegeben wurden und zum Handel an einem organisierten Markt zugelassen sind (§ 1 Abs. 1 WpÜG). Erfasst von § 32b Abs. 1 Nr. 3 ZPO sind nur Erfüllungsansprüche bestehender Verträge, deren Grundlage Angebote nach dem WpÜG sind;[44] etwa Zahlung des Angebotspreises; Nacherfüllungsan-

14

---

35 Gesetz zur Reform des Kapitalanleger-Musterverfahrensgesetzes und zur Änderung anderer Vorschriften vom 19.10.2012, BGBl. I, S. 2182.
36 BGH, NJW-RR 2013, 1302, Rn. 21 = ZIP 2013, 1688, III.1.b)aa); Musielak/Voit-*Heinrich*, ZPO, § 32b Rn. 5a; BeckOK-*Toussaint*, ZPO, § 32b Rn. 11.
37 BT-Drucks. 17/8799, S. 27; vgl. auch BbgVerfG, BeckRS 2015, 52503, II.1.
38 BeckOK-*Toussaint*, ZPO, § 32b Rn. 11.
39 BGH, NJW-RR 2013, 1302, Rn. 30f. = ZIP 2013, 1688, III.2.; ebenso OLG Hamm, BeckRS 2015, 19338, Rn. 5: kein § 32b Abs. 1 Nr. 2 ZPO, wenn der Prospekt erst im Nachgang zu dem Beratungsgespräch übergeben wurde und später gerügte Prospektangaben in das Beratungsgespräch nicht eingeflossen sind. Vgl. auch OLG Hamm, BeckRS 2015, 19337, Rn. 21: kein § 32b Abs. 1 Nr. 2 ZPO, wenn die als irreführend angesehenen Prospektinformationen in den Beratungsgesprächen keine Verwendung gefunden haben und auch keine Aufklärungspflicht in Bezug auf Informationen aus dem Prospekt nicht verletzt worden ist. Vgl. OLG Hamm, BeckRS 2015, 12351, Rn. 8: ausreichend, wenn zwar Prospekt erst nach Zeichnung der Beitrittserklärung vorgelegt, aber auf Grundlage eines fehlerhaften Prospektes falsch beraten wurde, weil Fehler und Unvollständigkeit des Prospektes nicht erkannt wurden. Ebenso OLG Hamm, BeckRS 2015, 12038, Rn. 7f.
40 BGH, NJW 2016, 1178, III.2.b) = WM 2016, 156, Rn. 11; BGH, NJW-RR 2013, 1302, Rn. 31 = ZIP 2013, 1688, III.3.; OLG Düsseldorf, BeckRS 2016, 01252, Rn. 14; vgl. aber auch OLG Hamm, BeckRS 2016, 03256, Rn. 10f.: Auch ein vollständiges Verschweigen eines Themenkreises kann auf der Verwendung einer Kapitalinformation beruhen, wenn diese ebenfalls keine oder keine wesentlichen Informationen zu einer Problematik enthält.
41 BGH, NJW 2016, 1178, III.2.c) = WM 2016, 156, Rn. 13f.; OLG Hamm, BeckRS 2016, 10554, Rn. 18; vgl. auch OLG Hamm, BeckRS 2016, 03256, Rn. 10: Verwendung nicht erst körperliche Verwendung des Prospekts, sondern bereits Gebrauch von Informationen aus dem Prospekt.
42 BGH, NJW 2016, 1178, III.2.c) = WM 2016, 156, Rn. 13f.
43 BGH, NJW 2016, 1178, III.2.c) = WM 2016, 156, Rn. 14.
44 BT-Drucks. 15/5091, S. 20.

sprüche nach § 31 Abs. 4, Abs. 5 Satz 1 WpÜG; sowie Ansprüche des Aktionärs auf angemessene Gegenleistung nach § 31 Abs. 1 Satz 1 WpÜG.[45] Nicht erfasst ist der Abschluss entsprechender Verträge; das WpÜG sieht entsprechende Individualansprüche von Anlegern nicht vor.[46]

4. Zweifache Einschränkung

15 § 32b Abs. 1 ZPO beinhaltet zwei **Einschränkungen**:

a) Sitz im Inland

16 Der **Sitz** des betroffenen Emittenten, des betroffenen Anbieters von sonstigen Vermögensanlagen oder der Zielgesellschaft muss sich **im Inland** befinden.

17 **Emittent** eines Wertpapiers ist derjenige, der es begibt; Emittent einer sonstigen Vermögensanlage ist derjenige, der sie erstmals auf den Markt bringt und für seine Rechnung unmittelbar oder durch Dritte öffentlich zum Erwerb anbietet.[47] **Anbieter** ist derjenige, der für das öffentliche Angebot von Vermögensanlagen verantwortlich ist und so auch den Anlegern gegenüber auftritt.[48] Der Anbieter ist nicht zwingend identisch mit dem Emittenten.[49] Insbesondere bei Übernahmekonsortien ist als Anbieter anzusehen, wer den Anlegern gegenüber nach außen erkennbar, beispielsweise in Zeitungsanzeigen, als Anbieter auftritt.[50] Wenn der Vertrieb über Vertriebsorganisationen, ein Netz von angestellten oder freien Vermittlern oder Untervertrieb erfolgt, ist derjenige als Anbieter anzusehen, der die Verantwortung für die Koordination der Vertriebsaktivitäten innehat.[51] **Betroffen** i.S.v. § 32b Abs. 1 Nr. 2 ZPO ist ein Anbieter oder Emittent, wenn es um seine Vermögensanlage geht.[52] **Zielgesellschaft** ist definiert in § 2 Abs. 3 WpÜG.[53]

b) Klagegegner

18 Weiter muss die Klage **zumindest auch** gegen den Emittenten, den Anbieter oder die Zielgesellschaft gerichtet werden.[54]

19 Durch die Aufnahme von § 32b Abs. 1 Nr. 2 ZPO sind auch vertragliche Ansprüche, etwa gegen Anlageberater oder Anlagevermittler, umfasst. Wenn diese separat – ohne Emittent, Anbieter oder Zielgesellschaft – verklagt sind, wäre ein ausschließlicher Gerichtsstand am Ort des Emittenten, Anbieters oder der Zielgesellschaft nicht angemessen, zumal sich Anlageberater oder Anlagevermittler vielfach in örtlicher Nähe zum Kläger befinden.[55] Diese Einschränkung gilt darum – auch wenn es sich dem Wortlaut nicht entnehmen lässt – **nur** für Klagen gemäß **§ 32b Abs. 1 Nr. 2 ZPO**, nicht auch für die in der früheren Fassung des § 32b Abs. 1 ZPO – Nr. 1 und 3 – aufgeführten Tatbestände.[56] Die Neuregelung dient dem Zweck, Klagen gegen Anlageberater und -vermittler in den Anwendungsbereich der Vorschrift einzubeziehen. Die damit einhergehende Erweiterung des Anwendungsbereichs soll gewissen Beschränkungen unterworfen werden; diese Beschränkungen sollen aber nicht die in der früheren Fassung aufgeführten Tatbestände betreffen.[57]

20 Soweit die Einschränkung Anwendung findet (im Rahmen des § 32b Abs. 1 Nr. 2 ZPO, siehe Rn. 19), fordert sie – entgegen ihrem Wortlaut – nicht zwingend die Einbeziehung von Emit-

---

45 Musielak/Voit-*Heinrich*, ZPO, § 32b Rn. 5b.
46 BT-Drucks. 15/5091, S. 20.
47 BGH, NJW-RR 2013, 1302, Rn. 10 = ZIP 2013, 1688, III.1.a)aa); OLG Hamm, BeckRS 2015, 19339, Rn. 15 = GWR 2016, 14, Rn. 15; BeckOK-*Toussaint*, ZPO, § 32b Rn. 14.
48 BGH, NJW-RR 2013, 1302, Rn. 12 = ZIP 2013, 1688, III.1.b)aa; BGH, NJW 2009, 513, Rn. 15 = WM 2009, 110, II.2.c); BGH, NJW 2007, 1364, Rn. 11 = WM 2007, 587, III.; OLG Hamm, BeckRS 2015, 19339, Rn. 15 = GWR 2016, 14, Rn. 15; OLG Koblenz, BeckRS 2010, 02768 = MDR 2010, 589, Rn. 7; BT-Drucks. 15/3174, S. 42.
49 BGH, NJW-RR 2013, 1302, Rn. 12 = ZIP 2013, 1688, III.1.b) aa); BT-Drucks. 15/4999, S. 29.
50 BGH, NJW-RR 2013, 1302, Rn. 12 = ZIP 2013, 1688, III.1.b) aa); BT-Drucks. 15/4999, S. 29.
51 BGH, NJW-RR 2013, 1302, Rn. 12 = ZIP 2013, 1688, III.1.b)aa); BT-Drucks. 15/4999, S. 29; OLG Hamm, BeckRS 2015, 19339, Rn. 15 = GWR 2016, 14, Rn. 15.
52 BeckOK-*Toussaint*, ZPO, § 32b Rn. 14.
53 Vgl. zum Begriff Zielgesellschaft auch OLG Frankfurt a.M., BeckRS 2015, 07923, Rn. 12.
54 OLG München, BeckRS 2016, 06134, Rn. 19.
55 BT-Drucks. 17/8799, S. 27.
56 BGH, NJW-RR 2013, 1302, Rn. 26 = ZIP 2013, 1688, III.1.b)cc); zu § 32b Abs. 1 Nr. 1 ZPO: OLG München, BeckRS 2016, 06134, Rn. 19 sowie OLG Frankfurt a.M., BeckRS 2016, 01241, Rn. 16; BeckOK-*Toussaint*, ZPO, § 32b Rn. 18.
57 BGH, NJW-RR 2013, 1302, Rn. 26 = ZIP 2013, 1688, III.1.b)cc); OLG Hamm, BeckRS 2015, 12038, Rn. 6; BeckOK-*Toussaint*, ZPO, § 32b Rn. 18.

tent, Anbieter oder Zielgesellschaft.[58] Ausreichend ist mit Blick auf Entstehungsgeschichte und ihre in den Gesetzesmaterialien dokumentierte Zielsetzung vielmehr, wenn die Klage zumindest gegen einen Beklagten auf eine der in § 32b Abs. 1 Nr. 1 ZPO aufgeführten Handlungen gestützt ist,[59] seien diese Emittent, Anbieter, Zielgesellschaft oder sonstige Prospektverantwortliche.[60]

II. Verordnungsermächtigung, Abs. 2

§ 32b Abs. 2 ZPO sieht eine Verordnungsermächtigung vor, mit deren Hilfe die Länder die Rechtsstreitigkeiten beim Eingangsgericht stärker als in § 32b Abs. 1 ZPO vorgesehen bündeln können,[61] indem die Klagen nach Absatz 1 einem Landgericht für die Bezirke mehrerer Landgerichte zugewiesen werden. 21

Hiervon haben Gebrauch gemacht. 22

- Bayern: Zuständigkeit der Landgerichte Augsburg, Landshut, München I, Nürnberg – Fürth (§ 37 BayGZVJu);
- Hessen: Zuständigkeit des Landgerichts Frankfurt a.M. (§ 46 JustizzuständigkeitsVO Hessen);
- Nordrhein-Westfalen: Zuständigkeit der Landgerichte Düsseldorf, Dortmund, Köln (§ 1 KonzVOZPOKapMuG);
- Sachsen: Zuständigkeit der Landgerichte Dresden und Leipzig (§ 11 Abs. 2 SächsJOrgVO);
- Thüringen: Zuständigkeit des Landgerichts Gera (§ 5 Abs. 3 ThürGerZustVO).

III. Zuständiges Gericht

Ausschließlich zuständig ist das **Gericht am Sitz** des betroffenen Emittenten, des betroffenen Anbieters von sonstigen Vermögensanlagen oder der Zielgesellschaft.[62] Der Sitz des betroffenen Emittenten oder des betroffenen Anbieters ist relevant für § 32b Abs. 1 Nr. 1 und Nr. 2 ZPO.[63] Auf den Sitz der Zielgesellschaft kommt es an im Rahmen von § 32b Abs. 1 Nr. 3 ZPO; entscheidend ist hier das Ziel der Übernahmebestrebungen dessen, der ein Angebot nach WpÜG unterbreitet hat.[64] Wegen des Begriffs Sitz vgl. § 17 ZPO (bzw. Wohnsitz vgl. § 13 ZPO). Nach Löschung im Handelsregister gilt der letzte Sitz.[65] Haben Emittent und Anbieter ihren Sitz in verschiedenen Bezirken, hat der Kläger die Wahl (streitig).[66] Gleiches gilt im Falle eines Doppelsitzes.[67] 23

IV. Internationale Zuständigkeit

Bei Vorliegen der Voraussetzungen des § 32b ZPO ist nicht nur die örtliche, sondern auch die internationale Zuständigkeit begründet (**Doppelfunktionalität** der Gerichtsstandsregelungen).[68] Liegt der Sitz des Emittenten, Anbieters oder der Zielgesellschaft nicht in Deutschland, so greift § 32b ZPO nicht („wenn sich dieser Sitz im Inland befindet"); in diesem Falle mag die internationale Zuständigkeit deutscher Gerichte aus anderen Vorschriften folgen.[69] 24

§ 32b ZPO ist nicht anwendbar im Geltungsbereich von **EuGVO** und **LugÜ-II**. In Betracht kommen ggf. Art. 7 Nr. 2 EuGVO sowie Art. 5 Nr. 3 LugÜ-II, wonach im Falle einer unerlaub- 25

---

58 BGH, NZG 2017, 267, Rn. 11 f. = WM 2017, 231; BGH, NJW-RR 2013, 1302, Rn. 28 = ZIP 2013, 1688, III. 1. b) cc).
59 BGH, NZG 2017, 267, Rn. 11 f. = WM 2017, 231; BGH, NJW-RR 2013, 1302, Rn. 28 = ZIP 2013, 1688, III.1.b)cc); OLG Hamm, BeckRS 2015, 12038, Rn. 9; OLG Frankfurt a.M., BeckRS 2014, 07813, II.; BeckOK-*Toussaint*, ZPO, § 32b Rn. 19.
60 BeckOK-*Toussaint*, ZPO, § 32b Rn. 19.
61 BT-Drucks. 15/5091, S. 34.
62 Vgl. OLG Hamm, BeckRS 2015, 19339, Rn. 14 = GWR 2016, 14, Rn. 14: i.E. ausschließliche Zuständigkeit des Gerichts an deren allgemeinem Gerichtsstand i.S.v. § 17 ZPO. Krit., aber i.E. als „unvermeidbar" eingestuft Baumbach/Lauterbach/Albers/Hartmann, ZPO, § 32b Rn. 2; vgl. auch Möllers/Weichert, NJW 2005, 2737: Festlegung auf den Ort der Börse aufgrund der dann möglichen Spezialisierung und der damit verbundenen Entlastung der Justiz wäre sinnvoller.
63 Vgl. LG Hamburg, BeckRS 2016, 01891, A.
64 BeckOK-*Toussaint*, ZPO, § 32b Rn. 22.
65 OLG München, NJW-RR 2007, 1644, Rn. 9 („gut vertretbar"); BeckOK-*Toussaint*, ZPO, § 32b Rn. 22; Musielak/Voit-*Heinrich*, ZPO, § 32b Rn. 3.
66 Musielak/Voit-*Heinrich*, ZPO, § 32b Rn. 3; BeckOK-*Toussaint*, ZPO, § 32b Rn. 23 m.w.N. zur a.A.; vgl. auch KG Berlin, BeckRS 2016, 09320, II.3.b)bb) = MDR 2016, 847, Rn. 14 f.
67 Zöller-*Vollkommer*, ZPO, § 32b Rn. 7.
68 Vgl. hierzu *von Hein*, RIW 2004, 602.
69 BeckOK-*Toussaint*, ZPO, § 32b Rn. 26.

ten Handlung vor dem Gericht des Ortes geklagt werden kann, an dem das schädigende Ereignis eingetreten ist oder einzutreten droht. Der Ort, an dem das schädigende Ereignis eingetreten ist, meint sowohl den Ort, an dem der Schaden eingetreten ist (Erfolgsort), als auch den Ort des diesem Schaden zugrunde liegenden ursächlichen Geschehens (Handlungsort).[70]

26 § 32b ZPO begründet lediglich die örtlich ausschließliche, **nicht** dagegen die **international ausschließliche Zuständigkeit**; anderenfalls könnte ein im Heimatland des Geschädigten erwirktes Urteil nach § 328 Abs. 1 Nr. 1 ZPO nicht anerkannt werden (streitig).[71] Dies führte zu einer nicht gewollten Benachteiligung des Geschädigten.

§ 33
Besonderer Gerichtsstand der Widerklage

(1) Bei dem Gericht der Klage kann eine Widerklage erhoben werden, wenn der Gegenanspruch mit dem in der Klage geltend gemachten Anspruch oder mit den gegen ihn vorgebrachten Verteidigungsmitteln in Zusammenhang steht.

(2) Dies gilt nicht, wenn für eine Klage wegen des Gegenanspruchs die Vereinbarung der Zuständigkeit des Gerichts nach § 40 Abs. 2 unzulässig ist.

Inhalt:

	Rn.		Rn.
A. Allgemeines	1	a) Rechtshängigkeit der Hauptklage	20
I. Wesen und Zweck der Widerklage; Begriffe	1	b) Widerklage nach Schluss der mündlichen Verhandlung; schriftliches Verfahren	21
II. Regelungsgehalt	3	c) Widerklageerhebung in der Berufungs- oder Revisionsinstanz	22
III. Kosten und Gebühren der Widerklage; Streitwert	4	2. Konnexität	23
B. Erläuterungen	5	3. Parteiidentität der Haupt- und Widerklage	25
I. Allgemeine Zulässigkeitsvoraussetzungen der Widerklage	5	4. Prozessartenidentität	26
1. Allgemeine Zulässigkeitsvoraussetzungen für Klagen	5	III. Sonderformen der Widerklage	27
2. Ordnungsgemäße Klageerhebung; Parteien	6	1. Zwischenfeststellungswiderklage, § 256 Abs. 2	27
3. Zuständigkeit am Gericht der Klage	7	2. Drittwiderklage; Widerklage von Dritten	28
a) Rechtswegzuständigkeit	8	a) Arten und Begriffe	28
b) Sachliche Zuständigkeit	9	b) Drittwiderklage durch bislang nicht als Partei beteiligte Personen	29
c) Örtliche Zuständigkeit	10	c) Streitgenössische Drittwiderklage	30
aa) Allgemeines	10	d) Isolierte Drittwiderklage	31
bb) Konnexität	13	3. Eventualwiderklage	33
cc) Anwendbarkeit im Rahmen der Drittwiderklage	15	4. Wider-Widerklage	34
d) Funktionelle Zuständigkeit, insbesondere Kammer für Handelssachen	16	5. Possessorische Klage und petitorische Widerklage	35
e) Internationale Zuständigkeit	17	C. Entscheidung über die Widerklage	36
4. Keine anderweitige Rechtshängigkeit	18	I. Trennung von Klage und Widerklage	36
II. Besondere Zulässigkeitsvoraussetzungen der Widerklage	19	II. Entscheidung durch Teilurteil	37
1. Zeitpunkt der Widerklageerhebung	20	III. Entscheidung durch Endurteil	38

---

70 EuGH, NJW 2009, 3501, Rn. 23, 25 = IPRax 2010, 358, Rn. 23, 25; vgl. zum Erfolgsort bei Kapitalmarktdelikten MK-*Patzina*, ZPO, § 32b Rn. 10 sowie EuGH, NJW 2004, 2441 = IPRax 2005, 32: nicht schon deshalb Klägerwohnsitz, weil dort finanzieller Schaden.
71 Musielak/Voit-*Heinrich*, ZPO, § 32b Rn. 7; a.A. MK-*Patzina*, ZPO, § 32b Rn. 11: Verstoß gegen die Systematik der örtlichen Zuständigkeitsregelungen – stattdessen Anerkennung des ausländischen Urteils; vgl. auch *Bachmann*, IPrax 2007, 77: internationale Zuständigkeit i.S. einer ausschließlichen Zuständigkeit; zur Anerkennung US-amerikanischer Titel gegen Emittenten mit Sitz in Deutschland in Fällen falscher oder irreführender Kapitalmarktinformationen vgl. *Haß/Zerr*, RIW 2005, 721.

A. Allgemeines
I. Wesen und Zweck der Widerklage; Begriffe

Die Widerklage eröffnet dem Beklagten[1] eines Rechtsstreits die Möglichkeit **selbst zum Angriff überzugehen**[2] und gegen den Kläger oder bislang am Rechtsstreit nicht als Partei beteiligte Personen (sog. Drittwiderklage, vgl. Rn. 28, 30–32) im selben Verfahren Ansprüche rechtskräftig durchzusetzen. Die Widerklage gilt vom Zeitpunkt ihrer Erhebung an als **selbstständige Klage**.[3] Diese Möglichkeit wird dem Beklagten i.S.d. Prozessökonomie[4] eingeräumt, wenn sein Gegenanspruch mit dem Klageanspruch oder den dagegen vorgebrachten Verteidigungsmitteln in Zusammenhang (**Konnexität**, dazu Rn. 10–15, 23–24) steht. Es soll die Vervielfältigung und Zersplitterung von Prozessen über zusammengehörende Ansprüche vermieden werden.[5] Da die Widerklage selbst der **(Gegen-)Angriff** ist, handelt es sich bei ihr **nicht bloß um ein Angriffs- oder Verteidigungsmittel**.[6] Die **Präklusionsregelungen** der §§ 296, 530, 531 ZPO gelten für die Widerklage und die darin vorgebrachten Angriffs- und Verteidigungsmittel daher nicht.[7] So kann Tatsachenvortrag zur Klage, der eigentlich verspätet wäre, noch in den Rechtsstreit eingeführt werden (sog. **Flucht in die Widerklage**; vgl. auch Rn. 37).[8]

1

Der Beklagte wird im Zusammenhang mit der Widerklage als **Widerkläger**, der Kläger als **Widerbeklagter** bezeichnet. Die Klage des Klägers nennt man auch **Haupt- oder Vorklage**.

2

II. Regelungsgehalt

Nach seinem Wortlaut stellt § 33 ZPO lediglich einen **besonderen Gerichtsstand** für die Widerklage zur Verfügung, damit der Widerkläger seinen Anspruch auch verfolgen kann, wenn das Klagegericht für den Gegenanspruch sonst nicht zuständig wäre (dazu Rn. 10–14 und zu Einschränkungen im Rahmen der Drittwiderklage vgl. Rn. 15). § 33 ZPO begründet **keinen ausschließlichen Gerichtsstand** (vgl. Rn. 11). Darüberhinaus erkennt die Rechtsprechung dem Merkmal des Zusammenhangs i.S.d. § 33 ZPO aber auch die **Stellung als eigenständige Prozessvoraussetzung** für die Widerklage zu, was in der Literatur weitgehend abgelehnt wird (dazu Rn. 23–24).

3

III. Kosten und Gebühren der Widerklage; Streitwert

Über Kosten von Klage und Widerklage wird **stets einheitlich entschieden**. Eine Trennung der Kosten findet nicht statt (vgl. Rn. 38). Die Gebühren fallen für Klage und Widerklage einheitlich aus dem Gesamtstreitwert an. Für den **Gebührenstreitwert** ist § 45 GKG zu berücksichtigen.[9] Die Widerklagezustellung verlangt **keinen Gerichtskostenvorschuss** (§ 12 Abs. 2 Nr. 1 GKG). Für den **Zuständigkeitsstreitwert** gilt § 5 Hs. 2 ZPO.

4

B. Erläuterungen
I. Allgemeine Zulässigkeitsvoraussetzungen der Widerklage
1. Allgemeine Zulässigkeitsvoraussetzungen für Klagen

Es müssen die gleichen allgemeinen Zulässigkeitsvoraussetzungen wie bei jeder anderen Klage auch erfüllt sein. Im Folgenden sind lediglich die bei der Widerklage bestehenden Besonderheiten hinsichtlich dieser Zulässigkeitsvoraussetzungen zu erörtern. Es bedarf gemäß § 15a Abs. 2 Satz 1 Nr. 1 EGZPO keines **Schlichtungsverfahrens** für die Widerklage.

5

2. Ordnungsgemäße Klageerhebung; Parteien

Für die **Wiederklagerhebung** gilt neben § 253 ZPO auch § 261 Abs. 2 ZPO, wonach die Erhebung außer in einem Schriftsatz auch in der mündlichen Verhandlung möglich ist. Die **Prozessvollmacht** erstreckt sich auch auf die Erhebung und Abwehr einer Widerklage (§§ 81, 82 Rn. 4). Zur Widerklageerhebung unter einer Bedingung vgl. Rn. 33.

6

---

1 Zu Widerklagen durch nicht als Partei am Rechtsstreit beteiligte Personen Rn. 29 und durch den Kläger Rn. 34.
2 BAG, NZA 1990, 987 (988).
3 BGHZ 40, 185 (189) = NJW 1964, 44 (45).
4 BGHZ 52, 30 (33 f.).
5 BGHZ 147, 220 (222) = NJW 2001, 2094 = BauR 2001, 1288 (1289).
6 BGH, NJW 1981, 1217; Musielak/Voit-*Heinrich*, ZPO, § 33 Rn. 11 m.w.N.; Zöller-*Vollkommer*, ZPO, § 33 Rn. 8.
7 Vgl. dazu BGH, NJW 1995, 1223 (1224) = MDR 1995, 408 (409); BGH, NJW 1981, 1217; Stein/Jonas-*Roth*, ZPO, § 33 Rn. 54; Zöller-*Vollkommer*, ZPO, § 33 Rn. 9.
8 Musielak/Voit-*Heinrich*, ZPO, § 33 Rn. 11; Stein/Jonas-*Roth*, ZPO, § 33 Rn. 54.
9 Vgl. dazu auch BGH, NJW 2014, 1456.

3. Zuständigkeit am Gericht der Klage

7 Für die Widerklage muss das Gericht der Klage sachlich, örtlich, funktionell und international zuständig sein. Die **Heilungsmöglichkeit des § 39 ZPO** ist diesbezüglich zu beachten. Außerdem muss für die Widerklage der gleiche Rechtsweg wie für die Klage gegeben sein.

a) Rechtswegzuständigkeit

8 Für die Widerklage muss der gleiche Rechtsweg wie für die Klage gegeben sein. Ist dies nicht der Fall, dann muss das Gericht die Widerklage von Amts wegen abtrennen und an das Gericht des zuständigen Rechtswegs verweisen.[10]

b) Sachliche Zuständigkeit

9 Insoweit ist zu beachten, dass nach einhelliger Auffassung eine nach dem Streitwert (§ 23 Nr. 1 GVG) eigentlich in die **Zuständigkeit des Amtsgerichts fallende Widerklage** dennoch vor dem Landgericht als zuständigem Klagegericht geführt werden kann,[11] sofern keine ausschließliche amtsgerichtliche Zuständigkeit für die Widerklage besteht.[12] Ist für die Klage dagegen streitwertabhängig das Amtsgericht zuständig und wird eine **Widerklage** erhoben, die dem Streitwert nach **zum Landgericht gehört**, wird der Rechtsstreit gemäß § 506 ZPO auf Antrag einer Partei insgesamt an das Landgericht verwiesen. Erfolgt kein Antrag, ist die Widerklage als unzulässig abzuweisen, sofern nicht §§ 39, 504 ZPO zu einer Zuständigkeitsbegründung führen.[13] Besteht eine streitwertunabhängige ausschließliche sachliche Zuständigkeit des Amtsgerichts für die Klage und gilt diese sachliche Zuständigkeit nicht auch für die Widerklage, kommt § 506 ZPO nicht in Betracht und ist diese von der Klage zu trennen sowie auf Antrag alleine vor das Landgericht zu verweisen.[14] Für den **Zuständigkeitsstreitwert** werden Klage und Widerklage nach § 5 Hs. 2 ZPO nicht zusammengerechnet.

c) Örtliche Zuständigkeit
aa) Allgemeines

10 § 33 ZPO eröffnet dem Beklagten für seine Widerklage unter der Voraussetzung der Konnexität einen **besonderen Gerichtsstand** am Gericht der Klage. Er führt jedoch nicht dazu, dass ein für die Hauptklage unzuständiges Gericht für diese durch Erhebung der Widerklage zuständig wird.[15] Der besondere Gerichtsstand der Widerklage scheidet nach Abs. 2, § 40 Abs. 2 ZPO aus, wenn für den Gegenanspruch entweder eine **ausschließliche Zuständigkeit** besteht oder sie nichtvermögensrechtliche Ansprüche betrifft, die den Amtsgerichten ohne Rücksicht auf den Wert des Streitgegenstandes zugewiesen sind. § 215 Abs. 2 VVG schließt in seinem Anwendungsbereich die Geltung von § 33 Abs. 2 ZPO aus, erweitert damit also die Möglichkeiten der Widerklage. Das Gleiche gilt für § 29c Abs. 2 ZPO. Durch Erhebung der Widerklage im Gerichtsstand des § 33 ZPO übt der Beklagte ein etwaig bestehendes Wahlrecht zwischen **weiteren allgemeinen und besonderen Gerichtsständen** endgültig und unwiderruflich aus (vgl. dazu § 35 Rn. 2 f.).[16]

11 Da es sich bei § 33 ZPO um einen **besonderen** und **nicht um einen ausschließlichen Gerichtsstand** handelt, kann er **derogiert** werden, was unter strengen Umständen auch der **Prorogation eines anderen Gerichtsstands** im Wege der Auslegung entnommen werden kann (dazu im Zusammenhang mit der internationalen Zuständigkeit: Rn. 17).[17] Eine Derogation verliert ihre Wirkung nicht dadurch, dass der Kläger entgegen der Gerichtsstandsvereinbarung ebenfalls Klage vor einem unzuständigen Gericht erhoben hat.[18] Vgl. zur Derogation des Widerklagegerichtsstands auch § 38 Rn. 34.

12 Fehlt es an der Konnexität als zuständigkeitsbegründendes Merkmal, so ist, soweit nicht aufgrund anderer Vorschriften (auch § 39 ZPO) eine Zuständigkeit des Klagegerichts gegeben ist,

---

10 BGH, NJW 1996, 1532.
11 OLG Frankfurt a.M., NJW 2010, 3173 (3175); Musielak/Voit-*Heinrich*, ZPO, § 33 Rn. 5.
12 Zöller-*Vollkommer*, ZPO, § 33 Rn. 12; dann entweder Trennung und Verweisung der Widerklage an das Amtsgericht oder Unzulässigkeit der Widerklage, vgl. OLG München v. 10.06.2008, 31 AR 53/08, juris, Rn. 5; Thomas/Putzo-*Hüßtege*, ZPO, § 33 Rn. 18.
13 Stein/Jonas-*Roth*, ZPO, § 33 Rn. 14; Zöller-*Vollkommer*, ZPO, § 33 Rn. 12.
14 Offenlassend unter Darstellung des Streitstandes OLG Karlsruhe, MDR 2011, 1499; wie hier OLG München v. 10.06.2008, 31 AR 53/08, juris, Rn. 3–6; Thomas/Putzo-*Hüßtege*, ZPO, § 33 Rn. 18.
15 OLG Hamburg, OLGR 2006, 416 (417).
16 OLG Zweibrücken, NJW-RR 2000, 590 (590 f.).
17 BGHZ 52, 30 (34 ff.); BGHZ 59, 116 (118 ff.) = NJW 1972, 1671 (1671 f.); BGH, NJW 1981, 2644; Musielak/Voit-*Heinrich*, ZPO, § 33 Rn. 29 m.w.N.; Stein/Jonas-*Roth*, ZPO, § 33 Rn. 6 m.w.N.; Zöller-*Vollkommer*, ZPO, § 33 Rn. 30 m.w.N.
18 BGH, NJW-RR 1987, 227 (229) m.w.N.

die Widerklage auf Antrag gemäß § 281 ZPO zu verweisen oder, falls ein Antrag nicht gestellt wird, als unzulässig abzuweisen.

bb) Konnexität

§ 33 ZPO setzt einen **Zusammenhang** zwischen **Klageanspruch und Widerklageanspruch** oder zwischen **Widerklageanspruch** und **den gegen den Klageanspruch vorgebrachten Verteidigungsmitteln** voraus. Der nötige Zusammenhang ist weit auszulegen.[19] Es ist ein **rechtlicher Zusammenhang** erforderlich.[20] Ob auch ein bloß tatsächlicher/natürlicher oder wirtschaftlicher Zusammenhang genügt, ist umstritten.[21] Anspruch und Gegenanspruch müssen demselben Lebensverhältnis entspringen, was dem Begriff der Konnexität aus § 273 BGB ähnlich ist.[22] Es ist als ausreichend anzusehen, wenn Klageanspruch und Gegenanspruch zwar aus unterschiedlichen Rechtsverhältnissen stammen, diese jedoch bei wertender Betrachtung zusammengefasst wirtschaftlich als ein Ganzes, also als **innerlich zusammengehörendes Lebensverhältnis** erscheinen, einheitlich oder untrennbar sind.[23] Dies ist beispielsweise bei **Verträgen im Rahmen laufender Geschäftsbeziehungen** der Fall.[24] Wird der Kaufpreis aus einem von zwei Kaufverträgen über gleichartige Sachen im Klagewege geltend gemacht, kann der Käufer Schadensersatzansprüche aufgrund gleicher oder ähnlicher Mangelhaftigkeit betreffend beide Kaufverträge im Wege der Widerklage geltend machen.[25] Bei einer **Klage auf Mieterhöhung** kann eine Widerklage wegen Mängeln der Mietsache erhoben werden, da beide Ansprüche aus demselben Vertragsverhältnis entspringen.[26]

13

Als **Verteidigungsmittel** kommen selbstständige Einwendungen und Einreden in Betracht, beispielsweise die **Aufrechnung**. Durch die Aufrechnung werden sonst nicht konnexe Ansprüche konnex und können daher mit der Widerklage verfolgt werden.[27] Die Verteidigungsmittel müssen **materiell und prozessual zulässig**, nicht jedoch auch begründet sein.[28]

14

cc) Anwendbarkeit im Rahmen der Drittwiderklage

Es ist umstritten, inwieweit § 33 ZPO auch bei der Drittwiderklage (dazu Rn. 28–32) einen besonderen Gerichtsstand begründet. Der BGH verneinte dies in ständiger früherer Rechtsprechung.[29] Für den Fall der **isolierten Drittwiderklage gegen einen Zedenten** hat er indes mittlerweile den besonderen Gerichtsstand des § 33 ZPO anerkannt.[30] Er hat jedoch ausdrücklich offengelassen, ob dies auch für die **sonstigen Fälle der Drittwiderklage** gilt.[31] Richtigerweise sollte man dies bejahen, um eine Vereinheitlichung der Fälle zu gewährleisten.[32] Zur Gerichtsstandsbestimmung im Falle der Drittwiderklage vgl. § 36 Rn. 15.

15

---

19 BGHZ 149, 120 (127f.) = NJW 2002, 2182 (2184) = WM 2002, 102 (104); BGHZ 52, 30 (34); Musielak/Voit-*Heinrich*, ZPO, § 33 Rn. 2.
20 BGHZ 149, 120 (127) = NJW 2002, 2182 (2184) = WM 2002, 102 (104).
21 Offengelassen von BGHZ 53, 166 (168) m.w.N. für beide Ansichten; bejahend OLG Schleswig, NJW 2015, 3107 (3107), Rn. 15; Thomas/Putzo-*Hüßtege*, ZPO, § 33 Rn. 4; Zöller-*Vollkommer*, ZPO, § 33 Rn. 15; verneinend OLG Frankfurt a.M. v. 17.12.2012, 1 U 17/11, juris, Rn. 23 nur rechtlicher Zusammenhang ausreichend; ebenso Musielak/Voit-*Heinrich*, ZPO, § 33 Rn. 2; Stein/Jonas-*Roth*, ZPO, § 33 Rn. 26.
22 BGHZ 52, 30 (34).
23 Vgl. auch BGH, NJW 1975, 1228 = MDR 1975, 566; BGHZ 53, 92 (94) = NJW 1970, 425 = MDR 1970, 322 (323); Thomas/Putzo-*Hüßtege*, ZPO, § 33 Rn. 5.
24 BGHZ 149, 120 (127) = NJW 2002, 2182 (2184) = WM 2002, 102 (104) m.w.N.
25 BGHZ 52, 30 (33f.).
26 KG Berlin, KGR 2004, 91 (91f.).
27 Stein/Jonas-*Roth*, ZPO, § 33 Rn. 29; Zöller-*Vollkommer*, ZPO, § 33 Rn. 16.
28 Thomas/Putzo-*Hüßtege*, ZPO, § 33 Rn. 6; Stein/Jonas-*Roth*, ZPO, § 33 Rn. 29.
29 Z.B. BGH, NJW-RR 2008, 1516 (1517), Rn. 14–16 = FamRZ 2008, 1843 (1844) Rn. 14–16 m.w.N.; BGH, NJW 2000, 1871 (1872); BGH, NJW 1993, 2120 = MDR 1993, 550; BGH, NJW 1992, 982 = MDR 1992, 710; BGH, NJW 1991, 2838 = MDR 1991, 1093; a.A. aber vereinzelt geblieben BGH, NJW 1966, 1028 = MDR 1966, 481.
30 BGHZ 187, 112 (114ff.), Rn. 4–14 = NJW 2011, 460 (461f.), Rn. 4–14 mit Anm. *Vossler*; dazu ausführlich *Beck*, WRP 2011, 414.
31 BGHZ 187, 112 (118), Rn. 14 = NJW 2011, 460 (462), Rn. 14.
32 So auch schon OLG Dresden, OLG-NL 2003, 65 (65f.); Thomas/Putzo-*Hüßtege*, ZPO, § 33 Rn. 13 für streitgenössische Drittwiderklage und isolierte Drittwiderklage beim Zedenten; Zöller-*Vollkommer*, ZPO, § 33 Rn. 14, 23, 24; wohl auch Musielak/Voit-*Heinrich*, ZPO, § 33 Rn. 27; dazu auch *Beck*, WRP 2011, 414; a.A. Stein/Jonas-*Roth*, ZPO, § 33 Rn. 44–45.

d) Funktionelle Zuständigkeit, insbesondere Kammer für Handelssachen

16 Wurde die Hauptklage vor der **Zivilkammer** erhoben, führt die Erhebung einer Widerklage, die zur Zuständigkeit der **Kammer für Handelssachen** gehört, nicht zur Verweisung des Rechtsstreits dorthin.[33] Dagegen kann eine Widerklage, für die die Kammer für Handelssachen nicht zuständig ist, nicht dort geführt werden, wenn die Klage dort erhoben wurde. Es ist dann der Rechtsstreit insgesamt an die Zivilkammer zu verweisen (§ 99 GVG).

e) Internationale Zuständigkeit

17 Die Zuständigkeit des Klagegerichts muss für die Widerklage auch in internationaler Hinsicht bestehen. Da die internationale Zuständigkeit durch die örtliche Zuständigkeit indiziert wird (vgl. Vorbem. §§ 1–37 Rn. 5), ergeben sich insoweit keine Probleme. § 33 ZPO führt ebenso wie eine sonstige nationale örtliche Zuständigkeit zur **internationalen Zuständigkeit**.[34] Zu beachten ist, dass durch **Prorogation** eines ausländischen Gerichts auch die nationale Zuständigkeit **derogiert** werden kann, so dass dann eine Widerklage im Inland nicht mehr zulässig ist (vgl. auch Rn. 11).[35] Im Anwendungsbereich der EuGVVO ist Art. 8 Nr. 3 EuGVVO zu beachten.

4. Keine anderweitige Rechtshängigkeit

18 Der Streitgegenstand der Widerklage darf gemäß § 261 Abs. 3 Nr. 1 ZPO nicht bereits anderweit – insbesondere nicht aufgrund der Klage – **rechtshängig** sein.[36] Deshalb darf mit der Widerklage nicht das **kontradiktorische Gegenteil** des Klageanspruchs geltend gemacht werden.[37] Es steht einer Widerklage auf Zahlung nicht entgegen, wenn der Kläger vom Beklagten Befreiung von dieser Verbindlichkeit verlangt[38] oder negative Feststellungsklage gegen das Bestehen der Forderung oder des dieser zugrunde liegenden Rechtsgeschäfts erhoben hatte.[39] Anders ist es indes, wenn der Kläger Zahlungsklage und der Widerkläger betreffend diese Forderung negative Feststellungsklage erhoben hat.[40] Hingegen kann gegen eine **Teilklage** auf Leistung widerklagend **negative Feststellungswiderklage** hinsichtlich des gesamten Anspruchs erhoben werden (vgl. auch Rn. 27).[41]

II. Besondere Zulässigkeitsvoraussetzungen der Widerklage

19 Neben den allgemeinen Zulässigkeitsvoraussetzungen von Klagen muss die Widerklage aufgrund ihrer Besonderheiten auch bestimmte weitere Prozessvoraussetzungen erfüllen, damit sie zulässig ist.

1. Zeitpunkt der Widerklageerhebung
a) Rechtshängigkeit der Hauptklage

20 Die Widerklage setzt **zum Zeitpunkt ihrer Erhebung** eine in der **Hauptsache** noch **rechtshängige Hauptklage** voraus.[42] Bloße Anhängigkeit ist nicht ausreichend.[43] Die Erhebung einer Widerklage im **Mahnverfahren** ist unzulässig.[44] Sie kommt insoweit erst in Betracht, wenn zum Streitverfahren übergegangen wird.[45] Die Widerklage kann auch **nicht im PKH-Verfahren** erfolgen, solange die Klage noch nicht zugestellt wurde.[46] Die Widerklage im **Nach-**

---

33 Ausführlich zu diesem Thema *Gaul*, JZ 1984, 57 (62 ff.).
34 BGH, NJW-RR 1987, 227 (228) = MDR 1985, 911 m.w.N.; BGH, NJW 1981, 2642; wohl auch BGHZ 149, 120 (127) = NJW 2002, 2182 (2184) wo die internationale Zuständigkeit für die Aufrechnung aus dem Grundgedanken des § 33 ZPO entnommen wird; Zöller-*Vollkommer*, ZPO, § 33 Rn. 4.
35 Z.B. BGH, NJW-RR 1987, 227 (228 f.) = MDR 1985, 911; BGH, NJW 1981, 2644.
36 Vgl. dazu BGHZ 149, 222 (225 f.) = NJW 2002, 751 (752) = WM 2002, 459 (460).
37 BGH, NJW-RR 2012, 1160 (1161), Rn. 7 = ZfS 2012, 681, Rn. 7; Musielak/Voit-*Heinrich*, ZPO, § 33 Rn. 9.
38 BGHZ 149, 222 (225) = NJW 2002, 751 (752) = WM 2002, 459 (461).
39 BGHZ 149, 222 (225) = NJW 2002, 751 (752) = WM 2002, 459 (461); BGH, NJW 1989, 2064 = MDR 1989, 623 m.w.N.
40 BGH, NJW 1989, 2064 (2064 f.) = MDR 1989, 623 m.w.N.
41 BGHZ 69, 37 (41) = NJW 1977, 1637 = MDR 1977, 1009 m.w.N. auch zur Sonderkonstellation, dass der Kläger behauptet den nicht eingeklagten Teil der Restforderung an einen Dritten abgetreten zu haben; Zöller-*Vollkommer*, ZPO, § 33 Rn. 7; Stein/Jonas-*Roth*, ZPO, § 33 Rn. 7.
42 BGH, NJW 2014, 1670, Rn. 14 = BauR 2014, 299 (300), Rn. 14 spricht (wohl missverständlich) von Anhängigkeit; ebenso missverständlich BGHZ 40, 185 (187) = NJW 1964, 44; BGH, NJW-RR 2001, 60.
43 OLG Celle, NJW 1963, 1555.
44 Zöller-*Vollkommer*, ZPO, § 33 Rn. 17.
45 Musielak/Voit-*Heinrich*, ZPO, § 33 Rn. 7.
46 OLG Celle, NJW 1963, 1555.

verfahren ist möglich.[47] Die Klage muss **nicht** zwingend **beim für sie zuständigen Gericht erhoben** worden sein.[48] Die Zuständigkeit einer beim unzuständigen Gericht erhobenen Hauptklage wird jedoch nicht durch Erhebung der Widerklage begründet (vgl. Rn. 10). Auch sonst muss die **Klage nicht zulässig oder gar begründet** sein.[49] Sobald die **Widerklage ihrerseits rechtshängig** ist, hängt ihr weiteres Schicksal nicht mehr von der Rechtshängigkeit der Hauptklage ab.[50] Eine Beendigung der Rechtshängigkeit der Hauptklage beispielsweise durch Klagerücknahme, Teilurteil, Vergleich oder Erledigungserklärung **schadet der Widerklage ab diesem Zeitpunkt nicht mehr** (arg. e. § 301 Abs. 1 Satz 1 ZPO, § 261 Abs. 3 Nr. 2 ZPO).[51] **Zuvor** führt die Beendigung der Rechtshängigkeit der Hauptklage zur **Unzulässigkeit der Widerklage**.[52] Soweit die Klage in der Hauptsache nicht mehr rechtshängig ist, aber noch die **Kostenentscheidung aussteht** (z.B. bei Klagerücknahme, Erledigungserklärung, Teilurteil) ist dies für eine Widerklageerhebung nicht ausreichend.[53] Eine wegen fehlender Rechtshängigkeit unzulässige Widerklage kann jedoch möglicherweise als **neue Hauptklage** behandelt werden, wenn der Erklärung der Partei entnommen werden kann, dass sie nötigenfalls eine solche **Umdeutung** wünscht.[54]

b) Widerklage nach Schluss der mündlichen Verhandlung; schriftliches Verfahren
Eine erst **nach Schluss der mündlichen Verhandlung** über die Hauptklage erhobene Widerklage ist unzulässig, sofern nicht das Gericht die mündliche Verhandlung wiedereröffnet.[55] Sie kann jedoch **in der Berufungsinstanz weiterverfolgt** werden (Rn. 22), was als Neuerhebung anzusehen ist.[56] Im **schriftlichen Verfahren** ist die Widerklage nach dem Zeitpunkt, bis zu dem Schriftsätze eingereicht werden können (§ 128 Abs. 2 Satz 2 ZPO), nicht mehr möglich.[57]

21

c) Widerklageerhebung in der Berufungs- oder Revisionsinstanz
Die Widerklage kann zulässig erstmals in der **Berufungsinstanz** unter den **Voraussetzungen des § 533 ZPO** erhoben werden. Der Kläger muss daher **einwilligen** oder das Gericht die Widerklage für **sachdienlich** erachten und sie muss auf Tatsachen gestützt werden, die das Berufungsgericht der Berufung ohnehin zugrunde zu legen hat. Die **Einwilligung des Klägers** kann wegen §§ 525, 267 ZPO **stillschweigend** erfolgen, indem er die Widerklageerhebung nicht rügt.[58] Selbst wenn der Tatsachenvortrag in der Widerklage neu ist, ist sie zulässig, wenn der **Tatsachenvortrag unstrittig** ist.[59] Dasselbe gilt, wenn sie sich auf Tatsachenvortrag aus erster Instanz stützt, der für die Entscheidung über die Hauptklage unerheblich ist.[60] Der Berufungsbeklagte kann sich der erhobenen Berufung mit der **Anschlussberufung** anschließen, um eine Widerklage zu erheben.[61] Allerdings kann er dadurch nicht die Widerklage erstmals in zweiter Instanz auf einen Dritten erweitern.[62] Die in der Berufungsinstanz erhobene **Widerklage verliert ihre Wirkung**, wenn die Berufung nach § 522 Abs. 2 ZPO zurückgewiesen wird.[63] In der **Revisionsinstanz** kommt eine Widerklageerhebung nur ausnahmsweise in Betracht, nämlich wenn Inzidentanträge auf Schadensersatz gemäß §§ 302 Abs. 4, 600 Abs. 2, 717 Abs. 2, 3 ZPO gestellt werden.[64]

22

---

47 Stein/Jonas-*Roth*, ZPO, § 33 Rn. 18 m.w.N.
48 Zöller-*Vollkommer*, ZPO, § 33 Rn. 17; MK-*Patzina*, ZPO, § 33 Rn. 12; Stein/Jonas-*Roth*, ZPO, § 33 Rn. 16 m.w.N.; a.A. Thomas/Putzo-*Hüßtege*, ZPO, § 33 Rn. 19.
49 Musielak/Voit-*Heinrich*, ZPO, § 33 Rn. 7 m.w.N.
50 LG München I, NJW 1978, 953 (953f.) m.w.N., wobei zutreffend darauf hingewiesen wird, dass daran bei der Klagerücknahme auch § 269 Abs. 3 Satz 1 ZPO nichts ändert.
51 LG München I, NJW 1978, 953 (953f.).
52 MK-*Patzina*, ZPO, § 33 Rn. 12.
53 BGH, NJW-RR 2001, 60; Zöller-*Vollkommer*, ZPO, § 33 Rn. 17.
54 OLG Celle, NJW 1963, 1555 (1556); weitergehend Musielak/Voit-*Heinrich*, ZPO, § 33 Rn. 7 ohne weiteres Behandlung als Hauptklage.
55 BGH, NJW 2000, 2512 (2513); BGH, NJW-RR 1992, 1085 = MDR 1992, 899; Musielak/Voit-*Heinrich*, ZPO, § 33 Rn. 6 m.w.N.
56 OLG Stuttgart, OLGR 2003, 395 (396).
57 Zöller-*Vollkommer*, ZPO, § 33 Rn. 9.
58 BGH, NJW-RR 2012, 429 (430), Rn. 14; BGH, NJW-RR 2005, 437 = MDR 2005, 588 m.w.N.
59 BGH, NJW-RR 2005, 437 = MDR 2005, 588 (588f.) m.w.N.
60 BGH, NJW-RR 2012, 429 (430), Rn. 10–13 = MDR 2012, 486 (487), Rn. 10–13.
61 BGHZ 4, 229 (234).
62 BGH, NJW 1995, 198 (198f.) = MDR 1995, 89 (90); allgemein zur Drittwiderklage in zweiter Instanz BGHZ 91, 132 (134) = NJW 1984, 2104 (2104f.) = MDR 1984, 818 (819).
63 BGHZ 198, 315 = NJW 2014, 151 m.w.N. auch zur Gegenansicht sowie mit zust. Anm. *Kaiser*.
64 Stein/Jonas-*Roth*, ZPO, § 33 Rn. 19.

2. Konnexität

23 Die **Zulässigkeit der Widerklage** ist nach der überwiegenden Rechtsprechung davon abhängig, dass zwischen dem Klageanspruch und dem Gegenanspruch oder zwischen dem Gegenanspruch und den gegen den Klageanspruch geltend gemachten Verteidigungsmitteln ein **Zusammenhang (Konnexität)** besteht (zum Begriff der Konnexität vgl. Rn. 13–14).[65] Die von der Literatur und einem Teil der Rechtsprechung,[66] die § 33 ZPO lediglich die Bedeutung eines zusätzlichen besonderen Gerichtsstandes beimessen, abgelehnte Ansicht **wirkt sich jedoch nur** aus, wenn nach anderen Vorschriften als § 33 ZPO bereits eine Zuständigkeit des Klagegerichts gegeben ist. Andernfalls benötigen auch diejenigen, die die Konnexität als eigenständiges Zulässigkeitsmerkmal der Widerklage ablehnen, die Voraussetzungen des § 33 ZPO. § 33 Abs. 2 ZPO wird dagegen unstreitig als reine Zuständigkeits- und nicht Zulässigkeitsbeschränkung angesehen.[67]

24 Fehlt es an der Konnexität als besonderer Prozessvoraussetzung kommt eine **Heilung nach § 295 ZPO** in Betracht.[68]

3. Parteiidentität der Haupt- und Widerklage

25 Die Wiederklageerhebung muss grundsätzlich durch den Beklagten erfolgen und gegen den Kläger gerichtet sein (vgl. Rn. 1; zu Ausnahmen und Sonderfällen vgl. Rn. 28–32).

4. Prozessartenidentität

26 Die Widerklage muss in der gleichen Prozessart erfolgen wie die Klage. Wurde die **Klage im Urkunden-, Wechsel- oder Scheckverfahren** erhoben, kommt eine Widerklage nach der ausdrücklichen gesetzlichen Regelung in § 595 Abs. 1 ZPO nicht in Betracht. Das Gleiche gilt im Verfahren des **einstweiligen Rechtsschutzes** auch für eine Widerklage in Form der einstweiligen Gegenverfügung.[69] Wurde eine Klage im ordentlichen Verfahren erhoben, kann jedoch eine **Widerklage in der Form des Urkundsverfahrens** erfolgen.[70] Des Weiteren kann eine Widerklage erhoben werden, wenn die Hauptklage zwar im Urkundsprozess geführt wurde, aber mittlerweile im **Nachverfahren** anhängig ist.[71] Im Verfahren über eine Familienstreitsache kann eine andere Familienstreitsache im Wege des Wideranrags geltend gemacht werden.[72]

III. Sonderformen der Widerklage

1. Zwischenfeststellungswiderklage, § 256 Abs. 2

27 Die Zwischenfeststellungswiderklage ermöglicht es dem Beklagten das Bestehen oder Nichtbestehen eines zwischen den Parteien streitigen Rechtsverhältnisses, das für die Hauptsache präjudiziell ist, rechtskräftig feststellen zu lassen. Die Zulässigkeitsvoraussetzungen richten sich allein nach § 256 Abs. 2 ZPO.[73] Sie kommt insbesondere in der Konstellation vor, dass der Kläger eine **Teilklage** erhebt und der Beklagte **widerklagend negative Feststellungsklage**, dass dem Kläger der Gesamtbetrag nicht zusteht (Rn. 18).

2. Drittwiderklage; Widerklage von Dritten
a) Arten und Begriffe

28 Unter der Drittwiderklage[74] versteht man eine Widerklage[75] die sich **gegen bislang am Klageverfahren nicht als Partei beteiligte Personen** richtet. Diese Art der Widerklage wird auch als **parteierweiternde Widerklage** bezeichnet. Man unterscheidet die **streitgenössische Wi-

---

65 Z.B. BGHZ 147, 220 (224 f.) = NJW 2001, 2094 (2095) = BauR 2001, 1288 (1290); BGH, NJW 1975, 1228 = MDR 1975, 566; BGHZ 40, 185 (187) = NJW 1964, 44; a.A. OLG Frankfurt a.M., MMR 2012, 745.
66 OLG Frankfurt a.M., MMR 2012, 745; Thomas/Putzo-*Hüßtege*, ZPO, § 33 Rn. 1; Musielak/Voit-*Heinrich*, ZPO, § 33 Rn. 3; MK-*Patzina*, ZPO, § 33 Rn. 1 m.w.N.; Stein/Jonas-*Roth*, ZPO, § 33 Rn. 2–5 mit umfangreichen weiteren Nachweisen zu beiden Ansichten; Zöller-*Vollkommer*, ZPO, § 33 Rn. 1; a.A. Prütting/Gehrlein-*Wern*, ZPO, § 33 Rn. 1.
67 MK-*Patzina*, ZPO, § 33 Rn. 1.
68 BGH, LM § 1025 Nr. 7 m.w.N.
69 OLG Frankfurt a.M. v. 20.10.2011, 6 U 101/11, juris, Rn. 14–15; a.A. MK-*Patzina*, ZPO, § 33 Rn. 6; Stein/Jonas-*Roth*, ZPO, § 33 Rn. 20; Musielak/Voit-*Heinrich*, ZPO, § 33 Rn. 14; Zöller-*Vollkommer*, ZPO, § 33 Rn. 19 m.w.N.; LG Köln, ZUM 2006, 71 (72 f.); LG Köln, MDR 1959, 40 je eine einstweilige Gegenverfügung für statthaft haltend.
70 BGHZ 149, 222 = NJW 2002, 751 = WM 2002, 459.
71 Stein/Jonas-*Roth*, ZPO, § 33 Rn. 18 m.w.N.
72 OLG Schleswig, NJW 2015, 3107 (3107 f.), Rn. 11–21.
73 Stein/Jonas-*Roth*, ZPO, § 33 Rn. 34.
74 Vgl. zur Drittwiderklage auch *Fellner*, MDR 2011, 146 f.
75 Thomas/Putzo-*Hüßtege*, ZPO, § 33 Rn. 8 sieht hier schon begrifflich keine Widerklage.

derklage, bei der die bislang nicht beteiligten Personen als Streitgenossen des Klägers in Anspruch genommen werden und sich damit die Widerklage gegen diese und den Kläger richtet (Rn. 30) und die **isolierte Drittwiderklage**, bei der die Widerklage ausschließlich gegen bislang nicht als Partei beteiligte Personen erhoben wird (Rn. 31–32). Zur Anwendung des § 33 ZPO als Gerichtsstandsnorm bei der Drittwiderklage vgl. Rn. 15. Zur bedingten Drittwiderklage vgl. Rn. 33. Die Widerklageerhebung eines Streitgenossen gegen einen anderen auf seiner Seite stehenden Streitgenossen scheidet aus.[76] Hingegen ist die Erhebung einer **Drittwiderklage gegen den Streithelfer** des Beklagten möglich.[77] Zur generell unzulässigen Form der Drittwiderklage, die durch bislang am Rechtsstreit nicht als Partei beteiligte Personen erhoben wird, vgl. Rn. 29.

b) Drittwiderklage durch bislang nicht als Partei beteiligte Personen
Es wird als **generell unzulässig** angesehen, wenn bislang am Rechtsstreit nicht als Partei beteiligte Personen streitgenössisch mit dem Beklagten oder alleine eine „Widerklage" gegen den Kläger **erheben**, da **zumindest der Widerkläger Partei des Rechtsstreits** sein muss.[78] Die Erhebung einer eigenen Widerklage **durch den Streithelfer des Beklagten** ist daher unzulässig.[79] Er kann diese **auch nicht für den Beklagten** erheben (vgl. § 67 Rn. 10). Diese Arten der Drittwiderklage sind als **eigenständige Klageerhebung** des Dritten mit der Anregung, die Verfahren zu verbinden, zu behandeln.[80] Soweit die Verbindung ausscheidet, beispielsweise, da die Erhebung erstmals in zweiter Instanz erfolgte, kommt eine Verweisung in Betracht.[81] Hingegen ist die Erhebung einer Drittwiderklage gegen den Streithelfer des Beklagten möglich (Rn. 28). 29

c) Streitgenössische Drittwiderklage
Die **streitgenössische Drittwiderklage** (Rn. 28) ist **zulässig**.[82] Dies gilt auch, wenn bereits vor Erhebung der Drittwiderklage Beweis erhoben wurde. Aus Gründen der Waffengleichheit kann es jedoch dann geboten sein, die Beweisaufnahme zu wiederholen oder zu ergänzen.[83] Da die Drittwiderklage richtigerweise als **Parteierweiterung** anzusehen ist, müssen neben den sonstigen Voraussetzungen der Widerklage die **Voraussetzungen des § 263 ZPO vorliegen**, also entweder der Drittwiderkläger einwilligen oder die Drittwiderklage sachdienlich sein.[84] Die Einwilligung kann nach § 267 ZPO fingiert sein.[85] Des Weiteren müssen im Verhältnis der Drittwiderbeklagten und Widerbeklagten die **Voraussetzungen der Streitgenossenschaft** vorliegen.[86] Zur erstmaligen Drittwiderklage in der Berufungsinstanz vgl. Rn. 22. 30

---

76 Offenlassend mit Nachweisen auch für die Gegenansicht OLG Naumburg v. 18.10.2013, 10 U 25/13, juris, Rn. 15–16; ebenso OLG Köln, BauR 2013, 2054 (2058f.) m.w.N.; wie hier Thomas/Putzo-*Hüßtege*, ZPO, § 33 Rn. 9; Stein/Jonas-*Roth*, ZPO, § 33 Rn. 40 m.w.N. auch zur Gegenansicht; a.A. LG Freiburg, VersR 1991, 1431 (1432) für die Sonderkonstellation, dass im Verkehrsunfallprozess für beide Seiten der gleiche Haftpflichtversicherer zuständig ist und dieser sowohl vom Kläger als Streitgenosse des Beklagten, als auch vom Beklagten widerklagend verklagt wird; wohl ebenso Zöller-*Vollkommer*, ZPO, § 33 Rn. 22a, der von einer möglichen „Erweiterungsklage" spricht.
77 BGHZ 131, 76 (79f.) = NJW 1996, 196 (196f.) = BauR 1996, 147 (148); dazu auch, allerdings unzulässige isolierte Drittwiderklage BGH, NJW 2014, 1670 (1670f.), Rn. 17 = BauR 2014, 299 (300f.), Rn. 17.
78 BGH, JR 1973, 18 mit Anm. *Fenge*; OLG Stuttgart, MDR 2012, 1186; Musielak/Voit-*Heinrich*, ZPO, § 33 Rn. 19 m.w.N. auch zur Gegenansicht.
79 BGH, NJW 1975, 1228 = MDR 1975, 566; BGH v. 08.03.1972, VIII ZR 34/71, juris, Rn. 9–20; OLG Hamburg, NJW-RR 2004, 62 (63).
80 OLG Stuttgart, MDR 2012, 1186 (1187); Musielak/Voit-*Heinrich*, ZPO, § 33 Rn. 19 m.w.N.; Zöller-*Vollkommer*, ZPO, § 33 Rn. 22.
81 OLG Hamburg, NJW-RR 2004, 62 (63) mit Nachweis auch zur Gegenansicht.
82 BGHZ 187, 112 (114), Rn. 6 = NJW 2011, 460 (461), Rn. 6 m.w.N.; BGH, NJW 1975, 1228 = MDR 1975, 566; BGHZ 40, 185 (186ff.) = NJW 1964, 44 (44f.); Musielak/Voit-*Heinrich*, ZPO, § 33 Rn. 21 m.w.N.; ausführlich Stein/Jonas-*Roth*, ZPO, § 33 Rn. 41ff. m.w.N.
83 BGHZ 131, 76 (78f.) = NJW 1996, 196 (196f.) = BauR 1996, 147 (148f.).
84 BGHZ 187, 112 (114), Rn. 6 = NJW 2011, 460 (461), Rn. 6 m.w.N.; BGH, NJW 1991, 2838 = MDR 1991, 1093 m.w.N.; BGHZ 40, 185 (189ff.) = NJW 1964, 44 (45).
85 OLG Düsseldorf, MDR 1990, 728.
86 BGH, NJW 1975, 1228 (1228f.) = MDR 1975, 566.

d) Isolierte Drittwiderklage

31 Die **isolierte Drittwiderklage** (Rn. 28) ist dem Grunde nach **unzulässig**.[87] Sie wird von der Rechtsprechung jedoch **in gewissen Konstellationen anerkannt**. So ist insbesondere die isolierte Drittwiderklage gegen den **Zedenten**[88] einer Forderung mit dem Antrag, festzustellen, dass diesem keine Ansprüche zustehen, zulässig.[89] Ebenso hat die Rechtsprechung bei einer Klage des Zessionars gegen den Forderungsschuldner, der seinerseits (hilfsweise) mit Ansprüchen auf Schadensersatz aus dem der Forderung zugrundeliegenden Rechtsgeschäft aufrechnet, eine isolierte Drittwiderklage des Forderungsschuldners gegen den Zedenten mit dem Antrag, diesen zur Zahlung des Schadensersatzes zu verurteilen, gebilligt.[90] Eine isolierte Drittwiderklage wird auch in der Konstellation für zulässig erachtet, dass nach einem Verkehrsunfall, an dem der Drittwiderbeklagte beteiligt war, der Kläger aus abgetretenem Recht des Drittwiderbeklagten gegen den Beklagten vorgeht und dieser aus dem Verkehrsunfall gegen den Drittwiderbeklagten Ansprüche geltend macht.[91] Voraussetzung für die Zulässigkeit ist stets, dass eine **enge tatsächliche und rechtliche Verknüpfung**[92] des gegen den Drittwiderbeklagten verfolgten Antrags mit der Klage oder den dagegen gerichteten Verteidigungsmitteln besteht und dass keine schutzwürdigen Interessen des Drittwiderbeklagten oder des Klägers verletzt werden.[93]

32 Auch die isolierte Drittwiderklage ist als **Klageänderung** i.S.d. § 263 ZPO anzusehen, so dass zu deren Zulässigkeit entweder der Drittwiderbeklagte einwilligen oder das Gericht die Drittwiderklage als sachdienlich ansehen muss.[94]

3. Eventualwiderklage

33 Die Widerklageerhebung kann unter eine **aufschiebende oder auflösende**[95] **innerprozessuale Bedingung** gestellt werden.[96] Man spricht dann von einer Eventualwiderklage.[97] Der mit der Eventualwiderklage verfolgte Anspruch wird **mit Erhebung rechtshängig,** wobei die Rechtshängigkeit **rückwirkend wieder entfällt,** wenn die Bedingung nicht eintritt.[98] Das Unterliegen des Beklagten gegen die Klage wird als zulässige Bedingung der Widerklage angesehen, wenn ein **echtes Eventualverhältnis** dargestellt besteht, dass die Widerklage nur begründet sein kann, wenn auch die Klage begründet ist.[99] Sollte in diesem Fall nur der Widerkläger Berufung gegen seine Verurteilung einlegen und mit dieser Erfolg haben, dann ist vom Rechtsmittelgericht auch die Verurteilung des Klägers aufgrund der Widerklage aufzuheben.[100] Die Eventualwiderklage wurde auch dann anerkannt, wenn es sich nicht um ein echtes Eventualverhältnis, sondern um ein **unechtes Eventualverhältnis** handelt, wenn die Widerklage also unter der Bedingung des Erfolgs der Hauptklage erhoben wurde, indes der Gegenanspruch unabhängig davon besteht.[101] Des Weiteren kann der Beklagte gegen den Klageanspruch eine **Aufrechnung** erklären und Eventualwiderklage über diesen Betrag unter der Bedingung erheben, dass die Aufrechnung nicht durchgreift, beispielsweise weil sie ausgeschlossen ist.[102] Es kommt unter Umständen auch eine Widerklage unter der Bedingung in Betracht, dass der

---

87 BGH, NJW 2014, 1670, Rn. 14 = BauR 2014, 299 (300), Rn. 14 m.w.N. für isolierte Drittwiderklage des vom Bauherrn verklagten Generalplaners gegen die von diesem beauftragten Fachplaner auf Freistellung von den Ansprüchen des Bauherrn; BGHZ 187, 112 (114f.), Rn. 7 = NJW 2011, 460 (461), Rn. 7 m.w.N.; BGH, NJW 1975, 1228 = MDR 1975, 566; BGH, NJW 1971, 466 = MDR 1971, 290; ausführlich Stein/Jonas-*Roth*, ZPO, § 33 Rn. 47ff. m.w.N.
88 Dazu auch *Skusa*, NJW 2011, 2697ff.; zur Prozesstaktik durch isolierte Drittwiderklage auch *Schöler*, MDR 2011, 522ff.
89 BGH, NJW 2008, 2852 (2854f.), Rn. 26–28 = WM 2008, 1590 (1592) m.w.N. auch für die Gegenansicht; zum Feststellungsinteresse in diesem Fall vgl. Rn. 29–35 der Entscheidung.
90 BGHZ 147, 220 (222f.) = NJW 2001, 2094 (2094f.) = BauR 2001, 1288 (1289f.).
91 BGH, NJW 2007, 1753 (1753f.), Rn. 9–17 = VersR 2007, 1291 (1291f.), Rn. 9–17 m.w.N.
92 BGHZ 91, 132 (135) = NJW 1984, 2104 (2105) = MDR 1984, 818 (819).
93 BGH, NJW 2014, 1670, Rn. 16 = BauR 2014, 299 (300), Rn. 16; BGH, NJW 2007, 1753 (1753f.), Rn. 10, 13 = VersR 2007, 1291 (1292), Rn. 10, 13 m.w.N.
94 BGHZ 147, 220 (225) = NJW 2001, 2094 (2095) = BauR 2001, 1288 (290) m.w.N.; a.A. Thomas/Putzo-*Hüßtege*, ZPO, § 33 Rn. 12.
95 Zöller-*Vollkommer*, ZPO, § 33 Rn. 26.
96 BGH, NJW-RR 2012, 618 (620), Rn. 31.
97 Zu den einzelnen Möglichkeiten der Widerklage mit umfangreichen weiteren Nachweisen BGHZ 132, 390 (397ff.) = NJW 1996, 2306 (2307f.) = MDR 1996, 1135.
98 BGHZ 21, 13 (16) = NJW 1956, 1478 (1479).
99 BGHZ 43, 28 (30) = NJW 1965, 440; BGHZ 21, 13 (15ff.) = NJW 1956, 1478 (1478f.).
100 BGHZ 21, 13 (16f.) = NJW 1956, 1478 (1479); vgl. zu Auswirkungen der Entscheidung der Rechtsmittelinstanz auch BGH, NJW 1996, 2165 (2166f.) = MDR 1996, 1065 (1066).
101 BGH, NJW 1958, 1188.
102 BGH, MDR 1961, 932 (932f.).

Beklagte gegen den Klageantrag obsiegt.[103] Eine **Drittwiderklage unter einer Bedingung**, die sich auf den Rechtsstreit mit dem Kläger bezieht, ist nicht zulässig, da dann die Erhebung der Widerklage von einer Bedingung in einem anderen Prozessrechtsverhältnis abhängig gemacht wird.[104]

4. Wider-Widerklage

Unter einer Wider-Widerklage versteht man eine **durch den Kläger des Rechtsstreits erhobene Widerklage** gegen den Beklagten, der seinerseits Widerklage gegen den Kläger erhoben hatte. Diese ist, wenn sie durch die Widerklage des Beklagten veranlasst wurde, nicht als Klageänderung, sondern als Widerklage zu behandeln, so dass insbesondere § 33 ZPO Anwendung findet.[105] Die Wider-Widerklage ist prinzipiell möglich und kann unter Umständen auch als **eventuelle Wider-Widerklage** erhoben werden.[106] Eine Wider-Widerklage über den gleichen Streitgegenstand wie die Klage ist wegen anderweitiger Rechtshängigkeit des Streitgegenstandes unzulässig, auch wenn sie unter die Bedingung gestellt wurde, dass die Klage unzulässig ist.[107] Die Erhebung einer Wider-Widerklage kommt nicht mehr in Betracht, sobald über die Widerklage rechtskräftig entschieden wurde, da sie voraussetzt, dass die Widerklage zum Zeitpunkt der Erhebung der Wider-Widerklage noch rechtshängig ist.[108]

34

5. Possessorische Klage und petitorische Widerklage

Erhebt der Besitzer einer Sache eine Klage zum Schutz seines Besitzes gegen Störung (§ 862 BGB) oder Entziehung (§ 861 BGB) (sog. **possessorische Klage**), kann der Störer mit der Widerklage wegen § 864 Abs. 2 BGB ein Recht zum Besitz oder zur Störung geltend machen (sog. **petitorische Widerklage**), auch soweit dies nach § 863 BGB materiell-rechtlich eigentlich ausgeschlossen wäre. Der Zulässigkeit der Widerklage steht § 863 BGB nicht entgegen.[109] Ist die Widerklage vor oder gemeinsam mit der Klage entscheidungsreif, ist die Klage abzuweisen und der Widerklage stattzugeben.[110] Ist die Klage zuvor entscheidungsreif, so ist über sie vorab durch Teilurteil zu entscheiden.[111]

35

C. Entscheidung über die Widerklage

I. Trennung von Klage und Widerklage

Gemäß § 145 Abs. 2 ZPO kann das Gericht Klage und Widerklage **trennen**, wenn zwischen ihnen keine Konnexität besteht.

36

II. Entscheidung durch Teilurteil

Sowohl über die Klage als auch über die Widerklage ist bei unterschiedlicher Entscheidungsreife durch **Teilurteil** gemäß § 301 ZPO zu entscheiden. Wird mit der Widerklage auch für die Klage relevanter ohne die Widerklage verspäteter Sachvortrag gehalten, kommt ein Teilurteil betreffend die Klage nicht in Betracht.[112] Die Tatsachen aus der Widerklage sind zu berücksichtigen, ohne dass sie als präkludiert behandelt werden dürften (vgl. Rn. 1, **Flucht in die Widerklage**).

37

III. Entscheidung durch Endurteil

Sind sowohl Klage als auch Widerklage entscheidungsreif, wird über sie durch gemeinsames Urteil entschieden. Die Tenorierung erfolgt ebenso wie bei der Klage, nur hinsichtlich des Widerklageantrages mit vertauschten Prozessrollen. Die Kostenentscheidung ergeht stets einheitlich. Es findet keine Trennung zwischen Kosten der Klage und Kosten der Widerklage statt (zum Grundsatz der Kosteneinheit vgl. allg. Vorbem. zu §§ 91–107 Rn. 9).

38

1. Der Beklagte wird verurteilt, an den Kläger 8.000,00 € zu bezahlen.

2. Auf die Widerklage wird der Kläger verurteilt, an den Beklagten 10.000,00 € zu bezahlen.

3. Die Kosten des Rechtsstreits tragen der Kläger zu ... % und der Beklagte zu .... %.

---

103 BGHZ 132, 390 (397 ff.) = NJW 1996, 2306 (2307 f.) = MDR 1996, 1135 m.w.N.
104 BGHZ 147, 220 (224) = NJW 2001, 2094 (2095) = BauR 2001, 1288 (1289).
105 BGH, NJW-RR 1996, 65.
106 BGH, WM 1959, 672 (674).
107 BGH, NJW 2009, 148 (150), Rn. 11.
108 BGH, NJW 2009, 148 (150 f.), Rn. 17.
109 BGHZ 53, 166 (169 f.) m.w.N.
110 BGHZ 73, 355 (357 ff.) = NJW 1979, 1358 (1358 f.) = MDR 1979, 574 m.w.N.; BGH, NJW 1979, 1359 (1360) = MDR 1979, 654 (655); OLG Schleswig v. 22.05.2012, 3 U 69/11, juris, Rn. 60; OLG Brandenburg v. 23.11.2011, 7 U 195/10, juris, Rn. 75 m.w.N.
111 BGHZ 53, 166 (169 f.).
112 BGH, NJW 1995, 1223 (1224) = MDR 1995, 408 (409); Zöller-*Vollkommer*, ZPO, § 33 Rn. 9.

§ 34
Besonderer Gerichtsstand des Hauptprozesses

Für Klagen der Prozessbevollmächtigten, der Beistände, der Zustellungsbevollmächtigten und der Gerichtsvollzieher wegen Gebühren und Auslagen ist das Gericht des Hauptprozesses zuständig.

Inhalt:

	Rn.		Rn.
A. Allgemeines	1	I. Sachliche Voraussetzungen	2
B. Erläuterungen	2	II. Persönliche Voraussetzungen	3

A. Allgemeines

1 § 34 ZPO begründet einen **besonderen Gerichtsstand** in **sachlicher**[1] und **örtlicher** Hinsicht für die Geltendmachung von Gebühren und Auslagen des Prozessbevollmächtigten und anderer Personen. Ein **ausschließlicher Gerichtsstand** wird dadurch **nicht festgelegt**.[2] Macht der Kläger von § 34 ZPO in örtlicher Hinsicht keinen Gebrauch, greift auch der besondere sachliche Gerichtsstand nicht ein und richtet sich die sachliche Zuständigkeit nach den allgemeinen Regeln.[3] § 34 ZPO meint immer das **Gericht erster Instanz**.[4] Es wird nicht in die Geschäftsverteilung eingegriffen. Wurde das Hauptsacheverfahren vor dem Amtsgericht als **Familiengericht** geführt, so ist nach § 34 ZPO beim Amtsgericht nicht das Familiengericht, sondern die allgemeine zivilrechtliche Abteilung zuständig.[5] Das Gleiche gilt, wenn das Hauptsacheverfahren vor der **Kammer für Handelssachen** stattgefunden hat.[6] In Verfahren vor den **Gerichten für Arbeitssachen** findet § 34 ZPO keine Anwendung.[7]

B. Erläuterungen
I. Sachliche Voraussetzungen

2 Der Streitgegenstand der Klage muss auf Gebühren und Auslagen gerichtet sein. Es werden auch **vereinbarte Gebühren** erfasst.[8] **Außergerichtliche Gebühren** fallen nicht unter § 34 ZPO.[9]

II. Persönliche Voraussetzungen

3 Den Gerichtsstand des § 34 ZPO können nur die darin genannten Personen in Anspruch nehmen, wobei dies auch für deren **Rechtsnachfolger** gilt.[10] Erfasst werden **Prozessbevollmächtigte** (auch **Unterbevollmächtigte**[11] und sonstige Vertreter nach § 5 RVG),[12] Beistände (vgl. § 90 ZPO), Zustellungsbevollmächtigte (vgl. § 184 ZPO) und Gerichtsvollzieher, wobei für diese das Verfahren wegen §§ 1 Abs. 1 Nr. 7, 8 Abs. 1 JBeitrO keinen Anwendungsbereich mehr hat.[13] Für Rechtsanwälte hat § 34 ZPO nur dort Bedeutung, wo das **Verfahren nach § 11 RVG** nicht zur Verfügung steht, da in dessen Anwendungsbereich das Rechtsschutzbedürfnis für eine eigenständige Klage fehlt.[14] § 34 ZPO erlangt daher beispielsweise bei der vereinbarten Vergütung[15] Relevanz oder dann, wenn der Auftraggeber Einwendungen außerhalb des Gebührenrechts erhebt, vgl. § 11 Abs. 5 RVG.

4 Die Klage hat sich gegen den Auftraggeber, dessen Rechtsnachfolger oder einen Bürgen[16] zu richten.

---

1 Also unabhängig vom Wert des Streitgegenstands, vgl. BGHZ 97, 79 (82) = NJW 1986, 1178 = FamRZ 1986, 347 (348) mit Anm. *Bosch.*
2 OLG Brandenburg, NJW 2004, 780 (780 f.) m. w. N.
3 Prütting/Gehrlein-*Lange,* ZPO, § 34 Rn. 1.
4 Musielak/Voit-*Heinrich,* ZPO, § 34 Rn. 8 m. w. N.
5 BGHZ 97, 79 = NJW 1986, 1178 = FamRZ 1986, 347 mit Anm. *Bosch.*
6 Str; wie hier OLG Dresden v. 29.01.2010, 3 AR 3/10, juris, Rn. 19–29; Prütting/Gehrlein-*Lange,* ZPO, § 34 Rn. 4; offengelassen von BGHZ 97, 79 (84 f.) = NJW 1986, 1178 (1179) = FamRZ 1986, 347 (349) m.w.N.; a.A. Musielak/Voit-*Heinrich,* ZPO, § 34 Rn. 9; MK-*Patzina,* ZPO, § 34 Rn. 9.
7 BAG, NJW 1998, 1092 m.w.N. auch zur Gegenansicht.
8 Thomas/Putzo-*Hüßtege,* ZPO, § 34 Rn. 1.
9 BGHZ 97, 79 (84) = NJW 1986, 1178 (1179) = FamRZ 1986, 347 (349); LAG Frankfurt a.M. v. 04.11.1997, 16 Ta 496/97, juris, Rn. 11.
10 Stein/Jonas-*Roth,* ZPO, § 34 Rn. 5.
11 Soweit der Unterbevollmächtigte im Namen des Hauptbevollmächtigten beauftragt wurde, kann dieser gegen ihn im Gerichtsstand des § 34 ZPO klagen, Musielak/Voit-*Heinrich,* ZPO, § 34 Rn. 3.
12 Musielak/Voit-*Heinrich,* ZPO, § 34 Rn. 2.
13 Zöller-*Vollkommer,* ZPO, § 34 Rn. 2.
14 Zöller-*Vollkommer,* ZPO, § 34 Rn. 1.
15 Zur Nichtanwendbarkeit des § 11 RVG in diesem Zusammenhang vgl. Gerold/Schmidt-*Müller-Rabe,* RVG, § 11 Rn. 44.
16 MK-*Patzina,* ZPO, § 34 Rn. 3.

§ 35
Wahl unter mehreren Gerichtsständen

Unter mehreren zuständigen Gerichten hat der Kläger die Wahl.

Inhalt:

	Rn.		Rn.
A. Allgemeines	1	B. Ausübung des Wahlrechts und Bindung	2

A. Allgemeines

§ 35 ZPO gestattet dem Kläger für den Fall, dass mehrere Gerichtsstände bestehen, das **Wahlrecht** unter diesen Gerichtsständen.[1] Das Gleiche gilt, wenn sich der Gerichtsstand nach dem Kläger richtet und bei mehreren Klägern mehrere, nicht ausschließliche, Gerichtsstände bestehen.[2] Bestehen aufgrund einer **Klägermehrheit** mehrere ausschließliche Gerichtsstände (z.B. §§ 689 Abs. 2 Satz 1, 797 Abs. 5, 802 ZPO), können die Kläger zwischen diesen entsprechend § 35 ZPO ebenfalls wählen.[3] Das Wahlrecht wird nur durch die **Grenze des Rechtsmissbrauchs**[4] eingeschränkt, welcher nicht schon dann angenommen werden kann, wenn der Kläger kostenunökonomisch vorgeht und ein Gericht wählt, das sowohl von seinem Sitz als auch von dem des Beklagten weit entfernt liegt[5] oder eine Wahl nur trifft, weil er sich dort die für ihn günstigere Entscheidung erhofft.[6] Von einem Rechtsmissbrauch ist auszugehen, wenn der Kläger die Wahl nur aus sachfremden Erwägungen trifft, um den Beklagten zu schädigen.[7]

1

B. Ausübung des Wahlrechts und Bindung

Das Wahlrecht übt der Kläger durch die **Klageerhebung** zum **zuständigen**[8] Gericht aus. Im **Mahnverfahren** wird das Wahlrecht bereits durch die Bezeichnung eines **zuständigen**[9] Gerichts im Mahnantrag nach § 690 Abs. 1 Nr. 5 ZPO ausgeübt, wobei die Wahl ab Zustellung des Mahnbescheids bindend ist.[10] Vom Wahlrecht macht der Kläger auch im Falle des **Verweisungsantrags** nach § 281 Abs. 1 Satz 2 ZPO Gebrauch, sofern er dieses nicht bereits bei Klageerhebung verbraucht hat (zum Verbrauch vgl. Rn. 3).[11] Dies gilt jedoch nur, wenn Verweisung an ein zuständiges Gericht beantragt wird, andernfalls bleibt dem Kläger die Wahlmöglichkeit erhalten.[12] Durch Erhebung der **Widerklage** macht der Beklagte von einem ihm zustehenden Wahlrecht Gebrauch.[13] Durch **Antrag auf Erlass einer einstweiligen Verfügung** wird ein bestehendes Wahlrecht für die Hauptsache noch nicht ausgeübt.[14] Die Ausübung im **selbstständigen Beweisverfahren** wirkt ebenfalls nicht für das Hauptsacheverfahren.[15]

2

---

1 Vgl. dazu auch Möller, NJW 2009, 3632 und ders., NJW 2009, 3769.
2 OLG München, NJW-RR 2010, 645 zur negativen Feststellungsklage; a.A. OLG München v. 12.05.2010, 34 AR 18/10, juris, Rn. 6.
3 BGH, NJW 1991, 2910 = AnwBl. 1992, 270; BGH, NJW 1978, 321 = MDR 1978, 207.
4 Dazu mit umfassenden Nachweisen Musielak/Voit-Heinrich, ZPO, § 35 Rn. 4; vgl. auch OLG Brandenburg v. 28.11.2016, 1 U 6/16, juris, Rn. 34–35 m.w.N. zum Thema des fliegenden Gerichtsstands bei Persönlichkeitsrechtsverletzung im Internet.
5 BGH, NJW-RR 2014, 886 (886f.), Rn. 8–12 = ZfS 2014, 346 (347f.), Rn. 8–12.
6 Prütting/Gehrlein-Lange, ZPO, § 35 Rn. 3; a.A. OLG Hamm, NJW 1987, 138 = MDR 1986, 858.
7 OLG Schleswig, NJW-RR 2014, 442 (443f.).
8 Prütting/Gehrlein-Lange, ZPO, § 35 Rn. 3: bei Klageerhebung vor dem unzuständigen Gericht wird das Wahlrecht nicht durch Klageerhebung, sondern erst durch Verweisungsantrag nach § 281 Abs. 1 Satz 2 ZPO ausgeübt.
9 Nicht hingegen, wenn das Gericht (z.B. aufgrund ausschließlichen Gerichtsstands infolge Gerichtsstandsvereinbarung oder sonst) nicht zuständig ist, vgl. BGH, NJW 1993, 2810 (2811) = MDR 1994, 944; OLG Karlsruhe, OLGR 2007, 636 (637f.).
10 BGH, NJW 1993, 1273 = MDR 1993, 576 in Abweichung zur früheren Rechtsprechung nach Änderung des § 690 Abs. 1 Nr. 5 ZPO z.B. BGH, NJW 1979, 984 = MDR 1979, 556. Eine Abgabe an ein anderes Streitgericht kommt jedoch nach § 696 Abs. 1 Satz 1 ZPO durch übereinstimmende Wahl beider Parteien in Betracht. Zu diesem Themenkomplex auch BayObLG v. 17.07.2003, 1Z AR 75/03, juris, Rn. 12–13; OLG Hamm v. 10.08.2015, 32 SA 21/15, juris, Rn. 9.
11 OLG Hamm, MDR 2012, 307; BayObLG, NJW-RR 1991, 187 (188).
12 OLG Hamm v. 30.12.2015, 32 SA 67/15, juris, Rn. 19–20.
13 OLG Zweibrücken, NJW-RR 2000, 590 (590f.).
14 OLG Karlsruhe, NJW 1973, 1509 (1510).
15 OLG Jena v. 18.12.2007, 5 W 481/07, juris, Rn. 8–11; eine Bindung tritt jedoch betreffend das selbstständige Beweisverfahren ein, vgl. OLG Schleswig v. 18.09.2006, 16 W 86/06, juris, Rn. 4–5.

3 Wurde das Wahlrecht wirksam ausgeübt, ist es **verbraucht**. Die Wahl kann **nicht mehr widerrufen** werden.[16] Davon werden durch die Rechtsprechung **Ausnahmen** zugelassen. Eine Ausübung kommt überhaupt erst und nur in Betracht, wenn schon eine Wahlmöglichkeit besteht.[17] Entsteht die Wahlmöglichkeit erst nach Klageerhebung oder Mahnbescheidsantrag, kann danach noch gewählt werden, sofern nicht der Grundsatz der *perpetuatio fori* (§ 261 Abs. 3 Nr. 2 ZPO) entgegensteht.[18] Dies ist beispielsweise auch der Fall bei einer **Klageerweiterung**, da die Ausübung des Wahlrechts sich immer nur auf den jeweiligen Streitgegenstand bezieht.[19] Der Kläger kann sein Wahlrecht **nochmals ausüben**, wenn er trotz angestellter zumutbarer Nachforschungen erst nach Rechtshängigkeit Kenntnis von weiteren Schuldnern der Klageforderung erlangt und diese gemeinsam mit dem bereits Beklagten in einem besonderen Gerichtsstand verklagen können.[20] Ohne Weiteres kann der Kläger im **Zeitraum zwischen Anhängigkeit und Rechtshängigkeit** die Wahl noch ändern.[21] Nach **Rücknahme der Klage** oder **Abweisung der Klage als unzulässig**, lebt das Wahlrecht wieder auf.[22] Die Ausübung bindet nur den jeweiligen Kläger in dem Verfahren, in dem die Auswahl erfolgte. Für einen an dieses Verfahren anschließenden Rechtsstreit, in dem der Beklagte als Kläger auftritt, ist für diesen ein etwaiges Wahlrecht nicht verbraucht.[23]

§ 35a
(weggefallen)

§ 36
Gerichtliche Bestimmung der Zuständigkeit

(1) Das zuständige Gericht wird durch das im Rechtszug zunächst höhere Gericht bestimmt:
1. **wenn das an sich zuständige Gericht in einem einzelnen Fall an der Ausübung des Richteramtes rechtlich oder tatsächlich verhindert ist;**
2. **wenn es mit Rücksicht auf die Grenzen verschiedener Gerichtsbezirke ungewiss ist, welches Gericht für den Rechtsstreit zuständig sei;**
3. **wenn mehrere Personen, die bei verschiedenen Gerichten ihren allgemeinen Gerichtsstand haben, als Streitgenossen im allgemeinen Gerichtsstand verklagt werden sollen und für den Rechtsstreit ein gemeinschaftlicher besonderer Gerichtsstand nicht begründet ist;**
4. **wenn die Klage in dem dinglichen Gerichtsstand erhoben werden soll und die Sache in den Bezirken verschiedener Gerichte belegen ist;**
5. **wenn in einem Rechtsstreit verschiedene Gerichte sich rechtskräftig für zuständig erklärt haben;**
6. **wenn verschiedene Gerichte, von denen eines für den Rechtsstreit zuständig ist, sich rechtskräftig für unzuständig erklärt haben.**

(2) Ist das zunächst höhere gemeinschaftliche Gericht der Bundesgerichtshof, so wird das zuständige Gericht durch das Oberlandesgericht bestimmt, zu dessen Bezirk das zuerst mit der Sache befasste Gericht gehört.

(3) Will das Oberlandesgericht bei der Bestimmung des zuständigen Gerichts in einer Rechtsfrage von der Entscheidung eines anderen Oberlandesgerichts oder des Bundesgerichtshofs abweichen, so hat es die Sache unter Begründung seiner Rechtsauffassung dem Bundesgerichtshof vorzulegen. In diesem Fall entscheidet der Bundesgerichtshof.

---

16 BGH, NJW 1993, 1273 = MDR 1993, 576; OLG Hamm, MDR 2012, 307.
17 BGH, NJW 1993, 2810 (2811) = MDR 1994, 944.
18 OLG Köln, NJW-RR 2014, 319 (320) für Klageänderung; OLG München, MDR 2007, 1154 (1155) unter Abweichung von der höchstrichterlichen Rechtsprechung zum Zeitpunkt der Rechtshängigkeit beim Mahnverfahren.
19 OLG Karlsruhe, OLGR 2007, 636 (637).
20 OLG Hamm, MDR 2012, 307; KG Berlin, NJW-RR 2001, 62 (62) = MDR 2000, 413 (414); weitergehend OLG München, MDR 2007, 1154 (1155), das eine Ausübung und damit Bindung an das Wahlrecht wohl immer verneint, wenn dem Kläger das Wahlrecht nicht bekannt war, sofern diese Unkenntnis nicht auf mangelhafter Prozessführung beruht und der Grundsatz der *perpetuatio fori* nicht entgegensteht. Die Entscheidung entspricht hinsichtlich der Rechtshängigkeit im Mahnverfahren jedoch nicht der aktuellen BGH-Rechtsprechung.
21 KG Berlin v. 09.05.2016, 2 AR 18/16, juris, Rn. 16–17 m.w.N.; BayObLG, MDR 1999, 1461.
22 Thomas/Putzo-*Hüßtege*, ZPO, § 35 Rn. 3; Musielak/Voit-*Heinrich*, ZPO, § 35 Rn. 3 m.w.N.
23 OLG Karlsruhe v. 24.04.2003, 19 AR 5/03, juris, Rn. 4 zur Vollstreckungsabwehrklage bei Zuständigkeit nach § 796 Abs. 3 ZPO.

Inhalt:

	Rn.		Rn.
A. Allgemeines	1	c) Zeitraum der Gerichtsstandbestimmung	18
I. Regelungsgehalt und Zweck	1	3. Auswahl des zuständigen Gerichts	19
II. Anwendungsbereich der Gerichtsstandsbestimmung	2	IV. Klage im dinglichen Gerichtsstand, Nr. 4	20
1. Prozessarten	2	V. Positiver Kompetenzkonflikt, Nr. 5	21
2. Zuständigkeitsarten	3	VI. Negativer Kompetenzkonflikt, Nr. 6	22
a) Örtliche und sachliche Zuständigkeit	3	1. Allgemeines	22
b) Funktionelle Zuständigkeit	4	2. Voraussetzungen der Zuständigkeitsbestimmung	23
c) Rechtswegzuständigkeit	6	a) Rechtskräftige Unzuständigerklärung mehrerer Gerichte	23
d) Rechtsmittelzuständigkeit	7	b) Nach Rechtshängigkeit	24
3. Zeitraum der Gerichtsstandsbestimmung	8	c) Zuständigkeit eines der beteiligten Gerichte	25
III. Prüfungsumfang	9	3. Auswahl des zuständigen Gerichts	26
B. Die einzelnen Tatbestände, Abs. 1	10	**C. Zuständiges Gericht für die Gerichtsstandsbestimmung**	27
I. Rechtliche oder tatsächliche Verhinderung des zuständigen Gerichts, Nr. 1	10	I. Allgemeines	27
II. Unsicherheiten über zuständigen Gerichtsbezirk, Nr. 2	11	II. Grundsatz des Absatzes 1: Im Rechtszug zunächst höheres Gericht	28
III. Streitgenossen mit unterschiedlichen allgemeinen Gerichtsständen, Nr. 3	12	III. Bundesgerichtshof als zunächst höheres gemeinschaftliches Gericht, Abs. 2	29
1. Allgemeines	12	IV. Entscheidungszuständigkeit des Bundesgerichtshofs	30
2. Voraussetzungen	13	**D. Wirkung der Gerichtsstandsbestimmung**	32
a) Streitgenossenschaft	13		
aa) Allgemeines	13		
bb) Drittwiderklage	15		
b) Kein gemeinsamer allgemeiner oder besonderer Gerichtsstand	16		

A. Allgemeines
I. Regelungsgehalt und Zweck

§ 36 ZPO ermöglicht es, in enumerativ aufgezählten Fällen von Zuständigkeitskonflikten durch ein im Instanzenzug übergeordnetes Gericht ein zuständiges Gericht zu bestimmen. § 36 ZPO liegt die Absicht zugrunde, jedem langwierigen Streit der Gerichte untereinander über die Grenzen ihrer Zuständigkeit vorzubeugen und entstandene Streitigkeiten möglichst schnell zu beenden.[1] Das zuständige **Gericht soll sich bald möglichst mit der Sache als solcher beschäftigen** können.[2] § 36 ZPO regelt die Konstellationen, in denen das möglich ist sowie, welches übergeordnete Gericht für die Gerichtsstandsbestimmung zuständig ist. Das Verfahren der Gerichtsstandsbestimmung ist in § 37 ZPO normiert.   1

II. Anwendungsbereich der Gerichtsstandsbestimmung
1. Prozessarten

Die Vorschrift ist in **sämtlichen Prozessarten der ZPO** anwendbar. Sie gilt insbesondere auch im **Mahnverfahren** (vgl. dazu auch Rn. 14, 18, 24, 29),[3] im **PKH-Verfahren** (dazu auch Rn. 24),[4] im **selbstständigen Beweisverfahren** (dazu auch Rn. 18, 24)[5] sowie in Verfahren über die Kos-   2

---

1 Z.B. BGH v. 26.08.2014, X ARZ 275/14, juris, Rn. 2; Zöller-*Vollkommer*, ZPO, § 36 Rn. 1 m.w.N.
2 Vgl. Musielak/Voit-*Heinrich*, ZPO, § 36 Rn. 1 m.w.N.
3 BGH, NJW 1995, 3317; BGH, NJW 1993, 2752 = Rpfleger 1994, 30; BGH, NJW 1978, 321; vgl. auch BayObLGZ 1985, 314.
4 BGH, NJW-RR 2010, 209 (210), Rn. 6; BGH, NJW-RR 1991, 1342 = FamRZ 1991, 1172; BGH, NJW-RR 1987, 1348 = FamRZ 1987, 1020 m.w.N.
5 Vgl. BGH, NJW-RR 2010, 891; OLG Frankfurt a.M., NJW-RR 2015, 1294, Rn. 8; OLG Schleswig, NJW-RR 2010, 533 m.w.N.; BayObLG, NJW-RR 1999, 1010; dazu auch *Weise*, NJW-Spezial 2014, 428 ff.

tenfestsetzung,[6] die **Zwangsvollstreckung**[7] und den **einstweiligen Rechtsschutz**.[8] Sie erfasst auch **Abänderungsklagen**.[9] Die Vorschrift kann auch im **Insolvenzverfahren** angewendet werden.[10] Im FamFG ist als *lex specialis* § 5 FamFG vorrangig zu berücksichtigen, wobei diese Vorschrift wegen § 113 Abs. 1 Satz 1 FamFG nicht auf **Ehe- und Familienstreitsachen** anwendbar ist. In deren Rahmen greifen dann wieder §§ 36 f. ZPO.

2. Zuständigkeitsarten[11]
a) Örtliche und sachliche Zuständigkeit

3   § 36 ZPO ist sowohl auf die **örtliche** als auch auf die **sachliche**[12] Zuständigkeit anwendbar.[13] Etwas anderes gilt nur für Abs. 1 Nr. 2 und 4 der sich nur auf die örtliche Zuständigkeit erstreckt.[14] Die Gerichtsstandsbestimmung ist auch **nicht durch eine bestehende ausschließliche Zuständigkeit ausgeschlossen**.[15]

b) Funktionelle Zuständigkeit

4   Die Gerichtsstandsbestimmung kommt auch für die **funktionelle Zuständigkeit** in Frage. Dies war insbesondere relevant bei Streitigkeiten zwischen **Familiengericht** und **gewöhnlichem Zivilgericht**.[16] Seit Einführung von § 17a Abs. 6 ZPO ist insoweit für diese Fälle die Problematik der Bestimmung bei **Rechtswegstreitigkeiten** zusätzlich zu beachten (Rn. 6).[17]

5   Auf einen Streit zwischen **einzelnen Spruchkörpern desselben Gerichts** ist die Vorschrift nicht anwendbar, da es sich insoweit um die Frage der Geschäftsverteilung handelt, für die das Präsidium des jeweiligen Gerichts zuständig ist.[18] Ausnahmen werden jedoch dort gemacht, wo die Zuständigkeitsverteilung zwischen den Spruchkörpern auf einer gesetzlichen Zuweisung und nicht auf reiner Geschäftsverteilung beruht, wie beispielsweise bei der **Abgrenzung** zwischen der **Zivilkammer des Landgerichts** und der **Kammer für Handelssachen**, da eine Entscheidung über gesetzliche Zuständigkeitszuweisungen dem Präsidium verwehrt ist.[19] § 36 ZPO findet keine Anwendung auf einen **Streit innerhalb eines Senats** oder einer Kammer im Hinblick auf die Zuständigkeitsverteilung von Senat/Kammer und Einzelrichter.[20]

c) Rechtswegzuständigkeit

6   Die Vorschrift ist im Fall von Abs. 1 Nr. 6 **entsprechend auf die Rechtswegzuständigkeit anwendbar**,[21] und zwar auch dann, wenn von der Beschwerdemöglichkeit des § 17a Abs. 4

---

6 BGH, NJW-RR 2009, 860 – Kosten des Mahnverfahrens; BGH, NJW 2005, 1273 – Vollstreckungskosten; BGH, NJW 1982, 2070 – Vollstreckungskosten; OLG Frankfurt a.M. v. 21.07.2014, 11 SV 59/14, juris, Rn. 4 – Festsetzungsverfahren nach § 11 RVG; OLG Hamm v. 14.03.2011, 32 Sbd 15/11, juris, Rn. 5; BayObLGZ 1989, 235 (237) m. w. N zu Vollstreckungskosten.
7 BGH, NJW 1983, 1859; OLG Hamm v. 24.02.2015, 32 SA 89/14, juris, Rn. 3; OLG Frankfurt a.M., NJW-RR 2015, 1294, Rn. 8.
8 Vgl. BGH, FamRZ 1989, 847 für einstweilige Verfügung; Zöller-*Vollkommer*, ZPO, § 36 Rn. 2 m.w.N.
9 BGH v. 08.04.1987, IVb ARZ 10/87, juris, Rn. 4 m.w.N.
10 BGHZ 132, 195 (196) = VersR 1997, 80 zur Konkursordnung; BayObLGZ 2003, 192 (194); OLG München, NJW-RR 1987, 382 = MDR 1987, 147 zur Konkursordnung; *Schmidt*, InsO, § 3 Rn. 18–21.
11 Vgl. auch die Ausführungen bei den einzelnen Tatbestandsalternativen, Rn. 16 für Abs. 1 Nr. 3.
12 Z.B. BGHZ 90, 155 (156 ff.) = NJW 1984, 1624 (1624 f.) = MDR 1984, 555 (555 f.) m.w.N. auch zur Gegenansicht; BGH, NJW 1998, 685 = FamRZ 1998, 361 (361 f.); OLG Karlsruhe, NJW-RR 2014, 444 (445).
13 OLG Frankfurt a.M., NJW-RR 2015, 1294, Rn. 8.
14 Musielak/Voit-*Heinrich*, ZPO, § 36 Rn. 2.
15 BGHZ 90, 155 (159) = NJW 1984 1624 (1625) = MDR 1984, 555 (556); OLG Frankfurt a.M., NJW-RR 2015, 1294, Rn. 8.
16 OLG Hamm, FamRZ 2008, 2040; OLG Jena, OLG-NL 1999, 211 m.w.N.
17 OLG Braunschweig, NJW-RR 2012, 586 (587) = FamRZ 2012, 1816 (1817); für eine Einschränkung der Anwendung des § 36 ZPO zutreffend auch Zöller-*Vollkommer*, ZPO, § 36 Rn. 23, 31; vgl. auch aber zu eng OLG Hamm, NJW 2010, 2740 (2741).
18 BGHZ 156, 147 (150 f.) = NJW 2003, 3636 (3637); BGH, NJW 2000, 80 (81).
19 Vgl. BGHZ 156, 147 (150 f.) = NJW 2003, 3636 (3637); BGH, NJW 2000, 80 (81) m.w.N.; BGHZ 71, 264 (270 f.) = NJW 1978, 1531 (1532) = MDR 1978, 824; KG Berlin v. 05.01.2017, 2 AR 61/16, juris, Rn. 13–14; KG Berlin, NJW-RR 2008, 1023 (1024) m.w.N.; OLG Brandenburg, NJW-RR 2001, 429 (430) m.w.N.; OLG Nürnberg, NJW 1993, 3208.
20 BGHZ 156, 147 (149, 151 f.) = NJW 2003, 3636 (3637); a.A. unter Ablehnung der Ansicht des BGH bei Streit zwischen Einzelrichter und voll besetztem Beschwerdesenat Zöller-*Vollkommer*, ZPO, § 36 Rn. 29a.
21 BAG v. 21.12.2015, 10 AS 9/15, juris, Rn. 14 m.w.N.; BGH, FamRZ 2013, 1302 (1303) Rn. 4–5 m.w.N.

Satz 3 GVG kein Gebrauch gemacht wurde.[22] Die Anwendbarkeit für den Streit über den richtigen Rechtsweg **gilt allerdings nur dann**, wenn die Gerichtsstandsbestimmung zur Wahrung einer funktionierenden Rechtspflege nötig ist, da keines der Gerichte aufgrund von Zweifeln an der Wirksamkeit der Verweisung bereit ist, die Sache zu bearbeiten (zur Zuständigkeit für die Bestimmung vgl. Rn. 30).[23] Eine Rechtswegbestimmung **in der Konstellation des Abs. 1 Nr. 3 kommt nicht in Betracht.**[24] Ein Verfahren nach § 36 ZPO ist **unzulässig**, wenn sich nicht zwei Gerichte verschiedener Rechtswege rechtskräftig für zuständig oder unzuständig erklärt haben, sondern der Antragsteller lediglich eine Rechtswegverweisung, die zwischen den Gerichten unstreitig ist, nicht akzeptieren will.[25] Seit Einführung des § 17a Abs. 6 GVG sollten richtigerweise auch für die Abgrenzung zwischen **Familiengericht und allgemeinem Prozessgericht** die Grundsätze über die Rechtswegzuständigkeit herangezogen werden (Rn. 4).

d) *Rechtsmittelzuständigkeit*
Die Regelung ist anwendbar, wenn über die **Rechtsmittelzuständigkeit** gestritten wird[26] und zwar auch dann, wenn über die **funktionelle Zuständigkeit für das Rechtsmittel** Streit besteht.[27] Hingegen kommt eine Zuständigkeitsbestimmung nicht in Betracht, wenn das Rechtsmittelgericht die Sache nach Aufhebung der Entscheidung an die untere Instanz zurückverweist und diese das nicht akzeptieren will.[28]

7

3. Zeitraum der Gerichtsstandsbestimmung
Hinsichtlich des Zeitraums, innerhalb dessen die Gerichtsstandsbestimmung möglich ist, muss **zwischen den einzelnen Alternativen des § 36 ZPO unterschieden** werden. Abs. 1 Nr. 1 und 2 sehen die Zuständigkeitsbestimmung sowohl vor als auch nach **Rechtshängigkeit** vor. Abs. 1 Nr. 3 und 4 gehen dagegen prinzipiell von einer Bestimmung vor Rechtshängigkeit aus, so dass nach Rechtshängigkeit nur noch eingeschränkt das Verfahren nach § 36 ZPO in Betracht kommt. Dagegen sind Abs. 1 Nr. 5 und 6 grundsätzlich auf die Zeit nach Rechtshängigkeit oder Verfahrenseinleitung ausgelegt. Insoweit kommen Zuständigkeitsbestimmungen außerhalb der gesetzlichen Konzeption nur ausnahmsweise in Betracht (zu Abs. 1 Nr. 3: Rn. 18; zu Abs. 1 Nr. 5, 6: Rn. 21, 24).[29] Während einer **Unterbrechung des Verfahrens** ist die Gerichtsstandsbestimmung weiterhin möglich.[30]

8

III. Prüfungsumfang
Der **Prüfungsumfang** ist im Gerichtsstandsbestimmungsverfahren **stark eingeschränkt**. Er bezieht sich **nicht auf die Zulässigkeit, Schlüssigkeit oder Begründetheit des Hauptsacheverfahrens**.[31] Er ist auch in Bezug auf die Prozesshandlungsvoraussetzungen im Bestimmungsverfahren eingeschränkt. Vgl. zum Prüfungs- und Ermittlungsumfang mit Nachweisen Rn. 13, 25, 26 sowie § 37 Rn. 2, 4.

9

---

22 OLG Braunschweig, NJW-RR 2012, 586 (587) = FamRZ 2012, 1816 (1817) m.w.N. auch zur Gegenansicht bei Nichtgebrauch der Beschwerdemöglichkeit; a.A. z.B. OLG Hamm, NJW 2010, 2740 (2741) = FamRZ 2010, 2089 (2090).
23 BGH, NJW-RR 2010, 209 (210), Rn. 8–9; BGH, NJW 2003, 2990 (2991) = JR 2004, 289 (290); BGH, NJW 2001, 3631 (3632); zum grundsätzlichen Vorrang des Beschwerdeverfahrens gegenüber der Zuständigkeitsbestimmung vgl. BGH, NJW 2002, 2474; BGH, NJW-RR 2002, 713; BGHZ 144, 21 (23 f.) = NJW 2000, 1343 (1344) = VersR 2001, 394 (395); Musielak/Voit-*Heinrich*, ZPO, § 36 Rn. 27 m.w.N.; Zöller-*Vollkommer*, ZPO, § 36 Rn. 32 m.w.N.
24 BGH, NJW 1994, 2032 = VersR 1994, 1087.
25 BGH v. 12.01.2016, X ARZ 693/15, juris, Rn. 3–4.
26 BGH, NJW-RR 1996, 891; BGH, NJW 1986, 2764; BGH, NJW 1979, 719 = MDR 1979, 212 m.w.N.; BGH, NJW 1972, 111 = MDR 1972, 124 (125); OLG Oldenburg, NJW-RR 2004, 499 (500) m.w.N.
27 BGH, NJW-RR 1993, 1282; BGH, NJW 1980, 1282 m.w.N. jeweils für den Streit zwischen Familiensenat und Zivilsenat des OLG.
28 BGH, MDR 2013, 296, Rn. 5 f.; BGH, FamRZ 1998, 477; BGH, NJW 1994, 2956 (2957) = FamRZ 1994, 1097 (1097 f.).
29 Vgl. zu den einzelnen Alternativen insgesamt BGH, NJW 1980, 1281 = FamRZ 1980, 562.
30 BAG v. 21.12.2015, 10 AS 9/15, juris, Rn. 16; BGH, NJW-RR 2014, 248 (249), Rn. 7 = MDR 2014, 239, Rn. 7; BayObLGZ 1985, 314 (315 f.).
31 Zöller-*Vollkommer*, ZPO, § 36 Rn. 9 m.w.N.

B. Die einzelnen Tatbestände, Abs. 1
I. Rechtliche oder tatsächliche Verhinderung des zuständigen Gerichts, Nr. 1

10 Abs. 1 Nr. 1 sieht eine Gerichtsstandsbestimmung für den Fall vor, dass das **an sich zuständige Gericht**[32] in **einem einzelnen Fall**[33] an der Ausübung des Richteramts rechtlich oder tatsächlich verhindert ist. Dies kommt nur in Betracht, wenn das **gesamte Gericht verhindert** ist, so dass die Verhinderung auch für alle geschäftsplanmäßigen Vertreter vorliegen muss.[34] Bei Kollegialgerichten liegt eine Verhinderung vor, wenn auch mit den entsprechenden Vertretern kein beschlussfähiges Gericht mehr gebildet werden kann.[35] Die Verhinderung kann **rechtlicher** (Ablehnung, Ausschließung) oder **tatsächlicher Art** (z.B. Krankheit) sein.[36] Erfasst werden auch die Fälle des § 245 ZPO.

II. Unsicherheiten über zuständigen Gerichtsbezirk, Nr. 2

11 Abs. 1 Nr. 2 ermöglicht die Gerichtsstandsbestimmung dort, wo **unklar** ist, **in welchem Gerichtsbezirk sich der zuständigkeitsbegründende Umstand** (z.B. Unfall, sonstige unerlaubte Handlung, Unklarheit über Grenzen des streitgegenständlichen Grundstücks) ereignet hat bzw. lokalisiert ist.[37] Das Gleiche gilt, wenn **Ungewissheiten über die örtlichen Grenzen der einzelnen Gerichtsbezirke** bestehen.[38] Die Vorschrift greift nicht ein, wenn bei einer **objektiven Klagenhäufung** die einzelnen Streitgegenstände zu unterschiedlichen Gerichtsbezirken gehören.[39]

III. Streitgenossen mit unterschiedlichen allgemeinen Gerichtsständen, Nr. 3
1. Allgemeines

12 Bei Streitgenossen auf Beklagtenseite ist gemäß § 260 ZPO die Zulässigkeit der Streitgenossenschaft grundsätzlich davon abhängig, dass für sämtliche Streitgenossen das gleiche Gericht zuständig ist (§§ 59, 60 Rn. 9).[40] Will ein Kläger gegen mehrere Personen als Streitgenossen vorgehen, so soll ihm diese Möglichkeit nicht dadurch genommen werden, dass die Streitgenossen keinen gemeinsamen (allgemeinen, besonderen oder ausschließlichen) Gerichtsstand haben. Das Fehlen eines gemeinsamen Gerichtsstandes ist das kennzeichnende Merkmal der Vorschrift. Abs. 1 Nr. 3 erlaubt daher in diesem Fall die Bestimmung eines gemeinsam zuständigen Gerichts. Dass für die Prozessbeteiligten zuvor nicht zweifelsfrei erkennbar ist, welches Gericht als zuständig bestimmt werden wird, begegnet keinen verfassungsrechtlichen Bedenken.[41] Die Inanspruchnahme der Möglichkeit nach Abs. 1 Nr. 3 kann geboten sein, um die anwaltlichen Sorgfaltspflichten zu erfüllen, da ein einzelnes Verfahren gegenüber getrennten Verfahren günstiger ist.[42]

2. Voraussetzungen
a) Streitgenossenschaft
aa) Allgemeines

13 Der Kläger muss gegen Streitgenossen vorgehen wollen. Dabei ist es **unerheblich, um welche Art der Streitgenossenschaft** es sich handelt.[43] Für die Voraussetzungen der Streitgenossenschaft kommt es auf den Vortrag des Klägers an, der insoweit, **nicht auch betreffend die Klage im Übrigen**, **schlüssig** sein muss (vgl. zum Prüfungsumfang im Gerichtsstandsbestimmungsverfahren auch Rn. 25, 26 und § 37 Rn. 2, 4).[44]

---

32 Stein/Jonas-*Roth*, ZPO, § 36 Rn. 20.
33 BGHZ 7, 307 (310) = NJW 1952, 1413 (1414) auch anwendbar, wenn z.B. aufgrund Krieges und Zusammenbruchs allgemeine Verhinderung zur Ausübung der Gerichtsbarkeit.
34 Thomas/Putzo-*Hüßtege*, ZPO, § 36 Rn. 12.
35 OLG Bremen v. 25.03.2008, 3 AR 7/08, juris, Rn. 2 zur unzulässigen pauschalen Ablehnung eines gesamten Gerichts.
36 MK-*Patzina*, ZPO, § 36 Rn. 19.
37 Thomas/Putzo-*Hüßtege*, ZPO, § 36 Rn. 13; Musielak/Voit-*Heinrich*, ZPO, § 36 Rn. 15.
38 Zöller-*Vollkommer*, ZPO, § 36 Rn. 13.
39 OLG München, NJW-RR 2011, 1002 = FamRZ 2011, 1239 m.w.N.
40 Dazu ausführlich *Cuypers*, MDR 2009, 657 ff.; *Vossler*, NJW 2006, 117 ff.
41 BVerfG, NJW 2009, 907 = WM 2009, 39 (40).
42 So zutreffend Prütting/Gehrlein-*Lange*, ZPO, § 36 Rn. 8; bei der Rechtsschutzversicherung sogar Obliegenheit dazu, vgl. OLG Celle, VersR 2007, 1122 (1124).
43 BGH, NJW 1998, 685 (686) = FamRZ 1998, 361 (362); OLG Frankfurt a.M. v. 27.09.2011, 11 AR 59/11, juris, Rn. 11; Musielak/Voit-*Heinrich*, ZPO, § 36 Rn. 17 m.w.N.
44 OLG Hamm v. 06.08.2015, 32 SA 23/15, juris, Rn. 11; OLG Frankfurt a.M., MDR 2015, 299; BayObLG, NJW-RR 2006, 210 (211) m.w.N.; BayObLG, NJW-RR 2003, 134; OLG Bremen, VersR 2012, 171 (171 f.) m.w.N.; OLG Frankfurt a.M. v. 27.09.2001, 11 AR 59/11, juris, Rn. 11; BayObLGZ 1985, 314 (316); Musielak/Voit-*Heinrich*, ZPO, § 36 Rn. 16 m.w.N.; Zöller-*Vollkommer*, ZPO, § 36 Rn. 18 m.w.N.; Prütting/Gehrlein-*Lange*, ZPO, § 36 Rn. 5.

Abs. 1 Nr. 3 ist **nicht** auf den Fall **entsprechend anwendbar**, dass der Gerichtsstand durch den Wohnsitz des Klägers definiert wird (z.B. § 689 Abs. 2 ZPO, §§ 797 Abs. 5, 802 ZPO) und **mehrere Kläger** eine entsprechende Klage erheben.[45] In diesem Fall besteht nämlich ein Wahlrecht der Kläger entsprechend § 35 ZPO.[46]   14

bb) Drittwiderklage
Die **Regelung findet auch** (wohl derzeit noch) bei der **Drittwiderklage Anwendung**, wenn der Drittwiderbeklagte mit dem Kläger keinen gemeinsamen Gerichtsstand hat.[47] Dies gilt auch dann, wenn keiner der Drittwiderbeklagten am Gerichtsstand der Klage seinen allgemeinen Gerichtsstand hat.[48] Es ist allerdings fraglich, inwieweit diese Grundsätze noch anwendbar sind, nachdem der BGH in Abkehr von der früheren Rechtsprechung entschieden hat, dass § 33 ZPO auch einen besonderen Gerichtsstand am Ort der Klage für den drittwiderbeklagten Zedenten begründet, so dass eine Gerichtsstandsbestimmung nicht mehr in Betracht kommt.[49] Der BGH hat in der Entscheidung mehrfach betont, dass dies für den Fall der **isolierten Drittwiderklage** gegen den am Verfahren bislang nicht beteiligten Zedenten einer Forderung gilt und hat eine Erweiterung auf andere Fälle der Drittwiderklage ausdrücklich offengelassen (vgl. dazu § 33 Rn. 15).[50] Zur Vereinheitlichung der Fälle der Drittwiderklage sollte diese Rechtsprechung auf die Drittwiderklage insgesamt ausdehnt werden, so dass sich eine gerichtliche Zuständigkeitsbestimmung insoweit vollständig erübrigt.[51]   15

b) Kein gemeinsamer allgemeiner oder besonderer Gerichtsstand
Die Streitgenossen müssen **unterschiedliche allgemeine Gerichtsstände** aufweisen (zur Folge gemeinsamer Gerichtsstände vgl. Rn. 17). Die Vorschrift bezieht sich zunächst auf **örtliche Verschiedenheit**. Besteht für einen Streitgenossen ein **ausschließlicher Gerichtsstand**, ist eine Gerichtsstandsbestimmung dennoch möglich (zur Bestimmung des zuständigen Gerichts in diesem Fall Rn. 19).[52] Dies gilt sogar, wenn **mehrere ausschließliche Zuständigkeiten** miteinander konkurrieren.[53] Bei einem **prorogierten (ausschließlichen) Gerichtsstand** muss dieser auch für die übrigen Streitgenossen zumutbar sein.[54] Er scheidet nicht bereits deshalb aus, da dort keiner der Streitgenossen einen allgemeinen Gerichtsstand hat.[55] Derjenige Streitgenosse, der mit dem Kläger den (ausschließlichen) Gerichtsstand prorogiert hat, darf nicht durch die Gerichtsstandsbestimmung vor ein anderes Gericht gezogen werden.[56] Im Falle der Prorogation kommt damit eine **Gerichtsstandsbestimmung nur in Betracht**, wenn ausnahmsweise[57] die Bestimmung des prorogierten Gerichts auch für die übrigen Streitgenossen zumutbar ist.[58] Andernfalls kann eine Gerichtsstandsbestimmung nicht erfolgen. Abs. 1 Nr. 3 ist ebenso wie die sonstigen Fälle des § 36 ZPO **sowohl auf die sachliche als auch auf die örtliche Zustän-**   16

---

45 BGH, NJW 1991, 2910 = AnwBl. 1992, 270; BGH, NJW 1978, 321 = MDR 1978, 207; BayObLG, NJW-RR 1993, 511; Zöller-*Vollkommer*, ZPO, § 36 Rn. 14 m.w.N.; Musielak/Voit-*Heinrich*, ZPO, § 36 Rn. 17 m.w.N.; Prütting/Gehrlein-*Lange*, ZPO, § 36 Rn. 5.
46 Musielak/Voit-*Heinrich*, ZPO, § 36 Rn. 20 m.w.N.
47 BGH, NJW 2000, 1871 = MDR 2000, 899; BGH, NJW 1991, 2838 = MDR 1991, 1093; Musielak/Voit-*Heinrich*, ZPO, § 36 Rn. 17 m.w.N.; Stein/Jonas-*Roth*, ZPO, § 36 Rn. 23.
48 BGH, NJW 2008, 3789, Rn. 11; BGH, NJW-RR 2008, 1516 (1517), Rn. 19 = FamRZ 2008, 1843 (1844), Rn. 19.
49 BGHZ 187, 112 (115 ff.), Rn. 8–14 = NJW 2011, 460 (461 f.), Rn. 8–14 mit Anm. *Vossler*; auch bereits zuvor lehnten bei der isolierten Drittwiderklage die Gerichtsstandsbestimmung ab BGH, MDR 1992, 710 sowie BayObLG, NJW-RR 2000, 1375 m.w.N.; Musielak/Voit-*Heinrich*, ZPO, § 36 Rn. 17; a.A. insoweit OLG München, NJW 2009, 2609 (2610); Stein/Jonas-*Roth*, ZPO, § 36 Rn. 23 m.w.N.
50 BGHZ 187, 112 (118), Rn. 14 = NJW 2011, 460 (462), Rn. 14.
51 So bereits OLG Dresden, OLG-NL 2003, 65 (65 f.); vgl. auch Zöller-*Vollkommer*, ZPO, § 36 Rn. 15 a.E.; a.A. Stein/Jonas-*Roth*, ZPO, § 36 Rn. 23; offenlassend Prütting/Gehrlein-*Lange*, ZPO, § 36 Rn. 6, wohl verneinend und die Zuständigkeit nach § 33 ZPO insoweit ablehnend bei Rn. 8.
52 BGH, NJW-RR 2008, 1516 (1517), Rn. 19 = FamRZ 2008, 1843 (1844), Rn. 19; BGHZ 90, 155 (159 f.) = NJW 1984, 1624 (1625) = MDR 1984, 555 (556) m.w.N.; OLG Brandenburg v. 14.04.2011, 1 AR 14/11, juris, Rn. 11; Musielak/Voit-*Heinrich*, ZPO, § 36 Rn. 18 m.w.N.
53 OLG Rostock, FamRZ 2010, 1264.
54 OLG Frankfurt a.M. v. 27.09.2001, 11 AR 59/11, juris, Rn. 13 m.w.N.; BayObLG, NJW-RR 2000, 660 (661) = BayObLGZ 1999, 75 (76 ff.) m.w.N.
55 BGH, NJW 2008, 3789, Rn. 11 m.w.N.; BGH, NJW 1987, 439.
56 BGH, NJW 1988, 646 (647) = MDR 1987, 735; BGH, NJW 1983, 996 = MDR 1983, 466 auch wenn der Beklagte zwischen mehreren prorogierten Gerichtsständen die Wahl hat; OLG Frankfurt a.M., MDR 2015, 299; OLG Nürnberg, OLGR 2007, 147 (148).
57 Dazu Zöller-*Vollkommer*, ZPO, § 36 Rn. 15 m.w.N.
58 OLG Frankfurt a.M., MDR 2015, 299 (300) m.w.N.; OLG Nürnberg, OLGR 2007, 147 (148) m.w.N.

digkeit anwendbar. Es reicht daher auch aus, dass für einen Streitgenossen das Amtsgericht und für den anderen das Landgericht zuständig wäre.[59] Das Gleiche gilt hinsichtlich der **funktionellen Zuständigkeit**, so z.B. wenn für einen Streitgenossen die Zivilkammer und für den anderen die Kammer für Handelssachen zuständig wäre (zur funktionellen Zuständigkeit auch Rn. 4–5).[60] Die Regelung ist auch anwendbar, wenn ein Streitgenosse **keinen allgemeinen Gerichtsstand im Inland** hat, sofern hier ein besonderer Gerichtsstand begründet ist.[61] Jeder Streitgenosse muss aber zumindest einen allgemeinen oder besonderen Gerichtsstand im Inland haben, da andernfalls die Gerichtsstandsbestimmung ausscheidet.[62] Es muss für jeden Streitgenossen die **internationale Zuständigkeit deutscher Gerichte gegeben** sein (vgl. dazu Vorbem. zu §§ 1–37 Rn. 5).

17 Besteht für die Streitgenossen ein **gemeinsamer allgemeiner, besonderer oder ausschließlicher Gerichtsstand**, scheidet eine Zuständigkeitsbestimmung nach Abs. 1 Nr. 3 in der Regel aus.[63] **Irrelevant** ist, ob ein **gemeinsamer ausländischer Gerichtsstand** besteht.[64] Es genügt für eine Zuständigkeitsbestimmung, dass ein gemeinsamer (besonderer oder ausschließlicher) Gerichtsstand **nicht zuverlässig feststellbar** ist.[65] Des Weiteren ist die Gerichtsstandsbestimmung nach ihrem Zweck anwendbar, wenn zwar ein gemeinsamer besonderer Gerichtsstand besteht, das mit der Sache **befasste Gericht jedoch Zweifel an seiner Zuständigkeit geäußert** hat.[66] Außerdem ist eine Gerichtsstandsbestimmung zulässig, wenn zwar gemeinsame allgemeine oder besondere Gerichtsstände bestehen, diese nicht für alle Streitgenossen zur Anwendung kommen, da für einzelne auch ein **ausschließlicher Gerichtsstand** gegeben ist.[67] Die EuGVVO kennt einen gemeinsamen örtlichen Gerichtsstand für Streitgenossen (Art. 8 Nr. 1 EuGVVO).

c) Zeitraum der Gerichtsstandbestimmung

18 Ihrer Grundstruktur nach ist die Regelungsalternative auf Bestimmung des Gerichtsstands **vor Rechtshängigkeit** ausgelegt. Sind die **Klagen** gegen die Streitgenossen bereits bei **unterschiedlichen Gerichten** erhoben worden, scheidet eine Bestimmung nach Abs. 1 Nr. 3 aus.[68] Dagegen stehen **Klagen** gegen die Streitgenossen bei **demselben Gericht** einer Gerichtsstandsbestimmung nicht entgegen, sofern das **Verfahren noch nicht so weit fortgeschritten** ist, dass aus prozessökonomischen Gründen nur noch die Bestimmung eines Gerichts überhaupt möglich ist und daher eine Zuständigkeitsbestimmung ausscheiden müsste.[69] Dies ist beispielsweise der Fall, wenn bereits eine **Beweisaufnahme zur Hauptsache durchgeführt** oder gegen einen von mehreren Beklagten bereits in erster Instanz entschieden worden ist.[70] Das Gleiche gilt im **selbstständigen Beweisverfahren**, wenn die Beweisaufnahme bereits stattgefunden hat oder unmittelbar bevorsteht (zur Anwendbarkeit im selbstständigen Beweisverfahren auch Rn. 2).[71] Die **Unzuständigkeitsrüge steht nicht entgegen**.[72] Eine Zuständigkeitsbestimmung ist nicht mehr möglich, wenn nach Klageerhebung bei einem Gericht auf Antrag des Klägers die Prozesse **nach § 281 ZPO bereits** an unterschiedliche Gerichte **verwiesen** wur-

---

59 BGHZ 90, 155 (157f.) = NJW 1984, 1624 (1625) = MDR 1984, 555 (556) m.w.N. auch zur Gegenansicht; OLG Karlsruhe, NJW-RR 2014, 444 (445).
60 OLG Schleswig, NJW-RR 2003, 1650 m.w.N.
61 BGH, NJW-RR 2013, 1399 (1400), Rn. 9 = VersR 2014, 600 (601), Rn. 9; BGH, NJW 1988, 646.
62 Thomas/Putzo-*Hüßtege*, ZPO, § 36 Rn. 16; Musielak/Voit-*Heinrich*, ZPO, § 36 Rn. 18 m.w.N.
63 BGH, NJW 1988, 1914; BGH, NJW 1986, 935 = BauR 1986, 241; OLG Frankfurt a.M., NJW-RR 2013, 59; OLG Karlsruhe, OLGR 2005, 171; Musielak/Voit-*Heinrich*, ZPO, § 36 Rn. 18 m.w.N.; Zöller-*Vollkommer*, ZPO, § 36 Rn. 15 m.w.N.
64 BayObLG, NJW-RR 1990, 893 (894); Zöller-*Vollkommer*, ZPO, § 36 Rn. 15 m.w.N.
65 BGH, NJW-RR 2008, 1514, Rn. 8; OLG Hamm, NJW-RR 2013, 1451; OLG München v. 08.01.2013, 34 AR 336/12, juris, Rn. 7 m.w.N.
66 OLG Hamm v. 06.08.2015, 32 SA 23/15, juris, Rn. 12 m.w.N.; KG Berlin, NJW-RR 2006, 775 m.w.N.; BayObLG, NJW-RR 2004, 944 = FamRZ 2004, 908; MK-*Patzina*, ZPO, § 36 Rn. 25 m.w.N.; Musielak/Voit-*Heinrich*, ZPO, § 36 Rn. 18 m.w.N.
67 OLG Brandenburg v. 14.04.2011, 1 AR 14/11, juris, Rn. 7–8; OLG Brandenburg, OLGR 2003, 273 (274).
68 BGH, NJW-RR 2011, 929 (929f.), Rn. 5–11 = MDR 2011, 558; vgl. auch instruktiv OLG Karlsruhe, NJW-RR 2014, 444 (445f.) auch zu einer Ausnahme.
69 BGH, NJW-RR 2006, 1289, Rn. 3 m.w.N.; BGHZ 88, 331 (333) = NJW 1984, 739; BGH, NJW 1980, 188 (189) = FamRZ 1980, 47; OLG Hamm v. 06.08.2015, 32 SA 23/15, juris, Rn. 9 m.w.N.; Musielak/Voit-*Heinrich*, ZPO, § 36 Rn. 21, 22.
70 BGH, NJW 1978, 321 = MDR 1978, 207; OLG Stuttgart, NJW-RR 2003, 1706.
71 OLG Hamm, MDR 2013, 116 m.w.N.
72 BGHZ 88, 331 (333) = NJW 1984, 739.

den.⁷³ Wurden die Ansprüche im **Mahnverfahren** (zur Anwendbarkeit im Mahnverfahren auch Rn. 2) geltend gemacht, so kann auch nach Abgabe an unterschiedliche Streitgerichte der Antrag auf Gerichtsstandsbestimmung noch in der Anspruchsbegründung gestellt oder sogar nur angekündigt werden, wenn der Antragsteller aufgrund fehlender Kenntnis darüber, bei welchem Gericht die Akten zuerst eingegangen sind, noch nicht weiß, welches Gericht für die Bestimmung zuständig ist.⁷⁴

3. Auswahl des zuständigen Gerichts

Die Auswahl des zuständigen Gerichts erfolgt durch das bestimmende Gericht nach seinem **Ermessen** anhand von **Zweckmäßigkeitsgesichtspunkten** und des **Grundsatzes der Prozessökonomie**.⁷⁵ An den **Antrag** der um Bestimmung ersuchenden Partei ist das Gericht **nicht gebunden** (§ 37 Rn. 1). Gleichwohl kann das Einverständnis der Parteien mit einem bestimmten Gericht **im Rahmen der Abwägung zu berücksichtigen** sein.⁷⁶ In der Regel soll ein Gericht bestimmt werden, in dem zumindest einer der Streitgenossen seinen **allgemeinen Gerichtsstand** hat.⁷⁷ Ist bei einem Gericht ein **nach europäischem Zivilverfahrensrecht ausschließlicher Gerichtsstand** begründet, dann muss dieses Gericht als zuständig bestimmt werden.⁷⁸ Hingegen kommt einem **nach nationalem Recht begründeten ausschließlichen Gerichtsstand** lediglich im Rahmen des Auswahlermessens besonderes Gewicht zu und zwar auch, wenn dort keiner der Streitgenossen seinen allgemeinen Gerichtsstand hat.⁷⁹ Dennoch kann **auch ein anderes als das ausschließlich zuständige Gericht** als zuständig bestimmt werden.⁸⁰ Ein **prorogierter ausschließlicher Gerichtsstand** verbietet es, den an der Prorogation beteiligten Streitgenossen im Wege der Gerichtsstandsbestimmung vor ein anderes Gericht zu ziehen. Es kommt jedoch unter Umständen in Betracht, für die anderen Streitgenossen das prorogierte Gericht als zuständig zu bestimmen, soweit es für diese **zumutbar** ist (vgl. dazu Rn. 16 mit entsprechenden Nachweisen).

19

IV. Klage im dinglichen Gerichtsstand, Nr. 4

Soll oder muss die Klage im **dinglichen Gerichtsstand** (vgl. §§ 24–26 ZPO) erhoben werden und befindet sich die Sache in verschiedenen Gerichtsbezirken, dann kann nach Abs. 1 Nr. 4 das zuständige Gericht bestimmt werden. Dies kommt beispielsweise bei einem **Grundstück** in Betracht, das in verschiedenen Gerichtsbezirken liegt.⁸¹ Ein Grundstück in diesem Sinn liegt auch vor, wenn bei mehreren Grundstücken eine Vereinigung oder Zuschreibung nach § 890 BGB erfolgt ist. Die Vorschrift wird von der Rechtsprechung **entsprechend angewendet**, wenn es um mehrere in verschiedenen Gerichtsbezirken gelegene Grundstücke einer Partei geht, soweit ein einheitliches Vertragsverhältnis über die Grundstücke oder betreffend den Streitgegenstand eine einheitliche Regelung zugrunde liegt.⁸²

20

V. Positiver Kompetenzkonflikt, Nr. 5

Erklären sich mehrere Gerichte rechtskräftig für zuständig **(positiver Kompetenzkonflikt)**, kommt eine Gerichtsstandsbestimmung nach Abs. 1 Nr. 5 in Betracht.⁸³ Da Abs. 1 Nr. 5 ausdrücklich auf einen „Rechtsstreit" abstellt, kommt eine Anwendung der Vorschrift **erst nach**

21

---

73 BGH, NJW 2006, 699 (700), Rn. 8–9 = MDR 2006, 1182 sofern die Verweisung nicht objektiv willkürlich und damit nicht bindend ist, vgl. auch BGH, FamRZ 1990, 1224 (1225); OLG Karlsruhe, NJW-RR 2014, 444 (445); Musielak/Voit-*Heinrich*, ZPO, § 36 Rn. 23 m.w.N.
74 BGH, NJW-RR 2013, 1531 (1532), Rn. 7 f. = MDR 2013, 1422, Rn. 7 f.; BGH, NJW 1978, 1982; OLG Hamm, NJW-RR 2015, 315 (315 f.) = MDR 2014, 1348; Prütting/Gehrlein-*Lange*, ZPO, § 36 Rn. 7; einschränkend OLG Düsseldorf, BeckRS 2013, 07300.
75 BVerfG, NJW 2009, 907 m.w.N.; BGH, NJW 2007, 1365 (1366); OLG Hamm, NJW-RR 2013, 1451; KG Berlin, NJW 2006, 2336 (2337); Zöller-*Vollkommer*, ZPO, § 36 Rn. 18 m.w.N. und Beispielen für zu berücksichtigende Umstände; ebenso Prütting/Gehrlein-*Lange*, ZPO, § 36 Rn. 9 m.w.N.
76 OLG Frankfurt a.M., NJW-RR 2006, 864.
77 BGH, NJW 1987, 439; BGH, NJW 1986, 3209; OLG Hamm, NJW-RR 2013, 1451 (1452).
78 BGH, NJW-RR 2013, 1399 (1400), Rn. 18 = VersR 2014, 600 (601), Rn. 18.
79 BGH, NJW-RR 2008, 1514 (1515 f.), Rn. 20; BGH, NJW 2008, 3789, Rn. 11 m.w.N.
80 OLG Brandenburg, FamRZ 2009, 797 (798).
81 Musielak/Voit-*Heinrich*, ZPO, § 36 Rn. 25 m.w.N. aus der Rechtsprechung des Reichsgerichts RGZ 86, 272 und RGZ 91, 41.
82 OLG Hamm, NJW-RR 2014, 332 Gesamtmietzahlung für zwei Grundstücke; BayObLG, MDR 2005, 589 Vollstreckungsgegenklage gegen Vollstreckung in zwei Grundstücke aus zwei notariellen Urkunden, denen jedoch der gleiche Kaufvertrag und der gleiche Darlehensvertrag zugrundliegen.
83 Z.B. OLG München v. 21.01.2014, 34 AR 277/13, juris, für Zuständigkeitsstreit zweier Insolvenzgerichte; zum gleichen Thema OLG Hamburg v. 08.12.2003, 13 AR 31/03, juris.

Rechtshängigkeit in Betracht.[84] Die Zuständigerklärung muss im **selben Verfahren** erfolgen. Es reicht nicht aus, dass sich im Verfahren gegen mehrere Streitgenossen nach Trennung der jeweiligen Verfahren die Gerichte, bei denen die Prozesse der Streitgenossen rechtshängig werden, für zuständig erklären.[85] Die Erklärung zur Zuständigkeit ergeht durch **Zwischenurteil**. Nach Vorliegen einer **rechtskräftigen Sachentscheidung** scheidet die Zuständigkeitsbestimmung aus.[86]

VI. Negativer Kompetenzkonflikt, Nr. 6
1. Allgemeines

22 Abs. 1 Nr. 6 regelt den sog. **negativen Kompetenzkonflikt**, bei dem sich mehrere Gerichte, von welchen eines für den Rechtsstreit zuständig (dazu Rn. 25) ist, rechtskräftig für unzuständig erklären. Zu den Zuständigkeitsarten, bei denen § 36 Abs. 1 Nr. 6 ZPO anwendbar ist, vgl. Rn. 3–7.

2. Voraussetzungen der Zuständigkeitsbestimmung
a) Rechtskräftige Unzuständigerklärung mehrerer Gerichte

23 Es müssen sich mehrere Gerichte **rechtskräftig für unzuständig erklärt** haben. Dies geschieht bei dem zuerst angerufenen Gericht für gewöhnlich im Wege der §§ 281 ZPO, 17a, 102 GVG und bei dem Gericht, an das verwiesen wurde in der Regel durch sonstige ausdrückliche endgültige Erklärung darüber, dass sich das Gericht für nicht zuständig erachtet.[87] Auch eine Unzuständigerklärung durch **Prozessurteil** kommt in Betracht.[88] **Rechtskräftig** i.d.S. ist eine Verweisung oder die Ablehnung der Übernahme erst, wenn sie **sämtlichen Parteien zur Kenntnis gebracht** wurde.[89] **Rein interne gerichtliche Verfügungen** sind für eine Bestimmung nach § 36 Abs. 1 Nr. 6 ZPO nicht ausreichend.[90] Ob die Entscheidung tatsächlich **Bindungswirkung** entfaltet oder nicht, ist für die Frage der Statthaftigkeit des Bestimmungsverfahrens **unerheblich**[91] und erlangt erst bei der Auswahl des zuständigen Gerichts Bedeutung (dazu Rn. 26).

b) Nach Rechtshängigkeit

24 Eine Bestimmung nach Abs. 1 Nr. 6 kommt in aller Regel erst **nach Rechtshängigkeit** in Betracht, da auch erst ab diesem Zeitpunkt eine rechtskräftige Verweisung möglich ist.[92] **Vor Rechtshängigkeit** kann eine Gerichtsstandsbestimmung **nur im Ausnahmefall** erfolgen.[93] Die Zuständigkeitsbestimmung kommt im **PKH-Verfahren** (dazu auch Rn. 2) vor Rechtshängigkeit der Hauptsache in Betracht, sobald der Antrag dem Gegner mitgeteilt wurde.[94] Das Gleiche gilt im **selbstständigen Beweisverfahren** (dazu auch Rn. 2).[95] Da bei der **Forderungspfändung** der Antrag dem Gegner zunächst nicht zuzustellen ist, kommt hier eine Gerichtsstandsbestimmung auch bereits davor in Betracht.[96] Vor Rechtshängigkeit ist eine entsprechende Anwen-

---

84 BGH, NJW 1980, 1281 = FamRZ 1980, 562.
85 OLG Karlsruhe, NJW-RR 2014, 444.
86 Vgl. Stein/Jonas-*Roth*, ZPO, § 36 Rn. 35.
87 Z.B. BGH, NJW-RR 2013, 764 (765): ausdrückliche Zuständigkeitsleugnung des Gerichts, an das verwiesen wurde; BGHZ 104, 363 (366) = NJW 1988, 2739 (2740) m.w.N.: tatsächliche beiderseitige Kompetenzleugnung; BGHZ 102, 338 (339f.) = NJW 1988, 1794 (1795) m.w.N.; OLG München v. 30.11.2015, 34 AR 220/15, juris, Rn. 9; BayObLG v. 23.04.2002, 1 Z AR 38/02, juris, Rn. 3–6 im Mahnverfahren durch Mahngerichte; OLG Brandenburg, NJW-RR 2001, 429 (430) m.w.N. für Abgabeverfügungen zwischen Zivilkammer und Kammer für Handelssachen; zu eng KG Berlin, KGR 2008, 1001 (1002) wo nur Beschlüsse und Urteile, nicht aber Verfügungen für ausreichend erachtet werden.
88 Zöller-*Vollkommer*, ZPO, § 36 Rn. 24.
89 BGH, NJW-RR 1997, 1161; BGH, NJW-RR 1996, 254; BGH, NJW-RR 1995, 641; OLG Düsseldorf, MDR 2015, 419; BayObLG, NJW-RR 2005, 1012 m.w.N.; Zöller-*Vollkommer*, ZPO, § 36 Rn. 24 m.w.N.
90 BGH, NJW-RR 1992, 1154 = FamRZ 1993, 49 (50); BGH, NJW-RR 1992, 578; BGH, NJW-RR 1979, 2614 = MDR 1979, 918; OLG Schleswig v. 11.02.2010, 2 W 11/10, juris, Rn. 14–15 m.w.N.; OLG Brandenburg, NJW-RR 2001, 429 (430) m.w.N.
91 Zöller-*Vollkommer*, ZPO, § 36 Rn. 25 m.w.N.
92 BGH, NJW-RR 1996, 254; BGH, NJW 1980, 1281 = FamRZ 1980, 562 (562f.) m.w.N.: Abgabeverfügung auf Bitte des Klägers vor Zustellung; Musielak/Voit-*Heinrich*, ZPO, § 36 Rn. 28.
93 BGH, NJW 1983, 1062 = MDR 1983, 466; OLG Frankfurt a.M., NJW-RR 2013, 60 (61) = MDR 2013, 300 (301) m.w.N.; OLG Naumburg v. 22.08.2011, 1 AR 23/11 (Zust), juris, Rn. 1; BayObLG, NJW-RR 1992, 569.
94 BGH, NJW-RR 2010, 209 (210), Rn. 6; BGH, NJW 2002, 444 (445); BGH, NJW 1982, 1000 = FamRZ 1982, 43.
95 Vgl. dazu z.B. BGH, NJW-RR 2010, 891.
96 BGH, NJW 1983, 1859.

dung des Abs. 1 Nr. 6 ZPO im Einzelfall mit der Maßgabe möglich, dass die **Zuständigkeitsbestimmung nur vorläufig** erfolgt.[97] Im **Mahnbescheidsverfahren** (dazu auch Rn. 2) kann schon vor Erlass des Mahnbescheids eine Zuständigkeitsbestimmung erfolgen, wenn sich ein Mahngericht wegen angenommener Unzuständigkeit, statt den Antrag nach § 691 Abs. 1 Satz 1 Nr. 1 ZPO zurückzuweisen, für unzuständig erklärt und die Sache an ein anderes Mahngericht abgibt, das sich seinerseits für unzuständig erklärt.[98]

c) Zuständigkeit eines der beteiligten Gerichte
Ein Gericht, das sich für unzuständig erklärt hat, muss tatsächlich – ohne dass dafür weitere 25 Ermittlungen nötig sind – **zuständig sein** (bei Ungewissheiten darüber vgl. Rn. 26).[99] Eine **Bestimmung eines dritten, bislang nicht beteiligten Gerichts** kommt nur in Betracht, wenn dieses eindeutig und ohne weitere Ermittlungen ausschließlich zuständig ist, den Parteien rechtliches Gehör gewährt und der erforderliche Verweisungsantrag gestellt wurde.[100]

3. Auswahl des zuständigen Gerichts
Das bestimmende Gericht hat den negativen Kompetenzkonflikt zu entscheiden und die Sache 26 einem der Gerichte zuzuweisen. Ein **Ermessen besteht nicht**.[101] Ebenso wenig ist das Gericht an den **Bestimmungsantrag** gebunden (vgl. § 37 Rn. 1). Es ist grundsätzlich das Gericht als zuständig zu bestimmen, an das die Sache in dem **zuerst ergangenen Verweisungsbeschluss** verwiesen wurde.[102] Soweit ein **bindender** (§ 281 Abs. 2 Satz 4 ZPO; §§ 17a Abs. 2 Satz 3, 102 Satz 2 GVG) **Verweisungsbeschluss** der Untergerichte existiert, muss, auch wenn das Gericht, an das verwiesen wurde eigentlich nicht zuständig war, dieses als zuständig bestimmt werden. Ein bindender Verweisungsbeschluss begründet nämlich die Zuständigkeit.[103] Liegen **mehrere bindende Verweisungsbeschlüsse** vor, kommt in der Regel dem **ersten Vorrang** zu.[104] **Ausnahmen von der Bindungswirkung** sind bei Verletzung des Anspruchs auf rechtliches Gehör oder bei Willkürlichkeit des Verweisungsbeschlusses anerkannt.[105] Eine **bloße Unrichtigkeit oder Fehlerhaftigkeit** ohne diese Qualifikation ist nicht ausreichend.[106] Das gilt auch dann, wenn darin von der „ganz überwiegenden" oder „fast einhelligen" Rechtsauffassung abgewichen wird.[107] In Fällen mit Auslandsberührung, die nicht zu den alltäglichen Geschäften des Gerichts zählen und bei denen die Gesetzeslage unübersichtlich ist, liegt regelmäßig keine Willkürlichkeit vor.[108] Die Bindungswirkung **reicht jedoch nur soweit**, als über die jeweilige Zuständigkeitsart auch bindend entschieden wurde.[109] Die gleichen Grundsätze gelten auch für

---

97 BGH, NJW 1983, 1062 = MDR 1983, 466 (466 f.); Prütting/Gehrlein-*Lange*, ZPO, § 36 Rn. 13; a. A. Zöller-*Vollkommer*, ZPO, § 36 Rn. 26; Stein/Jonas-*Roth*, ZPO, § 36 Rn. 41.
98 BGH, NJW 1993, 2752; OLG Schleswig, OLGR 2007, 960 m.w.N.; BayObLG, Rpfleger 2002, 528 m.w.N.
99 BGH, NJW 1995, 534 = VersR 1995, 190 m.w.N.; vgl. dazu und zur Zuständigkeit eines dritten Gerichts auch KG Berlin v. 11.12.2008, 2 AR 56/08, juris, Rn. 3–10; OLG Schleswig, OLGR 2007, 960 (960 f.).
100 BGHZ 71, 69 (74 f.) = NJW 1978, 1163 (1164) = MDR 1978, 650 (650 f.); BGH, FamRZ 1997, 171 (172) m.w.N.; BGH, NJW 1995, 534 = VersR 1995, 190; BGH, NJW-RR 1994, 1282 = FamRZ 1995, 32 (33); BGH, NJW-RR 1988, 521 (522); OLG Rostock, OLG-NL 2005, 140 (141); OLG Zweibrücken, NJW-RR 2000, 590 (591); zur Bestimmung der bislang nicht beteiligten Kammer für Handelssachen als funktionell zuständig vgl. KG Berlin v. 05.01.2017, 2 AR 61/16, juris, Rn. 13–14.
101 BGH, NJW 1995, 534 = VersR 1995, 190 (190).
102 BGH, NJW-RR 2015, 1016, Rn. 9; BGH, NJW-RR 2011, 1364 (1365), Rn. 9; OLG Köln, NJW-RR 2014, 319 (320).
103 Z.B. OLG Schleswig, NJW-RR 2010, 1111 (1112).
104 BGH, NJW 2001, 3631 (3632 f.) m.w.N.
105 BGH, NJW-RR 2011, 1364 (1365), Rn. 9; BGH, NJW 2003, 3201 (3201 f.); BGH, NJW 2002, 3634 (3635); BGH, NJW 1993, 2810 (2810 f.); BGHZ 71, 69 (72 f.) = NJW 1978, 1163 (1164) = MDR 1978, 650 m.w.N.; OLG Hamm v. 06.01.2017, 32 SA 79/16, juris, Rn. 8–10 zur Verweisung nach § 506 ZPO; OLG Frankfurt a.M., NJW-RR 2013, 824 (824 f.); KG Berlin, NJW-RR 2008, 879 (880) m.w.N.
106 BGH, NJW-RR 2015, 1016, Rn. 9; BGH, NJW-RR 2013, 764 (765), Rn. 7; BGH, NJW-RR 2008, 1309, Rn. 6 m.w.N.; BGH, NJW 1993, 1273; BGHZ 102, 338 (340 ff.) = NJW 1988, 1794 (1795) = MDR 1988, 470 m.w.N.
107 BGH, NJW 2003, 3201 (3202); BGH, NJW-RR 2002, 1497 (1497 f.) = FamRZ 2003, 88; OLG München v. 31.10.2016, 34 AR 132/16, juris, Rn. 8–10 m.w. N, insbesondere für den Fall, dass die Verweisung im Einvernehmen beider Parteien ergeht.
108 OLG Brandenburg v. 28.07.2016, 1 (F) Sa 6/16, juris, Rn. 6.
109 BGH, NJW 1964, 1416 (1417 f.) m.w.N.; BayObLG, NJW-RR 1996, 956; BayObLGZ 1982, 381 (383 f.) m.w.N.

Verweisungen im Rahmen von § 102 GVG.[110] Für Verweisungen betreffend den Rechtsweg nach § 17a GVG gelten wesentlich strengere Maßstäbe, so dass auch bei willkürlichen Entscheidungen die Bindungswirkung grundsätzlich bestehen bleibt.[111] Ein Entfallen der Bindungswirkung kommt dort allenfalls bei „extremen Verstößen" oder „krassen Rechtsverletzungen" in Betracht.[112] Zu beachten ist im Rahmen der Zuständigkeitsbestimmung auch eine etwaige *perpetuatio fori* gemäß § 261 Abs. 3 Nr. 2 ZPO.[113] Kann das Gericht auf der unstreitigen Tatsachengrundlage **nicht abschließend ohne weitere Ermittlungen entscheiden**, welches Gericht zuständig ist, kann es die Sache zur erneuten Entscheidung an das Ausgangsgericht zurückgeben.[114] Zu Ermittlungen ist das Bestimmungsgericht nicht verpflichtet (vgl. auch § 37 Rn. 4). In diesem Zusammenhang kann auch die Aufhebung eines bereits vorliegenden Verweisungsbeschlusses erfolgen.[115] Zur Bestimmung eines bislang am Zuständigkeitsstreit nicht beteiligten Gerichts als zuständig vgl. Rn. 25.

C. Zuständiges Gericht für die Gerichtsstandsbestimmung
I. Allgemeines

27 Die Zuständigkeiten für die Gerichtsstandsbestimmung wurden mit Wirkung zum 01.04.1998 durch die Schaffung der Abs. 2 und 3 verändert.[116] Insbesondere wurde dadurch die **Zuständigkeit des BGH in weiten Teilen zurückgedrängt**, um diesen nicht über Gebühr mit Zuständigkeitsstreitigkeiten zu belasten (vgl. zur Zuständigkeit des BGH Rn. 29–31). Vor diesem Zeitpunkt liegende Entscheidungen entsprechen daher in der Zuständigkeitsfrage teilweise nicht mehr der aktuellen Rechtslage.

II. Grundsatz des Absatzes 1: Im Rechtszug zunächst höheres Gericht

28 Nach § 36 Abs. 1 ZPO erfolgt die Gerichtsstandsbestimmung dem Grundsatz nach durch das **nach den Regelungen des GVG höhere Gericht**, wobei es auf die **Rechtsmittelzuständigkeit in der konkreten Verfahrensart** ankommt.[117] Bei einem Zuständigkeitsstreit mehrerer Amtsgerichte desselben Bezirks ist das **Landgericht** dieses Bezirks zuständig. Streiten Landgerichte eines Bezirks um die Zuständigkeit ist das **Oberlandesgericht** des Bezirks zuständig. Dieses ist auch zuständig für die Bestimmung der Zuständigkeit unter mehreren Amtsgerichten verschiedener LG-Bezirke in seinem Bezirk. Zur Zuständigkeit für die Entscheidung über Streitigkeiten zwischen Amts- oder Landgerichten verschiedener OLG-Bezirke vgl. Rn. 29. Der Familiensenat des Oberlandesgerichts war nach gängiger Rechtsprechung zuständig für einen Streit zwischen Zivilabteilung eines Amtsgerichts und dessen **Familiengericht**.[118] Ob dies im Hinblick auf § 17a Abs. 6 GVG nach wie vor der Fall ist oder ob stattdessen nunmehr der BGH entscheidet, ist fraglich (vgl. dazu Rn. 4).[119]

III. Bundesgerichtshof als zunächst höheres gemeinschaftliches Gericht, Abs. 2

29 Ist der Bundesgerichtshof das zunächst höhere gemeinschaftliche Gericht, so ist nach Abs. 2 das Oberlandesgericht zuständig, zu dessen Bezirk das zuerst mit der Sache befasste Gericht gehört (sog. **hypothetische BGH-Zuständigkeit**[120]). Dies kommt insbesondere in Betracht, wenn die streitenden Gerichte in **unterschiedlichen Oberlandesgerichtsbezirken** liegen.[121]

---

110 KG Berlin, KGR 2008, 951 (954) m.w.N.
111 BGH, FamRZ 2013, 1302 (1303 f.), Rn. 9–13; BGH, NJW 2003, 2990 (2991) = JR 2004, 289 (290); BGH, NJW-RR 2002, 713 (713 f.) = WM 2002, 406 (407); BGHZ 144, 21 (25) = NJW 2000, 1343 (1344) = VersR 2001, 394 (395).
112 BGH, FamRZ 2013, 1302 (1303 f.), Rn. 13 m.w.N.
113 Z.B. BGH, NJW-RR 1995, 513 = FamRZ 1995, 729; OLG München v. 06.08.2014, 34 AR 97/14, juris, Rn. 8–9; Zöller-*Vollkommer*, ZPO, § 36 Rn. 28 m.w.N.
114 BGH, FamRZ 1997, 171 (172); BGH, NJW 1995, 534 = VersR 1995, 190 (191); KG Berlin, KGR 2008, 951 (952, 955 m.w.N.); OLG Schleswig, OLGR 2007, 960 (961); OLG Rostock, OLG-NL 2005, 140 (141).
115 BGH, NJW 1995, 534 = VersR 1995, 190 (191).
116 Zur Neuregelung z.B. *Kemper*, NJW 1998, 3551 ff.
117 BGHZ 104, 363 (366) = NJW 1988, 2739 (2740); BGH, NJW 1979, 2249 = MDR 1979, 918 (918 f.); BayObLG, FamRZ 2000, 1107 (1107 f.).
118 OLG Brandenburg, OLG-NL 2006, 260; OLG Rostock, FamRZ 2004, 956 (957); OLG Dresden, OLG-NL, 2001, 71.
119 Die Zuständigkeit des OLG bejahend OLG Braunschweig, NJW-RR 2012, 586 (587) = FamRZ 2012, 1816 (1817) m.w.N.; so wohl auch unter Bezugnahme auf die Gesetzesmaterialien, wonach der BGH gerade von solchen Verfahren entbunden werden sollte BGH, NJW-RR 2014, 573 (574), Rn. 6.
120 Vgl. OLG München, NJW 2007, 163.
121 BGH, NJW 1999, 221 = MDR 1999, 313.

Nach Abgabe der Sache durch das **Mahngericht** an das Streitgericht und Zuständigkeitsstreit zwischen mehreren Streitgerichten kann für die Zuständigkeit hinsichtlich des zuerst befassten Gerichts nicht mehr an das Mahngericht angeknüpft werden, sondern ist **allein das zuerst befasste Streitgericht** entscheidend.[122] In den Fällen des Abs. 1 Nr. 3 ist für den Fall der Gerichtsstandsbestimmung vor Klageerhebung, wenn es noch kein erstbefasstes Gericht gibt, **das OLG zuständig, an das sich der Antragsteller zuerst wendet**, auch wenn in dessen Bezirk keiner der Streitgenossen einen allgemeinen Gerichtsstand hat.[123] Damit erhält der Kläger letztlich ein Wahlrecht.[124] Das zuerst mit der Sache befasste Oberlandesgericht ist auch zuständig, wenn sich nicht klären lässt, welches Untergericht zuerst mit der Sache befasst wurde oder wenn alle gleichzeitig damit befasst wurden.[125] Das Oberlandesgericht des mit der Sache zuerst befassten Gerichts und nicht der Bundesgerichtshof ist zuständig, wenn der Zuständigkeitsstreit gerade zwischen verschiedenen Oberlandesgerichten besteht.[126] Eine Zuständigkeit des Oberlandesgerichts besteht auch, wenn ein Senat dieses Oberlandesgerichts mit dem Landgericht über die **Rechtsmittelzuständigkeit** streitet.[127] Herrscht der Streit zwischen zwei Senaten desselben Oberlandesgerichts, ist ebenfalls nicht der BGH zur Entscheidung berufen.[128] Die Bestimmung des § 9 EGZPO hat seit Auflösung des BayObLG keinen Anwendungsbereich mehr.

IV. Entscheidungszuständigkeit des Bundesgerichtshofs

Der Bundesgerichtshof ist für die Zuständigkeitsbestimmung nach der Neuregelung (Rn. 27) gegenüber früher **nur in sehr begrenztem Umfang zuständig**.[129] Dies ist zum einen bei der Divergenzvorlage nach Abs. 3 der Fall. Zum anderen ist er für die Gerichtsstandsbestimmung bei **negativem Kompetenzkonflikt zwischen zwei Gerichten unterschiedlicher Rechtswege** zuständig, wenn er zuerst um Gerichtsstandsbestimmung ersucht wird.[130] Des Weiteren ist er zuständig, wenn das zur Bestimmung zuständige Gericht verhindert ist.[131]

30

Die Zuständigkeit im Rahmen der **Divergenzvorlage**[132] nach Abs. 3 greift nur ein, wenn eigentlich das Oberlandesgericht nach Abs. 2 zur Entscheidung anstelle des Bundesgerichtshofes zuständig wäre und nicht, wenn sich die Zuständigkeit des OLG bereits originär aus Abs. 1 als zunächst höheres Gericht ergibt.[133] Eine **Divergenzvorlage durch ein Landgericht** kommt nicht nach Abs. 3 in Betracht, auch nicht, wenn das Oberlandesgericht fälschlicherweise zuvor nicht nach Abs. 3 die Sache dem BGH zur Entscheidung vorgelegt und direkt das Landgericht als zuständig bestimmt hatte.[134] Das bestimmende OLG muss in einer Rechtsfrage von der Entscheidung eines anderen Oberlandesgerichts oder des Bundesgerichtshofes abweichen wollen. Erfasst werden auch Rechtsansichten des mittlerweile aufgelösten BayObLG.[135] Unter die Vorschrift fällt auch der Fall, dass ein Senat eines Oberlandesgerichts von der Ansicht eines anderen Senats desselben Oberlandesgerichts abweichen will.[136] Ob es auf die Rechtsfrage, in der das OLG abweichen will, tatsächlich **entscheidungserheblich** ankommt, ist nicht relevant, solange das OLG mit nachvollziehbarer Begründung davon ausgeht, dass die

31

---

122 OLG Stuttgart v. 12.07.2011, 8 AR 9/11, juris, Rn. 9–11; BayObLG, NJW-RR 1999, 1294 (1295) = MDR 1999, 115; Zöller-*Vollkommer*, ZPO, § 36 Rn. 4 m.w.N.
123 BGH, NJW 2008, 3789 (3789 f.), Rn. 11–13 = MDR 2009, 46 m.w.N. auch zur Gegenansicht; OLG München, NJW 2007, 163 (164); OLG Hamm, FamRZ 2011, 1237 (1238); a.A. wohl Thomas/Putzo-*Hüßtege*, ZPO, § 36 Rn. 7 (unklar im Verhältnis zu Rn. 6).
124 Musielak/Voit-*Heinrich*, ZPO, § 36 Rn. 9.
125 OLG Karlsruhe, OLGR 2005, 171; OLG Frankfurt a.M., FamRZ 1999, 25 (25 f.).
126 BGH, NJW 2001, 1499 (1499 f.) = FamRZ 2001, 618; BGH, NJW-RR 1999, 1081 = MDR 1999, 886.
127 OLG Oldenburg, NJW-RR 2004, 499 (500).
128 BGH, NJW-RR 2014, 573 (574), Rn. 5–9 für Streit zwischen Kartell- und Zivilsenat.
129 BGH v. 12.06.2012, X ARZ 195/12, juris, Rn. 3–6; BGH, NJW 1999, 221 (221 f.) = MDR 1999, 313; BGH, NJW 1999, 1403 (1404).
130 BAG v. 21.12.2015, 10 AS 9/15, juris, Rn. 14; BGH, FamRZ 2013, 1302 (1303), Rn. 7 m.w.N.; BGH, NJW 2001, 3631 (3632) m.w.N.
131 BGH, NJW-RR 2014, 573, Rn. 4 = WM 2014, 673 (674), Rn. 4; Stein/Jonas-*Roth*, ZPO, § 36 Rn. 10.
132 Zu Voraussetzungen und Rechtsfolgen der Divergenzvorlage ausführlich mit umfangreichen Nachweisen Zöller-*Vollkommer*, ZPO, § 36 Rn. 10.
133 BGH v. 12.06.2012, X ARZ 195/12, juris, Rn. 5–6; BGH, NJW 2002, 444 = FamRZ 2001, 1705 (1706); BGH, NJW 2000, 3214 (3214 f.) = MDR 2000, 1209; BGH, NJW 2000, 80 (81) hier wohl versehentlich als Abs. 1 bezeichnet; OLG Braunschweig, NJW-RR 1999, 2586 (587) = FamRZ 2012, 1816 (1817) m.w.N.; OLG Naumburg, NJW 2008, 1238.
134 BGH v. 30.04.2002, X ARZ 59/02, juris, Rn. 5; BGH, NJW 2000, 3214 (3215); Zöller-*Vollkommer*, ZPO, § 36 Rn. 4a.
135 Zöller-*Vollkommer*, ZPO, § 36 Rn. 10.
136 Musielak/Voit-*Weth*, ZPO, § 36 Rn. 10 m.w.N. auch zur Gegenansicht.

Rechtsfrage entscheidungserheblich ist.[137] Der BGH trifft im zulässigen Verfahren nach Abs. 3 die Bestimmung des zuständigen Gerichts selbst oder weist den Antrag zurück.[138]

D. Wirkung der Gerichtsstandsbestimmung

32 Durch die Gerichtsstandsbestimmung wird das bestimmte Gericht, **soweit darüber durch die Bestimmung entschieden** wurde, **bindend** zuständig.[139] Die **Rechtshängigkeit** geht auf das bestimmte Gericht über.[140] Die **Bindung entfällt**, wenn bei späterer Klageerhebung (Abs. 1 Nr. 3) die Umstände, die für die Zuständigkeitsbestimmung maßgebend waren, entfallen, beispielsweise die Klage gegen den Streitgenossen, dessen allgemeiner Gerichtsstand als zuständig bestimmt wurde, nicht erhoben oder ein weiterer Streitgenosse verklagt wird.[141] Eine bloße Wohnsitzveränderung zwischen Bestimmungsbeschluss und Klageerhebung oder im Rahmen des bereits laufenden Rechtsstreits ändert an der Bindungswirkung nichts.[142] Die Einreichung eines Antrags auf Gerichtsstandsbestimmung **hemmt** nach **§ 204 Nr. 13 BGB** unter bestimmten weiteren Voraussetzungen die Verjährung. Dies gilt auch, wenn der **Antrag letztlich erfolglos** ist.[143]

§ 37
Verfahren bei gerichtlicher Bestimmung

(1) Die Entscheidung über das Gesuch um Bestimmung des zuständigen Gerichts ergeht durch Beschluss.
(2) Der Beschluss, der das zuständige Gericht bestimmt, ist nicht anfechtbar.

Inhalt:

	Rn.		Rn.
A. Gesuch um Gerichtsstandsbestimmung	1	I. Verfahren und Prüfungsumfang; Tatsachenermittlung	4
I. Antragsberechtigte	1	II. Entscheidungsmöglichkeiten	5
II. Prozesshandlungsvoraussetzungen . . .	2	**C. Rechtsbehelfe**	6
III. Inhalt des Antrags	3	I. Stattgebender Beschluss	6
B. Verfahren und Entscheidung über das Gesuch	4	II. Ablehnender Beschluss	7
		D. Kostenentscheidung	8

A. Gesuch um Gerichtsstandsbestimmung
I. Antragsberechtigte

1 § 37 ZPO setzt ein „Gesuch um Bestimmung" voraus. Dieses kann durch eine Partei bzw. ihren Streithelfer[1] oder ein Gericht erfolgen. Im Falle des **§ 36 Abs. 1 Nr. 3 ZPO** besteht das Antragsrecht **nur für den Kläger, nicht auch für die Beklagten**[2] oder **das Gericht**.[3] Das **Gericht** kann ein Gesuch auf Gerichtsstandsbestimmung in den Konstellationen des **§ 36 Abs. 1 Nr. 5, 6 ZPO** stellen,[4] ebenso der **Beklagte**.[5] Innerhalb seiner Zuständigkeiten ist statt des Gerichts der

---

137 BGH v. 26.08.2014, X ARZ 275/14, juris, Rn. 2; BGH, NJW 2002, 1425 (1426) = VersR 2003, 662 (663).
138 Zöller-*Vollkommer*, ZPO, § 36 Rn. 10.
139 BGH, FamRZ 1980, 670 (671) = MDR 1980, 657; OLG München, NJW-RR 2002, 1722; OLG Nürnberg, NJW-RR 1997, 379: keine Bindung in örtlicher Hinsicht, wenn nur über funktionelle Zuständigkeit entschieden wurde.
140 Musielak/Voit-*Heinrich*, ZPO, § 37 Rn. 9 m.w.N.
141 OLG München, NJW-RR 2013, 1016 (1017) = MDR 2013, 1120 (1121) m.w.N.; OLG München, NJW-RR 1988, 128 = MDR 1987, 851.
142 Musielak/Voit-*Heinrich*, ZPO, § 37 Rn. 9 m.w.N.; Stein/Jonas-*Roth*, ZPO, § 37 Rn. 7, befürwortet dann aber eine Aufhebbarkeit des Bestimmungsbeschlusses.
143 BGHZ 160, 259 (261 ff.) = NJW 2004, 3772 = WM 2004, 2313 (2314).

Zu § 37:
1 Thomas/Putzo-*Hüßtege*, ZPO, § 37 Rn. 1; Zöller-*Vollkommer*, ZPO, § 37 Rn. 1.
2 BGH, NJW 1990, 2751 (2752) = MDR 1990, 987; BGH, NJW 1987, 439.
3 BGH, NJW-RR 1991, 767 = MDR 1991, 1199 m.w.N. auch zur Gegenansicht; OLG Koblenz, VersR 2011, 647 m.w.N.; BayObLG v. 01.12.2004, 1Z AR 158/04, juris, Rn. 5 unter Aufgabe der früheren entgegenstehenden Rechtsprechung; OLG Köln, NJW-RR 2000, 589 (590).
4 BGH, NJW 1985, 2537 = FamRZ 1987, 774; BGH, NJW 1979, 1048; OLG Köln, NJW-RR 2014, 319; OLG München, NJW-RR 2013, 1016; OLG Köln v. 26.09.2012, 8 AR 67/12, juris, Rn. 4; Musielak/Voit-*Heinrich*, ZPO, § 37 Rn. 4 m.w.N. auch zur Gegenansicht.
5 OLG Hamm v. 26.09.2016, 32 SA 55/16, juris, Rn. 22; OLG Düsseldorf, NJW-RR 1990, 1021 = MDR 1989, 646 m.w.N.

Rechtspfleger zur Vorlage berechtigt.[6] Das zur Gerichtsstandsbestimmung angerufene Gericht ist **nicht daran gebunden**, wenn der Antragsteller die Bestimmung eines bestimmten Gerichts begehrt oder anregt (vgl. auch § 36 Rn. 19, 26).[7]

II. Prozesshandlungsvoraussetzungen

Für einen wirksamen Antrag müssen dem Grundsatz nach die **Prozesshandlungsvoraussetzungen** vorliegen. Die **Prozessfähigkeit** wird indes nicht geprüft, sondern als gegeben unterstellt, sofern ihr Fehlen nicht bereits feststeht.[8] Das Gleiche gilt für die **Parteifähigkeit** (zum Begriff: § 50 Rn. 9).[9] Für den Antrag der Partei besteht ebenso wie für das gesamte Verfahren der Gerichtsstandsbestimmung **kein Anwaltszwang**.[10]

III. Inhalt des Antrags

Das für die Bestimmung zuständige Gericht (vgl. § 36 Rn. 27–31) muss darum ersucht werden, das zuständige Gericht zu bestimmen. Der Antrag ist **schriftlich oder zu Protokoll der Geschäftsstelle** zu stellen.[11] Das aus Sicht des Antragstellers zuständige Gericht kann angegeben werden, muss es aber nicht. Die Antragsstellung kann auch **konkludent** erfolgen.[12] Der Antrag sollte den Streitgegenstand sowie die zuständigkeitsbegründenden Umstände enthalten. Soweit ein Rechtsstreit noch nicht anhängig ist, sollte **zweckmäßigerweise ein Klageentwurf beigefügt** werden.[13]

B. Verfahren und Entscheidung über das Gesuch
I. Verfahren und Prüfungsumfang; Tatsachenermittlung

Das zuständige Gericht entscheidet über das Gesuch **durch Beschluss** nach Abs. 1. Der Gegner ist **regelmäßig zum Antrag zu hören**.[14] Eine **mündliche Verhandlung** ist nicht nötig.[15] Der Beschluss ist zu **begründen**.[16] Das bestimmende Gericht prüft die für die Bestimmung notwendigen Umstände. Es **muss keine weiteren Tatsachen ermitteln**. Kann es aufgrund der vorliegenden Tatsachengrundlage nicht abschließend über die Zuständigkeit entscheiden, ist es berechtigt, die Sache an eines der Ausgangsgerichte zurückzugeben (vgl. § 36 Rn. 25, 26). Es kann aber auch im **Freibeweisverfahren Tatsachen ermitteln**.[17] Die **Zulässigkeit und Schlüssigkeit** (geschweige denn die Begründetheit) der **Hauptsacheklage** werden nicht geprüft (vgl. auch Rn. 2 und § 36 Rn. 13).[18]

II. Entscheidungsmöglichkeiten

In dem Beschluss wird der Antrag entweder bei Nichtvorliegen der Bestimmungsvoraussetzungen **zurückgewiesen** und die Sache an das letzte damit befasste Gericht zurückgegeben oder es wird **das zuständige Gericht bestimmt** und die Sache dorthin abgegeben. Ist das angerufene Gericht für die Bestimmung nicht zuständig, wird die Sache an das für die Bestimmung **zuständige Gericht abgegeben** bzw. verwiesen.[19] Tenorierungsbeispiele:

> Als (sachlich/örtlich/funktionell)[20] zuständiges Gericht (für die Klage des Antragstellers gegen XY) wird das AG/LG [Ort] bestimmt.
>
> Der Antrag auf Gerichtsstandsbestimmung wird zurückgewiesen.

---

6 BayObLGZ 1985, 397 (399) m.w.N.
7 OLG Hamm, NJW-RR 2013, 1451; OLG München, MDR 2011, 1068; OLG Hamm, FamRZ 1980, 66; BayObLGZ 1991, 343 (347).
8 BGH, NJW-RR 1987, 757 = MDR 1987, 558 m.w.N.
9 BayObLG v. 20.03.2003, 1Z AR 160/02, juris, Rn. 6; BayObLGZ 1974, 459 (459 f.).
10 Thomas/Putzo-*Hüßtege*, ZPO, § 37 Rn. 1; Musielak/Voit-*Heinrich*, ZPO, § 37 Rn. 2.
11 Thomas/Putzo-*Hüßtege*, ZPO, § 37 Rn. 1.
12 BayObLGR 2005, 345 durch Anregung der Gerichtsstandsbestimmung; weiteres Beispiel bei Zöller-*Vollkommer*, ZPO, § 37 Rn. 1: Beschwerde gegen Verweisungsbeschluss gemäß § 281 ZPO.
13 Prütting/Gehrlein-*Lange*, ZPO, § 37 Rn. 1.
14 BGHZ 160, 259 (265) = NJW 2004, 3772 (3774) = WM 2004, 2313 (2315).
15 Musielak/Voit-*Heinrich*, ZPO, § 37 Rn. 5; BayObLGZ 1985, 18 (19).
16 Stein/Jonas-*Roth*, ZPO, § 37 Rn. 5.
17 Stein/Jonas-*Roth*, ZPO, § 37 Rn. 4.
18 BGH, MDR 2015, 609 (610), Rn. 7; BayObLG, NJW-RR 2006, 210 (211); OLG Frankfurt a.M., FamRZ 1999, 25 (26); Stein/Jonas-*Roth*, ZPO, § 37 Rn. 4 m.w.N.
19 OLG München, NJW 2007, 163 (164): entsprechende Anwendung von § 281 ZPO; ebenso Stein/Jonas-*Roth*, ZPO, § 36 Rn. 12; Zöller-*Vollkommer*, ZPO, § 37 Rn. 3.
20 Diese Präzisierung sollte vorgenommen werden, um die Reichweite der Bindungswirkung des Beschlusses festzustellen, vgl. dazu § 36 Rn. 32.

*Die Kosten des Verfahrens trägt der Antragsteller.
Das Verfahren wird (zur Bestimmung des zuständigen Gerichts) an das AG/LG [Ort] verwiesen.*

C. Rechtsbehelfe
I. Stattgebender Beschluss

6 Gemäß § 37 Abs. 2 ist der Beschluss, der eine Bestimmung des zuständigen Gerichts trifft, **unanfechtbar**. In Betracht kommt einzig ein Vorgehen nach § 321a ZPO und daran anschließend die Verfassungsbeschwerde.[21] Eine **außerordentliche Beschwerde** bei greifbarer Gesetzeswidrigkeit ist seit den Änderungen des Beschwerderechts **nicht mehr statthaft**.[22]

II. Ablehnender Beschluss

7 Hat das Landgericht über die Bestimmung entschieden und diese abgelehnt, so kommt gemäß § 567 Abs. 1 Nr. 2 ZPO die **sofortige Beschwerde** in Betracht.[23] Lässt das Oberlandesgericht als Beschwerdegericht die Rechtsbeschwerde zu, ist diese nach § 574 Abs. 1 Satz 1 Nr. 2 ZPO statthaft. Ist jedoch direkt das Oberlandesgericht für die Gerichtsstandsbestimmung zuständig, scheidet richtiger Ansicht nach die **Zulassung der Rechtsbeschwerde** aus.[24]

D. Kostenentscheidung

8 Das Gerichtsstandsbestimmungsverfahren **gehört zum Hauptsacheverfahren** (für Anwaltsgebühren § 16 Nr. 3a RVG), so dass **über die Kosten keine eigene Entscheidung** zu ergehen hat.[25] Dies gilt auch dann, wenn es später zu keinem Hauptsacheverfahren kommt.[26] Etwas anders gilt jedoch dann, wenn eine **Gerichtsstandsbestimmung abgelehnt** oder der **Antrag zurückgenommen** wird. Dann werden entsprechend § 91 ZPO bzw. im Falle der Rücknahme entsprechend § 269 Abs. 3 ZPO durch das angerufene Gericht **dem Antragsteller die Kosten** auferlegt.[27]

Titel 3
Vereinbarung über die Zuständigkeit der Gerichte

§ 38
Zugelassene Gerichtsstandsvereinbarung

(1) Ein an sich unzuständiges Gericht des ersten Rechtszuges wird durch ausdrückliche oder stillschweigende Vereinbarung der Parteien zuständig, wenn die Vertragsparteien Kaufleute, juristische Personen des öffentlichen Rechts oder öffentlich-rechtliche Sondervermögen sind.
(2) ¹Die Zuständigkeit eines Gerichts des ersten Rechtszuges kann ferner vereinbart werden, wenn mindestens eine der Vertragsparteien keinen allgemeinen Gerichtsstand im Inland hat. ²Die Vereinbarung muss schriftlich abgeschlossen oder, falls sie mündlich getroffen wird, schriftlich bestätigt werden. ³Hat eine der Parteien einen inländischen allgemeinen Gerichtsstand, so kann für das Inland nur ein Gericht gewählt werden, bei dem diese Partei ihren allgemeinen Gerichtsstand hat oder ein besonderer Gerichtsstand begründet ist.
(3) Im Übrigen ist eine Gerichtsstandsvereinbarung nur zulässig, wenn sie ausdrücklich und schriftlich

---

21 Prütting/Gehrlein-*Lange*, ZPO, § 37 Rn. 4.
22 Vgl. dazu mit umfangreichen Nachweisen Musielak/Voit-*Heinrich*, ZPO, § 37 Rn. 8.
23 Stein/Jonas-*Roth*, ZPO, § 37 Rn. 6; Zöller-*Vollkommer*, ZPO, § 37 Rn. 4.
24 OLG Saarbrücken, OLGR 2008, 164 (165) m.w.N.; BayObLG, NJW 2002, 2888; MK-*Patzina*, ZPO, § 37 Rn. 8; Musielak/Voit-*Heinrich*, ZPO, § 37 Rn. 8; a.A. OLG Stuttgart, NJW-RR 2003, 1706 (1707f.); Prütting/Gehrlein-*Lange*, ZPO, § 37 Rn. 4.
25 OLG München, MDR 2016, 116 (117) m.w.N.
26 OLG München, MDR 2016, 116 (117) m.w.N.; OLG Frankfurt a.M. v. 15.12.2014, 11 AR 20/02, juris, Rn. 8.
27 BGH, NJW-RR 1987, 757 = MDR 1987, 735; OLG Stuttgart, NJW-RR 2003, 1706 (1707); Thomas/Putzo-*Hüßtege*, ZPO, § 37 Rn. 5 m.w.N.; Musielak/Voit-*Heinrich*, ZPO, § 37 Rn. 7 m.w.N.; Zöller-*Vollkommer*, ZPO, § 37 Rn. 3a; Prütting/Gehrlein-*Lange*, ZPO, § 37 Rn. 6; MK-*Patzina*, ZPO, § 37 Rn. 9; a.A.: OLG München v. 21.03.2014, 34 AR 256/13, juris, Rn. 3–5 m.w.N.; OLG Frankfurt a.M. v. 29.03.2011, 11 AR 23/10, juris, Rn. 1–7 m.w.N.

1. nach dem Entstehen der Streitigkeit oder
2. für den Fall geschlossen wird, dass die im Klagewege in Anspruch zu nehmende Partei nach Vertragsschluss ihren Wohnsitz oder gewöhnlichen Aufenthaltsort aus dem Geltungsbereich dieses Gesetzes verlegt oder ihr Wohnsitz oder gewöhnlicher Aufenthalt im Zeitpunkt der Klageerhebung nicht bekannt ist.

Inhalt:

	Rn.		Rn.
A. **Allgemeines**	1	5. Kein Entgegenstehen von	
I. Begrifflichkeiten und Systematik		§ 40 ZPO	15
der §§ 38 ff. ZPO	1	II. Prorogationsbefugnis und	
II. Darlegungs- und Beweislast		Zulässigkeit der Prorogation	16
im Prozess	4	1. Allgemeines	16
B. **Erläuterungen**	5	2. Zulässigkeit der Prorogation	
I. Allgemeine Voraussetzungen		bei Kaufleuten u.a. gemäß Abs. 1	17
von Gerichtsstandsvereinbarungen	5	a) Allgemeines	17
1. Rechtsnatur der Gerichtsstandsvereinbarung	5	b) Kaufleute	18
2. Zulässiger Gegenstand einer		c) Juristische Personen des	
Gerichtsstandsvereinbarung	6	öffentlichen Rechts	21
3. Wirksames Zustandekommen als		3. Zulässigkeit der Prorogation	
Vertrag zwischen den Parteien	7	bei internationalem Sachverhalt,	
a) Vertragsschluss	7	Abs. 2	22
b) Prorogationsbefugte Vertragsparteien	8	a) Allgemeines zur internationalen Zuständigkeit und Gerichtsstandsvereinbarung	22
c) Form der Gerichtsstandsvereinbarung	9	b) Gerichtsstandsvereinbarung,	
aa) Allgemeines	9	Abs. 2 Satz 2	23
bb) Form bei Kaufleuten, Abs. 1	10	4. Zulässigkeit der einer Streitigkeit	
cc) Form bei Auslandsbezug,		nachfolgenden Prorogation,	
Abs. 2	11	Abs. 3 Nr. 1	26
dd) Form in den Fällen des Abs. 3	12	5. Zulässigkeit der Prorogation bei	
d) Gerichtsstandsvereinbarungen		erschwerter Rechtsverfolgung,	
und AGB	13	Abs. 3 Nr. 2	29
4. Zeitpunkt der Prorogation	14	III. Wirkung einer wirksamen Gerichtsstandsvereinbarung	32

A. Allgemeines
I. Begrifflichkeiten und Systematik der §§ 38 ff. ZPO

In den §§ 38, 40 ZPO wird die Zulässigkeit von **Gerichtsstandsvereinbarungen** geregelt. Mit Gerichtsstandsvereinbarung ist eine **rechtsgeschäftliche Vereinbarung** über die Zuständigkeit des Prozessgerichts außerhalb der gesetzlichen Zuständigkeitsvorschriften gemeint. Die Vorschriften gehen ersichtlich von der **grundsätzlichen Unzulässigkeit von Gerichtsstandsvereinbarungen**[1] aus und lassen diese nur unter besonderen Umständen zu. Soweit eine Gerichtsstandsvereinbarung nach diesen Vorschriften unzulässig ist, handelt es sich um ein gesetzliches Verbot i.S.v. § 134 BGB. Ein Verzicht auf die Verbote kommt nicht in Betracht. Verstößt eine Gerichtsstandsvereinbarung gegen §§ 38, 40 ZPO, kann jedoch auch in diesem Fall die Zuständigkeit aus § 39 ZPO folgen, soweit nicht § 40 Abs. 2 Satz 2 ZPO entgegensteht. Man unterscheidet die **Prorogation** (auch positive Prorogation), i.e. eine Vereinbarung durch die ein unzuständiges Gericht zuständig wird, und die **Derogation** (auch negative Prorogation),[2] i.e. eine Vereinbarung durch die ein zuständiges Gericht unzuständig wird.[3] § 39 ZPO sieht die **Zuständigkeitsbegründung infolge fehlender Rüge der Unzuständigkeit** vor.

Da die Vorschriften über die Gerichtsstandsvereinbarung mit Wirkung zum 01.04.1974 umfassend geändert wurden, ist davorliegende Rechtsprechung und Literatur nur eingeschränkt verwertbar. Früher galt im Gegensatz zu heute (Rn. 1) der **Grundsatz der Prorogationsfreiheit**.[4]

---

[1] Vgl. BGH, NJW 1983, 159 (162); OLG Hamburg v. 18.01.2008, 13 AR 37/07, juris, Rn. 15.
[2] Im Folgenden wird die Unterscheidung Prorogation und Derogation nicht stets aufrechterhalten, sondern allgemein von Prorogation gesprochen und dieser Begriff synonym für Gerichtsstandsvereinbarung gebraucht.
[3] Thomas/Putzo-*Hüßtege*, ZPO, Vorbem. § 38 Rn. 1.
[4] OLG Hamburg v. 18.01.2008, 13 AR 37/07, juris, Rn. 15; dazu auch Zöller-*Vollkommer*, ZPO, Vorbemerkungen zu §§ 38–40 Rn. 4.

3 Die Vorschriften über die Gerichtsstandsvereinbarung sind in sämtlichen Verfahrens- und Prozessarten der Zivilprozessordnung anwendbar. Eine Gerichtsstandsvereinbarung kommt **nur für die erste Instanz in Betracht** (Rn. 6). Unter anderem werden die Vorschriften der §§ 38–40 ZPO durch §§ 29 Abs. 2, 29c Abs. 3, 30 Abs. 2 Satz 2 ZPO, 215 Abs. 3 VVG, 48 Abs. 2 ArbGG, 53 Abs. 3 KWG ergänzt.

II. Darlegungs- und Beweislast im Prozess

4 Derjenige, der für sich eine Gerichtsstandsvereinbarung in Anspruch nehmen will, muss deren Voraussetzungen **darlegen und nötigenfalls beweisen**. Als Auswirkung des Schutzcharakters der Vorschriften über die Gerichtsstandsvereinbarung gilt die **Zugestehensfiktion im Säumnisverfahren** nach § 331 Abs. 1 Satz 2 ZPO nicht.[5] Zum Nachweis der Kaufmannseigenschaft für eine Prorogation nach § 38 Abs. 1 ZPO vgl. Rn. 20.

B. Erläuterungen
I. Allgemeine Voraussetzungen von Gerichtsstandsvereinbarungen
1. Rechtsnatur der Gerichtsstandsvereinbarung

5 Kommt die Gerichtsstandsvereinbarung vor dem Rechtsstreit zustande, so ist sie ein schlichter **bürgerlich-rechtlicher Vertrag**.[6] Während eines schwebenden Prozesses handelt es sich um einen **Prozessvertrag**. Nur für Gerichtsstandsvereinbarungen vor oder gegenüber dem Gericht bedarf es der **Postulationsbefugnis**.[7]

2. Zulässiger Gegenstand einer Gerichtsstandsvereinbarung

6 Durch eine Gerichtsstandsvereinbarung kann die **sachliche, örtliche und internationale**[8] Zuständigkeit des Prozessgerichts begründet werden. Eine Prorogation über die **funktionelle Zuständigkeit**[9] und die **Geschäftsverteilung** des Gerichts ist unwirksam. Das Gleiche gilt von einer Vereinbarung für die Zuständigkeit nur betreffend **einzelne Verfahrensteile**, wie beispielsweise das **selbstständige Beweisverfahren**.[10] Eine Gerichtsstandsvereinbarung ist nur für das Gericht **erster Instanz** möglich. Sie ist nicht möglich für den **Rechtsweg**.[11] Das vereinbarte Gericht muss **hinreichend bestimmt oder bestimmbar** sein (vgl. zu mehrdeutigen Gerichtsstandsvereinbarungen Rn. 33).[12]

3. Wirksames Zustandekommen als Vertrag zwischen den Parteien
a) Vertragsschluss

7 Auf das **Zustandekommen der Gerichtsstandsvereinbarung** sind die **bürgerlich-rechtlichen Vorschriften über Rechtsgeschäfte** anwendbar,[13] insbesondere §§ 145–156 BGB, §§ 164 ff. BGB,[14] §§ 119 ff. BGB,[15] §§ 134, 138 BGB und § 139 BGB. Bei Vereinbarungen mit **Auslandsberührung** entscheidet über das anwendbare Recht das **Internationale Privatrecht** (vgl. Rn. 22).[16] Die Wirksamkeit der Gerichtsstandsvereinbarung wird in aller Regel nicht durch eine Unwirksamkeit des Vertrages berührt, innerhalb dessen sie erfolgt, da sie **gerade für den Streitfall Geltung beanspruchen** soll.[17] Entscheidend ist insoweit die Auslegungsfrage, ob die Parteien die Gerichtsstandsvereinbarung auch geschlossen hätten, wenn sie sich den Streit über die Wirksamkeit des Vertrags vorgestellt hätten.[18] Das Berufen auf eine Gerichtsstandsver-

---

5 Dazu OLG Karlsruhe, MDR 2002, 1269 insbesondere zur Frage des Nachweises der Prorogationsbefugnis aufgrund der Kaufmannseigenschaft.
6 BGHZ 49, 384 (385 f.); a.A. Zöller-*Vollkommer*, ZPO, § 38 Rn. 4.
7 Thomas/Putzo-*Hüßtege*, ZPO, Vorbem. § 38 Rn. 2.
8 Dazu Art. 25, 26 EuGVVO und Rn. 22.
9 OLG Dresden v. 27.09.2000, 8 U 14/00, juris, Rn. 43.
10 OLG Jena v. 13.10.1999, 8 W 563/99, juris, Rn. 7.
11 BGH, NJW 1997, 328; OLG Düsseldorf, DAR 2014, 322 (323 f.).
12 Musielak/Voit-*Heinrich*, ZPO, § 38 Rn. 7 m.w.N.; Zöller-*Vollkommer*, ZPO, § 38 Rn. 13.
13 BGHZ 49, 384 (387); BGHZ 59, 23 (27) = NJW 1972, 1622 (1623) für die vorprozessual zustande gekommene Gerichtsstandsvereinbarung; OLG Saarbrücken, NJW-RR 1989, 828 (829 f.); Musielak/Voit-*Heinrich*, ZPO, § 38 Rn. 3, 4 m.w.N.
14 Dazu OLG München, NJW 1974, 195 mit Anm. *Vollkommer*: Vollmacht für den Abschluss eines materiell-rechtlichen Rechtsgeschäfts beinhaltet in der Regel nicht gleichzeitig die Vollmacht zum Abschluss einer Gerichtsstandsvereinbarung. *Vollkommer*, a.a.O., hält für die Gerichtsstandsvereinbarung ausschließlich die §§ 78 ff. ZPO für anwendbar, sofern es sich nicht um eine vorprozessuale Gerichtsstandsvereinbarung handelt. Dem ist zuzustimmen.
15 Musielak/Voit-*Heinrich*, ZPO, § 38 Rn. 4.
16 BGH, NJW 1983, 2772 (2773) = MDR 1984, 121.
17 BGH, WM 1960, 320.
18 OLG Stuttgart, OLGR 2008, 305 (306) m.w.N.; OLG München v. 20.07.1994, 3 U 2861/94.

einbarung kann im Einzelfall **rechtsmissbräuchlich** sein (vgl. dazu auch Rn. 22).[19] Eine Gerichtsstandsvereinbarung ist nicht allein deswegen widersprüchlich und unwirksam, weil neben der Gerichtsstandsvereinbarung auch eine **Schiedsvereinbarung** getroffen ist. Aus der Auslegung ergibt sich in diesem Fall in der Regel, dass die Gerichtsstandsklausel subsidiär für den Fall gilt, dass die Parteien einverständlich von der Schiedsklausel keinen Gebrauch machen.[20] Für die **Form der Gerichtsstandsvereinbarung** ist indes nicht das materielle Recht, sondern § 38 ZPO heranzuziehen (vgl. Rn. 9–12).[21]

b) Prorogationsbefugte Vertragsparteien
Die Vertragsparteien der Gerichtsstandsvereinbarung müssen die Parteien des Rechtsstreits sein. Die von **Rechtsvorgängern** der Prozessparteien geschlossene Gerichtsstandsvereinbarung bindet auch diese.[22] Die Vertragsparteien der Gerichtsstandsvereinbarung, nicht jedoch deren an die Vereinbarung gebundene Rechtsnachfolger[23] müssen **prorogationsbefugt** (Rn. 16) sein.

8

c) Form der Gerichtsstandsvereinbarung
aa) Allgemeines
Soweit nicht § 38 ZPO oder spezialgesetzliche Regelungen Formvorschriften enthalten, ist die Gerichtsstandsvereinbarung **formfrei** möglich.[24] Die Gerichtsstandsvereinbarung muss insbesondere nicht den etwaigen **Formanforderungen des Hauptvertrags** genügen.[25]

9

bb) Form bei Kaufleuten, Abs. 1
Sind die Parteien der Gerichtsstandsvereinbarung beide **Kaufleute**, juristische Personen des öffentlichen Rechts oder öffentlich-rechtliche Sondervermögen (Abs. 1), dann ist die Gerichtsstandsvereinbarung **formlos und auch stillschweigend** möglich (vgl. dazu Rn. 17–21). Die Formfreiheit nach Abs. 1 gilt auch für die Fälle nach Abs. 2, soweit die Parteien prorogationsbefugt sind.[26] Insoweit ist Abs. 1 für den darin genannten Personenkreis *lex specialis*.

10

cc) Form bei Auslandsbezug, Abs. 2
Soweit die Gerichtsstandsvereinbarung nach Abs. 2 erfolgt, weil mindestens **eine der Vertragsparteien keinen allgemeinen Gerichtsstand im Inland** hat (vgl. dazu Rn. 22–25), muss die Vereinbarung **schriftlich oder mündlich mit schriftlicher Bestätigung** (sog. **halbe Schriftlichkeit**) geschlossen werden (vgl. aber auch Rn. 10 bei prorogationsbefugten Personen). Es ist umstritten, ob für Schriftlichkeit i.S.v. Abs. 2 die Regelung des § 126 BGB heranzuziehen ist.[27] Das Schriftlichkeitsgebot ist hier **anders zu verstehen als in Abs. 3** (Rn. 12),[28] da die Anforderungen im Fall des Abs. 2 bewusst herabgesetzt sind, was sich an der Möglichkeit der mündlichen Abrede mit schriftlicher Bestätigung zeigt. § 126 BGB findet keine direkte Anwendung,[29] so dass eine Vereinbarung **auch in getrennten Urkunden oder im Schriftwechsel** erfolgen kann.[30] Es ist für die Schriftlichkeit aber entgegen der herrschenden Meinung **handschriftliche Unterschrift** erforderlich.[31] Die **schriftliche Bestätigung** muss nach[32] dem mündlich geschlossenen Vertrag erfolgen und **im zeitlichen Zusammenhang**[33] damit stehen. Sie

11

---

19 Vgl. z.B. KG Berlin, MDR 2008, 465.
20 BGHZ 52, 30 (35) = NJW 1969, 1536 (1537).
21 BAG, NJW 1984, 1320.
22 BayObLG, NJW-RR 2000, 660 (661) = MDR 1999, 760 (761).
23 OLG Köln, NJW-RR 1992, 571 = VersR 1992, 1152; a.A. LG Trier, NJW 1982, 286.
24 Zöller-*Vollkommer*, ZPO, § 38 Rn. 8.
25 Zöller-*Vollkommer*, ZPO, § 38 Rn. 8.
26 Str.; wie hier OLG Saarbrücken, NJW-RR 1989, 828 (829); Musielak/Voit-*Heinrich*, ZPO, § 38 Rn. 13 m.w.N.; Prütting/Gehrlein-*Lange*, ZPO, § 38 Rn. 9; a.A. OLG Nürnberg, NJW 1985, 1296 (1296f.) m.w.N. jedenfalls für den Fall, dass durch die Vereinbarung die deutsche Gerichtsbarkeit vorprozessual ausgeschlossen wird; Zöller-*Vollkommer*, ZPO, § 38 Rn. 25 m.w.N.
27 Dies offenlassend BGHZ 116, 77 (80) = NJW 1993, 1070 (1071) m.w.N.
28 A.A. Thomas/Putzo-*Hüßtege*, ZPO, § 38 Rn. 27; Prütting/Gehrlein-*Lange*, ZPO, § 38 Rn. 16.
29 BGH, NJW 2001, 1731 = MDR 2001, 798 zu Art. 17 LugÜ.
30 BGH, NJW-RR 2005, 150 (151) = MDR 2004, 1371 (1371f.) zu Art. 17 LugÜ; BGH, NJW 1994, 2699 (2700) = MDR 1995, 29 (30) zu Art. 17 EuGVÜ; diese Rechtsprechung kann auf § 38 Abs. 2 ZPO übertragen werden, vgl. Rn. 23 in den Fußnoten.
31 A.A. BGH, NJW 2001, 1731 (Art. 17 LugÜ) zu modernen Kommunikationsmitteln, die keine handschriftliche Unterschrift ermöglichen, im Übrigen offenlassend; Thomas/Putzo-*Hüßtege*, ZPO, § 38 Rn. 15; Prütting/Gehrlein-*Lange*, ZPO, § 38 Rn. 11.
32 BGH, NJW 1994, 2699 (2700) = MDR 1995, 29 (30) zu Art. 17 EuGVÜ.
33 OLG, Düsseldorf, NJW-RR 1998, 1145 (1146f.).

muss dem anderen Teil zugehen. Durch welche Partei die schriftliche Bestätigung erfolgt, ist unerheblich.[34] Die schriftliche Bestätigung eines mündlich geschlossenen Vertrages, in dem unter anderem auch die Gerichtsstandsvereinbarung enthalten ist, ist auch dann i.S.v. Abs. 2 ausreichend, wenn die Gerichtsstandsvereinbarung in der Bestätigung nicht mehr ausdrücklich erwähnt wird.[35] Eine **Gerichtsstandsvereinbarung in AGB** auf der Rückseite des Vertragstextes genügt nur dann, wenn auf die AGB im Vertragstext ausdrücklich Bezug genommen wird (zu Gerichtsstandsvereinbarungen in AGB vgl. Rn. 13).[36]

dd) Form in den Fällen des Abs. 3

12 In allen anderen Fällen (Abs. 3; vgl. dazu Rn. 26–31) kann die Gerichtsstandsvereinbarung **nur ausdrücklich und schriftlich** abgeschlossen werden. Das Gebot der **Ausdrücklichkeit** verlangt eine Ausdrucksweise, die auch dem juristischen Laien die Bedeutung der Vereinbarung klar vor Augen führt. **Schriftlichkeit** ist hier anders als bei Abs. 2 (Rn. 11) i.S.v. § 126 BGB zu verstehen.[37] Die elektronische Form nach §§ 126 Abs. 3, 126a BGB ist nicht ausgeschlossen.

d) Gerichtsstandsvereinbarungen und AGB

13 Werden **Gerichtsstandsvereinbarungen in AGB** getroffen, so sind sie zusätzlich zu den sonstigen Anforderungen an §§ 305 ff. BGB zu messen. Gerichtsstandsvereinbarungen in AGB[38] **benachteiligen Verbraucher unangemessen** nach § 307 Abs. 2 Nr. 1 BGB, da § 38 ZPO keine reine Zweckmäßigkeitsbestimmung, sondern eine solche mit **Gerechtigkeits- und Billigkeitsgehalt** ist und wesentliche Grundgedanken der gesetzlichen Regelung i.S.d. Vorschrift enthält.[39] Im **Verkehr zwischen Kaufleuten**[40] sind sie dem Grunde nach zulässig.[41] Werden Gerichtsstandsklauseln in AGB auch im Verkehr mit Verbrauchern verwendet, ändert dies an deren Wirksamkeit bei Verwendung unter Kaufleuten nichts.[42]

4. Zeitpunkt der Prorogation

14 Ist der Rechtsstreit einmal bei einem **zuständigen** Gericht rechtshängig geworden, kann eine Derogation nicht mehr erfolgen. Dem steht die sog. **perpetuatio fori** nach § 261 Abs. 3 Nr. 2 ZPO entgegen.[43] Das gilt auch, wenn die Zuständigkeit durch **rügelose Einlassung** i.S.d. § 39 ZPO entstanden ist.[44] Hingegen kommt eine Prorogation nach Rechtshängigkeit in Betracht, wenn der Rechtsstreit bei einem **unzuständigen** Gericht rechtshängig ist.[45] Im **Mahnverfahren** ist der Zeitpunkt der Abgabe an das – zuständige – Streitgericht entscheidend (§ 696 ZPO).[46] § 696 Abs. 3 ZPO findet hinsichtlich der *perpetuatio fori* keine Anwendung. Insoweit ist allein der **Eingang der Akten beim Streitgericht** entscheidend.

5. Kein Entgegenstehen von § 40 ZPO

15 Die Verbote des § 40 ZPO dürfen der Gerichtsstandsvereinbarung nicht entgegenstehen. Insbesondere darf kein ausschließlicher anderer Gerichtsstand bestehen, § 40 Abs. 2 Nr. 2 ZPO.

---

34 BGH, NJW 1986, 2196 nach Anfrageentscheidung des EuGH v. 11.07.1985, 221/84, juris, zu Art. 17 EuGVÜ, der insoweit § 38 Abs. 2 Satz 2 ZPO entspricht.
35 BGHZ 116, 77 (77, 81 f.) = NJW 1993, 1070 (1070 f.) = MDR 1992, 180 (181).
36 OLG Nürnberg, NJW 1985, 1296.
37 MK-*Patzina*, ZPO, § 38 Rn. 36; a.A. Thomas/Putzo-*Hüßtege*, ZPO, § 38 Rn. 27; Zöller-*Vollkommer*, ZPO, § 38 Rn. 34; Prütting/Gehrlein-*Lange*, ZPO, § 38 Rn. 16.
38 Zur Einbeziehung von Gerichtsstandsklauseln in AGB umfassend mit Nachweisen Zöller-*Vollkommer*, ZPO, § 38 Rn. 22; ebenso Musielak/Voit-*Heinrich*, ZPO, § 38 Rn. 12.
39 BGHZ 101, 271 (275) = NJW 1987, 2867 = MDR 1988, 33 (34 a.E.) zu § 9 Abs. 2 Nr. 1 AGBG; ebenso BGH, NJW 1983, 1320 (1322); Palandt-*Grüneberg*, BGB, § 307 Rn. 93 m.w.N.; zur sog. EU-Klausel-Richtlinie EuGH, NJW 2009, 2367 mit Anm. *Pfeiffer*.
40 Dazu auch ausführlich mit Nachweisen Zöller-*Vollkommer*, ZPO, § 38 Rn. 22, 27; dazu auch *Ehricke*, ZZP 111 (1998), 145; Musielak/Voit-*Heinrich*, ZPO, § 38 Rn. 12 m.w.N.
41 OLG Schleswig, NJW 2006, 3361 (3361 f.) = MDR 2007, 106 mit Nachweisen zur Gegenansicht; Palandt-*Grüneberg*, BGB, § 307 Rn. 93 m.w.N.
42 OLG München v. 31.10.2016, 34 AR 132/16, juris, Rn. 7 m.w.N. auch zur Gegenansicht.
43 BGH, NJW-RR 2010, 891 (892), Rn. 9 = BauR 2010, 934 (935) für die Prorogation im selbstständigen Beweisverfahren; BGH, NJW 1963, 585 (586) = MDR 1963, 205 mit Nachweisen auch zur Gegenansicht; ebenso OLG Brandenburg, NJW 2006, 3444 (3446) mit Nachweisen für beide Ansichten; OLG Zweibrücken, MDR 2005, 1187 m.w.N.
44 Zöller-*Vollkommer*, ZPO, § 38 Rn. 12.
45 BGH, NJW 1976, 626.
46 BayObLG, NJW-RR 1995, 635 (636) = MDR 1995, 312.

II. Prorogationsbefugnis und Zulässigkeit der Prorogation

1. Allgemeines
Entsprechend dem im reformierten Recht der Gerichtsstandsvereinbarung grundsätzlich geltenden Prorogationsverbot gestattet § 38 ZPO den Abschluss von Gerichtsstandsvereinbarungen nur bestimmten Personen und nur in bestimmten Situationen. Insoweit spricht man von der **Zulässigkeit der Prorogation** sowie der **Prorogationsbefugnis** der vertragsschließenden Person. Über die Beschränkungen des § 38 ZPO hinaus bestimmt § 40 ZPO weitere, vom Personenkreis und der jeweiligen Situation unabhängige Verbote für Gerichtsstandsvereinbarungen. 16

2. Zulässigkeit der Prorogation bei Kaufleuten u.a. gemäß Abs. 1
a) Allgemeines
Kaufleute sind ebenso **wie juristische Personen des öffentlichen Rechts** und **öffentlich-rechtliche Sondervermögen** nach Abs. 1 **uneingeschränkt prorogationsbefugt**. Die Prorogation findet insoweit ihre Schranken lediglich in § 40 ZPO sowie sonstigen allgemeinen Vorschriften. Voraussetzung ist, dass sämtliche Vertragsparteien uneingeschränkt prorogationsbefugt sind. Es kommt entscheidend auf den **Zeitpunkt des Abschlusses der Vereinbarung** an.[47] Ein **späterer Wegfall der Prorogationsbefugnis** schadet nicht mehr.[48] Wird die Kaufmannseigenschaft **erst nach der Vereinbarung** begründet, kann das nur dann zu einer wirksamen Prorogation führen, wenn ab diesem Zeitpunkt eine wirksame Bestätigung (§ 141 BGB) oder ein erneuter Abschluss – u. U. auch konkludent – erfolgt. Es ist für Abs. 1 nicht genügend, wenn die Gerichtsstandsvereinbarung durch einen **Kaufmann in Existenzgründung** geschlossen wird, solange er noch kein Kaufmann ist.[49] Die Gerichtsstandsvereinbarung ist **formlos und stillschweigend** möglich (Rn. 10). 17

b) Kaufleute
Der Kaufmannsbegriff i.S.d. Abs. 1 folgt **akzessorisch demjenigen des HGB** (§§ 1 ff. HGB). Demnach sind Ist-Kaufleute (§ 1 HGB), Kann-Kaufleute (§ 2 HGB) und Formkaufleute (§ 6 HGB)[50] voll prorogationsbefugt. Unter die prorogationsbefugten Parteien fallen auch die sog. Scheinkaufleute.[51] Damit scheiden als Kaufleute i.S.d. Vorschrift sämtliche **freien Berufe**[52] und solche Unternehmer aus, die entweder bereits kein Gewerbe oder nur ein Kleingewerbe (§ 1 Abs. 2 HGB) betreiben und nicht ins Handelsregister eingetragen sind. Als Gesellschaft von Freiberuflern ist auch die PartGmbH nicht als Kaufmann prorogationsbefugt.[53] Auf den **Insolvenzverwalter** ist § 38 Abs. 1 ZPO nicht anwendbar.[54] Es kommt entscheidend auf den Zeitpunkt des Abschlusses der Vereinbarung an (Rn. 8, 17). 18

Die Prorogationsbefugnis von Kaufleuten besteht unabhängig davon, ob es sich bei dem konkreten Geschäft um ein Handelsgeschäft oder ein Privatgeschäft des Kaufmanns handelt.[55] 19

Aufgrund der Formulierung des § 1 Abs. 2 HGB („es sei denn") besteht bei einem Gewerbe eine **Vermutung** für das Vorliegen eines Handelsgewerbes und damit der Kaufmannseigenschaft. Derjenige der behauptet, trotz Gewerbe kein Kaufmann zu sein, weil er ein Kleingewerbe betreibt, hat diesbezüglich die **Beweislast**.[56] Der Kläger genügt seiner Beweislast, wenn er nachweist, dass der Beklagte ein Gewerbe betreibt. Dies gilt **auch im Falle der Säumnis des Beklagten trotz § 331 Abs. 1 Satz 2 ZPO**.[57] 20

---

47 OLG Karlsruhe, MDR 2002, 1269.
48 So für Rechtsnachfolger, der nicht prorogationsbefugt ist OLG Köln, NJW-RR 1992, 571 = VersR 1992, 1152; vgl. auch Rn. 8.
49 Zöller-*Vollkommer*, ZPO, § 38 Rn. 19; Musielak/Voit-*Heinrich*, ZPO, § 38 Rn. 11 m.w.N. auch zur Gegenansicht; a.A. OLG Schleswig v. 12.11.2009, 16 U 30/09, juris, Rn. 18–33.
50 Z.B. OHG, KG, GmbH, AG.
51 Musielak/Voit-*Heinrich*, ZPO, § 38 Rn. 10 m.w.N.
52 Auch die Angehörigen rechtsberatender Berufe wie Rechtsanwälte oder Steuerberater, vgl. OLG Köln, NJW-RR 2015, 1533 (1534), Rn. 7; ebenso Musielak/Voit-*Heinrich*, ZPO, § 38 Rn. 10 m.w.N.; Prütting/Gehrlein-*Lange*, ZPO, § 38 Rn. 5 m.w.N.; a.A. für diesen Teil der freien Berufe Zöller-*Vollkommer*, ZPO, § 38 Rn. 18. Davon zu trennen ist die Frage, ob eine Rechtsanwaltsgesellschaft mbH als solche prorogationsbefugt ist. Dies ist zu bejahen und ergibt sich nach § 13 Abs. 3 GmbHG, § 6 HGB direkt aus dem Gesetz.
53 LG Kleve v. 22.04.2016, 3 O 67/16, juris, Rn. 2–5.
54 Prütting/Gehrlein-*Lange*, ZPO, § 38 Rn. 5 m.w.N.; MK-*Patzina*, ZPO, § 38 Rn. 15; a.A. Zöller-*Vollkommer*, ZPO, § 38 Rn. 18.
55 Thomas/Putzo-*Hüßtege*, ZPO, § 38 Rn. 9; Zöller-*Vollkommer*, ZPO, § 38 Rn. 19; Prütting/Gehrlein-*Lange*, ZPO, § 38 Rn. 5.
56 BayObLG v. 07.11.2002, 1Z AR 142/02, juris, Rn. 9.
57 OLG Karlsruhe, MDR 2002, 1269.

c) Juristische Personen des öffentlichen Rechts
21 Voll prorogationsbefugt sind auch juristische Personen des öffentlichen Rechts (Körperschaften, Anstalten, Stiftungen) und öffentlich-rechtliche Sondervermögen.

3. Zulässigkeit der Prorogation bei internationalem Sachverhalt, Abs. 2

a) Allgemeines zur internationalen Zuständigkeit und Gerichtsstandsvereinbarung
22 Die **internationale Zuständigkeit** (dazu auch Vorbem. §§ 1–37 Rn. 5) beschäftigt sich im Kern mit der Frage, ob für einen Rechtsstreit deutsche oder ausländische Gerichte zuständig sind. Diesbetreffend existieren einige **Sonderregelungen**, im europäischen Bereich vor allem die **EuGVVO** (Brüssel Ia-Verordnung). Die EuGVVO in ihrer jetzigen Fassung gilt seit 10.01.2015 und ist als europäische Verordnung ohne Umsetzungsakt unmittelbar anwendbar. In ihrem zeitlichen und sachlichen Anwendungsbereich geht die EuGVVO den nationalen Regelungen vor. Sie sieht in Art. 25, 15, 16, 19, 23 EuGVVO vorrangige Sonderregelungen für Gerichtsstandsvereinbarungen vor. Weitere Sonderregelungen ergeben sich aus dem **Haager Übereinkommen über Gerichtsstandsvereinbarungen** (HGÜ) und dem **Luganer Übereinkommen II** (LugÜ), die in ihrem Anwendungsbereich wiederum der EuGVVO vorgehen. § 38 Abs. 2 ZPO gilt nur, wenn und soweit nicht anderweitige Spezialregelungen vorrangig eingreifen.[58] Soweit § 38 ZPO anwendbar ist, hat er **doppelfunktionalen Charakter** und bestimmt daher sowohl die örtliche/sachliche als auch die internationale Zuständigkeit.[59] Durch § 38 ZPO wird auch die **Derogation (Rn. 1) deutscher Gerichte** zugunsten ausländischer Gerichte ermöglicht.[60] Die **Zulässigkeit** einer internationalen Gerichtsstandsvereinbarung ergibt sich bei Anrufung eines deutschen Gerichts aus dem deutschen Prozessrecht, wohingegen das **Zustandekommen der Vereinbarung** sich nach deutschem oder ausländischem Recht richten kann,[61] je nachdem welche Rechtsordnung nach dem geltenden Kollisionsrecht zur Anwendung kommt.[62] Eine im Vertrag getroffene **Rechtswahl** enthält noch nicht ohne weiteres auch eine internationale Gerichtsstandsvereinbarung.[63] Eine Vereinbarung, die die deutsche Gerichtsbarkeit ausschließt, kann wegen **Rechtsmissbrauchs** unwirksam sein, insbesondere wenn durch den Ausschluss der deutschen Gerichtsbarkeit ein Rechtsschutzverlust eintritt.[64] Die Derogation deutscher Gerichte ist unwirksam, wenn feststeht, dass die zuständigen ausländischen Gerichte die Gerichtsstandsvereinbarung nicht anerkennen werden.[65]

b) Gerichtsstandsvereinbarung, Abs. 2 Satz 2
23 Nach Abs. 2[66] kommt eine Gerichtsstandsvereinbarung auch unter anderen als nach Abs. 1 prorogationsbefugten Personen in Betracht, wenn eine oder mehrere Parteien **keinen allgemeinen Gerichtsstand im Inland** haben. Haben hingegen beide Parteien einen allgemeinen Gerichtsstand im Inland, so ist die Vorschrift nicht deswegen anwendbar, weil eine oder mehrere Parteien auch noch einen allgemeinen Gerichtsstand im Ausland haben.[67] Die Regelung ist als Ausnahme zum grundsätzlichen Prorogationsverbot (Rn. 1) **eng auszulegen**.[68] Die Vorschrift gilt für natürliche und juristische Personen. Entscheidend ist allein der allgemeine Gerichtsstand. Darauf, ob ein inländischer Gerichtsstand als besonderer Gerichtsstand vorliegt, kommt es nicht an. Für die Frage, zu welchem **Zeitpunkt** die Voraussetzungen vorliegen müssen, ist auf den Vertragsschluss und nicht auf die Klageerhebung abzustellen.[69]

24 Die Vereinbarung muss **schriftlich oder mündlich mit schriftlicher Bestätigung** erfolgen (dazu Rn. 11). Die Vorschrift gilt nicht für die unbeschränkt prorogationsbefugten Personen nach Abs. 1 (Rn. 10).

---

58 Vgl. z.B. BAG v. 08.12.2010, 10 AZR 562/08, juris, Rn. 15 m.w.N.; Zöller-*Vollkommer*, ZPO, § 38 Rn. 24 m.w.N.
59 BGH, NJW-RR 2005, 929 (931).
60 OLG Saarbrücken, NJW-RR 1989, 828 (829).
61 BGH, NJW 1989, 1431 (1432); OLG Saarbrücken, NJW 2000, 670 (671); Musielak/Voit-*Heinrich*, ZPO, § 38 Rn. 3 m.w.N.
62 Prütting/Gehrlein-*Lange*, ZPO, § 38 Rn. 2 m.w.N.
63 OLG Saarbrücken, NJW 2000, 670 (671).
64 Vgl. Zöller-*Vollkommer*, ZPO, § 38 Rn. 30; Musielak/Voit-*Heinrich*, ZPO, § 38 Rn. 20 je m.w.N.
65 OLG Koblenz v. 24.06.2004, 5 U 1353/02, juris, Rn. 35–37.
66 Dieser ist bewusst der Regelung des Art. 17 EuGVÜ nachgebildet, so dass auf die diesbezügliche Rechtsprechung zurückgegriffen werden kann, vgl. BGHZ 116, 77 (81) = NJW 1993, 1070 (1071) = MDR 1992, 180; das EuGVÜ wurde in weiten Teilen durch die EuGVVO (Parallelvorschrift Art. 25 EuGVVO, früher Art. 23 EuGVVO) abgelöst.
67 BGH, NJW 1986, 1438 (1439).
68 Prütting/Gehrlein-*Lange*, ZPO, § 38 Rn. 10.
69 Str.; offengelassen von BGH, NJW-RR 2005 929 (931) m.w.N. zu beiden Ansichten; so wie hier: Musielak/Voit-*Heinrich*, ZPO, § 38 Rn. 16 m.w.N.; Prütting/Gehrlein-*Lange*, ZPO, § 38 Rn. 10.

Nach Abs. 2 Satz 3 kann, soweit eine Partei im Inland einen allgemeinen Gerichtsstand hat, 25
für das Inland nur dieser oder ein anderer gegebener besonderer Gerichtsstand gewählt werden. Insoweit ist die Wahl der Gerichtsstände eingeschränkt.

4. Zulässigkeit der einer Streitigkeit nachfolgenden Prorogation, Abs. 3 Nr. 1
Die Vorschrift erlaubt anderen als den nach Abs. 1 unbeschränkt prorogationsbefugten natürlichen und juristischen Personen den Abschluss von Gerichtsstandsvereinbarungen, sofern 26
diese **nach dem Entstehen der Streitigkeit** geschlossen werden.
Eine Streitigkeit ist gegeben, sobald die Parteien **unterschiedliche Ansichten** über ein be- 27
stimmtes Rechtsverhältnis vertreten. Wegen § 261 Abs. 3 Nr. 2 ZPO muss die Vereinbarung **vor der Rechtshängigkeit** bei einem zuständigen Gericht erfolgen (vgl. Rn. 14). Die Vereinbarung des Gerichtsstandes muss dem Entstehen der Streitigkeit nachfolgen. Entsteht die Streitigkeit aus einem Vertrag, so ist eine Gerichtsstandsvereinbarung in diesem Vertrag nicht nach Abs. 3 Nr. 1 wirksam.[70]
Die Vereinbarung muss **ausdrücklich und schriftlich** erfolgen (Rn. 12). 28

5. Zulässigkeit der Prorogation bei erschwerter Rechtsverfolgung, Abs. 3 Nr. 2
Abs. 3 Nr. 2 gestattet über die anderen Fälle des § 38 ZPO hinaus Personen, die nicht uneingeschränkt prorogationsbefugt nach Abs. 1 sind, eine Gerichtsstandsvereinbarung für den Fall, 29
dass die beklagte Partei **nach dem Abschluss der Vereinbarung**[71] den Wohnsitz oder gewöhnlichen Aufenthaltsort aus dem Inland verlegt oder dieser **zum Zeitpunkt der Klageerhebung** nicht zu ermitteln ist. Die Vorschrift gilt nach ihrem Zuschnitt nur für natürliche Personen. Wird der Wohnsitz oder gewöhnliche Aufenthaltsort vor Rechtshängigkeit **wieder ins Inland zurückverlegt**, entfällt damit auch der vereinbarte Gerichtsstand wieder.[72]
Um die Voraussetzung des nicht ermittelbaren Wohnsitzes/Aufenthaltsortes zu erfüllen, müs- 30
sen zuvor **zumutbare Nachforschungen** angestellt worden sein, wozu insbesondere die **Anfrage beim Einwohnermeldeamt** des letzten bekannten Wohnsitzes/Aufenthaltsortes zählt.
Die Vereinbarung muss **ausdrücklich und schriftlich** erfolgen (Rn. 12). Die Voraussetzungen 31
des Abs. 3 Nr. 2 müssen genannt sein. Es genügt nicht, wenn die Formulierung die Voraussetzungen nicht enthält, auch wenn diese später dann tatsächlich gegeben sind.[73]

III. Wirkung einer wirksamen Gerichtsstandsvereinbarung
Durch eine wirksame Gerichtsstandsvereinbarung kann sowohl die Zuständigkeit eines sonst 32
unzuständigen Gerichts oder die Unzuständigkeit eines sonst zuständigen Gerichts in **sachlicher, örtlicher und internationaler** Hinsicht herbeigeführt werden (Rn. 1, 6), wobei **nur die erste Instanz** der Gerichtsstandsvereinbarung unterliegt. Der **Rechtsweg** und die **funktionelle Zuständigkeit** sind einer Gerichtsstandsvereinbarung ebenso wenig zugänglich wie die **Geschäftsverteilung** (Rn. 6).
Die Gerichtsstandsvereinbarung kann einen **besonderen**, nach § 35 ZPO also zu den sonstigen 33
Gerichtsständen zusätzlich wählbaren **Gerichtsstand** oder einen **ausschließlichen Gerichtsstand** begründen. In der Begründung eines ausschließlichen Gerichtsstands liegt zugleich der Ausschluss der sonst zuständigen Gerichte, was auch hinsichtlich der gesamten deutschen Gerichte zugunsten ausländischer Gerichte in Betracht kommt (Rn. 22). Welche Regelung durch die Gerichtsstandsvereinbarung getroffen werden soll, ist im **Wege der Auslegung** zu ermitteln.[74] Es besteht weder eine **Vermutung** für noch gegen die Ausschließlichkeit des vereinbarten Gerichtsstands.[75] So wie beispielsweise bei § 215 Abs. 1 VVG kommt auch die **Vereinbarung einer nur für eine von mehreren Parteien geltenden Ausschließlichkeit** in Betracht. Eine Gerichtsstandsvereinbarung, die einem Vertragspartner das Recht der **Wahl zwischen zwei Gerichtsständen** einräumt, ist unabhängig davon zulässig, ob die Person, der das Wahlrecht zusteht, Kläger oder Beklagter ist.[76] Der Kläger muss in diesem Fall den Beklagten vor Klageerhebung auffordern, sein Wahlrecht innerhalb angemessener Frist auszuüben.[77] Ebenso ist die Vereinbarung mehrerer Wahlgerichtsstände zulässig.[78] Ist in den AGB der **Gerichtsstand**

---

70 BGH, NJW 1986, 1438 (1439) mit krit. Anm. *Geimer* = MDR 1986, 649.
71 MK-*Patzina*, ZPO, § 38 Rn. 38.
72 Musielak/Voit-*Heinrich*, ZPO, § 38 Rn. 23.
73 Zöller-*Vollkommer*, ZPO, § 38 Rn. 38.
74 BGH, NJW-RR 1999, 137 (138) = MDR 1998, 1496; OLG Stuttgart, OLGR 2008, 305 (306 f.) m.w.N.
75 BGHZ 59, 116 (119) = NJW 1972, 1671; OLG Hamm v. 13.12.2013, I-32 SA 84/13, juris, Rn. 16; etwas Anderes gilt im Rahmen von Art. 25 EuGVVO, der eine Vermutungsregelung für die Ausschließlichkeit aufstellt.
76 BGH, NJW 1983, 1322 = MDR 1983, 466.
77 BGH, NJW 1983, 996 = MDR 1983, 466.
78 Zöller-*Vollkommer*, ZPO, § 38 Rn. 13.

am Sitz des **Verwenders** vorgesehen, ergibt die Auslegung regelmäßig, dass für Aktivprozesse des Verwenders ein besonderer und für Passivprozesse gegen den Verwender ein ausschließlicher Gerichtsstand gelten soll.[79] Es können **auch mehrere ausschließliche Zuständigkeiten** vereinbart werden, je nachdem welche Vertragspartei in Anspruch genommen wird.[80] Soweit die Gerichtsstandsvereinbarung hinsichtlich des vereinbarten Gerichts **nicht eindeutig** ist, weil nur ein Ort angegeben ist und an diesem **Ort mehrere Gerichte ihren Sitz haben**, muss durch Auslegung ermittelt werden, welches Gericht gemeint ist.[81] Soweit eine **Ermittlung durch Auslegung nicht möglich** ist, ist umstritten, ob die Vereinbarung dann unwirksam ist oder dem Kläger ein alleiniges bzw. den Parteien ein gemeinsames Auswahlrecht unter den mehreren Möglichkeiten zusteht.[82] Wird in einer Gerichtsstandsvereinbarung „**das Gericht am Hauptsitz**" einer Partei als zuständig prorogiert und verändert die Partei später ihren Sitz, ergibt die Auslegung regelmäßig, dass der zum **Zeitpunkt der Klageerhebung aktuelle Sitz** als zuständig gelten soll.[83]

34 Inwieweit eine in einem Vertrag getroffene Gerichtsstandsvereinbarung auch für mit den vertraglichen Ansprüchen **konkurrierende deliktische Ansprüche** gilt, ist eine Frage der Auslegung. Ist die Vereinbarung für „sämtliche Streitigkeiten" getroffen, erfasst sie in aller Regel auch konkurrierende deliktische Ansprüche in den Grenzen des Streitgegenstands.[84] Darin liegt regelmäßig auch die Abbedingung des **Widerklagegerichtsstands** des § 33 ZPO.[85] Wird bei Beteiligung einer ausländischen Partei vereinbart, dass Klagen am Heimatgericht des jeweiligen Beklagten zu erheben sind, kann in dieser Vereinbarung im Wege der Auslegung ein prozessuales **Aufrechnungsverbot** des Beklagten enthalten sein.[86]

35 Die Gerichtsstandsvereinbarung gilt für sämtliche an ihr teilnehmende Parteien. Sie gilt darüberhinaus bei Beteiligung von Gesellschaften als Parteien auch für deren **Gesellschafter**, soweit es ihre **Haftung für Gesellschaftsverbindlichkeiten** aus der Vereinbarung angeht.[87] Dritte bindet die Gerichtsstandsvereinbarung nicht.[88]

§ 39
Zuständigkeit infolge rügeloser Verhandlung

¹Die Zuständigkeit eines Gerichts des ersten Rechtszuges wird ferner dadurch begründet, dass der Beklagte, ohne die Unzuständigkeit geltend zu machen, zur Hauptsache mündlich verhandelt. ²Dies gilt nicht, wenn die Belehrung nach § 504 unterblieben ist.

Inhalt:

	Rn.		Rn.
A. Allgemeines	1	3. Belehrung nach § 504 ZPO	8
B. Erläuterungen	3	4. Kein Entgegenstehen von § 40 Abs. 2 Satz 2 ZPO	9
I. Voraussetzungen der Zuständigkeitsbegründung	3	5. Nachweis der Rüge	10
1. Rügelose mündliche Verhandlung zur Hauptsache	3	II. Wirkung des rügelosen Verhandelns	11
2. Anwendbarkeit und Rügezeitpunkt im schriftlichen Verfahren	7		

---

79 OLG Hamm v. 02.06.2015, 32 SA, 19/15, juris, Rn. 19 m.w.N.; KG Berlin, MDR 2008, 465 m.w.N.; vgl. zur Auslegung auch BGHZ 59, 116 (119ff.) = NJW 1972, 1671 (1671f.); zu einer Gerichtsstandsbestimmung für einen anderen Ort als den Sitz des Verwenders vgl. AG Hamburg v. 26.01.2017, 256 C 59/16, juris, Rn. 17.
80 BGH, NJW-RR 1986, 1311 (1312) = VersR 1986, 678 (679), auch zur Frage von Gerichtsstandsvereinbarungen in Konnossementsbedingungen.
81 BGH, NJW 1996, 3013 (3014) = MDR 1997, 91 zum Gerichtsstand „München"; OLG Brandenburg, NJW 2006, 3444 (3445) zum Gerichtsstand „Berlin"; AG Hamburg v. 26.01.2017, 256 C 59/16, juris, Rn. 19–33 zum Gerichtsstand „Hamburg".
82 Vgl. OLG Brandenburg, NJW 2006, 3444 (3445); AG Hamburg v. 26.01.2017, 256 C 59/16, juris, Rn. 29–32.
83 OLG Bremen, MDR 2012, 305.
84 OLG Stuttgart, OLGR 2008, 305 (307) m.w.N.
85 BGH, NJW 1981, 2644 = MDR 1982, 137; zum Ausschluss des Widerklagegerichtsstands auch BGHZ 52, 30 (36) = NJW 1969, 1536 (1537); BGH, NJW-RR 1987, 227 (228f.).
86 BGH, NJW 2015, 1118 (1119), Rn. 18–25 auch zum Zurückbehaltungsrecht (Rn. 26) und der Einrede des nicht erfüllten Vertrages (Rn. 27–28).
87 BGH, NJW 1981, 2644 (2646) = MDR 1982, 137 (138) zu § 128 HGB.
88 EuGH v. 07.02.2013, C-543/10, juris, Rn. 24–41 zu Art. 23 EuGVVO a.F., jetzt Art. 25 EuGVVO zur Frage, ob in einer Lieferantenkette die zwischen Hersteller und Abnehmer vereinbarte Gerichtsstandsklausel auch für spätere Erwerber gilt.

A. Allgemeines
Durch § 39 ZPO wird dem **Grundsatz der Prozessökonomie** Rechnung getragen. Wer nicht vor einem unzuständigen Gericht verhandeln will, hat dies rechtzeitig zu rügen, andernfalls er später mit der Rüge ausgeschlossen ist. Nach § 39 ZPO wird das an sich unzuständige Gericht auch dann zuständig, wenn eine **Gerichtsstandsvereinbarung nach § 38 ZPO** ausgeschlossen wäre. In den Fällen des § 40 Abs. 2 ZPO kommt dagegen nach § 40 Abs. 2 Satz 2 ZPO keine Zuständigkeitsbegründung durch rügelose Einlassung in Betracht. Eine rügelose Einlassung scheidet daher aus, wenn für die Streitigkeit ein ausschließlicher **gesetzlicher** Gerichtsstand besteht oder der Rechtsstreit über nichtvermögensrechtliche Ansprüche den Amtsgerichten ohne Rücksicht auf den Wert des Streitgegenstands zugewiesen ist. 1

§ 39 ZPO gilt für die **sachliche, die örtliche und die internationale**[1] Zuständigkeit. Die Zulässigkeit des **Rechtsweges** sowie die **funktionelle Zuständigkeit** können ebenso wie durch eine Gerichtsstandsvereinbarung (vgl. § 38 Rn. 6, 32) nicht begründet werden.[2] § 39 ZPO ist nicht anwendbar, soweit **vorrangige anderweitige Regelungen bestehen**. Dies ist insbesondere in Art. 26 EuGVVO der Fall. Zur Anwendbarkeit des § 39 ZPO im Rahmen der Prüfung nach § 328 Abs. 1 Nr. 1 ZPO vgl. § 328 Rn. 12.[3] 2

B. Erläuterungen
I. Voraussetzungen der Zuständigkeitsbegründung
1. Rügelose mündliche Verhandlung zur Hauptsache
Der **Beklagte** muss zur Hauptsache **mündlich** verhandeln, ohne die Unzuständigkeit des Gerichts geltend zu machen. Ob dem Beklagten bewusst ist, dass er zur Sache verhandelt und dadurch die Zuständigkeit begründet, ist irrelevant.[4] Zum Verhandeln im schriftlichen Verfahren vgl. Rn. 7. 3

Die Rüge nach § 39 ZPO **unterliegt nicht dem Anwaltszwang** (vgl. § 78 Rn. 6).[5] Sie hat **ausdrücklich** zu erfolgen. Eine konkludente Rüge kommt nur ausnahmsweise in Betracht. Es reicht aber aus, wenn der Beklagte deutlich macht, dass er die Zuständigkeit des Gerichts nicht für gegeben erachtet. Dann schadet auch ein „**hilfsweises**" Verhandeln zur Hauptsache nicht.[6] Die bloße „**hilfsweise**" Erhebung der Zuständigkeitsrüge ist jedoch nicht ausreichend.[7] Die Rüge kann **zurückgenommen** werden.[8] 4

Der Beklagte muss rügelos zur Hauptsache verhandeln. Ein **Verhandeln zur Sache** liegt auch vor, wenn der Kläger säumig ist und der Beklagte **Antrag auf Erlass eines Versäumnisurteils** stellt.[9] Zur Rechtzeitigkeit der Rüge ist bei Einspruch nach Versäumnisurteil § 342 ZPO zu berücksichtigen.[10] Im Säumisverfahren gegen den Beklagten gilt § 39 ZPO nicht.[11] Der bloße Antrag, ein **Prozessurteil** zu erlassen, die Klage also als unzulässig abzuweisen, ist nicht ausreichend, ebenso wie die reine **Erörterung von Verfahrensfragen** oder die **Durchführung von Vergleichsverhandlungen**, auch wenn dabei bereits über die materiellen Anspruchsgrundlagen gesprochen wird.[12] Es ist für **jeden Streitgegenstand eigens** festzustellen, ob zur Sache verhandelt wurde. Die Wirkung des § 39 ZPO kommt nur für solche Streitgegenstände in Be- 5

---

1 Dazu BGH, NJW 1993, 1270 (1272) = MDR 1993, 907 (908) m.w.N.; BGHZ 101, 296 (301) = NJW 1987, 3181 (3182); BGH, NJW 1979, 1104 = MDR 1979, 658 m.w.N.; zu Fragen der internationalen Zuständigkeit im Zusammenhang mit § 39 ZPO vgl. umfassend m.w.N. Zöller-*Vollkommer*, ZPO, § 39 Rn. 4; zur internationalen Zuständigkeit vgl. auch Vorbem. zu §§ 1–37 Rn. 5.
2 OLG Düsseldorf, DAR 2014, 322 (323 f.).
3 Vgl. dazu u. a. BGHZ 120, 334 (337 ff.) = NJW 1993, 1073 (1073 ff.) = MDR 1993, 473; BGH, NJW 1993, 1270 (1272) = MDR 1993, 907 (908); OLG Frankfurt a.M., NJW 1979, 1787.
4 Thomas/Putzo-*Hüßtege*, ZPO, § 38 Rn. 5.
5 Vgl. OLG Zweibrücken v. 17.05.2000, 5 WF 50/00, juris, Rn. 5.
6 BGH v. 30.09.1976, II ZR 97/74, juris, Rn. 18 für internationale Zuständigkeit; BGH, NJW-RR 2005, 1518 (1520) = MDR 2006, 46 (47) zu Art. 24 EuGVVO m.w.N.
7 Offengelassen von BGH, NJW-RR 1988, 172 (172 f.); bejaht in der dem BGH vorangegangen Entscheidung OLG Düsseldorf v. 30.12.1986, 6 U 280/85, nicht veröffentlicht; Schiedsgericht Hamburg v. 05.05.2009, juris, Rn. 44 (ohne Az).
8 Zöller-*Vollkommer*, ZPO, § 39 Rn. 5.
9 OLG Hamm v. 07.01.2013, I-32 SA 125/12, juris, Rn. 7.
10 OLG Hamm v. 07.01.2013, I-32 SA 125/12, juris, Rn. 7.
11 Zöller-*Vollkommer*, ZPO, § 39 Rn. 1.
12 OLG Bamberg, MDR 1988, 148 (149); a.A. wohl OLG Saarbrücken v. 12.03.2002, 5 W 61/02, juris, Rn. 6 bei Einführung in den Streitstand, Erledigungserklärung und anschließender Erörterung mit Abschluss eines gerichtlichen Vergleichs; Prütting/Gehrlein-*Wern*, ZPO, § 39 Rn. 5; die Abgrenzung zwischen reinen Vergleichsverhandlungen und Vergleichsverhandlungen unter Erörterung der Rechtslage erscheint wenig sinnvoll und praktikabel. Der Führung von Vergleichsgesprächen ist die Erörterung der rechtlichen Argumente in der Hauptsache in aller Regel immanent.

tracht, die zum Zeitpunkt des rügelosen Verhandelns bereits rechtshängig sind.[13] Die **Erhebung einer Widerklage** in der mündlichen Verhandlung ist kein Verhandeln zur Sache.[14] Die **Abgabe eines Anerkenntnisses** stellt ein Verhandeln zur Sache dar.[15] **Im selbstständigen Beweisverfahren** hat eine rügelose Einlassung nicht zur Folge, dass der Beklagte im Hauptsacheverfahren die Unzuständigkeit des angegangenen Gerichts nicht mehr rügen könnte. Dieser Einwand bleibt ihm enthalten. § 39 ZPO gilt für das selbstständige Beweisverfahren nicht.[16] Eine Bindung durch das selbstständige Beweisverfahren für die Zuständigkeit des Hauptsachegerichts tritt gemäß § 486 Abs. 2 Satz 2 ZPO nur für den Antragsteller ein.

6 § 39 ZPO stellt für die **Rechtzeitigkeit der Rüge** allein auf das Verhandeln zur Hauptsache in der **mündlichen Verhandlung** ab. Für den Rügezeitpunkt ist § 39 ZPO gegenüber den Vorschriften der §§ 282 Abs. 3, 296 Abs. 3 ZPO *lex specialis*. Der Beklagte muss daher die Zuständigkeitsrüge **nicht bereits innerhalb einer gesetzten Klageerwiderungsfrist** vorbringen.[17] Die mündliche Verhandlung zur Hauptsache kann bereits **vor Antragstellung** vorliegen, sofern bereits streitig zur Sache verhandelt wurde, da § 137 Abs. 1 ZPO nur den Regelfall des Beginns der mündlichen Verhandlung darstellt.[18] Eine einmal in erster Instanz rechtzeitig erhobene Rüge braucht der Beklagte **in der Berufungsinstanz nicht zu wiederholen**.[19] Der Beklagte kann **vor der mündlichen Verhandlung** die Unzuständigkeitsrüge schriftlich erheben. Er braucht sie dann in mündlicher Verhandlung nicht zu wiederholen.[20] Dies gilt auch, wenn er die Rüge bereits schriftlich im **Mahnverfahren** erhoben hat.[21] Durch die Antragsstellung und das mündliche Verhandeln werden die vorhergehenden Schriftsätze in aller Regel in Bezug genommen.[22] Etwas anderes kann nur gelten, wenn sich aus dem Verhalten des Beklagten in der mündlichen Verhandlung eine **Rügerücknahme** ergibt.[23] Die schriftsätzliche Ankündigung vor der mündlichen Verhandlung, sich rügelos zur Sache einlassen zu wollen, führt noch nicht zur Zuständigkeitsbegründung nach § 39 ZPO.[24] Der Beklagte kann aber vor der mündlichen Verhandlung auf die Einrede der Unzuständigkeit **verzichten**, sofern darin eine Gerichtsstandsvereinbarung mit der gegnerischen Partei liegt. Daher müssen dann für den Verzicht die Voraussetzungen der §§ 38, 40 ZPO vorliegen.[25]

2. Anwendbarkeit und Rügezeitpunkt im schriftlichen Verfahren

7 § 39 ZPO ist auch im **schriftlichen Verfahren** (§ 128 Abs. 2 ZPO) anwendbar.[26] Im schriftlichen Verfahren tritt an die Stelle des mündlichen Verhandelns die Einreichung von Schriftsätzen. Dazu zählt auch bereits der Schriftsatz, der den Antrag auf oder die Zustimmung zur Durchführung des schriftlichen Verfahrens enthält. Die Setzung einer Frist, innerhalb derer Schriftsätze eingereicht werden können, führt nicht zur Verlängerung der Rügemöglichkeit nach § 39

---

13 BGH, NJW 1979, 1104.
14 Str.; Musielak/Voit-*Heinrich*, ZPO, § 39 Rn. 4; Prütting/Gehrlein-*Wern*, ZPO, § 39 Rn. 5.; a.A.: Zöller-*Vollkommer*, ZPO, § 39 Rn. 7, der für den Fall der Zuständigkeit für die Widerklage nach § 33 ZPO von einem Verhandeln ausgeht; ebenso Thomas/Putzo-*Hüßtege*, ZPO, § 39 Rn. 7. Dabei wird jedoch nicht hinreichend gewürdigt, dass die Widerklage eine eigenständige Klage ist, deren Erhebung zwar auf die Hauptsache der Klage bezogen ist, jedoch keine unmittelbare Verteidigung gegen diese darstellt.
15 Musielak/Voit-*Heinrich*, ZPO, § 39 Rn. 4.
16 OLG Celle, NJW-RR 2000, 1737 (1738); OLG Jena v. 13.10.1999, 8 W 563/99, juris, Rn. 7.
17 BGHZ 147, 394 (397) = NJW 2001, 2176 = MDR 2001, 1071 (1072) deutet dies zumindest an; BGHZ 134, 127 (134 ff.) = NJW 1997, 397 (398 f.) = MDR 1997, 288 (289) für die internationale Zuständigkeit. Ob die Frage bei reinen Inlandsfällen genauso zu beurteilen ist, lässt die Entscheidung ausdrücklich offen. Diesbezüglich bejahend OLG Frankfurt a.M., OLGZ 1983, 99 (101 f.); LG Mannheim v. 23.02.2016, 2 O 61/15, juris, Rn. 6–11 m.w.N.; LG Stralsund v. 01.02.2011, 6 O 259/10, juris, Rn. 8 f. m.w.N.; Zöller-*Vollkommer*, ZPO, § 39 Rn. 5; Prütting/Gehrlein-*Wern*, ZPO, § 39 Rn. 2 m.w.N.; Musielak/Voit-*Heinrich*, ZPO, § 39 Rn. 3 m.w.N.
18 OLG Dresden v. 02.06.1999, 8 U 550/99, juris, Rn. 44 f.; dazu tendierend, wenngleich im Ergebnis offenlassend OLG Saarbrücken v. 12.03.2002, 5 W 61/02, juris, Rn. 7.
19 BGH, NJW 1987, 3081 für die internationale Zuständigkeit; bestätigt von BGHZ 173, 40 (44 f.) = NJW 2007, 3501 (3502) = MDR 2008, 162, aber abweichend für Art. 18 LugÜ.
20 Vgl. OLG Dresden, OLG-NL 2003, 65 (65).
21 OLG Koblenz v. 12.05.1998, 3 U 208/97, juris, Rn. 26.
22 Vgl. BGH, NJW-RR 1996, 378.
23 OLG Koblenz v. 12.05.1998, 3 U 208/97, juris, Rn. 27.
24 BGH, NJW-RR 2013, 764 (765), Rn. 10 = MDR 2013, 481; OLG Frankfurt v. 28.11.2012, 11 AR 217/12, juris, Rn. 11.
25 OLG Schleswig v. 11.07.2012, 2 W 187/11, juris, Rn. 30; Thomas/Putzo-*Hüßtege*, ZPO, § 39 Rn. 8.
26 BGH, NJW 1970, 198 = MDR 1970, 230; OLG Stuttgart, NJW-RR 2010, 792.

ZPO.[27] Hat sich der Beklagte bei seiner Zustimmung zum schriftlichen Verfahren die **Zuständigkeitsrüge vorbehalten**, kann er diese zumindest bis zum Fristablauf noch nachholen.[28]

3. Belehrung nach § 504 ZPO
Im **amtsgerichtlichen Verfahren** – nur für dieses gilt § 504 ZPO – kommt die Wirkung des § 39 ZPO nach dessen Satz 2 nur in Betracht, wenn **vor** dem rügelosen Verhandeln ein Hinweis nach § 504 ZPO erfolgt ist. Erfolgt der Hinweis nach mündlicher Verhandlung, ist eine Zuständigkeitsbegründung nur bei rügelosem Verhandeln zur Hauptsache in neuerlicher mündlicher Verhandlung möglich.[29] Die Belehrung hat auch zu erfolgen, wenn sich der Beklagte durch einen Rechtsanwalt vertreten lässt.[30] Auf die Belehrung kommt es vor dem Amtsgericht auch für die **internationale Zuständigkeit** an.[31]

8

4. Kein Entgegenstehen von § 40 Abs. 2 Satz 2 ZPO
Eine Zuständigkeitsbegründung durch rügelose Einlassung ist nicht möglich, wenn ein Fall des § 40 Abs. 2 Satz 2 ZPO vorliegt, also insbesondere ein ausschließlicher gesetzlicher Gerichtsstand besteht. Dadurch soll die **Umgehung der absoluten Prorogationsverbote verhindert** werden. Nachdem § 40 Abs. 2 Satz 2 ZPO nicht für eine ausschließliche Zuständigkeit aufgrund einer Gerichtsstandsvereinbarung gilt (vgl. § 40 Rn. 4) kommt in diesem Fall auch eine Begründung der Zuständigkeit nach § 39 ZPO in Betracht (s. Rn. 11).

9

5. Nachweis der Rüge
Die Rüge kann ebenso wie deren Fehlen nur mit den zulässigen prozessualen Mitteln nachgewiesen werden. Dies sind das Sitzungsprotokoll sowie der Tatbestand.[32]

10

II. Wirkung des rügelosen Verhandelns
Sind die Voraussetzungen des § 39 ZPO gegeben, wird das an sich unzuständige Gericht zuständig. Auch eine **Unzuständigkeit aufgrund einer Gerichtsstandsvereinbarung** kann durch § 39 ZPO überwunden werden.[33] Dies gilt selbst dann, wenn die **vereinbarte Zuständigkeit eine ausschließliche** ist (Rn. 9 und § 40 Rn. 4).[34] Es muss die **jeweilige Zuständigkeitsart** (örtlich, sachlich, international) gerügt werden, um die Wirkung des § 39 ZPO für diese Zuständigkeitsart auszuschließen. Wird nur eine gerügt, kann für die andere eine Zuständigkeit durch rügelose Verhandlung zur Sache begründet werden. Allerdings ist im Wege der Auslegung zu ermitteln, welche Zuständigkeitsarten gerügt wurden. Die Rüge der örtlichen Unzuständigkeit enthält für gewöhnlich auch die der internationalen Unzuständigkeit.[35] Der Zuständigkeitsbegründung durch rügelose Einlassung steht nur in Ausnahmefällen[36] der **Einwand des Rechtsmissbrauchs** entgegen. Dafür ist es nicht ausreichend, dass weder der Kläger noch der Beklagte bei dem durch rügelose Einlassung zuständigen Gericht einen allgemeinen oder besonderen Gerichtsstand hat.[37]

11

---

27 BGH, NJW 1970, 198 (199) = MDR 1970, 230.
28 BGH, NJW 1970, 198 (199) = MDR 1970, 230, wo offengelassen wird, ob dies auch noch möglich ist, wenn erst nach Ablauf der Frist ein Schriftsatz eingeht.
29 OLG Schleswig v. 11.07.2012, 2 W 187/11, juris, Rn. 28.
30 BayObLG, NJW 2003, 366 = AnwBl. 2003, 120; Zöller-*Vollkommer*, ZPO, § 39 Rn. 10.
31 A.A. OLG Frankfurt a.M., NJW 1979, 1787, wobei sich diese Entscheidung damit beschäftigt, ob § 504 ZPO auf ein ausländisches Urteil im Rahmen des § 328 Abs. 1 Nr. 1 ZPO Anwendung findet. Insoweit ist die Entscheidung überzeugend, nicht hingegen, soweit es um die Anwendung des § 504 ZPO vor einem deutschen Amtsgericht bei der Frage von dessen internationaler Zuständigkeit geht.
32 OLG Düsseldorf, NJW 1991, 1492 (1493).
33 BGHZ 134, 127 (136f.) = NJW 1997, 397 (399) = MDR 1997, 288 (289) hält dies „gegebenenfalls" für möglich.
34 KG Berlin, KGR 2005, 522 (523).
35 BGH, NJW-RR 2005, 1518 (1519) = MDR 2006, 46 (47) zu Art. 24 EuGVVO a.F. (heute Art. 26 EuGVVO) m.w.N. auch zur Gegenansicht.
36 Musielak/Voit-*Heinrich*, ZPO, § 39 Rn. 9.
37 A.A. LG Berlin, NJW-RR 1997, 378 jedenfalls für den Fall, dass kein schützenswertes Interesse an dem Gerichtsstand besteht.

§ 40
Unwirksame und unzulässige Gerichtsstandsvereinbarung

(1) Die Vereinbarung hat keine rechtliche Wirkung, wenn sie nicht auf ein bestimmtes Rechtsverhältnis und die aus ihm entspringenden Rechtsstreitigkeiten sich bezieht.

(2) ¹Eine Vereinbarung ist unzulässig, wenn
1. der Rechtsstreit nichtvermögensrechtliche Ansprüche betrifft, die den Amtsgerichten ohne Rücksicht auf den Wert des Streitgegenstandes zugewiesen sind, oder
2. für die Klage ein ausschließlicher Gerichtsstand begründet ist.

²In diesen Fällen wird die Zuständigkeit eines Gerichts auch nicht durch rügeloses Verhandeln zur Hauptsache begründet.

Inhalt:

	Rn.		Rn.
A. Allgemeines	1	rechtlicher Streitigkeit,	
B. Erläuterungen	2	Abs. 2 Satz 1 Nr. 1	3
I. Unwirksame Gerichtsstandsvereinbarung wegen Unbestimmtheit des Rechtsverhältnisses, Abs. 1	2	III. Unzulässigkeit einer Gerichtsstandsvereinbarung bei ausschließlichem Gerichtsstand, Abs. 2 Satz 1 Nr. 2	4
II. Unzulässigkeit einer Gerichtsstandsvereinbarung bei nichtvermögens-			

A. Allgemeines

1 § 40 ZPO stellt neben den Voraussetzungen des § 38 ZPO zu beachtende **absolute Verbote für eine Gerichtsstandsvereinbarung** auf, wobei die Terminologie „unzulässige Vereinbarungen" und „unwirksame Vereinbarungen" keinen sachlichen Unterschied bringt.[1] § 40 Abs. 2 Satz 2 ZPO sichert ab, dass es **nicht durch rügelose Einlassung nach § 39 ZPO** zur Umgehung der Verbote kommen kann. § 40 ZPO ist **zwingend**. Die Vorschrift ist ebenso wie §§ 38, 39 ZPO nur anwendbar, wenn keine vorrangigen Spezialregelungen eingreifen, wie beispielsweise Vorschriften der EuGVVO. § 40 ZPO gilt für die **sachliche, die örtliche und die internationale[2] Zuständigkeit**. Zur Prüfung der Zuständigkeit durch das Gericht vgl. Vorbem. zu §§ 1–37 Rn. 15.

B. Erläuterungen
I. Unwirksame Gerichtsstandsvereinbarung wegen Unbestimmtheit des Rechtsverhältnisses, Abs. 1

2 Eine Gerichtsstandsvereinbarung ist nach Abs. 1 nur dann wirksam, wenn sie sich auf ein **bestimmtes Rechtsverhältnis** und die aus ihm entspringenden Rechtsstreitigkeiten bezieht. Für die Bestimmtheit reicht die **Abgrenzbarkeit von anderen Rechtsverhältnissen** aus. Für künftige Rechtsverhältnisse genügt Bestimmbarkeit. Eine Gerichtsstandsvereinbarung, die sich auf sämtliche Streitigkeiten zweier Parteien ohne nähere Eingrenzung bezieht, ist nicht bestimmt genug.[3] Dies gilt beispielsweise, soweit ein Gerichtsstand für sämtliche aus der Geschäftsverbindung zweier Parteien resultierende Streitigkeiten vereinbart wird, sofern die Geschäftsverbindung bzw. die daraus zu erwartenden Streitigkeiten nicht durch einen bestimmten (Rahmen-)Vertrag eingegrenzt werden.[4] Für Streitigkeiten aus einem **Dauerschuldverhältnis** kann eine Gerichtsstandsvereinbarung getroffen werden.[5] Die in einer **Satzung einer Gesellschaft enthaltene Gerichtsstandsbestimmung** ist hinreichend bestimmt, wenn sie sich auf die Streitigkeiten zwischen der Gesellschaft und ihren Mitgliedern bezieht.[6] Die Bestimmung des Rechtsverhältnisses kann mit Wirkung *ex nunc* **nachgeholt** werden.[7]

---

1 Prütting/Gehrlein-*Wern*, ZPO, § 40 Rn. 1.
2 BGH, NJW-RR 1987, 227 (228 f.) = MDR 1985, 911.
3 Musielak/Voit-*Heinrich*, ZPO, § 40 Rn. 3 m.w.N.; Thomas/Putzo-*Hüßtege*, ZPO, § 40 Rn. 4.
4 Zöller-*Vollkommer*, ZPO, § 40 Rn. 3, 4.
5 Musielak/Voit-*Heinrich*, ZPO, § 40 Rn. 3 m.w.N.
6 BGHZ 123, 347 (355) = NJW 1994, 51 (53) = MDR 1994, 148, vorgehend EuGH, NJW 1992, 1671 (1672) zu Art. 17 EuGVÜ.
7 Thomas/Putzo-*Hüßtege*, ZPO, § 40 Rn. 2.

II. Unzulässigkeit einer Gerichtsstandsvereinbarung bei nichtvermögensrechtlicher Streitigkeit, Abs. 2 Satz 1 Nr. 1

Ist eine **nichtvermögensrechtliche Streitigkeit** ohne Rücksicht auf den Wert des Streitgegenstands den Amtsgerichten zugewiesen, scheidet eine Gerichtsstandsvereinbarung aus. Dies ist insbesondere der Fall bei § 23 Nr. 2 ZPO. In den praktisch relevanten Fällen von Streitigkeiten aus Mietverhältnissen über Wohnraum ist eine Gerichtsstandsvereinbarung betreffend die sachliche Zuständigkeit aufgrund der Ausschließlichkeit des Gerichtsstands schon wegen Abs. 2 Satz 1 Nr. 2 unzulässig. Insgesamt hat die Vorschrift **kaum mehr einen Anwendungsbereich**.[8]

3

III. Unzulässigkeit einer Gerichtsstandsvereinbarung bei ausschließlichem Gerichtsstand, Abs. 2 Satz 1 Nr. 2

Besteht für die Klage ein **ausschließlicher gesetzlicher Gerichtsstand** (vgl. dazu mit Beispielen Vorbem. zu §§ 1–37 Rn. 12), kommt eine Gerichtsstandsvereinbarung nicht in Betracht. Das Verbot der Gerichtsstandsvereinbarung greift nur insoweit ein, als die jeweilige Zuständigkeit (örtlich, sachlich, international) von der Ausschließlichkeit erfasst wird.[9] Sind nur einzelne Zuständigkeitsarten (z.B. örtliche Zuständigkeit) der Ausschließlichkeit unterworfen, bleiben für die übrigen Zuständigkeiten (z.B. sachlich) Gerichtsstandsvereinbarungen zulässig. Der **im Wege der Gerichtsstandsvereinbarung begründete ausschließliche Gerichtsstand** wird von § 40 Abs. 2 Satz 1 Nr. 2 ZPO nicht erfasst.[10] Daher ist in diesem Fall auch eine Zuständigkeitsbegründung durch rügeloses Verhandeln zur Sache nach § 39 ZPO möglich.[11]

4

Titel 4
Ausschließung und Ablehnung der Gerichtspersonen

§ 41
Ausschluss von der Ausübung des Richteramtes

Ein Richter ist von der Ausübung des Richteramtes kraft Gesetzes ausgeschlossen:
1. in Sachen, in denen er selbst Partei ist oder bei denen er zu einer Partei in dem Verhältnis eines Mitberechtigten, Mitverpflichteten oder Regresspflichtigen steht;
2. in Sachen seines Ehegatten, auch wenn die Ehe nicht mehr besteht;
2a. in Sachen seines Lebenspartners, auch wenn die Lebenspartnerschaft nicht mehr besteht;
3. in Sachen einer Person, mit der er in gerader Linie verwandt oder verschwägert, in der Seitenlinie bis zum dritten Grad verwandt oder bis zum zweiten Grad verschwägert ist oder war;
4. in Sachen, in denen er als Prozessbevollmächtigter oder Beistand einer Partei bestellt oder als gesetzlicher Vertreter einer Partei aufzutreten berechtigt ist oder gewesen ist;
5. in Sachen, in denen er als Zeuge oder Sachverständiger vernommen ist;
6. in Sachen, in denen er in einem früheren Rechtszug oder im schiedsrichterlichen Verfahren bei dem Erlass der angefochtenen Entscheidung mitgewirkt hat, sofern es sich nicht um die Tätigkeit eines beauftragten oder ersuchten Richters handelt;
7. in Sachen wegen überlanger Gerichtsverfahren, wenn er in dem beanstandeten Verfahren in einem Rechtszug mitgewirkt hat, auf dessen Dauer der Entschädigungsanspruch gestützt wird;
8. in Sachen, in denen er an einem Mediationsverfahren oder einem anderen Verfahren der außergerichtlichen Konfliktbeilegung mitgewirkt hat.

---

8 Vgl. Zöller-*Vollkommer*, ZPO, § 40 Rn. 5.
9 Thomas/Putzo-*Hüßtege*, ZPO, § 40 Rn. 6.
10 Dahingehend BGHZ 60, 85 (88) = NJW 1973, 421; Musielak/Voit-*Heinrich*, ZPO, § 40 Rn. 5; Prütting/Gehrlein-*Wern*, ZPO, § 40 Rn. 6; Zöller-*Vollkommer*, ZPO, § 40 Rn. 6.
11 KG Berlin, KGR 2005, 522 (523).

Inhalt:

	Rn.		Rn.
A. **Allgemeines**	1	IV. Prozessbevollmächtigter, Beistand oder gesetzlicher Vertreter, Nr. 4	8
B. **Erläuterungen**	4	V. Zeuge oder Sachverständiger, Nr. 5	9
I. Richter als Partei, Nr. 1	5	VI. Vorbefassung, Nr. 6	10
II. Rechtsstreitigkeiten von Ehegatten/Lebenspartner, Nr. 2, 2a	6	VII. Überlange Gerichtsverfahren, Nr. 7	11
III. Rechtsstreitigkeiten von Verwandten, Nr. 3	7	VIII. Mediationsverfahren, Nr. 8	12
		C. **Prozessuales**	13

A. Allgemeines

1 Der **Zweck** der §§ 41 ff. ZPO besteht in der Gewährleistung eines fairen Verfahrens durch einen neutralen Richter. Der grundgesetzlich garantierte gesetzliche Richter ist nicht schon dann gewährleistet, wenn formell vor jedem Verfahren abstrakt feststeht, welcher Richter zu entscheiden hat, sondern erst dann, wenn auch materiell Unbefangenheit garantiert ist.[1]

2 Der Ausschluss eines Richters nach § 41 ZPO **tritt** im Gegensatz zu den Fällen des § 42 ZPO **kraft Gesetzes** ein. Es kommt also nicht darauf an, ob dem betroffenen Richter der Ausschlussgrund bekannt ist oder wie er ihn selbst in rechtlicher Hinsicht bewertet. Richter ist dabei jede konkrete Person, die im konkreten Rechtsstreit zu entscheiden hat, d.h. in Handelssachen auch die Handelsrichter, wie sich aus §§ 107 ff. GVG ergibt.[2] Der Ausschlussgrund betrifft aber nie das Gericht oder eine Kammer als solches,[3] sondern stets nur eine individuelle Person.

3 Daneben ist die Vorschrift auch noch **auf bestimmte andere Beteiligte anzuwenden**. So gelten sie nach § 406 ZPO für Sachverständige, nach § 191 GVG für Dolmetscher und gemäß § 49 ZPO für Urkundsbeamten sowie für Rechtspfleger gemäß § 10 RPflG. Soweit eine Anwendung durch Gesetz nicht ausdrücklich angeordnet ist, scheidet aber eine analoge Anwendung auf andere Personengruppen aus.[4] Für Gerichtsvollzieher besteht eine Sonderregelung in § 155 GVG.

B. Erläuterungen

4 Die Fälle, in denen ein Richter kraft Gesetzes ausgeschlossen ist, werden durch die Ziff. 1–8 der Vorschrift (Rn. 5–12) **abschließend** geregelt.[5] Eine analoge Anwendung auf ähnliche Sachverhalte scheidet wegen des enumerativen Charakters aus.[6] Für eine analoge Anwendung besteht angesichts der Möglichkeit, Gerichtspersonen wegen Besorgnis der Befangenheit abzulehnen (§ 42 Abs. 2 ZPO), ohnehin kein praktisches Bedürfnis.[7] Der Ausschluss eines Richters kraft Gesetzes ist als Gegensatz zu den Fällen der Ablehnbarkeit wegen Besorgnis der Befangenheit zu sehen. Auf eine **tatsächliche Befangenheit** kommt es in den Fällen des gesetzlichen Ausschlusses gerade **nicht an**. Ausreichend ist die rein formelle Erfüllung eines Ausschlussgrundes. Abzugrenzen sind die Fälle des Ausschlusses von Fällen, in denen ein Richter nicht in der Lage ist, richterlich tätig zu werden, weil z.B. kein Richter im Sinne des Deutschen Richtergesetzes oder etwa unerkannt geisteskrank ist. In diesen Fällen liegt kein Fall des gesetzlichen Ausschlusses nach § 41 ZPO vor, sondern ein Fall fehlerhafter Besetzung, der nach § 538 Abs. 2 Nr. 1 ZPO revisibel ist.[8] In gleicher Weise ist der Fall zu sehen, in dem ein unzuständiger Richter sei es aus Versehen oder Fehlinterpretation unter Verstoß gegen die Geschäftsverteilung tätig wird.

I. Richter als Partei, Nr. 1

5 Grundlegender Hintergrund der Ausschließungsgründe ist zunächst, dass niemand **Richter in eigener Sache** sein soll.[9] Ein Richter kann also nicht gleichzeitig Partei sein. Parteien eines Rechtsstreits sind aber nicht nur Kläger und Beklagter. Entscheidend ist, ob sich die Rechtskraft eines Urteils auf die betroffene Person erstreckt, wie etwa beim Nebenintervenienten

---

1 Siehe dazu BVerfG, NJW 1998, 369 (370) = MDR 1998, 362; BGH, NJW 2001, 1502 (1503) = MDR 2001, 707.
2 So auch Baumbach/Lauterbach/Albers/Hartmann, ZPO, Vor § 41 Rn. 5; Zöller-*Vollkommer*, ZPO, Vor § 41 Rn. 3.
3 BGH, NJW 1974, 55 (56).
4 So ausdrücklich für Gerichtsvollzieher: BGH, NJW-RR 2005, 149.
5 So auch BGH, NJW 2004, 163 = MDR 2004, 288; BVerwG, NJW 1980, 2722; BFH v. 12.03.2007, XB 18/03, juris; Zöller-*Vollkommer*, ZPO, § 41 Rn. 1.
6 BGH, NJW 2004, 163; a.A. LSG Schleswig, NJW 1998, 2925.
7 Ebenso Zöller-*Vollkommer*, ZPO, § 41 Rn. 1: als Ablehnung zu würdigen.
8 So auch Zöller-*Vollkommer*, ZPO, § 41 Rn. 2; a.A. Baumbach/Lauterbach/Albers/Hartmann, ZPO, § 41 Rn. 4.
9 Vgl. BGHZ 94, 92 für ein Schiedsgericht.

nach § 66 ZPO oder in den Fällen der §§ 265, 325 und 727 ZPO. Der Streitverkündete vor dem Beitritt fällt jedenfalls nicht hierunter. Nicht hierunter fällt auch eine bloße Beteiligung des Richters an einer Aktiengesellschaft als deren Aktionär. Anders ist dies schon, wenn er deren Mehrheitsaktionär wäre. Entscheidend ist insoweit das objektivierbare Interesse am Ausgang des Verfahrens, also wenn „echte" wirtschaftliche Interessen/Belange im Raum stehen,[10] was sicherlich nur bei größeren Aktienpaketen und einer zu erwartenden Auswirkung der Entscheidung auf den Wert der Aktie anzunehmen ist. Reicht dieses nicht für einen Ausschlussgrund kraft Gesetzes ist aber immer an die Möglichkeit der Ablehnung wegen Besorgnis der Befangenheit nach § 42 Abs. 2 ZPO zu denken.

II. Rechtsstreitigkeiten von Ehegatten/Lebenspartner, Nr. 2, 2a

Sind **Ehe- und (eingetragene) Lebenspartner eines Richters** im Umfang der Nr. 1 Partei eines Rechtsstreits, so führt auch dies zum Ausschluss. Das Bestehen der Ehe oder Lebenspartnerschaft im Zeitpunkt der Anhängigmachung ist nicht Voraussetzung. Nicht ausreichend ist jedoch ein bloßes Zusammenleben, auch wenn es langjährig ist. Entscheidend ist allein die formale Stellung nach dem Gesetz. In anderen Fällen kommt aber eine Ablehnung nach § 42 ZPO in Betracht. **Nicht ausreichend** ist eine Ehe mit einem der Prozessbevollmächtigten einer Partei.[11] In diesen Fällen bestehen aber gute Chancen für eine erfolgreiche Ablehnung wegen Besorgnis der Befangenheit nach § 42 ZPO.

6

III. Rechtsstreitigkeiten von Verwandten, Nr. 3

Nr. 3 lehnt sich an das Zeugnisverweigerungsrecht an. Ist eine Person Partei eines Prozesses, so besteht der gesetzliche Ausschluss bei Verwandtschaft bis zum dritten, bei Schwägerschaft bis zum zweiten Grad. In der Praxis empfehlen sich in Zweifelsfällen eine grafische Darstellung der Situation und ein Abzählen der Zahl der vermittelnden Geburten.

7

Verwandtschaft

1. Grad	Eltern
	Kinder
2. Grad	Großeltern
	Enkel
	Geschwister und Halbgeschwister
	Onkel und Tanten
3. Grad	Urgroßeltern
	Urenkel
	Nichten und Neffen
4. Grad (häufigste Fälle)	Cousins und Cousinen
	Großnichten und -neffen

Schwägerschaft

1. Grad	Ehegatten
	Stiefkinder
	Schwiegereltern
2. Grad	Geschwister des Ehegatten (Schwager und Schwägerinnen)
	Schwiegergroßeltern
	Stiefenkel

Schwägerschaft bezeichnet das Rechtsverhältnis zu Verwandten des Ehegatten. Sog. **Schwippschwäger** sind im Rechtssinne nicht miteinander verschwägert, da keine Verwandtschaft, sondern nur Schwägerschaft zum Ehegatten besteht. Bei einer Partei kraft Amtes ent-

---

10 Siehe hierzu BayObLG, NZG 2002, 485 = ZIP 2002, 1038.
11 Vgl. OLG Jena, OLGR 2000, 77; Baumbach/Lauterbach/Albers/Hartmann, ZPO, § 41 Rn. 10; a.A.: LSG Schleswig, NJW 1998, 2925 f.

scheidet der **Grad der Verwandtschaft** zu dieser, also z.B. zum Testamentsvollstrecker oder Insolvenzverwalter. Daneben kann auch die Verwandtschaft zur hinter der Partei kraft Amtes stehenden Person Ablehnungsgrund sein.

IV. Prozessbevollmächtigter, Beistand oder gesetzlicher Vertreter, Nr. 4

8   Ist der Richter **gewillkürter Vertreter** in einem Prozess, was eher singulär sein dürfte, oder gesetzlicher Vertreter einer Partei, ist er von der Mitwirkung ausgeschlossen. Wer gesetzlicher Vertreter ist, ist dem jeweiligen bereichsspezifischen Recht zu entnehmen. Die **praktisch bedeutsamsten Fälle** sind:

Kinder	Eltern	§ 1629 BGB
Verein	Vorstand	§ 26 Abs. 2 BGB
GbR	Gesellschafter	§§ 709, 714 BGB
OHG	Gesellschafter	§ 125 HGB
KG	Gesellschafter	§§ 161 Abs. 2, 125 HGB
GmbH	Geschäftsführer	§ 35 Abs. 1 GmbHG
AG	Vorstand	§ 78 AktG
Gemeinde	1. Bürgermeister	z.B. Art. 28 Abs. 1 BayGO

Es kommt allein auf die formelle Stellung an. Es ist nicht erforderlich, dass der Richter bereits tatsächlich als Vertreter tätig geworden ist.

V. Zeuge oder Sachverständiger, Nr. 5

9   Ein Richter kann **nicht zugleich Sachverständiger oder Zeuge** in einer Sache sein, über die er selbst zu entscheiden hat. Es genügt aber keineswegs, einen Richter zu irgendeinem Beweisthema zu benennen, mit dem Ziel, ihn auszuschließen.[12] Insoweit gilt der **allgemeine Grundsatz**, dass rein subjektive, unvernünftige Gründe nie zum Ausschluss führen.[13] Ausgeschlossen ist er nur, wenn er tatsächlich als Zeuge vernommen wird. Hierbei genügt auch eine schriftliche Einvernahme.[14] **Nicht ausreichend** ist jedoch eine bloße dienstliche Stellungnahme zum Sachverhalt,[15] die das Ziel hat, einer missbräuchlichen Zeugenvernehmung entgegenzuwirken. Eine Zeugenvernehmung stellt das nicht dar, weil die dienstliche Stellungnahme nicht Gegenstand der Beweiswürdigung ist, sondern nur der Vorbereitung einer Entscheidung über die Notwendigkeit einer Beweiserhebung dient.[16] Soll der Richter lediglich über Geschehnisse und **Abläufe innerhalb desselben Prozesses** berichten, so ist der Antrag auf seine Einvernahme unzulässig. Vorgänge innerhalb des zu entscheidenden Verfahrens sind stets gerichtsbekannt und bedürfen daher keines Beweises. Gemeint ist grundsätzlich derselbe Prozess. Wird der Richter lediglich in einer **Parallelsache** als Zeuge vernommen, ist er dadurch nicht ausgeschlossen.[17] Anders ist die Sachlage, wenn ein einheitliches Prozessrechtsverhältnis besteht, der Prozess aber aus prozessualen Gründen getrennt werden musste. Dazu folgendes Beispiel: Ein Kläger verklagt einen BGB-Gesellschafter erfolgreich auf Schadensersatz, bleibt aber in der Zwangsvollstreckung erfolglos und strengt nunmehr einen zweiten Prozess gegen einen anderen Gesellschafter an. Inzwischen ist sein möglicher Zeuge verstorben, der im ersten Prozess noch ausgesagt hat. Hier könnte der Erstrichter als Zeuge in Betracht kommen über den Inhalt der Aussage des verstorbenen Zeugen. Als erneuter Richter wäre er dann ausgeschlossen. Entsprechendes gilt, wenn der Richter in einem Prozess **als Zeuge über den gleichen Sachverhalt** vernommen wird, der auch bei ihm eine Rolle spielt. Das ist denkbar bei wechselseitigen Klagen, z.B. aus einem Verkehrsunfall, bei dem die eine Klage streitwertbedingt vor dem Landgericht stattfindet, die andere vor dem Amtsgericht. Wird hier der Landrichter vor dem Amtsgericht darüber vernommen, was ein Zeuge bei ihm ausgesagt hat, führt das im landgerichtlichen Prozess zum Ausschluss.

---

12 Vgl. BVerwGE 63, 273.
13 BFH v. 22.09.2008, II B 25/08, juris.
14 So auch OLG Frankfurt a.M., FamRZ 1989, 518.
15 Siehe hierzu BGHSt 47, 270 = NJW 2002, 2401 (2403), in einer Strafsache ergangen.
16 OLG Saarbrücken, NJW-RR 1994, 765.
17 A.A. OLG Frankfurt a.M., FamRZ 1989, 518.

VI. Vorbefassung, Nr. 6

Die **frühere Mitwirkung** nach § 41 Nr. 6 ZPO schließt den Richter nur aus, wenn einer der im Gesetz genannten Fälle gegeben ist. Einer der Hauptfälle ist, dass der erkennende Richter beim Landgericht, gegen dessen Urteil Berufung eingelegt wurde, zwischenzeitlich zum Richter am Oberlandesgericht ernannt wurde und in dieser Eigenschaft nun an der Berufungsentscheidung mitwirken soll. Entscheidend ist allein die **Mitwirkung am Erlass des Ersturteils**. Es genügt nicht, wenn der betroffene Richter das Urteil verkündet hat, nicht aber an diesem selbst mitgewirkt hat.[18] **Nicht ausreichend** ist auch die bloße Mitwirkung an vorbereitenden Entscheidungen, wie z.B. einem Beweisbeschluss,[19] oder einer vorangegangenen einstweiligen Verfügung.[20] **Nicht ausgeschlossen** ist der Richter am OLG, der an einer **Zurückverweisung einer Sache** beteiligt war und diese nunmehr als Vorsitzender Richter am Landgericht zu entscheiden hat.[21] Insoweit befindet er nicht im Instanzenzug über sein eigenes Urteil, da er nicht dazu berufen ist als Landrichter das obergerichtliche Urteil zu überprüfen. Allerdings kann sich aus der Begründung der Zurückverweisung u.U. ein Befangenheitsgrund ergeben. Wirkt ein Richter bei der Berufungsentscheidung in einem Arrestverfahren mit, so ist er im Berufungshauptverfahren nicht deswegen ausgeschlossen.[22] Es handelt sich um verschiedene Streitgegenstände (zum Streitgegenstand: Einl. Rn. 21 ff.). Selbstverständlich führt es auch nicht zum Ausschluss, wenn ein Richter bereits früher einmal über andere Klagen des aktuellen Klägers entschieden hat.[23] Ebenso verhält es sich, bei der Mitwirkung an vorangegangenen Entscheidungen im selben Verfahren. Hier kann ein darauf gestütztes Ablehnungsgesuch in der Regel zurückgewiesen werden.[24]

VII. Überlange Gerichtsverfahren, Nr. 7

Mitwirkung an überlangen Gerichtsverfahren hindert die Entscheidung über den Entschädigungsanspruch, § 198 GVG. Das leuchtet ein, denn der ursprüngliche Richter müsste hier unter Umständen sein eigenes Fehlverhalten feststellen. Erforderlich ist aber nicht, dass es sich tatsächlich um ein überlanges Verfahren handelt; dieses ist ja gerade Aufgabe des neuen Prozesses, dies festzustellen. Es genügt daher ein entsprechendes Klagebegehren, das wohl konsequenter Weise nicht einmal schlüssig sein muss.

VIII. Mediationsverfahren, Nr. 8

Mitwirkung an einem Mediationsverfahren oder ähnlichem hindert die Tätigkeit als entscheidender Richter. Angesichts der Neutralität des Mediators, erschließt sich der Sinn dieser Regelung nicht von vornherein.[25] Andererseits konnte sich der Mediator ja bereits von den Parteien ein Bild und Gedanken über die Rechtslage machen. Das stärkste Argument ist allerdings die im Mediationsverfahren vereinbarte Vertraulichkeit, die es ausschließt, dort gewonnene Erkenntnisse anderweitig und sei es nur als Begleitwissen zu verwerten. De lege ferenda wäre es aber besser, Ziffer 8 wieder aus dem Katalog des § 41 ZPO zu streichen und es den Parteien zu überlassen, ob sie den früheren Mediator nach § 42 ZPO ablehnen wollen oder ob sie keine Bedenken gegen eine Entscheidung durch ihn haben. Dies ließe der Parteimaxime jedenfalls mehr Raum, als ein gesetzlich vorgeschriebener und manchmal von beiden Seiten unerwünschter Ausschluss des Mediators.[26] Klar ist jedenfalls, dass die Vorschrift nicht nur den **außergerichtlichen Mediator** und Streitschlichter meint, sondern auch für den **gerichtsinternen Mediator**, § 278 Abs. 5 ZPO. Zwar wird die Frage, ob § 41 Nr. 8 ZPO direkt angewendet werden kann, kontrovers gesehen. Zum Teil wird eine analoge Anwendung befürwortet im Hinblick auf die identische Interessenssituation.[27] Das ist in jedem Fall dogmatisch falsch, weil die enumerative Aufzählung der Vorschrift abschließenden Charakter hat (vgl. Rn. 1). Konse-

---

18 Siehe OLG Jena, OLGR 2000, 77.
19 Siehe hierzu RGZ 105, 17; BVerwG v. 16.03.2010, 8 B 77/09, juris.
20 BGH, IBRRS 2017, 0657, Rn. 11 f., wonach ein Richter, der im amtsgerichtlichen Betreuungsverfahren durch einstweilige Anordnung einen vorläufigen Betreuer für den Betroffenen bestellt hat, nach seiner Versetzung oder Abordnung an das Beschwerdegericht als Richter in einem Beschwerdeverfahren mitwirken darf, wenn mit der Beschwerde nicht die einstweilige Anordnung, sondern die – von einem anderen Richter angeordnete – endgültige Bestellung eines Betreuers für den Betroffenen angegriffen wird (amtl. Leitsatz); OLG Oldenburg, NdsRPfl 2015, 178.
21 So BVerwG, NJW 1975, 1241; BGH, NJW 1981, 1273 (1274).
22 OLG Rostock, NJW-RR 1999, 1444 (1446); BayVGH v. 12.03.2009, 3 ZB 07.2218, juris.
23 BFH v. 12.03.2007, XB 18/03, juris.
24 BGH, NStZ 2014, 725 (726 f.) = StV 2015, 345.
25 Siehe dazu noch LSG Celle, ZKM 2005, 139 f.
26 Die Vorschrift wurde erst aufgrund Gesetzes zur Förderung der Mediation und anderer Verfahren der außergerichtlichen Konfliktbeilegung vom 21.07.2012 (BGBl. I, S. 1577) ins Gesetz eingefügt.
27 So *Arens*, NJW 2012, 2465.

quent wäre daher insoweit nur die Anwendung des § 42 ZPO.[28] Richtigerweise wird man aber die gerichtsinterne Mediation aufgrund Auslegung – nicht Analogie – bereits von der Vorschrift umfasst sehen müssen; § 41 Nr. 8 ZPO unterscheidet klar zwischen außergerichtlicher Streitschlichtung und Mediation. Da bei der Mediation nicht zwischen außergerichtlichen und gerichtlichen Fällen unterschieden wird, fallen beide Formen unter die Vorschrift.[29] Dies ist auch zweckmäßig, da Ziel der Regelung nur sein kann, Personen auszuschließen, die eine Funktion als Mediator haben. Wäre aber auch die gerichtliche Streitschlichtung an sich ausgeschlossen, so wäre kein Richter mehr zur Entscheidung befugt, der im Verfahren einen Vergleichsvorschlag gemacht hat. Da aber der gerichtsinterne Mediator schon nach § 278 Abs. 5 ZPO nicht zur Entscheidung berufen ist, ergänzt § 41 Nr. 8 ZPO insoweit diese Vorschrift, wenn die Geschäftsverteilung dies versehentlich anders geregelt hätte.

C. Prozessuales

13 Die **Folge des Ausschlusses** kraft Gesetzes ist, dass der ausgeschlossene Richter keinerlei richterliche Tätigkeit mehr entfalten darf. Zuständig ist ausschließlich der nach der jeweiligen richterlichen Geschäftsverteilung zuständige Vertreter.

14 Verstößt ein Richter **bewusst oder unbewusst** gegen die Vorschrift, so sind seine Handlungen nicht nichtig, aber **anfechtbar**.[30] Richtigerweise muss das Gericht solche Handlungen in richtiger Besetzung erneut durchführen. Grundsätzlich bestehen bei Mitwirkung eines ausgeschlossenen Richters am Urteil die Möglichkeiten der **Nichtigkeitsklage** nach § 579 Nr. 2 ZPO[31] oder der **Revision** nach § 547 Nr. 2 ZPO. Beide Möglichkeiten sind aber ausgeschlossen, wenn der Verstoß erfolglos durch ein Ablehnungsgesuch gerügt oder erfolglos durch ein Rechtsmittel geltend gemacht wurde.[32]

§ 42
Ablehnung eines Richters

(1) Ein Richter kann sowohl in den Fällen, in denen er von der Ausübung des Richteramts kraft Gesetzes ausgeschlossen ist, als auch wegen Besorgnis der Befangenheit abgelehnt werden.
(2) Wegen Besorgnis der Befangenheit findet die Ablehnung statt, wenn ein Grund vorliegt, der geeignet ist, Misstrauen gegen die Unparteilichkeit eines Richters zu rechtfertigen.
(3) Das Ablehnungsrecht steht in jedem Fall beiden Parteien zu.

Inhalt:

	Rn.		Rn.
A. Allgemeines	1	2. Erneutes, gleichlautendes Gesuch	8
B. Erläuterungen	3	3. Sachfremde Erwägungen	9
I. Antragsberechtigung	3	IV. Begründetheit	10
II. Zeitpunkt	5	1. Allgemeines	10
III. Einzelfälle für Unzulässigkeit	6	2. Einzelfälle	12
1. Richterwechsel	7	C. Prozessuales	15

A. Allgemeines

1 Die Vorschrift stellt zunächst klar, dass die Ablehnung eines Richters durch eine Partei auch in den Fällen erfolgen darf, in denen der Richter kraft Gesetzes ausgeschlossen ist. Dies stellt sicher, dass auch ein vom abgelehnten Richter selbst nicht gesehener oder anders gewerteter gesetzlicher Ablehnungsgrund überprüft werden kann. Sämtliche Ausschließungsgründe des § 41 ZPO sind somit auch Ablehnungsgründe. Bei Vorliegen eines Ausschließungsgrundes muss der Befangenheitsantrag zwangsläufig begründet sein.

2 § 42 ZPO befasst sich ausschließlich mit der **Begründetheit eines Ablehnungsgesuchs** und setzt dessen Zulässigkeit voraus (zum Ausschluss der Zulässigkeit u.a. bei Missbrauch siehe Rn. 6 ff.). Ein Ablehnungsgesuch ist begründet, wenn sich der zur Entscheidung berufene Richter als parteilich oder voreingenommen darstellt. Schon der **„böse Schein"**[1] muss vermie-

---

28 So *Greger/Weber*, MDR Sonderbeilage zu Heft 18/2012, S. 29.
29 A.A. VG Göttingen, MDR 2015, 55.
30 Vgl. zur Pflicht der Revisionszulassung BGHZ 172, 250.
31 BGHZ 95, 302 = MDR 1986, 493.
32 So auch Zöller-*Greger*, ZPO, § 579 Rn. 3.

Zu § 42:
1 BVerfGE 108, 122 = NJW 2003, 3404 (3406).

den werden. Für die Beurteilung der Besorgnis der Befangenheit kommt es nicht darauf an, ob der Richter tatsächlich parteilich ist oder ob er sich selbst für befangen hält. Entscheidend ist allein, ob bei **vernünftiger Würdigung aller Umstände** Anlass besteht, an der Unvoreingenommenheit des Richters zu zweifeln.[2] Es kommt daher nicht darauf an, ob der befangen wirkende Richter tatsächlich befangen ist. Wie sollte dies auch festgestellt werden können? Entscheidend ist daher stets die objektive Lage, wie sie sich aus Sicht einer vernünftigen Partei darstellt.[3] Gut in der Praxis handhabbar dürfte eine Orientierung an der Formulierung des § 1036 Abs. 2 ZPO sein, die eine Ablehnung von Schiedsrichtern ermöglicht, „wenn Umstände vorliegen, die berechtigte Zweifel an seiner Unparteilichkeit oder Unabhängigkeit aufkommen lassen".[4] Diese „moderne" Formulierung – sie gilt seit 21.10.2005 – knüpft an die objektive Berechtigung von Zweifeln an. Ein Rückgriff auf die „Sicht der vernünftigen Partei", wird dadurch verbal vermieden und damit auch die damit verbundene Aussage, die ablehnende Partei sei unvernünftig, was in der Regel nicht zur Befriedung der Situation beiträgt.

B. Erläuterungen
I. Antragsberechtigung

Antragsberechtigt ist jede Partei, ggf. vertreten durch ihren gesetzlichen Vertreter, aber auch jeder Nebenintervenient,[5] wenn sich der Ablehnungsgrund auf ihn bezieht. Prozessbevollmächtigte, vor allem also Rechtsanwälte, haben kein eigenes Ablehnungsrecht.[6] Stellt also ein Rechtsanwalt ein Ablehnungsgesuch etwa mit der Formulierung „lehne ich den Richter am LG X.Y. wegen Besorgnis der Befangenheit ab" und macht dies nicht „namens und im Auftrag" seines Mandanten, so ist der Antrag unzulässig. Bei Rechtsanwälten verbietet sich bei solch eindeutigem Wortlaut i.d.R. auch eine laiengünstige Auslegung. Dass ein solcher Antrag stets stillschweigend im Namen der Partei gestellt werden soll,[7] kann zwar im Einzelfall angenommen werden, aber nicht, wenn die Ablehnung spontan und ohne Rücksprache mit dem Mandanten in der Sitzung erfolgt.

Ablehnungsberechtigt sind, wie § 42 Abs. 3 ZPO klarstellt, beide Parteien. Mit anderen Worten kann jeder die Befangenheit gelten machen, der eine Parteirolle im konkreten Prozess hat und auf den sich die Rechtskraft einer Entscheidung beziehen würde, siehe § 41 Rn. 2. Wie sich aus dem Wortlaut des § 42 Abs. 3 ZPO „in jedem Fall" ergibt, kann eine Partei auch dann einen erfolgreichen Ablehnungsantrag stellen, wenn nur eine Befangenheit für die Gegenpartei besteht. Sind etwa der Kläger und der Richter Schulfreunde und lehnt der Beklagte den Richter nicht ab, so bleibt dieses Recht dem Kläger unbenommen und sei es nur deshalb, weil er jeglichen Anschein vermeiden will, durch unrechtmäßiges, kollusives Verhalten zu seinem Recht gekommen zu sein. Aber nicht einmal das ist Voraussetzung. Das Ablehnungsrecht kann auch grundlos – aber nicht ohne Begründung – von der Gegenseite geltend gemacht werden. Dieses sehr weitgehende Recht hat sicherlich seine Berechtigung, denn die nicht vom Befangenheitsgrund tangierte Partei, kann befürchten, dass der Gegner im Hinblick auf dessen Verzicht auf die Geltendmachung eines tatsächlich gegebenen Befangenheitsgrundes den Richter in günstiger Weise für sich eingenommen hat.

II. Zeitpunkt

Im Grundsatz kann eine Ablehnung **bis zur Entscheidung** erfolgen, allerdings nicht in jedem Fall. Eine Ablehnung wegen des Vorliegens gesetzlicher Ausschlussgründe nach § 41 ZPO ist uneingeschränkt möglich. Hingegen ist gemäß § 43 ZPO eine Ablehnung wegen Besorgnis der Befangenheit **nach Verhandlung zur Sache bzw. Antragstellung** nicht mehr möglich.[8] In welcher **Form** die Ablehnung erfolgen kann, regelt § 44 ZPO (siehe dort). Die Ablehnung kann bis zur Entscheidung über das Ablehnungsgesuch frei widerrufen werden.[9]

III. Einzelfälle für Unzulässigkeit

Insbesondere in drei Fallgestaltungen kann das Gesuch als **unzulässig** zurückgewiesen werden, weil dann kein Bedürfnis (mehr) an einer Entscheidung über die Begründetheit besteht:

---

2 BVerfGE 108, 122 = NJW 2003, 3404 (3405).
3 St. Rspr.; siehe z.B. BGH, IBRRS 2014, 4202, Rn. 3 = MDR 2015, 50; BGH, VersR 2012, 1057 (1058).
4 So auch Zöller-*Vollkommer*, ZPO, § 42 Rn. 9.
5 Vgl. OLG Celle, OLGR 1995, 272; Baumbach/Lauterbach/Albers/Hartmann, ZPO, § 42 Rn. 4; *Schneider*, MDR 1987, 372 (374).
6 So BayObLG, NJW 1975, 699; OLG Hamm, OLGR 1996, 45; OLG Karlsruhe, NJW-RR 1987, 126 (127).
7 Dazu neigt OLG Karlsruhe, NJW-RR 1987, 126 (127) unter Hinweis auf OLG Hamm, NJW 1951, 731.
8 Vgl. auch BVerfG, NJW 2011, 2191 (2192); BGH, BeckRS 2017, 102352, Rn. 2.
9 So auch Baumbach/Lauterbach/Albers/Hartmann, ZPO, § 42 Rn. 5.

1. Richterwechsel

7 Wird ein Richter in den Ruhestand versetzt, wechselt er die Kammer oder das Gericht, so ist er mit der Sache nicht mehr befasst, auf die sich das Ablehnungsgesuch bezieht. Eine Entscheidung über das Befangenheitsgesuch ist bei diesen Konstellationen **sinnlos**, weil ohnehin ein anderer Richter über die Sache entscheiden wird.[10] Ein Rechtsschutzinteresse, dennoch zu erfahren, ob der Antrag begründet ist oder nicht, besteht nicht.[11] Entsprechendes gilt nach bindender Abgabe der Streitsache an ein anderes Gericht.[12]

2. Erneutes, gleichlautendes Gesuch

8 Wird immer wieder versucht, einen Richter mit ein und **derselben Begründung** abzulehnen, so kann bereits der zweite derartige Antrag vom abgelehnten Richter selbst als unzulässig verworfen werden. Niemand hat einen Anspruch darauf, dass über die gleiche Sache mehrfach entschieden wird.[13] Entscheidend ist natürlich, dass es sich wirklich um den identischen Ablehnungsgrund handelt. Entscheidend ist dabei nicht, ob der Ablehnende diesen sprachlich in unterschiedlicher Art und Weise darstellt. Vielmehr kommt es darauf an, welcher Ablehnungsgrund materiell inhaltlich steht.

3. Sachfremde Erwägungen

9 Eine Zurückweisung als unzulässig ist auch dann möglich, wenn das Ablehnungsgesuch **nur vorgeschoben** ist, um andere Ziele zu erreichen, wie etwa eine Verlegung eines Termins zur mündlichen Verhandlung[14] oder das Erreichen einer unüblichen Sitzordnung im Sitzungssaal. Allerdings ist insoweit Zurückhaltung geboten.[15] Je weiter sich eine Entscheidung vom ursprünglich zuständigen Richter entfernt, weil nacheinander jeder Richter abgelehnt wird, der über den Antrag zu entscheiden hat, umso näher liegen **sachfremde Erwägungen**, weil letztlich nur die Zuständigkeit für die Entscheidung oder die Zugehörigkeit zu einem bestimmten Gericht[16] für den erneuten Ablehnungsantrag entscheidend sind. Allerdings empfiehlt es sich, auch insoweit genau hinzusehen. Denn die Zugehörigkeit zu einem Gericht allein wird zwar selten als Ablehnungsgrund ausreichen. Dies kann sich aber in besonderen Einzelfällen anders darstellen, wenn etwa ein Richterkollege als Kläger oder Beklagter auftritt, wobei das allein als Befangenheitsgrund nicht ausreicht. Davon zu unterscheiden ist die Frage, ob pauschal alle Richter eines Gerichts oder Spruchkörpers abgelehnt werden können. Dies ist mit dem BGH[17] zu verneinen. Im Einzelfall kann aber die – laiengünstige – Auslegung eines Ablehnungsgesuchs ergeben, dass etwa nicht eine Kammer, sondern die einzelnen, bestimmbaren Richter dieser Kammer individuell abgelehnt werden sollen. Ob eine laiengünstige Auslegung bei Stellung des Gesuchs durch einen Rechtsanwalt möglich ist, kann allerdings bezweifelt werden, siehe hierzu Rn. 3.

IV. Begründetheit

1. Allgemeines

10 Das Gesuch ist begründet, wenn ein Fall des § 41 ZPO vorliegt oder Besorgnis der Befangenheit gegeben ist. Diese liegt vor, wenn ein Grund gegeben ist, der Misstrauen in die Unparteilichkeit des Richters rechtfertigt. Problematisch ist aber, nach welchem **Maßstab** dies festgestellt werden soll. Entscheidend kann dabei nicht die rein subjektive Sicht des Ablehnenden sein. Rein subjektive, unvernünftige Vorstellungen und Gedankengänge des Antragstellers scheiden immer aus.[18] Es reicht nicht aus, dass dieser befürchtet, der Richter stünde ihm voreingenommen gegenüber. Ein solcher, rein subjektiver Maßstab würde dem Missbrauch Tür und Tor öffnen, weil allein ein entsprechender Sachvortrag zu einer erfolgreichen Ablehnung

---

10 Vgl. BFH, BeckRS 1999, 30064330.
11 BayObLG, BeckRS 2001, 30208934; OLG Rostock, NJW-RR 2007, 429 (430), auch zur Frage der Kostenentscheidung bei einseitiger Erledigungserklärung im Beschwerdeverfahren über das Ablehnungsgesuch.
12 OLG Karlsruhe, FamRZ 2007, 55.
13 BGH, BeckRS 2017, 103131, Rn. 2: bei „klaren Fällen eines unzulässigen oder missbräuchlichen Ablehnungsgesuchs"; OLG Naumburg OLG-NL 1997, 262 (263); KG Berlin, FamRZ 1986, 1022 (1023); LG Kiel, Rpfleger 1988, 545.
14 Siehe dazu BVerwG v. 12.12.2016, 5 C 10/15 D, juris; BGH, NJW 2006, 2492 (2494); OLG Hamm, IBRRS 2015, 2457; OLG Bremen, Prozessrecht aktiv 2015, 97.
15 So im Ergebnis auch *Meinert*, Befangenheit im Rechtsstreit, 2015, Rn. 28 a.E.
16 Vgl. BGH, NJW 1974, 55 (56); KG Berlin, MDR 1983, 60.
17 Vgl. BGH, NJW-RR 2002, 389; OLG Rostock, OLGR 2004, 146; auch VerfGH Stuttgart, BeckRS 2017, 103579, Rn. 5.
18 H.M.; vgl. BayObLGZ 1974, 446 (447); Thomas/Putzo-*Hüßtege*, ZPO, § 42 Rn. 2.

führen müsste.[19] Gerade im Zivilprozess müssen sich Richter angesichts ihrer gesetzlichen Verpflichtung, in jeder Phase des Rechtsstreits auf eine gütliche Einigung hinzuwirken, positionieren. Ihre **vorläufige Einschätzung der Rechtslage**, die sie zur Grundlage eines Vergleichsvorschlags machen, könnte dann aber dazu dienen, dass diejenige Partei, welcher der Vorschlag nicht genehm ist, zum Mittel der Ablehnung führt. Deshalb ist ein **gemischt subjektiv-objektiver Maßstab** anzulegen. Entscheidend ist also nicht die subjektive Sichtweise des Ablehnenden, sondern die subjektive Sicht, die dieser – von außen betrachtet – vernünftigerweise haben müsste.[20] Andererseits ist es auch nicht erforderlich, dass tatsächlich eine Befangenheit des abgelehnten Richters vorliegt. Ausreichend ist die **objektivierbar feststellbare Besorgnis**, er sei befangen. Diese liegt in einem Amtshaftungsprozess gegen den Dienstherrn eines Richters, der sich zur Erprobung beim Oberlandesgericht befindet, aus Sicht einer vernünftigen Partei nicht vor.[21] Auch die subjektive Sicht des Richters ist nicht entscheidend und zwar unabhängig davon, ob er sich befangen fühlt oder nicht.[22]

Fraglich ist, wie sich **Zweifel bei der Feststellung** auswirken, mit anderen Worten, wer die nachteiligen Folgen trägt, wenn eine Besorgnis der Befangenheit nicht zweifelsfrei festzustellen ist. Hier sollte man vernünftigerweise differenzieren: Bestehen erhebliche Zweifel daran, ob ein Richter unbefangen urteilen kann, ist von seiner Befangenheit auszugehen. Bezogen auf § 19 BVerfGG stellt das BVerfG für die Frage der Befangenheit auf einen Grund ab, der geeignet ist, Zweifel an der Unparteilichkeit des abgelehnten Richters zu rechtfertigen.[23] Diese Zweifel müssen aber objektivierbar sein und ein gewisses Gewicht haben. Bestehen die Zweifel lediglich darin, dass eine Befangenheit zwar bei der gegebenen Fallkonstellation abstrakt denkbar ist, aber nicht nahe liegt, kann von Unbefangenheit ausgegangen werden, sofern sich nicht aus der Stellungnahme der abgelehnten Person Gegenteiliges ergibt. 11

2. Einzelfälle
Eine Besorgnis der Befangenheit kommt auch dann in Betracht, wenn ein Fall vorliegt, der von den Fällen des § 41 ZPO zwar nicht umfasst ist, die Interessenlage aber diesen Fallgestaltungen vergleichbar ist. Unterhält also ein Richter ein **Liebesverhältnis zu einer Partei** oder zu einem der Prozessbevollmächtigten, so sollte eine Ablehnung Erfolg haben. Ausreichen kann auch, dass der **Ehegatte des Richters als Rechtsanwalt** in der Kanzlei des Gegners tätig ist.[24] Bei **bloßer Freundschaft** ist der Grad entscheidend; eine reine Bekanntschaft reicht nicht,[25] denn gerade an kleineren Gerichtsorten kennen sich naturgemäß eine Vielzahl von Juristen untereinander. Eine über eine Bekanntschaft oder lockere Freundschaft hinausreichende persönliche Beziehung, kann aber grundsätzlich die Besorgnis der Befangenheit begründen.[26] Dass Richter und Prozessbevollmächtigter „per Du" sind, reicht allerdings für sich allein nicht aus,[27] eine langjährige Freundschaft der Ehefrau des Richters mit einer der Parteien, kann jedoch genügen.[28] Auch die **gemeinsame Zugehörigkeit zu einem Verein**,[29] einer **politischen Partei**[30] oder einer **Gewerkschaft**[31] wird in der Regel nicht genügen, wohl aber die Zusammenarbeit **im Vorstand** einer solchen. Als generelle Linie wird zu gelten haben, dass **je enger und intimer** sich eine Beziehung zu einer Partei oder deren (Prozess)Vertreter darstellt, desto mehr wird die Besorgnis der Befangenheit anzunehmen sein.[32] Insoweit gelten keine anderen Grundsätze für die Schwägerschaft zu einem Prozessbevollmächtigten,[33] wie für Freundschaft. Ausreichend ist die Annahme von Befangenheit für die Tatsache, dass der Richter in einer eigenen, aber anderen Sache Mandant eines der beiden Prozessvertreter ist.[34] Entscheidend wird immer eine Gesamtbetrachtung sein. Bestehen solche – für Dritte meist nicht erkennbare – Beziehungen, so empfiehlt es sich, dass der betroffene Richter diese in einer Selbstanzeige 12

---

19 A.A. *Feiber*, NJW 2004, 650 (651), der allein die subjektive Sicht der Parteien für entscheidend hält.
20 Vgl. BVerfG, NJW 2012, 1328; BGH, NJW 2004, 163 (164).
21 Siehe hierzu BGH, NJW-RR 2010, 493 (494).
22 Vgl. LG Bayreuth, NJW-RR 1986, 678.
23 Vgl. BVerfG, BeckRS 2016, 51732, Rn. 13; BVerfG, NJW 2000, 2808 (2809).
24 BGH, NJW 2012, 1890 f.
25 BGH v. 02.12.2015, RiZ (R) 2/15, juris, unter Hinweis auf BGH, BeckRS 2009, 18178; KG Berlin, MDR 2006, 1009 (1010).
26 Vgl. BGH v. 02.12.2015, RiZ (R) 2/15, juris.
27 BGH, MDR 2007, 669 (670).
28 LG Görlitz v. 27.06.2015, 2 T 93/13, juris.
29 Vgl. BGH, WuM 2004, 110, wonach nach der Größe des Vereins zu differenzieren ist.
30 OLG Koblenz, NJW 1969, 1177.
31 OLG Köln, NJW-RR 2006, 64 (65).
32 KG Berlin, NJW-RR 2000, 1164.
33 KG Berlin, NJW-RR 2000, 1164.
34 KG Berlin, NJW-RR 2014, 5727; a.A. LG Magdeburg v. 04.09.2015, 10 O 1771/14, juris.

– über die dann zu entscheiden ist – offenbart, § 48 ZPO. Andernfalls läuft er Gefahr, dass die Verheimlichung einer engeren Verbindung zu einer Partei zu einem erfolgreichen Ablehnungsgesuch führt. Die Selbstanzeige sollte sich aber inhaltlich darauf beschränken, die Situation objektiv zu beschreiben. Es genügt also, wenn der Richter schreibt: „... zeige ich an, dass ich zur Mutter der Beklagten seit mehreren Jahren ein intimes Verhältnis pflege." Kontraproduktiv sind Äußerungen wie: „Ich fühle mich deshalb (nicht) befangen", weil sich die Besorgnis der Befangenheit dann an dieser subjektiven Einschätzung orientieren müsste, die aber nach dem Gesetz gerade kein Maßstab für die Besorgnis der Befangenheit ist.[35] Hinsichtlich der Fälle der Vorbefassung nach § 41 Nr. 6 ZPO ist die dortige Regelung (s. § 41 Rn. 10) abschließend. Eine Erweiterung auf andere Fälle ist vom Gesetzgeber nicht gewollt.[36]

13 Aus dem **Verhalten des Richters** kann sich die Besorgnis der Befangenheit ergeben. Dies betrifft vor allem eine klare Stellungnahme zur Rechtslage,[37] vor allem wenn hierbei von höchstrichterlicher Meinung abgewichen wird.[38] Hier sollte der Richter deshalb zweckmäßiger Weise immer deutlich machen, dass es sich um eine vorläufige Einschätzung aufgrund der Aktenlage oder aufgrund des bisherigen Ergebnisses der Beweisaufnahme handelt. Dann ist er nicht angreifbar.[39] Eine Bezeichnung von Parteivortrag als „Unsinn" sollte unterbleiben, auch wenn sie unter Umständen im Einzelfall nicht als Befangenheitsgrund zu werten ist.[40] Auch wenn Stellungnahmen zur Rechtslage mit einem Hinweis zu einem zweckmäßigen prozessualen Verhalten verbunden sind, wie etwa einer Antragsänderung, muss dies nicht zwingend zu einer erfolgreichen Ablehnung führen. In einem **Rechtsstreit mit Anwaltszwang** wird dies anders zu beurteilen sein, als in einem Verfahren vor dem Amtsgericht, in welchem dem Vorsitzenden auch eine gesteigerte Fürsorgepflicht zuzubilligen sein wird.[41] Anders kann dies aber sein, wenn sich der Richter gegenüber der Presse äußert,[42] was er ohne entsprechenden Auftrag seines Präsidenten nie tun sollte, da dies nicht in sein Aufgabengebiet fällt, denn **Pressearbeit** ist Verwaltungstätigkeit und keine richterliche Aufgabe. Keinesfalls jedenfalls darf er sich zum zu erwartenden Ergebnis äußern, bevor das Urteil gefallen ist.[43] Natürlich darf die Stellungnahme zur Rechtslage niemals nur einer Partei gegenüber erfolgen und die andere hiervon ausschließen.[44] Keinesfalls kann aber ein Richter in einer Sache entscheiden, in welcher er zuvor in einem **Privatgutachten** für eine Partei seine Rechtsmeinung niedergelegt hat.[45] Eine Äußerung dergestalt, man werde sich nicht an die zurückverweisende Entscheidung des Rechtsmittelgerichts halten, kann bei unveränderter Sachlage ebenfalls zu einer erfolgreichen Ablehnung führen.[46] Im Übrigen sind in der Praxis auf die Äußerung von Rechtsmeinungen gestützte Ablehnungen aber selten, weil die Parteien in der Regel dankbar für ein offenes Wort sind. Häufiger sind hier **rein querulatorische Ablehnungen**, wie etwa ein nicht näher begründeter Ablehnungsantrag nach verweigerter Terminsverlegung[47] ohne Mitteilung nachvollziehbarer Gründe. Stellt sich aber die **Ablehnung eines Terminsverlegungsantrags** als Verstoß gegen den Grundsatz fairen Verfahrens dar, weil der allein eingearbeitete Rechtsanwalt einer Kanzlei nachweislich verhindert ist[48] oder weil die Einarbeitung in umfangreiche kurz vor dem Termin übersandte Unterlagen redlicherweise nicht möglich ist, kann sich eine Ablehnung erfolgreich hierauf stützen.[49] Entsprechendes gilt bei **unberechtigter Verweigerung von Akteneinsicht**[50] oder bei **Bestimmung eines Termins zur Unzeit**.[51] Keinesfalls erfolgreich kann aber ein Ablehnungsgesuch sein, das sich auf die Weigerung stützt, die im Gerichtssaal **übliche Sitzordnung** zu ändern. **Prozessleitende Verfügungen** sind Sache des Vorsitzenden und können in der Regel nicht erfolgreich mit einem Befangenheitsgesuch angegriffen werden. Einer Partei **missfallende Entscheidungen**, begründen nur bei Willkür die Besorgnis der Befangenheit. Solche kann in Betracht kommen, wenn etwa ein Termin für die

---

35 Siehe dazu auch LG Bayreuth, NJW-RR 1986, 678.
36 So auch LSG Chemnitz v. 26.03.2015, L 3 SF 136/13 AB, juris.
37 Vgl. OLG Köln, NJW-RR 2006, 64 (65).
38 Vgl. BPatG München v. 11.05.2006, 10 W (pat) 39/05, juris.
39 OLG Jena v. 20.02.2017, 6 W 52/17, juris; VG Stuttgart, JZ 1976, 277.
40 Siehe dazu OLG Frankfurt a.M., FamRZ 2015, 1414.
41 Siehe hierzu OLG München, NJW-RR 2012, 309.
42 OLG Celle, MDR 2001, 767.
43 OLG Celle, MDR 2001, 767.
44 BayObLG, WuM 1997, 69 (70).
45 BVerfGE 88, 1.
46 OLG Frankfurt a.M., MDR 1988, 415.
47 Dazu auch, wenn auch mit anderer Tendenz OLG Frankfurt a.M., NJW 2008, 1328 (1329); OLG Köln MDR 2010, 283 (285), OLG Zweibrücken, MDR 1999, 113 (114).
48 OLG Frankfurt a.M., NJW 2008, 1328 (1329); OLG Köln, MDR 2010, 283 (285).
49 OLG Köln, NJW-RR 2000, 591 (592).
50 BGH, NJW-RR 2003, 1220 (1221); BayObLG, NJW-RR 2001, 642 (643).
51 BGH, NJW-RR 2003, 1220 (1221).

Entscheidung über einen Eilantrag auf sieben Wochen nach dessen Eingang festgelegt wird.[52] Befangenheit liegt aber nicht vor, wenn ein Richter auf dem Deutschen als Gerichtssprache besteht, sei es im Verfahren selbst oder beim Ausfüllen deutschsprachiger Formulare.[53] Das Bestehen auf der Einhaltung zwingender Rechtsvorschriften wie etwa § 184 GVG kann nie die Besorgnis der Befangenheit rechtfertigen. Häufiger in der Praxis sind auch Ablehnungen nach einem **Streit über Protokollierungen** von Zeugenaussagen. Zielführend sind auch derartige Ablehnungen nicht, solange nicht eine bewusst falsche Protokollierung anzunehmen ist. Auch **unberechtigte Vorschussforderungen**[54] oder **beleidigende Äußerungen** gegenüber der Partei oder ihrem Vertreter[55] können hingegen die Besorgnis der Befangenheit grundsätzlich begründen. Der wegen einer inkorrekten oder gar beleidigenden Äußerung abgelehnte Richter kann und sollte aber die Gelegenheit nutzen, sich in seiner dienstlichen Stellungnahme zum Ablehnungsgesuch für solch ein Verhalten zu entschuldigen.[56] Dies kann dazu führen, dass der Eindruck der Befangenheit aus Sicht einer vernünftigen Partei erschüttert wird und deshalb der Antrag als unbegründet zurückgewiesen werden kann. **Wissenschaftliche Meinungen**, die ein Richter außerhalb der Hauptverhandlung z.B. in einem Seminar oder einem rechtswissenschaftlichen Aufsatz vertritt und die im Prozess eine Rolle spielen, führen jedenfalls für sich allein nicht zur Befangenheit.[57] Insoweit ist stets davon auszugehen, dass ein Richter in der Lage ist, trotz einer einmal eingenommenen Haltung, diese aufgrund einer juristischen Diskussion zu verändern.[58] Bringt er allerdings zum Ausdruck, dass er sich die Argumente der einen Seite nicht einmal anhören will, weil seine Meinung sowieso feststeht, begründet dies wiederum schon die Besorgnis der Befangenheit. Die **private Nutzung eines Mobiltelefons** wurde in Strafsachen als Befangenheitsgrund gesehen.[59] Die überzogene Entscheidung erklärt jedoch nicht, weshalb sich aus diesem Geschehen ergeben soll, die Richterin sei schon auf ein bestimmtes Ergebnis festgelegt. Die Ablehnung wegen Befangenheit kann kein Auffangrechtsbehelf für ungebührliches Verhalten eines Richters sein.[60]

Aus dem **Verhalten einer Partei** kann sich eine Besorgnis der Befangenheit niemals herleiten lassen. Denn sonst hätte sie die Möglichkeit, durch zielgerichtetes Tun den unliebsamen, aber gesetzlichen Richter auszuschalten.[61] Zum Beispiel führt eine **bloße Strafanzeige gegen den Richter wegen Rechtsbeugung** nicht dazu, dass dieser nunmehr als befangen anzusehen ist. Eine Ausnahme ist selbstverständlich dann gegeben, wenn die Staatsanwaltschaft aufgrund der Anzeige Anklage erhebt. Denn trotz der Unschuldsvermutung darf dann aus Sicht der betroffenen Partei davon ausgegangen werden, dass der Richter der Sache nicht mehr unvoreingenommen gegenübersteht.

C. Prozessuales

Da sich § 42 Abs. 1 und Abs. 2 ZPO nur auf die Begründetheit beziehen, siehe Rn. 2, kommt nach der Prüfung nur eine Zurückweisung als unbegründet in Betracht. Hierfür sind zwei Formulierungen in der Praxis verbreitet:

Das Ablehnungsgesuch des [Klägers/Beklagten/Nebenintervenient] vom [Datum] wird als unbegründet zurückgewiesen.

oder

Das Ablehnungsgesuch des [Klägers/Beklagten/Nebenintervenient] vom [Datum] wird für unbegründet erklärt.

Die letztgenannte Formulierung kann sich auf einen Umkehrschluss aus § 46 Abs. 2 ZPO berufen, die erstere ist eine gängige Formulierung etwa bei der Zurückweisung von Beschwerden. Falsch erscheint keine; welche bevorzugt wird, ist eher eine Frage des persönlichen Geschmacks. Eine Zurückweisung wegen Unzulässigkeit kommt etwa dann in Betracht, wenn ein Prozessbevollmächtigter ausschließlich im eigenen Namen den Antrag stellt (s. Rn. 3).

Das Ablehnungsgesuch des [Klägers/Beklagten/Nebenintervenient] vom [Datum] wird als unzulässig verworfen.

---

52 OLG Hamm, FamRZ 1999, 936 (937).
53 OLG Brandenburg, FamRZ 2001, 290.
54 OLG München, NJW-RR 2013, 123.
55 OLG Frankfurt a.M. v. 16.09.1982, 2 WF 76/82, juris; OLG Hamm, MDR 2011, 1143.
56 BGH, NStZ 2006, 49; BGH, NStZ 2012, 168.
57 BVerfGE 88, 1.
58 Dies gilt auch für ehrenamtliche Richter, vgl. OLG Köln, NJW-RR 2006, 64 (65).
59 BGH, NJW 2015, 2986 = NStZ 2016, 58.
60 So zu Recht OLG Brandenburg, MDR 2015, 914 f.
61 So auch BGH v. 05.11.1973, AnwSt (R) 7/71, juris.

Allerdings wird man in der Praxis durch wohlwollende Auslegung dazu kommen können, dass ein solcher Antrag trotz entgegenstehender Formulierung zumindest auch namens und im Auftrag der vertretenen Partei gestellt sein soll,[62] siehe aber oben Rn. 3 a.E.

16 Die Unbegründetheit eines Befangenheitsgesuchs kann auf zwei Dingen beruhen. Entweder fehlt es an der **erforderlichen Glaubhaftmachung** (§ 44 Abs. 2 ZPO; siehe hierzu die Ausführungen § 44 Rn. 5) des Vorliegens von Befangenheitsgründen[63] oder die entsprechenden Tatsachen wurden zwar vorgetragen und glaubhaft gemacht, stellen aber keinen Ablehnungsgrund dar. Darauf hinzuweisen ist in diesem Zusammenhang allerdings, dass in bestimmten Fallkonstellationen eine Glaubhaftmachung entbehrlich ist, siehe § 44 ZPO und die dortigen Ausführungen unter Rn. 5.

§ 43
Verlust des Ablehnungsrechts

Eine Partei kann einen Richter wegen Besorgnis der Befangenheit nicht mehr ablehnen, wenn sie sich bei ihm, ohne den ihr bekannten Ablehnungsgrund geltend zu machen, in eine Verhandlung eingelassen oder Anträge gestellt hat.

Inhalt:

	Rn.		Rn.
A. Allgemeines	1	II. Einlassung in der Verhandlung/	
B. Erläuterungen	3	Anträge	6
I. Kenntnis von Ablehnungsgrund	3	C. Prozessuales	9

A. Allgemeines

1 Die Vorschrift regelt einen **Aspekt der Unzulässigkeit** von Befangenheitsanträgen in zeitlicher Hinsicht. Nach bestimmten prozessualen Ereignissen, insbesondere der Antragstellung, darf ein bereits bekannter Befangenheitsgrund nicht mehr geltend gemacht werden. Damit überlässt es der Gesetzgeber zwar grundsätzlich einer Partei, ob sie Tatsachen, aus denen sich eine Besorgnis der Befangenheit herleiten ließe, zum Gegenstand eines Befangenheitsantrags machen will oder nicht. Allerdings begrenzt er dieses Recht in zeitlicher Hinsicht, um insoweit Rechtssicherheit zu schaffen. Rechtstechnisch handelt es sich um eine **unwiderlegliche Vermutung**.[1] Es macht keinen Sinn, einen Prozess bis zum Schluss unter dem Damoklesschwert eines möglichen Ablehnungsgrundes schweben zu lassen. Zudem ist die zeitliche Begrenzung des Ablehnungsrechts damit begründbar, dass sich „das flüchtige Geschehen einer mündlichen Verhandlung" nur zeitnah einigermaßen zuverlässig rekonstruieren lässt.[2]

2 § 43 ZPO bezieht sich **ausschließlich** auf die Gründe der Besorgnis der Befangenheit nach § 42 ZPO. Ist ein Richter kraft Gesetzes ausgeschlossen im Sinne des § 41 ZPO, so kann dies ohne jegliche zeitliche Begrenzung geltend gemacht werden. Ebenso ist eine Berufung auf Befangenheitsgründe selbstverständlich nicht ausgeschlossen, wenn diese erst nach dem für den Verlust des Ablehnungsrechts nach § 43 ZPO maßgeblichen Zeitpunkt entstanden sind, allerdings nicht mehr, wenn bereits eine neue – andere – Verhandlung begonnen hat.[3] Letzter Zeitpunkt der Geltendmachung ist in jedem Fall der Schluss der mündlichen Verhandlung.[4]

B. Erläuterungen
I. Kenntnis von Ablehnungsgrund

3 Der **Verlust des Ablehnungsrechts** setzt voraus, dass der Ablehnungsgrund bekannt ist. Dazu muss der ablehnenden Person bekannt sein, welcher Richter entscheidet und welche besonderen Umstände in seiner Person vorhanden sind, die eine Ablehnung rechtfertigen. So muss die ablehnende Partei beispielsweise wissen, dass der erkennende Richter mit der beklagten Partei verlobt ist. Es reicht jedoch nicht, wenn eine Partei die entsprechenden Tatsachen zwar nicht kennt, sie aber einfach hätte in Erfahrung bringen können. Nicht ausreichend ist auch, wenn sich die Tatsachen zwar geradezu aufdrängen mussten, im konkreten Fall aber nicht bekannt sind. Hingegen genügt die einmalige Kenntnis der Tatsachen, auch wenn sie zwischen-

---

62 OLG Karlsruhe, NJW-RR 1987, 126 (127).
63 VG Stuttgart, JZ 1976, 277 (278).

Zu § 43:
1 So auch Baumbach/Lauterbach/Albers/Hartmann, ZPO, § 43 Rn. 1.
2 BGH, NJW-RR 2008, 800.
3 Vgl. OLG Frankfurt a.M., MDR 1979, 762.
4 Vgl. BGH, NJW-RR 2008, 800.

zeitlich schon wieder vergessen wurden. Entscheidend ist nur, ob die Kenntnis vor oder nach den in § 43 ZPO genannten prozessualen Ereignissen vorhanden war.

Die Kenntnis muss grundsätzlich **bei der ablehnenden Person** vorhanden sein. Die Kenntnis des gesetzlichen Vertreters genügt. Dies ergibt sich aus dem Rechtsgedanken des § 166 Abs. 1 BGB. Problematischer ist dies im Falle des gewillkürten Vertreters, wozu auch der Prozessbevollmächtigte zu zählen ist. Mit der wohl überwiegenden Meinung[5] sollte der Partei das **Wissen des Prozessbevollmächtigten** ebenfalls zugerechnet werden. Dagegen spricht zwar, dass ein selbstständiges Ablehnungsrecht der Prozessbevollmächtigten nicht besteht (s. Rn. § 42 Rn. 3) und eine Kenntnis der ablehnenden Person in diesen Fällen nicht vorliegt, so dass ihr im Ergebnis ein Verschulden ihres Prozessbevollmächtigten zugerechnet wird, weil er ihr dieses Wissen nicht zur Kenntnis bringt. Anderseits gilt aber auch hier der Grundgedanke des § 166 Abs. 1 BGB, der bloßes Wissen zurechnet. Dieses Ergebnis ist auch praxisgerecht, weil sich andernfalls durch bewusstes Zurückhalten von Informationen durch den Prozessbevollmächtigten § 43 ZPO aushebeln ließe. Dem könnte zwar theoretisch dadurch begegnet werden, dass man in diesen Fällen von rechtsmissbräuchlichem Verhalten ausgeht; allerdings wird wohl kaum jemand eine solche Situation offenlegen, so dass ein Nachweis schwer möglich ist.

Eine **Geltendmachung** liegt nur vor, wenn dies in der durch § 44 Abs. 1 ZPO vorgeschrieben Form erfolgt, siehe die Ausführungen unter § 44 Rn. 2 f. Nicht genügend ist das bloße Ansprechen in der Sitzung oder ein Telefonat mit dem Richter, in dem der Befangenheitsgrund thematisiert wird.

II. Einlassung in der Verhandlung/Anträge

In eine Verhandlung **eingelassen** hat sich eine Partei erst dann, wenn in der Sache selbst etwas geschieht, das die Sache fördert, wie etwa eine Parteiäußerung zur Sache, die aktive Teilnahme an einer Beweisaufnahme z.B. durch Befragung eines Zeugen oder durch Einnahme eines Augenscheins.[6] **Nicht genügend** sind rein prozessuale Vorgänge wie etwa ein Antrag auf Akteneinsicht.[7] Insoweit liegen weder ein Einlassen noch ein Antrag vor. Wer sich jedoch nach erfolgter Ablehnung freiwillig, d.h. ohne Nötigung durch das Gericht, auf ein Weiterverhandeln einlässt, verliert in der Regel sein Ablehnungsrecht.[8]

Mit Anträgen sind im Wesentlichen die **Sachanträge**, also z.B. auf Verurteilung oder Klageabweisung gemeint. Ein Antrag auf Terminsverlegung ist kein Antrag im Sinne dieser Vorschrift (s. Rn. 4).[9] Allerdings kann ein Beweisantrag im Rahmen dieser Vorschrift genügen, auch wenn er nicht den Formvorschriften des § 297 ZPO unterfällt. Wie Anträge zu stellen sind, ergibt sich aus § 297 ZPO. Sie sind also entweder aus den vorbereitenden Schriftsätzen oder aus einer Protokollanlage zu verlesen (§ 297 Abs. 1 Sätze 1 und 2 ZPO) oder zu Protokoll zu erklären, falls dies der Vorsitzende erlaubt (§ 297 Abs. 1 Satz 3 ZPO). Zusätzlich kommt eine Bezugnahme auf Schriftsätze in Betracht, falls Anträge enthalten, § 297 Abs. 2 ZPO.

Hat das Gericht **rechtswidrig** eine Situation herbeigeführt, die formell zum Verlust des Ablehnungsrechts führen könnte, lässt sich eine theorie- und praxisgerechte Lösung dadurch finden, dass man in diesem Verhalten einen neuen Befangenheitsgrund sieht. Verhandelt ein Gericht also einfach weiter ohne Gelegenheit für die Stellung eines Ablehnungsgesuchs zu geben, braucht nicht entschieden werden, ob dieses noch später angebracht werden kann, weil in diesem Verhalten jedenfalls ein neues Verhalten des Gerichts liegt, das eine rechtzeitige Ablehnung ermöglicht.[10]

C. Prozessuales

§ 43 ZPO betrifft die Frage der nachträglich entstandenen Unzulässigkeit eines Antrags. Werden Anträge also nach den in der Vorschrift genannten Zeitpunkten gestellt, so erfolgt eine Zurückweisung als unzulässig durch den erkennenden Richter.[11] Entstehen Ablehnungsgründe später, so ist neben den Tatsachen, die den Ablehnungsgrund selbst betreffen, auch glaubhaft zu machen, dass der Ablehnungsgrund erst später entstanden oder bekannt geworden ist, § 44 Abs. 4 ZPO.

---

5 Z.B. OLG Hamburg MDR 1976, 845; Thomas/Putzo-*Hüßtege*, ZPO, § 43 Rn. 2; Zöller-*Vollkommer*, ZPO, § 43 Rn. 3.
6 So auch BGH, NJW-RR 2008, 800; *Meinert*, Befangenheit im Rechtsstreit, Rn. 40.
7 Siehe auch BayObLG, NJW-RR 2001, 642 (Leitsatz 1).
8 LG Kleve v. 22.07.2015, 4 T 168/15, juris.
9 Zöller-*Vollkommer*, ZPO, § 43 Rn. 5.
10 Siehe auch den vergleichbaren Fall bei OLG Köln, NJW-RR 2000, 591.
11 A.A. Zöller-*Vollkommer*, ZPO, § 43 Rn. 1: Zurückweisung als unbegründet.

Pätzel

§ 44
Ablehnungsgesuch

(1) Das Ablehnungsgesuch ist bei dem Gericht, dem der Richter angehört, anzubringen; es kann vor der Geschäftsstelle zu Protokoll erklärt werden.

(2) ¹Der Ablehnungsgrund ist glaubhaft zu machen; zur Versicherung an Eides statt darf die Partei nicht zugelassen werden. ²Zur Glaubhaftmachung kann auf das Zeugnis des abgelehnten Richters Bezug genommen werden.

(3) Der abgelehnte Richter hat sich über den Ablehnungsgrund dienstlich zu äußern.

(4) Wird ein Richter, bei dem die Partei sich in eine Verhandlung eingelassen oder Anträge gestellt hat, wegen Besorgnis der Befangenheit abgelehnt, so ist glaubhaft zu machen, dass der Ablehnungsgrund erst später entstanden oder der Partei bekannt geworden sei.

Inhalt:

	Rn.		Rn.
A. Allgemeines	1	III. Glaubhaftmachung	5
B. Erläuterungen	2	IV. Dienstliche Stellungnahme des	
I. Formerfordernis	2	abgelehnten Richters, Abs. 3	6
II. Ablehnungsgrund	4	C. Prozessuales	7

A. Allgemeines

1 Die Vorschrift enthält **rein prozessuale Regelungen**. Gleichwohl führt die Nichteinhaltung der Regelungen des § 44 Abs. 1 ZPO zur **Unzulässigkeit** des Antrags, während die Nichtglaubhaftmachung nach § 44 Abs. 2 und 4 ZPO zur **Unbegründetheit** des Antrags führt.

B. Erläuterungen
I. Formerfordernis

2 Ein **förmliches Ablehnungsgesuch** ist Zulässigkeitsvoraussetzung einer jeglichen Ablehnung. Das kann auf verschiedene Arten geschehen und grundsätzlich auch mündlich, wobei es dann stets zu einer **Verschriftlichung** gekommen sein muss. Zulässig ist die schriftliche Einbringung bei Gericht in oder außerhalb einer mündlichen Verhandlung. Daneben ist die Erklärung zu Protokoll der Geschäftsstelle im Gesetz genannt. Ferner ist es zulässig, ein schriftliches Gesuch mündlich in der Verhandlung zu stellen und als Anlage zu Protokoll zu nehmen. Die rein **mündliche Erhebung im Termin** reicht nur dann, wenn der Richter den Antrag nach § 160 Abs. 4 Satz 1 ZPO ins Protokoll aufnimmt. Dieser Weg[1] sollte aber vermieden werden. Entgegen mancher Stimmen[2] existiert ein Anspruch auf Protokollierung gerade nicht. Ein Anspruch besteht allenfalls auf eine nicht anfechtbare Entscheidung des Gerichts über einen entsprechenden Antrag. Das Protokoll ist nicht dazu da, den Parteien Schreibarbeit zu ersparen. Weder Protokollführer noch selbst protokollierender Richter sind für Sekretariatsaufgaben der Parteien oder ihrer Prozessbevollmächtigten zuständig. § 44 Abs. 1 ZPO spricht ausdrücklich nur vom Protokoll der Geschäftsstelle. Das Protokoll einer mündlichen Verhandlung ist gerade nicht genannt. Zudem sollte der Antragsteller selbst zu einer ihn eindeutig festlegenden Formulierung gezwungen werden, was am besten funktioniert, wenn der Antrag, ggf. nach einer kurzen Unterbrechung der Verhandlung schriftlich eingereicht wird. Das hat zudem den Vorteil, dass auch eine dienstliche Äußerung des abgelehnten Richters zeitnah erfolgen kann und nicht erst irgendwann nachdem das Protokoll geschrieben wurde, denn der genaue Wortlaut des Ablehnungsgesuchs sollte hierzu vorliegen.

3 Die Anbringung kann **ausschließlich bei dem Gericht** erfolgen, **dem der abgelehnte Richter angehört**.[3] Damit ist jedenfalls klar, dass ein Ablehnungsgesuch gegen einen Richter am Landgericht grundsätzlich beim Landgericht zu erfolgen hat und nicht etwa beim übergeordneten OLG. Ein solcher Antrag wäre unzulässig, kann sofort verworfen werden und braucht auch nicht an das Landgericht weitergeleitet werden. Unübersichtlicher ist die Situation nur, wenn ein Richter im Wege der Abordnung tätig wird, wenn also z.B. ein Richter am Landgericht ein weiteres Richteramt bei einem Amtsgericht ausübt und dort tätig wird. In Rechtsstreiten vor dem Amtsgericht ist dann das Gesuch dort anzubringen, beim Landgericht, dem der Richter organisatorisch zugehörig ist. Die Zuordnung im Rahmen des § 44 Abs. 1 ZPO erfolgt aber nicht organisatorisch, sondern funktionell. Und im Beispielsfall nimmt der Richter am Landgericht eine amtsrichterliche Aufgabe wahr.

---

1 Gahssemi-Tabar/Nober, NJW 2013, 3686, differenzieren insoweit allerdings nicht.
2 Vgl. etwa Baumbach/Lauterbach/Albers/Hartmann, ZPO, § 44 Rn. 4.
3 So auch Zöller-*Vollkommer*, ZPO, § 33 Rn. 1 a.E.

II. Ablehnungsgrund

Unter Ablehnungsgrund sind diejenigen Tatsachen zu verstehen, aus denen die ablehnende Person die Besorgnis der Befangenheit herleiten will. Für die Zulässigkeit des Gesuches ist es aber nicht erforderlich, dass die genannten Gründe überhaupt geeignet sind, eine Ablehnung zu rechtfertigen. Das wird erst bei der Begründetheit entschieden. Für die Zulässigkeit des Antrags genügt die **Darstellung** der Besorgnis der Befangenheit aus rein subjektiver Sicht. Erst bei der Prüfung der Begründetheit wird ein gemischt objektiv/subjektiver Maßstab angelegt, d.h., entscheidend ist die Sicht der vernünftigen Partei (vgl. ausführlich § 42 Rn. 2).[4] Der abgelehnte Richter sollte möglichst namentlich genannt werden.[5] Mindestens aber muss die abgelehnte Person zweifelsfrei identifiziert werden können.[6]

4

III. Glaubhaftmachung

Glaubhaftmachung bedeutet zunächst Glaubhaftmachung im Sinne des § 294 ZPO, mit der Maßgabe, dass eine Versicherung der Partei an Eides Statt nicht als Mittel der Glaubhaftmachung genügt. Der BGH geht davon aus, dass eine Tatsache bereits dann glaubhaft gemacht ist, wenn eine **überwiegende Wahrscheinlichkeit** für ihr Zutreffen besteht.[7] Das bedeutet jedenfalls mehr als 50 %. Damit ist aber auch klar, dass es hier nicht darauf ankommt, ob Zweifel bestehen, denn entweder es besteht eine überwiegende Wahrscheinlichkeit für die vorgetragenen Tatsachen oder nicht. Relevanz erfährt dies ohnehin nur, wenn sich dienstliche Stellungnahme und andere Beweismittel widersprechen. Dann hat schlichtweg nur eine Beweiswürdigung zu erfolgen. Davon zu unterscheiden ist die Frage, ob sich aus den – aufgrund überwiegender Wahrscheinlichkeit festgestellten – Tatsachen eine Befangenheit ergibt. Die Bewertung, dass eine überwiegende Wahrscheinlichkeit für das Zutreffen der behaupteten Tatsachen besteht, bedeutet in keinem Fall eine gleich hohe Wahrscheinlichkeit für das Bestehen eines Befangenheitsgrundes. Denn dies ist eine davon streng zu unterscheidende rechtliche Bewertung der glaubhaft gemachten und damit für wahrscheinlich erachteten Tatsachen.[8] Selbst, wenn hundertprozentig unstreitig ist, was sich ereignet hat, muss daraus noch lange keine Befangenheit folgen (zur Auswirkung von insoweit bestehenden Zweifeln siehe § 42 Rn. 7). Wird also ein Befangenheitsgesuch darauf gestützt, dass der Kläger im Sitzungssaal einen Platz einnehmen muss, bei dem es möglich ist, dass er durch Sonnenlicht geblendet wird und der Vorsitzende die seit Jahren übliche Sitzordnung nicht ändern will, mag dies zwar subjektiv als Benachteiligung empfunden werden, stellt aber keinen Ablehnungsgrund dar. Hinsichtlich der Glaubhaftmachung wird dieser Fall hingegen keine Probleme aufwerfen. In einem solchen Fall wird die in § 44 Abs. 2 Satz 2 ZPO vorgesehene Bezugnahme auf das dienstliche Zeugnis des Richters im Sinne des § 44 Abs. 3 ZPO als Mittel der Glaubhaftmachung ausreichen. Häufig bietet es sich auch an auf eine in den Akten enthaltene Unterlage Bezug zu nehmen,[9] wenn etwa der abgelehnte Richter einen **despektierlichen oder ironischen Kommentar** als Randnotiz an einen Schriftsatz des Klägervertreters gesetzt hat. Unterlässt der Ablehnende die Glaubhaftmachung, muss dies allerdings nicht zwingend dazu führen, dass das Ablehnungsgesuch unbegründet ist. Es kann im Einzelfall auch ausreichen, dass der abgelehnte Richter in seiner dienstlichen Äußerung vermerkt: „Die im Ablehnungsgesuch genannten Tatsachen treffen zu." In einem solchen Fall bedarf es weder einer Glaubhaftmachung noch einer ausdrücklichen Bezugnahme auf die dienstliche Stellungnahme. Ist aber eine Glaubhaftmachung erforderlich, muss sie ausdrücklich erfolgen. Eine **stillschweigende Bezugnahme** kann jedenfalls bei einer Vertretung durch Rechtsanwälte nicht unterstellt werden.[10]

5

IV. Dienstliche Stellungnahme des abgelehnten Richters, Abs. 3

Die dienstliche Stellungnahme des abgelehnten Richters hat stets **schriftlich** zu erfolgen, um dem Ablehnenden im Ablehnungsverfahren nochmals rechtliches Gehör gewähren zu können. In seiner Stellungnahme hat sich der Richter ausschließlich zu den Tatsachen zu äußern. Dabei kann seine Stellungnahme entweder die vorgetragenen Tatsachen bestätigen (s. auch die Beispiele bei Rn. 4), oder durch eine eigene – richtige – Darstellung zu widerlegen.[11] Der Abgelehnte sollte sich nicht dazu äußern, ob er das Gesuch für begründet hält.[12] Dies wäre eine

6

---

4 So auch *Gahssemi-Tabar/Nober*, NJW 2013, 3686.
5 Vgl. Thomas/Putzo-*Hüßtege*, ZPO, § 44 Rn. 2.
6 BVerfGE 11, 1; OLG Köln, OLGR 2004, 236 (237).
7 BGH, NJW 2003, 3558.
8 So auch *Meinert*, Befangenheit im Rechtsstreit, Rn. 61.
9 So auch *Meinert*, Befangenheit im Rechtsstreit, Rn. 53.
10 So auch zutreffend OLG Frankfurt a.M., NJW 1977, 768.
11 Vgl. *Schneider*, NJW, 2008, 491.
12 So auch BGH, NJW-RR 2012, 61; MK-*Gehrlein*, ZPO, § 44 Rn. 9.

Bewertung des Sachverhalts, die ihm bei zulässigen Gesuchen nicht zusteht, während er über ein unzulässiges Gesuch selbst entscheiden kann. Ebenso sind Äußerungen dahingehend zu unterlassen, man „fühle" sich nicht befangen, weil das Gefühl des abgelehnten Richters keine Rolle bei der rechtlichen Bewertung spielt. Das gegenteilige „Gefühl" sollte erst recht nicht zu Papier gebracht werden, weil hierauf immer ein erfolgreiches Gesuch gestützt werden kann. Wenn sich schon der abgelehnte Richter selbst – und sei es auch rechtsirrig – für befangen hält, dann ist er es auch aus Sicht der ablehnenden Partei. Die dienstliche Äußerung ist dem Ablehnenden stets zur **Gewährung rechtlichen Gehörs zuzustellen** unter angemessener Fristsetzung zur Äußerung. Dies gilt auch für die anderen Beteiligten, weil sie ebenfalls durch eine Entscheidung, die ja den gesetzlichen Richter betrifft, betroffen sind. Bei pauschalen Ablehnungsgesuchen ohne konkret genannten Ablehnungsgrund oder bei offensichtlich querulatorischen Ablehnungsanträgen ist eine dienstliche Stellungnahme entbehrlich. Lehnt also etwa eine Partei sämtliche Richter eines Senats unter Hinweis auf deren Parteizugehörigkeit ab, so ist dies unzulässig.[13] Überhaupt ist eine dienstliche Stellungnahme in jedem Fall entbehrlich, wenn es ihrer zur Feststellung des Sachverhalts nicht bedarf.[14] Wird also etwa eine Ablehnung lediglich darauf gestützt, der abgelehnte Richter habe an einer in den Akten enthaltenen Entscheidung mitgewirkt, so ist eine dienstliche Äußerung entbehrlich.[15] Wird eine Ablehnung darauf gestützt, der abgelehnte Richter habe sich entgegen § 44 Abs. 3 ZPO nicht oder nicht ausreichend dienstlich geäußert, obwohl dazu kein Anlass bestand, führt dies zur Unzulässigkeit des Gesuchs. Es ist nicht Zweck des Ablehnungsrechts, bestimmte Rechtsauffassungen – hier über die Notwendigkeit einer dienstlichen Äußerung – durchzusetzen.[16]

C. Prozessuales

7 Die **Einlassung in eine Verhandlung** oder das **Stellen der Anträge** macht die Ablehnung des erkennenden Richters grundsätzlich unzulässig, § 43 ZPO. Wird ein Ablehnungsgesuch später gestellt, so kann es nur noch auf Gründe gestützt werden, die nach den in § 43 ZPO genannten Zeitpunkten entstanden sind oder zwar früher entstanden sind, aber der Partei erst später bekannt geworden sind. Beide Ausnahmen sind nach § 44 Abs. 4 ZPO gesondert glaubhaft zu machen. Kommt es in der mündlichen Verhandlung also zu einer Situation, die aus Sicht des Ablehnenden eine Ablehnung rechtfertigt (z.B.: Richter schlägt mit der Faust auf den Tisch, um den Kläger in seinem Redefluss zu stoppen), so kann hierauf ein Gesuch gestützt werden. Es muss aber spätestens bis zum Schluss der mündlichen Verhandlung gestellt werden.[17] Nimmt der Kläger aber vor Stellung des Gesuchs[18] vorbehaltlos nochmals auf seine bisher gestellten Anträge Bezug, so gilt auch für den neuerlichen Ablehnungsgrund § 43 ZPO mit der Folge, dass die Ablehnung unzulässig geworden ist.

§ 45
Entscheidung über das Ablehnungsgesuch

(1) Über das Ablehnungsgesuch entscheidet das Gericht, dem der Abgelehnte angehört, ohne dessen Mitwirkung.

(2) ¹Wird ein Richter beim Amtsgericht abgelehnt, so entscheidet ein anderer Richter des Amtsgerichts über das Gesuch. ²Einer Entscheidung bedarf es nicht, wenn der abgelehnte Richter das Ablehnungsgesuch für begründet hält.

(3) Wird das zur Entscheidung berufene Gericht durch Ausscheiden des abgelehnten Mitglieds beschlussunfähig, so entscheidet das im Rechtszug zunächst höhere Gericht.

Inhalt:

	Rn.		Rn.
A. Allgemeines	1	II. Verfahren bei den Amtsgerichten	4
B. Erläuterungen	2	III. Zuständigkeit des übergeordneten	
I. Zuständigkeit	3	Gerichts	6

---

13 Vgl. BVerfGE 11, 1.
14 So BVerwG v. 08.03.2006, 3 B 182/05, juris; BayVGH v. 12.01.2015, 10 ZB 14.1874, juris.
15 OLG Bamberg v. 30.04.2015, 1 U 125/14, juris.
16 So OLG Dresden v. 24.08.2016, 3 W 691/16, juris.
17 Vgl. BGH, NJW-RR 2008, 800.
18 BGH, NJW-RR 2008, 800, verlangt ohnehin mindestens eine sofortige Ankündigung des Gesuchs.

A. Allgemeines

§ 45 ZPO stellt eine **Zuständigkeitsregelung** dar, die den Grundsatz bekräftigt, dass im Falle eines Ablehnungsantrags das örtlich und sachlich zuständige Gericht ohne Mitwirkung des abgelehnten Richters entscheidet. Daneben regelt die Vorschrift gesondert den Fall der Ablehnung eines Amtsrichters und den Fall der Beschlussunfähigkeit des betroffenen Gerichts.

B. Erläuterungen

Die Vorschrift **gilt für alle Gerichte** vom Amtsgericht bis zum Bundesgerichtshof. Welcher Spruchkörper eines Gerichts entscheidet, ergibt sich aus der richterlichen Geschäftsverteilung. So kann es sein, dass etwa eine Kammer, der der abgelehnte Richter angehört, durch weitere Vertreter aufgefüllt wird, bis sie beschlussfähig ist. Eine andere Möglichkeit bestünde darin, einen anderen Spruchkörper mit der Entscheidung zu betrauen.[1] Letzteres ist bei Amtsgerichten naturgemäß immer der Fall. Hier neigt die Praxis vernünftiger Weise dazu, nicht den Vertreter, sondern einen anderen Richter über das Ablehnungsgesuch entscheiden zu lassen.[2] Das hat den Vorteil, dass sich der entscheidende Richter nicht dem Vorwurf aussetzt, den Befangenheitsantrag nur deshalb verworfen zu haben, um nicht selbst in der Sache entscheiden zu müssen.

I. Zuständigkeit

Der abgelehnte Richter **wirkt an der zu treffenden Entscheidung** grundsätzlich **nicht mit**.[3] Ausnahmen hierzu bestehen, wenn sich der Antrag unzweifelhaft als unzulässig erweist (Beispiele: § 42 Rn. 6 ff.).[4] Entscheidend für die Frage, ob der abgelehnte Richter mit- oder alleine entscheiden kann, ist, ob er in der Entscheidung sein eigenes Verhalten bewerten müsste. Geht es also nur darum, einen Antrag als unzulässig zu verwerfen, weil er nach Stellung der Anträge erhoben wurde, so kann der abgelehnte Richter an der Entscheidung mitwirken. Problematisch ist dies vor allem bei einer **Kettenablehnung**, wenn also fortlaufend auch alle Richter abgelehnt werden, die über das ursprüngliche Gesuch zu entscheiden hätten. Erfolgt eine solche Ablehnung zum Beispiel mit der Begründung, der zur Entscheidung berufene Richter habe eine zu kurze Frist zur Stellungnahme nach Mitteilung der dienstlichen Äußerung gesetzt, wird sich eine Zurückweisung als unzulässig nach bisheriger Praxis nicht weiteres behaupten lassen. Selbst wenn sich eine solche Ablehnung häufig als offensichtliche Form der Prozessverschleppung darstellen wird, müsste der abgelehnte Richter indirekt darüber entscheiden, ob die gesetzte Frist angemessen war oder nicht. Damit würde er aber gerade sein eigenes Verhalten bewerten, was im Falle einer Ablehnung gerade nicht der Fall sein soll.[5] Eine Ausnahme wird man im Beispielsfall nur dann annehmen können, wenn die gesetzte Frist so lang ist, dass angesichts der Begrenztheit des Entscheidungsgegenstandes kein vernünftiger Mensch ihre Angemessenheit in Zweifel ziehen würde. Dabei darf durchaus berücksichtigt werden, dass in eilbedürftigen Verfahren auch kurze Äußerungsfristen zulässig sind.[6] In einem solchen Fall wäre die Verschleppungsabsicht ebenso offensichtlich wie in einem vom BGH entschiedenen Fall,[7] in dem ein Rechtspfleger ohne Nennung von Gründen in einem Zwangsversteigerungsverfahren abgelehnt wurde. Ist hingegen ein Eingehen auf den Verfahrensgegenstand in der zurückweisenden Entscheidung notwendig, verbietet sich in der Regel eine Verwerfung als unzulässig.[8]

II. Verfahren bei den Amtsgerichten

Beim Amtsgericht entscheidet nach § 45 Abs. 2 ZPO ein anderer Richter des Gerichts. Welcher das ist, regelt die richterliche Geschäftsverteilung nach § 21e GVG. Sofern die Geschäftsverteilung keine Regelung enthält, muss der Vertreter des abgelehnten Richters entscheiden.[9]

Ausschließlich beim Amtsgericht – aber damit auch einschließlich des Familiengerichts – ist eine Entscheidung über ein Ablehnungsgesuch entbehrlich, wenn der abgelehnte Richter dieses für begründet hält. In diesem Fall genügt ein kurzer, sinnvoller Weise aber begründeter Vermerk. Aus Gründen des **rechtlichen Gehörs** sollte aber in jedem Fall die Gegenseite zur beabsichtigten Vorgehensweise Stellung nehmen können, denn immerhin hat der Grundsatz

---

1 OLG Karlsruhe, MDR 2007, 853.
2 So schon *Hartmann*, NJW 2001, 2577 (2582).
3 Vgl. BVerfG, BeckRS 2015, 52391, Rn. 15.
4 BVerfG, NJW 2005, 3410; LSG Essen v. 03.12.2014, L 11 KA 40/14 B RG, juris; Beispiele siehe § 42 Rn. 6.
5 BVerfG, NJW-RR 2008, 512.
6 Vgl. BayVGH v. 03.11.2014, 22 Cs14.2161, juris.
7 Vgl. BGH, NJW RR 2005, 1226.
8 Siehe hierzu BVerfG, NJW 2013, 1665 (Leitsatz 2).
9 So auch Thomas/Putzo-*Hüßtege*, ZPO, § 45 Rn. 3.

Pätzel

des gesetzlichen Richters Verfassungsrang. Um sich der Arbeit zu ersparen sollte sich der abgelehnte Richter aber nicht zu einem solchen Verfahren hinreißen lassen. Abgesehen davon, dass dies unkollegial ist, kann der Vertreter, der keinen Ablehnungsgrund erkennen kann, den Weg der Zuständigkeitsbestimmung über § 36 ZPO gehen.[10] Auch einer Partei, die mit der Entscheidung nicht einverstanden ist, wird man richtigerweise ein Beschwerderecht einräumen müssen.[11] Selbstverständlich kommt das Verfahren nach § 45 Abs. 2 Satz 2 ZPO im Falle einer Selbstanzeige des betroffenen Richters nicht in Betracht, weil dies dazu führen würde, dass der Betroffene selbst über seine eigene Anzeige entscheiden müsste. Hier bleibt es bei der allgemeinen Regelung, dass der vom Geschäftsverteilungsplan hierfür bestimmte Vertreter zu entscheiden hat.

III. Zuständigkeit des übergeordneten Gerichts

6 § 45 Abs. 3 ZPO bestimmt die Zuständigkeit des übergeordneten Gerichts, wenn das Gericht, dem der abgelehnte Richter angehört, **beschlussunfähig** wird. Das bedeutet beim Amtsgericht, dass auch der letzte zur Vertretung berufene Richter abgelehnt sein muss. Solange es einen nicht abgelehnten Richter am Amtsgericht gibt, muss dieser über das Ablehnungsgesuch entscheiden. Beim Landgericht stellt sich dies wie folgt dar: In Kammersachen entscheidet über ein Ablehnungsgesuch die Kammer in der Besetzung mit drei Berufsrichtern. Hier tritt die Zuständigkeit des übergeordneten Gerichts bereits dann ein, wenn beim Landgericht nur noch zwei Richter entscheiden könnten. Dann wird nicht etwa diese Rumpfkammer durch einen OLG-Richter aufgefüllt, sondern der zuständige Senat beim OLG entscheidet in seiner regulären Besetzung. Entscheidend ist also, ob das Gericht, dem der abgelehnte Richter angehört noch in der Lage ist, in der gesetzlich vorgeschriebenen Besetzung zu entscheiden.[12] Ist aber wie beim Landgericht in Zivilsachen meist der Fall ein Richter als Einzelrichter tätig, so lässt die inzwischen wieder herrschende Auffassung[13] die Kammer und nicht den geschäftsplanmäßigen Vertreter entscheiden. Dies überzeugt zwar nicht, weil die zur Begründung herangezogene Entscheidung des BGH im Wesentlichen auf den Wortlaut abstellt,[14] „weil ein Einzelrichter nicht an der Entscheidung mitwirkt, sondern diese trifft und der abgelehnte Einzelrichter über ein gegen ihn gerichtetes Ablehnungsgesuch nicht selbst entscheiden darf." Die Entscheidung übersieht, dass zumindest seit 2001 der originäre Spruchkörper der jeweilige Einzelrichter der Zivilkammer ist, nicht die Kammer selbst. Diese muss den Fall nicht wie früher auf ihn übertragen. Es erscheint auch widersinnig, wenn in einem Rechtsstreit, den in der Hauptsache ein Einzelrichter allein entscheiden kann, eine untergeordnete Frage von der Kammer entschieden werden müsste. Der Wortlaut erklärt sich zwanglos damit, dass es – wenn auch selten – neben Einzelrichtersachen auch Kammersachen gibt. Solange der BGH von seiner bisherigen Ansicht nicht abweicht, empfiehlt es sich in der Praxis dennoch auch bei der Ablehnung eines Einzelrichters die Kammer entscheiden zu lassen.

7 Entscheidend für die Frage, wer das übergeordnete Gericht ist, ist nicht die allgemeine Hierarchie Amtsgericht – Landgericht – Oberlandesgericht – Bundesgerichtshof, sondern der jeweilige Instanzenzug. Das bedeutet, dass bei einer Ablehnung eines Amtsrichters in Familiensachen im Falle des § 45 Abs. 3 ZPO das Oberlandesgericht – Familiensenat – zuständig wird.[15]

§ 46
Entscheidung und Rechtsmittel

(1) Die Entscheidung über das Ablehnungsgesuch ergeht durch Beschluss.

(2) Gegen den Beschluss, durch den das Gesuch für begründet erklärt wird, findet kein Rechtsmittel, gegen den Beschluss, durch den das Gesuch für unbegründet erklärt wird, findet sofortige Beschwerde statt.

Inhalt:

	Rn.		Rn.
A. Allgemeines	1	III. Formulierung	4
B. Erläuterungen	2	IV. Begründungserfordernis	5
I. Entscheidung durch Beschluss	2	V. Rechtsschutzbedürfnis	6
II. Gewährung rechtlichen Gehörs	3	**C. Prozessuales**	7

---

10 Siehe hierzu etwa Baumbach/Lauterbach/Albers/Hartmann, ZPO, § 45 Rn. 12.
11 So auch Zöller-*Vollkommer*, ZPO, § 45 Rn. 7.
12 So auch Thomas/Putzo-*Hüßtege*, ZPO, § 45 Rn. 5.
13 Zöller-*Vollkommer*, ZPO, § 45 Rn. 1.
14 BGH, NJW 2006, 2492 (2495); so auch OLG Schleswig, OLGR 2005, 10f.
15 So schon BGH, FamRZ 1986, 1197; vgl. auch Zöller-*Vollkommer*, ZPO, § 45 Rn. 6.

A. Allgemeines

§ 46 ZPO regelt die Form der Entscheidung über das Ablehnungsgesuch sowie die Frage der Zulässigkeit von Rechtsmitteln gegen die Entscheidung.

B. Erläuterungen

I. Entscheidung durch Beschluss

Die vom Gesetzgeber entschiedene Frage, dass die Entscheidung über ein Ablehnungsgesuch durch Beschluss zu erfolgen hat, sagt weder etwas darüber aus, von wem die Entscheidung zu treffen ist (vgl. hierzu § 45 ZPO und die Ausführungen dort), noch wie der Beschluss zustande kommt und ob er verkündet werden muss. Insoweit gelten aber die allgemeinen Regeln. Das bedeutet, dass gemäß § 329 ZPO die Frage der **Verkündung** davon abhängt, ob der Entscheidung eine mündliche Verhandlung vorausgeht oder nicht. Die Möglichkeit einer mündlichen Verhandlung ist aber rein fakultativ. Welche Vorteile sie bieten sollte, ist nicht ersichtlich. Die Praxis macht daher, soweit ersichtlich, von dieser Möglichkeit keinen Gebrauch.

II. Gewährung rechtlichen Gehörs

Unabhängig von der Frage, ob im schriftlichen Verfahren oder nach mündlicher Verhandlung entschieden wird, muss jedenfalls der **Grundsatz rechtlichen Gehörs** gewahrt werden.[1] Das bedeutet im Kern, dass sowohl der ablehnenden Partei als auch der gegnerischen Partei, sowie allen von einer etwaigen Rechtskraft des Rechtsstreits betroffenen Beteiligten die dienstliche Stellungnahme der abgelehnten Person zugänglich gemacht werden muss.[2] Die Zustellung an die weiteren Beteiligten folgt daraus, dass sich für diese im Falle einer erfolgreichen Ablehnung der gesetzliche Richter ändert und damit ihre Grundrechte tangiert sind. Dies wirkt sich in besonderem Maße deshalb aus, weil § 46 Abs. 2 ZPO **keine Anfechtungsmöglichkeit** vorsieht. Daher ist die vorherige Möglichkeit der Stellungnahme essentiell. Mit der Übersendung oder Übergabe sollte eine ausreichend bemessene Frist gesetzt werden, die naturgemäß umso länger sein muss, je komplexer die Angelegenheit darstellt und je ausführlicher die dienstliche Stellungnahme ist. Bei klarer Sachlage und zweizeiliger Stellungnahme, kann eine Frist von nur einer halben Stunde schon ausreichen. Bei Nicht-Anwesenden muss allerdings sichergestellt sein, dass die Möglichkeit der Stellungnahme auch tatsächlich besteht. Es nützt nichts, die dienstliche Stellungnahme unter kurzer Fristsetzung in der Mittagspause an einen Faxempfänger zu senden. In diesen Fällen dürfte es auch zweckmäßig sein, die Frage der Fristlänge vorher mit den Parteien zu besprechen, um Fristverlängerungsanträge, Beschwerden gegen die Fristsetzung oder weitere auf eine zu kurze Frist gestützte Befangenheitsanträge zu vermeiden.

III. Formulierung

Der Beschluss lautet entweder:

Das Ablehnungsgesuch des [Klägers/Beklagten/Nebenintervenient] vom [Datum] wird als unzulässig verworfen/unbegründet zurückgewiesen.

oder

Das Ablehnungsgesuch des [Klägers/Beklagten/Nebenintervenient] vom [Datum] wird für begründet erklärt.

Letzteres ist angesichts des Wortlauts in § 46 Abs. 2 ZPO „für unbegründet erklärt" nicht unbestreitbar. Anders als im Falle des stattgebenden Beschlusses besteht aber hier kein Anlass von der bei Beschlüssen üblichen und bewährten Fassung abzuweichen.[3]

IV. Begründungserfordernis

Der **zurückweisende Beschluss** muss in jedem Fall begründet werden.[4] Wird dem **Gesuch** hingegen **stattgegeben**, ist eine Begründung nicht erforderlich. Zum einen ist den Parteien aus dem Ablehnungsgesuch selbst bekannt, welche Gründe zur erfolgreichen Ablehnung geführt haben. Zum anderen ist nach dem Willen des Gesetzgebers die stattgebende Entscheidung nicht anfechtbar. Eine weitere Auseinandersetzung mit den Gründen erfolgt daher nicht. Andererseits ist eine Begründung nicht unzulässig. Die Praxis sollte jedenfalls aus Gründen der Klarstellung einen stattgebenden Beschluss dann begründen, wenn beispielsweise mehrere

---

1 Einschränkend Thomas/Putzo-*Hüßtege*, ZPO, § 46 Rn. 1: nur wenn das Gesuch begründet sein kann.
2 Grundlegend hierzu BVerfG, NJW 1968, 1621; BGH, NJW 2005, 2233 (2234).
3 So auch Thomas/Putzo-*Hüßtege*, ZPO, § 46 Rn. 3; Baumbach/Lauterbach/Albers/Hartmann, ZPO, § 46 Rn. 6; Zöller-*Vollkommer*, ZPO, § 46 Rn. 7.
4 So auch OLG Düsseldorf, JZ 1977, 564 (565).

Pätzel

Gründe im Gesuch vorgetragen wurden, von denen nur einer durchgreift. Dies dient der Rechtssicherheit und verhindert in Einzelfällen die Manifestation falschen oder ehrenrührigen Vortrags.

V. Rechtsschutzbedürfnis

6 Ein Rechtsschutzbedürfnis muss auch im Rechtsmittelverfahren noch gegeben sein. Verliert der abgelehnte Richter während des Ablehnungsverfahrens die Zuständigkeit für den Ausgangsfall, sei es durch Umsetzung, Versetzung oder Beförderung, so verliert auch das Befangenheitsgesuch das Rechtsschutzbedürfnis. Es wird daher als unzulässig zurückzuweisen sein, vgl. hierzu auch § 42 Rn. 6. Ein Rechtsschutzbedürfnis besteht nicht, wenn ein Rechtsmittel gegen eine Entscheidung über die Besorgnis der Befangenheit damit begründet wird, ein Ablehnungsgesuch sei nie gestellt worden.[5]

C. Prozessuales

7 § 46 Abs. 2 ZPO unterscheidet hinsichtlich der Anfechtbarkeit nach dem **Ergebnis der Überprüfung**. Wird die Ablehnung für begründet erklärt, so gibt es kein Rechtsmittel gegen die Entscheidung; auch nicht für die Gegenpartei. Dieses Ergebnis ist nur dann zu rechtfertigen, wenn, wie oben (Rn. 3) dargelegt, auch dieser ausreichend rechtliches Gehör gewährt wurde. Andernfalls dürfte in einem solchen Fall ausschließlich die **Verfassungsbeschwerde** offen stehen, weil für eine außerordentliche Beschwerde contra legem kein Raum ist[6] und § 321a Abs. 1 Satz 2 ZPO u.a. für Entscheidungen über Befangenheitsgesuche die Gehörsrüge ausschließt.

8 Wird das Ablehnungsgesuch per Beschluss verworfen/zurückgewiesen, so kann der Ablehnende hiergegen **sofortige Beschwerde** einlegen. Dies gilt unabhängig davon, ob das Gesuch unbegründet oder unzulässig war, auch wenn die Formulierung des Gesetzes nur von Unbegründetheit spricht.[7] Die sofortige Beschwerde ist gemäß § 567 Abs. 1 ZPO nur statthaft gegen erstinstanzliche Entscheidungen des Amts- und Landgerichts. Entscheidet also das Landgericht als Berufungsgericht, so gibt es insoweit keine sofortige Beschwerde gegen einen ablehnenden Beschluss.[8] Gleiches gilt für entsprechende Entscheidungen der Oberlandesgerichte und des Bundesgerichtshofs. Eine **Rechtsbeschwerde** ist nur möglich, wenn sie ausdrücklich zugelassen wurde, § 574 Abs. 1 Nr. 2, Abs. 3 ZPO. Diese Regelung gilt gemäß § 46 ZPO vor.[9]

9 **Form und Frist** der Einlegung richten sich nach § 569 ZPO. Das bedeutet insbesondere, dass die sofortige Beschwerde innerhalb einer **Notfrist von zwei Wochen** ab Zustellung der Entscheidung wahlweise beim Beschwerdegericht oder dem Gericht, dessen Entscheidung angefochten wird, eingegangen sein muss. Für die Praxis wichtig, aber wohl nur selten nicht beachtet, ist, dass in Prozessen mit Anwaltszwang die **Beschwerde durch einen Rechtsanwalt** eingelegt werden muss, wie sich aus dem Umkehrschluss zu § 569 Abs. 3 ZPO ergibt. In allen anderen Fällen kann auch sofortige Beschwerde zu Protokoll der Geschäftsstelle eingelegt werden.

10 Die Beschwerde hat grundsätzlich **keine aufschiebende Wirkung**, § 570 Abs. 1 ZPO. Die Vollziehung kann jedoch sowohl durch das Beschwerdegericht als auch durch das Ausgangsgericht bzw. dessen Vorsitzenden ausgesetzt werden. Es empfiehlt sich aber zumindest bei offener Rechtslage, die Entscheidung des Beschwerdegerichts abzuwarten, um klare Verhältnisse hinsichtlich der Gerichtsbesetzung zu haben. Es ist niemandem damit gedient, wenn eine umfangreiche Beweisaufnahme von einem anderen Richter wiederholt werden muss. Allerdings setzt dies voraus, dass der abgelehnte Richter überhaupt von der sofortigen Beschwerde erfährt. Entscheidet inzwischen das Ausgangsgericht in der Sache bevor über die sofortige Beschwerde entschieden wird, verliert diese das Rechtsschutzbedürfnis, wenn gegen die Sachentscheidung ein zulässiges Rechtsmittel eingelegt wurde, da dann in der Sache andere Richter zuständig geworden sind.[10] Deren Entscheidung ist aber davon unabhängig, ob ein Vorrichter möglicherweise befangen war. Dies kann freilich uneingeschränkt nur dann gelten, wenn wirklich eine Sachentscheidung zu treffen ist, also insbesondere bei Berufungseinlegung.

---

5 Vgl. OLG München, BeckRS 2017, 100742, Rn. 12.
6 BGH, NJW 2007, 3786; a.A. OLG Oldenburg, NJW-RR 2007, 775; Zöller-*Vollkommer*, ZPO, § 46 Rn. 13.
7 OLG Frankfurt a.M., FamRZ 1993, 1467.
8 OLG Celle, NdsRPfl 2002, 364.
9 BGH, NJW-RR 2005, 294.
10 BGH, NJW-RR 2007, 411 = MDR 2007, 288.

§ 47
Unaufschiebbare Amtshandlungen

(1) Ein abgelehnter Richter hat vor Erledigung des Ablehnungsgesuchs nur solche Handlungen vorzunehmen, die keinen Aufschub gestatten.

(2) ¹Wird ein Richter während der Verhandlung abgelehnt und würde die Entscheidung über die Ablehnung eine Vertagung der Verhandlung erfordern, so kann der Termin unter Mitwirkung des abgelehnten Richters fortgesetzt werden. ²Wird die Ablehnung für begründet erklärt, so ist der nach Anbringung des Ablehnungsgesuchs liegende Teil der Verhandlung zu wiederholen.

Inhalt:

	Rn.		Rn.
A. Allgemeines	1	II. Folge einer erfolgreichen Ablehnung	7
B. Erläuterungen	2	C. Prozessuales	8
I. Unaufschiebbare Handlungen	2		

A. Allgemeines

§ 47 ZPO trifft Regelungen im **Interesse der Funktionsfähigkeit der Justiz** und der Effektivität der Rechtspflege. Zum einen sollen Handlungen weitgehend vermieden werden, die bei einer erfolgreichen Ablehnung wiederholt werden müssten. Andererseits sollen notwendige und sinnvolle Teile des Rechtsstreits, insbesondere eine mündliche Verhandlung, ungeachtet einer Ablehnung durchgeführt werden können. Gerade Letzteres wirkt solchen Gesuchen entgegen, die nur eine Verzögerung des Rechtsstreits bezwecken. 1

B. Erläuterungen
I. Unaufschiebbare Handlungen

Zu unterscheiden ist zwischen Ablehnungsgesuchen außerhalb einer mündlichen Verhandlung und solchen, die während einer solchen gestellt werden. Wird ein Ablehnungsgesuch außerhalb einer mündlichen Verhandlung angebracht, so darf der abgelehnte Richter **grundsätzlich nur unaufschiebbare Handlungen** vornehmen. Eine anerkannte Ausnahme besteht nur bei missbräuchlichen Gesuchen,[1] wobei hierfür der **Maßstab der Offensichtlichkeit** gelten sollte. 2

Den abgelehnten Richter trifft außerhalb der mündlichen Verhandlung grundsätzlich eine **Wartepflicht**, d.h., dass er nicht agieren darf, wenn man von unaufschiebbaren Handlungen absieht. Die **Wartepflicht** beginnt sofort mit Stellung des Befangenheitsgesuchs.[2] Sie endet mit Rechtskraft der Entscheidung über das Ablehnungsgesuch. Was jeweils **unaufschiebbar** ist, bestimmt sich nach rein objektiven Kriterien. Das können Eilanordnungen sein wie Arrest und einstweilige Verfügungen soweit sie innerhalb des betreffenden Verfahrens zu entscheiden ist. **Nicht unaufschiebbar** ist selbstverständlich der Erlass des Endurteils oder eines Verweisungsbeschlusses. Auch Terminsbestimmungen oder -verlegungen sind nicht unaufschiebbar im Sinne der Vorschrift. Selbst wenn – wie leider immer wieder in der Praxis – Ablehnungsgesuche nur eine bereits abgelehnte Terminsverlegung bezwecken, sollte das möglicherweise unvermeidbare Absetzen des eines kurz bevorstehenden Termins nicht durch den abgelehnten Richter, sondern durch den Vertreter erfolgen. Das vermeidet Probleme. Das Gesetz erlaubt ausdrücklich nur solche Handlungen, die keinen Aufschub gestatten. Das ist nicht allein vom Wortlaut her auszulegen, denn natürlich gestattet auch der notwendige Erlass einer einstweiligen Verfügung einen kurzen Aufschub. Gemeint ist aus dem systematischen Zusammenhang heraus ein Aufschub bis zur rechtskräftigen Entscheidung über das Ablehnungsgesuch. Ein **Verstoß gegen die Wartepflicht** kann seinerseits wieder als Grund eines erneuten Ablehnungsantrags dienen.[3] 3

In zeitlicher Hinsicht dauert der Ausschluss des abgelehnten Richters so lange, bis rechtskräftig über das Gesuch entschieden ist.[4] Da die Rechtskraft unabhängig von der etwaigen Einlegung einer Verfassungsbeschwerde ist, muss der Ausgang einer solchen selbstverständlich nicht abgewartet werden.[5] Diese gehört nicht zum Rechtszug. Gleiches gilt für Gegenvorstellungen. Sobald das Gesuch bei Gericht eingeht, gilt der Ausschluss. Um zu vermeiden, dass ein Richter noch Handlungen vornimmt, weil er noch nicht weiß, dass er abgelehnt wurde, ist ihm ein solches Gesuch zwingend sofort vorzulegen. 4

---

1 BGH, Rpfleger 2007, 619 (620); BGH, FamRZ 2005, 1564.
2 BGH, NJW 2001, 1502 (1503).
3 Siehe dazu OLG Brandenburg, AnwBl 2015, 354.
4 OLG Brandenburg, NJW-RR 2000, 1091.
5 BGH, NJW-RR 2011, 427; BayObLG, MDR 1988, 500.

5 Die **Wirksamkeit unaufschiebbarer Handlungen** bleibt auch bei erfolgreichen Ablehnungen bestehen. Das ist ja gerade der Sinn der Regelungen. Aufschiebbare Handlungen sind in diesem Fall allerdings unwirksam und müssen wiederholt werden. Liegt allerdings ein Fall vor, in dem der Richter gesetzlich ausgeschlossen ist, sind in jedem Fall sämtliche seiner Handlungen unwirksam, auch wenn der Ausschluss erst durch Anbringung eines Befangenheitsgesuches festgestellt wurde. Insoweit gilt ein absolutes Tätigkeitsverbot.

6 Wird der oder ein Richter während mündlicher Verhandlung abgelehnt, kann diese grundsätzlich komplett durchgeführt werden. Das heißt aber selbstverständlich nicht, dass ein Endurteil verkündet werden dürfte. Dies wäre ein Unterlaufen des Ablehnungsgesuchs und ist auch so vom Gesetz nicht bezweckt. **Zweck** ist allein, soweit wie möglich die Verhandlung ohne Verzögerungen durchführen zu können.[6] Wenn Zeugen und Sachverständige präsent sind, sollen sie auch vernommen werden können. Sollte der statistisch seltene Fall eintreten, dass ein Ablehnungsgesuch begründet ist, müssen die Beweismittel ohnehin neu herbeigeschafft werden. Die Alternative, stets sofort zu unterbrechen, die Zeugen ungehört nach Hause zu schicken und sie dann nach Durchführung des Ablehnungsverfahrens neu zu laden, wäre höchst ineffektiv und den Zeugen gegenüber rücksichtslos. Das von der Anbringung eines Ablehnungsgesuches unbeeindruckte Fortsetzen des Termins führt auch immer wieder zu einer Einigung der Parteien unter Rücknahme des Gesuchs. Der Richter sollte daher in jedem Fall mit einem Ablehnungsgesuch professionell umgehen und nicht beleidigt reagieren. Dadurch riskiert er nur ein weiteres – dann möglicherweise begründetes – Ablehnungsgesuch.

II. Folge einer erfolgreichen Ablehnung

7 Kommt es zu einer erfolgreichen Ablehnung, so muss der nach § 47 Abs. 2 ZPO bereits durchgeführte Teil der mündlichen Verhandlung **wiederholt** werden und zwar von dem dann nach der Geschäftsverteilung zuständigen Richter. Es empfiehlt sich in der Regel eine komplett neue mündliche Verhandlung, weil zumeist auch die Würdigung von Beweisen vor einem Ablehnungsgesuch für einen neuen Richter nicht ohne weiteres möglich ist. Insoweit stellen sich die gleichen Fragen, wie bei einem Referatswechsel. Auch hier muss sich der neue Richter fragen, ob er Beweiserhebungen seines Vorgängers verwerten kann oder ob er sie neu erheben muss, etwa, weil es auf den persönlichen Eindruck ankommt, den ein Zeuge macht.

C. Prozessuales

8 Hält sich ein Richter nicht an die Vorschrift des § 47 ZPO und fällt z.B. ein Endurteil, so setzt ein erfolgreiches Rechtsmittel in der Hauptsache voraus, dass dem Ablehnungsantrag, notfalls nach sofortiger Beschwerde, stattgegeben wurde.[7] Ist das der Fall, wird das Rechtsmittelgericht in der Regel nicht in der Sache entscheiden, sondern das Urteil aufheben und die Sache zur erneuten Verhandlung und Entscheidung zurückverweisen. Wird hingegen dem Ablehnungsantrag weder originär noch nach Beschwerde stattgegeben, führt dies nicht zwangsweise zur Aufhebung des Urteils, denn dann hat ja der zuständige und unbefangene Richter gehandelt, wenn auch unter Verstoß gegen § 47 ZPO. Handlungen nach § 47 Abs. 2 ZPO sind ohnehin wirksam. Liegt hingegen ein Verstoß gegen § 47 Abs. 1 ZPO vor, so sind Handlungen, die nicht unaufschiebbar waren, an sich unwirksam. Allerdings bleibt dies im Falle eines unbegründeten Ablehnungsgesuchs folgenlos.[8] Zu bedenken ist jedoch, dass sich aus Verletzungen der Wartepflicht durch Vornahme nicht unaufschiebbarer Handlungen neue Befangenheitsgründe ergeben können.[9]

9 Ist ein nicht mehr anfechtbares Endurteil ergangen, bevor über den Ablehnungsantrag in der Beschwerdeinstanz entschieden wurde, entfällt das Rechtsschutzbedürfnis für eine Entscheidung über diesen,[10] denn am Urteil in der Hauptsache kann sich nichts mehr ändern. Eine **Nichtigkeitsklage** in analoger Auslegung des § 579 Abs. 1 Nr. 3 ZPO scheidet aus, weil diese Norm als Ausnahmevorschrift eng auszulegen ist.[11]

---

6 Siehe BT-Drucks. 15/1508, S. 16.
7 Zöller-*Vollkommer*, ZPO, § 47 Rn. 6 f.
8 BGH, NJW-RR 2007, 775.
9 BayObLG WuM 1994, 410.
10 OLG Frankfurt a.M., NJW 1986, 1000; a.A. OLG Koblenz, NJW-RR 1992, 1464.
11 A.A. OLG Bremen, OLGZ 1992, 486, das allerdings einen Befangenheitsgrund in der Verkündung der unanfechtbaren Entscheidung sieht. Instruktiv: BVerfG, NJW 1998, 369 (370), dem widersprechend *Vollkommer*, MDR 1998, 363.

§ 48
Selbstablehnung; Ablehnung von Amts wegen

Das für die Erledigung eines Ablehnungsgesuchs zuständige Gericht hat auch dann zu entscheiden, wenn ein solches Gesuch nicht angebracht ist, ein Richter aber von einem Verhältnis Anzeige macht, das seine Ablehnung rechtfertigen könnte, oder wenn aus anderer Veranlassung Zweifel darüber entstehen, ob ein Richter kraft Gesetzes ausgeschlossen sei.

Inhalt:

	Rn.		Rn.
A. Allgemeines	1	C. Prozessuales	5
B. Erläuterungen	2		

A. Allgemeines

§ 48 ZPO stellt klar, dass es der Richter nicht selbst in der Hand hat zu entscheiden, ob er in einem Rechtsstreit tätig sein will oder nicht. In jedem Fall der Selbstablehnung ist er an der Entscheidung über diese ausgeschlossen. Das wahrt größtmögliche Neutralität und Objektivität. 1

B. Erläuterungen

§ 48 ZPO bezieht sich auf alle denkbaren Fallgestaltungen. Eine **Selbstablehnung** kann sich sowohl auf Sachverhalte beziehen, die eine Ablehnung wegen Besorgnis der Befangenheit begründen könnten als auch solche, die einen Ausschluss kraft Gesetzes rechtfertigen können. Die Bandbreite ist dabei enorm. Sie kann von Anzeigen wie „zeige ich an, dass ich der Vater des Beklagten bin" bis zu „zeige ich an, dass die Beklagte vor 20 Jahren in meinem Haushalt als Reinigungskraft beschäftigt wurde", gehen. In jedem Fall, sollte nur der reine Sachverhalt geschildert werden. Formulierungen wie „bin ich als Vater des Beklagten kraft Gesetzes ausgeschlossen", sollten stets vermieden werden, auch wenn das Ergebnis klar ist. In anderen Fällen, wenn etwa formuliert würde: „fühle ich mich im vorliegenden Rechtsstreit befangen, weil die Beklagte vor 20 Jahren in meinem Haushalt als Reinigungskraft gearbeitet hat", schafft erst diese Formulierung einen Ablehnungstatbestand. In so einem Fall wird der Entscheidungsspielraum für den zur Entscheidung berufenen Spruchkörper in unnötiger Weise beschnitten. Während es in dieser Fallgestaltung auf die Umstände des Einzelfalls angekommen wäre, schafft die subjektive Formulierung selbst einen Grund, der zur Ablehnung wegen Besorgnis der Befangenheit führen könnte.[1] Befangenheit kann sich aber objektiv daraus ergeben, dass die Familien des Richters und der beklagten Partei, ähnliche Lebensschicksale erlitten haben, was sich naturgemäß erst aus einer Offenlegung durch den betroffenen Richter ergibt.[2] Gleiches gilt, wenn ein Richter für den Fall zuständig ist, wenn dieser mit seiner klagenden Nachbarin vor Klageerhebung über deren Fall gesprochen hat, ohne zu ahnen, dass er später über diesen entscheiden müsste.[3] 2

Grundsätzlich bedarf es einer **förmlichen Entscheidung** über jede Selbstablehnung. § 45 Abs. 2 ZPO gilt hier nicht, denn sonst könnte der Amtsrichter über seine eigene Befangenheit bzw. seinen Ausschluss entscheiden.[4] Ist jedoch ganz klar ein Ausschlussgrund gegeben („Vater des Beklagten"), so wäre eine förmliche Entscheidung hierüber eine Farce. In diesen Fällen tritt sofort der geschäftsplanmäßige Vertreter an die Stelle des Ausgeschlossenen und führt den Rechtsstreit. Dies folgt ohne weiteres aus der Formulierung, „wenn ... Zweifel darüber entstehen". Beim Vorliegen von Zweifeln ist stets eine neutrale Entscheidung veranlasst. In diesen Fällen kann die Anregung zur Entscheidung auch von einem anderen Prozessbeteiligten kommen und muss nicht vom Richter selbst ausgehen. Typische Zweifel können bei Formen der früheren Mitwirkung entstehen, die kontrovers gesehen werden können, siehe § 41 Rn. 10. 3

Maßstab der Entscheidung ist je nach Fallgestaltung § 41 ZPO oder § 42 Abs. 2 ZPO. Liegt ein gesetzlicher Ausschlussgrund vor, so ist allerdings das Ergebnis vorgezeichnet (s. Rn. 3). In anderen Fällen ist maßgeblich, ob eine Besorgnis der Befangenheit besteht (s. dazu § 42 4

---

1 OLG Karlsruhe, NJW-RR 2000, 591.
2 BGH, NJW-RR 2015, 445; vgl. auch BVerwG, BeckRS 2017, 104371, Rn. 26, zur Anzeigepflicht eines Kreisrates, der als ehrenamtlicher Richter in einem Anfechtungsprozess über einen Widerspruchsbescheid des Kreises mitwirkt.
3 OLG Naumburg v. 29.01.2014, 10 W 69/13, juris.
4 So auch Baumbach/Lauterbach/Albers/Hartmann, ZPO, § 48 Rn. 2.

Rn. 10 ff.). Eine solche ist gegeben, wenn die Richterin anzeigt, dass sie die Tochter eines Rechtsanwalts ist, der in der Sozietät des Klägervertreters tätig ist.[5]

C. Prozessuales

5 Verfahrensmäßig gibt es im Falle der Selbstablehnung keine Besonderheiten. Wer über diese zu entscheiden hat, ergibt sich aus § 45 ZPO. Die Entscheidung ergeht gemäß § 46 ZPO durch Beschluss. Vor dessen Erlass ist den Parteien **rechtliches Gehör** zu gewähren, also die Selbstablehnung zuzustellen. Die Frage, ob der Beschluss anfechtbar ist, richtet sich ebenfalls, ohne jegliche Besonderheit, nach § 46 Abs. 2 ZPO. Es gilt auch in den Fällen des § 48 ZPO die grundsätzliche Wartepflicht nach § 47 ZPO.[6]

§ 49
Urkundsbeamte

Die Vorschriften dieses Titels sind auf den Urkundsbeamten der Geschäftsstelle entsprechend anzuwenden; die Entscheidung ergeht durch das Gericht, bei dem er angestellt ist.

1 Die Vorschrift erstreckt den Anwendungsbereich, der auf den Richter zugeschnittenen Vorschriften der §§ 41–48 ZPO auf den Urkundsbeamten der Geschäftsstelle.[1] Für **Rechtspfleger** ist eine entsprechende Vorschrift in der ZPO nicht enthalten. Allerdings ordnet § 10 RPflG deren Geltung an.

2 Der Urkundsbeamte der Geschäftsstelle ist als **Funktionsträger** angesprochen. Das Gesetz unterscheidet nicht nach der Art der Tätigkeit, so dass eine Ablehnung immer möglich ist, wenn der Urkundsbeamte in dieser Eigenschaft tätig wird. Auf die Art der Tätigkeit kommt es nicht an. Denkbar sind daher Ablehnungen gegenüber dem Protokoll führenden Urkundsbeamten, demjenigen, der vollstreckbare Ausfertigungen erteilt und dem, der Abschriften beglaubigt. Eine Ablehnung der Urkundsbeamtin mit der abwegigen Begründung, die ausfertigende Justizbedienstete habe durch den bei ihrer Unterschrift angebrachten Zusatz „als Urkundsbeamtin der Geschäftsstelle" dokumentiert, dass sie tatsächlich keine Urkundsbeamtin sei, ist von vornherein zum Scheitern verurteilt.[2] Ob der Urkundsbeamte statusrechtlich Beamter ist oder Angestellter, hat für die Frage der Ablehnung keine Bedeutung, da es allein auf seine Funktion ankommt. Aus diesem Grund unterfällt auch der Rechtsreferendar, der etwa als Protokollführer tätig wird, den Ablehnungsregelungen.[3]

3 **Zuständig** für die Entscheidung ist das Gericht der Anstellungsbehörde des Urkundsbeamten. Es entscheiden also bei Ablehnungen immer Richter, nicht die nicht-richterlichen Vertreter des Urkundsbeamten. Dabei ist die Zuständigkeit davon abgeleitet, in welchem Verfahren der Urkundsbeamte gerade tätig wird. Ist er – was in Zivilverfahren immer seltener wird – als Protokollführer eingesetzt, entscheidet über ein Ablehnungsgesuch der für diesen Rechtsstreit zuständige Einzelrichter bzw. in Kammersachen die zuständige Kammer.

4 Prozessual gelten keine Besonderheiten. Die Entscheidung ergeht durch Beschluss.

---

5 So LG Rottweil v. 30.08.2016, 1 O 81/19, juris.
6 So ausdrücklich LG Görlitz v. 27.06.2013, 2 T 93/13, juris.

Zu § 49:
1 So ausdrücklich BVerfG, NJW 2007, 3200, Rn. 1.
2 Vgl. BGH, IBRRS 2013, 4812, Rn. 2.
3 So auch Baumbach/Lauterbach/Albers/Hartmann, ZPO, § 49 Rn. 3; Zöller-*Vollkommer*, ZPO, § 49 Rn. 1.

ABSCHNITT 2
Parteien

Titel 1
Parteifähigkeit; Prozessfähigkeit

§ 50
Parteifähigkeit

(1) Parteifähig ist, wer rechtsfähig ist.

(2) Ein Verein, der nicht rechtsfähig ist, kann klagen und verklagt werden; in dem Rechtsstreit hat der Verein die Stellung eines rechtsfähigen Vereins.

Inhalt:

	Rn.		Rn.
A. Parteibegriff	1	4. Gemeinschaften	18
B. Erläuterungen und Prozessuales	9	5. Vermögensmassen	19
I. Parteifähigkeit, Abs. 1	9	6. Politische Parteien und	
1. Allgemeines	9	Interessenverbände	20
2. Natürliche und juristische		7. Sonstige	21
Personen	10	II. Insbesondere: Der nicht rechtsfähige	
3. Rechtsfähige Personen(handels)		Verein, Abs. 2	22
gesellschaften	15		

A. Parteibegriff

Es gilt der **formelle Parteibegriff**.[1] Danach ist Partei, wer im eigenen Namen Rechtsschutz sucht bzw. gegen den eine staatliche Rechtsschutzhandlung begehrt wird (also jedenfalls nicht der gesetzliche/bevollmächtigte **Vertreter**, siehe § 51 Rn. 9), ohne dass es auf die tatsächliche materielle Berechtigung oder Verpflichtung ankommt.[2] Im Zivilprozess stehen sich stets zwei verschiedene Parteien mit unterschiedlichen – einerseits auf Angriff, andererseits auf Abwehr bedachten – Positionen gegenüber **(Zweiparteienprinzip)**; ein **Insichprozess**[3] ist ausgeschlossen.[4] **Organstreitverfahren** innerhalb eines Rechtsträgers sind nur im Ausnahmefall aufgrund spezieller gesetzlicher Ermächtigung/Kompetenzzuweisung zulässig, da Organe (Aufsichtsrat, Vorstand, etc.) bzw. Organmitglieder (Aufsichtsratsmitglied, etc.) i.d.R. nicht selbst Partei sind, sondern allenfalls organschaftliche Vertreter (siehe § 51 Rn. 2); infolgedessen muss sich das Organ(mitglied) im Prozess auf eigene organ(mitglied)schaftliche Rechte gegenüber einem anderen Organ oder der juristischen Person berufen,[5] sodass es zwar für das **„Klagerecht"**,[6] nicht aber auch für die Parteifähigkeit (§ 50 Abs. 1 ZPO) einer im Organstreitverfahren auftretenden natürlichen Person eine Rolle spielt, ob sie im Rahmen der ihr als besonderem Vertreter zugewiesenen Aufgaben als Organ(mitglied) handelte oder nicht.[7] Zu den möglichen Parteikons- 1

---

1 BGH, NJW 1983, 1433.
2 Musielak/Voit-*Weth*, ZPO, § 50 Rn. 3; Thomas/Putzo-*Hüßtege*, ZPO, Vorbem. § 50 Rn. 2; Zöller-*Vollkommer*, ZPO, Vorbem. § 50 Rn. 2 ff.
3 Hierzu BGH, NJW-RR 2011, 488, Rn. 7 = FamRZ 2011, 288 (288 f.), Rn. 7; BGH, NJW-RR 1999, 1152.
4 BGH, NJW 2008, 69 (74), Rn. 57; Baumbach/Lauterbach/Albers/Hartmann, ZPO, Vorbem. § 50 Rn. 15 („Kampfstellung"), § 51 Rn. 8; Musielak/Voit-*Weth*, ZPO, § 50 Rn. 4 f.; Zöller-*Vollkommer*, ZPO, Vorbem. § 50 Rn. 1.
5 BGH, NJW 2008, 69 (74), Rn. 57; Stein/Jonas-*Bork*, ZPO, Vorbem. § 50 Rn. 45, § 50 Rn. 9; Wieczorek/Schütze-*Hausmann*, ZPO, § 50 Rn. 23; Zöller-*Vollkommer*, ZPO, Vorbem. § 50 Rn. 1, § 50 Rn. 25a; a. A. Musielak/Voit-*Weth*, ZPO, § 50 Rn. 19 („Fremdkörper im Zivilprozess"); zum Streitstand auch MK-*Lindacher*, ZPO, Vorbem. § 50 Rn. 8.
6 Vgl. BGH, MDR 1989, 330: seinerzeit verneint in Bezug auf eine Klage einzelner Aufsichtsratsmitglieder gegen eine Aktiengesellschaft und deren Vorstand.
7 BGH, MDR 2015, 842, Rn. 14: „Der Nebenintervenient zu 2 ist als natürliche Person parteifähig (§ 50 ZPO). Ob er beim Beitritt im Rahmen der ihm als besonderem Vertreter zugewiesenen Aufgaben als Organ oder Organmitglied handelte, ist für seine Rechts- und Parteifähigkeit ohne Bedeutung"; anders noch BGH, NJW 1993, 2307 (2308): „Rechtsfähigkeit kommt nach geltendem Recht jedoch nur natürlichen und juristischen Personen zu. Außerhalb vom Gesetzgeber ausdrücklich zugelassener Ausnahmen von diesem Grundsatz ist eine allgemeine Organstreitig-
(Fortsetzung siehe Seite 204)

tellationen bei **Personengesellschaften**, der **WEG** und im **Vereinsrecht** siehe Rn. 15 f., 18, 22. Sind auf einer Seite (oder gar auf beiden) mehrere Personen beteiligt, besteht zwischen jedem einzelnen Streitgenossen (§§ 59 ff. ZPO) und dem Gegner ein gesondertes **Prozessrechtsverhältnis**, wobei die jeweiligen Prozesse lediglich miteinander verbunden sind.[8] Innerhalb desselben Prozessrechtsverhältnisses (zwischen den Parteien und zum Gericht) kann eine Partei **nicht** zugleich **Zeuge** (§ 373 ZPO) oder **Nebenintervenient** (§ 66 ZPO) sein.[9]

2 Wer Partei eines Zivilrechtsstreits ist (Kläger oder Beklagter), ergibt sich aus der in der Klageschrift gewählten **Parteibezeichnung** (§ 253 Abs. 2 Nr. 1 ZPO; vgl. auch §§ 130 Nr. 1 Hs. 1, 313 Abs. 1 Nr. 1 ZPO), die als Teil einer Prozesshandlung **auslegungsfähig** ist (siehe Rn. 3);[10] für die Bestimmung von Gläubiger und Schuldner im Zwangsvollstreckungsverfahren ist derweil auf den Vollstreckungsantrag (§§ 750 Abs. 1 Satz 1, 754 ZPO), für die Bestimmung von Antragsteller und Antragsgegner auf den Mahnantrag (§ 690 Abs. 1 Nr. 1 ZPO) oder das Arrestgesuch (§ 920 ZPO) etc. abzustellen.[11] In jedem Fall bedarf es einer **hinreichenden Bestimmung** der Parteien durch die klagende/antragstellende Seite (nach Name, Firma, Anschrift, Beruf, etc.), sodass sich die gegen eine unbekannte oder noch näher zu bezeichnende Partei gerichtete Klage als unzulässig erweist.[12]

3 In Zweifelsfällen hat die Bestimmung der (richtigen) Partei im Wege der **Auslegung** der in der Klageschrift zum Ausdruck gebrachten **prozessualen Willenserklärung** zu erfolgen, was auch noch in der **Revisionsinstanz** möglich ist. Die äußere Bezeichnung allein ist dabei für die Parteistellung nicht maßgebend; entscheidend ist vielmehr, welcher Sinn der vom Kläger verwendeten Parteibezeichnung bei objektiver Würdigung des Erklärungsinhalts **aus Sicht der Empfänger** (Gericht bzw. gegnerische Partei) beizulegen ist. Im Falle einer **objektiv unrichtigen** oder **mehrdeutigen** Bezeichnung ist grundsätzlich diejenige Person Partei, die nach dem Gesamtzusammenhang der prozessualen Erklärung erkennbar betroffen werden soll (gilt auch, wenn sich die klagende Partei selbst fehlerhaft bezeichnet hat[13]). Für die Auslegung sind nicht nur die im Rubrum aufgeführten Angaben, sondern der **gesamte Inhalt der Klageschrift nebst Anlagen** (z.B. vorprozessuale Korrespondenz,[14] bisherige Rechts-/Geschäftsbeziehungen der Parteien,[15] etc.) heranzuziehen. Jedenfalls darf die Erhebung der Klage gegen die tatsächlich gemeinte Partei nicht an ihrer fehlerhaften Bezeichnung scheitern, wenn angesichts der Umstände des Einzelfalls diese Mängel keine vernünftigen Zweifel an dem wirklich Gewollten rechtfertigen.[16] Als **Auslegungsmittel** können auch spätere Prozessvorgänge sowie das prozessuale Verhalten der Klagepartei herangezogen werden; ebenso ist eine Präzisierung bzw. Klarstellung durch die Klägerseite im Laufe des Rechtsstreits zulässig.[17] Die vorstehenden Maßstäbe gelten gleichermaßen für die **Rechtsmitteleinlegung**[18] und sind grundsätzlich auch zur Bestimmung des Antragsgegners im **Mahnverfahren** anzuwenden.[19]

4 Bei objektiv erkennbar falscher, unvollständiger oder mehrdeutiger Parteibezeichnung ist – ggf. von Amts wegen – eine **Berichtigung** derselben im **Rubrum** vorzunehmen (§ 319 ZPO), was bei **rechtlicher Identität** zwischen benannter und tatsächlich gemeinter Partei jederzeit

---

fähigkeit und eine Organparteifähigkeit grundsätzlich nicht anzuerkennen. [...] Zudem würde [...] die Annahme einer Parteifähigkeit von Organen für bestimmte Streitigkeiten zahlreiche erst noch künftiger Klärung bedürftige Abgrenzungsfragen in das geltende Recht hineintragen"; vgl. auch Wieczorek/Schütze-*Hausmann*, ZPO, § 50 Rn. 23; Zöller-*Vollkommer*, ZPO, § 50 Rn. 25a.

8 Musielak/Voit-*Weth*, ZPO, § 50 Rn. 5; MK-*Lindacher*, ZPO, Vorbem. § 50 Rn. 9; Thomas/Putzo-*Hüßtege*, ZPO, Vorbem. § 50 Rn. 1.
9 Thomas/Putzo-*Hüßtege*, ZPO, Vorbem. § 50 Rn. 2; Zöller-*Vollkommer*, ZPO, Vorbem. § 50 Rn. 5.
10 BGH, NJW-RR 2013, 394 (395), Rn. 13 = MDR 2013, 420, Rn. 13; Musielak/Voit-*Weth*, ZPO, § 50 Rn. 6; Zöller-*Vollkommer*, ZPO, Vorbem. § 50 Rn. 6.
11 Thomas/Putzo-*Hüßtege*, ZPO, Vorbem. § 50 Rn. 3; Zöller-*Vollkommer*, ZPO, Vorbem. § 50 Rn. 6.
12 Musielak/Voit-*Weth*, ZPO, § 50 Rn. 6; Wieczorek/Schütze-*Hausmann*, ZPO, Vorbem. § 50 Rn. 9.
13 BGH, WuM 2005, 791 (792).
14 Vgl. BGH, MDR 1984, 47 (48); Zöller-*Vollkommer*, ZPO, Vorbem. § 50 Rn. 6.
15 *Burbulla*, MDR 2007, 439 (440).
16 BGH, NJW-RR 2013, 394 (395), Rn. 13 f. = MDR 2013, 420, Rn. 13 f.; BGH, NJW 2011, 1453, Rn. 11; BGH, NJW-RR 2008, 582 (583), Rn. 7; vgl. auch Musielak/Voit-*Weth*, ZPO, § 50 Rn. 7; Stein/Jonas-*Bork*, ZPO, Vorbem. § 50 Rn. 7; Thomas/Putzo-*Hüßtege*, ZPO, Vorbem. § 50 Rn. 4, 6; Zöller-*Vollkommer*, ZPO, Vorbem. § 50 Rn. 6 f.
17 BGH, NJW-RR 2009, 854, Rn. 9; BGH, NJW-RR 2006, 1569 (1570), Rn. 11; BGH, NJW 1987, 1946 (1947); BGH, NJW 1981, 1453 (1454).
18 BGH, FamRZ 2013, 1571 (1572), Rn. 8; BGH, NJW-RR 2010, 277, Rn. 5 f.
19 BGH, NJW-RR 2013, 394 (395), Rn. 14 = MDR 2013, 420, Rn. 14; BGH, NJW 1999, 1871.

und in allen Instanzen zulässig ist.[20] **Beispiele:** Künstlername statt des bürgerlichen Namens;[21] Klage gegen „Gemeindeverwaltung B." statt gegen die „Gemeinde B." als Gebietskörperschaft;[22] Klage unter „GmbH" trotz rechtswirksam vollzogener (identitätswahrender) Umwandlung in eine „KG".[23] Ist eine Partei **Kaufmann**, der nur unter seiner **Firma** klagt oder verklagt wird (§ 17 Abs. 2 HGB), so ist im Falle eines Inhaberwechsels verklagt, wer zur Zeit der Rechtshängigkeit Inhaber war;[24] auf Klägerseite ist derweil das Rechtssubjekt betroffen, das die Klage eingereicht hat.[25] Bei der Klage einer **Einmann-GbR** ist tatsächlich betroffene Partei der „Einpersonengesellschafter": es handelt sich also nicht um den Fall einer inexistenten (siehe Rn. 8), sondern um den einer lediglich falsch bezeichneten Partei;[26] dies gilt auch für die Klage gegen eine nicht existierende GmbH anstatt gegen die nur als „Geschäftsführer" bezeichnete (dahinter stehende) natürliche Person.[27] Ist die prozessuale Lage allerdings insofern **eindeutig**, als sich die klagende Partei trotz eines entgegenstehenden gerichtlichen Hinweises weiterhin auf ihre Parteifähigkeit beruft, scheidet jede Auslegung und damit auch eine Berichtigung der Parteibezeichnung aus.[28] Gleiches gilt für den Fall, dass die Partei nicht dieselbe bleibt **(fehlende Parteiidentität)**: es liegt dann keine bloße Korrektur vor, sondern es wird durch **Parteiänderung** (siehe § 264 Rn. 9 ff.) eine andere Partei in den Prozess eingeführt (siehe Rn. 5).[29]

Die Regel, dass die Klageerhebung gegen die in Wahrheit gemeinte Partei nicht an ihrer fehlerhaften Bezeichnung scheitern darf, kommt namentlich auch dann zum Tragen, wenn anstelle der zutreffenden Bezeichnung irrtümlich die einer **tatsächlich existierenden** (juristischen oder natürlichen) Person herangezogen wird, sofern sich nur der Klageschrift nebst Anlagen etc. zweifelsfrei entnehmen lässt, wer eigentlich als Partei gemeint ist (z.B. „X-GmbH" anstelle „X-AG", „Y Projektentwicklung GmbH" anstatt „Y Real Estate GmbH"; wegen **Zustellungsmängeln** siehe Rn. 6). **Abzugrenzen** vom besagten Fall der fehlerhaften Parteibezeichnung ist derweil die irrtümliche Benennung eines falschen, am materiellen Rechtsverhältnis gar nicht beteiligten Rechtssubjekts; dieses wird Partei, weil maßgeblich auf den objektiv geäußerten klägerischen Willen abzustellen ist.[30] Es kommt dann auch keine Berichtigung der Parteibezeichnung in Betracht, da die Identität derjenigen Partei nicht gewahrt bliebe, die durch die Bezeichnung erkennbar betroffen werden sollte; deshalb ist die Klage bei **fehlender Parteiidentität**, sofern sie nicht **zurückgenommen** oder ein **gewillkürter Parteiwechsel** (siehe § 264 Rn. 9 ff.) vollzogen wird, als **unbegründet** abzuweisen.[31] 5

Bei einem bloßen **Zustellungsfehler** wird derjenige, an den die Klageschrift nur versehentlich zugestellt wurde, ohne dass er darin als Beklagter bezeichnet ist bzw. objektiv erkennbar betroffen sein soll, nicht zur Partei des Rechtsstreits, da allein die Zustellung eine Partei nicht als solche zu bestimmen vermag. Die **Scheinpartei**, zu der ein Prozessrechtsverhältnis nicht entsteht, kann sich jedoch bis zur Klarstellung, dass sie nicht verklagt ist, an dem Rechtsstreit beteiligen und hierzu – nur für sie, nicht aber für die tatsächliche Partei – wirksame **Prozesshandlungen** vornehmen. Ist gegen die Scheinpartei bereits ein Titel ergangen, kann sie den **Rechtsbehelf** einlegen, der zur dessen Beseitigung vorgesehen ist. Stellt der Kläger vorab klar, 6

---

20 BAG, NJW 2009, 1293, Rn. 14; BGH, NJW-RR 2006, 42; BGH, NJW 1981, 1453 (1454); OLG Schleswig, NJW-RR 2013, 1151; OLG Jena, MDR 1997, 1030; Musielak/Voit-*Weth*, ZPO, § 50 Rn. 9; Thomas/Putzo-*Hüßtege*, ZPO, Vorbem. § 50 Rn. 4, 6; Zöller-*Vollkommer*, ZPO, Vorbem. § 50 Rn. 7; eingehend zur fehlerhaften Beklagtenbezeichnung bzw. zur Partei-/Rubrumsberichtigung: *Kempe/Antochewicz*, NJW 2013, 2797; *Burbulla*, MDR 2007, 439.
21 MK-*Lindacher*, ZPO, Vorbem. § 50 Rn. 14; Wieczorek/Schütze-*Hausmann*, ZPO, Vorbem. § 50 Rn. 11.
22 OLG Jena, MDR 1997, 1030.
23 OLG Köln, ZIP 2004, 238 (239 f.).
24 OLG München, NJW-RR 1998, 788; OLG Frankfurt a.M., MDR 1985, 676; Stein/Jonas-*Bork*, ZPO, § 50 Rn. 26; Thomas/Putzo-*Hüßtege*, ZPO, Vorbem. § 50 Rn. 7.
25 MK-*Lindacher*, ZPO, Vorbem. § 50 Rn. 15; Thomas/Putzo-*Hüßtege*, ZPO, Vorbem. § 50 Rn. 7; Wieczorek/Schütze-*Hausmann*, ZPO, Vorbem. § 50 Rn. 12; a.A. Stein/Jonas-*Bork*, ZPO, § 50 Rn. 26 (Partei wird auch hier der Inhaber bei Begründung der Rechtshängigkeit).
26 OLG Hamm v. 24.11.2011, 28 U 196/10, juris, Rn. 24.
27 BGH, NJW-RR 2004, 501 = BauR 2004, 366.
28 OLG Dresden v. 26.10.2006, 4 U 944/06, juris, Rn. 23; Musielak/Voit-*Weth*, ZPO, § 50 Rn. 7; MK-*Lindacher*, ZPO, Vorbem. § 50 Rn. 13 (Anm. 18).
29 BAG, NJW 2009, 1293, Rn. 14; Musielak/Voit-*Weth*, ZPO, § 50 Rn. 9; Stein/Jonas-*Bork*, ZPO, Vorbem. § 50 Rn. 9; Zöller-*Vollkommer*, ZPO, Vorbem. § 50 Rn. 13.
30 BGH, NJW-RR 2013, 394 (395), Rn. 13 = MDR 2013, 420, Rn. 13; BGH, NJW 2011, 1453, Rn. 11; BGH, NJW-RR 2008, 582 (583), Rn. 7 f.
31 Musielak/Voit-*Weth*, ZPO, § 50 Rn. 7 f.; Wieczorek/Schütze-*Hausmann*, ZPO, Vorbem. § 50 Rn. 14; Zöller-*Vollkommer*, ZPO, Vorbem. § 50 Rn. 9.

dass mit der Klage der Zustellungsempfänger gar nicht betroffen sein soll, kann letzterer beantragen (insoweit **kein Anwaltszwang**[32]), durch **Beschluss** aus dem Prozess entlassen zu werden und dem Kläger, sofern er die falsche Zustellung **veranlasst** hat, diejenigen **Kosten** aufzuerlegen, die zur Geltendmachung der fehlenden Parteistellung notwendig waren; auf ein Verschulden kommt es dabei nicht an[33] (siehe auch Rn. 7). Im Übrigen ist die **neuerliche Zustellung** an den von der Klagepartei tatsächlich gemeinten Beklagten (mit Wirkung ex nunc) nicht nur möglich, sondern sogar notwendig, sofern der Zustellungsmangel nicht rückwirkend durch dessen rügeloses Einlassen (§ 295 Abs. 1 ZPO) oder aber nach § 189 ZPO **geheilt** wird. Dagegen scheidet im Falle eines Zustellungsfehlers die **Berichtigung der Parteibezeichnung** (§ 319 ZPO) aus, da bei fehlender Identität zwischen Zustellungsadressat und Zustellungsempfänger eine beklagte Partei noch gar nicht vorhanden ist.[34] Erforderlich ist eine Berichtigung allerdings dann, wenn die Klägerseite (irrtümlich) an der Identität zwischen dem Scheinbeklagten und der in der Klageschrift genannten Person festhält, da die Klage fortan als gegen den Zustellungsempfänger erhoben anzusehen ist (**Anwaltszwang** im Anwaltsprozess).[35] Ergeht trotz nicht erfolgter Zustellung der Klage gegen die darin als Beklagte bezeichnete, jedoch nicht am Prozess beteiligte Person ein **Urteil**, so erweist sich dieses von vornherein als **wirkungslos**;[36] zur Beseitigung des entgegenstehenden Rechtsscheins kann der (am Verfahren nicht beteiligte) Betroffene aber Rechtsmittel einlegen bzw. Nichtigkeitsklage erheben (§ 579 Abs. 1 Nr. 4 ZPO analog; siehe auch Rn. 7).

7 Das Gericht hat bei **begründeten Zweifeln** in jeder Lage des Verfahrens von Amts wegen zu prüfen, ob die im Prozess agierende Person mit der wahren Partei **identisch** ist;[37] im Anwaltsprozess geschieht dies nur auf **Rüge** (§ 88 Abs. 2 ZPO).[38] Besteht **Einigkeit** darüber, dass der im Prozess Auftretende nicht mit der tatsächlichen Partei identisch ist, erweisen sich die von ihm vorgenommenen Prozesshandlungen als unbeachtlich und das Verfahren ist mit der richtigen Partei fortzusetzen. Die handelnde Person selbst ist auf ihren Antrag hin durch (klarstellenden) **Beschluss** des Gerichts aus dem Rechtsstreit zu entlassen. Bei **Uneinigkeit** über die Parteiidentität ist durch **unechtes Zwischenurteil** zu entscheiden (§ 71 ZPO analog), das den Agierenden bei fehlender Identität aus dem Prozess weist; andernfalls kann die Identität durch **echtes Zwischenurteil** (§ 303 ZPO) festgestellt werden, der Prozess ist fortzusetzen.[39] Hat die Person, die nicht Partei ist, **Prozesshandlungen** vorgenommen, wirken diese weder für noch gegen die tatsächliche Partei, die jedoch die Prozessführung insgesamt **genehmigen** kann, was zur Wirksamkeit der bis dahin vorgenommenen Prozesshandlungen führt (vgl. § 56 Rn. 9).[40] Wird durch das Auftreten und Handeln der **Nicht-Partei** gegen die wahre Partei ein Urteil er-

---

[32] Musielak/Voit-*Weth*, ZPO, § 50 Rn. 10; MK-*Lindacher*, ZPO, Vorbem. § 50 Rn. 18; Wieczorek/Schütze-*Hausmann*, ZPO, Vorbem. § 50 Rn. 16; Zöller-*Vollkommer*, ZPO, Vorbem. § 50 Rn. 8; a.A. Stein/Jonas-*Bork*, ZPO, Vorbem. § 50 Rn. 11.

[33] Anders offenbar Baumbach/Lauterbach/Albers/Hartmann, ZPO, Vorbem. § 50 Rn. 18 („verschuldet").

[34] Zum Vorstehenden BGH, NJW-RR 2008, 582 (583f.), Rn. 12, 14f., 18; BGH, NJW-RR 1995, 764 (765); BGH, NJW 1994, 3232 (3233); BGH, MDR 1978, 307; OLG Brandenburg v. 20.01.2012, 12 W 22/11, juris, Rn. 8ff.; OLG Stuttgart, NJW-RR 1999, 216; OLG Hamm, NJW-RR 1999, 217 (217f.); OLG Brandenburg, NJW-RR 1996, 1214; OLG Hamm, MDR 1991, 1201; *Burbulla*, MDR 2007, 439 (442f.); Musielak/Voit-*Weth*, ZPO, § 50 Rn. 10; MK-*Lindacher*, ZPO, Vorbem. § 50 Rn. 17f., 20; Zöller-*Vollkommer*, ZPO, Vorbem. § 50 Rn. 8; Zöller-*Herget*, ZPO, § 91 Rn. 2; a.A. (kommt trotz fehlender Zustellung ein Verfahren in Gang, wird derjenige Partei, der durch die Parteibezeichnung objektiv erkennbar betroffen werden soll) OLG Nürnberg, OLGZ 1987, 482 (485); Stein/Jonas-*Bork*, ZPO, Vorbem. § 50 Rn. 10; Wieczorek/Schütze-*Hausmann*, ZPO, Vorbem. § 50 Rn. 17.

[35] BGH, NJW 1994, 3232 (3233); Musielak/Voit-*Weth*, ZPO, § 50 Rn. 10; MK-*Lindacher*, ZPO, Vorbem. § 50 Rn. 18; Stein/Jonas-*Bork*, ZPO, Vorbem. § 50 Rn. 11; zur prozessualen Behandlung des Scheinbeklagten, der sich erst in der Berufungsinstanz als solcher herausstellt, OLG Hamm, NJW-RR 1999, 217 (217f.).

[36] *Burbulla*, MDR 2007, 439 (443); MK-*Lindacher*, ZPO, Vorbem. § 50 Rn. 19; Wieczorek/Schütze-*Hausmann*, ZPO, Vorbem. § 50 Rn. 17; a.A. OLG Nürnberg, OLGZ 1987, 482 (485); Stein/Jonas-*Bork*, ZPO, Vorbem. § 50 Rn. 10.

[37] Thomas/Putzo-*Hüßtege*, ZPO, Vorbem. § 50 Rn. 8; Zöller-*Vollkommer*, ZPO, Vorbem. § 50 Rn. 10.

[38] OLG Nürnberg, OLGZ 1987, 482 (485); Baumbach/Lauterbach/Albers/Hartmann, ZPO, Vorbem. § 50 Rn. 18; Stein/Jonas-*Bork*, ZPO, Vorbem. § 50 Rn. 13; Thomas/Putzo-*Hüßtege*, ZPO, Vorbem. § 50 Rn. 8; Zöller-*Vollkommer*, ZPO, Vorbem. § 50 Rn. 10; a.A. (Prüfung stets von Amts wegen) Musielak/Voit-*Weth*, ZPO, § 50 Rn. 11; MK-*Lindacher*, ZPO, Vorbem. § 50 Rn. 23; offengelassen von BAG v. 04.02.2003, 2 AZB 62/02, juris, Rn. 12.

[39] *Burbulla*, MDR 2007, 439 (442f.); Musielak/Voit-*Weth*, ZPO, § 50 Rn. 11; MK-*Lindacher*, ZPO, Vorbem. § 50 Rn. 25; Zöller-*Vollkommer*, ZPO, Vorbem. § 50 Rn. 10.

[40] Baumbach/Lauterbach/Albers/Hartmann, ZPO, Vorbem. § 50 Rn. 18; Thomas/Putzo-*Hüßtege*, ZPO, Vorbem. § 50 Rn. 9; Zöller-*Vollkommer*, ZPO, Vorbem. § 50 Rn. 10.

lassen, kann letztere dagegen Rechtsmittel einlegen; nach Eintritt der formellen Rechtskraft (Zustellung an handelnde Person, Rechtsmittelverzicht durch diese) wirkt das Urteil zwar für und gegen die wahre Partei, die aber über § 579 Abs. 1 Nr. 4 ZPO vorgehen kann.[41]

Ist eine Partei rechtlich **nicht existent**, muss die Klage durch **Prozessurteil** als unzulässig abgewiesen werden (siehe § 56 Rn. 5 ff.), wobei die Kosten des Verfahrens demjenigen Rechtssubjekt aufzuerlegen sind, das es **veranlasst** hat (siehe Rn. 6).[42] Die Zustellung an eine inexistente Partei ist ebenso **wirkungslos** wie ein gegen sie ergangenes Sachurteil (näher hierzu § 56 Rn. 4, 8);[43] in einem gegen sie angestrengten Rechtsstreit ist sie jedoch insoweit als existent und parteifähig zu behandeln, als sie ihre Nichtexistenz geltend macht; durch diese **Fiktion** soll erreicht werden, dass die nicht (mehr) existente Partei die Frage ihrer Existenz klären lassen kann (siehe auch § 56 Rn. 4, 8). Eine hiernach im Rechtsstreit als (beschränkt) parteifähig erachtete Partei gilt auch im anschließenden **Kostenfestsetzungsverfahren** als parteifähig, sodass sie berechtigt ist, selbst einen Antrag auf Kostenfestsetzung zu stellen; dessen Gegenstand sind die Aufwendungen, die dem Dritten entstanden sind, der für die inexistente Partei in einem für zulässig erachteten Verfahren tätig wurde. **Zugunsten** der nicht existenten Partei kann folglich ein **Kostenfestsetzungsbeschluss** erlassen werden, in dem die Aufwendungen desjenigen berücksichtigt werden, der für sie einen Rechtsanwalt beauftragt hat. Voraussetzung ist jedoch, dass die beklagte Partei bzw. der hinter dem rechtlich inexistenten Gebilde stehende Dritte im Rechtsstreit (zumindest auch) die mangelnde Existenz und damit die Unzulässigkeit der Klage geltend gemacht hat, wodurch Kosten entstanden sind. Lediglich insoweit wird die Existenz der Partei **fingiert**, nur insoweit kommt auch eine Kostenerstattung in Betracht (Beschränkung auf diejenigen Kosten, die gerade durch das Vorbringen der Nichtexistenz angefallen sind).[44] Abweichend hiervon wird aber auch die Ansicht vertreten, dass der Erstattungsanspruch zwar nicht von der inexistenten Partei selbst geltend gemacht werden könne, wohl aber von der (existierenden) natürlichen oder juristischen Person, die für sie aufgetreten sei (d.h. dem „Dritten").[45]

B. Erläuterungen und Prozessuales
I. Parteifähigkeit, Abs. 1
1. Allgemeines

Parteifähigkeit meint die Fähigkeit, in aktiver oder passiver Hinsicht **Subjekt eines Prozesses** sein zu können (Urteilsverfahren: Kläger/Beklagter/Nebenintervenient, Beschlussverfahren: Antragsteller/Antragsgegner, Vollstreckungsverfahren: Gläubiger/Schuldner), wobei das Prozessrecht „auf dem Gleichlauf von Rechtsfähigkeit und Parteifähigkeit"[46] beruht (vgl. § 50 Abs. 1 ZPO);[47] ein **nicht existentes** (rechtsunfähiges) Gebilde ist demnach nicht parteifähig (siehe aber Rn. 8, 14, § 56 Rn. 4).[48] Es handelt sich bei der Parteifähigkeit um eine **parteibezogene Prozessvoraussetzung**, deren Mangel das Gericht in jeder Lage des Verfahrens von Amts wegen zu berücksichtigen hat (siehe § 56 Rn. 1 ff.); zugleich ist sie eine **Prozesshandlungsvoraussetzung**, bei deren Fehlen sich die vorgenommenen Prozesshandlungen als unwirksam erweisen.[49] Zur entsprechenden **Heilungsmöglichkeit** siehe § 56 Rn. 9; zu den Konsequenzen fehlender Parteifähigkeit siehe § 56 Rn. 5 ff. In **Ehe- und Familienstreitsachen** gelten die „Allgemeinen Vorschriften" der ZPO entsprechend (§ 113 Abs. 1 Satz 2 FamFG), wobei an die

---

41 OLG Nürnberg, OLGZ 1987, 482 (486); Baumbach/Lauterbach/Albers/Hartmann, ZPO, Vorbem. § 50 Rn. 18; Musielak/Voit-*Weth*, ZPO, § 50 Rn. 11; Stein/Jonas-*Bork*, ZPO, Vorbem. § 50 Rn. 13; Zöller-*Vollkommer*, ZPO, Vorbem. § 50 Rn. 10.
42 BGH, NJW 2011, 778 (781), Rn. 45; BGH, NJW 2008, 528 (529), Rn. 10, 17; BGH, NJW-RR 2004, 1505 (1506); BAG v. 04.02.2003, 2 AZB 62/02, juris, Rn. 12; BGH, NJW 2001, 1056 (1060); OLG Frankfurt a.M., NJW-RR 1996, 1213; Musielak/Voit-*Weth*, ZPO, § 50 Rn. 12; Thomas/Putzo-*Hüßtege*, ZPO, § 50 Rn. 13; Zöller-*Vollkommer*, ZPO, Vorbem. § 50 Rn. 11; Zöller-*Herget*, ZPO, § 91 Rn. 2.
43 BGH, NJW 2010, 3100 (3101), Rn. 11; BGH, NJW 2002, 3110 (3111); MK-*Lindacher*, ZPO, Vorbem. § 50 Rn. 26, § 50 Rn. 52; Stein/Jonas-*Bork*, ZPO, § 50 Rn. 59; Zöller-*Vollkommer*, ZPO, Vorbem. § 50 Rn. 11.
44 BGH, NJW 2008, 528, Rn. 9 ff.; BGH, NJW 2008, 527 (528), Rn. 13 ff.; BGH, NJW-RR 2004, 1505 (1506); OLG Koblenz, MDR 2013, 1243; OLG Düsseldorf, MDR 2008, 1308; OLG Saarbrücken v. 09.11.2001, 6 W 328/01, juris, Rn. 3; vgl. auch Zöller-*Herget*, ZPO, § 91 Rn. 2.
45 OLG Bamberg v. 11.01.2001, 3 W 141/00, juris, Rn. 2; OLG München, NJW-RR 1999, 1264 (1265).
46 BGH, NJW 1993, 2307 (2308).
47 Musielak/Voit-*Weth*, ZPO, § 50 Rn. 13; Wieczorek/Schütze-*Hausmann*, ZPO, § 50 Rn. 1; Zöller-*Vollkommer*, ZPO, Vorbem. § 50 Rn. 14, § 50 Rn. 1.
48 Zöller-*Vollkommer*, ZPO, § 50 Rn. 1.
49 Musielak/Voit-*Weth*, ZPO, § 50 Rn. 13; Zöller-*Vollkommer*, ZPO, Vorbem. § 50 Rn. 17, § 50 Rn. 6, § 56 Rn. 1.

Stelle der Bezeichnung „Partei" die des „Beteiligten" tritt (§ 113 Abs. 5 Nr. 5 FamFG); vgl. im Übrigen die §§ 7 f. FamFG.

2. Natürliche und juristische Personen

10 Die Rechtsfähigkeit und damit die Parteifähigkeit **beginnt** bei **natürlichen Personen** (Menschen) gemäß § 1 BGB mit der **Vollendung der Geburt**, sofern sie bei Trennung vom Mutterleib – wenn auch nur kurzzeitig – gelebt haben.[50] Die **Leibesfrucht** *(nasciturus)* ist parteifähig, soweit sie das bürgerliche Recht mit Rechten ausstattet (vgl. §§ 844 Abs. 2 Satz 2, 1594 Abs. 4, 1712 ff., 1912, 1923 Abs. 2, 2043, 2108 Abs. 1 BGB, § 7 Abs. 2 Satz 2 ProdHaftG, § 10 Abs. 2 Satz 2 StVG; vgl. zudem § 247 FamFG);[51] das gilt auch für das **noch nicht gezeugte Kind** (vgl. §§ 2101 Abs. 1 Satz 1, 2106 Abs. 2 Satz 1, 2162 Abs. 2 , 2178 BGB).[52] Bei **Ausländern**[53] beurteilt sich die Parteifähigkeit nach dem Recht des Staates, dem sie angehören (Art. 7 Abs. 1 Satz 1 EGBGB). Allgemein **endet** sie mit dem Tod bzw. der Todeserklärung (§ 9 VerschG).[54] **Tiere** sind nicht parteifähig.[55]

11 Parteifähig sind fernerhin die **juristischen Personen des öffentlichen Rechts**,[56] namentlich die Bundesrepublik Deutschland, die Bundesländer und die kommunalen **Gebietskörperschaften** (Bezirke, Landkreise, Gemeinden, etc.); einzelne **Behörden** bzw. Stellen nur insoweit, als ihnen die Parteifähigkeit (vgl. aber § 8 Nr. 3 FamFG, § 10 Satz 2 und 3 ArbGG, 61 Nr. 3 VwGO, § 70 Nr. 3 SGG, § 10 Nr. 3 SGB X) kraft Gesetzes verliehen wird (z.B. § 222 Abs. 1 Satz 2 BauGB, § 63 Abs. 1 FGO, § 44b SGB II,[57] **nicht**: beliehene Unternehmen[58]). Parteifähig sind zudem die sonstigen (rechtsfähigen) **Körperschaften**, **Anstalten** und **Stiftungen** des öffentlichen Rechts, **insbesondere** die Bundesagentur für Arbeit (§ 367 Abs. 1 SGB III), die Sozialversicherungsträger (§ 29 Abs. 1 SGB IV), die (Landesverbände der) Krankenkassen bzw. die Kassenärztlichen (Bundes-)Vereinigungen (§ 4 Abs. 1, 77 Abs. 5, 207 Abs. 1 SGB V), die „Contergansstiftung für behinderte Menschen",[59] Rundfunkanstalten,[60] Fraktionen,[61] Religionsgesellschaften (Art. 140 GG i. V. m. Art. 137 Abs. 5 WRV)[62] wie die Katholische Kirche (auch Bistümer[63] und Diözesen[64]) oder der Dachverband „Jehovas Zeugen in Deutschland e.V.",[65] die Handwerksinnungen, Kreishandwerkerschaften und Handwerkskammern (§§ 53, 86 ff., 90 Abs. 1 HandwO), die Industrie- und Handelskammern (§ 3 Abs. 1 IHKG), die Rechtsanwalts- und Notarkammern (§ 62 Abs. 1 BRAO, § 66 Abs. 1 BNotO), die Kreissparkassen[66] und die Universitäten.[67] Parteifähig ist schließlich auch das **Sondervermögen des Bundes**.[68]

---

50 MK-*Schmitt*, BGB, § 1 Rn. 15 f. („Auf die Lebensfähigkeit im Übrigen kommt es nicht an. Entscheidend ist der Nachweis auch nur einer sicheren Lebensfunktion", Rn. 16); Zöller-*Vollkommer*, ZPO, § 50 Rn. 11.
51 Musielak/Voit-*Weth*, ZPO, § 50 Rn. 16; MK-*Lindacher*, ZPO, § 50 Rn. 8; Zöller-*Vollkommer*, ZPO, § 50 Rn. 3, 11.
52 MK-*Lindacher*, ZPO, § 50 Rn. 8; Wieczorek/Schütze-*Hausmann*, ZPO, § 50 Rn. 6.
53 Einzelheiten zur Rechts- und Parteifähigkeit sowie zur gesetzlichen/organschaftlichen Vertretung ausländischer Parteien bei Musielak/Voit-*Weth*, ZPO, § 50 Rn. 28 ff.; MK-*Lindacher*, ZPO, § 50 Rn. 55 ff.; Thomas/Putzo-*Hüßtege*, ZPO, § 50 Rn. 1; Zöller-*Vollkommer*, ZPO, § 50 Rn. 2, 9 f., 21 f., 30, § 51 Rn. 6; siehe auch § 55 Rn. 1.
54 OLG Brandenburg v. 23.09.2016, 11 Bauland U 1/15, juris, Rn. 53; LG Dortmund, FamRZ 2010, 1012; AG Hameln, NJW 2006, 1441; Baumbach/Lauterbach/Albers/Hartmann, ZPO, § 50 Rn. 4a; Zöller-*Vollkommer*, ZPO, § 50 Rn. 4, 11.
55 Zöller-*Vollkommer*, ZPO, § 50 Rn. 11.
56 Hierzu auch Musielak/Voit-*Weth*, ZPO, § 50 Rn. 20; MK-*Lindacher*, ZPO, § 50 Rn. 20 ff.; Zöller-*Vollkommer*, ZPO, § 50 Rn. 13 ff., 25.
57 BGH, NJW-RR 2012, 898 (899), Rn. 9 ff. (zur heutigen „gemeinsamen Einrichtung"); vgl. bereits BGH, MDR 2010, 167 (167 f., zur früheren „Arbeitsgemeinschaft" = „Jobcenter").
58 Hierzu OVG Bremen, NJW 2011, 3802.
59 Vgl. das ContStifG v. 13.10.2005, BGBl. I, S. 2967.
60 Stein/Jonas-*Bork*, ZPO, § 50 Rn. 11.
61 OLG Stuttgart, NJW-RR 2004, 619 (620); LG Bremen, NJW-RR 1992, 447; Musielak/Voit-*Weth*, ZPO, § 50 Rn. 20, 24; Zöller-*Vollkommer*, ZPO, § 50 Rn. 23; a.A. (nur passiv parteifähig) Stein/Jonas-*Bork*, ZPO, § 50 Rn. 10 (Anm. 15).
62 Hierzu BGHZ 197, 61 (65 ff.), Rn. 18 ff.
63 BGH, NJW 1994, 245.
64 BGH, NJW 2005, 978.
65 BGHZ 197, 61 (65, 69 f.), Rn. 18 f., 27.
66 BGH, NJW 1995, 392 = VersR 1995, 225 (226).
67 BGH, NJW 1986, 1542 (1543); BGH, NJW 1980, 1513; OLG Karlsruhe, NJW 1991, 1487.
68 Musielak/Voit-*Weth*, ZPO, § 50 Rn. 20; Zöller-*Vollkommer*, ZPO, § 50 Rn. 15.

Gleichermaßen parteifähig sind **juristische Personen des Privatrechts**, namentlich die rechts- 12
fähigen – eingetragenen – Vereine (§§ 21 f., 55 ff. BGB; siehe aber auch Rn. 22)[69] einschließlich
des Versicherungsvereins auf Gegenseitigkeit (VVaG), die Stiftung (§ 80 BGB), die Aktiengesellschaft (AG) und die Kommanditgesellschaft auf Aktien (KGaA, §§ 1 Abs. 1 Satz 1, 278
Abs. 1 AktG), die Gesellschaft mit beschränkter Haftung (GmbH, § 13 Abs. 1 GmbH) sowie
die Genossenschaften (§ 17 Abs. 1 GenG).[70] Zur Parteifähigkeit von Organen bzw. Organmitgliedern im Rahmen eines **Organstreitverfahrens** siehe Rn. 1.

Auch bei juristischen Personen **beginnt** die Parteifähigkeit grundsätzlich mit dem Erwerb der 13
Rechtsfähigkeit. Zwischen ihrer „Errichtung" und der Eintragung im Handelsregister existiert
jedoch bereits eine **„Vorgesellschaft"** („Vor-GmbH", „Vor-AG", etc.) als notwendige Vorstufe
zu der mit der Eintragung entstehenden juristischen Person als werdende Kapitalgesellschaft.
Es handelt sich insoweit um ein eigenständiges, von den Gründern und Gesellschaftern verschiedenes **körperschaftlich strukturiertes Rechtsgebilde** mit eigenen Rechten und Pflichten.
Dieses ist zum Auftreten und Handeln im Rechts-/Geschäftsverkehr berechtigt und dabei einer
juristischen Person, in der es mit der Eintragung im Handelsregister aufgeht, weitgehend angenähert. Für die „Vorgesellschaft" gelten daher in weitem Umfang die für die spätere Rechtsform (GmbH, AG, etc.) maßgeblichen Rechtsgrundsätze. Sie ist als solche rechtsfähig und im
Rechtsstreit aktiv wie passiv **parteifähig** (zur organschaftlichen Vertretung siehe § 51 Rn. 4).[71]
Der Umstand, dass ihre Gründer die ursprünglich vorhandene **Eintragungsabsicht** aufgeben,
ändert nichts an der Parteifähigkeit der „Vorgesellschaft", die bis zur vollständigen Abwicklung als **Abwicklungsgesellschaft** (z.B. „Vor-GmbH i.L.") oder, wenn sie die Gesellschafter
fortführen, als **Personengesellschaft** rechts- und parteifähig bleibt (siehe Rn. 14 ff., § 51
Rn. 4).[72] Gleiches gilt für den Fall, dass die Eintragung der „Vorgesellschaft" in das Handelsregister **rechtskräftig abgelehnt** wurde.[73]

Die Parteifähigkeit juristischer Personen **endet nicht** mit ihrer **Auflösung** (§§ 41, 42 Abs. 1 14
Satz 1, 49 Abs. 2, 726 ff. BGB, §§ 131 Abs. 1 und 2, 161 Abs. 2 HGB, § 60 GmbHG, § 262 AktG,
§ 78 GenG)[74] bzw. **Aufhebung** (z.B. § 87 Abs. 1 BGB), der bloßen **Löschung** aus dem einschlägigen Register (vgl. § 74 Abs. 1 Satz 2 GmbHG, § 273 Abs. 1 Satz 2 AktG, § 394 Abs. 1 FamFG)
oder der Eröffnung des **Insolvenzverfahrens**.[75] Auch die **formwechselnde Umwandlung** einer
Kapitalgesellschaft (z.B. GmbH) in eine Personengesellschaft (z.B. KG) lässt die einmal bestehende Partei- und Prozessfähigkeit unberührt (zur erforderlichen Rubrumsberichtigung siehe
Rn. 4).[76] Maßgeblicher Zeitpunkt ist vielmehr der des **Erlöschens** der juristischen Person,
sprich ihrer **Vollbeendigung** (i.d.R. nach **Abwicklung/Liquidation**), wovon jedenfalls dann
auszugehen ist, wenn das noch vorhandene Vermögen vollständig verwertet wurde, kein anderweitiger Abwicklungsbedarf[77] besteht (vgl. nur § 273 Abs. 4 Satz 1 AktG) und die Löschung im betreffenden Register vorgenommen wurde.[78] Demgemäß führen sowohl die Lö-

---

69 BGH, NJW 1983, 993.
70 Thomas/Putzo-*Hüßtege*, ZPO, § 50 Rn. 3; Zöller-*Vollkommer*, ZPO, § 50 Rn. 16.
71 BGH, NJW 2008, 2441 (2442), Rn. 6; BGH, NJW 2007, 589 (590 f.), Rn. 7, 13 ff.; BGH, NJW 1993, 459 (460); BGH, NJW 1992, 1824 (1824 f.); BGH, NJW 1984, 2164; Musielak/Voit-*Weth*, ZPO, § 50 Rn. 17; MK-*Lindacher*, ZPO, § 50 Rn. 11 f.; Zöller-*Vollkommer*, ZPO, § 50 Rn. 19.
72 BGH, NJW 2008, 2441 (2442), Rn. 6; Baumbach/Lauterbach/Albers/Hartmann, ZPO, § 50 Rn. 7a („Vorform"); Thomas/Putzo-*Hüßtege*, ZPO, § 50 Rn. 3; Zöller-*Vollkommer*, ZPO, § 50 Rn. 19, § 51 Rn. 4a.
73 Musielak/Voit-*Weth*, ZPO, § 50 Rn. 17; Zöller-*Vollkommer*, ZPO, § 50 Rn. 4b, 19; a.A. OLG Köln, NJW-RR 1998, 1047.
74 BGH, NJW 2007, 589 (590), Rn. 7; OLG Koblenz, NJW-RR 2016, 867, Rn. 3; OLG Koblenz, NJW-RR 2004, 1222 (1223).
75 BGH, NJW 1996, 2035 = VersR 1997, 61; BGH, NJW 1995, 196; vgl. auch Musielak/Voit-*Weth*, ZPO, § 50 Rn. 18; Zöller-*Vollkommer*, ZPO, § 50 Rn. 4, 4b.
76 OLG Köln, ZIP 2004, 238 (239).
77 Es genügt im Passivprozess ein Abwicklungsbedarf nicht vermögensrechtlicher Art: BAG NJW 1982, 1831; Musielak/Voit-*Weth*, ZPO, § 50 Rn. 18; MK-*Lindacher*, ZPO, § 50 Rn. 15; Zöller-*Vollkommer*, ZPO, § 50 Rn. 4b; a.A. BGH, NJW 1979, 1592.
78 Musielak/Voit-*Weth*, ZPO, § 50 Rn. 18. Das Verhältnis zwischen Vermögenslosigkeit und Registerlöschung ist noch immer umstritten; für die Maßgeblichkeit der Vermögenslosigkeit (Löschung also nur deklaratorisch) BGH, NJW 1995, 196; BGH, NJW-RR 1986, 394; BGHZ 94, 105 (108); BGH, NJW 1979, 1592; OLG Koblenz, NJW-RR 2016, 867, Rn. 3; Zöller-*Vollkommer*, ZPO, § 50 Rn. 4 unter Verweis auf BGH, NJW-RR 2011, 115 (116), Rn. 22; a.A. (Vollbeendigung und damit der Verlust der Rechts-/Parteifähigkeit setzen Vermögenslosigkeit und konstitutive Registerlöschung voraus, „Lehre vom Doppeltatbestand") BAG v. 04.06.2003, 10 AZR 448/02, juris, Rn. 24; BAG, NJW 1988, 2637; OLG Stuttgart, ZIP 1998, 1880 (1882); OLG Köln v. 11.03.1992, 2 U 101/91, juris, Rn. 32; OLG
(Fortsetzung siehe Seite 210)

schung nach abgeschlossener Liquidation als auch die Löschung einer vermögenslosen Gesellschaft (§ 394 Abs. 1 FamFG) regelmäßig dazu, dass diese ihre Rechts- und Parteifähigkeit einbüßt; die Gesellschaft ist dann materiell-rechtlich **nicht mehr existent**. Bestehen indes **Anhaltspunkte** dafür, dass noch verwertbares Vermögen vorhanden ist, muss die Gesellschaft trotz beendeter Liquidation und erfolgter Löschung im einschlägigen Register weiterhin als rechts- und parteifähig angesehen werden (siehe Rn. 8, § 56 Rn. 4; zur organschaftlichen Vertretung siehe § 51 Rn. 4).[79] Sie ist daher **aktiv parteifähig**, soweit sie einen Vermögensanspruch gerichtlich geltend macht, sich eines solchen also zumindest berühmt;[80] ausreichend ist im Übrigen ein möglicher **Prozesskostenerstattungsanspruch** gegen die Beklagtenseite für den Fall des Obsiegens.[81] Dem Fall des Aktivprozesses steht im **Passivprozess** die Einlegung eines Rechtsmittels durch die beklagte Gesellschaft gleich, weil auch dessen Erfolg einen prozessualen **Kostenerstattungsanspruch** begründen kann und insofern der Annahme völliger Vermögenslosigkeit entgegensteht;[82] abgesehen davon genügt für die passive **Parteifähigkeit** die substantiierte Behauptung der Klägerseite, es sei bei der Gesellschaft noch Vermögen bzw. Haftungsmasse vorhanden.[83] **Wertlose** Aktiva und Forderungen, wegen derer nicht vollstreckt werden kann, sind jedoch kein verwertbares Vermögen im vorgenannten Sinn.[84] Ungeachtet dessen führen bei einem **eingetragenen Verein** der Verzicht auf die Rechtsfähigkeit und die Löschung im Vereinsregister dazu, dass er als nicht rechtsfähiger Verein fortbesteht und schon wegen § 50 Abs. 2 ZPO (siehe Rn. 22) weiterhin parteifähig bleibt.[85] Zum Wegfall der Parteifähigkeit **im Laufe eines Passivprozesses** siehe § 56 Rn. 7.

3. Rechtsfähige Personen(handels)gesellschaften

15 Parteifähig sind fernerhin die **rechtsfähigen Personen(handels)gesellschaften** (§ 14 Abs. 2 BGB), allen voran die **offene Handelsgesellschaft** (oHG, vgl. § 124 Abs. 1 HGB) und die **Kommanditgesellschaft** (KG, vgl. §§ 161 Abs. 2, 124 Abs. 1 HGB);[86] ein Rechtsstreit zwischen einem Gesellschafter und der Gesellschaft ist somit zulässig.[87] Weder die **Auflösung** der oHG/KG im Laufe eines Prozesses (z. B. durch Eröffnung des Insolvenzverfahrens, §§ 161 Abs. 2, 131 Abs. 1 Nr. 3 HGB) noch **Änderungen** im Gesellschafterbestand lassen ihre Parteifähigkeit entfallen.[88] Bei **Vollbeendigung** (vgl. Rn. 14) während eines **Aktivprozesses** führen die bisherigen Gesellschafter den Rechtsstreit als notwendige Streitgenossen fort.[89] Die Vollbeendigung im **Passivprozess** stellt derweil ein die Hauptsache erledigendes Ereignis dar (§ 91a ZPO); mög-

---

Stuttgart, NJW-RR 1986, 836; Stein/Jonas-*Bork*, ZPO, § 50 Rn. 47; Wieczorek/Schütze-*Hausmann*, ZPO, § 50 Rn. 14 ff. (insb. Rn. 17); nach MK-*Lindacher*, ZPO, § 50 Rn. 14, führt erst die Löschung wegen Vermögenslosigkeit/nach Abwicklung zum Verlust der Rechtsfähigkeit, wobei im Falle nachträglichen Abwicklungsbedarfs die gelöschte, aber nachexistente Gesellschaft „als Personifikation ohne (Voll-)Rechtsfähigkeit" parteifähig bleibt, soweit die Abwicklung die Führung eines Rechtsstreits durch und gegen die Gesellschaft erfordert.

79 BGH, NJW 2015, 2424 (2425), Rn. 19; BGH, ZIP 2012, 2007 (2010), Rn. 27; BGH, NJW-RR 2011, 115 (116), Rn. 22; BGH, MDR 1995, 529; BGH, VersR 1991, 562; MK-*Lindacher*, ZPO, § 50 Rn. 14 f.; Zöller-*Vollkommer*, ZPO, § 50 Rn. 4a, 4b, § 56 Rn. 10.
80 BGH, ZIP 2012, 2007 (2010), Rn. 27; BGH, NJW-RR 2011, 115 (116), Rn. 22; BGH, VersR 1991, 562; OLG Koblenz, NJW-RR 2016, 867, Rn. 3; OLG Koblenz, NJW-RR 2004, 1222 (1223); MK-*Lindacher*, ZPO, § 50 Rn. 15; Zöller-*Vollkommer*, ZPO, § 50 Rn. 4a, 4b.
81 OLG München, BauR 2007, 432 (433); OLG Hamm, NJW-RR 1987, 1254 (1255); Thomas/Putzo-*Hüßtege*, ZPO, § 50 Rn. 3; a.A. Wieczorek/Schütze-*Hausmann*, ZPO, § 50 Rn. 19.
82 BGH, NJW 2004, 2523 (2524); BGH, VersR 1991, 562 (562 f.); BGH, NJW-RR 1986, 394; OLG Koblenz, NJW-RR 2016, 867, Rn. 3; OLG München, BauR 2012, 804 (805); OLG Koblenz, NJW-RR 1999, 39 (40); Stein/Jonas-*Bork*, ZPO, § 50 Rn. 47; Wieczorek/Schütze-*Hausmann*, ZPO, § 50 Rn. 20; a.A. BGH, NJW 2008, 528, Rn. 8; BGH, NJW 1982, 238; BGH, NJW 1979, 1592; OLG Rostock, NJW-RR 2002, 828 (829); Baumbach/Lauterbach/Albers/Hartmann, ZPO, § 50 Rn. 7a („Löschung").
83 BGH, ZIP 2012, 2007 (2010), Rn. 27; BGH, NJW-RR 2011, 115 (116), Rn. 22; BGH, MDR 1995, 529; BGH, VersR 1991, 562; MK-*Lindacher*, ZPO, § 50 Rn. 15; Zöller-*Vollkommer*, ZPO, § 50 Rn. 4a.
84 BGH, NJW 2015, 2424 (2425), Rn. 19.
85 BGHZ 197, 61 (65), Rn. 17.
86 BGHZ 62, 131 (133); OLG Brandenburg, NJW-RR 1996, 1214; vgl. auch BVerfG, NJW 2002, 3533; Musielak/Voit-*Weth*, ZPO, § 50 Rn. 21; Zöller-*Vollkommer*, ZPO, § 50 Rn. 17, 17a.
87 Wieczorek/Schütze-*Hausmann*, ZPO, § 50 Rn. 30 (betreffend oHG); Zöller-*Vollkommer*, ZPO, Vorbem. § 50 Rn. 1, § 50 Rn. 17 (betreffend oHG), 18 (betreffend Außen-GbR).
88 BGH, NJW 1995, 196; BGHZ 62, 131 (133); MK-*Lindacher*, ZPO, § 50 Rn. 29; Zöller-*Vollkommer*, ZPO, § 50 Rn. 17.
89 Näher Wieczorek/Schütze-*Hausmann*, ZPO, § 50 Rn. 42; Zöller-*Vollkommer*, ZPO, § 50 Rn. 17.

lich bleibt aber auch die Fortsetzung des Verfahrens gegen einen oder mehrere Gesellschafter nach gewillkürtem Parteiwechsel (siehe § 56 Rn. 7).[90]

Ebenfalls rechts- und parteifähig ist die **Außengesellschaft bürgerlichen Rechts** (GbR), soweit sie durch Teilnahme am Rechtsverkehr eigene Rechte und Pflichten begründet (vgl. § 14 Abs. 2 BGB);[91] dagegen fehlt es der Innengesellschaft bürgerlichen Rechts (§§ 705 ff. BGB) und der **stillen Gesellschaft** (§§ 230 ff. HGB) an der aktiven wie passiven Parteifähigkeit.[92] Soll die Außen-GbR verklagt werden, so ist sie in der Klageschrift **identifizierbar** – z.B. durch möglichst exakte Benennung aller Gesellschafter, ihres Sitzes und des Namens, unter dem sie im Rechtsverkehr auftritt – zu bezeichnen; es begegnet jedoch keinen Bedenken, stattdessen alle Gesellschafter namentlich aufzuführen und den **Zusatz** „in Gesellschaft bürgerlichen Rechts" (o.ä.) beizufügen.[93] **Änderungen** im Gesellschafterbestand während eines Prozesses stellen keinen Parteiwechsel dar,[94] können aber entsprechend § 727 ZPO die Erteilung einer Rechtsnachfolgeklausel erforderlich machen.[95] Um wegen einer Gesellschaftsverbindlichkeit in das Vermögen der Außen-GbR **vollstrecken** zu können, bedarf es im **Passivprozess** entweder eines Titels gegen die Gesellschaft als Partei oder eines solchen gegen alle einzelnen Gesellschafter (vgl. § 736 ZPO).[96] Letztere haften für Gesellschaftsverbindlichkeiten **akzessorisch**, wobei die Vollstreckung in das **Privatvermögen** der Gesellschafter einen Titel auch gegen diese voraussetzt. Soweit die Gesellschafter für Verbindlichkeiten der Gesellschaft persönlich haften,[97] ist der jeweilige Bestand der Gesellschaftsschuld maßgebend (§§ 128 ff. HGB analog). Die Außen-GbR haftet neben ihren – untereinander gesamtschuldnerisch haftenden – Gesellschaftern „wie" eine Gesamtschuldnerin, was im Urteilstenor zum Ausdruck zu bringen ist.[98] **Praxishinweis**: Im Passivprozess empfiehlt der BGH mit Blick auf die persönliche Gesellschafterhaftung, neben der Gesellschaft **auch die Gesellschafter** persönlich zu verklagen. Dies gilt vor allem dann, wenn nicht sicher ist, ob tatsächlich eine Außengesellschaft mit Gesamthandsvermögen existiert. Wird erst im Laufe des Rechtsstreits offenbar, dass die Gesellschafter nicht als Gesamthandsgemeinschaft verpflichtet sind, also nur einzeln als Gesamtschuldner aus einer gemeinschaftlichen Verpflichtung schulden (§ 427 BGB), wird lediglich die Klage gegen die Gesellschaft, nicht aber diejenige gegen die Gesellschafter persönlich (als unzulässig, siehe Rn. 8) abgewiesen. Zeigt sich derweil erst im Zwangsvollstreckungsverfahren, dass gar kein Gesellschaftsvermögen vorhanden ist, hat der Gläubiger zumindest noch die erstrittenen Titel gegen die Gesellschafter.[99] **Allerdings ist Folgendes zu beachten**: Sind der Klägerseite sämtliche Gesellschafter bekannt, während die Existenz einer Außengesellschaft fraglich ist, sollten zur **Vermeidung des Kostenrisikos** ausschließlich die Gesellschafter in Anspruch genommen werden, zumal aus dem gegen sie erstrittenen Titel gleichermaßen in das Vermögen der sich ggf. doch noch als solche herausstellenden Außengesellschaft vollstreckt werden kann.[100] Sind dem Kläger indes einzelne Gesellschafter unbekannt, so ist eine Klage sowohl gegen die Gesellschaft als auch gegen die bekannten Gesellschafter (einfache Streitgenossenschaft) ratsam.[101] Im **Aktivprozess** ist die Gesellschaft von den für sie auftretenden Personen **möglichst genau** zu bezeichnen (s.o.), wobei in hinreichender Weise zum Ausdruck zu bringen ist, dass die Gesellschaft selbst Partei sein soll. Stellt sich im Verlauf des Rechtsstreits heraus, dass gar keine Außengesellschaft existiert, hat derjenige für die **Prozesskosten** aufzukommen, der im Namen der Gesellschaft das Verfahren angestrengt hat (siehe Rn. 8).[102] Ergibt die **Auslegung** der Klageschrift, dass ein zum Gesellschaftsvermögen der Außen-GbR gehörender Anspruch von den Gesellschaftern in ihrer gesamthänderischen Verbundenheit geltend gemacht werden

---

90 BGH, NJW 1982, 238; BGHZ 62, 131 (132 f.); Thomas/Putzo-*Hüßtege*, ZPO, § 50 Rn. 14; Wieczorek/Schütze-*Hausmann*, ZPO, § 50 Rn. 42, 87.
91 BGH, NJW 2001, 1056; vgl. auch BVerfG, NJW 2002, 3533; BGH, NJW 2009, 1610 (1611), Rn. 7; BAG, NJW 2005, 1004 (1005); statt vieler Zöller-*Vollkommer*, ZPO, § 50 Rn. 18; a.A. Stein/Jonas-*Bork*, ZPO, § 50 Rn. 23 f.
92 Baumbach/Lauterbach/Albers/Hartmann, ZPO, § 50 Rn. 6, 14; Zöller-*Vollkommer*, ZPO, § 50 Rn. 18, 27.
93 BGH, NJW 2001, 1056 (1060); Musielak/Voit-*Weth*, ZPO, § 50 Rn. 22b; MK-*Lindacher*, ZPO, § 50 Rn. 27; Zöller-*Vollkommer*, ZPO, § 50 Rn. 18; *Schmidt*, NJW 2001, 993 (1000).
94 BGH, NJW 2011, 615 (617), Rn. 13; Zöller-*Vollkommer*, ZPO, § 50 Rn. 18.
95 BGH, NJW 2011, 615 (616 f.), Rn. 7 ff.; a.A. Zöller-*Vollkommer*, ZPO, § 50 Rn. 18.
96 BGH, NJW 2007, 1813 (1814 f.), Rn. 22; BGH, NJW 2004, 3632 (3634); BGH, NJW 2001, 1056 (1060).
97 Hierzu BGH, NJW 1999, 3483 = VersR 1999, 1425 (1426 f.).
98 BGH, NJW 2007, 1813 (1814 f.), Rn. 22; BGH, NJW 2001, 1056 (1061).
99 Vgl. BGH, NJW 2001, 1056 (1060).
100 Musielak/Voit-*Weth*, ZPO, § 50 Rn. 22d; *Schmidt*, NJW 2001, 993 (1000).
101 OLG Frankfurt a.M., MDR 2002, 172; Musielak/Voit-*Weth*, ZPO, § 50 Rn. 22d.
102 BGH, NJW 2001, 1056 (1060); vgl. auch Musielak/Voit-*Weth*, ZPO, § 50 Rn. 22e.

soll, so genügt die bloße **Berichtigung der Parteibezeichnung** dahingehend, dass Klägerin die aus den im Klagerubrum genannten Personen bestehende Außen-GbR ist (die Gesellschafter in ihrer gesamthänderischen Verbundenheit sind nichts anderes als die Gesellschaft).[103] Gemäß § 727 Abs. 1 BGB wird die GbR nach dem **Tod eines Gesellschafters** aufgelöst; verbleibt es hierbei mangels abweichender Regelungen im Gesellschaftsvertrag, besteht sie als identische Wirkungseinheit in Form einer **Liquidationsgesellschaft** fort. Anstelle des verstorbenen Gesellschafters wird ggf. dessen Erbe Mitglied der Liquidationsgesellschaft (siehe auch Rn. 14 f., § 56 Rn. 7).[104]

17 Weitere rechts- und parteifähige Gesellschaften sind die **Partnerschaft** (§ 7 Abs. 2 PartGG i. V. m. § 124 Abs. 1 HGB) und die als oHG behandelte Europäische Wirtschaftliche Interessenvereinigung (**EWIV**, vgl. § 1 Hs. 2 EWIV-AG, Art. 1 Abs. 2 EWIV-VO i. V. m. § 124 Abs. 1 HGB).[105]

4. Gemeinschaften

18 Während die **Bruchteilsgemeinschaft** (§§ 741 ff. BGB), die eheliche **Gütergemeinschaft** und die **Erbengemeinschaft** (§§ 2032 ff. BGB) weiterhin **nicht** rechtsfähig und damit auch nicht parteifähig sind,[106] erkennt der BGH seit 2005 die Rechts- und Parteifähigkeit der Wohnungseigentümergemeinschaft (**WEG**) an, soweit sie bei der Verwaltung des gemeinschaftlichen Eigentums am Rechtsverkehr teilnimmt.[107] Die Rechtsfähigkeit der WEG („rechtsfähiger Verband sui generis"[108]) ist also keine umfassende, sondern auf diejenigen Teilbereiche des Rechtslebens beschränkt, bei denen die Wohnungseigentümer im Rahmen der Verwaltung des gemeinschaftlichen Eigentums als Gemeinschaft am Rechtsverkehr teilnehmen, insbesondere Rechtsgeschäfte/Rechtshandlungen im **Außenverhältnis** (vgl. § 43 Nr. 5 WEG[109]), aber auch im **Innenverhältnis** etwa bei Verfolgung gemeinschaftlicher Beitrags- oder Schadensersatzansprüche gegen einzelne Wohnungseigentümer (vgl. 43 Nr. 2 WEG[110]) vornehmen. Die Teilrechtsfähigkeit ist weder von der Größe der WEG (z.B. der Zahl der Miteigentümer) noch von der objektiven Notwendigkeit eines Verwalters abhängig;[111] ungeachtet dessen ist eine nach der Teilungserklärung gebildete **Untergemeinschaft** der Sondereigentümer von Sonderobjekten einer größeren WEG nicht parteifähig (anders aber u.U. die „**werdende WEG**"[112]).[113] Mit **§ 10 Abs. 6 WEG** hat im Jahr 2007 schließlich auch der Bundesgesetzgeber auf die Entscheidung des BGH reagiert und die Teilrechtsfähigkeit der WEG gesetzlich anerkannt;[114] in Satz 5 des § 10 Abs. 6 WEG heißt es nunmehr explizit: „Sie kann vor Gericht klagen und verklagt werden". In der Klageschrift (§ 253 Abs. 2 Nr. 1 ZPO) ist die WEG als „Wohnungseigentümergemeinschaft" gefolgt von der bestimmten Angabe des gemeinschaftlichen Grundstücks aufzuführen (**§ 10 Abs. 6 Satz 4 WEG**); die Bezeichnung im Falle einer Klage durch oder gegen alle Wohnungseigentümer mit Ausnahme des Gegners regelt derweil **§ 44 WEG**. Auf das **Haftungssystem** wirkt sich die Teilrechtsfähigkeit der WEG dergestalt aus, dass Vertragspartner nunmehr i.d.R. das teilrechtsfähige Subjekt, der Verband selbst, ist, der mit seinem Verwaltungsvermögen für die entstandenen Verbindlichkeiten haftet (§ 10 Abs. 7 WEG). Die einzelnen Wohnungseigentümer sollen hierdurch vor einer umfassenden gesamtschuldnerischen Haftung bewahrt werden; gemäß § 10 Abs. 8 WEG haften sie nur noch **anteilig** (akzessorisch) nach dem Verhältnis des jeweiligen Miteigentumsanteils für die Verbindlichkeiten der Gemeinschaft. Eine **akzessorische gesamtschuldnerische Haftung** der Wohnungseigentümer kommt nur dann in Betracht, wenn sie sich neben dem Verband klar und eindeutig **persönlich verpflichtet** haben oder eine solche **gesetzlich** angeordnet ist (aber: keine analoge Anwendung der §§ 128,

---

103 BGH, WuM 2008, 49; BGH, NJW-RR 2006, 42; MK-*Lindacher*, ZPO, § 50 Rn. 27.
104 OLG München, NJW-RR 2010, 1667.
105 Musielak/Voit-*Weth*, ZPO, § 50 Rn. 21; Thomas/Putzo-*Hüßtege*, ZPO, § 50 Rn. 4; Zöller-*Vollkommer*, ZPO, § 50 Rn. 21 (auch zur „Europäischen Gesellschaft" und zur „Europäischen Genossenschaft").
106 BGH, WuM 2006, 695: Erbengemeinschaft; BayObLG, NJW-RR 2003, 899 (900): Gütergemeinschaft; Musielak/Voit-*Weth*, ZPO, § 50 Rn. 23; Zöller-*Vollkommer*, ZPO, § 50 Rn. 27a, 29.
107 BGH, NJW 2005, 2061 (2062 ff.) = WuM 2005, 530 (532 ff.).
108 BGH, NJW 2007, 1952 (1953), Rn. 12.
109 Vgl. hierzu weiterführend Spielbauer/Then-*Then*, WEG, § 43 Rn. 27 ff.
110 Vgl. hierzu weiterführend Spielbauer/Then-*Then*, WEG, § 43 Rn. 16 f.
111 BGH, NJW 2005, 2061 (2068) = WuM 2005, 530 (537).
112 BGH, NJW 2012, 2650 (2651), Rn. 5; BGH, NJW 2008, 2639 (2639 ff.), Rn. 8 ff.; Zöller-*Vollkommer*, ZPO, § 50 Rn. 24.
113 LG Dessau-Roßlau v. 16.12.2010, 1 S 109/10, juris, Rn. 15 f.; OLG Koblenz, WuM 2011, 62; Musielak/Voit-*Weth*, ZPO, § 50 Rn. 23; Zöller-*Vollkommer*, ZPO, § 50 Rn. 24.
114 Hierzu BT-Drucks. 16/887, S. 56, 60.

130 HGB auf die WEG).[115] Derweil gelten die zur Teilrechtsfähigkeit der WEG entwickelten Grundsätze nach der Rechtsprechung des BGH nicht nur für die Durchsetzung eigener Rechte oder für Rechtsgeschäfte, die im Rahmen der Verwaltung des gemeinschaftlichen Eigentums begründet werden. Vielmehr sind sie auch in den Fällen anwendbar, in denen die WEG **Rechte Dritter** geltend macht: Soweit das Gesetz der WEG die Befugnis verleiht, diese Rechte durchzusetzen oder ihre Durchsetzung zur gemeinschaftlichen Angelegenheit zu machen (vgl. § 10 Abs. 6 Satz 3 WEG), wird sie materiell-rechtlich zu einer entsprechenden Rechtsausübung ermächtigt (Fall der **gesetzlichen Prozessstandschaft**[116]); die WEG kann durch die einzelnen Wohnungseigentümer aber auch rechtsgeschäftlich ermächtigt werden, die in einem engen rechtlichen und wirtschaftlichen Zusammenhang mit der Verwaltung des gemeinschaftlichen Eigentums stehenden Ansprüche, für die ein eigenes schutzwürdiges Interesse besteht (etwa wegen Mängeln des Sondereigentums), geltend zu machen und unter den Voraussetzungen einer **gewillkürten Prozessstandschaft** gerichtlich durchzusetzen (siehe auch § 51 Rn. 13, 17).[117]

5. Vermögensmassen
Die **Insolvenzmasse** und der **Nachlass** sind nicht rechts-/parteifähig; das gilt auch für die deutsche **Treuhand** und den englischen **Trust**.[118]

19

6. Politische Parteien und Interessenverbände
Nach § 3 PartG kann eine politische **Partei** unter ihrem Namen klagen und verklagt werden; das gleiche gilt für ihre Gebietsverbände der jeweils höchsten Stufe **(Landesverbände)**, sofern die Satzung der Partei nichts Anderes bestimmt. Parteifähigkeit kommt u.U. auch den **Bezirks-, Kreis- und Ortsverbänden** zu (§ 50 Abs. 2 ZPO, siehe Rn. 22). Fernerhin sind im arbeitsgerichtlichen Verfahren und im Zivilprozess **Gewerkschaften**, **Arbeitgebervereinigungen** sowie **Zusammenschlüsse** solcher Verbände, in bestimmten Fällen auch deren eigenständige **Unterorganisationen**, parteifähig (§ 10 Satz 1 Hs. 1 ArbGG bzw. § 50 Abs. 2 ZPO, siehe Rn. 22).[119]

20

7. Sonstige
Der **Firma eines Einzelkaufmanns** (§ 17 HGB) fehlt es an der Parteifähigkeit, da nur der **Inhaber** der Firma rechtliches Zuordnungssubjekt ist und damit Partei eines Zivilprozesses sein kann (siehe auch Rn. 4).[120] Ebenso wenig sind **Zweigniederlassungen** (§§ 13 ff. HGB; beachte aber u.a. § 53 Abs. 1 KWG) und **Bürgerinitiativen** parteifähig.[121]

21

II. Insbesondere: Der nicht rechtsfähige Verein, Abs. 2
Mit Gesetz vom 24.09.2009[122] hat der Bundesgesetzgeber eine vorausgegangene Entscheidung des BGH vom 02.07.2007[123] bestätigt und in § 50 Abs. 2 Hs. 1 ZPO dem nicht rechtsfähigen Verein (§ 54 Satz 1 BGB) neben der **passiven** nunmehr auch die **aktive Parteifähigkeit** ausdrücklich zugebilligt, wodurch dieser prozessual einem rechtsfähigen Verein in jeder Hinsicht gleichgestellt wurde (vgl. § 50 Abs. 2 Hs. 2 ZPO). Darüber hinaus können **Untergliederung** eines eingetragenen Vereins als nicht rechtsfähiger Verein (auch im Verhältnis zum Gesamtverein) parteifähig sein, wenn sie auf Dauer Aufgaben nach außen im eigenen Namen durch eine eigene, **handlungsfähige Organisation** (Vorstand, Mitgliederversammlung, etc.) wahrnehmen. Die Untergliederung muss dazu eine körperschaftliche Verfassung besitzen, einen Gesamtnamen führen, vom Wechsel ihrer Mitglieder unabhängig sowie wirtschaftlich selbstständig sein und neben ihrer unselbstständigen Tätigkeit für den Hauptverein (satzungs-

22

---

115 BGH, NJW 2012, 1948 (1950), Rn. 19; BGH, NJW 2009, 2521 (2522), Rn. 12 ff.; BGH, NJW 2005, 2061 (2066 f.) = WuM 2005, 530 (536); vgl. auch BVerwG, NJW 2006, 791 (792), Rn. 15: Die Teilrechtssubjektivität der WEG hindert die Geltung einer in kommunalen Abgabenrecht statuierten gesamtschuldnerischen Haftung der Wohnungseigentümer für Grundbesitzabgaben nicht.
116 Vgl. hierzu weiterführend Spielbauer/Then-*T. Spielbauer*, WEG, § 10 Rn 45.
117 BGH, NJW 2010, 933 (934), Rn. 13 = WuM 2010, 172 (173), Rn. 13; BGH, NJW 2007, 1952 (1953, 1955), Rn. 13 ff., 23 f.
118 MK-*Lindacher*, ZPO, § 50 Rn. 41 f.; Thomas/Putzo-*Hüßtege*, ZPO, § 50 Rn. 9; Zöller-*Vollkommer*, ZPO, § 50 Rn. 28 f.
119 Musielak/Voit-*Weth*, ZPO, § 50 Rn. 24 f., 27; Thomas/Putzo-*Hüßtege*, ZPO, § 50 Rn. 5 f.; Zöller-*Vollkommer*, ZPO, § 50 Rn. 22 f.
120 Musielak/Voit-*Weth*, ZPO, § 50 Rn. 26; Stein/Jonas-*Bork*, ZPO, § 50 Rn. 26; Wieczorek/Schütze-*Hausmann*, ZPO, § 50 Rn. 67.
121 Baumbach/Lauterbach/Albers/Hartmann, ZPO, § 50 Rn. 17; Musielak/Voit-*Weth*, ZPO, § 50 Rn. 26; Zöller-*Vollkommer*, ZPO, § 50 Rn. 26a.
122 BGBl. I, S. 3145 ff.
123 BGH, NJW 2008, 69 (74), Rn. 54 f.

gemäße) Aufgaben eigenständig wahrnehmen. Zweck und Organisation der Untergliederung müssen sich aber nicht aus einer von ihr selbst beschlossenen Satzung ableiten lassen; sie können sich vielmehr auch aus der Satzung des Hauptvereins ergeben.[124]

§ 51
Prozessfähigkeit; gesetzliche Vertretung; Prozessführung

(1) Die Fähigkeit einer Partei, vor Gericht zu stehen, die Vertretung nicht prozessfähiger Parteien durch andere Personen (gesetzliche Vertreter) und die Notwendigkeit einer besonderen Ermächtigung zur Prozessführung bestimmt sich nach den Vorschriften des bürgerlichen Rechts, soweit nicht die nachfolgenden Paragraphen abweichende Vorschriften enthalten.
(2) Das Verschulden eines gesetzlichen Vertreters steht dem Verschulden der Partei gleich.
(3) Hat eine nicht prozessfähige Partei, die eine volljährige natürliche Person ist, wirksam eine andere natürliche Person schriftlich mit ihrer gerichtlichen Vertretung bevollmächtigt, so steht diese Person einem gesetzlichen Vertreter gleich, wenn die Bevollmächtigung geeignet ist, gemäß § 1896 Abs. 2 Satz 2 des Bürgerlichen Gesetzbuchs die Erforderlichkeit einer Betreuung entfallen zu lassen.

Inhalt:

	Rn.		Rn.
A. Erläuterungen und Prozessuales	1	IV. Bevollmächtigung durch volljährigen	
I. Prozessfähigkeit, Abs. 1	1	Prozessunfähigen, Abs. 3	11
II. Gesetzliche Vertretung, Abs. 1	2	B. Insbesondere:	
1. Die gesetzlichen Vertreter	2	Prozessführungsbefugnis	12
2. Voraussetzungen und Umfang	8	I. Allgemeines	12
3. Rechtliche Wirkungen	9	II. Gesetzliche Prozessstandschaft	13
III. Verschulden des gesetzlichen Vertreters, Abs. 2	10	III. Gewillkürte Prozessstandschaft	14

A. Erläuterungen und Prozessuales
I. Prozessfähigkeit, Abs. 1

1 **Prozessfähigkeit** („prozessuale Handlungsfähigkeit"[1]) meint die Fähigkeit, in eigener Person oder zumindest durch einen selbst bestellten Vertreter Prozesshandlungen wirksam vor- bzw. entgegenzunehmen.[2] Es handelt sich insoweit um eine **parteibezogene Prozessvoraussetzung**, die sowohl auf Kläger- als auch auf Beklagtenseite vorliegen muss,[3] weshalb das Gericht einen Mangel in jeder Lage des Verfahrens von Amts wegen zu berücksichtigen hat (siehe § 56 Rn. 1 ff.). Zugleich ist die Prozessfähigkeit **Prozesshandlungsvoraussetzung**, bei deren Fehlen die vorgenommenen Prozesshandlungen unwirksam sind;[4] der Antrag einer prozessunfähigen und nicht wirksam vertretenen Partei auf Fortsetzung eines durch Prozessvergleich beendeten Rechtsstreits wegen behaupteter Unwirksamkeit des Vergleichs erweist sich deshalb als unzulässig.[5] Abzugrenzen ist die Prozessfähigkeit von der **Postulationsfähigkeit** (siehe § 78 Rn. 2). Zu den Konsequenzen fehlender Prozessfähigkeit/ordnungsgemäßer Vertretung: **§§ 547 Nr. 4, 579 Abs. 1 Nr. 4 ZPO** (siehe auch § 56 Rn. 5 ff.); zur entsprechenden **Heilungsmöglichkeit**: § 56 Rn. 9; zur Prozessfähigkeit von **Ausländern u. Staatenlosen**: § 55 Rn. 1 f. Der Begriff der Prozessfähigkeit entspricht dem der **„Verfahrensfähigkeit"** im FamFG (vgl. **§ 9 FamFG**. Besonderheiten: §§ 60, 125 Abs. 1, 159, 175 Abs. 2, 275 FamFG).

---

124 BGH, NJW 2008, 69 (73 f.), Rn. 50 – „Ruderabteilung"; BGH, MDR 1984, 737 – „Ortsgruppe"; LG Regensburg, NJW-RR 1988, 184 – „Tennisabteilung"; vgl. auch MK-*Lindacher*, ZPO, § 50 Rn. 19; Thomas/Putzo-*Hüßtege*, ZPO, § 50 Rn. 7; Zöller-*Vollkommer*, ZPO, § 50 Rn. 22.

Zu § 51:
1 Musielak/Voit-*Weth*, ZPO, § 52 Rn. 1; Wieczorek/Schütze-*Hausmann*, ZPO, § 52 Rn. 1.
2 MK-*Lindacher*, ZPO, § 52 Rn. 1; Thomas/Putzo-*Hüßtege*, ZPO, § 51 Rn. 2; Zöller-*Vollkommer*, ZPO, Vorbem. § 50 Rn. 15, § 52 Rn. 1.
3 BGH, NJW-RR 2015, 836 (837), Rn. 13 = FamRZ 2015, 1016 (1017), Rn. 13.
4 Musielak/Voit-*Weth*, ZPO, § 51 Rn. 2, § 52 Rn. 2; Stein/Jonas-*Bork*, ZPO, § 51 Rn. 6 ff.; Zöller-*Vollkommer*, ZPO, § 50 Rn. 17, § 51 Rn. 2, § 52 Rn. 11 ff., § 56 Rn. 1.
5 BGH, NJW 1983, 996; Musielak/Voit-*Weth*, ZPO, § 56 Rn. 9; Zöller-*Vollkommer*, ZPO, § 56 Rn. 11; a.A. MK-*Lindacher*, ZPO, § 52 Rn. 45; Wieczorek/Schütze-*Hausmann*, ZPO, § 52 Rn. 42.

II. Gesetzliche Vertretung, Abs. 1

1. Die gesetzlichen Vertreter
Prozessunfähige Parteien müssen in einem Rechtsstreit durch ihren **gesetzlichen Vertreter** vertreten werden; die gesetzliche (weil unmittelbar auf Gesetz bzw. staatlicher Anordnung beruhende und damit vom Willen des Vertretenen unabhängige[6]) Vertretung kompensiert gleichsam die mangelnde Prozessfähigkeit der Partei und ist damit selbst **Prozessvoraussetzung**; zugleich ist die gesetzliche Vertretungsmacht **Prozesshandlungsvoraussetzung** (siehe Rn. 9).[7] Wer als gesetzlicher/organschaftlicher[8] Vertreter in Betracht kommt, an welche Voraussetzungen seine Vertretungsmacht geknüpft ist und welchen Umfang sie hat, beurteilt sich nach dem jeweils einschlägigen materiellen Recht (**Privatrecht**: BGB, HGB, AktG, GmbHG, etc.; **öffentliches Recht**: Gemeinde-/Landkreisordnung, etc.; siehe Rn. 3 ff.; **Ausländer**/Staatenlose: § 50 Rn. 10, § 55 Rn. 1 f.).[9] Zur Bezeichnung des gesetzlichen/organschaftlichen Vertreters in der Klageschrift etc.[10] siehe § 253 Rn. 10, § 313 Rn. 2 f., § 690 Rn. 1.   2

Gesetzliche Vertreter bei **natürlichen Personen** sind die sorgeberechtigten **Eltern**[11] des Minderjährigen (§§ 1626 Abs. 1, 1626a Abs. 1 u. 2, 1629 Abs. 1 Satz 2 Hs. 1, 1687[12] BGB) bzw. ein (allein sorgeberechtigter) **Elternteil** (§§ 1626a Abs. 3, 1628, 1629 Abs. 1 Satz 2 Hs. 2, Satz 3 u. 4, Abs. 2 Satz 3 Hs. 1, 1666 Abs. 3 Nr. 6, 1671, 1673 ff., 1677 f., 1680 f. BGB; bei Annahme als Kind: §§ 1751 Abs. 1 Satz 1 Hs. 1, 1754 f. BGB), der **Betreuer** (§§ 1896, 1902 BGB; siehe auch Rn. 11, § 53 Rn. 1 ff.), der **Vormund** (§§ 1773, 1793 Abs. 1 Satz 1 BGB) und der **Pfleger** (§ 1909 Abs. 1 Satz 1, Abs. 3 BGB i. V. m. §§ 1629 Abs. 2 Satz 1, 1795 f. BGB, §§ 1911–1913, 1915 Abs. 1 Satz 1 i. V. m. 1793 Abs. 1 Satz 1 BGB; siehe auch Rn. 7, § 53 Rn. 1 ff.) bzw. **Nachlasspfleger** (§§ 1960 f. BGB).   3

Juristische Personen des Privatrechts sind nicht in der Lage, selbst wirksam Prozesshandlungen vorzunehmen und werden deshalb **organschaftlich** (siehe Rn. 2) durch ihren (Not-)**Vorstand** vertreten (vgl. auch § 9 Abs. 3 FamFG), so der **eingetragene Verein** (§§ 26, 29 f. BGB;[13] in Ermangelung einer abweichenden Regelung in der Satzung gilt bei einem mehrköpfigen Vorstand – anders als bei der AG oder der GmbH – das Mehrheitsprinzip, vgl. § 26 Abs. 2 Satz 1 BGB[14]), die **AG** (§§ 78, 85 AktG; beachte aber die §§ 78 Abs. 1 Satz 2, 112,[15] 246 Abs. 2 Satz 2 u. 3, 249 Abs. 1 Satz 1,[16] 275 Abs. 4 Satz 1 AktG), die **Stiftung** (§ 86 BGB) und die **Genossenschaft** (§§ 24 ff. GenG; beachte aber die §§ 39,[17] 51 Abs. 3 Satz 2,[18] 96 GenG). Dagegen   4

---

6 Stein/Jonas-*Bork*, ZPO, § 51 Rn. 22; Thomas/Putzo-*Hüßtege*, ZPO, § 51 Rn. 3; Wieczorek/Schütze-*Hausmann*, ZPO, § 51 Rn. 2.
7 MK-*Lindacher*, ZPO, § 52 Rn. 2, 38; Thomas/Putzo-*Hüßtege*, ZPO, § 51 Rn. 3, 14, § 52 Rn. 6; Zöller-*Vollkommer*, ZPO, § 51 Rn. 8, § 56 Rn. 1.
8 Mangelnde organschaftliche Vertretung ist der mangelnden gesetzlichen Vertretung Prozessunfähiger jedenfalls gleichgestellt (vgl. nur § 26 Abs. 1 Satz 2 Hs. 2 BGB: Vereinsvorstand hat die „Stellung eines gesetzlichen Vertreters"), MK-*Lindacher*, ZPO, § 52 Rn. 23; Wieczorek/Schütze-*Hausmann*, ZPO, § 51 Rn. 23; zum Meinungsstreit, ob auch juristische Personen bzw. die ihnen gleichgestellten (rechtsfähigen) Personifikationen prozessfähig sind, Zöller-*Vollkommer*, ZPO, § 52 Rn. 2 m. w. N.
9 Musielak/Voit-*Weth*, ZPO, § 51 Rn. 3; Thomas/Putzo-*Hüßtege*, ZPO, § 51 Rn. 4.
10 Bei Zustellungen mit Wirkung gegen juristische Personen stellt die Rechtsprechung an die Bezeichnung des Zustellungsadressaten keine allzu hohen Anforderungen: als ausreichend wird z. B. die bloße Angabe der Organstellung ohne namentliche Benennung („vertreten durch den Geschäftsführer") angesehen. Soll an den organschaftlichen Vertreter einer AG in deren Geschäftslokal zugestellt werden, ist es sogar ausreichend, dass allein die Gesellschaft in der Zustellungsurkunde als Empfängerin bezeichnet wird, da bei einer Zustellung im Geschäftslokal als Zustellungsempfänger ohnehin nur die Vorstandsmitglieder der AG in Betracht kommen, vgl. BGH, NJW 1989, 2689.
11 Im Falle einer gemeinschaftlichen Vertretung sind bei einer Klage gegen das Kind von der Klägerseite beide Eltern anzugeben, OLG Karlsruhe, FamRZ 2015, 1413 (1414).
12 Hierzu BSG, NJW 2010, 1306 (1307 f.), Rn. 24 f. = FamRZ 2009, 2000 (2002), Rn. 24 f.
13 Die §§ 29 f. BGB finden mit Ausnahme der AG (vgl. die Sondervorschrift des § 85 AktG) auf alle juristischen Personen des Privatrechts (entsprechende) Anwendung, vgl. nur MK-*Arnold*, BGB, § 29 Rn. 1 (mit abweichender Ansicht hinsichtlich KGaA), § 30 Rn. 16; Palandt-*Ellenberger*, BGB, § 29 Rn. 1, § 30 Rn. 2.
14 Vgl. Palandt-*Ellenberger*, BGB, § 26 Rn. 7.
15 Hierzu BGH, MDR 2013, 415 (416), Rn. 10; BGH, NJW-RR, 2009, 690 (691), Rn. 7; BGH, NJW-RR 2007, 98; BGH, NJW 2004, 1528; BAG, NJW 2002, 1444 (1444 f.); BGH, MDR 1988, 562; BGH, NJW 1987, 254; OLG Saarbrücken v. 22.01.2014, 2 U 69/13, juris, Rn. 35.
16 Hierzu BGH, NJW 1992, 2099.
17 Hierzu BGH, NJW 1998, 1646 (1647); BGH, NJW 1995, 2559 (2559 f.).
18 Hierzu BGH, NJW 1978, 1325.

wird die **GmbH** von ihren (Not-)**Geschäftsführern** (§ 35 GmbHG;[19] beachte aber § 46 Nr. 8,[20] 52 Abs. 1,[21] 75 Abs. 2 GmbHG[22]), die Unternehmergesellschaft **(UG)** von ihrem einzigen Geschäftsführer (§§ 2 Abs. 1a Satz 1, 5a GmbHG) und die **KGaA** von ihren persönlich haftenden Gesellschaftern vertreten (§§ 278 Abs. 2 AktG i.V.m. §§ 125 ff., 161 Abs. 2, 170 HGB; beachte aber § 287 Abs. 2 Satz 1 AktG); im Übrigen gelten für die KGaA die Vorschriften des Ersten Buchs über die AG sinngemäß (vgl. §§ 278 Abs. 3, 283 Nr. 13 AktG).[23] Die Vertretung einer „**Vorgesellschaft**" (siehe § 50 Rn. 13) beurteilt sich nach den jeweiligen Regelungen betreffend die spätere (angestrebte) Rechtsform, sodass etwa die „Vor-GmbH" im Prozess entsprechend § 35 Abs. 1 Satz 1 GmbHG durch ihre(n) Geschäftsführer vertreten wird.[24] Demgegenüber werden der **Abwicklungsverein** und die **Abwicklungsgesellschaft** (siehe § 50 Rn. 14) durch die jeweiligen (Nachtrags-)Liquidatoren/Abwickler vertreten (**Verein**: §§ 47 ff. BGB bzw. § 273 Abs. 4 AktG analog;[25] **GmbH**: §§ 66, 68,[26] 70 GmbHG, § 273 Abs. 4 AktG analog;[27] **AG/KGaA**: §§ 264 Abs. 1 u. 2, 265, 269, 273 Abs. 4, 290 AktG; **Genossenschaft**: §§ 83, 85, 88 GenG, § 273 Abs. 4 AktG analog;[28] **GbR**: § 730 Abs. 2 BGB/§ 146 Abs. 2 HGB analog;[29] **oHG/KG**:[30] §§ 145 f., 149 ff., 161 Abs. 2 HGB; **Partnerschaft**: § 10 Abs. 1 PartGG). Die Liquidation/Abwicklung der „**Vorgesellschaft**" folgt den für die Vollgesellschaft geltenden Bestimmungen.[31]

5 Die organschaftliche Vertretung **juristischer Personen des öffentlichen Rechts** (siehe § 50 Rn. 11; vgl. auch **§ 9 Abs. 3 FamFG**) richtet sich nach der sie **organisierenden Rechtsgrundlage** (Verfassung, Gesetz, Verordnung, Satzung),[32] bei Gemeinden oder Landkreisen also nach der jeweiligen Gemeinde- bzw. Landkreisordnung des betreffenden Bundeslandes. Unklarheiten lassen sich u.U. im Wege eines **Auskunftsverlangens** beseitigen.[33]

6 **Personen(handels)gesellschaften** (siehe § 50 Rn. 15 ff.; vgl. auch **§ 9 Abs. 3 FamFG**) werden in Ermangelung abweichender Bestimmungen im **Gesellschaftsvertrag** durch die gesetzlich be-

---

19 Eine GmbH, deren einziger Geschäftsführer sein Amt niedergelegt hat, ist nicht mehr prozessfähig; sie hat mit der Amtsniederlegung ihren gesetzlichen Vertreter verloren. Dem Kläger steht in diesem Fall die Möglichkeit offen, die Bestellung eines Prozesspflegers nach § 57 Abs. 1 ZPO bzw. eines Notgeschäftsführers analog § 29 BGB zu beantragen, vgl. BGH, NJW-RR 2011, 115 (115 f.), Rn. 11 ff., 19.
20 Hierzu BGH, NJW-RR 1992, 993; BGH, MDR 1992, 239.
21 Hierzu BGH, MDR 2004, 284.
22 Bei Klagen auf Anfechtung bzw. Feststellung der Nichtigkeit von Gesellschafterbeschlüssen sind auch bei Vorhandensein eines Aufsichtsrats ausschließlich die Geschäftsführer gesetzliche Vertreter der GmbH, Musielak/Voit-*Weth*, ZPO, § 51 Rn. 8; MK-*Lindacher*, ZPO, § 52 Rn. 25.
23 Vgl. BGH, BB 2005, 514 (zu § 278 Abs. 3 AktG i.V.m. § 112 AktG).
24 BGH, NJW 2008, 2441 (2442), Rn. 7 („Vor-GmbH"); BGH, MDR 2007, 476 (477: „Vor-AG"); Musielak/Voit-*Weth*, ZPO, § 51 Rn. 11; MK-*Lindacher*, ZPO, § 52 Rn. 27; Zöller-*Vollkommer*, ZPO, § 51 Rn. 4a.
25 Hierzu MK-*Arnold*, BGB, § 49 Rn. 19; Zöller-*Vollkommer*, ZPO, § 51 Rn. 4a.
26 Hierzu BGH, NJW-RR 2009, 333 (334 f.), Rn. 9 ff.: § 68 Abs. 1 Satz 2 GmbHG regelt die Aktivvertretungsbefugnis bei Vorhandensein mehrerer Liquidatoren, unabhängig davon, ob die letzten Geschäftsführer geborene Liquidatoren sind oder ob die Liquidatoren durch die Gesellschaft oder das Registergericht bestellt wurden. Eine für die Geschäftsführer einer GmbH bestimmte Alleinvertretungsbefugnis setzt sich nicht als Alleinvertretungsberechtigung der Liquidatoren fort, sondern endet mit Auflösung der Gesellschaft; dies gilt auch dann, wenn die Geschäftsführer als geborene Liquidatoren weiterhin für die Gesellschaft tätig sind. Nach OLG Stuttgart, NJW-RR 1986, 836 ist dabei der sachliche Umfang der Vertretungsmacht der Liquidatoren nicht durch den Liquidationszweck beschränkt.
27 Vgl. BGH, NJW 1979, 1987; OLG Frankfurt v. 14.10.2014, 20 W 288/12, juris, Rn. 14; KG Berlin, Rpfleger 2007, 398; MK-*Lindacher*, ZPO, § 52 Rn. 29.
28 Vgl. OLG Jena, Rpfleger 1998, 419.
29 Hierzu BGH, NJW 2011, 3087 = MDR 2011, 1246.
30 Für die Publikumskommanditgesellschaft gelten – anders als bei einer oHG oder einer typischen KG – nicht die Vorschriften des HGB über die Liquidation; die Durchführung einer Nachtragsliquidation setzt hier vielmehr in entsprechender Anwendung des § 273 Abs. 4 AktG voraus, dass ein Nachtragsliquidator gerichtlich bestellt worden ist, vgl. BGH, NJW 2003, 2676 in Abgrenzung zu BGH, NJW 1979, 1987 (oHG).
31 BGH, NJW 2008, 2441 (2442), Rn. 6; MK-*Lindacher*, ZPO, § 52 Rn. 28; Zöller-*Vollkommer*, ZPO, § 50 Rn. 19.
32 Eingehend Wieczorek/Schütze-*Hausmann*, ZPO, Vorbem. § 50 Rn. 256 ff., 288 ff.
33 Thomas/Putzo-*Hüßtege*, ZPO, § 51 Rn. 7; Zöller-*Vollkommer*, ZPO, § 51 Rn. 5; vgl. auch BGH, NJW 2006, 60 (62: vorvertragliche Pflicht einer kommunalen Gebietskörperschaft, auf die bestehende Gesamtvertretung hinzuweisen).

stimmten Gesellschafter/Partner vertreten (Außen-**GbR**: §§ 709 Abs. 1, 714 BGB;[34] **oHG/KG**: §§ 125 ff., 161 Abs. 2, 170 HGB; **GmbH & Co. KG**: Geschäftsführer der Komplementär-GmbH;[35] **Partnerschaft**: § 7 Abs. 3 u. 4 Satz 2 PartGG); zur Vertretung der **Abwicklungsgesellschaft** siehe Rn. 4. Die **EWIV** wird ohne abweichende Bestimmung im Gründungsvertrag durch den/die Geschäftsführer einzelvertreten (Art. 20 EWIV-VO). Vertreter der **WEG** ist nach Maßgabe und in den Grenzen des § 27 Abs. 3 Satz 1 Nr. 7 WEG (Aktivprozess) bzw. des § 27 Abs. 3 Satz 1 Nr. 2 WEG (Passivprozess) der **Verwalter** (§ 26 WEG).[36] Fehlt ein solcher oder ist er zur Vertretung nicht berechtigt, vertreten die Gemeinschaft **alle Wohnungseigentümer**, die jedoch durch Mehrheitsbeschluss auch einen oder mehrere Wohnungseigentümer zur Vertretung ermächtigen können (§ 27 Abs. 3 Sätze 2 und 3 WEG); eine **Außen-GbR** kann trotz ihrer Rechtsfähigkeit (siehe § 50 Rn. 16) nicht wirksam zur Verwalterin einer WEG bestellt werden.[37]

Keine (gesetzlichen) Vertreter, sondern prozessführungsbefugte **Parteien kraft Amtes** sind nach h. M. der **Insolvenzverwalter**, der **Testamentsvollstrecker** (§§ 2197 ff. BGB), der **Nachlassverwalter** (§§ 1981 ff. BGB), der **Zwangsverwalter** (§ 150 ff. ZVG), der **Nießbrauchsverwalter** (§ 1052 BGB) und der Pfleger i. S. d. **§ 1914 BGB** („Amtstheorie"; siehe auch Rn. 13).[38]   7

2. Voraussetzungen und Umfang
Umfang, **Beginn** und **Ende** der Vertretungsmacht des gesetzlichen Vertreters, der – gleich einem Prozessbevollmächtigten – **seinerseits prozessfähig** sein muss,[39] richten sich nach den jeweils einschlägigen materiell-rechtlichen Bestimmungen (siehe Rn. 3 ff.), wobei die konkrete Prozessführung in den **Aufgabenkreis** des Vertreters fallen muss.[40] Zu unterscheiden ist zwischen **Einzelvertretungsmacht** (jeder Vertreter ist allein vertretungsberechtigt, z. B. § 125 Abs. 1 HGB und **Gesamtvertretung** (die Vertreter sind nur gemeinschaftlich vertretungsberechtigt, können also nur alle gemeinsam Prozesshandlungen wirksam **vornehmen**, z. B. § 26 Abs. 2 Satz 2 BGB oder § 35 Abs. 2 Satz 1 GmbHG; **aber**: Prozesshandlungen können auch im Falle bestehender Gesamtvertretung **gegenüber** jedem einzelnen Vertreter wirksam vorgenommen werden, vgl. nur § 170 Abs. 3 ZPO).[41] Bei **Wegfall eines Gesamtvertreters** erstarkt die Gesamtvertretungsmacht des einzig verbliebenen gesetzlichen Vertreters aber **nicht** zur Alleinvertretungsmacht; der Mangel der Vertretung kann vielmehr durch die Bestellung des **Prozesspflegers** (§ 57 Abs. 1 ZPO) behoben werden.[42] Wenngleich das Gericht von Amts wegen zu prüfen hat, ob die zuständige Stelle den Vertreter formal ordnungsgemäß bestellt hat, darf die Vertretungsbefugnis eines gerichtlich bestellten Vertreters i. d. R. vom Prozessgericht nicht deshalb verneint werden, weil nicht alle **materiell-rechtlichen Voraussetzungen** für die Anordnung etwa einer Betreuung oder Pflegschaft gegeben waren; vielmehr erfolgt nur eine Überprüfung dahingehend, ob in Bezug auf den staatlichen Bestellungsakt ein **Nichtigkeitsgrund** vorliegt (siehe § 53 Rn. 4). Ist der Vertreter **verhindert**, hat das zuständige Gericht einen neuen zu bestellen.[43] **Stirbt** der Vertreter oder hört seine **Vertretungsbefugnis** auf (dies ist auch bei Vollbeendigung einer juristischen Person im Laufe eines Rechtsstreits der Fall;[44] siehe § 50 Rn. 14, § 56 Rn. 7), ohne dass die Partei prozessfähig geworden ist, so wird das Verfahren **unterbrochen** (§ 241 Abs. 1 ZPO). Fand hingegen bei Wegfall des gesetzlichen Vertreters eine Vertretung durch einen **Prozessbevollmächtigten** statt, tritt eine Unterbrechung des Verfahrens nicht ein (vgl. **§ 86 ZPO**), da nach der Rechtsprechung weiterhin von einer ordnungsge-   8

---

34 Hierzu BGH, NJW 2010, 2886 (2887), Rn. 6. Nachweis der Vertretungsverhältnisse ggf. mit vollstreckbarer Ausfertigung der gerichtlichen Entscheidung, aus der das geltend gemachte Recht abgeleitet wird, vgl. BGH, MDR 2011, 1467; BGH, NJW 2009, 594 (597 f.), Rn. 25.
35 Musielak/Voit-*Weth*, ZPO, § 51 Rn. 9; Stein/Jonas-*Bork*, ZPO, § 51 Rn. 35; Zöller-*Vollkommer*, ZPO, § 51 Rn. 4, 11.
36 Thomas/Putzo-*Hüßtege*, ZPO, § 51 Rn. 6a; Zöller-*Vollkommer*, ZPO, § 50 Rn. 24, § 51 Rn. 4 a. E.
37 BGH, MDR 2009, 976 = WuM 2009, 420 (421), Rn. 10; BGH, NJW 2006, 2189 = WuM 2006, 166.
38 Vgl. MK-*Lindacher*, ZPO, Vorbem. § 50 Rn. 40; Stein/Jonas-*Bork*, ZPO, Vorbem. § 50 Rn. 28 f.; Zöller-*Vollkommer*, ZPO, Vorbem. § 50 Rn. 21, § 51 Rn. 7 m. w. N.; a. A. Thomas/Putzo-*Hüßtege*, ZPO, § 51 Rn. 29 („neue Vertretertheorie"); Wieczorek/Schütze-*Hausmann*, ZPO, Vorbem. § 50 Rn. 32 ff. („Modifizierte Organtheorie" bzw. „Repräsentationstheorie").
39 Musielak/Voit-*Weth*, ZPO, § 51 Rn. 12, § 52 Rn. 2; Thomas/Putzo-*Hüßtege*, ZPO, § 51 Rn. 12; Zöller-*Vollkommer*, ZPO, § 51 Rn. 10, § 52 Rn. 2, 10a; a. A. Stein/Jonas-*Bork*, ZPO, § 51 Rn. 25.
40 Musielak/Voit-*Weth*, ZPO, § 51 Rn. 12; Thomas/Putzo-*Hüßtege*, ZPO, § 51 Rn. 9, 13; Zöller-*Vollkommer*, ZPO, § 51 Rn. 9.
41 Musielak/Voit-*Weth*, ZPO, § 51 Rn. 12; Thomas/Putzo-*Hüßtege*, ZPO, § 51 Rn. 10 f.; Zöller-*Vollkommer*, ZPO, § 51 Rn. 13.
42 OLG München, NJW-RR 2015, 33 (35).
43 Baumbach/Lauterbach/Albers/Hartmann, ZPO, § 51 Rn. 8; Musielak/Voit-*Weth*, ZPO, § 51 Rn. 12; Zöller-*Vollkommer*, ZPO, § 51 Rn. 16.
44 Vgl. Zöller-*Vollkommer*, ZPO, § 51 Rn. 4b.

mäßen Vertretung der Partei auszugehen ist; der Erlass eines **Sachurteils** bleibt also möglich.[45] Allerdings hat das Prozessgericht auf Antrag des Bevollmächtigten die **Aussetzung** des Verfahrens anzuordnen (§ 246 Abs. 1 ZPO).

3. Rechtliche Wirkungen

9   Der gesetzliche Vertreter ist **nicht Partei** des Rechtsstreits, er kann auch nicht als Zeuge vernommen werden oder Nebenintervenient sein; dennoch hat er prinzipiell die gleichen prozessualen **Rechte und Pflichten** wie die von ihm vertretene Partei (z.B. Pflicht zum persönlichen Erscheinen, § 141 ZPO, oder Vernehmung anstelle der prozessunfähigen Partei, § 455 Abs. 1 Satz 1 ZPO). Von ihm vorgenommene und von seiner Vertretungsmacht gedeckte[46] **(Prozess-)Handlungen** bzw. **Unterlassungen** wirken unmittelbar für und gegen die vertretene Partei, in deren Namen er ausdrücklich oder zumindest äußerlich **erkennbar** tätig zu werden hat (vgl. § 164 Abs. 1 BGB); auch umgekehrt müssen alle Prozesshandlungen **gegenüber** dem Vertreter vorgenommen werden (vgl. nur § 170 Abs. 1 Satz 1 ZPO).[47] Zur Wahrung **rechtlichen Gehörs** bei gesetzlicher Vertretung siehe § 52 Rn. 4. Prozesshandlungen, die bei **fehlender Vertretungsmacht** vorgenommen werden, erweisen sich als **unwirksam**: Ist der Mangel offenkundig, hat das Gericht die entsprechenden Handlungen von vornherein zurückzuweisen; im zunächst ordnungsgemäß eingeleiteten Verfahren ist der *falsus procurator* derweil durch (anfechtbaren) Beschluss aus dem Prozess zu weisen (bzgl. der Kosten gilt das Veranlassungsprinzip, siehe § 50 Rn. 6, § 56 Rn. 5).[48] Zu den Handlungsmöglichkeiten bei **Fehlen** eines gesetzlichen Vertreters siehe § 56 Rn. 5 ff.

III. Verschulden des gesetzlichen Vertreters, Abs. 2

10 Die Vorschrift will vermeiden, dass das **Prozessrisiko** zu Lasten des Gegners einer gesetzlich vertretenen Partei verschoben wird; sie gilt für **jedes** Verschulden im Zuge der **gesamten** Prozessführung durch den Vertreter und in **sämtlichen Verfahrensarten**.[49] Für ein schuldhaftes Tun oder Unterlassen des Vertreters reicht es aus, dass die übliche, von einer ordentlichen Prozesspartei zu fordernde **Sorgfalt** außer Acht gelassen wurde.[50] Handelt es sich um eine in rechtlichen (insbesondere in prozessualen Angelegenheiten) unerfahrene Person, an deren Beurteilungsvermögen nicht allzu hohe Anforderungen gestellt werden dürfen, ist dies entsprechend zu berücksichtigen.[51] Fehlende **Verschuldensfähigkeit** zum maßgeblichen Zeitpunkt schließt ein prozessuales Verschulden aus (vgl. §§ 104 Nr. 2, 276 Abs. 1 Satz 2, 827, 828 BGB).[52] Das Verschulden eines **Bevollmächtigten** wird der von ihm vertretenen Partei nach § 85 Abs. 2 ZPO wie ein eigenes zugerechnet; im Anwendungsbereich des FamFG gilt § 9 Abs. 4 FamFG.

IV. Bevollmächtigung durch volljährigen Prozessunfähigen, Abs. 3

11 § 51 Abs. 3 ZPO ermöglicht es dem prozessunfähigen Volljährigen, sich im Zivilprozess durch einen Bevollmächtigten (natürliche Person) vertreten zu lassen, und dient insofern der Stärkung des Rechtsinstituts der **Vorsorgevollmacht**, indem diese auch prozessual anerkannt wird. Der Einrichtung einer gesetzlichen Betreuung bedarf es also nicht, wenn eine ausreichende Vollmacht erteilt wurde; dies entspricht dem in § 1896 Abs. 2 Satz 2 Alt. 1 BGB enthaltenen Grundsatz der **Subsidiarität** der Betreuung.[53] Die entsprechende Bevollmächtigung steht einer **gesetzlichen Vertretung** prozessual jedoch nur dann gleich, wenn sie **schriftlich** (§ 126 BGB) und auch im Übrigen **wirksam** (vgl. nur §§ 105, 167 Abs. 1, 1896 Abs. 2, 1897 Abs. 3 BGB) erfolgt und darüber hinaus **tatsächlich geeignet** bzw. gerade dazu **bestimmt** ist, die Erforderlichkeit einer Betreuung entfallen zu lassen (§ 1896 Abs. 2 Satz 2 BGB). Die Vollmacht muss zur gerichtlichen Vertretung ermächtigen und den **Wirkungskreis** umfassen, auf den sich der kon-

---

45 BGH, NJW 2011, 1739 (1740), Rn. 13f. = FamRZ 2011, 465 (466), Rn. 13f.; BFH, NJW-RR 2001, 244; BAG, MDR 2000, 781 (782); BGH, NJW 1993, 1654; a.A. MK-*Lindacher*, ZPO, § 52 Rn. 39; Stein/Jonas-*Bork*, ZPO, § 56 Rn. 14; Zöller-*Vollkommer*, ZPO, § 86 Rn. 12.
46 „Also nicht bei Prozeßdelikten", so Stein/Jonas-*Bork*, ZPO, § 51 Rn. 26 (Anm. 38).
47 Musielak/Voit-*Weth*, ZPO, § 51 Rn. 12; Stein/Jonas-*Bork*, ZPO, § 51 Rn. 23 f., 26; Thomas/Putzo-*Hüßtege*, ZPO, § 51 Rn. 14 f.; Zöller-*Vollkommer*, ZPO, § 51 Rn. 14.
48 KG Berlin, NJW 1968, 1635; MK-*Lindacher*, ZPO, § 52 Rn. 34, 36; Stein/Jonas-*Bork*, ZPO, § 56 Rn. 14; Zöller-*Vollkommer*, ZPO, § 56 Rn. 11, 13.
49 BGH, NJW-RR 1993, 130 (131); Baumbach/Lauterbach/Albers/Hartmann, ZPO, § 51 Rn. 26 f.; Thomas/Putzo-*Hüßtege*, ZPO, § 51 Rn. 18; Zöller-*Vollkommer*, ZPO, § 51 Rn. 18 f.
50 BGH, VersR 1985, 139; Musielak/Voit-*Weth*, ZPO, § 51 Rn. 13; Wieczorek/Schütze-*Hausmann*, ZPO, § 51 Rn. 49.
51 BGH, VersR 1981, 834; Zöller-*Vollkommer*, ZPO, § 51 Rn. 20.
52 BGH, MDR 1987, 315 = VersR 1987, 357 (358); Wieczorek/Schütze-*Hausmann*, ZPO, § 51 Rn. 49.
53 BT-Drucks. 15/2494, S. 39; BT-Drucks. 15/4874, S. 28.

krete Prozess bezieht.[54] Ist derweil die gerichtliche Vertretung **nicht** von der Vorsorgevollmacht erfasst, steht die Prozessunfähigkeit des Betroffenen einer Prozessführung entgegen, solange für ihn nicht ein Betreuer bestellt wird, der ihn gerichtlich vertritt (§ 1902 BGB, § 53 ZPO). Dabei ist für den **Aktivprozess** von der Notwendigkeit einer Betreuung mit dem Aufgabenkreis der Vertretung vor Gericht (erst) dann auszugehen, wenn die Einleitung eines solchen auch wirklich beabsichtigt ist; einer gleichsam vorbeugenden Betreuungsanordnung bedarf es hingegen nur dann, wenn hinreichend konkrete Anhaltspunkte dafür ersichtlich sind, dass der Betroffene zur Partei eines **Passivprozesses** werden könnte.[55] Von § 51 Abs. 3 ZPO unberührt bleiben die §§ 86, 241, 246 ZPO, die den Fall einer für das konkrete Verfahren erteilten Prozessvollmacht regeln; § 53 ZPO findet auf die Vorschrift keine Anwendung.[56] Zur **Prüfung** der Voraussetzungen des § 51 Abs. 3 ZPO und zur Behebung etwaiger **Mängel** siehe § 56 Rn. 1 ff., 6.

B. Insbesondere: Prozessführungsbefugnis
I. Allgemeines

Die Befugnis zur Prozessführung meint das Recht, als richtige Partei im eigenen Namen über das behauptete (streitige) Recht einen Prozess zu führen.[57] Es handelt sich insoweit nach ganz h.M. um eine für beide Parteien notwendige **Prozessvoraussetzung**,[58] deren Mangel das Gericht in jeder Lage des Verfahrens von Amts wegen zu berücksichtigen hat (siehe § 56 Rn. 1 ff., insb. Rn. 3). Sinn und Zweck der Prozessführungsbefugnis **(keine Prozesshandlungsvoraussetzung**[59]**)** ist es, **Popularklagen**, die im Hinblick auf den formellen Parteibegriff (siehe § 50 Rn. 1 f.) ohne Weiteres möglich wären, zu verhindern.[60] Mangelnde Prozessführungsbefugnis auf Kläger- oder Beklagtenseite führt zur Abweisung der Klage als unzulässig (siehe auch § 56 Rn. 5 ff., insb. Rn. 7 a.E.),[61] wohingegen die fehlende (aktive/passive) **Sachlegitimation** eine Frage der Begründetheit ist.[62] Im Zivilprozess ist aktivlegitimiert und damit „richtige Partei", wer (behaupteter) Inhaber des streitigen Rechts ist. Dieser Sachbefugnis entspricht grundsätzlich auch die Prozessführungsbefugnis.[63] Macht der Kläger hingegen ein fremdes Recht im eigenen Namen gerichtlich geltend, so hat man es mit dem Institut der **„Prozessstandschaft"** zu tun, die **gesetzlicher** (siehe Rn. 13) oder **gewillkürter** (siehe Rn. 14 ff.) Natur sein kann;[64] beide Arten der Prozessstandschaft können aber auch zusammenfallen.[65]

12

II. Gesetzliche Prozessstandschaft

Kraft ihres Amtes prozessführungsbefugte Parteien sind nach h.M. der (vorläufige) Insolvenzverwalter (§§ 22 Abs. 1 Satz 1, 80 Abs. 1, 259 Abs. 3 InsO),[66] der Testamentsvollstrecker (§§ 2197 ff. BGB, insb. §§ 2212, 2213 Abs. 1 Satz 1 BGB),[67] der Nachlassverwalter (§§ 1981 ff.,

13

---

54 BGH, NJW-RR 2015, 836 (837), Rn. 14 = FamRZ 2015, 1016 (1017), Rn. 14; OLG Karlsruhe, FamRZ 2010, 1762 (1763); Zöller-*Vollkommer*, ZPO, § 51 Rn. 3a.
55 BGH, NJW-RR 2015, 836 (837), Rn. 15 ff. = FamRZ 2015, 1016 (1017), Rn. 15 ff.
56 BT-Drucks. 15/4874, S. 28.
57 Stein/Jonas-*Bork*, ZPO, Vorbem. § 50 Rn. 19; Thomas/Putzo-*Hüßtege*, ZPO, § 51 Rn. 20; Zöller-*Vollkommer*, ZPO, Vorbem. § 50 Rn. 18.
58 BGH, NJW 2010, 3033, Rn. 7; BGH, MDR 2008, 1183 (1184); BGH, NJW-RR 2006, 138; Musielak/Voit-*Weth*, ZPO, § 51 Rn. 15, 18; Stein/Jonas-*Bork*, ZPO, Vorbem. § 50 Rn. 19, 21.
59 Thomas/Putzo-*Hüßtege*, ZPO, § 51 Rn. 22; Zöller-*Vollkommer*, ZPO, Vorbem. § 50 Rn. 19.
60 Musielak/Voit-*Weth*, ZPO, § 51 Rn. 14; Stein/Jonas-*Bork*, ZPO, Vorbem. § 50 Rn. 21.
61 BGH, NJW 2000, 738 (738, 740); Stein/Jonas-*Bork*, ZPO, Vorbem. § 50 Rn. 21; Zöller-*Vollkommer*, ZPO, Vorbem. § 50 Rn. 19.
62 Baumbach/Lauterbach/Albers/Hartmann, ZPO, Vorbem. § 50 Rn. 23; Musielak/Voit-*Weth*, ZPO, § 51 Rn. 18.
63 BGH, WuM 2005, 791; Wieczorek/Schütze-*Hausmann*, ZPO, Vorbem. § 50 Rn. 42.
64 Musielak/Voit-*Weth*, ZPO, § 51 Rn. 16; Stein/Jonas-*Bork*, ZPO, Vorbem. § 50 Rn. 20; Zöller-*Vollkommer*, ZPO, Vorbem. § 50 Rn. 20.
65 OLG Düsseldorf v. 25.02.2005, 22 U 79/04, juris, Rn. 19 ff.; Zöller-*Vollkommer*, ZPO, Vorbem. § 50 Rn. 20. Näher zur Problematik der „Verbandsklagen" Musielak/Voit-*Weth*, ZPO, § 51 Rn. 33 f.; MK-*Lindacher*, ZPO, Vorbem. § 50 Rn. 60 f., 77 ff.; Zöller-*Vollkommer*, ZPO, Vorbem. § 50 Rn. 58 ff.
66 Eingehend Musielak/Voit-*Weth*, ZPO, § 51 Rn. 19a; Zöller-*Vollkommer*, ZPO, Vorbem. § 50 Rn. 21, 29, 33 a.E. Mit Beendigung des Insolvenzverfahrens verliert der Insolvenzverwalter seine Stellung als Partei kraft Amtes im rechtshängigen Aktivprozess. Gleichzeitig endet seine Prozessführungsbefugnis, was zu einem Parteiwechsel auf Klägerseite führt, wonach der (frühere) Gemeinschuldner als Kläger in den Prozess eintritt, vgl. OLG Karlsruhe v. 12.04.2005, 17 U 177/03, juris, Rn. 20.
67 Eingehend Musielak/Voit-*Weth*, ZPO, § 51 Rn. 19a.

insb. § 1984 Abs. 1 BGB), der Zwangsverwalter (§§ 150 ff. ZVG),[68] der Nießbrauchsverwalter (§ 1052 BGB) und der Pfleger i.S.d. § 1914 BGB („Amtstheorie"; siehe Rn. 7). Soweit das Vermögen (die Vermögensmasse) einer entsprechenden **Verwaltung** unterliegt, **fehlt** es dem (materiellen) Rechtsträger an der Befugnis zur Prozessführung.[69] Die gesetzliche Prozessstandschaft kann sich fernerhin unmittelbar aus einer **gesetzlichen** (materiell-rechtlichen/prozessrechtlichen) **Ermächtigung** ergeben: §§ 432 Abs. 1 Satz 2,[70] 744 Abs. 2, 1011, 1368, 1369 Abs. 3, 1422 Satz 1, 1428, 1429 Satz 2, 1431, 1454 Satz 2, 1455 Nr. 8, 1456, 1487 Abs. 1, 1629 Abs. 3,[71] 2039 BGB; § 93 InsO;[72] § 10 Abs. 2 UrhG; § 152 Abs. 1 ZVG;[73] § 265 ZPO[74] (siehe § 266 Rn. 5).[75] Zieht eine **WEG** durch Mehrheitsbeschluss die Durchsetzung von Beseitigungs- oder Unterlassungsansprüchen wegen Störungen des Gemeinschaftseigentums an sich, begründet sie ihre alleinige Zuständigkeit für die gerichtliche Geltendmachung in gesetzlicher Prozessstandschaft; der einzelne Wohnungseigentümer ist für eine Klage mit diesem Streitgegenstand dann nicht (mehr) prozessführungsbefugt (siehe auch Rn. 17, § 50 Rn. 18 a.E.).[76] Im Gegensatz zur **Überweisung an Zahlungs statt** handelt es sich bei der Überweisung einer gepfändeten Forderung **zur Einziehung**, die der Pfändungsgläubiger einklagt, um **keine** Fallgruppe der Prozessstandschaft (vgl. § 835 ZPO).[77] Die Frage der **Rechtskrafterstreckung** eines Urteils auch auf den Rechtsträger und damit zugleich die Frage anderweitiger Rechtshängigkeit (§ 261 Abs. 3 Nr. 1 ZPO) ist bei gesetzlicher Prozessstandschaft höchst umstritten und je nach Einzelfall zu beurteilen (zur Einrede der Rechtshängigkeit/Rechtskraft sowie zur Verjährungshemmung siehe auch Rn. 19).[78] Während der gesetzliche Prozessstandschafter richtige **Partei** des Rechtsstreits ist (mit allen daraus resultierenden Folgen), kann der Rechtsträger als **Dritter** zeugenschaftlich vernommen werden;[79] der Prozessstandschafter ist auch im sich u.U. anschließenden **Zwangsvollstreckungsverfahren** Partei.[80]

III. Gewillkürte Prozessstandschaft

14 Die gewillkürte Prozessstandschaft beruht im Gegensatz zur gesetzlichen auf einer **Ermächtigung** des Rechtsträgers (bzw. des kraft Gesetzes Befugten, siehe Rn. 15 a.E.), die jedoch **nur in aktiver Hinsicht** (also auch bei einer Widerklage) in Betracht kommt. **Unzulässig** ist derweil eine gewillkürte passive Prozessstandschaft,[81] die allerdings von der aktiven Prozessstandschaft auf Beklagtenseite zu unterscheiden ist.[82] Die Prozessführungsermächtigung ist bereits in den **Tatsacheninstanzen offenzulegen**, wenn nicht für alle Beteiligten außer Zweifel steht, dass der Rechtsstreit im Wege gewillkürter Prozessstandschaft geführt wird. Denn der Prozessgegner muss **ausreichend Gelegenheit** erhalten, sich auf die besondere Art den prozessualen Vorgehens einzustellen und seine Verteidigung entsprechend einzurichten: So steht es ihm frei, die behauptete Ermächtigung zu bestreiten oder auch das Rechtsschutzbedürfnis des Klägers in Frage zu stellen; die Offenlegung schützt den Prozessgegner auch, soweit es um die Frage der Rechtskrafterstreckung geht (siehe Rn. 19, § 56 Rn. 3).[83] In Fällen mit **Auslandsbe-**

---

68 Eingehend Musielak/Voit-*Weth*, ZPO, § 51 Rn. 19a.
69 BGH, NJW 1981, 1097; Musielak/Voit-*Weth*, ZPO, § 51 Rn. 19a; MK-*Lindacher*, ZPO, Vorbem. § 50 Rn. 44; Zöller-*Vollkommer*, ZPO, Vorbem. § 50 Rn. 21, § 51 Rn. 7 m.w.N.
70 Anders MK-*Lindacher*, ZPO, Vorbem. § 50 Rn. 53.
71 Endet die gesetzliche Prozessstandschaft eines Elternteils nach § 1629 Abs. 3 BGB mit Eintritt der Volljährigkeit des Kindes, so kann dieses in das Verfahren nur im Wege des gewillkürten Parteiwechsels eintreten, der nicht von der Zustimmung des Gegners abhängig ist, vgl. BGH, NJW 2013, 2595 (2595 f.), Rn. 7 ff.
72 Hierzu BGH, MDR 2012, 1115.
73 Vgl. BGH, NJW 2010, 3033.
74 Eingehend Musielak/Voit-*Weth*, ZPO, § 51 Rn. 20; Zöller-*Vollkommer*, ZPO, Vorbem. § 50 Rn. 22.
75 Vgl. Musielak/Voit-*Weth*, ZPO, § 51 Rn. 20 ff.; Thomas/Putzo-*Hüßtege*, ZPO, § 51 Rn. 24; Zöller-*Vollkommer*, ZPO, Vorbem. § 50 Rn. 22 ff.
76 BGH, MDR 2015, 267 (267 f.), Rn. 6 ff.
77 Musielak/Voit-*Weth*, ZPO, § 51 Rn. 20; Zöller-*Vollkommer*, ZPO, Vorbem. § 50 Rn. 29.
78 Näher hierzu Wieczorek/Schütze-*Hausmann*, ZPO, Vorbem. § 50 Rn. 60 ff.; Zöller-*Vollkommer*, ZPO, Vorbem. § 50 Rn. 33 ff.
79 Wieczorek/Schütze-*Hausmann*, ZPO, Vorbem. § 50 Rn. 59; Zöller-*Vollkommer*, ZPO, Vorbem. § 50 Rn. 33.
80 Wieczorek/Schütze-*Hausmann*, ZPO, Vorbem. § 50 Rn. 65; Zöller-*Vollkommer*, ZPO, Vorbem. § 50 Rn. 40.
81 Musielak/Voit-*Weth*, ZPO, § 51 Rn. 25; Zöller-*Vollkommer*, ZPO, Vorbem. § 50 Rn. 43; a.A. Stein/Jonas-*Bork*, ZPO, Vorbem. § 50 Rn. 56; offengelassen von BGH, NJW-RR 1995, 873; BGH, Rpfleger 1982, 283.
82 BGH, NJW-RR 1995, 873; Zöller-*Vollkommer*, ZPO, Vorbem. § 50 Rn. 43.
83 BGH, MDR 2008, 1183 (1184); Zöller-*Vollkommer*, ZPO, Vorbem. § 50 Rn. 47.

zug beurteilt sich die Zulässigkeit einer gewillkürten Prozessstandschaft grundsätzlich nach deutschem Prozessrecht als der **lex fori**.[84]

Voraussetzung einer gewillkürten Prozessstandschaft ist eine **wirksame Ermächtigung** durch den Rechtsinhaber zur Geltendmachung eines fremden Rechts im eigenen Namen. Die Ermächtigung selbst ist als **Prozesshandlung** zu qualifizieren,[85] deren Erteilung, Bestand und Willensmängel sich nach den Vorschriften desjenigen Rechtsgebiets richten, dem das streitige Recht angehört, im Zivilprozess also regelmäßig nach **bürgerlichem Recht**.[86] In sachlich-rechtlicher Hinsicht ist die Ermächtigung zur Prozessführung mit einer Verfügungsermächtigung gemäß **§ 185 Abs. 1 BGB** vergleichbar,[87] da sie einen Nichtberechtigten zur Verfügung über einen fremden Gegenstand im eigenen Namen legitimiert. Funktional und systematisch ist sie deshalb mit der unmittelbaren Stellvertretung verwandt, von der sie sich jedoch dadurch unterscheidet, dass der Ermächtigte im eigenen Namen auftritt, während bei der Stellvertretung ausschließlich der Vertretene Geschäftspartei ist.[88] Die Ermächtigung zur Prozessführung **(kein Anwaltszwang)** kann bis zum Schluss der (letzten) mündlichen Verhandlung **formlos** und durch **konkludentes Handeln** erteilt werden, auch kann sie sich durch **Auslegung** oder **Umdeutung** ergeben; sie muss einen **bestimmten** bzw. **bestimmbaren** Anspruch aus einem eben solchen Rechtsverhältnis betreffen und kann nicht als Allgemeinermächtigung ausgestaltet sein.[89] Erst nach Rechtshängigkeit **erteilt** wirkt sie **nicht** auf den Zeitpunkt der Klageerhebung/-einreichung zurück (siehe aber Rn. 19 a.E.).[90] Eine spätere Abtretung des Anspruchs bleibt entsprechend **§ 265 Abs. 2 Satz 1 ZPO** ohne Einfluss auf die erteilte – im Übrigen aber **nicht auf Dritte weiterübertragbare**[91] – Ermächtigung und das anhängige Verfahren; für die Beurteilung ihrer **Sittenwidrigkeit (§ 138 BGB)** kommt es auf die Verhältnisse im Zeitpunkt der Erteilung an.[92] Endet die gewillkürte Prozessstandschaft während eines anhängigen Rechtsstreits durch **Tod des Prozessstandschafters** (entsprechend §§ 168 Satz 1, 673 BGB), kann der Rechtsinhaber nach den Regeln über den Parteiwechsel in den Prozess eintreten, da die Ermächtigung ein besonderes persönliches Vertrauen voraussetzt und deshalb nicht für die Erben des Ermächtigten gilt.[93] Wird über das Vermögen des Rechtsträgers das **Insolvenzverfahren** eröffnet, erlischt die Ermächtigung des Prozessstandschafters gleichermaßen (entsprechend § 168 Satz 1 BGB, § 115 Abs. 1 InsO), wobei der Prozess nach erfolgtem Parteiwechsel mit dem Insolvenzverwalter fortgesetzt wird, der aber auch eine **neue Ermächtigung** aussprechen kann.[94]

15

Die Ähnlichkeit zwischen Verfügungs- und Prozessführungsermächtigung (siehe Rn. 15) rechtfertigt es nach Ansicht des BGH, die Vorschrift des **§ 183 BGB** auch auf die Ermächtigung zur Prozessführung anzuwenden. Hiernach endet die **Widerruflichkeit** der Ermächtigung mit der **Vornahme des Hauptgeschäfts (§ 183 Satz 1 BGB)**, wobei es auf dessen vollständige Verwirklichung ankommt; bei mehraktigen Verfügungsgeschäften ist der Widerruf bis zu dem Zeitpunkt möglich, in dem das letzte Teilstück des Rechtsgeschäfts vorgenommen wird. Im Falle einer Prozessführungsermächtigung ist Hauptgeschäft die gerichtliche Durchsetzung eines Rechts; infolgedessen erstreckt sich eine Prozessführungsermächtigung nicht nur auf die Einleitung eines Rechtsstreits, sondern auf dessen Führung insgesamt. Daraus folgt, dass eine Prozessführungsermächtigung mit materiell-rechtlicher Wirkung auch während des Rechtsstreits

16

---

84 BGH, NJW 1994, 2549 (2549f.); Baumbach/Lauterbach/Albers/Hartmann, ZPO, Vorbem. § 50 Rn. 34.
85 BGH, NJW 2015, 2425 (2427), Rn. 21 = MDR 2015, 1031, Rn. 21; Stein/Jonas-*Bork*, ZPO, Vorbem. § 50 Rn. 60; Wieczorek/Schütze-*Hausmann*, ZPO, Vorbem. § 50 Rn. 72.
86 BGH, NJW 2015, 2425 (2427), Rn. 21 = MDR 2015, 1031, Rn. 21; Musielak/Voit-*Weth*, ZPO, § 51 Rn. 26; Zöller-*Vollkommer*, ZPO, Vorbem. § 50 Rn. 45.
87 So auch Thomas/Putzo-*Hüßtege*, ZPO, § 51 Rn. 33.
88 BGH, NJW 2015, 2425 (2427), Rn. 22 = MDR 2015, 1031, Rn. 22.
89 BGH, MD 2008, 1254 (1263), Rn. 52; BGH, NJW 1989, 1932 (1933); Baumbach/Lauterbach/Albers/Hartmann, ZPO, Vorbem. § 50 Rn. 29f.; MK-*Lindacher*, ZPO, Vorbem. § 50 Rn. 56; Wieczorek/Schütze-*Hausmann*, ZPO, Vorbem. § 50 Rn. 72f.; Zöller-*Vollkommer*, ZPO, Vorbem. § 50 Rn. 45.
90 BGH, NJW-RR 1993, 669 (670f.); Musielak/Voit-*Weth*, ZPO, § 51 Rn. 26; MK-*Lindacher*, ZPO, Vorbem. § 50 Rn. 72; a.A. Zöller-*Vollkommer*, ZPO, Vorbem. § 50 Rn. 45, 47 (nachträglich erteilte Ermächtigung wirkt bei offen gelegter Prozessstandschaft auf den Zeitpunkt der Klageerhebung zurück).
91 BGH, MDR 1998, 1497 (1498); MK-*Lindacher*, ZPO, Vorbem. § 50 Rn. 56; Stein/Jonas-*Bork*, ZPO, Vorbem. § 50 Rn. 60.
92 BGH, NJW 1989, 1932 (1933).
93 BGH, NJW 1993, 3072; Musielak/Voit-*Weth*, ZPO, § 51 Rn. 26, 31; a.A. MK-*Lindacher*, ZPO, Vorbem. § 50 Rn. 73 (Unterbrechung bzw. Aussetzung); weitere Beispiele des Erlöschens der Ermächtigung bei Zöller-*Vollkommer*, ZPO, Vorbem. § 50 Rn. 45 a.E.
94 BGH, NJW 2000, 738 (739); Zöller-*Vollkommer*, ZPO, Vorbem. § 50 Rn. 45 a.E., 53.

widerrufen werden kann, solange noch Prozesshandlungen des Prozessstandschafters zur Durchsetzung des Rechts erforderlich sind. Eine andere Beurteilung ist nur dann gerechtfertigt, wenn sich aus dem zugrundeliegenden Rechtsverhältnis Abweichendes (z.B. die Unwiderruflichkeit der Ermächtigung) ergibt. Ein hiernach im Verhältnis zwischen dem Rechtsinhaber und dem Ermächtigten materiell-rechtlich wirksamer Widerruf der Prozessführungsermächtigung führt nach der Rechtsprechung des BGH allerdings nicht in jedem Fall zur **Unzulässigkeit der Klage**: Ein Widerruf erst **nach Beginn der mündlichen Verhandlung des Beklagten** bleibt verfahrensrechtlich ohne Auswirkungen auf die Prozessführungsbefugnis des Klägers, sofern nicht die insoweit schutzwürdige beklagte Partei einer Abweisung der Klage als unzulässig zustimmt. Ist das nicht der Fall, so ist die Ermächtigung des Klägers, auch wenn sie materiell-rechtlich wirksam widerrufen wurde, mit Rücksicht auf den Vorrang des Prozessrechts als fortbestehend anzusehen und der Rechtsstreit – vorbehaltlich eines Eintritts des Rechtsinhabers in den Prozess (Parteiwechsel) – mit dem Prozessstandschafter fortzusetzen. Ist der Widerruf indes **vor der Einlassung des Beklagten zur Hauptsache** erfolgt, sind schutzwürdige Belange der Gegenseite des Prozessstandschafters nicht berührt. Es besteht daher kein Grund, dem materiell-rechtlich wirksamen Widerruf der Ermächtigung die prozessrechtliche Wirkung zu versagen. Dieser entzieht daher dem Kläger die Prozessführungsbefugnis, sodass die Klage als unzulässig abzuweisen ist. Aber auch in diesem Fall kann der Rechtsinhaber anstelle des Ermächtigten nach den Regeln über den Parteiwechsel in den Prozess eintreten (eine entsprechende Anwendung der §§ 239 ff. ZPO scheidet aus).[95]

17 Weitere **Voraussetzung** der gewillkürten Prozessstandschaft ist ein **schutzwürdiges Eigeninteresse** des Prozessstandschafters,[96] das fremde Recht im eigenen Namen gerichtlich durchzusetzen,[97] wobei insoweit eine umfangreiche **Kasuistik**[98] besteht. Von einem schutzwürdigen Interesse kann immer dann ausgegangen werden, wenn die Entscheidung **Auswirkungen auf die eigene Rechtslage des Ermächtigten** hat, wobei sich das schutzwürdige Eigeninteresse gerade auf die Verwirklichung desjenigen Rechts beziehen muss, zu dessen Geltendmachung der Prozessstandschafter ermächtigt wurde;[99] dabei können nach der Rechtsprechung des BGH auch **wirtschaftliche Interessen** herangezogen werden.[100] Zu **verneinen** ist ein schutzwürdiges Eigeninteresse hingegen bei erkennbar **missbräuchlicher Verwendung** einer Ermächtigung, die nur darauf abzielt, die beklagte Partei und deren berechtigte Belange durch die gewählte Art der Prozessführung **unbillig** bzw. **unzumutbar zu benachteiligen**. Hiervon ist i.d.R. auszugehen, wenn der beklagten Partei missbräuchlich (etwa durch eine gezielte Verschiebung der Prozessrollen) das Risiko auferlegt werden soll, bei einer erfolglosen Klage aller Voraussicht nach den ihr zustehenden **Kostenerstattungsanspruch** infolge der Zahlungsunfähigkeit des Prozessstandschafters nicht durchsetzen zu können.[101] Etwas anderes gilt aber, wenn bei einer Prozessführung durch den Rechtsträger etwaige Kostenerstattungsansprüche der Gegenseite in gleicher oder ähnlicher Weise gefährdet wären, der Rechtsträger also auch keinen wesentlich besseren finanziellen Rückhalt hat als der Ermächtigte.[102] Negative kostenrechtliche Auswirkungen können jedenfalls **nicht für sich allein** dazu führen, einer Prozessführungsermächtigung die Anerkennung zu versagen, da niemand einen Anspruch darauf hat, von einem zahlungskräftigen Kläger verklagt zu werden.[103] Auch der verfolgte Zweck, den Rechtsträger aus einer **ungünstigen Beweislage** zu befreien und seine Zeugenvernehmung zu ermöglichen, in-

---

95 BGH, NJW 2015, 2425 (2427 f.), Rn. 20 ff. = MDR 2015, 1031 (1031 f.), Rn. 20 ff.
96 Nach Zöller-*Vollkommer*, ZPO, Vorbem. § 50 Rn. 44 kann u.U. auch auf schutzwürdige Interessen des Ermächtigenden (Rechtsinhabers) abgestellt werden; ebenso MK-*Lindacher*, ZPO, Vorbem. § 50 Rn. 55, 62 ff.; Wieczorek/Schütze-*Hausmann*, ZPO, Vorbem. § 50 Rn. 87.
97 BGH, NJW 2012, 3032 (3033), Rn. 15; BGH, NJW-RR 2011, 1690 (1691), Rn. 18; BGH, NJW 1999, 1717; Musielak/Voit-*Weth*, ZPO, § 51 Rn. 27; Zöller-*Vollkommer*, ZPO, Vorbem. § 50 Rn. 44.
98 Verwiesen sei insoweit auf die Darstellungen bei Musielak/Voit-*Weth*, ZPO, § 51 Rn. 28 f.; MK-*Lindacher*, ZPO, Vorbem. § 50 Rn. 59 ff.; Stein/Jonas-*Bork*, ZPO, Vorbem. § 50 Rn. 57 ff.; Thomas/Putzo-*Hüßtege*, ZPO, § 51 Rn. 35 ff.; Zöller-*Vollkommer*, ZPO, Vorbem. § 50 Rn. 49 ff.
99 BGH, NJW 2017, 486, Rn. 5, 10 = MDR 2016, 1469, Rn. 10; BGH, NJW 2009, 1213 (1215), Rn. 21 = VersR 2009, 1285 (1287); Baumbach/Lauterbach/Albers/Hartmann, ZPO, Vorbem. § 50 Rn. 30; Musielak/Voit-*Weth*, ZPO, § 51 Rn. 27.
100 BGH, NJW 2017, 486, Rn. 5, 10 = MDR 2016, 1469, Rn. 10 ff.; BGH, MD 2008, 1254 (1263 f.), Rn. 54; BGH, NJW-RR 1995, 358 (360 f.); ebenso MK-*Lindacher*, ZPO, Vorbem. § 50 Rn. 55; Zöller-*Vollkommer*, ZPO, Vorbem. § 50 Rn. 44; a.A. Baumbach/Lauterbach/Albers/Hartmann, ZPO, Vorbem. § 50 Rn. 30.
101 BGH, NJW-RR 2011, 1690 (1691), Rn. 20 f.; BGH, NJW 1986, 850 (851); vgl. auch Thomas/Putzo-*Hüßtege*, ZPO, § 51 Rn. 34.
102 BGH, NJW-RR 1988, 126 (127).
103 BGH, NJW 1999, 1717 (1718) in Abgrenzung zu BGH, NJW 1986, 850 (851); vgl. auch BGH, NJW-RR 1989, 1104 (1105).

dem nicht der Rechtsinhaber selbst als Kläger auftritt, sondern in gewillkürter Prozessstandschaft eine andere Person, erweist sich nicht per se als rechtsmissbräuchlich.[104] Macht der **Verwalter** Ansprüche der **WEG** im eigenen Namen geltend, kann seit Anerkennung der Rechts- und Parteifähigkeit der WEG das für eine gewillkürte Prozessstandschaft erforderliche schutzwürdige Eigeninteresse nicht mehr aus der sich aus dem WEG ergebenden Rechts- und Pflichtenstellung des Verwalters hergeleitet werden (siehe auch Rn. 13, § 50 Rn. 18 a.E.).[105]

Die Ermächtigung zur Prozessführung ist **unzulässig**, wenn das einzuklagende Recht **höchstpersönlichen Charakter** hat und mit dem (noch lebenden[106]) Rechtsinhaber, in dessen Person es entstanden ist, so eng verknüpft ist, daß die Möglichkeit, seine gerichtliche Geltendmachung einem Dritten im eigenen Namen zu überlassen, dazu in Widerspruch stünde.[107] Ob ein **Abtretungsverbot** der Zulässigkeit einer gewillkürten Prozessstandschaft entgegensteht, hängt von dem jeweiligen **Sinn und Zweck** des Verbots ab.[108] Wenngleich der Grundbuchberichtigungsanspruch des **§ 894 BGB** und der Herausgabeanspruch nach **§ 985 BGB** nicht selbstständig abtretbar sind, ist deren Geltendmachung im Wege gewillkürter Prozessstandschaft zulässig, da beide Ansprüche zumindest zur Ausübung überlassen werden können.[109] Das gilt auch für den Unterlassungsanspruch des Eigentümers gemäß **§ 1004 Abs. 1 BGB** und den Anspruch wegen Besitzstörung aus **§ 862 Abs. 1 BGB**.[110]

18

Wie im Falle der gesetzlichen Prozessstandschaft (siehe Rn. 13) ist **Partei** ausschließlich der zur Prozessführung Ermächtigte, sodass der Inhaber des materiellen Rechts als **Zeuge** auftreten kann.[111] Partei im sich u.U. anschließenden **Zwangsvollstreckungsverfahren** ist ebenfalls der gewillkürte Prozessstandschafter, woran auch die Verpflichtung zur Leistung an den Rechtsträger nichts ändert.[112] **Prozesskostenhilfe** kann i.d.R. nur dann bewilligt werden, wenn weder der Prozessstandschafter noch der Rechtsträger in der Lage ist, die Kosten der Prozessführung aufzubringen.[113] Der Ermächtigte kann **Leistung an sich selbst** verlangen, sofern der Beklagte mit befreiender Wirkung an ihn leisten kann, was z.B. bei einer erteilten **Einziehungsermächtigung** (§§ 185, 362 Abs. 2 BGB) der Fall ist.[114] Während die gegenerische Partei bei gewillkürter Prozessstandschaft mit eigenen Forderungen nur gegenüber dem Rechtsträger **aufrechnen** kann, kommt die **Widerklageerhebung** sowohl gegen den Ermächtigten als Prozesspartei als auch gegen den wahren Rechtsinhaber in Betracht.[115] Der Prozessgegner ist vor der Gefahr, wegen desselben Streitgegenstands sowohl vom Inhaber des materiellen Rechts als auch von seinem gewillkürten Prozessstandschafter mit einem Prozess überzogen zu werden, durch die Einrede der **Rechtshängigkeit** (§ 261 Abs. 3 Nr. 1 ZPO) und – nach rechtskräftigem Abschluss des Verfahrens – durch die Einrede der **Rechtskraft** geschützt; neben der Klage des Rechtsinhabers ist im gleichen Rechtsstreit kein Raum für eine gerichtliche Verfolgung desselben Anspruchs in Prozessstandschaft und umgekehrt.[116] Materiell Berechtigter i.S.d. **§ 204 Abs. 1 Nr. 1 BGB** ist neben dem Rechtsinhaber auch der gesetzliche oder gewillkürte Prozessstandschafter;[117] die von ihm erhobene Klage hemmt mithin die Verjährung in gleicher Weise, wie die des Rechtsinhabers, sofern der Kläger zum Ausdruck bringt, wessen Rechte er geltend macht. Die in Prozessstandschaft erhobene Klage unterbricht die Verjährung deshalb nur

19

---

104 BGH, NJW-RR 1988, 126 (127).
105 BGH, NJW 2011, 1361 (1361f.), Rn. 6 ff. = WuM 2011, 318 (319f.), Rn. 6 ff.
106 Etwas Anderes kann gelten, wenn der ursprüngliche Rechtsträger bereits verstorben ist, vgl. BGH, NJW 1990, 1986 (1987); Zöller-*Vollkommer*, ZPO, Vorbem. § 50 Rn. 46.
107 BGH, NJW 1983, 1559 (1561).
108 Musielak/Voit-*Weth*, ZPO, § 51 Rn. 30; Stein/Jonas-*Bork*, ZPO, Vorbem. § 50 Rn. 61; Zöller-*Vollkommer*, ZPO, Vorbem. § 50 Rn. 46 jeweils m.w.N.
109 Zu § 894 BGB: BGH, NJW 2002, 1038; BGH, NJW-RR 1988, 126 (127); zu § 985 BGB: BGH, NJW-RR 1986, 158; vgl. auch MK-*Lindacher*, ZPO, Vorbem. § 50 Rn. 68; Stein/Jonas-*Bork*, ZPO, Vorbem. § 50 Rn. 61.
110 BGH, NJW 2017, 486, Rn. 7.
111 BGH, NJW 1989, 2750 (2751); BGH, NJW-RR 1988, 126 (127); Musielak/Voit-*Weth*, ZPO, § 51 Rn. 31; Zöller-*Vollkommer*, ZPO, Vorbem. § 50 Rn. 53.
112 Thomas/Putzo-*Hüßtege*, ZPO, § 51 Rn. 45; Zöller-*Vollkommer*, ZPO, Vorbem. § 50 Rn. 56.
113 BGH, NJW 1986, 850 (851); OLG Hamm, NJW 1990, 1053; Thomas/Putzo-*Hüßtege*, ZPO, § 51 Rn. 42; MK-*Lindacher*, ZPO, Vorbem. § 50 Rn. 51.
114 Stein/Jonas-*Bork*, ZPO, Vorbem. § 50 Rn. 63f.; Thomas/Putzo-*Hüßtege*, ZPO, § 51 Rn. 39; Zöller-*Vollkommer*, ZPO, Vorbem. § 50 Rn. 51 ff.
115 OLG Köln, FamRZ 1995, 1497; Thomas/Putzo-*Hüßtege*, ZPO, § 51 Rn. 44; Zöller-*Vollkommer*, ZPO, Vorbem. § 50 Rn. 57.
116 BGH, MDR 2008, 1183 (1184); BGH, NJW 1993, 3072 (3073); BGH, NJW-RR 1988, 126 (127); BGH, NJW 1980, 2461 (2463); Wieczorek/Schütze-*Hausmann*, ZPO, Vorbem. § 50 Rn. 92f.; Zöller-*Vollkommer*, ZPO, Vorbem. § 50 Rn. 54.
117 BGH, NJW 2010, 2270 (2271), Rn. 38.

dann, wenn aus ihr eindeutig ersichtlich ist, dass der Kläger ein fremdes Recht in eigenem Namen fordert (**Offenlegung**) oder wenn auf andere Weise für alle Beteiligten **offensichtlich** ist, welches Recht eingeklagt wird (siehe Rn. 14).[118] Das Fehlen eines **schutzwürdigen Eigeninteresses** (siehe Rn. 17) ist in diesem Kontext unbeachtlich.[119] War die Ermächtigung bereits bei Klageerhebung/-einreichung wirksam **erteilt** und wird diese erst **nachträglich offengelegt**, so steht dies einer von vornherein erfolgten Offenlegung gleich (siehe aber Rn. 15).[120] Das Vorstehende gilt entsprechend für die **Wahrung von Ausschlussfristen**.[121]

§ 52
Umfang der Prozessfähigkeit

(1)[1] Eine Person ist insoweit prozessfähig, als sie sich durch Verträge verpflichten kann.

Inhalt:

	Rn.		Rn.
A. Allgemeines und Erläuterungen	1	B. Prozessuales	4

A. Allgemeines und Erläuterungen

1 Die Vorschrift „knüpft"[2] die Prozessfähigkeit (siehe § 51 Rn. 1) an die vom materiellen (bürgerlichen) Recht verliehene Fähigkeit zur selbstständigen vertraglichen Verpflichtung. Ohne Weiteres **prozessfähig** sind daher nicht nur alle **unbeschränkt Geschäftsfähigen** (Ausländer und Staatenlose: siehe § 55 Rn. 1 f.), sondern auch – wenngleich gegenständlich beschränkt – Minderjährige und unter Betreuung mit Einwilligungsvorbehalt stehende Volljährige (vgl. § 1903 Abs. 1 Satz 2 BGB) **im Rahmen der §§ 112 f. BGB**.[3] Ist ein Einwilligungsvorbehalt nicht angeordnet, bleibt der Betreute (gleich dem Abwesenden i.S.d. § 1911 BGB) auch im Übrigen geschäfts- und damit prozessfähig, soweit nicht § 104 Nr. 2 BGB greift (beachte aber § 53 ZPO).

2 **Prozessunfähig** ist, wer i.S.d. § 104 BGB **geschäftsunfähig** ist, d.h. wer das siebente Lebensjahr noch nicht vollendet hat (Nr. 1) bzw. sich in einem die freie Willensbestimmung ausschließenden Zustand krankhafter Störung der Geistestätigkeit befindet, sofern nicht der Zustand seiner Natur nach ein vorübergehender ist (Nr. 2). Das bloße Bestehen einer **Geistesschwäche** begründet aber noch nicht die Vermutung für das Vorliegen von Geschäftsunfähigkeit; vielmehr bedarf es hierzu noch des Nachweises eines krankheitsbedingten **Ausschlusses** der freien Willensbestimmung,[4] wobei die diesbezüglichen (selbstständigen) Feststellungen des Gerichts durch ein **Sachverständigengutachten** belegt sein müssen (siehe auch Rn. 4; zur gerichtlichen Prüfung und zur Beweislastverteilung siehe § 56 Rn. 1 ff.).[5] Geschäfts- und damit Prozessunfähigkeit kann mithin auch bei **hohen intellektuellen Fähigkeiten** einer Partei bestehen, wenn sie nicht in der Lage ist, ihre Entscheidungen von vernünftigen Erwägungen abhängig zu machen.[6] Dagegen lassen fehlende oder eingeschränkte Fähigkeiten zum Lesen, Schreiben oder Rechnen sowie Schwierigkeiten, schriftliche Unterlagen zu verstehen, für sich genommen noch nicht auf Geschäftsunfähigkeit schließen.[7] Ebenso wenig zwingend führt der Umstand, dass sich eine Partei wiederholt prozessualer Mittel in Form von Klagen, Eingaben, Beschwerden und Widersprüchen bedient, zur Annahme eines die Prozessfähigkeit ausschließenden **„Querulantenwahns"**;[8] u.U. kann sogar eine an einer **paranoiden Psychose** erkrankte

---

118 BGH, NJW 1999, 3707 (3708) = VersR 2000, 195 (196); BGH, NJW 1989, 2750 (2751); Zöller-*Vollkommer*, ZPO, Vorbem. § 50 Rn. 55.
119 BGH, NJW 1980, 2461 (2463); Zöller-*Vollkommer*, ZPO, Vorbem. § 50 Rn. 55; a.A. MK-*Lindacher*, ZPO, Vorbem. § 50 Rn. 72; Wieczorek/Schütze-*Hausmann*, ZPO, Vorbem. § 50 Rn. 94.
120 MK-*Lindacher*, ZPO, Vorbem. § 50 Rn. 72; Zöller-*Vollkommer*, ZPO, Vorbem. § 50 Rn. 47, 55.
121 MK-*Lindacher*, ZPO, Vorbem. § 50 Rn. 72; Zöller-*Vollkommer*, ZPO, Vorbem. § 50 Rn. 55.

Zu § 52:
1 Es handelt sich um eine amtliche Absatzzahl.
2 Musielak/Voit-*Weth*, ZPO, § 52 Rn. 1.
3 Eingehend hierzu MK-*Lindacher*, ZPO, § 52 Rn. 7, 11; Stein/Jonas-*Bork*, ZPO, § 52 Rn. 2 ff.
4 BAG, NJW 2009, 3051 (3052), Rn. 9 = FamRZ 2009, 1665 (1666), Rn. 9.
5 BVerfG v. 16.06.2016, 1 BvR 2509/15, juris, Rn. 14 (sämtliche Beweismittel sind auszuschöpfen); BGH, NJW-RR 2016, 577 (579 f.), Rn. 10 = FamRZ 2016, 456, Rn. 10.
6 OLG Frankfurt a.M., NJW-RR 1992, 763 (764).
7 BAG, NJW 2009, 3051 (3052), Rn. 9 = FamRZ 2009, 1665 (1666), Rn. 9.
8 LG Bonn, NJW-RR 2014, 1476 (1477) = FamRZ 2015, 270; vgl. auch BGH, NJW 2000, 289 (289 f.); LG Düsseldorf v. 16.01.2013, 34 O 32/12, juris, Rn. 2; *Lube*, MDR 2009, 63.

Partei prozessfähig sein.[9] **Vorübergehende** Störungen der Geistestätigkeit (vgl. § 105 Abs. 2 BGB) wirken sich nur auf die in dem betreffenden Zeitraum vorgenommenen Prozesshandlungen aus.[10]

Ebenfalls **prozessunfähig** sind **Minderjährige** über sieben Jahre (§§ 2, 106 ff. BGB); eine gleichsam „**beschränkte Prozessfähigkeit**" ist dem deutschen Prozessrecht fremd, da sich der nur beschränkt Geschäftsfähige nicht in vollem Umfang selbst, d.h. ohne Zutun eines gesetzlichen Vertreters, vertraglich verpflichten kann (siehe aber Rn. 1). Insofern fehlt es auch dem unter **Betreuung mit Einwilligungsvorbehalt** stehenden Volljährigen an der Prozessfähigkeit, soweit Aufgabenkreis des Betreuers und Einwilligungsvorbehalt reichen (§§ 1896, 1903 Abs. 1, 108 ff. BGB; siehe aber Rn. 1).[11] Der gesetzliche Vertreter kann die Prozessführung durch den Prozessunfähigen rückwirkend **genehmigen** (hierzu § 56 Rn. 9), was jedoch an der Prozessfähigkeit des Vertretenen nichts ändert; eine vorherige **Einwilligung** in die Prozessführung kann nicht erteilt werden.[12] Zum „**Zulassungsstreit**" und zu den Folgen fehlender Prozessfähigkeit siehe § 56 Rn. 4 ff. 3

B. Prozessuales

Ein **Beweisbeschluss** über die Erstellung eines Gutachtens zur **Klärung der Prozessfähigkeit** einer Prozesspartei (siehe Rn. 2), der ohne vorherige persönliche Anhörung erlassen wurde, verletzt den Anspruch der betroffenen Partei auf rechtliches Gehör (**Art. 103 Abs. 1 GG**).[13] Auch im Übrigen darf das Gericht die **Prozessunfähigkeit** erst dann feststellen, wenn es den Betroffenen, für den ein gesetzlicher Vertreter nicht bestellt ist, **persönlich angehört** hat. Eine Entscheidung ohne vorherige Anhörung wird dadurch zwar nicht per se unmöglich; die Abweisung der Klage als unzulässig wegen fehlender Prozessfähigkeit des Klägers kommt in diesem Fall aber nur dann in Betracht, wenn es ihn zum Termin geladen und mit der Ladung **analog § 34 Abs. 3 Satz 2 FamFG** auf die Folgen seines unentschuldigten Ausbleibens hingewiesen hat. Ungeachtet dessen ist der Anspruch des Klägers auf rechtliches Gehör verletzt, wenn das Gericht die Klage wegen verbliebener Zweifel an seiner Prozessfähigkeit durch Prozessurteil abgewiesen hat, ohne ihm durch eine entsprechende Verfahrensgestaltung **ausreichend Gelegenheit** gegeben zu haben, sich um seine ordnungsgemäße Vertretung zu kümmern (siehe auch § 56 Rn. 6). Denn eine prozessunfähige Partei kann sich nicht eigenverantwortlich äußern; ihr kann **rechtliches Gehör** wirksam nur durch **Anhörung** eines **gesetzlichen Vertreters** gewährt werden. Die Beteiligung allein des Prozessunfähigen reicht zur Wahrung rechtlichen Gehörs jedenfalls nicht aus.[14] 4

Anerkannt ist, dass die Geschäfts- und Prozessfähigkeit wegen einer geistigen Störung (§ 104 Nr. 2 BGB) nur für einen beschränkten Kreis von Angelegenheiten – etwa die mit einem bestimmten Streitkomplex zusammenhängenden Verfahren – ausgeschlossen sein kann („**partielle Prozessunfähigkeit**").[15] Eine nach dem Schwierigkeitsgrad des einzelnen Verfahrens/Rechtsstreits abgegrenzte teilweise („**relative**") Prozessunfähigkeit gibt es dagegen nicht.[16] 5

§ 53
Prozessunfähigkeit bei Betreuung oder Pflegschaft

Wird in einem Rechtsstreit eine prozessfähige Person durch einen Betreuer oder Pfleger vertreten, so steht sie für den Rechtsstreit einer nicht prozessfähigen Person gleich.

Inhalt:
	Rn.		Rn.
A. Normzweck und Anwendungsbereich	1	B. Erläuterungen und Prozessuales	3

---

9 OLG Düsseldorf, VersR 1986, 603.
10 MK-*Lindacher*, ZPO, § 52 Rn. 13; Stein/Jonas-*Bork*, ZPO, § 51 Rn. 9.
11 Musielak/Voit-*Weth*, ZPO, § 52 Rn. 4; MK-*Lindacher*, ZPO, § 52 Rn. 4, 6, 14; Stein/Jonas-*Bork*, ZPO, § 51 Rn. 2 f., 17.
12 Musielak/Voit-*Weth*, ZPO, § 52 Rn. 4; Stein/Jonas-*Bork*, ZPO, § 51 Rn. 3; Wieczorek/Schütze-*Hausmann*, ZPO, § 52 Rn. 7; Zöller-*Vollkommer*, ZPO, § 52 Rn. 8.
13 BGH, NJW-RR 2009, 1223, Rn. 5 ff.; MK-*Lindacher*, ZPO, § 52 Rn. 37.
14 BGH, FamRZ 2014, 553 (554 f.), Rn. 15 ff.; BGH, NJW-RR 2011, 284 (284 f.), Rn. 7; BAG, NJW 2009, 3051, Rn. 5 = FamRZ 2009, 1665 (1666), Rn. 5; BGH, NJW 2000, 289 (290).
15 BGH, NJW 2000, 289 (290); OLG Hamm, MDR 2014, 1044 (1045); Baumbach/Lauterbach/Albers/Hartmann, ZPO, § 51 Rn. 5; MK-*Lindacher*, ZPO, § 52 Rn. 8, 15.
16 BAG, NJW 2009, 3051 (3052), Rn. 8 = FamRZ 2009, 1665 (1666), Rn. 8; BGH, NJW 1970, 1680 (1681) = FamRZ 1970, 545; BayObLG, FamRZ 1989, 664 (665); Stein/Jonas-*Bork*, ZPO, § 51 Rn. 14 (Anm. 17); Zöller-*Vollkommer*, ZPO, § 52 Rn. 10.

A. Normzweck und Anwendungsbereich

1 Die Vorschrift will im „Interesse eines sachgemäßen Prozeßverlaufs"[1] vermeiden, dass die durch einen Betreuer oder Pfleger vertretene, allein hierdurch jedoch in ihrer Geschäftsfähigkeit nicht beeinträchtigte[2] Partei einerseits und der gesetzliche Vertreter anderseits **widersprüchliche** Erklärungen im Prozess abgeben bzw. einander **widersprechende** Prozesshandlungen vornehmen. Vor diesem Hintergrund wird der Prozessführung der vertretenen Partei entzogen und **allein** dem Betreuer bzw. Pfleger in die Hände gelegt, selbst wenn der Vertretene – namentlich aufgrund fehlenden Einwilligungsvorbehalts (§ 1903 BGB) – voll geschäftsfähig und damit nach § 52 Abs. 1 ZPO prozessfähig sein sollte; (nur) für das **konkrete** Verfahren wird der Betreute/Pflegebefohlene also einer nicht prozessfähigen Person gleichgestellt.[3]

2 Der Anwendungsbereich des § 53 ZPO erstreckt sich auf die **Betreuung** (§ 1896 BGB) **ohne Einwilligungsvorbehalt** i.S.v. § 1903 BGB, die Abwesenheitspflegschaft (**§ 1911 BGB**), die Pflegschaft für unbekannte Beteiligte (**§ 1913 BGB**), die Nachlasspflegschaft (**§§ 1960 f. BGB**) und die Pflegschaft nach **§ 292 Abs. 2 StPO**,[4] **nicht** hingegen auf den Pfleger i.s.v. **§ 1914 BGB** (Partei kraft Amtes)[5] und den nach **§ 57 ZPO** bestellten Prozesspfleger (siehe § 57 Rn. 5 a.E.).[6] Obwohl § 53 ZPO auf eine „prozessfähige Person" abstellt, gilt er auch bei **partieller Prozessunfähigkeit** (siehe § 52 Rn. 5) für den vom Betreuer/Pfleger geführten Prozess, nicht aber bei eigener Prozessführung durch den Vertretenen selbst, dessen Prozessfähigkeit in jeder Lage des Verfahrens und in allen Instanzen von Amts wegen zu prüfen ist (siehe § 56 Rn. 1).[7] Die Vorschrift beansprucht auch für die Widerklage, das Nachverfahren sowie für das sich anschließende Kostenfestsetzungs- und Zwangsvollstreckungsverfahren **Geltung**, nicht jedoch für das Wiederaufnahmeverfahren und für Klagen i.S.d. §§ 731, 767, 768 ZPO.[8] **Entsprechend** anwendbar ist § 53 ZPO auf die §§ 494 Abs. 2, 779 Abs. 2 ZPO;[9] im Anwendungsbereich des FamFG gilt **§ 9 Abs. 5 FamFG**.

B. Erläuterungen und Prozessuales

3 Die Prozessfähigkeit des Vertretenen **erlischt**, sobald sein Betreuer oder Pfleger mit einem die **konkrete Prozessführung** umfassenden Aufgabenbereich durch Vorlage der Bestellungsurkunde bzw. einer beglaubigten Abschrift derselben als **gesetzlicher Vertreter** im Prozess auftritt bzw. in diesen eintritt,[10] was auch **gegen** den Willen des geschäftsfähigen Vertretenen erfolgen kann.[11] **Zustellungen**, namentlich solche, die Fristen in Gang setzen sollen, haben ab dem Zeitpunkt des Eintritts an den Vertreter zu erfolgen (vgl. § 170 Abs. 1 Satz 1 ZPO).[12] Auch im Übrigen sind für den gesamten Rechtsstreit allein die gegenüber bzw. von dem Betreuer/Pfleger vorgenommenen Prozesshandlungen maßgeblich, die jedoch solche des Vertretenen (u. U. konkludent) **genehmigen** kann (hierzu § 56 Rn. 9).[13] Gleiches gilt für die **Rechtsmitteleinlegung** durch den Betreuten/Pflegebefohlenen, die nur bei entsprechender Genehmigung

---

1 BGH, NJW 1988, 49 (51) = FamRZ 1987, 928 (930).
2 BGH, NJW 1988, 49 (51) = FamRZ 1987, 928 (930); Palandt-*Götz*, BGB, § 1902 Rn. 5, Vorbem. § 1909 Rn. 3.
3 BSG, FamRZ 2013, 1801, Rn. 3; BGH, NJW 1988, 49 (51) = FamRZ 1987, 928 (929 f.); OLG Hamm, FamRZ 1997, 301 (302); Musielak/Voit-*Weth*, ZPO, § 53 Rn. 1; Zöller-*Vollkommer*, ZPO, § 53 Rn. 5.
4 So Stein/Jonas-*Bork*, ZPO, § 53 Rn. 4; Wieczorek/Schütze-*Hausmann*, ZPO, § 53 Rn. 4.
5 Stein/Jonas-*Bork*, ZPO, § 53 Rn. 2; Wieczorek/Schütze-*Hausmann*, ZPO, § 53 Rn. 3; a.A. offenbar Zöller-*Vollkommer*, ZPO, § 53 Rn. 1.
6 BGH, NJW 1995, 404; BSG, NJW 1994, 215; BGH, NJW 1966, 2210; Musielak/Voit-*Weth*, ZPO, § 53 Rn. 2; Stein/Jonas-*Bork*, ZPO, § 53 Rn. 14; § 57 Rn. 9; Zöller-*Vollkommer*, ZPO, § 53 Rn. 2, § 57 Rn. 10.
7 Musielak/Voit-*Weth*, ZPO, § 53 Rn. 2; Zöller-*Vollkommer*, ZPO, § 53 Rn. 3.
8 Musielak/Voit-*Weth*, ZPO, § 53 Rn. 4; MK-*Lindacher*, ZPO, § 53 Rn. 4; Stein/Jonas-*Bork*, ZPO, § 53 Rn. 17; Wieczorek/Schütze-*Hausmann*, ZPO, § 53 Rn. 15.
9 MK-*Lindacher*, ZPO, § 53 Rn. 2; Zöller-*Vollkommer*, ZPO, § 53 Rn. 2.
10 BSG, FamRZ 2013, 1801, Rn. 3; BFH v. 21.10.1982, IV R 113/82, juris, Rn. 11 f.; Thomas/Putzo-*Hüßtege*, ZPO, § 52 Rn. 3, § 53 Rn. 2; Zöller-*Vollkommer*, ZPO, § 53 Rn. 2, 4 f.; die gesetzliche Vertretung des Schuldners in der eidesstattlichen Versicherung setzt voraus, dass auch die Verwaltung des Schuldnervermögens vom Aufgabenkreis umfasst ist, vgl. KG Berlin, NJW 1968, 2245.
11 BGH, NJW 1988, 49 (51) = FamRZ 1987, 928 (930); Musielak/Voit-*Weth*, ZPO, § 53 Rn. 3; Stein/Jonas-*Bork*, ZPO, § 53 Rn. 15; Zöller-*Vollkommer*, ZPO, § 53 Rn. 5; a.A. MK-*Lindacher*, ZPO, § 53 Rn. 3.
12 BFH v. 21.10.1982, IV R 113/82, juris, Rn. 12 f.; Baumbach/Lauterbach/Albers/Hartmann, ZPO, § 53 Rn. 3.
13 BGH, NJW 1964, 1129 (1130); Stein/Jonas-*Bork*, ZPO, § 53 Rn. 16.

durch den Vertreter Wirksamkeit entfaltet.[14] Hat dieser allerdings in der Ausgangsinstanz keine **Anträge** gestellt und geht er auch nicht gegen eine für die von ihm vertretene Partei nachteilige Entscheidung vor, so kann letztere selbst wirksam **Rechtsmittel** einlegen, da es bei bloßen Äußerungen bzw. Stellungnahmen im Prozess – anders als bei der Bestellung eines Anwalts für den Betreuten/Pflegebefohlenen[15] – an einem **„Vertreten"** i.S.d. Vorschrift fehlt. Dem Betreuer/Pfleger steht es aber auch nach Abschluss einer Instanz noch frei, durch einen **Rechtsmittelverzicht** oder durch die **Rücknahme** des vom Vertretenen eingelegten Rechtsmittels gestaltend in das Verfahren einzugreifen.[16] Umgekehrt hat es der Betreute/Pflegebefohlene in der Hand, die im Rechtsstreit verfolgte Forderung durch einen materiell-rechtlich wirksamen **Erlassvertrag** mit dem in Anspruch genommenen Beklagten zum Erlöschen zu bringen und auf diese Weise den Ausgang des vom Vertreter geführten Prozesses zu beeinflussen.[17]

Die Vertretungsbefugnis eines gerichtlich (behördlich) bestellten Vertreters darf i.d.R. vom Prozessgericht nicht deshalb verneint werden, weil nicht alle **materiell-rechtlichen** Voraussetzungen für die Anordnung einer Betreuung oder Pflegschaft gegeben waren; es kommt im Interesse der Rechtssicherheit also nicht mehr darauf an, ob der Vertreter von der dafür zuständigen Stelle überhaupt bestellt werden durfte. Tritt erst im Laufe des Verfahrens zutage, dass die **Bestellung fehlerbehaftet** ist, hat das Gericht die Verhandlung ggf. **auszusetzen** (§ 148 ZPO), damit die Parteien die Bestellung zurücknehmen lassen können, sofern diese nicht ohnehin an einem zur **Nichtigkeit** führenden Mangel leidet (siehe auch § 51 Rn. 8).[18] 4

§ 53a
(weggefallen)

§ 54
Besondere Ermächtigung zu Prozesshandlungen

Einzelne Prozesshandlungen, zu denen nach den Vorschriften des bürgerlichen Rechts eine besondere Ermächtigung erforderlich ist, sind ohne sie gültig, wenn die Ermächtigung zur Prozessführung im Allgemeinen erteilt oder die Prozessführung auch ohne eine solche Ermächtigung im Allgemeinen statthaft ist.

„Die Vorschrift ist nur historisch zu verstehen"[1] und heute nach allgemeiner Ansicht **gegenstandslos**.[2] 1

§ 54 ZPO berührt insbesondere **nicht** die Problematik sachlich-rechtlicher **Genehmigungsvorbehalte** und deren Auswirkungen auf den vom gesetzlichen Vertreter geschlossenen **Prozessvergleich** (§ 794 Abs. 1 Nr. 1 ZPO) bzw. den von ihm im Prozess erklärten **Verzicht** (§ 306 ZPO) und das **Anerkenntnis** (§ 307 ZPO).[3] Während Verzicht und Anerkenntnis reine Prozesshandlungen darstellen, auf die z.B. die §§ 1819 ff., 1643 BGB keine Anwendung finden,[4] handelt es sich beim Prozessvergleich sowohl um eine Prozesshandlung als auch um einen materiell-rechtlichen Vertrag (**„Doppelnatur"**), weshalb das Fehlen der erforderlichen Genehmigung (z.B. § 1822 Nr. 12 BGB i.V.m. §§ 1908i Abs. 1 Satz 1, 1915 Abs. 1 Satz 1 BGB) den Vergleich 2

---

14 OLG Hamm, FamRZ 1997, 301 (302); MK-*Lindacher*, ZPO, § 53 Rn. 4.
15 OLG Hamm, FamRZ 1997, 301 (302).
16 OLG Frankfurt a.M., NJW 2014, 1393 (1394); zustimmend Baumbach/Lauterbach/Albers/Hartmann, ZPO, § 53 Rn. 3; Zöller-*Vollkommer*, ZPO, § 53 Rn. 5.
17 BGH, NJW 1988, 49 (51); Baumbach/Lauterbach/Albers/Hartmann, ZPO, § 53 Rn. 3.
18 BGH, NJW-RR 2010, 629 (630), Rn. 12 ff.; BGH, NJW 1964, 1855 (1856); BGH, NJW 1964, 1129 (1130); BGH, NJW 1961, 22 (23 f.); vgl. auch Stein/Jonas-*Bork*, ZPO, § 51 Rn. 29; Wieczorek/Schütze-*Hausmann*, ZPO, § 51 Rn. 53, § 53 Rn. 13, § 56 Rn. 5; Zöller-*Vollkommer*, ZPO, § 51 Rn. 12, § 53 Rn. 4, § 56 Rn. 4 a.E.

Zu § 54:
1 Stein/Jonas-*Bork*, ZPO, § 54 Rn. 1; so auch Musielak/Voit-*Weth*, ZPO, § 54 Rn. 1; MK-*Lindacher*, ZPO, § 54 Rn. 1.
2 Musielak/Voit-*Weth*, ZPO, § 54 Rn. 1; MK-*Lindacher*, ZPO, § 54 Rn. 1; Stein/Jonas-*Bork*, ZPO, § 54 Rn. 1.
3 Musielak/Voit-*Weth*, ZPO, § 54 Rn. 2; MK-*Lindacher*, ZPO, § 54 Rn. 2; a.A. offenbar Zöller-*Vollkommer*, ZPO, § 54 Rn. 1 („§ 54 ist somit nur von Bedeutung für den Prozessvergleich").
4 BGH, Rpfleger 1956, 159; MK-*Lindacher*, ZPO, § 54 Rn. 4; Thomas/Putzo-*Hüßtege*, ZPO, § 54 Rn. 2; Zöller-*Vollkommer*, ZPO, § 54 Rn. 1.

auch seiner prozessualen Wirksamkeit beraubt.⁵ Im Anwendungsbereich des FamFG gilt **§ 9 Abs. 5 FamFG**.

§ 55
Prozessfähigkeit von Ausländern

Ein Ausländer, dem nach dem Recht seines Landes die Prozessfähigkeit mangelt, gilt als prozessfähig, wenn ihm nach dem Recht des Prozessgerichts die Prozessfähigkeit zusteht.

Inhalt:

	Rn.		Rn.
A. Normzweck, Erläuterungen und Prozessuales	1	B. Praxishinweis	3

A. Normzweck, Erläuterungen und Prozessuales

1 Der Vorschrift ist zu entnehmen, dass ein Ausländer im Zivilprozess vor einem deutschen Gericht immer dann prozessfähig ist, wenn er dies für ein vergleichbares Verfahren nach dem (Prozess-)Recht seines Heimatlandes wäre. Führt demnach die Anwendung des **Heimatrechts** zur Prozessfähigkeit der ausländischen Partei, spielt für den Inlandsprozess nicht einmal ihre nach deutschem Recht fehlende Geschäftsfähigkeit eine Rolle.¹ Eine **Ausnahme** besteht allerdings dann, wenn die betreffende Partei von einem deutschen Gericht unter **Betreuung mit Einwilligungsvorbehalt** gestellt wurde (Art. 24 Abs. 1 Satz 2 EGBGB i.V.m. §§ 1896, 1903 Abs. 1, 108ff. BGB), auch wenn hiervon ihre Prozessfähigkeit nach der Heimatrechtsordnung unberührt bleiben sollte.² Mangelt es dagegen dem Ausländer nach seinem Heimatrecht an der Prozessfähigkeit, so **gilt** er gemäß § 55 ZPO „aus Verkehrsschutzgründen"³ vor dem deutschen Zivilgericht als voll prozessfähig, „wenn ein Deutscher in der gleichen prozessualen Lage prozessfähig wäre".⁴ Ist das der Fall, haben alle **Zustellungen** im Ausland an ihn persönlich zu erfolgen, selbst wenn er dort unter Vormundschaft steht;⁵ auch kann ein im Ausland bestellter **gesetzlicher Vertreter** nicht als solcher im Inlandsprozess auftreten, sondern allenfalls als **Beistand** (§ 90 ZPO) des nach deutschem Recht prozessfähigen Ausländers.⁶ Für die **gesetzliche Vertretung** einer prozessunfähigen ausländischen Partei sind insbesondere die Art. 21⁷ u. 24 EGBGB zu beachten.⁸ Die **Parteifähigkeit** des Ausländers beurteilt sich derweil nach dem Recht des Heimatstaates (hierzu bzw. zur gesetzlichen/organschaftlichen Vertretung ausländischer Parteien siehe § 50 Rn. 10).⁹ Im Anwendungsbereich des FamFG gilt **§ 9 Abs. 5 FamFG**.

2 Bei **Staatenlosen** ist auf das Recht des **gewöhnlichen Aufenthaltsortes** oder, mangels eines solchen, auf das des **Aufenthaltsortes** abzustellen (Art. 5 Abs. 2 EGBGB); im Übrigen findet § 55 ZPO entsprechende Anwendung.¹⁰

---

5 Musielak/Voit-*Weth*, ZPO, § 54 Rn. 2; MK-*Lindacher*, ZPO, § 54 Rn. 3; Stein/Jonas-*Bork*, ZPO, § 54 Rn. 3.

Zu § 55:
1 Musielak/Voit-*Weth*, ZPO, § 55 Rn. 1; MK-*Lindacher*, ZPO, § 55 Rn. 1; Stein/Jonas-*Bork*, ZPO, § 55 Rn. 1; a.A. (prozessfähig ist, wer nach seinem Heimatrecht geschäftsfähig ist, Art. 7 Abs. 1 EGBGB) KG Berlin, FamRZ 1991, 1456; Baumbach/Lauterbach/Albers/Hartmann, ZPO, § 55 Rn. 1.
2 Musielak/Voit-*Weth*, ZPO, § 55 Rn. 1; MK-*Lindacher*, ZPO, § 55 Rn. 2; Stein/Jonas-*Bork*, ZPO, § 55 Rn. 3; Wieczorek/Schütze-*Hausmann*, ZPO, § 55 Rn. 4.
3 MK-*Lindacher*, ZPO, § 55 Rn. 2.
4 Musielak/Voit-*Weth*, ZPO, § 55 Rn. 1; vgl. auch MK-*Lindacher*, ZPO, § 55 Rn. 2; Stein/Jonas-*Bork*, ZPO, § 55 Rn. 2.
5 Stein/Jonas-*Bork*, ZPO, § 55 Rn. 6; Wieczorek/Schütze-*Hausmann*, ZPO, § 55 Rn. 7.
6 Baumbach/Lauterbach/Albers/Hartmann, ZPO, § 55 Rn. 2; Musielak/Voit-*Weth*, ZPO, § 55 Rn. 2.
7 Vgl. z.B. OLG Hamm, FamRZ 2001, 1533 (1534).
8 Vorrangig auch das Haager Übereinkommen v. 05.10.1961 über die Zuständigkeit der Behörden und das anzuwendende Recht auf dem Gebiet des Schutzes von Minderjährigen (vgl. BGBl. II 1971, S. 217) sowie das Abkommen zur Regelung der Vormundschaft über Minderjährige v. 12.06.1902 (RGBl. 1904, S. 240), hierzu auch MK-*Lindacher*, ZPO, § 55 Rn. 5; Stein/Jonas-*Bork*, ZPO, § 55 Rn. 7.
9 Zöller-*Vollkommer*, ZPO, § 50 Rn. 2, 9f., § 55 Rn. 1.
10 Musielak/Voit-*Weth*, ZPO, § 55 Rn. 3; Stein/Jonas-*Bork*, ZPO, § 55 Rn. 4; Wieczorek/Schütze-*Hausmann*, ZPO, § 55 Rn. 13.

B. Praxishinweis

Ist eine Vollstreckung des Urteils im Heimatland nicht erforderlich bzw. nicht beabsichtigt, empfiehlt es sich, zunächst die Prozessfähigkeit des Ausländers nach **deutschem Recht** zu prüfen, da es auf die Prozessfähigkeit nach dem Recht des Heimatstaates nur dann ankommt, wenn das deutsche Recht zur Prozessunfähigkeit führt.[11]

3

§ 56
Prüfung von Amts wegen

(1) Das Gericht hat den Mangel der Parteifähigkeit, der Prozessfähigkeit, der Legitimation eines gesetzlichen Vertreters und der erforderlichen Ermächtigung zur Prozessführung von Amts wegen zu berücksichtigen.

(2) ¹Die Partei oder deren gesetzlicher Vertreter kann zur Prozessführung mit Vorbehalt der Beseitigung des Mangels zugelassen werden, wenn mit dem Verzug Gefahr für die Partei verbunden ist. ²Das Endurteil darf erst erlassen werden, nachdem die für die Beseitigung des Mangels zu bestimmende Frist abgelaufen ist.

Inhalt:

	Rn.		Rn.
A. Gerichtliche Prüfung und Beweiserhebung, Abs. 1	1	B. Prozessuale Folgen des Mangels, Abs. 1	5
		C. Vorläufige Zulassung, Abs. 2	10

A. Gerichtliche Prüfung und Beweiserhebung, Abs. 1

Wie bei allen Prozessvoraussetzungen hat sich das Gericht in jeder Lage des Verfahrens und in allen Instanzen (einschließlich des Säumnis- und Wiederaufnahmeverfahrens[1]) **von Amts wegen**, d.h. auch ohne vorausgegangene Rüge, von der rechtlichen Existenz der beteiligten Parteien (siehe § 50 Rn. 8), ihrer Parteifähigkeit (siehe § 50 Rn. 9), Prozessfähigkeit (bei deren Fehlen: der Legitimation eines gesetzlichen Vertreters, siehe § 51 Rn. 1ff., § 52 Rn. 1ff.) und Prozessführungsbefugnis (siehe § 51 Rn. 12ff.) zu überzeugen. § 56 Abs. 1 ZPO (vgl. **§ 9 Abs. 5 FamFG**) verpflichtet die Gerichte aber nicht, stets eine umfassende Überprüfung der parteibezogenen Prozessvoraussetzungen vorzunehmen, sondern nur, entsprechende **Mängel** von Amts wegen zu berücksichtigen. So haben BGH und BAG für die **Prozessfähigkeit** entschieden, dass grundsätzlich von ihrem Vorhandensein auszugehen und eine Prüfung lediglich dann angezeigt ist, wenn hinreichend **konkrete Anhaltspunkte** dafür gegeben sind, dass Prozessunfähigkeit vorliegen könnte. Behauptet also eine Partei, sie sei prozessunfähig, wird die Darlegung von Tatsachen erwartet, die darauf hindeuten, dass die Behauptung richtig sein könnte; andernfalls braucht das Gericht der Frage nicht weiter nachzugehen.[2] Entsprechendes gilt für die **rechtliche Existenz** bzw. die **Parteifähigkeit**,[3] die **ordnungsgemäße Vertretung** einer prozessunfähigen Partei[4] und die **Prozessführungsbefugnis**.[5] Dem Prozessgericht ist grundsätzlich ein weiter **Beurteilungsspielraum** bei der Feststellung einzuräumen, ob Anhaltspunkte im vorstehenden Sinne gegeben sind.[6]

1

Liegen hinreichend konkrete Anhaltspunkte für einen Mangel vor, so hat das Gericht auf bestehende Bedenken **hinzuweisen** (§ 139 Abs. 3 ZPO)[7] und die Parteien ggf. aufzufordern, näher zur fraglichen Prozessvoraussetzung vorzutragen bzw. die erforderlichen **Nachweise** zu erbrin-

2

---

11 Vgl. auch MK-*Lindacher*, ZPO, § 55 Rn. 3; Stein/Jonas-*Bork*, ZPO, § 55 Rn. 2; Wieczorek/Schütze-*Hausmann*, ZPO, § 55 Rn. 3.

Zu § 56:
1 BGH, NJW 1982, 2449 (2450) = FamRZ 1982, 789 (791); Stein/Jonas-*Bork*, ZPO, § 56 Rn. 5; Wieczorek/Schütze-*Hausmann*, ZPO, § 56 Rn. 7.
2 BAG, NJW 2015, 269 (270), Rn. 13; BGH, FamRZ 2014, 553, Rn. 8; BGH, FamRZ 2010, 548 (548f.), Rn. 7f., 11; BGH, NJW 2004, 2523 (2523f.); BGH, NJW 1996, 1059 (1060); BGH, NJW-RR 1986, 157; vgl. auch Musielak/Voit-*Weth*, ZPO, § 52 Rn. 6, § 56 Rn. 2, 4, 6; Stein/Jonas-*Bork*, ZPO, § 50 Rn. 58, § 56 Rn. 4, 9; Thomas/Putzo-*Hüßtege*, ZPO, § 50 Rn. 10, § 52 Rn. 6, 8, § 56 Rn. 1; Zöller-*Vollkommer*, ZPO, § 56 Rn. 2, 4, 9.
3 BGH v. 11.06.2013, II ZR 245/11, juris, Rn. 1; BGH, NJW 2011, 778 (778f.), Rn. 14, 16; BGH, NJW 2010, 3100 (3101), Rn. 11; BGH, NJW 2004, 2523 (2523f.).
4 MK-*Lindacher*, ZPO, § 52 Rn. 37.
5 BGH, MDR 2008, 1183 (1184); BGH, NJW-RR 2006, 138; BGH, NJW 2000, 738.
6 BGH, FamRZ 2014, 553, Rn. 8.
7 Vgl. BGH, NJW-RR 2006, 937 = FamRZ 2006, 942 (943).

gen; im Übrigen hat es nunmehr von Amts wegen Beweis zu erheben (**Amtsermittlung**).[8] Da hierbei auch ohne Einverständnis der Parteien (§ 284 Satz 2 ZPO) der Grundsatz des **Freibeweises** gilt, ist das Gericht nicht an die förmlichen Beweismittel des Zivilprozesses gebunden und bestimmt selbst Art und Umfang der Beweiserhebung nach **pflichtgemäßem Ermessen**.[9] Die Parteien können auf die Beweisbedürftigkeit in diesem Kontext entscheidungsrelevanter Tatsachen keinen Einfluss nehmen (etwa durch Anerkenntnis, Verzicht, rügeloses Einlassen, Nichtbestreiten, Geständnis), da die Prozessvoraussetzungen ihrer **Disposition entzogen** sind.[10] Verbleibende Zweifel nach Erschöpfung aller erschließbaren Erkenntnisquellen gehen zu Lasten derjenigen Partei, die aus der behaupteten Prozessvoraussetzung Rechte herleiten will und insofern die „**objektive**" Beweislast i.S. eines Risikos der Nichterweislichkeit zu tragen hat, nicht aber auch die „**subjektive**" Beweisführungslast.[11] Nur wenn sich die **Prozessfähigkeit** einer Partei nicht positiv feststellen lässt, weil ebenso ernste wie begründete Zweifel an dieser bestehen bleiben *(non liquet)*, muss die Partei als nicht prozessfähig angesehen werden.[12]

3   Das Gericht darf in die **Sachprüfung** grundsätzlich erst dann eintreten, wenn feststeht, dass die Prozessvoraussetzungen gegeben sind (Ausnahme: Rechtsschutzbedürfnis),[13] wobei die Tatsachen, aus denen sich diese ergeben, spätestens zum **Schluss der letzten mündlichen Verhandlung** (und sei es in der Revisionsinstanz) bzw. zum entsprechenden Zeitpunkt im schriftlichen Verfahren vorliegen müssen (siehe aber unten).[14] Das **Revisionsgericht** ist im Rahmen seiner Prüfung weder an die Feststellungen des Berufungsgerichts zu den Prozessvoraussetzungen gebunden noch auf die Tatsachen und Beweismittel beschränkt, die dem Berufungsgericht vorgelegen haben. Es kann vielmehr – auch unter Berücksichtigung neuen Tatsachenvorbringens – in Abweichung von § 559 ZPO **selbstständig** die notwendigen tatsächlichen Feststellungen treffen und dazu die erforderlichen Beweise erheben.[15] Ebenso steht es ihm frei, von Amts wegen die Prozessfähigkeit einer Partei für den Zeitpunkt der letzten mündlichen Verhandlung des Berufungsverfahrens festzustellen.[16] Fehlen ihm derweil ausreichende tatsächliche Unterlagen, kann das Revisionsgericht unter **Aufhebung** des angefochtenen Urteils die Sache zur neuen Verhandlung und Entscheidung an das Berufungsgericht zurückverweisen (**§§ 562 f. ZPO**), was insbesondere dann in Betracht kommt, wenn die betreffende Prozessvoraussetzung tatrichterlich überhaupt noch nicht geprüft worden ist (siehe auch Rn. 6).[17] Befasst sich dagegen die Revisionsentscheidung ausdrücklich und abschließend mit

---

8 BAG, NJW 2015, 269 (270), Rn. 13 („von Amts wegen zu ermitteln"); BGH, NJW-RR 2011, 284, Rn. 4 (Pflicht zur „Erschöpfung aller erschließbaren Erkenntnisse"); BGH, NJW 2011, 778 (779), Rn. 16 (Gericht ist gehalten, „alle in Frage kommenden Beweise zu erheben"); BGH, FamRZ 2010, 548, Rn. 8 („von Amts wegen Beweise zu erheben"); BGH, NJW 2008, 2125, Rn. 13 („Das Gericht ist verpflichtet, Anhaltspunkten für eine fehlende Prozessfähigkeit nachzugehen und gegebenenfalls Beweis zu erheben"); BGH, NJW 1996, 1059 (1060: „Amtsermittlungsgrundsatz gilt"); a.A. MK-*Lindacher*, ZPO, § 56 Rn. 2; Zöller-*Vollkommer*, ZPO, § 56 Rn. 4.
9 BAG, NJW 2015, 269 (270), Rn. 13; BGH, NJW-RR 2011, 284, Rn. 4; BGH, NJW 2011, 778 (779), Rn. 16; BGH, FamRZ 2010, 548, Rn. 8; BGH, NJW 1990, 1734 (1735); Musielak/Voit-*Weth*, ZPO, § 56 Rn. 5; Wieczorek/Schütze-*Hausmann*, ZPO, § 56 Rn. 14 f.; Zöller-*Vollkommer*, ZPO, § 56 Rn. 8; a.A. (Anwendung des Freibeweises nur mit Einverständnis der Parteien) MK-*Lindacher*, ZPO, § 50 Rn. 49, § 52 Rn. 46; Stein/Jonas-*Bork*, ZPO, § 56 Rn. 7; Zöller-*Greger*, ZPO, § 284 Rn. 1b.
10 BGH, NJW 2019, 3100 (3101), Rn. 11; BGH, NJW 2004, 2523 (2524); MK-*Lindacher*, ZPO, § 56 Rn. 2; Stein/Jonas-*Bork*, ZPO, § 56 Rn. 6; Zöller-*Vollkommer*, ZPO, § 56 Rn. 5.
11 BGH, NJW-RR 2006, 138 (139); BAG, MDR 2000, 781; BGH, NJW 1996, 1059 (1060); vgl. auch Musielak/Voit-*Weth*, ZPO, § 56 Rn. 6; Zöller-*Vollkommer*, ZPO, § 56 Rn. 8 f.
12 BGH, FamRZ 2014, 553 (554), Rn. 10 f.; BGH, NJW 2011, 284, Rn. 4; BGH, FamRZ 2010, 548, Rn. 8; BGH, NJW 1996, 1059 (1060); OLG Hamm, MDR 1992, 411 (412); vgl. auch Musielak/Voit-*Weth*, ZPO, § 52 Rn. 6, § 56 Rn. 6; Stein/Jonas-*Bork*, ZPO, § 56 Rn. 9 f.; Zöller-*Vollkommer*, ZPO, § 56 Rn. 9.
13 BGH, NJW 2000, 738 (738 f.); BGH, NJW 1996, 193 (195); vgl. auch BGH, NJW-RR 2000, 634 (634 f.: weitere Ausnahme betreffend Prozessführungsbefugnis bestimmter Verbände nach dem UWG); zur Klageabweisung als „jedenfalls unbegründet" unter Offenlassung der Prozessfähigkeits- bzw. Vertretungsmachtfrage MK-*Lindacher*, ZPO, § 52 Rn. 50; Wieczorek/Schütze-*Hausmann*, ZPO, § 56 Rn. 12.
14 Musielak/Voit-*Weth*, ZPO, § 56 Rn. 4; Thomas/Putzo-*Hüßtege*, ZPO, § 50 Rn. 10, 52 Rn. 6; Wieczorek/Schütze-*Hausmann*, ZPO, § 56 Rn. 8.
15 BAG, NJW 2015, 269 (270), Rn. 13; BGH, NJW-RR 2006, 138 (138 f.); BGH, NJW 2000, 738 (739); BGH, NJW-RR 1986, 157; BGH, NJW 1976, 1940; Musielak/Voit-*Weth*, ZPO, § 56 Rn. 4; MK-*Lindacher*, ZPO, § 52 Rn. 37; Zöller-*Vollkommer*, ZPO, § 56 Rn. 2.
16 BGH, NJW 1970, 1683 (1684); Zöller-*Vollkommer*, ZPO, § 56 Rn. 2.
17 BGH, NJW 2004, 2523 (2325); BGH v. 09.01.1996, VI ZR 94/95, juris, Rn. 15; BGH, NJW-RR 1986, 157 (158); MK-*Lindacher*, ZPO, § 52 Rn. 37; Wieczorek/Schütze-*Hausmann*, ZPO, § 56 Rn. 7; Zöller-*Vollkommer*, ZPO, § 56 Rn. 2, 14; einschränkend BGH, NJW 1976, 1940 (1941).

dem Vorliegen der in Streit stehenden Prozessvoraussetzung und ist der Sachverhalt derselbe geblieben, so ist dem Berufungsgericht im Falle der **Zurückverweisung** eine (neuerliche) Überprüfung verwehrt.[18] Abweichend vom o. g. Grundsatz müssen bei **gesetzlicher oder gewillkürter Prozessstandschaft** die Tatsachen, aus denen sich die Prozessführungsbefugnis ergibt, spätestens im Zeitpunkt der letzten mündlichen Verhandlung **vor dem Berufungsgericht** bzw. zum entsprechenden Zeitpunkt im schriftlichen Verfahren vorgelegen haben, was vom Revisionsgericht selbstständig festzustellen ist. Tatsachenstoff nach Schluss der letzten mündlichen Verhandlung vor dem Tatrichter kann also nicht mehr nachgereicht werden.[19] Dementsprechend muss ein **Insolvenzverwalter** nach Verlust seiner gesetzlichen Prozessführungsbefugnis durch Aufhebung des Insolvenzverfahrens rechtzeitig offenlegen, wenn er den Prozess nunmehr in gewillkürter Prozessstandschaft fortführt, sofern dies nicht für alle Beteiligten außer Zweifel steht.[20] **Zulässigkeitsrügen** der beklagten Partei, die eine der in § 56 Abs. 1 ZPO genannten Prozessvoraussetzungen betreffen, dürfen in erster Instanz nicht als **verspätet** zurückgewiesen werden (**§ 296 Abs. 3 ZPO**). Gleichermaßen sind sie in der Berufungsinstanz einer Zurückweisung wegen Verspätung (**§§ 530, 531 ZPO**) nicht zugänglich.[21]

Bis zur rechtskräftigen Entscheidung über die in Streit stehende Prozessvoraussetzung gilt die 4
u. U. inexistente/parteiunfähige/prozessunfähige/nicht ordnungsgemäß vertretene Partei als existent, partei- oder prozessfähig bzw. ordnungsgemäß vertreten (**„Zulässigkeitsstreit"**). Im Interesse eines lückenlosen Rechtsschutzes ist auch das **Rechtsmittel** einer Partei, die ihre Nichtexistenz, anderweitig fehlende Parteifähigkeit oder Prozessunfähigkeit geltend macht bzw. rügt, dass sie in der Vorinstanz zu Unrecht als inexistent, parteiunfähig oder prozessunfähig behandelt worden sei, ohne Weiteres **zulässig** (siehe auch § 50 Rn. 8). Ist die ordnungsgemäße Vertretung einer Partei streitig, kann von ihr selbst (ggf. vertreten durch denjenigen, von dessen Befugnis dazu gestritten wird) Rechtsmittel gegen das den Streit entscheidende Urteil zu dem Zweck eingelegt werden, diesen auch im Rechtsmittelverfahren zum Austrag zu bringen.[22] Denn andernfalls bliebe ein an dem Verfahrensverstoß leidendes Urteil der Vorinstanz aufrechterhalten, erwüchse in Rechtskraft und könnte lediglich im Wege der **Nichtigkeitsklage** nach § 579 Abs. 1 Nr. 4 ZPO (analog) angegriffen werden. Insofern ermöglicht die Zuordnung der Entscheidung über die fragliche Prozessvoraussetzung zur Begründetheit des Rechtsmittels einen prozessual einfachen Weg zur Korrektur des von der unteren Instanz erlassenen (fehlerhaften) Sachurteils, wofür auch dann ein Bedürfnis besteht, wenn dieses für oder wider eine nicht existente Partei ergeht und deshalb erst gar keine Rechtswirkungen entfaltet; solche von vornherein **wirkungslosen Urteile** können ebenfalls durch Rechtsmittel beseitigt werden (siehe auch Rn. 8, § 50 Rn. 8).[23] Gleiches gilt im Übrigen, wenn die Partei, deren rechtliche Existenz, Partei- oder Prozessfähigkeit fraglich ist, sich gegen das in der Vorinstanz gegen sie ergangene **Sachurteil** wendet und mit dem Rechtsmittel eine andere, ihrem Begehren entsprechende Entscheidung erreichen will.[24] Derweil hat es die Partei im Falle **gewillkürter Vertretung** im Prozess selbst in der Hand, durch (anderweitige oder nochmalige) Erteilung einer ordnungsgemäßen Prozessvollmacht den Streit darüber, ob eine wirksam erteilte

---

18 Stein/Jonas-*Bork*, ZPO, § 56 Rn. 4; Zöller-*Vollkommer*, ZPO, § 56 Rn. 2.
19 BGH, NJW-RR 2006, 138 (139); BGH, NJW 2000, 738 (739); BGH, NJW-RR 1993, 442; BGH, NJW 1988, 1585 (1587); Musielak/Voit-*Weth*, ZPO, § 56 Rn. 4; Thomas/Putzo-*Hüßtege*, ZPO, § 51 Rn. 23.
20 BGH, MDR 2008, 1183 (1184).
21 BGH, NJW 2004, 2523 (2523 f.); Thomas/Putzo-*Hüßtege*, ZPO, § 56 Rn. 1; Zöller-*Vollkommer*, ZPO, § 56 Rn. 2.
22 BAG, NJW 2015, 269 (270), Rn. 13; BGH, FamRZ 2014, 553, Rn. 4; BGH, NJW 2010, 3100, Rn. 8 f.; BGH, FamRZ 2010, 548 (549), Rn. 12; BGH, NJW 2008, 528, Rn. 9; BGH, NJW 2008, 527 (528), Rn. 13; BGH, NJW-RR 2004, 1505 (1506); BGH, NJW 2000, 289; BGH, NJW 1990, 3152; BGH, NJW 1990, 1734 (1735); BGH, NJW 1964, 203; OLG München, NJW-RR 2015, 33 (34); OLG Koblenz, MDR 2013, 1243; OLG Düsseldorf, MDR 2008, 1308; OLG Hamm, MDR 1992, 411 (412); Musielak/Voit-*Weth*, ZPO, § 50 Rn. 12, 15, § 52 Rn. 6, § 56 Rn. 8; MK-*Lindacher*, ZPO, Vorbem. § 50 Rn. 26, § 50 Rn. 48, § 52 Rn. 34, 45, 49, 51, § 56 Rn. 4; Stein/Jonas-*Bork*, ZPO, § 50 Rn. 58 f., § 51 Rn. 10, 29, § 52 Rn. 9, § 56 Rn. 5, 16; Zöller-*Vollkommer*, ZPO, Vorbem. § 50 Rn. 11, § 50 Rn. 8, § 51 Rn. 12, § 52 Rn. 6, § 56 Rn. 13 f.
23 BGH, NJW 2010, 3100 (3101), Rn. 11; BGH, FamRZ 2010, 548 (549), Rn. 12; BGH, NJW 1990, 1734 (1735); OLG Hamm, MDR 1992, 411 (412); MK-*Lindacher*, ZPO, Vorbem. § 50 Rn. 26; Zöller-*Vollkommer*, ZPO, Vorbem. § 50 Rn. 11; a. A. wohl Zöller-*Greger*, ZPO, § 579 Rn. 6 (bei wirkungslosem Urteil Wiederaufnahme nicht erforderlich).
24 BGH, NJW 2010, 3100, Rn. 9 ff.; BGH, FamRZ 2010, 548 (549), Rn. 12; OLG Hamm, MDR 1992, 411 (412); vgl. auch MK-*Lindacher*, ZPO, Vorbem. § 50 Rn. 26, § 52 Rn. 49; Thomas/Putzo-*Hüßtege*, ZPO, § 50 Rn. 11, § 52 Rn. 7; Zöller-*Vollkommer*, ZPO, Vorbem. § 50 Rn. 11, § 56 Rn. 13 f.

Vollmacht vorgelegen hat, für die Rechtsmittelinstanz von vornherein auszuräumen, ohne insoweit ein Risiko über die Zulässigkeit des Rechtsmittels einzugehen.[25]

B. Prozessuale Folgen des Mangels, Abs. 1

5 Bei einem **anfänglichen Mangel** ist die Klage – soweit dieser **nicht zu beheben** ist – als unzulässig abzuweisen (Prozessurteil);[26] wird der Mangel dagegen verneint, ist hierüber im Endurteil, u.U. aber auch durch Zwischenurteil zu entscheiden (§§ 280 Abs. 2, 303 ZPO).[27] Die **Kosten** des Rechtsstreits hat i.d.R. die unterlegene Partei zu tragen, da die §§ 91, 97 ZPO nur den Bestand eines Prozessrechtsverhältnisses voraussetzen, das allein durch die Klageerhebung begründet wird, ohne dass es z.B. auf die Prozessfähigkeit der Parteien ankommt; die prozessuale Kostentragungspflicht richtet sich also ausschließlich nach dem Ergebnis der Rechtsverfolgung.[28] Ggf. sind die Kosten demjenigen (Dritten) aufzuerlegen, der sie **veranlasst** hat (siehe § 50 Rn. 6, 8, § 51 Rn. 9). Ergibt sich der anfängliche und nicht zu behebende Mangel erst in der **Berufungsinstanz**, ist nicht die Berufung als unzulässig zu verwerfen (siehe Rn. 4), sondern – und sei es vom Revisionsgericht – das erstinstanzliche Urteil aufzuheben und die Klage als unzulässig abzuweisen.[29]

6 Bei einem **behebbaren Mangel** hat das Gericht den Parteien über den erforderlichen Hinweis etc. hinaus (siehe Rn. 2) ausreichend **Gelegenheit zur Mangelbeseitigung** zu geben: Hat eine prozessunfähige Partei beispielsweise keinen gesetzlichen Vertreter, so muss es ihr das Gericht ermöglichen, für eine ordnungsgemäße Vertretung zu sorgen (siehe auch § 52 Rn. 4). Bevor es die Klage als unzulässig abweist, hat es daher auf den Mangel sowie auf die Möglichkeit seiner Behebung etwa durch die Bestellung eines Betreuers nach § 1896 BGB hinzuweisen. Im Anschluss ist der Partei die notwendige Zeit einzuräumen, um einen solchen durch das Betreuungsgericht bestellen zu lassen. Hierbei ist zu berücksichtigen, dass selbst die Bestellung eines vorläufigen Betreuers durch einstweilige Anordnung nach § 300 Abs. 1 Satz 1 FamFG nicht ohne eine ärztliche Stellungnahme und eine vorherige Anhörung des Betroffenen durch das Betreuungsgericht zulässig ist, was eine gewisse Zeit in Anspruch nimmt.[30] Der Rechtsstreit ist also ggf. zu **vertagen** oder **auszusetzen**. In Betracht kommt außerdem die Bestellung eines **Prozesspflegers** (§ 57 Abs. 1 ZPO), die eines **Notvorstands/Notgeschäftsführers** nach § 85 AktG/§ 29 BGB (analog, siehe § 51 Rn. 4) bzw. ein Vorgehen gemäß **§ 56 Abs. 2 ZPO**.[31] Andererseits darf das Gericht ohne Verstoß gegen Art. 103 Abs. 1 GG (siehe § 52 Rn. 4) **sofort** durch Prozessurteil entscheiden, wenn bereits feststeht, dass entweder der Vertretungsmangel nicht behoben werden kann oder dass der zu bestellende Vertreter die bisherige Prozessführung nicht genehmigen (siehe Rn. 9) wird.[32] Bei einem behebbaren Mangel kann die **höhere Instanz** die Entscheidung der Vorinstanz aufheben und die Sache zur erneuten Verhandlung und Entscheidung – insbesondere zum Nachholen der notwendigen, bislang aber unterbliebenen Prozesshandlungen – zurückverweisen (**§§ 538, 562 f. ZPO**, siehe auch Rn. 3).[33]

7 Ein erst im Laufe des Rechtsstreits eintretender **(nachträglicher) Mangel** führt zur Verfahrensunterbrechung/-aussetzung (§§ 239, 241, 246, 249 ZPO, siehe § 51 Rn. 8).[34] Als unzulässig ab-

---

25 BGH, NJW 1990, 3152 (3153); vgl. auch Musielak/Voit-*Weth* ZPO, § 56 Rn. 8.
26 BGH, FamRZ 2010, 548 (549), Rn. 14; BGH, NJW 2004, 2523 (2525); BGH, NJW-RR 1986, 157 (158); Zöller-*Vollkommer*, ZPO, § 56 Rn. 11.
27 Baumbach/Lauterbach/Albers/Hartmann, ZPO, § 50 Rn. 32, § 56 Rn. 20; Musielak/Voit-*Weth*, ZPO, § 50 Rn. 15, § 56 Rn. 1; MK-*Lindacher*, ZPO, § 50 Rn. 48, § 52 Rn. 45.
28 BGH, NJW 1993, 1865 = VersR 1993, 1377; MK-*Lindacher*, ZPO, § 50 Rn. 44, § 52 Rn. 38; MK-*Schulz*, ZPO, § 91 Rn. 17; Zöller-*Vollkommer*, ZPO, § 56 Rn. 11; Zöller-*Herget*, ZPO, § 91 Rn. 2.
29 BGH, NJW 2000, 738 (738, 740); BGH, NJW 2000, 289 (291); BGH, NJW 1964, 203; OLG Hamm, MDR 1992, 411; Musielak/Voit-*Weth*, ZPO, § 56 Rn. 7 f.; Stein/Jonas-*Bork*, ZPO, § 56 Rn. 16.
30 BAG, NJW 2015, 269 (271), Rn. 32; BGH, FamRZ 2014, 553 (555), Rn. 20; BGH, NJW-RR 2011, 284, Rn. 7 ff.; BAG, NJW 2009, 3051, Rn. 6, 11; Musielak/Voit-*Weth*, ZPO, § 56 Rn. 3, 7; Stein/Jonas-*Bork*, ZPO, § 56 Rn. 5; Thomas/Putzo-*Hüßtege*, ZPO, § 52 Rn. 7; Wieczorek/Schütze-*Hausmann*, ZPO, § 51 Rn. 54, § 52 Rn. 37, § 56 Rn. 4; Zöller-*Vollkommer*, ZPO, § 56 Rn. 4, 10; vgl. auch BT-Drucks. 15/4874, S. 28 (zu § 51 Abs. 3 ZPO).
31 BGH, NJW-RR 2011, 115 (116), Rn. 19; BGH, FamRZ 2010, 548 (549 f.), Rn. 14, 21; BAG, NJW 2009, 3051 (3052), Rn. 12; Musielak/Voit-*Weth*, ZPO, § 52 Rn. 6, § 56 Rn. 3; Stein/Jonas-*Bork*, ZPO, § 56 Rn. 5; Thomas/Putzo-*Hüßtege*, ZPO, § 52 Rn. 7; Wieczorek/Schütze-*Hausmann*, ZPO, § 51 Rn. 54, § 52 Rn. 37, § 56 Rn. 4; Zöller-*Vollkommer*, ZPO, § 56 Rn. 11, 19; vgl. auch BT-Drucks. 15/4874, S. 28 (zu § 51 Abs. 3 ZPO).
32 BGH, FamRZ 2014, 553 (555), Rn. 23; BGH, NJW 1990, 1734 (1736).
33 BGH, FamRZ 2014, 553 (555), Rn. 24; BGH, NJW-RR 2011, 284 (285), Rn. 10; BGH, FamRZ 2010, 548 (550), Rn. 20; BGH, NJW 1990, 1734 (1735 f.); Musielak/Voit-*Weth*, ZPO, § 56 Rn. 9; Zöller-*Vollkommer*, ZPO, § 56 Rn. 11, 14.
34 Musielak/Voit-*Weth*, ZPO, § 56 Rn. 9; Zöller-*Vollkommer*, ZPO, § 56 Rn. 10.

zuweisen ist die Klage hingegen dann, wenn die Parteifähigkeit einer juristischen Person bzw. von „sonstigen parteifähigen Personifikationen"[35] während eines noch vor ihrem Verlust anhängig gewordenen **Passivprozesses** wegfällt (etwa materiell-rechtliches Erlöschen eines eingetragenen Vereins), sofern die Parteifähigkeit nicht ausnahmsweise als fortbestehend fingiert wird (hierzu und zum **Aktivprozess** Rn. 4, § 50 Rn. 8, 14).[36] Zur Vermeidung eines Prozessurteils kann die Klägerseite den Wegfall der Parteifähigkeit jedoch als erledigendes Ereignis einführen und die Feststellung der **Erledigung des Rechtsstreits** in der Hauptsache beantragen; für die danach zu treffende Entscheidung, ob und ggf. mit welcher Kostenfolge die beklagte Partei aus dem Prozess ausscheidet, ist deren Parteifähigkeit zu **fingieren** (siehe § 50 Rn. 8, 14).[37] Stattdessen kann aber auch – wie bei Verlust der Prozessführungsbefugnis während eines laufenden Verfahrens[38] – ein **gewillkürter Parteiwechsel** angezeigt sein (z.B. Klage gegen einen oder mehrere Gesellschafter).[39]

Wird der **Mangel nicht erkannt**, erwächst ein gegen die prozessunfähige Partei ergangenes (Versäumnis-)Urteil bzw. ein gegen sie erlassener Vollstreckungsbescheid bei unterbliebener Einspruchs-/Rechtsmitteleinlegung oder erfolgter Einspruchs-/Rechtsmittelrücknahme durch die nur für prozessfähig gehaltene Partei selbst[40] im Interesse von Rechtsfrieden und Rechtssicherheit **formell in Rechtskraft**. Trotz § 170 Abs. 1 Satz 2 ZPO setzt dabei bereits die Zustellung des Urteils/Vollstreckungsbescheids an die betroffene Partei die **Rechtsmittel-/Einspruchsfristen** in Gang.[41] Der Schutz der Partei, deren Prozessunfähigkeit bzw. nicht ordnungsgemäße Vertretung im Verfahren unerkannt geblieben ist, kann demgegenüber zurücktreten: Sie ist durch die Möglichkeit zur Rechtsmittel-/Einspruchseinlegung sowie durch die Option der **Nichtigkeitsklage** (§ 579 Abs. 1 Nr. 4 ZPO) ausreichend geschützt; dies gilt im Übrigen auch dann, wenn die Frage der Prozessfähigkeit bzw. ordnungsgemäßen Vertretung im Hauptverfahren **ausdrücklich geprüft** und (zu Unrecht) bejaht worden ist.[42] Nach § 586 Abs. 3 ZPO läuft die einmonatige Notfrist zur Erhebung der Nichtigkeitsklage (§ 586 Abs. 1 ZPO) im Falle mangelhafter Vertretung erst mit der Zustellung der anzufechtenden Entscheidung an die Partei selbst oder – wenn der Vertretungsmangel darin besteht, dass diese prozessunfähig ist – mit der Zustellung an ihren gesetzlichen Vertreter, um die Partei vor einem Verlust der Klagemöglichkeit zu schützen.[43] Bei einem die **Parteifähigkeit** betreffenden, unerkannt ge-

8

---

35 MK-*Lindacher*, ZPO, § 50 Rn. 45.
36 BGH, NJW 2015, 2424 (2425), Rn. 18 ff.; BGH, NJW-RR 1996, 805 (806); BGH, NJW 1982, 238; BGH, NJW 1979, 1592; OLG Rostock, NJW-RR 2002, 828; OLG Oldenburg, NJW-RR 1996, 160 (161); Baumbach/Lauterbach/Albers/Hartmann, ZPO, § 50 Rn. 32; Thomas/Putzo-*Hüßtege*, ZPO, § 50 Rn. 14; a.A. BAG, NJW 1982, 1831; Musielak/Voit-*Weth*, ZPO, § 50 Rn. 18; Zöller-*Vollkommer*, ZPO, § 50 Rn. 5, § 56 Rn. 10; differenzierend MK-*Lindacher*, ZPO, § 50 Rn. 16; offengelassen von BAG, NJW 1988, 2637.
37 BGH, NJW-RR 1996, 805 (806); BGH, NJW 1982, 238; MK-*Lindacher*, ZPO, § 50 Rn. 17, 45; Stein/Jonas-*Bork*, ZPO, § 50 Rn. 47; Thomas/Putzo-*Hüßtege*, ZPO, § 50 Rn. 14; a.A. OLG Hamm, NJW-RR 1988, 1307. Einer auf den Wegfall der Parteifähigkeit gestützten Erledigungserklärung kann die betroffene Partei widersprechen und die Abweisung der Klage mit der Begründung beantragen, dass der Klageanspruch von Anfang an unbegründet gewesen sei und sich der Rechtsstreit infolgedessen nicht erst nachträglich erledigt habe, vgl. BGH, NJW-RR 1986, 394; Musielak/Voit-*Weth*, ZPO, § 50 Rn. 15; Zöller-*Vollkommer*, ZPO, § 50 Rn. 8.
38 Thomas/Putzo-*Hüßtege*, ZPO, § 51 Rn. 22 a.E.; Zöller-*Vollkommer*, ZPO, Vorbem. § 50 Rn. 19 a.E.
39 BGH, NJW 1982, 238; BGHZ 62, 131; Thomas/Putzo-*Hüßtege*, ZPO, § 50 Rn. 14; Zöller-*Vollkommer*, ZPO, § 50 Rn. 17 (für die oHG).
40 Hierzu BGH, NJW 2014, 937 (939), Rn. 25; BGH, NJW 1988, 2049; BGH, FamRZ 1958, 58 (59); zustimmend Baumbach/Lauterbach/Albers/Hartmann, ZPO, § 56 Rn. 12; MK-*Lindacher*, ZPO, § 52 Rn. 51; Stein/Jonas-*Bork*, ZPO, § 56 Rn. 2; a.A. Zöller-*Vollkommer*, ZPO, § 52 Rn. 13, § 56 Rn. 15.
41 Insoweit zustimmend Baumbach/Lauterbach/Albers/Hartmann, ZPO, § 56 Rn. 12; Stein/Jonas-*Bork*, ZPO, § 56 Rn. 2; ablehnend MK-*Lindacher*, ZPO, § 52 Rn. 51; Wieczorek/Schütze-*Hausmann*, ZPO, § 52 Rn. 44; Zöller-*Vollkommer*, ZPO, § 52 Rn. 13, § 56 Rn. 15.
42 Hierzu BGH, NJW 1982, 2449 (2450 f.); VGH Mannheim v. 12.04.1995, 4 S 887/94, juris, Rn. 10; zustimmend Musielak/Voit-*Weth*, ZPO, § 52 Rn. 6, § 56 Rn. 9; MK-*Lindacher*, ZPO, § 52 Rn. 52; Thomas/Putzo-*Reichold*, ZPO, § 56 Rn. 2; Wieczorek/Schütze-*Hausmann*, ZPO, § 51 Rn. 60, § 52 Rn. 45, § 56 Rn. 31; Zöller-*Vollkommer*, ZPO, § 56 Rn. 15; a.A. BFH, NJW 1999, 2391 (2392); Musielak/Voit-*Musielak*, ZPO, § 579 Rn. 10; MK-*Braun*, ZPO, § 579 Rn. 16; Stein/Jonas-*Bork*, ZPO, § 56 Rn. 2; Zöller-*Greger*, ZPO, § 579 Rn. 8.
43 Zum Vorstehenden BGH, NJW 2014, 937 (937 ff.), Rn. 13 ff.; BGH, MDR 2008, 762; BGH, NJW 1988, 2049.

bliebenen Mangel ist § 579 Abs. 1 Nr. 4 ZPO **analog** anzuwenden;[44] zum Fall der **Nichtexistenz** siehe Rn. 4, § 50 Rn. 8.

9 Bestehende Mängel hinsichtlich parteibezogener Prozessvoraussetzungen können durch **rückwirkende Genehmigung** nur der **gesamten Verfahrensführung** geheilt werden; eine eingeschränkte, auf bestimmte Prozesshandlungen bezogene Genehmigung ist wirkungslos. Beispielsweise können Verfahrenshandlungen eines vollmachtlosen Vertreters durch den Berechtigten bzw. dessen gesetzlichen Vertreter **ausdrücklich oder stillschweigend** (etwa durch rügeloses Fortführen des Rechtsstreits) mit der Folge genehmigt werden, dass der Mangel der nicht ordnungsgemäßen Vertretung von Anfang an geheilt wird. Gleiches gilt für den gesetzlichen Vertreter in Bezug auf einen zunächst von der prozessunfähigen Partei selbst geführten Rechtsstreit bzw. für den Fall, dass die im Zeitpunkt der Klageerhebung partei- oder prozessunfähige Partei im Laufe des Verfahrens (wieder) partei-/prozessfähig wird. Bei der bewussten und gewollten Genehmigung der konkreten Prozessführung handelt es sich nicht um ein bürgerliches Rechtsgeschäft, sondern um eine **Prozesshandlung**, die auch noch in der **Revisionsinstanz** und nach bereits eingetretener Rechtskraft wirksam vorgenommen werden kann und nicht von der Zustimmung des Gegners abhängig ist.[45] Die **sachlich-rechtlichen Wirkungen** der Rechtshängigkeit (siehe § 262 Rn. 1 ff., 14 ff.) setzen bei späterer Genehmigung der Klageerhebung ebenfalls von Anfang an ein.[46] Wird die – im Übrigen **unwiderrufliche**[47] – Genehmigung durch den Berechtigten verweigert, so ist dies nicht per se rechtsmissbräuchlich.[48]

C. Vorläufige Zulassung, Abs. 2

10 Die Zulassung zur Prozessführung (d.h. zur Verhandlung in der Sache) unter dem Vorbehalt der Mangelbeseitigung liegt im **pflichtgemäßen Ermessen** des Gerichts („kann") und erfolgt durch **förmlichen Beschluss** desselben (also nicht allein des Vorsitzenden), der nur im Falle einer Zurückweisung mit der sofortigen Beschwerde (§ 567 Abs. 1 Nr. 2 ZPO) angreifbar ist.[49] Auf die im Beschluss zu setzende **Frist**, vor deren Verstreichen ein Endurteil nicht erlassen werden darf (vgl. § 56 Abs. 2 Satz 2 ZPO), finden die §§ 222, 224 ZPO Anwendung.[50] Erforderlich ist ein in angemessener und für die Gegenseite zumutbarer Zeit **behebbarer Mangel** bzw. zu erbringender (da bislang fehlender) **Nachweis** betreffend eine der in § 56 Abs. 1 ZPO genannten Prozessvoraussetzungen sowie **Gefahr im Verzug** für die zuzulassende Partei.[51] Von letzterer ist auszugehen, wenn die Verwirklichung der materiellen Rechte der betroffenen Partei ohne die Zulassung ernstlich gefährdet, wenn nicht vereitelt würde; genügen kann, dass ein Aufschub mit erheblichen Nachteilen verbunden oder ein Abwarten unzumutbar wäre. Bei Ansprüchen auf Unterlassung einer Handlung ist Gefahr im Verzug regelmäßig dann gegeben, wenn eine Zuwiderhandlung droht.[52]

11 Die Zulassung durch das Gericht bewirkt, dass die Partei bzw. der gesetzliche Vertreter nunmehr vorläufig zur Sache verhandeln und **sämtliche Prozesshandlungen** vornehmen kann. Diese werden **endgültig wirksam** bei **Nachweis** der fraglichen Prozessvoraussetzung innerhalb der gesetzten Frist, spätestens aber bis zum Schluss der auf den Fristablauf folgenden

---

44 So BAG, NJW 1991, 1252 (1253); BGH, MDR 1959, 121; Musielak/Voit-*Weth*, ZPO, § 50 Rn. 15, § 56 Rn. 9; Stein/Jonas-*Bork*, ZPO, § 50 Rn. 58 a.E.; Thomas/Putzo-*Hüßtege*, ZPO, § 50 Rn. 12; Zöller-*Vollkommer*, ZPO, § 50 Rn. 7, § 56 Rn. 15; einschränkend Wieczorek/Schütze-*Hausmann*, ZPO, § 50 Rn. 93 f., § 56 Rn. 31; a.A. MK-*Lindacher*, ZPO, § 50 Rn. 53.
45 BGH, NJW 2010, 2886 (2887), Rn. 8; BGH, NJW-RR 2009, 690 (691), Rn. 10 ff.; BGH, NJW 2000, 289 (291); BGH, NJW 1999, 3263; BGH, NJW 1991, 2961; BGH, NJW 1987, 130; BGHZ 51, 27 (29); BGH, NJW 1964, 1129 (1130); Musielak/Voit-*Weth*, ZPO, § 50 Rn. 14, § 56 Rn. 10; Stein/Jonas-*Bork*, ZPO, § 50 Rn. 57, § 56 Rn. 3; Thomas/Putzo-*Hüßtege*, ZPO, § 51 Rn. 17; Wieczorek/Schütze-*Hausmann*, ZPO, § 50 Rn. 89, § 51 Rn. 56 f., § 52 Rn. 39, § 56 Rn. 19 ff.; Zöller-*Vollkommer*, ZPO, § 51 Rn. 8, § 52 Rn. 14, § 56 Rn. 12.
46 Zöller-*Vollkommer*, ZPO, § 52 Rn. 14.
47 BGH, NJW 1999, 3263 (3264).
48 BGH, NJW-RR 2004, 330 (331); BGH, BB 1990, 729 (730); MK-*Lindacher*, ZPO, § 52 Rn. 42.
49 Musielak/Voit-*Weth*, ZPO, § 56 Rn. 13; MK-*Lindacher*, ZPO, § 56 Rn. 6; Thomas/Putzo-*Hüßtege*, ZPO, § 56 Rn. 4; Zöller-*Vollkommer*, ZPO, § 56 Rn. 16; a.A. (förmlicher Beschluss nur bei Streit über die Zulässigkeit der einstweiligen Zulassung) Baumbach/Lauterbach/Albers/Hartmann, ZPO, § 56 Rn. 25; Stein/Jonas-*Bork*, ZPO, § 56 Rn. 12.
50 Baumbach/Lauterbach/Albers/Hartmann, ZPO, § 56 Rn. 25; Thomas/Putzo-*Hüßtege*, ZPO, § 56 Rn. 4.
51 Musielak/Voit-*Weth*, ZPO, § 56 Rn. 12; MK-*Lindacher*, ZPO, § 56 Rn. 5; Zöller-*Vollkommer*, ZPO, § 56 Rn. 17.
52 BGH, FamRZ 2010, 548 (549), Rn. 17; OLG Frankfurt a.M., NJW-RR 2012, 510 (511); vgl. auch Musielak/Voit-*Weth*, ZPO, § 56 Rn. 12, § 57 Rn. 2; Thomas/Putzo-*Hüßtege*, ZPO, § 57 Rn. 5; Zöller-*Vollkommer*, ZPO, § 57 Rn. 4.

mündlichen Verhandlung. War ein **Mangel zu beheben**, bedürfen außerdem alle vorgenommenen Prozesshandlungen der entsprechenden **Genehmigung** (siehe Rn. 9), die ebenfalls noch in der auf den Fristablauf folgenden mündlichen Verhandlung erteilt werden kann. Bei nicht (rechtzeitig) erfolgter Mangelbeseitigung/Nachweiserbringung ist die Klage dagegen als **unzulässig** abzuweisen (vgl. § 56 Abs. 2 Satz 2 ZPO).[53]

§ 57
Prozesspfleger

(1) Soll eine nicht prozessfähige Partei verklagt werden, die ohne gesetzlichen Vertreter ist, so hat ihr der Vorsitzende des Prozessgerichts, falls mit dem Verzug Gefahr verbunden ist, auf Antrag bis zu dem Eintritt des gesetzlichen Vertreters einen besonderen Vertreter zu bestellen.

(2) Der Vorsitzende kann einen solchen Vertreter auch bestellen, wenn in den Fällen des § 20 eine nicht prozessfähige Person bei dem Gericht ihres Aufenthaltsortes verklagt werden soll.

Inhalt:

	Rn.		Rn.
A. Normzweck und Anwendungsbereich	1	II. Bestellung nach Absatz 2	4
B. Erläuterungen	2	III. Wirkungen des Bestellungsakts	5
I. Bestellung nach Absatz 1	2	C. Prozessuales und Kosten	6

A. Normzweck und Anwendungsbereich

Nach allgemeinen zivilprozessualen Grundsätzen ist es Aufgabe des **Klägers**, der eine prozessunfähige Partei in Anspruch nehmen will, vorab entweder deren gesetzlichen/organschaftlichen Vertreter ausfindig zu machen oder sich um die Bestellung eines solchen zu bemühen (z.B. Antragstellung nach § 29 BGB bzw. §§ 85 Abs. 1 Satz 1, 273 Abs. 4 Satz 1 AktG oder Anregung einer Betreuerbestellung gegenüber dem Betreuungsgericht, § 1896 BGB i.V.m. FamFG), um auf diese Weise eine ordnungsgemäße Vertretung der Gegenpartei zu erreichen (siehe auch § 56 Rn. 6). Besteht jedoch für den Kläger im Hinblick auf die benötigte Zeit zur Bestellung eines gesetzlichen Vertreters **Gefahr im Verzug** (siehe Rn. 3), so ist dem prozessunfähigen Beklagten i.S. **effektiven Rechtsschutzes** vonseiten des Prozessgerichts einstweilen, nämlich bis zum Eintritt des gesetzlichen/organschaftlichen Vertreters, ein besonderer **Notvertreter** („Prozesspfleger") zu bestellen, um dem Kläger die Erhebung der Klage bzw. das Erstreiten eines Sachurteils zu ermöglichen.[1] Die Bestellung des Prozesspflegers ist dabei **nicht** per se **subsidiär** gegenüber anderweitigen Handlungsmöglichkeiten (Bestellung eines Notvorstands/Notgeschäftsführers oder Nachtragsliquidators, etc.).[2] Auf den **prozessunfähigen Kläger** ist die Vorschrift (zumindest) ihrem Wortlaut nach nicht anzuwenden („verklagt").[3] Auf Beklagtenseite sind von Abs. 1 sowohl **natürliche** als auch **juristische Personen** sowie sonstige „**parteifähige Gebilde**"[4] (siehe § 50 Rn. 15 ff.) erfasst.[5] Entsprechende Anwendung findet § 57 ZPO im Ver-

1

---

53 Musielak/Voit-*Weth*, ZPO, § 56 Rn. 14; MK-*Lindacher*, ZPO, § 56 Rn. 4, 7; Stein/Jonas-*Bork*, ZPO, § 56 Rn. 12; Zöller-*Vollkommer*, ZPO, § 56 Rn. 16, 18.

Zu § 57:
1 BGH, NJW 2011, 1739 (1740), Rn. 11 = FamRZ 2011, 465 (466), Rn. 11; BGH, NJW 1985, 433 (435) = FamRZ 1985, 276 (278); OLG Koblenz, NJW-RR 2008, 1384; Musielak/Voit-*Weth*, ZPO, § 57 Rn. 1; Wieczorek/Schütze-*Hausmann*, ZPO, § 57 Rn. 1; Zöller-*Vollkommer*, ZPO, § 57 Rn. 1.
2 BGH, NJW-RR 2011, 115 (116), Rn. 19; BAG v. 19.09.2007, 3 AZB 11/07, juris, Rn. 8; OLG Frankfurt a.M., NJW-RR 2012, 510 (511); OLG München v. 13.06.2007, 7 W 1719/07, juris, Rn. 4; OLG Zweibrücken v. 22.01.2007, 4 W 6/07, juris, Rn. 6; Stein/Jonas-*Bork*, ZPO, § 57 Rn. 4; Zöller-*Vollkommer*, ZPO, § 57 Rn. 1, 2; a.A. BayObLG, NJW-RR 1999, 1259 (1261); Palandt-*Ellenberger*, BGB, § 29 Rn. 3.
3 Baumbach/Lauterbach/Albers/Hartmann, ZPO, § 57 Rn. 1; Musielak/Voit-*Weth*, ZPO, § 57 Rn. 1; Stein/Jonas-*Bork*, ZPO, § 57 Rn. 2; vgl. zur analogen Anwendung des § 57 ZPO bei Prozessunfähigkeit des Klägers aber BAG, NJW 2009, 3051 (3052), Rn. 12 = FamRZ 2009, 1665 (1666 f.), Rn. 12; zustimmend OLG Düsseldorf v. 29.12.2009, 3 Wx 178/09, juris, Rn. 24; Thomas/Putzo-*Hüßtege*, ZPO, § 57 Rn. 10; Zöller-*Vollkommer*, ZPO, § 56 Rn. 19, § 57 Rn. 1, 2; offengelassen von BGH, FamRZ 2014, 553 (555), Rn. 23.
4 Zöller-*Vollkommer*, ZPO, § 57 Rn. 1a.
5 Musielak/Voit-*Weth*, ZPO, § 57 Rn. 1; Stein/Jonas-*Bork*, ZPO, § 57 Rn. 2; Zöller-*Vollkommer*, ZPO, § 57 Rn. 1a; a.A. MK-*Lindacher*, ZPO, § 57 Rn. 2, 7 (nur entsprechende Anwendung auf juristische Personen und sonstige parteifähige Personifikationen).

fahren nach dem FamFG (§ 9 Abs. 5 FamFG; vgl. auch §§ 276, 419 FamFG), im **Insolvenzverfahren**[6] und nach Ansicht des BGH auch im **Zwangsvollstreckungsverfahren** (siehe zudem Rn. 2).[7]

B. Erläuterungen
I. Bestellung nach Absatz 1

2   Zunächst bedarf es eines klägerischen **Antrags** (schriftlich oder zum Protokoll der Geschäftsstelle, **kein Anwaltszwang**); die zur Begründung angeführten Tatsachen sind hinreichend substantiiert darzulegen und **glaubhaft** zu machen.[8] Ggf. hat das Gericht – auch bei anwaltlicher Vertretung des Klägers – entsprechende **Hinweise** zu erteilen (§ 139 Abs. 1 Satz 2 ZPO), selbst wenn deshalb Vertagung oder Wiedereröffnung der mündlichen Verhandlung droht.[9] Über ihren Wortlaut hinaus (beabsichtigte Klageerhebung) wird die Vorschrift auf das **Arrestgesuch** bzw. den Antrag auf Erlass einer **einstweiligen Verfügung** (§§ 920, 936 ZPO) und die beabsichtigte Einleitung eines **Mahnverfahrens** (Mahnantrag, § 690 ZPO) angewendet.[10] Besteht der die Prozessfähigkeit betreffende Mangel (siehe § 56 Rn. 1 f.) schon **vor Rechtshängigkeit**, wird er aber erst im Laufe des Verfahrens erkannt, findet § 57 ZPO nach allgemeiner Auffassung entsprechende Anwendung.[11] Gleiches gilt im Hinblick auf das Gebot effektiven Rechtsschutzes und die vergleichbare Interessenlage für den Fall, dass die beklagte Partei erst **nach Rechtshängigkeit** prozessunfähig wird bzw. ihren gesetzlichen/organschaftlichen Vertreter verliert, auch wenn es dann i.d.R. zur Unterbrechung bzw. Aussetzung des Verfahrens kommen wird (§§ 241, 246 ZPO).[12] Schließlich muss die (partiell) prozessunfähige Partei **ohne gesetzlichen/organschaftlichen Vertreter** sein, ein solcher muss also (zumindest vorübergehend) **fehlen** oder **aus Rechtsgründen verhindert** sein.[13] Die bloße Abwesenheit des Vertreters bzw. des prozessfähigen Beklagten genügt dagegen nicht.[14] Bei Vorliegen einer wirksamen, die gerichtliche Vertretung umfassenden Vollmacht i.S.d. § 51 Abs. 3 ZPO kommt die Bestellung eines Prozesspflegers ebenfalls nicht in Betracht.[15]

3   Für den Kläger muss **Gefahr im Verzug** bestehen (siehe § 56 Rn. 10), was i.d.R. **nicht** der Fall ist, wenn die Hinderungsgründe für die Bestellung eines Vertreters vom Kläger selbst zu verantworten sind[16] oder die Rechtsverfolgung „ersichtlich von vornherein" aussichtslos ist[17] bzw. keine hinreichende Aussicht auf Erfolg bietet und mutwillig erscheinen.[18] Ob mit dem Verzug tatsächlich Gefahr verbunden ist, unterliegt nur begrenzt der Nachprüfung in der Revisionsinstanz, da es sich um eine **Ermessensentscheidung** handelt. Jedoch hat das Revisionsgericht – unabhängig von der Frage, ob § 57 Abs. 1 ZPO grundsätzlich weit auszulegen ist –

---

6   AG München, ZIP 2008, 95 (96); Musielak/Voit-*Weth*, ZPO, § 57 Rn. 1; Zöller-*Vollkommer*, ZPO, § 57 Rn. 1a.
7   BGH, WuM 2011, 530 (531); ebenso MK-*Lindacher*, ZPO, § 57 Rn. 5; Stein/Jonas-*Bork*, ZPO, § 57 Rn. 1a; Thomas/Putzo-*Hüßtege*, ZPO, § 57 Rn. 2; a.A. Baumbach/Lauterbach/Albers/Hartmann, ZPO, Vorbem. § 57 Rn. 3; Musielak/Voit-*Weth*, ZPO, § 57 Rn. 1; Wieczorek/Schütze-*Hausmann*, ZPO, § 57 Rn. 4; Zöller-*Vollkommer*, ZPO, § 57 Rn. 1a.
8   Baumbach/Lauterbach/Albers/Hartmann, ZPO, § 57 Rn. 6; MK-*Lindacher*, ZPO, § 57 Rn. 12, 14; Thomas/Putzo-*Hüßtege*, ZPO, § 57 Rn. 1, 6; Zöller-*Vollkommer*, ZPO, § 57 Rn. 5.
9   BGH, NJW-RR 2011, 115 (116), Rn. 19; Zöller-*Vollkommer*, ZPO, § 57 Rn. 5; einschränkend Stein/Jonas-*Bork*, ZPO, § 57 Rn. 7a; Wieczorek/Schütze-*Hausmann*, ZPO, § 57 Rn. 11.
10 Baumbach/Lauterbach/Albers/Hartmann, ZPO, § 57 Rn. 3; Stein/Jonas-*Bork*, ZPO, § 57 Rn. 1a; Thomas/Putzo-*Hüßtege*, ZPO, § 57 Rn. 2.
11 BGH, FamRZ 2010, 548 (549), Rn. 16; Musielak/Voit-*Weth*, ZPO, § 57 Rn. 2; MK-*Lindacher*, ZPO, § 57 Rn. 8; Zöller-*Vollkommer*, ZPO, § 56 Rn. 19, § 57 Rn. 2.
12 BAG, NJW 2009, 3051 (3052), Rn. 12 = FamRZ 2009, 1665 (1666 f.), Rn. 12; OLG Frankfurt a.M., NJW-RR 2012, 510; OLG Düsseldorf v. 29.12.2009, 3 Wx 178/09, juris, Rn. 24; OLG Köln v. 27.07.2005, 19 W 232/05, juris, Rn. 2; OLG Stuttgart, MDR 1996, 198; Musielak/Voit-*Weth*, ZPO, § 57 Rn. 2; MK-*Lindacher*, ZPO, § 57 Rn. 8; Stein/Jonas-*Bork*, ZPO, § 57 Rn. 2f.; Zöller-*Vollkommer*, ZPO, § 57 Rn. 2f.; a.A. OLG Karlsruhe v. 31.07.2013, 7 U 184/12, juris, Rn. 13; Baumbach/Lauterbach/Albers/Hartmann, ZPO, § 57 Rn. 4; Thomas/Putzo-*Hüßtege*, ZPO, § 57 Rn. 3 (es gilt die Sonderregelung §§ 241, 246 ZPO).
13 Baumbach/Lauterbach/Albers/Hartmann, ZPO, § 57 Rn. 4; MK-*Lindacher*, ZPO, § 57 Rn. 6; Thomas/Putzo-*Hüßtege*, ZPO, § 57 Rn. 4; a.A. (tatsächliche Verhinderung kann genügen) Stein/Jonas-*Bork*, ZPO, § 57 Rn. 3; Wieczorek/Schütze-*Hausmann*, ZPO, § 57 Rn. 7.
14 MK-*Lindacher*, ZPO, § 57 Rn. 6; Stein/Jonas-*Bork*, ZPO, § 57 Rn. 2.
15 OLG Koblenz, FamRZ 2016, 1864.
16 Musielak/Voit-*Weth*, ZPO, § 57 Rn. 2; MK-*Lindacher*, ZPO, § 57 Rn. 9.
17 Stein/Jonas-*Bork*, ZPO, § 57 Rn. 7; vgl. auch Baumbach/Lauterbach/Albers/Hartmann, ZPO, § 57 Rn. 5 („gewisse Erfolgschance"); Wieczorek/Schütze-*Hausmann*, ZPO, § 57 Rn. 15.
18 BAG v. 19.09.2007, 3 AZB 11/07, juris, Rn. 9.

zu prüfen, ob das Berufungsgericht sein Ermessen unsachgemäß ausgeübt hat, insbesondere ob es den Rechtsbegriff „Gefahr im Verzug" verkannt oder die tatsächliche Wertungsgrundlage nicht ausgeschöpft hat.[19]

II. Bestellung nach Absatz 2

Soll im Anwendungsbereich des § 20 ZPO eine prozessunfähige (natürliche) Person am besonderen Gerichtsstand ihres Aufenthaltsorts verklagt werden, **kann** (Ermessen!) ihr der Vorsitzende einen Prozesspfleger bestellen, auch wenn ein gesetzlicher Vertreter existiert, der jedoch nicht vor Ort oder unerreichbar ist; im Übrigen müssen die in Rn. 2 genannten **Voraussetzungen** vorliegen. Auch wenn für den Kläger nach § 57 Abs. 2 ZPO nicht zwingend Gefahr im Verzug sein muss, bedarf es doch i.d.R. einer gewissen **Eilbedürftigkeit**, um vom Grundsatz einer ordentlichen gesetzlichen Vertretung abweichen zu können.[20]

4

III. Wirkungen des Bestellungsakts

Der bestellte Prozesspfleger, der auch im Anwaltsprozess **kein Rechtsanwalt** sein muss,[21] steht ab dem Zeitpunkt der Annahme des Amtes[22] (nur) im konkreten Rechtsstreit einem **gesetzlichen Vertreter** gleich (er ist also nicht Partei kraft Amtes), wobei seine Vertretungsmacht im Wesentlichen dem gesetzlichen Umfang der **Prozessvollmacht** nach § 81 ZPO entspricht. Er ist daher nicht nur befugt, **Prozesshandlungen** namens der prozessunfähigen Partei vorzunehmen (einschließlich Widerklageerhebung), sondern auch sachdienliche **materiell-rechtliche Erklärungen** (z.B. Irrtumsanfechtung, Aufrechnung, Kündigung, Vergleichsschluss) für diese abzugeben und zu empfangen.[23] Eine Handlung des Prozesspflegers, die den Wünschen und Interessen der prozessunfähigen Partei erkennbar widerspricht, darf das Gericht aber nicht ohne Weiteres seiner Entscheidung zum Nachteil des Vertretenen zugrunde legen.[24] **Amtsbeendigung** mit Eintritt des ordentlichen Vertreters in den Prozess, von Gesetzes wegen durch Erlangen der Prozessfähigkeit des Beklagten bzw. mit der Feststellung, dass dieser von Beginn an prozessfähig war,[25] durch Abberufung des Prozesspflegers aus wichtigem Grund oder durch Widerruf seiner Bestellung, etwa wenn die zunächst nur glaubhaft gemachten Tatsachen vom Kläger nach entsprechender Aufforderung durch das Gericht nicht bewiesen worden sind bzw. die Bestellungsvoraussetzungen von Beginn an nicht gegeben waren/später fortgefallen sind.[26] Bis dahin vom Notvertreter im Rahmen seiner Vertretungsmacht vorgenommene Prozesshandlungen **bleiben** aber in jedem Fall **wirksam**, auch wenn es an der Prozessfähigkeit des Vertretenen zu keinem Zeitpunkt gefehlt hat.[27] **Praxishinweis**: Trotz Bestellung eines Prozesspflegers sollten Zustellungen, Ladungen und sonstige Informationen stets auch an die prozessunfähige Partei persönlich ergehen,[28] der es im Übrigen unbenommen bleibt, bei Untätigkeit des Notvertreters selbst **Rechtsmittel** einzulegen, auch wenn sie sich nicht ausdrücklich gegen ihre vom Gericht unterstellte Prozessunfähigkeit wendet; § 53 ZPO gilt für diese Fälle nicht (siehe auch § 53 Rn. 2, § 56 Rn. 4).[29]

5

---

19 BGH, FamRZ 2010, 548 (549), Rn. 16.
20 Musielak/Voit-*Weth*, ZPO, § 57 Rn. 3; MK-*Lindacher*, ZPO, § 57 Rn. 10; Stein/Jonas-*Bork*, ZPO, § 57 Rn. 10; Zöller-*Vollkommer*, ZPO, § 57 Rn. 6.
21 MK-*Lindacher*, ZPO, § 57 Rn. 11; Zöller-*Vollkommer*, ZPO, § 57 Rn. 7; a.A. Wieczorek/Schütze-*Hausmann*, ZPO, § 57 Rn. 1.
22 Wieczorek/Schütze-*Hausmann*, ZPO, § 57 Rn. 20.
23 BGH, NJW 2011, 1739 (1740), Rn. 11 = FamRZ 2011, 465 (466), Rn. 11; LG Hamburg, NJW-RR 1996, 139 (140); MK-*Lindacher*, ZPO, § 57 Rn. 4, 19; Stein/Jonas-*Bork*, ZPO, § 57 Rn. 9; Zöller-*Vollkommer*, ZPO, § 57 Rn. 9, § 81 Rn. 10.
24 BSG, NJW 2014, 1039 (1040), Rn. 10.
25 So BGH, FamRZ 2009, 2079 (2081), Rn. 19; Baumbach/Lauterbach/Albers/Hartmann, ZPO, § 57 Rn. 12; MK-*Lindacher*, ZPO, § 57 Rn. 20; Zöller-*Vollkommer*, ZPO, § 57 Rn. 9; a.A. Stein/Jonas-*Bork*, ZPO, § 57 Rn. 9.
26 Hierzu Stein/Jonas-*Bork*, ZPO, § 57 Rn. 7, 8; Wieczorek/Schütze-*Hausmann*, ZPO, § 57 Rn. 14, 17.
27 BGH, FamRZ 2016, 1679 (1680), Rn. 20; Musielak/Voit-*Weth*, ZPO, § 57 Rn. 5; Thomas/Putzo-*Hüßtege*, ZPO, § 57 Rn. 8; Zöller-*Vollkommer*, ZPO, § 57 Rn. 9.
28 BGH, FamRZ 2016, 1679 (1680), Rn. 19; Baumbach/Lauterbach/Albers/Hartmann, ZPO, § 57 Rn. 11; Musielak/Voit-*Weth*, ZPO, § 57 Rn. 5; Thomas/Putzo-*Hüßtege*, ZPO, § 57 Rn. 7; Wieczorek/Schütze-*Hausmann*, ZPO, § 57 Rn. 24; a.A. Stein/Jonas-*Bork*, ZPO, § 57 Rn. 9 (nur im Einzelfall ratsam).
29 BGH, FamRZ 2016, 1679 (1680), Rn. 19; BGH, NJW 1995, 404; BSG, NJW 1994, 215; BGH, NJW 1966, 2210; MK-*Lindacher*, ZPO, § 57 Rn. 21f.; Zöller-*Vollkommer*, ZPO, § 57 Rn. 10.

C. Prozessuales und Kosten

6 Über den Antrag entscheidet der „**Vorsitzende des Prozessgerichts**" (Kammervorsitzender, Einzelrichter bzw. Abteilungsrichter, der nach der Geschäftsverteilung zur Entscheidung berufen wäre[30]) ohne vorherige mündliche Verhandlung durch nicht anfechtbare und **formlos** mitzuteilende (§ 329 Abs. 2 Satz 1 ZPO) **Verfügung**, sofern er dem Antrag stattgibt. Bei Zurückweisung bedarf es eines **zuzustellenden** (§ 329 Abs. 3 ZPO) **Beschlusses**, den **nur der Kläger** mit der sofortigen Beschwerde anfechten kann (§ 567 Abs. 1 Nr. 2 ZPO); die zwar prozessunfähige, jedoch hinreichend „kommunikationsfähige"[31] Partei ist im Vorfeld anzuhören. Da der bestellte Prozesspfleger nicht verpflichtet ist, das Amt zu übernehmen, steht ihm kein Beschwerderecht zu.[32] Auch gegen die Zurücknahme der Bestellung steht (ausschließlich) dem Kläger die sofortige Beschwerde zu,[33] nicht aber gegen die Entscheidung des Vorsitzenden, den bestellten Prozesspfleger nicht abzuberufen.[34] Hält sich das Gericht für **unzuständig**, darf der Antrag nur zurückgewiesen werden, wenn es **offensichtlich** an einer Zuständigkeit für die bevorstehende Klage fehlt und diese auch nicht durch Parteivereinbarung herbeigeführt werden kann.[35] Während § 57 Abs. 2 ZPO dem Richter einen Ermessensspielraum einräumt („**kann**"), „**hat**" er bei Vorliegen der Voraussetzungen nach Abs. 1 einen Prozesspfleger zu bestellen, wobei sich i.d.R. die Heranziehung eines **Rechtsanwalts** empfiehlt (das ist aber nicht einmal im Anwaltsprozess zwingend, siehe Rn. 5); dieser kann dann – auch wenn er nicht zugleich als Prozessbevollmächtigter tätig war – nach **RVG** abrechnen (§§ 1 Abs. 1 Satz 2, 11, 19 Abs. 1 Satz 2 Nr. 3, 41, 45 Abs. 1, 49 RVG i.V.m. Nr. 3100 ff., 3403 VV-RVG), wobei weder der Anspruch gegenüber dem von ihm vertretenen Beklagten noch das Beitreibungsrecht gegenüber dem in die Prozesskosten verurteilten Gegner vorrangig vor einer Inanspruchnahme der Staatskasse nach § 45 Abs. 1 RVG geltend zu machen ist.[36] Der Prozesspfleger, der **kein Rechtsanwalt** ist, hat gegenüber der prozessunfähigen Partei einen Vergütungs- und Aufwendungsersatzanspruch gemäß der **§§ 683, 670, 1835 Abs. 2 BGB analog** (u.U. gegen die Staatskasse: § 1835 Abs. 4 BGB[37]);[38] daneben haftet auch die kostenpflichtig verurteilte gegnerische Partei.[39] **Gerichtsgebühren** für den Bestellungsakt fallen nicht an, für die Beschwerdegebühren ist Nr. 1812 KV-GKG maßgeblich.

§ 58
Prozesspfleger bei herrenlosem Grundstück oder Schiff

(1) Soll ein Recht an einem Grundstück, das von dem bisherigen Eigentümer nach § 928 des Bürgerlichen Gesetzbuchs aufgegeben und von dem Aneignungsberechtigten noch nicht erworben worden ist, im Wege der Klage geltend gemacht werden, so hat der Vorsitzende des Prozessgerichts auf Antrag einen Vertreter zu bestellen, dem bis zur Eintragung eines neuen Eigentümers die Wahrnehmung der sich aus dem Eigentum ergebenden Rechte und Verpflichtungen im Rechtsstreit obliegt.

(2) Absatz 1 gilt entsprechend, wenn im Wege der Klage ein Recht an einem eingetragenen Schiff oder Schiffsbauwerk geltend gemacht werden soll, das von dem bisherigen Eigentü-

---

30 MK-*Lindacher*, ZPO, § 57 Rn. 13; Wieczorek/Schütze-*Hausmann*, ZPO, § 57 Rn. 15.
31 So MK-*Lindacher*, ZPO, § 57 Rn. 15; Wieczorek/Schütze-*Hausmann*, ZPO, § 57 Rn. 16.
32 Baumbach/Lauterbach/Albers/Hartmann, ZPO, § 57 Rn. 8 f.; Musielak/Voit-*Weth*, ZPO, § 57 Rn. 4 f.; MK-*Lindacher*, ZPO, § 57 Rn. 15, 17 f., der allerdings auch bei Zurückweisung des Antrags eine formlose Mitteilung als ausreichend erachtet; Thomas/Putzo-*Hüßtege*, ZPO, § 57 Rn. 5a, 6; Zöller-*Vollkommer*, ZPO, § 57 Rn. 7, der jedoch auch der prozessunfähigen Partei im Falle der Pflegerbestellung „wegen des darin liegenden Rechtseingriffs" ein Beschwerderecht zubilligt; insoweit zustimmend OLG München, NJW-RR 2015, 33 (34); ablehnend BGH, FamRZ 2016, 1679 (1680 f.), Rn. 7 ff. = MDR 2016, 1286, Rn. 14 ff. m.w.N.; OLG Bremen, FamRZ 2015, 2077 (2078).
33 Stein/Jonas-*Bork*, ZPO, § 57 Rn. 8; Zöller-*Vollkommer*, ZPO, § 57 Rn. 9.
34 OLG Düsseldorf v. 25.07.2008, 17 W 44/08, juris, Rn. 7; Zöller-*Vollkommer*, ZPO, § 57 Rn. 9.
35 Baumbach/Lauterbach/Albers/Hartmann, ZPO, § 57 Rn. 7 f.; Musielak/Voit-*Weth*, ZPO, § 57 Rn. 4; Stein/Jonas-*Bork*, ZPO, § 57 Rn. 6.
36 OLG Düsseldorf, FamRZ 2009, 712 (713) = MDR 2009, 415.
37 Stein/Jonas-*Bork*, ZPO, § 57 Rn. 11; Zöller-*Vollkommer*, ZPO, § 57 Rn. 8; a.A. Wieczorek/Schütze-*Hausmann*, ZPO, § 57 Rn. 25.
38 MK-*Lindacher*, ZPO, § 57 Rn. 24 (Anm. 31); vgl. auch Baumbach/Lauterbach/Albers/Hartmann, ZPO, Vorbem. § 57 Rn. 4 (Vergütung aus „Geschäftsführung ohne Auftrag nach §§ 677 ff. BGB", Entschädigung „entsprechend § 1835 BGB"); Zöller-*Vollkommer*, ZPO, § 57 Rn. 8 („ges Schuldverhältnis entspr § 1835 BGB"), 11; Wieczorek/Schütze-*Hausmann*, ZPO, § 57 Rn. 25 (Anm. 59: §§ 669, 670, 1835 Abs. 1 BGB analog).
39 Zöller-*Vollkommer*, ZPO, § 57 Rn. 8.

mer nach § 7 des Gesetzes über Rechte an eingetragenen Schiffen und Schiffsbauwerken vom 15. November 1940 (RGBl. I S. 1499) aufgegeben und von dem Aneignungsberechtigten noch nicht erworben worden ist.

Inhalt:

	Rn.		Rn.
A. Normzweck und Anwendungsbereich	1	C. Wirkungen, Prozessuales und Kosten	3
B. Erläuterungen	2		

A. Normzweck und Anwendungsbereich

Da nach Eigentumsaufgabe (§ 928 Abs. 1 BGB) etwaige Rechte Dritter bestehen bleiben,[1] soll § 58 Abs. 1 ZPO i. S. **effektiven Rechtsschutzes** gewährleisten, dass die Rechtsinhaber auch in einem länger andauernden Zustand der Herrenlosigkeit ihre dinglichen Rechte (z.B. Grundschuld oder Hypothek) klageweise geltend machen können, ohne auf ein Vorgehen nach § 1913 Satz 1 BGB beschränkt zu sein.[2] **Anwendung** findet die Vorschrift lediglich im Klageverfahren und bei schon vor Rechtshängigkeit bestehender Herrenlosigkeit (ansonsten gilt § 265 ZPO), nicht hingegen im Mahnverfahren.[3] Im sich anschließenden Zwangsvollstreckungsverfahren wirkt die zuvor erfolgte Bestellung des Prozesspflegers fort (vgl. im Übrigen § 787 ZPO).[4] Auf den Ausschluss des Grundstückseigentümers im Wege des Aufgebotsverfahrens (§ 927 BGB) ist § 58 Abs. 1 ZPO **entsprechend anzuwenden**,[5] zudem ausdrücklich über § 9 Abs. 5 FamFG und § 99 Abs. 1 Satz 1 Hs. 1 LuftFzgG.

1

B. Erläuterungen

Vorausgesetzt ist ein **Antrag** (siehe § 57 Rn. 2), der das betroffene Recht am **herrenlosen Grundstück** bezeichnen muss; die Herrenlosigkeit des Grundstücks ist durch einen Auszug aus dem Grundbuch zu belegen.[6] Fernerhin bedarf es einer beabsichtigten **Klage aus dinglichem Recht** i.S.d. § 24 ZPO,[7] sodass – anders als im Fall des § 57 ZPO (siehe dort Rn. 6) – vom Vorsitzenden des Prozessgerichts vorab zu prüfen ist, ob die (ausschließliche) **örtliche Zuständigkeit** des angerufenen Gerichts auch tatsächlich gegeben ist.[8] **Gefahr im Verzug** muss im Anwendungsbereich des § 58 ZPO **nicht** vorliegen.[9] § 58 Abs. 1 ZPO gilt nach § 58 Abs. 2 ZPO entsprechend, wenn im Wege der Klage ein Recht an einem **herrenlosen Schiff oder Schiffsbauwerk** (auf einer Schiffswerft im Bau befindliches Schiff) geltend gemacht werden soll (§§ 7, 76 Abs. 1, 78 f. SchRG).

2

C. Wirkungen, Prozessuales und Kosten

Der bestellte Prozesspfleger handelt als **gesetzlicher Vertreter** des zukünftigen Eigentümers, in dessen Interesse er das übertragene Amt ordnungsgemäß auszuüben hat. Er **verliert** sein Amt bereits mit Beendigung der Herrenlosigkeit, namentlich mit Eintragung des Fiskus (vgl. § 928 Abs. 2 BGB) bzw. eines Dritten als Eigentümer, der den Prozess ohne Unterbrechung fortführt; auch ein Widerruf der Bestellung durch den Vorsitzenden des Prozessgerichts (siehe § 57 Rn. 6) ist möglich.[10] Hinsichtlich der **rechtlichen Wirkungen** des Bestellungsakts und des **Verfahrens** gilt das zu § 57 Rn. 5 f. Gesagte. Der Antragsteller hat für die dem Prozesspfleger entstandenen **Kosten** einzustehen; haftet kraft des dem Antragsteller zustehenden dinglichen Rechts auch das betroffene Grundstück oder Schiff/Schiffsbauwerk für die vom

3

---

1 Statt vieler Palandt-*Bassenge*, BGB, § 928 Rn. 3.
2 OLG Frankfurt a.M. v. 05.01.2012, 20 W 162/11, juris, Rn. 24; Musielak/Voit-*Weth*, ZPO, § 58 Rn. 1; MK-*Lindacher*, ZPO, § 58 Rn. 1.
3 Musielak/Voit-*Weth*, ZPO, § 58 Rn. 1 f.; MK-*Lindacher*, ZPO, § 58 Rn. 3, 8; Stein/Jonas-*Bork*, ZPO, § 58 Rn. 1 (Anm. 2), 4; Zöller-*Vollkommer*, ZPO, § 58 Rn. 1.
4 MK-*Lindacher*, ZPO, § 58 Rn. 3; Zöller-*Vollkommer*, ZPO, § 58 Rn. 1, Zöller-*Stöber*, ZPO, § 787 Rn. 1.
5 Musielak/Voit-*Weth*, ZPO, § 58 Rn. 2; MK-*Lindacher*, ZPO, § 58 Rn. 9; Stein/Jonas-*Bork*, ZPO, § 58 Rn. 5.
6 Vgl. MK-*Lindacher*, ZPO, § 58 Rn. 6; Stein/Jonas-*Bork*, ZPO, § 58 Rn. 3; Wieczorek/Schütze-*Hausmann*, ZPO, § 58 Rn. 5.
7 Musielak/Voit-*Weth*, ZPO, § 58 Rn. 2; MK-*Lindacher*, ZPO, § 58 Rn. 4 (mit näheren Ausführungen zur Antragsberechtigung); Thomas/Putzo-*Hüßtege*, ZPO, § 58 Rn. 1.
8 Musielak/Voit-*Weth*, ZPO, § 58 Rn. 3; MK-*Lindacher*, ZPO, § 58 Rn. 7.
9 MK-*Lindacher*, ZPO, § 58 Rn. 6; Stein/Jonas-*Bork*, ZPO, § 58 Rn. 3; Zöller-*Vollkommer*, ZPO, § 58 Rn. 1.
10 Baumbach/Lauterbach/Albers/Hartmann, ZPO, § 58 Rn. 6; Musielak/Voit-*Weth*, ZPO, § 58 Rn. 4; MK-*Lindacher*, ZPO, § 58 Rn. 2, 11; Thomas/Putzo-*Hüßtege*, ZPO, § 58 Rn. 2; Zöller-*Vollkommer*, ZPO, § 58 Rn. 1, 3.

Prozesspfleger in Ansatz gebrachten Kosten (z.B. § 1118 BGB, §§ 10 Abs. 2, 162 ZVG), ist der Antragsteller befugt, den von ihm auszukehrenden Betrag im Rahmen der Klage als Nebenforderung geltend machen.[11] Vgl. im Übrigen § 57 Rn. 6.

Titel 2
Streitgenossenschaft

§ 59
Streitgenossenschaft bei Rechtsgemeinschaft oder Identität des Grundes

Mehrere Personen können als Streitgenossen gemeinschaftlich klagen oder verklagt werden, wenn sie hinsichtlich des Streitgegenstandes in Rechtsgemeinschaft stehen oder wenn sie aus demselben tatsächlichen und rechtlichen Grund berechtigt oder verpflichtet sind.

§ 60
Streitgenossenschaft bei Gleichartigkeit der Ansprüche

Mehrere Personen können auch dann als Streitgenossen gemeinschaftlich klagen oder verklagt werden, wenn gleichartige und auf einem im Wesentlichen gleichartigen tatsächlichen und rechtlichen Grund beruhende Ansprüche oder Verpflichtungen den Gegenstand des Rechtsstreits bilden.

Inhalt:

	Rn.		Rn.
A. Allgemeines	1	a) Überblick	6
I. Begriffe und Arten der Streitgenossenschaft	1	b) Rechtsgemeinschaft; Identität und Gleichartigkeit von rechtlichem und tatsächlichem Grund	7
II. Systematik der Vorschriften über die Streitgenossenschaft	2	c) Voraussetzungen nach § 260 ZPO	9
III. Ende der Streitgenossenschaft	4	II. Wirkungen der einfachen Streitgenossenschaft	10
B. Erläuterungen	5	1. Zulässige einfache Streitgenossenschaft	10
I. Zulässigkeit der einfachen Streitgenossenschaft	5	2. Unzulässigkeit der einfachen Streitgenossenschaft	12
1. Keine Eventualstreitgenossenschaft	5	C. Kosten	13
2. Sonstige Zulässigkeitsvoraussetzungen	6		

A. Allgemeines
I. Begriffe und Arten der Streitgenossenschaft

1 Der Begriff der Streitgenossenschaft meint eine **Mehrheit von Parteien auf Kläger und/oder Beklagtenseite**. Sie wird auch als **subjektive Klagenhäufung** bezeichnet. Es müssen mehrere Personen als Parteien und nicht bloß als Dritte (z.B. Nebenintervenient) vorhanden sein. Besteht dagegen eine Partei selbst aus mehreren Personen oder wird durch mehrere Personen vertreten, so handelt es sich nicht um eine Streitgenossenschaft. Es wird zwischen verschiedenen **Arten der Streitgenossenschaft** unterschieden, der einfachen und der notwendigen (§ 62 ZPO). Handelt es sich nicht um **notwendige Streitgenossenschaft**, so liegt **einfache Streitgenossenschaft** vor (§ 62 Rn. 2). Weiter unterscheidet man zwischen anfänglicher und nachträglicher Streitgenossenschaft. **Anfängliche Streitgenossenschaft** liegt vor, wenn von Beginn des Verfahrens an mehrere Personen auf einer Parteiseite stehen. Zur **nachträglichen Streitgenossenschaft** kann es durch Parteierweiterung, Eintritt mehrerer Rechtsnachfolger oder Verfahrensverbindung[1] (vgl. § 147 ZPO) kommen. Die Regelungen über die einfache Streitgenossenschaft dienen der **Prozessökonomie**.[2]

---

11 Musielak/Voit-*Weth*, ZPO, § 58 Rn. 4; Stein/Jonas-*Bork*, ZPO, § 58 Rn. 8; Zöller-*Vollkommer*, ZPO, § 58 Rn. 3.

Zu §§ 59, 60:
1 Vgl. zu einem solchen Fall BGHZ 8, 72 (77 f.) = NJW 1953, 420 (421).
2 BayObLG, NJW-RR 2003, 134; BayObLG, NJW 1990, 1020.

II. Systematik der Vorschriften über die Streitgenossenschaft
Die Streitgenossenschaft ist in den §§ 59–63 ZPO geregelt. Dabei gelten die §§ 59–61 ZPO und § 63 ZPO für jede Art der Streitgenossenschaft,[3] § 62 ZPO zusätzlich für die notwendige Streitgenossenschaft.

Die Regeln über die Streitgenossenschaft sind in **allen Prozessarten** anwendbar, insbesondere auch für Arrest, einstweilige Verfügung, Mahnverfahren[4] und Zwangsvollstreckung.[5]

III. Ende der Streitgenossenschaft
Die Streitgenossenschaft endet, wenn die Verfahren nach § 145 ZPO getrennt werden oder das Verfahren gegen einen Streitgenossen durch Teilurteil abgeschlossen wird (§ 61 Rn. 10; zur Unzulässigkeit von Teilurteilen bei notwendiger Streitgenossenschaft vgl. § 62 Rn. 23).[6] Sie endet auch dann, wenn der Streitgenosse sonst aus dem Prozess ausscheidet.

B. Erläuterungen
I. Zulässigkeit der einfachen Streitgenossenschaft
1. Keine Eventualstreitgenossenschaft
Eine **eventuelle** (also unter einer Bedingung stehende) **Begründung der Streitgenossenschaft** ist **unzulässig**, insbesondere wenn sich die Bedingung auf das Prozessrechtsverhältnis zum anderen Streitgenossen bezieht.[7] Unter Umständen kann jedoch eine unzulässige Eventualstreitgenossenschaft **in eine Streitverkündung umgedeutet** werden.[8]

2. Sonstige Zulässigkeitsvoraussetzungen
a) Überblick
Die Zulässigkeit der einfachen Streitgenossenschaft ist gegeben, wenn die Voraussetzungen der §§ 59, 60 ZPO sowie des § 260 ZPO erfüllt sind. Da trotz der Streitgenossenschaft **selbstständige Prozessrechtsverhältnisse** der einzelnen Streitgenossen (Rn. 10; § 61 Rn. 1, 4; § 62 Rn. 3, 10) bestehen, handelt es sich um **mehrere prozessuale Ansprüche**, so dass in einer subjektiven Klagenhäufung auch **stets eine objektive Klagenhäufung** liegt, was zur Anwendbarkeit von § 260 ZPO führt.[9]

b) Rechtsgemeinschaft; Identität und Gleichartigkeit von rechtlichem und tatsächlichem Grund
Durch §§ 59, 60 ZPO wird beispielhaft beschrieben, in welchen Fällen eine einfache Streitgenossenschaft in Betracht kommt, ohne dass jedoch die einzelnen genannten Konstellationen trennscharf voneinander unterschieden werden können oder müssen.[10] §§ 59, 60 ZPO benennen die **Rechtsgemeinschaft** (§ 59 Alt. 1 ZPO), die Berechtigung oder Verpflichtung aus **demselben tatsächlichen und rechtlichen Grund** (§ 59 Alt. 2 ZPO) sowie die **Gleichartigkeit der Ansprüche** bei im Wesentlichen gleichartigem tatsächlichem und rechtlichem Grund (§ 60 ZPO). Im Kern lassen sich diese Beispiele auf den **Gesichtspunkt der Zweckmäßigkeit** zurückführen, der letztlich **entscheidendes Zulässigkeitskriterium** ist.[11] Die Vorschrift ist **weit auszulegen**.[12] Eine Streitgenossenschaft ist nach § 60 ZPO zulässig, wenn die Ansprüche in einem inneren sachlichen Zusammenhang stehen, der sie ihrem Wesen nach als gleichartig erscheinen lässt.[13] Ist dies der Fall, dann steht die Verschiedenheit des tatsächlichen und rechtlichen Grundes der Inanspruchnahme der Streitgenossenschaft nicht entgegen.[14] Eine bloße sachliche Ähnlichkeit des Geschehensablaufs und des wirtschaftlichen Hintergrunds genügt dem-

---

3 BGHZ 131, 376 (379) = NJW 1996, 1060 (1061) = VersR 1996, 1431 (1432).
4 BGH, NJW-RR 2010, 911 (913), Rn. 22 = VersR 2010, 1333 (1334); BGH, NJW 1978, 321 = MDR 1978, 207.
5 Thomas/Putzo-*Hüßtege*, ZPO, Vorbem. § 59 Rn. 4.
6 Thomas/Putzo-*Hüßtege*, ZPO, Vorbem. § 59 Rn. 6.
7 Z.B. BAG v. 23.02.2010, 2 AZR, 959/08, juris, Rn. 35 m.w.N.; BGH, NJW-RR 2008, 295 (296), Rn. 13; BGH v. 25.09.1972, II ZR 28/69, juris, Rn. 26–28 = MDR 1973, 742; OLG Hamm, OLGR 2005, 39 (40 f.) m.w.N.
8 Zöller-*Vollkommer*, ZPO, § 60 Rn. 10.
9 Musielak/Voit-*Weth*, ZPO, § 60 Rn. 11 m.w.N.
10 Thomas/Putzo-*Hüßtege*, ZPO, §§ 59, 60 Rn. 1; Musielak/Voit-*Weth*, ZPO, § 60 Rn. 7; Stein/Jonas-*Bork*, ZPO, § 59 Rn. 2; a.A. Prütting/Gehrlein-*Gehrlein*, ZPO, §§ 59, 60 Rn. 8.
11 Vgl. BGH, NJW-RR 2014, 248 (249), Rn. 14.
12 BGH, NJW-RR 2011, 1137 (1138), Rn. 18 = VersR 2012, 1452 (1453), Rn. 18; BGH, NJW 1975, 1228 (1228 f.).
13 Vgl. BGH, NJW-RR 2014, 248 (249), Rn. 14.
14 BGH, NJW-RR 1991, 381 = MDR 1991, 222.

gegenüber nicht.[15] Es muss für oder gegen die einzelnen Streitgenossen **nicht die gleiche Anspruchsgrundlage** einschlägig sein.[16] Ebenso ist es unschädlich, wenn gegen die Streitgenossen der Art oder der Höhe nach **unterschiedliche Anträge** gestellt werden.[17] Schließen sich die Ansprüche von vornherein gegenseitig aus, kommt eine Streitgenossenschaft nicht in Betracht.[18] Die in Anspruch genommenen Streitgenossen müssen zumindest einem allen gemeinsamen Gegner gegenüberstehen.[19]

8   Einfache Streitgenossen sind beispielsweise **Gesamtschuldner** und **Gesamtgläubiger**.[20] Das Gleiche gilt für **Bürge** und **Hauptschuldner**, wenn sie durch den Gläubiger in Anspruch genommen werden,[21] sowie für **Gesellschaft** und **Gesellschafter im Passivprozess gegenüber Gesellschaftsgläubigern** wegen Gesellschaftsverbindlichkeiten.[22] Ebenso sind **Versicherungsnehmer und Versicherer im Haftpflichtprozess** bei der KFZ-Haftpflichtversicherung einfache Streitgenossen.[23] Anders ist dies bei Versicherungen gegen die seitens des Geschädigten kein Direktanspruch besteht.[24] Aus gemeinschaftlicher unerlaubter Handlung[25] oder dem gleichen Vertragsverhältnis haftende Personen werden ebenfalls als einfache Streitgenossen behandelt. Indes ist dies nicht unabdingbare Voraussetzung, so dass auch bei **Inanspruchnahme aus verschiedenen Verträgen** eine einfache Streitgenossenschaft in Betracht kommt, soweit ihnen ein einheitlicher Lebenssachverhalt zugrundliegt und sie in einem inneren Zusammenhang stehen.[26] Die negative Feststellungsklage gegen **Zedent und Zessionar** macht diese zu einfachen Streitgenossen.[27] Ebenso sind **Miteigentümer** zu behandeln, die auf Unterlassung der Benutzung ihres Grundstücks klagen (vgl. zu Miteigentümern als Beklagte § 62 Rn. 8–9).[28] Zu weiteren Fällen der einfachen Streitgenossenschaft § 62 Rn. 9.

c) Voraussetzungen nach § 260 ZPO
9   § 260 ZPO verlangt darüber hinausgehend zusätzlich, dass für die sonst selbstständig zu führenden Verfahren **dasselbe Prozessgericht zuständig** ist (beachte jedoch § 36 Abs. 1 Nr. 3 ZPO; außerdem § 603 Abs. 2 ZPO) und **dieselbe Prozessart** (z. B. Wechselprozess, Urkundenprozess) vorliegt. Des Weiteren darf **kein Verbindungsverbot** bestehen (dazu § 147 ZPO). Das **schriftliche Verfahren** nach § 128 Abs. 2 ZPO kann nur für alle Prozessverhältnisse einheitlich angeordnet werden, so dass es nur mit Zustimmung aller Streitgenossen möglich ist.[29] Liegt nur die Zustimmung einzelner Streitgenossen vor, kommt allenfalls eine Abtrennung in Betracht.[30]

II. Wirkungen der einfachen Streitgenossenschaft
1. Zulässige einfache Streitgenossenschaft
10   Die Begründung der einfachen Streitgenossenschaft steht bei Vorliegen von deren Voraussetzungen zur **freien Entscheidung der Parteien**.[31] Der Kläger oder Widerkläger entscheidet, ob er sonst eigentlich selbstständige Prozesse in einem gemeinsamen Verfahren zusammenführt

---

15 BGH, NJW 1992, 981 (982) = MDR 1992, 709 (709 f.); OLG Dresden, OLGR 2003, 91 (92) für Anfechtung durch Insolvenzverwalter gegenüber mehreren Gläubigern.
16 BGH, NJW 1975, 1228 (1228 f.); BayObLG, NJW-RR 2006, 210 (211).
17 BayObLG, NJW-RR 2003, 134: Leistungsklage und Feststellungsklage; BayObLG, NJW-RR 1990, 742.
18 OLG Köln, BauR 2013, 2054 (2059).
19 BGH, NJW 1992, 981 = MDR 1992, 709.
20 BGH, NJW-RR 2010, 911 (913), Rn. 22 = VersR 2010, 1333 (1334) m. w. N.; OLG Düsseldorf, MDR 2015, 394 für Hauptschuldner und Schuldmitübernehmer; OLG Frankfurt a. M. v. 02.07.2009, 13 U 3/09, juris, Rn. 46.
21 BGH, NJW 1969, 1480 (1481) = MDR 1969, 753 (753 f.) m. w. N.; OLG Hamm, MDR 2012, 799; AG Köln v. 04.02.2013, 142 C 648/11, juris, Rn. 20.
22 BGHZ 54, 251 (254 f.) = NJW 1970, 1740 (1741) unabhängig davon, ob sich der Gesellschafter nur mit in seiner Person liegenden oder auch bzw. ausschließlich mit anderen Einwendungen verteidigt; Musielak/Voit-*Weth*, ZPO, § 62 Rn. 7 m. w. N.
23 BGH, NJW-RR 2012, 233, Rn. 4 = ZfS 2012, 325, Rn. 4; BGH, NJW-RR 2010, 1725, Rn. 11 = ZfS 2010, 624 (625), Rn. 11; BGHZ 63, 51 (53 ff.) = NJW 1974, 2124 (2124 f.); Musielak/Voit-*Weth*, ZPO, § 62 Rn. 7 m. w. N. auch zur Gegenansicht.
24 OLG Bremen, VersR 2012, 171 (172).
25 OLG Frankfurt a. M., NJW-RR 1995, 319.
26 BGH, NJW 1991, 381 = MDR 1990, 222 zur Inanspruchnahme von Käufer und Verkäufer eines Grundstücks durch den Makler aufgrund verschiedener Vertragsverhältnisse.
27 Prütting/Gehrlein-*Gehrlein*, ZPO, §§ 59, 60 Rn. 7.
28 BGHZ 92, 351 (353 f.) = NJW 1985, 385 (385 f.) = MDR 1985, 218.
29 Stein/Jonas-*Bork*, ZPO, § 61 Rn. 14 m. w. N. auch zur Gegenansicht.
30 Zöller-*Vollkommer*, ZPO, § 61 Rn. 6.
31 Thomas/Putzo-*Hüßtege*, ZPO, Vorbem. § 59 Rn. 1.

oder getrennt anhängig macht.³² Es bestehen **keine Auswirkungen auf Zulässigkeit oder Begründetheit der Klage**. Trotz (rein äußerlichem) Zusammenschluss in einem Verfahren stehen sich die einzelnen **Parteien in selbstständigen Prozessrechtsverhältnissen** gegenüber.³³ Jeder Streitgenosse ist so zu behandeln, als ob nur er alleine mit dem Gegner prozessieren würde.³⁴ Das Gericht kann nach pflichtgemäßem Ermessen die **Trennung der Prozesse** nach § 145 ZPO anordnen, auch wenn die Voraussetzungen der §§ 59, 60, 260 ZPO gegeben sind.³⁵ Zu den Wirkungen der zulässigen einfachen Streitgenossenschaft vgl. auch § 61 ZPO.

Im Ausnahmefall kann sich die **Aufspaltung in mehrere Prozesse als rechtsmissbräuchlich** 11 darstellen, so dass bei der Kostenerstattung die Mehrkosten nicht erstattungsfähig sind. Dies wird angenommen, wenn mehrere von demselben Prozessbevollmächtigten Vertretene in engem zeitlichen Zusammenhang mit weitgehend gleichlautender Begründung aus einem weitgehend identischen Lebenssachverhalt ohne sachlichen Grund in getrennten Prozessen gegen den gleichen Anspruchsgegner vorgehen, statt den Weg der Streitgenossenschaft zu wählen.³⁶

2. Unzulässigkeit der einfachen Streitgenossenschaft
Ist die einfache Streitgenossenschaft unzulässig, hat dies **keine Auswirkung auf Zulässigkeit** 12 **oder Begründetheit der Klage**. Die Verfahren werden dann durch Beschluss getrennt (§ 145 Abs. 1 ZPO). Der Mangel ist einer **Heilung** nach § 295 ZPO zugänglich.³⁷ Erfolgt keine Rüge, so steht es im pflichtgemäßen Ermessen des Gerichts, ob eine Trennung des Prozesses vornimmt (Rn. 10). Auf Rüge ist das Gericht dagegen zur Trennung verpflichtet, sofern es nicht die Voraussetzungen einer Verbindung nach § 147 ZPO annimmt.³⁸ Durch die Trennung tritt ein **Zuständigkeitswechsel** ein, wenn dadurch der vorher höhere Streitwert unter 5.000,00 € fällt.³⁹

C. Kosten

Die Kostenentscheidung bei Streitgenossen ist unvollständig in § 100 ZPO geregelt. **Gegen-** 13 **über einzeln geführten Prozessen** ergibt sich eine (mitunter deutliche) **Verbilligung**. Für die Haftung der Streitgenossen für die Gerichtskosten gilt § 32 GKG. Für die Gebühren des Rechtsanwalts, der mehrere Streitgenossen vertritt, ist § 7 RVG und Nr. 1008 VV-RVG zu beachten. Der Rechtsanwalt sollte sorgfältig prüfen, ob er im Hinblick auf § 3 BORA und § 356 StGB mehrere Streitgenossen vertreten darf.

§ 61
Wirkung der Streitgenossenschaft

Streitgenossen stehen, soweit nicht aus den Vorschriften des bürgerlichen Rechts oder dieses Gesetzes sich ein anderes ergibt, dem Gegner dergestalt als Einzelne gegenüber, dass die Handlungen des einen Streitgenossen dem anderen weder zum Vorteil noch zum Nachteil gereichen.

Inhalt:

	Rn.			Rn.
A. Grundsatz der Einzelwirkung und Anwendungsbereich der Norm	1	III.	Eintritt und Ende der Rechtshängigkeit	5
B. Ausprägungen des Grundsatzes der Einzelwirkung	3	IV.	Tatsachenvortrag der einzelnen Streitgenossen	6
I. Stellung des Streitgenossen im Prozess	3	V.	Säumnis	7
		VI.	Ablehnungsrecht	8
II. Eigenständige Zulässigkeits- und Begründetheitsprüfung	4	VII.	Fristen und Rechtsmittel	9
		VIII.	Einheitliche Entscheidung des Rechtsstreits; Teilurteil	10

---

32 Musielak/Voit-*Weth*, ZPO, § 60 Rn. 5 m.w.N.
33 BGH, NJW-RR 2010, 1725 (1725f.), Rn. 11 = ZfS 2010, 624 (625), Rn. 11; BGHZ 176, 170 (172f.), Rn. 8 = NJW 2008, 2187, Rn. 8 = MDR 2008, 938 m.w.N.; BGHZ 8, 72 (77ff.) = NJW 1953, 420 (421).
34 BGH, NJW-RR 1989, 1099 = MDR 1989, 899.
35 Prütting/Gehrlein-*Gehrlein*, ZPO, §§ 59, 60 Rn. 12.
36 BGH, NJW 2013, 66 (67), Rn. 10 = ZfS 2012, 707 (708), Rn. 10 m.w.N.; Zöller-*Vollkommer*, ZPO, §§ 59, 60 Rn. 1.
37 Stein/Jonas-*Bork*, ZPO, vor § 59–63 Rn. 10 m.w.N.; a.A. Thomas/Putzo-*Hüßtege*, ZPO, §§ 59, 60 Rn. 7, der eine Prüfung von Amts wegen befürwortet.
38 Zöller-*Vollkommer*, ZPO, §§ 59, 60 Rn. 8; Prütting/Gehrlein-*Gehrlein*, ZPO, §§ 59, 60 ZPO.
39 OLG Düsseldorf, NJW-RR 2011, 572 (573).

A. Grundsatz der Einzelwirkung und Anwendungsbereich der Norm

1 Trotz äußerlicher Verbindung bestehen im Falle von Streitgenossen **rechtlich voneinander unabhängig zu beurteilende Prozessrechtsverhältnisse** zwischen den einzelnen Prozessparteien (vgl. §§ 59, 60 Rn. 10). Damit lässt sich die sogenannte **Einzelwirkung** erklären, die § 61 ZPO normiert. Jeder Streitgenosse ist so zu behandeln, als ob nur er alleine mit dem Gegner prozessieren würde.[1] Demgemäß handelt daher jede Partei **ausschließlich mit Wirkung für und gegen sich selbst**, ohne dass dies dem Grundsatz nach Auswirkungen auf die Streitgenossen und deren Prozessverhältnisse hätte (z.B. **Klagerücknahme, Rechtsmitteleinlegung und -begründung, Anerkenntnis, Vergleich**).[2] Der h.M., die trotz Geltung dieses Grundsatzes annimmt, dass Angriffs- und Verteidigungsmittel eines einfachen Streitgenossen in der Regel auch für die übrigen erschienenen Streitgenossen gelten, sofern sie nicht selbst eine Erklärung abgeben, kann nicht zugestimmt werden.[3] Vielmehr ist **durch Auslegung zu ermitteln**, ob die übrigen Streitgenossen sich die Prozesshandlung des anderen zu eigen machen. Im **Zweifel sollte vom Grundsatz der Einzelwirkung** ausgegangen werden.[4] Will ein Streitgenosse auch im Prozessverhältnis des anderen handeln, kann er dies durch Nebenintervention erreichen (vgl. § 66 Rn. 6). **Handlungen des Gegners** der Streitgenossen gelten **im Zweifel für alle Streitgenossen** (vgl. zur Rechtsmitteleinlegung Rn. 9).[5] Die Vornahme einer **Prozesshandlung** durch den Prozessgegner gegenüber einem Streitgenossen **unter der Bedingung** eines bestimmten Ausgangs des Prozesses gegen den anderen Streitgenossen ist unwirksam.[6]

2 § 61 ZPO gilt **sowohl für die einfache als auch für die notwendige Streitgenossenschaft**, wobei bei dieser **vorrangig § 62 ZPO** zu berücksichtigen ist (§ 62 Rn. 1, 10).[7] Nur soweit dort nichts anderes geregelt ist, gilt für die notwendige Streitgenossenschaft **subsidiär** der Grundsatz aus § 61 ZPO.

B. Ausprägungen des Grundsatzes der Einzelwirkung
I. Stellung des Streitgenossen im Prozess

3 **Partei** ist der jeweilige Streitgenosse ausschließlich in seinem eigenen Prozessverhältnis. In Bezug auf die Prozessverhältnisse anderer Streitgenossen kann er **Nebenintervenient** (§ 66 Rn. 6) sein. Er kann einem **Streitgenossen auch den Streit verkünden** (§ 72 Rn. 9). Er kann **Zeuge** im Prozessverhältnis eines anderen Streitgenossen im selben Prozess sein, allerdings nur soweit die zu bezeugende **Tatsache seinen eigenen Prozess in keiner Weise betrifft**.[8] Nach Ende der Streitgenossenschaft (§§ 59, 60 Rn. 4) hat er die Stellung eines unbeteiligten Dritten. Der Streitgenosse kann dann uneingeschränkt Zeuge sein.[9] Im Falle der Parteivernehmung von Streitgenossen ist § 449 ZPO zu beachten.

II. Eigenstände Zulässigkeits- und Begründetheitsprüfung

4 Da die Prozessverhältnisse zwischen den einzelnen Parteien des Rechtsstreits unabhängig voneinander sind (Rn. 1), müssen die **Zulässigkeits- und Begründetheitsvoraussetzungen** für jedes der Prozessverhältnisse bzw. **für jeden Streitgenossen selbstständig geprüft und beurteilt** werden.[10] Im Bereich der Zuständigkeit ist die Möglichkeit der Zuständigkeitsbestim-

---

1 BGH, NJW-RR 1989, 1099 = MDR 1989, 899.
2 Z.B. BGH, NJW-RR 2003, 1344; Musielak/Voit-*Weth*, ZPO, § 61 Rn. 6.
3 So aber BGH, NJW 2015, 2125 (2126), Rn. 14; Stein/Jonas-*Bork*, ZPO, § 61 Rn. 9; Musielak/Voit-*Weth*, ZPO, § 61 Rn. 6; sogar bei der notwendigen Streitgenossenschaft ist im Ausgangspunkt anerkannt, dass die Prozesshandlungen einzelner Streitgenossen gesondert zu beurteilen sind, vgl. BGHZ 131, 376 (380) = NJW 1996, 1060 (1061) = VersR 1996, 1431 (1432).
4 Die h.M. will die Zweifelsfälle durch Nachfragepflicht des Gerichts lösen, Musielak/Voit-*Weth*, ZPO, § 61 Rn. 6.
5 Thomas/Putzo-*Hüßtege*, ZPO, § 61 Rn. 5.
6 OLG Hamm, OLGR 2005, 39 (41) m.w.N.
7 § 62 ZPO ist eine Bestimmung, aus der sich „ein anderes" i.S.d. § 61 ZPO ergibt.
8 BGH, NJW-RR 1991, 256; BGH, MDR 1984, 47; BAG, MDR 1973, 169; KG Berlin, OLGZ 1977, 244 für Klägerstreitgenossen im Rahmen einer Widerklage gegen anderen Klägerstreitgenossen; Musielak/Voit-*Weth*, ZPO, § 61 Rn. 5 m.w.N.; a.A. *Lindacher*, JuS 1986, 378 (381) der eine uneingeschränkte Zeugenstellung befürwortet.
9 BGH, NJW 1999, 135 (136) = FamRZ 1999, 154 (155); OLG Koblenz, NJW-RR 2003, 283 nach Berufungsrücknahme und bloßer weiterer Beteiligung an der (unstreitigen) Kostenentscheidung; ebenso KG Berlin, MDR 1981, 765.
10 BGH, NJW 1994, 3102 (3103) = WM 1994, 1584 (1584f.) zur Prozessvoraussetzung der Bestimmtheit der Klage; BGH, NJW-RR 2010, 1725 (1725f.), Rn. 11 = ZfS 2010, 624 (625), Rn. 11 zur Prozessvoraussetzung des Schlichtungsverfahrens; OLG Frankfurt a.M., NJW-RR 1995, 319 (320) zur Rechtswegzuständigkeit.

mung nach § 36 Abs. 1 Nr. 3 ZPO zu beachten. Zur Entscheidung durch **Teilurteil gegen einzelne Streitgenossen** vgl. Rn. 10 und § 301 Rn. 3.

III. Eintritt und Ende der Rechtshängigkeit

Der **Eintritt der Rechtshängigkeit** beurteilt sich für **jedes der Prozessverhältnisse einzeln** nach §§ 261 Abs. 1, 253 Abs. 1 ZPO. Verklagt ein Kläger beispielsweise zunächst einen Beklagten und erweitert die Klage später auf einen weiteren Beklagten, so tritt die Rechtshängigkeit gegen den zweiten Beklagten erst mit Zustellung der Klageerweiterung an ihn ein bzw. für die Fristwahrung und Verjährungshemmung mit Einreichung der Klageerweiterung bei Gericht unter den Voraussetzungen des § 167 ZPO. Damit ist auch die **Frage der Hemmung der Verjährung** gegenüber jedem Streitgenossen einzeln zu beurteilen. Die Dauer des jeweiligen Prozessverhältnisses wird ebenfalls für jeden Streitgenossen einzeln bestimmt. So wirkt beispielsweise die **prozessbeendende Klagerücknahme oder der Vergleichsschluss** nur einzelner Parteien auch nur in deren Verhältnis. Ebenso haben **Unterbrechung, Aussetzung und Ruhen des Verfahrens** nur Auswirkungen in dem Prozessverhältnis, in dem sie angeordnet wurden, ohne Erstreckung auf die Prozessverhältnisse der anderen Streitgenossen oder den Rechtsstreit insgesamt.[11]

5

IV. Tatsachenvortrag der einzelnen Streitgenossen

Der **Tatsachenvortrag** und das Bestreiten von Tatsachen durch einzelne Streitgenossen gilt zunächst einmal nur für das sie selbst betreffende Prozessverhältnis, es sei denn die anderen Streitgenossen stimmen diesem Vortrag ausdrücklich oder konkludent zu.[12] Die **Beweisaufnahme und -würdigung geschieht einheitlich** gegenüber allen Streitgenossen, so dass unterschiedliche Ergebnisse hinsichtlich des Beweisergebnisses bei den Streitgenossen ausgeschlossen sind.[13] Die **Geständniswirkung** des § 288 ZPO greift direkt nur für denjenigen, der die behauptete Tatsache selbst zugesteht. Betreffend die übrigen Streitgenossen wird das Geständnis eines anderen Streitgenossen **frei nach § 286 ZPO** gewürdigt. Dies gilt auch im Falle **widersprüchlichen Sachvortrags** der Streitgenossen. Beim Geständnis kann es jedenfalls theoretisch zu unterschiedlichen Beweisergebnissen kommen.[14] Das Gleiche gilt im Falle des § 138 Abs. 3 ZPO, wenn dieser nur gegenüber einzelnen Streitgenossen vorliegt. Eine Ausnahme vom Grundsatz des einheitlichen Beweisergebnisses kann sich auch aus § 331 Abs. 1 Satz 1 ZPO ergeben (vgl. auch Rn. 10).

6

V. Säumnis

Bei der einfachen Streitgenossenschaft vertreten sich, anders als bei der notwendigen (§ 62 Rn. 12, 16), die Streitgenossen nicht gegenseitig.[15] Die Frage der **Säumnis** ist daher **für jeden Streitgenossen einzeln** zu beurteilen. Die Säumnisfolgen treten nur gegenüber dem jeweils säumigen Streitgenossen und nicht gegenüber den anderen ein.

7

VI. Ablehnungsrecht

Das **Ablehnungsrecht** (§§ 42 ff. ZPO) steht jedem Streitgenossen einzeln zu. Bei erfolgreicher Ablehnung ist die abgelehnte Person jedoch **im gesamten Verfahren ausgeschlossen**.[16]

8

VII. Fristen und Rechtsmittel

Fristen laufen für jeden Streitgenossen eigens abhängig von der an ihn bewirkten Zustellung.[17] Dies gilt für **sämtliche Fristen**, insbesondere auch **Rechtsmittel- und Rechtsbehelfsfristen**.[18] Jeder Streitgenosse kann **unabhängig von den anderen Rechtsmittel** einlegen.[19] Die

9

---

11 BGH, NJW-RR 2003, 1002 (1003) = BauR 2003, 753 (754) m.w.N.
12 A.A. BGH, NJW 2015, 2125 (2126), Rn. 14; Zöller-*Vollkommer*, ZPO, § 61 Rn. 2; Thomas/Putzo-*Hüßtege*, ZPO, § 61 Rn. 11 Geltung für alle Prozessverhältnisse außer eigene Erklärung oder Widerspruch der anderen Streitgenossen; im Ansatz wie hier BGHZ 131, 376 (379 f.) = NJW 1996, 1060 (1061) = VersR 1996, 1431 (1432) wo sogar für notwendige Streitgenossen nur „singuläre" Wirkung von Behaupten und Bestreiten angenommen wird.
13 BGH, NJW-RR 2003, 1002 = BauR 2003, 753 (754) m.w.N.; BGH, NJW-RR 1992, 253 (254) = MDR 1992, 411; OLG München, NJW-RR 1994, 1278.
14 Thomas/Putzo-*Hüßtege*, ZPO, § 61 Rn. 12.
15 Im Parteiprozess ist eine Vertretung durch einen einfachen Streitgenossen nach Bevollmächtigung gemäß § 79 Abs. 2 Nr. 2 ZPO möglich. Dieser muss dann aber auch für den anderen Streitgenossen handeln, was notfalls durch Auslegung seiner Erklärung zu ermitteln ist.
16 Zöller-*Vollkommer*, ZPO, § 61 Rn. 6; Prütting/Gehrlein-*Gehrlein*, ZPO, § 61 Rn. 4.
17 BGH v. 27.09.1983, X ZB 19/82, juris, Rn. 15; KG Berlin, VersR 1975, 350.
18 Musielak/Voit-*Weth*, ZPO, § 61 Rn. 7.
19 BGH, NJW-RR 2005, 118 = MDR 2004, 960.

Rechtsbehelfseinlegung hat nur Wirkung in dem Prozessverhältnis, in dem sie erfolgt.[20] Dementsprechend tritt auch die **Rechtskraft für die einzelnen Prozessverhältnisse gesondert** ein.[21] Bezeichnet der Prozessgegner in seinem Rechtsmittel nur einen Streitgenossen, so ist durch Auslegung zu ermitteln, ob sich das Rechtsmittel auch gegen die übrigen richten soll. **Im Zweifel** richtet sich das **Rechtsmittel auch gegen die übrigen Streitgenossen**.[22] Dies gilt jedoch nur bei der Ermittlung des Rechtsmittelgegners, nicht hingegen bei der Festlegung des Rechtsmittelführers, da insoweit strengere Anforderungen angelegt werden.[23] Richtet sich Berufung nur gegen einen Streitgenossen und ist daher das Urteil gegen den anderen rechtskräftig, kann dieser **keine unselbstständige Anschlussberufung** einlegen.[24] Das Gleiche gilt umgekehrt, wenn nur einer der Streitgenossen Berufung eingelegt hat, für eine Anschlussberufung des Gegners gegen den anderen Streitgenossen.[25] Für die **Beschwer** werden die Werte von Rechtsmitteln mehrerer oder gegen mehrere Streitgenossen **zusammengerechnet**.[26]

VIII. Einheitliche Entscheidung des Rechtsstreits; Teilurteil

10 Die Entscheidung des Rechtsstreits ergeht in aller Regel in einem **einheitlichen Urteil**. Dabei können die **Entscheidungen in den einzelnen Prozessverhältnissen unterschiedlich** ausfallen. Gegen einzelne Streitgenossen kann **vorab durch Teilurteil** entschieden werden, beispielsweise, wenn die Klage gegen einzelne Streitgenossen unzulässig ist.[27] Sofern jedoch die Gefahr **widersprüchlicher Entscheidungen in der Sache** besteht, kommt ein **Teilurteil** nicht in **Betracht** (§ 301 Rn. 3).[28] Etwas **anderes** gilt im Falle der **Säumnis** eines Streitgenossen,[29] bei **Tod oder Insolvenz** eines Streitgenossen[30] und bei **Anerkenntnis/Verzicht** von oder gegenüber nur einzelnen Streitgenossen. Insoweit tritt das Verbot der Widersprüchlichkeit zurück. Die Revisionszulassung kann auf einzelne Streitgenossen beschränkt werden.[31] Bei der Entscheidung über die **vorläufige Vollstreckbarkeit** einer Entscheidung ist die Sicherheitsleistung für jede Partei eigens zu berechnen.

§ 62
Notwendige Streitgenossenschaft

(1) Kann das streitige Rechtsverhältnis allen Streitgenossen gegenüber nur einheitlich festgestellt werden oder ist die Streitgenossenschaft aus einem sonstigen Grund eine notwendige, so werden, wenn ein Termin oder eine Frist nur von einzelnen Streitgenossen versäumt wird, die säumigen Streitgenossen als durch die nicht säumigen vertreten angesehen.
(2) Die säumigen Streitgenossen sind auch in dem späteren Verfahren zuzuziehen.

Inhalt:

	Rn.		Rn.
A. Allgemeines	1	I. Voraussetzungen notwendiger Streitgenossenschaft	4
I. Begriff und Systematik der notwendigen Streitgenossenschaft	1	1. Allgemeines	4
II. Allgemeines zur Abgrenzung gegenüber der einfachen Streitgenossenschaft	2	2. Arten der notwendigen Streitgenossenschaft	5
B. Erläuterungen	4	a) Prozessual notwendige Streitgenossenschaft, Abs. 1 Alt. 1	5
		aa) Allgemeine Grundsätze	5

---

20 Vgl. z.B. BGH, NJW-RR 2006, 286 (287) = MDR 2006, 530 (530 f.).
21 Prütting/Gehrlein-*Gehrlein*, ZPO, § 61 Rn. 6; Musielak/Voit-*Weth*, ZPO, § 61 Rn. 7 m.w.N.
22 BGH, NJW-RR 2011, 281 (282), Rn. 11–12 = MDR 2010, 828; BGH, NJW-RR 2009, 208 (209), Rn. 5 = MDR 2008, 1352 (1353); BGH, NJW-RR 2006, 1569 (1570), Rn. 9 m.w.N.; strenger wohl BGH, NJW 2003, 3203 (3204); ebenso Prütting/Gehrlein-*Gehrlein*, ZPO, § 61 Rn. 6.
23 BGH, NJW-RR 2011, 281 (282), Rn. 10 = MDR 2010, 828 m.w.N.
24 BGH, NJW 1991, 2569 = MDR 1992, 76 m.w.N.; Zöller-*Vollkommer*, ZPO, § 61 Rn. 9 m.w.N.
25 BAG v. 19.10.2011, 7 AZR 471/10, juris, Rn. 27.
26 BGH, NJW 2015, 2816 = MDR 2015, 1149 zu § 26 Nr. 8 EGZPO m.w.N. auch zur Beschwer im Übrigen.
27 Vgl. z.B. BGH, NJW 2015, 2429, Rn. 8 = DAR 2015, 324 (325), Rn. 8; BGH, NJW-RR 2010, 1725 (1725 f.), Rn. 11 = ZfS 2010, 624 (625), Rn. 11.
28 Z.B. BGH, NJW 2004, 1452 = VersR 2004, 645 m.w.N.; OLG Koblenz, NJW-RR 2011, 315 = MDR 2011, 385 m.w.N.
29 OLG Rostock v. 14.04.2011, 3 U 2/10, juris, Rn. 62; arg. Vorrang § 331 Abs. 1 Satz 1 ZPO.
30 BGH, NJW 2007, 156 (157 f.), Rn. 15–16 = FamRZ 2007, 209 (210) m.w.N.
31 BGHZ 193, 193 (197), Rn. 11 = NJW 2012, 2435 (2436), Rn. 11 = VersR 2013, 102 (103) m.w.N.

bb) Beispiele 6
b) Materiell-rechtlich notwendige
   Streitgenossenschaft, Abs. 1 Alt. 2 . . 7
   aa) Allgemeine Grundsätze 7
   bb) Beispiele 8
c) Beispiele nicht notwendiger
   Streitgenossenschaft 9
II. Wirkungen der notwendigen
   Streitgenossenschaft 10
   1. Allgemeines 10
   2. Auswirkungen auf die
      Zulässigkeit der Klage 11
   3. Vertretungsfiktion bei Fristen
      und Terminen; Rechtsmittel 12

a) Allgemeines zur Vertretungs-
   fiktion 12
b) Prozessuale Fristen,
   insbesondere Rechtsmittel 13
c) Materiell-rechtliche Fristen 15
d) Vertretungsfiktion bei
   Terminsversäumung 16
4. Tatsachenvortrag 17
5. Streitgegenstandsbezogene und
   rechtshängigkeitsbeendende
   Prozesshandlungen 18
6. Unterbrechung und Aussetzung . . 21
7. Wirkungen der Prozess-
   handlungen des Prozessgegners . . 22
8. Entscheidung gegenüber den
   Streitgenossen; Teilurteil 23

A. Allgemeines
I. Begriff und Systematik der notwendigen Streitgenossenschaft

§ 62 ZPO behandelt den Sonderfall der sogenannten notwendigen Streitgenossenschaft, die **1**
auch als besondere[1] oder qualifizierte Streitgenossenschaft bezeichnet wird.[2] Auch für die notwendige Streitgenossenschaft gelten die §§ 59–61 ZPO und § 63 ZPO (§§ 59, 60 Rn. 2; § 63 Rn. 1). Allerdings ist vorrangig als *lex specialis* insbesondere betreffend die **Wirkungen der notwendigen Streitgenossenschaft § 62 ZPO** zu beachten (dazu Rn. 3, 10, 12–16, 18–20).

II. Allgemeines zur Abgrenzung gegenüber der einfachen Streitgenossenschaft

Die **Abgrenzung der einfachen zur notwendigen Streitgenossenschaft** erfolgt negativ. Liegt **2**
kein Fall der notwendigen Streitgenossenschaft vor, so handelt es sich um einfache Streitgenossenschaft (vgl. §§ 59, 60 Rn. 2). Bei mehreren Streitgenossen können einzelne zueinander notwendige und zu anderen einfache Streitgenossen sein.[3]

§ 62 ZPO zeigt, dass im Falle der notwendigen Streitgenossenschaft die **Streitgenossen in en- 3
gerer Beziehung zueinanderstehen** als im Falle der rein äußerlichen Prozesszusammenfassung bei der einfachen Streitgenossenschaft. Die **Prozessverhältnisse der einzelnen Parteien sind zwar nach wie vor selbstständig** (Rn. 10), weisen jedoch wesentlich stärkere Wechselwirkungen zueinander auf als bei der einfachen Streitgenossenschaft. Die einfache Streitgenossenschaft ist letztlich Ausfluss von Zweckmäßigkeitsüberlegungen (§§ 59, 60 Rn. 1, 7), wohingegen die notwendige Streitgenossenschaft aus dem **Gebot der Einheitlichkeit der Sachentscheidung** aus rechtlichen Gründen folgt.

B. Erläuterungen
I. Voraussetzungen notwendiger Streitgenossenschaft
1. Allgemeines

Die notwendige Streitgenossenschaft wird nach § 62 ZPO in **zwei Gruppen** eingeteilt: die **pro- 4
zessual** (§ 62 Abs. 1 Alt. 1 ZPO, vgl. Rn. 5 f.) und die **materiell-rechtlich** (§ 62 Abs. 1 Alt. 2 ZPO, vgl. Rn. 7–8) **notwendige Streitgenossenschaft**. Sie haben unterschiedliche Voraussetzungen und **mitunter unterschiedliche Wirkungen**. Die Rechtsprechung ist bei der Annahme notwendiger Streitgenossenschaft eher zurückhaltend. Sie **lehnt es ab**, neben den oben beschriebenen Arten der notwendigen Streitgenossenschaft **weitere Arten anzuerkennen**, selbst wenn aus Gründen der Logik eine einheitliche Entscheidung notwendig oder wünschenswert wäre.[4] Ebenso kommt es nicht in Betracht, eine **notwendige Streitgenossenschaft durch Parteivereinbarung** zu begründen.[5]

---

1 BGHZ 30, 195 (198) = NJW 1959, 1683 (1684) = WM 1959, 903 (904).
2 Thomas/Putzo-*Hüßtege*, ZPO, Vorbem. § 59 Rn. 2.
3 Vgl. BGH, LM, Nr. 2 zu § 62 ZPO, der sogar bei mehreren Ansprüchen gegenüber den gleichen Streitgenossen für manche notwendige und für manche einfache Streitgenossenschaft für möglich hält; für diesen Fall auch Musielak/Voit-*Weth*, ZPO, § 62 Rn. 2 m.w.N.; Thomas/Putzo-*Hüßtege*, ZPO, § 62 Rn. 3, weist zurecht auf die Bestimmung vom jeweiligen Streitgegenstand her hin.
4 BGHZ 30, 195 (199 f.) = NJW 1959, 1683 (1684 f.) = WM 1959, 903 (904 f.).
5 BAG, MDR 1983, 1052 für Regelungen in Tarifverträgen.

2. Arten der notwendigen Streitgenossenschaft
a) *Prozessual notwendige Streitgenossenschaft, Abs. 1 Alt. 1*
aa) Allgemeine Grundsätze

5 Kernpunkt der prozessual notwendigen Streitgenossenschaft ist, dass die **Sachentscheidung** gegenüber den notwendigen Streitgenossen **aus prozessualen Gründen nur einheitlich** ergehen kann, mithin gegenüber diesen aus prozessualen Gründen keine divergierenden Entscheidungen getroffen werden dürfen. Eine notwendige Streitgenossenschaft aus prozessualen Gründen ist in den Fällen anzunehmen, in denen der Einzelprozess auch für die übrigen Streitgenossen präjudiziell ist und **bei nacheinander geführten Prozessen Rechtskrafterstreckung** eintritt, so dass in getrennten Verfahren keine unterschiedlichen Entscheidungen ergehen dürften, was dann auch nicht in einem gemeinsamen Rechtsstreit der Fall sein darf.[6] Das Gleiche gilt bei der **Gestaltungswirkung von Urteilen** gegenüber anderen Streitgenossen.[7] Die **Klage nur einzelner oder nur gegen einzelne** Streitgenossen ist anders als bei der materiell-rechtlich notwendigen Streitgenossenschaft nach § 62 Abs. 1 Alt. 2 ZPO **zulässig** (Rn. 11).[8]

bb) Beispiele

6 Der **Vorerbe und der Nacherbe** sind wegen § 326 ZPO prozessual notwendige Streitgenossen. Das Gleiche gilt wegen § 327 ZPO für den **Testamentsvollstrecker und den Erben**. Bei der Klage nach § 856 ZPO sind sämtliche klagenden Gläubiger notwendige Streitgenossen (§ 856 Abs. 4 ZPO). § 183 InsO führt dazu, dass mehrere die Forderung eines Gläubigers **bestreitende Insolvenzgläubiger** prozessual notwendige Streitgenossen hinsichtlich der Feststellung der bestrittenen Forderung sind.[9] Erheben mehrere Personen eine **Erbunwürdigkeitsklage** (§ 2342 BGB) so sind sie notwendige Streitgenossen.[10] Notwendige Streitgenossen sind auch mehrere klagende Mitglieder einer Genossenschaft hinsichtlich der Anfechtungsklage nach § 111 GenG (arg. § 111 Abs. 2 GenG). Bei einer Beschlussanfechtungsklage durch mehrere **Wohnungseigentümer und die Verwalterin** sind diese als Kläger prozessual notwendige Streitgenossen.[11] Anfechtungsklagen mehrerer **Anfechtungskläger gegen Gesellschafterbeschlüsse bei der GmbH** führen zur notwendigen Streitgenossenschaft der Anfechtungskläger.[12] Das Gleiche gilt bei mehreren Anfechtungsklägern gegen **Beschlüssen der Hauptversammlung** bei der Aktiengesellschaft wegen § 248 Abs. 1 AktG.[13] Wegen des Verweises des § 75 Abs. 2 GmbHG auf § 248 Abs. 1 AktG sind auch mehrere **Nichtigkeitskläger** bei der GmbH notwendige Streitgenossen.

b) *Materiell-rechtlich notwendige Streitgenossenschaft, Abs. 1 Alt. 2*
aa) Allgemeine Grundsätze

7 Materiell-rechtlich notwendige Streitgenossenschaft liegt dem Grundsatz nach dann vor, wenn **aus Gründen des materiellen Rechts** eine **Prozessführung nur von allen oder gegen alle notwendigen Streitgenossen** in Betracht kommt, da die **Prozessführungsbefugnis nur allen Streitgenossen gemeinsam** zusteht.[14] Die Klage von einzelnen oder gegen einzelne Streitgenossen wäre daher wegen fehlender Prozessführungsbefugnis **als unzulässig abzuweisen** (vgl. Rn. 11 auch zur Ausnahme im Passivprozess mehrerer materiell-rechtlich notwendiger Streitgenossen).[15]

---

6 BGHZ 92, 351 (353 f.) = NJW 1985, 385 (385 f.) = MDR 1985, 218 m.w.N.; BGHZ 30, 195 (198 f.) = NJW 1959, 1683 (1684) = WM 1959, 903 (904).
7 Prütting/Gehrlein-*Gehrlein*, ZPO, § 62 Rn. 2, 6; Musielak/Voit-*Weth*, ZPO, § 62 Rn. 3 m.w.N.
8 BGHZ 30, 195 (198) = NJW 1959, 1683 (1684) = WM 1959, 903 (904).
9 Vgl. BGHZ 112, 95 (98) = NJW 1990, 3207 (3208) = VersR 1990, 1294 (1295) zum schifffahrtsrechtlichen Verteilungsverfahren, das Bezug auf die mit der InsO übereinstimmenden Vorschriften der damals noch geltenden Konkursordnung nimmt.
10 Musielak/Voit-*Weth*, ZPO, § 62 Rn. 6 m.w.N.
11 BGH, NJW 2009, 2132 (2133 f.), Rn. 20 = WuM 2009, 373 (374), Rn. 20.
12 Baumbach/Hueck-*Zöllner*, GmbHG, Anh. § 47 Rn. 169.
13 BGHZ 122, 211 (240) = NJW 1993, 1976 (1983) = WM 1993, 1087 (1097).
14 BGHZ 30, 195 (196 f.) = NJW 1959, 1683 (1684) = NJW 1959, 903 (904), dort missverständlich als Sachlegitimation (Aktiv-/Passivlegitimation) bezeichnet; richtig insoweit BGHZ 36, 187 (191 f.) = NJW 1962, 633 (636) = WM 1962, 402 (404 f.).
15 BGHZ 92, 351 (353) = NJW 1985, 385 = WM 1985, 172 (173) für den Aktivprozess von notwendigen Streitgenossen; BGH, NJW 1984, 2210 = MDR 1985, 37; BGHZ 36, 187 (191 f.) = NJW 1962, 633 (636) = WM 1962, 402 (405) für den Passivprozess gegen notwendige Streitgenossen.

bb) Beispiele

Werden **Miteigentümer** auf **Verfügung** über den Miteigentumsgegenstand[16] oder auf **Duldung** 8
der Benutzung des Miteigentumsgegenstandes[17] in Anspruch genommen, müssen sämtliche Miteigentümer als notwendige Streitgenossen verklagt werden (vgl. zu Miteigentümern auch Rn. 9 und §§ 59, 60 Rn. 8). Die Klage auf **Entziehung der Geschäftsführungsbefugnis** (§ 117 HGB) oder der **Vertretungsmacht** (§ 127 HGB) muss ebenso wie die Klage auf **Ausschließung eines Gesellschafters** (§ 140 HGB) durch alle übrigen Gesellschafter erfolgen, die dabei materiell-rechtlich notwendige Streitgenossen sind.[18] Die Nichtteilnahme einzelner Gesellschafter kann durch eine **bindende Einverständniserklärung mit der Klageerhebung** ersetzt werden.[19] Die Gesellschafter, die selbst nicht ausgeschlossen werden sollen, aber auch nicht mitklagen oder ihr Einverständnis erklären wollen, sind auf Mitwirkung bei der Ausschließung zu verklagen.[20] Es müssen also letztlich alle Gesellschafter auf der Kläger- oder der Beklagtenseite sein, die dann jeweils notwendige Streitgenossen sind.[21] **Aktivprozesse von Gesamthandsgemeinschaften** sind in der Form der notwendigen Streitgenossenschaft durch alle Gesamthänder auf Klägerseite zu führen, wenn nicht dem **einzelnen Gesamthänder ein eigener Anspruch auf Leistung an die Gesamthandsgemeinschaft** zusteht.[22] In diesem Fall tritt dann richtigerweise **auch durch gemeinsame Führung des Rechtsstreits keine notwendige Streitgenossenschaft** ein.[23] Bei gemeinschaftlicher Verwaltung des Gesamtguts durch die Ehegatten in **Gütergemeinschaft** sind diese wegen § 1450 Abs. 1 Satz 1 BGB notwendige Streitgenossen.[24] Kann die **Zustimmung zur Auszahlung eines hinterlegten Betrages** nur durch mehrere gemeinschaftlich erteilt werden, so sind diese als notwendige Streitgenossen zu verklagen.[25] In **Passivprozessen gegen Gesamthandsgemeinschaften** sind sämtliche Gesamthänder notwendige Streitgenossen. Bei Prozessen von **Nachlassgläubigern** ist zu unterscheiden: Erhebt der Nachlassgläubiger eine **Gesamtschuldklage** nach § 2058 BGB, sind die einzelnen verklagten Miterben einfache Streitgenossen. Erhebt er dagegen eine **Gesamthandklage** nach § 2059 BGB, hat sich die Klage gegen sämtliche Miterben zu richten, die dann notwendige Streitgenossen sind.[26] Bis zur Teilung des Nachlasses hat der Nachlassgläubiger ein **Wahlrecht**, welche Klage er erhebt.[27] Bei einer **Feststellungsklage auf Unwirksamkeit eines Mietvertrages** sind mehrere Vermieter notwendige Streitgenossen.[28]

c) Beispiele nicht notwendiger Streitgenossenschaft

Vgl. zu Fällen der einfachen Streitgenossenschaft zunächst §§ 59, 60 Rn. 7–8. Bei einer **Klage** 9
eines Gesellschafters auf Feststellung, dass ein **Mitgesellschafter aus der Gesellschaft ausgeschieden** ist, sind die übrigen Gesellschafter keine notwendigen Streitgenossen.[29] Miterben sind als Beklagte keine notwendigen Streitgenossen, wenn der Kläger Ihnen gegenüber die

---

16 BGHZ 131, 376 (378 f.) = NJW 1996, 1060 (1061) = VersR 1996, 1431 (1432) m.w.N. arg. §§ 747 Satz 2, 1008 BGB.
17 BGH, NJW 1984, 2210 = MDR 1985, 37 für Notwegerecht; BGHZ 36, 187 (188 ff.) = NJW 1962, 633 (634 f.) = WM 1962, 402 (403 f.) m.w.N. für Einräumung Notwegerecht und Grunddienstbarkeit.
18 BGH, NJW-RR 2011, 115 (116 f.), Rn. 30 für § 140 HGB; BGHZ 30, 195 (197) = NJW 1959, 1683 (1684) = WM 1959, 903 (904).
19 BGH, NJW 1998, 146 m.w.N. auch zur Gegenansicht.
20 Dazu BGHZ 64, 253 = WM 1975, 774 auch zum Problem der Ausschließungsklage gegen mehrere Gesellschafter; vgl. zur Ausschließungsklage auch BGHZ 68, 81 = NJW 1977, 1013 = MDR 1977, 560.
21 BGHZ 30, 195 (197) = NJW 1959, 1683 (1684) = WM 1959, 903 (904).
22 BGHZ 30, 195 (197) = NJW 1959, 1683 (1684) = WM 1959, 903 (904) wo als Beispiele die *actio pro socio* und § 2039 BGB genannt werden.
23 BGHZ 92, 351 (353 f.) = NJW 1985, 385 (385 f.) = MDR 1985, 218; Musielak/Voit-*Weth*, ZPO, § 62 Rn. 7 m.w.N. zu beiden Ansichten; a.A. Thomas/Putzo-*Hüßtege*, ZPO, § 62 Rn. 13; Zöller-*Vollkommer*, ZPO, § 62 Rn. 16 m.w.N.; Stein/Jonas-*Bork*, ZPO, § 62 Rn. 9, 19 m.w.N. nehmen jeweils eine prozessual notwendige Streitgenossenschaft an; unklar Prütting/Gehrlein-*Gehrlein*, ZPO, § 62 Rn. 12, 13.
24 Vgl. Prütting/Gehrlein-*Gehrlein*, ZPO, § 62 Rn. 12.
25 BGHZ 150, 187 (191 f.) = NJW 2002, 1872 (1873).
26 BGH, NJW 2014, 2574 (2577), Rn. 29 = FamRZ 2014, 1450 (1453), Rn. 29.
27 BGH, NJW-RR 1992, 1151 (1152) = FamRZ 1992, 1055 (1056); vgl. auch Erläuterung bei Palandt-*Weidlich*, BGB, §§ 2058, 2059 Rn. 13 m.w.N.
28 Offenlassend aber zweifelnd OLG Rostock v. 14.04.2011, 3 U 2/10, juris, Rn. 61; a.A. OLG Celle, NJW-RR 1994, 854; Prütting/Gehrlein-*Gehrlein*, ZPO, § 62 Rn. 11; Musielak/Voit-*Weth*, ZPO, § 62 Rn. 12.
29 BGHZ 30, 195 (197 ff.) = NJW 1959, 1683 (1684 f.) = WM 1959, 903 (904).

Feststellung der Nichtigkeit einer letztwilligen Verfügung oder seines Erbrechts begehrt.[30] **Miteigentümer**, die auf Unterlassung der Benutzung eines Grundstücks klagen, sind anders als Miteigentümer in der Beklagtenstellung hinsichtlich der Duldung einer Benutzung des Miteigentumsgegenstandes oder der Verfügung über einen Miteigentumsgegenstand (vgl. Rn. 8), keine notwendigen Streitgenossen (§§ 59, 60 Rn. 8).[31] Das Gleiche – also keine notwendigen Streitgenossen – gilt wegen § 1011 BGB auch sonst, wenn Miteigentümer Ansprüche aus dem Miteigentum geltend machen.[32] Mehrere Käufer die **Gewährleistungsansprüche aus einem gemeinsamen Kaufvertrag** geltend machen, sind keine notwendigen Streitgenossen.[33] Keine notwendigen Streitgenossen sind der **Eigentümer** einer dinglich haftenden Sache und der **persönliche Schuldner**.[34]

II. Wirkungen der notwendigen Streitgenossenschaft
1. Allgemeines

10 Die **Prozessverhältnisse** der einzelnen Parteien bleiben ebenso wie die **einzelnen Streitgenossen** trotz notwendiger Streitgenossenschaft **eigenständig**,[35] so dass prinzipiell die Grundsätze des § 61 ZPO gelten. Es entsteht **keine „einheitliche Streitpartei"**.[36] § 62 ZPO ist jedoch in seinem Anwendungsbereich *lex specialis*. § 62 ZPO regelt nach seinem Wortlaut nur die **Wahrnehmung von Fristen und Terminen** (dazu Rn. 12–16). Darüberhinausgehend sind jedoch nach dem Rechtsgedanken des § 62 ZPO vom Grundsatz des § 61 ZPO bei der notwendigen Streitgenossenschaft eine Vielzahl von Ausnahmen zu machen. Dabei muss im Einzelfall **unter Berücksichtigung des Zwecks der notwendigen Streitgenossenschaft** entschieden werden, ob der Grundsatz der Einzelwirkung nach § 61 ZPO oder eine Wirkung auch für und gegen die anderen Streitgenossen anzunehmen ist, wobei insoweit eine unterschiedliche Beantwortung der Frage bei materiell-rechtlich und bei prozessual notwendiger Streitgenossenschaft in Betracht kommt.[37] Es ist auch zu fragen, ob im Falle der Einzelwirkung eine bestimmte Handlung überhaupt durch einen Streitgenossen für sein Prozessverhältnis alleine vorgenommen werden kann oder ob dies das Gebot der einheitlichen Sachentscheidung untersagt. Für die Frage der Wirkung von Prozesshandlungen der Streitgenossen sind die Fälle der **Säumnis** (Rn. 12–16), in denen die **Vertretungsfiktion** des § 62 Abs. 1 ZPO gilt, von den Fällen zu unterscheiden, in denen die Streitgenossen nicht säumig sind (Rn. 17–20).

2. Auswirkungen auf die Zulässigkeit der Klage

11 Die Klage nur einzelner oder nur gegen einzelne **prozessual notwendige Streitgenossen** ist **zulässig**. Die Prozessführungsbefugnis steht in diesem Fall jedem einzelnen Streitgenossen zu (Rn. 5). Dagegen ist eine derartige Klage bei **materiell-rechtlich notwendigen Streitgenossen** als **unzulässig durch Prozessurteil** abzuweisen (Rn. 5, 7). **Etwas anderes** gilt im Falle der Klage gegen materiell-rechtlich notwendigen Streitgenossen dann, wenn die übrigen Streitgenossen vor Klageerhebung erklärt haben, **zu der mit der Klage begehrten Leistung verpflichtet und bereit zu sein**.[38] In diesem Fall ist auch die Klage gegen nur einzelne Streitgenossen zulässig.[39] Zur Auswirkung der Unzulässigkeit einer Klage betreffend nur einzelne Streitgenossen vgl. Rn. 24.

3. Vertretungsfiktion bei Fristen und Terminen; Rechtsmittel
a) Allgemeines zur Vertretungsfiktion

12 § 62 Abs. 1 ZPO **fingiert eine Vertretung** der notwendigen Streitgenossen untereinander, wenn nur einzelne von Ihnen einen Termin wahrnehmen oder eine Frist einhalten, andere je-

---

30 BGHZ 23, 73 (75 f.) = NJW 1957, 537 (538) = WM 1957, 639 (640).
31 BGHZ 92, 351 (353 f.) = NJW 1985, 385 (385 f.) = MDR 1985, 218 m.w.N. in Abweichung zum Reichsgericht.
32 Vgl. z.B. BGH, NJW 1997, 2115 (2116), zur Klage auf Entschädigung wegen planerischer Eingriffe in das Grundstück; Prütting/Gehrlein-*Gehrlein*, ZPO, § 62 Rn. 9.
33 OLG Koblenz, MDR 2010, 281 (281 f.).
34 MK-*Schultes*, ZPO, § 62 Rn. 15.
35 BGH, NJW-RR 2014, 903 (904), Rn. 9 = WuM 2014, 432 (433), Rn. 9; BGHZ 131, 376 (379) = NJW 1996, 1060 (1061) = VersR 1996, 1431 (1432) m.w.N.
36 BGHZ 131, 376 (379) = NJW 1996, 1060 (1061) = VersR 1996, 1431 (1432) m.w.N.
37 BGHZ 131, 376 (379 f.) = NJW 1996, 1060 (1061) = VersR 1996, 1431 (1432) m.w.N.
38 BGH, NJW-RR 2014, 903 (904), Rn. 10 = WuM 2014, 432 (433), Rn. 10; BGH, NJW 1992, 1101 (1102) = MDR 1992, 582 m.w.N.; BGH, NJW-RR 1991, 333 (334) = MDR 1991, 421 (422) m.w.N.; BGH, NJW 1984, 2210 = MDR 1985, 37 m.w.N.; BGH, NJW 1958, 418, wenn nicht teilnehmende Gesellschafter bei Klage nach § 133 HGB vor Klageerhebung verbindlich und verpflichtend ihr Einverständnis mit dem Ziel der Klage erklärt haben.
39 OLG Karlsruhe v. 14.07.2010, 17 U 139/09, juris, Rn. 9.

doch insoweit säumig sind.⁴⁰ Da es sich um eine Fiktion handelt, gilt diese auch, wenn der nicht säumige Streitgenosse nur für sich verhandelt.⁴¹ Die Vertretungsfiktion gilt **unabhängig davon**, ob das zuzurechnende prozessuale Verhalten des vertretenden Streitgenossen für die übrigen **günstig oder nachteilig** ist.⁴² So kommt auch eine **Klagerücknahme** mit Wirkung für alle in Betracht.⁴³ Eine **Klageänderung** scheidet jedoch aus, da der neue Streitgegenstand noch nicht Teil des Rechtsstreits ist und insoweit keine Vertretungsfiktion besteht. Etwaige für die säumigen Streitgenossen durch den anwesenden Streitgenossen vorgenommene Prozesshandlungen gelten für diese,⁴⁴ können jedoch in den folgenden mündlichen Verhandlungen der Tatsacheninstanz, auch noch in der Berufungsinstanz, **widerrufen** werden.⁴⁵ Prozesshandlungen, die sich auch auf die materielle Rechtslage auswirken, wie insbesondere der **Prozessvergleich**, sind nur möglich, wenn der handelnde Streitgenosse auch die materiell-rechtliche Verfügungsbefugnis hat.⁴⁶ Zur Auswirkung von Prozesshandlungen ohne Säumnis der anderen Streitgenossen vgl. Rn. 17–20. Die Vertretungsfiktion gilt nur betreffend prozessuale Fristen (zu materiell-rechtlichen Fristen vgl. Rn. 15).

b) Prozessuale Fristen, insbesondere Rechtsmittel
Fristen laufen **für jeden Streitgenossen getrennt** nach dem Zeitpunkt der für ihn bestimmten **Zustellung**, die **für jeden Streitgenossen gesondert** zu erfolgen hat.⁴⁷ Allerdings wird bei Wahrung einer prozessualen Frist durch nur einen Streitgenossen die Vertretung der die Frist nicht wahrenden Streitgenossen durch diesen gemäß § 62 Abs. 1 ZPO fingiert. Die Frist wird also durch dessen Prozesshandlung **für alle notwendigen Streitgenossen gewährt**.⁴⁸ Wird einem notwendigen Streitgenossen eine **Fristverlängerung** gewährt, gilt diese auch für die übrigen Streitgenossen.⁴⁹   13

Für **Rechtsmittelfristen** gilt die Vertretungsfiktion des § 62 ZPO ebenfalls. Sowohl Einlegungs- als auch Begründungsfristen werden durch einen rechtzeitig einlegenden notwendigen Streitgenossen für alle übrigen notwendigen Streitgenossen gewahrt. Die **Rechtsmitteleinlegung eines notwendigen Streitgenossen wirkt auch für die übrigen**.⁵⁰ Diese werden damit auch, wenn sie selbst keine Rechtsmittel eingelegt haben, **Partei im Rechtsmittelverfahren**.⁵¹ Dies gilt auch, wenn die **Rechtsbehelfsfrist eines Streitgenossen bereits abgelaufen** war, als der andere – betreffend sich selbst rechtzeitig – eingelegt hat.⁵² Der Rechtsmittelgegner kann im Verhältnis zum nicht rechtsmittelführenden Streitgenossen ein **Anschlussrechtsmittel** einlegen.⁵³ Der Streitgenosse, der nicht selbstständig eingelegt hat, hat lediglich eine **abhängige Parteistellung** inne, die von selbst endet, wenn der Einlegende sein **Rechtsmittel zurücknimmt**.⁵⁴ Jeder Streitgenosse kann das von ihm eingelegte Rechtsmittel wieder zurücknehmen, er bleibt aber bei aufrechterhaltenem Rechtsbehelf des anderen Streitgenossen Partei des Rechtsbehelfsverfahrens und muss weiterhin zum Verfahren zugezogen werden.⁵⁵ Das Rechtsmittel eines anderen Streitgenossen kann er nicht wirksam zurücknehmen, sofern dieser nicht säumig ist. **Rechtskraft** tritt gegen sämtliche Streitgenossen erst ein, sobald kein Streitgenosse mehr ein Rechtsmittel einlegen kann.⁵⁶ Hat ein Streitgenosse kein Rechtsmittel eingelegt und ist er durch ein Rechtsmittel eines anderen Streitgenossen Partei des Rechtsmittelverfahrens geworden, kann er nach zutreffender Ansicht gegen die Entscheidung des   14

---

40 Musielak/Voit-*Weth*, ZPO, § 62 Rn. 14 m.w.N.
41 Zöller-*Vollkommer*, ZPO, § 62 Rn. 28.
42 BGH, NJW 2016, 716 (717), Rn. 14.
43 Prütting/Gehrlein-*Gehrlein*, ZPO, § 62 Rn. 20.
44 Vgl. Musielak/Voit-*Weth*, ZPO, § 62 Rn. 14; Stein/Jonas-*Bork*, ZPO, § 62 Rn. 30.
45 BGH, NJW 2016, 716 (717 f.), Rn. 13–20 = FamRZ 2016, 220 (220 f.), Rn. 15–20 zum Anerkenntnis.
46 Musielak/Voit-*Weth*, ZPO, § 62 Rn. 14; Stein/Jonas-*Bork*, ZPO, § 62 Rn. 30 m.w.N.; insoweit scheint auch die Entscheidung BGH, NJW 2016, 716 (717), Rn. 14 zu differenzieren.
47 BGHZ 131, 376 (380) = NJW 1996, 1060 (1061) = VersR 1996, 1431 (1432) m.w.N.
48 BGH, NJW 2009, 2132 (2134), Rn. 21 = WuM 2009, 373 (374), Rn. 21.
49 Musielak/Voit-*Weth*, ZPO, § 62 Rn. 15.
50 BGH, NJW 2008, 69 (72), Rn. 32 = WM 2007, 1932, Rn. 32, dort notwendige Streitgenossenschaft verneint.
51 BGH, NJW 2016, 716 (717), Rn. 10; BGHZ 192, 245 (251), Rn. 22; BGHZ 150, 187 (191 f.) = NJW 2002, 1872 (1873) m.w.N.
52 Zöller-*Vollkommer*, ZPO, § 62 Rn. 32; Stein/Jonas-*Bork*, ZPO, § 62 Rn. 45 f. m.w.N.; MK-*Schultes*, ZPO, § 62 Rn. 52 m.w.N.
53 BAG v. 19.10.2011, 7 AZR 471/10, juris, Rn. 27; Musielak/Voit-*Weth*, ZPO, § 62 Rn. 20.
54 BGH, NJW-RR 1999, 285 (286).
55 BGH, NJW 1976, 1590.
56 Musielak/Voit-*Weth*, ZPO, § 62 Rn. 20.

Rechtsmittelgerichts wieder selbstständig Rechtsmittel einlegen.[57] Zu Rechtsmitteln des Gegners der Streitgenossen vgl. Rn. 22.

c) Materiell-rechtliche Fristen

15 Die **Vertretungsfiktion** gilt nur betreffend prozessuale Fristen. **Materiell-rechtliche Fristen** werden nur für bzw. gegen denjenigen gewahrt, der die nötige Handlung (z.B. Klage) rechtzeitig vorgenommen hat bzw. demgegenüber sie rechtzeitig vorgenommen wurde, nicht auch für und gegen dessen notwendige Streitgenossen.[58] Bei der materiell-rechtlichen Streitgenossenschaft hindert das Bestehen einer **Einrede** (z.B. Verjährung) für nur einen Streitgenossen aber die Durchsetzung des Anspruchs insgesamt.[59]

d) Vertretungsfiktion bei Terminsversäumung

16 Die **Vertretungsfiktion** des § 62 Abs. 1 ZPO gilt auch für die **Terminswahrnehmung** nur durch einzelne Streitgenossen. So kann beispielsweise gegen einen **säumigen Streitgenossen kein Versäumnisurteil** ergehen, wenn ein anderer notwendiger Streitgenosse den Termin wahrnimmt (zur Rechtskraftwirkung eines dennoch ergangenen unzulässigen Urteils vgl. Rn. 23). Sind **alle notwendigen Streitgenossen säumig**, so kann gegen sie nur dann Versäumnisurteil ergehen, wenn die Voraussetzungen für ein Versäumnisurteil bei allen vorliegen.[60]

4. Tatsachenvortrag

17 Hinsichtlich des Sachvortrages durch notwendige Streitgenossen bestehen keine Unterschiede zu einfachen Streitgenossen (dazu § 61 Rn. 6). Zunächst einmal wirken Behaupten und Bestreiten sowie Gestehen eines jeden einzelnen Streitgenossen **nur „singulär" für diesen**, soweit nicht ein Fall der Vertretung aufgrund Säumnis vorliegt.[61] Im Rahmen der Auslegung des Verhaltens der sonstigen Streitgenossen ist zu klären, ob sie dem Tatsachenvortrag anderer Streitgenossen – ausdrücklich oder konkludent[62] – zustimmen oder ihm widersprechen. Sich widersprechender Vortrag[63] verschiedener Streitgenossen ebenso wie **Geständnisse** nur einzelner Streitgenossen werden vom Gericht im Rahmen des § 286 ZPO frei gewürdigt. Anders als bei der einfachen Streitgenossenschaft darf es hier jedoch **nie zu unterschiedlichen Beweisergebnissen** kommen.

5. Streitgegenstandsbezogene und rechtshängigkeitsbeendende Prozesshandlungen

18 Soweit die übrigen Streitgenossen nicht säumig sind und daher die Vertretungsfiktion des § 62 Abs. 1 ZPO nicht gilt (vgl. zu Prozesshandlungen bei Säumnis von Streitgenossen Rn. 12–16), kommen streitgegenstandsbezogene und rechtshängigkeitsbeendende Prozesshandlungen des jeweiligen Streitgenossen nur für sein eigenes Prozessrechtsverhältnis in Betracht. Fraglich ist dabei, ob er aufgrund des Zwangs zur einheitlichen Sachentscheidung bestimmte Prozesshandlungen vornehmen kann, wenn sich die übrigen Streitgenossen daran nicht beteiligen.

19 Ob **Klagerücknahme** und **Erledigungserklärung** in beiden Alternativen der notwendigen Streitgenossenschaft durch jeden Streitgenossen einzeln für sein Prozessrechtsverhältnis zulässig sind, ist in Rechtsprechung und Literatur umstritten. Bei der **prozessual notwendigen Streitgenossenschaft** ist nach überwiegender Auffassung die Klagerücknahme und Erledigungserklärung auch durch nur einzelne Streitgenossen zulässig.[64] Dies überzeugt, da sich in diesem Fall für die Zulässigkeit des Prozesses im Übrigen keine Änderungen dadurch ergeben. Das rechtskrafterstreckende Urteil gegen die übrigen Streitgenossen erstreckt sich dann auch gegen denjenigen, der die Klage zurückgenommen hat.[65] Bei der **materiell-rechtlich**

---

57 Stein/Jonas-*Bork*, ZPO, § 62 Rn. 46 m.w.N.; a.A. BSG, NJW 1972, 175 (176) = MDR 1971, 1044 (1045), falls Streitgenosse sein Rechtsmittel in der vorherigen Instanz zurückgenommen hatte; MK-*Schultes*, ZPO, § 62 Rn. 52.
58 BGHZ 131, 376 (380f.) = NJW 1996, 1060 (1061) = VersR 1996, 1431 (1432f.) m.w.N.: Klageerhebung hat verjährungshemmende Wirkung nur gegenüber dem Streitgenossen, demgegenüber sie rechtzeitig erfolgte; BGH, NJW 2009, 2132 (2134), Rn. 21 = WuM 2009, 373 (374), Rn. 21: Frist des § 46 Abs. 1 Satz 2 WEG zur Beschlussanfechtung.
59 BGHZ 131, 376 (381) = NJW 1996, 1060 (1061) = VersR 1996, 1431 (1433).
60 Zöller-*Vollkommer*, ZPO, § 62 Rn. 28.
61 BGHZ 131, 376 (380f.) = NJW 1996, 1060 (1061) = VersR 1996, 1431 (1432f.) m.w.N.; a.A. bei der einfachen Streitgenossenschaft die h.M., vgl. Nachweise bei § 61 Rn. 6.
62 Zöller-*Vollkommer*, ZPO, § 62 Rn. 24.
63 BGHZ 146, 341 (349) = NJW 2001, 1056 (1058) = BauR 2001, 775 (778).
64 BGH, NJW 2009, 2132 (2134), Rn. 22 = WuM 2009, 373 (375), Rn. 22; BGH v. 22.09.2008, II ZB 11/08, juris, Rn. 5 für Klagerücknahme; BGH, NJW-RR 2011, 618 (620), Rn. 20 = WM 2011, 749 (751), Rn. 20 für die Erledigungserklärung.
65 BGH, NJW 2009, 2132 (2134), Rn. 22 = WuM 2009, 373 (375), Rn. 22.

notwendigen Streitgenossenschaft ist die Zulässigkeit der Klagerücknahme und der Erledigungserklärung durch jeden einzelnen Streitgenossen höchst umstritten.[66] Die Zulässigkeit ist auch in diesem Fall zu bejahen. Der zurücknehmende Streitgenosse scheidet aus dem Prozess aus. Die Klage der übrigen Streitgenossen ist als unzulässig mangels Prozessführungsbefugnis abzuweisen. Eine Gefahr widersprüchlicher Entscheidungen besteht damit nicht, da keine Sachentscheidung ergeht. Eine etwaig bestehende Mitwirkungspflicht an der Klageführung durch den ausscheidenden Streitgenossen hat nur für das Innenverhältnis zwischen den Streitgenossen Bedeutung.[67]

Ein **Anerkenntnis** kann durch einzelne notwendige Streitgenossen nicht wirksam abgegeben werden, es sei denn, sie vertreten aufgrund der Vertretungsfiktion die übrigen säumigen Streitgenossen und diese widersprechen in den folgenden mündlichen Verhandlungen bis zur Unanfechtbarkeit nicht (vgl. Rn. 12).[68] Das Gleiche gilt bei einem **Verzicht** durch einen notwendigen Streitgenossen.[69] Ein **Vergleich** kann nur durch sämtliche notwendige Streitgenossen gemeinsam erfolgen.[70] Dies muss sowohl bei der materiell-rechtlich als auch bei der prozessual notwendigen Streitgenossenschaft gelten. Denn auch in diesem Fall kann es wegen des Gebots der einheitlichen Sachentscheidung nicht angehen, dass einzelne notwendige Streitgenossen mit einer Regelung in der Sache aus dem Prozess ausscheiden. Eine **Klageänderung** kann ebenfalls nur durch sämtliche notwendige Streitgenossen gemeinsam vorgenommen werden.[71] 20

6. Unterbrechung und Aussetzung

Unterbrechung und Aussetzung des Verfahrens gegen einen notwendigen Streitgenossen führen auch zur **Nichtweiterführung des Prozesses gegen die übrigen** notwendigen Streitgenossen.[72] Dabei ist umstritten, wie dieses Ergebnis zu erreichen ist, insbesondere ob sich der Unterbrechungs- und Aussetzungsgrund auch direkt auf die Prozessrechtsverhältnisse der übrigen Streitgenossen auswirkt oder ob diese nach § 148 ZPO eigens auszusetzen sind.[73] 21

7. Wirkungen der Prozesshandlungen des Prozessgegners

Die von einem Prozessgegner der Streitgenossen gegenüber nur einzelnen von Ihnen vorgenommenen Prozesshandlungen entfalten **keine Rechtswirkungen gegenüber den übrigen** Streitgenossen.[74] Die Rechtsmitteleinlegung des Gegners der notwendigen Streitgenossen muss deshalb gegen jeden Streitgenossen (rechtzeitig) erfolgen, andernfalls die Entscheidung gegenüber den Streitgenossen, gegen die kein (rechtzeitiges) Rechtsmittel eingelegt wurde, rechtskräftig wird und daher das **Rechtsmittel** gegen die übrigen Streitgenossen aufgrund des Gebots der einheitlichen Sachentscheidung **unzulässig ist**.[75] Allerdings muss zunächst **im Wege der Auslegung** der Prozesshandlung ermittelt werden, ob sie sich nur gegen einzelne oder doch auch gegen die übrigen Streitgenossen richtet, wovon **im Zweifel** auszugehen ist. Insoweit ist zu beachten, dass an die Festlegung des Rechtsmittelgegners anders als an die des Rechtsmittelführers keine zu hohen Anforderungen gestellt werden (vgl. § 61 Rn. 9). 22

---

66 Für die Zulässigkeit: OLG Rostock, NJW-RR 1995, 381 (381 f.) m.w.N. auch zur Gegenansicht; Thomas/Putzo-*Hüßtege*, ZPO, § 62 Rn. 17; Stein/Jonas-*Bork*, ZPO, § 62 Rn. 39 m.w.N.; Musielak/Voit-*Weth*, ZPO, § 62 Rn. 18 m.w.N. mit Ausnahme im Falle evidenten Rechtsmissbrauchs; gegen die Zulässigkeit: OLG Nürnberg, GmbHR 2014, 1147 (1150); Zöller-*Vollkommer*, ZPO, § 62 Rn. 25 m.w.N.; Prütting/Gehrlein-*Gehrlein*, ZPO, § 62 Rn. 19; wohl tendenziell gegen die Zulässigkeit ohne abschließende Entscheidung: BGH, NJW-RR 2011, 618 (620), Rn. 20 = WM 2011, 749 (751), Rn. 20 sowie die Vorinstanz OLG Frankfurt a.M. v. 22.07.2008, 5 U 77/07, juris, Rn. 68 f.
67 Ebenso Musielak/Voit-*Weth*, ZPO, § 62 Rn. 18.
68 BGH, NJW 2016, 716 (717 f.), Rn. 13–20 = FamRZ 2016, 220 (220 f.), Rn. 15–20; OLG Karlsruhe v. 14.07.2010, 17 U 139/09, juris, Rn. 9.
69 Thomas/Putzo-*Hüßtege*, ZPO, § 62 Rn. 17; Musielak/Voit-*Weth*, ZPO, § 62 Rn. 18 m.w.N.
70 Nur für die materiell-rechtliche Streitgenossenschaft Prütting/Gehrlein-*Gehrlein*, ZPO, § 62 Rn. 19; ebenso Zöller-*Vollkommer*, ZPO, § 62 Rn. 28.
71 Zöller-*Vollkommer*, ZPO, § 62 Rn. 26.
72 BGH v. 24.07.2003, VII ZR 209/01, juris, Rn. 4; OLG Koblenz, MDR 2010, 281; OLG Frankfurt a.M., NJW-RR 2002, 1277 = MDR 2002, 172; a.A. BAG, NJW 1972, 1388 (1389) = MDR 1972, 811.
73 Vgl. Zöller-*Vollkommer*, ZPO, § 62 Rn. 29 m.w.N.; Stein/Jonas-*Bork*, ZPO, § 62 Rn. 40 m.w.N.
74 BGHZ 131, 376 (380) = NJW 1996, 1060 (1061) = VersR 1996, 1431 (1432) m.w.N.; BGHZ 23, 73 (74 f.) = NJW 1957, 537 (537 f.) = WM 1957, 639 (640).
75 BGH, NJW 2012, 1224 (1224 f.), Rn. 9 = WuM 2012, 55, Rn. 9 m.w.N.; BGHZ 23, 73 (74 f.) = NJW 1957, 537 (537 f.) = WM 1957, 639 (640); OLG Brandenburg v. 18.07.2012, 7 U 92/11, juris, Rn. 37.

8. Entscheidung gegenüber den Streitgenossen; Teilurteil

23 Es kann grundsätzlich nicht durch **Teilurteil** gegen einzelne notwendige Streitgenossen und gegen andere durch Schlussurteil entschieden werden, sondern die **Entscheidung muss einheitlich gegen sämtliche Streitgenossen** erfolgen.[76] **Anders** kann dies nur dann sein, wenn die übrigen Streitgenossen erklärt haben, zu der mit der Klage begehrten Leistung verpflichtet und bereit zu sein.[77] Ein entgegen diesem Verbot ergangenes Teilurteil ist jedoch nicht nichtig und kann in **Rechtskraft** erwachsen.[78] Diese Rechtskraft **erstreckt sich jedoch nicht** auch gegen den Streitgenossen, gegen den nicht durch Teilurteil rechtskräftig entschieden wurde und zwar sowohl im Falle der prozessual als auch der materiell-rechtlich notwendigen Streitgenossenschaft.[79] Das Gleiche gilt, wenn fehlerhaft nur gegen einzelne von mehreren notwendigen Streitgenossen **überhaupt ein Urteil** ergeht.[80] Ob eine gegen diese Grundsätze verstoßende Fehlerhaftigkeit der Entscheidung im Revisionsverfahren von Amts wegen oder nur auf Rüge zu beachten ist, ist umstritten.[81]

24 Das Gebot der **Einheitlichkeit der Entscheidung** betrifft nur die **Sachentscheidung**.[82] Deshalb kann im Falle der **prozessual notwendigen Streitgenossenschaft** die Klage gegen einen von mehreren Streitgenossen als unzulässig abgewiesen werden, wohingegen gegen die anderen eine Sachentscheidung ergeht. Im Falle der **materiell-rechtlich notwendigen Streitgenossenschaft** führt allerdings die Unzulässigkeit der Klage eines Streitgenossen oder gegen einen Streitgenossen auch zur Unzulässigkeit der Klagen der übrigen Streitgenossen/gegen die übrigen Streitgenossen.[83]

§ 63
Prozessbetrieb; Ladungen

Das Recht zur Betreibung des Prozesses steht jedem Streitgenossen zu; zu allen Terminen sind sämtliche Streitgenossen zu laden.

1 Die Regelung des § 63 ZPO ist auf alle Arten der Streitgenossenschaft (§§ 59, 60 Rn. 1) anzuwenden.[1] Ein Verstoß gegen § 63 ZPO ist nach § 295 ZPO **heilbar**.[2]

2 § 63 ZPO schreibt die **Ladung sämtlicher Streitgenossen zu allen Terminen** des Verfahrens vor. Das gilt nur für diejenigen Streitgenossen nicht, die bereits aus dem Verfahren ausgeschieden sind oder gegen die das Verfahren unterbrochen oder ausgesetzt ist oder ruht. Notwendige Streitgenossen sind auch dann noch zu laden, wenn das Verfahren gegen sie bereits rechtskräftig abgeschlossen ist. Die fehlerhafte **Nichtladung** eines Streitgenossen **verhindert** gegen diesen den **Erlass eines Versäumnisurteils** (§ 335 Abs. 1 Nr. 2 ZPO).[3] In entsprechender Anwendung des § 63 ZPO, letztlich aber auch bereits aus der Selbständigkeit der Prozessverhältnisse folgend, haben **Zustellungen an jeden Streitgenossen gesondert zu erfolgen** (§ 62 Rn. 13; § 61 Rn. 9).[4] Schriftsätze eines Streitgenossen sind auch den anderen Streitgenossen zuzustellen.[5]

3 Jeder Streitgenosse – egal ob einfach oder notwendig – kann sich durch einen **eigenen Prozessbevollmächtigten** vertreten lassen.

---

76 BGH, NJW 1999, 1638 (1639); BGHZ 131, 376 (381 f.) = NJW 1996, 1060 (1061) = VersR 1996, 1431 (1432) m.w.N.
77 BGH, NJW 1962, 1722 (1723) = MDR 1962, 811.
78 BGHZ 131, 376 (381 f.) = NJW 1996, 1060 (1061 f.) = VersR 1996, 1431 (1432) m.w.N.; a.A. Stein/Jonas-*Bork*, ZPO, § 62 Rn. 30.
79 BGHZ 131, 376 (382 ff.) = NJW 1996, 1060 (1061 f.) = VersR 1996, 1431 (1432) m.w.N.
80 BGH, NJW-RR 2014, 903 (903 f.), Rn. 6–11 = WuM 2014, 432 (432 f.), Rn. 6–11; BGH, NJW 1989, 2133 (2134).
81 Bejahend für unzulässiges Teilurteil gegen einfache Streitgenossen BGH, GRUR 2015, 1201 (1204), Rn. 25; offenlassend BGHZ 63, 51 (53) = NJW 1974, 2124 m.w.N. zu beiden Ansichten.
82 Thomas/Putzo-*Hüßtege*, ZPO, § 62 Rn. 22.
83 Musielak/Voit-*Weth*, ZPO, § 62 Rn. 17; Zöller-*Vollkommer*, ZPO, § 632 Rn. 23.

Zu § 63:
1 BGH v. 13.05.1964, V ZR 90/62, juris, Rn. 13.
2 Thomas/Putzo-*Hüßtege*, ZPO, § 63 Rn. 2.
3 Stein/Jonas-*Bork*, ZPO, § 63 Rn. 5.
4 Musielak/Voit-*Weth*, ZPO, § 63 Rn. 2; Prütting/Gehrlein-*Gehrlein*, ZPO, § 63 Rn. 2.
5 Musielak/Voit-*Weth*, ZPO, § 63 Rn. 2; Zöller-*Vollkommer*, ZPO, § 63 Rn. 2; Prütting/Gehrlein-*Gehrlein*, ZPO, § 63 Rn. 2; a.A. LAG Hamm, MDR 2001, 531 (532).

Titel 3
Beteiligung Dritter am Rechtsstreit

§ 64
Hauptintervention

Wer die Sache oder das Recht, worüber zwischen anderen Personen ein Rechtsstreit anhängig geworden ist, ganz oder teilweise für sich in Anspruch nimmt, ist bis zur rechtskräftigen Entscheidung dieses Rechtsstreits berechtigt, seinen Anspruch durch eine gegen beide Parteien gerichtete Klage bei dem Gericht geltend zu machen, vor dem der Rechtsstreit im ersten Rechtszug anhängig wurde.

§ 65
Aussetzung des Hauptprozesses

Der Hauptprozess kann auf Antrag einer Partei bis zur rechtskräftigen Entscheidung über die Hauptintervention ausgesetzt werden.

Inhalt:

	Rn.		Rn.
A. Allgemeines	1	a) Anhängigkeit eines Hauptprozesses zwischen anderen Personen	5
I. Begrifflichkeiten	1	b) Interventionsgrund	7
II. Normzweck	2	c) Ausschließlicher Gerichtsstand	8
III. Anwendungsbeispiele	3	d) Erhebung der Hauptinterventionsklage	9
B. Erläuterungen	4		
I. Zulässigkeitsvoraussetzungen der Hauptintervention	4	II. Wirkung der Hauptintervention	10
1. Allgemeines	4	III. Aussetzung des Hauptprozesses, § 65 ZPO	12
2. Besondere Zulässigkeitsvoraussetzungen	5	**C. Kosten**	13

A. Allgemeines
I. Begrifflichkeiten

§§ 64, 65 ZPO regeln die sog. **Hauptintervention**.[1] Dadurch wird einem Dritten (dem **Hauptintervenienten**), der das zwischen den Parteien eines Rechtsstreits streitgegenständliche Recht bzw. die streitgegenständliche Sache für sich in Anspruch nimmt, ermöglicht, einen Prozess gegen diese Parteien in Gang zu setzen, während diese noch untereinander über das Recht oder die Sache streiten. Den zwischen den anderen Personen bestehenden Rechtsstreit bezeichnet man als **Hauptprozess**. Den durch die zulässige Hauptintervention entstehenden weiteren Rechtsstreit nennt man **Interventionsprozess**. Teilweise wird auch von der sog. **Einmischungsklage** gesprochen. Es handelt sich um eigenständige Prozesse, die nach § 147 ZPO **verbunden** werden können, solange sie in derselben Instanz anhängig sind.[2] Die Prozessvollmacht für den Hauptprozess umfasst nach § 82 ZPO (§§ 81, 82 Rn. 8) auch das Tätigwerden im Interventionsprozess.

1

II. Normzweck

Durch die Hauptintervention soll eine **Verfahrenskonzentration** erreicht werden, so dass die Vorschrift letztlich dem **Grundsatz der Prozessökonomie** Rechnung trägt. Darüber hinaus sollen sich **widersprechende Entscheidungen vermieden** werden.[3] Statt einer Hauptinterventionsklage könnte der Hauptintervenient ebenso eine oder mehrere völlig unabhängige Klagen gegen die Parteien erheben[4] oder in bestimmten Konstellationen während der Zwangsvollstreckung zwischen den Parteien einschreiten (z.B. § 771 ZPO). Dies obliegt seiner eigenen Entscheidung. Für eine Hauptintervention spricht aber auch, dass der Hauptintervenient vermeiden will, dass zwischen den anderen Parteien zunächst eine rechtskräftige Entscheidung über den Gegenstand getroffen wird, bei der er nicht berücksichtigt wird. Bei **Veräußerung der streitbefangenen Sache** ist § 265 Abs. 2 Satz 2 ZPO zu beachten.

2

---

1 Vgl. zur Hauptintervention auch *Koussoulis*, ZZP 100 (1987), 211.
2 Musielak/Voit-*Weth*, ZPO, § 64 Rn. 6.
3 OLG Oldenburg v. 13.06.2007, 4 U 65/00, juris, Rn. 404; wenngleich dieser Zweck aufgrund der fehlenden Bindungswirkungen der Urteile untereinander nicht ohne weitere Maßnahmen sicherzustellen ist, vgl. Rn. 11.
4 Musielak/Voit-*Weth*, ZPO, §§ 64, 65 Rn. 1.

III. Anwendungsbeispiele

3 Im Hauptprozess verlangt der Kläger Herausgabe eines Gegenstandes vom Beklagten, da er Eigentümer sei. Der Hauptintervenient behauptet demgegenüber, Eigentümer des Gegenstandes zu sein. Er beantragt im Wege der Hauptinterventionsklage gegenüber dem Kläger des Hauptprozesses festzustellen, dass dessen Herausgabeanspruch nicht besteht und den Beklagten des Hauptprozesses zu verurteilen, den Gegenstand an den Hauptintervenienten herauszugeben.[5] Im Hauptprozess klagt der Kläger auf Auszahlung eines Guthabens von einem Konto des Beklagten. Der Hauptintervenient behauptet, dass der Anspruch durch den Kläger an ihn verpfändet sei.[6] Im Hauptprozess begehrt der Kläger Zahlung vom Beklagten wegen einer bestimmten Forderung. Der Hauptintervenient beantragt im Interventionsprozess, dass die Forderung des Klägers an ihn zurückzuübertragen und Zahlung durch den Beklagten an ihn zu leisten ist.[7]

B. Erläuterungen
I. Zulässigkeitsvoraussetzungen der Hauptintervention
1. Allgemeines

4 Die Hauptinterventionsklage hat neben den **allgemeinen** für alle Klagen geltenden Zulässigkeitsvoraussetzungen verschiedene **besondere Zulässigkeitsvoraussetzungen**. Es handelt sich dabei um weitere **Prozessvoraussetzungen** der Hauptintervention. Liegen die allgemeinen oder besonderen Prozessvoraussetzungen nicht vor, ist die Hauptinterventionsklage als unzulässig durch Prozessurteil abzuweisen.

2. Besondere Zulässigkeitsvoraussetzungen
a) Anhängigkeit eines Hauptprozesses zwischen anderen Personen

5 Zwischen **anderen Personen** muss zum Zeitpunkt der Erhebung der Hauptintervention ein Rechtsstreit **anhängig** sein. Umstritten ist, ob auch **Rechtshängigkeit** bereits nötig ist.[8] Nach dem Ende der Rechtshängigkeit des Hauptprozesses kommt eine Hauptinterventionsklage nicht mehr in Betracht. War der Hauptprozess zum Zeitpunkt der Interventionsklage einmal anhängig, **schadet ein späterer Wegfall nicht** mehr.[9] Fehlt es an der Anhängigkeit zum Zeitpunkt der Erhebung der Interventionsklage, wird dieser Mangel durch spätere Anhängigkeit des Hauptprozesses **geheilt**.[10] Inwieweit eine Hauptintervention im **Mahnverfahren** in Betracht kommt, ist umstritten. Richtigerweise ist dies möglich.[11] Der Begriff des anhängigen Rechtsstreits ist nicht anders zu verstehen als in der Vorschrift des § 66 ZPO. Die Nebenintervention ist aber auch bereits im Mahnverfahren möglich,[12] so dass das Gleiche für die Hauptintervention zu gelten hat. Im Verfahren über **Arrest und einstweilige Verfügung** ist eine Hauptintervention im Hinblick auf die Eilbedürftigkeit sowie den bloß vorläufigen Charakter des Hauptprozesses nicht möglich.[13]

6 Der Hauptprozess muss zwischen anderen Personen stattfinden. Der Hauptintervenient darf also **nicht Partei des Hauptprozesses** sein. Dabei ist es unschädlich, wenn der Hauptintervenient **Streithelfer** einer Partei im Hauptprozess ist, da er dadurch nicht zur Partei dieses Rechtsstreits wird (vgl. § 67 Rn. 2).[14]

b) Interventionsgrund

7 Der Hauptintervenient muss das im Rechtsstreit zwischen den anderen Personen streitgegenständliche Recht bzw. die streitgegenständliche Sache für sich in Anspruch nehmen, wobei insoweit für die Zulässigkeit die **bloße Behauptung** genügt und weder **Schlüssigkeit** noch Bestehen des behaupteten Rechts Zulässigkeitsvoraussetzung ist.[15] Dabei ist ausreichend, wenn der Hauptintervenient verlangt, dass eine Forderung, die der Kläger im Hauptprozess geltend macht, von diesem an ihn zurück zu übertragen und Zahlung an ihn durch den Beklagten des

---

5 Vgl. OLG Oldenburg v. 13.06.2007, 4 U 65/00, juris, Rn. 411f.
6 Vgl. OLG Düsseldorf, OLGR 2003, 14.
7 Vgl. OLG Frankfurt a.M., NJW-RR 1994, 957.
8 Verneinend Musielak/Voit-*Weth*, ZPO, § 64 Rn. 3 m.w.N. auch zur Gegenansicht.
9 MK-*Schultes*, ZPO, § 64 Rn. 4.
10 Prütting/Gehrlein-*Gehrlein*, ZPO, § 64 Rn. 2.
11 Ebenso entgegen der wohl herrschenden Meinung MK-*Schultes*, ZPO, § 64 Rn. 4 m.w.N. auch zur Gegenansicht; a.A. Musielak/Voit-*Weth*, ZPO, § 64 Rn. 3; Zöller-*Vollkommer*, ZPO, § 64 Rn. 2.
12 BGHZ 165, 358 (361) = NJW 2006, 773, Rn. 7f. = FamRZ 2006, 479.
13 MK-*Schultes*, ZPO, § 64 Rn. 4; Prütting/Gehrlein-*Gehrlein*, ZPO, § 64 Rn. 2.
14 OLG Oldenburg v. 13.06.2007, 4 U 65/00, juris, Rn. 395f. m.w.N.
15 OLG Oldenburg v. 13.06.2007, 4 U 65/00, juris, Rn. 420 m.w.N. auch zur Gegenansicht; *Pfeiffer*, ZZP 111 (1998), 131.

Hauptprozesses zu leisten ist.[16] Es muss um dieselbe Sache oder dasselbe Recht gestritten werden, wobei es genügt, dass der Interventionskläger diesbezüglich eine **materielle Rechtsposition** für sich in Anspruch nimmt, die mit dem im Hauptprozess geltend gemachten Recht **ganz oder teilweise unvereinbar** ist.[17] Zu Beispielen vgl. Rn. 3.

c) Ausschließlicher Gerichtsstand
Für die Hauptintervention ist **ausschließlich**[18] das Gericht des **ersten Rechtszuges** des Hauptprozesses **sachlich und örtlich zuständig**,[19] bei dem der Hauptprozess zum Zeitpunkt der Einreichung der Hauptinterventionsklage anhängig ist. Wird der Hauptprozess mangels örtlicher Zuständigkeit **verwiesen**, so wird auch der Interventionsprozess verwiesen, da andernfalls die mit der Hauptintervention gewünschte Verfahrenskonzentration konterkariert werden würde.[20]   8

d) Erhebung der Hauptinterventionsklage
Die Hauptintervention wird durch **eigenständige Klage** gegen die Parteien des Hauptprozesses erhoben. Die **Klageart** muss nicht gegen sämtliche Parteien des Hauptprozesses die gleiche sein und schon gar nicht die gleiche wie im Hauptprozess.[21] So kommt beispielsweise gegen einen Beklagten eine Leistungsklage und gegen einen anderen eine Feststellungsklage in Betracht.[22] Befindet sich der Hauptprozess bereits in **höherer Instanz**, so ist die Hauptintervention durch Klageerhebung im ersten Rechtszug des Hauptprozesses geltend zu machen.[23] Zur **Zustellung der Hauptinterventionsklage** an den Prozessbevollmächtigten des Hauptprozesses vgl. §§ 81, 82 Rn. 8.   9

II. Wirkung der Hauptintervention

Durch die Hauptintervention wird ein gegenüber dem Hauptprozess **eigenständiger Interventionsprozess** begründet. Die Parteien des Hauptprozesses sind im Interventionsprozess Beklagte als **Streitgenossen**.[24] Dabei ist unerheblich, ob die Voraussetzungen für die Streitgenossenschaft nach §§ 59, 60 ZPO vorliegen. Die Unterscheidung zwischen einfacher und notwendiger Streitgenossenschaft richtet sich nach allgemeinen Abgrenzungskriterien (vgl. dazu § 62 Rn. 2).   10

Das Urteil des Interventionsprozesses entfaltet **Wirkung** zwischen dem Hauptintervenienten auf der einen und den Beklagten des Interventionsprozesses auf der anderen Seite.[25] Dagegen kommt ihm keine Wirkung zwischen den Parteien des Hauptprozesses zu.[26] Man sollte sich daher überlegen, ob man, soweit möglich, Bindungswirkungen durch Streitverkündungen herbeiführt.[27] Die rechtskräftige Entscheidung zu Gunsten des Hauptintervenienten erledigt den Hauptprozess.[28]   11

III. Aussetzung des Hauptprozesses, § 65 ZPO

§ 65 ZPO sieht die Möglichkeit vor, **auf Antrag einer Partei** den Hauptprozess bis zur rechtskräftigen Entscheidung über den Interventionsprozess auszusetzen. Der Antrag kann nur von den Parteien des Hauptprozesses gestellt werden. Nach überwiegender Ansicht kann der **Antrag nicht durch den Hauptintervenienten** gestellt werden.[29] Diese Ansicht ist zutreffend, da die Prozesse selbstständig sind und die Dispositionsbefugnis über den Hauptprozess nur dessen Parteien zusteht. Bezüglich des Hauptprozesses ist der Hauptintervenient lediglich Dritter.   12

---

16 OLG Frankfurt a.M., NJW-RR 1994, 957 (957 f.).
17 OLG Oldenburg v. 13.06.2007, 4 U 65/00, juris, Rn. 410.
18 OLG Oldenburg v. 13.06.2007, 4 U 65/00, juris, Rn. 428.
19 Auf den jeweiligen Spruchkörper des Hauptprozesses bezieht sich § 64 ZPO freilich nicht, vgl. dazu Stein/Jonas-*Jacoby*, ZPO, § 64 Rn. 20.
20 LG München I, NJW 1967, 787, wo dies trotz der ausschließlichen Zuständigkeit und der *perpetuatio fori* angenommen wird; Zöller-*Vollkommer*, ZPO, § 64 Rn. 4; a.A. MK-*Schultes*, ZPO, § 64 Rn. 11; Musielak/Voit-*Weth*, ZPO, § 64 Rn. 3.; Prütting/Gehrlein-*Gehrlein*, ZPO, § 64 Rn. 3.
21 OLG Oldenburg v. 13.06.2007, 4 U 65/00, juris, Rn. 407.
22 BAG v. 28.09.1983, 4 AZR 200/83, juris, Rn. 24.
23 OLG Celle v. 20.08.2014, 7 U 2/14 (L), juris, Rn. 36, auch zu einer Ausnahme im Falle des § 265 Abs. 2 Satz 2 ZPO; MK-*Schultes*, ZPO, § 64 Rn. 11.
24 Musielak/Voit-*Weth*, ZPO, § 64 Rn. 2.
25 Ausführlich zu den Wirkungen des Urteils im Interventionsprozess Stein/Jonas-*Jacoby*, ZPO, § 64 Rn. 24–26 mit Nachweisen auch zu Gegenansichten.
26 Zöller-*Vollkommer*, ZPO, § 65 Rn. 1; Musielak/Voit-*Weth*, ZPO, § 64 Rn. 6.
27 Vgl. dazu Musielak/Voit-*Weth*, ZPO, § 64 Rn. 6.; Prütting/Gehrlein-*Gehrlein*, ZPO, § 64 Rn. 6.
28 Prütting/Gehrlein-*Gehrlein*, ZPO, § 65 Rn. 1.
29 OLG Hamburg v. 19.10.1995, 14 W 51/95, juris, Rn. 3 m.w.N.

Daneben kommt ohne Antrag der Parteien auch eine Aussetzung des Hauptprozesses von Amts wegen nach § 148 ZPO in Betracht.[30] Gegen die Anordnung der Aussetzung ist die sofortige Beschwerde statthaft (§ 252 ZPO). Eine **Aussetzung des Interventionsprozesses** im Hinblick auf den Hauptprozess kommt für gewöhnlich **nicht** (auch nicht nach § 148 ZPO) in Betracht.[31]

C. Kosten

13 Für den Interventionsprozess entstehen Gebühren sowohl für das Gericht als auch für den Rechtsanwalt des Hauptintervenienten wie bei jeder anderen Klage. Dies gilt auch für die Prozessbevollmächtigten der Parteien des Hauptprozesses, soweit sie diese im Interventionsprozess ebenfalls vertreten. Der Interventionsprozess und der Hauptprozess sind **selbstständige Verfahren** und fallen daher gebührenrechtlich nicht unter § 19 RVG.[32]

§ 66
Nebenintervention

(1) Wer ein rechtliches Interesse daran hat, dass in einem zwischen anderen Personen anhängigen Rechtsstreit die eine Partei obsiege, kann dieser Partei zum Zwecke ihrer Unterstützung beitreten.

(2) Die Nebenintervention kann in jeder Lage des Rechtsstreits bis zur rechtskräftigen Entscheidung, auch in Verbindung mit der Einlegung eines Rechtsmittels, erfolgen.

Inhalt:

	Rn.		Rn.
A. Allgemeines....................	1	b) Parteiverschiedenheit des Nebenintervenienten	6
I. Begrifflichkeiten und Zweck der Nebenintervention	1	3. Interventionsgrund	7
II. Dauer der Nebenintervention	2	a) Allgemeines..................	7
B. Erläuterungen	3	b) Beispiele.....................	8
I. Zulässigkeitsvoraussetzungen der Nebenintervention	3	4. Wirksame Beitrittserklärung	9
1. Prozesshandlungsvoraussetzungen.	3	II. Prüfung und Entscheidung	10
2. Anhängigkeit eines Rechtsstreits zwischen anderen Personen	4	1. Prozesshandlungsvoraussetzungen	10
a) Anhängigkeit eines Rechtsstreits ..	4	2. Besondere Zulässigkeitsvoraussetzungen der Nebenintervention.	11
		C. Kosten der Nebenintervention	13

A. Allgemeines
I. Begrifflichkeiten und Zweck der Nebenintervention

1 In den §§ 66–71 ZPO wird die **Nebenintervention**, auch **Streithilfe** genannt, geregelt. Damit wird die Beteiligung eines Dritten (Nebenintervenient[1]) am Rechtsstreit anderer Personen mit dem Ziel der Unterstützung einer dieser Personen bezeichnet, wobei der **Dritte nicht Partei des Rechtsstreits** wird.[2] Anders als bei der Hauptintervention (vgl. § 64 ZPO) entsteht durch die Nebenintervention **kein eigenständiger Prozess** und geht das Interesse des Nebenintervenienten und der Zweck seiner Beteiligung dahin, dass eine der Parteien des Rechtsstreits obsiegt. Der Nebenintervenient beteiligt sich also mit dem Ziel an einem fremden Rechtsstreit, eine der Parteien dieses Rechtsstreits zu unterstützen, da der Ausgang des Prozesses für seine eigene Rechtsstellung von Bedeutung ist. Er **handelt im eigenen Namen** und nicht als Vertreter der Partei.[3] Er hat einen eigenen Anspruch auf rechtliches Gehör.[4]

---

30 Zöller-*Vollkommer*, ZPO, § 65 Rn. 1.
31 OLG Düsseldorf, OLGR 2003, 14.
32 Gerold/Schmidt-*Müller-Rabe*, RVG, § 19 Rn. 40.

Zu § 66:
1 Der Nebenintervenient wird auch als Streithilfe oder Streithelfer bezeichnet.
2 BGH, NJW 2013, 3452, Rn. 12 = ZfS 2013, 648, Rn. 12.
3 OLG Frankfurt a.M., NJW-RR 2010, 140.
4 BGH, NJW 2009, 2679 (2680ff.), Rn. 14, 23 = FamRZ 2009, 1404 (1405ff.), Rn. 14, 23 mit Anm. *Nickel*; BAG, MDR 1988, 345 (346).

II. Dauer der Nebenintervention

Die Nebenintervention dauert trotz der Zustellung an die Parteien gemäß § 70 Abs. 1 Satz 2 ZPO bereits vom **Eingang der Beitrittserklärung bei Gericht**[5] an bis zur **Beendigung der Rechtshängigkeit** des Rechtsstreits[6] oder der **rechtskräftigen Zurückweisung** der Nebenintervention. Ebenso endet die Nebenintervention durch **Rücknahme** des Beitritts. Dieser ist jederzeit möglich, bis die Rechtshängigkeit des Rechtsstreits endet. Sie erfolgt durch Erklärung nach § 269 Abs. 2 Satz 2 ZPO. Eine **Zustimmung** der Parteien zur Rücknahme ist **nicht erforderlich**.[7] Nach erfolgter Rücknahme kann der Nebenintervenient einer anderen Partei des Rechtsstreits beitreten.[8] Die Nebenintervention **dauert** auch in den Rechtsmittelinstanzen **fort**. Der Anschluss muss nicht für jede Instanz neu erklärt werden. Durch den Beitritt im **selbstständigen Beweisverfahren** (dazu Rn. 5) wird der Streithelfer aber nicht auch automatisch ein solcher im Hauptsacheverfahren. Er muss diesbezüglich einen erneuten Beitritt erklären.[9] Im selbstständigen Beweisverfahren ist der Beitritt nur bis zum Ende einer vom Gericht nach § 411 Abs. 4 Satz 2 ZPO gesetzten Frist und, wenn eine solche nicht gesetzt wurde, bis zur Gutachtenszustellung möglich, sofern nicht innerhalb eines angemessenen Zeitraums nach Gutachtensübersendung die Parteien Einwendungen gegen das Gutachten erheben.[10] Die Nebenintervention endet, wenn die **unterstützte Partei aus dem Rechtsstreit ausscheidet**. Zur Fortsetzung der Nebenintervention (dann für eine andere Partei) ist eine erneute Erklärung nötig.[11]

B. Erläuterungen
I. Zulässigkeitsvoraussetzungen der Nebenintervention
1. Prozesshandlungsvoraussetzungen

In der Person des Nebenintervenienten müssen die allgemeinen Prozesshandlungsvoraussetzungen vorliegen.[12] Der Nebenintervenient muss also **partei-, prozess- und postulationsfähig** sein.

2. Anhängigkeit eines Rechtsstreits zwischen anderen Personen
a) Anhängigkeit eines Rechtsstreits

Es muss ein Rechtsstreit (bzw. besser ein Prozessverhältnis) zwischen anderen Personen **anhängig** sein, wobei **Rechtshängigkeit nicht erforderlich** ist.[13] Die Nebenintervention ist zulässig bis zum Ende der Rechtshängigkeit des Rechtsstreits der anderen Personen. Diese endet entweder durch rechtkräftiges Urteil oder durch ein anderes, die **Rechtshängigkeit beseitigendes Ereignis**, wie Vergleich, Klagerücknahme oder Erledigung der Hauptsache. Danach ist eine Nebenintervention nicht mehr möglich.[14] Einer erst nach Ende der Rechtshängigkeit erfolgten Nebenintervention kann nicht durch ein Gesuch auf **Wiedereinsetzung** durch den Nebenintervenienten zur Wirksamkeit verholfen werden (zur Wiedereinsetzung vgl. auch § 67 Rn. 11).[15] Nach **Rechtskraft** der Entscheidung kommt eine Nebenintervention nicht mehr in Betracht.[16] Allerdings kann der Nebenintervenient richtigerweise seinen Beitritt mit einem **Antrag auf Wiederaufnahme** verbinden.[17] Sonstige zeitliche Beschränkungen für die Beitrittserklärung können sich aus dem materiellen Recht ergeben, wie beispielsweise aus § 246 Abs. 4

---

5 OLG Karlsruhe, OLGR 2003, 298.
6 Zur Beendigung durch Klagerücknahme BGH, NJW 1965, 760.
7 Musielak/Voit-*Weth*, ZPO, § 66 Rn. 16.
8 BGHZ 18, 110 (112 f.) = NJW 1955, 1316; OLG Hamm, OLGR 2001, 146 (148).
9 BGHZ 199, 207 (215), Rn. 29 = NJW 2014, 1018 (1020), Rn. 29 = MDR 2014, 293 (294), Rn. 29 auch zur streitigen Frage der Anwendbarkeit des § 101 ZPO, wenn der Streithelfer im Hauptsacheverfahren nicht nochmals beitritt.
10 OLG Bamberg, BauR 2010, 1626 (1627).
11 Musielak/Voit-*Weth*, ZPO, § 66 Rn. 16, auch zur Ausnahme der Fortdauer, wenn die neue Partei den Rechtsstreit als Rechtsnachfolger der ausgeschiedenen Partei übernimmt, unter Hinweis auf OLG München, MDR 2014, 805.
12 BGH, NJW-RR 2015, 992 (993), Rn. 13 = WM 2015, 1283 (1284), Rn. 13.
13 BGHZ 92, 251 (257) = NJW 1985, 328 (329 f.) = BauR 1985, 97 (99) zur Streitverkündung m.w.N. auch zur Gegenansicht.
14 BGH, NJW 1991, 229 (230) = AnwBl. 1992, 324.
15 BGH, NJW 1991, 229 (230) = AnwBl. 1992, 324 (324 f.); a.A. Zöller-*Vollkommer*, ZPO, § 66 Rn. 15.
16 BGHZ 89, 121 (124) = NJW 1984, 353 = FamRZ 1984, 164 m.w.N.
17 Str.; ebenso wie hier Zöller-*Vollkommer*, ZPO, § 66 Rn. 15; vermittelnd BayObLG, NJW 1974, 1147 (1147 f.) m.w.N. zu allen Ansichten, wo dies nur für den Fall zugelassen wird, dass der Nebenintervenient durch die Rechtkraft oder die Interventionswirkung betroffen wird, also regelmäßig nur, wenn er bereits im abgeschlossenen Verfahren beigetreten war; wie das BayObLG auch Thomas/Putzo-*Hüßtege*, ZPO, § 67 Rn. 6.

Satz 2 AktG. Sofern dies jedoch nicht ausdrücklich auch für die Nebenintervention geregelt ist, gelten für den Nebenintervenienten nicht etwaige für die Klage geltende **Ausschlussfristen**, da andernfalls die Nebenintervention in derartigen Verfahren weitgehend leerlaufen würde.[18]

5 Die Nebenintervention kommt auch im **Arrest- oder einstweiligen Verfügungsverfahren**[19] sowie im **Mahnverfahren**[20] in Betracht. Auch eine Nebenintervention im **selbstständigen Beweisverfahren** ist möglich.[21] Eine Streithilfe im **Kostenfestsetzungsverfahren** ist jedenfalls dann möglich, wenn der Beitritt bereits im Hauptverfahren erfolgt war.[22]

b) Parteiverschiedenheit des Nebenintervenienten

6 Der Nebenintervenient muss betreffend das Prozessverhältnis, dem er beitritt, **Dritter**, darf also nicht Partei dieses **Prozessverhältnisses** sein. Der Nebenintervenient darf nicht **gesetzlicher Vertreter** einer Partei sein.[23] Da **Streitgenossen** jeweils selbstständige Prozessverhältnisse unterhalten (vgl. § 61 Rn. 1, § 62 Rn. 3), kann jeder Streitgenosse dem anderen für dessen Prozessverhältnis beitreten,[24] um so neben den Wirkungen der Streitgenossenschaft auch die Befugnisse der Nebenintervention in Anspruch nehmen zu können. Im Rechtsstreit gegen einfache Streitgenossen kann ein Streitgenosse auch dem **Gegner der Streitgenossen** betreffend dessen Prozessverhältnis zum anderen Streitgenossen beitreten.[25] Der Rechtsinhaber kann der **Partei kraft Amtes** beitreten, bspw. der Erbe dem Testamentsvollstrecker oder der Insolvenzschuldner dem Insolvenzverwalter.[26] Ist eine Partei aus dem Rechtsstreit ausgeschieden, kommt für sie die Nebenintervention in Betracht.[27] Umgekehrt wird die Nebenintervention unzulässig, wenn die Eigenschaft als Dritter nachträglich entfällt.[28]

3. Interventionsgrund

a) Allgemeines

7 Der Nebenintervenient muss ein **rechtliches** Interesse daran haben, dass die von ihm unterstützte Partei obsiegt. Insoweit spricht man vom **Interventionsgrund**. Dieser ist eine spezielle Ausprägung des **Rechtsschutzbedürfnisses**.[29] Er ist anzunehmen, wenn die **Rechtsposition** des Nebenintervenienten unmittelbar oder mittelbar durch ein für die von ihm unterstützte Partei des Rechtsstreits ungünstiges Urteil verschlechtert oder durch ein für sie vorteilhaftes Urteil verbessert wird. Es ist keine Nebenintervention nur bezüglich eines **Streitgegenstandteils**, auf den sich das Interesse bezieht, wohl aber betreffend einen von mehreren Streitgegenständen zulässig.[30] Der Begriff des rechtlichen Interesses ist **weit auszulegen**.[31] Ein bloß **wirtschaftliches oder rein tatsächliches Interesse reicht nicht** aus.[32] Ebenso genügt nicht die vom Nebenintervenienten befürchtete oder erhoffte **faktische Präjudizwirkung** des Prozesses für

---

18 Vgl. BGHZ 172, 136 (139 ff.), Rn. 8, 11–26 = NJW-RR 2007, 1634 (1634 ff.), Rn. 8, 11–26 zu §§ 245 Nr. 1, 246 Abs. 1 AktG a.F. vor Reform durch das UMAG.
19 OLG Düsseldorf, NJW 1958, 794 (795) mit Anm. *Lent* und *Mölders*.
20 BGHZ 165, 358 (361) = NJW 2006, 773, Rn. 7 f. = FamRZ 2006, 479.
21 BGH v. 18.11.2015, VII ZB 2/15, juris, Rn. 9; BGHZ 194, 68 (70), Rn. 6 = NJW 2012, 2810, Rn. 6 = BauR 2012, 1676 m.w.N.
22 Str.; OLG Schleswig, NJW-RR 2015, 638, Rn. 6 mit Nachweisen auch zur Gegenansicht; OLG Celle, NJW-RR 2013, 446 (447) = MDR 2013, 298 (298 f.).
23 Offengelassen von BGH, NJW-RR 2013, 485, Rn. 9 mit Nachweisen zu beiden Ansichten; ebenfalls offengelassen von BGH, NJW-RR 2015, 992 (994), Rn. 15 = WM 2015, 1283 (1284), Rn. 15; so wie hier Thomas/Putzo-*Hüßtege*, ZPO, § 66 Rn. 3; Zöller-*Vollkommer*, ZPO, § 66 Rn. 7; Prütting/Gehrlein-*Gehrlein*, ZPO, § 66 Rn. 4; Musielak/Voit-*Weth*, ZPO, § 66 Rn. 4 m.w.N.
24 BGHZ 68, 81 (85) = NJW 1977, 1013 (1014); BGHZ 8, 72 (78) = NJW 1953, 420 (421); OLG Frankfurt a.M., NJW-RR 2010, 140.
25 BGHZ 8, 72 (79) = NJW 1953, 420 (421); Thomas/Putzo-*Hüßtege*, ZPO, § 66 Rn. 3; a.A. unter Hinweis auf diese Entscheidung dagegen Prütting/Gehrlein-*Gehrlein*, ZPO, § 66 Rn. 4.
26 Thomas/Putzo-*Hüßtege*, ZPO, § 66 Rn. 3; Zöller-*Vollkommer*, ZPO, § 66 Rn. 5; noch zur KO OLG Frankfurt a.M., NJW-RR 2000, 348.
27 Prütting/Gehrlein-*Gehrlein*, ZPO, § 66 Rn. 4.
28 MK-*Schultes*, ZPO, § 66 Rn. 4.
29 BGHZ 165, 358 (362) = NJW 2006, 773 (773 f.), Rn. 10 = FamRZ 2006, 479.
30 Offenlassend, wenngleich wohl zu dieser Ansicht neigend OLG Hamm, OLGR 2001, 146 (148) m.w.N. zu beiden Ansichten; OLG Düsseldorf, MDR 1966, 852, wo zwar ein Teilbeitritt zugelassen, dieser aber als unbeschränkt angesehen wird; Prütting/Gehrlein-*Gehrlein*, ZPO, § 66 Rn. 13; Musielak/Voit-*Weth*, ZPO, § 66 Rn. 11.
31 BGH v. 18.11.2015, VII ZB 2/15, juris, Rn. 11; BGHZ 166, 18 (20).
32 BGH v. 18.11.2015, VII ZB 2/15, juris, Rn. 11; BGHZ 166, 18 (20); zum Begriff des rechtlichen Interesses m.w.N. auch OLG Köln v. 28.11.2014, 19 U 87/14, juris, Rn. 4 ff.; OLG Frankfurt a.M. v. 13.12.2016, 11 U 96/14, juris, Rn. 18.

einen Folgerechtsstreit, an dem er beteiligt wäre, i.S. eines **Präzedenzfalles**.[33] Ein **Rechtsschutzinteresse** kann im Ausnahmefall ausscheiden, wenn es dem Streithelfer nach der prozessualen Lage von vorneherein unmöglich wäre, der unterstützten Partei zum Erfolg zu verhelfen.[34]

b) Beispiele
Positiv- und Negativbeispiele für rechtliches Interesse: Ein berechtigtes Interesse des Nebenintervenienten liegt vor, wenn die unterstützte Partei im Fall des Verlusts des Rechtsstreits einen **Regressanspruch** gegen den Nebenintervenienten hat oder dieser zumindest nicht von vorneherein gänzlich ausgeschlossen ist.[35] Der **Zedent** kann aufgrund der Veritätshaftung dem Rechtsstreit des Zessionars gegen den Schuldner beitreten. Der **Untermieter** hat ein berechtigtes Interesse am Beitritt zum Prozess des Vermieters gegen den Hauptmieter.[36] Ein **Gesellschafter** kann der durch einen Gläubiger verklagten Gesellschaft beitreten, da er bei Bestehen eines Anspruchs gegen die Gesellschaft ebenfalls haftet.[37] Der **Bürge** hat ein rechtliches Interesse an der Nebenintervention im Prozess des Gläubigers gegen den Hauptschuldner und umgekehrt der Schuldner im Prozess des Gläubigers gegen den Bürgen.[38] Dies gilt allgemein für den Fall, dass die Haftung des Beklagten und des Nebenintervenienten **akzessorisch** ist. Ein rechtliches Interesse besteht, wenn aus dem Urteil die **Vollstreckung** in das Vermögen des Nebenintervenienten möglich wäre, z.B. §§ 25 HGB, 729 Abs. 2 ZPO, § 727 ZPO.[39] Der Vollstreckungsschuldner kann Nebenintervenient bei der **Klage nach § 771 ZPO** sein. Eine Nebenintervention ist auch für den Rechtsträger im Prozess seines **Prozessstandschafters** möglich.[40] Der **Kommittent** kann dem Prozess des Kommissionärs beitreten.[41] **Erstreckt sich die Rechtskraft** des Prozesses auch auf einen Dritten, ergibt sich für diesen daraus ein rechtliches Interesse (z.B. §§ 325–327 ZPO).[42] Das Gleiche gilt, wenn sich die **Gestaltungswirkung eines Urteils** auch auf den Nebenintervenienten auswirkt.[43] Haftet der Dritte mit dem Beklagten möglicherweise gemeinsam als **Gesamtschuldner** gegenüber dem Kläger, so kann er dem Beklagten,[44] aber auch dem Kläger beitreten.[45] Der Geschädigte kann dem Schädiger im Rahmen des **Deckungsprozesses** gegen den **Versicherer** nicht beitreten.[46] Umgekehrt kann jedoch der Haftpflichtversicherer seinem Versicherten im **Haftpflichtprozess** beitreten.[47] Die Prozessführungsbefugnis des Haftpflichtversicherers schließt ein rechtliches Interesse an der Nebenintervention nicht zwingend aus.[48] Ein Beitritt beim Gegner des Versicherungsnehmers scheidet aus versicherungsvertraglichen Treue- und Rücksichtnahmepflichten regelmäßig aus.[49] Hingegen reicht es für eine Nebenintervention beispielsweise nicht aus, dass der Dritte im Falle eines Forderungsprozesses gegen seinen Schuldner durch einen anderen Gläubiger im

8

---

33 Str.; wie hier BGH, NJW-RR 2011, 907 (908), Rn. 10f. m.w.N. zu Parallelverwendern von AGB als Nebenintervenienten; BGH v. 18.11.2015, VII ZB 2/15, juris, Rn. 11; a.A. Zöller-*Vollkommer*, ZPO, § 66 Rn. 10, 13c m.w.N.
34 OLG Frankfurt a.M., NJW-RR 2010, 140 (141).
35 OLG Frankfurt a.M., NJW 1970, 817.
36 Zöller-*Vollkommer*, ZPO, § 66 Rn. 13.
37 BGHZ 62, 131 (133) = NJW 1974, 750.
38 MK-*Schultes*, ZPO, § 66 Rn. 16, 17.
39 Zöller-*Vollkommer*, ZPO, § 66 Rn. 12.
40 OLG Karlsruhe v. 27.11.2007, 8 U 164/06, juris, Rn. 57; Thomas/Putzo-*Hüßtege*, ZPO, § 66 Rn. 5.
41 Prütting/Gehrlein-*Gehrlein*, ZPO, § 66 Rn. 11.
42 BGH, NJW-RR 2015, 992 (994), Rn. 18 = WM 2015, 1283 (1285), Rn. 18 m.w.N.; Thomas/Putzo-*Hüßtege*, ZPO, § 66 Rn. 5; hingegen genügt es für ein rechtliches Interesse nicht, dass der EuGH im Vorlageverfahren nach Art. 261 AEUV allgemeinverbindlich Rechtsfragen entscheidet, vgl. OLG Frankfurt a.M. v. 13.12.2016, 11 U 96/14, juris, Rn. 25–28.
43 BGH, NJW-RR 2015, 992 (994), Rn. 19 = WM 2015, 1283 (1285), Rn. 19 m.w.N.; Stein/Jonas-*Jacoby*, ZPO, § 66 Rn. 24.
44 Musielak/Voit-*Weth*, ZPO, § 66 Rn. 9; MK-*Schultes*, ZPO, § 66 Rn. 17.
45 Zum Beitritt beim Kläger vgl. BGH v. 18.11.2015, VII ZB 2/15, juris, Rn. 17.
46 Zöller-*Vollkommer*, ZPO, § 66 Rn. 9 (a.A. Rn. 13); a.A. Stein/Jonas-*Jacoby*, ZPO, § 66 Rn. 19 unter Hinweis auf § 110 VVG.
47 OLG Celle, NJW-RR 2013, 446 (447) = MDR 2013, 298 (299); OLG Frankfurt a.M., NJW-RR 2010, 140; OLG Düsseldorf, NJW-RR 1998, 606 = ZfS 1998, 59; OLG Hamm, OLGR 1996, 143; MK-*Schultes*, ZPO, § 66 Rn. 16 m.w.N.; Stein/Jonas-*Jacoby*, ZPO, § 66 Rn. 30 m.w.N.; beachte dazu auch § 124 VVG bei der Pflichtversicherung; zum Beitritt des gesetzlichen Krankenversicherers vgl. OLG Koblenz, OLGR 2009, 569 = NJW-RR 2009, 963.
48 OLG Frankfurt v. 12.05.2015, 11 W 28/13, juris, Rn. 16–19.
49 Vgl. OLG München, OLGR 2009, 391 zum Beitritt eines Haftpflichtversicherers zum Gläubiger eines Notars, um dessen Behauptung der wissentlichen Pflichtverletzung zu unterstützen und im Deckungsprozess nicht haften zu müssen; OLG Karlsruhe v. 18.11.2016, 12 W 17/16, juris, Rn. 8.

Falle von dessen Obsiegen eine **Reduzierung des Schuldnervermögens** zu befürchten hat.[50] Die Streitverkündung alleine begründet noch kein Interesse für den Beitritt i.S.v. § 66 ZPO (vgl. § 74 Rn. 7).[51] Die bloße Möglichkeit, dass in einem selbstständigen Beweisverfahren ein Gutachten erstellt wird, dessen Ergebnis sich nachteilig auf die Rechtsposition des Nebenintervenienten auswirken könnte, genügt für ein rechtliches Interesse nicht.[52]

4. Wirksame Beitrittserklärung

9   Der Beitritt erfolgt durch **Beitrittserklärung**. Diese muss die Voraussetzungen des § 70 ZPO erfüllen. Zur Beitrittserklärung in **Verbindung mit Rechtsmitteleinlegung** i.S.v. § 66 Abs. 2 ZPO vgl. § 70 Rn. 2, 4.

II. Prüfung und Entscheidung[53]

1. Prozesshandlungsvoraussetzungen

10 Die persönlichen Prozesshandlungsvoraussetzungen (vgl. Rn. 3) werden **von Amts wegen geprüft**.[54] Liegen diese nicht vor, so wird die Nebenintervention **durch Beschluss** zurückgewiesen (vgl. § 71 Rn. 1, 8).[55]

2. Besondere Zulässigkeitsvoraussetzungen der Nebenintervention

11 Die übrigen Voraussetzungen (vgl. Rn. 4–9) werden nur dann geprüft, wenn ein **Antrag** einer Partei des Rechtsstreits vorliegt, die Nebenintervention zurückzuweisen. Die Klärung der Zulässigkeit erfolgt nach mündlicher Verhandlung im Rahmen des **Zwischenstreits nach § 71 ZPO**.[56]

12 Eine **Heilung** von Mängeln betreffend die besonderen Zulässigkeitsvoraussetzungen der Nebenintervention (Rn. 4–9) kommt nach § 295 ZPO in Betracht (zum Zeitpunkt der Rüge vgl. § 71 Rn. 2).[57] Die Heilung oder Behebung der Mängel kann bis zur Rechtskraft der Zurückweisung erfolgen.[58] Eine Heilung von Mängeln bei den allgemeinen Zulässigkeitsvoraussetzungen scheidet aus.

C. Kosten der Nebenintervention

13 Die **Kosten** der Nebenintervention bestimmen sich nach § 101 ZPO. Durch die Nebenintervention entsteht für das Gericht keine weitere Gebühr. Die Prozessbevollmächtigten der Parteien erhalten keine weiteren Gebühren. Der Prozessbevollmächtigte des Nebenintervenienten erhält Gebühren wie bei Vertretung einer Partei. Bei **Rücknahme der Nebenintervention** wird § 269 Abs. 3 ZPO entsprechend angewandt.[59]

§ 67
Rechtsstellung des Nebenintervenienten

Der Nebenintervenient muss den Rechtsstreit in der Lage annehmen, in der er sich zur Zeit seines Beitritts befindet; er ist berechtigt, Angriffs- und Verteidigungsmittel geltend zu machen und alle Prozesshandlungen wirksam vorzunehmen, insoweit nicht seine Erklärungen und Handlungen mit Erklärungen und Handlungen der Hauptpartei in Widerspruch stehen.

---

50 OLG Frankfurt a.M., OLGR 2008, 997 (998).
51 BGH, NJW-RR 2011, 907 (908), Rn. 12.
52 BGH, MDR 2016, 230 (231), Rn. 21.
53 Vgl. dazu und zu den gegebenen Rechtsmitteln gegen Entscheidungen auch § 71 Rn. 5–9.
54 BGHZ 165, 358 (362) = NJW 2006, 773, Rn. 9 = FamRZ 2006, 479.
55 BGH, NJW-RR 2015, 992, Rn. 6 = WM 2015, 1283, Rn. 6.
56 BGHZ 165, 358 (362) = NJW 2006, 773, Rn. 9 = FamRZ 2006, 479 m.w.N.; BGH, NJW-RR 2015, 992 (993), Rn. 6 = WM 2015, 1283, Rn. 6.
57 OLG Nürnberg, OLGR 2005, 217 (218); OLG Köln, NJW-RR 2010, 1680 (1681); BAG, BeckRS 2008, 54209, Rn. 43 hält eine Heilung für ausgeschlossen, wenn es an der Angabe in der Beitrittserklärung fehlt, welcher Partei beigetreten werden soll.
58 Prütting/Gehrlein-*Gehrlein*, ZPO, § 70 Rn. 4; a.A. Musielak/Voit-*Weth*, ZPO, § 70 Rn. 4, der eine Heilung oder Beseitigung der Mängel nur bis zum Schluss der mündlichen Verhandlung im Zwischenstreit für möglich hält.
59 Thomas/Putzo-*Hüßtege*, ZPO, § 66 Rn. 12.

Inhalt:

	Rn.		Rn.
A. Allgemeines	1	2. Materiell-rechtliche Rechtsgeschäfte und Erklärungen	7
I. Regelungsgehalt	1	3. Bindung an die Prozesslage zum Zeitpunkt des Beitritts	8
II. Rechtsstellung des Nebenintervenienten als Dritter	2	II. Befugnisse des Nebenintervenienten im Einzelnen	9
III. Aussetzung und Unterbrechung des Prozesses	3	1. Tatsachenvortrag und Geständnis	9
B. Befugnisse des Nebenintervenienten	4	2. Streitgegenstandsbezogene Prozesshandlungen	10
I. Grundsätze	4	3. Rechtsmittel	11
1. Vornahme von Prozesshandlungen ohne Widerspruch zur Hauptpartei	4		

A. Allgemeines
I. Regelungsgehalt

§ 67 ZPO regelt die **Rechtsstellung und Befugnisse** des Nebenintervenienten im Prozess. Handelt es sich um eine streitgenössische Nebenintervention ist als *lex specialis* **vorrangig § 69 ZPO** zu beachten. Insbesondere gilt in diesem Fall das Verbot der **Widersprüchlichkeit gegenüber der Hauptpartei** nicht (dazu Rn. 6 und § 69 Rn. 7–10). Soweit der Nebenintervenient daneben auch **Partei des Rechtsstreits** ist[1] (vgl. Rn. 2 und § 66 Rn. 6), stehen ihm zusätzlich seine Rechte als Partei zu, soweit dies sein eigenes **Prozessrechtsverhältnis** betrifft. Dies gilt jedoch nur für sein eigenes Prozessrechtsverhältnis und nicht für das der Parteien, an dem er als Nebenintervenient beteiligt ist. Die folgenden Ausführungen betreffen daher ausschließlich die Stellung des Nebenintervenienten als Dritter im Prozessrechtsverhältnis anderer Personen.

1

II. Rechtsstellung des Nebenintervenienten als Dritter

Der Nebenintervenient ist **bezogen auf das jeweilige Prozessrechtsverhältnis** der Parteien **Dritter.** Er ist daher insoweit **nicht Partei** (vgl. § 66 Rn. 1).[2] Er kann mit Ausnahme der Kosten (§ 101 ZPO) nicht verurteilt werden oder ein Urteil erlangen.[3] Er ist gegenüber der unterstützten Partei **selbstständig** und **nicht lediglich deren Vertreter**; er handelt im eigenen Namen.[4] Der Nebenintervenient hat einen eigenen Anspruch auf **rechtliches Gehör**,[5] bei dessen Verletzung ihm der Rechtsbehelf des § 321a ZPO auch gegen den Widerspruch der Hauptpartei zusteht.[6] Ihm sind **Schriftsätze zu übermitteln**[7] und er ist zu sämtlichen **Terminen zu laden**.[8] Wurde der Nebenintervenient nicht geladen, liegt auch keine ordnungsgemäße Ladung der Hauptpartei vor, so dass nach § 335 Abs. 1 Nr. 2 ZPO kein Versäumnisurteil ergehen kann.[9] Es findet keine **Zurechnung eines prozessualen Verschuldens** des Nebenintervenienten an die unterstützte Partei statt.[10] Da der Nebenintervenient nicht Partei ist, kann er **Zeuge** sein.[11]

2

III. Aussetzung und Unterbrechung des Prozesses

Soweit in der Person des Nebenintervenienten Gründe eintreten, die bei den Parteien zu einer **Aussetzung oder Unterbrechung des Rechtsstreits** führen würden (vgl. §§ 239 ff. ZPO), ist dies

3

---

1 Zu den Gebühren eines Rechtsanwalts, der eine solche Person vertritt BGH, NJW 2010, 1377 (1378), Rn. 8 = AnwBl. 2010, 295, Rn. 8.
2 BGH, NJW 2013, 3452, Rn. 12 = ZfS 2013, 648, Rn. 12.
3 Zöller-*Vollkommer*, ZPO, § 67 Rn. 1.
4 BGH, NJW 2010, 1377 (1378), Rn. 7 = AnwBl. 2010, 295, Rn. 7; OLG Frankfurt a.M., NJW-RR 2010, 140.
5 OLG Düsseldorf, BauR 2011, 1994 (1995).
6 BGH, NJW 2009, 2679 (2680 ff.), Rn. 14, 23 = FamRZ 2009, 1404 (1405 ff.), Rn. 14, 23 mit Anm. *Nickel*; ein sonstiges Rechtsmittel gegen den Gehörsverstoß wird jedoch nicht gegen den Widerspruch der Hauptpartei zugelassen.
7 Thomas/Putzo-*Hüßtege*, ZPO, § 67 Rn. 9 fordert hier wohl zu weitgehend, dass auch eine Zustellung zu erfolgen hat, ebenso BAG, MDR 1988, 345 (346) betreffend Rechtsmittelschriften und Terminsladungen.
8 BGH, NJW 2009, 2679 (2680), Rn. 14 = FamRZ 2009, 1404 (1405), Rn. 14; OLG Düsseldorf, BauR 2011, 1994 (1995).
9 Thomas/Putzo-*Hüßtege*, ZPO, § 67 Rn. 8; Musielak/Voit-*Weth*, ZPO, § 67 Rn. 3; Prütting/Gehrlein-*Gehrlein*, ZPO, § 67 Rn. 2.
10 MK-*Schultes*, ZPO, § 67 Rn. 5 m.w.N., der zu Recht darauf hinweist, dass davon unabhängig zu prüfen ist, ob ein eigenes Parteiverschulden im Hinblick auf die Überlassung der Prozessführung an den Nebenintervenienten vorliegt.
11 OLG Düsseldorf, BauR 2015, 1010 (1012); BayObLG, NJW-RR 1987, 1423.

für den Rechtsstreit ohne Bedeutung.[12] Stirbt hingegen die unterstützte Partei oder wird über ihr Vermögen das Insolvenzverfahren eröffnet, so findet eine Unterbrechung auch statt, wenn der Partei ein Nebenintervenient beigetreten war. Die Unterbrechung wirkt sich dann auch auf das Beteiligungsverhältnis des Nebenintervenienten aus.[13] Ein Aufnahmerecht des Nebenintervenienten besteht nur für den Fall der Unterbrechung durch ein in der Person des Gegners eintretendes Ereignis.[14]

B. Befugnisse des Nebenintervenienten
I. Grundsätze
1. Vornahme von Prozesshandlungen ohne Widerspruch zur Hauptpartei

4 Der Nebenintervenient kann **Prozesshandlungen** wie die unterstützte Partei mit Wirkung für und gegen diese **vornehmen**, wie z.B. **Tatsachenvortrag** (vgl. Rn. 9), Beweisantragsstellung, **Richter- und Sachverständigenablehnung**,[15] **Rechtsmitteleinlegung und -begründung** (vgl. Rn. 11). Er handelt dabei **im eigenen Namen** und **nicht als Vertreter der Partei** (Rn. 2). Ein Tätigwerden der Partei neben dem Intervenienten ist nicht erforderlich.[16] Er kann weiteren Dritten den **Streit verkünden**.[17] Durch sein Handeln kann er die **Säumnis der Hauptpartei beseitigen**.[18] Die Zustimmung des Nebenintervenienten zum schriftlichen Verfahren nach § 128 Abs. 2 ZPO ist weder notwendig noch ausreichend.[19] Der Nebenintervenient ist zur **Antragsstellung nach § 494a ZPO** befugt.[20] Der Nebenintervenient kann auch Prozesshandlungen, die an die Hauptpartei gerichtet sind, in der mündlichen Verhandlung **entgegennehmen**.[21]

5 Die Befugnis zur Vornahme von Prozesshandlungen besteht während der gesamten Dauer der Nebenintervention **bis zu deren rechtskräftiger Zurückweisung** (§ 71 Rn. 1). Frühere Prozesshandlungen bleiben nach rechtskräftiger Zurückweisung der Nebenintervention wirksam (§ 71 Rn. 1). Durch eine **Rücknahme der Nebenintervention** (§ 66 Rn. 2) entfällt die Wirksamkeit der zuvor vorgenommenen Prozesshandlungen des Nebenintervenienten nicht.[22]

6 Der Nebenintervenient darf sich durch seine Prozesshandlungen **nicht in Widerspruch zur unterstützten Partei** setzen. Er darf mit oder ohne Willen der Partei aber nicht gegen ihren Willen handeln.[23] Der Widerspruch zur Partei kann sich dabei aus einem ausdrücklich gegensätzlich geäußerten Willen oder aus den Gesamtumständen ergeben (vgl. zur Rechtsmitteleinlegung Rn. 11 m.w.N.).[24] Ein Widerspruch liegt noch **nicht ohne weiteres in der Untätigkeit** der Partei.[25] Bezüglich der Prüfung eines Widerspruchs gilt grundsätzlich ein nebeninterventenfreundlicher Maßstab, so dass **im Zweifel nicht von einem Widerspruch** auszugehen ist.[26] Der Widerspruch unterliegt im Anwaltsprozess dem **Anwaltszwang**.[27] Wegen Verletzung des rechtlichen Gehörs des Nebenintervenienten, kann dieser nach **§ 321a ZPO auch gegen den Widerspruch** der Partei vorgehen (Rn. 2).

2. Materiell-rechtliche Rechtsgeschäfte und Erklärungen

7 Da der Nebenintervenient nicht Vertreter der Hauptpartei ist (Rn. 2), kann er beispielsweise keinen **Vergleich** abschließen, an den die Hauptpartei gebunden ist.[28] Er kann nicht mit einer

---

12 OLG Naumburg, OLGR 2003, 478 mit Nachweisen auch zur Gegenansicht.
13 BGH, MDR 2014, 794, Rn. 1 = BeckRS 2014, 11353, Rn. 1.
14 Zöller-*Vollkommer*, ZPO, § 67 Rn. 1, 8, 10 m.w.N.
15 Zur Sachverständigenablehnung im Hauptsacheverfahren nach vorangegangenem selbstständigen Beweisverfahren BGH, NJW-RR 2006, 1312 = MDR 2007, 103.
16 Thomas/Putzo-*Hüßtege*, ZPO, § 67 Rn. 7.
17 Thomas/Putzo-*Hüßtege*, ZPO, § 67 Rn. 6.
18 BGH, NJW 1994, 2022 (2023) = DAR 1994, 316 (317); OLG München v. 15.07.2011, 10 U 4408/09, juris, Rn. 25.
19 OLG Düsseldorf, BauR 2011, 1994 (1995).
20 BGHZ 182, 150 (152 f.), Rn. 8 f. = NJW 2009, 3240 (3240 f.), Rn. 8 f. = BauR 2009 1619 (1620), Rn. 8 f.; OLG Frankfurt v. 16.06.2015, 13 W 32/15, juris, Rn. 10 ff.
21 Musielak/Voit-*Weth*, ZPO, § 67 Rn. 4 m.w.N.
22 Prütting/Gehrlein-*Gehrlein*, ZPO, § 66 Rn. 16; Musielak/Voit-*Weth*, ZPO, § 66 Rn. 16.
23 Musielak/Voit-*Weth*, ZPO, § 67 Rn. 7 m.w.N.
24 BGH v. 09.02.2017, I ZR 91/15, juris, Rn. 19; BGH, NJW-RR 2008, 261, Rn. 8 = MDR 2007, 1442 (1443); BGHZ 165, 358 (361) = NJW 2006, 773, Rn. 8 = FamRZ 2006, 479.
25 BGHZ 165, 358 (361) = NJW 2006, 773, Rn. 8 = FamRZ 2006, 479; BGH, NJW 1997, 2385 (2386); BGH, NJW 1985, 2480; BGHZ 49, 183 (188) = NJW 1968, 743 (744).
26 BGH v. 23.08.2016, VIII ZB 96/15, juris, Rn. 27 m.w.N.; BGH, NJW 1985, 2480.
27 Offengelassen von BGH, NJW-RR 2010, 983 (985), Rn. 28 m.w.N.
28 Thomas/Putzo-*Hüßtege*, ZPO, § 67 Rn. 15.

Gegenforderung der unterstützten Partei **aufrechnen**[29] oder die **Anfechtung** oder den **Rücktritt** erklären.[30] Er soll jedoch **materiell-rechtliche Einreden**, wie Zurückbehaltungsrecht und Verjährung für die Hauptpartei ebenso geltend machen können, wie den Einwand eines bereits ausgeübten Gestaltungsrechts.[31]

3. Bindung an die Prozesslage zum Zeitpunkt des Beitritts

Der Nebenintervenient ist an die Prozesslage bis zum Zeitpunkt seines Beitrittes gebunden, kann also die bis dahin geschaffene Lage nicht mehr ändern. Hatte die unterstützte Hauptpartei zu diesem Zeitpunkt etwaige Rechte durch Präklusion oder ähnliches bereits eingebüßt, kann auch der Streithelfer sie nicht mehr geltend machen.[32] Eine Kompensation dafür bietet jedoch § 68 Hs. 2 ZPO (vgl. § 68 Rn. 6).

8

II. Befugnisse des Nebenintervenienten im Einzelnen

1. Tatsachenvortrag und Geständnis

Der Nebenintervenient kann selbstständig **Tatsachen vortragen** und vorgetragene Tatsachen des Gegners der unterstützten Partei **bestreiten oder zugestehen**, wobei insoweit auch für ihn die **Wahrheitspflicht** gilt.[33] Er darf sich dabei jedoch nicht in Widerspruch zum Vortrag der unterstützten Partei setzen. Der Sachvortrag der Partei ist insoweit vorrangig und verdrängt anderslautende Behauptungen des Nebenintervenienten.[34] Bei unstreitigem Vortrag der Parteien kann der Nebenintervenient jedoch dann einen anderen Standpunkt einnehmen, wenn nicht ausgeschlossen ist, dass sich die unterstützte Partei diesem Sachvortrag möglicherweise angeschlossen hätte.[35] Durch seinen Vortrag kann der Nebenintervenient die **Präklusion**[36] i.S.d. § 296 ZPO abwenden. Soweit es jedoch bereits zur Präklusion der unterstützten Partei gekommen ist, gilt dies auch für den Nebenintervenienten (Rn. 8). Ein bereits vorliegendes **Geständnis** der unterstützten Partei darf er nicht widerrufen, sofern er sich dadurch in Widerspruch zum erklärten Verhalten der unterstützten Partei setzt, was durch Auslegung zu ermitteln ist.[37] Er darf selbst kein Geständnis abgeben.[38]

9

2. Streitgegenstandsbezogene Prozesshandlungen

Der Nebenintervenient kann **Anträge** stellen, jedoch keine, die den von der Partei gestellten Anträgen bzw. dem darin liegenden Willen der Partei widersprechen und auch **keine streitgegenstandsändernden** (zu Rechtsmittelanträgen Rn. 11).[39] Eine **Widerklageerhebung** durch den

10

---

29 BGH, MDR 1966, 306.
30 MK-*Schultes*, ZPO, § 67 Rn. 15.
31 BGH, VersR 1985, 80 (81); OLG München, NJW-RR 1998, 420 (422); Zöller-*Vollkommer*, ZPO, § 67 Rn. 11; MK-*Schultes*, ZPO, § 67 Rn. 5; Musielak/Voit-*Weth*, ZPO, § 67 Rn. 6; a.A. OLG Düsseldorf, MDR 1974, 406 (407), wo sämtliche die materiell-rechtliche Rechtslage umgestaltende Erklärungen ohne Ermächtigung der Partei als unzulässig angesehen werden; verneinend für die Einrede der Anfechtbarkeit nach der KO (heute InsO) unter ausdrücklicher Offenlassung im Übrigen BGHZ 106, 127 = NJW 1989, 985 = MDR 1989, 349.
32 Z.B. BGH, NJW-RR 2006, 1312 (1313), Rn. 12, 13 zur Ablehnung eines Sachverständigen im selbstständigen Beweisverfahren, nachdem die Hauptpartei durch §§ 404 Abs. 4, 406 Abs. 2 ZPO ihr Recht zur Ablehnung bereits verloren hatte.
33 BGH, NJW 1982, 281 (282) = MDR 1982, 314.
34 BAG v. 21.06.2011, 9 AZR 236/10, juris, Rn. 19; OLG Karlsruhe, BauR 2003, 98 (99).
35 OLG Saarbrücken, OLGR 2007, 376 (378) zum Beitritt nach Streitverkündung.
36 Ausführlich zum verspäteten Vorbringen und zur Zurechnung des Verhaltens des Streithelfers insoweit *Schulze*, NJW 1981, 2663 und darauf bezugnehmend *Fuhrmann*, NJW 1982, 978.
37 BGH, NJW 1976, 292 (293f.) = MDR 1976, 213; OLG Saarbrücken, OLGR 2007, 376 (378); OLG Hamm, NJW 1955, 873 (875) mit Anm. *Lent*; Musielak/Voit-*Weth*, ZPO, § 67 Rn. 9 m.w.N.; Prütting/Gehrlein-*Gehrlein*, ZPO, § 67 Rn. 7; vgl. OLG Schleswig, NJW-RR 2000, 356 = MDR 1999, 1152 m.w.N. zur Frage der Geltung eines Geständnisses der Hauptpartei, wenn dieses falsch ist sowie beim Verdacht einer Manipulation.
38 Zöller-*Greger*, ZPO, § 288 Rn. 5.
39 Str.; für Klageerweiterung und -änderung BAG v. 06.11.1973, 1 ABR, 15/73, juris, Rn. 13; grundsätzlich so auch OLG München, MDR 1972, 616, wo jedoch Zulässigkeit der Änderung angenommen wird, wenn der Nebenintervenient alleiniger Berufungsführer und Rechtsnachfolger der Partei ist; Musielak/Voit-*Weth*, ZPO, § 67 Rn. 8; Prütting/Gehrlein-*Gehrlein*, ZPO, § 67 Rn. 6; Stein/Jonas-*Jacoby*, ZPO, § 67 Rn. 5; vgl. dazu auch *Schneider*, MDR 1990, 505 (506f.), der zutreffend auf den Unterschied zwischen Angriffsmittel und Angriff selbst hinweist. Mit Schneider dürfte jedoch eine Zurechnung der Streitgegenstandsänderung an die Partei in Betracht kommen, wenn diese – ggf. stillschweigend – zustimmt. Weitergehend Zöller-*Vollkommer*, ZPO, § 67 Rn. 9a, der bereits genügen lässt, dass ein entgegenstehender Wille der Partei nicht feststellbar ist; ebenso Thomas/Putzo-*Hüßtege*, ZPO, § 67 Rn. 13.

Nebenintervenienten für die Hauptpartei ist nicht möglich (zur eigenen Widerklageerhebung des Nebenintervenienten für sich sowie zur Erhebung einer Widerklage gegen den Nebenintervenienten vgl. § 33 Rn. 28, 29).[40] Ebenso wenig darf er **Zwischenfeststellungsklage** erheben.[41] Er darf die Klage der Partei **nicht zurücknehmen**, auf den Anspruch nicht i.S.d. § 306 ZPO **verzichten** oder diesen nach § 307 ZPO **anerkennen**.[42] Eine **Erweiterung der Fragen im selbstständigen Beweisverfahren** um solche, die nur den Nebenintervenienten und nicht auch die Hauptpartei betreffen, steht dem Nebenintervenienten nicht zu.[43]

3. Rechtsmittel

11 Der Nebenintervenient kann, solange die unterstützte Partei darauf nicht zuvor verzichtet hat, **Rechtsmittel einlegen**. Er kann das Rechtsmittel im eigenen Namen einlegen.[44] Partei in der Rechtsmittelinstanz ist jedoch ausschließlich die unterstützte Partei, selbst wenn sie sich nicht daran beteiligt.[45] Der Nebenintervenient bleibt auch dort **Dritter**.[46] Er unterstützt lediglich ein Rechtsmittel der Partei.[47] Nach §§ 66 Abs. 2, 70 Abs. 1 ZPO kann der Beitritt auch mit der Rechtsmitteleinlegung oder -begründung verbunden werden (vgl. § 70 Rn. 4). Soweit sowohl die unterstützte Partei als auch der Nebenintervenient Rechtsmittel einlegen, liegt nur ein **einheitliches Rechtsmittel** vor.[48] Der Nebenintervenient kann auch ein von der unterstützten Partei eingelegtes Rechtsmittel statt dieser **begründen**.[49] Eine **Fristverlängerung**, die der Nebenintervenient für die Rechtsmittelbegründungsfrist erhalten hat, gilt auch für die Hauptpartei.[50] Eine Rechtsmitteleinlegung durch den Nebenintervenienten ist wegen des **Verbots der Widersprüchlichkeit** unwirksam, wenn sie sich gegen den Willen der Partei richtet, wobei auch hier, wie sonst, der entgegenstehende Wille ausdrücklich erklärt sein oder sich **aus den Gesamtumständen** ergeben kann.[51] Die **bloße Untätigkeit der Partei** bei Rechtsmitteleinlegung oder -begründung stellt keinen Widerspruch dar (Rn. 6). Im Zweifel ist die Prozesshandlung des Nebenintervenienten als wirksam anzusehen.[52] In einem Anerkenntnis oder einem außergerichtlichen Vergleich liegt – anders als in der Erteilung einer Auskunft, zu der die Partei verurteilt worden ist – ein konkreter Widerspruch.[53] Nimmt die unterstützte Partei das von ihr eingelegte **Rechtsmittel oder die Klage zurück**, so kann der Nebenintervenient unter Umständen sein Rechtsmittel nicht weiterführen.[54] Es ist jedoch anhand der Gesamtumstände zu prüfen, ob nicht die Rücknahme keinen Widerspruch enthält und die Fortführung des Rechtsmittels des Nebenintervenienten daher dennoch zulässig ist.[55] Soweit ein entgegenstehender Wille der unterstützten Partei nicht vorliegt, kann der Nebenintervenient auch **weitergehend Rechtsmittel einlegen** als die Partei.[56] Die **Rechtsmittelfrist** ist gleichlaufend zu der der unterstützten

---

40 BGH v. 08.03.1972, VIII ZR 34/71, juris, Rn. 9; OLG Hamburg, NJW-RR 2004, 62 (63) m.w.N. auch zur Gegenansicht; zur Widerklageerhebung gegen den Streithelfer BGHZ 131, 76 = NJW 1996, 196 = BauR 1996, 147.
41 Zöller-*Vollkommer*, ZPO, § 67 Rn. 9a, 10.
42 Thomas/Putzo-*Hüßtege*, ZPO, § 67 Rn. 14.
43 OLG Karlsruhe, BeckRS 2008, 15414 m.w.N.
44 Vgl. dazu BGH v. 23.08.2016, VIII ZB 96/15, juris; OLG Düsseldorf, NJW-RR 1998, 606 = ZfS 1998, 59.
45 BGH, NJW-RR 2012, 1042, Rn. 6 = AnwBl. 2012, 926, Rn. 6.
46 BGH v. 23.08.2016, VIII ZB 96/15, juris, Rn. 15; BGH, NJW 1995, 198 (199) = VersR 1995, 65 (66).
47 BGH v. 23.08.2016, VIII ZB 96/15, juris, Rn. 15.
48 BGH v. 23.08.2016, VIII ZB 96/15, juris, Rn. 18 m.w.N.; BGH, NJW-RR 2012, 1042, Rn. 3 = AnwBl. 2012, 926, Rn. 3; BGH, NJW-RR 2006, 644, Rn. 7 = DAR 2006, 266, Rn. 7 m.w.N. aus der Rechtsprechung; OLG Naumburg, OLGR 2003, 478; zur Konsequenz für die Einlegung des Rechtsmittels bei verschiedenen Gerichten vgl. BGH, NJW-RR 2012, 141 (142), Rn. 5.
49 BGH, NJW 1999, 2046 (2047).
50 BGH, NJW 1982, 2069 = MDR 1982, 744 (744f.).
51 BGH 150, 187 (191) = NJW 2002, 1872 (1873); BGH, NJW 1997, 2385 (2386); BGH, NJW 1993, 2944 (2945); BGHZ 92, 275 (276) = NJW 1985, 386 (387) = FamRZ 1985, 61 (62); OLG Hamburg, NJW 1989, 1362 (1362f.) zum nach Rechtsmitteleinlegung erklärten Rechtsmittelverzicht der Partei; insoweit stark zweifelnd Musielak/Voit-*Weth*, ZPO, § 67 Rn. 9.
52 BGH v. 23.08.2016, VIII ZB 96/15, juris, Rn. 27 m.w.N.
53 Vgl. BGH v. 09.02.2017, I ZR 91/15, juris, Rn. 18–21.
54 BGH, NJW 1988, 712 (712f.) = MDR 1988, 44; offenlassend für Rücknahme, da konkreter Widerspruch der Partei BGHZ 92, 275 (279) = NJW 1985, 386 (387) = FamRZ 1985, 61 (62).
55 Z.B. BGH, NJW 1993, 2944 = MDR 1994, 830; BGH, NJW 1989, 1357 (1358); BGH, NJW 1985, 2480 = MDR 1985, 751; BGHZ 76, 299 (302) = NJW 1980, 1693.
56 OLG Düsseldorf, BauR 2011, 1994; OLG Hamm, NJW-RR 1997, 1156.

Partei.[57] Eine etwaige **Zustellung an den Nebenintervenienten ist für die Frist ohne Belang**, auch wenn sich die Hauptpartei am Rechtsmittelverfahren gar nicht mehr beteiligt.[58] Eine Zustellung ist auch nicht von Amts wegen veranlasst.[59] Der **Anschluss an ein Rechtsmittel des Gegners** durch den Nebenintervenienten ist ebenfalls nur innerhalb der für die Hauptpartei geltenden Frist möglich.[60] Der Nebenintervenient kann auch einen **Antrag auf Wiedereinsetzung** in den vorigen Stand betreffend das Rechtsmittel stellen. Dabei kann er sich allerdings lediglich auf **Wiedereinsetzungsgründe in der Person der unterstützten Partei** berufen, nicht jedoch auf in seiner Person liegende Gründe.[61] Eine Wiedereinsetzung im Hinblick auf den bis zum Ablauf der Rechtsmittelfrist unterbliebenen Beitritt kommt nicht in Betracht (§ 66 Rn. 4). Der Nebenintervenient darf von der unterstützten Partei eingelegte **Rechtsmittel nicht zurücknehmen und nicht beschränken.**[62] Hinsichtlich der **Rechtsmittelsumme und der notwendigen Beschwer** ist auf die unterstützte Partei abzustellen.[63] Der Nebenintervenient kann den Antrag auf **Tatbestandsberichtigung** stellen. Der Nebenintervenient kann einen Antrag auf **Wiederaufnahme** stellen (§ 66 Rn. 4).

§ 68
Wirkungen der Nebenintervention

Der Nebenintervenient wird im Verhältnis zu der Hauptpartei mit der Behauptung nicht gehört, dass der Rechtsstreit, wie er dem Richter vorgelegen habe, unrichtig entschieden sei; er wird mit der Behauptung, dass die Hauptpartei den Rechtsstreit mangelhaft geführt habe, nur insoweit gehört, als er durch die Lage des Rechtsstreits zur Zeit seines Beitritts oder durch Erklärungen und Handlungen der Hauptpartei verhindert worden ist, Angriffs- oder Verteidigungsmittel geltend zu machen, oder als Angriffs- oder Verteidigungsmittel, die ihm unbekannt waren, von der Hauptpartei absichtlich oder durch grobes Verschulden nicht geltend gemacht sind.

Inhalt:

	Rn.		Rn.
A. Allgemeines	1	3. Keine Ausnahme nach Hs. 2 und Rechtswegidentität	6
I. Regelungsgehalt und Begrifflichkeiten	1		
II. Interventionsverträge	2	II. Wesen und Umfang der Nebeninterventionswirkung	8
B. Erläuterungen	3		
I. Voraussetzungen der Nebeninterventionswirkung	3	1. Berücksichtigung der Nebeninterventionswirkung von Amts wegen, Teilbarkeit, Wirkrichtung	8
1. Wirksame Nebenintervention im Vorprozess	3	2. Sachlicher Umfang der Nebeninterventionswirkung	9
2. Rechtskräftige Entscheidung des Vorprozesses	5	3. Persönlicher Umfang der Nebeninterventionswirkung	12

---

57 BGH, NJW-RR 2013, 1400 (1401), Rn. 3f. = MDR 2013, 1240; BGH, NJW-RR 2012, 1042, Rn. 3 = AnwBl. 2012, 926, Rn. 3; BGH, NJW 1990, 190 = MDR 1989, 1095; BGH, NJW 1986, 257 = MDR 1986, 36; auf die Zustellung an den Nebenintervenienten kommt es hingegen an, wenn er allein eigene Interessen verfolgt, wie beispielsweise bei § 321 ZPO im Falle der Übergehung der Kosten des Nebenintervenienten, vgl. BGHZ 199, 207 (210), Rn. 12 = NJW 2014, 1018 (1019), Rn. 12 = BauR 2014, 581 (582), Rn. 12.
58 BGH, NJW-RR 2013, 1400 (1401), Rn. 3f. = MDR 2013, 1240; BGH, NJW-RR 2012, 1042, Rn. 3 = AnwBl. 2012, 926, Rn. 3; BGH, NJW 1990, 190 = MDR 1989, 1095; OLG Naumburg, BeckRS 2014, 19055, Rn. 14; OLG Köln v. 15.08.2011, 11 U 116/11, juris, Rn. 3 m.w.N.; a.A. Zöller-*Vollkommer*, ZPO, § 67 Rn. 8 für den Fall der Nichtbeteiligung der Hauptpartei in der Vorinstanz.
59 BGH, VersR 1988, 417 m.w.N.; ebenso Zöller-*Vollkommer*, ZPO, § 67 Rn. 5 m.w.N. und Musielak/Voit-*Weth*, ZPO, § 67 Rn. 3 m.w.N. sowie Prütting/Gehrlein-*Gehrlein*, ZPO, § 67 Rn. 2, die aber eine formlose Mitteilung fordern, was vom BGH in der zitierten Entscheidung abgelehnt wird.
60 OLG München v. 15.07.2011, 10 U 4408/09, juris, Rn. 23; Zöller-*Vollkommer*, ZPO, § 67 Rn. 5.
61 Str.; wie hier BGH, NJW 2008, 1889 (1890), Rn. 15 = MDR 2008, 761 (762); OLG Köln v. 15.08.2011, 11 U 116/11, juris, Rn. 3 m.w.N.; Musielak/Voit-*Weth*, ZPO, § 67 Rn. 6; offengelassen von BGH, NJW 1991, 229 (229f.) = AnwBl. 1992, 324 m.w.N. und BGH, VersR 1988, 417; a.A. wohl BGH, NJW 1986, 257, wo es darauf aber nicht ankam und ohne Problematisierung; OLG Frankfurt v. 07.02.2005, 21 U 105/04, juris, Rn. 9 ohne Problematisierung; Zöller-*Vollkommer*, ZPO, § 67 Rn. 5.
62 Musielak/Voit-*Weth*, ZPO, § 67 Rn. 9; beteiligt sich die Hauptpartei in der Rechtsmittelinstanz nicht, dann kann der Streithelfer das von ihm allein eingelegte Rechtsmittel beschränken oder zurücknehmen, OLG Düsseldorf, BauR 2015, 1010 (1015); Zöller-*Vollkommer*, ZPO, § 67 Rn. 5 m.w.N.
63 BGH, NJW 1997, 2385 (2386); BGH, NJW 1990, 190 (191) = MDR 1989, 1095.

A. Allgemeines
I. Regelungsgehalt und Begrifflichkeiten

1 § 68 ZPO regelt die Bindungswirkung der Nebenintervention (**Nebeninterventionswirkung**). Die Nebeninterventionswirkung des § 68 ZPO tritt unter bestimmten Voraussetzungen zum einen im Falle der **selbstständigen Nebenintervention** ein, zum anderen nach erfolgter **Streitverkündung** (§§ 72–74 ZPO). Die Vorschrift gewinnt Bedeutung nicht in dem Prozess, in dem der Nebenintervenient Dritter ist (**sog. Vorprozess**), sondern erst für einen etwaigen nachfolgenden Prozess zwischen Nebenintervenient als Partei und unterstützter Partei als Gegner des Nebenintervenienten (**sog. Folgeprozess**). Nach § 68 ZPO ist der Nebenintervenient im Verhältnis zur Hauptpartei an die **Entscheidung des Vorprozesses in rechtlicher und tatsächlicher Hinsicht im Folgeprozess gebunden**, soweit nicht eine **Ausnahme** eingreift (vgl. Rn. 6). Für den Nebenintervenienten stellt die Regelung ein erhebliches Risiko dar und ist Kehrseite der prozessualen Beteiligungsmöglichkeiten des Nebenintervenienten im Vorprozess. Der Nebenintervenient soll in dem Umfang, in dem er auf den Vorprozess und dessen Ergebnisse Einfluss nehmen konnte, diese gegenüber der Hauptpartei im Folgeprozess nicht mehr in Frage stellen können. Für den Streitverkünder liegt in der Nebeninterventionswirkung nach §§ 74 Abs. 3, 68 ZPO regelmäßig ein Hauptzweck der Streitverkündung.

II. Interventionsverträge

2 Abweichend von den gesetzlichen Vorschriften kann der Eintritt der Nebeninterventionswirkung durch sogenannten **Interventionsvertrag** auch ohne die sonstigen Voraussetzungen der Nebeninterventionswirkung vereinbart werden.[1] Ebenso kann eine **Abbedingung** der sonst gegebenen Interventionswirkung durch Vereinbarung erfolgen.[2]

B. Erläuterungen
I. Voraussetzungen der Nebeninterventionswirkung
1. Wirksame Nebenintervention im Vorprozess

3 Im Vorprozess muss wirksam eine Nebenintervention stattgefunden haben. § 68 ZPO findet keine Anwendung, wenn die **Prozesshandlungsvoraussetzungen** beim Nebenintervenienten nicht vorgelegen haben (vgl. § 66 Rn. 3).[3] Diese sind anders als die sonstigen Voraussetzungen der Nebenintervention von Amts wegen zu beachten (vgl. § 66 Rn. 10, § 71 Rn. 1), so dass auch ohne Rüge und Zurückweisung im Vorprozess die Nebeninterventionswirkung nicht eintritt. Der Nebenintervenient kann sich darauf im Folgeprozess berufen.[4] Die übrigen Voraussetzungen der Nebenintervention (§ 66 Rn. 4–9) werden nur auf Rüge im Vorprozess beachtet (§ 66 Rn. 11, § 71 Rn. 1) und erlangen daher nur in diesem Fall Bedeutung. Ist der Beitritt aus diesen Gründen rechtsfehlerhaft, kann daher nur dann die Nebeninterventionswirkung nicht eintreten, wenn zuvor eine Rüge erfolgt ist und der Beitritt im Vorprozess gemäß § 71 ZPO rechtskräftig **zurückgewiesen** wurde. Wurde die wirksame Nebenintervention später **zurückgenommen** (vgl. § 66 Rn. 2), so findet § 68 ZPO dennoch Anwendung, da sich der Nebenintervenient seiner weiteren Einwirkungsmöglichkeit auf den Prozess dadurch selbstverschuldet begeben hat.[5]

4 Soweit im Vorprozess der Streit verkündet wurde, richtet sich die Frage der Anwendbarkeit von § 68 ZPO nach § 74 ZPO (§ 74 Rn. 1, 7, 9–11).

2. Rechtskräftige Entscheidung des Vorprozesses

5 Die Entscheidung im Vorprozess muss **rechtskräftig** und **durch Urteil** erfolgt sein. Der Interventionswirkung steht es nicht entgegen, wenn gegen das rechtskräftige Urteil des Vorprozesses **Anhörungsrüge oder Verfassungsbeschwerde** eingelegt wird.[6] Ein **Prozessurteil** ist nicht ausreichend.[7] Einem **Teilurteil** kann hingegen die Interventionswirkung zukommen (zum Urteil nach Teilklage vgl. Rn. 10).[8] Das Gleiche gilt für ein **Grundurteil**.[9] Ein **Prozessvergleich**

---

1 Vgl. OLG Düsseldorf, NJW-RR 1993, 1471 m.w.N. auch zur Gegenansicht; Zöller-*Vollkommer*, ZPO, § 68 Rn. 13; differenzierend Stein/Jonas-*Jacoby*, ZPO, § 68 Rn. 27.
2 Zöller-*Vollkommer*, ZPO, § 68 Rn. 14; a.A. Stein/Jonas-*Jacoby*, ZPO, § 68 Rn. 26 m.w.N.
3 Prütting/Gehrlein-*Gehrlein*, ZPO, § 66 Rn. 14; Zöller-*Vollkommer*, ZPO, § 68 Rn. 3.
4 Stein/Jonas-*Jacoby*, ZPO, § 68 Rn. 4 m.w.N.; a.A. Musielak/Voit-*Weth*, ZPO, § 68 Rn. 2.
5 Thomas/Putzo-*Hüßtege*, ZPO, § 68 Rn. 3 unter Hinweis auf RGZ 61, 286; Musielak/Voit-*Weth*, ZPO, § 68 Rn. 16; Prütting/Gehrlein-*Gehrlein*, ZPO, § 68 Rn. 3.
6 BGH, NJW 2012, 3087 (3088), Rn. 15.
7 Prütting/Gehrlein-*Gehrlein*, ZPO, § 68 Rn. 4.
8 OLG Saarbrücken v. 23.11.2006, 8 U 611/05, juris, Rn. 29.
9 BGHZ 65, 127 (135) = NJW 1976, 39 (41) m.w.N.

ist nicht ausreichend (arg.: „entschieden").[10] Geht der Vergleich in der höheren Instanz aber nur dahin, dass die Rechtsmittel zurückgenommen werden, steht dieser betreffend das Urteil der Vorinstanz der Wirkung des § 68 ZPO nicht entgegen, da der Vergleich gerade nicht an die Stelle des Urteils tritt.[11]

3. Keine Ausnahme nach Hs. 2 und Rechtswegidentität

Dem Nebenintervenienten stehen gegen die Nebeninterventionswirkung nach Hs. 2 **Einreden**[12] zu, um diese nicht eintreten zu lassen. Dies gilt zum einen, wenn die unterstützte Partei im Vorprozess Angriffs- oder Verteidigungsmittel **absichtlich oder grob fahrlässig nicht vorgebracht hat** und diese dem Nebenintervenienten nicht bekannt waren. Zum anderen kann sich der Nebenintervenient zum Entfallen der Nebeninterventionswirkung darauf berufen, dass er Angriffs- oder Verteidigungsmittel im Vorprozess nicht geltend machen konnte, weil er durch die **Prozesslage zum Zeitpunkt seines Beitritts** (§ 67 Rn. 8) oder durch die Erklärungen der Hauptpartei und das **Verbot der Widersprüchlichkeit** (§ 67 Rn. 6, 9–11) daran gehindert war.[13] Die Ausnahmen in § 68 ZPO sind **Kompensation** dafür, wenn und soweit der Nebenintervenient auf den Vorprozess nicht (mehr) einwirken konnte, weil sich die Hauptpartei etwaiger Rechte bereits begeben hatte oder sich der Nebenintervenient durch seine Handlungen in Widerspruch zur Hauptpartei setzen würde. Nach dieser Zwecksetzung sind etwaige Streitfragen zu beantworten. Die Ausnahme greift nur dann ein, wenn die Entscheidung des Vorprozesses ohne die Hindernisse des Nebenintervenienten anders ausgefallen wäre, die mangelhafte Prozessführung also letztlich für diese Entscheidung **kausal** war oder dies **zumindest plausibel oder möglich** erscheint. War die Geltendmachung von Angriffs- und Verteidigungsmitteln durch den Nebenintervenienten im Vorprozess zwar nicht unmöglich, jedoch **unzumutbar erschwert**, beispielsweise weil er erst nach Ablauf eines erheblichen Teils der Rechtsmittelfrist von dem Urteil gegen die Hauptpartei erfahren hat,[14] können im Einzelfall ebenfalls Ausnahmen von der Bindungswirkung gemacht werden.

§ 68 ZPO findet keine Anwendung, wenn und soweit der **Folgeprozess in einem anderen Rechtsweg** als der Vorprozess zu führen ist.[15]

II. Wesen und Umfang der Nebeninterventionswirkung
1. Berücksichtigung der Nebeninterventionswirkung von Amts wegen, Teilbarkeit, Wirkrichtung

Die Regelung des § 68 ZPO wirkt stets **nur zugunsten** der unterstützten Partei des Vorprozesses und **nie zu deren Lasten**.[16] Die Nebeninterventionswirkung ist **im Folgeprozess von Amts wegen zu beachten**, so dass es nicht darauf ankommt, ob sich die unterstützte Partei darauf im Folgeprozess beruft.[17] Sie kann jedoch durchaus entscheiden, sich auf die Nebeninterventionswirkung nicht zu berufen und die Unrichtigkeit des Urteils des Vorprozesses im Folgepro-

---

10 BGH, NJW-RR 2005, 1435 m.w.N.; BGH v. 15.12.1966, VII ZR 293/64, juris, Rn. 10 f.; BGH, NJW 1969, 1480 (1481) = MDR 1969, 753.
11 BGH, NJW 1969, 1480 (1481) = MDR 1969, 753; zweifelnd BGH, NJW 1988, 712 (713) = MDR 1988, 44.
12 Prütting/Gehrlein-*Gehrlein*, ZPO, § 68 Rn. 1; Musielak/Voit-*Weth*, ZPO, § 68 Rn. 1; a.A. MK-*Schultes*, ZPO, § 68 Rn. 19: von Amts wegen zu beachten.
13 Z.B. BGH, NJW-RR 2006, 1312 (1313), Rn. 13; BGH, NJW 1988, 712 (713) = MDR 1988, 44; BGH, NJW 1982, 281 (282) = MDR 1982, 314; BGH, NJW 1976, 292 (293 f.) = MDR 1976, 213.
14 Vgl. Zöller-*Vollkommer*, ZPO, § 68 Rn. 12.
15 Str.; wie hier BGHZ 123, 44 (48 f.) = NJW 1993, 2539 (2540) = MDR 1993, 1120 (1121); a.A. nämlich begrenzte Interventionswirkung, soweit diese mit den Verfahrensgrundsätzen der Gerichtsbarkeit des Folgeprozesses zu vereinbaren ist BSG, NJW 2012, 956 (956 f.), Rn. 10, 12–15 mit zust. Anm. *Regenfus* sowie m.w.N. auch aus der Rechtsprechung des BVerwG; Thomas/Putzo-*Hüßtege*, ZPO, § 68 Rn. 5; Zöller-*Vollkommer*, ZPO, § 68 Rn. 10.
16 BGH v. 18.11.2015, VII ZB 57/12, juris, Rn. 21; BGH, NJW 2015, 1824 (1825), Rn. 7 = DAR 2015, 327 (328), Rn. 7; BGH, NJW 1997, 2385 (2385 f.); ebenso BGHZ 100, 257 (259 ff.) = NJW 1987, 1894 (1895) m.w.N. auch zur Gegenansicht = MDR 1987, 835; BGH, NJW 1987, 2874 (2874) = MDR 1987, 841 offenlassend für selbstständige Nebenintervention, bejahend für den Fall, dass Streitverkündeter nicht beitritt, wobei diese Eingrenzung im Hinblick auf den Wortlaut des § 74 Abs. 3 ZPO verfehlt ist; Zöller-*Vollkomer*, ZPO, § 68 Rn. 6; a.A. Stein/Jonas-*Jacoby*, ZPO, § 68 Rn. 18–22 mit umfassenden weiteren Nachweisen zu beiden Ansichten.
17 BGH, NJW 2015, 1824 (1825), Rn. 7 = DAR 2015, 327 (328), Rn. 7; BGHZ 96, 50 (54) m.w.N.; Musielak/Voit-*Weth*, ZPO, § 68 Rn. 1 m.w.N.; a.A. Thomas/Putzo-*Hüßtege*, ZPO, § 68 Rn. 2.

zess geltend zu machen.[18] Die Nebeninterventionswirkung ist **unteilbar**, d. h. die unterstützte Partei kann sich **nur entweder ganz oder gar nicht** auf sie berufen.[19] Beruft sie sich auf die Nebeninterventionswirkung hinsichtlich ihr günstiger Feststellungen, muss sie auch die übrigen von der Nebeninterventionswirkung erfassten Feststellungen gelten lassen, auch wenn diese für sie nachteilig sind und den ehemaligen Streithelfer begünstigen.[20]

2. Sachlicher Umfang der Nebeninterventionswirkung

9 Im Folgeprozess stehen die **rechtlichen und tatsächlichen rechtskräftigen Feststellungen** und Entscheidungsgrundlagen des Vorprozesses, soweit sie dort entscheidungserheblich waren, mit bindender Wirkung zwischen dem Nebenintervenienten und der seinerzeit unterstützten Partei zu deren Gunsten fest. Dabei kommt es für die **Entscheidungserheblichkeit** nicht auf die unzutreffende subjektive Sicht des Gerichts des Vorprozesses an, sondern auf die **objektiv richtige Würdigung**.[21] Die aus dieser Sicht **hinreichenden und notwendigen Bedingungen des Ersturteils** werden von der Bindungswirkung erfasst.[22] **Überschießende Feststellungen**, also solche, auf denen das Urteil im Vorprozess nach objektiver Würdigung nicht beruht, haben an der Bindungswirkung nicht teil.[23] Dies gilt insbesondere für **obiter dicta**.[24] Ebenso unterfallen eine allein den Streithelfer betreffende Begründung ohne Relevanz für den Vorprozess und **Mehrfachbegründungen** nicht der Interventionswirkung.[25] Trifft das Gericht im Vorprozess Feststellungen nicht, die es an sich bei richtiger Bewertung hätte treffen müssen, tritt damit keine Bindungswirkung ein, da gerade **keine Feststellungen getroffen** wurden.[26] Die Frage der richtigen rechtlichen Bewertung der Entscheidungserheblichkeit wird jedoch nur innerhalb des vom Gericht – wenngleich unzutreffend – **gewählten Begründungsansatzes** entschieden.[27]

10 Die Wirkung des § 68 ZPO erstreckt sich sowohl auf **entscheidungserhebliche Tatsachen als auch auf rechtliche Feststellungen** betreffend **Rechtsverhältnisse**, die für den Folgeprozess vorgreiflich sind, und nicht, wie die Rechtskraft, lediglich auf die Entscheidung über den prozessualen Anspruch im Tenor.[28] Anders als die Rechtskraft hat sie die **Richtigkeit der Entscheidung des Vorprozesses** in rechtlicher und tatsächlicher Hinsicht zum Gegenstand.[29] Die Wirkung des § 68 ZPO gilt nur für streitige Punkte.[30] Von der Wirkung des § 68 ZPO wird beispielsweise auch die **Auslegung** einer Erklärung oder eines Rechtsgeschäfts durch das Gericht des Vorprozesses erfasst, soweit das Urteil darauf beruht.[31] Soweit es betreffend strittige entscheidungserhebliche Tatsachen im Vorprozess wegen eines *non liquet* zu einer **Beweislastentscheidung** kommt, steht für den Folgeprozess nur die Nichtaufklärbarkeit der Tatsache und nicht etwa deren Bestehen oder Nichtbestehen i.S.d. Beweislastverteilung des Vorprozesses fest, so dass im Folgeprozess wieder eine Beweislastentscheidung ohne Möglichkeit des Nachweises oder der Widerlegung der Tatsache zu treffen ist.[32] Bei **Teilklagen** ist die Nebeninterventionswirkung nicht auf den eingeklagten Teil beschränkt, sondern bezieht sich auf die

---

18 BGHZ 100, 257 (263) = NJW 1987, 1894 (1895) = MDR 1987, 835 (836); BGH, NJW 1987, 2874 = MDR 1987, 841; a.A. wohl MK-*Schultes*, ZPO, § 68 Rn. 23, der eine Dispositionsbefugnis außer in bürgerlich-rechtlichen Vereinbarungen zwischen den Parteien (dazu Rn. 2) verneint.
19 OLG Saarbrücken, NJW 2010, 3662 (3664f.); Musielak/Voit-*Weth*, ZPO, § 68 Rn. 5.
20 BGH, NJW-RR 1989, 766 (767); OLG Köln, NJW-RR 1995, 1085; offenlassend OLG Celle v. 11.12.1995, 1 U 60/94, juris, Rn. 10; LG Mainz v. 23.11.2005, 9 O 385/04, juris, Rn. 44–46; Zöller-*Vollkommer*, ZPO, § 68 Rn. 6; MK-*Schultes*, ZPO, § 68 Rn. 13 m.w.N.
21 BGHZ 204, 12 (17), Rn. 20 = NJW 2015, 559 (560), Rn. 20 = BauR 2015, 705 (707), Rn. 20; BGHZ 157, 97 (99) = MDR 2004, 464 (465) m.w.N.; OLG Hamm, NJW-RR 1996, 1506 m.w.N.; a.A. OLG München, NJW 1986, 263 mit abl. Anm. *Vollkommer*.
22 OLG Hamm, NJW-RR 1996, 1506.
23 Z.B. BGH, NJW 2015, 1824 (1825), Rn. 6 = DAR 2015, 327 (328), Rn. 6; BGHZ 157, 97 (99) = MDR 2004, 464 (465) m.w.N.
24 OLG Koblenz, BeckRS 2014, 15355 m.w.N.
25 Prütting/Gehrlein-*Gehrlein*, ZPO, § 68 Rn. 7.
26 BGHZ 85, 252 (256) = NJW 1983, 820 (821); OLG Karlsruhe, OLGR 2005, 629 (630).
27 BGHZ 204, 12 (17), Rn. 20 = NJW 2015, 559 (560), Rn. 20 = BauR 2015, 705 (707), Rn. 20; BGHZ 157, 97 (100) = MDR 2004, 464 (465); vgl. auch zu verschiedenen Begründungsansätzen OLG Köln, NJW-RR 1992, 119 (120).
28 Z.B. BGHZ 157, 97 (99) = MDR 2004, 464 (465); BGHZ 85, 252 (255) = NJW 1983, 820 (821); BGH, NJW 1969, 1480 (1481) = MDR 1969, 753 (754) m.w.N.; BGHZ 8, 72 (82f.) = NJW 1953, 420 (422).
29 Thomas/Putzo-*Hüßtege*, ZPO, § 68 Rn. 1.
30 Thomas/Putzo-*Hüßtege*, ZPO, § 68 Rn. 5.
31 BGH, NJW-RR 1989, 766 (767).
32 BGH, NJW-RR 2014, 1379 (1381), Rn. 29; BGHZ 85, 252 (256ff.) = NJW 1983, 820 (821f.) m.w.N.; vgl. auch BGHZ 16, 217 (218, 228f.); OLG Karlsruhe, OLGR 2005, 629 (630).

gesamte Forderung.³³ Die Nebeninterventionswirkung erfasst nicht die **Entscheidung über die Prozessvoraussetzungen**.³⁴

Im **selbstständigen Beweisverfahren** als Vorprozess ist für den Folgeprozess das Beweisergebnis zu Gunsten der unterstützten Partei bindend gegen den Nebenintervenienten festgestellt, soweit es im Verhältnis zum Antragsgegner von rechtlicher Relevanz ist.³⁵   11

3. Persönlicher Umfang der Nebeninterventionswirkung
Die Nebeninterventionswirkung gilt **ausschließlich** im **Verhältnis zwischen unterstützter**   12
Partei und Nebenintervenient. § 68 ZPO ist nicht anwendbar im Verhältnis mehrerer Nebenintervenienten untereinander³⁶ oder zwischen dem Nebenintervenienten und dem früheren Prozessgegner der unterstützten Hauptpartei.³⁷ Sie gilt auch nicht im Verhältnis des Nebenintervenienten zum gesetzlichen Vertreter der unterstützten Hauptpartei.³⁸ Die Nebeninterventionswirkung erstreckt sich auf den **Rechtsnachfolger**.³⁹ § 768 BGB steht der Bindungswirkung hinsichtlich des Ausschlusses der Geltendmachung von Einreden des Hauptschuldners durch den Bürgen nicht entgegen, auch wenn nur der Bürge und nicht der Hauptschuldner von der Nebeninterventionswirkung erfasst wird.⁴⁰

§ 69
Streitgenössische Nebenintervention

Insofern nach den Vorschriften des bürgerlichen Rechts die Rechtskraft der in dem Hauptprozess erlassenen Entscheidung auf das Rechtsverhältnis des Nebenintervenienten zu dem Gegner von Wirksamkeit ist, gilt der Nebenintervenient im Sinne des § 61 als Streitgenosse der Hauptpartei.

Inhalt:

	Rn.			Rn.
A. **Allgemeines**	1	II.	Wirkungen der streitgenössischen Nebenintervention	4
B. **Erläuterungen**	2		1. Allgemeines	4
I. Voraussetzungen der streitgenössischen Nebenintervention	2		2. Prozesshandlungen auch im Widerspruch zur Hauptpartei	7
1. Voraussetzungen der einfachen Nebenintervention	2		3. Nebeninterventionswirkung	11
2. Rechtskrafterstreckung im Rechtsverhältnis Nebenintervenient – Prozessgegner	3	C.	Kosten der streitgenössischen Nebenintervention	12

A. Allgemeines
§ 69 ZPO beschreibt eine **Sondersituation der Nebenintervention**. Der Nebenintervenient **gilt**   1
unter bestimmten Voraussetzungen **als Streitgenosse** der unterstützten Partei. Er **wird zwar nicht Streitgenosse** i.S. einer eigenen Parteistellung, sondern führt einen fremden Prozess.¹
Ihm kommen jedoch die **Rechte eines Streitgenossen** zu. Insbesondere steht ihm das **Recht zur**

---

33 Str.; wie hier BGH, NJW 1969, 1480 (1481) = MDR 1969, 753 (754) m.w.N.; OLG Hamm, NJW-RR 1988, 155 (156); Stein/Jonas-*Jacoby*, ZPO, § 68 Rn. 10 mit umfassenden weiteren Nachweisen zu beiden Ansichten; zweifelnd z.B. Zöller-*Vollkommer*, ZPO, § 68 Rn. 10 m.w.N.; MK-*Schultes*, ZPO, § 68 Rn. 17 m.w.N. zu beiden Ansichten.
34 Zöller-*Vollkommer*, ZPO, § 68 Rn. 10; a.A. Stein/Jonas-*Jacoby*, ZPO, § 68 Rn. 10.
35 BGHZ 204, 12 (15 f.), Rn. 14, 21 = NJW 2015, 559 (559 f.), Rn. 14, 21 = BauR 2015, 705 (706 f.), Rn. 14, 21; BGHZ 134, 190 (194) = NJW 1997, 859 = MDR 1997, 390.
36 Thomas/Putzo-*Hüßtege*, ZPO, § 68 Rn. 1.
37 BGH, NJW 1993, 122 (123); BGH, NJW-RR 1990, 121 (121 f.) bei Streitverkündung nur im Verhältnis zwischen Streitverkünder und Streitverkündetem nicht jedoch im Verhältnis zum Prozessgegner, vgl. § 74 Rn. 3; BGHZ 92, 275 (277) = NJW 1985, 386 (387) = FamRZ 1985, 61 (61).
38 Z.B. MK-*Schultes*, ZPO, § 68 Rn. 7 unter Hinweis auf RGZ 148, 321 (322).
39 OLG Karlsruhe v. 15.12.2016, 9 U 159/14, juris, Rn. 29; OLG München, BauR 2011, 542 (543).
40 BGH, NJW 1969, 1480 (1481) = MDR 1969, 753 (753 f.).

Zu § 69:
1 BGH v. 23.08.2016, VIII ZB 96/15, juris, Rn. 19; BGHZ 180, 51 (54 f.), Rn. 13, 16 = NJW 2009, 1496 (1497), Rn. 13, 16 = FamRZ 2009, 861 (862 f.), Rn. 13, 16; BGH, NJW 2001, 2638 (2639) = MDR 2001, 1006.

Prozessführung als eigenes und nicht nur als von der Hauptpartei abgeleitetes Recht zu.[2] Er hat insoweit eine **Doppelstellung**.[3] Der streitgenössische Nebenintervenient ist daher in einzelnen Bereichen anders zu behandeln als der einfache Nebenintervenient. Er wird in Abgrenzung zu diesem auch als **selbstständiger Streithelfer/Nebenintervenient** bezeichnet.[4] Soweit sich aus § 69 ZPO nichts anderes ergibt, entspricht die Stellung des streitgenössischen Nebenintervenienten der des einfachen Nebenintervenienten (§§ 66–68 ZPO).

B. Erläuterungen
I. Voraussetzungen der streitgenössischen Nebenintervention
1. Voraussetzungen der einfachen Nebenintervention

2 Es müssen die Voraussetzungen der einfachen Nebenintervention vorliegen (§ 66 Rn. 3–9).

2. Rechtskrafterstreckung im Rechtsverhältnis Nebenintervenient – Prozessgegner

3 Daneben muss sich die **Rechtskraft** oder die **Gestaltungswirkung**[5] der Entscheidung des Prozesses, in dem die Nebenintervention erfolgt, gerade auf das **Rechtsverhältnis** des Nebenintervenienten zum **Gegner**[6] der unterstützten Partei auswirken. Entgegen dem zu engen Wortlaut findet § 69 ZPO nicht nur bei der Erstreckung aufgrund des bürgerlichen Rechts, sondern auch aufgrund des Prozessrechts Anwendung.[7] Es **genügt nicht**, dass die Rechtsstellung des Nebenintervenienten **nur mittelbar** von der Entscheidung des Rechtsstreits zwischen den Parteien abhängig ist.[8] Eine Rechtskrafterstreckung oder Gestaltungswirkung kommt beispielsweise in Betracht in den Fällen der §§ 326, 327, 856 Abs. 4 ZPO, § 183 InsO, des **Kfz-Haftpflichtversicherers im Haftpflichtprozess** des Versicherungsnehmers[9] und des Beitritts des **Gesellschafters zur verklagten Gesellschaft im Anfechtungsprozess** eines anderen Gesellschafters[10] sowie in den Fällen der §§ 407 Abs. 2, 408, 613a[11] BGB, §§ 128, 129, 140 HGB. Auf **Gesamtschuldner** findet § 69 ZPO im Verhältnis zum Gläubiger wegen § 425 Abs. 2 BGB keine Anwendung.[12] Inwieweit der Untermieter im Prozess des Vermieters gegen den Mieter streitgenössischer Nebenintervenient sein kann, ist umstritten und möglicherweise je nach geltend gemachtem Anspruch unterschiedlich zu beurteilen.[13] Richtiger Ansicht nach fallen unter § 69 ZPO auch die Fälle der sogenannten **erweiterten Vollstreckbarkeit**, wie beispielsweise § 740 ZPO.[14]

II. Wirkungen der streitgenössischen Nebenintervention
1. Allgemeines

4 Der streitgenössische Nebenintervenient wird **als Partei und nicht als Zeuge vernommen**.[15] Das schriftliche Verfahren bedarf seiner Zustimmung gemäß § 128 Abs. 2 ZPO.[16] Soweit der streitgenössische Nebenintervenient am Verfahren noch nicht beteiligt ist, trifft das Gericht

---

2 BGH v. 23.08.2016, VIII ZB 96/15, juris, Rn. 18; BGH, NJW-RR 1999, 285 (286).
3 Prütting/Gehrlein-*Gehrlein*, ZPO, § 69 Rn. 7.
4 BGHZ 180, 51 (54), Rn. 13 = NJW 2009, 1496 (1497), Rn. 13 = FamRZ 2009, 861 (862), Rn. 13.
5 MK-*Schultes*, ZPO, § 69 Rn. 7: zumindest analoge Anwendung des § 69 ZPO.
6 Auf die unterstützte Partei kommt es insoweit nicht an, BGHZ 92, 275 (277) = NJW 1985, 386 (387) = FamRZ 1985, 61 (61), auch zum Begriff des Rechtsverhältnisses und dazu, dass eine bloße Rechtskrafterstreckung „für und gegen alle", mit der der Nebenintervenient letztlich wie jedermann gestellt ist, nicht ausreicht, sondern dass sich diese stets auf ein Rechtsverhältnis des Nebenintervenienten zum Prozessgegner auswirken muss; vgl. auch Musielak/Voit-*Weth*, ZPO, § 69 Rn. 5.
7 BGHZ 92, 275 (276 f.) = NJW 1985, 386 (387) = FamRZ 1985, 61 (61); BGH, NJW-RR 1997, 919 = VersR 1997, 1088 (1089).
8 Vgl. BGH, NJW 2001, 1355 = WM 2001, 790 (791).
9 Z.B. BGH, NJW-RR 2012, 233, Rn. 4 f. = ZfS 2012, 325 (325 f.), Rn. 4 f. mit zust. Anm. *Diehl*; Stein/Jonas-*Jacoby*, ZPO, § 69 Rn. 7; a.A. OLG Frankfurt a.M., NJW-RR 2010, 140 (140); Prütting/Gehrlein-*Gehrlein*, ZPO, § 69 Rn. 4.
10 BGHZ 172, 136 (139), Rn. 9 = NJW-RR 2007, 1634, Rn. 9 m.w.N.; BGH, NJW 2001, 2638 = MDR 2001, 1006; BGH, NJW-RR 1993, 1253 (1254).
11 Vgl. dazu BAG, NZA 2011, 1274 (1275 f.) für den Betriebsübernehmer im Prozess des Arbeitnehmers mit dem vorherigen Betriebsinhaber.
12 BGH, NJW 2014, 3521 (3522), Rn. 10; BGH, NJW 2001, 1355 = WM 2001, 790 (791) m.w.N.
13 Vgl. dazu BGH, NJW 2001, 1355 = WM 2001, 790; generell verneinend Zöller-*Vollkommer*, ZPO, § 69 Rn. 2.
14 MK-*Schultes*, ZPO, § 69 Rn. 8 m.w.N.
15 Stein/Jonas-*Jacoby*, ZPO, § 69 Rn. 15 m.w.N.
16 Thomas/Putzo-*Hüßtege*, ZPO, § 69 Rn. 5.

ohne besondere rechtliche Regelung **keine Beiladungspflicht**.[17] Ist er beteiligt, dann ist er ebenso wie der einfache Nebenintervenient durch Terminsmitteilung etc. zum Verfahren hinzuzuziehen (§ 67 Rn. 2).

Soweit in seiner Person Gründe für die **Unterbrechung oder Aussetzung des Prozesses** eintreten, ist die Situation genauso zu beurteilen, als wenn in der Person der unterstützten Partei eine solcher Grund vorliegen würde.[18] 5

Der streitgenössische Nebenintervenient ist ebenso wie der einfache Streithelfer **an die Lage des Rechtsstreits zum Zeitpunkt seines Eintritts gebunden** (§ 67 Rn. 8).[19] 6

2. Prozesshandlungen auch im Widerspruch zur Hauptpartei

Der streitgenössische Nebenintervenient kann ebenso wie der einfache Nebenintervenient **Prozesshandlungen vornehmen** (vgl. dazu § 67 Rn. 4–11). Aufgrund seiner Doppelstellung (Rn. 1) gelten für ihn jedoch einige Besonderheiten. Insbesondere ist der streitgenössische Nebenintervenient anders als der einfache Nebenintervenient entgegen § 67 ZPO (§ 67 Rn. 6, 9–11) **nicht daran gehindert, Prozesshandlungen** vorzunehmen, die **im Widerspruch zur unterstützten Partei** stehen.[20] 7

Wird eine **Tatsache** im Prozess entweder vom Nebenintervenienten oder von der unterstützten Partei bestritten, während der andere sie zugesteht, ist die Tatsache trotz des Zugestehens strittig. Der streitgenössische Nebenintervenient darf zum Vortrag der Hauptpartei **widersprechenden Sachvortrag** halten.[21] Der streitgenössische Nebenintervenient kann einem **Geständnis der Hauptpartei** durch Widerruf entgegenwirken.[22] Ebenso kann der streitgenössische Nebenintervenient selbst ein **Geständnis abgeben** und die Hauptpartei diesem widersprechen.[23] Die Widersprüchlichkeit ist im Rahmen von § 286 ZPO frei zu würdigen.[24] 8

Für die **Rechtsmittel des streitgenössischen Nebenintervenienten** gelten die Grundsätze des § 67 ZPO (§ 67 Rn. 11) ebenfalls nur eingeschränkt. Es handelt sich bei Rechtsmitteln der Partei und des streitgenössischen Nebenintervenienten anders als im Fall des § 67 ZPO um **eigenständige Rechtsmittel**.[25] Es gilt wegen des **Erfordernisses der eigenen Entscheidungszustellung** an den streitgenössischen Nebenintervenienten[26] für diesen eine **eigene Rechtsmittelfrist**, die von der Frist der unterstützten Partei unabhängig ist.[27] Solange der Nebenintervenient jedoch **am Prozess noch nicht beteiligt** ist, gilt für seinen Anschluss zusammen mit dem Rechtsmittel die **Frist der zu unterstützenden Partei**.[28] In diesem Fall ist nämlich **weder eine Zustellung** noch eine Mitteilung des Urteils an den (noch nicht beteiligten) Nebenintervenienten **notwendig**.[29] Dies gilt auch, wenn er erst nach Zustellung des Urteils an die Hauptpartei aber noch **während des Laufs der Rechtsmittelfrist in den Rechtsstreit eintritt**.[30] Dem streitgenössischen Nebenintervenienten steht anders als dem einfachen auch die **Wiedereinsetzung in den vorigen Stand** aus in seiner Person begründeten Hindernissen zu.[31] Der streitgenössische Nebenintervenient kann auch **gegen den Willen der Hauptpartei Rechtsmittel durchführen**,[32] 9

---

17 So wohl inzident auch BGH, NJW-RR 1997, 865 = VersR 1998, 385; ebenso unter Bezugnahme auf diese Entscheidung BGH, WM 2005, 77 (78); BGH v. 16.07.2010, II ZB 12/09, juris, Rn. 5; a.A. zumindest soweit Beteiligtenkreis überschaubar ist, sind noch nicht Beteiligte über den Rechtsstreit zu informieren BVerfG, NJW 1982, 1635 (1636) = MDR 1982, 544 (545); Zöller-*Vollkommer*, ZPO, § 69 Rn. 1, 5; a.A. MK-*Schultes*, ZPO, § 69 Rn. 9 m.w.N. zur „Zuladung".
18 Thomas/Putzo-*Hüßtege*, ZPO, § 69 Rn. 2.
19 Zöller-*Vollkommer*, ZPO, § 69 Rn. 6 unter Hinweis auf RGZ 93, 92.
20 Z.B. BGH v. 23.08.2016, VIII ZB 96/15, juris, Rn. 17; BGH, NJW 2008, 1889, Rn. 8 = MDR 2008, 761; BGH, NJW 2001, 2638.
21 BGH, NJW-RR 2012, 233, Rn. 2–6 = ZfS 2012, 325 (325f.), Rn. 2–6.
22 OLG Köln, MDR 2003, 313; OLG Schleswig, NJW-RR 2000, 356 (357f.).
23 MK-*Schultes*, ZPO, § 69 Rn. 13 m.w.N.
24 Prütting/Gehrlein-*Prütting*, ZPO, § 69 Rn. 9; Musielak/Voit-*Weth*, ZPO, § 69 Rn. 8 m.w.N.
25 BGH v. 23.08.2016, VIII ZB 96/15, juris, Rn. 18; BGH, NJW 2008, 1889 (1890), Rn. 15 = MDR 2008, 761 (762); BGH, NJW 2001, 2638.
26 BGH, NJW 2014, 3521, Rn. 6; BGH, NJW-RR 1997, 865 = VersR 1998, 385.
27 BGH, NJW 2001, 1355 = WM 2001, 790 (791); BGH, NJW-RR 1997, 919 = VersR 1997, 1088.
28 BGH, NJW 2008, 1889 (1890), Rn. 10ff., 15 = MDR 2008, 761 (761f.).
29 BGH v. 16.07.2010, II ZB 12/09, juris, Rn. 4; BGH, NJW 2008, 1889, Rn. 11 = MDR 2008, 761 (761f.); BGH, NJW-RR 1997, 865 = VersR 1998, 385; a.A. Musielak/Voit-*Weth*, ZPO, § 69 Rn. 8 Einzelfallprüfung; BGHZ 89, 121 (125) = NJW 1984, 353 (353f.) allerdings für den Sonderfall, dass der Dritte aufgrund prozessualer Vorschriften auch im Falle der Nichtbeteiligung beizuladen war.
30 BGH v. 16.07.2010, II ZB 12/09, juris, Rn. 3.
31 BGH, NJW 2008, 1889 (1890), Rn. 15f. = MDR 2008, 761.
32 Z.B. BGH, NJW-RR 2012, 233, Rn. 4 = ZfS 2012, 325 (325f.) Rn. 4 mit Anm. *Diehl*; BGHZ 92, 275 (276) = NJW 1985, 386 (387) = FamRZ 1985, 61 (61).

auch wenn diese **auf Rechtsmittel verzichtet** hatte.[33] Er muss dazu aber selbst ein Rechtsmittel eingelegt haben. Hat nur die unterstützte Partei ein Rechtsmittel eingelegt und nimmt sie dieses zurück, nachdem die Frist zur Einlegung für den Nebenintervenienten abgelaufen war, kommt eine Fortführung des Rechtsmittels durch diesen nicht mehr in Betracht.[34] Für die **Beschwer** kommt es angesichts dessen, dass auch der streitgenössische Nebenintervenient einen fremden Prozess führt (Rn. 1), jedoch grundsätzlich darauf an, dass und in welcher Höhe diese in der Person der unterstützten Partei gegeben ist.[35]

10 Der streitgenössische Nebenintervenient darf ebenso wie der einfache die Klage **nicht zurücknehmen oder ändern**, da auch ihm **Verfügungen über den Streitgegenstand untersagt** sind (vgl. § 67 Rn. 10).[36] Er darf weder eigene Klagen (z.B. **Widerklage**[37] oder **Zwischenfeststellungsklage**[38]) erheben noch den Prozess selbst weiterführen, nachdem die unterstützte Partei die Klage zurückgenommen hat.[39] Einer **Zustimmung zur Klagerücknahme** durch den streitgenössischen Nebenintervenienten bedarf es nicht.[40] Er kann dieser auch **nicht widersprechen**.[41] Ein **Anerkenntnis oder ein Verzicht** i.S.v. §§ 306, 307 ZPO kann durch den streitgenössischen Nebenintervenienten nicht wirksam erfolgen.[42] Er kann jedoch einem **Anerkenntnis** der unterstützten Partei **durch seinen Widerspruch die Wirkung** nehmen.[43] Ebenso kann er entgegen dem Beklagten für ihn einen **Klageabweisungsantrag stellen**.[44] Einer **Erledigungserklärung** kann er indes nicht widersprechen und muss ihr auch nicht zustimmen.[45]

3. Nebeninterventionswirkung

11 § 68 ZPO findet auch auf den streitgenössischen Nebenintervenienten Anwendung. Damit tritt auch gegen ihn die Nebeninterventionswirkung ein. Auch ihm stehen die von § 68 ZPO gegen diese Wirkung statuierten Einredemöglichkeiten zu, wobei diese aufgrund der erweiterten Prozessführungsmöglichkeiten des streitgenössischen Nebenintervenienten gegenüber dem einfachen Nebenintervenienten geringer sind. Soweit jedoch die Rechtskrafterstreckung bzw. die Gestaltungswirkung reicht, kommt die Einrede der mangelhaften Prozessführung (§ 68 Rn. 6) nicht in Betracht, was folgerichtig ist, da sich die Bindungswirkung dann letztlich nicht aus § 68 ZPO ergibt, sondern aus der Wirkung der Entscheidung des Vorprozesses.[46]

C. Kosten der streitgenössischen Nebenintervention

12 Für den streitgenössischen Nebenintervenienten gilt § 101 Abs. 2 ZPO, der auf § 100 ZPO verweist. Hinsichtlich der Höhe der Gerichts- und Rechtsanwaltskosten ergeben sich keine Besonderheiten gegenüber dem einfachen Nebenintervenienten (vgl. § 66 Rn. 13).

§ 70
Beitritt des Nebenintervenienten

(1) ¹**Der Beitritt des Nebenintervenienten erfolgt durch Einreichung eines Schriftsatzes bei dem Prozessgericht und, wenn er mit der Einlegung eines Rechtsmittels verbunden wird, durch Einreichung eines Schriftsatzes bei dem Rechtsmittelgericht.** ²**Der Schriftsatz ist beiden Parteien zuzustellen und muss enthalten:**

---

33 BGH, NJW 2008, 1889, Rn. 8 = MDR 2008, 761.
34 BGH, NJW-RR 2011, 263; BGH, NJW-RR 1999, 285 (286).
35 BGHZ 180, 51 (55f.), Rn. 16 = NJW 2009, 1496 (1497), Rn. 16 = FamRZ 2009, 861 (862f.), Rn. 16; noch offengelassen von BGH, NJW 2001, 2638 (2639) = MDR 2001, 1006.
36 OLG Köln, MDR 2003, 313 (313f.) m.w.N.; Musielak/Voit-*Weth*, ZPO, § 69 Rn. 7 m.w.N.
37 Prütting/Gehrlein-*Gehrlein*, ZPO, § 69 Rn. 8.
38 Zöller-*Vollkommer*, ZPO, § 69 Rn. 8 m.w.N.
39 BGH v. 13.05.2014, X ZR 25/13, juris, Rn. 26; BGH, NJW 1965, 760 = MDR 1965, 365.
40 BGH, NJW 1965, 760.
41 BGH v. 13.05.2014, X ZR 25/13, juris, Rn. 26.
42 Thomas/Putzo-*Hüßtege*, ZPO, § 69 Rn. 6; Prütting/Gehrlein-*Gehrlein*, ZPO, § 69 Rn. 9; MK-*Schultes*, ZPO, § 69 Rn. 13 m.w.N. auch zu den Gegenansichten; a.A.: Zöller-*Vollkommer*, ZPO, § 69 Rn. 8: sofern die Hauptpartei nicht widerspricht; ebenso Musielak/Voit-*Weth*, ZPO, § 69 Rn. 8.
43 BGH, NJW 2008, 1889, Rn. 8 = MDR 2008, 761 m.w.N.; BGH, NJW-RR 1993, 1253 (1254); OLG Schleswig, NJW-RR 1993, 930.
44 BGH, NJW-RR 2012, 233, Rn. 2, 6 = ZfS 2012, 325 (325f.), Rn. 2, 6 mit Anm. *Diehl*.
45 OLG Köln, MDR 2003, 313 (314); OLG München, MDR 2000, 1152 m.w.N. zu beiden Ansichten.
46 Stein/Jonas-*Jacoby*, ZPO, § 69 Rn. 17.

1. die Bezeichnung der Parteien und des Rechtsstreits;
2. die bestimmte Angabe des Interesses, das der Nebenintervenient hat;
3. die Erklärung des Beitritts.
(2) Außerdem gelten die allgemeinen Vorschriften über die vorbereitenden Schriftsätze.

Inhalt:

	Rn.		Rn.
A. Anforderungen an die Beitrittserklärung	1	II. Anforderungen an die Beitrittserklärung nach § 70 ZPO	2
I. Allgemeine Voraussetzungen	1	**B. Folgen des Nichtvorliegens der Voraussetzungen nach § 70 ZPO**....	5

A. Anforderungen an die Beitrittserklärung
I. Allgemeine Voraussetzungen

§ 70 ZPO regelt die **formellen und inhaltlichen Anforderungen an die Beitrittserklärung** des Nebenintervenienten. Neben den in § 70 ZPO geregelten Voraussetzungen müssen die **allgemeinen Voraussetzungen für Prozesshandlungen** (Parteifähigkeit, Prozessfähigkeit, Postulationsfähigkeit) erfüllt sein (vgl. § 66 Rn. 3, 10). Über § 70 Abs. 2 ZPO finden außerdem die allgemeinen **Vorschriften der §§ 130–133 ZPO** Anwendung auf die Beitrittserklärung. Die Beitrittserklärung ist **bedingungsfeindlich**.[1] Soweit sie von einem Prozessbevollmächtigten vorgenommen wird, muss eine wirksame Bevollmächtigung i.S.d. §§ 80 ff. ZPO vorliegen. Die Beitrittserklärung unterliegt außerhalb des Parteiprozesses dem **Anwaltszwang**, sofern es sich nicht um den Beitritt zu einem selbstständigen Beweisverfahren handelt (vgl. § 78 Rn. 4).[2] 1

II. Anforderungen an die Beitrittserklärung nach § 70 ZPO

Der Beitritt erfolgt durch **Schriftsatz** beim demjenigen Gericht, bei dem der Rechtsstreit der 2
Parteien gerade anhängig ist. Der Antrag hat also **schriftlich** zu erfolgen. Beim Amtsgericht kommt nach § 496 ZPO auch **Stellung zu Protokoll der Geschäftsstelle** in Betracht.[3] Solange das Prozessverhältnis der Hauptparteien nicht in höherer Instanz anhängig ist (z.B. nach Urteilszustellung vor Einlegung des Rechtsmittels), erfolgt der **Beitritt in der unteren Instanz**, sofern nicht der **Beitritt mit der Rechtsmitteleinlegung verbunden** wird (Rn. 4).[4] Die Nebenintervention dauert auch in den Rechtsmittelinstanzen fort. Der Anschluss muss **nicht für jede Instanz neu erklärt werden**. Durch den Beitritt im **selbstständigen Beweisverfahren** wird der Streithelfer aber nicht auch automatisch in einer solchen im Hauptsacheverfahren. Er muss diesbezüglich einen erneuten Beitritt erklären.[5] Zur Rücknahme der Beitrittserklärung vgl. § 66 Rn. 2, 13. Zur Dauer der Nebenintervention und zum Zeitraum der möglichen Beitrittserklärung insgesamt vgl. § 66 Rn. 2.

Der **Rechtsstreit** sowie dessen **Parteien** sind zu bezeichnen. Außerdem sind die Tatsachen zu 3
schildern, aus denen sich das **rechtliche Interesse (Interventionsgrund)** (§ 66 Rn. 7–8) für die Nebenintervention ergibt. Der Beitritt zum Rechtsstreit ist zu erklären. Es ist anzugeben, **welcher Partei beigetreten** wird.[6] Ein **teilweiser Beitritt bei beiden Parteien** kommt nicht in Betracht, da er gegen Treu und Glauben verstößt.[7] Die **Beschränkung des Beitritts** nur in Bezug auf einen Streitgegenstandsteil ist unzulässig (§ 66 Rn. 7). Sie ist jedoch möglich bezüglich eines von mehreren Streitgegenständen. In diesem Fall sollte der konkrete Streitgegenstand bezeichnet werden, damit der Umfang der Nebenintervention klargestellt ist. Bei einer **Klageerweiterung** erstreckt sich die Nebenintervention nicht auch automatisch auf die erweiterten

---

1 Vgl. OLG Karlsruhe, NJW 2010, 621 (621 f.) zur Unzulässigkeit innerprozessualer und Rechtsbedingungen; OLG Hamm, OLGR 2001, 146 (148) „vorläufiger" Beitritt nur für den Fall, dass der widerrufliche Vergleich zustande kommt; Musielak/Voit-*Weth*, ZPO, § 66 Rn. 3.
2 BGHZ 194, 68 (70 ff.), Rn. 7–27 = NJW 2012, 2810 (2810 ff.), Rn. 7–27 m. zweifelnder Anm. *Schwenker* = MDR 2012, 1242 (1242 f. [nur auszugsweise]); BGH, NJW 1991, 229 (230) = AnwBl. 1992, 324.
3 Zur Formeinhaltung durch Erklärung zu Protokoll in der mündlichen Verhandlung vor dem Landgericht sowie zur Berücksichtigungsfähigkeit derartiger Mängel nur auf Rüge OLG Stuttgart, BeckRS 2013, 02854.
4 Zöller-*Vollkommer*, ZPO, § 66 Rn. 15 unter Hinweis auf BGH, NJW 1995, 1095 (1096).
5 BGHZ 199, 207 (215), Rn. 29 = NJW 2014, 1018 (1020), Rn. 29 = MDR 2014, 293 (294), Rn. 29 auch zur streitigen Frage der Anwendbarkeit des § 101 ZPO, wenn der Streithelfer im Hauptsacheverfahren nicht nochmals beitritt.
6 Vgl. BAG v. 30.05.2001, 4 AZR 387/00, juris, Rn. 30, wonach die bloße Angabe des Beitritts zu „dem Rechtsstreit" ohne nähere Konkretisierung nicht ausreicht; BAG, BeckRS 2008, 54209, Rn. 40 ff.
7 OLG München, BauR 2011, 1205 (1206); OLG Hamm, OLGR 2001, 146 (148).

Streitgegenstände.[8] Der Inhalt der **Beitrittserklärung** ist gemäß allgemeinen Grundsätzen **auszulegen**. Der Erklärungsinhalt muss die Voraussetzungen des § 70 ZPO nicht ausdrücklich enthalten, wenn sie ihr im Wege der Auslegung entnommen werden können.[9] Der Interventionsgrund (§ 66 Rn. 7–8) ist zu behaupten. Eine **Glaubhaftmachung** hat gemäß § 71 Abs. 1 Satz 2 ZPO erst im Zwischenstreit zu erfolgen.

4 Nach §§ 66 Abs. 2, 70 Abs. 1 Satz 1 ZPO kann die Beitrittserklärung auch **mit einer Rechtsmitteleinlegung verbunden** werden. Die Erklärung muss dann zum einen die Anforderungen des jeweiligen Rechtsmittels und zum anderen die des § 70 ZPO erfüllen.[10] Die Erklärung ist in diesem Fall beim Rechtsmittelgericht einzulegen. Die **Rechtsmitteleinlegung als vermeintliche Partei** kann nach § 140 BGB in eine Nebenintervention und gleichzeitige Rechtsmitteleinlegung als Nebenintervenient **umgedeutet** werden.[11] Nach **Ablauf der Rechtsmittelfrist** und dem damit verbundenen Eintritt der Rechtskraft kommt jedoch eine Nebenintervention nicht mehr in Betracht. Insbesondere wird diese nicht durch einen Antrag des Nebenintervenienten auf Wiedereinsetzung in den vorigen Stand begründet (§ 66 Rn. 4).

B. Folgen des Nichtvorliegens der Voraussetzungen nach § 70 ZPO

5 Die Voraussetzungen nach § 70 ZPO werden **nur auf Rüge einer der Parteien** geprüft (vgl. § 66 Rn. 9, 11). Durch **rügeloses Verhandeln** werden etwaige Mängel der Voraussetzungen des § 70 ZPO nach § 295 ZPO geheilt (§ 66 Rn. 12). Die Prüfung der Voraussetzungen nach § 70 ZPO erfolgt im Rahmen des **Zwischenstreites** gemäß § 71 ZPO. Dagegen werden die übrigen Prozesshandlungsvoraussetzungen (Rn. 1) **von Amts wegen berücksichtigt** und wird bei Nichtvorliegen die Nebenintervention durch Beschluss zurückgewiesen, ohne dass ein Verfahren nach § 71 ZPO stattfindet (§ 66 Rn. 10).

§ 71
Zwischenstreit über Nebenintervention

(1) ¹Über den Antrag auf Zurückweisung einer Nebenintervention wird nach mündlicher Verhandlung unter den Parteien und dem Nebenintervenienten entschieden. ²Der Nebenintervenient ist zuzulassen, wenn er sein Interesse glaubhaft macht.

(2) Gegen das Zwischenurteil findet sofortige Beschwerde statt.

(3) Solange nicht die Unzulässigkeit der Intervention rechtskräftig ausgesprochen ist, wird der Intervenient im Hauptverfahren zugezogen.

Inhalt:

	Rn.		Rn.
A. Allgemeines	1	D. Rechtsmittel	8
B. Antrag und Verfahren	2	I. Gegen den Beschluss wegen Fehlens der Prozesshandlungsvoraussetzungen	8
I. Antrag	2		
II. Verfahren des Zwischenstreits	3		
III. Glaubhaftmachung des Interventionsgrundes, Abs. 1 Satz 2	4	II. Gegen die Entscheidung des Zwischenstreits	9
C. Entscheidung über den Zwischenstreit	5	E. Kosten	10

A. Allgemeines

1 Eine **Entscheidung über die Nebenintervention** erfolgt ausdrücklich nur, wenn eine Partei beantragt, die Nebenintervention zurückzuweisen oder wenn die **von Amts wegen** zu prüfenden Prozesshandlungsvoraussetzungen nicht vorliegen (§ 66 Rn. 10–11). Im ersten Fall kommt es auf den **Antrag der Partei** zum **Zwischenstreit** nach § 71 ZPO an. Das Fehlen der Prozesshandlungsvoraussetzungen wird dagegen von Amts wegen beachtet (dazu Rn. 8 und § 66 Rn. 10).[1]

---

8 OLG Düsseldorf, NJW-RR 1994, 443 (444).
9 BGH, NJW 1994, 1537 = MDR 1994, 1240; OLG Bamberg, BauR 2010, 1626; OLG Köln v. 27.01.2009, 15 W 82/08, juris, Rn. 10 f. m.w.N.; OLG Düsseldorf, NJW-RR 1994, 443.
10 BGH, NJW 1997, 2385; BGH, NJW 1994, 1537 = MDR 1994, 1240.
11 BGH, NJW 2001, 1217 (1218).

Zu § 71:
1 BGHZ 165, 358 (362) = NJW 2006, 773, Rn. 9 = FamRZ 2006, 479; dies gilt auch dann, wenn eine Partei gestützt auf einen solchen Mangel einen Zurückweisungsantrag stellt, vgl. BGH v. 18.10.2016, KZB 46/15, juris, Rn. 13–19.

Solange eine Entscheidung über den Zwischenstreit noch nicht rechtskräftig erfolgt ist, ist der **Nebenintervenient nach § 71 Abs. 3 ZPO zum Hauptverfahren zuzuziehen**. Er ist als **wirksamer Nebenintervenient** zu behandeln und hat dessen **Befugnisse**.[2] Ihm sind **Schriftsätze zu übermitteln** und er ist zu sämtlichen **Terminen zu laden**.[3] Er kann nach wie vor **Prozesshandlungen vornehmen**.[4] Nach rechtskräftiger Zurückweisung bleiben **frühere Prozesshandlungen** des Nebenintervenienten wirksam.[5] Prozesshandlungen ohne die notwendigen Prozesshandlungsvoraussetzungen sind dagegen auch schon vor dem entsprechenden Beschluss (§ 66 Rn. 10) unwirksam.[6]

B. Antrag und Verfahren
I. Antrag

Der **Antrag auf Zurückweisung** der Nebenintervention kann nur **durch die Parteien** des Rechtsstreits gestellt werden. Der **Streitverkünder** hat ein Antragsrecht nur, wenn der Streitverkündete dem Gegner beigetreten ist (vgl. § 74 Rn. 10).[7] Inwieweit in einem Antrag auf Verwerfung des Rechtsmittels des Streithelfers ein Antrag nach § 71 ZPO enthalten ist, ist Auslegungsfrage.[8] Der Antrag ist **unzulässig**, wenn er nicht in der ersten mündlichen Verhandlung gestellt wird, an der der Streitgehilfe teilgenommen hat, sofern die Partei vom Mangel Kenntnis oder fahrlässig Unkenntnis hatte.[9] Insoweit ist auch eine mögliche **Heilung von Mängeln** zu berücksichtigen (§ 66 Rn. 12). Es handelt sich um einen **Sachantrag** i.S.v. § 297 ZPO.

2

II. Verfahren des Zwischenstreits

Wegen des Zwischenstreits findet **mündliche Verhandlung** zwischen den Parteien und dem Nebenintervenienten statt, § 71 Abs. 1 Satz 1 ZPO. Die Entscheidung ist nach § 128 Abs. 2 ZPO **im schriftlichen Verfahren** möglich.[10] Der Zwischenstreit unterliegt dem **Anwaltszwang**, wenn auch sonst im Hauptverfahren Anwaltszwang herrscht.[11]

3

III. Glaubhaftmachung des Interventionsgrundes, Abs. 1 Satz 2

Der Nebenintervenient hat gemäß Abs. 1 Satz 2 sein rechtliches Interesse i.S.v. § 66 Abs. 1 ZPO (§ 66 Rn. 7f.) nach § 294 ZPO **glaubhaft zu machen**. Andernfalls ist die Nebenintervention unzulässig.[12]

4

C. Entscheidung über den Zwischenstreit

Die Entscheidung über den Zwischenstreit nach § 71 ZPO ergeht durch **Urteil**. Dieses kann **mit dem Endurteil** verbunden werden[13] oder als **Zwischenurteil** gemäß § 303 ZPO ergehen. Es kommt auch eine **stillschweigende Entscheidung** über die Zulassung durch Auferlegung der Kosten der Nebenintervention an die die Zurückweisung beantragende Partei im Endurteil in Betracht.[14] Ein **Versäumnisurteil** ist nicht möglich. Erscheinen weder die Partei, die die Zurückweisung beantragt hat, noch der Nebenintervenient in der mündlichen Verhandlung ergeht **Entscheidung nach § 251a ZPO**.[15] Nach **Klagerücknahme** oder sonstiger Beendigung der Rechtshängigkeit des Prozesses **entfällt das Rechtsschutzbedürfnis** für das Verfahren nach § 71

5

---

2 BGHZ 165, 358 (363) = NJW 2006, 773 (774), Rn. 11.
3 BGH, NJW 2009, 2679 (2680), Rn. 14 = FamRZ 2009, 1404 (1405), Rn. 14; zu den Konsequenzen nicht ordnungsgemäßer Ladung des Nebenintervenienten vgl. § 67 Rn. 2.
4 BGH, MDR 2013, 858; BGH, VersR 1985, 551; BGH, NJW 1982, 2070 = MDR 1982, 650, der negativ formuliert und ausführt, dass nach rechtskräftiger Zurückweisung Prozesshandlungen (dort Rechtsmitteleinlegung) nicht mehr wirksam vorgenommen werden können.
5 BGH, MDR 2013, 858.
6 Prütting/Gehrlein-*Gehrlein*, ZPO, § 71 Rn. 7.
7 OLG Düsseldorf, OLGR 2008, 156.
8 Vgl. BGH v. 12.06.1989, II ZB 2/89, juris, Rn. 11f.
9 OLG Köln, NJW-RR 2010, 1680 (1681).
10 OLG München v. 28.04.2016, 23 U 1774/15, juris, Rn. 21 insbesondere zum Verfahren nach § 522 Abs. 2 ZPO; Thomas/Putzo-*Hüßtege*, ZPO, § 71 Rn. 3.
11 Musielak/Voit-*Weth*, ZPO, § 71 Rn. 5.
12 BAG, NJW 1968, 73; OLG Köln v. 28.11.2014, 19 U 87/14, juris, Rn. 3.
13 BGH, NJW 1982, 2070 = MDR 1982, 650; OLG München v. 28.04.2016, 23 U 1774/15, juris, Rn. 22; Musielak/Voit-*Weth*, ZPO, § 71 Rn. 6 m.w.N.
14 BGH, NJW 1963, 2027 = MDR 1963, 337; zur stillschweigenden Zulassung im Endurteil vgl. auch KG Berlin, NJW-RR 2010, 142; zur Frage einer stillschweigenden Entscheidung über die Zulässigkeit der Nebenintervention durch Verwerfung des Rechtsmittels BGH v. 15.03.2013, V ZR, 156/12, juris, Rn. 15 (insoweit nicht abgedruckt in BGHZ 197, 61 [64]).
15 Zöller-*Vollkommer*, ZPO, § 71 Rn. 3.

ZPO, so dass über den Antrag auf Zurückweisung nicht mehr zu entscheiden ist.[16] Auch im **selbstständigen Beweisverfahren** ist entsprechend § 71 ZPO über einen Antrag auf Zurückweisung der Nebenintervention zu entscheiden.[17] Im selbstständigen Beweisverfahren ist eine Entscheidung durch Beschluss ohne mündliche Verhandlung möglich.[18] Das Gleiche gilt im Verfahren nach § 522 Abs. 2 ZPO.[19] Entsprechend der Möglichkeit des Beitritts in Bezug auf nur einen Teil der anhängigen Streitgegenstände (§ 66 Rn. 7) kommt auch eine insoweit nur **beschränkte Zulassung** in Betracht.[20]

6 Liegen die Voraussetzungen der Nebenintervention vor, wird die Nebenintervention zugelassen. Die Kosten des Zwischenstreits sind der widersprechenden Partei aufzuerlegen.[21]

  1. *Der Beitritt des Streithelfers wird zugelassen.*
  2. *Die Kosten des Zwischenstreits trägt der Kläger.*

7 Fehlt auch nur eine Voraussetzung wird die Nebenintervention zurückgewiesen und werden dem Nebenintervenienten die Kosten des Zwischenstreits entsprechend § 91 ZPO auferlegt.[22]

  1. *Der Beitritt des Streithelfers wird zurückgewiesen.*
  2. *Die Kosten des Zwischenstreits trägt der Streithelfer.*

D. Rechtsmittel
I. Gegen den Beschluss wegen Fehlens der Prozesshandlungsvoraussetzungen

8 Im Falle der Entscheidung durch Beschluss wegen Fehlens der Prozesshandlungsvoraussetzungen (vgl. Rn. 1; § 66 Rn. 3, 10) steht dem Nebenintervenienten die **sofortige Beschwerde** nach § 567 Abs. 1 Nr. 2 ZPO zu, soweit diese Entscheidung durch das Amts- oder Landgericht im ersten Rechtszug erlassen wurde.

II. Gegen die Entscheidung des Zwischenstreits

9 Nach § 71 Abs. 2 ZPO findet gegen das Zwischenurteil die **sofortige Beschwerde** statt, sofern es sich um ein Zwischenurteil des Amtsgerichts oder des Landgerichts in erster Instanz handelt (§ 567 Abs. 1 Nr. 1 ZPO). Gegen ein Zwischenurteil des Landgerichts in der Rechtsmittelinstanz oder des Oberlandesgerichts in erster Instanz finden weder sofortige Beschwerde[23] noch **Rechtsbeschwerde** statt, selbst wenn sie von dem entscheidenden Gericht zugelassen wurde.[24] Sofern jedoch das Beschwerdegericht über die Beschwerde durch Beschluss entschieden hat, kommt die Zulassung der Rechtsbeschwerde in Betracht.[25] Bei **Zulassung der Nebenintervention** ist der Antragsteller **beschwert**,[26] bei **Zurückweisung** sowohl der Nebenintervenient als auch die unterstützte Partei.[27] Nach rechtskräftigem Abschluss des Hauptverfahrens verliert eine sofortige Beschwerde ihr **Rechtsschutzbedürfnis**.[28] Wird über den Zwischenstreit im Endurteil entschieden, ist ebenfalls die sofortige Beschwerde statthaft.[29]

E. Kosten

10 Für das Zwischenurteil entstehen keine selbstständigen Gerichtsgebühren. Der Prozessbevollmächtigte erhält ebenfalls keine weiteren Gebühren dafür, § 19 Abs. 1 Satz 2 Nr. 3 RVG. Für das Beschwerdeverfahren entstehen für das Gericht Gebühren nach Nr. 1810 KV-GKG, für den Prozessbevollmächtigten nach Nr. 3500 VV-RVG. Zur Kostengrundentscheidung vgl. Rn. 6, 7 und § 101 ZPO.

---

16 BGH, NJW-RR 2015, 992 (993), Rn. 6 = WM 2015, 1283, Rn. 6; OLG Karlsruhe v. 18.11.2016, 12 W 17/16, juris, Rn. 5.
17 BGH v. 18.11.2015, VII ZB 2/15, juris, Rn. 9; BGH, MDR 2016, 230.
18 OLG Köln, BauR 2010, 250 (251).
19 OLG München v. 28.04.2016, 23 U 1774/15, juris, Rn. 2f.
20 Prütting/Gehrlein-*Gehrlein*, ZPO, § 71 Rn. 5.
21 Str.; wie hier Zöller-*Vollkommer*, ZPO, § 71 Rn. 5; a.A. Thomas/Putzo-*Hüßtege*, ZPO, § 71 Rn. 6 unter Verweis auf § 101 ZPO; vgl. zu den Kosten auch die Kommentierung zu § 101 ZPO.
22 BAG, NJW 1968, 73; a.A. Thomas/Putzo-*Hüßtege*, ZPO, § 71 Rn. 6 verweist auf § 101 ZPO als Rechtsgrundlage. Vgl. zu den Kosten auch die Kommentierung zu § 101 ZPO.
23 Musielak/Voit-*Weth*, ZPO, § 71 Rn. 7.
24 BGH, NJW-RR 2013, 490 Rn. 7–17.
25 BGH, NJW-RR 2013, 490, Rn. 18.
26 Thomas/Putzo-*Hüßtege*, ZPO, § 71 Rn. 7; a.A. Zöller-*Vollkommer*, ZPO, § 71 Rn. 6, der daneben außer bei der Streitverkündung auch die unterstützte Partei für beschwert hält, ebenso Stein/Jonas-*Jacoby*, ZPO, § 71 Rn. 9; Prütting/Gehrlein-*Gehrlein*, ZPO, § 71 Rn. 6.
27 OLG Frankfurt a.M., NJW 1970, 817; Thomas/Putzo-*Hüßtege*, ZPO, § 71 Rn. 7; Zöller-*Vollkommer*, ZPO, § 71 Rn. 6; Stein/Jonas-*Jacoby*, ZPO, § 71 Rn. 9 m.w.N.
28 OLG Nürnberg, MDR 1994, 834.
29 BGH, NJW 1963, 2027; Musielak/Voit-*Weth*, ZPO, § 71 Rn. 6 m.w.N.

§ 72
Zulässigkeit der Streitverkündung

(1) Eine Partei, die für den Fall des ihr ungünstigen Ausganges des Rechtsstreits einen Anspruch auf Gewährleistung oder Schadloshaltung gegen einen Dritten erheben zu können glaubt oder den Anspruch eines Dritten besorgt, kann bis zur rechtskräftigen Entscheidung des Rechtsstreits dem Dritten gerichtlich den Streit verkünden.

(2) ¹Das Gericht und ein vom Gericht ernannter Sachverständiger sind nicht Dritter im Sinne dieser Vorschrift. ²§ 73 Satz 2 ist nicht anzuwenden.

(3) Der Dritte ist zu einer weiteren Streitverkündung berechtigt.

Inhalt:

	Rn.		Rn.
A. Allgemeines	1	1. Anwendungsbereich der Streitverkündung, Rechtswegidentität	7
I. Zweck der Streitverkündung	1	2. Anhängiger Rechtsstreit	8
II. Pflicht zur Streitverkündung	2	3. Parteiverschiedenheit des Streitverkündeten	9
III. Regelungssystematik	3		
IV. Streitverkündungsvereinbarungen	4		
V. Weitere Streitverkündung	5	4. Streitverkündungsgrund	11
VI. Doppelte Streitverkündung	6	5. Form der Streitverkündung	14
B. Erläuterungen	7	II. Prüfung der Zulässigkeitsvoraussetzungen	15
I. Zulässigkeitsvoraussetzungen der Streitverkündung	7		

A. Allgemeines
I. Zweck der Streitverkündung

Die Streitverkündung[1] ermöglicht es der verkündenden Partei (sog. **Streitverkünder**), gegen einen **Dritten**, am Rechtstreit bislang nicht Beteiligten (sog. **Streitverkündeter, Streitverkündungsempfänger oder Streitverkündungsgegner**), die Wirkung des § 68 ZPO (**Interventionswirkung**) herbeizuführen. Die Streitverkündung steht im unmittelbaren Zusammenhang mit der Nebenintervention. Beteiligt sich ein Dritter nicht von selbst als Nebenintervenient an dem Prozess oder beteiligt er sich auf Seiten des Prozessgegners, so kann der Streitverkünder die ihm bei der Nebenintervention günstigen Wirkungen über die Streitverkündung herbeiführen. Sie ist damit in erster Linie ein den **Interessen des Streitverkünders dienender** prozessualer Behelf, um verschiedene Beurteilungen desselben Tatbestandes zu vermeiden, den Streitverkünder also vor der Gefahr zu schützen, dass er wegen der materiell-rechtlichen Verknüpfung von Ansprüchen des Vor- und Folgeprozesses alle Prozesse verliert, obwohl er zumindest einen gewinnen müsste.[2] Sie hat damit den **Zweck**, widersprechende Beurteilungen desselben Sachverhaltes durch verschiedene Richter und überflüssige mehrfache Verfahren zu vermeiden.[3] Außerdem kann durch die Streitverkündung die **Verjährung gegenüber dem Streitverkündeten gehemmt** werden, § 204 Abs. 1 Nr. 6 BGB (§ 74 Rn. 12–13). Den Prozess, in dem die Streitverkündung erfolgt, nennt man **Vorprozess**. Der spätere Prozess zwischen Streitverkünder und Streitverkündungsempfänger wird als **Folgeprozess** bezeichnet (vgl. zu diesen Begriffen auch § 68 Rn. 1). Werden Vor- und Folgeprozess zumindest teilweise zeitlich überschneidend geführt, kommt eine **Aussetzung des Folgeprozesses** im Hinblick auf den Vorprozess nach § 148 ZPO in Betracht.[4]

1

II. Pflicht zur Streitverkündung

Grundsätzlich stellt die Streitverkündung ein Recht des Streitverkünders dar. Nach § 841 ZPO ist der die Forderung des Schuldners gegen den Drittschuldner einklagende Gläubiger zur Streitverkündung an den Schuldner allerdings verpflichtet.

2

III. Regelungssystematik

§ 72 ZPO regelt die Zulässigkeit, § 73 ZPO die Form und § 74 ZPO die prozessualen Wirkungen der Streitverkündung. Für diese Wirkungen ist gemäß § 74 Abs. 3 ZPO auf § 68 ZPO zurückzugreifen. Tritt der Streitverkündete im Rechtsstreit dem Streitverkünder bei, so sind auf

3

---

1 Zu Praxisproblemen der Streitverkündung vgl. auch *Bischof*, MDR 1999, 787.
2 BGH, NJW-RR 2015, 1058, Rn. 23 = BauR 2015, 1360 (1361), Rn. 21; BGHZ 116, 95 (100) = NJW 1992, 1698 (1699) = VersR 1992, 850 (851).
3 Z.B. BGHZ 36, 212 (215) = NJW 1962, 387.
4 Prüting/Gehrlein-*Gehrlein*, ZPO, § 74 Rn. 5.

ihn §§ 66–71 ZPO anzuwenden, da er dann als Nebenintervenient gilt (dazu und zu den Folgen des Nichtbeitritts oder Beitritts beim Prozessgegner vgl. § 74 Rn. 3–11). Die §§ 75–77 ZPO ermöglichen es in gewissen Fällen, bei einer Streitverkündung einen Parteiwechsel im Rechtsstreit herbeizuführen.

IV. Streitverkündungsvereinbarungen

4   Die Zulässigkeit der Streitverkündung kann **durch Prozessvertrag** ausgeschlossen oder beschränkt werden.[5] Dies kommt namentlich durch Vereinbarung einer ausschließlichen Zuständigkeit in Betracht.[6] Bei abredewidriger Streitverkündung tritt die Interventionswirkung nicht ein.[7]

V. Weitere Streitverkündung

5   Nach § 72 Abs. 3 ZPO kann auch ein Streitverkündungsempfänger **wiederum einem anderen Dritten den Streit** verkünden, wenn er daran ein **eigenes Interesse** hat.[8] Dies kommt beispielsweise in Betracht, wenn der Käufer gegen den Verkäufer Sachmängelhaftungsansprüche geltend macht, der Verkäufer seinem Großhändler den Streit verkündet und dieser den Streit dem Hersteller weiterverkündet. Dadurch kann der Weiterverkündende die **Wirkungen der Streitverkündung zwischen ihm und dem Dritten** herbeiführen.[9] Der Weiterverkündende muss dazu nicht selbst dem Prozess beigetreten sein.[10] Richtigerweise kommt auch eine weitere Streitverkündung **im selbstständigen Beweisverfahren** in Betracht (zur Streitverkündung im selbstständigen Beweisverfahren überhaupt vgl. Rn. 7).[11]

VI. Doppelte Streitverkündung

6   Mehrere Parteien des Vorprozesses können, wenn sie die Streitverkündungsvoraussetzungen erfüllen, dem Dritten wirksam den Streit verkünden (sog. **doppelte Streitverkündung**). Beitreten kann der Streitverkündungsempfänger aber nur einer Partei (vgl. dazu insgesamt § 74 Rn. 11).

B. Erläuterungen
I. Zulässigkeitsvoraussetzungen der Streitverkündung
1. Anwendungsbereich der Streitverkündung, Rechtswegidentität

7   Die Streitverkündung ist in **sämtlichen Prozessarten der ZPO** zulässig und deckt sich mit dem Anwendungsbereich der Nebenintervention (vgl. dazu § 66 Rn. 5).[12] Sie ist auch im Verfahren über die **einstweilige Verfügung** möglich.[13] Insbesondere kommt sie auch im **selbstständigen Beweisverfahren** in Betracht.[14] Zur Streitverkündung für Ansprüche, die in einem **anderen Rechtsweg** als dem des Vorprozesses verfolgt werden müssten vgl. § 74 Rn. 6.

2. Anhängiger Rechtsstreit

8   Die Streitverkündung setzt einen **anhängigen Rechtsstreit** voraus, an dem der Streitverkünder als Partei beteiligt ist. **Rechtshängigkeit ist nicht erforderlich**.[15] Diese Voraussetzung deckt sich mit der der Nebenintervention (vgl. § 66 Rn. 4). Die Streitverkündung kann damit **auch noch in der Rechtsmittelinstanz** erklärt werden.[16] Dabei können sich dann jedoch mögliche Einschränkungen der Interventionswirkung nach § 68 Hs. 2 ZPO ergeben, wenn der Streitverkündete durch den Zeitpunkt der Verkündung an der Geltendmachung von Angriffs- und Verteidigungsmitteln gehindert wurde.[17] Zu den Auswirkungen einer Klagerücknahme vgl. § 74 Rn. 2.

---

5 Thomas/Putzo-*Hüßtege*, ZPO, § 72 Rn. 3b unter Hinweis auf *Mansel*, ZZP 109 (1996), 61.
6 Zöller-*Vollkommer*, ZPO, § 72 Rn. 1.
7 Zöller-*Vollkommer*, ZPO, § 72 Rn. 1.
8 BGH, VersR 1997, 1363 (1365).
9 BGH, VersR 1997, 1363 (1365).
10 BGH, VersR 1997, 1363 (1365).
11 LG Karlsruhe, BauR 2000, 441; a.A. LG Berlin, BauR 1996, 435.
12 Prütting/Gehrlein-*Gehrlein*, ZPO, § 72 Rn. 1.
13 Zöller-*Vollkommer*, ZPO, § 72 Rn. 3; Musielak/Voit-*Weth*, ZPO, § 72 Rn. 1 unter Hinweis auf die a.A. des LAG Nürnberg v. 30.11.2004, 6 Sa 691/04, juris, Rn. 1.
14 BGH v. 18.11.2015, VII ZB 2/15, juris, Rn. 9 m.w.N.; BGHZ 204, 12 (15), Rn. 14 = NJW 2015, 559 (559 f.), Rn. 14 = BauR 2015, 705 (706), Rn. 14; BGHZ 134, 190 (192 ff.) = NJW 1997, 859 mit umfangreichen Nachweisen auch zur Gegenansicht.
15 BGHZ 92, 251 (257) = NJW 1985, 328 (329 f.) = BauR 1985, 97 (99).
16 BGH, BauR 2010, 460 (462 f.) Rn. 18 für Verkündung im Verfahren der Nichtzulassungsbeschwerde; Zöller-*Vollkommer*, ZPO, § 72 Rn. 3.
17 Stein/Jonas-*Jacoby*, ZPO, § 72 Rn. 4.

3. Parteiverschiedenheit des Streitverkündeten

Der Streit kann nur einem **Dritten**, nicht dagegen einer Partei oder deren **gesetzlichem Vertreter**[18] verkündet werden (vgl. dazu bei der Nebenintervention § 66 Rn. 6). Zur Festlegung, wer Dritter ist, ist zwischen den jeweiligen Prozessrechtsverhältnissen zu unterscheiden. Die Streitverkündung kann aufgrund der Selbständigkeit der Prozessverhältnisse von Streitgenossen (vgl. §§ 59, 60 Rn. 6) auch gegenüber einem **Streitgenossen** des Gegners oder des Streitverkündenden erfolgen.[19] Eine Streitverkündung gegenüber dem eigenen Prozessgegner kommt jedoch nicht in Betracht. Soweit die Streitverkündung allein **rechtsmissbräuchlichen Zwecken** dient, z.B. um auf das Aussageverhalten eines Zeugen Einfluss zu nehmen, dem der Streit verkündet wird, kann sie im Einzelfall unzulässig sein.[20]   9

Gegenüber dem **Gericht** und einem **vom Gericht ernannten Sachverständigen** kann nach § 72 Abs. 2 ZPO hingegen keine Streitverkündung erfolgen. Dies war vor der Einfügung dieser Vorschrift mit Wirkung zum 01.01.2007 für den Sachverständigen umstritten. Die Rechtsprechung lehnte die Streitverkündung an einen gerichtlichen Sachverständigen zur Vorbereitung von Haftungsansprüchen aus einem **im selben Verfahren** erstatteten Gutachten ab.[21] Die Vorschrift gilt **nicht für den Privatsachverständigen** einer Partei sowie den gerichtlichen Sachverständigen **aus einem anderen Verfahren**.[22] Da es sich um eine **Ausnahmevorschrift** handelt, ist sie eng auszulegen. Sie kann beispielsweise nicht erweiternd für die **Prozessbevollmächtigten der Parteien** angewendet werden, so dass diesen, sowohl dem eigenen[23] als auch dem gegnerischen, der Streit verkündet werden kann.[24] Dem **sachverständigen Zeugen/Privatgutachter** kann ebenfalls der Streit verkündet werden.[25] Durch § 72 Abs. 2 Satz 2 ZPO wird klargestellt, dass ein Streitverkündungsschriftsatz gegenüber dem Gericht oder einem von ihm ernannten Sachverständigen **gar nicht erst zugestellt** wird. Erfolgt eine Zustellung gleichwohl, kann der Streitverkündete die Feststellung beantragen, dass die Streitverkündung unzulässig ist und die Zustellung der Streitverkündungsschrift rechtswidrig war.[26] Ihm steht die **sofortige Beschwerde gegen die Zustellung** ebenso zu, wie dem Streitverkünder, wenn sich das Gericht weigert, die Streitverkündungsschrift zuzustellen (§ 73 Rn. 5).   10

4. Streitverkündungsgrund

In der Person des Streitverkünders muss ein **Streitverkündungsgrund** vorliegen. § 72 Abs. 1 ZPO sieht dafür **zwei Alternativen** vor.[27] Der Streitverkündende muss für den Fall des ihm ungünstigen Ausgangs des Vorprozesses zum Zeitpunkt der Streitverkündung entweder meinen, einen **Regressanspruch (Gewährleistung oder Schadloshaltung)** gegen den Streitverkündungsempfänger zu haben (Alt. 1)[28] oder befürchten, dass der **Streitverkündungsempfänger**   11

---

18 Offengelassen für die Nebenintervention von BGH, NJW-RR 2013, 485, Rn. 9 mit Nachweisen zu beiden Ansichten; ebenfalls offengelassen für die Nebenintervention von BGH, NJW-RR 2015, 992 (994), Rn. 15; offenlassend für die Streitverkündung auch OLG Köln, NJW 2015, 3317 (3318), Rn. 3 = MDR 2015, 1321, wo jedoch klargestellt wird, dass diese Frage im Folgeprozess zu erörtern und die Streitverkündungsschrift zunächst zuzustellen ist.
19 BGHZ 8, 72 (80) = NJW 1953, 420 (421) Streitverkündung des Klägers gegenüber einem von mehreren Beklagtenstreitgenossen; OLG Hamm, NJW-RR 1996, 969 (970) zur Streitverkündung von einem Streitgenossen an den anderen.
20 Prütting/Gehrlein-*Gehrlein*, ZPO, § 72 Rn. 3.
21 Vgl. BGH, NJW 2007, 919, Rn. 5 m.w.N. = MDR 2007, 733 (734); BGHZ 168, 380 (382), Rn. 8–14 = NJW 2006, 3214 (3214f.), Rn. 8–14 = BauR 2006, 1780 (1781f.) m.w.N.
22 Vgl. LG Dresden v. 20.11.2009, 10 O 444/09, juris, Rn. 2–3 für Sachverständigen aus anderem Prozess; *Jungk*, AnwBl. 2015, 620 (622); ein anderes Verfahren ist jedoch nicht das vorhergehende selbstständige Beweisverfahren, so dass der Sachverständige aus diesem Verfahren von der Regelung erfasst wird, vgl. OLG Düsseldorf v. 11.07.2011, 21 W 22/11, juris, Rn. 4.
23 A.A. Prütting/Gehrlein-*Gehrlein*, ZPO, § 72 Rn. 3.
24 BGHZ 188, 193 (198), Rn. 14 = NJW 2011, 1078 (1079), Rn. 14 = VersR 2011, 687 (689), Rn. 14 m.w.N.; a.A. Musielak/Voit-*Weth*, ZPO, § 72 Rn. 6a.
25 Zöller-*Vollkommer*, ZPO, § 72 Rn. 1; a.A. OLG Frankfurt a.M. v. 20.08.2007, 10 W, 46/07, juris Rn. 1f. unter Bezugnahme auf LG Limburg v. 14.05.2007, 1 O 215/06, juris, Rn. 9–19 allerdings nur unter bestimmten Voraussetzungen; Musielak/Voit-*Weth*, ZPO, § 72 Rn. 6a.
26 Vgl. BGH, NJW 2007, 919, Rn. 5 m.w.N. = MDR 2007, 733 (734) noch zur Rechtslage vor der Gesetzesänderung.
27 Vgl. zur Abgrenzung der beiden Alternativen BGHZ 179, 361 (367ff.), Rn. 22–25 = NJW 2009, 1488 (1489f.), Rn. 22–25 = MDR 2009, 739 (740); BGHZ 116, 95 (98ff.) = NJW 1992, 1698 (1699) = VersR 1992, 850 (850f.).
28 Z.B. selbstständig oder einredeweise geltend zu machende Gewährleistungsansprüche v.a. im Fall von Vertragsketten, Rückgriffsansprüche zwischen Bürge und Hauptschuldner oder zwischen mehreren Gesamtschuldnern (vgl. zu Gesamtschuldnern auch Rn. 12).

gegen ihn Ansprüche geltend macht (Alt. 2).[29] Die beiden Alternativen unterscheiden sich allein im Hinblick auf die Anspruchsrichtung.[30] Diese Voraussetzung wird nicht allzu streng, sondern **weit ausgelegt**.[31] Es kommt insoweit nicht auf das tatsächliche Bestehen des Anspruchs an, sondern lediglich auf die **berechtigte Annahme des Streitverkünders** diesbezüglich.[32] Es ist ausreichend, wenn der Streitverkünder **im Zeitpunkt der Streitverkündung** glauben durfte, dass er für den Fall des **ungünstigen** Ausgangs des Vorprozesses Regressansprüche hat oder Ansprüchen ausgesetzt ist.[33] **Obsiegt** der Streitverkünder dennoch im Vorprozess, so bleibt die Streitverkündung dennoch wirksam und tritt die Nebeninterventionswirkung im Folgeprozess ein (vgl. zur Verjährungshemmung in diesem Fall § 74 Rn. 13).[34] Sind jedoch von Anfang an **Ansprüche lediglich im Falle des Obsiegens** im Vorprozess zu erwarten oder zu befürchten, kommt eine Streitverkündung nicht in Betracht.[35] Besorgt die Partei **sowohl im Falle des Unterliegens als auch des Obsiegens** eine Anspruchsgeltendmachung durch den Dritten, ist eine Streitverkündung zulässig.[36] Ob die Ansprüche die der Streitverkünder erhebt oder befürchtet auf derselben Rechtsgrundlage wie die Ansprüche des Vorprozesses beruhen und inhaltlich identisch sind, spielt keine Rolle, solange mit diesen **wirtschaftlich das gleiche Ziel** verfolgt wird.[37]

12 Eine Streitverkündung kommt i.S. eines möglichen **Anspruchs auf Schadloshaltung** in Betracht, wenn der Streitverkündete oder der Prozessgegner des Streitverkünders im Vorprozess diesem **alternativ haften**.[38] Der Anspruch des Streitverkünders im Vorprozess und der angenommene Anspruch des Folgeprozesses müssen sich **gegenseitig ganz oder teilweise ausschließen**.[39] Kommt von **vornherein nur eine gesamtschuldnerische Haftung** des Streitverkündeten mit dem Gegner des Streitverkünders in Betracht, liegt kein Streitverkündungsgrund vor.[40] Hingegen kann der verklagte Gesamtschuldner dem anderen Gesamtschuldner wegen behaupteter Ansprüche auf Gesamtschuldnerausgleich den Streit verkünden.[41] Ist dies zwar dem **Grunde aber nicht der vollen Höhe nach** der Fall, bleibt eine Streitverkündung zulässig.[42] Problematisch ist diese Variante der Streitverkündung, wenn die Haftungssubjekte in einem **Subsidiaritätsverhältnis** stehen. Klagt der Gläubiger gegen den vorrangig Haftenden, so kommt eine Streitverkündung an den subsidiären Schuldner in Betracht.[43] Im umgekehrten Fall gilt dies nicht.[44]

13 Die Streitverkündung ist im Falle einer **unklaren Beweislage** im Vorprozess ungeeignet, den richtigen Anspruchsgegner festzustellen, wenn der Streitverkünder gegenüber jedem in Be-

---

29 Z.B. Prozessführung über ein fremdes Recht.
30 BGHZ 179, 361 (368), Rn. 23 = NJW 2009, 1488 (1489), Rn. 23 = MDR 2009, 739 (740).
31 BGHZ 179, 361 (368), Rn. 24 = NJW 2009, 1488 (1489), Rn. 24 = MDR 2009, 739 (740); BGHZ 116, 95 (100) = NJW 1992, 1698 (1699) = VersR 1992, 850 (851) Streitverkündung durch Mieter gegenüber Untermieter im Prozess mit Vermieter wegen befürchteter Geltendmachung einer Mietminderung durch den Untermieter.
32 Vgl. BGHZ 204, 12 (16), Rn. 17 = NJW 2015, 559 (560), Rn. 17 = BauR 2015, 705 (707), Rn. 17; BGHZ 179, 361 (372), Rn. 36 = NJW 2009, 1488 (1490), Rn. 36 = MDR 2009, 739 (741); BGHZ 65, 127 (131) = NJW 1976, 39 (40).
33 BGHZ 36, 212 (214ff.) = NJW 1962, 387 (387f.) = MDR 1962, 200.
34 BGHZ 70, 187 (189) = NJW 1978, 643 (643f.) = MDR 1978, 396; BGHZ 65, 127 (131) = NJW 1976, 39 (40) m.w.N.
35 OLG Düsseldorf, NJW-RR 1995, 1121 (1122).
36 BGH, VersR 1997, 1363 (1365); Musielak/Voit-*Weth*, ZPO, § 72 Rn. 4.
37 BGHZ 116, 95 (101) = NJW 1992, 1698 (1699) = VersR 1992, 850 (851).
38 BGHZ 204, 12 (15), Rn. 15 = NJW 2015, 559 (560), Rn. 15 = BauR 2015, 705 (706f.), Rn. 15; BGH, VersR 1985, 568 (569) zur alternativen Passivlegitimation bei Schadensersatzansprüchen aus unerlaubter Handlung; BGH, NJW 1982, 281 (282) = MDR 1982, 314 zur alternativen Vertragspartnerschaft in der Abgrenzung zwischen § 164 Abs. 1 und Abs. 2 BGB; BGHZ 8, 72 (80) = NJW 1953, 420 (421); zur alternativen Haftung ausführlich OLG Düsseldorf, BauR 2013, 1149 (1152ff.).
39 OLG Köln, NJW-RR 1991, 1535.
40 BGHZ 204, 12 (15), Rn. 15 = NJW 2015, 559 (560), Rn. 15 = BauR 2015, 705 (707), Rn. 15; BGH, BauR 1982, 514 (515f.) m.w.N.; BGHZ 65, 127 (131) = NJW 1976, 39 (40).
41 BGH, NJW-RR 2015, 1058 (1058f.), Rn. 25 = BauR 2015, 1360 (1362), Rn. 23 m.w.N.
42 BGHZ 70, 187 (191) = NJW 1978, 643 (644) = MDR 1978, 396 (397).
43 BGHZ 175, 1 (6), Rn. 19 = NJW 2008, 519 (520), Rn. 19 = BauR 2008, 711 (712f.) m.w.N. aus Rechtsprechung und Literatur zur subsidiären Haftung des Notars (§ 19 Abs. 1 Satz 2 BNotO); weitere Beispiele sind die Inanspruchnahme von Bürge und Hauptschuldner oder Fälle der Amtshaftung wegen § 839 Abs. 1 Satz 2 BGB.
44 BGHZ 175, 1 (5f.), Rn. 17–19 = NJW 2008, 519 (520), Rn. 17–19 = BauR 2008, 711 (712f.) m.w.N. aus Rechtsprechung und Literatur; OLG Köln v. 28.11.2014, 19 U 87/14, juris, Rn. 9.

tracht kommenden Anspruchsgegner beweisbelastet ist,[45] da § 68 ZPO nicht zur Überwindung eines *non liquet* führt (§ 68 Rn. 10).

5. Form der Streitverkündung
Die Streitverkündung muss den Anforderungen des § 73 ZPO genügen. Zu einer Heilung etwaiger Mängel vgl. § 73 Rn. 4.

14

II. Prüfung der Zulässigkeitsvoraussetzungen
Die Zulässigkeitsvoraussetzungen werden **im Vorprozess nicht geprüft**, sondern **erst im Folgeprozess** zwischen Streitverkünder und Streitverkündetem (vgl. § 74 Rn. 7, 9–11).[46] Eine **Ausnahme stellt § 72 Abs. 2 Satz 1 ZPO** für den Sachverständigen und das Gericht dar,[47] da nach §§ 72 Abs. 2 Satz 2, 73 Satz 2 ZPO insoweit bereits keine Zustellung erfolgen darf und daher der Richter vorab zu prüfen hat, ob ein solcher Fall vorliegt. Eine erweiternde Auslegung dieser Vorschrift auf Prozessbevollmächtigte[48] oder gesetzliche Vertreter der Partei[49] sowie sachverständige Zeugen/Privatsachverständige[50] der Parteien und die Prüfung bereits im Vorprozess in diesen Fällen scheiden aus (vgl. auch Rn. 10).

15

§ 73
Form der Streitverkündung

[1]Zum Zwecke der Streitverkündung hat die Partei einen Schriftsatz einzureichen, in dem der Grund der Streitverkündung und die Lage des Rechtsstreits anzugeben ist. [2]Der Schriftsatz ist dem Dritten zuzustellen und dem Gegner des Streitverkünders in Abschrift mitzuteilen. [3]Die Streitverkündung wird erst mit der Zustellung an den Dritten wirksam.

Inhalt:

	Rn.		Rn.
A. Formerfordernisse der Streitverkündung.................	1	B. Prüfung der Voraussetzungen und Heilung von Mängeln.........	3
I. Allgemeine Voraussetzungen der Streitverkündung als Prozesshandlung	1	I. Prüfungszeitpunkt................	3
II. Besondere Formvoraussetzungen gemäß § 73 ZPO..................	2	II. Heilung von Mängeln.............	4
		C. Zustellung und Wirksamwerden der Streitverkündung.................	5

A. Formerfordernisse der Streitverkündung
I. Allgemeine Voraussetzungen der Streitverkündung als Prozesshandlung
§ 73 ZPO bestimmt die bei einer Streitverkündung einzuhaltenden Formalien. Die Streitverkündung ist eine **Prozesshandlung**. Es müssen daher zunächst die allgemeinen **Prozesshandlungsvoraussetzungen** erfüllt sein. Die Streitverkündung darf **nicht unter eine Bedingung gestellt** werden.[1] Der **Anwaltszwang** des § 78 ZPO gilt für die Erklärung nicht.[2] Eine **Rücknahme** der Streitverkündungserklärung ist bis zum Ende des Vorprozesses möglich.[3]

1

---

45 Vgl. auch BGHZ 204, 12 (18), Rn. 25 = NJW 2015, 559 (560f.), Rn. 25 = BauR 2015, 705 (708), Rn. 25; BGH, NJW 2010, 3576 (3576f.), Rn. 13 = AnwBl. 2011, 69 (70), Rn. 13; BGH, NJW-RR 2005 1585 (1585f.) = AnwBl. 2005, 720.
46 BGHZ 188, 193 (196), Rn. 7 = NJW 2011, 1078, Rn. 7 = VersR 2011, 687 (688), Rn. 7 mit zahlreichen weiteren Nachweisen aus der Rechtsprechung.
47 BGHZ 188, 193 (196f.), Rn. 8, 11 = NJW 2011, 1078 (1078f.), Rn. 8, 11 = VersR 2011, 687 (688), Rn. 8, 11.
48 BGHZ 188, 193 (196), Rn. 9 = NJW 2011, 1078 (1078f.), Rn. 9 = VersR 2011, 687 (688), Rn. 9.
49 OLG Köln, NJW 2015, 3317 (3317f.), Rn. 2 f. = MDR 2015, 1321 ohne abschließend zu entscheiden, ob dem gesetzlichen Vertreter einer Partei der Streit verkündet werden kann. Diese Entscheidung sei jedenfalls dem Folgeprozess vorbehalten.
50 A.A. OLG Frankfurt a.M. v. 20.08.2007, 10 W, 46/07, juris Rn. 1–2 unter Bezugnahme auf LG Limburg v. 14.05.2007, 1 O 215/06, juris Rn. 9–19 allerdings nur unter bestimmten Voraussetzungen.

Zu § 73:
1 BGH, NJW-RR 1989, 766 (767f.) = MDR 1989, 539 zur Frage, inwieweit die „hilfsweise" Streitverkündung eine bloß bedingte und damit unzulässige Streitverkündung ist.
2 BGHZ 92, 251 (254) = NJW 1985, 329 = BauR 1985, 97 (98).
3 Zöller-*Vollkommer*, ZPO, § 73 Rn. 1.

II. Besondere Formvoraussetzungen gemäß § 73 ZPO

2 Die Streitverkündung hat **schriftlich** beim Prozessgericht zu erfolgen. Beim Amtsgericht gilt § 496 ZPO. In dem Schriftsatz müssen die **Erklärung der Streitverkündung**, der **Streitverkündungsgrund** und die momentane Lage des Rechtsstreits angegeben werden. Zur **Information über die Lage des Rechtsstreits** werden am besten sämtliche dem Streitverkünder bereits zur Verfügung stehende Prozessunterlagen dem Schriftsatz als Anlage beigefügt, wozu jedoch keine Verpflichtung besteht.[4] Wird dies nicht getan, müssen Gericht, Parteien, Streitgegenstand, Stand der Beweiserhebung und etwaige Termine sowie Entscheidungen mitgeteilt werden. Die Prüfung der Erfüllung dieser Voraussetzungen hat sich **an deren Zweck zu orientieren**, nämlich den Streitverkündungsempfänger in die Lage zu versetzen, zu prüfen, ob er dem Vorprozess beitreten und etwaige Angriffs- und Verteidigungsmittel geltend machen soll.[5] Es sind die **Tatsachen anzugeben**, aus denen sich der Streitverkündungsgrund, also der geltend gemachte oder befürchtete Anspruch ergibt. Der Anspruch, aus dem der Streitverkündungsgrund folgt, muss **höhenmäßig noch nicht** beziffert werden.[6] Es muss dargelegt werden, falls der Streitverkünder aus **abgetretenem Recht** vorgeht.[7]

B. Prüfung der Voraussetzungen und Heilung von Mängeln
I. Prüfungszeitpunkt

3 Die Voraussetzungen des § 73 ZPO werden ebenso wie die sonstigen Voraussetzungen der Streitverkündung im Vorprozess nicht geprüft, sondern **erst im Folgeprozess** (§ 72 Rn. 15). Eine Ausnahme gilt betreffend §§ 72 Abs. 2, 73 Satz 2 ZPO (§ 72 Rn. 15, 10).

II. Heilung von Mängeln

4 Etwaige **Mängel der Streitverkündungserklärung** sind einer **Heilung nach § 295 ZPO** zugänglich, wenn sie nicht rechtzeitig durch den Streitverkündungsempfänger gerügt werden.[8] **Beteiligt** sich der Streitverkündungsempfänger **am Vorprozess**, so muss er die Rüge bereits dort ausbringen,[9] ansonsten **im Folgeprozess** in der ersten mündlichen Verhandlung.[10]

C. Zustellung und Wirksamwerden der Streitverkündung

5 Der Streitverkündungsschriftsatz ist dem **Streitverkündungsempfänger von Amts wegen zuzustellen**. Erst mit der Zustellung an diesen wird die Streitverkündung wirksam, wobei § 167 ZPO beispielsweise für die Frage der Verjährungshemmung Anwendung findet (zur Verjährungshemmung auch § 74 Rn. 12–13).[11] Die **Mitteilung an den Gegner** des Streitverkünders ist **keine Wirksamkeitsvoraussetzung**.[12] Die Zustellung an den Streitverkündeten unterbleibt im Fall des § 72 Abs. 2 Satz 2 ZPO (vgl. § 72 Rn. 10). Wird dennoch zugestellt, besteht dagegen für den **Streitverkündungsempfänger** die Möglichkeit der **sofortigen Beschwerde**.[13] Weigert sich das Gericht, die Streitverkündungsschrift zuzustellen, steht dem **Streitverkünder** dagegen **sofortige Beschwerde** zu.[14]

---

4 Musielak/Voit-*Weth*, ZPO, § 73 Rn. 3 m.w.N.
5 Z.B. BGH, NJW 2012, 674 (675 f.), Rn. 14 = BauR 2012, 675 (677), Rn. 14; BGH, BauR 2010, 460 (461).
6 BGH, NJW 2012, 674 (676), Rn. 14 = BauR 2012, 675 (677), Rn. 14; BGH, NJW 2002, 1414 (1416) = AnwBl. 2002, 299 (300).
7 BGHZ 175, 1 (10), Rn. 28 = NJW 2008, 519 (522), Rn. 28 = BauR 2008, 711 (714) m.w.N.
8 BGHZ 96, 50 (52 f.); BGH, NJW 1976, 292 (293) m.w.N. = MDR 1976, 213; BGH v. 28.06.1962, III ZR 102/61, juris, Rn. 14; a.A. für Streitverkündungsgrund hinsichtlich Wirkung der Verjährungshemmung BGHZ 175, 1 (11 f.), Rn. 32 = BGH, NJW 2008, 519 (522), Rn. 32 = BauR 2008, 711 (715).
9 Zöller-*Vollkommer*, ZPO, § 73 Rn. 4; a.A. MK-*Schultes*, ZPO, § 72 Rn. 17; Stein/Jonas-*Jacoby*, ZPO, § 73 Rn. 4 jeweils m.w.N. auch zur Gegenansicht.
10 BGH, NJW 1976, 292 (293) m.w.N. = MDR 1976, 213; BGHZ 96, 50 (52 f.).
11 Z.B. BGHZ 179, 361 (373), Rn. 41 = NJW 2009, 1488 (1491), Rn. 41.
12 Thomas/Putzo-*Hüßtege*, ZPO, § 73 Rn. 5.
13 Offengelassen von BGH, NJW 2007, 919, Rn. 6 = MDR 2007, 733 (734); vgl. OLG Düsseldorf v. 11.07.2011, 21 W 22/11, juris, Rn. 4.; Zöller-*Vollkommer*, ZPO, § 72 Rn. 1a, § 73 Rn. 2; a.A. OLG Frankfurt a.M. v. 05.02.2013, 3 W 69/12, juris, Rn. 1–5; OLG Celle v. 24.08.2005, 7 W 86/05, juris, Rn. 3–6; Prütting/Gehrlein-*Gehrlein*, ZPO, § 73 Rn. 1.
14 Vgl. BGHZ 188, 193 (195), Rn. 3; OLG Köln, NJW 2015, 3317, Rn. 1.

§ 74
Wirkung der Streitverkündung

(1) Wenn der Dritte dem Streitverkünder beitritt, so bestimmt sich sein Verhältnis zu den Parteien nach den Grundsätzen über die Nebenintervention.
(2) Lehnt der Dritte den Beitritt ab oder erklärt er sich nicht, so wird der Rechtsstreit ohne Rücksicht auf ihn fortgesetzt.
(3) In allen Fällen dieses Paragraphen sind gegen den Dritten die Vorschriften des § 68 mit der Abweichung anzuwenden, dass statt der Zeit des Beitritts die Zeit entscheidet, zu welcher der Beitritt infolge der Streitverkündung möglich war.

Inhalt:

	Rn.		Rn.
A. Allgemeines	1	3. Nichtbeitritt	9
I. Regelungsgehalt der Vorschrift	2	4. Beitritt beim Gegner des Streitverkünders	10
II. Auswirkungen der Rücknahme der Klage im Vorprozess	2	5. Konstellation der doppelten Streitverkündung	11
B. Erläuterungen	3	II. Materiell-rechtliche Wirkungen der Streitverkündung	12
I. Prozessuale Wirkungen der Streitverkündung	3	**C. Kosten der Streitverkündung**	14
1. Allgemeines	3		
2. Beitritt auf Seiten des Streitverkünders	7		

A. Allgemeines
I. Regelungsgehalt der Vorschrift

In § 74 ZPO werden die **prozessualen Wirkungen der Streitverkündung** geregelt (zu den **materiell-rechtlichen Wirkungen** Rn. 12–13). Dabei unterscheidet § 74 ZPO in Abs. 1 und Abs. 2 danach, ob der Streitverkündungsempfänger dem Streitverkünder **beitritt oder nicht**. Diese Alternativen sind **streng auseinanderzuhalten**, da aus ihnen jeweils unterschiedliche Prüfungsanforderungen für den Eintritt der prozessualen Wirkungen der Streitverkündung folgen. Unter den Voraussetzungen der §§ 75–77 ZPO kann der Streitverkündungsempfänger einen Parteiwechsel bewirken. 1

II. Auswirkungen der Rücknahme der Klage im Vorprozess

Wird im Vorprozess die **Klage zurückgenommen** und sind bei teilweiser Klagerücknahme davon auch die Ansprüche, derentwegen die Streitverkündung erfolgte, betroffen, entfallen die Anhängigkeit des Vorprozesses (§ 72 Rn. 8; § 269 Abs. 3 Satz 1 ZPO) und damit die Wirkungen der Streitverkündung rückwirkend, so dass beispielsweise nie Verjährungshemmung eingetreten ist[1] und keine Bindungswirkung nach § 68 ZPO besteht. 2

B. Erläuterungen
I. Prozessuale Wirkungen der Streitverkündung
1. Allgemeines

In prozessualer Hinsicht kann die Streitverkündung insbesondere zum Eintritt der **Nebeninterventionswirkung nach § 68 ZPO** führen.[2] Bis auf kleinere Abweichungen (insbesondere Rn. 4) entspricht sie exakt der Nebeninterventionswirkung (vgl. daher dazu die Kommentierung bei § 68 ZPO). Die Interventionswirkung tritt **nur im Verhältnis zwischen Streitverkünder und Streitverkündungsempfänger** ein (vgl. auch § 68 Rn. 12).[3] Im Verhältnis **zum Gegner treten dagegen keine Interventionswirkungen** aufgrund der Streitverkündung ein (vgl. aber auch Rn. 10–11).[4] Die Interventionswirkung tritt stets **nur zugunsten des Streitverkünders und zu Lasten des Streitverkündungsempfängers** ein (vgl. § 68 Rn. 8 auch zur Unteilbarkeit der Interventionswirkung).[5] Die Interventionswirkung tritt auch ein, wenn der Streitverkünder im Vorprozess **obsiegt** (§ 72 Rn. 11).[6] 3

---

1 BGHZ 65, 127 (134) = NJW 1976, 39 (41); Thomas/Putzo-*Hüßtege*, ZPO, § 74 Rn. 2; Prütting/Gehrlein-*Gehrlein*, ZPO, § 74 Rn. 3.
2 Zur Bindungswirkung vgl. *Werres*, NJW 1984, 208 (208 ff.).
3 BGH, NJW 1993, 122 (123); BGHZ 70, 187 (192) = BauR 1978, 149 (152).
4 BGH, NJW 1993, 122 (123); BGH, NJW-RR 1990, 121 (121 f.).
5 BGH, NJW 2015, 1824 (1825), Rn. 7 = DAR 2015, 327 (328), Rn. 7; BGHZ 100, 257 (259 ff.) = NJW 1987, 1894 (1895) m.w.N. auch zur Gegenansicht = MDR 1987, 835.
6 A.A. Zöller-*Vollkommer*, ZPO, § 74 Rn. 6.

4 Für die Beurteilung der **Einflussnahmemöglichkeit i.S.d. § 68 ZPO** (vgl. § 68 Rn. 6) kommt es nicht auf den tatsächlichen Beitritt, sondern gemäß § 74 Abs. 3 ZPO auf den Zeitpunkt an, zu dem der Beitritt möglich gewesen wäre, also regelmäßig eine angemessene Zeit nach Zustellung der Streitverkündung.[7]

5 Wird erst **nach Schluss der mündlichen Verhandlung** in einem Prozess, in dem sodann ein nicht rechtsmittelfähiges Urteil ergeht, der Streit verkündet, kommt die Nebeninterventionswirkung nicht in Betracht.[8] Besteht noch eine Rechtsmittelmöglichkeit, so können dem Streitverkündeten ein Beitritt sowie eine Rechtsmitteleinlegung zugemutet werden, andernfalls die Interventionswirkung gegen ihn eintritt, sofern er nicht an erfolgversprechendem Vortrag aufgrund eingetretener Präklusionen gehindert ist.[9]

6 Die Interventionswirkung des § 68 ZPO tritt nicht ein, wenn für die im Nachprozess geltend zu machenden Ansprüche ein **anderer Rechtsweg als der des Vorprozesses** gegeben wäre, da andernfalls eine Bindung für Gerichte eines anderen Rechtsweges bestehen würde (vgl. auch § 68 Rn. 7; zu den materiell-rechtlichen Wirkungen vgl. Rn. 13).[10]

2. Beitritt auf Seiten des Streitverkünders

7 Tritt der **Streitverkündungsempfänger dem Streitverkünder bei**, wofür **Anwaltszwang** mit Ausnahme des selbstständigen Beweisverfahrens besteht (§ 70 Rn. 1), hat er die **Stellung eines Nebenintervenienten** i.S.d. §§ 66ff. ZPO. Der Beitritt muss für die prozessualen Wirkungen die **Voraussetzungen der Nebenintervention erfüllen** (§ 66 Rn. 3–9), wobei deren Prüfung ebenso wie bei der Nebenintervention erfolgt, deren besondere Voraussetzungen also nur auf Rüge im Rahmen des Zwischenstreits nach § 71 ZPO beachtet werden (§ 66 Rn. 11–12, § 71 Rn. 1). Eine Prüfung der Wirksamkeit der Streitverkündung (§ 72 Rn. 7–15) findet in diesem Fall für die Frage des Eintritts der prozessualen Wirkungen nicht statt.[11] Wird der Beitritt nicht rechtskräftig zurückgewiesen, löst daher **auch eine unzulässige Streitverkündung die Nebeninterventionswirkung nach § 68 ZPO** aus.[12] Ohne Rüge und Zurückweisung entfällt die Wirksamkeit nur bei Nichtvorliegen der allgemeinen Prozesshandlungsvoraussetzungen (siehe § 73 Rn. 1, § 66 Rn. 10). Im Falle der rechtskräftigen Zurückweisung des Beitritts tritt keine Nebeninterventionswirkung ein, da dann keine Einflussnahmemöglichkeit des Dritten auf den Vorprozess mehr besteht.[13] Die Streitverkündung alleine begründet noch kein Interesse für den Beitritt i.S.v. § 66 ZPO.[14] In der Regel wird jedoch bei Streitverkündung auch ein Interventionsgrund für den Streitverkündeten vorliegen.[15] Erklärt der Dritte bei seinem Beitritt, dass nach seiner Meinung keine wirksame Streitverkündung vorliegt, **wird im Folgeprozess** dennoch **die Wirksamkeit der Streitverkündung nicht mehr geprüft**.[16] Der Streitverkünder darf für den Fall, dass er von der Unwirksamkeit der Streitverkündung ausgeht, dem Vorprozess nicht beitreten, wenn er sich diese Einwendung vorbehalten will. Die Voraussetzungen der Streitverkündung müssen jedoch für den Eintritt der materiellen Wirkungen vorliegen (Rn. 13). Insoweit kommt eine Heilung nach § 295 ZPO in Betracht (§ 73 Rn. 4).

8 Eine **Rechtsmitteleinlegung „namens des Streitverkündeten"** enthält im Rahmen der Auslegung der Erklärung regelmäßig einen Beitritt zum Verfahren.[17]

3. Nichtbeitritt

9 **Tritt** der Streitverkündungsempfänger dem **Rechtsstreit nicht bei** (Ablehnung des Beitritts oder Nichterklärung), so wird er nach Abs. 2 zum Rechtsstreit nicht hinzugezogen und dieser

---

7 Thomas/Putzo-*Hüßtege*, ZPO, § 74 Rn. 4.
8 OLG Köln, MDR 1983, 409.
9 BGH, NJW 1976, 292 (293f.) = MDR 1976, 213.
10 BGHZ 123, 44 (48f.) = NJW 1993, 2539 (2540) = MDR 1993, 1120 (1121), wobei nach der Formulierung in den Urteilsgründen unklar bleibt, ob dann nicht sogar die Streitverkündung unzulässig sein soll; Zöller-*Vollkommer*, ZPO, § 72 Rn. 3; a.A. nämlich begrenzte Interventionswirkung, soweit diese mit den Verfahrensgrundsätzen der Gerichtsbarkeit des Folgeprozesses zu vereinbaren ist BSG, NJW 2012, 956 (956f.), Rn. 10, 12–15 mit zust. Anm. *Regenfus* sowie m.w.N. auch aus der Rechtsprechung des BVerwG.
11 BGHZ 175, 1 (3f.), Rn. 13 = NJW 2008, 519 (520), Rn. 13 = BauR 2008, 711 (712); BGH v. 22.09.1975, II ZR 85/74, juris, Rn. 9.
12 BGHZ 175, 1 (3f.), Rn. 13 = NJW 2008, 519 (520), Rn. 13 = BauR 2008, 711 (712); Zöller-*Vollkommer*, ZPO, § 74 Rn. 3; Prütting/Gehrlein-*Gehrlein*, ZPO, § 74 Rn. 3 m.w.N.
13 Zöller-*Vollkommer*, ZPO, § 74 Rn. 3.
14 Str.; wie hier BGH, NJW-RR 2011, 907 (908), Rn. 12; OLG München v. 28.04.2016, 23 U 1774/15, juris, Rn. 27; Zöller-*Vollkommer*, ZPO, § 74 Rn. 1.
15 Prütting/Gehrlein-*Gehrlein*, ZPO, § 74 Rn. 2; Musielak/Voit-*Weth*, ZPO, § 74 Rn. 2.
16 A.A. Musielak/Voit-*Weth*, ZPO, § 74 Rn. 2.
17 BGH, NJW 1994, 1537 = MDR 1994, 1240.

ohne Rücksicht auf ihn fortgesetzt. Die prozessualen Wirkungen der Streitverkündung (§ 68 ZPO) treten in diesem Fall nur ein, wenn diese den Voraussetzungen der §§ 72, 73 ZPO entspricht, die **Streitverkündung also zulässig** war, was **im Folgeprozess geprüft** wird (§ 72 Rn. 15; § 73 Rn. 3 und Rn. 4 zur Heilung).[18]

4. Beitritt beim Gegner des Streitverkünders
Der Streitverkündungsempfänger kann auch dem **Gegner des Streitverkünders beitreten.**[19]   10
Dies ist **im Verhältnis zum Streitverkünder wie ein Nichtbeitritt** und **im Verhältnis zum Gegner wie eine selbstständige Nebenintervention** zu behandeln.[20] Ob daher die Wirkung der §§ 74 Abs. 3, 68 ZPO zwischen Streitverkünder und Streitverkündetem eintritt, beurteilt sich danach, ob die Voraussetzungen der §§ 72, 73 ZPO vorliegen (vgl. Rn. 9). **Im Verhältnis zum Gegner**, dem der Streitverkündungsempfänger beitritt, müssen die Voraussetzungen der Nebenintervention vorliegen (§ 66 Rn. 3–9). Dann bestimmt sich deren Verhältnis nach **Nebeninterventionsgrundsätzen**. In diesem Fall kommt daher in Betracht, dass die Wirkungen des § 68 ZPO sowohl im Verhältnis zum Streitverkünder als auch im Verhältnis zu dessen Gegner eintreten. Der **Streitverkünder kann dem Beitritt beim Gegner widersprechen**, wodurch es zum Zwischenstreit nach § 71 ZPO kommt.[21]

5. Konstellation der doppelten Streitverkündung
Die Streitverkündung im Vorprozess kann gegenüber einem Dritten auch von mehr als einer   11
Partei erfolgen (§ 72 Rn. 6). So könnte beispielsweise einem möglichen falsus procurator einerseits vom zu Unrecht Vertretenen aus dem Gesichtspunkt möglicher Regressansprüche andererseits vom vermeintlichen Vertragspartner des zu Unrecht Vertretenen wegen alternativer Haftung (§ 72 Rn. 12) des falsus procurator der Streit verkündet werden.[22] Der Streitverkündete **kann nicht auf beiden Seiten beitreten.**[23] Tritt er keinem der Streitverkünder bei, so beurteilt sich sein Verhältnis zu beiden nach den Grundsätzen der Rn. 9. Tritt er bei einem bei, so beurteilt sich sein Verhältnis zu diesem Streitverkünder gemäß Rn. 7 und zu dem anderen Streitverkünder nach Rn. 10. Welche Folgen sich für die **Nebeninterventionswirkung** im Falle der **doppelten Streitverkündung** ergeben, ist umstritten und bislang ungeklärt.[24]

II. Materiell-rechtliche Wirkungen der Streitverkündung
Durch die Zustellung der Streitverkündung wird nach § 204 Abs. 1 Nr. 6 BGB die **Verjährung**   12
gehemmt. § 167 ZPO gilt im Hinblick auf die Einreichung des Streitverkündungsschriftsatzes.[25] Eine Hemmung tritt auch bereits mit Einreichung ein, wenn die Zustellung demnächst noch in unverjährter Zeit erfolgt.[26] Der **Umfang der Hemmung** bestimmt sich nach dem **Streitverkündungsgrund**. Auf den Streitgegenstand des Vorprozesses ist er nicht begrenzt, sondern erfasst vielmehr sämtliche vom Streitverkündungsgrund umfassten Ansprüche, soweit sie in tatsächlicher oder rechtlicher Hinsicht vom Ausgang des Vorprozesses abhängig sind.[27] Daher wird die Verjährung des gesamten Anspruchs im Verhältnis zum Streitverkündungsempfänger gehemmt, wenn im Vorprozess **nur ein Teil des Anspruchs eingeklagt** wurde.[28] Ansprüche gegen den Streitverkündeten aus **abgetretenem Recht** werden nur erfasst, wenn sie auch als solche und nicht nur als solche aus eigenem Recht in der Streitverkündungsschrift bezeichnet

---

18 Z.B. BGHZ 204, 12 (15), Rn. 13 = NJW 2015, 559, Rn. 13 = BauR 2015, 705 (706), Rn. 13 nur auf § 72 Abs. 1 ZPO abstellend; BGHZ 100, 257 (259) = NJW 1987, 1894 (1894) = BauR 1987, 473 (474); BGHZ 70, 187 (189) = NJW 1978, 643 = BauR 1978, 149 (150).
19 BGHZ 103, 275 (278) = NJW 1988, 1378 (1379) m.w.N.
20 BGH, NJW 2004, 1521 (1522) = VersR 2005, 510 m.w.N.; BGHZ 85, 252 (255) = NJW 1983, 820 (821).
21 OLG Düsseldorf, OLGR 2008, 156.
22 Vgl. zu dieser Konstellation *Werres*, NJW 1984, 208 (210).
23 MK-*Schultes*, ZPO, § 72 Rn. 19 m.w.N.; Thomas/Putzo-*Hüßtege*, ZPO, § 72. Rn. 5.
24 Offenlassend hinsichtlich der Wirkung der doppelten Streitverkündung BGH, FamRZ 2008, 1435 (1437), Rn. 22 sowie BGH v. 05.11.1987, V ZB 3/87, juris, Rn. 8; MK-*Schultes*, ZPO, § 74 Rn. 9 m.w.N.; Thomas/Putzo-*Hüßtege*, ZPO, § 72 Rn. 5; Prütting/Gehrlein-*Gehrlein*, ZPO, § 72 Rn. 11; Zöller-*Vollkommer*, ZPO, § 72 Rn. 11 gehen jeweils von einer Nebeninterventionswirkung nur im Verhältnis zur unterlegenen Partei aus; nach Musielak/Voit-*Weth*, ZPO, § 72 Rn. 8 sollen keinerlei Besonderheiten für die Nebeninterventionswirkung gelten.
25 Z.B. BGHZ 179, 361 (373), Rn. 41 = NJW 2009, 1488 (1491), Rn. 41.
26 BGH, NJW 2010, 856 (857), Rn. 7–12 = BauR 2010, 626 (627 f.), Rn. 7–12.
27 BGH, NJW 2012, 674 (675), Rn. 9 = BauR 2012, 675 (676), Rn. 9.
28 BGH, NJW 2012, 674 (675), Rn. 9 = BauR 2012, 675 (676), Rn. 9; BGH, NJW 2002, 1414 (1416) = AnwBl. 2002, 299 (300).

wurden.[29] Auch im Falle des **§ 72 Abs. 1 Alt. 2 ZPO entfaltet die Streitverkündung verjährungshemmende Wirkung** und zwar auch bezogen auf einen Erfüllungsanspruch des Streitverkünders gegenüber dem Streitverkündeten, dem dagegen möglicherweise Gegenrechte aus Gewährleistung zustehen.[30] Die Verjährungshemmung tritt auch durch eine Streitverkündung im **selbstständigen Beweisverfahren**[31] sowie im **PKH-Verfahren**[32] ein, auch wenn sie bloß einem Klageentwurf beigefügt war. Die Hemmung dauert für die Zeit einer **Anhörungsrüge** oder **Verfassungsbeschwerde** gegen das rechtskräftige Urteil des Vorprozesses nicht fort und setzt erst wieder ein, wenn aufgrund des Erfolgs der Anhörungsrüge oder der Verfassungsbeschwerde der Rechtsstreit im Vorprozess fortgeführt wird.[33] Die **Verjährungshemmung entfällt rückwirkend** im Falle der Klagerücknahme im Vorprozess (vgl. Rn. 2).

13 Die materiell-rechtlichen Wirkungen kommen in jedem Fall **nur einer zulässigen Streitverkündung** zu.[34] Anders als bei der Nebeninterventionswirkung müssen daher auch im Falle des § 74 Abs. 1 ZPO, also trotz des Beitritts des Streitverkündeten zum Vorprozess, die Voraussetzungen der Streitverkündung gegeben sein.[35] Die Verjährungshemmung tritt auch dann ein, wenn der Streitverkünder zum Zeitpunkt der Streitverkündung glauben durfte, im Falle eines ungünstigen Ausgangs des Vorprozesses Ansprüche zu haben oder solchen ausgesetzt zu sein, und dann der Vorprozess **doch zu seinen Gunsten ausgeht**.[36] Zu einer Verjährungshemmung kommt es nicht, wenn der **Streitverkündungsgrund nur unzureichend bezeichnet** wurde.[37] Eine Streitverkündung in einem Vorprozess, der **in einem anderen Rechtsweg** als der Folgeprozess geführt wurde, bewirkt trotz Nichteinritts der Interventionswirkung (Rn. 6) die Hemmung der Verjährung auch für die im Folgeprozess verfolgten Ansprüche.[38]

C. Kosten der Streitverkündung

14 Die Gebühren und Auslagen des den Streitverkündungsempfänger vertretenden Rechtsanwalts richten sich nach den allgemeinen Vorschriften. Er ist so zu behandeln, als ob er eine Partei des Rechtsstreits vertreten würde. Die Streitverkündung wird für den Rechtsanwalt des Streitverkünders nicht zusätzlich vergütet. Gerichtskosten entstehen durch die Streitverkündung keine zusätzlichen außer diejenigen für die Zustellung.

15 Die Kosten der Streitverkündung gehören **nicht zu den Kosten des Rechtsstreits**.[39] Sie **treffen den Streitverkünder**.[40] Dieser kann sie möglicherweise gegen den Dritten im Rahmen des Folgeprozesses geltend machen. Tritt der Streitverkündungsempfänger bei, so sind im Hinblick auf seine Stellung als Nebenintervenient §§ 101 Abs. 1, 100 ZPO zu beachten.[41]

§ 75
Gläubigerstreit

[1]Wird von dem verklagten Schuldner einem Dritten, der die geltend gemachte Forderung für sich in Anspruch nimmt, der Streit verkündet und tritt der Dritte in den Streit ein, so ist der Beklagte, wenn er den Betrag der Forderung zugunsten der streitenden Gläubiger unter Verzicht auf das Recht zur Rücknahme hinterlegt, auf seinen Antrag aus dem Rechtsstreit unter

---

29 BGHZ 175, 1 (10), Rn. 28 = NJW 2008, 519 (522), Rn. 28 = BauR 2008, 711 (715) m.w.N.
30 BGHZ 179, 361 (369 ff.), Rn. 27–33 = NJW 2009, 1488 (1490), Rn. 27–33 = MDR 2009, 739 (740) [nur teilweise abgedruckt].
31 BGHZ 134, 190 (194) = NJW 1997, 859 (859 f.) = MDR 1997, 390, damals noch Verjährungsunterbrechung, mittlerweile durch Gesetzesänderung überholt.
32 OLG Hamm, NJW 1994, 203, damals noch Verjährungsunterbrechung, mittlerweile durch Gesetzesänderung überholt.
33 BGH, NJW 2012, 3087 (3088), Rn. 12–15.
34 BGH, NJW-RR 2015, 1058, Rn. 21 = BauR 2015, 1360 (1361), Rn. 19; BGHZ 179, 361 (366 f.), Rn. 18–20 = NJW 2009, 1488 (1489), Rn. 18–20; BGHZ 175, 1 (3 ff.), Rn. 11–26 = NJW 2008, 519 (520 f.), 11–26 = BauR 2008, 711 (711 ff.); a.A. wohl MK-*Schultes*, ZPO, § 74 Rn. 12 m.w.N. zu beiden Ansichten.
35 BGHZ 179, 361 (367), Rn. 21 = NJW 2009, 1488 (1489), Rn. 21; BGHZ 175, 1 (3 ff.), Rn. 12–14 = NJW 2008, 519 (520), Rn. 12–14 = BauR 2008, 711 (711 f.).
36 BGHZ 36, 212 (214 ff.) = NJW 1962, 387 (387 f.) = MDR 1962, 200.
37 BGH, NJW 2012, 674 (676), Rn. 14 = BauR 2012, 675 (677), Rn. 14; dazu auch OLG München v. 29.04.2015, 28 U 4167/14 Bau, juris, Rn. 15–17.
38 Prütting/Gehrlein-*Gehrlein*, ZPO, § 74 Rn. 7 unter Hinweis auf LAG Nürnberg v. 29.03.2011, 7 (4) Sa 702/07, juris, Rn. 52–55 = DB 2011, 1284.
39 Thomas/Putzo-*Hüßtege*, ZPO, § 73 Rn. 8.
40 Zöller-*Vollkommer*, ZPO, § 73 Rn. 1; MK-*Schultes*, ZPO, § 72 Rn. 21.
41 Stein/Jonas-*Jacoby*, ZPO, § 73 Rn. 6.

Verurteilung in die durch seinen unbegründeten Widerspruch veranlassten Kosten zu entlassen und der Rechtsstreit über die Berechtigung an der Forderung zwischen den streitenden Gläubigern allein fortzusetzen. ²Dem Obsiegenden ist der hinterlegte Betrag zuzusprechen und der Unterliegende auch zur Erstattung der dem Beklagten entstandenen, nicht durch dessen unbegründeten Widerspruch veranlassten Kosten, einschließlich der Kosten der Hinterlegung, zu verurteilen.

Inhalt:

	Rn.		Rn.
A. Allgemeines	1	II. Inanspruchnahme der Klageforderung durch Dritten; Forderungsidentität	5
I. Konstellation und Zweck	1	III. Streitverkündung	6
II. Begriffe	2	IV. Prozesseintritt des Dritten	7
III. Vorweggenommener Prätendentenstreit	3	V. Hinterlegung durch den Schuldner; Entlassungsantrag	8
B. Erläuterungen	4	VI. Wirkungen	9
I. Anhängiger Rechtsstreit	4	C. Kosten	13

A. Allgemeines
I. Konstellation und Zweck

Die Konstellation des § 75 ZPO weist eine Nähe zur Hauptintervention nach § 64 ZPO auf: ein Dritter nimmt die Forderung, über die zwischen zwei anderen Parteien ein Rechtsstreit besteht, für sich in Anspruch. Im Falle des § 64 ZPO entstehen auf Veranlassung des Dritten zwei Prozesse (Hauptprozess und Interventionsprozess, vgl. §§ 64, 65 Rn. 1). Dem **verklagten Schuldner, der das Bestehen der Forderung nicht bestreitet**, aber **nicht weiß, wer der tatsächliche Forderungsinhaber** ist, soll durch § 75 ZPO die Möglichkeit gegeben werden, den Rechtsstreit zu verlassen und ihn den beiden Gläubigern zu überlassen.[1] Materiell-rechtlich wird diese Vorschrift durch § 372 Satz 2 BGB ergänzt. Der Schuldner kann sich dadurch bereits vor dem Rechtsstreit aus dem Streit zwischen mehreren Gläubigern heraushalten (§ 378 BGB). Ist der Schuldner verklagt, bietet ihm sodann § 75 ZPO die Möglichkeit, aus dem Prozess auszuscheiden. 1

II. Begriffe

Die Gläubiger werden als sog. **Prätendenten** bezeichnet. Der Kläger wird auch **Urkläger** oder **Erstprätendent**, der ursprüngliche Beklagte auch **Urbeklagter** und der Dritte auch **Zweitprätendent** genannt.[2] 2

III. Vorweggenommener Prätendentenstreit

§ 75 ZPO erfasst nur den Fall, dass zunächst von einem Forderungsprätendenten der Schuldner verklagt wird und sodann der andere Forderungsprätendent Teil dieses Rechtsstreits wird. § 75 ZPO findet dagegen keine Anwendung auf den Fall des sog. **vorweggenommenen Prätendentenstreits**, in dem direkt die beiden Forderungsprätendenten miteinander um die Forderung streiten, z.B. im Wege der **Feststellungsklage**.[3] 3

B. Erläuterungen
I. Anhängiger Rechtsstreit

Es muss eine **Leistungsklage**[4] zwischen zwei Parteien anhängig sein, die **hinterlegungsfähige Sachen** zum Gegenstand hat.[5] 4

II. Inanspruchnahme der Klageforderung durch Dritten; Forderungsidentität

Ein Dritter muss die Forderung des klagenden Gläubigers für sich in Anspruch nehmen. Es genügt die Inanspruchnahme als **Teil- oder Mitberechtigter**.[6] Die inanspruchgenommene Forderung muss mit der des klagenden Gläubigers **identisch** sein.[7] 5

---

1 Thomas/Putzo-*Hüßtege*, ZPO, § 75 Rn. 1.
2 Vgl. Musielak/Voit-*Weth*, ZPO, § 75 Rn. 1.
3 Vgl. dazu, insbesondere auch zum Feststellungsinteresse insoweit BGHZ 123, 44 (47) = NJW 1993, 2539 (2540) = MDR 1993, 1120 (1121); BGH, NJW-RR 1992, 1151 = FamRZ 1992, 1055 (1056); BGH, NJW-RR 1992, 252 (253); BGH, NJW-RR 1987, 1439 (1440) = MDR 1988, 123.
4 BGH v. 10.11.1980, II ZR 99/80, juris, Rn. 9: keine Anwendung auf Feststellungsklagen zwischen einem Forderungsprätendenten und dem Schuldner.
5 Stein/Jonas-*Jacoby*, ZPO, § 75 Rn. 3 f.
6 LG München I, MDR 2007, 606 mit zust. Anm. *Vollkommer*.
7 BGH, NJW 1996, 1673 = MDR 1996, 595 (596); *Vollkommer*, MDR 2007, 607 mit Anm. zu LG München I, MDR 2007, 606.

III. Streitverkündung

6 Der verklagte Schuldner hat dem Dritten den Streit gemäß § 73 ZPO zu verkünden.

IV. Prozesseintritt des Dritten

7 Der Dritte muss in den Prozess **eintreten** und zwar **als selbstständige Hauptpartei** und nicht nur als Nebenintervenient.[8] Der Eintritt unterliegt im Anwaltsprozess dem **Anwaltszwang**.[9] Auch der Eintritt als Nebenintervenient ist möglich, löst dann aber nicht die Wirkungen des § 75 ZPO aus.[10] Ebenso kommt für den Dritten statt des Einritts nach § 75 ZPO die Erhebung einer **selbstständigen Hauptinterventionsklage nach §§ 64, 65 ZPO** in Betracht.[11]

V. Hinterlegung durch den Schuldner; Entlassungsantrag

8 Der ursprünglich verklagte Schuldner hat den Betrag der Forderung zugunsten der Prätendenten **unter Verzicht auf das Recht zur Rücknahme zu hinterlegen** (vgl. §§ 372 Satz 2, 376 Abs. 2 Nr. 1, 378 BGB). § 75 ZPO begründet ein eigenes, von den Voraussetzungen der §§ 372 ff. BGB unabhängiges Recht zur Hinterlegung.[12] Der Schuldner muss stets den **gesamten** von beiden Prätendenten geltend gemachten Betrag hinterlegen. Eine **Teilhinterlegung und Teilentlassung** bei teilweisem Bestreiten der Forderung durch den Beklagten kommt **nicht in Betracht**.[13] Eine Ausnahme gilt nur dort, wo der Dritte nur einen Teil der Forderung des Klägers in Anspruch nimmt. Der Schuldner muss **Antrag auf Entlassung aus dem Rechtsstreit** stellen.

VI. Wirkungen

9 Liegen die Voraussetzungen des § 75 ZPO vor, kommt es zu einem Parteiwechsel und damit zum **Rechtsstreit zwischen den Prätendenten**. Im Einzelnen ist für diesen Rechtsstreit eine Vielzahl von Punkten umstritten.[14] Richtigerweise wird nicht der alte Prozess in dessen ursprünglichem Stand fortgesetzt und findet **keine Bindung an die bisherigen Prozessergebnisse** statt.[15] Das Bestehen der Forderung gegen den Schuldner steht aber fest.[16]

10 Der ursprünglich verklagte Schuldner scheidet **durch Endurteil**[17] aus dem Rechtsstreit aus. Zu den **Kosten** vgl. Rn. 13. Der Tenor lautet:

Der Beklagte wird aus dem Rechtsstreit entlassen.

Der **Dritte tritt als neuer Beklagter in den Rechtsstreit** ein. Liegen die Voraussetzungen dagegen nicht vor, wird der Antrag auf Entlassung aus dem Rechtsstreit durch **Zwischenurteil**[18] **zurückgewiesen**, gegen das die **sofortige Beschwerde** stattfindet, die sowohl dem Beklagten als auch dem Dritten zusteht.[19]

11 Der **Klageantrag** ist zu ändern. Es ist vom bisherigen Kläger auf Einwilligung in die Auszahlung des hinterlegten Betrages zu klagen.[20] Der neue Beklagte wird Klageabweisung und im Wege der Widerklage beantragen, dass die Auszahlung des hinterlegten Betrages an ihn zu erfolgen und der Kläger darin einzuwilligen hat.[21] Andernfalls könnte er mangels Rechtskraftwirkung hinsichtlich seiner Forderungsinhaberschaft keine Auszahlung begehren.[22] Es kommt für die Freigabepflicht nicht entscheidend auf das Verhältnis der Prätendenten untereinander an, sondern auf dasjenige zum Schuldner.[23] Dem im Verhältnis zum Schuldner wirklichen For-

---

8 BGH, NJW 1997, 1501 = VersR 1997, 1406 (1407).
9 Prütting/Gehrlein-*Gehrlein*, ZPO, § 75 Rn. 4; Musielak/Voit-*Weth*, ZPO, § 75 Rn. 2.
10 Stein/Jonas-*Jacoby*, ZPO, § 75 Rn. 8.
11 Zöller-*Vollkommer*, ZPO, § 75 Rn. 3; Stein/Jonas-*Jacoby*, ZPO, § 75 Rn. 8.
12 Str.; wie hier Zöller-*Vollkommer*, ZPO, § 75 Rn. 2; Prütting/Gehrlein-*Gehrlein*, ZPO, § 75 Rn. 5; offengelassen von BGH, NJW 1997, 1501 = VersR 1997, 1406 (1407).
13 Thomas/Putzo-*Hüßtege*, ZPO, § 75 Rn. 6; Prütting/Gehrlein-*Gehrlein*, ZPO, § 75 Rn. 5; a.A. LG München I, MDR 2007, 606 mit zust. Anm. *Vollkommer* m.w.N. auch zur Gegenansicht; Zöller-*Vollkommer*, ZPO, § 75 Rn. 2a; Baumbach/Lauterbach/Albers/Hartmann, ZPO, § 75 Rn. 7.
14 MK-*Schultes*, ZPO, § 75 Rn. 10–15; Stein/Jonas-*Jacoby*, ZPO, § 75 Rn. 12–17.
15 Stein/Jonas-*Jacoby*, ZPO, § 75 Rn. 12 m.w.N.; MK-*Schultes*, ZPO, § 75 Rn. 11–13 m.w.N.; Prütting/Gehrlein-*Gehrlein*, ZPO, § 75 Rn. 7; Musielak/Voit-*Weth*, ZPO, § 75 Rn. 4.
16 Musielak/Voit-*Weth*, ZPO, § 75 Rn. 4.
17 Zöller-*Vollkommer*, ZPO, § 75 Rn. 4 m.w.N.
18 Str.; wie hier Musielak/Voit-*Weth*, ZPO, § 75 Rn. 3; Zöller-*Vollkommer*, ZPO, § 75 Rn. 7; a.A. Baumbauch/Lauterbach/Albers/Hartmann, ZPO, § 75 Rn. 9.
19 Prütting/Gehrlein-*Gehrlein*, ZPO, § 75 Rn. 6.
20 Vgl. zu den Voraussetzungen der Auszahlung die Hinterlegungsgesetze der Länder.
21 BGHZ 35, 165 (171) = NJW 1961, 1457 (1458); Thomas/Putzo-*Hüßtege*, ZPO, § 75 Rn. 3.
22 BGH, NJW 2000, 291 (294) = MDR 2000, 46 (47); OLG Zweibrücken, OLGZ 80, 237 (239); Prütting/Gehrlein-*Gehrlein*, ZPO, § 75 Rn. 8; Musielak/Voit-*Weth*, ZPO, § 75 Rn. 5.
23 BGH, NJW 2000, 291 (294) = MDR 2000, 46 (47).

derungsinhaber steht gegen den anderen Prätendenten ein Anspruch auf Einwilligung nach § 812 BGB zu.[24] Inwieweit neben oder statt diesen Anträgen Feststellungsanträge notwendig oder ausreichend sind, ist umstritten.[25]

Wird im Streit zwischen den Forderungsprätendenten festgestellt, dass die **Forderung keinem von ihnen zusteht**, wird der hinterlegte Betrag ohne erneute Klage dem Schuldner wieder ausgezahlt.[26]

12

C. Kosten

Soweit der Beklagte außer der Aktivlegitimation den Bestand der Forderung bestritten hat und dadurch Kosten entstanden sind, sind diese dem ursprünglichen Beklagten in dem ihn aus dem Rechtsstreit entlassenden Urteil (vgl. Rn. 10) aufzuerlegen. Über die übrigen Kosten wird im Schlussurteil zwischen den Prätendenten entschieden.

13

§ 76
Urheberbenennung bei Besitz

(1) ¹Wer als Besitzer einer Sache verklagt ist, die er auf Grund eines Rechtsverhältnisses der im § 868 des Bürgerlichen Gesetzbuchs bezeichneten Art zu besitzen behauptet, kann vor der Verhandlung zur Hauptsache unter Einreichung eines Schriftsatzes, in dem er den mittelbaren Besitzer benennt, und einer Streitverkündungsschrift die Ladung des mittelbaren Besitzers zur Erklärung beantragen. ²Bis zu dieser Erklärung oder bis zum Schluss des Termins, in dem sich der Benannte zu erklären hat, kann der Beklagte die Verhandlung zur Hauptsache verweigern.

(2) Bestreitet der Benannte die Behauptung des Beklagten oder erklärt er sich nicht, so ist der Beklagte berechtigt, dem Klageantrage zu genügen.

(3) ¹Wird die Behauptung des Beklagten von dem Benannten als richtig anerkannt, so ist dieser berechtigt, mit Zustimmung des Beklagten an dessen Stelle den Prozess zu übernehmen. ²Die Zustimmung des Klägers ist nur insoweit erforderlich, als er Ansprüche geltend macht, die unabhängig davon sind, dass der Beklagte auf Grund eines Rechtsverhältnisses der im Absatz 1 bezeichneten Art besitzt.

(4) ¹Hat der Benannte den Prozess übernommen, so ist der Beklagte auf seinen Antrag von der Klage zu entbinden. ²Die Entscheidung ist in Ansehung der Sache selbst auch gegen den Beklagten wirksam und vollstreckbar.

§ 77
Urheberbenennung bei Eigentumsbeeinträchtigung

Ist von dem Eigentümer einer Sache oder von demjenigen, dem ein Recht an einer Sache zusteht, wegen einer Beeinträchtigung des Eigentums oder seines Rechts Klage auf Beseitigung der Beeinträchtigung oder auf Unterlassung weiterer Beeinträchtigung erhoben, so sind die Vorschriften des § 76 entsprechend anzuwenden, sofern der Beklagte die Beeinträchtigung in Ausübung des Rechtes eines Dritten vorgenommen zu haben behauptet.

Inhalt:

	Rn.		Rn.
A. Allgemeines	1	I. Verhandlungsverweigerungsrecht des Beklagten	5
I. Regelungsgehalt des § 76 ZPO	1		
II. Regelungsgehalt des § 77 ZPO	2	II. Folge des Bestreitens bzw. der Nichterklärung des mittelbaren Besitzers	6
B. Voraussetzungen	3		
I. Leistungsklage aufgrund unmittelbaren Besitzes	3	III. Anerkennung durch den mittelbaren Besitzer	7
II. Urheberbenennung	4		
C. Weiterer Verfahrensfortgang	5		

---

24 BGHZ 35, 165 (170) = NJW 1961, 1457 (1458).
25 Vgl. MK-*Schultes*, ZPO, § 75 Rn. 14; Stein/Jonas-*Jacoby*, ZPO, § 75 Rn. 13.
26 Musielak/Voit-*Weth*, ZPO, § 75 Rn. 5; MK-*Schultes*, ZPO, § 75 Rn. 14 m.w.N. auch zur Gegenansicht.

A. Allgemeines
I. Regelungsgehalt des § 76 ZPO

1 § 76 ZPO erfasst die Konstellation, dass ein unmittelbarer Besitzer, der die Sache aufgrund eines **Besitzmittlungsverhältnisses** (§ 868 BGB) besitzt, wegen des Besitzes dieser Sache verklagt wird. Er kann sich dann konkurrierenden (Herausgabe-)Ansprüchen des Klägers und des mittelbaren Besitzers ausgesetzt sehen.[1] Er kann den mittelbaren Besitzer durch eine Streitverkündungsschrift benennen und laden, damit er sich erklärt. Der verklagte Besitzer kann dadurch entweder eine Freistellung gegenüber Ansprüchen des mittelbaren Besitzers erlangen (Abs. 2) oder erreichen, dass er aus dem Prozess unter Übernahme durch den mittelbaren Besitzer ausscheidet (Abs. 3, 4). Die Benennung des mittelbaren Besitzers wird auch als *laudatio/nominatio auctoris*[2] bezeichnet.

II. Regelungsgehalt des § 77 ZPO

2 § 77 ZPO erklärt die Vorschrift des § 76 ZPO für entsprechend anwendbar, wenn ein Rechteinhaber an einer Sache wegen Beeinträchtigung dieses Rechts auf Beseitigung oder Unterlassung klagt und der Beklagte unter **prinzipieller Anerkennung seiner Passivlegitimation**[3] behauptet, die Beeinträchtigung in Ausübung des Rechtes eines Dritten (z.B. Mietvertrag, Dienstvertrag, Arbeitsvertrag, Werkvertrag, Auftrag)[4] vorgenommen zu haben. Gemeint sind vor allem Klagen, die sich auf § 1004 BGB stützen. § 77 ZPO erfasst **sämtliche absoluten Rechte**.[5] Die Beeinträchtigung muss **auf andere Weise als durch Besitzentziehung oder -vorenthaltung** erfolgt sein.[6] Die Benennung i.S.d. §§ 77, 76 ZPO ist auch zulässig, wenn der Benennende und der Benannte als **Streitgenossen** verklagt wurden.[7]

B. Voraussetzungen
I. Leistungsklage aufgrund unmittelbaren Besitzes

3 § 76 ZPO setzt eine **Leistungsklage** gegen einen unmittelbaren Besitzer voraus, wobei dieser den Besitz einer weiteren Person nach § 868 BGB aufgrund eines **Besitzmittlungsverhältnisses** mittelt bzw. das **zumindest behauptet**. Die **Besitzdienerschaft** des verklagten Besitzers reicht nicht aus.[8] Erfasst werden insbesondere Klagen auf Herausgabe, allerdings nur dann, wenn **Anspruchsgrund unmittelbar der Besitz allein selbst** (§§ 985, 1007 Abs. 2, 1227 BGB) und nicht etwa nur ein schuldrechtlicher Herausgabeanspruch[9] oder der Besitz nebst weiteren Voraussetzungen (wie z.B. Bösgläubigkeit oder verbotener Eigenmacht) ist.[10] Ansprüche aus §§ 861 und 1007 Abs. 1 BGB werden nicht erfasst. Mögliche Ansprüche können auch solche auf Vorlegung (§§ 809, 810 BGB), Hinterlegung (§§ 372 ff. BGB) oder nach § 867 BGB sein.

II. Urheberbenennung

4 Der verklagte Besitzer muss spätestens bis zur mündlichen Verhandlung zur Hauptsache einen **Schriftsatz** einreichen, in dem der – behauptete – mittelbare Besitzer benannt, ihm der Streit verkündet und dessen Ladung zur Erklärung beantragt wird. **Anwaltszwang** besteht dafür keiner.[11] Im Verfahren vor dem Amtsgericht gilt § 496 ZPO.[12] Eine **Heilung von Mängeln gemäß § 295 ZPO** kommt in Betracht.[13]

C. Weiterer Verfahrensfortgang
I. Verhandlungsverweigerungsrecht des Beklagten

5 Die **Zustellung** der Streitverkündungsschrift erfolgt **von Amts wegen** ebenso wie die **Ladung zum Termin**. Bis zur Erklärung des mittelbaren Besitzers bzw. bis zu dem Schluss desjenigen Termins, in dem sich dieser zu erklären hätte, kann der Beklagte ohne negative Folgen für sich die **Verhandlung zur Hauptsache verweigern** (Absatz 1 Satz 2).

---

1 KG Berlin, NJW-RR 1995, 62 (63) = MDR 1993, 1234.
2 MK-*Schultes*, ZPO, § 76 Rn. 1.
3 MK-*Schultes*, ZPO, § 77 Rn. 3.
4 Thomas/Putzo-*Hüßtege*, ZPO, § 77 Rn. 1.
5 MK-*Schultes*, ZPO, § 77 Rn. 2.
6 Musielak/Voit-*Weth*, ZPO, § 77 Rn. 1.
7 Prütting/Gehrlein-*Gehrlein*, ZPO, § 77 Rn. 1; Zöller-*Vollkommer*, ZPO, § 77 Rn. 2; Stein/Jonas-*Jacoby*, ZPO, § 77 Rn. 6 m.w.N.
8 Prütting/Gehrlein-*Gehrlein*, ZPO, § 76 Rn. 3; Musielak/Voit-*Weth*, ZPO, § 76 Rn. 3 m.w.N.
9 MK-*Schultes*, ZPO, § 76 Rn. 2 m.w.N.; Zöller-*Vollkommer*, ZPO, § 76 Rn. 1 m.w.N.
10 Musielak/Voit-*Weth*, ZPO, § 76 Rn. 2 m.w.N.
11 Prütting/Gehrlein-*Gehrlein*, ZPO, § 76 Rn. 4.
12 Musielak/Voit-*Weth*, ZPO, § 76 Rn. 3.
13 Zöller-*Vollkommer*, ZPO, § 76 Rn. 3.

II. Folge des Bestreitens bzw. der Nichterklärung des mittelbaren Besitzers

Der mittelbare Besitzer kann die Behauptung des Beklagten seine Rechtsstellung als mittelbarer Besitzer betreffend **bestreiten** oder **sich dazu nicht erklären**. Tut er dies, ist der Beklagte von jeder **Haftung** ihm gegenüber **bezüglich der Sache freigestellt** und kann daher gefahrlos dem Klageantrag genügen (Abs. 2). Er kann sich aber auch dazu entscheiden, den Prozess fortzusetzen, wobei dann zwischen ihm und dem mittelbaren Besitzer im Falle des Vorliegens der Voraussetzungen der §§ 72, 73 ZPO die Wirkung des § 68 ZPO eintritt.

6

III. Anerkennung durch den mittelbaren Besitzer

Erkennt der mittelbare Besitzer dagegen die Behauptungen des Beklagten bezüglich der Besitzverhältnisse **als richtig an**, so kann er den Prozess an seiner Stelle übernehmen (Abs. 3), wodurch ein Parteiwechsel eintritt, wenn der Beklagte beantragt, ihn von dem Rechtsstreit zu entbinden und dies geschieht (Abs. 4).[14] Der Übernahme muss der **Beklagte zustimmen**. Die **Zustimmung des Klägers** ist nur dann nötig, wenn der von ihm geltend gemachte Anspruch unabhängig vom Besitzmittlungsverhältnis ist. Der Beklagte scheidet im Falle des Vorliegens der Voraussetzungen auf Antrag in mündlicher Verhandlung **durch Endurteil** aus dem Rechtsstreit aus.[15] Die Zurückweisung des Entbindungsantrages erfolgt durch **Zwischenurteil**.[16] Dieses kann nur gemeinsam mit dem Endurteil angefochten werden.[17] Im Falle des Wechsels der Parteien findet **keine Bindung des neuen Beklagten an die bisherigen Prozessergebnisse** statt.[18] Trotz Entlassung aus dem Rechtsstreit ist die Entscheidung auch gegen den vormaligen Beklagten wirksam und vollstreckbar (Abs. 4 Satz 2). Er ist daher in die Vollstreckungsklausel aufzunehmen.[19]

7

Stellt der Beklagte dagegen keinen Entbindungsantrag bleibt er Partei des Rechtsstreits als **Streitgenosse des Dritten**.[20]

8

Der Dritte kann **statt der Übernahme des Prozesses** auch dem **Beklagten als Streithelfer beitreten** oder im Wege der **Hauptintervention nach § 64 ZPO** vorgehen.[21] Er kann auch lediglich die Behauptung des Beklagten als richtig anerkennen und **nichts weiter tun**. In all diesen Fällen ist § 76 ZPO insbesondere die Haftungsfreistellung nach Abs. 2 nicht anwendbar.[22]

9

Die **Kostenentscheidung** ist stets dem **Schlussendurteil** überlassen, gleichviel ob die Entbindung zurückgewiesen oder ihr stattgegeben wurde.[23] Unterliegt der eingetretene Dritte, dann hat er auch die dem Kläger gegen den ursprünglichen Beklagten entstandenen Kosten zu erstatten. Das Gleiche gilt umgekehrt, wenn der Kläger unterliegt.[24]

10

Titel 4
Prozessbevollmächtigte und Beistände

Vorbemerkungen zu §§ 78–90 ZPO

Die §§ 78–90 ZPO regeln Fragen rund um die Prozessbevollmächtigten und Beistände einer Partei im Zivilprozess. Damit sind solche Personen gemeint, die aufgrund rechtsgeschäftlicher Vertretungsmacht den Prozess der Partei in deren Namen, also als fremden führen. Zu unterscheiden sind von Ihnen gesetzliche Vertreter (§ 51 Rn. 2–10), die ihre Vertretungsmacht für den Prozess nicht auf Rechtsgeschäft, sondern eine gesetzliche Regelung gründen, und Prozessstandschafter (§ 51 Rn. 12–19), die anders als Vertreter ein fremdes Recht im eigenen Namen geltend machen.

1

---

14 Thomas/Putzo-*Hüßtege*, ZPO, § 76 Rn. 3.
15 OLG Köln, NJW 1954, 238: durch Urteil; OLG Zweibrücken, JurBüro 1983, 1865; Prütting/Gehrlein-*Gehrlein*, ZPO, § 76 Rn. 7; Stein/Jonas-*Jacoby*, ZPO, § 76 Rn. 16, 18; a.A. Thomas/Putzo-*Hüßtege*, ZPO, § 76 Rn. 4: ohne besondere Entscheidung.
16 OLG Düsseldorf, OLGZ 1992, 254 (255), Rn. 9.
17 OLG Düsseldorf, OLGZ 1992, 254 (255), Rn. 9 f. m.w.N. auch zur Gegenansicht.
18 Zöller-*Vollkommer*, ZPO, § 76 Rn. 6 m.w.N.; MK-*Schultes*, ZPO, § 76 Rn. 11; a.A. Stein/Jonas-*Jacoby*, ZPO, § 76 Rn. 20 m.w.N. auch zur Gegenansicht.
19 Thomas/Putzo-*Hüßtege*, ZPO, § 76 Rn. 4.
20 Musielak/Voit-*Weth*, ZPO, § 76 Rn. 6.
21 Prütting/Gehrlein-*Gehrlein*, ZPO, § 76 Rn. 6.
22 Stein/Jonas-*Jacoby*, ZPO, § 76 Rn. 17.
23 OLG Köln, NJW 1954, 238.
24 OLG Köln, NJW 1954, 238.

2   In §§ 78–79 ZPO wird geregelt, in welchen Fällen eine Vertretung durch einen Rechtsanwalt zwingend nötig ist (Anwaltsprozess, § 78 ZPO) und in welchen Fällen nicht (Parteiprozess, § 79 ZPO) sowie wer eine Partei im Parteiprozess als Prozessbevollmächtigter vertreten kann. Die §§ 80–89 ZPO beschäftigen sich mit Fragen der Prozessvollmacht, also der für den Prozess erteilten rechtsgeschäftlichen Vertretungsmacht. § 90 ZPO trifft eine Regelung über den Beistand.

§ 78
Anwaltsprozess

(1) [1]Vor den Landgerichten und Oberlandesgerichten müssen sich die Parteien durch einen Rechtsanwalt vertreten lassen. [2]Ist in einem Land auf Grund des § 8 des Einführungsgesetzes zum Gerichtsverfassungsgesetz ein oberstes Landesgericht errichtet, so müssen sich die Parteien vor diesem ebenfalls durch einen Rechtsanwalt vertreten lassen. [3]Vor dem Bundesgerichtshof müssen sich die Parteien durch einen bei dem Bundesgerichtshof zugelassenen Rechtsanwalt vertreten lassen.

(2) Behörden und juristische Personen des öffentlichen Rechts einschließlich der von ihnen zur Erfüllung ihrer öffentlichen Aufgaben gebildeten Zusammenschlüsse können sich als Beteiligte für die Nichtzulassungsbeschwerde durch eigene Beschäftigte mit der Befähigung zum Richteramt oder durch Beschäftigte mit Befähigung zum Richteramt anderer Behörden oder juristischer Personen des öffentlichen Rechts einschließlich der von ihnen zur Erfüllung ihrer öffentlichen Aufgaben gebildeten Zusammenschlüsse vertreten lassen.

(3) Diese Vorschriften sind auf das Verfahren vor einem beauftragten oder ersuchten Richter sowie auf Prozesshandlungen, die vor dem Urkundsbeamten der Geschäftsstelle vorgenommen werden können, nicht anzuwenden.

(4) Ein Rechtsanwalt, der nach Maßgabe der Absätze 1 und 2 zur Vertretung berechtigt ist, kann sich selbst vertreten.

Inhalt:

	Rn.
A. Regelungsgehalt und Begrifflichkeiten (Anwaltszwang, Postulationsfähigkeit)	1
I. Anwaltsprozess und Parteiprozess	1
II. Postulationsfähigkeit	2
B. Erläuterungen	3
I. Reichweite des Anwaltszwangs	3
1. Sachliche Reichweite	3
2. Persönliche Reichweite	4
3. Einzelfälle und Abs. 3	5
4. Außergerichtliche Vereinbarungen	8
5. Partielle Ausnahme vom Anwaltszwang für Behörden, Abs. 2	9
6. Belehrung über den Anwaltszwang durch Gericht	10
II. Rechtsanwälte und gleichgestellte Personen	11
III. Prozesshandlungen ohne notwendige Postulationsfähigkeit	16
1. Folgen bei Prozesshandlung ohne Postulationsfähigkeit	16
2. Genehmigung und Heilung	18
IV. Selbstvertretungsrecht des Rechtsanwalts, Abs. 4	19

A. Regelungsgehalt und Begrifflichkeiten (Anwaltszwang, Postulationsfähigkeit)
I. Anwaltsprozess und Parteiprozess

1   § 78 ZPO regelt den **Anwaltsprozess**, also solche Prozesse, in denen sich die Partei zwingend durch einen Rechtsanwalt oder eine diesem gleichgestellte Person (vgl. Rn. 11–15) vertreten lassen muss. Man spricht insoweit auch vom „**Anwaltszwang**". Die Regelung über den Anwaltszwang ist verfassungsgemäß.[1] Ist eine Vertretung durch einen Rechtsanwalt nicht vorgeschrieben, spricht man vom **Parteiprozess** (vgl. § 79 Rn. 1).

II. Postulationsfähigkeit

2   Die Regelung des § 78 ZPO steht im Zusammenhang mit der **Postulationsfähigkeit**. Darunter versteht man die **Fähigkeit, prozessuale Handlungen wirksam in eigener Person** vorzunehmen.[2] Fehlt einer Person die Postulationsfähigkeit könnte man auch sagen, dass das Gericht

---

1 BVerfG, NJW 1993, 3192.
2 Für die Entgegennahme von Prozesshandlungen gilt der Anwaltszwang nur in der mündlichen Verhandlung, vgl. Zöller-*Vollkommer*, ZPO, § 78 Rn. 17; Musielak/Voit-*Weth*, ZPO, § 78 Rn. 14. Für Zustellungen ist § 172 ZPO zu beachten.

die Handlungen und Erklärungen dieser Person überhaupt nicht wahrnimmt, diese in prozessualer Hinsicht gleichsam nicht existent sind. So ist beispielsweise eine Partei, die im Anwaltsprozess ohne postulationsbefugten Rechtsanwalt erscheint, **säumig** nach §§ 330 ff. ZPO. Im **Parteiprozess** ist jede prozessfähige Partei auch postulationsfähig, im **Anwaltsprozess** dagegen nur ein Rechtsanwalt oder eine diesem gleichgestellte Person, soweit nicht eine Ausnahme vom Anwaltszwang für die konkrete Prozesshandlung besteht (vgl. Rn. 5–7). Soweit über die Frage der Postulationsfähigkeit gestritten wird, ist die Partei **für diesen Streit postulationsfähig**.[3] Zu den Folgen fehlender Postulationsfähigkeit im Einzelnen vgl. Rn. 16.

B. Erläuterungen
I. Reichweite des Anwaltszwangs
1. Sachliche Reichweite

Der **Anwaltszwang** gilt nach § 78 Abs. 1 ZPO für Prozesse vor dem **Landgericht**, dem **Oberlandesgericht**, dem obersten Landesgericht[4] und dem **Bundesgerichtshof**, soweit nicht § 78 Abs. 3 ZPO Ausnahmen vorsieht oder diese aus sonstigen Gründen gerechtfertigt sind (dazu Rn. 5–7). Er gilt vor diesen Gerichten unabhängig von deren Besetzung oder in welcher Instanz sie entscheiden. Beim **Amtsgericht existiert mithin kein Anwaltszwang** (Ausnahme: Familiengericht in den Fällen des § 114 FamFG). Es kommt entscheidend darauf an, **welchem Gericht gegenüber die Handlung vorzunehmen** ist.[5] Wird der Rechtsstreit nach § 281 ZPO wegen sachlicher Unzuständigkeit[6] verwiesen,[7] so bleiben bei einer Verweisung vom AG zum LG die Prozesshandlungen auch wirksam, wenn sie vor dem AG von einer vor dem LG nicht postulationsbefugten Person vorgenommen wurden. Bei einer Verweisung vom LG zum AG werden diese Handlungen mit der Verweisung *ex nunc* wirksam.

2. Persönliche Reichweite

Der Anwaltszwang gilt für die Parteien, bei **Parteimehrheit** für jede Partei gesondert, wobei im Falle der notwendigen Streitgenossenschaft § 62 Abs. 1 ZPO zu beachten ist.[8] Das Gleiche gilt auch für den **Nebenintervenienten** und den **Streitverkündeten** nach deren Beitritt.[9] Der Beitritt selbst wird – außer im selbstständigen Beweisverfahren – ebenfalls vom Anwaltszwang erfasst.[10] Der **Dritte, der einem Vergleich beitritt** wird vom Anwaltszwang nicht erfasst (vgl. Rn. 5). Die Frage inwieweit sich ein dem Anwaltszwang unterliegender Beteiligter selbst vertreten kann, wenn er Rechtsanwalt ist, ist in § 78 Abs. 4 ZPO geregelt (Rn. 19). Für Behörden und juristische Personen des öffentlichen Rechts gilt nach § 78 Abs. 2 ZPO eine eng beschränkte Bereichsausnahme für die Nichtzulassungsbeschwerde (Rn. 9).

3. Einzelfälle und Abs. 3

Der Anwaltszwang gilt für das **gesamte Verfahren ab der Anhängigkeit** bei Gericht. Er betrifft sämtliche Prozesshandlungen, soweit diese nicht nach § 78 Abs. 3 ZPO vom Anwaltszwang ausgenommen sind (Rn. 6). In **Sonderkonstellationen** sind jedoch nicht zuletzt aus **prozessökonomischen Gründen** weitere Ausnahmen vom Anwaltszwang anzuerkennen, soweit der Zweck des § 78 ZPO nicht entgegensteht.[11]

– Für die Abgabe von Erklärungen im Rahmen eines **Prozessvergleichs** ist streitig, ob diese ebenfalls dem Anwaltszwang unterliegt. Dies ist richtigerweise zu bejahen.[12] Dies gilt auch für den nach § 278 Abs. 6 ZPO geschlossenen Vergleich.[13] Der **Vergleich im PKH-Bewilligungsverfahren** unterfällt dem Anwaltszwang nicht (vgl. Rn. 6). Der **Vergleichswiderruf** ge-

---

3 OLG Frankfurt a.M., FamRZ 1994, 1477.
4 Aktuell existiert in Deutschland kein derartiges Gericht mehr.
5 Z.B. BGHZ 146, 372 = NJW 2001, 1581 = MDR 2001, 766.
6 Nach Aufhebung des Lokalisierungszwangs stellt sich das Problem fehlender Postulationsbefugnis nach Verweisung wegen örtlicher Unzuständigkeit nicht mehr.
7 Dazu ausführlich mit Nachweisen *Saenger/Sandhaus*, NJW 2014, 417.
8 Musielak/Voit-*Weth*, ZPO, § 78 Rn. 13.
9 BGH, NJW-RR 2005, 1237 = FamRZ 2005, 1164 (1165).
10 BGHZ 194, 68 (70 ff.), Rn. 7–27 = NJW 2012, 2810 (2810 f.), Rn. 7–27 = MDR 2012, 1242; BGH, NJW 1991, 229 (230) = AnwBl. 1992, 324.
11 Z.B. BGHZ 146, 372 (373) = NJW 2001, 1581 = MDR 2001, 766.
12 OLG Schleswig, MDR 1999, 252; OLG Hamm, NJW 1972, 1998; Zöller-*Vollkommer*, ZPO, § 78 Rn. 18 m.w.N.; Musielak/Voit-*Weth*, ZPO, § 78 Rn. 15; a.A. OLG Köln, NJW 1973, 907; OLG Koblenz, NJW 1971, 1043 mit abl. Anm. *Schneider*; ausdrücklich offengelassen für die Parteien von BGHZ 86, 160 (163) = NJW 1983, 1433 mit zahlreichen Nachweisen zu den verschiedenen Ansichten.
13 Zöller-*Vollkommer*, ZPO, § 78 Rn. 18.

genüber dem Gericht unterliegt ebenfalls dem Anwaltszwang.[14] Tritt ein Dritter einem Vergleich bei, so gilt für diesen **kein Anwaltszwang**, da er gerade keine Partei des Rechtsstreits ist.[15] Wegen § 78 Abs. 3 ZPO besteht dagegen **kein Anwaltszwang bei Vergleichsschluss vor dem beauftragten oder ersuchten Richter**.[16] Hingegen besteht für einen Vergleichsschluss vor dem **Einzelrichter im Anwaltsprozess** der Anwaltszwang,[17] soweit die Sache nicht gerade an ihn als beauftragten Richter verwiesen wurde.[18] Dieser ist nicht identisch mit dem Einzelrichter nach §§ 348 f. ZPO. Die Kammer kann aber die Sache zum Vergleichsschluss an eines der Mitglieder als beauftragten Richter verweisen, was dem Einzelrichter verwehrt ist.[19]

– Für eine **Anspruchsbegründung** nach vorangegangenem Mahnbescheid besteht bis zur Terminsbestimmung kein Anwaltszwang.[20]

– **Fristverlängerungsanträge** in Anwaltsprozessen unterliegen dem Anwaltszwang.[21] Wird dem Fristverlängerungsgesuch trotz fehlender Postulationsfähigkeit stattgegeben, ist die Frist wirksam verlängert, da dies bei Gewährung keinen wirksamen Antrag voraussetzt.[22]

– Die **Klagerücknahme** als Prozesshandlung bedarf gegenüber anderen Gerichten als dem Amtsgericht ebenfalls der Vornahme durch einen Rechtsanwalt oder eine ihm gleichgestellte Person. Dies gilt richtiger Meinung nach auch für die Klagerücknahme im Falle des § 269 Abs. 3 Satz 3 ZPO.[23] War der Kläger am Amtsgericht noch nicht durch einen Rechtsanwalt vertreten und wird die Sache aufgrund Klageerhöhung an das Landgericht verwiesen, besteht für die Klagerücknahme kein Anwaltszwang.[24] Erhebt die unvertretene Partei vor dem LG aufgrund fehlender Postulationsfähigkeit eine unzulässige Klage, so kann sie diese auch wieder selbst zurücknehmen. Der in einem Verfahren vor dem BGH noch nicht durch einen dort postulationsfähigen Rechtsanwalt Vertretene kann die Klage durch den Rechtsanwalt der Vorinstanz zurücknehmen lassen.[25]

– Ein **Anerkenntnis** des Anspruchs nach § 307 ZPO für den Beklagten ist jedenfalls bis zur Revisionsbegründung durch den zweitinstanzlichen Prozessbevollmächtigten, der beim BGH nicht zugelassen ist, erklärbar.[26] Dagegen gilt dies **nicht für den Verzicht** nach § 306 ZPO.[27]

– Die **Aufnahme eines Prozesses** nach § 240 ZPO kann durch den beim BGH nicht postulationsbefugten Rechtsanwalt der zweiten Instanz erfolgen.[28]

– Die **Rechtsmitteleinlegung** beim Rechtsmittelgericht, vor dem Anwaltszwang besteht, wird vom Anwaltszwang erfasst.[29] Das Gleiche gilt für die **Rechtsmittelbegründung**.

– Die **Berufungsrücknahme** und die **Rücknahme der Revision**,[30] die ebenso wie sonstige **Rechtsmittelrücknahmen** gegenüber Gerichten, vor denen Anwaltszwang besteht, vom An-

---

14 Musielak/Voit-*Weth*, ZPO, § 78 Rn. 15 m.w.N.
15 BGHZ 86, 160 (162 ff.) = NJW 1983, 1433 m.w.N. auch zur Gegenansicht.
16 BGHZ 77, 264 (272 f.) = NJW 1980, 2307 (2309).
17 OLG Hamm, NJW 1972, 1998; a.A. OLG Köln, NJW 1973, 907; OLG Koblenz, NJW 1971, 1043 mit abl. Anm. *Schneider*.
18 Vgl. zu dieser Möglichkeit BGHZ 77, 264 (272 f.) = NJW 1980, 2307 (2309).
19 OLG Düsseldorf, NJW 1975, 2298 m.w.N. auch zur Gegenansicht und mit Anm. *Jauernig*, NJW 1975, 2300; Musielak/Voit-*Weth*, ZPO, § 78 Rn. 23.
20 BGHZ 84, 136 (138 ff.) = NJW 1982, 2002 für Bezugnahme des Rechtsanwalts auf Anspruchsbegründung der Partei; a.A. Musielak/Voit-*Weth*, ZPO, § 78 Rn. 18.
21 Z.B. für die Berufungsbegründungsfristverlängerung BGHZ 93, 300 (303) = NJW 1985, 1558 (1559) = VersR 1985, 497 (498).
22 BGH, NJW 1998, 1155 (1156) = VersR 1998, 476.
23 A.A. LG Krefeld v. 16.02.2007, 2 O 312/06, juris, Rn. 1; Zöller-*Vollkommer*, ZPO, § 78 Rn. 28 unter Hinweis auf die dies offenlassende Entscheidung OLG Düsseldorf, OLGR 2007, 735.
24 OLG Koblenz, NJW-RR 2000, 1370 (1371) = MDR 2000, 225 (226).
25 BGHZ 14, 210 (211 f.) = NJW 1954, 1405 (1405 f.).
26 BGH, NJW-RR 2014, 831 (832), Rn. 5 ff. = MDR 2014, 982; BGHZ 205, 287 (288 f.), Rn. 5 ff. = NJW 2015, 2193 (2193 f.), Rn. 5 ff. = MDR 2015, 1151: Nichtgeltung der Ausnahme nach Revisionsbegründung.
27 BGH, NJW-RR 2014, 831 (832), Rn. 6–8 = MDR 2014, 982; BGH, NJW 1988, 210 = MDR 1988, 51; ebenso Musielak/Voit-*Weth*, ZPO, § 78 Rn. 16; a.A. Zöller-*Vollkommer*, ZPO, § 78 Rn. 19.
28 BGHZ 146, 372 = NJW 2001, 1581 = MDR 2001, 766; BGH, NJW-RR 2012, 8, Rn. 3 f. = MDR 2011, 1491.
29 LG Paderborn v. 28.06.2010, 1 S 57/10, juris, Rn. 1: Berufungseinlegung; BGH, NJW 1992, 1700 (1701) = MDR 1992, 805 (806): Einspruch gegen ein Versäumnisurteil des LG; BGH, NJW 2002, 2181 = AnwBl. 2003, 123 (124): Rechtsbeschwerde.
30 BGH, NJW 1984, 805 = FamRZ 1984, 161.

waltszwang erfasst werden, können durch eine vor dem Rechtsmittelgericht nicht postulationsfähige Person erfolgen, die bereits (unzulässig) die Berufung bzw. Revision eingelegt hatte.[31] Es kann ohne Anwaltszwang außergerichtlich eine Verpflichtung zur Rechtsmittelrücknahme vereinbart werden, die ein dennoch weiter durchgeführtes Rechtsmittel unzulässig werden lässt (vgl. dazu auch Rn. 8).[32]

- Vom Anwaltszwang erfasst wird auch der **Rechtsmittelverzicht**.[33] Außergerichtliche Rechtsmittelverzichtsvereinbarungen unterliegen dagegen nicht dem Anwaltszwang (vgl. Rn. 8). Das Gleiche gilt für einen außergerichtlich zwischen den Parteien erklärten Rechtsmittelverzicht.[34]
- Für die **Streitverkündung** gilt kein Anwaltszwang (vgl. § 73 Rn. 1).

Kein Anwaltszwang besteht für sämtliche **Verfahren vor dem Rechtspfleger** nach § 13 RPflG. Dazu zählt nach § 21 RPflG insbesondere auch die **Kostenfestsetzung** (vgl. zur sofortigen Beschwerde im Kostenfestsetzungsverfahren unten). Weitere Ausnahmen vom Anwaltszwang bei Gerichten, vor denen dieser eigentlich nach § 78 Abs. 1 ZPO besteht, ergeben sich aus § 78 Abs. 3 ZPO. Danach können auch vor diesen Gerichten Parteien ohne Vertretung durch einen Rechtsanwalt handeln, soweit es sich um ein **Verfahren vor einem beauftragten oder ersuchten Richter** handelt oder die jeweilige Prozesshandlung vor dem **Urkundsbeamten der Geschäftsstelle** vorgenommen werden kann, wobei es dafür auf die **Möglichkeit** einer derartigen Einlegung ankommt und nicht darauf, ob die Erklärung dann später tatsächlich beim Urkundsbeamten abgegeben wird.[35] Nur diese konkrete Prozesshandlung unterliegt nicht dem Anwaltszwang, nicht auch weitere Prozesshandlungen im Zusammenhang mit diesem Verfahren.[36] Demnach besteht in folgenden Fällen **kein Anwaltszwang**, auch wenn es sich um eine Prozesshandlung gegenüber einem Gericht handelt, vor dem grundsätzlich Anwaltszwang besteht: 6

- Vergleichsabschluss vor dem **Güterichter** nach § 278 Abs. 5 ZPO.
- **Beweisaufnahme** durch den ersuchten oder beauftragten Richter nach §§ 361, 362, 372 Abs. 2, 375, 434, 479 ZPO.
- **Prozessvergleiche** vor dem beauftragten oder ersuchten Richter (vgl. auch Rn. 5).
- **Ablehnungsgesuch** nach § 44 Abs. 1 Hs. 2 ZPO.
- **Erledigungserklärung** nach § 91a Abs. 1 Satz 1 ZPO. Das Gleiche gilt auch für die Zustimmungserklärung zur Erledigungserklärung.[37] Eine analoge Anwendung dieser Vorschrift auf die Klagerücknahme nach § 269 Abs. 3 Satz 3 ZPO scheidet richtiger Ansicht nach aus (vgl. Rn. 5).
- **Prozesskostenhilfeantrag** nach § 117 Abs. 1 Satz 1 Hs. 2 ZPO und Stellungnahme zum Prozesskostenhilfeantrag nach § 118 Abs. 1 Satz 2 ZPO ebenso wie der **Vergleich im Prozesskostenhilfebewilligungsverfahren** nach § 118 Abs. 1 Satz 3 ZPO wegen §§ 20 Nr. 4a, 13 RPflG.
- **Verfahrensaussetzungsgesuch** nach § 248 Abs. 1 ZPO.
- **Verweisungsanträge** gemäß § 281 Abs. 2 Satz 1 ZPO. Das Gleiche gilt für Erklärungen zur Zuständigkeit des Gerichts, wie beispielsweise die Rüge der Unzuständigkeit i.S.d. § 39 ZPO.[38]

---

31 BGH, NJW-RR 2014, 831 (832), Rn. 5 ff. = MDR 2014, 982; BGH, NJW-RR 1994, 759 = MDR 1995, 411: Berufungsrücknahme durch einen beim Berufungsgericht nicht postulationsbefugten Rechtsanwalt, der auch bereits die Berufung (wegen fehlender Postulationsbefugnis unzulässig) eingelegt hatte.
32 BGH, NJW-RR 1989, 802; BGH, NJW 1984, 805 = FamRZ 1984, 161.
33 BGH, NJW 1984, 1465 = FamRZ 1984, 372.
34 BGH, NJW 1974, 1248 (1249).
35 BGH, NJW 1984, 2413 = FamRZ 1984, 677 (679).
36 Vgl. BGHZ 194, 68 (71 ff.), Rn. 12–20 = NJW 2012, 2810 (2810 f.), Rn. 12–20 = MDR 2012, 1242 (nur auszugsweise); OLG Hamm, AnwBl. 1998, 110 (111); Musielak/Voit-*Weth*, ZPO, § 78 Rn. 25; a.A. Zöller-*Vollkommer*, ZPO, § 78 Rn. 29 unter Hinweis u.a. auf OLG Nürnberg, NJW 2011, 1613; OLG Stuttgart, NJW-RR 2012, 511 = MDR 2012, 186: diese wollen auch nach der Befreiung der Antragsstellung im selbständigen Beweisverfahren nach § 486 Abs. 4 ZPO auch das gesamte weitere selbstständige Beweisverfahren außerhalb der mündlichen Verhandlung als vom Anwaltszwang befreit ansehen.
37 BGHZ 123, 264 (266) = NJW 1994, 256; BGH, NJW-RR 2012, 688, Rn. 6; BGH, JurBüro 2014, 497 (498).
38 Vgl. OLG Zweibrücken v. 17.05.2000, 5 WF 50/00, juris, Rn. 5.

- Antrag auf **selbstständiges Beweisverfahren** nach § 486 Abs. 4 ZPO.[39]
- Für die **sofortige Beschwerde** gilt die Sonderregelung nach § 569 Abs. 3 ZPO, wonach kein Anwaltszwang besteht, wenn der „Rechtsstreit"[40] im ersten Rechtszug nicht als Anwaltsprozess zu führen ist oder war, es sich um eine Beschwerde betreffend die Prozesskostenhilfe handelt oder die Beschwerde von einem Zeugen, Sachverständigen oder Dritten i.S.d. §§ 142, 144 ZPO erhoben wird. **Kein Anwaltszwang** besteht darüberhinaus für die sofortige Beschwerde **gegen den Kostenfestsetzungsbeschluss** des Rechtspflegers des Landgerichts.[41] In diesen Fällen gilt dann eine Ausnahme vom Anwaltszwang auch für die Beschwerdeerwiderung nach § 571 Abs. 4 ZPO.
- Rücknahme des Antrags auf Durchführung des streitigen Verfahrens nach Mahnbescheid vor Verhandlung des Antragsgegners zur Hauptsache (§ 696 Abs. 4 Satz 2 ZPO) ist ohne Rechtsanwalt möglich, ebenso wie **Einspruchsrücknahme nach Vollstreckungsbescheid** (§§ 700 Abs. 3 Satz 2, 697 Abs. 4 Satz 2 ZPO).
- **Arrestantrag** nach § 920 Abs. 3 ZPO und **Antrag auf Erlass einer einstweiligen Verfügung** nach §§ 936, 920 Abs. 3 ZPO.
- Erklärungen im Rahmen des **Festsetzungsverfahrens nach § 11 RVG** gemäß §§ 13, 21 Nr. 2 RPflG.

7 Trotz bestehenden Anwaltszwanges kann die Partei mitunter selbst Erklärungen abgeben. Sie kann richtigerweise selbst wirksam ein **Geständnis** erklären[42] und **Geständnisse sowie Tatsachenerklärungen ihres Prozessbevollmächtigten widerrufen** (§ 85 Abs. 1 Satz 2 ZPO). Durch das Gericht kann nach § 397 Abs. 2 ZPO bei Zeugenvernehmungen und nach §§ 402, 397 Abs. 2 ZPO bei der Sachverständigenanhörung das **Fragerecht** der Partei selbst gestattet werden. Der Partei selbst ist neben ihrem Rechtsanwalt (somit nur bei dessen persönlicher Anwesenheit)[43] nach § 137 Abs. 4 ZPO auf Antrag das Wort zur **persönlichen Anhörung** zu erteilen.[44] Die Partei kann des Weiteren selbst **Urkunden einreichen**[45] und dadurch beispielsweise ein Versäumnisurteil abwenden.[46]

4. Außergerichtliche Vereinbarungen

8 Der Abschluss **außergerichtlicher Vereinbarungen**, die eine **Verpflichtung zur Vornahme von Prozesshandlungen** (z.B. Klagerücknahmeversprechen; Verpflichtung keine Rechtsmittel einzulegen) oder **Prozesshandlungen** (Aufrechnung, Vergleich) enthalten, unterfallen nicht dem Anwaltszwang.[47] Dies gilt jedoch nur, soweit die Handlung bzw. Vereinbarung auch außerhalb des Prozesses getroffen wird.[48] So kann auch während eines laufenden Prozesses mit Anwaltszwang ohne Beteiligung von Anwälten ein **außergerichtlicher Vergleich** geschlossen werden.[49] Die **Einführung in den Prozess** bzw. die wirksame Vornahme der jeweiligen Handlung gegenüber dem Gericht muss jedoch durch einen postulationsbefugten Rechtsanwalt erfolgen.[50]

---

39 Nach BGHZ 194, 68 (71 ff.), Rn. 12–20 = NJW 2012, 2810 (2810 f.), Rn. 12–20 = MDR 2012, 1242 (nur auszugsweise) erfasst § 486 Abs. 4 ZPO allein den Antrag auf Durchführung des selbstständigen Beweisverfahrens und nicht das gesamte weitere Verfahren bis zur mündlichen Verhandlung. Das selbstständige Beweisverfahren unterliegt damit bis auf die Ausnahme des § 486 Abs. 4 ZPO dem Anwaltszwang, vgl. BGHZ 194, 68 (71 ff.), Rn. 22 m.w.N.; zur a.A. vgl. Fn. 36.
40 Es kommt daher darauf an, dass das gesamte vorherige Verfahren vom Anwaltszwang befreit ist und nicht etwa nur die Antragsstellung, vgl. für die sofortige Beschwerde gegen den Erlass der einstweiligen Verfügung ablehnende Entscheidungen OLG Frankfurt a.M., GRUR-RR 2011, 31; OLG Hamm, AnwBl. 1998, 110 (111); a.A. OLG München v. 29.11.2010, 1 W 2519/10, juris, Rn. 2.
41 BGHZ 166, 117 (121) = NJW 2006, 2260 (2261), Rn. 14 = MDR 2006, 1076 m.w.N. auch zur Gegenansicht.
42 Vgl. BGHZ 8, 235 (237) insoweit wohl nicht aufgegeben von BGHZ 129, 108 (110) = NJW 1995, 1432 (1433); = MDR 1995, 518; BGH, VersR 1966, 269 (270); Thomas/Putzo-*Reichold*, ZPO, § 288 Rn. 4; Musielak/Voit-*Weth*, ZPO, § 78 Rn. 5; widersprüchlich Zöller-*Vollkommer*, ZPO, § 78 Rn. 4 (bejahend) und Zöller-*Greger*, ZPO, § 288 Rn. 3c, 5 (verneinend); a.A. BGH, NJW-RR 2006, 672 (673), Rn. 7; OLG Frankfurt a.M., NJW-RR 2010, 140.
43 OLG Frankfurt a.M., NJW-RR 2010, 140.
44 BGHZ 129, 108 (110) = NJW 1995, 1432 (1433).
45 OLG Brandenburg, NJW-RR 1995, 1471 = MDR 1995, 1262 (1263).
46 Zöller-*Vollkommer*, ZPO, § 78 Rn. 4, 30.
47 BGH, NJW-RR 1989, 802; BGH, NJW 1989, 39; BGH, NJW 1984, 805 = FamRZ 1984, 161: Verpflichtung zur Rechtsmittelrücknahme; BGH, NJW 1974, 1248 (1249) m.w.N.: außergerichtlicher Rechtsmittelverzicht; OLG Frankfurt a.M., OLGR 2002, 272 (273 f.): Klagerücknahmeverpflichtung.
48 Stein/Jonas-*Bork*, ZPO, § 78 Rn. 31; a.A. Musielak/Voit-*Weth*, ZPO, § 78 Rn. 14.
49 BGHZ 86, 160 (165 f.) = NJW 1983, 1433 (1434).
50 Musielak/Voit-*Weth*, ZPO, § 78 Rn. 14.

5. Partielle Ausnahme vom Anwaltszwang für Behörden, Abs. 2

Kein Anwaltszwang besteht nach Abs. 2 für **Behörden und juristische Personen des öffentlichen Rechts** sowie zur Erfüllung von deren öffentlichen Aufgaben gebildete Zusammenschlüsse betreffend das Verfahren über die **Nichtzulassungsbeschwerde**. Sie müssen sich diesbetreffend nicht durch einen beim Bundesgerichtshof zugelassenen Rechtsanwalt vertreten lassen, sondern können durch einen eigenen Beschäftigten oder einen Beschäftigten einer anderen Behörde oder juristischen Person des öffentlichen Rechts oder eines entsprechenden Zusammenschlusses mit der Befähigung zum Richteramt handeln. Auf die Rechtsbeschwerde kann diese Befugnis nicht ausgedehnt werden.

9

6. Belehrung über den Anwaltszwang durch Gericht

Die Rechtsprechung des Bundesgerichtshofes, die annahm, dass seitens des Gerichts über den Anwaltszwang grundsätzlich nicht belehrt werden müsse,[51] dürfte nunmehr weitestgehend durch § 232 ZPO überholt sein. In der Ladung zur mündlichen Verhandlung nach § 215 Abs. 2 ZPO sowie in der Rechtsbehelfsbelehrung muss über einen etwaigen Anwaltszwang belehrt werden.

10

II. Rechtsanwälte und gleichgestellte Personen

Zur Vertretung befugt sind zunächst sämtliche in Deutschland zugelassenen **Rechtsanwälte**. Eine Ausnahme gilt nach § 78 Abs. 1 Satz 3 ZPO lediglich für die Vertretung vor dem Bundesgerichtshof, vor dem nur dort zugelassene Rechtsanwälte postulationsfähig sind. Der Rechtsanwalt muss auch **prozessfähig** sein. Soweit sich der Rechtsanwalt **untervertreten** lässt, muss der Untervertreter vor dem jeweiligen Gericht ebenfalls postulationsfähig sein.[52] Der **allgemeine Vertreter** eines Rechtsanwalts nach § 53 BRAO hat gemäß § 53 Abs. 7 BRAO die Befugnisse des vertretenen Rechtsanwalts, wozu auch die jeweilige Postulationsfähigkeit gehört. Das gilt auch für die Befugnisse, die der vertretene Rechtsanwalt selbst nur aufgrund seiner Vertreterstellung für einen anderen Rechtsanwalt innehat.[53] Die Verletzung der Anzeigepflicht nach § 53 Abs. 6 BRAO schadet der Postulationsfähigkeit nicht.[54] Die Regelung des § 53 Abs. 7 BRAO gilt jedoch nur, soweit erkennbar wird, dass er als Vertreter für den Rechtsanwalt und nicht für sich selbst handelt.[55] Ein **Rechtsreferendar** kann über die Regelung des § 53 Abs. 7 BRAO im Anwaltsprozess dann postulationsbefugt sein, wenn er als **kammerbestellter Vertreter** für den Rechtsanwalt auftritt, bei dem er im Rahmen des Vorbereitungsdienstes beschäftigt ist (§ 53 Abs. 4 BRAO), da ihm dann die Befugnisse des vertretenen Rechtsanwalts zustehen. Im Übrigen kommt ein Auftreten eines Rechtsreferendars vor Gericht nur im Parteiprozess in Betracht (§ 157 ZPO) oder im Anwaltsprozess als Beistand nach § 90 Satz 2 ZPO. Der **Kanzleiabwickler** nach § 55 BRAO hat für diese Tätigkeit die gleichen Befugnisse wie der verstorbene Rechtsanwalt (§ 55 Abs. 2 Satz 3 BRAO) und ist daher im gleichen Umfang postulationsfähig.

11

Die Postulationsfähigkeit des Rechtsanwalts **beginnt** mit dem Zeitpunkt des Wirksamwerdens der Zulassung, also nach § 12 BRAO mit der Aushändigung der Zulassungsurkunde. Auf die Eintragung in das Rechtsanwaltsverzeichnis kommt es nicht an.[56] Sie **endet** mit dem Zeitpunkt des Erlöschens der Zulassung, im Falle des Widerrufs/der Rücknahme der Zulassung oder der Ausschließung aus der Rechtsanwaltschaft nach § 13 BRAO erst mit dessen Bestandskraft bzw. deren Rechtskraft.[57] Nach Wiedereinsetzung in den vorigen Stand gegen die Versäumung der Berufungsfrist gegen ein auf Ausschließung aus der Rechtsanwaltschaft erkennendes Urteil wird der Verlust der Zulassung rückwirkend beseitigt und sind zwischenzeitlich vorgenommene Prozesshandlungen wirksam.[58] Für die **sofortige Vollziehbarkeit des Widerrufs/der Rücknahme** enthalten §§ 14 Abs. 4, 155 Abs. 2, 4, 5 und 156 Abs. 2 BRAO Sonderregelungen zur Wirksamkeit mit ab diesem Zeitpunkt vorgenommenen Handlungen des Rechtsanwalts. Ihm ist zwar die Tätigkeit untersagt (§§ 14 Abs. 4, 155 Abs. 2 BRAO); gleichwohl vorgenommene Handlungen sind jedoch wirksam (§§ 14 Abs. 4, 155 Abs. 5 BRAO).[59] Etwas anderes gilt nur, wenn der Rechtsanwalt vor der jeweiligen Handlung vom Gericht bereits nach

12

---

51 BGH, NJW-RR 2005, 1726 = DAR 2006, 208; BGH, NJW 2002, 3410.
52 Zöller-*Vollkommer*, ZPO, § 78 Rn. 8.
53 BGH, NJW 1981, 1740 (1741 a.E.) = MDR 1981, 753.
54 BGH, NJW 1981, 1740 (1741 a.E.).
55 BGH, NJW 2005, 3415 = MDR 2006, 108; BGH, NJW 1993, 1925 = MDR 1993, 469: ausreichend, wenn sich dies aus den Umständen ergibt.
56 BGH, NJW 1992, 2706 = MDR 1992, 1179.
57 BGH, NJW 2013, 2438 (2439), Rn. 15–19 = MDR 2013, 669 (670): zum Zeitpunkt der Rechtskraft.
58 BGHZ 98, 325 = NJW 1987, 327 = MDR 1987, 230.
59 BGH, NJW 2012, 2592, Rn. 6–8 = MDR 2012, 1258 (1258 f.); BGH, AnwBl. 2010, 361, Rn. 13–16.

§ 156 Abs. 2 BRAO zurückgewiesen worden ist.[60] Das Gleiche gilt bei Vertretungsverboten gemäß § 114a BRAO (vgl. § 114a Abs. 3 BRAO). Die Vorschriften sind auch anzuwenden, wenn der Rechtsanwalt sich gemäß § 78 Abs. 4 ZPO selbst vertritt und wenn er von dem Tätigkeitsverbot weiß.[61] Der Wegfall der Postulationsfähigkeit während des Verfahrens führt zu dessen Unterbrechung nach § 244 ZPO.[62] Vgl. zu den Auswirkungen des Vertretungsverbots und des Zulassungsverlusts auf die Vertretung im Parteiprozess auch § 79 Rn. 4 und insbesondere Fn. 4.

13 Für **Hochschullehrer** besteht im Zivilprozess nach zutreffender Auffassung keine Postulationsbefugnis, da eine dementsprechende Sonderregelung nicht besteht.

14 Eine Postulationsfähigkeit kann auch **europäischen Rechtsanwälten** zustehen. Die maßgeblichen Regelungen dazu finden sich im EuRAG vom 09.03.2000 (Gesetz über die Tätigkeit europäischer Rechtsanwälte in Deutschland). Für die in der Anlage zum EuRAG genannten Länder und Berufsbezeichnungen regelt dieses die Voraussetzungen der Berufsausübung und Zulassung von natürlichen Personen[63] zur Rechtsanwaltschaft in Deutschland. Sogenannte **niedergelassene europäische Rechtsanwälte**, also solche, die für den Ort ihrer Niederlassung in die zuständige Rechtsanwaltskammer aufgenommen wurden (Legaldefinition in § 2 Abs. 1 EuRAG), sind zur Ausübung der Tätigkeit eines Rechtsanwaltes unter der Berufsbezeichnung des Herkunftsstaates nach §§ 1–3 BRAO berechtigt und damit auch postulationsfähig i.S.d. § 78 ZPO. Der niedergelassene europäische Rechtsanwalt kann unter bestimmten Voraussetzungen als Rechtsanwalt nach der BRAO zugelassen werden (§§ 11–24 EuRAG), so dass sich dann seine Befugnisse direkt aus der BRAO ergeben. Vom niedergelassenen europäischen Rechtsanwalt ist der sogenannte **dienstleistende europäische Rechtsanwalt** zu unterscheiden (Legaldefinition in § 25 Abs. 1 EuRAG).[64] Darunter fallen „europäische Rechtsanwälte" (§ 2 Abs. 1 EuRAG), die Dienstleistungen i.S.d. Art. 50 EGV (mittlerweile Art. 57 AEUV) vorübergehend erbringen. Diese dürfen vorübergehend die Tätigkeiten eines deutschen Rechtsanwaltes nach Maßgabe der §§ 25–34a EuRAG ausüben. Sie sind postulationsfähig nur im Einvernehmen mit einem deutschen Rechtsanwalt (**„Einvernehmensanwalt"** nach § 28 EuRAG), der seinerseits selbst postulationsfähig sein muss (§ 28 Abs. 2 EuRAG). Die weiteren Einzelheiten ergeben sich aus §§ 25–34a EuRAG. Für Rechtsanwälte aus Staaten, die der **Welthandelsorganisation** (WTO) angehören, gelten die §§ 206f. BRAO.

15 Haben sich mehrere Rechtsanwälte zur **gemeinsamen Berufsausübung zusammengeschlossen** (§ 84 Rn. 2), sind die Zusammenschlüsse selbst postulationsfähig. Dies ergibt sich für die **Rechtsanwaltsgesellschaft** i.S.d. § 59c BRAO aus § 591 Satz 2 BRAO,[65] für die PartG aus § 7 Abs. 4 Satz 2 PartGG und für die **Sozietät** als AußenrechtsGbR in entsprechender Anwendung dieser Grundsätze.[66] Die Postulationsfähigkeit muss darüberhinaus beim jeweils für die Gesellschaft handelnden Organ vorliegen (z.B. § 591 Satz 3 BRAO, § 7 Abs. 4 Satz 2 PartGG).

III. Prozesshandlungen ohne notwendige Postulationsfähigkeit
1. Folgen bei Prozesshandlung ohne Postulationsfähigkeit

16 Das Vorliegen der Postulationsfähigkeit wird **von Amts wegen** geprüft. Soweit eine Prozesshandlung durch eine **im Zeitpunkt der Vornahme**[67] nicht postulationsfähige Person erfolgt, fehlt eine **Prozesshandlungsvoraussetzung**.[68] Es handelt sich bei der Postulationsfähigkeit nicht um eine Prozessvoraussetzung.[69] Letztlich wird die Postulationsfähigkeit jedoch zur **Prozessvoraussetzung**, wenn sie bereits bei der Klageerhebung fehlt, da diese dann nicht zulässig

---

60 BGH, NJW 2012, 2592 (2593), Rn. 7 = MDR 2012, 1258 (1259).
61 BGH, AnwBl. 2010, 361, Rn. 13–16.
62 BGH, NJW 2008, 3075 (3076) = AnwBl. 2008, 632; BGHZ 111, 104 (106) = NJW 1990, 1854 (1855) = MDR 1990, 702 (702f.).
63 Zur Postulationsfähigkeit europäischer Rechtsanwaltsgesellschaften und ihrer Rechtsanwälte vgl. Roth, BB-Special 3/2010 zu Heft 49, 29–32; Schnabl, AnwBl. 2010, 394; instruktiv mit weiteren Literatur- und Rechtsprechungshinweisen Zöller-Vollkommer, ZPO, vor § 78 Rn. 8.
64 Dazu auch BVerfG, NJW 2014, 619.
65 Vgl. dazu OLG Nürnberg, NJW 2002, 3715 = MDR 2002, 1219 a.E.
66 Dies kann inzident aus der Möglichkeit der Beiordnung der GbR als solcher im Rahmen von § 121 ZPO gemäß BGH, NJW 2009, 440 (441), Rn. 4–10 = AnwBl. 2009, 74 und LSG Essen, NZS 2014, 280 geschlossen werden; vgl. dazu auch m.w.N. Deckenbrock, AnwBl. 2014, 118 (123).
67 Die Postulationsfähigkeit muss bei Rechtsmittelschriften nur in dem Zeitpunkt vorliegen, in dem sich der Rechtsanwalt ihrer „entäußert", sie also beispielsweise unterschrieben in den Postauslaufkorb der Kanzlei gibt. Ein späterer Wegfall der Postulationsfähigkeit, auch vor Verlassen der Kanzlei oder Eingang bei Gericht, schadet der Wirksamkeit des Rechtsmittels nicht mehr.
68 Z.B. BAG, NJW 2014, 247 (248), Rn. 15.
69 BGH, NJW 1980, 2317 (2318); BGH, NJW 2005, 3773 (3774) = DAR 2006, 146 (147), Rn. 19.

erfolgt ist.[70] Die jeweilige Prozesshandlung ist **unwirksam**.[71] Das Fehlen der Postulationsfähigkeit begründet anders als das Fehlen der Vertretungsmacht des Prozessbevollmächtigten weder die Revision nach § 547 Nr. 4 ZPO noch die Nichtigkeitsklage nach § 579 Abs. 1 Nr. 4 ZPO.[72]

Ein gleichzeitig mit der Prozesshandlung vorgenommenes **materielles Rechtsgeschäft** (z.B. Vergleich, Aufrechnung) kann dennoch wirksam sein. Dies ist im Wege der Auslegung des hypothetischen Parteiwillens dann der Fall, wenn die Parteien das Rechtsgeschäft auch bei Kenntnis der prozessualen Unwirksamkeit gewollt hätten.[73]   17

2. Genehmigung und Heilung

Die unwirksame Prozesshandlung wird durch die **Genehmigung** einer postulationsfähigen Person *ex nunc* geheilt.[74] Die **Bezugnahme** in Schriftsätzen von postulationsfähigen Personen auf Schriftsatzvorbringen von nicht postulationsfähigen Personen ist nicht zulässig; gleichwohl kann darin gleichzeitig eine Genehmigung der Prozesshandlung der nicht postulationsfähigen Person gesehen werden.[75] Eine **Heilung** durch rügeloses Verhandeln oder Verzicht nach § 295 ZPO ist nicht möglich.[76]   18

IV. Selbstvertretungsrecht des Rechtsanwalts, Abs. 4

Ein Rechtsanwalt, der nach § 78 ZPO zur Vertretung befugt ist, kann sich gemäß § 78 Abs. 4 ZPO in diesem Umfang auch **selbst vertreten**. Dies gilt auch, soweit er als **Partei kraft Amtes** (z.B. Insolvenzverwalter, Testamentsvollstrecker) tätig wird.[77] Dies gilt weiter für **bestimmte Diplomjuristen** aus dem Beitrittsgebiet nach § 5 RDGEG. Eine **weitere Ausdehnung ist abzulehnen**.[78] Der Rechtsanwalt, der sich selbst vertritt, hat einen **Anspruch auf Kostenerstattung** (§ 91 Abs. 2 Satz 3 ZPO). Nachdem die frühere Zulassung von Rechtsanwälten nur bei bestimmten Gerichten mittlerweile aufgegeben wurde und nur noch für den Bundesgerichtshof (§ 78 Abs. 1 Satz 3 ZPO; vgl. zur Zulassung beim BGH §§ 164 ff. BRAO) besteht, kann sich mithin ein Rechtsanwalt außer vor dem Bundesgerichtshof stets selbst vertreten. Im Anwaltsprozess gilt § 244 ZPO, wenn der Anwalt seine Postulationsfähigkeit verliert.[79] §§ 86, 246 ZPO sind nicht anwendbar.[80] Zu Auswirkungen von Vertretungsverboten und Zulassungsverlust vgl. Rn. 12.   19

§ 78a

(weggefallen)

§ 78b

Notanwalt

(1) Insoweit eine Vertretung durch Anwälte geboten ist, hat das Prozessgericht einer Partei auf ihren Antrag durch Beschluss für den Rechtszug einen Rechtsanwalt zur Wahrnehmung ihrer Rechte beizuordnen, wenn sie einen zu ihrer Vertretung bereiten Rechtsanwalt nicht findet und die Rechtsverfolgung oder Rechtsverteidigung nicht mutwillig oder aussichtslos erscheint.

(2) Gegen den Beschluss, durch den die Beiordnung eines Rechtsanwalts abgelehnt wird, findet die sofortige Beschwerde statt.

---

70 BGHZ 90, 249 (253) = NJW 1984, 1559 (1560) = MDR 1984, 577.
71 Z.B. BGHZ 111, 339 (342) = NJW 1990, 3085 (3086).
72 OVG Münster v. 13.02.2017, 13 B 1513/16, juris, Rn. 7–8 m.w.N.; Musielak/Voit-*Weth*, ZPO, § 78 Rn. 7.
73 Zum Vergleich BGH, NJW 1985, 1962 (1963) = MDR 1985, 392 (393).
74 BAG, NJW 2014, 247 (248), Rn. 15; BGHZ 111, 339 (343 ff.) = NJW 1990, 3085 (3086 ff.) = MDR 1991, 131; BGH, NJW-RR 2007, 278 (279), Rn. 4 = MDR 2007, 371.
75 BGHZ 111, 339 (344 ff.) = NJW 1990, 3085 (3087 f.) = MDR 1991, 131.
76 BGHZ 111, 339 (343) = NJW 1990, 3085 (3086) = MDR 1991, 131; Thomas/Putzo-*Hüßtege*, ZPO, § 78 Rn. 2; Musielak/Voit-*Weth*, ZPO, § 78 Rn. 7.
77 Zöller-*Vollkommer*, ZPO, § 78 Rn. 37 m.w.N.
78 BGH, NJW-RR 1987, 1086 (1087) = MDR 1987, 668 gestattet allerdings gleichzeitig die entsprechende Anwendung des § 78 Abs. 4 ZPO auf den Patentanwalt für das Patentnichtigkeitsberufungsverfahren.
79 BGHZ 111, 104 (107) = NJW 1990, 1854 (1855) = MDR 1990, 702 (702 f.).
80 KG Berlin, NJW-RR 2008, 142 (143) = KGR 2007, 967 zur Sondersituation, dass der verstorbene Rechtsanwalt einen allgemeinen Vertreter hatte.

§ 78c
Auswahl des Rechtsanwalts

(1) Der nach § 78b beizuordnende Rechtsanwalt wird durch den Vorsitzenden des Gerichts aus der Zahl der in dem Bezirk des Prozessgerichts niedergelassenen Rechtsanwälte ausgewählt.

(2) Der beigeordnete Rechtsanwalt kann die Übernahme der Vertretung davon abhängig machen, dass die Partei ihm einen Vorschuss zahlt, der nach dem Rechtsanwaltsvergütungsgesetz zu bemessen ist.

(3) [1]Gegen eine Verfügung, die nach Absatz 1 getroffen wird, steht der Partei und dem Rechtsanwalt die sofortige Beschwerde zu. [2]Dem Rechtsanwalt steht die sofortige Beschwerde auch zu, wenn der Vorsitzende des Gerichts den Antrag, die Beiordnung aufzuheben (§ 48 Abs. 2 der Bundesrechtsanwaltsordnung), ablehnt.

Inhalt:

	Rn.		Rn.
A. Regelungszweck und Zweiteilung des Verfahrens................	1	II. Entscheidungen................	7
B. Erläuterungen................	3	1. Grundentscheidung nach § 78b Abs. 1 ZPO............	7
I. Voraussetzungen für die Beiordnung dem Grunde nach...............	3	2. Auswahl eines konkreten Notanwalts nach § 78c ZPO.....	8
1. Anwaltsprozess und Anforderungen an den Antrag................	3	III. Rechtsmittel....................	10
2. Persönliche Voraussetzungen.....	4	1. Betreffend die Grundentscheidung, § 78b Abs. 2 ZPO............	10
3. Nichtfinden eines zur Vertretung bereiten Rechtsanwalts..........	5	2. Betreffend die Auswahlverfügung, § 78c Abs. 3 ZPO/ § 48 Abs. 2 BRAO............	11
4. Keine Mutwilligkeit oder Aussichtslosigkeit...............	6		

A. Regelungszweck und Zweiteilung des Verfahrens

1 Die §§ 78b, 78c ZPO sollen unter bestimmen Voraussetzungen sicherstellen, dass eine Partei in einem Anwaltsprozess (§ 78 Rn. 1) einen **postulationsfähigen Anwalt erhält**, auch wenn sie selbst keinen findet, der sich zur Übernahme der Vertretung bereit erklärt. Der beigeordnete Rechtsanwalt ist zur Vertretung nach § 48 Abs. 1 Nr. 2 BRAO verpflichtet. Für ihn wird dadurch ein **Kontrahierungszwang** (zur Begründung des Mandatsverhältnisses vgl. Rn. 2, 9) begründet. Dagegen nehmen diese Regelungen der jeweiligen Partei die Kostenlast anders als das Institut der Prozesskostenhilfe nicht ab, der beigeordnete Rechtsanwalt hat keinen Vergütungsanspruch gegen die Staatskasse.[1] Die Vorschriften sind **verfassungsgemäß**.[2] § 78c ZPO ist auf die Beiordnung nach § 121 Abs. 5 ZPO anwendbar.[3]

2 Das Verfahren der Beiordnung ist **zweigeteilt**. Nach § 78b ZPO wird zunächst bestimmt, dass der Partei überhaupt ein postulationsbefugter Rechtsanwalt beizuordnen ist (**Grundentscheidung**). In einem zweiten Schritt bestimmt dann der Vorsitzende des Gerichts den **konkret beizuordnenden Rechtsanwalt**. Schlussendlich muss die Partei mit dem Rechtsanwalt noch ein Mandatsverhältnis begründen und Prozessvollmacht erteilen, da die Beiordnung dies nicht ersetzt (vgl. dazu auch Rn. 9 und §§ 80 Rn. 7; 85 Rn. 4).[4]

B. Erläuterungen
I. Voraussetzungen für die Beiordnung dem Grunde nach
1. Anwaltsprozess und Anforderungen an den Antrag

3 Es muss eine Vertretung durch Anwälte vorgeschrieben sein, mithin ein **Anwaltsprozess** vorliegen (§ 78 Rn. 1). Die Partei muss die Beiordnung **beantragen**. Für die Beantragung selbst gilt kein Anwaltszwang. Die Beantragung erfolgt bei dem Gericht, bei dem der Rechtsstreit anhängig ist oder anhängig werden soll.[5] Der Antrag ist **nicht fristgebunden**. Soweit jedoch für die durch den zu bestellenden Rechtsanwalt vorzunehmende Prozesshandlung eine Frist

---

[1] Zöller-*Vollkommer*, ZPO, § 78b Rn. 10.
[2] BVerfG v. 10.09.1991, 1 BvR 1076/91, juris, Rn. 3 f.
[3] Prütting/Gehrlein-*Burgermeister*, ZPO, § 78c Rn. 1 m.w.N.
[4] BGHZ 60, 255 (258 f.) = NJW 1973, 757 (758) = VersR 1973, 447 zur Beiordnung bei Prozesskostenhilfe; ebenso OLG Brandenburg v. 08.01.2001, 9 WF 232/00, juris, Rn. 7; Henssler/Prütting-*Henssler*, BRAO, § 48 Rn. 15.
[5] BVerwG, NJW 2013, 711 (712), Rn. 8.

besteht, muss der Antrag innerhalb dieser Frist erfolgen, damit dann nach Beiordnung **Wiedereinsetzung in den vorigen Stand** gewährt werden kann.[6] Die Partei hat die Voraussetzungen der Notanwaltsbestellung, insbesondere den Umstand, dass sie keinen zur Vertretung bereiten, postulationsfähigen Rechtsanwalt findet (vgl. Rn. 5), nachzuweisen bzw. glaubhaft zu machen.

2. Persönliche Voraussetzungen
Die Beiordnung ist möglich für jeden Beteiligten, der vom Anwaltszwang erfasst wird (dazu § 78 Rn. 4).[7] Sie kommt daher auch für den Haupt- und Nebenintervenienten[8] in Betracht, ebenso wie für eine Partei, die selbst Rechtsanwalt ist, auch soweit sie für sich selbst zur Vertretung nach § 78 Abs. 4 ZPO berechtigt ist.[9]

3. Nichtfinden eines zur Vertretung bereiten Rechtsanwalts
Die jeweilige Partei darf keinen postulationsbefugten Rechtsanwalt, der zu ihrer Vertretung bereit ist, finden, obwohl sie **ausreichende Anstrengungen** unternommen hat. Dies muss die antragsstellende Partei dem Gericht **substantiiert darlegen und nachweisen**.[10] Eine Beiordnung scheidet aus, wenn ein bereits mandatierter Rechtsanwalt das Mandat kündigt und die Prozessvertretung niederlegt oder diese gar nicht erst übernimmt und die **Partei dies zu vertreten** hat.[11] Die Partei darf die Notlage nicht selbst zu verantworten haben, wozu jedoch bereits die Niederlegung wegen Differenzen über den Inhalt eines Schriftsatzes gehört.[12] Eine Partei kann insbesondere nicht die Bestellung eines Notanwaltes verlangen, weil kein anderer postulationsfähiger Rechtsanwalt dazu bereit war, eine inhaltlich ihren Vorstellungen entsprechende Rechtsmittelschrift zu fertigen.[13] Das Gleiche gilt, wenn die Partei einen an sich zur Vertretung bereiten Rechtsanwalt nur deswegen nicht als Prozessbevollmächtigten gewinnt, weil sie ein verlangtes **Stundenhonorar nicht akzeptiert**[14] oder einen **angeforderten Vorschuss** nicht oder zeitlich zu kurz vor Fristablauf des Rechtsmittels bezahlt.[15] Die Partei muss, um der Voraussetzung zu genügen, mehrere Rechtsanwälte angefragt haben, wobei sich die **Anzahl** insbesondere nach der Zumutbarkeit, der Eilbedürftigkeit und der Anzahl der für das Verfahren postulationsbefugten Rechtsanwälte richtet.[16] Es muss auch zumindest im näheren Umkreis des Wohnortes bzw. Sitzes der Partei nach Anwälten gesucht werden.[17] Wegen § 78c Abs. 1 ZPO kommen jedoch keine Rechtsanwälte außerhalb des Bezirks des Prozessgerichts in Betracht. Insgesamt dürfen die Anforderungen nicht überzogen werden, damit der Zugang zu Gericht nicht unzumutbar erschwert wird.[18]

4. Keine Mutwilligkeit oder Aussichtslosigkeit
Die Rechtsverfolgung oder -verteidigung darf **nicht mutwillig und aussichtslos** sein. Es handelt sich um kumulative Versagungsgründe. Zur Beiordnung muss die Rechtsverfolgung bzw. -verteidigung daher entweder nicht mutwillig oder nicht aussichtslos sein. Die **Mutwilligkeit** ist ebenso zu beurteilen, wie bei der Prozesskostenhilfe (vgl. dazu § 114 Rn. 14–17). Dabei ist

---

6 BGH, NJW 2014, 3247, Rn. 5 = MDR 2014, 978 (979).
7 Musielak/Voit-*Weth*, ZPO, § 78b Rn. 3.
8 MK-*Toussaint*, ZPO, § 78b Rn. 3.
9 BGH, NJW 2002, 2179 = MDR 2002, 1142 zu § 121 ZPO; Zöller-*Vollkommer*, ZPO, § 78b Rn. 8; Prütting/Gehrlein-*Burgermeister*, ZPO, § 78b Rn. 6; a.A. MK-*Toussaint*, ZPO, § 78b Rn. 3.
10 BGH v. 22.08.2011, IV ZR 77/11, juris, Rn. 5; BGH, NJW-RR 2004, 864; BGH, NJW-RR 1995, 1016.
11 BGH v. 13.10.2016, IX ZR 128/16, juris, Rn. 1–5.
12 BGH, MDR 2015, 540; BGH, NJW-RR 2014, 378 (379), Rn. 11–13 = AnwBl. 2014, 271; BGH, MDR 2014, 677; BGH, NJW 1995, 537; BGH, NJW-Spezial 2013, 703; BGH, NJW 2013, 1011, Rn. 4; BGH v. 16.01.2001, XI ZR 215/00, juris, Rn. 2; dem Grunde nach für die durch die Partei verschuldete Notlage so auch Zöller-*Vollkommer*, ZPO, § 78b Rn. 4, der jedoch die Niederlegung durch den RA bei Meinungsverschiedenheiten über eine Rechtsmittelbegründung anders als die Rechtsprechung nicht ausreichen lässt. Zweifel an der Richtigkeit dieser Rechtsprechung für sämtliche Fälle andeutend BGH, NJW 2016, 81, Rn. 5 = MDR 2016, 47 (47f.).
13 Vgl. BGH, NJW 1995, 537 = MDR 1995, 630.
14 OVG Münster, NJW 2003, 2624; MK-*Toussaint*, ZPO, § 78b Rn. 7 m.w.N.; a.A. Musielak/Voit-*Weth*, ZPO, § 78b Rn. 4.
15 BGH v. 08.09.2011, III ZR 89/11, juris, Rn. 1f.; BGH, DAR 2000, 216 = BGH, MDR 2000, 412.
16 Z.B. BGH, FamRZ 2007, 635; BGH, NJW-RR 2004, 864 je mehr als vier bei BGH-Anwalt; BGH, DAR 2012, 144, Rn. 4 mehr als fünf bei BGH-Anwalt; OVG Lüneburg, NJW 2005, 3303 mehr als sechs bei Vertretung vor dem OVG; Musielak/Voit-*Weth*, ZPO, § 78b Rn. 4 m.w.N.; MK-*Toussaint*, ZPO, § 78b Rn. 5.
17 OVG Lüneburg, NJW 2005, 3303 (3304): 100 km Entfernung zumutbar; Prütting/Gehrlein-*Burgermeister*, ZPO, § 78b Rn. 3 m.w.N.
18 OVG Lüneburg, NJW 2005, 3303 (3304).

jedoch aufgrund der fehlenden Kostenerstattung durch die Staatskasse deren finanzielle Belastung nicht mit in die Überlegung einzubeziehen.[19] **Aussichtslosigkeit** liegt vor, wenn auch bei anwaltlicher Beratung ein günstiges Ergebnis ganz offenbar nicht erzielt werden kann.[20] Die Ablehnung ist insoweit an strengere Voraussetzungen geknüpft als die der Prozesskostenhilfe nach § 114 Abs. 1 Satz 1 ZPO.[21] Bei der Auslegung dieser Tatbestandsmerkmale ist die verfassungsrechtliche Komponente der Notanwaltsbestellung als Ermöglichung des Zugangs zu den Gerichten (vgl. Art. 19 Abs. 4 GG) zu beachten und sind daher keine zu strengen Maßstäbe anzulegen.[22]

II. Entscheidungen
1. Grundentscheidung nach § 78b Abs. 1 ZPO

7 Zunächst ordnet das Gericht bei Vorliegen der Voraussetzungen (Rn. 3–6) durch Beschluss nach Abs. 1 an, dass ein Rechtsanwalt beizuordnen ist. Es handelt sich um eine gebundene Entscheidung („hat"). Der **Tenor** lautet:

Dem Beklagten wird ein beim Prozessgericht zugelassener Rechtsanwalt beigeordnet.

oder ablehnend:

Der Antrag des Beklagten auf Beiordnung eines beim Prozessgericht zugelassenen Rechtsanwalts wird zurückgewiesen.

Zuständig für den Beiordnungsbeschluss ist das Gericht, für das die Partei die Beiordnung wegen des bestehenden Anwaltszwangs begehrt.[23] Der Beschluss ist zu begründen.[24] Der Gegner wird an dem Verfahren nicht beteiligt.[25] Ihm stehen auch keinerlei Beschwerde- oder Antragsrechte zu. Für den Beschluss selbst entstehen keine Kosten.

2. Auswahl eines konkreten Notanwalts nach § 78c ZPO

8 Nach der Grundentscheidung über die Beiordnung wählt der Vorsitzende des zuständigen Gerichts den beizuordnenden Rechtsanwalt **nach sachgemäßem Ermessen** durch Verfügung gemäß § 78c Abs. 1 ZPO aus. Die Verfügung ist nicht zu begründen.[26] Für die Verfügung entstehen keine Gerichtskosten. Beigeordnet werden kann lediglich ein Rechtsanwalt, der im Bezirk des Prozessgerichts niedergelassen ist, also seinen Sitz dort hat. Sowohl die **Beiordnung eines einzelnen Rechtsanwalts**, als auch einer **Sozietät** in Form der GbR,[27] PartG[28] oder einer RA-GmbH[29] ist möglich.[30] Die Partei hat **kein Auswahlrecht**. Entgegen der h.M. sollte der Partei allerdings, soweit möglich, ein Fachanwalt beigeordnet werden und müsste auch ein Anspruch darauf aus prozessualen Fürsorgegründen eingeräumt werden.[31] Die Partei kann auch Wünsche hinsichtlich der Beiordnung äußern, die der Vorsitzende in sein Ermessen einbeziehen sollte.[32] Die Auswahl sollte **nicht gegen den Willen des Anwalts oder der Partei** erfolgen.[33] Nach § 78c Abs. 2 ZPO kann der beigeordnete Rechtsanwalt die Übernahme der Vertretung davon abhängig machen, dass die Partei einen **Kostenvorschuss** nach dem RVG bezahlt. Wird dieser Vorschuss nicht bezahlt, wird die Beiordnung auf Antrag des Rechtsanwaltes nach § 48 Abs. 2 BRAO wieder aufgehoben, da insoweit ein wichtiger Grund i.S.d. Vorschrift vorliegt.[34]

9 Die Beiordnung führt noch **nicht zum Zustandekommen eines Mandatsverhältnisses**. Dieses muss zwischen Partei und beigeordnetem Rechtsanwalt erst noch eigens begründet werden, wobei für den Rechtsanwalt aus § 48 Abs. 1 BRAO ein entsprechender Kontrahierungszwang besteht. Die Partei hat dem Rechtsanwalt noch Vollmacht zu erteilen (vgl. Rn. 2).

---

19 Thomas/Putzo-*Hüßtege*, ZPO, § 78b Rn. 1.
20 BGH, NJW-RR 2012, 84 Rn. 4.
21 BGH, FamRZ 1988, 1152 (1153).
22 BVerfG v. 27.12.2002, 1 BvR 1710/02, juris, Rn. 13–15.
23 BVerwG, NJW 2013, 711 (712), Rn. 8; vgl. oben Rn. 3.
24 Baumbauch/Lauterbach/Albers/Hartmann, ZPO, § 78b Rn. 6.
25 Zöller-*Vollkommer*, ZPO, § 78b Rn. 7; zur einer fakultativen mündlichen Verhandlung über den Antrag soll der Gegner nach MK-*Toussaint*, ZPO, § 78b Rn. 12 zu laden sein, was zweifelhaft sein dürfte, da dieses Verfahren gerade nicht kontradiktorisch ausgestaltet ist.
26 MK-*Toussaint*, ZPO, § 78c Rn. 4 mit Nachweisen zur Gegenansicht in der Literatur.
27 BGH, NJW 2009, 440 (441), Rn. 4–10 = AnwBl. 2009, 74 für § 121 ZPO; a.A.: Thomas/Putzo-*Hüßtege*, ZPO, § 78c Rn. 3; Musielak/Voit-*Weth*, ZPO, § 78c Rn. 3.
28 BGH, NJW 2009, 440 (441), Rn. 3 = AnwBl. 2009, 74 für § 121 ZPO.
29 BGH, NJW 2009, 440 (441), Rn. 2 = AnwBl. 2009, 74 für § 121 ZPO; OLG Nürnberg, NJW 2002, 3715 = MDR 2002, 1219 für § 121 ZPO; Zöller-*Vollkommer*, ZPO, § 78b Rn. 8.
30 Ebenso Prütting/Gehrlein-*Burgermeister*, ZPO, § 78c Rn. 3.
31 A.A. OVG Münster, NJW 2003, 2624; OVG Lüneburg, NJW 2005, 3303 (3304); Thomas/Putzo-*Hüßtege*, ZPO, § 78b Rn. 3; Zöller-*Vollkommer*, ZPO, § 78c Rn. 3; MK-*Toussaint*, ZPO, § 78c Rn. 4.
32 Zöller-*Vollkommer*, ZPO, § 78c Rn. 3; Prütting/Gehrlein-*Burgermeister*, ZPO, § 78c Rn. 2.
33 MK-*Toussaint*, ZPO, § 78c Rn. 4.
34 BSG v. 03.11.2009, B 13 R 23/09 B, juris, Rn. 2–4.

III. Rechtsmittel
1. Betreffend die Grundentscheidung, § 78b Abs. 2 ZPO
Nach § 78b Abs. 2 ZPO ist derjenige Beschluss, durch den die Beiordnung dem Grunde nach abgelehnt wird, mit der **sofortigen Beschwerde**, für die **kein Anwaltszwang** besteht,[35] angreifbar, sofern es sich um eine erstinstanzliche Entscheidung eines Amts- oder Landgerichts handelt (§ 567 Abs. 1 ZPO).[36] Daraus ergibt sich im Umkehrschluss, dass der die Beiordnung anordnende Beschluss nicht anfechtbar ist. Die Rechtsbeschwerde kommt nach § 574 Abs. 1 Satz 1 Nr. 2 ZPO im Falle der Zulassung durch das Beschwerdegericht in Betracht.

10

2. Betreffend die Auswahlverfügung, § 78c Abs. 3 ZPO/§ 48 Abs. 2 BRAO
Die Verfügung nach § 78c Abs. 1 ZPO, durch die ein bestimmter Rechtsanwalt beigeordnet wird, kann sowohl durch die Partei als auch durch den beigeordneten Rechtsanwalt mit der **sofortigen Beschwerde** angegriffen werden (§§ 78c Abs. 3 Satz 1 ZPO, 567 Abs. 1 Nr. 1 ZPO). Der Rechtsanwalt kann außerdem nach **§ 48 Abs. 2 BRAO** den Antrag stellen, die Beiordnung wieder aufzuheben, wenn dafür wichtige Gründe vorliegen. Hingegen ist es dem Rechtsanwalt wegen des durch die Beiordnung entstandenen **Kontrahierungszwangs** verwehrt, das Mandat ohne vorherige Aufhebungsentscheidung niederzulegen,[37] wobei er oder die Partei nach erfolgter Beiordnungsaufhebung die Kündigung des Mandatsvertrags und den Widerruf der Prozessvollmacht noch eigens erklären muss.[38] Die **Partei hat richtigerweise auch das Recht, einen entsprechenden Aufhebungsantrag zu stellen**, da sie sonst bei nachträglichen Veränderungen keine Möglichkeit hätte, sich des beigeordneten Rechtsanwalts zu entledigen und einen anderen RA beigeordnet zu erhalten.[39] Um nicht die Frist der sofortigen Beschwerde auszuhöhlen, darf dieser Antrag nur auf Gründe gestützt werden, die zum Zeitpunkt der Beiordnung bzw. innerhalb der Beschwerdefrist noch nicht vorlagen oder dem Antragsteller unbekannt waren.[40] Als **wichtige Gründe** kommen insbesondere die Störung des Vertrauensverhältnisses,[41] Unzumutbarkeit oder Unfähigkeit der Weiterführung des Mandats aufgrund Erkrankung oder Verweisung an ein weit entferntes Gericht,[42] Verstoß gegen ein berufsrechtliches Tätigkeitsverbot der §§ 43a Abs. 4, 45–47 BRAO sowie eine Kündigung des Mandats durch die vertretene Partei in Betracht.[43] Auch ohne wichtigen Grund kommt die Abänderung in Betracht, wenn alle Beteiligten zustimmen.[44] Wird der Antrag des Rechtsanwalts auf Aufhebung der Beiordnung abgelehnt, steht ihm dagegen die **sofortige Beschwerde** gemäß §§ 78c Abs. 3 Satz 2, 567 Abs. 1 Nr. 1 ZPO zu. Ebenso steht der Partei richtigerweise ein Recht zur sofortigen Beschwerde bei Ablehnung der Aufhebung zu.[45] Wird einem Antrag der Partei auf Aufhebung stattgegeben, kann der Rechtsanwalt dagegen sofortige Beschwerde erheben.[46] Die Partei kann gegen eine stattgebende Aufhebungsentscheidung nach Antrag des Rechtsanwalts ebenfalls sofortige Beschwerde erheben.[47]

11

---

35 BGH, NJW-RR 2011, 640, Rn. 3; OLG München, MDR 2002, 724.
36 Im Übrigen nur Vorgehen nach § 321a ZPO möglich, für das dann ebenfalls kein Anwaltszwang besteht, vgl. BGH, NJW-RR 2011, 640.
37 BGHZ 60, 255 (259) = NJW 1973, 757 (758) = VersR 1973, 447 zur Beiordnung bei Prozesskostenhilfe.
38 OLG Brandenburg v. 08.01.2001, 9 WF 232/00, juris, Rn. 9: zur Aufhebung der Beiordnung bei Prozesskostenhilfe; MK-*Toussaint*, ZPO, § 78c Rn. 9, 15 m.w.N.
39 OLG Koblenz, MDR 2015, 1077 m.w.N.; OLG Nürnberg, MDR 2003, 712 (713); OLG Düsseldorf, FamRZ 1995, 241; OLG Köln, FamRZ 1992, 966 (967): jeweils zur Prozesskostenhilfe; Zöller-*Vollkommer*, ZPO, § 78c Rn. 5; Hensller/Prütting-*Henssler*, BRAO, § 48 Rn. 22 mit umfangreichen Nachweisen auch zur Gegenansicht; a.A. OLG Brandenburg v. 08.01.2001, 9 WF 232/00, juris, Rn. 5–10; OLG Zweibrücken, NJW-RR 1999, 436; OLG Frankfurt a.M., NJW-RR 1989, 569 (570) = AnwBl. 1989, 364: ebenfalls zur Prozesskostenhilfe; MK-*Toussaint*, ZPO, § 78c Rn. 8.
40 A.A. Musielak/Voit-*Weth*, ZPO, § 78c Rn. 8; Zöller-*Vollkommer*, ZPO, § 78c Rn. 9 will bereits solche Gründe ausreichen lassen, die in der Beiordnung nicht geprüft wurden.
41 BGH v. 10.08.1998, VI ZR 174/97, juris, Rn. 3 f.; vgl. auch BFH v. 09.03.2016, IV S 2/16, juris, Rn. 10–15.
42 OLG Bamberg, FamRZ 2001, 633.
43 Vgl. dazu mit Nachweisen Hensller/Prütting-*Henssler*, BRAO, § 48 Rn. 18 ff.; Zöller-*Vollkommer*, ZPO, § 78c Rn. 9.
44 Musielak/Voit-*Weth*, ZPO, § 78c Rn. 4.
45 OLG Düsseldorf, FamRZ 1995, 241; Hensller/Prütting-*Henssler*, BRAO, § 48 Rn. 22 m.w.N.; Thomas/Putzo-*Hüßtege*, ZPO, § 78c Rn. 5; Zöller-*Vollkommer*, ZPO, § 78c Rn. 9 (str.).
46 OLG Brandenburg, FamRZ 2004, 213 zur Prozesskostenhilfe; a.A. Musielak/Voit-*Weth*, ZPO, § 78c Rn. 8.
47 A.A. OLG Frankfurt a.M., NJW-RR 1989, 569 (570) zur Prozesskostenhilfe; MK-*Toussaint*, ZPO, § 78c Rn. 17 m.w.N.; Prütting/Gehrlein-*Burgermeister*, ZPO, § 78c Rn. 7.

§ 79
Parteiprozess

(1) ¹Soweit eine Vertretung durch Rechtsanwälte nicht geboten ist, können die Parteien den Rechtsstreit selbst führen. ²Parteien, die eine fremde oder ihnen zum Zweck der Einziehung auf fremde Rechnung abgetretene Geldforderung geltend machen, müssen sich durch einen Rechtsanwalt als Bevollmächtigten vertreten lassen, soweit sie nicht nach Maßgabe des Absatzes 2 zur Vertretung des Gläubigers befugt wären oder eine Forderung einziehen, deren ursprünglicher Gläubiger sie sind.

(2) ¹Die Parteien können sich durch einen Rechtsanwalt als Bevollmächtigten vertreten lassen. ²Darüber hinaus sind als Bevollmächtigte vertretungsbefugt nur

1. Beschäftigte der Partei oder eines mit ihr verbundenen Unternehmens (§ 15 des Aktiengesetzes); Behörden und juristische Personen des öffentlichen Rechts einschließlich der von ihnen zur Erfüllung ihrer öffentlichen Aufgaben gebildeten Zusammenschlüsse können sich auch durch Beschäftigte anderer Behörden oder juristischer Personen des öffentlichen Rechts einschließlich der von ihnen zur Erfüllung ihrer öffentlichen Aufgaben gebildeten Zusammenschlüsse vertreten lassen,

2. Volljährige Familienangehörige (§ 15 der Abgabenordnung, § 11 des Lebenspartnerschaftsgesetzes), Personen mit Befähigung zum Richteramt und Streitgenossen, wenn die Vertretung nicht im Zusammenhang mit einer entgeltlichen Tätigkeit steht,

3. Verbraucherzentralen und andere mit öffentlichen Mitteln geförderte Verbraucherverbände bei der Einziehung von Forderungen von Verbrauchern im Rahmen ihres Aufgabenbereichs,

4. Personen, die Inkassodienstleistungen erbringen (registrierte Personen nach § 10 Abs. 1 Satz 1 Nr. 1 des Rechtsdienstleistungsgesetzes) im Mahnverfahren bis zur Abgabe an das Streitgericht, bei Vollstreckungsanträgen im Verfahren der Zwangsvollstreckung in das bewegliche Vermögen wegen Geldforderungen einschließlich des Verfahrens zur Abnahme der Vermögensauskunft und der eidesstattlichen Versicherung sowie des Antrags auf Erlass eines Haftbefehls, jeweils mit Ausnahme von Verfahrenshandlungen, die ein streitiges Verfahren einleiten oder innerhalb eines streitigen Verfahrens vorzunehmen sind.

³Bevollmächtigte, die keine natürlichen Personen sind, handeln durch ihre Organe und mit der Prozessvertretung beauftragten Vertreter.

(3) ¹Das Gericht weist Bevollmächtigte, die nicht nach Maßgabe des Absatzes 2 vertretungsbefugt sind, durch unanfechtbaren Beschluss zurück. ²Prozesshandlungen eines nicht vertretungsbefugten Bevollmächtigten und Zustellungen oder Mitteilungen an diesen Bevollmächtigten sind bis zu seiner Zurückweisung wirksam. ³Das Gericht kann den in Absatz 2 Satz 2 Nr. 1 bis 3 bezeichneten Bevollmächtigten durch unanfechtbaren Beschluss die weitere Vertretung untersagen, wenn sie nicht in der Lage sind, das Sach- und Streitverhältnis sachgerecht darzustellen.

(4) ¹Richter dürfen nicht als Bevollmächtigte vor einem Gericht auftreten, dem sie angehören. ²Ehrenamtliche Richter dürfen, außer in den Fällen des Absatzes 2 Satz 2 Nr. 1, nicht vor einem Spruchkörper auftreten, dem sie angehören. ³Absatz 3 Satz 1 und 2 gilt entsprechend.

Inhalt:

	Rn.		Rn.
A. Allgemeines und Normzweck	1	V. Verbraucherzentralen und Verbraucherverbände, Abs. 2 Satz 2 Nr. 3	8
B. Selbstvertretung und zur Vertretung befugte Bevollmächtigte	3	VI. Inkassodienstleister, Abs. 2 Satz 2 Nr. 4	9
I. Selbstvertretung und Vertretung durch Rechtsanwälte, Abs. 1 Satz 1, Abs. 2 Satz 1	3	VII. Beschränkungen für Richter	10
II. Notwendigkeit der anwaltlichen Vertretung, Abs. 1 Satz 2	5	C. Folgen der Vertretung durch nicht befugte Personen	11
III. Beschäftigte als Bevollmächtigte, Abs. 2 Satz 2 Nr. 1	6	I. Zwingende Zurückweisung, Abs. 3 Satz 1	11
IV. Familienangehörige, Personen mit Befähigung zum Richteramt und Streitgenossen als Bevollmächtigte, Abs. 2 Satz 2 Nr. 2	7	II. Ermessenszurückweisung, Abs. 3 Satz 3	13

A. Allgemeines und Normzweck

§ 79 ZPO betrifft den **Parteiprozess**, also Verfahren, in denen sich die Parteien anders als im Anwaltsprozess i.S.d. § 78 ZPO nicht durch Rechtsanwälte als Prozessbevollmächtigte vertreten lassen müssen (Ausnahme: § 79 Abs. 1 Satz 2 ZPO), insbesondere im Verfahren vor dem Amtsgericht (Ausnahme: § 114 FamFG). Es wird geregelt, dass in diesem Fall die Parteien den Rechtsstreit selbst führen können (§ 79 Abs. 1 Satz 1 ZPO) und wer die Partei als Bevollmächtigter vertreten darf (§ 79 Abs. 2, 4 ZPO). Im Falle der Vertretung durch **juristische Personen** stellt § 79 Abs. 2 Satz 3 ZPO klar, dass diese durch ihre Organe oder die mit der Prozessvertretung beauftragten Vertreter handeln. Dabei befasst sich § 79 ZPO nur mit der Vertretung durch einen **Bevollmächtigten**, also einen rechtsgeschäftlich bestellten Vertreter und nicht mit der gesetzlichen Vertretung (vgl. dazu §§ 51, 52 ZPO). Die Regelung des § 79 Abs. 2 ZPO ist **abschließend**,[1] so dass außer den darin genannten Personen keine anderen Personen als Bevollmächtigte im Parteiprozess handeln dürfen. Die Beschränkung auf diesen Personenkreis ist **verfassungsgemäß**.[2] § 79 ZPO soll sicherstellen, dass die rechtsgeschäftliche Vertretung außer in Ausnahmefällen durch Rechtsanwälte erfolgt und dient damit dem Schutz der Partei vor nicht sachgerechter Vertretung sowie der Ordnung des Prozesses.[3] Die Frage, wer außergerichtlich Rechtdienstleistungen erbringen darf, bemisst sich nach dem RDG.

§ 79 ZPO beschäftigt sich nicht mit der Frage, ob und unter welchen Voraussetzungen der Bevollmächtigte tatsächlich Vertretungsmacht hat, sondern regelt ausschließlich, wer als Bevollmächtigter im Parteiprozess überhaupt auftreten darf. Die Frage der **Vertretungsmacht des Bevollmächtigten** wird in §§ 80 ff. ZPO geregelt.

B. Selbstvertretung und zur Vertretung befugte Bevollmächtigte
I. Selbstvertretung und Vertretung durch Rechtsanwälte, Abs. 1 Satz 1, Abs. 2 Satz 1

Im Parteiprozess können sich die Parteien selbst vertreten (§ 79 Abs. 1 Satz 1 ZPO), sofern nicht eine Ausnahme nach § 79 Abs. 1 Satz 2 ZPO vorliegt (vgl. Rn. 5). Sie können also selbst wirksam Prozesshandlungen vornehmen und sind damit postulationsfähig (vgl. § 78 Rn. 2). Damit die Partei wirksam selbst handeln kann, muss sie außerdem prozessfähig sein (vgl. §§ 51 ff. ZPO).

Die Partei kann sich durch einen **Rechtsanwalt** vertreten lassen (§ 79 Abs. 2 Satz 1 ZPO; vgl. zum Begriff des Rechtsanwalts § 78 Rn. 11–15).[4] Dadurch wird der Prozess jedoch nicht zum Anwaltsprozess, sondern bleibt Parteiprozess.[5] Lässt sich die Partei von einem Anwalt vertreten, müssen dessen bestimmende Schriftsätze zur Wirksamkeit unterzeichnet sein.[6] Der bevollmächtigte Rechtsanwalt kann sich eines Untervertreters bedienen. Als solche kommen im Hinblick auf § 157 ZPO, § 59 BRAO auch **Stationsreferendare** in Betracht. **Assessoren, Diplomjuristen** und **Büroangestellte** scheiden jedoch als Untervertreter aus.[7]

II. Notwendigkeit der anwaltlichen Vertretung, Abs. 1 Satz 2

Die Partei **muss** sich auch im Parteiprozess durch einen Rechtsanwalt vertreten lassen, wenn ein Fall des § 79 Abs. 1 Satz 2 ZPO vorliegt, sie also eine fremde Geldforderung als Partei geltend macht (**Inkassoermächtigung**) und zwar auch dann, wenn ihr die Forderung zum Zwecke der Einziehung auf fremde Rechnung abgetreten wurde (**Inkassozession**). Es kommt also darauf an, ob das wirtschaftliche Ergebnis des Prozesses einer anderen Person als der Partei zugute kommen soll.[8] Deswegen wird auch die Einziehung einer zur Sicherheit abgetretenen

---

1 Thomas/Putzo-*Hüßtege*, ZPO, § 79 Rn. 10; a.A. Musielak/Voit-*Weth*, ZPO, § 79 Rn. 5 unter Hinweis auf § 27 Abs. 2 Nr. 2 WEG.
2 BVerfG, WM 2011, 989; BVerfG, NJW 2010, 3291, Rn. 13 = FamRZ 2010, 1797 (1798).
3 Vgl. BGH, NJW 2011, 929 (931), Rn. 23 = WM 2011, 461 (462), Rn. 17.
4 Beachte für den Parteiprozess auch § 155 Abs. 4 BRAO und dazu auch BGH, AnwBl. 2010, 361, Rn. 10f.; außerdem die Entscheidung des BGH, NJW 2006, 2260 (2261), Rn. 15, die noch zur Altregelung des § 79 ZPO ergangen ist. Der Rechtsanwalt der seine Zulassung verloren hat, kann im Parteiprozess (mit Ausnahme des § 155 Abs. 4 BRAO) nicht mehr als Bevollmächtigter auftreten. Gleichwohl vorgenommene Handlungen bleiben jedoch bis zur Zurückweisung nach § 79 Abs. 3 Satz 2 BRAO wirksam.
5 BGH, NJW 1993, 1208 (1209).
6 BGHZ 92, 251 (254 ff.) = NJW 1985, 328 (329) = BauR 1985, 97 (98) zur Streitverkündung.
7 OLG Celle, NJW-RR 2014, 1530 zum Assessor; vgl. auch mit umfangreichen Nachweisen OLG Hamburg, WM 2013, 1763 (1765); *Sabel*, AnwBl. 2008, 390; Musielak/Voit-*Weth*, ZPO, § 79 Rn. 6; a.A. Zöller-*Vollkommer*, ZPO, § 79 Rn. 5 unter Hinweis auf AG Marburg, Rpfleger 2008, 591 sogar für Büroangestellte; beachte zum Assessor auch § 79 Abs. 2 Satz 2 Nr. 2 ZPO.
8 Musielak/Voit-*Weth*, ZPO, § 79 Rn. 3 m.w.N.

Forderung nach Eintritt des Sicherungsfalles nicht erfasst.[9] Eine Vertretung durch andere Bevollmächtigte i.S.d. § 79 Abs. 2 Satz 2 ZPO scheidet hier aus. In diesen Konstellationen besteht nur dann nicht die Notwendigkeit einer anwaltlichen Vertretung, wenn die Partei entweder der ursprüngliche Gläubiger der Forderung ist oder sie nach § 79 Abs. 2 ZPO zur Vertretung des Gläubigers befugt wäre. § 79 Abs. 1 Satz 2 ZPO gilt dagegen nicht, wenn die Forderung ohne die Einschränkung der Einziehung auf fremde Rechnung, also im Wege der Vollabtretung abgetreten wurde.[10]

III. Beschäftigte als Bevollmächtigte, Abs. 2 Satz 2 Nr. 1

6   Es kommt darüberhinaus nach § 79 Abs. 2 Satz 2 Nr. 1 ZPO eine Vertretung durch **Beschäftige der Partei** oder durch Beschäftigte von mit ihr i.S.d. § 15 AktG verbundenen Unternehmen in Betracht. Bei Behörden und juristischen Personen des öffentlichen Rechts können auch Beschäftigte anderer Behörden und juristischen Personen diese vertreten. Als Beschäftigte sind alle Personen anzusehen, die in einem **irgendwie gearteten Beschäftigungsverhältnis** stehen. Der Beschäftigte kann nur seinen Arbeitgeber als Partei vertreten[11] mit Ausnahme von verbundenen Unternehmen und anderen Behörden.

IV. Familienangehörige, Personen mit Befähigung zum Richteramt und Streitgenossen als Bevollmächtigte, Abs. 2 Satz 2 Nr. 2

7   Nach § 79 Abs. 2 Satz 2 Nr. 2 ZPO kann sich eine Partei durch volljährige Familienangehörige, Personen mit der Befähigung zum Richteramt und **Streitgenossen** vertreten lassen, wenn die Vertretung nicht im Zusammenhang mit einer entgeltlichen Tätigkeit steht, also **unentgeltlich** erfolgt. Damit scheidet eine Vertretung durch diese Personen aus, sobald sie die Vertretung im Zusammenhang mit einer entgeltlichen Tätigkeit erbringen, wobei dafür jede noch so entfernte Entgeltlichkeit genügt und nicht gerade die Prozessvertretung entgeltlich erfolgen muss. Damit ist insbesondere eine Vertretung des Versicherungsnehmers durch die **Haftpflichtversicherung im Verkehrsunfallprozess** ausgeschlossen.[12] Was unter einem **volljährigen Familienangehörigen** zu verstehen ist, ergibt sich aus § 2 BGB und § 15 AO sowie § 11 LPartG, die den Kreis der volljährigen Familienangehörigen festlegen. Wer **zum Richteramt befähigt** ist, ergibt sich aus §§ 5 ff. DRiG. Diesen Personen sind bestimmte Diplomjuristen nach § 5 RDGEG gleichgestellt. Die Vertretungsbefugnis der Personen i.S.d. § 79 Abs. 2 Satz 2 Nr. 2 Alt. 2 ZPO wird durch § 79 Abs. 4 ZPO insoweit beschränkt, als sie nicht vor einem Gericht auftreten dürfen, dem sie angehören (Rn. 10).

V. Verbraucherzentralen und Verbraucherverbände, Abs. 2 Satz 2 Nr. 3

8   § 79 Abs. 2 Satz 2 Nr. 3 ZPO gestattet die rechtsgeschäftliche Prozessvertretung den **Verbraucherzentralen** und anderen mit öffentlichen Mitteln geförderten Verbraucherverbänden, soweit sie Forderungen von Verbrauchern im Rahmen ihres Aufgabenbereiches einziehen. In Betracht kommen **nur Zahlungsklagen**. Der Aufgabenbereich ergibt sich in der Regel aus der Satzung des Verbandes oder der Zentrale. Verbraucherzentralen müssen sich daher auch nicht im Falle des § 79 Abs. 1 Satz 2 ZPO durch einen Rechtsanwalt vertreten lassen.

VI. Inkassodienstleister, Abs. 2 Satz 2 Nr. 4

9   **Inkassodienstleister** nach §§ 2 Abs. 2, 10 Abs. 1 Satz 1 Nr. 1 RDG dürfen gemäß § 79 Abs. 2 Satz 2 Nr. 4 ZPO als **Bevollmächtigte im Mahnverfahren** bis zur Abgabe an das Streitgericht (Stellung des Mahnbescheids und Vollstreckungsbescheidsantrages; Rücknahme des Mahnbescheidsantrages) und bei **Vollstreckungsanträgen** bei der Zwangsvollstreckung in bewegliches Vermögen wegen Geldforderungen auch für das Verfahren zur Abnahme der Vermögensauskunft und des Antrags auf Erlass eines Haftbefehls auftreten, soweit es nicht um eine Handlung geht, die ein streitiges Verfahren einleitet. Insbesondere dürfen diese nicht den Antrag auf Durchführung des streitigen Verfahrens nach § 696 Abs. 1 Satz 1, 2 ZPO stellen.[13] Es scheiden auch Anträge nach § 766 ZPO aus.

---

9 Musielak/Voit-*Weth*, ZPO, § 79 Rn. 3.
10 Zöller-*Vollkommer*, ZPO, § 79 Rn. 4c.
11 Vgl. *Sabel*, AnwBl. 2008, 390 (390 f.).
12 AG Kempen v. 19.08.2016, 13 C 325/16, juris, Rn. 1; vgl. auch *Schwill*, MDR 2015, 1161; *Zschieschack*, NJW 2010, 3275.
13 Thomas/Putzo-*Hüßtege*, ZPO, § 79 Rn. 15; krit. zur Sinnhaftigkeit der Regelung aber im Ergebnis gleicher Ansicht Musielak/Voit-*Weth*, ZPO, § 78 Rn. 15; a.A. Zöller-*Vollkommer*, ZPO, § 79 Rn. 9.

VII. Beschränkungen für Richter

Soweit es sich bei der vertretenden Person um einen **Richter** handelt, gilt die **Vertretungseinschränkung** nach § 79 Abs. 4 Satz 1 ZPO, so dass eine Vertretung vor dem Gericht nicht in Betracht kommt, dem die vertretende Person angehört. Für **Berufsrichter** gilt dabei ein Vertretungsverbot vor dem gesamten Gericht, bei dem sie tätig sind. Dagegen ist das Vertretungsverbot bei **ehrenamtlichen Richtern** lediglich auf den konkreten Spruchkörper beschränkt, dem sie angehören. Das Vertretungsverbot gilt nicht für ehrenamtliche Richter, die als Beschäftigte nach § 79 Abs. 2 Satz 2 Nr. 1 ZPO auftreten. Für die Zurückweisung aus dem Grund des Auftretens vor dem eigenen Gericht oder Spruchkörper gilt § 79 Abs. 3 Satz 1 und 2 ZPO entsprechend. Die Frage der Anwendbarkeit des § 79 Abs. 3 Satz 3 ZPO stellt sich nicht, da in § 79 Abs. 4 ZPO ausschließlich die Frage des Auftretens vor dem eigenen Gericht oder Spruchkörper geregelt wird. Soweit eine derartige Person nicht in der Lage ist, das Sach- und Streitverhältnis sachgerecht darzustellen, gilt auch für diese direkt § 79 Abs. 3 Satz 3 ZPO.

10

C. Folgen der Vertretung durch nicht befugte Personen
I. Zwingende Zurückweisung, Abs. 3 Satz 1

Das Gericht hat Bevollmächtigte, die keine Vertretungsbefugnis nach § 79 Abs. 2 ZPO haben, zurückzuweisen. In diesem Fall besteht also für das Gericht anders als bei Rn. 13 **kein Ermessen**. Die Prüfung der Vertretungsbefugnis nimmt das Gericht von Amts wegen vor, wobei das **Freibeweisverfahren** gilt.[14] Die Zurückweisung erfolgt durch Beschluss. Dieser ist unanfechtbar (§ 79 Abs. 3 Satz 1 ZPO). Er muss nicht begründet werden.[15]

11

Auch wenn eine als Bevollmächtigter auftretende Person keine prinzipielle Befugnis zur Vertretung nach § 79 Abs. 2 ZPO hat, sind die von ihr vorgenommenen Prozesshandlungen sowie Zustellungen und Mitteilungen an diese dennoch zunächst wirksam nach § 79 Abs. 3 Satz 2 ZPO. Unwirksam sind Handlungen solcher Personen *ex nunc* erst nachdem die Person durch das Gericht gemäß § 79 Abs. 3 Satz 1 ZPO zurückgewiesen wurde.[16] Erfolgt die Zurückweisung im Termin, ist ein **Versäumnisurteil nach § 335 Abs. 1 Nr. 5 ZPO** ausgeschlossen. Eine zu Unrecht unterbliebene Zurückweisung kann ein Rechtsmittel nicht begründen.[17]

12

II. Ermessenszurückweisung, Abs. 3 Satz 3

Eine Zurückweisung kommt nach § 79 Abs. 3 Satz 3 ZPO weiter in Betracht, wenn die jeweilige Person zwar nach § 79 Abs. 2 Satz 2 Nr. 1–3 ZPO prinzipiell vertretungsbefugt wäre, aber nicht in der Lage ist, das **Sach- und Streitverhältnis sachgerecht darzustellen**. Auch hier sind die bislang vorgenommenen Handlungen des Bevollmächtigten wirksam und **erst künftige Handlungen nach Zurückweisung unwirksam**. So kommt insbesondere auch bei **schweren Störungen der Verhandlung durch den Bevollmächtigten** in Betracht.[18] Die Entscheidung erfolgt ebenfalls durch Beschluss, der unanfechtbar ist. Dem Richter ist hier Ermessen eingeräumt („kann"). Inkassodienstleister können nicht nach § 79 Abs. 3 Satz 3 ZPO zurückgewiesen werden, sehr wohl aber nach § 79 Abs. 3 Satz 1 ZPO.

13

§ 80
Prozessvollmacht

¹Die Vollmacht ist schriftlich zu den Gerichtsakten einzureichen. ²Sie kann nachgereicht werden; hierfür kann das Gericht eine Frist bestimmen.

Inhalt:

	Rn.		Rn.
A. Prozessvollmacht und Regelungssystematik der §§ 80–89 ZPO	1	II. Prozessvollmachtserteilung als Prozesshandlung	7
I. Begriff und Bedeutung der Prozessvollmacht	1	**C. Nachweis der wirksam erteilten Prozessvollmacht**	9
II. Regelungssystematik, Anwendungsbereich, Anwendbarkeit allgemeiner Vorschriften	2	I. § 80 ZPO als Beweisvorschrift und Anforderungen an den Nachweis	9
B. Erteilung der Prozessvollmacht	6	II. Einreichung zu den Gerichtsakten	10
I. Form der Erteilung	6	III. Nachholung Nachweis; Fristsetzung	11

---

14 Zöller-*Vollkommer*, ZPO, § 79 Rn. 11.
15 Musielak/Voit-*Weth*, ZPO, § 79 Rn. 19.
16 Vgl. auch BGH, NJW-RR 2010, 1361, Rn. 5 = MDR 2010, 958.
17 Zöller-*Vollkommer*, ZPO, § 79 Rn. 11.
18 Musielak/Voit-*Weth*, ZPO, § 79 Rn. 21 mit Beispielen.

A. Prozessvollmacht und Regelungssystematik der §§ 80–89 ZPO

I. Begriff und Bedeutung der Prozessvollmacht

1 Soweit sich die Parteien durch einen Prozessbevollmächtigten (wer überhaupt Prozessbevollmächtigter sein kann, ergibt sich aus §§ 78, 79 ZPO) vertreten lassen, benötigt dieser, um wirksam Handlungen vornehmen zu können, Vertretungsmacht. Die **rechtsgeschäftlich erteilte Vertretungsmacht** für den Prozessbevollmächtigten und dessen Handeln im Prozess (Prozesshandlungen) wird als **Prozessvollmacht** bezeichnet. Die **Unterwerfungserklärung** nach § 794 Abs. 1 Nr. 5 ZPO ist Prozesshandlung, so dass eine Vollmacht dafür auch Prozessvollmacht ist.[1] Die Prozessvollmacht ist von der Postulationsfähigkeit (§ 78 Rn. 2) zu unterscheiden. Während die Postulationsfähigkeit nur die generelle Befugnis, wirksam selbst Prozesshandlungen vorzunehmen, betrifft, ist darüber hinaus die Prozessvollmacht nötig, um als gewillkürter Vertreter Prozesshandlungen für einen anderen vornehmen zu können. Die Prozessvollmacht ist **Prozesshandlungsvoraussetzung** und keine Prozessvoraussetzung (vgl. dazu und zu den Folgen fehlender Prozessvollmacht §§ 88, 89 ZPO).[2]

II. Regelungssystematik, Anwendungsbereich, Anwendbarkeit allgemeiner Vorschriften

2 § 80 ZPO regelt allein den Nachweis einer wirksam erteilten Prozessvollmacht gegenüber dem Gericht und dem Gegner im Interesse der Rechtssicherheit. Es handelt sich um eine reine **Beweisvorschrift**.[3] Den Umfang der Prozessvollmacht regeln §§ 81–84 ZPO, deren Wirkung § 85 ZPO. § 86 ZPO befasst sich mit der Frage, welche Auswirkungen auf die Prozessvollmacht der Tod des Vollmachtgebers und eine Veränderung in seiner Prozessfähigkeit oder gesetzlichen Vertretung hat. § 87 ZPO regelt das Erlöschen der Prozessvollmacht und die §§ 88, 89 ZPO die Folgen einer mangelhaften oder fehlenden Prozessvollmacht.

3 § 80 ZPO gilt **nicht im Mahnverfahren**, vgl. § 703 ZPO. In sämtlichen anderen Verfahrensarten gilt § 80 ZPO.[4] § 80 ZPO findet auch auf die (erste und auch weitere) **Untervollmacht Anwendung**.[5] Er ist nicht anwendbar[6] auf die sich aus einer bestimmten Stellung zur Partei **aus materiellem Recht ergebende Vertretungsmacht**[7] wie beim Prokuristen, dem Handlungsbevollmächtigten oder dem vertretungsbefugten Gesellschafter der Partei, ebenso wenig auf den gesetzlichen Vertreter der Partei[8] oder den Betreuer, sofern diese Personen ihre jeweilige vollmachtsbegründende Stellung durch eine entsprechende Urkunde (z.B. Handelsregisterauszug,[9] Betreuerausweis[10]) nachweisen.[11]

4 Auf die Prozessvollmacht finden die **allgemeinen Vorschriften** über die Stellvertretung (§§ 164–179 BGB) nur dann Anwendung, soweit sie allgemeine Rechtsgedanken der Stellvertretung zum Ausdruck bringen und nicht die §§ 80–89 ZPO als leges speciales abweichende Regelungen enthalten.[12] §§ 172 ff. BGB sind auf die Prozessvollmachtsurkunde nicht anwendbar (§ 88 Rn. 1, § 89 Rn. 3).[13]

5 Wie auch im Falle der sonstigen Stellvertretung ist zwischen dem **Außenverhältnis** zwischen Vollmachtgeber und Drittem (Gericht, gegnerische Partei, sonstige Beteiligte des Prozesses)

---

1 BGH, NJW 2008, 2266 (2267), Rn. 13 mit Anm. Zimmer = MDR 2008, 944 (945).
2 BGHZ 111, 219 (221) = NJW 1990, 3152 = MDR 1990, 910 (910); BGH, NJW-RR 2012, 515 (516), Rn. 6 = FamRZ 2012, 360 (361), Rn. 6.
3 BGHZ 40, 197 (203) = NJW 1964, 203 (204) = MDR 1964, 134.
4 OLG Saarbrücken, MDR 2008, 1233: einstweiliger Rechtsschutz.
5 BGH, NJW-RR 2002, 933 = MDR 2002, 1025 zur Vollmachtskette; ebenso OLG München v. 15.10.1992, 25 W 2480/92, juris, Rn. 2: die Vertretungsmacht muss bis zur Partei zurückgehend nachgewiesen werden; Thomas/Putzo-*Hüßtege*, ZPO, § 80 Rn. 8.
6 A.A. MK-*Toussaint*, ZPO, § 80 Rn. 9.
7 Umfassend dazu m.w.N. Stein/Jonas-*Bork*, ZPO, § 80 Rn. 16 ff.
8 Zöller-*Vollkommer*, ZPO, § 80 Rn. 9.
9 Zöller-*Vollkommer*, ZPO, § 80 Rn. 9.
10 Prütting/Gehrlein-*Burgermeister*, ZPO, § 80 Rn. 11.
11 OLG München, OLGZ 1993, 223 (224) m.w.N.
12 BGH, NJW-RR 2010, 67 (68), Rn. 13 = FamRZ 2009 1319 (1319 f.), Rn. 13; BGH v. 02.03.2004, XI ZR 267/02, juris, Rn. 16 lässt offen, ob die Grundsätze der Duldungsvollmacht auf die Prozessvollmacht angewendet werden können, tendiert aber wohl zu einer Bejahung; BGH, NJW 2004, 839 (840); BGH, NJW 2004, 844 (845) = FamRZ 2004, 361; BGH, NJW 2003, 963 (964) = MDR 2003, 451 (452): Unanwendbarkeit von § 174 BGB; BGH, NJW 1975, 1652 (1653) = VersR 1975, 921: Anwendbarkeit der Anscheinsvollmacht; Stein/Jonas-*Bork*, ZPO, § 80 Rn. 14 f.; a.A. bezüglich Anscheinsvollmacht MK-*Toussaint*, ZPO, § 80 Rn. 5 m.w.N.
13 BGHZ 154, 283 (287 f.) = NJW 2003, 1594 (1595) = MDR 2003, 944 (945); Musielak/Voit-*Weth*, ZPO, § 80 Rn. 5; a.A. OLG Hamm, NJW-RR 1990, 767.

und dem **Innenverhältnis** zwischen Vollmachtgeber und Prozessbevollmächtigtem zu unterscheiden[14] sowie dem zwischen diesen Personen als Grundlage für die Bevollmächtigung bestehenden Kausalverhältnis.[15]

B. Erteilung der Prozessvollmacht
I. Form der Erteilung
Die Erteilung der Vollmacht ist **nicht an eine Form** gebunden;[16] sie kann auch mündlich erfolgen. Auch eine **konkludente Erteilung** kommt in Betracht.[17] Das Wort Prozessvollmacht muss nicht ausdrücklich erwähnt werden.

6

II. Prozessvollmachtserteilung als Prozesshandlung
Die Erteilung der Prozessvollmacht erfolgt durch **Prozesshandlung**[18] des Vertretenen gegenüber dem Bevollmächtigten, dem Prozessgegner oder dem Gericht. Beim Vollmachtgeber müssen daher die **Prozesshandlungsvoraussetzungen** vorliegen. Postulationsfähig muss der Vollmachtgeber aber nicht sein.[19] Durch den **Haftpflichtversicherer** kann für seinen Versicherungsnehmer einem Bevollmächtigten Prozessvollmacht erteilt werden.[20] Das Gleiche gilt für eine mitversicherte Person.[21] Die Erteilung der Prozessvollmacht ist **bedingungsfeindlich**. Der Rechtsstreit bzw. das Verfahren, für das die Bevollmächtigung erfolgt, sollte möglichst genau angegeben werden, da dies für die Frage des Umfangs der Prozessvollmacht von Bedeutung ist (vgl. §§ 81, 82 ZPO). Soweit berechtigte Zweifel darüber entstehen, für welches Verfahren die Prozessvollmacht erteilt wurde, kann das Gericht die Vorlage einer neuen Vollmacht verlangen.[22] Die Prozessvollmachtserteilung kann **nicht nach bürgerlichem Recht angefochten** werden.[23] In der Beiordnung eines Prozessbevollmächtigten liegt keine Erteilung einer Prozessvollmacht.[24] Diese kann und muss, sofern gewünscht, durch die Partei, der beigeordnet wurde, eigens erfolgen (vgl. auch §§ 78b, 78c Rn. 2, 9 und § 85 Rn. 4), wobei diese Vollmachtserteilung je nach Sachlage bereits in dem Antrag auf Beiordnung liegen kann.[25] Zur Erteilung und zum Umfang der **Prozessvollmacht bei Rechtsanwaltssozietäten und -gesellschaften** vgl. § 84 Rn. 2.

7

Die Prozessvollmacht kann nur einer **prozessfähigen** Person erteilt werden.[26] Die Postulationsfähigkeit dieser Person ist jedoch nicht erforderlich, da sie auch ohne diese Handlungen ohne Anwaltszwang vornehmen kann, wie beispielsweise die Bestellung eines postulationsfähigen Prozessbevollmächtigten.[27]

8

C. Nachweis der wirksam erteilten Prozessvollmacht
I. § 80 ZPO als Beweisvorschrift und Anforderungen an den Nachweis
§ 80 ZPO stellt **kein Formerfordernis** als Wirksamkeitsvoraussetzung der Vollmachtserteilung auf. § 80 ZPO regelt **allein den Nachweis** einer auch formlos wirksam erteilbaren Prozessvollmacht im Außenverhältnis (vgl. Rn. 5, 6). Zum **Nachweis** der Prozessvollmacht ist diese nach § 80 ZPO **schriftlich** zu den Gerichtsakten zu reichen. Schriftform ist i.S.d. § 126 BGB zu ver-

9

---

14 Musielak/Voit-*Weth*, ZPO, § 80 Rn. 3 m.w.N.
15 Vgl. dazu die Kommentierung bei § 87 ZPO auch zur grundsätzlichen Abstraktheit der Prozessvollmacht von diesem Innenverhältnis sowie bei §§ 81–84 ZPO zum Umfang der Prozessvollmacht im Außen- und im Innenverhältnis.
16 BGH, NJW 2004, 844 (844 f.) = FamRZ 2004, 361 (361 f.); BGHZ 40, 197 (203) = NJW 1964, 203 (204).
17 BGH, NJW 2007, 3640 (3644); BGH, FamRZ 1995, 1484 je zur Teilnahme des Rechtsanwalts am Termin gemeinsam mit Partei.
18 MK-*Toussaint*, ZPO, § 80 Rn. 3 m.w.N.
19 BGH, NJW 2001, 2095 (2096).
20 BGHZ 112, 345 (348) = NJW 1991, 1176 (1177) = AnwBl. 1992, 271 m.w.N.; zur Beschränkung der Vollmacht bei sonst drohender Interessenkollision vgl. auch § 83 Rn. 2.
21 BVerfGE 81, 123 (127) = NJW 1990, 1104.
22 BFH, NJW 1997, 1029.
23 Musielak/Voit-*Weth*, ZPO, § 80 Rn. 5; MK-*Toussaint*, ZPO, § 80 Rn. 6.
24 Stein/Jonas-*Bork*, ZPO, § 80 Rn. 11 m.w.N.
25 Prütting/Gehrlein-*Burgermeister*, ZPO, § 80 Rn. 5; vgl. auch Musielak/Voit-*Weth*, ZPO, § 80 Rn. 9.
26 BGHZ 30, 112 (118) = NJW 1959, 1587 (1588) = MDR 1959, 742; vgl. auch BVerfGE 37, 67 = NJW 1974, 1279 = MDR 1974, 820; Zöller-*Vollkommer*, ZPO, § 80 Rn. 2a m.w.N.
27 Vgl. Musielak/Voit-*Weth*, ZPO, § 80 Rn. 7 m.w.N.; für § 87 Abs. 1 (Alt. 2) ZPO ist jedoch die Anzeige der Bestellung eines postulationsfähigen Rechtsanwalts nötig, vgl. BGH, NJW 2007, 2124 (2125), Rn. 11 = FamRZ 2007, 1087 (1088), Rn. 11.

stehen. Es ist das **eigenhändig unterschriebene Original** einzureichen.[28] **Telefax und Kopie** sind nicht ausreichend.[29] Ein Faksimilestempel ist ungenügend.[30] Auch eine beglaubigte **Abschrift** der Originalurkunde reicht nicht aus.[31] **Fremdsprachige Urkunden** können ins Deutsche übersetzt werden (vgl. § 142 Abs. 3 ZPO), müssen es aber ohne besondere Anordnung des Gerichts nicht.[32] Auch eine im Ausland für einen inländischen Prozess erteilte Prozessvollmacht ist nach deutschem Recht zu beurteilen, soweit es ihre Erteilung und ihren Umfang betrifft.[33] Die **Vollmachtserteilung zu Protokoll** ist ausreichend.[34] Erklärt der Hauptbevollmächtigte zu Protokoll, dass er Untervollmacht erteilt hat, ist diese damit nachgewiesen.[35] Aus der Vollmachtsurkunde müssen sich der Vollmachtgeber, der Bevollmächtigte und der Umfang der Vollmacht ergeben.[36]

II. Einreichung zu den Gerichtsakten

10 Die Vollmacht ist **zur Gerichtsakte einzureichen**, wobei damit die **Akte des jeweiligen konkreten Prozesses** gemeint ist. **Bezugnahmen** auf in anderen Verfahren vorgelegte Urkunden reichen nur ausnahmsweise aus, wenn es sich um ein Verfahren bei demselben Richter handelt.[37] Die zu den Akten gereichte Vollmacht **bleibt auch nach Abschluss des Verfahrens bei den Akten** und wird nicht zurückgegeben.[38]

III. Nachholung Nachweis; Fristsetzung

11 Das Gericht kann, sofern die Prozessvollmacht nicht gleichzeitig mit der ersten Handlung des Prozessbevollmächtigten vorgelegt wird, eine **Frist zur Vorlage** setzen. Trotz gesetzter Frist kann die Vollmacht immer noch **bis zum Schluss der mündlichen Verhandlung** schriftlich nachgereicht werden,[39] da die Frist keine **Ausschlussfrist** ist.[40] An die Stelle des Schlusses der mündlichen Verhandlung tritt im schriftlichen Verfahren der Zeitpunkt, bis zu dem Schriftsätze eingereicht werden können (§ 128 Abs. 2 Satz 2 ZPO).[41] Zur **Nachreichung** der Vollmacht noch in der Rechtsmittelinstanz vgl. § 89 Rn. 12.[42] Die Fristsetzung ist in entsprechender Anwendung von Satz 2 Hs. 2 auch bei sonstigen Vollmachtsmängeln außerhalb von § 89 Abs. 1 ZPO möglich, wenn deren Unbehebbarkeit noch nicht feststeht (§ 89 Rn. 20). Umgekehrt kann auch beim Nachweismangel nach § 89 ZPO vorgegangen und der Prozessbevollmächtigte einstweilen zugelassen werden.[43] Erfolgt bis zum Schluss der mündlichen Verhandlung kein ausreichender Nachweis gelten §§ 88, 89 ZPO.

---

28 BGHZ 166, 278 (280) = NJW 2007, 772, Rn. 9–11; BGHZ 126, 266 = NJW 1994, 2298 = MDR 1994, 938.
29 BGHZ 126, 266 = BGH. NJW 1994, 2298 = MDR 1994, 938; Musielak/Voit-*Weth*, ZPO, § 80 Rn. 15 m.w.N.; MK-*Toussaint*, ZPO, § 80 Rn. 17 m.w.N.; differenzierend hinsichtlich des Telefaxes Stein/Jonas-*Bork*, ZPO, § 80 Rn. 26.
30 OLG Köln, MDR 1971, 54; Musielak/Voit-*Weth*, ZPO, § 80 Rn. 15 m.w.N.; a.A. Stein/Jonas-*Bork*, ZPO, § 80 Rn. 27.
31 LG Duisburg v. 22.02.2012, 7 T 185/11, juris, Rn. 5–6; MK-*Toussaint*, ZPO, § 80 Rn. 17.
32 BGH, NJW 1989, 1432 (1433) = FamRZ 1988, 827 (828); MK-*Toussaint*, ZPO, § 80 Rn. 15 m.w.N.; Stein/Jonas-*Bork*, ZPO, § 80 Rn. 29; a.A. Prütting/Gehrlein-*Burgermeister*, ZPO, § 80 Rn. 13 (arg. § 184 GVG).
33 BGHZ 40, 197 (203) = NJW 1964, 203 (204) = MDR 1964, 134; BGH, NJW 1990, 3088 = MDR 1991, 236: zur Frage des anzuwendenden Rechts betreffend die Vertretungsmacht des die Vollmacht für einen anderen Erteilenden.
34 Thomas/Putzo-*Hüßtege*, ZPO, § 80 Rn. 9.
35 LAG Düsseldorf v. 15.08.2016, 9 Sa 318/16, juris, Rn. 55.
36 MK-*Toussaint*, ZPO, § 80 Rn. 15 m.w.N.; vgl. auch OLG Frankfurt a.M. v. 14.10.2016, 10 U 64/16, juris, Rn. 36, auch zur Frage der Blankovollmacht sowie der fehlenden Datumsangabe.
37 Stein/Jonas-*Bork*, ZPO, § 80 Rn. 35 m.w.N.; vgl. dazu auch MK-*Toussaint*, ZPO, § 80 Rn. 20 m.w.N.; Musielak/Voit-*Weth*, ZPO, § 80 Rn. 17 m.w.N.
38 MK-*Toussaint*, ZPO, § 80 Rn. 20 mit Nachweisen auch zu Ausnahmen; Stein/Jonas-*Bork*, ZPO, § 80 Rn. 34, der eine Rückgabe bei „beachtlichen Gründen" vorsieht.
39 BGH, NJW-RR 2012, 515 (516), Rn. 8 = FamRZ 2012, 360 (361), Rn. 8.
40 BGHZ 166, 278 (280) = NJW 2007, 772, Rn. 8.
41 BGH, NJW-RR 2012, 515 (516), Rn. 8 = FamRZ 2012, 360 (361), Rn. 8.
42 Dazu insbesondere BGHZ 91, 111 = NJW 1984, 2149 = MDR 1984, 732; BGH, NJW 2002, 1957 = MDR 2002, 773; BGH, NJW 2001, 2095 (2096).
43 BGHZ 91, 111 (114) = NJW 1984, 2149; MK-*Toussaint*, ZPO, § 80 Rn. 22.

§ 81
Umfang der Prozessvollmacht

Die Prozessvollmacht ermächtigt zu allen den Rechtsstreit betreffenden Prozesshandlungen, einschließlich derjenigen, die durch eine Widerklage, eine Wiederaufnahme des Verfahrens, eine Rüge nach § 321a und die Zwangsvollstreckung veranlasst werden; zur Bestellung eines Vertreters sowie eines Bevollmächtigten für die höheren Instanzen; zur Beseitigung des Rechtsstreits durch Vergleich, Verzichtsleistung auf den Streitgegenstand oder Anerkennung des von dem Gegner geltend gemachten Anspruchs; zur Empfangnahme der von dem Gegner oder aus der Staatskasse zu erstattenden Kosten.

§ 82
Geltung für Nebenverfahren

Die Vollmacht für den Hauptprozess umfasst die Vollmacht für das eine Hauptintervention, einen Arrest oder eine einstweilige Verfügung betreffende Verfahren.

Inhalt:

	Rn.		Rn.
A. Allgemeines	1	I. Abgabe von materiell-rechtlichen Erklärungen	3
I. Regelungsgegenstand und Zweck; Außen- und Innenverhältnis	1	II. Vornahme und Empfangnahme von Prozesshandlungen	4
II. Geltungsbereich	2	III. Erstreckung auf Nebenverfahren, § 82 ZPO	8
B. Umfang der Prozessvollmacht	3		

A. Allgemeines
I. Regelungsgegenstand und Zweck; Außen- und Innenverhältnis

§§ 81, 82 ZPO regeln den **Umfang einer erteilten Prozessvollmacht**, mangels abweichender Bestimmung durch den Vollmachtgeber. Dieser kann die Prozessvollmacht über § 81 ZPO hinaus **erweitern**[1] oder im Rahmen des § 83 ZPO **einschränken**. Die Regelungen dienen der **Rechtssicherheit im Prozess**. Vor diesem Hintergrund betreffen sie zunächst nur den Umfang der Prozessvollmacht im **Außenverhältnis**, also im Verhältnis zu Gegner und Gericht. Im **Innenverhältnis** wird der Umfang der Vollmacht frei durch den Erteilenden festgelegt, wobei insoweit eine Auslegung der Erteilungserklärung zu erfolgen hat und das der Prozessvollmacht zugrundeliegende Kausalverhältnis zu beachten ist.[2] Soweit nichts (anderes) vereinbart ist, wird sich der Umfang im Innenverhältnis in der Regel ebenfalls an §§ 81, 82 ZPO orientieren.[3] Die Aufzählung in § 81 ZPO ist nicht abschließend, zeigt jedoch, auch im Zusammenspiel mit § 83 ZPO, dass der **Vollmachtsumfang** eher weit auszulegen ist.[4] 1

II. Geltungsbereich

Die Regelungen der §§ 80 ff. ZPO gelten nur für die **für ein gerichtliches Verfahren erteilte Prozessvollmacht**. Soweit eine solche für **außergerichtliche Handlungen** erteilt wird, bestimmt sich ihr Umfang nach allgemeinen Regeln insbesondere dem (möglicherweise erst durch Auslegung zu ermittelnden) Inhalt der Vollmacht.[5] Diese Vollmacht umfasst mangels anderslautender Bestimmung auch die Führung des gerichtlichen Rechtsstreits, soweit der Auftrag bereits vollumfänglich im Hinblick auf die Rechtsdurchsetzung oder -abwehr erteilt wurde. Die **Unterwerfungserklärung nach § 794 Abs. 1 Nr. 5 ZPO** ist Prozesshandlung, so dass eine Vollmacht dafür auch Prozessvollmacht ist.[6] 2

---

1 Vgl. dazu mit weiteren Nachweisen und zur Problematik der formularmäßigen Erweiterung Zöller-*Vollkommer*, ZPO, § 81 Rn. 12.
2 Vgl. Musielak/Voit-*Weth*, ZPO, § 80 Rn. 3 m.w.N.
3 Vgl. Prütting/Gehrlein-*Burgermeister*, ZPO, § 81 Rn. 1; Musielak/Voit-*Weth*, ZPO, § 80 Rn. 4, § 81 Rn. 1 und § 82 Rn. 3 m.w.N.
4 Prütting/Gehrlein-*Burgermeister*, ZPO, § 81 Rn. 4.
5 Vgl. Zöller-*Vollkommer*, ZPO, § 81 Rn. 1.
6 BGH, NJW 2008, 2266 (2267), Rn. 13 = MDR 2008, 944 (945).

B. Umfang der Prozessvollmacht
I. Abgabe von materiell-rechtlichen Erklärungen

3 Die Prozessvollmacht gestattet dem Prozessbevollmächtigten auch die Vornahme von Rechtsgeschäften bzw. Willenserklärungen und rechtsgeschäftsähnlichen Handlungen **materiell-rechtlichen Inhalts** für den Vertretenen und auch die Empfangnahme derartiger Erklärungen, wenn diese im Zusammenhang mit dem jeweiligen prozessualen Gegenstand stehen und der Erreichung des **Prozessziels förderlich** sind.[7] Dazu zählt auch die **Ausübung von Gestaltungsrechten** wie Rücktritt vom Vertrag,[8] Kündigung[9] und Aufrechnung[10] oder Anfechtung einer Willenserklärung. Die jeweilige Erklärung kann **im Prozess aber auch außerhalb von diesem** abgegeben werden.[11] Eine Zurückweisung der Erklärung nach § 174 BGB kommt nicht in Betracht.[12] Eine Verfügung über **Vermögensgegenstände, die nicht Gegenstand des Rechtsstreites** sind, wird von der Prozessvollmacht nicht erfasst.[13] **Rechtsgeschäfte mit Dritten** sind von der Prozessvollmacht – ohne weitere Vereinbarung – nur gedeckt, wenn es sich um reine Hilfsgeschäfte handelt, wie beispielsweise die Beauftragung eines Sachverständigen.[14] Dazu gehört nicht mehr der Erwerb der eingeklagten Forderung von einem Dritten.[15] Ebenfalls nicht mehr gedeckt von der Prozessvollmacht sind materiell-rechtliche Willenserklärungen gegenüber einer Behörde außerhalb des Prozesses, für die eine öffentlich beglaubigte Vollmacht nötig ist.[16]

II. Vornahme und Empfangnahme von Prozesshandlungen

4 Die Prozessvollmacht ermächtigt zunächst zu allen den Rechtsstreit betreffenden **Prozesshandlungen**, für die sie erteilt ist und zwar sowohl zur **Abgabe** als auch zur **Entgegennahme** der jeweiligen Handlung bzw. Erklärung. Wird von einem **Nebenintervenienten Prozessvollmacht** erteilt, so erfasst sie auch den Fall, dass die Klage auf den Nebenintervenienten erstreckt wird.[17] Sie ermächtigt **umfassend zur Führung des gesamten Rechtsstreits ohne Beschränkung auf einzelne Instanzen**.[18] Eine Beschränkung lediglich auf die Vertretung in erster Instanz kommt (im Anwaltsprozess) wegen § 83 Abs. 1 ZPO nicht in Betracht.[19] Nach Beendigung des Rechtsstreits durch Klageabweisung oder Klagerücknahme muss für eine **neuerliche Klage eine erneute Prozessvollmacht** erteilt werden. Insbesondere ermächtigt sie auch zu Handlungen, die den Rechtsstreit erst in Gang setzen wie zur **Klage**, zur **Klageänderung** sowie zur **Widerklage**, zu einer **Wiederaufnahme des Verfahrens**,[20] einer Rüge nach § 321a ZPO und solchen Prozesshandlungen, die zur oder durch die **Zwangsvollstreckung** veranlasst werden. Damit sind neben dem Betreiben der Zwangsvollstreckung selbst auch die mit ihr im Zusammenhang stehenden Klagen gemeint, wie beispielsweise nach §§ 731, 767, 771, 805 ZPO. Nach richtiger Ansicht gehört weder ein aus der Zwangsvollstreckung resultierendes **Insolvenzverfahren** noch zur Prozessvollmacht.[21] Das **Nachverfahren** i.S.d. §§ 302 Abs. 4 und 600 ZPO wird von der Prozessvollmacht für das Vorverfahren gedeckt.[22] Dagegen erlaubt die Prozessvollmacht nach ihrem gesetzlichen Umfang nicht auch die Erhebung von Klagen nach §§ 323,

---

7 BGH, NJW 2003, 963 (964) = MDR 2003, 451 (451 f.); BGH, NJW 1992, 1963 (1964) = MDR 1992, 712.
8 BGH, NJW-RR 2006, 279 (280) = MDR 2006, 178 (179).
9 BAG, NJW 1988, 2691 (2693) = MDR 1988, 890 (891); BGHZ 31, 206 (209) = NJW 1960, 480 = MDR 1960, 214; auch deren Entgegennahme ist umfasst BGH, NJW-RR 2000, 745.
10 BGHZ 31, 206 (209) = NJW 1960, 480 = MDR 1960, 214.
11 BGH, NJW 2003, 963 (964) = MDR 2003, 451 (452); BAG, NJW 1963, 1469 = MDR 1963, 711; BGHZ 31, 206 (209) = NJW 1960, 480 = MDR 1960, 214, wo dies vorsichtig bejaht wird („es mag auch sein").
12 BGH, NJW 2003, 963 (964) = MDR 2003, 451 (452).
13 BGH, NJW 1992, 1963 (1964) = MDR 1992, 712; BGH, NJW 1982, 1809 (1810); BayObLG, NJW-RR 1999, 235 (236); vgl. auch BGHZ 16, 167 (170 f.) = NJW 1955, 545 (546).
14 BGHZ 31, 206 (209) = NJW 1960, 480 = MDR 1960, 214.
15 BGH, AnwBl. 1994, 480.
16 BGHZ 31, 206 (209 f.) = NJW 1960, 480 = MDR 1960, 214.
17 BGHZ 54, 105 (107) = NJW 1972, 52 = VersR 1971, 1174.
18 Prütting/Gehrlein-*Burgermeister*, ZPO, § 81 Rn. 2 f.
19 BGH, NJW 2001, 1356 (1356) = AnwBl. 2001, 242 (243).
20 Insoweit ist jedoch die Entscheidung BGHZ 31, 351 (354) = NJW 1960, 818 (819) zu beachten: nach § 81 ZPO erfasst die Prozessvollmacht zwar auch das Wiederaufnahmeverfahren, es ist jedoch erst noch eine darauf bezogene Beauftragung im Innenverhältnis zu erteilen, damit der Prozessbevollmächtigte auch Vertreter i.S.d. § 85 ZPO ist, vgl. auch Musielak/Voit-*Weth*, ZPO, § 81 Rn. 2.
21 Musielak/Voit-*Weth*, ZPO, § 81 Rn. 2; a.A. z.B. Stein/Jonas-*Bork*, ZPO, § 81 Rn. 7 m.w.N.
22 Musielak/Voit-*Weth*, ZPO, § 81 Rn. 4.

323a, 324, 893 ZPO und die Geltendmachung der in einem neuen Prozess anhängig gemachten **Schadensersatzansprüche nach §§ 600 Abs. 2, 717 Abs. 2, 945 ZPO**.[23] Wird darum gestritten, ob ein Prozess aufgrund einer Klagerücknahme oder eines Vergleiches wirksam beendet wurde, deckt diesen Streit die Prozessvollmacht ab.[24] Sie gestattet dem Inhaber die **Abgabe von Geständnissen** (vgl. dazu auch § 85 Rn. 2, 14), die Einlegung,[25] Begründung und Rücknahme von **Rechtsmitteln**[26] sowie die Abgabe eines **Rechtsmittelverzichts**.[27] Die Prozessvollmacht umfasst auch die Vertretung im Verfahren über die **Kostenfestsetzung** einschließlich einem sich anschließenden Beschwerdeverfahren,[28] über die **Streitwertbeschwerde** und über die PKH-Gewährung sowie das Prozesskostenhilfeüberprüfungsverfahren.[29] Erfasst ist auch die Vertretung in einem **selbstständigen Beweisverfahren**.[30]

Ebenso ermächtigt die Prozessvollmacht zu Prozesshandlungen, die zu einer Beseitigung der Rechtshängigkeit führen, wie **Klagerücknahme, Abschluss eines Vergleichs** und die Abgabe eines **Verzichts** oder eines **Anerkenntnisses**, wobei auch die jeweiligen materiell-rechtlichen Erklärungen wirksam abgegeben werden können (vgl. Rn. 3). Die jeweiligen Erklärungen können aufgrund der Prozessvollmacht auch wirksam außergerichtlich abgegeben werden.[31]

Weiter ist der Prozessbevollmächtigte berechtigt zur **Empfangnahme der von dem Prozessgegner oder aus der Staatskasse zu erstattenden Kosten**. Eine Beschränkung dahingehend, dass nicht verbrauchte Gerichtskosten nur an die Partei selbst zu erstatten sind, ist auch im Anwaltsprozess möglich.[32] Eine Ermächtigung zur **Empfangnahme der Hauptsache** enthält die gesetzliche Regelung nicht.[33] Diese kann jedoch im Wege der Erweiterung durch den Vollmachtgeber erteilt werden.

Die Prozessvollmacht gestattet deren Inhaber auch die **Bestellung eines Bevollmächtigten** für die höheren Instanzen.[34] Das hat mit § 78 Abs. 1 Satz 3 ZPO nichts zu tun,[35] da es nicht um die Vertretung in einem Verfahren vor dem Bundesgerichtshof geht, sondern um die Beauftragung eines dazu befugten Prozessbevollmächtigten. Dem Prozessbevollmächtigten ist auch die Bestellung eines **Unterbevollmächtigten** erlaubt.[36] Hier sollte der Prozessbevollmächtigte darauf achten, ob er den Unterbevollmächtigten im eigenen Namen (mit der Folge der eigenen Haftung für die Kosten des Unterbevollmächtigten[37]) oder im Namen des eigenen Vollmachtgebers beauftragt. Zum **Abschluss des diesbezüglichen Mandatsvertrages für das Innenverhältnis** ermächtigt die Prozessvollmacht ebenfalls.[38] Der Unterbevollmächtigte handelt im Namen der Partei,[39] sofern nicht die konkrete Auslegung der Erklärung etwas anderes ergibt.[40] Die erteilte Untervollmacht sollte möglichst genau ausweisen, wozu der Unterbevollmächtigte ermächtigt ist, insbesondere ob er „bloßer" **Terminsvertreter** ist. Der **Unterbevollmächtigte** kann anders als der Hauptbevollmächtigte entgegen § 83 ZPO auch nur auf eine Instanz oder die Terminswahrnehmung beschränkte Vollmacht erhalten (§ 83 Rn. 2). Von der Prozessvollmacht wird auch die **Genehmigung des Handelns** eines vollmachtlosen Vertreters umfasst.[41]

III. Erstreckung auf Nebenverfahren, § 82 ZPO

Die Prozessvollmacht für den Hauptprozess umfasst nach § 82 ZPO auch eine Vollmacht für die **Hauptintervention** (§ 64 ZPO), einen **Arrest** (§§ 916 ff. ZPO) oder eine **einstweilige Verfü-**

---

23 Anders, wenn die Ansprüche im bereits anhängigen Rechtsstreit geltend gemacht werden, Musielak/Voit-*Weth*, ZPO, § 81 Rn. 4, 5.
24 Stein/Jonas-*Bork*, ZPO, § 81 Rn. 5 f.
25 BGH, NJW-RR 1986, 1252 (1253) = MDR 1986, 1021.
26 BGH, FamRZ 1988, 496.
27 BGH, NJW-RR 1994, 386 (386 f.) = FamRZ 1994, 300 (301).
28 Prütting/Gehrlein-*Burgermeister*, ZPO, § 81 Rn. 4 m.w.N.
29 BGH v. 08.12.2010, XII ZB 39/09, juris mit Nachweisen auch zur Gegenansicht.
30 Zöller-*Vollkommer*, ZPO, § 81 Rn. 8.
31 BAG, NJW 1963, 1469 = MDR 1963, 711.
32 OLG Brandenburg, NJW 2007, 1470 (1471).
33 BGHZ 177, 178 (182 f.), Rn. 16 = NJW 2008, 3144 (3145 f.), Rn. 16.
34 BGH, NJW 2006, 2334 (2335), Rn. 14 = FamRZ 2006, 1018 (1019); BGH, NJW 1994, 320.
35 Vgl. Zöller-*Vollkommer*, ZPO, § 81 Rn. 3.
36 BGH, NJW-RR 2003, 51 (52) = MDR 2003, 145; BGH, NJW 1980, 999.
37 BGH, NJW 1981, 1727 = MDR 1981, 913.
38 BGH, NJW 2006, 2334 (2335), Rn. 14 = FamRZ 2006, 1018 (1019).
39 BGH, NJW-RR 2003, 51 (52) = MDR 2003, 145 (Leitsatz) für den Fall, dass der Hauptbevollmächtigte nicht postulationsfähig ist.
40 Vgl. dazu die umfassenden Rechtsprechungsnachweise bei Zöller-*Vollkommer*, ZPO, § 81 Rn. 6, für Fälle wie „für RA XY", „i.V.", „i.A.", „nach Diktat außer Haus".
41 BSG v. 21.06.2001, B 13 RJ 5/01 R, juris, Rn. 23.

gung (§§ 935 ff. ZPO), soweit dieses Verfahren zum Hauptprozess in Beziehung steht.[42] Sie kann aber auch allein **auf diese Verfahren beschränkt** erteilt werden. Eine derartig beschränkte Prozessvollmacht umfasst hingegen nicht auch das Tätigwerden im Hauptprozess.[43] Inwieweit eine **Zustellung** in diesen Verfahren an den Bevollmächtigten des Hauptprozesses gerichtet werden kann oder muss, ist umstritten.[44] Richtigerweise besteht kein Zwang zur Zustellung an den Prozessbevollmächtigten des Hauptprozesses, sondern lediglich die Möglichkeit, da die Nebenverfahren des § 82 ZPO nicht zum Rechtszug i.S.d. § 172 ZPO gehören (vgl. § 172 Rn. 10).[45]

§ 83
Beschränkung der Prozessvollmacht

(1) Eine Beschränkung des gesetzlichen Umfangs der Vollmacht hat dem Gegner gegenüber nur insoweit rechtliche Wirkung, als diese Beschränkung die Beseitigung des Rechtsstreits durch Vergleich, Verzichtleistung auf den Streitgegenstand oder Anerkennung des von dem Gegner geltend gemachten Anspruchs betrifft.
(2) Insoweit eine Vertretung durch Anwälte nicht geboten ist, kann eine Vollmacht für einzelne Prozesshandlungen erteilt werden.

Inhalt:
	Rn.		Rn.
A. Allgemeines.............	1	II. Beschränkung im Parteiprozess.....	3
B. Erläuterungen............	2	III. Wirkung von Beschränkungen	
I. Beschränkung im Anwaltsprozess....	2	im Außen- und Innenverhältnis.....	4

A. Allgemeines
1 Aus § 83 ZPO lässt sich schließen, dass die Prozessvollmacht prinzipiell durch den Vollmachtgeber gegenüber dem **gesetzlichen Umfang** der §§ 81, 82 ZPO **eingeschränkt** werden kann. § 83 ZPO bestimmt, welche Wirkungen etwaige Beschränkungen **gegenüber dem Prozessgegner**, also das **Außenverhältnis** betreffend, haben. Regelungszweck ist daher im Zusammenspiel mit §§ 81, 82 ZPO die **Rechtssicherheit im Prozess**. Insoweit ist zwischen **Anwaltsprozess** (Rn. 2) und **Parteiprozess** (Rn. 3) zu unterscheiden. Die Beschränkung mit **Wirkung für das Innenverhältnis** ist stets und in jedem Umfang möglich.[1] Die Beschränkung erfolgt durch schriftliche oder mündliche Erklärung gegenüber dem Prozessbevollmächtigten, dem Gericht oder dem Gegner. Wirkung gegenüber dem Gegner erlangt sie nur durch Mitteilung an diesen, wobei es ausreicht, die **Beschränkung in der Vollmachtsurkunde** aufzunehmen, die dem Gericht vorgelegt wird.[2] Die Erklärung der Beschränkung muss unzweideutig sein, andernfalls kann sie nicht angenommen werden.[3] Die Bevollmächtigung kann auch nach der (zunächst umfassenderen) Erteilung noch beschränkt werden.

B. Erläuterungen
I. Beschränkung im Anwaltsprozess
2 Im **Außenverhältnis** wirksam kann **im Anwaltsprozess** (vgl. § 78 Rn. 1) eine Einschränkung **nur** für **Vergleich, Anerkenntnis und Verzicht** erfolgen (Abs. 1). Dies gilt jedoch **nicht für den Unterbevollmächtigten**, dem ohne Einschränkung beschränkte Prozessvollmacht (z.B. Terminsvollmacht oder Vollmacht nur für eine bestimmte Instanz) erteilt werden kann.[4] Eine **Beschränkung der Vollmacht des Hauptbevollmächtigten nur auf die erste Instanz** ist hingegen unwirksam.[5] Richtigerweise kann als Minus zur kompletten Ausnahme des Vergleichsab-

---

42 Vgl. Musielak/Voit-*Weth*, ZPO, § 82 Rn. 2; Saenger-*Bendtsen*, ZPO, § 82 Rn. 1.
43 Musielak/Voit-*Weth*, ZPO, § 82 Rn. 3; Prütting/Gehrlein-*Burgermeister*, ZPO, § 82 Rn. 1 m.w.N.
44 Prütting/Gehrlein-*Burgermeister*, ZPO, § 82 Rn. 1 m.w.N.
45 OLG Oldenburg, AnwBl. 2002, 122; Musielak/Voit-*Weth*, ZPO, § 83 Rn. 3 m.w.N.; a.A. Zöller-*Vollkommer*, ZPO, § 82 Rn. 1 m.w.N., der hinsichtlich der Hauptintervention eine Pflicht zur Zustellung an den für den Hauptprozess bestellten Gegenanwalt annimmt, betreffend Arrest und einstweilige Verfügung aber nur die Möglichkeit.

Zu § 83:
1 Prütting/Gehrlein-*Burgermeister*, ZPO, § 83 Rn. 1.
2 BFH, NJW 1997, 1029 (1030); BAG, NJW 1963, 1469 = MDR 1963, 711.
3 BGHZ 16, 167 (170) = NJW 1955, 545.
4 Zöller-*Vollkommer*, ZPO, § 83 Rn. 4, § 81 Rn. 6.
5 BGH, NJW 2001, 1356 = AnwBl. 2001, 242.

schlusses aus der Prozessvollmacht auch eine Beschränkung dahingehend erfolgen, dass nur ein Vergleich mit einem bestimmten Inhalt abgeschlossen werden darf.[6] Die Vorschrift ist i.S.d. Rechtssicherheit **eng auszulegen**, so dass eine weitere Einschränkung mit Wirkung für das Außenverhältnis in der Regel nicht in Betracht kommt.[7] Weitere oder andere Einschränkungen können im Außenverhältnis ausnahmsweise dann Wirksamkeit erlangen, wenn die Vollmacht ersichtlich **missbräuchlich** gebraucht wird.[8] Daneben gestattet die Rechtsprechung eine wirksame Vollmachtseinschränkung im Außenverhältnis, wenn andernfalls – also im Falle der umfassenden Geltung der Prozessvollmacht – der Prozessbevollmächtigte in eine **Interessenkollision** geraten würde und dem **Vollmachtgeber eine Zurechnung seines Handelns nicht zuzumuten** ist.[9] Außerdem kann eine Einschränkung im Außenverhältnis wirksam erfolgen, wenn die **jeweilige Handlung nicht dem Anwaltszwang unterliegt**.[10] Eine Beschränkung dahingehend, dass nicht verbrauchte Gerichtskosten nur an die Partei selbst zu erstatten sind, ist daher auch im Anwaltsprozess möglich.[11] Allein die **Kenntnis des Gegners von der Einschränkung** der Prozessvollmacht ändert an deren Unwirksamkeit nach § 83 Abs. 1 ZPO nichts.[12]

II. Beschränkung im Parteiprozess

Im **Parteiprozess** (vgl. § 79 Rn. 1) ist nach Abs. 2 eine Vollmachtseinschränkung bzw. nur beschränkte Erteilung der Vollmacht **ohne Weiteres und in jeder Hinsicht** möglich. Soweit eine Beschränkung nicht sicher zu ermitteln ist, hat die Prozessvollmacht auch im Parteiprozess den Umfang der §§ 81, 82 ZPO.   *3*

III. Wirkung von Beschränkungen im Außen- und Innenverhältnis

Die Folgen des Handelns ohne Vertretungsmacht sind in §§ 88, 89 ZPO geregelt. Ist die Vollmacht im Außenverhältnis wirksam beschränkt und handelt der Vertreter dennoch, so fehlt seiner Handlung eine **Prozesshandlungsvoraussetzung** (§ 80 Rn. 1, § 89 Rn. 4). Sie ist **unwirksam**.[13] Es kommen §§ 579 Abs. 1 Nr. 4 und 547 Nr. 4 ZPO in Betracht. Ist die Vollmacht dagegen nur im Innenverhältnis, nicht jedoch im Außenverhältnis wirksam beschränkt,[14] dann ist die Handlung nach außen hin wirksam, der Vertreter macht sich jedoch gegenüber dem zu Unrecht Vertretenen unter Umständen **schadenersatzpflichtig**.   *4*

§ 84
Mehrere Prozessbevollmächtigte

[1]Mehrere Bevollmächtigte sind berechtigt, sowohl gemeinschaftlich als einzeln die Partei zu vertreten. [2]Eine abweichende Bestimmung der Vollmacht hat dem Gegner gegenüber keine rechtliche Wirkung.

Inhalt:

	Rn.		Rn.
A. Allgemeines	1	II. Einzelvertretungsmacht mehrerer	
B. Erläuterungen	2	Prozessbevollmächtigter	3
I. Mehrere Rechtsanwälte als		III. Problemfelder bei mehreren	
Einzelanwälte oder als Sozietät	2	Prozessbevollmächtigten	4
		C. Gebühren	8

---

6 Offengelassen von BGHZ 16, 167 (169).
7 Baumbach/Lauterbach/Albers/Hartmann, ZPO, § 83 Rn. 2; gemäß BGH, FamRZ 1988, 496 (496) keine Ausnahme der Rechtsmittelrücknahme möglich; gemäß BGH, NJW-RR 1994, 386 (387) = FamRZ 1994 300 (301) keine Ausnahme des Rechtsmittelverzichts möglich.
8 BFH, NJW 1997, 1029 (1030).
9 Vgl. dazu BGHZ 112, 345 (348 ff.) = NJW 1991, 1176 (1177) = AnwBl. 1992, 271.
10 OLG Brandenburg, NJW 2007, 1470 (1471).
11 OLG Brandenburg, NJW 2007, 1470 (1471).
12 BGHZ 112, 345 (347 f.) = NJW 1991, 1176 (1177) = AnwBl. 1992, 271.
13 Thomas/Putzo-*Hüßtege*, ZPO, § 83 Rn. 6.
14 Vgl. zur unwirksamen Beschränkung auf Terminsvertretung und der Folge daraus OLG Koblenz v. 07.07.2016, 11 UF 263/16, juris, Rn. 9.

A. Allgemeines

1 Jeder Beteiligte eines Rechtsstreits kann **beliebig viele Prozessbevollmächtigte** haben. Eine Beschränkung der Anzahl besteht nicht.[1] Werden mehrere Prozessbevollmächtigte nicht gleichzeitig sondern nacheinander bevollmächtigt, kann in der nachfolgenden Bevollmächtigung gleichzeitig der **Widerruf der Bevollmächtigung** der bisherigen Bevollmächtigten liegen. Dies ist letztlich durch Auslegung zu ermitteln und wird im Zweifel nicht der Fall sein.[2] § 84 ZPO erlangt nur Bedeutung, soweit die Prozessbevollmächtigten für dieselbe Partei auftreten.[3] Er wird **verdrängt**, wenn sich die **Prozessvollmacht aus einer allgemeinen aus dem materiellen Recht folgenden Vertretungsmacht** für die Partei ergibt, wie beispielsweise bei den Gesellschaftern der GbR gemäß §§ 709, 714 BGB oder den Geschäftsführern einer GmbH nach § 35 Abs. 2 GmbHG, sofern nicht noch eigens Prozessvollmacht erteilt wird.[4]

B. Erläuterungen
I. Mehrere Rechtsanwälte als Einzelanwälte oder als Sozietät

2 Rechtsanwälte können als **Einzelanwälte** oder in der **Form eines Zusammenschlusses mehrerer Rechtsanwälte** und anderer bestimmter Berufsträger[5] tätig sein. Insoweit kommt die Tätigkeit in einer **Sozietät als GbR oder PartG** (§ 59a Abs. 1, Abs. 2 BRAO), einer **RechtsanwaltsGmbH** (sog. Rechtsanwaltsgesellschaft nach § 59c BRAO) oder einer **RechtsanwaltsAG**[6] in Betracht. Die Zusammenschlüsse als solche sind selbst postulationsfähig (vgl. dazu § 78 Rn. 15). Bei der Bevollmächtigung von Rechtsanwälten, die sich in einer Sozietät als GbR verbunden haben, muss im Einzelfall ermittelt werden, ob nur die jeweils das Mandat annehmenden einzelnen Rechtsanwälte[7] oder sämtliche der Sozietät angehörenden Rechtsanwälte oder die gesamte Sozietät selbst als AußenrechtsGbR[8] Prozessbevollmächtigte sein sollen.[9] **Im Zweifel wird die GbR als solche bevollmächtigt** sein.[10] Die ältere Rechtsprechung[11] kann wegen der Grundsatzentscheidung des BGH zur Rechtsfähigkeit der GbR[12] mitunter nur eingeschränkt herangezogen werden. Neu eintretende Sozietätsmitglieder sind jedoch unabhängig davon, ob man die Sozietät oder sämtliche Sozietätsmitglieder als Vertragspartner des Mandanten ansieht, in aller Regel ebenfalls bevollmächtigt.[13] Eine Ausnahme gilt auch nicht bei überörtlichen Sozietäten für Sozien an anderen Kanzleiorten.[14] Bei der **Rechtsanwaltsgesellschaft** ist diese selbst

---

1 Musielak/Voit-*Weth*, ZPO, § 84 Rn. 2.
2 BGH, NJW 2007, 3640 (3642 f.), Rn. 29–33; BGH, FamRZ 2004, 865; BGH, NJW 1980, 2309 (2310) = MDR 1980, 833; Stein/Jonas-*Bork*, ZPO, § 84 Rn. 1 m.w.N.; Zöller-*Vollkommer*, ZPO, § 84 Rn. 2 und § 87 Rn. 2; Prütting/Gehrlein-*Burgermeister*, ZPO, § 84 Rn. 2; zu Recht spricht MK-*Toussaint*, ZPO, § 84 Rn. 2 davon, dass der Wille zum Wechsel eindeutig ermittelbar sein müsse.
3 Stein/Jonas-*Bork*, ZPO § 84 Rn. 1.
4 H.M. Thomas/Putzo-*Hüßtege*, ZPO, § 84 Rn. 1; Stein/Jonas-*Bork*, ZPO, § 84 Rn. 4 m.w.N.; unter Beschränkung auf den Parteiprozess MK-*Toussaint*, ZPO, § 84 Rn. 7.
5 Dazu z.B. BVerfG, NJW 2014, 613 = AnwBl. 2014, 270 zur GmbH aus Rechtsanwälten und Patentanwälten; Vorlage an das BVerfG durch BGH, NJW 2013, 2674 = AnwBl. 2013, 660 nunmehr entschieden durch BVerfG v. 12.11.2016, 1 BvL 6/13, juris, zur Partnerschaftsgesellschaft zwischen Rechtsanwälten, Ärzten und Apothekern.
6 Zur Zulässigkeit BGH, NJW 2005, 1568 = AnwBl. 2005, 424.
7 Vgl. zu dieser Möglichkeit BGHZ 56, 355 (358) = NJW 1971, 1801 (1802) = MDR 1971, 834.
8 Dass die GbR selbst als Bevollmächtigte in Betracht kommt, ergibt sich inzident aus BGH, NJW 2009, 440 (441), Rn. 4–10 = AnwBl. 2009, 74; Zöller-*Vollkommer*, ZPO, § 84 Rn. 2 und § 80 Rn. 6; Saenger-*Bendtsen*, ZPO, § 84 Rn. 3; MK-*Toussaint*, ZPO, § 84 Rn. 3.
9 Dazu beispielsweise, den Streit aber offenlassend: BGHZ 193, 193 (198), Rn. 13–15 = NJW 2012, 2435 (2436 f.), Rn. 13–15 = MDR 2012, 1031 (1031 f.), Rn. 13–15; BGH, NJW 2009, 1597 (1597 f.), Rn. 9–10 = AnwBl. 2009 461 (461 f.); BGH, NJW-RR 2006, 1071 (1072), Rn. 9.
10 Offengelassen von BGHZ 193, 193 (199), Rn. 16 = NJW 2012, 2435 (2437), Rn. 16; BGH, NJW 2011, 2301, (2302 f.), Rn. 15; a.a. nämlich im Zweifel alle Sozietätsmitglieder Musielak/Voit-*Weth*, ZPO, § 84 Rn. 2; Prütting/Gehrlein-*Burgermeister*, ZPO, § 84 Rn. 2; Stein/Jonas-*Bork*, ZPO, § 84 Rn. 6 m.w.N.
11 BGHZ 56, 355 (359) = NJW 1971, 1801 (1802) = BGHZ 83, 328 (329 f.) = NJW 1982, 1866 = MDR 1982, 735; BGHZ 124, 47 (48 ff.) = NJW 1994, 257 = MDR 1994, 308; zur sogenannten „Scheinsozietät" vgl. BGHZ 70, 247 (248 f.) = NJW 1978, 996 = MDR 1978, 740.
12 BGHZ 146, 341 = NJW 2001, 1056 = MDR 2001, 459.
13 BGHZ 124, 47 (48 ff.) = NJW 1994, 257 = MDR 1994, 308.
14 Prütting/Gehrlein-*Burgermeister*, ZPO, § 80 Rn. 8 unter Hinweis auf OLG Karlsruhe, NJW-RR 1995, 377; jedenfalls nach jetziger Rechtslage zustimmend Zöller-*Vollkommer*, ZPO, § 84 Rn. 1; a.A. KG Berlin, NJW 1994, 3111 = MDR 1994, 833; OLG Düsseldorf, NJW-RR 1995, 376 = MDR 1994, 1253 zur Besonderheit, wenn bereits örtliche Unzuständigkeit und Verweisung im Raum stehend.

Prozessbevollmächtigte (§ 59l Satz 1 BRAO),[15] es sei denn dass die Auslegung ergibt, dass die einzelnen ihr angehörenden Rechtsanwälte beauftragt werden sollen. Das Gleiche gilt für die **PartG**. Bei der **Bürogemeinschaft** ist stets nur der das Mandat annehmende Rechtsanwalt Prozessbevollmächtigter.[16]

II. Einzelvertretungsmacht mehrerer Prozessbevollmächtigter

Nach § 84 Satz 1 ZPO besteht für mehrere Prozessbevollmächtigte der gleichen Partei prinzipiell **Einzelvertretungsmacht**, so dass jeder Prozessbevollmächtigte der Partei ohne den anderen wirksam Erklärungen für die Partei abgeben kann. Zwar kann auch hier **im Innenverhältnis eine Einschränkung auf bloße Gesamtvertretung** erfolgen. Diese hat jedoch gegenüber dem Gegner **keine Außenwirkung**, so dass der jeweilige Prozessbevollmächtigte im Außenverhältnis alleine handeln kann.[17] Dies gilt sowohl für die Vornahme einer Handlung oder Erklärung als auch für deren Entgegennahme. Eine Außenwirkung ergibt sich auch nicht aus einer Mitteilung der Beschränkung an den Prozessgegner.[18]

3

III. Problemfelder bei mehreren Prozessbevollmächtigten

So unproblematisch die Frage der aktiven und passiven Vertretungsmacht im Zusammenhang mit mehreren Prozessbevollmächtigten ist, so leicht kann es durch die Tätigkeit mehrerer Prozessbevollmächtigter zu Problemen kommen. Es ist dringend zu empfehlen, dass sich in einer solchen Konstellation die einzelnen Prozessbevollmächtigten untereinander **abstimmen**. Dass die verschiedenen Prozessbevollmächtigten voneinander erfahren, soll § 15 Abs. 2 BORA sicherstellen.

4

Für die **Zustellung**, insbesondere die fristauslösende, gilt, dass die Zustellung an einen der mehreren Prozessbevollmächtigten ausreichend ist[19] und es stets auf die **erste Zustellung** ankommt.[20] Die späteren Zustellungen an die weiteren Prozessbevollmächtigten setzen, da sie nicht notwendig sind, keine neue Frist in Gang.[21] Die Prozessbevollmächtigten sollten daher insbesondere bei fristauslösenden Zustellungen stets bei den übrigen Prozessbevollmächtigten Erkundigungen einholen, ob dort bereits frühere Zustellungen erfolgt sind.

5

Werden von mehreren Prozessbevollmächtigten **Rechtsmittel** eingelegt und nimmt nur einer das Rechtsmittel zurück, ist damit das **Rechtsmittel insgesamt verloren**, wenn sich nicht aus der Rücknahme hinreichend deutlich ergibt, dass sich nur der rücknehmende Bevollmächtigte aus dem Rechtsmittelverfahren zurückziehen will und daher ausschließlich sein Rechtsmittel zurücknimmt.[22] Es ist daher darauf zu achten, in diesen Konstellationen ganz deutlich zu machen, ob die Rücknahme auf die eigene Prozesshandlung beschränkt sein soll oder nicht.

6

Soweit die verschiedenen Prozessbevollmächtigten **widersprüchliche Handlungen** und Erklärungen vornehmen und abgeben, kommt es bei widerruflichen Prozesshandlungen auf die späteste – sofern diese nicht als verspätet zurückgewiesen wird –, bei unwiderruflichen Prozesshandlungen auf die erste an.[23] Soweit die Handlungen gleichzeitig abgegeben werden bzw. zugehen,[24] sind sie wirkungslos.[25]

7

---

15 Vgl. mit weiteren Nachweisen Zöller-*Vollkommer*, ZPO, § 84 Rn. 2 und § 80 Rn. 6.
16 Vgl. LAG Düsseldorf v. 15.08.2016, 9 Sa 318/16, juris, Rn. 50; Zöller-*Vollkommer*, ZPO, § 84 Rn. 2; Musielak/Voit-*Weth*, ZPO, § 84 Rn. 2.
17 Etwas Anderes gilt in den Fällen, in denen sich die Prozessvollmacht bereits aus einer umfassenden materiellen Vertretungsmacht ergibt, vgl. Rn. 1 a.E.; steht diese nur als Gesamtvertretungsmacht zu, gilt dies auch für die Rechte als Prozessbevollmächtigter.
18 Musielak/Voit-*Weth*, ZPO, § 84 Rn. 3.
19 BGHZ 118, 312 (322) = NJW 1992, 3096 (3099); BVerfGE 81, 123 (128) = NJW 1990, 1104 (1105) auch zu einer Ausnahme.
20 BGH, FamRZ 2004, 865; BGHZ 112, 345 (347) = NJW 1991, 1176 (1176f.) = AnwBl. 1992, 271; BGH, NJW 2003, 2100 = FamRZ 2003, 1092.
21 BFH v. 28.01.2003, X B 84/02, juris, Rn. 7.
22 BGH, NJW 2007, 3640 (3642), Rn. 24–26; OLG Frankfurt a.M., NJW 2014, 1678.
23 Musielak/Voit-*Weth*, ZPO, § 84 Rn. 4 m.w.N. und unter Hinweis auf die Entscheidung des OLG München v. 26.04.2006, 34 Wx 168/05, juris, wobei es richtigerweise nur auf den bindenden Charakter der Prozesshandlung und nicht auf deren Empfangsbedürftigkeit ankommen kann.
24 Thomas/Putzo-*Hüßtege*, ZPO, § 84 Rn. 3 spricht insoweit wohl missverständlich von Abgabe; nachdem es sich bei Prozesshandlungen um empfangsbedürftige Erklärungen handelt, kommt es richtigerweise auf den Zugang beim jeweiligen Adressaten an.
25 Str.; wie hier: OLG München, ZMR 2006, 714 (715f.); Thomas/Putzo-*Hüßtege*, ZPO, § 84 Rn. 3; Zöller-*Vollkommer*, ZPO, § 84 Rn. 3; ebenso letztlich Prütting/Gehrlein-*Burgermeister*, ZPO, § 84 Rn. 3 und Musielak/Voit-*Weth*, ZPO, § 84 Rn. 4 mit Nachweisen zum Meinungsstand.

C. Gebühren

8 Hat eine Partei mehrere eigenstände Rechtsanwälte als Bevollmächtigte, stehen jedem von diesem die vollen Gebühren gemäß § 6 RVG eigens zu. Dies gilt nicht, wenn mehrere Anwälte aus einer Sozietät bevollmächtigt werden[26] oder die Sozietät als solche. Die Erstattungsfähigkeit der Kosten mehrerer Prozessbevollmächtigter richtet sich gemäß § 91 ZPO nach der Notwendigkeit von deren Beauftragung (vgl. dazu § 91 Rn. 37–44).

§ 85
Wirkung der Prozessvollmacht

(1) [1]Die von dem Bevollmächtigten vorgenommenen Prozesshandlungen sind für die Partei in gleicher Art verpflichtend, als wenn sie von der Partei selbst vorgenommen wären. [2]Dies gilt von Geständnissen und anderen tatsächlichen Erklärungen, insoweit sie nicht von der miterschienenen Partei sofort widerrufen oder berichtigt werden.

(2) Das Verschulden des Bevollmächtigten steht dem Verschulden der Partei gleich.

Inhalt:

	Rn.		Rn.
A. Allgemeines....................	1	e) Zurechnung des Handelns von	
I. Regelungsgehalt und Anwendungsbereich........................	1	Büropersonal und Hilfskräften ...	9
		f) Organisations- und Überwachungsverschulden..........	10
II. Grundgedanken und Zweck........	2		
B. Erläuterungen...................	4	g) Zurechnung bei Nichtanwälten...	11
I. Voraussetzungen der Anwendbarkeit von § 85 ZPO.....................	4	2. Keine Zurechnung bei rein deliktischem Verhalten.........	12
1. Wirksame Bevollmächtigung......	4	II. Vertretungsregelung, Abs. 1.......	13
a) Abstellen auf das Innenverhältnis .	4	III. Verschuldenszurechnung, Abs. 2....	15
b) Widerruf der Zulassung des Rechtsanwalts.................	6	1. Zurechnung von Vorsatz und Fahrlässigkeit des rechtsgeschäftlichen Vertreters........	15
c) Unterbevollmächtigte, allgemeine Vertreter, Verkehrsanwälte, Urlaubsvertreter...............	7	2. Zurechnung im vorprozessualen Bereich......................	16
d) Berufliche Zusammenarbeit (Sozietäten etc.)................	8	3. Keine Zurechnung bei höchstpersönlichem Verschulden .	17
		4. Verschuldensmaßstab...........	18

A. Allgemeines
I. Regelungsgehalt und Anwendungsbereich

1 § 85 ZPO regelt die **Wirkung der Prozessvollmacht** im Rahmen ihres Umfangs im Außenverhältnis (zum Umfang der Prozessvollmacht vgl. §§ 81–84 ZPO). Die Vorschrift gilt **nur für den Prozessbevollmächtigten**, nicht hingegen auch für den Beistand, für den § 90 ZPO eine Sonderregelung trifft. Die Zurechnung erfolgt **in sämtlichen Verfahrensarten**, auch im PKH-Verfahren und einer anschließenden Wiedereinsetzung.[1]

II. Grundgedanken und Zweck

2 In Abs. 1 wird letztlich der bürgerlich-rechtliche Grundsatz der **Stellvertretung** des § 164 Abs. 1 Satz 1, Abs. 3 BGB auch für das Prozessrecht niedergelegt. Danach **verpflichtet und berechtigt**[2] die mit Vertretungsmacht vorgenommene Handlung des Prozessbevollmächtigten die vertretene Partei in gleicher Weise, als wenn sie selbst die Erklärung oder Handlung vorgenommen hätte. Soweit es um die Erklärung von Tatsachen sowie um die Abgabe von Geständnissen geht, ist eine **Ausnahme von der Bindungswirkung nach Abs. 1 Satz 2** möglich (Rn. 14). Auf **Rechtsausführungen** ist die Vorschrift nicht anwendbar.[3] Die Abgabe und Entgegennahme von **materiell-rechtlichen Erklärungen** durch den Prozessbevollmächtigten innerhalb oder

---

26 BGHZ 56, 355 (359) = NJW 1971, 1801 (1802); Zöller-*Vollkommer*, ZPO, § 84 Rn. 4.

Zu § 85:
1 Str. BGHZ 148, 66 (70 ff.) = NJW 2001, 2720 (2721 f.) m.w.N. = MDR 2001, 1312 (1313); a. A. Zöller-*Vollkommer*, ZPO, § 85 Rn. 11 m.w.N., jedoch andere Ansicht Zöller-*Geimer*, ZPO, § 119 Rn. 60b m.w.N.; vgl. auch Musielak/Voit-*Weth*, ZPO, § 85 Rn. 9 mit Nachweisen auch zur Gegenansicht.
2 Musielak/Voit-*Weth*, ZPO, § 85 Rn. 4.
3 MK-*Toussaint*, ZPO, § 85 Rn. 7 m.w.N.

außerhalb des Prozesses wird von Abs. 1 Satz 2 ZPO **ebenfalls erfasst**, soweit die Prozessvollmacht auch für derartige Erklärungen gilt (vgl. dazu §§ 81, 82 Rn. 3).[4]

Abs. 2 regelt für das Prozessrecht eine dem bürgerlich-rechtlichen Grundsatz des § 278 BGB ähnliche Wirkung. Das **Verschulden des Prozessbevollmächtigten wird der Partei voll wie eigenes Verschulden zugerechnet.** Die Partei soll sich nicht dadurch, dass ein Prozessbevollmächtigter für sie handelt, dem Prozessrisiko entziehen können. Sie soll so gestellt sein, als ob sie den Prozess selbst führen würde.[5] Die Vorschrift des § 85 ZPO ist **verfassungskonform**.[6]

B. Erläuterungen
I. Voraussetzungen der Anwendbarkeit von § 85 ZPO
1. Wirksame Bevollmächtigung
a) Abstellen auf das Innenverhältnis
Grundlage des § 85 ZPO ist das Bestehen eines wirksamen **Mandats**[7] im **Innenverhältnis**.[8] Die Zurechnung erfolgt so lange, wie das Mandat besteht, also **ab Annahme des Mandats bis zu dessen Beendigung**.[9] Insoweit ist allein auf das Innenverhältnis abzustellen.[10] Eine über § 87 ZPO im **Außenverhältnis** möglicherweise weitergeltende Bevollmächtigung, die im Innenverhältnis bereits erloschen ist, kann keine Grundlage für eine Zurechnung nach § 85 ZPO sein (§ 87 Rn. 1),[11] es sei denn, dass gerade in der Beendigung des Mandats wegen **Niederlegung zur Unzeit** ein Verschulden des Prozessbevollmächtigten liegt.[12] Beim **Wiederaufnahmeverfahren** kommt es nicht darauf an, dass dieses nach § 81 ZPO von der Prozessvollmacht umfasst ist. Auch hier erfolgt eine Zurechnung nur, wenn im Innenverhältnis noch ein Mandat bestand.[13] Da die Mandatsbegründung auch **mündlich möglich** ist, sollte bei Telefonaten mit künftigen Mandanten stets äußerst vorsichtig auf die Wortwahl geachtet werden.[14] Die **Beiordnung eines Rechtsanwalts** begründet für sich genommen noch keine Prozessvollmacht oder ein Mandatsverhältnis, so dass für eine Anwendbarkeit des § 85 ZPO ein Mandat erteilt und angenommen sein muss (vgl. dazu auch §§ 78b, 78c Rn. 2, 9).[15] Die Erteilung eines reinen **Beratungsmandates** ist nicht ausreichend für die Anwendung von § 85 ZPO.[16] Dieser setzt die Erteilung einer auf das Auftreten nach außen gerichteten Prozessvollmacht voraus, was beim Beratungsmandat in der Regel nicht der Fall sein wird. Auf die **Postulationsfähigkeit des Bevollmächtigten** kommt es nicht an.[17] Wurde ein Prozessbevollmächtigter einstweilen ohne Vollmacht zugelassen (vgl. § 89 Rn. 5–10), findet § 85 ZPO auch für diese Zeit Anwendung, wenn später eine Genehmigung erfolgt.[18]

Nur für die Frage, ob überhaupt ein Bevollmächtigungsverhältnis besteht, wird auf das Innenverhältnis abgestellt. Für die Frage, wie weit im bestehenden Mandatsverhältnis die Vertretungsmacht und damit die Zurechnung des § 85 ZPO reicht, ist der Umfang der Vertretungsmacht im Außenverhältnis nach §§ 81–84 ZPO maßgebend.[19]

---

4 Vgl. Zöller-*Vollkommer*, ZPO, § 85 Rn. 1; a.A. MK-*Toussaint*, ZPO, § 85 Rn. 9, der auf die Vorschriften des materiellen Vertretungsrechts (§§ 164 ff. BGB) abstellt.
5 Vgl. Musielak/Voit-*Weth*, ZPO, § 85 Rn. 1 m.w.N.
6 BVerfGE 81, 123 (126 f.) = NJW 1990, 1104 zu § 85 Abs. 2 ZPO m.w.N.
7 Die bloße Bevollmächtigung ohne Annahme des Mandats genügt noch nicht, vgl. BGHZ 47, 320 (321 f.) = NJW 1967, 1567 (1568) = MDR 1967, 838.
8 Z.B. BGH, NJW 2008, 2713 (2714 f.), Rn. 13–15 = FamRZ 2008, 1605 (1606), Rn. 13–15.
9 BGHZ 47, 320 (321 f.) = NJW 1967, 1567 (1568); BGH, NJW 2008, 2713 (2714), Rn. 13 = FamRZ 2008, 1605 (1606), Rn. 13; BGH, NJW 2006, 2334 (2334 f.), Rn. 12 = FamRZ 2006, 1018 (1019).
10 BGH, NJW 2008, 2713 (2714 f.), Rn. 13–15 = FamRZ 2008, 1605 (1606), Rn. 13–15; Musielak/Voit-*Weth*, ZPO, § 85 Rn. 15.
11 BGH, NJW 2008, 2713 (2714 f.), Rn. 13–15 = FamRZ 2008, 1605 (1606), Rn. 13–15; BGH, NJW 2008, 234, Rn. 12 = AnwBl. 2008, 70 (70 f.); BGH, NJW 2006, 2334 (2334 f.), Rn. 12 = FamRZ 2006, 1018 (1019); BGH, NJW 1980, 999 = MDR 1980, 298 (299); BGHZ 47, 320 (322) = NJW 1967, 1567 (1568) = MDR 1967, 838.
12 BGH, VersR 1992, 378 (378 f.); vgl. auch BGH, NJW 2006, 2334 (2335), Rn. 16 = FamRZ 2006, 1018 (1019); Musielak/Voit-*Weth*, ZPO, § 85 Rn. 16 m.w.N.
13 BGHZ 31, 351 (354) = NJW 1960, 818 (819), damals noch § 232 ZPO.
14 Vgl. zur mündlichen Mandatsbegründung und daraus folgenden Zurechnung des Anwaltsverschuldens BGH, NJW 1980, 2261 = FamRZ 1980, 992 (993).
15 BGH, NJW-RR 2015, 753 (754), Rn. 17 = MDR 2014, 1464 (1465), Rn. 17; BGH, NJW 1987, 440 (441) = MDR 1987, 315.
16 Zöller-*Vollkommer*, ZPO, § 85 Rn. 12 m.w.N.
17 BGH, NJW 2001, 1575 (1575 f.) = AnwBl. 2001, 630 (630 f.); BGHZ 124, 47 (51 f.) = NJW 1994, 257 (258) = MDR 1994, 308.
18 Zöller-*Vollkommer*, ZPO, § 85 Rn. 17 m.w.N.
19 Vgl. auch BGH, FamRZ 1988, 496, wo für die Zurechenbarkeit einer Rechtsmittelrücknahme eine interne Beschränkung der Vollmacht als unerheblich angesehen wird.

b) Widerruf der Zulassung des Rechtsanwalts
6   Darf der **Rechtsanwalt als solcher** wegen bestandskräftigem **Widerruf der Zulassung**, Anordnung des Sofortvollzugs des Widerrufs, rechtskräftiger Ausschließung aus der Anwaltschaft oder vorläufigem Berufs- oder Vertretungsverbot **nicht mehr auftreten**, kann eine Zurechnung nach Abs. 2 nicht erfolgen.[20]

c) Unterbevollmächtigte, allgemeine Vertreter, Verkehrsanwälte, Urlaubsvertreter
7   Es muss sich um einen **Bevollmächtigten**, also einen **rechtsgeschäftlich bestellten Vertreter** der Partei handeln. Darunter fällt auch der von der **Haftpflichtversicherung für deren Versicherungsnehmer bestellte Prozessbevollmächtigte**.[21] Das Verschulden des **unterbevollmächtigten Rechtsanwaltes** wird zugerechnet, soweit seine schuldhafte Handlung von dessen Unterbevollmächtigung gedeckt war,[22] genauso wie das des **Verkehrsanwaltes**.[23] Eine Zurechnung erfolgt auch beim **allgemeinen Vertreter** (§ 53 Abs. 2 BRAO) des prozessbevollmächtigten Rechtsanwalts[24] und bei dessen **Urlaubsvertreter**[25] sowie beim **Referendar**.[26] Dies gilt jedoch **nicht nach dem Tod des eigentlich bevollmächtigten Rechtsanwalts**[27] oder nach dessen Zulassungswiderruf (Rn. 6). Der **Abwickler** einer Kanzlei nach § 55 BRAO fällt unter den Begriff des Bevollmächtigten, was sich direkt aus § 55 Abs. 2 Satz 4 BRAO ergibt.

d) Berufliche Zusammenarbeit (Sozietäten etc.)
8   Haben sich **mehrere Rechtsanwälte** im Rahmen der **beruflichen Zusammenarbeit** zusammengeschlossen, so kommt es für die Frage, wessen Verschulden der Partei zugerechnet wird, darauf an, wer im Einzelfall Prozessbevollmächtigter der Partei ist (vgl. dazu § 84 Rn. 2). Ein in **Bürogemeinschaft** mit dem Prozessbevollmächtigten tätiger Rechtsanwalt wird daher der Partei nicht zugerechnet.[28] In einer **Sozietät** werden in aller Regel sämtliche ihr angehörende Rechtsanwälte zugerechnet, wenn nicht die Auslegung ergibt, dass nur einzelnen bestimmten Rechtsanwälten der Sozietät Prozessvollmacht erteilt wurde.[29] Etwas anderes – also keine Zurechnung der übrigen Rechtsanwälte der Sozietät – gilt, wenn ein Rechtsanwalt aus einer Sozietät **beigeordnet** wird (zur Zurechnung bei Beiordnung vgl. auch Rn. 4). Insoweit wird nur sein Verschulden zugerechnet.[30] Bei der **Rechtsanwaltsgesellschaft mbH** wird auf das Verschulden der Organe abgestellt.

e) Zurechnung des Handelns von Büropersonal und Hilfskräften
9   Nicht zugerechnet wird das (eigene, vgl. nämlich auch Rn. 10) **Verschulden von Büropersonal**[31] des Prozessbevollmächtigten, ebenso wie das von **sonstigen bloßen Hilfskräften** des Bevollmächtigten, **selbst wenn sie Rechtsanwälte** sind. Es ist im Einzelfall abzugrenzen, ob es sich um eine bloße Hilfskraft des Prozessbevollmächtigten oder einen (durch den Prozessbevollmächtigten bevollmächtigten) eigenständigen Bevollmächtigten handelt. Das Abgrenzungskriterium ist in der Regel der aus der jeweiligen Beauftragung durch Auslegung zu ermittelnde **Grad der Selbständigkeit** der Tätigkeit.[32]

---

20 BGH, NJW 2012, 2592 (2593), Rn. 11 = MDR 2012, 1258 (1259), Rn. 11; BGH, NJW-RR 2008, 1290 (1290 f.), Rn. 7–10 = MDR 2008, 873 (874); BAG, NJW 2007, 3226 (3227 f.), Rn. 16–19 = MDR 2007, 1459 (1460); a.A. für Parteiprozess AG Ludwigslust, NJW-RR 2012, 1279 (1279 f.).
21 BGHZ 112, 345 (348) = NJW 1991, 1176 (1177) = AnwBl. 1992, 271 m.w.N.
22 BGH, NJW 2006, 2334 (2334 f.), Rn. 11–15 = FamRZ 2006, 1018 (1019 f.) für den durch den Rechtsanwalt der Vorinstanz bevollmächtigten Instanzbevollmächtigten der höheren Instanz; BGH, VersR 1984, 239; BGH, VersR 1979, 255: keine Zurechnung des Verschuldens des Terminsvertreters bei Rechtsmitteleinlegung.
23 BGH, NJW 1982, 2447 = MDR 1982, 998.
24 BGH, NJW 1994, 2957 (2958); differenzierend BGH, VersR 1982, 770.
25 BGH, NJW 2001, 1575 (1575 f.) = AnwBl. 2001, 630.
26 BGH, VersR 1976, 92: Referendar mit Befugnissen nach § 53 Abs. 7 BRAO.
27 BGH, NJW 1982, 2324 (2325) = MDR 1982, 487 (488): dessen Gründe treffen nach Streichung von § 54 BRAO umso mehr zu.
28 BayObLG, MDR 1988, 683.
29 Vgl. dazu die Nachweise bei § 84 Rn. 2.
30 BGH, NJW 1991, 2294 = MDR 1991, 1090.
31 Z.B. BGH, NJW 2014, 77 (78), Rn. 9 = MDR 2013, 1362; BGH, NJW 2007, 603, Rn. 7 = AnwBl. 2007, 235.
32 Vgl. BGH, NJW 2004, 2901 (2902) = MDR 2004, 1253; BGH, NJW-RR 2004, 993 = MDR 2004, 719 m.w.N.; BGH, NJW-RR 1992, 1019 (1020) = FamRZ 1992, 1162 m.w.N.

f) Organisations- und Überwachungsverschulden

Von der Frage, inwieweit das Verschulden anderer Personen als des prozessbevollmächtigten 10
Rechtsanwalts der Partei zugerechnet wird, ist zu unterscheiden, ob nicht eine Zurechnung
eines **Organisations- oder Überwachungsverschuldens** des Prozessbevollmächtigten betreffend die anderen Personen als eigenes Verschulden des Prozessbevollmächtigten in Betracht
kommt.[33] Diesen treffen unter Umständen für solche Personen, die nicht selbst Prozessbevollmächtigte sind und deren Verschulden daher nicht direkt nach § 85 ZPO der Partei zugerechnet wird, **Organisations- und Überwachungspflichten**. Hält er diese nicht ein, kann zwar das
Verschulden der nicht bevollmächtigten Person nicht zugerechnet werden, es liegt jedoch
dann ein **eigenständiges Verschulden des Prozessbevollmächtigten** vor, das der Partei nach
§ 85 ZPO zugerechnet wird.

g) Zurechnung bei Nichtanwälten

Beauftragt die Partei einen Nichtanwalt damit, einen Rechtsanwalt mit der Führung des Pro- 11
zesses oder der Einlegung eines Rechtsmittels zu beauftragen, so hat sie für ein etwaiges Verschulden des Nichtanwalts in Anwendung des § 85 Abs. 2 ZPO einzustehen.[34]

2. Keine Zurechnung bei rein deliktischem Verhalten

Rein deliktische Handlungen des Bevollmächtigten der Partei werden dieser nach § 85 ZPO 12
nicht zugerechnet.[35] Dies dürfte jedenfalls da gelten, wo der Bevollmächtigte den Bereich der
beruflichen Tätigkeit verlässt und nur noch bei deren Gelegenheit oder im **kollusiven Zusammenwirken mit dem Prozessgegner** handelt. Ein bloß **weisungswidriges Handeln** des Vertreters kann zwar Schadensersatzansprüche des Vertretenen auslösen; eine Zurechnung wird
dadurch aber dennoch bewirkt.[36]

II. Vertretungsregelung, Abs. 1

Für die Frage, ob bei Tatsachen auf den Kenntnisstand der Partei oder des Prozessbevollmäch- 13
tigten abzustellen ist, wird **§ 166 BGB entsprechend angewendet**.[37]

Abs. 1 Satz 2 macht eine **Ausnahme von dem Grundsatz des Abs. 1 Satz 1**, wonach Erklärun- 14
gen und Handlungen des Prozessbevollmächtigten der Partei wie eigene zugerechnet werden.
Die Partei kann bei **Geständnissen und anderen Erklärungen des Prozessbevollmächtigten
über Tatsachen** die Zurechnungswirkung durch sofortigen Widerruf oder Berichtigung unterbinden, wobei „**sofort**" hier als unverzüglich i.S.d. § 121 BGB zu verstehen ist. Abs. 1 Satz 2
erfasst nur Erklärungen über Tatsachen und Geständnisse und **keine sonstigen Prozesshandlungen**, auch im Parteiprozess.[38] Insoweit handelt es sich um eine Ausnahmevorschrift, für deren Ausdehnung weder Raum noch Bedürfnis besteht. Für die Frage, ob der Widerruf oder die
Berichtigung noch sofort erfolgt ist, ist zu unterscheiden. Im **Anwaltsprozess** kann sich die Partei wirksam erstmals in der mündlichen Verhandlung äußern (vgl. § 137 Abs. 4 ZPO). Es reicht
daher, wenn sie im Termin widerruft oder berichtigt, auch wenn der Vortrag des Prozessbevollmächtigten bereits zuvor in einem Schriftsatz gehalten wurde. Im **Parteiprozess** ist dies unter Umständen nicht mehr ausreichend, wenn sie vom Vortrag des Prozessbevollmächtigten
bereits zuvor erfahren hat, da sie hier auch selbst postulationsfähig ist. Ein verspäteter
Widerruf bzw. eine verspätete Berichtigung führt nicht zu einer Wirkungslosigkeit i.S.d. Abs. 1
Satz 2, sondern nur zu einem Umstand im Rahmen **der freien richterlichen Beweiswürdigung**
nach § 286 ZPO.[39] Der Widerruf eines durch den Prozessbevollmächtigten abgegebenen Geständnisses in den zeitlichen Grenzen des Abs. 1 Satz 2 darf nicht mit dem Widerruf nach
§ 290 ZPO verwechselt werden. Im Falle des rechtzeitigen Widerrufs nach Abs. 1 Satz 2 wird
das Geständnis überhaupt nicht wirksam, so dass es keines Widerrufs nach § 290 ZPO bedarf.
Erst wenn aufgrund nicht rechtzeitigen Widerrufs das Geständnis einmal wirksam geworden
ist, kommt § 290 ZPO in Betracht.

---

33 Vgl. dazu mit Nachweisen Zöller-*Greger*, ZPO, § 233 Rn. 23; Musielak/Voit-*Grandel*, ZPO, § 233
  Rn. 15.
34 BGH, NJW-RR 2001, 427 (428).
35 Vgl. Zöller-*Vollkommer*, ZPO, § 85 Rn. 4, 6a m.w.N.
36 Musielak/Voit-*Weth*, ZPO, § 85 Rn. 4.
37 BGHZ 51, 141 (145 ff.) = NJW 1969, 925 (926 f.); BAG v. 11.11.1981, 5 AZR 613/79, juris, Rn. 31;
  anders, wenn die Partei vorübergehend geschäftsunfähig ist OLG Celle, MDR 2009, 1186 (1186 f.);
  Thomas/Putzo-*Hüßtege*, ZPO, § 85 Rn. 2.
38 A.A. Musielak/Voit-*Weth*, ZPO, § 85 Rn. 4.
39 Thomas/Putzo-*Hüßtege*, ZPO, § 85 Rn. 6; Musielak/Voit-*Weth*, ZPO, § 85 Rn. 6, der unter Hinweis
  auf BGH, LM, § 141 Nr. 2 davon ausgeht, dass in der Regel der Erklärung der Partei der Vorzug
  zu geben ist.

III. Verschuldenszurechnung, Abs. 2

1. Zurechnung von Vorsatz und Fahrlässigkeit des rechtsgeschäftlichen Vertreters

15 Zugerechnet werden sämtliche Verschuldensformen, also **Vorsatz**[40] **und Fahrlässigkeit**. Eine **Exkulpation** der Partei kommt **nicht** in Betracht.[41] § 85 ZPO betrifft nur die Zurechnung des Verschuldens des Bevollmächtigten i.S. eines rechtsgeschäftlichen Vertreters. Für das **Verschulden des gesetzlichen Vertreters** sieht § 51 Abs. 2 ZPO eine Sonderregelung, allerdings mit gleichem Inhalt vor.

2. Zurechnung im vorprozessualen Bereich

16 Richtigerweise findet § 85 Abs. 2 ZPO auch auf das Verschulden des Bevollmächtigtem im **vorgerichtlichen Bereich** Anwendung, vor allem bei der Einhaltung von etwaigen **Klagefristen**, wie beispielsweise der Frist nach § 4 KSchG.[42] Das Gleiche gilt beispielsweise für die Frage der Kenntniserlangung im Bereich der **Verjährungsvorschriften**.[43] Wollte man in diesem Bereich § 85 Abs. 2 ZPO nicht anwenden, so müsste eine Verschuldenszurechnung nach § 278 BGB erfolgen.

3. Keine Zurechnung bei höchstpersönlichem Verschulden

17 Die Vorschrift findet keine Anwendung, wo es allein um das **eigene und höchstpersönliche Verschulden** der Partei geht, z.B. beim unentschuldigten Ausbleiben trotz angeordnetem **persönlichen Erscheinen** nach § 141 ZPO[44] oder bei der Frage der Schuldhaftigkeit einer Zuwiderhandlung gegen **Unterlassungsanordnungen** nach § 890 ZPO.[45] Auch im **Insolvenzverfahren** erfolgt keine Zurechnung nach § 85 Abs. 2 ZPO an den Insolvenzschuldner, soweit es die Richtigkeit von Angaben im Rahmen des § 290 Abs. 1 Nr. 6 InsO betrifft.[46] Dagegen kommt eine Zurechnung in Betracht, soweit die Versäumung von Verfahrenshandlungen im Insolvenzverfahren betroffen ist.[47]

4. Verschuldensmaßstab

18 Hinsichtlich des **Verschuldensmaßstabes** ist lediglich auf die **übliche Sorgfalt**[48] abzustellen, wobei die Anforderungen insoweit **nicht überspannt werden dürfen**[49] und ein **objektiv-typisierter Maßstab** anzulegen ist.[50] Der Rechtsanwalt schuldet in diesem Zusammenhang nicht äußerste und größtmögliche Sorgfalt, sondern die von einem ordentlichen Rechtsanwalt zu fordernde übliche Sorgfalt,[51] wobei die gestellten **Anforderungen mitunter schlicht überzogen** sind.[52] Je nach **Art des Bevollmächtigten** (Rechtsanwalt, Referendar, juristischer Laie) sind generalisierend unterschiedliche Anforderungen an die Sorgfalt zu stellen.[53] Die Rechtsprechung hat mittlerweile eine unüberschaubare Kasuistik zu den Einzelfällen des Verschuldens entwickelt.[54]

---

40 OLG Köln v. 25.10.2013, 19 U 156/13, juris, Rn. 4 m.w.N. auch zur Gegenansicht; Thomas/Putzo-*Hüßtege*, ZPO, § 85 Rn. 7; Musielak/Voit-*Weth*, ZPO, § 85 Rn. 17; a.A. Zöller-*Vollkommer*, ZPO, § 85 Rn. 13, der eine Ausnahme für vorsätzliche sittenwidrige Schädigungen und leichtfertiges, an „Gewissenlosigkeit" grenzendes Verhalten von der Zurechnung macht; dieser Ansicht ist nur insoweit zu folgen, als die Handlung des Bevollmächtigten rein deliktischen Charakter hat und sich damit als nur noch bei Gelegenheit der Prozessführung begangen darstellt; vgl. dazu auch Rn. 12.
41 Musielak/Voit-*Weth*, ZPO, § 85 Rn. 7 m.w.N. auch dazu, dass auch das Verschulden des Gerichts daran nichts ändert.
42 BAG, NJW 2012, 1467 (1468), Rn. 15; BAG, NJW 2009, 2841 (2842ff.), Rn. 20–37; a.A. Zöller-*Vollkommer*, ZPO, § 85 Rn. 11; Musielak/Voit-*Weth*, ZPO, § 85 Rn. 10 m.w.N.
43 Vgl. BGHZ 169, 308 (314), Rn. 17 = MDR 2007, 549 (550) wobei jedoch § 85 ZPO nicht ausdrücklich erwähnt wird; a.A. OLG Celle, MDR 2012, 364, wo für die Wissenszurechnung § 85 Abs. 2 ZPO für unanwendbar erklärt und lediglich auf § 166 BGB abgestellt wird.
44 BGH, NJW-RR 2011, 1363 (1364), Rn. 20 = AnwBl. 2011, 875 (876), Rn. 20.
45 OLG Jena v. 02.04.2001, 6 W 190/01, juris, Rn. 10; OLG München v. 09.11.1995, 21 W 2708/95, juris, Rn. 2.
46 BGH, NJW 2011, 1229 (1230), Rn. 8f. = FamRZ 2011, 640, Rn. 8f.
47 Offengelassen von BGH, NJW 2011, 1229 (1230), Rn. 8 = FamRZ 2011, 640, Rn. 8.
48 Thomas/Putzo-*Hüßtege*, ZPO, § 85 Rn. 8.
49 Z.B. BVerfG, AnwBl. 2015, 976 (977), Rn. 11; BGH, NJW 2015, 1027 (1028), Rn. 19; BGHZ 151, 221 (227f.) = NJW 2002, 3029 (3031).
50 BGH, NJW-RR 2012, 122 (123), Rn. 12.
51 BGH, AnwBl. 2015, 977 (978), Rn. 15; BGH, NJW 2014, 700 (701) Rn. 13 = AnwBl. 2014, 188, Rn. 13; Zöller-*Vollkommer*, ZPO, § 85 Rn. 13 mit umfassenden weiteren Nachweisen zur Frage des Verschuldensmaßstabes.
52 So auch Musielak/Voit-*Weth*, ZPO, § 85 Rn. 18.
53 Zöller-*Vollkommer*, ZPO, § 85 Rn. 13 mit weiteren Nachweisen auch zur Gegenmeinung.
54 Vgl. die umfangreichen Nachweise bei Zöller-*Vollkommer*, ZPO, § 85 Rn. 13a-15, Zöller-*Greger*, ZPO, § 233 Rn. 23 und MK-*Toussaint*, ZPO, § 85 Rn. 21–36.

§ 86
Fortbestand der Prozessvollmacht

Die Vollmacht wird weder durch den Tod des Vollmachtgebers noch durch eine Veränderung in seiner Prozessfähigkeit oder seiner gesetzlichen Vertretung aufgehoben; der Bevollmächtigte hat jedoch, wenn er nach Aussetzung des Rechtsstreits für den Nachfolger im Rechtsstreit auftritt, dessen Vollmacht beizubringen.

Inhalt:

	Rn.		Rn.
A. Tatbestandliche Anknüpfung	1	B. Rechtsfolgen des Fortbestandes der Vollmacht	5

A. Tatbestandliche Anknüpfung

§ 86 ZPO regelt die **Kontinuität der Prozessvollmacht**, wenn der Vollmachtgeber **stirbt** oder **prozessunfähig** wird. Dies ist Ausdruck eines auch im BGB bekannten Rechtsgedankens (vgl. §§ 672, 168 BGB). 1

Stirbt der **Vollmachtgeber**, berührt dies die Wirksamkeit der erteilten Prozessvollmacht nicht (zum **Tod des Vollmachtnehmers** sowie weiteren Gründen für das Erlöschen oder die Unwirksamkeit der Prozessvollmacht vgl. § 87 Rn. 3–11). In die Stellung des Vollmachtgebers rücken im Falle seines Todes dessen **Erben** ein. Für und gegen diese gelten sodann die Prozesshandlungen des Bevollmächtigten.[1] Zum **Widerruf** der Prozessvollmacht sind sie berufen. § 86 ZPO gilt auch für den Fall, dass der mit Prozessvollmacht Ausgestattete den Rechtsstreit zum Zeitpunkt des Todes oder des Wegfalls der Prozessfähigkeit **noch gar nicht anhängig gemacht** hatte, jedoch bereits Klageauftrag erteilt worden war.[2] Darauf, ob die Prozessfähigkeit vor oder nach Rechtshängigkeit wegfällt, kommt es nicht an.[3] 2

Dem Tod einer natürlichen Person werden das **Erlöschen einer juristischen Person oder einer Personengesellschaft** sowie eine etwaige **Rechtsnachfolge** bei dieser durch eine andere Gesellschaft **gleichgestellt**.[4] Wurde durch eine GmbH in Liquidation Prozessvollmacht erteilt, dann erlischt diese Prozessvollmacht auch nach Löschung der Gesellschaft nicht.[5] 3

Dem Tod einer natürlichen Person und dem Erlöschen einer Gesellschaft werden nach dem Gesetz und nach der Rechtsprechung der **Wegfall der Prozessfähigkeit**[6] und die **Veränderung in der gesetzlichen Vertretung** gleichgestellt, so z.B. wenn die zunächst voll geschäftsfähige Partei geschäftsunfähig oder die minderjährige Partei volljährig wird, sich die Zusammensetzung eines Vertretungsorgans ändert oder die Partei kraft Amtes wechselt oder wegfällt (z.B. Insolvenzverwalter).[7] Auch in diesen Fällen dauert eine zuvor erteilte Prozessvollmacht fort und führt dazu, dass die **Partei ordnungsgemäß vertreten** ist, auch wenn eine ordnungsgemäße gesetzliche Vertretung (noch) nicht besteht.[8] Eine Nichtigkeitsklage nach § 579 Abs. 1 Nr. 4 ZPO findet insoweit nicht statt. 4

B. Rechtsfolgen des Fortbestandes der Vollmacht

In sämtlichen Fällen des § 86 ZPO kommt es bei Vertretung durch einen Prozessbevollmächtigten zur **Folge des § 246 ZPO**. Es findet daher keine Unterbrechung statt. Auf Antrag des Prozessbevollmächtigten wird das Verfahren ausgesetzt. Tritt der Prozessbevollmächtigte dann für den Nachfolger des ursprünglichen Vollmachtgebers auf, muss er eine **Vollmacht von diesem beibringen**, wobei insoweit § 88 Abs. 2 ZPO gilt.[9] Bis dahin kommt eine einstweilige Zulassung gemäß § 89 ZPO in Betracht.[10] 5

---

1 BGHZ 121, 263 (265) = NJW 1993, 1654 (1655) = MDR 1993, 1238 (1239).
2 BAG, NJW 2003, 80 (82); OLG Brandenburg v. 23.09.2016, 11 Bauland U 1/15, juris, Rn. 53.
3 BGHZ 121, 263 (265) = NJW 1993, 1654 (1654 f.) = MDR 1993, 1238 (1239).
4 Vgl. z.B. BGHZ 157, 151 (154 ff.) = NJW 2004, 1528 (1528 f.) = WM 2004, 127 (128) für Verschmelzung einer GmbH auf eine AG; BGH, NJW 2002, 1207 für GbR die durch Ausscheiden des vorletzten Gesellschafters ohne weiteres erlischt.
5 BayObLG, Rpfleger 2004, 707 (707 f.).
6 Vgl. BGHZ 121, 263 (265 f.) = NJW 1993, 1654 (1655) = MDR 1993, 1238 (1239).
7 Zu den Beispielen vgl. Zöller-*Vollkommer*, ZPO, § 86 Rn. 9.
8 BAG, MDR 2000, 781 (782).
9 BGH, NJW-RR 2012, 8, Rn. 6 = FamRZ 2012, 26, Rn. 6; Prütting/Gehrlein-*Burgermeister*, ZPO, § 86 Rn. 11 m.w.N.
10 Musielak/Voit-*Weth*, ZPO, § 86 Rn. 13.

§ 87
Erlöschen der Vollmacht

(1) Dem Gegner gegenüber erlangt die Kündigung des Vollmachtvertrags erst durch die Anzeige des Erlöschens der Vollmacht, in Anwaltsprozessen erst durch die Anzeige der Bestellung eines anderen Anwalts rechtliche Wirksamkeit.

(2) Der Bevollmächtigte wird durch die von seiner Seite erfolgte Kündigung nicht gehindert, für den Vollmachtgeber so lange zu handeln, bis dieser für Wahrnehmung seiner Rechte in anderer Weise gesorgt hat.

Inhalt:
	Rn.		Rn.
A. Allgemeines	1	7. Eröffnung des Insolvenzverfahrens über das Vermögen des Vollmachtgebers	11
B. Erläuterungen	3		
I. Erlöschensgründe für die Prozessvollmacht	3	II. Zeitpunkt des Erlöschens der Vollmacht, Abs. 1	12
1. Erlöschen durch Widerruf und Kündigung des Grundgeschäfts	3	1. Anwendungsbereich	12
2. Erlöschen durch Zweckerreichung, Auftragserledigung, Beendigung des Rechtsstreits	5	2. Innenverhältnis zwischen Vollmachtgeber und Bevollmächtigtem	13
3. Mängel des Grundgeschäfts	7	3. Außenverhältnis zum Gegner und zu Gericht	14
4. Tod oder Verlust der Prozessfähigkeit des Bevollmächtigten	8	III. Weitere Handlungsbefugnis Bevollmächtigter nach Erlöschen der Vollmacht, Abs. 2	15
5. Verlust der Rechtsanwaltszulassung	9		
6. Tod des Vollmachtgebers	10		

A. Allgemeines

1 § 87 ZPO regelt – vom beispielhaft genannten Fall der Kündigung „des Vollmachtsvertrags" (dazu Rn. 2) abgesehen – nicht direkt selbst, wodurch eine Prozessvollmacht erlischt. Die Vorschrift trifft lediglich Aussagen darüber, wann das Erlöschen der Vollmacht gegenüber dem Gegner sowie gegenüber dem Gericht[1] – also im **Außenverhältnis** – Wirksamkeit erlangt (Abs. 1) und wie lange der vormalige Prozessbevollmächtigte für den Fall, dass er das Mandat gekündigt und so die Vollmacht zum Erlöschen gebracht hat, noch im Außenverhältnis wirksam für den ehemaligen Mandanten handeln kann (Abs. 2). Eine **Zurechnung des Verschuldens** eines derartigen Prozessbevollmächtigten nach § 85 Abs. 2 ZPO **kommt nicht mehr in Betracht** (Rn. 15; § 85 Rn. 4).

2 Die Formulierung des § 87 ZPO ist missverständlich. Einen „Vollmachtsvertrag" als solchen gibt es nicht. Die Bevollmächtigung selbst ist kein Vertrag, sondern eine einseitige empfangsbedürftige Willenserklärung. Sie erlischt auch nicht durch „Kündigung", sondern durch Widerruf.

B. Erläuterungen
I. Erlöschensgründe für die Prozessvollmacht
1. Erlöschen durch Widerruf und Kündigung des Grundgeschäfts

3 Die Vollmacht selbst erlischt durch ihren jederzeit möglichen **Widerruf**. Die **Kündigung** des der Bevollmächtigung zugrundeliegenden Rechtsgeschäfts führt trotz deren prinzipieller **Abstraktheit**[2] nach der Grundregel des § 168 BGB auch zum Erlöschen der Vollmacht, da in der **Beendigung des Grundgeschäfts in der Regel auch ein Widerruf der Vollmacht** enthalten ist. Wird daher das Mandatsverhältnis (als Dienstvertrag mit Geschäftsbesorgungscharakter) gekündigt, so endet damit in aller Regel auch die Prozessvollmacht. Dies gilt auch, wenn das Mandatsverhältnis durch den Prozessbevollmächtigten selbst gekündigt wird. Umgekehrt kann trotz fortbestehendem Mandatsverhältnis die Prozessvollmacht isoliert widerrufen werden.

4 Der **Widerruf** geschieht ebenso wie die Vollmachtserteilung durch einseitige, empfangsbedürftige Willenserklärung und ist ausdrücklich oder konkludent möglich. Daraus dass eine **Partei selbst Prozesshandlungen vornimmt** und nicht durch ihren Prozessbevollmächtigten vornehmen lässt, kann nicht ohne Weiteres auf einen Widerruf geschlossen werden.[3] In der

---
1 BGHZ 43, 135 (137) = NJW 1965, 1019 (1020).
2 Zur Abstraktheit der Prozessvollmacht vom Grundgeschäft: BGH, NJW 1993, 1926 = MDR 1993, 690; OLG Hamm, NJW 1992, 1175 (1175 f.) = AnwBl. 1993, 346 (346 f.).
3 Zutreffend Musielak/Voit-*Weth*, ZPO, § 86 Rn. 5 m.w.N. auch zur Gegenansicht.

Bestellung eines weiteren/neuen Prozessbevollmächtigten liegt nur dann der Widerruf der Prozessvollmacht des vorherigen Bevollmächtigten, wenn der Bestellung – nötigenfalls im Wege der Auslegung – entnommen werden kann, dass der neue Prozessbevollmächtigte statt des vorherigen allein auftreten soll (vgl. § 84 Rn. 1).

2. Erlöschen durch Zweckerreichung, Auftragserledigung, Beendigung des Rechtsstreits

Ein Erlöschen des Grundverhältnisses sowie der Vollmacht kommt auch bei **Zweckerreichung** bzw. bei **umfassender Auftragserledigung** in Betracht, insbesondere, wenn eine Vollmacht – zulässigerweise, vgl. § 83 Rn. 2, 3 – nur für einzelne Prozesshandlungen erteilt ist und diese vorgenommen wurden. 5

Mit dem **Ende des Rechtsstreits** erlischt die Prozessvollmacht ebenfalls. Das Ende des Rechtsstreits ist erst anzunehmen, wenn ein **Sachurteil** rechtskräftig oder der Rechtsstreit durch ein anderes Ereignis endgültig beendet ist. Nach einem **Prozessurteil** erlischt die Prozessvollmacht nicht.[4] Für sich nach dem Ende des Rechtsstreits ergebende Tätigkeiten, wie Kostenfestsetzung und Zwangsvollstreckung gilt die Prozessvollmacht fort. Das Gleiche gilt für eine **Wiederaufnahme**. Für die Zwangsvollstreckung und die Wiederaufnahme folgt dies wörtlich aus § 81 ZPO. Das **Ende der jeweiligen Instanz ist kein Beendigungstatbestand** für die Prozessvollmacht.[5] Soweit der Prozessbevollmächtigte für die Rechtsmittelinstanz nicht postulationsbefugt ist, kann er nach § 81 Hs. 2 ZPO einen Vertreter bestellen. Auf seine Postulationsfähigkeit für die Rechtsmittelinstanz kommt es daher für das Fortbestehen der Prozessvollmacht nicht an.[6] 6

3. Mängel des Grundgeschäfts

Mängel des zugrundeliegenden Kausalgeschäfts zwischen Vollmachtgeber und Vollmachtnehmer (häufig: Geschäftsbesorgungsvertrag) wirken sich auf die Wirksamkeit der Prozessvollmacht wegen deren **grundsätzlicher Abstraktheit** nur ausnahmsweise aus.[7] Insbesondere berühren **Verstöße gegen berufsrechtliche Vorschriften** zur Gewährleistung von Rechtssicherheit die Wirksamkeit der erteilten Vollmacht nicht.[8] Bei einem **Verstoß gegen § 134 BGB** kommt jedoch die Unwirksamkeit der Prozessvollmachtserteilung in Betracht, wenn andernfalls der Sinn und Zweck des Verbots nicht erreicht werden könnte.[9] Ein auf die Prozessvollmacht durchschlagender Mangel des Grundgeschäfts kann auch bei einem **Verstoß gegen § 138 BGB** vorliegen.[10] 7

4. Tod oder Verlust der Prozessfähigkeit des Bevollmächtigten

Das der Vollmachtserteilung zugrundeliegende Rechtsgeschäft endet ebenso wie diese selbst durch den **Tod des Prozessbevollmächtigten** (vgl. §§ 673, 675, 168 BGB), wobei sich beim Rechtsanwalt eine Sonderregelung aus § 55 Abs. 2 Satz 4 BRAO ergibt, sofern für den verstorbenen Rechtsanwalt ein Abwickler bestellt wird. Der **Abwickler** gilt nach dieser Vorschrift nämlich als für schwebende Angelegenheiten von der Partei bevollmächtigt, sofern diese nicht in anderer Weise für die Wahrnehmung ihrer Rechte gesorgt hat. War für den verstorbenen Rechtsanwalt ein **Vertreter nach § 53 BRAO** bestellt, erlischt diese Vertreterbestellung mit dem Tod des Vertretenen.[11] Der früher geltende § 54 BRAO a.F. wurde mittlerweile ersatzlos aufgehoben. Im Anwaltsprozess ist beim Tod des Prozessbevollmächtigten § 244 ZPO zu beachten. Die Prozessvollmacht erlischt auch, wenn der Prozessbevollmächtigte seine **Prozessfähigkeit** verliert. 8

---

4 Musielak/Voit-*Weth*, ZPO, § 86 Rn. 3.
5 BGH, NJW-RR 2015, 753 (754), Rn. 18 = MDR 2014, 1464 (1465), Rn. 18; BGH, NJW-RR 1991, 1213 (1214) = VersR 1991, 1421; BGH, NJW 1990, 189 (190) = FamRZ 1990, 144.
6 LAG Köln v. 19.05.2000, 11 Sa 122/00, juris, Rn. 6.
7 BGH, NJW-RR 2010, 67, Rn. 6, 8 = FamRZ 2009, 1319, Rn. 8; OLG Brandenburg v. 08.09.2016, 13 UF 84/15, juris, Rn. 21; vgl. auch Prütting/Gehrlein-*Burgermeister*, ZPO, § 80 Rn. 2; MK-*Toussaint*, ZPO, § 80 Rn. 8; Musielak/Voit-*Weth*, ZPO, § 80 Rn. 4.
8 BGH, NJW-RR 2010, 67 (67 f.), Rn. 7 = FamRZ 2009 1319, Rn. 7–12 zum Verstoß gegen § 43a Abs. 4 BRAO; BGH, NJW 1993, 1926 = MDR 1993, 690, OLG Frankfurt v. 21.04.2016, 1 U 222/15, juris, Rn. 14 und OLG Hamm, NJW 1992, 1175 (1175 f.) = AnwBl. 1993, 346 (346 f.) zum Verstoß gegen § 45 BRAO; sowohl zu § 43a Abs. 4 BRAO als auch zu § 45 BRAO OLG Brandenburg v. 08.09.2016, 13 UF 84/15, juris, Rn. 21; a.a. bei § 45 BRAO OLG Hamm v. 08.02.2013, 26 U 54/12, juris, Rn. 1.
9 BGHZ 154, 283 (286 f.) = NJW 2003, 1594 (1595) = MDR 2003, 944 (945): Nichtigkeit bei Verstoß gegen Art. 1 § 1 Abs. 1 Satz 1 RBerG.
10 A.A. wohl MK-*Toussaint*, ZPO, § 80 Rn. 8; Stein/Jonas-*Bork*, ZPO, § 80 Rn. 5; Musielak/Voit-*Weth*, ZPO, § 80 Rn. 5, die § 138 BGB auf die Prozessvollmacht nicht für anwendbar halten.
11 Henssler/Prütting-*Prütting*, BRAO, § 53 Rn. 34.

5. Verlust der Rechtsanwaltszulassung

9   Durch den vollständigen **Verlust der Postulationsfähigkeit**[12] wird dem Rechtsanwalt die Möglichkeit der weiteren Vertretung genommen, so dass in diesen Fällen auch die Prozessvollmacht erlischt.[13] **Verliert** ein Rechtsanwalt bestandskräftig seine **Zulassung**, dann erlischt auch die Vollmacht.[14] Etwas anderes gilt bei Verstößen gegen ein berufsrechtliches Vertretungsverbot (§ 114 BRAO) oder ein nur vorläufiges Berufsverbot (§ 155 BRAO), da der Anwalt zwar insoweit nicht mehr auftreten darf, seine Handlungen sowie die Handlungen ihm gegenüber aber nach wie vor wirksam sind (§§ 114a Abs. 2, 155 Abs. 5 BRAO).[15]

6. Tod des Vollmachtgebers

10 Die Folgen für die Bevollmächtigung beim **Tod des Vollmachtgebers**, bei Veränderung seiner Prozessfähigkeit oder seiner gesetzlichen Vertretung sind in § 86 ZPO geregelt.

7. Eröffnung des Insolvenzverfahrens über das Vermögen des Vollmachtgebers

11 Durch die **Eröffnung des Insolvenzverfahrens** über das Vermögen des **Vollmachtgebers** endet die Prozessvollmacht nach **§ 117 InsO** kraft Gesetzes.[16] In diesem Fall ist § 240 ZPO zu beachten.

II. Zeitpunkt des Erlöschens der Vollmacht, Abs. 1

1. Anwendungsbereich

12 § 87 Abs. 1 ZPO gilt für **sämtliche Erlöschensgründe der Prozessvollmacht**.[17] I.S.d. durch § 87 Abs. 1 ZPO bezweckten Rechtssicherheit kann es keinen Unterschied machen, aus welchem Grund die Prozessvollmacht erloschen ist. Jedenfalls gilt er auch im Fall des § 87 Abs. 2 ZPO, nämlich wenn der Prozessbevollmächtigte selbst die Vollmacht zum Erlöschen bringt.

2. Innenverhältnis zwischen Vollmachtgeber und Bevollmächtigtem

13 Im **Innenverhältnis** zwischen Vollmachtgeber und Bevollmächtigtem erlangt das Erlöschen der Vollmacht sofortige **Wirkung**. Soweit auch das zugrundeliegende Rechtsgeschäft erloschen ist, bestehen für den Prozessbevollmächtigten aus diesem gegenüber dem Vollmachtgeber **keine Verpflichtungen** mehr, mit Ausnahme von **nachwirkenden Verpflichtungen**, wie Aufklärung über etwaige Fristen und nach wie vor an ihn erfolgte Zustellungen.[18] Der Bevollmächtigte ist jedoch nach Abs. 2 auch im Innenverhältnis nicht gehindert, trotz Erlöschens der Vollmacht weiter für den Vollmachtgeber zu handeln, soweit er die Vollmacht zum Erlöschen gebracht hat und solange der Vollmachtgeber nicht in anderer Weise für die Wahrnehmung seiner Rechte gesorgt hat.

3. Außenverhältnis zum Gegner und zu Gericht

14 Abs. 1 unterscheidet für die Wirkung im **Außenverhältnis** zwischen **Anwaltsprozess** (Abs. 1 Hs. 2) und **Parteiprozess** (vgl. zu den Begriffen § 78 Rn. 1). Mit Anwaltsprozess ist dabei **nur das dem Anwaltszwang unterliegende Hauptverfahren** und nicht etwaige selbstständige Nebenverfahren (Kostenfestsetzung,[19] Streitwertbeschwerde, Zwangsvollstreckung) gemeint, in denen die Partei selbst handeln kann.[20] Das Erlöschen der Vollmacht erlangt gegenüber dem Gegner und dem Gericht (Rn. 1) **erst durch die Anzeige des Erlöschens**, die formlos möglich ist,[21] Wirkung, in **Anwaltsprozessen** erst durch die zusätzliche **Anzeige der Bestellung eines**

---

12 Vgl. zur Dauer und zum Verlust der Postulationsfähigkeit von Rechtsanwälten § 78 Rn. 12.
13 Zöller-*Vollkommer*, ZPO, § 86 Rn. 5; a.A. Musielak/Voit-*Weth*, ZPO, § 86 Rn. 7.
14 BGH, NJW-RR 2008, 1290 (1290 f.), Rn. 7–10 = MDR 2008, 873 (874); BGHZ 166, 117 (123 f.), Rn. 17 = NJW 2006, 2260 (2261 f.), Rn. 17 = MDR 2006, 1076 (1076 f.) lässt diese Frage offen, neigt jedoch dazu, dass die Vollmacht erlischt; a.A. für Parteiprozess AG Ludwigslust, NJW-RR 2012, 1279 (1280).
15 OLG Hamm, NJW 1992, 1174 (1176) = AnwBl. 1993, 346 (347).
16 BAG, NJW 2006, 461; BGH, NJW-RR 1989, 183 (183 f.) = MDR 1989, 255 zu § 23 KO; anders, wenn die Vollmacht im Insolvenzeröffnungsverfahren erteilt wurde BGH, ZIP 2011, 1014 (1015); zu einer weiteren Ausnahme BAG, ZIP 2009, 1134 (1135 f.).
17 OLG München, NJW 1970, 1609: Geltung von § 87 ZPO bei Erlöschen der Anwaltszulassung; a.A. OLG Köln, MDR 2008, 1300: keine Geltung bei Erlöschen der Anwaltszulassung; Zöller-*Vollkommer*, ZPO, § 87 Rn. 4.
18 BGH, NJW 2008, 2713 (2714), Rn. 13 = FamRZ 2008, 1605 (1606), Rn. 13; BGH, NJW 2008, 234, Rn. 12 = AnwBl. 2008, 70 (70 f.); BGH, NJW 1980, 999 = MDR 1980, 298.
19 KG Berlin, NJW 1974, 543 (544).
20 Zöller-*Vollkommer*, ZPO, § 87 Rn. 3.
21 BGH, NJW 1982, 1887.

anderen postulationsfähigen[22] **Rechtsanwalts**. Die Anzeige des Erlöschens muss eindeutig sein und ist nötigenfalls auszulegen. Die Anzeige erlangt Wirksamkeit nur gegenüber demjenigen, demgegenüber sie gemacht wird.[23] Eine **Erlöschensanzeige, die unrichtig** ist, da in Wirklichkeit die Prozessvollmacht noch besteht, zeitigt keine Wirkung.[24] Bis zum Zeitpunkt des Erlöschens im Außenverhältnis muss noch an den vormaligen Prozessbevollmächtigten **zugestellt** werden (vgl. § 172 Rn. 6).[25] Dies gilt auch für ein den Rechtszug abschließendes Urteil.[26] **Hinweise des Gerichts** sind an ihn zu richten.[27] Der Prozessbevollmächtigte kann noch wirksam Prozesshandlungen für die Partei vornehmen.[28] Nach Erlöschen im Außenverhältnis hat die Zustellung an den vormaligen Prozessbevollmächtigten keine Wirkung mehr.[29] Eine **Zurechnung nach § 85 Abs. 2 ZPO** scheidet nach wirksamer Beendigung des Mandatsverhältnisses im Innenverhältnis aus, auch wenn die Prozessvollmacht im Außenverhältnis noch wirksam ist (vgl. § 85 Rn. 4).

III. Weitere Handlungsbefugnis Bevollmächtigter nach Erlöschen der Vollmacht, Abs. 2

Abs. 2 beschreibt, unter welchen Voraussetzungen der Bevollmächtigte **trotz Erlöschens der Vollmacht im Außenverhältnis** weiterhin für den Vollmachtgeber handeln darf. Abs. 2 fingiert die **weitere Vertretungsmacht**, aber nur, soweit der Prozessbevollmächtigte das Mandat niedergelegt und der Vollmachtgeber noch nicht für die anderweitige Wahrnehmung seiner Rechte gesorgt hat. Sinn macht Abs. 2 vor allem im Parteiprozess, da im Anwaltsprozess die Prozessvollmacht nach außen hin ohnehin erst erlischt, wenn bereits die Vertretung durch einen anderen Rechtsanwalt angezeigt wurde und damit die Partei bereits für die Wahrnehmung ihrer Rechte in anderer Weise gesorgt hat.[30] Abs. 2 begründet im (erloschenen) Innenverhältnis **nicht die Pflicht, wohl aber das Recht** weiterhin für den ehemaligen Mandanten zu handeln.[31] Handelt der ehemalige Prozessbevollmächtigte jedoch tatsächlich in Ausübung dieses Rechts, so gelten für ihn die Pflichten, die er bei weiterbestehender Prozessvollmacht hat.[32] Die fingierte Bevollmächtigung ermächtigt daher richtigerweise sowohl zu **Handlungen zu Gunsten als auch zu Lasten** des ehemaligen Mandanten.[33] Auch eine **Zustellung** kann an den Bevollmächtigten noch erfolgen.[34] Die Partei braucht sich indes ein etwaiges Verschulden des handelnden **Prozessbevollmächtigten nicht mehr nach § 85 Abs. 2 ZPO zurechnen** zu lassen.[35] Sinnvoll kann die Wahrnehmung dieses Rechts durch den ehemaligen Prozessbevollmächtigten vor allem sein, um einer Haftung bei Kündigung zur Unzeit zu entgehen.[36]

15

§ 88
Mangel der Vollmacht

(1) Der Mangel der Vollmacht kann von dem Gegner in jeder Lage des Rechtsstreits gerügt werden.

(2) Das Gericht hat den Mangel der Vollmacht von Amts wegen zu berücksichtigen, wenn nicht als Bevollmächtigter ein Rechtsanwalt auftritt.

---

22 BGH, NJW 2007, 2124 (2125), Rn. 11 = FamRZ 2007, 1087 (1088), Rn. 11.
23 Musielak/Voit-*Weth*, ZPO, § 87 Rn. 4 m.w.N. auch zur Gegenansicht.
24 Zöller-*Vollkommer*, ZPO, § 87 Rn. 1 m.w.N.; Musielak/Voit-*Weth*, ZPO § 87 Rn. 4 m.w.N.
25 BGH, NJW 2007, 2124 = FamRZ 2007, 1087.
26 BGH, NJW 1975, 120 (121) = MDR 1975, 220 (221).
27 BGH, NJW-RR 2008, 78, Rn. 7 = FamRZ 2007, 1725, Rn. 7.
28 BGH, FamRZ 1990, 388; BGHZ 43, 135 (137) = NJW 1965, 1019 (1020); BGHZ 31, 32 (36).
29 OLG Hamm, NJW 1982, 1887; jedoch anders im Fall des § 87 Abs. 2 ZPO.
30 Vgl. Musielak/Voit-*Weth*, ZPO, § 87 Rn. 8.
31 BGHZ 43, 135 (137f.) = NJW 1965, 1019 (1020) = MDR 1965, 370.
32 OLG Bremen, NJW-RR 1986, 358 (359).
33 BGH, NJW 2008, 234, Rn. 9 = AnwBl. 2008, 70 m.w.N.
34 BGH, NJW 2008, 234, Rn. 9 = AnwBl. 2008, 70 m.w.N.; a.A. OLG Hamm, NJW 1982, 1887 (1887f.).
35 BGH, NJW 2008, 2713 (2714f.), Rn. 13–15 = FamRZ 2008, 1605 (1606), Rn. 13–15; BGH, NJW 2008, 234, Rn. 12 = AnwBl. 2008, 70 (70f.); BGH, NJW 1980, 999 = MDR 1980, 298 (299); BGHZ 47, 320 (322) = NJW 1967, 1567 (1568) = MDR 1967, 838; Musielak/Voit-*Weth*, ZPO, § 87 Rn. 10 mit Nachweisen auch zur Gegenansicht.
36 Zöller-*Vollkommer*, ZPO, § 87 Rn. 6.

Inhalt:

	Rn.		Rn.
A. Allgemeines	1	B. Erläuterungen	5
I. Regelungsgehalt	1	I. Berücksichtigung Vollmachtsmangel von Amts wegen	5
II. Anwendungsbereich	2		
1. Rechtsgeschäftliche Vertretungsmacht	2	II. Berücksichtigung Vollmachtsmangel auf Rüge des Gegners	6
2. Mangel	3	III. Verfahren zur Überprüfung der Vollmacht	8
3. Prozessarten	4		

A. Allgemeines
I. Regelungsgehalt

1 § 88 ZPO bestimmt, wann ein etwaiger Mangel der Vollmacht im Prozess zu berücksichtigen ist. § 88 ZPO ist daher erst dann zu prüfen, wenn überhaupt ein Mangel der Vollmacht festgestellt wurde. Die **Folgen** eines festgestellten und nach § 88 ZPO beachtlichen Mangels sind in **§ 89 ZPO** geregelt. § 88 ZPO ist *lex specialis* gegenüber §§ 172 ff. BGB (§ 80 Rn. 4).[1]

II. Anwendungsbereich
1. Rechtsgeschäftliche Vertretungsmacht

2 § 88 ZPO betrifft nur die **rechtsgeschäftlich erteilte Vertretungsmacht**. Er gilt sowohl für die Bevollmächtigung des Hauptbevollmächtigten als auch für die des **Unterbevollmächtigten**.[2] § 56 ZPO regelt demgegenüber die Frage der Beachtlichkeit von Mängeln bei der Parteifähigkeit, der Prozessfähigkeit, der gesetzlichen Vertretungsmacht und der Prozessführungsbefugnis.

2. Mangel

3 Mit **Mangel i.S.d. Vorschrift** ist sowohl das (anfängliche wie nachträgliche) **Fehlen** als auch die **Unwirksamkeit** der Bevollmächtigung gemeint. Ebenso erfasst die Vorschrift das **Überschreiten des Umfangs** der Prozessvollmacht[3] sowie den **fehlenden Nachweis der Vollmacht** nach § 80 ZPO.

3. Prozessarten

4 § 88 ZPO unterscheidet dahingehend, ob als Prozessbevollmächtigter ein Anwalt (Rn. 6–7) oder eine andere Person (Rn. 5) auftritt. Darauf, ob es sich um einen **Anwalts- oder einen Parteiprozess** (§ 78 Rn. 1) handelt, kommt es nicht an. Dies folgt bereits aus dem Wortlaut der Vorschrift, der nur danach differenziert, ob ein Rechtsanwalt als Bevollmächtigter auftritt oder nicht und nicht danach, ob dessen Auftreten auch notwendig ist. Die Vorschrift gilt in **jedem Prozessstadium und sämtlichen Prozessarten**. Sie ist auch im **Verfahren gemäß § 522 Abs. 2 ZPO** anwendbar.[4] Im **Kostenfestsetzungsverfahren** kann nur die Berechtigung gerügt werden, einen Kostenfestsetzungsantrag zu stellen und nicht etwa auch die fehlende Vollmacht in der Hauptsache.[5] Auch dieses Recht ist ausgeschlossen, wenn die Vollmacht bereits im Hauptverfahren gerügt und seitens des Gerichts für ordnungsgemäß befunden wurde.[6] § 88 ZPO gilt auch im **Prozesskostenhilfeverfahren**,[7] ebenso im **Arrestverfahren** und im **Verfahren über eine einstweilige Verfügung**[8] sowie im **Zwangsversteigerungsverfahren**.[9] Im internationalen Rechtsstreit sowie bei ausländischen Rechtsanwälten gelten unter Umständen Besonderheiten.[10]

B. Erläuterungen
I. Berücksichtigung Vollmachtsmangel von Amts wegen

5 Soweit als Bevollmächtigter **kein Anwalt** auftritt, hat das Gericht die Ordnungsgemäßheit der Bevollmächtigung **von Amts wegen** zu prüfen und einen etwaigen Mangel zu beachten. Auch im Verfahren, in dem ein Anwalt Prozessbevollmächtigter ist, kommt in Sonderfällen die Prü-

---

1 Z.B. BGH, NJW 2004, 844 (845) = FamRZ 2004, 361; BGH, NJW 2003, 1594 (1595).
2 BGH, NJW-RR 2002, 933 = MDR 2002, 1025; Thomas/Putzo-*Hüßtege*, ZPO, § 88 Rn. 2.
3 Musielak/Voit-*Weth*, ZPO, § 88 Rn. 2.
4 VerfGH München, NJW-RR 2013, 893 (894).
5 BGH, NJW 2011, 3722, Rn. 6 = FamRZ 2011, 1791 (1791 f.), Rn. 6.
6 BGH, NJW 2011, 3722 (3722 f.), Rn. 7–8 = FamRZ 2011, 1791 (1792), Rn. 7.
7 Musielak/Voit-*Weth*, ZPO, § 88 Rn. 7.
8 Zöller-*Vollkommer*, ZPO, § 88 Rn. 2.
9 BGH, MDR 2013, 810 (810).
10 Vgl. dazu m.w.N. Zöller-*Vollkommer*, ZPO, § 88 Rn. 3a.

fung von Amts wegen in Betracht (Rn. 6). Ein **Verzicht** auf die Prüfung von Amts wegen ist auch mit Einverständnis des Gegners nicht möglich.[11]

II. Berücksichtigung Vollmachtsmangel auf Rüge des Gegners

Handelt ein **Rechtsanwalt** oder eine **Sozietät** bzw. **Rechtsanwaltsgesellschaft** (dazu § 84 Rn. 2) als Bevollmächtigter, so erfolgt keine Prüfung und Beachtung von Amts wegen, sondern **nur auf Rüge des Gegners**. Dies gilt nicht für einen Referendar oder Assessor.[12] Die Prüfung erfolgt trotz fehlender Rüge dann **von Amts wegen**, wenn auch **ohne Rüge Anlass zu begründeten Zweifeln** an der Vollmacht besteht.[13]

Die Rüge ist eine **Prozesshandlung**. Wurde sie einmal ausgebracht, kann sie auch wieder **zurückgenommen** werden.[14] Eine einmal ausgebrachte Rüge muss **in späteren Instanzen nicht mehr erneut erhoben** werden.[15] Die Rüge ist **nicht verzichtbar**.[16] Eine wiederholte Rüge i.d.S., dass mit der gleichen Argumentation eine bereits (abschließend) für ordnungsgemäß befundene Vollmacht nochmals gerügt wird, ist nicht zulässig. Rügeberechtigt ist nach Abs. 1 der „**Gegner**". Dies ist die andere Partei, jedoch auch die Partei, um deren Vertretung es geht[17] und ein **Nebenintervenient**. Der **Prozessbevollmächtigte selbst** kann die Rüge nicht erheben. Tut er es dennoch und weckt er dadurch beim Gericht entsprechende Zweifel an der Ordnungsgemäßheit der Vollmacht, kann dieses die Vollmacht von Amts wegen prüfen (Rn. 6).[18] Da die Rüge nach Abs. 1 „**in jeder Lage des Rechtsstreits**" ausgebracht werden kann, kann sie richtiger Ansicht nach **nicht als verspätet zurückgewiesen** werden.[19] Sie ist auch noch im Berufungs- und Revisionsverfahren sowie im Beschwerdeverfahren möglich.[20] Die Rüge **erfasst alle**, auch vor ihrer Erhebung (auch in früheren Instanzen) vorgenommenen **Prozesshandlungen des Bevollmächtigten**.[21] Es ist für eine Rüge der Prozessvollmacht ausreichend, wenn im Verfahrenszusammenhang die Vertretungsmacht des Vollmachtgebers gerügt wird, da dadurch auch die Wirksamkeit der Prozessvollmacht in Zweifel gezogen wird.[22] Die Rüge ist unwirksam, wenn sie missbräuchlich verwendet wird.[23]

III. Verfahren zur Überprüfung der Vollmacht

Die Prüfung der Vollmacht erfolgt **in mündlicher Verhandlung**, an der der Vertreter teilnehmen darf.[24] Von der Frage, ob hinsichtlich der Vollmacht eine Prüfung von Amts wegen erfolgt, zu unterscheiden ist die Frage, ob bezüglich des etwaigen Vollmachtsmangels **Amtsermittlung** stattfindet oder nicht. Dies ist nicht der Fall.[25] Den Vertreter trifft insoweit eine „**Beweislast**" zum Nachweis der wirksamen Vollmacht. Über die Wirksamkeit der Vollmacht kann Zwischenurteil ergehen.[26]

---

11 Stein/Jonas-*Bork*, ZPO, § 88 Rn. 7.
12 Stein/Jonas-*Bork*, ZPO, § 88 Rn. 5.
13 BGH, NJW 2001, 2095 (2096) = MDR 2001, 1008; OVG Lüneburg, NJW 2014, 566 (567) zum wortlautgleichen § 67 Abs. 6 Satz 4 VwGO. Das OVG Lüneburg will wohl ganz allgemein das Recht des Gerichts zugestehen, auch bei einem Anwalt die Vollmacht von Amts wegen zu prüfen, ebenso wie OLG Saarbrücken, NJW 1970, 1464; OLG Schleswig, NJW-RR 2012, 199 (200) = FamRZ 2012, 320 (321) zum wortlautgleichen § 11 Satz 4 FamFG; Musielak/Voit-*Weth*, ZPO, § 88 Rn. 5.
14 OLG Köln, NJW-RR 1992, 1162 = MDR 1992, 1085 m.w.N.
15 BGH, NJW-RR 1986, 1252 (1253) = MDR 1986, 1021 (1022).
16 OLG München, AnwBl. 1992, 494; Zöller-*Vollkommer*, ZPO, § 88 Rn. 2.
17 OLG Köln, NJW-RR 1992, 1162 = MDR 1992, 1085; BGH, NJW 2007, 3640 (3644) lässt dies wohl offen; OLG Saarbrücken, NJW 1970, 1464 (1464 f.) sieht in der Rüge durch die vertretene Partei zumindest einen Umstand, der dazu führt, dass das Gericht die Vollmacht von Amts wegen prüft.
18 BGH, NJW 2001, 2095 (2096) = MDR 2001, 1008.
19 VerfGH München, NJW-RR 2013, 893; Musielak/Voit-*Weth*, ZPO, § 88 Rn. 4 m.w.N.
20 VerfGH München, NJW-RR 2013, 893; BGH, MDR 2013, 810; OLG München, AnwBl. 1992, 494; OLG Hamburg, NJW-RR 1988, 1182 (1183).
21 VerfGH München, NJW-RR 2013, 893 (893 f.); BGH, NJW-RR 1986, 1252 (1253) = MDR 1986, 1021 (1021 f.).
22 OLG Hamburg, NJW-RR 1988, 1182 (1183).
23 KG Berlin, KGR 2004, 91 (92).
24 BGH, NJW 2002, 1957 = MDR 2002, 773.
25 OLG Saarbrücken, NJW 1970, 1464 (1465); Musielak/Voit-*Weth*, ZPO, § 88 Rn. 9.
26 BGH, NJW 2011, 1739 (1740), Rn. 17 f. = FamRZ 2011, 465 (466) Rn. 17 f.

§ 89
Vollmachtloser Vertreter

(1) ¹Handelt jemand für eine Partei als Geschäftsführer ohne Auftrag oder als Bevollmächtigter ohne Beibringung einer Vollmacht, so kann er gegen oder ohne Sicherheitsleistung für Kosten und Schäden zur Prozessführung einstweilen zugelassen werden. ²Das Endurteil darf erst erlassen werden, nachdem die für die Beibringung der Genehmigung zu bestimmende Frist abgelaufen ist. ³Ist zu der Zeit, zu der das Endurteil erlassen wird, die Genehmigung nicht beigebracht, so ist der einstweilen zur Prozessführung Zugelassene zum Ersatz der dem Gegner infolge der Zulassung erwachsenen Kosten zu verurteilen; auch hat er dem Gegner die infolge der Zulassung entstandenen Schäden zu ersetzen.

(2) Die Partei muss die Prozessführung gegen sich gelten lassen, wenn sie auch nur mündlich Vollmacht erteilt oder wenn sie die Prozessführung ausdrücklich oder stillschweigend genehmigt hat.

Inhalt:

	Rn.		Rn.
A. Allgemeines	1	E. Kostentragungs- und Schadensersatzpflicht bei einstweiliger Zulassung und vollmachtloser Vertretung	13
I. Regelungsgehalt, Systematik	1		
II. Anwendungsbereich	2		
III. Verhältnis zu anderen Vorschriften	3	I. Abgrenzung	13
B. Rechtsfolgen fehlender Prozessvollmacht und Genehmigung	4	II. Veranlassungsprinzip	14
		1. Grundsätze	14
C. Einstweilige Zulassung, Abs. 1 Satz 1 und 2	5	2. Verfahren und Rechtsmittel	15
I. Verfahren der einstweiligen Zulassung	5	III. Kosten der einstweiligen Zulassung und Schadensersatz, Abs. 1 Satz 3	16
		1. Voraussetzungen	16
II. Folgen der einstweiligen Zulassung	8	2. Umfang der zu ersetzenden Kosten	17
		3. Verfahren und Rechtsmittel	18
D. Genehmigung der Prozessführung durch die Partei, Abs. 2	11	F. Unbehebbare Mängel der Vollmacht	20

A. Allgemeines
I. Regelungsgehalt, Systematik

1 Die Vorschrift regelt die Folgen einer fehlenden (unwirksamen/erloschenen) Bevollmächtigung, des Überschreitens des Umfangs der erteilten Vollmacht und des fehlenden Nachweises der Bevollmächtigung nach § 80 ZPO. Nach Feststellung eines Vollmachtsmangels kommt man zur Prüfung des § 89 ZPO jedoch nur, wenn der Mangel nach § 88 ZPO auch beachtlich ist.

II. Anwendungsbereich

2 § 89 ZPO erfasst nach bestrittener Ansicht **sämtliche Fälle des Prozessvollmachtsmangels**, unabhängig davon, ob der Prozessbevollmächtigte **bewusst** ohne wirksame bzw. wirksam nachgewiesene Vollmacht handelt oder **vermeintlich zur Vertretung berechtigt** ist.[1] § 89 Abs. 2 ZPO ist jedenfalls aber auf sämtliche dieser Fälle anwendbar.[2] § 89 ZPO soll **prozessökonomisches Vorgehen** gewährleisten, damit nicht endgültige Entscheidungen im Hinblick auf die Vollmachtlosigkeit erlassen werden, bevor nicht die Möglichkeit zur Nachbesserung gegeben wurde.[3] Demgemäß ist § 89 ZPO aber **nur auf solche Mängel anwendbar, die behoben werden können** (zu den Folgen **unbehebbarer Mängel** der Vollmacht Rn. 20–23).[4] Soweit noch nicht abschließend feststeht, ob ein behebbarer oder ein unbehebbarer Mangel vorliegt, kann das Gericht entweder nach § 89 ZPO verfahren oder außerhalb der Regelung des § 89 ZPO vertagen oder eine Frist setzen (vgl. Rn. 20). § 89 ZPO eröffnet die Möglichkeit, ohne weitere Verzögerung in die Sachverhandlung einzutreten.[5] § 89 ZPO kommt nur in Betracht, wenn

---

1 Musielak/Voit-*Weth*, ZPO, § 89 Rn. 1; a.A. OLG Köln, NJW-RR 2003, 66 (67) = ZfS 2002, 539 (540); Thomas/Putzo-*Hüßtege*, ZPO, § 89 Rn. 2, 8; Zöller-*Vollkommer*, ZPO, § 89 Rn. 2, wo nur die Fälle bewusst vollmachtlosen Handelns sowie fehlenden Vollmachtsnachweises unter § 89 ZPO gefasst werden.
2 Thomas/Putzo-*Hüßtege*, ZPO, § 89 Rn. 13.
3 Vgl. Musielak/Voit-*Weth*, ZPO, § 89 Rn. 1.
4 Musielak/Voit-*Weth*, ZPO, § 89 Rn. 1f.
5 Zöller-*Vollkommer*, ZPO, § 89 Rn. 1.

feststeht, wer die vertretene Partei ist und ob eine solche überhaupt existiert.[6] Im Verfahren über den Erlass einer einstweiligen Verfügung ist § 89 ZPO nicht anwendbar.[7]

III. Verhältnis zu anderen Vorschriften

§ 89 ZPO ist *lex specialis* zu §§ 172 ff. BGB (§ 80 Rn. 4). Für die Parteifähigkeit, die Prozessfähigkeit, die gesetzliche Vertretung und die Prozessführungsbefugnis trifft § 56 ZPO eine ähnliche Regelung. 3

B. Rechtsfolgen fehlender Prozessvollmacht und Genehmigung

Ist die Vollmacht mangelhaft i.S.v. Rn. 1 und erfolgt keine rechtzeitige Genehmigung oder 4 kein rechtzeitiger Nachweis, dann fehlt **keine Prozessvoraussetzung,** sondern lediglich eine **Prozesshandlungsvoraussetzung.**[8] Zur **Prozessvoraussetzung** kann sie nur mittelbar werden, wenn dadurch die Klage nicht wirksam erhoben wurde. Diese ist dann als unzulässig abzuweisen.[9] Ein ohne wirksame Vollmacht eingelegtes **Rechtsmittel ist unzulässig.**[10] Anders als bei der gesetzlichen Vertretungsmacht besteht bei der rechtsgeschäftlichen Vertretungsmacht kein Bedürfnis dafür, ein Rechtsmittel des vollmachtlosen Vertreters für die Partei als zulässig zu fingieren, um in der Rechtsmittelinstanz den Streit über die Wirksamkeit der Vollmacht führen zu können.[11] Die fehlende Vollmacht ist ein schwerer Verfahrensmangel, der die Nichtigkeitsklage[12] nach § 579 Abs. 1 Nr. 4 ZPO begründet und einen absoluten Revisionsgrund gemäß § 547 Nr. 4 ZPO darstellt.

C. Einstweilige Zulassung, Abs. 1 Satz 1 und 2
I. Verfahren der einstweiligen Zulassung

Das Gericht kann den vollmachtlosen Vertreter (Rn. 1) nach seinem pflichtgemäßen **Ermessen**[13] durch (unanfechtbaren) **Beschluss**[14] einstweilen zur Prozessführung zulassen (Abs. 1 Satz 1). Die Zulassung kann **auch stillschweigend**[15] erfolgen, sofern der Gegner keinen Widerspruch erhebt.[16] 5

Im Beschluss ist dem Vertreter eine **Frist zur Beibringung** einer Genehmigung (vgl. Rn. 11–12) der Prozessführung oder zur Beibringung einer Vollmacht zu setzen. Die Frist muss **konkret bemessen** sein; es reicht nicht, eine „umgehende" Vorlage zu verlangen.[17] Die Frist muss **angemessen** sein.[18] Für die Frist gelten § 224 ZPO und § 225 ZPO.[19] Die Frist kann daher auf Antrag **verlängert** werden.[20] 6

Um die möglichen Ansprüche auf Kostenerstattung und Schadensersatz nach Abs. 1 Satz 3 ZPO (Rn. 16–19) gegen den einstweilen Zugelassenen zu sichern, steht es im **Ermessen** des Gerichts,[21] ob es die vorläufige Zulassung von einer **Sicherheitsleistung des Vertreters** abhängig macht oder nicht. Die Sicherheitsleistung richtet sich nach §§ 108, 109 ZPO. Dabei kommt es nicht auf den Gegenstandswert, sondern auf den dem Gegner drohenden Schaden an.[22] Wird der geforderte Nachweis oder die Genehmigung beigebracht, besteht kein Bedürfnis mehr für die Sicherheitsleistung, so dass diese entfällt.[23] Wird die Sicherheitsleistung angeordnet, dann ist die Verhandlung zu vertagen, damit diese geleistet werden kann. Erbringt der Vertreter die Sicherheitsleistung nicht, ist er auszuschließen. 7

---

6 BAG, NZA 2003, 628 (629).
7 OLG München, NVwZ-RR 1999, 548 (548 f.).
8 BGHZ 111, 219 (221) = NJW 1990, 3152 = MDR 1990, 910; BGH, NJW-RR 2012, 515 (516), Rn. 6 = FamRZ 2012, 360 (361), Rn. 6.
9 BGHZ 91, 111 (114) = NJW 1984, 2149 = MDR 1984, 732.
10 BGHZ 111, 219 (221) = NJW 1990, 3152 = MDR 1990, 910; BGHZ 91, 111 (114) = NJW 1984, 2149 = MDR 1984, 732; BGH, NJW 1991, 1175 (1176) = AnwBl. 1991, 537 (538); a.A. OLG Saarbrücken, NJW 1970, 1464: Aufhebung des Urteils und Abweisung der Klage als unzulässig, wenn bereits Klage durch vollmachtlosen Vertreter erhoben wurde, ebenso OLG Köln, MDR 1982, 239.
11 BGHZ 111, 219 (221 ff.) = NJW 1990, 3152 (3152 f.) = MDR 1990, 910.
12 BVerfG, NJW 1998, 745.
13 BGH, NJW 2002, 1957 = MDR 2002, 773; BAG, NJW 1965, 1041 = MDR 1965, 423.
14 OLG Koblenz, NJW-RR 2006, 377; BAG, NJW 1965, 1041 = MDR 1965, 423.
15 BGH, NJW 1994, 2298; OLG Frankfurt a.M., NJW-RR 2015, 1384 (1385), Rn. 41.
16 OLG Koblenz, NJW-RR 2006, 377: durch Verhandlung zur Sache nach Rüge der Vollmacht.
17 OVG Koblenz, NJW 1993, 2457.
18 OLG Frankfurt a.M. v. 04.07.2003, 20 W 17/02, juris, Rn. 27; BFH v. 21.02.1980, V R 73/79, juris.
19 Zöller-*Vollkommer*, ZPO, § 89 Rn. 5.
20 Musielak/Voit-*Weth*, ZPO, § 89 Rn. 2.
21 Thomas/Putzo-*Hüßtege*, ZPO, § 89 Rn. 3.
22 Musielak/Voit-*Weth*, ZPO, § 89 Rn. 4.
23 Musielak/Voit-*Weth*, ZPO, § 89 Rn. 4; Zöller-*Vollkommer*, ZPO, § 89 Rn. 4.

II. Folgen der einstweiligen Zulassung

8 Sobald die Frist abgelaufen ist, kann frühestens das Endurteil erlassen werden (Abs. 1 Satz 2). Mit Endurteil sind dabei auch Urteile nach §§ 280 Abs. 2, 302, 304, 330–331a, 559 ZPO und Beschlüsse gemäß § 281 ZPO gemeint.[24] Dies ergibt sich daraus, dass auch durch diese Beschlüsse und Urteile die Stellung der Parteien unmittelbar berührt wird und dies während des bestehenden Schwebezustandes bis zum Fristablauf vermieden werden soll.[25] Aus diesem Grund darf auch ein etwaiger **Prozessvergleich** vor Fristablauf nur bedingt für den Fall abgeschlossen werden, dass die Vollmacht oder die Genehmigung nachgereicht wird.[26]

9 Während der einstweiligen Zulassung ist der Vertreter **vollwertiger Prozessbevollmächtigter** mit sämtlichen Rechten und Pflichten.[27]

10 Wird die Genehmigung oder die Vollmacht **rechtzeitig beigebracht**, so kann der Rechtsstreit wie gewöhnlich weitergeführt werden. Eine mündliche Verhandlung muss nicht mehr erfolgen, sofern diese nicht aus anderen Gründen nötig ist.[28] Nach fruchtlosem Fristablauf hat zwingend **mündliche Verhandlung** zu erfolgen.[29] Bis zu deren Schluss kann die Vollmacht oder die Genehmigung noch nachgebracht werden, da die **Frist keine Ausschlussfrist** ist.[30]

D. Genehmigung der Prozessführung durch die Partei, Abs. 2

11 Die vertretene Partei kann die Prozessführung des vollmachtlosen Vertreters **genehmigen**. Es kann **nur die gesamte Prozessführung genehmigt** werden. Die Genehmigung nur einzelner Prozesshandlungen bei gleichzeitiger Nichtgenehmigung anderer Prozesshandlungen ist unwirksam.[31] Der Genehmigende muss durch seine Genehmigung zum Ausdruck bringen, dass die Prozesshandlung verbindlich sein soll.[32] Sie setzt daher voraus, dass der Genehmigende den **Mangel der Prozessvollmacht kennt** oder jedenfalls damit rechnet.[33] Sie ist auch **stillschweigend** möglich, so z.B. durch nachträgliche Erteilung einer Prozessvollmacht.[34] Die nach Fristsetzung erfolgte Vorlage der Vollmacht kann eine Genehmigung der bisherigen Prozessführung darstellen.[35] Dies gilt jedoch nur, wenn der Genehmigende von der bisherigen Prozessführung Kenntnis hat und aus seiner nachträglichen Vollmachtserteilung der Schluss gezogen werden kann, dass er die Prozesshandlungen des ehemals vollmachtlosen Vertreters für und gegen sich gelten lassen will. Auch ein **vor Vollmachtserteilung erklärter Rechtsmittelverzicht** kann davon erfasst sein, wenn der Genehmigende von diesem zum Zeitpunkt der Vollmachtserteilung Kenntnis hatte, wobei auch hier die Gesamtumstände des jeweiligen Falles zu würdigen sind.[36] Die Genehmigung kann auch durch einen bevollmächtigten Vertreter der Partei erfolgen.[37]

12 Die jeweiligen Prozesshandlungen, die innerhalb der genehmigten Prozessführung erfolgten, werden *ex tunc* **wirksam**.[38] Daher muss bei fristgebundenen Prozesshandlungen die Genehmigung nicht innerhalb der Frist erfolgen, wenn zuvor die Handlung selbst innerhalb der Frist erfolgte.[39] Durch die Genehmigung wird die **unwirksame Zustellung der Klage** an den nicht bevollmächtigten Rechtsanwalt **geheilt**.[40] Dadurch wird dann auch die **Verjährung** rückwir-

---

24 Thomas/Putzo-*Hüßtege*, ZPO, § 89 Rn. 6; Prütting/Gehrlein-*Burgermeister*, ZPO, § 89 Rn. 6.
25 Musielak/Voit-*Weth*, ZPO, § 89 Rn. 6.
26 Musielak/Voit-*Weth*, ZPO, § 89 Rn. 6; vgl. zum Vergleichsschluss ohne Vollmacht auch Zöller-*Vollkommer*, ZPO, § 88 Rn. 10.
27 Prütting/Gehrlein-*Burgermeister*, ZPO, § 89 Rn. 6.
28 OLG Frankfurt a.M., NJW-RR 2015, 1384 (1385f.), Rn. 48–56.
29 BGH, NJW 2002, 1957 = MDR 2002, 773; OLG Frankfurt a.M., NJW-RR 2015, 1384 (1385f.), Rn. 49; OLG Koblenz, NJW-RR 2006, 377.
30 BGH, NJW-RR 2012, 515 (516), Rn. 8 = FamRZ 2012, 360 (361), Rn. 8; BGHZ 166, 278 (280) = NJW 2007, 772, Rn. 8; OLG Frankfurt a.M., NJW-RR 2015, 1384 (1385), Rn. 41.
31 BGHZ 92, 137 (140ff.) = NJW 1987, 130 = MDR 1984, 935.
32 BGHZ 154, 283 (288) = NJW 2003, 1594 (1595f.) = MDR 2003, 944 (945); BGH, NJW 2004, 841 (843).
33 BGHZ 154, 283 (288) = NJW 2003, 1594 (1595f.) = MDR 2003, 944 (945).
34 BGH, NJW 2014, 1242, Rn. 6; BGHZ 10, 147 (148) = NJW 1953, 1470.
35 OLG Frankfurt a.M., NJW-RR 2015, 1384 (1385), Rn. 42, 47 m.w.N.
36 BGHZ 10, 147 (148f.) = NJW 1953, 1470.
37 BSG v. 21.06.2001, B 13 RJ 5/01 R, juris, Rn. 23.
38 BGH, NJW 2014, 1242, Rn. 6 = FamRZ 2014, 194, Rn. 6; BGHZ 92, 137 (140) = NJW 1987, 130.
39 BGHZ 128, 280 (283) = NJW 1995, 1901 (1901f.) = MDR 1996, 65; BGHZ 166, 117 (124) = NJW 2006, 2260 (2262), Rn. 17 = MDR 2006, 1076 (1077); OLG Frankfurt a.M., MDR 1984, 499.
40 Dazu KG Berlin v. 11.02.2005, 14 U 193/03, juris, Rn. 39; Prütting/Gehrlein-*Burgermeister*, ZPO, § 89 Rn. 16 unter Hinweis auf BGHZ 101, 276 (281) = NJW 1987, 2586 (2587), wo jedoch von einer Genehmigung erst nach Nachholung der Zustellung gesprochen wird.

kend gehemmt.⁴¹ Wurde ein **Rechtsmittel** mangels Vollmacht bzw. mangels Vollmachtsnachweises trotz ordnungsgemäß gesetzter Frist (Rn. 6) aber **bereits als unzulässig verworfen**, kann eine Genehmigung nicht mehr nachträglich zur Wirksamkeit führen.⁴² Das Gleiche gilt, wenn eine wegen Mangels der Vollmacht unzulässige **Klage bereits als unzulässig abgewiesen** wurde. Auch in diesem Fall kann die Genehmigung dann nicht mehr zur Wirksamkeit der Klageerhebung führen. Allerdings ist dies nur dann anzunehmen, wenn die Abweisung bzw. die Verwerfung **gerade auf dem Vollmachtsmangel beruht** und dieser nicht unentdeckt geblieben ist.⁴³ Ist der Mangel der Vollmacht hingegen zum Zeitpunkt der Entscheidung unentdeckt gewesen, kann eine Genehmigung auch noch danach erfolgen.⁴⁴ Der **Nachweis der Vollmacht** nach § 80 ZPO kann, wenn die Vollmacht vor der Verwerfung des Rechtsmittels erteilt worden war, auch noch in der Rechtsmittelinstanz erfolgen.⁴⁵ Neues Vorbringen zur Wirksamkeit einer bereits in der Tatsacheninstanz erteilten Vollmacht ist im Rechtsbeschwerde- und Revisionsverfahren zu berücksichtigen.⁴⁶

E. Kostentragungs- und Schadensersatzpflicht bei einstweiliger Zulassung und vollmachtloser Vertretung
I. Abgrenzung

Für die Kostentragungspflicht ist zwischen den **Kosten des Rechtsstreits** und den allein durch die **einstweilige Zulassung nach § 89 ZPO** entstandenen Kosten zu unterscheiden. Nur letztere richten sich nach § 89 ZPO (Rn. 16–19).⁴⁷ Erstere werden nach dem **sog. Veranlassungsprinzip** (Rn. 14–15) verteilt, wenn gegen die nicht wirksam vertretene Partei eine Endentscheidung ergeht. Abs. 1 Satz 3 ist ein Fall der **Kostentrennung**.⁴⁸   13

II. Veranlassungsprinzip
1. Grundsätze

Nach dem **Veranlassungsprinzip** trägt **abweichend von §§ 91 ff. ZPO** sowie sonstigen Kostenvorschriften im Falle der nicht rechtzeitigen Beibringung der Vollmacht oder Genehmigung derjenige Verfahrensbeteiligte die Kosten des Rechtsstreits, der das **Auftreten des vollmachtlosen Vertreters veranlasst** hat, wobei dies die **Partei** aber auch der **Vertreter selbst** sein kann, und zwar dann, wenn er **Kenntnis vom Mangel** der Vollmacht hatte, als er für die Partei aufgetreten ist.⁴⁹ Diese Kosten erstattet dem Rechtsanwalt als vollmachtlosem Vertreter nicht dessen Vermögensschadenshaftpflichtversicherung.⁵⁰ Auch die Auferlegung an den **Prozessgegner**⁵¹ sowie eine **Aufteilung der Kosten zwischen Partei und Vertreter** kommen in Betracht.⁵² Hingegen scheidet eine Auferlegung von Kosten auf einen **nicht am Verfahren beteiligten Dritten** aus.⁵³ Die Auferlegung der Kosten abweichend von den jeweiligen gesetzlichen Vorschriften nach dem Veranlassungsprinzip kommt richtigerweise nur in Betracht, wenn die Entscheidung **gerade im Hinblick auf die vollmachtlose Vertretung** und nicht aus anderen Gründen   14

---

41 BGH v. 07.07.1960, VIII ZR 215/59, juris, Rn. 41 f. (nicht abgedruckt in BGHZ 33, 321 = NJW 1961, 725 = MDR 1961, 313 [314]).
42 BGH, NJW 2014, 1242, Rn. 6 = FamRZ 2014, 194, Rn. 6; BGHZ 91, 111 (115 ff.) = NJW 1984, 2149 (2150).
43 BGH, MDR 1980, 308; Musielak/Voit-*Weth*, ZPO, § 89 Rn. 17; Zöller-*Vollkommer*, ZPO, § 89 Rn. 11.
44 BGH, MDR 1980, 308; OLG Rostock v. 24.02.2000, 7 U 95/97, juris, Rn. 39 ff.
45 BGHZ 91, 111 (115) = NJW 1984, 2149 (2150); BGH, NJW 2002, 1957 = MDR 2002, 773; BGH, NJW 2001, 2095 (2096) = MDR 2001, 1008.
46 BGH, NJW 1992, 627 (627 f.) = MDR 1992, 187 (188).
47 BAG, NJW 2006, 461 (462).
48 VGH Mannheim, NJW 1982, 342.
49 BAG, NJW 2006, 461 (462 f.); BGHZ 121, 397 (400) = NJW 1993, 1865 = MDR 1993, 1249 m.w.N.; BGH, NJW-RR 1998, 63 = MDR 1997, 1065 (1066); BGH, NJW 1983, 883 (884) = VersR 1983, 183 (184); OLG Frankfurt a.M., MDR 2016, 115; OLG München, NJW-RR 1998, 788 (789); OLG Hamm, NJW-RR 1990, 767; OLG Bamberg v. 11.07.2005, 4 W 93/05, juris, Rn. 16–20, nimmt eine Kostenauferlegung auch an den gutgläubigen vollmachtlosen Vertreter nur für den Fall an, dass die angeblich vertretene Partei überhaupt keine Vollmacht erteilt hat, da dann keinerlei Veranlassung durch sie vorlag; Thomas/Putzo-*Hüßtege*, ZPO, § 88 Rn. 6; Zöller-*Vollkommer*, ZPO, § 88 Rn. 11; Musielak/Voit-*Weth*, ZPO, § 88 Rn. 14 f.
50 OLG Köln, NJW-RR 2003, 66 (67) = VersR 2003, 55.
51 Zöller-*Vollkommer*, ZPO, § 88 Rn. 11.
52 OLG Köln v. 27.07.2005, 19 W 27/05, juris, Rn. 1–6.
53 BGH, NJW 1992, 1458 (1459) = MDR 1992, 713; OLG Bamberg v. 11.07.2005, 4 W 93/05, juris, Rn. 22; Thomas/Putzo-*Hüßtege*, ZPO, § 88 Rn. 6; Zöller-*Vollkommer*, ZPO, § 88 Rn. 11 m.w.N.

erfolgt.[54] Durch **Rücknahme der Klage** oder des **Rechtsmittels** entfällt die Kostentragungspflicht des Vertreters nicht, außer die Rücknahme erfolgte durch die vertretene Partei selbst.[55] In diesem Fall hat dann sie die Kosten zu tragen.

2. Verfahren und Rechtsmittel

15 Die Entscheidung wird im Wege eines **Beschlusses**[56] oder im **Endurteil** getroffen, wobei der Vertreter die Möglichkeit der sofortigen Beschwerde gegen die Entscheidung hat[57] und dagegen die Rechtsbeschwerde im Fall des § 574 Abs. 1 Satz 1 Nr. 2 ZPO.[58] Gegen Beschlüsse des Oberlandesgerichts steht ihm in aller Regel kein Rechtsmittel zu.[59] Etwas anderes kann jedoch gelten, wenn die Entscheidung **greifbar gesetzeswidrig**, also mit der geltenden Rechtsordnung schlechthin unvereinbar ist. Für diesen Fall gestattete die Rechtsprechung zumindest früher eine außerordentliche sofortige Beschwerde.[60] Für die Partei kommen gegen die Kostenentscheidung nur die Rechtsmittel in der Hauptsache in Betracht.

III. Kosten der einstweiligen Zulassung und Schadensersatz, Abs. 1 Satz 3

1. Voraussetzungen

16 Bringt der einstweilen zugelassene Bevollmächtigte nicht bis zum Erlass des Endurteils bzw. bis zum Schluss der auf den Fristablauf folgenden mündlichen Verhandlung die im Beschluss geforderte Genehmigung oder Vollmacht bei, hat er dem Gegner die Kosten und etwaige Schäden zu ersetzen, die **durch die einstweilige Zulassung** entstanden sind (§ 89 Abs. 1 Satz 3 Hs. 1, 2 ZPO). Auf ein Verschulden des Vertreters kommt es für die Schadensersatzverpflichtung ebenso wenig wie bei der Kostentragungspflicht an.[61]

2. Umfang der zu ersetzenden Kosten

17 Zu tragen sind die aufgrund der Zulassung zusätzlich gegenüber dem hypothetischen Fall der Nichtzulassung entstandenen Kosten und Schadenspositionen und **nicht auch die sonstigen Kosten des Rechtsstreits** (Rn. 13). **Schadensersatzansprüche** können beispielsweise Verzögerungsschäden oder Schäden durch Eintritt der Verjährung wegen (unwirksamer) Zustellung an den vollmachtlosen Vertreter umfassen.

3. Verfahren und Rechtsmittel

18 Bei dem Schadensersatzanspruch nach Abs. 1 Satz 3 Hs. 2 handelt es sich um einen **materiell-rechtlichen Anspruch**. Das Urteil stellt nur die Verpflichtung zur Tragung der Schäden und Kosten fest. Der konkrete Schadensersatzanspruch ist dann der Höhe nach in einem eigenen Rechtsstreit (soweit nicht eine Drittwiderklage in Betracht kommt[62]) einzuklagen. Die Kosten sowie die Verpflichtung zum Schadensersatz können auch im Beschlusswege auferlegt werden.[63] Die durch die einstweilige Zulassung entstandenen Kosten werden im Wege des Kostenfestsetzungsverfahrens geltend gemacht.

19 Gegen Urteil und Beschluss steht dem Vertreter die **sofortige Beschwerde analog § 99 Abs. 2** zu.[64] Dies gilt jedoch nur für die erste Instanz und soweit nicht das Oberlandesgericht entschieden hat. In höheren Instanzen kommt eine sofortige Beschwerde nicht in Betracht.[65]

F. Unbehebbare Mängel der Vollmacht

20 In den Fällen, in denen der Mangel der Vollmacht nicht zu beheben ist, **scheidet das Verfahren nach § 89 ZPO aus**,[66] da dessen Sinn und Zweck, keine endgültige Entscheidung zu er-

---

54 OLG Schleswig, NJW 2013, 2765 (2766 f.).
55 KG Berlin, WuM 1996, 377; Zöller-*Vollkommer*, ZPO, § 88 Rn. 11 m.w.N.; Prütting/Gehrlein-*Burgermeister*, ZPO, § 88 Rn. 10; a.A. Musielak/Voit-*Weth*, ZPO, § 88 Rn. 15; vgl. dazu und zum Fall der Klageabweisung wegen Verzichts OLG Schleswig, NJW 2013, 2765 (2766 f.).
56 MK-*Toussaint*, ZPO, § 89 Rn. 11 wenn die Kosten dem vollmachtlosen Vertreter auferlegt werden.
57 BGH, NJW 1988, 49 (50) = FamRZ 1987, 928 (929): § 99 Abs. 1 ZPO findet auf einen Dritten keine Anwendung.
58 Zöller-*Vollkommer*, ZPO, § 88 Rn. 12.
59 BGH, NJW 1988, 49 (51) = FamRZ 1987, 928 (929 f.).
60 BGHZ 121, 397 (398 f.) = NJW 1993, 1865 = MDR 1993, 1249 m.w.N.; dies muss jedoch mittlerweile aufgrund der Neuordnung des Beschwerderechts zweifelhaft sein.
61 Musielak/Voit-*Weth*, ZPO, § 89 Rn. 10 f. m.w.N. aus der Kommentarliteratur.
62 Baumbach/Lauterbach/Albers/Hartmann, ZPO, § 89 Rn. 9.
63 Musielak/Voit-*Weth*, ZPO, § 89 Rn. 10; Thomas/Putzo-*Hüßtege*, ZPO, § 89 Rn. 5.
64 Musielak/Voit-*Weth*, ZPO, § 89 Rn. 10.
65 Zöller-*Vollkommer*, ZPO, § 89 Rn. 8.
66 Prütting/Gehrlein-*Burgermeister*, ZPO, § 89 Rn. 1.

lassen, solange unter Umständen eine Behebung des Mangels in Betracht kommt, in diesem Fall keine Geltung beanspruchen kann. Zur **Klärung**, ob es sich um einen behebbaren Mangel handelt, kann das Gericht jedoch auch außerhalb von § 89 ZPO vertagen oder eine entsprechende Frist zum Nachweis der ordnungsgemäßen Bevollmächtigung in Anwendung (u.U. des Rechtsgedankens) des § 80 Satz 2 Hs. 2 ZPO setzen.[67]

Die durch den vollmachtlosen Vertreter erhobene **Klage muss umgehend als unzulässig abgewiesen**, ein durch ihn eingelegtes **Rechtsmittel als unzulässig verworfen** werden.[68] Bei der gewillkürten Vertretung ist derjenige, über dessen Vertretungsbefugnis bereits in der Vorinstanz Streit bestand, nicht deshalb zur Rechtsmitteleinlegung befugt.[69] Eine Rücknahme des unzulässigen Rechtsmittels durch den vollmachtlosen Vertreter ist zulässig.[70] Der **Vertreter ist auszuschließen**.[71] Dies geschieht durch **Beschluss** oder in den **Gründen der Endentscheidung**.[72] Gegen den Beschluss steht der Partei – nicht dem Vertreter selbst – die sofortige Beschwerde zu.[73] Prozesshandlungen des oder gegenüber dem vollmachtlosen Vertreter sind unwirksam. Die Partei ist, soweit sie selbst nicht erschienen und postulationsfähig ist, **säumig**.[74]   21

Die Entscheidung ergeht unter dem Namen der unwirksam vertretenen Partei. Der vollmachtlose Vertreter sollte im Rubrum mit einem entsprechenden Zusatz erwähnt werden.[75] Der vertretenen Partei steht die Nichtigkeitsklage nach § 579 Abs. 1 Nr. 4 ZPO zu.[76]   22

Die **Kostenentscheidung** erfolgt nach dem Veranlassungsprinzip (Rn. 14–15).   23

§ 90
Beistand

(1) [1]In der Verhandlung können die Parteien mit Beiständen erscheinen. [2]Beistand kann sein, wer in Verfahren, in denen die Partei den Rechtsstreit selbst führen kann, als Bevollmächtigter zur Vertretung in der Verhandlung befugt ist. [3]Das Gericht kann andere Personen als Beistand zulassen, wenn dies sachdienlich ist und hierfür nach den Umständen des Einzelfalls ein Bedürfnis besteht. [4]§ 79 Abs. 3 Satz 1 und 3 und Abs. 4 gilt entsprechend.

(2) Das von dem Beistand Vorgetragene gilt als von der Partei vorgebracht, insoweit es nicht von dieser sofort widerrufen oder berichtigt wird.

Anders als ein Prozessbevollmächtigter kann ein Beistand **ausschließlich in der mündlichen Verhandlung** auftreten[1] und die Partei nicht vertreten, sondern nur neben ihr tätig werden. Er hat **ausschließlich die Rechte, die auch die Partei** innehat. Der Beistand darf seit der Neuregelung **sowohl im Partei- als auch im Anwaltsprozess**[2] auftreten. Er kann richtigerweise auch neben dem Prozessbevollmächtigten ohne gleichzeitige Anwesenheit der Partei auftreten.[3] Im Anwaltsprozess kommt ein Auftreten nur bei gleichzeitiger Anwesenheit des Prozessbevollmächtigten in Betracht.   1

---

67 Zöller-*Vollkommer*, ZPO, § 88 Rn. 7, § 80 Rn. 11 f., § 89 Rn. 1.
68 BGHZ 111, 219 (221) = NJW 1990, 3152 = MDR 1990, 910; BGHZ 91, 111 (114) = NJW 1984, 2149 = MDR 1984, 732; BGH, NJW 1991, 1175 (1176) = AnwBl. 1991, 537 (538); a.A. OLG Saarbrücken NJW 1970, 1464: Aufhebung des Urteils und Abweisung der Klage als unzulässig, wenn bereits Klage durch vollmachtlosen Vertreter erhoben wurde, ebenso OLG Köln, MDR 1982, 239.
69 BGHZ 111, 219 = NJW 1990, 3152 = MDR 1990, 910.
70 BAG, NJW 2006, 461 (462).
71 Musielak/Voit-*Weth*, ZPO, § 89 Rn. 2.
72 BAG, NJW 1965, 1041 = MDR 1965, 423; Thomas/Putzo-*Hüßtege*, ZPO, § 89 Rn. 12.
73 Musielak/Voit-*Weth*, ZPO, § 88 Rn. 10.
74 Zöller-*Vollkommer*, ZPO, § 88 Rn. 7.
75 Musielak/Voit-*Weth*, ZPO, § 88 Rn. 13 m.w.N.
76 BVerfG, NJW 1998, 745.

Zu § 90:
1 MK-*Toussaint*, ZPO, § 90 Rn. 3.
2 Vgl. zu diesen Begriffen § 78 Rn. 1 und § 79 ZPO.
3 Zöller-*Vollkommer*, ZPO, § 90 Rn. 3 wohl nur beschränkt auf den Anwaltsprozess; MK-*Toussaint*, ZPO, § 90 Rn. 3, der als sinnvolles Beispiel den Fall nennt, dass der Instanzanwalt als Beistand neben dem Prozessbevollmächtigten bei der mündlichen Verhandlung vor dem BGH erscheint; a.A. nämlich immer nur in Anwesenheit der Partei: Musielak/Voit-*Weth*, ZPO, § 90 Rn. 2; siehe auch Thomas/Putzo-*Hüßtege*, ZPO, § 90 Rn. 3, der eine Beistandszulassung neben einem Prozessbevollmächtigten für unzulässig hält.

2 Der **Beistand** wird durch die jeweilige Partei oder ihren Prozessbevollmächtigten für sie benannt und zur Verhandlung mitgebracht.[4] Zulässigerweise dürfen nur solche Personen als Beistand auftreten, die nach § 79 Abs. 2 Satz 2 ZPO als Bevollmächtigte auftreten dürften oder die vom Gericht nach Abs. 1 Satz 3 wegen eines Bedürfnisses im Einzelfall und Sachdienlichkeit zugelassen werden, so z.B. Personen, die in einem besonderen Nähe- und Vertrauensverhältnis zur Partei stehen.[5] Der Beistand muss prozessfähig sein.[6] Mitunter regeln auch leges speciales die Beistandsfähigkeit (z.B. § 23 Abs. 2 AGG). Eine Zurückweisung nicht zulässiger Beistände oder Untersagung des weiteren Auftretens als Beistand richtet sich gemäß Abs. 1 Satz 4 nach § 79 Abs. 3 Satz 1, 3 ZPO.

3 Die **Prozesshandlungen des Beistands** gelten als solche der Partei, wenn sie diese nicht sofort widerruft oder berichtigt (Abs. 2). Der Beistand ist zu denjenigen Prozesshandlungen befugt, die auch die Partei in der mündlichen Verhandlung vornehmen darf.[7] Zugestellt wird nur an die Partei.[8]

4 Die **Kosten** des Beistands fallen unter § 91 ZPO. Beistände werden nach § 91 Abs. 1 Satz 2 ZPO und §§ 16ff. JVEG (siehe Anhang 1) entschädigt, sofern sie nicht Rechtsanwälte sind, deren Vergütung sich nach den Nr. 3100ff. VV-RVG richtet.

Titel 5
Prozesskosten

Vorbemerkungen zu §§ 91–107 ZPO

Inhalt:

	Rn.		Rn.
A. Regelungsbereich der §§ 91 ff. ZPO und System der Kostenhaftung	1	D. Der Begriff der Prozesskosten	11
B. Verfassungsrechtliche Rahmenbedingungen	4	E. Prozessuale und materiellrechtliche Kostenerstattung	14
C. Grundprinzipien der prozessualen Kostenerstattung	5	F. Verhältnis von Kostengrundentscheidung und Kostenfestsetzungsverfahren	22

A. Regelungsbereich der §§ 91 ff. ZPO und System der Kostenhaftung

1 Das erkennende Gericht hat in jedem Urteil, auch ohne Antrag, über die Frage der Kostenhaftung zu entscheiden, § 308 Abs. 2 ZPO. In den §§ 91–101 ZPO ist für das Erkenntnisverfahren geregelt, wie diese sog. **Kostengrundentscheidung** konkret zu treffen ist. In gleicher Weise ist (durch Beschluss) zu entscheiden, wenn die Hauptsache durch Erledigungserklärung oder durch Klage-/Rechtsmittelrücknahme gegenstandslos geworden ist (§§ 91a Abs. 1 Satz 1, 269 Abs. 4, 516 Abs. 3 Satz 2 ZPO). Die Kostengrundentscheidung muss von dem **Kostenfestsetzungsverfahren** nach §§ 103ff. ZPO, also der gerichtlichen Betragsfestsetzung der Höhe nach, streng unterschieden werden. Mit der Kostengrundentscheidung wird ein **prozessualer Kostenerstattungsanspruch** begründet, der der begünstigten Partei das Recht gewährt, vom Gegner die Erstattung ihrer Prozesskosten zu verlangen, also derjenigen Aufwendungen, die in unmittelbarem Zusammenhang mit dem Prozess und seiner Vorbereitung entstanden sind (zum Begriff der Prozesskosten im Einzelnen nachfolgend Rn. 11 ff.). Das nachfolgende Kostenfestsetzungsverfahren dient der vereinfachten Geltendmachung des prozessualen Kostenerstattungsanspruchs. Die Trennung soll auch zu einer Entlastung des Erkenntnisverfahrens führen.[1]

---

4 Prütting/Gehrlein-*Burgermeister*, ZPO, § 90 Rn. 1.
5 Ausführlich dazu unter Hinweis auf die Rechtsprechung des BVerfG zu § 22 Abs. 1 Satz 4 BVerfGG: MK-*Toussaint*, ZPO, § 90 Rn. 4.
6 Musielak/Voit-*Weth*, ZPO, § 90 Rn. 4.
7 Zöller-*Vollkommer*, ZPO, § 90 Rn. 5; Prütting/Gehrlein-*Burgermeister*, ZPO, § 90 Rn. 3, der dieses Recht dem Beistand aber ausschließlich in Anwesenheit der Partei zugesteht; a.A. MK-*Toussaint*, ZPO, § 90 Rn. 6, der unter Hinweis auf BGH, NJW 1995, 1225 Prozesshandlungen nur der Partei oder deren Prozessvertreter zugestehen und dem Beistand nur Darlegungen zum Geschehen und Rechtsausführungen gestatten will.
8 BGH, NJW 1995, 1225 = FamRZ 1995, 416.

Zu Vorbemerkungen zu §§ 91–107:
1 Etwa BeckOK-*Jaspersen/Wache*, ZPO, § 91 Rn. 4.

Die §§ 91 ff. ZPO gelten im Prinzip für sämtliche Verfahren nach der ZPO. Voraussetzung ist 2
allerdings, dass es sich um ein **kontradiktorisches** Verfahren handelt.² Zum Teil finden sich
vorrangige Sonderregelungen, etwa in §§ 89, 238 Abs. 4, 269 Abs. 3, 281 Abs. 3, 344, 380
Abs. 1, 390 Abs. 1, 494a, 516 Abs. 3, 717 Abs. 3, 788 ZPO. In anderen Verfahrensordnungen
hat der Gesetzgeber mitunter ausdrücklich auf das Kostenrecht der ZPO verwiesen, etwa in
§ 464b Satz 3 StPO oder § 109 Abs. 3 PatG. Die Vorschriften finden auch im Insolvenzrecht Anwendung, § 4 InsO. Allgemein lassen sich den §§ 91 ff. ZPO **Grundprinzipien** entnehmen, die
ggfs. bei Kostenentscheidungen in anderweitigen Streitigkeiten fruchtbar gemacht werden
können.³

Das Kostenrecht der ZPO regelt allein die Frage, ob und inwieweit eine Partei verpflichtet ist, 3
dem Gegner seine Prozesskosten zu erstatten, oder eben selbst berechtigt ist, die eigenen Kosten ersetzt zu erhalten. Wer gegenüber dem Träger der in Anspruch genommenen Gerichtsbarkeit, also dem Staat, für die entstandenen Kosten zu haften hat, ist in den §§ 91 ff. ZPO
nicht geregelt. Die Kostenhaftung für die Gerichtskosten ergibt sich vielmehr aus § 22 Abs. 1
GKG; nach dem dort verankerten Antragsprinzip schuldet in bürgerlichen Rechtsstreitigkeiten
diejenige Partei die Kosten, die das Verfahren des Rechtszugs beantragt hat. Eine Kostenfreiheit, § 2 Abs. 1 GKG, ergibt sich nur in Ausnahmefällen. Der Kostenschuldner nach § 22 Abs. 1
GKG bleibt gegenüber dem Staat auch im Falle eines zugesprochenen prozessualen Kostenerstattungsanspruchs in der Haftung. Häufig tritt jedoch ein weiterer Kostenschuldner an seine
Seite, etwa der Entscheidungs- (§ 29 Nr. 1 GKG) oder der Übernahmeschuldner (§ 29 Nr. 2
GKG); in diesem Fall wird als Gesamtschuldner gehaftet, allerdings bei Anordnung einer Erstschuldnerhaftung, § 31 Abs. 1, Abs. 2 GKG.

B. Verfassungsrechtliche Rahmenbedingungen

Auch in das Kostenerstattungsrecht der ZPO wirkt das Verfassungsrecht hinein. Nach der 4
Rechtsprechung des BVerfG ergibt sich aus der **Garantie wirkungsvollen Rechtsschutzes** und
dem **allgemeinen Justizgewährleistungsanspruch**, dass der Zugang zu Gericht nicht in unzumutbarer, aus Sachgründen nicht mehr zu rechtfertigender Weise erschwert werden darf. Es
ist daher auch untersagt, dass die Festsetzung der Verfahrenskosten in einer Weise erfolgt, die
dem Betroffenen die Anrufung des Gerichts praktisch unmöglich macht. Das Kostenrecht darf
in seiner tatsächlichen Auswirkung nicht zu einer faktischen Rechtswegsperre führen; dies ist
aber der Fall, wenn das Kostenrisiko zu dem mit dem Verfahren angestrebten Erfolg außer
Verhältnis steht, so dass die Inanspruchnahme der Gerichte nicht mehr sinnvoll erscheint.⁴
Diese verfassungsrechtlichen Vorgaben und Ausstrahlungswirkungen sind vom Gericht bei
der Auslegung und Anwendung der §§ 91 ff. ZPO zu beachten, auch wenn schwer vorstellbar
ist, dass eine an sich nach der geltenden Rechtslage gebotene Kostenentscheidung allein wegen des Justizgewährleistungsanspruchs einmal anders ausfallen könnte.⁵ Der Kostenausspruch des Gerichts kann ggf. auch isolierter Gegenstand einer **Verfassungsbeschwerde** sein,
und zwar unabhängig davon, ob er in einem Beschluss, z.B. nach § 91a ZPO,⁶ oder in einem
Urteil⁷ erfolgt ist. In Betracht kommt insbesondere eine Missachtung des **Anspruchs auf rechtliches Gehör nach Art. 103 Abs. 1 GG**, etwa bei willkürlicher, nirgends vertretener und damit
nicht ansatzweise vorhersehbarer (unangekündigter) Anwendung einer Kostenvorschrift. Vor
Einlegung der Verfassungsbeschwerde sollte allerdings zur Wahrung des Grundsatzes der
Subsidiarität gegen die Kostenentscheidung bei dem Ausgangsgericht Anhörungsrüge nach
§ 321a ZPO erhoben werden.⁸

C. Grundprinzipien der prozessualen Kostenerstattung

Das Kostenrecht der ZPO wird von insgesamt **sechs Grundsätzen** geprägt. An erster Stelle steht 5
der in § 91 Abs. 1 Satz 1 ZPO⁹ verankerte **Grundsatz der Unterliegenshaftung**: „Wer verliert,
zahlt." Maßgeblich für die Frage der Kostentragung ist die nüchtern-formale Betrachtung, wer
am Ende als Verlierer des Prozesses dasteht; der Grund des Unterliegens ist gleichgültig, insbesondere ist die Kostenhaftung gegenüber dem Gegner nicht von Verschuldensaspekten ab-

---
2 Siehe nur BGH, NJW 2007, 2993, Rn. 7 f. = MDR 2007, 913.
3 Vgl. Stein/Jonas-*Bork*, ZPO, vor § 91 Rn. 2.
4 Siehe zum Ganzen nur BVerfG, NJW 2006, 136 (137) m.w.N.
5 Vgl. aber OLG Düsseldorf, JurBüro 2003, 427; auch MK-*Schulz*, ZPO, Vor § 91 Rn. 1.
6 BVerfGE 17, 265 (268).
7 Vgl. BVerfGE 60, 305 (308 f.) = NJW 1982, 1636 (1637); BVerfG, BeckRS 2016, 48897.
8 Siehe BVerfG, BeckRS 2016, 48897 zur völlig überraschenden Anwendung des § 97 Abs. 1 ZPO zum Nachteil des Berufungsgegners; hierzu auch OLG Frankfurt a.M., NJW 2005, 517.
9 Ebenso § 97 Abs. 1 ZPO und § 269 Abs. 3 Satz 2 ZPO, vgl. BGH, NJW 2004, 223 = FamRZ 2004, 179.

hängig. Dieses das geltende Kostenrecht prägende **sog. formale Erfolgsprinzip** lässt sich kritisch beleuchten, insbesondere, weil das erhebliche Kostenrisiko zur Folge haben kann, dass auf Rechtsschutz angewiesene Personen von der Durchsetzung ihres (guten) Rechts absehen. Andererseits schützt es die Gerichte unbestreitbar wirkungsvoll vor einer übermäßigen oder gar missbräuchlichen Inanspruchnahme.[10]

6   Der Grundsatz der Unterliegenshaftung rechtfertigt sich letztlich (allein) aus der grundlosen Verursachung eines Prozesses[11] und zeigt so die enge Verknüpfung mit dem **Veranlassungsprinzip** auf; denn wer unterliegt, hat die Vermutung gegen sich, zum Streit Anlass gegeben zu haben.[12] Die enge Verzahnung beider Grundsätze zeigt besonders die Bestimmung des § 93 ZPO auf: Hier wird die Grundregel des § 91 Abs. 1 Satz 1 ZPO durchbrochen, da der anerkennende und damit unterliegende Beklagte gerade keinen Anlass zur Klageerhebung gegeben hat und es schlichtweg unbillig wäre, ihn gleichwohl mit den Kosten des Rechtsstreits zu belasten. Das Veranlassungsprinzip erlangt großes Gewicht bei der Frage, ob die Kosten des Rechtsstreits einem anderen Verfahrensbeteiligten, etwa dem vollmachtlosen Vertreter, auferlegt werden können (hierzu § 91 Rn. 4).

7   In dieser wertenden Betrachtung spiegelt sich wieder, dass die Kostenregelungen der ZPO stark von dem Gedanken der Billigkeit – prägnanter: dem **Grundsatz der Kostengerechtigkeit** – durchdrungen sind.[13] Auch den Sonderregelungen z.B. der §§ 93b, 96 ZPO liegen durchweg Billigkeitserwägungen zugrunde. Im Kostenfestsetzungsverfahren ist § 107 ZPO Ausdruck des Postulats der Kostengerechtigkeit. Bestehen allerdings zwingende kostenrechtliche Vorschriften, etwa die des § 97 Abs. 1 ZPO, kann das Gericht nicht unversehens ohne Rücksicht auf diese einfachgesetzliche Ausgestaltung eine Kostenentscheidung nach Billigkeit treffen.[14] Der Gesetzgeber hat auch mit dem grundsätzlichen Verbot der insolierten Anfechtung der Kostenentscheidung in § 99 Abs. 1 ZPO der Prozessökonomie und der Entlastung der Gerichte Vorrang gegenüber dem Bestreben nach kostengerechten Entscheidungen eingeräumt und schließt eine Anfechtung selbst dann aus, wenn der Anfechtende nur durch die Kostenentscheidung beschwert ist.[15]

8   Die §§ 91 ff. ZPO sind ferner von dem **Vereinfachungsgrundsatz** geprägt. Weil Kostenfragen in der prozessualen Auseinandersetzung auch aus prozesswirtschaftlichen Gründen nur einen Nebenpunkt bilden sollen, ist das Kostenrecht im Prinzip auf Vereinfachung ausgerichtet, was sich schon daran zeigt, dass maßgeblich für die Frage der Kostentragung allein das Unterliegen im Prozess ist. Die Möglichkeit einer Entscheidung nach billigem Ermessen nach § 91a ZPO trägt ebenfalls (wie auch § 99 Abs. 1 ZPO) zu einer „Schlankhaltung" bei.[16] Für das Kostenfestsetzungsverfahren hat der Gesetzgeber mit der Möglichkeit eines vereinfachten Kostenfestsetzungsbeschlusses (§ 105 ZPO) Zeichen gesetzt. Generell genügt es hier, den Ansatz (nur) glaubhaft zu machen, § 104 Abs. 2 Satz 1 ZPO. Bei der Prüfung der Notwendigkeit einer bestimmten Rechtsverfolgungs- oder Rechtsverteidigungsmaßnahme i.S.v. § 91 Abs. 1 Satz 1 ZPO betont der BGH das **Gebot einer typisierenden Betrachtungsweise**.[17]

9   Dass die gesamten Kosten des Rechtsstreits regelmäßig eine Einheit bilden, über die das Gericht auch einheitlich zu entscheiden hat **(Grundsatz der sog. Kosteneinheit)**, ist ebenfalls Ausdruck des Vereinfachungsbestrebens. Die prinzipielle Einheitlichkeit der Kostenentscheidung hat **zum einen** zur Folge, dass die unterliegende Partei – abgesehen von den wenigen gesetzlichen Ausnahmen – sämtliche Kosten des Rechtsstreits zu tragen hat; die Auferlegung einzelner Kosten im Wege der Kostentrennung ist untersagt, was in gleicher Weise bei teilweisem Obsiegen bzw. Unterliegen gemäß § 92 Abs. 1 Satz 1 ZPO gilt. **Zum anderen** folgt aus dem Grundsatz der Kosteneinheit, dass in jeder Instanz nur eine einzige Entscheidung über die gesamten Kosten des jeweiligen Rechtszugs ergeht (Grundsatz einheitlicher Kostenentscheidung).[18] Da das ausnahmslose Beharren auf einheitlichen Kostenentscheidungen jedoch in gewissen Fallgestaltungen offensichtlich in Kollision mit dem Veranlasserprinzip sowie dem Grundsatz der Kostengerechtigkeit gerät, sieht die ZPO an verschiedenen Stellen ausdrücklich eine **Kostentrennung** vor (§§ 94–96, 97 Abs. 2, 238 Abs. 4, 281 Abs. 3 Satz 2, 344 ZPO).

---

10 Zum Ganzen Wieczorek/Schütze-*Smid/Hartmann*, ZPO, Vor § 91 Rn. 1; Stein/Jonas-*Bork*, ZPO, vor § 91 Rn. 3 ff.
11 Vgl. Stein/Jonas-*Bork*, ZPO, Vor § 91 Rn. 6; MK-*Schulz*, ZPO, Vor § 91 Rn. 26.
12 BGHZ 60, 337 (343) = WM 1973, 702; BGHZ 168, 57 (61) = NJW 2006, 2490 (2491), Rn. 19 = FamRZ 2006, 1189.
13 BGHZ 60, 337 (343) = WM 1973, 702.
14 BGH, BGHR ZPO § 97 Abs. 1 Rechtsmittelkosten 1 = BeckRS 2000, 30113626.
15 Vgl. BGH, NJW-RR 2015, 1405 (1406), Rn. 7 = MDR 2015, 668.
16 Siehe Wieczorek/Schütze-*Smid/Hartmann*, ZPO, Vor § 91 Rn. 1 f.
17 Z.B. BGH, NJW-RR 2012, 695 (696), Rn. 13 = Rpfleger 2012, 176 m.w.N.
18 Zum Ganzen BeckOK-*Jaspersen/Wache*, ZPO, § 91 Rn. 4 bis 4.4.

Es gilt schließlich das **Prinzip der Prozesswirtschaftlichkeit**. Kosten sind nicht zu erstatten, soweit ihre Verursachung nicht zur zweckentsprechenden Rechtsverfolgung oder Rechtsverteidigung notwendig war, § 91 Abs. 1 Satz 1 ZPO. Aus dem zwischen den Parteien bestehenden Prozessrechtsverhältnis folgt die Verpflichtung jeder Partei, die Kosten ihrer Prozessführung, die sie im Falle ihres Sieges vom Gegner erstattet verlangen will, so niedrig zu halten, wie sich dies mit der Wahrung ihrer berechtigten Belange vereinbaren lässt. Das Postulat prozesswirtschaftlichen Streitens beherrscht als Ausfluss von Treu und Glauben das gesamte Kostenrecht.[19] Ein Verstoß gegen diese Verpflichtung kann etwa dazu führen, dass das Kostenfestsetzungsverlangen als rechtsmissbräuchlich zu qualifizieren ist und die angemeldeten Mehrkosten vom Rechtspfleger abzusetzen sind.[20]

10

D. Der Begriff der Prozesskosten

Prozesskosten (§ 103 Abs. 1 ZPO), also „Kosten des Rechtsstreits" i.S.v. § 91 ZPO, sind sämtliche Aufwendungen der Parteien, die in unmittelbarem Zusammenhang mit dem Betreiben des Rechtsstreits entstanden sind. Umfasst sind allerdings nicht etwaige Schäden oder sonstige Nachteile, die eine Partei aus Anlass des Rechtsstreits erlitten hat.[21] Prozesskosten setzen sich aus Gerichtskosten und außergerichtlichen Kosten zusammen.

11

Die **Gerichtskosten** fallen nach den Vorschriften des GKG an. Sie lassen sich wiederum unterteilen in Gebühren einerseits und Auslagen andererseits. Die **Gebühren** werden als öffentlich-rechtliche Abgaben durch die Landesjustizkassen für die Tätigkeit der Organe der Rechtspflege erhoben. Überwiegend handelt es sich um Wertgebühren, d.h. die Höhe der Gebühren richtet sich nach dem Streitwert, vgl. § 3 Abs. 1 GKG und § 34 Abs. 2 i.V.m. Anlage 2 GKG. Zum Teil finden sich im Kostenverzeichnis aber auch Festgebühren, § 3 Abs. 2 i.V.m. Anlage 1 GKG. **Auslagen** können dem Gericht insbesondere durch die Entschädigung von Sachverständigen, Zeugen und Übersetzern nach dem JVEG, durch Schreibarbeit- und Aktenversendungspauschalen sowie durch Zustellungskosten und bestimmte Postgebühren gemäß Nr. 9000ff. KV-GKG entstehen.

12

Außergerichtliche Kosten stehen in direktem Zusammenhang mit dem Rechtsstreit und fallen bei den Parteien selbst an. Abgrenzungsbedarf besteht hier stets zu dem nicht erstattungsfähigen allgemeinen Prozessaufwand. Zu unterscheiden ist insbesondere zwischen den Vorbereitungs-, den Partei- und den Vertretungskosten. **Vorbereitungskosten** sind diejenigen prozessbezogenen Aufwendungen, die konkret in Bezug auf die Vorbereitung des Rechtsstreits angefallen sind, etwa bei der Beschaffung von Informationen oder bei der Abklärung maßgeblicher Fragen durch einen Parteigutachter. Zu den **Parteikosten** zählen namentlich prozessbezogene Reisekosten und nach § 91 Abs. 1 Satz 2 ZPO die entstandene Zeitversäumnis. Den größten Kostenblock machen in aller Regel die **Vertretungskosten** aus, also die Gebührenforderung des mit der Prozessvertretung mandatierten Anwalts nach Maßgabe des RVG.[22]

13

E. Prozessuale und materiell-rechtliche Kostenerstattung

Zwischen den Streitparteien bestehen nach Zustellung der Klage auf zwei Ebenen kostenrechtlich relevante Rechtsverhältnisse. Zum einen wird mit Rechtshängigkeit das Prozessrechtsverhältnis begründet, aus dem sich ein prozessualer Kostenerstattungsanspruch ergibt. Zum anderen besteht das an den tatsächlichen Lebenssachverhalt anknüpfende materiell-rechtliche Rechtsverhältnis (fort), aus dem nach sachlichem Recht ein Kostenerstattungsanspruch resultieren kann. **Prozessualer** und **materiell-rechtlicher Kostenerstattungsanspruch** stehen **rechtlich selbstständig nebeneinander**,[23] woraus sich im Einzelfall praxisbedeutsame Konkurrenzfragen ergeben können (hierzu Rn. 18ff.).

14

Der **prozessuale Kostenerstattungsanspruch** wurzelt im Prozessrechtsverhältnis und knüpft verschuldensunabhängig an die Veranlassung der Kosten an.[24] Da er bereits aufschiebend bedingt ab Rechtshängigkeit der Klage entsteht,[25] kann er schon während des Rechtsstreits abgetreten, gepfändet und im Insolvenzverfahren angemeldet werden, ist aber zu diesem Zeitpunkt noch nicht fällig oder aufrechenbar. Mit Erlass der Kostengrundentscheidung wandelt

15

---

19 BGH, NJW 2003, 2992 (2993) = FamRZ 2003, 1461; BGH, NJW 2007, 2257, Rn. 12 = MDR 2007, 1160; auch BVerfG, NJW 1990, 3072 (3073) = ZfS 1991, 17.
20 BGH, NJW 2013, 66 (67), Rn. 9 = MDR 2012, 1314; BGH, NJW 2011, 529 (530), Rn. 13 = MDR 2010, 1342; OLG Stuttgart, OLGR 2001, 427.
21 Thomas/Putzo-*Hüßtege*, ZPO, vor § 91 Rn. 2.
22 Vgl. Prütting/Gehrlein-*Schneider*, ZPO, § 91 Rn. 3
23 St. Rechtsprechung, vgl. nur BGHZ 111, 168 (170f.) = NJW 1990, 2060 = FamRZ 1990, 966.
24 BGH, NJW-RR 2014, 1079 (1080), Rn. 14 = MDR 2014, 426 m.w.N.; Zöller-*Herget*, ZPO, Vor § 91 Rn. 10f.
25 Etwa BGH, NJW-RR 2006, 694 (696), Rn. 25 = MDR 2006, 773, 774f.

er sich in einen auflösend bedingten Anspruch.[26] Aufgrund der (hierfür genügenden) vorläufigen Vollstreckbarkeit ist der Kostengläubiger berechtigt, vom Schuldner die Erstattung seiner Prozesskosten zu verlangen und diese im Kostenfestsetzungsverfahren gemäß §§ 103 ff. ZPO geltend zu machen. Der Kostenerstattungsanspruch ist nun aufrechenbar, im Klageverfahren kann die Aufrechnung mit ihm allerdings wirksam nur erklärt oder geltend gemacht werden, wenn der Kostenerstattungsanspruch im Kostenfestsetzungsverfahren rechtskräftig festgesetzt oder – auch der Höhe nach – unbestritten ist.[27] Mit Rechtskraft der Kostengrundentscheidung erstarkt der Anspruch schließlich zum unbedingten Anspruch. Die Verjährungsfrist des (nicht in einem selbstständigen Prozess verfolgbaren)[28] prozessualen Kostenerstattungsanspruchs aufgrund einer rechtskräftigen Kostengrundentscheidung beträgt 30 Jahre, § 197 Abs. 1 Nr. 3 BGB.[29]

16 Der **materiell-rechtliche Kostenerstattungsanspruch** bedarf einer sich aus dem sachlichen Recht ergebenden Anspruchsgrundlage. Es kann sich gleichermaßen um einen vertraglichen, vertragsähnlichen oder gesetzlichen Anspruch handeln. In Betracht kommen insbesondere Ansprüche (auf Aufwendungs- oder Schadensersatz) wegen vertraglicher Pflichtverletzung (§ 280 Abs. 1 BGB), Verschuldens bei Vertragsschluss (§§ 311 Abs. 2, Abs. 3, 241 Abs. 2 BGB), Verzugs (§§ 280 Abs. 2, 286 BGB), Geschäftsführung ohne Auftrag (§§ 677, 683 BGB) oder unerlaubter Handlung (§ 823 ff. BGB), ferner spezialgesetzliche Ansprüche wie in §§ 8 Abs. 4 Satz 2, 12 Abs. 1 Satz 2 UWG oder § 97a Abs. 3, Abs. 4 UrhG. Eine materiell-rechtliche Kostenerstattung in analoger Anwendung der §§ 91 ff. ZPO (mit der Folge der systemwidrigen Statuierung einer verschuldensunabhängigen Gefährdungshaftung außerhalb der im Gesetz ausdrücklich vorgesehenen Fälle) scheidet schon mangels Regelungslücke aus.[30] Voraussetzung einer materiell-rechtlichen Kostenerstattung ist stets, dass die geltend gemachten Kosten auf Rechtsfolgenseite unter die herangezogene Anspruchsgrundlage subsumiert werden können und sie sich insbesondere auch als erforderlich erweisen, wie sich z. B. direkt aus § 249 Abs. 2 Satz 1 BGB ergibt.[31] Es gilt hier der überkommene Grundsatz, dass nicht sämtliche adäquat verursachten Rechtsverfolgungskosten zu ersetzen sind, sondern nur solche Kosten, die aus der Sicht des Anspruchstellers zur Wahrnehmung seiner Rechte erforderlich und zweckmäßig waren.[32]

17 Unterzieht man prozessualen und materiell-rechtlichen Kostenerstattungsanspruch einer vergleichenden Betrachtung, ergibt sich hinsichtlich der **Vor- und Nachteile** ein **ambivalentes Bild**:[33] Der prozessuale Anspruch lässt sich im Betragsfestsetzungsverfahren vereinfacht und rasch durchsetzen, aus dem Beschluss des Rechtspflegers kann sogleich die Zwangsvollstreckung betrieben werden. Der materiell-rechtliche Anspruch muss hingegen zunächst mühsam eingeklagt werden. Dafür reicht er zeitlich und sachlich weiter und kann insbesondere auch dann zu einer Erstattung führen, wenn der prozessuale Anspruch mangels unmittelbaren Zusammenhangs der Kosten mit dem Rechtsstreit versagt. Es ist anerkannt, dass die §§ 91 ff. ZPO Raum für ergänzende sachlich-rechtliche Ansprüche auf Kostenerstattung lassen und letztere über die prozessuale Kostenerstattungspflicht hinausgehen können.[34] Ein materiell-rechtlicher Anspruch kann sogar der prozessualen Kostenregelung entgegengerichtet sein, sofern zusätzliche Umstände hinzukommen, die bei der prozessualen Kostenentscheidung nicht berücksichtigt werden konnten.[35]

18 In der Kostenpraxis von großer Bedeutung ist auch vor diesem Hintergrund das **Konkurrenzverhältnis** zwischen prozessualer und materiell-rechtlicher Kostenerstattung. Hier haben sich in der Rechtsprechung des BGH folgende **Grundsätze** entwickelt:

19 Lässt sich der Ersatz von im Verlauf des Prozesses angefallenen Kosten über beide Ansprüche gleichermaßen mit Erfolg begründen, fehlt der Leistungsklage auf Erstattung dieser Kosten das erforderliche Rechtsschutzbedürfnis, weil der Kläger die Kosten im Kostenfestsetzungsver-

---

26 Zum Ganzen Saenger-*Gierl*, ZPO, Vor § 91 Rn. 12; MK-*Schulz*, ZPO, Vor § 91 Rn. 14.
27 BGH, NJW 1963, 714 = MDR 1963, 388; BGH, NJW 2013, 2975 (2976), Rn. 11 = MDR 2013, 1310.
28 BGHZ 28, 302 (308) = NJW 1959, 434 = MDR 1959, 196.
29 BGH, NJW 2006, 1962, Rn. 5 ff. = FamRZ 2006, 854.
30 Vgl. BGH, NJW 1986, 2243 (2245) = WM 1986, 1056; BGH, NJW 1988, 2032 (2033 f.) = FamRZ 1988, 143; BGH, NJW 2007, 1458 (1460), Rn. 22; *Becker-Eberhard*, ZZP 101 (1988), 303 (309 ff.).
31 Näher MK-*Schulz*, ZPO, Vor § 91 Rn. 18.
32 BGH 66, 182 (192) = NJW 1976, 1198 = MDR 1976, 749; BGHZ 127, 348 (350) = NJW 1995, 446 = VersR 1995, 183; BGH, NJW 1986, 2243 (2245) = WM 1986, 1056.
33 Siehe im Einzelnen *Fischer*, JuS 2013, 694 (695 ff.).
34 BGHZ 45, 251 (256 f.) = NJW 1966, 1513 = WM 1966, 881; BGHZ 66, 112 (114 f.) = NJW 1976, 1256 = VersR 1976, 857; BGHZ 111, 168 (178) = NJW 1990, 2060 = VersR 1990, 749.
35 BGH, NJW 2011, 2368 (2369), Rn. 10 f. = MDR 2011, 442.

fahren schneller und kostengünstiger geltend machen kann.[36] Trotz der „Doppelnatur" des gleichermaßen prozessual wie materiell-rechtlich begründeten Kostenerstattungsanspruchs und trotz der grundsätzlichen Gleichwertigkeit beider Erstattungsansprüche besteht damit faktisch ein (prozessualer) Vorrang des prozessualen Kostenerstattungsanspruchs.[37] Erscheint der Weg über das Kostenfestsetzungsverfahren indes nicht sicher erfolgsversprechend, etwa wegen dessen formalisierter Ausgestaltung, kann dem Kläger das Rechtsschutzbedürfnis (doch) nicht abgesprochen werden. Namentlich im Hinblick auf die **sog. Vorbereitungskosten** muss er sich nach allgemeiner Ansicht nicht auf den verfahrensmäßig unsicheren Weg des Festsetzungsverfahrens verweisen lassen.[38]

Wurde eine bestimmte Kostenposition bereits im **Kostenfestsetzungsverfahren** angemeldet, dort aber **bestandskräftig abgelehnt**, und bleibt der Sachverhalt, der zu dieser abschließenden prozessualen Kostenentscheidung geführt hat, unverändert, ist es nicht zulässig, nunmehr den gleichen Sachverhalt erneut zur Nachprüfung zu stellen und in seinen kostenrechtlichen Auswirkungen materiell-rechtlich entgegengesetzt zu beurteilen.[39] Damit ist die Frage, ob es sich um den gleichen oder einen geänderten Sachverhalt handelt, von ausschlaggebender Bedeutung. Sind bei der Prüfung des materiell-rechtlichen Erstattungsanspruchs tatsächliche Aspekte zu berücksichtigen, die im Kostenfestsetzungsverfahren vom Rechtspfleger nicht geprüft worden sind bzw. auch gar nicht geprüft werden konnten/durften, kann es auch im Ergebnis zu abweichenden oder gar gegenläufigen Entscheidungen kommen. So können etwa Detektivkosten, die zunächst mangels Prozessbezugs nach §§ 103 ff. ZPO vom Rechtspfleger nicht festgesetzt worden sind, nachfolgend auf materiell-rechtlicher Grundlage (nochmals) gesondert im Klagewege geltend gemacht werden, weil es hier nicht auf den Prozessbezug ankommt.[40] Sind hingegen bei der prozessualen Kostenentscheidung sämtliche relevanten Fragen bei unverändertem Sachverhalt erschöpfend beurteilt worden, muss es hierbei sein Bewenden haben. Bei allen Schwierigkeiten, diese Judikatur dogmatisch zu begründen,[41] kann deren Richtigkeit schon mit Blick auf den anzustrebenden Rechtsfrieden nicht ernsthaft fraglich sein; denn dieser ist mit der Entscheidung über den prozessualen Kostenerstattungsanspruch an sich bereits eingetreten und kann nicht nachträglich wieder mit der Begründung beseitigt werden, die Kostenentscheidung sei nach sachlichem Recht eigentlich ungerechtfertigt.[42]

Wird eine Kostenposition zunächst auf **materiell-rechtlicher Grundlage (rechtskräftig) erfolglos** eingeklagt, stellt sich in gleicher Weise die Frage, inwiefern sie noch im Kostenfestsetzungsverfahren mit Erfolg geltend gemacht werden kann. Nach verbreiteter Auffassung steht die rechtskräftige Abweisung einer prozessualen Kostenerstattung nicht entgegen.[43] Der BGH hingegen überträgt seine Judikatur zum umgekehrten Fall (zuvor Rn. 20) auch auf diese Konstellation und stellt darauf ab, ob die Anspruchsvoraussetzungen im nachfolgenden Kostenfestsetzungsverfahren für den Anspruchsteller günstiger sind; ist dies nicht der Fall, „ist eine erneute Entscheidung über der Kostenerstattungsanspruch nicht möglich".[44] Das wird etwa bei verneinter materiell-rechtlicher Erforderlichkeit anzunehmen sein.[45] Wird der prozessuale Kostenerstattungsanspruch aber auf Gründe gestützt, die für die Abweisung des materiell-rechtlichen Anspruchs nicht tragend waren, so ist er als begründet anzusehen.[46] Dies ist etwa der Fall, wenn der materiell-rechtliche Anspruch wegen Verjährung (z.B. nach § 548 BGB) abgewiesen worden ist, denn der Frage der (rasch eintretenden) Verjährung kommt bei der Beurteilung des prozessualen Kostenerstattungsanspruchs keine Bedeutung zu.[47] Eine Sperre ist erst recht zu verneinen, wenn die Klageabweisung allein wegen mangelnden Verschuldens oder unterbliebener Mahnung erfolgte.[48]

---

36 BGHZ 75, 230 (235) = NJW 1980, 119 = WM 1979, 1356; BGHZ 111, 168 (171) = NJW 1990, 2060 = VersR 1990, 749; BGHZ 190, 153 = NJW 2011, 2966 (2968), Rn. 16 = ZIP 2011, 1633.
37 Vgl. MK-*Schulz*, ZPO, Vor § 91 Rn. 20; *Fischer*, JuS 2013, 694 (696 f.).
38 BGH, NJW 1990, 2060 (2061) = VersR 1990, 749; MK-*Schulz*, ZPO, Vor § 91 Rn. 22; BeckOK-*Jaspersen/Wache*, ZPO, § 91 Rn. 42.
39 BGHZ 45, 251 (257) = NJW 1966, 1513 = WM 1966, 881; BGH, NJW-RR 1995, 495 = WRP 1995, 290.
40 Vgl. ausführlich BAG, NZA 2009, 1300 = DB 2009, 2379; *Schneider*, MDR 1981, 353 (358 f.).
41 Näher *Fischer*, JuS 2013, 694 (697).
42 BGH, NJW 2012, 1291 f., Rn. 8 = MDR 2012, 493.
43 Z.B. OLG Koblenz, MDR 2009, 471 f.; OLG München, NJW-RR 1997, 1294; Stein/Jonas-*Bork*, ZPO, § 103 Rn. 1.
44 BGH, NJW 2012, 1291 (1292), Rn. 11 = MDR 2012, 493.
45 Siehe MK-*Schulz*, ZPO, Vor § 91 Rn. 25.
46 Hierzu tendierend BGH, NJW 2012, 1291 (1292), Rn. 10 = MDR 2012, 493.
47 Vgl. LG Bamberg v. 11.11.2015, 3 T 127/15, juris.
48 Richtig BeckOK-*Jaspersen/Wache*, ZPO, § 91 Rn. 47.

F. Verhältnis von Kostengrundentscheidung und Kostenfestsetzungsverfahren

22 Im Kostenfestsetzungsverfahren wird auf Grundlage der Kostengrundentscheidung festgelegt, wer wem welche Kosten in welcher Höhe zu erstatten hat. Bei der Festsetzung hat der Rechtspfleger den Vorrang und die **Verbindlichkeit der richterlichen Kostengrundentscheidung** zu achten; etwaige vom Gericht zu verantwortende Versäumnisse bei der Verteilung der Kostentragungslast können nicht im Kostenfestsetzungsverfahren korrigiert werden. Wurde z.B. vom Gericht übersehen, die Kosten eines erfolglosen Angriffsmittels dem in der Hauptsache obsiegenden Kläger gemäß § 96 ZPO im Wege der Kostentrennung aufzuerlegen, kann dies nicht mehr nachgeholt werden. Das gilt nach h.M. in gleicher Weise für den Fall, dass eine Entscheidung nach § 281 Abs. 3 Satz 2 ZPO versehentlich unterblieben ist.[49] Der Kostengrundentscheidung kommt auch Bindungswirkung zu, wenn überschießend über eine Kostenfrage befunden wurde (z.B. betreffend die Notwendigkeit einer Kostenposition), über die an sich erst im Festsetzungsverfahren hätte entschieden werden dürfen. Der Vorrang der Kostengrundentscheidung geht aber nicht so weit, dass dem Rechtspfleger auch eine Auslegung des Kostenausspruchs verboten wäre. Er hat vielmehr den wahren Willen des Gerichts zu ermitteln und Unklarheiten zu beseitigen.[50] Entsprechend ist es ihm insbesondere gestattet, eine unzulässige Kostenverteilung (etwa nach einzelnen Streitgegenständen oder nach Klage und Widerklage, vgl. § 92 Rn. 9) im Kostenfestsetzungsverfahren in eine zulässige Kostenquotelung auszulegen.[51]

§ 91
Grundsatz und Umfang der Kostenpflicht

(1) ¹Die unterliegende Partei hat die Kosten des Rechtsstreits zu tragen, insbesondere die dem Gegner erwachsenen Kosten zu erstatten, soweit sie zur zweckentsprechenden Rechtsverfolgung oder Rechtsverteidigung notwendig waren. ²Die Kostenerstattung umfasst auch die Entschädigung des Gegners für die durch notwendige Reisen oder durch die notwendige Wahrnehmung von Terminen entstandene Zeitversäumnis; die für die Entschädigung von Zeugen geltenden Vorschriften sind entsprechend anzuwenden.

(2) ¹Die gesetzlichen Gebühren und Auslagen des Rechtsanwalts der obsiegenden Partei sind in allen Prozessen zu erstatten, Reisekosten eines Rechtsanwalts, der nicht in dem Bezirk des Prozessgerichts niedergelassen ist und am Ort des Prozessgerichts auch nicht wohnt, jedoch nur insoweit, als die Zuziehung zur zweckentsprechenden Rechtsverfolgung oder Rechtsverteidigung notwendig war. ²Die Kosten mehrerer Rechtsanwälte sind nur insoweit zu erstatten, als sie die Kosten eines Rechtsanwalts nicht übersteigen oder als in der Person des Rechtsanwalts ein Wechsel eintreten musste. ³In eigener Sache sind dem Rechtsanwalt die Gebühren und Auslagen zu erstatten, die er als Gebühren und Auslagen eines bevollmächtigten Rechtsanwalts erstattet verlangen könnte.

(3) Zu den Kosten des Rechtsstreits im Sinne der Absätze 1, 2 gehören auch die Gebühren, die durch ein Güteverfahren vor einer durch die Landesjustizverwaltung eingerichteten oder anerkannten Gütestelle entstanden sind; dies gilt nicht, wenn zwischen der Beendigung des Güteverfahrens und der Klageerhebung mehr als ein Jahr verstrichen ist.

(4) Zu den Kosten des Rechtsstreits im Sinne von Absatz 1 gehören auch Kosten, die die obsiegende Partei der unterlegenen Partei im Verlaufe des Rechtsstreits gezahlt hat.

Inhalt:

	Rn.		Rn.
A. Allgemeines	1	b) Kosten vorangegangener Verfahren	10
B. Erläuterungen	2	c) Kosten von selbstständigen Zwischen- und ähnlichen Verfahren	11
I. Kostenpflicht nach Abs. 1 – Kosten des Rechtsstreits	2		
1. Unterliegende Partei	2	3. Notwendigkeit der Kosten	12
2. Kosten des Rechtsstreits	6	4. Entschädigung für Zeitversäumnis, Abs. 1 Satz 2	18
a) Kosten des „eigentlichen" Rechtsstreits; Prozessbezogenheit	7		

---

49 So z.B. OLG Koblenz, NJW-RR 1992, 892; OLG Düsseldorf, JurBüro 1988, 784; OLG Karlsruhe, MDR 1988, 1063; OLG Stuttgart, JurBüro 1986, 104. Anders (der Rechtspfleger dürfe die Mehrkosten als nicht notwendig ansehen) z.B. OLG Frankfurt a.M., MDR 1997, 102; OLG Bremen, JurBüro 1987, 431 m.w.N.
50 OLG Düsseldorf, OLGR 2009, 816; KG Berlin, MDR 2002, 722; OLG Koblenz, JurBüro 2003, 93.
51 OLG Naumburg, NJW-RR 2000, 1740; Zöller-*Herget*, ZPO, § 104 Rn. 21 – „Auslegung".

II. Kostenpflicht nach Abs. 2 –
   Kosten des Rechtsanwalts 23
   1. Erstattung gesetzlicher Gebühren
      und Auslagen, Abs. 2 Satz 1 Hs. 1 24
   2. Reisekosten des (auswärtigen)
      Anwalts, Abs. 2 Satz 1 Hs. 2 28
   3. Kosten mehrerer Anwälte,
      Abs. 2 Satz 2 37
   a) Kosten mehrerer parallel tätiger
      Anwälte 38
   b) Kosten nach Anwaltswechsel 40
   4. Kosten des Anwalts in eigener
      Sache, Abs. 2 Satz 3 45
III. Kostenpflicht nach Absatz 3 –
   Kosten des Güteverfahrens 46
IV. Rückfestsetzung nach Abs. 4 48
C. Einzelfälle nach Stichwörtern 49

A. Allgemeines

§ 91 ZPO ist die zentrale Vorschrift des Kostenrechts der ZPO. In ihr ist der Grundsatz der **1**
Unterliegenshaftung verankert (vgl. Vorbem. zu §§ 91–107 Rn. 5). Sie ist in Abs. 1 Satz 1 ZPO
allein anwendbar, wenn eine Partei vollständig unterliegt. Zum Anwendungsbereich siehe
Vorbem. zu §§ 91–107 Rn. 2.

B. Erläuterungen
I. Kostenpflicht nach Abs. 1 – Kosten des Rechtsstreits
1. Unterliegende Partei

Kostenpflichtig ist die im Rechtsstreit unterlegene Partei. Für die Bestimmung von „Partei" **2**
und „Gegner" i.S.v. § 91 Abs. 1 Satz 1 ZPO gilt der formelle Parteibegriff der ZPO; Partei ist,
wer (im eigenen Namen) Rechtsschutz begehrt bzw. gegen wen Rechtsschutz begehrt wird.[1]
Die prozessuale Kostentragungspflicht hängt dabei allein vom Ergebnis der Rechtsverfolgung
ab; ob die unterlegene Partei überhaupt partei- oder prozessfähig ist, ist ohne Belang.[2] Umgekehrt wird der prozessuale Kostenerstattungsanspruch der obsiegenden Partei ebenfalls nicht
durch ihre Prozessunfähigkeit berührt. Sogar der **nichtexistente Beklagte**, der im Streit um
seine (von ihm in Abrede gestellte) Existenz obsiegt und zu dessen Gunsten die Kostengrundentscheidung ergeht, kann im Kostenfestsetzungsverfahren – in konsequenter Aufrechterhaltung der prozessrechtliche Fiktion seiner Existenz – zu seinen Gunsten die Festsetzung der
ihm entstandenen Kosten verlangen.[3] Wird die Klage einem (tatsächlich existierenden) Dritten
versehentlich, etwa wegen irrtümlicher Falschbezeichnung, zugestellt, ist dieser sog.
Scheinbeklagte auf Antrag durch eine Entscheidung des Gerichts aus dem Rechtsstreit zu entlassen; die Kostengrundentscheidung ergeht analog § 91 ZPO.[4] Gleichzeitig sind dem Kläger,
sofern dieser die falsche Zustellung veranlasst hat, die Kosten des Scheinbeklagten aufzuerlegen, die zur Geltendmachung von dessen fehlender Parteistellung notwendig waren.[5]

Unerheblich ist, wie die Partei in die Rolle des Unterlegenen gelangt ist. Der Grund des **3**
Unterliegens ist gleichgültig, **einzig und allein das Ergebnis zählt**.[6] Ein Verschulden oder ein
irgendwie geartetes vorwerfbares Prozessverhalten wird von der Kostenpflicht nicht verlangt.
Es ist daher auch nicht von Belang, dass das Unterliegen allein auf einer während des Rechtsstreits eingetretenen Gesetzesänderung beruht[7] oder der Beklagte sich gegen die Klageforderung erfolgreich nur mit einer Aufrechnung verteidigen konnte. Der unterliegende Beklagte
hat die Kosten des Rechtsstreits auch dann insgesamt zu tragen, wenn er erst infolge einer
Klageänderung (ohne Parteiänderung und ohne Streitwertverminderung) verliert.[8] Außerhalb
des Anwendungsbereichs der sich etwa in den §§ 93, 93b ZPO findenden Sonderregelungen
ist es nicht erlaubt, den Grundsatz der Unterliegenshaftung aus Billigkeitserwägungen aufzuweichen.

Obgleich nach dem Wortlaut des § 91 Abs. 1 ZPO allein die „Partei" die Kostenpflicht treffen **4**
kann, ist weithin anerkannt, dass bei konsequenter Umsetzung des Veranlassungsprinzips
(Vorbem. zu §§ 91–107 Rn. 6) unter bestimmten Voraussetzungen auch **anderen Verfahrensbeteiligten** die Kosten des Rechtsstreits auferlegt werden können. Ergeht z.B. gegen die wegen eines Vollmachtmangels nicht wirksam vertretene Partei eine Endentscheidung, so sind

---

1 BeckOK-*Jaspersen/Wache*, ZPO, § 91 Rn. 51.
2 BGHZ 121, 397 ff. = NJW 1993, 1865 = VersR 1993, 1377; OLG München, NJOZ 2012, 1170; Zöller-*Herget*, ZPO, § 91 Rn. 2.
3 BGH, NJW 2008, 528 (529), Rn. 10 ff. = MDR 2008, 171.
4 OLG Dresden, OLGR 2007, 845.
5 Vgl. BGH, NJW-RR 2008, 582 (584), Rn. 18 = MDR 2008, 524; OLG Köln, JurBüro 2012, 202;
   KG Berlin, KGR 2003, 395. Erstattungsfähig ist lediglich eine 0,8 Verfahrensgebühr nach Nr. 3403
   VV-RVG, OLG München, JurBüro 2010, 144; OLG Dresden, OLGR 2007, 845.
6 Wieczorek/Schütze-*Smid/Hartmann*, ZPO, § 91 Rn. 1.
7 BGHZ 37, 233 = NJW 1962, 1715 (1718) = MDR 1962, 727.
8 BGH, MDR 1962, 387 = BeckRS 1961, 31184387.

die Kosten des Rechtsstreits demjenigen Verfahrensbeteiligten aufzuerlegen, der das Auftreten des falschen Vertreters veranlasst hat. Dies kann auch der **(vollmachtlose) Vertreter** selbst sein, insbesondere wenn er den Mangel der Vollmacht kennt.[9] Hätte die Partei die Prozessführung hingegen erkennen und unterbinden können und müssen, ist sie als Veranlasser kostenpflichtig.[10] Die Kosten können ggf. auch dem nicht legitimierten gesetzlichen Vertreter auferlegt werden.[11] Handelt ein Rechtsanwalt als Prozessbevollmächtigter ohne entsprechende Prozessvollmacht, ist er zur Kostentragung verpflichtet, vorausgesetzt, ihm war das Fehlen der Prozessvollmacht bekannt.[12] Wegen der Einzelheiten vgl. § 89 Rn. 13 ff.[13]

5 § 91 Abs. 1 ZPO ist nur anwendbar, wenn es zu einem **vollumfänglichen** Unterliegen einer Partei gekommen ist. Ist es auf beiden Seiten zu einem teilweisen Obsiegen (und sei es auch nur ganz geringfügig und betreffend eine – nicht streitwertrelevante – Nebenforderung) und zu einem teilweisen Unterliegen kommen, ist nicht auf § 91 Abs. 1 ZPO, sondern auf § 92 ZPO abzustellen. Maßgebend ist eine formale, an den jeweiligen Sachanträgen orientierte Betrachtung der den Rechtsstreit abschließenden Entscheidung (zur Frage des Teilobsiegens und -unterliegens § 92 Rn. 4 ff.).[14]

2. Kosten des Rechtsstreits

6 Die Kostentragungspflicht umfasst nach Abs. 1 Satz 1 (lediglich) die „Kosten des Rechtsstreits". **Begrifflich** entsprechen sie den Prozesskosten i.S.v. § 103 Abs. 1 ZPO. Erfasst sind sämtliche Aufwendungen der Parteien, die in unmittelbaren Zusammenhang mit dem Betreiben des Rechtsstreits entstanden sind, wobei insoweit zwischen Gerichtskosten und außergerichtlichen Kosten zu unterscheiden ist (näher Vorbem. zu §§ 91–107 Rn. 11 ff.).

a) Kosten des „eigentlichen" Rechtsstreits; Prozessbezogenheit

7 Unzweifelhaft erfasst sind zunächst diejenigen Kosten, die anlässlich des „eigentlichen" Rechtsstreits, also insbesondere direkt im Klageverfahren – ab Einreichung der Klage bis zur Zustellung der verfahrensbeendenden Entscheidung – entstanden sind. Da das Arrest- und einstweilige Verfügungsverfahren eigenständige Verfahrensarten darstellen, in denen eine eigene Kostengrundentscheidung ergeht und ein eigenes Kostenfestsetzungsverfahren stattfindet, unterfallen auch die insoweit entstandenen Kosten am Ende des Eilverfahrens § 91 ZPO. Zugleich lassen sie sich aber nicht (auch) als Kosten des nachfolgenden Hauptsacheverfahrens begreifen.[15] Verweist das Gericht die Parteien im laufenden Rechtsstreit für die Güteverhandlung sowie für weitere Güteversuche gemäß § 278 Abs. 5 ZPO vor den Güterichter, handelt es sich bei den hier entstehenden Kosten um solche des Rechtsstreits.[16] Erfasst sind stets sämtliche Rechtszüge (Berufung, Revision, Nichtzulassungsbeschwerde), die Kosten eines Beschwerde- oder Rechtsbeschwerdeverfahrens aber nur, wenn es sich nicht um ein selbstständiges Verfahren mit einer Kostenentscheidung handelt.[17] Die Kosten der Zwangsvollstreckung sind nicht erfasst, § 788 ZPO.

8 Zu den Prozesskosten rechnen nicht nur die durch die Einleitung und Führung eines Prozesses ausgelösten Kosten, sondern auch diejenigen Kosten, die der Vorbereitung eines konkret bevorstehenden Rechtsstreits dienen.[18] Diese **sog. Vorbereitungskosten** werden aus Gründen der Prozesswirtschaftlichkeit den Prozesskosten zugerechnet und können im Kostenfestsetzungsverfahren geltend gemacht werden; anerkannt wird insoweit etwa die Erstattungsfähigkeit von Kosten für Detektivermittlungen oder für Testkäufe.[19]

9 Erforderlich ist stets, dass die angemeldeten Kosten **prozessbezogen** sind. Damit ist gemeint, dass nur solche Kosten festgesetzt werden können, die den Rechtsstreit betreffen, der zu dem

---

9 BGH, NJW-RR 1998, 63 = MDR 1997, 1065; BGHZ 121, 397 (400) = NJW 1993, 1865 = VersR 1993, 1377; BGH, NJW 1983, 883 (884) = VersR 1983, 183; OLG Stuttgart, MDR 2010, 1427.
10 BGH, NJW-RR 1997, 510 f. = MDR 1997, 198; OLG Köln, NJW-RR 2003, 66 (67).
11 OLG Karlsruhe, FamRZ 1996, 1335; Zöller-*Vollkommer*, ZPO, § 89 Rn. 11. Offen gelassen von BGH, ZIP 2009, 34 (36), Rn. 16 = NJW-RR 2009, 333.
12 Vgl. BGHZ 121, 397 ff. = NJW 1993, 1865 = VersR 1993, 1377; BAG, NJW 2006, 461 (462) = NZA 2005, 1076; OLG Stuttgart, MDR 2010, 1427.
13 Ausführlich ferner Zöller-*Vollkommer*, ZPO, § 89 Rn. 11; BeckOK-*Jaspersen/Wache*, ZPO, § 91 Rn. 54 bis 54.2.
14 Siehe auch die einzelfallbezogene Darstellung bei BeckOK-*Jaspersen/Wache*, ZPO, § 91 Rn. 62 ff.
15 Vgl. BeckOK-*Jaspersen/Wache*, ZPO, § 91 Rn. 79.
16 OLG Celle, NJW 2009, 1219.
17 Thomas/Putzo-*Hüßtege*, ZPO, § 91 Rn. 6; Wieczorek/Schütze-*Smid/Hartmann*, ZPO, § 91 Rn. 6.
18 BGH, BeckRS 2009, 25418; BGH, NJW-RR 2006, 501 (502), Rn. 11 = MDR 2006, 776.
19 Zusammenfassend BGH, NJW-RR 2006, 501 (502), Rn. 11 = MDR 2006, 776 m.w.N.; ferner Stein/Jonas-*Bork*, ZPO, § 91 Rn. 39.

zugrundeliegenden Vollstreckungstitel geführt hat und in dem die Kostengrundentscheidung ergangen ist.[20] Namentlich zu der Problematik, ob die Kosten für vorprozessual erstattete Privatgutachten als Kosten des Rechtsstreits angesehen werden können (hierzu im Einzelnen Rn. 108 ff.), hat sich die Rechtsprechung durchgesetzt, dass das Gutachten sich auf den konkreten Rechtsstreit beziehen muss und gerade mit Rücksicht auf den konkreten Prozess in Auftrag gegeben worden ist.[21] Mit diesem Erfordernis soll verhindert werden, dass eine Partei ihre allgemeinen Unkosten oder prozessfremde Kosten auf den Gegner abzuwälzen versucht und so den Prozess verteuert; denn jede Partei hat grundsätzlich ihre Einstandspflicht und ihre Ersatzberechtigung in eigener Verantwortung zu prüfen und den dadurch entstehenden Aufwand selbst zu tragen.[22] Aus dieser Rechtsprechung lässt sich allgemein ableiten, dass der kostenauslösende Tatbestand in direkter Beziehung zu dem konkreten Rechtsstreit stehen muss und damit **„unmittelbar prozessbezogen"** ist. Ob ein kausaler Zusammenhang i.d.S. besteht, ist nach einer *ex ante*-Betrachtung zu beurteilen, was sich in erster Linie bei vor- und außergerichtlichen Kosten immer wieder als diffizil erweist.[23]

b) Kosten vorangegangener Verfahren
Dem eigentlichen Rechtsstreit gehen häufig andere Verfahren voran, bei denen aus Kostensicht zu prüfen ist, ob sie noch zu den Kosten des Rechtsstreits i.S.v. § 91 Abs. 1 ZPO gezählt werden können. Für den Sonderfall des **Güteverfahrens** hat der Gesetzgeber in Abs. 3 eine ausdrückliche Zuweisung vorgenommen (näher Rn. 46 f.). Auch die insoweit angefallenen außergerichtlichen Kosten und Gebühren sind im Falle des Scheiterns als Vorbereitungskosten nach h.M. im Grundsatz erstattungsfähig (vgl. näher Rn. 47).[24] Die Kosten eines vorprozessual erholten **Schiedsgutachtens** zählen hingegen nicht zum Rechtsstreit,[25] die Kosten eines **schiedsgerichtlichen Verfahrens** sind ebenfalls nicht festsetzungsfähig.[26] Demgegenüber ist aber anerkannt,[27] dass der Rechtsstreit ein vorausgegangenes **Mahnverfahren** einbezieht, wobei umstritten ist, ob die gesamten Kosten des Mahnverfahrens auch dann zu den Kosten des Rechtsstreits zählen, wenn es nur teilweise in das streitige Verfahren übergegangen ist.[28] Ein zunächst durchgeführtes **selbstständiges Beweisverfahren**, in dem selbst – von § 494a ZPO abgesehen – grundsätzlich keine Kostenentscheidung ergeht, zählt zu den nachfolgenden Rechtsstreit; die Kosten des Beweisverfahrens werden von der im anschließenden Hauptsacheverfahren getroffenen Kostenentscheidung dann umfasst, wenn Parteien und Streitgegenstand des Hauptsacheverfahrens mit denen des Beweisverfahrens identisch sind.[29] Vorangegangene **Eilverfahren** zählen hingegen nicht zum Rechtsstreit (Rn. 59). Für das **PKH-Verfahren** ist ausdrücklich geregelt, dass die dem Gegner entstandenen Kosten nicht erstattet werden, § 118 Abs. 1 Satz 4 ZPO, und zwar auch im Beschwerdeverfahren nicht, § 127 Abs. 4 ZPO. Einzig Auslagen für Zeugen und Sachverständige zählen zu den Kosten des Rechtsstreits (§ 118 Abs. 1 Satz 5 i.V.m. Abs. 2 Satz 3 ZPO).

10

c) Kosten von selbstständigen Zwischen- und ähnlichen Verfahren
Auch nach Anhängigkeit des eigentlichen Rechtsstreits kommt es regelmäßig zu gesonderten Verfahrensabschnitten, bei denen zu prüfen ist, ob es sich um vom Rechtsstreit losgelöste selbstständige Zwischenverfahren, die eines eigenen Kostenausspruchs bedürfen, oder aber um **unselbstständige Nebenverfahren** handelt. Letzteres ist in aller Regel anzunehmen. Das Zuständigkeitsstreitverfahren nach § 36 ZPO ist ebenso wie das Verfahren vor einem unzuständigen Gericht (§§ 281, 506, 696, 700 ZPO) als unselbstständiges Nebenverfahren anzusehen und damit zum Rechtsstreit zu zählen. Das Gleiche gilt für das Vorabentscheidungsverfahren vor dem EuGH (§ 38 RVG)[30] und das Richterablehnungsverfahren (§§ 42 ff. ZPO); die Ausgangsentscheidung über ein Ablehnungsgesuch bedarf keines gesonderten Kostenaus-

11

---

20 BGH, NJW 2009, 233 f., Rn. 9 = FamRZ 2008, 2276.
21 Grundlegend BGHZ 153, 235 = NJW 2003, 1398 (1399) = VersR 2003, 481; BGH, NJW 2006, 2415, Rn. 5 ff. = VersR 2006, 1236.
22 BGH, VersR 2009, 563, Rn. 7 = BeckRS 2008, 26028; BGHZ 153, 235 ff. = NJW 2003, 1398 (1399) = VersR 2003, 481.
23 Ausführlich BeckOK-*Jaspersen/Wache*, ZPO, § 91 Rn. 93 ff.
24 OLG Köln, NJW-RR 2010, 431; BayObLGZ 2004, 169; OLG Bremen, AnwBl. 2003, 312.
25 BGH, NJW-RR 2006, 212 (213), Rn. 12 f. = MDR 2006, 657; OLG Koblenz, JurBüro 2003, 210.
26 OLG Koblenz, MDR 2015, 1322 (1323); OLG Hamm, Rpfleger 1973, 369.
27 Vgl. z.B. OLG Dresden, OLGR 2007, 207 f.
28 So Zöller-*Herget*, ZPO, § 91 Rn. 13 – „Mahnverfahrenskosten"; anders *Ruess*, NJW 2006, 1915 (1920); ausführlich BeckOK-*Jaspersen/Wache*, ZPO, § 91 Rn. 80 ff.
29 BGH, NJW 2013, 3586 (3587), Rn. 10 = MDR 2013, 1495; BGH, NJW 2007, 1282, Rn. 7 = MDR 2007, 744; BGH, NJW-RR 2004, 1651 = MDR 2005, 87.
30 BGH, NJW 2012, 2118 ff., Rn. 8 ff. = Rpfleger 2012, 583.

spruchs, wohl aber eine etwaige nachfolgende Beschwerdeentscheidung, § 97 ZPO.[31] Wird über die Zulässigkeit einer Nebenintervention gestritten (§ 71 Abs. 1 ZPO), bedarf es einer gesonderten Entscheidung über die Kosten analog § 91 ZPO.[32] Die Kosten des Güterichterverfahrens (§ 278 Abs. 5 ZPO) gehören hingegen zu den Kosten des Rechtsstreits.[33] Das Verfahren auf Urteils- oder Tatbestandsberichtigung gemäß §§ 319, 320 ZPO wird ebenfalls von der vorangegangenen Kostengrundentscheidung umfasst. Im Wiedereinsetzungsverfahren (§ 238 ZPO) ist ein Kostenausspruch nur im Fall des § 238 Abs. 4 ZPO veranlasst.

3. Notwendigkeit der Kosten

12 Erstattungsfähig sind nur solche Aufwendungen, die zur zweckentsprechenden Rechtsverfolgung oder Rechtsverteidigung notwendig sind. Dem Erfordernis der **Zweckentsprechung** kommt kaum Bedeutung zu, mit ihm werden allenfalls auf Mutwilligkeit oder Rechtsmissbrauch zurückzuführende Kostenpositionen ausgeschieden.[34] In aller Regel konzentriert sich die Prüfung daher auf die Frage, ob die angemeldeten Kosten **notwendig i.S.v. § 91 Abs. 1 Satz 1 ZPO** sind. Mit dieser Voraussetzung kommt das allgemeine Prinzip der Prozesswirtschaftlichkeit zum Ausdruck (Vorbem. zu §§ 91–107 Rn. 10). Das Gebot sparsamer Prozessführung bezweckt den Schutz des Kostenschuldners; jede Partei ist von Beginn des Prozesses an verpflichtet, die Kosten ihrer Prozessführung, die sie im Falle ihres Sieges vom Gegner erstattet verlangen will, so niedrig zu halten, wie sich dies mit der Wahrung ihrer berechtigten Belange vereinbaren lässt.[35]

13 Notwendig sind die Kosten nur für solche Maßnahmen, die im Zeitpunkt ihrer Vornahme erforderlich und geeignet zur Rechtsverfolgung oder Rechtsverteidigung erscheinen.[36] Maßgeblich ist ein **objektiver Maßstab**, individuelle – verschuldete oder unverschuldete – (Un-)Kenntnisse und (Un-)Fähigkeiten bleiben außer Betracht.[37] Die erforderliche Notwendigkeit der kostenauslösenden Maßnahme ist zu bejahen, wenn eine verständige und wirtschaftlich vernünftig denkende Partei sie als sachdienlich zur Verfolgung oder Verteidigung des streitigen Rechts ansehen durfte.[38] Die Partei ist dabei berechtigt, die zur vollen Wahrnehmung ihrer Belange erforderlichen Schritte zu ergreifen.[39] Abzustellen ist auf den Zeitpunkt, in dem Kosten auslösende Maßnahme veranlasst wurde; maßgeblich ist also eine *ex ante*-, nicht eine *ex post*-Betrachtung.[40] Entsprechend ist unbeachtlich, wenn sich später herausstellt, dass die kostenverursachende Handlung objektiv unnötig war, insbesondere weil sie die Entscheidungsfindung des Gerichts gar nicht beeinflusst hat.[41]

14 Bei vielen Aufwendungen bedürfte es prinzipiell einer umfangreichen und zeitaufwändigen Aufklärung im Kostenfestsetzungsverfahren, um eine möglichst kostengerechte Entscheidung treffen zu können. Dem steht jedoch das Gebot der Einfachheit entgegen (zum Vereinfachungsprinzip vgl. Vorbem. zu §§ 91–107 Rn. 8). Nach ständiger Rechtsprechung des BGH ist daher bei der Prüfung der Notwendigkeit einer bestimmten Rechtsverfolgungs- oder Rechtsverteidigungsmaßnahme eine **typisierende Betrachtungsweise** geboten. Hinter diesem Ansatz steht der zutreffende Gedanke, dass der Gerechtigkeitsgewinn, der bei einer übermäßig differenzierenden Beurteilung im Einzelfall zu erzielen ist, in keinem Verhältnis zu den sich ergebenden Nachteilen steht, wenn in nahezu jedem Einzelfall darum gestritten werden kann, ob die Kosten zu erstatten sind oder nicht.[42]

---

31 Vgl. BGH, NJW 2005, 2233 (2234) = MDR 2005, 1016; BeckOK-*Jaspersen/Wache*, ZPO, § 91 Rn. 92a.
32 BGH, ZIP 2013, 483 (484), Rn. 16 = NZG 2013, 792; OLG Köln, BeckRS 2015, 02420; BAG, NJW 1968, 73 = MDR 1967, 953.
33 OLG Celle, NJW 2009, 1219; OLG Rostock, OLGR 2007, 336 ff.
34 Vgl. Baumbach/Lauterbach/Albers/Hartmann, ZPO, § 91 Rn. 31 f.
35 Z.B. BGH, NJW 2007, 2257, Rn. 11 ff. = MDR 2007, 1160; BeckOK-*Jaspersen/Wache*, ZPO, § 91 Rn. 119.
36 BGH, NJW-RR 2007, 1575 (1576 f.), Rn. 17 = MDR 2007, 1163; RGZ 32, 387, 388 f.; Thomas/Putzo-*Hüßtege*, ZPO, § 91 Rn. 9.
37 BGH, NJW-RR 2007, 1575 (1576 f.), Rn. 17 = MDR 2007, 1163.
38 BGHZ 192, 140 ff., Rn. 12 = NJW 2012, 1370 (1371 f.) = FamRZ 2012, 873; Musielak/Voit-*Flockenhaus*, ZPO, § 91 Rn. 8.
39 BGH, NJW 2009, 2220 (2221), Rn. 11 = FamRZ 2009, 1047; BGH, VersR 2006, 1236 Rn. 10 = NJW 2006, 2415.
40 BGH, VersR 2006, 1236, Rn. 10 = NJW 2006, 2415; BGHZ 153, 235 (238) = NJW 2003, 1398 (1399) = VersR 2003, 481.
41 BGHZ 192, 140 ff., Rn. 12 = NJW 2012, 1370 (1371 f.) = FamRZ 2012, 873.
42 Z.B. BGH, NJW-RR 2012, 695 (696), Rn. 13 = Rpfleger 2012, 176; BGH, NJW 2006, 3008 (3009), Rn. 13 = VersR 2006, 1562; BGH, NJW 2003, 901 (902) = FamRZ 2003, 524.

Auf keinen Fall notwendig sind solche Kosten, die nur Ausdruck des **allgemeinen Prozessaufwands** sind. Insbesondere der jeder Partei mit der Vorbereitung oder der Durchführung eines Rechtsstreits entstehende Zeitaufwand zählt nicht zu den erstattungsfähigen (Partei)kosten.[43] Entsprechend kann weder der mit der Durchsicht und Prüfung der gegnerischen Schriftsätze noch der mit der Anfertigung eigener Schriftsätze einhergehende Zeitaufwand mit Erfolg ersetzt verlangt werden.[44] Das gilt auch dann, wenn die Partei einen Dritten, der nicht Rechtsanwalt ist, mit diesen Aufgaben betraut.[45] Zeitaufwand und Verdienstausfall für andere prozessvorbereitende Maßnahmen wie die Sammlung und Sichtung von Tatsachen- und Beweismaterial und sonstige Recherchetätigkeiten sind in gleicher Weise nicht erstattungsfähig.[46] Die Ausscheidung des allgemeinen Verfahrensaufwands nach diesen Grundsätzen gilt nicht nur für natürliche Parteien, sondern auch für eine Behörde oder eine juristische Person des öffentlichen Rechts.[47]

15

Das im Tatbestandsmerkmal der Notwendigkeit verankerte Gebot sparsamer Prozessführung entfaltet in der Praxis häufig auch Wirkung in den **sog. Mehrheitskonstellationen**. Damit sind vor allem jene Fälle gemeint, in denen ein (jeweils unterlegener) Gegner mit einer Mehrheit von **Prozessen** überzogen wird, in denen eine Mehrheit von **Streitgenossen** mehrere (statt nur einen) Prozessbevollmächtigte beauftragt oder in denen eine Mehrheit von **Gerichtsständen** zur Auswahl steht. Nach gefestigter Rechtsprechung des BGH kann der Rechtspfleger im Kostenfestsetzungsverfahren Mehrkosten wegen **Rechtsmissbrauchs** absetzen, wenn sie darauf zurückzuführen sind, dass mehrere von demselben Prozessbevollmächtigten vertretene Anspruchsteller in engem zeitlichem Zusammenhang mit weitgehend gleichlautenden Begründungen aus einem weitgehend identischen Lebenssachverhalt ohne sachlichen Grund in getrennten Prozessen gegen denselben Gegner vorgegangen sind.[48] Eine willkürliche Aufspaltung eines einheitlichen Lebenssachverhalts in mehrere Prozessmandate kann aber z.B. nicht angenommen werden, wenn zur Reduzierung des Prozessrisikos zeitlich gestaffelt vorgegangen wird.[49] Insbesondere im Wettbewerbs- und Presserecht sind diese Grundsätze im Blick zu behalten.[50] Rechtsmissbräuchlich ist es auch, eine natürliche Forderung ohne sachlichen Grund in mehrere Teilbeträge aufzuspalten und in gesonderten Prozessen geltend zu machen.[51] Werden mehrere Streitgenossen verklagt, etwa Fahrer, Halter und Haftpflichtversicherung im Verkehrsunfallprozess, ist die Einschaltung mehrerer Anwälte regelmäßig sachlich nicht gerechtfertigt, wenn sich in der Bearbeitung der Mandate keine nennenswerte Unterschiede ergeben.[52] Kann der Kläger zwischen mehreren Gerichtsständen gemäß § 35 ZPO wählen, hat er nicht darauf Rücksicht zu nehmen, welcher Gerichtsstand die geringsten Kosten für den Gegner verursachen würde. Die Erstattung der Mehrkosten ist vielmehr nur zu versagen, wenn sich die Gerichtsstandswahl als rechtsmissbräuchlich darstellt.[53] Das kann z.B. beim sog. fliegenden Gerichtsstand der Fall sein, wenn der Kläger seinen Gegner nur deshalb vor einem abgelegenen Gericht in Anspruch nimmt, um ihn zu schikanieren oder zum Verzicht auf die Rechtsverteidigung zu bewegen.[54]

16

Als notwendig können Aufwendungen schließlich nur angesehen werden, wenn sie **hinsichtlich der Kostenhöhe verhältnismäßig sind**, sie sich also – gemessen an den wirtschaftlichen Verhältnissen der Parteien und der Bedeutung des Streitgegenstandes – in vernünftigen Grenzen halten.[55] Diesem Kriterium kommt insbesondere bei der Erstattungsfähigkeit von Detektivkosten Bedeutung zu (Rn. 76).[56]

17

---

43 BGH, NJW-RR 2014, 1096, Rn. 10 = MDR 2014, 867; Musielak/Voit-*Flockenhaus*, ZPO, § 91 Rn. 10.
44 BGH, NJW-RR 2014, 1096, Rn. 10 = MDR 2014, 867; OLG Naumburg, NJW-RR 2012, 430 (432); Zöller-*Herget*, ZPO, § 91 Rn. 13 – „Allgemeiner Prozessaufwand".
45 BGH, NJW 2014, 3247, Rn. 6 ff. = MDR 2014, 888; OLG Köln, MDR 2012, 1491 f.
46 Näher mit weiteren Beispielen Zöller-*Herget*, ZPO, § 91 Rn. 13 – „Allgemeiner Prozessaufwand"; BeckOK-*Jaspersen/Wache*, ZPO, § 91 Rn. 118.
47 BGH, NJW-RR 1096 (1097), Rn. 13 ff. = MDR 2014, 867; BGH, NJW 2014, 3247, Rn. 6 ff. = MDR 2014, 888; OLG Köln, MDR 2012, 314 f.
48 BGH, VersR 2013, 207 (208), Rn. 9 = NJW 2013, 66; BGH, NJW-RR 2013, 337, Rn. 5 = WuM 2013, 59; BGH, NJW 2014, 2285 (2286), Rn. 7 = MDR 2014, 864.
49 BGH, NJW 2014, 2285 (2286 f.), Rn. 8.
50 Zu Pressesachen ausführlich *Frauenschuh*, AfP 2014, 410 ff.
51 BGH, NJW 2007, 2257, Rn. 13 = MDR 2007, 1160.
52 Vgl. BGH, NJW-RR 2004, 536 = VersR 2004, 622; OLG Saarbrücken, AGS 2012, 155 mit Anm. *Jahnke*, jurisPR-VerkR 5/2012 Anm. 1 m.w.N.
53 BGH, NJW 2014, 886 f., Rn. 9 ff. = MDR 2014, 807 mit Anm. *Lüttringhaus*, LMK 2014, 357258; OLG Hamburg, AGS 2013, 147.
54 Ausführlich *Lüttringhaus*, ZZP 127 (2014), 29, 44 ff.
55 BGH, NJW 2013, 2668 (2669), Rn. 10 f. = FamRZ 2013, 1387; OLG Koblenz, VersR 2011, 1156; OLG Hamburg, MDR 2011, 1014; OLG Düsseldorf, NJW-RR 2006, 647.
56 Vgl. auch BeckOK-*Jaspersen/Wache*, ZPO, § 91 Rn. 122 und *Bruns*, NZFam 2015, 998.

4. Entschädigung für Zeitversäumnis, Abs. 1 Satz 2

18   Von dem Grundsatz, dass der mit der Durchführung eines Rechtsstreits verbundene Zeitaufwand nicht erstattungsfähig ist (zuvor Rn. 9), macht § 91 Abs. 1 Satz 2 ZPO insofern eine Ausnahme, als die unterlegene Partei den Gegner auch für die „durch notwendige Reisen oder durch die notwendige Wahrnehmung von Terminen entstandene Zeitversäumnis" zu entschädigen hat, und zwar nach Maßgabe der für die Entschädigung von Zeugen geltenden Vorschriften, mithin des **JVEG**. Mit der unbeschränkten Verweisung auf das JVEG findet nicht nur § 20 JVEG entsprechende Anwendung, der eine Entschädigung für Zeitversäumnis i.H. v. 3,50 € je Stunde vorsieht, sondern auch § 22 JVEG,[57] wonach für Verdienstausfall eine Entschädigung i.H. v. höchstens 21,00 € je Stunde vorgesehen ist.

19   Ob eine Reise oder eine Terminswahrnehmung notwendig i.S. v. Abs. 1 Satz 2 ist, hängt von den Umständen des konkreten Einzelfalls ab. Die Teilnahme an einem **gerichtlichen** Termin und die hiermit verbundene Reise ist **in aller Regel** als notwendig anzusehen, ohne dass es darauf ankommt, ob die Partei anwaltlich vertreten ist oder nicht. Unerheblich ist auch, ob es sich um einen Verhandlungs- oder einen Beweisaufnahmetermin handelt.[58] Außer Frage steht die Notwendigkeit der Teilnahme, wenn das Gericht das persönliche Erscheinen der Partei angeordnet hat (§§ 141, 273 Abs. 2 Nr. 3 ZPO). Denn der Grundsatz der Mündlichkeit findet in einem gerichtlichen Termin (auch Ortstermin) mit Rede und Gegenrede seine ureigenste Ausprägung.[59] Wegen der weiteren Einzelheiten wird auf die Ausführungen zur **Erstattungsfähigkeit von Reisekosten** verwiesen (Rn. 117 ff.); denn wenn die Kosten der Reise zu erstatten sind, dann gilt nichts Anderes für die mit der Reise verbundene Zeitversäumnis. Bei Terminen mit dem eigenen Prozessbevollmächtigten, die grundsätzlich ebenfalls zu einer Entschädigungspflicht führen können,[60] ist vor dem Hintergrund des Prinzips der Prozesswirtschaftlichkeit sorgfältig zu prüfen, ob nicht auch eine schriftliche und/oder fernmündliche Besprechung ausreichend gewesen wäre.

20   Eine Entschädigung für **Verdienstausfall** setzt voraus, dass ein solcher auch **tatsächlich entstanden** ist. Tritt daher ein Verdienstausfall nicht ein, kommt lediglich eine Zeitversäumnisentschädigung nach § 20 JVEG in Betracht. Dies ist insbesondere dann von Bedeutung, wenn die erstattungsberechtigte Partei zur Wahrnehmung von gerichtlichen Terminen bezahlten Urlaub genommen hat; der Ersatz eines „fiktiven" Verdienstausfalls kommt hier nicht in Betracht.[61]

21   Bei **natürlichen Personen** lässt sich im Kostenfestsetzungsverfahren in der Regel unproblematisch überprüfen, ob ein zu entschädigender Verdienstausfall bzw. eine Zeitversäumnis vorliegt. Bei **juristischen Personen des privaten Rechts** kann sich dies deutlich diffiziler darstellen. Nach h.M. ist aber auch einer juristischen Person wegen der Teilnahme ihres Geschäftsführers oder anderer Mitarbeiter an einem Gerichtstermin eine Entschädigung wegen der Zeitversäumnis bzw. des Verdienstausfalls jedenfalls dann zuzubilligen, wenn das Gericht das persönliche Erscheinen eines ihrer Organe oder eines sachkundigen Mitarbeiters angeordnet und die Partei eine solche Person zu dem Termin entsandt hat.[62] Bei der gebotenen wirtschaftlichen Betrachtungsweise stellt es einen entschädigungspflichtigen Nachteil dar, wenn die Arbeitskraft insbesondere auch des Geschäftsführers für seine eigentliche unternehmerische Aufgabe zeitweise ausfällt, weil er an Gerichtsterminen teilnehmen muss. Eine **Behörde oder juristische Person des öffentlichen Rechts** kann hingegen nach überwiegender Auffassung nicht Entschädigung für den Zeitaufwand oder den Verdienstausfall verlangen, der ihr durch die Teilnahme eines gesetzlichen Vertreters oder sonstigen Mitarbeiters an einem gerichtlichen Termin entstanden ist, da andernfalls steuerfinanzierte Vorhaltekosten auf Prozessgegner abgewälzt werden könnten.[63]

22   Für einen Anspruch auf Entschädigung ist es nicht erforderlich, dass ein konkreter Verdienstausfall nachgewiesen ist. Es genügt, wenn die Zeitversäumnis einen **messbaren Nachteil** für die Partei mit sich bringt, zumal eine exakte Quantifizierung der finanziellen Nachteile häufig schwierig ist, etwa bei Selbständigen. Bei abhängig beschäftigten Parteien reicht es im

---

57 Siehe BGH, NJW 2009, 1001 (1002), Rn. 9 = VersR 2009, 417.
58 BGH, NJW-RR 2008, 654 (655), Rn. 11 = Rpfleger 2008, 279.
59 Vgl. nur BGH, NJW-RR 2008, 654 (655), Rn. 11 = Rpfleger 2008, 279; OLG Koblenz, AGS 2010, 102 mit Anm. *Schneider*.
60 OLG Hamm, JurBüro 1981, 144.
61 Ausführlich BGH, NJW-RR 2012, 761, Rn. 6 ff. = MDR 2012, 374 m. w. N. zum Meinungsstand.
62 BGH, NJW 2009, 1001 (1002), Rn. 7 ff. = VersR 2009, 417; KG Berlin, KGR 2007, 707; OLG Karlsruhe, OLGR 2005, 776 (777 f.).
63 Vgl. BGH, NJW-RR 2014, 1096 (1097), Rn. 13 ff. im Anschluss (allerdings nur für den konkreten Fall) an BVerwG, NVwZ 2005, 466 (467) = JurBüro 2005, 314; OLG Bamberg, JurBüro 1990, 210; siehe auch BeckOK-*Jaspersen/Wache*, ZPO, § 91 Rn. 161a.3.

Regelfall daher aus, sich am regelmäßigen Bruttoverdienst zu orientieren,[64] ggf. kann geschätzt werden.

II. Kostenpflicht nach Abs. 2 – Kosten des Rechtsanwalts

§ 91 Abs. 2 ZPO betrifft den Fall, dass die obsiegende Partei sich während des Rechtsstreits 23 anwaltlicher Hilfe bedient hat, und beinhaltet für verschiedene typische Fallkonstellationen Regelungen:

1. Erstattung gesetzlicher Gebühren und Auslagen, Abs. 2 Satz 1 Hs. 1

In Abs. 2 Satz 1 Hs. 1 ist das tragende Prinzip verankert, dass der obsiegenden Partei in „allen" Prozessen die gesetzlichen Gebühren und Auslagen zu erstatten sind. Ob diese Kosten zur zweckentsprechenden Rechtsverfolgung oder Rechtsverteidigung notwendig waren, muss und darf im Kostenfestsetzungsverfahren nicht geprüft werden; sie gelten unabhängig von den konkreten Umständen **stets als zweckentsprechend verursachte Kosten**.[65] In der Folge ist unerheblich, ob für das Verfahren Anwaltszwang bestand, die Partei rechtskundig ist oder gar über eine eigene Rechtsabteilung verfügt; auch aus Kostensicht besteht das Recht zur Vertretung (§ 3 Abs. 3 BRAO). Eine Notwendigkeitsprüfung ist allerdings erforderlich beim Beweissicherungsverfahren, da es sich hierbei noch nicht um einen Prozess (Rechtsstreit) handelt.[66] Anders verhält es sich allerdings in Familiensachen und Verfahren der freiwilligen Gerichtsbarkeit, da § 80 FamFG nicht auch auf § 91 Abs. 2 Satz 1 ZPO Bezug nimmt.[67]

Obgleich hiernach prinzipiell entstandene Anwaltskosten stets von der unterliegenden Partei 25 zu erstatten sind, besteht in **bestimmten Konstellationen** doch Anlass, die Erstattungsfähigkeit **ausnahmsweise** entfallen zu lassen. Das ist immer dann der Fall, wenn für die Bestellung eines Anwalts bei verständiger Betrachtung kein Anlass bestand, weil nach Lage der Dinge auch eine nicht rechtskundige Partei offensichtlich nicht besorgen musste, ohne eigene anwaltliche Vertretung Rechtsnachteile zu erleiden. Ansatzpunkt ist insoweit das auch im Rahmen des § 91 Abs. 2 Satz 1 ZPO greifende allgemeine Gebot sparsamer Prozessführung.[68]

In aller Regel besteht Anlass zur Anwaltsbeauftragung, wenn die Partei sich dazu entscheidet, 26 zur Durchsetzung ihres Anspruchs einen Rechtsstreit einzuleiten oder in zweiter Instanz weiterzuverfolgen, oder wenn sie selbst mit einer solchen Einleitung konfrontiert wird, insbesondere durch Zustellung eines Mahnbescheides, einer Antragsschrift, einer Klage oder einer Rechtsmittelschrift.[69] Differenziert zu betrachten ist allerdings das **„Anlasserfordernis"**, wenn durch die erstinstanzlich unterlegene Partei Berufung eingelegt wird und der Berufungsbeklagte nach Zustellung der Berufungsschrift sogleich anwaltliche Hilfe in Anspruch nimmt, die Berufung im weiteren Verlauf aber nicht begründet wird und entweder vor Ablauf der Berufungsbegründungsfrist zurückgenommen oder aber nach deren Ablauf gemäß § 522 ZPO verworfen wird. Ist der Anwalt des Berufungsbeklagten in diesen Fällen bereits in einer sich gebührenrechtlich auswirkenden Weise tätig geworden (Nr. 3200, 3201 VV-RVG), hängt es stark vom Einzelfall ab, inwiefern der Berufungsführer zur Kostenerstattung verpflichtet ist (im Einzelnen Rn. 68 ff.).[70]

Wichtig ist, dass auch über das Anlasserfordernis hinaus innerhalb des § 91 Abs. 2 Satz 1 Hs. 1 27 ZPO (weitere) Fälle denkbar sind, in denen eine Erstattung der Anwaltskosten nicht in Betracht kommt. Denn von der grundsätzlichen Anerkennung der Notwendigkeit der Beauftragung eines Rechtsanwalts ist die Frage zu unterscheiden, **welche Maßnahmen** dieser beauftragte Anwalt zur zweckentsprechenden Rechtsverfolgung oder Rechtsverteidigung für erforderlich halten darf.[71] Hier greift wiederum der Grundsatz, dass die obsiegende Partei die Erstattung der durch das Tätigwerden ihres Rechtsanwalts verursachten Kosten nur insoweit erwarten kann, als dem Kostenschonungsgebot – die Kosten sind möglichst niedrig zu halten – Genüge geleistet wurde.[72]

---

64 BGH, NJW 2009, 1001 (1002), Rn. 11 = VersR 2009, 417; KG Berlin, KGR 2007, 707.
65 BGH, NJW 2014, 2285 (2287), Rn. 9 = VersR 2014, 1272; BGH, VersR 2013, 207 (208), Rn. 7 = NJW 2013, 66; BGH, NJW 2012, 459 (461), Rn. 35 = FamRZ 2012, 110.
66 OLG München, NJOZ 2013, 785 (786).
67 OLG Celle, MDR 2015, 956; OLG Brandenburg, FamRZ 2015, 1226; OLG Nürnberg, FamRZ 2012, 735.
68 Vgl. BGHZ 166, 117 = NJW 2006, 2260 (2262), Rn. 20 = FamRZ 2006, 548.
69 Vgl. Musielak/Voit-*Flockenhaus*, ZPO, § 91 Rn. 12; BeckOK-*Jaspersen/Wache*, ZPO, § 91 Rn. 165.
70 Näher z.B. Musielak/Voit-*Flockenhaus*, ZPO, § 91 Rn. 13 ff.
71 BGH, NJW 2014, 557 (558 f.), Rn. 13 = MDR 2013, 1493.
72 BGH, NJW 2014, 557 (558 f.), Rn. 13 = MDR 2013, 1493; BGH, NJW 2012, 2734 (2736), Rn. 10 = MDR 2012, 1003 m.w.N.; ferner BeckOK-*Jaspersen/Wache*, ZPO, § 91 Rn. 166.

2. Reisekosten des (auswärtigen) Anwalts, Abs. 2 Satz 1 Hs. 2

28 Dem Rechtsanwalt entstehen im Zusammenhang mit seiner Beauftragung in fast jedem Rechtsstreit Reisekosten.[73] Im Verhältnis zu seinem Mandanten ergibt sich der Vergütungsumfang aus Nr. 7003 bis 7006 VV-RVG; eine Geschäftsreise liegt dabei vor, wenn das Reiseziel außerhalb der Gemeinde liegt, in der sich die Kanzlei oder die Wohnung des Rechtsanwalts befindet, Vorb. 7 Abs. 2 VV-RVG.[74] Werden Reisekosten des Anwalts im Kostenfestsetzungsverfahren angemeldet, ist in einem **ersten Schritt** zu prüfen, ob die Reisekosten überhaupt erstattungsfähig sind, um sodann in einem **zweiten Schritt** den festzusetzenden Umfang zu bestimmen.

29 § 91 Abs. 2 Satz 1 ZPO setzt nach seinem Wortlaut wie **selbstverständlich** voraus, dass Reisekosten des Rechtsanwalts, der entweder am Ort des Prozessgerichts wohnt oder aber im Bezirk des Prozessgerichts (in Abhängigkeit von erst- und zweitinstanzlicher Zuständigkeit ist abzustellen auf den Bezirk von AG, LG oder OLG) niedergelassen ist, erstattungsfähig sind. Hieran ist nach zutreffender Ansicht auch festzuhalten; eine Notwendigkeitsprüfung hingegen auch in dem Fall, dass ein im Gerichtsbezirk zwar niedergelassener, jedoch außerhalb des Gerichtsorts wohnhafter bzw. kanzleiansässiger Prozessbevollmächtigter beauftragt wird (was ohne Zweifel zu Mehrkosten führt), überzeugt in Anbetracht von Wortlaut und Systematik nicht.[75] Reisekosten bzw. Tages- und Abwesenheitsgelder sind daher gerade auch dann erstattungsfähig, wenn der Anwalt innerhalb des Gerichtsbezirks an einem dritten Ort – also weder am Wohn- oder Geschäftsort der Partei noch im Bezirk des Prozessgerichts – ansässig ist.[76]

30 Erst also wenn es sowohl an einer Niederlassung im Bezirk des Prozessgerichts als auch an einer Wohnung des Anwalts am Ort des Prozessgerichts fehlt, ist in die Prüfung einzusteigen, ob die Zuziehung des beauftragten **sog. auswärtigen Anwalts** zur zweckentsprechenden Rechtsverfolgung oder Rechtsverteidigung notwendig war, Satz 1 Hs. 2. Nach der Rechtsprechung des BGH[77] sind insoweit **drei Fallkonstellationen** zu unterscheiden:

1. Die Partei ist am Gerichtsort ansässig[78] und beauftragt einen auswärtigen Anwalt (vgl. Rn. 31).
2. Die Partei klagt bei einem auswärtigen Gericht (oder wird dort verklagt) und beauftragt einen Anwalt, der an ihrem Wohn- oder Geschäftsort ansässig ist (vgl. Rn. 32).
3. Die Partei klagt bei einem auswärtigen Gericht (oder wird dort verklagt) und beauftragt einen Anwalt, der an einem dritten Ort ansässig ist (vgl. Rn. 33).[79]

31 In der **ersten Fallkonstellation** kann die Beauftragung des auswärtigen Anwalts **regelmäßig nicht** als notwendig angesehen werden, weil im Regelfall davon ausgegangen werden kann, dass eine vernünftige und kostenbewusste Partei einen beim Prozessgericht ansässigen Anwalt beauftragt, was auch im Hinblick auf die einfacheren Möglichkeiten der persönlichen Unterrichtung und Beratung nahe liegt.[80] In Ausnahmefällen kann etwas anderes gelten, etwa weil es zur sachgerechten Prozessführung besonderer Spezialkenntnisse bedarf, z.B. in EEG-Sachen,[81] und vor Ort ein solcher Spezialanwalt nicht ansässig ist. Der vom BGH angelegte Maßstab ist dabei bemerkenswert streng.[82] Die langjährige Zusammenarbeit mit dem auswärtigen Anwalt, dessen vorgerichtliche Tätigkeit oder ein besonderes Vertrauensverhältnis rechtfertigen die Beauftragung eines auswärtigen Anwalts nicht.[83] Sehr kontrovers beurteilt wird derzeit die Frage, ob und ggf. in welchem Umfang die Reisekosten des auswärtigen Anwalts – bei fehlender Notwendigkeit – zumindest teilweise bei fiktiver Betrachtung doch erstattungsfähig sind. Vielfach wird insoweit vertreten, die Reisekosten seien in Höhe der fiktiven Kosten

---

73 Ausführlich zu den anwaltlichen Reisekosten im Zivilprozess zuletzt *Schneider*, NJW 2017, 307 ff.
74 Ausführlich zum Begriff der Geschäftsreise OLG Düsseldorf, ZfS 2012, 287 mit Anm. *Hansens*.
75 Richtig LG Krefeld, AGS 2014, 424; AG Limburg, AGS 2013, 98; LG Krefeld, JurBüro 2011, 307; Prütting/Gehrlein-*Schneider*, ZPO, § 91 Rn. 5; a.A. MK-*Schulz*, ZPO, § 91 Rn. 65; offen gelassen von BGH, NJW 2011, 3520 Rn. 6 = VersR 2012, 77.
76 OLG Köln, RVGreport 2016, 68 f. m.w.N.; *Reck*, Rpfleger 2012, 419 ff.
77 Grundlegend BGH, NJW 2003, 901 (902 f.) = FamRZ 2003, 524.
78 Im Einzelnen zum maßgeblichen Wohn- bzw. Geschäftssitz der Partei BeckOK-*Jaspersen/Wache*, ZPO, § 91 Rn. 168b ff.
79 Zu den einzelnen Konstellationen zuletzt auch *Mayer*, NJW 2014, 2913 ff.
80 BGH, NJW 2003, 901 (902 f.) = FamRZ 2003, 524; BGH, NJW-RR 2007, 1071 (1072), Rn. 10 ff. = FamRZ 2007, 718; BGH, NJW-RR 2012, 697, Rn. 7 = VersR 2012, 593.
81 OLG Nürnberg, NJW 2014, 2967. Ferner OLG Frankfurt a.M., AGS 2004, 210; OLG Jena, NJW-RR 2013, 317.
82 Vgl. BGH, NJW-RR 2012, 697 f., Rn. 8 ff. = VersR 2012, 593: Spezialisierung auf das Kapitalanlagerecht bei erheblichen Vorkenntnissen mit einem bestimmten Medienfonds genügt nicht.
83 BGH, NJW 2003, 901 (902 f.) = FamRZ 2003, 524; BGH, NJW-RR 2007, 1071 (1072), Rn. 10 ff. = FamRZ 2007, 718; BGH, NJW-RR 2009, 283 (284), Rn. 8 = MDR 2008, 946.

für eine Anreise vom am weitesten entfernten Ort innerhalb des Gerichtsbezirks erstattungsfähig.[84] Demgegenüber soll nach anderer Auffassung jedwede Erstattung der Reisekosten ausscheiden.[85] Zum Teil wird – in Anlehnung an die ständige Rechtsprechung zur dritten Fallkonstellation (nachfolgend Rn. 33) – vertreten, die Reisekosten des auswärtigen Anwalts könnten nur in Höhe der fiktiven Kosten für die Anreise vom Sitz der Partei aus festgesetzt werden.[86]

In der **zweiten Fallkonstellation** ist die Zuziehung eines am Wohn- oder Geschäftsort der auswärtigen Partei ansässigen Rechtsanwalts zur zweckentsprechenden Rechtsverfolgung oder Rechtsverteidigung **regelmäßig als notwendig** anzusehen.[87] Unerheblich ist, wenn sich die auswärtige Partei gelegentlich am Ort des Prozessgerichts aufhält[88] oder wenn ihr Unternehmen dort eine Zweigniederlassung hat.[89] Die Erstattungsfähigkeit ist allerdings dann zu verneinen, wenn schon im Zeitpunkt der Beauftragung des Rechtsanwalts zweifelsfrei feststeht, dass ein Mandantengespräch für die Prozessführung nicht erforderlich ist, was für die erste und die zweite Instanz gleichermaßen und auch dann gilt, wenn nur über Rechtsfragen gestritten wird.[90] Die Erforderlichkeit einer persönlichen Beratung hängt maßgeblich von der Rechtskunde der Partei ab; rechtsunkundige Personen bedürfen eines Mandantengesprächs, gewerbliche Unternehmen, Verbände zur Verfolgung gewerblicher Interessen oder Verbraucherverbände, die über eine eigene, die Sache bearbeitende Rechtsabteilung verfügen, in der Regel nicht,[91] ebenso wenig eine Körperschaft des öffentlichen Rechts bei genügender personeller Ausstattung[92] oder ein Rechtsanwalt, der zum Insolvenzverwalter bestellt ist oder als solcher einen anderen Anwalt aus seiner Kanzlei beauftragt.[93] In diesen Fällen genügt ein fernmündliches Gespräch oder schriftlicher Kontakt. Die (auch nicht rechtskundige) auswärtige Partei muss sich zudem ausnahmsweise dann auf einen am Gerichtsort ansässigen Anwalt verweisen lassen, wenn bei einem in tatsächlicher Hinsicht überschaubaren Streit um eine Geldforderung die Gegenseite versichert hat, nicht leistungsfähig zu sein und gegenüber einer Klage keine Einwendungen zu erheben.[94] Dass die auswärtige Partei die Reisekosten des an ihrem Wohn- oder Geschäftsort ansässigen Anwalts erstattet verlangen kann, gilt auch dann, wenn der sachbearbeitende Anwalt einer überörtlichen Sozietät angehört, die auch am Sitz des Prozessgerichts mit dort postulationsfähigen Anwälten vertreten ist,[95] ferner, wenn die Partei ein Haftpflichtversicherer ist, der keine eigene Rechtsabteilung unterhält und deswegen einen Hausanwalt an seinem Geschäftsort beauftragt.[96]

In der den „Rechtsanwalt am dritten Ort" betreffenden **dritten Fallkonstellation** schließlich sind nach der Rechtsprechung des BGH Reisekosten **regelmäßig nur bis zur Höhe der fiktiven Reisekosten** eines am Wohn- oder Geschäftsort der Partei ansässigen Rechtsanwalts zu erstatten.[97] Ist die Entfernung des Kanzleisitzes zum Gerichtsort geringer als diejenige vom Wohn- oder Geschäftsort der Partei, sind diese (geringeren) angemeldeten Reisekosten ebenfalls erstattungsfähig.[98] In Anlehnung an die Maßstäbe in der ersten Fallkonstellation sind die Mehr-

---

84 OLG Köln, RVGreport 2016, 68; OLG Frankfurt a.M., BeckRS 2016, 06286; LG Düsseldorf, NJW 2015, 498 mit zust. Anm. *Schons*; AG Marbach, AGS 2014, 210; AG Kiel, NJW-RR 2013, 892; Prütting/Gehrlein-*Schneider*, ZPO, § 91 Rn. 5; *Schneider*, NJW 2017, 307, 308 f.
85 OLG Celle, NJW 2015, 2670.
86 OLG Frankfurt a.M., JurBüro 2016, 203 f.
87 BGH, NJW 2003, 898 (899 f.) = FamRZ 2003, 441; BGH, NJW 2007, 2048 (2049), Rn. 6 ff. = MDR 2007, 802.
88 BGH, NJW-RR 2004, 1216 f. = RVGreport 2004, 193.
89 BGH, NJW-RR 2005, 922 f. = VersR 2005, 1749.
90 BGH, NJW-RR 2004, 856 f. = MDR 2004, 839; BGH, NJW-RR 2004, 1500 = VersR 2005, 997; BGH, NJW 2007, 2048 (2049), Rn. = MDR 2007, 802.
91 BGH, NJW 2003, 898 (901) = FamRZ 2003, 441; BGH, NJW 2003, 2027 (2028) = MDR 2003, 1019; BGH, NJW-RR 2004, 855 (856) = VersR 2004, 1150; BGH, NJW-RR 2004, 856 (857) = MDR 2004, 839; BGH, NJW 2006, 301 (302 f.) = MDR 2006, 356.
92 KG Berlin, JurBüro 2013, 430.
93 BGH, NJW 2004, 3187 f. = MDR 2005, 50; BGH, NJW-RR 2005, 1591 f. = MDR 2006, 117; Thomas/Putzo-*Hüßtege*, ZPO, § 91 Rn. 42e.
94 BGH, JurBüro 2010, 369 f., Rn. 8 = BeckRS 2010, 03750; BGH, NJW 2003, 898 (901) = FamRZ 2003, 441.
95 BGH, NJW 2008, 2122 (2123 f.), Rn. 12 ff. = FamRZ 2008, 1241.
96 BGH, NJW-RR 2004, 430 f. = VersR 2004, 352. Anders, wenn die Versicherung selbst nicht Partei ist, der Versicherungsnehmer aber vom Hausanwalt vertreten wird: BGH, NJW 2011, 3521 (3522), Rn. 10 ff. = VersR 2011, 1584 mit Anm. *Winkler*.
97 Siehe nur BGH, NJW-RR 2011, 1430, Rn. 8 = WuM 2011, 433; BGH, NJW-RR 2007, 1561 (1562), Rn. 13 = VersR 2007, 1289 m.w.N.
98 BGH, NJW 2011, 3520 (3521), Rn. 8 f. = MDR 2011, 1321; BGH, NJW-RR 2008, 1378, Rn. 5 f. = FamRZ 2008, 507.

kosten des Rechtsanwalts am dritten Ort aber ausnahmsweise dann erstattungsfähig, wenn es zur sachgerechten Prozessführung eines Spezialanwalts bedarf und ein solcher weder am Gerichtsort noch am Sitz der Partei ansässig ist.[99] Hier stellt sich allerdings die Frage, ob der Partei nicht abverlangt werden kann, den zum Gerichtsort nächstgelegenen Spezialanwalt zu beauftragen.[100]

34 Zu den Reisekosten eines **Unterbevollmächtigten** vgl. nachfolgend Rn. 139f.

35 Für jede der drei vorstehend in den wesentlichen Grundzügen dargestellten Fallgruppen ergeben sich in der Praxis zahlreiche **einzelfallbedingte Folgeprobleme**, deren Lösung in der Gesamtheit nur schwer überschaubar ist und die die Frage gerechtfertigt erscheinen lassen, wie ernst zu nehmen die Rechtsprechung mit ihrem Abstellen auf eine typisierende Betrachtungsweise (weil eine übermäßig differenzierende Beurteilung zu unverhältnismäßigen Nachteilen führen würde) tatsächlich ist.[101]

36 Steht die Erstattungsfähigkeit der Reisekosten dem Grunde nach fest, ist in einem **zweiten Schritt** der **Umfang** der zu erstattenden Aufwendungen zu bestimmen. Dieser richtet sich nach Nr. 7003 bis 7006 VV-RVG. Im Ausgangspunkt gilt, dass der Anwalt das ihm **bequemste und zeitgünstige Verkehrsmittel** wählen darf, eine Pflicht zur Benutzung des billigsten Verkehrsmittels mithin nicht besteht, und dass der zur Kostentragung verpflichtete Gegner diese Wahl grundsätzlich gegen sich gelten lassen muss.[102] Die Kosten einer Reise mit dem eigenen Pkw sind stets zu ersetzen, und zwar neben der Kilometerpauschale auch Parkgebühren und andere regelmäßig anfallenden Auslagen. Mietwagenkosten sind konkret abzurechnen, Nr. 7004 VV-RVG. Auch die Kosten einer Bahnfahrt einschließlich der Auslagen für eine Platzreservierung sind unproblematisch festsetzungsfähig, und zwar auch bei Benutzung der ersten Wagenklasse der Bahn (vgl. § 5 Abs. 1 JVEG). Bei Einsatz einer Bahncard sind deren Kosten nach h.M. auch nicht anteilig erstattungsfähig, da es sich um allgemeine Geschäftskosten handelt.[103] Gelangt der Anwalt mit der Bahn oder auf anderem Weg in eine fremde Stadt, sind dort zusätzlich anfallende Taxikosten ebenfalls zu ersetzen.[104] Flugkosten werden erstattet, wenn die dabei entstehenden Mehrkosten nicht außer Verhältnis zu den Kosten einer Bahnreise stehen, wobei auch die Bedeutung des Rechtsstreits und der Streitwert Berücksichtigung finden können.[105] Nicht erstattungsfähig sind daher jedenfalls bei Inlandsflügen die erheblichen Mehrkosten der Business Class. Da aber stets mit einer – auch kurzfristigen – Verlegung eines Gerichtstermins gerechnet werden muss, darf ein Flugpreistarif in der Economy Class gewählt werden, der die Möglichkeit zur kurzfristigen Umbuchung des Flugs gewährleistet.[106] Sofern zur pünktlichen Anreise zu einem Gerichtstermin ein Reisebeginn vor 6.00 Uhr morgens erforderlich wäre, sind auch Übernachtungskosten (Nr. 7006 VV-RVG) erstattungsfähige Kosten des Rechtsstreits.[107] Übernachtet werden kann in einem Hotel, das einen angemessen komfortablen Standard aufweist.[108]

3. Kosten mehrerer Anwälte, Abs. 2 Satz 2

37 Jeder Partei steht es frei, sich der Hilfe mehrerer Prozessbevollmächtigter zu bedienen, § 84 ZPO. Die hiermit einhergehenden Mehrkosten sind indessen grundsätzlich nicht erstattungsfähig. Dies ergibt sich aus einem Umkehrschluss zu Abs. 2 Satz 2, wonach bei der Beauftragung von mehr als einem Anwalt die Kosten nur insoweit zu erstatten sind, als sie die Kosten eines Anwalts nicht übersteigen „oder als in der Person des Rechtsanwalts ein Wechsel ein-

---

99 Vgl. *Mayer*, NJW 2014, 2913 (2914).
100 Beispiel: Die in Bamberg ansässige Partei klagt vor dem LG Würzburg. Es bedarf eines Spezialanwalts, der weder in Bamberg noch im Bezirk des LG Würzburg aufzufinden ist. Wenn ein geeigneter Spezialanwalt in München ansässig ist, erscheint es nicht gerechtfertigt, die unterliegende Partei mit den Mehrkosten der Beauftragung eines Spezialanwalts etwa aus Berlin zu belasten.
101 Ausführliche Darstellungen finden sich etwa bei Thomas/Putzo-*Hüßtege*, ZPO, § 91 Rn. 42ff.; BeckOK-*Jaspersen/Wache*, ZPO, § 91 Rn. 168ff.; Zöller-*Herget*, ZPO, § 91 Rn. 13 – „Reisekosten".
102 Vgl. AG Norden, JurBüro 2000, 76; Zöller-*Herget*, ZPO, § 91 Rn. 13 – „Reisekosten".
103 OLG Celle, MDR 2004, 1445; OLG Karlsruhe, JurBüro 2000, 145; a.A. OLG Frankfurt a.M., NJW 2006, 2337f.
104 LG Berlin, JurBüro 1999, 526.
105 BGH, NJW-RR 2015, 761 (762), Rn. 10 = WRP 2015, 753; BGH, NJW-RR 2008, 654 (655), Rn. 13 = WM 2008, 422.
106 BGH, NJW-RR 2015, 761 (762), Rn. 10; OLG Brandenburg, MDR 2014, 118f.; OLG Hamburg, AGS 2011, 463.
107 OLG Karlsruhe, NJW-RR 2003, 1654; OLG Hamburg, AGS 2011, 463; LG Berlin, JurBüro 2016, 314 mit Anm. *Enders*, jeweils m.w.N.
108 OLG Frankfurt a.M., MDR 2007, 1005 (1006).

treten musste". Zu unterscheiden sind **zwei Konstellationen**: Zum einen die parallele Beauftragung mehrerer Anwälte, zum anderen der Wechsel des bislang tätigen Anwalts.[109] In beiden Fällen ist § 91 Abs. 2 Satz 2 ZPO Ausdruck des Grundsatzes, dass jede Partei die Kosten ihrer Prozessführung so niedrig zu halten hat, wie es sich mit einer ihre Rechte wahrenden Prozessführung verträgt.

a) Kosten mehrerer parallel tätiger Anwälte
Bei der gleichzeitigen Mandatierung mehrerer Anwälte im Laufe des Verfahrens sind nur Kosten in der Höhe erstattungsfähig, die bei der Beauftragung nur eines Anwalts entstanden wären. Warum die Partei einen weiteren Anwalt beauftragt hat, ist für die Erstattungsfähigkeit unerheblich, vorhandene Spezialkenntnisse des zweiten Anwalts oder die besondere Komplexität des Rechtsstreits rechtfertigen keine Ausnahme.[110] Beauftragt der Kläger im Fall einer Widerklage mit der Verteidigung gegen diese einen weiteren Anwalt, sind dessen Kosten nicht zu ersetzen, und zwar auch dann nicht, wenn es sich um einen Versicherungsnehmer handelt, der allein einer Weisung seines Haftpflichtversicherers Folge leistet.[111] Dass die Vergütung für einen erteilten anwaltlichen Auftrag grundsätzlich nur einmal erstattungsfähig ist, gilt auch für den Auftrag, die Erfolgsaussichten des vom Prozessgegner eingelegten und begründeten Rechtsmittels zu prüfen. Werden die Erfolgsaussichten des Rechtsmittels auftragsgemäß zweimal, nämlich von zwei Rechtsanwälten geprüft, ist die dadurch anfallende Vergütung im Rahmen der Kostenerstattung nur einmal zu berücksichtigen.[112] Erstattungsfähig sind auch nicht die Kosten, die dadurch entstanden sind, dass der für das Berufungsverfahren bestellte Anwalt auf Wunsch der Partei die Schriftsätze des für das Revisionsverfahren mandatierten und am BGH zugelassenen Rechtsanwalts überprüft.[113] Die vorstehenden Grundsätze gelten gleichermaßen für eine **Gebietskörperschaft**, auch wenn sie in einem Rechtsstreit aufgrund ihrer Vertretungsregelungen durch mehrere, ggf. unterschiedlichen Verfassungsorganen zuzuordnenden Stellen vertreten wird.[114] Kostenrechtlich gesondert zu behandeln ist allerdings die Beauftragung eines Patentanwalts neben einem Rechtsanwalt (vgl. Rn. 107). 38

§ 91 Abs. 2 Satz 2 ZPO betrifft nur den Fall, dass mehrere anwaltliche **Hauptbevollmächtigte** bestellt werden. Die Beauftragung eines zweiten Anwalts als **Unterbevollmächtigten**, um bestimmte Aufgaben an Stelle des Hauptbevollmächtigten wahrzunehmen, fällt daher **nicht** in den Regelungsbereich der Vorschrift. Beauftragt die Partei also (meist an ihrem Wohn- oder Geschäftssitz) einen Hauptbevollmächtigten und zusätzlich (insbesondere wenn das Prozessgericht weit entfernt ist) einen **Terminsvertreter** (Nr. 3401 VV-RVG) als weiteren Prozessbevollmächtigten, ist die Erstattungsfähigkeit der hiermit verbundenen Mehrkosten allein nach § 91 Abs. 1 Satz 1 ZPO zu beurteilen (vgl. Rn. 139f.).[115] Das Gleiche gilt für die Erstattungsfähigkeit der Kosten eines **Verkehrsanwalts** (hierzu Rn. 145f.).[116] Bei der Bestellung eines **Untervertreters** (§ 5 RVG) liegt ohnehin kein Fall der Parallelbeauftragung mehrerer Anwälte vor, da hier der Auftrag regelmäßig durch den vertretenen Anwalt erfolgt. Umstritten ist, ob für Streitgenossen eine kostenrechtliche Verpflichtung zur Bestellung eines gemeinsamen Prozessbevollmächtigten besteht (hierzu Rn. 131ff.); die Regelung des Abs. 2 Satz 2 verhält sich hierzu allerdings nicht, da sie die Beauftragung mehrerer Anwälte durch eine Partei voraussetzt.[117] 39

b) Kosten nach Anwaltswechsel
Ein Anwaltswechsel i.S.v. Abs. 2 Satz 2 liegt nur vor, wenn dieser **innerprozessual** erfolgt,[118] was auch dann der Fall ist, wenn der Wechsel zwischen Mahn- und Hauptsacheverfahren vollzogen wird.[119] Unschädlich ist es aber, wenn die Partei sich vorprozessual und prozessual 40

---

109 Ausführlich *Henssler/Deckenbrock*, MDR 2005, 1321 ff.
110 Vgl. MK-*Schulz*, ZPO, § 91 Rn. 81; BeckOK-*Jaspersen/Wache*, ZPO, § 91 Rn. 182.
111 OLG Nürnberg, MDR 2011, 1284 f.
112 BGH, NJW 2012, 2734 (2736), Rn. 12 = VersR 2013, 331.
113 OLG Nürnberg, MDR 2011, 264.
114 BGHZ 188, 121 (123), Rn. 8 = NVwZ 2011, 765 = VersR 2011, 1541; OLG Koblenz, AnwBl. 1988, 296; OLG Köln, JurBüro 1980, 1083 ff.
115 BGH, NJW 2003, 898 (899) = FamRZ 2003, 441; BGH, NJW-RR 2004, 430 f. = VersR 2004, 352; BGH, NJW-RR 2004, 1724 = VersR 2005, 1454.
116 BGH, NJW 2006, 301 (302) = VersR 2006, 136.
117 Vgl. *Henssler/Deckenbrock*, MDR 2005, 1321, 1326. Missverständlich BGH, NJW-RR 2004, 536 = MDR 2004, 569.
118 OLG Koblenz, NJOZ 2009, 2098 (2099).
119 Richtig z.B. *Klüsener*, JurBüro 2016, 337 ff. in ablehnender Besprechung von OLG München, JurBüro 2016, 295 ff.

durch verschiedene Anwälte vertreten lässt.[120] Ob die Vorschrift greift, wenn der Anwaltswechsel zwischen selbstständigem Beweisverfahren und nachfolgendem Hauptsacheverfahren erfolgt, wird unterschiedlich beurteilt;[121] nach zutreffender Ansicht ist dies zu verneinen, weil es sich um zwei verschiedene Verfahren handelt, denen zwei verschiedene Aufträge zu Grunde liegen.[122] Ein Wechsel liegt ferner nicht vor, wenn das Mandat durch eine andere Kanzlei der überörtlichen Sozietät weiterbearbeitet wird oder wenn der bisher sachbearbeitende Rechtsanwalt aus der Sozietät ausscheidet.[123]

41 Dass der Wechsel eintreten **„musste"**, setzt voraus, dass er **nicht auf ein Verschulden** der Partei oder ein ihr nach dem Grundgedanken von § 85 Abs. 2 ZPO zuzurechnendes Verschulden ihres Rechtsanwalts zurückzuführen ist.[124] Die objektive Notwendigkeit des Anwaltswechsels genügt mithin nicht, es bedarf vielmehr einer Unvermeidbarkeit, was vom Rechtspfleger im Kostenfestsetzungsverfahren zu prüfen ist. Darlegungs- und beweispflichtig ist insoweit der Kostengläubiger, weil er sich auf einen Ausnahmetatbestand beruft.[125]

42 Ist der Anwaltswechsel darauf zurückzuführen, dass der zunächst beauftragte Rechtsanwalt seine Zulassung zurückgegeben hat, ist eine Unvermeidbarkeit anzunehmen, wenn der Anwalt seine Zulassung aus achtenswerten Gründen aufgegeben hat und er bei Mandatsübernahme nicht vorhersehen konnte, dass er die Zulassung in absehbarer Zeit aufgeben und deshalb den Auftrag voraussichtlich nicht zu Ende führen könne.[126] Wirtschaftliche Schwierigkeiten eines Rechtsanwalts stellen regelmäßig keinen achtenswerten Grund i.d.S. dar, weil der Anwalt seine für die Aufrechterhaltung des Kanzleibetriebs erforderliche Leistungsfähigkeit sicherzustellen hat.[127] Etwas anderes kann aber gelten, wenn die wirtschaftlichen Schwierigkeiten auf nicht vorhersehbaren persönlichen Gründen beruhen; denn wenn der Anwalt aus schwerwiegenden gesundheitlichen oder anderen persönlichen (z.B. hohes Alter oder Übernahme der Pflege eines Familienangehörigen) Gründen nicht mehr zu einer Fortführung seiner Berufstätigkeit in der Lage ist, wird ebenfalls ein verschuldeter Wechsel verneint.[128]

43 Im Übrigen gilt: Ein Anwaltswechsel wegen Arbeitsüberlastung, vorübergehender Erkrankung oder fragwürdiger Beratungsleistungen des Anwalts ist in aller Regel nicht notwendig.[129] Störungen im Innenverhältnis, etwa Vertrauensverlust oder Unstimmigkeiten über das weitere prozessuale Vorgehen, rechtfertigen es ebenfalls nicht, dem Gegner die Mehrkosten aufzuerlegen.[130] Das Gleiche gilt regelmäßig für Interessenkollisionen aufgrund Zusammenschlusses[131] oder wenn der Prozessbevollmächtigte als Zeuge benannt wird.[132] Verstirbt der Anwalt, der nicht Sozius einer Sozietät ist,[133] und wird nach § 55 BRAO ein Abwickler für die Kanzlei bestellt, ist die Partei hingegen nicht gehalten, auf jeden Fall den Abwickler mit der Weiterbehandlung seiner Angelegenheit zu betrauen; sie darf vielmehr zu einem anderen Anwalt wechseln.[134]

44 An sich stellt sich die Frage der Vermeidbarkeit des Anwaltswechsels nur, wenn durch diesen überhaupt Mehrkosten entstanden sind. Denn die unterlegene Partei ist allein zur Erstattung derjenigen Kosten verpflichtet, zu deren Zahlung die obsiegende Partei gegenüber ihren Anwälten verpflichtet ist.[135] Im Verhältnis zum ausgewechselten Anwalt beurteilt sich dies maßgeblich nach §§ 326, 628 Abs. 1 BGB, § 15 Abs. 4 RVG. Das Entfallen oder die Minderung des

---

120 Vgl. BeckOK-*Jaspersen/Wache*, ZPO, § 91 Rn. 177.1.
121 Dafür OLG Köln, JurBüro 2013, 590 (591); OLG Hamm, OLGR 2002, 412; OLG Koblenz, AGS 2002, 164 (165).
122 Vgl. *Schneider*, NJW-Spezial 2013, 731 (732); *Schneider*, AGS 2013, 571, 572; offen gelassen von BGH, NJW 2014, 3518 (3520), Rn. 20ff. = MDR 2014, 1293.
123 OLG Frankfurt a.M., NJW-RR 1999, 435; Thomas/Putzo-*Hüßtege*, ZPO, § 91 Rn. 32 m.w.N.
124 BGH, NJOZ 2013, 440 (441), Rn. 11 = FamRZ 2012, 1936; BGH, NJW 2012, 3790, Rn. 7 = VersR 2012, 1581; OLG Celle, NJW-RR 2011, 485; OLG Koblenz, Rpfleger 2004, 184.
125 BGH, NJOZ 2013, 440 (441), Rn. 11ff. = FamRZ 2012, 1936.
126 BGH, NJOZ 2013, 440 (441), Rn. 13 = FamRZ 2012, 1936; BGH, NJW 2012, 3790 (3791), Rn. 8ff. = VersR 2012, 1581; BGH, NJW 1957, 1152 (1153) = MDR 1958, 32; OLG Koblenz, MDR 1991, 1098; OLG Hamm, NJW-RR 1996, 1343.
127 BGH, NJOZ 2013, 440 (442), Rn. 17 = FamRZ 2012, 1936.
128 Vgl. OLG Koblenz, OLGR 2006, 939 (940); BGH, NJW 2012, 3790 (3791), Rn. 16ff. = VersR 2012, 1581; Zöller-*Herget*, ZPO, § 91 Rn. 13 – „Anwaltswechsel" m.w.N.
129 Mit Nachweisen etwa Thomas/Putzo-*Hüßtege*, ZPO, § 91 Rn. 34.
130 OLG Köln, JurBüro 2013, 590f.
131 OLG Celle, NJW-RR 2011, 485.
132 OLG Hamm, Rpfleger 1976, 435; OLG München, MDR 1967, 503.
133 Vgl. OLG Hamburg, JurBüro 1975, 773; Prütting/Gehrlein-*Schneider*, ZPO, § 91 Rn. 14.
134 OLG Köln, OLGR 2008, 538; OLG Hamburg, MDR 2005, 839; OLG München, JurBüro 1994, 300.
135 Deutlich *Henssler/Deckenbrock*, MDR 2005, 1321 (1322f.); *Henssler/Deckenbrock*, NJW 2005, 1 (5).

Honoraranspruchs des erstbeauftragten Anwalts betrifft allerdings materiell-rechtliche Fragen, die zudem häufig auf unklarer Tatsachengrundlage zu klären sind. Hierfür ist der Rechtspfleger im Kostenfestsetzungsverfahren nicht berufen.[136]

4. Kosten des Anwalts in eigener Sache, Abs. 2 Satz 3

Wird der Rechtsanwalt in eigener Sache tätig, vertritt er sich also im Rechtsstreit selbst, sind nach Abs. 2 Satz 3[137] diejenigen Gebühren und Auslagen erstattungsfähig, die er bei Vertretung einer Partei verlangen könnte. Eine Tätigkeit in eigener Sache liegt vor, wenn der Anwalt sich als Partei, als Partei kraft Amtes, als Streitgenosse einer Sozietät oder als Nebenintervenient vertritt oder den Rechtsstreit als Prozessstandschafter im eigenen Namen führt.[138] Es ist nicht Sinn und Zweck der Regelung, tatsächlich nicht geleistete Tätigkeiten des sich selbst vertretenden Anwalts zu fingieren und so eine Erstattungsfähigkeit zu ermöglichen; **es müssen vielmehr die tatbestandlichen Voraussetzungen des geltend gemachten Gebühren- oder Auslagentatbestandes gegeben sein.**[139] Ein Rechtsanwalt ist nicht gehalten, darauf zu verzichten, sich vor einem auswärtigen Prozessgericht selbst zu vertreten, und stattdessen einen dort ansässigen Anwalt mit seiner Prozessvertretung zu beauftragen, weshalb ihm auch die Reisekosten zu ersetzen sind.[140] Das gilt jedenfalls in den Fällen, in denen er in eigener Sache als Naturalpartei klagt oder verklagt wird und sich nicht etwa als Insolvenzverwalter selbst vertritt.[141] Beauftragt der Anwalt aber einen auswärtigen Anwalt mit seiner Vertretung vor einem auswärtigen Gericht, kann er die Erstattung der Kosten dieses Anwalts verlangen, nicht jedoch zusätzlich eine Verkehrsanwaltsgebühr abrechnen.[142] Ein sich selbst vertretender Anwalt kann auch keine Verfahrensgebühr für das Berufungsverfahren verlangen, wenn die Berufung des Gegners nur fristwahrend eingelegt und innerhalb der Berufungsbegründungsfrist zurückgenommen worden ist.[143] Vertreten sich mehrere Anwälte in eigener Sache selbst, sind grundsätzlich nur die Kosten eines gemeinsamen Anwalts erstattungsfähig.[144]

45

III. Kostenpflicht nach Absatz 3 – Kosten des Güteverfahrens

Zu den Kosten des Rechtsstreits gehören nach Absatz 3 auch die Gebühren, die durch ein Güteverfahren vor einer durch die Landesjustizverwaltung eingerichteten oder anerkannten **Gütestelle** (§ 15a EGZPO) entstanden sind, es sei denn, zwischen der Beendigung des Güteverfahrens und der Klageerhebung ist mehr als ein Jahr verstrichen. Die Regelung ist erforderlich, weil das vorprozessual durchgeführte Güteverfahren nicht zu dem Rechtsstreit zählt (vgl. Rn. 10). Das Güteverfahren i.S.v. Absatz 3 ist streng von dem **Güterichterverfahren** nach § 278 Abs. 5 ZPO zu unterscheiden.

46

Mit den „durch das Güteverfahren entstandenen Gebühren" sind nur die seitens der Gütestelle selbst verlangten Gebühren gemeint. Nicht umfasst von Absatz 3 sind daher die Kosten, die der **Partei selbst erwachsen.**[145] Das schließt aber nicht aus, dass die im Güteverfahren entstandenen Partei- und Anwaltskosten als unmittelbar prozessbezogene sog. Vorbereitungskosten i.S.d. § 91 Abs. 1 Satz 1 ZPO erstattungsfähig sein können. Einzelne Obergerichte lehnen dies allerdings mit Hinweis darauf ab, das Güteverfahren diene nicht der Vorbereitung, sondern der Vermeidung des Rechtsstreits, und ziehen zudem einen Umkehrschluss aus Absatz 3.[146] Mit der herrschenden Gegenauffassung ist jedoch eine **Erstattungsfähigkeit zu bejahen**, insbesondere weil die Durchführung des Schlichtungsverfahrens eine zwingende Zulässigkeitsvoraussetzung darstellt.[147] Im Einzelfall wird man der Hinzuziehung eines Rechts-

47

---

136 Vgl. BGH, NJOZ 2013, 440 (441), Rn. 12 = FamRZ 2012, 1936; BGH, NJW-RR 2007, 422 f., Rn. 8 ff. = RVGreport 2007, 110. Siehe auch BeckOK-*Jaspersen/Wache*, ZPO, § 91 Rn. 178 m.w.N.
137 Die Vorschrift ist auf Streitigkeiten nach dem FamFG nicht anwendbar, vgl. OLG Köln, ErbR 2011, 368 m.w.N.
138 Vgl. Saenger-*Gierl*, ZPO, § 91 Rn. 61.
139 BGH, NJW 2008, 1087, Rn. 7 = WM 2008, 567.
140 BGH, NJW 2003, 1534 = VersR 2004, 668.
141 OLG München, NJW-RR 2012, 889 (890).
142 BGH, NJW 2008, 1087, Rn. 9 = WM 2008, 567; OLG Rostock, MDR 2001, 115.
143 BGH, NJW 2008, 1087, Rn. 6 ff. = WM 2008, 567; abweichend OLG Düsseldorf, MDR 2010, 115.
144 BGH, NJW 2007, 2257, Rn. 9 ff. = MDR 2007, 1160; Prütting/Gehrling-*Schneider*, ZPO, § 91 Rn. 68.
145 Etwa OLG Karlsruhe, OLGR 2008, 761 (762); BayOLG, NJW-RR 2005, 724; OLG Hamburg, MDR 2002, 115.
146 OLG Hamm, JurBüro 2007, 489; OLG Hamburg, MDR 2002, 115; *Pfab*, Rpfleger 2005, 411 ff.
147 Siehe näher OLG Köln, NJW-RR 2010, 431 (432); BayObLGZ 2004, 169; OLG Bremen, AnwBl. 2003, 312, jeweils m.w.N.

anwalts im Güteverfahren die Notwendigkeit absprechen müssen,[148] z.B. wenn eine einfach gelagerte Ehrverletzung in Rede steht und die Gegenseite das Verfahren ohne anwaltliche Hilfe durchführt. Voraussetzung ist stets, dass der Gegenstand des Schlichtungsverfahrens und der Streitgegenstand des Rechtsstreits übereinstimmen.[149] Die Kosten eines Schiedsverfahrens oder eines Schiedsgutachtens fallen nicht unter § 91 Abs. 3 ZPO.[150]

IV. Rückfestsetzung nach Abs. 4

48   Nach § 91 Abs. 4 ZPO zählen zu den Kosten des Rechtsstreits auch diejenigen Kosten, die die obsiegende Partei der unterlegenen Partei im Verlaufe des Rechtsstreits gezahlt hat. Die Vorschrift ist erst 2004 eingeführt worden. Mit ihr wurde eine Praxis, die von der herrschenden Meinung in Rechtsprechung und Literatur seit längerem zugelassen, aber umstritten war, auch **zur Absicherung der erreichten Waffengleichheit** Gesetz.[151] I.S.d. Prozessökonomie wird insbesondere dann ein weiteres Erkenntnisverfahren vermieden, wenn das vorläufig vollstreckbare Urteil, auf dessen Grundlage es bereits zu einer Festsetzung von Kosten gekommen ist, im weiteren Verlauf des Rechtsstreits mitsamt Kostengrundentscheidung aufgehoben oder abgeändert wird (§ 717 Abs. 2 ZPO), so dass auch der Kostenfestsetzungsbeschluss wirkungslos wird.[152] Zur Rückfestsetzung bedarf es eines Antrags, § 103 Abs. 1 ZPO. Ohne Belang ist, ob die Zahlung vorbehaltlos geleistet worden ist oder nur zur Abwehr der Zwangsvollstreckung.[153] Es ist auch nicht erforderlich, dass die beglichenen Kosten ihrerseits festgesetzt waren.[154] Da zugunsten der nach Abschluss des Rechtsstreits erstattungsberechtigten Partei über Absatz 4 auf einfachem und billigem Weg ein Rückfestsetzungstitel geschaffen werden kann, fehlt einer Rückzahlungsklage das Rechtsschutzbedürfnis.[155] Zahlt die obsiegende Partei im Verlaufe des Rechtsstreits auf einen vom gegnerischen Rechtsanwalt gemäß § 126 Abs. 1 ZPO auf dessen eigenen Namen erwirkten Kostenfestsetzungsbeschluss und erlischt dessen Beitreibungsrecht durch die Aufhebung oder Änderung der vorläufigen Kostengrundentscheidung, so kann die obsiegende Partei die gezahlten Kosten gegen den Anwalt ebenfalls nach § 91 Abs. 4 ZPO rückfestsetzen lassen.[156] Aus anderen Gründen, etwa nach § 269 Abs. 6 ZPO, erstattete Prozesskosten sind hingegen nicht rückfestsetzungsfähig.[157] Eine Verzinsung des Rückfestsetzungsbetrags ist im Übrigen erst ab dem Eingang des entsprechenden Antrages möglich.[158] Eine Aufrechnung gegen die Rückfestsetzung von Kosten darf – wie stets – nur ausnahmsweise bei unstreitiger Aufrechnungslage berücksichtigt werden.[159]

C. Einzelfälle nach Stichwörtern

49   **Ablichtungen:** siehe Fotokopien

50   **Abmahnung:** Die für eine wettbewerbs-, urheber-, presse-, markenrechtliche usw. Abmahnung entstehende Geschäftsgebühr ist nach der nunmehr ganz herrschenden Meinung nicht erstattungsfähig, weil sie den Rechtsstreit nicht unmittelbar vorbereitet, sondern vor allem auch der außergerichtlichen Streitbeilegung dient.[160] Ist die Abmahnung indessen berechtigt erfolgt, wird sich in der Regel eine Kostenerstattung auf materiell-rechtlicher Grundlage ergeben, z.B. nach § 12 Abs. 1 Satz 2 UWG oder § 97a Abs. 3 UrhG.

51   **Abschlussschreiben:** Nach allgemeiner Auffassung gehört das Abschlussschreiben zum Hauptsacheverfahren und stellt sich im Verhältnis zum Eilverfahren als eigenständige Angelegenheit dar.[161] Kommt es nicht zum Hauptsacheverfahren, hat das Abschlussschreiben also Erfolg, kommt eine Festsetzung als Prozesskosten im Verfügungsverfahren nicht in Betracht. Möglich ist aber häufig eine Kostenerstattung nach materiellem Recht.[162]

---

148 Vgl. OLG Karlsruhe, OLGR 2008, 761 (762); BeckOK-*Jaspersen/Wache*, ZPO, § 91 Rn. 90.
149 OLG Düsseldorf, OLGR 2009, 520; OLG Köln, NJW-RR 2010, 431 (432).
150 MK-*Schulz*, ZPO, § 91 Rn. 37.
151 Vgl. BGH, NJW-RR 2005, 79 = RVGreport 2004, 475; BGH, NJW-RR 2013, 186 (187), Rn. 6 = VersR 2013, 376; BeckOK-*Jaspersen/Wache*, ZPO, § 91 Rn. 116.
152 Weitere typische Anwendungsfälle bei Prütting/Gehrlein-*Schneider*, ZPO, § 91 Rn. 74.
153 OLG München, NJW-RR 2006, 72.
154 Prütting/Gehrlein-*Schneider*, ZPO, § 91 Rn. 74.
155 OLG Düsseldorf, MDR 2011, 189f.; OLG Brandenburg, MDR 2011, 1254f.
156 BGH, NJW-RR 2013, 186 (187), Rn. 7 ff. = VersR 2013, 376.
157 OLG Frankfurt a.M., NJOZ 2014, 577 (578).
158 OLG Koblenz, MDR 2012, 51; OLG Brandenburg, MDR 2011, 1254f.
159 OLG Frankfurt a.M., MDR 2007, 920.
160 Grundlegend BGH, NJW-RR 2006, 501f., Rn. 8ff. = MDR 2006, 776; nachfolgend etwa OLG Karlsruhe, WRP 2006, 1038 (1042).
161 BGH, NJW 2008, 1744, Rn. 7 = VersR 2008, 985 m.w.N.
162 BGH, NJW-RR 2007, 713 (714), Rn. 6 = VersR 2007, 506; BGH, GRUR 2015, 822f., Rn. 13ff. = WRP 2015, 979; näher z.B. *Köhler/Bornkamm*, UWG, § 12 Rn. 3.73ff.

Abtretung: Die mit der Abtretung der späteren Klageforderung einhergehenden Kosten sind nicht solche des Rechtsstreits und damit nicht erstattungsfähig, da die Zession den materiell-rechtlichen Anspruch in der Person des Klägers erst entstehen lässt.[163]

52

Abwehrschreiben: Die mit der Verteidigung gegen ein (unberechtigtes) vorgerichtliches Forderungsverlangen verbundenen Kosten sind – ebenso wenig wie die mit Mahnung und Abmahnung einhergehenden Kosten – Kosten des Rechtsstreits. Mit seinem anwaltlichen Abwehrschreiben bezweckt der Angegriffene neben der eigenen Verteidigung allein die außergerichtliche Beilegung des heraufbeschworenen Streits; die Durchführung eines Rechtsstreits will er gerade nicht vorbereiten oder fördern.[164] Generell sind Kosten, die aus der versuchten Abwendung des Rechtsstreits resultieren, keine Kosten i.S.d. § 91 ZPO.[165] Zu prüfen ist aber stets eine Kostenerstattung auf materiell-rechtlicher Grundlage, die freilich allgemein nur mit großer Zurückhaltung gewährt wird.[166]

53

Aktenversendung und -auszug: Nach Nr. 9003 KV-GKG wird für die bei der antragsgemäßen Versendung von Akten anfallenden Auslagen an Transport- und Verpackungskosten je Sendung eine Pauschale von 12,00 € erhoben. Diese Auslagenpauschale ist festsetzungsfähig. In gleicher Weise zählen die Kosten der Herstellung eines Aktenauszugs zu den Kosten des Rechtsstreits, wenn dies im Hinblick auf eine gerichtliche Abwehr von Schadensersatzansprüchen als notwendig anzusehen ist.[167]

54

Allgemeine Geschäftskosten und allgemeiner Prozessaufwand: Die allgemeinen Geschäftskosten einer Partei stellen keine Prozesskosten dar.[168] Grundsätzlich sind die mit der Mühewaltung verbundenen Aufwendungen von der Partei selbst zu tragen (vgl. Rn. 9). Dies gilt z.B. bei Bereithaltung einer Rechtsabteilung; deren Kosten können auch nicht anteilig vom unterliegenden Gegner verlangt werden. Nicht anderes gilt für den allgemeinen Prozessaufwand. Der Aufwand eines im Prozess tätigen Rechtsanwalts ist mit den gesetzlichen Gebühren nach dem RVG abgegolten (vgl. Vorbemerkung 7 Abs. 1 Satz 1 zu Nr. 7000 VV-RVG); der für die Partei mit der Durchführung des Rechtsstreits verbundene zeitliche Aufwand, etwa bei der Aufbereitung des Prozessstoffs, ist grundsätzlich nicht erstattungsfähig, ausgenommen der von § 91 Abs. 1 Satz 2 ZPO erfasste Zeitaufwand (Rn. 18 ff.). Eine Pauschale für Korrespondenzkosten steht dem Anwalt, nicht aber der Partei zu.[169] Zu den Reisekosten der Partei vgl. nachfolgend Rn. 117 ff.

55

Anwalt in eigener Sache: Zur Kostenerstattung bei Tätigkeit in eigener Sache siehe Rn. 45.

56

Anwaltswechsel: Zu den Kosten nach einem Anwaltswechsel siehe Rn. 40 ff.

57

Arbeitsgerichtsverfahren: In der Arbeitsgerichtsbarkeit ist in erster Instanz die Regelung des § 12a Abs. 1 Satz 1 ArbGG zu beachten, wonach hier im Urteilsverfahren kein Anspruch der obsiegenden Partei auf Entschädigung wegen Zeitversäumnis und auf Erstattung der Kosten für die Zuziehung eines Prozessbevollmächtigten oder Beistandes besteht. Die Vorschrift wirkt sich auch auf denkbare materiell-rechtliche Kostenerstattungsansprüche aus.[170] Erhebt der Kläger zunächst Klage beim unzuständigen Arbeitsgericht und verweist dieses den Rechtsstreit an das ordentliche Gericht, kann der dort obsiegende Beklagte die ihm beim Arbeitsgericht entstandenen Anwaltskosten nicht erstattet verlangen.[171]

58

Arrest- und einstweiliges Verfügungsverfahren: Arrest- und einstweiliges Verfügungsverfahren stellen eigenständige Verfahrensarten dar. In ihnen ergeht eine eigene Kostengrundentscheidung, an die sich ein eigenes Kostenfestsetzungsverfahren anschließt. Aus dieser Eigenständigkeit folgt, dass die angefallenen Kosten nicht zugleich (auch) Kosten des nachfolgenden Hauptsacheverfahrens darstellen (vgl. Rn. 10).

59

Aufenthaltsermittlung: Ergibt sich die Notwendigkeit einer EMA-Anfrage, sind die diesbezüglich seitens des EMA geltend gemachten Gebühren erstattungsfähig.[172] Für die hiermit verbundene anwaltliche Tätigkeit entstehen allerdings keine gesonderten Gebühren nach dem

60

---

163 Vgl. OLG Koblenz, VersR 1981, 87.
164 BGH, NJW 2008, 2040, Rn. 7 ff. = WRP 2008, 947; BGH, AGS 2008, 574, Rn. 10 = BeckRS 2008, 20015; BGH, AGS 2009, 51, Rn. 4 = BeckRS 2008, 21365; OLG Düsseldorf, JurBüro 2008, 255.
165 Vgl. auch ausführlich *Goldbeck*, JurBüro 2008, 255 ff.
166 Im Einzelnen zu denkbaren Anspruchsgrundlagen bei unberechtigten Abmahnungen *Goldbeck*, Der „umgekehrte" Wettbewerbsprozess, S. 185 ff.
167 OLG Naumburg, Rpfleger 2011, 119; OLG Koblenz, JurBüro 1991, 88.
168 Näher z.B. Zöller-*Herget*, ZPO, § 91 Rn. 13 – „Allgemeine Geschäftskosten".
169 OLG Celle, AGS 2014, 150.
170 BAG, NZA 1992, 1101, 1102 f. = BB 1993, 146.
171 OLG Brandenburg, MDR 2000, 788; weitere Einzelheiten etwa bei Musielak/Voit-*Flockenhaus*, ZPO, § 91 Rn. 41.
172 LG Bonn, WuM 1990, 585.

RVG, und zwar unabhängig davon, ob der Aufenthalt im Prozess oder im Zwangsvollstreckungsverfahren zu ermitteln ist.[173]

61 **Auskunftsverfahren:** Die Kosten eines Auskunftsverfahrens nach § 101 Abs. 9 Satz 1 UrhG gegen einen Internet-Provider dienen der Vorbereitung eines konkret bevorstehenden Rechtsstreits gegen die Person, die für eine über die abgefragte IP-Adresse begangene Urheberrechtsverletzung verantwortlich ist, und sind damit grundsätzlich erstattungsfähig.[174]

62 **Ausländische Partei:** Der Grundsatz der Kostengeringhaltung gilt auch für eine ausländische Partei.[175] Ihre Reisekosten sind aber nach allgemeinen Grundsätzen auch bei weiter Distanz zum Gerichtsort regelmäßig erstattungsfähig. Auch die Kosten einer Informationsreise kann sie erstattet verlangen; sie muss sich grundsätzlich nicht auf die Möglichkeit der Einschaltung eines Verkehrsanwalts verweisen lassen.[176] Mandatiert die ausländische Partei einen **ausländischen Verkehrsanwalt**, sind dessen Kosten nach der Rechtsprechung des BGH nicht stets erstattungsfähig, sondern nur dann, wenn auch für eine inländische Partei die Kosten des Verkehrsanwalts zu erstatten wären; es sind dieselben Kriterien anzulegen;[177] hierzu im Einzelnen Rn. 145 f. Bei der Notwendigkeitsprüfung im Einzelfall ist zu berücksichtigen, dass eine ausländische Partei typischerweise etwa wegen sprachlicher Barrieren, kultureller Unterschiede oder mangelnder Vertrautheit mit dem deutschen Rechtssystem eher auf einen Verkehrsanwalt an ihrem Wohn- oder Geschäftssitz angewiesen sein wird als eine inländische Partei. An der Notwendigkeit fehlt es aber, wenn der deutsche Verfahrensbevollmächtigte bereits über alle nötigen Informationen verfügt oder wenn es für die ausländische Partei möglich, zumutbar und kostengünstiger ist, den inländischen Prozessbevollmächtigten unmittelbar zu informieren.[178] Im Falle der Erstattungsfähigkeit sind die Kosten des ausländischen Verkehrsanwalts lediglich in Höhe der Gebühren eines deutschen Rechtsanwalts erstattungsfähig.[179] Nach Auffassung des OLG Frankfurt a.M. muss es einer ausländischen Partei im Übrigen erlaubt sein, jeden beliebigen in Deutschland ansässigen und postulationsfähigen Rechtsanwalt mit ihrer Vertretung im Prozess zu beauftragen,[180] was allerdings jedenfalls in dieser Pauschalität zweifelhaft und zu weitgehend erscheint.[181]

63 **Ausländischer Anwalt:** Ebenso wie die Kosten eines ausländischen Verkehrsanwalts (vgl. zuvor Rn. 62) sind die Kosten eines jeden mandatierten Anwalts aus dem Ausland nur in Höhe der Gebühren eines deutschen Rechtsanwalts erstattungsfähig, richten sich also nach den Bestimmungen des RVG. Auch die Frage der generellen Erstattungsfähigkeit der Kosten eines ausländischen Rechtsanwaltes richtet sich allein nach deutschem Recht.[182] Ob zusätzlich zu den nach RVG zu erstattenden Gebühren auch die ausländische Umsatzsteuer vom Gegner zu erstatten ist, wird unterschiedlich beurteilt.[183]

64 **Auslagen Dritter:** Inwiefern die Auslagen eines am Rechtsstreit formal nicht beteiligten Dritten erstattungsfähig sind, ist umstritten.[184] Der BGH hat sich jüngst grundlegend für die Möglichkeit einer Liquidation von Drittkosten im Kostenfestsetzungsverfahren ausgesprochen (vgl. näher § 104 Rn. 33).

65 **Bauteilöffnung:** Ergibt sich während des Rechtsstreits die Notwendigkeit einer Bauteilöffnung, insbesondere, weil der gerichtlich (oder auch privat) beauftragte Sachverständige andernfalls nicht die erforderlichen Feststellungen treffen kann, sind die hiermit einhergehenden Kosten, also auch der finanzielle Aufwand zur Wiederherstellung des ursprünglichen Zustands, regelmäßig zu erstatten.[185]

66 **Behörde:** Reisekosten einer Behörde oder einer juristischen Person des öffentlichen Rechts sind erstattungsfähig, eine Entschädigung für Zeitaufwand oder Verdienstausfall kann hinge-

---

173 Vgl. BGH, NJW-RR 2004, 501 = BauR 2004, 366; BGH, NJW 2004, 1101 = VersR 2004, 1574.
174 BGH, GRUR 2014, 1239 f., Rn. 10 ff. = WRP 2014, 1468; BGH, ZUM-RD 2015, 214 f., Rn. 9 = RVGreport 2015, 184.
175 OLG Düsseldorf, NJW-RR 2007, 428.
176 OLG Düsseldorf, NJW-RR 2007, 428 f.
177 BGH, NJW 2012, 908, Rn. 4 ff. = MDR 2012, 192.
178 BGH, NJW 2012, 908, Rn. 10 ff. = MDR 2012, 192; KG Berlin, MDR 2009, 1312.
179 BGH, NJW 2005, 1373 (1374) = MDR 2005, 895.
180 OLG Frankfurt a.M., JurBüro 2014, 491.
181 Kritisch auch Zöller-*Herget*, ZPO, § 91 Rn. 13 – „Ausländer".
182 BGH, NJW 2013, 1310 (1311), Rn. 16 = MDR 2013, 167; BGH, NJW 2005, 1373 (1374 f.) = MDR 2005, 895.
183 Dafür OLG Stuttgart, OLGR 2008, 74; OLG München, JurBüro 2004, 390; dagegen OLG Celle, OLGR 2008, 543.
184 Verneinend zuletzt etwa OLG Koblenz, BeckRS 2016, 12521, Rn. 8.
185 Vgl. OLG Frankfurt a.M., BeckRS 2011, 22164; OLG Koblenz, MDR 2004, 1025.

gen nach h.M. nicht verlangt werden (oben Rn. 21). Auch einer Behörde ist es unbenommen, sich rechtsanwaltlicher Hilfe zu bedienen, und zwar auch in einem Parteiprozess.[186]

Beratung: Nach teilweise vertretener Auffassung sollen die Kosten, die einer im Rechtsstreit selbst nicht anwaltlich vertretenen Partei durch eine außergerichtliche anwaltliche Beratung entstanden sind, dann erstattungsfähig sein, wenn auch die Kosten eines (fiktiv) beauftragten Prozessbevollmächtigten zu erstatten wären.[187] Die jüngere Rechtsprechung lehnt die Erstattungsfähigkeit indes mittlerweile ab (vgl. nachfolgend zur Ratsgebühr nach § 34 RVG Rn. 114.). 67

Berufung: Kostenrechtliche Probleme stellen sich im Berufungsverfahren in erster Linie, wenn die Berufung vom Berufungskläger zurückgenommen wird oder seitens des Berufungsgerichts nach § 522 ZPO verfahren wird.[188] 68

Beauftragt der Berufungsgegner nach Erhalt der Berufungsschrift einen Anwalt, zeigt dieser gegenüber dem Berufungsgericht die Vertretung an und kommt es nachfolgend, ohne dass eine Berufungsbegründung verfasst wird, zur Rücknahme der Berufung, sind die Kosten des Anwalts vom Berufungskläger zu erstatten. Zwar ist, solange noch unsicher ist, ob die Berufung durchgeführt werden wird, die Beauftragung eines Rechtsanwalts für die Berufungsinstanz zur zweckentsprechenden Rechtsverfolgung objektiv nicht erforderlich. Die Kosten eines gleichwohl beauftragten Rechtsanwalts werden vom BGH dennoch deshalb als erstattungsfähig anerkannt, weil der Rechtsmittelgegner anwaltlichen Rat in einer von ihm als risikohaft empfundenen Situation für erforderlich halten darf.[189] Zu erstatten ist in diesem Fall aber lediglich eine 1,1-Verfahrensgebühr nach Nr. 3201 Nr. 1 VV-RVG und nicht eine (ganze) 1,6 Verfahrensgebühr nach Nr. 3200 VV-RVG.[190] Das Gleiche gilt, wenn der Anwalt des Berufungsbeklagten sich nicht nur anzeigt, sondern auch bereits den Sachantrag auf Zurückweisung der Berufung ankündigt, bevor überhaupt feststeht, dass das Rechtsmittel tatsächlich durchgeführt wird.[191] Dies gilt unabhängig davon, ob die Berufung ausdrücklich nur zur Fristwahrung eingelegt wurde oder nicht.[192] Erweist sich der verfrühte Zurückweisungsantrag des Berufungsbeklagten allerdings im Nachhinein doch als gerechtfertigt, weil die Berufung noch begründet wird, ist die volle 1,6-Verfahrensgebühr nach Nr. 3200 VV-RVG erstattungsfähig; der zeitlichen Reihenfolge der Anträge kann insoweit keine Bedeutung beigemessen werden.[193] 69

Die 1,6-Verfahrensgebühr nach Nr. 3200 VV-RVG ist vom unterliegenden Berufungsführer auch dann zu erstatten, wenn der Berufungsgegner über seinen Sachantrag hinaus keine Berufungserwiderung abgegeben hat. Das ist insbesondere dann von Bedeutung, wenn die Berufung nach Stellung des Zurückweisungsantrags durch den Berufungsführer begründet wird und anschließend das Berufungsgericht die Berufung nach § 522 ZPO zurückweist. Die Erstattungsfähigkeit der 1,6-Verfahrensgebühr setzt nämlich nicht voraus, dass sich der Prozessbevollmächtigte des Berufungsgegners inhaltlich mit der Berufungsbegründung auseinandersetzt.[194] Ob das Berufungsgericht von einer Fristsetzung zur Berufungserwiderung abgesehen und darauf hingewiesen hat, dass zunächst ein Vorgehen nach § 522 ZPO geprüft werde, ist unerheblich.[195] Auf welche Weise das Berufungsverfahren letztlich beendet wird (Sachentscheidung des Gerichts oder Rücknahme), macht ebenfalls keinen Unterschied,[196] 70

Weist das Berufungsgericht sogleich auf die Unzulässigkeit der Berufung hin und kündigt deren Verwerfung an, können die Kosten eines gleichwohl nachfolgend vom Berufungsgegner beauftragten Anwalts nicht erstattet verlangt werden; denn auch eine nicht rechtskundige Partei muss in diesem Fall nicht besorgen, ohne eigene anwaltliche Vertretung Rechtsnachteile zu erleiden.[197] Ist die Beauftragung und Bestellung des Anwalts hingegen bereits vor dem ge- 71

---

186 Zöller-*Herget*, ZPO, § 91 Rn. 13 – „Behörde"; Musielak/Voit-*Flockenhaus*, ZPO, § 91 Rn. 43.
187 Ausführlich m.w.N. LG Berlin, AGS 2008, 515; Prütting/Gehrlein-*Schneider*, ZPO, § 91 Rn. 18.
188 Siehe auch Saenger-*Gierl*, ZPO, § 91 Rn. 38; Zöller-*Herget*, ZPO, § 91 Rn. 13 – „Berufung".
189 BGH, NJW 2003, 756 (757) = VersR 2003, 877; BGH, NJW-RR 2014, 240 (241), Rn. 7 = FamRZ 2013, 1969.
190 BGH, NJW 2003, 756 (757) = VersR 2003, 877; BGH, NJW 2007, 3723, Rn. 5 = FamRZ 2007, 1735.
191 Etwa BGH, NJW 2003, 1324 f. = FamRZ 2003, 523; BGH, NJW 2003, 2992 (2993) = VersR 2004, 1019.
192 BGH, NJW 2007, 3723, Rn. 6 = FamRZ 2007, 1735; BGH, NJW 2009, 2220 (2221), Rn. 9 = FamRZ 2009, 1047.
193 BGH, NJW 2009, 2220 (2221), Rn. 10ff. = FamRZ 2009, 1047; BGH, VersR 2010, 1470, Rn. 5ff. = AGS 2010, 513.
194 Vgl. BGH, NJW-RR 2009, 859 (860), Rn. 12 = FamRZ 2009, 113; BGH, NJW 2010, 3170 (3171), Rn. 8f. = VersR 2011, 136; BGH, AGS 2011, 44, Rn. 7 = RVGreport 2011, 69.
195 BGH, NJW 2010, 3170 (3171), Rn. 8f. = VersR 2011, 136.
196 BGH, ZfS 2015, 347, Rn. 11 mit Anm. *Hansens* = JurBüro 2015, 90.
197 BGH, NJW 2006, 2260 (2262), Rn. 20f. = MDR 2006, 1076 (1077).

ZPO § 91 Prozesskosten

richtlichen Hinweis erfolgt, ist die anfallende 1,1-Verfahrensgebühr (nebst Auslagen) erstattungsfähig, es sei denn, die frühzeitige Bestellung ist erkennbar Ausdruck einer Schädigungsabsicht des Berufungsgegners.[198]

72 Geht der den Zurückweisungsantrag ankündigende Schriftsatz des Berufungsgegners erst zu einem Zeitpunkt bei Gericht ein, zu dem bereits wieder die Rücknahme der Berufung erklärt worden ist, löst dies nach jüngster Rechtsprechung des BGH auch dann keinen prozessualen Kostenerstattungsanspruch aus, wenn weder die Partei noch ihr Prozessbevollmächtigter im Zeitpunkt der Einreichung der Berufungserwiderung Kenntnis von der Rücknahme hat oder haben muss; die (verschuldete oder unverschuldete) Unkenntnis des Berufungsbeklagten ist ohne Bedeutung, da maßgeblich allein eine objektive Betrachtung ist.[199] Die Argumentation des BGH wird allerdings überwiegend sehr kritisch betrachtet.[200]

73 **Beweisaufnahme:** Jede Beweisaufnahme unterliegt dem Prinzip der Parteiöffentlichkeit, § 357 Abs. 1 ZPO. Folgerichtig sind die mit der Teilnahme an einer Beweisaufnahme verbundenen Reisekosten der Partei grundsätzlich erstattungsfähig, und zwar auch dann, wenn die Beweisaufnahme gemäß §§ 363 f. ZPO im Ausland erfolgt (vgl. § 364 Abs. 4 ZPO). Da die Partei das Recht hat, sich bei der Beweisaufnahme durch den eigenen Prozessbevollmächtigten (der aufgrund seines Hintergrundwissens auch unzweifelhaft sinnvoller sein Fragerecht ausüben kann) vertreten zu lassen, sind auch dessen Kosten zu erstatten,[201] es sei denn, es steht ausnahmsweise von vornherein die Entbehrlichkeit seiner Anwesenheit fest.[202] Nur in diesem Fall muss sich die Partei auf die Einschaltung eines ausländischen Beweisanwalts beschränken.

74 **Datenbankrecherche:** Zweifelhaft ist, ob Kosten, die mit der Nutzung von juristischen Datenbanken, insbesondere von juris und beck-online, einhergehen, erstattungsfähig sind. Mehrheitlich wird dies jedenfalls bei abgelegenen Rechtsgebieten und schwierigen Rechtsfragen bejaht,[203] allerdings spricht auch vieles für eine Behandlung (nur) als allgemeine Geschäftskosten (ebenso wie Spezialliteratur).[204]

75 **Deckungszusage:** Die Kosten für die Einholung einer Deckungszusage zählen nicht zu den Kosten des Rechtsstreits. In Betracht kommt aber eine Erstattung auf materiell-rechtlicher Grundlage, vorausgesetzt die Inanspruchnahme anwaltlicher Hilfe war zweckmäßig und erforderlich.[205]

76 **Detektivkosten:** Ob Kosten, die durch die Einschaltung einer Detektei angefallen sind, auf den Prozessgegner abgewälzt werden können, ist eine Frage des konkreten Einzelfalls.[206] Detektivkosten sind erstattungsfähig, wenn sie zur zweckentsprechenden Rechtsverfolgung oder -verteidigung notwendig waren, eine vernünftige Prozesspartei also berechtigte Gründe hatte, eine Detektei zu beauftragen. Zudem müssen sich die Kosten unter Berücksichtigung der wirtschaftlichen Verhältnisse der Parteien und der Bedeutung des Streitgegenstandes in vernünftigen Grenzen halten und prozessbezogen sei. Schließlich ist zu prüfen, ob die erstrebten Feststellungen wirklich notwendig waren und ob die Ermittlungen aus *ex ante*-Sicht nicht einfacher und/oder billiger erfolgen konnten.[207] Der Auftrag an die Detektei muss zur Bestätigung eines bestimmten festen Verdachts erteilt worden sein. Die Beeinflussung des Prozessausgangs ist regelmäßig ein Indiz für die Notwendigkeit.[208] Zur Vermeidung der Überwälzung von Kosten, die den vorstehenden Anforderungen nicht gerecht werden, sind im Kostenfestsetzungsverfahren detailliert aufgeschlüsselte Rechnungen und aussagekräftige Ermittlungsberichte vorzulegen.[209] Wer eine weit entfernte Detektei beauftragt, obwohl es auch eine ört-

---

198 BGH, NJW-RR 2014, 240 (241), Rn. 8 = AGS 2014, 51.
199 BGH, NJW 2016, 2751 (2752), Rn. 9 ff. mit Anm. *Möllers* = FamRZ 2016, 900 (901).
200 Vgl. z. B. OLG München, MDR 2017, 302, sowie OLG Celle, MDR 2017, 300 m. Anm. *Elzer*, MDR 2017, 381. Aus der Literatur etwa *Hansens*, RVGreport 2016, 18 ff., *Müller-Rabe*, JurBüro 2017, 3 ff. Weiter zu § 80 Satz 1 FamFG zuletzt BGH, MDR 2017, 365 f., Rn. 16 ff. = RVGreport 2017, 143.
201 Vgl. BGH, NJW-RR 2005, 725 (727) = WRP 2005, 505; auch BGH, NJW-RR 2005, 1732 (1733) = FamRZ 2005, 1670.
202 BGH, NJW-RR 2005, 725 (727) = WRP 2005, 505.
203 LG Köln, CR 1992, 609; Musielak/Voit-*Flockengaus*, ZPO, § 91 Rn. 45.
204 Ablehnend daher OLG Stuttgart, JurBüro 1998, 424 m.w.N.
205 Ausführlich hierzu BGH, NJW 2011, 1222 (1224), Rn. 23 = VersR 2012, 1188; BGH, NJW 2012, 919 (920 f.), Rn. 12 ff. = VersR 2012, 331.
206 Zur Detektivbeauftragung im Versicherungsrecht vgl. *Neuhaus*, MDR 2012, 1135 ff.
207 Zusammenfassend BGH, NJW 2013, 2668 (2669), Rn. 10 f. = FamRZ 2013, 1387 m.w.N.; ferner Zöller-*Herget*, ZPO, § 91 Rn. 13 – „Detektivkosten".
208 Zum Ganzen auch OLG Hamm, FamRZ 2015, 1742; OLG Koblenz, VersR 2011, 1156; OLG Hamburg, MDR 2011, 1014; OLG Düsseldorf, OLGR 2009, 410 f.
209 Vgl. KG Berlin, JurBüro 2004, 32.

liche Detektei gibt, läuft Gefahr, auf den (zusätzlichen) Reise-, Übernachtungskosten und Spesen mangels Notwendigkeit sitzen zu bleiben.[210]

Dolmetscher: Die Kosten eines zu einem Verhandlungstermin mitgebrachten Dolmetschers können vom Gegner zu ersetzen sein, jedoch nicht, wenn der eigene Anwalt ausreichend sprachkundig ist und zudem die fremdsprachige Partei keinen Grund zur Annahme hat, sie werde vernommen werden.[211] Zu Übersetzungskosten im Übrigen vgl. Rn. 137.

77

Erbengemeinschaft: Der eine Erbengemeinschaft vertretende Rechtsanwalt vertritt mehrere Personen und kann daher die Erhöhungsgebühr nach Nr. 1008 VV-RVG geltend machen, weil die Erbengemeinschaft selbst weder rechts- noch parteifähig ist.[212] Ob es durch die erbfallsbedingte Vertretung mehrerer Personen tatsächlich zu einer Mehrarbeit kommt, ist gebührenrechtlich unerheblich.[213] Nichts anderes gilt, wenn der Erblasser den Rechtsstreit begonnen hat und die Erbengemeinschaft ihn nach dem Erbfall fortführt.[214] Beauftragt jeder Erbe einen eigenen Rechtsanwalt, kommt eine Erstattung der Mehrkosten allenfalls in Betracht, wenn zwischen den Erben massive Differenzen bestehen, die eine Vertretung durch einen gemeinsamen Anwalt unzumutbar erscheinen lassen.[215]

78

Erbschein: Bestreitet der Beklagte die Erbfolge und ordnet das Gericht die Vorlage eines Erbscheins an, so sind die hierfür aufgewandten Kosten, sofern der Erbschein nur für die Führung des Rechtsstreits erforderlich war, bei Obsiegen voll erstattungsfähig.[216]

79

Finanzierungskosten: Finanzierungskosten, insbesondere Darlehenszinsen, die wegen einer Kreditaufnahme zur Bestreitung des Rechtsstreits angefallen sind, zählen nicht zu den Kosten des Rechtsstreits.[217] Das Gleiche gilt für die Zinsen eines Darlehens, das der Gläubiger zur Erbringung einer Sicherheitsleistung aufgenommen hat.[218] Die Kosten einer Bürgschaft zur Abwendung der Zwangsvollstreckung (Avalkosten) zählen hingegen zu den Kosten des Rechtsstreits.[219] Wird eigenes Kapital eingesetzt, können Anlagezinsverluste nicht geltend gemacht werden.[220] Die Kosten/Schäden der Finanzierung des Prozess können aber ggf. auf materiell-rechtlicher Grundlage geltend gemacht werden.[221]

80

Fotografien: In Anbetracht der in aller Regel erhellenden und verfahrensfördernden Bedeutung von streitgegenstandsrelevanten Lichtbildern (z.B. Fotografien von Unfallereignissen, Straßenführungen, örtlichen Verhältnissen, Beschädigungen, dem Zustand einer Person oder einer Sache etc.), sind die hiermit verbundenen Kosten regelmäßig erstattungsfähig; für die Höhe bietet sich eine Orientierung an § 12 Abs. 1 Nr. 2 JVEG an.

81

Fotokopien: Fertigt der Anwalt Fotokopien, sind die damit verbundenen Kosten regelmäßig nicht erstattungsfähig, da sie mit den allgemeinen Gebühren abgegolten sind.[222] Dies gilt insbesondere auch für die bei Gericht einzureichende Abschriften von Schriftsätzen und deren Anlagen, und zwar unabhängig von der Anzahl der hergestellten Fotokopien.[223] Eine Ausnahme gilt dann, wenn der Anwalt die Ablichtungen der von ihm vertretenen Partei nach Maßgabe Nr. 7000 VV-RVG in Rechnung stellen kann.[224] Die Kosten von Kopien von Gerichtsentscheidungen sind nur erstattungsfähig, wenn diese für das Gericht auf andere Weise, insbesondere in Fachzeitschriften oder in juristischen Datenbanken, nicht erhältlich sind.[225]

82

Geschäftsgebühr: Die vorgerichtlich entstandene Geschäftsgebühr nach Nr. 2300 VV-RVG zählt in aller Regel – unabhängig davon, für welche konkrete Tätigkeit sie angefallen ist – nicht zu den Kosten des Rechtsstreits. Sie ist nur erstattungsfähig, soweit ein entsprechender

83

---

210 Siehe OLG Hamm, FamRZ 2015, 1742.
211 Vgl. OLG Köln, JurBüro 2002, 591.
212 BGH, NJW-RR 2004, 1006 = FamRZ 2004, 1193.
213 OLG Köln, MDR 2014, 1052.
214 OLG Brandenburg, JurBüro 2007, 524.
215 Siehe OLG Koblenz, MDR 2013, 430.
216 LAG Düsseldorf, JurBüro 1989, 811.
217 OLG Koblenz, Rpfleger 1988, 161; OLG Koblenz, NJW-RR 2006, 502; anders *Braunschneider*, ProzRB 2005, 212.
218 OLG München, AnwBl. 1993, 138.
219 BGH, NJW-RR 2006, 1001 (1002), Rn. 6 ff. = FamRZ 2006, 480.
220 OLG München, NJW-RR 2000, 1096.
221 Ausführlich *Jerger/Zehentbauer*, NJW 2016, 1353 ff.; *Lüttringhaus*, NJW 2014, 3745 ff.; *Saenger/Uphoff*, MDR 2014, 192 ff.; *Gödicke*, JurBüro 2001, 512 ff.
222 Ausführlich zum Ganzen Wieczorek/Schütze-*Smid/Hartmann*, ZPO, § 91 Rn. 10.
223 BGH, NJW 2003, 1127 (1128) = FamRZ 2003, 666; BGH, AGS 2003, 349 = BeckRS 2003, 04281.
224 BGH, NJW 2005, 2317 f. = JurBüro 2005, 480.
225 OLG Koblenz, NJW-RR 2008, 375.

materiell-rechtlicher Anspruch besteht.[226] Die Rechtsprechung lässt nur in ganz besonders gelagerten Konstellationen Ausnahmen zu.[227]

84 **Gesellschaft bürgerlichen Rechts (GbR):** Sowohl beim Aktiv- als auch beim Passivprozess (nur) der GbR kommt eine Erhöhung der Verfahrensgebühr nach Nr. 1008 VV-RVG nicht in Betracht.[228] Werden jedoch im Passivprozess neben der GbR die einzelnen Gesellschafter zur Verwirklichung ihrer persönlichen Haftung in Anspruch genommen, fällt eine Erhöhungsgebühr an und ist vom unterliegenden Kläger zu erstatten.[229]

85 **Grundbuchauszug:** Kosten für Auszüge aus dem Grundbuch sind – sofern notwendig – erstattungsfähig.[230]

86 **Güterichterverfahren:** Die Kosten des Güterichterverfahrens (§ 278 Abs. 5 ZPO) zählen zu den Kosten des Rechtsstreits.[231]

87 **Güteverfahren:** Geregelt in § 91 Abs. 3 ZPO, vgl. Rn. 46 f.

88 **Gutachten:** siehe *Privatgutachten* und *Rechtsgutachten*

89 **Hebegebühr:** Die Hebegebühr nach Nr. 1009 VV-RVG ist grundsätzlich nicht vom Gegner zu erstatten, es sei denn, es liegen ausnahmsweise besondere Gründe vor, die die Einschaltung des Anwalts in den Zahlungsvorgang rechtfertigen, z. B. wenn der rechtzeitige Eingang der Zahlung über die Wirksamkeit des Prozessvergleichs entscheidet.[232]

90 **Hilfspersonen:** Nachdem der allgemeine Prozessaufwand dem eigenen Pflichtenkreis der Partei zuzurechnen und daher grundsätzlich nicht erstattungsfähig ist, können auch nicht Kosten, die mit der Einschaltung eines Dritten als Hilfsperson verbunden sind, geltend gemacht werden.[233] Nur dann, wenn der Partei die Eigenleistung ersichtlich nicht möglich oder zumutbar ist und sie fast schon zwingend auf externe Hilfe zurückgreifen muss, um mit ihrer Rechtsverfolgung bzw. -verteidigung nicht zu scheitern, lassen sich die angefallenen Kosten im Obsiegensfall auf den Gegner abwälzen.[234]

91 **Hinterlegung:** Die Kosten einer Hinterlegung zählen nicht zu den Kosten des Rechtsstreits.[235]

92 **Hochschullehrer:** Nach wohl h. M. sind die Kosten für die Vertretung durch einen Rechtslehrer an einer deutschen Hochschule grundsätzlich bis zur Höhe der entsprechenden Gebühren eines Rechtsanwalts erstattungsfähig.[236]

93 **Honorarvereinbarung:** Hat die obsiegende Partei mit ihrem anwaltlichen Vertreter eine Honorarvereinbarung (§ 3a RVG) geschlossen, können die hieraus resultierenden Mehrkosten nicht vom Gegner verlangt werden. Erstattet wird in aller Regel nur die gesetzliche Vergütung.[237] Die Begrenzung auf die Höhe der gesetzlichen Vergütung gilt in gleicher Weise für etwaige materiell-rechtliche Kostenerstattungsansprüche.[238] Hat die Partei mit ihrem Prozessbevollmächtigten ein Erfolgshonorar (§ 4a RVG) vereinbart, ist die Kostenerstattung ebenfalls regelmäßig auf die fiktive gesetzliche Vergütung beschränkt,[239] es sei denn, der Gegner hat sich in einem Prozessvergleich zur Übernahme verpflichtet.[240]

94 **Inkassokosten:** Die mit der Rechtsdurchsetzung verbundenen Mahn- und Beitreibungskosten zählen grundsätzlich nicht zu den Kosten des Rechtsstreits. Der Anspruchsinhaber kann die ihm entstandenen Inkassokosten aber ggf. auf materiell-rechtlicher Grundlage, insbesondere unter Verzugsgesichtspunkten, erstattet verlangen.[241] Für die Vertretung im gerichtlichen

---

226 BGH, NJW-RR 2006, 501 (502), Rn. 10 ff. = MDR 2006, 776; BGH, NJW 2006, 2560 (2561), Rn. 7 f. = VersR 2006, 1561.
227 Siehe zum Verfahren vor der Vergabekammer BGH, NJW 2014, 3163 (3164), Rn. 10 = MDR 2014, 1051; auch OLG München, BeckRS 2016, 15122, Rn. 19.
228 BGH, NJW-RR 2004, 489 = FamRZ 2004, 623.
229 OLG Stuttgart, NJW-RR 2006, 1004; OLG Köln, JurBüro 2006, 248.
230 OLG Düsseldorf, Rpfleger 2009, 344.
231 OLG Celle, NJW 2009, 1219; auch OLG Rostock, OLGR 2007, 336 ff.
232 Vgl. BGH, NJW 2007, 1535 (1536), Rn. 13 ff. = MDR 2007, 743. Auch LG Mannheim, AGS 2015, 495.
233 OLG Hamm, BeckRS 2012, 25134; BeckOK-*Jaspersen/Wache*, ZPO, § 91 Rn. 118.
234 Vgl. etwa OLG Köln, NJOZ 2013, 784 f. m. w. N.
235 OLG Koblenz, JurBüro 1988, 1690; OLG Hamm, NJW 1966, 2065.
236 OLG München, MDR 2001, 958; Zöller-*Herget*, ZPO, § 91 Rn. 13 – „Hochschullehrer"; a. A. etwa LG Münster, MDR 1995, 1175.
237 OLG Köln, NJW-RR 2014, 241; Zöller-*Herget*, ZPO, § 91 Rn. 13 – „Honorarvereinbarung"; ausführlich *Hau*, JZ 2011, 1047 (1048 ff.).
238 *Schneider*, NZFam 2015, 209 (210); auch BGH, NJW 2014, 939 (942 f.), Rn. 45 ff. = WM 2014, 528.
239 Vgl. MK-Schulz, ZPO, § 91 Rn. 137.
240 OLG München, JurBüro 1985, 133; OLG Koblenz, Rpfleger 1977, 106.
241 Siehe nur Palandt-*Grüneberg*, BGB, § 286 Rn. 49. Auch *Jäckle*, NJW 2013, 1393 ff.

Grundsatz und Umfang der Kostenpflicht § 91 ZPO

Mahnverfahren durch einen Inkassodienstleister ist nach § 4 Abs. 4 Satz 2 RDGEG ein Betrag von 25,00 € festsetzungsfähig.[242]

Juristische Person: Zur Zeitversäumnis siehe Rn. 21. 95

Klagerücknahme: Trotz Klagerücknahme hat der Kläger nach ganz überwiegender Auffassung 96 die Verfahrensgebühr des Anwalts des Beklagten zu erstatten, wenn dieser in nicht vorwerfbarer Weise in Unkenntnis der Rücknahme die Klageerwiderung fertigt.[243] Allerdings liegt keine entschuldbare Unkenntnis vor, wenn die Partei von der Klagerücknahme Kenntnis erlangt und ihren Prozessbevollmächtigten nicht zeitnah darüber informiert.[244] Nach der jüngsten Rechtsprechung des BGH zur vergleichbaren Konstellation im Falle einer Berufungsrücknahme – die (verschuldete oder unverschuldete) Unkenntnis des Berufungsbeklagten sei ohne Bedeutung, maßgeblich allein eine objektive Betrachtung[245] – steht jedoch im Raum, dass die bisher h.M. früher oder später eine höchstrichterliche Korrektur erfahren wird (vgl. auch Rn. 72).[246]

Korrespondenz- und Kopierkosten der Partei: Kosten für anlässlich des Rechtsstreits notwen- 97 dige Korrespondenz können von der Partei selbst nur geltend gemacht werden, wenn sie die einzelnen Positionen konkret darlegt. Eine Unkostenpauschale kann sie nicht verlangen; die Kosten für Post- und Telekommunikationsdienstleistungen sind ebenso wie Kopierkosten nur in der tatsächlich entstandenen Höhe erstattungsfähig.[247]

Kreditkosten siehe Finanzierungskosten 98

Lagerkosten siehe Verwahrungskosten 99

Lichtbilder siehe Fotografien 100

Mahnschreiben: Die Kosten eines (anwaltlichen) Mahnschreibens stellen keine sog. Vorbereitungskosten dar und sind daher nicht festsetzungsfähig. Denn ein Mahnschreiben bezweckt – ebenso wie eine Abmahnung – in erster Linie die außergerichtliche Erledigung, da der Schuldner zur Erfüllung der Forderung angehalten werden soll, und ist damit auf Prozessvermeidung gerichtet.[248] Insbesondere nach §§ 280 Abs. 2, 286 BGB ist aber materiell-rechtlich häufig eine Kostenerstattung möglich; die Erstattungsfähigkeit der außergerichtlichen Anwaltskosten ist dabei regelmäßig nicht auf die 0,3-Geschäftsgebühr für ein Schreiben einfacher Art nach Nr. 2301 VV-RVG beschränkt.[249] 101

Mahnverfahren: Nach allgemeiner Auffassung gehören die Kosten des Mahnverfahrens im 102 Falle einer vollständigen Überleitung des Streitgegenstands zu den Kosten des nachfolgenden Streitverfahrens. Leitet der Antragsteller hingegen nur hinsichtlich eines Teils der Geldforderung in das streitige Verfahren über oder legt nur teilweise Widerspruch gegen den Mahnbescheid ein. Einspruch gegen den Vollstreckungsbescheid ein, ist die kostenrechtliche Behandlung umstritten (vgl. Rn. 10).

Mehrheit von Prozessen: Nach der Rechtsprechung des BGH kann es als rechtsmissbräuchlich 103 anzusehen sein, wenn eine Partei Mehrkosten geltend macht, die dadurch entstanden sind, dass sie einen einheitlichen Lebenssachverhalt willkürlich in mehrere Prozessmandate aufgespalten hat. Dies kann etwa der Fall sein, wenn sie einen oder mehrere gleichartige oder in einem inneren Zusammenhang stehende und aus einem einheitlichen Lebensvorgang erwachsene Ansprüche gegen eine oder mehrere Personen ohne sachlichen Grund in getrennten Prozessen verfolgt hat;[250] vgl. auch Rn. 16.

Mehrvertretungszuschlag: Ob die Erhöhungsgebühr nach Nr. 1008 VV-RVG anfällt und ob 104 diese vom unterliegenden Gegner zu erstatten ist, ist von Fall zu Fall zu entscheiden.[251] Zur Vertretung einer Erbengemeinschaft vgl. Rn. 78, zur Vertretung einer GbR vgl. Rn. 84.

Mehrwertsteuer siehe Umsatzsteuer 105

Meinungsumfrage: Die Kosten einer Meinungsumfrage sind vom unterlegenen Gegner zu er- 106 statten, wenn sie zur zweckentsprechenden Rechtsverfolgung erforderlich sind, z.B. zur

---

242 Hierzu LG Magdeburg, JurBüro 2013, 310; *Goebel*, MDR 2008, 542.
243 OLG Hamburg, AGS 2013, 441; OLG Celle, AGS 2010, 362; OLG Naumburg, JurBüro 2003, 419; ferner OLG Hamm, AGS 2013, 150; abweichend OLG Düsseldorf, JurBüro 2009, 37.
244 OLG Hamburg, AGS 2013, 441; OLG Schleswig, JurBüro 1990, 1621.
245 BGH, NJW 2016, 2751 (2752), Rn. 9 ff. mit Anm. *Möllers* = FamRZ 2016, 900 (901).
246 Gegen den BGH für den Fall der Klagerücknahme weiterhin z.B. *Müller-Rabe*, JurBüro 2017, 3 ff.
247 OLG Celle, AGS 2014, 150; OLG Schleswig, JurBüro 1992, 172.
248 BGH, NJW 2006, 2560 f., Rn. 6 f. = VersR 2006, 1561.
249 Ausführlich BGH, NJW 2015, 3793 (3794), Rn. 8 ff. = VersR 2016, 874.
250 Siehe nur BGH, NJW-RR 2013, 442 (443), Rn. 10 = VersR 2013, 1283 m.w.N.
251 Ausführlich Musielak/Voit-*Flockenhaus*, ZPO, § 91 Rn. 52 ff.

Glaubhaftmachung einer Irreführungsgefahr nach § 5 UWG.[252] Die Höhe der Gutachterkosten dürfen dabei nicht außer Verhältnis zur Bedeutung der Sache stehen.[253]

107 **Patentanwalt:** Wirkt in Patent-, Geschmacks-, Gebrauchsmuster-, Kennzeichensachen ein Patentanwalt mit, sind die hiermit verbundenen Kosten ebenso zu erstatten wie die notwendigen Auslagen des Patentanwalts, §§ 143 Abs. 3 PatG, § 52 Abs. 4 DesignG (= § 52 Abs. 4 GeschmG a. F.), § 27 Abs. 3 GebrMG, § 140 Abs. 3 MarkenG. Eine Prüfung, ob die durch die Mitwirkung des Patentanwalts entstandenen Gebühren notwendig i. S. d. § 91 Abs. 1 Satz 1 ZPO sind, findet aufgrund dieser speziellen Kostenregelungen nicht statt.[254] Es ist vom Rechtspfleger auch nicht zu prüfen, ob der Patentanwalt gegenüber dem Rechtsanwalt eine „Mehrleistung" erbracht hat.[255] Die Gebühren sind auch dann zu erstatten, wenn der Prozessbevollmächtigte über eine Doppelqualifikation verfügt und über seine anwaltliche Tätigkeit hinaus als Patentanwalt tätig wird.[256] Für die Annahme einer die Gebührenforderung auslösenden Mitwirkung genügt dabei grundsätzlich **jede streitbezogene Tätigkeit**; bereits die bloße Lektüre und Kenntnisnahme von Schriftsätzen oder Entwürfen des Prozessbevollmächtigten ist ausreichend.[257] Ergibt sich jedoch, dass die Einschaltung des Patentanwalts allein zu dem Zweck erfolgt ist, diesem eine Verdienstmöglichkeit zu verschaffen, ist die Erstattungsfähigkeit unter dem Gesichtspunkt des Rechtsmissbrauchs zu verneinen.[258] Der Umstand, dass zwischen Prozessbevollmächtigtem und Patentanwalt eine enge Verbindung besteht, z.B. weil sie der gleichen Sozietät angehören, genügt insoweit allerdings nicht.[259] Die Erstattungsfähigkeit der Terminsgebühr des Patentanwalts setzt voraus, dass der Patentanwalt selbst an der mündlichen Verhandlung teilnimmt und den prozessführenden Rechtsanwalt unterstützt.[260] Wirkt der Patentanwalt lediglich außergerichtlich mit, etwa bei Abfassung einer vorprozessualen Abmahnung, kommt eine analoge Anwendung des § 140 Abs. 3 MarkenG mangels Regelungslücke nicht in Betracht. Möglich ist aber eine materiell-rechtliche Kostenerstattung unter dem Gesichtspunkt der Geschäftsführung ohne Auftrag (§§ 677, 683 Satz 1, 670 BGB) oder eines Schadensersatzanspruchs (etwa nach § 14 Abs. 6 Satz 1 MarkenG), vorausgesetzt, die geltend gemachten Kosten waren erforderlich.[261] Wirkt der Patentanwalt in Streitigkeiten mit, die nicht in sein typisches Tätigkeitsspektrum fallen, etwa nach dem UrhG oder dem UWG, sind die mit seiner Tätigkeit verbundenen Kosten in der Regel nicht erstattungsfähig.[262]

108 **Privatgutachten:** Bei der Beurteilung der Erstattungsfähigkeit von Privatgutachten sind **drei Fragen** zu unterscheiden: Zunächst ist zu prüfen, ob das Gutachten den notwendigen unmittelbaren Prozessbezug aufweist. Ist dies der Fall, ist in einem weiteren Schritt festzustellen, ob der Auftrag an den Privatsachverständigen im konkreten Einzelfall auch notwendig zur zweckentsprechenden Rechtsverfolgung oder -verteidigung war. Schließlich ist die Erforderlichkeit der Höhe der Kosten des Privatgutachtens zu prüfen. In der Praxis stellt sich die Frage der Erstattungsfähigkeit häufig, wenn in Anspruch genommene Kfz-Haftpflichtversicherer ein Gutachten beauftragen, weil sie Anhaltspunkte für einen versuchten Versicherungsbetrug sehen.[263]

109 Nach der ständigen Rechtsprechung des BGH können Kosten sowohl für **vorprozessual** als auch für **während des bereits anhängigen Prozesses** beauftragte Privatgutachten nur ausnahmsweise als Kosten des Rechtsstreits angesehen werden. Insoweit genügt es nach allgemeiner Auffassung nicht, wenn das Gutachten irgendwann in einem Rechtsstreit verwendet wird; das Gutachten muss sich vielmehr auf den konkreten Rechtsstreit beziehen und gerade mit Rücksicht auf den konkreten Prozess in Auftrag gegeben worden sein.[264] Die Kosten für die Einholung eines Privatgutachtens müssen mithin den notwendigen unmittelbaren Prozess-

---

252 OLG Brandenburg, Magazindienst 2011, 604 f.
253 KG Berlin, Rpfleger 1987, 262.
254 BGH, GRUR 2003, 639 (640) = WRP 2003, 755.
255 BGH, GRUR 2011, 754 (755), Rn. 17 = WRP 2011, 1057; BGH, GRUR 2012, 756 (757), Rn. 20 = MDR 2012, 926.
256 BGH, GRUR 2003, 639 = WRP 2003, 755.
257 Vgl. OLG Saarbrücken, OLGR 2009, 502 (503); OLG München, GRUR 2004, 536; OLG Hamburg, OLGR 2006, 923.
258 Vgl. OLG München, JurBüro 2004, 201.
259 OLG Hamburg, OLGR 1998, 18 f.; OLG Nürnberg, JurBüro 1990, 491.
260 OLG Braunschweig, NJW-RR 2012, 242 f.
261 Ausführlich BGH, GRUR 2011, 754 (755), Rn. 15 ff. = WRP 2011, 1057; BGH, GRUR 2012, 759 Rn. 9 ff. = MDR 2012, 924.
262 Näher MK-*Schulz*, ZPO, § 91 Rn. 156 m.w.N.
263 Beispielshaft BGH, VersR 2009, 563 f. = Rpfleger 2009, 176; OLG Hamm, NJW-RR 2013, 895 f. OLG Celle, NJW-RR 2011, 1057; auch Saenger-*Gierl*, ZPO, § 91 Rn. 18.
264 Grundlegend BGHZ 153, 235 = NJW 2003, 1398 (1399) = VersR 2003, 481 m.w.N. aus der obergerichtlichen Rechtsprechung

bezug aufweisen (vgl. Rn. 9),²⁶⁵ was etwa anzunehmen ist, wenn der Privatsachverständige einen Tag nach Zustellung der Klage beauftragt wurde.²⁶⁶ Ausreichend ist auch eine konkrete Klageandrohung,²⁶⁷ wobei unerheblich ist, wenn der Sachverständige schon vor Klageandrohung beauftragte wurde, er das Gutachten aber erst nach Klageandrohung erstellt, denn jedenfalls bestand der Auftrag im maßgeblichen Zeitpunkt fort.²⁶⁸ Ist das Gutachten in einem anderen Zusammenhang erstellt worden, erlangt es keinen Prozessbezug, nur weil die Partei es im Rechtsstreit vorlegt.²⁶⁹

Ob die Beauftragung des Privatsachverständigen auch notwendig i.S.v. § 91 Abs. 1 Satz 1 ZPO war, ist nach allgemeinen Grundsätzen daran auszurichten, ob eine verständige und wirtschaftlich vernünftig denkende Partei den Gutachtensauftrag als **sachdienlich** ansehen durfte. Maßgeblich ist dabei eine *ex ante*-**Betrachtung**; erst im Nachhinein zu prüfen, ob sich das erkennende Gericht von dem vorgelegten Privatgutachten tatsächlich bei seiner Entscheidungsfindung hat beeinflussen lassen, verbietet sich. Umgekehrt steht die im Rechtsstreit (wie auch im nachfolgenden Kostenfestsetzungsverfahren) unterbliebene Gutachtensvorlage der Erstattungsfähigkeit keineswegs von vornherein entgegen.²⁷⁰ Sachdienlichkeit ist z.B. zu bejahen, wenn die Partei infolge fehlender eigener Sachkenntnisse nicht zu einem sachgerechten Vortrag in der Lage ist²⁷¹ oder wenn die Partei ohne Einholung eines Privatgutachtens ein ihr nachteiliges vom Gericht eingeholtes Sachverständigengutachten nicht zu erschüttern vermag.²⁷² Auch der **Gesichtspunkt der Waffengleichheit** kann je nach Fallgestaltung die Notwendigkeit begründen, also wenn der Partei besondere technische, medizinische, steuerliche oder sonstige fachliche Kenntnisse der Gegenpartei fehlen oder wenn es gilt, ein von dieser vorgelegtes privates Gutachten zu überprüfen und zu widerlegen.²⁷³ Darüber hinaus muss im jeweiligen Einzelfall Berücksichtigung finden, wie die Eignung des Gutachtens zur Rechtsverfolgung oder -verteidigung und deren Erfolgsaussichten einzuschätzen sind, ob eine Möglichkeit besteht, den Prozesserfolg mit anderen Darlegungs- und Beweismitteln zu fördern, und ob die zu erwartenden Kosten des Gutachtens – bei Anlegung eines großzügigen Maßstabs – in einem noch vertretbaren Verhältnis zur Bedeutung des Rechtsstreits stehen.²⁷⁴ Erweist sich die zunächst notwendige Beauftragung eines Privatgutachtens als überflüssig, insbesondere weil ein gerichtlicher Beweisbeschluss mit nahezu identischer Beweisfrage ergeht, ist die Partei aufgrund des Prinzips der Prozesswirtschaftlichkeit gehalten, die von ihr ausgelöste Kostenbelastung bestmöglich gering zu halten, namentlich durch die unverzügliche Stornierung des Gutachtenauftrags.²⁷⁵

Ob die mit der Einholung des Privatsachverständigengutachtens einhergehenden Kosten auch der **Höhe** nach erforderlich sind, ist vom Rechtspfleger genau zu prüfen, wobei die Frage der Angemessenheit nach h.M. in seinem freien Ermessen steht.²⁷⁶ Grundsätzlich gilt, dass die Partei nicht verpflichtet ist, ihrem Gegner den Kostenrahmen des Gutachtens vor dessen Einholung mitzuteilen.²⁷⁷ Ggf. können auch nur Teile des Gutachtens erstattungsfähig sein. Insbesondere die Angemessenheit der ermittelten Stundenzahl und des in Ansatz gebrachten Stundensatzes sind in den Blick zu nehmen, wobei die Regelungen des JVEG weder direkt noch analog herangezogen werden können, weil dem Gutachten kein gerichtlicher Auftrag zugrunde liegt.²⁷⁸ Eine Kostenerstattung kommt aber nicht insoweit in Betracht, als die Honorarvereinbarung die durch die Honorarverordnung vorgegebenen Honorare überschreitet oder unangemessen über den ortsüblichen Honoraren liegt.²⁷⁹ Zur Glaubhaftmachung nach § 104 Abs. 2 Satz 1 ZPO sind vom Antragsteller die Rechnung und ggf. eine eidesstattliche Versicherung des Sachverstän-

---

265 Etwa BGHZ 192, 140 = NJW 2012, 1370 (1371), Rn. 10 = VersR 2012, 920; BGH, NJW 2013, 1823, Rn. 4 = VersR 2013, 1194.
266 BGH, NJW 2013, 1823, Rn. 4 = VersR 2013, 1194.
267 BGHZ 153, 235 = NJW 2003, 1398 (1399) = VersR 2003, 481.
268 BGH, NJW 2006, 2415 (2416), Rn. 8 = VersR 2006, 1236.
269 Vgl. BGH, NJW 2006, 2415, Rn. 4 = VersR 2006, 1236.
270 BGH, NJW 2013, 1823, Rn. 6 ff. = VersR 2013, 1194.
271 BGH, NJW 2006, 2415 (2416), Rn. 10 = VersR 2006, 1236; BGHZ 153, 235 = NJW 2003, 1398 (1399) = VersR 2003, 481.
272 BGHZ 192, 140 = NJW 2012, 1370 (1372), Rn. 13 = VersR 2012, 920; OLG Köln, OLGR 2009, 527; KG Berlin, BeckRS 2008, 04030.
273 Z.B. OLG Zweibrücken, MDR 2009, 415; OLG Köln, NJW-RR 2010, 751 (752).
274 Vgl. BGHZ 192, 140 = NJW 2012, 1370 (1372), Rn. 13 = VersR 2012, 920.
275 OLG Bremen, BeckRS 2010, 02418.
276 Etwa OLG Bamberg, JurBüro 1975, 941; Zöller-*Herget*, ZPO, § 91 Rn. 13 – „Privatgutachten".
277 BGH, NJW 2007, 1532 (1533), Rn. 7 ff. = MDR 2007, 803.
278 Vgl. BGH, NJW 2007, 1532 (1533), Rn. 11 = MDR 2007, 803; abweichend MK-*Schulz*, ZPO, § 91 Rn. 164.
279 OLG Frankfurt a.M., NJW-RR 2009, 1076 (1077).

digen vorzulegen, aus der sich detailliert ergibt, welche konkreten Tätigkeiten in welchem Umfang mit Blick auf welche prozessbezogene Fragestellungen erbracht wurden. Dies ist insbesondere auch zur Abgrenzung von den grundsätzlich nicht erstattungsfähigen Kosten als Prozessbegleiter tätiger Hilfspersonen (vgl. Rn. 90) erforderlich.[280] Im Zweifelsfall kann der Rechtspfleger der Partei aufgeben, das Gutachten, sollte es sich noch nicht in der Gerichtsakte befinden, zur Glaubhaftmachung der geltend gemachten Kosten vorzulegen.[281]

112 Die vorstehenden Grundsätze gelten in gleicher Weise für ein während des Zwangsvollstreckungsverfahrens erholtes Gutachten.[282] Für das selbstständige Beweisverfahren ergeben sich ebenfalls keine Abweichungen.[283] Da im einstweiligen Verfügungsverfahren die Möglichkeiten der Beweisführung eingeschränkt sind, sollen hier für die Erstattungsfähigkeit sogar weniger strenge Voraussetzungen gelten.[284] Im Urkundenprozess sind die Kosten eines Privatgutachtens hingegen generell nicht erstattungsfähig (vgl. Rn. 141).

113 **Prozesskostenhilfe:** Kosten, die anlässlich eines Prozesskostenhilfeverfahrens anfallen, sind nicht erstattungsfähig, §§ 118 Abs. 1 Satz 2, 120 Abs. 4 ZPO.

114 **Ratsgebühr:** Bei der Ratsgebühr nach § 34 RVG handelt es sich um eine vereinbarte Gebühr, deren Erstattungsfähigkeit nach str. Ansicht grundsätzlich abzulehnen ist; sie kann aber ggf. im Wege eines materiell-rechtlichen Kostenerstattungsanspruchs eingeklagt werden.[285]

115 **Recherchekosten:** Kosten, die einer Partei durch außergerichtliche Recherchemaßnahmen entstehen, sind unter den Voraussetzungen, die sich zu Detektivkosten herausgebildet haben, erstattungsfähig. Dass sie festzusetzen sind, muss jedenfalls dann außer Frage stehen, wenn die Partei auch die (regelmäßig höheren) Kosten einer hypothetisch beauftragten Detektei geltend machen könnte,[286] weil dann letztlich nur dem Kostenschonungsgebot Rechnung getragen wurde. Erstattungsfähig können daher z.B. die Kosten einer Zeitungsanzeige zum Auffinden von Zeugen[287] oder sogar die Kosten einer Belohnung für die Benennung von Zeugen[288] sein. *Siehe auch die Ausführungen zu Aufenthaltsermittlung, Datenbankrecherche, Meinungsumfrage und Testkauf.*

116 **Rechtsgutachten:** Gibt eine Partei anlässlich eines Prozesses ein Rechtsgutachten in Auftrag, sind dessen Kosten in aller Regel nicht erstattungsfähig. Etwas anderes gilt ausnahmsweise dann, wenn das Gutachten außergewöhnlich schwierige Rechtsfragen oder entlegene Spezialmaterien betrifft oder mit Blick auf fremdes Recht i.S.v. § 293 ZPO beauftragt wurde.[289]

117 **Reisekosten der Partei:** Entstehen der Partei anlässlich des Rechtsstreits Reisekosten, sind diese erstattungsfähig, wenn die Durchführung der Reise notwendig war.[290] Die Erstattungsfähigkeit von Reisekosten ist eng verknüpft mit der in § 91 Abs. 1 Satz 2 ZPO geregelten Entschädigung für die durch notwendige Reisen oder durch die notwendige Wahrnehmung von Terminen entstandene Zeitversäumnis nach Maßgabe des JVEG (hierzu zuvor Rn. 18 ff.). Da die Teilnahme an einem **gerichtlichen** Termin in aller Regel als notwendig anzusehen ist, gilt dies in gleicher Weise für die mit der Terminswahrnehmung einhergehenden Reisekosten, wobei es im Grundsatz unerheblich ist, ob die Partei anwaltlich vertreten ist oder nicht, ob es sich um einen Verhandlungs- oder einen Beweisaufnahmetermin handelt und ob das Gericht das persönliche Erscheinen angeordnet hat oder nicht.[291] Denn der Grundsatz der Mündlichkeit findet in einem gerichtlichen Termin (auch Ortstermin) mit Rede und Gegenrede seine ureigenste Ausprägung, und die Pflicht des Gerichts, in jeder Lage des Verfahrens auf eine gütliche Streitbeilegung hinzuwirken (§ 278 Abs. 1 ZPO), lässt es regelmäßig sinnvoll erscheinen, mit den Parteien selbst die Möglichkeiten einer vergleichsweisen Prozessbeendigung zu erörtern.[292] Etwas anderes gilt allerdings dann, wenn sich bereits aus *ex ante*-Sicht klar abzeich-

---

280 Vgl. OLG Koblenz, BeckRS 2016, 12521, Rn. 2 ff.; OLG Köln, NJW-RR 2010, 751 (752 f.).
281 BGH, NJW 2013, 1823, Rn. 10 f. = VersR 2013, 1194.
282 OLG Brandenburg, JurBüro 2008, 271.
283 Vgl. BGH, NJW 2013, 1820 (1821), Rn. 20 ff. = MDR 2013, 494.
284 Vgl. MK-*Schulz*, ZPO, § 91 Rn. 161 m.w.N.
285 OLG Celle, AGS 2014, 150; OLG Rostock, JurBüro 2008, 371; Zöller-*Herget*, ZPO, § 91 Rn. 13 – „Ratsgebühr"; a.A. etwa Prütting/Gehrlein-*Schneider*, ZPO, § 91 Rn. 18.
286 Siehe MK-*Schulz*, ZPO, § 91 Rn. 168.
287 LG Mönchengladbach, NJW-RR 2004, 432.
288 OLG Koblenz, NJW 1975, 173 f.
289 Vgl. OLG München, JurBüro 1991, 387; OLG Koblenz, JurBüro 1988, 1026; OLG Frankfurt a.M., GRUR 1987, 322.
290 Ausführlich zum Ganzen *Schneider*, JurBüro 2011, 620 ff.
291 Vgl. BGH, NJW-RR 2008, 654 (655), Rn. 11 = WM 2008, 422; ferner z.B. OLG Celle, NJW 2003, 2994; OLG München, NJW-RR 2003, 1584; OLG Stuttgart, JurBüro 2002, 536.
292 Vgl. nur BGH, NJW-RR 2008, 654 (655), Rn. 11 = WM 2008, 422; OLG Koblenz, AGS 2010, 102 mit Anm. *Schneider*.

net, dass eine gütliche Einigung nicht ansatzweise in Betracht kommt und die Partei auch zur Klärung des Sachverhalts überhaupt nichts beitragen kann.[293] Eine Erstattung der Reisekosten kommt ferner nicht in Betracht, wenn es sich bei dem gerichtlichen Termin um einen bloßen Verkündungstermin handelt oder wenn die Reisekosten in einem evidenten Missverhältnis zu Wert und/oder Bedeutung des Streitgegenstandes stehen.[294]

Der **Höhe nach** können hiernach auch die Kosten einer Anreise der Partei mit dem Flugzeug erstattungsfähig sein. Gerade hier ist aber die Obliegenheit im Blick zu behalten, dass unter mehreren gleich gearteten Maßnahmen die kostengünstigere auszuwählen ist, mag eine Flugreise auch in aller Regel mit einer Zeitersparnis verbunden sein. Die Mehrkosten einer Flugreise dürfen daher nicht außer Verhältnis zu den Kosten der Benutzung der Bahn oder der Bedeutung des Rechtsstreits stehen,[295] was etwa bei Bagatellstreitigkeiten der Fall ist.[296] 118

Muss die Partei anlässlich des Termins in einem Hotel übernachten, weil eine An- und Abreise am gleichen Tag nicht zumutbar ist, sind auch die hiermit verbundenen Kosten erstattungsfähig. Die Zumutbarkeit ist zu bejahen, wenn die Partei die Anreise nicht vor 6.00 Uhr antreten muss, um rechtzeitig zum Termin zu erscheinen, und noch vor 24.00 Uhr wieder am Ausgangsort eintrifft.[297] 119

Reisekosten des Anwalts siehe Rn. 28 ff. 120

Richterablehnung: Wird ein Richter wegen Besorgnis der Befangenheit abgelehnt (§ 42 ZPO) und muss im Ablehnungsverfahren letztlich das Beschwerdegericht entscheiden, zählen die im Beschwerdeverfahren anfallenden (insbesondere Anwalts-)Kosten zu den Kosten des Rechtsstreits.[298] 121

Schiedsgutachten siehe Rn. 10 122
Schiedsverfahren siehe Rn. 10 123
Schlichtungsverfahren siehe Güteverfahren 124

Schutzschrift: Im einstweiligen Verfügungsverfahren hat der unterlegene Antragsteller die Kosten einer Schutzschrift, die vom Gegner rein vorsorglich zur Verteidigung bei Gericht eingereicht worden ist, zu erstatten. Das gilt unabhängig davon, ob der Antrag auf Erlass einer einstweiligen Verfügung nach mündlicher Verhandlung oder ohne eine solche abgelehnt wird. Auch wenn der Antrag zurückgenommen wird, sind die Schutzschriftkosten erstattungsfähig.[299] Enthält die Schutzschrift Sachvortrag i.S.d. Nr. 3101 Nr. 1 VV-RVG, finden sich in ihr also Tatsachen- oder Rechtsausführungen zur Sache, fällt für die anwaltliche Tätigkeit eine 1,3 Verfahrensgebühr nach Nr. 3100 VV-RVG an.[300] Geht die Schutzschrift allerdings erst nach Rücknahme oder Zurückweisung des Verfügungsantrags bei Gericht ein, kann der Antragsgegner die Kosten nicht erstattet verlangen; auf die (verschuldete oder unverschuldete) Unkenntnis des Antragsgegners kommt es nicht an.[301] Der sog. fliegende Gerichtsstand lässt es häufig notwendig erscheinen, die Schutzschrift bei zahlreichen Gerichten in der ganzen Republik einzureichen; zu erstatten sind gleichwohl nur diejenigen Kosten, die durch die Einreichung der Schutzschrift bei demjenigen Gericht angefallen sind, bei dem später auch der Verfügungsantrag eingegangen ist; auf den übrigen Kosten bleibt der Gegner sitzen.[302] Diese missliche Situation lässt sich dadurch umgehen, dass die Schutzschrift beim zentralen Schutzschriftenregister eingereicht wird; die diesbezüglichen Kosten sind nämlich erstattungsfähig, wobei es wegen der Fiktion in § 945a Abs. 2 ZPO nicht darauf ankommt, ob das tatsächlich angerufene Gericht von der Schutzschrift Kenntnis genommen hat.[303] 125

Selbständiges Beweisverfahren: Ein zunächst durchgeführtes **selbstständiges Beweisverfahren**, in dem selbst – von § 494a ZPO abgesehen – grundsätzlich keine Kostenentscheidung ergeht, zählt zu dem nachfolgenden Rechtsstreit; die Kosten des Beweisverfahrens werden von der im anschließenden Hauptsacheverfahren getroffenen Kostenentscheidung – sei es aufgrund Urteils, sei es aufgrund Klagerücknahme und Kostenausspruch nach § 269 Abs. 3 Satz 2 126

---

293 BGH, NJW-RR 2008, 654 (655), Rn. 12 = WM 2008, 422; OLG München, NJW-RR 2003, 1584.
294 Siehe OLG Stuttgart, NJW 2003, 2994; OLG Brandenburg, MDR 2000, 1216 f.
295 Zum Ganzen BGH, NJW-RR 2008, 654 (655), Rn. 13 f. = WM 2008, 422 m.w.N.
296 OLG München, NJW-RR 2003, 1584; OLG Brandenburg, MDR 2000, 1216 f.
297 Vgl. OLG Braunschweig, BeckRS 2015, 15928.
298 Vgl. BGH, NJW 2005, 2233 (2234) = MDR 2005, 1016 f.
299 BGH, NJW 2003, 1257 = MDR 2003, 655; BGH, NJW-RR 2008, 1093 (1094), Rn. 10 = JurBüro 2008, 428.
300 BGH, NJW-RR 2008, 1093 (1094), Rn. 11 ff. = JurBüro 2008, 428.
301 BGH, NJW-RR 2007, 1575 (1576), Rn. 15 ff. = MDR 2007, 1163.
302 Vgl. OLG Hamburg, AGS 2014, 47: Kosten in Höhe von bald 2.500,00 € für Fotokopien, Verpackungen, Kurier und Porto für bei 117 Landgerichten eingereichte Schutzschriften.
303 OLG Hamburg, BeckRS 2016, 15057; OLG Frankfurt a.M., AGS 2015, 596 f.

ZPO,[304] sei es aufgrund einer nicht weiter differenzierenden Regelung in einem in der Hauptsache geschlossenen Prozessvergleich[305] – umfasst, vorausgesetzt, zumindest ein Teil der Streitgegenstände und die Parteien sind identisch.[306] Eine **Identität der Streitgegenstände** ist bereits dann anzunehmen, wenn nur Teile des Streitgegenstands eines selbstständigen Beweisverfahrens zum Gegenstand der anschließenden Klage gemacht werden.[307] Liegt nur eine solche teilweise Identität vor, bleibt die Hauptsacheklage also hinter dem Verfahrensgegenstand des Beweisverfahrens zurück, zählen die Kosten des (gesamten) Beweisverfahrens gleichwohl zu den Kosten des Klageverfahrens; dem Hauptsachegericht steht aber die Möglichkeit offen, in entsprechender Anwendung des § 96 ZPO eine Kostentrennung vorzunehmen und dem Antragsteller die Kosten aufzuerlegen, die durch den überschießenden Teil entstanden sind (vgl. § 96 Rn. 5). Die erforderliche **Identität der Parteien** ist gegeben, wenn sich der Kostentitel der Hauptsache gegen die Partei des Beweisverfahrens richtet, wobei unerheblich ist, ob die Parteirollen – Angreifer oder Angegriffener – im selbstständigen Beweisverfahren und im Klageverfahren identisch sind.[308] Es genügt auch, wenn der Hauptsacheprozess lediglich durch den Prozessstandschafter der Partei des Beweisverfahrens geführt wird; nach Auffassung des BGH steht die Klage in zulässiger Prozessstandschaft für die Zwecke der Kostenfestsetzung der Klage des materiellen Rechtsinhabers gleich.[309] An der erforderlichen Parteiidentität fehlt es hingegen, wenn an Stelle des Antragstellers oder des Antragsgegners ein Streithelfer aus dem selbstständigen Beweisverfahren Partei des sich anschließenden Rechtsstreits wird, mag das Ergebnis der Beweisaufnahme auch gemäß §§ 68, 493 ZPO verwertet worden sein.[310] Im Detail hat sich eine differenzierte Rechtsprechung herausgebildet.[311] Zu den Kosten einer Nebenintervention im selbstständigen Beweisverfahren vgl. § 101 Rn. 27 f.

127 **Sequestration:** Die Kosten einer Sequestration können im Kostenfestsetzungsverfahren aufgrund der Kostengrundentscheidung des Verfahrens festgesetzt werden, in dem Sequestration angeordnet worden ist.[312]

128 **Sicherheitsleistung:** Muss aus Gründen der Prozessführung Sicherheit geleistet werden, etwa nach § 110 ZPO, sind die hiermit verbundenen Kosten erstattungsfähig.[313] Die von einem Titelschuldner zur Abwehr der Zwangsvollstreckung aufgewendeten Kosten sind als Verfahrenskosten im weiteren Sinn anzusehen und können deshalb beim Prozessgericht im Kostenfestsetzungsverfahren angemeldet werden.[314] Entstehen dem Gläubiger bei der Vollstreckung aus einem vorläufig vollstreckbaren Urteil (§ 709 ZPO) Kosten, insbesondere solche einer Avalbürgschaft, handelt es sich hingegen um Kosten der Zwangsvollstreckung i.S.d. § 788 Abs. 1 ZPO (vgl. § 788 Rn. 2).[315] Ein Schuldner, der mit seiner Vollstreckungsabwehrklage letztlich obsiegt, kann die bei ihm angefallenen Kosten einer Sicherheitsleistung zum Zwecke der einstweiligen Einstellung der Zwangsvollstreckung (§ 769 ZPO) erstattet verlangen, weil ohne die Einstellung der Zwangsvollstreckung der Erfolg der Vollstreckungsgegenklage gefährdet ist.[316]

129 **Steuerberater:** Kosten, die mit der Einschaltung eines Steuerberaters verbunden sind, sind dann vom Gegner zu erstatten, wenn die zugrunde liegende Tätigkeit des Steuerberaters er-

---

304 BGH, NJW 2007, 1279 (1280), Rn. 11 ff. = FamRZ 2007, 374; BGH, NJW 2007, 1282, Rn. 9 f. = MDR 2007, 744.
305 Vgl. OLG Saarbrücken, NJW-RR 2013, 316; OLG Koblenz, JurBüro 2009, 367 (368).
306 BGH, NJW 2007, 1282, Rn. 9 = MDR 2007, 744; BGH, NJW-RR 2006, 810 f., Rn. 11 = Rpfleger 2006, 338; BGH, NJW 2013, 3586, Rn. 11 = VersR 2014, 353.
307 BGH, NJW 2004, 3121 = MDR 2004, 1373; BGH, NJW 2005, 294 = MDR 2005, 296; BGH, NJW-RR 2006, 810 f., Rn. 11 = Rpfleger 2006, 338.
308 OLG Hamburg, NJW-RR 2014, 1535.
309 BGH, NJW 2014, 3518 (3519), Rn. 16 = MDR 2014, 1293 (gesetzliche Prozessstandschaft); BGH, NJW 2013, 3586, Rn. 16 = VersR 2014, 353 (gewillkürte Prozessstandschaft).
310 BGH, NJW 2013, 3452, Rn. 12 ff. = MDR 2013, 1433; OLG Koblenz, JurBüro 2013, 93 (94).
311 Weitere Einzelheiten z.B. bei MK-*Schulz*, ZPO, § 91 Rn. 25; BeckOK-*Jaspersen/Wache*, ZPO, § 91 Rn. 86 ff.
312 BGH, DGVZ 2008, 77, Rn. 6 = BeckRS 2007, 04103; BGH, NJW 2006, 3010, Rn. 9 ff. = WRP 2006, 1246.
313 Wieczorek/Schütze-*Smid/Hartmann*, ZPO, § 91 Rn. 93 m.w.N.
314 Ausführlich BGH, NJW-RR 2006, 1001 (1002), Rn. 6 ff. = FamRZ 2006, 480 m.w.N. zum Meinungsstand.
315 BGH, NJW 2016, 2579 (2580), Rn. 14 f. = Rpfleger 2016, 442; offen gelassen noch von BGH, NJW 2012, 3789, Rn. 8 = MDR 2012, 1369.
316 OLG Düsseldorf, JurBüro 2001, 210 f.; OLG Koblenz, OLGR 1998, 276; OLG München, MDR 1989, 460.

forderlich ist, damit die Partei ihre Darlegungs- und Substantiierungspflicht erfüllen kann.[317] Das kann z.b. beim Regressprozess gegen den Steuerberater der Fall sein, wobei auch der Grundsatz der Waffengleichheit zu berücksichtigen ist.[318] Da grundlegende steuerrechtliche Kenntnisse aber von jedem Anwalt und erst Recht von einem Fachanwalt für Steuerrecht erwartet werden können, sind Steuerberatungskosten grundsätzlich nur in Ausnahmefällen als notwendig anzusehen.[319]

Strafanzeige: Die mit einer während des Rechtsstreits erstatteten Strafanzeige (gerichtet gegen den Gegner, einen Zeugen oder einen sonstigen Verfahrensbeteiligten) verbundenen Kosten sind nach strittiger Auffassung dann erstattungsfähig, wenn aufgrund des eingeleiteten Ermittlungsverfahrens für den Zivilprozess bedeutsame Tatsachen oder Beweismittel erlangt werden können.[320] Das Gleiche muss gelten, wenn die Partei zum Zeitpunkt der Anzeigeerstattung bereits entschlossen ist, ein Klageverfahren anhängig zu machen. *130*

Streitgenossenschaft: Besteht die obsiegende Seite des Prozesses aus mehreren Streitgenossen (vgl. § 100 Rn. 12), ergibt sich regelmäßig die Problematik, welche Kosten der einzelne Streitgenosse festsetzen lassen kann. Praktisch bedeutsam ist dabei insbesondere die Frage der Notwendigkeit der bei den Streitgenossen angefallenen Rechtsanwaltskosten. Im Ausgangspunkt ist dabei festzuhalten, dass jeder Streitgenosse das Recht hat, sich durch einen eigenen Prozessbevollmächtigten vertreten zu lassen; Streitgenossen sind erstattungsrechtlich nicht verpflichtet, stets einen gemeinsamen Anwalt zu beauftragen.[321] *131*

Nach ganz überwiegender Auffassung bedarf dieser großzügige Maßstab jedoch in einer Vielzahl von Fällen einer Korrektur, weil häufig ein anzuerkennendes **(besonderes) sachliches Bedürfnis** für die Einschaltung eines eigenen Prozessbevollmächtigten nicht gegeben ist. Ein Recht auf individuelle anwaltliche Vertretung wird nach den Umständen des Einzelfalls daher dann verneint, wenn die Partei davon ausgehen kann und muss, dass ein eigener Rechtsanwalt zur Wahrung der persönlichen rechtlichen Interessen im Rahmen der Prozessführung nicht erforderlich sein wird.[322] Dass jeder Streitgenosse ohne Rechtfertigung, d.h. **ohne plausible und schutzwürdige Belange** einen eigenen Anwalt beauftragt, begründet nach der Rechtsprechung den Vorwurf der **Rechtsmissbräuchlichkeit**.[323] Insbesondere in der klassischen Konstellation, dass die nach einem Verkehrsunfall gemeinsam verklagten Fahrer, Halter und Haftpflichtversicherung mehrere Anwälte beauftragen, besteht in aller Regel kein sachlicher Grund für dieses ersichtlich erhebliche Mehrkosten auslösende Verhalten.[324] Rechtsmissbrauch ist auch anzunehmen, wenn Mitglieder einer Erbengemeinschaft oder Kommanditgesellschaft und Komplementär trotz vollständig gleichgerichteter Interessen mehrere Anwälte mandatieren.[325] *132*

Dass ein sachliches Bedürfnis für die Beauftragung eines Anwalts nicht vorhanden ist, kann sich bereits aus dem eigenen prozessualen Vorverhalten des Streitgenossen ergeben, etwa wenn er sich zunächst über einen längeren Zeitraum hinweg mit der Vertretung durch einen gemeinsamen Prozessbevollmächtigten zufrieden gegeben hat. In diesem Fall „plötzlich" einen eigenen Anwalt einzuschalten, bedarf guter Gründe,[326] die aber etwa anzunehmen sind, wenn aus Sicht einer verständigen Prozesspartei das Vertrauen in den gemeinsamen Anwalt nachvollziehbar erschüttert ist.[327] Das Vorliegen eines sachlichen Grundes ist ferner zu bejahen, wenn der Streitgenosse (als einziger) z.B. Widerklage erhebt oder zwischen den Streitgenossen ein nicht nur vorgeschobener Interessengegensatz besteht. Da der unterlegene Gegner in aller Regel nicht in der Lage ist, die Notwendigkeit der Einschaltung mehrerer Anwälte zu beurteilen, obliegt es den obsiegenden Streitgenossen, ihrerseits im Kostenfestsetzungsver- *133*

---

317 Vgl. KG Berlin, FamRZ 2008, 1200 (1201); OLG Karlsruhe, NJW-RR 2002, 499; OLG München, MDR 1977, 848.
318 Vgl. OLG Karlsruhe, NJW-RR 2002, 499.
319 OLG Düsseldorf, JurBüro 2011, 130 (140).
320 Vgl. OLG Saarbrücken, OLGR 1998, 136; KG Berlin, AnwBl. 1983, 563; a.A. OLG Koblenz, NJW 2006, 1072; KG Berlin, ZfS 2009, 169 mit Anm. *Hansens*.
321 Vgl. BVerfGE 81, 387 = NJW 1990, 2124 = Rpfleger 1990, 387; BGH, NJW 2012, 319 (320), Rn. 6 ff. = FamRZ 2012, 214; BGH, ZfS 2009, 283, Rn. 6 mit Anm. *Hansens* = AGS 2009, 306.
322 Grundlegend BGH, NJW-RR 2004, 536 = VersR 2004, 622; BGH, NJW 2013, 2826 (2827), Rn. 10 = MDR 2013, 943.
323 Ausführlich zum Ganzen OLG Nürnberg, NJW-RR 2011, 1560 (1561f.).
324 Siehe etwa BGH, NJW-RR 2004, 536 = VersR 2004, 622; OLG Saarbrücken, NJOZ 2012, 1546 (1547); *Jungbauer*, DAR 2012, 613f.
325 Weitere Beispiele m.w.N. aus der Rechtsprechung bei Musielak/Voit-*Flockenhaus*, ZPO, § 91 Rn. 69.
326 Z.B. OLG Hamburg, JurBüro 1988, 762; MK-*Schulz*, ZPO, § 100 Rn. 22 m.w.N.
327 BGH, NJW 2012, 319 (320), Rn. 9 = FamRZ 2012, 214.

134 Im Übrigen, insbesondere auch zur Frage, in welchem Umfang ein alleinobsiegender Streitgenosse Kosten zur Festsetzung anmelden kann, wird auf die Kommentierung zu § 100 ZPO wird verwiesen.

fahren darzulegen, aus welchen plausiblen und schutzwürdigen Belangen sie die Vertretung durch nur einen Anwalt nicht als ausreichend interessenwahrend erachtet haben.[328]

135 **Streitverkündung:** Die bei der Partei des Rechtsstreits angefallenen Kosten einer Streitverkündung zählen nicht zu den Kosten des Rechtsstreits und auch nicht zu den Kosten der Nebenintervention i.S.v. § 101 ZPO,[329] vgl. auch § 101 Rn. 7.

136 **Testkauf:** Kosten eines Testkaufs können als sog. Vorbereitungskosten im Festsetzungsverfahren geltend gemacht werden.[330] Zu fordern ist aber, dass der Testkauf zur gerichtlichen Durchsetzung des Anspruchs zwingend erforderlich war und nicht andere, weniger kostenaufwendige Beweismöglichkeiten bestanden haben.[331] Umstritten ist, ob und unter welchen Bedingungen die Testkaufkosten Zug-um-Zug gegen Übergabe und Übereignung der erworbenen Testsache festzusetzen sind.[332]

137 **Übersetzungskosten:** Die Kosten für die Übersetzung einer fremdsprachigen Urkunde sind immer dann erstattungsfähig, wenn die Partei sie bei sorgsamer, vernünftiger Überlegung im Zeitpunkt der Anfertigung der Übersetzung als zur zweckentsprechenden Rechtsverfolgung oder -verteidigung erforderlich halten durfte.[333] Jede Partei hat im Recht darauf, am Prozessgeschehen sachgerecht teilhaben zu können, so dass insbesondere die Kosten der Übersetzung von im Prozess gewechselten Schriftsätzen, von Urkunden, Beweisprotokollen und Gutachten sowie gerichtlichen Protokollen, Verfügungen und Entscheidungen erstattungsfähig sind.[334] Es gilt aber wie stets das Prinzip der Prozesswirtschaftlichkeit (vgl. Vorbem. zu §§ 91–107 Rn. 10); die Partei ist gehalten, die Übersetzungskosten möglichst gering zu halten.[335]

138 **Umsatzsteuer:** Ist die Partei nicht zum Vorsteuerabzug berechtigt, ist die Umsatzsteuer erstattungsfähig Umsatzsteuerbeträge haben in § 104 Abs. 2 Satz 3 ZPO eine gesonderte Regelung erfahren; zu Einzelheiten vgl. dort Rn. 12 ff.

139 **Unterbevollmächtigter:** Der als Unterbevollmächtigte beauftragte Anwalt nimmt für den meist am Wohn- oder Geschäftsort der Partei ansässigen Hauptbevollmächtigten Termine beim Prozessgericht wahr. Ob die mit der Tätigkeit als Terminvertreter verbundenen Kosten erstattungsfähig sind, richtet sich nach § 91 Abs. 1 Satz 1 ZPO (und nicht nach § 91 Abs. 2 Satz 2 ZPO, vgl. Rn. 39). Nach der Rechtsprechung des BGH ist die Erstattungsfähigkeit zu bejahen, wenn durch die Tätigkeit des Unterbevollmächtigten erstattungsfähige Reisekosten des Hauptbevollmächtigten (hierzu Rn. 28 ff.) erspart werden, die ansonsten bei der Wahrnehmung des Termins durch den Hauptbevollmächtigten entstanden wären.[336] Zu vergleichen[337] sind die fiktiven Reisekosten des Hauptbevollmächtigten einerseits und die durch die Beauftragung des Unterbevollmächtigten zur Terminvertretung entstandenen Kosten (vgl. Nr. 3401, 3402 VV-RVG) andererseits, wobei maßgeblich ist, ob eine verständige und wirtschaftlich vernünftige Partei die kostenauslösende Maßnahme *ex ante* als sachdienlich ansehen durfte.[338] Die Kosten der Unterbevollmächtigung sind insoweit zu erstatten, als sie die ersparten Reisekosten nicht wesentlich übersteigen; im Regelfall kann die Partei die Kosten daher **bis zur Höhe von 110 % der ersparten Reisekosten** geltend machen.[339] Dieser Aufschlag ist unabhängig davon zu gewähren, in welchem Umfang die tatsächlichen, aber nicht erstattungsfähigen Kosten für den Unterbevollmächtigten 110 % der fiktiven Kosten übersteigen, und auch unabhängig davon, ob aus *ex ante*-Sicht bereits klar erkennbar war, dass die Kosten der Unterbevollmächti-

---

328 Vgl. BeckOK-*Jaspersen/Wache*, ZPO, § 91 Rn. 165.8 und § 100 Rn. 37.
329 KG Berlin, JurBüro 2006, 34; OLG München, JurBüro 1989, 1121.
330 BGH, GRUR 2006, 439, Rn. 11 = WRP 2006, 237; BGH, ZUM-RD 2015, 214, Rn. 8 = RVGreport 2015, 184; KG Berlin, GRUR 1976, 665.
331 OLG Dresden, NJW-RR 1997, 573 (574).
332 Darstellung des Meinungsstands bei OLG Düsseldorf, JurBüro 2009, 199.
333 OLG Düsseldorf, BeckRS 2008, 11310; OLG Frankfurt a.M., MDR 1981, 58 (59).
334 OLG Hamburg, Rpfleger 2016, 504 f.; OLG Düsseldorf, GRUR-RR 2012, 493 (494).
335 BVerfG, NJW 1990, 3072 = ZfS 1991, 17.
336 BGH, NJW 2012, 2888, Rn. 7 = FamRZ 2012, 1561; BGH, NJW-RR 2014, 763 (764), Rn. 8 = FamRZ 2014, 747.
337 Näher BeckOK-*Jaspersen/Wache*, ZPO, § 91 Rn. 174.5.
338 BGH, NJW-RR 2015, 761 (762), Rn. 9 = WRP 2015, 753; BGH, NJW 2012, 2888, Rn. 8 = FamRZ 2012, 1561.
339 BGH, NJW-RR 2015, 761 (762 f.), Rn. 16 f. = WRP 2015, 753; BGH, NJW 2003, 898 (901) = VersR 2003, 877; OLG Celle, JurBüro 2014, 368 (369); OLG Frankfurt a.M., OLGR 2005, 33 (34).

gung die fiktiven Reisekosten um deutlich mehr als 10 % übersteigen würden.[340] Kommt es im Termin zum Abschluss eines widerruflichen Vergleichs, fällt sowohl für den Unterbevollmächtigten als auch für den Hauptbevollmächtigten die Einigungsgebühr an.[341] Die Gebühren und Auslagen für den Unterbevollmächtigten sind bei alledem nur festsetzungsfähig, wenn dieser von der Partei selbst (oder durch deren Prozessbevollmächtigtem im fremden Namen) beauftragt wird, nicht aber, wenn der Prozessbevollmächtigter im eigenen Namen den Auftrag zur Terminvertretung erteilt.[342] In diesem Fall liegt ein Fall der Untervertretung vor, für die § 5 RVG gilt.[343]

Die nach den vorstehenden Ausführungen notwendige Vergleichsberechnung darf nicht zu einer entgegengesetzten Argumentation verleiten: Auch wenn die Einschaltung eines Terminvertreters absehbar günstiger als die Wahrnehmung des Verhandlungstermins durch den Hauptbevollmächtigten sein wird, ist die Partei nicht gehalten, diese Option zu wählen. Es muss vielmehr allein ihr überlassen bleiben, den Anwalt des Vertrauens auch mit der Teilnahme an der Verhandlung zu beauftragen.[344]   140

Urkundenprozess: Grundsätzlich sind die Mehrkosten, die mit der Einleitung eines Urkundenprozesses bei späterem Übergang in das ordentliche Verfahren (§ 596 ZPO) verbunden sind, erstattungsfähig. Etwas anderes gilt nur dann, wenn sich die Wahl des Urkundenprozesses wegen offenkundiger Sachwidrigkeit als rechtsmissbräuchlich darstellt.[345] Da der Sachverständigenbeweis im Urkundenprozess kein statthaftes Beweismittel ist (§§ 595 Abs. 2, 592 ZPO), sind die Kosten eines von der obsiegenden Partei beauftragten Privatgutachtens nicht erstattungsfähig.[346]   141

Verdienstausfall: Ein Verdienstausfall ist nur insoweit vom Gegner zu erstatten, als die Regelung in § 91 Abs. 1 Satz 2 ZPO i.V.m. § 22 JVEG greift (vgl. näher Rn. 20). Soweit die Partei darüber hinaus durch die Betreibung des Rechtsstreits Verdiensteinbußen erlitten hat, handelt es sich um nicht erstattungsfähigen allgemeinen Prozessaufwand.   142

Vergleich siehe Kommentierung zu § 98 ZPO   143

Verjährung: Der prozessuale Kostenerstattungsanspruch verjährt 30 Jahre nach Eintritt der Rechtskraft der Kostengrundentscheidung (Vollstreckungsverjährung, § 197 Abs. 1 Nr. 3 BGB).[347]   144

Verkehrsanwalt: Die Tätigkeit des Verkehrsanwalts ist, wie sich aus Nr. 3400 VV-RVG ergibt, erheblich beschränkt, indem er lediglich den Verkehr der Partei mit dem Prozessbevollmächtigten führt; die eigentliche Prozessführung und die damit verbundene Beratung sind von eben diesem in eigener Verantwortung wahrzunehmen. Ausgehend hiervon sind die Kosten eines Verkehrsanwalts nach § 91 Abs. 1 Satz 1 ZPO (§ 91 Abs. 2 Satz 2 ZPO greift nicht, da die Regelung nur die Beauftragung mehrerer Hauptbevollmächtigter betrifft) grundsätzlich nicht erstattungsfähig, da es der auswärtigen Partei in der Regel abverlangt werden kann, schriftlich, fernmündlich ober durch eine oder auch mehrere Informationsreisen, deren Kosten erstattungsfähig sind, persönlich den auch weit entfernten Prozessbevollmächtigten zu informieren.[348] Nur im Ausnahmefall kann die Einschaltung eines Verkehrsanwalts als notwendig angesehen werden, insbesondere wenn es der Partei aus persönlichen Gründen (Krankheit, Alter, berufliche Belastung, Geschäftsungewandtheit) unmöglich oder unzumutbar ist, den Prozessbevollmächtigten am entfernten Gerichtsort selbst zu informieren. Das gilt in gleicher Weise im Berufungsverfahren[349] – es sei denn, es wird neuer, tatsächlich oder rechtlich besonders schwieriger Prozessstoff in das Verfahren eingeführt[350] — und erst Recht im Revisionsverfahren, wo das angefochtene Urteil lediglich auf Rechtsfehler überprüft wird.[351]   145

---

340 BGH, NJW-RR 2015, 761 (762), Rn. 17f. = WRP 2015, 753; Zöller-*Herget*, ZPO, § 91 Rn. 13 – „Unterbevollmächtigter".
341 BGH, NJW-RR 2014, 763 (764), Rn. 11ff. = FamRZ 2014, 747.
342 BGH, VersR 2012, 737, Rn. 8 = BeckRS 2011, 19935; BGH, NJW 2001, 753f. = MDR 2001, 173.
343 Siehe auch OLG Koblenz, AGS 2013, 150.
344 BGH, NJW-RR 2008, 1378, Rn. 9f. = FamRZ 2008, 507; BGH, NJW-RR 2005, 1662 = JurBüro 2006, 203.
345 Siehe MK-*Schulz*, ZPO, § 91 Rn. 53 und 192.
346 OLG Koblenz, NJW 2012, 941 (942).
347 BGH, NJW 2006, 1962f., Rn. 6ff. = MDR 2006, 1316.
348 BGH, NJW 2006, 301 (302) = VersR 2006, 136; BGH, NJW-RR 2006, 1563 (1564), Rn. 6f. = MDR 2006, 1434.
349 BGH, NJW 2006, 301 (302) = VersR 2006, 136; BGH, NJW 1991, 2084 (2085f.) = WM 1991, 1567.
350 BGH, NJW-RR 2006, 1563 (1564), Rn. 6 = MDR 2006, 1434.
351 BGH, NJW 2015, 633 (634), Rn. 14 = MDR 2015, 184; OLG Hamburg, JurBüro 2012, 371; OLG Nürnberg, AGS 2010, 622 (623).

146 Das Prinzip der Prozesswirtschaftlichkeit spielt allerdings direkt in die Notwendigkeitsprüfung hinein: Würden die Kosten der Informationsreise(n) die Kosten der zusätzlichen Beauftragung eines Verkehrsanwalts überschreiten (vor allem bei geringen Streitwerten), so sind die Verkehrsanwaltsgebühren (doch) erstattungsfähig. Hat die Partei einen Verkehrsanwalt an ihrem Wohnsitz und einen Prozessbevollmächtigten am Sitz des Prozessgerichts beauftragt, können die Verkehrsanwaltskosten zudem insoweit erstattet werden, als sie die fiktiven Reisekosten eines am Wohnsitz der Partei ansässigen Rechtsanwalts nicht übersteigen. Eine Schlechterstellung des Gegners geht hiermit nicht einher, da er auch die notwendigen Reisekosten zu erstatten hätte, die im Falle der Beauftragung eines Prozessbevollmächtigten am Wohnsitz der Partei angefallen wären (zu dieser Konstellation vgl. Rn. 32).[352] Die auf die fiktiven Reisekosten beschränkte Erstattungsfähigkeit der Verkehrsanwaltskosten entspricht dem Grundsatz der Kostengerechtigkeit.

147 **Vertreter des Rechtsanwalts:** Nach 5 RVG berechnet sich die Vergütung für eine Tätigkeit, die der Rechtsanwalt nicht persönlich vornimmt, auch dann nach dem RVG, wenn er durch einen anderen Anwalt, den allgemeinen Vertreter, einen Assessor bei einem Anwalt oder einen zur Ausbildung zugewiesenen Referendar vertreten wird. Der Referendar muss sich in der sog. Anwaltsstation befinden und entweder dem vertretenen Rechtsanwalt selbst oder einem anderen Anwalt aus dessen Kanzlei zugewiesen sein.[353] Erfolgt die Vertretung durch eine nicht in § 5 RVG genannte Person (z.B. durch einen Referendar, der sich nicht in der Anwaltsstation befindet, oder einen angestellten Assessor), bestimmt sich die Erstattungsfähigkeit danach, was als übliche Vergütung nach § 612 Abs. 2 BGB anzusehen ist.[354]

148 **Verwahrungskosten:** Im Einzelfall können Verwahrungskosten, etwa eines Pkw, erstattungsfähig sein, freilich unter besonderer Beachtung des Kostenschonungsgebots.[355]

149 **Verweisung:** Ruft der Kläger zunächst ein unzuständiges Gericht an und verweist dieses den Rechtsstreit an das zuständige Gericht, sind die hierdurch veranlassten Mehrkosten dem Kläger zwingend aufzuerlegen, § 281 Abs. 3 Satz 2 ZPO. Die Verweisungsmehrkosten sind stets erstattungsfähig, sie sind im Kostenfestsetzungsverfahren des zuständigen Gerichts geltend zu machen.

150 **Zeitversäumnis** siehe Rn. 18 ff.

151 **Zeugenauslagen:** Erscheinen Zeugen nach entsprechender Ladung bei Gericht, sind die ihnen entstandenen Kosten (insbesondere Reisekosten und Verdienstausfall) als Gerichtskosten erstattungsfähig, wobei sich die Höhe nach dem JVEG bestimmt. Regelmäßig wurden zuvor von den Parteien Auslagenvorschüsse eingezahlt, die im Festsetzungsverfahren zu berücksichtigen sind. Bringt eine Partei demgegenüber einen (sachverständigen) Zeugen direkt zum Termin mit, zählen die hiermit verbundenen Kosten zu den Kosten des Rechtsstreits, sofern die Gestellung aus Sicht der Partei *ex ante* notwendig war. Das ist etwa im einstweiligen Verfügungsverfahren der Fall, wo die Beweisaufnahme im Wege der Glaubhaftmachung erfolgt, so dass nur präsente Beweismittel statthaft sind (§ 294 Abs. 2 ZPO). Ob es letztlich zu einer Vernehmung des Zeugen gekommen ist, spielt keine Rolle.[356]

152 **Zustellung:** Kosten, die mit einer geläufigen Art der Zustellung einhergehen, sind stets erstattungsfähig. Besteht ein berechtigtes Interesse an einer möglichst sichereren und/oder schnelleren Zustellung, sind auch die hiermit verbundenen Mehrkosten vom Gegner zu erstatten. Dies gilt namentlich für die öffentliche Zustellung nach §§ 185 ff. ZPO,[357] die Zustellung durch den Gerichtsvollzieher (§ 192 ZPO)[358] oder die Zustellung durch einen am Erkenntnisverfahren nicht beteiligten Anwalt (0,3 Gebühr nach Nr. 3309 VV-RVG).[359]

153 **Zwangsvollstreckungskosten** siehe § 788 Rn. 2 ff.

---

352 OLG Brandenburg, MDR 2009, 174; OLG München, OLGR 2007, 966.
353 OLG Düsseldorf, JurBüro 2005, 364.
354 Vgl. BGH, NJW-RR 2004, 1143 = VersR 2004, 1434; BGH, RVGreport 2006, 55 f. = BeckRS 2005, 13657. Siehe zur Kasuistik Zöller-*Herget*, ZPO, § 91 Rn. 13 – „Angestellte".
355 OLG Koblenz, NJW-RR 1997, 640; a.A. *Meyer*, JurBüro 2001, 402.
356 Siehe OLG Nürnberg, NJW-RR 2011, 1292; OLG Koblenz, NJW-RR 1998, 717 f.; Zöller-*Herget*, ZPO, § 91 Rn. 13 – „Zeugenauslagen".
357 Zöller-*Herget*, ZPO, § 91 Rn. 13 – „Zustellung".
358 KG Berlin, JurBüro 1981, 438 f.
359 Vgl. OLG Celle, NJW-RR 2008, 1600; KG Berlin, MDR 2010, 55.

§ 91a
Kosten bei Erledigung der Hauptsache

(1) ¹Haben die Parteien in der mündlichen Verhandlung oder durch Einreichung eines Schriftsatzes oder zu Protokoll der Geschäftsstelle den Rechtsstreit in der Hauptsache für erledigt erklärt, so entscheidet das Gericht über die Kosten unter Berücksichtigung des bisherigen Sach- und Streitstandes nach billigem Ermessen durch Beschluss. ²Dasselbe gilt, wenn der Beklagte der Erledigungserklärung des Klägers nicht innerhalb einer Notfrist von zwei Wochen seit der Zustellung des Schriftsatzes widerspricht, wenn der Beklagte zuvor auf diese Folge hingewiesen worden ist.

(2) ¹Gegen die Entscheidung findet die sofortige Beschwerde statt. ²Dies gilt nicht, wenn der Streitwert der Hauptsache den in § 511 genannten Betrag nicht übersteigt. ³Vor der Entscheidung über die Beschwerde ist der Gegner zu hören.

Inhalt:

	Rn.		Rn.
A. Allgemeines	1	1. Allgemeines	38
I. Normzweck	2	2. Einheitliche Entscheidung über sämtliche Kosten	39
II. Anwendungsbereich	3	3. Anfechtung	40
III. Erledigungserklärung und erledigendes Ereignis	5	4. Streitwert und Gebühren	42
B. Erläuterungen	6	III. Die vollumfängliche einseitige Erledigungserklärung des Klägers	44
I. Die vollumfängliche übereinstimmende Erledigungserklärung	6	1. Allgemeines	44
1. Voraussetzungen	7	2. Voraussetzungen	46
a) Allgemeine Prozesshandlungsvoraussetzungen	8	3. Zeitpunkt	50
b) Zuständigkeit jedes Gerichts	9	4. Widerruf	51
c) Form, Inhalt und Reihenfolge der Erklärungen	10	5. Wirkung	52
		6. Prüfung durch das Gericht	53
d) Sonderregelung in Abs. 1 Satz 2	13	a) Feststellungsinteresse des Klägers	54
e) Hilfsweise Erledigungserklärung	14	b) Zulässigkeit und Begründetheit der ursprünglichen Klage	55
f) Person des Erklärenden	15	c) Tatsächlicher Eintritt eines erledigenden Ereignisses	56
2. Zeitpunkt	16		
3. Widerruf	17	7. Entscheidung des Gerichts und Rechtskraftentfaltung	61
4. Wirkung	18		
5. Entscheidung des Gerichts	19	8. Anfechtung	65
a) Verfahren	20	9. Streitwert und Gebühren	66
b) Parameter der Kostenentscheidung	21	IV. Die einseitige Teilerledigungserklärung des Klägers	68
aa) Bisheriger Sach- und Streitstand	22	V. Die Erledigungserklärung des Beklagten	69
bb) Billiges Ermessen	25		
c) Anfechtung, Abs. 2	28	VI. Die Erledigung eines Rechtsmittels	70
d) Rechtskraft und Vollstreckbarkeit	34	**C. Streitwert und Gebühren**	73
6. Streitwert und Gebühren	35		
II. Die übereinstimmende Teilerledigungserklärung	38		

A. Allgemeines

§ 91a ZPO bzw. der allgemeinen Problematik der Erledigung des Rechtsstreits in der Hauptsache kommt in der Praxis weitreichende Bedeutung zu; in einer Vielzahl von Verfahren stellt sich in unterschiedlichsten Konstellationen die Frage, wie kostenerstattungsrechtlich damit umzugehen ist, dass der Rechtsstreit zumindest teilweise seine Erledigung gefunden hat bzw. von mindestens einer Partei als erledigt angesehen wird. 1

I. Normzweck

Mit dem von § 91a Abs. 1 Satz 1 ZPO vorgegebenen Entscheidungsmaßstab – Verteilung der Kosten unter Berücksichtigung des bisherigen Sach- und Streitstandes nach billigem Ermessen – wird einerseits der **Grundsatz der Kostengerechtigkeit** verwirklicht (vgl. Vorbem. zu §§ 91–107 Rn. 7), andererseits eine **Vereinfachung des Verfahrens** bezweckt (vgl. Vorbem. zu §§ 91–107 Rn. 8), da über die Kosten ohne mündliche Verhandlung und im Grundsatz ohne weitere Sachaufklärung vom Gericht entschieden werden kann. Indem bei der zu treffenden Ermessensentscheidung den Erfolgsaussichten der wechselseitigen Positionen maßgebliche 2

Bedeutung beizumessen ist, wird zugleich der **Grundsatz der Unterliegenshaftung** (vgl. Vorbem. zu §§ 91–107 Rn. 5) nicht aus den Augen verloren. Geschützt wird vorrangig die klagende Partei, die ohne die Vorschrift des § 91a ZPO im Falle der Weiterverfolgung ihres ursprünglich erfolgreichen, aber zwischenzeitlich eben erledigten Rechtsschutzbegehrens als Unterliegender nach § 91 Abs. 1 Satz 1 ZPO bzw. nach Klagerücknahme gemäß § 269 Abs. 3 Satz 2 ZPO die Kostenlast zu tragen hätte. Umgekehrt ist aber auch die beklagte Partei vor der Kostenlast einer von Beginn an unzulässigen oder unbegründeten Klage geschützt, indem sie insbesondere durch Widerspruch gegen die klägerische Erledigungserklärung bewirken kann, dass der Gegner sich nicht kostenmäßig folgenlos aus dem Prozess zurückziehen kann.[1]

II. Anwendungsbereich

3 Der unmittelbare Anwendungsbereich des § 91a ZPO ist beschränkt; das Problem der Hauptsacheerledigung hat hier nur eine **fragmentarische Regelung** erfahren, da eine Erledigterklärung beider Parteien, und zwar im vollem Umfang, verlangt wird. Wie etwa mit den nicht minder praxisbedeutsamen Fällen umzugehen ist, dass nur der Kläger Erledigung erklärt oder die übereinstimmende Erledigungserklärung nur einen Teil der Hauptsache betrifft, lässt sich § 91a ZPO nicht entnehmen. Der Gesetzgeber hat davon abgesehen, für diese Fallgestaltungen eigenständige Kostenvorschriften zu implementieren. Rechtsprechung und Schrifttum haben in der Folge im Wege der Rechtsfortbildung differenzierte Grundsätze entwickelt, die sich maßgeblich an den Regelungszielen des § 91a ZPO orientieren und in der Praxis in aller Regel zu zufriedenstellenden Lösungen führen.

4 Der **Anwendungsbereich** des § 91a ZPO (sowie der ergänzenden zur Erledigungsproblematik entwickelten Rechtsgrundsätze) ist in sämtlichen kontradiktorischen Verfahren, in denen vom Gericht über die Kosten zu entscheiden ist, eröffnet (vgl. Vorbem. zu §§ 91–107 Rn. 2). Insbesondere bei Verfahren nach der ZPO ist dies in der Regel der Fall, unabhängig davon, ob das Erkenntnis- (Urteils-, Arrest- und einstweiliges Verfügungsverfahren gleichermaßen) oder das Zwangsvollstreckungsverfahren (es sei denn, § 788 ZPO greift vorrangig) betroffen ist. Die Anwendbarkeit im Vollstreckungsverfahren ist namentlich bei Anträgen nach §§ 887, 888, 890 ZPO sowie bei Erledigung der Vollstreckungserinnerung nach § 766 ZPO zu bejahen.[2] Nach weit überwiegender und zutreffender Auffassung soll auch das Mahnverfahren übereinstimmend für erledigt erklärt werden können,[3] nicht aber die Hauptsache – mangels Rechtshängigkeit – während des PKH-Verfahrens.[4] Bei übereinstimmender Erledigungserklärung im selbstständigen Beweisverfahren ist für eine Kostenentscheidung in direkter oder analoger Anwendung des § 91a ZPO hingegen kein Raum.[5] Auch das Kostenfestsetzungsverfahren als solches kann sich nicht erledigen.[6] Soweit Rechtsschutzverfahren außerhalb der ZPO deren entsprechende Anwendung anordnen (etwa: Patentnichtigkeitsverfahren, Insolvenzeröffnungsverfahren), findet auch § 91a ZPO Anwendung.[7] In Ehe- und Familienstreitsachen folgt dies aus der Verweisung in § 113 Abs. 1 Satz 2 FamFG. In den übrigen Verfahren nach dem FamFG ist die Kostenentscheidung nach §§ 81, 83 Abs. 2 FamFG zu treffen.[8]

III. Erledigungserklärung und erledigendes Ereignis

5 Bei der Behandlung von „Erledigungsfällen" ist die klare Unterscheidung zwischen der tatsächlichen, materiell-rechtlich relevanten Sachlage einerseits und der verfahrensrechtlichen Situation andererseits von großer Bedeutung. Für die materielle Rechtslage ist die Frage, ob es tatsächlich zu dem Eintritt eines erledigenden Ereignisses gekommen ist (also ob eine Tatsache mit Auswirkungen auf die materiell-rechtlichen Voraussetzungen der Zulässigkeit oder Begründetheit der Klage eingetreten ist[9]), entscheidend; für die Verfahrensbehandlung durch das Prozessgericht ist hingegen grundsätzlich allein maßgeblich, inwiefern die Parteien (möglicherweise auch irrig) die Prozesshandlung der Erledigungserklärung vorgenommen haben.

---

1 Vgl. OLG Frankfurt a.M., OLGZ 1994, 91 (93); Musielak/Voit-*Flockenhaus*, § 91a Rn. 1.
2 Siehe nur MK-*Schulz*, ZPO, § 91a Rn. 9 m.w.N.; zu § 887 ZPO: BGH, WuM 2005, 139 (140).
3 Etwa KG Berlin, JurBüro 1982, 1195 f.; OLG Nürnberg, NJW-RR 1987, 1278 f.; Thomas/Putzo-*Hüßtege*, ZPO, § 91a Rn. 7; a.A. Zöller-*Vollkommer*, ZPO, § 91a Rn. 7 und 58 – „Mahnverfahren". Ausführlich *Wagner*, Die Erledigung im Mahnverfahren, 2015, S. 78 ff.
4 Vgl. OLG Brandenburg, NJW-RR 2001, 1436 (1437); OLG Hamm, FamRZ 2000, 1514. Zum Meinungsstand Zöller-*Vollkommer*, ZPO, § 91a Rn. 58 – „Prozesskostenhilfeverfahren".
5 BGH, NJW-RR 2011, 931, Rn. 7 ff. = MDR 2011, 502; BGH, NJW 2007, 3721 (3722), Rn. 8 ff. = MDR 2007, 1150.
6 BGH, NJW 2009, 234, Rn. 4 = FamRZ 2009, 41.
7 Siehe weiter m.w.N. Musielak/Voit-*Flockenhaus*, ZPO, § 91a Rn. 5; MK-*Schulz*, ZPO, § 91a Rn. 11.
8 Vgl. Zöller-*Vollkommer*, ZPO, § 91a Rn. 7b und 58 – „Freiwillige Gerichtsbarkeit und FamSachen".
9 BGHZ 184, 128 = NJW 2010, 2422, Rn. 18 = FamRZ 2010, 887; BGHZ 155, 392 (398) = NJW 2003, 3134 (3135) = FamRZ 2003, 1641.

Erklären die Parteien übereinstimmend die Erledigung der Hauptsache, ist vom Gericht mithin nicht zu prüfen, ob es tatsächlich zu einer Erledigung, etwa zur Erfüllung des Klageanspruchs oder zum Untergang des streitbefangenen Objekts, gekommen ist; diese ist für die zu treffende Kostenentscheidung nach billigem Ermessen ohne Relevanz. Nur dann, wenn der Beklagte sich der klägerischen Erledigungserklärung nicht anschließt, ist das Gericht befugt und gehalten zu prüfen, ob es tatsächlich zum vom Kläger behaupteten Eintritt eines erledigenden Ereignisses gekommen ist.[10]

B. Erläuterungen
I. Die vollumfängliche übereinstimmende Erledigungserklärung

§ 91a ZPO greift – wie bereits ausgeführt – ausweislich seines eindeutigen Wortlauts nur, wenn die Parteien die Hauptsache übereinstimmend zur Gänze für erledigt erklärt haben. 6

1. Voraussetzungen
Die Erklärungen der Parteien müssen verschiedenen Anforderungen gerecht werden: 7

a) Allgemeine Prozesshandlungsvoraussetzungen
Die Erledigungserklärungen setzen voraus, dass die allgemeinen Prozesshandlungsvoraussetzungen gegeben sind. Insbesondere müssen **Partei-, Prozess- und Postulationsfähigkeit** vorliegen (siehe hierzu § 50 Rn. 1 ff. und § 51 Rn. 1 ff.). 8

b) Zuständigkeit jedes Gerichts
Die übereinstimmende Erledigungserklärung kann auch gegenüber einem örtlich oder sachlich **unzuständigen** Gericht erfolgen. Diesem ist es untersagt, sich durch eine Verweisung des Rechtsstreits (§ 281 Abs. 1 ZPO) der nach § 91a ZPO zu treffenden Kostenentscheidung zu entziehen; es fehlt an einem der Verweisung fähigen Prozessgegenstand, da der Rechtsstreit in der Hauptsache nicht mehr anhängig ist (hierzu Rn. 18).[11] Dem Kläger können aber die durch die Anrufung des unzuständigen Gerichts entstandenen Mehrkosten auferlegt werden (vgl. Rn. 26). 9

c) Form, Inhalt und Reihenfolge der Erklärungen
Die Parteien können die erforderlichen Erklärungen in der mündlichen Verhandlung, schriftlich oder zu Protokoll der Geschäftsstelle abgeben, § 91a Abs. 1 Satz 1 ZPO. Hieraus folgt, dass für die Erledigungserklärung, mag sie mündlich oder schriftlich erfolgen, auch im Anwaltsprozess **kein Anwaltszwang** besteht (§ 78 Abs. 3 ZPO);[12] in der Revisions- oder Rechtsbeschwerdeverfahren kann die Erledigung zudem durch einen Anwalt erfolgen, der nicht beim BGH zugelassen ist.[13] Jede Partei ist frei, in welcher Form sie ihre Erklärung abgibt, eine Bindung durch die Formwahl des Ersterklärenden tritt nicht ein. 10

In **inhaltlicher** Hinsicht ist nicht erforderlich, dass die Parteien den Rechtsstreit in der Hauptsache ausdrücklich oder wörtlich für erledigt erklären. Es genügt vielmehr nach allgemeinen Grundsätzen, wenn sich ihr hierauf gerichteter Wille **konkludent** im Wege der Auslegung ihres prozessualen Verhaltens ermitteln lässt,[14] wobei neben den Begleitumständen insbesondere auch die Interessenlage des Erklärenden zu berücksichtigen ist.[15] Eine schlüssige Erledigungserklärung kann etwa darin gesehen werden, wenn der Kläger unter Hinweis auf die Erfüllung des eingeklagten Anspruchs nur noch beantragt, dem Beklagten die Kosten aufzuerlegen,[16] oder wenn die Parteien ohne Antragstellung zur Hauptsache widerstreitende Kostenanträge stellen.[17] Im Zweifel gilt dasjenige, was nach den Maßstäben der Rechtsordnung vernünftig ist und der recht verstandenen Interessenlage entspricht. 11

In aller Regel erklärt zunächst der Kläger die Erledigung. Diese **Reihenfolge** ist allerdings nicht zwingend, der Beklagte kann ebenfalls zuerst die Hauptsache für erledigt erklären (zur einseitig gebliebenen Erledigterklärung des Beklagten vgl. Rn. 69). In gleicher Weise wirksam ist die Erklärung des Beklagten, einer erwarteten Erledigungserklärung des Klägers werde bereits vorab zugestimmt. 12

---

10 Siehe Musielak/Voit-*Flockenhaus*, ZPO, § 91a Rn. 5; *Bergerfurth*, NJW 1992, 1655.
11 Vgl. BGH, GRUR 2010, 1037, Rn. 9 = MDR 2010, 888; OLG Hamm, NJW-RR 1994, 828.
12 BGH, NJW 1999, 1408 = MDR 1999, 822.
13 BGH, JurBüro 2014, 497, Rn. 2; BGH, NJW-RR 2012, 688, Rn. 6 = NZI 2011, 937.
14 BGH, NJW-RR 1991, 1211.
15 Siehe nur BGH, GRUR 2016, 421 (422), Rn. 15 = WRP 2016, 477.
16 Siehe Musielak/Voit-*Flockenhaus*, ZPO, § 91a Rn. 13.
17 OLG Köln, NJW-RR 1998, 143 f.

d) Sonderregelung in Abs. 1 Satz 2

13 Der Erledigungserklärung des Beklagten stellt das Gesetz in § 91a Abs. 1 **Satz 2** ZPO den Fall gleich, dass dieser der klägerischen Erklärung nicht innerhalb einer Notfrist von zwei Wochen seit der Zustellung des die Erklärung beinhaltenden Schriftsatzes widerspricht. Das Schweigen des Beklagten wird mithin von Gesetzes zum Anlass genommen, seine Zustimmung zu **fingieren**. Voraussetzung ist allerdings, dass der Beklagte zuvor „auf diese Folge" vom Gericht **hingewiesen** worden ist, also auf die in § 91a Abs. 1 Satz 1 ZPO geregelte Rechtsfolge, dass das Gericht über die Kosten des Rechtsstreits unter Berücksichtigung des bisherigen Sach- und Streitstands nach billigem Ermessen durch Beschluss entscheiden wird, falls der Beklagte der Erledigungserklärung des Klägers nicht fristgerecht widerspricht.[18] Der Hinweis ist auch dann unverzichtbar, wenn der Beklagte anwaltlich vertreten ist.[19] Ob diese Belehrung sich im Anwaltsprozess auf den bloßen Verweis „auf § 91a Abs. 1 Satz 2 ZPO" beschränken darf, erscheint mehr als fraglich.[20] Die Anschlusserklärung des Klägers kann über § 91a Abs. 1 Satz 2 ZPO ausweislich des eindeutigen Wortlauts nicht fingiert werden.

e) Hilfsweise Erledigungserklärung

14 Die Erledigung der Hauptsache kann auch nur hilfsweise erklärt werden, sofern sie an eine innerprozessuale Bedingung anknüpft, z.B. den Widerruf eines widerruflich geschlossenen Prozessvergleichs.[21] Die Bedingung kann auch in der Zulässigkeit der Berufung bestehen.[22] Es ist hingegen nach weit überwiegender Ansicht nicht zulässig, die Erledigungserklärung nur für den Fall abzugeben, dass der primär aufrechterhaltene Sachantrag in der Hauptsache keinen Erfolg hat. Entsprechend abgegebene Erklärungen sind vom Gericht als unwirksam zu behandeln.[23]

f) Person des Erklärenden

15 Nur die Parteien des Rechtsstreits selbst können die Erledigungserklärungen abgeben. Einer Zustimmung des Streithelfers oder des streitgenössischen Nebenintervenienten (§ 69 ZPO) bedarf es zur Wirksamkeit nicht.[24] Stehen auf einer Seite des Prozesses mehrere einfache Streitgenossen und erklärt einer von ihnen die Erledigung, so wirkt diese Erklärung nur für und gegen ihn. Das Prozessrechtsverhältnis zwischen den anderen Streitgenossen und dem Gegner bleibt hiervon unberührt. Nichts anderes gilt im Fall der allein aus prozessualen Gründen notwendigen Streitgenossenschaft nach § 62 Abs. 1 Alt. 2 ZPO, da hier kein Zwang zur gemeinsamen Rechtsverfolgung durch alle Streitgenossen besteht.[25] Ob bei der Streitgenossenschaft aus materiellen Gründen (§ 62 Abs. 1 Alt. 2 ZPO) ebenfalls jeder Streitgenosse unabhängig von den anderen die Hauptsache für erledigt erklären kann, wird unterschiedlich beurteilt, ist richtigerweise aber zu bejahen.[26]

2. Zeitpunkt

16 Erledigungserklärungen können bereits ab Anhängigkeit des Verfahrens abgegeben werden; **Wirksamkeit** erlangen sie aber frühestens mit **Rechtshängigkeit** (§ 261 Abs. 1 ZPO), da zuvor zwischen den Parteien noch kein Prozessrechtsverhältnis besteht. Der abweichenden Auffassung, nachdem für die Wirksamkeit der Erledigungserklärung die bloße Anhängigkeit genügen soll,[27] wird ganz überwiegend nicht gefolgt.[28] Nach Eintritt der Rechtshängigkeit kann die Erledigung zu jedwedem Zeitpunkt, auch noch nach dem Schluss der mündlichen Verhandlung, bis zum Erlass des Instanzurteils erklärt werden; ferner kann die Erklärung noch während der laufenden Rechtsmittelfrist erfolgen.[29] Die übereinstimmende Erledigterklärung kann

---

18 BGH, NJW 2009, 1973, Rn. 8 = MDR 2009, 706.
19 BGH, NJW 2009, 1973 (1974), Rn. 10 = MDR 2009, 706.
20 So aber OLG Hamm, NJW-RR 2014, 446.
21 Vgl. OLG Frankfurt a.M., MDR 1978, 499.
22 OLG Hamm, NJW 1973, 1376.
23 Näher BGH, NJW-RR 1998, 1571 (1572f.) = MDR 1998, 1494; BGHZ 106, 359 (368ff.) = NJW 1989, 2885 (2887) = MDR 1989, 524; Zöller-*Vollkommer*, ZPO, § 91a Rn. 13 m.w.N.
24 OLG Köln, OLGR 2003, 313 (314); OLG München, MDR 2000, 1152.
25 BGH, NJW-RR 2011, 618 (620), Rn. 19f. = WM 2011, 749; Zöller-*Vollkommer*, ZPO, § 91a Rn. 58 – „Streitgenossenschaft".
26 Vgl. Stein/Jonas-*Bork*, ZPO, § 91a Rn. 16; MK-*Schulz*, ZPO, § 91a Rn. 28 m.w.N. zum Meinungsstand.
27 Siehe etwa MK-*Lindacher*, ZPO, § 91a Rn. 30; *Bergerfurth*, NJW 1992, 1655 (1657).
28 Z.B. OLG Brandenburg, NJW-RR 2001, 1436f.; OLG München, OLGR 1997, 202; OLG Karlsruhe, FamRZ 1997, 220; Musielak/Voit-*Flockenhaus*, ZPO, § 91a Rn. 15.
29 Vgl. OLG München, OLGR 1993, 73; MK-*Schulz*, ZPO, § 91a Rn. 11.

mithin auch erst „zwischen den Instanzen" erfolgen.[30] Die Erklärung hat nach Einlegung des Rechtsmittels gegenüber dem Rechtsmittelgericht, bis zur Einlegung gegenüber dem Ausgangsgericht zu erfolgen.[31] Über die erste Instanz hinaus können die übereinstimmenden Erledigungserklärungen auch erst im Berufungs- oder Revisionsverfahren oder auch im Verfahren über die Nichtzulassungsbeschwerde abgegeben werden, vorausgesetzt, die Zulässigkeit des Rechtsmittels ist zu bejahen.[32] Andernfalls ist das Rechtsmittel trotz beidseitiger Erledigterklärung als unzulässig zu verwerfen.[33] Auch in der Beschwerdeinstanz ist eine übereinstimmende Erledigterklärung zulässig.[34]

3. Widerruf

Sobald beide Parteien wirksam die Erledigung erklärt haben, kommt der **Widerruf** oder die **Anfechtung** der Erklärungen auch bei beidseitig identischem Irrtum nicht mehr in Betracht; denn durch die übereinstimmende Erledigterklärung wurde das Prozessrechtsverhältnis gestaltet und die Rechtshängigkeit unmittelbar beseitigt.[35] Nach der Anschließung durch den Beklagten ist ein einseitiger Widerruf daher nur möglich, wenn ein Restitutionsgrund i.S.d. § 580 ZPO besteht.[36] Vor diesem Hintergrund sollte die Partei, die ihre Erledigterklärung reut, unverzüglich handeln; denn solange sich der Beklagte ihr nicht angeschlossen hat, ist sie nach allgemeiner Meinung **frei widerruflich**.[37] Der Widerruf der Erledigungserklärung und die damit verbundene Rückkehr zum ursprünglichen Klageantrag ist dabei als nach § 264 Nr. 2 ZPO zulässige (erneute) Klageänderung anzusehen.[38]

17

4. Wirkung

Die übereinstimmende Erledigungserklärung der Hauptsache lässt sogleich und zwingend die **Rechtshängigkeit des Rechtsstreits wegfallen**; anhängig bleibt allein der Kostenpunkt.[39] Da das Prozessrechtsverhältnis durch die übereinstimmende Erledigungserklärung unmittelbar gestaltet wird, handelt es sich um eine sog. **Bewirkungshandlung**.[40] Aus dem Dispositionsgrundsatz folgt, dass das Gericht nicht befugt ist, über den Streitgegenstand zu entscheiden. Ebenso verbietet sich die Prüfung, ob tatsächlich ein erledigendes Ereignis eingetreten ist.[41] Bereits erlassene, aber noch nicht rechtskräftige Entscheidungen verlieren *ex tunc* ihre Wirkung, ohne dass es einer ausdrücklichen Aufhebung bedarf (§ 269 Abs. 3 Satz 1 ZPO). In der Praxis empfiehlt sich gleichwohl wegen §§ 775 Nr. 1, 776 ZPO regelmäßig der deklaratorische Ausspruch der Wirkungslosigkeit.[42] Es ist aber auch rechtlich möglich, die Erledigungserklärung auf den Zeitraum nach Eintritt des erledigenden Ereignisses zu beschränken. Eine solche *ex nunc*-Wirkung ist von Bedeutung, wenn der Gläubiger bereits einen Unterlassungstitel erwirkt hat, auf dessen Grundlage wegen Zuwiderhandlungen, die der Schuldner vor dem erledigenden Ereignis begangen hat, bereits Ordnungsmittel (§ 890 ZPO) verhängt wurden oder noch verhängt werden sollen.[43] Wurde dem Klagebegehren erstinstanzlich stattgegeben, und hat der Kläger aus dem vorläufig vollstreckbaren Urteil vollstreckt, haftet er weder in direkter noch in entsprechender Anwendung des § 717 Abs. 2 Satz 1 ZPO auf Schadensersatz, wenn die Hauptsache in der Rechtsmittelinstanz übereinstimmend für erledigt erklärt wird.[44] Zugleich begibt er sich mit der übereinstimmenden Erledigterklärung nicht des Rechts, die **identische Klage**, an der er durchaus ein rechtsschutzwürdiges Interesse haben kann, **nochmals zu erheben**. Die Anstrengung eines erneuten Prozesses, deren Grund regelmäßig in der Erlangung neuer tatsächlicher oder rechtlicher Erkenntnisse oder Beweismittel liegen dürfte, ist ge-

18

---

30 Siehe *Hausherr*, MDR 2010, 973 f.
31 Saenger-*Gierl*, ZPO, § 91a Rn. 33.
32 BGH, NJW-RR 2009, 422, Rn. 3 = NZBau 2009, 312; BGH, ZVI 2004, 557 (558).
33 BGHZ 50, 197 (198) = NJW 1968, 1725.
34 OLG München, NJW 1969, 617 f.
35 Etwa OLG Köln, VersR 1974, 605.
36 BGH, NJW 2013, 2686, Rn. 7 = MDR 2013, 927; OLG Düsseldorf, NJW 1964, 822, 824 mit Anm. *Habscheid*.
37 BGH, NJW 2013, 2686, Rn. 7 = MDR 2013, 927; BGH, NJW 2002, 442 = MDR 2002, 413 m.w.N.
38 Ausführlich BGH, NJW 2002, 442 = MDR 2002, 413.
39 BGHZ 106, 359, 366 = NJW 1989, 2885 (2886) = MDR 1989, 523.
40 Z.B. Wieczorek/Schütze-*Smid/Hartmann*, ZPO, § 91a Rn. 5; Saenger-*Gierl*, ZPO, § 91a Rn. 17.
41 Siehe nur OLG Düsseldorf, NJW-RR 2013, 214; Zöller-*Vollkommer*, ZPO, § 91a Rn. 12.
42 Vgl. Saenger-*Gierl*, ZPO, § 91a Rn. 40.
43 BGH, GRUR 2016, 421 (422), Rn. 13 = WRP 2016, 477; BGHZ 156, 335 (344 f.) = NJW 2004, 506 (508 f.) = WRP 2004, 235; ausführlich *Ruess*, NJW 2004, 485 ff.
44 BGH, NJW 1988, 1268 f. = MDR 1988, 575.

genüber dem Gegner, der durch die Möglichkeit, der Erledigungserklärung zu widersprechen, ausreichend geschützt war, weder widersprüchlich noch treuwidrig.[45]

5. Entscheidung des Gerichts

19 Kommt das Gericht nach Prüfung zu dem Ergebnis, dass die Voraussetzungen einer übereinstimmenden Erledigungserklärung erfüllt sind, hat es gemäß § 308 Abs. 2 ZPO von Amts wegen über die Kosten zu entscheiden. Ein Kostenantrag ist hierfür nicht erforderlich.[46]

a) Verfahren

20 Ob das Gericht nach mündlicher Verhandlung entscheidet oder auf eine solche verzichtet, steht in seinem pflichtgemäßen Ermessen, § 128 Abs. 3 und Abs. 4 ZPO. Erfolgen die Erledigungserklärungen schriftsätzlich und wird gleichwohl Termin anberaumt (was in der Praxis nur in seltenen Ausnahmefällen geschehen dürfte), ist diese Entscheidung nicht anfechtbar. Zuständig ist der für die Hauptsache zuständige Spruchkörper, bei der Kammer für Handelssachen entscheidet der Vorsitzende aber allein (§ 349 Abs. 2 Nr. 6 ZPO). Den Parteien ist vor Erlass der Kostenentscheidung rechtliches Gehör zu gewähren, Art. 103 Abs. 1 GG; äußert sich eine Partei im Rahmen der Erledigungserklärung daher nicht zu der Frage der Kostenverteilung, ist ihr hierfür bei Entscheidung im schriftlichen Verfahren nochmals eine gesonderte Stellungnahmefrist einzuräumen, es sei denn, dem Gegner werden die Kosten ohnehin auferlegt. Zu entscheiden ist stets durch zuzustellenden (§ 329 Abs. 3 ZPO) Beschluss, § 91a Abs. 1 Satz 1 ZPO, der auch zu begründen ist. Eine Entscheidung ist ausnahmsweise entbehrlich, wenn beide Seiten hierauf verzichtet haben, von einer Begründung der Entscheidung kann dann abgesehen werden, wenn sie einer zuvor mitgeteilten Einigung der Parteien über die Kostentragung oder der Kostenübernahmeerklärung einer Partei folgt, vgl. etwa Nr. 1211 Ziff. 4 oder Nr. 1222 Ziff. 4 KV-GKG. Haben die Parteien bereits vorab Rechtsmittelverzicht erklärt, entfällt die Begründungspflicht ebenfalls gemäß § 313a Abs. 2 ZPO analog.[47]

b) Parameter der Kostenentscheidung

21 Die Entscheidung über die Kosten erfolgt gemäß § 91a Abs. 1 Satz 1 ZPO unter Berücksichtigung von zwei Parametern: Zum einen dem bisherigen Sach- und Streitstand, zum anderen dem billigen Ermessen. Das Gericht kann und darf sich dabei auf eine **summarische Prüfung** der Erfolgsaussichten der Klage beschränken.[48]

aa) Bisheriger Sach- und Streitstand

22 Dieser wird dergestalt berücksichtigt, dass das Gericht summarisch prüft, wie der Rechtsstreit auf Grundlage des bisherigen Prozessverlaufes **voraussichtlich ausgegangen** wäre, wenn es nicht zur übereinstimmenden Erledigterklärung der Hauptsache gekommen wäre. Es kommt also vornehmlich darauf an, wem die Kosten des Rechtsstreits bei streitiger Fortsetzung des Prozesses aufzuerlegen gewesen wären.[49] Zu prüfen sind sowohl Zulässigkeit als auch Begründetheit der ursprünglichen Klage, wobei das Gericht grundsätzlich diejenige Sachlage zugrunde zu legen hat, wie sie sich im maßgeblichen Zeitpunkt der Anschlusserklärung (sofern sie schriftlich erfolgt) darstellt. Zu berücksichtigen sind daher auf jeden Fall das bis zur Erledigtklärung erstattete Vorbringen der Parteien und die Ergebnisse einer bereits durchgeführten Beweisaufnahme. Darüber hinaus kann nach zutreffender Auffassung auch späterer Tatsachenvortrag Berücksichtigung finden, sofern er unstreitig ist; denn in der Beschwerdeinstanz dürfte dieser ohnehin nicht übergangen werden, zudem würde die Entscheidung nicht billigem Ermessen entsprechen, wenn sie neuen, aber unstreitigen Sachvortrag unberücksichtigt ließe.[50]

23 Das Gericht ist im Grundsatz nicht befugt, über streitige Tatsachen Beweis zu erheben. Dies schließt es aber nicht aus,[51] jedenfalls bei Vorliegen **präsenter Beweismittel** die Beweisaufnahme durchzuführen, sofern der hiermit verbundene Aufwand nicht außer Verhältnis zu der

---

45 Grundlegend BGH, NJW 1991, 2280 (2281) = MDR 1991, 1204; OLG Köln, NJW-RR 1994, 917 (918); OLG Hamm, FamRZ 1981, 1065; Zöller-*Vollkommer*, ZPO, § 91a Rn. 31; a.A. z.B. MK-*Lindacher*, ZPO, § 91a Rn. 42.
46 BGH, BeckRS 2011, 28296, Rn. 3; BGH, NJW-RR 1997, 510.
47 OLG Hamburg, OLGR 2005, 454; OLG München, OLGR 2003, 352.
48 BGHZ 67, 343 (345) = NJW 1977, 436 = MDR 1977, 399; BGHZ 163, 195 (197) = NJW 2005, 2385 = MDR 2005, 1413.
49 Siehe nur BGHZ 123, 264 (265 f.) = NJW 1994, 256 = MDR 1994, 523; BGH, NJW 2007, 3429, Rn. 7.
50 OLG Düsseldorf, MDR 1993, 1120; OLG Köln, MDR 1969, 848; a.A. OLG Karlsruhe, NJW-RR 1990, 978.
51 Vgl. BGHZ 13, 142 (145) = NJW 1954, 1283; BGHZ 21, 298 (300) = NJW 1956, 1517.

Kosten bei Erledigung der Hauptsache § 91a ZPO

einzig noch zu treffenden Entscheidung über die Kosten steht. Berücksichtigung finden dürfen daher etwa vorgelegte Urkunden, beigezogene Akten oder Sachverständigengutachten aus anderen Verfahren (§ 411a ZPO).[52] Ist die übereinstimmende Erledigterklärung in der mündlichen Verhandlung erfolgt, erscheint es auch richtig, bereits ladungsgemäß erschienene oder von einer Partei sistierte Zeugen zu vernehmen, es sei denn, die Vernehmung läuft auf einen Verstoß gegen das Gebot der Waffengleichheit hinaus.[53] In welchem Umfang noch eine Beweisaufnahme stattfinden soll, muss vom Gericht in jedem Einzelfall unter Abwägung des Vereinfachungsprinzips einerseits und des Grundsatzes der Kostengerechtigkeit andererseits (oben Rn. 2) entschieden werden, freilich unter der Prämisse, dass der Gesetzgeber prinzipiell die Maßgeblichkeit des „bisherigen" Sachstandes festgelegt hat.

Im Rahmen der summarischen Prüfung der Erfolgsaussichten der Klage ist auf die Rechtslage vor Eintritt des erledigenden Ereignisses abzustellen.[54] Das Gericht ist dabei nicht verpflichtet, in einer rechtlich schwierigen Sache nur wegen der Verteilung der Kosten alle für den hypothetischen Ausgang bedeutsamen Rechtsfragen zu klären; das Verfahren nach § 91a ZPO ist nicht zur Rechtsfortbildung geeignet.[55] Sowohl bei der Beantwortung von rechtlichen als auch von tatsächlichen Streitfragen darf auf eine „nur" **überwiegende Wahrscheinlichkeit** abgestellt werden.[56] Sind Angriff und Verteidigung mit ungefähr gleicher Wahrscheinlichkeit Erfolgsaussichten zuzusprechen, insbesondere weil eine ohne die Erledigung gebotene Beweisaufnahme nicht durchgeführt wurde, sind die Kosten in der Regel gegeneinander aufzuheben, § 92 Abs. 1 Satz 1 Alt. 1 ZPO.[57]

24

bb) Billiges Ermessen
Die summarische Prüfung des bisherigen Sach- und Streitstands findet eine Ergänzung, zum Teil auch ein Korrektiv in dem **Kriterium des billigen Ermessens**. Damit ist zum Ausdruck gebracht, dass die Kostenverteilung nicht allein von den Erfolgsaussichten der Rechtsverfolgung oder -verteidigung abhängen soll, das Gericht vielmehr auch dem Gedanken der Billigkeit und damit dem **Grundsatz der Kostengerechtigkeit** Rechnung tragen soll. Ausgangspunkt dieser Billigkeitsbetrachtung sind die den spezifischen kostenrechtlichen Vorschriften (§§ 91–97, 100, 101, 281, 344, 788 ZPO) zu entnehmenden Regelungsgedanken. Denn es entspricht billigem Ermessen, dass derjenige, dem die Kosten des Rechtsstreits im Falle der streitigen Fortsetzung – trotz Obsiegens in der Hauptsache – ganz oder teilweise auferlegt worden wären, diese Kosten auch nach übereinstimmender Erledigungserklärung zu tragen hat.

25

Entsprechend trifft den Kläger trotz Zulässigkeit und Begründetheit seiner Klage nach dem Grundgedanken des **§ 93 ZPO** die Kostenlast, wenn der Beklagte keinen Anlass zur Klageerhebung gegeben und deshalb sofort den Klageanspruch erfüllt hat.[58] Auf der anderen Seite kann die **reziproke Anwendung des § 93 ZPO** dazu führen, dass der Beklagte die Kosten zu tragen hat, weil er durch sein Verhalten den Kläger zu einer von Beginn an erfolglosen Klage veranlasst hat.[59] Ebenso können die Grundgedanken des **§ 93b ZPO**,[60] des **§ 96 ZPO** (vgl. § 96 Rn. 2) und des **§ 97 Abs. 1, Abs. 2 ZPO**[61] Berücksichtigung finden. Der Regelungsinhalt des **§ 98 ZPO** kann fruchtbar gemacht werden, wenn die Parteien einen außergerichtlichen Vergleich ohne Kostenregelung geschlossen und daraufhin Erledigung erklärt haben (siehe auch § 98 Rn. 11).[62] Hat der Kläger ein örtlich oder sachlich unzuständiges Gericht angerufen (zuvor Rn. 9), entspricht es unter Anwendung der Regelung in **§ 281 Abs. 3 Satz 2 ZPO** der Billigkeit, wenn er die durch die Anrufung des unzuständigen Gerichts entstandenen Mehrkosten trägt.[63] Erklärt eine der Parteien, dass sie die Kosten des Rechtsstreits übernehme, hat das Gericht ihr in Anwendung des Grundgedankens des **§ 307 ZPO** ohne weitere Prüfung der Sach-

26

---

52 Siehe Saenger-*Gierl*, ZPO, § 91a Rn. 40; MK-*Schulz*, ZPO, § 91a Rn. 48f.
53 MK-*Schulz*, ZPO, § 91a Rn. 48; Musielak/Voit-*Flockenhaus*, ZPO, § 91a Rn. 22.
54 OLG Stuttgart, NJW-RR 1999, 997; OLG Stuttgart, NJW-RR 1996, 1520.
55 BGH, NJW-RR 2009, 422, Rn. 5; BGHZ 163, 195 (197) = NJW 2005, 2385 = MDR 2005, 1413, jeweils m.w.N.; ablehnend Wieczorek/Schütze-*Smid/Hartmann*, ZPO, § 91a Rn. 12.
56 BGH, NJW 1994, 256 = MDR 1994, 523; OLG Brandenburg, JurBüro 2010, 377.
57 OLG Stuttgart, MDR 2011, 1066f.; OLG Köln, BeckRS 2010, 13631; OLG Koblenz, OLGR 2007, 215; OLG Celle, NJW-RR 1986, 1061 (1062).
58 BGH, NJW-RR 2006, 773 (774), Rn. 9 = MDR 2006, 1188; OLG Düsseldorf, ZIP 1994, 638.
59 Vgl. OLG Hamm, MDR 2011, 1319f.; OLG Frankfurt a.M., NJW-RR 2006, 1581f.; OLG Koblenz, NJW-RR 2000, 1092f.
60 Siehe OLG Köln, NJWEMietR 1996, 246f.; MK-*Schulz*, ZPO, § 91a Rn. 44 und § 93b Rn. 6.
61 Zu § 97 Abs. 2 ZPO: OLG Frankfurt a.M., WRP 1984, 692.
62 OLG Schleswig, JurBüro 1993, 745; ausführlich Saenger-*Gierl*, ZPO, § 91a Rn. 46.
63 OLG Stuttgart, MDR 1989, 1000f.; Saenger-*Gierl*, ZPO, § 91a Rn. 46.

und Rechtslage die Kosten des Rechtsstreits aufzuerlegen.[64] Ist vor der Erledigterklärung ein Versäumnisurteil ergangen, gilt hinsichtlich der Säumniskosten der Gedanke des § 344 ZPO.[65]

27 Über diese an konkreten kostenerstattungsrechtlichen Billigkeitsvorgaben orientierten Erwägungen hinaus kann das Gericht im Rahmen der Ausübung des billigen Ermessens **einzelfallbezogenen Umständen** angemessen Rechnung tragen. So ist etwa anerkannt, dass Kosten, die aufgrund der **verspäteten Abgabe der Erledigungserklärung** zusätzlich entstanden sind, der zögerlichen Partei auferlegt werden können.[66] Wie die Situation zu bewerten ist, dass der Beklagte während des Verfahrens den **Klageanspruch erfüllt**, wird unterschiedlich beurteilt. Dass er sich freiwillig in die Rolle des Unterlegenen begeben hat, lässt nicht stets ohne weiteres den Schluss zu, dass er seiner Rechtsverteidigung schon selbst keine Aussicht auf Erfolg beigemessen hat; vielmehr sind viele Motive für die Erfüllung vorstellbar, etwa die Scheu vor dem Kostenrisiko.[67] Der BGH stellt daher zu Recht darauf ab, ob das Prozessverhalten des Beklagten bei verständiger Betrachtung keinen anderen Grund haben kann als den, dass der Rechtsstandpunkt des Gegners im Ergebnis hingenommen wird (was etwa bei einer Zahlung des beklagten Versicherers zu bejahen ist).[68] Berücksichtigung finden kann auch, wenn eine Partei das Erledigungsergebnis willkürlich herbeigeführt hat.[69] Ein **materiell-rechtlicher Kostenerstattungsanspruch** ist im Rahmen der Billigkeitsentscheidung allenfalls dann beachtlich, wenn sein Bestehen sich ohne besondere Schwierigkeiten, insbesondere ohne Beweisaufnahme feststellen lässt.[70] Außer Betracht zu bleiben haben bei Ausübung des billigen Ermessens die **wirtschaftlichen Verhältnisse** der Parteien.[71]

c) Anfechtung, Abs. 2

28 Gegen den Beschluss über die Kostenverteilung findet gemäß § 91a Abs. 2 Satz 1 ZPO die sofortige Beschwerde statt, vorausgesetzt, es handelt sich um eine Entscheidung des Amtsgerichts oder des erstinstanzlich tätigen Landgerichts (§ 567 Abs. 1 Nr. 1 ZPO). Stammt der Beschluss vom Landgericht als Berufungsgericht oder vom Oberlandesgericht, ist er nur anfechtbar, wenn die Rechtsbeschwerde zugelassen worden ist, § 574 Abs. 1 Nr. 2 ZPO. Dies darf jedoch nicht aus materiell-rechtlichen Gründen geschehen; es ist nämlich nicht Zweck einer Kostenentscheidung nach § 91a Abs. 1 ZPO ist, Rechtsfragen von grundsätzlicher Bedeutung zu klären oder das Recht fortzubilden, soweit es um Fragen des materiellen Rechts geht (vgl. zuvor Rn. 24).[72] Die Anfechtung der Kostenentscheidung ist ausgeschlossen, wenn zuvor bereits wirksam Rechtsmittelverzicht erklärt wurde. Allein aus der Tatsache, dass auf eine Begründung der Kostenentscheidung verzichtet wird, kann aber nicht auf einen solchen Verzicht geschlossen werden.[73]

29 Nach § 91a Abs. 2 Satz 2 ZPO ist die sofortige Beschwerde dann nicht statthaft, wenn der Streitwert der Hauptsache den Betrag von 600,00 € (§ 511 Abs. 2 Nr. 1 ZPO) nicht übersteigt. Neben dem allgemeinen Grenzwert von 200,00 € bzgl. des Beschwerdegegenstandes (§ 567 Abs. 2 ZPO) tritt damit noch eine weitere betragsmäßige Hürde, die sich (ebenso wie § 99 Abs. 2 Satz 2 ZPO) daraus erklärt, dass der Instanzenzug für die Anfechtung einer Nebenentscheidung nicht weitergehen kann als derjenige in der Hauptsache (vgl. auch § 99 Rn. 21).[74] Ob der Beschwerdewert von mindestens 200,01 € erreicht ist, ist unter Berücksichtigung der vom Beschwerdeführer nach der angefochtenen Entscheidung zu tragenden Kostenquote zu ermitteln. Keine Beschwerdesumme muss die nach § 567 Abs. 3 ZPO zulässige Anschlussbeschwerde erreichen.

30 Im Beschwerdeverfahren besteht grundsätzlich **Anwaltszwang**; dies gilt nur dann nicht, wenn der Rechtsstreit im ersten Rechtszug nicht als Anwaltsprozess zu führen war, § 569 Abs. 3 Nr. 1 ZPO. Damit der Grundsatz, dass neuer Tatsachenvortrag nur eingeschränkt zugelassen wer-

---

64 BGH, MDR 2015, 51 = BeckRS 2014, 21519; BGH, MDR 1985, 914 = BeckRS 1985, 31066945; BAG, NJW 2004, 533 = MDR 2004, 415.
65 OLG Braunschweig, WRP 1992, 486 (487).
66 Vgl. OLG Schleswig, AGS 2015, 539; OLG Hamburg, BeckRS 2012, 23068; OLG Frankfurt a.M., BeckRS 2012, 15967; OLG Rostock, NJOZ 2006, 2563 f.
67 Siehe OLG Koblenz, NJW-RR 1999, 943 f.; weiter Zöller-*Vollkommer*, ZPO, § 91a Rn. 25.
68 BGH, NJW-RR 2012, 688 (689), Rn. 12; BGH, BeckRS 2010, 20021; BGH, MDR 2004, 698 = BeckRS 2004, 03127.
69 OLG München, OLGR 2007, 243 f.; OLG Hamm, NJW-RR 1993, 1280 f.
70 BGH, NJW 2002, 680 f. = MDR 2002, 473; BGH, BeckRS 1980, 03069 = JurBüro 1981, 209; OLG Düsseldorf, NJW-RR 2013, 124; Prütting/Gehrlein-*Hausherr*, ZPO, § 91a Rn. 81.
71 Zöller-*Vollkommer*, ZPO, § 91a Rn. 25.
72 BGH, NJW-RR 2009, 425 (426), Rn. 9 = MDR 2009, 39; BGH, NJW 2007, 1591 (1593), Rn. 22 = MDR 2007, 914.
73 BGH, NJW 2006, 3498, Rn. 6 ff.; OLG Hamm, NJOZ 2002, 2233.
74 Vgl. BGH, NJW-RR 2003, 1504 (1505) = MDR 2004, 45.

den darf und Beweisangeboten regelmäßig nicht nachzukommen ist (vgl. Rn. 22), nicht weitgehend ausgehöhlt wird, kann die prinzipielle Zulässigkeit neuer Angriffs- und Verteidigungsmittel nach § 571 Abs. 2 Satz 1 ZPO im Beschwerdeverfahren nach § 91a Abs. 2 ZPO nicht gelten.[75] Neue Tatsachen und Beweismittel dürfen in der Beschwerdeinstanz daher nur insoweit Berücksichtigung finden, wie das auch erstinstanzlich zulässig gewesen wäre.[76]

Nach § 91a Abs. 2 Satz 3 ZPO hat das Beschwerdegericht vor der Entscheidung über die Beschwerde den **Gegner zu hören**. Die Vorschrift entspricht § 99 Abs. 2 Satz 3 ZPO. Entsprechend der üblichen Gestaltung des Beschwerdeverfahrens nach §§ 567 ff. ZPO sind daher Beschwerdeschrift und -begründung dem Gegner mit Stellungnahmemöglichkeit mitzuteilen, es sei denn, die sofortige Beschwerde soll ohne jeden Nachteil für den Gegner verworfen oder zurückgewiesen werden.[77]   31

Das Beschwerdegericht ist nicht befugt, die angegriffene Entscheidung uneingeschränkt zu überprüfen; es darf insbesondere ein fehlerfreies Ermessen des Ausgangsgerichts nicht durch eine eigene Ermessensentscheidung ersetzen. Die Prüfungsbefugnis reduziert sich vielmehr darauf, ob der angefochtene Beschluss auf einem **entscheidungsrelevanten Verfahrensfehler** beruht, ob ein **Ermessensnicht- oder -fehlgebrauch** gegeben ist und ob das erstinstanzliche Gericht **alle entscheidungsrelevanten Gesichtspunkte** berücksichtigt hat.[78] Lässt die angefochtene Kostenentscheidung keinerlei Sachbefassung erkennen und beschränkt sich die Begründung des Beschlusses in der Wiedergabe des Gesetzeswortlautes, kann das Beschwerdegericht das Verfahren zur erneuten Entscheidung (ausnahmsweise) an das Ausgangsgericht zurückverweisen.[79] Für das Beschwerdeverfahren fällt nach Nr. 1810 KV-GKG eine Festgebühr von 90,00 € an.   32

Sofern das Beschwerdegericht sie zugelassen hat, ist gegen die Beschwerdeentscheidung die **Rechtsbeschwerde** statthaft, § 574 Abs. 1 Nr. 2, Abs. 3 Satz 1 ZPO.[80] Eine Zulassung zur Klärung grundlegender materiell-rechtlicher Rechtsfragen ist dabei nicht zulässig, vgl. zuvor Rn. 24 und 28.   33

d) Rechtskraft und Vollstreckbarkeit
Der Beschluss nach § 91a ZPO ist der **formellen** Rechtskraft fähig, die nach den allgemeinen Bestimmungen eintritt. **Materielle** Rechtskraftwirkung hinsichtlich der für erledigt erklärten Hauptsache entfaltet der Beschluss hingegen nicht, da nach den übereinstimmenden Erledigungserklärungen der Parteien über diese gerade nicht entschieden worden ist.[81] Entsprechend ist es dem Kläger unbenommen, die identische Klage später nochmals zu erheben (Rn. 18). Gemäß § 794 Abs. 1 Nr. 3 ZPO ist der Beschluss nach § 91a ZPO ein Titel, aus dem die Zwangsvollstreckung betrieben werden kann. Auf seiner Grundlage können die Prozesskosten festgesetzt werden, § 103 Abs. 1 ZPO.   34

6. Streitwert und Gebühren

Der ab Erledigterklärung maßgebliche **Gebührenstreitwert** bestimmt sich ebenso wie der Beschwerdewert nur noch nach dem Kosteninteresse, also der Summe der angefallenen Kosten, allerdings begrenzt auf den Wert der Hauptsache.[82]   35

Nicht jede übereinstimmende Erledigterklärung führt zu einer Reduzierung der **Gerichtsgebühren**. Eine Ermäßigung erfolgt vielmehr nur, wenn das gesamte Verfahren endet und keine Entscheidung über die Kosten ergeht oder die Entscheidung einer zuvor mitgeteilten Einigung der Parteien über die Kostentragung oder der Kostenübernahmeerklärung einer Partei folgt. Dies ergibt sich für den ersten Rechtszug aus Nr. 1211 Ziff. 4 KV-GKG, für Berufung und bestimmte Beschwerden aus den Nr. 1221, 1222 Ziff. 4 KV-GKG und für die Revision aus Nr. 1231, 1232 Ziff. 4 KV-GKG. Inwiefern ein Rechtsmittel- und damit Begründungsverzicht (§ 313a Abs. 2 ZPO) in entsprechender Anwendung dieser Regelungen zu einer Gebührenermäßigung führt, ist umstritten.[83]   36

---

75 OLG Frankfurt a.M., GRUR 1991, 944.
76 Musielak/Voit-*Flockenhaus*, ZPO, § 91a Rn. 25.
77 Vgl. BVerfGE 7, 95.
78 Richtig OLG Rostock, JurBüro 2010, 377 f.
79 Vgl. OLG München, NJW 2015, 3728 f.
80 BGH, NJW-RR 2004, 999 = MDR 2004, 896.
81 BGH, NJW-RR 1992, 998 (999) = MDR 1992, 1048. Zur Frage, ob der Beschluss Rechtskraftwirkung hinsichtlich der Pflicht zur Kostentragung entfaltet, vgl. BGH, NJW 2002, 680 f. = MDR 2002, 473.
82 BGH, MDR 2015, 51 = AGS 2015, 78.
83 Zur Problematik näher und jeweils verneinend OLG Düsseldorf, NJW 2016, 3043; OLG Braunschweig, AGS 2015, 400 ff.; OLG Oldenburg, NJW-RR 2012, 1467; OLG Celle, NJW-RR 2011, 1293 f. A.A. *Petershagen*, JurBüro 2013, 118 f.; OLG München, NJW-RR 2003, 1656 (zur alten Rechtslage).

37 Bei den **Anwaltsgebühren** ist die Erledigungserklärung ebenso wie der Kostenantrag durch die Verfahrensgebühr abgegolten. Zusätzlich fällt eine – sofern nicht bereits zuvor entstandene – Terminsgebühr nach dem sich aus dem Kosteninteresse ergebenden Streitwert an, wenn das Gericht über die Kosten (erst) nach freigestellter mündlicher Verhandlung entscheidet.[84] Eine Terminsgebühr entsteht in gleicher Weise, wenn die Parteien außergerichtlich einen Vergleich schließen und anschließend den Rechtsstreit in der Hauptsache übereinstimmend für erledigt erklären, Nr. 3104 Abs. 1 Nr. 1 Var. 3 VV-RVG.[85] Tilgt der Beklagte die eingeklagte Forderung erst kurz vor dem Termin zur mündlichen Verhandlung, bemisst sich die Terminsgebühr des Klägervertreters nicht nach dem Streitwert der Hauptsache, sondern nach den bis dahin entstandenen Kosten, vorausgesetzt, es wäre trotz der Kürze der Zeit noch möglich gewesen, vor Aufruf der Sache schriftsätzlich gegenüber dem Gericht die Erledigung der Hauptsache zu erklären.[86]

II. Die übereinstimmende Teilerledigungserklärung
1. Allgemeines

38 Die Parteien müssen nicht notwendigerweise die gesamte Hauptsache übereinstimmend für erledigt erklären. Ihre Erklärungen können sich vielmehr auch nur auf einen **abtrennbaren** Teil der Hauptsache beschränken, was bei teilbarem Streitgegenstand (ein Teilbetrag der Klageforderung wird vom Beklagten bezahlt) ebenso möglich ist wie im Falle der objektiven Klagehäufung bei einer Mehrheit von Streitgegenständen (vgl. auch § 301 Rn. 3 f.). Der unmittelbare Wegfall der Rechtshängigkeit betrifft hier nur den für erledigt erklärten Teil der Hauptsache. Die Voraussetzungen der übereinstimmenden Teilerledigungserklärung sind mit jenen der vollumfänglich übereinstimmenden Erledigungserklärung (oben Rn. 7 ff.) identisch. Auch für die – auf den erledigten Teil beschränkte – Kostenentscheidung des Gerichts nach § 91a Abs. 1 Satz 1 ZPO ergeben sich hinsichtlich der maßgeblichen Kriterien keine Unterschiede (oben Rn. 21 ff.). Soweit der Prozess noch rechtshängig ist, nimmt er ungeachtet der Teilerledigung seinen regulären Fortgang.

2. Einheitliche Entscheidung über sämtliche Kosten

39 Liegt eine übereinstimmende Teilerledigungserklärung der Parteien vor, ist das Gericht nicht befugt, sogleich über die Kosten des erledigten Teils nach § 91a Abs. 1 ZPO in einem gesonderten Beschluss zu entscheiden. Aus dem Grundsatz einheitlicher Kostenentscheidung (vgl. Vorbem. zu §§ 91–107 Rn. 9) folgt, dass die Kostenentscheidung bis zur Entscheidung über die restliche Hauptsache zurückzustellen ist und dann **einheitlich im Schlussurteil** zu erfolgen hat.[87] Hinsichtlich der Resthauptsache beruht die Kostenentscheidung dann auf den allgemeinen Bestimmungen, insbesondere §§ 91, 92 ZPO. Die Entscheidung über den noch rechtshängigen Teil der Hauptsache kann zur Beurteilung des hypothetischen Prozessausgangs hinsichtlich des erledigten Teils herangezogen werden.[88] Dass teilweise nach § 91a Abs. 1 ZPO entschieden worden ist, muss/darf sich nicht aus dem Tenor, wohl aber aus den Entscheidungsgründen ergeben. Das Gericht hat dort die zu treffende Kostenmischentscheidung zu erläutern; die Parteien müssen nachvollziehen können, welche Kostenquote für den erledigten Teil und welche für den streitig entschiedenen Teil der Hauptsache angenommen wurde.[89]

3. Anfechtung

40 Soweit die Kostenentscheidung nach § 91a ZPO ergangen ist, kann sie **isoliert** mit der **sofortigen Beschwerde** angefochten werden; im Übrigen gilt das Verbot der isolierten Kostenanfechtung des § 99 Abs. 1 ZPO.[90] Voraussetzung ist aber auch hier, dass die Beschwerdesumme des § 567 Abs. 2 ZPO überschritten ist. Hat die sofortige Beschwerde zumindest teilweise Erfolg (andernfalls gilt § 97 Abs. 1 ZPO), stellt sich das Problem, dass auch in der Beschwerdeinstanz der Grundsatz einheitlicher Kostenentscheidung zu beachten ist, mithin ein Ausspruch über die Gesamtkosten getroffen werden muss. Das Beschwerdegericht muss insoweit die erstinstanzlich erfolgte Verteilung der Kosten hinsichtlich des streitig entschiede-

---

84 Vgl. BGH, NJW 2008, 668 Rn. 6 ff. = MDR 2007, 1454.
85 OLG Köln, RVGreport 2016, 259 mit Anm. *Hansens*.
86 BGH, NJW 2011, 529 (530), Rn. 9 ff. = MDR 2010, 1342; vgl. auch LG Nürnberg-Fürth, NJOZ 2015, 1050.
87 BGH, NJW 1962, 2252 (2253); BGH, NJW 1963, 583 (584) = MDR 1963, 295.
88 Prütting/Gehrlein-*Hausherr*, ZPO, § 91a Rn. 41; MK-*Schulz*, ZPO, § 91a Rn. 102.
89 Vgl. Musielak/Voit-*Flockenhaus*, ZPO, § 91a Rn. 25.
90 BGH, NJW-RR 2003, 1504 (1505) = MDR 2004, 45; OLG München, BauR 2012, 537; OLG Saarbrücken, JurBüro 2005, 97.

nen Teils der Hauptsache ungeprüft übernehmen und unter Berücksichtigung der eigenen Beschwerdeentscheidung eine neue Quote bilden.[91]

Wird das Schlussurteil mit dem Rechtsmittel der **Berufung** angegriffen, ist über diese – aus „Gründen der Prozessökonomie" – insgesamt und damit auch über die Kostenentscheidung nach § 91a ZPO hinsichtlich des erledigten Teils zu entscheiden.[92] Die Berufung ist dabei nur zulässig, wenn der nicht erledigte Teil der Hauptsache – die auf den erledigten Teil der Hauptsache entfallenden Kosten bleiben außer Betracht – die Berufungssumme von 600,00 € (§ 511 Abs. 2 Nr. 1 ZPO) erreicht.[93] Gelangt das Berufungsurteil unbeschränkt in die **Revisionsinstanz**, kann dort eine Auseinandersetzung mit dem auf § 91a ZPO beruhenden Teil der Kostenentscheidung nur in sehr beschränktem Umfang erfolgen; die Revision kann lediglich darauf gestützt werden, dass das Berufungsgericht die Voraussetzungen dieser Vorschrift verkannt hat. Materiell-rechtliche Fragen betreffend den erledigten Teil können mit der Revision – ebenso wenig wie mit der Rechtsbeschwerde (oben Rn. 33) nicht zur Überprüfung gestellt werden.[94] Ergibt sich aus der Berufung, dass lediglich der Kostenausspruch nach § 91a Abs. 1 ZPO angegriffen wird, ist sie unstatthaft. In Betracht kommt aber eine Umdeutung gem. § 140 BGB analog in eine sofortige Beschwerde nach § 91a Abs. 2 ZPO, was jedoch insbesondere voraussetzt, dass der Schriftsatz binnen der Zwei-Wochen-Frist des § 569 Abs. 1 ZPO bei Gericht eingegangen ist.[95]

41

4. Streitwert und Gebühren

Mit der übereinstimmenden Teilerledigungserklärung geht eine Reduzierung des **Gebührenstreitwerts** einher; dieser bestimmt sich in der betroffenen Instanz (nur noch) nach dem **Wert der Resthauptsache**. Die anteiligen, auf den erledigten Teil entfallenden Kosten des Rechtsstreits erhöhen den Streitwert nicht, mag der weiterhin rechtshängige Teil der Hauptsache auch noch so gering sein.[96] Anders verhält es sich, wenn die Teilerledigung die Hauptforderung vollumfänglich erfasst und der streitige Prozess allein noch Nebenforderungen i.S.v. § 4 Abs. 1 ZPO zum Gegenstand hat, namentlich Anspruch auf Zinsen und Ersatz vorprozessualer Rechtsanwaltskosten. Die Nebenforderungen sind insoweit als Hauptforderung abzuleiten.[97] Welcher Zeitpunkt für die Ermäßigung des Streitwerts maßgeblich ist, wird unterschiedlich beurteilt. Wohl überwiegend wird auf das Vorliegen bzw. den Eingang der Anschlusserklärung abgestellt;[98] nach der Gegenansicht soll allein der Eingang der klägerischen Ersterklärung maßgeblich sein.[99]

42

Anders als bei der vollumfänglich übereinstimmenden Erledigungserklärung, kommt bei der übereinstimmenden Teilerledigterklärung eine Ermäßigung der **Gerichtsgebühren** regelmäßig nicht in Betracht. Eine Reduzierung ergibt sich nach Maßgabe der Nr. 1211 Ziff. KV-GKG (bzw. nach den entsprechenden Regelungen für das Berufungs- und Revisionsverfahren) nur, wenn hinsichtlich des nicht erledigten Teils der Hauptsache weitere Ermäßigungstatbestände hinzukommen und so insgesamt das Verfahren beendet wird.[100]

43

III. Die vollumfängliche einseitige Erledigungserklärung des Klägers

1. Allgemeines

§ 91a ZPO erfasst nicht die einseitig gebliebene Erledigungserklärung des Klägers. Sie findet auch ansonsten im Gesetz keinerlei Erwähnung. Ihre Behandlung in der Praxis beruht daher auf über Jahrzehnte hinweg gewachsenen richterrechtlichen Grundsätzen. Ausgangspunkt dieser Entwicklung war und ist der Gedanke der Gerechtigkeit: Nach allgemeiner Auffassung muss dem Kläger die Möglichkeit eröffnet werden, der kostenpflichtigen Abweisung seiner Klage, der ohne den Eintritt eines erledigenden Ereignisses während des Prozesses vom Ge-

44

---

91 BGHZ 40, 265 (271) = NJW 1964, 660 (661) = MDR 1964, 227.
92 BGH, NJW 2013, 2361 (2363), Rn. 20 = MDR 2013, 671; BGH, NJW 2001, 230 (231) = MDR 2001, 648.
93 Z.B. BGH, VersR 2011, 1155, Rn. 4 = BeckRS 2011, 11543; BGH, VersR 2008, 557 (558), Rn. 9 = NJW 2008, 999, jeweils m.w.N.
94 BGH, WM 2011, 411 (414), Rn. 23 ff. = NJW 2007, 1591; BGH, GRUR 2011, 1140 (1142), Rn. 30 = WRP 2011, 1606; BGH, BeckRS 2010, 03344, Rn. 9.
95 BGH, NJW 2013, 2361 (2363 f.), Rn. 21 = MDR 2013, 671; BGH, NJW 2015, 2125, Rn. 7.
96 BGH, NJW-RR 1995, 1089 (1090) = FamRZ 1995, 1137; BGH, JurBüro 1981, 1489 f. = BeckRS 1981, 31070790.
97 Vgl. BGH, NJW 2015, 3173, Rn. 4; BGH, VersR 2012, 881, Rn. 5 = MDR 2012, 738.
98 Etwa OLG Düsseldorf, JurBüro 2007, 256; OLG Stuttgart, JurBüro 1981, 860; OLG Bamberg, JurBüro 1978, 1719; Thomas/Putzo-*Hüßtege*, ZPO, § 91a Rn. 58.
99 OLG Köln, JurBüro 2014, 143; OLG Karlsruhe, NJW-RR 2013, 444; *Abramenko*, Rpfleger 2005, 15 f.; Zöller-*Herget*, ZPO, § 3 Rn. 16 – „Erledigung".
100 Vgl. Zöller-*Vollkommer*, ZPO, § 91a Rn. 59; Saenger-*Gierl*, ZPO, § 91a Rn. 102.

richt stattgegeben worden wäre, zu entgehen, und zwar ohne ihn zu einer Klagerücknahme mit der Kostenfolge des § 269 Abs. 3 Satz 2 ZPO zu zwingen.[101]

45 Die Rechtsnatur der einseitigen Erledigungserklärung wird unterschiedlich beurteilt. Herrschend ist die insbesondere auch vom BGH vertretene sog. **Klageänderungstheorie**: Hiernach stellt die einseitig gebliebene Erledigungserklärung eine nach § 264 Nr. 2 ZPO privilegierte Klageänderung dar, und zwar mit dem neuen Antrag, festzustellen, dass die ursprünglich zulässige und begründete Klage durch ein nachträgliches erledigendes Ereignis unzulässig oder unbegründet wurde.[102]

2. Voraussetzungen

46 Es muss zunächst eine wirksame Erklärung des Klägers vorliegen, dass er den Rechtsstreit in der Hauptsache insgesamt als erledigt betrachtet und deswegen nicht mehr an seinem zunächst geltend gemachten Begehren festhält. Die Erledigungserklärung stellt eine Prozesshandlung in Form einer **Erwirkungshandlung** dar.[103] Wegen der Einzelheiten wird auf die Ausführungen unter Rn. 7 ff. verwiesen, allerdings mit der Einschränkung, dass zum einen die Erledigungserklärung grundsätzlich nur in der mündlichen Verhandlung wirksam abgegeben werden kann (es sei denn, es wird im schriftlichen Verfahren nach § 128 Abs. 2 ZPO entschieden) und zum anderen in Anwaltsprozessen Anwaltszwang besteht (§ 78 Abs. 1 ZPO). Wird im selbstständigen Beweisverfahren, obwohl dort unzulässig,[104] vom Antragsteller eine einseitige Erledigungserklärung abgegeben, ist sie regelmäßig in eine (wirksame) Antragsrücknahme mit der Kostenfolge entsprechend § 269 Abs. 3 Satz 2 ZPO umzudeuten, sofern nach seinem Willen das Beweisverfahren ein endgültiges Ende finden soll.[105]

47 Die einseitige Erledigungserklärung kann nach ganz h.M. mit der Maßgabe erfolgen, dass der **ursprüngliche Klageantrag hilfsweise** für den Fall **aufrechterhalten** bleibt, dass tatsächlich keine Erledigung eingetreten ist.[106] Sehr umstritten ist die Zulässigkeit einer umgekehrten Eventualantragstellung, ob der Kläger also primär seinen Klageantrag stellen und nur **hilfsweise die Feststellung der Erledigung der Hauptsache beantragen** darf. Auch die Rechtsprechung des BGH lässt hierzu keine durchgehend klare Linie erkennen. Vielfach wird die Zulässigkeit der hilfsweisen Erledigungserklärung bejaht.[107] Nach überwiegender Auffassung kann eine hilfsweise Erledigterklärung jedoch nicht anerkannt werden.[108] Für diese Ansicht spricht zumindest, dass es widersprüchlich wäre, nach einer Abweisung des Hauptantrags als unbegründet auf den Hilfsantrag die Erledigung desselben festzustellen.[109]

48 Eine **einseitige Rechtsmittelerledigungserklärung** des Rechtsmittelführers ist nach zutreffender Auffassung zumindest im Grundsatz anzuerkennen (nachfolgend Rn. 70 ff.).

49 Der Beklagte darf sich der klägerischen Erledigungserklärung nicht angeschlossen haben und es darf auch kein Fall des § 91a Abs. 1 Satz 2 ZPO vorliegen (hierzu Rn. 13). Der Beklagte muss der Erledigungserklärung mithin ausdrücklich widersprochen oder in sonstiger Weise konkludent zum Ausdruck gebracht haben, dass er die Hauptsache seinerseits nicht für erledigt erklären will bzw. weiterhin die Abweisung des ursprünglichen Klageantrags verfolgt. Ist das Verhalten des Beklagten in der Verhandlung zweideutig oder lässt sein schriftsätzliches Vorbringen eine Auslegung in die eine wie in die andere Richtung zu, muss sich das Gericht im Rahmen der materiellen Prozessleitung um Klarstellung bemühen, § 139 Abs. 1 ZPO. Eines besonderen Rechtsschutzbedürfnisses bedarf der Beklagte für seinen Abweisungsantrag nicht.[110]

---

101 Statt aller Wieczorek/Schütze-*Smid/Hartmann*, ZPO, § 91a Rn. 22; *Huber*, JuS 2013, 977.
102 BGHZ 106, 359 (368) = NJW 1989, 2885 = MDR 1989, 524; BGH, NJW 1994, 2363 (2364) = MDR 1995, 91; BGH, NJW 2002, 442 = MDR 2002, 413; aus dem Schrifttum z.B. Stein/Jonas-*Bork*, ZPO, § 91a Rn. 47; Zöller-*Vollkommer*, ZPO, § 91a Rn. 34 mit Darstellung des Meinungsstands.
103 Hierzu allgemein Musielak/Voit-*Musielak*, ZPO, Einleitung Rn. 61.
104 Vgl. BGH, NJW-RR 2004, 1005 = MDR 2004, 715; NZBau 2005, 42 (43) = MDR 2005, 227.
105 BGH, NJW 2011, 1292 (1293), Rn. 9 f. = MDR 2011, 317; NZBau 2005, 42 (43) = MDR 2005, 227.
106 BGH, NJW 1965, 1597 f. = MDR 1965, 641; BGH, WM 1982, 1260 = JurBüro 1983, 255; instruktiv mit Beispielen *Knöringer*, JuS 2010, 569 (571 f.).
107 BGH, NJW 1975, 539 (540) = WM 1975, 167; BGH, NJW-RR 1998, 1571 (1572) = WM 1998, 1699; *Knöringer*, JuS 2010, 569 (572 f.) m.w.N.
108 BGHZ 106, 359 (368) = NJW 1989, 2885 (2887) = MDR 1989, 524; BGH, NJW-RR 2006, 1378 (1379 f.), Rn. 20 = WRP 2006, 1027; MK-*Schulz*, ZPO, § 91a Rn. 80.
109 BGHZ 106, 359 (368) = NJW 1989, 2885 (2887) = MDR 1989, 524; BGH, NJW-RR 2011, 618 (621), Rn. 22 = WM 2011, 749.
110 BGH, NJW 1992, 2235 (2236) = MDR 1992, 707.

3. Zeitpunkt

In **zeitlicher Hinsicht** kann die Erledigungserklärung zu jedem Zeitpunkt nach Anhängigkeit abgegeben werden (oben Rn. 16), grundsätzlich auch erst in der Revisionsinstanz, zumindest wenn das erledigende Ereignis selbst außer Streit ist.[111] Während die übereinstimmende Erledigungserklärung auch zwischen den Instanzen erfolgen kann (Rn. 16), ist die einseitige Erledigungserklärung in der jeweiligen Instanz als Sachantrag jedoch **nur bis zum Schluss der mündlichen Verhandlung** möglich (§§ 296a, 297 ZPO). Wird die mündliche Verhandlung nicht wiedereröffnet (§ 156 ZPO), bleibt dem Kläger daher nur die Möglichkeit, gegen die Entscheidung Rechtsmittel mit dem Ziel einzulegen, die Feststellung der Erledigung der Hauptsache zu bewirken, was die Rechtsprechung als zulässig erachtet.[112] Das gilt selbst dann, wenn der Kläger die Erledigung bereits in der Vorinstanz vor dem Schluss der mündlichen Verhandlung hätte erklären können.[113] Erklärt der Berufungsführer in der Berufungsinstanz die Hauptsache einseitig für erledigt, kann das Gericht gleichwohl nach § 522 Abs. 2 ZPO verfahren.[114] Einer einseitigen Erledigungserklärung des Klägers, die nach Einlegung einer Nichtzulassungsbeschwerde durch den Gegner erfolgt ist, hat der BGH in der Sache dann nachzugehen, wenn die Nichtzulassungsbeschwerde zulässig und begründet gewesen wäre.[115]

50

4. Widerruf

Die Erledigungserklärung des Klägers ist, solange sich der Beklagte ihr nicht angeschlossen hat und das Gericht noch keine Entscheidung über die Erledigung der Hauptsache getroffen hat, **frei widerruflich**,[116] vgl. bereits Rn. 17.

51

5. Wirkung

Eine unmittelbar prozessbeendigende Wirkung kommt der einseitig gebliebenen Erledigungserklärung nicht zu. Sie beendet auch nicht die Rechtshängigkeit des für erledigt erklärten Anspruchs; dieser stellt vielmehr unverändert verfahrensrechtlich die Hauptsache dar.[117] Ausgehend von der ganz überwiegend befürworteten Klageänderungstheorie liegt (lediglich) eine Änderung des zunächst verfolgten Klageantrags in einen Feststellungsantrag vor, gerichtet auf die Feststellung der Erledigung der Hauptsache. Eben dieser Feststellungsklage hat das Gericht im streitig fortgeführten Prozess nach den allgemeinen Vorschriften nachzugehen.

52

6. Prüfung durch das Gericht

Das Gericht hat die Feststellungsklage wie jede andere Klage auch auf Zulässigkeit und Begründetheit zu prüfen. Im Rahmen der Zulässigkeit ist insbesondere die Frage des Feststellungsinteresses nach § 256 Abs. 1 ZPO zu erörtern. Liegt dieses vor, ist dem Feststellungsantrag in der Sache stattzugeben, wenn die ursprüngliche Klage sowohl zulässig als auch begründet war und durch ein nachträglich eingetretenes Ereignis gegenstandslos geworden ist.[118]

53

a) Feststellungsinteresse des Klägers

Das erforderliche rechtliche Interesse (§ 256 Abs. 1 ZPO) des Klägers an der Feststellung der Erledigung ist in aller Regel zu bejahen; es liegt in der günstigen Kostenfolge, die er aufgrund der von ihm angenommenen Erledigung allein noch mit dem geänderten Antrag erreichen kann.[119] Andere prozessuale Möglichkeiten, die nicht auf die Verpflichtung zur Kostentragung hinauslaufen, stehen dem Kläger nicht zur Verfügung.

54

---

111 BGHZ 106, 359 (368) = NJW 1989, 2885 (2887) = MDR 1989, 524; BGH, NJW 1999, 2520 (2522) = MDR 1999, 938.
112 BGH, NJW-RR 1992, 1032 (1033) = WM 1992, 1582; OLG Nürnberg, FamRZ 2000, 1025; Vgl. *Hausherr*, MDR 2010, 973 (974).
113 BGHZ 106, 359 (368) = NJW 1989, 2285 (2287) = MDR 1989, 524; OLG Schleswig, OLGR 1997, 282.
114 Vgl. OLG München, NJW 2011, 1088; OLG Rostock, NJOZ 2006, 1646.
115 BGH, NJW-RR 2007, 639f., Rn. 1 = ZIP 2007, 696.
116 BGH, NJW 2002, 442 = MDR 2002, 413; OLG München, OLGR 1995, 107 (108); OLG Düsseldorf, FamRZ 1994, 170.
117 BGH, NJW 2010, 2270 (2272), Rn. 42; BGH, NJW 1990, 2682 = WM 1990, 1674.
118 Vgl. BGH, NJW 2008, 2580, Rn. 10 = MDR 2008, 1240; BGHZ 91, 126 (127) = NJW 1984, 1901 = ZIP 1984, 751; BGHZ 106, 359 (366f.) = NJW 1989, 2885 (2886) = MDR 1989, 524.
119 Etwa BGH, NJW-RR 2011, 618 (621), Rn. 22 = WM 2011, 749; BGH, NJW-RR 2006, 1378 (1379f.), Rn. 20 = WRP 2006, 1027.

b) Zulässigkeit und Begründetheit der ursprünglichen Klage

55 Die Klage mit dem ursprünglichen Antrag muss zulässig und begründet gewesen sein, und zwar bis zum Zeitpunkt des Eintritts des erledigenden Ereignisses.[120] Die **sachliche Prüfung** der Erfolgsaussichten des zunächst verfolgten Klagebegehrens ist **unerlässlich** und schließt ein, dass erforderlichenfalls auch **Beweis** zu erheben ist.[121] War die ursprüngliche Klage entweder unzulässig oder unbegründet, ändert es an der kostenpflichtigen Abweisung der Feststellungsklage auch nichts, wenn tatsächlich ein erledigendes Ereignis eingetreten ist.[122] Abzuweisen ist die Feststellungsklage auch, wenn der Kläger ein sachlich oder örtlich unzuständiges Gericht angerufen hat. Selbst wenn er vor der Erledigterklärung hilfsweise einen Verweisungsantrag gestellt hat, ist von der Unzulässigkeit der ursprünglichen Klage auszugehen; eine Verweisung hat nicht stattzufinden.[123]

c) Tatsächlicher Eintritt eines erledigenden Ereignisses

56 Vom Gericht ist zu prüfen, ob das vom Kläger vorgebrachte Ereignis tatsächlich eingetreten ist und auch tatsächlich zu einer Erledigung geführt hat. Sind die diesbezüglichen Umstände zwischen den Parteien streitig, muss auch insoweit erforderlichenfalls Beweis erhoben werden. Die Darlegungs- und Beweislast liegt dabei beim Kläger, weil er sich auf einen für ihn günstigen Umstand beruft.[124]

57 Als erledigendes Ereignis kommen nach der Rechtsprechung des BGH von vornherein nur solche Ereignisse in Betracht, die **nach Rechtshängigkeit** eingetreten sind. Eine Erledigung der Hauptsache vor Zustellung der Klage ist nicht möglich, da es zu diesem Zeitpunkt noch an einem Prozessrechtsverhältnis und damit an einer der Erledigung zugänglichen Hauptsache fehlt.[125] Damit kann der Kläger seinen Feststellungsantrag weder auf Geschehnisse vor Anhängigkeit noch auf Ereignisse im Zeitraum zwischen Anhängigkeit und Rechtshängigkeit mit Erfolg stützen. War die Verjährungsfrist für den Klageanspruch bereits vor Rechtshängigkeit oder sogar Anhängigkeit abgelaufen, erhebt der Beklagte jedoch erstmals im Prozess die Verjährungseinrede, stellt dies ein erledigendes Ereignis dar.[126] Das Gleiche gilt im Falle einer Prozessaufrechnung durch den Beklagten: Hier stellt (erst) die Aufrechnungserklärung das erledigende Ereignis dar, so dass es unschädlich ist, wenn die Aufrechnungslage bereits vor Rechtshängigkeit der Klageforderung bestanden hat.[127]

58 Mit Einführung der **sog. privilegierten Klagerücknahme nach § 269 Abs. 3 Satz 3 ZPO** hat der Gesetzgeber eine Möglichkeit eröffnet, aus der Rechtsprechung des BGH resultierende unbefriedigende Ergebnisse im Einzelfall zu vermeiden und zu gerechten Kostenlastentscheidungen zu gelangen (vgl. § 269 Rn. 13). § 269 Abs. 3 Satz 3 ZPO nimmt dem Kläger nicht die alternative Option,[128] gegen den Beklagten einen auf Ersatz der bereits entstandenen und noch entstehenden Prozesskosten gerichteten materiell-rechtlichen Kostenerstattungsanspruch, insbesondere unter Schadensersatz- oder Verzugsgesichtspunkten, geltend zu machen und diesen entweder im Ausgangsprozess nach gemäß § 264 Nr. 3 ZPO zulässiger Klageänderung als Kostenfeststellungsklage oder in einem gesonderten Prozess als Kostenerstattungsklage einzufordern.[129] Der (unbegründete) Antrag des Klägers, die Erledigung der Hauptsache festzustellen und dem Beklagten die Kosten des Rechtsstreits aufzuerlegen, wird dabei häufig sachdienlich dahingehend ausgelegt werden können, die Ersatzpflicht des Beklagten für die nutzlos aufgewendeten Kosten festzustellen.[130]

---

120 BGHZ 155, 392 (394) = NJW 2003, 3134 = VersR 2004, 126; BGH, NJW 1986, 588 (589) = MDR 1985, 570.
121 BGH, NJW 1982, 767 (768) = MDR 1982, 571; BGH, NJW 1992, 2235 (2236) = MDR 1992, 707.
122 BGH, NJW 1992, 2235 (2236) = MDR 1992, 707.
123 Vgl. OLG München, MDR 1986, 61 f.; zum Meinungsstand Prütting/Gehrlein-*Hausherr*, ZPO, § 91a Rn. 58; zur Behandlung des Problems einer rügelosen Einlassung *Vossler*, NJW 2002, 2373 f.
124 OLG Düsseldorf, NJW-RR 1991, 137 (138).
125 BGHZ 83, 12 (14) = NJW 1982, 1598 = ZIP 1982, 496; BGHZ 127, 156 (163) = NJW 1994, 3232 (3233) = ZIP 1994, 1700; zur abweichenden Auffassung z.B. MK-*Schulz*, ZPO, § 91a Rn. 90.
126 Grundlegend BGHZ 184, 128 = NJW 2010, 2422, Rn. 19 ff. = FamRZ 2010, 887 mit umfassender Darstellung des Meinungsstands.
127 BGHZ 155, 392 = NJW 2003, 3134 (3135 f.) = FamRZ 2003, 1641; hierzu *Schröcker*, NJW 2004, 2203; zuvor ebenso BayObLG, NJW-RR 2002, 373; OLG Düsseldorf, NJW-RR 2001, 432.
128 Ausführlich BGHZ 197, 147 (148 ff.) = NJW 2013, 2201, Rn. 8 ff. = VersR 2013, 1192.
129 Siehe BGHZ 83, 12 (16) = NJW 1982, 1598 f. = WM 1982, 519.
130 Vgl. BGH, NJW 1994, 2895 (2896) = FamRZ 1995, 348; Musielak/Voit-*Flockenhaus*, ZPO, § 91a Rn. 38. Zurückhaltend Prütting/Gehrlein-*Hausherr*, ZPO, § 91a Rn. 55.

Die in der Praxis typischerweise auftretenden Erledigungsereignisse lassen sich nach ihrer "Ursache" in **drei Gruppen** aufteilen:[131] Zum einen jene Fälle, in denen der geltend gemachte Anspruch durch den Beklagten oder einen Dritten erfüllt wird,[132] z.B. durch Zahlung, Aufrechnung, Herausgabe oder Vornahme der Nacherfüllungshandlung. Zum anderen kommt es häufig zu Konstellationen, in denen das streitbefangene Objekt untergeht (z.B. Zerstörung eines herausverlangten Pkw, Tod der Partei bei höchstpersönlichen Ansprüchen). In der dritten Gruppe sind alle sonstigen Veränderungen der Sachlage mit Auswirkungen auf die Zulässigkeit oder Begründetheit der Klage zusammenzufassen (z.B. Änderung der Gesetzeslage, Löschung der verklagten GmbH im Handelsregister, Wegfall des Feststellungsinteresses für die zuerst erhobene negative Feststellungsklage nach Erhebung der Widerklage). 59

Kommt das Gericht zu dem Ergebnis, dass die Hauptsache nicht erledigt ist und die Feststellungsklage daher als unbegründet abzuweisen ist, muss es den Kläger hierauf gemäß § 139 ZPO rechtzeitig hinweisen. Der Kläger hat dann zu erwägen, zu seinem ursprünglichen Antrag durch abermalige Klageänderung zurückzukehren oder diesen zumindest hilfsweise zu stellen (was zulässig ist, Rn. 14).[133] 60

7. Entscheidung des Gerichts und Rechtskraftentfaltung

In Abhängigkeit vom Ergebnis der Prüfung nach den vorstehenden Grundsätzen hat das Gericht über die Feststellungsklage durch Endurteil (§ 300 ZPO)[134] zu entscheiden, wobei sich die Kostenentscheidung nach den allgemeinen Vorschriften der §§ 91 ff. ZPO und nicht nach § 91a Abs. 1 Satz 1 ZPO richtet:[135] 61

War die zunächst erhobene Klage bis zum Zeitpunkt des Eintritts des erledigenden Ereignisses zulässig und begründet, hat das Gericht die Erledigung des Rechtsstreits festzustellen. Der **Tenor** lautet in diesem Fall: 62

Es wird festgestellt, dass der Rechtsstreit in der Hauptsache erledigt ist.

oder

Der Rechtsstreit ist in der Hauptsache erledigt.

Soweit bereits Zwischenentscheidungen, namentlich ein Versäumnis- oder vorinstanzliches Urteil, erlassen wurden, empfiehlt sich – ebenso wie im Fall der übereinstimmenden Erledigterklärung (Rn. 18) – schon aus Gründen der Rechtsklarheit regelmäßig der deklaratorische Ausspruch der Wirkungslosigkeit (vgl. auch § 343 ZPO). Da das Gericht in diesem Fall eine Sachentscheidung über die ursprüngliche Hauptsache trifft, steht einer erneuten diesbezüglichen Klage die Rechtskraft des Feststellungsurteils entgegen.

War die ursprüngliche Klage entweder unzulässig oder unbegründet, ist die Feststellungsklage kostenpflichtig abzuweisen, und zwar auch dann, wenn tatsächlich ein erledigendes Ereignis eingetreten ist (zuvor Rn. 55). Hinsichtlich der Rechtskraft ist zu unterscheiden: War die ursprüngliche Klage unzulässig, handelt es sich bei dem abweisenden Urteil (wenn auch im Rahmen der Begründetheit der Feststellungsklage geprüft) der Sache nach lediglich um ein Prozessurteil; der Kläger kann die ursprüngliche Hauptsacheklage also ggf. später nochmals zulässig erheben. War das ursprüngliche Begehren des Klägers hingegen unbegründet, nimmt die Rechtskraft der klageabweisenden Sachentscheidung einer erneuten Klage die Zulässigkeit.[136] 63

Hält der Kläger trotz entsprechenden Hinweises (vgl. Rn. 60) ohne Hilfsantrag an seiner Erledigterklärung fest, ist aber nach Ansicht des Gerichts tatsächlich gar kein erledigendes Ereignis eingetreten bzw. konnte der Kläger dieses nicht beweisen, ist die Feststellungsklage ebenfalls kostenpflichtig abzuweisen. Die materielle Rechtskraft umfasst in diesem Fall allein die Feststellung des Nichteintritts der Hauptsacheerledigung und steht damit einer abermaligen Klage in der Hauptsache nicht entgegen. 64

---

131 Nach Musielak/Voit-*Flockenhaus*, ZPO, § 91a Rn. 35.
132 Nicht aber, wenn Leistung unter dem Vorbehalt des Rechtskrafteintritts erfolgt, insbesondere mit Blick auf ein vorläufig vollstreckbares Urteil, vgl. BGH, NJW 2014, 2199 (2200), Rn. 8 = WM 2014, 1180.
133 Saenger-*Gierl*, ZPO, § 91a Rn. 74.
134 Wurde klägerseits schlüssig zu sämtlichen Voraussetzungen der einseitigen Erledigungserklärung vorgetragen, kann gegen den Beklagten auch ein Versäumnisurteil gem. § 331 ZPO ergehen, vgl. z.B. BGH, NJW 2011, 529f. = MDR 2011, 1342.
135 Vgl. BGH, NJW 1981, 686 = MDR 1981, 399; Musielak/Voit-*Flockenhaus*, ZPO, § 91a Rn. 45.
136 Zum Ganzen Saenger-*Gierl*, ZPO, § 91a Rn. 85f.

8. Anfechtung

65 Da die Entscheidung des Gerichts im Falle der einseitig gebliebenen Erledigterklärung stets durch Urteil ergeht, ist hiergegen durch die unterlegene Partei mit den nach den allgemeinen Regelungen statthaften Rechtsmitteln vorzugehen. Eine sofortige Beschwerde gegen die Kostenentscheidung in direkter oder analoger Anwendung des § 91a Abs. 2 ZPO ist – ausgehend von der Klageänderungstheorie (Rn. 45) – nicht statthaft.[137] Wurde die Feststellungsklage abgewiesen, ist die Berufung des Klägers auch dann zulässig, wenn es ihm mit dem Rechtsmittel vorwiegend oder ausschließlich auf eine Abänderung der ihn belastenden Kostenentscheidung ankommt; § 99 Abs. 1 ZPO steht dem nicht entgegen.[138] Ob die Berufungssumme erreicht ist, entscheidet sich nach dem Streitwert des Antrags auf Feststellung der Erledigung (nachfolgend Rn. 66).[139]

9. Streitwert und Gebühren

66 Unverändert strittig ist, wie sich die einseitige Erledigungserklärung auf den **Streitwert** auswirkt.[140] Zum Teil wird dafür plädiert, den nach dem ursprünglichen Klageantrag bemessenen Streitwert unverändert zu belassen,[141] andere Gerichte orientieren sich an der Streitwertbestimmung im Falle positiver Feststellungsklagen und nehmen auf den Wert der Hauptsache einen Abschlag von typischerweise 50 % (mitunter aber auch weniger) vor.[142] Nach überwiegender Auffassung und **insbesondere ständiger Rechtsprechung des BGH** reduziert sich der Streitwert hingegen regelmäßig auf das Kosteninteresse, also auf die bis dahin entstandenen Kosten.[143] Maßgeblicher Zeitpunkt ist insoweit nicht der Eintritt des erledigenden Ereignisses, sondern der Eingang der klägerischen Erledigterklärung bei Gericht.[144] Nur in Ausnahmefällen ist nach h.M. doch auf den Wert der Hauptsache abzustellen, nämlich wenn aus dem Urteil des Gerichts rechtskräftige Feststellungen zu zwischen den Parteien noch streitigen Ansprüchen hergeleitet werden können (z.B. bei Erledigung aufgrund Aufrechnung des Beklagten) oder wenn ersichtlich nicht das Kosteninteresse, sondern das Interesse der Parteien an einer mittelbaren Rechtfertigung ihrer Standpunkte im Vordergrund steht.[145]

67 Hinsichtlich der **Gerichtsgebühren** führt die einseitige Erledigterklärung des Klägers nicht zu einer Gebührenermäßigung.

IV. Die einseitige Teilerledigungserklärung des Klägers

68 Ebenso wie nur teilweise übereinstimmend für erledigt erklärt werden kann (oben Rn. 38 ff.), kann sich auch die einseitige Erledigungsklärung des Klägers nur auf einen abtrennbaren Teil der Hauptsache beschränken. Es gelten im Umfang der Erledigterklärung die dargestellten Grundsätze zur vollumfänglich einseitigen Erledigterklärung (Rn. 44 ff.). Hinsichtlich des für erledigt erklärten Teils der Hauptsache liegt eine Feststellungsklage vor, die neben die restliche Hauptsache tritt (objektive Klagehäufig, § 260 ZPO). Das Gericht hat damit über zwei gesonderte Streitgegenstände streitig zu entscheiden, was sich auch aus dem Tenor ergeben muss. Bei Begründetheit des Feststellungsantrags lautet der **Tenor**:

Im Übrigen ist der Rechtsstreit in der Hauptsache erledigt.

Über die Kosten ist insgesamt im Rahmen einer einheitlichen Entscheidung nach §§ 91 ff. ZPO zu befinden. Der Gebührenstreitwert ergibt sich, folgt man der Rechtsprechung des BGH (vgl. bereits Rn. 42), ab dem Zeitpunkt der Teilerledigungserklärung des Klägers nach dem Wert des verbliebenen Teils der Hauptsache, dem lediglich der Betrag der bis dahin angefallenen,

---

137 OLG Köln, BeckRS 2016, 09551, Rn. 3 ff.
138 BGH, NJW-RR 1993, 765 (766) = MDR 1994, 317; BGH, NJW 1982, 767 (768) = MDR 1982, 571; BGHZ 57, 224 ff. = NJW 1972, 112 = MDR 1972, 129.
139 OLG Köln, BeckRS 2016, 09551, Rn. 4; Musielak/Voit-*Flockenhaus*, ZPO, § 91a Rn. 48.
140 Ausführlich hierzu *Deckenbrock/Dötsch*, JurBüro 2003, 287 ff.; auch OLG Nürnberg, JurBüro 2002, 368 ff.
141 Z.B. OLG Schleswig, OLGR 2004, 342; OLG München, NJW-RR 1996, 956; OLG Brandenburg, NJW-RR 1996, 1472.
142 OLG Brandenburg, OLGR 2000, 490; OLG Frankfurt a.M., OLGR 1994, 263.
143 BGH, NJW 2011, 529, Rn. 8 = MDR 2010, 1342; BGH, WuM 2008, 35 = BeckRS 2007, 65142; BGHZ 106, 359 (366) = NJW 1989, 2885 = FamRZ 1989, 496; BGHZ 57, 301 (303) = NJW 1972, 257 = MDR 1972, 234; OLG Köln, OLGR 2005, 19; OLG Hamm, NJOZ 2005, 3149; KG Berlin, NJOZ 2003, 2576; aus dem Schrifttum statt vieler Zöller-*Vollkommer*, ZPO, § 91a Rn. 48; Prütting/Gehrlein-*Hausherr*, ZPO, § 91a Rn. 61.
144 BGH, NJW 2011, 529, Rn. 8 = MDR 2010, 1342; OLG Düsseldorf, OLGR 2007, 321.
145 Vgl. BGH, BeckRS 2015, 13131; BGH, NJW-RR 2005, 1728 f. = MDR 2006, 109; BGH, NJW 1982, 768 = MDR 1982, 571 (Ehrenschutzklage).

auf den für erledigt erklärten Teil entfallenden Kosten hinzuzurechnen ist.[146] Bei dem Wert der Rechtsmittelbeschwer ist dagegen zu differenzieren.[147]

V. Die Erledigungserklärung des Beklagten

Erklärt die beklagte Partei die Hauptsache für erledigt und schließt sich der Kläger nicht an, kommt dieser einseitigen Erklärung nach allgemeiner Auffassung keine Rechtswirkungen zu. Insbesondere kann dem darin zum Ausdruck kommenden Verlangen des Beklagten, die Erledigung festzustellen, nicht nachgekommen werden, weil allein der Kläger nach der Konzeption der ZPO (vgl. nur §§ 253, 263, 264 ZPO) zur einseitigen Verfügung über den Streitgegenstand befugt ist.[148] Insbesondere im amtsgerichtlichen Verfahren kann die Erledigungserklärung des anwaltlich nicht vertretenen Beklagten aber sachdienlich als Antrag auf Klageabweisung ausgelegt werden. Auch kann die Erledigungserklärung des Beklagten im Einzelfall ein Anerkenntnis unter Verwahrung gegen die Kostenlast darstellen, was aber klarzustellen wäre.[149] Im Übrigen bleibt es dem Beklagten unbenommen, noch vor dem Kläger die Erledigung zu erklären, so dass mit dem anschließenden Eingang der korrespondierenden Erklärung des Klägers die Rechtshängigkeit der Hauptsache sogleich beendet ist (siehe oben Rn. 18). Erfolgt die einseitige Erklärung des Beklagten in dem von ihm angestrengten Rechtsmittelverfahren, ist zu prüfen, ob nicht in der Sache die Erledigung des Rechtsmittels bezweckt ist (hierzu Rn. 70 ff.).

69

VI. Die Erledigung eines Rechtsmittels

Den Parteien steht es frei, auch noch in der Berufungs-, Beschwerde- oder Revisionsinstanz die Erledigung der Hauptsache einseitig oder übereinstimmend für erledigt zu erklären (vgl. Rn. 16 und 50). Davon zu unterscheiden ist die Frage, ob auch das **Rechtsmittel bzw. das Rechtsmittelverfahren als solches** Gegenstand einer Erledigterklärung sein kann.[150] Dies wird zum Teil schlechthin verneint,[151] von der ganz überwiegenden Auffassung aber zu Recht zumindest im Grundsatz bejaht, wobei es im praktischen Ergebnis ohne Bedeutung ist, ob § 91a Abs. 1 ZPO direkt oder entsprechend anzuwenden ist.[152] Der BGH hat nach eigenem Bekunden bislang keine „generelle" Entscheidung über die Rechtsmittelerledigungserklärung getroffen bzw. treffen wollen,[153] eine Erledigung des gesamten Rechtsmittelverfahrens aber in „besonderen Fällen" wiederholt zugelassen, und zwar sowohl bei **übereinstimmenden** Erledigungserklärungen der Parteien[154] als auch bei **einseitiger** Erklärung des Rechtsmittelführers.[155] Hinter dieser Rechtsprechung steht letztlich der Gedanke der Kostengerechtigkeit: Für die Rechtsmittelerledigungserklärung wird dann ein praktisches Bedürfnis erkannt, wenn nur sie eine sachgerechte und billige Verteilung der Kosten ermöglicht. In sämtlichen vom BGH entschiedenen Fallgestaltungen, schwerpunktmäßig Fälle der prozessualen Überholung, wäre es ohne den „Ausweg" über die Erledigterklärung des Rechtsmittelverfahrens zu ersichtlich unbilligen Kostenentscheidungen gekommen.[156]

70

Im Falle der **übereinstimmenden Rechtsmittelerledigungserklärung** entziehen die Parteien dem Gericht unmittelbar und sofort die Befugnis, über das Rechtsmittel zu entscheiden. Die angefochtene Entscheidung wird rechtskräftig, das Rechtsmittelgericht hat einzig noch nach § 91a Abs. 1 ZPO (analog) über die Kosten des für erledigt erklärten Rechtsmittelverfahrens (und nicht etwa die gesamten Kosten des Verfahrens) zu entscheiden.[157] Abzustellen ist maß-

71

---

146 BGH, NJW-RR 1988, 1465 = MDR 1989, 58 mit Anm. *Mümmler*, JurBüro 1989, 847; OLG München, OLGR 2003, 395.
147 Hierzu Musielak/Voit-*Flockenhaus*, ZPO, § 91a Rn. 55; MK-*Schulz*, ZPO, § 91a Rn. 109.
148 Grundlegend BGH, NJW 1994, 2363f. = MDR 1995, 91 m.w.N.; bestätigt in BGH, NJW-RR 2008, 1149, Rn. 8 = VersR 2008, 1398.
149 Vgl. *Huber*, JuS 2013, 977 (978).
150 Umfassend *Stuckert*, Die Erledigung in der Rechtsmittelinstanz, 2007.
151 OLG Karlsruhe, FamRZ 1991, 464 ff.; z.B. Thomas/Putzo-*Hüßtege*, ZPO, § 91a Rn. 8; Stein/Jonas-*Bork*, ZPO, § 91a Rn. 52 f.
152 Vgl. OLG Rostock, JurBüro 2007, 325; OLG Naumburg, OLGR 2007, 970; OLG Frankfurt a.M., NJW-RR 1989, 63; OLG Hamm, FamRZ 1987, 1056; Zöller-*Vollkommer*, ZPO, § 91a Rn. 19.
153 BGH, NJW 2009, 234, Rn. 4 = MDR 2009, 10.
154 BGH, GRUR 1959, 102f. mit Anm. *Beil*, BGH, NJW 2009, 234 = MDR 2009, 10.
155 BGH, NJW-RR 2001, 1007 (1008) = MDR 2001, 647; BGH, NJW 1998, 2453 (2454) = MDR 1998, 1114; auch BGH, NJW-RR 2007, 411 = MDR 2007, 288.
156 Vgl. neben den zitierten Entscheidungen Saenger-*Gierl*, ZPO, § 91a Rn. 68; MK-*Schulz*, ZPO, § 91a Rn. 111; ferner OLG Nürnberg, MDR 2008, 940 (941), im konkreten Fall verneinend.
157 KG Berlin, MDR 1986, 592 (593); OLG Hamburg, NJW 1960, 2151 (2152); *Gaier*, JZ 2001, 445 (448 f.).

geblich auf die Erfolgsaussichten des Rechtsmittels zum Zeitpunkt der Erledigungserklärungen, ergänzt um das Kriterium der Billigkeit.[158]

72 Im Falle der **einseitigen Rechtsmittelerledigungserklärung des Rechtsmittelführers**[159] – eine solche des Rechtsmittelbeklagten ist nach allgemeinen Grundsätzen nicht statthaft (Rn. 69) – ergibt sich das Prüfungsprogramm aus den dargestellten Maßstäben zur einseitigen Erledigungserklärung in der Hauptsache (vgl. Rn. 44 ff.). Das Rechtsmittelgericht hat zu prüfen, ob sich das Rechtsmittel tatsächlich erledigt hat (z.B. durch eine Urteilsberichtigung nach § 319 ZPO oder zwischenzeitlichen Eintritt der Fälligkeit) und ob es ursprünglich zulässig und begründet war.[160] Über die Verteilung der Kosten des gesamten Verfahrens ist nach §§ 91 ff. ZPO zu entscheiden.

C. Streitwert und Gebühren

73 Auf die Ausführungen unter Rn. 35 ff. (vollumfänglich übereinstimmende Erledigungserklärung), Rn. 42 f. (übereinstimmende Teilerledigungserklärung), Rn. 66 f. (vollumfänglich einseitige Erledigungserklärung des Klägers) und Rn. 68 (einseitige Teilerledigungserklärung des Klägers) wird verwiesen.

§ 92
Kosten bei teilweisem Obsiegen

(1) ¹Wenn jede Partei teils obsiegt, teils unterliegt, so sind die Kosten gegeneinander aufzuheben oder verhältnismäßig zu teilen. ²Sind die Kosten gegeneinander aufgehoben, so fallen die Gerichtskosten jeder Partei zur Hälfte zur Last.

(2) Das Gericht kann der einen Partei die gesamten Prozesskosten auferlegen, wenn

1. die Zuvielforderung der anderen Partei verhältnismäßig geringfügig war und keine oder nur geringfügig höhere Kosten veranlasst hat oder
2. der Betrag der Forderung der anderen Partei von der Festsetzung durch richterliches Ermessen, von der Ermittlung durch Sachverständige oder von einer gegenseitigen Berechnung abhängig war.

Inhalt:

	Rn.		Rn.
A. Allgemeines	1	II. Kostenlast nur einer Partei, Abs. 2	15
B. Erläuterungen	3	1. Geringfügige Zuvielforderung, Abs. 2 Nr. 1	16
I. Kostenaufhebung oder verhältnismäßige Verteilung, Abs. 1	3	2. Abhängigkeit vom richterlichen Ermessen etc., Abs. 2 Nr. 2	19
1. Teilobsiegen und -unterliegen	4	III. Teilrücknahme und andere „Teilerledigungen"	22
2. Kostenaufhebung	7		
3. Kostenteilung	11		

A. Allgemeines

1 Während § 91 ZPO den Fall regelt, dass die gänzlich unterliegende Partei die gesamten Kosten des Rechtsstreits zu tragen hat, trifft § 92 ZPO Regelungen für die Konstellation, dass auf beiden Seiten in Teilen „gewonnen" und „verloren" wurde. Im Grundsatz soll jede Partei die Kosten des Rechtsstreits insoweit tragen, als sie unterlegen ist. Dies entspricht dem Grundsatz der Kostengerechtigkeit und ist letztlich nichts anderes als die konsequente Fortführung des Regelungsgedankens des § 91 ZPO.[1] Allerdings finden sich hiervon in § 92 Abs. 2 ZPO aus Gründen der Kostengerechtigkeit und Vereinfachung Ausnahmen.

2 § 92 ZPO ist auf alle Streitverfahren nach der ZPO anzuwenden, auch auf das Ordnungsmittelverfahren nach § 890 Abs. 1 ZPO.[2] Allerdings finden sich in den §§ 91 ff. ZPO vorrangige Regelungen, etwa in § 93b ZPO. Im Rechtsmittelverfahren sind die §§ 92, 97 ZPO ggfs. ge-

---

158 MK-*Schulz*, ZPO, § 91a Rn. 112.
159 Erklärt der erstinstanzlich unterlegene Beklagte als Rechtsmittelführer die Erledigung der Hauptsache, ist zu prüfen, ob nicht die Erledigung des Rechtsmittels intendiert ist, vgl. Musielak/Voit-*Flockenhaus*, ZPO, § 91a Rn. 10.
160 Vgl. OLG Karlsruhe, OLGR 2002, 56; Prütting/Gehrlein-*Hausherr*, ZPO, § 91a Rn. 69.

Zu § 92:
1 Vgl. Musielak/Voit-*Flockenhaus*, ZPO, § 92 Rn. 1; MK-*Schulz*, ZPO, § 92 Rn. 1.
2 BGH, NJW 2015, 1829, Rn. 9 ff. = WRP 2015, 590.

meinsam anzuwenden. Im Rahmen einer Kostenentscheidung nach § 91a ZPO ist der Rechtsgedanke des § 92 ZPO heranzuziehen.

B. Erläuterungen
I. Kostenaufhebung oder verhältnismäßige Verteilung, Abs. 1
Nach § 92 Abs. 1 Satz 1 ZPO sind die Kosten gegeneinander aufzuheben oder verhältnismäßig zu teilen, wenn jede Partei teils obsiegt, teils unterliegt.

1. Teilobsiegen und -unterliegen
Die Vorschrift setzt voraus, dass es nicht zum vollständigen Obsiegen einer Partei gekommen ist. Ob dies der Fall ist, bestimmt sich nach dem **streitgegenständlichen prozessualen Anspruch**, bei der Stufenklage für jede Stufe gesondert.[3] Unproblematisch liegt ein Teilunterliegen vor, wenn nur ein Teil des eingeklagten (teilbaren) Anspruchs zugesprochen wird oder wenn der Kläger im Falle der objektiven Klagehäufung (§ 260 ZPO) nicht mit sämtlichen Begehren durchdringt. Unerheblich ist dabei, ob es sich um einen Haupt- oder nur um eine (nach § 4 ZPO nicht streitwertrelevante) Nebenforderung handelt.[4] Da aufgrund des Grundsatzes der Kosteneinheit über die Kosten der Klage und der Widerklage nicht getrennt entschieden werden darf, ist auch in diesem Fall häufig § 92 ZPO heranzuziehen, und zwar auch dann, wenn sowohl Klage als auch Widerklage vollständig abgewiesen werden.[5] Obsiegt im Falle der subjektiven Klagehäufung (§§ 59, 60 ZPO) ein Streitgenosse, während der andere unterliegt, ist § 92 ZPO „mindestens entsprechend" anzuwenden.[6] Dringt der Kläger lediglich mit seinem Hilfsantrag durch, liegt ebenfalls ein Teilunterliegen vor, es sei denn, Haupt- und Hilfsantrag stellen sich als wirtschaftlich identisch dar.[7] Bestreitet der Beklagte die Klageforderung, erweist sich dieser aber als begründet und dringt der Kläger nur wegen einer im Prozess erklärten Hilfsaufrechnung nicht (vollständig) mit seinem Begehren durch, sind die Kosten gegeneinander aufzuheben[8] oder zu quoteln.[9]

Die Frage des Teilunterliegens ist stets von der Folgefrage zu trennen, ob sich der nicht vollständige prozessuale Erfolg unter Berücksichtigung des § 92 Abs. 2 ZPO im Ergebnis auch tatsächlich auswirkt. Wird der geltend gemachte Anspruch daher nur in **eingeschränkter Form** zugesprochen (etwa Verurteilung nach Kopfteilen statt als Gesamtschuldner, Verurteilung Zug-um-Zug statt unbedingt, in sonstiger Weise bedingt oder befristet), liegt ein teilweises Unterliegen vor, ebenso wenn dem Kläger ein qualitatives Minus zugesprochen wird, z. B. Freistellung statt Zahlung. Gleichwohl mag es häufig letztlich zu einer vollständigen Kostentragung durch den Beklagten nach § 92 Abs. 2 Nr. 1 ZPO kommen.[10]

Ein Teilunterliegen ist allerdings nicht anzunehmen, wenn dem Mieter im Räumungsprozess eine angemessene Räumungsfrist nach § 721 ZPO bewilligt wird, weil dies am vollständigen Obsiegen des Klägers nichts ändert,[11] oder wenn die Klage wegen einer Primäraufrechnung abgewiesen wird, weil diese zu keiner Erhöhung des Streitwerts führt. Die Kostenentscheidung ergibt sich in diesen Fällen aus § 91 ZPO.

2. Kostenaufhebung
Das Gericht wird die Kosten insbesondere dann gegeneinander aufheben gemäß § 92 Abs. 1 Satz 1 Alt. 1 ZPO, wenn sich das Maß des Unterliegens bzw. Obsiegens auf Kläger- und Beklagtenseite weitgehend identisch darstellt, also bei **etwa der Hälfte** liegt. Maßgeblicher Beurteilungsmaßstab ist im Rahmen der erforderlichen wirtschaftlichen Betrachtungsweise der Gebührenstreitwert (sogleich Rn. 8). Halten das Obsiegen und Unterliegen beider Parteien in etwa die Waage (eine mathematische Genauigkeit ist nicht zu fordern), hat jede Partei ihre eigenen außergerichtlichen Kosten, insbesondere die entstandenen Anwaltskosten, selbst zu tragen. Zudem fallen jeder Partei zur Hälfte die Gerichtskosten zu Last, § 92 Abs. 1 Satz 2 ZPO,

---

3 OLG München, MDR 1990, 636; OLG Hamm, NJW-RR 1995, 959 (960); auch OLG Saarbrücken, FamRZ 2013, 320 ff.; ausführlich *Schneider*, ErbR 2015, 190 f.
4 BGHZ 104, 240 = NJW 1988, 2173 (2175) = WM 1988, 893.
5 BGHZ 19, 172 = NJW 1956, 182 (183) = BB 1956, 398; MK-*Schulz*, ZPO, § 92 Rn. 5.
6 So BGH, NJW 1953, 618 f. = JR 1953, 138.
7 Vgl. Thomas/Putzo-*Hüßtege*, ZPO, § 92 Rn. 2; BeckOK-*Jaspersen/Wache*, ZPO, § 92 Rn. 8.
8 OLG Köln, MDR 1982, 941.
9 BGH, NJW 1985, 1556 (1557) = MDR 1985, 487; OLG Hamm, JurBüro 1984, 42.
10 Siehe etwa OLG Zweibrücken, NJW-RR 2008, 138 (139); OLG Köln, NJW-RR 2008, 763; Zöller-*Herget*, ZPO, § 92 Rn. 3; instruktiv insoweit auch *Hensen*, NJW 1999, 395 ff.
11 Musielak/Voit-*Flockenhaus*, ZPO, § 92 Rn. 2; MK-*Schulz*, ZPO, § 92 Rn. 9; anders verhält es sich, wenn die Verurteilung zu einer späteren Räumung aus materiell-rechtlichen Gründen erfolgt, vgl. BGH, BeckRS 2005, 12341.

also die Gerichtsgebühren und die entstandenen Auslagen. In der Folge findet ein Kostenausgleich zwischen den Parteien allenfalls – anders als bei einer verhältnismäßigen Teilung der Kosten – hinsichtlich vorgeschossener Gerichtskosten statt. Im Falle einer Nebenintervention führt eine Kostenaufhebung dazu, dass auch der Nebenintervenient die außergerichtlichen Kosten seiner Nebenintervention selbst zu tragen hat.[12]

8   Fraglich ist, ob der Anwendungsbereich der Kostenaufhebung auf diejenigen Fälle zu beschränken ist, in denen jede Partei etwa gleich hohe außergerichtliche Kosten hat. Denn sind den Parteien in **spürbar unterschiedlicher Höhe Kosten** entstanden (insbesondere, weil im Amtsgerichtsprozess davon abgesehen wurde, einen Anwalt zu beauftragen), profitiert die Partei mit den geringeren Kosten von einer Kostenaufhebung. Nach deutlich überwiegender Auffassung ist es gleichwohl geboten, die Kosten gegeneinander aufzuheben, da nur so der kostensparend prozessierenden Partei ihr verdienter Vorteil erhalten werden könne.[13] Auch wenn dies im Ergebnis überzeugend erscheint, ist nicht zu verkennen, dass diese Ansicht den – systematisch kaum auflösbaren – Widerspruch zur Folge haben kann, dass eine anwaltlich nicht vertretene Partei im Falle eines deutlich höheren Obsiegens (und entsprechender Kostenquotelung) mehr Kosten zu tragen hätte als bei einem bloß hälftigen Obsiegen und einer Kostenaufhebung.[14]

9   Wegen des Grundsatzes der Kosteneinheit ist es nicht statthaft, die Kosten nach einzelnen Streitgegenständen oder Verfahrensabschnitten[15] aufzuteilen. Entsprechend verbietet sich im Grundsatz eine Kostentrennung nach Instanzen; das Endergebnis ist für die Kostenverteilung in allen Rechtszügen gleichermaßen maßgebend.[16] In der Praxis hat es sich allerdings durchgesetzt, über die Kosten der einzelnen Instanzen (doch) getrennt zu entscheiden, wenn es zu einer **Streitwertänderung** gekommen ist.

10 Der **Tenor** der Kostengrundentscheidung lautet im Falle der Kostenaufhebung schlicht:
    Die Kosten des Rechtsstreits werden gegeneinander aufgehoben.

3. Kostenteilung

11 Einer verhältnismäßigen Teilung der Kosten nach § 92 Abs. 1 Satz 1 Alt. 2 ZPO ist gegenüber der Kostenaufhebung der Vorzug zu geben, wenn das Unterliegen einer Partei überwiegt. Ob die Quotelung in der Kostengrundentscheidung in Form von Bruchteilen oder Prozentsätzen erfolgt, ist irrelevant und wird in der Praxis unterschiedlich gehandhabt. Es ist auch möglich (aber unüblich), der überwiegend unterlegenen Partei einen festgelegten Betrag aufzulegen und der anderen Partei den unbezifferten Restbetrag.[17]

12 Maßstab der verhältnismäßigen Teilung ist der **Gesamtgebührenstreitwert**. Er bildet die wesentliche Bemessungsgrundlage für die Kosten des Rechtsstreits, mit ihm kann der Anteil der Kostenverursachung durch jede Partei am gerechtesten erfasst werden.[18] Auf beiden Seiten ist zu prüfen, in welchem Umfang die jeweilige Partei mit ihren Anträgen durchgedrungen ist bzw. abgewiesen wurde. Diese müssen sich nicht unbedingt in dem Streitwert niedergeschlagen haben; maßgeblich ist insoweit vielmehr eine wirtschaftliche Betrachtungsweise. Entsprechend können für den Streitwert irrelevante Forderungen bei der Verteilung der Kosten berücksichtigt werden, also etwa der Misserfolg hinsichtlich der als Nebenforderung geltend gemachten Anwaltskosten oder das weitgehende Unterliegen hinsichtlich der eingeklagten Zinsen. Beruht die Abweisung des Nebenanspruchs auf einer eigenständigen Begründung (stellt sie sich also nicht nur als notwendige Folge der Klageabweisung hinsichtlich der Hauptforderung dar),[19] ist daher ein **fiktiver Gesamtgebührenstreitwert** zu bilden, also etwa die geltend gemachten Zinsen zu beziffern und mit dem Hauptsachestreitwert zu addieren; aus diesem Wert ist dann die Kostenquote zu errechnen.[20]

13 Dem Gericht bleibt es unbenommen, bei der Verteilung der Kosten anhand der jeweiligen Unterliegensquote **prozessbezogene Besonderheiten** – soweit diese sich kostenmäßig ausgewirkt haben – wertend zu berücksichtigen. Ggfs. kann der Grundsatz der Kosteneinheit hier auch

---

12 BeckOK-*Jaspersen/Wache*, ZPO, § 92 Rn. 5.
13 LG Berlin, Rpfleger 1992, 175; Prütting/Gehrlein-*Schneider*, ZPO, § 92 Rn. 5; Zöller-*Herget*, ZPO, § 92 Rn. 1; *Fischer*, DRiZ 1993, 317; *Schneider*, Rpfleger 1985, 374.
14 Vgl. erstmals LG Hamburg, MDR 1985, 770; zuletzt ausführlich *Gemmer*, NJW 2012, 3479 ff.; differenzierend Baumbach/Lauterbach/Albers/Hartmann, ZPO, § 92 Rn. 42.
15 Zur Stufenklage OLG Hamm, JurBüro 1986, 106.
16 BGH, NJW 1957, 543 = DB 1957, 185.
17 Vgl. Prütting/Gehrlein-*Schneider*, ZPO, § 92 Rn. 4.
18 Wieczorek/Schütze-*Smid/Hartmann*, ZPO, § 92 Rn. 5.
19 Ausführlich OLG Saarbrücken, NJW-RR 2007, 426 f.
20 Vgl. BeckOK-*Jaspersen/Wache*, ZPO, § 92 Rn. 6 und Rn. 26, auch zur Frage, welcher Zeitraum für den Zinsanspruch bei der Berechnung des fiktiven Streitwerts zugrunde zu legen ist.

durchbrochen werden. So können bei einer Beweisaufnahme zu einem Anspruchsteil mit Teilerfolg die Beweiskosten selbstständig ausgequotet werden, und zwar abweichend von der Quote des Ausgangs des Hauptsacheverfahrens.[21] Werden sowohl Klage als auch Widerklage abgewiesen (oder zurückgenommen), sind Beweisaufnahmekosten aber lediglich in Bezug auf eine Klage entstanden, gebietet es der Grundsatz der Kostengerechtigkeit (und der in § 96 ZPO zum Ausdruck kommende Rechtsgedanke) in gleicher Weise, nur die insoweit unterlegene Partei mit den Kosten zu belasten.[22]

Der **Tenor** lautet im Falle der Kostenteilung z.B.: 14

Von den Kosten des Rechtsstreits trägt der Kläger 60 % (oder: 3/5), der Beklagte 40 % (oder: 2/5).

II. Kostenlast nur einer Partei, Abs. 2

Nach § 92 Abs. 2 ZPO „kann" das Gericht einer Partei trotz ihres nicht vollständigen Unterliegens die gesamten Prozesskosten unter bestimmten Voraussetzungen auferlegen. Es handelt sich um eine **Ermessensvorschrift**, von der pflichtgemäß Gebrauch zu machen ist. Sieht das Gericht hiervon ab, führt § 99 Abs. 1 ZPO häufig dazu, dass eine Überprüfung durch die nächste Instanz nicht erfolgt. § 92 Abs. 2 ZPO findet auch in der Rechtsmittelinstanz, ggfs. in Verbindung § 97 Abs. 1 ZPO, Anwendung.[23] 15

1. Geringfügige Zuvielforderung, Abs. 2 Nr. 1

§ 92 Abs. 2 Nr. 1 ZPO setzt kumulativ die Geringfügigkeit der Zuvielforderung der weit überwiegend obsiegenden Partei sowie das hierdurch bedingte Entstehen allenfalls geringfügig höherer (besonderer) Kosten voraus. Auch wenn feste Sätze stets mit Vorsicht zu behandeln sind, wird allgemein angenommen, dass die **Grenze** für eine verhältnismäßig geringfügige Mehrforderung **bei 10 % des Gebührenstreitwerts** anzusetzen ist,[24] und zwar auch dann, wenn sich die Mehrforderung auf einen nicht streitwerterhöhenden Nebenanspruch bezieht. 16

Aufgrund der geringfügigen Zuvielforderung können besondere Kosten etwa durch einen **Gebührensprung** (nie möglich bei einer unselbstständigen Nebenforderung) oder durch eine **Beweisaufnahme** entstanden sein. Ob Geringfügigkeit anzunehmen ist oder nicht, lässt sich nur im Wege einer Vergleichsbetrachtung feststellen: Zu prüfen ist, welche Kosten nicht angefallen wären, wenn der Kläger die Zuvielforderung erst gar nicht eingeklagt hätte. Die Geringfügigkeitsgrenze ist regelmäßig (auch hier) nicht überschritten, wenn die Mehrkosten nicht mehr als 10 % der ohnehin entstandenen Kosten betragen.[25] Abhängig von den Besonderheiten des Einzelfalls bleibt es dem Gericht unbenommen, im Rahmen der Ermessensausübung unter Berücksichtigung etwa des Prozessverlaufs auch bei Mehrkosten von weniger als 10 % von einer vollständigen Kostenauferlegung abzusehen. Aus anwaltlicher Vorsicht mag es sich im Einzelfall anbieten, zur Vermeidung des Entstehens von Mehrkosten (mit der Folge einer entsprechenden Kostentragung im Fall eines Teilunterliegens) bei vernachlässigbarer Überschreitung der nächsten Wertstufe die Klageforderung nur entsprechend gekürzt geltend zu machen.[26] 17

Eine „Zuvielforderung" kann nicht nur der Kläger im Prozess verfolgt haben; die Regelung gilt in gleicher Weise (bei engem Begriffsverständnis eben analog), wenn der Beklagte nur in geringfügigem Umfang verurteilt und die Klage im Übrigen abgewiesen wird.[27] 18

2. Abhängigkeit vom richterlichen Ermessen etc., Abs. 2 Nr. 2

Unabhängig von den Voraussetzungen der Nr. 1 können einer Partei die gesamten Kosten des Prozesses auferlegt werden, wenn die Höhe der vom Gegner geltend gemachten Forderung von der Festsetzung durch richterliches Ermessen, von der Ermittlung durch einen Sachverständigen oder von einer gegenseitigen Berechnung abhängig war, § 92 Abs. 2 Nr. 2 ZPO. In der Praxis wird die Regelung nicht selten übersehen. Typischer Anwendungsfall der Abhängigkeit von richterlichem Ermessen ist – neben den Fällen des § 287 ZPO – die Geltendmachung eines unbezifferten Klageantrags,[28] namentlich auf Zahlung von Schmerzensgeld nach 19

---

21 OLG Hamm, NJW-RR 2008, 950 (952); MK-*Schulz*, ZPO, § 92 Rn. 12.
22 OLG Stuttgart, MDR 2006, 1317 f.
23 Zu § 92 Abs. 2 Nr. 1 ZPO: BGH, NJW 2005, 680 (681) = FamRZ 2005, 606.
24 Etwa Saenger-*Gierl*, ZPO, § 92 Rn. 15; Musielak/Voit-*Flockenhaus*, ZPO, § 92 Rn. 6; MK-*Schulz*, ZPO, § 92 Rn. 19: „Faustregel"; kritisch BeckOK-*Jaspersen/Wache*, ZPO, § 92 Rn. 32.
25 Saenger-*Gierl*, ZPO, § 92 Rn. 15; MK-*Schulz*, ZPO, § 92 Rn. 21.
26 Siehe Zöller-*Herget*, ZPO, § 92 Rn. 11.
27 Allg. Ansicht; vgl. schon RGZ 142, 83 (84).
28 Ausführlich *Gerstenberg*, NJW 1988, 1352; *Husmann*, NJW 1989, 3126; *Butzer*, MDR 1992, 539.

§ 253 Abs. 2 BGB,[29] ferner etwa die in den §§ 315, 319, 655, 2048 BGB geregelten Konstellationen. Nach herrschender Auffassung ist allerdings bei Schmerzensgeldklagen zu differenzieren: Gibt der Kläger hinsichtlich seines unbezifferten Anspruchs nur unverbindlich eine **ungefähre Größenordnung** an und stellt er die genaue Höhe in das richterliche Ermessen, greift § 92 Abs. 2 Nr. 2 ZPO, wenn sich der Betrag in angemessenen Grenzen hält, der ausgeurteilte Betrag also nicht mehr als ca. 20%–30% von dem mitgeteilten Richtwert nach unten abweicht.[30] Ergänzend zu dieser rechnerischen Betrachtung sind sämtliche Umstände, die für das Zustandekommen des Urteils von Einfluss gewesen sind, zu berücksichtigen, insbesondere auch die Schwierigkeiten der Schmerzensgeldbemessung im konkreten Fall und der Einfluss des Vorbringens beider Parteien.[31] Fordert der Kläger hingegen einen **bestimmten Betrag** oder einen **Mindestbetrag**, scheidet eine vollständige Kostentragung durch den Beklagten aus, wenn das Gericht hinter dem Betrag zurückbleibt (es sei denn, die Voraussetzungen des § 92 Abs. 2 Nr. 1 ZPO sind erfüllt).[32]

20 Die Forderungshöhe ist von sachverständiger Ermittlung insbesondere dann abhängig nach Alt. 2, wenn **allein das Gutachten** eines Sachverständigen die Unsicherheit über den Betrag beseitigen kann. Dies kann etwa bei der Geltendmachung eines im Wege der Lizenzanalogie geschätzten Schadensersatzanspruchs bei der Verletzung von gewerblichen Schutzrechten oder Persönlichkeitsrechten,[33] bei Kostenvorschussansprüchen oder auch bei der Reparaturkostenklage[34] der Fall sein. Wichtig ist, dass sich die sachverständige Begutachtung tatsächlich auf die **Betragshöhe** und nicht auf den Grund der Forderung bezieht.[35] Ob hier ebenfalls eine Grenze von 20% anzunehmen ist, wird unterschiedlich beurteilt;[36] verbreitet findet sich auch die Auffassung, dass maßgeblich allein ist, ob das ursprünglich Eingeklagte auf einem – ex ante betrachtet – verständlichen und nachvollziehbaren Schätzfehler beruht oder nicht.[37]

21 Eine Abhängigkeit der Forderung von einer gegenseitigen Berechnung ist schließlich vor allem anzunehmen, wenn der Kläger im Falle der Primär- oder Hilfsaufrechnung unverschuldet die Höhe der Gegenforderung des Beklagten nicht kannte und ihm hinsichtlich seiner Unkenntnis auch kein Vorwurf zu machen ist. Als „gegenseitige Berechnung" lässt sich auch der Fall erfassen, dass der Beklagte sich im Bauprozess erstmals auf Sowieso-Kosten beruft.[38]

III. Teilrücknahme und andere „Teilerledigungen"

22 Spezifische Probleme von erheblicher Praxisrelevanz[39] ergeben sich bei der Kostengrundentscheidung, wenn seine Klage – insbesondere vor Anfall der Terminsgebühr – **teilweise zurücknimmt** oder **zum Teil für erledigt** erklärt und im Übrigen (ggf. auch nur teilweise) obsiegt. Die gleichen Schwierigkeiten ergeben sich bei **Teilanerkenntnis** des Beklagten und Klageabweisung – oder Teilrücknahme[40] – im Übrigen. Fest steht, dass in diesen Fällen eine Aussonderung der Kosten des „vorab erledigten" Teils wegen des Grundsatzes der Kosteneinheit nicht in Betracht kommt, vielmehr über sämtliche Kosten einheitlich zu entscheiden und eine Kostenquote zu bilden ist.

23 Wie diese Quote konkret zu berechnen ist, ist umstritten.[41] Nach der sog. **Quotenmethode**, die die Teilrücknahme etc. einem Teilunterliegen gemäß § 92 Abs. 1 ZPO gleichsetzt, sind die tatsächlich entstandenen Gesamtkosten mit den Kosten, die in den einzelnen Verfahrensabschnitten zu Lasten der unterlegenen Partei entstanden sind, ins Verhältnis zu setzen. Nach der sog. **Mehrkostenmethode** wird die Kostenquote hingegen dadurch ermittelt, dass die Mehrkosten, die auf den zurückgenommenen Teil entfallen, errechnet und diese in das Verhältnis zu den tatsächlich entstandenen Kosten gesetzt werden.[42]

---

29 Näher *Mertins*, VersR 2006, 47.
30 Vgl. OLG Koblenz, VersR 1990, 402; OLG Düsseldorf, NJW-RR 1995, 955; OLG Köln, VersR 1995, 358; MK-*Schulz*, ZPO, § 92 Rn. 23.
31 OLG Frankfurt a.M., MDR 2011, 65 (66); BeckOK-*Jaspersen/Wache*, ZPO, § 92 Rn. 36.
32 Siehe BGH, VersR 1965, 48 (49) = JurBüro 1965, 371; *Steinel*, VersR 1992, 425 (426); Stein/Jonas-*Bork*, ZPO, § 92 Rn. 13.
33 Vgl. OLG Frankfurt a.M., NJW-RR 1989, 1007 (1009).
34 Siehe BGH, NJW 2008, 214 (215), Rn. 19 mit Anm. *Bruns* = VersR 2008, 361.
35 Vgl. LG Nürnberg-Fürth, RuS 2008, 264: unfallkausale Invalidität steht nicht in Frage, wohl aber deren Umfang.
36 Dafür MK-*Schulz*, ZPO, § 92 Rn. 24; Saenger-*Gierl*, ZPO, § 92 Rn. 19.
37 LG Nürnberg-Fürth, RuS 2008, 264; *Gerstenberg*, NJW 1988, 1352 (1357); Musielak/Voit-*Flockenhaus*, ZPO, § 92 Rn. 7f.
38 Vgl. *Gartz*, BauR 2011, 21 (25f.).
39 Instruktiv *Fischinger*, JA 2009, 49f.
40 So bei OLG Schleswig, MDR 2008, 353.
41 Ausführlich etwa *Liebheit*, AnwBl. 2000, 73ff.
42 Vergleichende Rechenbeispiele etwa bei *Fischinger*, JA 2009, 49f.

Der BGH hat sich für den Fall der **teilweisen Erledigung der Hauptsache** wiederholt für die Anwendung der Mehrkostenmethode ausgesprochen.[43] Demgegenüber gilt bei **Teilrücknahme der Klage** nach der Rspr. des BGH § 269 Abs. 3 Satz 2 ZPO mit der Maßgabe, dass die Regelung des § 92 ZPO entsprechend heranzuziehen ist, die Kosten also nach Quoten zu verteilen sind (wobei § 92 Abs. 2 ZPO auch hier gilt).[44] In der jüngeren obergerichtlichen Rspr. wird vermehrt und ganz überwiegend auf die Mehrkostenmethode zurückgegriffen.[45] Dies erscheint zutreffend, weil über den zurückgenommenen Teil keine der Rechtskraft fähige Entscheidung ergeht und die teilweise Rücknahme deshalb auch nicht mit einem Teilunterliegen gleichgesetzt werden kann.[46] Die Kostenquote nach der Mehrkostenmethode zu ermitteln ist auch vorzugswürdig in der Konstellation, dass eines von mehreren wechselseitig eingelegten Rechtsmitteln zurückgenommen wird[47] oder es zur teilweisen Rücknahme eines Rechtsmittels kommt,[48] § 516 Abs. 3 ZPO.

24

§ 93
Kosten bei sofortigem Anerkenntnis

Hat der Beklagte nicht durch sein Verhalten zur Erhebung der Klage Veranlassung gegeben, so fallen dem Kläger die Prozesskosten zur Last, wenn der Beklagte den Anspruch sofort anerkennt.

Inhalt:

	Rn.		Rn.
A. Allgemeines	1	II. Anerkenntnis durch den Beklagten ..	23
B. Erläuterungen	4	III. Sofortigkeit des Anerkenntnisses	28
I. Keine Klageveranlassung durch den Beklagten	4	**C. Rechtsfolge und Anfechtbarkeit**	38

A. Allgemeines

§ 93 ZPO enthält eine Ausnahme von der allgemeinen Regelung, dass grundsätzlich der Unterlegene die Kosten zu tragen hat, § 91 Abs. 1 ZPO. Die Vorschrift stellt eine **kostenrechtliche Schutzvorschrift** zugunsten desjenigen Beklagten dar, der **leistungsbereit** ist und dies auch sogleich im Streitverfahren zu erkennen gibt. Durch die Sanktionierung der Klagepartei soll ihn die Vorschrift vor übereilten Klagen schützen und zugleich zur Vermeidung unnötiger Prozesse beitragen.[1] Da es sich bei § 93 ZPO um eine Ausnahmevorschrift handelt, ist grundsätzlich eine enge Auslegung der tatbestandlichen Voraussetzungen angezeigt.[2]

1

§ 93 ZPO findet grundsätzlich auf sämtliche Verfahren nach der ZPO Anwendung, also sowohl auf Leistungs-, Feststellungs- und Gestaltungsklagen als auch auf Klagen nach §§ 257, 259, 767, 771, 878 ZPO (in allen Fällen auch als Wider- oder Drittwiderklage). Im **Arrest- und einstweiligen Verfügungsverfahren** (auch im Aufhebungsverfahren nach §§ 927, 936 ZPO) ist die Vorschrift ebenfalls anwendbar.[3] Für die Aufnahme bestimmter Passivprozesse enthält § 86 Abs. 2 InsO eine Sonderregelung.

2

Zu verneinen ist dagegen die Anwendbarkeit in sämtlichen Verfahren, in denen der Streitgegenstand der Parteiherrschaft entzogen ist und der Ermittlungsgrundsatz herrscht (also etwa im Insolvenzverfahren), ferner im Mahn-, Kostenfestsetzungs- und Zwangsvollstreckungsver-

3

---

43 BGH, NJW-RR 1988, 1465 = WM 1988, 1683; BGH, NJW-RR 1993, 765 (766) = VersR 1993, 625; BGH, NJW-RR 1996, 1210 = WM 1996, 1563. Ebenso etwa OLG Hamm, NJOZ 2014, 1076.
44 BGH, NJW-RR 1996, 256. Ebenso z.B. OLG München, OLGR 2005, 779 (780); Zöller-*Herget*, ZPO, § 92 Rn. 3; MK-*Schulz*, ZPO, § 92 Rn. 10; *Liebheit*, AnwBl 2000, 73 (79 f.).
45 Siehe z.B. OLG Frankfurt, BeckRS 2016, 17169105, Rn. 98; OLG Köln, BeckRS 2014, 10869; OLG Brandenburg, FamRZ 2009, 1699
46 Vgl. OLG Schleswig, MDR 2008, 353; zustimmend z.B. *Büßer*, JA 2016, 287 (289 f.); kritisch hingegen *Breidenstein*, JA 2011, 771 (778) unter Hinweis auf ungerechte Ergebnisse wegen des Prinzips der Gebührendegression.
47 Siehe OLG Naumburg, AGS 2015, 94.
48 OLG Köln, DStRE 2015, 1338 (1341).

Zu § 93:
1 BGHZ 168, 57 = NJW 2006, 2490 (2491), Rn. 19 = VersR 2006, 1380; OLG Karlsruhe, MDR 2012, 460; Baumbach/Lauterbach/Albers/Hartmann, ZPO, § 93 Rn. 4; ausführlich *Vossler*, NJW 2006, 1034 ff.
2 OLG Karlsruhe, MDR 2012, 460.
3 OLG Düsseldorf, NJOZ 2012, 1500; Thomas/Putzo-*Hüßtege*, ZPO, § 93 Rn. 2.

fahren.⁴ Verzichtet der Kläger auf den geltend gemachten Anspruch (§ 306 ZPO), ist § 93 ZPO nach wohl überwiegender Auffassung weder direkt noch analog anwendbar.⁵

B. Erläuterungen
I. Keine Klageveranlassung durch den Beklagten

4 Der Beklagte darf zur Klage keine Veranlassung gegeben haben. Veranlassung hat er jedoch gegeben, wenn er ein Verhalten an den Tag gelegt hat, das **vernünftigerweise den Schluss auf die Notwendigkeit eines Prozesses rechtfertigt**,⁶ für den Kläger also hinreichender Grund für die Überzeugung oder Vermutung besteht, er werde ohne Inanspruchnahme der Gerichte nicht zu seinem Recht kommen.⁷ Dieser Schluss ist etwa gerechtfertigt, wenn der Beklagte eine fällige Leistung trotz Aufforderung nicht erbringt.⁸ Ob dem Beklagten hinsichtlich des Klageanlasses ein Verschulden anzulasten ist, ist ohne Belang.⁹ Für die Prüfung der Frage der Klageveranlassung ist maßgeblich das Verhalten des Beklagten **vor** dem Prozess in den Blick zu nehmen, zu dessen Beurteilung allerdings auch – ergänzend – das Verhalten des Beklagten nach Klageerhebung herangezogen werden kann.¹⁰ Die Auffassung, ein Anlass zur Klageerhebung könne auch "nachwachsen", also erst später rückwirkend eintreten, hat der BGH verworfen.¹¹ Im Schrifttum wird allerdings weiterhin vertreten, der Klageanlass könne sich auch allein aus dem Verhalten des Beklagten nach Zustellung der Klage und bis zur Entscheidungsreife ergeben.¹² Erkennt der Beklagte den geltend gemachten Anspruch zwar vorprozessual mündlich an, erfüllt er diesen aber nicht ansatzweise und verschafft er dem Gläubiger auch keinen vollstreckbaren Titel, gibt er Anlass zur Klage.¹³

5 Eine Veranlassung hat der Beklagte im Übrigen nicht gegeben, wenn er sich vorgerichtlich gegen einen **unschlüssig** begründeten Anspruch wendet.¹⁴ Ob der Beklagte Klageanlass gibt, wenn und soweit die Klage nicht schlüssig ist, wird unterschiedlich beurteilt.¹⁵

6 Steht der Klageforderung ein Zurückbehaltungsrecht entgegen, lässt die Erklärung der Leistungsbereitschaft bei Erfüllung des Anspruchs, auf welchen das geltend gemachte Zurückbehaltungsrecht gestützt wird, die Veranlassung zur Klageerhebung entfallen.¹⁶

7 Strittig ist, ob der Schuldner eines **Rückgewähranspruchs nach dem AnfG** vor Klageerhebung zur Vermeidung der Kostenlast zur freiwilligen Erfüllung aufgefordert werden muss oder ob er allein durch die Vornahme des anfechtbaren Geschäfts Anlass zur Klageerhebung gegeben hat.¹⁷ Maßgeblich muss in jedem Einzelfall sein, ob durch eine vorherige Aufforderung an den Anfechtungsgegner der Zweck der Anfechtung vereitelt werden könnte. Dies ist regelmäßig bei einer vorsätzlichen Benachteiligung nach § 3 AnfG zu befürchten.¹⁸

8 Ein Grundstückseigentümer gibt dann keine Veranlassung zu einer **Klage auf Duldung der Zwangsvollstreckung aus einem Grundpfandrecht** (§ 1147 BGB), wenn der Gläubiger ihn zu-

---

4 Siehe näher Musielak/Voit-*Flockenhaus*, ZPO, § 93 Rn. 1; Baumbach/Lauterbach/Albers/Hartmann, ZPO, § 93 Rn. 5 ff.
5 Vgl. OLG Koblenz, NJW-RR 1986, 1443; Prütting/Gehrlein-*Schneider*, ZPO, § 93 Rn. 6; Baumbach/Lauterbach/Albers/Hartmann, ZPO, § 93 Rn. 8; anders OLG Schleswig, NJW 2013, 2765 (2766); OLG Frankfurt a.M., NJW-RR 1994, 62; ausführlich *Foerste*, Zur Notwendigkeit reziproker Anwendung des § 93 ZPO, FS Stürner, S. 280 ff.
6 BGH, NJW-RR 2005, 1005 (1006) = MDR 2005, 1068; BGH, NJW 1979, 2040 (2041) = WM 1979, 884.
7 BGH, NJW 2016, 572 (574), Rn. 19 = FamRZ 2016, 303; BGH, NJW-RR 2004, 999 = FamRZ 2004, 102.
8 BGH, NJW 1979, 2040 (2041) = WM 1979, 884.
9 OLG Stuttgart, NJW-RR 2012, 763; OLG Köln, NJW-RR 1994, 767.
10 BGH, NJW-RR 2005, 1005 (1006) = MDR 2005, 1068; BGH, NJW 1979, 2040 (2041) = WM 1979, 884.
11 BGH, NJW 1979, 2040 (2041) = WM 1979, 884 m.w.N. zur Gegenauffassung.
12 Etwa Baumbach/Lauterbach/Albers/Hartmann, ZPO, § 93 Rn. 30; wohl auch Zöller-*Herget*, ZPO, § 93 Rn. 3.
13 OLG Hamm, NJW-RR 2013, 767.
14 OLG Hamm, FamRZ 2006, 1770; OLG Karlsruhe, FamRZ 2012, 1967.
15 Für Klageanlass etwa OLG Stuttgart, FamRZ 2007, 1346; OLG Düsseldorf, MDR 1999, 1349; OLG Hamburg, WRP 1996, 442; OLG Hamm, JurBüro 1990, 915; dagegen: OLG Köln, MDR 2000, 910; OLG Hamm, FamRZ 2006, 890; OLG Naumburg, FamRZ 2003, 1576; OLG Karlsruhe, FamRZ 2012, 1967; ausführlich *Looft*, JurBüro 2008, 65 ff.
16 BGH, NJW-RR 2005, 1005 (1006) = MDR 2005, 1068.
17 Vgl. einerseits OLG Hamm, NJW-RR 2008, 1724 (1725) m.w.N. und andererseits OLG Brandenburg, OLGR 2009, 590; OLG Saarbrücken, NJW-RR 2000, 1667 (1668).
18 Richtig OLG Düsseldorf, ZIP 2015, 889 (890 f.).

vor nicht aufgefordert hat, sich in einer vollstreckbaren Urkunde der sofortigen Zwangsvollstreckung zu unterwerfen (§ 794 Abs. 1 Nr. 5 ZPO).[19]

Die Klageveranlassung durch einen **Rechtsvorgänger** oder **rechtsgeschäftlichen oder gesetzlichen Vertreter** muss sich der anerkennende Rechtsnachfolger/Vertretene zurechnen lassen.[20] Auf der anderen Seite kann der Beklagte von dem (behaupteten) Erben auf Klägerseite einen Nachweis seiner Erbenstellung verlangen.[21]

Zu einer **negativen Feststellungsklage** (außerhalb des Gewerblichen Rechtsschutzes und Wettbewerbsrechts) hat der Beklagte Anlass gegeben, wenn er sich einer Rechtsposition berühmt hat und hiervon auch nicht Abstand genommen hat.[22] Im Falle einer negativen Drittwiderfeststellungsklage gegen den Zedenten der Klageforderung gilt dasselbe; hier ist die Berühmung in der Zession an den Kläger zu sehen.[23]

Hat der Beklagte im vorangegangenen **Mahnverfahren** gegen den Mahnbescheid (unbeschränkt) Widerspruch (§ 694 ZPO) oder gegen den erlassenen Vollstreckungsbescheid Einspruch (§ 700 ZPO) eingelegt, hat er hiermit nach h.M. Klageveranlassung gegeben. Denn für den Kläger wird durch den unbeschränkten Widerspruch der Eindruck erweckt, der Beklagte werde die geltend gemachte Forderung weder in der Hauptsache (einschließlich der geltend gemachten Nebenforderungen) noch hinsichtlich der Kosten begleichen.[24] Anders verhält es sich, wenn der Beklagte dem Widerspruch auf die Kosten beschränkt; in diesem Fall ist die Kostenfolge des § 93 ZPO nach allgemeiner Auffassung nicht ausgeschlossen.[25] Mit Blick auf den Grundsatz der Kostengerechtigkeit kann auch berücksichtigt werden, dass der Beklagte zur Überprüfung des Anspruchs unverschuldet nicht in der Lage war, etwa weil sich aus dem Mahnbescheid nicht entnehmen lässt, aus welchen Einzelpositionen sich die Forderung zusammen setzt.[26]

Im **Räumungsprozess** ist zunächst die vorrangige Regelung in § 93b ZPO zu beachten, die allerdings nur einen beschränkten Anwendungsbereich aufweist. Im Übrigen hat der Mieter in der Regel Veranlassung zur Erhebung der Räumungsklage gegeben, wenn er zuvor deutlich gemacht hat, dass er seiner (sofortigen) Pflicht zur Räumung und Herausgabe nach (fristloser) Kündigung nicht nachkommen will.[27] Anlass wurde hingegen nicht gegeben, wenn der Mieter die Kündigung erst mit oder nach Zustellung der Klage erhalten hat und wenn ihn der Vermieter zuvor weder zur Räumung aufgefordert noch ihm einen Räumungsprozess angekündigt hat.[28]

Grundsätzlich hat ein Schuldner eine fällige Leistung sogleich zu erbringen, um nicht Anlass zur Klage zu geben. Im **Schadensersatzprozess** – hier ist der Anspruch sofort nach Schadensentstehung fällig, § 271 BGB – haben sich indes abweichende Grundsätze herausgebildet. Hier gilt prinzipiell, dass der Beklagte keinen Klageanlass gegeben hat, wenn ihm der Geschädigte nicht eine ausreichende Zeit zur Überprüfung der Forderung gegeben hat. Denn häufig ist es dem Schädiger faktisch nicht möglich und nach Treu und Glauben auch nicht zumutbar, Art und Umfang des Schadens im erforderlichen Maß zu bestimmen und zu beziffern.[29]

Praxisrelevant ist der vorstehende Grundsatz insbesondere im Prozess gegen den **Haftpflichtversicherer** des Schädigers. Diesem muss die Möglichkeit eingeräumt werden, bei ordnungsgemäßer Behandlung das Regulierungsbegehren abschließend beurteilen zu können. Ent-

---

19 OLG Karlsruhe, OLGZ 1987, 250; OLG München, MDR 1984, 674; OLG Oldenburg, BB 1984, 2026; OLG Hamm, MDR 1999, 956; Zöller-*Herget*, ZPO, § 93 Rn. 6 – „Duldungsklage".
20 Vgl. Zöller-*Herget*, ZPO, § 93 Rn. 3 sowie Rn. 6 – „Erbe" und „Rechtsvorgänger"; Baumbach/Lauterbach/Albers/Hartmann, ZPO, § 93 Rn. 38 – „Erbe".
21 OLG Hamburg, OLGR 2003, 101; KG Berlin, MDR 2009, 523.
22 Prütting/Gehrlein-*Schneider*, ZPO, § 93 Rn. 4; Baumbach/Lauterbach/Albers/Hartmann, ZPO, § 93 Rn. 41 – „Erbe".
23 Vgl. OLG Dresden, VersR 2014, 724 mit Anm. *Lehmann*; OLG Celle, OLGR 2009, 879; enger OLG Celle, BauR 2015, 1546 (nur, wenn der Zedent vorgerichtlich selbst den Anspruch geltend gemacht hat).
24 OLG Schleswig, MDR 2006, 228; OLG Koblenz, JurBüro 1995, 323; OLG Hamm, DB 1988, 959; OLG Frankfurt a.M., MDR 1984, 149f.; *Sonnentag*, MDR 2006, 188ff.; anders etwa KG Berlin, MDR 1980, 942; *Fischer*, MDR 2001, 1338; Stein/Jonas-*Bork*, ZPO, § 93 Rn. 9. Offen gelassen von BGH, BeckRS 2009, 10089, Rn. 5f.
25 OLG Naumburg, NJOZ 2011, 1937 (1939f.); Zöller-*Herget*, ZPO, § 93 Rn. 6 – „Mahnverfahren".
26 BGH, BeckRS 2009, 10089, Rn. 5ff.
27 OLG Frankfurt a.M., OLGR 1996, 203; LG Berlin, ZMR 2015, 305.
28 Baumbach/Lauterbach/Albers/Hartmann, ZPO, § 93 Rn. 52 m.w.N.
29 *Leuschner*, AcP 207 (2007), 67; OLG Köln, VersR 1988, 1165; Baumbach/Lauterbach/Albers/Hartmann, ZPO, § 93 Rn. 53 m.w.N.

sprechend ist anerkannt, dass bei durchschnittlichen Verkehrsunfallsachen dem Haftpflichtversicherer ein Prüfungszeitraum von 4 bis 6 Wochen zuzubilligen ist. Solange muss der Geschädigte also mit seiner Klage abwarten, um nicht die Kostenfolge des § 93 ZPO zu riskieren.[30] Auch diese Bearbeitungsfrist ist allerdings nicht starr, es hängt vom Einzelfall ab, welche Regulierungsfrist angemessen ist. Hat der Versicherer nach Ablauf der sechs Wochen die Ermittlungsakten noch nicht zur Einsicht erhalten, rechtfertigt diese keine Verlängerung der Frist.[31] Handelt es sich um einen Unfall mit Auslandsbezug, wird man die Bearbeitungsfrist regelmäßig angemessen verlängern müssen.[32]

15 Wird die Zwangsvollstreckung aus einem Titel betrieben, ist fraglich, ob der Schuldner vor Erhebung der **Vollstreckungsabwehrklage nach § 767 ZPO** gegenüber dem Gläubiger Einwände gegen die Vollstreckung vorbringen und diesem Gelegenheit geben muss, den Vollstreckungsauftrag zurückzunehmen.[33] In der Regel wird man dem Schuldner dies angesichts des *ultima ratio*-Charakters der Zwangsvollstreckung nicht auferlegen können. Ist der Gläubiger aber lediglich im Besitz des vollstreckbaren Titels und deutet nichts darauf hin, dass es zur Vollstreckung kommen wird, hat er keinen Anlass zur Klage gegeben. Das gilt erst recht, wenn eine vergleichsweise Lösung von ihm in Aussicht gestellt wird.[34]

16 Bei einer **Drittwiderspruchsklage** nach § 771 ZPO muss der Kläger zur Vermeidung seiner Kostenlast dem Gläubiger das die Vollstreckung hindernde Recht so rechtzeitig vor Klageerhebung ausreichend glaubhaft machen, dass diesem noch eine Überprüfung möglich ist. Schriftliche Aufforderungen zur Freigabe ohne beglaubigte Abschriften oder Ablichtungen von Urkunden, die das Eigentumsrecht belegen, genügen ebenso wenig wie etwa der Anruf eines Rechtsanwalts.[35]

17 Besondere Bedeutung hat § 93 ZPO und die Frage der Klageveranlassung seit jeher im Wettbewerbsverfahrensrecht, also in Streitigkeiten nach dem UWG, unter dem Stichwort der **Abmahnung**.[36] Es gilt das **Prinzip der Regelabmahnung**: Derjenige Gläubiger, der seinen Anspruch ohne vorherige (erfolglose) Abmahnung unmittelbar prozessual geltend macht, läuft Gefahr, im Falle eines sofortigen Anerkenntnisses von der Kostenfolge des § 93 ZPO getroffen zu werden. Der Verletzer gibt dabei nicht schon allein mit seinem wettbewerbswidrigen Verhalten Veranlassung zur Klage, sondern erst, wenn er sich auf eine berechtigte Abmahnung hin nicht unterwirft.[37] Nur im Ausnahmefall kann eine Abmahnung als **entbehrlich** angesehen werden, nämlich dann, wenn sie aus der objektiven Sicht des Gläubigers offensichtlich keinen Erfolg verspricht, zur Durchsetzung des Unterlassungsanspruchs mithin die sofortige Inanspruchnahme gerichtlicher Hilfe unerlässlich ist (z.B. aufgrund nachdrücklicher Berühmung der Rechtmäßigkeit der beanstandeten Handlung[38]), oder ihm nicht (mehr) zumutbar ist, etwa weil die Abmahnung wegen besonderer Eilbedürftigkeit zu einer Rechtsschutzvereitelung führen würde.[39] Die Abmahnung, die keinem Formzwang unterworfen ist, muss dem Verletzer (analog) § 130 Abs. 1 BGB **zugehen**, wobei den (beklagten) Verletzer die Darlegungs- und Beweislast für den tatsächlichen Zugang der Abmahnung trifft; der Kläger ist lediglich im Rahmen der sekundären Darlegungslast gehalten, substantiiert darzulegen, dass die Abmahnung ordnungsgemäß abgesendet worden ist.[40] Auf die anwaltlich verfasste Abmahnung ist **§ 174 Satz 1 BGB** jedenfalls dann nicht anwendbar, wenn sie mit einem Angebot zum Abschluss eines Unterwerfungsvertrages verbunden ist.[41] Was gilt, wenn dies nicht der Fall ist, ist unverändert sehr streitig.[42]

---

30 Vgl. OLG Köln, NJW-RR 2012, 861; OLG Stuttgart, DAR 2010, 387; KG Berlin, VersR 2009, 1262; OLG Düsseldorf, DAR 2007, 611; ausführlich *Pott*, NZV 2015, 111.
31 OLG Dresden, NZV 2009, 604.
32 Vgl. OLG Karlsruhe, Schaden-Praxis 2003, 391; auch LG Saarbrücken, NJW-RR 2016, 1503.
33 Siehe OLG Saarbrücken, OLGR 2009, 970; OLG Köln, NJW-RR 1999, 1520.
34 Vgl. OLG Köln, MDR 1996, 197; *Zöller-Herget*, ZPO, § 93 Rn. 6 – „Vollstreckungsabwehrklage"; Baumbach/Lauterbach/Albers/Hartmann, ZPO, § 93 Rn. 64 – „Vollstreckungsabwehrklage".
35 OLG Düsseldorf, NJW-RR 1998, 790; OLG Frankfurt a.M., NJW-RR 1990, 1535; LG Wuppertal, JurBüro 2014, 440; Wieczorek/Schütze-*Smid/Hartmann*, ZPO, § 93 Rn. 20; *Leuschner*, AcP 207 (2007), 64, 75 ff.
36 Grundlegend hierzu *Ahrens*, Der Wettbewerbsprozess, Kap. 1 ff.; *Teplitzky*, Wettbewerbsrechtliche Ansprüche und Verfahren, passim; zur aktuellen Rechtsprechung etwa *Hess*, WRP 2015, 317 ff.
37 Allgemeine Meinung, vgl. nur *Köhler/Bornkamm*, UWG, § 12 Rn. 1.7 ff.
38 OLG Frankfurt a.M., WRP 1981, 282.
39 Ausführlich etwa *Köhler/Bornkamm*, UWG, § 12 Rn. 1.43 ff.
40 BGH, GRUR 2007, 629 (630), Rn. 13 = WRP 2007, 781.
41 BGH, GRUR 2010, 1120 f. = WRP 2010, 1495 m.w.N. zum Meinungsstand.
42 Vgl. nur *Ahrens/Achilles*, Der Wettbewerbsprozess, Kap. 2 Rn. 14 ff.

Ebenfalls im Wettbewerbsverfahrensrecht wurde das Institut des sog. **Abschlussschreibens** 18
entwickelt. Auch dieses hat seinen dogmatischen Anknüpfungspunkt bei der Frage der Klageveranlassung i.S.d. § 93 ZPO; es ist die an den Schuldner gerichtete Aufforderung des Gläubigers zur Abgabe der sog. Abschlusserklärung, ob die im einstweiligen Rechtsschutzverfahren erstrittene Unterlassungsverfügung als verbindlich und endgültig akzeptiert wird oder ob der Gläubiger zur Erlangung eines endgültigen Titels noch das Hauptsacheverfahren anstrengen muss. Es liegt im Kosteninteresse des Gläubigers, vor der Erhebung der Klage den Schuldner zur Abgabe der Abschlusserklärung aufzufordern, weil er andernfalls – wie bei unterlassener Abmahnung – im Falle des sofortigen Anerkenntnisses des Schuldners die Verfahrenskosten zu tragen hat.[43] Das Gleiche gilt, wenn der Unterlassungsgläubiger im einstweiligen Rechtsschutz ein Urteil erstritten hat, das die Unterlassungsverfügung bestätigt; denn die zwischenzeitliche mündliche Verhandlung und die schriftliche Urteilsbegründung können einen Auffassungswandel des Unterlassungsschuldners herbeigeführt haben.[44]

Nach ganz überwiegender Auffassung ist der zu Unrecht wegen eines UWG-Verstoßes Abgemahnte grundsätzlich nicht zur Vermeidung der Kostenfolge des § 93 ZPO gehalten, vor der Erhebung einer negativen Feststellungsklage eine **Gegenabmahnung** auszusprechen. Eine solche ist vielmehr nur dann ausnahmsweise veranlasst, wenn die Abmahnung in tatsächlicher und/oder rechtlicher Hinsicht auf offensichtlich unzutreffenden Annahmen beruht, bei deren Richtigstellung mit einer Änderung der Auffassung des vermeintlich Verletzten gerechnet werden kann, oder wenn seit der Abmahnung ein längerer Zeitraum verstrichen ist und der Abmahnende in diesem entgegen seiner Androhung keine gerichtlichen Schritte eingeleitet hat.[45] 19

Die Rechtsprechungsgrundsätze zu Abmahnung und Abschlussschreiben sind – wenn auch 20
mit Modifikationen im Detail – im Grundsatz auf andere Rechtsgebiete wie etwa das **Urheberrecht** (vgl. § 97 UrhG), den **Gewerblichen Rechtsschutz** allgemein und das **Presse- bzw. Medienrecht** übertragbar.[46]

Über die vorstehenden besonders praxisrelevanten Fälle hinaus haben sich **zahlreiche weitere** 21
Fallgruppen herausgebildet.[47]

Ist nach einem sofortigen Anerkenntnis des Beklagten streitig, ob er Veranlassung zur Erhebung der Klage gegeben hat, so trifft ihn die **Beweislast** für die fehlende Klageveranlassung. 22
Denn nach den allgemeinen Beweislastregeln muss diejenige Partei, die sich auf einen Ausnahmetatbestand zu ihren Gunsten beruft, dessen Tatbestandsvoraussetzungen darlegen und gegebenenfalls beweisen,[48] und zwar auch dann, wenn die Veranlassung zur Klageerhebung von materiell-rechtlichen Voraussetzungen abhing, für die an sich der Kläger die Darlegungs- und Beweislast trägt.[49]

II. Anerkenntnis durch den Beklagten

Der Beklagte erkennt den Klageanspruch i.S.v. § 93 ZPO an, wenn er gegenüber dem Kläger 23
und dem Prozessgericht den Klageanspruch **unmissverständlich, unbedingt** und regelmäßig **vorbehaltlos** zugesteht.[50] Die Erklärung des Anerkenntnisses setzt Rechtshängigkeit des anerkannten (ggfs. nur hilfsweise erhobenen) Anspruchs voraus. Sie kann auch noch nach Schluss der mündlichen Verhandlung bis zum Erlass der verfahrensabschließenden Entscheidung abgegeben werden.[51]

Dass das Anerkenntnis ohne Vorbehalte und Bedingungen zu erfolgen hat, schließt nicht den 24
Antrag des Beklagten aus, die Kosten des Rechtsstreits dem Kläger aufzuerlegen. Liegt im einstweiligen Rechtsschutzverfahren ein Arrest- oder Verfügungsbeschluss vor, schadet daher auch ein Widerspruch nach § 924 ZPO nicht, sofern dieser nur auf die Kosten beschränkt ist.[52] Das Gleiche gilt für den Widerspruch gegen einen Mahnbescheid nach § 694 ZPO.

---

43 Siehe etwa Ohly/Sosnitza-*Sosnitza*, UWG, § 12 Rn. 183 ff.; zur Kostenerstattungsfrage BGH, GRUR 2010, 1038 (1039 f.), Rn. 26 ff. = WRP 2010, 1169.
44 BGH, GRUR 2015, 822 (823), Rn. 16 = WRP 2015, 979.
45 BGH, GRUR 2004, 790 (792) = WRP 2004, 1032.
46 Siehe hierzu näher *Goldbeck*, AfP 2007, 139 ff.
47 Ausführliche Übersicht nach Stichwörtern etwa bei Baumbach/Lauterbach/Albers/Hartmann, ZPO, § 93 Rn. 31–84.
48 BGH, GRUR 2007, 629 (630), Rn. 11 = WRP 2007, 781; OLG Frankfurt a.M., NJW-RR 2009, 1437; OLG Hamm, MDR 2004, 1078.
49 OLG Frankfurt a.M., NJW-RR 1996, 62; Musielak/Voit-*Flockenhaus*, ZPO, § 93 Rn. 2.
50 BGH, NJW 2016, 572 (573), Rn. 8 = FamRZ 2016, 303; MK-*Schulz*, ZPO, § 93 Rn. 11.
51 BeckOK-*Jaspersen/Wache*, ZPO, § 93 Rn. 22; ausführlich zur „Flucht in das Anerkenntnis" nach Schluss der mündlichen Verhandlung *Kirschbaum*, NJOZ 2012, 681 ff.
52 Musielak/Voit-*Flockenhaus*, ZPO, § 93 Rn. 3.

25 Ohne Bedeutung ist, ob neben dem Anerkenntnis auch die Erfüllung des anerkannten Anspruchs erfolgt. Ein solches Auslegungsergebnis findet angesichts des eindeutigen Wortlauts des § 93 ZPO im Gesetz keine Stütze.[53] Dass nach dem Anerkenntnis auch ein Anerkenntnisurteil ergeht, ist für die Anwendung des § 93 ZPO nicht erforderlich.

26 Dem Beklagten steht es frei, den geltend gemachten Anspruch nur **teilweise** anzuerkennen, also etwa einen zahlenmäßig bezifferten Teil des Klageanspruchs, es sei denn, das Anerkenntnis läuft auf eine unzulässige Teilleistung (§ 266 BGB) hinaus.[54]

27 Ein prozessuales Anerkenntnis kann auch den Inhalt haben, dass der Beklagte vorbehaltlich einer Gegenleistung des Klägers anerkennt und sich nur einer entsprechenden Zug-um-Zug-Verurteilung beugt.[55] § 93 ZPO ist dann anwendbar, wenn der Beklagte die Klage nicht veranlasst hat, also die Einrede erhoben hat und stets zur Zug-um-Zug-Leistung bereit war (zuvor Rn. 6), und den Klageanspruch sofort anerkennt. Hinsichtlich des Klageanspruchs ist dann nach § 93 ZPO, hinsichtlich des Zurückbehaltungsrechts nach § 91 ZPO zu entscheiden.[56]

III. Sofortigkeit des Anerkenntnisses

28 Dass Anerkenntnis muss schließlich „sofort" erfolgen. Wann das Anerkenntnis i.d.S. sofort erklärt wird, bestimmt sich in einer Vielzahl von Verfahren primär danach, ob das Gericht einen frühen ersten Termin bestimmt oder ein schriftliches Vorverfahren anordnet.

29 Im Falle der **Anberaumung eines frühen ersten Termins** erfolgt das Anerkenntnis in der Regel nur dann sofort, wenn es (bereits) innerhalb der vom Gericht gesetzten (und ggfs. auf Antrag verlängerten) Klageerwiderungsfrist (§ 275 Abs. 1 Satz 1) abgegeben wird.[57] Wird dem Beklagten allerdings keine Frist zur Klageerwiderung gesetzt, genügt auch noch ein erst im Termin abgegebenes Anerkenntnis. In diesem ist allerdings wiederum unmittelbar zu Beginn des Termins anzuerkennen, d.h. auch noch vor einer Erörterung der Sach- und Rechtslage mit dem Gericht, sofern diese – abweichend von § 137 Abs. 1 ZPO – vor der Antragstellung erfolgt.[58]

30 Im Falle der **Anordnung des schriftlichen Vorverfahrens** muss das Anerkenntnis nicht schon in der Verteidigungsanzeige erklärt werden. Es kann vielmehr, sofern die Verteidigungserklärung keinen Sachantrag ankündigt oder das Klagevorbringen bestreitet, noch in der fristgerecht eingereichten Klageerwiderung erklärt werden.[59] Zugleich stellt die Klagerwiderungsfrist die Grenze dar, bis zu der ein Anerkenntnis als „sofortiges" abgegeben werden kann. Der Beklagte muss den ihm eröffneten prozessualen Zeitrahmen für eine erste inhaltliche Auseinandersetzung mit dem Klagebegehren also nutzen; sofern er ihn überschreitet, kann er sich auf den Schutz des § 93 ZPO nicht mehr mit Erfolg berufen.[60] Führt die inhaltliche Auseinandersetzung zu einem ersten, den Anspruch bestreitenden Schriftsatz und wird erst in einem zweiten Schriftsatz anerkannt, handelt es sich hierbei nicht mehr um ein sofortiges Anerkenntnis.[61]

31 Wird vor Klageerhebung ein schlüssiger Anspruch nicht geltend gemacht und zunächst eine **unschlüssige Klage** erhoben, kann die beklagte Partei trotz angezeigter Verteidigungsbereitschaft und trotz eines bereits gestellten Klageabweisungsantrags in der mündlichen Verhandlung nach entsprechend ergänztem Sachvortrag den Anspruch sofort anerkennen.[62]

32 Ist dem Klageverfahren ein **Prozesskostenhilfeprüfungsverfahren** vorangegangen, ist das dortige Verhalten des Beklagten bei der Frage der Sofortigkeit zu berücksichtigen. So ist es schädlich, wenn der Beklagte im PKH-Verfahren noch die Abweisung des gegnerischen Gesuchs, insbesondere bei Erhebung materieller Einwendungen, beantragt hat.[63] Bleibt er hingegen pas-

---

53 Vgl. BGH, NJW 1979, 2040 (2041) = WM 1979, 884; *Leube*, JA 2015, 768; abweichend etwa Wieczorek/Schütze-*Smid/Hartmann*, ZPO, § 93 Rn. 6.
54 Wieczorek/Schütze-*Smid/Hartmann*, ZPO, § 93 Rn. 8; OLG Schleswig, FamRZ 1984, 187.
55 BGHZ 107, 142 (146f.) = NJW 1989, 1934f. = FamRZ 1989, 847; BGH, NJW 2016, 572 (573), Rn. 8 = FamRZ 2016, 303.
56 Vgl. *Arz*, NJW 2014, 2828 (2829).
57 BGHZ 168, 57 = NJW 2006, 2490 (2492), Rn. 20f. = VersR 2006, 1380; OLG Düsseldorf, ZIP 2015, 889; *Vossler*, NJW 2006, 1034 (1035).
58 Vgl. OLG Brandenburg, OLGR 1997, 12.
59 BGHZ 168, 57 = NJW 2006, 2490 (2492), Rn. 22ff. = VersR 2006, 1380 und zuvor ausführlich m.w.N. zum damaligen Streitstand *Deichfuß*, MDR 2004, 190ff.; BGH, NJW 2016, 572 (574), Rn. 21 = FamRZ 2016, 303; auch BGH, NJW-RR 2007, 397, Rn. 8 = ZIP 2006, 2132.
60 OLG Schleswig, AGS 2011, 147; OLG Saarbrücken, OLGR 2009, 533; KG Berlin, NJW-RR 2006, 1078.
61 OLG Celle, OLGR 2009, 319.
62 BGH, ZIP 2007, 601 (602), Rn. 12 = NZI 2007, 283; BGH, NJW-RR 2004, 999 = FamRZ 2004, 102.
63 Vgl. OLG Naumburg, FamRZ 2007, 1584; OLG Karlsruhe, FamRZ 2004, 261; Musielak/Voit-*Flockenhaus*, ZPO, § 93 Rn. 4; a.A. OLG Köln, FamRZ 1997, 1415.

siv und gibt keine Stellungnahme ab, kann auch später noch mit der Kostenfolge des § 93 ZPO anerkannt werden.[64]

Im Falle einer zulässigen **Klageänderung** (§§ 263, 264 ZPO) ist die Sofortigkeit gewahrt, wenn 33
der Beklagte das Anerkenntnis innerhalb derjenigen Frist abgibt, die das Gericht ihm zur Stellungnahme auf den die Klageänderung beinhaltenden Schriftsatz gesetzt hat, oder, falls keine Frist gesetzt ist, in dem ersten Schriftsatz, in welchem er zu dem geänderten Antrag Stellung bezieht.[65] Wird kein Schriftsatz eingereicht, genügt es, wenn in der ersten nachfolgenden mündlichen Verhandlung der geänderte Klageanspruch anerkannt wird.[66]

Bei der **Stufenklage** ist die Frage der Sofortigkeit für jede Stufe gesondert zu prüfen.[67] 34

Wurde vom Gericht bereits eine **Beweisaufnahme** durchgeführt, schließt dies regelmäßig die 35
Sofortigkeit des Anerkenntnisses aus. Ausnahmsweise kann die Beweisaufnahme aber doch als unschädlich angesehen werden, etwa, wenn bei einer Klage auf Leistungen aus einer Berufsunfähigkeitsversicherung die Berufsunfähigkeit des Klägers erst im Laufe des Rechtsstreits eintritt und der Versicherer die notwendige Beurteilungsgrundlage erst durch ein gerichtliches Gutachten erlangt hat.[68]

Darf der Beklagte die geschuldete Zahlung nach § 273 BGB zurückhalten, weil der Kläger 36
noch keine Rechnung erteilt hat, in der die Mehrwertsteuer gesondert ausgewiesen ist, und berücksichtigt der Kläger in dem nachfolgenden Antrag dieses vorgerichtlich ausgeübte Zurückbehaltungsrecht, erfolgt das Anerkenntnis sofort, wenn es im Anschluss an die Erteilung der ordnungsgemäßen Rechnung erfolgt.[69]

In Handelssachen kann sich der Beklagte nicht mehr auf § 93 ZPO berufen, wenn er zunächst 37
bei der Zivilkammer einen Verweisungsantrag an die Kammer für Handelssachen nach § 98 GVG gestellt hat.[70]

C. Rechtsfolge und Anfechtbarkeit

Liegen die Voraussetzungen des § 93 ZPO vor, „fallen dem Kläger die Prozesskosten zur Last". 38
Dem Kläger sind mithin die Kosten **zwingend** aufzuerlegen, ein Ermessensspielraum ist dem Gericht – anders als etwa bei § 93b ZPO – nicht eingeräumt. Ein Antrag ist nicht erforderlich, § 308 Abs. 2 ZPO. Obwohl ein Anerkenntnisurteil keines Tatbestandes und keiner Entscheidungsgründe bedarf (§ 313b Abs. 1 Satz 1 ZPO), bedarf der Kostenausspruch dann einer Begründung, wenn der Beklagte sich gegen die Kostenlast verwahrt hat und die Parteien streitige Kostenanträge gestellt haben. Andernfalls kann das Beschwerdegericht die Entscheidung sachlich nicht nachprüfen.[71]

Im Falle eines wirksamen Teilanerkenntnisses erlässt das Gericht zunächst ein **Teilanerkennt-** 39
nisurteil ohne Kostenentscheidung, die erst einheitlich im nachfolgenden Schlussurteil erfolgt. Hinsichtlich des anerkannten Teils findet § 93 ZPO Anwendung (sofern die Voraussetzungen gegeben sind), hinsichtlich des streitigen Rests der Hauptsache ist über die Kosten nach §§ 91, 92 ZPO zu entscheiden (Kostenmischentscheidung).[72] Wird nach Teilanerkenntnisurteil die restliche Klage zurückgenommen, ist durch Schlussurteil über die Kosten zu entscheiden.[73]

Nach § 99 Abs. 2 Satz 1 ZPO findet, wenn die Hauptsache durch eine aufgrund eines Aner- 40
kenntnisses ausgesprochene Verurteilung erledigt ist, gegen die Entscheidung über den Kostenpunkt **sofortige Beschwerde** statt. Dies gilt unabhängig davon, ob die Kostenentscheidung in dem Anerkenntnisurteil selbst oder erst in dem in diesem vorbehaltenen Schlussurteil getroffen worden ist.[74] Im Falle einer Quotelung nach § 92 ZPO ist der auf § 93 ZPO entfallende Kostenanteil isoliert anfechtbar. Die sofortige Beschwerde ist aber nur zulässig, wenn im ersten

---

64 OLG Hamm, FamRZ 2004, 466; OLG Saarbrücken, OLGR 2009, 533; OLG Bremen, NJW 2009, 2318; OLG Koblenz, FamRZ 2010, 1105.
65 OLG Celle, OLGR 2009, 319.
66 KG Berlin, MDR 2008, 164; OLG Stuttgart, NJW-RR 2011, 1592 (1593); Thomas/Putzo-*Hüßtege*, ZPO, § 93 Rn. 9 und 12.
67 OLG Bamberg, JurBüro 1989, 539; Baumbach/Lauterbach/Albers/Hartmann, ZPO, § 93 Rn. 99 – „Stufenklage".
68 OLG Nürnberg, VersR 1998, 1130; OLG Koblenz, ZfS 1999, 389 (390); KG Berlin, VersR 2002, 964.
69 BGH, NJW-RR 2005, 1005 (1006) = MDR 2005, 1068.
70 Thomas/Putzo-*Hüßtege*, ZPO, § 93 Rn. 2; Musielak/Voit-*Flockenhaus*, ZPO, § 93 Rn. 5.
71 OLG Brandenburg, MDR 2000, 233 (234); OLG Brandenburg, NJW-RR 2003, 1723.
72 Vgl. Thomas/Putzo-*Hüßtege*, ZPO, § 93 Rn. 8b; Prütting/Gehrlein-*Schneider*, ZPO, § 93 Rn. 5; abweichend Baumbach/Lauterbach/Albers/Hartmann, ZPO, § 93 Rn. 112 f.
73 BGH, NJW-RR 1999, 1741 = AGS 1999, 146; Zöller-*Herget*, ZPO, § 93 Rn. 5.
74 BGH, NJW 1963, 583 (584) = MDR 1963, 295; BGH, NJW-RR 1999, 1741 = AGS 1999, 146.

Rechtszug ein Amts- oder Landgericht entschieden hat; im Anschluss an die sofortige Beschwerde ist dann ggfs. auch die Rechtsbeschwerde zum BGH gegeben.[75] Hat hingegen das OLG als Gericht erster Instanz die Kostenentscheidung erlassen, steht deren Rechtsmittelfähigkeit § 567 ZPO entgegen.[76]

§ 93a
(weggefallen)

§ 93b
Kosten bei Räumungsklagen

(1) ¹Wird einer Klage auf Räumung von Wohnraum mit Rücksicht darauf stattgegeben, dass ein Verlangen des Beklagten auf Fortsetzung des Mietverhältnisses auf Grund der §§ 574 bis 574b des Bürgerlichen Gesetzbuchs wegen der berechtigten Interessen des Klägers nicht gerechtfertigt ist, so kann das Gericht die Kosten ganz oder teilweise dem Kläger auferlegen, wenn der Beklagte die Fortsetzung des Mietverhältnisses unter Angabe von Gründen verlangt hatte und der Kläger aus Gründen obsiegt, die erst nachträglich entstanden sind (§ 574 Abs. 3 des Bürgerlichen Gesetzbuchs). ²Dies gilt in einem Rechtsstreit wegen Fortsetzung des Mietverhältnisses bei Abweisung der Klage entsprechend.

(2) ¹Wird eine Klage auf Räumung von Wohnraum mit Rücksicht darauf abgewiesen, dass auf Verlangen des Beklagten die Fortsetzung des Mietverhältnisses auf Grund der §§ 574 bis 574b des Bürgerlichen Gesetzbuchs bestimmt wird, so kann das Gericht die Kosten ganz oder teilweise dem Beklagten auferlegen, wenn er auf Verlangen des Klägers nicht unverzüglich über die Gründe des Widerspruchs Auskunft erteilt hat. ²Dies gilt in einem Rechtsstreit wegen Fortsetzung des Mietverhältnisses entsprechend, wenn der Klage stattgegeben wird.

(3) Erkennt der Beklagte den Anspruch auf Räumung von Wohnraum sofort an, wird ihm jedoch eine Räumungsfrist bewilligt, so kann das Gericht die Kosten ganz oder teilweise dem Kläger auferlegen, wenn der Beklagte bereits vor Erhebung der Klage unter Angabe von Gründen die Fortsetzung des Mietverhältnisses oder eine den Umständen nach angemessene Räumungsfrist vom Kläger vergeblich begehrt hatte.

Inhalt:

	Rn.		Rn.
A. Allgemeines	1	II. Kostenentscheidung bei Obsiegen des Mieters, Abs. 2	7
B. Erläuterungen	4	III. Anerkenntnis des Räumungsanspruchs, Abs. 3	9
I. Kostenentscheidung bei Obsiegen des Vermieters, Abs. 1	4	**C. Kostenentscheidung**	14

A. Allgemeines

1 § 93b ZPO wurde 1964 in die ZPO eingefügt. Mit Blick auf das Postulat der Kostengerechtigkeit ermöglicht die Vorschrift ein Abweichen vom Grundsatz der Unterliegenshaftung. Dem erkennenden Gericht wird die Möglichkeit eröffnet, demjenigen die Kosten des Rechtsstreits aufzuerlegen, der dem Partner des Mietvertrages nicht ausreichend Gelegenheit zur Einschätzung der Rechtslage gegeben hat. § 93b ZPO ergänzt Tendenzen des materiellen Wohnraummietrechts, durch die Statuierung von Begründungspflichten zur Prozessvermeidung beizutragen.[1]

2 Die Vorschrift gilt insgesamt nur für Mietverhältnisse über **Wohnraum**, auch auf diesbezügliche **Untermietverhältnisse**. Eine analoge Anwendung auf Mietverträge über andere, etwa Gewerberäumlichkeiten ist mangels planwidriger Regelungslücke nicht zulässig. Das Gleiche gilt für Pacht- oder vergleichbare Raumüberlassungsverträge.[2]

---

75 Vgl. BGH, NJW-RR 2004, 999 = FamRZ 2004, 102.
76 BGH, NJW-RR 2008, 664, Rn. 4 = MDR 2008, 592.

Zu § 93b:
1 Wieczorek/Schütze-*Smid/Hartmann*, ZPO, § 93b Rn. 1.
2 Prütting/Gehrlein-*Schneider*, ZPO, § 93b Rn. 1.

§ 93b ZPO ermöglicht in **fünf verschiedenen Fallgestaltungen** (auch im Rahmen einer Widerklage) eine von den §§ 91, 92 ZPO abweichende Kostenentscheidung: Nach Abs. 1 können dem obsiegenden Vermieter die Kosten ganz oder teilweise auferlegt werden, sei es, weil seiner vom ihm angestrengten Räumungsklage stattgegeben wird (Satz 1), sei es, weil die gegen ihn gerichteten Klage des Mieters auf Fortsetzung des Mietverhältnisses abgewiesen wird (Satz 2). Nach Absatz 2 können dem obsiegenden Mieter die Kosten auferlegt werden, sei es, weil die gegen ihn gerichtete Räumungsklage abgewiesen wird (Satz 1), sei es, weil er mit der von ihm erhobenen Klage auf Fortsetzung des Mietverhältnisses obsiegt (Satz 2). § 93b Abs. 3 ZPO schließlich regelt – als Sonderfall des § 93 ZPO – den Fall, dass dem klagenden Vermieter im Falle eines sofortigen Anerkenntnisses des Räumungsanspruchs die Kosten ganz oder teilweise auferlegt werden können, wenn dem beklagten Mieter eine Räumungsfrist bewilligt wird.

B. Erläuterungen
I. Kostenentscheidung bei Obsiegen des Vermieters, Abs. 1

Im Falle des Abs. 1 muss der Räumungsklage des Vermieters stattgegeben bzw. die Klage des Mieters auf Fortsetzung des Mietverhältnisses (§§ 574, 574a, 574b BGB) abgewiesen worden sein. Der Vermieter muss mit Rücksicht darauf obsiegt haben, dass das (form- und fristgerechte, ggfs. auch nur hilfsweise formulierte)[3] Verlangen des Mieters auf Fortsetzung des Mietverhältnisses wegen der berechtigten Interessen des Vermieters nicht gerechtfertigt ist. Die nach § 574 Abs. 1, Abs. 3 BGB erforderliche Abwägung der widerstreitenden Interessen muss mithin zu Gunsten des Vermieters ausgegangen sein. Abs. 1 ist dagegen nicht anwendbar, wenn die seitens des Mieters vorgetragenen Gründe schon für sich genommen unerheblich sind und daher eine Fortsetzung nicht rechtfertigen können oder wenn der Widerspruch des Mieters nicht fristgerecht (§ 574b BGB) erhoben worden ist.[4]

Maßgebliche Voraussetzung für Abs. 1 ist, dass der Mieter bereits **vorgerichtlich** sein Fortsetzungsverlangen gestellt hat („verlangt hatte"; ein erstmaliges Fortsetzungsverlangen erst während des laufenden Rechtsstreits genügt nicht) und der Vermieter im Prozess nur deswegen obsiegt, weil im Rahmen der erforderlichen Interessenabwägung zu seinen Gunsten Gründe zu berücksichtigen sind, die erst **nachträglich** entstanden sind (§ 574 Abs. 3 BGB). Dem Mieter dürfen zum Zeitpunkt seines vorprozessualen Fortsetzungsverlangens die tatsächlichen Umstände (Gründe) nicht bekannt gewesen sein, die letztlich den Fortsetzungsanspruch ausschließen.

Sind die Voraussetzungen des § 93b Abs. 1 ZPO gegeben, „kann" das Gericht die Kosten ganz oder teilweise dem Vermieter auferlegen. Es steht damit im pflichtgemäßen **Ermessen** des erkennenden Gerichts, den Vermieter trotz seines Obsiegens ganz oder teilweise an den Kosten zu beteiligen. Als Gesichtspunkte zu berücksichtigen sind insoweit etwa alle Gründe des § 574 Abs. 1 BGB, das prozessuale Verhalten der Parteien oder auch ihre sozialen Verhältnisse.[5] Eine Kostenentscheidung zum Teil nach § 93b Abs. 1 ZPO, im Übrigen gemäß §§ 91 ff. ZPO ist ohne weiteres möglich.

II. Kostenentscheidung bei Obsiegen des Mieters, Abs. 2

Im Falle des Abs. 2 muss die gegen den Mieter gerichtete Räumungsklage abgewiesen worden sein (Satz 1) oder aber der Mieter mit der von ihm erhobenen Klage auf Fortsetzung des Mietverhältnisses obsiegt haben (Satz 2). Der Grund für den prozessualen Erfolg des Mieters muss darin bestehen, dass der Mieter mit Erfolg die Fortsetzung des Mietverhältnisses nach Maßgabe der Vorschriften der §§ 574–574b BGB verlangt hat. Das Fortsetzungsverlangen kann vom Mieter im Prozess auch nur hilfsweise geäußert sein, maßgeblich ist, dass es letztlich zur Verneinung des Räumungsanspruchs geführt hat. Eine Kostenentscheidung zu Lasten des Mieters ist aber nur gerechtfertigt, wenn er vorprozessual gegen seine sich aus § 574b Abs. 1 Satz 2 BGB ergebende Obliegenheit verstoßen hat, über die Gründe seines Widerspruchs gegen die Kündigung auf Verlangen des Vermieters unverzüglich (i.S.v. § 121 BGB) Auskunft zu erteilen. Teilt der Mieter also vorprozessual überhaupt nicht, nicht unverzüglich oder nicht vollständig die Gründe für seinen Widerspruch mit, hat er die Kosten ganz oder teilweise zu tragen, wenn der Vermieter mit seiner gutgläubig erhobenen Räumungsklage aufgrund der im Ergebnis durchgreifenden Widerspruchsgründe des Mieters scheitert.[6]

---

3 Prütting/Gehrlein-*Schneider*, ZPO, § 93b Rn. 4.
4 Zöller-*Herget*, ZPO, § 93b Rn. 4; Thomas/Putzo-*Hüßtege*, ZPO, § 93b Rn. 4.
5 Thomas/Putzo-*Hüßtege*, ZPO, § 93b Rn. 6; Saenger-*Gierl*, ZPO, § 93b Rn. 5.
6 Saenger-*Gierl*, ZPO, § 93b Rn. 8; Prütting/Gehrlein-*Schneider*, ZPO, § 93b Rn. 20.

8   Auch im Fall des Abs. 2 („kann") steht es im pflichtgemäßen **Ermessen** des erkennenden Gerichts, den Mieter trotz seines Obsiegens ganz oder teilweise an den Kosten zu beteiligen. Es gelten die gleichen Grundsätze wie bei Abs. 1 (zuvor Rn. 6).

III. Anerkenntnis des Räumungsanspruchs, Abs. 3

9   § 93b Abs. 3 ZPO betrifft die Konstellation, dass dem klagenden Vermieter im Falle eines sofortigen Anerkenntnisses des Räumungsanspruchs unter bestimmten Voraussetzungen die Kosten ganz oder teilweise auferlegt werden können, wenn dem beklagten Mieter eine Räumungsfrist bewilligt wird. Der **ungeduldige** Vermieter soll kostenmäßig dafür **sanktioniert** werden, dass er auf Räumung klagt, obwohl der Mieter für seinen freiwilligen Auszug nur noch etwas Zeitaufschub benötigt.[7] Zieht der Mieter während des Räumungsrechtsstreits aus und wird der Prozess daraufhin übereinstimmend für erledigt erklärt, ist bei der nach § 91a ZPO zu treffenden Kostenentscheidung § 93b Abs. 3 ZPO zu berücksichtigen.[8]

10 Der Mieter muss den Räumungsanspruch seines Vermieters sofort – vorbehaltlich einer Räumungsfrist – anerkannt haben. Ob der Anspruch sofort anerkannt wurde, bemisst sich nach den entsprechenden **Kriterien des § 93 ZPO** (vgl. § 93 Rn. 28 ff.). Unerheblich ist, ob der Mieter Anlass zur Klage gegeben hat.[9] Umstritten ist, ob die Anzeige der Verteidigungsbereitschaft im schriftlichen Vorverfahren der Sofortigkeit entgegensteht; die herrschende Auffassung in Rechtsprechung und Literatur verneint dies.[10] Wird die Räumungsklage erst während des laufenden Prozesses zulässig und begründet, genügt für § 93b Abs. 3 ZPO auch ein erst daraufhin erfolgendes Anerkenntnis.[11] Entsprechend kann ein Räumungsanerkenntnis auch noch im Berufungsverfahren ausreichend sein.[12]

11 § 93b Abs. 3 ZPO setzt ferner voraus, dass der Mieter bereits vor Erhebung der Klage unter Angabe von Gründen die Fortsetzung des Mietverhältnisses oder eine den Umständen nach angemessene Räumungsfrist vom Vermieter vergeblich begehrt hatte. Die Differenzierung zwischen Fortsetzungsverlangen einerseits und Räumungsfristbegehren andererseits wird sich in der Praxis für den nicht rechtskundigen Mieter häufig nicht ohne weiteres erschließen, was bei der Anwendung des § 93b Abs. 3 ZPO nicht unberücksichtigt bleiben darf.[13] Vorgerichtliche Schreiben des Mieters sind jedenfalls nach Sinn und Zweck verständig auszulegen;[14] auch ein bloßer "Kündigungswiderspruch" des Mieters kann insoweit genügen, sofern sich aus dem Widerspruchsschreiben inhaltlich eindeutig ergibt, dass der Mieter die Kündigung grundsätzlich anerkennt und in der Sache nur eine Räumungsfrist begehrt.[15] Nicht verzichtbar ist in jedem Fall die vorgerichtliche Darlegung von Gründen. Nach Möglichkeit sollte auch die Räumungsfrist konkret angegeben werden, völlig unbestimmte Angaben zur Frage des Zeitpunkts des Auszugs (etwa in Form von vagen Angaben über die beabsichtigte Errichtung eines Eigenheims oder den beabsichtigten Erwerb einer Eigentumswohnung) helfen dem Vermieter nicht weiter und sind daher – mag die allgemeine Situation auf dem Wohnungsmarkt auch angestrengt sein – nicht ausreichend.[16] „Vergeblich" war das Verlangen des Mieters, wenn der Vermieter es entweder vollständig abgelehnt oder aber hierauf mit der Forderung nicht gerechtfertigter Bedingungen reagiert hat.[17]

12 Dem Mieter muss schließlich durch das Gericht – sei es auf seinen Antrag, sei es von Amts wegen – eine Räumungsfrist i.S.d. § 721 Abs. 1 ZPO eingeräumt worden sein. Die gerichtlich bestimmte Räumungsfrist muss dabei nicht mit der vorgerichtlich vom Mieter begehrten Frist übereinstimmen.[18]

---

7 Zöller-*Herget*, ZPO, § 93b Rn. 4.
8 LG Köln, WuM 1993, 553; LG Frankenthal, ZMR 1991, 303.
9 LG Freiburg, WuM 1993, 553; LG Freiburg, NJW-RR 1990, 382.
10 Etwa LG Stuttgart, WuM 2004, 620; LG Köln, WuM 1996, 567; LG Köln, WuM 1993, 553; LG Freiburg, WuM 1993, 553; MK-*Schulz*, ZPO, § 93b Rn. 17; Prütting/Gehrlein-*Schneider*, ZPO, § 93b Rn. 31; enger hingegen LG Lübeck, WuM 1993; LG Regensburg, WuM 1993, 552; Saenger-*Gierl*, ZPO, § 93b Rn. 11; Baumbach/Lauterbach/Albers/Hartmann, ZPO, § 94 Rn. 38.
11 LG Köln, WuM 1993, 542.
12 LG Karlsruhe, WuM 1993, 461; a.A. Baumbach/Lauterbach/Albers/Hartmann, ZPO, § 93b Rn. 37.
13 Siehe MK-*Schulz*, ZPO, § 93b Rn. 19; BeckOK-*Jaspersen/Wache*, ZPO, § 93b Rn. 16.1.
14 LG Stuttgart, WuM 2004, 620.
15 LG Köln, WuM 1998, 499.
16 H.M.: LG Heilbronn, NZM 1998, 329; LG Frankenthal, WuM 1993, 547; Zöller-*Herget*, ZPO, § 93b Rn. 8 m.w.N.; anders etwa Baumbach/Lauterbach/Albers/Hartmann, ZPO, § 93b Rn. 43.
17 Vgl. LG Mannheim, WuM 1989, 32; Prütting/Gehrlein-*Schneider*, ZPO, § 93b Rn. 32.
18 LG Dortmund, NJW 1966, 258; Zöller-*Herget*, ZPO, § 93b Rn. 9; BeckOK-*Jaspersen/Wache*, ZPO, § 93b Rn. 16.2.

Folge des § 93b Abs. 3 ZPO ist, dass das Gericht im Rahmen **pflichtgemäßen Ermessens** zu entscheiden hat, wer die Kosten zu tragen hat. Sowohl eine Kostenverteilung zum Nachteil allein einer Partei als auch eine Quotelung ist möglich. Hat der Vermieter zu Unrecht keine oder eine zu kurze Räumungsfrist eingeräumt, geht dies kostenmäßig zu seinem Nachteil; das Gleiche gilt, wenn sich die vom Mieter vorgerichtlich verlangte Räumungsfrist als unverhältnismäßig lang darstellt.[19] Zu berücksichtigen ist aber auch, inwieweit die Parteien vorprozessual um eine angemessene Konfliktlösung bemüht waren[20] und ob der Mieter sich gegen die Räumung noch mit weiteren, in der Sache unbegründeten Einwänden gewehrt hat.[21] Gegen die ihn belastende Kostenentscheidung kann der in der Hauptsache aufgrund des Anerkenntnisses obsiegende Vermieter sofortige Beschwerde einlegen, § 99 Abs. 2 ZPO.[22]

13

C. Kostenentscheidung
Zur Verteilung der Kosten nach Ausübung des pflichtgemäßen Ermessens vgl. vorstehend Rn. 6, 8 und 13.

14

§ 93c
(weggefallen)

§ 93d
(weggefallen)

§ 94
Kosten bei übergegangenem Anspruch

Macht der Kläger einen auf ihn übergegangenen Anspruch geltend, ohne dass er vor der Erhebung der Klage dem Beklagten den Übergang mitgeteilt und auf Verlangen nachgewiesen hat, so fallen ihm die Prozesskosten insoweit zur Last, als sie dadurch entstanden sind, dass der Beklagte durch die Unterlassung der Mitteilung oder des Nachweises veranlasst worden ist, den Anspruch zu bestreiten.

Inhalt:
	Rn.		Rn.
A. Allgemeines	1	C. Kostenentscheidung	5
B. Erläuterungen	2		

A. Allgemeines
Mit der Vorschrift des § 94 ZPO, die eine **Kostentrennung** ermöglicht (und in der Praxis ein Schattendasein führen dürfte), wird vom dem Grundsatz der Einheitlichkeit der Kostenentscheidung abgewichen. Dahinter steht der Gedanke des Gesetzgebers, dass es der Billigkeit zuwiderlaufen würde, wenn der Beklagte, obgleich der Kläger aufgrund seines vorprozessualen Verhaltens die dadurch im weiteren Prozessverlauf entstandenen Kosten verursacht hat, mit diesen belastet würde. § 94 ZPO stellt eine **prozessuale Ergänzung** der den Schutz des Schuldners bezweckenden Regelungen in **§§ 404 ff.** BGB dar; denn ist der Schuldner nach materiellem Recht einem neuen Gläubiger gegenüber zur Leistung nur verpflichtet, wenn dieser die Abtretung nachweist, so dürfen ihm kostenrechtlich keine Nachweise erwachsen, wenn er sich prozessual entsprechend verhält.[1] § 93 ZPO und § 94 ZPO stehen nebeneinander und können sich überschneiden und ergänzen.[2]

1

B. Erläuterungen
Die Vorschrift setzt nach ihrem Regelungsinhalt zunächst voraus, dass der Kläger in dem Prozess obsiegt hat, wobei ein Teilobsiegen ausreichend ist. Grundlage des (Teil-)Erfolges im Rechtsstreit muss ein ursprünglich fremder, später auf ihn übergegangener Anspruch (i.S.v. § 194 BGB) sein. Welchen Rechtsgrund der Anspruch hat, ist ebenso ohne Relevanz wie der Grund des Übergangs (rechtsgeschäftlich oder kraft Gesetzes). Der Anspruch muss vor Erhe-

2

---

19 Zöller-*Herget*, ZPO, § 93b Rn. 9; Saenger-*Gierl*, ZPO, § 93b Rn. 16.
20 Musielak/Voit-*Flockenhaus*, ZPO, § 93b Rn. 8.
21 BeckOK-*Jaspersen/Wache*, ZPO, § 93b Rn. 15.
22 LG Kiel, WuM 1993, 540; Baumbach/Lauterbach/Albers/Hartmann, ZPO, § 93b Rn. 48.

Zu § 94:
1 Musielak/Voit-*Flockenhaus*, ZPO, § 94 Rn. 1.
2 BeckOK-*Jaspersen/Wache*, ZPO, § 94 Rn. 2.

bung der Klage auf den Kläger übergegangen sein, eine Anwendung der Regelung auf den Fall des Parteiwechsels auf Klägerseite ist nicht veranlasst.[3] Nach allgemeiner Auffassung findet § 94 ZPO auch auf den Übergang der (gesetzlichen oder gewillkürten) Prozessführungsbefugnis zumindest in analoger Weise Anwendung.[4]

3 Der Kläger muss es vorgerichtlich unterlassen haben, den Übergang des Anspruchs auf ihn mitzuteilen. Hat er dies getan, kann § 94 ZPO gleichwohl greifen, wenn er trotz eines entsprechenden Verlangens des Beklagten keinen Nachweis erbracht hat. Die Unterlassung der Mitteilung des Anspruchsübergangs bzw. der unterlassene Nachweis müssen **ursächlich** gewesen sein für das Bestreiten des Anspruchs durch den Beklagten. Dies ist nicht der Fall, wenn der Beklagte die Aktivlegitimation des Klägers gar nicht in Frage gestellt hat, sondern sich etwa auf rechtsvernichtende Einwendungen beruft. Die Kausalität liegt dagegen auf der Hand, wenn das Verteidigungsvorbringen des Beklagten sich auf das Bestreiten der Aktivlegitimation reduziert.[5]

4 In welcher Form bzw. mit welcher Beweiskraft der Anspruchsübergang durch den Kläger nachzuweisen ist, ist maßgeblich danach zu beurteilen, was dem Kläger billigerweise abverlangt werden kann.[6] Ist etwa ein Erbschein vorhanden, kann dieser ohne nennenswerten Aufwand zumindest in Ablichtung dem Beklagten zur Verfügung gestellt werden. Der Nachweis ist geführt, wenn der Beklagte bei verständiger Würdigung von dem Anspruchsübergang überzeugt sein muss, was nach den Umständen des Einzelfalls auch einmal bei bloßer Glaubhaftmachung der Fall sein kann.[7] Auf der anderen Seite darf der Beklagte nicht erst im Rechtsstreit einen Nachweis verlangen, wenn es ihm bereits zu einem deutlich früheren Zeitpunkt vorgerichtlich möglich und zumutbar war, das Fehlen eines hinreichenden Nachweises zu rügen.[8]

C. Kostenentscheidung

5 § 94 ZPO stellt eine **zwingende** Regelung dar („so fallen ihm ... zur Last"), über ein Ermessen verfügt das Gericht nicht. Eines Antrages des Beklagten bedarf es nicht. Die kausalen ausscheidbaren Kosten sind in der Kostengrundentscheidung des Gerichts möglichst klar zu umgrenzen. Sind ausscheidbare Kosten durch das Bestreiten nicht entstanden (Beispiel: zur Frage der Anspruchsberechtigung wurden zwar Zeugen vernommen, die Vernehmung erfolgte aber jeweils auch zu weiteren entscheidungserheblichen Punkten), kommt § 94 ZPO nicht zur Anwendung, es gilt dann § 91 ZPO.

6 Die **Kostengrundentscheidung** kann z.B. lauten:

> *Der Beklagte hat die Kosten des Rechtsstreits zu tragen mit Ausnahme derjenigen Kosten, die durch die Vernehmung der Zeugen (...) und (...) entstanden sind. Diese hat der Kläger zu tragen.*

7 Eine isolierte Anfechtung der Anwendung oder Nichtanwendung des § 94 ZPO kommt nach allgemeinen Grundsätzen nicht in Betracht, § 99 Abs. 1 ZPO. Hat der Beklagte hingegen den Anspruch anerkannt (ohne dass die Voraussetzungen des § 93 ZPO gegeben wären) und wird im Rahmen des daraufhin ergehenden Anerkenntnisurteils gemäß § 94 ZPO über die Kosten entschieden, ist das Rechtsmittel der sofortigen Beschwerde gegeben, §§ 99 Abs. 2, 567 Abs. 1 Nr. 1 ZPO.[9]

§ 95
Kosten bei Säumnis oder Verschulden

Die Partei, die einen Termin oder eine Frist versäumt oder die Verlegung eines Termins, die Vertagung einer Verhandlung, die Anberaumung eines Termins zur Fortsetzung der Verhandlung oder die Verlängerung einer Frist durch ihr Verschulden veranlasst, hat die dadurch verursachten Kosten zu tragen.

---

3 Musielak/Voit-*Flockenhaus*, ZPO, § 94 Rn. 2; MK-*Schulz*, ZPO, § 94 Rn. 3; a.A. Baumbach/Lauterbach/Albers/Hartmann, ZPO, § 94 Rn. 6.
4 Zöller-*Herget*, ZPO, § 94 Rn. 2; Baumbach/Lauterbach/Albers/Hartmann, ZPO, § 94 Rn. 7.
5 Zugleich ist dies der Fall, in dem der Kläger ausnahmsweise die gesamten Kosten nach § 94 ZPO zu tragen hat, vgl. MK-*Schulz*, ZPO, § 94 Rn. 8.
6 Siehe BeckOK-*Jaspersen/Wache*, ZPO, § 94 Rn. 4; MK-*Schulz*, ZPO, § 94 Rn. 4.
7 Enger MK-*Schulz*, ZPO, § 94 Rn. 4.
8 OLG München, MDR 2007, 1394.
9 Vgl. BeckOK-*Jaspersen/Wache*, ZPO, § 94 Rn. 8; Baumbach/Lauterbach/Albers/Hartmann, ZPO, § 94 Rn. 22.

Inhalt:

	Rn.		Rn.
A. Allgemeines	1	C. Kostenentscheidung	6
B. Erläuterungen	2		

A. Allgemeines

Die Vorschrift dient dazu, der **Prozessverschleppung entgegenzuwirken**,[1] und sieht daher zwingend vor, dass abgrenzbare unnötige Mehrkosten der Prozessführung dem Verursacher im Wege der **Kostentrennung** aufzuerlegen sind. § 95 ZPO tritt zurück, wenn die betroffene Partei die Kosten des Verfahrens bereits nach §§ 91, 92 ZPO voll oder teilweise zu tragen hat oder § 98 Satz 2 ZPO einschlägig ist. Für den Fall der Säumnis enthält § 344 ZPO eine vorrangige Sonderregelung,[2] für den Fall der Wiedereinsetzung § 238 Abs. 4 ZPO. Das Konkurrenzverhältnis zu §§ 269 Abs. 3 Satz 2, 516 Abs. 3, 565 ZPO, wenn die Klage oder das Rechtsmittel zurückgenommen wird, ist streitig.[3] Neben der kostenrechtlichen Sanktionierung über § 95 ZPO hat es das Gericht in der Hand, gegen die Partei eine Verzögerungsgebühr nach § 38 GKG zu verhängen (nachfolgend Rn. 8). 1

B. Erläuterungen

§ 95 ZPO regelt **zwei unterschiedliche Fallkonstellationen**. Zum einen genügt es für eine Kostentrennung, wenn die Partei einen Termin (§§ 216, 220 Abs. 2 ZPO) oder eine Frist (§§ 221, 230 ZPO) versäumt. Termin i.d.S. ist auch ein vom Sachverständigen anberaumter und den Parteien ordnungsgemäß mitgeteilter Ortstermin.[4] Unter Frist ist jede gesetzliche oder vom Gericht (der säumigen Partei) gesetzte Frist zu verstehen. Wie sich aus der klaren Differenzierung in § 95 ZPO ergibt, ist ein Verschulden der Partei hinsichtlich der Termins- oder Fristversäumung nicht erforderlich. 2

In der zweiten von § 95 ZPO geregelten Fallkonstellation veranlasst die Partei „durch ihr Verschulden" die Verlegung eines Termins, die Vertagung einer Verhandlung, die Anberaumung eines Termins zur Fortsetzung der Verhandlung oder die Verlängerung einer Frist.[5] Ein Verschulden (§ 276 BGB) i.d.S. ist anzunehmen, wenn die Partei gegen die zur **gewissenhaften Prozessführung** gebotene Sorgfalt verstößt, wobei sie sich das Verschulden ihres Vertreters oder Prozessbevollmächtigten zurechnen lassen muss, §§ 51 Abs. 2, 85 Abs. 2 ZPO. Leichte Fahrlässigkeit ist bereits ausreichend.[6] 3

Eine Trennung der Kosten ist nur möglich, wenn diese „dadurch", also durch die Säumnis oder das Verschulden, verursacht worden sind. Die Ursächlichkeit des Verhaltens der Partei für das Entstehen der Mehrkosten ist stets sorgfältig zu prüfen, die zusätzlichen Kosten sind exakt auszusondern. An der Kausalität fehlt es beispielsweise, wenn das Gericht ohnehin einen Fortsetzungstermin hätte bestimmen müssen. 4

§ 95 ist nicht über ihren Wortlaut hinaus auf Fälle anwendbar, in denen ein Kläger nicht bereit ist, im schriftlichen Vorverfahren einen aus Sicht des Gerichts unschlüssigen Teil seiner Klageforderung zurückzunehmen, um damit einen Haupttermin entbehrlich zu machen.[7] 5

C. Kostenentscheidung

§ 95 ZPO ist bei der abschließenden Kostengrundentscheidung in dem **Endurteil** des Gerichts – ein isolierter Beschluss ist nicht zulässig[8] – **zwingend** zu berücksichtigen („hat zu tragen"), einen Ermessensspielraum räumt die Vorschrift nicht ein. Eines Antrages der gegnerischen Partei bedarf es nicht. Gerade in umfangreichen Verfahren kann § 95 ZPO auch zum Nachteil beider Seiten Anwendung finden. Um sich verfahrensrechtlich keinen Vorwurf auszusetzen, sollte das Gericht die säumige/schuldige Partei grundsätzlich anhören (auch im Anwaltspro- 6

---

1 BVerfG, AGS 2011, 203 = BeckRS 2010, 56285; OLG Stuttgart, OLGR 2009, 795; Zöller-*Herget*, ZPO, § 95 Rn. 1.
2 Hierzu ausführlich, auch mit Blick auf § 95 ZPO: *Loyal*, ZZP 126 (2013), 491 ff.
3 Zutreffend für Gleichrangigkeit des § 95 ZPO: BeckOK-*Jaspersen/Wache*, ZPO, § 95 Rn. 1; Musielak/Voit-*Flockenhaus*, ZPO, § 95 Rn. 1; a.A. MK-*Schulz*, ZPO, § 95 Rn. 1.
4 Zöller-*Herget*, ZPO, § 95 Rn. 2; BeckOK-*Jaspersen/Wache*, ZPO, § 95 Rn. 2 (sofern ein erneuter Ortstermin nicht verzichtbar ist).
5 Einzelheiten zu den einzelnen Varianten bei Baumbach/Lauterbach/Albers/Hartmann, ZPO, § 95 Rn. 8 ff.
6 Wieczorek/Schütze-*Smid/Hartmann*, ZPO, § 95 Rn. 3; OLG Stuttgart, OLGR 2009, 795.
7 BVerfG, AGS 2011, 203 = BeckRS 2010, 56285.
8 Etwa OLG Düsseldorf, MDR 1990, 832.

zess), erst recht in Anbetracht des Umstands, dass § 95 ZPO in der Praxis sehr selten Anwendung findet und weitgehend unbekannt ist.[9]

7 Der **Tenor** kann wie folgt lauten:

> Von den Kosten des Rechtsstreits tragen der Kläger 60 %, die Beklagte 40 %. Die Kosten, die durch die verschuldete Verlegung des Beweistermins vom (...) entstanden sind, trägt der Kläger allein. Die Kosten der mündlichen Verhandlung vom (...) trägt die Beklagte wegen ihrer Säumnis allein.

8 Auch wenn das Gericht im Endurteil § 95 ZPO ersichtlich nicht geprüft hat, kann dies im Kostenfestsetzungsverfahren nicht nachgeholt werden. Ist eine Kostenentscheidung nach § 95 ZPO erfolgt, kann diese nicht isoliert angefochten werden, § 99 Abs. 1 ZPO.

9 Neben § 95 ZPO kann das Gericht – dann durch gesonderten Beschluss – der säumigen Partei eine Verzögerungsgebühr unter den Voraussetzungen des § 38 GKG auferlegen.[10]

§ 96
Kosten erfolgloser Angriffs- oder Verteidigungsmittel

Die Kosten eines ohne Erfolg gebliebenen Angriffs- oder Verteidigungsmittels können der Partei auferlegt werden, die es geltend gemacht hat, auch wenn sie in der Hauptsache obsiegt.

Inhalt:

	Rn.		Rn.
A. Allgemeines	1	C. Kostenentscheidung	6
B. Erläuterungen	3		

A. Allgemeines

1 § 96 ZPO weicht – ebenso wie §§ 94, 95 ZPO – von dem Grundsatz einheitlicher Kostenentscheidung ab und enthält einen Fall der sog. **Kostentrennung**. Der Normzweck besteht darin, die Parteien zu einer **sparsamen Prozessführung** anzuhalten.[1] In ihr kommt der Gedanke einer gerechten Kostenverteilung und der Veranlasserhaftung zum Ausdruck; es kann im Einzelfall unbillig sein, der unterlegenen Partei sämtliche im Laufe des Rechtsstreits entstandenen Kosten aufzuerlegen, obwohl einzelne Angriffs- oder Verteidigungsmittel der obsiegenden Partei erfolglos waren.[2] Da es sich um einen Ausnahmetatbestand handelt, ist die Vorschrift **eng auszulegen**. Sie findet für alle Verfahren der ZPO Anwendung, ebenso für Ehe- und Familienstreitsachen, § 113 Abs. 1 Satz 2 FamFG. In ihrem Anwendungsbereich ist sie vorrangig gegenüber den Regelungen in §§ 94, 95 ZPO. Ob § 96 ZPO Anwendung findet, muss durch das Prozessgericht bei der Kostengrundentscheidung und nicht erst im Kostenfestsetzungsverfahren durch den Rechtspfleger entschieden werden. Hat das Gericht der Hauptsache von dieser Möglichkeit keinen Gebrauch gemacht, scheidet auch eine Korrektur der Kostengrundentscheidung im Wege der Kostenfestsetzung aus.[3]

2 Die Vorschrift ist nur anwendbar, wenn die Partei zumindest teilweise in der Hauptsache obsiegt, nämlich hinsichtlich desjenigen Teils, zu dem sie das Angriffs- oder Verteidigungsmittel vorgebracht hat.[4] Dies setzt voraus, dass es in prozessualer und materiell-rechtlicher Hinsicht überhaupt zu einer **Hauptsacheentscheidung** durch das Gericht gekommen ist. Ist dies nicht der Fall, wie etwa im Falle der Klage- oder Rechtsmittelrücknahme (insoweit sind die Regelungen in §§ 269 Abs. 3 Satz 2, 516 Abs. 3 Satz 1, 565 ZPO vorrangig), ist für § 96 ZPO kein Raum.[5] Allerdings kann die Vorschrift im Rahmen einer Entscheidung nach § 91a ZPO nach übereinstimmender Erledigterklärung Berücksichtigung finden.[6] Im Falle einer Beendigung

---

9 Richtig Baumbach/Lauterbach/Albers/Hartmann, ZPO, § 95 Rn. 16.
10 Einzelheiten bei Baumbach/Lauterbach/Albers/Hartmann, ZPO, Anhang nach § 95 Rn. 1 ff.; Zöller-*Herget*, ZPO, § 95 Rn. 5 ff.; *Hansens*, RVGreport 2009, 173; *Schneider*, AGS 2007, 597; *Schmidt*, MDR 2001, 308.

Zu § 96:
1 MK-*Schulz*, ZPO, § 96 Rn. 1.
2 BeckOK-*Jaspersen/Wache*, ZPO, § 96 Rn. 1; Saenger-*Gierl*, ZPO, § 96 Rn. 1.
3 Vgl. BGH, NJW 2013, 3586 (3588), Rn. 19 = VersR 2014, 353; BGH, NJW-RR 2006, 810 (811), Rn. 14 f. = Rpfleger 2006, 338; OLG Koblenz, MDR 2008, 472.
4 Baumbach/Lauterbach/Albers/Hartmann, ZPO, § 96 Rn. 6.
5 MK-*Schulz*, ZPO, § 96 Rn. 2; Thomas/Putzo-*Hüßtege*, ZPO, § 96 Rn. 1a; abweichend BeckOK-*Jaspersen/Wache*, ZPO, § 96 Rn. 4a.
6 Vgl. LAG Nürnberg, NZA-RR 2002, 274.

des Rechtsstreits durch Prozessvergleich kann nichts anderes gelten, wobei insoweit die Auslegungsregel in § 98 Satz 2 ZPO zu beachten ist. Auch kann zumindest der **Rechtsgedanke** des § 96 ZPO herangezogen werden, wenn das Gericht über die Kosten nach Rücknahme sowohl von Klage als auch von Widerklage zu entscheiden ist.[7] Im Falle eines sofortigen Anerkenntnisses kann im Rahmen der Kostenentscheidung nach § 93 ZPO auf die Vorschrift des § 96 ZPO weder direkt noch analog zurückgegriffen werden.[8]

B. Erläuterungen

§ 96 ZPO setzt voraus, dass ein Angriffs- oder Verteidigungsmittel ohne Erfolg geblieben ist. Der Begriff des Angriff- und Verteidigungsmittels entspricht demjenigen in §§ 146, 282, 531 Abs. 2 ZPO (vgl. hierzu die Kommentierung zu § 146 ZPO). Das Angriffs- oder Verteidigungsmittel der Partei ist **erfolglos** geblieben, wenn es bei Betrachtung *ex post* den Ausgang des Verfahrens nicht in irgendeinem für sie günstigen Sinn beeinflusst hat, ob es also für die Sachentscheidung hinwegdenkbar ist.[9]   3

Dass der obsiegenden Partei an der erfolglosen Geltendmachung ihres Angriffs- oder Verteidigungsmittels ein Verschulden trifft, wird von § 96 ZPO nicht vorausgesetzt. Die subjektive Vorwerfbarkeit kann aber bei der Ausübung des eingeräumten Ermessens Berücksichtigung finden. War etwa die Erfolglosigkeit des Angriffsmittels bei vernünftiger Betrachtung überhaupt nicht absehbar, kann das Gericht von der Kostentrennung nach § 96 ZPO absehen.[10] Im Blick zu behalten sind der Ausnahmecharakter des § 96 ZPO einerseits und der Grundsatz der Kostengerechtigkeit andererseits.[11]   4

Da die Kosten des **selbstständigen Beweisverfahrens** nach §§ 494 ff. ZPO zu den Kosten des (nachfolgenden) Klageverfahrens gehören, ist über diese insgesamt in dem anhängigen Klageverfahren zu entscheiden. Die Kosten eines im Klageverfahren nicht weiterverfolgten Teils des vorausgegangenen selbstständigen Beweisverfahrens können nach der Rechtsprechung des BGH dem Antragsteller analog § 96 ZPO auch dann auferlegt werden, wenn er in der Hauptsache obsiegt.[12] Das kann auch zu einer anteiligen Verteilung der Kosten des selbstständigen Beweisverfahrens führen. Eine Auferlegung der Kosten analog § 96 ZPO ist regelmäßig dann angezeigt, wenn der Gegenstand der Klage deshalb wesentlich hinter dem Gegenstand des selbstständigen Beweisverfahrens zurückbleibt, weil sich dort ergeben hat, dass der geltend gemachte Anspruch insoweit unbegründet war.[13] Hat das Gericht der Hauptsache von dieser Möglichkeit keinen Gebrach gemacht, scheidet eine Korrektur der Kostengrundentscheidung im Wege der Kostenfestsetzung aus.[14]   5

C. Kostenentscheidung

§ 96 ZPO stellt es („können") in das **Ermessen** des erkennenden Gerichts, inwiefern es der obsiegenden Partei die Kosten auferlegt. Eines Antrages der unterlegenen Partei bedarf es nicht, die Ermessensausübung erfolgt von Amts wegen und kann der Partei im Einzelfall schon frühzeitig (vor Kostenanfall) „warnend" in Aussicht gestellt werden. Eine Trennung setzt freilich voraus, dass die Kosten von den übrigen Kosten des Rechtsstreits ausgeschieden werden können, worauf das Gericht bei einzelnen Angriffs- oder Verteidigungsmittel auch selbst hinwirken kann.[15] Die Höhe der abgetrennten Kosten wird später im Kostenfestsetzungsverfahren vom Rechtspfleger geklärt.   6

Der **Tenor** lautet wie folgt: 7

> Die Kosten des Rechtsstreits trägt der Beklagte mit Ausnahme der Kosten, die durch die Begutachtung durch den Sachverständigen (...) und die Einvernahme des Zeugen (...) entstanden sind. Diese trägt der Kläger.

Sieht das Gericht von einer Kostentrennung ab, ist dies in den Entscheidungsgründen entsprechend zu begründen. § 99 Abs. 1 ZPO gilt auch für die Kostentrennung nach § 96 ZPO.[16]   8

---

7 OLG Stuttgart, OLGR 2006, 603 (604).
8 *Streit/Schade*, JurBüro 2004, 120 (121).
9 MK-*Schulz*, ZPO, § 96 Rn. 4; BeckOK-*Jaspersen/Wache*, ZPO, § 96 Rn. 4b.
10 Vgl. AG Hamburg, WuM 2007, 621; Baumbach/Lauterbach/Albers/Hartmann, ZPO, § 96 Rn. 9; BeckOK-*Jaspersen/Wache*, ZPO, § 96 Rn. 5.
11 Siehe OLG Brandenburg v. 23.11.2011, 4 U 91/10, juris, Rn. 137.
12 BGH, NJW 2004, 3121 = MDR 2004, 1373.
13 BGH, NJW 2005, 294 = MDR 2005, 296.
14 BGH, NJW-RR 2006, 810 (811), Rn. 14 = Rpfleger 2006, 338; BGH, NZBau 2005, 44 (45) = MDR 2004, 1372.
15 Vgl. BeckOK-*Jaspersen/Wache*, ZPO, § 96 Rn. 4b: Hinweis an den umfangreich beauftragten Sachverständigen, seine Kosten nach Möglichkeit nach Mängeln aufzuschlüsseln.
16 BGH, NJOZ 2015, 187, Rn. 5 ff.

§ 97
Rechtsmittelkosten

(1) Die Kosten eines ohne Erfolg eingelegten Rechtsmittels fallen der Partei zur Last, die es eingelegt hat.

(2) Die Kosten des Rechtsmittelverfahrens sind der obsiegenden Partei ganz oder teilweise aufzuerlegen, wenn sie auf Grund eines neuen Vorbringens obsiegt, das sie in einem früheren Rechtszug geltend zu machen imstande war.

Inhalt:

	Rn.		Rn.
A. Allgemeines	1	1. Grundsatz	9
B. Erläuterungen	5	2. Teilerfolg des Rechtsmittels	10
I. Kostenverteilung nach Abs. 1	5	III. Kostenverteilung nach Abs. 2	12
1. Erfolglosigkeit des Rechtsmittels	5	1. Anwendungsbereich	12
2. Kostentragung durch den Rechtsmittelführer	7	2. Neues Vorbringen	13
3. Erfolglosigkeit mehrerer Rechtsmittel	8	3. Vorwurf der nachlässigen Prozessführung	15
II. Kostenverteilung bei erfolgreichem Rechtsmittel	9	4. Abs. 2 als Muss-Vorschrift	16

A. Allgemeines

1   Im Rechtsbehelfsverfahren ist in der Regel eine Kostengrundentscheidung vorzunehmen. Die Vorschrift des § 97 ZPO folgt in Abs. 1 dem Grundsatz, dass derjenige die Kosten zu tragen hat, die er ohne Grund veranlasst hat.[1] Die Kosten eines erfolglosen Rechtsmittels können nicht dem obsiegenden Rechtsmittelgegner auferlegt werden. Abs. 2 sieht hiervon jedoch insofern eine Ausnahme vor, als der obsiegenden Partei die Kosten teilweise oder insgesamt dann aufzuerlegen sind, wenn ihr prozessuales Verhalten in der Vorinstanz Anlass zum Vorwurf gibt und dessen Korrektur nachfolgend zum Rechtsmittelerfolg geführt hat. § 97 Abs. 2 ZPO stellt damit eine Ausnahme vom Prinzip der einheitlichen Kostenentscheidung dar und ermöglicht eine **Kostentrennung**.[2]

2   Die Vorschrift enthält entgegen der allgemein gehaltenen amtlichen Überschrift keine (ausdrückliche) Regelung des Falls, dass das eingelegte Rechtsmittel Erfolg hat. Es gilt insoweit der Grundsatz des § 91 Abs. 1 ZPO fort, wonach der Rechtsmittelgegner als unterliegende Partei die Kosten des Rechtsmittelverfahrens zu tragen hat (hierzu nachfolgend Rn. 9 ff.).

3   § 97 Abs. 1 ZPO findet **auf sämtliche Rechtsmittelverfahren der ZPO** Anwendung, sofern es sich um Verfahren mit **kontradiktorischen** Charakter handelt. Der Begriff des Rechtsmittels ist dabei weit auszulegen. Suspensiv- oder Devolutiveffekt müssen ihm nicht zukommen. Ggfs. ist eine analoge Anwendung der Norm unproblematisch möglich. Erfasst sind damit sämtliche „Rechtsmittel" wie Berufung, Revision, Nichtzulassungsbeschwerde, sofortige Beschwerde, (einfache) Beschwerde, Erinnerung (§ 573 Abs. 1 ZPO, § 11 RPflG), Einspruch (§§ 338, 700 ZPO), Gehörsrüge (§ 321a ZPO).[3] Eine Kostenverteilung zum Nachteil des unterliegenden Rechtsmittelführers kommt allerdings nicht in Betracht, sofern aufgrund spezieller Regelung eine Kostenerstattung ausdrücklich verneint ist (z.B. in § 66 Abs. 8, 68 Abs. 3 GKG oder im PKH-Verfahren nach § 127 Abs. 4 ZPO). Darf die angegriffene Ausgangsentscheidung – als Teil der Hauptsache – keine Kostenentscheidung enthalten, findet § 97 ZPO ebenfalls keine Anwendung, da das Beschwerdeverfahren nur einen Bestandteil des Hauptverfahrens darstellt. Die Kosten des Beschwerdeverfahrens bilden dann einen Teil der Kosten des Rechtsstreits, die unabhängig von dem Ausgang des Beschwerdeverfahrens die nach §§ 91 ff. ZPO in der Sache unterliegende Partei zu tragen hat.[4]

4   Über die Rechtsmittel der ZPO hinaus gilt § 97 ZPO für sämtliche Verfahren, auf die die ZPO anwendbar ist. Hinsichtlich des FamFG ist zu differenzieren: Grundsätzlich gilt § 84 FamFG („soll" auferlegen), in Ehesachen und Familienstreitsachen findet hingegen über § 113 Abs. 1

---

1   Hierzu allgemein Vorbem. zu §§ 91–107 Rn. 6.
2   Musielak/Voit-*Flockenhaus*, ZPO, § 97 Rn. 1; zum Grundsatz der Kosteneinheit Vorbem. zu §§ 91–107 Rn. 9.
3   Vgl. BeckOK-*Jaspersen/Wache*, ZPO, § 97 Rn. 2; Musielak/Voit-*Flockenhaus*, ZPO, § 97 Rn. 2.
4   BGH, NJW-RR 2006, 1289 (1290), Rn. 12 = MDR 2006, 704 zur Entscheidung über die Verfahrensaussetzung. Zweifelnd und ausführlich zu Einzelfällen BeckOK-*Jaspersen/Wache*, ZPO, § 97 Rn. 3 ff.

FamFG die Regelung des § 97 ZPO Anwendung. In Unterhaltssachen ist die Regelungsgehalt der Vorschrift ggfs. ebenfalls im Rahmen der Kostenentscheidung nach § 243 FamFG zu berücksichtigen.[5]

B. Erläuterungen
I. Kostenverteilung nach Abs. 1
1. Erfolglosigkeit des Rechtsmittels

Die Kostengrundentscheidung zum Nachteil des Rechtsmittelführers setzt die Erfolglosigkeit seines Rechtsmittels voraus. Diese ist gegeben, wenn es **insgesamt unzulässig oder unbegründet** ist. Erfolglos ist es auch dann, wenn das Rechtsmittelgericht die angegriffene Entscheidung mit einer anderen Begründung aufrecht erhält oder wenn eine Abänderung allein im Kostenausspruch vorgenommen wird.[6] Unbeachtlich ist ferner eine Abänderung der angeordneten Sicherheitsleistung[7] oder der Entscheidung über die Zinsen, letzteres allerdings nur, solange die Korrektur nicht einen Umfang erreicht, dass sie nicht mehr als geringfügig i.S.v. § 92 Abs. 2 Nr. 1 ZPO angesehen werden kann.[8] Unterliegt der Beklagte mit seiner Berufung gegen ein **Grundurteil** nach § 304 ZPO, kann das Berufungsgericht die Kostenentscheidung nicht dem Schlussurteil vorbehalten. Die Entscheidung über die Kosten der Berufung gegen das Grundurteil ist unabhängig davon zu treffen, wie später in der Sache selbst entschieden wird, selbst wenn der Kläger im Verfahren über die Höhe teilweise unterliegt. Der abweichenden Ansicht einzelner Obergerichte, wonach die Entscheidung über die Kosten des Berufungsverfahrens dem Schlussurteil vorbehalten werden soll, um der Möglichkeit Rechnung zu tragen, dass der das Grundurteil erstreitende Kläger im Betragsverfahren teilweise oder gänzlich unterliegt,[9] folgt die h.M.[10] zu Recht nicht; denn der Beklagte hat die Kosten des Rechtsmittels gegen das Grundurteil ohne Grund veranlasst.[11] 5

Findet das Verfahren über das Rechtsmittel vorzeitig auf andere Weise zum Teil sein Ende, etwa durch Rücknahme (§§ 269, 516, 565 ZPO) oder Erledigung (§ 91a ZPO), ist eine **gemischte Kostenentscheidung** vorzunehmen unter Anwendung der speziellen Kostenvorschriften (§§ 91a Abs. 1 Satz 1, 92, 269 Abs. 3, 516 Abs. 3, 565 ZPO).[12] 6

2. Kostentragung durch den Rechtsmittelführer

Die Kosten des Berufungsverfahrens hat die unterliegende rechtsmittelführende „Partei" zu tragen. Über den Wortlaut hinaus gilt § 97 Abs. 1 ZPO auch für den Rechtsanwalt oder einen beliebigen Dritten, der ohne die erforderliche Vertretungsmacht das (deshalb unzulässige) Rechtsmittel einlegt und dem dieser Mangel auch bekannt ist.[13] Da die prozessuale Kostentragungspflicht allein vom Ergebnis des Rechtsmittels abhängt und nicht auch davon, ob die unterlegene Partei überhaupt prozessfähig ist, gilt die Kostenregel des § 97 Abs. 1 ZPO auch zu Lasten des **Prozessunfähigen**.[14] Führt nur einer von mehreren notwendigen Streitgenossen (§ 62 ZPO) erfolglos das Rechtsmittel, werden die übrigen untätigen Streitgenossen nicht zu Kostenschuldnern.[15] Da der Nebenintervenient nicht Partei des Rechtsstreits ist, können ihm die Kosten seines erfolglosen Rechtsmittels nur auferlegt werden, wenn die Hauptpartei weder ein Rechtsmittel eingelegt hat noch den Nebenintervenienten im Rechtsmittelverfahren unterstützt. Etwas anderes gilt allerdings bei streitgenössischer Nebenintervention gemäß § 101 Abs. 2 ZPO.[16] 7

3. Erfolglosigkeit mehrerer Rechtsmittel

Wurde von beiden Parteien gegen dieselbe Entscheidung ein Rechtsmittel eingelegt (etwa Berufung des Klägers einerseits und gesonderte Berufung des Beklagten andererseits) und haben 8

---

5 Näher Saenger-*Gierl*, ZPO, § 97 Rn. 2.
6 BGH, GRUR 1992, 625 (627) = NJW 1992, 2969.
7 MK-*Schulz*, ZPO, § 97 Rn. 5.
8 Musielak/Voit-*Flockenhaus*, ZPO, § 97 Rn. 3; Saenger-*Gierl*, ZPO, § 97 Rn. 5; zur vergleichbaren Problemstellung bei § 92 Abs. 2 ZPO vgl. § 92 Rn. 12.
9 Zuletzt OLG Hamm, MDR 2010, 1186; OLG Stuttgart, OLGR 2004, 26.
10 BGH, GRUR 2011, 546 (550) = WRP 2011, 758; BGHZ 54, 21 (29) = NJW 1970, 1416 (1418) = MDR 1970, 663; BGHZ 20, 397 f. = NJW 1956, 1235 = JurBüro 1956, 388.
11 Richtig OLG Düsseldorf, BauR 2014, 1182; BeckOK-*Jaspersen/Wache*, ZPO, § 97 Rn. 13.
12 BeckOK-*Jaspersen/Wache*, ZPO, § 97 Rn. 12.
13 BGH, NJW 1983, 883 (884) = VersR 1983, 183; BGH, DB 1953, 1090 = BeckRS 1953, 31373538; Zöller-*Herget*, ZPO, § 97 Rn. 4.
14 BGHZ 121, 397 = NJW 1993, 1865 = VersR 1993, 1377.
15 MK-*Schulz*, ZPO, § 97 Rn. 7.
16 Musielak/Voit-*Flockenhaus*, ZPO, § 97 Rn. 4; BeckOK-*Jaspersen/Wache*, ZPO, § 97 Rn. 18.

beide Rechtsmittel keinen Erfolg, kann nicht allein auf § 97 Abs. 1 ZPO abgestellt werden. Zur Wahrung des Grundsatzes der einheitlichen Kostenentscheidung ist zusätzlich § 92 ZPO in den Blick zu nehmen; bezogen auf den Gesamtstreitwert sind dann die Kosten nach dem Obsiegen und Unterliegen verhältnismäßig zu teilen.[17] Umstritten ist die Frage der Kostenverteilung, wenn der Berufungsbeklagte sich der Berufung nach § 524 ZPO anschließt, die Anschlussberufung aber sodann nach § 524 Abs. 4 ZPO ihre Wirkung verliert, weil die Berufung zurückgenommen, verworfen oder durch Beschluss zurückgewiesen wird.[18]

II. Kostenverteilung bei erfolgreichem Rechtsmittel

1. Grundsatz

9 Dringt der Rechtsmittelführer mit seinem Begehren durch, ist über die Kosten seines erfolgreichen Rechtsmittels **nach Maßgabe der §§ 91 ff. ZPO** zu befinden. Erfolgreich ist das Rechtsmittel, wenn die angefochtene Ausgangsentscheidung durch das Rechtsmittelgericht aufgehoben oder abgeändert wird. Im Falle einer Zurückweisung an das Ausgangsgericht (§§ 538 Abs. 2, 563 Abs. 1 S. 1, 566 Abs. 8 S. 2 ZPO) liegt (noch) kein Erfolg vor, da in der Sache keine abschließende Entscheidung getroffen wird. Das Rechtsmittelgericht hat daher dem Ausgangsgericht die Entscheidung (auch) über die Kosten des Rechtsmittelverfahrens zu übertragen.[19]

2. Teilerfolg des Rechtsmittels

10 Ist das Rechtsmittel teilweise erfolgreich, ist über die Kostentragungslast nach Maßgabe der §§ 91 ff. ZPO zu entscheiden. Kostenrechtliche Sondervorschriften (neben § 97 Abs. 2 ZPO) finden dabei vorrangig Anwendung: So hat der Kläger die Mehrkosten zu tragen, wenn er zunächst ein unzuständiges Gericht angerufen hat, auch wenn er in der Berufungsinstanz vollständig obsiegt (§ 281 Abs. 3 ZPO). Das Gleiche gilt für den obsiegenden Berufungsführer hinsichtlich der von ihm erstinstanzlich verursachten Versäumniskosten, § 344 ZPO. Im Übrigen ist über sämtliche (also erst- und nachinstanzlichen) Kosten des Rechtsstreits durch das Rechtsmittelgericht neu zu befinden, wobei das Obsiegen und Unterliegen (§ 92 ZPO) in Abhängigkeit vom Umfang des Rechtsmittels ggfs. für die Instanzen unterschiedlich zu bemessen ist. Sind der erstinstanzliche Streitwert und der Rechtsmittelstreitwert identisch, können die Kosten des Rechtsstreits (also einschließlich derjenigen des Rechtsmittelverfahrens, eine besondere Hervorhebung ist nicht erforderlich) einheitlich quotiert werden:

Von den Kosten des Rechtsstreits tragen der Kläger 60 %, der Beklagte 40 %.

Weicht der Rechtsmittelstreitwert hingegen ab, bedarf es einer instanzbezogenen Differenzierung:

Von den Kosten der ersten Instanz tragen der Kläger 75 %, der Beklagte 25 %. Die Kosten der zweiten Instanz werden gegeneinander aufgehoben.[20]

11 Wird das erstinstanzliche Urteil nicht nur in der Hauptsache, sondern in zulässiger Weise auch im **Kostenpunkt** angegriffen (§ 99 Abs. 1 ZPO) und zählt die Anfechtung der Kostenentscheidung zu den wesentlichen Punkten des Rechtsmittelbegehrens, so ist das Rechtsmittel bei einer Abänderung der Kostenentscheidung als teilweise erfolgreich anzusehen. Dementsprechend sind die Rechtsmittelkosten nach § 92 Abs. 1 ZPO zu quoteln, wenn der Wert des Kostenpunkts im Verhältnis zum Beschwerdewert in der Hauptsache erheblich ist. In diesem Fall ist der Wert des Kostenpunkts dem tatsächlichen Rechtsmittelstreitwert hinzuzurechnen.[21]

III. Kostenverteilung nach Abs. 2

1. Anwendungsbereich

12 Eine (weitere) Sonderregelung betreffend die Kostenverteilung bei erfolgreichem Rechtsmittel findet sich in § 97 Abs. 2 ZPO. Hiernach hat der im Rechtsmittelverfahren Obsiegende die Kosten dieser Instanz – zwingend – zu tragen, wenn er allein aufgrund eines neuen Vorbringens obsiegt, das er schon in der vorangegangenen Instanz hätte geltend machen können. Der Zweck der Vorschrift besteht darin, im Interesse der Prozessbeschleunigung demjenigen die Kosten des Rechtsmittelverfahrens aufzuerlegen (und damit zu „bestrafen"), der den **Prozess**

---

17 MK-*Schulz*, ZPO, § 97 Rn. 11.
18 Hierzu etwa OLG Nürnberg, NJW-RR 2013, 124 einerseits und OLG München, NJW-RR 2015, 63 andererseits.
19 Zöller-*Herget*, ZPO, § 97 Rn. 7; ausnahmsweise anders aber bei abschließender Entscheidung des Rechtsmittelgerichts über eine Stufe der Stufenklage, vgl. OLG Hamm, OLGR 1994, 72.
20 Vgl. ferner Saenger-*Gierl*, ZPO § 97 Rn. 12 f.; Thomas/Putzo-*Hüßtege*, ZPO, § 97 Rn. 15 ff.; Musielak/Voit-*Flockenhaus*, ZPO, § 97 Rn. 6.
21 OLG Köln, VersR 1995, 358.

nachlässig führt.²² § 97 Abs. 2 ZPO kann auch zum Nachteil derjenigen Partei angewendet werden, die bereits in der Vorinstanz siegreich war und letztlich auch im Rechtsmittelverfahren obsiegt.²³ Die Anwendung des § 97 Abs. 2 ZPO kommt nicht nur dann in Betracht, wenn sicher feststeht, das das Rechtsmittel ohne das neue Vorbringen erfolglos gewesen wäre.²⁴ Vielmehr kann die Vorschrift allenfalls dann keine Anwendung finden, wenn sicher feststeht, dass das Rechtsmittel auch ohne das neue Vorbringen erfolgreich gewesen wäre.²⁵ Auf § 97 Abs. 2 ZPO kann das Berufungsgericht auch zurückgreifen, wenn der erstinstanzlich noch sieghafte Kläger seine Klage aufgrund neuen Vorbringens des Beklagten zurücknimmt.²⁶

2. Neues Vorbringen
Unter „neuem Vorbringen" sind zunächst **neues tatsächliches Vorbringen**, **erstmals angebotene Beweismittel** und **alle Angriffs- und Verteidigungsmittel** i.S.v. §§ 96, 146, 282, 531 Abs. 2 ZPO zu verstehen. Darüber hinaus können aber auch neue Klageanträge, etwa ein neuer Hilfsantrag, oder eine Klageänderung neues Vorbringen in diesem Sinn sein.²⁷ Eine erst im Rechtsmittelzug zulässigerweise erhobene Widerklage stellt in der Regel kein neues Vorbringen dar, da eine Anwendung des § 97 Abs. 2 ZPO in diesem Fall dem Sinn und Zweck des § 533 ZPO zuwiderliefe.²⁸ Auch die Ergebnisse von Amts wegen durchgeführter Beweisaufnahmen²⁹ und bloße Rechtsmeinungen³⁰ fallen nicht unter den Begriff. Das Gleiche gilt, wenn der obsiegende Beklagte erstmals in zweiter Instanz die Unzulässigkeit der Klage wegen des Fehlens einer amtswegig zu prüfenden, unverzichtbaren besonderen Prozessvoraussetzung rügt, etwa den Verstoß gegen § 15a Abs. 1 Nr. 2 EGZPO mangels Durchführung des obligatorischen Schlichtungsverfahrens.³¹ 13

„Neu" ist das Vorbringen, wenn es durch die Partei **erstmals** in der Rechtsmittelinstanz in das Verfahren eingeführt wird und es (im Berufungsverfahren) nach § 531 Abs. 2 ZPO zugelassen wird (im Beschwerdeverfahren nach §§ 567 ff. ZPO ist neues Vorbringen ohnehin zu berücksichtigen, § 571 Abs. 2 ZPO). Ohne Relevanz ist grundsätzlich, ob dem Gegner das Vorbringen bereits in der Vorinstanz bekannt war. Etwas anderes kann aber gelten bei einem erstinstanzlich erfolgten Bestreiten/Vorbringen wider besseres Wissen, weil die letztlich obsiegende Partei bei anständiger Prozessführung nicht damit rechnen muss, dass ein wahrheitswidriger Vortrag bis zuletzt aufrechterhalten wird.³² 14

3. Vorwurf der nachlässigen Prozessführung
Eine Kostentragung nach § 97 Abs. 2 ZPO kommt zudem nur in Betracht, wenn die obsiegende Partei imstande war, das neue Vorbringen bereits in dem früheren Rechtszug geltend zu machen. Kenntnis und Verschulden eines gesetzlichen Vertreters oder des Prozessbevollmächtigten muss sich die Partei nach allgemeinen Regeln zurechnen lassen, §§ 51 Abs. 2, 85 Abs. 2 ZPO. Ob sie zur Geltendmachung „imstande" war, beurteilt sich nach dem Maßstab einer sorgfältigen und auf Förderung des Verfahrens bedachten Prozessführung i.S.v. § 282 Abs. 1 ZPO. Eine grobe Nachlässigkeit oder sogar eine Verschleppungsabsicht braucht nicht vorgelegen zu haben, ausreichend ist **leichte Fahrlässigkeit**, von dessen Vorliegen sich das Gericht überzeugen muss. Ein „Mitverschulden" des Erstgerichts – namentlich in Folge eines pflichtwidrig im Rahmen der materiellen Prozessleitung (§ 139 ZPO) unterbliebenen Hinweises – ändert an der Kostentragungspflicht nach § 97 Abs. 2 ZPO nichts.³³ Obsiegt die Beklagtenpartei aufgrund einer von ihr in der Rechtsmittelinstanz erstmals erhobenen **Verjährungseinrede**, ist zweifelhaft, inwiefern ihr der Vorwurf einer nachlässigen Prozessführung gemacht werden kann. Maßgeblicher dürfte insoweit die Frage sein, ob sich der Eintritt der Verjährung einer 15

---
22 BGH, NJW-RR 2005, 866 (867) = WM 2005, 948; Musielak/Voit-*Flockenhaus*, ZPO, § 97 Rn. 1.
23 OLG Hamm, NJW 1973, 198 zur Erhebung der Verjährungseinrede erst im zweiten Rechtszug; a.A. OLG Hamm, NJW 1984, 1244.
24 So aber Thomas/Putzo-*Hüßtege*, ZPO, § 97 Rn. 10.
25 BGH, NJW-RR 2005, 866 (867) = WM 2005, 948.
26 OLG Köln, FamRZ 2015, 1748; OLG Nürnberg, NJW 2013, 243; anders Baumbach/Lauterbach/Albers/Hartmann, ZPO, § 97 Rn. 62: ggfs. § 269 Abs. 3 Satz 2 ZPO analog.
27 BGHZ 178, 271 = NJW-RR 2009, 254 (258), Rn. 38 = FamRZ 2009, 224 m.w.N.; auch Parteiwechsel: OLG Brandenburg, MMR 2009, 117.
28 BGHZ 178, 271 = NJW-RR 2009, 254 (258), Rn. 40 ff. = FamRZ 2009, 224.
29 OLG Karlsruhe, OLGZ 1980, 384.
30 OLG Bamberg, JurBüro 1984, 737.
31 OLG Saarbrücken v. 22.01.2015, 4 U 34/14, juris.
32 Vgl. OLG Köln, MDR 1973, 324; Wieczorek/Schütze-*Smid/Hartmann*, ZPO, § 97 Rn. 9; auch BGH, NJW 1960, 818 = MDR 1960, 483.
33 OLG Saarbrücken, OLGR 2008, 746; OLG Zweibrücken, OLGR 1997, 91; anders etwa OLG Stuttgart, OLGR 1999, 414; BeckOK-*Jaspersen/Wache*, ZPO, § 97 Rn. 26.

verständigen Partei aufdrängen musste: War bereits in erster Instanz rechtlich und tatsächlich unzweifelhaft Verjährung eingetreten, liegt eine unsorgfältige Prozessführung auf der Hand. Ist die Frage der Verjährung hingegen rechtlich nicht eindeutig, erscheint es nicht vorwerfbar, wenn die Partei im ersten Rechtszug davon abgesehen hat, die Einrede zu erheben.[34]

4. Abs. 2 als Muss-Vorschrift

16 Sind die Voraussetzungen des § 97 Abs. 2 ZPO erfüllt, hat das Rechtsmittelgericht von der Vorschrift zwingend Gebrauch zu machen. Es handelt sich um eine **Muss-Vorschrift**.[35] Eine Verteilung der Kosten in Anknüpfung an einzelne Angriffs- oder Verteidigungsmittel ist nur möglich, wenn über mehrere Streitgegenstände zu befinden war und sich das neue Vorbringen nur bei einem Streitgegenstand ausgewirkt hat (oder auf einen Teil eines teilbaren Streitgegenstandes). Von diesem Fall abgesehen hat die obsiegende Partei bei Anwendung des § 97 Abs. 2 ZPO stets die gesamten Kosten des Rechtsstreits zu tragen. Darüber hinaus kann vom Rechtsmittelgericht ggfs. eine Verzögerungsgebühr nach § 38 GKG verhängt werden.[36]

§ 98
Vergleichskosten

¹Die Kosten eines abgeschlossenen Vergleichs sind als gegeneinander aufgehoben anzusehen, wenn nicht die Parteien ein anderes vereinbart haben. ²Das Gleiche gilt von den Kosten des durch Vergleich erledigten Rechtsstreits, soweit nicht über sie bereits rechtskräftig erkannt ist.

Inhalt:

	Rn.		Rn.
A. Allgemeines	1	3. Keine negative Kostenregelung durch die Parteien	7
B. Erläuterungen	4	4. Analoge Anwendung des § 98 ZPO auf außergerichtliche Vergleiche	11
I. Kosten des Vergleichs, Satz 1	4		
1. Abschluss eines prozessual wirksamen Vergleichs	5	5. Aufhebung der Vergleichskosten	12
2. Keine positive Kostenregelung durch die Parteien	6	II. Kosten des Rechtsstreits, Satz 2	13
		C. Kostenentscheidung des Gerichts	18

A. Allgemeines

1 § 98 ZPO enthält eine kostenrechtliche Sonderregelung für den Fall, dass zwischen den Parteien des Rechtsstreits ein Prozessvergleich i.S.v. § 794 Abs. 1 Nr. 1 ZPO zustande gekommen ist. Die Vorschrift statuiert eine **gesetzliche Vermutung** der Kostenaufhebung[1] und ist Ausdruck der Dispositionsmaxime im Zivilverfahren, der eine Grenze allein durch die Rechtskraft (§ 98 Satz 2 ZPO a.E.) gezogen wird.[2] § 98 ZPO kommt auch eine prozessökonomische Bedeutung zu.[3]

2 Die Vorschrift des § 98 ZPO findet **direkte** Anwendung lediglich auf förmliche Prozessvergleiche, wobei unerheblich ist, ob der Vergleich ein gegenseitiges Nachgeben enthält und damit einen Vergleich i.S.v. § 779 BGB darstellt.[4] Bei Abschluss eines außergerichtlichen Vergleichs kann sie aber in der Regel **analog** herangezogen werden (nachfolgend Rn. 11 ff.). § 98 ZPO kann auch bei Abschluss eines Vergleichs im Zwangsvollstreckungsverfahren entsprechend angewendet werden, da § 788 ZPO keine abschließende Regelung darstellt.[5]

---

34 Zöller-*Herget*, ZPO, § 97 Rn. 13; Musielak/Voit-*Flockenhaus*, ZPO, § 97 Rn. 10; MK-*Schulz*, ZPO, § 97 Rn. 25; Baumbach/Lauterbach/Albers/Hartmann, ZPO, § 97 Rn. 66, jeweils m.w.N.; auch LAG Mainz v. 05.09.2008, 9 Sa 373/08, juris.

35 Wieczorek/Schütze-*Smid/Hartmann*, ZPO, § 97 Rn. 12; BeckOK-*Jaspersen/Wache*, ZPO, § 97 Rn. 28; für ein „eingeschränktes Ermessen" hingegen mit Blick auf den Gedanken der Kostengerechtigkeit Baumbach/Lauterbach/Albers/Hartmann, ZPO, § 97 Rn. 69; Saenger-*Gierl*, ZPO, § 97 Rn. 20.

36 BeckOK-*Jaspersen/Wache*, ZPO, § 97 Rn. 28.

Zu § 98:

1 BGH, NJW-RR 2006, 1000f., Rn. 4 = FamRZ 2006, 853.
2 Siehe Baumbach/Lauterbach/Albers/Hartmann, ZPO, § 9 Rn. 2; Musielak/Voit-*Flockenhaus*, ZPO, § 98 Rn. 1.
3 Vgl. Stein/Jonas-*Bork*, ZPO, § 98 Rn. 1; BeckOK-*Jaspersen/Wache*, ZPO, § 98 Rn. 1.
4 BGH, NJW 2007, 1213, Rn. 10 = FamRZ 2007, 555.
5 BGH, NJW 2007, 1213, Rn. 6ff. = FamRZ 2007, 555.

Der **persönliche** Geltungsbereich des § 98 ZPO beschränkt sich auf die Parteien des Rechtsstreits. Ist ein Dritter an dem Abschluss des Vergleichs beteiligt, gilt für ihn § 98 ZPO nicht. Hat ein Nebenintervenient nach § 66 ZPO den Vergleich mitabgeschlossen, ergibt sich die Kostentragung nach dem vorrangig anzuwendenden § 101 Abs. 1 Satz 1 ZPO (i. V. m. § 98 ZPO). 3

B. Erläuterungen
I. Kosten des Vergleichs, Satz 1

Nach Satz 1 ist Aufhebung der Vergleichskosten anzunehmen, wenn die Parteien einen wirksamen Prozessvergleich geschlossen und nicht „ein anderes" vereinbart haben. 4

1. Abschluss eines prozessual wirksamen Vergleichs

§ 98 ZPO setzt den Abschluss eines Vergleichs voraus, der prozessual wirksam erfolgt ist. Die bloße materiell-rechtliche Wirksamkeit genügt nicht. Erforderlich ist insbesondere, dass der Vergleich bei Abschluss in der mündlichen Verhandlung zu Protokoll genommen (§ 160 Abs. 3 Nr. 1 ZPO) und ordnungsgemäß nach §§ 162 Abs. 1, 163 Abs. 1 Satz 1 ZPO verfahren worden ist; kommt der Vergleich nach schriftlichem Vergleichsvorschlag des Gerichts zustande, muss den Formerfordernissen nach § 278 Abs. 6 Satz 1 Var. 2 ZPO genügt worden sein.[6] 5

2. Keine positive Kostenregelung durch die Parteien

§ 98 ZPO ist nur anwendbar, soweit die Vergleichsparteien nicht „ein anderes" (als Kostenaufhebung) vereinbart haben. Dies ist sowohl positiv wie auch negativ möglich: Treffen die Parteien – wie häufig in der Praxis – in dem Prozessvergleich gleichzeitig eine Regelung, mit welchen Quoten die Kosten verteilt werden sollen, liegt eine **positive Kostenregelung** vor, deren Vorliegen meist unproblematisch festgestellt werden kann, deren genauer Inhalt aber ggf. durch (ergänzende) Auslegung nach §§ 133, 157 BGB zu ermitteln ist.[7] Die Vereinbarung der Parteien muss sich nicht notwendig auf sämtliche Kosten des Rechtsstreits erstrecken; so kann sich die Regelung etwa nur auf die Kosten eines von mehreren Streitgenossen oder auf bestimmte, etwa säumnisbedingte Mehrkosten beziehen.[8] Übernimmt eine Partei in dem Prozessvergleich die Kosten des Rechtsstreits, sind damit regelmäßig auch die Kosten des Vergleichs selbst erfasst, so dass § 98 Satz 1 ZPO nicht greift.[9] Erfolgt die Einigung dergestalt, dass eine Partei die Kosten des Rechtsstreits, nicht aber die Kosten des (nach § 278 Abs. 6 ZPO geschlossenen) Vergleichs zu tragen hat, ist sie regelmäßig dahingehend auszulegen, dass die 1,2-Terminsgebühr nach Nr. 3104 VV-RVG zu den Kosten des Rechtsstreits gehört,[10] eine Aufhebung nach § 98 Satz 1 ZPO mithin lediglich hinsichtlich der Einigungsgebühr erfolgt. 6

3. Keine negative Kostenregelung durch die Parteien

Die Konsequenzen von § 98 ZPO können in gleicher Weise durch eine **negative Kostenregelung** in der Weise abbedungen werden, dass über die Kosten des Rechtsstreits durch das Gericht nach den allgemeinen Kostenvorschriften (insbesondere §§ 91a, 269 Abs. 3, 516 Abs. 3 ZPO) zu entscheiden ist. Vereinbaren die Parteien in dem Prozessvergleich, dass die Kosten von der gütlichen Einigung ausgenommen und zur Entscheidung des Gerichts gestellt werden sollen, so ist darin eine "andere Vereinbarung" zu erblicken, die anschließend zu einer gerichtlichen Kostenentscheidung (nach § 91a Abs. 1 ZPO) führt.[11] Entspricht dies dem Willen einer Partei, sollte diese auf eine entsprechende **unmissverständliche** Regelung („Über die Kosten des Rechtsstreits und dieses Vergleichs soll das Gericht nach Maßgabe des § 91a Abs. 1 ZPO unter Ausschluss des § 98 ZPO entscheiden.") hinwirken. Erweist sich die Frage der Kostenverteilung bei den Vergleichsverhandlungen als einziges Vergleichshindernis (wie es in der Praxis namentlich bei niedrigen Streitwerten häufig der Fall ist), bietet es sich an, durch eine entsprechende negative Kostenregelung die Entscheidung über die Kosten an das Gericht „zurückzugeben". 7

Haben die Parteien eine Kostenentscheidung nach Maßgabe des § 91a Abs. 1 ZPO vereinbart, hat das Gericht zu entscheiden, wer die Kosten des Rechtsstreits nach dem sich zum Zeitpunkt des Vergleichsschlusses ergebenden Sach- und Streitstand nach **billigem Ermessen** zu tragen hätte, wenn es nicht zu der gütlichen Einigung gekommen wäre (wobei es den Parteien un- 8

---

6 Vgl. hierzu BGH, NJW 2015, 2965 (2966), Rn. 14 ff. mit Anm. *Skamel* = FamRZ 2015, 1886.
7 Hierzu näher MK-*Schulz*, ZPO, § 98 Rn. 12 f.
8 Vgl. Prütting/Gehrlein-*Schneider*, ZPO, § 98 Rn. 5.
9 Statt vieler OLG Koblenz, BeckRS 2016, 16733; OLG Hamburg, NJW 2014, 3046; OLG Brandenburg, MDR 2009, 406; OLG Köln, JurBüro 2006, 599.
10 BGH, NJW-RR 2007, 1149, Rn. 10 ff. = MDR 2007, 917.
11 Vgl. BGH, NJW 1965, 103 f. = MDR 1965, 25; OLG Karlsruhe, JurBüro 2010, 597 (598).

benommen ist, sich auf einen hiervon abweichenden Entscheidungsmaßstab zu verständigen). Im Rahmen der Billigkeit kann auch Berücksichtigung finden, welche Kostenverteilung die Parteien **selbst als angemessen** und daher anzustreben angesehen haben.[12] Bindende Wirkung kann einer solchen Anregung freilich nicht zugesprochen werden. Im Übrigen wird das Gericht regelmäßig die Verteilung der Kosten nicht danach vornehmen dürfen, inwieweit die Parteien nach dem Inhalt des Vergleichs „obsiegt" haben bzw. „unterlegen" waren; denn eine solche Kostenteilung nach dem Vergleichsergebnis hätten sie auch selbst einfacher vornehmen können.[13]

9 Fehlt es an einer ausdrücklichen Vereinbarung, ist **unter Anwendung der anerkannten Auslegungsmethoden zu ermitteln**, ob die Parteien stillschweigend eine negative Kostenregelung getroffen haben. Es müssen sich zureichende Anhaltspunkte (eine „Andeutung") dafür feststellen lassen, dass das Nichtgreifen der gesetzlichen Vermutung des § 98 ZPO dem mutmaßlichen Willen der Parteien entsprechen würde.[14] Anhaltspunkte können sich z.B. aus einer etwaigen Präambel, dem Vergleichsinhalt oder dem Zustandekommen des Vergleichs ergeben (etwa bei vorangegangener Ablehnung eines gerichtlichen Vergleichsvorschlags, der eine Kostenaufhebung nach § 98 ZPO vorsah). Auch Äußerungen in begleitenden Schriftsätzen können den Schluss zulassen, dass die Parteien wegen der Kosten des Vergleichs/Rechtsstreits eine sachbezogene Klärung durch das Gericht erwünschen. Ob die Feststellung im Vergleich, man habe sich wegen der Kosten nicht einigen können, diese Annahme rechtfertigt, ist allerdings fraglich.[15] Nicht möglich ist es, durch Protokollerklärung nach Vergleichsabschluss die negative Kostenregelung herbeizuführen, da zu diesem Zeitpunkt die Rechtshängigkeit bereits entfallen ist.[16]

10 Lässt sich auch eine stillschweigende Parteivereinbarung zur Kostentragung nicht feststellen, ist eine Entscheidung nach § 91a ZPO auf keinen Fall veranlasst, denn gerade diese Konstellation ist der typische Anwendungsbereich des § 98 ZPO.[17]

4. Analoge Anwendung des § 98 ZPO auf außergerichtliche Vergleiche

11 Nach ganz überwiegender Auffassung kann § 98 ZPO auch im Falle einer Erledigung des Rechtsstreits durch einen **außergerichtlichen** Vergleich zur Anwendung gelangen, auch wenn es hier nicht zu einer **unmittelbaren Prozessbeendigung** kommt.[18] Eine Gleichstellung mit dem Prozessvergleich erscheint aber jedenfalls dann gerechtfertigt, wenn Gegenstand der außergerichtlichen Einigung auch die Abgabe einer prozessbeendenden Erklärung durch eine Partei ist (etwa Klage- oder Rechtsmittelrücknahme, Anerkenntnis, Erledigungserklärung).[19] Auch in diesem Fall ist dann zu prüfen, ob die Parteien die Vorschrift des § 98 ZPO ausdrücklich oder stillschweigend in der Weise abbedungen haben, dass über die Kosten des Rechtsstreits nach den allgemeinen Kostenvorschriften zu entscheiden ist. Eine vorrangige Beurteilung nach § 91a ZPO kommt nicht in Betracht, es sei denn, die Auslegung des außergerichtlichen Vergleichs ergibt eine entsprechende Parteivereinbarung, etwa indem eine gerichtliche Kostenentscheidung erbeten wird.[20] Inwiefern eine (konstitutive) Kostengrundentscheidung nach außerprozessualer Einigung statthaft und zu treffen ist, wird unterschiedlich beurteilt.[21] Die Kosten des außergerichtlichen Vergleichs gehören nur dann zu den erstattungsfähigen Kosten des Rechtsstreits, wenn die Parteien dies vereinbart haben.[22]

5. Aufhebung der Vergleichskosten

12 Als gegeneinander aufgehoben anzusehen sind nach § 98 Satz 1 ZPO die Kosten des Vergleichs, womit sämtliche Kosten gemeint sind, die gerade durch den Vergleich entstanden

---

12 BGH, NJW 2007, 835 (837), Rn. 17 = VersR 2007, 1086.
13 Richtig OLG Stuttgart, NJW-RR 1999, 147 (148); OLG München, MDR 1990, 344f.; MK-*Schulz*, ZPO, § 98 Rn. 19; anders z.B. OLG Brandenburg, FamRZ 2007, 67 (68).
14 BGH, NJW-RR 2006, 1000, Rn. 3 = FamRZ 2006, 853.
15 Dafür *Mümmler*, JurBüro 1993, 558; dagegen etwa Musielak/Voit-*Flockenhaus*, ZPO, § 98 Rn. 3. Offen gelassen von BGH, NJW-RR 2006, 1000f., Rn. 4 = FamRZ 2006, 853.
16 OLG Naumburg, NJW 2012, 1522; OLG Brandenburg, JurBüro 2003, 323f.; OLG Naumburg, NJW-RR 1996, 1216.
17 BGH, NJW-RR 2006, 1000f., Rn. 4 = FamRZ 2006, 853; OLG Stuttgart, MDR 2008, 1246.
18 Z.B. BGH, WM 1988, 1460 (1462) = NJW 1989, 39; BGH, NJW 1965, 103f. = MDR 1965, 25; BGHZ 39, 60 (69) = NJW 1963, 1303 = MDR 1963, 289.
19 Ausführlich etwa MK-*Schulz*, ZPO, § 98 Rn. 30ff.; Stein/Jonas-*Bork*, ZPO, § 98 Rn. 4ff.
20 BGH, NJW 1965, 103f. = MDR 1965, 25.
21 Zum Meinungsstand BeckOK-*Jaspersen/Wache*, ZPO, § 98 Rn. 15ff.; MK-*Schulz*, ZPO, § 98 Rn. 35ff.
22 BGH, NJW 2009, 519f., Rn. 7ff. = MDR 2009, 112 (113); BGH, NJW 2011, 1680 (1681), Rn. 10 = MDR 2011, 571.

sind. Dies sind in der Praxis in erster Linie die **Einigungsgebühren** der am Vergleichsabschluss beteiligten Rechtsanwälte (Nr. 1000, 1003 VV-RVG) und bei einem Mehrvergleich die 0,25-Vergleichsgebühr nach Nr. 1900 KV-GKG,[23] ferner die sog. Verfahrensdifferenzgebühr nach Nr. 3101 Ziff. 2 VV-RVG.[24]

II. Kosten des Rechtsstreits, Satz 2

Die Erläuterungen zu Satz 1 gelten nach § 98 Satz 2 ZPO grundsätzlich in gleicher Weise für die Kosten des durch Vergleich erledigten Rechtsstreits. Eine Aufhebung der Kosten des Rechtsstreits scheidet aber nicht nur aus, wenn die Parteien eine positive oder negative (ausdrückliche oder stillschweigende) Kostenregelung getroffen haben, sondern – zusätzlich – auch insoweit, als über sie bereits **rechtskräftig erkannt** ist. Eine rechtskräftige Kostenentscheidung i.d.S. kann etwa bei einem abgeschlossenen Zwischenstreit (etwa eines Befangenheitsverfahrens) oder auch im Falle einer Stufenklage bei vergleichsweiser Erledigung in 3. Stufe, wenn über die Kosten des Berufungsverfahrens in 1. Stufe bereits rechtskräftig befunden worden ist.[25] Ob es den Parteien offen steht, durch eine abweichende Vereinbarung eine rechtskräftige Kostengrundentscheidung zu modifizieren, wird unterschiedlich beurteilt.[26]   13

Haben sich die Parteien nur über außergerichtliche Kosten oder nur über Gerichtskosten ausdrücklich verständigt, gilt § 98 Satz 2 ZPO nur für den jeweils nicht geregelten Teil.[27]   14

Nimmt der Berufungskläger in der Berufungsinstanz aufgrund eines außergerichtlichen Vergleichs, der keine Vereinbarung über die Kosten enthält, die Berufung zurück, greift nicht § 98 ZPO, sondern ausschließlich § 516 Abs. 3 ZPO. Das Gleiche gilt für die Rücknahme einer Nichtzulassungsbeschwerde, §§ 565, 516 Abs. 3 ZPO. Insoweit ist aber eine wichtige Einschränkung im Blick zu behalten: Der Rückgriff auf die allgemeinen Kostenvorschriften über die **Rücknahme von Rechtsmitteln** soll nur dann dem mutmaßlichen Willen der Parteien entsprechen, wenn der Vergleich in materieller Hinsicht im Wesentlichen eine Anerkennung der angefochtenen Entscheidung zum Inhalt hat und daher anzunehmen ist, dass die Parteien die Anwendung des § 98 Satz 2 ZPO ausschließen wollten.[28]   15

Entsprechend ist § 269 Abs. 3 ZPO der Vorrang einzuräumen, wenn der Kläger nach außergerichtlichem Vergleich die Klage zurücknimmt.[29]   16

Sehr kontrovers wird die Frage beurteilt, ob nach **Verweisung gemäß § 281 ZPO** und anschließendem Vergleich vor dem Prozessgericht § 98 Satz 2 ZPO der Regelung in § 281 Abs. 3 ZPO vorgeht,[30] was richtigerweise in der Regel zu bejahen ist.[31] Das Verdrängen des Veranlasserprinzips durch § 98 ZPO muss dann in gleicher Weise für § 344 ZPO gelten.[32]   17

C. Kostenentscheidung des Gerichts

Im Falle eines den Rechtsstreit insgesamt erledigenden Vergleichs trifft das Gericht die Entscheidung über die Kostentragung in der Praxis in aller Regel **schon allein zur Klarstellung** durch Beschluss. Da sich die Kostenfolge des § 98 ZPO allerdings bereits aus dem Gesetz ergibt, ist eine gerichtliche Kostenentscheidung nicht zwingend erforderlich, sie hat letztlich nur deklaratorischen Charakter.[33]   18

Haben die Parteien nur einen **Teilvergleich** geschlossen, so ist – je nach Fortgang des Verfahrens – entweder durch Urteil oder durch Beschluss über die Kosten einheitlich zu entscheiden. In der zu treffenden Kostenmischentscheidung gilt § 98 ZPO nur, soweit der Rechtsstreit durch den Vergleich erledigt worden ist, hinsichtlich des restlichen Streitgegenstandes ist nach den   19

---

23 Näher mit Berechnungsbeispiel Prütting/Gehrlein-*Schneider*, ZPO, § 98 Rn. 7; ferner Saenger-*Gierl*, ZPO, § 99 Rn. 17f.
24 OLG Köln, MDR 2010, 114 f.; OLG Koblenz, JurBüro 2007, 138; OLG München, AGS 2006, 402.
25 Vgl. OLG Nürnberg, MDR 2010, 45.
26 Dafür OLG Düsseldorf, BeckRS 2009, 05389; OLG Koblenz, MDR 1987, 852; abweichend z.B. MK-*Schulz*, ZPO, § 98 Rn. 21.
27 BGH, NJW-RR 2006, 1000f., Rn. 4 = FamRZ 2006, 853.
28 Vgl. zunächst BGH, NJW 1989, 39 (40) = WM 1988, 1460 zu § 515 Abs. 3 ZPO a.F., und deutlich BGH, NJW-RR 2006, 1000 (1001), Rn. 5 = FamRZ 2006, 853.
29 OLG Stuttgart, MDR 2004, 717; OLG Köln, MDR 1986, 503; KG Berlin, JurBüro 1972, 523; a.A. OLG Frankfurt a.M., MDR 1971, 936.
30 Dagegen z.B. OLG Zweibrücken, MDR 1996, 971f.; OLG Bremen, JurBüro 1987, 285; OLG Stuttgart, JurBüro 1986, 103; OLG München, JurBüro 1985, 292.
31 Vgl. OLG Düsseldorf, MDR 1999, 568; OLG Köln, OLGR 1991, 50; OLG Koblenz, MDR 1987, 681; OLG Frankfurt a.M., JurBüro 1987, 1833; ausführlich LAG Bremen, MDR 2002, 606.
32 Für Vorrang des § 98 ZPO etwa Thomas/Putzo-*Hüßtege*, ZPO, § 98 Rn. 9; Musielak/Voit-*Flockenhaus*, ZPO, § 98 Rn. 6.
33 BGH, BeckRS 2003, 05649; OLG Karlsruhe, JurBüro 2010, 597 (598).

allgemeinen Vorschriften entsprechend dem Obsiegen und Unterliegen der Parteien zu entscheiden. Im Ergebnis ist eine einheitliche Kostenquote nach § 92 Abs. 1 Satz 1 ZPO zu bilden.[34] Im umgekehrten Fall – erst Teilurteil oder Teilerledigungserklärung, später abschließender (Teil-)Vergleich über den restlichen Streitgegenstand – erstreckt sich eine etwaige im Vergleich getroffene Kostenregelung der Parteien im Zweifel auf sämtliche Kosten, über die noch die rechtskräftig entschieden worden ist.[35]

20 Hinsichtlich der **Anfechtungsmöglichkeiten** ist zu unterscheiden: Hat das Gericht die Kosten des Rechtsstreits und/oder des Vergleichs zu Unrecht nicht nach § 98 ZPO gegeneinander aufgehoben angesehen, sondern etwa über diese nach Maßgabe des § 91a Abs. 1 ZPO entschieden, ist hiergegen die sofortige Beschwerde statthaft, § 91a Abs. 2 ZPO. Im Erfolgsfall ist dann die Kostenaufhebung (deklaratorisch) auszusprechen.[36] Hat das Prozessgericht hingegen die Kostenaufhebung nach § 98 ZPO – obwohl nicht erforderlich – förmlich beschlossen, ist auch diese Entscheidung analog § 91a Abs. 2 ZPO mit dem Ziel anfechtbar, eine Kostenentscheidung gemäß § 91a Abs. 1 ZPO statt nach § 98 ZPO herbeizuführen;[37] eine mit den hälftigen Kosten belastete Partei kann also geltend machen, das Gericht habe zu Unrecht nicht unter Berücksichtigung des bisherigen Sach- und Streitstandes nach billigem Ermessen entschieden. Ist eine ausdrückliche „Entscheidung" zur Kostenfolge des § 98 ZPO nicht ergangen und ist die Frage nach dem Vorliegen der diesbezüglichen Voraussetzungen erst im Kostenfestsetzungsverfahren streitig, hat vorrangig das Gericht hierüber durch Beschluss zu entscheiden, der nach § 91a Abs. 2 ZPO analog angefochten werden kann;[38] trifft (voreilig) der Rechtspfleger die Entscheidung, ist nach § 104 Abs. 3 Satz 1 ZPO die sofortige Beschwerde gegeben.

§ 99
Anfechtung von Kostenentscheidungen

(1) Die Anfechtung der Kostenentscheidung ist unzulässig, wenn nicht gegen die Entscheidung in der Hauptsache ein Rechtsmittel eingelegt wird.

(2) ¹Ist die Hauptsache durch eine auf Grund eines Anerkenntnisses ausgesprochene Verurteilung erledigt, so findet gegen die Kostenentscheidung die sofortige Beschwerde statt. ²Dies gilt nicht, wenn der Streitwert der Hauptsache den in § 511 genannten Betrag nicht übersteigt. ³Vor der Entscheidung über die Beschwerde ist der Gegner zu hören.

Inhalt:

	Rn.		Rn.
A. Allgemeines	1	1. Verurteilung aufgrund eines Anerkenntnisses, Satz 1	18
B. Erläuterungen	4	2. Streitwert der Hauptsache, Satz 2	21
I. Keine isolierte Anfechtung der Kostenentscheidung, Abs. 1	4	3. Rechtliches Gehör für den Gegner, Satz 3	22
1. Vorliegen einer Kostenentscheidung	5	4. Prüfungsumfang des Beschwerdegerichts	23
2. Zusammenhang mit einer Entscheidung in der Hauptsache	8	C. Behandlung von Mischentscheidungen	26
3. Beschränkung des Rechtsmittels auf die Kosten	12	D. Analoge Anwendung des Abs. 2	31
4. Rechtsfolge des Verstoßes gegen Abs. 1	16		
II. Anfechtung im Falle eines Anerkenntnisses, Abs. 2	17		

A. Allgemeines

1 § 99 Abs. 1 ZPO **verbietet die isolierte Anfechtung von Kostenentscheidungen.** Der Kostenausspruch des Gerichts soll durch die nächste Instanz nur überprüft werden können, wenn gegen die Hauptsacheentscheidung ein Rechtsmittel eingelegt wurde, und zwar unabhängig von der Kostenbeschwer. Durch diese Sperre sollen Diskrepanzen zwischen der erstinstanzlichen

---

[34] Ausführlich MK-*Schulz*, ZPO, § 98 Rn. 5.
[35] OLG Zweibrücken, OLGZ 1983, 80 (81).
[36] Vgl. OLG Naumburg, NJW 2012, 1522; OLG Karlsruhe, JurBüro 2010, 597 ff.; OLG Frankfurt a.M., OLGR 2007, 962.
[37] Vgl. OLG Frankfurt a.M., OLGR 2007, 962; OLG Nürnberg, MDR 1997, 974; auch BGH, NJW 2011, 3654 (3655), Rn. 16 = FamRZ 2011, 1933.
[38] Vgl. MK-*Schulz*, ZPO, § 98 Rn. 20 m.w.N.

Entscheidung über die Hauptsache und der Entscheidung der Rechtsmittelinstanz über die Kosten vermieden werden. Es soll zudem verhindert werden, dass bei der Überprüfung der Kostenentscheidung erneut die gar nicht angefochtene Hauptsache beurteilt werden muss.[1] Die Vorschrift dient damit letztlich sowohl der Prozessökonomie als auch der Entlastung der Gerichte. Sie geht jedoch zu Lasten der Kostengerechtigkeit und schließt eine Anfechtung selbst dann aus, wenn sich die Beschwer allein aus der Kostenentscheidung ergibt.[2]

In den Regelungszweck des Abs. 1 fügt sich die **Ausnahmevorschrift des Abs. 2** folgerichtig und zwanglos ein. Hiernach ist eine isolierte Anfechtung der Kostenentscheidung im Wege der sofortigen Beschwerde doch statthaft, wenn der Beklagte den Klageanspruch anerkannt hat und die Hauptsache sich aufgrund dieses Anerkenntnisses erledigt hat. Die Gefahr von Diskrepanzen stellt sich hier – ebenso wenig wie in den Fällen der §§ 91a Abs. 2, 269 Abs. 5 ZPO – mangels nachprüfbarer Hauptsacheentscheidung nicht; die Prüfung durch die Rechtsmittelinstanz reduziert sich im Grundsatz auf die richtige Anwendung der verfahrensrechtlichen Kriterien des § 93 ZPO. In vergleichbaren Fallgestaltungen kann § 99 Abs. 2 ZPO entsprechend angewendet werden. 2

Die Vorschrift findet nicht nur auf sämtliche Verfahren der ZPO, sondern aufgrund der Verweisung in § 113 Abs. 1 Satz 2 FamFG nach h.M. auch auf **Ehe- und Familienstreitsachen** i.S.v. §§ 111 Nr. 1, 112 FamFG Anwendung, § 58 FamFG greift nicht.[3] Für **Unterhaltssachen** i.S.v. § 231 FamFG gilt das Gleiche, da § 243 FamFG nicht die Frage der Anfechtbarkeit der Kostenentscheidung betrifft.[4] § 99 Abs. 1 ZPO ist gemäß § 4 InsO auch im Insolvenzverfahren anzuwenden.[5] Behördliche Kostenentscheidungen, etwa die des DPMA, sind hingegen vor dem Hintergrund des Art. 19 Abs. 4 GG auch insoliert anfechtbar, § 99 Abs. 1 ZPO greift hier nicht.[6] 3

B. Erläuterungen
I. Keine isolierte Anfechtung der Kostenentscheidung, Abs. 1

Die Rechtsmittelsperre des Abs. 1 greift nur, wenn drei Voraussetzungen erfüllt sind: Es muss eine Kostenentscheidung vorliegen, diese muss im Zusammenhang mit einer Entscheidung in der Hauptsache stehen und das Rechtsmittel hat sich auf die Kosten zu beschränken. 4

1. Vorliegen einer Kostenentscheidung

Eine Entscheidung über die Kosten liegt vor, wenn das Gericht dem Grunde nach gemäß §§ 91, 92 ff. ZPO über die Verteilung der Gerichts- und/oder außergerichtlichen Kosten entschieden hat. Das ist nicht der Fall, wenn eine Kostengrundentscheidung bewusst **abgelehnt** wird.[7] Sieht das Gericht also etwa bewusst davon ab, über die Kosten der Nebenintervention zu entscheiden (§ 101 Abs. 1 ZPO), ist ein Rechtsmittel – sei es nach allgemeinen Grundsätzen oder nach § 99 Abs. 2 ZPO analog – zulässig (vgl. nachfolgend Rn. 32).[8] 5

Hiervon zu unterscheiden ist die Frage, ob § 99 Abs. 1 ZPO die isolierte Anfechtung einer Kostenentscheidung, die im Prozessrecht keine Stütze findet und daher bei richtiger Rechtsanwendung **überhaupt nicht hätte ergehen dürfen**, ausschließt. Zahlreiche Obergerichte verneinen dies und befürworten auch in dieser Konstellation die Anfechtbarkeit analog § 99 Abs. 2 ZPO;[9] der BGH scheint diese Judikatur allerdings auf „verfahrensrechtlich schlechthin unzulässige" Kostenentscheidungen begrenzen zu wollen.[10] Auch dieses Erfordernis ist aber gewahrt, wenn z.B. entgegen § 127 Abs. 4 ZPO eine Kostenentscheidung im PKH-Beschwer- 6

---
1 Vgl. BGH, NJW-RR 2003, 1075 = VersR 2004, 761; BGHZ 131, 185 = NJW 1996, 466f. = JR 1997, 69 (zu § 20a Abs. 1 Satz 1 FGG a.F.); Musielak/Voit-*Flockenhaus*, ZPO, § 99 Rn. 1.
2 BGH, NJW-RR 2015, 1405 f., Rn. 6 ff. = MDR 2015, 668; MK-*Schulz*, ZPO, § 99 Rn. 1.
3 Grundlegend mit Darstellung des Streitstands auch BGH, NJW 2011, 3654 (3655), Rn. 13 ff. = FamRZ 2011, 1933.
4 OLG Saarbrücken, NJW-RR 2011, 369.
5 OLG Köln, JurBüro 2000, 550 ff.
6 BPatG v. 10.08.2010, 33 W (pat) 9/09, juris, Rn. 20 ff.
7 OLG Naumburg, OLGR 2004, 388; OLG Celle, NJW-RR 2003, 1509 (1510); OLG Zweibrücken, MDR 1990, 253.
8 Vgl. BeckOK-*Jaspersen/Wache*, ZPO, § 99 Rn. 3 m. w. Beispielen. Wurde die Kostenentscheidung (lediglich) vergessen, ist das Urteil nach Maßgabe des § 321 Abs. 1 ZPO zu ergänzen.
9 Etwa OLG Saarbrücken, NJW-RR 2014, 767 m.w.N.; OLG Karlsruhe, FamRZ 2003, 943; OLG Dresden, FamRZ 2000, 34.
10 Vgl. BGH, NJW-RR 2015, 1405 (1406), Rn. 9 = MDR 2015, 668, auch mit Hinweis auf die Rechtsprechung zur Unstatthaftigkeit außerordentlicher Rechtsmittel in Fällen „greifbarer Gesetzwidrigkeit" (BGHZ 150, 133 = NJW 2002, 1577 = FamRZ 2003, 92). Ähnlich BeckOK-*Jaspersen/Wache*, ZPO, § 99 Rn. 4.

deverfahren ergeht oder im selbstständigen Beweisverfahren nach §§ 485 ff. ZPO über die Kostenlast entschieden wird.

7 Die Rechtsmittelsperre nach Abs. 1 greift nur, wenn die Kostenentscheidung das **Verhältnis der Streitparteien** betrifft. Werden die Kosten einem Dritten, der nicht Prozesspartei (also auch nicht Nebenintervenient) ist, ganz oder teilweise auferlegt, findet Abs. 1 auch bei gleichzeitiger Entscheidung über die Hauptsache weder direkt noch entsprechend Anwendung.[11] Werden daher – über die gesetzlich geregelten Fälle hinaus (z. B. §§ 380 Abs. 3, 409 Abs. 2 ZPO) – etwa der vollmachtlose Vertreter einer Partei oder der Prozessbevollmächtigte einer Partei wegen deren vermeintlichen oder tatsächlichen Prozessunfähigkeit mit der Kostentragung belastet, steht ihnen die Möglichkeit einer isolierten Anfechtung offen.[12] Wer allein aufgrund eines Irrtums oder einer Verwechslung als Partei des Prozessrechtsverhältnisses aufgenommen wird, ist ebenfalls als Dritter anzusehen.[13] Das Gleiche gilt bei Kostenentscheidungen zu Lasten des am Verfahren an sich nicht beteiligten Gerichtsvollziehers oder der Staatskasse.[14] Nicht Dritter ist hingegen der trotz Abweisung der Drittwiderklage nach § 96 ZPO mit Kosten belastete Drittwiderbeklagte, da er Partei des weiteren Prozessrechtsverhältnisses mit dem Beklagten ist.[15]

2. Zusammenhang mit einer Entscheidung in der Hauptsache

8 Die Rechtsmittelsperre des § 99 Abs. 1 ZPO setzt das Vorliegen einer **Entscheidung in der Hauptsache** voraus. Eine solche ist gegeben, wenn das Gericht über den Streitgegenstand – sei es durch Urteil oder Beschluss, sei es im Eil- oder Hauptsacheverfahren – entschieden hat, wobei auch die Entscheidung über prozessuale Fragen (etwa die der Zuständigkeit) oder eine bloße Nebenforderung (§ 4 ZPO) genügt.[16] Erklärt der Kläger den Rechtsstreit einseitig für erledigt, ist das daraufhin ergehende stattgebende Urteil für den Beklagten eine Entscheidung zur Hauptsache.[17]

9 Hauptsache- und Kostenentscheidung müssen **zusammen** erfolgt sein, d. h. es muss ein **hinreichender Zusammenhang** zwischen ihnen bestehen. Es entspricht dem Regelfall, ist aber nicht zwingend notwendig, dass sich dieser Zusammenhang in Form einer gleichzeitigen Entscheidung (etwa durch Endurteil) zeigt. Es genügt vielmehr, wenn das Gericht über die Hauptsache zunächst z. B. durch Teilurteil (§ 301 ZPO) befunden hat und später durch Schlussurteil abschließend über die Kosten entscheidet. Denn insoweit enthält das Schlussurteil nur eine Ergänzung des vorausgegangenen Teilurteils und bildet infolgedessen in diesem Umfang mit dem Teilurteil ein einheitliches, untrennbares Ganzes.[18]

10 Ändert das Gericht die in dem die Instanz abschließenden Urteil getroffene Kostenentscheidung auf die **Gegenvorstellung** einer Partei durch nachträglichen Beschluss, eröffnet dies nicht die Möglichkeit der isolierten Anfechtung. Da die berichtete Kostenentscheidung nicht losgelöst von dem abschließenden Endurteil gesehen werden kann, diese vielmehr eine untrennbare Einheit darstellen, ist auch hier der erforderliche Zusammenhang mit der Hauptsacheentscheidung gegeben.[19] Das Gleiche gilt, wenn das Gericht über die Kosten durch **Berichtigungsbeschluss nach § 319 ZPO** oder **Ergänzungsurteil nach § 321 ZPO** entschieden hat. Eine Überprüfung der Kostengrundentscheidung ist auch in diesen Fällen nur bei gleichzeitiger Anfechtung der Hauptsache möglich.[20]

11 Anders verhält es sich bei (unselbstständigen) **Anschlussrechtsmitteln**: Legt eine Partei in der Hauptsache ein zulässiges Rechtsmittel ein, ist dem Gegner ein Anschlussrechtsmittel allein wegen der ihn beschwerenden Kostenentscheidung möglich.[21]

---

11 BGH, NJOZ 2015, 187, Rn. 5 ff.; BGH, NJW 1988, 49 (50) = FamRZ 1987, 928.
12 Siehe BGHZ 121, 397 = NJW 1993, 1865 = MDR 1993, 1249; BGH, NJW 1988, 49 f. = FamRZ 1987, 928.
13 Vgl. OLG Düsseldorf, OLGR 2009, 155 f.
14 Vgl. jeweils m. w. Beispielen Musielak/Voit-*Flockenhaus*, ZPO, § 99 Rn. 2; BeckOK-*Jaspersen/Wache*, ZPO, § 99 Rn. 5 ff.
15 BGH, NJOZ 2015, 187, Rn. 7.
16 Wieczorek/Schütze-*Smid/Hartmann*, ZPO, § 99 Rn. 2 m. w. N.
17 Vgl. BGH, NJW-RR 1993, 765 (766) = VersR 1993, 625.
18 So BGH, NJW 1993, 1063 (1066) = WM 1993, 561 m. w. N.; ausführlich zu den verschiedenen denkbaren Konstellationen Prütting/Gehrlein-*Schneider*, ZPO, § 99 Rn. 9 ff.
19 BGH, NJW-RR 2015, 1405 (1406), Rn. 10 = MDR 2015, 668.
20 Vgl. OLG Karlsruhe, NJW-RR 2000, 730. Zum ausschließlich eine Kostenentscheidung enthaltenden Ergänzungsbeschluss jetzt BGH, NJW 2017, 1038, Rn. 5 f. = WM 2017, 735.
21 BGH, NJW 2011, 2649 (2653), Rn. 36 = VersR 2011, 1056; BGHZ 185, 310 = NJW 2010, 2197 (2199), Rn. 25 = WM 2010, 1161.

3. Beschränkung des Rechtsmittels auf die Kosten
Die Rechtsmittelsperre des Abs. 1 bezieht sich auf **Rechtsmittel im eigentlichen Sinne** mit Devolutiv- und Suspensiveffekt. Erfasst sind damit Berufung, Revision, Rechtsbeschwerde und sofortige Beschwerde. Bloße Rechtsbehelfe wie etwa Einspruch (§§ 338, 700 ZPO) oder der Widerspruch (§§ 694, 924, 936 ZPO) sind in der Folge nicht gesperrt. Liegt eine entscheidungserhebliche Gehörsverletzung betreffend die Entscheidung über die Kosten vor, kann auch eine auf diesen Punkt beschränkte Gehörsrüge nach § 321a ZPO unproblematisch erhoben werden.[22] Unberührt bleibt auch die Möglichkeit, die Kostenentscheidung isoliert mit der Verfassungsbeschwerde anzugreifen, es fehlt insoweit insbesondere auch nicht am Rechtsschutzbedürfnis.[23]   12

Die Sperre des Abs. 1 **kann nur durch statthafte und zulässig eingelegte Rechtsmittel** überwunden werden.[24] Legt also etwa der erstinstanzlich ganz überwiegend obsiegende, aber mit den Kosten nach § 93b Abs. 1 ZPO belastete Vermieter gegen das Endurteil Berufung zum LG ein, erreicht seine Beschwer aber nicht die Wertgrenze des § 511 Abs. 2 Nr. 1 ZPO und ist die Berufung daher unzulässig, darf eine Überprüfung der erstinstanzlichen Kostenentscheidung trotz § 308 Abs. 2 ZPO nicht erfolgen.[25]   13

Ergeht in dem Verfahren zunächst ein **Teilurteil** über die Hauptsache und erst später ein auf die Kosten beschränktes **Schlussurteil**, führt dies aufgrund des bestehenden Zusammenhangs (zuvor Rn. 9) dazu, dass das Schlussurteil (also die Kostenentscheidung) nur solange anfechtbar ist, wie hinsichtlich des Teilurteils noch ein eigenes Rechtsmittelverfahren anhängig ist. Denn in diesem zeitlichen Rahmen kann die Anfechtung des Schlussurteils noch als Ergänzung der Anfechtung des Teilurteils verstanden werden.[26] Wird das Schlussurteil hingegen erst zu einem Zeitpunkt mit einem Rechtsmittel angegriffen, in dem das Teilurteil bereits in Rechtskraft erwachsen ist, handelt es sich um eine isolierte Anfechtung, die der Sperre des § 99 Abs. 1 ZPO unterliegt.[27]   14

Im Grundsatz ist das Motiv für die Einlegung des Rechtsmittels in der Hauptsache unerheblich. Fraglich ist aber, inwiefern ein Rechtsmittel trotz formeller Beschwer **ausnahmsweise als Umgehung** des § 99 Abs. 1 ZPO angesehen und deshalb mangels Rechtsschutzbedürfnis als unzulässig verworfen werden kann. Nach Auffassung des BGH ist dies in Anknüpfung an die reichsgerichtliche Rechtsprechung nur möglich, wenn der Wille, das Urteil nur wegen des Kostenpunktes zu bekämpfen, gleichsam mit den Händen zu greifen ist, es also schlechthin ausgeschlossen erscheint, dass der Rechtsmittelkläger an dem zur Hauptsache gestellten Antrag um seiner selbst willen ein verständiges und schutzwürdiges Interesse hat.[28] Dies wird nur in seltenen Konstellationen der Fall sein.[29] Denn ein Missbrauch i.d.S. kann nicht schon dann angenommen werden, wenn nur der Verdacht auftaucht, dass an der Entscheidung über den gestellten Sachantrag in Wahrheit kein Interesse besteht, und nur nach einer Untersuchung der inneren Gedanken und Beweggründe des Rechtsmittelklägers festgestellt werden könnte, ob er es mit dem Antrag zur Hauptsache ernst nimmt. Schon aus Gründen der Rechtssicherheit kann es nicht gestattet sein, dass das Rechtsmittelgericht die Gedanken und Motive des Rechtsmittelklägers untersucht und darüber Wahrscheinlichkeitserwägungen anstellt.[30]   15

4. Rechtsfolge des Verstoßes gegen Abs. 1
In dem **Umfang**, in dem die Voraussetzungen des § 99 Abs. 1 ZPO gegeben sind, greift die Rechtsmittelsperre, so dass die Anfechtung der Kostenentscheidung als unzulässig zu verwerfen ist. Im Falle einer teilweisen Anfechtung der Hauptsacheentscheidung greift die Rechtsmittelsperre daher an sich nur insoweit, als die Kostenentscheidung im Zusammenhang mit   16

---

22 Siehe etwa OLG Bamberg, AGS 2015, 194 f.
23 Vgl. BVerfG, NJW 2010, 1349 f.
24 BGH, NJW-RR 2013, 179 (181), Rn. 20 = MDR 2012, 795.
25 BeckOK-*Jaspersen/Wache*, ZPO, § 99 Rn. 10 ff.
26 BGH, WM 1977, 1428; BGH, MDR 1961, 138 = BeckRS 1960, 31189109. Das gegen das Teilurteil eingelegte Rechtsmittel erfasst nicht die Kostenentscheidung des Schlussurteils, grundlegend BGHZ 20, 253 = NJW 1956, 912 = WM 1956, 666.
27 BGH, WM 1977, 1428; ebenso etwa MK-*Schulz*, ZPO, § 99 Rn. 8; BeckOK-*Jaspersen/Wache*, ZPO, § 99 Rn. 11; a.A. OLG Karlsruhe, FamRZ 2002, 681 (682); Stein/Jonas-*Bork*, ZPO, § 99 Rn. 10; Zöller-*Herget*, ZPO, § 99 Rn. 10.
28 Vgl. BGH, NJW 1976, 1267 = WM 1976, 407; BGHZ 57, 224 ff. = NJW 1972, 112 = MDR 1972, 129 („unnötige, zweckwidrige oder missbräuchliche Beschreitung des Rechtsmittelweges").
29 Etwa wenn erklärtermaßen lediglich eine Abänderung der Kostenentscheidung beabsichtigt ist, vgl. OLG Düsseldorf, NJW-RR 1991, 447 (448).
30 BGH, NJW 1976, 1267 = WM 1976, 407; ebenso OLG Schleswig, MDR 2003, 51; Zöller-*Herget*, ZPO, § 99 Rn. 4. Generell ablehnend z.B. Wieczorek/Schütze-*Smid/Hartmann*, ZPO, § 99 Rn. 12.

der nicht angefochtenen Hauptsacheentscheidung steht. Das Rechtsmittelgericht hat gleichwohl die gesamte Kostenentscheidung zu prüfen und ggf. zu korrigieren, § 308 Abs. 2 ZPO.[31]

II. Anfechtung im Falle eines Anerkenntnisses, Abs. 2

17 Abs. 2 stellt eine **Ausnahme** vom Grundsatz der Rechtsmittelsperre nach Abs. 1 dar und erklärt sich daraus, dass die Regelungszwecke des Abs. 1 bei einem Anerkenntnisurteil nicht berührt werden (vgl. oben Rn. 2). Hat die Hauptsache durch ein Anerkenntnis des Beklagten Erledigung gefunden, kann die Kostenentscheidung mit der sofortigen Beschwerde nach § 567 Abs. 1 Nr. 1 ZPO angegriffen werden.

1. Verurteilung aufgrund eines Anerkenntnisses, Satz 1

18 Erforderlich ist, dass die Verurteilung – die einen Kostenausspruch enthalten muss – „aufgrund eines Anerkenntnisses ausgesprochen" wurde. Dies bedeutet, dass eine **Entscheidung nach § 307 ZPO** ergangen sein muss, wobei es genügt, dass sich die Rechtsnatur als Anerkenntnisurteil aus dem Inhalt des Urteils ergibt (etwa durch eine Bezugnahme auf § 93 ZPO); unschädlich ist daher, wenn es nicht als solches bezeichnet ist.[32] Unerheblich ist auch, ob die prozessualen Anforderungen für den Erlass eines Anerkenntnisurteils überhaupt vorlagen, ob das Anerkenntnis also z.B. wirksam abgegeben worden ist. In diesem Fall kann das Anerkenntnisurteil sowohl im Wege der Berufung als auch bei Beschränkung der Berufung auf den Kostenpunkt mittels sofortiger Beschwerde angegriffen werden.[33]

19 Das Anerkenntnis des Beklagten muss die Hauptsache ihrem Gegenstand nach **vollständig umfassen und erledigen**. Eine solche vollständige Erledigung in qualitativer Hinsicht liegt nach str. Auffassung auch dann vor, wenn das Anerkenntnis unter dem Vorbehalt einer Verurteilung Zug-um-Zug erklärt wird und der Kläger sich gegen dieses Zurückbehaltungsrecht wendet (und nicht stattdessen seinen Klageantrag dem eingeschränkten Anerkenntnis anpasst), mag das Rechtsmittelgericht in dieser Konstellation auch nicht umhin kommen, über das Zurückbehaltungsrecht zu entscheiden.[34] Dagegen ist die Hauptsache nicht vollständig erledigt, wenn das Anerkenntnis im Urkundsprozess unter dem Vorbehalt der Ausführung der Rechte im Nachverfahren erfolgt (mit der Folge des Erlasses eines Vorbehaltsanerkenntnisurteils, das kein Endurteil i.S.d. § 300 ZPO ist)[35] oder allgemein nach Maßgabe anderer Einschränkungen erfolgt.[36]

20 Zu beachten ist, dass die Anfechtung der nach § 93 ZPO ergangenen Kostenentscheidung nur zulässig ist, wenn im ersten Rechtszug ein **Amts- oder Landgericht** das Anerkenntnisurteil erlassen hat. Dass eine Kostenentscheidung des OLG als Gericht nicht angefochten werden kann, ergibt sich aus § 567 Abs. 1 ZPO. Im Falle eines Anerkenntnisurteils, das vom OLG als Berufungsgericht erlassen worden ist, kann die Kostenentscheidung ebenfalls nicht (mit der Nichtzulassungsbeschwerde oder der Revision) isoliert angefochten werden.[37]

2. Streitwert der Hauptsache, Satz 2

21 Die Kostenentscheidung ist nach Maßgabe des Satz 1 mit der sofortigen Beschwerde anfechtbar, und zwar sowohl für den Kläger als auch für den Beklagten und unabhängig davon, auf welcher Vorschrift der §§ 91 ff. ZPO die Kostenentscheidung beruht. Der Gang des Beschwerdeverfahrens richtet sich grundsätzlich nach den allgemeinen Vorschriften der §§ 567 ff. ZPO. § 99 Abs. 2 Satz 2 ZPO sieht allerdings eine ergänzende Regelung dahingehend vor, dass die sofortige Beschwerde nur statthaft ist, wenn der **Streitwert der Hauptsache den Betrag von 600,00 €** (§ 511 Abs. 2 Nr. 1 ZPO) übersteigt. Neben den allgemeinen Grenzwert bei Anfechtung von Kostenentscheidungen nach § 567 Abs. 2 ZPO – der Wert des Beschwerdegegenstandes muss 200,00 € übersteigen – tritt also noch eine weitere betragsmäßige Hürde, die sich daraus erklärt, dass § 99 Abs. 2 ZPO nicht in solchen Fallgestaltungen eine Überprüfung der Kostenentscheidung ermöglichen will, in denen bei einer streitigen Entscheidung von vornherein wegen Nichterreichens der Berufungssumme eine Anfechtung des Kostenausspruchs ausgeschlossen ist.[38] Erfolgte das Anerkenntnis unter einem Zug-um-Zug-Vorbehalt (Rn. 19),

---

[31] Vgl. BeckOK-*Jaspersen/Wache*, ZPO, § 99 Rn. 14.2.
[32] OLG Köln, FamRZ 1989, 877 (878); OLG Zweibrücken, NJW 1968, 1635.
[33] Vgl. MK-*Schulz*, ZPO, § 99 Rn. 20 m.w.N.
[34] Jetzt ausführlich BGH, NJW 2016, 572 (573), Rn. 6 ff. = FamRZ 2016, 303; zuvor ebenso OLG Düsseldorf, MDR 1990, 59; a.A. OLG München, MDR 1992, 184.
[35] OLG Naumburg, OLGR 1996, 155.
[36] OLG Düsseldorf, MDR 1989, 825.
[37] BGH, NJW-RR 2008, 664, Rn. 3 f. = MDR 2008, 592.
[38] MK-*Schulz*, ZPO, § 99 Rn. 25.

ist der Wert dieses Vorbehalts – begrenzt durch den Wert der Klageforderung – für den Beschwerdewert maßgeblich.[39]

3. Rechtliches Gehör für den Gegner, Satz 3

Nach § 99 Abs. 2 Satz 3 ZPO hat das Beschwerdegericht vor der Entscheidung über die Beschwerde den Gegner zu hören. Die Vorschrift entspricht § 91a Abs. 2 Satz 3 ZPO, hat aber keinen besonderen Regelungsinhalt, nachdem die Gewährung rechtlichen Gehörs ohnehin verfassungsrechtlich garantiert ist (Art. 103 Abs. 1 GG). Entsprechend der üblichen Gestaltung des Beschwerdeverfahrens nach §§ 567 ff. ZPO sind daher Beschwerdeschrift und -begründung dem Gegner mit Stellungnahmemöglichkeit mitzuteilen, es sei denn, die sofortige Beschwerde soll ohne jeden Nachteil für den Gegner verworfen oder zurückgewiesen werden.[40] 22

4. Prüfungsumfang des Beschwerdegerichts

Das Beschwerdegericht nimmt allein den **Kostenausspruch** des Anerkenntnisurteils in den Blick. Ob die nicht angefochtene Hauptsacheentscheidung inhaltlich zutreffend ist, darf nicht überprüft werden.[41] Im Zentrum der Prüfung wird in aller Regel die Frage stehen, ob die Voraussetzungen des § 93 ZPO zu Recht bejaht oder verneint worden sind. Darüber hinaus ist das Beschwerdegericht aber auch befugt, die zutreffende Anwendung weiterer Kostenregelungen wie z.B. §§ 95, 96, 281 Abs. 3 Satz 2 ZPO zu überprüfen.[42] 23

Um die Kostenscheidung des Ausgangsgerichts sachlich nachprüfen zu können, bedarf der Kostenausspruch einer **Begründung**, wenn die Parteien streitige Kostenanträge gestellt haben. Andernfalls kann das Beschwerdegericht die Entscheidung sachlich nicht nachprüfen (vgl. auch § 93 Rn. 38).[43] Fehlt die Begründung, hat das Beschwerdegericht das Urteil entsprechend § 547 Nr. 6 ZPO hinsichtlich der nicht begründeten Kostenentscheidung aufzuheben und das Verfahren insoweit zurückzuverweisen. Das Erstgericht hat sodann die Begründung seiner Kostenentscheidung nachzuholen. Anschließend ist nach Gewährung rechtlichen Gehörs zu der nachgeholten Begründung sachlich über die sofortige Beschwerde zu entscheiden.[44] 24

Gegen die Entscheidung des Beschwerdegerichts ist im Falle der Zulassung nach § 574 Abs. 1 Satz 1 Nr. 2 ZPO die **Rechtsbeschwerde** zum BGH gegeben.[45] 25

C. Behandlung von Mischentscheidungen

Von der Notwendigkeit einer qualitativ vollständigen Erledigung der Hauptsache (zuvor Rn. 19) aufgrund des Anerkenntnisses ist die **„quantitative"** Erledigung zu unterscheiden.[46] Die sofortige Beschwerde ist nach § 99 Abs. 2 ZPO grundsätzlich auch dann statthaft, wenn sich das Anerkenntnis auf einen Teil des Streitgegenstandes beschränkt. Ergeht in diesem Fall lediglich ein Teilanerkenntnisurteil und wird im Übrigen kontradiktorisch entschieden oder die restliche Hauptsache in anderer Weise erledigt (sei es durch Vergleich, Klagerücknahme oder übereinstimmende Erledigterklärung), ist die Kostenentscheidung nach Maßgabe des § 99 Abs. 2 ZPO freilich nur insoweit anfechtbar, als sie auf dem Teilanerkenntnis beruht. Je nach Verfahrensgestaltung ist bei den zu bildenden Mischentscheidungen zu differenzieren: 26

Im Falle des **kontradiktorischen Fortgangs des Verfahrens** nach Teilanerkenntnis ist wegen des Grundsatzes der Kosteneinheit in dem nachfolgenden (Schluss-)Urteil einheitlich über die Kostenverteilung zu entscheiden. Hier kann die unterlegene Partei entweder (nur) sofortige Beschwerde gegen den das Anerkenntnis betreffenden Teil der Kostenentscheidung erheben oder – wenn sie sich auch den streitig entschiedenen Teil in der Hauptsache angreifen will – einheitlich Berufung gegen das die Kostenmischentscheidung enthaltende Schlussurteil einlegen.[47] Im Falle der Zulassung durch das Beschwerdegericht kann in der ersten Variante gegen die Beschwerdeentscheidung Rechtsbeschwerde eingelegt werden (zuvor Rn. 25). In gleicher Weise ist auch in der zweiten Variante die dritte Instanz eröffnet und eine Überprüfung der Kostenmischentscheidung durch das Revisionsgericht möglich, wenn das Berufungsgericht insoweit die Revision zugelassen hat, wobei im gegenteiligen Fall die Nichtzulassungsbeschwerde nicht eröffnet ist.[48] Zwecks Vermeidung von Diskrepanzen bei der Überprüfung von 27

---
39 BGH, NJW 2016, 572 (574), Rn. 15 = FamRZ 2016, 303.
40 Vgl. BVerfGE 7, 95 = BeckRS 9998, 119576.
41 Siehe OLG Köln, OLGR 2005, 91 (92); OLG Köln, FamRZ 1989, 877 (878).
42 MK-*Schulz*, ZPO, § 99 Rn. 27.
43 Vgl. KG Berlin, MDR 2008, 45; OLG Brandenburg, NJW-RR 2003, 1723.
44 Siehe KG Berlin, MDR 2008, 45; Zöller-*Vollkommer*, ZPO, § 313b Rn. 3.
45 Vgl. BGH, NJW-RR 2004, 999 = FamRZ 2004, 102.
46 Vgl. MK-*Schulz*, ZPO, § 99 Rn. 30.
47 BGH, NJW-RR 2010, 640, Rn. 8 f. = MDR 2010, 342; BGH, NJW 2001, 230 (231) = MDR 2001, 648.
48 BGH, NJW-RR 2010, 640, Rn. 10 = MDR 2010, 342.

Kostenmischentscheidungen nach Teilanerkenntnis ist ein Gleichlauf zwischen sofortiger Beschwerde einerseits und Berufung andererseits herzustellen.[49]

28 Wird nach teilweisem Anerkenntnis der Hauptsache und nach Erlass eines Teilanerkenntnisurteils **die Klage im Übrigen zurückgenommen**, ist über die Kosten des Rechtsstreits im Wege des Schlussurteils – nicht durch Beschluss – einheitlich zu entscheiden.[50] In der zu treffenden Kostenentscheidung ist zum einen das Teilanerkenntnis, zum anderen die Regelung des § 269 Abs. 3 Satz 2 ZPO zu berücksichtigen. Gegen das Schlussurteil ist die Berufung in keinem Fall möglich, statthaft ist allein die sofortige Beschwerde.[51]

29 Nichts anderes gilt, wenn im Anschluss an das Teilanerkenntnisurteil hinsichtlich des noch streitigen Teils des Klagegegenstandes die Parteien **übereinstimmend eine Teilerledigungserklärung** abgeben. In dieser Konstellation hat das Gericht in gleicher Weise durch Schlussurteil über die Kostenverteilung nach Maßgabe der §§ 91a, 93 ZPO zu entscheiden. Gegen dieses Schlussurteil ist die sofortige Beschwerde statthaft, §§ 91a Abs. 2 Satz 1, 99 Abs. 2 Satz 1 ZPO, wobei die Anfechtung nur einer der beiden Teilentscheidungen möglich ist.[52] Erforderlich ist auch hier, dass der betreffende Teil der Hauptsache die Berufungssumme von 600,00 € und der Wert des Beschwerdegegenstandes den Betrag von 200,00 € übersteigen (zuvor Rn. 21).[53]

30 Erledigen die Parteien schließlich nach Erlass des Teilanerkenntnisurteils den noch nicht erledigten restlichen Streitgegenstand **im Wege des Prozessvergleichs**, ist die Frage der Verteilung der (gesamten) Kosten des Rechtsstreits vorrangig nach dem Inhalt der diesbezüglich erfolgten Vereinbarung zu beantworten. Im nicht durch Auslegung zu klärenden Zweifelsfall wird man davon ausgehen müssen, dass die positive oder negative Kostenvereinbarung (oder die Kostenaufhebung) auch diejenigen Kosten, die auf den vom Beklagten anerkannten Teil entfallen, umfassen soll.[54]

D. Analoge Anwendung des Abs. 2

31 Über ihren eigentlichen Regelungsbereich hinaus wird die Vorschrift des § 99 Abs. 2 ZPO in der Rechtsprechung in verschiedenen Fallgestaltungen trotz ihres Ausnahmecharakters **analog** herangezogen und die Statthaftigkeit der sofortigen Beschwerde bejaht:

32 Eine Kostenentscheidung liegt nicht vor, wenn durch das Gericht eine Kostengrundentscheidung **bewusst abgelehnt** wird (oben Rn. 5). In diesem Fall wird vielfach vertreten, dass die durch die Nichtentscheidung belastete Partei sofortige Beschwerde analog § 99 Abs. 2 ZPO einlegen kann.[55]

33 § 99 Abs. 2 ZPO gelangt in gleicher Weise analog zur Anwendung, wenn und soweit trotz eines wirksamen prozessualen Anerkenntnisses gegen den Anerkennenden **ein streitiges Urteil** erlassen wird.[56] Das Gleiche soll nach streitiger Auffassung gelten, wenn Teilurteil ergeht und in diesem rechtsfehlerhaft, nämlich unter Verletzung des Grundsatzes der Kosteneinheit, teilweise schon über die Kostenverteilung entschieden wird.[57]

34 Ist die Hauptsache durch Versäumnisurteil entschieden worden und wird der Einspruch, der zulässigerweise nur gegen die **Kostenentscheidung des Versäumnisurteils** eingelegt worden ist, durch ein streitiges Kostenurteil beschieden, ist gegen dieses Urteil in analoger Anwendung des § 99 Abs. 2 ZPO die sofortige Beschwerde statthaft.[58]

35 Wird der **Widerspruch gegen eine einstweilige Verfügung (bzw. einen Arrest)** in zulässiger Weise auf den Kostenpunkt beschränkt, bedeutet dies letztlich das Anerkenntnis des Verfügungsantrags. Wenn das Gericht dann über die Kostenverteilung durch Urteil entscheidet, kann dieses nach ganz überwiegender Auffassung analog § 99 Abs. 2 ZPO mit der sofortigen

---

49 Siehe auch MK-*Schulz*, ZPO, § 99 Rn. 32.
50 BGH, NJW-RR 1999, 1741 f. = AGS 1999, 146.
51 BGH, NJW-RR 1999, 1741 = AGS 1999, 146; OLG Brandenburg, OLGR 1998, 68 (69); a.A. OLG Düsseldorf, NJW-RR 1994, 827 (828).
52 Vgl. BGH, NJW 1963, 583 (584) = MDR 1963, 295; Zöller-*Herget*, ZPO, § 99 Rn. 12.
53 Siehe mit Beispielen Prütting/Gehrlein-*Schneider*, ZPO, § 99 Rn. 16.
54 MK-*Schulz*, ZPO, § 99 Rn. 36.
55 OLG Köln, BeckRS 2015, 08376; OLG Celle, NRW-RR 2003, 1509 (1510); anders OLG Naumburg, OLGR 2004, 388: § 567 Abs. 1 Nr. 2 ZPO.
56 OLG Zweibrücken, FamRZ 2002, 1130 (1131); OLG Düsseldorf, MDR 1989, 825; Zöller-*Herget*, ZPO, § 99 Rn. 6.
57 Vgl. OLG Stuttgart, NJW 1963, 1015 (1016); MK-*Schulz*, ZPO, § 99 Rn. 34; kritisch etwa Zöller-*Herget*, ZPO, § 99 Rn. 9.
58 OLG Brandenburg, NJW-RR 2000, 1668 f.; MK-*Schulz*, ZPO, § 99 Rn. 5.

Beschwerde angefochten werden kann.⁵⁹ Wird gegen das Urteil fälschlich Berufung eingelegt, ist diese in eine sofortige Beschwerde umzudeuten.⁶⁰ Erforderlich ist freilich stets, dass der Antragsgegner eindeutig zum Ausdruck gebracht hat, dass er die Entscheidung in der Hauptsache nicht angreifen will.

Im Aufhebungsverfahren wegen veränderter Umstände nach §§ 927, 936 ZPO wird ein auf den **Kostenpunkt beschränkter Aufhebungsantrag** des Antragsgegners als zulässig erachtet. Entsprechend ist gegen das nach § 927 Abs. 2 ZPO ergehende Kostenurteil die sofortige Beschwerde in analoger Anwendung des § 99 Abs. 2 ZPO als statthaft anzusehen.⁶¹ 36

Unterschiedlich wird beurteilt, ob § 93 ZPO im Falle eines **Verzichtsurteils** nach § 306 ZPO analog anwendbar ist. Bejaht man dies, ergibt sich in der Konsequenz auch die Statthaftigkeit der sofortigen Beschwerde entsprechend § 99 Abs. 2 ZPO.⁶² 37

§ 100
Kosten bei Streitgenossen

(1) Besteht der unterliegende Teil aus mehreren Personen, so haften sie für die Kostenerstattung nach Kopfteilen.

(2) Bei einer erheblichen Verschiedenheit der Beteiligung am Rechtsstreit kann nach dem Ermessen des Gerichts die Beteiligung zum Maßstab genommen werden.

(3) Hat ein Streitgenosse ein besonderes Angriffs- oder Verteidigungsmittel geltend gemacht, so haften die übrigen Streitgenossen nicht für die dadurch veranlassten Kosten.

(4) ¹Werden mehrere Beklagte als Gesamtschuldner verurteilt, so haften sie auch für die Kostenerstattung, unbeschadet der Vorschrift des Absatzes 3, als Gesamtschuldner. ²Die Vorschriften des bürgerlichen Rechts, nach denen sich diese Haftung auf die im Absatz 3 bezeichneten Kosten erstreckt, bleiben unberührt.

Inhalt:

	Rn.		Rn.
A. Allgemeines	1	C. Weitere Fälle der Kostenhaftung bei streitgenössischer Beteiligung	12
B. Erläuterungen	3	I. Obsiegen mehrerer Streitgenossen	12
I. Kostenhaftung nach Kopfteilen, Abs. 1	3	II. Unterliegen (nur) einzelner Streitgenossen	13
II. Kostenhaftung bei unterschiedlicher Beteiligung am Rechtsstreit, Abs. 2	4	III. Unterliegen von (mehreren) Streitgenossen zu unterschiedlichen Teilen	17
III. Kostenhaftung für besondere Angriffs- oder Verteidigungsmittel, Abs. 3	7	IV. Ausscheiden eines Streitgenossen während des Verfahrens	19
IV. Kostenhaftung als Gesamtschuldner, Abs. 4	9		

A. Allgemeines

§ 100 ZPO regelt die Frage der Kostentragung, wenn mehrere Personen auf Kläger- oder Beklagtenseite als Streitgenossen beteiligt sind. Die Vorschrift ist in allen §§ 59 ff. ZPO geregelten Fällen anwendbar, also unabhängig davon, ob eine einfache oder notwendige bzw. anfängliche oder nachträgliche Streitgenossenschaft vorliegt. Bei streitgenössischer Nebenintervention (§ 69 ZPO) ist § 100 ZPO ebenfalls maßgebend, § 101 Abs. 2 ZPO. Geregelt ist lediglich die Kostenhaftung gegenüber dem **Gegner**; die Haftung gegenüber der Staatskasse für die gerichtlichen Kosten ist nicht Gegenstand der Regelung, insoweit greift § 32 Abs. 1 GKG. Die Kostenhaftung im streitgenössischen Innenverhältnis wird von § 100 ZPO nur fragmentarisch (vgl. Abs. 4 Satz 2) erfasst.¹ § 100 ZPO findet auch Anwendung auf die Kostenfrage im Rechtsmittelverfahren (§ 97 ZPO), sofern mehrere Streitgenossen ein Rechtsmittel einlegen. 1

---

59 OLG Frankfurt a.M., WRP 2015, 235; OLG Koblenz, JurBüro 1997, 38; OLG Brandenburg, NJW-RR 1994, 1022 f.; OLG Hamm, MDR 1991, 357; Zöller-*Herget*, ZPO, § 99 Rn. 17. Für die Unanfechtbarkeit hingegen etwa weiterhin Baumbach/Lauterbach/Albers/Hartmann, ZPO, § 99 Rn. 5 – „Arrest, einstweilige Verfügung".
60 KG Berlin, Magazindienst 2011, 499.
61 Vgl. OLG Schleswig, NJW-RR 1995, 896; Musielak/Voit-*Flockenhaus*, ZPO, § 99 Rn. 9.
62 OLG Schleswig, NJW 2013, 2765 (2766); Saenger-*Gierl*, ZPO, § 99 Rn. 14.

Zu § 100:
1 Vgl. Musielak/Voit-*Flockenhaus*, ZPO, § 100 Rn. 1.

2   Die in § 100 ZPO getroffenen Regelungsanordnungen betreffen in ihrem unmittelbaren Regelungsgehalt **unterschiedliche Verfahrensabschnitte** und **unterschiedliche Adressaten**, ohne dass sich diese Differenzierung sogleich aufdrängt: Adressat der Abs. 1 und Abs. 4 ist in erster Linie (erst) der im Kostenfestsetzungsverfahren tätige Rechtspfleger, der auf Grundlage der vom Prozessgericht bereits getroffenen Kostengrundentscheidung beurteilen muss, ob die Kostenerstattung nach Kopfteilen oder als Gesamtschuldner zu erfolgen hat. Es ist also geregelt, welche Kostenhaftung aus bestimmten Kostenentscheidungen folgt. Adressat der Regelungen in Absatz 2 und Absatz 3 ist hingegen (schon) das erkennende Gericht, da sich hier inhaltliche Maßgaben für die (noch) zu treffende Kostengrundentscheidung finden.[2]

B. Erläuterungen
I. Kostenhaftung nach Kopfteilen, Abs. 1

3   Abs. 1 regelt den Grundsatz der Kostenerstattung nach **Kopfteilen**: Unterliegen mehrere Personen – ob sie auf Kläger- oder Beklagtenseite stehen, ist unerheblich – im Prozess im vollem Umfang und lautet der **Tenor** der Kostengrundentscheidung daher in Anwendung des § 91 Abs. 1 Satz 1 ZPO:

Die Kläger (Beklagten) tragen die Kosten des Rechtsstreits.

Für das Kostenfestsetzungsverfahren gilt, dass die Kosten von den unterliegenden Streitgenossen nach Kopfteilen, d.h. zu gleichen Teilen (bei z.B. drei Beklagten also zu je einem Drittel) zu erstatten sind. Das Prozessgericht kann die Regel des Abs. 1 auch „vorwegnehmen", indem es den Kostenausspruch selbst entsprechend fasst. Die Kostenhaftung nach Kopfteilen greift in gleicher Weise bei teilweisem Unterliegen der Streitgenossen. Lautet z.B. die nach § 92 Abs. 1 Satz 1 Alt. 2 ZPO getroffene Kostengrundentscheidung:

Die Kosten des Rechtsstreits tragen die Kläger zu 60 %, der Beklagte zu 40 %.

Sodass die (zwei) Kläger die Kosten zu je 30 % zu erstatten haben.[3]

II. Kostenhaftung bei unterschiedlicher Beteiligung am Rechtsstreit, Abs. 2

4   § 100 Abs. 2 ZPO gilt ebenso wie Abs. 1 unabhängig davon, ob die Streitgenossen auf Kläger- oder Beklagtenseite stehen. Voraussetzung ist, dass die Streitgenossen am Rechtsstreit „erheblich verschieden" beteiligt sind. Ist dies der Fall, kann die Beteiligung zum Maßstab für die Verteilung der Kostenlast genommen werden, was im Ermessen („kann") des erkennenden Gerichts steht. Dieses hat den besonderen Ausspruch in der Urteilsformel aufzunehmen; die Entscheidung darf nicht dem Rechtspfleger im Kostenfestsetzungsverfahren überlassen werden,[4] dieser ist auch nicht zu einer Auslegungskorrektur berechtigt.[5]

5   Eine **Verschiedenheit** der Beteiligung liegt namentlich vor, wenn die **Streitwerte** der Verfahrensgegenstände, an denen die Streitgenossen beteiligt sind, unterschiedlich hoch sind.[6] Sie kann sich aber auch daraus ergeben, dass einer der Streitgenossen seine Beteiligung am Rechtsstreit durch sein **prozessuales Verhalten** gering hält (und damit auch die Kosten), etwa durch Anerkenntnis des Klageanspruchs.[7] Die Verschiedenheit ist allerdings nur dann von Bedeutung, wenn sie als **„erheblich"** anzusehen ist; dies ist wiederum der Fall, wenn die von § 100 Abs. 1 ZPO angeordnete Haftung nach Kopfteilen im konkreten Fall unzumutbar oder unbillig erscheint und es die Kostengerechtigkeit gebietet, die Streitgenossen nach ihrer Beteiligung für die Kosten haften zu lassen.[8] Als Orientierungswert wird insoweit zum Teil ein Abweichen der Beteiligung um 25 % bis 35 % herangezogen,[9] richtigerweise sollte aber mit Blick auf die Kostengerechtigkeit jedes Abweichen, das zur Entstehung von unterschiedlichen Kosten führt, als ausreichend angesehen werden.

6   Bei unterschiedlicher Beteiligung am **Streitgegenstand** kann der Kostenausspruch lauten:

Die Kosten des Rechtsstreits trägt der Beklagte zu 1) zu 40 %, der Beklagte zu 2) zu 60 %.

---

2 Prütting/Gehrlein-*Schneider*, ZPO, § 100 Rn. 1.
3 Weitere Beispiele bei Prütting/Gehrlein-*Schneider*, ZPO, § 100 Rn. 2.
4 OLG Schleswig, JurBüro 1983, 1883; anders wohl OLG Köln, MDR 1988, 325.
5 OLG Koblenz, NJW-RR 1999, 728.
6 Verschiedene Beispiele bei Prütting/Gehrlein-*Schneider*, ZPO, § 100 Rn. 4.
7 Vgl. Thomas/Putzo-*Hüßtege*, ZPO, § 100 Rn. 9; Musielak/Voit-*Flockenhaus*, ZPO, § 100 Rn. 3; ausführlich BeckOK-*Jaspersen/Wache*, ZPO, § 100 Rn. 7 ff.
8 Saenger-*Gierl*, ZPO, § 100 Rn. 8.
9 Vgl. Baumbach/Lauterbach/Albers/Hartmann, ZPO, § 100 Rn. 32.

Bei unterschiedlicher Beteiligung am **Rechtsstreit** kann tenoriert werden:
Die Kläger tragen die Kosten des Rechtsstreits mit Ausnahme der durch die Beweisaufnahme vom (...) entstandenen Mehrkosten; diese trägt allein der Kläger zu 3).

III. Kostenhaftung für besondere Angriffs- oder Verteidigungsmittel, Abs. 3

§ 100 Abs. 3 ZPO beinhaltet ebenfalls eine Ausnahme vom Grundsatz der Kostenerstattung nach Kopfteilen nach Abs. 1. Voraussetzung ist, dass einer von mehreren (klagenden oder verklagten) Streitgenossen ein besonderes **Angriffs- oder Verteidigungsmittel** i.S.v. § 146 ZPO geltend gemacht hat, das aber – insoweit divergierend von der Vorschrift des § 96 ZPO – nicht ohne Erfolg geblieben sein muss. Die übrigen Streitgenossen dürfen sich das Angriffs- oder Verteidigungsmittel zudem nicht zu Eigen gemacht haben, was im Regelfall aber anzunehmen ist, wenn dem Tatsachenvortrag/Beweismittel nicht ausdrücklich widersprochen wird. Dem Regelungsgedanken nach muss § 100 Abs. 3 ZPO auch greifen, wenn ein Streitgenossen durch sein prozessuales Verhalten eine **Kostenreduzierung verhindert**, z.B. sich weigert, die Klageforderung anzuerkennen.[10]

Anders als in Abs. 2 ist dem Gericht kein Ermessen eingeräumt; liegen die Voraussetzungen des Abs. 3 vor, ist **zwingend** die Einzelhaftung des betroffenen Streitgenossen auszusprechen. Diese umfasst die zusätzlichen Kosten indes nur insoweit, als sie in unmittelbarem Zusammenhang mit dem geltend gemachten Angriffs- oder Verteidigungsmittel stehen („dadurch"). **Tenoriert** werden kann etwa wie folgt:
Die Kosten des Rechtsstreits tragen die Beklagten mit Ausnahme der Kosten, die durch die Begutachtung durch den Sachverständigen (...) entstanden sind. Diese trägt allein der Beklagte zu 2).

Hat das Gericht beim Kostenausspruch § 100 Abs. 3 ZPO nicht angewendet, kommt eine Berichtigung nicht in Betracht; möglich ist hier allerdings (anders als bei Abs. 2) eine Auslegungskorrektur (vgl. § 104 Rn. 18).[11]

IV. Kostenhaftung als Gesamtschuldner, Abs. 4

§ 100 Abs. 4 ZPO enthält die gewichtigste **Ausnahme** vom Grundsatz der kopfteiligen Kostenhaftung nach Abs. 1: Werden mehrere (nicht notwendig alle) Beklagte (oder Widerbeklagte) in der Hauptsache als **Gesamtschuldner** (§ 421 BGB) verurteilt, folgt hieraus für das Kostenfestsetzungsverfahren automatisch, dass sie – (auch) ohne entsprechenden ausdrücklichen Ausspruch im Urteilstenor – für die Kostenerstattung als Gesamtschuldner haften. Der Rechtspfleger ist dabei an die gesamtschuldnerische Verurteilung in der Hauptsache gebunden und darf nicht prüfen, ob das Gericht insoweit fehlerhaft geurteilt hat. Dass die Verurteilung als Gesamtschuldner erfolgt, kann sich auch aus den Entscheidungsgründen ergeben, die allerdings eindeutig sein müssen.[12] Dem Umfang nach erstreckt sich die gesamtschuldnerische Kostenhaftung in erster Linie auf die Kosten des Erkenntnisverfahrens, nach § 788 Abs. 1 Satz 3 ZPO sind aber auch die Kosten der Zwangsvollstreckung erfasst. Unterliegen mehrere streitgenössische Kläger mit ihrer Klage, können ihnen die Kosten nicht als Gesamtschuldner auferlegt werden; § 100 Abs. 4 ZPO ist auch nicht analog anwendbar.[13]

Bei Unterlassungstiteln gegen Streitgenossen kommt mangels (per se ausscheidender) gesamtschuldnerischer Unterlassungshaftung eine Kostenhaftung als Gesamtschuldner nicht in Betracht.[14] Für die Anwendung von § 100 Abs. 4 Satz 1 ZPO genügt auch, wenn neben der Personenhandelsgesellschaft die Gesellschafter (§ 128 HGB, § 8 PartGG)[15] oder neben dem Hauptschuldner der Bürge (§ 767 BGB) – **„wie" Gesamtschuldner** – verurteilt werden.[16] Die samtverbindliche Verurteilung setzt sich in der Rechtsmittelinstanz fort: für die Kosten ihrer erfolglosen Berufung gegen ein entsprechend lautendes erstinstanzliches Urteil haben die Beklagten auch dann als Gesamtschuldner zu haften, wenn sich dies aus dem Berufungsurteil

---

10 KG Berlin, BeckRS 2011, 25791.
11 Vgl. KG Berlin, MDR 2002, 722f.; OLG Schleswig, JurBüro 1993, 742f.; OLG München, MDR 1989, 166; siehe aber auch KG Berlin, WM 2012, 527f.
12 Vgl. OLG Frankfurt a.M., JurBüro 2016, 204; OLG Brandenburg, AGS 2009, 49.
13 OLG Koblenz, MDR 1991, 257.
14 Siehe nur OLG Karlsruhe, VersR 2009, 948f.; vgl. aber auch BeckOK-*Jaspersen/Wache*, ZPO, § 100 Rn. 19 zum Ausnahmefall einer Mitverantwortungsgemeinschaft.
15 OLG Karlsruhe, NJW 1973, 1202; MK-*Schulz*, ZPO, § 100 Rn. 16.
16 Strittig, vgl. z.B. OLG München, MDR 1998, 623; Saenger-*Gierl*, ZPO, § 100 Rn. 15; anders allerdings BGH, NJW 1955, 1398 = JZ 1956, 99. Ausführlich zum Meinungsstand zuletzt OLG Saarbrücken, BeckRS 2016, 07393.

selbst nicht ergibt.[17] Im Falle des Abschlusses eine Prozessvergleichs haften die Beklagten für die Kosten nur dann gesamtschuldnerisch, wenn die Parteien dies ausdrücklich vereinbart haben; § 100 Abs. 4 Satz 1 ZPO ist auf die vergleichsweise Übernahme der Hauptsacheforderung als Gesamtschuldner nicht anwendbar.[18] Ob über eine ergänzende Vertragsauslegung eine gesamtschuldnerische Haftung konstruiert werden kann, erscheint fraglich.[19]

11 Die gesamtschuldnerische Kostenhaftung lässt die Möglichkeit einer Kostentrennung nach Abs. 3 unberührt, vgl. § 100 Abs. 4 Satz 1 ZPO. Entsprechend sind einem Beklagten, der an sich mit seinem Streitgenossen als Gesamtschuldner für die Kosten haftet, die durch sein besonderes Angriffs- oder Verteidigungsmittel verursachten Mehrkosten allein aufzuerlegen. Zu beachten ist allerdings § 100 Abs. 4 Satz 2 ZPO: Ergibt sich aufgrund materiellen Rechts, dass der andere Streitgenosse ebenfalls für diese Mehrkosten haftet, hat das Gericht von einer Kostentrennung abzusehen. Dies ist etwa bei §§ 566 Abs. 2, 767 Abs. 2 BGB der Fall.[20]

C. Weitere Fälle der Kostenhaftung bei streitgenössischer Beteiligung
I. Obsiegen mehrerer Streitgenossen

12 In § 100 ZPO ist nicht geregelt, wie für die Kosten gehaftet wird, wenn mehrere (klagenden oder verklagten) Streitgenossen gemeinsam obsiegen. Die Kostenentscheidung beruht hier auf §§ 91 ff. ZPO. Die jedem einzelnen Streitgenossen entstandenen (notwendigen) Kosten sind von der unterliegenden Gegenseite (bei mehreren Gegnern: unter Anwendung des § 100 ZPO) zu erstatten. Unter den Streitgenossen besteht weder Gesamt- noch Mitgläubigerschaft, vielmehr ist jeder Streitgenosse Einzelgläubiger nach Maßgabe seines Anteils, § 420 BGB. Bei gleicher Beteiligung am Rechtsstreit sind die obsiegenden Streitgenossen **Anteilsgläubiger** nach Kopfteilen.[21] In der Praxis ist bei Obsiegen mehrerer Streitgenossen vor allem die Problematik von Bedeutung, welche Kosten der einzelne Streitgenosse festsetzen lassen kann (hierzu § 91 Rn. 131 ff.).

II. Unterliegen (nur) einzelner Streitgenossen

13 Die Konstellation, dass einzelne (klagende oder verklagte) Streitgenossen unterliegen, während andere Streitgenossen obsiegen, ist in § 100 ZPO nicht direkt geregelt. Die Kosten sind nach §§ 91, 92 Abs. 1 ZPO (analog) zu verteilen,[22] wobei folgende **Grundsätze und Maßgaben** im Blick zu behalten sind:[23]

1. Es ist stets – in Abweichung des Grundsatzes der Kosteneinheit – zwischen gerichtlichen und außergerichtlichen Kosten zu unterscheiden (da die Gerichtskosten unabhängig von der Zahl der Parteien nur einmal anfallen, während die außergerichtlichen Kosten grundsätzlich für jeden Streitgenossen gesondert anfallen können);
2. Nur diejenigen Parteien, die unterlegen sind, dürfen auch mit Kosten belastet werden (Grundsatz der Unterliegenshaftung);
3. Unter den Streitgenossen findet mangels Streitverhältnisses eine Kostenerstattung nicht statt;
4. Der Gegner hat lediglich die außergerichtlichen Kosten der obsiegenden Streitgenossen, nicht aber auch die der unterliegenden Streitgenossen zu tragen;
5. Die Gerichtskosten sind von dem Gegner und den unterliegenden Streitgenossen zu tragen.

14 Bei der konkreten Berechnung der hiernach zu bildenden Kostenquote wird in der Praxis allgemein auf die **sog. Baumbach'sche Formel** zurückgegriffen, bei der die vorstehenden Vorgaben unter Bildung eines fiktiven Gesamtstreitwerts (durch Addition der Einzelangriffe bzw. einzelnen Prozessrechtsverhältnisse) umgesetzt werden.[24] (Einfaches) **Beispiel**: Die Beklagten B und C werden vom Kläger A auf Zahlung von 10.000,00 € verklagt. A obsiegt vollständig gegen B, unterliegt jedoch gegen C in voller Höhe. A trägt in diesem Fall die außergerichtlichen Kosten des C (allein). B trägt seine außergerichtlichen Kosten vollständig selbst. Ausgehend von einem fiktiven Gesamtstreitwert von 20.000,00 € hat A (der an beiden Angriffen

---

17 OLG Frankfurt a.M., JurBüro 1984, 605; LG Köln, MDR 1981, 502.
18 LG Baden-Baden, AGS 2013, 309 mit Anm. *N. Schneider*.
19 So aber OLG Karlsruhe, AGS 2013, 595; OLG Bremen, BeckRS 1992, 31137178; auch LG Bamberg, MietRB 2016, 107.
20 Siehe BeckOK-*Jaspersen/Wache*, ZPO, § 100 Rn. 24.
21 OLG München, AGS 2013, 44 f.
22 BGHZ 8, 325 (327) = NJW 1953, 618 f. = JR 1953, 138.
23 MK-*Schulz*, ZPO, § 100 Rn. 32; Thomas/Putzo-*Hüßtege*, ZPO, § 100 Rn. 15; Saenger-*Gierl*, ZPO, § 100 Rn. 20.
24 Ausführlich zur Baumbach'schen Formel z.B. *Stegemann-Boehl*, JuS 1991, 320 ff.; *Loibl*, JA 1998, 56 ff.; *Gemmer*, JuS 2012, 702 ff.

beteiligt ist) nur in Höhe von 10.000,00 € obsiegt, weshalb er die Hälfte der Gerichtskosten trägt; die andere Hälfte trägt B, der auch für die Hälfte der außergerichtlichen Kosten des A aufzukommen hat. Bei der Tenorierung der Kostenentscheidung wird in der Praxis häufig klarstellend aufgenommen, dass die Parteien ihre außergerichtlichen Kosten im Übrigen selbst tragen. Eine Verkennung oder falsche Umsetzung der Baumbach'schen Formel kann nicht durch den Rechtspfleger im Kostenfestsetzungsverfahren korrigiert werden.[25]

In der praktischen Anwendung der Baumbach'schen Formel sollte der entscheidende Richter in komplizierteren Fallgestaltungen, insbesondere bei Beteiligung von mehr als zwei Streitgenossen und/oder unterschiedlich werthaltiger Prozessrechtsverhältnisse, regelmäßig nicht davon absehen, zur Vermeidung von Fehlern **tabellarische Übersichten** anzufertigen und anhand dieser die Kostenquoten zu berechnen.[26] 15

Von der Frage der Kostentragung dem Grunde nach ist zu unterscheiden, in welchem Umfang die Streitgenossen Kosten zur Festsetzung anmelden können.[27] Nach der Rechtsprechung des BGH kann, wenn die Streitgenossen einen **gemeinsamen Rechtsanwalt** beauftragt haben, der obsiegende Streitgenosse grundsätzlich nur den seiner Beteiligung am Rechtsstreit entsprechenden Bruchteil der Anwaltskosten von dem Prozessgegner erstattet verlangen.[28] Nur dann, wenn feststeht, dass der obsiegende Streitgenosse seinen gesetzlichen Ausgleichsanspruch im Innenverhältnis nicht realisieren kann, und er deshalb die vollen Kosten bezahlen muss oder – wenn er bereits über seinen Anteil hinaus gezahlt hat – den ihm im Innenverhältnis zustehenden Ausgleich nicht erhalten wird, kann er vom Prozessgegner ausnahmsweise einen höheren Anteil verlangen.[29] Die bloße Befürchtung, der andere Streitgenosse werde den von ihm geschuldeten Gebührenanteil dem gemeinsamen Anwalt schuldig bleiben, reicht allerdings nicht aus.[30] 16

III. Unterliegen von (mehreren) Streitgenossen zu unterschiedlichen Teilen

Unterliegen mehrere der streitgenössisch klagenden oder verklagten Parteien zu unterschiedlichen Teilen, sind die Kosten ebenfalls unter Anwendung der **Baumbach'schen Formel** zu verteilen. Es gelten die vorstehend unter Rn. 13 ff. dargestellten Grundsätze in gleicher Weise. Die zutreffende Berechnung des (fiktiven) Gesamtstreitwerts und die richtige Bewertung der Beteiligung der einzelnen Parteien an diesem (unter Berücksichtigung der Angriffe) ist hier besonders wichtig. Typischerweise im Falle einer Drittwiderklage, z.B. in Verkehrsunfallsachen, können auch auf beiden Seiten Streitgenossen stehen.[31] Werden die Beklagten (und/oder Widerbeklagten) dabei (teilweise) als Gesamtschuldner verurteilt, ist bei der Kostenentscheidung ergänzend § 100 Abs. 4 ZPO zu berücksichtigen. In solchen komplexen Fallgestaltungen sind für die Gerichtskosten und die außergerichtlichen Kosten jeder einzelnen Partei unweigerlich gesonderte Berechnungstabellen zu fertigen.[32] 17

In der **Rechtsmittelinstanz** sind die Regeln der Baumbach'schen Formel in gleicher Weise anzuwenden. Dies kann insbesondere bei nur teilweiser Abänderung der erstinstanzlichen Entscheidung sowie einer Beteiligung nicht aller Streitgenossen im zweiten Rechtszug die Bildung sehr differenzierter Kostenquoten zur Folge haben. Dem Rechtsmittelgericht ist es dabei unbenommen, die eine im Rechtsmittelzug nicht beteiligte Partei betreffende Kostenentscheidung der Vorinstanz auch zu deren Nachteil zu ändern, da über die Kosten des Rechtsstreits einheitlich zu entscheiden ist. Bei streitgenössischer Beteiligung steht die Kostenentscheidung notwendigerweise unter dem Vorbehalt, dass sich das Verhältnis des Obsiegens und Unterliegens zwischen den Streitteilen nicht ändert, da andernfalls eine sachgerechte Kostenentscheidung nicht möglich ist.[33] 18

---

25 BeckOK-*Jaspersen/Wache*, ZPO, § 100 Rn. 25.
26 Vgl. beispielhaft *Gemmer*, JuS 2012, 702 ff.; Prütting/Gehrlein-*Schneider*, ZPO, § 100 Rn. 6.
27 Ausführlich z.B. MK-*Schulz*, ZPO, § 100 Rn. 35 ff.
28 BGH, FamRZ 2006, 1028 = BeckRS 2006, 06543; BGH, NJW-RR 2006, 1508 f., Rn. 3 f. = MDR 2006, 1193; BGH, NJW-RR 2003, 1217 (1218) = VersR 2004, 489.
29 BGH, FamRZ 2006, 1028 = BeckRS 2006, 06543; BGH, NJW-RR 2003, 1217 (1218) = VersR 2004, 489; OLG Koblenz, JurBüro 2012, 429.
30 OLG Koblenz, JurBüro 2014, 146.
31 Hierzu z.B. Musielak/Voit-*Flockenhaus*, ZPO, § 100 Rn. 10; *Gemmer*, JuS 2012, 702 (703 f.).
32 Vgl. wiederum anschaulich *Gemmer*, JuS 2012, 702 (703 f.). Weitere ausführliche Beispiele bei Prütting/Gehrlein-*Schneider*, ZPO, § 100 Rn. 6.
33 BGH, VersR 1981, 1033 = BeckRS 1981, 00631; OLG München, OLGR 1993, 228.

IV. Ausscheiden eines Streitgenossen während des Verfahrens

19 Vor allem im Falle der Rücknahme der Klage gegen einen Streitgenossen (§ 269 ZPO) oder des Erlasses eines Teilurteils (§ 301 ZPO), aber auch nach Prozesstrennung (§ 145 ZPO) etc. kann die ursprüngliche bestehende Streitgenossenschaft noch während des Rechtsstreits beendet werden. Ausgehend von dem Prinzip der Einheitlichkeit der Kostenentscheidung (vgl. vor 91 Rn. 9) ist in diesen Fällen über die Kosten an sich erst im instanzabschließenden (Schluss-)Urteil zu befinden. Der Erlass einer **Teilkostenentscheidung** im Rahmen eines Teilurteils wird allgemein gleichwohl **ausnahmsweise** als statthaft erachtet, wenn der Kläger hieran ein schutzwürdiges Interesse hat, etwa bei drohender Verarmung des verurteilten Streitgenossen[34] oder einem beträchtlichen Umfang der ihm entstandenen Kosten.[35] Das Gleiche gilt, wenn die Teilkostenentscheidung unabhängig vom Ausgang des weiteren Rechtsstreits getroffen werden kann.[36] Der durch die teilweise Klagerücknahme komplett ausscheidende Streitgenosse hat aus eben diesem Grund einen Anspruch auf einen sofortigen Kostentitel (§ 269 Abs. 4 ZPO) hinsichtlich seiner außergerichtlichen Kosten.[37] Ebensolches gilt, wenn der Rechtsmittelführer sein Rechtsmittel zurücknimmt, §§ 516 Abs. 3 Satz 2, 565 ZPO.[38] Ob das Gericht auch im umgekehrten Fall (ein Streitgenosse nimmt seine Klage oder sein Rechtsmittel zurück) zugunsten der gegnerischen Partei eine Teilkostengrundentscheidung erlassen kann, ist nicht abschließend geklärt, allerdings in Anlehnung an die vorstehenden Grundsätze jedenfalls dann zu bejahen, wenn der Gegner ein schutzwürdiges Interesse am kurzfristigen Erlass einer Kostengrundentscheidung zu seinen Gunsten hat.[39]

§ 101
Kosten einer Nebenintervention

(1) Die durch eine Nebenintervention verursachten Kosten sind dem Gegner der Hauptpartei aufzuerlegen, soweit er nach den Vorschriften der §§ 91 bis 98 die Kosten des Rechtsstreits zu tragen hat; soweit dies nicht der Fall ist, sind sie dem Nebenintervenienten aufzuerlegen.

(2) Gilt der Nebenintervenient als Streitgenosse der Hauptpartei (§ 69), so sind die Vorschriften des § 100 maßgebend.

Inhalt:

	Rn.		Rn.
A. Allgemeines	1	g) Vergleich, § 98 ZPO	15
B. Erläuterungen	2	h) Weitere Kostenregelungen (§§ 269 Abs. 3 Satz 2, 281 Abs. 3 Satz 2, 344 ZPO)	16
I. Die Kosten einer einfachen Nebenintervention, Abs. 1	2	II. Entscheidung und Anfechtung im Falle des Abs. 1	17
1. Grundsatz der Kostenparallelität	3	1. Kostenausspruch	17
2. Voraussetzungen des § 101 Abs. 1 ZPO	4	2. Anfechtung nur bei Rechtsmittel in der Hauptsache	18
a) Wirksame und fortbestehende Nebenintervention	4	3. Berichtigung, § 319 Abs. 1 ZPO	19
b) Behandlung der (nur) beschränkten Nebenintervention	6	4. Ergänzung, § 321 Abs. 1 ZPO	20
c) Kosten der Nebenintervention	7	III. Die Kosten einer streitgenössischen Nebenintervention, Abs. 2	21
3. Kostenverteilung	8	**C. Praxisbedeutsame Einzelfälle**	24
a) Volles Obsiegen oder Unterliegen, § 91 Abs. 1 ZPO	9	I. Die Kosten der Nebenintervention bei Abschluss eines Prozessvergleichs	24
b) Erledigung der Hauptsache, § 91a ZPO	10	II. Die Kosten der Nebenintervention in der Rechtsmittelinstanz	28
c) Teilweises Obsiegen, § 92 ZPO	11	III. Die Kosten der Nebenintervention im selbstständigen Beweisverfahren	30
d) Sofortiges Anerkenntnis, § 93 ZPO	12		
e) Kostentrennung nach §§ 94, 95 und 96 ZPO	13		
f) Rechtsmittel, § 97 ZPO	14		

---

34 BGH, NJW 1960, 484 = MDR 1960, 216.
35 Vgl. BGH, NJW-RR 2001, 642 = MDR 2001, 596; OLG Celle, BeckRS 2014, 06822.
36 KG Berlin, BeckRS 2016, 09838 m.w.N.
37 Vgl. BGH, NJW 2006, 1351 (1353f.), Rn. 24 = FamRZ 2006, 482; BGH, NJW 2007, 769 (770), Rn. 7 = MDR 2007, 365; Zöller-*Greger*, ZPO, § 269 Rn. 19a.
38 MK-*Schulz*, ZPO, § 100 Rn. 57.
39 Vgl. BeckOKZPO-*Jaspersen/Wache*, § 100 Rn. 32. Offengelassen von BGH, NJW-RR 1991, 187 = MDR 1991, 330.

A. Allgemeines

§ 101 ZPO stellt eine ergänzende Regelung zu den §§ 91–100 ZPO dar, die lediglich die Kostenverteilung zwischen den Parteien des Rechtsstreits betreffen, und erfasst den Fall, dass ein am Prozess nicht beteiligter Dritter als Nebenintervenient/Streithelfer (§§ 66 ff. ZPO) beitritt, um eine Partei zu unterstützen. Der Gesetzgeber **unterscheidet** dabei zwischen **einfacher** Nebenintervention (§ 67 ZPO) und **streitgenössischer** Nebenintervention (§ 69 ZPO): Während der einfache Nebenintervenient nach § 101 Abs. 1 ZPO hinsichtlich der ihm durch seinen Beitritt entstandenen Kosten im Grundsatz so gestellt werden soll wie die von ihm unterstützte Hauptpartei (sog. Grundsatz der Kostenparallelität), muss sich der streitgenössische Nebenintervenient nach § 101 Abs. 2 ZPO so behandeln lassen wie ein Streitgenosse der Hauptpartei; für ihn sind allein die in § 100 ZPO enthaltenen Regelungen maßgebend.

B. Erläuterungen
I. Die Kosten einer einfachen Nebenintervention, Abs. 1

§ 101 Abs. 1 ZPO betrifft lediglich die Frage der Kostenerstattung im Verhältnis des Nebenintervenienten zu dem Gegner der unterstützten Hauptpartei. Mangels Prozessrechtsverhältnisses zwischen dem Nebenintervenienten und der von ihm unterstützten Partei kommt eine prozessuale Kostenerstattung im Innenverhältnis auf Grundlage des § 101 Abs. 1 ZPO nicht in Betracht. Unberührt bleiben insoweit aber – in einem gesonderten Verfahren geltend zu machende – etwaige materiell-rechtliche Kostenerstattungsansprüche.[1]

1. Grundsatz der Kostenparallelität

Soweit der Gegner der unterstützten Hauptpartei die Kosten des Rechtsstreits nach §§ 91–98 ZPO zu tragen hat, sind ihm – nach dem Wortlaut des § 101 Abs. 1 Hs. 1 ZPO zwingend – auch die durch die Nebenintervention verursachten Kosten aufzuerlegen. Soweit die Kosten des Rechtsstreits nicht dem Gegner zur Last fallen, sind die Kosten der Nebenintervention dem Streithelfer aufzuerlegen, Hs. 2. Mit dieser klaren Regelung verfolgt § 101 Abs. 1 ZPO das Ziel, die Gleichstellung des Nebenintervenienten mit der von ihm unterstützten Hauptpartei sicherzustellen. Dieser **sog. Grundsatz der Kostenparallelität** steht als gesetzlicher Anspruch ohne Mitwirkung des Streithelfers nicht zur Disposition der Prozessparteien[2] und gilt über den Wortlaut des § 101 Abs. 1 ZPO hinaus auch für die Kostentragung nach anderen Vorschriften, insbesondere §§ 269 Abs. 3 Satz 2, 516 Abs. 3 Satz 1, 565 ZPO.[3]

2. Voraussetzungen des § 101 Abs. 1 ZPO
a) Wirksame und fortbestehende Nebenintervention

Eine Kostenverteilung nach § 101 Abs. 1 ZPO ist nur möglich, wenn die Nebenintervention zulässig ist und wirksam erfolgt ist. Die Beitrittserklärung muss den Erfordernissen des § 70 ZPO genügen, insbesondere muss die Hauptpartei, der zum Zwecke der Unterstützung beigetreten wird, eindeutig erkennbar sein.[4]

Voraussetzung ist zudem, dass der Streithelfer im Zeitpunkt der Entscheidung auch als solcher noch zugelassen ist. Dies ist nicht der Fall, wenn die Beitrittserklärung – jederzeit möglich (vgl. § 66 Rn. 2) – wieder wirksam, nämlich in der Form des § 269 Abs. 2 ZPO (analog), zurückgenommen wird; bei dieser Sachlage sind dem Nebenintervenienten die Kosten der Streithilfe in entsprechender Anwendung von § 269 Abs. 3 Satz 2, Abs. 4 ZPO durch gesonderten Beschluss aufzuerlegen.[5] Schließt sich der Rücknahme der Beitritt auf der Seite des (ursprünglichen) Gegners an, vollzieht der Streithelfer also einen „Seitenwechsel", sind die Kosten der Nebenintervention entsprechend § 92 Abs. 1 Satz 1 ZPO zu quoteln.[6]

b) Behandlung der (nur) beschränkten Nebenintervention

Dem Nebenintervenienten steht es frei, dem Rechtsstreit nicht insgesamt beizutreten, sondern den Beitritt auf einen abgrenzbaren Teil des Rechtsstreits, etwa auf einen von mehreren Streitgegenständen, zu beschränken (vgl. § 66 Rn. 7). In diesem Fall darf nicht auf die Verteilung der Kosten des (gesamten) Rechtsstreits abgestellt werden. Die Kosten der Nebenintervention sind vielmehr auf Grundlage einer isolierten Betrachtung des vom Beitritt erfassten Streitgegenstandes zu verteilen: Soweit der Gegner der Hauptpartei diesbezüglich die Kosten des

---

1 Siehe nur OLG München, BeckRS 2015, 11280; OLG Düsseldorf, BauR 2007, 148; OLG Köln, NJW-RR 2002, 1726.
2 BGH, NJW 2003, 3354 = BGHR 2003, 1375.
3 Vgl. BGH, NJW 2015, 557 (558), Rn. 3 = ZIP 2015, 147.
4 OLG Karlsruhe, OLGR 2007, 1000.
5 MK-*Schulz*, ZPO, § 101 Rn. 10 und 17; Zöller-*Vollkommer*, ZPO, § 66 Rn. 18.
6 OLG Dresden, OLGR 2008, 589 (590); OLG Celle, OLGR 2001, 295; OLG München, MDR 1989, 73.

Rechtsstreits zu tragen hat, sind ihm auch die durch die Streithilfe erfassten Kosten aufzuerlegen.[7] Auf die Gesamtkostenquote abzustellen, würde ersichtlich dem Prinzip der Kostengerechtigkeit zuwiderlaufen.[8]

c) Kosten der Nebenintervention

7 Dem Gegner der Hauptpartei können die „durch die Nebenintervention verursachten Kosten" auferlegt werden. Diese „besonderen" Kosten sind von den übrigen (allgemeinen) Kosten des Rechtsstreits zu trennen und entsprechend vom Gericht in der Kostengrundentscheidung auch gesondert auszuweisen. Welche Kostenpositionen konkret (allein) durch die Nebenintervention verursacht wurden und nicht dem Rechtsstreit zuzuordnen sind, wird aber erst im Kostenfestsetzungsverfahren vom Rechtspfleger geprüft und entschieden. Hat der Nebenintervenient einen Rechtsanwalt mit seiner Interessenwahrnehmung beauftragt, sind dessen Gebühren und Auslagen grundsätzlich unproblematisch als Kosten der Nebenintervention über § 101 Abs. 1 ZPO erstattungsfähig. Das Gleiche gilt – Notwendigkeit i.S.v. § 91 Abs. 1 Satz 1 ZPO nach den allgemeinen Grundsätzen vorausgesetzt – etwa für die mit der Einsicht in die Prozessakte oder mit der Anfertigung von Fotokopien einhergehenden Kosten. Aufwendungen, die den Hauptparteien im Zusammenhang mit dem prozessualen Verhalten des Nebenintervenienten entstehen, sind hingegen nicht unmittelbar durch die Nebenintervention verursacht und sind daher als Kosten des Rechtsstreits von der kostenpflichtigen Hauptpartei zu tragen.[9]

3. Kostenverteilung

8 § 101 Abs. 1 Hs. 1 ZPO nimmt Bezug auf die Kostentragungspflicht nach den Vorschriften der §§ 91–98 ZPO; entsprechend ist im Einzelnen zu unterscheiden:

a) Volles Obsiegen oder Unterliegen, § 91 Abs. 1 ZPO

9 Obsiegt die unterstützte Hauptpartei im vollem Umfang, hat der Gegner nicht nur deren Kosten, sondern auch die Kosten des Nebenintervenienten zu tragen. Endet der Prozess hingegen mit einem vollständigen Obsiegen des Gegners, sind dem Streithelfer die Kosten seiner Nebenintervention aufzuerlegen, § 101 Abs. 1 Hs. 2 ZPO.

b) Erledigung der Hauptsache, § 91a ZPO

10 Erklären die Parteien den Rechtsstreit in der Hauptsache übereinstimmend für erledigt, ist in dem nach § 91a Abs. 1 Satz 1 ZPO nach billigem Ermessen unter Berücksichtigung des bisherigen Sach- und Streitstandes zu treffenden Beschluss auch über die Kosten der Nebenintervention zu befinden. Es gilt auch hier der Grundsatz der Kostenparallelität.[10] Hebt das Gericht die Kosten des Rechtsstreits gegeneinander auf, folgt hieraus – ebenso wie bei einer entsprechenden Vereinbarung der Parteien in einem Prozessvergleich (vgl. Rn. 21) – für den Nebenintervenienten, dass dieser seine eigenen Kosten in vollem Umfang selbst zu tragen hat.[11]

c) Teilweises Obsiegen, § 92 ZPO

11 Ist der Gegner der unterstützten Hauptpartei (nur) teilweise unterlegen, hat er die durch die Nebenintervention verursachten Kosten bei Anwendung des § 92 Abs. 1 Satz 1 Alt. 2 ZPO quotal nur in dem Umfang zu tragen, als er auch für die Kosten der Hauptpartei einzustehen hat. Im Übrigen trägt der Nebenintervenient seine Kosten selbst, § 101 Abs. 1 Hs. 2 ZPO. Aus dem Grundsatz der Kostenparallelität folgt, dass der Streithelfer keinen Kostenerstattungsanspruch hat, wenn das Gericht die Kosten nach § 92 Abs. 1 Satz 1 Alt. 1 ZPO gegeneinander aufhebt. Legt das Gericht einer Partei trotz teilweisem Obsiegen die gesamten Prozesskosten auf, § 92 Abs. 2 ZPO, gilt dies in gleicher Weise für die Kosten der Streithilfe.

d) Sofortiges Anerkenntnis, § 93 ZPO

12 Ist der Streithelfer dem Kläger zum Zwecke der Unterstützung beigetreten und werden diesem nach einem sofortigen Anerkenntnis des Beklagten die Kosten des Rechtsstreits nach § 93 ZPO auferlegt, hat der Nebenintervenient die Kosten seiner Streithilfe zu tragen. Umgekehrt hat der Kläger nach § 93 ZPO auch die durch die Nebenintervention verursachten Kosten zu tragen, wenn auf Seite des sofort anerkennenden Beklagten der Beitritt erfolgt ist.

---

7 Richtig OLG Hamm, OLGR 2008, 195f.; Prütting/Gehrlein-*Schneider*, ZPO, § 101 Rn. 19 m.w. Beispielen; abweichend OLG Celle, MDR 2005, 778.
8 MK-*Schulz*, ZPO, § 101 Rn. 14.
9 Vgl. KG Berlin, Rpfleger 1962, 159; MK-*Schulz*, ZPO, § 101 Rn. 6.
10 Siehe BeckOK-*Jaspersen/Wache*, ZPO, § 91a Rn. 20 und § 101 Rn. 6.
11 OLG Köln, MDR 2014, 1107f.

e) Kostentrennung nach §§ 94, 95 und 96 ZPO
Erfolgt durch das Gericht ausnahmsweise eine Kostentrennung nach den Vorschriften der §§ 94–96 ZPO zum Vorteil der unterstützten Hauptpartei, gilt die hieraus resultierende Kostenfolge auch zugunsten des Nebenintervenienten. Macht dieser Angriffs- oder Verteidigungsmittel geltend, die letztlich ohne Erfolg bleiben, kommt eine Kostentragungspflicht nur des Streithelfers nach § 96 ZPO nicht in Betracht; denn wenn die Hauptpartei seinem Vorbringen nicht nach § 67 ZPO widerspricht, nimmt sie es hin, dass die hiermit verbundenen Kosten zu solchen des Rechtsstreits werden und damit auch im Falle der Erfolglosigkeit von ihr zu tragen sind.[12]

13

f) Rechtsmittel, § 97 ZPO
Zu den Kosten der Nebenintervention in der Rechtsmittelinstanz siehe nachfolgend unter Rn. 28 f.

14

g) Vergleich, § 98 ZPO
Zu den Kosten der Nebenintervention bei Abschluss eines Prozessvergleichs siehe Rn. 24 ff.

15

h) Weitere Kostenregelungen (§§ 269 Abs. 3 Satz 2, 281 Abs. 3 Satz 2, 344 ZPO)
Auch wenn § 101 Abs. 1 Hs. 1 ZPO lediglich auf die Vorschriften der §§ 91–98 ZPO Bezug nimmt, ist wegen des Grundsatzes der Kostenparallelität anerkannt, dass auch die übrigen speziellen Kostenbestimmungen der ZPO im Falle einer einfachen Nebenintervention Anwendung finden können.[13] Entsprechend hat der Kläger auch die Kosten der auf Seite des Beklagten erfolgten Nebenintervention zu tragen, wenn er die Klage zurücknimmt, § 269 Abs. 3 Satz 2 ZPO.[14] Hat der Beklagte allerdings (auch ohne aufgrund eines außergerichtlichen Vergleichs hierzu verpflichtet zu sein) für den Fall der Klagerücknahme auf eine Kostenerstattung verzichtet, erstreckt sich dieser Verzicht zum Nachteil des Streithelfers auch auf die Erstattung der ihm entstandenen Kosten.[15] Hat die Gegenpartei zunächst ein unzuständiges Gericht angerufen oder war sie säumig, hat sie die hiermit verbundenen Mehrkosten auch in Bezug auf den Nebenintervenienten zu tragen, §§ 281 Abs. 3 Satz 2, 344 ZPO.[16]

16

II. Entscheidung und Anfechtung im Falle des Abs. 1
1. Kostenausspruch
Das Gericht hat in dem verfahrensabschließenden Urteil/Beschluss von Amts wegen (§ 308 Abs. 2 ZPO) über die durch die Nebenintervention verursachten Kosten zu entscheiden. Hierbei bedarf es einer klaren Trennung zwischen den allgemeinen Kosten des Rechtsstreits und den besonderen Kosten der Nebenintervention; das Gericht hat insoweit zusätzlich einen ausdrücklichen gerichtlichen Ausspruch vorzunehmen.[17] Der **Tenor** kann etwa lauten:

17

> *Der Kläger trägt die Kosten des Rechtsstreits, einschließlich der Kosten der Nebenintervention.*

Ist dieser ausdrückliche Ausspruch unterblieben, kann sich im Einzelfall auch erst aus den Entscheidungsgründen ergeben, dass von den im Tenor bezeichneten Kosten des Rechtsstreits auch die Kosten der Nebenintervention erfasst werden sollen.[18]

2. Anfechtung nur bei Rechtsmittel in der Hauptsache
Ist in einem Urteil über die Kosten der Nebenintervention entschieden worden, kann diese auf § 101 Abs. 1 ZPO beruhende Kostenentscheidung nicht isoliert angefochten werden, § 99 Abs. 1 ZPO. Eine Überprüfung ist hier nur durch ein Rechtsmittel in der Hauptsacheentscheidung möglich. Ergeht die Kostenentscheidung nach § 91a ZPO oder § 269 Abs. 4 ZPO, kann der Nebenintervenient im eigenen Namen sofortige Beschwerde einlegen, soweit die Kosten der Nebenintervention betroffen sind (ebenso im Fall des § 99 Abs. 2 ZPO). Die unterstützte Hauptpartei hat kein Widerspruchsrecht nach § 67 ZPO.[19]

18

---

12 Siehe auch Prütting/Gehrlein-*Schneider*, ZPO, § 101 Rn. 11.
13 BGH, NJW 2015, 557 (558), Rn. 3 = ZIP 2015, 147; Stein/Jonas-*Bork*, ZPO, § 101 Rn. 4.
14 BGH, NJW 2015, 557 (558), Rn. 3 = ZIP 2015, 147.
15 OLG Karlsruhe, NJW-RR 2009, 1078.
16 Vgl. Prütting/Gehrlein-*Schneider*, ZPO, § 101 Rn. 15 f.
17 OLG Koblenz, MDR 2005, 719; OLG Hamm, JurBüro 2002, 39.
18 Vgl. OLG Koblenz, MDR 2002, 1338 (1339); Baumbach/Lauterbach/Albers/Hartmann, ZPO, § 101 Rn. 12.
19 MK-*Schulz*, ZPO, § 101 Rn. 11.

3. Berichtigung, § 319 Abs. 1 ZPO

19 Ist die Entscheidung über die Kosten der Streithilfe nach § 101 Abs. 1 ZPO versehentlich unterblieben,[20] kommt grundsätzlich eine Berichtigung nach § 319 Abs. 1 ZPO in Betracht. Dies ist allerdings nur möglich, wenn eine versehentliche Abweichung von dem seitens des Gerichts Gewollten vorliegt und diese Abweichung "offenbar" ist. Die Abweichung muss sich mithin aus dem Zusammenhang der Entscheidung selbst oder zumindest aus den Vorgängen bei ihrem Erlass oder ihrer Verkündung nach außen deutlich ergeben und damit auch für Dritte ohne weiteres erkennbar sein.[21] Dies ist etwa der Fall, wenn in den Entscheidungsgründen die Vorschrift des § 101 Abs. 1 ZPO genannt ist. Die bloße Erwähnung des Streithelfers im Rubrum genügt hingegen nicht.[22]

4. Ergänzung, § 321 Abs. 1 ZPO

20 Ist eine Berichtigung insbesondere mangels offensichtlicher Abweichung nicht möglich, kann eine Korrektur der Kostenentscheidung durch eine Ergänzung nach § 321 Abs. 1 ZPO (bei Vorliegen eines Beschlusses, §§ 91a Abs. 1, 269 Abs. 3, 522 Abs. 2 ZPO,[23] in analoger Anwendung) erfolgen.[24] Voraussetzung hierfür ist allerdings ein entsprechender Antrag des Streithelfers innerhalb der von § 321 Abs. 2 ZPO hierfür vorgesehenen Frist. Ein innerhalb dieser Frist eingereichter Kostenfestsetzungsantrag des Nebenintervenienten genügt hierfür nicht.[25]

III. Die Kosten einer streitgenössischen Nebenintervention, Abs. 2

21 § 101 Abs. 1 ZPO gilt allein für die einfache Nebenintervention; bei Vorliegen einer streitgenössischen Nebenintervention i.S.v. § 69 ZPO sind nach Abs. 2 allein die Regelungen des § 100 ZPO maßgebend. Von Bedeutung ist insbesondere die Kostenhaftung nach Kopfteilen gemäß § 100 Abs. 1 ZPO, ggf. finden auch § 100 Abs. 2 (§ 100 Rn. 4 ff.) und Abs. 3 (§ 104 Rn. 7 ff.) ZPO Anwendung. Da eine Hauptsacheverurteilung des streitgenössischen Streithelfers nicht möglich ist, kommt eine gesamtschuldnerische Haftung für die Kostenerstattung nach § 100 Abs. 4 ZPO nicht in Betracht. Wird dem Gegner der unterstützten Hauptpartei die Kostenlast auferlegt, beinhaltet diese auch die Kosten des streitgenössischen Nebenintervenienten; eines ausdrücklichen Ausspruchs bedarf es hierfür nicht zwingend.[26]

22 Dem Verweis in § 101 Abs. 2 ZPO kommt abschließende Bedeutung zu; § 100 ZPO ist ausschließlich anzuwenden, der streitgenössische Nebenintervenient wird kostenrechtlich uneingeschränkt einem Streitgenossen der Hauptpartei gleichgestellt.[27] Ob ein streitgenössischer Nebenintervenient Ersatz seiner außergerichtlichen Kosten beanspruchen kann, ist daher **eigenständig** und **unabhängig** von der gegenüber der unterstützten Hauptpartei zu treffenden Kostenentscheidung nach seinem persönlichen Obsiegen und Unterliegen im Verhältnis zu dem Gegner zu beurteilen.[28] Dass der Grundsatz der Kostenparallelität nicht greift, rechtfertigt sich aus der im Vergleich zu einem einfachen Streitgenossen rechtlich selbstständigeren Stellung des streitgenössischen Nebenintervenienten.[29]

23 Erklärt der Kläger Klagerücknahme, hat er die durch die streitgenössische Nebenintervention auf Seiten der **Beklagten** verursachten Kosten in der Regel entsprechend § 269 Abs. 3 Satz 2 Hs. 1 ZPO zu tragen.[30] Steht der Streithelfer hingegen auf der Seite des zurücknehmenden **Klägers**, hat er seine außergerichtlichen Kosten gem. § 269 Abs. 3 Satz 2 ZPO selbst zu tragen. Das gilt auch dann, wenn die Klagerücknahme aufgrund einer vergleichsweisen Einigung zwischen Kläger und Beklagtem erfolgt, es sei denn, der Beklagte hat im Rahmen des Vergleichs ausdrücklich auch insoweit die Kostenübernahme erklärt.[31] Wird der Rechtsstreit von den Parteien übereinstimmend in der Hauptsache für erledigt erklärt und anerkennt die unterstützte Partei auch die Kostentragungspflicht, bleibt hiervon das Verhältnis zum streitgenös-

---

20 Ausführlich hierzu *Jungemeyer/Teichmann*, MDR 2011, 1019 ff.
21 Etwa BGH, NJW 2016, 2754, Rn. 3 f. = MDR 2016, 607; BGH, NJW 2014, 3101 (3102), Rn. 7 f. = JurBüro 2015, 91.
22 BGH, NJW 2014, 3101 (3102), Rn. 10 = JurBüro 2015, 91; BGH, MDR 2013, 807, Rn. 3 = BeckRS 2013, 07617.
23 OLG Jena, OLGR 2007, 414 (415).
24 Etwa BGH, NJW 2016, 2754, Rn. 5 = MDR 2016, 607.
25 OLG Rostock, OLGR 2008, 485; OLG Stuttgart, MDR 1999, 1066.
26 BGH, NJW 2015, 557 f., Rn. 2 = MDR 2015, 183 m.w.N.
27 BGH, NJW-RR 2015, 992 (994 f.), Rn. 21 = WM 2015, 1283; BGH, NZG 2009, 948 (949), Rn. 12 = MDR 2009, 1176.
28 BGH, ZIP 2014, 1995, Rn. 6 = BeckRS 2014, 18378; BGH, NZG 2009, 948 (949), Rn. 12 = MDR 2009, 1176.
29 BGH, NJW-RR 2007, 1577 (1578), Rn. 8 = MDR 2007, 1102.
30 BGH, NJW 2015, 557 (558), Rn. 3 = MDR 2015, 183 m.w.N.; BGH, NJW-RR 2010, 1476 (1477), Rn. 9 = MDR 2010, 1219.
31 Vgl. BGH, ZIP 2014, 1995, Rn. 7 = BeckRS 2014, 18378 m.w.N.

sischen Nebenintervenienten unberührt; ihm gegenüber hat das Gericht nach § 91a Abs. 1 ZPO zu entscheiden.[32] Schließen die Parteien einen Prozessvergleich und treffen sie über die Kosten der Nebenintervention keine Regelung, hat der Nebenintervenient seine Kosten selbst zu tragen; § 91a ZPO ist insoweit weder direkt noch analog anwendbar.[33]

C. Praxisbedeutsame Einzelfälle
I. Die Kosten der Nebenintervention bei Abschluss eines Prozessvergleichs

§ 101 Abs. 1 Hs. 1 ZPO verweist auch auf die Vorschrift des § 98 ZPO. Beenden die Parteien den Rechtsstreit durch Vergleich **und ist der Nebenintervenient selbst an diesem nicht beteiligt**, richtet sich sein Kostenerstattungsanspruch daher nach der im Vergleich geregelten Kostentragungspflicht zwischen den Parteien.[34] Dies ist nach der Rechtsprechung des BGH zwingend; eine anderweitige Verteilung der Kosten der Nebenintervention, etwa nach billigem Ermessen gemäß § 91a ZPO, ist nicht statthaft.[35] Die Interventionskosten sind mithin nach dem Maßstab zu verteilen, den die Parteien im Vergleich für die Verteilung der (übrigen) Kosten des Rechtsstreits festgelegt haben. Hat der Gegner der vom Nebenintervenienten unterstützten Hauptpartei im Vergleich die gesamten Kosten des Rechtsstreits übernommen, muss er auch die durch die Nebenintervention entstandenen Kosten tragen.[36] Haben die Parteien eine quotale Kostenübernahme des Gegners vereinbart, hat dieser auch in entsprechendem Umfang die Interventionskosten zu tragen,[37] vorausgesetzt, die Kostentragungspflicht beschränkt sich nicht nur auf die Gerichtskosten.[38] Der Nebenintervenient muss es auch hinnehmen, wenn die von ihm unterstützte Partei mehr als die Hälfte oder sogar alle Kosten übernommen hat. Vereinbaren die Hauptparteien Kostenaufhebung, kann der Nebenintervenient nicht etwa die Hälfte seiner außergerichtlichen Kosten erstattet verlangen; ihm steht in diesem Fall überhaupt kein Kostenerstattungsanspruch zu.[39] Das gilt auch dann, wenn die Parteien die Aufhebung der Kosten mit dem Ziel vereinbart haben, Kostenerstattungsansprüche des Streithelfers auszuschließen.[40] 24

Zwingend ist die Regelung des § 101 Abs. 1 Hs. 1 ZPO i. V. m. § 98 ZPO aber nur, wenn der Streithelfer an dem Prozessvergleich nicht teilnimmt. **Ist der Nebenintervenient am Vergleich hingegen beteiligt**, indem er dem Abschluss des Vergleichs zustimmt, ist die Regelung dispositiv; dem Nebenintervenienten steht es frei, mit den Hauptparteien im Rahmen eines Vergleichs eine abweichende Regelung zu vereinbaren. Dies setzt voraus, dass der Nebenintervenient sich am Vergleich beteiligt, indem er dem Abschluss des Vergleichs zustimmt.[41] Haben die Parteien hiernach mit Zustimmung des Nebenintervenienten **ausdrücklich** geregelt, wer die Kosten des Nebenintervenienten zu tragen hat, hat der Nebenintervenient einen entsprechenden Erstattungsanspruch. Fehlt es an einer solchen ausdrücklichen Regelung, kommt eine prozessuale Kostenerstattung zugunsten des Streithelfers nicht in Betracht, wenn dem Vergleich auch sonst keine Bestimmung zu entnehmen ist, dass eine der Parteien die durch die Nebenintervention verursachten Kosten zu tragen hat.[42] Dies ergibt sich aus dem Rechtsgedanken des § 98 ZPO; da es dem Nebenintervenienten frei steht, seine Zustimmung zum Vergleich von einer Regelung der Kostenerstattung abhängig zu machen, ist seine Lage der von § 98 ZPO geregelten Situation vergleichbar.[43] Betrifft die Kostenregelung im Vergleich ausdrücklich lediglich die „Kosten des Rechtsstreits", werden die außergerichtlichen Kosten des Nebenintervenienten nach Auslegung gemäß §§ 133, 157 BGB nur in seltenen Ausnahmefällen mitgeregelt sein.[44] 25

---

32 BGH, JurBüro 1985, 1649 f. = BeckRS 1985, 31066945; Zöller-*Vollkommer*, ZPO, § 91a Rn. 58 – „Streitgenossenschaft und Nebenintervention".
33 BGH, ZIP 2014, 1995 Rn. 8 ff.; noch offen gelassen in BGH, MDR 2010, 1219 Rn. 11.
34 BGH, MDR 2014, 292, Rn. 11 = BeckRS 2014, 01828; BGH, NJW 2011, 3721, Rn. 5 f. = MDR 2011, 1442.
35 Vgl. BGH, NJW-RR 2005, 1159 = FamRZ 2005, 1080; BGHZ 154, 351 (353) = NJW 2003, 1948 f. = FamRZ 2003, 1088.
36 BGH, NJW 1967, 983 = JurBüro 1967, 393.
37 BGH, NJW 2011, 3721, Rn. 6 = MDR 2011, 1442.
38 Vgl. OLG Frankfurt a.M., AGS 2013, 91 f.
39 Grundlegend BGHZ 154, 351 (353 ff.) = NJW 2003, 1948 f. = FamRZ 2003, 1088 unter Aufgabe der früheren Rechtsprechung.
40 BGH, NJW-RR 2005, 1159 = FamRZ 2005, 1080; näher MK-*Schulz*, ZPO, § 101 Rn. 32.
41 BGH, NJW 2016, 1893, Rn. 9 = MDR 2016, 421; Stein/Jonas-*Bork*, ZPO, § 101 Rn. 7.
42 OLG Koblenz, JurBüro 2011, 598 (599); OLG Köln, OLGR 2009, 526 (527).
43 Ausführlich jetzt BGH, NJW 2016, 1893 f., Rn. 10 f. = MDR 2016, 421, auch zu der Frage, inwiefern sich auch aus dem Kontext der Kostenregelung ergeben kann, dass dem Nebenintervenienten seine Kosten zu erstatten sind.
44 Vgl. OLG Koblenz, MDR 2006, 1078; BeckOK-*Jaspersen/Wache*, ZPO, § 101 Rn. 18a.

26 In **verfahrensrechtlicher Hinsicht** gilt: Nach Abschluss des Prozessvergleichs kann der Streithelfer, ohne eine Frist beachten zu müssen, beantragen, dass das Gericht eine Kostengrundentscheidung entsprechend dem Inhalt der vergleichsweise getroffenen Regelung trifft. Diese ergeht durch Beschluss, gegen den gemäß §§ 91a Abs. 2, 99 Abs. 2 ZPO analog die sofortige Beschwerde statthaft ist. Zuständig für die Entscheidung ist das Gericht, bei dem der Rechtsstreit bei Abschluss des Prozessvergleichs anhängig war.[45] Ob der Streithelfer in dieser Instanz an dem Rechtsstreit überhaupt noch beteiligt war, ist unerheblich.[46]

27 Die vorstehenden Grundsätze gelten in gleicher Weise, wenn die Hauptparteien einen **außergerichtlichen Vergleich** schließen, der auch die verfahrenstechnische Beendigung des anhängigen Prozesses zum Gegenstand hat. Auch in diesem Fall ist danach zu unterscheiden, ob der Nebenintervenient an dem Vergleich beteiligt ist oder nicht. Unterstützt der Nebenintervenient den Beklagten und nimmt der Kläger aufgrund eines außergerichtlichen Vergleichs, der auch den Verzicht auf die Stellung von Kostenanträge regelt, die Klage zurück, steht dem Nebenintervenient nach dem Grundsatz der Kostenparallelität kein Kostenerstattungsanspruch zu.[47] Nichts anderes gilt, wenn in Umsetzung des Vergleichs ein Rechtsmittel zurückgenommen wird; wie auch bei § 269 Abs. 3 Satz 2 ZPO geht die privatautonom getroffene Kostenregelung den Vorschriften der §§ 516 Abs. 3 Satz 2, 565 ZPO vor.[48]

II. Die Kosten der Nebenintervention in der Rechtsmittelinstanz

28 Der Grundsatz der Kostenparallelität gilt im Rechtsmittelverfahren in gleicher Weise. Ist (auch oder erstmalig, § 66 Abs. 2 ZPO) der Streithelfer an dem Rechtsstreit in der Berufungs- oder Revisionsinstanz beteiligt, ist hinsichtlich der Verteilung der hierdurch verursachten Kosten danach zu differenzieren, wer Rechtsmittelkläger ist: Führt **allein der Nebenintervenient** die Berufung oder die Revision, betrifft die nach §§ 91 ff. ZPO zu treffende Kostengrundentscheidung betreffend das Rechtsmittelverfahren allein ihn und seinen Gegner. Der Nebenintervenient muss diese unmittelbar für und gegen sich gelten lassen.[49] Bei Erfolglosigkeit des Rechtsmittels sind die Kosten des Rechtsmittelverfahrens allein dem Streithelfer aufzuerlegen, § 97 Abs. 1 ZPO. Voraussetzung dafür ist jedoch stets, dass sich die Hauptpartei im Rechtsmittelverfahren nicht, auch nicht in sonstiger Form beteiligt.[50] Sobald sich hingegen die **Hauptpartei in irgendeiner Weise am Rechtsmittelverfahren beteiligt** (z.B. durch Erscheinen eines beauftragten Anwalts im Termin), dann ergeht die Kostenentscheidung nicht (mehr) gegenüber dem Streithelfer, sondern gegenüber der unterstützten Hauptpartei. Über die Kosten der Nebenintervention ist in diesem Fall nach § 101 Abs. 1 ZPO zu befinden.[51] Hat das Rechtsmittel keinen Erfolg, trägt mithin die unterstützte Hauptpartei die Kosten des Rechtsmittelverfahrens; der Nebenintervenient hat (lediglich) seine eigenen Rechtsmittelkosten zu tragen. Das Gleiche gilt, wenn **Hauptpartei und Nebenintervenient unabhängig voneinander** das Rechtsmittel einlegen.[52] Kann die unterstützte Hauptpartei sich mit der Durchführung des Berufungs- oder Revisionsverfahrens allerdings nicht einverstanden erklären und **widerspricht** sie daher dem Rechtsmittel des Streithelfers, ist dieses als unzulässig zu verwerfen, wobei der Streithelfer die Kosten zu tragen hat.[53] Nimmt die Hauptpartei während des Rechtsmittelverfahrens von der weiteren Durchführung des Rechtsmittels Abstand, muss die Kostengrundentscheidung nach Zeitabschnitten unterscheiden.[54]

29 Kommt es in der Rechtsmittelinstanz zumindest in Teilen zu einer Rechtsmittelrücknahme, ist zwischen verschiedenen Konstellationen zu unterscheiden: Ist die **unterstützte Hauptpartei** alleiniger Rechtsmittelführer und nimmt sie ihr Rechtsmittel mit der Kostenfolge der §§ 516 Abs. 3, 565 ZPO zurück, hat der Streithelfer nach § 101 Abs. 1 Hs. 2 ZPO seine Kosten selbst zu tragen. Ist hingegen die **Gegenpartei** Rechtsmittelführer, sind ihr im Falle einer Rechtsmittelrücknahme auch die dem Streithelfer entstandenen Kosten aufzuerlegen. Ist der **Nebenintervenient** selbst alleiniger Rechtsmittelkläger, hat er bei Rücknahme der Berufung/Revision in entsprechender Anwendung der §§ 516 Abs. 3, 565 ZPO die im Rechtsmittelverfahren ent-

---

45 BGHZ 154, 351 (353 ff.) = NJW 2003, 1948 f. = FamRZ 2003, 1088; BGH, NJW 1967, 983 f. = MDR 1967, 392; BGH, NJW 1961, 460 = MDR 1961, 219.
46 OLG Frankfurt a.M., MDR 1990, 929.
47 BGH, NJW-RR 2004, 1506 (1507) = FamRZ 2004, 1552; OLG Frankfurt a.M., NJW-RR 2015, 1023 f.
48 Vgl. MK-*Schulz*, ZPO, § 101 Rn. 34; BeckOK-*Jaspersen/Wache*, ZPO, § 101 Rn. 21.
49 BGHZ 49, 183 = NJW 1968, 743 (746) = MDR 1968, 389.
50 OLG Celle, OLGR 1996, 84.
51 BGHZ 49, 183 = NJW 1968, 743 (746) = MDR 1968, 389; OLG Saarbrücken, BeckRS 2006, 04585.
52 Vgl. MK-*Schulz*, ZPO, § 101 Rn. 21 und 26.
53 BGH, NJW 1985, 386 (387) = FamRZ 1985, 61.
54 Vgl. BGH, MDR 1958, 419 = BeckRS 1957, 31197144; Prütting/Gehrlein-*Schneider*, ZPO, § 101 Rn. 12.

standenen Kosten (allein) zu tragen. Legen zwar sowohl Hauptpartei als auch Nebenintervenient Rechtsmittel ein, betreffen die Rechtsmittel aber jeweils eigenständige Streitgegenstände, ist bei Rücknahme ebenfalls einzig der Nebenintervenient mit den Kosten seines Rechtsmittels zu belasten.[55]

III. Die Kosten der Nebenintervention im selbstständigen Beweisverfahren

Über die Kosten eines selbstständigen Beweisverfahrens ist grundsätzlich in dem sich anschließenden **Hauptsacheverfahren** zu entscheiden. Wird ein solches nicht durchgeführt, scheidet eine Kostengrundentscheidung zugunsten des Nebenintervenienten, der dem Antragsteller des Beweisverfahrens beigetreten ist, aus. Ist er hingegen dem Antragsgegner beigetreten, steht ihm grundsätzlich die Möglichkeit offen, selbstständig auf einen Kostenausspruch nach § 494a Abs. 2 Satz 1 ZPO hinzuwirken.[56] Dieser Weg weist allerdings verschiedene Hürden auf.[57] 30

Schließt sich ein Hauptsacheverfahren an, stellt es gemeinsam mit dem vorausgegangenen selbstständigen Beweisverfahren kostenrechtlich eine Einheit dar; entsprechend umfassen die Kosten des Rechtsstreits stets auch die Kosten eines vorausgegangenen selbstständigen Beweisverfahrens, vorausgesetzt, zumindest ein Teil der Streitgegenstände und die Parteien sind identisch (vgl. auch § 91 Rn. 126).[58] Das gilt auch für die Kosten des im Hauptsacheverfahren beigetretenen Streithelfers aus einem vorangegangenen selbstständigen Beweisverfahren, in dem eine Streitverkündung zulässig ist und die §§ 66 ff. ZPO sowie § 101 ZPO entsprechende Anwendung finden.[59] Der Streithelfer des selbstständigen Beweisverfahrens muss aber **nicht zwingend** dem Hauptsacheverfahren beitreten; über seine im selbstständigen Beweisverfahren angefallenen Kosten ist vielmehr auch dann zu entscheiden, wenn er von einem Beitritt auch im Hauptsacheverfahren absieht.[60] Unabhängig von seinem Beitritt ist über die Kosten des Streithelfers mithin von Amts wegen zu befinden. Ein Kostenerstattungsanspruch kann dem Nebenintervenienten in gleicher Weise zustehen, wenn die Parteien das Hauptsacheverfahren durch **Prozessvergleich** beendet haben.[61] Durch einen „Seitenwechsel" zwischen selbstständigem Beweisverfahren und Hauptprozess kann sich der Streithelfer allerdings keinen Kostenerstattungsanspruch hinsichtlich der im Beweisverfahren entstandenen Kosten verschaffen.[62] 31

§ 102
(weggefallen)

§ 103
Kostenfestsetzungsgrundlage; Kostenfestsetzungsantrag

(1) Der Anspruch auf Erstattung der Prozesskosten kann nur auf Grund eines zur Zwangsvollstreckung geeigneten Titels geltend gemacht werden.
(2) ¹Der Antrag auf Festsetzung des zu erstattenden Betrages ist bei dem Gericht des ersten Rechtszuges anzubringen. ²Die Kostenberechnung, ihre zur Mitteilung an den Gegner bestimmte Abschrift und die zur Rechtfertigung der einzelnen Ansätze dienenden Belege sind beizufügen.

Inhalt:

	Rn.		Rn.
A. Allgemeines	1	2. Akzessorietät des Kosten-	
B. Erläuterungen	4	festsetzungsverfahrens	8
I. Titel als Festsetzungsgrundlage,		II. Verfahren, Abs. 2	13
Abs. 1	4	1. Zuständigkeit	13
1. Geeignete Vollstreckungstitel	5	2. Festsetzungsantrag	14

---

55 OLG Stuttgart, BauR 2010, 667.
56 OLG Köln, OLGR 2005, 219 (220); OLG Oldenburg, NJW-RR 1995, 829; OLG München, BauR 1998, 592; a.A. OLG Koblenz, NJW-RR 2001, 1726.
57 Siehe ausführlich BeckOK-*Jaspersen/Wache*, ZPO, § 101 Rn. 23 ff.
58 BGHZ 182, 150 = NJW 2009, 3240 (3241), Rn. 12 = WM 2009, 2190.
59 BGHZ 182, 150 = NJW 2009, 3240 (3241), Rn. 11 f. = WM 2009, 2190.
60 BGHZ 199, 207 = NJW 2014, 1018 (1019), Rn. 16 ff. = FamRZ 2014, 476; BGH, NJW 2014, 1021, Rn. 8 = NZBau 2014, 285; OLG Hamm, NJW 2013, 2130; OLG Köln, NJW-RR 2010, 1679 (1680 f.).
61 BGH, NJW 2014, 1021, Rn. 10 = NZBau 2014, 285; BGH, MDR 2014, 292, Rn. 11 = BeckRS 2014, 01828.
62 OLG Hamburg, MDR 1989, 825 f.

a) Prozesshandlungsvoraussetzungen 15
b) Antragsbefugnis 16
c) Form und Vertretung 18
d) Frist 19
e) Rechtsschutzbedürfnis 20
f) Keine entgegenstehende Rechtskraft.................... 21
3. Kostenrechnung und Belege, Abs. 2 Satz 2 22
4. Rücknahme des Antrags 24
C. **Nachfestsetzungsverfahren** 25

A. Allgemeines

1   Die §§ 103–107 ZPO enthalten Regelungen für das Kostenfestsetzungsverfahren, das ein **selbstständiges**, an das Verfahren des ersten Rechtszuges **angegliedertes** Verfahren darstellt.[1] Im Festsetzungsverfahren wird auf Grundlage der zuvor im Erkenntnisverfahren ergangenen Kostengrundentscheidung und des hiermit begründeten prozessualen Kostenerstattungsanspruchs vom Rechtspfleger festgelegt, wer wem welche Kosten in welcher Höhe zu erstatten hat. Der Kostenfestsetzungsbeschluss füllt also lediglich die Kostengrundentscheidung hinsichtlich der Höhe des zu erstattenden Kostenbetrags aus;[2] dieser stellt zugunsten des Erstattungsberechtigten einen (weiteren) Titel dar, aus dem die Zwangsvollstreckung betrieben werden kann, § 794 Abs. 1 Nr. 2 ZPO. Eine rechtsgestaltende, anspruchs- oder fälligkeitsbegründende Funktion kommt dem Kostenfestsetzungsbeschluss hingegen nicht zu.[3]

2   Wird der prozessuale Kostenerstattungsanspruch im Festsetzungsverfahren geltend gemacht, sind nach §§ 103, 104 ZPO grundsätzlich alle von der unterliegenden Partei gemäß § 91 Abs. 1 und 2 ZPO zu tragenden Kosten des Rechtsstreits festsetzungsfähig.[4] Zu den Prozesskosten rechnen dabei nicht nur die durch die eigentliche Einleitung und Führung eines Prozesses ausgelösten Kosten, sondern auch diejenigen Kosten, die der Vorbereitung eines konkret bevorstehenden Rechtsstreits dienen (vgl. § 91 Rn. 8). Es können aber stets nur solche Kosten festgesetzt werden, die den Rechtsstreit betreffen, der zu dem zugrundeliegenden Vollstreckungstitel geführt hat und in dem die Kostengrundentscheidung ergangen ist.[5] Der prozessuale Kostenerstattungsanspruch verjährt im Übrigen 30 Jahre nach Eintritt der Rechtskraft der Kostengrundentscheidung (Vollstreckungsverjährung, § 197 Abs. 1 Nr. 3 BGB).[6]

3   Die §§ 103–107 ZPO finden im Anwendungsbereich des FamFG ebenfalls Anwendung, vgl. § 85 FamFG. In Ehe- und Familienstreitsachen (§§ 111 Nr. 1, 112 FamFG) gelten die Vorschriften über § 113 Abs. 1 Satz 2 FamFG. Will der Rechtsanwalt über § 11 RVG gegen den Mandanten seine Vergütung vereinfacht festsetzen lassen, gelten die §§ 103 ff. ZPO entsprechend, § 11 Abs. 2 Satz 3 RVG.

B. Erläuterungen
I. Titel als Festsetzungsgrundlage, Abs. 1

4   Grundlage der Kostensetzung ist ein zur Zwangsvollstreckung geeigneter Titel. Die Kostengläubigerschaft aus dem Hauptsachetitel ist die **unabdingbare** Voraussetzung eines (möglichen) Kostenfestsetzungstitels.[7] Der Hauptsachetitel muss formell wirksam und zur Zwangsvollstreckung geeignet sein. Unerheblich ist, ob bereits Rechtskraft eingetreten ist; vorläufige Vollstreckbarkeit genügt, § 704 ZPO, und zwar unabhängig von der Frage, ob die Voraussetzungen für die vorläufige Vollstreckbarkeit (Leistung von Sicherheit) erfüllt sind bzw. ob der Schuldner die zur Abwendung der Vollstreckung nötige Sicherheit erbracht hat.[8] Bedeutung erlangen diese Umstände erst bei der Vollstreckung (auch) aus dem Kostenfestsetzungsbeschluss (§ 104 Rn. 41).

1. Geeignete Vollstreckungstitel

5   Zur Zwangsvollstreckung geeignet ist jeder Titel, der eine Kostenerstattungspflicht ausspricht und aus dem nach den Vorschriften der ZPO die Zwangsvollstreckung stattfinden kann. Der die Grundlage der Kostenfestsetzung bildende Titel braucht in der Hauptsache keinen vollstreckbaren Inhalt haben, weshalb die Festsetzung auch bei abweisenden, rechtsgestaltenden und Feststellungsurteilen zulässig ist.[9] In Betracht kommen hiernach neben sämtlichen einen

---

1   BGH, MDR 2012, 990, Rn. 6 = NZI 2012, 625; BGH, NJW 2008, 2040, Rn. 6 = WRP 2008, 947. Die §§ 239 ff. ZPO finden Anwendung, vgl. etwa OLG Köln, JurBüro 1974, 373.
2   BGH, NJW-RR 2008, 1082, Rn. 5 = WRP 2008, 955.
3   BGH, NJW 2013, 2975 (2976), Rn. 10 = FamRZ 2013, 1733.
4   BGH, NJW-RR 2007, 1578 f., Rn. 6 = FamRZ 2007, 812.
5   BGH, NJW 2009, 233 f., Rn. 9 = FamRZ 2008, 2276.
6   BGH, NJW 2006, 1962 f., Rn. 6 ff. = FamRZ 2006, 854.
7   BGH, NJOZ 2011, 152 (153), Rn. 10 = FamRZ 2010, 1160.
8   OLG Köln, MDR 2010, 104.
9   BGH, NJW 1995, 3318 f. = WM 1995, 2120.

Kostenfestsetzungsgrundlage; Kostenfestsetzungsantrag § 103 ZPO

Kostenausspruch enthaltenden **Urteilen** insbesondere: **Kostenbeschlüsse** nach Klage- oder Rechtsmittelrücknahme (§§ 269 Abs. 4, 516 Abs. 3 Satz 2, 522 Abs. 2 ZPO), nach § 91a Abs. 1 ZPO oder nach § 494a Abs. 2 Satz 1 ZPO im selbstständigen Beweisverfahren. Praxisrelevante Festsetzungstitel sind ferner **Arrestbefehl** oder **einstweilige Verfügung** (§§ 928, 936 ZPO, sofern auch über die Kosten befunden wurde),[10] vorausgesetzt, dem unterlegenen Antragsgegner wird zumindest nachträglich rechtliches Gehör gewährt.[11] Da eine erfolgreiche Vollstreckungsabwehrklage nach § 767 ZPO die Kostenentscheidung des früheren Urteils unberührt lässt, bleibt diese als Grundlage für die Kostenfestsetzung bestehen.[12]

Ist der Rechtsstreit **gütlich beigelegt** worden, hängt es von der Art des Vergleichs ab, ob das Kostenfestsetzungsverfahren eröffnet ist. Ein in der Verhandlung oder schriftlich (§ 278 Abs. 6 ZPO) zustande gekommener **Prozessvergleich** ist sowohl bei ausdrücklicher Kostenregelung als auch (bei Fehlen einer negativen Kostenregelung) bei Eingreifens des § 98 ZPO geeigneter Festsetzungstitel,[13] **nicht** hingegen ein außergerichtlicher Vergleich[14] oder ein Anwaltsvergleich (§ 796a ZPO).[15] Ein Prozessvergleich kann auch bereits im gleichen Verfahren ergangene oder andere von den Parteien einbezogene Festsetzungstitel überholen.[16] Ist in einem Rechtsstreit der Streitgegenstand eines anderen Rechtsstreits „mitverglichen" worden und wurde in dem Gesamtvergleich die Kostentragungspflicht für beide Verfahren geregelt, so sind die Kosten des Rechtsstreits in jedem Verfahren getrennt festzusetzen.[17] Der Prozessvergleich kann auch Grundlage einer Kostenfestsetzung unter den Streitgenossen sein, sofern sich dies zumindest unzweideutig aus dem protokollierten Erklärungszusammenhang ergibt.[18] Wird in einen gerichtlichen Vergleich eine bisher nicht rechtshängige Forderung einbezogen, so können die aufgrund einer außergerichtlichen Vergleichsverhandlung erwachsenen Anwaltsgebühren nicht festgesetzt werden,[19] es sei denn, die Parteien haben sich in dem Vergleich – ohne Raum für Auslegungsfragen – über die Erstattungsfähigkeit geeinigt.[20] Auf einen richterlichen Vermerk, dass die Parteien sich vor Protokollierung des Prozessvergleichs über eine bestimmte – dann aber nicht protokollierte – Kostenregelung einig gewesen wären, kann die Kostenfestsetzung im Übrigen nicht gestützt werden.[21] Auch wenn der außergerichtliche Vergleich kein zur Kostenfestsetzung geeigneter Titel i.S.v. § 103 Abs. 1 ZPO ist, können die Kosten des zur Erledigung des Rechtsstreits führenden Vergleichsschlusses, namentlich die Einigungsgebühr des Rechtsanwalts, zu den gemäß § 91 ZPO erstattungsfähigen Kosten des Rechtsstreits gehören.[22]

Nicht zur Zwangsvollstreckung geeignet ist insbesondere ein **Vollstreckungsbescheid**, da in diesen nach § 699 Abs. 3 Satz 1 ZPO die bisher entstandenen Kosten aufzunehmen sind.[23] Soweit eine Aufnahme von Kosten versehentlich unterblieben ist, kann der Vollstreckungsbescheid – auch in Form eines Kostenfestsetzungsbeschlusses – ergänzt werden.[24] Eine **schiedsrichterliche Entscheidung** oder der **Spruch einer Schlichtungsstelle** nach § 15a EGZPO sind ebenfalls **keine** geeigneten Titel.[25]

2. Akzessorietät des Kostenfestsetzungsverfahrens

Obgleich das Kostenfestsetzungsverfahren ein selbstständiges Nachverfahren darstellt, resultiert aus dem Umstand, dass der Kostenfestsetzungsbeschluss lediglich die Kostengrundentscheidung der Höhe nach betragsmäßig ausfüllt, eine **strenge Akzessorietät**. Der Kostenfestsetzungsbeschluss ist daher zunächst in seiner **Entstehung** von der Kostengrundentscheidung

---

10 Ausführlich MK-*Schulz*, ZPO, § 103 Rn. 7 ff.
11 OLG Jena, OLGR 2005, 964 (965).
12 BGH, NJW 1995, 3318 f. = WM 1995, 2120; OLG Düsseldorf, Rpfleger 1993, 172 (173).
13 Der Rechtspfleger hat lediglich die formelle Wirksamkeit des Prozessvergleichs zu prüfen, vgl. etwa MK-*Schulz*, ZPO, § 103 Rn. 12.
14 Vgl. z.B. OLG Brandenburg, JurBüro 2012, 475 f.; OLG Karlsruhe, VersR 1979, 944 (945).
15 OLG München, NJW-RR 1997, 1293 f.; OLG Hamburg, NJW-RR 1994, 1408.
16 OLG München, JurBüro 1996, 261; OLG Bremen, NJW-RR 1987, 1208.
17 OLG München, JurBüro 1990, 212 f.; die Vergleichskosten sind dabei dem Rechtsstreit zuzuordnen, in dem der Vergleich geschlossen wurde.
18 Siehe OLG Köln, FamRZ 1993, 724; OLG München, NJW 1975, 1366.
19 BGH, NJW-RR 2005, 1731 (1732) = FamRZ 2005, 604.
20 Vgl. BGH, NJW-RR 2005, 1731 (1732) = FamRZ 2005, 604; OLG Bamberg, MDR 2007, 1044 f.; OLG Oldenburg, JurBüro 2007, 35.
21 Vgl. OLG München, JurBüro 1996, 261.
22 BGH, NJW 2007, 2187 (2188), Rn. 5 ff. = FamRZ 2007, 1096.
23 BGH, NJW-RR 2009, 860 (861), Rn. 10 ff. = FamRZ 2009, 775; KG Berlin, MDR 1995, 530 f.
24 Strittig; so OLG München, MDR 1997, 299 (300); OLG Schleswig, JurBüro 1985, 781; OLG Koblenz, JurBüro 1985, 780. Zum Ganzen auch Prütting/Gehrlein-*K. Schmidt*, ZPO, § 103 Rn. 2.
25 KG Berlin, MDR 1998, 739 (740); LG Bielefeld, NJW-RR 2002, 432.

abhängig; fehlt es an einer wirksamen Kostengrundentscheidung, etwa weil der Vollstreckungstitel nicht wirksam zugestellt worden ist, entfaltet der Kostenfestsetzungsbeschluss von Beginn an keine rechtlichen Wirkungen.[26] In gleicher Weise ist der Kostenfestsetzungsbeschluss in seinem **Bestand** akzessorisch; wird die Kostengrundentscheidung im Nachhinein aufgehoben oder abgeändert (insbesondere durch das Rechtsmittelgericht oder durch einen Prozessvergleich[27]), verliert ein auf ihrer Grundlage erlassener Kostenfestsetzungsbeschluss im Umfang der Aufhebung oder Abänderung seine Wirkung.[28] Zur Beseitigung des falschen Rechtsscheins ist er aus Gründen der Rechtsklarheit stets (deklaratorisch) aufzuheben.[29] Die Akzessorietät geht so weit, dass der Kostenfestsetzungsbeschluss sogar dann rechtlich seine Bedeutung verliert, wenn in dem Rechtsstreit eine neue Kostengrundentscheidung ergeht, die sachlich mit der ersten vollständig übereinstimmt.[30] Den Parteien steht es aber frei, in einem Prozessvergleich zu vereinbaren, dass es bei der erstinstanzlichen Kostengrundentscheidung sein Bewenden haben soll; in diesem Fall wird der aufgrund des Ersturteils ergangene Kostenfestsetzungsbeschluss nicht gegenstandslos.[31]

9 Wird das Ausgangsverfahren **nach §§ 239 ff. ZPO unterbrochen oder ausgesetzt**, gilt dies gleichermaßen für das Kostenfestsetzungsverfahren; einer ausdrücklichen Aussetzung des Nachverfahrens bedarf es nicht.[32] Ein Kostenfestsetzungsverfahren für die Kosten der Vorinstanzen ist dabei auch dann unterbrochen, wenn die Unterbrechungswirkung erst in einem späteren Rechtszug eintritt und die Kostengrundentscheidung somit nicht rechtskräftig wird.[33] Das Kostenfestsetzungsverfahren wird aber auch dann z. B. durch die Insolvenz einer Partei unterbrochen, wenn zum Zeitpunkt der Insolvenzeröffnung die Kostengrundentscheidung bereits in Rechtskraft erwachsen ist.[34] Dagegen hindert die Anordnung des Ruhens des Hauptverfahrens (§ 251 ZPO) die Kostenfestsetzung nicht, es sei denn, es ist ein übereinstimmender Wille der Parteien erkennbar, dass auch das Kostenfestsetzungsverfahren ruhen soll.[35]

10 Aus der Akzessorietät des Kostenfestsetzungsbeschlusses folgt auch, dass ein gegen diesen gerichtetes Erinnerungs- oder Beschwerdeverfahren durch eine Aufhebung des Vollstreckungstitels **gegenstandslos** wird mit der Konsequenz, dass eine Entscheidung in der Sache nicht mehr in Betracht kommt.[36] Durch das Beschwerde- oder Rechtsbeschwerdegericht ist die Aufhebung deklaratorisch auszusprechen (vgl. zuvor). Zudem sind die Kosten des Erinnerungs- oder Beschwerdeverfahrens zu verteilen; diese hat diejenige Partei zu tragen, die das Kostenfestsetzungsverfahren betrieben hat.[37] Entsprechend empfiehlt es sich häufig für die erstinstanzlich obsiegende Partei, zur Vermeidung von Kosten das Festsetzungsverfahren vor Rechtskrafteintritt nicht anzustrengen bzw. sich gegen die (vom Rechtspfleger in Aussicht gestellte) Zurückstellung nicht zu wenden.

11 Mit der strengen Akzessorietät zwischen Kostengrundentscheidung und Kostenfestsetzungsbeschluss geht schließlich auch einher, dass beide Titel **hinsichtlich der Vollstreckbarkeit das gleiche Schicksal teilen:** Ist das Urteil nur gegen Sicherheitsleistung vollstreckbar, gilt das Gleiche für den Kostenfestsetzungsbeschluss; die einstweilige Einstellung der Zwangsvollstreckung aus dem Urteil erfasst auch den Kostenfestsetzungsbeschluss. Macht der Schuldner von seiner Abwendungsbefugnis Gebrauch (§§ 711, 712 ZPO), wendet er hiermit auch die Vollstreckung aus dem Kostentitel ab.[38]

---

26 BGH, NJW 2013, 2438, Rn. 11 = Rpfleger 2013, 476; BGH, NJW-RR 2008, 1082, Rn. 5 = MDR 2008, 872; OLG Köln, MDR 2010, 104.
27 Vgl. OLG Brandenburg, FamRZ 2014, 1220.
28 BGH, NJW-RR 2008, 1082, Rn. 5 = MDR 2008, 872; BAG, NJW 1963, 1027 (1028) = MDR 1963, 254; OLG München, JurBüro 1982, 1563 (1566).
29 BGH, NJW-RR 2008, 1082, Rn. 6 = MDR 2008, 872; BGH, NJW 2013, 2438, Rn. 11 = Rpfleger 2013, 476.
30 Vgl. OLG Frankfurt a.M., MDR 1983, 941; OLG Hamm, Rpfleger 1979, 142.
31 OLG München, NJW-RR 2001, 718 (719).
32 OLG München, JurBüro 1990, 369 f.; OLG Hamm, Rpfleger 1988, 380; LG Berlin, JurBüro 1985, 619.
33 BGH, FamRZ 2005, 1535 = NZI 2006, 128.
34 BGH, NZI 2012, 625, Rn. 5 ff. = WM 2012, 1200.
35 OLG Brandenburg, JurBüro 2010, 203 ff.; OLG Naumburg, MDR 1994, 514. A.A. MK-*Schulz*, ZPO, § 103 Rn. 48 m.w.N.
36 BGH, NJW-RR 2007, 784, Rn. 3 = FamRZ 2007, 552.
37 BGH, NJW-RR 2007, 784, Rn. 6 = FamRZ 2007, 552; KG Berlin, Rpfleger 1978, 384; OLG Hamm, JurBüro 1977, 1141.
38 Vgl. Saenger-*Gierl*, ZPO, § 103 Rn. 5.

Wurden im Verlauf des Rechtsstreits bereits Kosten gezahlt, kann bei Unwirksamkeit und Aufhebung des Vollstreckungstitels gemäß § 91 Abs. 4 ZPO die **Rückfestsetzung** betrieben werden (vgl. § 91 Rn. 48).   12

II. Verfahren, Abs. 2

1. Zuständigkeit

Nach § 103 Abs. 2 Satz 1 ZPO besteht für das Festsetzungsverfahren eine **ausschließliche** Zuständigkeit beim Prozessgericht erster Instanz. Dies gilt auch bei unmittelbarer Anrufung des Berufungsgerichts in den Fällen der §§ 943 Abs. 1, 584 Abs. 1 ZPO,[39] ferner im Verfahren der Vollstreckbarerklärung nach § 8 AVAG.[40] Funktionell zuständig ist der **Rechtspfleger**, § 21 Abs. 1 Nr. 1 RPflG. Dieser hat über alle beschrittenen Rechtszüge hinweg **sämtliche** dort angefallenen Prozesskosten i.S.v. § 91 ZPO festzusetzen. Die Kosten der Zwangsvollstreckung sind, sofern der Gläubiger sie nicht zugleich mit der Vollstreckung des titulierten Anspruchs beitreibt (§ 788 Abs. 1 ZPO), vom zuständigen Vollstreckungsgericht festzusetzen, § 788 Abs. 2 ZPO. Im Mahnverfahren sind nach § 699 Abs. 3 Satz 1 ZPO die bisher entstandenen Kosten des Verfahrens in den Vollstreckungsbescheid aufzunehmen. Hierbei handelt es sich um eine das Kostenfestsetzungsverfahren nach §§ 103 ff. ZPO ausschließende, ausdrücklich dem Mahngericht übertragene Aufgabe.[41] Für den Fall der nachträglichen Anmeldung von Kosten, die bei Erlass des Vollstreckungsbescheids nicht berücksichtigt worden sind, verbleibt es bei der Zuständigkeit des Mahngerichts, das den Vollstreckungsbescheid entsprechend zu ergänzen hat, und zwar auch dann, wenn die nachträglich geltend gemachten Kosten nicht schon im Mahnbescheid enthalten waren.[42] Wird hingegen noch vor Abgabe des Verfahrens der Mahnantrag zurückgenommen, ist für die Kostenfestsetzung das Gericht zuständig, das bei Durchführung des streitigen Verfahrens als Prozessgericht zuständig gewesen wäre.[43]   13

2. Festsetzungsantrag

Das Kostenfestsetzungsverfahren wird nicht von Amts wegen durchgeführt, sondern in aller Regel nur auf Antrag einer Partei. Nur im Fall des § 105 Abs. 3 ZPO ist ein Festsetzungsantrag entbehrlich. Es darf auch nicht über den Antrag hinweg entschieden werden, § 308 Abs. 1 ZPO.[44] Der **Antragsgrundsatz** als Ausdruck der Dispositionsfreiheit der Partei führt zu einer nur beschränkten Möglichkeit zum **Austausch** von Positionen; ein solcher ist nur im Rahmen des durch den Festsetzungsantrag festgelegten Verfahrensgegenstands zulässig.[45] Der Antrag muss zulässig und wirksam sein und muss sich gegen den richtigen Anspruchsgegner richten, nämlich gegen den aus dem Tenor des Festsetzungstitels ersichtlichen Anspruchsgegner.[46] Ein trotz unzulässigen Antrags ergangener Kostenfestsetzungsbeschluss ist im Beschwerdeverfahren aufzuheben.[47] Im Einzelnen müssen – neben der Angabe des Rechtsstreits und dem erkennbaren Begehren nach Kostenfestsetzung – folgende Voraussetzungen gegeben sein: 14

a) Prozesshandlungsvoraussetzungen
Auch im Kostenfestsetzungsverfahren müssen die allgemeinen Prozesshandlungsvoraussetzungen gegeben sein.   15

b) Antragsbefugnis
Der Rechtspfleger hat stets die Antragsbefugnis des Antragstellers zu prüfen. Antragsbefugt ist im Grundsatz nur derjenige, zu dessen Gunsten im Titel eine Kostengrundentscheidung nach §§ 91 ff. ZPO ergangen ist.[48] Das sind vor allem die Hauptparteien des Ausgangsrechtsstreits. Der Prozessbevollmächtigte der Partei hat kein eigenes Antragsrecht, kann aber Festsetzung im Namen der Partei beantragen. Unzulässig ist ein Antrag in gewillkürter Prozess-   16

---

39 Vgl. OLG München, AnwBl. 1973, 363; MK-*Schulz*, ZPO, § 104 Rn. 2.
40 OLG München, NJW-RR 2008, 1665 unter Aufgabe der bisherigen Rechtsprechung.
41 BGH, NJW 1991, 2084 = VersR 1991, 1307; OLG Nürnberg, JurBüro 2006, 141.
42 BGH, NJW-RR 2009, 860 (861), Rn. 9 ff. = FamRZ 2009, 775; KG Berlin, KGR 2001, 69 (70 f.).
43 OLG Hamm, NJW 2014, 3110; BayObLG, Rpfleger 2003, 35 f.
44 Vgl. OLG München, JurBüro 1995, 427.
45 Vgl. OLG Koblenz, MDR 2011, 1323: Unzulässig ist der Austausch einer angemeldeten, aber nicht zu erstattenden Verfahrensgebühr gegen eine zwar angefallene, aber nicht angemeldete Terminsgebühr. Ausführlich von Eicken/Hellstab/Lappe/Dorndörfer/Asperger-*Dorndörfer*, Die Kostenfestsetzung, Rn. B 71 f.
46 Bei Rechtsnachfolge bedarf es einer entsprechenden Rechtsnachfolgeklausel (§ 727 ZPO), vgl. OLG Köln, JurBüro 2013, 89 f.
47 Musielak/Voit-*Flockenhaus*, ZPO, § 103 Rn. 7.
48 BGH, FamRZ 2010, 1160, Rn. 8 = NJOZ 2011, 152.

standschaft,[49] ebenso der Beitritt als Nebenintervenient, da die Vorschriften der §§ 66 ff. ZPO im Kostenfestsetzungsverfahren keine Anwendung finden.[50] Dagegen sind Streitgenossen und Nebenintervenienten (im Hauptverfahren) antragsbefugt, sofern der Kostentitel sie als erstattungsberechtigt ausweist,[51] ebenso ein am Prozessvergleich beteiligter Dritter. Wird die nicht existente Partei in einem gegen sie angestrengten Prozess insoweit als parteifähig behandelt, als sie ihre Nichtexistenz geltend macht, gilt diese Existenzfiktion im anschließenden Kostenfestsetzungsverfahren gleichermaßen, und zwar zugunsten der nicht existenten Partei selbst (und nicht des hinter dieser stehenden Dritten).[52]

17 Ein **Rechtsnachfolger** bedarf nach § 727 ZPO einer Umschreibung des Titels in Gestalt einer auf ihn lautenden vollstreckbaren Ausfertigung, bevor er wirksam Kostenfestsetzung beantragen kann.[53] Ist im Festsetzungsverfahren ein Miterbe Gegner der verstorbenen Partei gewesen, sind nur die übrigen Miterben befugt, auf Antragstellerseite das Kostenfestsetzungsverfahren fortzuführen; der Miterbe, der Gegner der verstorbenen Partei gewesen ist, behält seine prozessuale Stellung bei.[54]

c) Form und Vertretung

18 Der Antrag kann schriftlich oder vor dem Urkundsbeamten der Geschäftsstelle zu Protokoll erklärt werden. Anwaltszwang besteht dabei nicht, § 78 Abs. 3 ZPO, § 13 RPflG. Der erstinstanzlich tätige Prozessbevollmächtigte kann für seine Partei ohne weiteres den Festsetzungsantrag stellen,[55] ein Anwalt, der nur in höherer Instanz mandatiert war, bedarf dafür einer besonderen Vollmacht.[56] Über § 88 ZPO kann allein die Berechtigung gerügt werden, einen Kostenfestsetzungsantrag für die Partei zu stellen, und auch dies nur dann, wenn ein möglicher Mangel der Vollmacht in dem vorausgegangenen Rechtsstreit noch nicht geprüft worden ist.[57] Sucht der beigeordnete PKH-Anwalt um Kostenfestsetzung nach, muss der Rechtspfleger aufklären, ob der Festsetzungsantrag namens der Partei oder aber im eigenen Namen gemäß § 126 Abs. 1 ZPO erfolgt. Im Zweifel ist davon auszugehen, dass der Anwalt den Kostenfestsetzungsantrag im Namen seiner Partei stellt.[58] Es ist auch zulässig, dass zunächst der Anwalt Kostenfestsetzung beantragt und die von ihm vertretene Partei die ihr entstandenen Kosten selbst gesondert anmeldet.

d) Frist

19 Eine Frist ist nicht zu beachten. Eine Zurückweisung des Antrags wegen Zeitablaufs ist allenfalls unter dem Gesichtspunkt der Verwirkung denkbar, wobei es dem Antragsgegner in aller Regel unmöglich sein dürfte, das erforderliche Umstandsmoment nachzuweisen.[59] Die wohl h.M. erachtet freilich im Kostenfestsetzungsverfahren einen verfahrensrechtlichen Verwirkungseinwand generell als unbeachtlich.[60] Zu unterscheiden ist dies von der Konstellation, dass sich der Einwand der Verwirkung auf den dem Festsetzungsantrag zugrundeliegenden Erstattungsanspruch bezieht (hierzu § 104 Rn. 27).

e) Rechtsschutzbedürfnis

20 Zu prüfen ist auch das **Rechtsschutzbedürfnis** des Antragstellers an der Erwirkung eines Kostenfestsetzungsbeschlusses. Dieses setzt nicht voraus, dass der Gegner vor Antragstellung zur Zahlung aufgefordert wird.[61] Dieses fehlt, wenn der Antragsgegner die zur Festsetzung beantragten Kosten unstreitig nach Erhalt des Kostenfestsetzungsgesuchs ohne Vorbehalt gezahlt

---

49 OLG Bremen, NJW-RR 1989, 574 (575).
50 BGH, NJW 2006, 2495 (2496), Rn. 11 ff. = JurBüro 2006, 362; OLG Karlsruhe, Rpfleger 1996, 53.
51 OLG Köln, JurBüro 1993, 356 f.; OLG Koblenz, JurBüro 1994, 230 f.
52 BGH, NJW 2008, 528 (529), Rn. 10 ff. = MDR 2008, 171; BGH, NJW-RR 2004, 1505 (1506) = MDR 2004, 1134; OLG Saarbrücken, OLGR 2002, 259 (260).
53 OLG München, MDR 1993, 83; OLG Karlsruhe, JurBüro 1992, 747.
54 BGH, NJW 2014, 1886, Rn. 9 = FamRZ 2014, 750.
55 OLG Hamm, Rpfleger 1978, 421 f.
56 OLG München, Rpfleger 1979, 465.
57 BGH, NJW 2011, 3722, Rn. 6 f. = FamRZ 2011, 1791; OLG Hamm, OLGR 2005, 385 (386).
58 OLG Rostock, MDR 2006, 418; OLG Brandenburg, FamRZ 1999, 1218; OLG Karlsruhe, OLGR 1998, 151.
59 Siehe etwa OLG Koblenz, NJW-Spezial 2016, 315 (Antrag nach mehr als 10 Jahren); OLG Düsseldorf, AGS 2012, 150 f.
60 OLG Frankfurt a.M., AGS 2005, 219 f.; KG Berlin, Rpfleger 1994, 385; OLG Düsseldorf, MDR 1988, 972; OLG Stuttgart, Rpfleger 1984, 113; a.A. OLG Frankfurt a.M., Rpfleger 1977, 261; OLG Bamberg, JurBüro 1987, 1412.
61 OLG Celle, NJW-RR 2012, 763 (764).

hat[62] oder wenn die Rechtsschutzversicherung des Antragstellers dessen Kosten bereits erstattet hat, es mithin zu einem Übergang des Erstattungsanspruchs nach § 86 Abs. 1 Satz 1 VVG gekommen ist.[63] Hat der Insolvenzverwalter die Masseunzulänglichkeit glaubhaft gemacht, fehlt der obsiegenden Partei – sei es als Altmassegläubiger (wegen des Vollstreckungsverbots, § 210 InsO), sei es als Neumassegläubiger – ebenfalls das notwendige Rechtsschutzbedürfnis an einem Kostenfestsetzungsbeschluss gegen den im Rechtsstreit unterlegenen Insolvenzverwalter.[64]

f) Keine entgegenstehende Rechtskraft
Da der Kostenfestsetzungsbeschluss formell und materiell in Rechtskraft erwächst (näher § 104 Rn. 77),[65] ist ein wiederholter Festsetzungsantrag insoweit unzulässig, als die geltend gemachten Posten bereits unanfechtbar aberkannt worden sind. Zu prüfen ist, ob von der begehrten erneuten Kostenfestsetzung derselbe **Streitgegenstand** betroffen ist. Wird zunächst irrtümlich ein zu niedriger Gegenstandswert der Kostenberechnung zugrunde gelegt (kein Fall des § 107 ZPO), erstreckt sich die Rechtskraft des Kostenfestsetzungsbeschlusses auf den ganzen geltend gemachten Gebührentatbestand.[66] Eine Nachliquidation scheidet hier ebenso aus wie der nachträgliche Ansatz fiktiver Reisekosten, wenn die zunächst angemeldete Verkehrsanwaltsgebühr rechtskräftig abgelehnt worden ist.[67] Wurde indessen noch gar keine Entscheidung getroffen, z.B. wegen versehentlicher Nichtanmeldung, oder ist eine Rechtskrafterstreckung zu verneinen, ist eine Nachfestsetzung (sogleich Rn. 25f.) unproblematisch möglich.   21

3. Kostenrechnung und Belege, Abs. 2 Satz 2
§ 103 Abs. 2 Satz 2 ZPO schreibt vor, dass dem Festsetzungsantrag zum einen die **Kostenberechnung** (und eine Abschrift hiervon für den Gegner[68]) beizufügen ist. Der eigentliche Vollstreckungstitel wird sich in aller Regel in der Gerichtsakte befinden; ist dies ausnahmsweise nicht der Fall (z.B. bei einer vollstreckbaren Urkunde, § 794 Abs. 1 Nr. 5 ZPO), ist auch der Titel dem Antrag beizufügen. Die Kostenberechnung ist eine detaillierte und klare Zusammenstellung sämtlicher geltend gemachter Kosten. Jeder einzelne Posten ist konkret zu benennen und nach Grund, Datum und Betrag nachvollziehbar aufzuführen (eine Orientierung an § 10 Abs. 2 RVG bietet sich an).[69] Ist die Kostenberechnung ungenügend, hat der Rechtspfleger die Partei zur Nachbesserung aufzufordern; erst wenn dieser nicht nachgekommen wird, kann das Festsetzungsgesuch zurückgewiesen werden.   22

Dem Antrag sind zum anderen die „zur Rechtfertigung der einzelnen Ansätze dienenden **Belege**" hinzuzugeben, wovon allerdings abgesehen werden kann, soweit sich die Belege bereits in der Gerichtsakte befinden. Auch hinsichtlich der anwaltlichen Post- und Telekommunikationsauslagen müssen keine Belege beigefügt werden, weil insoweit die Versicherung des Anwalts genügt, § 104 Abs. 2 Satz 2 ZPO. Es genügt die Vorlage von Kopien der Originalbelege; für den Gegner sind keine Abschriften beizufügen,[70] zur Wahrung rechtlichen Gehörs sind aber zumindest bei zweifelhaften Posten auf Nachfrage Ablichtungen zu überlassen.   23

4. Rücknahme des Antrags
Dem Erstattungsberechtigten steht es frei, seinen Festsetzungsantrag ganz oder teilweise wieder zurückzunehmen. Die Rücknahmeerklärung ist **bindend** und kann nicht widerrufen werden.[71] Ob es nach Erlass des Kostenfestsetzungsbeschlusses der Einwilligung des Gegners bedarf, ist streitig.[72] Ein **nach** wirksamer Rücknahme gleichwohl ergehender Kostenfestsetzungsbeschluss ist aufzuheben,[73] ein **vor** Rücknahme ergangener Beschluss wird – sofern noch nicht Rechtskraft eingetreten ist – auch ohne ausdrückliche Aufhebung wirkungslos, § 269 Abs. 3 Satz 1 ZPO analog.[74] Der Antragsteller hat die Kosten des Festsetzungsverfahrens gemäß   24

---

62 OLG Düsseldorf, AGS 2004, 309f. mit Anm. *N. Schneider.*
63 OLG Frankfurt a.M., OLGR 1994, 24.
64 BGH, NJW-RR 2009, 59 (60), Rn. 6 = WM 2008, 2177.
65 BGH, NJW 2003, 1462 = FamRZ 2003, 925.
66 BGH, AGS 2011, 566, Rn. 7f. mit Anm. *N. Schneider* = BeckRS 2011, 07710; anders z.B. OLG Hamburg, MDR 1979, 235; OLG Hamm, JurBüro 1975, 1107.
67 Vgl. OLG Karlsruhe, MDR 1994, 413.
68 Ggf. ist sie vom Gericht gegen Kostenerstattung, Nr. 9000 KV-GKG, zu fertigen.
69 Vgl. OLG Brandenburg, AnwBl. 2001, 306.
70 Musielak/Voit-*Flockenhaus*, ZPO, § 103 Rn. 9; Stein/Jonas-*Bork*, ZPO, § 103 Rn. 21.
71 OLG Koblenz, JurBüro 1976, 1116.
72 Dafür: Musielak/Voit-*Flockenhaus*, ZPO, § 103 Rn. 10; Prütting/Gehrlein-*K. Schmidt*, ZPO, § 103 Rn. 26. Dagegen: MK-*Schulz*, ZPO, § 103 Rn. 45.
73 OLG Hamm, JurBüro 1973, 1096.
74 Thomas/Putzo-*Hüßtege*, ZPO, § 103 Rn. 17; Musielak/Voit-*Flockenhaus*, ZPO, § 103 Rn. 10.

§ 269 Abs. 3 Satz 2 ZPO analog zu tragen. Ihm bleibt es aber unbenommen, zu einem späteren Zeitpunkt erneut um Kostenfestsetzung nachzusuchen.[75]

C. Nachfestsetzungsverfahren

25 Allgemein anerkannt ist, dass Kosten auch (erst) in einem **Nachfestsetzungsverfahren** betreffend dieselbe Kostengrundentscheidung geltend gemacht werden können. Die Rechtskraft des bereits ergangenen Kostenfestsetzungsbeschlusses ist unerheblich, da sich diese nur auf die im Antrag geforderten und im Beschluss beschiedenen Beträge bezieht. Sie hindert daher weder die Nachforderung eines bislang gar nicht geforderten Postens noch die Nachforderung eines bisher nicht geltend gemachten Teils bezüglich desselben Postens.[76] Entsprechend kann etwa die Umsatzsteuer nachträglich geltend gemacht werden, wenn sich in einem finanzgerichtlichen Verfahren die fehlende Vorsteuerabzugsberechtigung herausstellt.[77] Die Rechtskraft des Festsetzungsbeschlusses erstreckt sich aber auf den ganzen geltend gemachten Gebührentatbestand, auch wenn der Antragsteller irrtümlich einen zu niedrigen Gegenstandswert zugrunde gelegt hat.[78] Für die Wirksamkeit des Nachfestsetzungsantrags ist nicht erforderlich, dass er bei seinem ursprünglichen Festsetzungsantrag erklärt hat, er behalte sich die Forderung weiterer Posten vor. Eine Nachliquidation ist erst recht möglich, wenn der Rechtspfleger bei der Festsetzung bestimmte Kosten versehentlich übergangen hat. Die zweiwöchige Frist des § 321 Abs. 2 ZPO ist nicht zu wahren, allerdings ist bei außergewöhnlichem Zeitablauf die Frage der Verwirkung zu prüfen.[79]

26 Der **Tenor** eines Nachfestsetzungsbeschlusses lautet:

> *Aufgrund des Urteils des Landgerichts (...) sind als Nachfestsetzung zum Kostenfestsetzungsbeschluss des Landgerichts (...) von dem Beklagten an den Kläger weitere Kosten in Höhe von (...) nebst Zinsen in Höhe von 5 Prozentpunkten über dem Basiszinssatz seit (...) zu erstatten.*

§ 104
Kostenfestsetzungsverfahren

(1) ¹Über den Festsetzungsantrag entscheidet das Gericht des ersten Rechtszuges. ²Auf Antrag ist auszusprechen, dass die festgesetzten Kosten vom Eingang des Festsetzungsantrags, im Falle des § 105 Abs. 3 von der Verkündung des Urteils ab mit fünf Prozentpunkten über dem Basiszinssatz nach § 247 des Bürgerlichen Gesetzbuchs zu verzinsen sind. ³Die Entscheidung ist, sofern dem Antrag ganz oder teilweise entsprochen wird, dem Gegner des Antragstellers unter Beifügung einer Abschrift der Kostenrechnung von Amts wegen zuzustellen. ⁴Dem Antragsteller ist die Entscheidung nur dann von Amts wegen zuzustellen, wenn der Antrag ganz oder teilweise zurückgewiesen wird; im Übrigen ergeht die Mitteilung formlos.

(2) ¹Zur Berücksichtigung eines Ansatzes genügt, dass er glaubhaft gemacht ist. ²Hinsichtlich der einem Rechtsanwalt erwachsenden Auslagen für Post- und Telekommunikationsdienstleistungen genügt die Versicherung des Rechtsanwalts, dass diese Auslagen entstanden sind. ³Zur Berücksichtigung von Umsatzsteuerbeträgen genügt die Erklärung des Antragstellers, dass er die Beträge nicht als Vorsteuer abziehen kann.

(3) ¹Gegen die Entscheidung findet sofortige Beschwerde statt. ²Das Beschwerdegericht kann das Verfahren aussetzen, bis die Entscheidung, auf der der Festsetzungsantrag gestützt wird, rechtskräftig ist.

Inhalt:

	Rn.		Rn.
A. Allgemeines	1	4. Glaubhaftmachung als Beweismaß, Abs. 2	8
B. Erläuterungen	2	a) Grundsatz der Glaubhaftmachung, Abs. 2 Satz 1	8
I. Ablauf und Grundsätze des Kostenfestsetzungsverfahrens	2	b) Kommunikationsbezogene Auslagen des Anwalts, Abs. 2 Satz 2	11
1. Zuständigkeit, Abs. 1 Satz 1	2	c) Umsatzsteuer, Abs. 2 Satz 3	12
2. Rechtliches Gehör	3		
3. Darlegungs- und Beweislast	7		

---

75 Musielak/Voit-*Flockenhaus*, ZPO, § 103 Rn. 10.
76 BGHZ 187, 227 = NJW 2011, 1367, Rn. 9ff. = FamRZ 2011, 104; OLG Stuttgart, MDR 2009, 1136; Stein/Jonas-*Bork*, ZPO, § 103 Rn. 12; *Thiel*, AGS 2010, 308f.
77 Vgl. OLG Hamburg, JurBüro 2010, 596 (597); OLG Stuttgart, OLGR 2009, 571.
78 BGH, AGS 2011, 566, Rn. 8 = BeckRS 2011, 07710.
79 Siehe (jeweils verneinend) OLG Hamburg, JurBüro 2010, 596 (597); OLG Stuttgart, OLGR 2009, 571f.

II. Allgemeine Vorgaben für die Prüfung durch den Rechtspfleger	16	V. Die Anfechtung des Kostenfestsetzungsbeschlusses	51	
1. Bindung des Rechtspflegers an die Kostengrundentscheidung	17	1. Identische Zulässigkeitsvoraussetzungen	52	
2. Bindung des Rechtspflegers an die richterliche Streitwertfestsetzung	21	2. Sofortige Beschwerde, Abs. 3 Satz 1	53	
3. Antragsgrundsatz im Kostenfestsetzungsverfahren	22	a) Spezifische Zulässigkeitsvoraussetzungen	53	
4. Materiell-rechtliche Einwendungen gegen den Kostenerstattungsanspruch	23	aa) Statthaftigkeit und Beschwerdewert	53	
		bb) Beschwerdebefugnis	56	
		cc) Adressat und Form	57	
5. Verfahrensrechtlicher Einwand der Verwirkung	27	dd) Frist	58	
6. Mehrheit von Kostengläubigern und -schuldnern	28	ee) Postulationsfähigkeit	59	
		b) Gang des Beschwerdeverfahrens	60	
III. Die Prüfung des Rechtspflegers im engeren Sinne	29	c) Rechtsbeschwerde, § 574 ZPO	66	
1. Identität des Rechtsstreits	30	3. Erinnerung, § 11 Abs. 2 Satz 1 RPflG	67	
2. Entstehung der Kosten	31	a) Spezifische Zulässigkeitsvoraussetzungen	67	
3. Notwendigkeit der Kosten	34			
4. Verzinsung der festgesetzten Kosten, Abs. 1 Satz 2 ZPO	36	aa) Statthaftigkeit und Erinnerungswert	67	
5. Beschränkung der Vollstreckbarkeit	41	bb) Erinnerungsbefugnis	68	
6. Kosten des Kostenfestsetzungsverfahrens	42	cc) Adressat und Form	69	
		dd) Frist	70	
IV. Die Entscheidung des Rechtspflegers	43	ee) Postulationsfähigkeit	71	
1. Form und Inhalt des Kostenfestsetzungsbeschlusses	44	b) Gang des Erinnerungsverfahrens	72	
		c) Unanfechtbarkeit der richterlichen Entscheidung	73	
2. Bekanntmachung des Beschlusses, Abs. 1 Satz 3 und Satz 4	46	4. Anschlussbeschwerde und Anschlusserinnerung	74	
3. Rechtsbehelfsbelehrung	48	5. Rücknahme des Rechtsbehelfs	76	
4. Berichtigung, § 319 ZPO	49	6. Rechtskraft	77	
5. Ergänzung, § 321 ZPO	50	C. Kosten und Gebühren	78	

A. Allgemeines

§ 104 ZPO enthält wichtige Regelungen für das Kostenfestsetzungsverfahren, das ein **selbstständiges**, an das Verfahren des ersten Rechtszuges **angegliedertes** Verfahren darstellt (vgl. näher § 103 Rn. 1 ff.). Als Annexverfahren ist es von der gesetzgeberischen Intention her auch zur Verfahrensbeschleunigung schlank und formal ausgestaltet. So wie die §§ 91 ff. ZPO allgemein von dem Grundsatz der Vereinfachung geprägt sind (vgl. Vorbem. zu §§ 91–107 Rn. 8), ist der Prüfungsumfang im Kostenfestsetzungsverfahren i.S.d. Praktikabilität und Effektivität auf wenige Punkte beschränkt, wobei insoweit Glaubhaftmachung genügt, § 104 Abs. 2 Satz 1 ZPO; der Rechtspfleger ist insbesondere im Grundsatz nicht gehalten, sich mit möglicherweise bestehenden materiell-rechtlichen Fragen zu befassen. Der BGH betont immer wieder, dass das Festsetzungsverfahren auf eine formale Prüfung der Kostentatbestände und auf die Klärung einfacher Fragen des Kostenrechts zugeschnitten und aus diesem Grund auf den Rechtspfleger übertragen sei; die Klärung von zwischen den Parteien streitigen Tatsachen und von komplizierteren Rechtsfragen sei nicht vorgesehen und mangels der dafür notwendigen verfahrensrechtlichen Instrumente auch nicht sinnvoll möglich.[1]

1

B. Erläuterungen
I. Ablauf und Grundsätze des Kostenfestsetzungsverfahrens
1. Zuständigkeit, Abs. 1 Satz 1

Bereits § 103 Abs. 2 Satz 1 ZPO bestimmt, dass der Kostenfestsetzungsantrag bei dem Gericht des ersten Rechtszuges anzubringen ist. § 104 Abs. 1 Satz 1 ZPO knüpft hieran an und stellt klar, dass die erste Instanz über die bei ihr angebrachten Festsetzungsantrag (auch) ausschließlich zu entscheiden hat. Funktionell zuständig ist der **Rechtspfleger**, § 21 Abs. 1 Nr. 1 RPflG. Einzelheiten bei § 103 Rn. 13.

2

---

1 Etwa BGH, BeckRS 2014, 11508, Rn. 7.

2. Rechtliches Gehör

3   Wurde von einer Partei Kostenfestsetzung beantragt, hat der Rechtspfleger dem Antragsgegner rechtliches Gehör zu gewähren. Dies folgt aus Art. 103 Abs. 1 GG und dem Anspruch auf effektiven Rechtsschutz, Art. 19 Abs. 4 GG.[2] Diesem verfassungsrechtlichen Gebot zugunsten des Gegners ist vornehmlich dergestalt Rechnung zu tragen, dass dem Gegner eine Abschrift des Festsetzungsantrags und eine – ggf. vom Gericht zu fertigende – Abschrift der Kostenberechnung (vgl. § 103 Abs. 2 Satz 2 ZPO; auch § 103 Rn. 22) unter Einräumung einer **angemessenen Frist zur Stellungnahme** zu übersenden sind. Alternativ kann auch mündliche Verhandlung anberaumt werden, wovon freilich in der Praxis (fast) nie Gebrauch gemacht wird. Auf Nachfrage sind dem Gegner auch die zur Rechtfertigung der einzelnen Ansätze dienenden Belege (§ 103 Abs. 2 Satz 2 ZPO) zugänglich zu machen, sei es durch Gewährung von Akteneinsicht, sei es durch Übersendung gefertigter Ablichtungen (vgl. § 103 Rn. 23). Der Gegner muss jedenfalls in die Lage versetzt werden, sich bis ins Detail mit den geltend gemachten Kostenansätzen auseinandersetzen zu können.

4   Nach zutreffender Auffassung ist Gelegenheit zur Stellungnahme auch dann einzuräumen, wenn es sich um einen **einfach gelagerten Sachverhalt** handelt und die Entstehung der Gebühren sowie deren Erstattungsfähigkeit unmittelbar aus dem RVG und dem GKG zu entnehmen ist;[3] denn der Gegner muss auch bei (vermeintlich) eindeutiger Rechtslage die Möglichkeit erhalten, seine Rechtsposition darzustellen, und darf nicht mit der Entscheidung über einen ihm nicht bekannten Antrag der Gegenpartei überrascht werden.[4] Von einer überflüssigen Förmelei kann in diesen Fällen schon deswegen nicht die Rede sei, weil nie absehbar ist, ob der Gegner sich nicht z.B. auf einen ausnahmsweise beachtlichen materiell-rechtlichen Einwand (dazu nachfolgend Rn. 23 ff.) berufen kann.[5]

5   § 139 ZPO findet im Kostenfestsetzungsverfahren sinngemäße Anwendung mit der Folge, dass der Rechtspfleger verpflichtet ist, vor der Entscheidung über den Antrag auf einen von den Parteien erkennbar übersehenen oder für unerheblich gehaltenen rechtlichen Gesichtspunkt **hinzuweisen** und darauf hinzuwirken, dass sich die Parteien über alle für die Rechtsfindung erforderlichen Tatsachen vollständig erklären.[6] Beabsichtigt er, den Festsetzungsantrag zumindest teilweise zurückzuweisen, ist er in gleicher Weise verpflichtet, dem Antragsteller seine Absicht mitzuteilen und ihm Gelegenheit zur Stellungnahme einzuräumen.[7]

6   Wurde nach den vorstehenden Grundsätzen rechtliches Gehör nicht bzw. nicht ausreichend gewährt, folgt hieraus nicht zwingend die Aufhebung des Kostenfestsetzungsbeschlusses im Falle der Anfechtung. Vielmehr wird die Gehörsverletzung **nachträglich geheilt**, wenn die belastete Partei ihre Einwendungen im Erinnerungs- oder Beschwerdeverfahren geltend machen kann.[8] Wird aufgrund dieser Heilungswirkung der ursprünglich begründete Rechtsbehelf unbegründet, kann der Erinnerungs-/Beschwerdeführer der nunmehr drohenden Kostenbelastung durch Erledigterklärung entgehen.[9]

3. Darlegungs- und Beweislast

7   Die Kostenfestsetzung nach §§ 103 ff. ZPO unterliegt den **allgemeinen Verfahrensgrundsätzen der ZPO**.[10] Entsprechend greift nicht der Grundsatz der Amtsermittlung, sondern ebenso wie im vorangegangenen Erkenntnisverfahren der allgemeine **Dispositions- und Beibringungsgrundsatz**,[11] mag sich dies in der täglichen Praxis auch nicht selten etwas anders darstellen.[12] Die Darlegungs- und Beweislast obliegt dem jeweiligen Kostengläubiger; er hat substantiiert sämtliche Voraussetzungen des geltend gemachten prozessualen Kostenerstattungsanspruchs vorzutragen, also die erforderlichen Tatsachen zu unterbreiten, aus denen sich Anfall, Notwendigkeit und Prozessbezug der angesetzten Kosten (§ 91 Abs. 1 Satz 1 ZPO) ergeben. Die Vor-

---

2   Vgl. nur BVerfGE 81, 123 = NJW 1990, 1104 f. = Rpfleger 1990, 155; Zöller-*Herget*, ZPO, § 104 Rn. 21 – „Rechtliches Gehör" m.w.N.
3   So aber KG Berlin, JurBüro 2008, 316 (317); OLG München, OLGR 1993, 46; OLG Bamberg, JurBüro 1990, 1478.
4   Richtig OLG Düsseldorf, MDR 2011, 1500; OLG Celle, AGS 2008, 367.
5   Zutreffend MK-*Schulz*, ZPO, § 104 Rn. 10.
6   OLG Köln, JurBüro 1999, 257.
7   MK-*Schulz*, ZPO, § 104 Rn. 10; a.A. Musielak/Voit-*Flockenhaus*, ZPO, § 104 Rn. 2.
8   OLG Düsseldorf, MDR 2011, 1500.
9   OLG Koblenz, NJW-RR 2015, 446.
10 BGH, NJW-RR 2007, 787, Rn. 9 = ZfS 2007, 285; OLG Koblenz, BeckRS 2005, 03348; *Marx*, Rpfleger 1999, 157.
11 Statt aller KG Berlin, MDR 1990, 555 (556); BeckOK-*Jaspersen*, ZPO, § 104 Rn. 4.
12 Vgl. von Eicken/Hellstab/Lappe/Dorndörfer/Asperger-*Dorndörfer*, Die Kostenfestsetzung, Rn. B 61.

schrift des § 288 ZPO[13] findet ebenso Anwendung wie die des § 138 ZPO. Insbesondere ist Vortrag gemäß § 138 Abs. 3 ZPO als unstreitig anzusehen, wenn eine Erklärung zum gegnerischen Vortrag nicht erfolgt.[14] Bestreitet der Gegner die dem Kostenansatz zugrundeliegenden Tatsachen, muss der Antragsteller – ebenso wenig wie im Erkenntnisverfahren – nicht zur Vermeidung von Nachteilen klarstellen, dass er an seiner gegenläufigen Darstellung unverändert festhält.[15]

4. Glaubhaftmachung als Beweismaß, Abs. 2
a) Grundsatz der Glaubhaftmachung, Abs. 2 Satz 1
Das formalisierte Kostenfestsetzungsverfahren bedarf im Interesse der Rechtssicherheit klarer und praktikabler Berechnungsgrundlagen.[16] Hieraus folgt aber nicht, dass Kosten, die nicht ohne Weiteres anhand der Gerichtsakten oder anderer Urkunden feststellbar sind, nicht festsetzungsfähig sind. Nach § 104 Abs. 2 Satz 1 ZPO reicht für die Berücksichtigung einer prozessbezogenen Kostenposition vielmehr deren Glaubhaftmachung aus. Hierfür ist lediglich erforderlich, dass die tatsächlichen Voraussetzungen des geltend gemachten Kostentatbestands **mit überwiegender Wahrscheinlichkeit** feststehen müssen.[17] Das Erfordernis der Glaubhaftmachung bezieht sich gleichermaßen auf die Entstehung der Kosten und deren Notwendigkeit i.S.v. § 91 Abs. 1 Satz 1 ZPO.[18]

8

Zur Glaubhaftmachung können gem. § 294 Abs. 1 ZPO **alle Beweismittel** unter Einschluss der eidesstattlichen Versicherung verwendet werden.[19] Dem Rechtspfleger steht damit ein breites Spektrum an Aufklärungsmitteln zur Verfügung: Er kann schriftliche Erklärungen von Richtern, Parteien, Verfahrensbevollmächtigten und Zeugen einholen, Parteien und Zeugen (uneidlich, § 4 Abs. 2 Nr. 1 RPflG) vernehmen, Akten von Amts wegen beiziehen oder die Vorlage von Akten oder sonstigen Urkunden anordnen; ferner steht es ihm offen, einen Augenschein durchzuführen oder ein Sachverständigengutachten in Auftrag zu geben.[20] Insbesondere auch die anwaltliche Versicherung ist – über den ausdrücklich in § 104 Abs. 2 Satz 2 ZPO geregelten Fall hinaus (vgl. Rn. 11) – ein Mittel der Glaubhaftmachung.[21]

9

Dass Glaubhaftmachung als Beweismaß erforderlich, aber auch ausreichend ist, gilt nicht nur für den Kostengläubiger, sondern auch für den Kostenschuldner.[22] Der Rechtspfleger hat sich in einer Gesamtschau sämtlicher Glaubhaftmachungsmittel davon zu überzeugen, ob das Vorliegen der maßgeblichen tatsächlichen Umstände überwiegend wahrscheinlich ist oder nicht.

10

b) Kommunikationsbezogene Auslagen des Anwalts, Abs. 2 Satz 2
Hinsichtlich der dem Rechtsanwalt erwachsenden Auslagen für Post- und Telekommunikationsdienstleistungen sieht § 104 Abs. 2 Satz 2 ZPO eine Vereinfachung dergestalt vor, dass insoweit die **Versicherung des Anwalts** (nicht der Partei!), dass die geltend gemachten Auslagen entstanden sind, genügt. Einer weitergehenden Glaubhaftmachung bedarf es mithin nicht. Allerdings kann nicht bereits in der bloßen Unterzeichnung der Kostenberechnung die anwaltliche Versicherung gesehen werden.[23] Wird lediglich die Pauschale nach Nr. 7002 VV-RVG angemeldet, bedarf es keiner Versicherung, da es sich insoweit um gesetzliche Gebühren i.S.v. § 91 Abs. 2 Satz 1 ZPO handelt. Die Erklärung des Anwalts entfaltet lediglich Wirkung hinsichtlich des Umstands, dass die Aufwendungen entstanden sind. Die Frage der Notwendigkeit, auch der Höhe nach, und des Prozessbezugs erfasst sie nicht; insoweit bleibt es bei der Beweislast des Antragstellers, der sich anderer Glaubhaftmachungsmittel zu bedienen hat.[24] Ob die anwaltliche Versicherung genügt, wenn die – über der Pauschale nach Nr. 7002 VV-RVG liegenden – Auslagen unter Berücksichtigung von Bedeutung und Umfang des Pro-

11

---

13 BGH, NJW-RR 2007, 286, Rn. 6 = FamRZ 2007, 464.
14 BGH, NJW 2008, 2993, Rn. 7 = FamRZ 2008, 1610; BGH, NJW-RR 2007, 787, Rn. 8f. = ZfS 2007, 285.
15 OLG Koblenz, AGS 2014, 268.
16 BGH, NJW 2006, 1523 (1524), Rn. 8 = MDR 2006, 1375; BGH, NJW 2002, 3713 = FamRZ 2003, 88.
17 BGH, NJW 2007, 2493, Rn. 9 = MDR 2007, 1034.
18 BGH, NJW 2007, 2187 (2188), Rn. 8 = FamRZ 2007, 1096.
19 BGH, NJW 2007, 2858, Rn. 6 = FamRZ 2007, 904; BGH, NJW 2007, 2493, Rn. 9 = MDR 2007, 1034.
20 BGH, NJW 2007, 2187 (2188), Rn. 8 = FamRZ 2007, 1096; von Eicken/Hellstab/Lappe/Dorndörfer/Asperger-*Dorndörfer*, Die Kostenfestsetzung, Rn. B 64; Stein/Jonas-*Bork*, ZPO, § 104 Rn. 4; Baumbach/Lauterbach/Albers/Hartmann, ZPO, § 104 Rn. 5.
21 Vgl. BGH, NJW 2013, 1823 (1824), Rn. 11 = VersR 2013, 1194; OLG Jena, AGS 2015, 323f.
22 BeckOK-*Jaspersen*, ZPO, § 104 Rn. 6.
23 Zöller-*Herget*, ZPO, § 104 Rn. 21 – „Post- und Telekommunikationsdienstleistungen".
24 Vgl. Prütting/Gehrlein-*K. Schmidt*, ZPO, § 104 Rn. 5; Musielak/Voit-*Flockenhaus*, ZPO, § 104 Rn. 19.

zessstoffes angemessen erscheinen, wird unterschiedlich beurteilt.[25] Ist die Angemessenheit der angemeldeten Auslagen zu verneinen, hat der Antragsteller sie im Einzelnen aufzuschlüsseln und ihre Notwendigkeit substantiiert darzulegen.[26]

c) *Umsatzsteuer, Abs. 2 Satz 3*

12 Werden Umsatzsteuerbeträge angesetzt, darf der Rechtspfleger es nach § 104 Abs. 2 Satz 3 ZPO grundsätzlich als ausreichend betrachten, wenn der Antragsteller erklärt, dass er die Beträge nicht als Vorsteuer abziehen kann. Der Gesetzgeber hat hier ein **Regel-Ausnahme-Prinzip** aufgestellt:[27] Die Umsatzsteuer kann im Grundsatz nicht geltend gemacht werden, es sei denn, der Kostengläubiger verneint ausdrücklich seine Berechtigung zum Vorsteuerabzug. Mit dieser Regelung soll zum einen verhindert werden, dass der vorsteuerabzugsberechtigte (§ 15 UStG) Antragsteller einen ungerechtfertigten wirtschaftlichen Vorteil erlangt, zum anderen soll das auf Beschleunigung und Praktikabilität ausgerichtete Kostenfestsetzungsverfahren nicht mit der Klärung schwieriger Fragen des materiellen Umsatzsteuerrechts belastet werden.[28] Praktisch relevant wird dies in erster Linie hinsichtlich der Erstattung der Umsatzsteuer auf das Honorar für den Prozessbevollmächtigten, vgl. Nr. 7008 VV-RVG.

13 Wurde die Erklärung nach § 104 Abs. 2 Satz 3 ZPO abgegeben und in der Folgezeit auch nicht widerrufen,[29] ist die beantragte Umsatzsteuer ohne weitere Prüfung zu erstatten. Eine Glaubhaftmachung der Erklärung oder eine anderweitige Bekräftigung ist nicht notwendig. Die Erklärung muss aber eindeutig und unmissverständlich erfolgen, die bloße Geltendmachung der Umsatzsteuer genügt nicht.[30] Maßgeblicher Zeitpunkt für die Vorsteuerabzugsberechtigung ist die Fälligkeit der anwaltlichen Vergütung nach § 8 Abs. 1 RVG.[31]

14 Trotz dieser sehr geringen Anforderungen ist der Antragsgegner nicht schutzlos gestellt. Ihm steht die Möglichkeit offen, die Richtigkeit der Erklärung durch einen von ihm zu erbringenden Beweis zu entkräften. Zudem darf der Rechtspfleger der Erklärung nach einhelliger Rechtsprechung keine Bedeutung beimessen, wenn diese **offensichtlich und zweifelsfrei unrichtig ist**, was sich etwa aus dem Inhalt der Akten ergeben kann.[32] Vorsicht ist allerdings geboten; so kann etwa aus der bloßen Tatsache, dass die Antragstellerin eine GmbH ist, nicht zweifelsfrei auf deren Abzugsberechtigung geschlossen werden.[33] Die (bedingt) vorsätzlich wahrheitswidrige Verneinung der Vorsteuerabzugsberechtigung kann auch strafrechtliche Konsequenzen nach sich ziehen. Nicht zuletzt vor diesem Hintergrund kann es in Zweifelsfällen angezeigt sein, von einer Anmeldung der Umsatzsteuer zunächst abzusehen und die Abzugsberechtigung mit den Finanzbehörden, etwa im Besteuerungsverfahren, verbindlich zu klären. Ergibt sich am Ende, dass die Partei nicht vorsteuerabzugsberechtigt ist, können die Umsatzsteuerbeträge immer noch im Nachfestsetzungsverfahren geltend gemacht werden,[34] vgl. auch § 103 Rn. 5.

15 Gegen eine Festsetzung von Umsatzsteuer, die aufgrund einer (nicht offensichtlich) unrichtigen Erklärung vorgenommen wurde, kann der Kostenschuldner im Nachhinein im Wege der Vollstreckungsgegenklage nach § 767 ZPO[35] oder mit einer auf § 812 BGB gestützten Leistungsklage vorgehen. Ein solches neues Verfahren ist besser geeignet, schwierige umsatzsteuerrechtliche Fragen zu klären als das Kostenfestsetzungsverfahren vor dem Rechtspfleger.[36]

II. Allgemeine Vorgaben für die Prüfung durch den Rechtspfleger

16 In **inhaltlicher** Hinsicht sind vor Erlass des Kostenfestsetzungsbeschlusses verschiedene Maßgaben und Gesichtspunkte zu beachten und berücksichtigen:

---

25 Dafür OLG München, MDR 1982, 760; dagegen OLG Frankfurt a.M., MDR 1982, 418; differenzierend BeckOK-*Jaspersen*, ZPO, § 104 Rn. 11 f.
26 OLG Hamburg, JurBüro 1981, 454; ferner OLG München, Rpfleger 1993, 39.
27 BeckOK-*Jaspersen*, ZPO, § 104 Rn. 13.
28 Vgl. BVerfG, NJW 1996, 382 (383) = AGS 1996, 68; OLG Saarbrücken, BeckRS 2016, 08492.
29 Dies ist möglich, OLG München, Rpfleger 1996, 372.
30 OLG Karlsruhe, JurBüro 2000, 477 f.
31 OLG Koblenz, JurBüro 1999, 304.
32 BGH, NJW 2003, 1534 = VersR 2004, 668; OLG Saarbrücken, AGS 2014, 202; KG Berlin, JurBüro 2006, 373; OLG Nürnberg, MDR 2002, 1396.
33 Vgl. KG Berlin, NZG 2008, 110 f.; OLG Düsseldorf, Rpfleger 2004, 184.
34 Siehe OLG Hamburg, JurBüro 2010, 596 (597); OLG Stuttgart, OLGR 2009, 571.
35 OLG Schleswig, NJW-RR 2004, 356 (357).
36 KG Berlin, NZG 2008, 110 f.; OLG Koblenz, NJW-RR 1996, 767.

1. Bindung des Rechtspflegers an die Kostengrundentscheidung
Die Kostenfestsetzung setzt unabdingbar das Vorliegen eines zur Zwangsvollstreckung geeigneten **Titels** und die hieraus resultierende **Kostengläubigerschaft** voraus, § 103 Abs. 1 ZPO (vgl. § 103 Rn. 4 ff.). Der Kostenausspruch dieses im Hauptsacheverfahren ergangenen Urteils oder Beschlusses entfaltet im Kostenfestsetzungsverfahren **Bindungswirkung**, da hier lediglich die Ausfüllung hinsichtlich der Höhe des zu erstattenden Kostenbetrags erfolgt. Eine **Korrektur** der Kostengrundentscheidung im Wege der Kostenfestsetzung **scheidet daher aus**,[37] und zwar auch dann, wenn diese offensichtlich fehlerbehaftet und unrichtig ist.[38] Dies gilt für den Rechtspfleger und die ihm übergeordneten richterlichen Instanzen gleichermaßen.

17

Die Bindungswirkung hindert den Rechtspfleger indessen nicht, eine unklare oder widersprüchliche und damit auslegungsbedürftige Kostengrundentscheidung **auszulegen**.[39] Bestehen Unklarheiten, muss der Rechtspfleger den (wahren, auf den Erlass eines materiell zutreffenden Kostenausspruchs gerichteten) Willen des erkennenden Gerichts – bzw. bei Vorliegen eines auslegungsbedürftigen Prozessvergleichs den Willen der Parteien – eruieren und diesen im Kostenfestsetzungsverfahren umsetzen. Statthaft ist die korrigierende Auslegung allerdings allein auf der Grundlage des Inhalts des Kostentitels, also anhand von Tenor und Begründung.[40] Ein Auslegungsbedürfnis besteht etwa, wenn das Gericht in unzulässiger Weise in der Kostengrundentscheidung eine Kostentrennung vorgenommen hat, z.B. zwischen den Kosten der Klage und den Kosten der Widerklage unterscheidet, oder Streitgenossen die Kosten auferlegt werden ohne Mitteilung, ob gesamtschuldnerisch oder nach Kopfteilen (§ 100 Abs. 1 bzw. Abs. 4 ZPO) gehaftet wird.[41] In diesen Fällen kann der Kostenausspruch nicht ohne weiteres der Höhe nach betragsmäßig ausgefüllt werden; dieser ist sachdienlich auszulegen, wobei das wirklich Gewollte maßgebend ist.[42]

18

In dem praxisbedeutsamen Fall, dass den kostenerstattungspflichtigen Beklagten versehentlich (nämlich mangels entsprechend tenorierter Kostentrennung) auch die **Mehrkosten** der Anrufung des unzuständigen Gerichts auferlegt wurden, wird eine „Auslegung" im Kostenfestsetzungsverfahren dergestalt, dass die Notwendigkeit dieser Kosten i.S.v. § 91 Abs. 1 Satz 1 ZPO verneint wird, zwar von vielen Gerichten befürwortet;[43] tatsächlich stellt diese Handhabe jedoch mangels Interpretationsspielraums eine unzulässige Korrektur, nämlich inhaltliche Ergänzung der Kostengrundentscheidung dar und ist daher abzulehnen.[44] In Betracht kommt allein eine Ergänzung nach § 321 ZPO, die dem Prozessgericht vorbehalten ist.[45] Allgemein gilt: Hat das Gericht der Hauptsache von der Möglichkeit einer Kostentrennung, z.B. nach § 96 ZPO (analog) keinen Gebrauch gemacht, scheidet eine Korrektur der Kostengrundentscheidung im Wege der Kostenfestsetzung aus.[46]

19

Die Frage der Bindungswirkung der Kostengrundentscheidung stellt sich auch in den sog. **Mehrheitskonstellationen** (dazu § 91 Rn. 16), das heißt das Hauptsachegericht im Grundsatz bindend die Kostentragungspflicht des Gegners geurteilt hat. Nach der Rechtsprechung des BGH greift hier aber das aus dem Grundsatz von Treu und Glauben abgeleitete Missbrauchsverbot: Der Verstoß gegen das Kostengeringhaltungsgebot kann dazu führen, dass das Festsetzungsverlangen als rechtsmissbräuchlich zu qualifizieren ist und die unter Verstoß gegen Treu und Glauben zur Festsetzung angemeldeten Mehrkosten vom Rechtspfleger im Kostenfestsetzungsverfahren abzusetzen sind.[47] So kann der Rechtspfleger Mehrkosten etwa absetzen, wenn sie darauf zurückzuführen sind, dass mehrere von demselben Prozessbevollmächtigten vertretene Anspruchsteller in engem zeitlichem Zusammenhang mit weitgehend

20

---

[37] BGH, NJW-RR 2006, 810 (811), Rn. 14 = Rpfleger 2006, 338.
[38] OLG Koblenz, NJW-RR 1986, 1255; OLG Düsseldorf, OLGR 2009, 816.
[39] OLG Koblenz, JurBüro 2003, 93; KG Berlin, MDR 2002, 722; Zöller-*Herget*, ZPO, § 104 Rn. 21 – „Auslegung".
[40] OLG Schleswig, JurBüro 1983, 602.
[41] Siehe nur m.w.N. aus der Rechtsprechung: BeckOK-*Jaspersen*, ZPO, § 104 Rn. 23 ff.; von Eicken/Hellstab/Lappe/Dorndörfer/Asperger-*Dorndörfer*, Die Kostenfestsetzung, Rn. B 77.
[42] Vgl. KG Berlin, MDR 2002, 722 f.
[43] Z.B. OLG Rostock, JurBüro 2001, 591; OLG München, MDR 2000, 542; OLG Düsseldorf, NJW-RR 1998, 71; OLG Frankfurt a.M., MDR 1997, 103; LG München I, MDR 2000, 729.
[44] Siehe auch Naumburg, Rpfleger 2001, 372; OLG Hamburg, MDR 1998, 1502; OLG Koblenz, JurBüro 1992, 631.
[45] Zuletzt OLG Stuttgart, AGS 2015, 436 mit Anm. *N. Schneider*.
[46] Vgl. BGH, NJW 2013, 3586 (3588), Rn. 19 = VersR 2014, 353; BGH, NJW-RR 2006, 810 (811), Rn. 14 f. = Rpfleger 2006, 338.
[47] BGH, AGS 2010, 561, Rn. 10 = NJW 2011, 529; BGHZ 172, 218 = NJW 2007, 3279 (3280 f.), Rn. 13 f. = WM 2007, 1522; BGH, NJW 2007, 2257, Rn. 12 ff. = MDR 2007, 1160.

gleichlautenden Begründungen aus einem weitgehend identischen Lebenssachverhalt ohne sachlichen Grund in getrennten Prozessen gegen denselben Gegner vorgegangen sind.[48]

2. Bindung des Rechtspflegers an die richterliche Streitwertfestsetzung

21 Eine Bindung besteht im Kostenfestsetzungsverfahren auch hinsichtlich einer im Hauptsacheverfahren erfolgten **Festsetzung des Gebührenstreitwerts**.[49] Ist eine solche Bestimmung in dem gesonderten Verfahren nach § 63 Abs. 2 GKG, § 33 RVG rechtskräftig erfolgt, darf der Rechtspfleger von dieser für die Kostenerstattung maßgeblichen Wertfestsetzung nicht abweichen. Fehlt es hingegen an einer rechtskräftigen Festsetzung, fehlt es regelmäßig an einer Grundlage für die Durchführung des Kostenfestsetzungsverfahrens, so dass dieses entsprechend § 104 Abs. 3 Satz 2 ZPO, § 11 Abs. 4 RVG vom Rechtspfleger auszusetzen ist.[50] Auch das Beschwerdegericht muss ggf. aussetzen und kann nicht einfach die ausstehende Wertfestsetzung an sich ziehen. Von einer Aussetzung kann nur abgesehen werden, wenn sich die Durchführung eines Festsetzungsverfahrens in bloßer Förmelei erschöpfen würde[51] oder wenn kein Verfahrensbeteiligter gegen den dem Kostenfestsetzungsantrag zugrundeliegenden oder gegen den vom Rechtspfleger in den Raum gestellten Gegenstandswert Beanstandungen erhebt.[52]

3. Antragsgrundsatz im Kostenfestsetzungsverfahren

22 Auch im Verfahren nach §§ 103 ff. ZPO gilt der **Antragsgrundsatz** nach § 308 Abs. 1 ZPO. Der Rechtspfleger darf nicht über den Festsetzungsantrag des Kostengläubigers hinaus Anwalts- oder (verauslagte) Gerichtskosten festsetzen.[53] Im Rahmen des § 106 ZPO kann allerdings z.B. die nur von einer Seite angemeldete Terminsgebühr bei der Kostenberechnung auf beiden Seiten berücksichtigt werden, wenn sie notwendigerweise auf beiden Seiten entstanden ist,[54] vgl. auch § 106 Rn. 6. Ein **Austausch** von Kostenpositionen ist nur innerhalb des durch den Festsetzungsantrag festgelegten Verfahrensgegenstands zulässig (siehe § 103 Rn. 14). Im Erinnerungs- bzw. Beschwerdeverfahren ist ggf. zu prüfen, ob (konkludent) eine wirksame Beschränkung des ursprünglichen Festsetzungsantrags erfolgt ist.[55]

4. Materiell-rechtliche Einwendungen gegen den Kostenerstattungsanspruch

23 Nach allgemeiner Auffassung ist der Rechtspfleger im Kostenfestsetzungsverfahren nicht gehalten, materiell-rechtliche Einwände gegen den prozessualen Kostenerstattungsanspruch zu berücksichtigen.[56] Da hier allein darüber befunden wird, welcher Betrag nach der Kostengrundentscheidung zu erstatten ist, ist das Kostenfestsetzungsverfahren auf eine formale Prüfung der Kostentatbestände und auf die Klärung einfacher Fragen des Kostenrechts zugeschnitten und aus diesem Grund auf den Rechtspfleger übertragen. Die Klärung zwischen den Parteien streitigen Tatsachen und von komplizierteren Rechtsfragen ist in diesem Verfahren nicht vorgesehen und mangels der dafür notwendigen verfahrensrechtlichen Instrumente auch nicht sinnvoll möglich.[57] Es gilt in aller Regel der Vorrang der Vollstreckungsgegenklage nach § 767 ZPO,[58] mit der freilich gegenüber dem Kostenfestsetzungsverfahren ein ungleich größerer Aufwand verbunden ist.[59]

24 Es sind letztlich Erwägungen der Verfahrensökonomie und der prozessualen Gleichbehandlung, weshalb in bestimmten Konstellationen materiell-rechtliche Einwände **ausnahmsweise** (gleichwohl) Berücksichtigung finden dürfen. Voraussetzung ist, dass der vom Kostenerstat-

---

48 BGH, NJW 2014, 2285 (2286), Rn. 7 = VersR 2014, 1272; BGH, VersR 2013, 207 (208), Rn. 9 = NJW 2013, 66; BGH, NJW-RR 2013, 337, Rn. 5 = WuM 2013, 59.
49 BGH, NJW-RR 2014, 765, Rn. 7 = MDR 2014, 566; OLG Düsseldorf, AGS 2010, 568 (569).
50 BGH, NJW-RR 2014, 765, Rn. 8 = MDR 2014, 566; BGH, NJW-RR 2014, 892 (893), Rn. 4 = ZInsO 2014, 911.
51 BGH, NJW-RR 2014, 765, Rn. 9 = MDR 2014, 566.
52 BGH, NJW-RR 2014, 892 (893), Rn. 5 = ZInsO 2014, 911.
53 OLG Brandenburg, BeckRS 2009, 13223; OLG München, JurBüro 1995, 427.
54 BGH, NJW 2006, 157 (159), Rn. 10 = FamRZ 2006, 118; OLG Hamm, JurBüro 2002, 318.
55 Vgl. OLG München, BeckRS 2016, 15122, Rn. 16.
56 BGH, NJW-RR 2007, 422, Rn. 8f. = RVGreport 2007, 110; BGH, NJW 2006, 1962, Rn. 4 = MDR 2006, 1316.
57 St. Rechtsprechung, etwa BGH, NJW 2014, 2287f., Rn. 7 = MDR 2014, 865; BGH, NJW-RR 2010, 718 (719), Rn. 9 = FamRZ 2010, 452; BGH, NJW-RR 2007, 422, Rn. 8 = RVGreport 2007, 110.
58 BGH, NJW 2014, 2287, Rn. 7 = MDR 2014, 865; BGH, NJW-RR 2007, 422, Rn. 8 = RVGreport 2007, 110.
59 Zu den Erfolgsaussichten einer Vollstreckungsgegenklage, wenn der materiell-rechtliche Einwand im Kostenfestsetzungsverfahren – ggf. nicht zulässig – geprüft und für unbegründet erachtet worden ist, vgl. OLG Saarbrücken v. 03.12.2015, 4 U 42/14, juris, Rn. 55 f.

tungsschuldner geltend gemachte Einwand keine Tatsachenaufklärung erfordert und sich mit den im Kostenfestsetzungsverfahren zur Verfügung stehenden Mitteln ohne weiteres klären lässt, was z. b. der Fall ist, wenn die tatsächlichen Voraussetzungen unstreitig sind oder vom Rechtspfleger ohne Schwierigkeiten aus den Akten ermittelt werden können.[60] Ob darüber hinaus erforderlich ist, dass die materiell-rechtliche Beurteilung der feststehenden tatsächlichen Umstände dem Rechtspfleger keine erheblichen Schwierigkeiten bereitet (ausgenommen die kosten- und gebührenrechtliche Bewertung), ist unklar;[61] nachdem aber gerade die Ungeeignetheit des Kostenfestsetzungsverfahrens (auch) zur Klärung „komplizierter Rechtsfragen" als Begründung für die grundsätzliche Unerheblichkeit materiell-rechtlicher Einwendungen herangezogen wird, spricht vieles für diese (weitere) Restriktion.[62]

Ausgehend von diesen Grundsätzen hat sich eine differenzierte Kasuistik herausgebildet: Der Einwand des Kostenschuldners, es fehle aufgrund einer **Abtretung** des Kostenerstattungsanspruchs an der Aktivlegitimation des Gläubigers, ist nur zu berücksichtigen, wenn die Abtretung unstreitig oder offenkundig ist.[63] Sind im Falle eines **Anwaltswechsels** die Voraussetzungen des § 91 Abs. 2 Satz 2 ZPO gegeben (vgl. § 91 Rn. 40 ff.), hat der Rechtspfleger die sich ggf. stellende materiell-rechtliche Frage (§§ 326, 628 Abs. 1 BGB, § 15 Abs. 4 RVG), ob der Honoraranspruch des erstbeauftragten Anwalts gemindert oder ganz entfallen ist, nicht zu prüfen, zumal sie regelmäßig auf unklarer Tatsachengrundlage zu klären ist.[64] Allgemein muss im Kostenfestsetzungsverfahren keine Auseinandersetzung mit der Frage erfolgen, ob die erstattungsberechtigte Partei ihrem Prozessbevollmächtigten die geltend gemachten Gebühren im Innenverhältnis nach den dort bestehenden vertraglichen Beziehungen tatsächlich schuldet.[65] Der gegen den Kostenerstattungsanspruch erklärten **Aufrechnung** kommt nur Bedeutung zu, wenn über den Bestand und die Höhe der Gegenforderung, die Aufrechnungslage und die weiteren Voraussetzungen einer wirksamen Aufrechnung kein Streit besteht.[66] Das ist auch der Fall, wenn mit der im selben Verfahren rechtskräftig festgestellten Hauptsacheforderung[67] oder mit einem zuvor durch Kostenfestsetzungsbeschluss in einem anderen Verfahren rechtskräftig titulierten Kostenerstattungsanspruch aufgerechnet wird.[68] Im Übrigen bleibt es bei dem Grundsatz der Unzulässigkeit einer Aufrechnung gegen den Kostenerstattungsanspruch, da es dem Rechtspfleger an der Befugnis fehlt, mit Rechtskraftwirkung, § 322 Abs. 2 ZPO, über die Gegenforderung zu entscheiden.[69]

Die unstreitige bzw. gemäß § 138 Abs. 3 ZPO als zugestanden anzusehende **Erfüllung** des Kostenerstattungsanspruchs ist vom Rechtspfleger zu berücksichtigen,[70] weshalb unstreitig erfolgte Teilzahlungen von den zu erstattenden Kosten abzusetzen sind.[71] Der Einwand des Kostenschuldners, er verfüge über einen **materiell-rechtlichen Kostenerstattungsanspruch**, kann im Kostenfestsetzungsverfahren nur erhoben und beschieden werden, wenn über den Bestand und die Höhe des Anspruchs zwischen den Parteien kein Streit besteht; andernfalls bleibt es bei der Klärung in einem ordentlichen Klageverfahren.[72] Die **Pfändung und Überweisung** des Kostenerstattungsanspruchs im Kostenfestsetzungsverfahren bzw. der hiermit verbundene Einwand fehlender Aktivlegitimation ist erst nach Titelumschreibung beachtlich.[73] Berücksichtigung finden muss grundsätzlich der von einer Partei unstreitig an die andere Partei gezahlte

---

60 BGH, NJW 2014, 2287, Rn. 8 = MDR 2014, 865; BGH, NJW-RR 2010, 718 (719), Rn. 10 = FamRZ 2010, 452.
61 Ausführlich hierzu und im Ergebnis dagegen BeckOK-*Jaspersen*, ZPO, § 104 Rn. 29 f.
62 Vgl. z.B. OLG München, NJW-RR 1999, 655; OLG Saarbrücken v. 03.12.2015, 4 U 42/14, juris, Rn. 54. Siehe auch BGH, NJW 2014, 2287, Rn. 9 = MDR 2014, 865 zur Frage der Wirksamkeit der Abtretung in einer Prozessvollmacht im Hinblick auf § 305c BGB.
63 MK-*Schulz*, ZPO, § 104 Rn. 37 m. w. N.
64 Vgl. BGH, NJOZ 2013, 440 (441), Rn. 12 = VersR 2013, 473.
65 BGH, NJW-RR 2007, 422, Rn. 11 ff. = RVGreport 2007, 110.
66 BGH, NJW 2014, 3247 (3248 f.), Rn. 14 = MDR 2014, 888; BGH, NJW 2014, 2287, Rn. 9 = MDR 2014, 865; OLG Düsseldorf, Rpfleger 2005, 696 (697); Zöller-*Herget*, ZPO, § 104 Rn. 21 – „Aufrechnung".
67 OLG Koblenz, JurBüro 2011, 646; OLG Jena v. 25.10.2011, 9 W 503/10, juris.
68 OLG Naumburg, NJW 2014, 3168; auch BGH, NJW 2013, 2975 (2976), Rn. 14 ff. = FamRZ 2013, 1733.
69 Vgl. BGHZ 3, 381 (383) = NJW 1952, 144 = DB 1952, 144; OLG Düsseldorf, JurBüro 1975, 819.
70 OLG Koblenz, NJOZ 2016, 498.
71 OLG München, NJW-RR 1999, 655.
72 BGH, NJW 2014, 3247 (3248 f.), Rn. 13 ff. = MDR 2014, 888; OLG Brandenburg, JurBüro 2009, 143 (144); OLG Koblenz, NJW-RR 2002, 719; anders OLG Frankfurt a.M., WuM 1990, 457 (458); KG Berlin, NJW-RR 1989, 329 (330).
73 OLG Koblenz, JurBüro 2008, 91; OLG München, Rpfleger 1993, 203.

Prozesskostenvorschuss;[74] hier ist aber genau zu prüfen, ob und inwieweit sich der geleistete Vorschuss auf den Kostenerstattungsanspruch des Vorschussempfängers und/oder des Vorschussgebers auswirkt.[75] In den sog. Mehrheitskonstellationen sieht die Rechtsprechung den Rechtspfleger als befugt an, den Einwand des **Rechtsmissbrauchs** zu prüfen und entgegen Treu und Glauben verursachte Mehrkosten abzusetzen (§ 91 Rn. 16). Wird die Einrede der **Verjährung** (§ 197 Abs. 1 Nr. 3 BGB) hinsichtlich des prozessualen Kostenerstattungsanspruchs erhoben, ist diese zu berücksichtigen, wenn die zugrundeliegenden Tatsachen unstreitig sind.[76] Beruft sich der Kostenschuldner auf einen – ganzen oder teilweisen – **Verzicht**, ist dieser nur zu beachten, wenn er unstreitig oder offenkundig, z.B. aufgrund einer vorgelegten notariellen Vereinbarung, ist und sich auch keine Auslegungsprobleme hinsichtlich des Umfangs ergeben.[77]

5. Verfahrensrechtlicher Einwand der Verwirkung

27 Umstritten ist, ob im Kostenfestsetzungsverfahren der Verwirkungseinwand unter dem Gesichtspunkt eines Missbrauchs prozessualer Befugnisse zuzulassen ist. Dies wird von vielen befürwortet.[78] Aus den Erwägungen, mit denen die grundsätzliche Unerheblichkeit materiellrechtlicher Einwände gegen den Kostenerstattungsanspruch begründet wird, ist indes richtigerweise **ein verfahrensrechtlicher Verwirkungseinwand nicht zu berücksichtigen**.[79] Das Kostenfestsetzungsverfahren eignet sich nicht, die eine Verwirkung tragenden Umstände festzustellen, erst recht dann nicht, wenn diese tatsächlichen Umstände unter den Parteien streitig sind.[80]

6. Mehrheit von Kostengläubigern und -schuldnern

28 Lautet die Kostengrundentscheidung auf **Haftung mehrerer Streitgenossen als Gesamtschuldner** (§ 100 Abs. 4 ZPO), ist dies auch im Festsetzungsbeschluss entsprechend auszusprechen. Haften die Streitgenossen hingegen nach **Kopfteilen**, § 100 Abs. 1 ZPO, muss in dem Beschluss vom Rechtspfleger betragsmäßig beziffert werden, in welcher Höhe jeder Streitgenosse zur Kostenerstattung verpflichtet ist.[81] Stehen auf **Kostengläubigerseite** mehrere Streitgenossen, sind diese kostenrechtlich nicht Gesamtgläubiger i.S.v. § 428 BGB, sondern **Teilgläubiger** i.S.v. § 420 BGB (vgl. § 100 Rn. 12). Für den einzelnen Streitgenossen ist bzgl. gemeinsamer Kostenpositionen (insbesondere des gemeinsamen Rechtsanwalts) der Betrag festzusetzen, der dem Verhältnis der Beteiligung am Rechtsstreit entspricht; im Zweifel ist nach § 420 BGB jeder zum gleichen Anteil berechtigt.[82] Stellen die Streitgenossen einen gemeinsamen Kostenfestsetzungsantrag, muss dieser bereits erkennen lassen, zu Gunsten welchen Antragstellers welcher Erstattungsbetrag verlangt wird.[83]

III. Die Prüfung des Rechtspflegers im engeren Sinne

29 Über die vorstehend dargestellten allgemeinen Vorgaben für die Tätigkeit des Rechtspflegers hinaus werden im Kostenfestsetzungsverfahren – das Vorliegen eines Titels (hierzu § 103 Rn. 4 ff.) und die Zulässigkeit des Antrags (hierzu § 103 Rn. 13 ff.) vorausgesetzt – hinsichtlich der geltend gemachten Kosten im Rahmen der **Begründetheit** lediglich **drei Voraussetzungen** geprüft, nämlich ob die Kosten 1. das dem Festsetzungsverfahren zugrundeliegende Verfahren betreffen, 2. entstanden sind und 3. notwendig waren.[84] Als Annex zu dieser „Hauptentscheidung" ist über die Frage der Verzinsung der festgesetzten Kosten nach § 104 Abs. 1 Satz 2

---

74 BGH, NJW-RR 2010, 718 (719), Rn. 11 = FamRZ 2010, 452.
75 Ausführlich BGH, NJW-RR 2010, 718, Rn. 12 ff. = FamRZ 2010, 452; Musielak/Voit-*Flockenhaus*, ZPO, § 104 Rn. 10; Zöller-*Herget*, ZPO, § 104 Rn. 21 – „Prozesskostenvorschuss".
76 BGH, NJW 2006, 1962, Rn. 4 ff. = FamRZ 2006, 854.
77 Vgl. BGH, NJW 2007, 1213 (1214), Rn. 5 ff. = FamRZ 2007, 123; OLG Koblenz, JurBüro 2006, 480; OLG Nürnberg, JurBüro 2000, 583; näher Prütting/Gehrlein-*K. Schmidt*, ZPO, § 104 Rn. 16.
78 Etwa OLG Bamberg, JurBüro 1987, 1412 f.; OLG Frankfurt a.M., Rpfleger 1977, 261; Zöller-*Herget*, ZPO, § 104 Rn. 21 – „Verwirkung".
79 KG Berlin, Rpfleger 1994, 385; OLG Karlsruhe, FamRZ 1993, 1228; OLG Düsseldorf, MDR 1988, 972; OLG Stuttgart, Rpfleger 1984, 113; offen gelassen von BGH, AGS 2011, 566, Rn. 9 = BeckRS 2011, 07710.
80 OLG Frankfurt a.M., AGS 2005, 219 mit Anm. *N. Schneider*.
81 KG Berlin, AGS 2014, 420; OLG Koblenz, Rpfleger 1995, 381.
82 OLG Düsseldorf, MDR 2012, 494 f.
83 OLG Frankfurt a.M., BeckRS 2012, 19187; ausführlich zum Ganzen BeckOK-*Jaspersen*, ZPO, § 104 Rn. 28 ff.
84 BGH, NJW-RR 2014, 765, Rn. 7 = MDR 2014, 566; BGH, NJW-RR 2014, 892 (893), Rn. 5 = ZInsO 2014, 911; MK-*Schulz*, ZPO, § 104 Rn. 24.

ZPO zu befinden. Zudem sind ggf. Vollstreckungsbeschränkungen in den Kostenfestsetzungsbeschluss aufzunehmen und ausnahmsweise eine Entscheidung über die Kosten zu treffen.

1. Identität des Rechtsstreits
Der Rechtspfleger darf nur solche Kosten festsetzen, die den Rechtsstreit betreffen, der zu dem zugrundeliegenden Vollstreckungstitel geführt hat und in dem die Kostengrundentscheidung ergangen ist.[85] Die Verbindung mit dem Festsetzungsantrag aus einem Rechtsstreit nach § 147 ZPO ist unzulässig.[86] Kosten der Zwangsvollstreckung können nur im Rahmen des § 788 Abs. 2 Satz 1 ZPO festgesetzt werden.

30

2. Entstehung der Kosten
Kosten dürfen nur festgesetzt werden, wenn sie sowohl dem Grunde nach als auch in der geltend gemachten Höhe tatsächlich angefallen sind. **Entstanden sind außergerichtliche Kosten** bereits dann, wenn der Kostengläubiger zur Zahlung verpflichtet ist; es ist nicht erforderlich, dass es bereits zu einer Zahlung gekommen ist,[87] namentlich die dem Prozessbevollmächtigten geschuldete Vergütung geleistet wurde. Bei entsprechendem Vortrag im Festsetzungsverfahren muss auch geprüft werden, ob die ursprünglich entstandenen Kosten im Zeitpunkt des Erlasses des Kostenfestsetzungsbeschlusses unverändert **fortbestehen.** Das ist etwa zu verneinen, wenn der Vergütungsanspruch des Prozessbevollmächtigten erloschen ist, weil er unstreitig auf sein Honorar verzichtet hat,[88] oder nicht durchgesetzt werden kann, weil der Kostengläubiger ihm gegenüber wirksam die Verjährungseinrede erhoben hat.[89] In diesen Fällen ist eine Kostenfestsetzung nicht mehr möglich. Den Kostengläubiger trifft allerdings keine Pflicht, zur Schonung des erstattungspflichtigen Gegners tatsächlich die Verjährungseinrede, z.B. gegenüber dem eingeschalteten Privatsachverständigen, zu erheben.[90] Ersparte Kosten können in aller Regel nicht festgesetzt werden.

31

Wird vom Kostengläubiger die Festsetzung von **verauslagten Gerichtskosten** beantragt, ist deren Entstehung regelmäßig unproblematisch aus den in der Akte befindlichen Kostenrechnungen ersichtlich. Nur im Ausnahmefall bedarf es insoweit eines Nachweises; der Kostenschuldner ist jedenfalls vor einer doppelten Inanspruchnahme sowohl durch den Gegner als auch durch die Staatskasse zu bewahren.[91] Eine Festsetzung von Gerichtskosten unterbleibt gegenüber einem Kostenschuldner, dem das Privileg der Kostenfreiheit nach § 2 GKG zuteil wird; hier hat der Erstattungsberechtigte einen Rückzahlungsanspruch gegen die Staatskasse.[92]

32

Erforderlich ist, dass die Kosten in der **Person des Erstattungsgläubigers** entstanden sind. Umstritten ist, ob im Festsetzungsverfahren auch Kosten angemeldet und festgesetzt werden können, die (lediglich) ein **Dritter** für den Gläubiger verauslagt hat (Beispiel: Die Haftpflichtversicherung zahlt für ihren verklagten Versicherungsnehmer die Kosten des von ihr im eigenen Namen beauftragten Privatsachverständigen). Der stark formalisierte Charakter des Festsetzungsverfahrens spricht dafür, allein darauf abzustellen, ob der Partei „selbst" die Kosten entstanden sind.[93] Diese Betrachtung wird allerdings häufig zu einer sachlich kaum zu rechtfertigenden Besserstellung des Kostenschuldners führen. Zu Recht wird daher von der h.M. die Möglichkeit der Liquidation der in der Person des Dritten entstandenen Kosten befürwortet, sei es unter Heranziehung der Grundsätze der Schadensliquidation, sei es weil der Kostengläubiger im Anwendungsbereich des § 86 Abs. 1 VVG den auf seine Versicherung übergegangenen Anspruch als Prozessstandschafter geltend machen kann.[94] Der BGH hat sich zuletzt grundlegend für die Liquidation von Drittkosten im Kostenfestsetzungsverfahren ausgesprochen.[95]

33

---

85 BGH, NJW 2009, 233 f., Rn. 9 = FamRZ 2008, 2276; BGH v. 07.02.2017, VI ZB 43/16, juris, Rn. 7.
86 OLG Stuttgart, Rpfleger 2001, 617.
87 OLG Köln, Rpfleger 1965, 242.
88 OLG Bamberg, JurBüro 1981, 768 f.
89 OLG Koblenz, Rpfleger 1986, 319.
90 Richtig OLG Frankfurt a.M., NJW-RR 2011, 499 f.; OLG Koblenz, JurBüro 2008, 543.
91 OLG München, JurBüro 1995, 427.
92 Musielak/Voit-*Flockenhaus*, ZPO, § 104 Rn. 6.
93 So ausführlich OLG Köln, BeckRS 2016, 02678; OLG Köln, JurBüro 2015, 32 ff.; auch *Hansens*, RVGreport 2011, 287.
94 Vgl. im Einzelnen BeckOK-*Jaspersen*, ZPO, § 104 Rn. 17 f. m.w.N.
95 BGH, NJW 2017, 672 f., Rn. 5 ff. m. Anm. *Vuia* = VersR 2017, 442; vgl. auch *Hansens*, RVGreport 2017, 66 ff.

3. Notwendigkeit der Kosten

34 Erstattungsfähig sind nach § 91 Abs. 1 Satz 1 ZPO nur solche Aufwendungen, **die zur zweckentsprechenden Rechtsverfolgung oder Rechtsverteidigung notwendig sind**. Mit dem Erfordernis der Notwendigkeit kommt das allgemeine Prinzip der Prozesswirtschaftlichkeit zum Ausdruck (vgl. Vorbem. zu §§ 91–107 Rn. 10); jede Partei ist von Beginn des Prozesses an verpflichtet, die Kosten ihrer Prozessführung, die sie im Falle ihres Sieges vom Gegner erstattet verlangen will, so niedrig zu halten, wie sich dies mit der Wahrung ihrer berechtigten Belange vereinbaren lässt.[96] Ausgehend hiervon hat der Rechtspfleger unter Würdigung der wechselseitigen Belange zu prüfen, ob die Frage der Notwendigkeit zu bejahen ist, wobei ihm nach § 294 Abs. 1 ZPO alle Beweismittel unter Einschluss der eidesstattlichen Versicherung zur Aufklärung zur Verfügung stehen (vgl. Rn. 9). Sollen im Kostenfestsetzungsverfahren gegenüber dem Erstattungsschuldner vom Erstattungsgläubiger gezahlte Gerichtskostenvorschüsse geltend gemacht werden, kann regelmäßig eingewandt werden, dass die Gerichtskosten nicht notwendig waren, weil der sie betreffende Kostenansatz überhöht ist.[97] Die dem Schuldner offenstehende Möglichkeit, eine gerichtliche Überprüfung des Kostenansatzes im Verfahren nach § 66 GKG herbeizuführen, steht dem nicht entgegen.[98]

35 Die Ersatzfähigkeit von Rechtsanwaltsgebühren richtet sich nach § 91 Abs. 2 Satz 1 Hs. 1 ZPO; hiernach ist der Rechtspfleger von der grundsätzlich gebotenen Prüfung der Notwendigkeit entstandener Kosten entbunden. Die gesetzlichen Gebühren und Auslagen des Rechtsanwalts gelten unabhängig von den konkreten Umständen stets als zweckentsprechend verursachte Kosten.[99] Die durch notwendige Reisen oder durch die notwendige Wahrnehmung von Terminen entstandene Zeitversäumnis ist gemäß § 91 Abs. 1 Satz 2 ZPO nach den Regelungen des JVEG zu entschädigen (vgl. § 91 Rn. 18 ff.).

4. Verzinsung der festgesetzten Kosten, Abs. 1 Satz 2 ZPO

36 Wurde vom Erstattungsgläubiger ein entsprechender Antrag gestellt, sind die festgesetzten Kosten gemäß § 104 Abs. 1 Satz 2 ZPO zu **verzinsen**, und zwar mit 5 Prozentpunkten über dem Basiszinssatz (§ 247 BGB). Auch ein Rückfestsetzungsbetrag ist bei entsprechendem Antrag zu verzinsen.[100] Die Verzinsung beginnt in der Regel mit dem **Eingang des Festsetzungsantrags**, im Falle der Entbehrlichkeit eines Festsetzungsantrags nach § 105 Abs. 3 ZPO mit der Verkündung des Urteils. Wird das Gesuch bereits zu einem Zeitpunkt eingereicht, in dem noch gar kein Titel (§ 103 Abs. 1 ZPO) vorliegt, verlagert sich der Zinsbeginn auf den Zeitpunkt des Erlasses einer zumindest vorläufig vollstreckbaren Kostengrundentscheidung.[101] Zinsen stehen dem Gläubiger deshalb frühestens von dem Zeitpunkt an zu, in dem eine solche Entscheidung vorliegt.[102] Sieht der die Kostengrundentscheidung enthaltende Titel keine vorläufige Vollstreckbarkeit vor, ist auf den Eintritt der Rechts- bzw. Bestandskraft (etwa eines widerruflichen Prozessvergleichs) abzustellen. Im Mahnverfahren ist der Beginn der Zinszahlungspflicht an den Erlass des Vollstreckungsbescheides geknüpft.[103] Ein Ausschluss mit dem Antrag auf Verzinsung ist nicht zu befürchten, er kann vielmehr jederzeit – nach Rechtskraft des Kostenfestsetzungsbeschlusses im Nachfestsetzungsverfahren (§ 103 Rn. 25) – nachgeholt werden.[104]

37 Wird im Rechtsmittelverfahren die in erster Instanz festgelegte Kostenquote teilweise geändert, ist derjenige Betrag der erstinstanzlichen Kosten, der sowohl nach der erst- wie nach der zweitinstanzlichen Kostenentscheidung zu erstatten ist, seit dem Eingang des (ursprünglichen) Kostenfestsetzungsantrags zu verzinsen; denn die Kostenentscheidung wird – nicht anders als die Sachentscheidung – nur insoweit abgeändert, als sie inhaltlich von der Vorentscheidung abweicht.[105] Nichts anderes gilt, wenn die Kostengrundentscheidung zwar formell wirkungs-

---

96 BGH, NJW-RR 2007, 955 (956 f.), Rn. 12 = WM 2007, 1126; BGH, NJW 2007, 2257, Rn. 12 = MDR 2007, 1160.
97 BGH, NJW 2013, 2824 (2825), Rn. 8 f. = MDR 2013, 1008; OLG Celle, AGS 2010, 359; OLG Dresden, NJW-RR 2001, 861 (862); OLG Naumburg, JurBüro 2001, 374; OLG Koblenz, Rpfleger 1985, 333.
98 BGH, NJW 2013, 2824 (2825), Rn. 10 ff. = MDR 2013, 1008, vgl. auch BeckOK-*Jaspersen*, ZPO, § 104 Rn. 20 ff.
99 BGH, NJW 2014, 2285 (2287), Rn. 9 = VersR 2014, 1272; BGH, NJW 2013, 66 (67), Rn. 7 = VersR 2013, 207; BGH, NJW 2012, 459 (461), Rn. 35 = FamRZ 2012, 110.
100 OLG Koblenz, JurBüro 2012, 31.
101 BGH, NJW 2016, 165, Rn. 9 ff. = FamRZ 2016, 222; BGH, NJW 2013, 2975 (2976), Rn. 10 = FamRZ 2013, 1733.
102 BGH, NJW 2016, 165, Rn. 11 = FamRZ 2016, 222; OLG Koblenz, MDR 2012, 51.
103 MK-*Schulz*, ZPO, § 104 Rn. 68.
104 OLG Hamm, Rpfleger 1979, 71; KG Berlin, JurBüro 1978, 1566.
105 BGH, NJW 2016, 165 (166), Rn. 15 = FamRZ 2016, 222; BGH, NJW 2006, 1140, Rn. 3 ff. = FamRZ 2006, 407; OLG Köln, JurBüro 2014, 365; OLG Bamberg, JurBüro 1998, 32.

los, aber durch eine **inhaltlich gleichlautende, ebenfalls vollstreckbare Kostenregelung ersetzt wird**. Das ist z. B. der Fall, wenn eine zugunsten des Beklagten ergangene Kostengrundentscheidung aufgrund einer Klagerücknahme in der Rechtsmittelinstanz wirkungslos wird, zu seinen Gunsten aber sodann nach § 269 Abs. 3 Satz 2, Abs. 4 ZPO eine inhaltsgleiche Kostenentscheidung ergeht. Der BGH hat zuletzt betont, dass eine formale Betrachtung – die Durchsetzbarkeit des Erstattungsanspruchs beruhe hier nicht mehr auf der ursprünglichen Entscheidung – zu kurz greife; für den Fortbestand des bereits entstandenen Zinsanspruchs des Gläubigers reiche es vielmehr aus, wenn zu seinen Gunsten durchgehend eine vollstreckbare Kostengrundentscheidung vorgelegen habe, der Gläubiger also ohne zeitliche Unterbrechung die Möglichkeit gehabt habe, den Anspruch auf Ersatz seiner Kosten durchzusetzen.[106]

Genügt hiernach für die Verzinsung der festgesetzten Kosten (bereits), dass für den Kostenerstattungsanspruch durchgehend eine – wenn auch auf unterschiedlichen Entscheidungen beruhende – Vollstreckungsmöglichkeit bestanden hat, darf entgegen der ganz herrschenden Auffassung **auch dann auf das ursprüngliche Festsetzungsgesuch abgestellt** werden, wenn die Parteien in der Rechtsmittelinstanz den Rechtsstreit **übereinstimmend für erledigt erklären** oder einen **Prozessvergleich** (der keine ausdrückliche Regelung bezüglich des Zinsbeginns enthält) schließen. Denn bis zur Bestandskraft dieses Vergleichs besteht für den Erstattungsberechtigten fortdauernd die Möglichkeit, seinen titulierten Anspruch auf Kostenerstattung gegenüber dem Gegner zu vollstrecken.[107] Allgemein wird hier allerdings anderes vertreten: Maßgeblich für den Zinsbeginn sei allein das Eingangsdatum des auf den Vergleich gestützten Festsetzungsantrags, denn durch die Kostenregelung im Prozessvergleich werde die erstinstanzliche Kostengrundentscheidung vollständig aufgehoben und ersetzt.[108] Dies gelte auch dann, wenn die Kostenregelung im Vergleich derjenigen der ersten Instanz vollständig entspreche.[109] Eine Verzinsung bereits ab dem Zeitpunkt des Eingangs des zuerst gestellten Gesuchs könne nur dann ausnahmsweise verlangt werden, wenn die Kostenregelung im Vergleich eindeutig dahin gehe, dass es bei der erstinstanzlichen Kostenentscheidung sein Bewenden haben solle.[110]

Dem Umfang nach werden nicht nur die entstandenen außergerichtlichen Kosten, sondern auch verauslagte Gerichtskosten und bereits angefallene Vollstreckungskosten (§ 788 Abs. 2 Satz 1 ZPO)[111] verzinst. Gerade bei langwierigen Rechtsstreitigkeiten kann die Zahlung (beträchtlicher) Gerichtskostenvorschüsse angesichts des späten Zinsbeginns zu einem nicht unerheblichen **Zinsschaden** – sei es in Form entgangener Zinsen, sei es in Form der Kosten für die Inanspruchnahme von Fremdmitteln – führen, so dass vom obsiegenden Vorschusspflichtigen stets geprüft werden sollte, inwiefern eine Kompensation für die Zeit von der Einzahlung der Gerichtskosten bis zum Eingang des Festsetzungsantrags auf materiell-rechtlicher Grundlage erreicht werden kann,[112] nachdem die Finanzierungskosten nicht als Kosten des Rechtsstreits festsetzungsfähig sind (vgl. § 91 Rn. 80). Die verauslagten Gerichtskosten sind unabhängig davon zu verzinsen, ob der Kostenschuldner nach § 2 GKG kostenbefreit ist oder nicht.[113]

Im Fall des § 106 ZPO können Zinsen allein für den *per saldo* festgesetzten Erstattungsbetrag verlangt werden.[114] Der titulierte Zinsbetrag unterliegt der regelmäßigen Verjährungsfrist nach §§ 197 Abs. 2, 195 BGB.[115]

5. Beschränkung der Vollstreckbarkeit
Zwischen Kostengrundentscheidung und Kostenfestsetzungsbeschluss besteht eine strenge Akzessorietät, weshalb beide Titel hinsichtlich der Vollstreckbarkeit das gleiche Schicksal teilen (vgl. § 103 Rn. 11). Bestehen daher hinsichtlich der Kostengrundentscheidung Zwangsvoll-

---

106 BGH, NJW 2016, 165 (166), Rn. 16 ff. = FamRZ 2016, 222, auch mit Verweis auf die Rechtsprechung zur Erstattungsfähigkeit von Kosten der Zwangsvollstreckung (z. B. BGH, NJW-RR 2014, 1149, Rn. 10 = MDR 2014, 1047).
107 Vgl. auch BGH, NJW 2016, 165 (166), Rn. 17 = FamRZ 2016, 222.
108 OLG Köln, JurBüro 2014, 365 f.; OLG Hamm, JurBüro 1993, 299; OLG Karlsruhe, VersR 1993, 628.
109 OLG München, NJW-RR 1996, 703; Musielak/Voit-*Flockenhaus*, ZPO, § 104 Rn. 12.
110 OLG München, NJW-RR 2001, 718.
111 OLG Köln, Rpfleger 1993, 120; OLG Hamm, MDR 1992, 1006 f.; ablehnend OLG Saarbrücken, JurBüro 1991, 970.
112 Ausführlich *Jerger/Zehentbauer*, NJW 2016, 1353 ff.; *Lüttringhaus*, NJW 2014, 3745 ff.; *Saenger/Uphoff*, MDR 2014, 192 ff.; *Gödicke*, JurBüro 2001, 512 ff.; verneinend OLG Karlsruhe, NJW 2013, 473 (474 f.); OLG München, MDR 2017, 427 f. Offen gelassen von BGH, NJW 2014, 3151 (3153 f.), Rn. 22 = VersR 2014, 1141; BGH, NJW 2011, 2787 (2791), Rn. 37 = WRP 2011, 873.
113 LG Stuttgart, NJW-RR 1998, 1691; a.A. BeckOK-*Jaspersen*, ZPO, § 104 Rn. 50.
114 OLG Düsseldorf, NJW-RR 2006, 359.
115 Vgl. *N. Schneider*, NJW-Spezial 2009, 187.

streckungsbeschränkungen, müssen diese **Beschränkungen** vom Rechtspfleger auch in den Kostenfestsetzungsbeschluss **übernommen** werden, es sei denn, sie sind insbesondere wegen des zwischenzeitlichen Eintritts der Rechtskraft obsolet geworden. Eine im Prozessvergleich getroffene Vollstreckungsvereinbarung muss daher auch im Kostenfestsetzungsbeschluss ausgewiesen sein.[116] Ob ein im Urteil enthaltener Vorbehalt der beschränkten Erbenhaftung unverändert in den Kostenfestsetzungsbeschluss zu übernehmen ist, wird unterschiedlich beurteilt.[117] Die Nichtaufnahme einer Vollstreckungsbeschränkung führt zu einer Beschwer des Kostenschuldners und kann daher ggf. isoliert angefochten werden.[118] Dies gilt jedoch nicht für die nach §§ 720a Abs. 3, 795 Satz 2 ZPO *ipso jure* geltende Beschränkung.[119]

6. Kosten des Kostenfestsetzungsverfahrens

42 Da für das Festsetzungsverfahren grundsätzlich keine Gerichtsgebühren anfallen und regelmäßig auch keine zusätzlichen Anwaltsgebühren entstehen (§ 19 Abs. 1 Satz 2 Nr. 14 RVG), bedarf es häufig keines Kostenausspruchs im Kostenfestsetzungsbeschluss. Fallen aber doch einmal Kosten an, etwa Auslagen nach Nr. 9000 ff. KV-GKG oder die Gebühr nach Nr. 3403 VV-RVG, ist nach dem Maßstab der §§ 91 ff. ZPO von Amts wegen (§ 308 Abs. 2 ZPO) eine Kostengrundentscheidung zu treffen, wobei maßgeblich für die Kostenverteilung das Ausmaß des Erfolges und Unterliegens im Festsetzungsverfahren selbst ist und die Kosten sogleich im Kostenfestsetzungsbeschluss dem Betrage nach festzusetzen sind.[120]

IV. Die Entscheidung des Rechtspflegers

43 Am Ende des Kostenfestsetzungsverfahrens steht in aller Regel der Kostenfestsetzungsbeschluss (gesetzliche Bezeichnung, § 794 Abs. 1 Nr. 2 ZPO). Nur dann, wenn der oder die Festsetzungsgesuche vollständig als unzulässig verworfen oder als unbegründet zurückgewiesen werden, ergeht ein „einfacher" Beschluss.

1. Form und Inhalt des Kostenfestsetzungsbeschlusses

44 Da es sich bei dem Kostenfestsetzungsbeschluss um einen Vollstreckungstitel handelt (§ 794 Abs. 1 Nr. 2 ZPO), muss ein vollständiges **Rubrum** enthalten, aus dem sich Antragsteller und Antragsgegner und ggf. vorhandene Streitgenossen unzweideutig erkennen lassen (vgl. § 750 Abs. 1 ZPO). Entbehrlich ist dies nur im Anwendungsbereich des § 105 ZPO. Im **Tenor** muss der zugrundeliegende Vollstreckungstitel (§ 103 Abs. 1 ZPO) exakt bezeichnet sein, ferner wer an wen welchen Gesamtbetrag zu zahlen hat. Dies gilt erst recht, wenn auf Antragsteller- oder Antragsgegnerseite Streitgenossen vorhanden sind; hier müssen die auf jeden einzelnen Beteiligten entfallenden Kosten konkret beziffert werden.[121] Auch der **Zinsanspruch** darf im Tenor nicht vergessen werden, sofern die Voraussetzungen des § 104 Abs. 1 Satz 2 ZPO (vgl. Rn. 36 ff.) erfüllt sind. Eine **Kostenentscheidung** ist nur ausnahmsweise erforderlich (vgl. Rn. 42), ggf. sind zudem **Zwangsvollstreckungsbeschränkungen** aufzunehmen (vgl. Rn. 41).

45 Der Kostenfestsetzungsbeschluss ist ordnungsgemäß zu **unterzeichnen**[122] und ist jedenfalls insoweit im Einzelnen zu **begründen**, als die Erstattungsfähigkeit einzelner Kostenansätze umstritten ist bzw. die Parteien kontrovers vortragen; der Rechtspfleger hat sich bei zweifelhaften oder schwierigen Fragen mit den Argumenten der Parteien auseinanderzusetzen. Eine floskelhafte Begründung genügt nicht und steht einer fehlenden Begründung gleich.[123] Es besteht aber die Möglichkeit, Begründungsmängel im Abhilfeverfahren zu heilen.[124] Erfolgt auch dies nicht, kann der Verstoß gegen den Begründungszwang eine Aufhebung und Zurückverweisung rechtfertigen.[125] Einer näheren Begründung bedarf es nicht, wenn der Kostenfestsetzungsbeschluss seinem Inhalt nach in Kombination mit dem Kostenfestsetzungsantrag unproblematisch nachvollzogen werden kann; insoweit genügt eine Bezugnahme auf die übersandte Kostenberechnung und die vorliegenden Belege (§ 103 Abs. 2 Satz 2 ZPO).[126] Wurden die ver-

---

116 OLG München, MDR 1980, 147.
117 Vgl. (verneinend) m.w.N. OLG Köln, AGS 2004, 451 mit Anm. *Monschau*.
118 BeckOK-*Jaspersen*, ZPO, § 104 Rn. 52 m.w.N.
119 OLG Karlsruhe, Rpfleger 2000, 555.
120 Zum Ganzen von Eicken/Hellstab/Lappe/Dorndörfer/Asperger-*Dorndörfer*, Die Kostenfestsetzung, Rn. B 116 ff.
121 Vgl. KG Berlin, JurBüro 2014, 420.
122 OLG Brandenburg, NJW-RR 1998, 862.
123 OLG Hamburg, MDR 2002, 1274; OLG Frankfurt a.M., Rpfleger 2010, 111; Zöller-*Herget*, ZPO, § 104 Rn. 21 – „Begründungszwang".
124 OLG Hamburg, MDR 2002, 1274.
125 Vgl. OLG Frankfurt a.M., MDR 2010, 344; OLG Hamm, MDR 2004, 412.
126 Kritisch BeckOK-*Jaspersen*, ZPO, § 104 Rn. 58.

auslagten Gerichtskosten im Festsetzungsgesuch nicht näher beziffert, sind diese Kosten im Kostenfestsetzungsbeschluss detailliert aufzuschlüsseln.[127]

2. Bekanntmachung des Beschlusses, Abs. 1 Satz 3 und Satz 4
Wird dem Festsetzungsantrag zumindest teilweise entsprochen, ist der Kostenfestsetzungsbeschluss dem Antragsgegner von Amts wegen zuzustellen, wobei eine Abschrift der Kostenrechnung beizufügen ist, § 104 Abs. 1 Satz 3 ZPO. Die Zustellungsbedürftigkeit ergibt sich im Übrigen auch aus § 329 Abs. 3 ZPO. **Zustellungsadressat** ist grundsätzlich der Kostenschuldner selbst, hat er sich im zugrundeliegenden Hauptsacheverfahren jedoch von einem Prozessbevollmächtigten vertreten lassen, hat die Zustellung an diesen zu erfolgen, § 172 Abs. 1 Satz 1 ZPO. Das gilt auch dann, wenn in zweiter Instanz kein Rechtsanwalt (mehr) mandatiert wurde[128] oder wenn nur die Kosten eines höheren Rechtszugs festgesetzt werden. Hat der Prozessbevollmächtigte aber das Mandat niedergelegt und wurde das Erlöschen der Vollmacht angezeigt, ist nur noch der Partei selbst zuzustellen.[129] Unterbleibt die Zustellung oder ist sie nicht nachweisbar, beginnt die zweiwöchige Notfrist des § 569 Abs. 1 Satz 1 ZPO spätestens mit dem Ablauf von fünf Monaten nach der formlosen Bekanntgabe an die Partei.[130]   46

Wurde dem Festsetzungsgesuch vollumfänglich entsprochen, ist dem Antragsteller der Kostenfestsetzungsbeschluss lediglich formlos mitzuteilen. Dagegen ist auch ihm die Entscheidung von Amts wegen zuzustellen, wenn sein Antrag zumindest teilweise zurückgewiesen wurde, § 104 Abs. 1 Satz 4 ZPO (sowie § 329 Abs. 3 ZPO).   47

3. Rechtsbehelfsbelehrung
Unabhängig von der Frage, ob der Kostenfestsetzungsbeschluss im konkreten Fall im Wege der befristeten Erinnerung oder der sofortigen Beschwerde angefochten werden kann, bedarf es – vor der Unterschrift des Rechtspflegers – einer **Belehrung über den statthaften Rechtsbehelf**, § 232 Satz 1 ZPO. Da nie absehbar ist, in welchem Umfang der Kostenfestsetzungsbeschluss von einer oder auch beiden Parteien angegriffen wird, der Wert des Beschwerdegegenstandes mithin in aller Regel sowohl unterhalb als auch oberhalb der Grenze von 200,00 € liegen kann, bedarf es stets einer kombinierten Rechtsbehelfsbelehrung, die auf die zu beachtenden Formalien der sofortigen Beschwerde und der Erinnerung gleichermaßen hinweist. Unterbleibt dies hinsichtlich der Erinnerung, ist die Versäumung der Erinnerungsfrist nach § 11 Abs. 2 Satz 3 RPflG als unverschuldet anzusehen, mithin auf Antrag Wiedereinsetzung in den vorigen Stand zu gewähren.   48

4. Berichtigung, § 319 ZPO
Der Kostenfestsetzungsbeschluss ist einer Berichtigung unter den Voraussetzungen des § 319 Abs. 1 ZPO zugänglich; dieser ist nach allgemeiner Auffassung im Verfahren nach §§ 103 ff. ZPO anwendbar.[131] Es bedarf mithin einer offenbaren Unrichtigkeit (vgl. § 319 Rn. 3 ff.), die nicht schon darin gesehen werden kann, dass der Rechtspfleger einzelne Kostenpositionen übersehen und nicht beschieden hat.[132] Ein evidenter Fehler ist aber anzunehmen, wenn der Rechtspfleger seiner Entscheidung ersichtlich eine unzutreffende Berechnungsgröße zugrunde gelegt,[133] die Parteibezeichnungen verwechselt[134] oder verauslagte Gerichtskosten falsch verrechnet hat.[135] Wird wegen einer offenbaren Unrichtigkeit Erinnerung oder sofortige Beschwerde eingelegt, ist eine solche ggf. sachdienlich in einen Berichtigungsantrag umzudeuten.[136]   49

5. Ergänzung, § 321 ZPO
§ 321 ZPO ist ebenfalls im Kostenfestsetzungsverfahren anwendbar. Wurden etwa einzelne zur Festsetzung beantragte Kostenpositionen versehentlich übergangen, kommt eine Ergänzung in Betracht.[137] Dabei ist die zweiwöchige Frist nach § 321 Abs. 2 ZPO zu beachten, wobei   50

---

127 OLG München, JurBüro 1995, 427.
128 BGH, ZfS 2013, 408, Rn. 9 mit Anm. *Hansens* = BeckRS 2012, 22157; OLG Jena, RVGreport 2014, 477.
129 OLG München, MDR 1980, 146.
130 OLG Köln, JurBüro 2011, 531.
131 Siehe nur OLG Saarbrücken, NJOZ 2015, 1468 (1469); OLG Koblenz, MDR 2015, 236.
132 OLG Koblenz, AGS 2006, 646; OLG Zweibrücken, Rpfleger 2003, 101.
133 OLG Hamm, OLGR 2008, 230.
134 OLG Bamberg, JurBüro 1995, 427.
135 OLG Naumburg, OLGR 2004, 388.
136 OLG Hamm, OLGR 2002, 280.
137 OLG Saarbrücken, NJOZ 2015, 1468 (1469); OLG Hamm, OLGR 2002, 148 f.

deren Überschreitung einer Neuanmeldung in einem weiteren Kostenfestsetzungsverfahren nicht entgegensteht.[138]

V. Die Anfechtung des Kostenfestsetzungsbeschlusses

51 Der Kostenfestsetzungsbeschluss bzw. die Entscheidung des Rechtspflegers, mit der ein Festsetzungsgesuch ganz oder teilweise zurückgewiesen wird, kann entweder im Wege der sofortigen Beschwerde oder im Wege der Erinnerung angefochten werden. § 104 Abs. 3 Satz 1 ZPO sieht als statthaftes Rechtsmittel grundsätzlich die sofortige Beschwerde i.S.v. §§ 567 ff. ZPO vor. Da eine solche nach § 567 Abs. 2 ZPO aber nur zulässig ist, wenn der Wert des Beschwerdegegenstands 200,00 € übersteigt, ergibt sich ein **zweigeteiltes Rechtsbehelfssystem**: Liegt der Wert des Beschwerdegegenstands unter der Grenze von **200,00 €**, ist die befristete Erinnerung nach § 11 Abs. 2 Satz 1 RPflG statthaft. Übersteigt der Beschwerdewert hingegen den Betrag von 200,00 €, ist die sofortige Beschwerde nach § 104 Abs. 3 Satz 1 ZPO statthaft. In Anbetracht dieser Zweiteilung muss die Partei, die die Entscheidung des Rechtspflegers nicht akzeptieren will, deutlich machen, in welchem Umfang – der beschränkte Angriff gegen abtrennbare Teile der Entscheidung ist zulässig – die Anfechtung erfolgen soll.[139] Unabhängig vom statthaften Rechtsbehelf entfaltet dessen Einlegung keine aufschiebende Wirkung, § 570 Abs. 1 ZPO (i.V.m. § 11 Abs. 2 Satz 4 RPflG). Eine mangels Erreichens des Beschwerdewerts von 200,01 € unzulässige sofortige Beschwerde ist vom Rechtspfleger sachdienlich als Erinnerung auszulegen; die fehlerhafte Bezeichnung als sofortige Beschwerde ist unschädlich.[140] Ist die sofortige Beschwerde vom Rechtspfleger (unzutreffend) als solche dem Beschwerdegericht zur Entscheidung vorgelegt worden, hat es die Vorlage durch Beschluss zur Entscheidung im Erinnerungsverfahren an das Erstgericht zurückzuverweisen.[141] War ausnahmsweise der Rechtspfleger beim OLG für den Erlass des Kostenfestsetzungsbeschlusses zuständig, ist stets die befristete Erinnerung der statthafte Rechtsbehelf.[142]

1. Identische Zulässigkeitsvoraussetzungen

52 Sowohl Erinnerung als auch sofortige Beschwerde sind erst und nur statthaft, wenn vom Rechtspfleger bereits ein Kostenfestsetzungsbeschluss **wirksam erlassen** worden ist. Dies ist der Fall, wenn die Geschäftsstelle des Rechtspflegers den (unterschriebenen) Beschluss in den äußeren Geschäftsgang gegeben hat.[143] Die Anfechtung des Beschlusses setzt stets eine Beschwer voraus; diese kann sich daraus ergeben, dass eigene angemeldete Kosten aberkannt oder von der Gegenseite geltend gemachte Kosten zuerkannt worden sind.[144] Der Beschluss kann aber nicht mit der alleinigen Begründung angefochten werden, es sei vom Rechtspfleger ein unrichtiger Streitwert zugrunde gelegt worden; ein Schriftsatz, der in der Sache nur Einwendungen gegen die Höhe des Streitwerts enthält, ist daher sachdienlich als Antrag auf Streitwertfestsetzung oder – sofern ein Streitwertbeschluss bereits vorliegt – als Streitwertbeschwerde zu behandeln.[145]

2. Sofortige Beschwerde, Abs. 3 Satz 1

a) Spezifische Zulässigkeitsvoraussetzungen
aa) Statthaftigkeit und Beschwerdewert

53 Die sofortige Beschwerde ist statthaft, wenn der Wert des Beschwerdegegenstandes über 200,00 € liegt, also **mindestens 200,01 €** beträgt. Das Erreichen dieser Beschwerdesumme muss auf Kosten zurückgehen, die bereits Gegenstand des Kostenfestsetzungsverfahrens waren, und darf sich nicht erst unter Berücksichtigung bislang verfahrensfremder Kostenpositionen ergeben. Solche Kosten können nur dann mit der sofortigen Beschwerde geltend gemacht werden, wenn diese unabhängig von der Anspruchserweiterung zulässig ist. Andernfalls sind sie zur nachträglichen Festsetzung anzumelden.[146]

54 Ob der Beschwerdewert von 200,01 € erreicht ist, bestimmt sich allgemein nicht nach dem Kostengesamtbetrag, sondern nach dem **Unterschiedsbetrag** zwischen dem in dem angefochtenen Kostenfestsetzungsbeschluss zugebilligten und dem in der Beschwerdeinstanz beantrag-

---

138 Vgl. OLG München, AnwBl. 1988, 248 f.; LG Trier, JurBüro 2012, 250 f.
139 Vgl. Musielak/Voit-*Flockenhaus*, ZPO, § 104 Rn. 22.
140 BGH, NJW-RR 2013, 1010, Rn. 9 = FamRZ 2013, 1117.
141 BGH, NJW-RR 2013, 1010, Rn. 9 = FamRZ 2013, 1117; Zöller-*Heßler*, ZPO, § 567 Rn. 44.
142 OLG München, BeckRS 2016, 12875, Rn. 11; OLG Koblenz, MDR 2010, 777.
143 BeckOK-*Jaspersen*, ZPO, § 104 Rn. 63 ff.
144 Einzelfälle bei BeckOK-*Jaspersen*, ZPO, § 104 Rn. 61 m.w.N.
145 KG Berlin, KGR 2009, 799 (800); OLG Frankfurt a.M., JurBüro 1979, 601.
146 BGH, NJW-RR 2011, 499, Rn. 3 = VersR 2011, 1201; OLG Hamm, JurBüro 1996, 262 f.; OLG Koblenz, JurBüro 1991, 968.

ten Betrag, also nach der Differenz, um die der Beschwerdeführer sich verbessern will.[147] Diese Differenz ist unter Berücksichtigung der von dem Beschwerdeführer zu tragenden Kostenquote zu ermitteln.[148] Maßgeblich ist der Zeitpunkt, in dem die Beschwerde bei Gericht eingeht.[149] Entsprechend ist eine Teilrücknahme der Beschwerde, die zu einer Unterschreitung der Wertgrenze führt, unschädlich.[150] Erlässt der Rechtspfleger nicht nur einen Kostenfestsetzungsbeschluss, sondere mehrere Beschlüsse, kann der erforderliche Beschwerdewert auch erst durch Addition erreicht werden.[151] Die Mehrwertsteuer ist bei der Berechnung zu berücksichtigen,[152] ebenso Zinsen. Hilft der Rechtspfleger der sofortigen Beschwerde teilweise ab und überschreitet der Wert des verbleibenden Teils daraufhin nicht (mehr) die Grenze von 200,00 €, ist eine Vorlage an das Beschwerdegericht nicht länger statthaft; stattdessen ist die Sache dem zuständigen Richter als Erinnerung vorzulegen.[153]

Wurden einzelne zur Festsetzung beantragte Kostenpositionen versehentlich vom Rechtspfleger übergangen, ist eine hiergegen erhobene sofortige Beschwerde als Antrag auf Ergänzung nach § 321 ZPO auszulegen (zuvor Rn. 50). Wird wegen einer offenbaren Unrichtigkeit sofortige Beschwerde eingelegt, ist eine solche ggf. sachdienlich in einen Berichtigungsantrag nach § 319 ZPO umzudeuten (zuvor Rn. 49).[154]

55

bb) Beschwerdebefugnis
Beschwerdebefugt ist allein die beschwerte Partei, ihr Prozessbevollmächtigter kann für sie die Beschwerde ebenfalls einlegen. Dies sollte zur Klarstellung ausdrücklich in deren Namen erfolgen; der Prozessbevollmächtigten kann nämlich – anders als im Fall des § 126 ZPO – nicht im eigenen Namen die Beschwerde erheben.[155] Zumindest in bestimmten Konstellationen kann auch der Streithelfer beschwerdeberechtigt sein.[156]

56

cc) Adressat und Form
Die sofortige Beschwerde kann nach Wahl des Beschwerdeführers sowohl bei dem Untergericht, dem der Rechtspfleger angehört, als auch beim Beschwerdegericht eingelegt werden, § 11 Abs. 1 RPflG i.V.m. § 569 Abs. 1 Satz 1 ZPO. Dies gilt unabhängig davon, ob das Amts- oder Landgericht das Ausgangsgericht ist. Die Beschwerde kann zum einen durch Einreichung einer Beschwerdeschrift eingelegt werden, § 569 Abs. 1 ZPO. Zum anderen besteht die Möglichkeit, die Beschwerde durch Erklärung zu Protokoll der Geschäftsstelle einzulegen, und zwar auch dann, wenn ein Kostenfestsetzungsbeschluss des Landgerichts angegriffen wird; denn das Kostenfestsetzungsverfahren stellt stets eine nicht als Anwaltsprozess zu führenden (§ 13 RPflG) „Rechtsstreit im ersten Rechtszug" i.S.v. § 569 Abs. 3 Nr. 1 ZPO dar.[157] Die sofortige Beschwerde muss nicht notwendigerweise als solche bezeichnet sein; es genügt auch die Bezeichnung als „Einspruch", „Widerspruch" etc., sofern bei verständiger Würdigung deutlich wird, dass der Beschluss des Rechtspflegers ganz oder teilweise angefochten werden soll.

57

dd) Frist
Die sofortige Beschwerde ist binnen einer Notfrist von zwei Wochen einzulegen, § 11 Abs. 1 RPflG i.V.m. § 569 Abs. 1 Satz 1 ZPO. Die Frist beginnt mit der Zustellung der Entscheidung des Rechtspflegers, § 569 Abs. 1 Satz 2 ZPO. Da es sich um eine Notfrist handelt, kommt bei deren Versäumung eine Wiedereinsetzung in den vorigen Stand nach §§ 233 ff. ZPO in Betracht.

58

ee) Postulationsfähigkeit
Aus § 13 RPflG sowie §§ 78 Abs. 3, 569 Abs. 3 Nr. 1 ZPO folgt, dass die prozessfähige Partei auch dann über die erforderliche Postulationsfähigkeit verfügt, wenn sie die sofortige Beschwerde beim Landgericht oder beim Oberlandesgericht einlegt; im Beschwerdeverfahren

59

---

147 BGH, NJW-RR 2013, 1010, Rn. 7 = FamRZ 2013, 1117.
148 OLG Düsseldorf, NJW-RR 2012, 446.
149 OLG Hamm, MDR 1971, 1019.
150 KG Berlin, JurBüro 1991, 1522.
151 OLG Nürnberg, JurBüro 1975, 191; Thomas/Putzo-*Hüßtege*, ZPO, § 104 Rn. 45; a.A. OLG Stuttgart, JurBüro 1979, 609f.; MK-*Schulz*, ZPO, § 104 Rn. 89.
152 OLG Koblenz, MDR 1992, 196.
153 OLG Celle, AGS 2011, 354f.; KG Berlin, MDR 2007, 235; OLG Stuttgart, JurBüro 1988, 1504.
154 Siehe auch MK-*Schulz*, ZPO, § 104 Rn. 82 ff.
155 OLG Koblenz, JurBüro 1995, 92; OLG Düsseldorf, MDR 1969, 229.
156 Vgl. OLG Schleswig, NJW-RR 2015, 638; OLG Celle, NJW-RR 2013, 446.
157 Vgl. BGH, NJW 2006, 2260 (2261), Rn. 14 = FamRZ 2006, 548.

über einen Kostenfestsetzungsbeschluss herrscht grundsätzlich niemals Anwaltszwang,[158] es sei denn, es wird ausnahmsweise einmal (vor einem höheren Gericht als dem Amtsgericht) mündlich verhandelt.[159]

b) Gang des Beschwerdeverfahrens

60 Der Gang des Beschwerdeverfahrens ergibt sich aus § 572 ZPO. Nach Eingang der sofortigen Beschwerde hat der Rechtspfleger das **Abhilfeverfahren** durchzuführen; erachtet er die Beschwerde für begründet, hat er ihr abzuhelfen, § 572 Abs. 1 Satz 1 ZPO, wobei er an den Antrag des Beschwerdeführers gebunden ist (§ 308 Abs. 1 ZPO) und über diesen nicht hinausgehen darf. Auf der anderen Seite greift das **Verbot der** reformatio in peius, dass allerdings lediglich für den festgesetzten Gesamtbetrag gilt; einzelne Posten der Kostenfestsetzung können ggfs. korrigiert und durch andere ersetzt werden, wenn nur das Endergebnis sich nicht zum Nachteil des Rechtsmittelführers ändert.[160] Will der Rechtspfleger allein wegen erstmals erstatteten Tatsachenvortrags oder aufgrund neuer rechtlicher Erwägungen der Beschwerde abhelfen, hat er dem Gegner zuvor rechtliches Gehör zu gewähren. Der Abhilfebeschluss ist auf jeden Fall zu begründen und dem Beschwerdegegner in entsprechender Anwendung des § 104 Abs. 1 Satz 3 ZPO zuzustellen, der nunmehr seinerseits die Möglichkeit zur Anfechtung hat. Bei vollständiger Abhilfe ist vom Rechtspfleger auch über die Kosten des Beschwerdeverfahrens zu entscheiden.[161]

61 Erachtet der Rechtspfleger die sofortige Beschwerde nicht für begründet, hat er sie unverzüglich dem Beschwerdegericht vorzulegen, § 572 Abs. 1 Satz 1 Hs. 2 ZPO. Dies erfolgt im Rahmen eines formlos mitzuteilenden **Nichtabhilfebeschlusses**, der – ebenso wie die vorangegangene Entscheidung des Rechtspflegers (vgl. Rn. 45) – eine nicht nur floskelhafte Begründung aufweisen und damit eine auf den Einzelfall bezogene Sachüberprüfung der mit der Beschwerde vorgebrachten Beanstandungen oder aufgrund neuer rechtlicher Erwägungen erkennen lassen muss; denn andernfalls wird der mit den § 572 Abs. 1 ZPO, § 11 Abs. 1 RPflG verfolgte Zweck unterlaufen, durch die Vorschaltung einer Selbstkontrolle ein weiteres Beschwerdeverfahren zu vermeiden.[162] Fehlt es an einer ausreichenden Begründung, kann das Beschwerdegericht die Sache zur erneuten Abhilfeprüfung an den Rechtspfleger zurückverweisen.[163]

62 Zuständiges Beschwerdegericht ist bei Entscheidungen des Rechtspflegers des AG die zuständige Beschwerdekammer des LG, bei Entscheidungen des Rechtspflegers des LG das OLG. Entschieden wird regelmäßig durch den obligatorischen Einzelrichter, § 568 Satz 1 ZPO. Ist die dem Kostenfestsetzungsgesuch zugrundeliegende Entscheidung noch nicht rechtskräftig, kann das Beschwerdegericht nach § 104 Abs. 3 Satz 2 ZPO das Beschwerdeverfahren bis zum Eintritt der Rechtskraft aussetzen. Ferner besteht die Möglichkeit, die Vollstreckung aus dem Kostenfestsetzungsbeschluss durch einstweilige Anordnung einzustellen, § 570 Abs. 3 ZPO.

63 Das Beschwerdegericht ist bei seiner Entscheidung ebenfalls an den **Antragsgrundsatz**[164] und das **Verschlechterungsverbot** gebunden. Wurde dem Gegner der Beschwerdeschriftsatz bislang vom Rechtspfleger nicht zugeleitet, muss dies nunmehr unter Setzung einer Stellungnahmefrist zur Wahrung des rechtlichen Gehörs erfolgen, sofern das Beschwerdegericht zumindest in Teilen beabsichtigt, die angefochtene Entscheidung des Rechtspflegers abzuändern.

64 Das Beschwerdegericht kann wie folgt entscheiden:

1. Bei Unzulässigkeit der sofortigen Beschwerde hat es diese kostenpflichtig (§ 97 Abs. 1 ZPO) als unzulässig zu verwerfen, § 572 Abs. 2 Satz 2 ZPO.

2. Bei Unbegründetheit der zulässigen sofortigen Beschwerde hat es diese kostenpflichtig zurückzuweisen.

3. Bei zumindest teilweiser Begründetheit der zulässigen sofortigen Beschwerde hat es die angefochtene Entscheidung des Rechtspflegers durch eigene Sachentscheidung (teilweise) abzuändern. **Alternativ** kommt eine Aufhebung und Zurückverweisung an den Rechtspfleger nach § 572 Abs. 3 ZPO in Betracht, insbesondere wenn das vorangegangene Verfahren von erheblichen Verfahrensfehlern gezeichnet ist.

65 Der Beschwerdeführer hat die Kosten des Verfahrens zu tragen, wenn seine Beschwerde ohne Erfolg bleibt, § 97 Abs. 1 ZPO. Im Erfolgsfall trifft den Beschwerdegegner nach § 91 Abs. 1 ZPO

---

158 BGH, NJW 2006, 2260 (2261), Rn. 14 = FamRZ 2006, 548; OLG Nürnberg, NJW-RR 2000, 1238; OLG München, NJW-RR 2000, 213 f.
159 Musielak/Voit-*Flockenhaus*, ZPO, § 104 Rn. 27.
160 BGH, NJW-RR 2006, 810 (811), Rn. 17 = Rpfleger 2006, 338.
161 OLG Zweibrücken, Rpfleger 2003, 101.
162 OLG Frankfurt a.M., Rpfleger 2010, 111; OLG Celle, MDR 2004, 412.
163 OLG Frankfurt a.M., MDR 2010, 344; OLG Nürnberg, MDR 2004, 169.
164 OLG München, Rpfleger 2000, 298 f.

die Kostenlast, und zwar nach h.M. unabhängig davon, wie er sich zur Kostenfestsetzung und zur Beschwerde gestellt hat. Dies folgt aus dem **kontradiktorischen Charakter** des Festsetzungsverfahrens.[165] Kommt es zu einer Aufhebung oder Abänderung der Kostengrundentscheidung und wird die sofortige Beschwerde gegenstandslos, hat die Kosten des Beschwerdeverfahrens diejenige Partei zu tragen, die die Festsetzung betrieben hat.[166] Wird die Beschwerde insgesamt verworfen oder zurückgewiesen, fällt an Gerichtsgebühren nach Nr. 1812 KV-GKG eine Festgebühr von 60,00 € an. Bei teilweiser Verwerfung oder Zurückweisung kann das Gericht die Gebühr nach billigem Ermessen auf die Hälfte ermäßigen oder ebenfalls vollständig von einer Gebührenerhebung absehen. Bei vollem Erfolg der Beschwerde fällt keine Gerichtsgebühr an. Die Tätigkeit eines Anwalts im Beschwerdeverfahren ist mit einer 0,5-Verfahrensgebühr zu vergüten, Nr. 3500 VV-RVG.

c) Rechtsbeschwerde, § 574 ZPO
Gegen die Entscheidung des Beschwerdegerichts ist die Rechtsbeschwerde nach § 574 ZPO nur statthaft, wenn sie durch das Beschwerdegericht zugelassen wurde, § 574 Abs. 1 Satz 1 Nr. 2 ZPO. Ist dies der Fall, muss der von § 567 Abs. 2 ZPO vorgesehene Beschwerdewert nicht erreicht sein.[167] Die unterbliebene bzw. verneinte Zulassung kann nicht angefochten werden.[168] Über die (zugelassene) Rechtsbeschwerde in einem Kostenfestsetzungsverfahren kann in der Sache allerdings nicht mehr entschieden werden, wenn die Kostengrundentscheidung in der höheren Instanz aufgehoben oder mit Wirkung für eine am Kostenfestsetzungsverfahren beteiligte Partei abgeändert worden ist.[169] Die Rechtsbeschwerde ist auch dann statthaft, wenn der Kostenfestsetzungsbeschluss auf ein einstweiliges Verfügungsverfahren zurückzuführen ist; die für dieses Verfahren vorgesehene Begrenzung des Instanzenzugs (§§ 574 Abs. 1 Satz 2, 542 Abs. 2 Satz 1 ZPO) gilt insoweit nicht.[170]

66

3. Erinnerung, § 11 Abs. 2 Satz 1 RPflG
a) Spezifische Zulässigkeitsvoraussetzungen
aa) Statthaftigkeit und Erinnerungswert
Die Erinnerung ist statthaft, wenn der Wert des Beschwerdegegenstandes nicht über 200,00 € liegt. Andernfalls ist die sofortige Beschwerde der statthafte Rechtsbehelf, § 567 Abs. 2 ZPO. Auf die Ausführungen unter Rn. 53 ff. wird verwiesen. Ein **Mindestbeschwerdewert** braucht **nicht** erreicht zu sein.[171] Erweitert der Erinnerungsführer im Nachhinein – nach Ablauf der Notfrist des § 569 Abs. 1 Satz 1 ZPO (andernfalls ist die Erinnerung unproblematisch als sofortige Beschwerde zu behandeln) – seine Erinnerung nur zunächst nicht angegriffene Positionen und kommt es hierdurch zu einer Überschreitung der Wertgrenze von 200,00 €, ist umstritten, ob aufgrund der Rechtskrafthemmung durch die zunächst erfolgte Teilanfechtung die sofortige Beschwerde gleichwohl zulässig ist[172] oder ob beide Rechtsbehelfe unzulässig sind und allenfalls der Weg über eine Wiedereinsetzung in die versäumte Beschwerdefrist verbleibt.[173]

67

bb) Erinnerungsbefugnis
Nach § 11 Abs. 2 Satz 7 RPflG sind auf die Erinnerung, sofern keine spezielle Bestimmung vorliegt, „im Übrigen" die Vorschriften der ZPO über die sofortige Beschwerde sinngemäß anzuwenden. Hieraus folgt, dass die Erinnerung nur zulässig ist bei Vorliegen einer Erinnerungsbefugnis; insoweit gelten die Ausführungen zur Beschwerdebefugnis (Rn. 56).

68

cc) Adressat und Form
Die Erinnerung kann vom Erinnerungsführer allein bei demjenigen Gericht, dessen Rechtspfleger den angefochtenen Beschluss erlassen hat, eingelegt werden; die Einlegung beim Beschwerdegericht wahrt die Frist nicht.[174] Es steht dem Erinnerungsführer frei, seine Erinnerung schriftsätzlich einzureichen oder durch Erklärung zu Protokoll der Geschäftsstelle, § 569

69

---
165 Vgl. OLG Karlsruhe, AGS 2014, 433 (435); OLG Karlsruhe, OLGR 2000, 352 (353); a.A. OLG Koblenz, BeckRS 2013, 15782.
166 BGH, VersR 2007, 519, Rn. 6 = NJW-RR 2007, 784; OLG Celle, OLGR 2008, 953; OLG Düsseldorf, JurBüro 1981, 1097.
167 BGH, NJW-RR 2005, 939 = FamRZ 2005, 196.
168 BGH, NJW-RR 2004, 356 = FamRZ 2004, 440.
169 BGH, NJW-RR 2007, 784, Rn. 3 = FamRZ 2005, 552.
170 BGH, NJW-RR 2009, 859 f., Rn. 4 = FamRZ 2009, 113; BGH, NJW 2008, 2040, Rn. 6 = WRP 2008, 947.
171 *Schütt*, MDR 1998, 458.
172 So MK-*Schulz*, ZPO, § 104 Rn. 124; Musielak/Voit-*Flockenhaus*, ZPO, § 104 Rn. 22.
173 So Zöller-*Herget*, ZPO, § 104 Rn. 15; Prütting/Gehrlein-*K. Schmidt*, ZPO, § 104 Rn. 30.
174 OLG Hamm, NJW-RR 1995, 704; OLG Koblenz, NJW-RR 1992, 127; OLG Köln, MDR 1975, 671.

Abs. 3 Nr. 1 ZPO, § 11 Abs. 2 Satz 7 RPflG. Auch die Erinnerung muss nicht notwendig als solche bezeichnet sein.

dd) Frist

70 Die Erinnerung ist binnen einer Frist von zwei Wochen einzulegen, § 11 Abs. 2 Satz 1 RPflG. Wird die Erinnerung zum Beschwerdegericht erhoben, ist die Frist nur gewahrt, wenn sie nach Weiterleitung von Amts wegen fristgerecht beim zuständigen Ausgangsgericht eingeht. Im Falle der Fristversäumnis kommt auf Antrag eine Wiedereinsetzung in den vorigen Stand in Betracht, § 11 Abs. 2 Satz 2 RPflG, was voraussetzt, dass der Erinnerungsführer die Frist ohne sein Verschulden nicht eingehalten hat. Dies wird wiederum vermutet, wenn eine Rechtsbehelfsbelehrung (oben Rn. 48) unterblieben oder fehlerhaft ist, § 11 Abs. 2 Satz 3 RPflG.

ee) Postulationsfähigkeit

71 Ebenso wie die sofortige Beschwerde ist auch die Erinnerung vom Anwaltszwang nach § 78 Abs. 1 ZPO befreit, und zwar auch dann, wenn der Rechtspfleger des Landgerichts die Erinnerung dem Richter zur Entscheidung vorlegt.

b) Gang des Erinnerungsverfahrens

72 Über die ihm vorliegende Erinnerung hat zunächst der Rechtspfleger im Rahmen des Abhilfeverfahrens zu entscheiden, § 11 Abs. 2 Satz 5 RPflG. Hält er die Erinnerung zumindest teilweise für zulässig und begründet, hat er entsprechend abzuhelfen. Gegen diese Abhilfeentscheidung steht wiederum dem Erinnerungsgegner der Rechtsbehelf der Erinnerung zu. Hilft der Rechtspfleger der Erinnerung hingegen ganz oder teilweise nicht ab, hat er die Sache dem Richter (derselben Instanz) zur Entscheidung vorzulegen, § 11 Abs. 2 Satz 6 RPflG. Da es sich um eine echte Sachentscheidung handelt, hat dies durch **begründeten Beschluss** zu erfolgen.[175] Über die vorgelegte Erinnerung hat abschließend der zuständige Einzelrichter, § 348 Abs. 1 ZPO, zu entscheiden; wegen § 11 Abs. 2 Satz 7 RPflG wird auf die Ausführungen zum Gang des Beschwerdeverfahrens Bezug genommen (Rn. 60 ff.). Der Richter hat auch über die Kosten des Erinnerungsverfahrens zu entscheiden. Gerichtsgebühren fallen hier zwar nicht an, § 11 Abs. 4 RPflG, ebenso wie im Beschwerdeverfahren ist die Tätigkeit eines Anwalts aber mit einer 0,5-Verfahrensgebühr zu vergüten, Nr. 3500 VV-RVG. Auch wenn der Gegner der Erinnerung nicht entgegengetreten ist, hat er im Erfolgsfall die Kosten zu tragen, § 91 Abs. 1 ZPO.[176]

c) Unanfechtbarkeit der richterlichen Entscheidung

73 Die (richterliche) Entscheidung über die befristete Erinnerung nach Nichtabhilfe durch den Rechtspfleger ist **unanfechtbar**; denn der Zweck der Erinnerung erschöpft sich darin, eine Entscheidung des Richters herbeiführen zu können.[177] Ist die Sache beim Landgericht anhängig, handelt es sich bei der abschließenden Entscheidung des dortigen Richters nicht um eine Entscheidung des Landgerichts als Beschwerdegericht, weshalb die Rechtsbeschwerde nicht statthaft ist, vgl. § 574 Abs. 1 Satz 1 Nr. 2 ZPO. Die irrige Zulassung der Rechtsbeschwerde durch das Landgericht ändert hieran nichts.[178]

4. Anschlussbeschwerde und Anschlusserinnerung

74 Wurde von einer Partei zulässig sofortige Beschwerde eingelegt, besteht für den Gegner die Möglichkeit, sich – auch nach Verstreichen der Beschwerdefrist – der Beschwerde anzuschließen, § 567 Abs. 3 Satz 1 ZPO. Die **unselbstständige Anschlussbeschwerde** muss dabei den Beschwerdewert des § 567 Abs. 2 ZPO nicht erreichen (vgl. § 567 Rn. 11). Der Beschwerdegegner kann auf diesem Weg nicht nur seinerseits Einwendungen gegen die Entscheidung des Rechtspflegers erheben, sondern auch noch Kostenpositionen nachschieben, die er bislang nicht geltend gemacht hatte.[179] Für den Beschwerdeführer kann dies Anlass sein, seine sofortige Beschwerde zurück und damit der Anschlussbeschwerde ihre Wirkung zu nehmen, § 567 Abs. 3 Satz 2 ZPO.

75 Über die Verweisung in § 11 Abs. 2 Satz 7 RPflG besteht bei Vorliegen einer befristeten Erinnerung auch die Möglichkeit einer **Anschlusserinnerung** des Gegners. Kommt dieser ein

---

175 OLG München, Rpfleger 1992, 382; OLG München, Rpfleger 1990, 156.
176 OLG Nürnberg, NJW-RR 2000, 141, 142; LG Bonn, AGS 2006, 307 mit Anm. *Onderka*.
177 BGH v. 12.05.2015, II ZB 18/14, juris, Rn. 3; BGH, ZIP 2011, 1170, Rn. 3 = BeckRS 2011, 11534.
178 BGH v. 12.05.2015, II ZB 18/14, juris, Rn. 3.
179 OLG Bamberg, JurBüro 1981, 1679 f.; OLG Köln, NJW 1970, 336.

Beschwerdewert von mehr als 200,00 € zu, hat der Rechtspfleger gleichwohl das Erinnerungsverfahren zu betreiben; eine Vorlage an das Beschwerdegericht scheidet aus.[180]

5. Rücknahme des Rechtsbehelfs
Dem Beschwerde- bzw. Erinnerungsführer steht es frei, seinen Rechtsbehelf bis zur Entscheidung über diesen zurückzunehmen, namentlich aus Kostengründen und in der Praxis vor allem nach Hinweis des zur Entscheidung berufenen Richters auf die fehlenden Erfolgsaussichten. Einer Zustimmung des Gegners bedarf es insoweit nicht. Die auszusprechende Kostenentscheidung – zum Nachteil des Beschwerde- bzw. Erinnerungsführers – ergibt sich aus § 516 Abs. 3 ZPO analog (i.V.m. § 11 Abs. 2 Satz 7 RPflG) und bedarf nur dann der zusätzlichen Festsetzung des Gegenstandswerts, wenn an dem Verfahren zumindest auf einer Seite ein Anwalt beteiligt war.   76

6. Rechtskraft
Der erlassene Kostenfestsetzungsbeschluss erwächst formell und materiell in Rechtskraft.[181] Folge der materiellen Rechtskraft ist auch hier, dass sich eine **erneute Entscheidung** über denselben Streitgegenstand **verbietet**.[182] Der Betreibung des Nachfestsetzungsverfahrens steht die Rechtskraft allerdings nicht entgegen, vgl. § 103 Rn. 25f. Wurde im Festsetzungsverfahren eine Kostenposition rechtskräftig abgelehnt und bleibt der für diese Entscheidung maßgebliche Sachverhalt unverändert, ist es auch nicht zulässig, den gleichen Sachverhalt in seinen kostenrechtlichen Auswirkungen materiell-rechtlich erneut zu überprüfen.[183] Prozessuale und materiell-rechtliche Kostenerstattung dürfen nicht zu gegenläufigen Ergebnissen führen (allgemein zum Konkurrenzverhältnis vgl. Vorbem. zu §§ 91–107 Rn. 20 f.). Für den Fall der Festsetzung eines anderen Streitwerts sieht § 107 ZPO die Möglichkeit einer partiellen Durchbrechung der Rechtskraft des Kostenfestsetzungsbeschlusses vor, allerdings beschränkt auf die Höhe der streitwertabhängigen Kostenpositionen (vgl. § 107 Rn. 1). Aus der strengen Akzessorietät des Kostenfestsetzungsbeschlusses folgt schließlich, dass im Fall der Aufhebung oder Abänderung der Kostengrundentscheidung etwa durch das Rechtsmittelgericht der auf ihrer Grundlage erlassene und bereits rechtskräftige Festsetzungsbeschluss im Umfang der Aufhebung oder Abänderung seine Wirkung verliert.[184] Zur Beseitigung des falschen Rechtsscheins ist dann aus Gründen der Rechtsklarheit eine deklaratorische Aufhebung veranlasst (vgl. näher § 103 Rn. 8).   77

C. Kosten und Gebühren
Gerichtsgebühren fallen im Kostenfestsetzungsverfahren nicht an. Das Gleiche gilt für Rechtsanwaltsgebühren; die Tätigkeit des Anwalts im Kostenfestsetzungsverfahren gehört zum Rechtszug, § 19 Abs. 1 Satz 2 Nr. 14 RVG. Zu den im Erinnerungs- und Beschwerdeverfahren anfallenden Kosten und Gebühren vgl. zuvor Rn. 65 und Rn. 72.   78

§ 105
Vereinfachter Kostenfestsetzungsbeschluss

(1) ¹**Der Festsetzungsbeschluss kann auf das Urteil und die Ausfertigungen gesetzt werden, sofern bei Eingang des Antrags eine Ausfertigung des Urteils noch nicht erteilt ist und eine Verzögerung der Ausfertigung nicht eintritt.** ²**Erfolgt der Festsetzungsbeschluss in der Form des § 130b, ist er in einem gesonderten elektronischen Dokument festzuhalten.** ³**Das Dokument ist mit dem Urteil untrennbar zu verbinden.**

(2) ¹**Eine besondere Ausfertigung und Zustellung des Festsetzungsbeschlusses findet in den Fällen des Absatzes 1 nicht statt.** ²**Den Parteien ist der festgesetzte Betrag mitzuteilen, dem Gegner des Antragstellers unter Beifügung der Abschrift der Kostenberechnung.** ³**Die Verbindung des Festsetzungsbeschlusses mit dem Urteil soll unterbleiben, sofern dem Festsetzungsantrag auch nur teilweise nicht entsprochen wird.**

(3) Eines Festsetzungsantrags bedarf es nicht, wenn die Partei vor der Verkündung des Urteils die Berechnung ihrer Kosten eingereicht hat; in diesem Fall ist die dem Gegner mitzuteilende Abschrift der Kostenberechnung von Amts wegen anzufertigen.

---
180 OLG Hamm, Rpfleger 1978, 455.
181 BGH, NJW 2003, 1462 = FamRZ 2003, 925; OLG München, MDR 2000, 665 (666).
182 BGH, AGS 2011, 566 f., Rn. 7 = BeckRS 2011, 07710; OLG München, NJW-RR 2004, 69 f.
183 BGH, NJW-RR 1995, 495 = MDR 1995, 641; BGHZ 45, 251 (257) = NJW 1966, 1513 f. = WM 1966, 881.
184 BGH, NJW-RR 2008, 1082, Rn. 5 = MDR 2008, 872; BAG, NJW 1963, 1027 (1028) = MDR 1963, 254; OLG München, JurBüro 1982, 1563 (1566).

Inhalt:

	Rn.		Rn.
A. Allgemeines	1	II. Verfahren, Abs. 2	7
B. Erläuterungen	2	III. Entbehrlichkeit eines Festsetzungs-	
I. Voraussetzungen, Abs. 1	2	antrags, Abs. 3	13

A. Allgemeines

1   Die Vorschrift des § 105 ZPO ist auf **Beschleunigung** und **Vereinfachung** ausgerichtet. In der Praxis kommt ihr allerdings gleichwohl kaum Bedeutung zu. Die Vorschrift weist zwei unterschiedliche Vereinfachungsregeln auf: Während die Abs. 1 und 2 eine Vereinfachung dergestalt vorsehen, dass der Festsetzungsbeschluss auf das Urteil und die Ausfertigungen gesetzt werden, also eine Verbindung stattfinden kann, betrifft Abs. 3 – von Abs. 1 unabhängig – die Entbehrlichkeit eines förmlichen Kostenfestsetzungsantrags.

B. Erläuterungen
I. Voraussetzungen, Abs. 1

2   Das vereinfachte Verfahren scheidet zunächst von Beginn an aus, wenn die Prozesskosten entweder ganz oder teilweise nach **Quoten** verteilt sind, § 106 Abs. 1 Satz 2 ZPO. Es bedarf einer Kostengrundentscheidung zum Nachteil allein einer Partei.

3   Ist dies der Fall, setzt § 105 Abs. 1 ZPO ein „Urteil" voraus, worunter jedes Urteil fällt, also auch ein Versäumnisurteil nach § 331 Abs. 3 ZPO.[1] Über den Wortlaut hinaus und unter Berücksichtigung des Normzwecks sind **sämtliche zur Zwangsvollstreckung geeignete Titel** (v. a. vollstreckbare Beschlüsse und Prozessvergleiche) einem Urteil gleichzusetzen.[2] Erfasst sind lediglich im **ersten** Rechtszug ergangene Entscheidungen, da das Ausgangsgericht für die Kostenfestsetzung zuständig ist und nur dort die erstinstanzliche Entscheidung ausgefertigt wird.[3] **Unzweckmäßig** ist das Verfahren nach § 105 ZPO, wenn die Vollstreckung des Titels in der Hauptsache keine vollstreckbare Ausfertigung erfordert (etwa Vollstreckung einer einstweiligen Verfügung) oder wenn der Hauptsachetitel keiner Vollstreckung bedarf (etwa ein Klageabweisungs- oder Feststellungsurteil).[4]

4   Der Kostenfestsetzungsantrag, der sämtliche Voraussetzungen der §§ 103, 104 ZPO erfüllen muss (vgl. im Einzelnen § 103 Rn. 14 ff.), muss zu einem Zeitpunkt bei Gericht eingehen, zu dem eine Ausfertigung der vollstreckbaren Entscheidung noch nicht erteilt ist. Bereits die Erteilung einer einfachen Ausfertigung steht einer vereinfachten Kostenfestsetzung entgegen. Auch zum Zeitpunkt der Entscheidung des Rechtspflegers darf noch keine Erteilung erfolgt sein.[5]

5   Aufgrund der Verbindung der Erteilung der Ausfertigung mit dem Festsetzungsbeschluss darf zudem **keine Verzögerung** eintreten, und zwar hinsichtlich der Erteilung der Urteilsausfertigung. Zu einer Verzögerung kann es etwa wegen erforderlicher Nachfragen kommen.[6]

6   Eines expliziten **Antrags**, es möge ein vereinfachter Kostenfestsetzungsbeschluss ergehen, bedarf es im Übrigen **nicht**.

II. Verfahren, Abs. 2

7   Ob der Rechtspfleger die (allein „räumliche") Verbindung von Entscheidung und Festsetzungsbeschluss vornimmt, steht in seinem **Ermessen** und hängt maßgeblich von Zweckmäßigkeitserwägungen ab.[7] § 105 Abs. 2 Satz 3 ZPO gibt dem Rechtspfleger als **Ordnungsvorschrift** („soll") auf, von einer Verbindung abzusehen, wenn der Kostenfestsetzungsantrag teilweise unzulässig oder unbegründet ist. Dass dem Antrag ausnahmslos stattgegeben werden kann, ist aber nicht zwingend erforderlich.

8   Der vereinfachte Kostenfestsetzungsbeschluss ist weder besonders auszufertigen noch zuzustellen, § 105 Abs. 2 Satz 1 ZPO. Stattdessen wird das Urteil und mit ihm der Kostenfestsetzungsbeschluss ausgefertigt (§ 317 Abs. 3, 4 ZPO). Sodann wird den Parteien der festgesetzte Betrag zusammen mit der zugrundeliegenden Entscheidung formlos mitgeteilt, wobei dem Antragsgegner zusätzlich eine Abschrift der Kostenberechnung zu übersenden ist (§ 105 Abs. 2 Satz 2 ZPO).

---

1   LG Stuttgart, AnwBl. 1981, 197; LG Darmstadt, Rpfleger 2000, 129.
2   LG Berlin, NJW 1960, 204; Prütting/Gehrlein-*K. Schmidt*, ZPO, § 105 Rn. 2.
3   MK-*Schulz*, ZPO, § 105 Rn. 2.
4   Vgl. BeckOK-*Jaspersen*, ZPO, § 105 Rn. 3.
5   Musielak/Voit-*Flockenhaus*, ZPO, § 105 Rn. 2.
6   Stein/Jonas-*Bork*, ZPO, § 105 Rn. 11.
7   Näher Wieczorek/Schütze-*Smid/Hartmann*, ZPO, § 105 Rn. 3 f.

Der Kostenfestsetzungsbeschluss kann auch in der Form des § 130b ZPO mit **qualifizierter** **elektronischer Signatur** ergehen; er ist dann in einem gesonderten elektronischen Dokument festzuhalten, wobei dieses mit dem Urteil untrennbar zu verbinden ist, § 105 Abs. 1 Sätze 2 und 3 ZPO. Diese Verfahrensweise kommt in Betracht, wenn auch die vollstreckbare Entscheidung des Gerichts in der Form des § 130b ZPO gefertigt wurde. Die „untrennbare Verbindung" soll nicht durch eine Veränderung der gespeicherten Originalentscheidung erfolgen, sondern dergestalt, dass das den Festsetzungsbeschluss enthaltene gesonderte Dokument durch eine „elektronische Klammer", etwa Verpackung in einem gemeinsamen „Container" mit ebenfalls qualifizierter Signatur, mit dem das Urteil enthaltenden Dokument verbunden wird.[8] 9

Der Erlass des vereinfachten Kostenfestsetzungsbeschlusses hat zur **Folge**, dass die Zwangsvollstreckung aus diesem aufgrund einer vollstreckbaren Ausfertigung (§ 724 Abs. 1 ZPO) des Urteils erfolgt; einer besonderen Vollstreckungsklausel bedarf es nicht, § 795a ZPO. Zudem kann der Vollstreckungsgläubiger sogleich die Zwangsvollstreckung betreiben, die zweiwöchige Wartefrist des § 798 ZPO ist nicht zu wahren. 10

Ergibt sich **nach Erlass des Festsetzungsbeschlusses**, dass dieser nicht zweckmäßig ist oder mangels Voraussetzungen gar nicht hätte ergehen können, kommt eine **nachträgliche** Aufhebung der Verbindung durch den Rechtspfleger sowohl auf Antrag als auch von Amts wegen in Betracht.[9] 11

Der vereinfachte Festsetzungsbeschluss ist in Anbetracht seiner rechtlichen Selbständigkeit im Wege der Erinnerung bzw. sofortigen Beschwerde **isoliert anfechtbar**. Die diesbezügliche Frist beginnt mit der förmlichen Zustellung der vollstreckbaren Ausfertigung des Urteils, und zwar auch bei Unzulässigkeit der erfolgten Verbindung.[10] 12

III. Entbehrlichkeit eines Festsetzungsantrags, Abs. 3

§ 105 Abs. 3 ZPO ist **unabhängig** vom Verfahren nach Abs. 1[11] und ermöglicht es den Parteien in erstinstanzlichen Verfahren vor dem Amts- und Landgericht, zur Beschleunigung des Verfahrens bereits vor Urteilsverkündung ihre Kostenberechnung zur Gerichtsakte zu reichen. Eines förmlichen Festsetzungsantrags bedarf es im weiteren Verlauf dann nicht mehr. Der Berechnung sind etwaige nach § 103 Abs. 2 ZPO erforderliche Belege beizufügen. Auch Abs. 3 ist bei quotenmäßiger Verteilung der Prozesskosten nicht anwendbar, § 106 Abs. 1 Satz 2 ZPO. 13

§ 106
Verteilung nach Quoten

(1) ¹Sind die Prozesskosten ganz oder teilweise nach Quoten verteilt, so hat nach Eingang des Festsetzungsantrags das Gericht den Gegner aufzufordern, die Berechnung seiner Kosten binnen einer Woche bei Gericht einzureichen. ²Die Vorschriften des § 105 sind nicht anzuwenden.

(2) ¹Nach fruchtlosem Ablauf der einwöchigen Frist ergeht die Entscheidung ohne Rücksicht auf die Kosten des Gegners, unbeschadet des Rechts des letzteren, den Anspruch auf Erstattung nachträglich geltend zu machen. ²Der Gegner haftet für die Mehrkosten, die durch das nachträgliche Verfahren entstehen.

Inhalt:

	Rn.		Rn.
A. **Allgemeines**	1	2. Verfahrensablauf	4
B. **Erläuterungen**	2	3. Entscheidung	6
I. Voraussetzungen und Verfahren, Abs. 1	2	II. Entscheidung nach fruchtlosem Fristablauf, Abs. 2	8
1. Quotelung der Prozesskosten	2	C. **Anfechtbarkeit**	9

---

8 Siehe BT-Drucks. 15/4067, S. 30.
9 MK-*Schulz*, ZPO, § 105 Rn. 7; Zöller-*Herget*, ZPO, § 105 Rn. 2.
10 Stein/Jonas-*Bork*, ZPO, § 105 Rn. 16.
11 Musielak/Voit-*Flockenhaus*, ZPO, § 105 Rn. 5.

A. Allgemeines

1 Die Vorschrift des § 106 ZPO ist – ebenso wie § 105 ZPO – auf **Beschleunigung** und **Vereinfachung** ausgerichtet und dient der Verfahrensökonomie im Kostenfestsetzungsverfahren, indem eine doppelte Festsetzung grundsätzlich untersagt wird. Ist die Kostenlast zumindest in Teilen nach Quoten geteilt, ist über sämtliche Kosten beider Parteien in einem (einzigen) Kostenfestsetzungsbeschluss einheitlich zu entscheiden und nur der Betrag zur Erstattung festzusetzen, der per Saldo zugunsten einer der Parteien verbleibt. Durch die Gegenüberstellung und **Verrechnung** der beiderseitigen Erstattungsansprüche soll vermieden werden, dass durch zwei voneinander unabhängige Kostenfestsetzungsbeschlüsse zwei Titel geschaffen werden und sich die Parteien wechselseitig mit titulierten Forderungen gegenüberstehen und Vollstreckungsmaßnahmen durchführen können.[1]

B. Erläuterungen
I. Voraussetzungen und Verfahren, Abs. 1
1. Quotelung der Prozesskosten

2 Einzige Voraussetzung des Kostenausgleichs ist (neben einem wirksamen, nicht notwendig auf Kostenausgleich lautenden Festsetzungsantrag einer Partei; hierzu § 103 Rn. 14 ff.) das Vorliegen einer Kostengrundentscheidung,[2] nach der die Prozesskosten nach Quoten (also nach Bruchteilen oder nach Prozentsätzen) verteilt sind. Es reicht aus, wenn sich die Quotelung nur auf einen Teil der Kosten bezieht, also zwischen Gerichts- und außergerichtlichen Kosten unterscheidet („teilweise"); entsprechend genügt eine Kostenaufhebung nach § 92 Abs. 1 Satz 2 ZPO (relevant bei geleisteten Gerichtskostenvorschüssen).[3] Unerheblich ist, wenn auf einer Seite gesamtschuldnerisch nach § 100 Abs. 4 ZPO gehaftet wird,[4] vorausgesetzt, es besteht allseits Einverständnis mit einer einheitlichen Kostenfestsetzung betreffend die Streitgenossen.[5] Wurden mehrere Instanzen angerufen, hat bei einer Kostenquotelung in **sämtlichen** Rechtszügen und Anmeldung aller in den einzelnen Instanzen entstandenen Kosten eine einheitliche Festsetzung zu erfolgen.[6] Nach h.M. ist es auch ausreichend, wenn bei mehreren Rechtszügen wenigstens ein Teil der Kosten **einer** Instanz nach Quoten verteilt ist.[7] Hiervon zu unterscheiden ist die Konstellation, dass für die einzelnen Instanzen **gegensätzliche** Kostengrundentscheidungen jeweils ohne Quote getroffen wurden; nach zutreffender Auffassung ist auch hier nach § 106 ZPO zu verfahren.[8]

3 Eine quotenmäßige Kostenverteilung kann hingegen nach ganz überwiegender Auffassung[9] wegen des eventuell gesteigerten Aufklärungs- und Zeitbedarfs **nicht** in reinen „**Kostentrennungsfällen**" angenommen werden, etwa wenn der Kläger nach § 281 Abs. 3 ZPO lediglich die Verweisungsmehrkosten, der Beklagte hingegen die übrigen Kosten des Rechtsstreits zu tragen hat,[10] oder wenn die eine Partei nach § 344 ZPO Versäumniskosten und die Gegenseite sämtliche übrigen Kosten zu tragen hat.[11] Nicht anderes muss dann für eine Kostentrennung nach §§ 95, 96 und 238 Abs. 4 ZPO gelten.[12] In gleicher Weise scheidet eine **Verrechnung** nach § 106 ZPO aus, wenn im einstweiligen Verfügungsverfahren und Hauptsacheverfahren selbstständige Kostengrundentscheidungen ergangen sind.[13]

---

1 BPatGE 31, 256 ff. = GRUR 1991, 205 (206); OLG Hamm, Rpfleger 1977, 373; Musielak/Voit-*Flockenhaus*, ZPO, § 106 Rn. 1; Wieczorek/Schütze-*Smid/Hartmann*, ZPO, § 106 Rn. 1.
2 Ein außergerichtlicher Vergleich genügt nicht, OLG Karlsruhe, VersR 1979, 944.
3 OLG Braunschweig, Rpfleger 1977, 176; MK-*Schulz*, ZPO, § 106 Rn. 3.
4 Zöller-*Herget*, ZPO, § 106 Rn. 1; Musielak/Voit-*Flockenhaus*, ZPO, § 106 Rn. 1; a.A. OLG Köln, NJW 1991, 3156 f.
5 BeckOK-*Jaspersen*, ZPO, § 106 Rn. 11 ff. m.w. Beispielen.
6 OLG Schleswig, OLGR 2008, 717.
7 OLG Hamm, Rpfleger 1977, 373; LG Berlin, NJW-RR 1998, 215 (216).
8 BPatGE 31, 256 ff. = GRUR 1991, 205 (206); LG Bonn, Rpfleger 1984, 33; BeckOK-*Jaspersen*, ZPO, § 106 Rn. 6; a.A. OLG Hamburg, MDR 1979, 942; Thomas/Putzo-*Hüßtege*, ZPO, § 106 Rn. 2a.
9 Aus der Literatur statt vieler MK-*Schulz*, ZPO, § 106 Rn. 4; Zöller-*Herget*, ZPO, § 106 Rn. 1; anders mit Blick auf die „Vorzüge" des Ausgleichsverfahrens Musielak/Voit-*Flockenhaus*, ZPO, § 106 Rn. 3; Prütting/Gehrlein-*K. Schmidt*, ZPO, § 106 Rn. 2.
10 KG Berlin, Rpfleger 1977, 107.
11 OLG Köln, Rpfleger 1992, 448; OLG Bamberg, JurBüro 1982, 1258; KG Berlin, JurBüro 1977, 255; abweichend OLG Bremen, JurBüro 1981, 1734 (§ 106 ZPO analog).
12 Vgl. weiter (ablehnend) BeckOK-*Jaspersen*, ZPO, § 106 Rn. 8 f.
13 OLG Karlsruhe, MDR 1989, 826.

2. Verfahrensablauf

Liegen die Voraussetzungen vor, ist **zwingend** nach § 106 ZPO zu verfahren; ein Ermessen ist dem Rechtspfleger insoweit nicht eingeräumt („hat").[14] Der Rechtspfleger hat daher zwingend den Gegner aufzufordern, seine Kostenberechnung bei Gericht einzureichen; die zur Wahrung rechtlichen Gehörs ebenfalls erforderliche formlose Übersendung des gegnerischen Antrags **ohne** ausdrückliche Aufforderung genügt **nicht**.[15] Die Aufforderung ist zuzustellen, § 329 Abs. 2 Satz 2 ZPO, und zwar mit Hinweis auf die Folgen einer Fristversäumnis. Für die einwöchige Frist gelten die Vorschriften der §§ 222, 224 ZPO. Nach § 224 Abs. 2 ZPO ist eine Verlängerung der Frist mangels einer gesetzlichen Regelung nicht möglich.[16] 4

Unklar ist, wie mit einem nach Ablauf der nicht verlängerbaren Wochenfrist des § 106 Abs. 1 Satz 1 ZPO bei Gericht eingegangenen Festsetzungsantrag des Gegners umzugehen ist. Nach allgemeiner Auffassung ist der Antrag jedenfalls dann zu berücksichtigen, wenn der Rechtspfleger über das erste Gesuch noch gar nicht entschieden hat.[17] Ist es hingegen schon zu einer **Absetzung** des Beschlusses gekommen, spricht viel dafür, dass ein hiernach – aber noch vor Ausfertigung und Herausgabe des Beschlusses durch die Geschäftsstelle – eingehender Antrag ignoriert werden darf, da andernfalls Sinn und Zweck des § 106 ZPO – Vereinfachung und Beschleunigung – leer laufen würden.[18] Die wohl überwiegende Meinung sieht den Rechtspfleger jedoch auch in dieser Situation als verpflichtet an, die Herausgabe seines Beschlusses zu stoppen und in einem neu zu fertigen Beschluss die Kosten beider Parteien auszugleichen.[19] 5

3. Entscheidung

Erreicht den Rechtspfleger die gegnerische Berechnung der Kosten rechtzeitig und entspricht sie den gesetzlichen Anforderungen, hat er die wechselseitigen Erstattungsansprüche zu **verrechnen** und sodann in einem **einheitlichen** Beschluss den überschüssigen Anspruch der einen Partei betragsmäßig festzusetzen. Eine nur von einer Seite geltend gemachte Gebühr ist in gleicher Weise bei der Berechnung der gegnerischen Kosten zu berücksichtigen, da sie notwendigerweise auf beiden Seiten entstanden ist.[20] Wurde einer oder beiden Parteien Prozesskostenhilfe (ohne oder mit Ratenzahlung) bewilligt, sind die Kosten so zu berechnen, als ob ohne die Bewilligung prozessiert worden wäre.[21] Nicht abschließend geklärt ist, wie ein geleisteter Prozesskostenvorschuss im Rahmen des § 106 ZPO zu berücksichtigen ist.[22] Zinsen gemäß § 104 Abs. 1 Satz 2 ZPO können im Falle des § 106 ZPO allein für den *per saldo* festgesetzten Erstattungsbetrag verlangt werden.[23] Der Beschluss ist zu begründen und jeder Partei förmlich zuzustellen, § 329 Abs. 2 ZPO. 6

Der Erlass eines vereinfachten Kostenfestsetzungsbeschlusses nach § 105 Abs. 1, Abs. 2 ZPO kommt gemäß § 106 Abs. 1 Satz 2 ZPO bei Kostenquotelung ebenso wenig in Betracht wie die Entbehrlichkeit eines formalen Festsetzungsantrags nach § 105 Abs. 3 ZPO. 7

II. Entscheidung nach fruchtlosem Fristablauf, Abs. 2

Reicht die gegnerische Partei ihre Kostenberechnung nicht binnen Wochenfrist bei Gericht ein, ergeht die Entscheidung des Rechtspflegers allein unter Berücksichtigung der angemeldeten Kosten des Antragstellers sowie der zu seinen Gunsten ergangenen Kostenquote. Der säumige Gegner muss indessen nicht befürchten, seines Erstattungsanspruchs verlustig zu gehen; er kann ihn vielmehr noch zu einem **späteren** Zeitpunkt liquidieren, also einen **zweiten** Kostenfestsetzungsbeschluss erwirken. Eine Ausschlussfrist sieht das Gesetz insoweit nicht vor.[24] Dieses Recht kann ihm nicht allein deshalb genommen werden, weil er binnen der Wochenfrist mitgeteilt hat, er wolle am Kostenausgleichsverfahren nicht teilnehmen.[25] In Anbetracht der 8

---

14 OLG Hamm, JurBüro 1977, 1621; OLG Koblenz, JurBüro 1975, 942.
15 OLG Naumburg, FamRZ 2007, 1350.
16 Stein/Jonas-*Bork*, ZPO, § 106 Rn. 4.
17 OLG Koblenz, MDR 2013, 675 mit Anm. *Hansens*, RVGreport 2013, 200.
18 Ausführlich OLG Hamm, Rpfleger 1996, 261; OLG Köln, Rpfleger 1975, 66; LG Hannover, Rpfleger 1989, 342; Prütting/Gehrlein-*K. Schmidt*, ZPO, § 106 Rn. 9.
19 LG Berlin, Rpfleger 1986, 194; Zöller-*Herget*, ZPO, § 106 Rn. 4; MK-*Schulz*, ZPO, § 106 Rn. 10.
20 BGH, NJW 2006, 157 (159), Rn. 10 = FamRZ 2006, 118; OLG Hamm, JurBüro 2002, 318; OLG Köln, JurBüro 1994, 601 (602).
21 OLG Bamberg, FamRZ 1988, 967; OLG Bremen, JurBüro 1984, 609; auch OLG Brandenburg, JurBüro 2007, 259; weiter MK-*Schulz*, ZPO, § 106 Rn. 8.
22 Ausführlich zum Meinungsstand m. Beispielen: BeckOK-*Jaspersen*, ZPO, § 106 Rn. 10 ff.
23 OLG Düsseldorf, NJW-RR 2006, 359.
24 LG Frankenthal, NJW-Spezial 2013, 220.
25 LG Frankfurt a.M., AGS 2011, 515.

(kostenfreien) Nachliquidationsmöglichkeit kann die nachträgliche Geltendmachung mangels Rechtsschutzbedürfnis **nicht** im Rahmen einer Erinnerung oder einer sofortigen Beschwerde gegen den ersten Kostenfestsetzungsbeschluss erfolgen.[26] Seine vorangegangene Fristversäumung wird allerdings durch eine **Haftung** auf die durch das nachträgliche Verfahren kausal entstandenen **Mehrkosten** sanktioniert, § 106 Abs. 2 Satz 2 ZPO. Zudem ist im verspäteten Festsetzungsverfahren eine **Aufrechnung** mit dem bereits titulierten Erstattungsanspruch aus dem vorangegangenen Festsetzungsverfahren möglich.[27] Umgekehrt steht auch dem säumigen Gegner die Möglichkeit offen, mit seinem im Nachverfahren titulierten Erstattungsanspruch gegen die Forderungen der Gegenseite aufzurechnen, wofür allerdings **Vollstreckungsgegenklage** nach § 767 ZPO zu erheben ist.[28]

C. Anfechtbarkeit

9 Der nach § 106 ZPO ergehende Kostenfestsetzungsbeschluss ist beiden Parteien zuzustellen, § 329 Abs. 3 ZPO. Da im Falle des Abs. 1 inhaltlich über zwei Festsetzungsanträge entschieden wird, ist grundsätzlich auch jede Partei anfechtungsberechtigt. Ist eine einzelne Kostenposition ganz oder teilweise abgesetzt worden, ist für Beschwer und Beschwerdesumme (§ 567 Abs. 2 ZPO) nicht deren absoluter Betrag, sondern der dem Rechtsmittelführer zustehende quotale Anteil der streitigen Position maßgeblich.[29] Wird mit dem Rechtsmittel allein die Unterlassung eines Kostenausgleichs nach § 106 ZPO oder die getrennte Festsetzung für zwei Instanzen gerügt, ist dieses mangels Beschwer unzulässig.[30]

§ 107
Änderung nach Streitwertfestsetzung

(1) ¹Ergeht nach der Kostenfestsetzung eine Entscheidung, durch die der Wert des Streitgegenstandes festgesetzt wird, so ist, falls diese Entscheidung von der Wertberechnung abweicht, die der Kostenfestsetzung zugrunde liegt, auf Antrag die Kostenfestsetzung entsprechend abzuändern. ²Über den Antrag entscheidet das Gericht des ersten Rechtszuges.
(2) ¹Der Antrag ist binnen der Frist von einem Monat bei der Geschäftsstelle anzubringen. ²Die Frist beginnt mit der Zustellung und, wenn es einer solchen nicht bedarf, mit der Verkündung des den Wert des Streitgegenstandes festsetzenden Beschlusses.
(3) Die Vorschriften des § 104 Abs. 3 sind anzuwenden.

Inhalt:

	Rn.		Rn.
A. Allgemeines	1	II. Verfahren und Entscheidung	5
B. Erläuterungen	2	C. Anfechtbarkeit und Kosten	6
I. Voraussetzungen	2		

A. Allgemeines

1 Die Vorschrift des § 107 ZPO ist Ausdruck des Grundsatzes der **Kostengerechtigkeit** (vgl. Vorbem. zu §§ 91–107 Rn. 8). Da sich die Berechnung von Gerichts- und Anwaltskosten regelmäßig an dem Streitwert orientiert, kann es zu ungerechten Ergebnissen kommen, wenn nach Erlass eines Kostenfestsetzungsbeschlusses der Streitwert nach oben oder nach unten korrigiert wird. Dies gilt insbesondere dann, wenn der Beschluss wegen Fristablauf nicht mehr im Wege der Erinnerung oder der sofortigen Beschwerde eine Korrektur erfahren kann. Ein Festhalten an der ursprünglichen Entscheidung des Rechtspflegers aufgrund materieller Rechtskraftwirkung auch der Höhe nach wäre ersichtlich unbillig, weshalb § 107 ZPO auf Antrag die nachträgliche Abänderung der Kostenfestsetzung unter Berücksichtigung des neuen Streitwerts ermöglicht. Diese **partielle Durchbrechung der Rechtskraft** des Kostenfestsetzungsbeschlusses beschränkt sich freilich allein auf die Höhe der streitwertabhängigen Kostenpositionen; eine erneute Prüfung der betroffenen Gebühren dem Grunde nach findet nicht statt.[1]

---

26 OLG Hamburg, MDR 2005, 1138; OLG Koblenz, NJW-RR 2000, 519.
27 Vgl. OLG Köln, Rpfleger 1975, 66; *Lappe*, MDR 1983, 992.
28 OLG Hamm, Rpfleger 1996, 261.
29 MK-*Schulz*, ZPO, § 106 Rn. 13 m.w.N.
30 Vgl. VerfGH München, BayVBl 2013, 770 f.

Zu § 107:
1 Vgl. MK-*Schulz*, ZPO, § 107 Rn. 1 f.; BeckOK-*Jaspersen*, ZPO, § 107 Rn. 1.

Praktisch bedeutsam ist die nachträgliche Anpassung vor allem dann, wenn der Rechtspfleger zunächst bei der Kostenfestsetzung in eigener Kompetenz einen Wert angenommen hat, der vorrangig für die Wertfestsetzung zuständige Richter aber im weiteren Verlauf auf einen höheren oder niedrigeren Streitwert erkennt.

B. Erläuterungen
I. Voraussetzungen

§ 107 Abs. 1 ZPO setzt voraus, dass die Kostenfestsetzung bereits erfolgt ist, ferner eine geänderte Streitwertfestsetzung und den Antrag einer Partei auf entsprechende Änderung der Kostenfestsetzung. Der Kostenfestsetzungsbeschluss muss nicht notwendigerweise bereits rechtskräftig sein; eine Änderung nach § 107 ZPO kommt bereits vor Rechtskrafteintritt in Betracht, wobei die Parteien die Anpassung alternativ auch im Rahmen einer sofortigen Beschwerde bzw. Erinnerung gelten machen können.[2]

Der (zwingende) Antrag auf Abänderung der Kostenfestsetzung ist **binnen Monatsfrist** bei der Geschäftsstelle anzubringen. Die Frist gilt unabhängig davon, ob ein höherer oder ein niedrigerer Streitwert festgesetzt wurde.[3] Anwaltszwang besteht nicht, § 78 Abs. 3 ZPO. Eine Verlängerung der Frist ist wegen § 224 Abs. 2 ZPO nicht möglich. Nach § 107 Abs. 2 Satz 2 ZPO beginnt die Frist regelmäßig mit der Zustellung des Streitwertbeschlusses; falls es einer Verkündung des Beschlusses bedarf, ist auf deren Zeitpunkt abzustellen. Die Frist beginnt unabhängig davon zu laufen, ob der Streitwertbeschluss bereits rechtskräftig geworden ist. Wird der Beschluss lediglich formlos übermittelt, setzt dies die Frist nicht in Gang.[4] Wird der Streitwert für den ersten Rechtszug in der mündlichen Verhandlung vor dem Berufungsgericht neu festgesetzt und ein Verkündungstermin in der Hauptsache anberaumt, so beginnt die Frist für den Änderungsantrag erst mit der Verkündung der Entscheidung in der Hauptsache zu laufen.[5]

Wurde die Frist versäumt, steht dies im Falle einer nachträglichen Reduzierung des Streitwerts weder der Erhebung einer Vollstreckungsgegenklage nach §§ 767, 795, 794 Abs. 1 Nr. 2 ZPO noch einer bereicherungsrechtlichen Leistungsklage nach § 812 BGB (nach Beendigung der Vollstreckung) entgegen.[6]

II. Verfahren und Entscheidung

Zuständig für den Änderungsbeschluss ist das Gericht des ersten Rechtszugs, § 107 Abs. 1 Satz 2 ZPO, funktionell der Rechtspfleger, § 21 Nr. 1 RPflG. Auch im Übrigen entspricht das Verfahren nach § 107 ZPO demjenigen der „normalen" Kostenfestsetzung nach §§ 103 ff. ZPO (vgl. § 103 Rn. 13 ff.). § 106 ZPO ist anwendbar, wobei dem Gegner nicht erneut eine Aufforderung nach § 106 Abs. 1 Satz 1 ZPO zuzustellen ist, da lediglich eine Anpassung an den veränderten Streitwert im Raum steht.[7] Es wird kein neuer Kostenfestsetzungsbeschluss erlassen, sondern es erfolgt die **Abänderung** des ursprünglichen Beschlusses. Die Korrektur betrifft lediglich die **Höhe** der streitwertabhängigen Gebühren; deren prinzipielle Erstattbarkeit[8] wird ebenso wenig (nochmals) geprüft wie z.B. ein unstreitiger Zahlungseinwand.[9] Der Abänderungsbeschluss ist zu begründen und zuzustellen, § 320 Abs. 3 ZPO. Eine Rückfestsetzung überzahlter Kosten ist möglich, wenn die Überzahlung unstreitig oder eindeutig feststellbar ist.[10]

C. Anfechtbarkeit und Kosten

Gegen den Abänderungsbeschluss sind die **allgemeinen Rechtsbehelfe** nach § 104 Abs. 3 ZPO gegen einen Kostenfestsetzungsbeschluss statthaft, § 107 Abs. 3 ZPO, mithin sofortige Beschwerde und befristete Erinnerung. Weder Gerichts- noch Anwaltskosten (§ 19 Abs. 1 Satz 2 Nr. 14 RVG) sind mit dem Verfahren nach § 107 ZPO verbunden.

---

2 Allgemeine Meinung, vgl. nur MK-*Schulz*, ZPO, § 107 Rn. 3; auch OLG Hamm, OLGR 2003, 12.
3 Vgl. OLG Hamm, JurBüro 2017, 154 f.; *Enders*, JurBüro, 2017, 113.
4 OLG München, Rpfleger 1991, 340.
5 OLG Hamburg, JurBüro 1990, 491 f.; *Enders*, JurBüro 2017, 113 (114).
6 OLG München, MDR 1983, 137; Stein/Jonas-*Bork*, ZPO, § 107 Rn. 1.
7 Vgl. Zöller-*Herget*, ZPO, § 106 Rn. 1.
8 OLG Koblenz, AGS 2000, 36; OLG Hamm, JurBüro 1983, 1719.
9 LG Berlin, Rpfleger 1997, 454; Musielak/Voit-*Flockenhaus*, ZPO, § 107 Rn. 1.
10 OLG Düsseldorf, Rpfleger 1981, 409; *Enders*, JurBüro 2017, 113 (114) m.w.N.

Titel 6
Sicherheitsleistung

Vorbemerkungen zu §§ 108–113 ZPO

Titel 6 der ZPO enthält Bestimmungen zur Sicherheitsleistung. Regelungsgegenstand der §§ 108 ff. ZPO sind allein **prozessuale Sicherheiten**; auf nach materiellem Recht zu leistende Sicherheiten (§§ 232–240 BGB) finden die Vorschriften keine Anwendung.

Die §§ 108–113 ZPO unterteilen sich wiederum in **zwei unterschiedliche, voneinander zu trennende Regelungskomplexe:** Während die §§ 108, 109 ZPO – i.S. eines „allgemeinen Teils"[1] – für sämtliche nach der ZPO zu erbringenden Sicherheitsleistungen gelten und hier einmal Art und Höhe der prozessualen Sicherheit (§ 108 ZPO) und nach Wegfall des Sicherungsanlasses die spätere Rückgabe der Sicherheit (§ 109 ZPO) regeln, betreffen die **§§ 110–113 ZPO** allein einen besonderen Fall der prozessualen Sicherheitsleistung, nämlich die Voraussetzungen der anfänglichen (§ 110 ZPO) bzw. nachträglichen (§ 111 ZPO) Prozesskostensicherheit (früher: Ausländersicherheit) und das diesbezüglich vom Gericht zu beachtende Verfahren (§§ 112, 113 ZPO). Wurde eine **Sicherheit für die Prozesskosten** vom Kläger auf Verlangen des Beklagten geleistet und fallen deren Voraussetzungen später weg, ist **§ 109 ZPO** aber auch insoweit anwendbar.

§ 108
Art und Höhe der Sicherheit

(1) [1]In den Fällen der Bestellung einer prozessualen Sicherheit kann das Gericht nach freiem Ermessen bestimmen, in welcher Art und Höhe die Sicherheit zu leisten ist. [2]Soweit das Gericht eine Bestimmung nicht getroffen hat und die Parteien ein anderes nicht vereinbart haben, ist die Sicherheitsleistung durch die schriftliche, unwiderrufliche, unbedingte und unbefristete Bürgschaft eines im Inland zum Geschäftsbetrieb befugten Kreditinstituts oder durch Hinterlegung von Geld oder solchen Wertpapieren zu bewirken, die nach § 234 Abs. 1 und 3 des Bürgerlichen Gesetzbuchs zur Sicherheitsleistung geeignet sind.

(2) Die Vorschriften des § 234 Abs. 2 und des § 235 des Bürgerlichen Gesetzbuchs sind entsprechend anzuwenden.

Inhalt:

	Rn.		Rn.
A. Allgemeines	1	b) Hinterlegung von Geld oder Wertpapieren	11
B. Erläuterungen	3	4. Austausch von Sicherheiten	12
I. Höhe der Sicherheit, Abs. 1 Satz 1	3	III. Rechtsfolgen der Sicherheitsleistung	13
II. Art der Sicherheit, Abs. 1 Satz 2	6	IV. Entsprechende Anwendung	
1. Parteivereinbarung	7	der §§ 234 Abs. 2, 235 BGB	16
2. Bestimmung des Gerichts	8	V. Verfahren und Änderung	17
3. Regelsicherheiten, Abs. 1 Satz 2	9	C. Rechtsbehelfe und Kosten	19
a) Bankbürgschaft	10		

A. Allgemeines

1 § 108 ZPO regelt **Art** und **Höhe** prozessualer Sicherheitsleistungen und setzt voraus, dass nach anderen prozessualen Vorschriften zum Schutz der Vermögensinteressen der gegnerischen Partei – nicht aber des Gerichtskostenzahlungsanspruchs der Staatskasse[1] – Sicherheit zu leisten ist, etwa in den Fällen der §§ 89, 110 ff., 707, 709–712, 769, 921 ZPO. Zum Teil muss das Gericht dem Sicherungsverpflichteten eine prozessuale Sicherheit auferlegen (§§ 110, 709, 712 ZPO), zum Teil kann es dies (§§ 89, 707 ZPO), pflichtgemäße Ermessensausübung vorausgesetzt. Während § 108 ZPO die Erbringung einer Sicherheit betrifft, enthält § 109 ZPO Regeln zur Rückgabe eben dieser.

2 Auf nach materiellem Recht zu leistende Sicherheiten (§§ 232–240 BGB) findet die Norm keine Anwendung; allerdings können die dortigen Vorschriften im Falle einer Regelungslücke entsprechend herangezogen werden,[2] vgl. auch § 108 Abs. 2 ZPO.

---

1 Wieczorek/Schütze-*Smid*/*Hartmann*, ZPO, vor § 108 Rn. 1.

Zu § 108:
1 OLG Stuttgart, MDR 1985, 1033.
2 Saenger-*Woestmann*, ZPO, § 108 Rn. 1; Musielak/Voit-*Foerste*, ZPO, § 108 Rn. 1.

B. Erläuterungen
I. Höhe der Sicherheit, Abs. 1 Satz 1

Nach § 108 Abs. 1 Satz 1 ZPO steht es grundsätzlich **im freien Ermessen** des Gerichts, in welcher Art und in welcher Höhe die Sicherheit zu leisten ist. Insbesondere für die Höhe der Sicherheit, siehe etwa § 709 ZPO, ist das eingeräumte Ermessen von Bedeutung. Allerdings ist das Ermessen auf Null reduziert, wenn die Streitparteien einvernehmlich eine bestimmte Höhe vereinbart haben; ebenso wie für die Art der Sicherheit gilt der Vorrang (prozessvertraglicher) Parteiabreden. 3

Das Gericht hat entweder einen bezifferten Geldbetrag oder ein prozentual bestimmtes Verhältnis zwischen der Höhe der Sicherheitsleistung und der Höhe des jeweils zu vollstreckenden Betrages (§§ 709 Satz 2, 711 Satz 2, 712 Abs. 1 Satz 1 Hs. 2 ZPO; hier in der Praxis regelmäßig 110 % bis 120 %) festzulegen. 4

Bei der Ausübung des freien Ermessens ist in erster Linie darauf abzustellen, in welchem Umfang dem Gegner im konkreten Einzelfall **Nachteile drohen bzw. Schäden abzusichern** sind.[3] Ist der Schuldner wegen der Vollstreckung aus einer nicht rechtskräftigen Entscheidung zu schützen **(Vollstreckungssicherheit)**, sind (im Falle eines Leistungsurteils) neben dem Wert des zuerkannten Anspruchs auch etwaige Nebenansprüche und Zinsen sowie die nach §§ 103, 104 ZPO festsetzbaren gerichtlichen und außergerichtlichen Kosten zu berücksichtigen, ferner mögliche, im Falle der späteren Aufhebung/Abänderung nach § 717 Abs. 2 ZPO ersetzbare Folgeschäden (z.B. Finanzierungskosten, Einkommenseinbußen), sofern sich diese bereits hinreichend konkret abzeichnen und betragsmäßig auch beziffert werden können.[4] Bei nichtvermögensrechtlichen Streitigkeiten richtet sich die Höhe allein nach den Kosten und den absehbaren Schäden. Ist der Gläubiger vor den Risiken aus dem Aufschub **(Abwendungssicherheit,** z.B. § 711 Satz 1 Hs. 1 ZPO) oder der einstweiligen Einstellung der Vollstreckung **(Einstellungssicherheit,** etwa gemäß §§ 707, 719, 769, 771 Abs. 3 ZPO) zu schützen, hat sich die Höhe der zu leistenden Sicherheit neben den Kosten auch an der Hauptforderung und den Zinsen zu orientieren.[5] Hat der Gläubiger allerdings – wie etwa bei der Räumungsvollstreckung (Miet- oder Nutzungsausfall) – nur einen Verzögerungsschaden zu befürchten, ist nur dieser bei der Bemessung der Höhe zu berücksichtigen.[6] Zu der Höhe einer **Prozesskostensicherheit** nach §§ 110f. ZPO vgl. § 112 Rn. 1). 5

II. Art der Sicherheit, Abs. 1 Satz 2

Hinsichtlich der **Art** der Sicherheit ergibt sich aus § 108 Abs. 1 Satz 2 ZPO eine klare Rangfolge. 6

1. Parteivereinbarung

Vorrangig zu prüfen ist stets, ob die Parteien sich auf eine bestimmte Sicherheit verständigt haben (was entsprechenden Vortrag voraussetzt). Ist dies der Fall, ist das Gericht an die individuelle (innerhalb oder auch außerhalb des Prozesses getroffene) Vereinbarung gebunden; eine Missachtung muss von den Parteien nicht hingenommen werden (nachfolgend Rn. 20). 7

2. Bestimmung des Gerichts

Fehlt es an einer Parteivereinbarung, kann das Gericht die Art der Sicherheit nach freiem Ermessen (Satz 1) selbst bestimmen. Ohne entsprechenden Antrag einer Partei wird hierfür in der Praxis aber nur in seltenen Fällen Veranlassung bestehen. Das Gericht kann dem Sicherungsverpflichteten auch mehrere Arten anbieten, so dass diejenige Sicherheit bestimmt ist, die zuerst gewählt wird.[7] Bei der Bestimmung ist das Gericht weder auf die in den §§ 232–240 BGB aufgezählten Sicherungsmittel beschränkt noch an die dort niedergelegten inhaltlichen Begrenzungen – §§ 234 Abs. 2, 235 BGB ausgenommen, vgl. § 108 Abs. 2 ZPO – gebunden.[8] In Betracht kommt daher insbesondere auch die Stellung einer Bürgschaft, die zwar nicht den Anforderungen des § 108 Abs. 1 Satz 2 ZPO entspricht, aber dennoch vergleichbar absichert (z.B. Bürgschaft einer natürlichen Person), ferner die Hinterlegung von ausländischem Geld, nicht mündelsicheren Wertpapieren oder auch Schmuck und anderen Kostbarkeiten.[9] Streitig ist, ob die Hinterlegung eines Sparbuchs der begünstigen Partei eine ausreichende Sicherheit 8

---

3 Vgl. *Fest*, JA 2009, 258 (259); *Oetker*, ZZP 102 (1989), 449 (456ff.).
4 Vgl. MK-*Schulz*, ZPO, § 108 Rn. 10 und 54; Musielak/Voit-*Foerste*, ZPO, § 108 Rn. 3a.
5 Vgl. BGH, NJW 1979, 417 (418) = MDR 1979, 308; OLG Köln, NJW-RR 1987, 251 (252).
6 MK-*Schulz*, ZPO, § 108 Rn. 59.
7 OLG Düsseldorf, OLGZ 1994, 439 (442f.).
8 MK-*Schulz*, ZPO, § 108 Rn. 17.
9 Vgl. weiter MK-*Schulz*, ZPO, § 108 Rn. 17; Musielak/Voit-*Foerste*, ZPO, § 108 Rn. 15f.

verschafft.[10] Die „freiwillige" Überweisung des als Sicherheit geforderten Betrages an die Gerichtskasse stellt keine wirksame Sicherheitengestellung dar.[11]

3. Regelsicherheiten, Abs. 1 Satz 2

9   Ist auch eine Bestimmung des Gerichts nicht erfolgt, greift § 108 Abs. 1 Satz 2 ZPO, wonach die Sicherheitsleistung entweder durch Stellung einer Bankbürgschaft oder durch Hinterlegung von Geld oder sog. mündelsicheren Wertpapieren nach § 234 Abs. 1 und 3 BGB zu bewirken ist.

a) Bankbürgschaft

10   Als Regelfall sieht das Gesetz zum einen die Bewirkung der Sicherheitsleistung durch eine „schriftliche, unwiderrufliche, unbedingte und unbefristete Bürgschaft eines im Inland zum Geschäftsbetrieb befugten Kreditinstitutes" vor.[12] Zum Schutz des Gläubigers muss die Bürgschaft, der in der Praxis herausragende Bedeutung zukommt, mithin **strengen Voraussetzungen** genügen. Als tauglicher Bürge kommen sämtliche Kreditinstitute i.S.v. § 1 KWG in Betracht, also sämtliche Banken, Sparkassen etc., vorausgesetzt, sie sind nach §§ 32ff. KWG befugt, ihr Geschäft in Deutschland zu betreiben.[13] Die Offerte des Bürgen muss ausnahmslose schriftlich erfolgen (§ 350 HGB ist damit auf prozessualer Ebene ausgehebelt)[14] und darf weder unter einer aufschiebenden – eine Ausfallbürgschaft entfällt damit – oder auflösenden Bedingung (§ 158 BGB) stehen noch eine Befristung (§ 163 BGB) vorsehen. Der Bürge kann sich auch nicht einen Widerruf vorbehalten. Die Bürgschaft darf nicht vom Bestehen der gesicherten Forderung abhängig gemacht werden;[15] zulässig ist aber der Vorbehalt einer befreienden Hinterlegung.[16] Wichtig ist, dass die Bürgschaft umfassend und **selbstschuldnerisch**, also mit dem Verzicht auf die Einrede der Vorausklage (§ 239 Abs. 2 BGB i.V.m. §§ 771, 773 Abs. 1 Nr. 1 BGB, auch § 349 Satz 1 HGB) ausgestaltet sein muss; eine bloße Ausfallbürgschaft genügt den wirtschaftlichen Interessen des Sicherungsberechtigten nicht. Für das Zustandekommen des Bürgschaftsvertrags bedarf es nicht zwingend einer ausdrücklichen oder konkludenten Annahmeerklärung durch den Sicherungsberechtigten; es genügt bereits der Zugang der Bürgschaftserklärung.[17] Eine wirksame Zustellung des Bürgschaftsversprechens (auch nur einer beglaubigten Abschrift) von Anwalt zu Anwalt gemäß § 195 ZPO ist möglich.[18] Die Bürgschaft erlischt insbesondere bei Erlöschen der Hauptschuld (§ 765 BGB), Wegfall des Sicherungsinteresses oder durch Anordnung des Gerichts (§§ 109 Abs. 2, 715 ZPO).

b) Hinterlegung von Geld oder Wertpapieren

11   Die ebenfalls mögliche Hinterlegung von Geld und Wertpapieren richtet sich nach den **Hinterlegungsgesetzen** der einzelnen Länder. Von „Geld" sind alle im Inland gesetzlich vorgesehenen Zahlungsmittel umfasst. Wertpapiere können nur hinterlegt werden, wenn sie nach § 234 Abs. 1, Abs. 3 BGB zur Sicherheitsleistung geeignet sind; es muss sich also um Inhaber- oder Orderpapiere mit Blankoindossament handeln, die einen Kurswert haben und mündelsicher[19] sind, wobei nur in Höhe von drei Vierteln des Kurswerts Sicherheit geleistet werden kann. Gemäß § 108 Abs. 2 ZPO i.V.m. § 234 Abs. 2 BGB sind mit den Wertpapieren die Zins-, Renten-, Gewinnanteil- und Erneuerungsscheine zu hinterlegen. Einer Hinterlegung ist nicht gleich, wenn der geforderte Betrag als Prozesskostensicherheit bei der Zahlstelle des Prozessgerichts eingezahlt wird.[20]

4. Austausch von Sicherheiten

12   Dem Sicherungsverpflichteten steht es offen, die geleistete Sicherheit gegen eine andere **auszutauschen**. Vom Gesetzgeber ausdrücklich vorgesehen ist dies für den Umtausch von und gegen Geld und Wertpapieren, § 108 Abs. 2 ZPO i.V.m. § 235 BGB. Es bedarf allerdings auch hier der Zustimmung des Sicherungsnehmers oder einer gerichtlichen Anordnung, sofern ein

---

10 Dafür OLG Köln, JR 1956, 22; zutreffend dagegen etwa Zöller-*Herget*, ZPO, § 108 Rn. 6.
11 OLG Köln v. 08.05.2013, 19 U 200/12, juris, Rn. 31 ff.
12 Ausführlich *Mayer*, Sicherheitsleistung durch Bankbürgschaft im Zivilprozess.
13 Zur Diskussion um ausländische Banken siehe etwa Musielak/Voit-*Foerste*, ZPO, § 108 Rn. 7; zu Banken aus der EU: OLG Köln, OLGR 2009, 815.
14 Ausführlich *Foerste*, NJW 2010, 3611 ff.
15 OLG München, WM 2004, 2071 (2072).
16 OLG Koblenz, DGVZ 1995, 25 f.; a.A. OLG Düsseldorf, DGVZ 1990, 156 (157).
17 Im Einzelnen MK-*Schulz*, ZPO, § 108 Rn. 36 ff.
18 BGH, NJW 1979, 417 (418) = MDR 1979, 308; OLG Koblenz, JurBüro 2001, 213.
19 Hierzu § 1807 Abs. 1 Nr. 2–4 BGB sowie Art. 212 EGBGB.
20 BGH, NJW 2002, 3259 (3260) = WM 2003, 47; BGH, NJW-RR 1999, 213.

Pfandrecht an dem hinterlegten Gegenstand entstanden ist.[21] Im Übrigen ergibt sich das Austauschrecht aus der analogen Anwendung von § 235 Abs. 2 BGB;[22] das Gericht muss nach pflichtgemäßer Ermessensausübung entscheiden, ob die zum Umtausch angebotene Sicherheit den Sicherungszweck in gleicher Weise erfüllt und daher eine gleichwertige Sicherheit darstellt, so dass der entgegenstehende Wille des Sicherungsnehmers unbeachtlich ist.[23]

III. Rechtsfolgen der Sicherheitsleistung

Hinsichtlich der Wirkungen der Gestellung einer Sicherheit ist nach der Art der Sicherheit und dem Zeitpunkt zu unterscheiden.   13

Vor dem Sicherungsfall erlangt der Sicherungsberechtigte bei Leistung einer Bürgschaft einen – erst mit Sicherungsreife fälligen – unmittelbaren Anspruch (§ 765 BGB) gegen den Bürgen, der das Ergebnis des Rechtsstreits mit der Bürgschaftsübernahme als verbindlich anerkennt (weshalb es einer Streitverkündung nicht bedarf).[24] Auch wenn die gesicherte Forderung bereits verjährt ist, kann der Sicherungsfall noch eintreten.[25] Wurde die Sicherheitsleistung durch Hinterlegung von Geld oder Wertpapieren bewirkt, erlangt der Sicherungsberechtigte am Hinterlegten ein Pfandrecht, § 233 BGB.   14

Nach dem Sicherungsfall – bei der Abwendungssicherheit also etwa mit Rechtskrafteintritt des Urteils[26] – ist der Begünstigte befugt, sich aus der ihm gestellten Sicherheit zu befriedigen. Bei der Bürgschaft kann er mithin den Bürgen in Anspruch nehmen, der sowohl für den Verzögerungsschaden als auch für den ausgeurteilten Betrag zu haften hat.[27] Im Falle der Hinterlegung kann der Empfangsberechtigte die Herausgabe des hinterlegten Gegenstandes betreiben (z.B. in Bayern nach Art. 18 ff. BayHintG), bei Geld also etwa die Auszahlung der Hinterlegungssumme verlangen.[28]   15

IV. Entsprechende Anwendung der §§ 234 Abs. 2, 235 BGB

Nach § 108 Abs. 2 ZPO sind die Vorschriften der §§ 234 Abs. 2, 235 BGB entsprechend anzuwenden. Vgl. hierzu zuvor Rn. 9 ff. und Rn. 12.   16

V. Verfahren und Änderung

Zum Teil muss der Sicherungsberechtigte einen Antrag stellen (etwa §§ 110 f., 712, 927 Abs. 1 ZPO), in der Regel erfolgt die Anordnung der Sicherheitsleistung aber **von Amts wegen**. Zuständig ist das für diejenige Entscheidung zuständige Gericht, in deren Rahmen die Sicherheit zu leisten ist, meist also das für die Instanz zuständige **Prozessgericht** (oder auch das Vollstreckungsgericht, § 769 Abs. 2 ZPO). Bei der Kammer für Handelssachen ist nach § 347 Abs. 2 Nr. 9 ZPO der Vorsitzende zuständig. Eine mündliche Verhandlung ist nur dann zwingend durchzuführen, wenn ein Antrag gesetzlich gefordert ist und die Voraussetzungen der Sicherheitsstellung in Streit stehen.[29] Bei Bestimmung durch das Gericht ist unbedingt **rechtliches Gehör** zu gewähren.[30]   17

Häufig hat der Ausspruch über die **Höhe** der Sicherheitsleistung im Tenor des Endurteils zu erfolgen (z.B. §§ 709, 711, 922, 925, 927 ZPO). Ergeht Arrestbefehl oder einstweilige Verfügung (§§ 921, 923, 936 ZPO), ist in diesen die Anordnung vorzunehmen. In den übrigen Fällen hat das Gericht im Beschlusswege zu entscheiden, ggf. nach mündlicher Verhandlung. An seine Entscheidung ist das Gericht gemäß § 318 ZPO **gebunden**, eine nachträgliche Änderung der Höhe ist nicht zulässig. Möglich sind nur Berichtigung (§ 319 ZPO) oder unterlassener Anordnung Ergänzung (§ 321 ZPO).[31] Die Anordnung betreffend die **Art** der Sicherheitsleistung (sofern eine Bestimmung überhaupt vorgenommen wird) erfolgt hingegen stets (ggf. wahlweise) durch Beschluss, der auch nachträglich ergänzt oder geändert werden kann.[32] Zuständig für Änderungen und Ergänzungen ist nach überwiegender Auffassung ausschließ-   18

---

21 BeckOK-*Jaspersen*, ZPO, § 108 Rn. 18.
22 *Treber*, WM 2000, 343 (350).
23 Vgl. BGH, NJW 1994, 1351 (1352) = ZIP 1994, 654; ferner BeckOK-*Jaspersen*, ZPO, § 108 Rn. 19.
24 BGH, NJW 1975, 1119 = WM 1975, 424.
25 BGHZ 169, 308 (316) = NZI 2007, 740 = ZIP 2007, 43.
26 BGHZ 69, 270 = NJW 1978, 43 = MDR 1978, 221; zu weiteren Fällen der Sicherungsreife Musielak/Voit-*Foerste*, ZPO, § 108 Rn. 18.
27 BGH, NJW 1979, 417 f. = MDR 1979, 308.
28 Näher MK-*Schulz*, ZPO, § 108 Rn. 46 ff.
29 Vgl. MK-*Schulz*, ZPO, § 108 Rn. 68.
30 Stein/Jonas-*Bork*, ZPO, § 108 Rn. 3.
31 OLG Frankfurt a.M., OLGZ 1970, 172 (173).
32 BGH, NJW-RR 1999, 213; OLG Köln, MDR 1997, 392.

lich das Gericht, das die Anordnung getroffen hat, nicht also auch das Rechtsmittelgericht, es sei denn, es besteht besondere Dringlichkeit.[33]

C. Rechtsbehelfe und Kosten

19 Die Anordnung der Sicherheitsleistung kann angefochten werden, wobei das für die Anfechtung der **Hauptsache vorgesehene Rechtsmittel** statthaft ist. Eine im Endurteil erfolgte Anordnung kann daher durch Berufung oder Revision angegriffen werden, auf Antrag ist auch eine Korrektur durch Vorabentscheidung nach § 718 ZPO möglich. Strittig ist, ob eine Beschränkung des Rechtsmittels auf die Anordnung oder auch auf Art und/oder Höhe der Sicherheitsleistung statthaft ist; die wohl h.M. verneint dies.[34]

20 Übergeht das Gericht eine vorrangige Parteivereinbarung betreffend Art und/oder Höhe der Sicherheitsleistung, kann dies durch einen **Änderungsantrag** korrigiert werden. Lehnt das Gericht eine Änderung ab, ist hiergegen nach zutreffender Auffassung stets die sofortige Beschwerde gemäß § 567 Abs. 1 Nr. 2 ZPO statthaft.[35]

21 Soweit mit der Sicherheitsleistung unmittelbar Kosten verbunden sind, zählen diese zu den **Kosten des Rechtsstreits** i.S.v. § 91 ZPO und können im Kostenfestsetzungsverfahren festgesetzt werden,[36] vgl. § 91 Rn. 128. Erstattungsfähig sind daher insbesondere bei Stellung einer Bürgschaft die Avalkosten sowie die Hinterlegungs- oder Verpfändungskosten.

§ 109
Rückgabe der Sicherheit

(1) Ist die Veranlassung für eine Sicherheitsleistung weggefallen, so hat auf Antrag das Gericht, das die Bestellung der Sicherheit angeordnet oder zugelassen hat, eine Frist zu bestimmen, binnen der ihm die Partei, zu deren Gunsten die Sicherheit geleistet ist, die Einwilligung in die Rückgabe der Sicherheit zu erklären oder die Erhebung der Klage wegen ihrer Ansprüche nachzuweisen hat.

(2) ¹Nach Ablauf der Frist hat das Gericht auf Antrag die Rückgabe der Sicherheit anzuordnen, wenn nicht inzwischen die Erhebung der Klage nachgewiesen ist; ist die Sicherheit durch eine Bürgschaft bewirkt worden, so ordnet das Gericht das Erlöschen der Bürgschaft an. ²Die Anordnung wird erst mit der Rechtskraft wirksam.

(3) ¹Die Anträge und die Einwilligung in die Rückgabe der Sicherheit können vor der Geschäftsstelle zu Protokoll erklärt werden. ²Die Entscheidungen ergehen durch Beschluss.

(4) Gegen den Beschluss, durch den der im Absatz 1 vorgesehene Antrag abgelehnt wird, steht dem Antragsteller, gegen die im Absatz 2 bezeichnete Entscheidung steht beiden Teilen die sofortige Beschwerde zu.

Inhalt:

	Rn.		Rn.
A. Allgemeines	1	3. Wegfall des Sicherheitsanlasses	5
I. Normzweck	1	4. Fristbestimmung	10
II. Anwendungsbereich	2	II. Rückgabeanordnung nach Fristablauf, Abs. 2 und 3	13
B. Erläuterungen	3	1. Voraussetzungen	13
I. Fristbestimmung durch das Gericht, Abs. 1	3	2. Entscheidung	14
1. Antrag	3	III. Rechtsbehelfe, Abs. 4	16
2. Anordnung oder Zulassung der Sicherheitsbestellung	4	C. Kosten und Gebühren	17

---

33 BGH, NJW-RR 1999, 213; OLG Frankfurt a.M., NJW-RR 1986, 486; offen gelassen in BGH, NJW 1966, 1028 f. = MDR 1966, 501.
34 OLG Koblenz, OLGR 2007, 296; OLG Köln, NJW-RR 2006, 66; Saenger-*Woestmann*, ZPO, § 108 Rn. 9; a.A. OLG Rostock, NJW-RR 2009, 498; OLG Nürnberg, MDR 1989, 363; Zöller-*Herget*, ZPO, § 108 Rn. 24.
35 Prütting/Gehrlein-*K. Schmidt*, ZPO, § 108 Rn. 20; Zöller-*Herget*, ZPO, § 108 Rn. 16.
36 BGH, NJW 1974, 693 (694) = MDR 1974, 573; OLG Stuttgart, JurBüro 1996, 37.

A. Allgemeines
I. Normzweck

§ 109 ZPO regelt die Rückgabe der Sicherheit und sieht hierfür ein besonderes Verfahren vor, das die Rückgabe **erleichtern** und **beschleunigen** soll.[1] Eine mündliche Verhandlung ist grundsätzlich nicht vorgesehen, zudem kann die sicherungspflichtige Partei die Rückgabe ohne Anwalt und damit **kostensparend** betreiben. Der Sicherungsnehmer kann zugleich zu der Entscheidung provoziert/aufgefordert werden, entweder die Sicherheit freizugeben oder aber den vermeintlichen Anspruch zu liquidieren.[2] Das Verfahren ist **zweistufig** ausgestaltet: Zunächst setzt das Gericht dem Empfänger der Sicherheit auf Antrag des Sicherungsverpflichteten nach Abs. 1 eine Frist; läuft diese Frist fruchtlos ab, hat das Gericht auf weiteren Antrag nach Abs. 2 die Rückgabe der Sicherheit anzuordnen. Es gehört zu den Pflichten eines Anwalts, seiner Partei die geleistete Sicherheit zurückzuholen bzw. diese darüber zu informieren, auf welchem Weg sie die geleistete Sicherheit zurückerhalten kann.[3]

1

II. Anwendungsbereich

Der Anwendungsbereich des § 109 ZPO entspricht demjenigen des § 108 ZPO. Bei Stellung einer Prozesskostensicherheit nach § 110 Abs. 1 ZPO und späterem Wegfall dieser Verpflichtung ist das Verfahren nach § 109 ZPO ebenfalls eröffnet.[4] Die Art der geleisteten Sicherheit ist irrelevant. Hat der Gläubiger Sicherheit geleistet (§§ 709 Satz 1, 711, 712 Abs. 2 Satz 2 ZPO), um aus einem für vorläufig vollstreckbar erklärten Urteil vollstrecken zu können, sieht § 715 ZPO jedoch eine einfacheren und schnelleren Weg zur Rückgewähr vor, so dass für ein Vorgehen nach § 109 ZPO das Rechtsschutzbedürfnis fehlt.[5] Aus dem gleichen Grund ist auch eine **Klage** des Sicherungsgebers oder des Bürgen auf Rückgabe der Sicherheit unzulässig,[6] es sei denn, am Erfolg des Verfahrens nach § 109 ZPO bestehen nicht unerhebliche Zweifel.[7] Über den eigentlichen, auf Rückgabe der Prozesssicherheit beschränkten Anwendungsbereich ermöglicht die Vorschrift auch den **Austausch** der Sicherheit in eine gleichwertige andere Sicherheit.[8]

2

B. Erläuterungen
I. Fristbestimmung durch das Gericht, Abs. 1
1. Antrag

Das Gericht hat bezüglich der Rückgabe der Sicherheit nicht von Amts wegen eine Frist zu bestimmen, sondern nur auf entsprechenden **Antrag**, und zwar des **Sicherungsverpflichteten**. Der Antrag eines Dritten genügt nicht, namentlich auch nicht der eines Prozessbürgen, der auf die Rückgabeklage zu verweisen ist.[9] Erst kann der Empfänger der Sicherheit mit Erfolg einen Antrag auf Fristbestimmung stellen.[10] Der Antrag kann schriftlich oder auch vor der Geschäftsstelle zu Protokoll erklärt werden (§ 109 Abs. 3 Satz 1 ZPO), weshalb auch vor dem LG oder OLG kein Anwaltszwang besteht, § 78 Abs. 3 ZPO. Die sonstigen Voraussetzungen einer **Prozesshandlung** müssen gegeben sein. Eine bestimmte Frist ist in dem Antrag nicht anzugeben.

3

2. Anordnung oder Zulassung der Sicherheitsbestellung

Eine Fristbestimmung kommt nur in Betracht, wenn die Bestellung der Sicherheit vom Gericht angeordnet oder zugelassen worden ist. Wird die Sicherheit demgegenüber aufgrund einer **Vereinbarung** der Parteien geleistet, ist § 109 ZPO weder direkt noch analog anwendbar.[11]

4

3. Wegfall des Sicherheitsanlasses

Wesentliche Voraussetzung nach § 109 Abs. 1 ZPO ist, dass die Veranlassung für die Sicherheitsleistung weggefallen ist. Ob dies der Fall ist, ist **nach dem jeweiligen Zweck** der Sicher-

5

---

1 BGH, NJW-RR 2006, 710 (712), Rn. 11 = MDR 2006, 828; RGZ 156, 164 (167).
2 OLG Stuttgart, Rpfleger 2011, 40; *Pecher*, WM 1986, 1513 (1515).
3 BGH, NJW 1990, 2128 f. = WM 1990, 1161.
4 BGH, NJW-RR 2006, 710 (711), Rn. 8 ff. = MDR 2006, 828.
5 Vgl. Wieczorek/Schütze-*Smid/Hartmann*, ZPO, § 109 Rn. 5; MK-*Schulz*, ZPO, § 109 Rn. 5 f.; Prütting/Gehrlein-*K. Schmidt*, ZPO, § 109 Rn. 24.
6 Thomas/Putzo-*Hüßtege*, ZPO, § 109 Rn. 14; Zöller-*Herget*, ZPO, § 109 Rn. 1.
7 Vgl. BGH, NJW 1994, 1351 (1352) = ZIP 1994, 654.
8 BGH, NJW 1994, 1351 (1352) = ZIP 1994, 654; *Treber*, WM 2000, 343 ff.
9 H.M., vgl. MK-*Schulz*, ZPO, § 109 Rn. 16; BeckOK-*Jaspersen*, ZPO, § 109 Rn. 14 f. jeweils m.w.N.; offen gelassen von BGH, NJW 1979, 417 = WM 1979, 15 mit Anm. *Schreiber*, JR 1979, 249.
10 Vgl. OLG Brandenburg, MDR 2016, 114 f.
11 OLG Celle v. 08.01.2015, 9 W 180/14, juris, Rn. 2.

Goldbeck

heitsleistung zu bestimmen, mit der ein Schwebezustand überbrückt werden soll.[12] Im Grundsatz gilt, dass der Sicherungszweck entfällt, wenn der gesicherte Anspruch bzw. Schaden nicht entstanden ist und nicht mehr entstehen kann oder wenn der Sicherungsberechtigte bereits befriedigt ist oder erfolgreich vollstreckt hat.[13] Der Sicherheitsanlass muss nicht vollständig entfallen sein, bei bloß **teilweisem** Wegfall kann die Rückgabe eines entsprechenden Teils der Sicherheit verlangt werden.[14] Den Antragsteller trifft die **Darlegungs- und Beweislast** bzgl. des Wegfalls des Anlasses.[15]

6   Die Veranlassung für eine **Vollstreckungssicherheit** des Gläubigers (§ 709 ZPO) entfällt vor allem dann, wenn das erstinstanzlich stattgebende Urteil durch die Entscheidung des Berufungsgerichts bestätigt wird und diese nicht anfechtbar ist. Das Gleiche gilt bei Eintritt der Rechtskraft oder wenn der Vollstreckungstitel gegenstandslos geworden ist, z. B. aufgrund übereinstimmender Erledigungserklärung oder Abschluss eines Prozessvergleichs.[16] Dagegen entfällt der Anlass (nach Vollstreckung) nicht schon deshalb, dass die Berufung des Beklagten zurückgewiesen und das Berufungsurteil ohne Sicherheitsleistung für vorläufig vollstreckbar erklärt wird.[17]

7   Mit der Bestellung einer **Abwendungssicherheit** (z. B. §§ 711 Satz 1, 712, 720a Abs. 3 ZPO) soll der vollstreckende Sicherungsnehmer für den Fall abgesichert werden, dass sich aus der verzögerten Zwangsvollstreckung ein **Verzögerungsschaden** ergibt, der ihm bei sofortiger Vollstreckung nicht entstanden wäre. Er soll auch vor dem Risiko geschützt werden, dass es zu einem vollständigem oder teilweisem Ausfall mit dem vollstreckbaren Anspruch kommt.[18] Die Veranlassung ist hier immer dann weggefallen, wenn ausgeschlossen ist, dass es noch zu einem Schaden des Sicherungsnehmers kommen kann, etwa weil er bereits vollständig befriedigt ist oder erfolgreich vollstreckt hat.[19] Der Wegfall bei einer Abwendungssicherheit nach § 711 ZPO ist mit der Aufhebung des Urteils oder seiner vorläufigen Vollstreckbarkeit zu bejahen, auch wenn Revision eingelegt wird.[20] Auch bei Leistung einer **„Gegensicherheit"** durch den Sicherungsnehmer wird die Sicherheit des Sicherungsgebers regelmäßig frei.[21]

8   Wegfall der Veranlassung für eine **Einstellungssicherheit** nach §§ 707, 719, 732 Abs. 2, 769, 771 ZPO (auch hier ist der Schutz des Gläubigers vor verzögerungsbedingten Schäden aufgrund Illiquidität des Schuldners bezweckt) ist immer anzunehmen, sobald über die Wiedereinsetzung, die Wiederaufnahme, das Rechtsmittel etc. eine Entscheidung zu Gunsten des Bestellers der Sicherheit ergangen ist und der gesicherte Anspruch des Sicherungsnehmers rechtskräftig aberkannt worden ist.[22]

9   Weitere **Einzelfälle**: Im Falle der Bestellung einer **Prozesskostensicherheit** nach § 110 ZPO führt z. B. die Begründung des gewöhnlichen Aufenthalts des Klägers in der EU[23] oder die rechtskräftige Verurteilung des Beklagten[24] zu einem Wegfall des Sicherheitsanlasses. § 109 ZPO ist entsprechend anwendbar im Falle einer eklatanten und unzumutbaren **Übersicherung**, da in diesen Fällen die Veranlassung für eine Sicherheitsleistung „teilweise" weggefallen ist.[25] Bei einer nach § 89 ZPO gestellten **Vollmachtsicherheit** fällt die Veranlassung mit der Genehmigung der Partei weg. Eine im **Arrest- oder einstweiligen Verfügungsverfahren** nach §§ 921 Satz 2, 936 ZPO gestellte Sicherheit (gesichert sind denkbare Ersatzansprüche nach § 945 ZPO) ist freizugeben, wenn die Vollziehungsfrist (§ 929 Abs. 2, 3 ZPO) versäumt oder wenn der erlassene Arrest bzw. die erlassene Verfügung aufgehoben wurde (§§ 926 Abs. 2, 942 Abs. 3 ZPO).[26]

---

12 BGH, NJW-RR 2006, 710 (711), Rn. 10 = MDR 2006, 828; OLG Koblenz, OLGR 2001, 281 (282).
13 Siehe OLG Jena, MDR 2007, 1448; OLG Düsseldorf, Rpfleger 1996, 165; Prütting/Gehrlein-*K. Schmidt*, ZPO, § 109 Rn. 3.
14 OLG München, DB 1978, 2020; Stein/Jonas-*Bork*, ZPO, § 109 Rn. 14.
15 BGH, NJW-RR 2006, 710 (712), Rn. 13 = MDR 2006, 828; Stein/Jonas-*Bork*, ZPO, § 109 Rn. 12.
16 Einzelheiten z. B. bei BeckOK-*Jaspersen*, ZPO, § 109 Rn. 8 ff. m. w. N.
17 BGHZ 11, 303 (304) = JZ 1954, 259 = BeckRS 1953, 30380736.
18 Vgl. BGH, NJW 1979, 417 (418) = WM 1979, 15; OLG Köln, NJW-RR 1987, 251 (252).
19 BGH, NJW 1982, 1397 = WM 1982, 22; OLG Stuttgart, NJW-RR 1995, 1148 (1149).
20 OLG München, OLGR 1994, 226; OLG Hamm, MDR 1982, 942; KG Berlin, Rpfleger 1979, 430.
21 OLG Köln, MDR 1993, 270; näher BeckOK-*Jaspersen*, ZPO, § 109 Rn. 9.2.
22 Vgl. Musielak/Voit-*Foerste*, ZPO, § 109 Rn. 6.
23 BGH, NJW-RR 2006, 710 f. = MDR 2006, 828.
24 OLG Stuttgart, MDR 1985, 1032.
25 OLG Hamm, MDR 2013, 935 f.; MK-*Schulz*, ZPO, § 109 Rn. 10.
26 Ausführlich Zöller-*Herget*, ZPO, § 109 Rn. 4; BeckOK-*Jaspersen*, ZPO, § 109 Rn. 12.

4. Fristbestimmung
Über die Fristbestimmung wird gemäß § 109 Abs. 3 Satz 2 ZPO durch **Beschluss** entschieden, der zuzustellen ist, § 329 Abs. 2 Satz 2 ZPO. **Sachlich zuständig** ist das **Gericht**, das die Bestellung der Sicherheit angeordnet oder zugelassen hat, ggf. also auch das Rechtsmittelgericht, es sei denn, die Entscheidung der Vorinstanz wurde lediglich bestätigt.[27] Bei Arrest und einstweiliger Verfügung ist das Gericht der Hauptsache zuständig, § 943 Abs. 2 ZPO. Ein Unterschied ergibt sich bei der Fristbestimmung in der **funktionellen Zuständigkeit**: Während der Richter die Sicherheit angeordnet hat, ist für die nach § 109 ZPO zu treffenden Entscheidungen gemäß § 20 Abs. 1 Nr. 3 RPflG der **Rechtspfleger** zuständig. Eine Entscheidung durch den Richter ist allerdings ebenfalls wirksam, § 8 Abs. 1 RPflG. Die Anberaumung einer mündlichen Verhandlung ist freigestellt, § 128 Abs. 4 ZPO. 10

Die **Länge** der Frist hat der Rechtspfleger nach freiem Ermessen unter Berücksichtigung der Umstände des Einzelfalls, insbesondere der Art der Sicherheit, zu bestimmen. Für die Frist gelten die §§ 221, 222, 224, 225 ZPO. 11

Binnen der bestimmten Frist hat die Partei, zu deren Gunsten die Sicherheit geleistet wurde, entweder in die Rückgabe der Sicherheit einzuwilligen oder nachzuweisen, dass sie wegen ihrer Ansprüche Klage erhoben hat.[28] „Klage" ist hier **weit** zu verstehen und betrifft nicht nur Leistungsklagen; es genügt auch – abhängig vom gesicherten Anspruch – eine Feststellungsklage oder ein Kostenfestsetzungsantrag oder eine Klage gegen den Sicherungsgeber,[29] z.B. den Prozessbürgen.[30] Ob dieses Begehren des Sicherungsnehmers Aussicht auf Erfolg hat, ist für die Sperrwirkung ohne Bedeutung.[31] Die Einwilligung zur Rückgabe kann zu Protokoll der Geschäftsstelle erklärt werden, § 109 Abs. 3 Satz 1 ZPO. 12

II. Rückgabeanordnung nach Fristablauf, Abs. 2 und 3
1. Voraussetzungen
§ 109 Abs. 2 ZPO knüpft an Abs. 1 an und setzt zunächst voraus, dass die ordnungsgemäß bestimmte Frist fruchtlos abgelaufen ist. Der **Fristablauf** ist aber **unschädlich**, wenn der Sicherungsnehmer bis zum Erlass der Rückgabeanordnung („inzwischen") den Nachweis der Klageerhebung führt (§ 231 Abs. 2 ZPO).[32] Selbst im Beschwerdeverfahren ist dies wegen § 571 Abs. 2 ZPO noch möglich, ggf. ist dann für erledigt zu erklären. Die Anordnung der Rückgabe erfordert zudem (nochmals) einen **Antrag** des Sicherungsgebers; dieser kann schon zu Beginn gemeinsam mit dem Antrag auf Fristbestimmung (bedingt) gestellt werden (im Einzelnen zuvor Rn. 3). Nicht erforderlich ist, dass der Sicherungsnehmer bei der Fristbestimmung nach Abs. 1 auf die Folgen des fruchtlosen Ablaufs hingewiesen worden ist, § 231 Abs. 1 ZPO. Erneut zu prüfen ist aber, ob der Wegfall der Veranlassung weiterhin zu bejahen ist, die Voraussetzungen des Abs. 1 mithin unverändert gegeben sind.[33] 13

2. Entscheidung
Die Rückgabeanordnung ergeht ebenfalls durch **Beschluss** (§ 109 Abs. 3 Satz 2 ZPO) und lautet dahin, dass der Sicherungsnehmer die exakt bezeichnete Sicherheit, ggf. nur zum Teil, an den exakt bestimmten Empfänger zurückzugeben hat. Wurde die Sicherheit durch eine Bürgschaft bewirkt, ordnet der Rechtspfleger das Erlöschen der unzweideutig zu bezeichnenden Bürgschaft an, § 109 Abs. 2 Satz Hs. 2 ZPO; der Anordnung der Rückgabe der Bürgschaftsurkunde bedarf es darüber hinaus nicht. 14

Die Rückgabeanordnung wird erst mit **Rechtskraft** wirksam, § 109 Abs. 2 Satz 3 ZPO. Je nach Sicherheit unterscheiden sich dann die **Wirkungen** der Anordnung: Während eine Bürgschaft erlischt, kann bei einer Hinterlegung von der Hinterlegungsstelle die Herausgabe verlangt werden; der rechtskräftige Beschluss stellt eine gerichtliche Entscheidung i.S.v. (z.B.) Art. 20 Abs. 1 Nr. 3 BayHintG dar. Im Übrigen kann aus dem Beschluss die Zwangsvollstreckung betrieben werden (§ 794 Abs. 1 Nr. 3 ZPO). 15

III. Rechtsbehelfe, Abs. 4
Hinsichtlich der Rechtsbehelfe ist zwischen der Fristbestimmung nach Abs. 1 und der Rückgabeanordnung nach Abs. 2 zu **differenzieren**. Wird der Antrag auf Fristbestimmung abgelehnt, steht dem Antragsteller die sofortige Beschwerde zu, § 109 Abs. 4 ZPO. Dagegen ist die 16

---
27 Zöller-*Herget*, ZPO, § 109 Rn. 7; Stein/Jonas-*Bork*, ZPO, § 109 Rn. 16.
28 Tenorierungsbeispiele bei BeckOK-*Jaspersen*, ZPO, § 109 Rn. 17.1 ff.
29 OLG Saarbrücken v. 27. 02. 2012, 5 W 26/12, juris, Rn. 15; Stein/Jonas-*Bork*, ZPO, § 109 Rn. 24.
30 OLG Köln, NJW-RR 1992, 238; OLG Köln, OLGZ 1991, 217.
31 Näher MK-*Schulz*, ZPO, § 109 Rn. 36.
32 OLG Saarbrücken v. 27. 02. 2012, 5 W 26/12, juris, Rn. 16; OLG München, OLGR 1995, 155.
33 Vgl. OLG Frankfurt a.M., OLGR 2009, 182 f.; BeckOK-*Jaspersen*, ZPO, § 109 Rn. 20.

Fristsetzung zur Rückgabe der Sicherheit nicht anfechtbar; insoweit ist – bei Beschluss des Rechtspflegers – allein die Erinnerung nach § 11 Abs. 2 RPflG eröffnet.[34] Der Beschluss betreffend die Rückgabe der Sicherheit nach Abs. 2 ist demgegenüber sowohl bei Stattgabe als auch bei Ablehnung gemäß Abs. 4 für den jeweils unterlegenen Teil im Wege der sofortigen Beschwerde angreifbar. Ob der Beschluss vom Richter oder Rechtspfleger getroffen wurde, ist insoweit unerheblich.[35] In allen Fällen besteht kein Anwaltszwang, § 13 RPflG, § 569 Abs. 3 Nr. 1 ZPO.

C. Kosten und Gebühren

17 Die Kosten des Verfahrens nach § 109 ZPO zählen regelmäßig zu den **Kosten des Rechtsstreits** i.S.v. § 91 ZPO (§ 91 Rn. 128), im Zwangsvollstreckungsverfahren zu den Kosten der Zwangsvollstreckung, § 788 ZPO.

18 Gerichtsgebühren entstehen im Verfahren nach § 109 ZPO nicht. Die Tätigkeit des Anwalts bei der Erbringung der Sicherheitsleistung und dem Rückgabeverfahren ist mit der Verfahrensgebühr abgegolten, § 19 Abs. 1 Nr. 7 RVG. Bei gesonderter Tätigkeit eines Rechtsanwalts fällt eine 0,8 Verfahrensgebührt nach Nr. 3403 VV-RVG an. Im Erinnerungs- und Beschwerdeverfahren können Gerichts- und Anwaltskosten entstehen.

§ 110
Prozesskostensicherheit

(1) Kläger, die ihren gewöhnlichen Aufenthalt nicht in einem Mitgliedstaat der Europäischen Union oder einem Vertragsstaat des Abkommens über den Europäischen Wirtschaftsraum haben, leisten auf Verlangen des Beklagten wegen der Prozesskosten Sicherheit.

(2) Diese Verpflichtung tritt nicht ein:
1. wenn auf Grund völkerrechtlicher Verträge keine Sicherheit verlangt werden kann;
2. wenn die Entscheidung über die Erstattung der Prozesskosten an den Beklagten auf Grund völkerrechtlicher Verträge vollstreckt würde;
3. wenn der Kläger im Inland ein zur Deckung der Prozesskosten hinreichendes Grundvermögen oder dinglich gesicherte Forderungen besitzt;
4. bei Widerklagen;
5. bei Klagen, die auf Grund einer öffentlichen Aufforderung erhoben werden.

Inhalt:

	Rn.		Rn.
A. Allgemeines	1	2. Vollstreckbarkeit der Kostenentscheidung, Abs. 2 Nr. 2	18
I. Normzweck und Systematik	1	3. Vorhandene Deckung der Prozesskosten, Abs. 2 Nr. 3	19
II. Anwendungsbereich	5	4. Widerklage, Abs. 2 Nr. 4	20
B. Erläuterungen	7	5. Klage aufgrund öffentlicher Aufforderung, Abs. 2 Nr. 5	21
I. Voraussetzungen der Prozesskostensicherheit, Abs. 1	7	III. Verfahren und Entscheidung	22
1. Gewöhnlicher Aufenthalt außerhalb von EU und EWR	8	C. Anfechtbarkeit, Kosten und Streitwert	26
2. Verlangen des Beklagten	13		
II. Ausnahmen, insbesondere nach Abs. 2	16		
1. Entgegenstehender völkerrechtlicher Vertrag, Abs. 2 Nr. 1	17		

A. Allgemeines
I. Normzweck und Systematik

1 § 110 ZPO bezweckt den **Schutz des Vermögens des zu Unrecht in Anspruch genommen Beklagten**. Stammt die klagende Partei weder aus der EU noch aus dem EWR, besteht für den Beklagten die Gefahr, dass er im Falle der Klageabweisung den zu seinen Gunsten bestehenden prozessualen Kostenerstattungsanspruch gegen den Kläger aus faktischen Gründen gar nicht oder nur mit großen Schwierigkeiten geltend machen und vollstrecken kann. Diese Ge-

---

34 OLG Saarbrücken v. 06.01.2011, 4 W 310/10, juris, Rn. 1; OLG Köln, JurBüro 2005, 554 m.w.N.
35 Saenger-*Wöstmann*, ZPO, § 109 Rn. 9.

fahr will § 110 ZPO ausräumen.[1] Eine Sicherung des Anspruchs der Staatskasse auf Gerichtskostenzahlung ist von der Norm hingegen nicht beabsichtigt, so dass sich ein Zugriff wegen offener Kosten verbietet.[2]

Die Leistung der Prozesskostensicherheit stellt bei entsprechendem Verlangen des Beklagten eine **Prozessvoraussetzung** dar. Die Einrede mangelnder Sicherheit betrifft mithin die **Zulässigkeit** der Klage. Allerdings darf keine Abweisung als unzulässig erfolgen, sondern das Gericht hat bei Nichtleistung der Sicherheit die Klage für zurückgenommen zu erklären bzw. das Rechtsmittel des Klägers zu verwerfen, § 113 Satz 2 ZPO (näher § 113 Rn. 2). Es handelt sich um eine **verzichtbare** Rüge, die in der höheren Instanz nicht mehr zulässig ist, wenn sie in der Vorinstanz schuldhaft nicht erhoben wurde.[3] 2

Hinsichtlich der **Darlegungs- und Beweislast** ist nach allgemeinen Regeln zu differenzieren: Das Vorliegen der Voraussetzungen des Abs. 1 hat der Beklagte, das Vorliegen einer Ausnahme nach Abs. 2 der Kläger darzulegen und ggf. zu beweisen.[4] Den Kläger kann eine sekundäre Darlegungslast treffen. Da das Verlangen nach Sicherheitsleistung die Zulässigkeit betrifft, gilt das Freibeweisverfahren.[5] 3

§ 110 ZPO wird ergänzt durch die §§ 111–113 ZPO, insbesondere ist dort die Höhe der Prozesskostensicherheit (§ 112 ZPO) und das prozedurale Vorgehen (§ 113 ZPO) gesondert geregelt. 4

II. Anwendungsbereich

§ 110 ZPO gilt in **sachlicher** Hinsicht in erster Linie im Klageverfahren. Im Verfahren auf Erlass einer einstweiligen Verfügung (bzw. eines Arrestes) ist die Vorschrift nicht anwendbar. Nach wohl überwiegender Auffassung in der Rechtsprechung gebietet das Bedürfnis des Rechtsschutzsuchenden, so unverzüglich wie möglich zu einer einstweiligen Entscheidung und Regelung zu gelangen, die Einrede der mangelnden Prozesskostensicherheit nicht auf das einstweilige Verfügungsverfahren zu erstrecken, und zwar unabhängig davon, ob eine Entscheidung durch Beschluss oder aufgrund mündlicher Verhandlung ergeht.[6] Allerdings wird auch häufig vertreten, dass bei Anberaumung eines Verhandlungstermins dem Schutzinteresse des Verfügungsbeklagten Vorrang einzuräumen, in diesem Fall also (doch) Sicherheit zu leisten ist.[7] § 110 ZPO findet auch **keine** Anwendung im Mahnverfahren vor Überleitung in das Streitverfahren oder im selbstständigen Beweisverfahren, ferner nicht im Verfahren der Vollstreckbarerklärung von Schiedssprüchen oder schiedsrichterlichen Vergleichen nach §§ 1051 ff., 1060 ff. ZPO.[8] Nicht anwendbar (auch nicht analog wegen § 81 Abs. 1 FamFG) ist die Regelung schließlich in Verfahren nach dem FamFG,[9] es sei denn, es handelt sich ausnahmsweise um ein echtes Streitverfahren.[10] 5

Der **persönliche** Anwendungsbereich umfasst sämtliche natürlichen und juristischen Personen. Kommt es zu einer Hauptintervention (§ 64 ZPO), ist der Intervenient in gleicher Weise zur Sicherheitsleistung verpflichtet. Im Fall einer Nebenintervention gilt § 110 ZPO ebenfalls: Bei einfacher Nebenintervention sind deren Kosten zu sichern (§ 101 ZPO), der streitgenössische Nebenintervenient (§ 69 ZPO) hat hingegen der Höhe nach (§ 113 ZPO) die gesamten Kosten abzusichern.[11] Maßgeblich ist in allen Fällen allein die **Parteirolle im ersten Rechtszug**; der in erster Instanz unterlegene Beklagte ist als Rechtsmittelkläger nicht „Kläger" i.S.v. § 110 ZPO und daher in der nachfolgenden Instanz nicht sicherungspflichtig. 6

B. Erläuterungen
I. Voraussetzungen der Prozesskostensicherheit, Abs. 1

Die Voraussetzungen des Abs. 1 müssen im **Zeitpunkt der Entscheidung des Prozessgerichts** erfüllt sein; die Sachlage zum Zeitpunkt der Rechtshängigkeit ist unerheblich. 7

---

1 Vgl. nur BT-Drucks. 13/10871, S. 17, sowie MK-*Schulz*, ZPO, § 110 Rn. 1 f. (auch zur Bedeutung der Rechtsprechung des EuGH).
2 OLG Stuttgart, MDR 1985, 1033.
3 BGH, NJW-RR 2005, 148 (149) = MDR 2005, 45; BGH, NJW-RR 1990, 378 = MDR 1990, 432; BGH, NJW 1981, 2646 = MDR 1981, 1011.
4 BGH, NJW 1982, 1223 = WM 1982, 194.
5 BeckOK-*Jaspersen*, ZPO, § 110 Rn. 30 ff.
6 Ausführlich LG Düsseldorf, BeckRS 2011, 03782; OLG Köln, OLGR 2005, 139; OLG Frankfurt a.M., IPRax 2002, 222; Stein/Jonas-*Bork*, ZPO, § 110 Rn. 14.
7 Z.B. OLG Köln, ZIP 1994, 326; LG Hamburg, IPRax 2004, 528 (529); *Leible*, NJW 1995, 2817 (2819); Prütting/Gehrlein-*K. Schmidt*, ZPO, § 110 Rn. 5.
8 BGHZ 52, 321 (322 ff.) = NJW 1969, 2089 f. = WM 1969, 1300.
9 OLG Frankfurt a.M., OLGR 2005, 320; Prütting/Gehrlein-*K. Schmidt*, ZPO, § 110 Rn. 6.
10 Musielak/Voit-*Foerste*, ZPO, § 110 Rn. 2; MK-*Schulz*, ZPO, § 110 Rn. 6.
11 Vgl. Musielak/Voit-*Foerste*, ZPO, § 110 Rn. 2.

1. Gewöhnlicher Aufenthalt außerhalb von EU und EWR

8 Ob der Kläger – als **natürliche** Person – seinen gewöhnlichen Aufenthalt außerhalb des Gebiets von EU und EWR hat, bestimmt sich danach, wo er seinen **tatsächlichen Daseinsmittelpunkt** hat, wo also der Schwerpunkt seiner familiären und/oder beruflichen Bindungen liegt.[12] Regelmäßig wird der gewöhnliche Aufenthalt einer Person erst durch eine auf längere Dauer angelegte soziale Eingliederung gekennzeichnet und verlangt neben dem Entstehen von sozialen Bindungen auch einen tatsächlichen Aufenthalt von gewisser Dauer, der vielfach mit sechs Monaten angesetzt wird, im Einzelfall aber auch darunter liegen kann.[13] Ohne Relevanz ist die Staatsangehörigkeit des Klägers.[14]

9 Bei **juristischen** Personen ist der **tatsächliche**, nicht der satzungsmäßige **Verwaltungssitz** (§ 17 ZPO) ausschlaggebend.[15] Maßgebend für den tatsächlichen Verwaltungssitz ist der Tätigkeitsort der Geschäftsführung und der dazu berufenen Vertretungsorgane, also der Ort, wo die grundlegenden Entscheidungen der Unternehmensleitung effektiv in laufende Geschäftsführungsakte umgesetzt werden.[16] Der Ort bloßer Betriebsstätten ist ebenso wenig wie der Ausführungsort einzelner Geschäfte maßgeblich.[17] Die (eventuell) fehlende Parteifähigkeit des Klägers steht der Einrede des § 110 ZPO nicht entgegen.[18]

10 Im Falle gewillkürter oder gesetzlicher **Prozessstandschaft** ist auf den gewöhnlichen Aufenthaltsort des Prozessstandschafters abzustellen. Klagt hingegen eine **Partei kraft Amtes**, etwa der Insolvenzverwalter oder der Testamentsvollstrecker, ist im Regelfall maßgeblich, in welchem Staat sich das verwaltete Vermögen befindet, da allein dieses für den Kostenerstattungsanspruch des Beklagten haftet.[19]

11 Die **EU** umfasst gegenwärtig folgende 28 Staaten: Belgien, Bulgarien, Dänemark, Deutschland, Estland, Finnland, Frankreich, Griechenland, Irland, Italien, Kroatien, Lettland, Litauen, Luxemburg, Malta, Niederlande, Österreich, Polen, Portugal, Rumänien, Schweden, Slowakei, Slowenien, Spanien, Tschechische Republik, Ungarn, Vereinigtes Königreich, Zypern. Über den **EWR** sind ferner Island, Liechtenstein und Norwegen eingeschlossen.

12 Die **gezielte Verlegung** des gewöhnlichen Aufenthalts in das EU/EWR-Gebiet zur Umgehung der Ausländersicherheit kann wegen Rechtsmissbrauchs nach § 242 BGB unbeachtlich sein.[20]

2. Verlangen des Beklagten

13 Sicherheit ist nur auf „Verlangen des Beklagten" zu leisten. Nach dem Wortlaut muss die Einrede mithin **vom Beklagten selbst** geltend gemacht werden; es genügt nicht, wenn lediglich der Nebenintervenient des Beklagten den Antrag für dessen Prozesskosten stellt.[21] Inwiefern aber der Streithelfer berechtigt ist, Sicherheitsleistung hinsichtlich seiner Prozesskosten zu verlangen, ist strittig. Nach überwiegender Auffassung kann bei **streitgenössischer** Nebenintervention (§ 69 ZPO) Sicherheitsleistung verlangt werden,[22] **nicht** aber bei **einfacher** nach Streitverkündung durch den Beklagten, da dies zu einer erheblichen Erschwerung der Rechtsdurchsetzung zum Nachteil des Klägers, für den die Nebenintervention häufig gar nicht absehbar ist, führen kann.[23]

14 Das Sicherheitsverlangen des Beklagten im ersten Rechtszug muss sich nach der Rechtsprechung des BGH zur Vermeidung von Nachteilen sogleich auf die **Kosten des gesamten Rechtsstreits**, also einschließlich etwaiger Rechtsmittelzüge, beziehen; ob die Voraussetzungen des § 110 ZPO für eine Sicherheitsleistung erfüllt sind, soll grundsätzlich nur **einmal** entschieden

---

12 BGH, NJW 1993, 2047 (2048) = FamRZ 1993, 798.
13 Vgl. KG Berlin, FamRZ 2014, 1790 zu § 122 Nr. 1 FamFG; Thomas/Putzo-*Hüßtege*, ZPO, § 122 FamFG Rn. 4.
14 LG Karlsruhe, IPRax 2005, 145.
15 OLG Düsseldorf, BeckRS 2015, 06726, Rn. 20; OLG München, ZIP 2010, 2069 f.; OLG Karlsruhe, NJW-RR 2008, 944 (945 f.); LG Berlin, ZIP 2010, 903 f.; anders OLG Schleswig, IPRax 2014, 289: Gründungssitz; offen gelassen von BGH, NJW-RR 2005, 148 (149) = MDR 2005, 45.
16 BGH, NJW-RR 2010, 1364, Rn. 16 = WM 2010, 996; BGHZ 97, 269 (272) = NJW 1986, 2194 (2195) = ZIP 1986, 643.
17 OLG München, ZIP 2010, 2069 f. m. w. N.
18 OLG Karlsruhe, NJW-RR 2008, 944 (945); *Schütze*, IPrax 2001, 193 (194).
19 Siehe BeckOK-*Jaspersen*, ZPO, § 110 Rn. 21.
20 LG Berlin, ZIP 2010, 903 f. mit Anm. *Knöfel*, EWiR 2010, 35 f.
21 Thomas/Putzo-*Hüßtege*, ZPO, § 110 Rn. 6; Saenger-*Wöstmann*, ZPO, § 110 Rn. 3; a. A. Zöller-*Herget*, ZPO, § 110 Rn. 4; Musielak/Voit-*Foerste*, ZPO, § 110 Rn. 6.
22 Vgl. Zöller-*Herget*, ZPO, § 110 Rn. 4.
23 OLG Hamburg, NJW 1990, 650; Musielak/Voit-*Foerste*, ZPO, § 110 Rn. 8; anders z. B. *Rützel*, NJW 1998, 2086 ff.; Prütting/Gehrlein-*K. Schmidt*, ZPO, § 110 Rn. 9.

werden.²⁴ Ist eine derart umfassende Rüge erstinstanzlich (rechtzeitig) erfolgt, zeigt sich aber im weiteren Verlauf, dass die vom Gericht angeordnete Sicherheit die Kosten nicht vollständig deckt, kann der Beklagte im höheren Rechtszug die Rüge wiederholen und die Leistung einer weiteren Sicherheit verlangen.²⁵

Das Verlangen nach Sicherheit, das eine Prozesshandlung darstellt (mit der Folge des Anwaltszwangs nach § 78 Abs. 1 ZPO), kann nicht zu einem beliebigen Zeitpunkt während des laufenden Rechtsstreits geäußert werden, sondern ist **rechtzeitig**, nämlich vor der Verhandlung zur Hauptsache bzw. bei Fristsetzung zur Klageerwiderung (§§ 275 Abs. 1 Satz 1, 276 Abs. 1 Satz 2 ZPO) innerhalb dieser Frist zu stellen, § 282 Abs. 3 ZPO. Im Falle der Verspätung ist ggf. eine **Entschuldigung** nach Maßgabe der §§ 296 Abs. 3, 532, 565 ZPO möglich.²⁶ 15

II. Ausnahmen, insbesondere nach Abs. 2

Wurde dem Kläger Prozesskostenhilfe bewilligt, entfällt gemäß § 122 Abs. 1 Nr. 2 ZPO seine Pflicht zur Sicherheitsleistung; sie lebt erst und nur dann wieder auf, wenn die Bewilligung aufgehoben wird.²⁷ Die Einforderung einer Sicherheit scheidet ferner aus, wenn der Kläger vom Beklagten Prozesskostenvorschuss (vgl. § 246 FamFG) verlangen kann.²⁸ Auch bei heimatlosen Ausländern und Flüchtlingen (Art. 16 der Genfer Flüchtlingskonvention) greift § 110 Abs. 1 ZPO nicht.²⁹ Die Deckungszusage einer Rechtsschutzversicherung führt hingegen zu keiner Befreiung.³⁰ Im Übrigen enthält § 110 Abs. 2 ZPO folgende spezifische **Ausnahmetatbestände:** 16

1. Entgegenstehender völkerrechtlicher Vertrag, Abs. 2 Nr. 1

Die Verpflichtung zur Prozesskostensicherheit tritt nicht ein, wenn ein entsprechender wirksamer völkerrechtlicher Vertrag dem entgegensteht. Unerheblich ist (anders als nach altem Recht), ob Gegenseitigkeit verbürgt ist. Aus dem Vertrag muss sich hinreichend deutlich ergeben, dass gerade auch auf Prozesskostensicherheit verzichtet werden soll, die bloße Gleichstellung mit dem Inländer bei der prozessualen Rechtsdurchsetzung genügt nicht.³¹ **Praxisbedeutsame Verträge** sind insoweit insbesondere: Haager Übereinkommen über den Zivilprozess, Pariser Europäisches Niederlassungsabkommen, deutsch-britisches Abkommen über den Rechtsverkehr und deutsch-amerikanisches Freundschafts-, Handels- und Schifffahrtsvertrag.³² 17

2. Vollstreckbarkeit der Kostenentscheidung, Abs. 2 Nr. 2

§ 110 Abs. 2 Nr. 2 ZPO greift ein, wenn ein völkerrechtlicher Vertrag existiert, der die Anerkennung und Vollstreckung des deutschen Titels im Staat des Klägers regelt. Der Vertrag muss gerade auch die Vollstreckung des Kostentitels des Beklagten gewährleisten.³³ 18

3. Vorhandene Deckung der Prozesskosten, Abs. 2 Nr. 3

Die Ausnahmeregelung des Nr. 3 erklärt sich daraus, dass der Beklagte nicht des Schutzes des § 110 Abs. 1 ZPO bedarf, wenn der ausländische Kläger im „Inland" – bedeutet: in Deutschland – über ausreichend Grundvermögen etc. verfügt, auf das im Falle der Klageabweisung zugegriffen werden kann. Der Begriff des **Grundvermögens** umfasst das Eigentum an Grundstücken sowie die Inhaberschaft gleichwertiger Rechtspositionen, etwa von Wohnungseigentum oder eines Erbbaurechts, ferner ein dingliches Anwartschaftsrecht (§§ 873, 875, 925 BGB).³⁴ Als **„dinglich gesicherte Forderungen"** sind solche Ansprüche anzusehen, für die dem Kläger vom Schuldner eine Hypothek, eine Grundschuld oder eine Rentenschuld (an einem Grundstück im Inland) bestellt worden ist; nach h.M. soll eine Vormerkung (§ 883 BGB) nicht ausreichend sein.³⁵ Wichtig ist, dass der Zugriffsgegenstand ausreichend werthaltig ist (etwai- 19

---

24 Vgl. BGH, NJW-RR 2005, 148 = BGHReport 2004, 1648; BGH, NJW 1981, 2646 = ZIP 1981, 780; BGH, NJW-RR 1990, 378f. = MDR 1990, 432.
25 BGH, NJW-RR 2005, 148 (149) = BGHReport 2004, 1648.
26 Vgl. BGH, NJW-RR 1993, 1021 = WM 1993, 355; BGH, NJW 1981, 2646 = ZIP 1981, 780.
27 OLG Karlsruhe, BeckRS 2013, 17338; ferner OLG Brandenburg, MDR 2003, 288.
28 Zu § 127a ZPO a.F.: OLG Düsseldorf, OLGR 1997, 278.
29 Thomas/Putzo-*Hüßtege*, ZPO, § 110 Rn. 8; Prütting/Gehrlein-*K. Schmidt*, ZPO, § 110 Rn. 12.
30 Vgl. BGH v. 21.02.2014, IV ZR 350/13, juris, Rn. 1.
31 OLG Frankfurt a.M., OLGR 2005, 724f.
32 Eine geordnete Übersicht zur Befreiung nach § 110 Abs. 2 Nr. 1 und 2 ZPO findet sich bei *Geimer*, Internationales Zivilprozessrecht, Anhang II; Baumbach/Lauterbach/Albers/Hartmann, ZPO, Anhang nach § 110 ZPO; Stein/Jonas-*Bork*, ZPO, § 110 Rn. 24ff.
33 Einzelheiten bei *Schütze*, RIW 2002, 299 ff.
34 MK-*Schulz*, ZPO, § 110 Rn. 25; BeckOK-*Jaspersen*, ZPO, § 110 Rn. 27.
35 Prütting/Gehrlein-*K. Schmidt*, ZPO, § 110 Rn. 16; Thomas/Putzo-*Hüßtege*, ZPO, § 110 Rn. 12.

ge Belastungen sind in Abzug zu bringen), also den vom Beklagten wahrscheinlich aufzuwendenden Prozesskostenbetrag (§ 112 Abs. 2 Satz 1 ZPO) vollständig abdeckt.

4. Widerklage, Abs. 2 Nr. 4

20 Erhebt der Beklagte, der seinen gewöhnlichen Aufenthalt nicht in der EU oder im EWR hat, Widerklage, muss er keine Sicherheit leisten. § 110 Abs. 2 Nr. 4 ZPO wird ergänzt durch § 112 Abs. 2 Satz 2 ZPO und gilt auch noch nach rechtskräftiger Abweisung der Klage.[36] Die Besserstellung des Widerklägers ist sachlich gerechtfertigt, da die Widerklage ein qualifiziertes Verteidigungsmittel darstellt, dessen Einsatz sich der Kläger nach dem Veranlassungsgedanken selbst zuschreiben muss.[37] Die sog. **Drittwiderklage** ist keine Widerklage, sondern stellt eine eigenständige Klage dar. Stehen Klageanspruch und der widerklagend geltend gemachte Gegenanspruch nicht in rechtlichem Zusammenhang und kommt es daher zur Prozesstrennung nach § 145 Abs. 2 ZPO, gilt die Privilegierung weiterhin, zumal die Abtrennung eine Ermessensentscheidung des Gerichts ist.[38]

5. Klage aufgrund öffentlicher Aufforderung, Abs. 2 Nr. 5

21 Die Regelung in Nr. 5 betrifft das Aufgebotsverfahren nach §§ 433 ff. FamFG.

III. Verfahren und Entscheidung

22 Sind die Voraussetzungen des § 110 Abs. 1 ZPO gegeben und liegt kein Fall des Abs. 2 vor, hat das für die Entscheidung in der Hauptsache zuständige Gericht, in der Regel das der Eingangsinstanz, die Prozesskostensicherheit anzuordnen. Nur ausnahmsweise kann dies – ggf. nach mündlicher Verhandlung, § 128 Abs. 4 ZPO – durch **Beschluss** geschehen, nämlich dann, wenn zwischen den Parteien weder dem Grunde noch der Höhe nach Streit über die Pflicht zur Sicherheitsleistung besteht.[39] In allen anderen Fällen hat nach regelmäßig anzuordnender abgesonderter Verhandlung (§ 280 Abs. 1 ZPO) ein **Zwischenurteil** zu ergehen, §§ 280 Abs. 2, 303 ZPO. Ob das Gericht aufgrund mündlicher Verhandlung entscheidet (§ 128 Abs. 1 ZPO) oder ob nach § 128 Abs. 2 ZPO verfahren wird, hängt von den Umständen des Einzelfalls ab.

23 Erachtet das Gericht das Sicherheitsverlangen des Beklagten für **begründet**, muss neben der eigentlichen Anordnung auch die Höhe der zu leistenden Sicherheit bestimmt werden (§ 112 Abs. 1 ZPO). Zugleich ist dem Kläger eine **Frist** zu setzen, § 113 Satz 1 ZPO. Die Art der Sicherheit ist dagegen nicht zu bestimmen, diese beurteilt sich nach § 108 ZPO. **Tenoriert** kann bei begründeter Einrede etwa wie folgt (in Beschluss oder Zwischenurteil gleichermaßen):

> *Dem Kläger wird aufgeben, bis zum 30.11.2016 Prozesskostensicherheit in Höhe von 10.000,00 € zu leisten. Die Kostenentscheidung bleibt dem Schlussurteil vorbehalten.*

24 Geht die Rüge des Beklagten dagegen ins Leere, ist sein Antrag auf Sicherheitsleistung durch Zwischenurteil **zurückzuweisen**. Die Einrede kann alternativ auch im Endurteil verworfen werden.[40] Hat der Beklagte seinen Antrag – obgleich nicht erforderlich – konkret beziffert, bleibt das Gericht mit seiner Anordnung betragsmäßig indes unter dem geforderten Betrag, stellt dies keine teilweise Zurückweisung dar; die Bezifferung ist eine reine Anregung für die Ermessensausübung nach § 112 Abs. 1 ZPO.[41]

25 Fallen die Voraussetzungen des § 110 Abs. 1 ZPO später – also nach Erlass des Zwischenurteils – weg, kann der Kläger nach § 109 ZPO vorgehen und die Rückgabe der Sicherheit verlangen.[42]

C. Anfechtbarkeit, Kosten und Streitwert

26 Das dem Kläger eine Sicherheitsleistung **aufgebende** Zwischenurteil ist nicht selbstständig anfechtbar, weil es nicht über die Zulässigkeit der Klage befindet, sondern die Entscheidung hierüber noch offenlässt und gemäß § 113 Satz 2 ZPO einem nachfolgenden Verfahrensabschnitt vorbehält.[43]

---

36 OLG München, MDR 2010, 1079 mit Anm. *Westpfahl/Luhn*, EWiR 2010, 727; ebenso Musielak/Voit-*Foerste*, ZPO, § 110 Rn. 7.
37 Vgl. BT-Drucks. 13/10871, S. 18.
38 Ebenso Stein/Jonas-*Bork*, ZPO, § 110 Rn. 15; MK-*Schulz*, ZPO, § 110 Rn. 29; a.A. Zöller-*Herget*, ZPO, § 110 Rn. 6; BeckOK-*Jaspersen*, ZPO, § 110 Rn. 28.
39 H. M.; grundlegend RGZ 104, 189 (190); MK-*Schulz*, ZPO, § 113 Rn. 7; kritisch BeckOK-*Jaspersen*, ZPO, § 110 Rn. 34.1.
40 Zöller-*Herget*, ZPO, § 112 Rn. 1; Prütting/Gehrlein-*K. Schmidt*, ZPO, § 110 Rn. 19.
41 BGH, NJW 1974, 238 = MDR 1974, 293.
42 BGH, NJW-RR 2006, 710 (711), Rn. 6 ff. = MDR 2006, 828.
43 BGH, NJW-RR 2006, 710 (711), Rn. 6 = MDR 2006, 828; BGHZ 102, 232 (234 ff.) = NJW 1988, 1733 = WM 1988, 437.

Das das Verlangen des Beklagten insgesamt **zurückweisende** Zwischenurteil ist dagegen gemäß § 280 Abs. 2 Satz 1 ZPO wie ein Endurteil anfechtbar. Statthaft sind mithin Berufung und ggf. auch Revision. Hat das Gericht dem bezifferten Antrag des Beklagten nicht vollständig stattgegeben, stellt dies keine teilweise Zurückweisung dar, so dass eine selbstständige Anfechtung des Zwischenurteils ausscheidet. Dem Beklagten bleibt die Möglichkeit, die Einrede der mangelnden Kostensicherheit aufrechtzuerhalten und so ein weiteres, dieses Mal die Einrede verwerfendes Zwischenurteil zu provozieren; dieses kann dann mit der Berufung angefochten werden.[44]

27

In dem Zwischenurteil selbst ist über die **Kosten** nicht zu entscheiden, der Ausspruch ist vielmehr dem **Schlussurteil** vorzubehalten. Wird die Einrede mangelnder Sicherheit zu Unrecht geltend gemacht, hat dies regelmäßig die **Kostentrennung** nach § 96 ZPO zur Folge; der Beklagte hat die Mehrkosten zu tragen, da die unzulässige/unbegründete Erhebung der Einrede der fehlenden Sicherheit ein ohne Erfolg gebliebenes Verteidigungsmittel i.d.S. darstellt.[45] Ein erfolgloses Rechtsmittel gegen das Zwischenurteil führt zur Kostenfolge des § 97 Abs. 1 ZPO. Der Streitwert für eine Berufung gegen ein die Einrede der fehlenden Prozesskostensicherheit verwerfendes Zwischenurteil entspricht dem Wert der Hauptsache.[46] Eine Ermäßigung der Gerichtsgebühren gemäß Nr. 1211, 1222 KV-GKG kommt im Falle der Klagerücknahme nach Anordnung der Sicherheitsleistung nach h.M. nicht in Betracht, weil das Zwischenurteil ein „anderes Urteil" i.d.S. darstellt.[47]

28

§ 111
Nachträgliche Prozesskostensicherheit

Der Beklagte kann auch dann Sicherheit verlangen, wenn die Voraussetzungen für die Verpflichtung zur Sicherheitsleistung erst im Laufe des Rechtsstreits eintreten und nicht ein zur Deckung ausreichender Teil des erhobenen Anspruchs unbestritten ist.

Sinn und Zweck des § 110 ZPO, die durch einen Kläger ohne gewöhnlichen Aufenthalt im Gebiet der EU oder des EWR verklagte Partei vor den Schwierigkeiten der erfolgreichen Durchsetzung ihres potentiellen Kostenerstattungsanspruchs zu schützen, findet in der Vorschrift des § 111 ZPO eine **ergänzende Absicherung**. Erfasst ist der Fall, dass die Voraussetzungen für die Verpflichtung zur Sicherheitsleistung nach § 110 ZPO bei Eintritt der Rechtshängigkeit (§ 261 ZPO) nicht gegeben sind, im weiteren Verlauf des Rechtsstreits, ggf. auch erst in höherer Instanz, jedoch noch eintreten. In diesem Fall ist der Beklagte in gleicher Weise **schutzbedürftig**. Verlegt der Kläger also etwa während des Prozesses seinen gewöhnlichen Aufenthaltsort in einen Staat außerhalb der EU oder des EWR oder entfällt die dingliche Sicherung seiner Forderungen (§ 110 Abs. 2 Nr. 3 Alt. 2 ZPO), kann der Beklagte Sicherheit verlangen.

1

Das gilt allerdings dann nicht, wenn ein zur Deckung (seines Sicherungsbedürfnisses) ausreichender Teil des erhobenen Anspruchs **unbestritten** ist, die anspruchsbegründenden Tatsachen also unstreitig sind und der Klageforderung keine Einwendung, insbesondere keine (andere) aufrechenbare Gegenforderung des Beklagten entgegensteht.[1] Dies ist nur folgerichtig; denn soweit der Beklagte der Klageforderung nicht entgegentritt, steht ihm das Recht zu, seinen im Übrigen möglichen Kostenerstattungsanspruch (betreffend die denkbare Abweisung der noch streitigen Mehrforderung) durch Aufrechnung gegen den unstrittigen Teilbetrag zu befriedigen. Weder ein Teilanerkenntnis noch ein Teilurteil ist insoweit erforderlich.[2]

2

Wie auch bei § 110 ZPO bedarf es eines **rechtzeitigen**, d.h. unverzüglichen Antrags des Beklagten (eine Verspätung muss genügend entschuldigt werden, vgl. § 110 Rn. 15),[3] zudem darf er zuvor nicht bereits wirksam auf die Einrede verzichtet haben. Über das nachträgliche Sicherungsverlangen ist durch **Zwischenurteil** zu entscheiden. Einer reziproken Anwendung des § 111 ZPO auf den Fall, dass während des Rechtsstreits die Voraussetzungen des § 110 ZPO nachträglich in Wegfall geraten, bedarf es nicht, da insoweit eine Rückgabe nach § 109 ZPO möglich ist (vgl. § 109 Rn. 5).

3

---

44 BGH, NJW-RR 1990, 378 (379) = WM 1990, 374; BGH, NJW 1974, 238 = MDR 1974, 293.
45 BGHZ 76, 50 = NJW 1980, 838 (839) = MDR 1980, 396.
46 BGH, BeckRS 2002, 03872; BGH, WM 1981, 1278 = ZIP 1982, 113; BGHZ 37, 264 (266 ff.) = NJW 1962, 345 (346 f.) = MDR 1962, 302.
47 OLG Karlsruhe, MDR 2007, 1104; zur alten Rechtslage OLG Düsseldorf, MDR 1999, 764; (abweichend) OLG München, MDR 2003, 115 f.

Zu § 111:
1 MK-*Schulz*, ZPO, § 111 Rn. 8.
2 Musielak/Voit-*Foerste*, ZPO, § 111 Rn. 3; BeckOK-*Jaspersen*, ZPO, § 111 Rn. 5.
3 Vgl. BGH, NJW 1981, 2646 = MDR 1981, 1011.

§ 112
Höhe der Prozesskostensicherheit

(1) Die Höhe der zu leistenden Sicherheit wird von dem Gericht nach freiem Ermessen festgesetzt.

(2) ¹Bei der Festsetzung ist derjenige Betrag der Prozesskosten zugrunde zu legen, den der Beklagte wahrscheinlich aufzuwenden haben wird. ²Die dem Beklagten durch eine Widerklage erwachsenden Kosten sind hierbei nicht zu berücksichtigen.

(3) Ergibt sich im Laufe des Rechtsstreits, dass die geleistete Sicherheit nicht hinreicht, so kann der Beklagte die Leistung einer weiteren Sicherheit verlangen, sofern nicht ein zur Deckung ausreichender Teil des erhobenen Anspruchs unbestritten ist.

Inhalt:

	Rn.		Rn.
A. Ermessensentscheidung bei Kostenprognose, Abs. 1 und 2	1	B. Nachträgliche Erhöhung, Abs. 3	2

A. Ermessensentscheidung bei Kostenprognose, Abs. 1 und 2

1 Das zuständige Gericht der Hauptsache hat über die Höhe der nach §§ 110 f. ZPO zu leistenden Prozesskostensicherheit nach freiem Ermessen zu entscheiden, Abs. 1. § 112 Abs. 2 Satz 1 ZPO fixiert dabei den (einzigen) Bezugspunkt dieser Ermessensentscheidung: Abzustellen ist bei der Festsetzung auf die vom Beklagten „wahrscheinlich" aufzuwendenden Prozesskosten, wobei maßgeblich ist, welche Kosten des ersten Rechtszugs die klagende Partei im Falle ihres vollständigen Unterliegens nach § 91 Abs. 1 Satz 1 ZPO zu tragen hat. Der Beklagte selbst muss weder eine Schätzung vornehmen noch angeben, für welche Rechtszüge er Sicherheit verlangt.[1] Dass die dem Beklagten aus einer Widerklage resultierenden Kosten keine Berücksichtigung finden dürfen, ist in § 112 Abs. 2 Satz 2 ZPO ausdrücklich geregelt (entsprechend § 110 Abs. 2 Nr. 4 ZPO). Berücksichtigungsfähig sind aber auf jeden Fall seine außergerichtlichen Kosten des ersten Rechtszugs, ferner wahrscheinlich anfallende gerichtliche Kosten, für die der Beklagte vorschusspflichtig ist (insbesondere für Zeugen, Sachverständigengutachten oder ein Rechtsmittelverfahren). Im Übrigen ist im Einzelnen streitig, welche Kosten bei der Festsetzung eingestellt werden dürfen; nach h.M. in der Rechtsprechung sind vom Gericht die **Kosten sämtlicher Rechtszüge** zu berücksichtigen,[2] was im Einzelfall ohne Zweifel zu einer nicht unerheblichen Erschwerung der Rechtsverfolgung führen kann. Auf keinen Fall darf das Gericht die klägerischen Aufwendungen bei der Festsetzung der Höhe einfließen lassen. Zur Frage der Anfechtbarkeit der Festsetzung. § 110 Rn. 26 f.

B. Nachträgliche Erhöhung, Abs. 3

2 Stellt sich im weiteren Prozessverlauf heraus, dass die zunächst angeordnete und geleistete Sicherheit dem Schutzbedürfnis des Beklagten nicht Genüge leistet, z.B. weil die Klage erweitert wurde oder Prozesskosten entstanden sind bzw. entstehen werden, die vom Gericht bei der Festsetzung der Höhe nicht berücksichtigt werden konnten (etwa bei Zurückverweisung der Sache durch das Rechtsmittelgericht), kann die **Leistung einer weiteren Sicherheit** verlangt werden. Auch über eine **nachträgliche** Erhöhung wird regelmäßig durch **Zwischenurteil** entschieden. Sie kann vom Beklagten allerdings nur dann mit Erfolg geltend gemacht werden, wenn er sich nicht in anderer Weise befriedigen kann, nämlich durch Aufrechnung gegen einen unstreitigen Teilbetrag der eingeklagten Forderung (entspricht der Regelung in § 111 ZPO, vgl. dort Rn. 2). Zudem muss er ursprünglich in umfassender Weise, also für alle Rechtszüge, Sicherheitsleistung beantragt haben (vgl. § 110 Rn. 14).[3] Voraussetzung ist schließlich, dass die nachträgliche Erhöhung rechtzeitig (§ 282 Abs. 3 ZPO, Entschuldigung möglich, § 296 Abs. 3 ZPO) geltend gemacht wird, nämlich sobald sich die Unterdeckung der vorhandenen Sicherheit abzeichnet.[4] Begehrt der Beklagte ohne Grund die Erhöhung der Sicherheitsleistung, kann dies die Kostenfolge der §§ 96, 97 ZPO nach sich ziehen.[5]

---

1 BeckOK-*Jaspersen*, ZPO, § 111 Rn. 2.
2 BGH, NJW-RR 2005, 148 (149) = BGHReport 2004, 1648; BGH, NJW 2001, 3630 f. = BGHReport 2001, 942; OLG Hamburg, IPrax 2011, 82 (83); Zöller-*Herget*, ZPO, § 112 Rn. 2; a.A. OLG Karlsruhe, NJW 2008, 944; Musielak/Voit-*Foerste*, ZPO, § 112 Rn. 1; *Primozic/Broich*, MDR 2007, 188 (189 ff.).
3 Vgl. BGH, NJW-RR 2005, 148 f. = BGHReport 2004, 1648; BGH, NJW-RR 1990, 378 f. = WM 1990, 373; BGH, NJW 1981, 2646 = MDR 1981, 1011.
4 BGH, NJW-RR 2005, 148 = BGHReport 2004, 1648; BGH, NJW-RR 1993, 1021 = WM 1993, 355; BGH, NJW-RR 1990, 378 f. = WM 1990, 373.
5 BGHZ 76, 50 = NJW 1980, 838 (839) = MDR 1980, 396.

§ 113
Fristbestimmung für Prozesskostensicherheit

¹Das Gericht hat dem Kläger bei Anordnung der Sicherheitsleistung eine Frist zu bestimmen, binnen der die Sicherheit zu leisten ist. ²Nach Ablauf der Frist ist auf Antrag des Beklagten, wenn die Sicherheit bis zur Entscheidung nicht geleistet ist, die Klage für zurückgenommen zu erklären oder, wenn über ein Rechtsmittel des Klägers zu verhandeln ist, dieses zu verwerfen.

Inhalt:

	Rn.		Rn.
A. Fristbestimmung, Satz 1	1	B. Folgen des Ablaufs der bestimmten Frist, Satz 2	2

A. Fristbestimmung, Satz 1

Das dem Antrag auf Anordnung einer Sicherheitsleistung stattgebende Zwischenurteil des Prozessgerichts (bzw. der Beschluss bei unstrittiger Verpflichtung zur Sicherheitsleistung auch der Höhe nach) muss („hat") zugleich eine Frist bestimmen, binnen der vom Kläger die Sicherheit zu leisten ist. Die Fristbestimmung (es gelten die §§ 222, 224, 225 ZPO) muss den Umständen des Einzelfalls Rechnung tragen und sollte insbesondere nach der geforderten Höhe bemessen werden. Sie ist als solche **nicht anfechtbar**. Eine Verlängerung der Frist durch das Gericht ist nach Ablauf nicht mehr möglich,[1] der Kläger kann aber noch bis zur Entscheidung des Gerichts leisten (vgl. nachfolgend). Nach Sinn und Zweck der Fristbestimmung kann diese ausnahmsweise unterbleiben, wenn der Kläger unmissverständlich erklärt, er werde auf keinen Fall eine Sicherheitsleistung erbringen.[2]

1

B. Folgen des Ablaufs der bestimmten Frist, Satz 2

Nach fruchtlosem Fristablauf ist durch das Gericht **Verhandlungstermin** anzuberaumen (§ 216 Abs. 1 ZPO), in dem ggf. auch gegen den säumigen Beklagten Versäumnisurteil (§ 331 ZPO) ergehen kann.[3] Der Kläger hat es in der Hand, die Sicherheit „bis zur Entscheidung" doch noch zu leisten, wobei streitig ist, ob hiermit der Schluss der mündlichen Verhandlung[4] oder die Verkündung der Entscheidung[5] gemeint ist. Unterlässt er dies, hat das Gericht die Klage durch **Endurteil**, gegen das die Berufung stattfindet, für zurückgenommen zu erklären mit entsprechender Kostentragung zum Nachteil des Klägers, § 269 Abs. 3 Satz 2 ZPO. Das Gleiche gilt, wenn der Beklagte ein Rechtsmittel führt und der Kläger in der höheren Instanz nicht fristgemäß die dort angeordnete Sicherheit leistet.[6] Wird die Sicherheit hingegen in der vom Kläger angerufenen Rechtsmittelinstanz nicht gestellt, ist sein Rechtsmittel durch Endurteil zu verwerfen, gegen das nur bei Zulassung (§ 543 ZPO) die Revision eröffnet ist. Aus §§ 516 Abs. 3 Satz 1, 565 ZPO folgt seine Pflicht zur Kostentragung. In allen Fällen bedarf es eines Antrags des Beklagten, der rechtzeitig, d. h. unverzüglich vor Verhandlung zur Sache zu stellen ist, § 282 Abs. 3 Satz 1 ZPO.

2

---

1 Zöller-*Herget*, ZPO, § 113 Rn. 3.
2 Wieczorek/Schütze-*Schütze*, ZPO, § 113 Rn. 2.
3 Zu weiteren Säumnisfällen Baumbach/Lauterbach/Albers/Hartmann, ZPO, § 113 Rn. 6; Stein/Jonas-*Bork*, ZPO, § 113 Rn. 9.
4 MK-*Schulz*, ZPO, § 113 Rn. 9 und 14; Prütting/Gehrlein-*K. Schmidt*, ZPO, § 113 Rn. 2.
5 BGH, WM 1982, 881 = JurBüro 1982, 1334; OLG Köln v. 08.05.2013, 19 U 200/12, juris, Rn. 39 ff.; Musielak/Voit-*Foerste*, ZPO, § 113 Rn. 2; BeckOK-*Jaspersen*, ZPO, § 113 Rn. 4.
6 Vgl. Stein/Jonas-*Bork*, ZPO, § 113 Rn. 6.

Titel 7
Prozesskostenhilfe und Prozesskostenvorschuss
Vorbemerkungen zu §§ 114–127 ZPO

Inhalt:

	Rn.		Rn.
A. Verfassungsrecht	1	C. Andere Erleichterungen für Bedürftige	3
B. Geltungsbereich	2		

A. Verfassungsrecht

1 Das **Gebot der Rechtsschutzgleichheit** folgt aus dem allgemeinen Gleichheitssatz in Verbindung mit dem Sozialstaats- und Rechtsstaatsgebot (Art. 3 Abs. 1, 20 Abs. 1, Abs. 3 GG) und gebietet, dass Bemittelte und Unbemittelte einen weitgehend – aber nicht notwendig vollständig – gleichen Zugang zu den Gerichten erhalten.[1] Die Gewährung von Prozesskostenhilfe für Bedürftige ist verfassungsrechtlich insoweit geboten, als auch ein die Erfolgsaussicht und das Kostenrisiko vernünftig abwägender Bemittelter den Prozess führen würde.[2] Aus dem Gebot folgt, dass Unbemittelten der Zugang zu gerichtlichem Rechtsschutz nicht **unverhältnismäßig** erschwert werden darf.[3] Die Prozesskostenhilfe muss insbesondere bei Anordnung von Ratenzahlungen und Vermögensleistungen gewährleisten, dass für den Bedürftigen das **Existenzminimum** gewährleistet ist.[4]

B. Geltungsbereich

2 Die Vorschriften der Zivilprozessordnung über die Prozesskostenhilfe sind (mit Besonderheiten) in **allen gerichtlichen Verfahrensarten** (vgl. § 114 Rn. 3; § 119 Rn. 3) und **Instanzen** (§ 119 Rn. 5) vor den Zivilgerichten sowie in der Zwangsvollstreckung (§ 119 Rn. 7) anwendbar. In **Ehesachen** und **Familienstreitsachen** finden sie durchgehend entsprechende Anwendung (§ 113 Abs. 1 Satz 2 FamFG), in den übrigen Verfahren nach dem **FamFG**, soweit in § 77 FamFG (Bewilligung; insb. Beteiligtenanhörung) und § 78 FamFG (Beiordnung eines Rechtsanwalts) nichts Abweichendes geregelt ist (§ 76 Abs. 1 FamFG). Auch die besonderen Vorschriften des **Wirtschaftszivilrechts** verweisen auf die §§ 114 ff. ZPO, teilweise vollständig wie in **Markensachen** (§ 82 Abs. 1 Satz 1 MarkenG), teilweise mit abweichenden Regelungen wie in **Insolvenz-** (§ 4 InsO), **Patent-** (§§ 129 ff. PatG), **Design-** (§ 24 DesignG), **Gebrauchsmusterverfahren** (§ 21 Abs. 2 GebrMG). Ferner gelten sie vor den **Arbeitsgerichten** (§ 11a Abs. 1 ArbGG), mit leichten Modifikationen vor den **Sozialgerichten** (§ 73a SGG), **Verwaltungsgerichten** (§ 166 VwGO) und **Finanzgerichten** (§ 142 FGO) und teilweise vor den **Strafgerichten** (Klageerzwingungsverfahren, § 172 Abs. 3 Satz 2 Hs. 2 StPO; Privatklage, § 379 Abs. 3 StPO; Rechtsbehelfe im Strafvollzug, § 120 Abs. 2 StVollzG) entsprechend. Für das **Prozesskostenhilfe-Prüfungsverfahren** selbst kann hingegen keine Prozesskostenhilfe bewilligt werden (vgl. § 114 Rn. 4).

C. Andere Erleichterungen für Bedürftige

3 **Außergerichtlich** können Leistungen der **Beratungshilfe** gewährt werden, wenn der Antragsteller nach den §§ 114 ff. ZPO Prozesskostenhilfe ohne Ratenzahlung oder Vermögensbeiträge erhalten würde (§ 1 Abs. 2 BerHG). Es können Leistungen der anwaltlichen Beratung und, wenn der Rechtssuchende seine Recht nicht selbst wahrnehmen kann, Vertretung gewährt werden (§§ 2 Abs. 1, 3 BerHG). Vor den **Zivilgerichten** kann ein Antrag auf **Befreiung von der Vorschusspflicht** nach § 14 Nr. 3 Buchst. a GKG gestellt werden, wenn die Rechtsverfolgung nicht aussichtslos oder mutwillig erscheint und die Leistung dem Antragsteller mit Rücksicht auf seine Vermögenslage oder aus sonstigen Gründen Schwierigkeiten bereiten würde. In **Justizverwaltungsangelegenheiten** nach § 1 JVKostG kann von der Kostenerhebung wegen der wirtschaftlichen Verhältnisse des Kostenschuldners ganz oder teilweise abgesehen werden (§ 10 JVKostG). Zudem sehen die **Verwaltungsvorschriften** für die gerichtliche Kostenerhebung vor, dass der Kostenbeamte bei wirtschaftlichem Unvermögen des Schuldners von der Erhebung der Kosten absehen kann (vgl. etwa § 10 KostVfG BW). Im **Wirtschaftszivilrecht** besteht teilweise die Möglichkeit, wegen Gefährdung der wirtschaftlichen Leistungsfähigkeit einen Antrag auf **Streitwertbegünstigung** zu stellen, der auch nach Verfahrensabschluss noch

---

1 BVerfG, NVwZ 2012, 1390; BVerfG, StV 2012, 354; BVerfG, FamRZ 2007, 1876.
2 BVerfG, NJW 1991, 413; BVerfG, NJW 1959, 715 (716).
3 BVerfG, NJW 2009, 209 f., Rn. 31.
4 BVerfG, NJW 1988, 2231.

möglich ist (vgl. § 142 MarkenG, § 54 DesignG, § 26 GebrMG, § 144 PatentG, § 12 Abs. 4, 5 UWG, § 247 Abs. 2, 3 AktG).

§ 114
Voraussetzungen

(1) ¹Eine Partei, die nach ihren persönlichen und wirtschaftlichen Verhältnissen die Kosten der Prozessführung nicht, nur zum Teil oder nur in Raten aufbringen kann, erhält auf Antrag Prozesskostenhilfe, wenn die beabsichtigte Rechtsverfolgung oder Rechtsverteidigung hinreichende Aussicht auf Erfolg bietet und nicht mutwillig erscheint. ²Für die grenzüberschreitende Prozesskostenhilfe innerhalb der Europäischen Union gelten ergänzend die §§ 1076 bis 1078.

(2) Mutwillig ist die Rechtsverfolgung oder Rechtsverteidigung, wenn eine Partei, die keine Prozesskostenhilfe beansprucht, bei verständiger Würdigung aller Umstände von der Rechtsverfolgung oder Rechtsverteidigung absehen würde, obwohl eine hinreichende Aussicht auf Erfolg besteht.

Inhalt:

	Rn.		Rn.
A. Allgemeines	1	2. Unschlüssigkeit der Klage	11
B. Erläuterungen	3	3. Keine tatsächliche Erfolgsaussicht.	12
I. Prozessführung	3	4. Keine rechtliche Erfolgsaussicht	13
II. Partei	5	V. Mutwilligkeit	14
III. Bedürftigkeit	6	1. Rechtsverfolgung	15
1. Voraussichtliche Verfahrenskosten	7	2. Rechtsverteidigung	16
2. Unzureichendes Einkommen und Vermögen	8	3. Rechtsmittel	17
IV. Hinreichende Erfolgsaussicht	9	C. Grenzüberschreitende Prozesskostenhilfe, Abs. 1 Satz 2	18
1. Unzulässigkeit der Klage	10	D. Rechtsfolge/Rechtsmittel	19

A. Allgemeines

Für die Bewilligung von Prozesskostenhilfe enthält § 114 ZPO fünf allgemeine materielle Voraussetzungen (Prozessführung, Partei, Bedürftigkeit, Erfolgsaussicht, keine Mutwilligkeit), ergänzt um die Anforderungen an die wirtschaftlichen Verhältnisse (§ 115 ZPO), die besonderen Voraussetzungen für Parteien kraft Amtes und juristische Personen (§ 116 ZPO) sowie das Antragserfordernis (§ 117 ZPO). 1

Maßgeblicher Zeitpunkt für die Beurteilung der Voraussetzungen der Prozesskostenhilfe ist grundsätzlich der letzte Sach- und Streitstand im Zeitpunkt der **Entscheidungsreife**.[1] Entscheidungsreife tritt ein, wenn der Antragsteller sein Prozesskostenhilfe-Begehren schlüssig begründet, die Erklärung über die persönlichen und wirtschaftlichen Verhältnisse vorgelegt hat und der Gegner innerhalb angemessener Frist Gelegenheit hatte, Stellung zu nehmen.[2] Änderungen nach Antragstellung sind daher zu berücksichtigen. Auf einen Zeitpunkt vor der Entscheidungsreife kann abzustellen sein, wenn das Gericht ein besonderes Vertrauen beim Antragsteller geschaffen hat.[3] Entwicklungen nach Eintritt der Entscheidungsreife, wenn also das Gericht verspätet entscheidet, sind entsprechend dem Rechtsgedanken des § 120a ZPO nur zu beachten, wenn sie die wirtschaftlichen Verhältnisse betreffen[4] und die Hauptsache 2

---

1 So zu den Erfolgsaussichten nunmehr BGH, NZFam 2015, 179; BGH, NJW 2012, 1964 (1966), Rn. 19, spricht noch vom Zeitpunkt der Verfahrenskostenhilfeentscheidung, wenn alsbald nach Entscheidungsreife entschieden wird; BGH, FamRZ 2010, 197; KG Berlin, FamRZ 2009, 1505; zu den persönlichen und wirtschaftlichen Verhältnissen: BGH, FamRZ 2010, 1324; BGH, FamRZ 2006, 548.
2 BGH, NZFam 2015, 179; BGH, NJW 2012, 1964 (1966), Rn. 19; BGH, FamRZ 2010, 197; KG Berlin, FamRZ 2009, 1505.
3 OLG Karlsruhe, FamRZ 1999, 994.
4 BGH, NJW-RR 2011, 3 (5), Rn. 28; BGH, NJW 2006, 1068 (1070), Rn. 19; OLG Bamberg, FamRZ 1995, 374; OLG Naumburg, FamRZ 2000, 1224; OVG Münster, NVwZ-RR 1993, 168; weitergehend OLG Bamberg, FamRZ 2001, 922; KG Berlin, FamRZ 2000, 838; OLG Hamburg, FamRZ 2000, 1587; OLG Nürnberg, MDR 2000, 657; ablehnend OLG Köln, FamRZ 2000, 1588; OLG Zweibrücken, JurBüro 2000, 482 (483).

noch nicht rechtskräftig ist.[5] Auch das Beschwerde- oder Rechtsmittelgericht hat den Zeitpunkt seiner Entscheidung – und nicht den der Ausgangsentscheidung – zugrunde zu legen.[6]

B. Erläuterungen
I. Prozessführung

3 Prozesskostenhilfe darf nur für die Führung eines **staatlichen Gerichtsprozesses** gewährt werden. Dazu zählen neben dem erstinstanzlichen Verfahren auch das Rechtsmittel-, Wiederaufnahme-, Mahn-, Zwangsvollstreckungs- oder das selbstständige Beweisverfahren sowie der einstweilige Rechtsschutz (vgl. auch Vorbem. zu §§ 114–127 Rn. 2). Auch Verfahren vor dem **Güterichter** sind von der Prozesskostenhilfe gedeckt, soweit das Gericht an diesen verwiesen hat (§ 278 Abs. 5 ZPO). Vereinbaren die Parteien hingegen – auch auf Vorschlag des Gerichts und bei Aussetzung des Verfahrens – eine **Mediation** oder einen sonstigen außergerichtlichen Güteversuch, werden die Kosten nicht von der Prozesskostenhilfe getragen.[7] Für die Hinterlegung einer **Schutzschrift** bei dem seit 01.01.2016 eingerichteten Schutzschriftenregister (§ 945a Abs. 1 Satz 1 ZPO) kann keine Prozesskostenhilfe gewährt werden. Es handelt sich um ein von der hessischen Landesjustizverwaltung betriebenes Register. Die Gebührenerhebung für die Einreichung einer Schutzschrift richtet sich nach § 15a JVKostG i.V.m. Anl. KostV Nr. 1160 (83,00 €). Nach § 10 JVKostG kann aber von der Gebührenerhebung bei Bedürftigkeit ganz oder teilweise abgesehen werden. Im Übrigen kann auch für Schutzschriften Prozesskostenhilfe gewährt werden (RA-Gebühren, Auslagen).

4 An der Prozessführung **fehlt es** bei **Anwaltsvergleichen** (§§ 796a ff. ZPO) oder notariellen Vereinbarungen.[8] Für die außergerichtliche **Rechtsberatung** enthält das Beratungshilfegesetz besondere Regelungen. Nicht zum Gerichtsverfahren gehört auch das **Prüfungsverfahren** der Bewilligung von Prozesskostenhilfe selbst,[9] ungeachtet ob es dem streitigen Verfahren vorausgeht oder parallel läuft. Kosten der Übersetzung von Unterlagen über die persönlichen und wirtschaftlichen Verhältnisse sind bei Inlandstreitigkeiten vor deutschen Gerichten deshalb nicht erstattungsfähig.[10] Zur grenzüberschreitenden Prozesskostenhilfe siehe § 114 Rn. 18.

II. Partei

5 **Partei** ist jede natürliche Person, von der oder gegen die ein gerichtlicher Rechtsstreit geführt wird (formeller Parteibegriff, § 50 Rn. 1). Die **Nationalität** des Antragstellers ist grundsätzlich unbeachtlich, Europäer haben aber eine zusätzliche Option bei grenzüberschreitenden Verfahren. Auch der **Prozessstandschafter** ist Partei i.d.S., allerdings kommt es bei ihm grundsätzlich zusätzlich darauf an, dass auch der Rechtsinhaber bedürftig ist.[11] Anders jedoch bei der Klage auf Kindesunterhalt in gesetzlicher Prozessstandschaft nach § 1629 Abs. 3 Satz 1 BGB, bei der nur die Einkommens- und Vermögensverhältnisse des klagenden Elternteils maßgeblich sind.[12] Auch wenn der Prozessstandschafter erkennbar im eigenen Interesse handelt, sind seine Verhältnisse zu berücksichtigen.[13] Bei einem **Parteiwechsel** muss die eintretende Partei erneut Prozesskostenhilfe beantragen und die Voraussetzungen (auch die Erfolgsaussicht) darlegen.[14] **Dritten** kann Prozesskostenhilfe gewährt werden, wenn sie an dem Verfahren unmittelbar beteiligt sind, also Rechte im Verfahren wahrnehmen können. **Streitverkündete** (§§ 72 ff. ZPO) können erst dann Prozesskostenhilfe beantragen, wenn sie als **Nebenintervenient** dem Rechtsstreit beigetreten sind (§§ 66, 70 ZPO). **Zeugen** kann nur Prozesskostenhilfe gewährt werden, wenn sie prozessuale Rechte geltend machen können, wie bei einem Zwischenstreit über ein Zeugnisverweigerungsrecht (§ 387 ZPO)[15] oder in einem Ordnungs-

---

5 BGH, FamRZ 2012, 964 mit der Einräumung von Ausnahmen, wenn eine zweifelhafte Rechtsfrage verfahrensfehlerhaft in das Prozesskostenhilfe-Verfahren verlagert worden ist oder wenn das erstinstanzliche Gericht die Entscheidung verzögert hat und die Erfolgsaussicht in der Zwischenzeit entfallen ist; OLG Koblenz, FamRZ 2015, 355; OLG Celle, NJW-RR 2015, 60; OLG Celle, FamRZ 2013, 1754.
6 BGH, NJW 2011, 3 (5), Rn. 19; OLG Hamm, FamRZ 2011, 1973.
7 OLG Dresden, FamRZ 2007, 277; Zöller-*Geimer*, ZPO, § 114 Rn. 2; a.A. OLG Köln, FamRZ, 2011, 1742, KG Berlin, NJW 2009, 2754.
8 OLG Frankfurt a.M., AnwBl. 1990, 186; OLG Frankfurt a.M., MDR 1989, 550; Zöller-*Geimer*, ZPO, § 114 Rn. 2.
9 BFH v. 19.02.2008, IX S 31/07 (PKH), juris, Rn. 5; BGH, NJW 2004, 2595; BGH, NJW 1984, 2106.
10 BAG, NZA 2016, 61 (63), Rn. 18; BGH, WM 2015, 737; OLG Brandenburg, NJW-RR 2002, 1290 für die Erstattungsfähigkeit im Rahmen des § 46 RVG.
11 BGH, NZI 2006, 580, Rn. 10; BGH, VersR 1992, 594; BGHZ 96, 151 = NJW 1986, 850 (851), Rn. 9.
12 BGH, FamRZ 2006, 32; BGH, FamRZ 2005, 1164.
13 BGH, NJW-RR 2014, 526 (527), Rn. 9.
14 BGH, MDR 2007, 851; OLG München, FamRZ 1996, 422; Zöller-*Geimer*, ZPO, § 114 Rn. 12.
15 LAG München, NZA-RR 2012, 379 (380); OLG Hamburg, NJW-RR 2010, 155.

mittelverfahren (§§ 380, 390 ZPO). **Juristische Personen** und **Parteien kraft Amtes** können Prozesskostenhilfe unter den zusätzlichen Voraussetzungen des § 116 ZPO erhalten.

III. Bedürftigkeit

Bedürftig ist der Antragsteller, wenn weder sein Vermögen noch sein Einkommen ausreichen, um die Prozesskosten zu decken. Dies ist wie folgt zu ermitteln: 6

1. Voraussichtliche Verfahrenskosten

Zu prüfen ist zunächst, welche **Verfahrenskosten** nach dem gegenwärtigen Stand des Verfahrens voraussichtlich bei üblichem Verfahrensablauf entstehen werden. Dabei sind die vollen gesetzlichen Kosten für die jeweilige Instanz (§ 119 Abs. 1 ZPO) und beschränkt auf das Erkenntnisverfahren (nicht Zwangsvollstreckung) nach dem derzeit in Ansatz zu bringenden Streitwert (der im Prozesskostenhilfe-Beschluss (vorläufig) festgesetzt werden kann) einzubeziehen. Die Kosten bestehen aus den gesetzlichen Gerichtskosten (regelmäßig 3,0-Gebühr) und den erstattungsfähigen Auslagen. Die **anwaltlichen Vertretungskosten** des Antragstellers nach dem RVG (regelmäßig 2,5-Gebühr, Kommunikationspauschale 20,00 €, USt. 19 %) sind zu berücksichtigen, wenn die Voraussetzungen des § 121 ZPO vorliegen. Die Anwaltskosten des Gegners bleiben wegen § 123 ZPO außer Betracht. 7

2. Unzureichendes Einkommen und Vermögen

Anhand des einzusetzenden Einkommens und Vermögens des Antragstellers ist zu berechnen, ob daraus die Kosten gar nicht, teilweise oder in Raten bezahlt werden können. Zu berechnen ist das konkrete Einkommen und Vermögen des Antragstellers nach Maßgabe des § 115 ZPO (Rn. 2 ff.). Besitzt der Antragsteller kein einzubeziehendes Vermögen oder Einkommen, wird Prozesskostenhilfe ohne Gegenleistung bewilligt. Hat er Vermögenswerte, aus denen ein Teil der Kosten finanziert werden kann, muss er diesen für die Prozesskosten einsetzen. Können aus dem Einkommen teilweise die Kosten bezahlt werden und ist § 115 Abs. 4 ZPO nicht einschlägig, erhält der Antragsteller für die Gesamtkosten Prozesskostenhilfe, muss aber auf diese monatliche Raten zahlen. 8

IV. Hinreichende Erfolgsaussicht

Eine hinreichende Erfolgsaussicht der Rechtsverfolgung oder Rechtsverteidigung besteht, wenn eine **gewisse Wahrscheinlichkeit** des Obsiegens des Antragstellers im Hauptverfahren besteht.[16] Da das Recht auf Zugang zu den Gerichten zu gewährleisten ist (Art. 19 Abs. 4 GG), dürfen an die Prüfung der Erfolgsaussicht keine überspannten Anforderungen gestellt werden.[17] Für den anzulegenden Prüfungsmaßstab ist es grundsätzlich ohne Bedeutung, ob der Antragsteller Kläger oder Beklagter des Verfahrens ist. Es gilt jeweils der gleiche (großzügige) Maßstab, sodass Prozesskostenhilfe auch beiden Parteien gleichzeitig gewährt werden kann. Während der klagende Antragsteller darlegen muss, dass eine gewisse Wahrscheinlichkeit für die Zulässigkeit und Begründetheit der Klage (insb. die Anspruchsvoraussetzungen) vorliegt, muss der beklagte Antragsteller entsprechende Zweifel an einer dieser Voraussetzungen wecken. Die Zurückweisung erfolgt demnach in folgenden Fällen: 9

1. Unzulässigkeit der Klage

Grundsätzlich gilt für den **Klägerantrag**, dass dieser zurückzuweisen ist, wenn es eindeutig an der Zulässigkeit der Klage fehlt. Da die Zulässigkeit der Klage von Amts wegen zu prüfen ist, genügt jedoch nicht, dass der Kläger die Prozessvoraussetzungen nicht hinreichend dargelegt und bewiesen hat.[18] Vielmehr muss das Gericht im Rahmen des **Freibeweisverfahrens** zweifelsfrei feststellen, dass es an einer Prozessvoraussetzung fehlt, so etwa bei fehlendem **Rechtsschutzbedürfnis** oder anderweitiger **Rechtshängigkeit** der Klage. Die Zulässigkeit betreffende Einreden wie eine bestehende Schiedsvereinbarung (§ 1032 ZPO) sind vom Gericht nur zu berücksichtigen, wenn der Beklagte sich (etwa in der Anhörung zum Prozesskostenhilfe-Antrag) hierauf beruft.[19] Ist das Gericht nicht **zuständig** und stellt der Antragsteller auf die Anregung des Gerichts keinen Verweisungsantrag entsprechend § 281 ZPO, ist der Prozesskostenhilfe-Antrag zurückzuweisen. Dies gilt auch, wenn der Antrag beim LG unzweifelhaft nur hinsicht- 10

---

16 BVerfG, NJW 2010, 1129, Rn. 12; OLG Karlsruhe, FamRZ 2015, 1093; OLG Karlsruhe, FamRZ 2015, 860; OLG Karlsruhe, FamRZ 2003, 50; OLG Celle, ZInsO 2014, 2495.
17 BVerfG, FamRZ 2014, 1977; BVerfG, NJW-RR 1993, 1090; BVerfGE, 81, 347 = BVerfG, NJW 1991, 413 (414).
18 OLG Frankfurt a.M., FamRZ 1994, 1125, zur nicht hinreichenden Darlegung der Prozessunfähigkeit durch den Antragsteller.
19 OLG Köln, MDR 1990, 638.

lich eines Teilbetrags Erfolgsaussicht hat, der die Zuständigkeit des AG begründet.[20] Erfolgt hingegen antragsgemäß die Verweisung, ist das für zuständig erklärte Gericht analog § 281 Abs. 2 Satz 4 ZPO im Prozesskostenhilfe-Verfahren hieran gebunden.[21] Gleiches gilt, wenn der beschrittene **Rechtsweg unzulässig** ist (§ 17 Abs. 1 GVG), insbesondere findet auf Antrag eine Verweisung entsprechend § 17a Abs. 2 GVG statt.[22] Fehlt hingegen unzweifelhaft die **internationale Zuständigkeit**, hat mangels Verweisungsmöglichkeit stets die Zurückweisung zu erfolgen. Häufig wird es sich jedoch um eine (doppelrelevante) Frage handeln, die erst in der Beweisaufnahme geklärt werden kann; in diesem Fall darf Prozesskostenhilfe nicht zurückgewiesen werden.

2. Unschlüssigkeit der Klage

11 Bleibt auch auf **Hinweis des Gerichts** (§ 139 ZPO) die Klage eindeutig unschlüssig (dazu § 253 Rn. 7 ff.), ist der Prozesskostenhilfe-Antrag zurückzuweisen. Bestehen lediglich gewisse Zweifel an der Schlüssigkeit, die ggf. im Verfahren ausgeräumt werden können, ist Prozesskostenhilfe zu bewilligen.[23] Bei der Prüfung sind die zu erwartenden und tatsächlichen Einwände des Gegners zu berücksichtigen.[24]

3. Keine tatsächliche Erfolgsaussicht

12 Ist der Antragsteller beweisbelastet und tritt er den Beweis (nach Hinweis) nicht an, kann keine Prozesskostenhilfe gewährt werden. Wird jedoch ein **Beweismittel angeboten**, ist die Erfolgsaussicht nach Gewährung von Prozesskostenhilfe in der Beweisaufnahme zu klären. Denn insoweit ist es ausreichend, wenn eine Beweisaufnahme zu einer Behauptung des Antragstellers oder des Gegners auch nur ernsthaft in Betracht kommt. Eine **Beweisantizipation** durch das Gericht ist eingeschränkt zulässig, wenn konkrete und nachvollziehbare Anhaltspunkte vorliegen, dass der Prozess mit großer Wahrscheinlichkeit zum Nachteil des Antragstellers ausgehen wird.[25] Dies gilt auch dann, wenn der Antragsteller den Beweis durch seine **Parteivernehmung** oder Parteivernehmung des Gegners antritt.[26] An die tatsächliche Erfolgsaussicht der **Verteidigung** sind geringere Anforderungen zu stellen, wenn der Beklagte mit einer Klage überzogen wird, gegen die er sich voraussichtlich nur im Hauptverfahren angemessen verteidigen kann.[27] Auch wenn sich die Hauptsache vor Entscheidungsreife des Prozesskostenhilfeverfahrens **erledigt**, fehlt es an der tatsächlichen Erfolgsaussicht.[28]

4. Keine rechtliche Erfolgsaussicht

13 Beruft sich der Antragsteller auf eine Rechtsauffassung, die evident **unvertretbar** ist, insbesondere weil sie bereits in ständiger **höchstrichterlicher Rechtsprechung** entschieden ist, muss der Prozesskostenhilfe-Antrag zurückgewiesen werden.[29] Wenn es sich um eine **einfach zu entscheidende Rechtsfrage** handelt, kann diese auch ohne höchstrichterliche Rechtsprechung entschieden werden, etwa wenn eine Entscheidung im Hinblick auf die gesetzliche Regelung oder durch die in der Rechtsprechung gewährten Auslegungshilfen ohne Schwierigkeiten möglich ist oder der vertretende Rechtsstandpunkt nicht haltbar ist, da er weder in der Rechtsprechung noch Literatur vertreten wird.[30] Anders jedoch, wenn die Auffassung des Antrag-

---

20 BGH, NJW-RR 2004, 1437; OLG Karlsruhe, FamRZ 2014, 1476; OLG Stuttgart, JurBüro 2010, 42.
21 BGH, NJWE-FER 1997, 40; BGH, NJWE-FER 1997, 88; BGH, NJW-RR 1992, 59; OLG Naumburg, v. 22.04.2013, 1 AR 15/13, juris, Rn. 7; OLG Celle, MDR 2011, 1318; OLG Bremen v. 06.01.2010, 4 AR 3/09, juris, Rn. 4; die Bindung gilt allerdings nicht für das Hauptsacheverfahren.
22 BGH, NJW-RR 2010, 209 (210), Rn. 13, 15; BGH, NJW 2001, 3631 (3632); BAG, NJW 1993, 751 (752); OLG Dresden, ZInsO 2003, 282; OVG Bautzen, VIZ 1998, 702 (703); a.A. VerfGH München, NVwZ-RR 2014, 940, Rn. 3; OLG München v. 16.11.2011, W 2523/10, juris, Rn. 4; OLG Karlsruhe, MDR 2007, 1390.
23 BVerfG, FamRZ 2009, 131 (133).
24 OLG Brandenburg v. 16.01.2017, 13 W 1/17, juris, Rn. 5.
25 BVerfG, NJW 2010, 288 (289), Rn. 5; BVerfG, NJW 1997, 2745 (2746); BGH, ZInsO 2016, 270; BGH, NJW 1994, 1160 (1161).
26 BVerfG, NJW 2003, 2976 (2977); OLG Köln, MDR 1997, 105; OLG Karlsruhe, FamRZ 1992, 1198.
27 OLG Karlsruhe, FamRZ 1991, 1458; im Prinzip auch KG Berlin, FamRZ 2015, 1972 mit Verweis auf die Rechtsprechung des BVerfG, FamRZ 2014, 1977.
28 BGH, FamRZ 2009, 1663; OLG Brandenburg, NJ 2017, 114.
29 BGH, NJW 1982, 1104; KG Berlin, NJW 1970, 476, für den Fall der letztinstanzlichen OLG-Zuständigkeit.
30 BVerfG, NJW 1991, 413 (414); auch wenn sich tatsächlich keine entscheidungserheblichen Rechtsfragen ergeben, die einer Klärung durch höchstrichterliche Entscheidung bedürfen, kommt es für die Bewilligung der Prozesskostenhilfe allein auf die Erfolgsaussicht in der Sache an, vgl. BGH, NJW-RR 2013, 897 (898), Rn. 9; BGH, FamRZ 2013, 369; BGH, WM 2011, 270; BGH, NJW-RR 2003, 130 (131); BGH, NJW 1998, 1154.

stellers objektiv vertretbar ist, weil es sich um eine **kontrovers diskutierte** oder **komplexe Rechtsfrage** handelt. Denn es ist nicht der Zweck des Prozesskostenhilfe-Verfahrens, ungeklärte, schwierige Rechtsfragen abschließend zu entscheiden.[31] Insbesondere wenn bereits divergierende Gerichtsentscheidungen vorliegen, muss eine Überprüfung im (ganzen) Instanzenzug möglich sein. Ist **ausländisches Recht** anzuwenden, kann das Gericht entsprechend § 293 ZPO (siehe dort Rn. 6) im Freibeweisverfahren die Rechtslage feststellen. Soweit diesbezüglich ein **Sachverständigengutachten** erforderlich ist, kommt eine Zurückweisung des Prozesskostenhilfe-Antrags nicht in Betracht (siehe Rn. 12).

V. Mutwilligkeit

Der Begriff der Mutwilligkeit ist in § 114 Abs. 2 ZPO legal definiert. An die Zurückweisung aus diesem Grund werden **strenge Anforderungen** gestellt. Mutwilligkeit besteht, wenn eine verständige, nicht hilfsbedürftige Partei in der Situation des Antragstellers von der Rechtsverfolgung oder Rechtsverteidigung abgesehen hätte.[32] Es müssen **besondere Umstände** des Einzelfalles vorliegen, die es trotz hinreichender Erfolgsaussicht rechtfertigen, Prozesskostenhilfe zu versagen. Dabei lassen sich folgende Fallgruppen bilden: 14

1. Rechtsverfolgung

Die meisten Fälle der Mutwilligkeit betreffen die **klägerische Rechtsverfolgung.** Grundsätzlich muss der Antragsteller wegen des Sozialleistungscharakters der Prozesskostenhilfe vor Klageerhebung einen zumutbaren **einfacheren und kostengünstigeren Weg der Rechtsverfolgung wählen.** Dazu zählt ein Versuch einer **außergerichtlichen Einigung,** den ein Bemittelter unternommen hätte,[33] oder die Möglichkeit der Rechtsverfolgung durch Inanspruchnahme der **Beratungshilfe**[34] (vgl. Vorbem. zu §§ 114–127 Rn. 3). Die unterlassene Durchführung eines **Mahnverfahrens** ist mutwillig, wenn die Forderung des Antragstellers voraussichtlich unstreitig ist.[35] Wegen der Kostendegression ist eine neue Klage statt einer möglichen **Klageerweiterung/-häufung**[36] oder einer **Widerklage**[37] missbräuchlich. Auch wenn bereits zahlreiche vorgreifliche Verfahren oder ein **Musterverfahren**[38] laufen oder das Begehren bereits in einem vorangegangenen Prozess hätte geltend gemacht werden können,[39] kann Mutwilligkeit bestehen. Eine zumutbare Prozessführung im **Ausland** kann verlangt werden, wenn diese im Vergleich deutlich geringere Kosten verursachen würde.[40] Mutwilligkeit liegt jedoch nicht vor, wenn der andere Weg **ineffektiv** oder **unsicher** ist.[41] Zudem ist die Rechtsverfolgung mutwillig, wenn der Antragsteller sein wesentliches Rechtsschutzziel **bereits erreicht** hat. So kann eine Klage nach Ergehen einer **einstweiligen Verfügung**, die ein vorläufig ausreichender Vollstreckungstitel ist, mutwillig sein.[42] Die Rechtsverfolgung kann mutwillig sein, wenn der Antragsteller **keinerlei Umstände vorträgt**, die sein Begehren auch nur ansatzweise begründen könnten.[43] Mutwillig kann es auch sein, **schuldhaft** die Niederlegung des Mandats oder Entpflichtung des Rechtsanwalts zu verursachen.[44] An der Mutwilligkeit fehlt es jedoch bei einer negativen Feststellungsklage, der eine einstweilige Verfügung voranging,[45] oder wenn streitig 15

---

31 BVerfG, FamRZ 2002, 665; BVerfG, NJW 1991, 413; BGH, FamRZ 2014, 826; BGH, FamRZ 2013, 364; BGH, FamRZ 2013, 1214; BGH, FamRZ 2013, 1799.
32 BGH, NJW-RR 2011, 708, Rn. 11; BGH, NJW 2010, 3522, Rn. 6; OLG Köln, FamRZ 2005, 73; KG Berlin, FamRZ 2004, 710.
33 OLG Rostock, MDR 2011, 790; OLG Saarbrücken, FamRZ 2010, 311; a.A. OLG Brandenburg v. 24.09.2012, 3 WF 85/12, juris, Rn. 11; OLG München, FamRZ 2008, 1089; OLG Hamm, FamRZ 2007, 1337.
34 OLG Oldenburg, JurBüro 1981, 1849.
35 OLG Düsseldorf, MDR 2008, 880; LG Lüneburg, NJW-RR 2002, 647.
36 BGH, JurBüro 2014, 203; BAG, NJW 2011, 1161 (1162), Rn. 9; BAG, NJW 2011, 3260 (3261), Rn. 16; OLG Braunschweig, NJW 2013, 2443 (2444); OLG Nürnberg, MDR 2011, 256; zur Mutwilligkeit einer Teilklage BGH, MDR 2011, 321.
37 OLG Koblenz, NJW-RR 2005, 672.
38 BGH, JurBüro 2014, 203; OLG Braunschweig, NJW 2013, 2442 (2445).
39 OLG Bamberg, NJW-RR 1990, 74.
40 OLG Hamm, FamRZ 2001, 1533; OLG Frankfurt a.M., FamRZ 1991, 94.
41 OLG Schleswig, WM 2011, 1128 (1129); OLG Oldenburg, FamRZ 1982, 418.
42 So in Gewaltschutzverfahren OLG Zweibrücken, FamRZ 2010, 666; OLG Celle, FamRZ 2010, 1586; a.A. OLG Hamm, FamRZ 2010, 825; zur Mutwilligkeit paralleler Rechtsverfolgung OLG Köln, FamRZ 2011, 1157; a.A. OLG Frankfurt a.M., FamRZ 2011, 661.
43 BGH, NJW-RR 2017, 127.
44 BGH, NJW-RR 1992, 189; OLG Köln, FamRZ 1992, 966; OLG Köln, FamRZ 1987, 1168; zur ähnlichen Regelungslage bei § 78b ZPO: BGH v. 06.10.2014, IX ZR 81/14, juris, Rn. 4 ff.; OLG Köln v. 29.07.2010, 4 WF 130720, juris, Rn. 2.
45 OLG Köln, FamRZ 1984, 717.

ist, ob die einstweilige Verfügung die Hauptsache entbehrlich macht.[46] Auch wenn der Antragsteller sich **schuldhaft in die Lage bringt**, Prozesskostenhilfe beantragen zu müssen, liegt regelmäßig keine Mutwilligkeit vor. Dieses Verhalten ist kann jedoch **rechtsmissbräuchlich** sein und zur Berücksichtigung eines fiktiven Einkommens nach § 115 ZPO (Rn. 3) führen. Auch allein der Umstand, dass der Antragsteller durch eine **Straftat** die Ursache für ein späteres gerichtliches Verfahren gesetzt hat, für dessen Durchführung er um Prozesskostenhilfe nachsucht, lässt seine Rechtsverfolgung nicht als mutwillig erscheinen.[47] Eine **rechtsmissbräuchliche Klage** ist stets mutwillig, etwa die Klage durch den mittellosen unter mehreren Miterben.[48]

2. Rechtsverteidigung

16 Mutwilligkeit besteht, wenn zum Prozesskostenhilfe-Antrag des Klägers **nicht Stellung genommen** wird, obwohl dadurch bereits die Zurückweisung hätte erreicht werden können.[49] Eine **Widerklage** ist mutwillig, wenn eine Aufrechnung ausreichend gewesen wäre.[50] Eine Rechtsverteidigung ist jedoch nicht mutwillig, wenn ein Versicherungsnehmer in einem Verkehrsunfallprozess Prozesskostenhilfe für die Vertretung durch einen eigenen Anwalt begehrt, obwohl ihm der Haftpflichtversicherer als **Streithelfer** beigetreten ist und dessen Prozessbevollmächtigter auch für ihn Klageabweisung beantragt hat.[51]

3. Rechtsmittel

17 Mutwilligkeit besteht, wenn der Antrag wegen Vortrags erfolgversprechend ist, der in einer vorangegangenen Instanz **hätte geltend gemacht werden können** (vgl. § 97 Abs. 2 ZPO).[52] Auch wenn das Gericht die **Zurückweisung** der Berufung nach § 522 ZPO beabsichtigt[53] oder über die Prozesskostenhilfe des Berufungsführers noch nicht entschieden ist,[54] ist der Antrag des Gegners mutwillig.

C. Grenzüberschreitende Prozesskostenhilfe, Abs. 1 Satz 2

18 **Europäer**, die an einem Verfahren in DEU beteiligt sind, aber in einem EU-Staat wohnen, können sich an das Gericht ihres Wohnsitzes wenden und dort einen Prozesskostenhilfe-Antrag stellen, der von diesem an das Gericht in DEU übersetzt übermittelt wird (§ 1078 ZPO). Alternativ steht es ihnen frei, direkt bei dem deutschen Gericht Prozesskostenhilfe zu beantragen. Letzteres kann aber nachteilig sein, weil entstehende **Übersetzungskosten** für die Erklärung nach § 117 Abs. 2 ZPO nicht von der Prozesskostenhilfe erstattet werden.[55] Allerdings hat das BAG die Frage der Vereinbarkeit dieser Rechtslage mit der Richtlinie 2003/8/EG dem EuGH vorgelegt.[56] Wohnt die Partei in einem Staat mit sehr **niedrigem Durchschnittseinkommen**, hat das in der Regel keine Auswirkungen auf die Prozesskostenhilfe-Prüfung und den in

---

46 OLG Frankfurt a.M., FamRZ 2011, 661; OLG Hamm, FamRZ 2010, 825; OLG Stuttgart, FamRZ 2010, 1266.
47 BGH, NJW 2016, 2188 (2189), Rn. 27.
48 OLG Saarbrücken, MDR 2009, 1003; ähnlich BGH, VersR 1984, 989.
49 OLG Celle, MDR 2011, 1235; OLG Köln, JurBüro 2009, 145; OLG Brandenburg, FamRZ 2008, 70; OLG Brandenburg, FamRZ 2006, 346.
50 OLG Frankfurt a.M., OLGR 2006, 1054; OLG Naumburg, NJW-RR 2003, 210.
51 BGH, NJW 2010, 3522.
52 So OLG Saarbrücken v. 29.04.2014, 6 UF 39/14, juris, Rn. 5; OLG Celle, MDR 2011, 1235; OLG Stuttgart, Justiz 2006, 229; OLG Brandenburg, FamRZ 2006, 1549; OLG Frankfurt a.M., MDR 2002, 843.
53 OLG Koblenz v. 15.06.2016, 6 U 237/16, juris, Rn. 5ff.; OLG München, MDR 2014, 1288, jeweils in Abgrenzung zu BGH, FamRZ 2010, 1423 und BGH, FamRZ 2010, 1497 mit dem Argument, dass tragender Grund für die Entscheidungen die damals geltende Unanfechtbarkeit des Zurückweisungsbeschlusses (§ 522 Abs. 2 ZPO in der bis 26.10.2011 geltenden Fassung) und das hiermit verbundene Interesse des Rechtsmittelbeklagten, durch frühzeitige Erwiderung auf die Rechtsmittelbegründung und durch eigene zusätzliche Argumente eine – bis zum Erlass des Zurückweisungsbeschlusses nicht gesicherte – Zurückweisung der Berufung zu fördern. Dieser Vorteil des Verfahrens gem. § 522 Abs. 2 ZPO für den um Prozesskostenhilfe nachsuchenden Rechtsmittelgegner ist durch die Neufassung der Vorschrift durch das Gesetz vom 21.10.2011 (BGBl. I, S. 2082) entfallen, und hiermit auch die tragende Begründung der genannten Rechtsprechung des BGH. Anders allerdings BGH v. 04.07.2013, IX ZB 66/12, juris, Rn. 5.
54 BGH, NJW-RR 2001, 1009; vgl. auch BFH v. 17.04.2014, III S 14/13, juris, Rn. 10; OLG Hamm, FamRZ 2006, 348.
55 BGH, WM 2015, 737.
56 BAG, NZA 2016, 61: Aus Art. 8 Buchst. b i.V.m. Art. 13 der Richtlinie 2003/8/EG kann Kostenfreiheit folgen.

§ 115 ZPO normierten Einsatz von Einkommen und Vermögen.[57] **Inländer**, die Prozesskostenhilfe für einen Rechtsstreit in einem anderen EU-Staat beantragen wollen, können den Prozesskostenhilfe-Antrag bei einem deutschen Gericht einreichen, dass diesen (ggf. übersetzt) an das ausländische Gericht übermittelt.

D. Rechtsfolge/Rechtsmittel

§ 114 ZPO regelt allein die **Voraussetzungen** der Prozesskostenhilfe. Die Rechtsfolgen der Bewilligung finden sich in den §§ 115, 119–126 ZPO (Umfang der Befreiung und Bewilligung, Ratenzahlung, Beiordnung eines Rechtsanwalts). 19

Rechtsmittel gegen Bewilligungs- und Zurückweisungsbeschlüsse ist die **sofortige Beschwerde** gemäß § 127 Abs. 2–4 ZPO. 20

Das Prozesskostenhilfe-Prüfungsverfahren als solches ist **kostenfrei**, die üblichen Verfahrenskosten entstehen jedoch, wenn neben dem Prozesskostenhilfe-Antrag unbedingt Klage erhoben wird. 21

§ 115
Einsatz von Einkommen und Vermögen

(1) ¹Die Partei hat ihr Einkommen einzusetzen. ²Zum Einkommen gehören alle Einkünfte in Geld oder Geldeswert. ³Von ihm sind abzusetzen:

1. a) die in § 82 Abs. 2 des Zwölften Buches Sozialgesetzbuch bezeichneten Beträge;

   b) bei Parteien, die ein Einkommen aus Erwerbstätigkeit erzielen, ein Betrag in Höhe von 50 vom Hundert des höchsten Regelsatzes, der für den alleinstehenden oder alleinerziehenden Leistungsberechtigten gemäß der Regelbedarfsstufe 1 nach der Anlage zu § 28 des Zwölften Buches Sozialgesetzbuch festgesetzt oder fortgeschrieben worden ist;

2. a) für die Partei und ihren Ehegatten oder ihren Lebenspartner jeweils ein Betrag in Höhe des um 10 vom Hundert erhöhten höchsten Regelsatzes, der für den alleinstehenden oder alleinerziehenden Leistungsberechtigten gemäß der Regelbedarfsstufe 1 nach der Anlage zu § 28 des Zwölften Buches Sozialgesetzbuch festgesetzt oder fortgeschrieben worden ist;

   b) bei weiteren Unterhaltsleistungen auf Grund gesetzlicher Unterhaltspflicht für jede unterhaltsberechtigte Person jeweils ein Betrag in Höhe des um 10 vom Hundert erhöhten höchsten Regelsatzes, der für eine Person ihres Alters gemäß den Regelbedarfsstufen 3 bis 6 nach der Anlage zu § 28 des Zwölften Buches Sozialgesetzbuch festgesetzt oder fortgeschrieben worden ist;

3. die Kosten der Unterkunft und Heizung, soweit sie nicht in einem auffälligen Missverhältnis zu den Lebensverhältnissen der Partei stehen;

4. Mehrbedarfe nach § 21 des Zweiten Buches Sozialgesetzbuch und nach § 30 des Zwölften Buches Sozialgesetzbuch;

5. weitere Beträge, soweit dies mit Rücksicht auf besondere Belastungen angemessen ist; § 1610a des Bürgerlichen Gesetzbuchs gilt entsprechend.

⁴Maßgeblich sind die Beträge, die zum Zeitpunkt der Bewilligung der Prozesskostenhilfe gelten. ⁵Das Bundesministerium der Justiz und für Verbraucherschutz gibt bei jeder Neufestsetzung oder jeder Fortschreibung die maßgebenden Beträge nach Satz 3 Nummer 1 Buchstabe b und Nummer 2 im Bundesgesetzblatt bekannt. ⁶Diese Beträge sind, soweit sie nicht volle Euro ergeben, bis zu 0,49 Euro abzurunden und von 0,50 Euro an aufzurunden. ⁷Die Unterhaltsfreibeträge nach Satz 3 Nr. 2 vermindern sich um eigenes Einkommen der unterhaltsberechtigten Person. ⁸Wird eine Geldrente gezahlt, so ist sie an Stelle des Freibetrages abzusetzen, soweit dies angemessen ist.

(2) ¹Von dem nach den Abzügen verbleibenden Teil des monatlichen Einkommens (einzusetzendes Einkommen) sind Monatsraten in Höhe der Hälfte des einzusetzenden Einkommens festzusetzen; die Monatsraten sind auf volle Euro abzurunden. ²Beträgt die Höhe einer Monatsrate weniger als 10 Euro, ist von der Festsetzung von Monatsraten abzusehen. ³Bei einem einzusetzenden Einkommen von mehr als 600 Euro beträgt die Monatsrate 300 Euro zuzüglich des Teils des einzusetzenden Einkommens, der 600 Euro übersteigt. ⁴Unabhängig von der Zahl der Rechtszüge sind höchstens 48 Monatsraten aufzubringen.

(3) ¹Die Partei hat ihr Vermögen einzusetzen, soweit dies zumutbar ist. ²§ 90 des Zwölften Buches Sozialgesetzbuch gilt entsprechend.

---

57 BGH, FamRZ 2009, 497 zu § 115 Abs. 3 ZPO; OLG Stuttgart, FamRZ 2007, 486 zu § 115 Abs. 1 ZPO.

(4) Prozesskostenhilfe wird nicht bewilligt, wenn die Kosten der Prozessführung der Partei vier Monatsraten und die aus dem Vermögen aufzubringenden Teilbeträge voraussichtlich nicht übersteigen.

Inhalt:

	Rn.		Rn.
A. Allgemeines	1	a) Öffentliche Leistungen,	
B. Erläuterungen	2	§ 90 Abs. 2 Nr. 1 SGB XII	29
I. Einkommen, Abs. 1 Satz 1, 2	2	b) Altersvorsorgekapital,	
1. Begriff	3	§ 90 Abs. 2 Nr. 2 SGB XII	30
2. Abzüge, Abs. 1 Satz 3 Nr. 1–5	4	c) Grundstückskapital,	
a) Abzüge nach Abs. 1 Satz 3 Nr. 1 Buchst. a (§ 82 Abs. 2 Nr. 1–5 SGB XII)	4	§ 90 Abs. 2 Nr. 3 SGB XII	31
		d) Haushalt, § 90 Abs. 2 Nr. 4 SGB XII	32
b) Freibeträge, Abs. 1 Satz 3 Nr. 1 Buchst. b, Nr. 2 Buchst. a und b	11	e) Ausbildung und Berufstätigkeit, § 90 Abs. 2 Nr. 5 SGB XII	33
c) Kosten für Unterkunft und Heizung, Abs. 1 Satz 3 Nr. 3	15	f) Persönliche Gegenstände, § 90 Abs. 2 Nr. 6 SGB XII	34
d) Mehrbedarfe, Abs. 1 Satz 3 Nr. 4	16	g) Gegenstände der geistigen Bedürfnisbefriedigung,	
e) Besondere Belastungen, Abs. 1 Satz 3 Nr. 5	17	§ 90 Abs. 2 Nr. 7 SGB XII	35
3. Ratenzahlung, Abs. 2	18	h) Hausgrundstücke, § 90 Abs. 2 Nr. 8 SGB XII	36
a) Ratenhöhe	19	i) Kleinere Geldwerte, § 90 Abs. 2 Nr. 9 SGB XII	37
b) Ratenanzahl	20	j) Härtefall, § 90 Abs. 3 SGB XII	38
II. Vermögen, Abs. 3	21	3. Zumutbarkeit, Abs. 3 Satz 1	40
1. Begriff	21	III. Einschränkung, Abs. 4	41
2. Schonvermögen nach § 90 Abs. 2, 3 SGB XII, Abs. 3 Satz 2	27		

A. Allgemeines

1 § 115 ZPO konkretisiert die in § 114 ZPO genannten persönlichen und wirtschaftlichen Verhältnisse. Grundsätzlich hat jedermann **Einkommen** und **Vermögen** gleichermaßen in den Grenzen des § 115 ZPO zur Bestreitung der Prozesskosten einzusetzen.

B. Erläuterungen
I. Einkommen, Abs. 1 Satz 1, 2

2 Zu ermitteln ist zunächst das zugrunde zu legende Einkommen (1.), von dem die in Abs. 1 Satz 3 Nr. 1–5 genannten Beträge in Abzug zu bringen sind (2.). Aus dem ermittelten einzusetzenden Einkommen ergibt sich die gemäß Abs. 1 Satz 4 zu zahlende Monatsrate (3.).

1. Begriff

3 Abs. 1 Satz 2 bezieht in das maßgebliche Einkommen die Gesamtheit der Einkünfte in Geld und Geldeswert ein. Auszugehen ist zunächst von dem vollen Bruttoeinkommen; die Abzüge (auch Steuern und Abgaben) sind abschließend in Satz 3 genannt. Da Prozesskostenhilfe eine Sozialleistung ist, ist der **sozialrechtliche Begriff** des Einkommens maßgeblich. Dabei kann insbesondere die Verordnung zur Durchführung des § 82 SGB XII[1] als unverbindlicher Leitsatz zugrunde gelegt werden.[2] Nach deren § 1 sind alle Einnahmen ohne Rücksicht auf ihre Herkunft und Rechtsnatur sowie ohne Rücksicht darauf, ob sie zu den Einkunftsarten i.S.d. Einkommensteuergesetzes gehören und ob sie der Steuerpflicht unterliegen, zugrunde zu legen. Demnach zählen auch **Sozialleistungen** einschließlich der Leistungen wegen Mehrbedarfen zum Einkommen.[3] Ebenso zählt das **Kindergeld** zum Einkommen des jeweiligen Beziehers.[4] Da als Einkommen berücksichtigte Sozialleistungen wegen Gesundheitsbeeinträchtigungen

---

1 In der im BGBl. III, Gliederungsnummer 2170-1-4 veröffentlichten bereinigten Fassung, die zuletzt durch Art. 8 des Gesetzes vom 22.12.2015 (BGBl. I, S. 2557) geändert worden ist.
2 Im Ergebnis BGH, FamRZ 2012, 1629; BGH, FamRZ 2012, 1374 (zur Bemessung berufsbedingter Fahrtkosten); vgl. zur Frage der Bindungswirkung OLG Dresden, FamRZ 2011, 911; OLG Celle, FamRZ 2010, 54; i. S. einer Leitlinie OLG Frankfurt a.M., FamRZ 1990, 1011.
3 BGH, NJW-RR 2011, 3 (4): Leistungen nach dem SGB II inkl. des Alleinerziehenden pauschal gewährten Mehrbedarfs nach § 21 Abs. 3 SGB II; BGH, FamRZ 2008, 781; Pflegegeld nach § 39 SGB VIII nur anteilig, OLG Nürnberg, FamRZ 2010, 1361; Übergangsgeld nach § 24 SGB II, OLG München, FamRZ 2006, 1125.
4 Daran ändert auch § 1612b BGB in der ab 01.01.2008 geltenden Fassung nichts, BGH, NJW 2017, 962; vgl. auch BGH, NJW 2005, 2393.

nach § 1610a BGB in gleicher Höhe als besondere Belastungen gemäß § 115 Abs. 1 Satz 3 Nr. 5 ZPO in Abzug zu bringen sind (siehe Rn. 17), können sie außer Betracht bleiben.[5] Anzusetzen ist nur das **tatsächlich erzielte Einkommen**, gepfändete oder abgetretene Einkünfte sind also nicht zu berücksichtigen.[6] Allerdings kann, wenn die Partei ihre Mittellosigkeit rechtsmissbräuchlich herbeigeführt hat oder grundlos auf Einkünfte verzichtet, ein **fiktives Einkommens** (oder Vermögen) angesetzt werden, dass bei vernünftigem Handeln bestanden hätte.[7] So liegt es, wenn der Antragsteller es leichtfertig unterlässt, eine tatsächlich bestehende und zumutbare Erwerbsmöglichkeit zu nutzen.[8] Ist der Antragsteller gegen Entgelt eine Scheinehe eingegangen, ist eine **fiktive Rücklage** in Ansatz zu bringen, die er zur Finanzierung der Prozesskosten hätte bilden müssen.[9] Es ist nur das Einkommen des Antragstellers selbst maßgeblich, nicht etwa Einkünfte von **Ehegatten, Lebenspartners** oder **Lebensgefährten**.[10] Das Einkommen von Unterhaltsberechtigten wird aber auf den Freibetrag nach § 115 Abs. 1 Satz 3 Nr. 2 Buchst. a ZPO angerechnet, § 115 Abs. 1 Satz 7 ZPO (siehe Rn. 13).

2. Abzüge, Abs. 1 Satz 3 Nr. 1–5
a) Abzüge nach Abs. 1 Satz 3 Nr. 1 Buchst. a (§ 82 Abs. 2 Nr. 1–5 SGB XII)
Nach § 82 Abs. 2 Nr. 1–5 SGB XII in Abzug zu bringen sind auf das Einkommen entrichtete Steuern (Nr. 1), Pflichtbeiträge zur Sozialversicherung (Nr. 2) und Beiträge zu öffentlichen oder privaten Versicherungen und geförderte Altersvorsorgebeiträge (Nr. 3), die mit der Erzielung des Einkommens verbundenen notwendigen Ausgaben (Nr. 4), das Arbeitsförderungsgeld und Erhöhungsbeträge des Arbeitsentgelts (Nr. 5).

Nr. 1: Zu berücksichtigen sind die **Einkommenssteuern**, also Lohn-/Einkommensteuer, Kirchensteuer und Solidaritätszuschlag. Maßgeblich ist die tatsächliche Steuerlast, wie sie abschließend im Steuerverfahren festgesetzt wird, nicht allein die Einkommensteuerbescheinigung. Erstattungsbeträge im Lohnsteuerjahresausgleich sind deshalb ebenso zu berücksichtigen wie Nachzahlungen.[11] Zur Einbeziehung **weiterer Steuern** als besondere Belastungen vgl. Rn. 17.

Nr. 2: Die gesetzlich verpflichtenden **Sozialversicherungsbeiträge** (Arbeitslosen-, Kranken-, Renten-, Unfall- und Pflegeversicherung) von Arbeitnehmern und (soweit verpflichtet) Selbstständigen sind abzuziehen, nicht jedoch Arbeitgeberbeiträge oder freiwillige Versicherungsleistungen (siehe Rn. 7).[12]

Nr. 3: Freiwillige Versicherungsbeiträge und ähnliche Leistungen können nur berücksichtigt werden, wenn sie gesetzlich vorgeschrieben oder nach Grund und Höhe angemessen sind. Eine **Kfz-Haftpflichtversicherung** ist gesetzlich vorgeschrieben und abzusetzen, wenn der Antragsteller ein Kfz benötigt.[13] Mit der Kilometerpauschale nach Nr. 4 abgegolten sind hier allein die sonstigen Betriebskosten und Steuern.[14] Im Übrigen muss die Höhe der Beiträge in angemessenem Verhältnis zum Einkommen stehen. Daran fehlt es, wenn die aus dem Versicherungsvertrag resultierenden Belastungen **in keinem Verhältnis** zu verfügbaren Einkommen stehen.[15] Zudem muss für den Abschluss der konkreten Versicherung ein **nachvollziehbares Bedürfnis** bestehen, wogegen sprechen kann, wenn kurz vor Prozesskostenhilfe-Antragstellung noch Versicherungen abgeschlossen werden, die zuvor nicht als notwendig erachtet wurden.[16] Abzugsfähig können danach etwa Beiträge für private **Haftpflicht-**,[17] **Kranken(zusatz)-**

---

5 OLG Bremen, MDR 2012, 995 (zum Pflegegeld nach § 37 SGB XI); KG Berlin, FamRZ 2007, 915 (Mehrbedarf für Alleinerziehende nach § 30 SGB XII).
6 OLG Stuttgart, FamRZ 2011, 1885.
7 OLG Stuttgart, FamRZ 2011, 1885; OLG Brandenburg, FamRZ 2010, 827.
8 BGH, FamRZ 2009, 1994.
9 BGH, FamRZ 2011, 872; BGH, FamRZ 2005, 1477; OLG Frankfurt a.M., OLGR 2007, 184; vgl. auch OLG Bamberg, JurBüro 1990, 1646; OLG Köln, FamRZ 1983, 635; zur Verfassungsmäßigkeit dieser Rechtsprechung BVerfG, FamRZ 1985, 115; BVerfG, FamRZ 1984, 1206.
10 BAG, FamRZ 2006, 117; OLG Frankfurt a.M., FamRZ 2015, 1918, zur Verminderung des Einkommens sofern dieses i.R. der Bedarfsgemeinschaft für SGB II-Leistungen herangezogen wurde; OLG Saarbrücken v. 16.02.2010, 5 W/10-2,5 W 5/10, juris, Rn. 14; OLG Karlsruhe, FamRZ 2005, 43; OLG Koblenz, FamRZ 2001, 925; OLG Köln, FamRZ 2003, 1394.
11 So ohne gesonderte Begründung vorausgesetzt z.B. in OLG Bremen, FamRZ 2011, 913; OLG Koblenz, FamRZ 2010, 1915; OLG Düsseldorf, Rpfleger 2001, 434; OLG Bremen, FamRZ 1998, 1180.
12 Zöller-*Geimer*, ZPO, § 115 Rn. 22; Stein/Jonas-*Bork*, ZPO, § 115 Rn. 37.
13 BGH, NJW-RR 2012, 1089 (1090), Rn. 21 (ggf. auch angemessene Kosten für eine Kaskoversicherung); OLG Bremen, FF 2013, 256; OLG Koblenz, FamRZ 2009, 531; OLG Brandenburg, FamRZ 2009, 896; OLG Stuttgart v. 23.06.2006, 8 WF 84/06, juris, Rn. 24.
14 BGH, MDR 2011, 1182; a.A. OLG Hamm, MDR 2010, 1344.
15 OLG Bamberg, JurBüro 1987, 1713.
16 OLG Bamberg, JurBüro 1990, 635; OLG Bamberg, JurBüro 1987, 1713.
17 OLG Bremen, FF 2013, 256; OLG Celle, MDR 2011, 257; OLG Stuttgart v. 23.06.2006, 8 WF 84/06, Rn. 20.

ZPO § 115 Prozesskostenhilfe und Prozesskostenvorschuss

[18] oder **Unfallversicherungen**,[19] **Hausrats-**[20] oder **Gebäudeversicherungen**,[21] **Lebensversicherungen**,[22] oder **Rechtsschutzversicherungen**[23] sein. Nicht zu berücksichtigen ist hingegen eine **Ausbildungsversicherung** für das Kind des Antragstellers.[24]

8   Vom Einkommen abzusetzen sind ferner **Altersvorsorgebeiträge und -tilgungsleistungen** nach § 82 EStG, die der Antragsteller bis zum Beginn der Auszahlungsphase zugunsten eines auf seinen Namen lautenden, zertifizierten Altersvorsorgevertrags leistet.

9   **Nr. 4:** Zu berücksichtigen sind auch die notwendigen **Werbungskosten** bei nichtselbstständiger Beschäftigung und **Betriebsausgaben** bei selbstständiger Arbeit. Die **Werbungskosten** können auf Grundlage von § 3 Abs. 4–7 der DV-BSHG (vgl. Rn. 3) **pauschaliert** werden: 5,20 € monatlich für **Arbeitsmittel**; 5,20 € monatlich je Kilometer bei notwendiger **Kfz-Fahrt** zur Arbeitsstätte; allerdings ohne die Beschränkung auf maximal 40 km;[25] bei Nutzung **öffentlicher Verkehrsmittel** kann die günstigste Zeitkarte angesetzt werden.[26] Der Antragsteller kann höhere **tatsächliche Kosten** glaubhaft machen. Die Abzüge sind neben der Geltendmachung in der Steuererklärung zu berücksichtigen.[27]

10 **Nr. 5:** Gemäß § 43 SGB IX erhalten Werkstätten für behinderte Menschen vom zuständigen Rehabilitationsträger für die Beschäftigten ein **Arbeitsförderungsgeld** (26,00 € monatlich bei Einkommen bis 325,00 € sowie den darüberhinausgehenden Betrag voll), das in Abzug zu bringen ist.

b) Freibeträge, Abs. 1 Satz 3 Nr. 1 Buchst. b, Nr. 2 Buchst. a und b

11 Vom Einkommen sind zudem Freibeträge für Einkommen (Nr. 1 Buchst. b), Ehegatten- und Lebenspartnerunterhalt (Nr. 2 Buchst. a) und weitere gesetzliche Unterhaltsleistungen (Nr. 2 Buchst. b) abzuziehen. Das Bundesministerium der Justiz und für Verbraucherschutz gibt nach Abs. 1 Satz 5 jährlich die entsprechenden **aktuellen Freibeträge bekannt**,[28] die für 2017 wie folgt lauten:

1. für Parteien, die ein Einkommen aus Erwerbstätigkeit erzielen (§ 115 Abs. 1 Satz 3 Nr. 1 Buchst. b ZPO) 215,00 €,

2. für die Partei und ihren Ehegatten oder ihren Lebenspartner (§ 115 Abs. 1 Satz 3 Nr. 2 Buchst. a ZPO) 473,00 €,

3. für jede weitere Person, der die Partei auf Grund gesetzlicher Unterhaltspflicht Unterhalt leistet, in Abhängigkeit von ihrem Alter (§ 115 Abs. 1 Satz 3 Nr. 2 Buchst. b ZPO):

   a) Erwachsene 377,00 €,

   b) Jugendliche vom Beginn des 15. bis zur Vollendung des 18. Lebensjahres 359,00 €,

   c) Kinder vom Beginn des siebten bis zur Vollendung des 14. Lebensjahres 333,00 €,

   d) Kinder bis zur Vollendung des sechsten Lebensjahres 272,00 €.

12 **Nr. 1 Buchst. b:** Der Freibetrag ist abzuziehen, wenn der Antragsteller einer **Beschäftigung** nachgeht, die auf Dauer angelegt ist und (jedenfalls teilweise) der Deckung des Lebensbedarfs dient. **Ehrenamtliche Tätigkeiten** sind nicht zu berücksichtigen. Ist ein **Unterhaltsberechtigter** erwerbstätig, ist bei ihm dieser Freibetrag bei der Berechnung des nach § 115 Abs. 1 Satz 7 ZPO abzuziehenden Einkommens zu berücksichtigen.[29]

---

18 VGH München v. 04.03.2016, 12 C 14.2069, juris, Rn. 4; OLG Köln, FamRZ 1993, 579.
19 OLG Brandenburg v. 06.01.2015, 10 UF 34/14, juris, Rn. 5; hingegen ablehnend OLG Brandenburg, NJW 2009, 2069; OLG Brandenburg v. 13.11.2007, 9 WF 301/07, 9 WF 301/07 (PKH), juris, Rn. 7.
20 OLG Brandenburg v. 06.01.2015, 10 UF 34/14, juris, Rn. 5; hingegen ablehnend OLG Brandenburg, NJW 2009, 2069; OLG Stuttgart v. 23.06.2006, 8 WF 84/06, juris, Rn. 18 ff.; OLG Düsseldorf, OLGR 1993, 12.
21 OLG Stuttgart, v. 23.06.2006, 8 WF 84/06, juris, Rn. 27 f.; OLG Schleswig, JurBüro 1988, 1538.
22 Soweit sie einer angemessenen Altersversorgung und nicht der Kapitalbildung dient: OLG Nürnberg v. 15.05.2015, 11 WF 511/15, juris, Rn. 11 ff.; OLG Koblenz, FamRZ 2012, 1321 (zu einer Rentenversicherung); OLG Köln, FamRZ 2003, 1394; ArbG Regensburg, JurBüro 1990, 636.
23 OLG Schleswig, JurBüro 1988, 1538; Zöller-*Geimer*, ZPO, § 115 Rn. 23; Stein/Jonas-*Bork*, ZPO, § 115 Rn. 38; a.A. OLG Brandenburg, NJW 2009, 2069; OLG Stuttgart v. 04.01.2012, 17 WF 250/11, juris, Rn. 14.
24 OLG Karlsruhe, FamRZ 2007, 1109; OLG Düsseldorf, OLGR 1993, 12.
25 BGH, MDR 2012, 1182.
26 OLG Schleswig, FamRZ 2014, 57.
27 OLG Karlsruhe, FamRZ 2008, 69.
28 Prozesskostenhilfebekanntmachung 2017 vom 12.12.2016 (BGBl. I, S. 2869).
29 MK-*Wache*, ZPO, § 115 Rn. 32.

Nr. 2 Buchst. a: Ein weiterer Freibetrag ist jeweils für die **Partei selbst** sowie einen unterhaltenen **Ehegatten** oder **Lebenspartner** nach dem LPartG abzuziehen, nicht jedoch für einen Partner der eheähnlichen Lebensgemeinschaft. Dieser Freibetrag erfasst alle sozialrechtlichen Regelbedarfe wie Nahrungsmittel, Bekleidung, Wohnen, Innenausstattung, Gesundheitspflege, Verkehr, Freizeit oder Bildung.[30] Von den Freibeträgen **abzuziehen** ist gemäß **Abs. 1 Satz 7** das vom Ehegatten/Lebenspartner selbst erwirtschaftete Einkommen, das sich wieder nach Abs. 1 unter Berücksichtigung der Abzüge berechnet. Zahlt der Antragsteller statt Gewährung von Naturalunterhalt eine **Geldrente**, ist diese in der angemessenen Höhe statt des Freibetrags anzusetzen (**Abs. 1 Satz 8**). Wird teilweise eine Geldrente und teilweise Naturalunterhalt gewährt, ist letzterer zu schätzen und zu der Geldrente hinzuzurechnen.[31]   13

Nr. 2 Buchst. b: Zu den weiteren gesetzlichen Unterhaltsberechtigten, für die jeweils ein nach ihrem Alter gestaffelter Freibetrag abzuziehen ist, können neben den minderjährigen auch die volljährigen **Kinder** und die **Eltern** zählen.[32] Leisten beide Elternteile Unterhalt, ist der Freibetrag jeweils voll anzusetzen, ungeachtet der Antragstellung durch einen (hier beim Anderen nach Nr. 2 a) oder beide Elternteile.[33] Auch insoweit gilt Abs. 1 Satz 7, 8. Das **Kindergeld** ist nach § 82 Abs. 1 Satz 3 SGB XII vom Freibetrag des minderjährigen Kindes abzuziehen, soweit es bei diesem zur Deckung des notwendigen Lebensunterhaltes, mit Ausnahme der Bedarfe nach § 34 SGB XII (Bildung und Teilhabe), benötigt wird.[34]   14

c) Kosten für Unterkunft und Heizung, Abs. 1 Satz 3 Nr. 3

Abzugsfähig sind die tatsächlich entstehenden Kosten für **Unterkunft** und **Heizung** in dem Umfang, in dem sie nicht in einem auffälligen Missverhältnis zu den Lebensverhältnissen der Partei stehen. Dies beinhaltet die **Kaltmiete** der eigengenutzten Wohnung bzw. die Zins- und Tilgungsleistungen für das **Eigenheim**.[35] Weitere Kosten sind nur insoweit abzugsfähig, als sie nicht bereits durch den Freibetrag der Partei nach Nr. 2 a) abgedeckt werden, der bestimmte Beträge für Wohnen, Energie, Wohnungsinstandhaltung, Innenausstattung, Haushaltsgeräte und -gegenstände enthält.[36] Deshalb sind die **Nebenkosten** für Wasser/Abwasser[37] und Heizung (ausdrücklich erwähnt) sowie die Betriebskosten,[38] nicht aber die übrigen Energiekosten[39] zu berücksichtigen. Soweit etwa Gas oder Strom zum Beheizen und zugleich zum Kochen, zur Beleuchtung oder dem Betrieb technischer Geräte genutzt wird, ist der auf die Heizung entfallende Betrag zu **schätzen**, soweit er nicht gesondert ausgewiesen ist. Auch die Allgemeinkosten der **Bedarfsgemeinschaft** nach dem SGB II sind abzugsfähig.[40] In **auffälligem Missverhältnis** zu den Lebensverhältnissen der Partei stehen regelmäßig Kosten, die mehr als die Hälfte des Nettoeinkommens ausmachen.[41]   15

d) Mehrbedarfe, Abs. 1 Satz 3 Nr. 4

In § 21 SGB II, § 30 SGB XII sind pauschalierte Prozentsätze für **Mehrbedarfe** etwa von **Rentnern**, werdenden **Müttern**, **Kindern** oder Leistungsberechtigte mit **Behinderungen** oder **Erkrankungen** aufgezählt, die zunächst zum Einkommen nach Abs. 1 Satz 1 (Rn. 3) hinzuzurechnen und nach Nr. 4 wiederum vom Einkommen in Abzug zu bringen sind. Nimmt die Partei die   16

---

30 Eingehend §§ 5 ff. Regelbedarfs-Ermittlungsgesetz v. 24.03.2011 (BGBl. I, S. 453); §§ 27 a ff. SGB XII.
31 LAG Berlin-Brandenburg, v. 17.07.2009, 27 Ta 1355/09, juris, Rn. 8; OLG Köln, FamRZ 1989, 524.
32 OLG Bamberg, FamRZ 1983, 204.
33 OVG Hamburg, NZFam 2016, 560; OLG Dresden, MDR 2015, 1151; OLG Hamm, MDR 2007, 973.
34 BGH, FamRZ 2005, 605; OLG Karlsruhe, FamRZ 2016, 72; OLG Bamberg, FamRZ 2015, 349; keine Anrechnung bei volljährigen Kindern, vgl. OLG Naumburg, FamRZ 2009, 1849.
35 BT-Drucks. 12/6963, S. 12; OLG Celle, MDR 2011, 257; LAG Kiel, v. 10.07.2008, 1 Ta 35/08, juris, Rn. 12; nach OLG Bamberg, FamRZ 2007, 1339 und OLG Köln, FamRZ 2003, 1394 sind Wohnkosten nach Kopfteilen zu verteilen, wenn die Mitbewohner über eigene Einkünfte verfügen.
36 Vgl. §§ 5 ff. RBEG v. 24.03.2011 (BGBl. I, S. 453).
37 OLG Nürnberg, FamRZ 2015, 596; OLG Brandenburg, MDR 2015, 483; OLG Frankfurt a. M., FamRZ 2014, 410; OLG Celle, JurBüro 2014, 648; a.A. noch OLG Brandenburg, FamRZ 2008, 69; OLG Bamberg, FamRZ 2005, 1183.
38 OLG Celle, JurBüro 2014, 648; OLG Celle, MDR 2011, 257; OLG Brandenburg, FamRZ 2009, 897.
39 Im Hinblick auf Strom: BGH, NJW-RR 2008, 595; OLG Celle, MDR 2011, 257; OLG Brandenburg, FamRZ 2009, 897; OLG Bamberg, FamRZ 2005, 1183.
40 OLG Karlsruhe, FamRZ 2016, 1478; OLG Frankfurt a.M., FamRZ 2015, 1918; OLG Düsseldorf, FamRZ 2010, 141.
41 OLG Schleswig, FamRZ 2014, 57; anders etwa in der Trennungsphase einer Ehe, vgl. auch OLG München, FamRZ 1997, 299; OLG Brandenburg, FamRZ 2001, 1085; LAG Erfurt, MDR 2001, 237.

Mehrbedarfe tatsächlich nicht in Anspruch, kann sie dennoch die Freibeträge geltend machen, wenn sie die entsprechenden Voraussetzungen glaubhaft macht.[42]

e) Besondere Belastungen, Abs. 1 Satz 3 Nr. 5

17 Besondere Belastungen können alle Kosten sein, die nicht bereits bei den Abzügen nach Nr. 1–4 berücksichtigt sind, also insbesondere nicht die Steuern und Abgaben (Rn. 5 ff.), Regelbedarfe (Rn. 11 ff.), Wohnungskosten (Rn. 15) oder Mehrbedarfe (Rn. 16). Zu berücksichtigen sind nur die bei wertender Betrachtung nach Grund und Höhe **angemessenen** Belastungen. Daran kann es bei im Vergleich zum Einkommen unverhältnismäßigen **Finanzierungen von Immobilien**[43] oder des **allgemeinen Lebensstandards**[44] fehlen. Zur angemessenen Lebensführung notwendige oder moralischen Geboten entsprechende Belastungen wie **Arzt-, Anwalts- oder Gerichtskosten**,[45] **Unterhaltsleistungen** für die alleinerziehende/n Mitbewohner/in oder Lebensgefährten/in[46] und Reisen zu weit entfernt lebenden Kindern[47] sind in Abzug zu bringen. Bei **Schulden** sind nur die tatsächlich geleisteten und verkehrsüblichen Zinsen und Tilgungen abzuziehen.[48] Die Schuld muss vor Prozessbeginn in Unkenntnis der zu erwartenden Prozesskosten entstanden sein.[49] Tilgungsleistungen wegen eines **Kfz-Kaufs** müssen außer Betracht bleiben, wenn der Antragsteller nicht auf ein Kfz angewiesen ist und die Tilgungsleistungen außer Verhältnis zum Einkommen stehen.[50] Es ist außerdem grundsätzlich nicht angemessen, die auf eine **Geldstrafe** zu zahlende Rate zu berücksichtigen.[51] Entsprechend § 1610a BGB können Belastungen durch **Körper- oder Gesundheitsschäden** pauschal in Höhe der gewährten Sozialleistungen abgezogen werden.[52] Wird die besondere Belastung voraussichtlich vor Ablauf von 4 Jahren ganz oder teilweise entfallen, ist § 120 Abs. 1 Satz 2 ZPO (Rn. 5) zu berücksichtigen.

3. Ratenzahlung, Abs. 2

18 Nach Abschaffung der Prozesskostenhilfe-Tabelle ist seit 2013 die jeweilige Ratenzahlung in jedem Einzelfall genau zu berechnen. Zunächst ist anhand des einzusetzenden Einkommens die Höhe der Raten und auf dieser Grundlage die Ratenanzahl zu ermitteln. Im Einzelnen:

a) Ratenhöhe

19 Beträgt das einzusetzende Einkommen nach Abs. 1 genau **600,00 € oder weniger**, ist die monatliche Rate stets mit 50 % von diesem festzusetzen **(Abs. 2 Satz 1)**, wobei die Rate auf volle Euro abzurunden ist **(Satz 2)**. Liegt die so ermittelte Monatsrate unter 10,00 €, ist von der Festsetzung ganz abzusehen **(Satz 3)**. Beträgt das einzusetzende Einkommen **über 600,00 €**, ist zu dem hälftigen Grundbetrag von 300,00 € das 600,00 € übersteigende einzusetzende Einkommen voll hinzuzurechnen **(Satz 4)**.

b) Ratenanzahl

20 Die Anzahl der zu zahlenden Monatsraten ist sodann durch Division der ermittelten Prozesskosten durch die bestimmte Ratenhöhe zu ermitteln. Dabei können maximal 48 Monatsraten für alle Rechtszüge eines Verfahrens festgesetzt werden **(Satz 5)**. Umfasst sind **alle Verfahren** desselben Streitgegenstands einschließlich vorausgehender Mahnverfahren, selbstständiger Beweisverfahren oder einstweiliger Rechtsschutzverfahren[53] und anschließender Vollstre-

---

42 BT-Drucks. 17/11472, S. 30.
43 Zu Modernisierungsmaßnahmen am Eigenheim OLG Naumburg, FamRZ 2009, 628; zur finanzierten Ferienwohnung LAG Stuttgart, JurBüro 1988, 898.
44 OLG Bamberg, FamRZ 1986, 699.
45 LAG Frankfurt a.M., FamRZ 2015, 1918; OLG Stuttgart, FamRZ 2009, 1163; OLG Köln, FamRZ 1993, 579.
46 OLG Karlsruhe, MDR 2016, 849; OLG Frankfurt a.M., FamRZ 2015, 1918; OLG Dresden, FamRZ 2009, 1425; OLG Karlsruhe, FamRZ 2008, 421; KG Berlin, FamRZ 2006, 962; OLG Stuttgart, FamRZ 2005, 1182.
47 So im Sozialhilferecht: BVerfG, FamRZ 1995, 86; BVerwG, NJW 1993, 2633 (2334).
48 Der Abzug muss allerdings auch angemessen sein. Dies ist z.B. abzulehnen bei Verbindlichkeiten, die die Partei in Kenntnis bereits entstandener oder bevorstehender Verfahrenskosten aufgenommen hat, vgl. OLG Karlsruhe, FamRZ 2016, 1478.
49 OLG Karlsruhe, FamRZ 2016, 1478; OLG Köln v. 05.02.2014, 12 WF 19/14, juris, Rn. 2; OLG Köln, MDR 1995, 314.
50 OLG Köln, v. 05.02.2014, 12 WF 19/14, juris, Rn. 2; OLG Hamm, FamRZ 2007, 155; OLG Hamm, FamRZ 1996, 42.
51 BGH, NJW 2011, 1007 (1008), Rn. 13; OLG Karlsruhe, FamRZ 2008, 1541.
52 BGH, FamRZ 2010, 1324.
53 OLG Düsseldorf, FamRZ 1991, 1325.

ckungsverfahren.⁵⁴ Betreibt die Partei mehrere Verfahren, werden für jedes höchstens 48 Raten festgesetzt, wobei die Ratenzahlung bei den späteren Verfahren als besondere Belastung (Rn. 17) berücksichtigt wird. Nach Ablauf von 48 Monaten wird die Partei von den Kosten befreit, soweit sie die Raten tatsächlich beglichen hat, die Ratenzahlungspflicht nicht nach § 120 Abs. 3 ZPO vorübergehend eingestellt wurde und nicht eine nachträgliche Verbesserung der wirtschaftlichen Verhältnisse eintritt, die erstmals nach § 120a ZPO zur Festsetzung einer Ratenzahlung führt. Die nicht erbrachten Monatsraten werden den 48 Monaten hinzugerechnet.⁵⁵ Eine **Mindestanzahl** von Raten sieht schließlich **Abs. 4** vor: Beträgt die festgestellte Ratenanzahl vier oder weniger, wird keine Prozesskostenhilfe bewilligt (Rn. 41).

II. Vermögen, Abs. 3
1. Begriff
Bei der Vermögensermittlung ist entsprechend dem sozialrechtlichen Vermögensbegriff nach § 90 SGB XII das gesamte verwertbare Vermögen zu berücksichtigen. An der Verwertbarkeit fehlt es, wenn der Gegenstand **nicht kurzfristig** für die Finanzierung des Gerichtsverfahrens zu Geld gemacht werden kann. So bei einem Haus oder Flugzeug, wenn es nicht vor Durchführung des gerichtlichen Eilverfahrens veräußert werden kann.⁵⁶ Auch eine Forderung wie etwa der **Prozesskostenvorschussanspruch** gegen den **Ehegatten**⁵⁷ oder ggf. den Verwandten oder auch einen Dritten⁵⁸ (vgl. im Einzelnen Rn. 24) zählt zum Vermögen, wenn sie alsbald realisierbar ist. Die **alsbaldige Realisierbarkeit** fehlt, wenn die Durchsetzung nicht zumutbar oder mit Rechtseinbußen verbunden ist. Denn keinem Hilfsbedürftigem ist zuzumuten, vor Beginn des Rechtsstreits einen weiteren, unsicheren Prozess um Prozesskostenvorschuss zu führen.⁵⁹ Dies ist der Fall, wenn die Partei darlegt, dass der Schuldner nicht **zahlungswillig** ist,⁶⁰ ihm eine aufrechenbare **Gegenforderung** zusteht⁶¹ oder die titulierte Forderung voraussichtlich **nicht vollstreckt** werden kann,⁶² etwa weil die Partei die festgesetzte Sicherheit nicht leisten kann.⁶³ Wäre dem Schuldner Prozesskostenhilfe mit Ratenzahlung zu gewähren, sind auch gegenüber dem Antragsteller entsprechende Raten festzusetzen.⁶⁴ Auch die **bestrittene Forderung**, für deren gerichtliche Geltendmachung dem Kläger die Mittel fehlen und Prozesskostenhilfe beantragt wird, zählt nicht zum Vermögen.⁶⁵ Nicht verwertbar sind der **Miterbenanteil** an einem nießbrauchsbelasteten Grundstück⁶⁶ oder eine **Lebensversicherung** des Arbeitgebers, in der die Partei als Drittbegünstigte eingesetzt ist.⁶⁷ Hingegen ist eine Lebensversicherung des Antragstellers grundsätzlich Vermögensbestandteil.⁶⁸ Auch ist ein in erster Instanz zugesprochener und (vorläufig ohne Sicherheit)⁶⁹ **vollstreckbarer Anspruch**⁷⁰ oder ein bereits

---

54 Zöller-*Geimer*, ZPO, § 115 Rn. 43.
55 OLG Karlsruhe, FamRZ 2002, 1196; OLG Stuttgart, Rpfleger 1999, 82; OLG Karlsruhe, Justiz 1996, 19.
56 OLG Hamm, FamRZ 2016, 928; OLG Hamm, FamRZ 2013, 142; OLG Hamm, FamRZ 2011, 1744; OLG Nürnberg, JurBüro 2016, 355; OLG Jena v. 22.05.2014, 4 WF 194/14, juris, Rn. 13.
57 Prozesskostenvorschussanspruch gegen den neuen Ehegatten bejahend auch bei Rechtsstreit gegen den alten Ehegatten BGH, FamRZ 2010, 189.
58 Die Zusage eines leistungsfähigen und leistungsbereiten Dritten, einen beabsichtigten Prozess zu finanzieren, stellt verwertbares Vermögen i.S.v. § 115 Abs. 3 ZPO i.V.m. § 90 Abs. 1 SGB XII dar und beseitigt die Bedürftigkeit des Antragstellers im Prozesskostenhilfe-Verfahren, vgl. BGH, NJW 2015, 3101 (3102), Rn. 17.
59 BGH, FamRZ 2008, 1842; BAG, FamRZ 2006, 1117; LAG Berlin-Brandenburg, FamRZ 2014, 143.
60 Gilt allerdings nicht, sofern eine Vollstreckung Aussicht auf Erfolg hat, vgl. OLG Koblenz, FamRZ 2014, 230; OLG Zweibrücken, FamRZ 2003, 1116.
61 Zur Frage eines prozessualen Kostenerstattungsanspruches als Vermögen i.S.d. § 115 ZPO und der Möglichkeit der Aufrechnung BGH, FamRZ 2010, 197 (199).
62 BGH, FamRZ 2002, 1704; LAG Mainz, FamRZ 2013, 1324.
63 BGH, FamRZ 1996, 933.
64 BGH, NJW-RR 2004, 1662 (1663); LSG Halle v. 04.03.2016, L 3 R 122/14, juris, Rn. 10; VGH München v. 10.08.2015, 10 B 13.1762, juris, Rn. 3.
65 OLG Hamm, FamRZ 1984, 724; LG Itzehoe, FamRZ 2011, 1608; a.A. OLG Bamberg, JurBüro 1990, 1644.
66 OLG Köln, JurBüro 1996, 143.
67 OLG Koblenz, FamRZ 2006, 628.
68 BGH, VersR 2011, 1028; OLG Koblenz v. 15.11.2016, 11 WF 1038/16, juris, Rn. 5.
69 Bei Anordnung der vorläufigen Vollstreckbarkeit gegen Sicherheitsleistung nur wenn der Antragsteller zur Leistung der Sicherheit in der Lage ist, vgl. BGH, FamRZ 1996, 933.
70 OLG Brandenburg, FamRZ 2005, 991; OLG Bamberg, FamRZ 1999, 996; ohne weiteres, wenn die Forderung bereits tituliert ist OLG Brandenburg, FamRZ 2008, 1264, oder ein Vermögenszufluss bereits eingetreten ist, OLG Dresden, ZIP 2004, 187.

ausgeurteilter **Kostenerstattungsanspruch**, wenn über die Prozesskostenhilfe erst zeitgleich oder nachträglich entschieden wird,[71] Vermögen.

22 Ein Anspruch gegen die Rechtsschutzversicherung oder eine sonstige die Prozesskosten erfassende **Versicherung** ist Vermögen und beseitigt die Bedürftigkeit, wenn Deckungszusage erteilt wurde.[72] Wurde die Deckung abgelehnt oder nur teilweise erteilt, besteht insoweit Bedürftigkeit. Im arbeitsgerichtlichen Verfahren beseitigt die Möglichkeit, gewerkschaftlichen Rechtsschutz in Anspruch zu nehmen, die Bedürftigkeit, wenn die Gewerkschaft den Rechtsschutz nicht abgelehnt hat oder es als sicher erscheint, dass dies geschehen wird.[73] Etwas anderes kann bei einer erheblichen Störung des Vertrauensverhältnisses zwischen Gewerkschaft und Mitglied der Fall sein. Die Gründe für diese Störung sind allerdings im Einzelnen im Prozesskostenhilfe-Antrag darzulegen.

23 **Abfindungen** zählen ebenfalls zum Vermögen, dass für die Prozesskostenhilfe einzusetzen ist. Dies gilt insbesondere für den Abfindungsanspruch nach den §§ 9, 10 KSchG,[74] der jedoch (anteilig) gemäß § 115 Abs. 3 Satz 2 ZPO, § 90 Abs. 3 SGB XII zum Schonvermögen zählen kann (Rn. 38).

24 **Unterhalts-** oder **Pflichtteilsansprüche**[75] zählen grundsätzlich zum Vermögen, ihr Einsatz kann jedoch unzumutbar sein. Eine einmalige **Unterhaltsabfindung** wegen rechtswidrig unterlassener Unterhaltszahlungen ist nur insoweit einzusetzen, als der Betrag bei rechtzeitiger regelmäßiger Unterhaltszahlung im maßgeblichen Zeitraum für die Bestreitung der Verfahrenskosten heranzuziehen gewesen wäre.[76] Dies gilt für die Nachzahlung von **Kindergeld** entsprechend.[77] Auch realisierbare **Vorschussansprüche** sind Teil des Vermögens. Gegenüber **Ehegatten** und **Lebenspartnern** besteht ein Prozesskostenvorschussanspruch gemäß § 1360a Abs. 4 BGB, § 5 Satz 2 LPartG, wenn der Rechtsstreit eine persönliche Angelegenheit betrifft und soweit dies der Billigkeit entspricht. **Persönliche Angelegenheiten** sind solche, die in engem Zusammenhang mit den ehe- oder partnerschaftlichen Lebens- oder Wirtschaftsverhältnissen stehen,[78] wie etwa bei Klagen wegen **Zugewinnausgleich**[79] oder **Unterhalt**[80] oder wegen **Gesundheitsverletzungen**.[81] Dies gilt nicht, wenn der Antragsteller glaubhaft macht, dass der Verpflichtete den Vorschuss nicht erbringen kann oder dessen eigener Unterhalt gefährdet würde.[82] Gegen den geschiedenen Ehegatten oder Lebenspartner besteht kein Prozesskostenvorschussanspruch.[83] **Eltern** haben für ihre minderjährigen, unterhaltsberechtigten Kinder unter den gleichen Voraussetzungen wie Ehegatten Vorschuss zu leisten.[84] Können die Eltern die Prozesskosten nur in Raten bezahlen, ist dem Kind Prozesskostenhilfe mit entsprechender Ratenzahlung zu gewähren.[85] Das sorgeberechtigte Elternteil hat nur dann Prozesskostenvorschuss zu leisten, wenn der Barunterhaltsverpflichtete nicht herangezogen werden kann.[86] Ficht das Kind die Vaterschaft an, kann es von dem Anfechtungsgegner keinen Vorschuss verlangen.[87] **Erwachsene Kinder** haben einen entsprechenden Vorschussanspruch gegen die Eltern, solange sie von diesen abhängig sind und noch keine selbstständige Lebensstellung erreicht haben, wie etwa studierende oder in der Ausbildung befindliche Kinder, denen die Eltern Unterhalt zahlen.[88] Auch in anderen Verwandtschaftskonstellationen wie bei **Kindern**

---

71 OLG Celle, NJW-RR 2009, 1077; OLG Köln, FamRZ 1990, 64.
72 BGH v. 22.04.2013, VII ZA 21/12, juris, Rn. 2; BGH, VersR 2007, 132; BGH, ZfS 2006, 503; BGH, NJW 1991, 109 (110); BGH, MDR 1987, 1009.
73 BAG, NZA 2014, 107; BAG, NJW 2013, 493 (494), Rn. 14.
74 BAG, NJW 2006, 2206.
75 OLG Bremen, FamRZ 2009, 364.
76 BGH, FamRZ 1999, 644; OLG Karlsruhe, FamRZ 2015, 1415; OLG Naumburg v. 30.09.2011, 8 WF 235/11 (VKH), juris, Rn. 6.
77 OLG Karlsruhe, FamRZ 2012, 385; OLG Hamm, FamRZ 2007, 1661.
78 BAG, FamRZ 2006, 1117; BGH, FamRZ 2003, 1651; BGHZ 31, 386 = WM 1959, 1456.
79 BGH, FamRZ 2010, 189.
80 OLG Frankfurt a.M., MDR 2014, 230.
81 Z.B. auf Schmerzensgeld und Schadensersatz OLG Frankfurt a.M., NJW-RR 2010, 1689.
82 OLG Celle, NJW-RR 2010, 871; OLG Brandenburg, FamRZ 2002, 1414.
83 BGH, FamRZ 1990, 280 (282); BGH, NJW 1984, 291; OLG Schleswig, FamRZ 2008, 614.
84 BGH, NJW-RR 2004, 1662; OLG Schleswig, FamRZ 2009, 897.
85 BGH, NJW-RR 2004, 1662 (1663); LSG Halle v. 04.03.2016, L 3 R 122/14, juris, Rn. 10; OLG Koblenz, FamRZ 2014, 846.
86 OLG Karlsruhe, FamRZ 1996, 1100.
87 OLG Hamburg, NJW-RR 1996, 1.
88 BGH, NJW 2005, 1722; LAG Berlin-Brandenburg, FamRZ 2010, 143; OLG München, FamRZ 2007, 911.

gegenüber Eltern[89] oder **Großeltern** gegenüber Enkeln[90] können Vorschussansprüche bestehen, wenn durch die Leistung von Unterhalt eine entsprechende wirtschaftliche Abhängigkeit besteht.

Waren beim Antragsteller vor Antragstellung erhebliche **Geldbeträge** vorhanden, die nunmehr zum Zeitpunkt der Antragstellung **nicht mehr vorhanden** sind, muss im Prozesskostenhilfe-Antrag glaubhaft und nachvollziehbar dargelegt werden, warum die Geldbeträge nun nicht mehr zur Verfügung stehen. Die Darlegungen müssen ein so hohes Maß an **Plausibilität** erreichen, dass mit ihnen zum einen der Verdacht ausgeräumt werden kann, der Hilfesuchende habe die Geldmittel nicht verbraucht, sondern nur zur Seite geschafft oder damit andere verwertbare Vermögensgegenstände erworben. Zum anderen muss auch ausgeschlossen werden können, dass der Hilfesuchende, der mit Kosten durch einen bevorstehenden oder einen schon geführten Rechtsstreit rechnen konnte und deshalb seine finanziellen Dispositionen auf die Prozessführung einrichten musste, sich seines Vermögens durch Ausgaben entäußert hat, für die keine dringende Notwendigkeit bestand.[91]   25

Nicht zum bestehenden Vermögen zählt grundsätzlich die Möglichkeit, zur Finanzierung der Prozesskosten trotz Mittellosigkeit ein **Darlehen** aufzunehmen.[92] Verfügt der Antragsteller jedoch über Vermögen, ist in den Grenzen des Zumutbaren auch ein Darlehen in Anspruch zu nehmen.[93] Das gilt besonders, wenn ein **Unternehmen** ohnehin weitgehend kreditfinanziert betrieben wird.[94] Die Auswirkungen der Aufnahme eines Kredits sind jedoch bei der Einkommensermittlung zu berücksichtigen (vgl. Rn. 2 ff., 17).   26

2. Schonvermögen nach § 90 Abs. 2, 3 SGB XII, Abs. 3 Satz 2

In § 90 Abs. 2 Nr. 1–9, Abs. 3 SGB XII sind nicht zu berücksichtigende Bestandteile des Vermögens aufgeführt, die entsprechend auch i.R.d. Prozesskostenhilfe zum Schonvermögen zählen (§ 115 Abs. 3 Satz 2 ZPO). Diese Vorschriften sind als besondere Ausprägungen der Zumutbarkeit des Vermögenseinsatzes vor der allgemeinen Auffangregelung des § 115 Abs. 3 Satz 1 ZPO (Rn. 40) zu prüfen. § 90 Abs. 2, 3 SGB XII lautet: 27

(2) Die Sozialhilfe darf nicht abhängig gemacht werden vom Einsatz oder von der Verwertung   28

1. *eines Vermögens, das aus öffentlichen Mitteln zum Aufbau oder zur Sicherung einer Lebensgrundlage oder zur Gründung eines Hausstandes erbracht wird,*
2. *eines Kapitals einschließlich seiner Erträge, das der zusätzlichen Altersvorsorge i.S.d. § 10a oder des Abschnitts XI des Einkommensteuergesetzes dient und dessen Ansammlung staatlich gefördert wurde,*
3. *eines sonstigen Vermögens, solange es nachweislich zur baldigen Beschaffung oder Erhaltung eines Hausgrundstücks i.S.d. Nummer 8 bestimmt ist, soweit dieses Wohnzwecken behinderter (§ 53 Abs. 1 Satz 1 und § 72) oder pflegebedürftiger Menschen (§ 61) dient oder dienen soll und dieser Zweck durch den Einsatz oder die Verwertung des Vermögens gefährdet würde,*
4. *eines angemessenen Hausrats; dabei sind die bisherigen Lebensverhältnisse der nachfragenden Person zu berücksichtigen,*
5. *von Gegenständen, die zur Aufnahme oder Fortsetzung der Berufsausbildung oder der Erwerbstätigkeit unentbehrlich sind,*
6. *von Familien- und Erbstücken, deren Veräußerung für die nachfragende Person oder ihre Familie eine besondere Härte bedeuten würde,*
7. *von Gegenständen, die zur Befriedigung geistiger, insbesondere wissenschaftlicher oder künstlerischer Bedürfnisse dienen und deren Besitz nicht Luxus ist,*
8. *eines angemessenen Hausgrundstücks, das von der nachfragenden Person oder einer anderen in den § 19 Abs. 1 bis 3 genannten Person allein oder zusammen mit Angehörigen ganz oder teilweise bewohnt wird und nach ihrem Tod von ihren Angehörigen bewohnt werden soll. Die Angemessenheit bestimmt sich nach der Zahl der Bewohner, dem Wohnbedarf (zum Beispiel behinderter, blinder oder pflegebedürftiger Menschen), der Grundstücksgröße, der Hausgröße, dem Zuschnitt und der*

---

[89] Allgemein BGH, NJW 1984, 291 (292); a.A. OLG München, FamRZ 1993, 821.
[90] OLG Koblenz, JurBüro 1998, 268; OLG Koblenz, FamRZ 1997, 681.
[91] BGH, FamRZ 2008, 1163; BGH, FamRZ 2006, 548 (549).
[92] OLG Karlsruhe, FamRZ 2004, 1499.
[93] OLG Frankfurt a.M., FamRZ 2014, 56; OLG Karlsruhe, FamRZ 2004, 1499.
[94] BGH, NJW-RR 2007, 379 (380), Rn. 9.

Ausstattung des Wohngebäudes sowie dem Wert des Grundstücks einschließlich des Wohngebäudes,

9. *kleinerer Barbeträge oder sonstiger Geldwerte; dabei ist eine besondere Notlage der nachfragenden Person zu berücksichtigen.*

(3) ¹Die Sozialhilfe darf ferner nicht vom Einsatz oder von der Verwertung eines Vermögens abhängig gemacht werden, soweit dies für den, der das Vermögen einzusetzen hat, und für seine unterhaltsberechtigten Angehörigen eine Härte bedeuten würde. ²Dies ist bei der Leistung nach dem Fünften bis Neunten Kapitel insbesondere der Fall, soweit eine angemessene Lebensführung oder die Aufrechterhaltung einer angemessenen Alterssicherung wesentlich erschwert würde.

a) Öffentliche Leistungen, § 90 Abs. 2 Nr. 1 SGB XII

29 Vermögen, das aus **öffentlichen Mitteln** zum Aufbau oder zur Sicherung einer Lebensgrundlage oder zur Gründung eines Hausstandes erbracht wird, ist nicht verwertbar. Hierzu zählt etwa ein staatlich geförderter **Riesterrenten**-Altersvorsorgevertrag.[95]

b) Altersvorsorgekapital, § 90 Abs. 2 Nr. 2 SGB XII

30 Zu dem geschützten Vermögen, dass der Alterssicherung dient und staatlich gefördert ist, können nach den Umständen des Einzelfalles insbesondere Auszahlungen und Rückkaufswerte von alterszertifizierten und zur Alterssicherung notwendigen **Lebensversicherungen**[96] und Riester-Renten[97] zählen, jedoch nicht reine **Kapitallebensversicherungen**.[98] Ein Verkauf über dem Marktwert oder eine Beleihung kann hingegen zumutbar sein, solange die Alterssicherung gewahrt bleibt.[99]

c) Grundstückskapital, § 90 Abs. 2 Nr. 3 SGB XII

31 Das dem Erwerb eines Hausgrundstücks dienende Kapital ist regelmäßig verwertbar, eine Ausnahme besteht nur, wenn es Wohnzwecken **behinderter** oder **pflegebedürftiger Menschen** dient oder dienen soll und dieser Zweck durch den Einsatz oder die Verwertung des Vermögens gefährdet würde. Einzusetzen ist auch das Kapital, dass die Partei in Kenntnis des bevorstehenden Prozesses vor Prozessbeginn zum Erwerb eines Hausgrundstücks verwendet.[100] Kapital, das durch die Veräußerung eines Hausgrundstücks erzielt wurde und wieder zur Finanzierung eines solchen eingesetzt werden soll, ist dennoch zu verwerten.[101] Auch das für die **Modernisierung** des Eigenheims bestimmte Kapital[102] oder ein zuteilungsreifer **Bausparvertrag**[103] sind verwertbar. Die Unverwertbarkeit kann jedoch im Einzelfall anzunehmen sein, wenn der Einsatz des Kapitals **unverhältnismäßige Folgen** hätte.[104]

d) Haushalt, § 90 Abs. 2 Nr. 4 SGB XII

32 Zu den Haushaltsgegenständen zählen insbesondere die in § 811 Abs. 1 Nr. 1 ZPO genannten Gegenstände eines bestehenden Haushalts wie **Kleidung, Einrichtung** oder **Haushaltsgeräte** (siehe dort Rn. 3).[105] Die Angemessenheit ist auf Grundlage des jeweiligen Lebensstandards zu ermitteln, wobei ein großzügigerer Maßstab als in der Zwangsvollstreckung (dort „bescheidene Haushaltsführung") gilt.

e) Ausbildung und Berufstätigkeit, § 90 Abs. 2 Nr. 5 SGB XII

33 Bei Nr. 5 ist trotz der engen Formulierung eine Orientierung an § 811 Nr. 5 ZPO (dort Rn. 7) möglich. Ein **Kraftfahrzeug** muss nicht verwertet werden, wenn es für Fahrten zum Ausbil-

---

95 OLG Hamm v. 16.12.2013, II-8 WF 261/13, 8 WF 261/13, juris, Rn. 4.
96 BGH, VersR 2011, 1028 (1029); BGH, FamRZ 2010, 1643; OLG Stuttgart, FamRZ 2009, 1850.
97 OLG Jena, JurBüro 2015, 541; OLG Brandenburg, FamRZ 2011, 1885.
98 BGH, VersR 2011, 1028 (1029); BGH, FamRZ 2010, 1643; BAG, FamRZ 2006, 1445; BVerwG, NJW 2004, 3647 (3648).
99 BGH, VersR 2011, 1028 (1029); BGH, FamRZ 2010, 1643; BVerwG, NJW 2004, 3647 (3648); OLG Saarbrücken, NZFam 2014, 280; OLG Stuttgart, FamRZ 2010, 312.
100 OLG, Koblenz, FamRZ 2006, 1612; OLG Nürnberg, FamRZ 2002, 759.
101 BGH, FamRZ 2008, 205; BGH, FamRZ 2007, 1720.
102 OLG Frankfurt a.M., MDR 2009, 409.
103 KG Berlin, JurBüro 2011, 376.
104 OLG Karlsruhe, FamRZ 2008, 70; LAG Hamm, MDR 2005, 299.
105 Zum Einsatz einer Abfindung zur Schuldentilgung, die auf einen Kredit zur Anschaffung eines angemessenen Hausrats zurückgeht, vgl. LAG Berlin, AR-Blattei ES 1290 Nr. 43; Baumbach/Lauterbach/Albers/Hartmann, ZPO, § 115 Rn. 58 – „Haushaltssachen"; Zöller-*Geimer*, ZPO, § 115 Rn. 55.

dungs- oder Arbeitsplatz erforderlich ist.[106] Können hingegen andere Verkehrsmittel genutzt werden, ist das Kraftfahrzeug zu verkaufen und der Erlös zur Prozessfinanzierung zu verwenden.[107] Ist das Kraftfahrzeug unangemessen wertvoll, ist es gegen ein günstigeres auszutauschen und der erzielte Differenzbetrag einzusetzen.[108] Die Veräußerung ist jedoch unzumutbar, wenn absehbar ist, dass der erzielte Erlös das Schonvermögen nach Nr. 9 nicht erheblich übersteigen wird[109] oder die Kosten der Veräußerung höher als diejenigen der Prozessführung sein werden.[110]

f) Persönliche Gegenstände, § 90 Abs. 2 Nr. 6 SGB XII
Über Haushaltsgegenstände nach Nr. 4 hinaus sind auch sonstige persönliche Gegenstände erfasst, wenn der Antragsteller darlegt, dass ihr Einsatz für ihn oder seine Familie eine besondere Härte bedeuten würde;[111] der Wert des Gegenstands ist dabei unbeachtlich. So kann es etwa bei vererbtem oder geschenktem, teurem **Schmuck** liegen.   34

g) Gegenstände der geistigen Bedürfnisbefriedigung, § 90 Abs. 2 Nr. 7 SGB XII
Gegenstände der geistigen Bedürfnisbefriedigung können bereits von Nr. 4, 5 oder 6 des § 90 Abs. 2 SGB XII erfasst sein. Ergänzend werden nach Nr. 7 etwa private **Bücher** und **Musiksammlungen** sowie -**instrumente** geschont.   35

h) Hausgrundstücke, § 90 Abs. 2 Nr. 8 SGB XII
Nicht verwertbar ist ein angemessenes **Hausgrundstück**, wenn es von der Partei allein oder mit ihren Angehörigen bewohnt wird und nach Wohnbedarf, Grundstücksgröße, Hausgröße, Zuschnitt und Ausstattung der Wert des Grundstücks und Hauses angemessen ist.[112] Die Vorschrift findet auch auf entsprechend genutzte **Eigentumswohnungen** und ähnliches Anwendung.[113] Der Größe nach nicht mehr **angemessen** ist jedenfalls ein über 150 m² großes Haus für zwei Personen.[114] Der Wert des Grundstücks und Hauses ist angemessen, wenn er im Ortsvergleich im unteren Bereich liegt.[115] Ein **gewerblich**, zur Erzielung von Mieteinkünften oder als Ferienhaus genutztes und zeitnah zu zumutbaren Konditionen verkäufliches Hausgrundstück ist zu verwerten.[116]   36

i) Kleinere Geldwerte, § 90 Abs. 2 Nr. 9 SGB XII
Die Vorschrift wird durch die Verordnung zur Durchführung des § 90 Abs. 2 Nr. 9 SGB XII[117] konkretisiert, die verschiedene Beträge als Schonvermögen festsetzt. Der Barbetrag nach § 1 Satz 1 Nr. 1b beträgt seit 01.04.2017 **5.000,00 €** (zuvor 2.600,00 €) und wird auch für die Prozesskostenhilfe herangezogen.[118] Zusätzlich ist danach für jede vom Antragsteller überwiegend unterhaltene Person ein weiterer Betrag von **500,00 €** (bis 31.03.2017 256,00 €) zu berücksichtigen.[119] Macht der Antragsteller eine besondere **Notlage** glaubhaft, kann gemäß § 2 Abs. 1 der Verordnung zur Durchführung des § 90 Abs. 2 Nr. 9 SGB XII unter Berücksichtigung der Dauer der Belastung und besonderer Belastungen auch ein höherer Betrag unverwertbar sein. Der Vermögensschonbetrag ist **zusätzlich** zu gewähren, wenn zugunsten des An-   37

---

106 OLG Hamm, RZ 2006, 1133.
107 OLG Hamm, MDR 2013, 1367; OLG Bremen, OLGR 2007, 619; KG Berlin, MDR 2006, 946; OLG Brandenburg, FamRZ 2006, 1174; dies gilt auch, wenn ein zweites Fahrzeug zur Verfügung steht, vgl. BGH, WuM 2006, 709.
108 OLG Stuttgart, FamRZ 2010, 1685.
109 OVG Bautzen, SächsVBl. 2010, 273.
110 In Bezug auf einen Miteigentumsanteil an einem Mehrfamilienhaus OLG Karlsruhe, FamRZ 2009, 138.
111 Am Rande in Bezug auf Schmuck und sonstige Wertgegenstände BGH, NJW-RR 1990, 450 (451).
112 OLG Jena, JurBüro 2016, 151; OLG Koblenz, FamRZ 2013, 503.
113 BVerwG, NJW 1991, 1968; OLG Saarbrücken, FamRZ 2011, 1159.
114 OLG Jena, JurBüro 2016, 151; OLG Hamm, FamRZ 2015, 595; OLG Koblenz, FamRZ 2013, 503; OLG Saarbrücken, FamRZ 2011, 1159.
115 BVerwG, NJW 1991, 1968 f.
116 BGH, FuR 2001, 138; OLG Koblenz, FamRZ 2009, 1506; OLG Nürnberg, FamRZ 1996, 41; OLG Stuttgart, JurBüro 1994, 46.
117 Verordnung zur Durchführung des § 90 Abs. 2 Nr. 9 SGB XII vom 11.02.1988 (BGBl. I, S. 150), die zuletzt durch die Zweite Verordnung zur Änderung der Verordnung zur Durchführung des § 90 Abs. 2 Nr. 9 SGB XII v. 22.03.2017 (BGBl. I, S. 519) geändert worden ist.
118 OLG Köln, FamRZ 2010, 750; OLG Köln, FamRZ 2007, 488; OLG Nürnberg, FamRZ 2006, 1398.
119 Zum Schonvermögen eines minderjährigen Kindes OLG Nürnberg, FamRZ 2015, 351; ein Kind, das nur betreut wird, wird nicht überwiegend unterhalten, vgl. OLG Karlsruhe, FamRZ 2008, 423.

tragstellers gleichzeitig Schonvermögen nach Nr. 3 oder 8 besteht.[120] Nr. 9 findet auch auf **Wertpapiere**[121] und den **Erlös** Anwendung, der durch die gebotene Verwertung von Vermögensgegenständen erzielt wird.[122]

j) Härtefall, § 90 Abs. 3 SGB XII

38 Der Einsatz des Vermögens ist nach § 90 Abs. 3 SGB XII ausgeschlossen, wenn dies für den Antragsteller und seine unterhaltsberechtigten Angehörigen eine Härte bedeuten würde, insbesondere die angemessene Lebensführung oder Altersversorgung gefährdet würde. Die **Lebensführung** ist bedroht, wenn das eigene Einkommen nicht für die Existenzsicherung ausreicht und bestehendes Vermögen verwendet werden muss[123] oder wenn dem ständig pflegebedürftigen Antragsteller bei Einsatz des Vermögens keine ausreichenden Mittel zur Finanzierung der Pflege verbleiben.[124] Auch die Verwertung einer **Abfindung nach den §§ 9, 10 KSchG oder einer Unterhaltsabfindung**, die den notwendigen Aufwand der Lebensführung deckt, ist eine Härte.[125] Regelmäßig ist jedoch der Einsatz von 10 % der das Schonvermögen übersteigenden Abfindungssumme zumutbar.[126]

39 Eine Beeinträchtigung der **Altersversorgung** droht, wenn der Antragsteller glaubhaft macht, dass das Vermögen – etwa eine private Kapitallebensversicherung oder ein Bausparvertrag – zur Alterssicherung dringend gebraucht wird und die Altersversorgung nach § 90 Abs. 2 Nr. 2, 9 SGB XII nicht ausreicht.[127] Es genügt nicht, dass das Vermögen für die Alterssicherung bestimmt ist. Keine Härte ist es, dass ein junger, berufstätiger Antragsteller seine der Alterssicherung dienenden Kapitalanlagen für die Finanzierung der Prozesskosten einsetzt.[128]

3. Zumutbarkeit, Abs. 3 Satz 1

40 Die Zumutbarkeit des Vermögenseinsatzes wird teilweise bereits in § 90 Abs. 2, 3 SGB XII (siehe Rn. 27 ff.) konkretisiert. Darüber hinaus ist die Nutzung des Vermögens zur Finanzierung der Prozesskosten nach Abs. 3 Satz 1 unzumutbar, wenn unter Berücksichtigung aller Umstände des Einzelfalls, insbesondere der Zweckbestimmung des Gegenstandes und der Folgen der Verwertung, die Verwertung billigerweise nicht erwartet werden kann.[129] **Angelegtes Kapital**, das nicht unter § 90 Abs. 2 Nr. 1–3 SGB XII oder § 9 SGB XII fällt, ist grundsätzlich zu verwerten, es sei denn, dies führt zu **unverhältnismäßigen Nachteilen**. Unzumutbar kann nach den Umständen des Einzelfalls der Einsatz von langfristigen Bausparverträgen oder Sparbüchern sein, der zum Verlust erheblicher Zinsvorteile führt,[130] oder von vermögenswirksamen Leistungen vor Fälligkeit des Auszahlungsanspruchs, weil die Arbeitnehmersparzulage zurückzuzahlen wäre.[131] Auch der Einsatz von Leistungen, die dem Antragsteller aus einem **anerkennenswerten Grund** gewährt werden, ist ihm nicht zumutbar. So sind **Schmerzensgeldansprüche** wegen immaterieller Schäden entsprechend § 83 Abs. 2 SGB XII nicht einzusetzen.[132] **Unterhaltsrückstände** werden verschont, wenn mit ihnen ein Darlehen zurückgeführt werden soll, das zur Deckung des Unterhalts aufgenommen wurde.[133] Das gilt nicht, wenn bei fristgemäßer Leistung der Unterhalt zur Tilgung der Prozesskosten bzw. der Prozesskostenhilfe-Ratenzahlung einzusetzen gewesen wäre.[134] **Zugewinnausgleichsansprüche** sind

---

120 OLG Köln, FamRZ 2004, 647.
121 LAG Halle v. 26.02.2013, 2 Ta 9/13, juris, Rn. 15; OLG Stuttgart, FamRZ 2007, 914.
122 Vgl. exemplarisch OLG Stuttgart, FamRZ 2010, 311; OLG Bremen, OLGR 2007, 619; OLG Karlsruhe, FamRZ 2005, 1917.
123 OLG Karlsruhe, FamRZ 2008, 423; OLG Köln, FamRZ 2007, 488.
124 OLG Schleswig, FamRZ 1999, 1672.
125 OLG Karlsruhe, FamRZ 2015, 1417; OLG Karlsruhe, FamRZ 2014, 1724; OLG Hamm, FamRZ 2012, 1158; OLG Nürnberg, FamRZ 1995, 942.
126 LAG Kiel v. 10.11.2010, 3 Ta 159/10, juris, Rn. 9, 11.
127 BGH, VersR 2011, 1028 (1029) = FamRZ 2010, 1643; BVerwG, NJW 2004, 3647 (3648); OLG Saarbrücken, NZFam 2014, 280; OLG Stuttgart, FamRZ 2010, 312; OLG Frankfurt a. M., MDR 2003, 535.
128 OLG Stuttgart, FamRZ 2010, 311.
129 Stein/Jonas-*Bork*, ZPO, § 115 Rn. 95.
130 BGH, VersR 1978, 670; OLG Düsseldorf, NJW-RR 1987, 759; a.A. in Bezug auf Bundesschatzbriefe und einen geringen Zinsverlust OLG Nürnberg, MDR 1997, 1153.
131 OLG Nürnberg, FamRZ 2006, 1284.
132 BVerwG, ZfS 2011, 584; OLG Saarbrücken, FamRZ 2014, 1725; OLG Stuttgart, FamRZ 2007, 1661; einschränkend für hohe Schmerzensgeldforderung bei geringen Prozesskosten OLG Karlsruhe, MDR 2010, 1345; anders ggf. für Entschädigungen bei Persönlichkeitsrechtsverletzungen BGH, NJW 2006, 1068 (1070), Rn. 17.
133 BGH, FamRZ 1999, 644.
134 OLG Koblenz, FamRZ 2012, 1404.

i.d.R. einzusetzen. Ausnahmsweise kann dies nach den besonderen Umständen des Einzelfalles jedoch unzumutbar sein.[135] Gleiches gilt für **Pflichtteilsansprüche**. So kann die Veräußerung des Familienheims zu seiner Erfüllung unzumutbar sein.[136]

III. Einschränkung, Abs. 4

Um den erheblichen Aufwand der Gewährung von Prozesskostenhilfe in Fällen zu vermeiden, *41* in denen der Antragsteller sich die Mittel regelmäßig etwa durch kurzfristige **Überziehung des Girokontos** beschaffen kann, schränkt Abs. 4 die Gewährung von Prozesskostenhilfe gegen Ratenzahlung ein.[137] Bei der Ermittlung, ob die Prozesskostenhilfe ausgeschlossen ist, sind zunächst die **voraussichtlichen Prozesskosten** zu berechnen, wobei auf die Kalkulation im Rahmen der Bedürftigkeitsprüfung (vgl. § 114 Rn. 7) zurückgegriffen werden kann. Können die Prozesskosten in höchstens vier aus dem Einkommen des Antragstellers zu zahlenden **Monatsraten** getilgt werden, ist Prozesskostenhilfe zu verweigern.[138] Andernfalls ist weiter zu prüfen, ob der vier Raten übersteigende Betrag durch den Einsatz des **Vermögens** nach Abs. 3 zu finanzieren ist; bejahendenfalls ist Prozesskostenhilfe zu verweigern.

§ 116
Partei kraft Amtes; juristische Person; parteifähige Vereinigung

¹Prozesskostenhilfe erhalten auf Antrag

1. eine Partei kraft Amtes, wenn die Kosten aus der verwalteten Vermögensmasse nicht aufgebracht werden können und den am Gegenstand des Rechtsstreits wirtschaftlich Beteiligten nicht zuzumuten ist, die Kosten aufzubringen;

2. eine juristische Person oder parteifähige Vereinigung, die im Inland, in einem anderen Mitgliedstaat der Europäischen Union oder einem anderen Vertragsstaat des Abkommens über den Europäischen Wirtschaftsraum gegründet und dort ansässig ist, wenn die Kosten weder von ihr noch von den am Gegenstand des Rechtsstreits wirtschaftlich Beteiligten aufgebracht werden können und wenn die Unterlassung der Rechtsverfolgung oder Rechtsverteidigung allgemeinen Interessen zuwiderlaufen würde.

²§ 114 Absatz 1 Satz 1 letzter Halbsatz und Absatz 2 ist anzuwenden. ³Können die Kosten nur zum Teil oder nur in Teilbeträgen aufgebracht werden, so sind die entsprechenden Beträge zu zahlen.

Inhalt:

	Rn.		Rn.
A. Allgemeines	1	1. Begriff	8
B. Erläuterungen	2	2. Vermögenslosigkeit	10
I. Partei kraft Amtes, Satz 1 Nr. 1	2	3. Beeinträchtigung allgemeiner Interessen	11
1. Begriff	2		
2. Vermögenslosigkeit	3	III. Weitere Voraussetzungen, Satz 2	12
3. Wirtschaftlich Beteiligte	4	C. Rechtsfolge, Satz 3	13
II. Juristische Person oder parteifähige Vereinigung, Satz 1 Nr. 2	8		

A. Allgemeines

§ 116 ZPO enthält besondere Voraussetzungen und Rechtsfolgen für Antragsteller, die keine *1* natürlichen Personen sind. Auch diese haben bei Erfüllung der Voraussetzungen Anspruch auf Prozesskostenhilfe.[1] Soweit hier nichts Abweichendes bestimmt wird, gelten die allgemeinen Prozesskostenhilfe-Vorschriften entsprechend.

---

135 BGH, FamRZ 2007, 1720; OLG Bamberg, FamRZ 1996, 42.
136 OLG Bremen, FamRZ 2009, 364.
137 RegE eines Gesetzes über die Prozesskostenhilfe, BT-Drucks. 8/3068, S. 24.
138 BGH, NZFam 2017, 157.

Zu § 116:

1 Anders als nach früherer Rechtslage, nach der dies im Ermessen des Gerichts stand, vgl. BT-Drucks. 8/3068, S. 25 f.

B. Erläuterungen
I. Partei kraft Amtes, Satz 1 Nr. 1

1. Begriff

2 **Partei kraft Amtes** ist jede inländische oder ausländische Person, die zur Vertretung fremder Vermögensinteressen hoheitlich bestimmt ist und in dieser Eigenschaft als Partei tätig wird, vgl. § 51 Rn. 13. Dazu zählen nach der Gesetzesbegründung insbesondere **Insolvenzverwalter** und **Testamentsvollstrecker**.[2] Der vorläufige „starke" Insolvenzverwalter ist Partei kraft Amtes in Bezug auf Prozesse, die zur Sicherung der Masse unerlässlich sind (§§ 21 Abs. 1 Nr. 1, 22 Abs. 1 Satz 2 Nr. 1 InsO).[3] Beim vorläufig „schwachen" Insolvenzverwalter ist dies allein anzunehmen, wenn es sich um eine unaufschiebbare Maßnahme handelt (§ 22 Abs. 2 InsO).[4] Der eigenverwaltende Insolvenzschuldner ist jedoch keine Parteien kraft Amtes.[5] Auch der **Zwangsverwalter** i.R.d. § 152 ZVG,[6] der **Pfleger gesammelten Vermögens** nach § 1914 BGB[7] oder der **Nachlassverwalter**[8] sind als Partei kraft Amtes anerkannt. Demgegenüber sind **Prozessstandschafter** oder **gesetzliche Vertreter** keine Partei kraft Amtes, sodass § 116 ZPO nicht gilt. Sie können aber nach den allgemeinen Grundsätzen (vgl. § 114 Rn. 3 ff.) Prozesskostenhilfe erhalten.[9] So ist etwa der Nachlasspfleger als gesetzlicher Vertreter der Erben keine Partei kraft Amtes.[10] Prozesskostenhilfe kann sowohl von Parteien kraft Amtes aus einem **EU/EWR-Staat** als auch aus einem **Drittstaat** beantragt werden. Unbeachtlich ist auch, woher die verwaltete Vermögensmasse stammt, es sei denn, das Vermögen gehört einer juristischen Person oder parteifähigen Personenvereinigung. In diesem Fall richtet sich die Bewilligung nach Satz 1 Nr. 2 (Rn. 8 ff.).

2. Vermögenslosigkeit

3 Voraussetzung der Gewährung von Prozesskostenhilfe gegenüber einer Partei kraft Amtes ist, dass die von ihr verwaltete **Vermögensmasse** nicht ausreicht, um die Prozesskosten zu decken. Bei der Prüfung gilt § 115 Abs. 3 Satz 1 ZPO (Rn. 21 ff.) entsprechend. § 115 Abs. 3 Satz 2 ZPO i.V.m. § 90 SGB XII, der dem Schutz natürlicher Personen dient, gilt hingegen nicht, so dass diese Vermögensmasse voll zu verwerten ist.[11] Zudem ist die Funktion und Aufgabe der Partei kraft Amtes zu berücksichtigen, im Falle der Insolvenzverwaltung sind etwa die Massekosten und -verbindlichkeiten in Abzug zu bringen.[12]

3. Wirtschaftlich Beteiligte

4 Bei Parteien kraft Amtes sind vorrangig die am Rechtsstreit wirtschaftlich Beteiligten zur Finanzierung der Prozesskosten heranzuziehen, wenn ihnen dies zumutbar ist. **Wirtschaftlich Beteiligter** ist, wer an dem Rechtsstreit allein oder neben anderen ein finanzielles Interesse hat.[13] In einem Rechtsstreit des Insolvenzverwalters betreffend das Insolvenzverfahren ist wirtschaftlich Beteiligter der Insolvenzschuldner[14] und -gläubiger,[15] nicht jedoch der Insolvenzverwalter selbst.[16] In der **Testamentsvollstreckung** sind wirtschaftlich Beteiligte die Erben, Pflichtteilsberechtigten oder Vermächtnisnehmer.[17] Bei der Klage des **Zwangsverwalters**

---

2 BT-Drucks. 8/3068, S. 26.
3 OLG Braunschweig, NZI 2013, 91; OLG Hamm, NZI 2004, 35; AG Göttingen, NZI 2002, 165.
4 LG Essen, ZInsO 2000, 296; AG Göttingen, NZI 1999, 506.
5 LAG Stuttgart, ZIP 2014, 1455.
6 OLG Hamm, VersR 1989, 929.
7 Am Rande in BGH, ZIP 2016, 1684; BGH, MDR 1973, 742.
8 OLG Koblenz, EWiR 1991, 411; Baumbach/Lauterbach/Albers/Hartmann, ZPO, Grdz § 50 Rn. 9; Zöller-*Geimer*, ZPO, § 115 Rn. 2.
9 So bei Geltendmachung von Schadensersatzansprüchen der Massegläubiger aus § 61 InsO durch den Insolvenzverwalter gegen seinen Amtsvorgänger. Hier kann der Insolvenzverwalter nicht als Partei kraft Amtes in gesetzlicher Prozessstandschaft klagen. Es gelten die §§ 114, 115 ZPO, vgl. BGH, MDR 2006, 524; BGH, NJW 1964, 1418.
10 BGH, NJW 2005, 756 (757); BGH, NJW 1989, 2134.
11 OLG Stuttgart, MDR 2004, 1205.
12 BAG, ZIP 2003, 1947; OLG Naumburg, ZInsO 2011, 977; OLG Naumburg, MDR 2011, 757; OLG Naumburg, NZI 2010, 765; OLG Stuttgart, MDR 2004, 1205.
13 BGH, NZI 2016, 542; BGH, NJW-RR 2007, 993 (994), Rn. 7; BGH, NJW-RR 2006, 1064, Rn. 9; BGH, VersR 1991, 118; OLG Celle, MDR 2013, 682.
14 Zöller-*Geimer*, ZPO, § 116 Rn. 7; Baumbach/Lauterbach/Albers/Hartmann, ZPO, § 116 Rn. 10.
15 BGH, ZIP 2012, 2275; BGH, NJW-RR 2007, 993 (994), Rn. 7; OLG Celle, MDR 2013, 682; OLG Celle, ZIP 2009, 933.
16 BGH, NZI 2016, 425; BGH, NJW-RR 2004, 136; BGH, ZIP 1998, 297; a.A. BFH, ZInsO 2005, 1216; OLG Köln, MDR 1997, 10.
17 Baumbach/Lauterbach/Albers/Hartmann, ZPO, § 115 Rn. 10; vgl. auch BT-Drucks. 8/3068, S. 26.

ist der Vollstreckungsgläubiger,[18] bei der des **Nachlassverwalters** der Erbe und der Nachlassgläubiger wirtschaftlich beteiligt.[19]

Grundsätzlich hat die Partei kraft Amtes von den wirtschaftlich Beteiligten entsprechend ihres jeweiligen Vorteils **Prozesskostenvorschuss** zu verlangen, und kann lediglich i.Ü. Prozesskostenhilfe beantragen.[20] Dies gilt jedoch nicht, wenn der wirtschaftlich Beteiligte entsprechend den §§ 114, 115 ZPO nicht **leistungsfähig** ist (dazu § 115 Rn. 2 ff.) oder ihm die Kostentragung sonst unzumutbar ist (§ 115 Rn. 40). Grundsätzlich muss der Antragsteller **darlegen** und **glaubhaft machen**, dass wirtschaftlich Beteiligte nicht leistungsfähig sind oder ihnen die finanzielle Beteiligung unzumutbar ist.[21] Lehnen die wirtschaftlich Beteiligten jedoch die Zahlung und Offenlegung ihrer wirtschaftlichen Verhältnisse endgültig ab, muss der Antragsteller nicht zunächst gegen sie klagen, sondern lediglich seine Bemühungen und die Verweigerung dartun.[22] 5

Vorschüsse auf die Prozesskosten sind nur solchen wirtschaftlich Beteiligten **zumutbar**, die die erforderlichen Mittel unschwer aufbringen können und für die der zu erwartende Nutzen bei vernünftiger, auch das Eigeninteresse sowie das Prozesskostenrisiko angemessen berücksichtigender Betrachtungsweise bei einem Erfolg der Rechtsverfolgung voraussichtlich größer sein wird.[23] Für die Beurteilung der Zumutbarkeit ist damit eine **wertende Gesamtschau** unter Abwägung aller maßgeblichen Umstände notwendig.[24] Dabei ist insbesondere eine zu erwartende Quotenverbesserung im Fall des Obsiegens, das Prozess- und Vollstreckungsrisiko und die Gläubigerstruktur zu berücksichtigen.[25] Einen **festen Maßstab**, also eine Mindestquote oder eine bestimmte Quotenverbesserung, bei der die Zumutbarkeit einer Kostenbeteiligung von vornherein ausscheidet, gibt es nicht. Als **Richtwert** für die Zumutbarkeit gilt, dass als Ertrag des wirtschaftlichen Beteiligten das Doppelte des aufzubringenden Vorschusses zu erwarten ist.[26] Unzumutbar ist die Kostentragung auch, wenn der Insolvenzverwalter erhebliche Einwendungen gegen eine bestrittene Forderung darlegt.[27] Von **Arbeitnehmern** kann eine Kostenbeteiligung in Insolvenzverfahren des Arbeitgebers grundsätzlich nicht verlangt werden.[28] 6

Die **Höhe** des Kostenvorschusses des wirtschaftlich Beteiligten richtet sich nach der Gesamthöhe der Prozesskosten der Partei kraft Amtes, die auf die zahlungspflichtigen Beteiligten nach ihrem jeweiligen wirtschaftlichen Interesse zu verteilen ist.[29] 7

II. Juristische Person oder parteifähige Vereinigung, Satz 1 Nr. 2

1. Begriff

Sowohl private als auch öffentlich-rechtliche juristische Personen können nach Satz 1 Nr. 2 Prozesskostenhilfe erhalten. Zu den parteifähigen Vereinigungen zählen alle juristischen Personengemeinschaften, denen – ohne juristische Person zu sein – Parteifähigkeit zukommt (vgl. § 50 Rn. 15 ff.). Dies sind insbesondere die **Personenhandelsgesellschaften**, die **Gesellschaft bürgerlichen Rechts** und der **nicht rechtsfähige Verein**.[30] 8

Berechtigt sind nur solche juristischen Personen, die in einem **EU-/EWR-Staat** gegründet wurden und dort ihren Sitz haben. Juristischen Personen oder parteifähigen Vereinigungen mit 9

---

18 OLG Hamm, JurBüro 1988, 1060.
19 Stein/Jonas-*Bork*, ZPO, § 115 Rn. 12; Zöller-*Geimer*, ZPO, § 116 Rn. 7.
20 BGH, ZIP 1999, 494; BGH, NJW 1997, 3318 (3319); OLG Hamburg, ZIP 2011, 100; KG Berlin, ZIP 2003, 270; OLG Köln, MDR 2000, 51.
21 BGH, ZInsO 2015, 898; BGH, ZInsO 2015, 1465; BGH, NZI 2013, 82; OLG Celle, MDR 2015, 858.
22 BGH, MDR 1998, 737; OLG Hamburg, NZI 2010, 817; OLG Naumburg, NZI 2011, 406; OLG Köln, JurBüro 2000, 29.
23 BGH, ZInsO 2014, 2574; BGH, MDR 2011, 132; BGH, NJW-RR 2007, 993 (994), Rn. 8; BGH, NJW-RR 2006, 1064, Rn. 9; BGH, ZIP 1990, 1490.
24 BGH, MDR 2011, 132; BGH, NJW-RR 2006, 1064 (1065), Rn. 15.
25 BGH, ZInsO 2014, 79; BGH, MDR 2011, 132; BGH v. 27.05.2009, III ZB 16/09, juris, Rn. 5; BGH v. 23.10.2008, II ZR 211/08, juris, Rn. 3; BGH, NJW-RR 2006, 1064 (1065), Rn. 15; OLG München, ZIP 2013, 1299.
26 BGH v. 07.02.2012, II ZR 13/10, juris, Rn. 5; OLG München, ZInsO 2013, 1091.
27 Das bloße Bestreiten ist nicht ausreichend, vgl. OLG Dresden, ZInsO 2004, 275; a.A. ohne nähere Begründung OLG Naumburg, NZI 1994, 383; OLG Karlsruhe, JurBüro 1999, 476.
28 BGH, NJW 1993, 135 (136); BGH, NJW 1991, 40 (41); OLG Schleswig, ZIP 1995, 759.
29 OLG Celle, ZInsO 2015, 636; OLG München, ZInsO 2013, 1091; a.A. OLG Schleswig, ZIP 2009, 1884; OLG Hamm, ZIP 2007, 147.
30 BGH, ZIP 2011, 540; OLG Dresden, MDR 2008, 818; zu OHG und KG auch BT-Drucks. 8/3068, S. 26.

Gründungsort oder Sitz in einem Drittstaat außerhalb von EU/EWR kann Prozesskostenhilfe danach nicht gewährt werden.[31] Allerdings bestehen mit vielen Drittstaaten multi- oder bilaterale Übereinkommen, die den ausländischen juristischen Personen oder parteifähigen Vereinigungen den gleichen Zugang zur Prozesskostenhilfe wie Inländern garantieren.[32] Zudem können sich Körperschaften aus Mitgliedstaaten des Europarats auf Art. 6 EMRK stützen, wenn in ihrem Staat juristischen Personen in entsprechenden Fällen Prozesskostenhilfe gewährt wird und Ablehnung der Bewilligung im konkreten Fall unverhältnismäßig ist.[33]

2. Vermögenslosigkeit

10 Sowohl die juristische Person oder Vereinigung als auch die wirtschaftlich an ihr Beteiligten müssen außerstande sein, die Prozesskosten aufzubringen. Für die **Vermögenslosigkeit** gelten die Grundsätze zur Partei kraft Amtes (Rn. 3). Besonderheiten bestehen bei der Heranziehung der wirtschaftlich Beteiligten: Auf die Zumutbarkeit kommt es nicht an, sodass grundsätzlich die wirtschaftlich Beteiligten unabhängig von der Größe ihres Interesses einstandspflichtig sind.[34] Wirtschaftlich Beteiligte sind bei den **Kapital- und Personengesellschaften** die Gesellschafter,[35] nicht jedoch die Gläubiger.[36] Am **Verein** sind grundsätzlich der Vorstand und die Mitglieder wirtschaftlich beteiligt.[37]

3. Beeinträchtigung allgemeiner Interessen

11 Aufgrund der besonderen Rechtsnatur juristischer Personen und rechtsfähiger Vereinigungen und des erhöhten Ausfallrisikos für den Prozessgegner kann Prozesskostenhilfe nur gewährt werden, wenn die Ablehnung **allgemeinen Interessen** zuwiderliefe.[38] Ein allgemeines Interesse kann in der Wahrnehmung von Aufgaben der Allgemeinheit oder in einer besonderen Bedeutung der Gerichtsentscheidung über den Einzelfall hinaus liegen, etwa wenn eine Vielzahl von Gläubigern von der Entscheidung betroffen sind oder die **Entlassung zahlreicher Arbeitnehmer** droht.[39] Nicht ausreichend ist aber die Klärung einer konkreten **Rechtsfrage,**[40] auch wenn sie nicht nur im Einzelfall von Bedeutung sein kann.

III. Weitere Voraussetzungen, Satz 2

12 Satz 2 stellt klar, dass auch für Parteien kraft Amtes sowie juristische Personen und parteifähige Vereinigungen die weiteren Voraussetzungen der hinreichenden **Erfolgsaussicht** und der fehlenden **Mutwilligkeit** gelten (vgl. § 114 Rn. 9 ff., 14 ff.). Mutwillig ist es, sich für die Prozessführung einer mittellosen juristischen Person o. ä. zu bedienen, um trotz eigener Leistungsfähigkeit Verfahrenskosten zu vermeiden.[41]

C. Rechtsfolge, Satz 3

13 Weil die Grundsätze des § 115 ZPO zur Ermittlung der Ratenzahlung aus dem Einkommen nicht übertragbar sind, enthält Satz 3 insoweit eine eigenständige Regelung: Das Gericht hat auf Grundlage des Vermögens der verwalteten Masse, der juristischen Person oder Vereinigung zu entscheiden, ob es dem Antragsteller die **Leistung eines Teils der Prozesskosten** oder **Ratenzahlung** auferlegt. Ersterenfalls bestimmt das Gericht die Teilleistung der Partei und gewährt i. Ü. Prozesskostenhilfe.[42] Die Festsetzung von Raten hat auf Grundlage des gegenwärtigen Vermögens zu erfolgen, künftige Entwicklungen können jedoch gemäß § 120a ZPO zur

---

31 Zöller-*Geimer*, ZPO, § 116 Rn. 19.
32 Für die Türkei, Russland und viele Weitere: Art. 20 Abs. 1 des Haager Übereinkommen über den Zivilprozess vom 01.03.1954 (BGBl. II, S. 576); für Großbritannien und die meisten Commonwealth-Staaten: Art. 14 des Deutsch-britischen Rechtshilfeabkommens über den Rechtsverkehr vom 20.03.1928 (RGBl. II, S. 624; BGBl. 1976 II, S. 576).
33 EGMR, NJW-RR 2013, 1075; zu einem Anspruch nach Art. 47 der Charta der Grundrechte der Europäischen Union vgl. EuGH, ZIP 2011, 143.
34 BGH, NJW 1954, 1933.
35 BFH v. 13.10.2014, V S 28/14 (PKH), juris, Rn. 8; BVerwG v. 16.03.2011, 9 B 10/11, juris, Rn. 4; BGH, NJW 1954, 1933; OLG Brandenburg, MDR 2009, 1367; KG Berlin, MDR 2005, 647.
36 RGZ 148, 196 (197).
37 OLG Frankfurt a.M., MDR 2016, 670; LAG Halle, MDR 1997, 858; OVG Bautzen, NVwZ-RR 2016, 120; nicht jedoch bei Finanzierung im Wesentlichen durch die öffentliche Hand, vgl. OLG Hamburg, MDR 1987, 502.
38 BT-Drucks. 8/3068, S. 26 f.; zur Verfassungsmäßigkeit dieser Voraussetzung BVerfG, NJW 1974, 229 (230 f.), Rn. 17 f.
39 BVerfG, NJW 1974, 229 (230 f.), Rn. 17 f.; BGH, ZInsO 2015, 632; BGH, ZIP 2011, 540.
40 BGH, ZInsO 2015, 632; BGH, ZIP 2011, 541; OLG Rostock, JurBüro 2009, 148.
41 OLG Hamburg, MDR 1988, 782; OLG Köln, VersR 1989, 277.
42 OLG Düsseldorf, OLGR 1995, 230.

Änderung der Bewilligung führen.[43] Der Ausschluss der Gewährung von Prozesskostenhilfe bei bis zu vier Ratenzahlungen (§ 115 Abs. 4 ZPO; siehe dort Rn. 41) gilt entsprechend,[44] nicht aber die Begrenzung auf 48 Monatsraten (§ 115 Abs. 2 Satz 4 ZPO).[45]

§ 117
Antrag

(1) ¹Der Antrag auf Bewilligung der Prozesskostenhilfe ist bei dem Prozessgericht zu stellen; er kann vor der Geschäftsstelle zu Protokoll erklärt werden. ²In dem Antrag ist das Streitverhältnis unter Angabe der Beweismittel darzustellen. ³Der Antrag auf Bewilligung von Prozesskostenhilfe für die Zwangsvollstreckung ist bei dem für die Zwangsvollstreckung zuständigen Gericht zu stellen.

(2) ¹Dem Antrag sind eine Erklärung der Partei über ihre persönlichen und wirtschaftlichen Verhältnisse (Familienverhältnisse, Beruf, Vermögen, Einkommen und Lasten) sowie entsprechende Belege beizufügen. ²Die Erklärung und die Belege dürfen dem Gegner nur mit Zustimmung der Partei zugänglich gemacht werden; es sei denn, der Gegner hat gegen den Antragsteller nach den Vorschriften des bürgerlichen Rechts einen Anspruch auf Auskunft über Einkünfte und Vermögen des Antragstellers. ³Dem Antragsteller ist vor der Übermittlung seiner Erklärung an den Gegner Gelegenheit zur Stellungnahme zu geben. ⁴Er ist über die Übermittlung seiner Erklärung zu unterrichten.

(3) ¹Das Bundesministerium der Justiz und für Verbraucherschutz wird ermächtigt, zur Vereinfachung und Vereinheitlichung des Verfahrens durch Rechtsverordnung mit Zustimmung des Bundesrates Formulare für die Erklärung einzuführen. ²Die Formulare enthalten die nach § 120a Absatz 2 Satz 4 erforderliche Belehrung.

(4) Soweit Formulare für die Erklärung eingeführt sind, muss sich die Partei ihrer bedienen.

Inhalt:

	Rn.		Rn.
A. Erläuterungen	1	II. Erklärung über persönliche und wirtschaftliche Verhältnisse, Abs. 2	8
I. Antrag, Abs. 1	2	1. Erklärung und Belege, Abs. 2 Satz 1	8
1. Zuständigkeit, Abs. 1 Satz 1 Hs. 1, Satz 3	2	2. Beteiligung des Gegners, Abs. 2 Satz 2–4	9
2. Form, Abs. 1 Satz 1 Hs. 2	3	III. Formular, Abs. 3, 4	10
3. Zeitraum	5	**B. Rechtsfolge**	13
4. Bedingung	6		
5. Inhalt, Abs. 1 Satz 2	7		

A. Erläuterungen

§ 117 konkretisiert die Voraussetzungen für die Bewilligung von Prozesskostenhilfe nach den §§ 114, 115 ZPO im Hinblick auf die formelle und inhaltliche Gestaltung des Prozesskostenhilfe-Antrags.   1

I. Antrag, Abs. 1
1. Zuständigkeit, Abs. 1 Satz 1 Hs. 1, Satz 3
Der Prozesskostenhilfe-Antrag ist bei dem Gericht zu stellen, bei dem der jeweilige **Rechtsstreit**, für den Prozesskostenhilfe beantragt wird, örtlich und sachlich anhängig werden soll[1] oder bereits anhängig ist.[2] Zur funktionellen Zuständigkeit vgl. § 127 Rn. 5. Im Rechtsmittelverfahren ist das jeweilige **Rechtsmittelgericht** zuständig.[3]   2

---

43 BT-Drucks. 8/3068, S. 27.
44 Stein/Jonas-*Bork*, ZPO, § 116 Rn. 34; Zöller-*Geimer*, ZPO, § 116 Rn. 30.
45 BT-Drucks. 8/3068, S. 27.

Zu § 117:
1 BGH, NJW 2013, 2971 f., Rn. 9; BGH, NJW-RR 1994, 706; es gelten die allgemeinen Grundsätze der §§ 12 ff. ZPO, §§ 23 ff. GVG.
2 Die Anhängigkeit der Hauptsache allein begründet die Zuständigkeit für den Prozesskostenhilfe-Antrag, vgl. OLG München, MDR 1998, 922.
3 BGH, NJW 2013, 2971 f., Rn. 9; BGH, FamRZ 2002, 1704; BGH, FamRZ 2003, 89; a.A. OLG Bremen, MDR 2011, 628 erst ab Weiterleitung der Verfahrensakten an das Beschwerdegericht; OLG Bamberg, FamRZ 2012, 49 Prozesskostenhilfe-Antrag für beabsichtigte Beschwerde ist grundsätzlich beim Amtsgericht einzureichen.

3 Anträge auf Prozesskostenhilfe im Zwangsvollstreckungsverfahren sind nach Satz 3 bei dem **Vollstreckungsgericht** gemäß den §§ 764, 802 ZPO zu stellen, ausnahmsweise aufgrund besonderer Bestimmungen auch bei dem Prozessgericht (§§ 887 f., 890 ZPO).[4] Zur Reichweite der Prozesskostenhilfe in der Zwangsvollstreckung vgl. § 119 Rn. 7.

2. Form, Abs. 1 Satz 1 Hs. 2

4 Der Antrag kann mündlich zu **Protokoll der Geschäftsstelle** eines jeden Amtsgerichts (§ 129a Abs. 1 ZPO) gestellt werden. Er wird jedoch erst mit Eingang bei dem zuständigen Prozessgericht, an das das Amtsgericht den Antrag unverzüglich übermittelt, anhängig (§ 129a Abs. 2 ZPO). Zur Hemmung der Verjährung (§ 204 Abs. 1 Nr. 14 BGB) kann es sich deshalb anbieten, den Antrag sofort zu Protokoll der Geschäftsstelle des Prozessgerichts zu erklären. Wird der Antrag in der **mündlichen Verhandlung** gestellt, ist er nach den §§ 159 ff. ZPO zu protokollieren. Der Antrag kann auch mittels **Schriftsatzes**, der gemäß § 130 Nr. 6 ZPO zu unterzeichnen ist,[5] oder als **elektronisches Dokument** (§ 130a ZPO) bei dem zuständigen Prozessgericht eingereicht werden. Der Antrag ist in deutscher Sprache (§ 184 GVG) einzureichen.[6] Bei ausgehenden Prozesskostenhilfe-Ersuchen in der EU hat das Gericht die Übersetzung des Antrags in die fremde Sprache zu veranlassen. Gemäß § 78 ZPO besteht auch für Prozesskostenhilfe-Anträge vor dem LG, OLG und BGH – allerdings mit Ausnahmen beim Vergleichsschluss – Anwaltszwang (vgl. dort Rn. 5 f.).

3. Zeitraum

5 Der Prozesskostenhilfe-Antrag kann grundsätzlich vor oder während des **gesamten Verfahrens** ohne Beachtung einer Frist, also auch erst im Termin,[7] gestellt werden. Auch in den Rechtsmittelinstanzen kann ein Antrag erstmalig gestellt werden (§ 119 Abs. 1 ZPO). Er muss jedoch innerhalb der Rechtsmittelfrist eingehen, wenn das Rechtsmittel noch nicht eingelegt wurde.[8] Wird der Antrag[9] oder die Erklärung nach § 117 Abs. 2 ZPO[10] erst nach endgültigem Abschluss des Verfahrens der jeweiligen Instanz eingereicht, ist Prozesskostenhilfe für diese abzulehnen.[11] Unterbleibt die Bewilligung jedoch aufgrund eines Fehlers des Gerichts[12] oder werden der Antrag und die Erklärung binnen einer vom Gericht gesetzten Frist nachgereicht,[13] kann Prozesskostenhilfe auch nach Verfahrensende gewährt werden.

4. Bedingung

6 Der Antragsteller kann das Verfahren in der Sache **unabhängig** von der Prozesskostenhilfe betreiben oder es unter die **Bedingung** der Gewährung von Prozesskostenhilfe stellen.[14] Was gewollt ist, ist durch **Auslegung** der Erklärungen im Prozesskostenhilfe-Antrag und dem Hauptverfahren zu ermitteln, wobei sich die Bedingung aus dem erklärten Willen des Antragstellers eindeutig ergeben muss.[15] So kann je nach den Umständen des Einzelfalles die „Ankündigung" einer Klage als unbedingte Klageerhebung auszulegen sein, während der Hinweis auf die „beabsichtigte Berufung" eine Bedingung enthalten kann.[16] Regelmäßig ausreichend ist die Bezeichnung der Klageschrift als „Entwurf".[17] **Rechtsmittel** können jedoch nicht unter der Bedingung der Bewilligung von Prozesskostenhilfe eingelegt werden,[18] was bei der Auslegung zu berücksichtigen ist (im Einzelnen § 519 Rn. 5).

---

4 BGH, NJW 1979, 1048; AG Hannover v. 09.05.2012, 711 M 115590/12, juris, Rn. 2; zur Zuständigkeit des Insolvenzgerichts als Vollstreckungsgericht vgl. BGH, MDR 2012, 807; zur Zuständigkeit des Familiengerichts bei einer Vollstreckungsabwehrklage gegen Vollstreckung aus einem notariellen Scheidungsfolgenvergleich OLG Köln, FamRZ 2000, 364.
5 BGH, FamRZ 2006, 1269: jedoch kann eine Unterschrift an anderer Stelle als unter dem Prozesskostenhilfe-Antrag ausreichen.
6 OLG Hamm, JurBüro 2000, 259.
7 OLG Karlsruhe, FamRZ 2006, 1852.
8 BGH, WuM 2013, 377; BGH, FamRZ 2004, 1548; Baumbach/Lauterbach/Albers/Hartmann, ZPO, § 117 Rn. 5.
9 BAG, NJW 2012, 2828 (2829), Rn. 15; OVG Münster, NVwZ-RR 2007, 286.
10 OLG Naumburg, FamRZ 2015, 946; OLG Saarbrücken, FamRZ 2010, 1750.
11 BGH, NJW 2013, 3793 (3794), Rn. 7; OLG Koblenz, MDR 2015, 542.
12 OVG Magdeburg, NJW 2012, 632 (633); OLG Brandenburg, FamRZ 1997, 1542.
13 OLG Frankfurt a.M., NJW 2014, 2367 (2368); OLG Karlsruhe, FamRZ 2011, 1608.
14 BGH, MDR 2009, 400; BGH, FamRZ 2007, 1726.
15 BGH, MDR 2009, 400; BGH, FamRZ 2007, 1726; OLG Schleswig, FamRZ 2010, 1360.
16 BGH, NJW-RR 2000, 879.
17 BGH, NJW-RR 2003, 1558; OLG Karlsruhe, FamRZ 2003, 1935.
18 BGH, BauR 2013, 513; BGH, NJW 1999, 2823.

5. Inhalt, Abs. 1 Satz 2
Der Antragsteller hat die zur Prüfung der Erfolgsaussicht der Rechtsverfolgung oder -verteidigung erforderlichen Angaben zu den **Anträgen, Erklärungen, Tatsachen und Beweisen** des zugrundeliegenden Rechtsstreits zu machen. Für den Kläger sind dies die nach § 253 Abs. 2 ZPO (siehe dort Rn. 10 ff.) gebotenen Angaben,[19] für den Beklagten Ausführungen zum wesentlichen Inhalt des Rechtsstreits und den Verteidigungsmitteln sowie eine Auseinandersetzung mit dem bekannten klägerischen Vortrag.[20] Dies kann durch die Beifügung eines Entwurfs der Klage- oder Verteidigungsschrift geschehen (vgl. Rn. 6). Die Glaubhaftmachung der tatsächlichen Angaben ist jedoch gemäß § 118 Abs. 2 Satz 1 ZPO erst auf Verlangen des Gerichts erforderlich. In einem **höheren Rechtszug** sind Darstellungen zu Erfolgsaussicht und Mutwilligkeit wegen der vorliegenden Akten und ggf. § 119 Abs. 1 Satz 2 ZPO (dort Rn. 4 f.) entbehrlich,[21] jedoch können Ausführungen zu den besonderen Voraussetzungen der Rechtsmittel veranlasst sein.[22]

7

II. Erklärung über persönliche und wirtschaftliche Verhältnisse, Abs. 2
1. Erklärung und Belege, Abs. 2 Satz 1
Um die Bedürftigkeit des Antragstellers nachvollziehen zu können, sind die persönlichen und wirtschaftlichen Verhältnisse des Antragstellers und von Dritten, die zur Vorschussleistung verpflichtet sind, in einer **Erklärung** vollständig darzulegen.[23] In höheren Rechtszügen kann auf die erstinstanzliche Erklärung verwiesen werden, es sei denn, es haben sich Änderungen ergeben.[24] Der Erklärung sind die zur Glaubhaftmachung der Angaben erforderlichen **Belege beizufügen**.[25] Zu beachten ist dabei jedoch das **Übermaßverbot**, dass einer unverhältnismäßigen Ausforschung der persönlichen und wirtschaftlichen Verhältnisse der Partei entgegensteht.[26] Vorzulegen sind bei **Arbeitnehmern** insbesondere Entgeltbescheinigungen und Kontoauszüge der letzten Monate[27] sowie Einkommensteuerbescheide.[28] **Rentner** haben Rentenbescheide,[29] **Arbeitslose** Bescheinigungen über den Bezug von Arbeitslosengeld[30] einzureichen. **Selbstständige** und **Unternehmen** müssen aktuelle Gewinn- und Verlustrechnungen vorlegen.[31] Angaben zur Eröffnung eines **Insolvenzverfahrens** über das Vermögen der Partei sind vom Gericht zu berücksichtigen, machen die Vorlage weiterer Belege aber nicht entbehrlich.[32] Auch Belege über Mietzahlungen sind erforderlich.[33]

8

2. Beteiligung des Gegners, Abs. 2 Satz 2–4
Die Vorschriften dienen dem Schutz des **Persönlichkeitsrechts** des Antragstellers.[34] Grundsätzlich unterbleibt die Übermittlung der Angaben zu den persönlichen und wirtschaftlichen Verhältnissen. Dem Gegner wird lediglich der Antrag mit den Angaben zum Streitverhältnis und den Beweismitteln nach Abs. 1 übermittelt. Ausnahmsweise dürfen auch Angaben nach Abs. 2 Satz 1 übermittelt werden, wenn der Antragsteller zustimmt oder ein materiell-rechtlicher **Auskunftsanspruch** besteht. Der Gegner hat jedoch weder nach Abs. 2 Satz 2 noch nach

9

---

19 OLG München v. 11.01.2011, 1 W 174/11, juris, Rn. 7.
20 Baumbach/Lauterbach/Albers/Hartmann, ZPO, § 117 Rn. 18.
21 BAG, BB 2016, 2100; BGH, NJW-RR 2001, 1146 (1147); BGH, NJW 1993, 732 (734); OLG Düsseldorf, MDR 2013, 1072.
22 BGH, NJW 1958, 63.
23 BGH, WuM 2013, 377; BGH, NJW-RR 2008, 942 (943), Rn. 10; BGH, NJW-RR 2006, 140 (141).
24 Zu den Voraussetzungen einer solchen Bezugnahme: BGH, Grundeigentum 2012, 495; BGH, NStZ-RR 2009, 190; BGH, FamRZ 2004, 1961; BGH, NJW 2001, 2720 (2721); BGH, NJW 1997, 1078; BGH, NJW-RR 1993, 451; OVG Saarlouis, NVwZ-RR 2016, 80.
25 BGH, NJW 2017, 735; BGH, WuM 2013, 377; BGH, NJW-RR 2008, 942 (943), Rn. 10; BGH, NJW-RR 2006, 140 (141); KG Berlin, NJW-RR 2015, 904; OLG Karlsruhe, FamRZ 1986, 372.
26 LAG Kiel, NZA-RR 2011, 606; LAG Mainz v. 07.03.2012, 1 Ta 24/12, juris, Rn. 8.
27 LAG Mainz v. 07.03.2012, 1 Ta 24/12, juris, Rn. 8; LAG Kiel, NZA-RR 2011, 606, einschränkend bei anlassloser Ausforschung.
28 Zur Frage, wann ein Einkommensteuerbescheid unzureichend ist, BGH, NJW-RR 1991, 637.
29 BGH, JZ 1989, 504.
30 OLG Hamm, NJW-RR 1999, 1679, allein jedoch nicht ausreichend zum Nachweis der Bedürftigkeit.
31 Zu Einkünften aus selbstständiger Arbeit: BGH, Rpfleger 1992, 440.
32 BGH, NJW 2002, 2793 (2794); LAG Kiel, NZA-RR 2007, 264; LAG Mainz v. 10.10.2006, 7 Ta 157/06, juris, Rn. 8.
33 Für den Nachweis der Wohnkosten ist i.d.R. die Vorlage des Mietvertrages ausreichend, LAG Kiel, v. 24.02.2014, 5 Ta 62/14, juris, Rn. 10; OLG Brandenburg, FamRZ 2002, 1415.
34 BVerfG, NJW 1991, 2078.

§ 299 ZPO ein prozessuales Einsichts- oder Anhörungsrecht, weil er im Prozesskostenhilfe-Verfahren Dritter ist und seine Beteiligung lediglich objektiven Zwecken dient.[35] Eine Zustimmung durch **Schweigen** ist nicht möglich, allerdings kann sich aus der Vermengung der Angaben nach Abs. 1 und 2 eine Zustimmung zur Übermittlung an den Gegner ergeben.[36] Beabsichtigt das Gericht, dem Gegner die Angaben zugänglich zu machen, muss es dem Antragsteller stets **Gelegenheit zur Stellungnahme** geben (Satz 3) und nach der Übermittlung über diese **informieren** (Satz 4). Lehnt das Gericht die Einsichtnahme des Gegners ab, kann dieser dagegen gemäß den §§ 23 ff. EGGVG Antrag auf **gerichtliche Entscheidung** stellen, über den das OLG, in dessen Bezirk das Prozesskostenhilfe-Verfahren läuft, entscheidet (§ 25 EGGVG).[37]

III. Formular, Abs. 3, 4

10 Für die Angaben zu den persönlichen und wirtschaftlichen Verhältnissen hat das BMJV die Prozesskostenhilfeformularverordnung (PKHFV) erlassen:[38]

11 § 1 Formular

(1) Für die Erklärung der Partei über ihre persönlichen und wirtschaftlichen Verhältnisse nach § 117 Absatz 2 Satz 1 oder nach § 120a Absatz 1 Satz 3 der Zivilprozessordnung ist das in der Anlage bestimmte Formular zu verwenden.

(2) Absatz 1 gilt nicht für die Erklärung einer Partei kraft Amtes, einer juristischen Person oder einer parteifähigen Vereinigung.

§ 2 Vereinfachte Erklärung

(1) Ein minderjähriges unverheiratetes Kind, das in einer Abstammungssache nach § 169 des Gesetzes über das Verfahren in Familiensachen und in den Angelegenheiten der freiwilligen Gerichtsbarkeit oder in einem Verfahren über den Unterhalt seine Rechte verfolgen oder verteidigen oder das einen Unterhaltsanspruch vollstrecken will, kann die Erklärung gemäß § 117 Absatz 2 Satz 1 oder § 120a Absatz 1 Satz 3 der Zivilprozessordnung ohne Benutzung des in der Anlage bestimmten Formulars abgeben, wenn es über Einkommen und Vermögen, das nach § 115 der Zivilprozessordnung einzusetzen ist, nicht verfügt. Die Erklärung des Kindes muss in diesem Fall enthalten:

1. Angaben darüber, wie es seinen Lebensunterhalt bestreitet, welche Einnahmen es im Monat durchschnittlich hat und welcher Art diese sind;

2. die Erklärung, dass es über Vermögen, das nach § 115 der Zivilprozessordnung einzusetzen ist, nicht verfügt; dabei ist, soweit das Kind oder sein gesetzlicher Vertreter davon Kenntnis hat, anzugeben,

   a) welche Einnahmen die Personen im Monat durchschnittlich brutto haben, die dem Kind auf Grund gesetzlicher Unterhaltspflicht Unterhalt gewähren;

   b) ob die Personen gemäß Buchstabe a über Vermögensgegenstände verfügen, deren Einsatz oder Verwertung zur Bestreitung eines dem Kind zu leistenden Prozesskostenvorschusses in Betracht kommt; die Gegenstände sind in der Erklärung unter Angabe ihres Verkehrswertes zu bezeichnen.

Die vereinfachte Erklärung im Antragsvordruck für das vereinfachte Verfahren zur Abänderung von Unterhaltstiteln ist weiterhin möglich; sie genügt auch, wenn die Verfahren maschinell bearbeitet werden. Das Kind kann sich auf die Formerleichterungen nicht berufen, wenn das Gericht die Benutzung des in der Anlage bestimmten Formulars anordnet.

(2) Eine Partei, die nach dem Zwölften Buch Sozialgesetzbuch laufende Leistungen zum Lebensunterhalt bezieht, muss die Abschnitte E bis J des in der Anlage bestimmten Formulars nicht ausfüllen, wenn sie der Erklärung den zum Zeitpunkt der Antragstellung aktuellen Bewilligungsbescheid des Sozialamtes beifügt, es sei denn, das Gericht ordnet dies ausdrücklich an.

---

35 BGH, NJW 2015, 1827 (1828), Rn. 18.
36 Baumbach/Lauterbach/Albers/Hartmann, ZPO, § 117 Rn. 18; a.A. Zöller-*Geimer*, ZPO, § 117 Rn. 20.
37 So jedenfalls nach Abschluss des Verfahrens BGH, NJW 2015, 1827; OLG Schleswig, FamRZ 2016, 2022; a.A. OLG Frankfurt a.M. v. 01.02.2017, 20 VA 1/17, juris, Rn. 3 ff.; OLG Nürnberg v. 13.02.2015, 4 VA 2462/14, juris, Rn. 6; OLG Schleswig, FamRZ 2013, 233.
38 Verordnung zur Verwendung eines Formulars für die Erklärung über die persönlichen und wirtschaftlichen Verhältnisse bei Prozess- und Verfahrenskostenhilfe vom 06.01.2014 (BGBl. I, S. 34).

§ 3 Zulässige Abweichungen
(1) Folgende Abweichungen von dem in der Anlage bestimmten Formular und dem Hinweisblatt zu dem Formular sind zulässig:
1. *Ergänzungen oder Änderungen, die auf einer Änderung von Rechtsvorschriften beruhen;*
2. *Ergänzungen oder Änderungen des Hinweisblattes zu dem Formular, die mit Rücksicht auf Besonderheiten des Verfahrens in den einzelnen Gerichtszweigen oder Behörden erforderlich sind.*

(2) Der Bund und die Länder dürfen jeweils für ihren Bereich Anpassungen und Änderungen von dem in der Anlage bestimmten Formular zulassen, die es, ohne den Inhalt zu verändern oder dessen Verständnis zu erschweren, ermöglichen, das Formular in elektronischer Form auszufüllen und dem Gericht als strukturierten Datensatz zu übermitteln. Diese Befugnis kann durch Verwaltungsabkommen auf eine zentrale Stelle übertragen werden.

(3) Wird das Hinweisblatt zu dem Formular nach Absatz 1 Nummer 2 in einer abweichenden Fassung verwendet, so ist die Bezeichnung „Allgemeine Fassung" unten auf der ersten Seite des Hinweisblattes und des Formulars durch eine Bezeichnung des Gerichtszweiges und des Bundeslandes oder durch eine Bezeichnung der Behörde zu ersetzen, in dem oder der die abweichende Fassung des Hinweisblattes verwendet wird.

Die Anlage der PKHFV enthält ein **amtliches Formular** für die Prozesskostenhilfe, dessen sich der Antragsteller bedienen muss (Abs. 4). Das Formular ist bei Gerichten, Beratungsstellen oder im Internet[39] verfügbar. Ein Formular für **Parteien kraft Amtes, juristische Personen** oder **parteifähige Vereinigungen** nach § 116 ZPO gibt es nicht (§ 1 Abs. 2 PKHFV). Diese müssen ihre wirtschaftlichen Verhältnisse und diejenigen der wirtschaftlich Beteiligten individualisiert darlegen.[40] Auch **minderjährige, unverheiratete Kinder** müssen gemäß § 2 Abs. 1 PKHFV in Abstammungs-, Unterhalts- und Vollstreckungsverfahren wegen Unterhalt das Formular nicht ausfüllen, wenn sie nicht über Einkommen oder Vermögen nach § 115 ZPO verfügen, sondern nur darlegen, wie sie ihren Lebensunterhalt bestreiten, welche Einnahmen sie erzielen und über welche Vermögenswerte sie verfügen. Dabei können sie sich des Formulars für das vereinfachte Verfahren zur Abänderung von Unterhaltstiteln bedienen. Die Angaben nach Ziffer A bis D des Formulars müssen alle Formularpflichtigen ausfüllen, **Sozialleistungsempfänger** müssen die Abschnitte E bis J nicht ausfüllen, wenn Sie einen aktuellen Sozialhilfebescheid vorlegen (§ 2 Abs. 2 PKHFV). Das Gericht kann jedoch bei Kindern und Sozialleistungsempfängern das vollständige Ausfüllen des Formulars anordnen. Das Formular ist stets vollständig, sorgsam und nach bestem Wissen und Gewissen auszufüllen.[41] Fehlen einzelne Angaben, kann dies unschädlich sein, wenn sich die Informationen zweifelsfrei aus den Belegen oder sonstigen Erklärungen ergeben.[42] Der Formularzwang besteht auch in **höheren Rechtszügen**,[43] jedoch kann auf das frühere Formular verwiesen werden, wenn versichert wird, dass sich an den dort erklärten Verhältnissen nichts geändert hat.[44]

12

B. Rechtsfolge

Ist die Erklärung **nicht vollständig** oder werden nicht alle Belege vorgelegt, muss das Gericht den Antragsteller darauf hinweisen und eine angemessene Frist zur Abhilfe setzen.[45] Kommt der Antragsteller dem nicht nach, ist der Antrag grundsätzlich als unbegründet zurückzuweisen,[46] im **Einzelfall** können auch Erhebungen **von Amts wegen** erforderlich sein (§ 118 Rn. 5). Macht der Antragsteller falsche Angaben nach § 117 ZPO, kann die Prozesskostenhilfe aus

13

---

39 Etwa im Justizportal des Bundes und der Länder: www.justiz.de/formulare/zwi_bund/zp1a.pdf.
40 BFH v. 13.10.2014, V S 28/14 (PKH), juris, Rn. 7; OLG Saarbrücken, OLGR 2009, 150.
41 BGH, FamRZ 2004, 177; das Gericht muss aber ggf. die Angaben auslegen, BGH, FamRZ 2010, 283.
42 BGH, FamRZ 2010, 283; BGH, ZInsO 2010, 1338; BGH, NJW-RR 2009, 563; nach OLG Brandenburg v. 19.01.2017, 13 WF 17/17, juris, Rn. 4 bleiben hingegen Positionen unberücksichtigt, die nicht im Formular enthalten sind.
43 BGH, FamRZ 2006, 1523.
44 Zu den weiteren Voraussetzungen einer solchen Bezugnahme: BGH, Grundeigentum 2012, 495; BGH, NStZ-RR 2009, 190; BGH, FamRZ 2004, 1961; BGH, NJW 2001, 2720; BGH, NJW 1997, 1078; BGH, NJW-RR 1993, 451; OVG Saarlouis, NVwZ-RR 2016, 80.
45 BGH, FamRZ 2013, 1650; LAG Kiel, NZA-RR 2016, 212; OLG Saarbrücken, FamRZ 2012, 806; OLG Rostock, FamRZ 2003, 1396.
46 VGH Mannheim, FamRZ 2004, 125; OLG Rostock, FamRZ 2003, 1396.

diesem Grund nicht sofort abgelehnt werden, sondern erst bei Vorliegen der Voraussetzungen nach den §§ 117, 118 Abs. 2 ZPO. Denn § 124 ZPO ist im Bewilligungsverfahren selbst nicht entsprechend anwendbar.[47] Wird Prozesskostenhilfe bewilligt und stellt sich nachträglich heraus, dass unvollständige oder falsche Angaben gemacht wurden, ist die Bewilligung wirksam, kann jedoch unter den Voraussetzungen des § 124 ZPO aufgehoben werden.

§ 118
Bewilligungsverfahren

(1) [1]Dem Gegner ist Gelegenheit zur Stellungnahme zu geben, ob er die Voraussetzungen für die Bewilligung von Prozesskostenhilfe für gegeben hält, soweit dies aus besonderen Gründen nicht unzweckmäßig erscheint. [2]Die Stellungnahme kann vor der Geschäftsstelle zu Protokoll erklärt werden. [3]Das Gericht kann die Parteien zur mündlichen Erörterung laden, wenn eine Einigung zu erwarten ist; ein Vergleich ist zu gerichtlichem Protokoll zu nehmen. [4]Dem Gegner entstandene Kosten werden nicht erstattet. [5]Die durch die Vernehmung von Zeugen und Sachverständigen nach Absatz 2 Satz 3 entstandenen Auslagen sind als Gerichtskosten von der Partei zu tragen, der die Kosten des Rechtsstreits auferlegt sind.

(2) [1]Das Gericht kann verlangen, dass der Antragsteller seine tatsächlichen Angaben glaubhaft macht, es kann insbesondere auch die Abgabe einer Versicherung an Eides statt fordern. [2]Es kann Erhebungen anstellen, insbesondere die Vorlegung von Urkunden anordnen und Auskünfte einholen. [3]Zeugen und Sachverständige werden nicht vernommen, es sei denn, dass auf andere Weise nicht geklärt werden kann, ob die Rechtsverfolgung oder Rechtsverteidigung hinreichende Aussicht auf Erfolg bietet und nicht mutwillig erscheint; eine Beeidigung findet nicht statt. [4]Hat der Antragsteller innerhalb einer von dem Gericht gesetzten Frist Angaben über seine persönlichen und wirtschaftlichen Verhältnisse nicht glaubhaft gemacht oder bestimmte Fragen nicht oder ungenügend beantwortet, so lehnt das Gericht die Bewilligung von Prozesskostenhilfe insoweit ab.

(3) Die in Absatz 1, 2 bezeichneten Maßnahmen werden von dem Vorsitzenden oder einem von ihm beauftragten Mitglied des Gerichts durchgeführt.

Inhalt:

	Rn.		En.
A. Allgemeines	1	2. Amtsermittlung, Abs. 2 Satz 2, 3	5
B. Erläuterungen	2	IV. Funktionelle Zuständigkeit, Abs. 3	6
I. Gegneranhörung, Abs. 1 Satz 1, 2	2	C. Rechtsfolge	7
II. Erörterungstermin, Abs. 1 Satz 3	3	I. Ablehnung der Bewilligung,	
III. Beweisaufnahme, Abs. 2	4	Abs. 2 Satz 4	7
1. Glaubhaftmachung, Abs. 2 Satz 1	4	II. Kosten, Abs. 1 Satz 4, 5	9

A. Allgemeines

1 § 118 ZPO enthält Vorschriften zum Verfahren der Prüfung der Voraussetzungen der Prozesskostenhilfe-Gewährung (**Prozesskostenhilfe-Prüfungsverfahren**). Danach handelt es sich um ein nicht kontradiktorisches Verfahren, in dem teilweise der Amtsermittlungsgrundsatz gilt.[1] Im Prozesskostenhilfe-Prüfungsverfahren stehen sich allein der Antragsteller und das Gericht gegenüber. Der Gegner ist nicht Partei oder Beteiligter, er wird nur im Rahmen des § 118 ZPO als Dritter angehört.[2] Auch die Staatskasse (bzw. der Bezirksrevisor) ist nicht unmittelbar Beteiligte, ihr steht allein das Beschwerderecht nach § 127 Abs. 3 ZPO zu (siehe dort Rn. 12 ff.). Dem Antragsteller ist rechtliches Gehör zu den amtswegigen Ermittlungen nach Art. 103 Abs. 1 GG zu gewähren.[3]

B. Erläuterungen
I. Gegneranhörung, Abs. 1 Satz 1, 2

2 Dem Gegner ist **Gelegenheit zur Stellungnahme** zu geben (Satz 1). Eine besondere Form für die Anhörung durch das Gericht ist nicht vorgeschrieben. Der Gegner kann die Stellung-

---

47 BGH, NJW-RR 2015, 1338; a.A. OLG Hamm, MDR 2015, 420.

Zu § 118:

1 OLG Brandenburg v. 05.11.2012, 3 WF 115/12, juris, Rn. 4.
2 BGH, NJW-RR 1992, 59; OLG Oldenburg, FamRZ 2013, 805.
3 BVerfGE 20, 347; BVerfGE 20, 280 = MDR 1967, 26.

nahme auch **mündlich zu Protokoll der Geschäftsstelle** abgeben (Satz 2), muss sich dabei nicht anwaltlich vertreten lassen (§ 78 Abs. 3 ZPO). Gegner ist, wer im Streitverfahren, auf das sich der Antrag bezieht, gegnerische Partei ist oder – wenn dieses noch nicht anhängig ist – wäre oder dessen Rechtsstellung sonst unmittelbar betroffen ist.[4] Die Anhörung soll grundsätzlich **zu allen Voraussetzungen der §§ 114–117 ZPO** erfolgen; soweit der Gegner die Erklärung nach § 117 Abs. 2 ZPO (vgl. dort Rn. 9) erhält, also auch zu den persönlichen und wirtschaftlichen Verhältnissen. Der Gegner ist jedoch nicht zur Stellungnahme verpflichtet.[5] Vor der Anhörung des Gegners soll der Prozesskostenhilfe-Antrag grundsätzlich nicht beschieden werden,[6] es sei denn, die Anhörung ist ausnahmsweise unzweckmäßig. Abzusehen kann von der Anhörung etwa sein, wenn sie wegen der unverhältnismäßigen Dauer untunlich wäre oder den Zweck des einstweiligen Rechtsschutzverfahrens zu vereiteln drohe.[7] Auch in **höheren Rechtszügen** ist wegen § 119 Abs. 1 Satz 2 ZPO (dort Rn. 4) die Anhörung regelmäßig entbehrlich. Dem Verlangen des Antragstellers, dem Gegner zur Hemmung der Verjährung Gelegenheit zur Stellungnahme zum Antrag zu geben, hat das Gericht jedoch stets zu entsprechen.[8] Wird über die Prozesskostenhilfe in diesem Fall dennoch ohne Anhörung des Gegners entschieden, ist hiergegen nicht die Gehörsrüge zulässig, weil der Gegner nicht Beteiligter des Prozesskostenhilfe-Verfahrens ist.[9]

II. Erörterungstermin, Abs. 1 Satz 3

Erwartet das Gericht eine **Einigung** der Parteien, kann es bereits im Prozesskostenhilfe-Verfahren einen Erörterungstermin bestimmen, in dem ein gerichtlicher Vergleich in der Sache geschlossen werden kann. Der Termin dient allein der Erörterung der **Voraussetzungen der Prozesskostenhilfe**, nicht jedoch der Verhandlung oder Beweiserhebung in der Streitsache.[10] Vor der beabsichtigten Ablehnung der Prozesskostenhilfe wegen Prozessunfähigkeit des Antragstellers ist dieser regelmäßig persönlich anzuhören.[11] Es handelt sich nicht um eine mündliche Verhandlung, sodass der Grundsatz der Öffentlichkeit (§ 169 GVG) nicht gilt.[12] Zeugen und Sachverständige können im Termin nur zur Klärung der Voraussetzungen der Prozesskostenhilfe und unter den Voraussetzungen von § 118 Abs. 2 Satz 3 ZPO (Rn. 5) vernommen werden. Der **Vergleichsschluss** bezieht sich jedoch auf die Sache selbst, sodass für ihn – anders als für das Prozesskostenhilfe-Verfahren – auch Prozesskostenhilfe gewährt werden kann.[13] Ausgeschlossen ist Prozesskostenhilfe jedoch für Ansprüche, die in dem Vergleich mitgeregelt werden, obwohl sie nicht Gegenstand des Rechtsstreits sind.[14] Hier hat das Gericht nur für den gegenständlichen Anspruch (teilweise) Prozesskostenhilfe zu bewilligen. Gewährt das Gericht dennoch in weiterem Umfang Prozesskostenhilfe, hat diese Entscheidung wegen des Verschlechterungsverbots aber Bestand.[15]

III. Beweisaufnahme, Abs. 2
1. Glaubhaftmachung, Abs. 2 Satz 1

Das Gericht kann vom Antragsteller nach seinem Ermessen **Darlegungen und Belege zur Glaubhaftmachung** der Voraussetzungen der Prozesskostenhilfe verlangen.[16] Die Anforderungen dürften jedoch zur Gewährleistung effektiven Rechtsschutzes nicht überspannt werden. So hat das Gericht bei fehlenden oder unvollständigen Angaben die früheren Erklärungen oder Angaben in Belegen zu verwerten.[17] Es kann auch die Vorlage einer **eidesstattlichen**

3

4

---

4 MK-*Wache*, ZPO, § 118 Rn. 8; Zöller-*Geimer*, ZPO, § 118 Rn. 2.
5 OLG Hamm, FamRZ 2014, 1475; OLG Oldenburg, MDR 2012, 995; jeweils auch zur Frage der daraus folgenden Mutwilligkeit des eigenen Prozesskostenhilfe-Antrags.
6 OLG Nürnberg, NJW 2011, 319 (320).
7 MK-*Wache*, ZPO, § 118 Rn. 7; Zöller-*Geimer*, ZPO, § 118 Rn. 3.
8 BVerfG, NJW 2010, 3083 (3084), Rn. 15; BGH, NJW 2008, 1939 (1940), Rn. 17; OLG Düsseldorf v. 28.01.2014, 21 U 34/13, juris, Rn. 22.
9 OLG Bremen, MDR 2014, 493.
10 BGH, NJW 2004, 2595 (2596).
11 OLG Hamm v. 22.02.2012, 13 W 44/11, juris, Rn. 2.
12 OLG Karlsruhe, MDR 2013, 741.
13 BGH, NJW 2004, 2595 (2596); OLG Naumburg, MDR 2016, 791; OLG Karlsruhe, FamRZ 2015, 1920: Prozesskostenhilfe kann auch für einen schriftlichen Vergleich nach § 278 Abs. 6 ZPO gewährt werden.
14 OLG Köln, FamRZ 2015, 1314; OLG Bamberg, FamRZ 2011, 1605; gilt nicht, wenn neben dem Prozesskostenhilfe-Verfahren der Rechtsstreit anhängig ist und der Mehrvergleich dort geschlossen wird, OLG Köln, FamRZ 2014, 1875.
15 OLG Brandenburg, FamRZ 2014, 59.
16 BGH, NJW 2011, 1814 (1815).
17 BVerfG, NVwZ 2004, 334 (335).

Versicherung verlangen (Satz 1). Parteien kraft Amtes oder juristische Personen haben auch glaubhaft zu machen, dass die wirtschaftlich Beteiligten zur Aufbringung der Mittel außerstande sind.[18] An der Glaubhaftmachung fehlt es, wenn nach Angaben des Antragstellers die monatlichen Ausgaben die Einnahmen erheblich übersteigen.[19] Das Gericht kann verlangen, dass der Antragsteller glaubhaft macht, dass die Verwertung oder Beleihung von Grundstücken kurzfristig nicht möglich ist.[20] Zu den Rechtsfolgen siehe Rn. 7 ff.

2. Amtsermittlung, Abs. 2 Satz 2, 3

5 Das Gericht kann **Erhebungen jeder Art** anstellen, soweit diese zur Prüfung der Voraussetzungen der Prozesskostenhilfe erforderlich sind. Sind Angaben lückenhaft oder nicht hinreichend glaubhaft gemacht, können bestimmte Erhebungen von Amts wegen geboten sein.[21] Eine Vorwegnahme der Beweisaufnahme ist jedoch nur ausnahmsweise zulässig, wenn von vornherein unwahrscheinlich ist, dass dem Antragsteller der Beweis gelingen wird.[22] Die Erhebungen zu den persönlichen und wirtschaftlichen Verhältnissen können über die Erklärung nach § 117 Abs. 2 ZPO hinausgehen.[23] Das Gericht kann die Vorlage von Kontoauszügen der letzten Monate verlangen[24] oder auch Akten beiziehen[25] (vgl. § 117 Rn. 8). Das Gericht ist im Rahmen der **summarischen Prüfung** der Erfolgsaussichten berechtigt, die Richtigkeit des Sachvortrags zu überprüfen und diesbezüglich Ermittlungen anzustellen.[26] **Zeugen und Sachverständige** dürfen nur ausnahmsweise vernommen werden, wenn anders die Erfolgsaussicht und Mutwilligkeit nicht geklärt werden kann (Satz 3). Ein Sachverständigengutachten darf nur eingeholt werden, wenn der damit verbundene Aufwand gering, die Erfolgsaussicht zweifelhaft und der Streitwert hoch ist.[27] Wurde bereits außergerichtlich ein schriftliches Gutachten eingeholt, kann diese Urkunde verwertet werden; es bedarf keines Gutachtens nach § 118 Abs. 2 Satz 3 ZPO.[28] Zulässig ist die Einholung eines Sachverständigengutachtens zur Prozessfähigkeit des Antragstellers, wenn andere Erkenntnisse nicht bestehen.[29]

IV. Funktionelle Zuständigkeit, Abs. 3

6 Nach Abs. 3 wird das Prozesskostenhilfe-Verfahren vom **Vorsitzenden** oder einem von ihm beauftragten **Mitglied des Gerichts** – zweckmäßigerweise dem Berichterstatter in der Streitsache – geführt. Der Vorsitzende kann zudem den **Rechtspfleger** nach § 20 Abs. 1 Nr. 4a RPflG mit der Durchführung von Ermittlungen nach Abs. 2 und der Beurkundung von Vergleichen nach Abs. 1 Satz 3 beauftragen. Darüber hinaus können gemäß § 20 Abs. 2 RPflG die Landesregierungen durch Rechtsverordnung die Prüfung der persönlichen und wirtschaftlichen Verhältnisse einschließlich der Befugnisse nach Abs. 1 Satz 3, Abs. 2 und die Ablehnungsentscheidung nach Abs. 2 Satz 4 dem Rechtspfleger übertragen, wenn der Vorsitzende dies im Verfahren anordnet. Erfolgt keine Ablehnung, vermerkt der Rechtspfleger in den Prozessakten, dass dem Antragsteller nach seinen persönlichen und wirtschaftlichen Verhältnissen Prozesskostenhilfe gewährt werden kann und in welcher Höhe ggf. Raten oder Beträge aus dem Vermögen zu zahlen sind. Von dieser Möglichkeit haben Baden-Württemberg,[30] Hamburg[31] und Nordrhein-Westfalen[32] Gebrauch gemacht.

---

18 BGH, ZInsO 2015, 898 (899); BGH, NZI 2013, 82 (83).
19 OLG Köln v. 04.02.2014, 19 U 174/13, juris, Rn. 1.
20 OLG Frankfurt a.M., FamRZ 2014, 56.
21 BGH, NJW 2011, 1814 (1815), Rn. 18; OLG Naumburg v. 27.03.2012, 1 W 10/12 (PKH), juris, Rn. 5 f.; OLG Hamm v. 22.02.2012, 13 W 44/11, juris, Rn. 2.
22 BVerfG, NVwZ 2012, 1391.
23 OLG Bamberg, NJW-RR 2014, 253 (254 f.).
24 OLG Brandenburg, Rpfleger 2015, 152.
25 KG Berlin, VersR 1972, 104.
26 OLG Hamm v. 03.01.2014, 8 WF 189/13, juris, Rn. 1.
27 OLG München v. 30.07.2013, 1 W 1157/12, juris, Rn. 11.
28 OLG Brandenburg v. 08.05.2012, 12 W 43/11, juris, Rn. 12 ff.
29 OLG Hamm, MDR 2014, 1044.
30 Verordnung des Justizministeriums zur Übertragung richterlicher Aufgaben v. 10.04.2014 (GBl. BW, S. 212).
31 Verordnung zur Übertragung der Prüfung der persönlichen und wirtschaftlichen Verhältnisse in Prozesskostenhilfeverfahren auf die Rechtspflegerin und den Rechtspfleger v. 25.08.2014 (HmbGVBl., S. 427).
32 Verordnung zur Übertragung richterlicher Aufgaben in der Arbeitsgerichtsbarkeit v. 22.10.2014 (GV. NRW, S. 678).

C. Rechtsfolge
I. Ablehnung der Bewilligung, Abs. 2 Satz 4

Hat der Antragsteller innerhalb einer gesetzten Frist ungenügende Angaben gemacht oder die Angaben nach § 118 Abs. 2 Satz 1 ZPO nicht glaubhaft gemacht, ist die Bewilligung ganz oder teilweise zu versagen. Der **Tenor** bei Ablehnung lautet: 7

1. *Der Antrag auf Bewilligung von Prozesskostenhilfe wird zurückgewiesen.*
2. *Die Entscheidung ergeht gerichtsgebührenfrei, außergerichtliche Kosten werden nicht erstattet.*

Holt der Antragsteller die fehlenden Angaben im **Abhilfe- oder Beschwerdeverfahren** nach, ist ihm Prozesskostenhilfe zu gewähren, weil es sich nicht um eine Not- oder Ausschlussfrist handelt.[33] Auch eine Ergänzung nach Ablauf der Rechtsmittelfrist kann ausreichen, sein wenn der Antragsteller Wiedereinsetzung beantragt.[34] Hat der Antragsteller vorsätzlich oder grob nachlässig falsche Angaben gemacht, kann die Bewilligung endgültig wegen Verwirkung abzulehnen sein.[35] Allerdings muss das Gericht den Antragsteller zu Widersprüchen in den Angaben hören, bevor es Prozesskostenhilfe ablehnt (Art. 103 Abs. 1 GG).[36] Werden einzelne Angaben zu Abzügen vom Einkommen oder Vermögen nicht hinreichend belegt, bleiben sie bei der Bewilligungsentscheidung außer Betracht, im Übrigen ist aber Prozesskostenhilfe zu bewilligen.[37] 8

II. Kosten, Abs. 1 Satz 4, 5

Das Prozesskostenhilfe-Verfahren selbst ist sowohl im Falle der Bewilligung als auch der Ablehnung **gebührenfrei**.[38] Eine Ausnahme gilt im Beschwerdeverfahren (§ 127 Rn. 20). Grundsätzlich sind dem Gegner entstandene Kosten im Prozesskostenhilfe-Verfahren weder von der Staatskasse noch dem Antragsteller zu erstatten (Abs. 1 Satz 4), so etwa, wenn sich das Prozesskostenhilfe-Verfahren durch Rücknahme der bedingten Klage erledigt.[39] Die Kosten des Antragstellers im Prozesskostenhilfe-Verfahren können jedoch als vorbereitende Kosten des Rechtsstreits vom Gegner zu erstatten sein, wenn dieser unterliegt.[40] 9

Wird in einem Erörterungstermin (Rn. 3) ein **Vergleich** geschlossen, kann auch für diesen – nicht jedoch für das Prozesskostenhilfe-Verfahren im Übrigen – Prozesskostenhilfe gewährt werden, weil er sich auf die Sache bezieht.[41] Ausgeschlossen ist sie jedoch für Ansprüche, die in dem Vergleich mitgeregelt werden, obwohl sie nicht Gegenstand des Rechtsstreits sind.[42] Gewährt das Gericht hierfür Prozesskostenhilfe, hat diese Entscheidung wegen des Verschlechterungsverbots aber Bestand.[43] Auch wenn der Rechtsstreit außerhalb des Erörterungstermins in ähnlicher Weise unter Mitwirkung des Gerichts erledigt wird, können diese Kosten von der Prozesskostenhilfe gedeckt sein.[44] 10

§ 119
Bewilligung

(1) ¹Die Bewilligung der Prozesskostenhilfe erfolgt für jeden Rechtszug besonders. ²In einem höheren Rechtszug ist nicht zu prüfen, ob die Rechtsverfolgung oder Rechtsverteidigung hinreichende Aussicht auf Erfolg bietet oder mutwillig erscheint, wenn der Gegner das Rechtsmittel eingelegt hat.

---

33 OLG Hamburg, MDR 2015, 356; VGH Kassel, NJW 2014, 1322; OLG Frankfurt a.M., NJW 2014, 2367 (2368); OLG Celle, MDR 2013, 364.
34 BGH, FamRZ 2008, 400 (401).
35 OLG Bamberg, NJW-RR 2014, 253 (254).
36 OLG Saarbrücken, MDR 2013, 933.
37 BVerfG, NVwZ 2004, 334 (335); OLG Frankfurt a.M., NJW 2014, 2367.
38 OLG Brandenburg, NJOZ 2006, 2296; OLG Zweibrücken, FuR 1999, 95 f.
39 OLG Koblenz, NJW-RR 2010, 500 (501).
40 OLG Frankfurt a.M., Rpfleger 1979, 111; a.A. Zöller-*Geimer*, ZPO, § 118 Rn. 32.
41 BVerfG, NJW 2012, 3293 f., Rn. 12; BGH, NJW 2004, 2595 (2596); OLG Naumburg, MDR 2016, 791.
42 OLG Köln, FamRZ 2015, 1314; OLG Bamberg, FamRZ 2011, 1605; gilt nicht, wenn neben dem Prozesskostenhilfe-Verfahren der Rechtsstreit anhängig ist und der Mehrvergleich dort geschlossen wird, OLG Köln, FamRZ 2014, 1875.
43 So zum schriftlichen Vergleich nach § 278 Abs. 6 ZPO: OLG Karlsruhe, FamRZ 2015, 1920; zur Erledigung auf Hinweis des Gerichts vgl. OLG Brandenburg, FamRZ 2014, 59.
44 OLG Brandenburg, NJOZ 2006, 2296 (2297).

(2) Die Bewilligung von Prozesskostenhilfe für die Zwangsvollstreckung in das bewegliche Vermögen umfasst alle Vollstreckungshandlungen im Bezirk des Vollstreckungsgerichts einschließlich des Verfahrens auf Abgabe der Vermögensauskunft und der eidesstattlichen Versicherung.

Inhalt:

	Rn.		Rn.
A. Allgemeines	1	1. Eingeschränkter Prüfungsumfang, Abs. 1 Satz 2	5
B. Erläuterungen	2	2. Antragstellung	6
I. Beschränkung auf Rechtszug, Abs. 1 Satz 1	3	III. Zwangsvollstreckung, Abs. 2	7
II. Höherer Rechtszug	5		

A. Allgemeines

1 § 119 ZPO enthält Grundsätze über den Inhalt der Bewilligungsentscheidung, die in den §§ 120, 121 ZPO ergänzt werden. Die Beschränkung der Prozesskostenhilfe auf den jeweiligen Rechtszug ermöglicht grundsätzlich eine erneute Prüfung der Erfolgsaussicht und Mutwilligkeit durch das Rechtsmittelgericht. Indes sieht § 119 Abs. 1 Satz 2 ZPO für das Rechtsmittelverfahren eine die Prüfung der Voraussetzungen nach § 114 ZPO einschränkende Regelung vor.

B. Erläuterungen

2 Während im ersten Rechtszug die Erfolgsaussichten und die Mutwilligkeit zu prüfen sind, sind die höheren Rechtszüge an die entsprechende Entscheidung des Ausgangsgerichts gebunden.

I. Beschränkung auf Rechtszug, Abs. 1 Satz 1

3 Da die Bewilligung von Prozesskostenhilfe nur für den jeweiligen Rechtszug erfolgen kann (Abs. 1 Satz 1), beschränkt das Gericht sie im Bewilligungsbeschluss stets auf seine Instanz. Ein **Rechtszug beginnt** mit dem einleitenden Antrag und **endet** mit der abschließenden Entscheidung oder Erledigung.[1] Ein neuer Rechtszug liegt vor, wenn dieser eine eigenständige, besondere Kostenfolge hat.[2] Bei mehreren Kostentatbeständen kann allerdings ein Rechtszug vorliegen, wenn dasselbe Gericht für das Prozesskostenhilfe-Verfahren zuständig ist und die Abschnitte nicht sinnvoll voneinander getrennt werden können.[3] So ist über die Bewilligung von Prozesskostenhilfe nach Abgabe wegen **Unzuständigkeit** nicht erneut zu entscheiden.[4] Für die **Beschwerde** gegen die Zurückweisung von Prozesskostenhilfe kann isoliert Prozesskostenhilfe beim Beschwerdegericht beantragt werden, weil es eine eigene Kostenfolge hat.[5] Die **anwaltliche Prüfung** der Erfolgsaussicht eines Rechtsmittels ist nicht mehr von der Bewilligung der Prozesskostenhilfe für die Ausgangsinstanz gedeckt.[6] Die Bewilligung bezieht sich nur auf den **jeweiligen Streitgegenstand**, sodass bei einer (nachträglichen) Klageänderung erneut Prozesskostenhilfe zu beantragen ist.[7] Die Bewilligung nach Abs. 1 Satz 1 kann nur für ein Erkenntnisverfahren vor deutschen Gerichten erfolgen.[8] Die Bewilligung kann andererseits auch nicht auf einzelne Abschnitte des jeweiligen Rechtszugs beschränkt, befristet, bedingt oder vorbehaltlich gewährt werden.[9] Eine Bewilligung von Prozesskostenhilfe für das Prozesskostenhilfe-Prüfungsverfahren selbst kann nicht erfolgen (§ 114 Rn. 4). Eigenständig ist das **Mahnverfahren**, sodass die Bewilligung auf dieses beschränkt werden kann.[10] Kein neuer Rechtszug wird dadurch begründet, dass der Rechtsstreit vom Rechtsmittelgericht zurückverwiesen wird.[11] Bei einer Stufenklage ist über die Prozesskostenhilfe für jede Stufe gesondert zu entscheiden, zunächst also nur für die Auskunftsstufe.[12]

---

1 BGH, NJW-RR 2007, 1439.
2 BGH, NJW 2004, 3260 (3261); OLG Köln, FamRZ 2015, 1314 (1315).
3 OLG Hamm v. 26.05.2015, II-2 WF 85/15, 2 WF 85/15, juris, Rn. 10.
4 OLG Köln, NJW 1995, 2728.
5 OLG Frankfurt a.M. v. 15.09.2014, 1 W 52/14, juris, Rn. 13.
6 BGH, NJW-RR 2007, 1439 f.
7 BGH, NJW-RR 2006, 429.
8 OLG Frankfurt a.M. v. 27.07.2015, 5 WF 143/15, juris, Rn. 4.
9 OLG Hamm v. 26.05.2015, 2 WF 85/15, juris, Rn. 9; OLG Celle, MDR 2011, 1200; LAG Köln, LAGE § 120 ZPO, Nr. 23.
10 OLG Oldenburg, NJW-RR 1999, 579.
11 OLG Schleswig, NJW-RR 2015, 192.
12 OLG Celle, NJW-RR 2012, 1290 f.

Der **Zeitraum**, in dem Prozesskostenhilfe bewilligt werden kann, beginnt mit der Antragstellung und endet mit der Beendigung der Instanz. Dem Beklagten kann Prozesskostenhilfe erst ab Rechtshängigkeit der Streitsache bewilligt werden, nicht bereits im vorangehenden Prozesskostenhilfe-Verfahren, weil dieses für den Beklagten kein Prozessrechtsverhältnis begründet.[13] Eine **rückwirkende Bewilligung** von Prozesskostenhilfe ist grundsätzlich, insbesondere nach rechtskräftiger Entscheidung, nicht zulässig.[14] Eine Ausnahme gilt, wenn der Antrag nicht rechtzeitig im laufenden Verfahren beschieden worden ist, obwohl bereits alle Bewilligungsvoraussetzungen vorlagen.[15] In diesem Falle kann eine rückwirkende Bewilligung der Prozesskostenhilfe bis zum Zeitpunkt des erstmaligen Vorliegens aller Bewilligungsvoraussetzungen erfolgen.[16] Auch kann Prozesskostenhilfe nach Beendigung des Verfahrens bewilligt werden, wenn das Gericht eine Frist zur Nachreichung von fehlenden Unterlagen gesetzt hat und diese fristgemäß nachgereicht werden.[17]

4

II. Höherer Rechtszug
1. Eingeschränkter Prüfungsumfang, Abs. 1 Satz 2

In einem höheren Rechtszug ist die **Erfolgsaussicht oder Mutwilligkeit bei dem in der vorherigen Instanz obsiegenden Bedürftigen nicht zu prüfen**, wenn der Gegner das Rechtsmittel eingelegt hat (Abs. 1 Satz 2). Auch hier gilt jedoch der Grundsatz, dass Prozesskostenhilfe nicht bewilligt wird, wenn eine vermögende Partei in der Position des Antragstellers auf die Rechtsverfolgung oder -verteidigung verzichten würde, insbesondere wenn diese zur Wahrung der Rechte des Antragstellers im Rechtsmittelverfahren noch nicht notwendig ist.[18] Keine Prozesskostenhilfe erhält daher der Rechtsmittelgegner, wenn der Rechtsmittelführer ebenfalls einen Prozesskostenhilfe-Antrag gestellt hat, über den noch nicht entschieden wurde.[19] Zudem ist keine Prozesskostenhilfe für die Verteidigung gegen ein Rechtsmittel zu bewilligen, wenn das Rechtsmittel noch nicht begründet wurde oder von vornherein als unzulässig zu verwerfen ist (vgl. auch § 114 Rn. 17).[20] Auch wenn der Antragsteller durch offensichtlich falsche Angaben Prozesskostenhilfe erlangt hat, kann diese im höheren Rechtszug trotz Abs. 1 Satz 2 abgelehnt werden.[21] Schließlich kommt eine Zurückweisung in Betracht, wenn sich nach der erstinstanzlichen Entscheidung maßgebliche Tatsachen geändert haben.[22]

5

2. Antragstellung

Da Prozesskostenhilfe für jeden Rechtszug gesondert zu bewilligen ist, ist **auch in höheren Rechtszügen** ein neuer Antrag einzureichen und ggf. glaubhaft zu machen.[23] Angaben zu den persönlichen und wirtschaftlichen Verhältnisse sind indes nicht erforderlich, wenn auf die frühere Erklärung ausdrücklich Bezug genommen wird und sich die Verhältnisse nicht geändert haben (§ 117 Rn. 8). Zudem muss der Antragsteller keine sachliche Begründung des Rechtsmittels einreichen, auch wenn dies zweckmäßig ist.[24] Will der Antragsteller das Rechtsmittel nur im Falle der Bewilligung betreiben, kann er das Rechtsmittel wegen dessen **Bedingungsfeindlichkeit** nicht unter dieser Bedingung einreichen. Stellt er nur einen Prozesskostenhilfe-Antrag, läuft dennoch die Rechtsmittelfrist ab. Die Rechtsprechung gewährt in dieser Situation für die Rechtsmittelfristen Wiedereinsetzung in den vorigen Stand, wenn der Antragsteller rechtzeitig innerhalb der Rechtsmittelfrist einen bewilligungsfähigen Prozesskostenhilfe-Antrag eingereicht hat.[25] Wird sodann Prozesskostenhilfe bewilligt, hat der Antragsteller zur Gewährung der Wiedereinsetzung binnen zwei Wochen (§§ 234 Abs. 1 Satz 1, 236 Abs. 2 Satz 2 ZPO) bzw. eines Monats (§ 234 Abs. 1 Satz 2 ZPO) das Rechtsmittel einzulegen und zu begründen.[26] Lehnt das Gericht Prozesskostenhilfe wegen fehlender Bedürftigkeit ab, kann Wiedereinsetzung grundsätzlich nicht gewährt werden, es sei denn, der Antragsteller musste mit der

6

---

13 OLG Stuttgart, FamRZ 2016, 1002 f.; in FamFG-Verfahren entsteht dieses bereits ab Eingang des Antrags.
14 BGH v. 04.09.1991, 3 StR 142/91, juris, Rn. 3.
15 BVerfG, NStZ-RR 1997, 69 (70); BGH, StraFo 2011, 115 f.; BGH, NJW 1982, 446.
16 BGH, NStZ-RR 2015, 351; OLG Köln v. 07.04.2011, 4 WF 53/11, juris, Rn. 4.
17 OLG Karlsruhe, FamRZ 2011, 1608.
18 BVerfG, NJW 2010, 1658 (1659); BGHR ZPO, § 119 S. 2 Rechtsmittelbeklagter 3.
19 BGH, Rpfleger 1959, 240.
20 BGH, NJW-RR 2001, 1009; BGHR ZPO, § 119 S. 2 Rechtsmittelbeklagter 3.
21 OLG Brandenburg, FamRZ 2013, 1325.
22 OLG Frankfurt a.M. v. 24.08.2010, 11 U 26/10 (Kart), juris, Rn. 8.
23 BGH, NJW 2001, 2720 (2721); BGH, NJW 1991, 109 (110).
24 BGH, NJW 1993, 732 (733); OLG Dresden, JurBüro 2000, 260.
25 BGH, MDR 2017, 418; BGH, NJW 2017, 735; BGH, NJW-RR 2007, 1439 (1440); BGH, NJW 1999, 3271.
26 BGH, NJW 2006, 2857 (2858).

Ablehnung nicht rechnen.[27] Erfolgt die Ablehnung allein wegen fehlender Erfolgsaussicht, wird regelmäßig Wiedereinsetzung gewährt, wenn innerhalb einer angemessenen Überlegungsfrist von einigen Tagen und der anschließenden Wiedereinsetzungsfrist das Rechtsmittel (ohne Prozesskostenhilfe) eingelegt wird.[28]

III. Zwangsvollstreckung, Abs. 2

7 Auch im Zwangsvollstreckungsverfahren ist grundsätzlich gesondert Prozesskostenhilfe zu beantragen. Abs. 2 hat die frühere Streitfrage, ob für jede Vollstreckungsmaßnahme in das bewegliche Vermögen (§§ 803–863 ZPO) einzeln Prozesskostenhilfe zu beantragen ist, dahingehend gelöst, dass sie alle Vollstreckungsmaßnahmen innerhalb des Bezirks des Vollstreckungsgerichts erfasst.[29] Bei der Vollstreckung in das unbewegliche Vermögen (§§ 864–871 ZPO) ist im Umkehrschluss eine Bewilligung für jede Einzelmaßnahme erforderlich.[30] Bei den besonderen Rechtsbehelfen im **Zwangsvollstreckungsverfahren** (§§ 766, 767 ff., 771 ff., 793 ZPO) ist gesondert Prozesskostenhilfe zu beantragen, weil sie jeweils besondere Kostenfolgen haben.[31]

§ 120
Festsetzung von Zahlungen

(1) ¹Mit der Bewilligung der Prozesskostenhilfe setzt das Gericht zu zahlende Monatsraten und aus dem Vermögen zu zahlende Beträge fest. ²Setzt das Gericht nach § 115 Absatz 1 Satz 3 Nummer 5 mit Rücksicht auf besondere Belastungen von dem Einkommen Beträge ab und ist anzunehmen, dass die Belastungen bis zum Ablauf von vier Jahren ganz oder teilweise entfallen werden, so setzt das Gericht zugleich diejenigen Zahlungen fest, die sich ergeben, wenn die Belastungen nicht oder nur in verringertem Umfang berücksichtigt werden, und bestimmt den Zeitpunkt, von dem an sie zu erbringen sind.

(2) Die Zahlungen sind an die Landeskasse zu leisten, im Verfahren vor dem Bundesgerichtshof an die Bundeskasse, wenn Prozesskostenhilfe in einem vorherigen Rechtszug nicht bewilligt worden ist.

(3) Das Gericht soll die vorläufige Einstellung der Zahlungen bestimmen,
1. wenn die Zahlungen der Partei die voraussichtlich entstehenden Kosten decken;
2. wenn die Partei, ein ihr beigeordneter Rechtsanwalt oder die Bundes- oder Landeskasse die Kosten gegen einen anderen am Verfahren Beteiligten geltend machen kann.

(4) *(weggefallen)*

Inhalt:

	Rn.		Rn.
A. Allgemeines	1	III. Zahlungsempfänger, Abs. 2	6
B. Erläuterungen	2	IV. Vorläufige Einstellung der Zahlungen, Abs. 3	7
I. Monatsraten und Vermögensbeträge bei Bewilligung, Abs. 1 Satz 1	2	1. Kostendeckung, Abs. 3 Nr. 1	8
1. Ratenzahlung	3	2. Anderer Kostenschuldner, Abs. 3 Nr. 2	9
2. Vermögensbeiträge	4	C. Rechtsfolge/Rechtsmittel	10
II. Nachträgliche Änderungen, Abs. 1 Satz 2	5		

A. Allgemeines

1 § 120 ZPO enthält die Einzelheiten zu der gerichtlichen Festsetzung von Ratenzahlungen nach § 115 Abs. 2 ZPO und Vermögensbeiträgen nach § 115 Abs. 3 ZPO, die grundsätzlich im Beschluss nach § 119 ZPO erfolgt.

B. Erläuterungen
I. Monatsraten und Vermögensbeträge bei Bewilligung, Abs. 1 Satz 1

2 Wird die Prozesskostenhilfe abgelehnt oder ohne Zahlung von Raten und Vermögensbeiträge gewährt, kommt Abs. 1 Satz 1 nicht zur Anwendung. Sind jedoch nach den §§ 115, 116 ZPO Zahlungen zu leisten, sollen diese grundsätzlich im Bewilligungsbeschluss nach § 119 ZPO

---

27 BGH, FamRZ 2008, 400.
28 BGH v. 22.08.2001, XII ZB 67/01, juris, Rn. 9.
29 BT-Drucks. 13/391, S. 13; BGH, MDR 2010, 286 (287).
30 BGH, NJW-RR 2004, 787 (788).
31 MK-*Wache*, ZPO, § 119 Rn. 50.

festgesetzt werden, um dem Antragsteller Gewissheit über seine Zahlungspflicht zu vermitteln.[1] **Ausnahmsweise** kann jedoch ein **Vorbehalt der näheren Prüfung** in den Bewilligungsbeschluss aufgenommen werden, wenn zeitnah vor der Hauptsacheentscheidung, von deren Ausgang der Umfang der Leistungspflicht abhängt, über die Festsetzung der Zahlungen entschieden werden soll.[2] Ratenzahlungen und Vermögensbeiträge können nebeneinander bestimmt werden. Maßgeblicher Zeitpunkt für die Bestimmung der Höhe der Raten und Vermögensbeiträge ist die Beschlussfassung.[3] Nach Antragstellung eintretende Änderungen der Einkommens- und Vermögensverhältnisse sind zu berücksichtigen, während Entwicklungen nach der Entscheidung nur im Rahmen der §§ 120a, 124 ZPO von Bedeutung sind.

1. Ratenzahlung

Zunächst ist das einzusetzende Einkommen nach § 115 Abs. 1 ZPO zu ermitteln, anhand dessen nach § 115 Abs. 2 ZPO (dort Rn. 18 ff.) die Höhe der Monatsraten zu bestimmen sind, die im Beschluss festgesetzt werden. Eine Ratenanzahl wird nicht festgelegt, weil diese von der abschließenden Kostenfestsetzung abhängt.[4] Entsprechend § 119 Abs. 1 ZPO gilt, dass sich die Festsetzung der Ratenzahlung auf die jeweilige Instanz beschränkt, also nicht im höheren Rechtszug aufgrund anderer rechtlicher Würdigung rückwirkend Zahlungen auf die Kosten der ersten Instanz festgesetzt werden können.[5] Eine Ausnahme besteht nur bei Änderungen der persönlichen und wirtschaftlichen Verhältnisse nach § 120a Abs. 1 ZPO.[6] Eine **rückwirkende Festsetzung** etwa auf den Zeitpunkt der Antragstellung ist auch innerhalb der Instanz unzulässig.[7] Wird im Beschluss kein Zeitpunkt für den Beginn der Ratenzahlung angegeben, beginnt diese mit Zugang des Beschlusses. Eine Bestimmung auf einen späteren Zeitpunkt ist nach Abs. 1 Satz 2 (Rn. 5) möglich.

2. Vermögensbeiträge

Das Gericht bestimmt auf Grundlage von §§ 115 Abs. 3, 116 ZPO, in welcher Höhe und zu welchem Zeitpunkt Zahlungen aus dem Vermögen zu leisten sind.[8] Regelmäßig wird es sich dabei um eine **Einmalzahlung** handeln. Es können jedoch auch **ratenweise Vermögensleistungen** festgesetzt werden, wenn das Vermögen nur in Raten einzuziehen ist. Ist der Vermögensgegenstand – etwa eine Immobilie – zunächst zu veräußern, kann die Leistung bis zum erwarteten Veräußerungszeitpunkt **gestundet** werden.[9] Der Vermögenszuwachs muss jedoch hinreichend sicher zu erwarten sein, woran es bei einem noch nicht titulierten Zugewinnausgleichsanspruch fehlt.[10] Abs. 1 Satz 2 gilt für Vermögensbeiträge entsprechend (Rn. 5).

I. Nachträgliche Änderungen, Abs. 1 Satz 2

Bestehen vorübergehende besondere Belastungen nach § 115 Abs. 1 Satz 3 Nr. 5 ZPO (dort Rn. 17), kann das Gericht einen Zeitpunkt innerhalb der nächsten vier Jahre bestimmen, ab dem Raten zu zahlen sind. Es ist eine Prognose erforderlich, zu welchem Zeitpunkt die Belastung voraussichtlich reduziert wird oder entfällt. Die **Einkommensänderung** muss jedoch hinreichend sicher zu erwarten sein. Hieran fehlt es z.B. bei einer denkbaren, künftigen Beförderung.[11] Die Vorschrift findet auf nachträgliche Änderungen der Vermögensverhältnisse entsprechende Anwendung.[12] So können titulierte, aber noch einzutreibende Forderungen zu berücksichtigen sein.[13]

II. Zahlungsempfänger, Abs. 2

Die Ratenzahlungen und Vermögensbeiträge sind grundsätzlich an die für die Ausgangsinstanz **zuständige Landeskasse** zu zahlen, auch wenn das Verfahren zum BGH geht und weiter Zahlungen zu leisten sind. Nur wenn der BGH erstmals Prozesskostenhilfe bewilligt, erfolgt die Zahlung an die **Bundeskasse**. Erlässt das OLG nach Zurückverweisung eine neue Raten-

---

1 Stein/Jonas-*Bork*, ZPO, § 120 Rn. 6; MK-*Wache*, ZPO, § 120 Rn. 2.
2 OLG Düsseldorf, FamRZ 1996, 808.
3 OLG Stuttgart, FamRZ 2011, 1885.
4 Zöller-*Geimer*, ZPO, § 120 Rn. 10.
5 OLG Oldenburg, MDR 2003, 110.
6 OLG Köln, MDR 1997, 404.
7 KG Berlin, MDR 1999, 510.
8 OLG Hamm, FamRZ 2013, 142.
9 OLG Koblenz v. 04.09.2013, 13 WF 682/13, juris, Rn. 4; OLG Hamm, NJW-RR 2011, 1631; OLG Bremen, FamRZ 2011, 386; OLG Karlsruhe, MDR 2009, 533.
10 OLG Hamm, MDR 2012, 50.
11 BGH, MDR 1987, 918.
12 BAG, NZA 2007, 646 (647).
13 OLG Brandenburg, FamRZ 2008, 1264.

zahlungsanordnung, wird die Anordnung des BGH wirkungslos und die Leistung erfolgt an die Landeskasse.[14]

III. Vorläufige Einstellung der Zahlungen, Abs. 3

7 Über den Zeitpunkt für die Einstellung und eine Wiederaufnahme der vom Gericht festgesetzten Zahlungen nach Abs. 3 entscheidet der **Rechtspfleger**, § 20 Abs. 1 Nr. 4 Buchst. b RPflG. Im Mahnverfahren können die Länder diese Aufgabe auf den Urkundsbeamten der Geschäftsstelle übertragen, § 36 Abs. 1 Nr. 2 RPflG. Die vorläufige Einstellung der Zahlungen steht in seinem gebundenen Ermessen („soll"). Er kann nur bei besonderen Umständen von ihr absehen.

1. Kostendeckung, Abs. 3 Nr. 1

8 Decken die Zahlungen nach Abs. 1 im Rahmen einer **aktuellen Prognose** die zu berücksichtigen Verfahrenskosten, erfolgt vorläufig ihre Einstellung. Zweck der Vorschrift ist die Entlastung des Rechtspflegers und der Staatskasse, indem die Zahlungseinstellung erst nach vollständiger Deckung der voraussichtlichen Kosten erfolgt.[15] Zu den maßgeblichen Kosten zählen alle der Staatskasse durch die Bewilligung der Prozesskostenhilfe entstehenden und bereits fälligen außergerichtlichen und gerichtlichen Kosten einschließlich der Kosten des Anwalts des Antragstellers.[16] Bei den **Anwaltskosten** ist dies nicht die reduzierte Gebühr nach § 49 GKG, sondern aufgrund von § 50 Abs. 1 GKG die Regelgebühr nach § 13 GVG.[17] Da nur der Kläger gemäß § 22 Abs. 1 GKG Schuldner der **Gerichtskosten** ist, sind diese beim Beklagten nicht zu berücksichtigen.[18] Auch wenn die Kosten sich im Verfahren ermäßigen, etwa durch eine Teilklagerücknahme, kann eine Einstellung nach Abs. 3 Nr. 1 erfolgen.[19]

2. Anderer Kostenschuldner, Abs. 3 Nr. 2

9 Kann die Partei, ihr beigeordneter Anwalt oder die Bundes- oder Landeskasse einen Anspruch gegen andere Verfahrensbeteiligte geltend machen, sollen die Zahlungen ebenfalls eingestellt werden. Die Vorschrift ist immer dann einschlägig, wenn die Zahlungspflicht des Prozesskostenhilfe-Empfängers durch diejenige anderer Verfahrensbeteiligter überlagert wird.[20] Hauptanwendungsfall ist das **Unterliegen** oder die **Kostenübernahme** des Gegners in der Sache: in diesen Fällen ist gemäß §§ 29 Nr. 1, 2, 32 Abs. 2 GKG der Gegner in Anspruch zu nehmen und die Zahlungspflicht lebt erst wieder auf, wenn die Zwangsvollstreckung in das bewegliche Vermögen des Gegners erfolglos war oder aussichtslos erscheint. Dies gilt auch, wenn dem Gegner ebenfalls Prozesskostenhilfe gewährt wurde.[21]

A. Rechtsfolge/Rechtsmittel

10 Die Einstellung der Zahlungen nach Abs. 3 erfolgt nur vorläufig, der Rechtspfleger kann bei Wegfall der Voraussetzungen die Wiederaufnahme der Zahlungen anordnen.[22] Stellt er jedoch die Zahlungen „endgültig" ein und wurde dadurch ein **Vertrauenstatbestand** geschaffen, ist eine Wiederaufnahme ausgeschlossen.[23] Gegen die Entscheidung der Einstellung der Ratenzahlungen nach § 120 Abs. 3 ZPO kann der beigeordneten Rechtsanwalts **sofortige Beschwerde** gemäß § 127 Abs. 2 Satz 2 Hs. 1 ZPO einlegen, weil es sich nicht um eine Änderung der Prozesskostenhilfe-Grundentscheidung handelt.[24] Erfolgt insoweit keine Rechtsbehelfsbelehrung, besteht regelmäßig ein Wiederaufnahmegrund, §§ 233 Satz 2, 232 ZPO.

---

14 BGH, NJW 1983, 944.
15 BT-Drucks. 17/11472, S. 32 f.
16 OLG Hamburg, NJW 2011, 3589.
17 OLG Celle, NJW-RR 2013, 1082.
18 OLG Hamburg, NJW 2011, 3589 f.
19 Baumbach/Lauterbach/Albers/Hartmann, ZPO, § 120 Rn. 16; Zöller-*Geimer*, ZPO, § 120 Rn. 16.
20 BGH, NJW-RR 1991, 827.
21 BGH, NJW-RR 1998, 70; OLG Karlsruhe, FamRZ 2005, 2002.
22 BGH, NJW-RR 1991, 827.
23 OLG Koblenz, NJW-RR 2000, 1384.
24 OLG Celle, NJW-RR 2013, 1082.

§ 120a
Änderung der Bewilligung

(1) ¹Das Gericht soll die Entscheidung über die zu leistenden Zahlungen ändern, wenn sich die für die Prozesskostenhilfe maßgebenden persönlichen oder wirtschaftlichen Verhältnisse wesentlich verändert haben. ²Eine Änderung der nach § 115 Absatz 1 Satz 3 Nummer 1 Buchstabe b und Nummer 2 maßgebenden Beträge ist nur auf Antrag und nur dann zu berücksichtigen, wenn sie dazu führt, dass keine Monatsrate zu zahlen ist. ³Auf Verlangen des Gerichts muss die Partei jederzeit erklären, ob eine Veränderung der Verhältnisse eingetreten ist. ⁴Eine Änderung zum Nachteil der Partei ist ausgeschlossen, wenn seit der rechtskräftigen Entscheidung oder der sonstigen Beendigung des Verfahrens vier Jahre vergangen sind.

(2) ¹Verbessern sich vor dem in Absatz 1 Satz 4 genannten Zeitpunkt die wirtschaftlichen Verhältnisse der Partei wesentlich oder ändert sich ihre Anschrift, hat sie dies dem Gericht unverzüglich mitzuteilen. ²Bezieht die Partei ein laufendes monatliches Einkommen, ist eine Einkommensverbesserung nur wesentlich, wenn die Differenz zu dem bisher zu Grunde gelegten Bruttoeinkommen nicht nur einmalig 100,00 € übersteigt. ³Satz 2 gilt entsprechend, soweit abzugsfähige Belastungen entfallen. ⁴Hierüber und über die Folgen eines Verstoßes ist die Partei bei der Antragstellung in dem gemäß § 117 Absatz 3 eingeführten Formular zu belehren.

(3) ¹Eine wesentliche Verbesserung der wirtschaftlichen Verhältnisse kann insbesondere dadurch eintreten, dass die Partei durch die Rechtsverfolgung oder Rechtsverteidigung etwas erlangt. ²Das Gericht soll nach der rechtskräftigen Entscheidung oder der sonstigen Beendigung des Verfahrens prüfen, ob eine Änderung der Entscheidung über die zu leistenden Zahlungen mit Rücksicht auf das durch die Rechtsverfolgung oder Rechtsverteidigung Erlangte geboten ist. ³Eine Änderung der Entscheidung ist ausgeschlossen, soweit die Partei bei rechtzeitiger Leistung des durch die Rechtsverfolgung oder Rechtsverteidigung Erlangten ratenfreie Prozesskostenhilfe erhalten hätte.

(4) ¹Für die Erklärung über die Änderung der persönlichen oder wirtschaftlichen Verhältnisse nach Absatz 1 Satz 3 muss die Partei das gemäß § 117 Absatz 3 eingeführte Formular benutzen. ²Für die Überprüfung der persönlichen und wirtschaftlichen Verhältnisse gilt § 118 Absatz 2 entsprechend.

Inhalt:

	Rn.		Rn.
A. Allgemeines	1	2. Einkommensverbesserung, Abs. 2 Satz 2	8
B. Erläuterungen	2	3. Wegfall von Belastungen, Abs. 2 Satz 3	9
I. Nachträgliche Beschlussänderung, Abs. 1	2	4. Belehrung, Abs. 2 Satz 4	10
1. Verfahren	2	III. Durch Prozessführung erlangtes Etwas, Abs. 3	11
2. Beschluss über wesentliche Änderungen, Abs. 1 Satz 1, 2	3	1. Begriff, Abs. 3 Satz 1	11
3. Erklärungsverlangen, Abs. 1 Satz 3	5	2. Prüfungspflicht des Gerichts, Abs. 3 Satz 2	12
4. Ausschlussfrist, Abs. 1 Satz 4	6	3. Ausschluss, Abs. 3 Satz 3	13
II. Mitteilungspflicht bei wesentlichen Verbesserungen der Verhältnisse, Abs. 2	7	IV. Formularzwang und Verfahren, Abs. 4	14
1. Wirtschaftliche Verhältnisse und Anschrift, Abs. 2 Satz 1	7		

A. Allgemeines

§ 120a ZPO wurde mit Wirkung zum 01.01.2014 grundlegend neu gefasst und für den Bedürftigen verschärft.[1] § 120 Abs. 4 ZPO wurde integriert (Abs. 1), das Ermessen des Gerichts bei der Entscheidung eingeschränkt (Abs. 1 Satz 1), Mitteilungspflichten des Bedürftigen (Abs. 2) und anlassunabhängige Prüfungen der Gerichte (Abs. 1 Satz 3, Abs. 3 Satz 2) eingeführt. Abs. 2 Satz 2, 3 enthält Fallgruppen, in denen stets eine Mitteilungspflicht besteht, während Abs. 3 für den Fall des erlangten Vorteils ein besonderes Verfahren vorsieht.

1

---

[1] Gesetz zur Änderung des Prozesskostenhilfe- und Beratungshilferechts vom 31.08.2013 (BGBl. I, S. 3533; BGBl. 2016 I, S. 121).

B. Erläuterungen
I. Nachträgliche Beschlussänderung, Abs. 1
1. Verfahren

2 Nach Abs. 1 Satz 1 hat das Gericht bei **wesentlichen Änderungen** der persönlichen oder wirtschaftlichen Verhältnisse regelmäßig den Bewilligungsbeschluss zu ändern, in atypischen Ausnahmefällen kann jedoch davon abgesehen werden.[2] Dabei wird indes nicht die ursprüngliche Entscheidung auf Rechtsfehler geprüft; dies erfolgt nur im Beschwerdeverfahren.[3] Funktionell zuständig ist der **Rechtspfleger**, § 20 Abs. 1 Nr. 4 Buchst. c RPflG. Dies gilt auch nach Ende des Rechtsstreits.[4] Eine Übertragung des Verfahrens auf den Urkundsbeamten der Geschäftsstelle ist nicht zulässig.[5] Während und nach Abschluss des Verfahrens muss der Änderungsbeschluss nach Satz 1 sowie die Erklärungsverlangen nach Satz 3 dem Prozessbevollmächtigten zugestellt werden (§ 172 ZPO).[6] Die Verfahrensführung richtet sich nach Abs. 4 (Rn. 14).

2. Beschluss über wesentliche Änderungen, Abs. 1 Satz 1, 2

3 Ein Änderungsbeschluss nach Satz 1 kann nur ergehen, wenn sich die wirtschaftlichen und persönlichen Verhältnisse nach Erlass des Bewilligungsbeschlusses wesentlich geändert haben, nicht hingegen, wenn die Verhältnisse unverändert sind und sich lediglich die rechtliche Würdigung (etwa durch höchstrichterliche Rechtsprechung) geändert hat.[7] Geringe Änderungen des Einkommens oder Vermögens bleiben außer Betracht. Ob eine wesentliche Änderung des Einkommens oder Vermögens vorliegt, ist unter Berücksichtigung der Freibeträge nach § 115 Abs. 1 Satz 3 ZPO (dort Rn. 11 ff.) und des Schonvermögens nach § 115 Abs. 3 Satz 2 ZPO, § 90 SGB XII (§ 115 Rn. 27 ff.) zu ermitteln. So bleibt ein Abfindungsanspruch des Arbeitgebers, der innerhalb des Schonvermögens von 10.000,00 € (zweifacher Schonbetrag, § 115 Rn. 37) liegt, außer Betracht.[8] Eine **Reduzierung** der Zahlungen kann etwa bei Verlust des Arbeitsplatzes oder Wegfall eines Anspruchs erfolgen; eine **Erhöhung** bei Aufnahme einer Beschäftigung oder Erlangung eines Unterhaltsanspruchs.[9] Es kann auch erstmals eine Ratenzahlung oder sogar die sofortige Zahlung aller Kosten angeordnet werden.[10] Werden nachträglich erhebliche Vermögenswerte erworben, kann eine zu beziffernde Einmalzahlung festgesetzt werden.[11] Der **Erwerb wesentlichen Vermögens** führt selbst dann zur Änderung des Beschlusses, wenn es sofort verbraucht wird. Dies gilt nicht, wenn es für lebenswichtige Anschaffungen ausgegeben wird.[12] Für **wesentliche Verbesserungen** enthalten die Abs. 2, 3 (Rn. 7 ff., 11 ff.) besondere Regelungen. Eine **wesentliche Verschlechterung** der Verhältnisse kann auch zu einer rückwirkenden Abänderung der Bewilligung bis zum Eintritt der Verschlechterung veranlassen.[13] Über eine wesentliche Verschlechterung der wirtschaftlichen Verhältnisse kann – anders als bei einer wesentlichen Verbesserung – auch noch im Beschwerdeverfahren entschieden werden.[14] Neue Verbindlichkeiten sind dabei nur zu berücksichtigen, wenn ihre Eingehung für die Lebensführung unbedingt notwendig war.[15]

4 Regelmäßig nicht zu berücksichtigen sind nach Satz 2 Änderungen allein der **Freibeträge** für Erwerbstätige, Ehegatten und Unterhaltspflichten (§ 115 Abs. 1 Satz 3 Nr. 1b, Nr. 2 ZPO). Zu einer Änderung führen sie nur, wenn der Bedürftige dies beantragt und danach (unter Anwendung von § 115 Abs. 2 ZPO) keine Raten mehr zu leisten sind.

Beschlusstenor zur Änderung der Ratenzahlung:

> Der Beschluss des ... [Gericht] vom ... wird dahingehend abgeändert, dass der ... [Kläger/Beklagter] aus seinem Einkommen monatliche Raten in Höhe von ..., zahlbar am ... eines jeden Monats, erstmals zum ... an die Gerichtskasse zu zahlen hat.

---

2 BT-Drucks. 17/11472, S. 33; Zur Verfassungsmäßigkeit: BVerfG, NJW 1985, 1767 f.
3 OLG Nürnberg, NJW-RR 2015, 1340.
4 OLG Köln, NJW-RR 1999, 1082.
5 LAG Hamm v. 10.05.2016, 5 Ta 169/16, juris, Rn. 8 ff.
6 BGH, FamRZ 2011, 463.
7 BAG, NZA-RR 2009, 158; OLG Nürnberg, NJW-RR 2015, 1340.
8 LAG Mainz v. 19.10.2015, 2 Ta 141/15, juris, Rn. 3 ff.
9 OLG Bamberg, NJW-RR 1996, 69.
10 OLG Nürnberg, AnwBl. 1994, 430.
11 OLG Koblenz, FamRZ 2012, 1404.
12 OLG Koblenz, MDR 2014, 925.
13 OLG Brandenburg, FamRZ 2006, 1854.
14 LAG Berlin-Brandenburg v. 07.09.2015, 21 Ta 1277/15, juris, Rn. 7.
15 OLG Koblenz, FamRZ 2007, 645.

3. Erklärungsverlangen, Abs. 1 Satz 3

Die Vorschrift ermöglicht dem Gericht eine **Überprüfung** der persönlichen und wirtschaftlichen Verhältnisse **in regelmäßigen Abständen**.[16] Nur auf Verlangen des Gerichts hat sich die Partei zu erklären. Die Erklärung ist bei anwaltlicher Vertretung stets an den Prozessbevollmächtigten zu richten (Rn. 2). Der Erklärende muss sich des **Formulars** nach §§ 120a Abs. 4 Satz 1, 117 Abs. 3 ZPO bedienen. Erfolgt die Erklärung nicht oder in ungenügender Weise, soll das Gericht nach § 124 Abs. 1 Nr. 2 ZPO die Bewilligung aufheben.

5

4. Ausschlussfrist, Abs. 1 Satz 4

Eine Änderung der Bewilligung zum Nachteil der Partei kann nicht mehr erfolgen, wenn seit Rechtskraft oder sonstiger endgültiger Beendigung des Verfahrens **vier Jahre** verstrichen sind. Zu ihren Gunsten ist eine Änderung allerdings noch später möglich. Wurde das Änderungsverfahren rechtzeitig eingeleitet und von der Partei schuldhaft durch unvollständige oder verspätete Auskünfte verzögert, kann auch nach Fristablauf noch ein Änderungsbeschluss ergehen.[17] Bei einem Widerrufsvergleich beginnt der Fristlauf mit Ablauf der Widerrufsfrist.[18] Bei Scheidungsverbundverfahren beginnt die Frist erst nach Abschluss des letzten Verbundteils.[19]

6

II. Mitteilungspflicht bei wesentlichen Verbesserungen der Verhältnisse, Abs. 2

1. Wirtschaftliche Verhältnisse und Anschrift, Abs. 2 Satz 1

Unabhängig vom gerichtlichen Erklärungsverlangen nach Abs. 1 Satz 3 besteht eine **aktive Pflicht** der Partei, wesentliche Änderungen ihrer wirtschaftlichen Verhältnisse oder der Anschrift mitzuteilen. Es gelten die Grundsätze des Abs. 1 Satz 1, 2 (Rn. 3 f.). Eine wesentliche Verbesserung des Vermögens liegt insbesondere vor, wenn dieses erst nach der Bewilligung realisierbar wird, etwa wenn erst später ein Käufer für das Grundstück gefunden wird.[20] War der Vermögensgegenstand jedoch bei der Bewilligung zu Unrecht unberücksichtigt geblieben, kann eine Änderung nicht mehr erfolgen;[21] dementsprechend besteht keine Mitteilungspflicht. Eine Änderung der Anschrift ist nach dem Wortlaut von Abs. 2 Satz 1 stets (ungeachtet der Wesentlichkeit) mitzuteilen,[22] eine Aufhebung wegen des Unterlassens bedarf aber zusätzlicher Umstände (§ 124 Rn. 7).

7

2. Einkommensverbesserung, Abs. 2 Satz 2

Erhöht sich das Einkommen wesentlich, hat die Partei dies mitzuteilen und die Monatsraten sind nachträglich zu erhöhen. Eine Änderung des Einkommens ist nach Satz 2 jedoch stets **unwesentlich**, wenn es sich nur um eine Einmalzahlung handelt oder die dauerhafte Erhöhung 100,00 € oder weniger beträgt. Es gilt der Einkommensbegriff nach § 115 Abs. 1 Satz 2 ZPO (siehe dort Rn. 3).

8

3. Wegfall von Belastungen, Abs. 2 Satz 3

Die entsprechende Anwendung des Satz 2 auf alle abzugsfähigen Belastungen nach § 115 Abs. 1 Satz 3 Nr. 1–5 ZPO bedeutet, dass der einmalige **Wegfall einer Dauerbelastung** und eine Reduzierung der Dauerbelastung um 100,00 € oder weniger unbeachtlich sind.

9

4. Belehrung, Abs. 2 Satz 4

Über die in Abs. 2 Satz 1–3 genannten Mitteilungspflichten sowie die regelmäßige Aufhebung der Bewilligung nach § 124 Abs. 1 Nr. 4 ZPO ist die Partei zu belehren. **Unterbleibt die Belehrung**, kann sich die Partei im Falle einer unterlassenen Mitteilung auf § 233 Satz 2 ZPO berufen und die Mitteilung nachholen.

10

III. Durch Prozessführung erlangtes Etwas, Abs. 3

1. Begriff, Abs. 3 Satz 1

Als **Regelbeispiel** einer wesentlichen Verbesserung nennt Abs. 3 Satz 1 das durch die Rechtsverfolgung oder Rechtsverteidigung erlangte Etwas. Durch die Prozessführung erlangte Ver-

11

---

16 BT-Drucks. 17/11472, S. 33.
17 OLG Koblenz, MDR 2013, 488.
18 OLG Saarbrücken, NJW-Spezial 2014, 253.
19 OLG Naumburg, FamRZ 2011, 130.
20 OLG Brandenburg, FamRZ 2006, 1851.
21 OLG Köln, FamRZ 2007, 296.
22 A.A. Baumbach/Lauterbach/Albers/Hartmann, ZPO, § 120a Rn. 18 für kurzfristige Adressänderungen.

mögenswerte sollen grundsätzlich für die Prozessfinanzierung eingesetzt werden, soweit sie zum einzusetzenden Einkommen zählen (§ 115 Abs. 1 Satz 3 ZPO; dort Rn. 4 ff.) und nicht in das Schonvermögen nach § 115 Abs. 3 Satz 2 ZPO, § 90 SGB XII (siehe § 115 Rn. 27 ff.) fallen.[23] So ist Schmerzensgeld, das dem Verletzten persönlich zugutekommen soll, nicht für die Prozesskostenhilfe zu verwenden (§ 115 Rn. 40).[24]

2. Prüfungspflicht des Gerichts, Abs. 3 Satz 2

12 Das Gericht **soll** nach Abschluss des Verfahrens **prüfen**, ob die Partei durch die Prozessführung etwas erlangt hat. Geboten ist dies regelmäßig bei der Prozesskostenhilfe des obsiegenden Klägers. Auch der Beklagte kann jedoch im Einzelfall, etwa im Vergleichswege, etwas erlangen.[25]

3. Ausschluss, Abs. 3 Satz 3

13 Ausgeschlossen ist eine Änderung zum Nachteil der Partei, wenn sie bei rechtzeitiger Leistung keine Raten hätte zahlen müssen. Gedacht ist hier v. a. an **Unterhaltsleistungen**, die nur berücksichtigt werden, wenn die Partei sie auch bei rechtzeitiger Leistung für die Prozesskostenhilfe hätte einsetzen müssen.[26]

IV. Formularzwang und Verfahren, Abs. 4

14 Die Partei **muss** sich gemäß **Satz 1** nur für die Erklärung über wesentliche Änderungen der Verhältnisse auf Verlangen des Gerichts nach Abs. 1 Satz 3 des Formulars nach § 117 Abs. 3 ZPO bedienen. Die Vorschrift gilt insbesondere nicht für die Mitteilungen nach Abs. 2. Auch bei Verlangen nach Abs. 1 Satz 3 muss ausnahmsweise kein Formular verwendet werden, wenn sich aus den vorgelegten Unterlagen eindeutig die fortbestehende Bedürftigkeit ergibt.[27] Das Gericht kann aber verlangen, dass die Belege geordnet und nach Belegnummern sortiert vorgelegt werden.[28] Der Rechtspfleger prüft die Erklärung und entscheidet auf dieser Grundlage, ob Maßnahmen nach § 118 Abs. 2 ZPO (dort Rn. 4; Glaubhaftmachung, mündliche Erörterung) erforderlich sind **(Satz 2)**.

§ 121
Beiordnung eines Rechtsanwalts

(1) Ist eine Vertretung durch Anwälte vorgeschrieben, wird der Partei ein zur Vertretung bereiter Rechtsanwalt ihrer Wahl beigeordnet.

(2) Ist eine Vertretung durch Anwälte nicht vorgeschrieben, wird der Partei auf ihren Antrag ein zur Vertretung bereiter Rechtsanwalt ihrer Wahl beigeordnet, wenn die Vertretung durch einen Rechtsanwalt erforderlich erscheint oder der Gegner durch einen Rechtsanwalt vertreten ist.

(3) Ein nicht in dem Bezirk des Prozessgerichts niedergelassener Rechtsanwalt kann nur beigeordnet werden, wenn dadurch weitere Kosten nicht entstehen.

(4) Wenn besondere Umstände dies erfordern, kann der Partei auf ihren Antrag ein zur Vertretung bereiter Rechtsanwalt ihrer Wahl zur Wahrnehmung eines Termins zur Beweisaufnahme vor dem ersuchten Richter oder zur Vermittlung des Verkehrs mit dem Prozessbevollmächtigten beigeordnet werden.

(5) Findet die Partei keinen zur Vertretung bereiten Anwalt, ordnet der Vorsitzende ihr auf Antrag einen Rechtsanwalt bei.

Inhalt:

	Rn.		Rn.
A. Allgemeines	1	III. Auswärtiger Anwalt, Abs. 3	8
B. Erläuterungen	2	IV. Beweistermins- oder Verkehrsanwalt, Abs. 4	9
I. Beiordnung im Anwaltsprozess, Abs. 1	2	1. Beweisterminsanwalt	10
II. Beiordnung im Parteiprozess, Abs. 2	4	2. Verkehrsanwalt	11
1. Anwendungsbereich	5	V. Notanwalt, Abs. 5	13
2. Erforderlichkeit	6	**C. Rechtsfolge/Rechtsmittel**	14
3. Anwaltliche Vertretung des Gegners	7		

---

23 BT-Drucks. 17/11472, S. 34.
24 OLG Saarbrücken, MDR 2014, 925.
25 BT-Drucks. 17/11472, S. 34.
26 OLG Karlsruhe, FamRZ 2012, 385.
27 LAG Hamm v. 25.01.2016, 14 Ta 486/15, juris, Rn. 5.
28 LAG Kiel v. 19.02.2015, 5 Ta 25/15, juris, Rn. 11.

A. Allgemeines
In dem Beschluss über die Bewilligung (§§ 119, 120 ZPO) entscheidet das Gericht zugleich über die Beiordnung eines Rechtsanwalts. Während im Anwaltsprozess stets eine Beiordnung erfolgt, steht sie im Parteiprozess unter dem Vorbehalt der Notwendigkeit. Auswärtige Anwälte sollen grundsätzlich nicht beigeordnet werden (Abs. 3), Termins- und Verkehrs- (Abs. 4) sowie Notanwälte (Abs. 5) nur unter bestimmten Voraussetzungen. Es kann entweder ein Rechtsanwalt oder eine Sozietät, ungeachtet der Gesellschaftsform etwa einer GbR oder Partnerschaftsgesellschaft, beigeordnet werden.[1] Die Beiordnung eines weiteren Rechtsanwalts (auch als Unterbevollmächtigter) kommt nur unter den Voraussetzungen des Abs. 4 in Betracht.[2] Es dürfen nur durch die Rechtsanwaltskammer zugelassene deutsche oder nach EuRAG gleichgestellte europäische Anwälte[3] und nach § 209 BRAO aufgenommene natürliche Personen mit der Erlaubnis zur geschäftsmäßigen Rechtsbesorgung beigeordnet werden.[4]

1

B. Erläuterungen
I. Beiordnung im Anwaltsprozess, Abs. 1
Besteht gemäß § 78 ZPO **Anwaltszwang**, ist der Partei der von ihr benannte Anwalt beizuordnen, wenn dieser zur Übernahme des Mandats bereit ist. Zur Beiordnung nach Abs. 1 ist das Gericht von Amts wegen verpflichtet, eines Antrags bedarf es nicht.[5] Besteht jedoch erst für das **Rechtsmittelverfahren** Anwaltszwang, hat die Partei rechtzeitig vor Ablauf der Rechtsmittelfrist die Beiordnung eines Rechtsanwalts zu beantragen, um die Unzulässigkeit des Rechtsmittels zu vermeiden.[6] Hat die Partei keinen Rechtsanwalt benannt, hat das Gericht sie dazu aufzufordern.[7] Vor dem BGH ist ein dort zugelassener Anwalt beizuordnen, die Beiordnung des bereits in den Vorinstanzen vertretenden Anwalts kommt zusätzlich regelmäßig nicht in Betracht.[8] Wird einem Rechtsanwalt selbst oder als Partei kraft Amtes Prozesskostenhilfe bewilligt, kann er sich nicht selbst beigeordnet werden.[9] In diesem Fall hat zwingend die Beiordnung eines anderen Rechtsanwalts zu erfolgen, die Beiordnung steht nicht unter dem Vorbehalt der Erforderlichkeit.[10] Ein **auswärtiger Anwalt** kann nur unter den Voraussetzungen des Abs. 3 beigeordnet werden.

2

Die Partei kann die **Entpflichtung** des beigeordneten Rechtsanwalts verlangen, wenn ein wichtiger Grund nach § 48 Abs. 2 BRAO vorliegt, das Vertrauensverhältnis zwischen Anwalt und Mandat nachhaltig und tiefgehend gestört ist.[11] In diesem Fall kann die Beiordnung eines neuen Anwalts jedoch nur erfolgen, wenn dadurch keine höheren Kosten entstehen.[12] Um dies zu ermöglichen, kann der neue Anwalt gegenüber der Staatskasse einen Verzicht auf die Erstattung der Mehrkosten erklären.[13] Hat die Partei mutwillig das Vertrauensverhältnis zerstört, besteht kein Anspruch auf Beiordnung eines anderen Anwalts.[14]

3

II. Beiordnung im Parteiprozess, Abs. 2
Im Parteiprozess erfolgt die Beiordnung eines Anwalts nur auf **Antrag** und wenn die Vertretung durch einen Anwalt erforderlich ist oder die Gegenseite anwaltlich vertreten wird.

4

1. Anwendungsbereich
Abs. 2 ist auf den **Parteiprozess** beschränkt, findet also insbesondere in Verfahren vor den Gerichten der jeweils untersten Instanz (Amts-, Verwaltungs-, Arbeits-, Sozial-, Finanzgerichte) Anwendung. In **vereinfachten Verfahren** über den Unterhalt Minderjähriger besteht wegen des Formularzwangs und beschränkten Rechtsmittel eine generelle Vermutung für die Erforderlichkeit der Beiordnung.[15] In **Mahnverfahren** erfordern regelmäßig weder die Antragstel-

5

---
1 BGH, NJW 2009, 440f.
2 BVerwG, NJW 1994, 3243.
3 OVG Berlin-Brandenburg v. 09.01.2012, OVG 2 M 49.11, juris, Rn. 2.
4 BGH, NJW 2003, 2244f.
5 OLG Karlsruhe, MDR 2007, 1447.
6 OVG Münster v. 21.10.2008, 13 A 2646/08, juris, Rn. 3.
7 Thomas/Putzo-*Seiler*, ZPO, § 121 Rn. 2.
8 BGH, MDR 2017, 57.
9 OLG München, FamRZ 2009, 899.
10 BGH v. 26.10.2006, IX ZB 176/05, juris, Rn. 4; BGH, NJW 2002, 2179; BFH, Rpfleger 2005, 319; a.A. LAG Hamm v. 04.06.2007, 9 Sa 253/07, juris, Rn. 7.
11 BGH, NJW-RR 1992, 189; ähnlich OLG Köln, FamRZ 2010, 747.
12 OLG Koblenz, MDR 2015, 1077; OLG Nürnberg, MDR 2003, 712.
13 OLG Hamburg, FamRZ 2000, 1227.
14 BGH, NJW-RR 1992, 189.
15 OLG Brandenburg, NJW 2015, 2741.

lung noch der Widerspruch eine Beiordnung.[16] In **Zwangsvollstreckungssachen** ist bei der jeweiligen Maßnahme zu prüfen, ob eine Notwendigkeit für die Beiordnung eines Anwalts besteht.[17] Die Zwangsvollstreckung in körperliche Sachen gebietet regelmäßig keine Beiordnung,[18] häufig aber die Kontenpfändung.[19] Dabei können praktische oder rechtliche Schwierigkeiten der jeweiligen Maßnahme, wie sie bei der Pfändung wegen Unterhaltsansprüchen regelmäßig vorliegen, nach den Umständen des Falles eine Beiordnung gebieten.[20]

2. Erforderlichkeit

6 Liegt vor, wenn nach den jeweiligen Umständen des Einzelfalles einschließlich der Komplexität der Sache und den Fähigkeiten der Beteiligten eine solvente Partei in der Lage des Bedürftigen vernünftigerweise einen Rechtsanwalt mit der Wahrnehmung ihrer Interessen beauftragt hätte.[21] Ist das Verfahren prozessual und inhaltlich einfach gelagert und die Partei geschäftlich versiert ist, erfolgt keine Beiordnung.[22] Unbeachtlich ist bei der Entscheidung über die Erforderlichkeit der Beiordnung, ob bereits ein Rechtsanwalt für die Partei tätig ist, etwa als **Betreuer**.[23] Dementsprechend wird regelmäßig auch die Beiordnung eines Rechtsanwalts im **Insolvenzanfechtungsverfahren** geboten sein, obwohl der Insolvenzverwalter Volljurist ist.[24] Ohne Bedeutung ist dabei auch, ob im Verfahren der **Amtsermittlungsgrundsatz** gilt.[25]

3. Anwaltliche Vertretung des Gegners

7 Ist der Gegner anwaltlich vertreten, erfolgt die Beiordnung auf Antrag unabhängig von der Erforderlichkeit aus Gründen der **Waffengleichheit**.[26] In Verfahren, für die § 78 Abs. 2 FamFG gilt, ist demgegenüber stets die Erforderlichkeit zu prüfen. Eine anwaltliche Vertretung des Gegners fehlt, solange der Anwalt noch keinen Antrag in der Sache gestellt hat.[27] Auch wenn die Parteien mit der Prozessführung nur ein gemeinsames Interesse verfolgen, kann die Beiordnung unterbleiben.[28]

III. Auswärtiger Anwalt, Abs. 3

8 Absatz 3 schließt die Beiordnung eines **bezirksfremden Rechtsanwalts** nicht aus, wenn dadurch keine höheren Kosten entstehen. Beantragt ein auswärtiger Anwalt die Beiordnung, ist grundsätzlich davon auszugehen, dass er konkludent mit der beschränkten Beiordnung einverstanden ist.[29] Es sind die Reisekosten bei der Bestellung eines im Gerichtsbezirk weitest möglich entfernt niedergelassenen Anwalts mit denjenigen des auswärtigen Anwalts zu vergleichen.[30] Ist danach der auswärtige Anwalt günstiger, wird er unbeschränkt beigeordnet, andernfalls werden die **Kosten auf den bezirksansässigen Anwalt beschränkt**. Unterbleiben entsprechende Beschränkungen, sind dem auswärtigen Anwalt seine vollen Reisekosten zu erstatten.[31] Wäre neben der Beiordnung des bezirksansässigen Anwalts geboten, einen Termins- oder Verkehrsanwalt beizuordnen, sind auch dessen Kosten zu berücksichtigen.[32] Ist im Vergleich dazu der auswärtige Anwalt günstiger, ist er unbeschränkt beizuordnen, andernfalls ergeht ein Beschluss mit folgendem **Tenor**:

> Dem Antragsteller wird Rechtsanwalt ... zu den Bedingungen eines im Bezirk des ... niedergelassenen Rechtsanwalts zuzüglich eines Rechtsanwalts zur Vermittlung des Verkehrs mit dem Prozessbevollmächtigten beigeordnet.

---

16 OLG München, MDR 1999, 301.
17 BGH, FamRZ 2010, 288.
18 BGH, FamRZ 2003, 1921.
19 LG Zweibrücken, FamRZ 2009, 1613.
20 BGH, NJW-RR 2012, 1153f.
21 BVerfG, NJW-RR 2007, 1713f.; BGH, NJW-RR 2012, 1153.
22 OLG Brandenburg, FamRZ 1997, 1285; bei Verfahren auf Eintragung einer Zwangshypothek handelt es sich hingegen regelmäßig nicht um einfache Verfahren, OLG München v. 21.11.2016, 34 Wx 420/16, juris, Rn. 4.
23 Vgl. BGH, NJW 2007, 844 (846), Rn. 14.
24 BGH, NJW 2006, 1597.
25 BVerfG, FamRZ 2002, 531.
26 OLG Saarbrücken, MDR 2003, 1079.
27 OLG Köln, NJW-RR 1995, 386 (387).
28 OLG Köln, FamRZ 2003, 1397.
29 BGH, NJW 2006, 3783.
30 OLG München, FamRZ 2007, 489.
31 KG Berlin, MDR 2011, 327.
32 BGH, NJW 2004, 2749; OLG Brandenburg v. 07.03.2017, 13 WF 56/17, juris, Rn. 5; OLG Celle, NJW-RR 2012, 1093 (1094); OLG Bamberg, NJW-RR 2012, 200.

IV. Beweistermins- oder Verkehrsanwalt, Abs. 4

Auf Antrag der Partei kann ihr für einen Beweisaufnahmetermin oder für die Vermittlung des Verkehrs mit dem Prozessbevollmächtigten neben dem Anwalt nach Abs. 1 oder 2 ein **weiterer vertretungsbereiter Anwalt** beigeordnet werden, wenn besondere Umstände dies erfordern. Es gilt ein strengerer Maßstab als bei Abs. 2. Die Beiordnung eines Beweistermins- oder eines Verkehrsanwalts beschränkt sich jeweils auf die konkrete Aufgabe. Die Beiordnung eines Verkehrsanwalts deckt also nicht die Teilnahme an einem Beweisaufnahmetermin.[33]

9

1. Beweisterminsanwalt

Er kann beigeordnet werden, wenn in einem auswärtigen Beweisaufnahmetermin eine anwaltliche Vertretung aufgrund der **Schwierigkeit der Sache** geboten ist und die Wahrnehmung des Termins durch den beigeordneten Anwalt aufgrund der Entfernung **nicht zumutbar** ist.[34] Die Beiordnung eines Terminsanwalts hat auf Antrag zu erfolgen, wenn sie nur geringfügig höhere Kosten verursacht als die Anreise des beigeordneten Prozessbevollmächtigten.[35] Ist der Sachverhalt jedoch **weitgehend unstreitig** und keine schwierige Beweisaufnahme zu erwarten, liegen keine besonderen Umstände vor.[36]

10

2. Verkehrsanwalt

Ein Verkehrsanwalt ist auf Antrag beizuordnen, wenn auch eine vermögende Partei in der Situation der bedürftigen ein persönliches Beratungsgespräch **in dem konkreten Verfahren** für notwendig erachtet hätte und ein Treffen mit dem Prozessbevollmächtigten vernünftigerweise nicht unternommen hätte.[37] **Kriterien** sind die Schwierigkeiten des Falles, die Fähigkeiten und Kenntnisse der Partei im Hinblick auf die Führung des Rechtsstreits, die Zumutbarkeit der Nutzung von Fernkommunikationsmitteln und die Kosten der Reise im Vergleich zu den Kosten des Verkehrsanwalts.[38] Ein persönliches Beratungsgespräch ist bereits bei einem einfach gelagerten Scheidungsverbundverfahren erforderlich.[39] Wohnen der Prozessbevollmächtigte und die Partei in geringer Entfernung zueinander, ist die Beiordnung eines Verkehrsanwalts ausgeschlossen.[40] Auch bei geringeren Entfernungen kann aber die Beiordnung eines Verkehrsanwalts geboten sein, wenn der Partei die Reise aus persönlichen Gründen, etwa einer Erkrankung, nicht zumutbar ist.[41] Der **Beschluss-Tenor** lautet:

11

Dem Antragsteller wird im Rahmen der mit Beschluss vom ... bewilligten Prozesskostenhilfe Rechtsanwalt ... zur Wahrnehmung des Beweisaufnahmetermins vom ... beigeordnet.

Liegen die Voraussetzungen für die Beiordnung eines Verkehrsanwalts **nicht vor**, sind stattdessen die Kosten der **Reise der Partei** zum Beigeordneten nach Abs. 1, 2 von der Prozesskostenhilfe umfasst, wenn die Bedeutung des Falles dies ausnahmsweise rechtfertigt.[42]

12

V. Notanwalt, Abs. 5

Der Vorsitzende ordnet auf Antrag einen Anwalt bei, wenn die Partei keinen vertretungsbereiten Anwalt findet. Die Partei muss **ernsthafte Bemühungen nachweisen**, einen freiwillig zur Übernahme des Mandats bereiten Anwalt zu finden, indem sie eine gewisse Anzahl erfolgloser Mandatierungsversuche nachweist.[43] Die Auswahl des Anwalts liegt im Ermessen des Vorsitzenden. Er hat insbesondere eine erforderliche Spezialisierung und Erfahrung sowie den Wunsch der Partei zu berücksichtigen.[44]

13

C. Rechtsfolge/Rechtsmittel

Der beigeordnete **Wahl- und Notanwalt** ist gemäß § 48 Abs. 1 Nr. 1 BRAO auch ohne seine Einwilligung zum Abschluss eines Mandatsvertrages **verpflichtet**. Er kann nach § 48 Abs. 2 BRAO aus wichtigem Grund die Entpflichtung verlangen, insbesondere wenn das Vertrauens-

14

---

33 Zöller-*Geimer*, ZPO, § 121 Rn. 20.
34 Thomas/Putzo-*Seiler*, ZPO, § 122 Rn. 9.
35 BGH, NJW 2004, 2749.
36 OLG Köln, FamRZ 1991, 349.
37 OLG Köln, FamRZ 2008, 525.
38 OLG Köln, MDR 2005, 1130.
39 OLG Bamberg, NJW-RR 2012, 200.
40 OLG Stuttgart, FamRZ 2005, 2007.
41 LSG Darmstadt v. 24.03.2011, L 1 KR 74/11 B, juris, Rn. 7 f.; OLG Hamm, FamRZ 2000, 1227.
42 OLG Celle v. 04.08.1987, 5 W 37/87, juris, Rn. 1.
43 KG Berlin, OLGZ 1977, 245.
44 Baumbach/Lauterbach/Albers/Hartmann, ZPO, § 120 Rn. 76.

verhältnis nachhaltig und tief greifend gestört ist.[45] Die Beiordnung begründet Fürsorge-, Belehrungs- und Betreuungspflichten des Anwalts.[46]

15 Wird die Beiordnung abgelehnt, kann der Antragsteller **sofortige Beschwerde** nach § 127 Abs. 2 Satz 2 ZPO einlegen, selbst wenn die Entscheidung in der Sache unanfechtbar ist.[47] Auch der beigeordnete Rechtsanwalt kann gegen die Beiordnung selbst[48] oder eine Beschränkung nach Abs. 3[49] sofortige Beschwerde erheben.

§ 122
Wirkung der Prozesskostenhilfe

(1) Die Bewilligung der Prozesskostenhilfe bewirkt, dass
1. die Bundes- oder Landeskasse
   a) die rückständigen und die entstehenden Gerichtskosten und Gerichtsvollzieherkosten,
   b) die auf sie übergegangenen Ansprüche der beigeordneten Rechtsanwälte gegen die Partei nur nach den Bestimmungen, die das Gericht trifft, gegen die Partei geltend machen kann,
2. die Partei von der Verpflichtung zur Sicherheitsleistung für die Prozesskosten befreit ist,
3. die beigeordneten Rechtsanwälte Ansprüche auf Vergütung gegen die Partei nicht geltend machen können.

(2) Ist dem Kläger, dem Berufungskläger oder dem Revisionskläger Prozesskostenhilfe bewilligt und ist nicht bestimmt worden, dass Zahlungen an die Bundes- oder Landeskasse zu leisten sind, so hat dies für den Gegner die einstweilige Befreiung von den in Absatz 1 Nr. 1 Buchstabe a bezeichneten Kosten zur Folge.

Inhalt:

	Rn.		Rn.
A. Allgemeines	1	2. Übergegangene Ansprüche, Abs. 1 Nr. 1 Buchst. b	6
B. Erläuterungen	2	3. Sicherheitsleistung, Abs. 1 Nr. 2	7
I. Wirkung der Prozesshilfe für die Partei, Abs. 1	2	4. Rechtsanwaltsvergütung, Abs. 1 Nr. 3	8
1. Gerichts- und Gerichtsvollzieherkosten, Abs. 1 Nr. 1 Buchst. a	3	II. Wirkung der Prozesshilfe für den Prozessgegner, Abs. 2	9

A. Allgemeines

1 Entgegen der Bezeichnung des § 122 ZPO sind die gesetzlichen Folgen der Bewilligung von Prozesskostenhilfe dort **nicht abschließend** geregelt, die Vorschrift enthält jedoch wesentliche, von Gesetzes wegen eintretende Wirkungen, die keiner besonderen Entscheidung des Gerichtes bedürfen. Weitere Wirkungen, die zum Teil entsprechende Anordnungen voraussetzen, sind etwa in den §§ 119, 120, 120a, 123, 125, 126 ZPO geregelt. Während Abs. 1 Wirkungen für die Partei, also den Antragsteller der Prozesskostenhilfe beschreibt, enthält Abs. 2 Wirkungen auf Seiten des Prozessgegners.

B. Erläuterungen
I. Wirkung der Prozesshilfe für die Partei, Abs. 1

2 Die Wirkung der Prozesskostenhilfe nach Abs. 1 ist auf die antragstellende Partei beschränkt, weitere Verfahrensbeteiligte wie **Streithelfer**[1] oder **Streitgenossen**[1] sowie **Rechtsnachfolger** einschließlich Erben[2] profitieren nicht davon.

---

45 BVerwG, NJW 2011, 1894; BGH v. 15.09.2010, IV ZR 240/08, juris, Rn. 1.
46 BGH, NJW 1959, 1732.
47 BGH, NJW 2011, 2434.
48 OLG Zweibrücken, NJW 1988, 570.
49 OLG Stuttgart, FamRZ 2007, 1111.

Zu § 122:
1 MK-*Wache*, ZPO, § 122 Rn. 3.
2 OLG Koblenz, AnwBl. 1997, 237.

1. Gerichts- und Gerichtsvollzieherkosten, Abs. 1 Nr. 1 Buchst. a

Das Gericht trifft nach den §§ 119–120a ZPO Anordnungen über die von der Partei aufzubringenden Ratenzahlungen und Leistungen aus dem Vermögen. Darüber hinaus ist die Inanspruchnahme der Partei durch die Bundes- oder Landeskasse wegen der Gerichts- und Gerichtsvollzieherkosten **gesetzlich ausgeschlossen**. Das gilt sogar, wenn sich die Partei in einem gerichtlichen **Vergleich** zur Kostenübernahme verpflichtet hat und gemäß § 29 Nr. 2 GKG Übernahmeschuldner ist.[3] Davon unberührt bleibt jedoch die Verpflichtung nach § 123 ZPO, die dem Gegner entstandenen und durch Vergleich der Partei auferlegten Kosten zu erstatten, auch wenn es sich um vom **Gegner verauslagte Gerichtskosten** handelt.[4] Die Befreiung gilt für die rückständigen Zahlungen, d. h. die im Zeitraum der Wirkung der Prozesskostenhilfe fälligen, aber noch nicht bezahlen Forderungen.[5] Zu den entstehenden Kosten zählen die nach Bewilligung gemäß § 119 ZPO fällig werdenden Kosten des jeweiligen Rechtszugs.[6] 3

Abs. 1 Nr. 1 Buchst. a schließt nicht nur die Pflicht zur Leistung von Gerichts- und Gerichtsvollzieherkosten durch die Partei aus, sondern führt auch zu einer **Rückzahlungspflicht** von entsprechenden Kosten, die innerhalb des Zeitraums gezahlt wurden, in dem die Prozesskostenhilfe zurückwirkt. Wird zugleich mit der Antragstellung der Vorschuss eingezahlt und wirkt die Bewilligung mangels Bestimmung eines Rückwirkungszeitpunkts auf die Antragstellung zurück, ist der Vorschuss zurückzuzahlen.[7] Erfolgte die Zahlung jedoch vor Antragstellung, kann mangels Rückständigkeit keine Rückzahlung erfolgen.[8] Diese Rückzahlungspflicht besteht entsprechend für die gezahlten Gerichtsvollzieherkosten, und zwar ungeachtet der Kenntnis des Gerichtsvollziehers von der Bewilligung.[9] 4

Inanspruchnahmeverbot und Rückzahlungspflicht beschränken sich auf die geleisteten Gerichts- und Gerichtsvollzieherkosten. **Außergerichtliche Kosten** der Partei sind selbst dann nicht erfasst, wenn sie auf Anregung des Gerichts entstanden sind.[10] Zu den Gerichtskosten zählen auch die im Verfahren entstandenen notwendigen **Auslagen**, etwa für Dolmetscher oder Sachverständige, nicht jedoch der Vorschuss für eine freiwillig vereinbarte höhere Sachverständigenvergütung.[11] Durch die Wahrnehmung von Gerichtsterminen oder Beratungsterminen mit dem Prozessbevollmächtigten (vgl. § 121 Rn. 9 ff.) entstehende Reisekosten werden von der Staatskasse getragen, wenn sie zur Prozessführung notwendig sind.[12] Kann die Partei die Kosten für eine notwendige Reise zum Termin nicht aufbringen, kann das Gericht die Fahrkarte bezahlen oder einen Kostenvorschuss leisten.[13] Finanziert die Partei die Reisekosten zunächst selbst, sind ihr die notwendigen Kosten zu erstatten, wenn sie dies alsbald verlangt.[14] Auch die Übernachtungskosten in einem einfachen Hotel sind zu erstatten,[15] nicht hingegen der Verdienstausfall im Rahmen der Wahrnehmung eines Gerichtstermins.[16] 5

2. Übergegangene Ansprüche, Abs. 1 Nr. 1 Buchst. b

Die Staatskasse kann Ansprüche, die gemäß § 59 Abs. 1 Satz 1 RVG durch Befriedigung des beigeordneten Rechtsanwalts (§ 121 ZPO) auf sie **übergegangen** sind, nur im Rahmen der Bewilligungsanordnungen nach den §§ 119, 120 ZPO gegen den Antragsteller geltend machen. Der übergegangene Anspruch besteht nur in der Höhe und Beschaffenheit, die er zum Zeitpunkt des Übergangs hatte.[17] Auch eine Aufrechnung mit entsprechenden Ansprüchen ist – außer nach Anordnungen gemäß den §§ 120a, 124 ZPO – ausgeschlossen.[18] Andere Betei- 6

---

3 BGH, NJW 2004, 366; OLG Naumburg, NJW-RR 2015, 1210; VGH Kassel, NVwZ-RR 2015, 918; OLG Frankfurt a.M. v. 27.10.2014, 18 W 181/14, juris, Rn. 5 ff., unter Aufgabe der bisherigen Rechtsprechung; KG Berlin, NJW-RR 2012, 1021; OLG Stuttgart, NJW-RR 2011, 1437.
4 BGH, NJW 2004, 366; OLG Zweibrücken, Rpfleger 2002, 33.
5 OLG Düsseldorf, JurBüro 1990, 381.
6 Vgl. Zöller-*Geimer*, ZPO, § 122 Rn. 3.
7 OLG Karlsruhe, FamRZ 2007, 1028; OLG Koblenz, MDR 2005, 349; OLG Stuttgart, JurBüro 2003, 264.
8 OLG Hamburg, MDR 1999, 1287; OLG Düsseldorf, JurBüro 1990, 381.
9 KG Berlin, MDR 1981, 852.
10 OLG Dresden, NJW-RR 2007, 80 für die Kosten eines Mediationsverfahrens.
11 OLG Koblenz v. 14.7.2003, 8 W 445/03, juris, Rn. 3 ff.
12 BVerwG v. 19.02.1997, 3 PKH 1/97, juris, Rn. 5; BGH, NJW 1975, 1124; OLG Brandenburg, FamRZ 2006, 134.
13 OLG München, MDR 1997, 194.
14 OLG Brandenburg, FamRZ 2012, 1235; ähnlich LAG Düsseldorf, MDR 2005, 1378.
15 OLG Koblenz v. 08.01.1988, 14 W 878/87, juris, Rn. 2 ff.
16 OLG Frankfurt a.M., MDR 1984, 500.
17 OLG Düsseldorf, Rpfleger 2011, 446.
18 KG Berlin, Rpfleger 2006, 662.

ligte wie den Streitgenossen kann die Staatskasse hingegen in Anspruch nehmen, soweit er zur Zahlung verpflichtet ist.[19]

3. Sicherheitsleistung, Abs. 1 Nr. 2

7 Der Antragsteller wird durch die Bewilligung von der **Verpflichtung zur Sicherheitsleistung** nach den §§ 110 ff. ZPO befreit. Die Sicherheitsleistung kann auch nicht nachträglich angeordnet werden, wenn die Bewilligung der Prozesskostenhilfe unrechtmäßig erfolgte und nach § 124 ZPO aufgehoben wird.[20] Hat das Gericht die Sicherheitsleistung durch Zwischenurteil angeordnet, führt die spätere Bewilligung von Prozesskostenhilfe dennoch zur Befreiung von der Sicherheitsleistung.[21]

4. Rechtsanwaltsvergütung, Abs. 1 Nr. 3

8 Die nach § 121 ZPO beigeordneten Anwälte können ihre Honorar- und Auslagenerstattungsansprüche (§ 1 Abs. 1 RVG) nicht gegen die Partei geltend machen. Erfasst werden alle nach der Beiordnung entstehenden **RVG-Gebühren**, selbst wenn sie bereits vor der Beiordnung erfüllt wurden[22] oder der Anspruch des Anwalts gegen die Staatskasse verjährt ist.[23] Ein vor der Beiordnung beauftragter Rechtsanwalt kann auch die Differenz zwischen der vollen und der nach § 49 RVG begrenzten Vergütung nicht geltend machen.[24] Ausgenommen ist lediglich die **Umsatzsteuer**, wenn die Partei zum Vorsteuerabzug berechtigt ist.[25] Der Anspruch des Rechtsanwalts wird dadurch nur in der Durchsetzung gehemmt, sodass auch die Partei Kostenfestsetzung verlangen kann.[26] Die Hemmung beschränkt sich auf den jeweils beigeordneten Rechtsanwalt, die vom Antragsteller stattdessen beauftragte **Sozietät** kann weiterhin Vergütungsansprüche geltend machen.[27] Die Hemmung endet mit der Aufhebung der Bewilligung gemäß § 124 ZPO, nicht jedoch mit einer Änderung der Bewilligung nach § 120a ZPO.[28]

II. Wirkung der Prozesshilfe für den Prozessgegner, Abs. 2

9 Die Vorschrift regelt die **Folgen der Bewilligung** für den Gegner des Antragstellers nicht abschließend, ergänzend gelten die §§ 123, 125 f. ZPO. Gemäß § 31 Abs. 3 GKG, § 26 Abs. 3 FamGKG kann der Beklagte – anders als nach Abs. 2[29] – auch dann nicht wegen der Gerichtskosten in Anspruch genommen werden, wenn dem Kläger Prozesskostenhilfe mit Ratenzahlung oder Vermögensbeiträgen gewährt worden ist.

10 Abs. 2 schließt die Inanspruchnahme des **Beklagten**, der zugleich Gegner der raten- und beitragsfreie Prozesskostenhilfe erhaltenden Partei ist, wegen der Gerichts- und Zwangsvollstreckungskosten aus. Damit entfällt die **Pflicht zur Vorschussleistung** jeder Art, etwa für die Zeugen- und Sachverständigenladung (§§ 402, 379 ZPO),[30] die Vornahme sonstiger gerichtlicher Handlungen auf Antrag des Beklagten (§ 17 Abs. 1 GKG; etwa Augenscheinstermine) oder der Herstellung und Überlassung von Dokumenten auf Antrag sowie die Versendung von Akten (§ 17 Abs. 2 GKG). Soweit jedoch der Beklagte, etwa durch Erhebung einer **Widerklage** oder eines Anschlussrechtsmittels, selbst zum „Angreifer" wird, entfällt die Wirkung des Abs. 2 für ihn. Auch in einem **Verbundverfahren** kommt eine Inanspruchnahme des „sich verteidigenden" Beteiligten infrage, soweit er selbstständige Anträge verfolgt.[31] Sind die entsprechenden Teile nicht zu trennen, entfällt die Leistungspflicht insgesamt.[32]

11 Abs. 2 befreit den Beklagten **nur vorläufig von der Leistungspflicht**. Nach Abschluss des Verfahrens ist er hingegen einstandspflichtig, selbst wenn sich der Kläger vergleichsweise zur Übernahme der Kosten verpflichtet hat.[33]

---

19 OLG Celle, MDR 2013, 495.
20 OLG Karlsruhe v. 9.10. 2013, 7 U 55/13, juris, Rn. 5.
21 OLG Brandenburg, NJW-RR 2003, 209.
22 BGH, FamRZ 2008, 982.
23 OLG Köln, NJW-RR 1995, 634.
24 KG Berlin, MDR 1984, 410.
25 BGH, NJW-RR 2007, 285.
26 BGH, NJW 2009, 2962.
27 BGH, NJW 2011, 229.
28 OLG Stuttgart, FamRZ 2004, 1802.
29 OLG Dresden, MDR 2001, 1073; OLG München, MDR 2001, 55.
30 OLG Hamm, MDR 1999, 502.
31 OLG Karlsruhe, NJW-RR 2012, 1478.
32 KG Berlin, KGR 2007, 81.
33 OLG Koblenz, FamRZ 2014, 1798.

§ 123
Kostenerstattung

Die Bewilligung der Prozesskostenhilfe hat auf die Verpflichtung, die dem Gegner entstandenen Kosten zu erstatten, keinen Einfluss.

Durch die Bewilligung von Prozesskostenhilfe entfällt für den Antragsteller nicht jedes **Kostenrisiko**. Die Kosten des Gegners hat er bei Unterliegen weiterhin zu erstatten. Das gilt auch, wenn beide Parteien Prozesskostenhilfe erhalten.[1] 1

Zu erstatten sind die dem Gegner entstandenen **Anwaltskosten** sowie notwendige Auslagen für Kommunikation, Reisen oder Übernachtungen. Grundsätzlich sind alle gesetzlichen Gebühren und Auslagen des Anwalts (§ 91 Abs. 2 ZPO) zu erstatten. Abzuziehen sind jedoch die **Leistungen der Staatskasse an den Anwalt**, die nach § 59 RVG zum Anspruchsübergang führen, vgl. § 122 Rn. 6.[2] Die Staatskasse kann dabei die auf sie übergegangenen Ansprüche nicht oder nur i.R.d. Anordnungen nach § 120 ZPO geltend machen, wenn auch die andere Partei Prozesskostenhilfe erhält.[3] 2

Nicht zu erstatten sind im Falle des Unterliegens des Antragstellers durch gerichtliche Entscheidung die vom Gegner veranlagten Gerichtskosten, und zwar ungeachtet der jeweiligen Parteirollen.[4] Hat der Antragsteller sich durch **Vergleich** zur Übernahme eines Teils der Gerichtskosten verpflichtet, kann der Gegner zur Vermeidung von Manipulationen zulasten der Staatskasse insoweit Kostenerstattung verlangen.[5] Lediglich wenn der Vergleich und sein Inhalt vom Gericht vorgeschlagen wurde und das Gericht die Übereinstimmung der Kostenentscheidung mit der gesetzlichen Kostenfolge (§§ 91 ff. ZPO) feststellt, sind die Gerichtskosten nicht zu erstatten (§ 31 Abs. 4 GKG, § 26 Abs. 4 FamGKG). Wurde dem Beklagten nur teilweise Prozesskostenhilfe gewährt, weil i.Ü. die Erfolgsaussicht fehlt, hat er im Umfang der Ablehnung Gerichtskosten zu erstatten.[6] 3

§ 124
Aufhebung der Bewilligung

(1) Das Gericht soll die Bewilligung der Prozesskostenhilfe aufheben, wenn

1. die Partei durch unrichtige Darstellung des Streitverhältnisses die für die Bewilligung der Prozesskostenhilfe maßgebenden Voraussetzungen vorgetäuscht hat;
2. die Partei absichtlich oder aus grober Nachlässigkeit unrichtige Angaben über die persönlichen oder wirtschaftlichen Verhältnisse gemacht oder eine Erklärung nach § 120a Absatz 1 Satz 3 nicht oder ungenügend abgegeben hat;
3. die persönlichen oder wirtschaftlichen Voraussetzungen für die Prozesskostenhilfe nicht vorgelegen haben; in diesem Fall ist die Aufhebung ausgeschlossen, wenn seit der rechtskräftigen Entscheidung oder sonstigen Beendigung des Verfahrens vier Jahre vergangen sind;
4. die Partei entgegen § 120a Absatz 2 Satz 1 bis 3 dem Gericht wesentliche Verbesserungen ihrer Einkommens- und Vermögensverhältnisse oder Änderungen ihrer Anschrift absichtlich oder aus grober Nachlässigkeit unrichtig oder nicht unverzüglich mitgeteilt hat;
5. die Partei länger als drei Monate mit der Zahlung einer Monatsrate oder mit der Zahlung eines sonstigen Betrages im Rückstand ist.

(2) Das Gericht kann die Bewilligung der Prozesskostenhilfe aufheben, soweit die von der Partei beantragte Beweiserhebung auf Grund von Umständen, die im Zeitpunkt der Bewilligung der Prozesskostenhilfe noch nicht berücksichtigt werden konnten, keine hinreichende Aussicht auf Erfolg bietet oder der Beweisantritt mutwillig erscheint.

---

1 BGH, NJW-RR 1998, 70.
2 OLG Bamberg, JurBüro 1988, 1194.
3 OLG München, FamRZ 2014, 1880.
4 BVerfG, NJW 1999, 3186.
5 BVerfG, NJW 2000, 3271; BGH, NJW 2004, 366.
6 OLG Naumburg, NJW-RR 2015, 1210; OLG Düsseldorf, JurBüro 2000, 425.

Inhalt:

	Rn.		Rn.
A. Erläuterungen	1	4. Fehlen der Bedürftigkeit, Abs. 1 Nr. 3	8
I. Verfahren	2	5. Verzug mit Ratenzahlung oder Vermögensbeiträgen, Abs. 1 Nr. 5	9
II. Aufhebungsgründe	4		
1. Unrichtige Darstellung des Streitverhältnisses, Abs. 1 Nr. 1	5	6. Fehlende Erfolgsaussicht oder Mutwilligkeit der Beweiserhebung, Abs. 2	10
2. Unrichtige Angaben zur Bedürftigkeit, Abs. 1 Nr. 2 Alt. 1	6		
3. Verstoß gegen Mitteilungspflichten, Abs. 1 Nr. 2 Alt. 2, Nr. 4	7	**B. Rechtsfolge/Rechtsmittel**	11

A. Erläuterungen

1 § 124 ZPO regelt **abschließend** die Gründe zur Aufhebung der Bewilligung von Prozesskostenhilfe, aus denen das Vertrauen des Bedürftigen nicht schutzwürdig ist (Abs. 1 Nr. 1, 2), das Interesse an der Richtigkeit der Entscheidung überwiegt (Abs. 1 Nr. 3, Abs. 2) oder die Partei ihren Pflichten im Prozesskostenhilfe-Verfahren nicht nachkommt (Abs. 1 Nr. 4, 5).[1]

I. Verfahren

2 **Zuständig** ist wie allgemein das Gericht des jeweiligen Rechtszugs, § 127 Abs. 1 Satz 2 ZPO. Funktionell ist gemäß § 20 Abs. 1 Nr. 4 Buchst. c RPflG für die Aufhebungsgründe nach Abs. 1 Nr. 2–5 der Rechtspfleger zuständig, i. Ü. der Einzelrichter oder das Kollegium.

3 Das Verfahren wird **von Amts wegen** geführt. Das Gericht entscheidet über die Aufhebung nach gebundenem (Abs. 1) bzw. freiem (Abs. 2) Ermessen. Allen von der Entscheidung in ihren Rechten Betroffenen ist **rechtliches Gehör** zu gewähren, insbesondere dem Bedürftigen selbst, seinem Rechtsanwalt bei Wegfall von Vergütungsansprüchen sowie dem Gegner wegen seiner Vergünstigungen (§ 122 Abs. 2 ZPO; vgl. dort Rn. 9 ff.). Der Beschluss ist als beschwerdefähige Entscheidung zu **begründen**, ergeht kostenfrei und ist zuzustellen. Auch nach Beendigung des Streitverfahrens hat die Zustellung von Aufhebungsbeschlüssen an den Prozessbevollmächtigten (§ 172 ZPO) zu erfolgen.[2] Eine Aufhebung erst im Beschwerdeverfahren verstößt gegen den Grundsatz der *reformatio in peius*.[3] Der **Tenor** einer Aufhebungsentscheidung lautet:

> *Die Bewilligung von Prozesskostenhilfe zu Gunsten ... [Begünstigter] für ... [Rechtszug] einschließlich der Beiordnung von ... [Rechtsanwalt] durch Beschluss des ... [Gericht, Spruchkörper] vom ... wird aufgehoben.*

II. Aufhebungsgründe

4 Liegt ein Aufhebungsgrund nach Abs. 1, 2 vor, hat grundsätzlich die Aufhebung der Bewilligung zu erfolgen, wenn nicht ein **atypischer Einzelfall** vorliegt.[4] Bei der Ermessensentscheidung über das Vorliegen eines Ausnahmefalles sind die Schwere des Verstoßes und des Verschuldens, die Auswirkungen der Aufhebung für die Partei, ein schutzwürdiges Vertrauen in den Fortbestand der Bewilligung oder der Umfang der Kostendeckung der Zahlungen des Antragstellers zu berücksichtigen. Wegen des Sozialleistungscharakters der Prozesskostenhilfe dürfen aber **keine überzogenen Anforderungen** gestellt werden.[5] Die Aufhebungsgründe können grundsätzlich nicht bereits bei der Bewilligungsentscheidung nach den §§ 119 f. ZPO zur Begründung der Ablehnung herangezogen werden, weil dort abschließende Vorschriften bestehen.[6]

1. Unrichtige Darstellung des Streitverhältnisses, Abs. 1 Nr. 1

5 Der Aufhebungsgrund setzt ein **(bewusstes) Vortäuschen relevanter Umstände** durch den Antragsteller voraus, um das Gericht zu einer für ihn günstigen Entscheidung zu veranlassen. Es genügt bedingter Vorsatz in der Form, dass der Antragsteller mit der Ablehnung oder Änderung der Bewilligung im Falle richtiger Angaben rechnet.[7] Aufgrund des **Sanktionscharakters** der Vorschrift ist nicht erforderlich, dass die Bewilligung objektiv auf der unrichtigen Darstel-

---

1 MK-*Wache*, ZPO, § 124 Rn. 2.
2 BGH, MDR 2011, 1314; BGH v. 08.12.2010, XII ZB 39/09, juris, Rn. 17 ff.
3 OLG Bremen, FamRZ 2009, 366.
4 BT-Drucks. 17/11472, S. 34.
5 LAG Stuttgart, JurBüro 2015, 486.
6 BGH, NJW-RR 2015, 1338.
7 OLG Stuttgart, FamRZ 2016, 395 (396); OLG Hamm v. 20.11.2015, 2 WF 173/15, juris, Rn. 22.

lung beruht, sofern die Angaben generell geeignet sind, auf die Entscheidung einzuwirken.[8] Unrichtige Darstellungen können durch Tun oder Unterlassen erfolgen, z.B. durch **Unterlassen** der – auch in höheren Rechtszügen – gebotenen Berichtigung früheren Vortrags.[9] Unrichtige Darstellungen können sich ebenfalls auf die Beweismittel beziehen, die zur Täuschung des Gerichts über die Erfolgsaussicht der Rechtsverfolgung angeboten werden.[10] Der **bloße Verdacht** falscher Angaben reicht nicht aus. Die Unrichtigkeit muss vielmehr positiv feststehen, Zweifel wirken zugunsten des Antragstellers.[11]

2. Unrichtige Angaben zur Bedürftigkeit, Abs. 1 Nr. 2 Alt. 1

Die Aufhebung soll auch erfolgen, wenn die Partei absichtlich oder grob nachlässig falsche Angaben zu den für die Bewilligung relevanten Einkommens- und Vermögensverhältnissen nach den §§ 115, 116 ZPO gemacht hat. Ist aufgrund der Falschangaben die Bedürftigkeit nicht mehr sicher feststellbar, ist die Bewilligung vollständig aufzuheben.[12] **Grob nachlässig** handelt, wer die gebotene Sorgfalt in ungewöhnlich grobem Maße verletzt und dabei unbeachtet lässt, was jeder Partei hätte einleuchten müssen.[13] So liegt es, wenn ein werthaltiges Sparbuch nicht angegeben wird, weil Verbindlichkeiten bestünden, die den Wert des Sparbuchs übersteigen würden.[14] Ein **Verschulden des Prozessbevollmächtigten** muss sich die Partei gemäß § 85 Abs. 2 ZPO zurechnen lassen.[15] Es kommt nicht auf die Kausalität zwischen unrichtiger Angabe und Bewilligungsentscheidung an, sofern die Angaben generell geeignet sind, auf die Entscheidung einzuwirken.[16] Daran fehlt es etwa, wenn die unrichtigen Angaben nach der Bewilligung gemacht werden.[17]

6

3. Verstoß gegen Mitteilungspflichten, Abs. 1 Nr. 2 Alt. 2, Nr. 4

Die Verletzung von Mitteilungspflichten durch die Partei soll zum einen zur **Aufhebung** führen, wenn die Partei auf Nachfragen des Gerichts gemäß § 120a Abs. 1 Satz 3, Abs. 4 ZPO nicht oder nur **ungenügend antwortet** oder die Angaben in der Erklärung nicht glaubhaft macht.[18] Zum anderen ist die **Unterlassung einer Mitteilung** über wesentliche Verbesserungen der wirtschaftlichen Verhältnisse nach § 120a Abs. 2 Satz 1–3 ZPO ein Aufhebungsgrund. Für beide Aufhebungsgründe gelten gleiche **Maßstäbe**: Die Verletzung der Mitteilungspflichten ist nur grob nachlässig, wenn die Partei über das reine Unterlassen von Angaben in einer Formularerklärung hinaus auf Nachfragen des Gerichts **beharrlich** nicht reagiert.[19] Auch eine nicht fristgerechte Mitteilung kann zur Aufhebung der Bewilligung insgesamt führen.[20] Die unterlassene Mitteilung der geänderten Anschrift als solche begründet keine grobe Nachlässigkeit. Es bedarf zusätzlicher Feststellungen, dass nicht nur ein einfaches Versehen vorliegt.[21] Es genügt für die Aufhebung, dass die Aufforderung des Gerichts dem Prozessbevollmächtigten zugestellt wird und die Partei daraufhin die Erklärung nicht abgibt.[22] Hat die Partei 48 Monatsraten geleistet (§ 115 Abs. 2 Satz 4 ZPO), sind keine Angaben über die Einkommenssituation mehr zu machen.[23] Die Abgabe der Erklärung kann noch im **Beschwerdeverfahren nachgeholt** werden; liegen danach die Bewilligungsvoraussetzungen vor, hat die Aufhebung keinen Bestand.[24]

7

---

[8] OLG Hamm, FamRZ 2016, 931 (932).
[9] OLG Hamm, FamRZ 2016, 931; OLG Jena, FamRZ 2004, 1501.
[10] OLG Oldenburg, NJW 1994, 807.
[11] OLG Naumburg v. 14.03.2014, 4 W 1/14, juris, Rn. 2f.
[12] OLG Zweibrücken, FamRZ 2008, 160.
[13] LAG Stuttgart v. 21.01.2016, 17 Ta 36/15, juris, Rn. 24.
[14] OLG Zweibrücken, FamRZ 2008, 160 (161).
[15] LAG Stuttgart, JurBüro 2015, 486.
[16] BGH, NJW-RR 2015, 1338; BGH, NJW 2013, 68.
[17] OLG Frankfurt a.M., Rpfleger 1991, 65 = JurBüro 1990, 1193.
[18] BT-Drucks. 17/11472, S. 35.
[19] LAG Stuttgart v. 21.01.2016, 17 Ta 36/15, juris, Rn. 25.
[20] OLG Brandenburg, FamRZ 2005, 47.
[21] OLG Karlsruhe v. 14.02.2017, 18 WF 239/16, juris, Rn. 14; LAG Köln v. 14.09.2015, 4 Ta 285/15, juris, Rn. 2.
[22] OLG Jena v. 09.10.2013, 4 W 580/12, juris, Rn. 17.
[23] OLG Celle, MDR 2012, 1061.
[24] OVG Berlin-Brandenburg v. 23.06.2016, OVG 12 M 38.16, juris, Rn. 3.

4. Fehlen der Bedürftigkeit, Abs. 1 Nr. 3

8 Anders als bei Nr. 1, 2 kommt es **nicht auf** ein **Verschulden** der Partei an,[25] sondern nur auf das **objektive Fehlen der Bedürftigkeit** zum Zeitpunkt der Bewilligungsentscheidung.[26] Ausreichend ist etwa die unterlassene Angabe einer bestehenden Rechtsschutzversicherung.[27] Bei der Ermessensentscheidung ist jedoch ein **schutzwürdiges Vertrauen** auf den Bestand der Bewilligung zu berücksichtigen.[28] Lagen bei Bewilligung dem Gericht objektiv alle Tatsachen vor, kann eine Aufhebung nicht wegen einer geänderten rechtlichen Bewertung oder des Entdeckens eines Irrtums erfolgen.[29] Das gilt auch, wenn nachträglich nicht mehr der Richter, sondern der Rechtspfleger zuständig wird.[30] Nach Nr. 3 Hs. 2 ist dieser Aufhebungsgrund ausgeschlossen, wenn seit Rechtskraft oder sonstiger endgültiger Beendigung des Verfahrens **4 Jahre** vergangen sind. Die Regelung entspricht § 120a Abs. 1 Satz 4 ZPO (siehe dort Rn. 6).

5. Verzug mit Ratenzahlung oder Vermögensbeiträgen, Abs. 1 Nr. 5

9 Die Partei muss wegen schuldhaften Verzugs **länger als drei Monate** mit der Zahlung einer Monatsrate aus dem Einkommen oder eines Betrages aus dem Vermögen in Rückstand sein.[31] Die Zahlungspflicht beginnt entsprechend erst mit der Übermittlung der Zahlungsaufforderung durch die Gerichtskasse.[32] Wird im Bewilligungsbeschluss ein Zahlungszeitpunkt festgelegt, bedarf es entsprechend § 286 Abs. 2 Nr. 1 BGB keiner Mahnung des Gerichts. Am Verschulden fehlt es etwa, wenn die Ratenzahlung vom Gericht nicht hätte festgesetzt werden dürfen,[33] sich aus neuem Vortrag des Antragstellers eine andere Zahlungspflicht ergibt[34] oder der Antragsteller nach Eröffnung des Insolvenzverfahrens gemäß § 80 Abs. 1 InsO an der Leistung gehindert ist.[35] Weist die Partei zur Rechtfertigung des Rückstands (auch erst im Beschwerdeverfahren) auf eine **Verschlechterung ihrer wirtschaftlichen Lage** hin, kann dies einer Aufhebung entgegenstehen; stattdessen kann die Ratenhöhe nach § 120a Abs. 1 ZPO zu ändern sein.[36] Die vollständige Zahlung kann auch noch im **Beschwerdeverfahren nachgeholt** werden (vgl. zudem Rn. 13).[37]

6. Fehlende Erfolgsaussicht oder Mutwilligkeit der Beweiserhebung, Abs. 2

10 Abs. 2 ermöglicht die Teilaufhebung in Fällen, in denen aufgrund nachträglich eintretender Umstände eine verständige Partei von der weiteren Rechtsverfolgung oder -verteidigung absehen würde. Das Gericht hebt die Bewilligung **teilweise** auf, wenn konkrete und nachvollziehbare Anhaltspunkte dafür vorliegen, dass die Beweisaufnahme mit großer Wahrscheinlichkeit zum Nachteil des Antragstellers ausgehen würde.[38] Ist etwa durch ein vorliegendes Gutachten die Beweisfrage sicher geklärt, kann für die Einholung eines gerichtlichen Gutachtens die Bewilligung aufgehoben werden mit der Folge, dass der Antragsteller vorschusspflichtig ist.[39] Besteht neben einem Aufhebungsgrund nach Abs. 2 auch ein solcher nach Abs. 1, kann die Aufhebung gleichzeitig aus beiden Gründen erfolgen.[40]

B. Rechtsfolge/Rechtsmittel

11 Nach Aufhebung der Bewilligung hat der Antragsteller alle ausstehenden Verfahrenskosten zu tragen und die Wirkungen zu seinen Gunsten (§ 122 ZPO) entfallen. Der beigeordnete **Anwalt behält grundsätzlich** einen entstandenen **Vergütungsanspruch gegen die Staatskasse**,[41]

---

25 OLG Brandenburg, FamRZ 2002, 762.
26 OVG Bautzen v. 01.02.2011, 4 E 142/06, juris, Rn. 4; LSG Essen v. 11.09.2008, L 1 B 8/08 AL, juris, Rn. 7.
27 LAG Hamm v. 27.01.2006, 4 Ta 745/05, juris, Rn. 15; OLG Düsseldorf, MDR 1993, 583.
28 OLG Frankfurt a.M., MDR 2002, 785.
29 OLG Saarbrücken, MDR 2009, 1304; OLG Köln, OLGR 2002, 133; OLG Hamburg, FamRZ 1996, 874.
30 LAG Hamm v. 07.03.2003, 4 Ta 609/02, juris, Rn. 8.
31 BGH, NJW 1997, 1077.
32 OLG Brandenburg, FamRZ 2001, 633.
33 OLG Brandenburg, FamRZ 2015, 949.
34 BGH, NJW 1997, 1077.
35 OLG Koblenz, FamRZ 2014, 782.
36 OLG Nürnberg, FamRZ 2005, 1265; OLG Brandenburg, FamRZ 2001, 633.
37 OLG Karlsruhe, FamRZ 2002, 1199.
38 BT-Drucks. 17/11472, S. 35.
39 Vgl. OLG Hamm, FamRZ 1992, 455.
40 Baumbach/Lauterbach/Albers/Hartmann, ZPO, § 124 Rn. 60.
41 OLG Köln, JurBüro 2005, 544; OLG Koblenz, AnwBl. 1997, 240.

kann aber auch seinen Anspruch gegen die Partei festsetzen lassen.[42] Auch für den Gegner entfällt die Wirkung des § 122 Abs. 2 ZPO.[43]

Sowohl die vollständige Aufhebung nach Abs. 1 als auch die **Teilaufhebung** gemäß Abs. 2 kann mit der sofortigen Beschwerde gemäß § 127 Abs. 2 Satz 2 ZPO angefochten werden.[44] Der Aufhebungsbeschluss bedarf einer entsprechenden Rechtsbehelfsbelehrung.

12

Erlangt die Aufhebung **Bestandskraft**, ist ein erneuter Antrag des Antragstellers auf Prozesskostenhilfe jedenfalls bei unveränderten Verhältnissen mangels Rechtsschutzbedürfnisses als unzulässig abzulehnen.[45] Anders kann es liegen, wenn sich die wirtschaftliche Lage des Antragstellers, dessen Bewilligung wegen Zahlungsverzugs (Abs. 1 Nr. 5) aufgehoben wurde, zwischenzeitlich erheblich verschlechtert hat und ihm nunmehr Prozesskostenhilfe ohne Ratenzahlung zu bewilligen wäre.[46] Hat sich die Ratenhöhe wesentlich geändert, kann eine Neubewilligung versagt werden, wenn Anhaltspunkte bestehen, dass auch diese Ratenzahlung nicht eingehalten werden wird.[47] Eine **Teilaufhebung** des Beschlusses kann nicht auf § 124 ZPO gestützt werden. Allerdings kann bei geänderten wirtschaftlichen Verhältnissen ein Beschluss nach § 120a ZPO ergehen.

13

§ 125
Einziehung der Kosten

(1) Die Gerichtskosten und die Gerichtsvollzieherkosten können von dem Gegner erst eingezogen werden, wenn er rechtskräftig in die Prozesskosten verurteilt ist.
(2) Die Gerichtskosten, von deren Zahlung der Gegner einstweilen befreit ist, sind von ihm einzuziehen, soweit er rechtskräftig in die Prozesskosten verurteilt oder der Rechtsstreit ohne Urteil über die Kosten beendet ist.

Inhalt:

	Rn.		Rn.
A. Allgemeines	1	I. Kosten nach § 122 Abs. 1 Nr. 1 Buchst. a ZPO, Abs. 1	2
B. Erläuterungen	2	II. Kosten nach § 122 Abs. 2 ZPO, Abs. 2	3

A. Allgemeines

Da der Antragsteller von den Prozesskosten befreit ist (§ 122 Abs. 1 Nr. 1 Buchst. a ZPO), kann die Staatskasse sie nur beim Gegner einziehen. Dabei ist zwischen einer Einziehung der rückständigen und entstehenden Gerichts- und Gerichtsvollzieherkosten einerseits (Abs. 1) und der nur vorläufigen Befreiung des Beklagten (Abs. 2) zu unterscheiden. Nach beiden Regelungen kann die Einziehung jedoch erfolgen, wenn und soweit der Gegner rechtskräftig zur Kostentragung verurteilt wurde. Abs. 2 ermöglicht darüber hinaus auch eine Einziehung, soweit „der Rechtsstreit ohne Urteil über die Kosten beendet ist".

1

B. Erläuterungen
I. Kosten nach § 122 Abs. 1 Nr. 1 Buchst. a ZPO, Abs. 1

Die Einziehung der **Gerichts- und Gerichtsvollzieherkosten** beim Gegner kann erst erfolgen, wenn die Kostenentscheidung **formelle Rechtskraft** nach § 705 Satz 1 ZPO erlangt hat; nicht bereits, sobald er wegen der Auferlegung der Kosten nach § 29 Nr. 1 GKG Kostenschuldner ist. Eine **vorläufige Vollstreckbarkeit** der Kostenentscheidung reicht also nicht aus. Erfolgt erstinstanzlich eine Verurteilung des Gegners zur Kostenerstattung und wird in einem höheren Rechtszug ein Vergleich geschlossen, ist eine Einziehung der Kosten nach Abs. 1 nicht möglich.[1]

2

---

42 Zöller-*Geimer*, ZPO, § 124 Rn. 24.
43 OLG Düsseldorf v. 08.12.1988, 11 WF 17/88, juris, Rn. 3.
44 BT-Drucks. 17/11472, S. 35.
45 BGH, NJW-RR 2006, 197; OLG Nürnberg, MDR 2005, 48.
46 OLG Zweibrücken, NJW-RR 2002, 1517.
47 BGH, NJW-RR 2006, 197.

Zu § 125:
1 OLG Brandenburg, OLGR 2008, 360; OLG Braunschweig, OLGR 2001, 46.

II. Kosten nach § 122 Abs. 2 ZPO, Abs. 2

3 Wenn dem Kläger Prozesskostenhilfe ohne Ratenzahlung oder Vermögensleistungen bewilligt wurde, wird wegen der insoweit entstehenden Gerichts- und Gerichtsvollzieherkosten vorläufig auch der **Gegner** befreit (§ 122 Abs. 2 ZPO; siehe dort Rn. 9 ff.). Diese Kosten können nach Abs. 2 nicht nur bei **rechtskräftiger Verurteilung**, sondern auch bei **sonstiger Beendigung** des Rechtsstreits ohne Kostenurteil beim Gegner eingezogen werden, etwa bei Abschluss eines Prozessvergleichs nach § 29 Nr. 2 GKG. Danach können Auslagenvorschüsse des Beklagten für Zeugen oder Sachverständige beim Gegner eingezogen werden, nicht jedoch die Kosten, für die der Kläger vorschusspflichtig war.[2] Bei einer anteiligen Kostenübernahme kann eine entsprechende Einziehung erfolgen.[3]

§ 126
Beitreibung der Rechtsanwaltskosten

(1) Die für die Partei bestellten Rechtsanwälte sind berechtigt, ihre Gebühren und Auslagen von dem in die Prozesskosten verurteilten Gegner im eigenen Namen beizutreiben.

(2) [1]Eine Einrede aus der Person der Partei ist nicht zulässig. [2]Der Gegner kann mit Kosten aufrechnen, die nach der in demselben Rechtsstreit über die Kosten erlassenen Entscheidung von der Partei zu erstatten sind.

Inhalt:

	Rn.		Rn.
A. Allgemeines	1	1. Ausschluss von Einreden, Abs. 2 Satz 1	3
B. Erläuterungen	2		
I. Beitreibung beim Gegner, Abs. 1	2	2. Zulässigkeit der Aufrechnung, Abs. 2 Satz 2	4
II. Einreden, Abs. 2	3		

A. Allgemeines

1 Ergänzend zu § 125 ZPO, der die Einziehung der Gebühren durch die Staatskasse beim Gegner regelt, enthält § 126 ZPO die Regelungen zur Beitreibung der Kosten durch den beigeordneten Anwalt beim Gegner **im eigenen Namen**. Neben der Geltendmachung der Kosten gegenüber der **Staatskasse** (§§ 45 ff. RVG) kann der Anwalt nach § 126 ZPO also selbstständig bei dem zur Kostenerstattung verurteilten Gegner vollstrecken. Unabhängig davon kann er die Kostenfestsetzung auch im **Namen der Partei** betreiben. In wessen Namen die Kosten beigetrieben werden sollen, hat der Anwalt ausdrücklich zu bestimmen. Im Zweifel gilt der Antrag als im Namen der Partei gestellt.[1]

B. Erläuterungen
I. Beitreibung beim Gegner, Abs. 1

2 Dem gemäß § 121 ZPO beigeordneten Anwalt wird ein eigenes, **selbstständiges Beitreibungsrecht** eingeräumt, er handelt als Prozessstandschafter der vertretenen Partei.[2] Er kann danach – über die Gebühr nach § 49 RVG hinaus – seine vollen **Wahlanwaltsgebühren** beim Gegner einziehen.[3] Beigetrieben werden können im Übrigen alle vom Gegner zu erstattenden **Kosten** (§§ 91 ff. ZPO), aber nicht die **Umsatzsteuer** bei dem vorsteuerabzugsberechtigten Unternehmer.[4] Die der vertretenen Partei entstehenden Kosten (z.B. ihre Reisekosten) kann der Anwalt nicht im eigenen Namen geltend machen.[5] Wurde der Rechtsanwalt bereits (teilweise) von der Staatskasse befriedigt, kann er nur die übrigen Gebühren vom Gegner verlangen.[6] Gebühren, die bereits vor der Beiordnung im Rahmen der Wahlvertretung entstanden sind, können nicht

---

2 OLG Brandenburg, OLGR 2008, 360.
3 OLG Braunschweig, OLGR 2001, 46.

Zu § 126:
1 OLG Rostock, MDR 2006, 418; OLG Brandenburg, FamRZ 1999, 1218; OLG Koblenz, JurBüro 1982, 775; a.A. Zöller-*Geimer*, ZPO, § 126 Rn. 8.
2 BGH, FamRZ 2016, 208.
3 BGH, NJW-RR 2013, 186 (187), Rn. 8; BGH, NJW-RR 2007, 1147.
4 BGH, NJW-RR 2007, 285.
5 OLG Jena, MDR 1998, 1438.
6 BGH, NJW-RR 1998, 70, auch wenn der Gegner selbst Prozesskostenhilfe erhält; VGH Mannheim, JurBüro 1992, 542.

geltend gemacht werden.[7] Regelmäßig entsteht das Beitreibungsrecht mit Ergehen einer (vorläufig vollstreckbaren) Kostenentscheidung und endet mit dem Erlass eines endgültigen Kostenfestsetzungsbeschlusses für die Partei.[8] Auf Grundlage einer vorläufig vollstreckbaren Kostenentscheidung kann der Anwalt nach § 126 Abs. 1 ZPO beitreiben, solange die vorläufige Kostenentscheidung nicht abgeändert oder aufgehoben wird.[9] Das Beitreibungsrecht kann wieder aufleben, wenn nach der Kostenfestsetzung für die Partei erneut ein Kostenfestsetzungsbeschluss auf den Namen des Anwalts ergeht.[10] Der Anwalt kann auch den Kostenfestsetzungsbeschluss auf den Namen der Partei auf sich „überschreiben" lassen.[11]

II. Einreden, Abs. 2
1. Ausschluss von Einreden, Abs. 2 Satz 1
Der vom beigeordneten Anwalt nach Abs. 1 in Anspruch genommene Gegner kann sich nicht auf Einreden berufen, die ihm gegenüber der vertretenen Partei zustehen würden,[12] wohl aber auf solche gegenüber dem Anwalt selbst. Obwohl der weitgehende Ausschluss von Einreden für den Gegner eine Härte darstellt, ist die Regelung auch nach Einführung des Erstattungsanspruchs gegen die Staatskasse aufgrund des Beitreibungsinteresses des Anwalts verfassungsrechtlich gerechtfertigt.[13] Der Begriff der „Einreden" ist untechnisch zu verstehen. Er schließt alle Einwendungen des Gegners gegen die vertretene Partei wie etwa die **Abtretung**,[14] die Bezahlung oder anderweitige **Erfüllung**[15] sowie den **Verzicht**[16] aus. Treffen die Parteien eine Vereinbarung, nach der ein Kostenerstattungsanspruch erst gar nicht entsteht (Ausschluss jeglicher Kostenerstattung vor Ergehen einer Kostenentscheidung), kann auch der Rechtsanwalt nicht beitreiben.[17] Nicht ausgeschlossen ist die Einwendung des Gegners, dass er auf einen Kostenfestsetzungsbeschluss im Namen der Partei bezahlt hat.[18] Wird der Erstattungsanspruch vor der „Umschreibung" auf den Anwalt gepfändet, muss auch der Anwalt die **Pfändung** gegen sich gelten lassen.[19] Die Einreden sind ab Entstehung des Kostenerstattungsanspruchs und bis zum Verlust des Beitreibungsrechts nach Abs. 1 ausgeschlossen.[20] Unbeachtlich ist, ob die Einrede bereits vor der Beitreibung erhoben wurde.[21]

3

2. Zulässigkeit der Aufrechnung, Abs. 2 Satz 2
Die Aufrechnung ist nur mit den im **selben Rechtsstreit** entstehenden wechselseitigen Kostenerstattungsansprüchen (§§ 92 ff. ZPO) zulässig.[22] Die Aufrechnung mit einem Kostenerstattungsanspruch aus einem anderen Rechtsstreit ist unzulässig.[23] Die Aufrechnung ist erst nach Erlass des Kostenfestsetzungsbeschlusses statthaft.[24]

4

§ 127
Entscheidungen

(1) ¹Entscheidungen im Verfahren über die Prozesskostenhilfe ergehen ohne mündliche Verhandlung. ²Zuständig ist das Gericht des ersten Rechtszuges; ist das Verfahren in einem höheren Rechtszug anhängig, so ist das Gericht dieses Rechtszuges zuständig. ³Soweit die Gründe der Entscheidung Angaben über die persönlichen und wirtschaftlichen Verhältnisse der Partei enthalten, dürfen sie dem Gegner nur mit Zustimmung der Partei zugänglich gemacht werden.

---

7 Baumbach/Lauterbach/Albers/Hartmann, ZPO, § 126 Rn. 5; Zöller-*Geimer*, ZPO, § 126 Rn. 3.
8 BGH, NJW-RR 2007, 1147 (1148), Rn. 13 f.; BGH, NJW 1994, 3292.
9 BGH, NJW-RR 2013, 186 (187), Rn. 9.
10 BGH, NJW 1994, 3292.
11 OLG Naumburg, Rpfleger 2008, 428.
12 OLG Hamm, MDR 1987, 413.
13 BGH, NJW-RR 1991, 254.
14 BGH, FamRZ 2016, 208.
15 BGH, NJW 1994, 3292 (3294).
16 OLG Hamm, MDR 1987, 413.
17 BGH, NJW 2007, 1213, 1214.
18 OLG Düsseldorf, FamRZ 1998, 847.
19 OLG München, JurBüro 1992, 346.
20 BGH, FamRZ 2016, 208.
21 BGH, NJW-RR 2007, 1147.
22 BGH, NJW-RR 2007, 1147.
23 OLG Jena, MDR 1998, 1438; OLG Koblenz, JurBüro 1995, 203.
24 OLG Stuttgart, JurBüro 1987, 919.

(2) ¹Die Bewilligung der Prozesskostenhilfe kann nur nach Maßgabe des Absatzes 3 angefochten werden. ²Im Übrigen findet die sofortige Beschwerde statt; dies gilt nicht, wenn der Streitwert der Hauptsache den in § 511 genannten Betrag nicht übersteigt, es sei denn, das Gericht hat ausschließlich die persönlichen oder wirtschaftlichen Voraussetzungen für die Prozesskostenhilfe verneint. ³Die Notfrist beträgt einen Monat.

(3) ¹Gegen die Bewilligung der Prozesskostenhilfe findet die sofortige Beschwerde der Staatskasse statt, wenn weder Monatsraten noch aus dem Vermögen zu zahlende Beträge festgesetzt worden sind. ²Die Beschwerde kann nur darauf gestützt werden, dass die Partei nach ihren persönlichen und wirtschaftlichen Verhältnissen Zahlungen zu leisten hat. ³Die Notfrist beträgt einen Monat und beginnt mit der Bekanntgabe des Beschlusses. ⁴Nach Ablauf von drei Monaten seit der Verkündung der Entscheidung ist die Beschwerde unstatthaft. ⁵Wird die Entscheidung nicht verkündet, so tritt an die Stelle der Verkündung der Zeitpunkt, in dem die unterschriebene Entscheidung der Geschäftsstelle übermittelt wird. ⁶Die Entscheidung wird der Staatskasse nicht von Amts wegen mitgeteilt.

(4) Die Kosten des Beschwerdeverfahrens werden nicht erstattet.

Inhalt:

A. Allgemeines 1	3. Beschränkung auf persönliche und wirtschaftlichen Verhältnisse, Abs. 3 Satz 2 14
B. Erläuterungen 2	
I. Entscheidung ohne mündliche Verhandlung, Abs. 1 Satz 1 2	4. Beschwerdefrist, Abs. 3 Satz 3–5 .. 15
II. Zuständigkeit, Abs. 1 Satz 2 4	III. Sofortige Beschwerde der übrigen Beteiligten, Abs. 2 Satz 2, 3 16
III. Begründung, Abs. 1 Satz 3 7	
IV. Mitteilung, Abs. 1 Satz 3 8	1. Statthaftigkeit 16
C. **Rechtsmittel, Abs. 2–4** 9	2. Beschwerde des Antragstellers ... 17
I. Allgemeine Verfahrensgrundsätze ... 9	3. Beschwerde des Anwalts der Partei..................... 18
II. Sofortige Beschwerde der Staatskasse, Abs. 2 Satz 1, Abs. 3 12	4. Beschwerde des Gegners........ 19
1. Allgemeines................... 12	D. **Kosten, Abs. 4** 20
2. Beschränkung auf gegenleistungsfreie Bewilligung, Abs. 3 Satz 1 ... 13	

A. Allgemeines

1 § 127 ZPO regelt die **Förmlichkeiten** der Entscheidungen im Prozesskostenhilfe-Verfahren (Abs. 1) und des Beschwerdeverfahrens (Abs. 2, 3) einschließlich der Kostenfolgen (Abs. 4). Das der Entscheidung vorangehende Bewilligungsverfahren wird bereits in den §§ 117–119 ZPO, der Inhalt der Bewilligungsentscheidungen auch in den §§ 119–121 ZPO, bestimmt.

B. Erläuterungen
I. Entscheidung ohne mündliche Verhandlung, Abs. 1 Satz 1

2 Die Entscheidung über den Prozesskostenhilfe-Antrag ergeht durch **schriftlichen Beschluss ohne mündliche Verhandlung**. Bei der gemäß § 118 Abs. 1 Satz 3 ZPO möglichen mündlichen Erörterung handelt es sich auch nicht um eine Verhandlung, sodass im Prozesskostenhilfe-Verfahren **keine Terminsgebühr** entstehen kann.[1] In der Erörterung darf nicht zur Erfolgsaussicht verhandelt werden, eine Anordnung des persönlichen Erscheinens ist unzulässig.[2] Bei teilweiser Erfolgsaussicht oder fehlender Mutwilligkeit ist nur **teilweise Prozesskostenhilfe** zu bewilligen:

1. Dem ... [Kläger/Beklagten] wird auf seinen Antrag vom ... für ... [Verfahren, Instanz] Prozesskostenhilfe bewilligt und der zur Vertretung bereite Rechtsanwalt ... beigeordnet, soweit er ... [Umfang Bewilligung] begehrt.

2. Im Übrigen wird der Antrag zurückgewiesen.

3 Nach dem **Tod des Antragstellers** kann Prozesskostenhilfe nur noch ausnahmsweise bewilligt werden, wenn das Gericht bei ordnungsgemäßem Ablauf die Entscheidung noch zu Lebzeiten hätte treffen müssen.[3]

---

1 BGH, NJW 2012, 1294; vgl. auch BGH, NJW 2007, 2644.
2 LSG Berlin-Brandenburg v. 29.06.2010, L 1 SF 111/10, juris, Rn. 9.
3 BFH, BFH/NV 2010, 2289.

II. Zuständigkeit, Abs. 1 Satz 2

Für Entscheidungen im Prozesskostenhilfe-Verfahren ist sachlich und örtlich grundsätzlich das **Gericht der Hauptsache** in der jeweiligen Instanz zuständig.[4] Ist der Rechtsstreit in einer Instanz abgeschlossen, ist bereits das Gericht der nächsten Instanz zuständig, auch wenn dort der Rechtsstreit noch nicht anhängig ist.[5] Ist das Rechtsmittel jedoch bei der Ausgangsinstanz einzulegen, ist dort auch der Antrag zu stellen.[6] Im **Beschwerdeverfahren** ist Prozesskostenhilfe bei dem Ausgangsgericht zu beantragen, solange das Abhilfeverfahren noch nicht abgeschlossen ist.[7]

Funktionell ist ebenfalls der zur Entscheidung in der Hauptsache Berufene zuständig, beim Landgericht in Zivilsachen also grundsätzlich der Einzelrichter (§ 348 ZPO), bei der KfH indes stets der Vorsitzende (§ 349 Abs. 2 Nr. 7 ZPO). Meist entscheidet das **Gericht**, in den Fällen des § 20 Abs. 1 RPflG jedoch der **Rechtspfleger**, so über die Prozesskostenhilfe im Mahnverfahren (Nr. 1), im Zwangsvollstreckungsverfahren, wenn nicht das Vollstreckungsgericht zuständig ist (Nr. 5) oder in bestimmten Fällen der grenzüberschreitenden Prozesskostenhilfe (Nr. 6).

Ist für die Hauptsache nicht der **Rechtsweg** zu dem angerufenen Gericht gegeben, ist der Prozesskostenhilfe-Antrag entsprechend § 17a GVG von Amts wegen an das Gericht des zuständigen Rechtswegs zu **verweisen**.[8]

III. Begründung, Abs. 1 Satz 3

Der Beschluss ist zur Ermöglichung der Überprüfung zu begründen, soweit Prozesskostenhilfe mit Ratenzahlung oder Vermögensbeiträgen bewilligt[9] wird oder der Antrag ganz oder teilweise zurückgewiesen[10] wird. Die Begründung muss **nachvollziehbar** und auf den **konkreten Einzelfall** bezogen sein.[11] Wird hingegen Prozesskostenhilfe voll bewilligt, besteht kein Beschwerderecht und es bedarf keiner Begründung.[12] Die Begründung kann im Abhilfeverfahren **nachgeholt** werden.[13] Die unzureichende oder unterbliebene Begründung ist ein erheblicher **Verfahrensfehler** und führt auf die Beschwerde zur Aufhebung und Zurückverweisung.[14]

IV. Mitteilung, Abs. 1 Satz 3

Enthält die Begründung Ausführungen zu den persönlichen und wirtschaftlichen Verhältnissen des Antragstellers, wird sie **dem Gegner nicht mitgeteilt** (Satz 3), wohl aber dem Antragsteller. Auch im Übrigen ist eine Mitteilung an den Gegner regelmäßig nicht erforderlich, es sei denn, er wurde nach § 118 ZPO angehört. Ergeht die Entscheidung entgegen Abs. 1 Satz 1 auf die mündliche Verhandlung oder im Zusammenhang mit der mündlichen Verhandlung zur Hauptsache, wird der Beschluss **verkündet**.[15] Bei ganzer oder teilweiser Zurückweisung oder Anordnung von Zahlungen ist der Beschluss dem Antragsteller **zuzustellen** (§ 329 Abs. 3 ZPO), nicht jedoch der Staatskasse (§ 127 Abs. 3 Satz 6 ZPO). Wird uneingeschränkt Prozesskostenhilfe bewilligt (Abs. 2 Satz 1), ist dem Antragsteller der Beschluss **formlos** mitzuteilen (§ 329 Abs. 2 Satz 1 ZPO).

C. Rechtsmittel, Abs. 2–4
I. Allgemeine Verfahrensgrundsätze

Soweit in den Abs. 2, 3 nichts Abweichendes geregelt ist, finden die allgemeinen Vorschriften über die **sofortige Beschwerde** gemäß den §§ 567 ff. ZPO Anwendung. Die sofortige Beschwerde ist bei dem über die Bewilligung entscheidenden Gericht oder bei dem **Beschwerdegericht** einzulegen (§ 569 Abs. 1 ZPO). Gemäß § 569 Abs. 3 Nr. 2 ZPO kann die Beschwerde

---

4 BGH, MDR 1984, 69.
5 BFH, BFH/NV 2011, 286; BFH, BFH/NV 2010, 2017; BGH, NJW 1987, 1023.
6 BGH, NJW 1987, 1023.
7 LAG Mainz v. 11.01.2010, 1 Ta 281/09, juris, Rn. 8; LSG Essen v. 23.07.2008, L 19 B 170/07 AS, juris, Rn. 6.
8 OLG Hamburg, ZInsO 2015, 1698; LAG Berlin v. 31.03.2011, 12 Ta 574/11, juris, Rn. 8; nach wohl noch h.M. ist der Antrag abzulehnen, VGH München v. 29.09.2014, 10 C 12.1609, juris, Rn. 28; OLG Karlsruhe, MDR 2007, 1390; Zöller-*Lückemann*, ZPO, vor § 17 GVG Rn. 12 m.w.N.
9 OLG Saarbrücken, FamRZ 2010, 1753; OLG Brandenburg, FamRZ 2004, 389.
10 OLG Karlsruhe, FamRZ 2014, 680; OLG Düsseldorf, FamRZ 2006, 1551.
11 OLG Saarbrücken, FamRZ 2010, 1753; OLG Köln, MDR 2009, 408.
12 Zöller-*Geimer*, ZPO, § 127 Rn. 3.
13 OLG Brandenburg, FamRZ 2004, 389.
14 OLG Jena, MDR 2010, 832.
15 Baumbach/Lauterbach/Albers/Hartmann, ZPO, § 127 Rn. 18.

in Prozesskostenhilfe-Verfahren auch zu Protokoll der Geschäftsstelle eingelegt werden; es besteht **kein Anwaltszwang** (§ 78 Abs. 3 ZPO). Erachtet das Ausgangsgericht die Beschwerde für begründet, hilft es ihr ab, andernfalls erlässt es einen Nichtabhilfebeschluss (§ 572 Abs. 1 ZPO). Ergeht ein vollständiger Abhilfebeschluss, wird die Beschwerde unzulässig.[16] Auch der Nichtabhilfebeschluss ist zu **begründen**, wenn die Beschwerde neuen Sachvortrag enthält;[17] ansonsten genügt die Bezugnahme auf den begründeten Beschluss im **Tenor**:

1. *Der sofortigen Beschwerde des ... [Beschwerdeführer] gegen den Beschluss des ... [Gericht, Datum] wird aus den Gründen des angefochtenen Beschlusses nicht abgeholfen.*
2. *Die Beschwerde wird dem Beschwerdegericht vorgelegt.*

10 Im Beschwerdeverfahren kann **neuer Vortrag** zu den Voraussetzungen der Prozesskostenhilfe erfolgen (§ 571 Abs. 2 ZPO), es sei denn, es liegen Aufhebungsgründe mit Sanktionscharakter vor (§ 124 Rn. 3 ff.). Hat der Antragsteller dem Grund für die Versagung von Prozesskostenhilfe nach Einlegung der Beschwerde durch neuen Sachvortrag abgeholfen, kann dennoch die Beschwerde abgelehnt werden, wenn Prozesskostenhilfe aus einem anderen Grund zu versagen ist.[18] Die Beschwerde im Prozesskostenhilfe-Verfahren ist nur insoweit statthaft, als auch in der Hauptsache Rechtsmittel bestehen. Insbesondere in **Familiensachen** können die Entscheidungen über die Prozesskostenhilfe nur in den Grenzen der §§ 57 ff. FamFG angegriffen werden.[19]

11 Gegen einen Beschluss des Beschwerdegerichts kann unter den Voraussetzungen des § 474 Abs. 1 Satz 1 Nr. 2, Abs. 2 ZPO die **Rechtsbeschwerde** zugelassen werden. Die Zulassung kommt nur in Betracht, wenn es um prozessrechtliche oder die persönlichen Verhältnisse der Partei betreffende Fragen von allgemeiner Bedeutung geht,[20] nicht jedoch bei Rechtsfragen, die den Rechtsstreit betreffen.

II. Sofortige Beschwerde der Staatskasse, Abs. 2 Satz 1, Abs. 3
1. Allgemeines
12 Zweck des von Abs. 3 eingeräumten Beschwerderechts der Staatskasse – die nicht am Prozesskostenhilfe-Verfahren beteiligt ist – ist die Förderung der sorgfältigen Handhabung der Bewilligung ohne Zahlungsanordnungen durch die Gerichte und damit die zweckgemäße Verwendung der Haushaltsmittel.[21] Ausgeübt wird es für die ordentlichen Gerichte vom **Bezirksrevisor als Justizverwaltungsorgan des Landgerichts**, der stichprobenartig Verfahren auswertet;[22] eine Mitteilung der Entscheidung durch das Gericht von Amts wegen erfolgt nach Abs. 3 Satz 6 nicht. Vielmehr steht ihm ein umfassendes **Akteneinsichtsrecht** in die Prozesskostenhilfe- und Prozessakten zu; die Übersendung der Akten an ihn steht im pflichtgemäßen Ermessen des Gerichts.[23] Der Bezirksrevisor ist im Verfahren selbst **postulationsfähig** und muss sich nicht gemäß § 78 ZPO anwaltlich vertreten lassen.[24]

2. Beschränkung auf gegenleistungsfreie Bewilligung, Abs. 3 Satz 1
13 Die Staatskasse kann Beschwerde nur gegen eine Bewilligung ohne Festsetzung von Leistungen aus dem Einkommen oder Vermögen erheben (Satz 1). Sie muss sich also darauf stützen, dass rechtsfehlerhaft keine Ratenzahlung oder Vermögensleistung angeordnet wurde.[25] Neben den Anordnungen des **Bewilligungsbeschlusses** nach § 120 ZPO kann damit auch ein **Änderungs-** oder **Bestätigungsbeschluss** nach § 120a ZPO angegriffen werden.[26] **Beschränkt** ist das Beschwerderecht zudem auf natürliche Personen. Gegen Entscheidungen gegenüber **Parteien kraft Amtes** oder **juristischen Personen** nach § 116 ZPO kann die Staatskasse keine Beschwerde erheben.[27] Inhaltlich ausgeschlossen ist eine Beschwerde etwa wegen einer zu niedrigen Festsetzung der **Ratenhöhe**.[28] Auch kann die Beschwerde nicht auf die vollständige Ab-

---

16 OLG Brandenburg, JurBüro 2007, 211, für die Beschwerde der Staatskasse.
17 OLG Düsseldorf, FamRZ 2006, 1551; OLG Köln, OLGR 1993, 110.
18 OLG Hamm, MDR 2015, 795; OLG Braunschweig, OLGR 1999, 215.
19 OLG Hamm, FamRZ 2015, 950; OLG Köln, MDR 2010, 282.
20 BGH, NJW 2011, 1814, Rn. 7.
21 BT-Drucks. 10/6400, S. 48; vgl. auch BAG, NJW 2013, 493 f., Rn. 10.
22 BVerfG, NJW 1995, 581, auch zur Verfassungsmäßigkeit; MK-*Wache*, ZPO, § 127 Rn. 27; Zöller-*Geimer*, ZPO, § 127 Rn. 16.
23 OLG Karlsruhe, Rpfleger 1988, 424.
24 BGH, NJW-RR 2005, 1237.
25 BAG, NJW 2016, 892 f., Rn. 7; BGH, NJW-RR 2010, 494.
26 BGH, NJW 2013, 2289; OLG Köln, FamRZ 2007, 296; OLG Schleswig, AnwBl. 2000, 63; a. A. OLG Frankfurt a. M. v. 22.02.2012, 6 WF 172/11, juris, Rn. 18; OLG München, OLGR 1994, 239.
27 BGH, MDR 2016, 553.
28 BGH, FamRZ 2013, 213; BGH, Rpfleger 2013, 99; OLG Dresden, FamRZ 1997, 1287.

lehnung der Prozesskostenhilfe gerichtet sein.[29] Ebensowenig kann ihr Ziel die Aufhebung der Bewilligung gemäß § 124 ZPO sein.[30]

3. Beschränkung auf persönliche und wirtschaftlichen Verhältnisse, Abs. 3 Satz 2

Die Beschwerde muss sich auf die fehlerhafte Einschätzung der persönlichen und wirtschaftlichen Verhältnisse der Partei stützen (Satz 2). Die Beschwerde kann sich somit nicht gegen die **Erfolgsaussicht** oder die fehlende **Mutwilligkeit** der Rechtsverfolgung oder -verteidigung richten.[31] Auch die rückwirkende Bewilligung von Prozesskostenhilfe kann als solche nicht von der Staatskasse angegriffen werden.[32] Statthaft ist der Einwand, der Partei stehe ein **Kostenvorschussanspruch** zu[33] oder sie habe auf bestehendes Vermögen einen **Kredit** zur Finanzierung der Prozesskosten aufzunehmen.[34]   14

4. Beschwerdefrist, Abs. 3 Satz 3–5

Auch der Staatskasse steht eine **einmonatige Beschwerdefrist ab Bekanntgabe** des Beschlusses zu (Satz 3). Voraussetzung ist nicht die förmliche Bekanntgabe, vielmehr genügt eine Kenntnisnahme im Rahmen der Akteneinsicht des Bezirksrevisors.[35] Ist die Bekanntgabe unterblieben, wird die Beschwerde in Abweichung zu § 569 Abs. 1 Satz 2 ZPO spätestens **drei Monate** nach Verkündung unstatthaft (Satz 4). Da Beschlüsse im Prozesskostenhilfe-Verfahren regelmäßig nicht verkündet werden, sieht Satz 5 vor, dass in diesem Falle die dreimonatige Ausschlussfrist mit der Übermittlung der Entscheidung an die Geschäftsstelle zu laufen beginnt.   15

III. Sofortige Beschwerde der übrigen Beteiligten, Abs. 2 Satz 2, 3

1. Statthaftigkeit

Über die allgemeinen Prozessvoraussetzungen der sofortigen Beschwerde (Rn. 9) hinaus lässt Abs. 2 Satz 2 Hs. 2 die sofortige Beschwerde nur zu, wenn der **Beschwerdewert** der Hauptsache 600,00 € übersteigt (§ 511 Abs. 2 Nr. 1 ZPO). Diese Einschränkung besteht jedoch nicht, wenn das Gericht die Ablehnung der Bewilligung ausschließlich mit den persönlichen und wirtschaftlichen Verhältnissen des Antragstellers begründet (Abs. 2 Satz 2 Hs. 2). Der BGH wendet diese Regelung entsprechend auf die Ablehnung aus verfahrensrechtlichen oder anderen personenbezogenen Gründen wie der **Mutwilligkeit** oder der unterbliebenen **Beiordnung** eines Anwalts an.[36]   16

2. Beschwerde des Antragstellers

Der Antragsteller kann gemäß Abs. 2 Satz 2, 3 gegen alle ihn beschwerenden erstinstanzlichen Entscheidungen im Prozesskostenhilfe-Verfahren sofortige Beschwerde einlegen. Unbeachtlich ist, ob die Entscheidung durch Beschluss oder irrtümlich durch Urteil oder Verfügung ergangen ist.[37] Anfechtbar ist sowohl die den Antragsteller zu **Zahlungen** verpflichtende[38] – als auch die ganz oder teilweise Prozesskostenhilfe zurückweisende[39] – Entscheidung. Auch eine die Hauptsache vorwegnehmende **Beweisanordnung** (§ 118 Abs. 2 ZPO) kann der Antragsteller mit der sofortigen Beschwerde angreifen.[40] Ebenso kann er die Ablehnung der **Beiordnung** eines Wahlanwalts nach § 121 Abs. 1, 2 ZPO angreifen.[41] Ausgeschlossen ist die Beschwerde gegen die **uneingeschränkte Bewilligung** nach Abs. 2 Satz 1 sowie gegen Entscheidungen in einem **höheren Rechtszug**.[42]   17

3. Beschwerde des Anwalts der Partei

Der noch nicht beigeordnete **Wahlanwalt** des Antragstellers kann gegen die Ablehnung seiner Beiordnung (§ 121 Abs. 1, 2 ZPO) **mangels Beschwer** keine sofortige Beschwerde einlegen;   18

---

29 BGH, MDR 2012, 1431; BGH, NJW 1993, 135; OLG Jena, MDR 2015, 483; OLG Frankfurt a.M. v. 28.10.2013, 10 W 56/13, juris, Rn. 6.
30 BAG, NJW 2016, 892.
31 BGH, NJW 2013, 2289 (2290), Rn. 20; OLG Bremen, JurBüro 2017, 95.
32 KG Berlin, FamRZ 2000, 838.
33 OLG Celle, MDR 2015, 714; OLG München, FamRZ 1993, 821.
34 OLG München, FamRZ 1993, 821.
35 MK-*Wache*, ZPO, § 127 Rn. 32.
36 BGH, NJW 2011, 2434 (2435f.), Rn. 11ff.; OLG Köln, FamRZ 2012, 1239f.
37 Baumbach/Lauterbach/Albers/Hartmann, ZPO, § 127 Rn. 34.
38 OLG Schleswig, JurBüro 1996, 534.
39 BGH, FamRZ 2011, 1582.
40 OLG Köln, NJW-RR 1999, 580.
41 OLG Dresden, FamRZ 2001, 634.
42 BGH, GRUR-RR 2011, 344.

dies kann nur die Partei selbst.[43] Auch hinsichtlich der Änderung (§ 120a ZPO) oder Aufhebung (§ 124 ZPO) des Bewilligungsbeschlusses ist der Anwalt nicht beschwerdeberechtigt.[44] Hingegen unmittelbar in seinen Rechten betroffen ist der **auswärtige Anwalt** durch die Bewilligung zu den Bedingungen eines ortsansässigen Rechtsanwalts (§ 121 Abs. 3 ZPO).[45] Der beigeordnete Wahlanwalt kann gegen die **Aufhebung** seiner Beiordnung aus eigenem Recht sofortige Beschwerde einlegen.[46] Auch gegen rückwirkende Entscheidungen des Gerichts, die zu einer Verkürzung der Vergütung des Anwalts führen, steht ihm ein Beschwerderecht zu.[47] Dem **Notanwalt** (§ 121 Abs. 5 ZPO) steht entsprechend § 78c Abs. 3 Satz 2 ZPO, § 48 Abs. 2 BRAO ein Beschwerderecht zu, wenn wichtige Gründe für die Aufhebung seiner Beiordnung bestehen.[48]

4. Beschwerde des Gegners

19 Der Gegner ist **nicht Beteiligter** des Prozesskostenhilfe-Verfahrens. Es ist daher konsequent, dass ihm weder ein Beschwerderecht gegen die Bewilligung (Abs. 2 Satz 1) noch gegen die Aufhebung oder Änderung der Bewilligung (trotz etwaigen Wegfalls der Wirkung nach § 122 Abs. 2 ZPO) zusteht.[49] Auch gegen die **prozessualen Entscheidungen** nach § 118 ZPO hat der Gegner grundsätzlich kein Beschwerderecht.[50] Ausnahmsweise kann bei Entscheidungen im Prozesskostenhilfe-Verfahren, die den Gegner unmittelbar beschweren (etwa einer Vorschussanforderung), ein Beschwerderecht bestehen.[51] Gegen die Beitreibung durch den Anwalt nach § 126 ZPO kann der Gegner sich i. R. d. **Kostenfestsetzung** wehren (§ 104 Abs. 3 ZPO).

D. Kosten, Abs. 4

20 Während das **Prozesskostenhilfe-Verfahren** als solches **gebührenfrei** ist, entsteht im **Beschwerdeverfahren** nach Nr. 1812 KV-GVG bei Verwerfung und Zurückweisung eine **Gerichtsgebühr** von 60,00 €, die bei nur teilweiser Erfolglosigkeit nach dem pflichtgemäßen Ermessen des Gerichts ermäßigt oder niedergeschlagen werden kann. Im Rechtsbeschwerdeverfahren beträgt die Gebühr 120,00 €, bei Rücknahme vor Übermittlung der Entscheidung ermäßigt sie sich auf 60,00 € (Nr. 1287 KV-GVG). Als **Rechtsanwaltsgebühr** entsteht für das Prozesskostenhilfe-Verfahren selbst eine 1,0-Verfahrensgebühr aus dem Streitwert der Hauptsache (Nr. 3335 VV-RVG), die nach den §§ 15 Abs. 2, 16 Nr. 2 RVG bei Vertretung in der Hauptsache entfällt. Für die sofortige Beschwerde kann eine Verfahrensgebühr von 0,5 des Hauptsachestreitwerts (Nr. 3500 VV-RVG), für die Rechtsbeschwerde von 1,0 des Hauptsachestreitwerts (Nr. 3502 VV-RVG) geltend gemacht werden.

21 Nach Abs. 4 ist die Erstattung der **außergerichtlichen** Kosten des Beschwerde- und Rechtsbeschwerdeverfahrens ausgeschlossen.[52] Auch wenn dem Gegner in der Hauptsacheentscheidung die Erstattung außergerichtlicher Kosten auferlegt wird (zu denen Kosten des Prozesskostenhilfe-Verfahrens zählen können), sind die Kosten des Beschwerdeverfahrens hiervon ausgenommen.[53]

§ 127a
(weggefallen)

---

43 OLG Hamm, MDR 2011, 628; OLG Düsseldorf, MDR 2007, 236.
44 OLG Stuttgart, FamRZ 2012, 650 (zur Änderung); OLG Brandenburg, JurBüro 1997, 481 (zur Aufhebung).
45 BGH, NJW 2006, 3783; BAG, NJW 2005, 3083; a. A. OLG Düsseldorf, MDR 2007, 236.
46 OLG Brandenburg, FamRZ 2004, 213.
47 OLG Zweibrücken, JurBüro 1984, 237.
48 OLG Karlsruhe, FamRZ 1999, 306.
49 BGH, NJW 2002, 3554; OLG Zweibrücken, JurBüro 1986, 1096.
50 OLG Oldenburg, FamRZ 2013, 805.
51 MK-*Wache*, ZPO, § 127 Rn. 25.
52 BGH, MDR 2010, 767.
53 OLG München, NJW-RR 2001, 1437; KG Berlin, Rpfleger 1995, 508.

ABSCHNITT 3
Verfahren

Titel 1
Mündliche Verhandlung

§ 128
Grundsatz der Mündlichkeit; schriftliches Verfahren

(1) Die Parteien verhandeln über den Rechtsstreit vor dem erkennenden Gericht mündlich.

(2) ¹Mit Zustimmung der Parteien, die nur bei einer wesentlichen Änderung der Prozesslage widerruflich ist, kann das Gericht eine Entscheidung ohne mündliche Verhandlung treffen. ²Es bestimmt alsbald den Zeitpunkt, bis zu dem Schriftsätze eingereicht werden können, und den Termin zur Verkündung der Entscheidung. ³Eine Entscheidung ohne mündliche Verhandlung ist unzulässig, wenn seit der Zustimmung der Parteien mehr als drei Monate verstrichen sind.

(3) Ist nur noch über die Kosten zu entscheiden, kann die Entscheidung ohne mündliche Verhandlung ergehen.

(4) Entscheidungen des Gerichts, die nicht Urteile sind, können ohne mündliche Verhandlung ergehen, soweit nichts anderes bestimmt ist.

Inhalt:

	Rn.		Rn.
A. Allgemeines	1	III. Schlussurteil über die Kosten, Abs. 3	7
B. Erläuterungen	2	IV. Schriftliches Verfahren bei	
I. Mündlichkeitsgrundsatz, Abs. 1	2	Beschlüssen und Verfügungen, Abs. 4	8
II. Schriftliches Verfahren, Abs. 2	3	C. Rechtsmittel	9

A. Allgemeines

Die Vorschrift benennt die Mündlichkeit der Verhandlung als einen wesentlichen Verfahrensgrundsatz des Zivilprozesses und regelt einzelne Ausnahmen. Die **Mündlichkeit der Verhandlung** gewährleistet in gewissem Maße die Öffentlichkeit des Verfahrens, wenngleich durch die Möglichkeit der Bezugnahme auf Schriftsätze die Sitzungsteilnahme eines Zuhörers ohne Aktenkenntnis anders als im Strafprozess oft nur eine unvollständige Unterrichtung über den Streitgegenstand des Verfahrens gewährleistet. Es geht aber um eine Mündlichkeit der Verhandlung und nicht um eine Mündlichkeit des Verfahrens.[1] 1

B. Erläuterungen
I. Mündlichkeitsgrundsatz, Abs. 1

Grundlage der Entscheidung des Gerichts darf nur sein, was Gegenstand der mündlichen Verhandlung war.[2] Dies kann auch durch Bezugnahme auf Schriftsätze erfolgen (§ 137 Abs. 3 ZPO). Durch Antragstellung und Verhandlung wird der gesamte Prozessstoff und Akteninhalt zum Gegenstand der mündlichen Verhandlung.[3] **Schriftliches Vorbringen** kann im Einzelfall ebenfalls Entscheidungsgrundlage sein, so bei einem schriftlichen Verfahren mit Einverständnis der Parteien nach § 128 Abs. 2 ZPO, bei einer Entscheidung nur über die Kosten nach § 128 Abs. 3 ZPO, bei einer Entscheidung nach Lage der Akten gemäß § 251a ZPO, bei einem Anerkenntnisurteil nach § 307 ZPO, im Fall des Versäumnisurteils im schriftlichen Verfahren nach § 331 Abs. 3 ZPO oder bei Verwerfung des Einspruchs nach § 341 Abs. 2 ZPO. Bei einem **Richterwechsel** muss der Inhalt der bisherigen Verhandlung zum Gegenstand gemacht werden. Dies bedeutet, dass nur die Richter der letzten mündlichen Verhandlung die Entscheidung treffen dürfen (§ 309 ZPO). 2

II. Schriftliches Verfahren, Abs. 2

Die **Entscheidung im schriftlichen Verfahren** dient der Vereinfachung und Beschleunigung.[4] Ein Übergang ins schriftliche Verfahren nach einer mündlichen Verhandlung ist nur zulässig, 3

---

1 Zöller-*Greger*, ZPO, § 128 Rn. 1.
2 BGHZ 116, 47 = NJW 1992, 1817 = MDR 1992, 466; BGH, NJW 1997, 397 (398) = MDR 1997, 288.
3 BGHZ 126, 217 = NJW 1994, 3295 (3296) = MDR 1995, 419.
4 BGHZ 18, 61 = NJW 1955, 1357 = JZ 1955, 548.

wenn noch keine Entscheidungsreife vorliegt.[5] Andernfalls ist ein Verkündungstermin zu bestimmen. Eine Entscheidung im schriftlichen Verfahren setzt die Zustimmung aller Parteien voraus. Bloßes Schweigen auf eine Anfrage des Gerichts genügt nicht.[6] Die Zustimmung ermöglicht es allein, die nächste Entscheidung des Gerichts im schriftlichen Verfahren zu treffen. Bei **notwendiger Streitgenossenschaft** müssen alle Streitgenossen zustimmen. Die Zustimmung eines einfachen Streitgenossen wirkt nur für sein Prozessrechtsverhältnis. Gegebenenfalls kann abgetrennt (§ 145 ZPO) oder durch Teilurteil (§ 301 ZPO) entschieden werden, was jeweils nur in Ausnahmefällen sinnvoll sein dürfte. Auch ein **Streithelfer** kann die Zustimmung erklären, soweit er sich hierdurch nicht in Widerspruch zur Hauptpartei setzt (§ 67 ZPO).

4 Die Zustimmung muss **schriftlich** bzw. außerhalb des Anwaltszwangs **auch zu Protokoll der Geschäftsstelle** erfolgen. Eine **telefonische Zustimmung** genügt nicht.[7] Die Zustimmung kann nicht unter einer Bedingung erklärt werden.[8] Sie ist nicht anfechtbar. Die Zustimmung kann **widerrufen** werden, solange die Gegenpartei noch nicht zugestimmt hat.[9] Stimmen die Parteien einer Entscheidung des Einzelrichters im schriftlichen Verfahren zu, gilt dies nicht für eine Entscheidung des Senats.[10] Die Zustimmung kann auch bei einer wesentlichen Veränderung der Prozesslage widerrufen werden, z.B. nach einem entsprechenden richterlichen Hinweis.

5 Auch wenn die Zustimmung aller Parteien vorliegt, liegt es im **Ermessen** des Gerichts, ob es eine Entscheidung im schriftlichen Verfahren anordnet.[11] Im **Beschluss vom schriftlichen Verfahren**, der alsbald nach Vorliegen der letzten Zustimmung zu erlassen ist,[12] ist ein Zeitpunkt zu bestimmen, der dem Schluss der mündlichen Verhandlung entspricht und bis zu dem Schriftsätze eingereicht werden können. Er ist Bezugspunkt für die zeitlichen Grenzen der Rechtskraft nach § 323 Abs. 2 ZPO und § 767 Abs. 2 ZPO. Außerdem ist ein Verkündungstermin anzusetzen, der nicht später als in drei Monaten bestimmt werden darf. Das Verfahren dient der Beschleunigung, nicht der Verschleppung der Entscheidung.[13] Die **Dreimonatsfrist** läuft dabei ab der letzten Zustimmungserklärung der Parteien.[14] Der Beschluss ist zuzustellen (§ 329 Abs. 2 Satz 2 ZPO).

6 Eine **Fristverlängerung** durch Verlegung des Zeitpunkts, bis zu dem Schriftsätze eingereicht werden können, ist in den Grenzen der Dreimonatsfrist möglich. Andernfalls ist die Wiedereröffnung der mündlichen Verhandlung unter Bestimmung eines Verhandlungstermins (§ 156 ZPO) oder unter Umständen die erneute Einholung der Zustimmung der Parteien erforderlich. Auch kann einer Partei eine Schriftsatzfrist gewährt oder die mündliche Verhandlung wiedereröffnet werden, wenn der Schriftsatz der anderen Partei neues entscheidungserhebliches Vorbringen enthält, zu dem sich die andere Partei nicht äußern konnte.[15] Ein Antrag dieser Partei ist nicht erforderlich.[16] Ein Verstoß gegen die Dreimonatsfrist stellt einen Verfahrensfehler dar. Er begründet die Revision aber nur, wenn das Urteil darauf beruht.[17]

III. Schlussurteil über die Kosten, Abs. 3

7 Soweit nur noch über die **Kosten** des Rechtsstreits zu entscheiden ist, kann eine Entscheidung nach dem Ermessen des Gerichts auch im schriftlichen Verfahren erfolgen. Mit der Anberaumung eines Verkündungstermins ist eine Schriftsatzfrist zu bestimmen, die dem Schluss der mündlichen Verhandlung entspricht.

IV. Schriftliches Verfahren bei Beschlüssen und Verfügungen, Abs. 4

8 Bei **Beschlüssen und Verfügungen** sieht die Regelung des Absatzes 4 vor, dass diese grundsätzlich ohne mündliche Verhandlung erfolgen können. In aller Regel wird dies zur Beschleu-

---

5 BGHZ 17, 118 = NJW 1955, 988 = JZ 1955, 265; BGHZ 18, 61 = NJW 1955, 1357 = JZ 1955, 548.
6 BGH, NJW 2007, 2122 = MDR 2007, 969.
7 BVerfG, NJW 1981, 1852 = MDR 1981, 962.
8 Baumbach/Lauterbach/Albers/Hartmann, ZPO, § 128 Rn. 20.
9 BGH, NJW 2001, 2479 = MDR 2001, 1372.
10 BGHZ 18, 61 = NJW 1955, 1357 = JZ 1955, 548.
11 BGH, MDR 1968, 314 = BeckRS 1967, 31177738; zu Ermessensfehlern BGH, NJW-RR 1992, 1065 = MDR 1993, 39.
12 Zöller-*Greger*, ZPO, § 128 Rn. 9.
13 So ausdrücklich Zöller-*Greger*, ZPO, § 128 Rn. 16.
14 BGH, NJW 1992, 2147 = MDR 1992, 1051; anders Zöller-*Greger*, ZPO, § 128 Rn. 16 unter Verweis auf BGH, NJW 2000, 1714 = MDR 2000, 821: 3 Monate ab Ende der Schriftsatzfrist.
15 BVerfGE 50, 280 (285); Zöller-*Greger*, ZPO, § 128 Rn. 14; so auch MK-*Fritsche*, ZPO, § 128 Rn. 38: § 283 ZPO analog.
16 BVerfG, AnwBl. 2009, 150 = BeckRS 2009, 26753.
17 BGH, NJW-RR 2012, 622, Rn. 33 f. = WM 2012, 312, Rn. 33 f.

men hiervon mit der Folge einer notwendigen mündlichen Verhandlung sehen § 320 Abs. 3 ZPO bei einem Antrag auf Tatbestandsberichtigung, soweit eine Partei dies beantragt, sowie § 1063 Abs. 2 ZPO bei einem Antrag auf Aufhebung eines Schiedsspruchs eine mündliche Verhandlung vor.

C. Rechtsmittel

Anordnung wie Ablehnung einer dem Gericht freigestellten mündlichen Verhandlung unterliegen **nicht** der sofortigen Beschwerde. 9

§ 128a
Verhandlung im Wege der Bild- und Tonübertragung

(1) ¹Das Gericht kann den Parteien, ihren Bevollmächtigten und Beiständen auf Antrag oder von Amts wegen gestatten, sich während einer mündlichen Verhandlung an einem anderen Ort aufzuhalten und dort Verfahrenshandlungen vorzunehmen. ²Die Verhandlung wird zeitgleich in Bild und Ton an diesen Ort und in das Sitzungszimmer übertragen.

(2) ¹Das Gericht kann auf Antrag gestatten, dass sich ein Zeuge, ein Sachverständiger oder eine Partei während einer Vernehmung an einem anderen Ort aufhält. ²Die Vernehmung wird zeitgleich in Bild und Ton an diesen Ort und in das Sitzungszimmer übertragen. ³Ist Parteien, Bevollmächtigten und Beiständen nach Absatz 1 Satz 1 gestattet worden, sich an einem anderen Ort aufzuhalten, so wird die Vernehmung auch an diesen Ort übertragen.

(3) ¹Die Übertragung wird nicht aufgezeichnet. ²Entscheidungen nach Absatz 1 Satz 1 und Absatz 2 Satz 1 sind unanfechtbar.

Inhalt:

	Rn.		Rn.
A. Allgemeines	1	II. Beweisaufnahme als Videokonferenz, Abs. 2	6
B. Erläuterungen	5	III. Dokumentation der Aufzeichnung, Abs. 3 Satz 1	7
I. Verhandlung als Videokonferenz, Abs. 1	5	IV. Unanfechtbarkeit, Abs. 3 Satz 2	8

A. Allgemeines

Die Vorschrift ermöglicht eine Verhandlung bzw. Beweisaufnahme im Wege der Videokonferenz und schränkt damit den Unmittelbarkeitsgrundsatz ein. Bezweckt ist, dass in geeigneten Fällen Zeitaufwand und Reiseaufwand eingespart werden können. Die **Länder** können die Anwendbarkeit der Vorschrift bis 31.12.2017 durch eine Landesverordnung ganz oder teilweise ausschließen, um in der Zwischenzeit die technischen Voraussetzungen zu schaffen.[1] Eine Sonderregelung für Verfahren nach der EUBagatellVO besteht mit der Vorschrift des § 1100 Abs. 1 ZPO. 1

Die Durchführung setzt eine entsprechende Technik bei Gericht voraus. Ein Anspruch auf ihre Durchführung bzw. auf Bereitstellung der erforderlichen Technik durch die Justiz besteht nicht.[2] Eine Videoverhandlung oder -beweisaufnahme kommt nur in Betracht, soweit es nicht auf den persönlichen Eindruck des Gerichts ankommt, was vom Gericht abgewogen werden muss. 2

Die **Ladung** muss den **Übertragungsort**, von dem der jeweilige Beteiligte an der Verhandlung oder Beweisaufnahme teilnehmen soll, bezeichnen. Es muss sich nicht zwingend um ein Gericht oder eine andere öffentliche Stelle handeln, so dass grundsätzlich auch eine Anwaltskanzlei in Betracht kommt.[3] Die Unterbindung einer Beeinflussung oder Hilfestellung von außen und die Gewährleistung eines ordnungsgemäßen Verlaufs der Verhandlung bzw. der Beweisaufnahme setzen dieser Möglichkeit indes enge Grenzen. Gerade im Rahmen einer Beweisaufnahme geht es nicht nur um eine Zuschaltung eines Beteiligten, sondern um die formalisierte Klärung von Tatsachen zur Überzeugungsbildung des Gerichts, wobei die richterliche Beweiswürdigung sich auch auf Nebenumstände bezieht, die durch die Übertragung unter Umständen verloren gehen. Allein bei Sachverständigen oder Personen vergleichbar vermuteter Amtsstellung erscheint daher eine Vernehmung außerhalb einer Justiz- oder ähnlichen Einrichtung denkbar. 3

---

1 Art. 9 des Gesetzes vom 25.04.2013 (BGBl. I, S. 935); BT-Drucks. 17/12418, S. 21.
2 BT-Drucks. 17/12418, S. 21.
3 BT-Drucks. 17/1224, S. 12.

4 Bei der technischen Durchführung ist zu beachten, dass es allen Beteiligten zeitgleich möglich sein muss, das ganze Geschehen der Verhandlung bzw. der Beweisaufnahme in Bild und Ton mitzuerleben. Der **Grundsatz der Öffentlichkeit** gilt nur für den Gerichtssaal.[4] Der im Wege der Videoverhandlung oder -beweisaufnahme hinzugezogenen Person bleibt unbenommen, trotz Anordnung der Videoverhandlung oder -beweisaufnahme persönlich im Termin zu erscheinen. Eine Kostenerstattung soll für diesen Fall als nicht notwendige Kosten in der Regel ausgeschlossen sein,[5] was aber im Einzelfall zu entscheiden ist.

B. Erläuterungen
I. Verhandlung als Videokonferenz, Abs. 1

5 Die Durchführung einer Verhandlung im Wege der Videokonferenz kann auf Antrag oder von Amts wegen erfolgen. Auf die Güteverhandlung findet die Vorschrift keine Anwendung.[6] Informelle Abstimmungen oder Vergleichsgespräche sind auf diese Weise ohne weiteres möglich.

II. Beweisaufnahme als Videokonferenz, Abs. 2

6 Nach Absatz 2 kann auch eine Beweisaufnahme auf Antrag einer Partei, eines Zeugen oder eines Sachverständigen, aber auch ohne einen solchen Antrag als Videokonferenz durchgeführt werden. Nicht nach § 128a ZPO, sondern nach § 371 ZPO richtet sich die Möglichkeit eines Video-Augenscheins durch das Gericht.[7]

III. Dokumentation der Aufzeichnung, Abs. 3 Satz 1

7 Eine **Aufzeichnung** der Bild- und Tonübertragung ist nicht erforderlich. Sie darf allerdings erfolgen,[8] was prozessuale Fragen hinsichtlich der Überprüfung der erstinstanzlichen Beweiswürdigung im Rahmen eines Rechtsmittelverfahrens aufwirft. Auch über eine Verhandlung oder Beweisaufnahme im Wege der Videokonferenz ist ein Protokoll nach §§ 159ff. ZPO aufzunehmen.

IV. Unanfechtbarkeit, Abs. 3 Satz 2

8 Sowohl gegen die Entscheidung, eine Videoverhandlung durchzuführen, wie gegen deren Ablehnung ist **kein Rechtsbehelf** gegeben. Mit einem Rechtsbehelf kann aber unter Umständen gerügt werden, dass ein Beweismittel vom Gericht als unerreichbar angesehen wurde, obgleich die Möglichkeit einer Videovernehmung bestand.

§ 129
Vorbereitende Schriftsätze

(1) In Anwaltsprozessen wird die mündliche Verhandlung durch Schriftsätze vorbereitet.
(2) In anderen Prozessen kann den Parteien durch richterliche Anordnung aufgegeben werden, die mündliche Verhandlung durch Schriftsätze oder zu Protokoll der Geschäftsstelle abzugebende Erklärungen vorzubereiten.

Inhalt:

	Rn.		Rn.
A. Allgemeines	1	II. Vorbereitung im Parteiprozess,	
B. Erläuterungen	2	Abs. 2	3
I. Vorbereitung durch Schriftsätze im Anwaltsprozess, Abs. 1	2		

A. Allgemeines

1 Die Vorschrift ordnet an, dass die mündliche Verhandlung durch Schriftsätze vorzubereiten ist. Sie dient der Erleichterung der mündlichen Verhandlung und verhindert, dass gerade umfangreicher Schriftverkehr oder sonstige Konvolute erst in der mündlichen Verhandlung präsentiert

---

4 *Schultzky*, NJW 2003, 313 (315); Musielak/Voit-*Stadler*, ZPO, § 128a Rn. 2.
5 *Stadler*, ZZP 111 (2002), 413 (440); Zöller-*Greger*, ZPO, § 128a Rn. 8.
6 *Schultzky*, NJW 2003, 314; Zöller-*Greger*, ZPO, § 128a Rn. 2; a.A. Musielak/Voit-*Stadler*, ZPO, § 128a Rn. 5.
7 Zöller-*Greger*, ZPO, § 128a Rn. 7.
8 A.A. *Schultzky*, NJW 2003, 317; *Stadler* ZZP 115 (2002), 440, beide einschränkend; Baumbach/Lauterbach/Albers/Hartmann, ZPO, § 128a Rn. 10: zumindest nicht mangels einer eindeutigen Zustimmung aller Beteiligten.

werden. Folge eines Verstoßes gegen diese Vorschrift können eine Vertagung von Amts wegen (§ 227 ZPO) bzw. die Gewährung einer Schriftsatzfrist an die Gegenseite (§ 283 ZPO) sein. Entsprechendes Vorbringen kann auch prozessualer Verspätung unterliegen. Ein Versäumnisurteil kann unzulässig sein (§ 335 Abs. 1 Nr. 3 ZPO). Von vorbereitenden Schriftsätzen zu unterscheiden sind bestimmende Schriftsätze, die ein Vorbringen nicht nur ankündigen, sondern unmittelbar die Prozesshandlung enthalten wie beispielsweise eine Rücknahme (§§ 269, 346, 516 ZPO) oder ein Einspruch (§§ 340, 700 ZPO).

B. Erläuterungen
I. Vorbereitung durch Schriftsätze im Anwaltsprozess, Abs. 1

Die vorbereitenden Schriftsätze enthalten Sachvortrag, das Bestreiten des Sachvortrags der Gegenseite und Beweisantritte. Das Gericht sollte durch prozessleitende Verfügung den von ihm erwarteten Inhalt der vorbereitenden Schriftsätze erkennbar machen, und das Verfahren so leiten und strukturieren. Die vielfache Einräumung von wechselseitigen Stellungnahmefristen für die Parteien führt selten zur Verfahrensförderung, vielmehr oftmals zu einer schlicht deutlichen Vermehrung des Aktenstoffs ohne weiteren Erkenntnisgewinn. 2

II. Vorbereitung im Parteiprozess, Abs. 2

Auch im Parteiprozess kann die Vorbereitung der mündlichen Verhandlung durch Schriftsätze mittels richterlicher Verfügung angeordnet werden, wie es durch die Anordnung eines schriftlichen Vorverfahrens (§§ 272 Abs. 2, 276 Abs. 1 ZPO), konkludent geschieht. 3

§ 129a
Anträge und Erklärungen zu Protokoll

(1) Anträge und Erklärungen, deren Abgabe vor dem Urkundsbeamten der Geschäftsstelle zulässig ist, können vor der Geschäftsstelle eines jeden Amtsgerichts zu Protokoll abgegeben werden.

(2) ¹Die Geschäftsstelle hat das Protokoll unverzüglich an das Gericht zu übermitteln, an das der Antrag oder die Erklärung gerichtet ist. ²Die Wirkung einer Prozesshandlung tritt frühestens ein, wenn das Protokoll dort eingeht. ³Die Übermittlung des Protokolls kann demjenigen, der den Antrag oder die Erklärung zu Protokoll abgegeben hat, mit seiner Zustimmung überlassen werden.

Inhalt:
	Rn.		Rn.
A. Allgemeines	1	I. Protokoll vor dem Urkundsbeamten der Geschäftsstelle, Abs. 1	2
B. Erläuterungen	2	II. Weiteres Verfahren, Abs. 2	4

A. Allgemeines

Die Vorschrift gewährleistet einen Zugang zu Gericht auch für diejenigen, die ihr Anliegen nicht oder nicht hinreichend schriftlich äußern können. 1

B. Erläuterungen
I. Protokoll vor dem Urkundsbeamten der Geschäftsstelle, Abs. 1

Die Stellung von Anträgen und die Abgabe von Erklärungen können auch vor dem **Urkundsbeamten** der Geschäftsstelle erfolgen, soweit dies gesetzlich vorgesehen ist, wie beispielsweise in §§ 44, 109, 118, 129 Abs. 2, 248, 381 Abs. 2, 386 Abs. 1, 389 Abs. 1, 406 Abs. 2, 486 Abs. 4, 496, 569 Abs. 3, 571 Abs. 4, 573 Abs. 1, 920 Abs. 3, 924 Abs. 2 ZPO. 2

Die **Aufnahme zu Protokoll** setzt eine persönliche Anwesenheit des Antragstellers oder Erklärenden voraus; eine telefonische Übermittlung genügt nicht.[1] Jedes Amtsgericht ist örtlich zuständig. Die Einzelheiten der Protokollierung richten sich nach dem Einzelfall in entsprechender Anwendung der §§ 159 ff. ZPO.[2] Eine inhaltliche Überprüfung ist weder erforderlich noch zulässig; es geht allein eine möglichst klare Aufnahme der Erklärung oder des Antrags.[3] Das schließt nicht aus, dass unter Umständen das Ziel des Antragstellers erst erfragt werden muss.[4] 3

---

1 BGH, NJW-RR 2009, 852 = MDR 2009, 707.
2 Baumbach/Lauterbach/Albers/Hartmann, ZPO, § 129a Rn. 9.
3 Musielak/Voit-*Stadler*, ZPO, § 129a Rn. 5.
4 MK-*Fritsche*, ZPO, § 129a Rn. 7.

II. Weiteres Verfahren, Abs. 2

4 Die Erklärung wird erst mit Eingang beim erkennenden Gericht wirksam. Aus diesem Grund ist – insbesondere bei fristgebundenen Erklärungen – eine rasche Weiterleitung geboten, die nach **Satz 1** i.S.d. § 121 Abs. 1 Satz 1 BGB unverzüglich erfolgen muss und durch das Amtsgericht veranlasst wird. Unter Umständen kann eine Wiedereinsetzung nach § 233 ZPO in Betracht kommen. **Satz 3** ermöglicht indes auch, dass der Antragsteller die Übermittlung selbst übernimmt.

§ 130
Inhalt der Schriftsätze

Die vorbereitenden Schriftsätze sollen enthalten:
1. die Bezeichnung der Parteien und ihrer gesetzlichen Vertreter nach Namen, Stand oder Gewerbe, Wohnort und Parteistellung; die Bezeichnung des Gerichts und des Streitgegenstandes; die Zahl der Anlagen;
1a. die für eine Übermittlung elektronischer Dokumente erforderlichen Angaben, sofern eine solche möglich ist;
2. die Anträge, welche die Partei in der Gerichtssitzung zu stellen beabsichtigt;
3. die Angabe der zur Begründung der Anträge dienenden tatsächlichen Verhältnisse;
4. die Erklärung über die tatsächlichen Behauptungen des Gegners;
5. die Bezeichnung der Beweismittel, deren sich die Partei zum Nachweis oder zur Widerlegung tatsächlicher Behauptungen bedienen will, sowie die Erklärung über die von dem Gegner bezeichneten Beweismittel;
6. die Unterschrift der Person, die den Schriftsatz verantwortet, bei Übermittlung durch einen Telefaxdienst (Telekopie) die Wiedergabe der Unterschrift in der Kopie.

Inhalt:

	Rn.		Rn.
A. Allgemeines	1	II. Unterschrift, Nr. 6	3
B. Erläuterungen	2	III. Folge von Verstößen	5
I. Angaben nach Nr. 1–5	2		

A. Allgemeines

1 Die Vorschrift regelt als Sollvorschrift den Inhalt der vorbereitenden und bestimmenden Schriftsätze.

B. Erläuterungen
I. Angaben nach Nr. 1–5

2 Die in Nr. 1–5 genannten Angaben sind nicht zwingendes Erfordernis, sondern Sollvorschrift.[1] So ist die Angabe eines Aktenzeichens nicht erforderlich,[2] aber für die Zuordnung des Schriftsatzes wichtig. Einzelheiten zum Sachvortrag, zur Erklärungslast der Partei zum Sachvortrag des Gegners zur Benennung von Beweismittels und Folgen daraus ergeben sich aus der Vorschrift des § 138 ZPO und der allgemeinen Prozessförderungspflicht des § 282 ZPO.

II. Unterschrift, Nr. 6

3 Die **Unterschrift** ist für bestimmte Schriftsätze ein zwingendes Wirksamkeitserfordernis.[3] Nur die Unterzeichnung ermöglicht es nach der Rechtsprechung, den Urheber zu identifizieren und seinen unbedingten Einreichungswillen zu dokumentieren.[4] Es soll die eigenverantwortliche Prüfung des Schriftstücks durch den Urheber gewährleistet werden. Die Unterzeichnung muss eigenhändig handschriftlich erfolgen, eine eingescannte Unterschrift ist nicht ausreichend.[5] Beim **Telefax** muss das versandte Original unterschrieben sein.[6] Beim **Computerfax** genügt eine eingescannte Unterschrift.[7]

---

1 RGZ 6, 349; BGH, BB 1974, 109 = MDR 1974, 134; strenger Baumbach/Lauterbach/Albers/Hartmann, ZPO, § 130 Rn. 6: weitgehend zwingende Muss-Vorschriften.
2 BVerfG, NJW 1994, 2683 = ZMR 1994, 454.
3 RGZ 151, 82; BGH, NJW 2005, 2086 = MDR 2005, 1182; BGH, JR 1955, 266 = NJW 1955, 556.
4 RGZ 151, 82; BGH, NJW 2001, 1581 = MDR 2001, 828.
5 OLG Celle, NJW 2012, 2365 (2366) = MDR 2012, 1043.
6 BVerfG, NJW 2007, 3117 = CR 2007, 703; BGH, NJW 2006, 3784 = MDR 2007, 481.
7 GemS-OGB, BGHZ 144, 160 = NJW 2000, 2340 = MDR 2000, 1089.

Eine **E-Mail mit einem pdf-Anhang**, die eine Unterschrift enthält und vom Gericht ausgedruckt wird, soll ausreichen.[8] Viele Gerichte haben allerdings Verwaltungsanweisungen erlassen, wonach Eingänge ungeöffnet zurückgewiesen werden, so dass ein (fristgerechter) Eingang bei Gericht bei einer Versendung auf diese Weise dann nicht vorliegt. Die Unterzeichnung muss durch die verantwortende Person erfolgen. Im Anwaltsprozess erfolgt dies durch den mandatierten Rechtsanwalt oder seinen Vertreter, der mit „i.V." zeichnen muss,[9] während „i.A." nicht ausreichend ist,[10] es sei denn, der so unterzeichnende Rechtsanwalt ist ebenfalls mandatiert.[11] Der Unterzeichner darf allerdings darauf vertrauen, dass seine zuvor niemals beanstandete Unterschrift erst nach fruchtloser Abmahnung als formungültig angesehen wird.[12]

III. Folge von Verstößen

Die Nachholung der Unterschrift bei fristgebundenen Erklärungen scheidet aus;[13] auch kann keine Heilung nach § 295 ZPO eintreten.[14]

§ 130a
Elektronisches Dokument
[Fassung bis 31. 12. 2017]

(1) ¹Soweit für vorbereitende Schriftsätze und deren Anlagen, für Anträge und Erklärungen der Parteien sowie für Auskünfte, Aussagen, Gutachten und Erklärungen Dritter die Schriftform vorgesehen ist, genügt dieser Form die Aufzeichnung als elektronisches Dokument, wenn dieses für die Bearbeitung durch das Gericht geeignet ist. ²Die verantwortende Person soll das Dokument mit einer qualifizierten elektronischen Signatur nach dem Signaturgesetz versehen. ³Ist ein übermitteltes elektronisches Dokument für das Gericht zur Bearbeitung nicht geeignet, ist dies dem Absender unter Angabe der geltenden technischen Rahmenbedingungen unverzüglich mitzuteilen.

(2) ¹Die Bundesregierung und die Landesregierungen bestimmen für ihren Bereich durch Rechtsverordnung den Zeitpunkt, von dem an elektronische Dokumente bei den Gerichten eingereicht werden können, sowie die für die Bearbeitung der Dokumente geeignete Form. ²Die Landesregierungen können die Ermächtigung durch Rechtsverordnung auf die Landesjustizverwaltungen übertragen. ³Die Zulassung der elektronischen Form kann auf einzelne Gerichte oder Verfahren beschränkt werden.

(3) Ein elektronisches Dokument ist eingereicht, sobald die für den Empfang bestimmte Einrichtung des Gerichts es aufgezeichnet hat.

§ 130a
Elektronisches Dokument
[Fassung ab 01. 01. 2018]

(1) Vorbereitende Schriftsätze und deren Anlagen, schriftlich einzureichende Anträge und Erklärungen der Parteien sowie schriftlich einzureichende Auskünfte, Aussagen, Gutachten, Übersetzungen und Erklärungen Dritter können nach Maßgabe der folgenden Absätze als elektronisches Dokument bei Gericht eingereicht werden.

(2) ¹Das elektronische Dokument muss für die Bearbeitung durch das Gericht geeignet sein. ²Die Bundesregierung bestimmt durch Rechtsverordnung mit Zustimmung des Bundesrates die für die Übermittlung und Bearbeitung geeigneten technischen Rahmenbedingungen.

(3) Das elektronische Dokument muss mit einer qualifizierten elektronischen Signatur der verantwortenden Person versehen sein oder von der verantwortenden Person signiert und auf einem sicheren Übermittlungsweg eingereicht werden.

(4) Sichere Übermittlungswege sind

1. der Postfach- und Versanddienst eines De-Mail-Kontos, wenn der Absender bei Versand der Nachricht sicher im Sinne des § 4 Absatz 1 Satz 2 des De-Mail-Gesetzes angemeldet

---

8 BGH, NJW 2008, 2649 = MDR 2008, 1176.
9 BGH, NJW-RR 2012, 1139 = MDR 2012, 796.
10 BGH, NJW 1988, 210.
11 BGH, NJW-RR 2012, 1269; BGH, NJW 1993, 2056 = MDR 1993, 902.
12 BVerfG, NJW 1988, 2787 = MDR 1988, 749; BGH, NJW-RR 2015, 699 = MDR 2015, 606.
13 BGH, VersR 1980, 331.
14 BGHZ 65, 46 = NJW 1975, 1704 = MDR 1975, 1014; anders für die Klage BGH, NJW 1972, 1373 (1374) = MDR 1972, 767.

ist und er sich die sichere Anmeldung gemäß § 5 Absatz 5 des De-Mail-Gesetzes bestätigen lässt,
2. der Übermittlungsweg zwischen dem besonderen elektronischen Anwaltspostfach nach § 31a der Bundesrechtsanwaltsordnung oder einem entsprechenden, auf gesetzlicher Grundlage errichteten elektronischen Postfach und der elektronischen Poststelle des Gerichts,
3. der Übermittlungsweg zwischen einem nach Durchführung eines Identifizierungsverfahrens eingerichteten Postfach einer Behörde oder einer juristischen Person des öffentlichen Rechts und der elektronischen Poststelle des Gerichts; das Nähere regelt die Verordnung nach Absatz 2 Satz 2,
4. sonstige bundeseinheitliche Übermittlungswege, die durch Rechtsverordnung der Bundesregierung mit Zustimmung des Bundesrates festgelegt werden, bei denen die Authentizität und Integrität der Daten sowie die Barrierefreiheit gewährleistet sind.

(5) [1]Ein elektronisches Dokument ist eingegangen, sobald es auf der für den Empfang bestimmten Einrichtung des Gerichts gespeichert ist. [2]Dem Absender ist eine automatisierte Bestätigung über den Zeitpunkt des Eingangs zu erteilen.

(6) [1]Ist ein elektronisches Dokument für das Gericht zur Bearbeitung nicht geeignet, ist dies dem Absender unter Hinweis auf die Unwirksamkeit des Eingangs und auf die geltenden technischen Rahmenbedingungen unverzüglich mitzuteilen. [2]Das Dokument gilt als zum Zeitpunkt der früheren Einreichung eingegangen, sofern der Absender es unverzüglich in einer für das Gericht zur Bearbeitung geeigneten Form nachreicht und glaubhaft macht, dass es mit dem zuerst eingereichten Dokument inhaltlich übereinstimmt.

Inhalt:

	Rn.		Rn.
A. Allgemeines	1	III. Eröffnung des elektronischen Rechtsverkehrs durch Verordnungsermächtigung, Abs. 2	5
B. Erläuterungen	3		
I. Elektronisches Dokument, Abs. 1 Satz 1	3	IV. Zugangszeitpunkt, Abs. 3	6
II. Qualifizierte elektronische Signatur, Abs. 1 Satz 2	4		

A. Allgemeines

1 Die Vorschrift sieht grundsätzlich die Möglichkeit vor, Schriftsätze mit Anlagen als elektronisches Dokument bei Gericht einzureichen. Nach der derzeit noch geltenden Rechtslage setzt die Vorschrift voraus, dass der elektronische Rechtsverkehr für das entsprechende Bundesland, das entsprechende Gericht und das entsprechende Verfahren eröffnet worden ist, was im Einzelfall vom Einreichenden überprüft werden muss.

2 Das Gesetz zur Förderung des elektronischen Rechtsverkehrs[1] wird Erleichterungen der Einreichung von elektronischen Dokumenten insofern vorsehen, dass eine qualifizierte elektronische Signatur nicht mehr erforderlich sein wird, indem verschiedene sichere Übermittlungswege eröffnet werden. Sie wird unter Einräumung verschiedener Opt-In- und Opt-Out-Möglichkeiten für die Länder zwischen 01. 01. 2018 und 01. 01. 2022 in Kraft treten.

B. Erläuterungen
I. Elektronisches Dokument, Abs. 1 Satz 1

3 Der Begriff des elektronischen Dokuments ist deckungsgleich mit dem Begriff der nur maschinell lesbaren Form des § 690 Abs. 3 ZPO.[2]

II. Qualifizierte elektronische Signatur, Abs. 1 Satz 2

4 Als zwingendes Erfordernis eines bestimmenden Schriftsatzes ist als Ersatz für die eigenhändige Unterschrift Voraussetzung, dass das elektronische Dokument mit einer qualifizierten elektronischen Signatur nach § 2 Nr. 3 des Signaturgesetzes verbunden ist.[3] Eine sogenannte **Container-Signatur** ist ausreichend.[4] Eine einfache E-Mail genügt diesen Anforderungen

---

[1] Gesetz vom 16. 10. 2013 (BGBl. I, S. 3786), dazu *Müller-Teckhof*, MMR 2014, 95; *Brosch*, K&R 2014, 9; *Bacher*, MDR 2014, 998.
[2] BT-Drucks. 14/4987, S. 24.
[3] BGHZ 184, 75 = NJW 2010, 2134 = MDR 2010, 460.
[4] BGH, NJW 2013, 2034 = MDR 2013, 1064.

nicht.⁵ Wird eine pdf-Datei, die einer E-Mail beigefügt war, vom Gericht ausgedruckt, kann das Gericht den Schriftsatz allerdings nicht zurückweisen.⁶ Bei einem Anwaltsschriftsatz muss sich der Berufsträger den Inhalt zu Eigen machen.⁷ Keinesfalls darf die Signaturkarte an einen Dritten weitergegeben werden, damit dieser sie selbst nach eigenem Gutdünken verwenden kann.

III. Eröffnung des elektronischen Rechtsverkehrs durch Verordnungsermächtigung, Abs. 2

Die Bundesregierung und die Landesregierungen erhalten über die Verordnungsermächtigung die Befugnis, den elektronischen Rechtsverkehr für ihren Bereich insgesamt oder nur teilweise zu eröffnen.⁸ Ebenfalls durch Rechtsverordnung festgelegt werden die technischen Anforderungen für eine elektronische Übersendung des elektronischen Dokuments an das Gericht. 5

IV. Zugangszeitpunkt, Abs. 3

Das Dokument ist i.S.d. Abs. 3 eingereicht, sobald es von der dortigen Empfangseinrichtung aufgezeichnet ist. **Technische Störungen**, die nicht die Datenverarbeitung beim Absender betreffen, sind diesem nicht zuzurechnen. Bestehende Fristen dürfen voll ausgenutzt werden.⁹ 6

§ 130b
Gerichtliches elektronisches Dokument

Soweit dieses Gesetz dem Richter, dem Rechtspfleger, dem Urkundsbeamten der Geschäftsstelle oder dem Gerichtsvollzieher die handschriftliche Unterzeichnung vorschreibt, genügt dieser Form die Aufzeichnung als elektronisches Dokument, wenn die verantwortenden Personen am Ende des Dokuments ihren Namen hinzufügen und das Dokument mit einer qualifizierten elektronischen Signatur versehen.

Die Vorschrift regelt als Pendant zum Schriftsatz der Parteien und Parteivertreter als elektronischem Dokument (§ 130a ZPO) die Herstellung eines gerichtlichen, originär elektronischen Dokuments. 1

Die Errichtung des elektronischen Dokuments setzt anstelle der Unterschrift der handelnden Person die Anfügung einer qualifizierten elektronischen Signatur als höchstpersönliche Amtshandlung¹ voraus, soweit diese in Papierform erforderlich ist, was bei Urteilen, Beschlüssen, Protokollen und Verfügungen der Fall ist. Soweit es sich um eine Kollegialentscheidung handelt, ist die qualifizierte elektronische Signatur aller Mitwirkenden erforderlich. 2

§ 130c
Formulare; Verordnungsermächtigung

¹Das Bundesministerium der Justiz und für Verbraucherschutz kann durch Rechtsverordnung mit Zustimmung des Bundesrates elektronische Formulare einführen. ²Die Rechtsverordnung kann bestimmen, dass die in den Formularen enthaltenen Angaben ganz oder teilweise in strukturierter maschinenlesbarer Form zu übermitteln sind. ³Die Formulare sind auf einer in der Rechtsverordnung zu bestimmenden Kommunikationsplattform im Internet zur Nutzung bereitzustellen. ⁴Die Rechtsverordnung kann bestimmen, dass eine Identifikation des Formularverwenders abweichend von § 130a Absatz 3 auch durch Nutzung des elektronischen Identitätsnachweises nach § 18 des Personalausweisgesetzes oder § 78 Absatz 5 des Aufenthaltsgesetzes erfolgen kann.

---

5 BGH, NJW-RR 2009, 357 = MDR 2009, 401.
6 BGH, NJW 2008, 2649 (2650), Rn. 14 = MDR 2008, 1176.
7 BGH, NJW 2011, 1294 (1295) = MDR 2011, 251.
8 Aufstellung unter www.egvp.de und bei Baumbach/Lauterbach/Albers/Hartmann, ZPO, § 130a Rn. 6.
9 *Müller-Teckhof*, MMR 2014, 95 (97); a.A. *Bacher*, MDR 2002, 669: Übersendung eine Stunde vor Fristablauf.

Zu § 130b:
1 Musielak/Voit-*Stadler*, ZPO, § 130b Rn. 2, unter Hinweis auf § 39 BeurkG als Amtspflicht des Notars, s.a. *Bettendorf/Apfelbaum*, DNotZ 2008, 85ff.

1 Die durch das Gesetz zur Förderung des elektronischen Rechtsverkehrs geschaffene und am 01.07.2014 in Kraft getretene Vorschrift ermöglicht dem BMJV die Einführung elektronischer Formulare. Nach der Vorschrift kann das Bundesjustizministerium für einzelne Bereiche des Zivilprozesses **Formulare** einführen, beispielsweise für einen Kostenfestsetzungsantrag. Sinn der Vorschrift ist es nicht, die Parteien in der eigenverantwortlichen Strukturierung ihres Sachvortrages im Prozess einzuschränken. Es bleibt vielmehr bei der Möglichkeit zur frei formatiertem und frei formuliertem Sachvortrag.[1] Die Übermittlung von Angaben in nur **maschinell lesbarer Form** nach Satz 2 orientiert sich an der Regelung des § 690 Abs. 3 Satz 1 ZPO zum Mahnverfahren. Bezweckt ist, dass die Angaben im Justizfachverfahren elektronisch weiterverarbeitet werden können und nicht dort erneut von Hand erfasst werden müssen.

§ 130d
Nutzungspflicht für Rechtsanwälte und Behörden
(Geltung ab 01.01.2022)

¹Vorbereitende Schriftsätze und deren Anlagen sowie schriftlich einzureichende Anträge und Erklärungen, die durch einen Rechtsanwalt, durch eine Behörde oder durch eine juristische Person des öffentlichen Rechts einschließlich der von ihr zur Erfüllung ihrer öffentlichen Aufgaben gebildeten Zusammenschlüsse eingereicht werden, sind als elektronisches Dokument zu übermitteln. ²Ist dies aus technische Gründen vorübergehend nicht möglich, bleibt die Übermittlung nach den allgemeinen Vorschriften zulässig. ³Die vorübergehende Unmöglichkeit ist bei der Ersatzeinrichtung oder unverzüglich danach glaubhaft zu machen; auf Anforderung ist ein elektronisches Dokument nachzureichen.

§ 131
Beifügung von Urkunden

(1) Dem vorbereitenden Schriftsatz sind die in den Händen der Partei befindlichen Urkunden, auf die in dem Schriftsatz Bezug genommen wird, in Abschrift beizufügen.
(2) Kommen nur einzelne Teile einer Urkunde in Betracht, so genügt die Beifügung eines Auszugs, der den Eingang, die zur Sache gehörende Stelle, den Schluss, das Datum und die Unterschrift enthält.
(3) Sind die Urkunden dem Gegner bereits bekannt oder von bedeutendem Umfang, so genügt ihre genaue Bezeichnung mit dem Erbieten, Einsicht zu gewähren.

Inhalt:

	Rn.		Rn.
A. Allgemeines	1	II. Auszugsweise Abschriften	3
B. Erläuterungen	2	III. Ausnahmen	4
I. Beifügung von Abschriften	2		

A. Allgemeines

1 Zur ordnungsgemäßen Vorbereitung der mündlichen Verhandlung und der Information des Gegners bestimmt die Vorschrift die Verfahrensregeln zur Beifügung von Abschriften. Für den Urkundsbeweis besteht die Sonderregelung des § 422 ZPO, für den Urkundenprozess diejenige des § 593 Abs. 2 ZPO

B. Erläuterungen
I. Beifügung von Abschriften

2 Die Beifügung erfolgt in Abschrift, nicht durch Einreichung der Urschrift. Grund ist, dass diese bei einer Umstellung der Justiz auf die elektronische Akte mittels ersetzenden Scannens unter Umständen vernichtet werden könnten. Urschriften sind daher nur auf gesonderte richterliche Verfügung (§§ 275 Abs. 2 Nr. 1, 142 ZPO) oder im Rahmen der Beweisaufnahme (§ 420 ZPO) einzureichen bzw. vorzulegen.

II. Auszugsweise Abschriften

3 Auszüge sind ausreichend, soweit nach der objektiven Bewertung des Gerichts nach seinem pflichtgemäßen Ermessen jedenfalls wahrscheinlich ist, dass nur einzelne Teile entscheidungs-

---

1 *Müller-Teckhof*, MMR 2014, 95 (97); *de lege ferenda* strenger *Gaier*, ZRP 2015, 101.

erheblich sein werden.² Hier kann von Seiten des Gerichts oder des Gegners Vorsicht geboten sein, da gelegentlich auch wichtige Passagen zurückgehalten werden, oder die Auslegung streitiger Fragen eine Würdigung der gesamten Urkunde erfordert.³

III. Ausnahmen

Eine Ausnahme der Pflicht zur Vorlage von Abschriften besteht, wenn der Gegner die beizufügenden Urkunden bereits kennt. Eine weitere Ausnahme besteht bei bedeutendem Umfang der Anlagen. Die Vorschrift dient der Praktikabilität und der Kostenersparnis, woran sich ihre Auslegung durch das Gericht, gegebenenfalls nach der Gewährung rechtlichen Gehörs, zu orientieren hat. 4

§ 132
Fristen für Schriftsätze

(1) ¹Der vorbereitende Schriftsatz, der neue Tatsachen oder ein anderes neues Vorbringen enthält, ist so rechtzeitig einzureichen, dass er mindestens eine Woche vor der mündlichen Verhandlung zugestellt werden kann. ²Das Gleiche gilt für einen Schriftsatz, der einen Zwischenstreit betrifft.

(2) ¹Der vorbereitende Schriftsatz, der eine Gegenerklärung auf neues Vorbringen enthält, ist so rechtzeitig einzureichen, dass er mindestens drei Tage vor der mündlichen Verhandlung zugestellt werden kann. ²Dies gilt nicht, wenn es sich um eine schriftliche Gegenerklärung in einem Zwischenstreit handelt.

Inhalt:

	Rn.		Rn.
A. Allgemeines	1	II. Neue Tatsachen oder neues Vorbringen	3
B. Erläuterungen	2		
I. Einreichungsfrist für vorbereitende Schriftsätze	2	III. Folgen von Verstößen	4

A. Allgemeines

Die Vorschrift bezweckt die rechtzeitige Vorbereitung des Termins. Sie will die Einreichung von vorbereitenden Schriftsätzen quasi in letzter Minute vor dem Termin verhindern. Dies gelingt in der Praxis nur sehr unzureichend.¹ Keine Anwendung findet die Vorschrift, soweit besondere Fristen gesetzlich vorgesehen sind. Dies ist in § 274 Abs. 3 ZPO für die Klage, in § 523 Abs. 2 ZPO für die Berufung, in § 553 Abs. 2 ZPO für die Revision und im Urkundenprozess in § 593 Abs. 2 Satz 2 ZPO der Fall. Auch im **einstweiligen Rechtsschutz** ist sie **nicht anwendbar**. 1

B. Erläuterungen
I. Einreichungsfrist für vorbereitende Schriftsätze

Eingereicht ist der Schriftsatz, wenn er tatsächlich in die Verfügungsgewalt des Gerichts gelangt ist.² Die Frist ist erst eingehalten, wenn der Schriftsatz oder die Gegenerklärung rechtzeitig beim Gegner eingeht. Die Zeit für eine Weiterleitung durch das Gericht ist damit einzurechnen und von den Parteien einzuplanen. 2

II. Neue Tatsachen oder neues Vorbringen

Es muss sich um neue Tatsachen oder ein neues Vorbringen der Partei handeln. Die Fristen gelten daher nicht für Rechtsausführungen der Parteien, die jederzeit eingereicht werden können. 3

III. Folgen von Verstößen

Folgen eines Verstoßes können eine Vertagung von Amts wegen (§ 227 ZPO) bzw. die Gewährung einer Schriftsatzfrist an die Gegenseite (§ 283 ZPO) sein. Entsprechendes Vorbringen kann auch prozessualer Verspätung unterliegen. Ein Versäumnisurteil kann unzulässig sein (§ 335 Abs. 1 Nr. 3 ZPO). 4

---

2 Baumbach/Lauterbach/Albers/Hartmann, ZPO, § 131 Rn. 11.
3 Einschränkend auch MK-*Fritsche*, ZPO, § 131 Rn. 8.

Zu § 132:
1 Zöller-*Greger*, ZPO, § 132 Rn. 4: Verbreitete Unsitte.
2 BVerfG, NJW 1980, 580 = MDR 1980, 117.

§ 133
Abschriften

(1) ¹Die Parteien sollen den Schriftsätzen, die sie bei dem Gericht einreichen, die für die Zustellung erforderliche Zahl von Abschriften der Schriftsätze und deren Anlagen beifügen. ²Das gilt nicht für elektronisch übermittelte Dokumente sowie für Anlagen, die dem Gegner in Urschrift oder in Abschrift vorliegen.

(2) Im Falle der Zustellung von Anwalt zu Anwalt (§ 195) haben die Parteien sofort nach der Zustellung eine für das Prozessgericht bestimmte Abschrift ihrer vorbereitenden Schriftsätze und der Anlagen bei dem Gericht einzureichen.

Inhalt:

	Rn.		Rn.
A. Allgemeines	1	II. Beifügung von Abschriften bei Zustellung von Anwalt zu Anwalt, Abs. 2	3
B. Erläuterungen	2		
I. Beifügung von Abschriften, Abs. 1	2	III. Folgen von Verstößen	4

A. Allgemeines

1 Die Vorschrift gewährleistet, dass der Geschäftsstelle die für die Zustellung erforderlichen Unterlagen von den Parteien zur Verfügung gestellt werden. Es ist Aufgabe der Parteien, nicht des Gerichts, für die Anfertigung von Abschriften für die anderen Parteien zu sorgen. Gesonderte Abschriften für Rechtsanwalt und Parteien sind nicht vorgeschrieben, aber üblich.[1] Absatz 1 Satz 1 sieht ausdrücklich vor, dass die erforderliche Anzahl von Abschriften beigefügt werden muss, auch wenn dies im Mehrparteienprozess zuweilen zur Übersendung großer Papiermengen führt. Die Regelung gilt auch bei einer Übersendung per Fax.[2] Fehlende Abschriften werden von der Geschäftsstelle bei den Parteien nachgefordert oder kostenpflichtig für diese angefertigt.

B. Erläuterungen
I. Beifügung von Abschriften, Abs. 1

2 Die Parteien haben dem Gericht Abschriften der Schriftsätze und der Anlagen beizufügen. Bei der Übersendung eines elektronischen Dokuments ist die Beifügung von Abschriften nicht erforderlich, wie Abs. 1 Satz 2 Alt. 1 klarstellt. Die Beifügung ist auch nicht geboten, soweit die Anlagen dem Gegner bereits vorliegen.

II. Beifügung von Abschriften bei Zustellung von Anwalt zu Anwalt, Abs. 2

3 Bei einer Zustellung von Anwalt zu Anwalt (§ 195 ZPO) muss eine Abschrift des Schriftsatzes mit Anlagen an das Gericht übersandt werden. Der Zweck der schnellen Information des Gerichts und seiner sachgerechten Vorbereitung des Verhandlungstermins wird hierdurch gewährleistet.

III. Folgen von Verstößen

4 Ein Verstoß kann zu einer Vertagung von Amts wegen führen. Daneben können Kostennachteile drohen (§ 95 ZPO, § 38 GKG). Eine Präklusion tritt nicht ein.[3]

§ 134
Einsicht von Urkunden

(1) Die Partei ist, wenn sie rechtzeitig aufgefordert wird, verpflichtet, die in ihren Händen befindlichen Urkunden, auf die sie in einem vorbereitenden Schriftsatz Bezug genommen hat, vor der mündlichen Verhandlung auf der Geschäftsstelle niederzulegen und den Gegner von der Niederlegung zu benachrichtigen.

(2) ¹Der Gegner hat zur Einsicht der Urkunden eine Frist von drei Tagen. ²Die Frist kann auf Antrag von dem Vorsitzenden verlängert oder abgekürzt werden.

---

1 Zöller-*Greger*, ZPO, § 133 Rn. 1.
2 Baumbach/Lauterbach/Albers/Hartmann, ZPO, § 133 Rn. 7.
3 BGH, BeckRS 2012, 02331 = WM 2012, 269, Rn. 13.

Inhalt:

	Rn.		Rn.
A. Allgemeines	1	II. Folgen einer unterbliebenen Niederlegung oder unterbliebenen Einsicht	3
B. Erläuterungen	2		
I. Pflicht zur Niederlegung von Urkunden auf der Geschäftsstelle	2		

A. Allgemeines

Die Vorschrift regelt eine Alternative zur Vorlegung von Urschriften der Urkunden in der mündlichen Verhandlung. Sie ist im Anwalts- wie im Parteiprozess anwendbar, hat aber wenig praktische Bedeutung. Eine Anwendung kann dann in Betracht kommen, wenn das Gericht eine vorherige Prüfung des Originals vor einer mündlichen Verhandlung für geboten hält.[1]   1

B. Erläuterungen
I. Pflicht zur Niederlegung von Urkunden auf der Geschäftsstelle

Die Aufforderung zur Niederlegung erfolgt auf Antrag oder von Amts wegen. Die im Gesetz vorgesehene Frist ist sehr kurz und sollte auf Antrag großzügig verlängert werden. Die Urkunde wird durch die Niederlegung nicht Aktenbestandteil. Akteneinsicht nach § 299 ZPO kann daher nicht gewährt werden. Es entsteht ein besonderes öffentlich-rechtliches Verwahrungsverhältnis über sie.   2

II. Folgen einer unterbliebenen Niederlegung oder unterbliebenen Einsicht

Die Nichtbefolgung der Aufforderung führt zur Unzulässigkeit eines Versäumnisurteils (§ 335 Abs. 1 Nr. 3 ZPO). Es kann eine Vertagung der mündlichen Verhandlung bzw. die Gewährung einer Schriftsatzfrist an die Gegenseite (§ 283 ZPO) notwendig sein. Entsprechendes Vorbringen kann auch prozessualer Verspätung unterliegen. Die unterbliebene Einsicht durch den Gegner trotz erfolgter Niederlegung der Urkunde kann dazu führen, dass später erhobene Einwendungen, die aus einer Einsichtnahme in die Urkunde entstanden sind, präkludiert sind.   3

§ 135
Mitteilung von Urkunden unter Rechtsanwälten

(1) Den Rechtsanwälten steht es frei, die Mitteilung von Urkunden von Hand zu Hand gegen Empfangsbescheinigung zu bewirken.

(2) Gibt ein Rechtsanwalt die ihm eingehändigte Urkunde nicht binnen der bestimmten Frist zurück, so ist er auf Antrag nach mündlicher Verhandlung zur unverzüglichen Rückgabe zu verurteilen.

(3) Gegen das Zwischenurteil findet sofortige Beschwerde statt.

Inhalt:

	Rn.		Rn.
A. Allgemeines	1	II. Rückgabestreit, Abs. 2	3
B. Erläuterungen	2	III. Rechtsmittel, Abs. 3	4
I. Urkundenverkehr zwischen Rechtsanwälten	2		

A. Allgemeines

Die Vorschrift regelt den Urkundenverkehr unter Rechtsanwälten im Anwalts- und Parteiprozess als Alternative zum Verfahren einer Niederlegung bei Gericht nach § 134 ZPO.   1

B. Erläuterungen
I. Urkundenverkehr zwischen Rechtsanwälten

Die Übergabe der Urkunde erfolgt hier gegen ein Empfangsbekenntnis des Rechtsanwalts. Eine persönliche Übergabe zwischen den Rechtsanwälten ist nicht erforderlich.[1] Eine Mitteilung des Gerichts ist sinnvoll, um eine gleichlautende prozessleitende Verfügung des Gerichts zu vermeiden (§§ 273 Abs. 2 Nr. 5, 142 Abs. 1 ZPO).   2

---

1 MK-*Fritsche*, ZPO, § 134 Rn. 2.

Zu § 135:
1 MK-*Fritsche*, ZPO, § 135 Rn. 2.

II. Rückgabestreit, Abs. 2

3 Erfolgt keine Rückgabe binnen der gesetzlichen Frist nach § 134 Abs. 2 ZPO oder binnen der vom übergebenden Rechtsanwalt bestimmten Frist, kann sich ein Zwischenstreit ergeben. Der Rechtsanwalt ist dann auf Antrag nach mündlicher Verhandlung zur Rückgabe zu verurteilen. Die Pflicht ist eine sofortige, entgegen des Wortlautes nicht nur eine zur unverzüglichen Rückgabe i.S.d. § 121 Abs. 1 Satz 1 BGB.[2] Die Kosten des Zwischenstreits trägt der Rechtsanwalt bei Unterliegen persönlich.

III. Rechtsmittel, Abs. 3

4 Gegen das Zwischenurteil (§ 303 ZPO) besteht die Möglichkeit einer sofortigen Beschwerde (§ 567 ZPO).

§ 136
Prozessleitung durch Vorsitzenden

(1) Der Vorsitzende eröffnet und leitet die Verhandlung.

(2) ¹Er erteilt das Wort und kann es demjenigen, der seinen Anordnungen nicht Folge leistet, entziehen. ²Er hat jedem Mitglied des Gerichts auf Verlangen zu gestatten, Fragen zu stellen.

(3) Er hat Sorge zu tragen, dass die Sache erschöpfend erörtert und die Verhandlung ohne Unterbrechung zu Ende geführt wird; erforderlichenfalls hat er die Sitzung zur Fortsetzung der Verhandlung sofort zu bestimmen.

(4) Er schließt die Verhandlung, wenn nach Ansicht des Gerichts die Sache vollständig erörtert ist, und verkündet die Urteile und Beschlüsse des Gerichts.

Inhalt:

	Rn.		Rn.
A. Allgemeines	1	II. Formelle Prozessleitung, Abs. 2	3
B. Erläuterungen	2	III. Materielle Prozessleitung, Abs. 2	4
I. Sitzungsleitung durch den Vorsitzenden, Abs. 1	2	IV. Schluss der mündlichen Verhandlung, Abs. 4	7

A. Allgemeines

1 Die Vorschrift regelt die Einzelheiten der richterlichen Prozessleitung.

B. Erläuterungen
I. Sitzungsleitung durch den Vorsitzenden, Abs. 1

2 Der **Begriff des Vorsitzenden** ist funktionell zu verstehen. Vorsitzender ist damit der Vorsitzende der Kammer oder des Senats, in Einzelrichtersachen der Einzelrichter (§§ 348, 348a ZPO).

II. Formelle Prozessleitung, Abs. 2

3 Die formelle Prozessleitung betrifft die äußere Ordnung der Verhandlung. In der mündlichen Verhandlung erteilt der Vorsitzende das Wort und kann es wieder entziehen. Außerhalb der mündlichen Verhandlung betrifft sie die formelle Prozessleitung durch Anberaumung von Terminen, Fristsetzungen und Entscheidung über ihre Verlängerung. Auch die Wahl zwischen einem frühen ersten Termin und dem schriftlichen Vorverfahren (§ 272 Abs. 2 ZPO) gehört hierzu.

III. Materielle Prozessleitung, Abs. 2

4 Die **materielle Prozessleitung** betrifft die **innere Ordnung** der Verhandlung. Der Vorsitzende hat auf eine angemessene Führung und Förderung des Verfahrens hinzuwirken. Ihm steht insoweit ein pflichtgemäß auszuübendes Ermessen zu. So kann er beispielsweise die Reihenfolge der Wortbeiträge der Parteien und Parteivertreter bestimmen.

5 Den **Beisitzern** ist ausdrücklich gestattet, Fragen zu stellen (Abs. 2 Satz 2). Durchaus möglich und auch üblich ist, dass der Vorsitzende einzelne Aufgaben auf den Berichterstatter oder einen Beisitzer delegiert. Dies kann für die **Güteverhandlung** (§ 278 ZPO), die Einführung in den Sach- und Streitstand oder für die Vernehmung eines Zeugen geschehen.

6 Der **Vorsitzende** ist in der Führung des Verfahrens damit relativ frei, auch gegenüber seinen Beisitzern. Im Rahmen des § 140 ZPO entscheidet bei Beanstandungen das Gericht.

---

2 MK-*Fritsche*, ZPO, § 135 Rn. 5.

IV. Schluss der mündlichen Verhandlung, Abs. 4

Der Vorsitzende schließt die mündliche Verhandlung. Dies kann auch stillschweigend, beispielsweise durch die Bestimmung eines Verkündungstermins oder den Aufruf einer anderen Sache geschehen. 7

Der **Schluss der mündlichen Verhandlung** hat Bedeutung für die Präklusion weiteren Vorbringens (§ 296a ZPO) und die Grenzen der Rechtskraft (§§ 322, 323 Abs. 2, 767 Abs. 2 ZPO). Besonderheiten für die Bestimmung des Schlusses der mündlichen Verhandlung bestehen im schriftlichen Verfahren nach § 128 Abs. 2 ZPO. 8

§ 137
Gang der mündlichen Verhandlung

(1) Die mündliche Verhandlung wird dadurch eingeleitet, dass die Parteien ihre Anträge stellen.

(2) Die Vorträge der Parteien sind in freier Rede zu halten; sie haben das Streitverhältnis in tatsächlicher und rechtlicher Beziehung zu umfassen.

(3) ¹Eine Bezugnahme auf Dokumente ist zulässig, soweit keine der Parteien widerspricht und das Gericht sie für angemessen hält. ²Die Vorlesung von Dokumenten findet nur insoweit statt, als es auf ihren wörtlichen Inhalt ankommt.

(4) In Anwaltsprozessen ist neben dem Anwalt auch der Partei selbst auf Antrag das Wort zu gestatten.

Inhalt:

	Rn.		Rn.
A. Allgemeines	1	II. Parteivortrag, Abs. 2	5
B. Erläuterungen	2	III. Bezugnahme auf Dokumente, Abs. 3	6
I. Antragstellung, Abs. 1	2	IV. Worterteilung, Abs. 4	7

A. Allgemeines

Die Vorschrift regelt Einzelheiten des Ablaufs der mündlichen Verhandlung. 1

B. Erläuterungen
I. Antragstellung, Abs. 1

Die **mündliche Verhandlung** beginnt nach **Aufruf der Sache** (§ 220 Abs. 1 ZPO) grundsätzlich mit dem Stellen der Anträge. Soweit eine Güteverhandlung vorgesehen ist, wird sie der Stellung der Anträge in der Regel vorausgehen. Es kann auch sein, dass der Antragstellung Erörterungen oder richterliche Hinweise (§ 139 Abs. 1 ZPO) zur Klärung des Sachverhalts oder hinsichtlich eines sachgerechten Antrages vorausgehen. Die von der Vorschrift vorgesehene Reihenfolge ist damit insgesamt nicht zwingend, sondern anhand der jeweiligen Zweckmäßigkeit auszurichten. 2

Die Antragstellung bewirkt, dass die Klage nicht mehr **ohne Einwilligung** des Gegners zurückgenommen werden kann (§ 269 Abs. 1 ZPO). Nach einer Verhandlung zur Sache kann gemäß § 39 ZPO die Beklagtenseite eine Unzuständigkeit des Gerichts nicht mehr geltend machen. 3

Die **Antragstellung** wirkt für die gesamte Verhandlung und muss daher grundsätzlich nicht wiederholt werden. Dies gilt auch für einen Richterwechsel,[1] kann aber freilich zur Klarstellung erfolgen.[2] Durch sie wird der gesamte Vortrag der Partei zum Gegenstand des Verfahrens.[3] 4

II. Parteivortrag, Abs. 2

Für den Parteivortrag ist grundsätzlich die Mündlichkeit vorgesehen, so dass die Parteien den Vortrag in freier Rede zu halten haben. Die Mündlichkeit gewährleistet das rechtliche Gehör auch schriftlich ungewandter Parteien; gegen allzu ausschweifende Ausführungen der Partei oder ihrer Parteivertreter kann der Vorsitzende nach § 136 Abs. 2 ZPO durch Wortentziehung einschreiten. 5

---

[1] Vgl. nur Thomas/Putzo-*Reichold*, ZPO § 137 Rn. 1; anders aber BAG, NJW 1971, 1332 = MDR 1971, 521.
[2] Zöller-*Greger*, ZPO, § 137 Rn. 2.
[3] BGH, MDR 1981, 1012.

III. Bezugnahme auf Dokumente, Abs. 3

6 In der Praxis geschieht der Parteivortrag grundsätzlich durch Bezugnahme auf Schriftsätze, wobei in der mündlichen Verhandlung dann allein die besonders erörterungsbedürftigen Punkte ausdrücklich angesprochen werden. Die Bezugnahme auf Anlagen muss allerdings konkret erfolgen, sie ersetzt keinen diesbezüglichen Vortrag der Partei. Das Gericht muss sich daher nicht zur Erfassung des Sachvortrags, wohl aber zur Kontrolle unter Umständen durch Konvolute von Anlagen kämpfen. Wird entsprechende Nachlässigkeit der Parteien, die Umstände nicht – jedenfalls zusammenfassend und ordnend – zum Gegenstand der Schriftsätze erhoben und strukturiert zu haben, vom Gericht nicht gerügt, kann sich die Partei darauf verlassen, dass die Rüge auch nicht erst im Urteil geschieht.[4]

IV. Worterteilung, Abs. 4

7 Die **erschienene Partei** hat auch im Anwaltsprozess das Recht dazu, neben dem Anwalt selbst das Wort ergreifen zu dürfen. Allein dies entspricht der Gewährung ausreichenden rechtlichen Gehörs. Die Partei ist überdies eine bedeutende Erkenntnisquelle, die vom Gericht genutzt werden sollte. Auch erhöht es die Akzeptanz einer Entscheidung und vermeidet Rechtsmittel, wenn die Partei das Recht hatte, einen vielleicht nur von ihr als erheblich angesehenen Umstand dem Gericht einmal vorzutragen. Dies gilt freilich in den Grenzen der formellen Verhandlungsleitung (§ 136 Abs. 2 ZPO), so dass der Vorsitzende bestimmt, wann und inwieweit dies geschieht.

§ 138
Erklärungspflicht über Tatsachen; Wahrheitspflicht

(1) Die Parteien haben ihre Erklärungen über tatsächliche Umstände vollständig und der Wahrheit gemäß abzugeben.

(2) Jede Partei hat sich über die von dem Gegner behaupteten Tatsachen zu erklären.

(3) Tatsachen, die nicht ausdrücklich bestritten werden, sind als zugestanden anzusehen, wenn nicht die Absicht, sie bestreiten zu wollen, aus den übrigen Erklärungen der Partei hervorgeht.

(4) Eine Erklärung mit Nichtwissen ist nur über Tatsachen zulässig, die weder eigene Handlungen der Partei noch Gegenstand ihrer eigenen Wahrnehmung gewesen sind.

Inhalt:

	Rn.		Rn.
A. Allgemeines	1	III. Folgen von Verstößen	6
B. Erläuterungen	2	IV. Erklärungslast, Abs. 2	7
I. Pflicht zur Vollständigkeit, Abs. 1 Alt. 1	2	V. Geständnis durch Nichtbestreiten, Abs. 3	9
II. Wahrheitspflicht, Abs. 1 Alt. 2	3	VI. Erklärung mit Nichtwissen, Abs. 4	10

A. Allgemeines

1 Die Vorschrift regelt die Wahrheitspflicht der Parteien und die Verpflichtung, sich im Prozess zu Vorbringen des Gegners zu erklären.

B. Erläuterungen
I. Pflicht zur Vollständigkeit, Abs. 1 Alt. 1

2 **Pflicht zur Vollständigkeit** bedeutet die Pflicht, den Sachverhalt in allen wesentlichen Punkten vollständig zu schildern. Dies bedeutet, dass nicht ungünstige Einzelheiten weggelassen werden dürfen. Eine besondere Genauigkeit ist zunächst nicht erforderlich. Umstände zu bereits erhobenen Einwendungen sind vorzutragen, es sei denn, die Partei erkennt die zugrunde liegenden Tatsachen nicht an. Dann kann entsprechender Vortrag der Gegenseite abgewartet werden. Während des Verfahrens eintretende Änderungen muss die Partei vortragen und darf sie nicht verschweigen.[1]

---

4 BGH, NJW 2005, 2927 (2929) = MDR 2005, 1376.

Zu § 138:
1 MK-*Fritsche*, ZPO, § 138 Rn. 5.

II. Wahrheitspflicht, Abs. 1 Alt. 2

Wahrheitspflicht bedeutet eine Pflicht zur subjektiven Wahrhaftigkeit. Dies verbietet jedenfalls eine ausdrückliche Lüge. Die Partei darf also keine Tatsachen vortragen, von deren Unrichtigkeit sie überzeugt ist. Die Partei darf indes Umstände vortragen, deren Vorliegen sie nicht sicher weiß, wie subjektive Umstände (Arglist, § 123 Abs. 1 BGB), innere Vorgänge (Bösgläubigkeit, § 932 Abs. 2 BGB) oder zukünftige Entwicklungen (beim entgangenen Gewinn, § 252 Satz 2 BGB).

Dann darf sie ihr günstige Behauptungen erheben und Vermutungen vortragen.[2] **Behauptungen ins Blaue hinein** sollen die Wahrheitspflicht ebenfalls verletzen. Die Abgrenzung, wann dies der Fall ist, ist schwierig.[3]

Ein **Eventualvorbringen** der Partei ist nicht unzulässig. Auch widerspricht es nicht der Wahrheitspflicht, als unwahr erkanntes Vorbringen der Gegenseite gegen sich gelten zu lassen, soweit dies nicht zu Lasten eines Dritten geschieht.[4] Der Prozessbevollmächtigte kann sich das Vorbringen der Partei ohne Prüfung zu Eigen machen.[5] Die Partei ist nicht zur Wahrheit verpflichtet, wenn dies eine für sie ehrenrührige Tatsache oder die Einräumung eine Straftat bedeuten würde.[6]

III. Folgen von Verstößen

Direkte zivilprozessuale Folgen sind nicht vorgesehen. Das erkannt **wahrheitswidrige Vorbringen** der Partei unterliegt freilich der Beweiswürdigung durch das Gericht (§ 286 ZPO) und wird zu ihrem Unterliegen im Prozess führen. Eine Verletzung der Wahrheitspflicht kann und wird die Glaubwürdigkeit der Partei auch in anderen Verfahren erschüttern. Strafrechtlich kann das Vorbringen als (versuchter) Prozessbetrug geahndet werden, soweit entsprechende Ermittlungen angestrengt und durchgeführt werden.

IV. Erklärungslast, Abs. 2

Der Gegner muss sich zum Vortrag der anderen Partei erklären. Der Grad der Detaillierung richtet sich nach dem Vortrag der anderen Partei.[7] Nur soweit dieser hinreichend substantiiert ist, muss sich die Partei näher erklären. Grundsätzlich genügt damit zunächst ein einfaches Bestreiten. Hat die Partei selbst keine Kenntnis von den Vorgängen mehr, so muss sie sich um die entsprechenden Informationen durch naheliegende Maßnahmen bemühen. Auf fehlendes Wissen kann sich die Partei nicht berufen, wenn und soweit sie eine entsprechende Dokumentations- oder Aufbewahrungspflicht trifft.[8]

Das Bestreiten kann ausdrücklich oder konkludent erfolgen. Ein pauschales Bestreiten ist aber prozessual unbeachtlich.[9] Eine Ausnahme von der grundsätzlichen Möglichkeit eines einfachen Bestreitens ist die sogenannte **sekundäre Darlegungslast**. Eine Last zum substantiierten Bestreiten besteht danach, wenn der Gegner außerhalb des von ihm darzulegenden Geschehensablaufes steht und die maßgebenden Tatsachen nicht näher kennt, während der Gegner sie kennt und ihm ergänzende Angaben zuzumuten sind.[10] Damit ist aber keine allgemeine Aufklärungspflicht der Partei verbunden.[11]

V. Geständnis durch Nichtbestreiten, Abs. 3

Ein fehlendes Bestreiten führt zur Fiktion eines entsprechenden Geständnisses. Von einem Geständnis nach § 290 ZPO unterscheidet es sich durch die fehlende Bindungswirkung. Grenzen eines späteren Bestreitens werden durch die Vorschriften der Präklusion gezogen.

VI. Erklärung mit Nichtwissen, Abs. 4

Soweit eine Tatsache nicht eigener Wahrnehmung betroffen ist, kann die Partei sich mit Nichtwissen erklären oder diese mit Nichtwissen bestreiten. Bei Prozessunfähigen und juristischen Personen kommt es auf das Wissen der gesetzlichen Vertreter an.

---

2 BGH, WM 1985, 736; BGH, NJW-RR 1988, 1529.
3 Vgl. ausführlich MK-*Fritsche*, ZPO, § 138 Rn. 8 m.w.N.
4 Zöller-*Greger*, ZPO, § 138 Rn. 4.
5 BVerfG, NJW 2003, 3263 = FamRZ 2003, 1914.
6 BVerfG, NJW 1981, 1431 = MDR 1981, 818.
7 BGH, NJW 2015, 468 (469), Rn. 11 = MDR 2014, 825.
8 BGH, NJW 2005, 2414 (2416) = MDR 2005, 882.
9 BGH, NJW 2010, 1357 (1358) = MDR 2010, 926.
10 BGH, NJW-RR 2015, 1279 = MDR 2015, 726; BGHZ 163, 209, 214 = NJW 2005, 2014 (2016) = MDR 2005, 1347; BGHZ 140, 156 (158 f.) = NJW 1999, 579 = ZIP 1999, 139; BGH, NJW 1990, 3151 = MDR 1991, 226.
11 So aber *Stürner*, Die Aufklärungspflicht der Parteien des Zivilprozesses, S. 85 ff.

11 Bei **eigenen Wahrnehmungen** und Handlungen ist eine Erklärung oder ein **Bestreiten mit Nichtwissen** grundsätzlich unzulässig. Es ist ausnahmsweise dann erlaubt, wenn die Partei glaubhaft macht, sich nicht mehr erinnern zu können. Dabei ist der Ablauf von Aufbewahrungsfristen ohne Belang.[12] Allerdings muss sie zumutbare Nachforschung betreiben.[13] Die **Erkundigungspflicht** bezieht sich auch auf Personen, die unter Anleitung, Aufsicht oder Verantwortung dieser Partei tätig geworden sind.[14] So darf sich der Kfz-Haftpflichtversicherer nicht mit Nichtwissen erklären, sondern muss bei seinem Versicherungsnehmer Erklärungen einholen.[15]

§ 139
Materielle Prozessleitung

(1) [1]Das Gericht hat das Sach- und Streitverhältnis, soweit erforderlich, mit den Parteien nach der tatsächlichen und rechtlichen Seite zu erörtern und Fragen zu stellen. [2]Es hat dahin zu wirken, dass die Parteien sich rechtzeitig und vollständig über alle erheblichen Tatsachen erklären, insbesondere ungenügende Angaben zu den geltend gemachten Tatsachen ergänzen, die Beweismittel bezeichnen und die sachdienlichen Anträge stellen.

(2) [1]Auf einen Gesichtspunkt, den eine Partei erkennbar übersehen oder für unerheblich gehalten hat, darf das Gericht, soweit nicht nur eine Nebenforderung betroffen ist, seine Entscheidung nur stützen, wenn es darauf hingewiesen und Gelegenheit zur Äußerung dazu gegeben hat. [2]Dasselbe gilt für einen Gesichtspunkt, den das Gericht anders beurteilt als beide Parteien.

(3) Das Gericht hat auf die Bedenken aufmerksam zu machen, die hinsichtlich der von Amts wegen zu berücksichtigenden Punkte bestehen.

(4) [1]Hinweise nach dieser Vorschrift sind so früh wie möglich zu erteilen und aktenkundig zu machen. [2]Ihre Erteilung kann nur durch den Inhalt der Akten bewiesen werden. [3]Gegen den Inhalt der Akten ist nur der Nachweis der Fälschung zulässig.

(5) Ist einer Partei eine sofortige Erklärung zu einem gerichtlichen Hinweis nicht möglich, so soll auf ihren Antrag das Gericht eine Frist bestimmen, in der sie die Erklärung in einem Schriftsatz nachbringen kann.

Inhalt:

	Rn.		Rn.
A. Allgemeines	1	III. Hinweispflicht auf Zulässigkeitsbedenken, Abs. 3	8
B. Erläuterungen	2	IV. Zeitpunkt, Form und Dokumentation der Hinweise, Abs. 4	9
I. Erörterungspflicht, Abs. 1	2	V. Schriftsatznachlass zur Reaktion auf gerichtliche Hinweise, Abs. 5	11
II. Hinweispflicht und Verbot der Überraschungsentscheidung, Abs. 1, 2	3	C. Rechtsmittel	12

A. Allgemeines

1 Die Vorschrift ist eine Kernregelung der richterlichen Verfahrensleitung und ist ohne diesbezügliches Ermessen des Gerichts zu beachten. Sie zeigt, dass das Gericht die Verantwortung für ein faires Verfahren i.S.d. Waffengleichheit der Parteien trägt.[1] Die richterlichen Hinweispflichten verwirklichen das Recht auf Gewährung rechtlichen Gehörs und verhindern Überraschungsentscheidungen.[2]

B. Erläuterungen
I. Erörterungspflicht, Abs. 1

2 Das Gericht soll mit den Parteien alle **entscheidungserheblichen materiellen und prozessualen Fragen** erörtern. Dabei kann es um die Klärung des Sachvortrags[3] oder das Aufklären von

---

12 BGH, NJW 1995, 130 (131) = MDR 1995, 275.
13 BGHZ 94, 195 (214) = NJW 1995, 1539 = MDR 1985, 1439; BGHZ 109, 205 = NJW 1990, 453 = MDR 1990, 333.
14 BGH, NJW-RR 2009, 1666 (1667).
15 OLG Frankfurt a.M., NJW 1974, 1473 = VersR 1974, 585.

Zu § 139:
1 BVerfG, NJW 1979, 1925 = JZ 1979, 596.
2 BGH, NJW-RR 2006, 937 = MDR 2006, 1250.
3 BGH, NJW-RR 2002, 1071 = JR 2003, 118.

Widersprüchen[4] gehen. Die Erörterung kann die notwendige weitere Substantiierung des Vortrags betreffen.[5] Es ist aber nicht die Pflicht des Gerichts, den Vortrag der Partei **schlüssig** zu machen. Unterbleibt ein Hinweis auf **fehlende Substantiierung**, kann das rechtliche Gehör verletzt sein, soweit der Vortrag in der Entscheidung aus diesem Grund zurückgewiesen wird.[6]

II. Hinweispflicht und Verbot der Überraschungsentscheidung, Abs. 1, 2

Das Gericht muss den Parteien die erforderlichen Hinweise erteilen. Erkennbar übersehen oder für rechtlich unerheblich gehalten ist ein Gesichtspunkt in der Regel dann, wenn keine der Parteien auf ihn eingegangen ist, aber das Gericht sich mit ihm auseinandersetzen muss.[7]

Gegenüber **anwaltlichen Prozessbevollmächtigten** gilt die **Hinweispflicht** auch, freilich in eingeschränkter Form. Hat der Gegner bereits entsprechend vorgetragen und die Partei aufmerksam gemacht, entfällt im Anwaltsprozess die Hinweispflicht, wenn nicht offensichtlich ist, dass die Partei diesen Vortrag falsch aufgenommen hat.[8] Eine Hinweispflicht besteht aber jedenfalls dann, wenn die Rechtslage von einer Partei oder anwaltlich vertretenen Partei ersichtlich falsch beurteilt wird.[9]

Die Hinweispflicht findet ihre Grenze in der Unparteilichkeit des Gerichts. Deswegen darf auf eine mögliche **Einrede der Verjährung**[10] oder ein mögliches **Zurückbehaltungsrecht**[11] nicht hingewiesen werden, wenn die Partei diese noch nicht erhoben oder geltend gemacht hat. Auch auf eine Änderung oder Erweiterung des Prozessziels darf nicht hingewirkt werden.[12] Auf die **Benennung von Beweismitteln** darf hingewirkt werden, insbesondere bei Verkennung der Beweislast.

Ein Hinweis ist auf jeden Fall erforderlich, falls das Gericht gegenüber einem früheren Hinweis seine Rechtsauffassung geändert hat.[13] Die höhere Instanz muss hinweisen, wenn sie von der Entscheidung der Vorinstanz abweichen will.[14] Der Hinweis muss so **konkret** sein, dass für die Partei klar ist, in welcher Hinsicht und wie sie noch vortragen muss. Nach einem Hinweis muss das Gericht Gelegenheit zur Stellungnahme geben.[15] Ein Beweisantritt in der mündlichen Verhandlung, der auf einen richterlichen Hinweis erfolgt, ist nicht verspätet.[16] Eine **Pflicht zum erneutem Hinweis** besteht nur ausnahmsweise.[17] Reagiert eine Partei auf einen Hinweis nicht, so ist davon auszugehen, dass sie nicht näher vortragen kann oder will.

Eine Hinweispflicht besteht nicht, soweit nur eine **Nebenforderung** betroffen ist. Dies ist nicht nur bei Nebenforderungen nach § 4 ZPO der Fall, sondern auch, soweit Teile des Streitgegenstands wie Einzelpositionen betroffen sind, die im Verhältnis zum ganzen Streitgegenstand als geringfügig zu erachten sind.[18]

III. Hinweispflicht auf Zulässigkeitsbedenken, Abs. 3

Die Hinweispflicht nach Abs. 3 betrifft die Prozessvoraussetzungen und die Voraussetzungen für einen Rechtsbehelf. Das Gericht muss bei behebbaren Hindernissen Möglichkeiten zur Abhilfe aufzeigen.[19]

IV. Zeitpunkt, Form und Dokumentation der Hinweise, Abs. 4

Ausdrücklich ist in **Satz 1 Hs. 1** vorgesehen, dass Hinweise des Gerichts so früh wie möglich zu erteilen sind. Dies bedeutet bereits nach Eingang des entsprechenden Schriftsatzes und nicht erst im Termin zur mündlichen Verhandlung. Die Hinweise können durch Verfügung des Vorsitzenden, einen Hinweisbeschluss oder auch telefonisch erfolgen. Die Hinweise sind nach **Satz 1 Hs. 2** aktenkundig zu machen. Über ein Telefonat mit den Parteivertretern ist daher ein

---

4 BGH, NJW-RR 2003, 742 = FamRZ 2003, 925.
5 OLG München, NJW-RR 1997, 1425.
6 BVerfG, NJW 1991, 2823; BGH, NJW 2008, 1742.
7 BGH, NJW 1993, 667 = MDR 1993, 689.
8 BGH, NJW 2012, 3035 (3036) = MDR 2012, 1235.
9 BGH, NJW-RR 2002, 1436 = MDR 2002, 1139.
10 BGHZ 156, 269 = NJW 2004, 164 = MDR 2004, 167.
11 BGHZ 51, 69 = NJW 1969, 691 (693) = MDR 1969, 289.
12 Zöller-*Greger*, ZPO, § 139 Rn. 15 m.w.N.
13 BVerfG, NJW 1996, 3202; BGH, NJW-RR 2012, 622 (624), Rn. 29 = MDR 2012, 295.
14 BVerfG, NJW 2002, 1334 = FamRZ 2002, 451.
15 BVerfG, NJW 1996, 3202; BGH, NJW 2014, 2796, Rn. 5 = MDR 2014, 854.
16 OLG Hamm, NJW-RR 2003, 1651.
17 MK-*Fritsche*, ZPO, § 139 Rn. 11.
18 Thomas/Putzo-*Reichold*, ZPO, § 139 Rn. 24; Zöller-*Greger*, ZPO, § 139 Rn. 8: 15 %.
19 BGH, NJW-RR 2011, 284 (285) = MDR 2011, 63.

Aktenvermerk anzufertigen. Die Dokumentation kann auch im Tatbestand des Urteils oder in den Entscheidungsgründen – dann von ihnen abgesetzt – geschehen.[20]

10 Der Nachweis, dass ein Hinweis erteilt worden ist, kann nur durch die Akten erfolgen (Satz 2). Fehlt die Dokumentation des Hinweises in den Akten, so gilt er als nicht erteilt (Satz 3).[21]

V. Schriftsatznachlass zur Reaktion auf gerichtliche Hinweise, Abs. 5

11 Die Partei oder die Parteien, an die sich ein gerichtlicher Hinweis richtet, muss die Möglichkeit erhalten, hierzu Stellung zu nehmen,[22] beispielsweise durch eine Unterbrechung der mündlichen Verhandlung oder die Gewährung einer Schriftsatzfrist,[23] mangels einer Fristsetzung binnen angemessener Frist.[24] Auf einen nach richterlichem Hinweis erfolgenden Schriftsatz nach Schluss der mündlichen Verhandlung ist diese nach § 156 Abs. 2 Nr. 1 ZPO wiederzueröffnen.

C. Rechtsmittel

12 Ein **unterlassener Hinweis** kann im Rahmen des Rechtsmittels als Verfahrensmangel geltend gemacht werden. Es muss vorgetragen werden, welcher Vortrag bei Erteilung des Hinweises erfolgt wäre.[25] Die Frage der Rechtsverletzung durch einen Verfahrensfehler ist vor dem Hintergrund der Rechtsauffassung der Vorinstanz zu beurteilen.

§ 140
Beanstandung von Prozessleitung oder Fragen

Wird eine auf die Sachleitung bezügliche Anordnung des Vorsitzenden oder eine von dem Vorsitzenden oder einem Gerichtsmitglied gestellte Frage von einer bei der Verhandlung beteiligten Person als unzulässig beanstandet, so entscheidet das Gericht.

Inhalt:

	Rn.		Rn.
A. Allgemeines	1	II. Beanstandung	3
B. Erläuterungen	2	III. Verfahren	4
I. Anordnung oder Frage	2	C. Rechtsmittel	5

A. Allgemeines

1 Die Vorschrift behandelt die Frage, unter welchen Voraussetzungen und wie bestimmte Verhaltensweisen des Vorsitzenden oder Fragen des Gerichts beanstandet werden können.

B. Erläuterungen
I. Anordnung oder Frage

2 Die Vorschrift betrifft Anordnungen des Vorsitzenden im Rahmen der formellen oder sachlichen Prozessleitung (§§ 136, 137 ZPO), auch im Rahmen der Güteverhandlung.[1] Sie findet keine Anwendung auf andere Anordnungen wie beispielsweise sitzungspolizeiliche Anordnungen nach § 176 GVG oder Anordnungen des nach §§ 348, 348a, 526, 527, 568 ZPO entscheidenden Einzelrichters. Sie betrifft allein Fragen des Vorsitzenden oder eines Beisitzers (vgl. §§ 136 Abs. 2 Satz 2, 396 Abs. 3 ZPO). Die Zulässigkeit von Fragen der Parteien richtet sich nach § 397 Abs. 3 ZPO.

II. Beanstandung

3 Beanstandung bedeutet, dass die Unzulässigkeit, also nicht allein die Ungeeignetheit oder Unerheblichkeit einer Anordnung geltend gemacht wird. Auch eine Unterlassung kann nicht gerügt werden. Berechtigt zur Beanstandung ist jeder Verfahrensbeteiligte, d.h. die Parteien, deren Vertreter und Bevollmächtigte, Streithelfer, Zeugen und Sachverständige. Nicht berechtigt zur Beanstandung sind die Mitglieder des Gerichts.

---

20 OLG Frankfurt a.M., BeckRS 2004, 11180 = MDR 2005, 647.
21 BGH, BeckRS 2014, 14711 = WM 2014, 1786, Rn. 14.
22 BGH, NJW-RR 2009, 1112 = MDR 2009, 802.
23 BGH, NJW-RR 2011, 877 = BauR 2011, 1200.
24 BGH, NJW 2007, 1887 = MDR 2007, 1035.
25 Zöller-*Greger*, ZPO, § 139 Rn. 20.

Zu § 140:
1 MK-*Fritsche*, ZPO, § 140 Rn. 1; Stein/Jonas-*Leipold*, ZPO, § 140 Rn. 5.

III. Verfahren
Das Gericht, d.h. der Spruchkörper in seiner ganzen Besetzung, entscheidet durch Beschluss. Dieser ist zu verkünden. 4

C. Rechtsmittel
Gegen den Beschluss des Gerichts ist kein Rechtsmittel gegeben.[2] Die Entscheidung kann allein mit dem Rechtsmittel gegen das Urteil angefochten werden. Ein Rügeverlust tritt auch dann nicht ein, wenn in der mündlichen Verhandlung keine Beanstandung erfolgte.[3] 5

§ 141
Anordnung des persönlichen Erscheinens

(1) [1]Das Gericht soll das persönliche Erscheinen beider Parteien anordnen, wenn dies zur Aufklärung des Sachverhalts geboten erscheint. [2]Ist einer Partei wegen großer Entfernung oder aus sonstigem wichtigen Grund die persönliche Wahrnehmung des Termins nicht zuzumuten, so sieht das Gericht von der Anordnung ihres Erscheinens ab.

(2) [1]Wird das Erscheinen angeordnet, so ist die Partei von Amts wegen zu laden. [2]Die Ladung ist der Partei selbst mitzuteilen, auch wenn sie einen Prozessbevollmächtigten bestellt hat; der Zustellung bedarf die Ladung nicht.

(3) [1]Bleibt die Partei im Termin aus, so kann gegen sie Ordnungsgeld wie gegen einen im Vernehmungstermin nicht erschienenen Zeugen festgesetzt werden. [2]Dies gilt nicht, wenn die Partei zur Verhandlung einen Vertreter entsendet, der zur Aufklärung des Tatbestandes in der Lage und zur Abgabe der gebotenen Erklärungen, insbesondere zu einem Vergleichsabschluss, ermächtigt ist. [3]Die Partei ist auf die Folgen ihres Ausbleibens in der Ladung hinzuweisen

Inhalt:

	Rn.		Rn.
A. Allgemeines	1	II. Durchführung durch Ladung, Abs. 2.	8
B. Erläuterungen	5	III. Ordnungsgeld bei Nichterscheinen,	
I. Anordnung des persönlichen Erscheinens, Abs. 1	5	Abs. 3	9
		C. Rechtsmittel	14

A. Allgemeines

Die Anordnung des persönlichen Erscheinens der Parteien dient der Aufklärung des Sachverhalts und dazu, mit ihnen die Möglichkeiten einer gütlichen Einigung zu erörtern. Es handelt sich um eine Maßnahme der sachlichen Prozessleitung. 1

Die informatorische Anhörung der Parteien ist kein Beweismittel; sie ist somit von der Parteivernehmung zu unterscheiden. Sie kann, muss jedoch nicht einen Anbeweis für eine spätere Parteivernehmung nach § 448 ZPO darstellen. Sie dient nicht der Aufklärung eines streitigen Sachverhalts, sondern dem besseren Verständnis dessen, was die Partei behauptet und beantragen will,[1] zur besseren Aufklärung des Gerichts durch einen persönlichen Eindruck von der Partei und ihrer Sicht;[2] sie ist also ein Mittel zur Klärung des tatsächlichen Parteivorbringens.[3] Ihre Erklärungen haben damit die Qualität eines Parteivorbringens, im Anwaltsprozess dadurch, dass der Prozessbevollmächtigte sich die Erklärungen der Partei konkludent zu eigen macht. Auftretende Widersprüche sind vom Gericht nach § 286 ZPO zu würdigen. 2

Den Fragen des Gegners ist die Partei nur bei einer Parteivernehmung nach §§ 445 ff. ZPO, nicht aber im Rahmen einer informatorischen Anhörung ausgesetzt. Im Rahmen der persönlichen Anhörung der Partei kann sich das Gericht indes Fragen der Gegenseite zu Eigen machen, indem es sie selbst stellt oder diese als Fragen des Gerichts für sich von der Gegenpartei bzw. deren Parteivertreter stellen lässt. 3

---

2 BGH, NJW 1990, 840 = MDR 1990, 145.
3 MK-*Fritsche*, ZPO, § 140 Rn. 8; so aber RG, JW 1910, 114; Thomas/Putzo-*Reichold*, ZPO, § 140 Rn. 5; Musielak/Voit-*Stadler*, ZPO, § 140 Rn. 4.

Zu § 141:
1 Zöller-*Greger*, ZPO, § 141 Rn. 1; *Greger*, MDR 2014, 313.
2 Baumbach/Lauterbach/Albers/Hartmann, ZPO, § 141 Rn. 2.
3 BGHZ 150, 334 = NJW 2002, 2247 (2249) = MDR 2001, 1001 (1003); MK-*Fritsche*, ZPO, § 141 Rn. 2.

4 Die Protokollierung der Parteiangaben ist nicht erforderlich, da § 160 Abs. 4 Nr. 4 ZPO nicht gilt.[4] Sie wird aber gleichwohl oft – jedenfalls teilweise – sinnvoll und geboten sein.

B. Erläuterungen
I. Anordnung des persönlichen Erscheinens, Abs. 1

5 Die Anordnung liegt im Ermessen des Gerichts. Sie wird nach Abs. 1 Satz 2 eingeschränkt durch den Gesichtspunkt der Zumutbarkeit. **Längere Anfahrten** zum Terminsort sind nicht *per se* unzumutbar.[5] Die Entscheidung des Gerichts sollte jedenfalls unter Abwägung des Aufklärungsbedarfs und der Wahrscheinlichkeit einer gütlichen Einigung einerseits und den Mühen der Partei für eine Anreise bzw. eines Erscheinens vor Gericht auf der anderen Seite getroffen werden.

6 Die **Anordnung des persönlichen Erscheinens** zur **informatorischen Anhörung der Partei** dient unter Umständen der Herstellung der prozessualen Waffengleichheit, insbesondere bei sogenannten Vier-Augen-Gesprächen[6] oder bei einem zeugenlosen Geschehen.[7] Sie gewährleistet dann, dass die Partei Gelegenheit erhält, ihre Darstellung in den Prozess persönlich im Wege der Anhörung einzubringen.[8] Kann eine Partei sich zu einer Beweisaufnahme von Zeugen der Gegenseite äußern (§ 137 Abs. 4 ZPO), so muss nicht grundsätzlich zusätzlich eine informatorische Anhörung oder eine Parteivernehmung nach § 448 ZPO erfolgen.[9]

7 Die Anordnung erfolgt durch einen Beschluss des Gerichts oder durch eine vorbereitende Anordnung des Vorsitzenden nach § 273 Abs. 2 Nr. 3 ZPO.

II. Durchführung durch Ladung, Abs. 2

8 Die **Anordnung des persönlichen Erscheinens** führt dazu, dass die Partei auch dann von Amts wegen zu laden ist, wenn sie einen Prozessbevollmächtigten bestellt hat. Es genügt eine formlose Ladung (Abs. 2 letzter Hs.), gegebenenfalls an den gesetzlichen Vertreter.[10] Ausreichend ist, wenn diese den Zweck „zur Aufklärung des Sachverhalts" enthält.[11] In umfangreichen Verfahren kann eine nähere Konkretisierung geboten sein, damit sich die Partei und die übrigen Prozessbeteiligten auf den Gegenstand der Anhörung vorbereiten können.

III. Ordnungsgeld bei Nichterscheinen, Abs. 3

9 Die Partei ist zum Erscheinen verpflichtet. Es besteht allerdings keine Pflicht der Partei, Erklärungen abzugeben. Erscheint im Anwaltsprozess nur die Partei selbst, ist sie als säumig i.S.d. §§ 330 ff. ZPO anzusehen. § 367 ZPO findet keine Anwendung, da es sich nicht um eine Beweisaufnahme handelt. Der Partei darf auch nicht das Recht genommen werden, ein Versäumnisurteil gegen sich ergehen zu lassen.[12]

10 Die Partei hat die Möglichkeit, einen voll **informierten und zum Abschluss eines Vergleiches bevollmächtigten Vertreter** zu entsenden (§ 141 Abs. 3 Satz 2 ZPO). Das Erscheinen eines nicht in diesem Sinne voll informierten und bevollmächtigten Vertreters führt dazu, dass die Partei als nicht erschienen zu behandeln ist.[13] Die Sachkunde des Vertreters muss allerdings nicht auf eigener Wahrnehmung beruhen.[14] Andernfalls sollte das Gericht zuvor klarstellen, dass es auf die unmittelbare Schilderung der persönlichen Wahrnehmungen ankommt.[15] Ein solcher Vertreter kann grundsätzlich auch der Prozessbevollmächtigte sein.[16] Unschädlich ist, dass ein Vertreter in der konkreten Situation nur einen widerruflichen Vergleich abschließen kann oder den Abschluss eines Vergleiches in dieser Situation ablehnt.[17]

---

4 BGH, VersR 1962, 281; OLG Stuttgart, NJW-RR 2015, 358 (359) = MDR 2015, 116.
5 OLG Stuttgart, NJW-RR 2015, 358 (359) = MDR 2015, 116.
6 BVerfG, NJW 2001, 2531; BGH, BeckRS 2013, 07396 = BauR 2013, 1148; BGHZ 186, 152 (156) = NJW 2010, 3292 (3293).
7 BGH, NJW 1999, 363 = MDR 1999, 699; OLG Saarbücken, NJW-RR 2011, 754: Verkehrsunfall ohne Zeugen.
8 BGH, NJW 2003, 2527 = MDR 2003, 1127; MK-*Fritsche*, ZPO, § 141 Rn. 5.
9 BVerfG, NJW 2008, 2170 (2171); BGHZ 186, 152 (156) = NJW 2010, 3292 (3293) = MDR 2010, 1051; MK-*Fritsche*, ZPO, § 141 Rn. 7.
10 BGH, NJW-RR 2007, 1364 = MDR 2007, 1090; OLG Hamm, MDR 2014, 50.
11 BGH, NJW-RR 2007, 1364 = MDR 2007, 1090.
12 OLG Köln, NJW-RR 2004, 1722 = VersR 2005, 382.
13 OLG Stuttgart, NJW-RR 2014, 447 = VersR 2014, 897.
14 OLG Düsseldorf, MDR 1963, 602.
15 Baumbach/Lauterbach/Albers/Hartmann, ZPO, § 141 Rn. 48.
16 Kritisch OLG Stuttgart, NJW-RR 2014, 447 = VersR 2014, 897.
17 Zöller-*Greger*, ZPO, § 141 Rn. 18; strenger OLG Naumburg, MDR 2011, 943; OLG München, NJW-RR 1992, 827 = MDR 1992, 513.

Das Gericht kann nach pflichtgemäßem Ermessen ein Ordnungsgeld festsetzen.[18] Die Höhe bestimmt Art. 6 Abs. 1 Satz 1 EGStGB (5,00 € bis 1.000,00 €). Die Verhängung von Ordnungshaft, auch ersatzweise, falls ein Ordnungsgeld nicht beigetrieben werden kann, ist unzulässig.

11

Zweck der Vorschrift ist nicht, das Erscheinen an sich durchzusetzen oder eine Missachtung der gerichtlichen Anordnung zu sanktionieren, sondern die Aufklärung des Sachverhalts und eine gütliche Einigung der Parteien zu ermöglichen. Nur, soweit das unentschuldigte Ausbleiben die Sachaufklärung erschwert und dadurch den Prozess verzögert, darf Ordnungsgeld auferlegt werden.[19] Dies bedeutet, dass kein Ordnungsgeld verhängt werden darf, soweit ein Vergleich geschlossen, ein Versäumnisurteil ergeht oder die Klage zurückgenommen wird.[20]

12

Bei einer **juristischen Person** als Partei ist das Ordnungsgeld gegen diese, nicht gegen deren Organe festzusetzen.[21] Die Verhängung von Ordnungsgeld gegen eine, die Anordnung des persönlichen Erscheinens missachtende, im Ausland lebende Partei ist nicht möglich.[22] Ein Verschulden des Rechtsanwalts darf nicht nach § 85 Abs. 2 ZPO zugerechnet werden, da Ordnungsgeld der Sache nach Strafcharakter hat und deshalb eigenes Verschulden erfordert.[23]

13

C. Rechtsmittel

Die Anordnung des persönlichen Erscheinens ist unanfechtbar. Auf begründeten Antrag der Partei sollte sie aber entbunden werden. Gegen den Ordnungsgeldbeschluss besteht die Beschwerdemöglichkeit nach § 380 Abs. 3 ZPO sowie die Möglichkeit, gemäß § 381 ZPO einen Antrag auf Aufhebung des Ordnungsgeldes zu stellen.

14

§ 142
Anordnung der Urkundenvorlegung

(1) ¹Das Gericht kann anordnen, dass eine Partei oder ein Dritter die in ihrem oder seinem Besitz befindlichen Urkunden und sonstigen Unterlagen, auf die sich eine Partei bezogen hat, vorlegt. ²Das Gericht kann hierfür eine Frist setzen sowie anordnen, dass die vorgelegten Unterlagen während einer von ihm zu bestimmenden Zeit auf der Geschäftsstelle verbleiben.

(2) ¹Dritte sind zur Vorlegung nicht verpflichtet, soweit ihnen diese nicht zumutbar ist oder sie zur Zeugnisverweigerung gemäß den §§ 383 bis 385 berechtigt sind. ²Die §§ 386 bis 390 gelten entsprechend.

(3) ¹Das Gericht kann anordnen, dass von in fremder Sprache abgefassten Urkunden eine Übersetzung beigebracht wird, die ein Übersetzer angefertigt hat, der für Sprachübertragungen der betreffenden Art in einem Land nach den landesrechtlichen Vorschriften ermächtigt oder öffentlich bestellt wurde oder einem solchen Übersetzer jeweils gleichgestellt ist. ²Eine solche Übersetzung gilt als richtig und vollständig, wenn dies von dem Übersetzer bescheinigt wird. ³Die Bescheinigung soll auf die Übersetzung gesetzt werden, Ort und Tag der Übersetzung sowie die Stellung des Übersetzers angeben und von ihm unterschrieben werden. ⁴Der Beweis der Unrichtigkeit oder Unvollständigkeit der Übersetzung ist zulässig. ⁵Die Anordnung nach Satz 1 kann nicht gegenüber dem Dritten ergehen.

Inhalt:

	Rn.		Rn.
A. Allgemeines	1	II. Einschränkungen der Vorlagepflicht	
B. Erläuterungen	2	bei Dritten, Abs. 2	6
I. Vorlagepflicht von Urkunden, Abs. 1	2	III. Anordnung der Übersetzung von	
		Urkunden, Abs. 3	7

---

18 BVerfG, NJW 1998, 892.
19 BGH, NJW-RR 2011, 1363 = MDR 2011, 1315; strenger OLG Karlsruhe, BeckRS 2012, 15450 = VersR 2014, 120: anders nur, wenn feststeht, dass ein Erscheinen keinen Einfluss auf den Prozess gehabt hätte.
20 BGH, NJW-RR 2011, 1363 = MDR 2011, 1315.
21 OLG Hamm, NJW-RR 2013, 575.
22 OLG Hamm, NJW 2009, 1090 = MDR 2009, 105.
23 BGH, NJW-RR 2011, 1363 = MDR 2011, 1315; a.A. Zöller-*Greger*, ZPO, § 141 Rn. 13: eigenes Verschulden und Regress gegen Rechtsanwalt.

A. Allgemeines

1   Die Vorschrift regelt eine Maßnahme der sachlichen Prozessleitung. Sie ermöglicht dem Gericht, die Vorlage von Urkunden oder sonstigen Unterlagen anzuordnen. Sie enthält eine Einschränkung des Beibringungsgrundsatzes,[1] führt aber nicht zu einer Amtsaufklärung durch das Gericht. Sie führt keine sog. Pre-trial-discovery des US-amerikanischen Rechts ein.[2] Es handelt sich nicht um eine Beweisaufnahme,[3] sondern steht vorbereitend neben dieser oder macht sie obsolet.[4] In der Beweisaufnahme gelten vorrangig die §§ 420 ff. ZPO.[5]

B. Erläuterungen
I. Vorlagepflicht von Urkunden, Abs. 1

2   Der Urkundenbegriff entspricht dem Urkundenbegriff der §§ 415 ff. ZPO. Sonstige Unterlagen sind Zeichnungen, Pläne und auch elektronische Dokumente.[6] Die Anordnung der Vorlage erfolgt nach billigem Ermessen des Gerichts durch Beschluss oder vorbereitende Verfügung des Vorsitzenden (§ 273 Abs. 2 Nr. 5 ZPO). Das Ermessen muss ausgeübt werden.[7] Bei der Ermessensentscheidung sind berechtigte Belange des Geheimnis- und Persönlichkeitsschutzes zu berücksichtigen.[8] Auch fließen die Gesichtspunkte der Zumutbarkeit i.S.d. Absatzes 2 in die Ermessensentscheidung des Gerichts ein.

3   Nach der **Verhandlungsmaxime** liegt die Initiative grundsätzlich bei den Parteien.[9] Die beantragende Partei muss schlüssig die Beweisbedürftigkeit und Beweiseignung der vorzulegenden Unterlagen darlegen.[10] Die erwarteten Erkenntnisse müssen sich auf den Streitgegenstand beziehen.[11] Auf die Beweislast kommt es nicht an.[12] Auch ist nicht erforderlich, dass ein materiell-rechtlicher Herausgabe- oder Vorlegungsanspruch besteht.[13] Eine Vorlage ganzer Urkundensammlungen kann nicht verlangt werden.[14] Hinsichtlich der erforderlichen Bezeichnung der vorzulegenden Urkunden muss das Gericht nicht zu streng sein.

4   Im **selbstständigen Beweisverfahren** wird die Vorschrift grundsätzlich für anwendbar erachtet.[15] Dies ist kritisch zu sehen. In Anbetracht der Tatsache, dass die streitigen und beweisbedürftigen Tatsachen des Hauptsacheverfahrens noch nicht feststehen, sollte sie jedenfalls sehr restriktiv gehandhabt werden. Bei technischen Schutzrechten reicht die Darlegung, dass die Unterlagen zur Aufklärung des Sachverhalts geeignet und erforderlich sind.[16]

5   Das Gericht darf den Urkunden keine Tatsachen entnehmen, die zwischen den Parteien unstreitig sind oder zu denen nicht vorgetragen worden ist.[17] Dritte können gemäß § 390 ZPO zur Vorlage gezwungen werden. Ihnen können die durch die Weigerung entstandenen Kosten auferlegt werden. Die Nichtvorlage durch die Partei selbst unterliegt der Beweiswürdigung des § 286 ZPO und kann zur Anwendung der Verspätungsvorschrift des § 296 ZPO führen. Auch ist § 427 ZPO anwendbar.[18] Absatz 1 Satz 2 sieht die Möglichkeit einer Fristsetzung ausdrücklich vor. Auch kann angeordnet werden, dass die Urkunden und Unterlagen auf der Geschäftsstelle verbleiben, was ein öffentlich-rechtliches Verwahrungsverhältnis begründet.

---

1   Zöller-*Greger*, ZPO, § 142 Rn. 2: Zurückdrängung des Beibringungsgrundsatzes und Stärkung der richterlichen Aufklärungsmacht; Musielak/Voit-*Stadler*, ZPO, § 142 Rn. 1: Modifizierung des Beibringungsgrundsatzes, jedoch nicht zur Ausforschung führend.
2   So ausdrücklich BT-Drucks. 14/6036, S. 120.
3   A.A. MK-*Fritsche*, ZPO, § 144 Rn. 1 m.w.N.: Zweifache Funktion.
4   BGH, NJW 2014, 3312 (3313) = MDR 2014, 947: Vorschrift dient nicht unmittelbar Beweiszwecken, sondern primär der materiellen Prozessleitung.
5   BGH, NJW 2014, 3312 (3313) = MDR 2014, 947; Baumbach/Lauterbach/Albers/Hartmann, ZPO, § 142 Rn. 2.
6   Musielak/Voit-*Stadler*, ZPO, § 142 Rn. 2.
7   BGHZ 173, 23, 32 = NJW 2007, 2989 (2992) = ZIP 2007, 1543 (1546).
8   BGH, BeckRS 2014, 15884 = VersR 2015, 71.
9   MK-*Fritsche*, ZPO, § 142 Rn. 4.
10 BGHZ 173, 23 (32) = NJW 2007, 2989 (2992) = ZIP 2007, 1543 (1546); a.A. Zöller-*Greger*, ZPO, § 142 Rn. 1.
11 BGH, NJW-RR 2008, 865 (868) = VersR 2008, 1658.
12 BGHZ 173, 23 = NJW 2007, 2989 (2991) = ZIP 2007, 1543 (1546).
13 BT-Drucks. 14/4722, S. 92.
14 BGH, NJW 2014, 3312 (3313) = MDR 2014, 947.
15 OLG Düsseldorf, BeckRS 2014, 08408 = MDR 2014, 926; KG Berlin, NJW 2014, 85 = BauR 2013, 1485; *Willer*, NJW 2014, 25.
16 BGHZ 169, 30 = NJW-RR 2007, 106 = MDR 2007, 350, unter Verweis auf RL 2004/48 EG vom 29.04.2004.
17 Zöller-*Greger*, ZPO, § 142 Rn. 1; Musielak/Voit-*Stadler*, ZPO, § 142 Rn. 1.
18 BGHZ 173, 23 (32) = NJW 2007, 2989 (2992) = ZIP 2007, 1543 (1546).

II. Einschränkungen der Vorlagepflicht bei Dritten, Abs. 2

Dritte sind zur Vorlage zum einen nicht verpflichtet, soweit sie ihnen nicht zu zugemutet werden kann. Dies können Fälle des schlechten Gesundheitszustandes des Dritten, eines hohen Aufwands bzw. großer Kosten oder die Bewahrung von Geschäfts- und Betriebsgeheimnissen sein. Auch der Schutz der Privatsphäre fällt als Gesichtspunkt hierunter.[19] Eine Vorlagepflicht bei Dritten besteht zum anderen dann nicht, wenn sie zur Zeugnisverweigerung nach §§ 383–385 ZPO berechtigt sind. Über die bestehenden Einschränkungen der Vorlagepflicht ist der Dritte zu belehren.[20] Die Vorschrift ist nicht auf die Parteien entsprechend anwendbar.[21]

6

III. Anordnung der Übersetzung von Urkunden, Abs. 3

Das Gericht kann nach Satz 1 bei den Parteien eine **Übersetzung von fremdsprachigen Urkunden** durch einen öffentlich bestellten und vereidigten Dolmetscher anfordern. Es kann sich aber auch mit der fremdsprachigen Urkunde begnügen. § 184 GVG zur deutschen Sprache als Gerichtssprache steht nicht entgegen. Das Gericht kann die Übersetzung auch selbst einholen. Soweit es sich der Sprache hinreichend mächtig fühlt, kann von einer Übersetzung abgesehen werden. Auf die Belange der Gegenpartei muss das Gericht keine Rücksicht nehmen.[22] Die **Gegenpartei** kann dann eine Übersetzung anfertigen lassen und die entstehenden Aufwendungen als Prozesskosten gemäß § 91 ZPO geltend machen. Eine Übersetzung nach Abs. 3 besitzt nach Satz 2 die Vermutung der Vollständigkeit und Richtigkeit. Diese bedeutet, dass allein der Beweis des Gegenteils möglich ist.

7

§ 143
Anordnung der Aktenübermittlung

Das Gericht kann anordnen, dass die Parteien die in ihrem Besitz befindlichen Akten vorlegen, soweit diese aus Dokumenten bestehen, welche die Verhandlung und Entscheidung der Sache betreffen.

Die Vorschrift betrifft die **Akten der Parteien und ihrer Rechtsanwälte**. Sie will eine Aktenvervollständigung durch Anforderung von Aktenduplikaten aus deren Akten ermöglichen.[1] Zu den Akten gehören nicht Dokumente, die allein der Vorbereitung des Prozesses dienen. Von der Vorschrift erfasst sind auch elektronische Dokumente.[2] Die Anforderung erfolgt durch Beschluss oder durch vorbereitende Verfügung des Vorsitzenden nach § 273 Abs. 2 Nr. 1 ZPO.

1

§ 144
Augenschein; Sachverständige

(1) ¹Das Gericht kann die Einnahme des Augenscheins sowie die Begutachtung durch Sachverständige anordnen. ²Es kann zu diesem Zweck einer Partei oder einem Dritten die Vorlegung eines in ihrem oder seinem Besitz befindlichen Gegenstandes aufgeben und hierfür eine Frist setzen. ³Es kann auch die Duldung der Maßnahme nach Satz 1 aufgeben, sofern nicht eine Wohnung betroffen ist.
(2) ¹Dritte sind zur Vorlegung oder Duldung nicht verpflichtet, soweit ihnen diese nicht zumutbar ist oder sie zur Zeugnisverweigerung gemäß den §§ 383 bis 385 berechtigt sind. ²Die §§ 386 bis 390 gelten entsprechend.
(3) Das Verfahren richtet sich nach den Vorschriften, die eine auf Antrag angeordnete Einnahme des Augenscheins oder Begutachtung durch Sachverständige zum Gegenstand haben.

---

19 BT-Drucks. 14/6036, 120.
20 Zöller-*Greger*, ZPO, § 142 Rn. 11.
21 Zöller-*Greger*, ZPO, § 142 Rn. 14.
22 BGH, NJW 1989, 1432 (1433) = FamRZ 1988, 827; einschränkend MK-*Fritsche*, ZPO, §§ 142–144 Rn. 18: nicht zu verallgemeinernde Entscheidung.

Zu § 143:
1 Zöller-*Greger*, ZPO, § 143 Rn. 1.
2 MK-*Fritsche*, ZPO, §§ 142–144 Rn. 20 mit Hinweis auf BT-Drucks. 15/4067, S. 31.

Inhalt:

	Rn.		Rn.
A. Allgemeines	1	II. Einschränkungen bei Dritten, Abs. 2	4
B. Erläuterungen	2	III. Durchführung der Beweiserhebung, Abs. 3	5
I. Augenschein und Sachverständigenbeweis von Amts wegen, Abs. 1	2		

A. Allgemeines

1 Die Vorschrift ermöglicht die Einholung eines Augenscheins oder eines Sachverständigengutachtens auch von Amts wegen. Es handelt sich um eine Einschränkung des Beibringungsgrundsatzes.

B. Erläuterungen

I. Augenschein und Sachverständigenbeweis von Amts wegen, Abs. 1

2 Die **Durchführung** einer **sachverständigen Begutachtung** von Amts wegen setzt das Vorhandensein hinreichender **Anknüpfungstatsachen** voraus.[1] Ein Sachverständigenbeweis von Amts wegen muss dann erhoben werden, wenn dem Gericht die Sachkunde fehlt, den streitigen Vortrag zu würdigen.[2] Die Unterlassung eines Ortstermins kann daher unter Umständen einen Rechtsfehler begründen.[3] Kein Grund für die Einholung eines Beweises von Amts wegen ist der Umstand, dass die Partei einen ihr gemäß §§ 379, 402 ZPO auferlegten Auslagenvorschuss nicht einbezahlt hat oder erklärt, diesen nicht erbringen zu können.

3 Wenn das Gericht die Einholung eines Sachverständigengutachtens für erforderlich hält, dies aber nicht von Amts wegen tun will, ist ein Hinweis an die Partei erforderlich.[4] Ist dies geschehen und reagiert die Partei nicht, kann die Einholung unterbleiben.[5] Die Ablehnung bedarf der Begründung, spätestens im Urteil. Dies gilt jedenfalls dann, wenn sich die Einholung aufgedrängt hat.[6]

II. Einschränkungen bei Dritten, Abs. 2

4 Die Parteien und auch Dritte haben grundsätzlich die Einnahme eines Augenscheins oder eine Begutachtung zu dulden. Dies kann – sehr weitgehend – auch eine Bauteilöffnung sein.[7] Die Einnahme eines Augenscheins oder die Begutachtung kann mit Ordnungsmitteln durchgesetzt werden. Dem Dritten können nach § 390 Abs. 1 Satz 1 ZPO die durch die unberechtigte Weigerung entstandenen Kosten aufzuerlegen sein. Wegen des besonderen Schutzes des Art. 13 GG gilt die Duldungspflicht nicht für eine Wohnung. Hierzu gehören auch Nebengebäude und Garagen[8] bzw. eine im Gemeinschaftseigentum stehende Außentreppe und ein Fahrradkeller.[9]

III. Durchführung der Beweiserhebung, Abs. 3

5 Die Durchführung der Beweisaufnahme folgt den allgemeinen Regeln, d.h. hinsichtlich des Augenscheins den §§ 371 ff. ZPO, hinsichtlich der Einholung eines Sachverständigengutachtens den §§ 402 ff. ZPO. Eine Vorschusspflicht kann nicht angeordnet werden, weder nach § 379 ZPO noch nach § 17 Abs. 3 GKG.[10]

§ 145
Prozesstrennung

(1) ¹Das Gericht kann anordnen, dass mehrere in einer Klage erhobene Ansprüche in getrennten Prozessen verhandelt werden, wenn dies aus sachlichen Gründen gerechtfertigt ist. ²Die Entscheidung ergeht durch Beschluss und ist zu begründen.

---

1 OLG Naumburg, FamRZ 2003, 385 = BeckRS 2002, 30269061.
2 MK-*Fritsche*, ZPO, §§ 142–144 Rn. 5.
3 BGH, NJW 1992, 2019 = MDR 1992, 876.
4 BGH, NJW 1991, 493 = MDR 1991, 223.
5 OLG Frankfurt a.M., NJW-RR 1993, 169 (170) = MDR 1993, 810.
6 BGH, FamRZ 1987, 152 = BeckRS 1986, 31075457 zu § 448 ZPO.
7 BGH, NJW 2013, 2687 = MDR 2013, 864; KG Berlin, NJW-RR 2006, 241; a.A. *Basler/Meßerschmidt*, NJW 2014, 3331; Zöller-*Greger*, ZPO, § 144 Rn. 3.
8 BGH, NJW-RR 2009, 1393 = MDR 2009, 1181.
9 BGH, NJW 2013, 2687 = MDR 2013, 864.
10 BGH, NJW 2000, 743 = VersR 2001, 914.

(2) Das Gleiche gilt, wenn der Beklagte eine Widerklage erhoben hat und der Gegenanspruch mit dem in der Klage geltend gemachten Anspruch nicht in rechtlichem Zusammenhang steht.

(3) Macht der Beklagte die Aufrechnung einer Gegenforderung geltend, die mit der in der Klage geltend gemachten Forderung nicht in rechtlichem Zusammenhang steht, so kann das Gericht anordnen, dass über die Klage und über die Aufrechnung getrennt verhandelt werde; die Vorschriften des § 302 sind anzuwenden.

Inhalt:

	Rn.		Rn.
A. Allgemeines	1	II. Prozesstrennung von Klage und Widerklage, Abs. 2	5
B. Erläuterungen	2	III. Getrennte Verhandlung bei Prozessaufrechnung, Abs. 3	6
I. Prozesstrennung durch Beschluss, Abs. 1	2		

A. Allgemeines

Die Vorschrift ermöglicht die Trennung eines Prozesses in zwei oder mehrere Verfahren, um hierdurch seine Übersichtlichkeit zu verbessern bzw. den Prozess insgesamt besser fördern zu können. Mit ihrer Hilfe kann unter Umständen einer Prozessverschleppung vorgebeugt werden. Die Prozesstrennung stellt eine Ausnahme zu dem Grundsatz dar, dass der Rechtsstreit grundsätzlich in einem Haupttermin zu erledigen ist (§ 272 Abs. 1 ZPO). 1

B. Erläuterungen
I. Prozesstrennung durch Beschluss, Abs. 1

Die Trennung erfolgt durch einen Beschluss, der zu begründen ist. Sie kann auf Anregung der Parteien oder von Amts wegen geschehen. Die Entscheidung setzt die vorherige Gewährung rechtlichen Gehörs voraus.[1] Sie kann jederzeit nachträglich aufgehoben werden (§ 150 ZPO). Die Trennung führt zu selbstständigen Verfahren,[2] die damit auch aktenmäßig völlig selbstständig zu führen sind.[3] Die bisherigen Prozessergebnisse, der Eintritt der Rechtshängigkeit wie auch die sachliche Zuständigkeit bleiben erhalten (§ 261 Abs. 3 Nr. 2 ZPO). Gerichts- und Anwaltskosten werden gesondert berechnet, was aufgrund der Gebührendegression zu einer Verteuerung für die Parteien führt. 2

Die Entscheidung liegt grundsätzlich im **pflichtgemäßen Ermessen** des Gerichts. Die Gefahr widersprüchlicher Entscheidungen steht einer Trennung nicht entgegen.[4] Sie kann sich bei einer teilweisen Abstandnahme vom Urkundsprozess anbieten.[5] In bestimmten Fällen besteht eine Pflicht des Gerichts zur Trennung (§§ 578 Abs. 2, 126 Abs. 2, 130 Abs. 1, 140 Abs. 1, 179 Abs. 2 FamFG). Die Trennung muss dann auch noch in zweiter Instanz[6] oder in der Revisionsinstanz[7] erfolgen. In bestimmten Fällen ist eine Trennung dagegen unzulässig, wie bei einer notwendigen Streitgenossenschaft (§ 62 ZPO), bei einer zulässigen Eventualklagehäufung[8] oder nach § 518 Satz 2 ZPO, §§ 246 Abs. 3 Satz 3, 249 Abs. 2 Satz 2, 275 Abs. 4 AktG, §§ 51 Abs. 3, 112 Abs. 1 GenG. Eine Trennung ist weiter unzulässig, wenn ein Teil bereits entscheidungsreif ist und nach § 301 ZPO durch Teilurteil erledigt werden kann. Sie verbietet sich, wenn der Prozess willkürlich in mehrere, insbesondere nicht mehr rechtsmittelfähige Teile aufgespalten wird.[9] Eine Rüge kann nach § 295 ZPO aber nicht mehr erhoben werden, wenn die Parteien zuvor der Trennung ausdrücklich oder konkludent zugestimmt haben.[10] 3

Gegen den Beschluss wie gegen seine Ablehnung ist **kein Rechtsmittel** gegeben. Die Entscheidung wird vielmehr im Rahmen eines Rechtsmittels überprüft.[11] Bei willkürlicher Aufspaltung ist für die Statthaftigkeit der Nichtzulassungsbeschwerde als Streitwert die Addition der Einzelstreitwerte maßgeblich.[12] 4

---

1 OLG München, NJW 1984, 2227 (2228).
2 OLG München, NJW-RR 1996, 1279 = MDR 1996, 642.
3 Kritisch Baumbach/Lauterbach/Albers/Hartmann, ZPO, § 145 Rn. 2.
4 BGH, NJW 2003, 2386 = MDR 2003, 888.
5 BGH, NJW 2003, 2386 = MDR 2003, 888.
6 BGH, NJW 1979, 426 = MDR 1979, 296.
7 BGHZ 170, 152 = NJW 2007, 909 (910) = MDR 2007, 466.
8 BGH, NJW-RR 2015, 957 = MDR 2015, 909.
9 BVerfG, NJW 1997, 649 = ZIP 1996, 1527.
10 BGH, BeckRS 1997, 04052.
11 BGH, NJW 1995, 3120 = MDR 1996, 269; BGH, NJW 2003, 2386 = MDR 2003, 888.
12 BGH, NJW 1995, 3120 = MDR 1996, 269.

II. Prozesstrennung von Klage und Widerklage, Abs. 2

5 Die Prozesstrennung bei Klage und Widerklage ist grundsätzlich ebenfalls zulässig, liegt im Ermessen des Gerichts und führt zu veränderten Parteirollen, indem der Widerkläger zum Kläger wird. Ein rechtlicher Zusammenhang, der einer Trennung entgegensteht, liegt bei einem gemeinsamen Rechtsverhältnis, auf dem Klage und Widerklage beruhen, insbesondere bei einer Zwischenfeststellungswiderklage (§ 256 Abs. 2 ZPO) oder im Fall einer Eventualwiderklage vor.

III. Getrennte Verhandlung bei Prozessaufrechnung, Abs. 3

6 Absatz 3 sieht bei einer Aufrechnung statt einer Trennung die Möglichkeit einer getrennten Verhandlung von Klagforderung und Aufrechnungsforderung vor. Die **Prozessaufrechnung**, um die es in dieser Vorschrift geht, ist von einer materiell-rechtlichen Aufrechnung zu unterscheiden. Die Aufrechnungserklärung nach § 388 BGB ist ein privatrechtliches Gestaltungsrecht. Die Geltendmachung im Prozess erfolgt als Verteidigungsmittel, um sie der Klagforderung entgegenzusetzen. Materiell-rechtliche Erklärung und Prozesserklärung können auseinanderfallen, aber auch als sogenannte Prozessaufrechnung im Prozess in einer Erklärung verbunden werden.[13] Die Prozessaufrechnung kann als sogenannte Hauptaufrechnung erfolgen, wenn sich der Beklagte nur mittels der Aufrechnung gegen die Klagforderung verteidigt, oder als Hilfsaufrechnung im Wege einer innerprozessualen Bedingung (sog. Eventualaufrechnung) nur für den Fall, dass andere Einwendungen des Beklagten die Klagforderung nicht zu Fall bringen. Bei der Eventualaufrechnung muss zunächst die Klagforderung geprüft werden, da andernfalls aus einer Klageabweisung nicht ersichtlich wäre, ob die Aufrechnungsforderung rechtskräftig aberkannt ist.[14] Die Prozessaufrechnung kann – auch ohne Einwilligung des Gegners – zurückgenommen werden.[15] Dies muss jedenfalls auch gegenüber dem Gericht erfolgen.[16] Die **Aufrechnungsforderung** wird weder bei Haupt- noch bei Hilfsaufrechnung rechtshängig.[17] Es kann daher mit derselben Aufrechnungsforderung in mehreren Prozessen aufgerechnet werden.[18] Die Geltendmachung hemmt die Verjährung (§ 204 Abs. 1 Nr. 5 BGB) bis zur Höhe der Klagforderung.[19] Die Gerichtskosten erhöhen sich um den Wert der Gegenforderung, soweit eine Entscheidung über die Aufrechnung ergeht (§ 45 Abs. 3 GKG). Die Prozessaufrechnung kann **unzulässig** sein, z.B. bei einem Aufrechnungsverbot (§§ 390, 391 Abs. 2, 392 ff. BGB), bei fehlender Individualisierung im Prozess[20] oder bei entgegenstehender Parteiabrede.[21] Eine Entscheidung zur Begründetheit der Aufrechnungsforderung verbietet sich dann.[22] Bei Aufrechnung mit mehreren Forderungen, die betragsmäßig die Klagforderung übersteigen, ist die Reihenfolge anzugeben, mit der die Forderungen zur Aufrechnung gestellt werden.[23] Mehrere Klagforderungen sind ebenfalls in eine Tilgungsreihe zu bringen,[24] die nachträglich geändert werden kann.[25] Die Prozessaufrechnung kann **prozessualer Präklusion** unterliegen,[26] wobei nach dem Rechtsgedanken des § 139 BGB dann auch die materiell-rechtliche Aufrechnung als nicht erklärt zu betrachten ist.[27] Hiervon zu unterscheiden ist die unschlüssige oder unsubstantiierte Geltendmachung der Aufrechnungsforderung, die zu ihrer rechtskräftigen Aberkennung führt.[28]

7 Eine **fehlende örtliche oder sachliche Zuständigkeit** steht der Geltendmachung einer Aufrechnungsforderung nicht entgegen, anders bei fehlender **internationaler Zuständigkeit**.[29]

---

13 Sog. Lehre vom Doppeltatbestand, h.M.; BGHZ 23, 17 = NJW 1957, 591.
14 Sog. Beweiserhebungstheorie, BGH, NJW 1961, 1862 = MDR 1961, 932; RGZ 132, 305; RGZ 167, 258.
15 BGHZ 179, 1 = NJW 2009, 1071 = MDR 2009, 403; a.A. Zöller-*Greger*, ZPO, § 145 Rn. 11a.
16 OLG Zweibrücken, NJW-RR 2004, 651 = FamRZ 2004, 1032.
17 BGHZ 57, 242 = NJW 1972, 450; BGH, NJW-RR 2004, 1000 = MDR 2004, 705.
18 BGH, NJW-RR 2004, 1000; BGHZ 57, 242 (243) = NJW 1972, 450.
19 BGH, NJW-RR 2009, 1169 = MDR 2009, 793.
20 BGHZ 149, 120 = NJW 2002, 2182 = MDR 2002, 410.
21 BGH, WM 1973, 144.
22 BGH, NJW 1961, 1862 = MDR 1961, 932; RGZ 132, 305.
23 BGHZ 149, 120 = NJW 2002, 2182 = MDR 2002, 410.
24 BGH, NJW 2000, 958 = MDR 2000, 225.
25 BGHZ 179, 1 = NJW 2009, 1071 = MDR 2009, 403.
26 BGH, NJW 1984, 1964 = MDR 1984, 837.
27 *Rosenberg/Schwab/Gottwald*, Zivilprozessrecht, § 103 Rn. 45; Zöller-*Greger*, ZPO, § 145 Rn. 15; so auch MK-*Fritsche*, ZPO, § 145 Rn. 26 ff., bei verspäteter Geltendmachung der vorherigen materiell-rechtlichen Erklärung aus dem Zweck der Präklusion.
28 BGHZ 33, 242; BGH, NJW-RR 1991, 971 (972).
29 BGH, NJW 1993, 2753 = MDR 1993, 1012; BGHZ 60, 85 = NJW 1973, 421; im Ergebnis str., vgl. Musielak/Voit-*Stadler*, ZPO, § 145 Rn. 33 ff. m.w.N.

Eine Aufrechnung mit einer rechtswegfremden Forderung ist allerdings nur zulässig, wenn über sie rechtskräftig entschieden oder sie unbestritten ist.[30] Gleiches gilt hinsichtlich eines Verfahrens, welches einer Schiedsabrede unterliegt,[31] soweit nicht ein Schiedsspruch ergangen[32] oder die Aufrechnungsforderung unstreitig ist. Sonst ist nach § 148 ZPO auszusetzen.

Die Trennung bei Klageforderung und Aufrechnungsforderung führt **nicht** zu zwei **selbstständigen Prozessen**, sondern allein zu einer getrennten Verhandlung über beide Teile. Wird Termin nur zur Verhandlung über die Aufrechnungsforderung bestimmt, ist ein Versäumnisurteil nicht statthaft.[33] *8*

Wird die Klageforderung zuerst **entscheidungsreif**, kann ein Vorbehaltsurteil (§ 302 ZPO) oder ein klageabweisendes Endurteil ergehen. Die Entscheidungsreife hinsichtlich der Aufrechnungsforderung gibt hingegen Veranlassung dazu, die Trennung durch einen Beschluss nach § 150 ZPO aufzuheben. *9*

§ 146
Beschränkung auf einzelne Angriffs- und Verteidigungsmittel

Das Gericht kann anordnen, dass bei mehreren auf denselben Anspruch sich beziehenden selbstständigen Angriffs- oder Verteidigungsmitteln (Klagegründen, Einreden, Repliken usw.) die Verhandlung zunächst auf eines oder einige dieser Angriffs- oder Verteidigungsmittel zu beschränken sei.

Die Vorschrift ermöglicht als Maßnahme der sachlichen Prozessleitung die sukzessive Bearbeitung selbstständiger Angriff- und Verteidigungsmittel nach einem entsprechenden Beschluss des Gerichts. Sie hat in der Praxis geringe Bedeutung. *1*

Angriffs- und Verteidigungsmittel sind Behaupten, Bestreiten, der Vortrag von Einwendungen, Einreden oder von Prozesshindernissen. Keine Angriffs- und Verteidigungsmittel sind die Anträge; diese sind nämlich kein Mittel des Angriffs oder der Verteidigung, sondern der Angriff oder die Verteidigung selbst. Klage-[1] und Parteiänderung fällt somit nicht hierunter. Anträge zur Prozessleitung und Rechtsausführungen sind ebenso wenig Angriffs- oder Verteidigungsmittel im Sinne dieser Vorschrift.[2] *2*

Ein Angriffs- oder Verteidigungsmittel ist **selbstständig**, wenn es für sich betrachtet rechtsbegründend, -vernichtend oder -erhaltend wirkt.[3] **Nicht selbstständig** sind daher z.B. einzelne Tatbestandsmerkmale oder die Benennung einzelner Beweismittel. *3*

Die Anordnung erfolgt durch **Beschluss**. Das Verfahren bleibt einheitlich. Es wird nicht über einzelne Angriff- und Verteidigungsmittel in der Weise getrennt verhandelt, dass hierfür ein gesonderter Termin angeordnet würde. Aus diesem Grund kann bei Entscheidungsreife nach den allgemeinen Regeln ein Endurteil bzw. auch ein Versäumnisurteil ergehen. *4*

§ 147
Prozessverbindung

Das Gericht kann die Verbindung mehrerer bei ihm anhängiger Prozesse derselben oder verschiedener Parteien zum Zwecke der gleichzeitigen Verhandlung und Entscheidung anordnen, wenn die Ansprüche, die den Gegenstand dieser Prozesse bilden, in rechtlichem Zusammenhang stehen oder in einer Klage hätten geltend gemacht werden können.

---

30 BGHZ 16, 124 (128) = NJW 1955, 497; BVerwG, NJW 1993, 2255 = DVBl. 1993, 885; Zöller-*Greger*, ZPO, § 145 Rn. 19a; a.A. Thomas/Putzo-*Reichold*, ZPO, § 145 Rn. 24; Zöller-*Lückemann*, ZPO, § 17 GVG Rn. 10.
31 BGHZ 23, 26 = NJW 1961, 115 = MDR 1961, 46; BGHZ 38, 254 = NJW 1963, 243 = MDR 1963, 125; BGHZ 60, 89 = NJW 1973, 421.
32 BGH, NJW-RR 2008, 556 = MDR 2008, 460.
33 Thomas/Putzo-*Reichold*, ZPO, § 145 Rn. 9.

Zu § 146:
1 BGH, NJW 2001, 1210 = DB 2001, 586: Klageerweiterung; BGH, NJW 1995, 1223 = MDR 1995, 408: Widerklage.
2 Musielak/Voit-*Stadler*, ZPO, § 146 Rn. 4.
3 BGHZ 39, 333 (337) = NJW 1963, 2272 = MDR 1963, 823; BGH, NJW 1974, 48 = MDR 1974, 134.

Inhalt:

	Rn.		Rn.
A. Allgemeines	1	III. Kein Verbindungsverbot	4
B. Erläuterungen	2	IV. Gleichzeitige Verhandlung und Entscheidung	5
I. Anhängigkeit mehrerer Prozesse	2		
II. Rechtliche Zusammenhang	3	C. Kein Rechtsmittel	6

A. Allgemeines

1 Die Vorschrift ermöglicht als Gegensatz zur Trennung nach § 145 ZPO eine Verbindung zweier Prozesse.

B. Erläuterungen
I. Anhängigkeit mehrerer Prozesse

2 Es müssen mehrere Prozesse der gleichen Instanz bei demselben Gericht anhängig sein. Eine **Rechtshängigkeit ist nicht erforderlich**. Zwei selbstständige Beweisverfahren können ebenfalls nach dieser Vorschrift verbunden werden.[1] Eine Verbindung eines Verfahrens der Kammer für Handelssachen und der Zivilkammer scheidet aus.[2] Die Verfahren müssen nicht beim gleichen Spruchkörper oder in einer gleichen Besetzung des Spruchkörpers anhängig sein. Eine Verbindung setzt aber in diesem Fall wegen der Auswechselung des gesetzlichen Richters (Art. 101 Abs. 1 GG) die **Zustimmung der Parteien** voraus.[3]

II. Rechtlicher Zusammenhang

3 Der rechtliche Zusammenhang ist wie in § 33 ZPO zu verstehen, vgl. die Ausführungen dort unter Rn. 1 ff.

III. Kein Verbindungsverbot

4 Eine Verbindung setzt voraus, dass die **gleiche Prozessart** gegeben ist (vgl. § 260 ZPO). Die Verbindung eines Verfahrens des einstweiligen Rechtsschutzes mit einem Hauptsacheverfahren ist daher unzulässig. Ebenso wenig kann eine Einzelrichtersache mit einer Kammersache verbunden werden.[4]

IV. Gleichzeitige Verhandlung und Entscheidung

5 Die Verbindung erfolgt **durch Beschluss** in dem Verfahren, in welchem die Verfahren zusammengeführt werden. Die förmliche Zustimmung des abgebenden Spruchkörpers ist nicht erforderlich, aber trotz der Tatsache, dass die Verbindung dort zu einer Erledigung führt, kollegialiter geboten.[5] Die Verbindung steht grundsätzlich **im Ermessen des Gerichts** und kann jederzeit wieder nachträglich aufgehoben werden (§ 150 ZPO). Eine Verbindung kann sich anbieten, wenn es sich um den gleichen Lebenssachverhalt handelt oder wenn die Haftung beider Beklagter verknüpft ist. Die Verbindung erfolgt zur gemeinsamen Verhandlung und Entscheidung, also nicht nur zur gemeinsamen Entscheidung. Sowohl mündliche Verhandlung als auch Beweisaufnahme erfolgen damit einheitlich. Mehrere Parteien auf einer Seite werden Streitgenossen.[6] Die Parteien können jeweils nicht mehr als Zeugen vernommen werden, falls nicht ausnahmsweise der Gegenstand ihrer Aussage vom Streitgegenstand ihrer Klage abzugrenzen ist.[7] Eine Anhörung nach § 141 ZPO ist aber jedenfalls möglich.[8] Bisherige Beweisergebnisse gelten fort, soweit nicht eine Partei, die keine Gelegenheit zur Einflussnahme hatte, widerspricht. In diesem Fall muss die Beweisaufnahme wiederholt werden, was bereits als Ermessenserwägung bei der Entscheidung des Gerichts berücksichtigt werden sollte. Statt einer Verbindung ist auch eine **Verbindung nur zur gemeinsamen Verhandlung bzw. Beweisaufnahme** zulässig.[9] Die Verhandlung muss dann für den, aufgrund gleichzeitiger Terminierung sich unmittelbar anschließenden zweiten Prozess, nicht wiederholt werden; es kann Bezug genommen werden. Beide Verfahren bleiben im Übrigen selbstständig. Ob eine solche tatsächliche Verbindung oder eine Verbindung nach § 147 ZPO gewollt war, muss gegebenen-

---

1 OLG Koblenz, OLGR 2004, 69 (70).
2 A.A. bei Zustimmung der Parteien MK-*Fritsche*, ZPO, § 147 Rn. 3.
3 Differenzierend *Fischer*, MDR 1996, 240; großzügiger Baumbach/Lauterbach/Albers/Hartmann, ZPO, § 147 Rn. 8; vgl. auch MK-*Fritsche*, ZPO, § 147 Rn. 8: Eine nach pflichtgemäßem Ermessen getroffene und am Normzweck orientierte Entscheidung werde nicht willkürlich sein.
4 OLG Frankfurt a.M., OLGR 2003, 67.
5 So auch MK-*Fritsche*, ZPO, § 147 Rn. 6.
6 BGH, NJW 2011, 2653, Rn. 12 = MDR 2011, 870.
7 OLG Düsseldorf, MDR 1971, 56; Zöller-*Greger*, ZPO, § 147 Rn. 8.
8 OLG Koblenz, NJW-RR 2014, 507 = BauR 2014, 153.
9 BGH, NJW 1957, 183 = ZZP 70, 124.

falls nachträglich durch Auslegung geklärt werden. Eine Regel, dass im Zweifel eine Verbindung nach § 147 ZPO gewollt war, gibt es nicht.[10]

C. Kein Rechtsmittel
Ein selbstständiges Rechtsmittel gegen die Verbindung oder deren Ablehnung durch das Gericht ist nicht gegeben. Eine Überprüfung findet aber im Rahmen einer Berufung durch Überprüfung des Endurteils auf Rechtsfehler statt. 6

§ 148
Aussetzung bei Vorgreiflichkeit

Das Gericht kann, wenn die Entscheidung des Rechtsstreits ganz oder zum Teil von dem Bestehen oder Nichtbestehen eines Rechtsverhältnisses abhängt, das den Gegenstand eines anderen anhängigen Rechtsstreits bildet oder von einer Verwaltungsbehörde festzustellen ist, anordnen, dass die Verhandlung bis zur Erledigung des anderen Rechtsstreits oder bis zur Entscheidung der Verwaltungsbehörde auszusetzen sei.

Inhalt:

	Rn.		Rn.
A. Allgemeines	1	III. Anordnung	6
B. Erläuterungen	2	IV. Rechtsfolge	7
I. Anwendungsfälle	2	V. Ende der Aussetzung	8
II. Vorgreiflichkeit	4	C. Rechtsmittel	9

A. Allgemeines
Die Vorschrift verhindert doppelte Mühe in getrennt geführten Prozessen und damit sich widersprechende Entscheidungen. Sie darf nicht zur Prozessverzögerung und -verschleppung führen.[1] 1

B. Erläuterungen
I. Anwendungsfälle
Eine **Aussetzung** muss erfolgen, soweit das Gericht eine anzuwendende Norm für verfassungswidrig hält (Art. 100 GG).[2] Sie muss auch erfolgen, wenn die Frage zu klären ist, ob ein Betriebsunfall vorliegt (§ 108 SGB VII). Das Gericht hat weiter auszusetzen, wenn es ein Vorabentscheidungsverfahren beim EuGH anstrengt (Art. 267 Abs. 2 AEUV) oder anstrengen muss (Art. 267 Abs. 3 AEUV). Es darf analog § 148 ZPO aussetzen, wenn ein Vorabentscheidungsverfahren beim EuGH anhängig ist.[3] 2

Ein weiterer Anwendungsfall der Vorschrift besteht in § 8 KapMuG. Voraussetzung ist, dass der Vorlagebeschluss im Klageregister bekanntgemacht worden ist. Keine Anwendung findet die Vorschrift, wenn die Voraussetzungen des § 8 KapMuG nicht vorliegen.[4] Entsprechende Regelungen finden sich in §§ 21, 136 und 221 FamFG. Sie ist entsprechend anwendbar im Bereich der freiwilligen Gerichtsbarkeit bei echten Streitsachen[5] sowie bei der Anordnung eines allgemeinen Verfügungsverbotes nach § 21 Abs. 2 Nr. 2 InsO.[6] **Keine Anwendung** findet die Vorschrift im **Zwangsvollstreckungsverfahren** und im **einstweiligen Rechtsschutz**.[7] 3

II. Vorgreiflichkeit
Die Entscheidung muss von einem anderen Rechtsverhältnis abhängen.[8] Dazu muss ein anderer Rechtsstreit vor dem Prozessgericht oder einem Schiedsgericht[9] anhängig (und nicht selbst 4

---

10 MK-*Fritsche*, ZPO, § 147 Rn. 15; a.A. BGH, NJW 1957, 183 = ZZP 70, 124.

Zu § 148:
1 BVerfG, NJW 2013, 3432, Rn. 20 ff.; EGMR, NVwZ 2008, 289 (291).
2 BGH, NJW 2012, 3056 = FamRZ 2012, 1489.
3 BGH, RIW 2012, 405 = MDR 2012, 426.
4 BGH, NJW-RR 2014, 758 (759) = MDR 2014, 740.
5 OLG Düsseldorf, NJW-RR 1995, 832 zu § 12 FGG a.F.
6 OLG Jena, NJW-RR 2000, 1075 = MDR 2000, 1337.
7 Anders im Verfahren nach § 924 ZPO (vgl. MK-*Fritsche*, ZPO, § 148 Rn. 2) und § 927 ZPO (vgl. OLG München, MDR 1986, 681).
8 BGH, NJW-RR 2011, 1343 (1344) = GRUR 2011, 808.
9 BGHZ 23, 17 = NJW 1957, 591 = DB 1957, 112.

ausgesetzt[10]) sein. Dies kann auch ein selbstständiges Beweisverfahren sein.[11] Eine Bedeutung allein für die Beweiswürdigung des Gerichts genügt nicht.

5 Eine **Vorgreiflichkeit** liegt nicht vor, wenn beim Bundesgerichtshof ein Revisionsverfahren anhängig ist, welches dieselbe Rechtsfrage betrifft.[12] Die zurückgestellte Entscheidung bei anhängigen Parallelverfahren kann nicht über eine Aussetzung, sondern allein über eine Musterprozessabrede, ein Ruhen des Verfahrens (§ 251 ZPO) oder eine einvernehmliche Terminlosstellung erreicht werden.[13] Nicht Vorgreiflichkeit sondern anderweitige Rechtshängigkeit ist gegeben, wenn beide Prozesse den gleichen Streitgegenstand haben.[14]

III. Anordnung

6 Die **Anordnung der Aussetzung** erfolgt nach pflichtgemäßem Ermessen[15] des Gerichts durch einen zu begründenden Beschluss nach vorheriger Gewährung rechtlichen Gehörs. Kein Ermessen, sondern eine Pflicht zur Aussetzung besteht, wenn die Voraussetzung einer Sachentscheidung ohne die Ergebnisse des anderen Verfahrens nicht geklärt werden können[16] oder bei einer Aufrechnung mit einer rechtswegfremden Forderung.[17] Auf der anderen Seite scheidet eine Aussetzung aus, soweit bereits Entscheidungsreife des Verfahrens besteht.

IV. Rechtsfolge

7 Die Wirkungen der Aussetzung regelt die Vorschrift des § 249 ZPO.

V. Ende der Aussetzung

8 Die Aussetzung endet entweder mit einem Beschluss, der diese aufhebt, oder von selbst mit der Erledigung des Verfahrens, wegen dem es ausgesetzt war.

C. Rechtsmittel

9 Gegen die **Anordnung der Aussetzung** sowie die **Ablehnung der Aussetzung** ist die sofortige Beschwerde statthaft (§§ 252 Hs. 2, 567 Abs. 1 Nr. 2 ZPO).

§ 149
Aussetzung bei Verdacht einer Straftat

(1) Das Gericht kann, wenn sich im Laufe eines Rechtsstreits der Verdacht einer Straftat ergibt, deren Ermittlung auf die Entscheidung von Einfluss ist, die Aussetzung der Verhandlung bis zur Erledigung des Strafverfahrens anordnen.

(2) ¹Das Gericht hat die Verhandlung auf Antrag einer Partei fortzusetzen, wenn seit der Aussetzung ein Jahr vergangen ist. ²Dies gilt nicht, wenn gewichtige Gründe für die Aufrechterhaltung der Aussetzung sprechen.

Inhalt:

	Rn.		Rn.
A. Allgemeines	1	III. Ermessen	4
B. Erläuterungen	2	IV. Dauer der Aussetzung	5
I. Verdacht einer Straftat	2	**C. Rechtsmittel**	6
II. Einfluss auf die Entscheidung	3		

A. Allgemeines

1 Die Vorschrift bezweckt, Erkenntnisse des Strafverfahrens für das Zivilverfahren zu nutzen und doppelten Aufwand der Justiz und der Parteien zu vermeiden. Eine Bindungswirkung strafgerichtlicher Feststellungen für zivilgerichtliche Entscheidungen besteht indes nach geltendem Recht nicht. Die Feststellungen und auch die Einlassungen der Beteiligten können aber bei der Beweiswürdigung des Zivilgerichts Berücksichtigung finden.

---

10 BGH, NJW-RR 2005, 925 = MDR 2005, 947.
11 BGH, NJW-RR 2007, 307 = MDR 2007, 542; a.A. Baumbach/Lauterbach/Albers/Hartmann, ZPO, § 148 Rn. 25 m.w.N.
12 BGH, NJW-RR 2012, 575 = MDR 2012, 539.
13 BGHZ 162, 373 = NJW 2005, 1947 = MDR 2005, 1185.
14 BGH, NJW-RR 2005, 925 = MDR 2005, 947.
15 OLG Dresden, NJW 2000, 442.
16 BGHZ 97, 135 (145) = NJW 1986, 1744 (1746) = MDR 1986, 668.
17 BGHZ 16, 124 (138) = NJW 1955, 497.

B. Erläuterungen
I. Verdacht einer Straftat

Es muss der Anfangsverdacht einer Straftat bestehen (§ 152 Abs. 2 StPO). Eine bloße Vermutung oder Behauptung einer solchen genügt nicht. Die Straftat muss nicht von der Partei selbst begangen worden sein; ausreichend ist eine solche auch eines anderen Prozessbeteiligten wie eines Zeugen oder Sachverständigen. Wegen der Straftat muss ein Verfahren anhängig sein, welches aber auch vom Gericht durch Aktenübersendung an die Staatsanwaltschaft erst initiiert werden kann. Es ist nicht erforderlich, dass der Verdacht erst während des Zivilverfahrens entstanden ist.

II. Einfluss auf die Entscheidung

Der Verdacht einer strafbaren Handlung muss **geeignet** sein, Einfluss auf das Verfahren auszuüben. Daraus ergibt sich, dass eine Aussetzung im **Revisionsverfahren** nicht mehr zulässig ist. Eine Aussetzung scheidet auch aus, soweit es im auszusetzenden Verfahren nur um Rechtsfragen geht.[1] Unter den Anwendungsbereich der Vorschrift fällt nicht, dass das strafrechtliche Verfahren abgewartet werden soll, damit ein Zeuge nicht mehr wegen des gegen ihn laufenden Ermittlungsverfahrens die Aussage verweigern kann.[2]

III. Ermessen

Die Entscheidung steht im Ermessen des Gerichts, welches zwischen der Fortführung des Verfahrens und einem Abwarten des Strafverfahrens sorgfältig abwägen muss.[3] Diese Abwägung muss im Beschluss nachprüfbar dargestellt werden.[4]

IV. Dauer der Aussetzung

Die Aussetzung erfolgt grundsätzlich bis zur Rechtskraft des Bezugsverfahrens. Nachdem dies ein längerer Zeitraum sein kann, sieht Abs. 2 vor, dass nach einem Jahr auf Antrag einer Partei fortzusetzen ist. Dem Gericht steht hier kein Ermessen zu. Etwas anderes gilt nur, soweit gewichtige Gründe für die Aufrechterhaltung der Aussetzung sprechen, was durch das Regel-Ausnahme-Verhältnis im Gesetz verdeutlicht wird.

C. Rechtsmittel

Gegen die Anordnung der Aussetzung, die Ablehnung der Aussetzung und die Ablehnung der Fortsetzung nach erfolgter Aussetzung ist jeweils die **sofortige Beschwerde** nach § 252 Satz 2 ZPO i.V.m. § 567 Abs. 1 Nr. 2 ZPO statthaft.

§ 150
Aufhebung von Trennung, Verbindung oder Aussetzung

¹Das Gericht kann die von ihm erlassenen, eine Trennung, Verbindung oder Aussetzung betreffenden Anordnungen wieder aufheben. ²§ 149 Satz 2 bleibt unberührt.

Die Vorschrift ermöglicht eine **Aufhebung** der genannten Maßnahmen nach grundsätzlich freiem Ermessen des Gerichts. Setzt die Aussetzung selbst einen Antrag voraus, muss die entsprechende Partei der Aufhebung zustimmen.[1] Die Jahresfrist des § 149 Abs. 2 ZPO ist vom Gericht als ausdrücklich genannter Gesichtspunkt zu berücksichtigen (Satz 2). Die Aufhebung erfolgt durch einen Beschluss des Gerichts. Soweit die Aussetzung automatisch endet, hat ein gleichwohl erlassener Beschluss, der dies ausspricht, allein technische Bedeutung. Die Frage des **Rechtsmittels** richtet sich danach, ob ein solcher gegen den ursprünglichen Beschluss gegeben war. Auf die dortigen Anmerkungen wird verwiesen.

§ 151
(weggefallen)

---

1 OLG Düsseldorf, MDR 1985, 239.
2 KG Berlin, MDR 1983, 139.
3 BGH, NJW-RR 2010, 423 (424) = MDR 2010, 280; zum Arzthaftungsprozess OLG Koblenz, NJOZ 2005, 4825 = VersR 2006, 1140.
4 BGH, NJW-RR 2010, 423 (424) = MDR 2010, 280.

Zu § 150:
1 MK-*Fritsche*, ZPO, § 150 Rn. 1.

§ 152
Aussetzung bei Eheaufhebungsantrag

¹Hängt die Entscheidung eines Rechtsstreits davon ab, ob eine Ehe aufhebbar ist, und ist die Aufhebung beantragt, so hat das Gericht auf Antrag das Verfahren auszusetzen. ²Ist das Verfahren über die Aufhebung erledigt, so findet die Aufnahme des ausgesetzten Verfahrens statt.

1 Die Aufhebbarkeit einer Ehe nach den §§ 1313 ff. BGB erfolgt durch eine Statusentscheidung des Familiengerichts (§§ 121 ff. FamFG). Die Vorschrift will eine **Inzidententscheidung** des Zivilgerichts **vermeiden** und sieht daher die Aussetzung des Verfahrens vor, wenn ein Antrag auf Aufhebung der Ehe beim Familiengericht gestellt wird. Es muss ein Verfahren **rechtshängig** sein. Ist das Verfahren infolge des Todes eines Ehegatten nach § 131 FamFG erledigt, kann das Zivilgericht selbst entscheiden. Die **Aussetzung endet** mit der Aufnahme des Verfahrens nach § 250 ZPO oder einem Beschluss nach § 155 ZPO, mit dem die Aussetzung wegen Verzögerung aufgehoben wird.

2 Gegen die Aussetzung ist die **sofortige Beschwerde** statthaft (§ 252 Satz 2 ZPO i.V.m. § 567 Abs. 1 Nr. 2 ZPO).

§ 153
Aussetzung bei Vaterschaftsanfechtungsklage

Hängt die Entscheidung eines Rechtsstreits davon ab, ob ein Mann, dessen Vaterschaft im Wege der Anfechtungsklage angefochten worden ist, der Vater des Kindes ist, so gelten die Vorschriften des § 152 entsprechend.

1 Die Vaterschaftsfeststellung erfolgt in einem Statusverfahren des Familiengerichts nach §§ 169 ff. FamFG. Daher soll grundsätzlich eine Inzidententscheidung des Zivilgerichts vermieden werden. Anderes gilt im Rahmen des **einstweiligen Rechtsschutzes**.[1] Es muss eine Vaterschaftsanfechtung beim Familiengericht rechtshängig sein. Nicht erforderlich ist, dass Kind oder (Schein-)Vater Partei des Prozesses sind, der ausgesetzt werden soll. Die Aussetzung **endet** mit der Aufnahme des Verfahrens nach § 250 ZPO oder einem Beschluss nach § 155 ZPO, mit dem die Aussetzung wegen Verzögerung aufgehoben wird.

§ 154
Aussetzung bei Ehe- oder Kindschaftsstreit

(1) Wird im Laufe eines Rechtsstreits streitig, ob zwischen den Parteien eine Ehe oder eine Lebenspartnerschaft bestehe oder nicht bestehe, und hängt von der Entscheidung dieser Frage die Entscheidung des Rechtsstreits ab, so hat das Gericht auf Antrag das Verfahren auszusetzen, bis über das Bestehen oder Nichtbestehen der Ehe oder der Lebenspartnerschaft im Wege der Feststellungsklage erledigt ist.

(2) Diese Vorschrift gilt entsprechend, wenn im Laufe eines Rechtsstreits streitig wird, ob zwischen den Parteien ein Eltern- und Kindesverhältnis bestehe oder nicht bestehe oder ob der einen Partei die elterliche Sorge für die andere zustehe oder nicht zustehe, und von der Entscheidung dieser Fragen die Entscheidung des Rechtsstreits abhängt.

1 Die Vorschrift betrifft Fälle, in denen das Bestehen einer Ehe oder Lebenspartnerschaft, ein Eltern-Kind-Verhältnis oder die elterliche Sorge streitig sind. Durch die Aussetzung auf Antrag sollen divergierende Entscheidungen vermieden werden. § 155 ZPO ist nicht anwendbar. Abs. 2 betrifft die Verfahren nach §§ 121 Nr. 3, 269 Abs. 1, 270 Abs. 1 FamFG. Die Vorschrift betritt Verfahren nach §§ 169 ff. FamFG, in denen es um die Feststellung eines Eltern-Kind-Verhältnisses nach §§ 1591–1600e BGB geht.

---

1 OLG Frankfurt a.M., BeckRS 2009, 29439.

§ 155
Aufhebung der Aussetzung bei Verzögerung

In den Fällen der §§ 152, 153 kann das Gericht auf Antrag die Anordnung, durch die das Verfahren ausgesetzt ist, aufheben, wenn die Betreibung des Rechtsstreits, der zu der Aussetzung Anlass gegeben hat, verzögert wird.

Die Vorschrift bezweckt eine Fortsetzung des wegen eines Statusverfahrens vor dem Familiengericht ausgesetzten Verfahrens, indem bei Verzögerung ein diesbezüglicher **Antrag** gestellt werden kann. Die **Aufhebung der Aussetzung** erfolgt durch einen Beschluss des Gerichts. Der Begriff der Verzögerung enthält ein subjektives Element der Vorwerfbarkeit. Deshalb findet die Norm keine Anwendung bei nur objektiver und nicht vorwerfbarer Verzögerung.[1]   1

§ 156
Wiedereröffnung der Verhandlung

(1) Das Gericht kann die Wiedereröffnung einer Verhandlung, die geschlossen war, anordnen.

(2) Das Gericht hat die Wiedereröffnung insbesondere anzuordnen, wenn

1. das Gericht einen entscheidungserheblichen und rügbaren Verfahrensfehler (§ 295), insbesondere eine Verletzung der Hinweis- und Aufklärungspflicht (§ 139) oder eine Verletzung des Anspruchs auf rechtliches Gehör, feststellt,
2. nachträglich Tatsachen vorgetragen und glaubhaft gemacht werden, die einen Wiederaufnahmegrund (§ 579, 580) bilden, oder
3. zwischen dem Schluss der mündlichen Verhandlung und dem Schluss der Beratung und Abstimmung (§§ 192 bis 197 des Gerichtsverfassungsgesetzes) ein Richter ausgeschieden ist.

Inhalt:

	Rn.		Rn.
A. Allgemeines	1	II. Pflicht zur Wiedereröffnung der Verhandlung, Abs. 2	4
B. Erläuterungen	2	III. Entscheidung des Gerichts und weiteres Verfahren	6
I. Wiedereröffnung der Verhandlung nach Ermessen, Abs. 1	2	C. Rechtsmittel	7

A. Allgemeines

Die Vorschrift regelt die Wiedereröffnung nach dem Schluss der mündlichen Verhandlung (§ 136 Abs. 4 ZPO), also eine Fortführung des Verfahrens in der Instanz trotz der Tatsache, dass das Gericht die Sache zunächst als entscheidungsreif angesehen hat.   1

B. Erläuterungen
I. Wiedereröffnung der Verhandlung nach Ermessen, Abs. 1

Jenseits der Pflicht zur Wiedereröffnung nach Abs. 2 kann die Wiedereröffnung **nach freiem Ermessen** des Gerichts gemäß Abs. 1 erfolgen.[1] Ein Anwendungsfall der Vorschrift ist die von beiden Seiten vorgetragene grundsätzliche Einigungsbereitschaft, so dass die Zeit nach der Wiedereröffnung zu einem Abschluss von Vergleichsverhandlungen genutzt werden kann. Schließlich sieht § 278 Abs. 1 ZPO vor, dass das Gericht in jeder Lage des Verfahrens auf eine gütliche Beilegung des ganzen oder eines Teils des Verfahrens bedacht sein soll. Aufgrund der Konzentrationsmaxime und Prozessförderungspflicht des Gerichts müssen hierfür allerdings konkrete Anhaltspunkte vorliegen. Ein anderer Anwendungsfall ist die vollständige oder teilweise Erledigung der Hauptsache nach Schluss der Verhandlung.   2

Eine Wiedereröffnung kann indes **neuen Vortrag** der Partei ermöglichen, was einer neuerlichen schnellen Entscheidungsreife des Verfahrens entgegenstehen kann. Das Gericht hat bei der Ermessensausübung daher zu beachten, dass die Vorschriften zur Präklusion neuen Vor-   3

---

1 Zöller-*Greger*, ZPO, § 155 Rn. 1; MK-*Fritsche*, ZPO, § 155 Rn. 1; a.A. Stein/Jonas-*Roth*, ZPO, § 155 Rn. 3.

Zu § 156:
1 BGH, NJW 2000, 142 = MDR 2000, 103.

bringens (§ 296 ZPO) nicht durch eine Wiedereröffnung ausgehebelt werden dürfen. Die Anordnung des § 296a Satz 2 ZPO, dass § 156 ZPO unberührt bleibt, steht einer restriktiven Handhabung nicht entgegen.

II. Pflicht zur Wiedereröffnung der Verhandlung, Abs. 2

4   Eine Pflicht des Gerichts besteht nach **Nr. 1** insbesondere, wenn das Gericht einen Verfahrensfehler feststellt, wenn eine Verletzung der Hinweis- und Aufklärungspflicht nach § 139 ZPO oder ein sonstiger Verstoß gegen das Gebot der Gewährung rechtlichen Gehörs (Art. 103 Abs. 1 GG) gegeben ist. Die Wiedereröffnung ist erforderlich, wenn eine Partei in einem nachgelassenen Schriftsatz nach § 283 ZPO neue Tatsachen in den Prozess einführt, zu denen sich die Gegenseite nicht erklären konnte. Dies hat auch aufgrund eines nicht nachgelassenen Schriftsatzes zu erfolgen, wenn dieser auf die letzte mündliche Verhandlung bezogen ist, zu deren Geschehnissen die Partei sich noch nicht hat äußern können, beispielsweise aufgrund der Ausführungen des Sachverständigen in dessen mündlicher Anhörung[2] oder durch Hinweise des Gerichts, die entgegen § 139 Abs. 4 ZPO erst in der mündlichen Verhandlung erfolgen.[3]

5   Wiederzueröffnen ist die Verhandlung weiterhin nach **Nr. 2**, wenn ein Wiederaufnahmegrund nach §§ 579, 580 ZPO vorgetragen und i.S.d. § 294 ZPO glaubhaft gemacht wird. Schließlich muss die mündliche Verhandlung gemäß **Nr. 3** wiedereröffnet werden, wenn zwischen Schluss der mündlichen Verhandlung und der Beratung ein Richter aus dem Spruchkörper ausgeschieden ist. Unschädlich ist dabei, wenn der Richter zwischen Abschlussberatung und Verkündung ausgeschieden ist.

III. Entscheidung des Gerichts und weiteres Verfahren

6   Die Wiedereröffnung erfolgt von Amts wegen und in der Regel nicht ausdrücklich. Das Gericht verkündet beispielsweise einen Aufklärungs- und Beweisbeschluss, erteilt richterliche Hinweise gemäß § 139 ZPO oder beraumt einen neuen Verhandlungstermin an. Eine Wiedereröffnung kann auch sofort erfolgen, wenn die Parteien anwesend und einverstanden sind. Auch ein bereits beschlossenes, aber noch nicht verkündetes Urteil steht einer Wiedereröffnung der mündlichen Verhandlung nicht entgegen. Scheidet ein Richter aus dem Spruchkörper aus, entscheiden die übrigen über eine Wiedereröffnung.[4]

C. Rechtsmittel

7   Gegen die Ablehnung einer Wiedereröffnung der Verhandlung ist kein Rechtsmittel gegeben. Rechtsfehler können im Rahmen des Rechtsmittels gegen die ergangene Entscheidung selbst als Verfahrensfehler gemäß § 513 Abs. 1 ZPO oder durch eine Gehörsrüge nach § 321a ZPO angegriffen werden.

§ 157
Untervertretung in der Verhandlung

Der bevollmächtigte Rechtsanwalt kann in Verfahren, in denen die Parteien den Rechtsstreit selbst führen können, zur Vertretung in der Verhandlung einen Referendar bevollmächtigen, der im Vorbereitungsdienst bei ihm beschäftigt ist.

1   Die Vorschrift ermöglicht es im Parteiprozess in gewissen Fällen, den Rechtsstreit durch einen Rechtsreferendar zu führen, den der bevollmächtigte Rechtsanwalt zu diesem Zweck als Untervertreter bevollmächtigt. Von der Vorschrift erfasst ist allein der Rechtsreferendar, der dem Rechtsanwalt gemäß § 59 BRAO im Rahmen der Ausbildungsstation des Rechtsreferendariats zugewiesen ist. Die Vorschrift gilt somit nicht für den Rechtsreferendar, der in der Kanzlei des Anwalts eine **Nebentätigkeit** ausübt. Unberührt bleibt die Möglichkeit, den Rechtsreferendar als Vertreter i.S.d. § 53 Abs. 4 BRAO bestellen zu lassen, soweit dieser bereits 12 Monate des Vorbereitungsdienstes absolviert hat.

---

2   BGH, NJW 2009, 2604 (2605) = MDR 2009, 997; BGH, NJW 2001, 2796 = MDR 2001, 567.
3   BGH, NJW-RR 2014, 177; BGH, NJW-RR 2004, 281 = MDR 2004, 468.
4   BGH, NJW 2002, 1426 (1427) = MDR 2002, 658.

§ 158
Entfernung infolge Prozessleitungsanordnung

Ist eine bei der Verhandlung beteiligte Person zur Aufrechterhaltung der Ordnung von dem Ort der Verhandlung entfernt worden, so kann auf Antrag gegen sie in gleicher Weise verfahren werden, als wenn sie freiwillig sich entfernt hätte.

Die Vorschrift behandelt die **Folgen**, wenn ein Beteiligter, d.h. die Partei selbst, ihr gesetzlicher Vertreter, ein Streithelfer, ein Zeuge oder ein Sachverständiger aus der Sitzung infolge sitzungspolizeilicher Maßnahmen des Gerichts gemäß § 177 GVG entfernt worden ist. Für den anwaltlichen Prozessbevollmächtigten gilt die Regelung nur, soweit ein Berufs- oder Vertretungsverbot verhängt worden ist (§ 156 Abs. 2 BRAO). 1

Das Gericht kann die Verhandlung fortsetzen oder vertagen. Es entscheidet nach pflichtgemäßem Ermessen, welches im Rahmen des Rechtsmittels gegen die in Abwesenheit des Beteiligten getroffene Entscheidung überprüft wird. Bei einer Fortsetzung der Verhandlung kann eine Entscheidung aufgrund Säumnis (§§ 330 ff. ZPO) oder eine Entscheidung nach Lage der Akten (§ 251a ZPO) ergehen. Bei einer Partei, deren Pflicht zum persönlichen Erscheinen angeordnet worden ist, ergeben sich die Folgen aus § 141 Abs. 3 ZPO. Das Gericht kann die Erklärung der Partei als verweigert ansehen. Für Zeugen bzw. Sachverständige gelten §§ 380, 390 ZPO bzw. § 409 ZPO. 2

§ 159
Protokollaufnahme

(1) ¹Über die Verhandlung und jede Beweisaufnahme ist ein Protokoll aufzunehmen. ²Für die Protokollführung kann ein Urkundsbeamter der Geschäftsstelle zugezogen werden, wenn dies auf Grund des zu erwartenden Umfangs des Protokolls, in Anbetracht der besonderen Schwierigkeit der Sache oder aus einem sonstigen wichtigen Grund erforderlich ist.

(2) ¹Absatz 1 gilt entsprechend für Verhandlungen, die außerhalb der Sitzung vor Richtern beim Amtsgericht oder vor beauftragten oder ersuchten Richtern stattfinden. ²Ein Protokoll über eine Güteverhandlung oder weitere Güteversuche vor einem Güterichter nach § 278 Absatz 5 wird nur auf übereinstimmenden Antrag der Parteien aufgenommen.

Inhalt:

	Rn.		Rn.
A. Allgemeines	1	III. Protokoll bei anderen Verhandlungen, Abs. 2 Satz 1	7
B. Erläuterungen	3	IV. Protokoll bei Güteverhandlung vor dem Güterichter Abs. 2 Satz 2	8
I. Protokoll der mündlichen Verhandlung, Abs. 1 Satz 1	3		
II. Protokollführer, Abs. 1 Satz 2	4		

A. Allgemeines

Das Protokoll ist die **schriftliche Aufzeichnung** der in der mündlichen Verhandlung stattgefundenen Vorgänge. Es ist eine öffentliche Urkunde i.S.d. § 415 ZPO. Das Protokoll besitzt eine besondere Beweiskraft (§§ 165, 415, 418 ZPO). In ihm sind richterliche Hinweise zu dokumentieren (§ 139 IV ZPO).[1] 1

Die Aufnahme eines Prozessvergleichs in ein Protokoll ersetzt die notarielle Beurkundung (§ 127a BGB). Auch eine Auflassung kann in ihm wirksam erklärt werden (§ 925 Abs. 1 Satz 3 BGB), wenn dies beide Beteilige innerhalb der gleichen Verhandlung tun (Gleichzeitigkeit). 2

B. Erläuterungen
I. Protokoll der mündlichen Verhandlung, Abs. 1 Satz 1

Die **Aufnahme eines Protokolls** ist (vorbehaltlich Abs. 2 Satz 2) für jede Verhandlung erforderlich, damit auch für eine Beweisaufnahme oder einen Verkündungstermin nach § 311 Abs. 4 ZPO. Die Erforderlichkeit gilt auch für eine Verhandlung im Rahmen eines selbstständigen Beweisverfahrens. Dieser Pflicht steht die Säumnis einer Partei (§§ 330 ff. ZPO) oder beider Parteien (§ 251a ZPO) nicht entgegen. Die Pflicht zur Aufnahme eines Protokolls besteht auch vor dem beauftragen oder ersuchten Richter und im Verfahren des einstweiligen Rechtsschutzes. 3

---

1 BGH, MDR 2006, 411.

II. Protokollführer, Abs. 1 Satz 2

4 In der gerichtlichen Praxis wird das Protokoll vom Richter (Vorsitzender, Einzelrichter, Amtsrichter, Rechtspfleger) als Urkundsperson allein geführt. Ein Urkundsbeamter der Geschäftsstelle (§ 153 GVG) kann hinzugezogen werden, wenn dies aus den im Gesetz genannten Gründen erforderlich ist. Die Entscheidung, ob dies der Fall ist, trifft der Vorsitzende. Sie kann jederzeit vor der Verhandlung oder auch während der Verhandlung getroffen werden. Eine schriftliche Dokumentation der Gründe kann erfolgen, ist aber nicht rechtlich geboten. Die Entscheidung unterliegt nicht der Dienstaufsicht.[2]

5 Tatsächlich hängt die Entscheidung, ob eine Hinzuziehung erfolgt, vielfach davon ab, ob dem Gericht ein Protokollführer überhaupt zur Verfügung steht. Die Regel wird der Verzicht auf eine Hinzuziehung und die vorläufige Protokollaufzeichnung mittels eines **Diktiergerätes** sein (§ 160a ZPO). Der Verzicht muss nicht vermerkt werden.[3]

6 Ein hinzugezogener **Urkundsbeamter** führt das Protokoll in eigener Verantwortlichkeit. Der Vorsitzende wird diktieren, wenn dies zweckmäßig ist oder weil es auf einen besonderen Wortlaut ankommt. Bei Meinungsverschiedenheiten über die Art der Protokollierung zwischen Vorsitzendem und Protokollführer, die sich auch nicht durch Nachfrage bei den Beteiligten ausräumen lassen, sind beide Versionen aufzunehmen. Die Dokumentation der abweichenden Auffassung des Vorsitzenden kann jedenfalls durch einen gesonderten Vermerk geschehen.

III. Protokoll bei anderen Verhandlungen, Abs. 2 Satz 1

7 Ein Protokoll ist auch für Termine aufzunehmen, die nicht vor dem Prozessgericht stattfinden. Beispiele sind ein Erörterungstermin nach § 118 Abs. 3 ZPO im Rahmen des Prozesskostenhilfeverfahrens oder bei einer Verhandlung vor dem Vollstreckungsgericht (§ 764 Abs. 3 ZPO).

IV. Protokoll bei Güteverhandlung vor dem Güterichter, Abs. 2 Satz 2

8 Die Pflicht zur Aufnahme eines Protokolls bestünde auch für eine **Verhandlung vor dem Güterichter**. Aufgrund der regelmäßig erfolgenden (konkludenten) Vereinbarung der Vertraulichkeit unter den Beteiligten sieht Abs. 2 Satz 2 abweichend vor, dass ein Protokoll nur auf übereinstimmenden Antrag der Parteien aufgenommen wird. Wesentlicher Anwendungsfall eines übereinstimmenden Antrags ist der beabsichtigte Abschluss eines Prozessvergleichs vor dem Güterichter.

§ 160
Inhalt des Protokolls

(1) Das Protokoll enthält
1. den Ort und den Tag der Verhandlung;
2. die Namen der Richter, des Urkundsbeamten der Geschäftsstelle und des etwa zugezogenen Dolmetschers;
3. die Bezeichnung des Rechtsstreits;
4. die Namen der erschienenen Parteien, Nebenintervenienten, Vertreter, Bevollmächtigten, Beistände, Zeugen und Sachverständigen und im Falle des § 128a den Ort, von dem aus sie an der Verhandlung teilnehmen;
5. die Angabe, dass öffentlich verhandelt oder die Öffentlichkeit ausgeschlossen worden ist.

(2) Die wesentlichen Vorgänge der Verhandlung sind aufzunehmen.

(3) Im Protokoll sind festzustellen
1. Anerkenntnis, Anspruchsverzicht und Vergleich;
2. die Anträge;
3. Geständnis und Erklärung über einen Antrag auf Parteivernehmung sowie sonstige Erklärungen, wenn ihre Feststellung vorgeschrieben ist;
4. die Aussagen der Zeugen, Sachverständigen und vernommenen Parteien; bei einer wiederholten Vernehmung braucht die Aussage nur insoweit in das Protokoll aufgenommen zu werden, als sie von der früheren abweicht;
5. das Ergebnis eines Augenscheins;
6. die Entscheidungen (Urteile, Beschlüsse und Verfügungen) des Gerichts;
7. die Verkündung der Entscheidungen;

---

2 BGH, NJW 1988, 417; BGH, NJW 1978, 2509.
3 BGH, NJW 2010, 2948.

8. die Zurücknahme der Klage oder eines Rechtsmittels;
9. der Verzicht auf Rechtsmittel;
10. das Ergebnis der Güteverhandlung.

(4) ¹Die Beteiligten können beantragen, dass bestimmte Vorgänge oder Äußerungen in das Protokoll aufgenommen werden. ²Das Gericht kann von der Aufnahme absehen, wenn es auf die Feststellung des Vorgangs oder der Äußerung nicht ankommt. ³Dieser Beschluss ist unanfechtbar; er ist in das Protokoll aufzunehmen.

(5) Der Aufnahme in das Protokoll steht die Aufnahme in eine Schrift gleich, die dem Protokoll als Anlage beigefügt und in ihm als solche bezeichnet ist.

Inhalt:

	Rn.		Rn.
A. Allgemeines	1	III. Einzelne Feststellungen, Abs. 3	6
B. Erläuterungen	2	IV. Protokollierungsantrag, Abs. 4	16
I. Inhalt des Protokolls, Abs. 1	3	V. Anlagen zum Protokoll, Abs. 5	17
II. Wesentliche Vorgänge, Abs. 2	4		

A. Allgemeines

Die Vorschrift benennt Details zum notwendigen Inhalt des Protokolls und zum Verfahren während seiner Aufnahme.   1

B. Erläuterungen
I. Inhalt des Protokolls, Abs. 1

Das Protokoll enthält die Rahmendaten der Verhandlung, die aufzunehmen sind einschließlich der Güteverhandlung (§ 278 Abs. 2 Satz 2 ZPO)[1] und der Verhandlung über das Beweisergebnis (§ 285 Abs. 1 ZPO). Uhrzeiten des Aufrufs der Sache[2] oder von kurzen Unterbrechungen[3] müssen nicht aufgenommen werden. Letzteres kann gleichwohl sinnvoll sein, um die näheren Umstände von Vergleichsverhandlungen zu dokumentieren.   2

Weiter sind die **Erschienenen** zu erfassen. Die Tatsache, dass später vernommene Zeugen im Sitzungssaal anwesend sind, kann für die Beweiswürdigung des Gerichts von Bedeutung sein. Daher sollte gegebenenfalls auch dies erfragt und in das Protokoll aufgenommen werden. In nichtöffentlicher Verhandlung (§ 174 GVG) sind die Personen, denen die Anwesenheit gestattet worden ist, namentlich zu bezeichnen.   3

II. Wesentliche Vorgänge, Abs. 2

Wesentlich sind die Umstände, die das Gericht für die Entscheidung in **prozessualer bzw. materieller** Hinsicht benötigt und die für die Entscheidung des Rechtsmittelgerichts zur Beurteilung der Frage von Bedeutung sind, ob ein Verfahrensfehler der Vorinstanz vorliegt. Hierunter fallen beispielsweise die Erklärungen der Parteien im Rahmen einer **persönlichen Anhörung nach § 141 ZPO**.   4

Auseinandersetzungen mit den Parteivertretern zur Reichweite der Protokollierung und zur Frage der Wesentlichkeit sollten jenseits von Fällen völliger Redundanz zugunsten einer ausführlicheren Protokollierung unterbleiben. Hinsichtlich der Art und Weise der Protokollierung bleibt es aber bei der alleinigen Entscheidungshoheit der Urkundsperson.   5

III. Einzelne Feststellungen, Abs. 3

Nr. 1: Anerkenntnis nach § 307 ZPO, Verzicht nach § 306 ZPO und Vergleich.   6

Nr. 2: Zu protokollieren sind die Sachanträge, nicht etwaige Prozessanträge.[4]   7

Nr. 3: Geständnis nach § 288 ZPO und Erklärung zu einem Antrag auf Parteivernehmung gemäß §§ 446, 447 ZPO.   8

Nr. 4: Aussage der vernommenen Partei betrifft die Parteivernehmung, nicht die Erklärungen der Partei im Rahmen einer persönlichen Anhörung nach § 141 ZPO.[5] Die Protokollierung deren Inhalts kann freilich sinnvoll sein; unter Umständen ist sie sogar geboten, weil ihr mangels eines Beweismittels aus der Gesichtspunkt der prozessualen Waffengleichheit Bedeutung zukommt. Die Aussagen und Sachverständigen sind nicht zwingend wörtlich, sondern ihrem   9

---

1 BGH, NJW 1990, 121.
2 OLG Köln, NJW-RR 1992, 1022.
3 BFHE 195, 593 = BB 2001, 2043.
4 Diese aber u.U. nach § 160 Abs. 2 ZPO, OLG Köln, NJW-RR 1999, 288.
5 BGHZ 50, 84 (86).

Sinngehalt nach aufzunehmen.[6] Wörtliche Wiedergabe ist im Falle der Beeidigung hinsichtlich der Kernaussagen geboten. Aus sprachlicher Sicht ist die Aufnahme in direkter Rede vorzugswürdig. Die Protokollierungstiefe hängt von den Umständen ab. Eine gewisse sprachliche Veränderung und Verfremdung durch die Zusammenfassung der Urkundsperson ist nicht zu vermeiden und auch nicht schädlich. Die Diktion des Zeugen oder Sachverständigen sollte aber tendenziell erhalten blieben. Die Feststellung allein, dass die Vernehmung oder Anhörung stattgefunden hat, genügt nicht.[7]

Für eine wiederholte Vernehmung eines Zeugen oder Sachverständigen nach §§ 398, 402 ZPO gelten Erleichterungen. Eine mündliche Anhörung des Sachverständigen nach § 411 Abs. 3 ZPO nach schriftlichem Sachverständigengutachten ist nicht wiederholt i.S.d. Vorschrift.[8]

10 **Nr. 5:** In das Protokoll aufzunehmen sind die Wahrnehmungen, nicht die Würdigung.[9]

11 **Nr. 6:** Entscheidungen des Gerichts sind von den Entscheidungen des Vorsitzenden zu unterscheiden, die nicht aufgenommen werden müssen aber dürfen, beispielsweise die Unterbrechung der mündlichen Verhandlung für einige Minuten.

12 **Nr. 7:** Verkündung von Urteilen nach §§ 310 ff. ZPO und Beschlüssen nach § 329 Abs. 1 ZPO. Der Wortlaut hat sich aus dem Protokoll oder dessen Anlage zu ergeben. Dokumentiert werden muss, ob durch Vorlesung der Urteilsformel oder durch Bezugnahme auf die Urteilsformel verkündet worden ist.[10] Die Beweiskraft des Protokolls hinsichtlich einer Verkündung aufgrund einer schriftlichen Urteilsformel besteht nur dann, wenn das Protokoll innerhalb von 5 Monaten erstellt worden ist.[11]

13 **Nr. 8:** Zurücknahme der Klage nach § 269 ZPO und Rücknahme eines Rechtsmittels nach §§ 516, 565 ZPO.

14 **Nr. 9:** Rechtsmittelverzicht nach §§ 515, 565 ZPO.

15 **Nr. 10:** Ergebnis der Güteverhandlung, d.h. das insbesondere (derzeitige) Scheitern der Güteverhandlung.

IV. Protokollierungsantrag, Abs. 4

16 Auf Antrag können sowohl bestimmte Vorgänge als auch Äußerungen in das Protokoll aufgenommen werden. Äußerungen betreffen Erklärungen, die in der mündlichen Verhandlung oder einer Beweisaufnahme gefallen sind. Vorgänge sind tatsächliche Umstände, die für den Prozess von Bedeutung sind, wie beispielsweise das bestimmte Verhalten eines Zeugen während der Beweisaufnahme. Einen Antrag auf Protokollierung kann jeder Beteiligte stellen. Dies ist bis zum Schluss der mündlichen Verhandlung (§ 136 Abs. 4 ZPO) möglich.[12] Die Entscheidung, dass ein Vorgang oder eine Äußerung in das Protokoll aufzunehmen sind, trifft der Vorsitzende allein. Die Ablehnung geschieht durch Gerichtsbeschluss. Dieser ist nicht anfechtbar (**Satz 3**).

V. Anlagen zum Protokoll, Abs. 5

17 Eine **Anlage zum Protokoll** hat zur Folge, dass sie zu dessen Bestandteil wird. Sie sind damit auch den Protokollabschriften für die Parteien beizufügen. Zu unterscheiden hiervon sind Schriftstücke, Skizzen, Pläne oder ähnliches, die im Rahmen der mündlichen Verhandlung vom Gericht entgegengenommen werden. So sind insbesondere Schriftsätze, die (entgegen § 132 ZPO) erst im Rahmen der mündlichen Verhandlung übergeben sind, keine Protokollanlage i.S.d. Vorschrift. Die Beifügung als Anlage zum Protokoll ist im Protokoll selbst zu vermerken. Ein Vermerk oder eine Kennzeichnung auf der Anlage selbst ist nicht zwingend,[13] aber ratsam.

---

6 Zu Abweichungen von Ausführungen im schriftlichen Sachverständigengutachten, BGH, NJW 2482, 2485. Zum sogenannten Berichterstattervermerk, BGH, NJW 1991, 1547; BGH, NJW 2010, 3774; kritisch *Dötsch*, MDR 2014, 757.
7 BGH, NJW 2001, 3269.
8 BGH, NJW-RR 1993, 1034 (1035); BGH, NJW-RR 1987, 1197.
9 OLG Hamm, NJW-RR 2003, 1006.
10 BGH, NJW-RR 1991, 1084.
11 BGH, NJW 2011, 1741.
12 OLG Schleswig, MDR 2011, 751; OLG Frankfurt a.M., NJW-RR 2005, 814.
13 BGHZ 10, 327 (329).

§ 160a
Vorläufige Protokollaufzeichnung

(1) Der Inhalt des Protokolls kann in einer gebräuchlichen Kurzschrift, durch verständliche Abkürzungen oder auf einem Ton- oder Datenträger vorläufig aufgezeichnet werden.

(2) [1]Das Protokoll ist in diesem Fall unverzüglich nach der Sitzung herzustellen. [2]Soweit Feststellungen nach § 160 Abs. 3 Nr. 4 und 5 mit einem Tonaufnahmegerät vorläufig aufgezeichnet worden sind, braucht lediglich dies in dem Protokoll vermerkt zu werden. [3]Das Protokoll ist um die Feststellungen zu ergänzen, wenn eine Partei dies bis zum rechtskräftigen Abschluss des Verfahrens beantragt oder das Rechtsmittelgericht die Ergänzung anfordert. [4]Sind Feststellungen nach § 160 Abs. 3 Nr. 4 unmittelbar aufgenommen und ist zugleich das wesentliche Ergebnis der Aussagen vorläufig aufgezeichnet worden, so kann eine Ergänzung des Protokolls nur um das wesentliche Ergebnis der Aussagen verlangt werden.

(3) [1]Die vorläufigen Aufzeichnungen sind zu den Prozessakten zu nehmen oder, wenn sie sich nicht dazu eignen, bei der Geschäftsstelle mit den Prozessakten aufzubewahren. [2]Aufzeichnungen auf Ton- oder Datenträgern können gelöscht werden,
1. soweit das Protokoll nach der Sitzung hergestellt oder um die vorläufig aufgezeichneten Feststellungen ergänzt ist, wenn die Parteien innerhalb eines Monats nach Mitteilung der Abschrift keine Einwendungen erhoben haben;
2. nach rechtskräftigem Abschluss des Verfahrens.

[3]Soweit das Gericht über eine zentrale Datenspeichereinrichtung verfügt, können die vorläufigen Aufzeichnungen an Stelle der Aufbewahrung nach Satz 1 auf der zentralen Datenspeichereinrichtung gespeichert werden.

(4) Die endgültige Herstellung durch Aufzeichnung auf Datenträger in der Form des § 130b ist möglich.

Inhalt:

	Rn.		Rn.
A. Allgemeines	1	III. Aufbewahrung der vorläufigen Aufzeichnungen, Abs. 3	5
B. Erläuterungen	2	IV. Protokoll als elektronisches Dokument, Abs. 4	6
I. Vorläufige Aufzeichnung, Abs. 1	2		
II. Nachträgliche Herstellung des Protokolls, Abs. 2	3		

A. Allgemeines

Die Vorschrift betrifft die vorläufige Aufzeichnung des Protokolls sowohl mittels eines analogen Aufzeichnungsgerätes als auch in digitaler Form.   1

B. Erläuterungen
I. Vorläufige Aufzeichnung, Abs. 1

Vorläufige Aufzeichnung kann beispielsweise durch Aufzeichnung der gesamten Verhandlung erfolgen.[1] Hierauf haben die Parteien allerdings keinen Anspruch.[2] Regelmäßig wird der Vorsitzende den Inhalt der Verhandlung zusammenfassend und abschnittsweise diktieren. Vorläufige Aufzeichnung bedeutet auf der anderen Seite, dass eine nachträgliche Herstellung des Protokolls aus dem Gedächtnis nicht möglich ist, z.B., wenn die vorläufige Aufzeichnung (technisch) verloren geht und nicht mehr zur Verfügung steht.   2

II. Nachträgliche Herstellung des Protokolls, Abs. 2

Das Protokoll ist unverzüglich, d.h. ohne schuldhaftes Zögern i.S.v. § 121 Abs. 1 BGB herzustellen. Sinn der Regelung ist, dass die Erinnerung an die mündliche Verhandlung bei allen Beteiligen noch frisch ist. Dies ist bei der gebotenen Überprüfung und ggfs. Berichtigung oder sprachlicher Glättung[3] vor der Unterschrift hilfreich. Gewisse Verzögerungen, die durch Vertretung oder Urlaub beim Vorsitzenden und/oder Urkundsbeamten der Geschäftsstelle entstehen, sind freilich unschädlich. Eine nach diesen Maßstäben nicht unverzügliche, sondern verspätete Niederschrift hat keine Auswirkungen auf die Beweiskraft des Protokolls.[4]   3

---

1 Zu den Rechtsfolgen einer zu einem wesentlichen Teil unverständlichen und unvollständigen Aufzeichnung, BVerwG, MDR 1977, 604.
2 *Schmidt*, NJW 1975, 1309.
3 Diese ist zulässig, soweit es nicht um Teile des Protokolls geht, die nach § 162 Abs. 1 Satz 1 ZPO genehmigen zu lassen sind, BGHZ 14, 381 (397); BGH, NJW-RR 2014, 61 (62).
4 BGH, NJW 1999, 794; BGH, NJW 1985, 1782.

4 Das endgültige Protokoll besitzt die Beweiskraft des § 165 ZPO auch dann, wenn es erst nachträglich nach vorheriger vorläufiger Aufzeichnung hergestellt worden ist. Bei Aufzeichnung mit einem Tonbandgerät genügt es nach Satz 2, zunächst diese Tatsache in das Protokoll aufzunehmen. Auf Antrag einer der Parteien bei zur Rechtskraft oder Anforderung durch das Rechtsmittelgericht ist eine Ergänzung erforderlich. Sollten zusätzlich zu einer Aufzeichnung der Verhandlung durch ein Tonbandgerät Feststellungen unmittelbar vorläufig aufgenommen worden und zugleich das wesentliche Ergebnis der Aussagen aufgenommen worden sein, beschränkt sich das Recht der Parteien auf die nachträgliche Ergänzung des Protokolls um das wesentliche Ergebnis.

III. Aufbewahrung der vorläufigen Aufzeichnungen, Abs. 3

5 Die Regelung sieht vor, dass die Aufbewahrung der vorläufigen Aufzeichnung in oder bei der Akte zu erfolgen hat, was die Verwendung von Kassetten vor Augen hat, die an der Akte befestigt werden können, oder eines stenographischen Protokolls, welches in ihr aufbewahrt werden kann. Anders ist dies bei einer digitalen Speicherung. Satz 3 erlaubt in diesem Fall die Speicherung auf einer zentralen Datenspeichereinrichtung. Eine Löschung kann erfolgen, wenn das Verfahren rechtskräftig abgeschlossen ist oder die Parteien binnen eines Monats nach Mitteilung keine Einwendungen erhoben haben. Eine Zustellung des Protokolls, um die Monatsfrist beginnen zu lassen, ist weder erforderlich noch üblich.

IV. Protokoll als elektronisches Dokument, Abs. 4

6 Soweit das Protokoll als gerichtliches elektronisches Dokument errichtet wird, ist es statt der Unterschrift des Vorsitzenden und des Urkundsbeamten mit deren qualifizierte elektronische Signatur nach dem Signaturgesetz zu versehen.

§ 161
Entbehrliche Feststellungen

(1) Feststellungen nach § 160 Abs. 3 Nr. 4 und 5 brauchen nicht in das Protokoll aufgenommen zu werden,
1. wenn das Prozessgericht die Vernehmung oder den Augenschein durchführt und das Endurteil der Berufung oder der Revision nicht unterliegt;
2. soweit die Klage zurückgenommen, der geltend gemachte Anspruch anerkannt oder auf ihn verzichtet wird, auf ein Rechtsmittel verzichtet oder der Rechtsstreit durch einen Vergleich beendet wird.

(2) ¹In dem Protokoll ist zu vermerken, dass die Vernehmung oder der Augenschein durchgeführt worden ist. ²§ 160a Abs. 3 gilt entsprechend.

Inhalt:

	Rn.		Rn.
A. Allgemeines	1	II. Aufbewahrung der vorläufigen Aufzeichnungen, Abs. 2 Satz 2	4
B. Erläuterungen	2	III. Rechtsfehlerhaftes Unterbleiben von Feststellungen	5
I. Entbehrlichkeit der Protokollierung, Abs. 1, Abs. 2 Satz 1	2		

A. Allgemeines

1 Die Regelung ermöglicht ein abgekürztes Protokoll, wenn die genannten Feststellungen nach dem Stand des Verfahrens nicht mehr benötigt werden, und führt zu einer Verfahrensvereinfachung des Beweisaufnahmeverfahrens.[1]

B. Erläuterungen
I. Entbehrlichkeit der Protokollierung, Abs. 1, Abs. 2 Satz 1

2 **Nr. 1:** Aussagen von Zeugen und Sachverständigen sowie das Ergebnis eines Augenscheins (§ 160 Abs. 3 Nr. 4 und 5 ZPO) müssen nicht in das Protokoll aufgenommen werden, wenn die Entscheidung nicht der Berufung oder der Revision unterliegt. Hierunter fällt auch, dass eine Nichtzulassungsbeschwerde nicht stattfindet.[2] Prozessgericht bedeutet, dass die Regelung auf

---

[1] BGH, NJW 1956, 1355.
[2] BGH, NJW 2003, 3057; BGHZ 156, 97 (101) = NJW 2003, 3352 (3353).

Verhandlungen vor dem beauftragten (§ 361 ZPO) oder ersuchten (§ 362 ZPO) Richter nicht anwendbar ist.

Nr. 2: Die Feststellungen sind darüber hinaus entbehrlich, wenn es aufgrund einer Klagerücknahme (§ 269 ZPO), eines Anerkenntnisses (§ 307 ZPO), eines Verzichtes (§ 306 ZPO) oder eines Prozessvergleichs nicht mehr zu einer Entscheidung kommt, in der die Feststellungen zu würdigen sind. Soweit diese Erklärungen teilweise erfolgen, sind die Feststellungen nur entbehrlich, soweit sie auch für den Rest des Streitgegenstandes nicht mehr benötigt werden. Auch bei Entbehrlichkeit der Feststellungen ist im Protokoll zu vermerken, dass die Feststellungen erfolgt sind. Grund ist, dass diese Tatsache beispielsweise für die Frage der Entschädigung des Zeugen oder Sachverständigen nach dem JVEG Bedeutung behält.   *3*

II. Aufbewahrung der vorläufigen Aufzeichnungen, Abs. 2 Satz 2
Hinsichtlich der Aufbewahrung der vorläufigen Aufzeichnungen gilt die Vorschrift des § 160a Abs. 3 ZPO entsprechend. Überwiegend werden durch die prozessualen Erklärungen nach Abs. 1 bereits die Voraussetzungen des § 160a Abs. 3 ZPO erfüllt. Bedeutung hat somit allein die Verweisung auf die Möglichkeit einer zentralen Datenspeicherung.   *4*

III. Rechtsfehlerhaftes Unterbleiben von Feststellungen
Rechtsfehlerhaft unterbliebene Feststellungen im Protokoll können noch im Tatbestand des Urteils nachgeholt werden.[3] Soweit eine Aufnahme der Feststellungen in den Entscheidungsgründen erfolgt, ist jedenfalls Voraussetzung, dass diese von der Beweiswürdigung deutlich abgrenzbar dargestellt wird.[4]   *5*

§ 162
Genehmigung des Protokolls

(1) [1]Das Protokoll ist insoweit, als es Feststellungen nach § 160 Abs. 3 Nr. 1, 3, 4, 5, 8, 9 oder zu Protokoll erklärte Anträge enthält, den Beteiligten vorzulesen oder zur Durchsicht vorzulegen. [2]Ist der Inhalt des Protokolls nur vorläufig aufgezeichnet worden, so genügt es, wenn die Aufzeichnungen vorgelesen oder abgespielt werden. [3]In dem Protokoll ist zu vermerken, dass dies geschehen und die Genehmigung erteilt ist oder welche Einwendungen erhoben worden sind.

(2) [1]Feststellungen nach § 160 Abs. 3 Nr. 4 brauchen nicht abgespielt zu werden, wenn sie in Gegenwart der Beteiligten unmittelbar aufgezeichnet worden sind; der Beteiligte, dessen Aussage aufgezeichnet ist, kann das Abspielen verlangen. [2]Soweit Feststellungen nach § 160 Abs. 3 Nr. 4 und 5 in Gegenwart der Beteiligten diktiert worden sind, kann das Abspielen, das Vorlesen oder die Vorlage zur Durchsicht unterbleiben, wenn die Beteiligten nach der Aufzeichnung darauf verzichten; in dem Protokoll ist zu vermerken, dass der Verzicht ausgesprochen worden ist.

Inhalt:

	Rn.		Rn.
A. Allgemeines	1	II. Verzicht auf nochmaliges	
B. Erläuterungen	2	Vorspielen, Abs. 2	4
I. Genehmigung des Protokolls, Abs. 1.	2		

A. Allgemeines
Wesentliche Erklärungen in der Verhandlung müssen von den Beteiligten genehmigt werden.   *1*

B. Erläuterungen
I. Genehmigung des Protokolls, Abs. 1
Satz 1 betrifft den Fall, dass in der Verhandlung bereits ein endgültiges Protokoll fertiggestellt worden ist. Bei vorläufiger Aufzeichnung nach Satz 2 sind die Aufzeichnungen vorzulesen oder abzuspielen. Die Durchführung des Vorgangs ist in das Protokoll aufzunehmen. Gleiches gilt für die Tatsache, dass die Genehmigung durch die Beteiligten erteilt worden ist, und ggf. welche Einwendungen erhoben worden sind. Gängige Abkürzungen wie „v.u.g." sind zulässig.[1]   *2*

---

3 Zu den Voraussetzungen BGHZ 40, 84 (86) = NJW 1963, 2070 (2071).
4 BGH, NJW-RR 2010, 63.

Zu § 162:
1 RGZ 53, 150.

ZPO § 163 Mündliche Verhandlung

3 Fehlt die Feststellung, ist die entsprechende Erklärung grundsätzlich nicht unwirksam.[2] Es gilt aber nicht die Beweiskraft des § 165 ZPO, sondern freie Beweiswürdigung. Auch ist die Beurkundung eines Prozessvergleichs nicht nach § 127a BGB unwirksam.[3]

II. Verzicht auf nochmaliges Vorspielen, Abs. 2

4 Erklärungen von Zeugen, Sachverständigen sowie von Parteien im Rahmen ihrer Parteivernehmung (§ 160 Abs. 3 Nr. 4 ZPO) müssen nicht vorgespielt werden, wenn diese Personen bei der Aufzeichnung zugegen waren. Diese Pflicht gilt ihnen gegenüber nur auf deren Verlangen.

5 Diese Erklärungen und die Ergebnisse eines Augenscheins (§ 160 Abs. 3 Nr. 4 und 5 ZPO) müssen im Übrigen dann nicht vorgespielt, vorgelesen oder zur Durchsicht vorgelegt werden, wenn die Beteiligten verzichten. Dies ist zu vermerken. Der Vermerk „auf Diktat genehmigt" ist regelmäßig ausreichend. Dies ist jedenfalls dann der Fall, wenn das Gericht aus den Umständen davon ausgehen kann, dass den jeweiligen Beteiligten der Inhalt ihrer konkludenten Erklärung bekannt ist und sie in diesem Bewusstsein von der Geltendmachung ihrer Rechte nach dieser Vorschrift Abstand nehmen.

§ 163
Unterschreiben des Protokolls

(1) ¹Das Protokoll ist von dem Vorsitzenden und von dem Urkundsbeamten der Geschäftsstelle zu unterschreiben. ²Ist der Inhalt des Protokolls ganz oder teilweise mit einem Tonaufnahmegerät vorläufig aufgezeichnet worden, so hat der Urkundsbeamte der Geschäftsstelle die Richtigkeit der Übertragung zu prüfen und durch seine Unterschrift zu bestätigen; dies gilt auch dann, wenn der Urkundsbeamte der Geschäftsstelle zur Sitzung nicht zugezogen war.

(2) ¹Ist der Vorsitzende verhindert, so unterschreibt für ihn der älteste beisitzende Richter; war nur ein Richter tätig und ist dieser verhindert, so genügt die Unterschrift des zur Protokollführung zugezogenen Urkundsbeamten der Geschäftsstelle. ²Ist dieser verhindert, so genügt die Unterschrift des Richters. ³Der Grund der Verhinderung soll im Protokoll vermerkt werden.

Inhalt:

	Rn.		Rn.
A. Allgemeines	1	II. Verfahrensweise bei Verhinderung,	
B. Erläuterungen	2	Abs. 2	3
I. Unterzeichnung des Protokolls, Abs. 1	2		

A. Allgemeines

1 Die Unterschrift(en) unter dem Protokoll sind Voraussetzungen für die Eigenschaft als öffentliche Urkunde.

B. Erläuterungen
I. Unterzeichnung des Protokolls, Abs. 1

2 Die Unterzeichnung erfolgt durch den **Vorsitzenden** und bei Hinzuziehung nach § 159 Abs. 1 Satz 2 ZPO auch durch den Urkundsbeamten der Geschäftsstelle. Der Urkundsbeamte hat die Richtigkeit und Vollständigkeit der Übertragung durch seine Unterschrift zu bestätigen. Der Richter übernimmt durch seine Unterschrift im Gesamtzusammenhang die Mitverantwortung.[1] Er ist jedoch grundsätzlich nicht verpflichtet, die Übereinstimmung zwischen Aufzeichnung und nachträglichem Protokoll durch Abhören der Aufzeichnung zu überprüfen. Dies wird sich freilich vor Unterschrift anbieten, soweit bei der Kontrolle des vorgelegten Protokollentwurfs Diskrepanzen zur eigenen Erinnerung zu Tage treten.

---

2 BGHZ 107, 142 (145) = NJW 1989, 1934: Anerkenntnis; BSG MDR 1981, 612: Klagerücknahme; BGH, NJW-RR 2007, 1451: Rechtsmittelverzicht.
3 BGH, NJW 1999, 2806, vgl. aber: VGH München, NJW 2014, 955: formunwirksam und nicht vollstreckbar.

Zu § 163:
1 So Thomas/Putzo-*Reichold*, ZPO, § 163 Rn. 1.

II. Verfahrensweise bei Verhinderung, Abs. 2

Verhinderung betrifft nicht kurzfristige Abwesenheiten der durch Urlaub oder Krankheit. Die Unterzeichnung kann somit auch noch längere Zeit nach der Sitzung nachgeholt werden. Dem steht nicht entgegen, dass der Richter oder der Urkundsbeamte der Geschäftsstelle versetzt wird oder ihm eine andere geschäftsplanmäßige Aufgabe zugewiesen wird. Anders ist dies, wenn die Urkundsperson aus dem Staatsdienst ausscheidet, oder der Richter beispielsweise zum Staatsanwalt ernannt wird.[2] 3

Bei Verhinderung des Richters erfolgt die Unterzeichnung des Protokolls durch den nach Dienstalter ältesten Beisitzer.

Bei Verhinderung des Einzelrichters oder Amtsrichters unterzeichnet der zur Sitzung hinzugezogene Urkundsbeamte. Wurde dieser nicht hinzugezogen, kommt ein Protokoll nicht zustande. Bei Verhinderung des Urkundsbeamten unterzeichnet der Vorsitzende allein. Der Grund der Verhinderung soll nach Abs. 2 Satz 3 im Protokoll vermerkt werden. 4

§ 164
Protokollberichtigung

(1) Unrichtigkeiten des Protokolls können jederzeit berichtigt werden.

(2) Vor der Berichtigung sind die Parteien und, soweit es die in § 160 Abs. 3 Nr. 4 genannten Feststellungen betrifft, auch die anderen Beteiligten zu hören.

(3) ¹Die Berichtigung wird auf dem Protokoll vermerkt; dabei kann auf eine mit dem Protokoll zu verbindende Anlage verwiesen werden. ²Der Vermerk ist von dem Richter, der das Protokoll unterschrieben hat, oder von dem allein tätig gewesenen Richter, selbst wenn dieser an der Unterschrift verhindert war, und von dem Urkundsbeamten der Geschäftsstelle, soweit er zur Protokollführung zugezogen war, zu unterschreiben.

(4) ¹Erfolgt der Berichtigungsvermerk in der Form des § 130b, ist er in einem gesonderten elektronischen Dokument festzuhalten. ²Das Dokument ist mit dem Protokoll untrennbar zu verbinden.

Inhalt:

	Rn.		Rn.
A. Allgemeines	1	III. Ausführung der Berichtigung, Abs. 3	5
B. Erläuterungen	2	IV. Berichtigungsvermerk als	
I. Unrichtigkeiten des Protokolls, Abs. 1	2	elektronisches Dokument, Abs. 4	6
II. Rechtliches Gehör, Abs. 2	3	C. Rechtsmittel	7

A. Allgemeines

Die Vorschrift behandelt die Voraussetzungen, unter denen ein Protokoll von Amts wegen oder auf Antrag berichtigt werden kann, und das hierbei zu beachtende Verfahren. 1

B. Erläuterungen
I. Unrichtigkeiten des Protokolls, Abs. 1

Vom Begriff der Unrichtigkeit ist jede Fehlerhaftigkeit des Protokolls umfasst.[1] Die engeren Voraussetzungen, unter denen nach § 319 Abs. 1 ZPO eine Berichtigung des Urteils erfolgen kann, sind auf die Protokollberichtigung nicht übertragbar. Eine offenbare Unrichtigkeit ist somit nicht erforderlich.[2] Eine Unrichtigkeit des Protokolls kann jederzeit berichtigt werden, auch noch nach Abschluss der Instanz. 2

Erklärungen der Parteien, insbesondere in einem protokollierten Prozessvergleich,[3] können nur berichtigt werden, wenn der im Protokoll niedergelegte Wortlaut vom vorgelesenen und genehmigten Wortlaut abweicht. Auch kann der Tenor eines in der mündlichen Verhandlung verkündeten Urteils nur nach § 321 ZPO ergänzt werden.[4] 3

---

2 Musielak/Voit-*Stadler*, ZPO, § 163 Rn. 3.

Zu § 164:
1 BGHZ 26, 340 = NJW 1958, 711, zu einem Fall einer „Berichtigung nicht i. e. Sinne, sondern Klarstellung eines lückenhaften, aus sich selbst heraus nicht ohne weiteres verständlichen Protokolls.
2 OLG München, OLGZ 1980, 465 (466).
3 OLG Frankfurt a.M., MDR 1986, 152; s.a. VerfGH München, NJW 2005, 1347.
4 BGH, NJW 2014, 1304.

II. Rechtliches Gehör, Abs. 2

4   Vor einer Berichtigung hat das Gericht den Parteien bzw. der anderen Partei rechtliches Gehör zu gewähren. Dies gilt auch für Sachverständige und Zeugen, soweit die Berichtigung ihrer Ausführungen in Rede steht.

III. Ausführung der Berichtigung, Abs. 3

5   Die **Berichtigung** erfolgt auf dem Protokoll selbst oder in einer Anlage dazu, auf die im Protokoll durch einen Vermerk zu verweisen ist. Nachdem von einem Protokoll keine Ausfertigungen, sondern Abschriften angefertigt und versandt werden, müssen nach Berichtigung keine Ausfertigungen zurückgefordert werden, wie es die Regelung des § 320 Abs. 4 Satz 5 ZPO im Fall der Urteilsberichtigung vorsieht. Die Ablehnung der Berichtigung erfolgt durch einen Beschluss.

IV. Berichtigungsvermerk als elektronisches Dokument, Abs. 4

6   Falls das Protokoll als elektronisches Dokument i.S.d. § 130b ZPO erstellt worden ist, hat auch die Berichtigung in Form eines gerichtlichen elektronischen Dokumentes zu erfolgen.

C. Rechtsmittel

7   Gegen die Berichtigung des Protokolls ist grundsätzlich **kein Rechtsmittel** statthaft. Dies gilt auch in Ausnahmefällen wie dem Fall einer vor dem Jahre 2002 bedeutsameren sogenannten greifbaren Gesetzwidrigkeit.[5] Eine **sofortige Beschwerde** ist hingegen statthaft, wenn es nicht um inhaltliche Fragen der Berichtigung geht, die das Beschwerdegericht nicht beurteilen könnte, sondern um andere Fragen.[6] Dies kann beispielsweise der Fall sein, wenn die falsche Urkundsperson über die Berichtigung entschieden hat oder ein Antrag auf Berichtigung als unzulässig zurückgewiesen wurde.[7]

§ 165
Beweiskraft des Protokolls

[1]Die Beachtung der für die Verhandlung vorgeschriebenen Förmlichkeiten kann nur durch das Protokoll bewiesen werden. [2]Gegen seinen diese Förmlichkeiten betreffenden Inhalt ist nur der Nachweis der Fälschung zulässig.

1   Die Vorschrift regelt in Abweichung zur freien Beweiswürdigung nach § 286 ZPO die Beweiskraft des Protokolls.

2   Die **Förmlichkeiten der Verhandlung** können nur durch das Protokoll bewiesen werden. Ist die Beachtung der Förmlichkeit im Protokoll vermerkt, beweist dies, dass die Förmlichkeit gewahrt ist. Schweigt das Protokoll hierzu, ist bewiesen, dass die Förmlichkeit nicht gewahrt ist.[1] Nachweis der Fälschung bedeutet, dass wissentlich falsch beurkundet oder das Protokoll nachträglich verfälscht worden ist.[2] Die **Beweiskraft des Protokolls** gilt hingegen nicht für den Inhalt von Parteierklärungen bzw. der Angaben von Zeugen oder Sachverständigen.[3] An einer Beweiskraft des Protokolls fehlt es auch, wenn eine offensichtliche Lückenhaftigkeit vorliegt.[4] Dann gilt die freie Beweiswürdigung nach § 286 ZPO als Beweisregel.

---

5   BGH, NJW-RR 2005, 214.
6   OLG Frankfurt a.M., NJW-RR 2013, 574; OLG Koblenz, NJW-RR 2012, 1277.
7   OLG Düsseldorf, NJW-RR 2002, 863.

Zu § 165:
1   BGH, NJW 2012, 2354.
2   BGH, NJW-RR 1994, 386 (387); zur Darlegungslast BGH, NJW-RR 2008, 804.
3   BGH, NJW 1999, 2806; BGH, NJW 1982, 1052.
4   BGHZ 26, 340 (343) = NJW 1958, 711.

Titel 2
Verfahren bei Zustellungen

Untertitel 1
Zustellungen von Amts wegen

Vorbemerkungen zu §§ 166–195 ZPO

Inhalt:

	Rn.		Rn.
A. Allgemeines	1	C. Wirksamkeit und Heilung	6
B. Begrifflichkeiten	3		

A. Allgemeines

Das Zustellungsrecht ist zuletzt durch das Zustellungsreformgesetz (ZustRG) vom 25.06.2001[1] mit Wirkung zum 01.07.2002 reformiert worden. Als Regelfall der Zustellung, die nun auch weitgehend in allen anderen Verfahrensordnungen nach Maßgabe der ZPO erfolgt, ist die **Zustellung von Amts** wegen (Untertitel 1, §§ 166 ff. ZPO) vorgesehen. Daneben kann auch eine **Zustellung auf Betreiben der Parteien** (Untertitel 2, §§ 191 ff. ZPO) erfolgen, wobei insoweit ganz überwiegend auf die Vorschriften über die Zustellung von Amts wegen zurückgegriffen wird (§ 191 ZPO). Sonderbestimmungen gelten für die **Auslandszustellung** (§§ 183 f. ZPO) im übrigen Ausland außerhalb des Geltungsbereichs der EuZustVO (VO [EG] Nr. 1393/2007) sowie Dänemarks (§§ 1067–1069 ZPO). 1

Der **Zweck der Zustellung** liegt zum einen in der förmlichen Bekanntgabe eines Schriftstücks an den Zustellungsadressaten (siehe Rn. 3), die es dem Zustellungsveranlasser (siehe Rn. 3) ermöglicht, durch die Zustellungsurkunde (§ 182 ZPO) den Zugang beim Zustellungsadressaten, auch im Falle einer Ersatzzustellung (§§ 178, 180, 181 ZPO), nachweisen zu können. Zum anderen kann der Zustellungsadressat durch die förmliche Bekanntgabe auf den tatsächlichen Zugang eines Schriftstücks vertrauen und muss insbesondere hinsichtlich von mit der Zustellung verbundenen Fristläufen nicht das Risiko eines Übertragungsverlustes, etwa im Postlauf, bis zum Zugang hinnehmen. Insoweit dient die Zustellung mittelbar auch der Wahrung des Anspruchs auf rechtliches Gehör (Art. 103 Abs. 1 GG), weil namentlich auch prozessuale Fristen den Nachweis einer wirksamen Zustellung erfordern, soweit keine Heilung (§§ 189, 295 ZPO) eintreten kann. 2

B. Begrifflichkeiten

Im Zustellungsrecht sind verschiedene Begriffe voneinander zu unterscheiden. So kann die vom **Zustellungsveranlasser**, demjenigen, der das Verfahren überhaupt erst initiiert, angestoßene **Zustellung**, die Bekanntgabe eines Schriftstücks an eine Person, den Zustellungsadressaten, nur in der in §§ 166–195 ZPO abschließend genannten Formen erfolgen (§ 166 Abs. 1 ZPO). Eine wirksame Zustellung erfordert eine **Zustellungsabsicht bzw. -willen**, also den Willen, das betreffende Schriftstück überhaupt einem anderen zur Kenntnis zu bringen.[2] Das Schriftstück selbst kann, soweit keine spezielle materiell- oder prozessrechtliche Vorschrift eine besondere Zustellungsform vorsieht, in der Urschrift, einer Ausfertigung oder einer (beglaubigten) Abschrift (vgl. § 169 Rn. 5 f.) zugestellt werden.[3] Der **Zustellungsadressat**, diejenige Person, an die zugestellt werden soll (§ 182 Abs. 1 ZPO) (vgl. Rn. 5), ist dabei vom **Zustellungsempfänger** zu unterscheiden, denn dies ist diejenige Person, an die die Übergabe des zuzustellenden Schriftstücks erfolgt ist (§ 182 Abs. 2 Nr. 2 ZPO). Die **Übergabe** eines Schriftstücks, die tatsächliche Aushändigung an einen anderen mit dessen Willen zur Entgegennahme, kann, soweit sie gegenüber dem Zustellungsadressaten erfolgt, mit der Zustellung identisch sein, kann aber auch, etwa im Falle der **Ersatzzustellung** (§§ 178, 180, 181 ZPO) oder der **Zustellungsfiktion** (§ 179 Satz 3 ZPO), aber mit dieser nicht zusammenfallen. Durchgeführt wird die Zustellung schließlich vom **Zusteller** (§ 182 Abs. 2 Nr. 8 ZPO), wobei insoweit neben Urkundsbeamten der Geschäftsstelle (§ 168 Abs. 1 ZPO, § 153 GVG) auch insbesondere Gerichtsvollzieher oder Postbedienstete (§ 176 ZPO) herangezogen werden können. 3

---

[1] BGBl. I 2001, S. 1206.
[2] BGH, VersR 2010, 1520, Rn. 17; BGH, NJW 2003, 1192 (1193) = VersR 2003, 987 (988).
[3] BGH, NJW 2016, 1180 (1181), Rn. 16 = FamRZ 2016, 624, Rn. 16; BGHZ 186, 22 (25) = NJW 2010, 2519 (2520), Rn. 13 = FamRZ 2010, 1246, Rn. 13.

4 Für die **Durchführung** sieht das Gesetz verschiedene Formen vor, die teilweise, im Falle der Ersatzzustellungen (§§ 178, 180, 181 ZPO) und erst recht im Falle der öffentlichen Zustellung (§ 185 ZPO), nur subsidiär zur Anwendung kommen dürfen, im Übrigen aber gleichberechtigt neben einander stehen; ihre Auswahl liegt insoweit im Ermessen des Zustellungsveranlassers oder der die Zustellung von Amts wegen ausführenden Geschäftsstelle (§ 168 Abs. 1 Satz 1 ZPO; vgl. § 168 Rn. 3). Die unmittelbare Übermittlung eines Schriftstücks kann durch **Aushändigung auf der Amtsstelle** (§ 173 ZPO; nur bei der Zustellung von Amts wegen), Übersendung oder sonstige Aushändigung gegen **Empfangsbekenntnis** (§ 174 ZPO), mittels **Einschreibens mit Rückschein** (§ 175 ZPO) oder mittels **Übergabe durch einen Post- oder Justizbediensteten** (§ 176 ZPO) erfolgen. Soweit im Falle der Einschaltung eines Post- oder Justizbediensteten eine Übergabe an den Zustellungsadressaten persönlich nicht möglich ist, kann im Wege der Ersatzzustellung durch **Übergabe an bestimmte Dritte in bestimmten Räumen** (§ 178 Abs. 1 ZPO), **Einlegung in den Briefkasten** (§ 180 ZPO) oder gegebenenfalls **Niederlegung** (§ 181 ZPO) zugestellt werden. Soweit ausnahmsweise eine **öffentliche Zustellung** (§ 185 ZPO) in Betracht kommt, wird diese durch **Aushang** an der Gerichtstafel (§ 182 Abs. 2 Satz 1 ZPO) durchgeführt. Im Falle einer Auslandszustellung kann diese entweder auf Ersuchen von Behörden (§ 183 ZPO) oder an einen als solchen benannten **Zustellungsbevollmächtigten** (§ 184 Abs. 1 ZPO) zugestellt werden. Zustellungsfiktionen sieht das Gesetz bei unberechtigt verweigerter Annahme (§ 179 ZPO) sowie bei Auslandszustellungen durch Übersendung an die dortige Anschrift bei fehlender Benennung eines Zustellungsbevollmächtigten (§ 184 Abs. 2 ZPO) vor.

5 Die Zustellung hat grundsätzlich an diejenige Person zu erfolgen, für die das zuzustellende Schriftstück auch bestimmt ist, den **Zustellungsadressaten** (§ 182 Abs. 1 Nr. 1 ZPO). Ausnahmen hiervon sieht zunächst das Gesetz selbst vor, so etwa, wenn der Zustellungsadressat prozessunfähig (§ 52 ZPO) ist, dann an den **gesetzlichen Vertreter** (§ 51 ZPO) zugestellt werden muss, der damit selbst Zustellungsadressat wird (§ 170 Abs. 1 Satz 1 ZPO). Gleiches gilt, wenn die Zustellung an sich gegenüber einer juristischen Person des Privatrechts oder des öffentlichen Rechts zu erfolgen hätte (§ 170 Abs. 2 ZPO). In anhängigen Verfahren ist zudem an den **Prozessbevollmächtigten** (§ 172 Abs. 1 ZPO) zuzustellen, wobei es innerhalb eines Instanzenzuges zu wechselnden Zustellungsadressaten bei verschiedenen Prozessbevollmächtigten, insbesondere im Falle von Revisionen zum Bundesgerichtshof (§ 78 Abs. 1 Satz 3 ZPO), kommen kann (§ 172 Abs. 2 ZPO). Durch rechtsgeschäftliche Bevollmächtigung (§§ 164, 167 BGB) kann schließlich auch an **Bevollmächtigte** mit Wirkung gegenüber dem von ihnen Vertretenen zugestellt werden (§ 171 ZPO); auch sie sind dann Zustellungsadressaten.

C. Wirksamkeit und Heilung

6 **Wirksam** ist eine Zustellung nur, wenn alle für ihre Durchführung vorgesehenen Förmlichkeiten beachtet worden sind. Auf die Wirksamkeit der hinter der Zustellung stehenden Prozesshandlung, um derentwillen die Zustellung erst vorgenommen wird, kommt es nicht an (z.B. wirksame Zustellung einer unwirksamen Klage, weil dieser die Unterschrift fehlt). Ebenso wenig kommt es auf die Verständlichkeit des zuzustellenden Schriftstücks oder dessen Inhalt insgesamt an.[4] Dagegen führt jeder Fehler bei der Durchführung einer Zustellung zu deren **Unwirksamkeit**.[5] Die **Aufhebung** einer erfolgten Zustellung ist nicht vorgesehen, ebenso wenig ihre Anfechtung oder Rückgängigmachung. Die Wirksamkeit einer Zustellung ist insbesondere im Zusammenhang mit der Feststellung des Ablaufs von (Prozess-)Fristen inzident zu überprüfen. Bei der Feststellung einer unwirksamen Zustellung ist deren Wiederholung, erst Recht auf Antrag, zu veranlassen. In diesem Fall beginnt die jeweilige Frist erst mit der neuen, wirksamen, Zustellung. Umgekehrt unterbricht bei einer wirksamen vorherigen Zustellung eine erneute Zustellung die bereits angelaufene Frist nicht.[6] Isoliert überprüft werden kann die Rechtmäßigkeit einer Zustellung oder die Weigerung, eine solche vorzunehmen, im Wege des § 23 EGGVG, nachdem die Zustellungsveranlassung einen Justizverwaltungsakt und keine zur Rechtgewährung im engeren Sinne gehörende Angelegenheit darstellt.

7 Unwirksame Zustellungen können durch **Heilung** Wirksamkeit erlangen. Diese kann entweder durch Gesetz, insbesondere durch tatsächlichen Zugang des zuzustellenden Schriftstücks beim Zustellungsadressaten (§ 189 ZPO) oder durch Rügeverzicht (§ 295 ZPO), oder durch rechtsgeschäftsähnliche Genehmigung seitens des Zustellungsadressaten eintreten. Während die Heilung durch tatsächlichen Zugang erst ex nunc wirkt, ist die Genehmigung rückwirkend; der Rügeverzicht berührt (materiell-rechtliche) Fristen nicht.

---

4 BGH, NJW-RR 2005, 1658 = MDR 2005, 1184 (1185).
5 *Stackmann*, JuS 2007, 634 ff.
6 BGH, NJW-RR 2006, 563 (564).

§ 166
Zustellung

(1) Zustellung ist die Bekanntgabe eines Dokuments an eine Person in der in diesem Titel bestimmten Form.

(2) Dokumente, deren Zustellung vorgeschrieben oder vom Gericht angeordnet ist, sind von Amts wegen zuzustellen, soweit nicht anderes bestimmt ist.

Inhalt:

	Rn.		Rn.
A. Allgemeines	1	I. Legaldefinition, Abs. 1	3
I. Normzweck	1	II. Zustellung von Amts wegen, Abs. 2	4
II. Anwendungsbereich	2	C. Zustellungen innerhalb der EU	5
B. Erläuterungen	3	D. Zustellungen nach FamFG	6

A. Allgemeines
I. Normzweck

Zweck der vom Gesetz geregelten Zustellung ist es, dem **Zustellungsadressaten** (Vorbem. zu §§ 166 ff. Rn. 3) eine angemessene Möglichkeit zur Kenntnisnahme von einem Schriftstück bei gleichzeitiger Dokumentation dieses Zeitpunkts zu verschaffen.[1] Auf die tatsächliche Kenntnisnahme kommt es nicht an[2] (Ausnahme bei Heilung nach § 189 ZPO, vgl. § 189 Rn. 3). 1

II. Anwendungsbereich

§ 166 ZPO enthält die **Legaldefinition** der Zustellung für die gesamte ZPO, und, durch Verweisungen anderer Verfahrensvorschriften außerhalb der ZPO (etwa § 46 Abs. 2 ArbGG, § 15 Abs. 2 FamFG, § 31 Abs. 1 StPO) auch für andere Prozessarten, womit regelmäßig zugleich eine Anwendung der Vorschriften über die Zustellung von Amts wegen angeordnet wird. 2

B. Erläuterungen
I. Legaldefinition, Abs. 1

§ 166 Abs. 1 ZPO enthält die **Legaldefinition** der Zustellung, die förmliche Bekanntgabe eines Dokuments an eine Person nach Maßgabe der §§ 166–195 ZPO. **Bekanntgabe** erfordert eine **Zustellungsabsicht** des **Zustellungsveranlassers** (Vorbem. zu §§ 166 ff. Rn. 3), die über die bloße Mitteilung hinausgeht.[3] Soweit die Zustellung vom Richter oder Rechtspfleger verfügt wird, muss bei diesen jeweils Zustellungsabsicht vorliegen,[4] sonst beim Urkundsbeamten.[5] Die gesetzlich abschließend vorgesehenen **Zustellungshandlungen** (§§ 174 ff. ZPO) müssen gegenüber dem **Zustellungsempfänger** (Vorbem. zu §§ 166 ff. Rn. 3) vorgenommen werden. Ihre **Beurkundung** (§ 182 Abs. 1 ZPO) ist kein konstitutives Merkmal der Zustellung,[6] sie dient nur noch dem Nachweis der Zustellung.[7] Der Begriff des **Dokuments** fasst neben Schriftstücken auch elektronische Dokumente.[8] Fehlende **Anlagen** machen eine Zustellung nicht von vornherein unwirksam.[9] 3

II. Zustellung von Amts wegen, Abs. 2

Die **Amtszustellung** erfolgt entweder auf gesetzliche Anordnung hin (§ 166 Abs. 2 Alt. 1 ZPO) oder auf gerichtliche Verfügung; die im pflichtgemäßen Ermessen des Richters oder des 4

---

1 Vgl. BT-Drucks. 14/4554, S. 14; BGH, NJW-RR 2012, 1012 (1013), Rn. 9 = WM 2012, 1497 (1498), Rn. 9; BGHZ 188, 128 (144), Rn. 47 = NJW 2011, 1965 (1969), Rn. 47 = VersR 2011, 1278 (1281); Baumbach/Lauterbach/Albers/Hartmann, ZPO, § 166 Rn. 4.
2 Saenger-*Eichele*, ZPO, § 166 Rn. 1; Baumbach/Lauterbach/Albers/Hartmann, ZPO, § 166 Rn. 4.
3 Vgl. BGHZ 188, 128 (141) = NJW 2011, 1965 (1968), Rn. 41 = WM 2011, 903 (907), Rn. 41.
4 Vgl. BGHZ 188, 128 (141) = NJW 2011, 1965 (1968), Rn. 41 = WM 2011, 903 (907), Rn. 41; Musielak/Voit-*Wittschier*, ZPO, § 166 Rn. 2; Stein/Jonas-*Roth*, ZPO, § 166 Rn. 4; Zöller-*Stöber*, ZPO, § 166 Rn. 2.
5 So Zöller-*Stöber*, ZPO, § 166 Rn. 2.
6 Vgl. Saenger-*Eichele*, ZPO, § 166 Rn. 1; MK-*Häublein*, ZPO, § 166 Rn. 3.
7 BGH, NJW-RR 2008, 218 (219), Rn. 26; OLG Stuttgart, OLGR 2006, 115 (117) = NJW 2006, 1887 (1888).
8 MK-*Häublein*, ZPO, § 166 Rn. 3; Saenger-*Eichele*, ZPO, § 166 Rn. 1; Thomas/Putzo-*Hüßtege*, ZPO, § 166 Rn. 5.
9 Vgl. BGH, NJW 2013, 387 (389), Rn. 27 ff. = MDR 2013, 297, Rn. 27 ff.; a.A. noch BGH, NJW 2007, 775 (776), Rn. 12 ff. = RIW 2007, 213 (214), Rn. 12 ff. (Vorlagebeschluss zum EuGH).

Rechtspflegers (§§ 3, 4 Abs. 1 RPflG) stehende Anordnung bindet die Geschäftsstelle.[10] Die Zustellung eines nicht zustellungsbedürftigen Dokuments beweist dessen formlose Mitteilung.[11] Schriftstücke können bei der Amtszustellung sowohl in **Urschrift**, **Ausfertigung** oder beglaubigter wie auch einfacher (unbeglaubigter) **Abschrift** zugestellt werden, soweit keine besondere gesetzliche Bestimmung vorliegt (z.B. § 253 Abs. 1 ZPO [Klageschrift], § 317 ZPO [Urteilszustellung]; § 377 ZPO [Zeugenladung]; § 693 Abs. 1 ZPO [Mahnbescheid]).[12] Nur schwerwiegende **Abweichungen**, die entweder wesentliche Punkte betreffen oder das Verständnis des Dokuments nicht nur erschweren, sondern verteilen, zwischen der Urschrift und der zugestellten Ausfertigung bewirken die Unwirksamkeit der Zustellung.[13] Umstritten ist, ob farbige Anlagen generell als solche zugestellt werden müssen[14] oder nur, wenn bei Schwarz-Weiß-Ausfertigungen der Inhalt nicht mehr hinreichend sicht- und unterscheidbar ist.[15] Letztere Ansicht erscheint mit Blick auf die Bedeutung und Funktion der Zustellung (Vorbem. zu §§ 166 ff. Rn. 2) vorzugswürdig.

C. Zustellungen innerhalb der EU

5 Für Zustellungen innerhalb der **EU** sehen die §§ 1067 ff. ZPO sowie mehrere Sekundärrechtsakte (insb. EuZustVO, Anhang zu § 1071 ZPO) besondere Bestimmungen vor.

D. Zustellungen nach FamFG

6 Mit Ausnahme der **Ehesachen** (§ 121 FamFG) und der **Familienstreitsachen** (§ 112 FamFG), für die nach § 113 Abs. 1 FamFG das Zustellungsrecht der §§ 166–195 ZPO gilt, besteht im **Verfahren über die freiwillige Gerichtsbarkeit** nach § 15 Abs. 2 FamFG für die nach § 15 Abs. 1 FamFG vorgesehene Bekanntgabe ein Wahlrecht zwischen der Amtszustellung nach §§ 166–195 ZPO (§ 15 Abs. 2 Satz 1 Alt. 1 FamFG) und der Aufgabe zur Post (§ 15 Abs. 2 Satz 1 Alt. 2 FamFG).

§ 167
Rückwirkung der Zustellung

Soll durch die Zustellung eine Frist gewahrt werden oder die Verjährung neu beginnen oder nach § 204 des Bürgerlichen Gesetzbuchs gehemmt werden, tritt diese Wirkung bereits mit Eingang des Antrags oder der Erklärung ein, wenn die Zustellung demnächst erfolgt.

Inhalt:

	Rn.		Rn.
A. Allgemeines	1	1. Versäumnis durch Zustellungsbetreiber	9
I. Normzweck	1	2. Versäumnis durch Gericht	11
II. Anwendungsbereich	2	3. Versäumnis durch Zustellungsadressaten	12
B. Erläuterungen	3		
I. Eingang	4		
II. Zustellung demnächst	8	III. Wirkung	13

A. Allgemeines
I. Normzweck

1 Durch die **Rückwirkung der Zustellung** auf den Eingang der jeweiligen Klage oder des Antrags auf Erlass eines Mahnbescheides im Zusammenhang mit Fristwahrungen oder **Verjährungsfristen** schützt § 167 ZPO den Rechtsuchenden vor Verzögerungen, die außerhalb seiner eigenen Sphäre, namentlich in der gerichtlichen Geschäftsorganisation, liegen.[1] Denn selbst wenn der Kläger oder Antragsteller um die Möglichkeit derartiger Verzögerungen sicher weiß,

---

10 Thomas/Putzo-*Hüßtege*, ZPO, § 166 Rn. 3; Stein/Jonas-*Roth*, ZPO, § 166 Rn. 4; Zöller-*Stöber*, ZPO, § 166 Rn. 6; Baumbach/Lauterbach/Albers/Hartmann, ZPO, § 166 Rn. 5.
11 So Zöller-*Stöber*, ZPO, Vor § 166 Rn. 2, § 166 Rn. 6.
12 Vgl. BGHZ 186, 22 (25), Rn. 13 = NJW 2010, 2519 (2520), Rn. 13 = VersR 2010, 1384 (1385), Rn. 13; Thomas/Putzo-*Hüßtege*, ZPO, § 166 Rn. 5.
13 Vgl. BGH, NJW-RR 2012, 179 (180), Rn. 10 = WM 2011, 2374 (2375), Rn. 10, m.w.N.
14 So OLG Frankfurt a.M., OLGR 2009, 797 (798 f.) = MDR 2010, 48 (49); OLG Hamburg, OLGR 2007, 769 = NJW-RR 2007, 986; Zöller-*Vollkommer*, ZPO, § 929 Rn. 13.
15 OLG Köln, NJW-RR 2010, 864, Rn. 2 = GRUR-RR 2010, 175 (176), Rn. 2.

Zu § 167:
1 Vgl. etwa BGHZ 145, 353 (364) = NJW 2001, 885 (887) = VersR 2001, 108 (110), m.w.N.

fehlen ihm die Möglichkeiten, diese zu beseitigen. Auf der anderen Seite schließt die Regelung eine beliebige, gegebenenfalls sogar missbräuchliche, Rückwirkung der Zustellung in denjenigen Fällen aus, in denen diese nicht mehr „demnächst" erfolgt, weil vom Kläger oder Antragsteller selbst verursacht.[2] Schließlich kann dem Beklagten aber auch dann eine Berufung auf eine formal eingetretene Verjährung als rechtsmissbräuchliche Rechtsausübung verwehrt sein, wenn eine an sich „demnächst" erfolgte Zustellung nur deshalb unwirksam ist, weil er den Kläger – auch unabsichtlich – an einer wirksamen Zustellung, die „demnächst" erfolgt wäre, gehindert hat.[3]

II. Anwendungsbereich

Der **Anwendungsbereich** des § 167 ZPO erstreckt sich auf alle Arten der Zustellung, also sowohl der Zustellungen von Amts wegen und damit neben der Auslandszustellung als auch der öffentlichen Zustellung sowie der Parteizustellung (§ 191 ZPO). Erfasst werden alle rechtswahrenden Fristen (vgl. Rn. 12). 2

B. Erläuterungen

Voraussetzungen für die fristwahrende Rückwirkung der Zustellung ist der Eingang einer Klage oder eines Antrags auf Erlass eines Mahnbescheides und dessen demnächst erfolgende Zustellung. 3

I. Eingang

Die Rückwirkung der Zustellung kann nur bis zum Zeitpunkt des Eingangs des zuzustellenden Schriftstücks, der Klage oder des Antrags auf Erlass eines Mahnbescheides, bei Gericht zurückwirken. **Eingang** liegt vor, wenn das Schriftstück in die **Verfügungsgewalt** des adressierten Gerichts gelangt ist. Einer Mitwirkung, insbesondere einer **Entgegennahme(bereitschaft)** bedarf es nicht;[4] jedoch muss die Verfügungsgewalt der geschäftsmäßig üblichen Weise begründet werden. Dies ist regelmäßig bei der Übergabe an die Geschäftsstelle, einer eingerichteten Einlaufstelle, durch Einwurf in den Hausbriefkasten,[5] auch außerhalb der **Geschäftszeiten**,[6] oder Einlegung in ein andernorts eingerichtetes **Empfangsfach**[7] oder **Postfach**[8] der Fall.[9] Für die Begründung der Verfügungsgewalt eines an das Stammgericht adressierten Schriftstückes genügt auch der Eingang bei einer Zweigstelle (§ 22 GVG) oder einem auswärtigen Spruchkörper desselben Gerichts (§ 116 GVG) und auch umgekehrt.[10] 4

Die **Weiterleitung** eines beim falschen Gericht eingeworfenen Schriftstücks an das adressierte Gericht ist erst bei dem dortigen Eingang i.S.d. § 167 ZPO eingegangen.[11] Ebenso geht ein bei einer gemeinsamen Einlaufstelle eingeworfenes Schriftstück zunächst nur dem Gericht zu, an das der Briefumschlag adressiert ist.[12] Ein an das richtige Gericht adressierter Schriftsatz, der in einem falsch adressierten **Sammelumschlag** in die gemeinsame Einlaufstelle eingeworfen und von dort aus ungeöffnet dem richtigen Gericht zugeteilt wird, ist dagegen bereits „von Anfang an" eingegangen.[13] Indifferent wird dagegen der Eingang eines mit dem richtigen Aktenzeichen an das falsche Gericht adressierten oder gar nicht adressierten Schriftstücks be- 5

---

2 Vgl. etwa BGHZ 182, 284 (287), Rn. 16 = NJW 2010, 222 (223), Rn. 16 = WM 2010, 959 (960), Rn. 16, m.w.N.
3 BGH, NJW 2002, 3110 (3111) = WM 2002, 1842 (1843); OLG Hamburg, OLGR 2004, 371 (372) = NZG 2004, 729 (730).
4 BVerfGE 52, 203 (209) = NJW 1980, 580; BGHZ 80, 62 (63) = NJW 1981, 1216 (1217); Prütting/Gehrlein-*Tombrink/Kessen*, ZPO, § 167 Rn. 5.
5 BGHZ 80, 62 (63) = NJW 1981, 1216 (1217); BGH, NJW 1984, 1237.
6 BVerfG, NJW 1991, 2076 (2077); BGH, NJW 1984, 1237.
7 BVerfG, NJW 2005, 3346 (3347); BGH, NJW-RR 1989, 1214 (1215); Prütting/Gehrlein-*Tombrink/Kessen*, ZPO, § 167 Rn. 6.
8 BGH, NJW 1986, 2646 (2647); BGH, MDR 1990, 43 (44).
9 Zöller-*Greger*, ZPO, § 167 Rn. 6.
10 BGH, NJW 1967, 107; OLG Karlsruhe, NJW 1984, 744; Prütting/Gehrlein-*Tombrink/Kessen*, ZPO, § 167 Rn. 6; Zöller-*Greger*, ZPO, § 167 Rn. 6.
11 BGH, NJW 1994, 1354 f.; Prütting/Gehrlein-*Tombrink/Kessen*, ZPO, § 167 Rn. 5; Zöller-*Greger*, ZPO, § 167 Rn. 6.
12 BGH, NJW 1975, 2294 f.; BGH, NJW 1983, 123 f.; BGH, NJW-RR 1997, 892 (893); BAG, NJW 2002, 845 (846); Prütting/Gehrlein-*Tombrink/Kessen*, ZPO, § 167 Rn. 6; Zöller-*Greger*, ZPO, § 167 Rn. 6; a.A. MK-*Lüke*, ZPO, § 167 Rn. 38.
13 BGH, NJW-RR 2005, 75; Prütting/Gehrlein-*Tombrink/Kessen*, ZPO, § 167 Rn. 6; Zöller-*Greger*, ZPO, § 167 Rn. 6.

handelt, das in den gemeinsamen Briefkasten mehrerer Gerichte eingeworfen wird.[14] Durch die Adressierung an ein **unzuständiges Gericht** kann zwar bei diesem Verfügungsgewalt über das Schriftstück begründet werden, allerdings kommt es für den Eingang i.S.d. § 167 ZPO auf den **Eingang beim zuständigen Gericht** an.[15] Bei Erkennen der Falschadressierung und seiner eigenen Unzuständigkeit ist das Gericht aus dem Grundsatz des fairen Verfahrens (Art. 6 Abs. 1 EMRK) zur Weiterleitung im gewöhnlichen Geschäftsgang nur verpflichtet, wenn das zuständige Gericht aus dem Inhalt des Schriftstücks erkennbar ist. Eingang i.S.d. § 167 ZPO erfolgt auch hier erst bei Eingang beim zuständigen Gericht.[16]

6 Erklärungen, die zu **Protokoll des Urkundsbeamten** der Geschäftsstelle (dann auch kein Anwaltszwang, § 78 Abs. 3 ZPO; z.B. § 44 Abs. 1 ZPO [Ablehnungsgesuch], § 118 ZPO [Stellungnahme zu PKH-Gesuch], § 496 ZPO [Schriftsätze beim Amtsgericht], § 920 Abs. 3 ZPO [Arrestgesuch]) gegeben werden, sind mit Abschluss der Protokollierung eingegangen.[17]

7 **Elektronisch übermittelte Schriftsätze** (Telefax; E-Mail) sind nach § 130a Abs. 3 ZPO eingegangen, sobald sie durch die Empfangseinrichtung vollständig aufgezeichnet worden sind; auf den Zeitpunkt ihres Ausdrucks kommt es nicht (mehr)[18] an.[19] Dagegen lösen telefonische Übermittlungen ebenso wie das Zustellen eines Telegramms durch die Post keinen Eingang aus.[20]

II. Zustellung demnächst

8 Für die Rückwirkung auf den Zeitpunkt des Eingangs muss die Zustellung **„demnächst"** erfolgen. „Demnächst" ist dabei nicht als (starre) zeitliche Begrenzung zu verstehen, sondern als Abwägung im Einzelfall, wem eventuelle Verzögerungen zugerechnet werden können und ob der Zustellungsveranlasser (siehe Vorbem. zu §§ 166ff. Rn. 3) alles im Zumutbare unternommen hat, damit dem Zustellungsempfänger (siehe Vorbem. zu §§ 166ff. Rn. 3) die Rückwirkung der Zustellung unter Vertrauensschutzgesichtspunkten zugemutet werden kann.[21] Entsprechend können vergleichsweise kurze Zeiträume, die der Zustellungsbetreiber zu vertreten hat, eine Rückwirkung beseitigen, während beträchtlich lange Zeiträume, die allein in der gerichtlichen Sphäre liegen, einer Rückwirkung nicht entgegenstehen.

1. Versäumnis durch Zustellungsbetreiber

9 Verzögert sich die Zustellung um mehr als **14 Werktage** (keine Wochenendtage und keine gesetzlichen Feiertage) aufgrund eines **Versäumnisses** aus der Sphäre des **Zustellungsveranlassers** (vgl. Vorbem. zu §§ 166ff. Rn. 3), das also entweder von diesem selbst oder von seinem Vertreter (§ 51 ZPO), seinem Bevollmächtigten (§ 79 Abs. 2 Satz 2 ZPO) oder seinem Prozessbevollmächtigten (§§ 81, 85 Abs. 2 ZPO) ausgelöst wird,[22] ist die Zustellung **nicht mehr** „demnächst", womit eine Rückwirkung ausscheidet.[23] Dagegen behindern selbst schuldhafte[24] Versäumnisse, die (nachweislich) **ohne Auswirkung** geblieben sind oder grundsätzlich nur einer Verzögerung von bis zu 14 Werktagen geführt haben,[25] die Rückwirkung nicht.[26] Bei der **„14-Tage-Frist"** ist der Tag des fristauslösenden Ereignisses, etwa des Zugangs der Aufforderung zur Einzahlung des Gerichtskostenvorschusses (§ 12 Abs. 1 GKG), nicht zu berücksichtigen.[27]

---

14 Fristwahrender Eingang beim adressierten Gericht BGH, NJW 1989, 590 (591); BGH, NJW 1992, 1047; Prütting/Gehrlein-*Tombrink/Kessen*, ZPO, § 167 Rn. 6. Kein fristwahrender Eingang beim adressierten Gericht BAG, NJW 2002, 845 (846) = BB 2002, 839 (840); Zöller-*Greger*, ZPO, § 167 Rn. 6.
15 Zöller-*Greger*, ZPO, § 167 Rn. 7.
16 BVerfG, NJW 1995, 3173 (3175); Prütting/Gehrlein-*Tombrink/Kessen*, ZPO, § 167 Rn. 8; Zöller-*Greger*, ZPO, § 167 Rn. 7.
17 Prütting/Gehrlein-*Tombrink/Kessen*, ZPO, § 167 Rn. 7; Zöller-*Greger*, ZPO, § 167 Rn. 8.
18 So noch BGH, NJW 1994, 2097.
19 BGHZ 167, 214 (217) = NJW 2006, 2263 (2264); Prütting/Gehrlein-*Tombrink/Kessen*, ZPO, § 167 Rn. 7; Zöller-*Greger*, ZPO, § 167 Rn. 9.
20 Prütting/Gehrlein-*Tombrink/Kessen*, ZPO, § 167 Rn. 7; Zöller-*Greger*, ZPO, § 167 Rn. 9; a.A. BGHSt 14, 233 = NJW 1960, 1310f.; vgl. auch GemS-OGB, BGHZ 144, 160 (162ff.) = NJW 2000, 2340 (2341).
21 Vgl. BGH, NJW 1999, 3125; Prütting/Gehrlein-*Tombrink/Kessen*, ZPO, § 167 Rn. 9; Zöller-*Greger*, ZPO, § 167 Rn. 10.
22 Vgl. Baumbach/Lauterbach/Albers/Hartmann, ZPO, § 167 Rn. 13.
23 So BGHZ 175, 360 (362f.) = NJW 2008, 1672 (1673), Rn. 11; BGH, NJW 2004, 3775 (3776), jeweils m.w.N.
24 BGH, NJW 2011, 1227 = MDR 2011, 1227.
25 BGH, ZWE 2015, 375, Rn. 8 = WuM 2015, 645 (646), Rn. 8.
26 So BGH, NZM 2011, 752 (753); BGH, NJW-RR 2003, 599 (600); Prütting/Gehrlein-*Tombrink/Kessen*, ZPO, § 167 Rn. 10; Zöller-*Greger*, ZPO, § 167 Rn. 10.
27 BGH, ZWE 2015, 375 (376), Rn. 8 = WuM 2015, 645 (646), Rn. 8.

Berücksichtigt wird dabei nur die Verzögerung, die erst nach dem Ablauf der zu wahrenden Frist eingetreten ist, sodass insbesondere beim Ablauf der regelmäßigen Verjährungsfrist zum Jahresende die ersten 14 Werktage des neuen Jahres noch für die Einzahlung eines bereits im vergangenen Jahr angeforderten Gerichtskostenvorschusses ausreichend wären, um eine Zustellung „demnächst" zu bewirken.[28] Nach § 26 Nr. 6 KostVfG ist der vom Kläger geschuldete Gerichtskostenvorschuss, vor dessen Einzahlung die eingereichte Klage nicht zugestellt werden soll (§ 12 Abs. 1 Satz 1 GKG), bei dessen Prozessbevollmächtigten anzufordern, unabhängig davon, ob ein Anwaltsprozess vor dem Landgericht oder ein Parteiprozess vor dem Amtsgericht anhängig ist.[29]

Im Einzelfall können den Zustellungsbetreiber allerdings auch Obliegenheiten treffen, so etwa, die Richtigkeit der Zustellungsanschrift zu überprüfen, bei Ausbleiben einer Aufforderung zur Einzahlung des Gerichtskostenvorschusses nach mehr als drei Wochen nachzufragen[30] oder einen Antrag nach § 14 Nr. 3 GKG (Zustellung ohne vorherigen Gerichtskostenzuschuss) zu stellen,[31] sowie schließlich nicht untätig auf die Zahlung des Gerichtskostenvorschusses durch die Rechtsschutzversicherung zu warten.[32] Bei (berechtigter) Beantragung von Prozesskostenhilfe darf grundsätzlich auf eine Zustellung der bereits eingereichten Klage nach Bewilligung vertraut werden, andernfalls muss die Klage unverzüglich nachgereicht werden; dagegen schadet eine unterbliebene Anfechtung einer PKH-Versagung innerhalb der Frist des § 172 Abs. 2 Satz 2 und 3 ZPO.[33] Auf eine gerichtliche **Streitwertanfrage** ist, jedenfalls in einfach gelagerten Fällen, innerhalb von einer Woche zu antworten.[34]

2. Versäumnis durch Gericht
Bei Verzögerungen, die **ausschließlich** in der Gerichtssphäre ihre Ursache haben, stehen selbst lange Zeiträume einer Rückwirkung der dann immer noch „demnächst" erfolgenden Zustellung nicht entgegen; entsprechend ist zumindest nach erfolgter Einzahlung des Gerichtskostenvorschusses keine Kontrolle oder Nachfragen bei dem Gericht angezeigt.[35] Allerdings kann eine Nachfrage beim Mahngericht, weshalb ein beantragter Mahnbescheid noch nicht zugestellt ist, geboten sein.[36] Beruht die Verzögerung sowohl auf Versäumnissen des Zustellungsbetreibers als auch auf rein gerichtlichen Vorgängen, ist dies solange unschädlich, wie die isolierbare Verzögerung, die der Zustellungsbetreiber ausgelöst hat, nicht mehr als 14 Tage beträgt.[37] Entsprechend ist auch auf eine verzögerte Aufforderung zur Einzahlung des Gerichtskostenvorschusses innerhalb von 14 Tagen einzuzahlen.[38]

3. Versäumnis durch Zustellungsadressaten
Grundsätzlich überhaupt nicht zurechnen lassen muss sich der Zustellungsveranlasser Versäumnisse, die aus der Sphäre des **Zustellungsadressaten** stammen, insbesondere dessen Unerreichbarkeit durch falsche oder veraltete Adressangaben, solange hierfür im Zeitpunkt der Zustellungsveranlassung keine Anhaltspunkte bestehen, die eine frühzeitige Ermittlung der aktuellen Daten gebieten.[39]

---

28 BGH, NJW 2016, 151 (153), Rn. 15 = WM 2015, 2104 (2105), Rn. 15.
29 Dies war bei BGH, ZWE 2015, 375 (376), Rn. 8 = WuM 2015, 645 (646), Rn. 8, noch anders, weshalb die dortigen Ausführungen zur verfahrenswidrigen Anforderung des Gerichtskostenvorschusses direkt bei der Anwaltskanzlei heute nicht ohne weiteres heranziehbar sind.
30 BGH, NJW 2009, 984 (985) = MDR 2009, 315; BGH, NJW-RR 2003, 3206 (3207).
31 BGH, NJW 2005, 1194 (1195); OLG Karlsruhe, VersR 2008, 1250 (1251).
32 BGH, VersR 1968, 1062 (1063); KG Berlin, ZWE 2012, 492 (493); OLG Hamm, MDR 2012, 1155 (Hinweis auf Dringlichkeit der Zahlung zumutbar und geboten); Prütting/Gehrlein-*Tombrink/Kessen*, ZPO, § 167 Rn. 15; Zöller-*Greger*, ZPO, § 167 Rn. 15.
33 BGHZ 170, 108 (113) = NJW 2007, 439 (441), Rn. 13; BGH, NJW 1991, 1745 (1746); OLG Brandenburg, FamRZ 2009, 800 (801); Thomas/Putzo-*Hüßtege*, ZPO, § 167 Rn. 13; Zöller-*Greger*, ZPO, § 167 Rn. 15.
34 BGH, NZM 2016, 473 (474), Rn. 13 = WuM 2016, 314 (315), Rn. 13; BGH, NJW 1994, 1073 (1074) = FamRZ 1994, 299 (300).
35 So BGHZ 168, 306 (310 ff.) = NJW 2006, 3206 (3207), Rn. 23; Thomas/Putzo-*Hüßtege*, ZPO, § 167 Rn. 13.
36 So BGH, NJW-RR 2006, 1436 (1437), Rn. 18 = MDR 2007, 45 (46).
37 BGH, NJW 2000, 2282 = MDR 2000, 897.
38 BGH, NJW 2009, 685 (686), Rn. 18 = MDR 2009, 143 (144); BGH, NJW-RR 1992, 470 (471); Prütting/Gehrlein-*Tombrink/Kessen*, ZPO, § 167 Rn. 12.
39 BGH, NJW 1993, 2614 (2615) = VersR 1993, 1121 (1122); Baumbach/Lauterbach/Albers/Hartmann, ZPO, § 167 Rn. 15; Prütting/Gehrlein-*Tombrink/Kessen*, ZPO, § 167 Rn. 12.

III. Wirkung

13 § 167 ZPO fingiert rückwirkend den Eintritt der Zustellung beim Zustellungsadressaten zum Zeitpunkt des Eingangs des zuzustellenden Schriftstücks bei Gericht, ohne dass insoweit allerdings der Zeitpunkt der Anhängigkeit an den Zeitpunkt der Rechtshängigkeit treten würde. Vielmehr gilt der spätere Eintritt der Rechtshängigkeit dann noch als rechtswahrend, wenn der Eingang des zuzustellenden Schriftstücks bei Gericht rechtzeitig gewesen ist. Erfasst werden hiervon alle prozessualen als auch materiell-rechtlichen Fristen, unabhängig davon, ob es zu ihrer Wahrung auf eine gerichtliche Zustellung ankommt oder auch eine außergerichtliche Geltendmachung möglich wäre,[40] soweit es – nur – um eine **rechtswahrende** Wirkung geht. Neben der ausdrücklich im Gesetz geregelten Unterbrechung (§ 212 BGB) oder Hemmung einer Verjährung (§ 204 BGB) findet § 167 ZPO somit etwa auch auf den Widerspruch gegen die Verlängerung des Mietverhältnisses (§ 545 Abs. 1 Satz 1 BGB),[41] die Anfechtungsfrist nach dem AnfG (§§ 3, 4 AnfG),[42] die Anfechtungsfrist nach WEG (§ 46 WEG)[43] oder auch die Frist zur Geltendmachung von Schadensersatz nach AGG (§ 15 Abs. 4 Satz 1 AGG)[44]. Kommt einer Zustellung dagegen eine rechtsstärkende oder rechtsvermehrende Wirkung zu, etwa bei Verzugseintritt (§ 286 Abs. 1 Satz 2 BGB) oder im Rahmen einer Abtretung (§ 470 Abs. 2 BGB), kommt § 167 ZPO insoweit nicht zu Anwendung. Hier, wie auch Fällen wie den bei §§ 291, 292, 818 Abs. 4, 987ff., 996, 1002, 1384, 1613 Abs. 1 Satz 1, 2023 BGB, ist die tatsächliche Zustellung maßgeblich.[45]

§ 168
Aufgaben der Geschäftsstelle

(1) ¹Die Geschäftsstelle führt die Zustellung nach §§ 173 bis 175 aus. ²Sie kann einen nach § 33 Abs. 1 des Postgesetzes beliehenen Unternehmer (Post) oder einen Justizbediensteten mit der Ausführung der Zustellung beauftragen. ³Den Auftrag an die Post erteilt die Geschäftsstelle auf dem dafür vorgesehenen Vordruck.

(2) Der Vorsitzende des Prozessgerichts oder ein von ihm bestimmtes Mitglied können einen Gerichtsvollzieher oder eine andere Behörde mit der Ausführung der Zustellung beauftragen, wenn eine Zustellung nach Absatz 1 keinen Erfolg verspricht.

Inhalt:

	Rn.		Rn.
A. Allgemeines	1	I. Zustellung durch Geschäftsstelle, Abs. 1	3
I. Normzweck	1		
II. Anwendungsbereich	2	II. Beauftragung Gerichtsvollzieher, Abs. 2	4
B. Erläuterungen	3		

A. Allgemeines
I. Normzweck

1 Die Norm regelt die Zuständigkeiten für Zustellungen, indem sie diese der **Geschäftsstelle** § 153 GVG) zuweist. Dieser obliegt damit zugleich auch die **Überwachung** der **Voraussetzungen** und **Wirksamkeit** der Zustellung, wozu auch die Anforderung fehlender **Ausfertigungen** (§ 133 Abs. 1 ZPO) gehört.[1]

II. Anwendungsbereich

2 Der Anwendungsbereich erstreckt sich auf alle Zustellungen **von Amts wegen** (§§ 166–190 ZPO).

B. Erläuterungen
I. Zustellung durch Geschäftsstelle, Abs. 1

3 Der **Urkundsbeamte** (§ 153 Abs. 1, 3 GVG) sowie sein **Stellvertreter** (§ 153 Abs. 5 GVG) handeln dabei grundsätzlich als unabhängiges Organ der Rechtspflege.[2] Unter den in §§ 173–175

---

40 BGHZ 177, 319 (326), Rn. 23 = NJW 2009, 765 (767), Rn. 23 = GRUR 2008, 989 (991), Rn. 23.
41 BGH, NJW 2014, 2568 (2569), Rn. 29 = WuM 2014, 485 (487), Rn. 29.
42 OLG Frankfurt a.M., OLGR 1994, 263.
43 BGHZ 179, 230 (235), Rn. 15 = NJW 2009, 999 (1000), Rn. 15 = WM 2009, 666 (668), Rn. 15.
44 BAG, NJW 2014, 2893 (2894), Rn. 23ff. = BB 2014, 2172 (2174), Rn. 23ff.
45 Vgl. Prütting/Gehrlein-*Tombrink*/*Kessen*, ZPO, § 167 Rn. 4; Zöller-*Greger*, ZPO, § 167 Rn. 4.

Zu § 168:
1 Prütting/Gehrlein-*Tombrink*, ZPO, § 168 Rn. 1.
2 OLG Frankfurt a.M., OLGR 2002, 167 (168); Prütting/Gehrlein-*Tombrink*, ZPO, § 168 Rn. 1.

ZPO vorgesehenen Zustellungsarten ist in **eigener Verantwortung** nach Maßgabe des einfachsten, sichersten und kostengünstigsten Weges zu wählen oder ein Zustellungsauftrag nach § 176 ZPO zu erteilen.[3] Eine **richterliche** oder **rechtspflegerische** Weisung, die unter anderem die eigenhändige Übergabe sowie Zustellungen im Ausland (§ 183 ZPO) und öffentlichen Zustellung (§§ 186–187 ZPO) beinhalten kann,[4] bindet.[5] Die in § 168 Abs. 1 Satz 2 ZPO vorgesehene Befassung eines Postunternehmers (§ 33 Abs. 1 PostG) oder eines Justizbediensteten, der nicht notwendigerweise Justizwachtmeister sein muss,[6] erfolgt mittels des in § 168 Abs. 1 Satz 2 ZPO vorgesehenen Formulars.[7] Die Geschäftsstelle hat die **Wirksamkeit** einer durchgeführten Zustellung zu prüfen und auf **erkennbare Mängel** hinzuweisen, damit diese wiederholt werden kann; andernfalls verletzt der Urkundsbeamte seine **Amtspflicht**.[8] Eine Missachtung der nach § 168 Abs. 1 Satz 2 ZPO erteilten Weisung berührt für sich genommen nicht die Wirksamkeit der Zustellung.[9]

II. Beauftragung Gerichtsvollzieher, Abs. 2

Unter der Voraussetzung, dass eine Zustellung nach Absatz 1 **keinen Erfolg** verspricht, **können** nach **Absatz 2** der Vorsitzende des Prozessgerichts (§§ 21f Abs. 1, 22 Abs. 1 GVG), ggf. sein Vertreter (§ 21f Abs. 2 GVG) oder ein vom Vorsitzenden bestimmtes Mitglied des Gerichts (§ 21g GVG), etwa der Berichterstatter (vgl. § 273 Abs. 2 ZPO),[10] nach pflichtgemäßem Ermessen den **Gerichtsvollzieher** oder eine **andere Behörde** (z.B. Landes- oder Wasserschutzpolizei) mit der Zustellung beauftragen; auch der Rechtspfleger kann in Betracht kommen (§ 4 Abs. 1 RPflG).[11] Am Erfolgsversprechen kann es entweder bei wiederholten vergeblichen Zustellungen oder bei bereits vorab erkennbarer Aussichtslosigkeit, etwa wegen **unregelmäßigen oder mobilen Wohnsitzes** (etwa Binnenschiffer oder Schausteller) fehlen.[12] Das eingeräumte Ermessen hat den Aufwand der Zustellung zu berücksichtigen, weshalb bei **geringfügigen Forderungen** das Unterlassen einer solchen Zustellung befürwortet wird.[13] Letztlich würde dies aber auf eine Versagung der gerichtlichen Durchsetzbarkeit von Klein(st)-Forderungen hinauslaufen, die mit dem Justizgewährungsanspruch (Art. 2 Abs. 1, Art. 20 Abs. 3 GG) schwer vereinbar sein dürfte.[14] Eine **ermessensfehlerhafte** Anordnung der Zustellung berührt nicht die Wirksamkeit.[15]

4

§ 169
Bescheinigung des Zeitpunktes der Zustellung; Beglaubigung
[Fassung bis 31.12.2017]

(1) Die Geschäftsstelle bescheinigt auf Antrag den Zeitpunkt der Zustellung.

(2) ¹Die Beglaubigung der zuzustellenden Schriftstücke wird von der Geschäftsstelle vorgenommen. ²Dies gilt auch, soweit von einem Anwalt eingereichte Schriftstücke nicht bereits von diesem beglaubigt wurden.

(3) ¹Eine in Papierform zuzustellende Abschrift kann auch durch maschinelle Bearbeitung beglaubigt werden. ²Anstelle der handschriftlichen Unterzeichnung ist die Abschrift mit dem Gerichtssiegel zu versehen. ³Dasselbe gilt, wenn eine Abschrift per Telekopie zugestellt wird.

---

3 Thomas/Putzo-*Hüßtege*, ZPO, 168 Rn. 3.
4 Musielak/Voit-*Wittschier*, ZPO, § 168 Rn. 1.
5 BGH, NJW-RR 1993, 1213 (1214); OLG Köln, Rpfleger 2008, 585; BR-Drucks. 492/00, S. 31; BT-Drucks. 14/4554, S. 16; MK-*Häublein*, ZPO, § 168 Rn. 1; Musielak/Voit-*Wittschier*, ZPO, § 168 Rn. 1.
6 BT-Drucks. 14/4554, S. 16; Thomas/Putzo-*Hüßtege*, ZPO, § 168 Rn. 5; Zöller-*Stöber*, ZPO, § 168 Rn. 4.
7 § 190 ZPO, § 1 Nr. 3 Anlage 3 ZustVV; vgl. Thomas/Putzo-*Hüßtege*, ZPO, § 168 Rn. 6.
8 BGH, NJW 1990, 176 (177); Prütting/Gehrlein-*Tombrink*, ZPO, § 168 Rn. 1; Zöller-*Stöber*, ZPO, § 168 Rn. 4.
9 BGH, NJW-RR 2003, 208 = MDR 2003, 168.
10 Thomas/Putzo-*Hüßtege*, ZPO, § 168 Rn. 7.
11 Zöller-*Stöber*, ZPO, § 168 Rn. 5.
12 Prütting/Gehrlein-*Tombrink*, ZPO, § 168 Rn. 2; Thomas/Putzo-*Hüßtege*, ZPO, § 168 Rn. 9.
13 BT-Drucks. 14/4554, S. 16; MK-*Häublein*, ZPO, § 168 Rn. 9; Musielak/Voit-*Wittschier*, ZPO, § 168 Rn. 1; Prütting/Gehrlein-*Tombrink*, ZPO, § 168 Rn. 2; Thomas/Putzo-*Hüßtege*, ZPO, § 168 Rn. 8; Zöller-*Stöber*, ZPO, § 168 Rn. 7.
14 Stein/Jonas-*Roth*, ZPO, § 168 Rn. 8.
15 Baumbach/Lauterbach/Albers/Hartmann, ZPO, § 168 Rn. 9; Prütting/Gehrlein-*Tombrink*, ZPO, § 168 Rn. 2.

(4) ¹Ein Schriftstück oder ein elektronisches Dokument kann in beglaubigter elektronischer Abschrift zugestellt werden. ²Die Abschrift ist mit einer qualifizierten elektronischen Signatur des Urkundsbeamten der Geschäftsstelle zu versehen.

(5) Ein nach § 130b errichtetes gerichtliches elektronisches Dokument kann in Urschrift zugestellt werden; einer Beglaubigung bedarf es nicht.

§ 169
Bescheinigung des Zeitpunktes der Zustellung; Beglaubigung
[Fassung ab 01.01.2018]

(1) Die Geschäftsstelle bescheinigt auf Antrag den Zeitpunkt der Zustellung.

(2) ¹Die Beglaubigung der zuzustellenden Schriftstücke wird von der Geschäftsstelle vorgenommen. ²Dies gilt auch, soweit von einem Anwalt eingereichte Schriftstücke nicht bereits von diesem beglaubigt wurden.

(3) ¹Eine in Papierform zuzustellende Abschrift kann auch durch maschinelle Bearbeitung beglaubigt werden. ²Anstelle der handschriftlichen Unterzeichnung ist die Abschrift mit dem Gerichtssiegel zu versehen. ³Dasselbe gilt, wenn eine Abschrift per Telekopie zugestellt wird.

(4) ¹Ein Schriftstück kann in beglaubigter elektronischer Abschrift zugestellt werden. ²Die Beglaubigung erfolgt mit einer qualifizierten elektronischen Signatur des Urkundsbeamten der Geschäftsstelle.

(5) Ein elektronisches Dokument kann ohne Beglaubigung elektronisch zugestellt werden, wenn es

1. nach § 130a oder § 130b Satz 1 mit einer qualifizierten elektronischen Signatur der verantwortenden Personen versehen ist,
2. nach § 130a auf einem sicheren Übermittlungsweg eingereicht wurde und mit einem Authentizitäts- und Integritätsnachweis versehen ist oder
3. nach Maßgabe des § 298a errichtet wurde und mit einem Übertragungsnachweis nach § 298a Absatz 2 Satz 3 oder 4 versehen ist.

Inhalt:

	Rn.		Rn.
A. Allgemeines	1	2. Beglaubigungsbefugnis, Satz 2	8
I. Normzweck	1	III. Maschinelle Beglaubigung, Abs. 3	9
II. Anwendungsbereich	2	IV. Zustellung einer elektronischen Abschrift, Abs. 4	10
B. Erläuterungen	3		
I. Zustellungsbescheinigung, Abs. 1	3	V. Zustellung eines elektronischen gerichtlichen Dokumentes, Abs. 5	12
II. Beglaubigung durch Geschäftsstelle, Abs. 2	5	VI. Mängel	13
1. Beglaubigung(svermerk), Satz 1	5		

A. Allgemeines
I. Normzweck

1 Die Vorschrift eröffnet in Absatz 1 dem Gegner eines Zustellungsadressaten, auf Antrag einen Zustellungsnachweis über den **Zeitpunkt der Zustellung** zu erhalten, der etwa für die Zwangsvollstreckung oder den Fristenlauf für Rechtsmittel erforderlich ist. Absatz 2 sieht die Beglaubigung der zuzustellenden Schriftstücke vor und regelt die **Beglaubigungsbefugnis**. Abs. 3 regelt zur Entlastung der Geschäftsstellen die maschinelle Beglaubigung. Die Abs. 4 und 5, von denen Abs. 4 zum 01.01.2018 eine neue Fassung erhält, erfassen die Fälle des **elektronischen Rechtsverkehrs**.

II. Anwendungsbereich

2 Der Zustellungsnachweis kann bei allen Zustellungen von Amts wegen beantragt werden. Bei **Zustellungen auf Betreiben der Parteien** (§§ 191–195 ZPO) erfolgt die Übersendung des Zustellungsnachweises von Amts wegen (§ 193 Abs. 3 ZPO).

B. Erläuterungen
I. Zustellungsbescheinigung, Abs. 1

3 Für die Bescheinigung des **Zustellungszeitpunkts** ist ein **Antrag** bei der Geschäftsstelle notwendig, der aber auch konkludent, etwa durch Beantragung einer vollstreckbaren Ausfertigung (§§ 724 f. ZPO) oder des Erlasses eines Vollstreckungsbescheids (§§ 699, 796 Abs. 1 ZPO), und **ohne Anwalt** (§ 78 Abs. 3 ZPO) gestellt werden kann. Die **Wirksamkeit** der Zustel-

lung ist von der Geschäftsstelle zu prüfen (vgl. § 168 Rn. 1) und die Erteilung der Bescheinigung in der Akte zu **vermerken**.[1] Die Bescheinigung muss unter Angabe der Dienstbezeichnung **unterschrieben** werden,[2] bedarf aber weder eines **Dienststempels** oder **Siegels** noch der **Datumsangabe** der Ausstellung.[3] Beim Mahnverfahren erfolgt ein **maschineller Ausdruck** der Bescheinigung (§ 703b ZPO). Die Bescheinigung ist eine **öffentliche Urkunde** i.S. des § 418 ZPO,[4] die zugleich auch das Vollstreckungsorgan bindet.[5] Inhaltliche Unrichtigkeiten wie etwa eine falsche Angabe der vorgenommenen Zustellungsart berühren die Gültigkeit der Bescheinigung, die nur den Zeitpunkt der Zustellung umfasst, nicht.[6]

Gegen die Erteilung einer unrichtigen Bescheinigung sowie gegen die Verweigerung oder Untätigkeit kann **Erinnerung** (§ 573 Abs. 1 ZPO) erhoben und gegen die hierüber ergehende Entscheidung **sofortige Beschwerde** (§ 573 Abs. 3 ZPO) eingelegt werden.[7] 4

II. Beglaubigung durch Geschäftsstelle, Abs. 2

1. Beglaubigung(svermerk), Satz 1

Nach Satz 1 sind alle Schriftstücke, die zugestellt werden, zu beglaubigen. Durch die **beglaubigte Abschrift** wird die inhaltliche Übereinstimmung der Abschrift (i.d.R. Fotokopie) oder des Ausdrucks mit der Urschrift oder der Ausfertigung zum Ausdruck gebracht;[8] geringfügige Abweichungen können, soweit sie die Wahrnehmung des Inhalts nicht erschweren oder gar verhindern, unschädlich sein.[9] Vorhandene Abbildungen müssen hinreichend klar und eindeutig wiedergegeben werden, wobei es bei farbigen Abbildungen auf eine farbechte Wiedergabe nur dann ankommen dürfte, wenn diese für das Gesamtverständnis erheblich sind.[10] 5

Für die **Ausfertigung** von Urteilen (§ 317 Abs. 1–4 ZPO) und Beschlüssen (§ 329 Abs. 1 ZPO) gelten eigene Vorgaben.[11] Bei der Ausfertigung handelt es sich um eine die Urschrift vertretende amtliche Abschrift, die mit einem Ausfertigungsvermerk (§ 49 Abs. 1 Satz 1 BeurkG) versehen ist[12] und im Rechtsverkehr anstelle der Urschrift verwendet wird[13] und eine öffentliche Urkunde i.S.d. § 418 ZPO darstellt.[14] Ebenso wie die beglaubigte Abschrift von sonstigen Dokumenten muss auch die Ausfertigung grundsätzlich inhaltsidentisch sein.[15] Für den Anlauf von Rechtsmittelfristen muss eine Ausfertigung zugestellt werden; eine beglaubigte Abschrift – erst recht eines noch nicht ausgefertigten Urteils – genügt nicht.[16] 6

Der auf der Ausfertigung oder dem (Zweit-)Ausdruck anzubringende **Beglaubigungsvermerk**, der keine besondere Form haben muss (Überschrift „Beglaubigte Abschrift" und „für die Richtigkeit" sind üblich),[17] muss das gesamte Dokument als Einheit erfassen.[18] Bei Urteilen müssen auch die richterliche(n) Unterschrift(en) umfasst werden.[19] Bei mehrseitigen Dokumenten müssen deren einzelne Bestandteile so verbunden sein, dass eine körperliche Verbindung als dauernd gewollt erkennbar und nur durch Gewaltanwendung zu lösen ist.[20] Der von der Geschäftsstelle zu unterschreibende Beglaubigungsvermerk muss darüber hinaus erkennen las- 7

---

1 Prütting/Gehrlein-*Tombrink*, ZPO, § 169 Rn. 1.
2 Thomas/Putzo-*Hüßtege*, ZPO, § 169 Rn. 3a.
3 LG Köln, MDR 1978, 411; Zöller-*Stöber*, ZPO, § 169 Rn. 3.
4 Prütting/Gehrlein-*Tombrink*, ZPO, § 169 Rn. 1; Zöller-*Stöber*, ZPO, § 169 Rn. 5.
5 LG Neubrandenburg, Rpfleger 2005, 37; Baumbach/Lauterbach/Albers/Hartmann, ZPO, § 169 Rn. 3.
6 LG Neubrandenburg, Rpfleger 2005, 37.
7 Musielak/Voit-*Wittschier*, ZPO, § 169 Rn. 2.
8 Thomas/Putzo-*Hüßtege*, ZPO, § 169 Rn. 5; Prütting/Gehrlein-*Tombrink*, ZPO, § 169 Rn. 3.
9 BGH, NJW-RR 2012, 179 (180), Rn. 10 = WM 2011, 2374 (2375), Rn. 10; BGH, NJW 1995, 2230 (2231).
10 OLG Köln, NJW-RR 2010, 864; Prütting/Gehrlein-*Tombrink*, ZPO, § 169 Rn. 5; generell notwendige Farbechtheit OLG Frankfurt a.M., MDR 2010, 48; wohl auch OLG Hamburg, NJW-RR 2007, 986.
11 Zöller-*Stöber*, ZPO, § 169 Rn. 15; Thomas/Putzo-*Hüßtege*, ZPO, § 169 Rn. 8.
12 BGH, MDR 2011, 65.
13 Musielak/Voit-*Wittschier*, ZPO, § 169 Rn. 5; Thomas/Putzo-*Hüßtege*, ZPO, 169 Rn. 8; Prütting/Gehrlein-*Tombrink*, ZPO, § 169 Rn. 5.
14 BGHZ 186, 22 (25f.), Rn. 14 = NJW 2010, 2519, Rn. 14.
15 BGH, NJW-RR 2012, 179 (180), Rn. 10 = WM 2011, 2374 (2375), Rn. 10; BGH, NJW 2001, 1653 (1654); Prütting/Gehrlein-*Tombrink*, ZPO, § 169 Rn. 5.
16 BGH, MDR 2011, 65; BGH, NJW 2010, 2519 (2520), Rn. 14, 19f.
17 Thomas/Putzo-*Hüßtege*, ZPO, § 169 Rn. 6.
18 BGH, NJW 2004, 506 (507f.), m.w.N.; BGH, NJW 1974, 1383 (1384).
19 BGH, Rpfleger 1973, 15; Zöller-*Stöber*, ZPO, § 169 Rn. 14.
20 BGH, NJW-RR 2004, 506 (507); BGH, NJW 1974, 1383 (1384); vgl. auch Zöller-*Stöber*, ZPO, § 169 Rn. 8.

sen, dass gegebenenfalls eine beglaubigte Ausfertigung einer Urteilsausfertigung und nicht der Urschrift vorliegt.[21] Die Angabe von Ort und Datum der Beglaubigung sind üblich, aber nicht erforderlich.[22]

2. Beglaubigungsbefugnis, Satz 2

8   Durch Satz 2 wird der Geschäftsstelle die **Beglaubigungsbefugnis** eingeräumt, damit zuzustellende Schriftstücke als beglaubigte Abschriften zugestellt werden können. Soweit nicht bereits ein Rechtsanwalt im Rahmen seiner eingeschränkten Beglaubigungsbefugnis[23] die Beglaubigung der von ihm eingereichten Schriftstücke zum Zwecke der Zustellung vorgenommen hat, kann nach Satz 2 auch die Geschäftsstelle die fehlenden Beglaubigungen selbst vornehmen.[24] Bei der Parteizustellung ist der Gerichtsvollzieher beglaubigungsbefugt (§ 192 Abs. 2 ZPO; vgl. § 192 Rn. 3).

III. Maschinelle Beglaubigung, Abs. 3

9   Zur Entlastung der Geschäftsstelle[25] kann die Beglaubigung durch diese (Abs. 2 Satz 1) auch mittels **maschinell ausgeführter Beglaubigung** bei der in Papierform zuzustellenden Abschrift (Abs. 3 Satz 1) erfolgen. Die Vorschrift entspricht dem Vorbild des § 703b ZPO für das Mahnverfahren. In diesem Fall ist die beglaubigte Ausfertigung mit dem Gerichtssiegel zu versehen, einer Unterschrift durch den Urkundsbeamten bedarf es konsequenterweise dann nicht (Abs. 3 Satz 2). Das gilt auch bei Zustellung einer Abschrift per Telekopie, also insbesondere per Telefax (Abs. 3 Satz 3). Abs. 3 steht der Zustellung einer vom Urkundsbeamten auf herkömmliche Art beglaubigten Abschrift (Abs. 2 Satz 1) nicht entgegen.[26]

IV. Zustellung einer elektronischen Abschrift, Abs. 4

10   Die Zustellung elektronischer Abschriften wird, soweit sie nicht bereits für Urteile, Beschlüsse und Verfügungen durch speziellere Vorschriften zugelassen ist (vgl. §§ 317 Abs. 5, 329 Abs. 1 ZPO), durch **Abs. 4 Satz 1** für alle anderen zuzustellenden Schriftstücke ermöglicht.[27] Die Abschrift muss nach **Satz 2** in der bis zum 31.12.2017 geltenden Fassung mit einer qualifizierten elektronischen Signatur (vgl. § 2 Nr. 3 SigG) des Urkundsbeamten versehen sein. Ab dem 01.01.2018 lässt der dann geltende **Hs. 2** des Satzes 2 das Erfordernis einer qualifizierten elektronischen Signatur des Urkundsbeamten entfallen, wenn ein elektronisches Dokument i.S.d. § 130a ZPO zuzustellen ist, das seinerseits bereits bei Eingang bei Gericht mit einer qualifizierten elektronischen Signatur oder einem elektronischen Authentizitäts- und Integritätsnachweis versehen ist. Der Wortlaut „Urkundsbeamter der Geschäftsstelle" schließt die Einrichtung einer **„zentralen Beglaubigungsstelle"** für ein Gericht, die für mehrere oder sogar alle Spruchkörper übergreifend und losgelöst von den übrigen Einrichtungen von spruchkörperbezogenen Geschäftsstellen oder Serviceeinheiten die Beglaubigungen vornimmt, nicht aus.[28]

11   Bei dem **elektronischen Authentizitäts- und Integritätsnachweis** handelt es sich um einen elektronischen Nachweis, anhand dessen sich der Vorgang der Einreichung eines elektronischen Dokuments bei Gericht nach § 130a ZPO und den entsprechenden Vorschriften für die Fachgerichtsbarkeiten in der ab 01.01.2018 geltenden Fassung über einen sicheren Übermittlungsweg im Einzelnen nachvollziehen lässt. Für die sicheren Übermittlungswege des besonderen elektronischen Anwaltspostfachs und des besonderen elektronischen Behördenpostfachs entwickeln der Bund und die Länder eine Protokolldatei im Format XML, die bei der Einreichung eines elektronischen Dokuments automatisiert durch das Gericht erstellt wird. Darin wird insbesondere die Inhaberin oder der Inhaber des elektronischen Postfachs angegeben, von dem aus das elektronische Dokument übermittelt wurde, und die Unversehrtheit des elektronischen Dokuments bestätigt. Ein ähnlicher Authentizitäts- und Integritätsnachweis besteht auch bei der Einreichung einer De-Mail.[29]

V. Zustellung eines elektronischen gerichtlichen Dokumentes, Abs. 5

12   Durch **Abs. 5** wird ergänzend zu § 130b ZPO klargestellt, dass ein elektronisches gerichtliches Dokument i.S.d. § 130b ZPO in seiner Urschrift mit der von dem Errichter des Dokuments abgegebenen qualifizierten elektronischen Signatur versehenen Fassung zugestellt werden

---

21 BGH, NJW 1985, 1227; Prütting/Gehrlein-*Tombrink*, ZPO, § 169 Rn. 3.
22 Zöller-*Stöber*, ZPO, § 169 Rn. 9, 15.
23 BGH, NJW-RR 2007, 1075 (1076), Rn. 2; BGHZ 92, 76 (79) = NJW 1984, 2890; MK-*Häublein*, ZPO, § 169 Rn. 10; Prütting/Gehrlein-*Tombrink*, ZPO, § 169 Rn. 2; Zöller-*Stöber*, ZPO, § 169 Rn. 11.
24 Thomas/Putzo-*Hüßtege*, ZPO, § 169 Rn. 3; Zöller-*Stöber*, ZPO, § 169 Rn. 7.
25 Vgl. BT-Drs. 17/12634, 45.
26 Vgl. BT-Drs. 17/13948, S. 34.
27 Vgl. BT-Drs. 17/13948, S. 34.
28 Vgl. BT-Drs. 17/13948, S. 34; MK-*Häublein*, ZPO, § 169 Rn. 15.
29 So BT-Drs. 18/11468, S. 14 f.

kann. Zudem „befreit" Hs. 2, beinahe schon redundant und zumindest rein deklaratorisch, ein elektronisches gerichtliches Dokument i.S.d. § 130b ZPO vom Erfordernis dessen Beglaubigung.[30]

VI. Mängel

Fehlt es an einer Beglaubigung der zuzustellenden Schriftstücke[31] oder wird anstelle einer Entscheidungsausfertigung **nur eine beglaubigte Abschrift** der Entscheidung zugestellt,[32] ist die Zustellung unwirksam und kann auch nicht nach § 189 ZPO geheilt werden. Ebenso kann die Zustellung einer unvollständigen Abschrift, aus der sich der Inhalt der Urschrift nicht erkennen lässt, nicht geheilt werden.[33] Dagegen kann eine Heilung (§ 189 ZPO) eintreten, wenn anstelle einer beglaubigten Abschrift nur eine einfache (unbeglaubigte) Abschrift zugestellt wird, sofern die zugestellte Abschrift mit der Urschrift übereinstimmt.[34]

13

§ 170
Zustellung an Vertreter

(1) ¹Bei nicht prozessfähigen Personen ist an ihren gesetzlichen Vertreter zuzustellen. ²Die Zustellung an die nicht prozessfähige Person ist unwirksam.
(2) Ist der Zustellungsadressat keine natürliche Person, genügt die Zustellung an den Leiter.
(3) Bei mehreren gesetzlichen Vertretern oder Leitern genügt die Zustellung an einen von ihnen.

Inhalt:

	Rn.		Rn.
A. Allgemeines	1	II. Zustellung an nicht-natürliche Person, Abs. 2	4
I. Normzweck	1	III. Zustellung bei Mehrzahlvertretung, Abs. 3	5
II. Anwendungsbereich	2		
B. Erläuterungen	3		
I. Zustellung an Prozessunfähige, Abs. 1	3		

A. Allgemeines
I. Normzweck

Die Vorschrift regelt die Fälle, in denen der Zustellungsadressat (vgl. Vorbem. zu §§ 166ff. Rn. 3) nicht prozessfähig (§ 52 ZPO) oder keine natürliche Person ist. Auf die Prozessfähigkeit des Zustellungsempfängers (vgl. Vorbem. zu §§ 166ff. Rn. 3) kommt es nicht an.

1

II. Anwendungsbereich

Der Anwendungsbereich umfasst neben der Zustellung von Amts wegen (§§ 166–190 ZPO) auch die Zustellung auf Betreiben der Parteien (§§ 191–195 ZPO).

2

B. Erläuterungen
I. Zustellung an Prozessunfähige, Abs. 1

§ 170 Abs. 1 Satz 1 ZPO sieht bei **prozessunfähigen** (§ 52 ZPO) und damit geschäftsunfähigen (§ 104 BGB) Personen die Zustellung an den gesetzlichen Vertreter (§ 51 ZPO) vor. Die Zustellung an einen – auch unerkannt – **prozessunfähigen** Zustellungsadressaten ist **unwirksam** (Abs. 1 Satz 2).[1] Allerdings kann ein solcher Mangel durch **rügeloses Einlassen** (§ 295 ZPO) oder Genehmigung des gesetzlichen Vertreters (§ 184 BGB) geheilt werden.[2] Ein (ggf. anzunehmender) tatsächlicher Zugang beim gesetzlichen Vertreter kann ebenfalls heilen (§ 189

3

---

30 Vgl. BT-Drs. 17/13948, S. 34
31 BGHZ 55, 251 (252) = NJW 1971, 659; Prütting/Gehrlein-*Tombrink*, ZPO, § 169 Rn. 4; Zöller-*Stöber*, ZPO, § 189 Rn. 9.
32 BGH, MDR 2011, 65; BGH, NJW 2010, 2519 (2520), Rn. 14, 19 f. = FamRZ 2010, 1246 (1247), Rn. 14, 19 f.
33 BGH, NJW-RR 2015, 1346 (1347), Rn. 5 = FamRZ 2015, 1877, Rn. 5; BGH, NJW 2001, 1653 (1654) = VersR 2002, 464; BGH, NJW 1995, 2230 (2231); Zöller-*Stöber*, ZPO, § 169 Rn. 12.
34 BGH, NJW 2017, 411 (412), Rn. 22 = WM 2017, 2307 (2309), Rn. 22; BGH, NJW 2016, 1517 (1519), Rn. 20 f. = WM 2016, 1195 (1197), Rn. 20 f.

Zu § 170:
1 BGH, FamRZ 2008, 680; Zöller-*Stöber*, ZPO, § 170 Rn. 2.
2 BGH, FamRZ 2008, 680; BGHZ 25, 66 (72 f.) = NJW 1957, 1517 (1518).

ZPO).³ Der gesetzliche Vertreter bestimmt sich nach **materiellem Recht** (etwa § 1629 Abs. 1 Satz 1 BGB [Eltern]; § 35 GmbHG [Geschäftsführer]; § 78 Abs. 1 AktG [Vorstand]; § 24 Abs. 1 GenG [Vorstand]). Bei **Fehlen** eines gesetzlichen Vertreters ist ein Antrag nach § 57 ZPO möglich.⁴ Der gesetzliche Vertreter ist **Zustellungsadressat** (§ 182 Abs. 2 Nr. 1 ZPO),⁵ weshalb sein **Vertretungsverhältnis**, da die Zustellung an den gesetzlichen Vertreter keine Ersatzzustellung (§§ 178–181 ZPO) ist, anzugeben ist.⁶ Die **Vertretungsbefugnis** darf weder allgemein noch im Einzelfall (z.B. § 112 AktG: AG gegen [früheren]⁷ Vorstand) ausgeschlossen sein.⁸ Ist der gesetzliche Vertreter selbst **Prozessgegner**, ist eine Zustellung an ihn unwirksam, aber heilbar (§ 189 ZPO). Für eine **Wohnungseigentümergemeinschaft** ist der Verwalter Zustellungsvertreter wie ein gesetzlicher Vertreter (§ 27 Abs. 3 Nr. 1 WEG, § 45 Abs. 1 WEG). Ist der Verwalter selbst Gegner, haben die **Wohnungseigentümer** einen Ersatzzustellungsvertreter samt Stellvertreter zu bestimmen (§ 45 Abs. 2 Satz 1 WEG), was erforderlichenfalls vom Gericht vorgenommen werden kann (§ 45 Abs. 3 WEG).⁹ Eine **GbR** wird durch einen geschäftsführenden Gesellschafter vertreten,¹⁰ eine Zustellung an alle Gesellschafter schadet nicht.¹¹ Im Falle der **Führungslosigkeit** wird eine GmbH ohne Geschäftsführer bei Zustellungen von den Gesellschaftern (§ 35 Abs. 1 Satz 2 GmbHG), eine AG oder Genossenschaft ohne Vorstand vom Aufsichtsrat (§ 78 Abs. 1 Satz 2 GenG; § 24 Abs. 1 Satz 2 GenG) vertreten.¹²

II. Zustellung an nicht-natürliche Person, Abs. 2

4 Die in **Absatz 2** vorgesehene Zustellung an den **Leiter** einer nicht-natürlichen Person (z.B. Gesellschaften, Vereine, juristische Personen des Privatrechts oder des öffentlichen Rechts), der nicht notwendigerweise gesetzlicher Vertreter sein muss,¹³ dient der Vereinfachung.¹⁴ Leiter ist, wer zur Leitung und Repräsentation der gesamten Einheit bestellt ist,¹⁵ bei Behörden somit (nur) der Behördenleiter und nicht der Leiter einzelner Abteilungen.¹⁶

III. Zustellung bei Mehrzahlvertretung, Abs. 3

5 Ebenfalls der Vereinfachung dient **Absatz 3**, wonach bei mehreren gesetzlichen Vertretern oder Leitern die Zustellung an einen von ihnen genügt. Die **verfassungskonforme** Bestimmung dehnt den allgemeinen Grundsatz im materiellen Recht, dass bei **passiver Vertretung** eine Willenserklärung nur gegenüber einem von mehreren gesetzlichen Vertretern abgegeben werden muss (z.B. § 28, § 1629 Abs. 1 Satz 2 BGB; § 125 Abs. 2 Satz 3 HGB; § 35 Abs. 2 Satz 2 GmbHG; § 78 Abs. 2 AktG; § 25 Abs. 1 Satz 3 GenG), auf die Zustellung aus.¹⁷ Eine Beschränkung der Vertretungsbefugnis auf eine **Gesamtvertretung** steht nicht entgegen.¹⁸ Auf Fälle einer **mehrgliedrigen Vertretung** (z.B. § 246 Abs. 2 AktG: Vertretung der AG durch Vorstand und Aufsichtsrat; § 51 Abs. 3 Satz 2 GenG: Vertretung der Genossenschaft durch Vorstand und Aufsichtsrat) ist § 170 Abs. 3 ZPO nur innerhalb des jeweiligen Organs anwendbar,¹⁹ nicht dagegen auf die AG insgesamt.²⁰

---

3 BGHZ 204, 268 (272), Rn. 14 ff. = NJW 2015, 1760 (1761), Rn. 14 ff. = FamRZ 2015, 1021 (1022), Rn. 14 ff. Ebenso durch rügeloses Einlassen nach § 295 ZPO, BGHZ 200, 9 (20), Rn. 27 = NJW 2014, 937 (939), Rn. 27 = FamRZ 2014, 556 (559), Rn. 27.
4 MK-*Häublein*, ZPO, § 170 Rn. 2.
5 Zöller-*Stöber*, ZPO, § 170 Rn. 2.
6 BVerwG, DVBl. 1958, 208; OLG Stuttgart, NVwZ 1994, 518 (519), zu § 9 VwZG; MK-*Häublein*, ZPO, § 170 Rn. 2.
7 BGH, NZG 2013, 792 (794), Rn. 22 = WM 2013, 1220 (1222), Rn. 22; jeweils m.w.N.
8 Prütting/Gehrlein-*Tombrink*, ZPO, § 170 Rn. 2; Thomas/Putzo-*Hüßtege*, ZPO, § 170 Rn. 2.
9 Prütting/Gehrlein-*Tombrink*, ZPO, § 170 Rn. 2; MK-*Häublein*, ZPO, § 170 Rn. 3, m.w.N.
10 BGH, NJW 2011, 1449 (1450), Rn. 11 = WM 2011, 642, Rn. 11; BGH, NJW 2006, 2191 = WM 2006, 1221.
11 BGH, NJW 2011, 615 (617), Rn. 17 = WM 2011, 239 (241), Rn. 17.
12 Prütting/Gehrlein-*Tombrink*, ZPO, § 170 Rn. 2; Zöller-*Stöber*, ZPO, § 170 Rn. 7.
13 Baumbach/Lauterbach/Albers/Hartmann, ZPO, § 170 Rn. 4.
14 Thomas/Putzo-*Hüßtege*, ZPO, § 170 Rn. 4; Zöller-*Stöber*, ZPO, § 170 Rn. 4.
15 MK-*Häublein*, ZPO, § 170 Rn. 7.
16 BT-Drucks. 14/4554, S. 17; Prütting/Gehrlein-*Tombrink*, ZPO, § 170 Rn. 4.
17 BVerfGE 67, 208 (211 f.) = NJW 1984, 2567 (2568) = MDR 1984, 908.
18 BGH, NJW 1984, 57; Thomas/Putzo-*Hüßtege*, ZPO, § 170 Rn. 5.
19 BGHZ 32, 114 (119) = NJW 1960, 1006 (1007); Zöller-*Stöber*, ZPO, § 170 Rn. 6.
20 BGH, NJW 1992, 2099 f.; BGHZ 70, 384 (386) = NJW 1978, 1325.

§ 171
Zustellung an Bevollmächtigte

[1]An den rechtsgeschäftlich bestellten Vertreter kann mit gleicher Wirkung wie an den Vertretenen zugestellt werden. [2]Der Vertreter hat eine schriftliche Vollmacht vorzulegen.

Inhalt:

	Rn.		Rn.
A. Allgemeines	1	I. Zustellung an Bevollmächtigten,	
I. Normzweck	1	Satz 1	3
II. Anwendungsbereich	2	II. Schriftlicher Nachweis der Vollmacht,	
B. Erläuterungen	3	Satz 2	4

A. Allgemeines
I. Normzweck

Die Vorschrift regelt die Ersatzzustellung an einen durch rechtsgeschäftliche Bevollmächtigung ermächtigten Zustellungsempfänger, der nicht zugleich Prozessbevollmächtigter (§ 172 ZPO) ist, ohne dass die Zustellung an den Zustellungsadressaten selbst ausgeschlossen ist.[1] Die wirksame Zustellung an den Bevollmächtigten wirkt als Zustellung an den Zustellungsadressaten. 1

II. Anwendungsbereich

Der Anwendungsbereich umfasst neben der Zustellung von Amts wegen (§§ 166–190 ZPO) auch die Zustellung auf Betreiben der Parteien (§§ 191–195 ZPO). 2

B. Erläuterungen
I. Zustellung an Bevollmächtigten, Satz 1

Rechtsgeschäftlich bestellter Vertreter i.S.d. **Satzes 1** ist jeder, dessen Bevollmächtigung zumindest auch die Entgegennahme von **Postsendungen** umfasst,[2] ohne dass dies ausdrücklich erwähnt werden muss, so etwa bei einer Generalvollmacht oder eine Prokura (§ 49 HGB). Für die Zustellung an den Verwalter einer **Wohnungseigentümergemeinschaft** gelten die Sonderbestimmungen der § 27 Abs. 2 Nr. 1, Abs. 3 Satz 1 Nr. 1, § 45 WEG. Eine auf die Entgegennahme von Zustellung oder Postsendungen beschränkte Bestellung ist möglich. Die Bevollmächtigung kann gegenüber dem Zustellungsveranlasser entsprechend § 167 BGB erteilt werden und braucht gegenüber dem Gericht nicht angezeigt zu werden. Notwendig ist für den **Nachweis** nach Satz 2 (Rn. 4) ihre schriftliche Erteilung, unbeschadet der für die jeweilige Vollmachtserteilung geltenden sonstigen Anforderungen, etwa bei der Prokura die (deklaratorische) Eintragung in das Handelsregister (§ 53 Abs. 1 Satz 2 HGB). Bei mehreren bestellten Vertretern genügt in entsprechender Anwendung von § 170 Abs. 3 ZPO die Zustellung an einen von ihnen.[3] Notwendig ist eine im **Zeitpunkt** der Zustellung wirksame Vollmacht. Unerheblich ist, ob das Bestehen der Vollmacht erst im Zeitpunkt der Durchführung der Zustellung dem Zusteller selbst zur Kenntnis gebracht wird oder bereits bei Erteilung des Zustellungsauftrags bekannt gewesen ist.[4] Die **Heilung** einer unwirksam erteilten Bevollmächtigung ist möglich (§ 189 ZPO). Vermerke wie **„eigenhändig"** oder **„persönlich"** schließen eine Ersatzzustellung an einen Bevollmächtigten aus. Nach der **Weigerung** eines Bevollmächtigten, das zuzustellende Schriftstück entgegen zu nehmen, kommt eine Ersatzzustellung durch Zurücklassung (§ 179 ZPO) nicht mehr in Betracht. 3

II. Schriftlicher Nachweis der Vollmacht, Satz 2

Satz 2 sieht die **Vorlage** der Bevollmächtigung an den Zusteller vor, auch wenn die Nichtvorlage einer existierenden Urkunde die Zustellung selbst nicht unwirksam werden lässt.[5] Der Zustellende hat sich von der Identität des Bevollmächtigten zu überzeugen und dies in der Postzustellungsurkunde festzuhalten (§ 182 Abs. 2 Nr. 3 ZPO); eine Aushändigung des Bevoll- 4

---

1 BGH, NJW 2011, 1005 (1007), Rn. 6 = VersR 2011, 544 Rn. 6.
2 OLG Köln, GRUR-RR 2005, 143 (144); OLG Düsseldorf, NJW 2010, 3729; OLG Köln, NStZ-RR 2008, 379 (380); a.A. zur Vorgängervorschrift § 173 ZPO a.F., OLG Nürnberg, NJW-RR 1998, 495 (496); ebenso *Coenen*, DGVZ 2002, 183; *Zimmermann*, DGVZ 2010, 221 (222).
3 Prütting/Gehrlein-*Tombrink/Kessen*, ZPO, § 171 Rn. 2; Thomas/Putzo-*Hüßtege*, ZPO, § 171 Rn. 4; a.A. Zöller-*Stöber*, ZPO, § 171 Rn. 7.
4 BGH, NJW 2017, 564 (568), Rn. 44 = ZIP 2016, 2496 (2501), Rn. 44.
5 Prütting/Gehrlein-*Tombrink*, ZPO, § 171 Rn. 4; MK-*Häublein*, ZPO, § 171 Rn. 4; zum Meinungsstand *Manteuffel*, JR 2008, 94 ff.

mächtigungsnachweises ist nicht vorgesehen.[6] Das **Erlöschen** der einmal erteilten Vollmacht muss von demjenigen bewiesen werden, der sich hierauf beruft.[7]

§ 172
Zustellung an Prozessbevollmächtigte

(1) ¹In einem anhängigen Verfahren hat die Zustellung an den für den Rechtszug bestellten Prozessbevollmächtigten zu erfolgen. ²Das gilt auch für die Prozesshandlungen, die das Verfahren vor diesem Gericht infolge eines Einspruchs, einer Aufhebung des Urteils dieses Gerichts, einer Wiederaufnahme des Verfahrens, einer Rüge nach § 321a oder eines neuen Vorbringens in dem Verfahren der Zwangsvollstreckung betreffen. ³Das Verfahren vor dem Vollstreckungsgericht gehört zum ersten Rechtszug.

(2) ¹Ein Schriftsatz, durch den ein Rechtsmittel eingelegt wird, ist dem Prozessbevollmächtigten des Rechtszuges zuzustellen, dessen Entscheidung angefochten wird. ²Wenn bereits ein Prozessbevollmächtigter für den höheren Rechtszug bestellt ist, ist der Schriftsatz diesem zuzustellen. ³Der Partei ist selbst zuzustellen, wenn sie einen Prozessbevollmächtigten nicht bestellt hat.

Inhalt:

	Rn.		Rn.
A. Allgemeines	1	2. Prozesshandlungen im Rechtszug, Satz 2	8
I. Normzweck	1	3. Verfahren vor dem Vollstreckungsgericht, Satz 3	9
II. Anwendungsbereich	2		
B. Erläuterungen	3		
I. Zustellung an Prozessbevollmächtigten, Abs. 1	3	4. Zustellungen außerhalb des Rechtszugs	10
1. Prozessbevollmächtigter für den Rechtszug, Satz 1	3	5. Verletzung und Heilung	11
		II. Rechtsmittelzustellung, Abs. 2	12

A. Allgemeines
I. Normzweck

1 § 172 ZPO zielt auf eine effektive und prozessökonomische Wahrung des Anspruchs auf rechtliches Gehör (Art. 103 Abs. 1 GG) der Partei ab, die einen Prozessbevollmächtigten bestellt hat, ohne dass es darauf ankommt, ob dies aufgrund des Postulationszwangs (§ 78 ZPO) erfolgt ist oder nicht. Vor dem Hintergrund, dass letztlich der Prozessbevollmächtigte in der Regel den Prozess führen wird und insbesondere mit der Wahrung von Fristen und Terminen betraut ist, ist es folgerichtig, dass nur noch an diesen zugestellt wird.

II. Anwendungsbereich

2 Die Bestimmung findet sowohl im Verfahren der Zustellung von Amts wegen (§§ 166 ff. ZPO) als auch im Verfahren der Zustellung auf Betreiben der Parteien (§§ 191 ff. ZPO) Anwendung. Von der gesetzlichen Anordnung der zwingenden Zustellung an den Prozessbevollmächtigten (Absatz 1 Satz 1) sieht das Gesetz teilweise **Ausnahmen** vor, wenn die Partei selbst unmittelbar beteiligt wird. Dies ist etwa bei Anordnung des persönlichen Erscheinens (§ 141 Abs. 2 ZPO), bei der Ladung des Rechtsnachfolgers nach dem Tod einer Partei (§ 239 Abs. 3 Satz 1 ZPO), bei Anwaltsverlust (§ 244 Abs. 2 Satz 1, 3 ZPO), bei parteibedingter Aussetzung und Vertretung durch einen Prozessbevollmächtigten (§ 246 Abs. 2 Hs. 1 ZPO), bei der Benachrichtigung von einem Termin oder der Anordnung des persönlichen Erscheinens (§ 273 Abs. 4 Satz 2 ZPO), bei der Anberaumung einer Güteverhandlung und der Anordnung persönlichen Erscheinens der Parteien (§ 278 Abs. 3 ZPO) sowie schließlich, fakultativ, auch bei einem Beweisbeschluss über die Einvernahme einer Partei (§ 450 Abs. 1 Satz 3 ZPO) der Fall.

B. Erläuterungen
I. Zustellung an Prozessbevollmächtigten, Abs. 1
1. Prozessbevollmächtigter für den Rechtszug, Satz 1

3 **Absatz 1 Satz 1** setzt zunächst voraus, dass in dem jeweils anhängigen Verfahren ein Prozessbevollmächtigter von der Partei durch Erteilung einer Prozessvollmacht (§§ 80 ff. ZPO) bestellt worden ist. Die **Wirksamkeit der erteilten Vollmacht** selbst ist für die Wirksamkeit der Zustel-

---

6 Zöller-*Stöber*, ZPO, § 171 Rn. 4.
7 BGH, NJW-RR 2017, 58 (59), Rn. 10 = WM 2017, 99 (100), Rn. 10.

lung aus Gründen des Vertrauensschutzes unerheblich.¹ Entsprechend muss auch dann solange an einen Rechtsanwalt als Prozessbevollmächtigten zugestellt werden, wenn dieser ohne Bevollmächtigung besteht ist und vor Gericht für die Partei auftritt, bis dieser wegen Fehlens einer ordnungsgemäßen Bevollmächtigung zurückgewiesen wird.² Prozessbevollmächtigter i.S.v. § 172 Abs. 1 Satz 1 ZPO sind indessen weder der Korrespondenz- oder Verkehrsanwalt,³ der nicht umfassend bevollmächtigte Untervertreter⁴ noch ein Terminsbevollmächtigter⁵ sowie auch nicht ein nur für einzelne Prozesshandlungen Ermächtigter.⁶ Soweit **mehrere Prozessbevollmächtigte** bestellt sind, genügt die Zustellung an einen von ihnen.⁷ Bei einer Zustellung an mehrere Prozessbevollmächtigte, unabhängig, ob dann an alle oder nur einzelne zugestellt wird, löst bereits die erste (wirksame) Zustellung den Eintritt der Zustellungswirkungen aus.⁸ Eine Zustellung sowohl an den Bevollmächtigten wie auch den durch diesen Vertretenen ist ebenso unschädlich, denn insoweit ist die (spätere) Zustellung an den Vertretenen nur informatorisch.⁹

Die **Bestellung** selbst ist nicht in der im Innenverhältnis erfolgenden Erteilung der Vollmacht, der Ermächtigung zur Vornahme von Prozesshandlungen und Abgabe von Erklärungen, zu sehen, sondern bedeutet vielmehr die Kundgabe nach „außen", also die Mitteilung des Vertretungsverhältnisses gegenüber dem Gericht wie auch der gegnerischen Partei.¹⁰ Eine **vorprozessuale Bevollmächtigung** muss ausdrücklich auch eine Prozessvollmacht umfassen, um fortzuwirken;¹¹ eine bloße Bevollmächtigung für die Korrespondenz sowie die Ankündigung der Bevollmächtigung eines bestimmten Rechtsanwalts im Falle eines Prozesses genügt nicht.¹² Die Bestellung ist **formlos**¹³ und, insbesondere durch Auftreten vor Gericht, auch konkludent möglich.¹⁴ Eine im PKH-Verfahren erfolgte Bestellung kann ebenfalls fortgelten.¹⁵ Ebenso kann eine Bestellung auch, gerade bei bereits vorprozessualem Nachweis der Vollmacht, nicht dagegen bloßer anwaltlicher Korrespondenz,¹⁶ durch den **Gegner** erfolgen, etwa durch Angabe eines Beklagtenvertreters.¹⁷ Für den Gegner bedeutet dies jedoch ein nicht unbeträchtliches Risiko, weil bei tatsächlichem Nichtbestehen einer Prozessvollmacht eine gleichwohl an den von ihm als solchen benannten Prozessbevollmächtigten der Gegenseite erfolgende Zustellung unwirksam ist und er auch keinen Vertrauensschutz in eine Kundgabe der Gegenseite gelten machen kann.¹⁸

Erforderlich ist, dass im **Zeitpunkt der Veranlassung** der Zustellung durch das Gericht oder die Partei diese jeweils als Zustellungsveranlasser auch **Kenntnis von der Bestellung** erlangt haben, damit die Pflicht des § 172 Abs. 1 Satz 1 ZPO eintreten kann.¹⁹ Abzustellen ist im Falle des Gerichts nicht auf die Anordnung der Zustellung durch den zuständigen Richter, sondern auf den **Beginn der Zustellung**, also deren Ausführung durch die Geschäftsstelle (§ 168 ZPO).²⁰ Bei unaufklärbaren Zweifelsfällen hinsichtlich der rechtzeitigen Bestellung eines Prozessbevollmächtigten durch eine Partei bleibt die Zustellung an diese ungeachtet etwaiger Be-

4

5

---

1 BGHZ 118, 312 (322) = NJW 1992, 3096 (3099) = VersR 1992, 1281 (1282); BGH, NJW-RR 2011, 417 (418), Rn. 10 = VersR 2011, 774 (775), Rn. 10; MK-*Häublein*, ZPO, § 172 Rn. 5.
2 BGH, NJW-RR 2011, 417 (418), Rn. 10 = VersR 2011, 774 (775), Rn. 10; BGHZ 61, 308 (311) = NJW 1974, 240 = VersR 1974, 245.
3 BGH, NJW-RR 1992, 699 = VersR 1992, 1244.
4 BGH, NJW-RR 2007, 356, Rn. 8 = FamRZ 2007, 390 (391), Rn. 8.
5 BGHZ 61, 308 (311) = NJW 1974, 240 (241); BGH, NJW-RR 2007, 356, Rn. 8 = FamRZ 2007, 390 (391), Rn. 8; BGH, NJW-RR 1994, 127 = VersR 1994, 578.
6 BGHZ 61, 308 (311) = NJW 1974, 240 (241); KG Berlin, NJW 1994, 3111 = MDR 1994, 833.
7 BGHZ 118, 312 (322) = NJW 1992, 3096 (3099) = VersR 1992, 1281 (1282).
8 BGHZ 112, 345 (347) = NJW 1991, 1176 = VersR 1991, 236; BGH, FamRZ 2004, 865.
9 BHH, NJW-RR 2016, 897, Rn. 7 = FamRZ 2016, 1259, Rn. 7.
10 BGH, NJW-RR 2011, 997, Rn. 13 = WuM 2011, 372, Rn. 13.
11 BayVerfGH, NJW 1994, 2280 = FamRZ 1994, 1402.
12 OLG Düsseldorf, GRUR-RR 2005, 102; OLG Hamburg, NJW-RR 1993, 958; MK-*Häublein*, ZPO, § 172 Rn. 6.
13 BGH, NJW-RR 1986, 286 (287).
14 BGH, NJW-RR 2011, 417 (418), Rn. 10 = VersR 2011, 774 (775), Rn. 10.
15 BGH, NJW 2002, 1728 (1729) = VersR 2002, 1573 (1574).
16 BGH, MDR 1981, 126.
17 BVerfGE 75, 183 (189) = NJW 1987, 2003; BGH, NJW-RR 2011, 997, Rn. 13 = WuM 2011, 372, Rn. 13; Prütting/Gehrlein-*Tombrink*, ZPO, § 172 Rn. 4; Zöller-*Stöber*, ZPO, § 172 Rn. 7.
18 BVerfG, NJW 2007, 3486 (3488); BGH, NJW-RR 2011, 997 (998), Rn. 15 = WuM 2011, 372 (373), Rn. 15, m.w.N.
19 BGH, NJW-RR 1986, 286 (287).
20 BGH, FGPrax 2011, 253 (254), Rn. 6; BGH, NJW 1981, 1673 (1674) = MDR 1981, 644 (645).

weislastverteilungen unwirksam.[21] Nur die nachträgliche Kenntnisnahme ist unschädlich.[22] Eine Vorlage der Vollmachtsurkunde im Original ist hierfür nicht erforderlich. Eine Mittteilung, die nur an das Gericht erfolgt ist, bindet die andere Partei bei einer Zustellung auf Betreiben der Parteien ebenso wenig, wie das Gericht nicht fehlerhaft an die andere Partei zustellt, wenn nur diese, nicht aber das Gericht, von der zwischenzeitlichen Bestellung eines Prozessbevollmächtigten informiert ist.[23]

6 Mit dem **Erlöschen der Prozessvollmacht** nach Maßgabe von § 87 ZPO, nur im Parteiprozess mit Anzeige derselben,[24] endet auch die Zustellungspflicht. Eine gleichwohl an einen empfangsbereiten und nach § 87 Abs. 2 ZPO vertretungsberechtigten Rechtsanwalt erfolgende Zustellung ist jedoch wirksam.[25] Im **Anwaltsprozess** kommt de facto ein Erlöschen der Zustellungspflicht auf Betreiben der Partei nicht in Betracht, da eine erteilte Prozessvollmacht nach § 87 Abs. 1 Alt. 2 ZPO erst dann erlischt, wenn ein neuer postulationsfähiger Prozessbevollmächtigter benannt ist, womit aber sogleich eine Zustellungspflicht diesem gegenüber entsteht. Der ehemalige Prozessbevollmächtigte ist indessen zur Weiterleitung aller weiterhin bei ihm eingehenden Schriftstücke an die ehemalige Mandantschaft verpflichtet. Ein **Berufs- oder Vertretungsverbot** berührt nach Berufsrecht (§ 155 Abs. 5 Satz 2 BRAO) die Wirksamkeit einer Zustellung nicht.[26] Die Pflicht zur Zustellung endet im Falle des Erlöschens der Zulassung auch erst mit der Mitteilung an das Gericht bzw. die andere Partei entsprechend § 87 ZPO.[27]

7 Die Bestellung eines Prozessbevollmächtigten muss sich schließlich auf nicht nur auf eine einzelne Instanz, sondern auf den gesamten Prozess, **„für den Rechtszug"**, beziehen. Der Rechtszug umfasst den vollständigen Zeitraum ab Beginn der Anhängigkeit des gerichtlichen Verfahrens bis zum Eintritt der formellen Rechtskraft. Entsprechend ist auch die Zustellung einer die einzelne Instanz abschließenden Entscheidung, selbst wenn hiergegen kein ordentliches Rechtsmittel mehr eröffnet ist (z.B. Zustellung der Entscheidung über Nichtzulassungsbeschwerde), unverändert an den bestellten Prozessbevollmächtigten vorzunehmen. Gleiches gilt für den Fall, dass ein Prozessbevollmächtigter bereits bei der im Ausgangsverfahren bewilligten Prozesskostenhilfe bestellt gewesen ist, für ein der Hauptsache nachfolgendes Verfahren der **Prozesskostenhilfeüberprüfung** (§§ 120 Abs. 4, 124 ZPO).[28] Ebenso ist ein **Kostenfestsetzungsverfahren** sowie die **Abgabe** (§§ 281, 506 ZPO) oder **Verweisung** (§§ 696, 700 ZPO) an ein anderes Gericht bis zur Bestellung eines anderen Prozessbevollmächtigten noch Teil des Rechtszugs.[29]

2. Prozesshandlungen im Rechtszug, Satz 2

8 Eine ausdrückliche Erweiterung erfährt der Begriff des Rechtszugs in Abs. 1 Satz 1 durch **Abs. 1 Satz 2**. Durch diesen werden auch alle Prozesshandlungen wie der Einspruch (§§ 338, 700 ZPO), die Aufhebung des Urteils dieses Gerichts (§§ 538, 563, 566 Abs. 8, 572 Abs. 3 und 577 Abs. 4 ZPO), die Wiederaufnahme des Verfahrens (§ 578 ff. ZPO), die Rüge nach § 321a ZPO oder ein neues Vorbringen im Verfahren der Zwangsvollstreckung (§§ 731, 767–770 ZPO und §§ 781–786a ZPO), dem Rechtszug zugeordnet.[30]

3. Verfahren vor dem Vollstreckungsgericht, Satz 3

9 Schließlich erstreckt **Abs. 1 Satz 3** den **ersten Rechtszug** auch auf das gesamte **Zwangsvollstreckungsverfahren** zwischen den Parteien des Erkenntnisverfahrens (vgl. auch Rn. 8), soweit dies nicht ohnehin bereits durch die Erweiterung des Abs. 1 Satz 2 erfolgt. Hieraus folgt, dass alle Vollstreckungstitel, die erst in höheren Instanzen entstehen (z.B. Vergleich), nicht an den jeweiligen Prozessbevollmächtigten in dieser Instanz, sondern an den der ersten Instanz, zugestellt werden müssen.[31] Die abschließenden Entscheidungen in den höheren Instanzen sind indessen bei unterschiedlichen Prozessbevollmächtigten dem in der jeweiligen Instanz bevollmächtigten Prozessbevollmächtigten zuzustellen.[32]

---

21 BGH, NJW 1981, 1673 (1674) = MDR 1981, 644 (645); BayObLG, BayObLGR 1999, 10; Prütting/Gehrlein-*Tombrink*, ZPO, § 172 Rn. 5.
22 OLG Hamburg, NJW-RR 1988, 1278 (1279).
23 MK-*Häublein*, ZPO, § 172 Rn. 7.
24 BGH, NJW 2008, 324, Rn. 11 = FamRZ 2008, 141, Rn. 11; BGH, NJW 1991, 295 (296) = FamRZ 1991, 51.
25 BGH, NJW 2008, 324, Rn. 11 = FamRZ 2008, 141, Rn. 11.
26 BGHZ 111, 104 (106) = NJW 1990, 1854 (1855) = VersR 1990, 758.
27 OLG München, NJW 1970, 1609.
28 BGH, MDR 2011, 1314; BGH, FamRZ 2011, 463 (464), Rn. 18.
29 MK-*Häublein*, ZPO, § 172 Rn. 9; Prütting/Gehrlein-*Tombrink*, ZPO, § 172 Rn. 7.
30 MK-*Häublein*, ZPO, § 172 Rn. 11 ff.; Zöller-*Stöber*, ZPO, § 172 Rn. 16.
31 Baumbach/Lauterbach/Albers/Hartmann, ZPO, § 172 Rn. 31; MK-*Häublein*, ZPO, § 172 Rn. 18.
32 LG Köln, DGVZ 1990, 121; Prütting/Gehrlein-*Tombrink*, ZPO, § 172 Rn. 8.

4. Zustellungen außerhalb des Rechtszugs

Von der Zuordnung zum **Rechtszug** nach Abs. 1 Sätze 1–3 **nicht erfasst** werden die Nebenverfahren i.S.d. § 82 ZPO (vgl. § 82 Rn. 8), das **selbstständige Beweisverfahren** (§§ 485 ff. ZPO) sowie aus den Verfahren des **einstweiligen Rechtsschutzes** der Arrest (§§ 916 ff. ZPO) und die einstweilige Verfügung (§§ 935 ff. ZPO). Ebenfalls nicht zum Rechtszug gehören schließlich, gerade im **Zwangsvollstreckungsverfahren**, alle Verfahren, die durch Auftreten oder Antrag eines **Dritten** anhängig werden (z.B. Hauptintervention, § 64 ZPO; Drittwiderspruchsklage, §§ 771 ff. ZPO; Klage auf vorzugsweise Befriedigung, § 805 ZPO; Pfändungswiderspruch, § 810 Abs. 2 ZPO; Widerspruchsklage, § 878 ZPO). Das **Prozesskostenhilfeaufhebungsverfahren** (§ 124 ZPO) gehört nur dann zum Rechtszug, wenn bereits für die Prozesskostenbewilligung ein Rechtsanwalt bestellt gewesen ist (vgl. Rn. 7).[33] Die Herausnahme dieser Verfahren aus dem Rechtszug i.S.d. § 172 Abs. 1 ZPO führt lediglich dazu, dass die Pflicht zur Zustellung an den bestellten Prozessbevollmächtigten entfällt; eine gleichwohl an diesen bewirkte Zustellung bleibt wirksam.

10

5. Verletzung und Heilung

Im Falle einer **Verletzung** der zwingenden Vorschrift des § 172 Abs. 1 ZPO durch Zustellung an eine Partei anstelle des von dieser bestellten Prozessbevollmächtigten ist die Zustellung zunächst **unwirksam**.[34] Eine Heilung nach § 189 ZPO setzt hier voraus, dass das zuzustellende Schriftstück dem Prozessbevollmächtigten und nicht nur der Partei mit Zustellungswillen (vgl. § 189 Rn. 4) tatsächlich zugeht,[35] wobei hier keine Rückwirkung *ex tunc* eintritt.[36]

11

II. Rechtsmittelzustellung, Abs. 2

Abs. 2 erfasst die Konstellation der Einlegung eines Rechtsmittels und die eventuelle Anzeige eines anderen Prozessbevollmächtigten. Hat ein solcher sich bei Gericht bereits für die Rechtsmittelinstanz angezeigt, ist nach **Satz 2** diesem die gegnerische Rechtsmittelschrift zuzustellen, andernfalls nach **Satz 1** dem Prozessbevollmächtigten der vorherigen Instanz. Während im **Anwaltsprozess** die Niederlegung des Mandats dem im nicht entgegensteht,[37] ist im Parteiprozess der Partei selbst gemäß **Satz 3** zuzustellen.[38] Ebenso ist die gegnerische Rechtsmittelschrift nach **Satz 3** der Partei selbst zuzustellen, wenn diese bisher keinen Prozessbevollmächtigten bestellt hat. **Verstöße** gegen Abs. 2 schaden allein der Wirksamkeit der Zustellung der Rechtsmittelschrift und stehen insbesondere dem Anlauf von diesbezüglichen Fristen entgegen, berühren aber nicht die Zulässigkeit des Rechtsmittels selbst.

12

§ 173
Zustellung durch Aushändigung an der Amtsstelle

¹Ein Schriftstück kann dem Adressaten oder seinem rechtsgeschäftlich bestellten Vertreter durch Aushändigung an der Amtsstelle zugestellt werden. ²Zum Nachweis der Zustellung ist auf dem Schriftstück und in den Akten zu vermerken, dass es zum Zwecke der Zustellung ausgehändigt wurde und wann das geschehen ist; bei Aushändigung an den Vertreter ist dies mit dem Zusatz zu vermerken, an wen das Schriftstück ausgehändigt wurde und dass die Vollmacht nach § 171 Satz 2 vorgelegt wurde. ³Der Vermerk ist von dem Bediensteten zu unterschreiben, der die Aushändigung vorgenommen hat.

Inhalt:

	Rn.		Rn.
A. Allgemeines	1	I. Zustellung durch Aushändigung, Satz 1	3
I. Normzweck	1	II. Aushändigungsvermerk, Satz 2	4
II. Anwendungsbereich	2	III. Unterschriftserfordernis, Satz 3	5
B. Erläuterungen	3		

---

[33] BGH, MDR 2011, 1314; BGH, FamRZ 2011, 463 (464), Rn. 18.
[34] BGH, NJW 2002, 1728 (1729) = WM 2002, 512 (513); BGH, NJW 1984, 926 = MDR 1984, 562.
[35] BGH, DGVZ 2013, 20 (21).
[36] BGH, NJW 1984, 926 = MDR 1984, 562; OLG Naumburg, FamRZ 2000, 166; OLG Zweibrücken, FamRZ 2006, 128 (129); MK-*Häublein*, ZPO, § 172 Rn. 20.
[37] BGH v. 25.01.2011, VIII ZR 27/10, juris, Rn. 5; BGH, NJW 1975, 120 (121) = MDR 1975, 220 (221).
[38] BGH, NJW 2008, 234, Rn. 11 = FamRZ 2008, 141 (142), Rn. 11; BGH, NJW 1991, 295 (296) = FamRZ 1991, 51.

A. Allgemeines
I. Normzweck

1 Durch § 173 ZPO kann die Zustellung dadurch vereinfacht werden, dass an den Zustellungsadressaten (Vorbem. zu §§ 166 ff. Rn. 3), der kein Rechtsanwalt sein muss, oder seinen Vertreter (§ 171 ZPO) auf der Amtsstelle mittels Aushändigung zugestellt wird.

II. Anwendungsbereich

2 Der Anwendungsbereich umfasst neben der Zustellung von Amts wegen (§§ 166–190 ZPO) auch die Zustellung auf Betreiben der Parteien (§§ 191–195 ZPO) sowie Zustellungen im FamFG-Verfahren (§ 113 Abs. 1 Satz 2 FamFG).

B. Erläuterungen
I. Zustellung durch Aushändigung, Satz 1

3 Die Zustellung erfolgt nach **Satz 1** durch **Aushändigung**, also die persönliche Übergabe durch den Urkundsbeamten (§ 153 GVG), einen von ihm beauftragten Justizbediensteten (§ 168 Abs. 1 Satz 2 ZPO), einen Gerichtsvollzieher (z.B. § 899 ZPO), Rechtspfleger oder Richter. Die Einlegung in ein Gerichtspostfach genügt nicht.[1] Auf Seiten des Zustellungsadressaten oder dessen Vertreters ist der Empfangswille, also die Bereitschaft zur Entgegennahme, erforderlich. Eine **Verweigerung** der Entgegennahme ist zulässig (keine Anwendung von § 179 ZPO), eine offene Übergabe möglich (keine Anwendung von § 176 Abs. 1 ZPO; vgl. auch Satz 2; hierzu Rn. 4). Die Aushändigung muss auf der **Amtsstelle** erfolgen, die alle Diensträume eines Gerichts sowie alle sonstigen Orte, wo eine gerichtliche Tätigkeit ausgeübt wird (z.B. Ortstermin, § 219 ZPO), umfasst. Auf den Grund der Anwesenheit des Zustellungsempfängers (Vorbem. zu §§ 166 ff. Rn. 3) kommt es nicht an, wobei insbesondere der Zustellungsadressat auch zwecks Aushändigung zum Erscheinen aufgefordert, „geladen", werden kann, ohne dass insoweit allerdings einer Pflicht zur Folgeleistung besteht.[2] Eine Verletzung dieser Vorgaben kann geheilt werden (§ 189 ZPO).

II. Aushändigungsvermerk, Satz 2

4 Wie jede andere Zustellungsform ist auch die Zustellung durch Aushändigung, wie in **Satz 2** vorgesehen, zu beurkunden, ohne dass dies allerdings Wirksamkeitsvoraussetzung ist. Anstelle einer eigenen Zustellungsurkunde (§ 182 ZPO) gestattet Satz 2 das Anbringen eines datierten **Zustellungsvermerks**, der sowohl auf dem ausgehändigten Schriftstück als auch auf dem in der Akte verbleibenden Original anzubringen ist. Eine besondere Form ist für diesen Vermerk nicht vorgesehen. Erforderlich ist neben der Angabe des Datums lediglich eine Formulierung, welche die erfolgte Zustellung zum Ausdruck bringt (z.B. „zugestellt").[3] Bei der Übergabe an einen Vertreter (§ 171 ZPO) ist dieser namentlich ebenso wie die Vorlage der schriftlichen Bevollmächtigung zu vermerken. Ein Einbehalt der Vollmacht ist nicht erforderlich, schadet jedoch ebenso wenig wie eine Unterschrift des Zustellungsadressaten oder seines Vertreters auf dem Aktenvermerk. Ein fehlender Vermerk steht der Wirksamkeit der Zustellung entgegen, kann jedoch nachgeholt werden (§ 189 ZPO).[4]

III. Unterschriftserfordernis, Satz 3

5 Erforderlich ist schließlich die eigenhändige **Unterschrift** desjenigen Justizbediensteten auf den beiden Vermerken, der die Aushändigung vorgenommen hat. Eine fehlende Unterschrift kann nachgeholt werden (§ 189 ZPO).[5]

---

1 BGH, NJW 1963, 1779; Zöller-*Stöber*, ZPO, § 173 Rn. 2.
2 Zöller-*Stöber*, ZPO, § 173 Rn. 4.
3 Thomas/Putzo-*Hüßtege*, ZPO, § 173 Rn. 5.
4 BGH, NJW 1987, 1707 = VersR 1987, 616; BGH, NJW 1983, 884 = VersR 1983, 60; Thomas/Putzo-*Hüßtege*, ZPO, § 173 Rn. 2; unklar Prütting/Gehrlein-*Tombrink*, ZPO, § 173 Rn. 3: „nicht Wirksamkeitsvoraussetzung".
5 BGH, NJW 1987, 1707 = VersR 1987, 616; BGH, NJW 1983, 884 = VersR 1983, 60.

§ 174
Zustellung gegen Empfangsbekenntnis
[Fassung bis 31. 12. 2017]

(1) Ein Schriftstück kann an einen Anwalt, einen Notar, einen Gerichtsvollzieher, einen Steuerberater oder an eine sonstige Person, bei der auf Grund ihres Berufes von einer erhöhten Zuverlässigkeit ausgegangen werden kann, eine Behörde, eine Körperschaft oder eine Anstalt des öffentlichen Rechts gegen Empfangsbekenntnis zugestellt werden.

(2) [1]An die in Absatz 1 Genannten kann das Schriftstück auch durch Telekopie zugestellt werden. [2]Die Übermittlung soll mit dem Hinweis „Zustellung gegen Empfangsbekenntnis" eingeleitet werden und die absendende Stelle, den Namen und die Anschrift des Zustellungsadressaten sowie den Namen des Justizbediensteten erkennen lassen, der das Dokument zur Übermittlung aufgegeben hat.

(3) [1]An die in Absatz 1 Genannten kann auch ein elektronisches Dokument zugestellt werden. [2]Gleiches gilt für andere Verfahrensbeteiligte, wenn sie der Übermittlung elektronischer Dokumente ausdrücklich zugestimmt haben. [3]Für die Übermittlung ist das Dokument mit einer elektronischen Signatur zu versehen und gegen unbefugte Kenntnisnahme Dritter zu schützen. [4]Die Übermittlung kann auch über De-Mail-Dienste im Sinne von § 1 des De-Mail-Gesetzes erfolgen.

(4) [1]Zum Nachweis der Zustellung genügt das mit Datum und Unterschrift des Adressaten versehene Empfangsbekenntnis, das an das Gericht zurückzusenden ist. [2]Das Empfangsbekenntnis kann schriftlich, durch Telekopie oder als elektronisches Dokument (§ 130a) zurückgesandt werden. [3]Wird es als elektronisches Dokument erteilt, soll es mit einer qualifizierten elektronischen Signatur nach dem Signaturgesetz versehen werden.

§ 174
Zustellung gegen Empfangsbekenntnis oder automatisierte Eingangsbestätigung
[Fassung ab 01. 01. 2018]

(1) Ein Schriftstück kann an einen Anwalt, einen Notar, einen Gerichtsvollzieher, einen Steuerberater oder an eine sonstige Person, bei der auf Grund ihres Berufes von einer erhöhten Zuverlässigkeit ausgegangen werden kann, eine Behörde, eine Körperschaft oder eine Anstalt des öffentlichen Rechts gegen Empfangsbekenntnis zugestellt werden.

(2) [1]An die in Absatz 1 Genannten kann das Schriftstück auch durch Telekopie zugestellt werden. [2]Die Übermittlung soll mit dem Hinweis "Zustellung gegen Empfangsbekenntnis" eingeleitet werden und die absendende Stelle, den Namen und die Anschrift des Zustellungsadressaten sowie den Namen des Justizbediensteten erkennen lassen, der das Dokument zur Übermittlung aufgegeben hat.

(3) [1]An die in Absatz 1 Genannten kann auch ein elektronisches Dokument zugestellt werden. [2]Gleiches gilt für andere Verfahrensbeteiligte, wenn sie der Übermittlung elektronischer Dokumente ausdrücklich zugestimmt haben. [3]Das Dokument ist auf einem sicheren Übermittlungsweg im Sinne des § 130a Absatz 4 zu übermitteln und gegen unbefugte Kenntnisnahme Dritter zu schützen. [4]Die in Absatz 1 Genannten haben einen sicheren Übermittlungsweg für die Zustellung elektronischer Dokumente zu eröffnen.

(4) [1]Zum Nachweis der Zustellung nach den Absätzen 1 und 2 genügt das mit Datum und Unterschrift des Adressaten versehene Empfangsbekenntnis, das an das Gericht zurückzusenden ist. [2]Das Empfangsbekenntnis kann schriftlich, durch Telekopie oder als elektronisches Dokument (§ 130a) zurückgesandt werden. [3]Die Zustellung nach Absatz 3 wird durch ein elektronisches Empfangsbekenntnis nachgewiesen. [4]Das elektronische Empfangsbekenntnis ist in strukturierter maschinenlesbarer Form zu übermitteln. [5]Hierfür ist ein vom Gericht mit der Zustellung zur Verfügung gestellter strukturierter Datensatz zu nutzen.

Inhalt:

	Rn.		Rn.
A. Allgemeines	1	II. Telekopie, Abs. 2	5
I. Normzweck	1	III. Elektronisches Dokument, Abs. 3	6
II. Anwendungsbereich	2	IV. Empfangsbekenntnis als Nachweis, Abs. 4	7
B. Erläuterungen	3		
I. Zustellungsadressaten, Abs. 1	3		

A. Allgemeines
I. Normzweck

1 Die Vorschrift eröffnet eine erleichterte Form der Zustellung, indem gegenüber bestimmten Berufsträgern mittels Übersendung eines Empfangsbekenntnisses, das von dem Zustellungsempfänger (Vorbem. zu §§ 166 ff. Rn. 3) als Empfänger zu unterschreiben und zurück zu senden ist, zugestellt werden kann. Sie dient insoweit zugleich der Beschleunigung der Zustellung und ist zudem kostengünstig. Auf die Funktion des Zustellungsempfängers im Verfahren kommt es nicht an, so dass dieser entweder selbst Zustellungsadressat (Vorbem. zu §§ 166 ff. Rn. 3) sein kann, etwa als Partei oder Streitverkündungsempfänger, oder als Vertreter oder Bevollmächtigter nur Zustellungsempfänger ist.

II. Anwendungsbereich

2 § 174 ZPO ist sowohl im Zustellungsverfahren von Amts wegen (§§ 166 ff. ZPO) als auch im Verfahren der Zustellung auf Betreiben der Parteien (§§ 191 ff. ZPO) anwendbar, wobei hier die Zustellung unter Anwälten (§ 195 ZPO) eine modifizierende Sonderregelung ist. Für das **arbeitsgerichtliche Verfahren** gelten §§ 11, 50 Abs. 2 ArbGG.

B. Erläuterungen
I. Zustellungsadressaten, Abs. 1

3 Die Zustellung gegen **Empfangsbekenntnis** an die in **Abs. 1** genannten Personen, die im pflichtgemessen Ermessen der Geschäftsstelle (§ 168 ZPO) steht, setzt, vergleichbar mit der Zustellung durch persönliche Übergabe, die **Bereitschaft zur Mitwirkung** voraus, das zuzustellende Schriftstück auch als zugestellt anzunehmen.[1] Die insoweit erforderliche Entgegennahme setzt die Erlangung eines Gewahrsams an dem zuzustellenden Schriftstück voraus, der es ermöglicht, von seinem Inhalt auch Kenntnis zu nehmen. Der Zustellungsadressat bekundet dies durch seine **Unterschrift**.[2] Allein der tatsächliche Erhalt oder die Kenntnisnahme vom Inhalt des Schriftstücks stellen demgegenüber noch keine Entgegennahme und damit keine Zustellung dar, soweit es an der zusätzlich erforderlichen Äußerung des Willens zur Empfangnahme fehlt.[3] Andererseits stellt die unterlassene Rücksendung des Empfangsbekenntnisses wiederum für sich alleine noch keinen hinreichenden Anhaltspunkt gegen eine fehlende Empfangsbereitschaft dar. Spätestens dann, wenn anderweitige Indizien wie etwa ein inhaltliches Eingehen auf das erhaltene Schriftstück oder die Weitergabe an den Mandanten hinzutreten, ist von einer Entgegennahme mit Empfangsbereitschaft auszugehen.[4]

4 Bei **fehlender Empfangsbereitschaft**, die auch in der Erklärung, gegen die Zustellung bestünden rechtliche Bedenken, zum Ausdruck kommt,[5] kann keine Ersatzzustellung nach den §§ 178–181 ZPO stattfinden, und es tritt auch keine Zustellungsfiktion nach § 179 ZPO ein.[6] Lediglich standesrechtlich, nicht aber verfahrensrechtlich, sind Rechtsanwälte zur Entgegennahme verpflichtet.[7] Bei einer Verweigerung ist eine andere Zustellungsform für eine erneute Zustellung zu wählen. Eine Heilung der fehlenden Empfangsbereitschaft nach § 189 ZPO durch die tatsächliche Erlangung des Schriftstücks ist ebenfalls nicht möglich.[8] Neben den im Gesetz aufgezählten Berufsgruppen kann über die Öffnungsbestimmung der sonstigen Person, bei der auf Grund ihres Berufs von einer erhöhten Zuverlässigkeit ausgegangen werden kann, auch etwa an Wirtschaftsprüfer, öffentlich bestellte Sachverständige und Patentanwälte zugestellt werden.[9] Das **Empfangsbekenntnis** ist an den Zustellungsveranlasser zurück zu senden (Absatz 4, vgl. hierzu Rn. 7).

II. Telekopie, Abs. 2

5 **Absatz 2 Satz 1** ermöglicht auch die Zustellung einer Telekopie i.S.d. § 130 Nr. 6 ZPO an die in Absatz 1 genannten Personen. Nach **Satz 2 Hs. 1** „soll" ein Hinweis „Zustellung gegen Empfangsbekenntnis" die Übermittlung einleiten und so den Zustellungsempfänger auf die Bedeutung des Schriftstückes hinweisen. Daneben sollen der Zustellungsveranlasser und der Zustellungsadressat, der nicht notwendigerweise mit dem Zustellungsempfänger (vgl. ausführ-

---

1 BGH, NJW 2012, 1117, Rn. 6 = MDR 2012, 798, Rn. 6; BGH, NJW 2006, 1206 (1207), Rn. 8 = MDR 2006, 885 (886).
2 BVerfG, NJW 2001, 1563 (1564); BGH, NJW-RR 2013, 1171 (1173), Rn. 37 = WM 2013, 844 (847), Rn. 37; BGH, NJW 2007, 600 (601) = WRP 2007, 189 (190).
3 BGH, NJW 1989, 1154 = MDR 1989, 345.
4 BGH, NJW-RR 2015, 953 (954), Rn. 12 f.; BVerwG, NJW 2007, 3223.
5 BGH, NJW 2011, 3581, Rn. 16 = FamRZ 2011, 1860 (1861), Rn. 16; BGH, VersR 1975, 906.
6 MK-*Häublein*, ZPO, § 174 Rn. 6, m.w.N., Rn. 12.
7 BGHZ 30, 299 (305 f.) = NJW 1959, 1871 (1872) = MDR 1959, 838; BGH, NJW 1976, 107.
8 BGH, NJW 1989, 1154 = MDR 1989, 345.
9 MK-*Häublein*, ZPO, § 174 Rn. 4, mit weiteren Beispielen.

lich Vorbem. zu §§ 166 ff. Rn. 3) identisch sein muss, angeführt werden. Das Fehlen dieser Angaben berührt die Wirksamkeit der Zustellung ebenso wenig wie die vom Gesetz nicht vorgesehene, vom Gesetzgeber aber gewünschte,[10] Anfertigung eines Vermerks zur Akte.

III. Elektronisches Dokument, Abs. 3

Abs. 3 Satz 1 eröffnet für den elektronischen Rechtsverkehr auch die Möglichkeit der Zustellung eines elektronischen Dokuments i.S.d. § 130a ZPO gegen Empfangsbekenntnis. Derzeit kommt hierfür insbesondere das Medium E-Mail in Betracht, solange die elektronische Akte und der elektronische Rechtsverkehr noch nicht eingeführt sind. **Satz 2** erweitert die Zustellungsmöglichkeit über den in Absatz 1 genannten Personenkreis hinaus, soweit die übrigen Verfahrensbeteiligten für sich einer solchen Übermittlung **ausdrücklich zugestimmt** haben. Nicht ausreichend ist dafür allerdings die Angabe einer E-Mail-Adresse in einem Briefkopf,[11] da sie lediglich konkludentes Verhalten darstellen würde. Notwendig ist daneben, unabhängig, ob es sich um den in Absatz 1 genannten Personenkreis handelt oder ob eine ausdrückliche Zustimmung nach Abs. 3 Satz 2 vorliegt, dass die Übermittlung mit einer **elektronischen Signatur** i.S.d. § 2 Nr. 1 SigG versehen und gegen unbefugte Kenntnisnahme durch Dritte mittels einer **Verschlüsselung** geschützt ist.[12] **Satz 4** berücksichtigt nunmehr auch die De-Mail-Dienste i.S.v. § 1 De-Mail-Gesetz.

6

IV. Empfangsbekenntnis als Nachweis, Abs. 4

Zum Nachweis der erfolgten Zustellung dient das in Abs. 4 Satz 1 vorgesehene **Empfangsbekenntnis**. Es stellt eine **Privaturkunde** i.S.d. § 416 ZPO dar,[13] der allerdings die **erhöhte Beweiskraft** nach § 418 Abs. 2 ZPO wie einer Postzustellungsurkunde (§ 182 ZPO) für den Beweis der Entgegennahme des darin bezeichneten Schriftstücks und den Zeitpunkt der Entgegennahme zukommt.[14] Zugleich ist es eine **konstitutive Voraussetzung** für die Wirksamkeit der Zustellung, weil nur das ausgefüllte und unterschriebene Empfangsbekenntnis die Empfangsbereitschaft des Zustellungsadressaten dokumentiert.[15] Es muss dem nach § 174 ZPO zuzustellenden Schriftstück beigefügt sein, setzt aber kein bestimmtes Formular voraus.[16] Dieses ist nach Abs. 4 Satz 1 vom Zustellungsadressaten mit dem Datum der Zustellung zu versehen, zu unterschreiben und anschließend auf eigene Kosten an das Gericht zurück zu senden. Die **Unterschrift**, die eigenhändig und vollständig sein muss,[17] darf nur vom Zustellungsadressaten persönlich oder seinem bestellten Vertreter, nicht aber vom Büropersonal, geleistet werden.[18] Fehlt allein das nach § 174 Abs. 4 Satz 1 ZPO vorgesehene **Datum** in dem ansonsten unterschriebenen und uneingeschränkt an das Gericht zurück geschickten Empfangsbekenntnis, steht dies der Wirksamkeit der Zustellung nicht entgegen.[19] Ebenso wenig schadet eine falsche Datumsangabe.[20]

7

Die **Beweiswirkung** des Empfangsbekenntnisses kann durch den (vollen) **Beweis des Gegenteils** erschüttert oder auch vollständig beseitigt werden,[21] wobei hieran hohe Anforderungen zu stellen sind.[22] **Abs. 4 Satz 2** sieht für die **Rücksendung** neben dem postalischen Weg auch die Möglichkeit einer Telekopie (§ 130 Nr. 6 ZPO) sowie eines elektronischen Dokuments (§ 130a ZPO) vor. Im letzteren Fall ordnet **Abs. 4 Satz 3** allerdings für den Regelfall, „soll", die Verwendung einer elektronischen Signatur i.S.v. § 2 Nr. 1 SigG an. Ein erteiltes Empfangsbekenntnis kann weder **angefochten** noch **widerrufen** werden und ist auch im Falle seines „Abhandenkommens", also einer Rücksendung des ausgefüllten Empfangsbekenntnisses durch das Büropersonal, ohne ausdrückliche Verfügung oder sogar gegen eine interne Weisung, wirksam.[23]

8

---

10 BT-Drucks. 14/4554, S. 18; Prütting/Gehrlein-*Tombrink*, ZPO, § 175 Rn. 6.
11 MK-Häublein, ZPO, § 174 Rn. 19.
12 BT-Drucks. 14/4554, S. 19; MK-Häublein, ZPO, § 174 Rn. 21.
13 BGH, NJW 2012, 2117, Rn. 6 = WM 2012, 1210, Rn. 6; BGH, NJW 1990, 2125 = VersR 1990, 1026.
14 BVerfG, NJW 2001, 1563; BGH, NJW 2012, 3378, Rn. 13; BGH, NJW 2009, 855 (856), Rn. 8 = FamRZ 2009, 110 f., Rn. 8.
15 BT-Drucks. 14/4554, S. 18; BGH, NJW 2005, 3216 (3217) = FamRZ 2005, 1552 (1553); OLG Hamm, NJW 2010, 3380 (3381).
16 BGH, NJW 1987, 2679 (2680) = VersR 1987, 813 (814); OLG Hamm, NJW 2010, 3380 (3381).
17 BGH, NJW 1989, 838: kein Faksimilestempel; BGH, NJW 1983, 273 (274): keine Paraphe; vgl. auch MK-*Häublein*, ZPO, § 174 Rn. 9.
18 BSG, NJW 2010, 317 (318), Rn. 11 f.; BGH, NJW 1982, 1650 f. = MDR 1982, 917 f.
19 BGH, NJW 2005, 3216 (3217) = FamRZ 2005, 1552 (1553).
20 BGH, NJW 1994, 1660 = VersR 1994, 1492; BGH, NJW-RR 1992, 1150 (1151) = VersR 1993, 337.
21 BGH, NJW 2012, 2117, Rn. 7 f. = WM 2006, 1206, Rn. 7; BGH, NJW 2006, 1206 (1207), Rn. 9.
22 BVerfG, NJW 2001, 1563 (1564); BGH, NJW 1996, 2514 (2515).
23 BGH, NJW 2007, 600 (601) = WRP 2007, 189 (190).

§ 175
Zustellung durch Einschreiben mit Rückschein

¹Ein Schriftstück kann durch Einschreiben mit Rückschein zugestellt werden. ²Zum Nachweis der Zustellung genügt der Rückschein.

Inhalt:

	Rn.			Rn.
A. Allgemeines	1	I. Zustellung durch Einschreiben,		
I. Normzweck	1	Satz 1		3
II. Anwendungsbereich	2	II. Nachweis durch Rückschein,		
B. Erläuterungen	3	Satz 2		5

A. Allgemeines
I. Normzweck

1 Mit der Zustellung durch Einschreiben mit Rückschein sieht die ZPO eine weitere Vereinfachung für Zustellungen vor, die eine eigenständige Zustellungsform darstellt.

II. Anwendungsbereich

2 Die Zustellung durch Einschreiben mit Rückschein ist nur bei der Zustellung von Amts wegen (§§ 166–190 ZPO) sowie bei Zustellungen im FamFG-Verfahren (§ 113 Abs. 1 Satz 2 FamFG) zulässig. Bei der Zustellung auf Betreiben der Parteien (§§ 191–195 ZPO) ist sie dagegen ausgeschlossen (§ 192 Abs. 1 ZPO).

B. Erläuterungen
I. Zustellung durch Einschreiben, Satz 1

3 Die Zustellung kann nur mittels **Einschreiben mit Rückschein**, also nicht durch Einwurf-Einschreiben oder Übergabe-Einschreiben,[1] bewirkt werden. Die Zustellung erfolgt durch Übergabe an den Zustellungsadressaten selbst, dessen Ehegatten[2] bzw. Lebenspartner oder seinen Vertreter (§ 171 ZPO). Eine Übergabe an andere Personen führt erst dann zur Wirksamkeit der Zustellung, wenn das Schriftstück dem Zustellungsadressaten zugegangen ist (vgl. § 130 Abs. 1 Satz 1 BGB).[3]

4 Auf die jeweils geltenden **AGB** des mit der Zustellung beauftragten **Postdienstleistungsunternehmens** kann es mittels schon allein deshalb nicht ankommen,[4] weil diese einseitig vom Unternehmen jederzeit abgeändert werden können. Auch soweit die in § 178 Abs. 1 ZPO genannten Personenkreise herangezogen werden sollen, direkt oder über den „Umweg" der Dienstleister-AGB,[5] erscheint dies angesichts der Vorgabe von § 176 Abs. 2 ZPO, der die §§ 177–181 ZPO nur für den Zustellungsauftrag i.S.d. § 176 Abs. 1 ZPO für anwendbar erklärt, zumindest nicht zwingend.[6] Eine Verweigerung der Annahme durch den Zustellungsadressaten oder eine sonstige zur Übergabe bzw. Entgegennahme berechtigte Person führt ebenso wenig zur Sanktion der Zustellungsfiktion (§ 179 Satz 3 ZPO) wie die Nichtabholung nach erfolgter Niederlegung innerhalb der dafür vorgesehenen Frist.[7] Die Sendung ist als „unzustellbar" zurückzusenden.[8] **Mängel** in der Zustellung können geheilt werden (§ 189 ZPO).

II. Nachweis durch Rückschein, Satz 2

5 Durch den an den Zustellungsveranlasser (Vorbem. zu §§ 166 ff. Rn. 3) zurück zu sendenden **Rückschein**, der die eigenhändige Unterschrift des Zustellungsempfängers (Vorbem. zu §§ 166 ff. Rn. 3) aufweisen muss, wird der Nachweis der Zustellung in Wirksamkeit und Zeitpunkt geführt. Der Rückschein stellt, anders als die Postzustellungsurkunde (§ 182 ZPO) keine öffentliche Urkunde (§ 418 ZPO),[9] sondern eine **Privaturkunde** (§ 416 ZPO), dar. Der Rück-

---

1 OLG Brandenburg, FamRZ 2006, 212 (213); MK-*Häublein*, ZPO, § 175 Rn. 2.
2 BSG, NJW 2005, 1303 (1304); BGH, NJW 1994, 2613 (2614); BGH, NJW 1951, 313: Verkehrssitte.
3 BSG, NJW 2005, 1303 (1304); zust. *Eyink*, MDR 2006, 785; Baumbach/Lauterbach/Albers/Hartmann, ZPO, § 175 Rn. 4.
4 So aber MK-*Häublein*, ZPO, § 175 Rn. 3; Musielak/Voit-*Wittschier*, ZPO, § 175 Rn. 2; Thomas/Putzo-*Hüßtege*, ZPO, § 177 Rn. 4; Zöller-*Stöber*, ZPO, § 175 Rn. 3.
5 Prütting/Gehrlein-*Tombrink*, ZPO, § 175 Rn. 2.
6 Zum Meinungsstand MK-*Häublein*, ZPO, § 175 Rn. 3.
7 Thomas/Putzo-*Hüßtege*, ZPO, § 179 Rn. 5; Zöller-*Stöber*, ZPO, § 179 Rn. 3.
8 *Heß*, NJW 2002, 2417 (2419).
9 BSG, NJW 2005, 1303 (1304); Thomas/Putzo-*Hüßtege*, ZPO, § 175 Rn. 6; Prütting/Gehrlein-*Tombrink*, ZPO, § 175 Rn. 3.

schein selbst und erst recht sein Zugang beim Zustellungsveranlasser sind keine Wirksamkeitsvoraussetzung der Zustellung.[10]

§ 176
Zustellungsauftrag

(1) Wird der Post, einem Justizbediensteten oder einem Gerichtsvollzieher ein Zustellungsauftrag erteilt oder wird eine andere Behörde um die Ausführung der Zustellung ersucht, übergibt die Geschäftsstelle das zuzustellende Schriftstück in einem verschlossenen Umschlag und ein vorbereitetes Formular einer Zustellungsurkunde.
(2) Die Ausführung der Zustellung erfolgt nach den §§ 177 bis 181.

Inhalt:

	Rn.		Rn.
A. Allgemeines	1	I. Beauftragung und Durchführung,	
I. Normzweck	1	Abs. 1	3
II. Anwendungsbereich	2	II. Ersatzzustellung, Zustellungsfiktion,	
B. Erläuterungen	3	Abs. 2	5
		C. Kosten	6

A. Allgemeines
I. Normzweck

Die Auftragszustellung nach den §§ 177–181 ZPO ist ausweislich der Gesetzgebungsmaterialien als subsidiär gegenüber den Zustellungsformen nach §§ 173–175 ZPO anzusehen, weil der Zustellungsauftrag zu aufwendigeren Formen der Zustellung führt.[1] Gleichwohl kann die Geschäftsstelle (§ 168 ZPO) den Zustellungsauftrag erteilen, wenn die vorrangigen Zustellungsformen nicht in Betracht kommen. 1

II. Anwendungsbereich

Die Auftragszustellung nach § 176 Abs. 1 ZPO ist, soweit nicht ein Postunternehmen beauftragt werden soll, nur im **Zustellungsverfahren von Amts wegen** (§§ 166 ff. ZPO) und nicht im Verfahren der Zustellung auf Betreiben der Parteien (§§ 191 ff. ZPO) anwendbar. Die Vorschriften des § 176 Abs. 1 ZPO, soweit eine Beauftragung der Post erfolgen soll, sowie des § 176 Abs. 2 ZPO i.V.m. §§ 177–181 ZPO sind dagegen auch bei Zustellungen auf Betreiben der Parteien anwendbar,[2] werden dann aber durch § 194 ZPO modifiziert (vgl. § 194 Rn. 2). 2

B. Erläuterungen
I. Beauftragung und Durchführung, Abs. 1

Die **Beauftragung** der in Abs. 1 genannten Zustellungsorgane erfolgt durch den Urkundsbeamten der Geschäftsstelle (§ 153 GVG) nach pflichtgemäßem Ermessen, soweit keine vorrangige richterliche oder rechtspflegerische Anordnung vorliegt (vgl. § 168 Rn. 3).[3] **Post** i.S.d. Abs. 1 ist jedes nach § 33 Abs. 1 PostG mit der Wahrnehmung hoheitlicher Aufgaben betrautes Unternehmen, das hierdurch zum Beliehenen wird (§ 33 Abs. 1 Satz 2 PostG). **Justizbediensteter** kann jeder dienstliche Angehörige eines Gerichts, einer Staatsanwaltschaft sowie einer Justizvollzugsanstalt sein. Die Beauftragung eines **Gerichtsvollziehers** oder einer **anderen Behörde** obliegt indessen dem erkennenden Gericht selbst (§ 168 Abs. 2 ZPO, vgl. § 168 Rn. 3); die Ausführung dieser Anordnung obliegt aber wieder der Geschäftsstelle.[4] Erteilte **Weisungen** in Bezug auf die Art und Weise sowie die Durchführung der Zustellung binden das Zustellungsorgan. Ein Verstoß hiergegen berührt die Wirksamkeit der Zustellung aber solange nicht, wie hierdurch keine bindenden gesetzlichen Vorgaben für die jeweilige Zustellungsform verletzt werden. 3

Die Durchführung der Beauftragung regelt der zweite Halbsatz des Abs. 1. Danach ist das zuzustellende Schriftstück in einem **verschlossenen Umschlag** („innerer Umschlag", § 1 Nr. 2 4

---

10 Prütting/Gehrlein-*Tombrink*, ZPO, § 175 Rn. 3.

Zu § 176:
1 BT-Drucks. 14/4554, S. 19; MK-*Häublein*, ZPO, § 176 Rn. 2.
2 MK-*Häublein*, ZPO, § 191 Rn. 2.
3 BGH, FamRZ 1995, 799; BGH, NJW 1990, 2125.
4 Prütting/Gehrlein-*Tombrink*, ZPO, § 176 Rn. 2.

ZustVV i.V.m. Anlage 2)[5] mit dem für die Zustellung vorbereiteten Formular der Zustellungsurkunde (§ 182 ZPO; Vordruck gemäß § 190 ZPO i.V.m. ZustVV, vgl. § 190 ZPO) an das Zustellungsorgan zu übergeben. Die gesetzliche Anordnung der Verwendung eines verschlossenen Umschlags dient insbesondere dem Schutz des Zustellungsadressaten, weshalb **Verstöße** hiergegen die Zustellung zunächst unwirksam machen,[6] aber nach § 189 ZPO sowie § 295 ZPO geheilt werden können.[7] Die Verwendung von Fensterumschlägen ist zulässig.[8] Kleinere **Mängel** wie ein fehlendes Aktenzeichen auf dem Umschlag berühren die Wirksamkeit der Zustellung nicht.

II. Ersatzzustellung, Zustellungsfiktion, Abs. 2

5 Abs. 2 verweist für die Durchführung der Zustellung kraft Auftrags auf die gesetzlich abschließend geregelten Zustellungsmöglichkeiten der §§ 177–181 ZPO. Mit umfasst ist dabei die Bestimmung über die **Zustellungsfiktion** bei unberechtigter Annahmeverweigerung (§ 179 ZPO).

C. Kosten

6 Die **Kosten und Gebühren** richten sich nach Nr. 9002 KV-GKG. Danach fallen 3,50 € Zustellungspauschale für jede Zustellung an, soweit bereits mehr als zehn Zustellungen im Rechtszug bewirkt worden sind, nachdem außerhalb des Musterverfahrens nach dem KapMuG die ersten zehn Zustellungen in den Gerichtsgebühren enthalten sind.

§ 177
Ort der Zustellung

Das Schriftstück kann der Person, der zugestellt werden soll, an jedem Ort übergeben werden, an dem sie angetroffen wird.

Inhalt:

	Rn.		Rn.
A. Allgemeines	1	B. Erläuterungen	3
I. Normzweck	1	I. Zustellungsort	3
II. Anwendungsbereich	2	II. Zustellungszeit	4

A. Allgemeines
I. Normzweck

1 Dem in der Zustellung eines Schriftstücks durch persönliche Übergabe an den Zustellungsadressaten liegenden Leitbild der Zustellung[1] entsprechend regelt die Vorschrift zum Zwecke einer Verfahrensbeschleunigung die praktisch „jederzeit mögliche" Zustellung an den Zustellungsadressaten.

II. Anwendungsbereich

2 Der Anwendungsbereich umfasst neben der Zustellung von Amts wegen (§§ 166–190 ZPO) auch die Zustellung auf Betreiben der Parteien (§§ 191–195 ZPO).

B. Erläuterungen
I. Zustellungsort

3 Die **Zustellung durch persönliche Übergabe** ist nach der Vorschrift praktisch überall möglich und befreit die Zustellung somit von einer in der Zustellungsadresse liegenden Ortsgebundenheit. So kann der Zustellende den Zustellungsadressaten auch „**mitten auf der Straße**", am Arbeitsplatz,[2] einem Messestand[3] oder einem unter ausländischer Flagge in deutschen Gewäs-

---

5 BGBl. I 2002, S. 671 (674).
6 BGH LM § 176 Nr. 3 ZPO; OVG Münster, NJW 1991, 3167 (3168).
7 Prütting/Gehrlein-*Tombrink*, ZPO, § 176 Rn. 3; MK-*Häublein*, ZPO, § 176 Rn. 4.
8 LG Krefeld, Rpfleger 1980, 71 (72).

Zu § 177:
1 BGHZ 145, 358 (364) = NJW 2001, 885 (887) = MDR 2001, 164 (165).
2 BGHZ 145, 358 (364) = NJW 2001, 885 (887) = MDR 2001, 164 (165); OLG München v. 28.10.2011, 1 U 4131/11, juris; OLG Frankfurt a.M., VersR 2006, 81; LG Hagen, MDR 1984, 1034; MK-*Häublein*, ZPO, § 177 Rn. 2.
3 OLG Köln, NJW-RR 2010, 646 (647); Musielak/Voit-*Wittschier*, ZPO, § 177 Rn. 2.

sern befindlichen Schiff[4] aufsuchen und die Zustellung bewirken, solange damit keine vermeidbare Belästigung einhergeht (§ 27 Satz 2 GVGA). Verweigert der Zustellungsadressat die Annahme des zuzustellenden Schriftstücks ohne Berechtigung, hat der Zusteller nach § 179 Satz 1 oder 2 ZPO vorzugehen, mit der Folge, dass nach § 179 Satz 3 ZPO die Fiktion einer erfolgten Zustellung eintritt. Nur ausnahmsweise darf die Zustellung „vor Ort" zurückgewiesen werden, etwa, wenn diese an einem Ort der Religionsausübung bewirkt werden soll.[5] Die nur zum Zwecke der Prüfung erfolgende Entgegennahme eines zuzustellenden Dokuments, etwa bei Zweifeln über die Richtigkeit der Zustellungsadressierung, steht einer anschließenden Verweigerung nicht entgegen.[6]

II. Zustellungszeit

Unter Aufgabe der Regelung des § 188 ZPO a.F., wonach an Sonn- und Feiertagen sowie zur Nachtzeit (§ 758a Abs. 4 ZPO) eine Zustellung *per se* unzulässig gewesen war, sieht § 177 ZPO keine derartigen Beschränkungen vor. Gleichwohl kann eine dem Grunde nach überall erfolgende Zustellung nicht zu jeder beliebigen Zeit vorgenommen werden. Verweigert der Zustellungsadressat eine an sich zur „Unzeit" erfolgende Zustellung jedoch trotz Berechtigung hierzu nicht, ist diese wirksam. Eine zur Unzeit versuchte Zustellung kann in der Regel auch nicht zu einer Ersatzzustellung führen.[7]

4

§ 178
Ersatzzustellung in der Wohnung, in Geschäftsräumen und Einrichtungen

(1) Wird die Person, der zugestellt werden soll, in ihrer Wohnung, in dem Geschäftsraum oder in einer Gemeinschaftseinrichtung, in der sie wohnt, nicht angetroffen, kann das Schriftstück zugestellt werden

1. in der Wohnung einem erwachsenen Familienangehörigen, einer in der Familie beschäftigten Person oder einem erwachsenen ständigen Mitbewohner,

2. in Geschäftsräumen einer dort beschäftigten Person,

3. in Gemeinschaftseinrichtungen dem Leiter der Einrichtung oder einem dazu ermächtigten Vertreter.

(2) Die Zustellung an eine der in Absatz 1 bezeichneten Personen ist unwirksam, wenn diese an dem Rechtsstreit als Gegner der Person, der zugestellt werden soll, beteiligt ist.

Inhalt:

	Rn.		Rn.
A. Allgemeines	1	1. Wohnung und Familienangehörige, Nr. 1	5
I. Normzweck	1		
II. Anwendungsbereich	2	2. Geschäftsräume und dort beschäftige Person, Nr. 2	8
B. Erläuterungen	3		
I. Ersatzzustellung und Wirkung, Abs. 1	3	3. Leiter einer Gemeinschaftseinrichtung oder Vertreter, Nr. 3	9
		II. Verbot der Ersatzzustellung, Abs. 2	10

A. Allgemeines
I. Normzweck

Durch die Eröffnung der Möglichkeit einer Ersatzzustellung soll das Verfahren der Zustellung vereinfacht und auch beschleunigt werden. Zu diesem Zweck kann bei tatsächlichem oder vermutetem Nichtantreffen des Zustellungsadressaten an eine zustellungsbereite Person in den abschließend aufgeführten Räumlichkeiten die Zustellung mit der sofortigen Wirkung des Zugangs vorgenommen werden.

1

II. Anwendungsbereich

Neben dem Zustellungsverfahren von Amts wegen (§ 166 ZPO) kann die Ersatzzustellung nach § 178 ZPO auch im Verfahren der Zustellung auf Betreiben einer Partei (§ 191 ZPO) durchgeführt werden. Das Verbot der Ersatzzustellung, § 178 Abs. 2 ZPO, erstreckt sich nur

2

---

4 LG Hamburg, RdTW 2013, 288 (290).
5 MK-*Häublein*, ZPO, § 177 Rn. 2.
6 VG Cottbus v. 08.02.2007, 6 L 152/06, juris, Rn. 10 f.
7 MK-*Häublein*, ZPO, § 177 Rn. 3.

auf die Fälle des § 178 Abs. 1 Nr. 1–3 ZPO und nicht auf andere Zustellungsvorschriften wie §§ 170–174 ZPO (vgl. Rn. 10).[1]

B. Erläuterungen
I. Ersatzzustellung und Wirkung, Abs. 1

3   Voraussetzung für die Ersatzzustellung ist, dass der Zustellungsadressat (Vorbem. zu §§ 166 ff. Rn. 3) vom Zusteller (Vorbem. zu §§ 166 ff. Rn. 3) **nicht angetroffen** wird und die Zustellung an bzw. in einem der in Absatz 1 genannten Räumlichkeiten durch Übergabe an eine andere Person erfolgen kann. Die Zustellung an den Zustellungsadressaten muss zumindest versucht sein und darf auch nicht zur Unzeit stattfinden. Auf die tatsächliche Abwesenheit kommt es hierbei weniger an als vielmehr darauf, dass der Zustellungsadressat an der Entgegennahme gehindert ist.[2] Entsprechend muss der Zusteller auch keine besonderen Nachforschungen anstellen, sondern darf sich auch mit dem Bekunden eines Angehörigen, wonach der Zustellungsadressat abwesend sei, zufriedengeben.[3] Ein vor der (Ersatz-)Zustellung eintretendes Ableben des Zustellungsadressaten steht indessen der Ersatzzustellung entgegen;[4] eine unberechtigte Verweigerung der Entgegennahme durch den Zustellungsadressaten selbst führt zur Zustellungsfiktion des § 179 ZPO. Die **Übergabe** hat jeweils in oder zumindest in engem räumlichen Zusammenhang vor den jeweiligen Räumen zu erfolgen,[5] was gerade bei den Wohnräumen naturgemäß der Fall sein wird. **Verweigert** die in Absatz 1 Nr. 1–2 – nicht dagegen im Falle einer Gemeinschaftseinrichtung nach Absatz 1 Nr. 3[6] – angeführten Ersatzpersonen unberechtigt die Entgegennahme, führt dies ebenso zum Eintritt der Zustellungsfiktion des § 179 ZPO, wie wenn der Zustellungsadressat selbst die Entgegennahme verweigern würde (vgl. § 179 Rn. 3).[7]

4   Die Ersatzzustellung ist durch entsprechende Angaben in der Postzustellungsurkunde nach § 182 Abs. 2 Nr. 2 und Nr. 4 ZPO **nachzuweisen**. Der **Zeitpunkt der Zustellung** entspricht bei einer wirksamen Ersatzzustellung dem Tag der Übergabe, ohne dass es auf die nachfolgende Aushändigung an den Zustellungsadressaten und dessen tatsächliche Kenntnisnahme vom Inhalt des Schriftstücks ankommt. Bei Verstößen gegen die Vorgaben des § 178 Abs. 1 oder Abs. 2 ZPO kann es, mit *ex nunc*-Wirkung (vgl. § 189 Rn. 5), zur **Heilung** durch den tatsächlichen Zugang kommen. Die mit Empfangsbereitschaft vorgenommene Entgegennahme begründet eine Pflicht, das zugestellte Schriftstück unverzüglich (§ 121 Abs. 1 Satz 1 BGB) an den Zustellungsadressaten **weiterzuleiten**. Ein Verstoß hiergegen berührt zwar nicht die Wirksamkeit der Zustellung, kann jedoch eine **Straftat** wegen Unterschlagung (§ 246 Abs. 1 StGB) und Urkundenunterdrückung (§ 274 Abs. 1 Nr. 1 StGB), jeweils aber nur bei vorsätzlichem Handeln (§ 15 Abs. 1 StGB), darstellen und insbesondere in den Fällen des Absatzes 1 Nr. 2 und Nr. 3 daneben eine zivilrechtliche **Schadensersatzpflicht** begründen.

1. Wohnung und Familienangehörige, Nr. 1

5   Die Ersatzzustellung kommt nach den in Absatz 1 Nr. 1–3 vorgesehenen Örtlichkeiten jeweils nur in bestimmten Räumen und dort auch nur an bestimmten Personen in Betracht. So ist für die Ersatzzustellung nach **Nr. 1** zunächst erforderlich, dass die Übergabe in der **Wohnung** erfolgt. Als Wohnung wird ein Raum oder mehrere Räume verstanden, in denen der Adressat im Zeitpunkt der Zustellung tatsächlich lebt, insbesondere schläft,[8] ohne dass er dort seinen Wohnsitz haben oder polizeilich gemeldet sei muss.[9] Die Legaldefinition des § 7 BGB hat insoweit keine Bedeutung.[10] Entsprechend kann ein Zustellungsadressat auch mehrere Wohnungen haben.[11] Als **Wohnung** kommen demzufolge auch Hotel- oder Klinikzimmer sowie ein Wohnwagen in Betracht.[12] Während nur vorübergehende Abwesenheit, etwa aufgrund einer

---

1 MK-*Häublein*, ZPO, § 178 Rn. 27; Zöller-*Stöber*, ZPO, § 178 Rn. 27; a.A. Thomas/Putzo-*Hüßtege*, ZPO, § 178 Rn. 24.
2 BGH, NJW-RR 2015, 702 (703), Rn. 10 = WM 2015, 947 (948), Rn. 10, m.w.N.
3 BGH, NJW-RR 2015, 702 (703), Rn. 11 = WM 2015, 947 (948), Rn. 11; Prütting/Gehrlein-*Tombrink*, ZPO, § 178 Rn. 2; Thomas/Putzo-*Hüßtege*, ZPO, § 178 Rn. 6.
4 Prütting/Gehrlein-*Tombrink*, ZPO, § 178 Rn. 2; Thomas/Putzo-*Hüßtege*, ZPO, § 178 Rn. 2.
5 MK-*Häublein*; ZPO, § 178 Rn. 18; Zöller-*Stöber*, ZPO, § 178 Rn. 14.
6 VGH München, NJW 2012, 950; Zöller-*Stöber*, ZPO, § 179 Rn. 3; Thomas/Putzo-*Hüßtgege*, ZPO, § 179 Rn. 2.
7 MK-*Häublein*, ZPO, § 179 Rn. 2; Prütting/Gehrlein-*Tombrink*, ZPO, § 179 Rn. 2, beide auch in den Fällen des § 179 Abs. 1 Nr. 3 ZPO.
8 BVerfG, NJW-RR 2010, 421 (422), Rn. 16.
9 BGH, NJW-RR 2005, 415 = MDR 2005, 81; BGH, NJW-RR 1997, 1161.
10 BGH, NJW 1978, 1858 = MDR 1978, 558; BayObLG, Rpfleger 1984, 105.
11 OLG Köln, NJW-RR 1989, 443 (444).
12 Prütting/Gehrlein-*Tombrink*, ZPO, § 178 Rn. 3; Zöller-*Stöber*, ZPO, § 178 Rn. 4.

Reise,[13] eines Klinikaufenthalts[14] oder einer (kurzen) Untersuchungshaft[15] dem Fortbestehen der bisherigen Wohnung nicht entgegensteht, führt eine auch nur wenige Monate umfassende Strafhaft[16] oder ein längerer Auslandsaufenthalt[17] zum **Erlöschen** der bisherigen Wohnung. Geboten ist hier jeweils eine Würdigung der Umstände des Einzelfalls. So kann etwa der Verbleib eines Familienangehörigen in den bisher als Wohnung genutzten Räumen ein Indiz für eine fortbestehende persönliche Bindung darstellen, das auch bei längerer Abwesenheit die Wohnungsqualität aufrechterhält.[18] Auf den **äußeren Anschein** allein kommt es dabei nicht an, allerdings kann dieser unter engen Voraussetzungen dem Einwand des Zustellungsadressaten, dass eine dort vorgenommene Ersatzzustellung rechtsfehlerhaft erfolgt sei, wegen missbräuchlicher Rechtsausübung entgegen stehen.[19] Demgegenüber steht die auch nach außen hin sichtbar werdende **Aufgabe einer Wohnung**, die einer Aufhebung des Wohnsitzes nach § 7 Abs. 3 BGB gleichkommt, einer Ersatzzustellung an diesem Ort entgegen.[20] Erforderlich ist dafür ein deutlich werdender Aufgabewille, der für einen objektiven Dritten erkennbar sein muss und dem etwa die Belassung eines Namensschildes an der Wohnung entgegensteht.[21] Der Zustellungsadressat kann die Indizwirkung der Postzustellungsurkunde (vgl. § 182 Rn. 1),[22] dass er an seiner (ehemaligen) Wohnung gar nicht mehr wohnt, durch konkreten Vortrag beseitigen.[23]

Neben der Qualität der Räumlichkeiten als Wohnung erfordert die Ersatzzustellung nach Absatz 1 Nr. 1 zu ihrer Wirksamkeit weiterhin, dass der Zustellungsempfänger (Vorbem. zu §§ 166 ff. Rn. 3) ein **erwachsener Familienangehöriger** des Zustellungsadressaten (Vorbem. zu §§ 166 ff. Rn. 3), eine **in der Familie des Zustellungsadressaten beschäftigte Person** oder ein **erwachsener ständiger Mitbewohner** des Zustellungsadressaten ist. Als Familienangehörige kommen neben dem Ehegatten und den leiblichen Kindern auch Pflegekinder[24] sowie nahe Verwandte wie auch Verschwägerte und schließlich auch der nichteheliche Lebensgefährte oder der Lebenspartner in Betracht.[25] Erforderlich ist allein die Empfangsbereitschaft sowie das durch das gemeinsame Zusammenleben in derselben Wohnung zum Ausdruck kommende Vertrauensverhältnis, das eine alsbaldige Weitergabe der Sendung an den Zustellungsadressaten erwarten lässt,[26] ohne dass es auf eine Bevollmächtigung zur Entgegennahme des zuzustellenden Schriftstücks ankommt.[27] Ein Familienangehöriger muss nicht dauerhaft mit dem Zustellungsadressaten in dessen Wohnung wohnen, es genügt vielmehr auch eine zufällige Anwesenheit.[28]

Erwachsensein i.S.d. § 178 Abs. 1 Nr. 1 ZPO knüpft zudem nicht an die materiell-rechtliche Bestimmung über die Volljährigkeit (§ 2 BGB) an, sondern setzt lediglich voraus, dass der Zustellungsempfänger nach Alter und geistiger Entwicklung den Zweck der Zustellung und seine Verpflichtung zur Weitergabe des Dokuments an den Adressaten zu erkennen vermag, was jedenfalls ab einem Alter von mindestens 14 Jahren in der Regel angenommen werden kann.[29] Als Folge hieraus kann auch ein Minderjähriger, der in der Sache selbst involviert ist, für seinen gesetzlichen Vertreter eine wirksame Ersatzzustellung entgegen nehmen.[30] Für die

---

13 BGH, NJW-RR 1994, 564 (565).
14 BGH, NJW 1985, 2197 = VersR 1984, 945.
15 OLG Dresden, Rpfleger 2005, 269; OLG Hamm, Rpfleger 2003, 377.
16 BGH, NJW 1951, 931: 1 Monat; relativierend BGH, NJW 1978, 1858 = MDR 1978, 558 (559): 2 Monate; KG Berlin, NJW-RR 2006, 514.
17 BGH, NJW-RR 1997, 1161.
18 BGH, NJW 1978, 1858 = MDR 1978, 558; OLG Braunschweig, MDR 1997, 884 (885); OVG Münster, NJW 2011, 2683 (2684).
19 BVerfG, NJW-RR 2010, 421 (422), Rn. 18; BGHZ 190, 99 (104), Rn. 15 = NJW 2011, 2440 (2441), Rn. 15 = WM 2011, 2017 (2018), Rn. 15.
20 BGHZ 190, 99 (105), Rn. 17 = NJW 2011, 2440 (2441), Rn. 17 = WM 2011, 2017 (2019), Rn. 17; BGH, NJW-RR 2005, 415 = WM 2004, 2203 (2204); BGH, NJW 1988, 713 = VersR 1988, 415.
21 BGHZ 190, 99 (105), Rn. 17 = NJW 2011, 2440 (2441), Rn. 17 = WM 2011, 2017 (2019), Rn. 17; BGH, NJW-RR 2005, 415 = WM 2004, 2203 (2204).
22 BGHZ 190, 99, Rn. 18 = NJW 2011, 2440 (2441), Rn. 18 = WM 2011, 2017 (2019), Rn. 18.
23 BGH, NJW-RR 1997, 1161 (1162); BGH, FamRZ 1990, 543; KG Berlin, MDR 2005, 107 (108).
24 BGHZ 111, 1 (5) = NJW-RR 1997, 1161.
25 BGHZ 111, 1 (3 ff.) = NJW 1990, 1666 f. = FamRZ 1990, 610 (611).
26 BT-Drucks. 14/4554, S. 20; BGH, NJW-RR 1997, 1161.
27 BSG, WuM 2010, 709 (710).
28 MK-*Häublein*, ZPO, § 178 Rn. 15; Prütting/Gehrlein-*Tombrink*, ZPO, § 178 Rn. 4.
29 BGH, NJW-RR 2002, 137 = VersR 2002, 1169: 15jähriger; LG Köln, NStZ-RR 1999, 368 (369) = MDR 1999, 889: 14jähriger; Prütting/Gehrlein-*Tombrink*, ZPO, § 178 Rn. 5; Zöller-*Stöber*, ZPO, § 178 Rn. 13, jeweils m.w.N.
30 Prütting/Gehrlein-*Tombrink*, ZPO, § 178 Rn. 5.

Beschäftigung in der Familie bedarf es einer dauernden und regelmäßigen Tätigkeit, wobei diese umfangsmäßig auch nur mehrere Stunden in der Woche oder sogar im Monat umfassen kann, bei der es sich jedoch um mehr als bloße Gelegenheitsdienste handeln muss.[31] „In der Familie" schließt hierbei eine Beschäftigung durch einen alleinlebenden Zustellungsadressaten, also ohne Familie, nicht aus.[32] Ein **erwachsener ständiger Mitbewohner** ist schließlich jede Person, die mit dem Zustellungsadressaten für eine gewisse Dauer in der gleichen Wohnung, nicht nur bei Vorhandenseins mehrerer eigenständiger Wohnungen im gleichen Haus, zusammen lebt, ohne dass eine Familien- oder Haushaltszugehörigkeit bestehen muss.[33]

2. Geschäftsräume und dort beschäftige Person, Nr. 2

8 Die Ersatzzustellung in den **Geschäftsräumen an eine dort beschäftigte Person** nach Absatz 1 Nr. 2 erfordert zunächst, dass der Zustellungsadressat selbst die Geschäftsräume unterhält,[34] dort regelmäßig geschäftlich tätig wird und Publikumsverkehr stattfindet.[35] Die Zugehörigkeit des Geschäftsraums zu einer Wohnung steht nicht entgegen.[36] Ebenso bedarf es keines bestehenden Zusammenhangs zwischen dem in den Räumen betriebenen Geschäft und dem zuzustellenden Schriftstück.[37] Ein vom Zustellungsadressaten gesetzter Rechtsschein kann fortwirken,[38] wie auch eine Inhaftierung des Geschäftsführers einer GmbH nicht ohne Weiteres die von dieser betriebenen Geschäftsräume entfallen lässt.[39] Dagegen führt der unwiderrufliche Widerruf einer Rechtsanwaltszulassung zum Erlöschen der Geschäftsraumqualität der Kanzleiräume, soweit keine verbotswidrige Fortführung der Rechtsanwaltstätigkeit erfolgt.[40] Als **beschäftigte Person** kommen alle Angestellten des Zustellungsadressaten sowie Auszubildende in Betracht, solange nach den äußeren Umständen von einem hinreichenden Vertrauensverhältnis, das die Weitergabe an den Zustellungsadressaten erwarten lässt, ausgegangen werden kann.[41]

3. Leiter einer Gemeinschaftseinrichtung oder Vertreter, Nr. 3

9 Absatz 1 Nr. 3 eröffnet schließlich die Möglichkeit einer Ersatzzustellung in zum Wohnen vorgesehenen **Gemeinschaftseinrichtungen** gegenüber dem Leiter oder einer von diesem für die Entgegennahme von zuzustellenden Schriftstücken hierzu durch einfache Vollmacht (§ 167 BGB) ermächtigten Person. Als solche Einrichtungen, die privatrechtlich wie auch öffentlich-rechtlich organisiert sein können,[42] kommen Altenheime, Krankenhäuser, Kasernen, Pflegeheime oder auch Wohnheime in Betracht. Erforderlich ist, dass der Zustellungsadressat dort seine Wohnung (vgl. Rn. 4) hat. Der Zusteller kann bei Zweifeln über die Ermächtigung einen Nachweis für die Bevollmächtigung zur Entgegennahme verlangen, braucht sich aber aufgrund der gegenüber der Ersatzzustellung nach § 178 Nr. 3 ZPO nicht geltenden Nachweisvorschrift des § 171 Satz 2 ZPO diese nicht stets vorlegen zu lassen.[43]

II. Verbot der Ersatzzustellung, Abs. 2

10 Ein **Verbot der Ersatzzustellung**, das allerdings im Falle seiner Verletzung nach § 189 ZPO bzw. § 295 ZPO geheilt werden kann, enthält § 178 Abs. 2 ZPO im Hinblick auf Interessenkollisionen, wenn der Zustellungsempfänger, an den nach Absatz 1 Nr. 1–3 die Ersatzzustellung erfolgen soll, mit dem Zustellungsadressaten im

liegt. Über einen konkreten Rechtsstreit und die Zugehörigkeit des zuzustellenden Schriftstücks hierzu hinaus steht auch eine anderweitige konkrete Interessenkollision der Wirksam-

---

31 OLG Nürnberg, NJW-RR 1998, 495 (496); OLG Hamm, MDR 1982, 516.
32 Prütting/Gehrlein-*Tombrink*, ZPO, § 178 Rn. 6; Zöller-*Stöber*, ZPO, § 178 Rn. 11; wohl auch MK-*Häublein*, ZPO, § 178 Rn. 16; a.A. Thomas/Putzo-*Hüßtege*, ZPO, § 178 Rn. 12: Familie erforderlich.
33 BGH, NJW 2001, 1946 (1947).
34 BGH, NJW 1998, 1958 (1959) = VersR 1999, 381.
35 BT-Drucks. 14/4554, S. 20; BGHZ 190, 99 (105), Rn. 17 = NJW 2011, 2440 (2441), Rn. 17 = WM 2011, 2017 (2019), Rn. 17; BGH, NJW-RR 2008, 1082, Rn. 4 = GRUR 2008, 1030, Rn. 4: Messestand.
36 Thomas/Putzo-*Hüßtege*, ZPO, § 178 Rn. 16.
37 Prütting/Gehrlein-*Tombrink*, ZPO, § 178 Rn. 8.
38 BGH, NJW 1998, 1958 (1959) = VersR 1999, 381; BGH, NJW-RR 1993, 1083 = MDR 1993, 900 (901).
39 BGH, NJW-RR 2008, 1565, Rn. 7 ff. = VersR 2009, 131, Rn. 7 ff., insb. auch gegen eine Heranziehung der Grundsätze zum Erlöschen einer Wohnung i.S.v. § 178 Abs. 1 Nr. 1 ZPO, vgl. Rn. 4.
40 BGH, NJW-RR 2011, 561, Rn. 3.
41 MK-*Häublein*, ZPO, § 178 Rn. 24; Zöller-*Stöber*, ZPO, § 178 Rn. 18; jeweils m.w.N.
42 BT-Drucks. 14/4554, S. 21.
43 MK-*Häublein*, ZPO, § 178 Rn. 26; Prütting/Gehrlein-*Tombrink*, ZPO, § 178 Rn. 9; Stein/Jonas-*Roth*, ZPO, § 178 Rn. 25.

keit der Ersatzzustellung entgegen, soweit diese tatsächlich besteht.[44] Auf die Art der Beteiligung des Zustellungsadressaten wie auch des ersatzweisen Zustellungsempfängers kommt es nicht an.[45]

§ 179
Zustellung bei verweigerter Annahme

[1]Wird die Annahme des zuzustellenden Schriftstücks unberechtigt verweigert, so ist das Schriftstück in der Wohnung oder in dem Geschäftsraum zurückzulassen. [2]Hat der Zustellungsadressat keine Wohnung oder ist kein Geschäftsraum vorhanden, ist das zuzustellende Schriftstück zurückzusenden. [3]Mit der Annahmeverweigerung gilt das Schriftstück als zugestellt.

Inhalt:

	Rn.		Rn.
A. Allgemeines	1	I. Zurücklassung bei unberechtigter Verweigerung, Satz 1	3
I. Normzweck	1		
II. Anwendungsbereich	2	II. Zurücksendung, Satz 2	5
B. Erläuterungen	3	III. Fiktion der Zustellung, Satz 3	6

A. Allgemeines
I. Normzweck

Die Vorschrift schließt ein Recht zur unberechtigten Verweigerung der Annahme eines zuzustellenden Schriftstücks aus und verhindert so ein allein vom Willen des Zustellungsadressaten abhängiges Zustellungshindernis. 1

II. Anwendungsbereich

Der Anwendungsbereich umfasst neben der Zustellung von Amts wegen (§§ 166–190 ZPO) auch die Zustellung auf Betreiben der Parteien (§§ 191–195 ZPO). 2

B. Erläuterungen
I. Zurücklassung bei unberechtigter Verweigerung, Satz 1

Voraussetzung für die Zustellungsfiktion des Satzes 3 (Rn. 5) ist die **unberechtigte Verweigerung** der Annahme eines Schriftstücks durch den Zustellungsadressaten selbst oder durch eine Ersatzperson, die sich in den Wohn- oder Geschäftsräumen i.S.d. § 178 Abs. 1 Nr. 1 oder Nr. 2 ZPO befindet. Gegen die Anwendbarkeit von § 179 ZPO auch auf die Fälle der Gemeinschaftseinrichtungen i.S.d. § 178 Abs. 1 Nr. 3 ZPO spricht,[1] dass es hier schon an den in Satz 1 aufgezählten Räumlichkeiten, in denen bzw. an denen die Zurücklassung erfolgen könnte, nämlich der Zurücklassung in der Wohnung (Briefkasten) oder den Geschäftsräumen, die jeweils zumindest dem Grunde nach einen unberechtigten Zugriff Dritter begrenzen können, fehlt.[2] Eine **berechtigte Verweigerung** kann vorliegen, wenn die Zustellung nicht zeitgerecht (Unzeit, vgl. § 177 Rn. 3) oder, bei versuchter Zustellung am Zustellungsadressaten, an einem unpassenden Ort oder bei unpassender Gelegenheit (vgl. § 177 Rn. 2) unternommen wird. Schließlich können neben der Beteiligung der Ersatzperson an einem Rechtsstreit mit dem Zustellungsadressaten (§ 178 Abs. 2 ZPO) auch begründete Zweifel hinsichtlich der Identität des Zustellungsadressaten und dem angegebenen Zustellungsadressaten zu einer berechtigten Verweigerung führen.[3] Eine Verweigerung der Aushändigung an der Amtsstelle (§ 173 ZPO) wird nicht erfasst.[4] Die Verweigerung ist nach § 182 Abs. 2 Nr. 5 ZPO zu **beurkunden**. 3

---

44 BGH, NJW-RR 2003, 208, wonach auch eine von der Geschäftsstelle (§ 168 ZPO) vermeintlich angenommene Interessenkollision nicht schadet; OLG Düsseldorf, NJW-RR 1993, 1222.
45 Vgl. Prütting/Gehrlein-*Tombrink*, ZPO, § 178 Rn. 11, mit weiteren Beispielen und Nachweisen.

Zu § 179:
1 Str.; dafür Prütting/Gehrlein-*Tombrink*, ZPO, § 179 Rn. 2; MK-*Häublein*, ZPO, § 179 Rn. 2; abl. Coenen DGVZ 2004, 69 (71); Thomas/Putzo-*Hüßtege*, ZPO, § 179 Rn. 2; Zöller-*Stöber*, ZPO, § 179 Rn. 3.
2 VGH München, NJW 2012, 950; Zöller-*Stöber*, ZPO, § 179 Rn. 3; a.A. MK-*Häublein*, ZPO, § 179 Rn. 2 (Fn. 7), mit dem Argument, dass die Zustellungsfiktion des Satzes 3 auch bei Verlust der Sendung gilt.
3 MK-*Häublein*, ZPO, § 179 Rn. 4.
4 Prütting/Gehrlein-*Tombrink*, ZPO, § 173 Rn. 2.

4 In Reaktion auf eine unberechtigte Verweigerung der Annahme eines zuzustellenden Schriftstücks hat der Zustellende dieses in der Wohnung oder in den Geschäftsräumen **zurück zu lassen**, etwa, indem er es in einem vor Ort befindlichen Briefkasten einwirft, durch den Briefschlitz an der Türe einwirft oder, soweit möglich, unter der Türe durchschiebt. Das schlichte Ablegen, auch durch Anheften an der Türe, dürfte nur bei ausschließbarem Zugriff Dritter in Betracht kommen.[5] Eine **Übergabe an Dritte**, die nicht zugleich als Ersatzzustellung (§§ 171 ff. ZPO) vorgenommen werden kann, etwa den zur Entgegennahme von Postsendungen nicht (mehr) bevollmächtigten Nachbarn (§ 171 ZPO), kommt nicht in Betracht. Bei Gemeinschaftseinrichtungen kommt eine Zurücklassung anstelle der Zurücksendung (Satz 2) nur dann in Betracht, wenn eine individuelle Postaufbewahrung, etwa durch eigene Briefkästen, möglich ist.[6] Ebenso ist die Verwendung eines vom Zustellungsveranlasser und vom Zustellungsadressaten gemeinsam genutzten Briefkastens bzw. Briefschlitzes, etwa bei Mehrfamilienhäusern, nach dem Rechtsgedanken des § 178 Abs. 2 ZPO unzulässig.[7]

II. Zurücksendung, Satz 2

5 Ist eine Zurücklassung i.S.d. Satzes 1 nicht möglich, weil der Zustellungsadressat weder eine Wohnung noch einen Geschäftsraum hat, die Zustellung an ihn an einem sonstigen Ort versucht wurde oder er sich in einer Gemeinschaftseinrichtung ohne die Möglichkeit einer individualisierten und gegen den Zugriff Dritter gesicherten Postverwahrung aufhält, verbleibt nur die Zurücksendung an den Zustellungsveranlasser. Eine Zurücksendung **anstelle** einer angezeigten Zurücklassung begründet einen Zustellungsmangel, weil die Kenntnisnahme des als zugestellt behandelten Schriftstücks (Satz 3) zumindest vorübergehend verzögert wird. Ein solcher Mangel kann geheilt werden (§ 189 ZPO). **Täuscht** der Zustellungsadressat über das Nichtvorhandensein einer Wohnung oder eines Geschäftsraums, kann er sich nicht auf einen hieraus folgenden Mangel berufen.[8]

III. Fiktion der Zustellung, Satz 3

6 Als „**Sanktion**" für eine unberechtigte Verweigerung der Annahme eines zuzustellenden Schriftstücks ordnet § 179 Satz 3 ZPO die **Fiktion der Zustellung am Tag des Zustellungsversuchs** an. Auf die **tatsächliche Kenntnisnahme** des Schriftstücks durch den Zustellungsadressaten, die ohnehin nur bei Zurücklassung i.S.d. Satzes 1 möglich sein dürfte, kommt es dagegen nicht an. Notwendig ist dagegen, soweit nach Satz 1 Hs. 2 möglich, dass das Schriftstück vom Zusteller zurückgelassen wird. Eine irrtümliche Zurücksendung steht dem Eintritt der Zustellungsfiktion grundsätzlich entgegen,[9] soweit sie vom Zustellungsadressaten nicht herbeigeführt worden ist (vgl. Rn. 5).[10] Auch eine Zurücklassung bei angezeigter Zurücksendung, etwa bei einer Gemeinschaftseinrichtung, die keine Empfangseinrichtung vorhält, löst die Fiktion nicht aus. Eine **Heilung** dieser Verstöße (§ 189 ZPO) ist möglich. Bei einer berechtigten Verweigerung kommt es weder bei Zurücklassung noch bei Zurücksendung zur Zustellungsfiktion.

§ 180
Ersatzzustellung durch Einlegen in den Briefkasten

[1]Ist die Zustellung nach § 178 Abs. 1 Nr. 1 oder 2 nicht ausführbar, kann das Schriftstück in einen zu der Wohnung oder dem Geschäftsraum gehörenden Briefkasten oder in eine ähnliche Vorrichtung eingelegt werden, die der Adressat für den Postempfang eingerichtet hat und die in der allgemein üblichen Art für eine sichere Aufbewahrung geeignet ist. [2]Mit der Einlegung gilt das Schriftstück als zugestellt. [3]Der Zusteller vermerkt auf dem Umschlag des zuzustellenden Schriftstücks das Datum der Zustellung.

---

5 MK-*Häublein*, ZPO, § 179 Rn. 5.
6 Prütting/Gehrlein-*Tombrink*, ZPO, § 179 Rn. 4.
7 LG Fulda, MDR 1987, 149; Zöller-*Stöber*, ZPO, § 179 Rn. 1.
8 VGH München, NJW 2012, 950 (951); MK-*Häublein*, ZPO, § 179 Rn. 4. Für die gleichgelagerte Problematik bei der Ersatzzustellung BVerfG, NJW-RR 2010, 421 (422), Rn. 17 f.; BGHZ 190, 99 (104) = NJW 2011, 2440 (2441), Rn. 15. = WM 2010, 683 Rn. 15, jew. m.w.N.
9 MK-*Häublein*, ZPO, § 179 Rn. 7.
10 VGH München, NJW 2012, 950 (951); Musielak/Voit-*Wittschier*, ZPO, § 179 Rn. 2.

Ersatzzustellung durch Einlegen in den Briefkasten § 180 ZPO

Inhalt:

	Rn.		Rn.
A. Allgemeines	1	I. Voraussetzung, Satz 1	3
I. Normzweck	1	II. Durchführung, Satz 1	4
II. Anwendungsbereich	2	III. Wirkung, Satz 2	5
B. Erläuterungen	3	IV. Vermerk, Satz 3	6

A. Allgemeines
I. Normzweck

Zur Vereinfachung und Beschleunigung einer Zustellung sieht § 180 ZPO eine subsidiäre Ersatzform gegenüber der Zustellung durch persönliche Übergabe, vorzugsweise an den Zustellungsadressaten in seiner Wohnung (§ 177 ZPO) oder eine Ersatzperson (§ 178 ZPO) vor. In der Abfolge der Ersatzzustellungen nach §§ 178, 180, 181 ZPO steht die Ersatzzustellung durch Einlegen in den Briefkasten an zweiter Stelle, d. h. sie darf erst erfolgen, wenn eine Ersatzzustellung nach § 178 ZPO in den dort genannten Räumen nicht möglich ist und muss vor der Ersatzzustellung durch Hinterlegung nach § 181 ZPO versucht werden. 1

II. Anwendungsbereich

§ 180 ZPO gilt sowohl im Verfahren der Zustellung von Amts wegen (§§ 166 ff. ZPO) als auch im Verfahren der Zustellung auf Betreiben der Parteien (§§ 191 ff. ZPO), ohne dass in den §§ 192 ff. ZPO eine Modifikation vorgesehen ist. 2

B. Erläuterungen
I. Voraussetzung, Satz 1

Über den ausdrücklichen Wortlaut des § 180 ZPO hinaus setzt eine Ersatzzustellung durch Einlegung in den Briefkasten voraus, dass eine persönliche Übergabe an den Zustellungsadressaten (Vorbem. zu §§ 166 ff. Rn. 3), auch an einem anderen Ort als dessen Wohnung (§ 177 ZPO), nicht möglich gewesen ist und auch nicht von diesem unberechtigt verweigert wurde, weil dann bereits die Zustellungsfiktion (§ 179 ZPO) eingreift. Ebenso darf eine Zustellung an einen Vertreter (§ 170 ZPO) oder Bevollmächtigten (§ 171 ZPO) nicht möglich gewesen sein. Weiterhin muss die vorrangige Ersatzzustellung nach **§ 178 Abs. 1 Nr. 1 oder Nr. 2 ZPO** nicht möglich gewesen sein, obwohl sie an sich zulässig gewesen wäre (vgl. § 178 Rn. 5 ff.). Eine nach **§ 178 Abs. 1 Nr. 3 ZPO** nicht mögliche Ersatzzustellung führt dagegen zu § 181 ZPO, sofern der Zustellungsadressat in der Gemeinschaftseinrichtung keine ihm allein zugängliche Empfangseinrichtung hat.[1] Auf den Grund, weshalb die vorrangige Ersatzzustellung nicht möglich ist, kommt es nicht an. So kann etwa eine Ersatzzustellung in den Geschäftsräumen unmöglich sein, weil das Geschäft nicht mehr geöffnet ist,[2] solange es nicht insgesamt aufgegeben worden ist.[3] Gleiches gilt, wenn der Zustellungsadressat nicht mehr an der zuletzt bekannten Wohnanschrift, unter der die Zustellung erfolgen soll, wohnt.[4] Ein noch vorhandenes Postfach kann allerdings in diesen Fällen genutzt werden,[5] wobei für die Aufgabe von Geschäftsräumen bei noch unterhaltenem Postfach nichts anderes gilt.[6] 3

II. Durchführung, Satz 1

Bezüglich der **Durchführung** der Ersatzzustellung sieht § 180 Satz 1 ZPO das Vorhandensein eines zur Wohnung oder zum Geschäftsraum gehörenden **Briefkastens** oder **einer ähnlichen Vorrichtung** vor, in welche das zuzustellende Schriftstück eingelegt werden kann. Als sonstige Vorrichtung kommt insbesondere ein Briefschlitz in Betracht, auch wenn neben dem Zustellungsadressaten mehrere Dritte Zugang zu den eingeworfenen Sendungen finden.[7] Die Zugehörigkeit muss sich für den Zusteller eindeutig ergeben, namentlich durch Beschriftung oder 4

---

1 BFH/NV 2010, 42; nicht in BFH, ZEV 2010, 158 f. abgedruckt; so auch Zöller/*Stöber*, ZPO, § 180 Rn. 6; MK-*Häublein*, ZPO, § 180 Rn. 1.
2 BGH, NJW 2007, 2186 (2187), Rn. 6; BVerwG, NJW 2007, 3222, Rn. 4.
3 BGHZ 190, 99 (104) = NJW 2011, 2440 (2441), Rn. 13 = WM 2011, 2017 (2018), Rn. 13; BGH, NJW-RR 2010, 489 (490), Rn. 14 f. = WM 2010, 683, Rn. 14 f.
4 BGH, NJW-RR 2010, 489 (490), Rn. 21 = WM 2010, 683 (684), Rn. 21.
5 BGH, NJW 2013, 3310 (3312), Rn. 22 = FamRZ 2013, 1566 (1567), Rn. 22; BGH, NJW-RR 2012, 1012 (1013), Rn. 9 = NJW 2012, 1497, Rn. 9, jeweils zum Fall unbekannten Verzugs bei aufgegebener Wohnung und noch bestehendem Postfach.
6 Vgl. BGH, NJW-RR 2010, 489 (490), Rn. 21 = WM 2010, 683 (684), Rn. 21, zu den gleichlautenden Obliegenheiten eines Wohnungsinhabers und eines Geschäftsrauminhabers.
7 BGHZ 190, 99 (106), Rn. 20 ff. = NJW 2011, 2440 (2442), Rn. 20 ff. = WM 2011, 2017 (2019), Rn. 20 ff.: Briefkastenschlitz bei von drei Parteien bewohntem Mehrfamilienhaus.

räumliche Nähe. Bei der Zustellung an eine **juristische Person** reicht es aus, wenn der einzig vorhandene Briefkasten mit dem Namen der einzigen zur Vertretung berechtigten Person (Geschäftsführer bzw. Vorstand) versehen und so ein tatsächlicher Zugang gewährleistet ist.[8] Erforderlich ist weiterhin, dass der Briefkasten oder die ähnliche Vorrichtung zur Aufnahme des zuzustellenden Dokuments geeignet ist und auch hierfür verwendet werden kann,[9] wobei hier ein eventuell widersprüchliches Verhalten des Zustellungsadressaten zu würdigen ist.[10] Für die Räumlichkeiten i. S. des § 178 Abs. 1 Nr. 3 ZPO gilt gleiches, auch wenn der Gesetzgeber insoweit keine Regelung getroffen hat. **Fehlt** es an einer entsprechenden Vorrichtung, kommt nur die Ersatzzustellung nach § 181 ZPO in Betracht.

III. Wirkung, Satz 2

5   Soweit die Ersatzzustellung nach § 180 ZPO zulässig war und die Einlage in einen geeigneten Briefkasten oder sonstige Einrichtung erfolgt ist, tritt die gesetzlich in Satz 2 vorgesehene **Wirkung** der sofortigen Zustellung ein. Wie bei allen anderen Zustellungen, die nicht gegenüber dem Zustellungsadressaten selbst bewirkt werden, kommt es auf dessen tatsächliche Erlangung des Schriftstücks und die Kenntnisnahme von dessen Inhalt nicht an.

IV. Vermerk, Satz 3

6   Für die wirksame Durchführung ist neben der Einlage in eine geeignete Vorrichtung nach § 180 Satz 3 ZPO weiterhin erforderlich, dass der Zusteller auf dem Umschlag des zuzustellenden Schriftstücks das Datum der Zustellung **vermerkt**. Dies deshalb, weil nach Satz 2 die Zustellungswirkung mit der Einlegung eintritt (vgl. Rn. 6). In der Postzustellungsurkunde (§ 182 ZPO) sind die dafür vom Gesetzgeber vorgesehenen Angaben (§ 182 Abs. 2 Nr. 4 und 6 ZPO) zu machen. Das **Fehlen des Vermerks** nach § 180 Satz 3 ZPO nimmt aber der Zustellung nicht ihre Wirksamkeit,[11] ohne dass es auf die spätere Heilung nach § 189 ZPO und den Zeitpunkt derselben ankommt.[12] Soweit eine gerichtliche Feststellung des Zeitpunkts nicht über die Postzustellungsurkunde und deren erhöhte Beweiskraft als öffentliche Urkunde (§ 182 Abs. 1 Satz 2, § 416 Abs. 1 ZPO, vgl. § 182 Rn. 1) möglich ist, bedarf es anderweitiger Feststellungen.

§ 181
Ersatzzustellung durch Niederlegung

(1) ¹Ist die Zustellung nach § 178 Abs. 1 Nr. 3 oder § 180 nicht ausführbar, kann das zuzustellende Schriftstück auf der Geschäftsstelle des Amtsgerichts, in dessen Bezirk der Ort der Zustellung liegt, niedergelegt werden. ²Wird die Post mit der Ausführung der Zustellung beauftragt, ist das zuzustellende Schriftstück am Ort der Zustellung oder am Ort des Amtsgerichts bei einer von der Post dafür bestimmten Stelle niederzulegen. ³Über die Niederlegung ist eine schriftliche Mitteilung auf dem vorgesehenen Formular unter der Anschrift der Person, der zugestellt werden soll, in der bei gewöhnlichen Briefen üblichen Weise abzugeben oder, wenn das nicht möglich ist, an der Tür der Wohnung, des Geschäftsraums oder der Gemeinschaftseinrichtung anzuheften. ⁴Das Schriftstück gilt mit der Abgabe der schriftlichen Mitteilung als zugestellt. ⁵Der Zusteller vermerkt auf dem Umschlag des zuzustellenden Schriftstücks das Datum der Zustellung.

(2) ¹Das niedergelegte Schriftstück ist drei Monate zur Abholung bereitzuhalten. ²Nicht abgeholte Schriftstücke sind danach an den Absender zurückzusenden.

Inhalt:

	Rn.		Rn.
A. Allgemeines	1	1. Voraussetzungen, Sätze 1–2	3
I. Normzweck	1	2. Durchführung, Satz 3	5
II. Anwendungsbereich	2	3. Wirkung, Vermerk, Sätze 4–5	6
B. Erläuterungen	3	II. Abholungsfrist und Rücksendung,	
I. Voraussetzung und Durchführung, Abs. 1	3	Abs. 2	7

---

8 BFH/NV 2008, 741.
9 BT-Drucks. 14/4554, S. 21: überquellender Briefkasten als Indiz für mangelnde Leerung. BFH/NV 2009, 1656; LG Darmstadt, NStZ 2005, 164: Keine Eignung bei unverschlossenem oder aufgebrochenen Briefkasten.
10 OLG Nürnberg, NJW 2009, 2229 (2230) = FamRZ 2009, 1609: Vorrang der Sicherheit des Rechtsverkehrs vor Anspruch auf rechtliches Gehör.
11 H. M., vgl. MK-*Häublein*, ZPO, § 180 Rn. 7; Prütting/Gehrlein-*Tombrink*, ZPO, § 180 Rn. 3.
12 So aber BFHE (GS) 244, 536 (560) = NJW 2014, 2524 (2528), Rn. 74; BFHE 235, 255 = DStR 2011, 2387, Rn. 9, m.w.N.

A. Allgemeines
I. Normzweck
Mit der weiteren Möglichkeit einer Ersatzzustellung, hier durch Niederlegung, dient § 181 ZPO der Vereinfachung und Beschleunigung des Zustellungsverfahrens. Die Zustellungsmöglichkeit, die subsidiär gegenüber der Ersatzzustellung in den Räumen des § 178 ZPO und auch subsidiär gegenüber der Ersatzzustellung durch Einlage in den Briefkasten i.S.d. § 180 ZPO ist, stellt eine *ultima ratio*-Lösung für die Zustellung dar.[1] Die steht ebenso im pflichtgemäßen Ermessen (Abs. 1 Satz 1 „kann") des Zustellers wie die vorrangigen Varianten der Ersatzzustellung.

1

II. Anwendungsbereich
Neben dem Verfahren der Zustellung von Amts wegen (§§ 166 ff. ZPO) kommt die Ersatzzustellung durch Niederlegung auch im Verfahren der Zustellung auf Betreiben der Parteien (§§ 191 ff. ZPO) zur Anwendung, ohne dass insoweit modifizierende Sondervorschriften bestehen.

2

B. Erläuterungen
I. Voraussetzung und Durchführung, Abs. 1
1. Voraussetzungen, Sätze 1–2

Voraussetzung für die Ersatzzustellung durch Niederlegung ist, dass eine anderweitige Zustellung nicht möglich ist und auch die beiden vorrangigen Formen der Ersatzzustellung nach § 178 ZPO und § 180 ZPO nicht durchführbar sind.[2] Eine Anweisung des Zustellungsadressaten gegenüber der Postdienststelle, eingehende Post an den Absender zurück zu senden, steht einer Ersatzzustellung nicht entgegen.[3] Die **unberechtigte Verweigerung** der persönlichen Annahme einer Zustellung durch den Zustellungsadressaten (Vorbem. zu §§ 166 ff. Rn. 3) führt dagegen zum Eintritt der Zustellungsfiktion des § 179 ZPO und erlaubt keine Ersatzzustellung.

3

Die **Durchführung** der Ersatzzustellung durch Niederlegung ist vom Gesetz, wie auch bei den anderen Formen der Ersatzzustellung, detailliert geregelt. Angesichts der Belastung des Zustellungsadressaten und der Einschränkung seines Anspruchs auf rechtliches Gehör (Art. 103 Abs. 1 GG) ist dies auch nicht ohne Weiteres verzichtbar, die Einhaltung der gesetzlichen Vorgaben sind vielmehr zwingend. Entscheidet sich der Zusteller für die Niederlegung, so kommt nach **Satz 1** zunächst die Niederlegung auf der Geschäftsstelle des Amtsgerichts in Betracht, in dessen Bezirk sich der Ort der Zustellung, also der Wohn- oder Geschäftsort des Zustellungsadressaten, befindet. Bei einer Zustellung über die Post (§ 33 Abs. 1 PostG) hat die Niederlegung dagegen nach **Satz 2** bei einer von der Post zu bestimmenden Stelle am Ort der Zustellung, also innerhalb der politischen Gemeinde, oder am Ort des zuständigen Amtsgerichts, in der Regel also auf dessen Geschäftsstelle, zu erfolgen. Soweit private Zustelldienste als Lizenznehmer i.S.d. § 33 Abs. 1 PostG die Zustellung ausführen, gilt nichts anderes.[4] Die Festlegungen der zur Niederlegung bestimmten Stellen, die auch Postagenturen sein können,[5] müssen vorab und allgemein, vergleichbar einem gerichtlichen Geschäftsverteilungsplan, bei dem jeweiligen Unternehmen bestehen.

4

2. Durchführung, Satz 3

Zur ordnungsgemäßen Durchführung und Wirksamkeit der Ersatzzustellung ist weiterhin die Mitteilung nach **Satz 3** erforderlich. Für diese existiert im Zuge der auf der Ermächtigungsgrundlage des § 190 ZPO erlassenen ZustVV (vgl. § 190 ZPO) nach § 1 Nr. 4 ZustVV ein einheitlicher Vordruck. Dieser ist mit den vorgesehenen Angaben auszufüllen und, soweit möglich, in der für gewöhnliche Briefe üblichen Weise abzugeben. Aus der Systematik und dem Normzweck von § 181 ZPO ergibt sich bereits, dass insoweit **geringere Anforderungen** an einen eventuell vorhandenen, aber nicht hinreichend sicher erscheinenden Briefkasten oder eine sonstige Einrichtung zu stellen sind, als dies bei der vorrangigen Ersatzzustellung des § 180 ZPO der Fall ist. Entsprechend kann die Mitteilung auch in einen nicht abschließbaren oder überfüllten Briefkasten eingelegt werden. Ausreichend ist, wenn die Mitteilung in einer Form abgegeben wird, die vom Postzusteller sonst praktiziert und vom Zustellungsadressaten als Empfänger anderer Briefe jedenfalls hingenommen wird.[6] So kann auch das Ablegen auf

5

---

1 MK-*Häublein*, ZPO, § 181 Rn. 1; Prütting/Gehrlein-*Tombrink*, ZPO, § 182 Rn. 1.
2 BGH, NJW 2013, 3310 (3311), Rn. 11 = FamRZ 2013, 1566, Rn. 11.
3 Thomas/Putzo-*Hüßtege*, ZPO, § 181 Rn. 3.
4 OLG Rostock v. 12.03.2002, 2 Ss (OWi) 144/01, juris, Rn. 14.
5 BGH, NJW 2001, 83 = VersR 2002, 80.
6 BGH, NJW 2013, 3310 (3311), Rn. 13 = FamRZ 2013, 1566, Rn. 13.

einem Schreibtisch[7] oder das Durchschieben unter einer Türe[8] sowie die Einlage in einer Zeitungsbox,[9] eher nicht dagegen die Befestigung an einem Garagentor,[10] genügen, wenn dies der üblichen Praxis der sonstigen Postzustellung entspricht, was im Einzelfall vom Gericht festzustellen ist.[11] Die Einlage der Mitteilung in ein **Postfach** ist unzulässig, weil bei bestehender Praxis der Zustellung gewöhnlicher Briefe hierüber an sich auch bereits eine ähnliche Vorrichtung i.S.d. § 180 Abs. 1 ZPO mit der Vorrangigkeit der Einlage des Briefes selbst in das Postfach besteht.[12] Erst bei Fehlen derartiger Möglichkeiten ist die Mitteilung an den Wohnungs- oder Geschäftsraumtüre oder auch die Türe der Gemeinschaftseinrichtung **anzuheften**. Das Erfordernis des Anheftens wird nur erfüllt, wenn die Mitteilung in hinreichend sicherer Weise an der Türe, etwa durch Klebeband oder eine Reißzwecke, angebracht wird. Ein bloßes Einklemmen in den Türspalt genügt dagegen nicht.[13]

3. Wirkung, Vermerk, Sätze 4–5

6 Die wirksame Ersatzzustellung bewirkt nach **Satz 4** die Zustellung am Tag der Niederlegung, ohne dass es hier, wie auch bei anderen Zustellungen, auf den Zeitpunkt der tatsächlichen Erlangung oder sogar Kenntnisnahme vom Inhalt des zuzustellenden Schriftstücks ankommt.[14] Auch eine Rücksendung nach Ablauf der Abholungsfrist (Absatz 2 Satz 1, vgl. Rn. 7) steht der Zustellungswirkung nicht entgegen.[15] Für den Zustellungsadressaten hat der Zusteller nach **Satz 5** auf dem Umschlag des zuzustellenden Schriftstücks das Datum der Zustellung, also der Niederlegung i.S.d. § 181 ZPO, zu vermerken. Ebenso sind die Angaben in der Postzustellungsurkunde nach § 182 Abs. 2 Nr. 4 und Nr. 6 ZPO vorzunehmen. Deren Fehlen berührt die Wirksamkeit der Zustellung nicht, insbesondere nicht im Falle eines Verstoßes gegen § 181 Abs. 1 Satz 5 ZPO. Allerdings verliert die Postzustellungsurkunde ihre erhöhte Beweiskraft als öffentliche Urkunde (§ 182 Abs. 1 Satz 2 i.V.m. § 418 ZPO, vgl. § 182 Rn. 1), wenn die Angaben fehlerhaft sind oder fehlen.

II. Abholungsfrist und Rücksendung, Abs. 2

7 Zum Schutz des Zustellungsadressaten sieht Absatz 2 **Satz 1** eine **Abholungsfrist** von drei Monaten vor. Diesem wird somit, auch bei zwischenzeitlichem Ablauf von Fristen, zunächst die Möglichkeit eröffnet, überhaupt tatsächliche Kenntnis von dem an ihn als zugestellt geltenden Schriftstück (Abs. 1 Satz 4) zu erlangen und gegebenenfalls Wiedereinsetzung in den vorigen Stand (§§ 233 f. ZPO) beantragen zu können. Der Ablauf der Abholungsfrist ist für den Fristlauf unerheblich. **Satz 2** ordnet schließlich die **Rücksendung** einer innerhalb der Abholungsfrist nicht abgeholten Sendung an den Absender an, ohne dass dies rechtliche Folgen für die Zustellung hätte. Ebenso bleibt die Wirksamkeit der Zustellung unberührt, wenn die Rücksendung unterbleibt oder untergeht,[16] weil diese nicht dem Schutz des Zustellungsadressaten dient. Zur Abholung ist nur der Zustellungsadressat oder eine von ihm hierzu bevollmächtigte Person befugt.[17]

§ 182
Zustellungsurkunde

(1) ¹Zum Nachweis der Zustellung nach den §§ 171, 177 bis 181 ist eine Urkunde auf dem hierfür vorgesehenen Formular anzufertigen. ²Für diese Zustellungsurkunde gilt § 418.

(2) Die Zustellungsurkunde muss enthalten:
1. die Bezeichnung der Person, der zugestellt werden soll,
2. die Bezeichnung der Person, an die der Brief oder das Schriftstück übergeben wurde,

---

7 OLG Köln, NStZ-RR 2009, 314: Schreibtisch in Gemeinschaftseinrichtung i.S.d. § 178 Abs. 1 Nr. 3 ZPO als auch sonst übliche Zustellungspraxis.
8 OLG Koblenz, NJW-RR 2013, 1280 = WM 2013, 1433 (1434).
9 BGH, NJW 2013, 3310 (3311), Rn. 14 = FamRZ 2013, 1566, Rn. 13: hier als übliche Praxis entsprechend abgelehnt, weil daneben ein Briefkasten vorhanden gewesen ist.
10 BVerfG, NJW 1988, 817: Mangels gerichtlicher Feststellungen zur üblichen Praxis als eher lebensfern abgelehnt; für eine wirksame Mitteilung offenbar MK-*Häublein*, ZPO, § 181 Rn. 8.
11 BVerfG, NJW 1988, 817; BGH, NJW 2013, 3310 (3311), Rn. 14 = FamRZ 2013, 1566, Rn. 13.
12 BGH, NJW-RR 2012, 1012 (1013), Rn. 9 = WM 2012, 1497 (1498), Rn. 9; ebenso auch MK-*Häublein*, ZPO, § 181 Rn. 8.
13 OLG Koblenz, NJW-RR 2013, 1280 = WM 2013, 1433 (1434).
14 BGH, NJW-RR 2006, 563 (564).
15 BGH, NJW-RR 2006, 563 (564); BVerwG, NJW 1991, 1904 (1905).
16 BGH, NJW-RR 2006, 563 (564); BayObLG, NJW 1957, 33.
17 BGHZ 98, 140 (144) = NJW 1986, 2826 (2827) = MDR 1986, 1016 (1017).

3. im Falle des § 171 die Angabe, dass die Vollmachtsurkunde vorgelegen hat,
4. im Falle der §§ 178, 180 die Angabe des Grundes, der diese Zustellung rechtfertigt und wenn nach § 181 verfahren wurde, die Bemerkung, wie die schriftliche Mitteilung abgegeben wurde,
5. im Falle des § 179 die Erwähnung, wer die Annahme verweigert hat und dass der Brief am Ort der Zustellung zurückgelassen oder an den Absender zurückgesandt wurde,
6. die Bemerkung, dass der Tag der Zustellung auf dem Umschlag, der das zuzustellende Schriftstück enthält, vermerkt ist,
7. den Ort, das Datum und auf Anordnung der Geschäftsstelle auch die Uhrzeit der Zustellung,
8. Name, Vorname und Unterschrift des Zustellers sowie die Angabe des beauftragten Unternehmens oder der ersuchten Behörde.

(3) Die Zustellungsurkunde ist der Geschäftsstelle in Urschrift oder als elektronisches Dokument unverzüglich zurückzuleiten.

Inhalt:

	Rn.		Rn.
A. Allgemeines	1	2. Zustellungsempfänger, Nr. 2	7
I. Normzweck	1	3. Bevollmächtigter, Nr. 3	8
II. Anwendungsbereich	2	4. Grund für Ersatzzustellung, Nr. 4	9
B. Erläuterungen	3	5. Zustellungsverweigerung, Nr. 5	10
I. Anwendungsbereich und Beweiskraft, Abs. 1	3	6. Zustellungsvermerk, Nr. 6	11
II. Notwendiger Inhalt, Abs. 2	5	7. Zustellungsangaben, Nr. 7	12
1. Zustellungsadressat, Nr. 1	6	8. Zustellender, Nr. 8	13
		III. Rücksendung, Abs. 3	14

A. Allgemeines
I. Normzweck

Die Zustellungsurkunde stellt eine **öffentliche Urkunde** mit der gesteigerten Beweiskraft nach § 418 ZPO dar, § 182 Abs. 1 Satz 2 ZPO. § 182 Abs. 2 ZPO regelt diesbezüglich die notwendigen Inhalte einer Postzustellungsurkunde. Mängel in der äußeren Form führen zur Anwendung des § 419 ZPO, wonach das Gericht nach freier Überzeugung die Beweiskraft zu beurteilen hat. Von der Beweiskraft werden nur die Angaben seitens der die Zustellung ausführenden Person umfasst.[1] Darüber hinaus kann der Zustellungsurkunde allenfalls **Indizwirkung** zukommen, etwa dahingehend, dass die bei der Zustellung angetroffene Person auch am Zustellungsort wohnt[2] oder einen Geschäftsraum unterhält.[3] Für die Wirksamkeit einer Zustellung ist die ordnungsgemäße Handhabung einer Zustellungsurkunde wie auch deren Existenz und Rückleitung gemäß § 183 Abs. 3 ZPO kein Erfordernis.[4] Seit dem 01.07.2014 erlaubt § 182 Abs. 3 ZPO n.F.[5] auch die Übersendung der Postzustellungsurkunde in elektronischer Form an die Geschäftsstelle. 1

II. Anwendungsbereich

Die Zustellungsurkunde ist für alle Zustellungen von Amts wegen (§ 166 ZPO), nach § 171 ZPO an den Bevollmächtigten, sowie nach §§ 177–181 ZPO an den Zuzustellenden selbst (§ 176 ZPO) als auch die gesetzlich vorgesehenen Ersatzzustellungen zu verwenden. Mit den Modifikationen des § 193 Abs. 2, Abs. 3 ZPO und § 194 Abs. 2 ZPO ist sie auch bei Zustellungen im Parteibetrieb (§ 191 ZPO) vorgesehen. 2

B. Erläuterungen
I. Anwendungsbereich und Beweiskraft, Abs. 1

Soweit **Absatz 1 Satz 1** die Verwendung des „hierfür vorgesehenen Formular[s]" vorsieht, bezieht sich die Vorschrift unausgesprochen auf die Ermächtigungsklausel des § 190 ZPO, wonach das Bundesministerium der Justiz und für Verbraucherschutz mittels einer Rechtsverordnung (Art. 80 Abs. 1 GG) einheitliche Zustellungsformulare vorgeben kann (siehe auch § 190 3

---

1 BGH, NJW 2004, 2386 (2387) = WM 2004, 1391 (1392).
2 BVerfG, NJW-RR 1992, 1084 (1085); BGH, NJW 1992, 1963 = MDR 1992, 809 (810).
3 BGHZ 190, 99 (106), Rn. 18 = NJW 2011, 2440 (2441), Rn. 18 = WM 2011, 2017 (2019), Rn. 18.
4 OLG Stuttgart, OLGR 2006, 115 (117) = NJW 2006, 1887 (1888 f.).
5 § 182 Abs. 3 ZPO in der Fassung des Gesetzes zur Förderung des elektronischen Rechtsverkehrs mit den Gerichten vom 10.10.2013 (BGBl. I 2013, S. 3786).

ZPO). Hiervon wurde mit der ZustVV[6] und dem in § 1 Nr. 1 ZustVV bestimmten Vordruck Gebrauch gemacht. Absatz 1 Satz 2 ordnet für die Postzustellungsurkunden die erhöhte Beweiskraft einer öffentlichen Urkunde nach § 418 ZPO an, auch wenn sie etwa im Falle eines Postmitarbeiters von privater Hand ausgestellt worden ist.[7] Für den Beweisgegner bedeutet dies, dass er die Angaben einer Postzustellungsurkunde nach § 418 Abs. 2 ZPO nur durch den Vollbeweis ihrer Unrichtigkeit nach vorherigem substantiiertem Vorbringen hierzu erschüttern kann.[8]

4   **Mängel** in der Postzustellungsurkunde können – nur – durch den Zustellenden nachträglich behoben werden. Erforderlich ist dafür allerdings ein lesbarer und unterschriebener Vermerk.[9] Eine fehlende Unterschrift des Zustellenden steht der Verwertbarkeit, wenn auch nicht mehr nach Maßgabe des § 418 ZPO, sondern nur noch nach § 419 ZPO, nicht entgegen.[10] Selbst schwere Fehler oder Widersprüche berühren die Wirksamkeit einer Zustellung nicht, da die Zustellungsurkunde nur deren Nachweis bekunden soll und kein konstitutives Merkmal der Zustellung selbst ist.

II. Notwendiger Inhalt, Abs. 2

5   Absatz 2 sieht den **notwendigen** (Mindest-)**Inhalt** einer Postzustellungsurkunde vor. Teilweise (vgl. etwa Rn. 9) ergeben sich weitergehende Inhalte aus dem auf der Grundlage von § 190 ZPO zwingend vorgesehenen Zustellungsformular oder, insbesondere im Falle der Verweigerung der Zustellung (§ 179 ZPO), aus der Notwendigkeit einer eventuellen späteren Beweisführung (vgl. Rn. 10). Die Vorgaben des Absatzes 2 finden sich ausnahmslos in dem amtlichen Zustellungsformular wieder. Die Angaben sind möglichst bei der Zustellung selbst, jedenfalls aber in **zeitlichem und örtlichem Zusammenhang** hierzu, vorzunehmen.[11]

1. Zustellungsadressat, Nr. 1

6   Nach **Nr. 1** muss der Zustellungsadressat (Vorbem. zu §§ 166 ff. Rn. 3) genau, in der Regel mindestens mit Vornamen und Familiennamen, bezeichnet werden. Im Falle der Zustellung an einen gesetzlichen Vertreter (§ 170 ZPO) oder einen Prozessbevollmächtigten (§ 172 ZPO) ist dieser anstelle des eigentlichen Zustellungsadressaten einzutragen. Erfolgt die Zustellung an eine juristische Person, ist es ausreichend, wenn diese benannt wird, ohne dass der für sie handelnde Vertreter (etwa Geschäftsführer einer GmbH, § 35 Abs. 1 GmbHG, oder der Vorstand oder Aufsichtsrat einer AG, § 78 Abs. 1 AktG) benannt werden muss.[12]

2. Zustellungsempfänger, Nr. 2

7   Neben dem Zustellungsadressaten (Vorbem. zu §§ 166 ff. Rn. 3) ist weiterhin nach **Nr. 2** auch der Zustellungsempfänger (Vorbem. zu §§ 166 ff. Rn. 3) einzutragen. Bei Personenidentität von Zustellungsadressat und Zustellungsempfänger genügt hier die Angabe „persönlich" oder „selbst".[13]

3. Bevollmächtigter, Nr. 3

8   Im Falle einer Zustellung an einen Bevollmächtigten (§ 171 ZPO) muss die nach § 171 Satz 2 ZPO notwendige Vorlage der schriftlichen Vollmacht nach **Nr. 3** beurkundet werden. Angaben zum Inhalt und Umfang der Vollmacht sowie der Zeitpunkt ihrer Ausstellung können,[14] gerade im Hinblick auf eine eventuell später notwendig werden Beweisführung über den Umfang der Vollmacht,[15] erfolgen, sind jedoch nicht zwingend.[16]

4. Grund für Ersatzzustellung, Nr. 4

9   Sofern eine Ersatzzustellung (§§ 178 ff. ZPO) notwendig wird, regelt **Nr. 4** zunächst, dass der Grund hierfür, nämlich das Nichtantreffen des Zustellungsadressaten oder eines Zustellungs-

---

6   BGBl. I 2002, S. 671; BGBl. I 2004, S. 620 f.
7   Prütting/Gehrlein-*Tombrink*, ZPO, § 182 Rn. 1.
8   BVerfG, NJW-RR 2002, 1008; BGH, NJW 2006, 150 (151), Rn. 12 = FamRZ 2006, 199 (200).
9   BVerwG, DVGZ 1984, 149 (150), zu § 190 ZPO a.F.
10 BT-Drucks. 14/4554, S. 15; BGH, NJW-RR 2008, 218 (219), Rn. 26 = MDR 2008, 161 (162).
11 BGH, NJW 1990, 176 (177) = VersR 1990, 1087 (1088); BGH, NJW 1981, 874 (875) = VersR 1981, 255; OLG Frankfurt a.M., NStZ-RR 2011, 147.
12 BGHZ 180, 9 (35) = NJW 2009, 2207 (2214), Rn. 52 = WM 2009, 459 (467), Rn. 52; BGHZ 107, 296 (299) = NJW 1989, 2689 = MDR 1989, 1081.
13 Prütting/Gehrlein-*Tombrink*, ZPO, § 182 Rn. 7.
14 Prütting/Gehrlein-*Tombrink*, ZPO, § 182 Rn. 8; Stein/Jonas-*Roth*, ZPO, § 182 Rn. 7.
15 MK-*Häublein*, ZPO, § 182 Rn. 7.
16 A.A. wohl nur Zöller/*Stöber*, ZPO, § 182 Rn. 7.

empfängers, zu vermerken ist. Soweit auch die Ersatzzustellung in den Räumen des § 178 ZPO nicht in Betracht kommt, ist dies für die Zustellung durch Einlegen in den Briefkasten (§ 180 ZPO) ebenfalls zu vermerken. Weitergehende Angaben über den für die Einlage verwendeten Briefkasten oder eine ähnliche Vorrichtung sehen weder das Gesetz noch das amtliche Zustellungsformular (§ 190 ZPO) vor.[17] Scheidet auch eine solche Ersatzzustellung aus und muss auf die Zustellung durch Niederlegung (§ 181 ZPO) zurückgegriffen werden, bedarf es einer Angabe über die Anbringung der diesbezüglichen schriftlichen Mitteilung. Nicht von der gesetzlichen Inhaltsvorgabe umfasst, aber im vom Verordnungsgeber geschaffenen Formular vorgesehen, sind Angaben zu der Niederlegungsstelle, um die Niederlegung selbst nachvollziehbar werden zu lassen.[18]

5. Zustellungsverweigerung, Nr. 5

Nr. 5 regelt die notwendigen Angaben für den Fall, dass eine – unberechtigte – Verweigerung der Annahme einer Zustellung erfolgt (§ 179 ZPO). Angesichts der Schärfe der eintretenden Zustellungsfiktion (§ 179 Satz 3 ZPO) bedarf es hier zunächst einer Angabe, wer die Zustellung verweigert hat; die Angabe von Vornamen und Familiennamen sind auch hier zwingend. Weitergehende Angaben sind zwar weder vom Gesetz noch amtlich vorgegebenen Formular vorgesehen, für die Überprüfung der fehlenden Rechtmäßigkeit der Verweigerung durch das Gericht jedoch unerlässlich.[19] Dem entsprechend sind, soweit die Angaben zu Ort und Datum, gegebenenfalls auf Anordnung der Geschäftsstelle im Zustellungsauftrag (§§ 168, 176 ZPO) auch der Uhrzeit, nicht schon nach Nr. 7 zwingend vorgesehen sind, Angaben zu den Umständen des Zustellungsversuchs sowie des Grundes der Verweigerung angezeigt. Das Fehlen dieser Angaben berührt für sich genommen zwar nicht die Möglichkeit des Eintritts der Zustellungsfiktion des § 179 Satz 3 ZPO. Allerdings kann es im Bestreitensfall der fehlenden Berechtigung der Verweigerung für den Zustellungsveranlasser gerade auf diese Angaben ankommen. Schließlich ist in jedem Fall anzugeben, wie mit dem zuzustellenden Schriftstück verfahren worden ist, nachdem § 179 Satz 2 ZPO die Zurücksendung an den Zustellungsveranlasser nur für den Fall gestattet, dass eine Zurücklassung mangels geeigneter Räume nicht möglich ist (vgl. § 179 Rn. 5).

10

6. Zustellungsvermerk, Nr. 6

Bei erfolgter Zustellung ist nach **Nr. 6** zu vermerken, dass der Tag der Zustellung in dem Zustellungsvermerk, der nach § 180 Satz 3 ZPO oder § 181 Abs. 1 Satz 5 ZPO anzubringen ist, angebracht worden ist. Zugleich soll damit die Anbringung des Zustellungsvermerks selbst dokumentiert werden.[20]

11

7. Zustellungsangaben, Nr. 7

In jedem Fall sind entsprechend **Nr. 7** bei einer Zustellung der Ort der Zustellung und der Zeitpunkt, mindestens durch Angabe des vollständigen Datums des Zustellungstages, anzugeben. Bei dem **Zustellungsort** genügt die bloße Angabe der Gemeinde, in welcher die Zustellung erfolgt, nicht den verkehrsüblichen Angaben, vielmehr bedarf es weitergehend einer Angabe der Straße sowie der Hausnummer.[21] Auf entsprechende Vorgabe der Geschäftsstelle im Zustellungsauftrag (§§ 168, 176 ZPO) ist weiterhin auch die Uhrzeit der Zustellung anzugeben.

12

8. Zustellender, Nr. 8

Schließlich sieht **Nr. 8** zur Identifizierung der Person des Zustellenden die Angabe von Vorname und Familienname sowie dessen eigenhändige Unterschrift auf der Zustellungsurkunde vor. Das Fehlen der Unterschrift oder, gleichgestellt, das bloße Anbringen einer Paraphe, auch bei Verwendung eines den vollen Namen enthaltenen Stempels,[22] berührt nicht die Wirksamkeit der Zustellung, nimmt allerdings der Zustellungsurkunde ihre Wirksamkeit und damit ihre erhöhte Beweiskraft als öffentliche Urkunde nach § 418 ZPO.[23] Zudem muss das mit der

13

---

17 BGH, NJW 2006, 150 (152), Rn. 13 = FamRZ 2006, 199 (200).
18 Prütting/Gehrlein-*Tombrink*, ZPO, § 182 Rn. 9.
19 MK-*Häublein*, ZPO, § 182 Rn. 10; Prütting/Gehrlein-*Tombrink*, ZPO, § 182 Rn. 10; Zöller-*Stöber*, ZPO, § 182 Rn. 10; a.A. Stein/Jonas-*Roth*, ZPO, § 182 Rn. 9.
20 Zöller-*Stöber*, ZPO, § 182 Rn. 10.
21 VGH München, BayVBl. 2006, 226; OLG München, OLGR 2002, 152 f. = MDR 2002, 414; Prütting/Gehrlein-*Tombrink*, ZPO, § 182 Rn. 12.
22 BGH, NJW-RR 2008, 218 (219), Rn. 24 f. = MDR 2008, 161 (162); BGH, NJW 1992, 243 f. = VersR 1992, 76; OLG Frankfurt a.M., OLGR 1993, 170 = NJW 1993, 3079.
23 BGH, NJW-RR 2008, 218 (219), Rn. 25 f. = MDR 2008, 161 (162); BFH/NV 2009, 964.

Durchführung der Zustellung beauftragte Postunternehmen oder die um die Zustellung ersuchte Behörde angegeben werden.

III. Rücksendung, Abs. 3

14 Die fertig ausgefüllte Zustellungsurkunde ist nach **Absatz 3** unverzüglich (§ 121 Abs. 1 BGB) an die **Geschäftsstelle** als Urschrift oder als elektronisches Dokument zurückzusenden. Bei der Zustellung von Amts wegen (§ 166 ZPO) ist die Erteilung einer Abschrift an die Parteien nicht, auch nicht an den mittelbaren Zustellungsveranlasser (z.B. den Kläger), vorgesehen. Diese können sich nur durch Akteneinsicht (§ 299 ZPO) Kenntnis von dem Inhalt der Zustellungsurkunde, namentlich vom Datum der Zustellung, verschaffen. Im Falle der Zustellung auf Betreiben der Parteien (§ 191 ZPO) ist die Zustellungsurkunde dagegen der die Zustellung betreibenden Partei zu übermitteln (§ 193 Abs. 3 ZPO). Hier kann zudem dem Zustellungsadressaten eine beglaubigte Abschrift von der Zustellungsurkunde übergeben werden (§ 193 Abs. 2 ZPO).

§ 183
Zustellung im Ausland

(1) ¹Soweit nicht unmittelbar anwendbare Regelungen der Europäischen Union in ihrer jeweils geltenden Fassung, insbesondere

1. die Verordnung (EG) Nr. 1393/2007 des Europäischen Parlaments und des Rates vom 13. November 2007 über die Zustellung gerichtlicher und außergerichtlicher Schriftstücke in Zivil- oder Handelssachen in den Mitgliedstaaten („Zustellung von Schriftstücken") und zur Aufhebung der Verordnung (EG) Nr. 1348/2000 (ABl. L 324 vom 10.12.2007, S. 79), die durch die Verordnung (EG) Nr. 517/2013 (ABl. L 518 vom 10.6.2013, S. 1) geändert worden ist, sowie

2. das Abkommen zwischen der Europäischen Gemeinschaft und dem Königreich Dänemark vom 19. Oktober 2005 über die Zustellung gerichtlicher und außergerichtlicher Schriftstücke in Zivil- oder Handelssachen (ABl. L 300 vom 17.11.2005, S. 55)

maßgeblich sind, gelten für die Zustellung im Ausland die nachfolgenden Absätze 2 bis 5. ²Für die Durchführung der in Satz 1 genannten Regelungen gelten § 1067 Absatz 1, § 1068 Absatz 1 und § 1069 Absatz 1.

(2) ¹Eine Zustellung im Ausland ist nach den bestehenden völkerrechtlichen Vereinbarungen vorzunehmen. ²Wenn Schriftstücke auf Grund völkerrechtlicher Vereinbarungen unmittelbar durch die Post übersandt werden dürfen, so soll durch Einschreiben mit Rückschein zugestellt werden, anderenfalls die Zustellung auf Ersuchen des Vorsitzenden des Prozessgerichts unmittelbar durch die Behörden des fremden Staates erfolgen.

(3) ¹Ist eine Zustellung nach Absatz 2 nicht möglich, ist durch die zuständige diplomatische oder konsularische Vertretung des Bundes oder die sonstige zuständige Behörde zuzustellen. ²Nach Satz 1 ist insbesondere zu verfahren, wenn völkerrechtliche Vereinbarungen nicht bestehen, die zuständigen Stellen des betreffenden Staates zur Rechtshilfe nicht bereit sind oder besondere Gründe eine solche Zustellung rechtfertigen.

(4) An entsandte Beschäftigte einer deutschen Auslandsvertretung und die in ihrer Privatwohnung lebenden Personen erfolgt die Zustellung auf Ersuchen des Vorsitzenden des Prozessgerichts durch die zuständige Auslandsvertretung.

(5) ¹Zum Nachweis der Zustellung nach Absatz 2 Satz 2 Halbsatz 1 genügt der Rückschein. ²Die Zustellung nach Absatz 2 Satz 2 Halbsatz 2 und den Absätzen 3 und 4 wird durch das Zeugnis der ersuchten Behörde nachgewiesen.

Inhalt:

	Rn.		Rn.
A. Allgemeines	1	III. Zustellung im diplomatischen Wege, Abs. 3	6
I. Normzweck	1	IV. Zustellung an Entsandte, Abs. 4	7
II. Anwendungsbereich	2	V. Nachweis der Zustellung, Abs. 5	8
B. Erläuterungen	3	C. Kosten/Gebühren	9
I. Zustellung innerhalb der EU, Abs. 1	3		
II. Postalische und behördliche Zustellung, Abs. 2	4		

A. Allgemeines
I. Normzweck
Die Vorschrift regelt die Zustellung im Ausland, soweit eine solche erforderlich wird, was allein nach deutschem Recht zu beurteilen ist.[1] Die Zustellung innerhalb der EU wird nach der nun als Abs. 1 – vormals § 183 Abs. 5 ZPO a.F. – vorgesehene Regelung vorrangig nach den einschlägigen Sekundärrechtsakten vorgenommen. Im Übrigen dient § 183 ZPO insoweit zunächst der Vereinfachung und Beschleunigung im internationalen Rechtsverkehr, indem, soweit nach völkerrechtlichen Vereinbarungen möglich, die Zustellung durch Einschreiben mit Rückschein vorgenommen werden kann (Abs. 2 Satz 2 Hs. 1). Hilfsweise ist eine völkerrechtliche Zustellung im Wege der Rechtshilfe zu versuchen (Abs. 2 Satz 2 Hs. 2). Zudem klärt sie das Verhältnis der in Betracht kommenden Zustellungsmöglichkeiten untereinander, indem Abs. 3 die diplomatische und konsularische Zustellung subsidiär gegenüber der Zustellung nach völkerrechtlichen Vereinbarungen (insb. HZÜ und HZPÜ)[2] anordnet. Die grundsätzlich dem Gericht zustehende Auswahl unter verschiedenen Zustellungsmöglichkeiten wird insoweit durch die gesetzliche Rangfolge sowie die völkerrechtlichen Bestimmungen eingeschränkt.[3] Die Rechtshilfeordnung für Zivilsachen (ZRHO) stellt die wichtigsten Bestimmungen sowie die vertraglichen Regelungen mit ausländischen Staaten zusammen.

1

II. Anwendungsbereich
Die Bestimmung über die Auslandszustellung findet sowohl im Verfahren der Zustellung von Amts wegen (§§ 166 ff. ZPO) als auch im Verfahren der Zustellung auf Betreiben der Parteien (§§ 191 ff. ZPO) Anwendung. Vorrang hat im Falle einer **Zustellung innerhalb der EU** allerdings die **EuZustVO** (Abs. 1; vgl. Rn. 3 sowie §§ 1067–1069 ZPO). Für die Zustellung eines **Mahnbescheids** ordnet § 688 Abs. 3 ZPO vorrangig die Geltung des AVAG an. Im **Zwangsvollstreckungsverfahren** wird teilweise auf eine Zustellung im Ausland ganz verzichtet (z.B. §§ 841, 844, 875 Abs. 2 ZPO) oder diese, abweichend von §§ 183 f. ZPO, modifiziert (z.B. § 829 Abs. 3 Satz 2, § 835 Abs. 3 Satz 1 ZPO). Eine **Ersatzzustellung** kommt bei der Zustellung im Ausland nicht in Betracht,[4] stattdessen kann nach deren Fehlschlag eine **öffentliche Zustellung** (§ 185 ZPO) erfolgen, soweit diese ihrerseits nicht ausgeschlossen ist (vgl. § 185 Rn. 2).

2

B. Erläuterungen
I. Zustellungen innerhalb der EU, Abs. 1
Für Zustellungen innerhalb der EU verweist **Abs. 1 Satz 1** auf die dem deutschen Zustellungsrecht insgesamt infolge des Anwendungsvorrangs vorgehende EuZustVO (VO [EG] Nr. 1393/2007;[5] Anhang zu § 1071 ZPO, vgl. §§ 1067–1069 ZPO). Der Gesetzgeber fühlte sich aufgrund einer Entscheidung des EuGH zur abschließenden Geltung der EuZustVO[6] veranlasst, den bisherigen § 183 Abs. 5 ZPO a.F. aus Gründen der Klarheit als gegenwärtigen Abs. 1 der Regelung über die Auslandszustellung voranzustellen.[7]

3

II. Postalische und behördliche Zustellung, Abs. 2
Abs. 2 Satz 1 bestimmt zunächst den auch im Grundgesetz verankerten Grundsatz der Völkerrechtsfreundlichkeit (Art. 25 GG), indem Zustellungen im Ausland nach Abs. 2 nur nach Maßgabe bestehender völkerrechtlicher Vereinbarungen vorgenommen werden dürfen. Daraus folgt, dass nur dann eine Zustellung nach Abs. 1 angeordnet und durchgeführt werden darf, wenn der Staat, in dessen Hoheitsgebiet die **Zustellung** vorgenommen werden soll, dies gegenüber der Bundesrepublik Deutschland ausdrücklich durch einen Staatsvertrag oder eine sonstige völkerrechtlich verbindliche Erklärung **gestattet**. Die bloße, auch wiederholte, **Duldung** der Zustellung im eigenen Staatsgebiet durch einen fremden Staat reicht für Abs. 1 Satz 1 nicht aus.[8] Eine gesonderte **Antragsstellung** ist für die Auslandszustellung nicht erfor-

4

---

1 BGH, NJW-RR 2013, 435 (436), Rn. 13 = RIW 2013, 390 (391), Rn. 13; BGH, NJW-RR 2011, 417 (418), Rn. 8 = VersR 2011, 774, Rn. 8.
2 Haager Zustellungsübereinkommen, BGBl. II 1977, S. 1452; Haager Übereinkommen über den Zivilprozess, BGBl. II 1958, S. 576.
3 BGH, NJW 2003, 2830 (2831) = RIW 2004, 147 (149).
4 OLG Oldenburg, StV 2005, 432.
5 ABl. EU Nr. L 324 v. 10.12.2007, S. 79.
6 EuGH, ABl. EU C 46 v. 16.02.2013, S. 7 = NJW 2013, 443 (444), Rn. 32.
7 BT-Drs. 18/10714, S. 17.
8 BT-Drucks. 16/8339, S. 20; MK-*Häublein*, ZPO, § 183 Rn. 6; Prütting/Gehrlein-*Tombrink*, ZPO, § 183 Rn. 2.

derlich;[9] Anregungen oder die Mitteilung besonderer Umstände, von denen die Partei Kenntnis hat und die für die Durchführung der Zustellung relevant sein könnten, ist ohne weiteres möglich.[10] Liegt eine ausdrückliche Gestattung vor, die insbesondere auch dann fehlt, wenn ein Vertragsstaat des HZÜ gemäß Art. 10 HZÜ diesbezüglich ganz oder teilweise einen Widerspruch erklärt hat (z.B. vollständiger Widerspruch: z.B. Ägypten, Mexiko, Monaco, Montenegro, Norwegen, Russische Föderation, San Marino, Schweiz, Türkei; teilweiser Widerspruch, nur gegen Einschreiben mit Rückschein: Ägypten, Argentinien, China), ist nach **Abs. 2 Satz 2 Hs. 1** von der Geschäftsstelle (§ 168 ZPO) oder von der die Zustellung im Rechtshilfeverkehr ausführenden Justizverwaltung[11] die vorrangige Zustellung durch Einschreiben mit Rückschein (§ 175 ZPO) zu wählen. Der von der Bundesrepublik Deutschland nach Art. 10 Buchst. a HZÜ erklärte Widerspruch gegen vom Ausland ausgehende Zustellungen im Inland mittels Einschreiben mit Rückschein (vgl. auch § 6 Satz 2 AGHZÜ) berührt die Zulässigkeit des Auslandszustellung in dieser Form nicht.[12] Vollzogen ist die Zustellung durch Übergabe des zuzustellenden Schriftstücks an den Zustellungsadressaten (Vorbem. zu §§ 166ff. Rn. 3), seinen Ehegatten, einen ordnungsgemäß bestellten Zustellungsbevollmächtigten im Inland (§ 184 Abs. 1 ZPO) oder einer Person, die nach den Zustellungsbestimmungen des ausländischen Staates eine zulässige Empfangsperson ist.[13] Der Umstand, dass auf das **Zustellungsrecht des ausländischen Staates**, in dessen Staatsgebiet die Zustellung vorgenommen wird, abzustellen ist, führt etwa dazu, dass die Übergabe an einen auch mit der Entgegennahme von Postsendungen allgemein betrauten Hausmeisters einer Appartementanlage in Spanien eine wirksame Zustellung erfolgen kann.[14] Der Zustellungsnachweis wird entsprechend Abs. 5 Satz 1 durch den Rückschein geführt (vgl. Rn. 8).

5   Erst wenn eine Zustellung nach Abs. 2 Satz 2 Hs. 1 nicht möglich ist oder nicht in Betracht kommt, ist auf die Zustellung im **unmittelbaren Behördenwege** nach **Abs. 2 Satz 2 Hs. 2** zurück zu greifen. Ausdrücklich wird die Zuständigkeit für die Erklärung des Ersuchens dem Vorsitzenden des Prozessgerichts zugewiesen (§ 168 Abs. 2 ZPO, vgl. § 168 Rn. 4). Dieser hat sein Ersuchen direkt an die zuständige ausländische Behörde zu richten. Ein Verstoß hiergegen ist nicht heilbar,[15] weil im Geltungsbereich des HZÜ innerstaatliche Heilungsvorschriften außer Betracht bleiben und das HZÜ selbst keine Heilungsbestimmung kennt.[16] Der Nachweis der Zustellung erfolgt entsprechend Abs. 5 Satz 2 durch Zeugnis der ersuchten Behörde (vgl. Rn. 8).

III. Zustellung im diplomatischen Wege, Abs. 3

6   Erst wenn eine Zustellung nach Abs. 2 nicht in Betracht kommt, kann nach dem die Subsidiarität ausdrücklich anordnenden **Abs. 3 Satz 1** im Wege der diplomatischen oder konsularischen Zustellung zugestellt werden. Unerheblich ist dabei, ob die an sich vorrangigen Zustellungsformen aus rechtlichen oder tatsächlichen Gründen nicht in Betracht kommen,[17] wobei **Satz 2** insoweit nur beispielhaft („insbesondere") Hinderungsgründe benennt. Zu den unbenannten besonderen Gründen kann vornehmlich die Zustellung an einen ausländischen Staat oder ausländischen Diplomaten angesehen werden, weil insoweit die außenpolitischen Belange der Bundesrepublik Deutschland berührt werden.[18] Das auch hier notwendige Ersuchen ist, wie auch im Falle des Abs. 2 Satz 2 Hs. 2 (vgl. Rn. 5), vom Vorsitzenden des Prozessgerichts (§ 168 Abs. 2 ZPO; vgl. § 168 Rn. 4) vorzunehmen. Der **Nachweis** der Zustellung erfolgt nach Abs. 5 Satz 2 durch das Zeugnis der ersuchten Behörde (vgl. Rn. 8).[19]

---

9   BGH, NJW-RR 2011, 417 (418), Rn. 10 = VersR 2011, 774 (775), Rn. 10; BGH, NJW 2003, 2830 (2831) = RIW 2004, 147 (149).
10 Prütting/Gehrlein-*Tombrink*, ZPO, § 183 Rn. 5.
11 BGH, NJW 2003, 2830 (2831) = RIW 2004, 147 (149).
12 LG Hamburg, ZUM-RD 2013, 470 (472) = GRUR-RR 2013, 230 (231f.); LG Berlin, ZUM-RD 2012, 399 (401f.); MK-*Häublein*, ZPO, § 183 Rn. 6; Prütting/Gehrlein-*Tombrink*, ZPO, § 183 Rn. 3; Zöller-*Geimer*, ZPO, § 183 Rn. 132.
13 Prütting/Gehrlein-*Tombrink*, ZPO, § 183 Rn. 3.
14 OLG Celle, OLGR 2005, 589 (590f.) = NJW-RR 2005, 1589f.
15 OLG Jena, WM 2001, 1393 (1394).
16 BGHZ 191, 59 (67), Rn. 28ff. = NJW 2011, 350 (351) Rn. 28ff. = FamRZ 2011, 1860 (1862), Rn. 28ff. BGHZ 141, 286 (303) = NJW 1999, 3198 (3202) = RIW 1999, 698 (702); BGHZ 120, 305 (313) = NJW 1993, 598 (600) = FamRZ 1993, 311 (312f.); BGH, NJW 1991, 641 (642) = MDR 1991, 333f.
17 BT-Drucks. 16/8339, S. 20.
18 BT-Drucks. 16/8339, S. 20; MK-*Häublein*, ZPO, § 183 Rn. 10; Prütting/Gehrlein-*Tombrink*, ZPO, § 183 Rn. 6.
19 BGH, NJW-RR 2013, 435 (436), Rn. 12 = RIW 2013, 390 (391), Rn. 12.

IV. Zustellung an Entsandte, Abs. 4

Abs. 4 sieht für die Zustellung an von der Bundesrepublik Deutschland entsandte Personen, 7
die das Recht der Immunität genießen und zu einer Vertretung der Bundesrepublik Deutschland im Ausland gehören sowie sich auch im Ausland befinden, als Zustellungsweg ein Ersuchen des Vorsitzenden des Prozessgerichts (§ 168 Abs. 2 ZPO; vgl. § 168 Rn. 4) an die zuständige Auslandsvertretung vor. Durch die Neuregelung des früheren § 183 Abs. 3 ZPO a.F. unter Verzicht auf das Wort „Deutsche" im gegenwärtigen Abs. 4 ist klargestellt, dass es auf die Staatsangehörigkeit der entsandten Person nicht mehr ankommt.[20] Eine Befassung des Auswärtigen Amtes ist nicht (mehr) erforderlich.[21] Befindet sich der Immunitätsträger, wenn auch nur vorübergehend, im Inland, kann nach den allgemeinen Vorschriften an ihn zugestellt werden.[22] Der Nachweis wird entsprechend Abs. 5 Satz 2 durch das Zeugnis der ersuchten Behörde geführt (vgl. Rn. 7).

V. Nachweis der Zustellung, Abs. 5

Die Führung über den Nachweis einer Auslandszustellung regelt Abs. 4, der insoweit nach der 8
Art der Zustellung differenziert. Für die Zustellung mittels Einschreiben mit Rückschein nach Abs. 2 Satz 2 Hs. 1 wird nach **Abs. 5 Satz 1** der Rückschein als Nachweis angesehen, der insoweit, wie auch im Falle von § 175 ZPO (vgl. § 175 Rn. 4), eine Privaturkunde (§ 416 ZPO) darstellt. Diese muss entweder einen Erledigungsvermerk oder die Unterschrift des Zustellungsadressaten oder des Zustellungsempfängers aufweisen. Bei einer **Verweigerung der Annahme** durch den Zustellungsadressaten tritt, auch ohne dass hierauf explizit verwiesen wird, eine Zustellungsfiktion wie bei § 179 ZPO ein,[23] sofern diese nach dem Zustellungsrecht des Staates, in welchem die Zustellung erfolgen sollte, vorgesehen ist.[24] Für die drei anderen Formen der Auslandszustellung nach Abs. 2 Satz 2 HS. 2 sowie Abs. 3 und Abs. 4 stellt nach **Abs. 5 Satz 2** das jeweils von der um die Zustellung ersuchte Behörde ausgestellte Zeugnis eine öffentliche Urkunde mit erhöhter Beweiskraft dar (§ 418 ZPO). Dies gilt auch dann, wenn Angaben zu der Person, welche das Schriftstück entgegengenommen hat, fehlen.[25] Wie bei allen anderen Zustellungen berührt die Fehlerhaftigkeit oder Unvollständigkeit des Nachweises über die Zustellung deren Wirksamkeit nicht.

C. Kosten/Gebühren

An Kosten und Gebühren für die Durchführung einer Auslandszustellung im Wege der Zustel- 9
lung mittels Einschreibens mit Rückschein (Abs. 2 Satz 2 Hs. 1) fallen nach Nr. 9002 KV-GKG pauschal 3,50 € Gerichtsgebühren an, sofern die ersten zehn kostenfreien Zustellungen, die mit der allgemeinen Gerichtsgebühr abgedeckt sind, bereits verbraucht sind. Die Prüfung eines Rechtshilfeersuchens lässt dagegen nach Nr. 200 Anlage zu § 2 Abs. 1 JVKostO eine Pauschale zwischen 10,00–50,00 €, nach § 75 Abs. 2 Nr. 1 ZRHO in der Regel 20,00 €, anfallen. Auslagen für Übersetzungen und Ablichtungen sind ebenso vollständig zu erstatten, wie Gebühren und Auslagen der deutschen Auslandsvertretungen, für die das AKostG und die AKostV gelten (§ 76 ZRHO). Bei Bewilligung von PKH gilt § 78 Abs. 2 ZRHO, wonach keine Vorschüsse zu leisten sind.

§ 184
Zustellungsbevollmächtigter; Zustellung durch Aufgabe zur Post

(1) ¹Das Gericht kann bei der Zustellung nach § 183 Absatz 2 bis 5 anordnen, dass die Partei innerhalb einer angemessenen Frist einen Zustellungsbevollmächtigten benennt, der im Inland wohnt oder dort einen Geschäftsraum hat, falls sie nicht einen Prozessbevollmächtigten bestellt hat. ²Wird kein Zustellungsbevollmächtigter benannt, so können spätere Zustellungen bis zur nachträglichen Benennung dadurch bewirkt werden, dass das Schriftstück unter der Anschrift der Partei zur Post gegeben wird.

(2) ¹Das Schriftstück gilt zwei Wochen nach Aufgabe zur Post als zugestellt. ²Das Gericht kann eine längere Frist bestimmen. ³In der Anordnung nach Absatz 1 ist auf diese Rechtsfolgen hinzuweisen. ⁴Zum Nachweis der Zustellung ist in den Akten zu vermerken, zu welcher Zeit und unter welcher Anschrift das Schriftstück zur Post gegeben wurde.

---

20 BT-Drs. 18/10714, S. 18.
21 BT-Drucks. 16/8339, S. 21.
22 MK-*Häublein*, ZPO, § 183 Rn. 14.
23 LG Trier, NJW-RR 2003, 837; Prütting/Gehrlein-*Tombrink*, ZPO, § 183 Rn. 3; Zöller-*Stöber*, ZPO, § 183 Rn. 45.
24 BGH, NJW 1997, 2051 (2052) = FamRZ 1997, 490 (491); MK-*Häublein*, ZPO, § 183 Rn. 8.
25 BGH, NJW 2013, 387 (388), Rn. 26.

ZPO § 184 Verfahren bei Zustellungen

Inhalt:

	Rn.		Rn.
A. Allgemeines	1	2. Kein Zustellungsbevollmächtigter, Satz 2	4
I. Normzweck	1	II. Fiktion, Hinweis, Vermerk, Abs. 2	5
II. Anwendungsbereich	2	1. Zustellungsfiktion durch Zeitablauf, Sätze 1 und 2	5
B. Erläuterungen	3		
I. Benennung eines Zustellungsbevollmächtigten, Abs. 1	3	2. Hinweispflicht und Zustellungsnachweis, Sätze 3 und 4	6
1. Anordnung, Satz 1	3		

A. Allgemeines
I. Normzweck

1   Die Vorschrift dient der Erleichterung und Beschleunigung von Auslandszustellungen (§ 183 ZPO) und dient so dem Justizgewährungsanspruch, indem ein zügiger(er) Verfahrensgang ermöglicht wird, als dies bei Zustellungen im Ausland, die ohne weiteres bis zu einem Jahr dauern können, der Fall wäre. Die damit verbundenen Belastungen für einen bereits in ein rechtshängig gewordenes Prozessverhältnis Involvierten sind weder **verfassungsrechtlich** (Art. 2 Abs. 1, Art. 103 Abs. 1 GG)[1] noch **menschenrechtlich** unter dem Blickwinkel des Anspruchs auf ein faires Verfahren (Art. 6 Abs. 1 EMRK) wie auch **völkerrechtlich** im Hinblick auf das Haager Zustellungsübereinkommen (HZÜ)[2] nicht zu beanstanden.

II. Anwendungsbereich

2   Ebenso wie die Bestimmung über die Auslandszustellung (§ 183 ZPO) selbst (vgl. § 183 Rn. 2) findet auch die Möglichkeit einer Aufforderung zur Bestellung eines Prozessbevollmächtigten nicht nur im Verfahren der Zustellung von Amts wegen (§§ 166 ff. ZPO), sondern auch im Verfahren der Zustellung auf Betreiben der Parteien (§§ 191 ff. ZPO) Anwendung. Im Geltungsbereich der EuZustVO ist § 184 ZPO nicht anwendbar,[3] nachdem insoweit schon § 183 Abs. 5 ZPO die **EuZustVO** für vorrangig erklärt. Auch die Regelungen des **Art. 40 Abs. 2 EuGVVO** (siehe Anhang zu § 1117 ZPO) sowie **§ 5 AVAG** gehen § 184 ZPO vor.

B. Erläuterungen
I. Benennung eines Zustellungsbevollmächtigten, Abs. 1
1. Anordnung, Satz 1

3   Die **Anordnung**, der Benennung eines Zustellungsbevollmächtigten, die keiner gerichtlichen Begründung bedarf und unanfechtbar ist,[4] steht ausweislich § 184 Abs. 1 Satz 1 ZPO im pflichtgemäßen Ermessen des Gerichts.[5] Dieses ist auch nicht gehalten, nur Schriftsätze, die keine Frist in Lauf setzen, nach § 184 Abs. 1 Satz 1 ZPO, gegebenenfalls auch bei unterbliebender Reaktion nach § 184 Abs. 1 Satz 2 ZPO, zuzustellen. Vorzunehmen ist die Anordnung allein durch den Vorsitzenden des Prozessgerichts.[6] Bei diesem muss das Verfahren bereits anhängig sein, bevor im Zuge der Zustellung eines weiteren Schriftstücks im Ausland nach § 183 Abs. 2 bis 5 ZPO die Anordnung nach § 184 ZPO getroffen werden kann.[7] Bei der zur Anhängigkeit – und zur Rechtshängigkeit – führenden **ersten Zustellung**, etwa einer Klage, kann es somit noch nicht zugleich zur Anordnung kommen.[8] Ebenso kann, auch bei vorangegangenen Ersatzzustellungen, keine Anordnung nach § 184 ZPO im Zusammenhang mit **Inlandszustellungen** erfolgen, wie sich aus dem insoweit eindeutigen Wortlaut von § 184 Abs. 1 Satz 1 ZPO, der nur auf § 183 ZPO verweist, ergibt.[9] Gegenüber einer möglichen Zustellung an einen gegenüber dem Gericht bereits benannten Prozessbevollmächtigten nach § 172 ZPO ist § 184 ZPO subsidiär. Bei der vom Gericht zu bestimmenden Frist, innerhalb der die Benennung eines Zustellungsbevollmächtigten dem Gericht zugegangen sein muss, damit es nicht zur (vorübergehenden) Anwendung von Satz 2 kommt, sind die absehbaren Postlaufzeiten für die Zustellung zu berücksichtigen. Mit Blick auf das gesetzliche Minimum für den späteren Eintritt der Zu-

---

1   BVerfG, NJW 1997, 1772.
2   BGHZ 193, 353 (356), Rn. 16 f. = NJW 2012, 2588 (2590), Rn. 16 f. = WM 2012, 1499 (1501), Rn. 16 f.
3   BGHZ 193, 353 (356), Rn. 15 = NJW 2012, 2588 (2590), Rn. 15 = WM 2012, 1499 (1501), Rn. 15; BGHZ 188, 164 (167) Rn. 16 f. = NJW 2011, 1885 (1886), Rn. 16 f. = WM 2011, 1385 (1388), Rn. 16 f.
4   BGHZ 193, 353 (359), Rn. 27 = NJW 2012, 2588 (2591), Rn. 27 = WM 2012, 1499 (1503), Rn. 27.
5   BGH, NJW-RR 2013, 435 (436), Rn. 13 = RIW 2013, 390 (391), Rn. 13.
6   BGHZ 193, 353 (357), Rn. 18 ff. = NJW 2012, 2588 (2590), Rn. 18 ff. = WM 2012, 1499 (1502), Rn. 18 ff.; BSG v. 14.03.2013, B 13 R 188/12 B, juris, Rn. 14; MK-*Häublein*, ZPO, § 184 Rn. 7.
7   BT-Drs. 18/10714, S. 18.
8   KG Berlin, NJW-RR 2008, 1023 = VersR 2009, 93 (94).
9   BGH, NJW-RR 2008, 1082, Rn. 4 = RIW 2008, 710 (711), Rn. 4.

stellungsfiktion nach Absatz 2 Satz 1 von zwei Wochen, die nach Absatz 2 Satz 2 lediglich verlängert werden kann, sollten für die Frist nach § 184 Abs. 1 Satz 1 ZPO jedenfalls nicht weniger als zwei Wochen vorgegeben werden.[10]

2. Kein Zustellungsbevollmächtigter, Satz 2
Soweit trotz wirksamer Anordnung und Erteilung der in Absatz 2 Satz 3 vorgesehenen Hinweise (vgl. Rn. 5) **keine (rechtzeitige) Benennung** eines Zustellungsbevollmächtigten durch die hierzu aufgeforderte Partei erfolgt, können alle nachfolgenden Zustellungen solange durch Aufgabe zur Post als **einfacher Brief** an die Anschrift der Partei bewirkt werden. Dies gilt selbst dann, wenn mit einem Schriftsatz eine Klageerweiterung erklärt wird.[11] Auch eine Übersetzung der so zuzustellenden Schriftstücke ist, anders als im Falle der Anordnung und des Hinweises (Absatz 2 Satz 3, vgl. Rn. 5), nicht erforderlich.[12] Die einfache Übersendung stellt nicht nur eine formale Erleichterung der Übersendung dar, sondern ist mit der Rechtsfolge des § 184 Abs. 2 Satz 1 ZPO, wonach das Schriftstück zwei Wochen nach dem Tag seiner Aufgabe zur Post als zugestellt gilt (vgl. Rn. 5), nicht unwesentlich sanktionsbewehrt. Dies umso mehr, als es auf die tatsächliche Kenntnisnahme, wie auch bei anderen Zustellungsfiktionen (z.B. § 179 ZPO, vgl. § 179 Rn. 6), ebenso wenig ankommt wie darauf, ob das Schriftstück überhaupt dem (Zustellungs-)Adressaten zugeht. Der Partei steht aber unter Umständen die Möglichkeit einer **Wiedereinsetzung in den vorigen Stand** nach (§§ 233 f. ZPO) offen.[13] Als **Zustellungsort** tritt im Falle der Fiktion der im Inland liegende Ort der Aufgabe zur Post, weil in der Sache keine Auslandszustellung mehr stattfindet.[14] Eine auch noch erst nach Ablauf der vom Gericht gesetzten Benennungsfrist diesem zugehende Bestellung eines Zustellungsbevollmächtigten hindert das weitere Vorgehen nach Absatz 1 Satz 2 ebenso wie die Begründung eines Wohnsitzes oder der Bezug eines Geschäftsraums durch die zur Benennung aufgeforderte Partei,[15] soweit dies dem Gericht mitgeteilt wird.

II. Fiktion, Hinweis, Vermerk, Abs. 2
1. Zustellungsfiktion durch Zeitablauf, Sätze 1 und 2
Absatz 2 Satz 1 sieht zunächst als wichtige Rechtsfolge für die erfolglos gebliebene Aufforderung gegenüber einer Partei, einen Zustellungsbevollmächtigten zu benennen, den Eintritt der Zustellungsfiktion vor. Diese tritt nach gesetzlicher Vorgabe binnen zweier Wochen ab dem Tag der Aufgabe zur Post, der nach Satz 3 in den Akten zu vermerken ist, ein. Die vom Gesetzgeber hier gebrauchte Formulierung „Zeit" anstelle des anderweitig verwendeten Wortes „Datum" (z.B. § 131 Abs. 2, 174 Abs. 4, 180 Satz 2 ZPO) impliziert nicht, dass auch der genaue Tageszeitpunkt festzuhalten ist. Nach **Satz 2** kann die Frist für den Eintritt der Fiktion jedoch verlängert werden, was insbesondere dann angezeigt ist, wenn der Zugang des ins Ausland verschickten Schriftstücks absehbar länger als zwei Wochen dauert.[16] Für den Fristlauf gilt § 222 ZPO. Der Fiktion steht nicht entgegen, wenn durch das so zugestellt geltende Schriftstück wiederum eine Frist zu laufen beginnt.[17]

2. Hinweispflicht und Zustellungsnachweis, Sätze 3 und 4
Notwendig für die Wirksamkeit der Aufforderung und damit auch Voraussetzung für den Eintritt der Zustellungsfiktion nach Satz 1 ist, dass der nach **Satz 3** vorgesehene Hinweis in der Aufforderung erteilt wird. In diesem ist die Partei über die Folgen einer unterbleibenden Benennung sowie die Frist, innerhalb der die Fiktion nach Aufgabe zur Post eintreten wird, zu unterrichten. Sowohl die Anordnung als auch der Hinweis müssen eine für die Partei verständliche Sprache übersetzt werden,[18] um darauf einen Anspruch auf rechtliches Gehör (Art. 103 Abs. 1 GG) sowie auf faires Verfahren (Art. 2 Abs. 1 GG, Art. 6 Abs. 1 EMRK) zu genügen. Der in **Satz 4** vorgesehene Vermerk des Urkundsbeamten der Geschäftsstelle über die tatsächliche Aufgabe des Schreibens zur Post stellt einen Zustellungsnachweis dar, der die Postzustellungs-

---

10 Ähnlich Prütting/Gehrlein-*Tombrink*, ZPO, § 184 Rn. 2: 2–3 Wochen; MK-*Häublein*, ZPO, § 184 Rn. 7: 4–6 Wochen.
11 BGHZ 193, 353 (355), Rn. 12 = NJW 2012, 2588 (2589), Rn. 12 = WM 2012, 1499 (1501), Rn. 12.
12 BGH, NJW 2013, 387 (390f.), Rn. 45f.; BGH, NJW 1999, 1871 (1872); zust. Baumbach/Lauterbach/Albers/Hartmann, ZPO, § 184 Rn. 11; krit. MK-*Häublein*, ZPO, § 184 Rn. 11.
13 BGH, NJW 2013, 387 (390), Rn. 40; BGH, NJW 2000, 3284 (3285) = VersR 2001, 1050.
14 BGH, NJW 1999, 1187 (1188) = RIW 1999, 295 (298); BGH, NJW 2002, 521 (522) = RIW 2002, 237 (238); OLG Hamm v. 10.08.2011, I-8 U 3/11, juris, Rn. 24, m.w.N.
15 Prütting/Gehrlein-*Tombrink*, ZPO, § 184 Rn. 4.
16 OLG Hamm, NJW-RR 2012, 62 (64); Musielak-*Wolst*, ZPO, § 184 Rn. 3.
17 BGH, NJW 1992, 1701 (1702) = VersR 1992, 853.
18 MK-*Häublein*, ZPO, § 184 Rn. 3; Prütting/Gehrlein-*Tombrink*, ZPO, § 184 Rn. 2.

urkunde (§ 182 ZPO) ersetzt[19] und wie diese insoweit die erhöhte Beweiskraft einer öffentlichen Urkunde (§ 418 Abs. 2 ZPO) genießt.[20] Für den Eintritt der Zustellungsfiktion ist die Richtigkeit und Existenz eines solchen Vermerks dem Grunde nach nicht erforderlich, allerdings hängt hiervon primär der Zeitpunkt deren Eintritts ab,[21] der jedoch auch anderweitig nachgewiesen werden kann. Die **Niederlegung des Vermerks** muss jedenfalls das Datum sowie die Anschrift, an welche das Schriftstück abgesandt worden ist, enthalten und vom Urkundsbeamten unterschrieben werden. Dies kann auch noch nachträglich erfolgen. Nicht erforderlich zudem ist, dass dieser die Aufgabe zur Post auch **persönlich** durchführt, insoweit können Justizbedienstete herangezogen werden.[22]

§ 185
Öffentliche Zustellung

Die Zustellung kann durch öffentliche Bekanntmachung (öffentliche Zustellung) erfolgen, wenn

1. der Aufenthaltsort einer Person unbekannt und eine Zustellung an einen Vertreter oder Zustellungsbevollmächtigten nicht möglich ist,
2. bei juristischen Personen, die zur Anmeldung einer inländischen Geschäftsanschrift zum Handelsregister verpflichtet sind, eine Zustellung weder unter der eingetragenen Anschrift noch unter einer im Handelsregister eingetragenen Anschrift einer für Zustellungen empfangsberechtigten Person oder einer ohne Ermittlungen bekannten anderen inländischen Anschrift möglich ist,
3. eine Zustellung im Ausland nicht möglich ist oder keinen Erfolg verspricht oder
4. die Zustellung nicht erfolgen kann, weil der Ort der Zustellung die Wohnung einer Person ist, die nach den §§ 18 bis 20 des Gerichtsverfassungsgesetzes der Gerichtsbarkeit nicht unterliegt.

Inhalt:

	Rn.		Rn.
A. Allgemeines	1	III. Juristische Personen, Nr. 2	5
I. Normzweck	1	IV. Auslandszustellung, Nr. 3	6
II. Anwendungsbereich	2	V. Immunität, Nr. 4	7
B. Erläuterungen	3	VI. Verstoß	8
I. Allgemeine Voraussetzung	3	C. Kosten/Gebühren	9
II. Unbekannter Aufenthaltsort, Nr. 1	4		

A. Allgemeines
I. Normzweck

1 Als absolute *ultima ratio*-Funktion sieht § 185 ZPO in den Fällen, in denen jede andere Form der Zustellung, auch im Wege der Ersatzzustellungen nach den §§ 177–181 ZPO, unmöglich ist, die öffentliche Zustellung mit der Fiktion eines Zugangs des zuzustellenden Schriftstücks an den Zustellungsadressaten vor. Damit verbunden ist unter Umständen nicht nur eine massive Beschränkung, sondern gegebenenfalls sogar ein Ausschluss der Möglichkeit für den Zustellungsadressaten, seinen Anspruch auf rechtliches Gehör (Art. 103 Abs. 1 GG) wahrnehmen zu können.[1] Denn nach § 234 Abs. 3 ZPO kommt eine Wiedereinsetzung nach mehr als einem Jahr nach Ablauf der versäumten Frist nicht mehr in Betracht, ohne dass dies verfassungsrechtlich zu beanstanden wäre.[2] Umso mehr sind an die Voraussetzungen der öffentlichen Zustellung sowie anderen Durchführung (§ 186 ZPO) hohe Anforderungen zu stellen.

---

19 BGH, NJW-RR 2013, 435 (436) Rn. 14.
20 BGH, NJW-RR 2001, 1361; MK-*Häublein*, ZPO, § 184 Rn. 14.
21 BGHZ 193, 353 (360), Rn. 29 = NJW 2012, 2588 (2591), Rn. 29 = WM 2012, 1499 (1503), Rn. 29; BGH, NJW-RR 2012, 1459 (1460), Rn. 14 = MDR 2012, 1306.
22 BGHZ 193, 353 (359), Rn. 29 = NJW 2012, 2588 (2591), Rn. 29 = WM 2012, 1499 (1503), Rn. 29; BGH, NJW-RR 2012, 1459 (1460), Rn. 14 = MDR 2012, 1306.

Zu § 185:
1 BVerfG, NJW 1988, 2361 = MDR 1988, 832.
2 Zur Verfassungskonformität BVerfG v. 18.12.1972, 2 BvR 756/71, nicht veröffentlicht; BGH, VersR 1987, 256.

II. Anwendungsbereich

Die öffentliche Zustellung kann sowohl im Verfahren der Zustellung von Amts wegen (§§ 166 ff. ZPO) als auch im Verfahren der Zustellung auf Betreiben der Parteien (§§ 191 ff. ZPO) stattfinden.[3] Für den **Mahnbescheid** ist eine öffentliche Zustellung vom Gesetzgeber ausgeschlossen (§ 699 Abs. 2 Nr. 3 ZPO). Nach der vorherigen – wirksamen – Zustellung eines Mahnbescheids kann sie dagegen für den erlassenen **Vollstreckungsbescheid** bewirkt werden (§ 698 Abs. 4 Satz 3 ZPO), wobei insoweit zusätzliche Vorgaben seitens des Gerichts zu beachten sind (§ 698 Abs. 4 Satz 3 Hs. 2 ZPO, vgl. § 186 Rn. 5). Im **Zwangsvollstreckungsverfahren** ist die öffentliche Zustellung teilweise ausgeschlossen, etwa für die Zustellung des Protokolls des Gerichtsvollziehers (§ 763 Abs. 2 Satz 3 ZPO), für Pfändungs- und Überweisungsbeschlüsse gegenüber dem Drittschuldner (§ 829 Abs. 2 Satz 2, § 835 Abs. 3 Satz 1 ZPO) – dagegen nicht für die öffentliche Zustellung des Pfändungs- und Überweisungsbeschlusses gegenüber dem Schuldner[4] –, bei der Anhörung des Vollstreckungsgegners vor einer abweichenden Verwertung gepfändeten Vermögens (§ 844 Abs. 2 ZPO) sowie bei der Mitteilung einer Terminsbestimmung im Verteilungsverfahren (§ 875 Abs. 2 ZPO). Im Verfahren des **einstweiligen Rechtsschutzes** ist auch die Zustellung eines Arrestbeschlusses oder einer Beschlussverfügung mittels öffentlicher Zustellung möglich.[5] Gegenüber Angehörigen der **NATO-Truppen** darf dagegen keine öffentliche Zustellung erfolgen (Art. 36 Abs. 1 NTS-ZA).

B. Erläuterungen

I. Allgemeine Voraussetzung

Die Anordnung der öffentlichen Zustellung (§ 186 Abs. 1 ZPO), die konstitutiv ist und im pflichtgemäßen Ermessen des Gerichts steht (vgl. § 186 Rn. 4), setzt das Vorliegen eines der abschließend in den § 185 Nr. 1–4 ZPO angeführten Zustellungshindernisse voraus.

II. Unbekannter Aufenthaltsort, Nr. 1

Für § 185 Nr. 1 ZPO muss der Aufenthaltsort des Zustellungsadressaten (Vorbem. zu §§ 166 ff. Rn. 3) unbekannt und eine Zustellung an einen Vertreter (§ 170 ZPO) oder einen Zustellungsbevollmächtigten (§ 172 ZPO) nicht möglich sein. Die Art und Weise einer **Verfahrensbeteiligung**, gegnerische Partei, Prozessbevollmächtigter, Streitverkündungsempfänger, Zeuge, Drittschuldner, etc., ist insoweit unerheblich.[6] Bei juristischen Personen muss auch der Aufenthaltsort deren Vertreter unbekannt sein.[7] **Unbekannt** i.d.S. ist der Aufenthalt, wenn er allgemein unbekannt ist, also für den Zustellungsveranlasser (Vorbem. zu §§ 166 ff. Rn. 3) mit zumutbarem und geeignetem Aufwand nicht ermittelt werden kann. Auf die Unkenntnis von „Jedermann" kommt es dabei ebenso wenig an, wie umgekehrt das Wissen eines Dritten um den Aufenthaltsort der Annahme eines „unbekannten Aufenthalts" nicht entgegensteht, wenn dieser nicht auskunftsbereit ist. Notwendig und auch dem Gericht gegenüber darzulegen sind somit zunächst Auskünfte des **Einwohnermeldeamtes** sowie einer **Auskunftei**.[8] Darüber hinaus müssen aber auch Erkundigungen beim ehemaligen Arbeitgeber, beim letzten **Vermieter**, **Hausgenossen** sowie **Verwandten** des Zustellungsadressaten eingeholt und dargelegt werden.[9] Eine bloße Internetrecherche genügt regelmäßig nicht.[10] Vielmehr muss bei Kenntnis einer E-Mail-Adresse oder einer Telefonnummer, auch wenn diese nur von einem Mobilfunkbetreiber existiert, bei den jeweiligen Dienstanbietern nachgefragt werden.[11] Bei Ausländern mit vormaliger Anschrift im Inland gehört eine Anfrage beim Bundesverwaltungsamt dazu.[12] Während für das

---

3 OLG Bamberg, NJW-RR 2013, 1279 = MDR 2013, 672 (673); BayObLG, NJW-RR 2000, 1452 = FamRZ 2000, 1097.
4 BGH, NJW-RR 2013, 1200 (1201), Rn. 11 = WM 2013, 1232 (1233), Rn. 11; BGH, NJW 2003, 1530 = WM 2003, 653 (654).
5 OLG Bamberg, NJW-RR 2013, 1279 = MDR 2013, 672 (673).
6 MK-*Häublein*, ZPO, § 185 Rn. 2; Prütting/Gehrlein-*Tombrink*, ZPO, § 185 Rn. 3; Stein/Jonas-*Roth*, ZPO, § 185 Rn. 2; teilweise a.A. für Prozessbevollmächtigten, Zeugen und Drittschuldner Musielak/Voit-*Wittschier*, ZPO, § 185 Rn. 3; Thomas/Putzo-*Hüßtege*, ZPO, § 185 Rn. 6.
7 OLG Stuttgart, OLGR 2005, 344 = MDR 2005, 472; offener OLG Zweibrücken, MDR 2005, 642 (644).
8 BGHZ 149, 311 (314) = NJW 2002, 827 (828) = WM 2002, 399 (400); BGH, NJW 2012, 3582 (3583), Rn. 17 = MDR 2012, 1308, Rn. 17.
9 BGH, NJW-RR 2013, 307, Rn. 16 = MDR 2013, 484, Rn. 16; BGH, NJW 2012, 3582 (3583), Rn. 17 = MDR 2012, 1308, Rn. 17.
10 OLG Frankfurt a.M., NJW 2013, 2913.
11 OLG Frankfurt a.M., OLGR 2009, 536 (537) = NJW 2009, 2543 (2544); Prütting/Gehrlein-*Tombrink*, ZPO, § 185 Rn. 3.
12 Prütting/Gehrlein-*Tombrink*, ZPO, § 185 Rn. 3.

Zwangsvollstreckungsverfahren angesichts des vorherigen Erkenntnisverfahrens und der dortigen Möglichkeiten zur Geltendmachung des Anspruchs auf rechtliches Gehör (Art. 103 Abs. 1 GG) gelockerte Anforderungen gelten können, sind in **Ehesachen** aufgrund dessen Natur als Statusverfahren noch strengere Anforderungen zu beachten;[13] hier sind sämtliche Möglichkeiten bis hin zur Unzumutbarkeit auszuschöpfen.[14]

III. Juristische Personen, Nr. 2

5 Die öffentliche Zustellung gegenüber inländischen juristischen Personen, insbesondere den Kapitalgesellschaften, ist deutlich leichter. Hier genügt es, dass unter der im Handelsregister eingetragenen Anschrift keine Zustellung möglich gewesen ist; Ermittlungen sind vom Gesetz gerade nicht vorgesehen, um eine öffentliche Zustellung durchführen zu können. Für die inländischen **Kapitalgesellschaften** (AG, GmbH) sehen § 36 Abs. 1 AktG für die AG und § 7 Abs. 1 GmbHG für die GmbH eine Pflicht zur Anmeldung und Eintragung ins Handelsregister vor. Über § 13e HGB wird die Eintragungspflicht des § 13 Abs. 1 HGB auch auf Zweigniederlassungen von im Inland ansässigen oder, § 13d Abs. 2 HGB, von im Ausland ansässigen Kapitalgesellschaften erstreckt. Nach § 37 Abs. 3 Nr. 1 AktG sowie nach § 8 Abs. 4 Nr. 1 GmbHG sind dabei jeweils inländische Geschäftsanschriften anzugeben. Für die **Personenhandelsgesellschaften** (OHG, KG), die nach § 106 Abs. 1 HGB für die OHG, für die KG §§ 106 Abs. 1, 161 Abs. 2 HGB, ebenfalls im Handelsregister einzutragen sind, sieht § 106 Abs. 2 Nr. 2 HGB zwar ebenfalls eine Pflicht zur Eintragung einer inländischen Geschäftsanschrift vor, gleichwohl ist § 185 Nr. 2 ZPO nicht auf diese anwendbar.[15] Nach § 10 Abs. 1 Satz 2 GmbHG und § 39 Abs. 1 Satz 2 AktG können indessen auch für Zustellungen empfangsbereite und -berechtigte Personen eingetragen werden. Der Eintragungsanforderung genügt nur eine vollständige Adressangabe, wobei ein Adresszusatz „c/o" gerade keine Verdunkelung darstellt.[16] Die öffentliche Zustellung bildet eine Sanktion für eine unvollständige oder ganz fehlende Eintragung.[17] Dementsprechend steht auch die Kenntnis einer **ausländischen Anschrift** einer öffentlichen Zustellung nicht entgegen, ohne dass es auf einen Zustellungsversuch im Ausland ankommt.[18] § 15a HGB erweitert die Möglichkeiten einer öffentlichen Zustellung bei juristischen Personen auch auf **materiell-rechtliche Erklärungen**.[19] Einer mangels hinreichender Angaben zur Geschäftsadresse erfolglos gebliebenen Zustellung steht auch eine Zustellung gleich, die mangels Empfangseinrichtungen nicht möglich gewesen ist.[20]

IV. Auslandszustellung, Nr. 3

6 Ebenfalls unter erleichterten Bedingungen ist eine öffentliche Zustellung möglich, wenn die Zustellung im Ausland erfolgen müsste und entweder von vornherein nicht möglich ist oder anderweitig keinen Erfolg verspricht. Soweit in einem Land von den ersuchten Behörden die **Rechtshilfe** generell (siehe hierzu Länderteil [Anlage 9] der ZRHO) oder im Einzelfall verweigert wird, ist eine Zustellung nicht möglich. Gleiches gilt, wenn die ersuchten Behörden untätig bleiben und dies mitteilen. Zustellungszeiten von bis zu einem Jahr sind im Ausland hinzunehmen.[21] Zur Wahrung des Anspruchs auf rechtliches Gehör (Art. 103 Abs. 1 GG) kann es zudem geboten sein, das zuzustellende Schriftstück zusätzlich formlos an den bekannten Aufenthaltsort im Ausland zu übersenden.[22] Im Anwendungsbereich der EuZustVO (Anhang zu § 1071 ZPO) ist eine öffentliche Zustellung ausgeschlossen,[23] soweit nicht nach Art. 1 Abs. 2 EuZustVO die Anschrift des Empfängers unbekannt ist.[24]

V. Immunität, Nr. 4

7 Schließlich kann eine öffentliche Zustellung nach § 185 Nr. 4 ZPO vorgenommen werden, wenn an Inländer im Ausland oder Ausländer im Inland zugestellt werden soll, die aufgrund ihrer Immunität (§§ 18–20 GVG) die Zustellung verweigert haben. In den Fällen, in denen im

---

13 AG Neustadt a. Rübenberge, FamRZ 2005, 377.
14 OLG Hamm, FamRZ 2013, 964.
15 BR-Drucks. 354/07, S. 115, 125; Prütting/Gehrlein-*Tombrink*, ZPO, § 185 Rn. 4.
16 OLG Naumburg, GmbHR 2009, 832 (833).
17 KG Berlin, MDR 2011, 125; OLG Saarbrücken, NJW-RR 2013, 679 (680).
18 BT-Drucks. 16/6140, S. 53; OLG Saarbrücken, NJW-RR 2013, 679 (681).
19 LG Zwickau, WM 2010, 2398.
20 OLG Saarbrücken, NJW-RR 2013, 679 (680); Prütting/Gehrlein-*Tombrink*, ZPO, § 185 Rn. 4.
21 BGH, NJW-RR 2009, 855 (856 f.), Rn. 14 ff. = FamRZ 2009, 684 f., Rn. 14 f.: jedenfalls 6–9 Monate; OLG Köln, MDR 2008, 1061: 1 Jahr.
22 OLG Köln, NJW-RR 1998, 1683 (1684) = MDR 1998, 434 (435).
23 *Heiderhoff*, EuZW 2006, 235 (237); Prütting/Gehrlein-*Tombrink*, ZPO, § 185 Rn. 5; Thomas/Putzo-*Hüßtege*, ZPO, § 185 Rn. 9.
24 EuGH, MMR 2012, 560 (562), Rn. 53 = GRUR Int 2012, 544 (550), Rn. 53.

Ausland zugestellt werden muss, muss die Auslandszustellung nach § 183 Abs. 1 Nr. 3 ZPO erfolglos geblieben sein, bevor eine öffentliche Zustellung erfolgen kann.[25]

VI. Verstoß

Nachdem mit einer öffentlichen Zustellung in jedem Fall eine Gefährdung, gegebenenfalls sogar ein Ausschluss der Möglichkeiten zur Wahrnehmung des Anspruchs auf rechtliches Gehör (Art. 103 Abs. 1 GG) verbunden sind (vgl. Rn. 1), stellt eine unter Verstoß gegen § 185 ZPO angeordnete und durchgeführte öffentliche Zustellung eine Grundrechtsverletzung dar.[26] Zugleich unterbleibt der Eintritt der Zustellungsfiktion des § 188 ZPO und damit der Anlauf der jeweiligen Frist, soweit die Fehlerhaftigkeit für das Gericht erkennbar gewesen ist.[27] Einem von der Unwirksamkeit der öffentlichen Zustellung Begünstigten, also insbesondere dem Zustellungsadressaten (Vorbem. zu §§ 166 ff. Rn. 3) ist es dagegen aus Gründen des Rechtsmissbrauchs verwehrt, sich auf die Unwirksamkeit zu berufen, wenn er zuvor eine anderweitige Zustellung arglistig verhindert hat.[28] Ebenso stellt es einen Rechtsmissbrauch dar, wenn die Bewilligung der öffentlichen Zustellung durch wissentlich falsche Angaben erschlichen worden ist.[29]

8

C. Kosten/Gebühren

Für die Bewilligung einer öffentlichen Zustellung sind keine Gebühren vorgesehen. Die **Auslagen** für die Veröffentlichung (§ 187 ZPO) sind nach Nr. 9004 KV-GKG zu erstatten.

9

§ 186
Bewilligung und Ausführung der öffentlichen Zustellung

(1) ¹Über die Bewilligung der öffentlichen Zustellung entscheidet das Prozessgericht. ²Die Entscheidung kann ohne mündliche Verhandlung ergehen.

(2) ¹Die öffentliche Zustellung erfolgt durch Aushang einer Benachrichtigung an der Gerichtstafel oder durch Einstellung in ein elektronisches Informationssystem, das im Gericht öffentlich zugänglich ist. ²Die Benachrichtigung kann zusätzlich in einem von dem Gericht für Bekanntmachungen bestimmten elektronischen Informations- und Kommunikationssystem veröffentlicht werden. ³Die Benachrichtigung muss erkennen lassen

1. die Person, für die zugestellt wird,
2. den Namen und die letzte bekannte Anschrift des Zustellungsadressaten,
3. das Datum, das Aktenzeichen des Schriftstücks und die Bezeichnung des Prozessgegenstandes sowie
4. die Stelle, wo das Schriftstück eingesehen werden kann.

⁴Die Benachrichtigung muss den Hinweis enthalten, dass ein Schriftstück öffentlich zugestellt wird und Fristen in Gang gesetzt werden können, nach deren Ablauf Rechtsverluste drohen können. ⁵Bei der Zustellung einer Ladung muss die Benachrichtigung den Hinweis enthalten, dass das Schriftstück eine Ladung zu einem Termin enthält, dessen Versäumung Rechtsnachteile zur Folge haben kann.

(3) In den Akten ist zu vermerken, wann die Benachrichtigung ausgehängt und wann sie abgenommen wurde.

Inhalt:

	Rn.		Rn.
A. Allgemeines	1	I. Bewilligung, Abs. 1	3
I. Normzweck	1	II. Ausführung, Abs. 2	5
II. Anwendungsbereich	2	III. Vermerk über Aushang und	
B. Erläuterungen	3	Abnahme, Abs. 3	6

---

25 Prütting/Gehrlein-*Tombrink*, ZPO, § 185 Rn. 6; Thomas/Putzo-*Hüßtege*, ZPO, § 185 Rn. 11.
26 BVerfG, NJW 1988, 2361 = MDR 1988, 832; BGH, NJW-RR 2013, 307, Rn. 15 = MDR 2013, 484, Rn. 15.
27 BGHZ 149, 311 (321 f.) = NJW 2002, 827 (828) = VersR 2002, 1304 (1306), unter Aufgabe der früheren Rechtsprechung; BGH, NJW-RR 2013, 307 (308), Rn. 21 = MDR 2013, 484 (485), Rn. 21, m.w.N.; befürwortend auch Prütting/Gehrlein-*Tombrink*, ZPO, § 185 Rn. 7; Thomas/Putzo-*Hüßtege*, ZPO, § 185 Rn. 5; krit. MK-*Häublein*, ZPO, § 185 Rn. 17; Zöller-*Stöber*, ZPO, § 186 Rn. 9.
28 BGH, NJW-RR 2013, 307, Rn. 17 = MDR 2013, 484, Rn. 17.
29 BGHZ 64, 5 (8) = NJW 1975, 827 = MDR 1975, 476; BGHZ 57, 108 (110) = NJW 1971, 2226 f. = WM 1971, 1374 f.; MK-*Häublein*, ZPO, § 185 Rn. 18.

A. Allgemeines
I. Normzweck

1 Aufgrund ihrer weitreichenden Konsequenzen ist das Verfahren der öffentlichen Zustellung sowohl hinsichtlich der Anordnung als auch der Ausführung im Vergleich zu den anderen Zustellungsarten detailliert und minutiös geregelt.

II. Anwendungsbereich

2 Die Durchführungsbestimmung gilt sowohl für öffentliche Zustellung im Verfahren der Zustellung von Amts wegen (§§ 166 ff. ZPO) als auch im Verfahren der Zustellung auf Betreiben der Parteien (§§ 191 ff. ZPO).

B. Erläuterungen
I. Bewilligung, Abs. 1

3 Die **Zuständigkeit** der Bewilligung einer öffentlichen Zustellung liegt ausweislich von **Satz 1** beim Prozessgericht (§ 261 ZPO). Bei Kollegialgerichten ist, soweit keine Übertragung auf den Einzelrichter stattgefunden hat, der gesamte Spruchkörper und nicht nur der Vorsitzende zuständig. Im Rechtsmittelverfahren ist das jeweilige Rechtsmittelgericht zuständig. Für die Zustellung einer **vollstreckbaren Urkunde** ist das Amtsgericht zuständig, das aufgrund der örtlichen Belegenheit nach § 797 Abs. 3 ZPO zuständig wäre. Das **Vollstreckungsgericht** ist dagegen erst nach Titelzustellung (§ 750 ZPO) zuständig. Bei auf den Rechtspfleger nach §§ 20 Nr. 1, 21 Nr. 1 RPflG übertragenen Verfahren ist der Rechtspfleger zuständig. Die **internationale Zuständigkeit** des mit der Rechtssache befassten Gerichts ist dagegen nicht erforderlich.[1] Bei Zustellung auf Betreiben einer Partei ist ein **Antrag** erforderlich, für den gegebenenfalls der Postulationszwang (§ 78 ZPO) gilt. Die nach **Satz 2** durch begründeten Beschluss (§ 329 ZPO) ergehende Entscheidung kann nur im Falle ihrer **Ablehnung** mit der **sofortigen Beschwerde** (§ 567 Abs. 1 Nr. 2 ZPO) angegriffen werden. Die **Bewilligung** kann nur mit einem gegen die Sachentscheidung in der Hauptsache selbst eröffneten Rechtsmittel unter Geltendmachung der Verletzung des Anspruchs auf rechtliches Gehör (Art. 103 Abs. 1 GG) angegriffen werden.[2] Eine **Aufhebung** einer bewilligten öffentlichen Zustellung ist nicht möglich.[3]

4 **Voraussetzung** für eine Bewilligung ist das Vorliegen von Tatsachen für einen der in § 185 ZPO genannten Gründe einer öffentlichen Zustellung. Im Falle einer Zustellung von Amts wegen (§§ 166 ff. ZPO) hat das Gericht die öffentliche Zustellung zu bewilligen, wenn eine anderweitige Zustellung durch die Geschäftsstelle (§ 168 ZPO) i.S.d. § 185 ZPO nicht durchführbar ist; ein echtes „**Ermessen**" i.S. einer Zweckmäßigkeitsprüfung des Gerichts (Satz 2: „kann"), ob eine öffentliche Zustellung zu erfolgen hat,[4] dürfte mit dem Justizgewährungsanspruch (Art. 2 Abs. 1 I.V.m. Art. 20 Abs. 3 GG)[5] nicht vereinbar sein.[6] Vielmehr ist eine **Interessenabwägung** zwischen dem durch die öffentliche Zustellung gefährdeten Anspruch auf rechtliches Gehör (Art. 103 Abs. 1 GG) der anderen Partei einerseits und dem Justizgewährungsanspruch des Zustellungsveranlassers andererseits vorzunehmen.[7] So ist bei der voraussichtlichen Dauer für eine Zustellung im Wege der Rechtshilfe gegen eine im Ausland befindliche Partei und deren Anspruch auf rechtliches Gehör gegen den Justizgewährungsanspruch der eine öffentliche Zustellung beantragenden Partei eine Dauer der Zustellung im Rechthilfewege von voraussichtlich (nur) sechs bis neun Monaten angesichts einer gewöhnlicher Weise bis zu 12 Monate dauernden Auslandszustellung kein Grund für eine öffentliche Zustellung.[8] Die Erfolgsaussichten der Klage selbst sind irrelevant.[9] Bei Zustellungen im **Parteibetrieb** (§§ 191 ff. ZPO) hat die auf eine öffentliche Zustellung antragende Partei die Erfolglosigkeit bisheriger Zustellungsversuche und der weitergehenden zumutbaren Ermittlungen nachzuweisen. Die zumutbaren Ermittlungen erschöpfen sich dabei regelmäßig nicht nur

---

1 OLG Köln, OLGR 2002, 467 (468) = RIW 2002, 301 (302); Prütting/Gehrlein-*Tombrink*, ZPO, § 186 Rn. 1.
2 Prütting/Gehrlein-*Tombrink*, ZPO, § 186 Rn. 1.
3 KG Berlin, KGR 2001, 134, m.w.N.; MK-*Häublein*, ZPO, § 186 Rn. 5.
4 Prütting/Gehrlein-*Tombrink*, ZPO, § 186 Rn. 2; Zöller-*Stöber*, ZPO, § 186 Rn. 4, m.w.N.
5 BVerfGK 10, 275 (278f.) = NJW-RR 2007, 1073 (1075) = WuM 2007, 500 (502).
6 Baumbach/Lauterbach/Albers/Hartmann, ZPO, § 186 Rn. 6; MK-*Häublein*, ZPO, § 186 Rn. 4; Musielak/Voit-*Wittschier*, ZPO, § 186 Rn. 4; Thomas/Putzo-*Hüßtege*, ZPO, § 186 Rn. 2.
7 BGH, NJW-RR 2009, 855 (856), Rn. 13 = FamRZ 2009, 684, Rn. 13, m.w.N.
8 BGH, NJW-RR 2009, 855 (856), Rn. 14 = FamRZ 2009, 684, Rn. 14; krit. *Geimer*, IPrax 2010, 224 (226).
9 Prütting/Gehrlein-*Tombrink*, ZPO, § 186 Rn. 2.

in einer Anfrage beim Einwohnermeldeamt.¹⁰ Die Bewilligung muss sich jeweils auf eine bestimmte Zustellung und ein konkretes Schriftstück, nicht notwendigerweise ein einzelnes Dokument (z. B. Klageschriftsatz mit Anlagen), beschränken.¹¹ Eine pauschale öffentliche Zustellung „auf Vorrat" ist unzulässig.

II. Ausführung, Abs. 2

Die in Absatz 2 geregelte **Ausführung** der öffentlichen Zustellung erfolgt auf **Veranlassung** 5
des Urkundsbeamten der Geschäftsstelle (§ 153 GVG), die Durchführung muss nicht von diesem selbst vorgenommen werden. Die Zustellung ist mittels **Benachrichtigung** vorzunehmen, welche die Vorgaben des **Absatz 2 Satz 3 Nr. 1–4** enthalten muss und die entweder an der Gerichtstafel auszuhängen oder in einem im Gericht öffentlich zugänglichen elektronischen Informationssystem zu veröffentlichen ist. **Kumulativ** dazu kann nach Ermessensentscheidung des Gerichts eine Veröffentlichung in einem allgemeinen elektronischen Information- und Kommunikationssystem, insbesondere dem Internet, erfolgen. Für die öffentliche Zustellung eines **Vollstreckungsbescheids** sieht § 699 Abs. 4 Satz 3 ZPO vor, dass die Benachrichtigung nach § 186 Abs. 2 Satz 2 und Satz 3 ZPO an die Gerichtstafel des Gerichts angeheftet oder in das Informationssystem des Gerichts eingestellt wird, das in dem Mahnbescheid gemäß § 692 Abs. 1 Nr. 1 ZPO bezeichnet worden ist. Das zuzustellende Dokument selbst wird ebenso wenig wie der Bewilligungsbeschluss veröffentlicht. Eine allgemeine Beschreibung des Prozessgegenstandes **(Absatz 2 Satz 3 Nr. 3)**, soweit dies aussagekräftig ist, genügt. Daneben sind die Hinweise über die Rechtsfolgen und -nachteile **(Absatz 2 Sätze 4 und 5)** notwendig, wobei auch hier eine allgemeine Umschreibung ausreichend ist. Der Zeitpunkt der Wirksamkeit der öffentlichen Zustellung (§ 188 ZPO) ist davon mitumfasst.

III. Vermerk über Aushang und Abnahme, Abs. 3

Der **Aushang der Benachrichtigung** sowie ihre **Abnahme** sind in der Akte zu vermerken 6
(Absatz 3), wobei dies jeweils auch auf der Benachrichtigung selbst angebracht werden kann, wenn diese zur Akte genommen wird. Das Fehlen der Angaben zum Aushang und zur Abnahme der Benachrichtigung verhindert die Wirksamkeit der Zustellung.¹²

§ 187
Veröffentlichung der Benachrichtigung

Das Prozessgericht kann zusätzlich anordnen, dass die Benachrichtigung einmal oder mehrfach im Bundesanzeiger oder in anderen Blättern zu veröffentlichen ist.

Inhalt:

	Rn.		Rn.
A. Allgemeines	1	II. Anwendungsbereich	2
I. Normzweck	1	B. Erläuterung	3

A. Allgemeines
I. Normzweck

Durch die zusätzliche Veröffentlichung der Benachrichtigung über eine öffentliche Zustellung 1
(§ 186 Abs. 2 Satz 1 ZPO) soll eine drohende Beeinträchtigung des Anspruchs auf rechtliches Gehör (Art. 103 Abs. 1 GG) des Zustellungsadressaten nach Möglichkeit reduziert werden.

II. Anwendungsbereich

Der Anwendungsbereich umfasst neben der Zustellung von Amts wegen (§§ 166 ff. ZPO) auch 2
die Zustellung auf Betreiben der Parteien (§§ 191 ff. ZPO) sowie Zustellungen im FamFG-Verfahren (§ 113 Abs. 1 Satz 2 FamFG).

B. Erläuterung

Das Gericht, das eine öffentliche Zustellung bewilligt (§ 186 Abs. 1 Satz 1 ZPO), kann nach 3
pflichtgemäßem **Ermessen** bei konkreten Anzeichen für eine Verbesserung der Möglichkeiten

---

10 BGH, NJW-RR 2013, 307, Rn. 16 = MDR 2013, 484, Rn. 16; BGH, NJW 2012, 3582 (3583), Rn. 17 = FamRZ 2012, 1376, Rn. 17.
11 OLG Bamberg, NJW-RR 1995, 1029 (1030) = FamRZ 1995, 1280 (1281); Prütting/Gehrlein-*Tombrink*, ZPO, § 186 Rn. 2; Zöller-*Stöber*, ZPO, § 186 Rn. 3.
12 OLG Düsseldorf v. 15.03.2011, I–24 U 128/10, juris, Rn. 18.

einer Kenntnisnahme seitens des Zustellungsadressaten oder ihm nahestehender Personen[1] bereits im Zuge der Bewilligung der öffentlichen Zustellung (§ 186 Abs. 1 ZPO) oder auch **nachträglich** anordnen, dass die Benachrichtigung neben der „Pflichtveröffentlichung" (§ 186 Abs. 2 Satz 1 ZPO) auch im Bundesanzeiger oder in anderen Blättern, also insbesondere (Tages-)Zeitungen, ein- oder mehrfach veröffentlicht wird. Bei der Ermessensausübung sind jedoch auch die Privatsphäre des Zustellungsadressaten und seine **Persönlichkeitsrechte** zu berücksichtigen. Dabei ist die **vollständige Benachrichtigung** (§ 186 Abs. 3 Satz 3–5 ZPO) und nicht nur ein Auszug zu veröffentlichen.[2] Die Ausführung einer Anordnung ist auf dem Vermerk über die Veröffentlichung der Benachrichtigung (§ 186 Abs. 3 ZPO) zu vermerken.

§ 188
Zeitpunkt der öffentlichen Zustellung

[1]**Das Schriftstück gilt als zugestellt, wenn seit dem Aushang der Benachrichtigung ein Monat vergangen ist.** [2]**Das Prozessgericht kann eine längere Frist bestimmen.**

Inhalt:

	Rn.		Rn.
A. Allgemeines	1	B. Erläuterungen	3
I. Normzweck	1	I. Zustellungsfiktion, Satz 1	3
II. Anwendungsbereich	2	II. Fristverlängerung, Satz 2	5

A. Allgemeines
I. Normzweck

1 Die Regelung beinhaltet zunächst die wesentliche Rechtsfolge einer öffentlichen Zustellung (§ 185 ZPO), nämlich den Eintritt der Zustellungsfiktion (Satz 1). Daneben gestattet sie dem zuständigen Gericht (§ 186 Abs. 1 ZPO) die Festsetzung einer längeren Zustellungsfrist, um den durch die öffentliche Zustellung gefährdeten Anspruch auf rechtliches Gehör (Art. 103 Abs. 1 GG) des Zustellungsadressaten im Einzelfall gerecht zu werden.

II. Anwendungsbereich

2 Der Anwendungsbereich umfasst neben der Zustellung von Amts wegen (§§ 166 ff. ZPO) auch die Zustellung auf Betreiben der Parteien (§§ 191 ff. ZPO) sowie Zustellungen im FamFG-Verfahren (§ 113 Abs. 1 Satz 2 FamFG).

B. Erläuterungen
I. Zustellungsfiktion, Satz 1

3 Die *ultima ratio*-Funktion der öffentlichen Zustellung im Hinblick auf den Justizgewährungsanspruch (Art. 2 Abs. 1 i. V. m. Art. 20 Abs. 3 GG), die zugleich auch das Risiko nicht nur einer Verletzung seines Anspruchs auf rechtliches Gehör (Art. 103 Abs. 1 GG) des Zustellungsadressaten in sich trägt,[1] liegt in der **Zustellungsfiktion**. Diese tritt unabhängig von einer tatsächlichen Kenntnisnahme oder auch nur einer Möglichkeit einer Kenntnisnahme des Zustellungsadressaten oder einer ihm zurechenbaren anderen Person von der Benachrichtigung über die öffentliche Zustellung (§ 186 Abs. 2 Satz 1 ZPO) ein. Eine für das Gericht erkennbar gegen die strengen Voraussetzungen von § 185 ZPO bewilligte öffentliche Zustellung bleibt stets wirkungslos.[2] Die Berechnung der Monatsfrist erfolgt nach § 222 ZPO i. V. m. §§ 187 Abs. 1, 188 Abs. 2 BGB, womit der Tag des Aushangs nicht mitgerechnet wird (Aushang am 12. März, Fristbeginn am 13. März, Fristende am 12. April). Samstage („Sonnabende"), Sonntage oder Feiertage führen **nicht** zu einer Fristverlängerung gemäß § 222 Abs. 2 ZPO.[3] Während des Fristlaufs kann und muss eine doch noch möglich werdende Zustellung an den Zustellungsadressaten, etwa bei dessen Erscheinen auf der Geschäftsstelle durch **Aushändigung** (§ 173

---

1 MK-*Häublein*, ZPO, § 187 Rn. 2.
2 Prütting/Gehrlein-*Tombrink*, ZPO, § 187 Rn. 1; MK-*Häublein*, ZPO, § 187 Rn. 3.

Zu § 188:
1 Baumbach/Lauterbach/Albers/Hartmann, ZPO, § 188 Rn. 2: „gefährliches, aber unentbehrliches Mittel".
2 BGHZ 149, 311 (323) = NJW 2002, 827 (830) = WM 2002, 399 (400); BGH, NJW 2012, 3582 (3583), Rn. 19 = FamRZ 2012, 1376, Rn. 19.
3 MK-*Häublein*, ZPO, § 188 Rn. 2; Musielak/Voit-*Wittschier*, ZPO, § 188 Rn. 2; Prütting/Gehrlein-*Tombrink*, ZPO, § 188 Rn. 2.

ZPO) oder, bei Bekanntwerdens seines Aufenthaltsorts, bewirkt werden.[4] Nach Ablauf der Monatsfrist verbleibt es dagegen bei der Zustellungsfiktion.

Eine **Verkürzung** der Frist ist, da Satz 2 gerade nur eine besondere gesetzliche Bestimmung i.S. des § 224 Abs. 2 ZPO für eine Verlängerung darstellt, nicht zulässig.[5] Voraussetzung für den Eintritt der Zustellungsfiktion ist, dass die Benachrichtigung über die gesamte Fristdauer veröffentlicht gewesen ist. Eine **vorzeitige Abnahme**, auf Veranlassung des Gerichts oder eigenmächtig durch die Geschäftsstelle, etwa wegen Überfüllung der Gerichtstafel,[6] steht dem Eintritt der Zustellungsfiktion entgegen.[7] Das **unbefugte Entfernen** durch Dritte dürfte dagegen zumindest bei unverzüglicher erneuter Bekanntmachung durch die Geschäftsstelle nicht zu Lasten des Zustellungsveranlassers in Gestalt einer Fristverlängerung oder sogar des Erfordernisses einer erneuten Bewilligung (§ 186 Abs. 1 ZPO) gehen.[8]   4

II. Fristverlängerung, Satz 2

Unter Berücksichtigung des Justizgewährungsanspruchs des Zustellungsveranlassers einerseits und den schutzwürdigen Interessen des Zustellungsadressaten andererseits kann nach dem Ermessen des Gerichts, bei Kollegialgerichten nicht nur dem des Vorsitzenden (vgl. § 186 Rn. 3), eine längere Frist bis zum Eintritt der Zustellungsfiktion bei der Bewilligung der öffentlichen Zustellung selbst (§ 186 Abs. 1 ZPO) angeordnet werden. Dies erfordert allerdings konkrete Anhaltspunkte für eine damit verbundene deutliche Verbesserung der Möglichkeiten einer Kenntnisnahme von der Benachrichtigung seitens des Zustellungsadressaten.[9] Eine **nachträgliche** Fristverlängerung kommt dagegen nicht in Betracht.[10]   5

§ 189
Heilung von Zustellungsmängeln

Lässt sich die formgerechte Zustellung eines Dokuments nicht nachweisen oder ist das Dokument unter Verletzung zwingender Zustellungsvorschriften zugegangen, so gilt es in dem Zeitpunkt als zugestellt, in dem das Dokument der Person, an die die Zustellung dem Gesetz gemäß gerichtet war oder gerichtet werden konnte, tatsächlich zugegangen ist.

Inhalt:

	Rn.		Rn.
A. Allgemeines	1	I. Voraussetzungen	3
I. Normzweck	1	II. Unheilbare Verstöße	4
II. Anwendungsbereich	2	III. Wirkung	5
B. Erläuterungen	3		

A. Allgemeines
I. Normzweck

Die Zustellung verfolgt keinen Selbstzweck[1] (Vorbem. zu §§ 166 ff. Rn. 2), sondern soll primär der Wahrung des Anspruchs auf rechtliches Gehör (Art. 103 Abs. 1 GG) des Zustellungsadressaten dienen, indem diesem in einem formalisierten Verfahren Schriftstücke übergeben werden. Der Nachweis der Übergabe ist im Hinblick auf den Lauf von Fristen zwar ebenfalls ein mit dem Zustellungsverfahren verfolgter Zweck, jedoch, wie schon der Umstand zeigt, dass ein ordnungsgemäßer Nachweis keine Wirksamkeitsvoraussetzung der Zustellung ist, nachrangig. Aus diesem Grund ordnet § 189 ZPO für die meisten Fälle der Zustellung (Ausnahme Auslandszustellung, vgl. § 183 Rn. 4) an, dass nicht nur ein fehlender Nachweis, sondern auch   1

---

4 OLG Frankfurt a.M., OLGR 2004, 285 (286) = NJW 2004, 3049 (3050); Zöller-*Stöber*, ZPO, § 188 Rn. 2.
5 MK-*Häublein*, ZPO, § 188 Rn. 3; Thomas/Putzo-*Hüßtege*, ZPO, § 188 Rn. 3.
6 Zöller-*Stöber*, ZPO, § 188 Rn. 4.
7 MK-*Häublein*, ZPO, § 188 Rn. 4; Prütting/Gehrlein-*Tombrink*, ZPO, § 188 Rn. 2.
8 Wie hier Stein/Jonas-*Roth*, ZPO, § 186 Rn. 10; Zöller-*Stöber*, ZPO, § 188 Rn. 4; auch dies wohl abl. MK-*Häubein*, ZPO, § 188 Rn. 4.
9 Vgl. MK-*Häublein*, ZPO, § 188 Rn. 3; Zöller-*Stöber*, ZPO, § 188 Rn. 2.
10 Baumbach/Lauterbach/Albers/Hartmann, ZPO, § 188 Rn. 4; Prütting/Gehrlein-*Tombrink*, ZPO, § 188 Rn. 2.

Zu § 189:
1 BGHZ 188, 128 (144), Rn. 47 = NJW 2011, 1965 (1969), Rn. 47 = VersR 1278 (1281), Rn. 47; BGHZ 7, 268 (270) = NJW 1952, 1345.

eine Verletzung zwingender Zustellungsvorschriften unerheblich ist, wenn der tatsächliche Zugang erfolgt ist. Die Darlegungs- und Beweislast dafür trägt regelmäßig der Zustellungsveranlasser, da die Wirksamkeit der Zustellung für ihn günstig ist (vgl. Rn. 7).

II. Anwendungsbereich

2 Die Heilungsvorschrift des § 189 ZPO findet sowohl im Verfahren der Zustellung von Amts wegen (§§ 166 ff. ZPO) als auch im Verfahren der Zustellung auf Betreiben der Parteien (§§ 191 ff. ZPO) Anwendung. Besonderheiten gelten bei der **Auslandszustellung** (vgl. § 183 Rn. 4), die nicht in das EU-Ausland erfolgen, weil das insoweit vorrangige Völkerrecht, insbesondere die HZÜ, keine Heilungsvorschriften kennt.[2] Verstöße gegen das innerstaatliche Zustellungsrecht des Zustellungsstaats können dagegen geheilt werden, wenn das maßgebliche Zustellungsrecht dies vorsieht und die HZÜ selbst nicht verletzt worden ist.[3] Demgegenüber kommt bei einer Zustellung innerhalb der EU nach der Rechtsprechung des EuGH jedenfalls bei bestimmten Verstößen gegen die EuZustVO eine Heilung in Betracht.[4] Neben der Heilung durch tatsächlichen Zugang – bloße Kenntnisnahme vom Inhalt allein genügt nicht (vgl. Rn. 3) – kommt eine Heilung von Zustellungsmängeln auch durch rückwirkende Genehmigung des Zustellungsadressaten bei einer Zustellung an die falsche Person sowie der Rügeverzicht nach § 295 ZPO im Rahmen der Parteibefugnisse in Betracht.[5]

A. Erläuterungen
I. Voraussetzungen

3 Notwendige Voraussetzung der Heilung nach § 189 ZPO, deren Eintritt nicht im gerichtlichen Ermessen steht, ist der **tatsächliche Zugang** des zuzustellenden Schriftstücks an den Zustellungsadressaten oder seinen Vertreter (§§ 170–172 ZPO), sodass einer von ihnen Gelegenheit hat, vom Inhalt Kenntnis zu nehmen;[6] auf die tatsächliche Kenntnisnahme kommt es nicht an. Die bloße Unterrichtung über den Inhalt ist dagegen ebenso wenig ausreichend wie die Kenntnisnahme durch Akteneinsicht und Anfertigung einer Kopie, weil insoweit der Zustellungswille des Zustellungsveranlassers fehlt.[7] Indessen muss an einen von einer Partei bestellten Prozessbevollmächtigten (§ 172 ZPO) zugestellt werden (vgl. § 172 Rn. 2),[8] wobei ein zeitgleicher oder sogar vorheriger tatsächlicher Zugang, etwa durch erst nachträgliche Bestellung als Prozessbevollmächtigten, die Heilung auslösen kann.[9] Bei der Zustellung gegen Empfangsbekenntnis (§ 174 ZPO) muss zusätzlich zum tatsächlichen Zugang auch die Empfangsbereitschaft bei dem Zustellungsadressaten oder seinem Vertreter vorhanden sein (vgl. § 174 Rn. 3).[10] Auf den tatsächlichen Zugang bei einer Ersatzperson i.S.d. § 178 ZPO kommt es nicht an, weil insoweit weder die Eigenschaft als Zustellungsadressat noch als Vertreter vorhanden ist.

II. Unheilbare Verstöße

4 **Nicht geheilt** werden kann eine „abhanden gekommene" Zustellung, wenn also dem Zustellungsveranlasser (Vorbem. zu §§ 166 ff. Rn. 3) der **Zustellungswille** fehlt, etwa, weil der Richter oder Rechtspfleger keine Zustellung verfügt hat, die Geschäftsstelle (§ 168 ZPO) gleichwohl eine solche irrig veranlasst hat.[11] Ebenso wenig kann eine Zustellung auf Betreiben der Parteien geheilt werden, wenn eine Zustellung von Amts wegen hätte erfolgen müssen.[12] Gleiches gilt im umgekehrten Fall.[13] Soweit die formlose Mitteilung eines Antrags auf Durchführung

---

2 BGHZ 141, 286 (303) = NJW 1999, 3198 (3202) = RIW 1999, 698 (702); BGHZ 120, 305 (313) = NJW 1993, 598 (600) = FamRZ 1993, 311 (312 f.); BGH, NJW 1991, 641 (642) = MDR 1991, 333 f.; OLG Jena, WM 2001, 1393 (1394).
3 BGHZ 191, 59 (65), Rn. 24 ff. = NJW 2011, 3581 (3582), Rn. 24 ff. = FamRZ 2011, 1860 (1862), Rn. 24 ff.; BAG, NZA-RR 2014, 32 (35), Rn. 34.
4 Etwa EuGH, NJW 2006, 491 (492), Rn. 38 = RIW 2006, 382 (385 f.), Rn. 38.
5 BGH, NJW 1992, 2099 (2100) = MDR 1992, 803 (804); OLG Karlsruhe, OLGR 2008, 527 (529) = NZG 2008, 714 (716).
6 BGH, NJW-RR 2011, 1011 (1012), Rn. 11 = FamRZ 2011, 1049 (1050), Rn. 11; BGHZ 70, 384 (388) = NJW 1978, 1325 = MDR 1978, 1325.
7 BayObLGZ 2004, 151 (152) = NJW 2004, 3722; OLG Nürnberg, MDR 1982, 238.
8 BGHZ 118, 312 (322) = NJW 1992, 3096 (3099) = VersR 1992, 1281 (1283).
9 BGH, NJW-RR 2011, 417 (418), Rn. 10 = VersR 2011, 774 (775), Rn. 10.
10 BGH, NJW 1989, 1154 = VersR 1989, 168.
11 BT-Drucks. 14/4554, S. 24; BGH, NJW-RR 2011, 417 (418), Rn. 11 = VersR 2011, 774 (775), Rn. 11; BGH, NJW 2003, 1192 (1193) = VersR 2003, 879 (880).
12 BGHZ 188, 128 (142), Rn. 40 ff. = NJW 2011, 1965 (1968), Rn. 40 ff. = VersR 2011, 1278 (1280), Rn. 40 ff.
13 OLG Düsseldorf, MDR 2010, 652 (653); Prütting/Gehrlein-*Tombrink*, ZPO, § 189 Rn. 5, m.w.N.

eines selbstständigen Beweisverfahrens ohne den erforderlichen Zustellungswillen und ohne Zustellung erfolgt ist, soll gleichwohl eine Heilung durch tatsächlichen Zugang im Hinblick auf die verjährungshemmende Wirkung nach § 204 Abs. 1 Nr. 7 BGB eintreten.[14]

III. Wirkung

Die **Wirkung** der Heilung nach § 189 ZPO liegt in der ex nunc-**Wirksamkeit** einer fehlerhaften Zustellung. Die Festlegung des Zeitpunkts der Wirksamkeit ergibt sich aus dem vom Gericht festzustellenden Zeitpunkt des tatsächlichen Zugangs[15] – nicht notwendigerweise der tatsächlichen Kenntnisnahme – und steht nicht im gerichtlichen Ermessen. Gegebenenfalls ist der spätest denkbare Zeitpunkt des Zugangs heranzuziehen.[16] Die **Beweislast** liegt nach den allgemeinen Grundsätzen bei der Partei, welche sich auf die Wirksamkeit der Zustellung beruft.[17] Die Prüfung und Entscheidung des Eintritts der Heilung obliegt im Erkenntnisverfahren dem Gericht, im Vollstreckungsverfahren bei Erteilung des Rechtskraftzeugnisses (§ 706 Abs. 1 ZPO) der Urkundsbeamte der Geschäftsstelle.[18] Die Wirksamkeit der Zustellung kann, weil insoweit ein Realakt und kein Rechtsverhältnis beurteilt werden müsste, weder mit der Feststellungsklage (§ 256 ZPO) noch im Verfahren nach § 23 EGGVG isoliert festgestellt werden.[19]

5

§ 190
Einheitliche Zustellungsformulare

Das Bundesministerium der Justiz und für Verbraucherschutz wird ermächtigt, durch Rechtsverordnung mit Zustimmung des Bundesrates zur Vereinfachung und Vereinheitlichung der Zustellung Formulare einzuführen.

Die Vorschrift bildet die verfassungsrechtlich notwendige **Ermächtigungsgrundlage** (Art. 80 Abs. 1 GG) für den Erlass der „Verordnung zur Einführung von Vordrucken für die Zustellung im gerichtlichen Verfahren" (Zustellungsvordruckverordnung – ZustVV).[1] Mit dieser **Rechtsverordnung** des Bundesministeriums der Justiz und für Verbraucherschutz sind einheitliche Formulare für Zustellungen im gerichtlichen Verfahren eingeführt worden (§ 1 Nr. 1–4 ZustVV i. V. m. Anlagen 1–4). Neben der **Postzustellungsurkunde** (§ 182 ZPO) und der schriftlichen Mitteilung über die Zustellung durch Niederlegung (§ 181 Abs. 1 Satz 2 ZPO) sind so auch der **Postzustellungsauftrag** selbst (§ 168 Abs. 1 ZPO) und der hierfür zu verwendende Briefumschlag (§ 176 Abs. 1 ZPO) bundesweit einheitlich vorgegeben. Bis auf eine Überarbeitung des Formulars für die Postzustellungsurkunde[2] ist bisher keine Änderung eingetreten.

1

Untertitel 2
Zustellungen auf Betreiben der Parteien

§ 191
Zustellung

Ist eine Zustellung auf Betreiben der Parteien zugelassen oder vorgeschrieben, finden die Vorschriften über die Zustellung von Amts wegen entsprechende Anwendung, soweit sich nicht aus den nachfolgenden Vorschriften Abweichungen ergeben.

Inhalt:

	Rn.		Rn.
A. Allgemeines	1	II. Zustellungsauftrag und Ausführung	4
B. Erläuterungen	3	C. Kosten und Gebühren	5
I. Anwendbare Vorschriften	3		

---

14 BGHZ 188, 128 (144), Rn. 46 ff. = NJW 2011, 1965 (1968), Rn. 46 ff. = VersR 2011, 1278 (1280), Rn. 46 ff.; nur im Ergebnis zustimmend Prütting/Gehrlein-*Tombrink*, ZPO, § 189 Rn. 5.
15 OLG München, OLGR 2005, 675 (676) = MDR 2005, 1244.
16 VGH Kassel, NJW 2009, 1624 (1626).
17 VGH Kassel, NJW 2009, 1624 (1626); OLG Hamburg, MDR 1979, 851.
18 Prütting/Gehrlein-*Tombrink*, ZPO, § 189 Rn. 6.
19 Zöller-*Stöber*, ZPO, § 189 Rn. 16; wohl zustimmend Prütting/Gehrlein-*Tombrink*, ZPO, § 189 Rn. 6.

Zu § 190:
1 BGBl. I 2002, S. 671; berichtigt BGBl. I 2002, S. 1019.
2 BGBl. I 2004, S. 620 f.

A. Allgemeines

1 Nach der Vorstellung des Gesetzgebers ist die Zustellung von Amts wegen (§§ 166 ff. ZPO) der Regelfall einer Zustellung und die Parteizustellung eine Sonderform, die der Disposition der Verfahrensbeteiligten überlassen ist, sofern kein Bedürfnis an einer amtsseitigen Zustellung besteht.

2 Im Wege der Parteizustellung können insbesondere Willenserklärungen (§ 132 BGB), der Vollstreckungsbescheid (§ 699 Abs. 4 Satz 2 ZPO), der Pfändungs- und Überweisungsbeschluss (§§ 829 Abs. 2, 835 Abs. 2, §§ 846, 857 Abs. 1, § 858 Abs. 3 ZPO) sowie die Entscheidungen im einstweiligen Rechtsschutz, Arrest (§ 922 Abs. 2 ZPO) und einstweilige Verfügung (§ 936 ZPO) zugestellt werden. Für **Vollstreckungstitel** ist die Parteizustellung (§ 750 Abs. 1 Satz 2 Hs. 1, § 756 Abs. 1, § 795 Abs. 1 Satz 1 ZPO) neben der Zustellung von Amts wegen (§§ 317, 329 ZPO) möglich.

B. Erläuterungen
I. Anwendbare Vorschriften

3 Von den Bestimmungen über die Zustellung von Amts wegen (§§ 166–190 ZPO), auf welche für die Zustellung auf Betreiben der Parteien subsidiär verwiesen wird, soweit die §§ 191–195 ZPO keine Abweichung vorsehen, sind grundsätzlich nur diejenigen Vorschriften anwendbar, die nicht an eine Zustellung im Amtsbetrieb vorsehen. § 166 Abs. 2 ZPO wird insoweit durch § 191 ZPO verdrängt. § 168 ZPO wird durch § 192 ZPO überlagert. § 169 ZPO wird sowohl durch § 192 Abs. 2 ZPO als auch § 193 Abs. 2 ZPO verdrängt. § 173 ZPO (Aushändigung auf der Geschäftsstelle) ist naturgemäß bei Zustellungen auf Betreiben der Parteien nicht anwendbar. § 174 ZPO (Zustellung gegen Empfangsbekenntnis) wird durch § 195 ZPO ersetzt. § 175 ZPO (Zustellung durch Einschreiben) ist durch § 192 Abs. 1 ZPO ausgeschlossen. § 176 ZPO (Zustellungsauftrag) wird durch § 194 ZPO modifiziert. § 182 Abs. 3 ZPO wird von § 194 Abs. 2 ZPO ersetzt. Für **Auslandszustellungen** gilt § 183 ZPO, soweit nicht für Zustellungen innerhalb des EU-Auslands die Regelung des Art. 16 EuZustVO i. V. m. Art. 14 EuZustVO im EU-Ausland greift.

II. Zustellungsauftrag und Ausführung

4 Der **Zustellungsauftrag** wird von einer Partei erteilt, womit diese und nicht das Gericht, der Richter oder Rechtspfleger, Zustellungsveranlasser ist (§ 176 ZPO i. V. m. § 194 ZPO). Für diesen ist der auf der Ermächtigungsgrundlage des § 190 ZPO bundeseinheitlich in der ZustVV vorgesehene Vordruck zu verwenden. Der Zustellungsauftrag ist stets an den Gerichtsvollzieher (§ 154 GVG) zu richten, wobei sich der Zustellungsveranlasser im amtsgerichtlichen Verfahren insoweit auch der Mitwirkung der Geschäftsstelle bedienen kann (§ 192 Abs. 3 Satz 1 ZPO). Das Vorliegen eines ordnungsgemäßen Zustellungsauftrags ist eine Voraussetzung für die Wirksamkeit der Parteizustellung, jedoch kann diese auch nachträglich mit Rückwirkung genehmigt werden. Eine Vertretung bei Erteilung des Zustellungsauftrags, für den kein Anwaltszwang besteht, ist möglich, auch wenn es sich um einen verfahrensrechtlichen Antrag handelt, der kein Vertragsverhältnis begründet.[1]

5 Für eine **Auslandszustellung**, die nach geltenden völkerrechtlichen Ab- oder Übereinkommen nicht unmittelbar vorgenommen werden dürfen (§ 183 Abs. 1 Satz 2 Alt. 1 ZPO), ist für die Mitwirkung des Gerichts (§ 183 Abs. 1 Satz 2 Alt. 2 ZPO) ein Antrag erforderlich. Gleiches gilt für eine Auslandszustellung über die diplomatischen Vertretungen (§ 183 Abs. 2 ZPO) sowie an einen deutschen Staatsangehörigen mit Immunität bei einer solchen Vertretung (§ 183 Abs. 3 ZPO). Schließlich kann auch bei einer Zustellung auf Betreiben einer Partei eine **öffentliche Zustellung** (§ 186 Abs. 1 ZPO) beantragt und durchgeführt werden.

6 Die **Ausführung** der Zustellung im Parteibetrieb obliegt dem Gerichtsvollzieher (§ 192 Abs. 1 ZPO), wobei für die Durchführung der Zustellung (§§ 193–194 ZPO) auch die Vorgaben über die Zustellung von Amts wegen gelten, soweit diese anwendbar sind (vgl. Rn. 3).

C. Kosten und Gebühren

7 Die Kosten und Gebühren ergeben sich aus Nr. 100–102 GVKostG-KV, wonach für die persönliche Zustellung durch den Gerichtsvollzieher 10,00 €, für eine sonstige Zustellung 3,00 € sowie für die Beglaubigung jeder Seite die der Höhe nach gestaffelte Dokumentenpauschale anfällt.

---

1 Prütting/Gehrlein-*Tombrink*, ZPO, § 191 Rn. 4.

§ 192
Zustellung durch Gerichtsvollzieher

(1) Die von den Parteien zu betreibenden Zustellungen erfolgen unbeschadet der Zustellung im Ausland nach § 183 durch den Gerichtsvollzieher nach Maßgabe der §§ 193 und 194.

(2) ¹Die Partei übergibt dem Gerichtsvollzieher das zuzustellende Schriftstück mit den erforderlichen Abschriften. ²Der Gerichtsvollzieher beglaubigt die Abschriften; er kann fehlende Abschriften selbst herstellen.

(3) ¹Im Verfahren vor dem Amtsgericht kann die Partei den Gerichtsvollzieher unter Vermittlung der Geschäftsstelle des Prozessgerichts mit der Zustellung beauftragen. ²Insoweit hat diese den Gerichtsvollzieher mit der Zustellung zu beauftragen.

Inhalt:

	Rn.		Rn.
A. Allgemeines	1	II. Durchführung, Abs. 2	3
B. Erläuterungen	2	III. Amtsgerichtliches Verfahren, Abs. 3	4
I. Zustellungsorgan Gerichtsvollzieher, Abs. 1	2	C. Kosten/Gebühren	5

A. Allgemeines

Durch § 192 ZPO wird der Gerichtsvollzieher als die Zustellung auf Betreiben der Parteien (§§ 191 ff. ZPO) durchführendes Organ bestimmt. Dieser soll während der gesamten Zustellung die Oberaufsicht innehaben.[1] Eine Zustellung direkt durch die bzw. unter den Parteien ist nicht, auch nicht durch Einschreiben mit Rückschein,[2] vorgesehen. In Betracht kommt aber nach § 195 ZPO eine Zustellung von Anwalt zu Anwalt.   1

B. Erläuterungen
I. Zustellungsorgan Gerichtsvollzieher, Abs. 1

Der **örtlich zuständige** Gerichtsvollzieher ist von den Parteien mit der Zustellung zu beauftragen. Ausweislich § 192 Abs. 1 ZPO i.V.m. §§ 193 f. ZPO kann sich dieser wiederum der Post (§ 193 Abs. 1 Satz 3, § 194 ZPO) bedienen, soweit er die Zustellung nicht selbst in seinem eigenen Bezirk (§ 14 GVGA) unternimmt. Für ihn kommen (nur) die Möglichkeiten der Ersatzzustellung (§§ 177–181 ZPO) in Betracht. Dagegen ist der von Zustellungen nach den §§ 173–175 ZPO ausgeschlossen, weil er nicht als Geschäftsstelle (§ 168 ZPO) agiert, sondern einen Zustellungsauftrag § 176 ZPO ausführt.   2

II. Durchführung, Abs. 2

Zur **Durchführung** der persönlichen Zustellung sieht Abs. 2 Satz 1 die Übergabe des Schriftstücks mit den erforderlichen (beglaubigten) Abschriften an den Gerichtsvollzieher vor. Satz 2 ermächtigt den Gerichtsvollzieher, die erforderlichen Beglaubigungen selbst noch vorzunehmen und darüber hinaus auch fehlende Abschriften selbst herzustellen (§ 16 GVGA). Die Beglaubigung bekundet dabei lediglich die inhaltliche Übereinstimmung mit der Urschrift und sagt nichts über die Qualität des Inhalts selbst aus.[3] Die Übergabe kann auch durch ein Telefax erfolgen,[4] nachdem § 174 Abs. 2 Satz 1 ZPO die Zustellung einer solchen gegen Empfangsbekenntnis ebenfalls zulässt.[5] Bei der Durchführung der Zustellung, persönlich oder durch Einschaltung der Post (§ 194 Abs. 1 ZPO), steht dem Gerichtsvollzieher grundsätzlich ein **Ermessensspielraum** zu; an Anweisungen der Partei, eine bestimmte Zustellungsform zu wählen, ist er nicht gebunden,[6] allerdings kann in Fällen besonderer Eilbedürftigkeit eine persönliche Zustellung geboten sein.[7] Verweigert der Gerichtsvollzieher die Durchführung eines ihm erteilten Zustellungsauftrages, der keiner bestimmten Form bedarf,[8] so ist hiergegen als Rechtsbehelf nicht die Erinnerung nach § 765 ZPO, sondern ein Antrag auf gerichtliche Entscheidung nach §§ 23 ff. EGGVG statthaft.[9]   3

---

1 OLG Dresden, NJW 2003, 1721 (1722).
2 OLG Dresden, NJW 2003, 1721 (1722).
3 AG Mannheim v. 20.05.2005, 13 M 6/05, juris, Rn. 5.
4 OLG Düsseldorf, OLGR 2004, 438 (439) = DGVZ 2004, 125 (126); Prütting/Gehrlein-*Tombrink*, ZPO, § 192 Rn. 4; a.A. Stein/Jonas-*Roth*, ZPO, § 192 Rn. 6; Zöller-*Stöber*, ZPO, § 192 Rn. 5.
5 Thomas/Putzo-*Hüßtege*, ZPO, § 192 Rn. 4.
6 So schon RGZ 46, 323 (324); MK-*Häublein*, ZPO, § 192 Rn. 6; Zöller-*Stöber*, ZPO, § 192 Rn. 3.
7 RGZ 91, 179 (182 f.); AG Esslingen, JurBüro 2013, 443; vgl. auch § 21 Nr. 2 und 4 GVGA.
8 OLG Karlsruhe, DGVZ 2016, 227 f.; Zöller-*Greger*, ZPO, § 152 Rn. 4.
9 OLG Karlsruhe, DGVZ 2016, 227 f.; OLG Hamm, DGVZ 2011, 130 (131).

III. Amtsgerichtliches Verfahren, Abs. 3

4 In allen **amtsgerichtlichen Verfahren** und damit insbesondere in der Zwangsvollstreckung kann nach **Satz 1** die Beauftragung des Gerichtsvollziehers auch durch die Einschaltung der Geschäftsstelle des Prozessgerichts erfolgen. Soweit dabei nach § 750 Abs. 1 ZPO eine Urschrift oder eine diese vertretende Ausfertigung sein muss, überlagern diese Vorschriften die Bestimmungen des Zustellungsrechts.[10] Der Zustellungsauftrag nach **Satz 2** wird durch die Geschäftsstelle nur vermittelt und ergeht unverändert im Namen der Partei. Soweit eine Partei abweichend vom Regelfall der Zustellung von Amts wegen die Übermittlung eines ergangenen **Vollstreckungsbescheids** (§ 699 Abs. 1 ZPO) an sich zum Zwecke der Zustellung an den Antragsgegner beantragt (§ 699 Abs. 4 Satz 1 Hs. 1 ZPO), kommt eine Vermittlung des Zustellungsauftrags durch die Geschäftsstelle nicht (mehr) in Betracht (§ 699 Abs. 4 Satz 2 Hs. 2 ZPO).

C. Kosten/Gebühren

5 An **Kosten und Gebühren** fallen bei der persönlichen Zustellung nach Nr. 100 KV-GKG 10,00 € und bei der Zustellung unter Einschaltung der Post 3,00 € Gebühren an. Weiterhin verursachen notwendige Beglaubigungen ebenso wie notwendige Abschriften nach Nr. 102 i.V.m. Nr. 700 KV-GKG Gebühren in Höhe der degressiv gestaffelten Dokumentenpauschale (0,50 € je Seite für die ersten 50 Seiten, ab dann 0,15 € je Seite; bei Farbseiten 1,00 € bzw. 0,30 €).

§ 193
Ausführung der Zustellung

(1) [1]Der Gerichtsvollzieher beurkundet auf der Urschrift des zuzustellenden Schriftstücks oder auf dem mit der Urschrift zu verbindenden hierfür vorgesehenen Formular die Ausführung der Zustellung nach § 182 Abs. 2 und vermerkt die Person, in deren Auftrag er zugestellt hat. [2]Bei Zustellung durch Aufgabe zur Post ist das Datum und die Anschrift, unter der die Aufgabe erfolgte, zu vermerken.

(2) Der Gerichtsvollzieher vermerkt auf dem zu übergebenden Schriftstück den Tag der Zustellung, sofern er nicht eine beglaubigte Abschrift der Zustellungsurkunde übergibt.

(3) Die Zustellungsurkunde ist der Partei zu übermitteln, für die zugestellt wurde.

Inhalt:

	Rn.		Rn.
A. Allgemeines	1	I. Vermerk, Abs. 1	3
I. Normzweck	1	II. Persönliche Zustellung, Abs. 2	4
II. Anwendungsbereich	2	III. Zustellungsnachweis, Abs. 3	5
B. Erläuterungen	3		

A. Allgemeines
I. Normzweck

1 Für die nach § 192 ZPO bei Zustellung auf Betreiben der Parteien (§§ 191 ff. ZPO) vorgesehene Zuständigkeit des Gerichtsvollziehers (vgl. § 192 Rn. 1) regelt § 193 ZPO die Führung des Zustellungsnachweises, indem er Beurkundungspflichten vorgibt. Die Bestimmungen über Zustellungsurkunde (§ 182 ZPO) werden insoweit ergänzt, gelten im Übrigen (§ 191 Abs. 2 ZPO) aber entsprechend. Ein Verstoß gegen § 193 ZPO (i.V.m. § 182 ZPO) berührt die Wirksamkeit einer Zustellung nicht.

II. Anwendungsbereich

2 Die Bestimmung findet nur auf Zustellungen auf **Betreiben der Parteien** (§§ 191 ff. ZPO) Anwendung. Je nach der vom Gerichtsvollzieher nach eigenem pflichtgemäßen Ermessen (vgl. § 192 Rn. 3) gewählten Zustellung (persönlich, § 193 Abs. 1 Satz 1 ZPO) oder durch Einschaltung der Post (§ 194 ZPO i.V.m. § 193 Abs. 1 Satz 2 ZPO) unterscheiden sich die zu beurkundenden Angaben. Soweit der Gerichtsvollzieher im Zuge einer Zustellung von Amts wegen (§§ 166 ff. ZPO) auf einen Zustellungsauftrag (§ 176 ZPO) hin tätig wird, findet § 193 ZPO keine Anwendung.

---

10 BayObIGZ 2004, 382 (384) = DNotZ 2005, 614 (615).

B. Erläuterungen
I. Vermerk, Abs. 1

Im Falle der **persönlichen Zustellung** durch den Gerichtsvollzieher kann dieser die nach Absatz 1 Satz 1 vorgesehenen Angaben entweder auf der Urschrift des zuzustellenden Schriftstücks oder auf der Zustellungsurkunde (§ 182 Abs. 2 ZPO) als dem hierfür vorgesehenen Formular (Absatz 1 Satz 1 Alt. 2; § 190 ZPO i.V.m. § 1 ZustVV) beurkunden. Wählt er die Beurkundung auf der Zustellungsurkunde, ist diese in einer dauerhaft haltbaren Verbindung mit der Urschrift zusammen zu bringen (vgl. auch § 38 Nr. 6 GVGA). Der Zustellungsveranlasser (Vorbem. zu §§ 166 ff. Rn. 3) ist neben dem Tag der Zustellung und den sonstigen in § 182 Abs. 2 ZPO vorgesehenen Angaben in beiden Fällen zu vermerken (so auch § 38 Nr. 4 GVGA). Bei der Zustellung durch **Einschaltung der Post** (§§ 194, 184 ZPO) sind nach Absatz 1 Satz 2 ZPO in einem vom Gerichtsvollzieher zu unterschreibenden Vermerk ebenfalls das Datum der Übergabe an die Post sowie die Anschrift des Zustellungsadressaten zu vermerken.

II. Persönliche Zustellung, Abs. 2

Im Falle der **persönlichen Zustellung**, die durch Übergabe einer beglaubigten Abschrift des zuzustellenden Schriftstücks, die nötigenfalls auch vom Gerichtsvollzieher selbst angefertigt werden kann (§ 192 Abs. 2 Satz 2 ZPO, vgl. § 192 Rn. 3), erfolgt, sieht Absatz 2 weitergehend einen Vermerk über den Tag der Übergabe auf dem zuzustellenden Schriftstück vor, sofern der Gerichtsvollzieher sich nicht entsprechend Absatz 1 Satz 1 Alt. 2 ZPO einer Zustellungsurkunde bedient. Soweit er eine solche verwendet, ist dem Zustellungsadressaten bzw. -empfänger (Vorbem. zu §§ 166 ff. Rn. 3) davon eine beglaubigte Abschrift zu übergeben. Soweit der Gerichtsvollzieher einer **Ersatzzustellung** nach den §§ 180, 181 ZPO (Einlage in den Briefkasten; Niederlegung) vornimmt, muss der Vermerk auch die jeweils notwendigen Angaben nach § 180 Satz 3 ZPO (vgl. § 180 Rn. 5) und § 181 Abs. 1 Satz 5 ZPO (vgl. § 181 Rn. 6). Ebenso ist das Datum der Aufgabe zur Post auch auf dem übergebenden Schriftstück zur Information des Zustellungsadressaten zu vermerken (§ 184 Abs. 2 ZPO). Verstöße gegen diese Vorgaben berühren die Wirksamkeit der Zustellung nicht.[1]

III. Zustellungsnachweis, Abs. 3

Absatz 3 sieht schließlich, soweit eine solche verwendet worden ist (Absatz 1 Satz 1 Alt. 2) die Rücksendung der Zustellungsurkunde, die wie eine öffentliche Urkunde (§ 182 Abs. 1 Satz 2 ZPO i.V.m. § 418 ZPO) den Nachweis der Zustellung bekundet, an den Zustellungsveranlasser, also die Partei, in deren Auftrag die Zustellung erfolgt ist, vor. Auch die Urschrift ist dem Zustellungsveranlasser zurück zu leiten.[2] Die Rückleitung hat unverzüglich (§ 121 Abs. 1 Satz 2 BGB; vgl. auch § 38 Nr. 7 GVGA) zu erfolgen.

§ 194
Zustellungsauftrag

(1) ¹Beauftragt der Gerichtsvollzieher die Post mit der Ausführung der Zustellung, vermerkt er auf dem zuzustellenden Schriftstück, in wessen Auftrag welcher Person er es der Post übergibt. ²Auf der Urschrift des zuzustellenden Schriftstücks oder auf einem mit ihr zu verbindenden Übergabebogen bezeugt er, dass die mit der Anschrift des Zustellungsadressaten, der Bezeichnung des absendenden Gerichtsvollziehers und einem Aktenzeichen versehene Sendung der Post übergeben wurde.

(2) Die Post leitet die Zustellungsurkunde unverzüglich an den Gerichtsvollzieher zurück.

Inhalt:

	Rn.		Rn.
A. Allgemeines	1	I. Durchführung, Abs. 1	2
B. Erläuterungen	2	II. Rückleitung, Abs. 2	3

A. Allgemeines

Auch wenn der Gerichtsvollzieher die Zustellung auf Betreiben einer Partei durchführen soll, sieht die Regelung zur Erleichterung vor, dass der Gerichtsvollzieher seinerseits die Zustellung mittels der Post (§ 176 Rn. 3) betreibt, soweit keine besonderen Umstände vorliegen (z.B. besondere Eilbedürftigkeit, fehlende postalische Anschrift bei bekanntem Aufenthaltsort, etc.).

---

1 BGHZ 67, 355 (357 f.) = NJW 1977, 621 (622) = VersR 1977, 279 (280).
2 LG Saarbrücken, DGVZ 2004, 93 (94).

B. Erläuterungen
I. Durchführung, Abs. 1

2 Die Zustellung durch die Post entspricht im Falle der Durchführung für eine Partei derjenigen der Zustellung von Amts wegen auf **Zustellungsauftrag** hin (§ 176 ZPO). So ist das zuzustellende Schriftstück, auf dem die in **Satz 1** vorgesehenen Angaben über den Zustellungsveranlasser (Vorbem. zu §§ 166 ff. Rn. 3) in einem verschlossenen Umschlag[1] mit der Zustellungsurkunde, für die ein einheitliches Formular nach § 190 ZPO i.V.m. ZustVV vorgesehen ist, an die Post zu übergeben. Eine persönliche Übergabe an einen Postbediensteten ist nicht erforderlich, es genügt der Einwurf in einen Briefkasten durch den Gerichtsvollzieher selbst oder eine von ihm beauftragte Person.[2] **Satz 2** sieht daneben ein **Postübergabezeugnis** vor, in dem der Gerichtsvollzieher die Übergabe des zuzustellenden Schriftstücks an die Post zu bescheinigen hat. Darin hat der Gerichtsvollzieher die Zustellung an die vom Zustellungsadressaten mitgeteilte Anschrift, seinen eigenen Namen und seine Anschrift sowie ein Aktenzeichen zu bezeugen und eigenhändig zu unterschreiben.[3] Soweit diese Angaben nicht auf der verbliebenen Urschrift des in Abschrift oder Ausfertigung zuzustellenden Schriftstücks angebracht werden, sondern auf einem gesonderten Übergabebogen erfolgen, ist dieser körperlich fest mit der Urschrift zu verbinden.[4]

II. Rückleitung, Abs. 2

3 Die weitere Ausführung der Zustellung durch die Post erfolgt nach Maßgabe der §§ 177–181 ZPO, wobei die **Zustellungsurkunde** (§ 182 ZPO) unverzüglich (§ 121 BGB) an den Gerichtsvollzieher zurück zu leiten ist. Dieser überwacht und prüft die Wirksamkeit der Zustellung. Dieser wiederum leitet sie, ebenso wie eine an ihn von der Post als unzustellbar oder zur Annahme verweigerte Sendung (§ 179 Satz 2 ZPO) zurückgeleitete Sendung (§ 47 Nr. 4 GVGA), an den Zustellungsveranlasser zurück (§ 193 Abs. 3 ZPO).

§ 195
Zustellung von Anwalt zu Anwalt
[Fassung bis 31.12.2017]

(1) [1]Sind die Parteien durch Anwälte vertreten, so kann ein Dokument auch dadurch zugestellt werden, dass der zustellende Anwalt das Dokument dem anderen Anwalt übermittelt (Zustellung von Anwalt zu Anwalt). [2]Auch Schriftsätze, die nach den Vorschriften dieses Gesetzes von Amts wegen zugestellt werden, können stattdessen von Anwalt zu Anwalt zugestellt werden, wenn nicht gleichzeitig dem Gegner eine gerichtliche Anordnung mitzuteilen ist. [3]In dem Schriftsatz soll die Erklärung enthalten sein, dass von Anwalt zu Anwalt zugestellt werde. [4]Die Zustellung ist dem Gericht, sofern dies für die zu treffende Entscheidung erforderlich ist, nachzuweisen. [5]Für die Zustellung an einen Anwalt gilt § 174 Abs. 2 Satz 1 und Abs. 3 Satz 1, 3 entsprechend.

(2) [1]Zum Nachweis der Zustellung genügt das mit Datum und Unterschrift versehene schriftliche Empfangsbekenntnis des Anwalts, dem zugestellt worden ist. [2]§ 174 Abs. 4 Satz 2, 3 gilt entsprechend. [3]Der Anwalt, der zustellt, hat dem anderen Anwalt auf Verlangen eine Bescheinigung über die Zustellung zu erteilen.

§ 195
Zustellung von Anwalt zu Anwalt
[Fassung ab 01.01.2018]

(1) [1]Sind die Parteien durch Anwälte vertreten, so kann ein Dokument auch dadurch zugestellt werden, dass der zustellende Anwalt das Dokument dem anderen Anwalt übermittelt (Zustellung von Anwalt zu Anwalt). [2]Auch Schriftsätze, die nach den Vorschriften dieses Gesetzes vom Amts wegen zugestellt werden, können stattdessen von Anwalt zu Anwalt zugestellt werden, wenn nicht gleichzeitig dem Gegner eine gerichtliche Anordnung mitzuteilen ist. [3]In dem Schriftsatz soll die Erklärung enthalten sein, dass von Anwalt zu Anwalt zugestellt werde. [4]Die Zustellung ist dem Gericht, sofern dies für die zu treffende Entscheidung

---

1 Zöller-*Stöber*, ZPO, § 194 Rn. 2.
2 Zöller-*Stöber*, ZPO, § 194 Rn. 2.
3 Prütting/Gehrlein-*Tombrink*, ZPO, § 194 Rn. 2; Zöller-*Stöber*, ZPO, § 194 Rn. 3.
4 Thomas/Putzo-*Hüßtege*, ZPO, § 194 Rn. 4.

erforderlich ist, nachzuweisen. ⁵Für die Zustellung an einen Anwalt gilt § 174 Abs. 2 Satz 1 und Abs. 3 Satz 1, 3 entsprechend.

(2) ¹Zum Nachweis der Zustellung genügt das mit Datum und Unterschrift versehene schriftliche Empfangsbekenntnis des Anwalts, dem zugestellt worden ist. ²§ 174 Absatz 4 Satz 2 bis 4 gilt entsprechend. ³Der Anwalt, der zustellt, hat dem anderen Anwalt auf Verlangen eine Bescheinigung über die Zustellung zu erteilen.

Inhalt:

	Rn.		Rn.
A. Allgemeines	1	III. Erklärungserfordernis,	
I. Regelungszweck	1	Abs. 1 Satz 3	5
II. Anwendungsbereich	2	IV. Nachweis gegenüber Gericht,	
B. Erläuterungen	3	Abs. 1 Satz 4	6
I. Beiderseitige Vertretung,		V. Durchführung der Zustellung,	
Abs. 1 Satz 1	3	Abs. 1 Satz 5	7
II. Erstreckung auf Zustellung von		VI. Empfangsbekenntnis und Gegen-	
Amts wegen, Abs. 1 Satz 2	4	bescheinigung, Abs. 2	8

A. Allgemeines
I. Regelungszweck

Der Regelungszweck der Vorschrift liegt darin, die Zustellung in Verfahren, in denen beide Seiten der Zustellung, Zustellungsveranlasser und Zustellungsadressat (vgl. Vorbem zu §§ 166 ff. Rn. 3) durch Rechtsanwälte vertreten sind (§ 78 ZPO), durch unmittelbare Übergabe eines Schriftstücks von einem Rechtsanwalt an den anderen zu vereinfachen.   1

II. Anwendungsbereich

Die Vorschrift stellt innerhalb des Zustellungsrechts der ZPO einen Sonderfall dar. Denn abweichend vom sonstigen Regelungsbild, wonach auch für die Zustellung auf Betreiben der Parteien weitgehend die Vorschriften über die Zustellung von Amts wegen (§§ 166 ff. ZPO) zur Anwendung kommen, sieht § 195 Abs. 2 Satz 1 ZPO vor, dass die Zustellung von Anwalt zu Anwalt auch im Verfahren der Amtszustellung Anwendung finden kann. Dies ist immer dann möglich, wenn mit dem zuzustellenden Dokument nicht gleichzeitig eine gerichtliche Anordnung (vgl. Rn. 4) mitzuteilen ist, womit die Klageschrift (§ 253 Abs. 5 Satz 1 ZPO) ebenso wie Rechtsmitteleinlegungs- und Rechtsmittelbegründungsschriften ausscheiden.   2

B. Erläuterungen
I. Beiderseitige Vertretung, Abs. 1 Satz 1

Voraussetzung für die Zustellung von Rechtsanwalt zu Rechtsanwalt ist nach Absatz 1 Satz 1, dass sowohl der Zustellungsveranlasser als auch der Zustellungsadressat (vgl. Vorbem. zu §§ 166 ff. Rn. 3) durch einen Rechtsanwalt vertreten sind. Aufgrund der ausdrücklichen Begrenzung auf Rechtsanwälte kann eine Zustellung an die in § 174 Abs. 1 ZPO genannten Personen zumindest nicht im Wege der Zustellung nach § 195 ZPO erfolgen. Eine erteilte Vollmacht behält nach Maßgabe von § 87 ZPO ihre Wirksamkeit bei, sodass auch bis zur Anzeige des Erlöschens weiterhin zugestellt werden kann. Etwaige Mängel der Bevollmächtigung können nach § 88 ZPO jederzeit gerügt werden.   3

II. Erstreckung auf Zustellung von Amts wegen, Abs. 1 Satz 2

Absatz 1 Satz 2 erweitert den Anwendungsbereich der Zustellung von Rechtsanwalt zu Rechtsanwalt über die Zustellung auf Betreiben der Parteien auch auf den Regelfall der Zustellung von Amts wegen, soweit nicht die Einreichung unmittelbar bei Gericht vorgesehen ist (§ 253 Abs. 5 Satz 1, § 340 Abs. 1, § 519 Abs. 1, § 520 Abs. 3 Satz 1 ZPO). Einschränkende Voraussetzung hierbei weiterhin, dass mit dem zuzustellenden Dokument **nicht gleichzeitig** auch eine gerichtliche Anordnung (z.B. Aufforderung zur Anzeige der Verteidigungsbereitschaft nach § 276 Abs. 1 ZPO) mitzuteilen ist. Bei der Zustellung von einem eine **Willenserklärung** enthaltenden Schriftstücken nach § 132 BGB ist nur die Zustellung durch den Gerichtsvollzieher (§ 192 ZPO) möglich.[1]   4

III. Erklärungserfordernis, Abs. 1 Satz 3

Die nach Abs. 1 Satz 3 erforderliche Erklärung des **Zustellungswillens** kommt regelmäßig in einem Zustellungsvermerk („Ich stelle zu") zum Ausdruck. Das Fehlen einer solchen Erklä-   5

---

[1] Prütting/Gehrlein-*Tombrink*, ZPO, § 195 Rn. 2; Zöller-*Stöber*, ZPO, § 195 Rn. 2.

rung berührt nicht die Wirksamkeit der Zustellung („soll").[2] Dagegen legt ein Vermerk „Gegner hat Abschrift" eine nur formlose Übersendung ohne Zustellungswillen nahe.[3]

IV. Nachweis gegenüber Gericht, Abs. 1 Satz 4

6 Die ordnungsgemäße Durchführung der Zustellung, die sich nach der Vorschrift des § 174 ZPO bestimmt (Abs. 1 Satz 5, vgl. Rn. 7), ist bei Bedarf gegenüber dem Prozessgericht nachzuweisen, wofür regelmäßig die Vorlage des **Empfangsbekenntnisses** (Abs. 2 Satz 1, vgl. Rn. 8) genügt.

V. Durchführung der Zustellung, Abs. 1 Satz 5

7 Für die **Durchführung** der Zustellung von Anwalt an Anwalt verweist Abs. 1 Satz 5 auf die für die Zustellung von Amts wegen geltenden Bestimmungen des § 174 Abs. 2 Satz 1 und Abs. 3 Satz 1, 3 ZPO. Danach ist das zuzustellende Schriftstück zu übermitteln (vgl. § 174 Rn. 3), wofür neben der Einschaltung eines Boten oder der Post nach § 174 Abs. 2 Satz 1 ZPO auch eine Telekopie sowie nach § 174 Abs. 3 Satz 1, 3 ZPO ein elektronisches Dokument ausreichen kann. Abschriften müssen auch bei der Zustellung von Anwalt zu Anwalt beglaubigt sein (vgl. § 169 Rn. 5). Die Zustellung ist mit dem Zugang bei dem gegnerischen Anwalt oder einem von diesem Bevollmächtigten abgeschlossen; eine Ersatzzustellung (§§ 178–181 ZPO) kommt nicht in Betracht.[4] Notwendig ist zudem die **Bereitschaft des Zustellungsadressaten** zur Entgegennahme im Wissen um die Zustellungsabsicht,[5] wobei die Bereitschaft bei der Unterzeichnung des Empfangsbekenntnisses vermutet wird. Eine (nicht als Verletzung einer Berufspflicht ahndbare)[6] Verweigerung der Entgegennahme des zuzustellenden Dokuments führt nicht zur Zustellungsfiktion (§ 179 Satz 3 ZPO).

VI. Empfangsbekenntnis und Gegenbescheinigung, Abs. 2

8 **Abs. 2 Satz 1** sieht als notwendigen Mindestinhalt für ein **Empfangsbekenntnis**, das zugleich Zustellungsnachweis und Wirksamkeitsvoraussetzung ist, die Angabe des Datums sowie die Unterschrift des Zustellungsadressaten oder seines hierzu Bevollmächtigten voraus. Der Anwalt ist insoweit als Beurkundungsperson für die Richtigkeit der Angaben verantwortlich.[7] Für den Fall der Verwendung eines **elektronischen Empfangsbekenntnisses** sieht **Abs. 2 Satz 2** mit der Verweisung auf § 174 Abs. 4 Satz 3 ZPO die Verwendung einer elektronischen Signatur vor. Der **Verlust eines Empfangsbekenntnisses** steht der Wirksamkeit der Zustellung nicht nachträglich entgegen, lediglich muss die Zustellung als solche mit anderen Mitteln bewiesen werden. Die **Gegenbescheinigung** nach **Abs. 2 Satz 3**, welche der Zustellungsadressat vom Zustellungsveranlasser verlangen kann, dient dem Zustellungsadressaten seinerseits zum Nachweis des Zeitpunkts der erfolgten Zustellung. Fehler der Gegenbescheinigung berühren nicht die Wirksamkeit der Zustellung.[8]

§ 195a bis 213a

(weggefallen)

---

2 BGH, NJW 2001, 3787 (3788) = WM 2002, 248 (250); BGHZ 14, 342 (344); BGH, NJW 1959, 885 = MDR 1959, 838.
3 OLG Frankfurt a.M., FamRZ 1986, 807 (809); Zöller-*Stöber*, ZPO, § 195 Rn. 6.
4 Zöller-*Stöber*, ZPO, § 195 Rn. 9.
5 BGH, NJW-RR 1993, 1213; BGH, NJW 1981, 462 (463) = VersR 1981, 133.
6 BGH, NJW 2015, 3672 Rn. 7 ff. = FamRZ 2016, 222 Rn. 7 ff.
7 BGH, NJW-RR 1999, 715 (716); BGH, NJW 1969, 1297; BGHZ 30, 299 (303 f.) = NJW 1959, 1871 (1872) = MDR 1959, 838; Zöller-*Stöber*, ZPO, § 195 Rn. 11.
8 BGHZ 31, 32 (34) = NJW 1959, 2307.

Titel 3
Ladungen, Termine und Fristen

§ 214
Ladung zum Termin

Die Ladung zu einem Termin wird von Amts wegen veranlasst.

Inhalt:

	Rn.		Rn.
A. Allgemeines	1	IV. Mängel der Ladung und deren Folgen	10
B. Begrifflichkeiten	2	V. Heilung von Ladungsmängeln	11
I. Termin	2	**D. Sonderfälle**	12
II. Ladung und Terminsmitteilung	3	I. Soldaten der Bundeswehr	12
C. Erläuterungen	4	II. NATO-Soldaten	13
I. Ladung „von Amts wegen"	4	III. Diplomaten	14
II. Form der Ladung	5		
III. Inhalt der Ladung	8		

A. Allgemeines

Die Vorschriften über Ladungen und Termine (§§ 214 ff. ZPO) dienen der Vorbereitung und Abwicklung von Verhandlungen oder Verkündungen vor einem Gericht und stehen unter anderem im Zusammenhang mit den Vorschriften über die Zustellung (§§ 166 ff. ZPO), die Bestimmung der Verfahrensweise (§ 272 ZPO), die Vorbereitung des Termins (§ 273 ZPO) und über die Vertagung von Amts wegen bei Säumnis einer Partei (§ 337 ZPO). Sie gelten im Grundsatz für alle **ZPO-Verfahrensarten**, auch für das **WEG-Verfahren**.[1] Für Verfahren nach dem FamFG enthalten §§ 16, 32 FamFG abweichende Regelungen. Für Verfahren in **Familiensachen** gelten hingegen im Grundsatz §§ 214 ff. ZPO entsprechend (§ 113 Abs. 1 Satz 2 FamFG).

1

B. Begrifflichkeiten
I. Termin

Die Abwicklung eines (Zivil-)Rechtsstreits erfolgt regelmäßig im Rahmen eines oder mehrerer (Gerichts-)Termine. Ein Termin ist die nach Datum, Uhrzeit und Ort im Voraus festgelegte Gerichtssitzung in einem konkreten Rechtsstreit.[2] Gegenstand eines Termins können insbesondere sein: Mündliche Verhandlung (§ 137 ZPO), Güteverhandlung (§ 278 ZPO), Beweisaufnahme (§§ 355 ff. ZPO), Entscheidungsverkündung (§§ 310, 329 Abs. 1 ZPO) oder Protokollierung eines gerichtlichen Vergleichs. „Termin" lässt sich daher allgemein als ein im Voraus genau bestimmter Zeitpunkt für ein gemeinschaftliches prozessuales Handeln des Gerichts mit den Parteien und/oder einem Dritten in einem konkreten Rechtsstreit umschreiben.[3] Synonym verwendet das Gesetz auch den Ausdruck „Sitzung" (z.B. in § 136 Abs. 3 ZPO und § 345 ZPO). Das Gericht bestimmt den Termin bei notwendiger oder angeordneter mündlicher Verhandlung von Amts wegen (zur Terminsbestimmung vgl. im Einzelnen § 216 Rn. 3 ff.). „Gericht" kann auch der originäre oder obligatorische Einzelrichter, der beauftragte oder ersuchte Richter sowie je nach Zuständigkeit im Einzelfall auch der Urkundsbeamte oder der Rechtspfleger sein.[4] Termine finden bis auf Ausnahmefälle an der Gerichtsstelle statt (zum Terminsort vgl. im Einzelnen § 219 Rn. 2 ff.).

2

II. Ladung und Terminsmitteilung

Sofern nicht Gegenstand einer verkündeten Entscheidung (dann Entbehrlichkeit der Ladung, § 218 ZPO) sind die Verfahrensbeteiligten von einem durch das Gericht bestimmten Termin zu unterrichten. Dies kann, soweit gesetzlich zugelassen, durch (formlose) Terminsmitteilung erfolgen. Teilweise spricht das Gesetz auch von Bekanntmachung des Termins (z.B. § 497 Abs. 1 Satz 1 ZPO, § 900 Abs. 3 Satz 2 ZPO). Im Regelfall erfolgt die Unterrichtung aber durch (förmliche) Ladung. Bei der **Ladung** handelt es sich um eine besondere Form der **Terminsmitteilung**: Sie erfolgt grundsätzlich von Amts wegen (Rn. 4), muss bestimmte formelle (vgl. Rn. 5 ff.) und inhaltlich (vgl. Rn. 8 f.) Anforderungen erfüllen und die gesetzlich vorgeschriebene La-

3

---

[1] Baumbach/Lauterbach/Albers/Hartmann, ZPO, ÜB vor § 214 Rn. 3.
[2] MK-*Stackmann*, ZPO, § 214 Rn. 4.
[3] Musielak/Voit-*Stadler*, ZPO, § 214 Rn. 3.
[4] Zöller-*Stöber*, ZPO, § 216 Rn. 15; MK-*Stackmann*, ZPO, § 214 Rn. 4.

dungsfrist (vgl. § 217 ZPO) einhalten. Darüber hinaus muss sie die gerichtliche Aufforderung an den Adressaten enthalten, zu dem Termin zu erscheinen. Dies unterscheidet sie von der bloßen Terminsmitteilung, für die das Gesetz keine besondere Form vorschreibt (vgl. Rn. 6). In besonderen Fällen kann eine Ladung auch gänzlich entbehrlich sein (vgl. § 218 ZPO).

C. Erläuterungen
I. Ladung „von Amts wegen"

4 Die Ladung erfolgt **von Amts wegen**, nicht (erst) auf Betreiben der Parteien. Zuständig ist der Urkundsbeamte der Geschäftsstelle (§ 153 GVG). Dieser fertigt die Ladung aus und veranlasst die förmliche Zustellung (§ 168 Abs. 1 Satz 1 ZPO, Regelfall, vgl. Rn. 5) bzw. teilt den Termin formlos mit (Ausnahmefall, vgl. Rn. 6, 7). Einer ausdrücklichen Verfügung des Vorsitzenden bedarf es hierzu nicht.[5] Eine Ladung ist aber nur auf Grundlage einer zuvor erfolgten Terminsbestimmung (§ 216 ZPO, § 274 Abs. 1 ZPO, §§ 495, 497 ZPO) zulässig. Die Terminsbestimmung kann die Ladung aber nicht ersetzen.[6]

II. Form der Ladung

5 Die Ladung erfolgt notwendigerweise **schriftlich** und ist grundsätzlich förmlich **zuzustellen** (§§ 166 ff. ZPO), da es sich um die Bekanntmachung einer Terminsbestimmung handelt (§ 329 Abs. 2 Satz 2 ZPO, st. Rspr.). Hierdurch erhält das Gericht die Möglichkeit, alle nach dem Gesetz zur Verfügung stehenden Möglichkeiten der §§ 166 ff. ZPO zu nutzen. Das Gericht muss für einen wirksamen Zugang sorgen. Erst er löst die weitreichenden Rechtsfolgen einer Säumnis nach §§ 330 ff., 495a ZPO aus. Nur in gesetzlich zugelassenen Ausnahmefällen ist die **förmliche Zustellung** der Ladung **entbehrlich**:
- § 141 Abs. 2 Satz 2 ZPO (Ladung der Partei bei angeordnetem persönlichen Erscheinen),
- § 377 Abs. 1 ZPO ggf. i.V.m. § 402 ZPO (Ladung des Zeugen oder Sachverständigen),
- § 497 Abs. 1 ZPO (Ladung des Klägers zur mündlichen Verhandlung nach Klageerhebung im amtsgerichtlichen Verfahren),
- § 450 Abs. 1 Satz 2 ZPO (Ladung der zu vernehmenden Partei).

6 Soweit gesetzlich zugelassen, ist anstatt der förmlichen Ladung eine formlose Unterrichtung vom Termin durch bloße **Terminsmitteilung ausreichend**:
- Mitteilung des Verkündungstermins an nicht erschienene Partei bei Entscheidung nach Aktenlage (§ 251a Abs. 2 Satz 3 ZPO),
- Mündliche Verhandlung nach Einspruch gegen Versäumnisurteil (§ 341a ZPO),
- Beweisaufnahme durch den beauftragten oder ersuchten Richter (§ 357 Abs. 2 Satz 1 ZPO),
- Mündliche Verhandlung über Zwischenstreit im Rahmen der Beweisaufnahme durch den beauftragten oder ersuchten Richter (§ 366 Abs. 2 ZPO),
- Termin zur Fortsetzung der mündlichen Verhandlung nach Beweisaufnahme durch den beauftragten oder ersuchten Richter (§ 370 Abs. 2 Satz 2 ZPO),
- Mündliche Verhandlung über die Berufung (§ 523 Abs. 1 Satz 2 ZPO, arg. ex. § 523 Abs. 2 ZPO),[7]
- Mündliche Verhandlung über die Revision (§ 553 Abs. 1 ZPO),
- Früher noch: Mitteilung des Termins zur Abnahme der eidesstattlichen Versicherung gegenüber dem Gläubiger (§ 900 Abs. 1 Satz 4 ZPO in der bis zum 31.12.2012 geltenden Fassung). In diesen Fällen ist sogar eine nur mündliche Unterrichtung über den Termin denkbar (zu den inhaltlichen Anforderungen an eine Terminsmitteilung vgl. Rn. 8).

7 Lässt das Gesetz eine formlose Unterrichtung vom Termin zu, steht es dem Gericht dennoch frei, im Einzelfall die förmliche Zustellung anzuordnen.[8] Im Falle von § 357 Abs. 2 Satz 1 ZPO sieht das Gesetz diese Möglichkeit ausdrücklich vor.

III. Inhalt der Ladung

8 **Notwendiger Inhalt** sind die Bezeichnung der ladenden Stelle (Postanschrift des Gerichts insoweit ausreichend), die Bezeichnung des Geladenen, die Angabe der Terminszeit und des

---

5 BeckOK-*Jaspersen*, ZPO, § 214 Rn. 2.
6 Baumbach/Lauterbach/Albers/Hartmann, ZPO, ÜB vor § 214 Rn. 6.
7 Der Vergleich mit § 553 Abs. 1 Satz 2 ZPO und § 553 Abs. 2 ZPO zeigt offenbares Redaktionsversehen: Bei § 523 Abs. 1 Satz 2 ZPO ist schlicht der Passus „und den Parteien bekannt zu machen" am Ende vergessen worden. Gleichlautend sprechen nämlich § 523 Abs. 2 ZPO und § 553 Abs. 2 ZPO von der „Bekanntmachung" des Termins.
8 MK-*Stackmann*, ZPO, § 214 Rn. 2.

Terminsortes (zumindest des Gebäudes), die Bezeichnung des Rechtsstreits mit Aktenzeichen sowie des Zwecks des Termins. Insoweit genügt eine allgemeine Umschreibung, wie z.B. „Termin zur mündlichen Verhandlung" oder „wegen Beweisaufnahme".[9] Diese inhaltlichen Anforderungen gelten auch für die bloße Terminsmitteilung. Zusätzlich muss die Ladung die Aufforderung an den Adressaten enthalten, im Termin zu erscheinen. Diese kann ausdrücklich oder auch konkludent erfolgen, muss aber deutlich erkennbar sein.[10]

Weitere Anforderungen an die Ladung können im Einzelfall bestehen bei: 9
– der Ladung der Partei bei angeordnetem persönlichen Erscheinen (§ 141 Abs. 3 Satz 3 ZPO),
– der Ladung zur mündlichen Verhandlung (§ 215 Abs. 1 ZPO),
– der Ladung des Beklagten bei frühem ersten Termin (§ 274 Abs. 2 ZPO),
– der Ladung von Zeugen bzw. Sachverständigen (§ 377 Abs. 2 ZPO ggf. i.V.m. § 402 ZPO),
– der Ladung der zu vernehmenden Partei (§ 450 Abs. 1 Satz 2 ZPO).

IV. Mängel der Ladung und deren Folgen

Fehlt eine notwendige Angabe oder sind die Vorschriften über die Zustellung (§§ 166 ff. ZPO, 10 vgl. im Einzelnen dort) nicht eingehalten, sofern die förmliche Zustellung gesetzlich oder gerichtlich angeordnet ist (vgl. Rn. 5, 7), hat dies grundsätzlich die **Unwirksamkeit** der Ladung zur Folge.[11] Die gesetzlich vorgesehenen Folgen der Säumnis (§§ 330 ff. ZPO) können dann nicht eintreten (§ 335 Abs. 1 Nr. 2 ZPO). Gleiches gilt im Ergebnis hinsichtlich der Folgen des unentschuldigten Ausbleibens einer Partei bei angeordnetem persönlichen Erscheinen, eines Zeugen oder eines Sachverständigen (§ 141 Abs. 3 Satz 1 ZPO, § 380 Abs. 1 ZPO, § 409 ZPO).

V. Heilung von Ladungsmängeln

Eine **Heilung** von Mängeln einer Ladung oder auch Terminsmitteilung kann durch rügelose 11 Einlassung gemäß § 295 Abs. 1 ZPO eintreten.[12] Bei Zustellungsmängeln kommt zusätzlich eine Heilung gemäß § 189 ZPO durch tatsächlichen Zugang beim Zustellungsempfänger in Betracht.

D. Sonderfälle
I. Soldaten der Bundeswehr

Für die Ladung von **Soldaten** der Bundeswehr gelten im Grundsatz die allgemeinen Vorschriften. 12 Der Erlass des Bundesministers der Verteidigung über Zustellungen, Ladungen, Vorführungen und Zwangsvollstreckungen bezüglich Soldaten in der Bundeswehr (ZwangsVVBW)[13] ist zu beachten. Dieser regelt besondere Modalitäten der Zustellung in einer Truppenunterkunft und die Ersatzzustellung an bestimmte Dienstvorgesetzte.

II. NATO-Soldaten

Angehörige ausländischer Truppen, die in Deutschland stationiert sind, auch die dort tätigen 13 Zivilpersonen, können über die Verbindungsstellen der jeweiligen Entsendestaates geladen werden (Art. 32, 37 Zusatzabkommen zum NATO-Truppenstatut).[14] Wird unmittelbar zugestellt, ist die Verbindungsstelle hiervon unverzüglich zu unterrichten (Art. 32 Abs. 2, 37 Abs. 1 Satz 2).

III. Diplomaten

Zu **Diplomaten** und sonstigen Exterritorialen vgl. §§ 18–20 GVG. 14

---

9 BGH, NJW 1982, 888.
10 Musielak/Voit-*Stadler*, ZPO, § 214 Rn. 5.
11 BGH, DGVZ 2010, 130.
12 BGH, DGVZ 2010, 130.
13 In der Neufassung vom 23.07.1998, VMBl., S. 246 (R II 1, Az. 39-85-25/00), geändert durch Erlass vom 10.03.2003, VMBl., S. 95, sowie vom 14.06.2004, VMBl., S. 109.
14 In der Fassung des Änderungsabkommens vom 18.03.1993 nebst Änderungsgesetz vom 28.09. 1994, BGBl. II, S. 2594, und Zustellungsreformgesetz vom 25.06.2001, BGBl. I, S. 1206.

§ 215
Notwendiger Inhalt der Ladung zur mündlichen Verhandlung

(1) ¹In der Ladung zur mündlichen Verhandlung ist über die Folgen einer Versäumung des Termins zu belehren (§§ 330 bis 331a). ²Die Belehrung hat die Rechtsfolgen aus den §§ 91 und 708 Nr. 2 zu umfassen.

(2) In Anwaltsprozessen muss die Ladung zur mündlichen Verhandlung, sofern die Zustellung nicht an einen Rechtsanwalt erfolgt, die Aufforderung enthalten, einen Anwalt zu bestellen.

Inhalt:

	Rn.		Rn.
A. Allgemeines	1	II. Aufforderung zur Bestellung eines Rechtsanwalts	6
B. Erläuterungen	3	III. Folgen bei Rechtsverstoß	8
I. Belehrung über Säumnisfolgen	3		

A. Allgemeines

1 Die Vorschrift wurde neu gefasst durch das Gesetz zur Durchführung der Verordnung (EG) Nr. 805/2004 über einen Europäischen Vollstreckungstitel für unbestrittene Forderungen (EuVTVO),¹ da die alte Fassung den Anforderungen von Art. 17 Buchst. b EuVTVO nicht gerecht geworden war, wonach in dem verfahrenseinleitenden Schriftstück, einem gleichwertigen Schriftstück oder einer Ladung [...] deutlich auf die Konsequenzen des Nichtbestreitens oder des Nichterscheinens, insbesondere die etwaige Möglichkeit einer Entscheidung oder ihrer Vollstreckung gegen den Schuldner und der Verpflichtung zum Kostenersatz hingewiesen worden sein muss. Dieser Anforderung trägt nunmehr Absatz 1 der neu gefassten Vorschrift Rechnung. Absatz 1 der alten Fassung wurde wortgleich als Absatz 2 in die neu gefasste Vorschrift übernommen.

2 Die statuierten Anforderungen betreffen im Grundsatz nur **Ladungen der Parteien** (einschließlich **Streithelfern** nach §§ 66 ff. ZPO)² zur **mündlichen Verhandlung** und gelten nicht unmittelbar für Ladungen zur Güteverhandlung nach § 278 Abs. 1 ZPO. Da die mündliche Verhandlung aber regelmäßig unmittelbar auf die Güteverhandlung folgt (§ 279 Abs. 1 Satz 1 ZPO) und daher üblicherweise eine einheitliche Ladung ergeht, spielt diese Unterscheidung in der Praxis kaum eine Rolle.

B. Erläuterungen
I. Belehrung über Säumnisfolgen

3 Die Ladung muss eine **Belehrung** über die Möglichkeit eines Versäumnisurteils gemäß §§ 330–331a ZPO mit den kosten- und vollstreckungsrechtlichen Folgen aus § 91 ZPO und § 708 Nr. 2 ZPO enthalten. Erforderlich ist die Belehrung aber nur mit Blick auf die dort ausdrücklich genannten Fälle des **ersten Versäumnisurteils** oder der Entscheidung nach Lage der Akten (§§ 330, 331, 331a ZPO), nicht dagegen mit Blick auf das in § 345 ZPO geregelte **zweite Versäumnisurteil**.³ Eine ordnungsgemäße Ladung muss daher nicht den Hinweis enthalten, dass im Falle der Säumnis im Einspruchstermin (nach Einspruch gegen erstes Versäumnisurteil oder gegen Vollstreckungsbescheid) ein technisch zweites Versäumnisurteil ergehen kann, welches nur noch mit der Berufung angegriffen werden kann (§ 345, § 700 Abs. 6 ZPO). Ebenso braucht sich die Belehrung nicht auf die Möglichkeit eines **Schuldnerschutzantrages** nach § 712 ZPO zu beziehen.

4 Die Belehrungspflicht gilt auch im **Verfahren nach § 495a ZPO**. Dies ist Ausfluss der auch im Verfahren nach § 495a ZPO geltenden Grundsätze des Regelverfahrens, insb. der Fürsorgepflicht des Gerichts, die sich in den Hinweis- und Aufklärungspflichten konkretisiert. Zwar ist dem Gericht im Verfahren nach § 495a ZPO die **Durchführung einer mündlichen Verhandlung** grundsätzlich freigestellt. Entscheidet es sich aber für deren Durchführung oder stellt eine Partei den Antrag nach § 495a Satz 2 ZPO, so muss die Ladung zu dem hierauf bestimmten Termin die Belehrung nach § 215 Abs. 1 ZPO enthalten.⁴

5 Die Belehrung erfolgt je nach Form der Ladung entweder schriftlich oder elektronisch. Eine **formularmäßige Belehrung** ist zulässig und auch üblich. Ein bloßer Paragraphenverweis ist unzureichend.⁵

---

1 EG-Vollstreckungstitel-Durchführungsgesetz vom 18.08.2005, BGBl. I, S. 2477.
2 Baumbach/Lauterbach/Albers/Hartmann, ZPO, § 215 Rn. 3.
3 BGH, BeckRS 2010, 24080 = MDR 2010, 1340.
4 BT-Drucks 15/5222, S. 10; Saenger-*Wöstmann*, ZPO, § 215 Rn. 3; BGH v. 15.12.2010, VIII ZR 182/09, LMK 2010, 311410.
5 MK-*Stackmann*, ZPO, § 215 Rn. 1.

II. Aufforderung zur Bestellung eines Rechtsanwalts

Handelt es sich um einen Anwaltsprozess (§ 78 ZPO) und hat sich bislang noch kein Anwalt für die betreffende Partei bestellt, so muss eine Ladung zur mündlichen Verhandlung die **Aufforderung** an die Partei enthalten, einen postulationsfähigen **Rechtsanwalt** zu beauftragen, da andernfalls Rechtsnachteile drohen. Dies gilt für jede Ladung zu einem Termin zur mündlichen Verhandlung, solange noch kein Rechtsanwalt bestellt worden ist, auch bei wiederholter Ladung z.B. in Folge **Terminsverlegung** (§ 227 ZPO) oder **Vertagung** (§ 337 ZPO).[6] Bei der vorgeschriebenen Aufforderung handelt es sich um eine ausnahmslos geltende **Förmlichkeit**. Es kommt daher nicht darauf an, ob die Partei eine entsprechende Aufforderung früher schon einmal erhalten hat (z.B. nach §§ 271 Abs. 2, 275 Abs. 1, 276 Abs. 2, 277 Abs. 3 ZPO) oder ob sie Kenntnis vom Anwaltszwang hat oder haben müsste.[7]

6

Die Aufforderung ist **entbehrlich**, wenn es sich beim Zustellungsempfänger selbst um einen **Rechtsanwalt** handelt. Hierbei ist unerheblich, ob die Zustellung an diesen in der Funktion als Prozess- oder Zustellungsbevollmächtigter (§§ 172, 184 ZPO) erfolgt oder ob der Rechtsanwalt selbst Prozesspartei ist. Dem Rechtsanwalt steht dessen allgemein bestellter Vertreter oder Abwickler gleich (§§ 53, 55 BRAO), nicht aber ein sonstiger Bevollmächtigter.[8]

7

III. Folgen bei Rechtsverstoß

Der Hinweis im Sinne von Absatz 1 und die Aufforderung nach Absatz 2 sind Wirksamkeitsvoraussetzungen für die Ladung (zu einem Termin zur mündlichen Verhandlung. Fehlen diese, so ist die Ladung nicht ordnungsgemäß erfolgt mit der Folge der **Unzulässigkeit einer Säumnisentscheidung** (§ 335 Abs. 1 Nr. 2 ZPO). Bei Fehlen der Belehrung nach Absatz 1 müsste ein Antrag auf Bestätigung als **Europäischer Vollstreckungstitel** gemäß Art. 6 EuVTVO, der ein Versäumnisurteil gemäß Art. 3 Abs. 1 Satz 2 Buchst. b oder c EuVTVO betrifft, abgelehnt werden (Art. 12, 17 EuVTVO).[9] Zu den Heilungsmöglichkeiten vgl. § 214 Rn. 11. Da bei nicht ordnungsgemäßer Ladung auch die **Ladungsfrist** nicht zu laufen beginnt, kann die fehlende Aufforderung nach Absatz 2 selbst dann noch gerügt werden, wenn die Partei trotz fehlender Aufforderung einen Prozessvertreter bestellt hat.[10]

8

§ 216
Terminsbestimmung

(1) Die Termine werden von Amts wegen bestimmt, wenn Anträge oder Erklärungen eingereicht werden, über die nur nach mündlicher Verhandlung entschieden werden kann oder über die mündliche Verhandlung vom Gericht angeordnet ist.

(2) Der Vorsitzende hat die Termine unverzüglich zu bestimmen.

(3) Auf Sonntage, allgemeine Feiertage oder Sonnabende sind Termine nur in Notfällen anzuberaumen.

Inhalt:

	Rn.		Rn.
A. Allgemeines	1	IV. Entscheidung	13
B. Erläuterungen	3	1. Zuständigkeit	13
I. Terminsbestimmung von Amts wegen	3	2. Form, Inhalt und Ausführung	14
1. Anbringung eines der mündlichen Verhandlung bedürfenden Gesuchs	5	C. Rechtsbehelfe	16
		I. Ersuchen um Terminsverlegung	16
2. Wirksamkeit des Gesuchs	6	II. Verzögerungsrüge	17
3. Terminierungshindernisse	7	III. Sofortige Beschwerde und Erinnerung	19
4. Einzahlung des Gerichtskostenvorschusses	9	IV. Dienstaufsichtsbeschwerde und Verfassungsbeschwerde	20
II. Zeitpunkt der Terminsbestimmung	10		
III. Auswahl des Termins	12	D. Kosten und Gebühren	22

---

6 Zöller-*Stöber*, ZPO, § 215 Rn. 2; MK-*Stackmann*, ZPO, § 215 Rn. 4; Musielak/Voit-*Stadler*, ZPO, § 215 Rn. 1; a.A. (für den Fall eines späteren Termins) Baumbach/Lauterbach/Albers/Hartmann, ZPO, § 215 Rn. 13.
7 MK-*Stackmann*, ZPO, § 215 Rn. 4.
8 Zöller-*Stöber*, ZPO, § 215 Rn. 3.
9 Musielak/Voit-*Stadler*, ZPO, § 215 Rn. 2a.
10 Musielak/Voit-*Stadler*, ZPO, § 215 Rn. 2a.

A. Allgemeines

1 Die Terminsbestimmung hat angesichts des **Mündlichkeitsgrundsatzes** (§ 128 Abs. 1 ZPO) zentrale Bedeutung für den Fortgang eines Rechtsstreits. Erst durch die Bestimmung des Termins (zum Begriff vgl. § 214 Rn. 2) eröffnet das Gericht den Weg zur mündlichen Verhandlung und gibt dem Rechtsstreits seinen Fortgang.

2 Die Vorschrift ist auf **alle ZPO-Verfahren** anwendbar, für die eine (obligatorische oder angeordnete) mündliche Verhandlung vorgesehen ist. Sie gilt für **alle Rechtszüge** und Verfahrensstadien bis zur Rechtskraft der das Verfahren insgesamt abschließenden Entscheidung, also auch für die Terminsbestimmung nach **Zurückverweisung durch das Rechtsmittelgericht** (§ 538 Abs. 2 ZPO, § 563 Abs. 1 ZPO);[1] ebenso nach **Verweisung des Rechtsstreits** gemäß § 281 ZPO. Nach einer **Zwischenentscheidung** (z.B. durch Teilurteil) erfolgt die Terminsbestimmung ebenfalls von Amts wegen.[2] Allerdings ist zunächst die formelle Rechtskraft der Zwischenentscheidung abzuwarten, wenn dies zur Fortsetzung des Rechtsstreits erforderlich ist (z.B. nach einem **Grundurteil**, § 304 Abs. 2 ZPO, oder nach einer Entscheidung über prozesshindernde Einreden).[3] Der Termin zur **Güteverhandlung** ist ebenfalls von Amts wegen zu bestimmen.[4] Überdies enthalten u.a. § 272 Abs. 2 ZPO, §§ 341a, 361 ZPO, § 366 Abs. 2 ZPO, §§ 368, 523, 553 ZPO und § 924 Abs. 2 ZPO Sondervorschriften für die Terminsbestimmung.

B. Erläuterungen
I. Terminsbestimmung von Amts wegen

3 Liegen die Voraussetzungen (vgl. Rn. 5 ff.) vor, so ist das Gericht zur Terminsbestimmung von Amts wegen verpflichtet. Anträge der Parteien auf Terminsbestimmung sind regelmäßig bloße Anregungen an das Gericht und nicht Voraussetzung für eine Terminsbestimmung. Sie sind nur dann abzuwarten, wenn das Gesetz einen gesonderten Antrag zur Fortsetzung des Verfahrens vorschreibt, wie z.B. bei:
– § 251a Abs. 2 Satz 4 ZPO (Terminsbestimmung bei beabsichtigter Entscheidung nach Aktenlage),
– § 697 Abs. 3 ZPO (Terminsbestimmung im Mahnverfahren bei Ausbleiben der Antragsbegründung nach Abgabe der Streitsache); beachte aber: Terminsbestimmung nach zulässigem Einspruch gegen Vollstreckungsbescheid erfolgt von Amts wegen, § 700 Abs. 3 ZPO),
– § 600 ZPO (Terminsbestimmung im Nachverfahren nach Erlass eines Vorbehaltsurteils im Urkundsprozess, str.); beachte aber: Terminsbestimmung nach Erlass des Vorbehaltsurteils nach § 302 ZPO erfolgt von Amts wegen.[5]

4 Vor der Bestimmung des Termins hat das Gericht bzw. der Vorsitzende von Amts wegen die **Voraussetzungen** für eine Terminsbestimmung zu prüfen. Erforderlich ist zunächst die Anbringung eines im konkreten Fall der mündlichen Verhandlung wirksam zugänglichen Gesuchs („Anträge und Erklärungen", vgl. Rn. 5). Ferner dürfen keine Terminierungshindernisse bestehen (vgl. Rn. 6, 7). Auch hindert ein nicht eingezahlter Gerichtskostenvorschuss regelmäßig die Terminsbestimmung (vgl. Rn. 9). Fehlt es an einer Voraussetzung so unterbleibt die Terminsbestimmung. Wird sie dennoch vorgenommen, ist sie nicht ordnungsgemäß. Einer **ablehnenden Entscheidung** bedarf es nur, wenn ein **(notwendiger) Antrag** auf Terminsbestimmung (vgl. Rn. 3) vorliegt.[6]

1. Anbringung eines der mündlichen Verhandlung bedürfenden Gesuchs

5 Voraussetzung für die Terminsbestimmung ist die **Einreichung eines Schriftsatzes** oder die Abgabe einer Erklärung (gemeint ist: **zu Protokoll der Geschäftsstelle**, § 78 Abs. 3 ZPO), über deren Inhalt (Anträge oder Prozesshandlungen) nur in notwendiger (§ 128 Abs. 1 ZPO, beachte auch: § 320 Abs. 3, § 1063 Abs. 2 ZPO) oder angeordneter (128 Abs. 3 ZPO) mündlicher Verhandlung entschieden werden kann, also insbesondere Klagen oder Rechtsmittel. Ohne ein entsprechendes Gesuch ist eine Terminierung nicht zulässig. Daher ist z.B. die nach Erlass eines (ersten) Versäumnisurteils noch vor Eingang eines entsprechenden Schriftsatzes (vorsorglich) vorgenommene Bestimmung eines Termins zur mündlichen Verhandlung über den

---

1 Thomas/Putzo-*Hüßtege*, ZPO, § 216 Rn. 1.
2 OLG Frankfurt a.M., JurBüro 1982, 613.
3 BGH, NJW 1979, 2307.
4 Saenger-*Wöstmann*, ZPO, § 216 Rn. 1.
5 BGH, NJW 1983, 1111 = MDR 1983, 397 (obiter dictum); Musielak/Voit-*Voit*, ZPO, § 600 Rn. 2; a.A. OLG Celle, NJW-RR 1993, 559; MK-*Braun*, ZPO, § 600 Rn. 4.
6 Thomas/Putzo-*Hüßtege*, ZPO, § 216 Rn. 10.

Einspruch und in der Hauptsache nicht ordnungsgemäß. In dem so anberaumten Einspruchstermin kann daher kein zweites Versäumnisurteil ergehen.[7]

2. Wirksamkeit des Gesuchs
Die Anträge oder Prozesshandlungen, die den Gegenstand des Gesuchs bilden, müssen grundsätzlich wirksam sein. Allerdings rechtfertigen **nur grobe Mängel** ein Unterlassen der Terminsbestimmung (h.M.), so z.b. die Klage eines nicht postulationsfähigen Klägers, eine Klage mit ausschließlich beleidigendem Inhalt, eine Klage ohne Anspruchsbegründung (auch bei § 697 Abs. 2 ZPO), die in einer Fremdsprache abgefasste Klage (§ 184 Abs. 1 GVG) oder die Klageerhebung zu einem funktional unzuständigen Gericht.[8] Eine solche Klage wäre im Übrigen schon nicht zuzustellen. Im Ergebnis gelten die gleichen Grundsätze wie für die Wirksamkeit der Klage (§ 253 ZPO). Bloße **Bedenken des Vorsitzenden** mit Blick auf die Zulässigkeit einer Klage, etwa weil ein Antrag fehlt oder die Parteibezeichnung nicht eindeutig ist, lassen ein Absehen von der Terminsbestimmung nicht zu; erst recht nicht Bedenken mit Blick auf die **materiellen Erfolgsaussichten** der Klage. Deren Bewertung bedarf zuvor der Durchführung der mündlichen Verhandlung vor dem (gesamten) Gericht. Dem darf nicht durch schlichte Verweigerung der Terminsbestimmung seitens des Vorsitzenden vorgegriffen werden. Hierdurch würde der Rechtsschutzgewährungsanspruch in unzulässiger Weise beschnitten.[9] Auch dass der Beklagte unter Umständen nicht der deutschen Gerichtsbarkeit unterworfen ist (§§ 18–20 GVG), hindert eine Terminsbestimmung nicht von vorne herein, es sei denn, es steht fest, dass er sich nicht freiwillig der deutschen Gerichtsbarkeit unterwerfen wird (im Einzelnen str.).[10] Steht auf Klägerseite eine exterritoriale Person, so kann in der Klageerhebung vor einem deutschen Gericht ein konkludenter Verzicht auf die **Exterritorialität** gesehen werden.[11]

3. Terminierungshindernisse
Die Durchführung der mündlichen Verhandlung muss im aktuellen Stadium des Rechtsstreits zulässig sein. Bei Wahl des **schriftlichen Vorverfahrens** (§ 272 Abs. 2 ZPO, § 276 ZPO) muss dieses vollständig **durchgeführt** sein, da die Terminsbestimmung dessen Abschluss bildet.[12] Andererseits darf die **mündliche Verhandlung** aber auch **nicht** bereits **geschlossen** worden sein (beachte aber Möglichkeit der Wiedereröffnung der Verhandlung, § 156 ZPO).[13]
Im Falle der **Unterbrechung** (§§ 239–245 ZPO), der **Aussetzung** (§§ 246, 247 ZPO) und bei **Ruhen des Verfahrens** (§ 250 ZPO), nicht aber in den Fällen von §§ 148, 149 ZPO, muss zunächst seitens der Parteien schriftsätzlich die **Aufnahme des Verfahrens** (§ 250 ZPO) erklärt werden. Auch das **Mahnverfahren** wird nach erfolgtem Widerspruch erst auf Antrag fortgesetzt (§ 696 Abs. 1 ZPO). Erst danach ist eine Terminsbestimmung zulässig, die dann aber von Amts wegen vorzunehmen ist. Faktisch geht der Terminsbestimmung hier ein Antrag voraus, streng genommen aber kein Antrag auf Terminsbestimmung (vgl. Rn. 3).[14]

4. Einzahlung des Gerichtskostenvorschusses
Solange der erforderliche **Kostenvorschuss** (auch Ausländersicherheit, §§ 110 ff. ZPO) nicht einbezahlt worden ist, besteht für das Gericht keine Pflicht zur Terminsbestimmung (in diesem Fall soll eigentlich bereits mit der Zustellung der Klageschrift abgewartet werden, § 12 Abs. 1 GKG).[15] Eine andere Sachbehandlung kann aber bei **teilweise eingezahlt**em Kostenvorschuss mit Blick auf einen entsprechenden teilklagefähigen Antrag geboten sein. Auch ist auf Antrag jedenfalls des Beklagten Termin zu bestimmen, wenn die Klage trotz fehlendem Kostenvorschuss bereits zugestellt oder einmal bereits Termin bestimmt worden ist.[16] Wird trotz eines nicht (vollständig) eingezahlten Kostenvorschusses Termin bestimmt, so kann im so anberaumten Termin kein **Versäumnisurteil** gegen den erschienenen Kläger mit der Begründung erfolgen, er habe den Kostenvorschuss nicht eingezahlt.[17] Die Nichteinzah-

---

7 BGH, NJW 2011, 928 (929), Rn. 11 ff. = MDR 2011, 252.
8 Musielak/Voit-*Stadler*, ZPO, § 216 Rn. 4 f.; MK-*Stackmann*, ZPO, § 216 Rn. 3 – jeweils m.w.N.
9 Zöller-*Stöber*, ZPO, § 216 Rn. 11, 16; LAG Hamm, MDR 1966, 272 = JurBüro 1966, 248.
10 BeckOK-*Jaspersen*, ZPO, § 216 Rn. 4; Musielak/Voit-*Stadler*, ZPO, § 216 Rn. 5 m.w.N.
11 Zöller-*Stöber*, ZPO, § 216 Rn. 7.
12 Saenger-*Wöstmann*, ZPO, § 216 Rn. 3.
13 Baumbach/Lauterbach/Albers/Hartmann, ZPO, § 216 Rn. 6.
14 MK-*Stackmann*, ZPO, § 216 Rn. 5.
15 MK-*Stackmann*, ZPO, § 216 Rn. 3.
16 OLG München, NJW-RR 1989, 64.
17 Zöller-*Stöber*, ZPO, § 216 Rn. 8.

lung eines **Vorschusses auf die Sachverständigenvergütung** rechtfertigt nicht das Unterlassen der Bestimmung eines Termins zur mündlichen Verhandlung.[18]

II. Zeitpunkt der Terminsbestimmung

10   Die Terminsbestimmung ist **unverzüglich** vorzunehmen (Absatz 2), d.h. ohne prozessordnungswidriges Zögern. Das gebietet die **Prozessförderungspflicht** des Gerichts. Das Gericht hat mit Blick auf die im Vordergrund stehende Verfahrensbeschleunigung einen nur **eingeschränkten Ermessenspielraum**.[19] Weder eine aufwändige Terminsvorbereitung noch die hohe Geschäftsbelastung rechtfertigen ein einstweiliges Unterlassen der Terminsbestimmung. Ebenso sind die Vakanz der Vorsitzendenstelle oder das Abwarten des Eingangs weiterer Folgesachen aus dem Scheidungsverbund keine Gründe für das Hinausschieben der Terminsbestimmung;[20] ebenfalls nicht die Durchführung vorbereitender Maßnahmen (§ 273 ZPO).[21] Gegebenenfalls ist der Termin mit entsprechendem zeitlichen Vorlauf zu bestimmen. Die Terminsbestimmung selbst duldet aber keinen Aufschub.

11   Aus Gesichtspunkten der Prozessförderungspflicht verbietet sich aber nicht, im Falle von **Mängeln der Klageschrift** (Rechtsmittelschrift) die Terminierung zunächst zurückzustellen und zunächst dem (Rechtsmittel-)Kläger die **Möglichkeit zur Nachbesserung** oder Rücknahme zu geben und solange mit der Terminsbestimmung abzuwarten.[22] Auch können sachliche Gründe es gebieten, vom Grundsatz der Terminsbestimmung nach **Priorität** (Eingang bzw. Terminsreife) abzuweichen, beispielsweise bei der Beteiligung gleicher Parteien oder Anwälte oder bei zusammenhängendem Streitstoff.

III. Auswahl des Termins

12   Die eigentliche Auswahl des Termins steht im **Ermessen des Gerichts**. Grenzen des Ermessensspielraums ergeben sich aus § 274 Abs. 3 ZPO **(Einlassungsfrist)** und § 217 ZPO **(Ladungsfrist)** sowie aus Absatz 3 **(Termine an Sonn- und Feiertagen)**. Generell ist das Gericht gehalten, Termine zur mündlichen Verhandlung möglichst früh zu bestimmen (§ 272 Abs. 3 ZPO). **Räumungssachen** sind vorrangig zu terminieren (§ 272 Abs. 4 ZPO). Im Grundsatz entscheidet aber die Reihenfolge der Eingänge **(Gebot der Gleichbehandlung)** und der Stand der Verhandlungsreife. Ebenfalls berücksichtigen kann das Gericht Aspekte wie die allgemeine Geschäftslage des Gerichts, die voraussichtliche Verhandlungsdauer und die notwendige Vorbereitungszeit.[23] Der Termin sollte bei gewährten Schriftsatzfristen mit Blick auf die **Erklärungsfristen** (§ 132 ZPO) so gewählt werden, dass dem erklärungspflichtigen Gegner hinreichend Zeit zur Replik bis zum Termin verbleibt.[24] Das Gericht kann – und sollte soweit möglich – Rücksicht auf die Wünsche der Parteien nehmen. Die Terminsbestimmung unterliegt aber nicht der Disposition der Parteien.[25] Für das Gericht besteht keine Pflicht, so zu terminieren, dass eigentlich **verspätetes Vorbringen** im Ergebnis nicht zu einer Verzögerung des Rechtsstreits führt.[26] **Sammeltermine** sind grundsätzlich zulässig,[27] sollten aber mit Rücksicht auf die übrigen Prozessbeteiligten zumindest mit zeitlicher Staffelung versehen sein, um nicht zu unzumutbaren Wartezeiten zu führen.

IV. Entscheidung

1. Zuständigkeit

13   Für die Terminsbestimmung funktional zuständig ist bei Kollegialgerichten grundsätzlich der **Vorsitzende** (Absatz 2) oder der insoweit an seine Stelle tretende originäre (§ 348 ZPO), obligatorische (§ 348a ZPO), entscheidende (§ 526 ZPO) oder vorbereitende (§ 527 ZPO) Einzelrichter. Beim Amtsgericht ist der **Amtsrichter** (§ 22 Abs. 1 GVG) zuständig. Ferner kommt eine Terminsbestimmung durch den **ersuchten oder beauftragten Richter** (§ 229 ZPO) oder – soweit eine mündliche Verhandlung vor ihm stattfindet – auch durch den **Rechtspfleger** (§ 4 Abs. 1 RPflG) in Betracht. Die erstmalige Terminsbestimmung trifft immer der Vorsitzende. Für die **Vertagung**, d.h. die Fortsetzung einer bereits begonnenen mündlichen Verhandlung vor dem Kollegialgericht, ist hingegen der gesamte Spruchkörper zuständig (§ 227 Abs. 4 Satz 1 Hs. 2

---

18 OLG Köln, NJW-RR 1999, 290 (291) = FamRZ 1998, 1607.
19 MK-*Stackmann*, ZPO, § 216 Rn. 6.
20 Thomas/Putzo-*Hüßtege*, ZPO, § 216 Rn. 8 m.w.N.
21 Musielak/Voit-*Stadler*, ZPO, § 216 Rn. 7.
22 MK-*Stackmann*, ZPO, § 216 Rn. 6.
23 BGH, NJW 1979, 73; einschränkend: BGH, NJW 1981, 286 = MDR 1981, 309.
24 MK-*Stackmann*, ZPO, § 216 Rn. 8.
25 BGH, NJW 2010, 2440 (2441) = MDR 2010, 1077.
26 BGH, NJW 1981, 286 = MDR 1981, 309.
27 BGH, DRiZ 1982, 73.

ZPO). Die Kammer bzw. dem Senat steht es im Übrigen frei, die Terminsbestimmung an sich zu ziehen und zum Gegenstand einer Kollegialentscheidung zu machen (z.B. Terminsbestimmung im Rahmen eines Beweisbeschlusses).[28]

2. Form, Inhalt und Ausführung

Die Festsetzung des konkreten Termins erfolgt durch **prozessleitende Verfügung** des Vorsitzenden oder durch **Gerichtsbeschluss**. Die Festsetzung muss den **Tag**, die Terminsstunde, Ort und Zweck des Termins enthalten. Sie ist aktenkundig zu machen und zu **unterschreiben**; eine Paraphe genügt nicht.[29] Dies liegt in der Bedeutung der Terminsbestimmung für das Verfahren und ihrem Charakter als richterliche Entscheidung mit Außenwirkung begründet (§ 329 Abs. 1 Satz 2 ZPO, § 317 Abs. 2 Satz 2 ZPO). Hat im Berufungsverfahren nicht nur der Vorsitzende, sondern der gesamte Spruchkörper einen Termin bestimmt, so hindert dies eine Beschlussverwerfung der Berufung gemäß § 522 Abs. 2 ZPO.[30]   14

Die Terminsbestimmung ist Grundlage für die Ladung der Prozessbeteiligten (§ 214 ZPO). Die Ausführung der Terminsverfügung obliegt dem Urkundsbeamten der Geschäftsstelle (vgl. § 214 Rn. 4). Die Bekanntmachung richtet sich nach § 329 Abs. 2 Satz 2 ZPO (förmliche Zustellung).   15

C. Rechtsbehelfe
I. Ersuchen um Terminsverlegung

Eine erfolgte **Terminsbestimmung**, sei sie auch verfahrensfehlerhaft, ist als prozessleitende Entscheidung **grundsätzlich unanfechtbar** (h.M.). Ein förmlicher Rechtsbehelf ist daher nicht gegeben. Es kann nur um **Terminsverlegung** nachgesucht werden (§ 227 ZPO). Eine **Gegenvorstellung** ist statthaft.[31]   16

II. Verzögerungsrüge

Bei **unterlassener Terminsbestimmung** – dies kann auch der Fall sein, wenn zwar Termin bestimmt wird, dieser aber in weiter Zukunft liegt – wurde in der früheren Rechtsprechung ausnahmsweise eine Anfechtung von Terminsbestimmungen im Wege der **Untätigkeitsbeschwerde** analog § 252 ZPO als statthaft angesehen. Voraussetzung war, dass eine sachlich nicht zu rechtfertigende Untätigkeit des erstinstanzlichen Gerichts zu einem der Rechtsverweigerung gleichkommenden Verfahrensstillstand führte, insbesondere wenn durch die Wahl des Termins das Rechtsschutzbegehren ganz oder zu erheblichen Teilen gegenstandslos wurde.   17

Seit Inkrafttreten des Gesetzes über den Rechtsschutz bei überlangen Gerichtsverfahren und strafrechtlichen Ermittlungsverfahren vom 24.11.2011 am 03.12.2011 dürfte die auf eine analoge Anwendung von § 252 ZPO gestützte Untätigkeitsbeschwerde nicht mehr statthaft sein. Die Verfahrensordnung stellt heute mit der **Verzögerungsrüge** in § 198 Abs. 3 Satz 1 GVG einen eigenen Rechtsbehelf bereit, mit dem auf einen verfahrensrechtswidrigen Stillstand des Verfahrens reagiert werden kann.[32]   18

III. Sofortige Beschwerde und Erinnerung

Gegen die **Ablehnung eines „echten" Terminsantrages** (vgl. Rn. 3) ist das Rechtsmittel der **sofortigen Beschwerde** (§ 567 Abs. 1 Nr. 2 ZPO) oder Erinnerung (§ 573 ZPO) statthaft. Soweit die Fortsetzung des Verfahrens allerdings eines Antrags bedarf (vgl. Rn. 8), ist die Ablehnung einer Terminierung ebenfalls gem. § 567 Abs. 1 Nr. 2 ZPO beschwerdefähig.[33] Bestimmt das Gericht einen Termin, obwohl das Verfahren gem. §§ 239 ff. ZPO unterbrochen bzw. ausgesetzt ist, ist hierin eine beschwerdefähige Entscheidung über die Unterbrechung bzw. Aussetzung zu sehen.   19

IV. Dienstaufsichtsbeschwerde und Verfassungsbeschwerde

Eine **Dienstaufsichtsbeschwerde** ist nur insoweit zulässig, als geltend gemacht wird, die Unterlassung oder erhebliche zeitliche Verzögerung der Terminsbestimmung beruhe auf einem ordnungswidrigen Geschäftsablauf. Eine im Einzelfall sachlich begründete Unterlassung oder   20

---

28 BeckOK-*Jaspersen*, ZPO, § 216 Rn. 8.
29 BSG, NJW 1990, 3294 = MDR 1991, 374; Baumbach/Lauterbach/Albers/Hartmann, ZPO, § 216 Rn. 13; MK-*Stackmann*, ZPO, § 216 Rn. 10; Musielak/Voit-*Stadler*, ZPO, § 216 Rn. 10; BeckOK-*Jaspersen*, ZPO, § 216 Rn. 8; a.A. BSG, NJW 1992, 1188 (1189) = MDR 1992, 685.
30 BVerfG, NJW 2011, 3356 (3357).
31 BAG, BeckRS 9998, 153802 = MDR 1993, 547.
32 OLG München, BeckRS 2016, 17641, mit instruktiver Übersicht über mögliche Fallkonstellationen und m.w.N., im Anschluss an BGH, NJW 2013, 385.
33 OLG Frankfurt a.M., MDR 1983, 411.

Verzögerung kann mit Blick auf die richterliche Unabhängigkeit kein Anlass für eine Ermahnung oder Vorhaltung sein (§ 26 Abs. 1, Abs. 2 DRiG; entsprechend § 9 RPflG).

21 Unter Umständen kommt auch eine **Verfassungsbeschwerde** in Betracht. Gemäß Art. 2 Abs. 1 GG in Verbindung mit dem Rechtsstaatsprinzip aus Art. 20 Abs. 3 GG wird wirkungsvoller Rechtsschutz im materiellen Sinn gerade auch für bürgerlich-rechtliche Streitigkeiten gewährleistet. Eine verzögerte oder unterlassene Terminierung kann deshalb verfassungswidrig sein, wenn sie einer **Rechtsschutzverweigerung** gleichkommt.[34]

D. Kosten und Gebühren

22 Für die Terminsbestimmung entstehen keine Gerichtskosten. Die anwaltliche Tätigkeit im Zusammenhang mit der Terminsbestimmung kann eine Gebühr nach Nr. 3404 VV-RVG auslösen. Ist der Rechtsanwalt zugleich Prozessbevollmächtigter, ist die Tätigkeit bereits durch die Verfahrensgebühr abgegolten (§ 19 Abs. 1 RVG).

23 Im Beschwerdeverfahren entstehen Gerichtskosten nach Nr. 1812 KV-GKG. Für die anwaltliche Tätigkeit im Beschwerdeverfahren entsteht eine Gebühr nach Nr. 3500 VV-RVG.

§ 217
Ladungsfrist

Die Frist, die in einer anhängigen Sache zwischen der Zustellung der Ladung und dem Terminstag liegen soll (Ladungsfrist), beträgt in Anwaltsprozessen mindestens eine Woche, in anderen Prozessen mindestens drei Tage.

Inhalt:

	Rn.		Rn.
A. Anwendungsbereich	1	II. Berechnung der Frist	4
B. Erläuterungen	2	III. Folgen der Nichtbeachtung	5
I. Dauer der Ladungsfrist	2		

A. Anwendungsbereich

1 Die Vorschrift gilt für **alle Terminsbestimmungen** im Sinne von § 216 ZPO, unabhängig davon, ob die Ladung die förmliche Zustellung erfordert oder nicht (z.B. § 497 Abs. 1 ZPO) oder eine formlose Terminsmitteilung ausreicht (vgl. § 214 ZPO) Sie ist in **allen Verfahrensarten** und **allen Instanzen** bei der Ladung der Parteien, Streithelfer und ihrer Prozessvertreter anzuwenden und zwar nicht nur vor dem erkennenden Gericht jeder Instanz, sondern – wegen des Grundsatzes der Parteiöffentlichkeit der Beweisaufnahme (§ 357 ZPO) – auch vor dem **beauftragten oder ersuchten Richter**. Für die Eilverfahren auf **Arrest** und **einstweilige Verfügung** ist § 217 ZPO ebenfalls uneingeschränkt verbindlich, soweit eine mündliche Verhandlung stattfindet. Beweis- und Auskunftspersonen (§ 377 Abs. 1 ZPO, § 402 ZPO, § 450 Abs. 1 ZPO, § 141 ZPO), können sich im Unterschied zu den Prozessparteien nicht auf die Frist berufen.[1] Auch im Falle einer **Terminsverlegung** (§ 227 ZPO) ist die Ladungsfrist einzuhalten, nicht dagegen bei der Bekanntgabe der bloßen **Änderung der Terminsstunde** am selben Tag.[2] Nicht beachtet zu werden braucht die Ladungsfrist bei der Anberaumung von **Verkündungsterminen** (arg. § 312 ZPO) und bei verkündeten Vertagungen im Sinne von § 227 Abs. 4 Satz 1 Hs. 2 ZPO (arg. § 218 ZPO, str.).[3] Der Umstand, dass der Termin bereits vorab angekündigt oder bedingt festgelegt worden ist, macht die Einhaltung der Ladungsfrist nicht entbehrlich.[4]

B. Erläuterungen
I. Dauer der Ladungsfrist

2 Die gestaffelte Dauer der allgemeinen Ladungsfrist trägt dem erhöhten Zeitaufwand zur Terminsvorbereitung bei Einschaltung eines Prozessbevollmächtigten Rechnung. Soweit die Ladung bereits im Zuge der Verfahrenseinleitung (z.B. mit Zustellung der Klage) erfolgt ist, ist

---

34 BVerfG, BeckRS 2015, 52553 = NZA 2015, 1403 (1404) für eine verzögerte Terminierung im Eilverfahren.

Zu § 217:
1 MK-*Stackmann*, ZPO, § 217 Rn. 2.
2 OLG Brandenburg, NJW-RR 1998, 500 (501).
3 BGH, NJW 1964, 658 = MDR 1964, 501; Zöller-*Stöber*, ZPO, § 217 Rn. 1; a.A. Musielak/Voit-*Stadler*, ZPO, § 217 Rn. 2 m.w.N.
4 OLG Oldenburg, MDR 1987, 503.

die längere **Einlassungsfrist** zu beachten (§ 274 Abs. 3 ZPO, § 495 ZPO, § 523 Abs. 2 ZPO, § 553 Abs. 2 ZPO). Diese gilt aber nur gegenüber dem Beklagten. Auf Antrag kann das Gericht die Ladungsfrist **abkürzen** (§§ 224, 226 ZPO). Eine **Fristverlängerung** (§ 224 ZPO) ist nicht möglich.[5]

Besondere Ladungsfristen gelten im **Wechsel- und Scheckprozess** (§ 604 Abs. 2, Abs. 3 ZPO, § 605a ZPO). Bei **Aufnahme des Rechtsstreits** nach Unterbrechung durch Tod einer Partei bestimmt der Vorsitzende die Ladungsfrist (§ 239 Abs. 3 Satz 2 ZPO). Für die Fälle der öffentlichen Zustellung (§ 183 ZPO) und der Zustellung im Ausland (§§ 185 ff. ZPO) sieht das Gesetz – anders als bezüglich der Einlassungsfrist (§ 274 Abs. 3 Satz 2 ZPO) – keine Sonderregelungen vor. In einer **Scheidungssache** ist Termin so zu bestimmen, dass es den beteiligten Ehegatten nach Zugang der Ladung noch möglich ist, unter Einhaltung der Zwei-Wochen-Frist nach § 137 Abs. 2 Satz 1 FamFG eine Folgesache anhängig zu machen. Zur Vorbereitung eines Antrages muss den Ehegatten zusätzlich eine Woche zur Verfügung stehen.[6] 3

II. Berechnung der Frist

Der Tag der Zustellung der Ladung (§ 329 Abs. 2 Satz 2 ZPO) oder – bei Verkündung der Terminsbestimmung – der Tag der Verkündung bleiben bei der Fristberechnung unberücksichtigt (§ 222 Abs. 1 ZPO, § 187 Abs. 1 BGB). Sowohl die Zustellung der Ladung als auch die Verkündung der Terminsbestimmung fallen „in den Lauf eines Tages" (§ 187 Abs. 1 BGB). Aus dem Wortlaut von § 217 Abs. 1 ZPO („zwischen") ist abzuleiten, dass der Terminstag selbst bei der Fristberechnung nicht berücksichtigt wird.[7] Die Ladungsfrist muss am Terminstag um 0.00 Uhr bereits abgelaufen sein. Wird die Ladung nicht förmlich zugestellt (z.B. § 497 Abs. 1 ZPO), so ist die Zustellungsfiktion aus § 357 Abs. 2 Satz 2 ZPO entsprechend anzuwenden (Zugang am folgenden Werktag der Absendung im Ortszustellverkehr, im Übrigen am zweiten Werktag nach der Absendung).[8] 4

III. Folgen der Nichtbeachtung

Ist die Ladungsfrist nicht eingehalten, ist die erfolgte Ladung nicht ordnungsgemäß. Für die säumige Partei dürfen daher keine Rechtsnachteile in Folge ihrer Säumnis eintreten. Es kann daher **keine Versäumnisentscheidung** nach §§ 330 ff. ZPO gegen die säumige Partei und auch keine Entscheidung nach Lage der Akten (§ 251a ZPO) ergehen (§ 335 Abs. 1 Nr. 2 ZPO). Es muss von Amts wegen eine **Vertagung** (oder Verlegung) erfolgen. Auch kann eine zu kurze Ladungsfrist eine Verletzung des **Anspruchs auf rechtliches Gehör** darstellen.[9] 5

Der **Mangel** der nicht rechtzeitigen Ladung kann aber durch ausdrücklichen Verzicht oder rügeloses Verhandeln der trotz nicht rechtzeitiger Ladung im Termin erschienenen Partei **geheilt** werden (§ 295 ZPO). 6

§ 218
Entbehrlichkeit der Ladung

Zu Terminen, die in verkündeten Entscheidungen bestimmt sind, ist eine Ladung der Parteien unbeschadet der Vorschriften des § 141 Abs. 2 nicht erforderlich.

Inhalt:

	Rn.		Rn.
A. Allgemeines	1	I. Voraussetzungen	3
B. Erläuterungen	3	II. Rechtsfolgen	4

A. Allgemeines

Die Vorschrift enthält eine Ausnahme von dem Grundsatz, dass zu einem Termin von Amts wegen zu laden ist (§ 214 ZPO). Sie gilt für alle Terminsarten, sowohl im Anwalts- als auch im Parteiprozess und betrifft die Ladung der **Parteien** wie auch ihrer **Prozessbevollmächtigten** und gegebenenfalls vorhandener **Nebenintervenienten**. Hintergrund sind verfahrensökonomische Erwägungen. Auf **Zeugen** und **Sachverständige** findet die Vorschrift keine (analoge) Anwendung. Allerdings können diese auf eine gesonderte Ladung verzichten. Eine weitere Ausnahme vom Grundsatz des § 214 ZPO enthält für das amtsgerichtliche Verfahren § 497 Abs. 2 1

---

5 MK-*Stackmann*, ZPO, § 217 Rn. 5.
6 BGH, NJW 2012, 1734 = FamRZ 2012, 863.
7 BGH, NJW 2013, 2199, Rn. 12 = FamRZ 2013, 1300.
8 Zöller-*Stöber*, ZPO, § 217 Rn. 4.
9 BayObLG, BeckRS 2015, 00089 = MDR 1989, 824.

ZPO. Im Anwendungsbereich des FamFG gilt – soweit nicht auf die Vorschriften der ZPO verwiesen wird – § 15 FamFG.[1]

2 Nach der ausdrücklichen gesetzlichen Anordnung findet § 218 ZPO keine Anwendung auf die Ladung einer Partei, hinsichtlich derer das **persönliche Erscheinen** angeordnet ist. Diese ist gemäß § 141 Abs. 2 Satz 1 ZPO zu laden, sowohl zum Termin zur mündlichen Verhandlung (§ 273 Abs. 4 Satz 2 ZPO) als auch zur Güteverhandlung (§ 278 Abs. 3 Satz 2 ZPO). Ebenso ist bei angeordneter **Parteivernehmung** der nicht anwesenden Partei zu verfahren (§ 450 Abs. 1 Satz 2 ZPO). Ungeachtet einer erfolgten Verkündung der Terminsbestimmung ist ferner in den Fällen des § 335 Abs. 2 ZPO (Ladung der nicht erschienenen Partei bei **Vertagung** der Verhandlung aufgrund Unzulässigkeit einer Säumnisentscheidung) und § 337 Satz 2 ZPO (Ladung der nicht erschienenen Partei bei Vertagung wegen **zu kurz bemessener Einlassungs- oder Ladungsfrist**) eine Ladung veranlasst. Zu dem Termin zur Verkündung einer Entscheidung nach Lage der Akten (§ 251a ZPO) muss das Gericht die nicht erschienene Partei zwar nicht laden; es muss ihr den Termin aber formlos mitteilen (§ 251 Abs. 2 Satz 3 ZPO).

B. Erläuterungen
I. Entbehrlichkeit der Ladung

3 Damit die gesonderte Ladung entbehrlich wird, muss die Terminsbestimmung zunächst Bestandteil einer **verkündeten Entscheidung** sein. Unerheblich ist hierbei, welcher Art die Entscheidung ist (z.B. auch **Beweisbeschluss**) oder ob die Terminsbestimmung deren einziger Bestandteil ist (z.B. bloße Entscheidung über die Vertagung);[2] ebenso, ob die Verkündung in einem gesonderten Verkündungs- oder in einem Verhandlungstermin erfolgt.[3] Der **Termin**, in dem die Verkündung der Terminsbestimmung erfolgt, muss **ordnungsgemäß bestimmt** worden sein. Es darf insbesondere kein Fall vorliegen, in dem ein Versäumnisurteil nicht ergehen dürfte (§ 335 Abs. 1 Nr. 2 ZPO, § 337 Satz 2 ZPO).[4] Die Parteien bzw. ihre Prozessvertreter und gegebenenfalls auch vorhandene Streithelfer müssen zu diesem Termin **ordnungsgemäß geladen** worden sein, außer, eine Ladung bereits zu diesem Termin wäre gemäß § 218 ZPO entbehrlich oder eine bloße Terminsmitteilung (vgl. § 214 ZPO) ausreichend gewesen.[5] Ist eine Partei bei der Verkündung tatsächlich anwesend, kommt es auf die Ordnungsgemäßheit der Ladung nicht mehr an.[6] Zuletzt muss die **Verkündung einschließlich** deren **Protokollierung ordnungsgemäß** erfolgt sein (Feststellung der Verkündung im Protokoll, § 160 Abs. 3 Nr. 7 ZPO). Die verkündete Entscheidung ist mit ihrem vollen Wortlaut einschließlich des bestimmten Fortsetzungstermins zu protokollieren (§ 160 Abs. 3 Nr. 6, Abs. 5 ZPO).[7] Bei einer Verkündung in einem gesonderten Verkündungstermin ist hingegen die Bezugnahme auf den schriftlich vorliegenden Beschluss zulässig (§ 311 Abs. 2 Satz 2 ZPO). Es ist nicht notwendig, dass die Parteien bei der Verkündung anwesend sind (§ 312, § 329 Abs. 1 ZPO). In diesem Fall besteht im Grundsatz die Pflicht der Partei bzw. ihres Prozessvertreters, sich über den Ausgang des Termins zu erkundigen. Auf den rechtzeitigen Zugang einer Protokollabschrift darf insoweit nicht vertraut werden.[8]

II. Rechtsfolgen

4 Liegt eine wirksam verkündete Terminsbestimmung vor, so bedarf es **keiner gesonderten Ladung** der Parteien, ihrer Prozessbevollmächtigten oder eines Nebenintervenienten mehr (zu den Ausnahmen vgl. Rn. 1). Das Gesetz geht davon aus, dass erforderliche **Belehrungen** (vgl. § 215 ZPO) **fortwirken** und nicht wiederholt werden müssen. Droht eine rechtsunkundige Partei die Entbehrlichkeit einer gesonderten Ladung zu verkennen, kann eine Belehrung bzw. eine gesonderte Ladung geboten sein und ihr Fehlen ausnahmsweise einen **Entschuldigungsgrund gemäß § 337 ZPO** darstellen.[9] Die **Ladungsfrist** (§ 217 ZPO) braucht in den Fällen der verkündeten Terminsbestimmung mangels Ladung nicht beachtet zu werden; selbst dann nicht, wenn dennoch (unnötigerweise) geladen wird (h.M.).[10] Eine **„vorsorglich" verkündete Terminsbestimmung** für den Fall eines Einspruchs gegen ein zuvor verkündetes Versäumnisurteil ist unzulässig (vgl. § 216 Rn. 5).[11]

---

1 BeckOK-*Jaspersen*, ZPO, § 218 Rn. 1.
2 MK-*Stackmann*, ZPO, § 218 Rn. 3.
3 Zöller-*Stöber*, ZPO, § 218 Rn. 1.
4 BeckOK-*Jaspersen*, ZPO, § 218 Rn. 2.
5 Musielak/Voit-*Stadler* § 218 Rn. 3 m.w.N.
6 Thomas/Putzo-*Hüßtege*, ZPO, § 218 Rn. 2.
7 OLG Frankfurt a.M., NJW 1986, 731 = MDR 1986, 326.
8 Musielak/Voit-*Stadler*, ZPO, § 218 Rn. 4.
9 BeckOK-*Jaspersen*, ZPO, § 218 Rn. 4.
10 BGH, NJW 1964, 658 = MDR 1964, 501; Zöller-*Stöber*, ZPO, § 218 Rn. 1; a.A. Musielak/Voit-*Stadler*, ZPO, § 218 Rn. 5.
11 BGH, NJW 2011, 928 (929), Rn. 11 ff. = MDR 2011, 252.

§ 219
Terminsort

(1) Die Termine werden an der Gerichtsstelle abgehalten, sofern nicht die Einnahme eines Augenscheins an Ort und Stelle, die Verhandlung mit einer am Erscheinen vor Gericht verhinderten Person oder eine sonstige Handlung erforderlich ist, die an der Gerichtsstelle nicht vorgenommen werden kann.

(2) Der Bundespräsident ist nicht verpflichtet, persönlich an der Gerichtsstelle zu erscheinen.

Inhalt:

	Rn.		Rn.
A. Allgemeines	1	3. Auswärtiger Anhörungs-/Vernehmungstermin	6
B. Erläuterungen	2	4. Sonstige Fälle	7
I. Regelmäßiger Terminsort	2	III. Entscheidung/Rechtsmittel	8
II. Termin außerhalb der Gerichtsstelle	3	IV. Vernehmung des Bundespräsidenten	11
1. Voraussetzungen	4		
2. Augenscheinstermin	5		

A. Allgemeines

Hintergrund der Vorschrift ist der **Grundsatz der Öffentlichkeit** der Verhandlung (§ 169 GVG). Daher ordnet das Gesetz als Regelfall die Durchführung der Verhandlung an der Gerichtsstelle an und lässt die Durchführung an einem anderen Ort, an dem die Herstellung der Öffentlichkeit problematisch sein kann, nur in den genannten Ausnahmefällen zu. Diese Anordnung gilt für **alle Verfahrensarten nach der ZPO** und in allen Instanzen, in denen Termine zu bestimmen sind. Erfasst werden sowohl Termine zur mündlichen Verhandlung also auch solche zur Beweisaufnahme. Durch den Verweis in § 32 Abs. 1 Satz 2 **FamFG** gilt § 219 ZPO auch in den dortigen Verfahren. 1

B. Erläuterungen
I. Regelmäßiger Terminsort

Regelmäßiger Terminsort ist die **Gerichtsstelle**. Das ist üblicherweise das Gerichtsgebäude in der Stadt, in welcher das Gericht seinen gesetzlich vorgeschriebenen Sitz hat. Hierzu gehören auch **Neben- und Ausweichgebäude**, soweit diese für eine gewisse Zeit (etwa für Bauarbeiten) von der Gerichtsverwaltung als regelmäßiger Verhandlungsort bestimmt sind. Hauptstelle, **Zweig- oder Außenstellen** sowie Orte, an denen regelmäßig auswärtige Sitzungstage abgehalten werden, bilden im Ergebnis eine einheitliche Gerichtsstelle, auch wenn sie sich in einer anderen Stadt befinden. Dies hat zur Folge, dass für jeden Spruchkörper oder Einzelrichter alle betreffenden Gebäude als Gerichtsstelle im Sinne von § 219 ZPO anzusehen sind, ungeachtet etwaig unterschiedlicher örtlicher Zuständigkeiten (z.B. Außensenate eines Oberlandesgerichts).[1] 2

II. Termin außerhalb der Gerichtsstelle

Termine außerhalb der Gerichtsstelle werden als **Orts-** oder auch **Lokaltermin** bezeichnet. Der Termin kann auch außerhalb des Gerichtsbezirks abgehalten werden, da Amtshandlungen im gesamten Bundesgebiet auch **außerhalb des eigenen Gerichtsbezirks** zulässig sind (§ 166 GVG). Die Möglichkeiten und Befugnisse des Gerichts sind allerdings insoweit eingeschränkt, als dem Gericht das **Hausrecht** nicht zusteht und es schon für die Terminsbestimmung aber insbesondere die Terminsdurchführung von dem Einverständnis anderer und deren Mitwirkung abhängig ist.[2] Da sich diese nicht aus dem Hausrecht herleitet, stehen dem Vorsitzenden aber weiterhin die in §§ 176-178 GVG bezeichneten **sitzungspolizeilichen Befugnisse** zu (§ 180 GVG).[3] 3

1. Voraussetzungen

Die Durchführung eines Termins außerhalb der Gerichtsstelle ist nur in den vom Gesetz genannten Fällen zulässig. Es muss eine Handlung erforderlich sein, die an der Gerichtsstelle nicht vorgenommen werden kann. Das Gesetz nennt insoweit ausdrücklich die **Einnahme eines Augenscheins** an Ort und Stelle und die Verhandlung mit einer **am Erscheinen vor Gericht verhinderten Person**. Erforderlich ist eine Handlung, wenn sie zur Herbeiführung einer gerechten Entscheidung der Streitsache notwendig ist.[4] Soweit ein Ortstermin nicht ohnehin 4

---

[1] MK-*Stackmann*, ZPO, § 219 Rn. 1 m.w.N.
[2] *Schulte*, NJW 1988, 1006.
[3] BeckOK-*Jaspersen*, ZPO, § 219 Rn. 8.
[4] MK-*Stackmann*, ZPO, § 219 Rn. 4.

zwingend erforderlich ist, steht die Entscheidung über die Durchführung einschließlich der Auswahl des konkreten **Terminsortes** im pflichtgemäßen **Ermessen** des Gerichts.[5] In die Abwägung einzustellen sind unter anderem Aspekte der Gerichtsöffentlichkeit, der möglicherweise gesteigerte zeitliche und finanzielle Aufwand im Zusammenhang mit der Durchführung eines Ortstermins, die zu erwartende Förderung der Tatsachenfeststellung durch den Ortstermin und gegebenenfalls Aspekte des **rechtlichen Gehörs** (bei einer am Erscheinen an der Gerichtsstelle gehinderten Partei).[6] Die bloße Nützlichkeit einer Handlung, etwa wegen Kostenersparnissen, rechtfertigt keinen Ortstermin.

2. Augenscheinstermin

5   Die Einnahme eines Augenscheins an Ort und Stelle ist in der Regel Gegenstand einer außerhalb der Gerichtsstelle durchgeführten **Beweisaufnahme** (§ 144 Abs. 1 Satz 1, §§ 371, 372 ZPO). Diese kann z.B. in der Besichtigung eines Tat- oder Unfallorts bestehen oder der Feststellung von Mängeln an einem Bauvorhaben oder der Prüfung einer Geruchs- oder Geräuschbelästigung dienen. Eine entsprechende **Duldungspflicht** für damit verbundenen Eingriffe in fremde Rechtspositionen, insbesondere Eigentums- und Besitzrechte (ausgenommen die Wohnung, § 144 Abs. 1 Satz 3 ZPO), ergibt sich aus § 144 ZPO; für nicht prozessbeteiligte Dritte allerdings nur bis zur **Grenze der Unzumutbarkeit** (§ 144 Abs. 2 ZPO). Gegenüber einem Dritten ist die Pflicht nach zutreffender Ansicht mit **Ordnungsmittel**n (§ 390 ZPO) durchsetzbar.[7] Gegenüber einer Prozesspartei kann sie hingegen nicht zwangsweise vom Gericht durchgesetzt werden.[8] Auch eine etwaig bestehende privatrechtliche Pflicht zur Duldung ändert hieran im Grundsatz nichts. Ist die betreffende Partei in diesen Fällen nicht freiwillig zur Duldung bereit und hindert somit die Beweiserhebung, erfolgt die Lösung über die allgemeinen Beweisregeln. Im Ergebnis kann eine Partei also bei einem Termin in ihrer Wohnung – formal zu Recht (§ 144 Abs. 1 Satz 3 ZPO, Art. 13 GG) – dem Gegner, einem Zeugen oder einem Sachverständigen den Zutritt verwehren. Dieses prozessuale Verhalten darf dann aber bei der Beweiswürdigung (§ 286 ZPO) berücksichtigt oder gegebenenfalls als **Beweisvereitelung** (§ 371 Abs. 3 ZPO) gewertet werden. Art. 13 GG schützt insoweit zwar die Unverletzlichkeit der Wohnung, nicht jedoch vor negativen Folgen eigenen prozessualen Verhaltens.[9]

3. Auswärtiger Anhörungs-/Vernehmungstermin

6   Hauptfälle der Verhandlung mit einer am Erscheinen vor Gericht verhinderten Person sind die **Anhörung oder Vernehmung** einer Partei oder eines Zeugen in der Wohnung oder im Krankenhaus aufgrund von **Krankheit oder Gebrechen**. Denkbar ist auch eine Vernehmung eines Untergebrachten in einem **psychiatrischen Krankenhaus**. Alternativ kann das Gericht auch die Verhandlungsteilnahme von Prozessbeteiligten (§ 128a Abs. 1 ZPO) oder eine Vernehmung von Zeugen oder einer Partei (§ 128a Abs. 2 ZPO) durch eine **simultane Bild- und Tonübertragung** an einen anderen Ort gestatten. Wird ein Zeuge in seiner Wohnung vernommen, so darf er den Parteien den **Zutritt** nicht verweigern; andernfalls gilt er als säumig (mit den Folgen des § 380 ZPO) und die Beweisaufnahme gilt als verhindert (§ 356 ZPO).[10] Der Umstand, dass sich eine **Partei in Haft** befindet, gibt an sich keinen Anlass für einen Termin außerhalb der Gerichtsstelle. Die in einer deutschen Justizvollzugsanstalt einsitzende Partei ist zum Erscheinen an der Gerichtsstelle verpflichtet. Sie ist aus der Justizvollzugsanstalt **vorzuführen**. Erscheint sie nicht, so kann gegen sie ein Versäumnisurteil ergehen.[11] Im Verfahren zur **Abnahme einer Vermögensauskunft** (§ 802f ZPO; früher Offenbarungsversicherung nach § 900 ZPO a.F.) steht die unberechtigte Weigerung der erkrankten Schuldnerin, den Termin in ihrer Wohnung im Beisein des Gläubigers bzw. seines Prozessbevollmächtigten zu dulden, dem unentschuldigten Ausbleiben in einem an der Gerichtsstelle stattfindenden Termin gleich.[12]

4. Sonstige Fälle

7   Eine Verlegung der Verhandlung an einen anderen Ort kann z.B. auch dadurch erforderlich werden, dass an der Gerichtsstelle **kein geeigneter Raum** zur Durchführung der Verhandlung zur Verfügung steht, insbesondere wenn zur Verfügung stehende Räumlichkeiten zur **Herstel-**

---

5 BAG, BeckRS 9998, 153802 = MDR 1994, 75 = NZA 1994, 225.
6 BeckOK-*Jaspersen*, ZPO, § 219 Rn. 3 m.w.N.
7 Musielak/Voit-*Stadler*, ZPO, § 144 Rn. 9; MK-*Fritsche*, ZPO, § 144 Rn. 15, 29; a.A. MK-*Stackmann*, ZPO, § 219 Rn. 2 m.w.N.
8 OLG Koblenz, NJW 1968, 897.
9 Musielak/Voit-*Stadler*, ZPO, § 219 Rn. 3.
10 Zöller-*Stöber*, ZPO, § 219 Rn. 4.
11 Zöller-*Stöber*, ZPO, § 219 Rn. 3.
12 MK-*Stackmann*, ZPO, § 219 Rn. 3 bezogen auf OLG Frankfurt a.M., Rpfleger 1977, 146 = JurBüro 1977, 1462 (noch zu § 900 a.F.).

lung der erforderlichen **Gerichtsöffentlichkeit** (§ 169 GVG) nicht ausreichend Platz bieten. Ebenso denkbar ist, dass die **Sicherheitsanforderungen** des konkreten Verfahrens an der Gerichtstelle nicht umgesetzt werden können.[13]

III. Entscheidung und Rechtsmittel

Die Entscheidung ergeht entweder durch sachleitende **Verfügung** des Vorsitzenden (§ 216 Abs. 2, § 227 Abs. 4 ZPO) oder durch den gesamten Spruchkörper (z.B. im Rahmen eines **Beweisbeschlusses** nach § 358a ZPO oder bei Vertagung nach § 227 ZPO) bzw. den an seine Stelle tretenden Einzelrichter. Insoweit gilt nichts anderes als für die Terminsbestimmung (vgl. § 216 Rn. 13). Die Entscheidung ist **unanfechtbar**. Der „Antrag" einer Partei auf Durchführung eines Ortstermins stellt insoweit nur eine Anregung dar, die den Parteien nicht die Beschwerdemöglichkeit nach § 567 Abs. 1 Satz 2 ZPO eröffnet.[14]   8

Handelt es sich nicht ausnahmsweise um einen reinen **Beweistermin**, ist im Anschluss zum Ergebnis der Beweisaufnahme mündlich zu verhandeln (§ 370 Abs. 1 ZPO, § 285 Abs. 1 ZPO). Bei Säumnis kann daher ein **Versäumnisurteil** gegen die säumige Partei (§§ 330 ff. ZPO) oder eine Entscheidung nach Lage der Akten (§ 251 Abs. 1 ZPO; aber: § 251 Abs. 2 Satz 1 ZPO) ergehen. Dies soll auch dann gelten, wenn die Bestimmung des Ortstermins mangels Erforderlichkeit zu Unrecht erfolgt ist, da die Parteien dennoch zum Erscheinen verpflichtet bleiben (str.).[15]   9

Hat der Ortstermin neben der Beweisaufnahme auch eine **mündliche Verhandlung** zum Gegenstand (§ 370 Abs. 1 ZPO, § 285 Abs. 1 ZPO), gilt uneingeschränkt der **Grundsatz der Öffentlichkeit** der Verhandlung (§ 169 GVG). Die am Verfahren interessierte Öffentlichkeit muss sich ohne Schwierigkeiten über den auswärtigen Ort des Termins informieren können. Am Gerichtssaal muss daher ein **Aushang** vorhanden sein, der auf den Termin außerhalb der Gerichtsstelle hinweist.[16] Auch am Terminsort selbst muss ein entsprechender Aushang an öffentlich zugänglicher Stelle auf den Termin hinweisen.   10

IV. Vernehmung des Bundespräsidenten

Die Vorschrift enthält eine Sonderregelung für den **Bundespräsident**en. Er ist ohne Angabe von Gründen vom Erscheinen an der Gerichtsstelle befreit und an einem **Ort seiner Wahl** zu vernehmen; gegebenenfalls kommt eine Vernehmung im Wege der simultanen Bild- und Tonübertragung (§ 128a ZPO) in Betracht. Das eingeräumte Vorrecht dient der ungestörten **Ausübung der Amtsgeschäfte** (Art. 54 ff. GG) und gilt unabhängig davon, ob der Bundespräsident in dienstlicher oder privater Hinsicht am Rechtsstreit beteiligt ist. Es ist **verzichtbar**. Nach überwiegender Meinung gilt § 219 Abs. 2 ZPO im Vertretungsfall auch für den **Vertreter des Bundespräsidenten** (Art. 57 GG).[17] Für die Vernehmung des Bundespräsidenten als Zeugen gilt § 375 Abs. 2 ZPO (Vernehmung in der Wohnung; für die Zeugenvernehmung von Mitgliedern des Bundes- oder einer Landesregierung bzw. des Bundestages oder der Länderparlamente vgl. § 282 ZPO).   11

§ 220
Aufruf der Sache; versäumter Termin

(1) Der Termin beginnt mit dem Aufruf der Sache.

(2) Der Termin ist von einer Partei versäumt, wenn sie bis zum Schluss nicht verhandelt.

Inhalt:

	Rn.		Rn.
A. Allgemeines	1	III. Säumnis durch Nichtverhandeln	9
B. Erläuterungen	3	1. Nichtverhandeln „bis zum Schluss"	10
I. Beginn des Termins	3	2. Anträge nach Schließung der mündlichen Verhandlung im Säumnistermin	11
1. Anforderungen an den Aufruf	4		
2. Zeitpunkt des Aufrufs	5		
3. Folgen eines Rechtsverstoßes	6	3. Folgen der Säumnis durch Nichtverhandeln	12
II. Ende des Termins	7		

---

13 Musielak/Voit-*Stadler*, ZPO, § 219 Rn. 2.
14 OLG Frankfurt a.M., MDR 1983, 411.
15 Musielak/Voit-*Stadler*, ZPO, § 219 Rn. 4; a.A. Zöller-*Stöber*, ZPO, § 219 Rn. 2.
16 OLG Saarbrücken, NStZ-RR 2008, 50 (51).
17 Musielak/Voit-*Stadler*, ZPO, § 219 Rn. 5; MK-*Stackmann*, ZPO, § 219 Rn. 6; a.A. Zöller-*Stöber*, ZPO, § 219 Rn. 5.

A. Allgemeines

1 Die Vorschrift regelt in Absatz 1 (vgl. Rn. 3 ff.) den Beginn eines Termins und ergänzt hierdurch § 136 Abs. 1 ZPO (Verhandlungsleitung des Vorsitzenden). Absatz 2 (vgl. Rn. 9 ff.) konkretisiert den maßgeblichen Zeitpunkt für die Säumnis durch Nichtverhandeln (§ 333 ZPO) und steht im systematischen Zusammenhang mit den Vorschriften über die Säumnis im Termin (§§ 330 ff. ZPO). Zum Ende des Termins trifft § 220 ZPO keine gesetzliche Regelung, obschon dieser Zeitpunkt unter mehreren Gesichtspunkten ebenfalls bedeutsam ist (vgl. Rn. 7 f.).

2 Für das korrekte Verständnis der Vorschrift muss man sich zunächst den Begriff des Termins vergegenwärtigen (zur Definition vgl. § 214 Rn. 2). Der **Begriff "Termin"** umschreibt grundsätzlich jedes Zusammenkommen von Beteiligten eines Rechtsstreits vor Gericht zwecks prozessualen Handelns. Ein Termin kann zur Durchführung der mündlichen Verhandlung dienen, aber auch eine Beweisaufnahme, Verkündung einer Entscheidung oder eine Erörterung, die Protokollierung eines Vergleichs oder auch die Durchführung der Güteverhandlung zum Gegenstand haben. Absatz 1 ist grundsätzlich auf jeden Termin anwendbar, Absatz 2 nur auf Termine zur mündlichen Verhandlung (vgl. Rn. 9). Ebenfalls bedeutsam für das Verständnis der Vorschrift ist die Unterscheidung zwischen Termin (zur Durchführung der mündlichen Verhandlung) und der mündlichen Verhandlung i.S.v. §§ 128 ff. ZPO selbst. Soweit Absatz 2 nämlich auf den „Schluss" abstellt, ist nicht das Ende des Termins sondern der hiervon abweichende Schluss der mündlichen Verhandlung gemeint (vgl. Rn. 10).

B. Erläuterungen
I. Beginn des Termins

3 Jeder Termin (vgl. Rn. 2) beginnt mit dem **Aufruf** der Sache, auch der Termin zur Durchführung der mündlichen Verhandlung. Die mündliche Verhandlung selbst (§§ 128 ff. ZPO) beginnt aber erst mit der Stellung der Anträge (§ 137 Abs. 1 ZPO). Der Aufruf ist als Maßnahme der **Verhandlungsleitung** Aufgabe des **Vorsitzenden** (§ 136 Abs. 1 ZPO), die er aber z.B. an einen Beisitzer, Protokollführer oder Wachtmeister **delegieren** kann.[1] Der Aufruf ist als wesentlicher Vorgang des Verfahrensablaufs zu **protokollieren** (§ 160 Abs. Nr. 1 ZPO bzw. § 160 Abs. 2 ZPO; Beweiskraft: § 165 ZPO).[2] Da das RVG selbst keine Bestimmung zum Beginn eines Termins enthält, hat Absatz 1 mittelbar auch Bedeutung für den Anfall einer Terminsgebühr z.B. nach Nr. 3202 VV-RVG i.V.m. Teil 3 Vorbemerkung 3 Abs. 3 VV-RVG.[3]

1. Anforderungen an den Aufruf

4 Der Aufruf hat so zu erfolgen, dass die Verfahrensbeteiligten effektiv in die Lage versetzt werden, den Termin wahrzunehmen. Das zum Aufruf kommende Verfahren muss hinreichend individualisiert sein. Erforderlich ist daher jedenfalls die Angabe der **Namen der Parteien** (bei Verwechslungsgefahr gegebenenfalls klarstellende weitere Angaben) sowie des **Aktenzeichens** der Rechtssache. Die Mitteilung nur des Aktenzeichens ist nicht ausreichend.[4] Der Aufruf hat – dem eigentlichen Wortsinn folgend – **mündlich** zu erfolgen. Der bloße Aushang eines Terminszettels oder eines Hinweises, die Parteien mögen ohne Aufforderung eintreten, genügt nicht. Der Aufruf muss klar und **vernehmlich** sein und unter Umständen auch wiederholt werden. Er muss dort erfolgen, wo sich nach den Gebräuchen des betreffenden Gerichts die Beteiligten aufzuhalten pflegen, also zumeist **nicht nur im Sitzungsraum** (dort aber jedenfalls immer), sondern zusätzlich oder gleichzeitig auch vor dem Sitzungssaal, **auf dem Gerichtsflur** oder **in einem** besonderen **Warteraum**.[5] Der Termin beginnt erst mit dem Aufruf im Sitzungssaal selbst.[6] Jede Rechtssache ist einzeln aufzurufen. Ein **Sammelaufruf** genügt nur ausnahmsweise, wenn eine gleichzeitige Verhandlung (etwa von Parallelsachen mit den gleichen Beteiligten) durchgeführt werden soll. Bei einem Sammeltermin bestimmt der Vorsitzende die **Reihenfolge der Aufrufe**. Maßgeblich ist der zweckmäßige und geordnete Ablauf der Sitzung.[7]

2. Zeitpunkt des Aufrufs

5 Der Aufruf muss in einem zeitlichen Zusammenhang zu der in der Ladung angegebenen Terminsstunde stehen. Ein Recht auf einen Aufruf genau zu diesem Zeitpunkt haben die Parteien

---

1 MK-*Stackmann*, ZPO, § 220 Rn. 2.
2 Musielak/Voit-*Stadler*, ZPO, § 220 Rn. 2.
3 BGH, NJW 2011, 388 (389).
4 Musielak/Voit-*Stadler*, ZPO, § 220 Rn. 2.
5 Zu den einzelnen Anforderungen an den Aufruf vgl. BVerfG, NJW 1977, 1443 = JZ 1977, 20; LG Hamburg, NJW 1977, 1459 = MDR 1977, 498.
6 BeckOK-*Jaspersen*, ZPO, § 220 Rn. 2.
7 MK-*Stackmann*, ZPO, § 220 Rn. 3.

aber nicht. Der **Ladungszeitpunkt** bezeichnet lediglich den **frühestmöglichen Terminsbeginn**.[8] Zu einem früheren Zeitpunkt darf nur bei Einverständnis der Parteien aufgerufen werden.[9] Ein Einverständnis Dritter, etwa der Öffentlichkeit, ist hierfür aber nicht erforderlich.[10] **Verzögert sich der Aufruf** der Sache, so ist bei der Feststellung einer etwaigen Säumnis einer Partei im sodann verspätet aufgerufenen Termin folgendes zu beachten: War der rechtzeitig erschienenen Partei ein weiteres **Abwarten nicht** mehr **zumutbar**, zumal vor dem Hintergrund kollidierender weiterer Terminspflichten, und hat sie den Vorsitzenden über die Gründe ihres Fortgangs in Kenntnis gesetzt, so ist ihr Ausbleiben in dem verspätet aufgerufenen Termin im Zweifel als **entschuldigt** (§ 337 Satz 1 ZPO) anzusehen.[11] Als noch zumutbar sind in der ober- bzw. höchstrichterlichen Rechtsprechung u. a. Verzögerungen von 60 Minuten[12] und auch von 75 Minuten[13] angesehen worden. Vor dem Hintergrund dieser Problematik ist gerade bei **Sammelterminen/-aufrufen**, die zwar grundsätzlich zulässig sind, die **Reihenfolge** der aufzurufenden Termine besonders gewissenhaft zu bestimmen. Dies liegt im Ermessen des Vorsitzenden, der hierbei insbesondere Gesichtspunkte der Zweckmäßigkeit und des geordneten Sitzungsablaufs zu berücksichtigen hat.[14]

3. Folgen eines Rechtsverstoßes

Ist der Aufruf nicht ordnungsgemäß erfolgt, können die **Säumnisfolgen** gemäß §§ 330 ff. ZPO nicht eintreten.[15] Ein nicht ordnungsgemäßer Aufruf kann aber gemäß § 295 ZPO **geheilt** werden. Selbst ohne Heilung kann der Mangel folgenlos und eine Säumnisentscheidung zulässig sein, wenn die Säumnis auch bei ordnungsgemäßem Aufruf eingetreten wäre.[16] Verhandeln die Parteien trotz unterbliebenen Aufrufs, beginnt der Termin in dem Zeitpunkt, in dem das Gericht konkludent mit der Durchführung des Termins beginnt.[17]

6

II. Ende des Termins

Im Gegensatz zum Beginn (Absatz 1) enthält § 220 ZPO keine Regelung zum Ende eines Termins. Dieser Zeitpunkt ist aber unter anderem bedeutsam als zeitliche Grenze für die sitzungspolizeiliche Ordnungsgewalt des Vorsitzenden bzw. des Gerichts (§ 176 GVG).[18]

7

Der Termin endet entweder mit der ausdrücklichen **Schließung** durch den Vorsitzenden oder (konkludent) mit der **Verkündung einer Entscheidung** (§ 310 Abs. 1 ZPO, § 329 Abs. 1 Satz 2 ZPO, z.B. Urteil, Beweisbeschluss oder Vertagung gemäß § 227 Abs. 1, Abs. 4 ZPO), dem Abschluss eines Prozessvergleichs, spätestens aber mit dem **Aufruf der Folgesache**.[19] Die Schließung des Termins ist aber nicht gleichbedeutend mit der Schließung der mündlichen Verhandlung gemäß § 136 Abs. 4 ZPO.[20] Ein **Fortsetzen** der Verhandlung **nach Terminsbeendigung** bedarf grundsätzlich eines neuen Termins, zu dem auch erneut geladen werden muss. Im Ergebnis steht dies einem einvernehmlichen Weiterverhandeln nach Terminsbeendigung aber nicht entgegen, da der Formfehler jedenfalls gemäß § 295 Abs. 1 ZPO verzichtbar bzw. durch rügeloses Verhandeln heilbar ist.

Vom Ende des Termins (zur Durchführung der mündlichen Verhandlung) ist das **Ende der mündlichen Verhandlung** i.S.v. §§ 128 ff. ZPO zu unterscheiden. Die mündliche Verhandlung wird durch den Vorsitzenden geschlossen (§ 136 Abs. 4 ZPO). Wenn sich die mündliche Verhandlung über mehrere Termine (Sitzungstage) erstreckt, erfolgt dies regelmäßig einmalig (vorbehaltlich der Fälle der Wiederaufnahme gemäß § 156 ZPO) bevor sich das Gericht zur Beratung über die abschließende Entscheidung zurückzieht.[21] Die gesamte mündliche Verhandlung bildet eine Einheit und wird nicht etwa zu Beginn und zu Ende jedes (Sitzungs-)Termins eröffnet und wieder geschlossen.

8

---

8 Zöller-*Stöber*, ZPO, § 220 Rn. 2.
9 KG Berlin, NJW 1987, 1338 (1339) = MDR 1987, 329.
10 Baumbach/Lauterbach/Albers/Hartmann, ZPO, § 220 Rn. 6.
11 Zöller-*Stöber*, ZPO, § 220 Rn. 3 m.w.N.
12 LAG Hamm, NJW 1973, 1950.
13 BVerwG, NJW 1999, 2131.
14 MK-*Stackmann*, ZPO, § 220 Rn. 3.
15 Musielak/Voit-*Stadler*, ZPO, § 220 Rn. 2; MK-*Stackmann*, ZPO, § 220 Rn. 3.
16 KG Berlin, NJW 1987 1338 (1339) = MDR 1987, 329.
17 BGH, NJW 2011, 388, Rn. 10, zum Zeitpunkt des Anfalls einer anwaltlichen Terminsgebühr.
18 BeckOK-*Jaspersen*, ZPO, § 220 Rn. 1.
19 Musielak/Voit-*Stadler*, ZPO, § 220 Rn. 3.
20 Insoweit jedenfalls missverständlich: MK-*Stackmann*, ZPO, § 220 Rn. 4; BeckOK-*Jaspersen*, ZPO, § 220 Rn. 4.
21 Zöller-*Stöber*, ZPO, § 220 Rn. 4; Musielak/Voit-*Stadler*, ZPO, § 220 Rn. 3; MK-*Stackmann*, ZPO, § 220 Rn. 5.

III. Säumnis durch Nichtverhandeln

9 § 333 ZPO erklärt die Partei für säumig, die zwar zum Termin erscheint (und ordnungsgemäß vertreten ist), aber nicht (zur Sache) verhandelt. Absatz 2 definiert insoweit den maßgeblichen Zeitpunkt für das Nichtverhandeln. Die Vorschrift gehört also systematisch zu den Vorschriften über das **Säumnisverfahren** (§§ 330 ff. ZPO) und betrifft daher nur Termine zur Durchführung der **mündlichen Verhandlung**. Dies ergibt sich aus dem eindeutigen Wortlaut der §§ 330 ff. ZPO, die die Säumnisfolgen nur bei Säumnis im Termin zur mündlichen Verhandlung anordnen, nicht aber für sonstige Termine. So rechtfertigt z.b. nicht schon ein **Nichterscheinen in einem Beweistermin** den Erlass einer Säumnisentscheidung, sondern erst in der (regelmäßig allerdings unmittelbar, § 370 Abs. 1 ZPO) folgenden mündlichen Verhandlung.[22]

1. Nichtverhandeln „bis zum Schluss"

10 Die Partei hat den Termin nur versäumt, wenn sie „bis zum Schluss" nicht verhandelt. Maßgeblicher Zeitpunkt ist der **Schluss der mündlichen Verhandlung** gemäß § 136 Abs. 4 ZPO (vgl. Rn. 8), nicht das Ende des Termins.[23] Aus dem Wortlaut von Absatz 2 ist aber nicht abzuleiten, dass die Säumnis erst mit dem Schluss der mündlichen Verhandlung entsteht. Die **Säumnis** besteht vielmehr **von Beginn des Termins** an. Absatz 2 besagt nur, dass die Säumnis während des gesamten Termins bis zum Schluss der mündlichen Verhandlung fortbestehen muss, um eine Säumnisentscheidung zu rechtfertigen. Dementsprechend wird im Falle des wirksamen Einspruchs der Rechtsstreit in die Lage zurückversetzt, zu dem er sich zu Beginn der mündlichen Verhandlung in dem von der Säumnis betroffenen Termin befunden hat (§ 342 ZPO). Dies hat u.a. zur Folge, dass Prozesshandlungen der erschienenen Partei im Säumnistermin (Anerkenntnis, Geständnis, Verzicht) gegenstandslos werden und mögliche Präklusionswirkungen entfallen (st. Rspr.).[24] Der Umstand, dass die Säumnis im betreffenden Termin während des gesamten mündlichen Verhandlung (fort)bestehen muss führt weiter dazu, dass eine bei Aufruf zunächst säumige Partei durch **nachträgliches Erscheinen** bzw. **Verhandeln** bis zum Schluss der mündlichen Verhandlung die Säumnis beseitigen kann (vgl. insoweit auch § 231 Abs. 2 ZPO). Umgekehrt kann eine Partei, die im betreffenden Termin einmal zur Sache verhandelt hat, ihre Säumnis nicht mehr durch späteres Nichtverhandeln oder Verlassen der Sitzung herbeiführen.[25]

2. Anträge nach Schließung der mündlichen Verhandlung im Säumnistermin

11 Dadurch, dass das Ende des Termins nicht bereits mit dem Schluss der mündlichen Verhandlung eintritt (vgl. Rn. 7), besteht für die säumige Partei die Möglichkeit, trotz Säumnis im Termin noch während desselben Anträge anzubringen. Ist z.B. die mündliche Verhandlung bereits im Sinne von § 136 Abs. 4 ZPO geschlossen, aber noch kein Versäumnisurteil verkündet worden (auch bei bereits erfolgter Anberaumung eines Verkündungstermins), so kommt bei Vorliegen der Voraussetzungen eine **Wiedereröffnung der mündlichen Verhandlung** (§ 156 ZPO) in Betracht, was zur Beseitigung der Säumnisfolgen führen würde. Wurde bereits ein Versäumnisurteil verkündet, so kann die verspätet erschienene Partei noch in der Sitzung oder zu Protokoll des Urkundsbeamten der Geschäftsstelle Einspruch gemäß § 338 ZPO einlegen und hierdurch ein **sofortiges Verhandeln** ermöglichen. In beiden Fällen (§ 156 ZPO und § 338 ZPO) hat die säumige Partei aber **keinen Anspruch auf sofortigen Wiedereintritt** in die mündliche Verhandlung. Die Parteien können den Rechtsstreit auch sofort durch Vergleich erledigen.[26]

3. Folgen der Säumnis durch Nichtverhandeln

12 Im Säumnisfall kann das Gericht je nach Sachlage entweder gemäß § 227 Abs. 1 ZPO, § 335 Abs. 2 ZPO oder § 337 Satz 1 ZPO vertagen, bei Vorliegen der entsprechenden Voraussetzungen ein Versäumnisurteil erlassen (§§ 330, 331, 345, 539 ZPO) oder gemäß § 331a ZPO eine Entscheidung nach Aktenlage treffen. Bei **beidseitiger Säumnis** kann das Gericht das Ruhen des Verfahrens anordnen (§§ 251a, 251 ZPO) oder von Amts wegen eine Entscheidung nach Lage der Akten in die Wege leiten (§ 251a Abs. 1, Abs. 2 ZPO). Es kann die **Sache** aber auch **einstweilen zurückstellen** und zu einer **späteren** Terminsstunde am selben Terminstag

---

[22] OLG Frankfurt a.M., BeckRS 2015, 07642.
[23] Musielak/Voit-*Stadler*, ZPO, § 220 Rn. 4.
[24] BGH, NJW 1993, 861 (862) = MDR 1993, 1124 (mit Überblick zum Streitstand; zur Gegenmeinung vgl. beispielhaft: Musielak/Voit-*Stadler*, ZPO, § 220 Rn. 1 f.; die Problematik der Rechtsmittelrücknahme gemäß § 515 Abs. 1 ZPO, die den Hintergrund von BGH, NJW 1993, 861, gebildet hat, besteht angesichts der Neuregelung in § 516 Abs. 1 ZPO so heute nicht mehr; weiterhin aber bedeutsam u.a. im Falle der Klagerücknahme (§ 269 ZPO) im Säumnistermin.
[25] BeckOK-*Jaspersen*, ZPO, § 220 Rn. 5.
[26] MK-*Stackmann*, ZPO, § 220 Rn. 5.

erneut aufrufen. Dieses Vorgehen empfiehlt sich insbesondere, wenn die Hintergründe des Nichterscheinens auf die Schnelle nicht aufzuklären und am selben Sitzungstag ohnehin weitere Termine durchzuführen sind. Hierbei handelt es sich nicht um einen Fall der Terminsänderung gemäß § 227 ZPO.[27]

§ 221
Fristbeginn

(1) Der Lauf einer richterlichen Frist beginnt, sofern nicht bei ihrer Festsetzung ein anderes bestimmt wird, mit der Zustellung des Dokuments, in dem die Frist festgesetzt ist, und, wenn es einer solchen Zustellung nicht bedarf, mit der Verkündung der Frist.

Inhalt:

	Rn.		Rn.
A. Allgemeines	1	II. Bestimmung des Fristbeginns	6
B. Erläuterungen	2	1. Verkündung der fristsetzenden Entscheidung	8
I. Fristbegriff und Anwendungsbereich von §§ 221 ff. ZPO	2	2. Zustellung der fristsetzenden Entscheidung	9
1. Prozessuale Frist und materielle Frist	3	3. Folgen im Falle fehlerhafter Zustellung oder Verkündung	10
2. Eigentliche Frist und uneigentliche Frist	4	III. Fristbeginn betreffend den Nebenintervenienten	11
3. Richterliche Frist und gesetzliche Frist	5		

A. Allgemeines
Die Vorschrift definiert den Zeitpunkt des **Fristbeginn**s und liefert somit den **Anknüpfungspunkt für** die allgemeine **Fristberechnung** gemäß § 222 ZPO, §§ 187 ff. BGB. Ihre Anwendung ist beschränkt auf eigentliche prozessuale Fristen und insoweit auch auf den Bereich der **richterlichen Fristen** (zum Fristbegriff vgl. im Einzelnen Rn. 2 ff.). § 221 ZPO ist auch auf die Fristen im Zwangsversteigerungs- und Insolvenzverfahren anwendbar.[1] Auf den Beginn **gesetzlicher Fristen** ist § 221 ZPO ausdrücklich nicht anwendbar. Der Beginn gesetzlicher Fristen ergibt sich direkt aus den jeweiligen gesetzlichen Vorschriften (z.B. § 339 Abs. 1 Hs. 2, § 517 Hs. 2, § 520 Abs. 2 Satz 1, § 544 Abs. 1 Satz 2, § 544 Abs. 2 Satz 1, § 548 Hs. 2, § 551 Abs. 2 Satz 3, § 569 Abs. 1 Satz 2, § 575 Abs. 1 Satz 1 und § 575 Abs. 2 Satz 2 ZPO). Regelmäßig knüpft der Fristbeginn dort an eine Zustellung an. Nicht anwendbar ist § 221 ZPO auf die (vertragliche) **Widerrufsfrist beim Prozessvergleich.** Für deren Berechnung gelten § 222 ZPO, §§ 187, 188 BGB.[2] 1

B. Erläuterungen
I. Fristbegriff und Anwendungsbereich von §§ 221 ff. ZPO
Fristen sind Zeiträume, deren Nichteinhaltung bestimmte Rechtsfolgen auslöst. Es ist zunächst zwischen materiellen und prozessualen Fristen zu unterscheiden (vgl. Rn. 3). Innerhalb der prozessualen Fristen sind wiederum eigentliche von uneigentlichen und richterliche von gesetzlichen Fristen zu unterscheiden. Die Vorschriften in §§ 221 ff. ZPO finden im Grundsatz nur auf eigentliche prozessuale Fristen Anwendung. In einzelnen Vorschriften ist der Anwendungsbereich teilweise zusätzlich auf richterliche oder gesetzliche Fristen beschränkt. Eine Sonderform der Frist ist die sogenannte Notfrist (vgl. § 224 Rn. 4 ff.). **Keine Fristen** sind solche Zeiträume, die nicht allein mit Kalender und Uhr bestimmbar sind, sondern die mit unbestimmten Rechtsbegriffen wie „unverzüglich" bezeichnet werden.[3] 2

1. Prozessuale Frist und materielle Frist
Bei den **prozessualen Fristen** handelt es sich um Fristen, die für Prozesshandlungen der Prozessbeteiligten oder für Maßnahmen des Gerichts maßgeblich sind. Abzugrenzen hiervon sind **materielle Fristen** (z.B. **Widerrufsfrist** für einen Prozessvergleich), auf die §§ 221 ff. ZPO grundsätzlich keine unmittelbare Anwendung finden. 3

---

27 BVerfG, NJW 1995, 3402; Musielak/Voit-*Stadler*, ZPO, § 220 Rn. 4.

Zu § 221:
1 BVerfG, NJW 1988, 1773 (1774).
2 Musielak/Voit-*Stadler*, ZPO, § 221 Rn. 4.
3 MK-*Stackmann*, ZPO, § 221 Rn. 4.

2. Eigentliche Frist und uneigentliche Frist

4 Innerhalb der prozessualen Fristen sind eigentliche und uneigentliche Fristen zu unterscheiden. Zu den **eigentlichen Fristen** (auch als **echte Fristen** bezeichnet) zählen zum einen die sogenannten **Handlungsfristen**, nämlich Zeiträume innerhalb derer eine Parteihandlung (vollständig) vorzunehmen ist. Ihre Nichtbeachtung ist regelmäßig mit Rechtsnachteilen für die betreffende Partei verbunden. Sie dienen der Verfahrensbeschleunigung. Des Weiteren zählen die sogenannten **Zwischenfristen** zu den eigentlichen Fristen. Hierbei handelt es sich um Zeiträume die (vollständig) verstrichen sein müssen, bevor ein Termin durchgeführt werden kann (z.B. § 132, § 217, § 274 Abs. 3, § 523 Abs. 2, § 553 Abs. 2, § 239 Abs. 3 Satz 2, § 274 Abs. 3 Satz 3 ZPO). Sie dienen der Vorbereitung der Partei auf einen Termin und somit in erster Linie der Sicherung der Parteirechte (z.B. des Anspruchs auf rechtliches Gehör). **Uneigentliche Fristen** sind dagegen Zeiträume, innerhalb derer das Gericht eine **Amtshandlung** vorzunehmen hat (z.B. § 251a Abs. 2 Satz 2 ZPO; § 310 Abs. 1 ZPO, § 315 Abs. 2 Satz 1 ZPO; § 816 Abs. 1 ZPO), sowie Zeiträume, die aus Gründen der Rechtssicherheit bei der **Vornahme einer Prozesshandlung** nicht über- bzw. unterschritten werden dürfen (z.B. Ausschlussfristen für die Anbringung eines Wiedereinsetzungsantrages gemäß § 234 Abs. 3 ZPO, für die Einlegung eines Einspruchs gemäß § 320 Abs. 2 Satz 3 ZPO, für die Einlegung eines Rechtsmittels gemäß § 517 Hs. 2, § 548 Hs. 2 ZPO und § 569 Abs. 1 Satz 2 ZPO, für die Anbringung der Wiederaufnahmeklage gemäß § 586 Abs. 2 Satz 2 ZPO oder die [Mindest-]Wartefrist für eine Zwangsvollstreckung gemäß § 798 Hs. 2 ZPO).[4] Für diese Fristen gelten §§ 221 ff. ZPO im Grundsatz nicht; allerdings erfolgt deren Berechnung ebenfalls nach § 222 ZPO.[5]

3. Richterliche Frist und gesetzliche Frist

5 Die Anwendbarkeit der einzelnen Vorschriften oder Rechtsfolgen aus §§ 221 ff. ZPO hängt teilweise des Weiteren davon ab, ob es sich um eine richterliche oder eine gesetzliche Frist handelt (z.B. §§ 221, 224 ZPO). Bei der **gesetzlichen Frist** ergibt sich die Dauer der Frist unmittelbar aus dem Gesetz. Ihr Ablauf führt regelmäßig zum **Ausschluss der Parteihandlung** (§ 230 ZPO). Gesetzliche Fristen enthalten u.a. § 339 ZPO, § 517 ZPO, § 520 Abs. 2 ZPO, § 544 Abs. 1 ZPO, § 544 Abs. 2 ZPO, § 548 ZPO, § 551 Abs. 2 ZPO, § 575 Abs. 1 ZPO und § 575 Abs. 1 und Abs. 2 ZPO. Es handelt sich zumeist um Fristen zur Einlegung oder Begründung von Rechtsmitteln. Bei der **richterlichen Frist** erfolgt die Bestimmung der konkreten Fristdauer durch das Gericht. In diesem Fall ist die Partei mit ihrer **verspäteten Prozesshandlung** nicht notwendigerweise ausgeschlossen (§ 296 ZPO). Die richterliche Fristsetzung muss immer eine konkrete Fristdauer (z.B. Tages-/Wochenfrist) oder ein konkretes Fristende (zumeist kalendermäßige Festlegung) beinhalten. Beispiele für richterliche Fristen sind: § 56 Abs. 2 Satz 2, § 89 Abs. 1 Satz 2, § 113 Satz 1, § 244 Abs. 2, § 273 Abs. 2 Nr. 1, § 275 Abs. 1 Satz 1, Abs. 3, Abs. 4, § 276 Abs. 1 Satz 2, Abs. 1 Satz 3, Abs. 3, § 277 Abs. 3, § 283, § 339 Abs. 2, § 356, § 364 Abs. 3, § 379, § 411 Abs. 4 Satz 2, § 431 Abs. 1, § 521 Abs. 2, § 522 Abs. 2 Satz 2, § 571 Abs. 3, § 926 Abs. 1, § 239 Abs. 3 Satz 2, § 274 Abs. 3 Satz 3 ZPO.

II. Bestimmung des Fristbeginns

6 Hat das Gericht Frist gesetzt durch konkrete (z.B. kalendermäßige) **Bestimmung des Fristendes** (sog. „Genaufrist"; z.B.: „Frist mit Gelegenheit zur Stellungnahme bis zum ..."), so erübrigt sich eine Fristberechnung anhand von § 222 ZPO, §§ 187 ff. BGB. In diesen Fällen bedarf es daher auch nicht (mehr) der Bestimmung des Fristbeginns gemäß § 221 ZPO als Anknüpfungspunkt für die Fristberechnung.

7 Bedeutsam ist § 221 ZPO, wenn die Fristsetzung durch richterliche **Bestimmung einer Fristdauer** erfolgt ist. In diesem Fall ist das Fristende anhand von § 222 ZPO, §§ 187 ff. BGB zu ermitteln. An welchen Zeitpunkt mit Blick auf den Fristbeginn anzuknüpfen ist, bestimmt sich nach § 221 ZPO: Soweit der **Fristbeginn** im Rahmen der Fristsetzung gerichtlich festgelegt worden ist, ist diese Festlegung maßgeblich. Allerdings kann auch im Falle eines richterlich bestimmten Fristbeginns die Frist **frühestens mit der Zustellung** (oder Verkündung) zu laufen beginnen.[6] Wurde der Fristbeginn – wie in der Praxis üblich – nicht gerichtlich festgelegt, ist die **Bekanntgabe** der die Fristsetzung beinhaltenden Entscheidung der maßgebliche Zeitpunkt. Dies ist entweder die Zustellung (§ 329 Abs. 2 Satz 2 ZPO) oder die Verkündung (§ 329 Abs. 1 Satz 1 ZPO), je nachdem, welche Form der Bekanntgabe in der konkreten Verfahrenssituation gesetzlich vorgeschrieben ist. Unterbleibt eine notwendige **Zustellung bzw. Verkündung**, so beginnt die Frist auch nicht zu laufen.

---

4 BeckOK-*Jaspersen*, ZPO, § 221 Rn. 2 m.w.N.
5 MK-*Stackmann*, ZPO, § 221 Rn. 1.
6 Musielak/Voit-*Stadler*, ZPO, § 221 Rn. 5; MK-*Stackmann*, ZPO, § 221 Rn. 3.

1. Verkündung der fristsetzenden Entscheidung

Ein an der Verkündung anknüpfender Fristbeginn setzt die **Wirksamkeit der Verkündung** der die Fristbestimmung beinhaltenden Entscheidung voraus. Diese erfordert eine ordnungsgemäße **Protokollierung** (§ 160 Abs. 3 Nr. 6 oder Abs. 5 ZPO). Eine nur dem „wesentlichen Inhalt" nach erfolgte Verkündung einer noch nicht abgesetzten und auch nicht im Protokoll niedergelegten Entscheidung ist nicht ordnungsgemäß.[7] Ist die Verkündung ordnungsgemäß erfolgt, so ist eine etwaige **Abwesenheit der Parteien** unschädlich (§ 312 Abs. 1 ZPO). Die Parteien trifft insoweit die Pflicht, sich über das Ergebnis des Termins zu informieren.[8] Der Fristlauf beginnt – für alle Parteien gleich[9] – mit der Verkündung. Ohne Bedeutung für den Fristbeginn sind etwaig später erfolgte zusätzlich gesetzlich nicht vorgesehene Zustellungen der betreffenden Entscheidung.[10] Verkennt eine anwaltlich nicht vertretene Partei aber schuldlos, dass in diesem Fall die Frist nicht erst mit der Zustellung, sondern schon mit der Verkündung beginnt, kommt eine **Wiedereinsetzung** in den vorigen Stand (§ 233 ZPO) in Betracht.[11]

2. Zustellung der fristsetzenden Entscheidung

Soweit der Fristbeginn an der Zustellung anknüpft, setzt dies die **Wirksamkeit der Zustellung** voraus (§§ 166 ff. ZPO). Sowohl fristbestimmende gerichtliche Entscheidungen als auch entsprechende Verfügungen des Vorsitzenden, die im Übrigen unterschrieben sein müssen[12] (im elektronischen Geschäftsverkehr beachte § 130b ZPO), sind jeweils förmlich zuzustellen (§ 329 Abs. 1 Satz 1, Abs. 2 Satz 2 ZPO); die Zustellung einer bloßen Mitteilung über den Inhalt der Verfügung ist daher nicht ausreichend (st. Rspr.).[13] Wird anstatt der förmlichen Zustellung nur eine formlose Übersendung veranlasst, so fehlt es bereits am notwendigen Zustellungswillen. Eine **Heilung** gemäß § 189 ZPO kommt daher nicht in Betracht.[14] Die spätere Nachholung der ordnungsgemäßen Zustellung führt in Ansehung des Fristbeginns nicht zur **Rückwirkung der Zustellung** gemäß § 167 ZPO, auch wenn die Zustellung „demnächst" erfolgt.[15] Ist einmal wirksam zugestellt worden, so bleibt der Zeitpunkt dieser ersten Zustellung für den Fristbeginn maßgeblich, auch wenn später eine zweite Zustellung erfolgt, selbst wenn dieser eine falsche Belehrung beigefügt ist.[16] Der **Fristbeginn** bemisst sich **für jede Partei gesondert** nach dem Zeitpunkt der bei ihr erfolgten Zustellung.[17] Eine einheitlich gegenüber den Parteien durch Bestimmung der Fristdauer gesetzte Frist kann daher zu unterschiedlichen Zeitpunkten ablaufen, nämlich wenn die Zeitpunkte der Zustellung als Anknüpfungspunkt für die Fristberechnung (§§ 221, 222 ZPO, §§ 187 ff. BGB) auseinanderfallen. Die Fristdauer sollte in solchen Fällen daher so bemessen werden, dass – jedenfalls bei üblichem Lauf der Dinge – auch der Partei, an die als letztes zugestellt wird, eine angemessen lange Frist verbleibt.

3. Folgen im Falle fehlerhafter Zustellung oder Verkündung

Setzt das Gericht eine Frist, z.B. zur Begründung eines Rechtsbehelfs, so darf es auch erst nach deren Ablauf entscheiden. Wartet es die Frist nicht ab, so kann hierin eine **Verletzung** des Anspruchs auf **rechtliches Gehör** (Art. 103 Abs. 1 GG) liegen.[18] Ein solcher Fall liegt auch dann vor, wenn eine Frist aufgrund nicht (ordnungsgemäß) erfolgter Zustellung (oder Verkündung) gar nicht erst zu laufen begonnen hat (vgl. Rn. 7).

III. Fristbeginn betreffend den Nebenintervenienten

Ist der **Nebenintervenient bzw. Streithelfer** (§ 67 ZPO, § 74 Abs. 1 ZPO) selbst Adressat der fristsetzenden Anordnung des Gerichts, so ist für den Fristbeginn ihm gegenüber auch die Zustellung an ihn und nicht an die von ihm unterstützte Partei maßgeblich.[19] Dies gilt insbesondere bei Fristsetzungen nach § 56 Abs. 2 ZPO, § 89 Abs. 1 ZPO, § 109 Abs. 2 ZPO, § 379 ZPO oder § 521 Abs. 2 ZPO (bei vom Nebenintervenient allein eingelegtem Rechtsmittel). Abgesehen von den vorgenannten Sonderfällen gilt **grundsätzlich**, dass der Fristlauf für den Nebeninter-

---

7 OLG Frankfurt a.M., NJW 1986, 731.
8 BGH, NJW-RR 1997, 770 (771) = FamRZ 1997, 999 m.w.N.
9 Musielak/Voit-*Stadler*, ZPO, § 221 Rn. 5.
10 KG Berlin, BeckRS 2004, 01520 = MDR 2004, 770, Rn. 6 ff.
11 BeckOK-*Jaspersen*, ZPO, § 221 Rn. 4.
12 BGH, WM 1982, 1281.
13 BGH, NJW 2009, 515 = MDR 2009, 216.
14 BGH, NJW 2003, 1192 (1193) = MDR 2003, 407.
15 Baumbach/Lauterbach/Albers/Hartmann, ZPO, § 221 Rn. 5.
16 BGH, NJW-RR 2006, 563 (564), auch mit Blick auf eine mögliche Wiedereinsetzung.
17 Zöller-*Stöber*, ZPO, § 221 Rn. 2.
18 BVerfG, NJW 1988, 1773 (1774) = MDR 1988, 553.
19 MK-*Stackmann*, ZPO, § 221 Rn. 7.

venienten an den **Fristlauf** für die unterstützte **Hauptpartei** gebunden ist.[20] Bei der Rechtsmitteleinlegung ist für den Nebenintervenienten daher die Zustellung an die unterstützte Hauptpartei für den Fristbeginn maßgeblich. An den Nebenintervenienten wird das Urteil gar nicht von Amts wegen zugestellt.[21] Anders verhält es sich beim **beigetretenen streitgenössischen Nebenintervenienten.** Ihn betreffende Fristen (insbesondere Rechtsmittelfristen) laufen nur, wenn an ihn zugestellt oder ihm gegenüber verkündet worden ist, weil das Gesetz ihm eine **eigenständige Rechtsstellung** einräumt.[22]

§ 222
Fristberechnung

(1) Für die Berechnung der Fristen gelten die Vorschriften des Bürgerlichen Gesetzbuchs.

(2) Fällt das Ende einer Frist auf einen Sonntag, einen allgemeinen Feiertag oder einen Sonnabend, so endet die Frist mit Ablauf des nächsten Werktages.

(3) Bei der Berechnung einer Frist, die nach Stunden bestimmt ist, werden Sonntage, allgemeine Feiertage und Sonnabende nicht mitgerechnet.

Inhalt:

	Rn.		Rn.
A. Allgemeines	1	3. Fristablauf an Sonn- oder Feiertagen	9
B. Erläuterungen	2	4. Stundenfristen	13
I. Fristberechnung	2	5. Vergleichswiderrufsfrist	14
1. Ermittlung des Fristbeginns	3	II. Fristwahrung	15
2. Ermittlung des Fristendes	5		

A. Allgemeines

1 Maßgeblicher Zeitpunkt für die Einhaltung von Fristen ist das Fristende. Sofern die Frist nicht bereits ihrem Ende nach bestimmt ist, muss der Zeitpunkt ermittelt werden, in dem sie abläuft (vgl. Rn. 2 ff.). Die entsprechenden **Berechnungsgrundsätze** ergeben sich aus § 222 ZPO und §§ 187 ff. BGB, auf die Absatz 1 verweist. § 222 ZPO gilt für **alle prozessualen Fristen**, gesetzliche wie richterliche, eigentliche wie uneigentliche (zum Begriff vgl. § 221 Rn. 2 ff.), auch bei gewährter Fristverlängerung.[1] Die Verweisung in Absatz 1 harmonisiert die Berechnung prozessualer und materiell-rechtlicher Fristen, indem es die entsprechenden Vorschriften des BGB (§§ 187 ff. BGB) auf prozessuale Fristen für anwendbar erklärt. Trotz der uneingeschränkten Verweisung in Absatz 1 finden aber §§ 190, 191, 193 BGB auf prozessuale Fristen keine Anwendung. § 191 BGB ist seinem Wesen nach nicht auf prozessuale Fristen anwendbar; für § 193 BGB (Fristablauf an Samstagen, Sonn- oder Feiertagen) sowie § 190 BGB (Behandlung von Fristverlängerungen) enthalten Absatz 2 (vgl. Rn. 7) bzw. § 224 Abs. 3 ZPO eigenständige Regelungen für den Bereich der prozessualen Fristen.[2] Im Ergebnis beschränkt sich die **Verweisung** in Absatz 1 also **auf §§ 187–189 BGB und § 192 BGB.** Absatz 3 betrifft die Behandlung von Samstagen, Sonn- und Feiertagen während des Laufs sogenannter Stundenfristen (vgl. Rn. 13). Über die Verweise in § 57 Abs. 2 VwGO und in § 54 Abs. 2 FGO gelten die Berechnungsgrundsätze auch im verwaltungs- und finanzgerichtlichen Verfahren.

B. Erläuterungen
I. Fristberechnung

2 Für jede Fristberechnung ist zunächst der konkrete Fristbeginn festzustellen (vgl. Rn. 3). Ausgehend hiervon ist dann unter Anwendung der sich aus § 222 ZPO und §§ 187 ff. BGB ergebenden Berechnungsgrundsätzen das konkrete Fristende zu ermitteln. Beinhaltet die Fristsetzung bereits die Bestimmung eines konkreten (kalendermäßigen) Ablaufzeitpunktes, so ist eine Fristberechnung obsolet. Allerdings gilt Absatz 2 auch in diesen Fällen (vgl. Rn. 9).

---

20 BGH, NJW-RR 2013, 1400 = MDR 2013, 1240.
21 BGH, NJW 1986, 257 = MDR 1986, 36; BGH, NJW 1963, 1251 = MDR 1963, 578.
22 BeckOK-*Jaspersen*, ZPO, § 221 Rn. 7 f. m.w.N.

Zu § 222:
1 MK-*Stackmann*, ZPO, § 222 Rn. 1.
2 MK-*Stackmann*, ZPO, § 222 Rn. 2.

1. Ermittlung des Fristbeginns

Bei der Ermittlung des Beginns prozessualer Fristen ist zwischen (eigentlichen) richterlichen Fristen und prozessualen Fristen im Übrigen zu unterscheiden (zu den Begrifflichkeiten vgl. § 221 Rn. 3 ff.). Der **Beginn (eigentlicher) richterlicher Fristen** richtet sich nach § 221 ZPO (vgl. dort Rn. 6 ff.). In den **übrigen Fällen** richtet sich der Fristbeginn nach Absatz 1 i. V. m. § 187 BGB.[3] Er hängt davon ab, ob der Fristlauf durch den Beginn eines Tages (§ 187 Abs. 2 BGB) oder einen Zeitpunkt bzw. ein Ereignis im Laufe eines Tages (§ 187 Abs. 1 BGB) ausgelöst wird. Ein Tag beginnt um 0.00 Uhr und endet mit dem Beginn des Folgetages wiederum um 0.00 Uhr. Ist für den Fristbeginn ein Zeitpunkt bzw. Ereignis im Laufe eines Tages fristauslösend, z.B. eine Zustellung, Verkündung oder sonstige Bekanntgabe, die Kenntniserlangung oder auch die Beseitigung eines Hindernisses, so wird der betreffende Tag bei der Berechnung der Frist nicht mitgerechnet (187 Abs. 1 BGB). Der **Fristlauf beginnt** erst **mit dem Beginn des Folgetages**. Erfolgt eine fristauslösende Zustellung z.B. im Laufe des 7. März, so beginnt der Fristlauf am 8. März um 0.00 Uhr. Soll hingegen der Beginn eines Tages den Fristlauf auslösen (z.B. Fristsetzung „ab dem ..."), so wird der **Tag bei der Fristberechnung mitgerechnet** (§ 187 Abs. 2 BGB). Fristbeginn ist also in diesem Fall bereits um 0.00 Uhr des besagten Tages. Bei § 234 Abs. 2 ZPO **(Wiedereinsetzungsfrist)**, § 586 Abs. 2 Satz 1 ZPO (Klagefrist im **Wiederaufnahmeverfahren**), § 845 Abs. 2 Satz 2 ZPO (Frist zur Durchführung der Forderungspfändung zum Erhalt der **Vorpfändung**swirkung) und § 878 Abs. 1 Satz 1 ZPO (Frist zur Erhebung der **Widerspruchsklage** im Verteilungsverfahren) ist der gesetzliche Wortlaut mit Blick auf den Fristbeginn missverständlich. Auch wenn dort „auf den Tag" abgestellt wird, in den das betreffende Ereignis fällt, handelt es sich nicht um einen Fall des § 187 Abs. 2 BGB. Es ist auch hier das (in den Lauf eines Tages fallende) Ereignis selbst für den Fristbeginn maßgeblich (§ 187 Abs. 1 BGB).[4] Knüpft der Fristbeginn an den Ablauf eines Tages, so ist dies gleichbedeutend mit dem Beginn des Folgetages.[5]

Das Fehlen einer **Rechtsbehelfsbelehrung** (§ 232 Satz 1 ZPO, § 39 FamFG) hat keine Auswirkung auf den Fristbeginn. Die Frist beginnt ungeachtet einer fehlenden Rechtsbehelfsbelehrung zu laufen. Dies ergibt sich für den Bereich des FamFG mittelbar aus § 17 Abs. 2 FamFG, dessen Regelung einen Fristlauf trotz unterbliebener (oder fehlerhafter) Rechtsbehelfsbelehrung denklogisch voraussetzt. Entsprechendes gilt hinsichtlich der Rechtsbehelfsbelehrung gemäß § 232 ZPO.[6] Eine bereits angelaufene gesetzliche oder richterliche Frist wird durch eine während des Fristlaufs vorgenommene Verweisung nicht berührt.[7]

2. Ermittlung des Fristendes

Das Fristende bestimmt sich anhand von Absatz 1 i. V. m. § 188 BGB. Eine **nach Tagen bestimmte Frist** endigt mit dem Ablauf des letzten Tages der Frist (§ 188 Abs. 1 BGB). Der letzte Tag ergibt sich durch Hinzurechnung der als Fristdauer festgelegten Anzahl an Tagen zum Fristbeginn. Setzt also eine im Laufe des 7. Juli bewirkte Zustellung eine Zehntagesfrist in Gang, so ist das Fristende wie folgt zu berechnen: Die Frist beginnt am 8. März um 0.00 Uhr zu laufen (§ 187 Abs. 1 BGB). Der erste Tag der Frist ist also der 8. März. Der letzte Tag der Frist ist dementsprechend der 17. März (der 8. März ist mitzuzählen). Mit dessen Ablauf endigt die Frist. Sie ist also am 18. Juli um 0.00 Uhr abgelaufen. Stellt hingegen der Tagesanfang des 7. März den Fristbeginn dar (§ 187 Abs. 2 BGB), so wird dieser Tag mitgerechnet. Die Zehn-Tages-Frist endet also bereits mit Ablauf des 16. März, d.h. am 17. März um 0.00 Uhr.

Bei **Fristen mit einer Dauer von Wochen, Monaten oder Jahren** bemisst sich das Fristende nach § 188 Abs. 2 BGB. In den Fällen des § 187 Abs. 1 BGB (Eintritt des fristauslösenden Ereignisses im Laufe des Tages) endet die Frist mit dem Ablauf des Tages der letzten Woche bzw. des letzten Monats oder des Jahres der Frist, der (bei Wochenfristen) seiner Benennung oder (bei Monats- oder Jahresfristen) seiner Zahl nach dem Tag entspricht, in dessen Lauf das fristauslösende Moment gefallen war. In den Fällen des § 187 Abs. 2 BGB (Anfang des Tages als Fristbeginn) endet die Frist nicht erst mit dem Ablauf sondern bereits mit dem Beginn des vorbezeichneten Tages (das Gesetz spricht inhaltsgleich vom Ablauf des vorangehenden Tages). Tritt also im Falle des § 187 Abs. 2 BGB das fristauslösende Moment im Laufe des 5. Juli ein und handelt es sich hierbei um einen Dienstag, so endet eine hieran anknüpfende Wochenfrist mit Ablauf des 12. Juli (Dienstag der Folgewoche), mithin am 13. Juli um 0.00 Uhr. Entsprechend würde eine Monatsfrist mit Ablauf des 5. August und eine Jahresfrist mit Ablauf des 5. Juli des Folgejahres enden. Wäre in den vorgenannten Fällen der Anfang des 5. Juli als

---

[3] BeckOK-*Jaspersen*, ZPO, § 222 Rn. 2.
[4] MK-*Stackmann*, ZPO, § 222 Rn. 3.
[5] BGH, NJW-RR 2014, 162, Rn. 6 ff. = MDR 2014, 246.
[6] BeckOK-*Jaspersen*, ZPO, § 222 Rn. 2.
[7] BeckOK-*Jaspersen*, ZPO, § 222 Rn. 3.

Fristbeginn maßgeblich gewesen (§ 187 Abs. 2 BGB), so hätten die Fristen jeweils einen Tag früher geendigt.

7 Bei der Ermittlung des Fristendes einer nach vollen Monaten oder Jahren bemessenen Frist spielt es keine Rolle, ob die einzelnen Monate während des Laufs der Frist 28, 29, 30 oder 31 Tage haben. Verfügt allerdings der letzte Monat der Frist nicht über den für den Fristablauf maßgeblichen Tag, so endet die Frist bereits am letzten Tag des letzten Monats (§ 188 Abs. 3 BGB). Löst also ein in den Lauf des 31. Januar fallendes Ereignis den Lauf einer dreimonatigen Frist aus (§ 187 Abs. 1 BGB), so endet sie bereits mit Ablauf des 30. April, da der April nicht über einen 31. Tag verfügt.

8 Für Fristen von der Dauer eines halben Monats, eines Viertel Jahres oder eines halben Jahres enthält § 189 Abs. 1 BGB Legaldefinitionen: Ein **halbes Jahr** ist bei der Fristberechnung mit sechs und ein **Vierteljahr** als drei Monate zu berücksichtigen. Der Zeitraum eines **halben Monats** ist für die Fristberechnung mit einer Dauer von **15 Tagen** legal definiert. Für die Abfolge bei der Fristberechnung stellt § 189 Abs. 2 BGB klar, dass zunächst die vollen Monate zu berücksichtigen sind und erst am Ende des Fristlaufs die einen halben Monat repräsentierenden 15 Tage. Eine Frist von dreieinhalb Monaten wird also nicht etwa in 105 Tage umgerechnet. Es wird zunächst dreimal die Monatsfrist veranschlagt und dann – anknüpfend an den so ermittelten Zeitpunkt – eine weitere Frist von 15 Tagen angeschlossen. Eine am 11. Januar (0.00 Uhr) beginnende dreieinhalbmonatige Frist endet daher mit Ablauf des 25. April, mithin also am 26. April um 0.00 Uhr.

3. Fristablauf an Sonn- oder Feiertagen

9 Absatz 2 verhindert den Fristablauf an einem Samstag, Sonn- oder Feiertag, indem es den Fristablauf auf das Ende des **nächsten Werktages** verschiebt. Die Vorschrift gilt sowohl für Fristen, die nur ihrer Dauer nach bestimmt sind (Tages-, Wochen-, Monats- oder Jahresfristen), als auch für Fristen, deren Fristende (kalendermäßig) bestimmt ist.[8] Wird Absatz 2 nicht beachtet und dadurch ein fristgerechtes Vorbringen nicht mehr berücksichtigt, so kann hierin eine Verletzung des **Anspruchs auf rechtliches Gehör** liegen.[9]

10 Feiertage im Sinne der Vorschrift sind alle **gesetzlichen Feiertage** an dem Ort, an dem die Frist zu wahren ist; bei prozessualen Fristen also an dem Ort, an dem das **Gericht** seinen **Sitz** hat, gegenüber dem die Frist zu wahren ist.[10] **Bundeseinheitliche gesetzliche Feiertage** sind Neujahr (1. Januar), Karfreitag, Ostermontag, 1. Mai, Christi Himmelfahrt, Pfingstmontag, Tag der Deutschen Einheit (3. Oktober) und die beiden Weihnachtsfeiertage (25. und 26. Dezember). Nur in Teilen des Bundesgebiets gelten die Feiertage Heilige Drei Könige (6. Januar), Fronleichnam, Mariä Himmelfahrt (15. August), Reformationstag (31. Oktober), Allerheiligen (1. November) und Buß- und Bettag. Teilweise gibt es auch auf einzelne Stadtgebiete begrenzte gesetzliche Feiertage, wie z.B. das Hohe Augsburger Friedensfest am 8. August. Keine Feiertage im Sinne von Absatz 2 sind nach örtlichem Brauch ganz oder teilweise **arbeitsfreie Tage**, wie z.B. der **Rosenmontag**,[11] oder Tage, an denen die Behörden geschlossen sind, wie gelegentlich am **24. oder 31. Dezember**.[12]

11 **Absatz 2 gilt auch** für den **Fristablauf bei Fristverlängerung**, und zwar sowohl bezogen auf die ursprüngliche als auch auf die verlängerte Frist: Endet die verlängerte Frist an einem Samstag, Sonn- oder Feiertag, so bewirkt Absatz 2 für das Ende der verlängerten Frist eine Verschiebung bis zum Ablauf des nächsten Werktages.[13] Ob die Verlängerung durch Bestimmung eines hinausgeschobenen Fristendes oder durch Bestimmung eines Zeitraumes erfolgt ist, um den sich die ursprüngliche Frist verlängern soll, spielt insoweit keine Rolle. In letztgenanntem Fall ist zusätzlich Folgendes zu beachten: Der Zeitraum, um den sich die ursprüngliche Frist verlängert, schließt sich gemäß § 224 Abs. 3 ZPO an das ursprüngliche Fristende an. Das Fristende der ursprünglichen Frist ist daher zunächst – unter Beachtung von Absatz 2 – zu bestimmten. Fällt das Ende der ursprünglichen Frist auf einen Samstag, Sonn- oder Feiertag, so beginnt auch der Zeitraum, um den sich die ursprüngliche Frist verlängert, erst am nächsten Werktag.[14] Fällt auch das Ende der so verlängerten Frist wiederum auf einen Samstag, Sonn- oder Feiertag, so findet Absatz 2 ein erneutes Mal Anwendung.

---

8 BVerfG, BeckRS 2013, 56437, Rn. 13 = FamRZ 2013, 1876.
9 BVerfG, NJW 1965, 579 = FamRZ 1965, 193.
10 FG Nürnberg, BeckRS 2015, 94270 m.w.N.
11 DFII, NJW 1997, 416; VG II Mannheim, NJW 1987, 1353.
12 OVG Hamburg, NJW 1993, 1941 = MDR 1993, 577.
13 MK-*Stackmann*, ZPO, § 222 Rn. 7.
14 BVerfG, BeckRS 2013, 56437, Rn. 13 ff. = FamRZ 2013, 1876; BGH, NJW-RR 2010, 211 = MDR 2009, 644 m.w.N.; BGH, NJW 1956, 1278; Zöller-*Stöber*, ZPO, § 222 Rn. 1; a.A. OLG Rostock, NJW 2003, 3141 = MDR 2004, 351.

Absatz 2 gilt nicht für die **Fünfmonatsfristen** in § 517 Hs. 2 ZPO, § 548 Hs. 2 ZPO und § 551 Abs. 2 Satz 3 ZPO sowie die **Sechsmonatsfrist** in § 544 Abs. 1 Satz 2 ZPO. Diese haben nicht den Sinn, den Parteien bis zum letzten Tag für Handlungen oder Überlegungen zur Verfügung zu stehen und enden daher gegebenenfalls auch an einem Samstag, Sonn- oder Feiertag.[15] Absatz 2 hat auch keinerlei Bedeutung für den Fristbeginn. Die an einem Samstag bewirkte Zustellung führt daher nicht etwa zu einer Verschiebung des Fristbeginns, sondern setzt einen Fristlauf ab Sonntag 0.00 Uhr in Gang (§ 187 Abs. 1 BGB).[16] Ob Absatz 2 mit Blick auf den Ablauf der Zwei-Tages-Frist gemäß § 9 Abs. 1 Satz 3 InsO Anwendung findet, ist umstritten.[17]

4. Stundenfristen

Eine nach Stunden bemessene gesetzliche Frist sieht die ZPO in § 604 Abs. 2 und Abs. 3 ZPO vor (Mindestladungsfrist im **Scheck- bzw. Wechselprozess** von 24 Stunden). Darüber hinaus kommen nach Stunden bemessene Fristen im Grundsatz bei jeder richterlichen Fristsetzung in Betracht, sind aber **in der Praxis nicht verbreitet**. Sie sind in vollen Stunden zu berechnen und beginnen in entsprechender Anwendung des Rechtsgedankens aus § 187 Abs. 1 BGB mit Ablauf der vollen Stunde, in den das fristauslösende Ereignis fällt.[18] Nach Absatz 3 bleiben Stunden, die auf Samstage, Sonn- oder Feiertage fallen, bei der Fristberechnung unberücksichtigt. Wird eine 24-Stunden-Frist durch ein Ereignis am Freitag um 12:15 Uhr ausgelöst, so beginnt sie um 13:00 Uhr zu laufen (Rechtsgedanke aus § 187 Abs. 1 BGB) und endet, da der Zeitraum zwischen Samstag, 0:00 Uhr, und Montag, 0:00 Uhr, nicht berücksichtigt wird, am Montag um 13:00 Uhr. Würde das fristauslösende Ereignis im vorgenannten Fall in den Lauf eines Samstages, Sonn- oder Feiertages fallen, so könnte die Stundenfrist aufgrund Absatz 3 zunächst gar nicht zu laufen beginnen. Fristbeginn wäre daher Montag, 0:00 Uhr, und die Frist am Dienstag um 0:00 Uhr abgelaufen.

5. Vergleichswiderrufsfrist

Die sich aus § 222 ZPO und §§ 187 ff. BGB ergebenden Berechnungsgrundsätze gelten im Ergebnis auch für die **Widerrufsfrist beim Prozessvergleich**. Da es sich hierbei um eine **materiell-rechtliche Frist** handelt, gelten §§ 187 ff. BGB unmittelbar. § 222 ZPO ist dagegen nur entsprechend anzuwenden;[19] dies nur insoweit, als dem der besondere Charakter der Vergleichswiderrufsfrist nicht entgegensteht. Abweichende Vereinbarungen der Parteien gehen ebenfalls vor.[20] **Fristauslösendes Ereignis** im Sinne von § 187 Abs. 1 BGB ist regelmäßig der Abschluss des Prozessvergleichs, d.h. dessen **Protokollierung**; nicht etwa erst der Zugang des Protokolls. Die Regelungen zum Fristablauf an einem Samstag, Sonn- oder Feiertag (Absatz 2) sind – vorbehaltlich abweichender Vereinbarungen der Parteien – regelmäßig anwendbar.[21] Erblickt man in der Vergleichswiderrufsfrist hingegen eine prozessuale Frist, so findet § 222 ZPO unmittelbar und die §§ 187 ff. BGB über die Verweisung in § 221 Abs. 2 ZPO Anwendung.[22]

II. Fristwahrung

Eine **Handlungsfrist** (vgl. § 221 Rn. 4) wird dadurch eingehalten, dass die fristgebundene Handlung bis zum Ablauf der Frist vorgenommen wird. Grundsätzlich kann eine Frist bis zum Ende ausgeschöpft werden. Es gelten dann aber erhöhte Sorgfaltsanforderungen zur Sicherstellung der Fristwahrung bei der Verschuldensprüfung im Rahmen eines **Wiedereinsetzungsantrages**.[23] Die Nichtberücksichtigung eines erst kurz vor Fristablauf eingehenden Schriftsatzes stellt eine Verletzung des **Anspruchs auf rechtliches Gehör** dar.[24] Fällt das Fristende – wie regelmäßig – auf das Ende eines Tages, so ist es ausreichend, wenn z.B. ein einzureichender Schriftsatzes vor 0.00 Uhr des Folgetages in die Verfügungsgewalt des Gerichts gelangt ist. Der rechtzeitige **Einwurf in den Gerichtsbriefkasten** ist ausreichend, unabhängig davon, ob ein Nachtbriefkasten vorhanden ist.[25] Auf eine Leerung des Gerichtsbriefkastens oder die Kennt-

---

15 BAG, NJW 2000, 2835 = MDR 2000, 900 m.w.N.; BeckOK-*Jaspersen*, ZPO, § 222 Rn. 3; MK-*Stackmann*, ZPO, § 222 Rn. 7.
16 BVerwG, BeckRS 1984, 31246189.
17 Gegen eine Anwendbarkeit: BeckOK-*Jaspersen*, ZPO, § 222 Rn. 1 m.w.N. zur Gegenmeinung.
18 MK-*Stackmann*, ZPO, § 222 Rn. 5.
19 Im Einzelnen *Schneider*, MDR 1999, 595.
20 MK-*Stackmann*, ZPO, § 222 Rn. 6.
21 BGH, BeckRS 1978, 31119382 = MDR 1979, 49; OLG München, NJW 1975, 933.
22 OLG Schleswig, NJW-RR 1987, 1022.
23 BGH, NJW 2006, 2637 = FamRZ 2006, 1191; BGH, NJW-RR 2004, 1502 = FamRZ 2004, 1481; OLG München, NJW 1991, 303.
24 Zöller-*Stöber*, ZPO, § 222 Rn. 8.
25 Musielak/Voit-*Stadler*, ZPO, § 222 Rn. 10 m.w.N.

gilt für ein Gerichtspostfach, da in beiden Fällen das Schriftstück bereits in den Verfügungsbereich des Gerichts gelangt ist.[26] Der Absender muss im Zweifelsfall den Nachweis des rechtzeitigen Zugangs führen,[27] wobei die Anforderungen an den Nachweis nicht überspannt werden dürfen.[28] Wird ein Schriftstück per **Telefax** übermittelt, so ist es ausreichend, wenn die elektronischen Daten, die das Schriftstück enthalten, vor Fristablauf eingegangen und gespeichert worden sind, auch wenn der Ausdruck erst nach Fristablauf geschieht.[29] Um dem Schriftformerfordernis zu genügen, müssen die übermittelten Daten aber dazu geeignet sein, durch Ausdruck an der Empfangsstelle ein der Schriftform genügendes Dokument zu erstellen; insbesondere müssen sie die **Unterschrift** enthalten.[30]

16 Eine **Zwischenfrist** (vgl. § 221 Rn. 4) muss vollständig abgelaufen sein, bevor ein Termin durchgeführt werden kann (z.B. die Ladungsfrist gemäß §§ 132, 217 ZPO oder die Einlassungsfrist gemäß § 274 Abs. 3 ZPO).

§ 223

(weggefallen)

§ 224

Fristkürzung; Fristverlängerung

(1) ¹Durch Vereinbarung der Parteien können Fristen, mit Ausnahme der Notfristen, abgekürzt werden. ²Notfristen sind nur diejenigen Fristen, die in diesem Gesetz als solche bezeichnet sind.

(2) Auf Antrag können richterliche und gesetzliche Fristen abgekürzt oder verlängert werden, wenn erhebliche Gründe glaubhaft gemacht sind, gesetzliche Fristen jedoch nur in den besonders bestimmten Fällen.

(3) Im Falle der Verlängerung wird die neue Frist von dem Ablauf der vorigen Frist an berechnet, wenn nicht im einzelnen Fall ein anderes bestimmt ist.

Inhalt:

	Rn.		Rn.
A. Allgemeines	1	b) Form des Antrages	10
B. Erläuterungen	2	c) Inhalt des Antrages	11
I. Friständerung durch Parteivereinbarung	2	d) Zeitpunkt der Antragstellung	12
II. Notfrist	4	2. Vorliegen erheblicher Gründe	13
III. Gerichtliche Friständerung	7	3. Umfang der Friständerung	14
1. Antrag	8	4. Entscheidung über den Antrag	15
a) Antragsbefugnis	9	IV. Berechnung der Fristverlängerung	16

A. Allgemeines

1 Die Vorschrift regelt die Möglichkeiten und Voraussetzungen der **Abänderung** von **eigentlichen prozessualen Fristen** und erfasst ebenso richterliche wie gesetzliche Fristen (zu den Begrifflichkeiten vgl. § 221 Rn. 2 ff.). Nicht anwendbar ist die Vorschrift auf die sogenannten (uneigentlichen) Zwischenfristen für gerichtliche Amtshandlungen (Sonderregelung für deren Abkürzung in § 226 ZPO). Ebenfalls nicht anwendbar ist § 224 ZPO auf materielle Fristen, z.B. die Frist zum Widerruf eines Prozessvergleichs (vgl. Rn. 3). Es ist zwischen der Abänderung durch **Parteivereinbarung** (Absatz 1, vgl. Rn. 2 f.) und der **gerichtlichen Abänderung** auf Antrag einer Partei (Absatz 2, vgl. Rn. 7 ff.) zu unterscheiden. Durch Vereinbarung der Parteien ist nur eine Abkürzung von Fristen möglich, wohingegen das Gericht auf Antrag der Parteien Fristen abkürzen und auch verlängern kann. Absatz 1 enthält zusätzlich die gesetzliche Definition der **Notfrist** (vgl. Rn. 4 ff.). Absatz 3 ergänzt die Berechnungsgrundsätze in § 221 ZPO im Falle der Fristverlängerung (vgl. Rn. 16).

---

26 BGH, NJW 1986, 2646 (2647) = MDR 1987, 134; OLG Frankfurt a.M., NStZ-RR 2007, 206.
27 Zöller-*Stöber*, ZPO, § 222 Rn. 8; MK-*Stackmann*, ZPO, § 222 Rn. 8.
28 BGH, NJW-RR 2007, 701, Rn. 7 ff.
29 BVerfG, NJW-RR 2008, 446 (447).
30 BGH, NJW 2006, 2263, Rn. 16 ff. = FamRZ 2006, 1193; BGH, NJW-RR 2004, 755 = MDR 2004, 879 (zur ausnahmsweisen Entbehrlichkeit von Unterschriftsdaten).

B. Erläuterungen
I. Friständerung durch Parteivereinbarung

Durch Parteivereinbarung können (eigentliche prozessuale) **richterliche wie gesetzliche Fristen abgekürzt** werden, mit **Ausnahme** von **Notfristen** (vgl. Rn. 4 ff.). Eine entsprechende Vereinbarung stellt einen formlos gültigen **Prozessvertrag** dar.[1] Der Vertragsschluss ist daher auch **stillschweigend** möglich.[2] Er kann außergerichtlich erfolgen und unterliegt nicht dem **Anwaltszwang**.[3] Eine Verlängerung prozessualer Fristen durch Parteivereinbarung ist gesetzlich nicht zugelassen. Dies ergibt sich im Umkehrschluss aus dem Wortlaut von Absatz 1 Satz 1 und steht vor dem Hintergrund des Gebots der Verfahrensbeschleunigung, welches nicht der Disposition der Parteien unterliegt.[4] 2

Die Frist zum **Widerruf eines Prozessvergleichs** kann im Rahmen dispositiven Parteihandelns beliebig verkürzt und auch verlängert werden.[5] Bei ihr handelt es sich weder um eine gesetzliche noch um eine richterliche Frist, sondern ihr liegt eine **Parteivereinbarung** zu Grunde. Einer Mitwirkung des Gerichts bedarf es nicht, insbesondere ist **keine Protokollierung** der Vereinbarung erforderlich; ebenso wenig bedarf es der Anzeige der Fristverlängerung gegenüber dem Gericht.[6] Eine Verlängerung der Widerrufsfrist kommt nach herrschender Meinung aber nur solange in Betracht, wie diese **noch nicht abgelaufen** ist.[7] Eine abgelaufene Frist kann schon dem Wortsinn nach nicht mehr „verlängert" werden. Die auf Verlängerung der Widerrufsfrist gerichteten Parteierklärungen unterliegen als Prozesshandlungen dem **Anwaltszwang**.[8] 3

II. Notfrist

Absatz 1 Satz 2 definiert als **Notfristen** solche Fristen, die „in diesem" Gesetz ausdrücklich als solche bezeichnet sind. In der Regel handelt es sich bei Notfristen um gesetzliche Fristen (Ausnahme: Richterliche Notfristen in § 276 Abs. 1 Satz 3 ZPO und § 339 Abs. 2 ZPO). Zu ihnen zählen insbesondere die Fristen zur Einlegung eines Rechtsmittels, eines Einspruchs gegen ein Versäumnisurteil oder gegen einen Vollstreckungsbescheid, nicht aber die Fristen für die Begründung der betreffenden Rechtsbehelfe (Ausnahme: § 72a Abs. 3 Satz 1 ArbGG).[9] Die **ZPO enthält Notfristen in:** 4

- § 91a Abs. 1 Satz 2 ZPO (Frist zur Erklärung des Widerspruchs gegen Erledigungserklärung),
- § 269 Abs. 2 Satz 4 ZPO (Frist zur Erklärung des Widerspruchs gegen Klagerücknahme)
- § 276 Abs. 1 Satz 1 ZPO (Frist zur Verteidigungsanzeige im schriftlichen Vorverfahren),
- § 321a Abs. 2 Satz 1 ZPO (Frist zur Erhebung der Gehörsrüge),
- § 339 ZPO (Einspruchsfrist gegen Versäumnisurteil),
- § 517 ZPO (Berufungseinlegungsfrist),
- § 544 Abs. 1 ZPO (Frist zur Einlegung der Nichtzulassungsbeschwerde),
- § 548 ZPO (Revisionseinlegungsfrist),
- § 569 Abs. 1 ZPO (Frist zur Einlegung der sofortigen Beschwerde),
- § 573 Abs. 1 ZPO (Erinnerungsfrist),
- § 574 Abs. 4 ZPO (Frist zur Einlegung der Anschlussrechtsbeschwerde),
- § 575 Abs. 1 ZPO (Frist zur Einlegung der Rechtsbeschwerde),
- § 586 Abs. 1 ZPO (Frist zur Einlegung der Nichtigkeits- und Restitutionsklage),
- § 1065 Abs. 1 ZPO mit § 575 ZPO (Frist zur Einlegung der Rechtsbeschwerde gegen gerichtliche Entscheidungen im schiedsrichterlichen Verfahren),

---

1 MK-*Stackmann*, ZPO, § 224 Rn. 2; Zöller-*Stöber*, ZPO, § 224 Rn. 2.
2 Baumbach/Lauterbach/Albers/Hartmann, ZPO, § 224 Rn. 4.
3 MK-*Stackmann*, ZPO, § 222 Rn. 2; Musielak/Voit-*Stadler*, ZPO, § 224 Rn. 1 m.w.N.; a.A. BeckOK-*Jaspersen*, ZPO, § 224 Rn. 2; Baumbach/Lauterbach/Albers/Hartmann, ZPO, § 224 Rn. 4, letzterer wohl nur bei Abschluss der friständernden Vereinbarung vor Gericht.
4 BeckOK-*Jaspersen*, ZPO, § 222 Rn. 2.
5 Saenger-*Wöstmann*, ZPO, § 224 Rn. 7.
6 OLG Karlsruhe, NJOZ 2005, 3392 = MDR 2005, 1368 m.w.N.; BeckOK-*Jaspersen*, ZPO, § 224 Rn. 3; Musielak/Voit-*Stadler*, ZPO, § 222 Rn. 1; a.A. LG Bonn, NJW-RR 1998, 427 = MDR 1997, 783.
7 Musielak/Voit-*Stadler*, ZPO, § 224 Rn. 1; Thomas/Putzo-*Hüßtege*, ZPO, § 224 Rn. 1.
8 Zöller-*Stöber*, ZPO, § 224 Rn. 2.
9 BeckOK-*Jaspersen*, ZPO, § 224 Rn. 4.

- § 1081 Abs. 2 ZPO (Frist zur Antragstellung auf Widerruf eines europäischen Vollstreckungstitels durch den Schuldner gemäß Art. 10 Abs. 1 Buchst. b der Verordnung [EG] Nr. 805/2004),
- § 1098 ZPO (Frist zur Erklärung der Annahmeverweigerung im europäischen Verfahren über geringfügige Forderungen gemäß Art. 6 Abs. 3 der Verordnung [EG] Nr. 861/2007).

5 Über den Wortlaut von Absatz 1 Satz 2 hinaus kann sich der Notfristcharakter auch aus Vorschriften **außerhalb der ZPO** ergeben, so z.b. aus
- § 30b Abs. 1 ZVG (Frist zur Antragstellung auf einstweilige Einstellung des Verfahrens durch den Schuldner),
- § 180 Abs. 2 oder Abs. 3 ZVG (Antragsfrist für einstweilige Einstellung des Verfahrens bei Teilungsversteigerung),
- § 59 Abs. 1 ArbGG (Einspruchsfrist gegen Versäumnisurteil),
- § 72a Abs. 2 ArbGG gegebenenfalls mit § 92a Satz 2 ArbGG (Frist zur Einlegung der Nichtzulassungsbeschwerde),
- § 76 Abs. 1 ArbGG (Frist zur Einlegung der Sprungrevision),
- § 96a Abs. 1 ArbGG (Frist zur Einlegung der Sprungrechtsbeschwerde),
- § 111 GenG (Frist zur Erhebung der Anfechtungsklage gegen Vollstreckbarerklärung der Vorschussberechnung bei Insolvenz der Genossenschaft),
- § 210 Abs. 3 BEG (Frist zur Klageerhebung gegen ablehnenden Entschädigungsbescheid).[10]

Zu Warnzwecken muss die Frist in der betreffenden Vorschrift jeweils ausdrücklich als Notfrist bezeichnet sein.[11] Daher sind z.B. Fristen nach dem **KSchG keine Notfristen**.[12] Die **Beschwerdefristen gemäß § 63 FamFG** sind zwar nicht als solche bezeichnet, hierbei handelt es sich aber um ein Versehen des Gesetzgebers.[13] Sie sind als solche zu behandeln.

6 Notfristen im Anwendungsbereich der ZPO zeichnen sich dadurch aus, dass sie einer Änderung durch Parteivereinbarung gänzlich entzogen sind (Absatz 1 Satz 1). Im Allgemeinen wird von einer **generellen Unabänderlichkeit** von Notfristen ausgegangen; sie können also auch durch das Gericht nicht verkürzt oder verlängert werden.[14] Der Lauf einer Notfrist wird **durch ein Ruhen des Verfahrens nicht beeinflusst** (§ 251 Abs. 1 Satz 2 ZPO, § 233 Satz 2 ZPO); auch nicht durch ein parallel durchgeführtes **Mediationsverfahren**.[15] Entgegen der früheren Rechtslage ist seit dem 01.07.2002 eine **Heilung von Zustellungsmängeln** gemäß § 189 ZPO auch dann möglich, wenn durch die Zustellung der Lauf einer Notfrist in Gang gesetzt werden soll (§ 187 Satz 2 ZPO in der bis zum 30.06.2002 geltenden Fassung sah noch eine entsprechende Ausnahme für den Bereich der Notfristen vor). Auch eine **Rückwirkung der Zustellung** gemäß § 167 ZPO findet statt.[16] Bei unverschuldeter Versäumung einer Notfrist kommt eine **Wiedereinsetzung** in den vorigen Stand gemäß § 233 Satz 1 ZPO in Betracht. Bei der Frist für den Wiedereinsetzungsantrag selbst handelt es sich nicht um eine Notfrist.[17]

III. Gerichtliche Friständerung

7 Auf Antrag der Parteien kann das Gericht sowohl **richterliche wie auch gesetzliche Fristen** (zur den Begrifflichkeiten vgl. § 221 Rn. 2ff.) verlängern oder abkürzen. Dies gilt für gesetzliche Fristen jedoch nur, soweit dies ausdrücklich im Gesetz vorgesehen ist. So kann z.B. die Dreitagesfrist zur Einsichtnahme in Urkunden gemäß § 134 Abs. 2 Satz 1 ZPO durch das Gericht verlängert oder abgekürzt werden (§ 134 Abs. 2 Satz 2 ZPO). Auch für die Einspruchsfrist im Säumnisverfahren (§ 340 Abs. 3 ZPO) sowie die **Rechtsmittelbegründungsfristen** in § 520 Abs. 2 Satz 2 ZPO, § 551 Abs. 2 Satz 5 ZPO und § 575 Abs. 2 Satz 2 ZPO sieht das Gesetz die Möglichkeit der gerichtlichen Fristverlängerung ausdrücklich vor. Gemäß § 226 Abs. 1 ZPO können auch die (gesetzlichen) Einlassungs-, Ladungs- sowie diejenigen Fristen, die für die Zustellung vorbereitender Schriftsätze bestimmt sind, abgekürzt werden (vgl. § 226 Rn. 3ff.). Wird eine gesetzliche Frist gemäß § 224 Abs. 2 ZPO durch das Gericht verlängert oder abge-

---

10 Baumbach/Lauterbach/Albers/Hartmann, ZPO, § 224 Rn. 5.
11 MK-*Stackmann*, ZPO, § 224 Rn. 3.
12 BAG, NJW 2010, 2681 (2682) = MDR 2010, 1472.
13 BeckOK-*Jaspersen*, ZPO, § 224 Rn. 4.
14 Beispielhaft: Zöller-*Stöber*, ZPO, § 224 Rn. 5; MK-*Stackmann*, ZPO, § 224 Rn. 3; Musielak/Voit-*Stadler*, ZPO, § 224 Rn. 2; Baumbach/Lauterbach/Albers/Hartmann, ZPO, § 224 Rn. 6; vgl. auch BGH, BeckRS 2014, 2108.
15 MK-*Stackmann*, ZPO, § 224 Rn. 3; vgl. auch BGH, NJW 2009, 1149, Rn. 11.
16 Zöller-*Stöber*, ZPO, § 224 Rn. 5.
17 Musielak/Voit-*Stadler*, ZPO, § 224 Rn. 2 m.w.N.

kürzt so bleibt sie dennoch gesetzliche Frist.[18] Eine Verlängerung von Notfristen ist generell nicht möglich (vgl. Rn. 6). Im Rahmen eines (Zwischen-)Urteils festgesetzte Fristen sind aufgrund der **Bindungswirkung** gemäß § 318 ZPO nicht mehr der gerichtlichen Friständerung zugänglich.[19] Vertragliche Fristen wie z.B. die Frist zum Widerruf eines Prozessvergleichs stehen nicht zur Disposition des Gerichts (zur Änderung durch Parteivereinbarung vgl. Rn. 3).[20] Ebenso unanwendbar ist Absatz 2 auf materiell-rechtliche Ausschlussfristen wie z.B. die Frist zur Begründung einer **Beschlussanfechtungsklage** gemäß § 46 Abs. 1 Satz 2 WEG.[21] Um keinen Fall der gerichtlichen Fristverlängerung i.S.v. Absatz 2 handelt es sich bei § 188 Satz 2 ZPO. Bei dem in § 188 Satz 1 ZPO bezeichneten Zeitraum, auf den sich § 188 Satz 2 ZPO bezieht, handelt es sich nicht um eine Frist im Sinne von §§ 221 ff. ZPO.[22]

1. Antrag
Jede gerichtliche Friständerung setzt zunächst einen **Antrag** voraus (vgl. Rn. 9 ff.). Eine Friständerung **von Amts wegen** ist nicht zulässig.[23] Der Antrag muss von einer antragsberechtigen Partei (vgl. Rn. 9) in der erforderlichen Form (vgl. Rn. 10) mit dem notwendigen Inhalt (vgl. Rn. 11) rechtzeitig (vgl. Rn. 12) gestellt werden. Ihm ist (ganz oder Teilweise) stattzugeben, wenn die antragstellende Partei erhebliche Gründe für die Friständerung glaubhaft gemacht hat (vgl. Rn. 13 f.). Das Vorliegen eines Antrages verpflichtet das Gericht zur Entscheidung. Wird unter Missachtung eines Gesuchs auf Verlängerung einer Stellungnahmefrist in der Hauptsache entschieden, so kann hierin eine Verletzung des Anspruchs auf rechtliches Gehör liegen.[24]

8

a) Antragsbefugnis
Wer im Einzelnen antragsbefugt ist, ist **umstritten**. Nach einer Ansicht[25] soll sowohl die Partei antragsbefugt sein, zu deren Gunsten die Frist geändert werden soll, als auch die gegnerische Partei; dies wird mit dem Wortlaut von Absatz 2 begründet, aus dem sich keinerlei Einschränkung der Antragsbefugnis ergibt. Nach der Gegenansicht[26] soll nur die Partei antragsbefugt sein, zu deren Gunsten die Frist geändert werden soll; dies wird damit begründet, dass der gegnerischen Partei ein berechtigtes Interesse an der Friständerung grundsätzlich fehlt. Bedeutsam ist dies insbesondere mit Blick auf die Frist zur Einlegung der **Anschlussrevision bzw. Anschlussrechtsbeschwerde** (§ 554 Abs. 2 Satz 2 ZPO, § 574 Abs. 4 Satz 1 ZPO). In beiden Fällen knüpft die Frist an der Zustellung der Revisions- bzw. Rechtsbeschwerdebegründungsschrift an und ist nicht verlängerbar.[27] Insbesondere weil Anschlussrevision und Anschlussrechtsbeschwerde bereits in den jeweiligen Anschlussschriften zu begründen sind (§ 554 Abs. 3 Satz 1 ZPO, § 574 Abs. 4 Satz 2 ZPO), kann der anschlussberechtigte Rechtsmittelgegner ein eigenes Interesse daran haben, eine Verlängerung der Begründungsfrist für den Rechtsmittelführer herbeizuführen, um so selbst mehr Zeit für die Abfassung seiner Anschlussschrift zu gewinnen. Dieses nur mittelbare Interesse ist nach der von der Rechtsprechung und Teilen der Literatur vertretenen Gegenansicht im Ergebnis unbeachtlich.[28] Für die Anschlussberufung hat diese Problemstellung keine praktische Bedeutung (mehr), da nach § 524 Abs. 2 Satz 2 ZPO in der seit dem 21.10.2005 geltenden Fassung die Anschlussberufung ohnehin bis zum Ablauf der für die Berufungserwiderung geltenden Frist (§ 521 Abs. 2 ZPO) einzulegen und zu begründen (§ 524 Abs. 3 Satz 1 ZPO) ist, die auf Antrag des Rechtsmittelgegners verlängert werden kann.

9

---

18 MK-*Stackmann*, ZPO, § 224 Rn. 4; Musielak/Voit-*Stadler*, ZPO, § 224 Rn. 3.
19 Musielak/Voit-*Stadler*, ZPO, § 224 Rn. 3.
20 BGH, NJW 1974, 107.
21 BGH, NJW 2009, 3655, Rn. 9 ff. = MDR 2010, 42.
22 MK-*Stackmann*, ZPO, § 224 Rn. 4.
23 Musielak/Voit-*Stadler*, ZPO, § 225 Rn. 2.
24 BVerwG, BeckRS 2017, 107989, Rn. 3 ff.; BVerwG, NJW 1988, 1280 (1281).
25 Zöller-*Stöber*, ZPO, § 224 Rn. 6; Baumbach/Lauterbach/Albers/Hartmann, ZPO, § 225 Rn. 4; Saenger-*Wöstmann*, ZPO, § 224 Rn. 5; Thomas/Putzo-*Hüßtege*, ZPO, § 224 Rn. 4; Musielak/Voit-*Stadler*, ZPO, § 225 Rn. 2.
26 BGH, NJW 1951, 605; MK-*Stackmann*, ZPO, § 225 Rn. 1; BeckOK-*Jaspersen*, ZPO, § 224 Rn. 5.
27 Die Revisionsbegründungsfrist ist mangels ausdrücklicher gesetzlicher Anordnung nicht abänderlich; bei der Rechtsbeschwerdebegründungsfrist handelt es sich um eine ohnehin nicht abänderliche Notfrist.
28 BGH, NJW 1951, 605 (zur Frist für die Einlegung der Anschlussrevision gemäß § 556 Abs. 1 ZPO a.F.).

b) Form des Antrages

10 Der Antrag unterliegt dem **Anwaltszwang** (§ 78 ZPO).[29] Ein in der mündlichen Verhandlung gestellter Antrag ist zu **protokollieren** (§ 160 Abs. 2 ZPO). Die Protokollierung ist jedoch entbehrlich, wenn sogleich über den Antrag entschieden wird und die protokollierte Entscheidung (§ 160 Abs. 3 Nr. 6 ZPO) erkennen lässt, dass sie auf den Parteiantrag hin ergeht.[30] Für den Regelfall der Antragstellung außerhalb der mündlichen Verhandlung gilt die **Schriftform** (bestimmender Schriftsatz; beachte § 130a ZPO); eine fernmündliche Antragstellung ist nicht ausreichend.[31] Allerdings **heilt** die gewährte Friständerung Formmängel des Antrages, so unter anderem Verstöße gegen das Schriftformerfordernis oder den Anwaltszwang.[32]

c) Inhalt des Antrages

11 Der Antrag **muss die Frist bezeichnen**, deren Änderung begehrt wird. Der genaue Umfang der Friständerung muss aus dem Antrag nicht hervorgehen. Ausreichend ist das allgemeine Verlangen der Friständerung.[33] Unter Umständen kann sogar eine **konkludente Antragstellung** ausreichen, wenn diese vor Ablauf der Frist erfolgt, ein Grund für die Fristverlängerung benannt wird und zumindest andeutungsweise erkennbar ist, für welchen Zeitraum die Frist verlängert werden soll.[34] Weitere Voraussetzung ist die **Glaubhaftmachung** der den Antrag tragenden Gründe für die Friständerung. Hierzu muss der Antrag tatsächliches Vorbringen enthalten, aus dem sich das Bestehen **erheblicher Gründe** (vgl. Rn. 13) ergibt, und die Mittel zu dessen Glaubhaftmachung bezeichnen (§ 294 Abs. 1 ZPO). Da über den Antrag in der Regel ohne mündliche Verhandlung entschieden wird (§ 225 Abs. 1 ZPO), kommen als Mittel der Glaubhaftmachung insbesondere die eidesstattliche oder anwaltliche Versicherung in Betracht.[35] Die Praxis begnügt sich regelmäßig mit **anwaltlichen Erklärungen**.[36] Teilweise wird eine Glaubhaftmachung auch nur auf Verlangen des Gerichts für erforderlich gehalten.[37]

d) Zeitpunkt der Antragstellung

12 Der Antrag muss **vor Fristablauf** bei Gericht eingegangen sein, andernfalls ist er nicht mehr berücksichtigungsfähig.[38] Gewährt das Gericht trotz **verspäteter Antragstellung** eine Fristverlängerung, so ist diese gegenstandslos, da eine bereits abgelaufene Frist nicht mehr verlängert werden kann.[39] Der zwischenzeitlich eingetretene Fristablauf hindert aber nicht die Entscheidung über ein rechtzeitig angebrachtes Fristverlängerungsgesuch,[40] da dem Antragsteller eine Verzögerung im gerichtlichen Geschäftsgang nicht zugerechnet werden kann.[41] Bereits eingetretene prozessuale Folgen, die an den Ablauf einer ursprünglichen Frist anknüpfen haben, werden – jedenfalls im Falle einer Rechtsmittelbegründungsfrist – mit der nachträglichen Fristverlängerung gegenstandslos.[42] Wird in Folge eines verspätet angebrachten Verlängerungsantrages eine der in § 233 Satz 1 ZPO genannten Fristen versäumt, so kommt eine **Wiedereinsetzung** in Betracht. Zu beachten ist in diesem Zusammenhang, dass sich die Wiedereinsetzung nicht etwa auf den verspäteten Fristverlängerungsantrag bezieht, sondern auf die in Folge der Nichtverlängerung versäumte Frist. Der verspätet angebrachte Fristverlängerungsantrag stellt daher nicht die Nachholung der versäumten Prozesshandlung im Sinne von § 236 Abs. 2 Satz 2 ZPO dar, so dass etwa von Amts wegen Wiedereinsetzung zu gewähren wäre (§ 236 Abs. 2 Satz 2 Hs. 2 ZPO).[43] Nachzuholen ist die Prozesshandlung, die innerhalb der nicht verlängerten Frist hätte vorgenommen werden müssen. Der verspätete Fristverlängerungsantrag kann daher auch nicht ohne weiteres in einen Antrag auf Wiedereinsetzung umgedeutet werden.[44] Sie muss gesondert beantragt werden.

---

[29] BGH, NJW 1985, 1558 = MDR 1985, 575; Zöller-*Stöber*, ZPO, § 225 Rn. 1.
[30] MK-*Stackmann*, ZPO, § 225 Rn. 2.
[31] BGH, NJW 1998, 1155 = MDR 1998, 365; BGH, NJW 1985, 1558 = MDR 1985, 575.
[32] BGH, NJW 1998, 1155 = MDR 1998, 365.
[33] Zöller-*Stöber*, ZPO, § 225 Rn. 1.
[34] LSG Berlin-Brandenburg, BeckRS 2014, 65431.
[35] MK-*Stackmann*, ZPO, § 225 Rn. 4.
[36] Musielak/Voit-*Stadler*, ZPO, § 224 Rn. 3.
[37] Zöller-*Stöber*, ZPO, § 224 Rn. 6.
[38] BGH, NJW 1982, 1651 = MDR 1982, 637; OLG Rostock, NJW 2003, 3141 = NJW 2004, 3141; OLG Koblenz, NJW 1989, 987.
[39] BGH, NJW 1992, 842 = MDR 1992, 407; BGH, NJW 1982, 1651 = MDR 1982, 637.
[40] BGH, NJW 1988, 268; Zöller-*Stöber*, ZPO, § 224 Rn. 7 m.w.N.
[41] BVerfG, NJW 1980, 580 = MDR 1980, 117.
[42] BGH, NJW 1982, 1651 (1652) = MDR 1982, 637.
[43] MK-*Stackmann*, ZPO, § 225 Rn. 3.
[44] BGH, NJW-RR 2000, 1730 (1731) im Anschluss an BGH, BeckRS 1968, 31179162 = MDR 1968, 1004; BeckOK-*Jaspersen*, ZPO, § 224 Rn. 5 mit Verweis auf BeckOK-*Wendtland*, ZPO, § 236 Rn. 5 m.w.N.; a.A. MK-*Stackmann*, ZPO, § 225 Rn. 4; Zöller-*Stöber*, ZPO, § 224 Rn. 7.

2. Vorliegen erheblicher Gründe

Ob **erhebliche Gründe** vorliegen bzw. glaubhaft gemacht sind, ist vom Gericht unter Berücksichtigung der Umstände des konkreten Einzelfalls zu entscheiden. Erhebliche Gründe für eine Fristverlängerung können z.b. die **Erkrankung des Anwalts** oder der Partei (sofern deren Mitwirkung oder Information notwendig ist), ein unlängst erfolgter **Anwaltswechsel**, die **Arbeitsüberlastung** des Prozessbevollmächtigten, ein Warten auf **Akteneinsicht** oder laufende **Vergleichsgespräche** sein.[45] Es müssen Umstände vorliegen, die der antragstellenden Partei eine Fristwahrung unmöglich machen oder zumindest erheblich erschweren, und auf die sie nur bei einer Fristverlängerung angemessen reagieren kann.[46] Letztendlich steht die Annahme erheblicher Gründe im **Ermessen des Gerichts**. Insoweit gelten die gleichen Maßstäbe wie bei § 227 ZPO (vgl. im Einzelnen dort Rn. 10 ff.).[47] Bei der Ermessensausübung hat das Gericht vornehmlich die widerstreitenden **Interessen der Parteien** aber auch den Grundsatz der **Verfahrensbeschleunigung** zu berücksichtigen.[48] Das **Einvernehmen der Parteien** ist für sich genommen kein wichtiger Grund[49] und bindet das Gericht nicht, außer in den Fällen der zulässigen Parteivereinbarung im Sinne von Absatz 1. Allerdings sind in den Fällen einvernehmlich beantragter Friständerung geringere Anforderungen an das Vorliegen erheblicher Gründe zu stellen.[50] Bei Einvernehmen mit dem Gegner darf eine Partei bei entsprechender gerichtlicher Übung daher regelmäßig auf die Gewährung einer erstmalig beantragten Fristverlängerung vertrauen.[51] Dies gilt jedoch nicht für einen Antrag ohne jede Begründung.[52] Widerspricht der Gegner der beantragten Friständerung, so ist dies im Rahmen der Ermessensausübung zu berücksichtigen. Der Widerspruch an sich hindert aber nicht die Gewährung einer Friständerung.[53] Im Rahmen der Ermessensentscheidung kann das Gericht auch berücksichtigen, wie lange die ursprüngliche Frist bemessen war, um deren Verlängerung nunmehr nachgesucht wird.[54] Bei **wiederholtem Fristverlängerungs**antrag sind erhöhte Anforderungen an das Vorliegen erheblicher Gründe zu stellen.[55] Ferner ist die gegnerische Partei anzuhören (§ 225 Abs. 2 ZPO).

3. Umfang der Friständerung

Die konkrete **Bemessung der Friständerung** ist – in den Grenzen des gestellten Antrages – Teil der richterlichen **Ermessen**sausübung. Das Gericht hat auch die Möglichkeit, im Umfang der Friständerung hinter dem Antrag zurückzubleiben, wenn es nur insoweit erhebliche Gründe als glaubhaft gemacht erachtet oder eine Fristverlängerung insoweit für hinreichend hält.[56] Bei der Bemessung der Friständerung kann das Gericht auch die Bedeutung der Fristeinhaltung berücksichtigen, namentlich, welche Rechtsnachteile für die nachsuchende Partei mit einer Fristversäumung verbunden wären.[57] Die Friständerung ist jedenfalls in einem Umfang zu bemessen, der es dem Antragsteller ermöglicht, die fristgebundene Prozesshandlung unter Berücksichtigung der glaubhaft gemachten erheblichen Gründe fristgerecht vorzunehmen. Andernfalls liegt keine sachgerechte Ermessensausübung vor.

4. Entscheidung über den Antrag

Das Verfahren über die Entscheidung wird durch die Regelungen in **§ 225 ZPO** ergänzt. Vorgesehen ist eine freigestellte mündliche Verhandlung (§ 225 Abs. 1 ZPO, vgl. dort Rn. 2) und in bestimmten Fällen eine Anhörung des Gegners (§ 225 Abs. 2 ZPO, vgl. § 225 Rn. 3). § 225 Abs. 3 ZPO erklärt die Entscheidung über ein Friständerungsgesuch für unanfechtbar (vgl. § 225 Rn. 9).

IV. Berechnung der Fristverlängerung

Für den Fall der (gerichtlichen) Fristverlängerung **ergänzt Absatz 3 die allgemeinen Berechnungsgrundsätze** für die Fristberechnung (§ 222 ZPO), indem er – vorbehaltlich einer abwei-

---

45 Musielak/Voit-*Stadler*, ZPO, § 224 Rn. 3 m.w.N.; MK-*Stackmann*, ZPO, § 224 Rn. 7.
46 KG Berlin, BeckRS 2009, 06267.
47 BVerfG, NJW 2007, 3342 = FamRZ 2008, 131; BeckOK-*Jaspersen*, ZPO, § 224 Rn. 6.
48 Musielak/Voit-*Stadler*, ZPO, § 224 Rn. 4.
49 Thomas/Putzo-*Hüßtege*, ZPO, § 224 Rn. 7.
50 MK-*Stackmann*, ZPO, § 224 Rn. 6.
51 BVerfG, NJW 2007, 3342 = FamRZ 2008, 131.
52 BVerwG, NJW 2008, 3303 (3304).
53 MK-*Stackmann*, ZPO, § 224 Rn. 6.
54 BeckOK-*Jaspersen*, ZPO, § 224 Rn. 6 m.w.N.
55 MK-*Stackmann*, ZPO, § 224 Rn. 7.
56 BeckOK-*Jaspersen*, ZPO, § 224 Rn. 7.
57 OLG Köln, BeckRS 2014, 06222 zur Stellungnahmefrist zu einem Gutachten im selbstständigen Beweisverfahren.

chenden gerichtlichen Anordnung – als Fristbeginn für die neue Frist den Ablauf der ursprünglichen Frist festlegt. Die Vorschrift geht als eigenständige Regelung für den Bereich der prozessualen Fristen der Verweisung in § 222 Abs. 1 ZPO vor und verdrängt § 193 BGB, der eigentlich in Folge der Verweisung anzuwendenden wäre (vgl. § 222 Rn. 1).[58] Die Regelung führt im Ergebnis dazu, dass bei der Berechnung des Endes einer um einen bestimmten Zeitraum (neue Frist) verlängerten Frist zunächst das Fristende der ursprünglichen Frist bestimmt werden muss und hieran anknüpfend das Ende der neuen Frist (vgl. § 222 Rn. 2 ff.). In diesem Zusammenhang ist Folgendes zu beachten: Fällt das Ende der ursprünglichen Frist auf einen **Samstag, Sonn- oder Feiertag** verschiebt es sich aufgrund von § 222 Abs. 2 ZPO auf den nächsten Werktag. Erst zu diesem Zeitpunkt beginnt die neue Frist zu laufen (vgl. § 222 Rn. 9). Ebenfalls bedeutsam ist Absatz 3, wenn **über** einen fristgerecht angebrachten **Fristverlängerungsantrag erst nach Ablauf der ursprünglichen Frist entschieden** wird. Auch in diesem Fall schließt sich die neue Frist unmittelbar an das Ende der ursprünglichen Frist an. Maßgeblich für den Fristbeginn ist nicht etwa der spätere Zeitpunkt der fristverlängernden Entscheidung oder deren Bekanntgabe.[59] Wird eine Frist dadurch verlängert, dass ein neuer (kalendermäßiger) Endzeitpunkt bestimmt wird (z. B. Fristverlängerung „bis zum"), ist Absatz 3 für die Fristberechnung ohne Bedeutung.

§ 225
Verfahren bei Friständerung

(1) Über das Gesuch um Abkürzung oder Verlängerung einer Frist kann ohne mündliche Verhandlung entschieden werden.

(2) Die Abkürzung oder wiederholte Verlängerung darf nur nach Anhörung des Gegners bewilligt werden.

(3) Eine Anfechtung des Beschlusses, durch den das Gesuch um Verlängerung einer Frist zurückgewiesen ist, findet nicht statt.

Inhalt:

	Rn.		Rn.
A. Allgemeines	1	3. Inhalt der Entscheidung	6
B. Erläuterungen	2	4. Zeitpunkt der Entscheidung	8
I. Verfahren bei Friständerung	2	C. Rechtsmittel	9
II. Entscheidung	4	D. Kosten und Gebühren	10
1. Zuständigkeit	4		
2. Form und Bekanntmachung der Entscheidung	5		

A. Allgemeines

1 Die Vorschrift regelt das Verfahren der Entscheidung über eine Friständerung (Abkürzung oder Verlängerung) und ergänzt insoweit § 224 ZPO (vgl. dort Rn. 7, auch zu Zulässigkeit einer gerichtlichen Friständerung im Einzelfall). Die gerichtliche Entscheidung **setzt** zwingend einen **Antrag voraus** (zu den Anforderungen an den Antrag vgl. § 224 Rn. 8 ff.). Eine Friständerung **von Amts wegen** ist **nicht zulässig**.[1] Von einer Entscheidung über den Antrag darf nicht ohne weiteres abgesehen werden. Wird unter Missachtung eines Gesuchs auf Verlängerung einer Stellungnahmefrist in der Hauptsache entschieden, so kann hierin eine Verletzung des Anspruchs auf rechtliches Gehör liegen.[2] § 225 ZPO ist im Verfahren nach dem FamFG entsprechend anwendbar (16 Abs. 2 FamFG).[3]

B. Erläuterungen
I. Verfahren bei Friständerung

2 Die Entscheidung über den Antrag ergeht nach **freigestellter mündlicher Verhandlung** (Absatz 1). Diese Anordnung hat angesichts von § 128 Abs. 4 ZPO lediglich deklaratorische

---

58 MK-*Stackmann*, ZPO, § 222 Rn. 2.
59 MK-*Stackmann*, ZPO, § 224 Rn. 10.

Zu § 225:
1 Musielak/Voit-*Stadler*, ZPO, § 225 Rn. 2.
2 BVerwG, NJW 1988, 1280 (1281).
3 Baumbach/Lauterbach/Albers/Hartmann, ZPO, § 225 Rn. 3.

Wirkung. Die Durchführung einer mündlichen Verhandlung über ein Friständerungsgesuch ist in der Praxis gänzlich unüblich.

Absatz 2 schreibt für jeden Fall der beantragten Fristverkürzung (Ausnahme in § 226 Abs. 3 ZPO) und bei wiederholtem Fristverlängerungsantrag die **Anhörung des Gegners** vor. Die erste Fristverlängerung kann daher grundsätzlich ohne Anhörung des Gegners gewährt werden. Die Anhörung ist ohne besondere Form zulässig und kann daher auch im Rahmen eines **Telefonats** erfolgen, dessen Inhalt aktenkundig zu machen ist.[4] Sie unterliegt dem **Anwaltszwang**. Hat sich für den anzuhörenden Gegner im Rechtsmittelverfahren noch kein Prozessbevollmächtigter bestellt, so ist – soweit vorhanden – der Prozessbevollmächtigte aus der Vorinstanz anzuhören.[5] Teilweise wird für diesen Fall auch eine Anhörung für entbehrlich gehalten.[6] Eine Einwilligung des Gegners ist grundsätzlich nicht Voraussetzung für eine (auch wiederholte) Friständerung (Ausnahmen enthalten § 520 Abs. 2 Satz 2, Satz 3 ZPO und § 551 Abs. 2 Satz 5, Satz 6 ZPO). Außer in den Ausnahmefällen darf eine (auch wiederholte) Fristverlängerung daher nicht unter Hinweis auf die fehlende **Einwilligung des Gegners** abgelehnt werden.[7] Die vorliegende Zustimmung des Gegners macht eine Anhörung aber entbehrlich. Hierfür genügt es, wenn der Antragsteller anwaltlich versichert, der Gegner habe seine Zustimmung erklärt.[8] Wird die notwendige Anhörung unterlassen, so ist die gewährte Friständerung dennoch nicht unwirksam.[9]

II. Entscheidung

1. Zuständigkeit

Zur Entscheidung über den Friständerungsantrag berufen ist das **Prozessgericht**, gegenüber dem die betreffende Frist läuft.[10] Das Gericht (Spruchkörper oder Einzelrichter) ist zuständig für eine Änderung der Fristen, die es selbst gesetzt hat.[11] Im Übrigen ist der **Vorsitzende** funktional zuständig: Soweit das Gesetz ihm die Entscheidungsbefugnis über Friständerungsgesuche ausdrücklich zuweist (§ 134 Abs. 2 Satz 2 ZPO, § 226 Abs. 3 ZPO, § 520 Abs. 2 Satz 2 ZPO, § 551 Abs. 2 Satz 5 ZPO), liegt dies auf der Hand. Im Übrigen gilt: Ist der Vorsitzende für die Setzung einer Frist zuständig (z.B. § 273 Abs. 1 ZPO, § 275 Abs. 1 ZPO, § 276 Abs. 1 ZPO), so bleibt er dies auch für deren nachträgliche Änderung, gleich ob es sich um eine stattgebende oder eine ablehnende Entscheidung handelt (st. Rspr., auch für die Rechtsmittelbegründungsfristen).[12] Das **Gericht kann** die Entscheidung über eine Friständerung aber jederzeit **an sich ziehen**.[13] Ist eigentlich das Gericht zuständig, entscheidet aber der Vorsitzende, so führt dies nicht zur Unwirksamkeit der Entscheidung.[14]

2. Form und Bekanntmachung der Entscheidung

Die Entscheidung des Vorsitzenden ergeht durch **Verfügung**, die des Gerichts durch **Beschluss**. Eine **Fehlbezeichnung** ist unschädlich.[15] Der Beschluss bzw. die Verfügung sind aus Gründen der Rechtssicherheit schriftlich niederzulegen und zu **unterschreiben**; eine Paraphe genügt nicht.[16] Die Friständerung muss ausdrücklich erfolgen; ein bloßes **Schweigen des Gerichts** stellt keine Entscheidung (im Sinne des Antrages) dar und begründet auch kein entsprechendes Vertrauen.[17] Eine nur fernmündlich vom Vorsitzenden (in seiner Zuständigkeit) zugesagte jedoch nicht ausdrücklich verfügte Fristverlängerung ist aus Gründen des **Vertrauensschutzes** aber wirksam, selbst wenn nicht aktenkundig.[18] Die Entscheidung ist den Parteien bekannt zu geben. Die Bekanntgabe gegenüber dem Antragsteller ist Wirksamkeitsvoraussetzung, nicht hingegen die gegenüber dem Gegner.[19] Entscheidet das Gericht (ausnahmsweise) aufgrund durchgeführter mündlicher Verhandlung, so ist der betreffende Beschluss zu verkünden (§ 329 Abs. 1 ZPO). Die im Regelfall ohne mündliche Verhandlung ergehende Entscheidung (des Gerichts

---

4 Zöller-*Stöber*, ZPO, § 225 Rn. 7.
5 BeckOK-*Jaspersen*, ZPO, § 225 Rn. 4.
6 MK-*Stackmann*, ZPO, § 225 Rn. 5.
7 BVerfG, NJW 2000, 944 (945).
8 BGH, NJW 2005, 72 (73) = FamRZ 2005, 267.
9 MK-*Stackmann*, ZPO, § 225 Rn. 5.
10 Musielak/Voit-*Stadler*, ZPO, § 225 Rn. 1.
11 BGH, NJW 1983, 2030 (2031); Zöller-*Stöber*, ZPO, § 225 Rn. 3.
12 MK-*Stackmann*, ZPO, § 225 Rn. 6 m.w.N.; a.A. Zöller-*Stöber*, ZPO, § 225 Rn. 3.
13 BeckOK-*Jaspersen*, ZPO, § 225 Rn. 3.
14 BGH, NJW 1962, 1396 = MDR 1962, 645.
15 MK-*Stackmann*, ZPO, § 225 Rn. 7.
16 BGH, NJW 1980, 1167 (1168); Zöller-*Stöber*, ZPO, § 222 Rn. 5.
17 BGH, NJW-RR 1990, 67 f. = FamRZ 1990, 147; Zöller-*Stöber*, ZPO, § 225 Rn. 4.
18 BGH, NJW 1985, 1558 (1559) = MDR 1985, 575; BGH, NJW 1954, 1604.
19 Zöller-*Stöber*, ZPO, § 225 Rn. 6.

oder des Vorsitzenden) ist den Parteien **formlos mitzuteilen** (§ 329 Abs. 2 Satz 1 ZPO), da die Fristverlängerung keine neue Frist im Sinne von § 329 Abs. 2 Satz 2 ZPO in Lauf setzt.[20] Ausreichend ist daher auch eine fernmündliche Mitteilung durch die Geschäftsstelle; aus Vertrauensschutzgesichtspunkten ist eine durch die Geschäftsstelle fälschlich mitgeteilte längere Fristdauer maßgeblich.[21] Für den Fall einer Fristverkürzung wird im Schrifttum vor dem Hintergrund von § 329 Abs. 2 Satz 2 ZPO teilweise die Zustellung an den Antragsteller für erforderlich gehalten.[22]

3. Inhalt der Entscheidung

6   Wird dem Antrag (teilweise oder ganz) stattgegeben (zu den Voraussetzungen vgl. § 224 Rn. 8 ff.), erfolgt dies durch (kalendermäßige) Festsetzung eines neuen Fristendes (sog. Genaufrist) oder durch Festsetzung eines Zeitraumes, um den sich die ursprüngliche Frist verlängert oder verkürzt (zur Bemessung der Fristverlängerung vgl. § 224 Rn. 14). Eine **teilweise stattgebende Entscheidung** beinhaltet die konkludente Ablehnung des darüber hinausgehenden Antrages.[23] Bei antragsgemäßer Entscheidung ist auch eine Bezugnahme auf den Antrag möglich, wenn dieser bereits ein konkretes Fristende bezeichnet.[24] **Weicht die** als „antragsgemäß" bezeichnete **Entscheidung vom Antrag ab**, so besteht eine Erkundigungspflicht des Antragstellers. Die gewährte Friständerung hat die Aufhebung der ursprünglichen Frist zur Folge. **Unterbleibt** im Zuge einer Friständerung (versehentlich) eine **Neufestsetzung** oder geht die neue Frist nicht aus der Mitteilung an den Antragsteller hervor, so ist der Antragsteller bis zur Nachholung der Neufestsetzung bzw. Mitteilung weder an die ursprüngliche noch an die neue Frist gebunden.[25]

7   Ob und in welchen Fällen die Entscheidung einer **Begründung** bedarf, wird in Rechtsprechung und Schrifttum uneinheitlich bewertet. Teilweise wird vertreten, dass die Entscheidung immer eine jedenfalls kurze Begründung enthalten soll, gegebenenfalls unter Bezugnahme auf den gestellten Antrag.[26] Zutreffend erscheint aber, dass bei antragsgemäßer Entscheidung von einer Begründung abgesehen werden kann,[27] zumal wenn es sich um einen erstmaligen Fristverlängerungsantrag handelt, zu dem der Gegner nicht einmal angehört werden muss (§ 225 Abs. 2 ZPO). Bei ablehnender Entscheidung wie auch bei stattgebender Entscheidung trotz Widerspruchs des Gegners wird eine Begründung von Teilen des Schrifttums dagegen für erforderlich erachtet.[28] Dem gegenüber hält die **höchstrichterliche Rechtsprechung** auch bei einer ablehnenden Entscheidung eine Begründung weder für zwingend noch für üblich.[29]

4. Zeitpunkt der Entscheidung

8   Die Entscheidung muss im Falle der Ablehnung grundsätzlich so **rechtzeitig vor Fristablauf** erfolgen, dass dem Antragsteller noch ausreichend Zeit zur Vornahme der fristgebundenen Prozesshandlung verbleibt.[30] Eine Ausnahme gilt nur, wenn der **Fristverlängerungsantrag so spät gestellt** wird, dass nicht mehr vor Fristablauf über ihn entschieden werden kann. In diesem Fall ist ausnahmsweise eine Entscheidung zugleich mit der auf den Fristablauf gestützten Entscheidung zulässig.[31] Die **Entscheidung** über die Verlängerung einer Frist ist – einen fristgerechten Antrag vorausgesetzt (vgl. § 224 Rn. 12, auch zu den Folgen eines verspäteten Antrages) – auch **nach Ablauf der Frist** noch zulässig.[32] Bereits eingetretene prozessuale Folgen, die an den Ablauf einer ursprünglichen Frist angeknüpft haben, werden – jedenfalls einer Rechtsmittelbegründungsfrist – mit der nachträglichen Fristverlängerung gegenstandslos.[33]

---

20 BGH, NJW 1990, 1797 = FamRZ 1990, 613, unter Aufgabe von BGH, NJW-RR 1989, 1404 = MDR 1990, 36 und m.w.N.; BeckOK-*Jaspersen*, ZPO, § 225 Rn. 7.
21 BGH, NJW-RR 1994, 444 (445) = FamRZ 1994, 302.
22 MK-*Stackmann*, ZPO, § 225 Rn. 9; Musielak/Voit-*Stadler*, ZPO, § 225 Rn. 3; Zöller-*Stöber*, ZPO, § 225 Rn. 6.
23 BGH, NJW-RR 1989, 1278 (1279) = MDR 1990, 45.
24 BGH, BeckRS 2016, 12888, Rn. 7.
25 BGH, NJW-RR 1987, 1277 = MDR 1987, 651.
26 Beispielhaft: BeckOK-*Jaspersen*, ZPO, § 225 Rn. 6.
27 Musielak/Voit-*Stadler*, ZPO, § 225 Rn. 3 m.w.N.
28 MK-*Stackmann*, ZPO, § 225 Rn. 8; Musielak/Voit-*Stadler*, ZPO, § 225 Rn. 3.
29 BGH, NJW-RR 1989, 1278 (1279) = MDR 1990, 45.
30 Zöller-*Stöber*, ZPO, § 225 Rn. 2.
31 OLG Düsseldorf, BeckRS 2013, 03068; BeckOK-*Jaspersen*, ZPO, § 225 Rn. 5.
32 BGH, NJW 1988, 268; Zöller-*Stöber*, ZPO, § 224 Rn. 7 m.w.N.
33 BGH, NJW 1982, 1651 (1652) = MDR 1982, 637.

C. Rechtsmittel

Ein **Verfahrensverstoß** bei der Entscheidung über ein Friständerungsgesuch führt außer bei besonders schwerwiegenden Mängeln **nicht automatisch** zur **Nichtigkeit**.[34] Es bedarf daher grundsätzlich der Anfechtung. Entscheidungen über Anträge auf Friständerung sind aber **weitestgehend einer Anfechtung entzogen**. Eine ausdrückliche Zulassung der Beschwerde (§ 567 Abs. 1 Nr. 1 ZPO) enthält das Gesetz für Entscheidungen über Friständerungsgesuche nicht. Es kommt daher nur eine Anfechtbarkeit im Rahmen des § 567 Abs. 1 Nr. 2 ZPO (Zurückweisung eines das Verfahren betreffenden Gesuchs ohne notwendige mündliche Verhandlung) in Betracht. Einem Friständerungsantrag stattgebende Entscheidungen sind daher von vornherein der Anfechtung durch sofortige Beschwerde entzogen. § 225 Abs. 3 ZPO erklärt zusätzlich Beschlüsse für unanfechtbar, durch die ein Gesuch um Fristverlängerung zurückgewiesen worden ist. Die Vorschrift ist auch auf Verfügungen des Vorsitzenden anwendbar.[35] Im Ergebnis sind daher **nur einen Antrag auf Fristverkürzung ablehnende Beschlüsse oder Verfügungen** mit der sofortigen Beschwerde **anfechtbar** (überwiegende Meinung).[36] Eine unzulässige Entscheidung über einen Friständerungsantrag kann aber unter Umständen im Rahmen eines **Rechtsmittels gegen die Hauptsacheentscheidung** gerügt werden.[37] Zur Ablehnung einer Verlängerung der Stellungnahmefrist im selbstständigen Beweisverfahren gemäß § 411 Abs. 4 Satz 2 ZPO ist die obergerichtliche Rechtsprechung uneinheitlich.[38]

9

D. Kosten und Gebühren

Zu Kosten und Gebühren vgl. § 216 Rn. 22 f.

10

§ 226
Abkürzung von Zwischenfristen

(1) Einlassungsfristen, Ladungsfristen sowie diejenigen Fristen, die für die Zustellung vorbereitender Schriftsätze bestimmt sind, können auf Antrag abgekürzt werden.

(2) Die Abkürzung der Einlassungs- und der Ladungsfristen wird dadurch nicht ausgeschlossen, dass infolge der Abkürzung die mündliche Verhandlung durch Schriftsätze nicht vorbereitet werden kann.

(3) Der Vorsitzende kann bei Bestimmung des Termins die Abkürzung ohne Anhörung des Gegners und des sonst Beteiligten verfügen; diese Verfügung ist dem Beteiligten abschriftlich mitzuteilen.

Inhalt:

	Rn.		Rn.
A. Allgemeines	1	1. Antrag	3
B. Erläuterungen	3	2. Verfahren	4
I. Fristverkürzung	3	II. Entscheidung und Rechtsmittel	5

A. Allgemeines

Die Vorschrift enthält Sonderregelungen betreffend Voraussetzungen und Verfahren bei der (richterlichen) Abkürzung von Zwischenfristen und ergänzt §§ 224, 225 ZPO. Zwischenfristen dienen der Vorbereitung der Parteien auf einen Termin und müssen abgelaufen sein, bevor ein Termin durchgeführt werden kann (zum Fristbegriff vgl. § 221 Rn. 2 ff.). Es handelt sich um gesetzliche Fristen, die gemäß § 224 Abs. 2 ZPO nur in den besonders bestimmten Fällen abänderbar sind. Absatz 1 beschränkt sich jedoch nicht auf die bloße Zulassung der Friständerung, sondern macht diese ausdrücklich von einer Antragstellung abhängig, was mit Blick auf den Wortlaut von § 224 Abs. 2 ZPO an sich überflüssig wäre. Daher ist davon auszugehen, dass § 226 ZPO nicht lediglich den Weg zur Friständerung gemäß § 224 Abs. 2 ZPO eröffnen soll, sondern vielmehr eine **eigenständige Rechtsgrundlage für die Friständerung** darstellt (mit Folgen betreffend Begründung und Glaubhaftmachung, vgl. Rn. 3).

1

---

34 BGH, NJW 1988, 268 = MDR 1988, 131.
35 BeckOK-*Jaspersen*, ZPO, § 225 Rn. 9.
36 MK-*Stackmann*, ZPO, § 225 Rn. 10 m.w.N.; unklar insoweit Musielak/Voit-*Stadler*, ZPO, § 225 Rn. 4.
37 BeckOK-*Jaspersen*, ZPO, § 225 Rn. 9.
38 Gegen eine Anfechtungsmöglichkeit unter Verweis auf § 225 Abs. 3 ZPO: OLG Schleswig, BeckRS 2003, 09703; für eine Anfechtungsmöglichkeit ohne weitere Begründung: OLG Köln, BeckRS 2014, 06222.

2   Die Vorschrift gilt für die **Ladungsfristen** gemäß § 217 ZPO, § 604 Abs. 2 ZPO ggf. i.V.m. § 605a ZPO, die **Einlassungsfrist** gemäß § 274 Abs. 3 ZPO ggf. i.V.m. § 523 Abs. 2 ZPO bzw. § 553 Abs. 2 ZPO und die **Schriftsatzfrist** gemäß § 132 ZPO. Auf die Fristen gemäß § 273 Abs. 2 Nr. 1 ZPO (Frist zur Ergänzung und Erläuterung der vorbereitenden Schriftsätze) und § 275 ZPO (Klageerwiderungs- und Replikfrist) ist § 226 ZPO hingegen nicht anwendbar. Diese sind als richterliche Fristen einer Abänderung unmittelbar gemäß § 224 Abs. 2 ZPO zugänglich.[1] Ebenfalls nicht anwendbar ist § 226 ZPO auf die Widerspruchsfrist im Mahnverfahren.[2] In **Ehe- und Familienstreitsachen** ist § 226 ZPO entsprechend anwendbar (§ 113 Abs. 1 Satz 2 FamFG).

B. Erläuterungen
I. Fristverkürzung
1. Antrag

3   **Zwingende Voraussetzung** für eine Fristverkürzung nach § 226 ZPO ist der **Antrag** einer Partei (oder des Nebenintervenienten).[3] Eine **Fristverkürzung von Amts** wegen ist daher **unzulässig, jedoch** deswegen **nicht nichtig**.[4] Für die formalen Anforderungen gilt im Ergebnis dasselbe wie für den Antrag gemäß § 224 Abs. 2 ZPO (vgl. § 224 Rn. 10), insbesondere gilt für ihn **Schriftformerfordernis** und **Anwaltszwang**.[5] Das Begehren der Fristverkürzung muss dem Antrag zu entnehmen sein, jedenfalls nach Auslegung.[6] Unter Umständen kann aber auch in einem „Antrag", möglichst zeitnah Termin zu bestimmen, ein Fristverkürzungsantrag zu sehen sein, wenn ein geeigneter Termin ohne Fristverkürzung nicht anberaumt werden kann (str.).[7] Der **Antrag** ist nach überwiegender Meinung **zu begründen**, auch wenn sich ein entsprechendes Erfordernis nicht aus § 226 Abs. 1 ZPO ergibt.[8] Anders wird dem Gericht kaum die erforderliche Abwägung der widerstreitenden Interessen möglich sein. Eine **Glaubhaftmachung** der den Antrag tragenden Gründe wird – anders als in § 224 Abs. 2 ZPO – überwiegend für **nicht erforderlich** gehalten.[9]

2. Verfahren

4   Es gilt das in § 225 ZPO festgelegte Verfahren (vgl. § 225 Rn. 2 ff.) mit der sich aus der Sondervorschrift in Absatz 3 ergebenden Abweichung:[10] Wird über die Fristverkürzung – wie regelmäßig – zusammen mit der Terminsbestimmung entschieden, so bedarf es nicht der vorherigen **Anhörung des Gegners**. Die Entscheidung über den Antrag liegt im **Ermessen des Gerichts**. Bei der Abwägung der widerstreitenden Interessen hat das Gericht insbesondere die **Eilbedürftigkeit**, **prozessökonomische Erwägungen** und die Ermöglichung einer **angemessenen Terminsvorbereitung** in den Blick zu nehmen.[11] Die Abkürzung der Frist darf zwar die Terminsvorbereitung durch Schriftsätze ausschließen (Abs. 2), nicht jedoch eine angemessene Terminsvorbereitung an sich.[12] Andernfalls liegt eine Verletzung des **Anspruchs auf rechtliches Gehör** vor, so dass im anberaumten Termin der Erlass eines Versäumnisurteils zu unterbleiben hat und von Amts wegen zu vertagen ist.[13] Das Vorliegen erheblicher Gründe analog § 224 Abs. 2 ZPO (vgl. § 224 Rn. 13) als Voraussetzung für eine Fristverkürzung ergibt sich zwar nicht aus dem Wortlaut von § 226 Abs. 1 ZPO, wird aber teilweise dennoch für erforderlich gehalten.[14]

---

1 MK-*Stackmann*, ZPO, § 226 Rn. 1; Zöller-*Stöber*, ZPO, § 226 Rn. 1.
2 Baumbach/Lauterbach/Albers/Hartmann, ZPO, § 226 Rn. 3.
3 BeckOK-*Jaspersen*, ZPO, § 226 Rn. 2.
4 Baumbach/Lauterbach/Albers/Hartmann, ZPO, § 226 Rn. 4.
5 Zöller-*Stöber*, ZPO, § 226 Rn. 2; a.A. Baumbach/Lauterbach/Albers/Hartmann, ZPO, § 222 Rn. 4 (auch mündliche Antragstellung zulässig).
6 BeckOK-*Jaspersen*, ZPO, § 226 Rn. 2.
7 Zöller-*Stöber*, ZPO, § 226 Rn. 2; BeckOK-*Jaspersen*, ZPO, § 226 Rn. 2; a.A. MK-*Stackmann*, ZPO, § 226 Rn. 3; Musielak/Voit-*Stadler*, ZPO, § 226 Rn. 1.
8 MK-*Stackmann*, ZPO, § 226 Rn. 2; Musielak/Voit-*Stadler*, ZPO, § 226 Rn. 1; Baumbach/Lauterbach/Albers/Hartmann, ZPO, § 226 Rn. 4.
9 Musielak/Voit-*Stadler*, ZPO, § 226 Rn. 1; Zöller-*Stöber*, ZPO, § 226 Rn. 2; Baumbach/Lauterbach/Albers/Hartmann, ZPO, § 226 Rn. 4; a.A. MK-*Stackmann*, ZPO, § 226 Rn. 2.
10 Thomas/Putzo-*Hüßtege*, ZPO, § 226 Rn. 2.
11 BeckOK-*Jaspersen*, ZPO, § 226 Rn. 2.
12 Musielak/Voit-*Stadler*, ZPO, § 226 Rn. 2.
13 BGH, NJW 1958, 1186 = MDR 1958, 588; Zöller-*Stöber*, ZPO, § 226 Rn. 3.
14 MK-*Stackmann*, ZPO, § 226 Rn. 2; BeckOK-*Jaspersen*, ZPO, § 226 Rn. 2.

II. Entscheidung und Rechtsmittel

Für die Entscheidung über ein Gesuch im Sinne von § 226 Abs. 1 ZPO ist funktional grundsätzlich der **Vorsitzende** (oder Einzelrichter) zuständig, soweit er – wie regelmäßig – für die Terminsbestimmung zuständig ist (vgl. § 216 Rn. 13). Dies bedingt der untrennbare **Zusammenhang mit der Terminsbestimmung**.[15] Die **Entscheidung** ergeht regelmäßig zusammen mit der Terminsbestimmung (Abs. 3) und ist grundsätzlich **zu begründen**,[16] jedenfalls soweit sie rechtsmittelfähig ist.[17] Wird sie zusammen mit der Terminsbestimmung getroffen, so ist sie schriftlich bekannt zu machen (Abs. 3 Hs. 2), wobei in diesen Fällen ohnehin aufgrund § 329 Abs. 2 Satz 2 ZPO eine **förmliche Zustellung** veranlasst sein dürfte. Die Mitteilung erfolgt dann regelmäßig zusammen mit Terminsbestimmung und Ladung.[18] Andernfalls ist sie formlos mitzuteilen (§ 329 Abs. 2 Satz 1 ZPO). Eine die Fristverkürzung ablehnende Entscheidung ist dem Antragsteller immer gemäß § 329 Abs. 3 Hs. 1 ZPO zuzustellen, da hiergegen die sofortige Beschwerde statthaft ist (vgl. Rn. 6).[19]

Die einen Antrag auf **Fristverkürzung ablehnende Entscheidung** unterliegt der **sofortigen Beschwerde** (§ 567 Abs. 1 Nr. 2 ZPO). Die dem Antrag **stattgebende Entscheidung** ist hingegen **unanfechtbar**. Den hierin ggf. liegenden **Gehörsverstoß** kann der Gegner entweder im anberaumten Termin (mit dem Ziel der Vertagung gemäß § 377 ZPO) oder im Rahmen eines Rechtsmittels gegen die Hauptsacheentscheidung (§ 512 ZPO, § 557 Abs. 2 ZPO) geltend machen.[20] Teilweise wird im Falle einer unzulässigen (aber trotzdem wirksamen, vgl. Rn. 3) Fristverkürzung von Amts wegen eine sofortige Beschwerde nach § 567 ZPO wegen greifbarer Gesetzeswidrigkeit für statthaft erachtet.[21]

§ 227
Terminsänderung

(1) ¹Aus erheblichen Gründen kann ein Termin aufgehoben oder verlegt sowie eine Verhandlung vertagt werden. ²Erhebliche Gründe sind insbesondere nicht
1. das Ausbleiben einer Partei oder die Ankündigung, nicht zu erscheinen, wenn nicht das Gericht dafür hält, dass die Partei ohne ihr Verschulden am Erscheinen verhindert ist;
2. die mangelnde Vorbereitung einer Partei, wenn nicht die Partei dies genügend entschuldigt;
3. das Einvernehmen der Parteien allein.

(2) Die erheblichen Gründe sind auf Verlangen des Vorsitzenden, für eine Vertagung auf Verlangen des Gerichts glaubhaft zu machen.

(3) ¹Ein für die Zeit vom 1. Juli bis 31. August bestimmter Termin, mit Ausnahme eines Termins zur Verkündung einer Entscheidung, ist auf Antrag innerhalb einer Woche nach Zugang der Ladung oder Terminsbestimmung zu verlegen. ²Dies gilt nicht für
1. Arrestsachen oder die eine einstweilige Verfügung oder einstweilige Anordnung betreffenden Sachen,
2. Streitigkeiten wegen Überlassung, Benutzung, Räumung oder Herausgabe von Räumen oder wegen Fortsetzung des Mietverhältnisses über Wohnraum auf Grund der §§ 574 bis 574b des Bürgerlichen Gesetzbuchs,
3. (weggefallen)
4. Wechsel- oder Scheckprozesse,
5. Bausachen, wenn über die Fortsetzung eines angefangenen Baues gestritten wird,
6. Streitigkeiten wegen Überlassung oder Herausgabe einer Sache an eine Person, bei der die Sache nicht der Pfändung unterworfen ist,
7. Zwangsvollstreckungsverfahren oder
8. Verfahren der Vollstreckbarerklärung oder zur Vornahme richterlicher Handlungen im Schiedsverfahren;

---

15 BeckOK-*Jaspersen*, ZPO, § 226 Rn. 2.
16 Baumbach/Lauterbach/Albers/Hartmann, ZPO, § 226 Rn. 4.
17 BeckOK-*Jaspersen*, ZPO, § 226 Rn. 2.
18 Musielak/Voit-*Stadler*, ZPO, § 226 Rn. 2.
19 Baumbach/Lauterbach/Albers/Hartmann, ZPO, § 226 Rn. 6.
20 Zöller-*Stöber*, ZPO, § 226 Rn. 4; MK-*Stackmann*, ZPO, § 226 Rn. 3; Baumbach/Lauterbach/Albers/Hartmann, ZPO, § 226 Rn. 7.
21 Baumbach/Lauterbach/Albers/Hartmann, ZPO, § 226 Rn. 4, 7.

dabei genügt es, wenn nur einer von mehreren Ansprüchen die Voraussetzungen erfüllt. ³Wenn das Verfahren besonderer Beschleunigung bedarf, ist dem Verlegungsantrag nicht zu entsprechen.

(4) ¹Über die Aufhebung sowie Verlegung eines Termins entscheidet der Vorsitzende ohne mündliche Verhandlung; über die Vertagung einer Verhandlung entscheidet das Gericht. ²Die Entscheidung ist kurz zu begründen. ³Sie ist unanfechtbar.

Inhalt:

	Rn.		Rn.
A. Allgemeines	1	7. Kein erheblicher Grund	28
B. Begrifflichkeiten und Erläuterungen	3	III. Glaubhaftmachung, Abs. 2	31
I. Antrag	4	IV. Zwingende Terminsverlegung, Abs. 3	33
1. Antragsberechtigung und Form des Antrages	5	1. Voraussetzungen	33
		2. Ausnahmenkatalog	35
2. Antragsfrist	6	V. Ermessen	46
3. Begründung	8	VI. Entscheidung	48
II. Erheblicher Grund	10	1. Mündliche Verhandlung und Anhörung der Parteien	49
1. Allgemeine Anforderungen	11		
2. Verhinderung als erheblicher Grund, Abs. 1 Satz 2 Nr. 1	13	2. Zuständigkeit, Form, Bekanntmachung und Begründung	51
3. Einzelfälle zur Verhinderung	15	C. Folgen eines Rechtsverstoßes und Rechtsbehelfe	54
4. Mangelnde Vorbereitung als erheblicher Grund, Abs. 1 Satz 2 Nr. 2	22	I. Inzidentprüfung	55
		II. Untätigkeitsbeschwerde und Verzögerungsrüge	56
5. Einzelfälle zur mangelnden Vorbereitung	23	III. Richterablehnung und Dienstaufsichtsbeschwerde	57
6. Sonstige erhebliche Gründe	27		

A. Allgemeines

1 Die Vorschrift regelt Voraussetzungen und Verfahren für die nachträgliche **Änderung eines bereits bestimmten Termins** und ergänzt die Vorschriften über Termine (§§ 214 ff. ZPO). Sie steht im Spannungsfeld zwischen dem Grundrecht auf effektiven Rechtsschutz (Art. 19 Abs. 4 GG) und dem Recht auf ein faires Verfahren (Art. 6 Abs. 1 EMRK), insbesondere ausreichendem rechtlichem Gehör[1] und soll die sich hieraus ergebenden widerstreitenden Verfahrensinteressen ausgleichen.[2] Da Terminsänderungen regelmäßig das Verfahren verzögern, werden sie mit Rücksicht auf die Verfahrensgrundsätze der **Prozessökonomie** sowie der **Verfahrensbeschleunigung und -konzentration** nur ausnahmsweise zugelassen. Vor diesem Hintergrund macht Absatz 1 Satz 1 grundsätzlich jede Terminsänderung (auch die von Amts wegen) vom **Vorliegen eines erheblichen Grundes** abhängig, der gemäß Absatz 2 auf Verlangen des Gerichts glaubhaft zu machen ist (vgl. Rn. 31 ff.). Abgesehen von der Bestimmung von drei Ausnahmefällen in Absatz 1 Satz 2 (sog. Negativkatalog) definiert die Vorschrift den **unbestimmten Rechtsbegriff** des erheblichen Grundes nicht näher, sondern lässt dem Gericht bei der Beurteilung einen weiten Spielraum (zu den allgemeinen Anforderungen an einen erheblichen Grund vgl. Rn. 10 ff.; zu Einzelfällen vgl. Rn. 13 ff.). Die Terminsänderung nach Absatz 1 liegt im **gerichtlichen Ermessen**, welches sich bei unzweifelhaftem Vorliegen eines erheblichen Grundes zur Rechtspflicht verdichtet (vgl. Rn. 46). Für Termine im Zeitraum vom **1. Juli bis 31. August** (sog. Sommersache) gibt Absatz 3 einen **Anspruch auf Terminsverlegung** (Abs. 3 Satz 1), sofern ein entsprechender Antrag rechtzeitig gestellt wird und kein besonders beschleunigungsbedürftiges Verfahren (Abs. 3 Satz 2 und 3) vorliegt (vgl. Rn. 33 ff.). Insoweit bedarf es eines erheblichen Grundes nicht. Ein Antrag ist nur im Falle von Absatz 3 erforderlich (vgl. Rn. 4; zu Antragsberechtigung, Form, Inhalt und Antragsfrist vgl. Rn. 5 ff.). Absatz 4 Satz 1 weist die Entscheidung dem Vorsitzenden oder dem gesamten Spruchkörper zu, abhängig davon, ob außerhalb oder innerhalb der mündlichen Verhandlung entschieden wird (zu Zuständigkeit, Form und Inhalt der Entscheidung sowie zum Verfahren vgl. im Einzelnen Rn. 48 ff.). Absatz 4 Satz 2 erklärt Entscheidungen über Terminsänderungen **grundsätzlich für unanfechtbar** (zu den Folgen eines Rechtsverstoßes vgl. Rn. 54 ff.).[3]

2 § 227 ZPO gilt in **allen der ZPO unterliegenden Verfahren**, auch für das **WEG Verfahren**.[4] Im Geltungsbereich des **FamFG** finden Absatz 1, 2 und 4 allgemein **entsprechende Anwendung**

---

1 BeckOK-*Jaspersen*, ZPO, § 227 Rn. 1.
2 MK-*Stackmann*, ZPO, § 227 Rn. 1.
3 OLG Köln, NJW-RR 1998, 1076.
4 Baumbach/Lauterbach/Albers/Hartmann, ZPO, § 227 Rn. 3.

(§ 32 Abs. 1 Satz 2 FamFG). Absatz 3 ist in **Ehe- und Familienstreitsachen** (§ 113 Abs. 3 FamFG) sowie in **finanz- und sozialgerichtlichen Verfahren** (§ 91 Abs. 4 FGO, § 110 Abs. 3 SGG) **nicht anwendbar**. Sofern § 227 ZPO anwendbar ist, gilt er für alle Arten von Terminen (z.b. zur mündlichen Verhandlung, zur Beweisaufnahme, zur Anhörung, zur Entscheidungsverkündung oder auch zum Zwecke eines Güteversuchs). Im schriftlichen Verfahren (§ 128 Abs. 2 ZPO) beschränkt sich die Anwendbarkeit der Vorschrift auf Verkündungstermine; im Übrigen kommen nur Friständerungen in Betracht.[5] Eine Sondervorschrift zur Vertagung enthält § 337 ZPO für das Säumnisverfahren.

B. Begrifflichkeiten und Erläuterungen

Terminsänderung ist die nachträgliche Veränderung des Zeitpunkts eines bereits bestimmten Termins (zum Terminsbegriff vgl. § 214 Rn. 2). Ein Termin muss also bereits bestimmt sein.[6] Eine **Änderung des Terminsortes** ist kein Anwendungsfall des § 227 ZPO.[7] Die Terminsänderung kann in einer Verlegung, Vertagung oder einer Aufhebung des Termins bestehen. Die Aufhebung ist die ersatzlose Streichung eines bereits bestimmten Termins. Auch die **Änderung des Terminszwecks** stellt eine Aufhebung des ursprünglichen Termins dar (z.b. Beweisaufnahme oder Entscheidungsverkündung anstatt mündlicher Verhandlung).[8] Die **Verlegung** ist die Aufhebung zugleich mit der Bestimmung eines neuen Termins (zu einem anderen Zeitpunkt). Der neue Termin kann in diesem Fall vor oder nach dem ursprünglichen Termin liegen. Bei **Vorverlegung** sind §§ 225 Abs. 2, 226 ZPO zu beachten.[9] Die bloße **Änderung der Terminsstunde** stellt keine Verlegung dar.[10] Im Falle der Aufhebung oder Verlegung darf der Termin noch nicht begonnen haben (zum Terminsbeginn vgl. § 220 Rn. 3). Andernfalls liegt eine **Vertagung** vor. Hierunter versteht man die Beendigung eines bereits begonnenen (und noch nicht beendeten) Termins zum Zwecke der Fortsetzung zu einem späteren Zeitpunkt im Rahmen eines weiteren Termins.[11] Der Fortsetzungstermin wird üblicherweise im Zuge der Vertagungsentscheidung im Termin bestimmt, kann aber auch nachträglich festgesetzt werden.[12] Die Entscheidung über die Vertagung trifft das Gericht (Spruchkörper oder Einzelrichter) im Rahmen des Termins. Im Falle der Aufhebung oder Terminsverlegung entscheidet regelmäßig der Vorsitzende. **Kein Fall der Vertagung ist die Unterbrechung eines Termins** (nicht Unterbrechung des Rechtsstreits i.S.v. §§ 239 ff. ZPO) zur alsbaldigen Fortsetzung zu einem späteren Zeitpunkt (z.b. zur Beratung der Parteien mit ihren Prozessbevollmächtigten zu einem Vergleichsvorschlag oder aufgrund der Verspätung eines Zeugen). Die Fortsetzung muss in jedem Falle so zeitnah erfolgen, dass die **Einheitlichkeit des Termins** gewahrt bleibt. Dies ist jedenfalls bei einer Fortsetzung im Laufe desselben Sitzungstages noch der Fall.[13] Kein Anwendungsfall des § 227 ist die bloße einstweilige Zurückstellung des Aufrufs, z.b. bei ungeklärtem Nichterscheinen beider Parteien (vgl. § 220 Rn. 12).

I. Antrag

Eine Terminsverlegung gemäß **Absatz 3** setzt zwingend einen **fristgerechten Antrag** voraus. In den übrigen Fällen (**Absatz 1**) kann eine Terminsänderung sowohl **auf Antrag wie auch von Amts** wegen erfolgen. Auch in den Fällen, in denen der Antrag nicht Voraussetzung für eine Terminsänderung ist, kann unter Umständen eine **Obliegenheit zur Antragstellung** bestehen; so setzt die spätere Rüge der Verletzung rechtlichen Gehörs voraus, dass im Verfahren alle Möglichkeiten ausgeschöpft wurden, sich rechtliches Gehör zu verschaffen.[14] Je nachdem, ob es sich um einen notwendigen (Absatz 3) oder freigestellten (Absatz 1) Antrag handelt, gelten unterschiedliche Anforderungen (vgl. Rn. 5ff.). Solange noch nicht über den Antrag entschieden worden ist, kann der Antrag (da Prozesshandlung) bis zur erfolgten Terminsänderung **zurückgenommen** werden und so einer Terminsverlegung gemäß Absatz 3 die Grundlage entzogen werden.[15]

---

5 MK-*Stackmann*, ZPO, § 227 Rn. 1.
6 BeckOK-*Jaspersen*, ZPO, § 227 Rn. 4.
7 MK-*Stackmann*, ZPO, § 227 Rn. 2.
8 Baumbach/Lauterbach/Albers/Hartmann, ZPO, § 227 Rn. 4.
9 Musielak/Voit-*Stadler*, ZPO, § 227 Rn. 4.
10 Baumbach/Lauterbach/Albers/Hartmann, ZPO, § 227 Rn. 5.
11 BGH, NJW 2003, 2167 (2169) = MDR 2003, 831.
12 OLG Hamm, BeckRS 1994, 30988110 = Rpfleger 1995, 161.
13 Musielak/Voit-*Stadler*, ZPO, § 227 Rn. 3; sehr weitgehend (mehrere Kalendertage): OLG Köln, OLGZ 1984, 245 (247) = Rpfleger 1984, 280.
14 BVerfG, MDR 1981, 470 (Ls.) = LSK 1981, 440103.
15 Zöller-*Stöber*, ZPO, § 227 Rn. 10, 24.

1. Antragsberechtigung und Form des Antrages

5 **Antragsberechtigt sind generell nur die Parteien** (und der streitgenössische Nebenintervenient), nicht aber Zeugen oder Sachverständige (zu deren Verhinderung vgl. §§ 381, 402 ZPO).[16] Das Gericht kann die Verhinderung eines Zeugen oder Sachverständigen aber zum Anlass einer Verlegung von Amts wegen nehmen.[17] Der Antrag unterliegt dem Anwaltszwang (§ 78 ZPO).[18] Ob **Schriftform** erforderlich ist, ist umstritten; überwiegend wird die Schriftform nicht für erforderlich gehalten und ein z.B. nur telefonischer Antrag für zulässig erachtet.[19] Sofern das Gesetz nicht ausdrücklich eine Antragstellung vorschreibt (Absatz 3), liegt in einem formal unzulässigen Antrag aber jedenfalls eine Anregung, die das Gericht (bzw. den Vorsitzenden) dazu veranlasst, eine Entscheidung von Amts wegen zu prüfen.

2. Antragsfrist

6 **Fristgebunden ist nur der Antrag** auf Terminsverlegung **gemäß Absatz 3**. Dieser ist **innerhalb einer Woche nach Zugang der Ladung** oder Terminsbestimmung zu stellen. Maßgeblicher Zeitpunkt für den Fristbeginn ist entweder die förmliche **Zustellung** (ggf. Ersatzzustellung; Zustellungsfiktion gemäß § 184 Abs. 2 ZPO) oder – bei Verkündung der Terminsbestimmung – der Zeitpunkt der Verkündung (nicht etwa erst die Zustellung des Protokolls).[20] Die Wochenfrist berechnet sich nach § 222 ZPO i.V.m. §§ 187, 188 Abs. 2 BGB.[21] Der Antrag muss **vor Beginn des Termins** (Aufruf zur Sache, vgl. § 220 Rn. 3) **gestellt** werden, da Absatz 3 nur einen Anspruch auf Verlegung nicht aber auf Vertagung des Termins beinhaltet (str.); dies ist dann von Bedeutung, wenn die Ladungsfrist kürzer ist als die Wochenfrist (z.B. drei Tage, § 217 ZPO a.E.).[22] Ob der Fristlauf ganz oder teilweise in die Zeit vor dem 01.07. fällt, ist bedeutungslos.[23] Die **Wochenfrist kann** mangels besonderer gesetzlicher Bestimmung **nicht verlängert werden** (§ 224 Abs. 2 ZPO). Da es sich nicht um eine Notfrist handelt, ist bei Versäumung der Wochenfrist auch **keine Wiedereinsetzung** möglich.[24] Ändert das Gericht bei einer Sommersache lediglich die Terminsstunde, so begründet dies kein neues Antragsrecht und setzt auch keine neue Wochenfrist in Lauf, denn die bloße Änderung der Terminsstunde stellt keine Verlegung (d.h. Bestimmung eines neuen Termins) dar (vgl. Rn. 3).[25]

7 Auch wenn der Antrag gemäß Absatz 1 nicht fristgebunden ist, kann es die **prozessuale Mitwirkungspflicht** in diesen Fällen gebieten, den Antrag unverzüglich nach Bekanntwerden der voraussichtlichen Verhinderung zu stellen. Andernfalls kann die (**verzögerte**) **Antragstellung** unter Umständen die Ablehnung des Terminsänderungsantrags rechtfertigen.[26]

3. Begründung

8 Sofern eine Terminsänderung das Vorliegen eines erheblichen Grundes voraussetzt (Abs. 1), sind die hierfür maßgeblichen **Umstände im Antrag** so genau und rechtzeitig **darzulegen**, dass das Gericht (bzw. der Vorsitzende) in die Lage versetzt wird, deren Erheblichkeit zu prüfen und gegebenenfalls eine (weitere) Glaubhaftmachung (Abs. 2) zu verlangen.[27] Ein **Antrag ohne Begründung ist unzulässig** und braucht nicht beachtet zu werden.[28] Eine **formelhafte Begründung**, z.B. mit dem allgemeinen Hinweis auf die „derzeitige Arbeitsbelastung", ist **nicht ausreichend**.[29] Das Gericht (bzw. der Vorsitzende) ist verpflichtet, auf etwaige Mängel des Antrages hinzuweisen, soweit hierfür noch ausreichend Zeit bis zum Termin verbleibt.[30]

9 Der Verlegungsantrag gemäß **Absatz 3** bedarf grundsätzlich **keiner Begründung**;[31] doch können weitergehende Ausführungen im Antrag sinnvoll sein, insbesondere, wenn sich das Vor-

---

16 BeckOK-*Jaspersen*, ZPO, § 227 Rn. 16; Baumbach/Lauterbach/Albers/Hartmann, ZPO, § 227 Rn. 33, 34.
17 MK-*Stackmann*, ZPO, § 227 Rn. 23.
18 Zöller-*Stöber*, ZPO, § 227 Rn. 24.
19 Baumbach/Lauterbach/Albers/Hartmann, ZPO, § 227 Rn. 33; Zöller-*Stöber*, ZPO, § 227 Rn. 24; MK-*Stackmann*, ZPO, § 227 Rn. 23; a.A. BeckOK-*Jaspersen*, ZPO, § 227 Rn. 16.
20 OLG Brandenburg, NJW-RR 1998, 500.
21 Baumbach/Lauterbach/Albers/Hartmann, ZPO, § 227 Rn. 35.
22 MK-*Stackmann*, ZPO, § 227 Rn. 17; Zöller-*Stöber*, ZPO, § 227 Rn. 10; a.A. Baumbach/Lauterbach/Albers/Hartmann, ZPO, § 227 Rn. 35: Ablauf der Antragsfrist erst im Termin.
23 Zöller-*Stöber*, ZPO, § 227 Rn. 10.
24 Baumbach/Lauterbach/Albers/Hartmann, ZPO, § 227 Rn. 35.
25 OLG Brandenburg, NJW-RR 1998, 500.
26 BVerfG, BeckRS 2004, 22549.
27 BVerwG, BeckRS 2010, 45899, Rn. 4; LAG Stuttgart, BeckRS 2008, 53891.
28 MK-*Stackmann*, ZPO, § 227 Rn. 23.
29 Zöller-*Stöber*, ZPO, § 227 Rn. 8; Baumbach/Lauterbach/Albers/Hartmann, ZPO, § 227 Rn. 8.
30 BeckOK-*Jaspersen*, ZPO, § 227 Rn. 16.
31 Zöller-*Stöber*, ZPO, § 227 Rn. 9.

liegen einer Ausnahme gemäß § 227 Abs. 3 Satz 2 ZPO nicht ohne weitere Darlegungen beurteilen lässt.[32]

II. Erheblicher Grund

Mit Ausnahme von Sommersachen (Absatz 3, vgl. Rn. 33 ff.) setzt **jede Terminsänderung** – auf Antrag und auch von Amts wegen[33] – das Vorliegen eines erheblichen Grundes voraus (Absatz 1 Satz 1). Dies ist Ausdruck der hinter der Vorschrift stehenden Verfahrensgrundsätze der Prozessökonomie, Verfahrensbeschleunigung und Verfahrenskonzentration. **Terminsänderungen** sollen **nur ausnahmsweise** zugelassen werden, wenn **besondere Umstände** ein **Festhalten am Termin** als **unzumutbar** erscheinen lassen.[34] Dies soll durch das Erfordernis des erheblichen Grundes sichergestellt werden.   10

1. Allgemeine Anforderungen

Das **Gesetz enthält keine Definition** des erheblichen Grundes; es handelt sich um einen **unbestimmten Rechtsbegriff**. Bei der Beurteilung, ob die Umstände im Einzelfall einen erheblichen Grund darstellen, hat das Gericht einen **weiten Spielraum** (zur Ermessensausübung und -bindung vgl. Rn. 46).[35] Die Entscheidung ist an den Verfahrensgrundsätzen der Beschleunigung und Konzentration auszurichten. Beschleunigung und Konzentration des Verfahrens finden dort ihre Grenze, wo Verfahrensrechte der Parteien verkürzt werden, namentlich der Anspruch auf **rechtliches Gehör** und der Grundsatz der **Waffengleichheit**.[36] Ein erheblicher Grund ist regelmäßig dann gegeben, wenn die Gewährleistung des rechtlichen Gehörs im konkreten Fall die Zurückstellung des Beschleunigungs- und Konzentrationsgebots erfordert.[37] Dies bestimmt sich je nach **Lage des Einzelfalles**, nach dem Prozessstoff und den persönlichen Verhältnissen der Beteiligten bzw. seines Prozessbevollmächtigten.[38] Auch das **Beschleunigungsbedürfnis** ist für jeden Einzelfall gesondert zu bestimmen. Es kann je nach Verfahrensart unterschiedlich stark ausgeprägt sein.[39] Auch kann eine bereits **mehrfach erfolgte Verlegung** des Termins dem Beschleunigungsbedürfnis im konkreten Fall besonderes Gewicht verleihen.[40] Grundsätzlich ist ein **strenger Prüfungsmaßstab** anzulegen, um eine **Prozessverschleppung** zu verhindern.[41] Die Beschleunigung bzw. Konzentration des Verfahrens kann eine Terminsänderung unter Umständen auch gebieten, nämlich wenn eine rechtzeitige und für die Wahrheits- wie Rechtsfindung **ausreichende Vorbereitung** andernfalls nicht gewährleistet wäre; die Ablehnung eines Terminsänderungsantrags wäre in diesem Fall verfahrensfehlerhaft.[42] Aus der Warte des Gerichts sind daher für eine **Entscheidung von Amts wegen** regelmäßig solche Gründe als erheblich anzusehen, die eine Terminsänderung zur Gewährung rechtlichen Gehörs oder zur weiteren Vorbereitung der Entscheidung sachlich gebieten (womit eine Terminsänderung von Amts wegen bei bereits bestehender Entscheidungsreife ausscheidet).[43]   11

Für Terminsänderungen aufgrund von Umständen aus der Sphäre der Parteien erfahren die Anforderungen an das Vorliegen eines erheblichen Grundes durch den **Negativkatalog in Absatz 1 Satz 2** eine gewisse Konkretisierung. Für die beiden Hauptfälle, nämlich die **Verhinderung (Nr. 1)** und die **mangelnde (Termins-)Vorbereitung (Nr. 2)**, ergibt sich im Umkehrschluss aus Absatz 1 Satz 2 der allgemeine Grundsatz, dass nur dann ein erheblicher Grund vorliegt, wenn die betreffende Partei nach der **freien Überzeugung des Gerichts** („Dafürhalten")[44] kein **Verschulden** mit Blick auf die Umstände trifft, die zur Verhinderung oder mangelnden Vorbereitung geführt haben. Maßstab ist eine **sorgfältige und gewissenhafte Prozessführung**.[45] Wie in den Fällen der entschuldigten Fristversäumnis i.S.v. § 233 ZPO und des entschuldigten Fernbleibens i.S.v. § 337 ZPO liegt ein erheblicher Grund daher regelmäßig vor, wenn die ordnungsgemäße Wahrnehmung des Termins trotz aller nach der Prozesslage   12

---

32 Baumbach/Lauterbach/Albers/Hartmann, ZPO, § 227 Rn. 33.
33 MK-*Stackmann*, ZPO, § 227 Rn. 4.
34 Baumbach/Lauterbach/Albers/Hartmann, ZPO, § 227 Rn. 8.
35 MK-*Stackmann*, ZPO, § 227 Rn. 6.
36 OLG Hamm, BeckRS 2013, 05761; OVG Münster, BeckRS 2016, 52006; BeckOK-*Jaspersen*, ZPO, § 227 Rn. 5.
37 BVerwG, NJW 1995, 1231; BSG, BeckRS 2015, 72584, Rn. 8.
38 BFH, BeckRS 1979, 22005124 = DB 1980, 1780.
39 MK-*Stackmann*, ZPO, § 227 Rn. 6.
40 BGH, NJW 2009, 687 Rn. 8 = MDR 2009, 355 = FamRZ 2009, 498.
41 Saenger-*Wöstmann*, ZPO, § 227 Rn. 4.
42 BeckOK-*Jaspersen*, ZPO, § 227 Rn. 5.
43 MK-*Stackmann*, ZPO, § 227 Rn. 8; Zöller-*Stöber*, ZPO, § 227 Rn. 5.
44 Thomas/Putzo-*Hüßtege*, ZPO, § 227 Rn. 9.
45 BeckOK-*Jaspersen*, ZPO, § 227 Rn. 6.

gebotenen und zumutbaren Anstrengung nicht möglich ist.[46] Ein etwaiges **Verschulden des Prozessbevollmächtigten** muss sich die Partei **zurechnen** lassen (§ 85 Abs. 2 ZPO). Im Ergebnis stellen daher solche Umstände aus der Sphäre der Parteien einen erheblichen Grund dar, die bei Ablehnung der beantragten Terminsänderung auch eine Säumnis entschuldigen (§ 337 ZPO) oder eine Wiedereinsetzung rechtfertigen (§ 233 ZPO) würden.[47] Absatz 1 Satz 2 Nr. 3 stellt des Weiteren klar, dass das bloße **Einvernehmen zwischen den Parteien** keinen erheblichen Grund darstellt; dies ist Ausdruck der allgemein fehlenden Dispositionsbefugnis der Parteien über Gerichtstermine. Ein etwaiges Einvernehmen zwischen den Parteien ist aber bei der Prüfung des erheblichen Grundes zu berücksichtigen.[48] Umstände, die für sich genommen keinen erheblichen Grund darstellen, können im Einzelfall angesichts des bestehenden Einverständnisses der Parteien zu einem solchen erstarken.[49]

2. Verhinderung als erheblicher Grund, Abs. 1 Satz 2 Nr. 1

13 Eine **Verhinderung** kann zum einen **in der Person der Partei** (oder ihres gesetzlichen Vertreters) begründet liegen. Dies versteht sich von selbst, wenn die Partei den Rechtsstreit außerhalb von § 78 ZPO selbst führt.[50] Aber auch die anwaltlich vertretene Partei hat grundsätzlich ein **Recht auf eine Teilnahme** am Termin; dies gilt jedenfalls dann, wenn ihr persönliches Erscheinen zur Klärung des Sach- und Streitstoffs notwendig ist (insbesondere § 141 Abs. 1 Satz 1 ZPO)[51] oder sie sonst ein berechtigtes Interesse an der Teilnahme hat.[52] Dies dürfte im Ergebnis nur dann nicht der Fall sein, wenn die Partei im Termin keinerlei **prozessförderlichen Beitrag** leisten kann, z.B. weil nur Rechtsfragen erörtert werden sollen.[53] Im Falle einer im Termin durchzuführenden Beweisaufnahme ist § 357 Abs. 1 ZPO zu beachten.[54]

14 Ebenso „erheblich" im Sinne von Absatz 1 Satz 1 kann eine **Verhinderung in der Person des Prozessbevollmächtigten** sein. Dies gilt auch in Fällen außerhalb von § 78 ZPO; denn die Partei hat unabhängig davon, ob Anwaltszwang besteht, grundsätzlich einen **Anspruch auf anwaltlichen Beistand** im Termin.[55] Trifft den Prozessbevollmächtigten allerdings ein Verschulden, so stellt seine Verhinderung keinen erheblichen Grund dar. Ein solches Verschulden kann insbesondere in einem Verstoß gegen die **prozessuale Mitwirkungspflicht** liegen; so hat der Prozessbevollmächtigte bei längerfristiger oder absehbarer Verhinderung, z.B. aufgrund chronischer oder wiederkehrender Erkrankung,[56] eine **Vertretung einzurichten (§ 53 Abs. 1 BRAO)** oder – soweit zumutbar – der Verhinderung durch arbeitsorganisatorische Maßnahmen zu begegnen oder das Mandat abzugeben.[57] Auch im Falle der urlaubsbedingten Verhinderung des Prozessbevollmächtigten kann die Pflicht zur Einrichtung einer Vertretung (Kanzleiabwesenheit von mehr als einer Woche, § 53 Abs. 1 Nr. 2 BRAO) der Annahme eines erheblichen Grundes entgegenstehen.[58] Ist eine **Sozietät mit der Prozessführung** beauftragt, ist die Verhinderung des (bislang im Rahmen des Mandats alleinig tätigen) Sozietätsmitglieds grundsätzlich nicht als erheblicher Grund anzusehen, wenn der betreffende **Termin durch ein anderes Sozietätsmitglied sachgerecht wahrgenommen werden kann**; hiervon darf das Gericht im Grundsatz ausgehen.[59] Jedoch kann eine Terminswahrnehmung durch den Vertreter im Einzelfall unzumutbar sein, wenn keine **ausreichende Zeit zur Einarbeitung** gegeben ist (zwei Wochen bei Vertretung durch ein mitbeauftragtes Sozietätsmitglied reichen grundsätzlich aus),[60] es sich um eine besonders **schwierige oder umfangreichere Sache** handelt oder wenn zur sachgerechten Vertretung **Spezialkenntnisse** in rechtlicher oder tatsächlicher Hinsicht notwendig sind (z.B. auch Erkenntnisse aus einer teilweise bereits durchgeführter Beweisaufnahme unter Beteiligung des ursprünglichen Prozessbevollmächtigten); solche Besonderheiten

---

46 OLG Hamm, NJW-RR 1996, 969 (970) = MDR 1996, 256; Musielak/Voit-*Stadler*, ZPO, § 227 Rn. 4.
47 Saenger-*Wöstmann*, ZPO, § 227 Rn. 4; BeckOK-*Jaspersen*, ZPO, § 227 Rn. 6; Musielak/Voit-*Stadler*, ZPO, § 227 Rn. 4; MK-*Stackmann*, ZPO, § 227 Rn. 8; Zöller-*Stöber*, ZPO, § 227 Rn. 5 (nur für § 377 ZPO).
48 BeckOK-*Jaspersen*, ZPO, § 227 Rn. 11.
49 MK-*Stackmann*, ZPO, § 227 Rn. 7.
50 Saenger-*Wöstmann*, ZPO, § 227 Rn. 7.
51 BVerwG, NJW 1991, 2097.
52 Musielak/Voit-*Stadler*, ZPO, § 227 Rn. 4.
53 BeckOK-*Jaspersen*, ZPO, § 227 Rn. 7.
54 MK-*Stackmann*, ZPO, § 227 Rn. 9.
55 BeckOK-*Jaspersen*, ZPO, § 227 Rn. 7.
56 BVerwG, NJW 2001, 2735.
57 BVerwG, BeckRS 2016, 49378, Rn. 28.
58 OLG Naumburg, BeckRS 2003, 30325427.
59 BFH, BeckRS 2014, 96093, Rn. 12 f. m.w.N.; weitergehend (Einschaltung eines Korrespondenzanwalts zumutbar): OVG Magdeburg, BeckRS 2008, 40698 = NJW 2009, 1100 (Ls.).
60 BFH, BeckRS 2012, 96489, Rn. 3.

müssen, sofern sie nicht offenkundig sind, im Einzelnen dargelegt werden.[61] **Tritt die Verhinderung** (z.B. Erkrankung) allerdings **kurzfristig ein** (z.B. zwei Tage vor dem Termin), so ist es nicht ohne Weiteres Sache des Prozessbevollmächtigten, darzulegen, dass keines der Sozietätsmitglieder in die Sache so eingearbeitet ist, dass es im anberaumten Termin sachkundig auftreten kann;[62] das Gericht darf in diesem Fall das Terminsänderungsgesuch nicht mit dem schlichten Hinweis auf die theoretische Möglichkeit der Vertretung innerhalb der Sozietät ablehnen.[63] Die bloße **Entfernung** zwischen Sitz der Sozietät und **Gerichtsort** macht die Vertretung für den mitbeauftragten Sozius nicht unzumutbar.[64] Die **Vertretung** muss auch **für die Partei zumutbar** sein. Das Recht der Partei auf freie Wahl ihres Prozessbevollmächtigten ist zu beachten; es findet aber dort seine Grenze, wo der angemessene Fortgang des Verfahrens längerfristig nicht mehr gesichert ist.[65] Dies wird bei Vertretung durch ein **anderes Mitglied der Sozietät**, die die Partei in ihrer Gesamtheit mit der Prozessführung beauftragt hat, **regelmäßig anzunehmen** sein; es besteht grundsätzlich kein Anspruch darauf, dass ausschließlich der sachbearbeitende Rechtsanwalt den Termin zur mündlichen Verhandlung wahrnimmt.[66] Hat der Termin nur die **Erörterung einer einfachen Rechtsfrage** zum Gegenstand, so soll sogar die **Beauftragung eines nicht sozietätsangehörigen Rechtsanwalts** grundsätzlich zumutbar sein.[67] Teilweise wird mit Blick auf das besondere Vertrauensverhältnis und auf die zusätzlichen Kosten im Falle einer Unterbevollmächtigung auch vertreten, dass die Terminsvertretung durch einen (mitbeauftragten) Sozius nur ausnahmsweise (nämlich mit dessen Einvernehmen)[68] und eine solche durch einen anderen als den bislang beauftragten Einzelanwalt gar nicht zumutbar sei.[69]

3. Einzelfälle zur Verhinderung

Die **Erkrankung der Partei** oder ihres Prozessbevollmächtigten stellt regelmäßig einen erheblichen Grund dar,[70] jedenfalls, wenn ihr persönliches Erscheinen zur Klärung des Sach- und Streitstoffs notwendig ist (insbesondere § 141 Abs. 1 Satz 1 ZPO) oder sie sonst ein berechtigtes Interesse an der Teilnahme hat (vgl. Rn. 13). Die Erkrankung ist so **substantiiert darzulegen**, dass das Gericht in die Lage versetzt wird, zu beurteilen, ob **Verhandlungsunfähigkeit** vorliegt.[71] Zur Glaubhaftmachung reicht im Allgemeinen die Vorlage eines **ärztlichen Attests** aus (nicht bloße Arbeitsunfähigkeitsbescheinigung, vgl. im Einzelnen Rn. 32); bei einer **langfristigen Erkrankung** kann das Gericht unter Umständen die Vorlage eines **amtsärztlichen Attests** verlangen.[72] Ist die Partei längerfristig erkrankt, so bedarf es grundsätzlich der Abwägung der wechselseitigen Interessen.[73] Bei längerfristiger **Erkrankung des Prozessbevollmächtigten** besteht unter Umständen die **Pflicht zur Einrichtung einer Vertretung** mit der Folge, dass bei Verletzung dieser Pflicht die Verhinderung nicht mehr unverschuldet ist und daher keinen erheblichen Grund darstellt (vgl. Rn. 14). 15

Ein **Auslandsaufenthalt** oder die durch einen **Urlaub** bedingte Abwesenheit der Partei (oder des Prozessbevollmächtigten)[74] kann einen erheblichen Grund darstellen, wenn sie bereits **langfristig geplant** oder aus sonstigen Gründen eine **Verschiebung unzumutbar** ist.[75] Dies ist insbesondere der Fall, wenn die Reise **bereits gebucht und bezahlt** ist;[76] unter besonderen Umständen auch bei Buchung erst nach Erhalt der Ladung (z.B. langfristig geplante Reise in 16

---

61 BFH, BeckRS 2014, 96093, Rn. 12.
62 OVG Greifswald, BeckRS 2008, 39139.
63 BVerwG, NJW 1984, 882; im Falle nicht vorhersehbarer oder nicht im Einflussbereich des Prozessbevollmächtigten liegender Verhinderungsgründe wird eine Vertretung teilweise wohl generell für unzumutbar gehalten, so BeckOK-*Jaspersen*, ZPO, § 227 Rn. 7.
64 OVG Greifswald, BeckRS 2008, 39139.
65 BVerwG, BeckRS 2016, 49378, Rn. 28.
66 BVerwG, NJW 1995, 1231; OVG Münster, BeckRS 2016, 47704; a.A. wohl Zöller-*Stöber*, ZPO, § 227 Rn. 6.
67 FG Saarbrücken, BeckRS 2008, 26026342.
68 Zöller-*Stöber*, ZPO, § 227 Rn. 6.
69 *Schneider*, NJW 2006, 886; a.A. Baumbach/Lauterbach/Albers/Hartmann, ZPO, § 227 Rn. 21.
70 Zöller-*Stöber*, ZPO, § 227 Rn. 6 m.w.N.
71 BFH, BeckRS 2014, 95021, Rn. 6; BFH, BeckRS 2010, 25016269.
72 Baumbach/Lauterbach/Albers/Hartmann, ZPO, § 227 Rn. 16 m.w.N.
73 BeckOK-*Jaspersen*, ZPO, § 227 Rn. 12.6.
74 OLG Frankfurt a.M., NJW 2008, 1328 = FamRZ 2008, 1868; OLG Brandenburg, BeckRS 2002, 01355 = FamRZ 2002 1042 (Ls.); Zöller-*Stöber*, ZPO, § 227 Rn. 6.
75 OLG Köln, BeckRS 2009, 24732 = MDR 2010, 283; OLG Hamm, NJW-RR 1992, 121; MK-*Stackmann*, ZPO, § 227 Rn. 9.
76 Musielak/Voit-*Stadler*, ZPO, § 227 Rn. 22.

den Werksferien).[77] Die urlaubsbedingte Ortsabwesenheit ist gegebenenfalls glaubhaft zu machen.[78] Das Urlaubsziel ist so genau anzugeben, dass das Gericht beurteilen kann, ob die Anreise zum Termin aus dem Urlaub unzumutbar ist.[79] Bei längerfristiger Kanzleiabwesenheit des Prozessbevollmächtigten besteht unter Umständen die **Pflicht zur Einrichtung einer Vertretung** mit der Folge, dass bei Verletzung dieser Pflicht die Verhinderung nicht mehr unverschuldet ist und daher keinen erheblichen Grund darstellt (vgl. Rn. 14).

17 Die Teilnahme an einer (einmaligen) **Fortbildungsveranstaltung** kann einen erheblichen Grund darstellen;[80] teilweise wird vom Prozessbevollmächtigten auch verlangt, für eine Vertretung zu sorgen (vgl. Rn. 14).[81] Dies ist jedenfalls dann erforderlich, wenn der Prozessbevollmächtigte eine (vorhersehbare) regelmäßig **wiederkehrende Lehrverpflichtung** übernimmt; in diesen Fällen liegt daher nicht ohne Weiteres ein erheblicher Grund vor.[82]

18 Als weitere erhebliche Verhinderungsgründe kommen in Betracht: Ortsabwesenheit wegen **Arbeitssuche**,[83] unverschuldete **Hindernisse bei der Anreise** zum Termin (nicht absehbare Bestreikung öffentlicher Verkehrsmittel; Flugausfall),[84] **religiöse Feiertage** bei Strenggläubigen (sofern nicht ohnehin ein gesetzlicher Feiertag vorliegt),[85] die Teilnahme an einer **Familienfeier** (je nach Rang der Feier, Gesundheitszustand des Jubilars, Tageszeit und Dauer der Feier sowie Entfernung zum Gerichtsort),[86] der **Tod eines nahen Angehörigen** oder Geschäftspartners (jedenfalls bis kurz nach der Trauerfeier)[87] oder die **Pflege naher Angehöriger** ohne eine Vertretungsmöglichkeit.[88] Ebenso kann die Teilnahme des Prozessbevollmächtigten an einem (bereits vor Terminsladung geplanten) **Betriebsausflug** der Kanzlei einen erheblichen Grund darstellen (str.).[89]

19 Auch eine **Terminskollision** kann einen erheblichen Grund darstellen.[90] Hierzu muss sich die Wahrnehmung beider Termine tatsächlich wechselseitig ausschließen; dies kann selbst bei zwei für denselben Tag anberaumten Terminen ausscheiden, wenn zwischen Ende des ersten und Beginn des zweiten Termins unter Berücksichtigung der Entfernung zwischen den Gerichtsorten eine ausreichende Zeitspanne verbleibt.[91] Ferner muss im richtigen Verfahren um Terminsänderung nachgesucht werden; **grundsätzlich ist der später anberaumte Termin zu verlegen**.[92] Unter besonderen Umständen kann allerdings ein Abweichen von diesem Grundsatz geboten sein. Dies ist z.B. dann der Fall, wenn der **früher anberaumte Termin leichter zu verlegen** ist, etwa ein schlichter Verhandlungstermin gegenüber einem später anberaumten **Beweistermin mit mehreren Zeugen**[93] oder ein kurzfristig anberaumter **Fortsetzungstermin in der Hauptverhandlung** vor einer Großen Strafkammer.[94] Ebenso kann eine Ausnahme vom Grundsatz der Priorität geboten sein, wenn der später anberaumte Termin **besonders beschleunigungsbedürftig oder vorrangig** ist, z.B. bei Verfahren des **einstweiligen Rechtsschutzes**, bei **Räumungssachen** (§ 272 Abs. 4 ZPO) oder bei einer von Gesetzes wegen **vorrangigen Kindschaftssache** (§ 155 Abs. 1 FamFG).[95] Auch ein sonstiger kollidierender Termin von besonderem Gewicht kann vorrangig sein, z.B. eine **Gemeinderatssitzung**.[96] Ist ein Termin be-

---

77 MK-*Stackmann*, ZPO, § 227 Rn. 9.
78 VGH Mannheim, BeckRS 2011, 54724, 3. = ZfS 2011, 715.
79 BFH, BeckRS 2011, 95641, Rn. 4.
80 OLG Frankfurt a.M., NJW 2008, 1328 = FamRZ 2008, 1868; Zöller-*Stöber*, ZPO, § 227 Rn. 6.
81 Musielak/Voit-*Stadler*, ZPO, § 227 Rn. 5; Baumbach/Lauterbach/Albers/Hartmann, ZPO, § 227 Rn. 11, 13.
82 OVG Berlin-Brandenburg, NJW 2013, 3739.
83 BayObLG, NJW-RR 2004, 804.
84 BVerwG, NJW 1995, 1441 (1442) = MDR 1995, 849; BVerwG, NJW 1986, 1057 (1058).
85 Zöller-*Stöber*, ZPO, § 227 Rn. 6.
86 Baumbach/Lauterbach/Albers/Hartmann, ZPO, § 227 Rn. 13.
87 Baumbach/Lauterbach/Albers/Hartmann, ZPO, § 227 Rn. 25.
88 BVerwG, NJW 1992, 2042.
89 OLG Köln, BeckRS 2009, 24732 = MDR 2010, 283; Zöller-*Stöber*, ZPO, § 227 Rn. 6; a.A. Baumbach/Lauterbach/Albers/Hartmann, ZPO, § 227 Rn. 11.
90 Thomas/Putzo-*Hüßtege*, ZPO, § 227 Rn. 6.; Baumbach/Lauterbach/Albers/Hartmann, ZPO, § 227 Rn. 23f.
91 OVG Lüneburg, NJW 2013, 1691 (keine Terminskollision, wenn erster Termin um 9:00 Uhr mit voraussichtlicher Dauer von maximal eine Stunde und zweiter Termin um 15:00 Uhr bei einer Entfernung von 170 Kilometer zwischen den beiden Gerichtsorten).
92 BSG, BeckRS 2015, 71313, Rn. 8; BVerwG, BeckRS 1998, 30435947; Musielak/Voit-*Stadler*, ZPO, § 227 Rn. 5; MK-*Stackmann*, ZPO, § 227 Rn. 11.
93 BSG, NJW 1996, 677 = MDR 1996, 633; Zöller-*Stöber*, ZPO, § 227 Rn. 5.
94 BSG, BeckRS 2015, 71313, Rn. 8.
95 BFH, BeckRS 1979, 22005124 = BB 1980, 566; BeckOK-*Jaspersen*, ZPO, § 227 Rn. 12.10.
96 VGH Mannheim, BeckRS 9998, 51075 = NJW 2000, 1969 (Ls.).

reits mehrfach auf Antrag desselben Prozessbevollmächtigten **verlegt** worden, so erwächst hieraus ein gesteigertes Beschleunigungsbedürfnis; der Prozessbevollmächtigte muss sich daher zunächst um die Verlegung des kollidierenden Termins im anderen Verfahren bemühen, auch wenn es sich hierbei um den früher anberaumten Termin handelt.[97] Ist eine sachgerechte **Vertretung durch einen Sozius** möglich und zumutbar, so liegt regelmäßig kein erheblicher Grund vor; die vor dem Hintergrund von § 53 Abs. 1 BRAO entwickelten Grundsätze zur Zumutbarkeit der Vertretung gelten entsprechend (vgl. Rn. 14). Die zur Terminskollision führenden **Umstände** sind daher hinreichend genau **darzulegen**; der bloße Hinweis gegenüber dem Gericht, man sei „aufgrund eines anderweitigen Termins" am Erscheinen gehindert, genügt nicht.[98]

Die **verspätete Termindurchführung** kann unter Umständen einen erheblichen Grund darstellen. Grundsätzlich sind **Verzögerungen im Laufe eines Sitzungstages** aber von den Prozessbeteiligten **hinzunehmen**, sofern ein weiteres Abwarten nicht unzumutbar ist, etwa wegen anderweitiger kollidierender Termine.[99] Eine **gewisse Zeitverzögerung** muss aber in jedem Falle **einkalkuliert** werden. Eine Wartezeit von einer Stunde dürfte regelmäßig noch als zumutbar anzusehen sein (vgl. § 220 Rn. 5). 20

Auch die **Verhinderung** in der Person eines sonstigen Verfahrensbeteiligten, namentlich **eines Streitgenossen, Streithelfers, Zeugen oder Sachverständigen** (soweit mündliche Erörterung notwendig) kann einen erheblichen Grund darstellen, der jedenfalls das Gericht zu einer Terminsänderung von Amts wegen veranlassen kann; es gelten im Ergebnis die gleichen Anforderungen wie für die Verhinderung einer Partei.[100] Ob die Partei in einem solchen Fall auch einen **Anspruch auf Terminsänderung** hat oder ob die Entscheidung alleinig im nicht nachprüfbaren Ermessen des Gerichts liegt, ist **umstritten**.[101] Ein entsprechender Anspruch der Partei wird wohl jedenfalls in den Fällen anzunehmen sein, in denen ein von der Partei rechtzeitig benannter **unverzichtbarer Zeuge, insbesondere Auslandszeuge**, nachprüfbar entschuldigt am Erscheinen im anberaumten Termin gehindert ist und die Partei im Verlegungsantrag Angaben dazu macht, wann der Zeuge voraussichtlich für eine Beweiserhebung zur Verfügung steht; es bleibt dem Gericht aber unbenommen, den anberaumten (Beweis-)Termin dennoch zur Vernehmung weiterer Zeugen oder als schlichten Verhandlungstermin durchzuführen.[102] **Zeugen und Sachverständige** haben im Falle ihrer Verhinderung aber **selbst weder ein Antragsrecht noch einen Anspruch auf Terminsverlegung**; ihre Pflicht zum Erscheinen bemisst sich nach §§ 301, 402 ZPO (vgl. Rn. 5). 21

4. Mangelnde Vorbereitung als erheblicher Grund, Abs. 1 Satz 2 Nr. 2
Vorbereitung meint die Auseinandersetzung mit dem entscheidungserheblichen Sach- und Streitstand in tatsächlicher und rechtlicher Hinsicht,[103] soweit dies nicht unmittelbar in der Sitzung möglich ist. Der **angemessene Vorbereitungszeitraum** entspricht im Normalfall der **Ladungsfrist** gemäß § 217 ZPO; im Übrigen kommt es auf den Einzelfall an.[104] 22

5. Einzelfälle zur mangelnden Vorbereitung
Verbleibt dem Prozessbevollmächtigten in Folge kurzfristiger Beauftragung oder Information durch die Partei nicht genügend Zeit zur Vorbereitung, so kann hierin ein erheblicher Grund liegen, wenn die Partei den Umstand nicht zu vertreten hat. Dies kann z.B. der Fall sein, wenn es dem Prozessbevollmächtigten bei kurzfristig anberaumtem Termin trotz zumutbarer Anstrengungen aufgrund Erkrankung oder Urlaubsabwesenheit der Partei nicht möglich ist, sich persönlich und mündlich über den Verfahrensgegenstand informieren zu lassen.[105] Im Fall eines **kurzfristigen (notwendigen) Anwaltswechsels**, z.B. **wegen Vertrauensverlusts**, stellt die mangelnde Vorbereitung dann einen erheblichen Grund dar, wenn die Gründe für den Ver- 23

---

97 BGH, NJW 2009, 687 = MDR 2009, 355.
98 BFH, BeckRS 2014, 94287, Rn. 21.
99 BVerwG, NJW 1999, 2131 (2132).
100 MK-*Stackmann*, ZPO, § 227 Rn. 9; BeckOK-*Jaspersen*, ZPO, § 227 Rn. 8; Musielak/Voit-*Stadler*, ZPO, § 227 Rn. 4; im Ergebnis auch Baumbach/Lauterbach/Albers/Hartmann, ZPO, § 227 Rn. 22, 26, 29; für erkrankten Zeugen: Zöller-*Stöber*, ZPO, § 227 Rn. 6.
101 Generell gegen einen solchen Anspruch: BeckOK-*Jaspersen*, ZPO, § 227 Rn. 8; generell für einen solchen Anspruch: MK-*Stackmann*, ZPO, § 227 Rn. 9; Musielak/Voit-*Stadler*, ZPO, § 227 Rn. 4.
102 BFH, BeckRS 2014, 95140, Rn. 11 ff.; Baumbach/Lauterbach/Albers/Hartmann, ZPO, § 227 Rn. 29.
103 Thomas/Putzo-*Hüßtege*, ZPO, § 227 Rn. 10.
104 BeckOK-*Jaspersen*, ZPO, § 227 Rn. 10.
105 OLG Hamm, NJW-RR 1992, 121; OLG Köln, NJW-RR 1990, 1341.

trauensverlust nicht der Partei anzulasten sind[106] und die **Neubeauftragung** nach Eintritt des Vertrauensverlustes nicht **schuldhaft verzögert** worden ist;[107] die Partei hat den neuen Prozessbevollmächtigten – sofern möglich – so rechtzeitig zu beauftragen, dass dieser sich ausreichend einarbeiten kann.[108] Das gilt auch für den Fall einer Mandatskündigung durch den Prozessbevollmächtigten kurz vor dem Termin.[109] Bei einer kurz vor dem Termin durch die Partei vorgenommenen **freien (grundlosen) Mandatskündigung** stellt die mangelnde Vorbereitung des neuen Prozessbevollmächtigten für sich genommen keinen erheblichen Grund dar.[110]

24 Wird eine frühzeitig beantragte **Akteneinsicht erst kurzfristig vor dem Termin gewährt**, so kann in der hierdurch bedingten mangelnden Vorbereitung ein erheblicher Grund liegen, wenn die kurzfristige Einsichtsgewährung tatsächlich einer ordnungsgemäßen Vorbereitung entgegengestanden hat.[111] Dem gegenüber ist bei erst **kurzfristig** vor dem Termin **beantragter Akteneinsicht** die mangelnde Vorbereitung nicht unverschuldet und stellt daher auch keinen erheblichen Grund dar.[112]

25 Ist eine Stellungnahme zu einem umfangreichen nicht ohne Weiteres überprüfbaren **Sachverständigengutachten** nicht mehr zeitgerecht möglich, weil es der Partei vom Gericht sehr **kurzfristig vor dem Termin** zur mündlichen Verhandlung vorgelegt worden ist, so stellt dies einen erheblichen Grund dar.[113] Dem gegenüber stellt ein **kurz vor dem Termin** vom Gegner **eingereichter Schriftsatz** jedenfalls solange keinen erheblichen Grund dar, als dem Vorbringen – soweit überhaupt entscheidungserheblich (§ 296 ZPO) – durch **Nachfristsetzung gemäß § 283 ZPO** zu begegnen ist.[114] Ein in dieser Situation gestellter Terminsänderungsantrag ist daher zugleich als Antrag gemäß § 283 ZPO auszulegen.[115] Eine Terminsänderung kann unter Umständen bei von beiden Parteien erst kurz vor dem Termin eingereichten Schriftsätzen in Betracht zu ziehen sein.[116] Eine Notwendigkeit zur Vertagung kann sich auch dadurch ergeben, dass im (Haupt-)Termin **neue tatsächliche und rechtliche Erkenntnisse** aufkommen, die **weiteres Tatsachenvorbringen oder Beweisangebot erforderlich** machen, z.B. nach Durchführung einer Beweisaufnahme (§ 279 Abs. 3 ZPO),[117] oder weil das Gericht im Termin auf einen **bislang nicht erörterten rechtlichen Gesichtspunkt** hinweist (z.B. die Anwendbarkeit ausländischen Rechts), den es seiner Entscheidung zu Grunde legen will.[118]

26 In einer noch nicht oder erst **kurzfristig** vor dem Termin erfolgten **Entscheidung über einen Antrag auf Prozesskostenhilfe** kann in Ausnahmefällen ein erheblicher Grund liegen. Es besteht **kein grundsätzlicher Ablaufvorrang** des Prozesskostenhilfeprüfungsverfahrens (bis zu dessen Rechtskraft) vor dem Hauptsacheverfahren. Maßgeblich ist die Abwägung zwischen dem Interesse des Prozessgegners an effektivem Rechtsschutz sowie der Beschleunigung und Konzentration des Verfahrens und dem Interesse an einem fairen Verfahren sowie einem ausreichenden rechtlichen Gehör auf Seiten der auf Prozesskostenhilfe angewiesenen Partei. Ein **Zuwarten mit dem Fortgang des Hauptsacheverfahrens** kann regelmäßig **nur** dann beansprucht werden, **wenn** die **Rechtsverfolgung** oder -verteidigung der mittellosen Partei im Vergleich zur bemittelten Partei **unverhältnismäßig erschwert** würde, mithin gerade die Vornahme der zur Rechtswahrnehmung erforderlichen Prozesshandlung, wie sie einer bemittelten Partei in der jeweiligen Prozesssituation zu Gebote stünde, unter dem Vorbehalt der Gewährung der Prozesskostenhilfe steht.[119] **Hieran fehlt es, wenn der Prozessbevollmächtigte** durch sein Verhalten zu erkennen gibt, dass er bereit ist, einen mit der Vornahme der betreffenden Prozesshandlung verbundenen Zeit- und/oder Arbeitsaufwand auf sich zu nehmen, ohne dass die Erfüllung seines Gebührenanspruchs durch eine Prozesskostenhilfebewilligung oder die Leistung eines angemessenen Vorschusses gesichert ist; hierauf kann z.B. geschlossen werden, wenn der Prozessbevollmächtigte ungeachtet der noch ausstehenden Entscheidung im Verfahren über die Prozesskostenhilfe **bereits vergütungspflichtige Prozesshandlungen** im

---

106 BVerwG, NJW 1986, 339: Vertrauensverlust infolge mangelhafter Mandatswahrnehmung.
107 BVerwG, NJW 1993, 80; Zöller-*Stöber*, ZPO, § 227 Rn. 6.
108 BGH, NJW-RR 2008, 876 (878) = MDR 2008, 706 m.w.N.
109 Baumbach/Lauterbach/Albers/Hartmann, ZPO, § 227 Rn. 16; vgl. auch BSG, MDR 1974, 611 (unerwartete Mandatsniederlegung).
110 BFH, BeckRS 2011, 96403, Rn. 12.
111 BeckOK-*Jaspersen*, ZPO, § 227 Rn. 10.
112 BFH, BeckRS 2015, 95813, Rn. 6.
113 OLG Köln, NJW-RR 2000, 591 (zeitlicher Vorlauf von nur drei Tagen bei einem Sachverständigengutachten mit zwölfeinhalb Seiten Text und 16 Seiten Berechnungen).
114 Zöller-*Stöber*, ZPO, § 227 Rn. 7; Baumbach/Lauterbach/Albers/Hartmann, ZPO, § 227 Rn. 18.
115 OLG Köln, NJW-RR 1998, 1076.
116 BeckOK-*Jaspersen*, ZPO, § 227 Rn. 12.9 m.w.N.
117 Thomas/Putzo-*Hüßtege*, ZPO, § 227 Rn. 8.
118 BVerwG, BeckRS 1981, 31323452 = DVBl. 1982, 635; MK-*Stackmann*, ZPO, § 227 Rn. 8.
119 BGH, NJW 2016, 3248 (3249), Rn. 19ff.

Hauptsacheverfahren **vorgenommen hat**.[120] Grundvoraussetzung für eine ausnahmsweise Terminsänderung in diesen Fällen ist, dass der Partei bei der Antragstellung im Prozesskostenhilfeverfahren kein **schuldhaftes Zögern** anzulasten ist.[121]

6. Sonstige erhebliche Gründe

Erhebliche sachliche Gründe liegen z.B. vor, wenn ein anberaumter Termin ergebnislos bleiben wird, weil **Zwischenfristen nicht eingehalten** sind oder **Ladungs- (§ 217 ZPO) bzw. Einlassungsfristen (§ 274 Abs. 3 ZPO) nicht gewahrt** werden können.[122] Hierbei ist zu beachten, dass nur eine ordnungsgemäße Ladung den Lauf der Ladungsfrist überhaupt in Gang zu setzen vermag (vgl. § 215 Rn. 8). Die trotz **Nichteinzahlung des Gerichtskostenvorschusses** erfolgte Terminsanberaumung ist nicht unzulässig (vgl. § 216 Rn. 9) und auch kein erheblicher Grund für eine Terminsänderung.[123] Ist eine richterliche **Frist** so gesetzt oder derart verlängert worden, dass sie bis zum Ende des Termins noch gar **nicht abgelaufen** sein wird, so kann dies einen erheblichen Grund darstellen; Gleiches gilt erst Recht bei gesetzlichen Fristen (auch materielle Fristen, z.B. beim Mieterhöhungsverlangen: § 558b Abs. 3 BGB).[124] Eine Terminsänderung kann auch aus sonstigen Gründen aus der Sphäre des Gerichts geboten sein, wenn diese einer Durchführung des Termins entgegenstehen (z.B. **Erkrankung des Richters**).[125] Hierbei gelten für das Gericht der gleichen Maßstäbe wie für die übrigen Prozessbeteiligten.[126] Ein erheblicher Grund kann auch darin liegen, dass der erschienene Rechtsanwalt gegen den säumigen Gegnervertreter aus Standesgründen mangels vorheriger Androhung kein Versäumnisurteil beantragt, im Termin aber ankündigt, die Androhung nunmehr nachholen zu wollen.[127]

7. Keine erheblichen Gründe

Das bloße Andauern von **Vergleichsverhandlungen** zwischen den Parteien rechtfertigt für sich genommen keine Terminsänderung. Dies folgt im Ergebnis aus § 227 Abs. 1 Satz 2 Nr. 3 ZPO, der den Parteien die Disposition über die Terminsänderung entzieht. Laufende Vergleichsgespräche können nur dann einen erheblichen Grund darstellen, wenn sie ernsthaft und **nicht aussichtslos** sind **und nachvollziehbar** dargelegt wird, **weshalb** sie **nicht** bis zum vorgesehenen Termin **abgeschlossen** werden können.[128] Die Parteien können aber unabhängig von der Terminsänderung das Verfahren durch übereinstimmenden Antrag gemäß § 251 ZPO zum Ruhen bringen, sofern das Gericht dem nicht mit einer Entscheidung gemäß § 251 ZPO begegnet.[129]

Für einen in **Prozessverschleppungsabsicht** gestellten Terminsänderungsantrag fehlt es generell an einem erheblichen Grund. Eine Prozessverschleppungsabsicht kann sich insbesondere aus dem bisherigen Prozessverhalten, namentlich der Erfüllung oder Nichterfüllung von Mitwirkungspflichten ergeben,[130] z.B. wenn die nunmehr um Terminsänderung nachsuchende Partei zuvor über Monate nicht eingelassen hat.[131]

Die Ankündigung einer Partei, **weitere Beweismittel** beibringen zu wollen, oder die Absicht, **Streitverkündungen** oder eine **Klageerweiterung** vornehmen zu wollen, stellen regelmäßig keine erheblichen Gründe dar.[132] Ebenso rechtfertigt die Mitteilung des Klägers, er erwäge eine **Klagerücknahme** oder wolle zunächst die Erfüllung durch die Gegenseite abwarten, keine Terminsänderung.[133]

III. Glaubhaftmachung, Abs. 2

Die Glaubhaftmachung (§ 294 ZPO) der Umstände, die den erheblichen Grund bilden, ist **nur auf Verlangen des Gerichts** bzw. des Vorsitzenden erforderlich. Dies entbindet aber nicht davon, die den erheblichen Grund tragenden tatsächlichen Umstände im Antrag mitzuteilen (vgl.

---

120 BGH, NJW 2016, 3248 (3250), Rn. 23.
121 BeckOK-*Jaspersen*, ZPO, § 227 Rn. 12.7.
122 Zöller-*Stöber*, ZPO, § 227 Rn. 6; Musielak/Voit-*Stadler*, ZPO, § 227 Rn. 4.
123 OLG München, NJW-RR 1989, 64.
124 Baumbach/Lauterbach/Albers/Hartmann, ZPO, § 227 Rn. 13; BeckOK-*Jaspersen*, ZPO, § 227 Rn. 12.3.
125 Musielak/Voit-*Stadler*, ZPO, § 227 Rn. 4.
126 MK-*Stackmann*, ZPO, § 227 Rn. 4.
127 Thomas/Putzo-*Hüßtege*, ZPO, § 227 Rn. 8.
128 BeckOK-*Jaspersen*, ZPO, § 227 Rn. 12.12.
129 Zöller-*Stöber*, ZPO, § 227 Rn. 7.
130 BFH, BeckRS 2017, 94003; BVerwG, NJW 2001, 2735 (2736) = DVBl. 2001, 1765.
131 BFH, BeckRS 2017, 94003; KG Berlin, NJW 2006, 2787.
132 MK-*Stackmann*, ZPO, § 227 Rn. 10 m.w.N.
133 Baumbach/Lauterbach/Albers/Hartmann, ZPO, § 227 Rn. 12, 15.

Rn. 8). Nur auf deren Glaubhaftmachung kann (zunächst) verzichtet werden. Wird die Glaubhaftmachung verlangt, so setzt das Gericht hierfür regelmäßig eine (kurze) Frist.[134] Insbesondere bei kurzfristigen Terminsänderungsanträgen kann es daher **ratsam** sein, **die erheblichen Gründe bereits im Antrag glaubhaft zu machen**, da andernfalls das Risiko besteht, dass der Antrag mit der Begründung zurückgewiesen wird, innerhalb der bis zur Entscheidung verbleibenden Zeit habe eine Glaubhaftmachung nicht mehr verlangt werden können.[135] In diesem Fall kann das Gericht aber auch einstweilen von einer Entscheidung im Termin absehen und unter Einräumung einer Frist zur Glaubhaftmachung einen späteren Verkündungstermin bestimmen.[136] **Je kürzer vor dem Termin** ein Terminsänderungsgesuch angebracht wird, **desto höhere Anforderungen** können an das Vorliegen eines erheblichen Grundes gestellt werden.[137]

32 Im Falle einer **krankheitsbedingten Verhinderung** kann die Glaubhaftmachung regelmäßig durch die **Vorlage eines ärztlichen Attests** erfolgen. Eine bloße Bescheinigung der **„Arbeits- oder Dienstunfähigkeit"** weist nicht die **Verhandlungsunfähigkeit** nach.[138] Vielmehr müssen Art und Schwere der Krankheit gegenüber dem Gericht dargelegt werden, und dass sich hieraus die Verhandlungs- und/oder gegebenenfalls Reiseunfähigkeit ergibt.[139] Zum Schutz des allgemeinen Persönlichkeitsrechts kann aber eine Geheimhaltung gegenüber dem Prozessgegner analog § 117 Abs. 2 Satz 2 ZPO, § 127 Abs. 1 Satz 3 ZPO in Betracht kommen.[140] Bei konkreten Anhaltspunkte für eine **Prozessverschleppung** kann das Gericht auch auf die **Vorlage eines amtsärztlichen Attests** bestehen; in diesem Fall ist die Vorlage eines einfachen Attests zur Glaubhaftmachung nicht ausreichend.[141] Erachtet das Gericht ein vorgelegtes Attest zum Zwecke der Glaubhaftmachung nicht als ausreichend, so muss es einen entsprechenden Hinweis erteilen.[142] Bei **Terminskollision** genügt regelmäßig die **Vorlage der entsprechenden Ladung**.

IV. Zwingende Terminsverlegung, Abs. 3
1. Voraussetzungen

33 Absatz 3 gibt der Partei (oder dem streitgenössischen Nebenintervenienten) einen **Anspruch auf Verlegung (nicht Aufhebung oder Vertagung)** eines im Zeitraum vom 1. Juli bis 31. August anberaumten Termins (sog. Sommersache). Die Vorschrift soll den Wegfall der früheren Gerichtsferien (15. Juli bis 15. September); die zu § 200 Abs. 2 GVG a. F. entwickelten Grundsätze sind im Wesentlichen auf § 227 Abs. 3 Satz 2 ZPO übertragbar.[143] Nach dem klaren Wortlaut von Absatz 1 Satz 1 ist die **Anwendbarkeit auf den Zeitraum des sog. Gerichtssommers (1. Juli bis 31. August) beschränkt**; eine darüber hinausgehende Anwendung, etwa auf die Zeit der früheren Gerichtsferien, kommt nicht in Betracht.[144] Generell ausgenommen von der Verlegungsmöglichkeit nach Absatz 3 sind **Verkündungstermine**; insoweit besteht auch keine Notwendigkeit für eine Terminsverlegung, da die Verfahrensbeteiligten ohnehin nicht zum Erscheinen im Termin verpflichtet sind.

34 Für die Terminsverlegung gemäß Absatz 3 ist ein **fristgerechter Antrag zwingende Voraussetzung** (zu den Anforderungen an den Antrag im Einzelnen vgl. Rn. 5ff.); von Amts wegen ist eine auf Absatz 3 gestützte Terminsverlegung nicht zulässig.[145] Des Weiteren darf es sich nicht um ein **besonders beschleunigungsbedürftiges Verfahren** handeln. Eine besondere Beschleunigungsbedürftigkeit kann entweder aufgrund einer bestimmten Verfahrensart oder eines bestimmten Verfahrensgegenstandes bestehen (Absatz 3 Satz 2 Nr. 1–8, vgl. Rn. 35ff.) oder sich aus den konkreten Umständen des Einzelfalls ergeben (Absatz 3 Satz 3, vgl. Rn. 44). Liegt ein solcher Fall vor, ist eine **Terminsverlegung gemäß Absatz 3 ausgeschlossen**. Unter den (strengeren) Voraussetzungen des Absatz 1 bleibt eine Terminsverlegung aber weiterhin möglich.[146]

---

134 OLG Köln, NJW-RR 1990, 1341 (1343).
135 BFH, BeckRS 2006, 25010003.
136 BeckOK-*Jaspersen*, ZPO, § 227 Rn. 18.
137 Zöller-*Stöber*, ZPO, § 227 Rn. 8; OVG Münster, BeckRS 2012, 51767.
138 OLG Köln, BeckRS 2013, 16964 = MDR 2014, 299; OVG Bautzen, NJW 2011, 3177.
139 BGH, BeckRS 2016, 21185, Rn. 11; BFH, BeckRS 2015, 95812, Rn. 12 ff.; BFH, BeckRS 2014, 94389, Rn. 3; BGH, BeckRS 2013, 09457, Rn. 3.
140 BeckOK-*Jaspersen*, ZPO, § 227 Rn. 12.6.
141 BGH, BeckRS 2008, 02440, Rn. 2.
142 OLG Köln, NJW-RR 1990, 1341 (1343).
143 BeckOK-*Jaspersen*, ZPO, § 227 Rn. 21.
144 MK-*Stackmann*, ZPO, § 227 Rn. 14.
145 Thomas/Putzo-*Hüßtege*, ZPO, § 227 Rn. 17.
146 Zöller-*Stöber*, ZPO, § 227 Rn. 21.

2. Ausnahmenkatalog

Absatz 3 Satz 2 Nr. 1-8 enthält eine **abschließende Aufzählung** von Verfahrensarten und Verfahrensgegenständen, bei denen **typischerweise** von einem **besonderen Beschleunigungsbedürfnis** auszugehen und eine Terminsänderung gemäß Absatz 3 somit ausgeschlossen ist. Dieser sog. Ausnahmenkatalog entspricht inhaltlich in weiten Teilen der Aufzählung der sogenannten Feriensachen gemäß § 200 Abs. 2 GVG a.F.[147] Werden **mehrere Ansprüche** im Rahmen desselben Rechtsstreits geltend gemacht (objektive **Klagehäufung, Anspruchskonkurrenz, Streitgenossenschaft**), so genügt es, wenn einer dieser Ansprüche vom Ausnahmenkatalog erfasst wird (Absatz 3 Satz 2 Hs. 2); die Ausnahme erfasst sodann das gesamte Verfahren.[148] Dies gilt auch bei **Eventualklagehäufung** und **Widerklage**, **nicht** aber für die **Stufenklage**; hier ist für jede der aufeinanderfolgenden Stufen die besondere Beschleunigungsbedürftigkeit gesondert zu prüfen.[149]

Nr. 1 (Einstweiliger Rechtsschutz) umfasst Sachen im **Arrestverfahren** (§§ 916-934 ZPO; zur Arrestvollziehung vgl. Rn. 42) und im Verfahren über die **einstweilige Verfügung** (§§ 935-944 ZPO) **einschließlich Widerspruchs-** (§§ 924, 925, 936 ZPO) **Aufhebungs-** (§§ 927, 936 ZPO) und **Rechtsmittelverfahren**. Nicht hierzu gehört das Klageverfahren auf Schadensersatz gemäß § 945 ZPO.[150]

Nr. 2 (Streitigkeiten über Räume) umfasst zum einen **Streitigkeiten wegen Überlassung, Benutzung, Räumung oder Herausgabe von Räumen**, unabhängig von der Art der Räume (Miet-, Gewerbe- oder sonstige Räume), vom zu Grunde liegenden Rechtsverhältnis (**Miete, Pacht, Leasing, Eigentum, Erbbaurecht**) und von der streitgegenständlichen Anspruchsgrundlage. Ein streitbefangenes Grundstück unterfällt Nr. 2, wenn es über Räumlichkeiten verfügt. Der Anwendungsbereich von Nr. 2 ist nicht auf Miet- oder Pachtverhältnisse beschränkt. Ob der geltend gemachte Anspruch aus Vertrag oder Gesetz hergeleitet wird (z.B. §§ 346, 546, 812, 985 BGB), spielt für die Anwendbarkeit von Nr. 2 keine Rolle.[151] Unter Nr. 2 fallen auch Streitigkeiten über die **Instandhaltung und Instandsetzung**[152] oder über die **Unterlassung eines vertragswidrigen Gebrauchs** oder die **Duldung einer baulichen Umgestaltung**.[153] Klagen über Nutzungsentgelt oder Miet- bzw. Pachtzins sowie die Mietsache betreffende **Schadensersatzklagen** unterfallen jedenfalls **nach Beendigung des Mietverhältnisses nicht** (mehr) Nr. 2.[154] Zum anderen unterfallen Nr. 2 Streitigkeiten über die **Fortsetzung eines Wohnraummietverhältnisses** aus §§ 574–574b BGB.

Nr. 3 wurde aufgehoben durch Art. 29 Nr. 8 FGG-Reformgesetz vom 17.12.2008.

Nr. 4 (Wechsel- und Scheckprozesse) umfasst **Verfahren nach §§ 602, 605a ZPO**. Maßgeblich ist allein die **vom Kläger gewählte Verfahrensart**.[155] Daher unterfällt ein im Wege des ordentlichen Klageverfahrens geltend gemachter Anspruch aus einem Scheck oder Wechsel nicht Nr. 4. Nr. 4 bleibt angesichts Absatz 3 Satz 2 Hs. 2 anwendbar, wenn der Kläger neben dem verbrieften Anspruch noch weitere Ansprüche aus dem Grundgeschäft geltend macht. Nach wohl überwiegender Meinung soll auch das **Nachverfahren (§ 600 ZPO)** Nr. 4 unterfallen, da es mit dem Scheck- oder Wechselverfahren eine Einheit bildet.[156]

Nr. 5 (Bausachen) umfasst Streitigkeiten über die **Fortsetzung unterbrochener Arbeiten an einem Bau** (auch in Fertigbauweise), gleich aus welchem Rechtsgrund.[157] Die **Arbeiten am Bauwerk als Ganzes**, nicht unbedingt die Leistungserbringung durch den konkreten Prozessgegner,[158] müssen **bereits begonnen** haben und dann **vorzeitig eingestellt oder abgebrochen**

---

147 MK-*Stackmann*, ZPO, § 227 Rn. 18.
148 Musielak/Voit-*Stadler*, ZPO, § 227 Rn. 9; Thomas/Putzo-*Hüßtege*, ZPO, § 227 Rn. 18; Zöller-*Stöber*, ZPO, § 227 Rn. 20.
149 MK-*Stackmann*, ZPO, § 227 Rn. 20.
150 BeckOK-*Jaspersen*, ZPO, § 227 Rn. 23; Zöller-*Stöber*, ZPO, § 227 Rn. 12.
151 BeckOK-*Jaspersen*, ZPO, § 227 Rn. 24.
152 BGH, NJW 1963, 713 = MDR 1963, 495.
153 LG Hamburg, BeckRS 1990, 00081 = WuM 1993, 479; LG Berlin, BeckRS 1988, 06950 = MDR 1988, 591.
154 BGH, NJW 1980, 1695; Zöller-*Stöber*, ZPO, § 227 Rn. 13 (Anwendungsfall von Nr. 2, solange die Nutzung andauert); a.A. BeckOK-*Jaspersen*, ZPO, § 227 Rn. 24 (auch während laufender Nutzung kein Anwendungsfall von Nr. 2, mit weitergehender Begründung).
155 Zöller-*Stöber*, ZPO, § 227 Rn. 15; Baumbach/Lauterbach/Albers/Hartmann, ZPO, § 227 Rn. 42; Thomas/Putzo-*Hüßtege*, ZPO, § 227 Rn. 24.
156 Zöller-*Stöber*, ZPO, § 227 Rn. 15; Baumbach/Lauterbach/Albers/Hartmann, ZPO, § 227 Rn. 42; MK-*Stackmann*, ZPO, § 227 Rn. 19; a.A. Thomas/Putzo-*Hüßtege*, ZPO, § 227 Rn. 24; Musielak/Voit-*Stadler*, ZPO, § 227 Rn. 10; differenzierend: BeckOK-*Jaspersen*, ZPO, § 227 Rn. 26.1 m.w.N.
157 Thomas/Putzo-*Hüßtege*, ZPO, § 227 Rn. 25.
158 BeckOK-*Jaspersen*, ZPO, § 227 Rn. 27.

worden sein; der Bau muss mithin unfertig liegen geblieben sein.[159] Hintergrund für die Beschleunigungsbedürftigkeit sind die besonderen Gefahren, denen ein Bauwerk in unfertigem Zustand ausgesetzt ist. Aus der nicht erfolgten Abnahme folgt nicht ohne Weiteres, dass ein Rechtsstreit auf die Fortsetzung des Baus gerichtet ist.[160] **Nicht** unter Nr. 5 fallen **Streitigkeiten über Umfang des Auftrages** und dessen **vollständige und ordnungsgemäße Erfüllung** nach Beendigung des Baus und auch nicht Streitigkeiten über die **Zahlung von Werklohn oder Architektenhonorar**.[161] Eine Streitigkeit über Nachbesserungsarbeiten kann hingegen Nr. 5 unterfallen, wenn diese für die Fortsetzung des Baus erforderlich sind.[162]

41 Nr. 6 (Überlassung oder Herausgabe von unpfändbaren Sachen) erfasst Streitigkeiten, die sich auf eine **unpfändbare Sache im Sinne von § 811 Abs. 1 ZPO, § 811c ZPO oder § 812 ZPO** beziehen und einen Anspruch auf deren **Überlassung oder Herausgabe, gleich aus welchem Rechtsgrund** zum Gegenstand haben; ein Anspruch auf Überlassung kann sich insbesondere aus § 433 BGB oder § 535 BGB ergeben, ein Anspruch auf deren Herausgabe insbesondere aus § 985 BGB oder § 861 BGB.[163] Hierdurch soll ein Ausweichen auf den Eilrechtsschutz (Nr. 1) vermieden werden.[164] Auch Streitigkeiten über eine **Zurückbehaltung unpfändbarer Sachen (§ 562 Abs. 1 Satz 1 BGB)**, die der Mieter in die Mietsache eingebracht hat, unterfallen Nr. 6.[165]

42 Nr. 7 (Zwangsvollstreckungsverfahren) erfasst **alle Verfahren der Zwangsvollstreckung nach dem 8. Buch (§§ 704–915h ZPO)**, auch das **Zwangsversteigerungs- und Zwangsverwaltungsverfahren** gemäß §§ 866 Abs. 1, 869 ZPO i. V. m. ZVG.[166] Ob auch das **Teilungsversteigerungsverfahren** gemäß §§ 180-185 ZVG unter Nr. 7 fällt, ist umstritten.[167] **Nicht** unter Nr. 7 fallen die **Erkenntnisverfahren**, deren Auslösen zwar in einer Zwangsvollstreckung liegt, die selbst aber kein Verfahren der Zwangsvollstreckung darstellen; hierzu zählen unter anderem **Klagen gemäß §§ 722, 731, 767, 768, 771, 785, 773, 774, 805 und 878 ZPO**.[168] Dies gilt im Falle der **Vollstreckungsabwehrklage (§ 767 ZPO)** allerdings dann nicht, wenn sich diese gegen einen Titel richtet, der selbst in einer Streitigkeit im Sinne von Absatz 3 Satz 2 Nr. 1-6 (Sommersache) ergangen ist.[169]

43 Nr. 8 (Vollstreckbarkeitserklärung und Schiedsverfahren) erfasst insbesondere Vollstreckbarerklärungen von **ausländischen Urteilen (§ 722 ZPO)**, von **Anwaltsvergleichen (§§ 796a–796c ZPO)** und von **Schiedssprüchen (§ 1060 Abs. 1 ZPO)** sowie **richterliche Handlungen in Schiedsverfahren (§§ 1026, 1059ff. ZPO)**.[170]

44 Sofern keiner der Ausnahmetatbestände aus Absatz 3 Satz 2 Nr. 1-8 eingreift, kann sich die Unzulässigkeit der Terminsänderung gemäß Absatz 3 auch aus der **Generalklausel des Absatzes 3 Satz 3** ergeben, nämlich wenn das Verfahren **im Einzelfall besonders beschleunigungsbedürftig** ist. Dies ist regelmäßig dann der Fall, wenn Umstände vorliegen, die ausnahmsweise eine Verfahrensbeschleunigung in einem Maße erfordern, die über die allgemeine Pflicht der Parteien und des Gerichts zur Prozessförderung hinausgeht.[171] Ob im konkreten Fall ein **besonderes Beschleunigungsbedürfnis** besteht, entscheidet das Gericht nach **pflichtgemäßem Ermessen**.[172] Es ist ein strenger Maßstab anzulegen; so müsste im Falle der Terminsverlegung **besondere rechtliche, wirtschaftliche oder sonstige Nachteile** drohen.[173] Ein besonderes Beschleunigungsbedürfnis kann sich aber auch dadurch ergeben, dass das **Verfahren in der Vergangenheit** (z.B. durch Flucht in die Säumnis einer Partei) **verschleppt** oder durch unabweis-

---

159 BGH, BeckRS 1977, 30382885, II.2.b) = MDR 1977, 487 (488).
160 Zöller-*Stöber*, ZPO, § 227 Rn. 16.
161 BGH, BeckRS 1977, 30382885, II.2.b) = MDR 1977, 487 (488); Baumbach/Lauterbach/Albers/Hartmann, ZPO, § 227 Rn. 43.
162 Zöller-*Stöber*, ZPO, § 227 Rn. 16.
163 Thomas/Putzo-*Hüßtege*, ZPO, § 227 Rn. 26.
164 MK-*Stackmann*, ZPO, § 227 Rn. 20.
165 Zöller-*Stöber*, ZPO, § 227 Rn. 13.
166 BeckOK-*Jaspersen*, ZPO, § 227 Rn. 29.
167 Dafür: Zöller-*Stöber*, ZPO, § 227 Rn. 18 (mit ausführlicher Begründung); BeckOK-*Jaspersen*, ZPO, § 227 Rn. 29; a.A. Baumbach/Lauterbach/Albers/Hartmann, ZPO, § 227 Rn. 46; Musielak/Voit-*Stadler*, ZPO, § 227 Rn. 10; Thomas/Putzo-*Hüßtege*, ZPO, § 227 Rn. 27.
168 BeckOK-*Jaspersen*, ZPO, § 227 Rn. 30; Zöller-*Stöber*, ZPO, § 227 Rn. 18.
169 BGH, NJW 1988, 1095 = MDR 1988, 405.
170 Thomas/Putzo-*Hüßtege*, ZPO, § 227 Rn. 28.
171 Musielak/Voit-*Stadler*, ZPO, § 227 Rn. 9.
172 MK-*Stackmann*, ZPO, § 227 Rn. 21.
173 Baumbach/Lauterbach/Albers/Hartmann, ZPO, § 227 Rn. 51.

bare Terminsänderungen verzögert worden ist.[174] Die **Umstände**, aus denen sich das besondere Beschleunigungsbedürfnis ergibt, **sind glaubhaft zu machen** (§ 294 ZPO).[175]
Liegen die Voraussetzungen i. S. v. Absatz 3 vor (vgl. Rn. 33 f.), so muss das Gericht dem Antrag nachkommen (**kein Entscheidungsermessen**, vgl. Rn. 47). Absatz 3 gewährt aber **nur einen Anspruch auf Verlegung des Termins, nicht auf Aufhebung oder Vertagung**. Das Gericht ist grundsätzlich nicht gehindert, den auf einen Antrag gemäß Absatz 3 hin neu anzuberaumenden Termin erneut in die Zeit zwischen dem 1. Juli und dem 31. August zu legen. Ein solches Vorgehen dürfte allerdings angesichts eines dann erneut bestehenden Verlegungsanspruchs der Parteien nur nach Absprache mit diesen sinnvoll sein.[176] Liegen die Voraussetzungen für eine Terminsverlegung gemäß Absatz 3 nicht vor, etwa weil der Antrag verfristet ist, keine Sommersache vorliegt oder weil Absatz 3 Satz 2 entgegensteht, so kommt bei Vorliegen eines erheblichen Grundes eine Terminsänderung gemäß Absatz 1 in Betracht; der **Antrag** gemäß Absatz 3 ist entsprechend **umzudeuten**.[177]

45

V. Ermessen

Absatz 1 Satz 1 stellt die Entscheidung über eine Terminsänderung aus erheblichen Gründen in das **Ermessen des Gerichts** („kann"). Das Ermessen ist aber dahingehend **gebunden**, dass sich bei Vorliegen erheblicher Gründe das Entscheidungsermessen zu einer **Rechtspflicht auf Terminsänderung** verdichtet.[178] Nachdem aber jede Terminsänderung – sowohl auf Antrag als auch von Amts wegen – das Vorliegen eines erheblichen Grundes voraussetzt, verbleibt im Ergebnis auf Rechtsfolgenseite kaum noch Raum für eine Ermessensausübung.[179] Zentrales Betätigungsfeld der richterlichen Ermessensausübung ist daher die **Abwägung auf Tatbestandsseite**, ob die konkreten Umstände des Einzelfalls die Annahme eines erheblichen Grundes rechtfertigen (Rn. 11 ff.). Mit Rücksicht auf Sinn und Zweck der Vorschrift (vgl. Rn. 1) ist dieses Ermessen so auszuüben, dass im Interesse der Prozessförderung **Terminsänderungen nur ausnahmeweise** zugelassen werden, zugleich aber keine Partei in der sachgemäßen Wahrnehmung ihrer prozessualen Rechte beeinträchtigt wird (vgl. Rn. 10 ff.). Mit **zunehmender Verfahrensdauer** verdichtet sich die **Pflicht des Gerichts zur Beschleunigung** des Verfahrens; dies findet auch seinen Niederschlag in der Ermessensausübung.[180] Ist eine Terminsänderung zur **Gewährung rechtlichen Gehörs** notwendig, so ist auf Antrag (nicht von Amts wegen, vgl. Rn. 11 a. E.) die begehrte Terminsänderung zwingend vorzunehmen, selbst wenn das Gericht den Rechtsstreit schon für entscheidungsreif hält.[181] Dem Gericht verbleibt in diesem Fall kein Ermessensspielraum.[182] Ferner kann sich aus Gründen der **Gleichbehandlung** und des **Vertrauensschutzes** mit Blick auf die bisherige Terminierungspraxis eine **Selbstbindung des Gerichts** ergeben, insbesondere im Rahmen desselben Rechtsstreits.[183] Wird eine unter denselben Umständen der einen Partei zuvor gewährte Terminsänderung der anderen Partei verwehrt, so kann dies die **Besorgnis der Befangenheit** begründen.[184] Teilweise wird vertreten, dass im Rahmen der Ermessensausübung auch eine **Vorprüfung der Erfolgsaussichten** vorzunehmen sei.[185]

46

Anders als bei einem Antrag gemäß Absatz 1 hat das Gericht bei der Entscheidung über einen Antrag gemäß **Absatz 3 kein Entscheidungsermessen**. Liegen die Voraussetzungen vor (vgl. Rn. 33 ff.), so hat es dem Antrag zu entsprechen.

47

VI. Entscheidung

Ein Antrag auf Terminsänderung bedarf der **ausdrücklichen Entscheidung**.[186] Das Gericht darf den Antrag nicht einfach übergehen und erst im Urteil hierüber entscheiden.[187] Eine still-

48

---

174 BGH, NJW 2010, 2440 (2441) = MDR 2010, 1077.
175 Zöller-*Stöber*, ZPO, § 227 Rn. 21.
176 MK-*Stackmann*, ZPO, § 227 Rn. 14.
177 BeckOK-*Jaspersen*, ZPO, § 227 Rn. 21.
178 BFH, BeckRS 2010, 25016269, Rn. 6; BGH, NJW 2008 1448 (1451); MK-*Stackmann*, ZPO, § 227 Rn. 5.
179 Zöller-*Stöber*, ZPO, § 227 Rn. 8a m. w. N.
180 BGH, NJW 2011, 1072 = MDR 2011, 32 m. w. N.; BeckOK-*Jaspersen*, ZPO, § 227 Rn. 13.
181 BFH, BeckRS 2010, 25016269, Rn. 6; Zöller-*Stöber*, ZPO, § 227 Rn. 8a m. w. N.
182 BVerwG, NJW 1995, 1441 = MDR 1995, 849.
183 BeckOK-*Jaspersen*, ZPO, § 227 Rn. 13.
184 KG Berlin, NJW 2006, 2787 m. w. N.
185 Baumbach/Lauterbach/Albers/Hartmann, ZPO, § 227 Rn. 8; zur Gegenmeinung: BeckOK-*Jaspersen*, ZPO, § 227 Rn. 13.
186 BeckOK-*Jaspersen*, ZPO, § 227 Rn. 18.
187 MK-*Stackmann*, ZPO, § 227 Rn. 26.

schweigende Terminsänderung kommt auch bei entsprechend formuliertem Antrag nicht in Betracht; ebenso ist eine konkludente Ablehnung eines Terminsänderungsantrags nicht möglich.[188] Erfolgt auf einen gestellten Terminsänderungsantrag keine Reaktion seitens des Gerichts, trifft die Partei eine entsprechende **Erkundigungspflicht**; sie darf nicht einfach im Vertrauen auf eine erfolgte Terminsänderung nicht zum Termin erscheinen.[189]

1. Mündliche Verhandlung und Anhörung der Parteien

49 Gemäß der ausdrücklichen Anordnung in Absatz 4 Satz 1 bedarf die Entscheidung über einen Antrag auf **Terminsaufhebung oder -verlegung** nicht der mündlichen Verhandlung **(freigestellte mündliche Verhandlung)**. Die **Vertagung setzt** denklogisch eine **mündliche Verhandlung voraus**, da ein entsprechender Antrag nur innerhalb der Verhandlung gestellt werden kann.

50 Eine **Anhörung der Parteien** (bzw. des Gegners) ist zwar **nicht gesetzlich vorgesehen**, wird **aber** aus Gesichtspunkten des rechtlichen Gehörs **regelmäßig als geboten**[190] – teilweise auch als zwingend[191] – erachtet, jedenfalls soweit hierfür noch ausreichend Zeit verbleibt.[192] In bedeutsamen Fällen erscheint eine Anhörung jedenfalls ratsam.[193] Vor der Entscheidung über einen Antrag gemäß **Absatz 3** ist die **gegnerische Partei** schon deshalb **anzuhören**, weil ihr die Möglichkeit geben werden muss, besondere Umstände i.S.v. § 227 Abs. 3 Satz 3 ZPO (vgl. Rn. 35 ff.) geltend zu machen.[194] **Entbehrlich ist die Anhörung** bei einer Entscheidung von Amts wegen aufgrund von **Umständen**, die **allein in der Sphäre des Gerichts** liegen.[195] Ebenso entbehrlich ist es, den Gegner zu einem abzulehnenden Terminsänderungsantrag gemäß Absatz 1 anzuhören.[196] Nach allgemeiner Auffassung ist eine **telefonische Anhörung** ausreichend.[197] Zu einer Vertagung, sei es auf Antrag oder von Amts wegen, sind die in der Verhandlung erschienenen Beteiligten zu hören.[198]

2. Zuständigkeit, Form, Bekanntmachung und Begründung

51 Über eine Terminsaufhebung oder -verlegung entscheidet der **Vorsitzende durch Verfügung** (Absatz 4 Satz 1 Hs. 1). Die Entscheidung über eine Vertagung ergeht durch **Beschluss des Gerichts** (Absatz 4 Satz 1 Hs. 2). Eine unrichtige Bezeichnung der Entscheidung berührt deren Wirksamkeit nicht. Die **Entscheidung ist zu unterzeichnen**, wenn sie nicht im Verhandlungsprotokoll beurkundet wird (Vertagung).[199]

52 Die **Aufhebung eines Termins** sowie die **Ablehnung eines Terminsänderungsantrags** (Absatz 1 und Absatz 3) werden durch **formlose Mitteilung** an die Parteien bekannt gemacht (§ 329 Abs. 2 Satz 1 ZPO). Die **Bekanntmachung** der Entscheidung über eine **Terminsverlegung** erfolgt durch **förmliche Zustellung** an beide Parteien (§ 329 Abs. 2 Satz 2 ZPO) zusammen mit der Ladung. Soweit eine formlose Terminsnachricht ausreichend ist (vgl. § 214 Rn. 6) wird auch die Terminsverlegung nur formlos mitgeteilt.[200] Der **Beschluss über die Vertagung** wird **verkündet** (§ 218 ZPO).

53 Die **Entscheidung ist** – trotz ihrer Unanfechtbarkeit (Absatz 4 Satz 3) – **zu begründen** (Absatz 4 Satz 2). Bei unwidersprochenem Antrag kann eine **Bezugnahme auf den Antrag** ausreichen. Bei widersprechenden Anträgen ist gegebenenfalls eine eingehendere Begründung erforderlich.[201]

C. Folgen eines Rechtsverstoßes und Rechtsbehelfe

54 Entscheidungen über Terminsänderungen (Verfügungen und Beschlüsse) sind **grundsätzlich nicht isoliert anfechtbar** (Absatz 4 Satz 3). Dies gilt unabhängig davon, ob durch die Entscheidung einem Terminsänderungsgesuch stattgegeben oder ein solches abgelehnt worden ist; für den Fall der Ablehnung eines Terminsänderungsgesuchs sperrt Absatz 4 Satz 3 als Sondervor-

---

188 Musielak/Voit-*Stadler*, ZPO, § 227 Rn. 11.
189 BFH, BeckRS 2010, 25016604, Rn. 7.
190 Zöller-*Stöber*, ZPO, § 227 Rn. 25; MK-*Stackmann*, ZPO, § 227 Rn. 24.
191 Musielak/Voit-*Stadler*, ZPO, § 227 Rn. 11; BeckOK-*Jaspersen*, ZPO, § 227 Rn. 17.
192 Thomas/Putzo-*Hüßtege*, ZPO, § 227 Rn. 33; Saenger-*Wöstmann*, ZPO, § 227 Rn. 24.
193 MK-*Stackmann*, ZPO, § 227 Rn. 24.
194 BeckOK-*Jaspersen*, ZPO, § 227 Rn. 21.
195 Musielak/Voit-*Stadler*, ZPO, § 227 Rn. 11.
196 MK-*Stackmann*, ZPO, § 227 Rn. 24.
197 Beispielhaft: Musielak/Voit-*Stadler*, ZPO, § 227 Rn. 11.
198 Zöller-*Stöber*, ZPO, § 227 Rn. 25 m.w.N.
199 MK-*Stackmann*, ZPO, § 227 Rn. 25.
200 Zöller-*Stöber*, ZPO, § 227 Rn. 27.
201 KG Berlin, NJW 2006, 2787 (2788).

schrift die **sofortige Beschwerde** gemäß § 567 Abs. 1 Nr. 2 ZPO.[202] Das Gericht kann aber jederzeit von Amts wegen eine Terminsänderung vornehmen und hierfür auch eine (formal unzulässige) Beschwerde zum Anlass nehmen. Ist ein Antrag auf Terminsänderung trotz hinreichender Entschuldigung der Verhinderung abgelehnt worden, so **hindert dies den Erlass eines Versäumnisurteils** (§ 337 ZPO). Hat ein Rechtspfleger die Entscheidung getroffen, so ist hiergegen die Erinnerung gemäß § 11 Abs. 2 Satz 1 RPflG statthaft.[203]

I. Inzidentprüfung

Teilweise wird vertreten, dass Entscheidungen über Terminsänderungen im Rahmen eines Rechtsmittels gegen die Endentscheidung generell inzident auf ihre Rechtmäßigkeit hin überprüft werden können.[204] Allgemein anerkannt ist jedenfalls, dass die **Ablehnung eines hinreichend begründeten** und nicht erkennbar der Prozessverschleppung dienenden **Antrags** auf Verlegung, Aufhebung oder Vertagung eines Termins eine Verletzung des rechtlichen Gehörs darstellt, die **ausnahmsweise im Rechtsmittelverfahren** als Verfahrensmangel i.S.v. § 538 Abs. 2 Nr. 1 ZPO geltend gemacht werden kann.[205] Gleiches gilt, wenn ein Terminsänderungsantrag übergangen und erst im Urteil beschieden wird.[206] In diesen Fällen kann die **Gehörsverletzung** daher mangels **Rechtswegerschöpfung** regelmäßig nicht unmittelbar zum Gegenstand einer Verfassungsbeschwerde gemacht werden; der Verfassungsverstoß ist im Rahmen des Rechtsmittels gegen die Endentscheidung geltend zu machen.[207]

55

II. Untätigkeitsbeschwerde und Verzögerungsrüge

Kommt das Verfahren durch sachlich ungerechtfertigte Terminsaufhebung oder langfristige Verlegung oder Vertagung faktisch zum **Stillstand**, liegt im Ergebnis eine **Verweigerung der Rechtsgewährung** vor. Überwiegend wurde in diesen Fällen die sofortige Beschwerde (**Untätigkeitsbeschwerde**) entsprechend § 252 ZPO für statthaft gehalten.[208] Mittlerweile stellt das Gesetz allerdings mit der **Verzögerungsrüge** gemäß § 198 Abs. 3 Satz 1 GVG einen speziellen Rechtsbehelf zur Verfügung, weshalb die Untätigkeitsbeschwerde in diesen Fällen nicht mehr statthaft sein dürfte (vgl. insoweit auch § 216 Rn. 17 f.).[209] Wird durch Ablehnung eines Antrages auf Verlegung oder Vertagung zugleich ein **Ruhensgesuch** abgelehnt und der Rechtsstreit fortgesetzt, soll die Entscheidung ebenfalls in **analoger Anwendung von § 252 ZPO** anfechtbar sein.[210] Vertagt das Gericht anstatt ein beantragtes Versäumnisurteil zu erlassen, so ist diese Entscheidung mit der sofortigen Beschwerde gemäß § 336 Abs. 1 Satz 1 ZPO angreifbar.[211]

56

III. Richterablehnung und Dienstaufsichtsbeschwerde

Eine sachlich nicht gerechtfertigte Verweigerung einer Terminsänderung kann **nur in Ausnahmefällen** einen **Befangenheitsgrund** darstellen;[212] Dies dürfte bei einseitiger Benachteiligung einer Partei der Fall sein,[213] z.B. wenn eine unter denselben Umständen der einen Partei zuvor gewährte Terminsänderung gegenüber der anderen Partei verweigert, wird.[214] Da Terminsänderungen zum **Kernbereich richterlicher Tätigkeit** gehören, sind sie regelmäßig der Dienst-

57

---

202 OLG Brandenburg, BeckRS 2009, 4829 = MDR 2009, 406; KG Berlin, BeckRS 2008, 375 = MDR 2008, 226 = NJW-Spezial 2008, 316 (mit Anm.); MK-*Stackmann*, ZPO, § 227 Rn. 26; Musielak/Voit-*Stadler*, ZPO, § 227 Rn. 12.
203 Thomas/Putzo-*Hüßtege*, ZPO, § 227 Rn. 35.
204 Baumbach/Lauterbach/Albers/Hartmann, ZPO, § 227 Rn. 57; a.A. MK-*Stackmann*, ZPO, § 227 Rn. 26 mit der Begründung, dass Absatz 4 Satz 3 eine Ausnahmevorschrift S. i.S.v. § 512 Hs. 2 ZPO bzw. § 557 Abs. 2 Hs. 2 ZPO darstelle.
205 BVerfG, NJW 1992, 2042; BVerwG, NJW 1995, 799 (800); BVerwG, MDR 1995, 849; BSG, NJW 1996, 677 (678) = MDR 1996, 633; Musielak/Voit-*Stadler*, ZPO, § 227 Rn. 12; BeckOK-*Jaspersen*, ZPO, § 227 Rn. 19; Thomas/Putzo-*Hüßtege*, ZPO, § 227 Rn. 35.
206 MK-*Stackmann*, ZPO, § 227 Rn. 26.
207 BVerfG, BeckRS 2016, 47125.
208 Baumbach/Lauterbach/Albers/Hartmann, ZPO, § 227 Rn. 58; Thomas/Putzo-*Hüßtege*, ZPO, § 227 Rn. 35; Zöller-*Stöber*, ZPO, § 227 Rn. 28.
209 OLG München, BeckRS 2016, 17641, Rn. 15 ff., m.w.N. (im Anschluss an BGH, NJW 2013, 385); MK-*Stackmann*, ZPO, § 227 Rn. 26 m.w.N.
210 OLG München, NJW-RR 1989, 64.
211 Zöller-*Stöber*, ZPO, § 227 Rn. 28.
212 OLG Frankfurt a.M., BeckRS 2016, 15732, Rn. 3f.; OLG Celle, NJW-RR 2013, 959; OLG Frankfurt a.M., NJW 2009, 1007 (1008); OLG Köln, NJW-RR 2000, 591 = VersR 2000, 1037; OLG Brandenburg, NJW-RR 1999, 1291 (1292).
213 KG Berlin, NJW 2006, 2787 m.w.N.; Musielak/Voit-*Stadler*, ZPO, § 227 Rn. 12.
214 KG Berlin, NJW 2006, 2787 m.w.N.

aufsicht entzogen (§ 26 Abs. 1 DRiG);[215] dies kann im **Ausnahmefall** anders sein, wenn eine von Amts wegen ohne erheblichen Grund vorgenommene Terminsverlegung nicht der Vorbereitung des Rechtsspruches dient und auch nicht mit dem konkreten Verfahren in Zusammenhang steht.[216]

§ 228
(weggefallen)

§ 229
Beauftragter oder ersuchter Richter

Die in diesem Titel dem Gericht und dem Vorsitzenden beigelegten Befugnisse stehen dem beauftragten oder ersuchten Richter in Bezug auf die von diesen zu bestimmenden Termine und Fristen zu.

1 Die Vorschrift bestimmt die Befugnisse des kommissarischen (beauftragten und ersuchten) Richters im Bereich der Fristsetzung und Terminsbestimmung. Der beauftragte Richter ist ein Angehöriger des Prozessgerichts, der ersuchte Richter der Angehörige eines anderen Gerichts, der mit der (alleinigen) Durchführung einer bestimmten richterlichen Tätigkeit betraut wird. Hierbei kann es sich z.B. um die Anhörung in einem PKH-Verfahren oder um die Durchführung einer Beweisaufnahme oder eines Gütetermins handeln. Aufgaben und Befugnisse des kommissarischen Richters ergeben sich unter anderem aus § 188 Abs. 3 ZPO, § 361 ZPO, § 362 ZPO, § 278 Abs. 5 Satz 1 ZPO, § 372 Abs. 2 ZPO, § 375 ZPO, § 400 ZPO, § 405 ZPO, § 479 ZPO. § 229 ZPO stellt klar, dass die sich aus §§ 214–227 ZPO ergebenden Befugnisse des Vorsitzenden bzw. des Prozessgerichts auch dem kommissarischen Richter bei der Ausführung des an ihn gerichteten Auftrages bzw. Ersuchens zustehen. Insoweit kommen insbesondere die Befugnis zur Bestimmung und Änderung von Terminen (§§ 216, 219 ZPO, § 366 Abs. 2 ZPO, § 227 ZPO) und die zur Anordnung und Änderung von Fristen (§§ 221, 224, 225, 226 ZPO) in Betracht.

2 Das Prozessgericht hat keinen direkten Einfluss (Weisungsrecht) auf die Art und Weise der Ausführung des Auftrages bzw. des Ersuchens durch den kommissarischen Richter. Es kann lediglich die Akten zurückfordern oder den Auftrag bzw. das Ersuchen wiederholen oder abändern.[1] Das Prozessgericht entscheidet aber über die **Erinnerung** als statthaftes Rechtsmittel **gegen (jede) Entscheidung des kommissarischen Richters** (§ 573 Abs. 1 Satz 1 ZPO). Die Erinnerung ist selbst in den Fällen statthaft, in denen eine Entscheidung des Vorsitzenden (oder des Prozessgerichts) in gleicher Sache unanfechtbar wäre (nunmehr wohl h.M.).[2] Eine **sofortige Beschwerde** ist erst **gegen die Entscheidung** des Prozessgerichts **über die Erinnerung** statthaft (§ 573 Abs. 2 ZPO).

---

215 Baumbach/Lauterbach/Albers/Hartmann, ZPO, § 227 Rn. 59.
216 MK-*Stackmann*, ZPO, § 227 Rn. 28 m.w.N.

Zu § 229:
1 Zöller-*Stöber*, ZPO, § 229 Rn. 2.
2 Musielak/Voit-*Stadler*, ZPO, § 229 Rn. 1; Baumbach/Lauterbach/Albers/Hartmann, ZPO, § 229 Rn. 3; Thomas/Putzo-*Hüßtege*, ZPO, § 229 Rn. 2; BeckOK-*Jaspersen*, ZPO, § 229 Rn. 1; MK-*Stackmann*, ZPO, § 229 Rn. 2.

Titel 4
Folgen der Versäumung; Rechtsbehelfsbelehrung; Wiedereinsetzung in den vorigen Stand

§ 230
Allgemeine Versäumungsfolge

Die Versäumung einer Prozesshandlung hat zur allgemeinen Folge, dass die Partei mit der vorzunehmenden Prozesshandlung ausgeschlossen wird.

Inhalt:

	Rn.		Rn.
A. Allgemeines	1	II. Versäumung	3
B. Erläuterungen	2	III. Ausschluss	4
I. Prozesshandlung	2	C. Rechtsmittel	5

A. Allgemeines

Die Vorschrift dient der Verfahrensbeschleunigung, weil die Parteien gebotene Prozesshandlungen vornehmen sollen, um Rechtsnachteile zu vermeiden.[1] Weil die Norm gleichzeitig Ausdruck der Dispositionsmaxime ist, gilt sie nicht in Verfahren mit Amtsermittlung.[2] 1

B. Erläuterungen
I. Prozesshandlung

Prozesshandlung ist jede Betätigung eines **Beteiligten**, die gestaltend auf das Verfahren einwirkt mit dem Ziel es zu beginnen, weiterzuführen oder zu beenden.[3] Beteiligte sind Parteien, Parteivertreter, Streithelfer, Zeugen, Sachverständige, nicht aber das Gericht selbst.[4] 2

II. Versäumung

Eine Prozesshandlung ist **versäumt**, wenn sie nicht (wirksam) innerhalb einer bestimmten Frist oder bis zu einem bestimmten Prozessabschnitt vorgenommen wird.[5] Die Frist kann dabei das Gesetz oder das Gericht bestimmen.[6] Mögliche **Prozessabschnitte** sind: Zeitpunkt der Antragsstellung (§ 43 ZPO), Ende der Einlassungsfrist (§ 274 Abs. 3 ZPO), nächste mündliche Verhandlung (§ 295 ZPO), Schluss der letzten mündlichen Verhandlung (§§ 136 Abs. 4, 220 Abs. 2, 296a, 323 Abs. 2, 767 Abs. 2 ZPO), Ende eines Rechtszuges (§ 532 ZPO).[7] 3

III. Ausschluss

Versäumung der Prozesshandlung führt zur Präklusion, unabhängig vom **Verschulden** der Partei oder ihres Parteivertreters.[8] Die Prozesshandlung ist unzulässig und bleibt unwirksam auch für die Zukunft (etwa Berufungsinstanz, künftige Prozesse).[9] Spezielle Rechtsfolgen finden sich darüber hinaus etwa in §§ 39, 43, 95, 97 Abs. 2, 138 Abs. 3, 238 Abs. 4, 239 Abs. 4, 439 Abs. 3 ZPO. 4

C. Rechtsmittel

Gegen die Rechtsfolgen einer versäumten Prozesshandlung kann Wiedereinsetzung in den vorigen Stand beantragt werden, siehe unter § 233 ZPO. 5

---

1 BeckOK-*Wendtland*, ZPO, § 230 Rn. 1.
2 Zöller-*Greger*, ZPO, § 230 Rn. 2.
3 BeckOK-*Wendtland*, ZPO, § 230 Rn. 2.
4 BeckOK-*Wendtland*, ZPO, § 230 Rn. 3.
5 Musielak/Voit-*Grandel*, ZPO, § 230 Rn. 1.
6 BeckOK-*Wendtland*, ZPO, § 230 Rn. 4.
7 Aufzählung bei Musielak/Voit-*Grandel*, ZPO, § 230 Rn. 1.
8 BeckOK-*Wendtland*, ZPO, § 230 Rn. 4.
9 Musielak/Voit-*Grandel*, ZPO, § 230 Rn. 2.

§ 231
Keine Androhung; Nachholung der Prozesshandlung

(1) Einer Androhung der gesetzlichen Folgen der Versäumung bedarf es nicht; sie treten von selbst ein, sofern nicht dieses Gesetz einen auf Verwirklichung des Rechtsnachteils gerichteten Antrag erfordert.

(2) Im letzteren Fall kann, solange nicht der Antrag gestellt und die mündliche Verhandlung über ihn geschlossen ist, die versäumte Prozesshandlung nachgeholt werden.

Inhalt:

	Rn.		Rn.
A. Allgemeines	1	II. Nachholung, Abs. 2	3
B. Erläuterungen	2	C. Rechtsmittel	4
I. Keine Androhung, Abs. 1	2		

A. Allgemeines

1 Die Vorschrift dient der Verfahrensbeschleunigung, indem Versäumungsfolgen die Parteien kraft Gesetzes und ohne Anhörung treffen. Einer **Rechtsmittelbelehrung** bedarf es nur in geregelten Ausnahmefällen. Die Partei *oder* ihr Anwalt müssen selbst dafür sorgen, rechtzeitig und formgerecht gegen ungünstige Entscheidungen vorzugehen.[1] Mangelnde Rechtskenntnis ist kein Wiedereinsetzungsgrund.[2]

B. Erläuterungen
I. Keine Androhung, Abs. 1

2 Die Versäumungsfolgen treten grundsätzlich **ohne Androhung** oder Anhörung der Beteiligten ein.[3] Sie sind daher von Amts wegen zu berücksichtigen. **Ausnahmen** sieht das Gesetz u.a. vor in §§ 276 Abs. 2, 277 Abs. 2, 335 Abs. 1 Nr. 4, 504, 692 Abs. 1 Nr. 4, 890 Abs. 2 ZPO. Die Versäumungsfolgen treten grundsätzlich **ohne Antrag** der Beteiligten ein.[4] **Ausnahmen** sieht das Gesetz u.a. vor in §§ 109 Abs. 2, 113, 158, 239 Abs. 4, 246 Abs. 2, 331 Abs. 1, 699 Abs. 1, 890 Abs. 1, 926 Abs. 2 ZPO.

II. Nachholung, Abs. 2

3 Bedarf es eines Antrags, kann die versäumte Prozesshandlung noch wirksam bis zum Schluss der mündlichen Verhandlung nachgeholt werden. **Antragstellung** meint Eingang bei Gericht;[5] für das schriftliche Verfahren gilt § 128 Abs. 2 ZPO.

C. Rechtsmittel

4 Nach der Versäumung einer Prozesshandlung kann Wiedereinsetzung in den vorigen Stand beantragt werden, siehe unter § 233 ZPO.

§ 232
Rechtsbehelfsbelehrung

¹Jede anfechtbare gerichtliche Entscheidung hat eine Belehrung über das statthafte Rechtsmittel, den Einspruch, den Widerspruch oder die Erinnerung sowie über die Rüge, bei dem der Rechtsbehelf einzulegen ist, über den Sitz des Gerichts und über die einzuhaltende Form und Frist zu enthalten. ²Dies gilt nicht in Verfahren, in denen sich die Parteien durch einen Rechtsanwalt vertreten lassen müssen, es sei denn, es ist über einen Einspruch oder Widerspruch zu belehren oder die Belehrung ist an einen Zeugen oder Sachverständigen zu richten. ³Über die Möglichkeit der Sprungrevision muss nicht belehrt werden.

Inhalt:

	Rn.		Rn.
A. Allgemeines	1	II. Ausnahme: Anwaltszwang, Satz 2	4
B. Erläuterungen	2	III. Ausnahme: Sprungrevision, Satz 3	5
I. Grundsatz: Belehrung, Satz 1	2	C. Praxistipp	6

---

1 BGH, NJW-RR 2014, 2 (3).
2 BeckOK-*Wendtland*, ZPO, § 231 Rn. 1.
3 Musielak/Voit-*Grandel*, ZPO, § 231 Rn. 1.
4 Musielak/Voit-*Grandel*, ZPO, § 231 Rn. 2.
5 BeckOK-*Wendtland*, ZPO, § 231 Rn. 6.

A. Allgemeines

Die Belehrungspflicht soll der Partei unverzüglich zuverlässige Kenntnis über Anfechtungsmöglichkeiten gegen die gerichtliche Entscheidung verschaffen und ihr unzulässige Rechtsbehelfe ersparen.[1] Wieder einmal hat der Gesetzgeber Aufgaben, die eigentlich ein Rechtsanwalt wahrnehmen müsste, auf das Gericht verlagert und so über die Hintertür einer eventuell undeutlichen Rechtsbehelfsbelehrung der Partei die Möglichkeit einer **Umgehung von Fristen** an die Hand gegeben. Hier werden in den nächsten Jahren viele unnötige Prozesse stattfinden.[2]   1

B. Erläuterungen

I. Grundsatz: Belehrung, Satz 1

Anfechtbare gerichtliche Entscheidungen sind nicht nur solche des **Richters**, sondern auch solche, die im Rahmen der funktionellen Zuständigkeit vom **Rechtspfleger** oder **Urkundsbeamten der Geschäftsstelle** erlassen wurden.[3] **Anfechtbar** sind etwa: Urteile i.S.d. §§ 300 ff. ZPO, Beschlüsse nach §§ 46 Abs. 2, 91a Abs. 2, 99 Abs. 2, 127 Abs. 2, 269 Abs. 5, 758a, 802g, 829 ZPO sowie Urteile und Beschlüsse im einstweiligen Rechtsschutz. Es muss **belehrt** werden über den Rechtsbehelf des Einspruchs (§ 338), des Widerspruchs (§§ 924, 936 ZPO),[4] der Erinnerung (§ 766 ZPO, § 11 RPflG). Rechtsmittel sind Berufung (§ 511 ZPO), Revision (§ 542 ZPO) und sofortige Beschwerde (§§ 567, 793 ZPO). Erfasst ist ebenfalls die Beschwerde etwa nach § 181 GVG[5] oder § 69 GKG. Belehrt werden müssen Partei und Nebenintervenient, Sachverständiger und Zeuge.   2

Nicht belehrt werden muss bei unanfechtbaren Entscheidungen, über die §§ 233 ff. ZPO, die Möglichkeiten der §§ 319–321a ZPO, die Rechtsbehelfe der Zwangsvollstreckung (§§ 731, 732, 765a, 767, 768, 771, 805 ZPO)[6] und in den Fällen der Sätze 2 und 3. Auch die Staatskasse muss nicht belehrt werden, etwa im Fall des § 66 Abs. 1 Satz 1 GKG.[7] **Inhalt** und **Form** der Belehrung: Bezeichnung des Rechtsmittels, Gerichts (Anschrift!), Form und Frist, Anwaltszwang, ggf. Begründungszwang und notwendige Beschwer. Die Belehrung kann mündlich oder schriftlich erfolgen.[8] Erfolgt sie wie üblich schriftlich, muss sie vor der Unterschrift des Entscheiders erfolgen.[9] **Fehlt** die Rechtsbehelfsbelehrung, gilt § 233 Satz 2 ZPO (siehe dort). Sie kann jedoch nachgeholt werden.[10] Zwar kann ihr Fehlen oder ihre Fehlerhaftigkeit einen Wiedereinsetzungsgrund bilden, hat jedoch keinen Einfluss auf Wirksamkeit und Rechtmäßigkeit der Entscheidung oder den Lauf von Fristen;[11] auch bleiben nicht statthafte Rechtsbehelfe unzulässig.[12]   3

II. Ausnahme: Anwaltszwang, Satz 2

Ab dem Landgericht gilt der Belehrungszwang nicht mehr für Parteien und Nebenintervenienten, sondern nur noch für **Zeugen** und **Sachverständige**, es sei denn, es ist etwas anderes gesetzlich angeordnet. § 232 ZPO führt zu der kuriosen Situation, dass einerseits die Belehrungspflicht im amtsgerichtlichen Verfahren nicht dadurch entfällt, dass die Partei anwaltlich vertreten ist,[13] andererseits aber ab dem landgerichtlichen Verfahren auch dann nicht belehrt werden muss, wenn die Partei keinen Anwalt hat.[14]   4

III. Ausnahme: Sprungrevision, Satz 3

Die Sprungrevision ist ein eher selten vorkommendes Rechtsmittel, so dass hierüber nicht zu belehren ist.   5

C. Praxistipp

Für das **Gericht**: Es empfiehlt sich zu Dokumentationszwecken, die Belehrung immer schriftlich abzufassen, insbesondere wegen § 165 ZPO.   6

---

1 Musielak/Voit-*Grandel*, ZPO, § 232 Rn. 2.
2 Kritisch auch Zöller-*Greger*, ZPO, § 232 Rn. 1.
3 Musielak/Voit-*Grandel*, ZPO, § 232 Rn. 4.
4 BGH, BeckRS 2016, 05321, Rn. 6.
5 BeckOK-*Wendtland*, ZPO, § 236 Rn. 3.
6 BeckOK-*Wendtland*, ZPO, § 236 Rn. 8.
7 BeckOK-*Wendtland*, ZPO, § 236 Rn. 4.
8 Zöller-*Greger*, ZPO, § 232 Rn. 5.
9 MK-*Stackmann*, ZPO, § 232 Rn. 9.
10 Musielak/Voit-*Grandel*, ZPO, § 232 Rn. 8.
11 Zöller-*Greger*, ZPO, § 232 Rn. 1a.
12 BGH, NJW-RR 2011, 415, Rn. 8.
13 Musielak/Voit-*Grandel*, ZPO, § 232 Rn. 7.
14 Tendenziell anders jetzt aber BGH, BeckRS 2016, 05321, Rn. 7.

§ 233
Wiedereinsetzung in den vorigen Stand

¹War eine Partei ohne ihr Verschulden verhindert, eine Notfrist oder die Frist zur Begründung der Berufung, der Revision, der Nichtzulassungsbeschwerde oder der Rechtsbeschwerde oder die Frist des § 234 Abs. 1 einzuhalten, so ist ihr auf Antrag Wiedereinsetzung in den vorigen Stand zu gewähren. ²Ein Fehlen des Verschuldens wird vermutet, wenn eine Rechtsbehelfsbelehrung unterblieben oder fehlerhaft ist.

Inhalt:

	Rn.		Rn.
A. Allgemeines	1	II. Vermutung für fehlendes Verschulden, Satz 2	8
B. Erläuterungen	2	C. Rechtsmittel	10
I. Wiedereinsetzung, Satz 1	2		

A. Allgemeines

1 Die Vorschrift räumt dem Justizgewährleistungsanspruch im Einzelfall den Vorrang vor der Rechtssicherheit ein.[1] Der Zugang zum Gericht darf verfassungsrechtlich nicht unzumutbar erschwert werden.[2] Daher sollen die Versäumungsfolgen des § 230 ZPO denjenigen nicht treffen, der eine versäumte Frist schuldlos nicht einhalten konnte.[3]

B. Erläuterungen
I. Wiedereinsetzung, Satz 1

2 **Partei** ist in § 233 ZPO zu verstehen wie Beteiligter in § 230 ZPO (dort Rn. 2), meint also die Parteien, Parteivertreter, Streithelfer, Zeugen, Sachverständige, nicht aber das Gericht selbst.[4] Zum **Antrag** siehe § 236 ZPO. Zur **Frist** des § 234 ZPO siehe dort (Rn. 2 ff.). **Notfristen** werden im Gesetz als solche bezeichnet, § 224 Abs. 1 Satz 2 ZPO. **Beispiele** sind etwa §§ 321a Abs. 2, 517, 544 Abs. 1 Satz 2, 548, 569 Abs. 1 Satz 1, 573 Abs. 1 Satz 1, 574 Abs. 4 Satz 1, 575 Abs. 1 Satz 1 ZPO. Zusätzlich zählt Satz 1 nahezu abschließend die Fristen zur Begründung der Berufung (§ 520 Abs. 3 Satz 1 ZPO), Revision (§ 551 Abs. 2 Satz 2 ZPO), Nichtzulassungsbeschwerde (§ 544 Abs. 1 Satz 2 ZPO) und Rechtsbeschwerde (§ 575 Abs. 2 Satz 1 ZPO) auf. Wegen der inhaltlichen Nähe gilt Entsprechendes für Anschlussberufung (§ 524 ZPO) und -revision (§ 554 ZPO). In allen anderen Fällen kommt eine **analoge Anwendung** nicht in Betracht.[5]

3 Die Frist muss tatsächlich **versäumt** worden sein. Wurde die Frist durch einen vermeintlichen Wiedereinsetzungsgrund (Krankheit u. ä.) nur verkürzt, muss der Antragsteller vorrangig alles Zumutbare tun, um die Frist noch zu wahren.[6] **Fahrlässigkeit** ist daher nahezu immer gegeben, so lange innerhalb der (wenn möglicherweise auch nur kurz) laufenden Frist nicht wenigstens ein **Fristverlängerungsantrag** gestellt und positiv beschieden worden ist. Der bloße Antrag reicht nicht aus. Ein Anwalt darf nicht darauf vertrauen, dass seine beantragte Fristverlängerung gewährt wird. Schweigen des Gerichts ist keine Zustimmung. Er muss auf eine positive Nachricht des Gerichts warten und trägt das Risiko, dass bei Stellen des Fristverlängerungsantrags kurz vor Ablauf der Frist und keiner Reaktion des Gerichts die gebotene Handlung nicht mehr innerhalb der Frist durchzuführen ist. Vielmehr muss er durch geeignete **Organisationsmaßnahmen** sicherstellen, dass noch innerhalb der Frist ggf. Nachfrage bei Gericht möglich ist.[7] Gleiches gilt, wenn absehbar ist, dass **Krankheit** den Anwalt über einen möglichen Fristablauf hinaus beeinträchtigen könnte.[8] Nur die unvorhersehbare Krankheit entschuldigt ihn.[9]

4 Für die Prüfung, ob die Frist versäumt wurde, gilt der **Freibeweis**.[10] Fehlt es an einer Fristversäumung, geht der Wiedereinsetzungsantrag ins Leere.[11] Die Wiedereinsetzung heilt nur eine

---

1 BeckOK-*Wendtland*, ZPO, § 233 Rn. 1.
2 BVerfG, NZI 2014, 975 (976), Rn. 10.
3 OLG Düsseldorf, BeckRS 2005, 09166.
4 BeckOK-*Wendtland*, ZPO, § 230 Rn. 3.
5 OLG Koblenz, BeckRS 2015, 04360, Rn. 11.
6 BGH, BeckRS 2016, 18820, Rn. 9; BGH, NJW 2013, 3181.
7 BGH, NJW-RR 2016, 376, Rn. 11; BGH, NJW 2012, 2522.
8 BGH, NJOZ 2015, 1776, Rn. 7.
9 BGH, BeckRS 2016, 18820, Rn. 9.
10 BGH, BeckRS 2012, 10171, Rn. 18.
11 BGH, NJW 2007, 1457.

versäumte Frist, **nicht** sonstige **inhaltliche Mängel** (etwa unvollständiger Vortrag in Berufungs- oder Revisionsbegründung).[12]

Verschulden meint Vorsatz und (auch einfache)[13] **Fahrlässigkeit**.[14] Fahrlässigkeit liegt ab dem Zeitpunkt vor, ab dem der Wiedereinsetzungsberechtigte bei Anwendung der erforderlichen Sorgfalt die Fristversäumung hätte erkennen können.[15] Die Partei muss sich neben eigenem Verschulden auch dasjenige ihres **Anwalts** gemäß § 85 Abs. 2 ZPO zurechnen lassen.[16] Verschuldensmaßstab ist zwar nicht die äußerste und größtmögliche Sorgfalt, sondern die von einem ordentlichen Anwalt zu fordernde übliche Sorgfalt,[17] doch stellt die Rechtsprechung **hohe Sorgfaltsanforderungen** an die Einhaltung von Fristen,[18] noch gesteigert bei Poststreiks.[19] Verschulden liegt auch vor, wenn der Antragsteller nicht regelmäßig in den **Briefkasten** schaut.[20] Es reicht allgemein aus, wenn zumindest die **Möglichkeit offen** bleibt, dass die Fristversäumung von der Partei oder ihrem Prozessbevollmächtigten verschuldet war.[21] Ebenso genügt **Mitverursachung**.[22] Dies ist etwa bei unvorhersehbar überlanger Postlaufzeit der Fall, wenn die Partei oder ihr Vertreter den Schriftsatz erst so kurz vor Fristablauf aufgegeben haben, dass sein rechtzeitiger Zugang auch bei gewöhnlicher Postlaufzeit nicht mehr gewährleistet gewesen wäre.[23]

Ein mögliches Verschulden ist unter Berücksichtigung der konkreten Umstände der jeweiligen Prozesslage zu beurteilen.[24] Wer eine Frist bis zum **letzten Augenblick** ausschöpft, hat besondere Sorgfaltspflichten, wenn es hierbei zu normalen Verzögerungen (Verkehrsstau, Faxgerät belegt) kommt; **unvorhergesehene Ereignisse** (Reifenpanne, Verkehrsunfall) sind nicht einzukalkulieren.[25]

Ursächlichkeit: Ursächlich ist jedes Tun oder Unterlassen (Verschulden) der Partei oder ihres Vertreters, bei dessen Fehlen die Frist nach gewöhnlichem Lauf der Dinge nicht versäumt worden wäre.[26] Hat sich also das Fehlverhalten **nicht ausgewirkt**, weil die Frist auch bei Einhaltung der gebotenen Sorgfalt versäumt worden wäre, kann Wiedereinsetzung gewährt werden.[27] Dies muss allerdings positiv **festgestellt** werden; andernfalls ist Wiedereinsetzung zu versagen.[28]

II. Vermutung für fehlendes Verschulden, Satz 2

Weil bei (zumindest) fehlerhafter Rechtsbehelfsbelehrung das fehlende Verschulden nur vermutet wird, kann die **Vermutung widerlegt** werden, wenn sich der Belehrungsmangel nicht ausgewirkt hat. **Beispiel**: Die im Übrigen korrekte Belehrung nennt lediglich ein falsches Gericht, aber der Antragsteller reicht den Rechtsbehelf nicht innerhalb der maßgeblichen Frist ein.

Die Vermutung **entfällt** auch dann, wenn die Partei den Rechtsbehelf kennt und daher nicht auf die Rechtsbehelfsbelehrung angewiesen war. Denn die Regelung in Satz 2 dient in erster Linie dem Schutz des rechtsunkundigen Beteiligten an der Versäumung der Frist. Demgegenüber ist ein Rechtsirrtum etwa durch eine **anwaltlich vertretene Partei** in der Regel verschuldet und steht einer Wiedereinsetzung entgegen. Von einem Rechtsanwalt kann und muss erwartet werden, dass er selbst die Voraussetzungen für die Einlegung eines Rechtsbehelfs kennt, insbes. die zu wahrenden Fristen.[29] Anders gilt dies allenfalls für versteckte Fehler in der Belehrung.[30] Allgemein gilt: Wer ein Rechtsmittel gegen eine gerichtliche Entscheidung einlegen möchte, ist auch ohne juristische Vorbildung alleine für die Einhaltung der förmlichen Anforderungen **verantwortlich**. Denn auch ein Verfahrensbeteiligter, dem – mangels hinreichender

---

12 BeckOK-*Wendtland*, ZPO, § 233 Rn. 20.
13 BFH, BeckRS 2015, 95845, Rn. 41.
14 Musielak/Voit-*Grandel*, ZPO, § 234 Rn. 3.
15 BVerfG, BeckRS 2016, 48893, Rn. 4; BGH, NJW-RR 2016, 376, Rn. 11.
16 BGH, NJW-RR 2015, 441 (442), Rn. 13.
17 BGH, BeckRS 2016, 17981, Rn. 24.
18 Ausdrücklich BPatG, BeckRS 2015, 13819.
19 BGH, BeckRS 2016, 07894.
20 LAG Köln, BeckRS 2014, 66912.
21 BGH, NJW 2014, 2047 (2049), Rn. 13.
22 BGH, NJOZ 2013, 936.
23 BeckOK-*Wendtland*, ZPO, § 230 Rn. 14.
24 Stein/Jonas-*Roth*, ZPO, § 233 Rn. 26.
25 Zöller-*Greger*, ZPO, § 233 Rn. 13.
26 KG Berlin, BeckRS 2014, 16226, Rn. 12.
27 Zöller-*Greger*, ZPO, § 233 Rn. 14.
28 BGH, NJW-RR 2013, 1011 (1012), Rn. 8.
29 BeckOK-*Wendtland*, ZPO, § 233 Rn. 17.
30 BGH, NJW 2012, 2443.

Mittel – die Einholung von anwaltlichem Rechtsrat verschlossen ist, kann sich zumutbar die erforderlichen Kenntnisse verschaffen, indem er bei Gericht (insbes. Geschäfts- oder Rechtsantragstelle) die Rechtsmittelmöglichkeiten und -erfordernisse erfragt.[31] Daher können Verfahrensbeteiligte die Versäumung einer Rechtsmittelfrist regelmäßig nicht mit Unkenntnis von den förmlichen Voraussetzungen entschuldigen.[32]

C. Rechtsmittel

10 Siehe dazu näher § 238 Rn. 13 f.

§ 234
Wiedereinsetzungsfrist

(1) ¹Die Wiedereinsetzung muss innerhalb einer zweiwöchigen Frist beantragt werden. ²Die Frist beträgt einen Monat, wenn die Partei verhindert ist, die Frist zur Begründung der Berufung, der Revision, der Nichtzulassungsbeschwerde oder der Rechtsbeschwerde einzuhalten.

(2) Die Frist beginnt mit dem Tag, an dem das Hindernis behoben ist.

(3) Nach Ablauf eines Jahres, von dem Ende der versäumten Frist an gerechnet, kann die Wiedereinsetzung nicht mehr beantragt werden.

Inhalt:

	Rn.		Rn.
A. Allgemeines	1	II. Fristberechnung, Abs. 1 Satz 2	4
B. Erläuterungen	2	III. Fristbeginn, Abs. 2	6
I. Frist, Abs. 1 Satz 1	2	IV. Ausschlussfrist, Abs. 3	7

A. Allgemeines

1 Die Vorschrift dient der Rechtssicherheit und Verfahrensbeendigung. Eine Wiedereinsetzung ist die – zeitlich begrenzte – Ausnahme. Eine **Anhörungsrüge** gemäß § 321a ZPO hat keinen Einfluss auf den Lauf der Wiedereinsetzungsfrist.[1] Neue Wiedereinsetzungsgründe dürfen nicht **nachgeschoben** werden,[2] auch keine neuen Tatsachen zu einer an sich geschlossenen, in sich nicht ergänzungsbedürftig erscheinenden Sachverhaltsdarstellung.[3] Bestehen Zweifel, ob ein fristgebundener Schriftsatz rechtzeitig bei Gericht eingegangen ist, muss das Gericht hierüber **Beweis erheben**. Bloße Glaubhaftmachung oder Möglichkeit, dass die Frist gewahrt wurde, genügt nicht. Lässt sich der rechtzeitige Eingang nicht zur vollen Überzeugung des Gerichts feststellen, gehen verbleibende Zweifel zu Lasten desjenigen, der sich auf die Fristwahrung beruft.[4]

B. Erläuterungen
I. Frist, Abs. 1 Satz 1

2 Die 2-Wochen-Frist des Absatz 1 Satz 1 ist eine gesetzliche Frist und kann daher wegen § 224 Abs. 2 ZPO nicht verlängert werden.

3 Die Frist berechnet sich nach § 222 ZPO i. V. m. §§ 187 Abs. 1, 188 Abs. 2 **Alt. 1** BGB.

Beispiel:

Erfährt die Partei am 09.09. von der Zustellung eines Schriftsatzes, endet die Frist am 23.09. um 24.00 Uhr.

II. Fristberechnung, Abs. 1 Satz 2

4 Die Monatsfrist des Absatz 1 Satz 2 ist eine gesetzliche Frist und kann daher wegen § 224 Abs. 2 ZPO nicht verlängert werden. Eine etwa parallel laufende Prozesskostenhilfeentscheidung hat hierauf keinen Einfluss.[5]

---

31 BGH, BeckRS 2010, 05787, Rn. 12.
32 BGH, BeckRS 2010, 05787, Rn. 12.

Zu § 234:
1 BGH, NJW 2013, 1684 (1685), Rn. 12.
2 BGH, NJW-RR 2012, 743 (744), Rn. 12; OLG Saarbrücken, BeckRS 2013, 07175.
3 Musielak/Voit-*Grandel*, ZPO, § 234 Rn. 1.
4 Zu allem BGH, BeckRS 2012, 07047, Rn. 10.
5 OLG Frankfurt a.M., BeckRS 2014, 15865, Rn. 5.

Die Frist berechnet sich ebenfalls nach § 222 ZPO i. V. m. §§ 187 Abs. 1, 188 Abs. 2 **Alt. 1** BGB. 5
Beispiel:
Erfährt die Partei am 09. 09. von der Zustellung eines Schriftsatzes, endet die Frist am 09. 10. um 24.00 Uhr.

III. Fristbeginn, Abs. 2

Ein Hindernis zur Fristwahrung ist behoben, wenn entweder die Ursache für die Verhinderung 6
weggefallen oder ihr Fortbestehen von Partei oder Anwalt verschuldet (dazu § 233 Rn. 5 f.) ist.[6]
Gründe für Verhinderung können etwa sein: unverschuldete Unkenntnis,[7] Krankheit, Urlaub,[8] Mittellosigkeit.[9] Wird das Hindernis vor Ablauf der Frist behoben, läuft die Frist zur Wiedereinsetzung bereits vor Ablauf der Hauptfrist.[10] Entscheidend ist die Kenntnis des Hindernisses, nicht deren Ursache.[11] Liegen mehrere Hindernisse vor, beginnt die Frist, wenn das letzte Hindernis behoben ist.[12] Gibt es einen konkreten Anlass, dass das Hindernis behoben ist, treffen die Partei bzw. den für sie handelnden Anwalt **Nachforschungspflichten**. Dies kann etwa der Fall sein bei Zugang von länger zurückliegenden Schriftsätzen oder Mitteilungen des Gerichts, Kostenfestsetzungsbeschlüssen, Auftauchen des Gerichtsvollziehers, Akteneinsicht, Anfragen bei Gericht – jeweils soweit sich hieraus neue Anhaltspunkte für vorhergehende prozessuale Maßnahmen ergeben.[13]

IV. Ausschlussfrist, Abs. 3

Die **absolute Ausschlussfrist** des Abs. 3 soll eine unangemessene Verzögerung des Rechts- 7
streits verhindern und den Eintritt der Rechtskraft gewährleisten.[14] Das Rechtsstaatsprinzip erfordert nicht nur wirkungsvollen Rechtsschutz zu Gunsten des einzelnen Rechtsuchenden, sondern auch die Herstellung von Rechtssicherheit. Strittige Rechtsverhältnisse müssen in angemessener Zeit geklärt und verbindlich entschieden werden.[15] Absatz 3 gilt selbst bei höherer Gewalt.[16] Die Jahresfrist nach Abs. 3 ist nicht verlängerbar.[17] Eine **Wiedereinsetzung** oder Heilung bei Versäumung der Ausschlussfrist ist nicht möglich.[18]

Die Frist berechnet sich hier nach § 222 ZPO i. V. m. §§ 187 Abs. 1, 188 Abs. 2 **Alt. 2** BGB. 8
Beispiel:
Erfährt die Partei am 09. 09. von der Zustellung eines Schriftsatzes, endet die Frist am 09. 09. des Folgejahres um 24.00 Uhr.

Die Ausschlussfrist gilt lediglich dann **nicht**, wenn die Versäumung der Wiedereinsetzungsfrist 9
allein dem Gericht zuzurechnen ist, d. h. für solche Fristversäumnisse, die ihren Ursprung ausschließlich in einer Fehlbehandlung des Verfahrens durch das Gericht haben, z. B.: übersehenes Zulässigkeitserfordernis für ein Rechtsmittel (z. B. Unterschrift),[19] keine Entscheidung binnen Jahresfrist über Prozesskostenhilfe-Antrag.[20] Daran sind wegen der gebotenen formellen und materiellen Rechtskraft und dem Vertrauen des Gegners auf einen endgültigen Verfahrensabschluss aber hohe Anforderungen zu stellen.

§ 235
(weggefallen)

---

6 BGH, BeckRS 2016, 17981, Rn. 24; Musielak/Voit-*Grandel*, ZPO, § 234 Rn. 1.
7 BeckOK-*Wendtland*, ZPO, § 234 Rn. 5.
8 BGH, NJW 2011, 1363, Rn. 10.
9 So jedenfalls BGH, BeckRS 2010, 05787, Rn. 5; näher BeckOK-*Wendtland*, ZPO, § 234 Rn. 7–10. Hier gilt also der Grundsatz „Geld hat man zu haben" nicht uneingeschränkt.
10 OLG Stuttgart, BeckRS 2015, 02526.
11 Ähnlich Musielak/Voit-*Grandel*, ZPO, § 234 Rn. 3.
12 Musielak/Voit-*Grandel*, ZPO, § 234 Rn. 3.
13 Exemplarisch BGH, BeckRS 2016, 17981; BGH, NJW 2015, 3519.
14 BGH, NJW-RR 2016, 638, Rn. 7.
15 BGH, NJW 2002, 2171 (2174).
16 BGH, NJW-RR 2016, 638, Rn. 9.
17 Musielak/Voit-*Grandel*, ZPO, § 234 Rn. 1.
18 BAG, NJW 2013, 1620 (1623), Rn. 44; Thomas/Putzo-*Hüßtege*, ZPO, § 234 Rn. 12.
19 BGH, NJW-RR 2015, 699 (700), Rn. 15.
20 BGH, NJW 2013, 1684 (1684 f.), Rn. 11.

§ 236
Wiedereinsetzungsantrag

(1) Die Form des Antrags auf Wiedereinsetzung richtet sich nach den Vorschriften, die für die versäumte Prozesshandlung gelten.

(2) [1]**Der Antrag muss die Angabe der die Wiedereinsetzung begründenden Tatsachen enthalten; diese sind bei der Antragstellung oder im Verfahren über den Antrag glaubhaft zu machen.** [2]**Innerhalb der Antragsfrist ist die versäumte Prozesshandlung nachzuholen; ist dies geschehen, so kann Wiedereinsetzung auch ohne Antrag gewährt werden.**

Inhalt:

	Rn.		Rn.
A. Allgemeines	1	III. Glaubhaftmachung, Abs. 2 Satz 1 Hs. 2	6
B. Erläuterungen	2	IV. Nachholung, Abs. 2 Satz 2 Hs. 1	9
I. Form, Abs. 1	2		
II. Inhalt, Abs. 2 Satz 1 Hs. 1	3	V. Wiedereinsetzung von Amts wegen, Abs. 2 Satz 2 Hs. 2	10

A. Allgemeines

1 Der Wiedereinsetzungsantrag hindert nicht den Eintritt der Rechtskraft und die Zwangsvollstreckung (hierfür aber Antrag nach § 707 ZPO möglich).[1]

B. Erläuterungen
I. Form, Abs. 1

2 Die Wiedereinsetzung bedarf grundsätzlich eines Antrags; nur im Fall von Absatz 2 Satz 2 Hs. 2 ist dieser ausnahmsweise entbehrlich. Der **Antrag** ist Prozesshandlung und Zulässigkeitsvoraussetzung, d.h. genügt er in Form oder Inhalt nicht den Anforderungen, ist **keine Heilung** nach § 295 Abs. 1 ZPO möglich.[2] Die Schriftform unterliegt dem Anwaltszwang, soweit für die nachzuholende Prozesshandlung Anwaltszwang gilt; für das amtsgerichtliche Verfahren trifft § 496 ZPO eine Sonderregelung. Im Antrag muss das Wort „Wiedereinsetzung" nicht fallen; es genügt, wenn sich dies im Wege der Auslegung ergibt. Der Antrag ist auch **hilfsweise** möglich.[3] Zur Frist siehe § 234 ZPO.

II. Inhalt, Abs. 2 Satz 1 Hs. 1

3 Zu einem ordnungsgemäßen **Vortrag** gehören (kumulativ!):[4]
– Tatsachen zur Fristversäumung
– Tatsachen zum Grund der Fristversäumung
– Darlegung fehlenden Verschuldens
– Zeitpunkt, in dem das Hindernis behoben war
– innere Vorgänge (etwa Kenntnis und Irrtum)

4 Es bedarf **keines Hinweises** gemäß § 139 ZPO, dass die o.g. Umstände vollständig vorzutragen sind.[5] Es ist nicht Aufgabe des Gerichts, eine anwaltlich vertretene Partei im Rahmen eines Hinweises darüber zu belehren, welche Maßnahmen der Büroorganisation ein Verschulden bei der Fristversäumung ausschließen und einem Wiedereinsetzungsgesuch zum Erfolg verhelfen würden.[6] Es ist Aufgabe des Wiedereinsetzungsführers, den Antrag durch eine geschlossene, aus sich heraus verständliche Schilderung der tatsächlichen Abläufe zu begründen.[7] **Widersprüche** im Vorbringen führen dazu, dass die Wiedereinsetzung zurückzuweisen ist.[8] Der Antragsteller muss sich auf einen Sachvortrag festlegen. Trägt er **mehrere Varianten** vor und führt eine davon zu einem möglichen Verschulden, scheidet Wiedereinsetzung aus.[9] Gleiches gilt bei **lückenhaftem Vorbringen**, auch wenn Erinnerungslücken dem Zeitablauf geschuldet sind,[10] oder wenn Angaben zur ausreichenden Individualisierung des Sachverhalts

---

1 BeckOK-*Wendtland*, ZPO, § 236 Rn. 3.
2 BeckOK-*Wendtland*, ZPO, § 236 Rn. 2.
3 OLG Zweibrücken, NJW-RR 2011, 1016.
4 Siehe Musielak/Voit-*Grandel*, ZPO, § 236 Rn. 4.
5 BGH, NJOZ 2013, 935 (936), Rn. 8.
6 BGH, BeckRS 2015, 18438, Rn. 10; OLG Saarbrücken, BeckRS 2013, 07175.
7 BGH, BeckRS 2015, 18438, Rn. 10.
8 BGH, NJW-RR 2015, 624 (625), Rn. 17.
9 LAG Köln, BeckRS 2014, 66912.
10 BGH, NJW 2008, 3501.

(etwa ordnungsgemäße Fertigstellung der Schriftsatzes, Adressierung, Frankierung sowie Zeitpunkt und konkreter Ort der Versendung) erst nach Ablauf der Frist vorgebracht werden.[11]

Die besonderen prozessualen Zurechnungsnormen für das Verschulden des gesetzlichen Vertreters der Partei (§ 51 Abs. 2 ZPO) und seines Bevollmächtigten (**§ 85 Abs. 2 ZPO**) sind abschließend. Für Gehilfen des Bevollmächtigten gilt die Vorschrift nicht, weil in der ZPO eine dem § 278 BGB vergleichbare Vorschrift fehlt.[12] Fehler des **Büropersonals** führen also zur Wiedereinsetzung, wenn nicht dem Anwalt zugleich ein Verschulden vorzuwerfen ist.[13] Erforderlich sind daher einerseits Angaben zu Identität, Ausbildungsstand und Zuverlässigkeit der Mitarbeiter, andererseits auch zu Organisation der Fristen- und Ausgangskontrolle. Floskeln reichen als Vortrag nicht aus („Die Rechtsanwaltsfachangestellte ist stets zuverlässig und notiert Fristen ansonsten stets fehlerlos").[14] Notwendig sind auch Angaben zur Kausalität des Verstoßes.[15]

III. Glaubhaftmachung, Abs. 2 Satz 1 Hs. 2

Zur Glaubhaftmachung allgemein siehe zunächst § 294 ZPO. Sie muss sich auf die maßgeblichen Wiedereinsetzungstatsachen beziehen, wie sie sich aus der Kommentierung zu Absatz 2 Satz 1 Hs. 1 ergeben. Nötig ist eine **eigene Darstellung** des Sachverhalts; Bezugnahmen auf Dokumente reichen nicht.[16] Die Glaubhaftmachung muss nicht mit dem Antrag verbunden werden, sondern kann auch noch nach Ablauf der Wiedereinsetzungsfrist des § 234 ZPO bis zum Schluss des Wiedereinsetzungsverfahrens erfolgen.[17] Die Richtigkeit des Parteivorbringens muss durch die Glaubhaftmachung **überwiegend wahrscheinlich**[18] sein; es dürfen also **keine** Anhaltspunkte für **Widersprüche** durch das sonstige Vorbringen bestehen. Bleiben Zweifel, kommt eine Wiedereinsetzung nicht in Betracht.[19]

Wiedereinsetzungsgründe sind stets glaubhaft zu machen. Denn sie können **nicht unstreitig** sein, weil etwa der Gegner die Krankheit des Antragstellers oder seines Anwalts nicht bestritten hat. § 138 Abs. 3 ZPO gilt nicht.[20] Die vermeintlichen Wiedereinsetzungsgründe unterliegen nicht der Parteidisposition; sie sind von Amts wegen zu prüfen.[21]

Einzelfälle: Ist ein fristgebundener Schriftsatz verloren gegangen, ist eine Glaubhaftmachung, wo und auf welche Weise es zum Verlust des Schriftstücks gekommen ist, nicht erforderlich. Es reicht, wenn glaubhaft gemacht wird, dass der Verlust mit großer Wahrscheinlichkeit nicht im Verantwortungsbereich der Partei oder ihres Prozessbevollmächtigten eingetreten ist.[22] Arbeitet eine Kanzleikraft für mehrere Anwälte, genügt die anwaltliche Versicherung nicht, sie arbeite zuverlässig.[23] Hier kann der einzelne Anwalt ihre vermeintliche Zuverlässigkeit nicht vollständig belegen.[24]

IV. Nachholung, Abs. 2 Satz 2 Hs. 1

Die **Nachholung** der versäumten Prozesshandlung muss nicht mit dem Antrag verbunden werden, sondern kann diesem vorausgehen[25] oder – innerhalb der Frist des § 234 Abs. 1 ZPO[26] – nachfolgen. Die Nachholung kann auch konkludent erfolgen, ist jedoch nicht entbehrlich, selbst wenn das Rechtsmittel verspätet oder bereits verworfen war.[27]

V. Wiedereinsetzung von Amts wegen, Abs. 2 Satz 2 Hs. 2

Die Wiedereinsetzung von Amts wegen ist die **Ausnahme**. Hierfür müssen die tatsächlichen Voraussetzungen für eine Wiedereinsetzung offenkundig oder aktenkundig sein. § 236 Abs. 2 Satz 2 ZPO ersetzt also nur den Antrag auf Wiedereinsetzung, nicht die sonstigen Vorausset-

---

11 BGH, BeckRS 2015, 18438, Rn. 11.
12 BGH, NJW 2006, 1521 (1522), Rn. 12.
13 BGH, NJW-RR 2015, 624 (625 f.), Rn. 19.
14 BGH, NJW-RR 2015, 624 (625 f.), Rn. 19.
15 Musielak/Voit-*Grandel*, ZPO, § 236 Rn. 4.
16 BGH, NJW 2015, 349 (350), Rn. 19.
17 BeckOK-*Wendtland*, ZPO, § 236 Rn. 11.
18 BGH, BeckRS 2016, 18820, Rn. 12.
19 BGH, NJW 2015, 349 (350), Rn. 14 ff.
20 BGH, BeckRS 2016, 18820, Rn. 11.
21 Zöller-*Greger*, ZPO, § 238 Rn. 1.
22 BGH, NJW 2015, 2266 (2267), Rn. 11.
23 BGH, NJW 2015, 2344.
24 MK-*Stackmann*, ZPO, § 236 Rn. 14.
25 BGH, BeckRS 2014, 14519, Rn. 11.
26 BGH, NJW-RR 2015, 624 (626), Rn. 20.
27 Musielak/Voit-*Grandel*, ZPO, § 236 Rn. 7.

zungen.[28] Liegen die Voraussetzungen vor, steht es im **pflichtgemäßen Ermessen** des Gerichts, ob es Wiedereinsetzung gewährt.[29] Dieses Ermessen kann sich in Einzelfällen auf Null reduzieren; einen Grund, den eindeutigen Wortlaut zu übergehen und in jedem Fall die Wiedereinsetzung zwingend gewähren zu müssen, gibt es hingegen nicht.[30]

§ 237
Zuständigkeit für Wiedereinsetzung

Über den Antrag auf Wiedereinsetzung entscheidet das Gericht, dem die Entscheidung über die nachgeholte Prozesshandlung zusteht.

1 Die Vorschrift dient der Verfahrensbeschleunigung, weil das Gericht, das in der Hauptsache über die versäumte Prozesshandlung entscheidet, auch für das Wiedereinsetzungsverfahren zuständig ist. Das gilt unabhängig davon, ob die Instanz bereits beendet ist.[1] Davon zu unterscheiden ist die Frage, bei welchem Gericht der Wiedereinsetzungsantrag zu stellen ist. Dies ist etwa bei versäumter Beschwerde wegen § 569 ZPO wahlweise das Erst- oder Beschwerdegericht.[2] Die Norm gilt über ihren Wortlaut hinaus auch für Fälle des § 236 Abs. 2 Satz 2 ZPO a.E., der Wiedereinsetzung **ohne Antrag** (von Amts wegen).[3]

2 Das **höhere Gericht** darf grundsätzlich nicht selbst über die Wiedereinsetzung entscheiden, weil es sonst die Vorinstanz und die mögliche Unanfechtbarkeit gemäß § 28 Abs. 3 ZPO übergehen würde.[4] **Ausnahmen** gelten allerdings, wenn dies die Verfahrensökonomie gebietet (weil Entscheidungsreife vorliegt)[5] und nach dem Akteninhalt die Wiedereinsetzung greift, weil sie offen zutage liegt.[6]

3 Die gewährte Wiedereinsetzung ist **unanfechtbar**, § 238 Abs. 3 ZPO. Die abgelehnte Wiedereinsetzung überprüft das Rechtsmittelgericht in vollem Umfang.

§ 238
Verfahren bei Wiedereinsetzung

(1) ¹Das Verfahren über den Antrag auf Wiedereinsetzung ist mit dem Verfahren über die nachgeholte Prozesshandlung zu verbinden. ²Das Gericht kann jedoch das Verfahren zunächst auf die Verhandlung und Entscheidung über den Antrag beschränken.
(2) ¹Auf die Entscheidung über die Zulässigkeit des Antrags und auf die Anfechtung der Entscheidung sind die Vorschriften anzuwenden, die in diesen Beziehungen für die nachgeholte Prozesshandlung gelten. ²Der Partei, die den Antrag gestellt hat, steht jedoch der Einspruch nicht zu.
(3) Die Wiedereinsetzung ist unanfechtbar.
(4) Die Kosten der Wiedereinsetzung fallen dem Antragsteller zur Last, soweit sie nicht durch einen unbegründeten Widerspruch des Gegners entstanden sind.

Inhalt:

	Rn.		Rn.
A. Allgemeines	1	IV. Kein Einspruchsrecht, Abs. 2 Satz 2	10
B. Erläuterungen	2	V. Kosten, Abs. 4	11
I. Verbindung, Abs. 1 Satz 1	4	C. Rechtsmittel/Anfechtbarkeit, Abs. 3	13
II. Beschränkung, Abs. 1 Satz 2	6		
III. Anzuwendende Vorschriften, Abs. 2 Satz 1	7		

---

28 BAG, BeckRS 2016, 66486, Rn. 47.
29 OLG Jena, BeckRS 2006, 10187; offen gelassen von BGH, NJW-RR 2013, 692 (693), Rn. 18 f.
30 A.A. Musielak/Voit-*Grandel*, ZPO, § 236 Rn. 8.

Zu § 237:
1 BGH, BeckRS 2016, 02987, Rn. 3.
2 Musielak/Voit-*Grandel*, ZPO, § 237 Rn. 1.
3 MK-*Gehrlein*, ZPO, § 237 Rn. 1.
4 BAG, NJW 2013, 1620 (1622), Rn. 35.
5 BGH, NJW-RR 2014, 1532 (1533), Rn. 13.
6 BGH, BeckRS 2016, 02987, Rn. 4; Beispiele bei Musielak/Voit-*Grandel*, ZPO, § 237 Rn. 2.

A. Allgemeines

Die Norm regelt das Verfahren der Wiedereinsetzung, statthafte Rechtsmittel hiergegen und Kosten. 1

B. Erläuterungen

Es reicht aus, dass sich die Entscheidung über die Wiedereinsetzung aus den Gründen ergibt; sie muss nicht in den **Tenor** aufgenommen werden.[1] Hat das Gericht bereits über die versäumte Prozesshandlung entschieden, stellt die Partei im Anschluss aber einen zulässigen Wiedereinsetzungsantrag, ist **Wiedereröffnung** der mündlichen Verhandlung gemäß § 156 ZPO zu prüfen. Wird im Anschluss Wiedereinsetzung gewährt, wird die vorangegangene Verwerfung der ursprünglich versäumten Prozesshandlung **gegenstandslos**.[2] 2

Rechtliches Gehör ist der Gegenseite nur zu gewähren, wenn die Wiedereinsetzung nicht zurückgewiesen wird.[3] Denn nur dann muss sie bei einer Entscheidung des Gerichts die Unanfechtbarkeit nach Abs. 3 erdulden. Ob **Anwaltszwang** i.S.d. § 78 ZPO besteht, richtet sich nach dem Verfahren der versäumten Prozesshandlung.[4] 3

I. Verbindung, Abs. 1 Satz 1

Entgegen dem Wortlaut („ist") hat die Rechtsprechung die Verbindung zwischen den Verfahren der Wiedereinsetzung und der gemäß § 236 Abs. 2 Satz 2 ZPO nachgeholten Prozesshandlung ins **Ermessen** des Gerichts gestellt.[5] Das Gericht kann also aus Zweckmäßigkeitserwägungen das Wiedereinsetzungsverfahren entweder vorab durchführen oder mit dem Verfahren über die nachgeholte Prozesshandlung verbinden.[6] Der Wiedereinsetzungsantrag muss nur **spätestens** zusammen mit der Entscheidung über die nachgeholte Prozesshandlung erledigt werden.[7] Daher darf das Gericht nicht zuerst über die nachgeholte Prozesshandlung und erst danach über die beantragte Wiedereinsetzung entscheiden, weil letztere auch die Frage beeinflusst, ob die nachgeholte Prozesshandlung zulässig ist.[8] Absatz 1 Satz 2 macht deutlich, dass die Wiedereinsetzung nur einen Teil der Prüfung darstellt, indem es heißt, das Verfahren (zunächst) auf die Prüfung der Wiedereinsetzung „zu beschränken". 4

Ist Wiedereinsetzung zu **versagen**, entscheidet das Gericht in der Regel **kombiniert** über Versagung und nachgeholte Prozesshandlung, weil die Unzulässigkeit der einen auch zur Unzulässigkeit der anderen Handlung führt.[9] 5

II. Beschränkung, Abs. 1 Satz 2

Ist Wiedereinsetzung zu **gewähren**, entscheidet das Gericht in der Regel darüber **vorab**, wenn die Hauptsache noch nicht entscheidungsreif ist, um den Parteien insoweit schnellstmöglich Klarheit zu verschaffen.[10] 6

III. Anzuwendende Vorschriften, Abs. 2 Satz 1

Das Gericht entscheidet nach seinem Ermessen über den Wiedereinsetzungsantrag isoliert vorab oder kombiniert mit der Entscheidung über die nachgeholte Prozesshandlung. Die **isolierte Vorabentscheidung** ergeht entsprechend § 128 Abs. 4 ZPO durch Beschluss oder (Zwischen-)Urteil; bei der **kombinierten Entscheidung** folgt die Entscheidungsform dem Verfahren über die nachgeholte Prozesshandlung. Das Gericht prüft **von Amts wegen** Zulässigkeit (insbesondere Fristen und Rechtsschutzbedürfnis) und Begründetheit (insbesondere Tatsachen, Verschulden) des Wiedereinsetzungsantrags,[11] ist jedoch auf die vom Antragsteller vorgetragenen Gesichtspunkte beschränkt.[12] 7

Rechtsfolge: 8

– Ist der Wiedereinsetzungsantrag unzulässig, wird er verworfen. Es bleibt dann bei den Folgen der Versäumung.[13]

---

1 BGH, BeckRS 2014, 04550, Rn. 12.
2 BGH, NJW 2013, 697 (698), Rn. 13.
3 Musielak/Voit-*Grandel*, ZPO, § 238 Rn. 1; Thomas/Putzo-*Hüßtege*, ZPO, § 238 Rn. 4.
4 BeckOK-*Wendtland*, ZPO, § 238 Rn. 4.
5 BGH, NJW 1989, 1155.
6 MK-*Stackmann*, ZPO, § 238 Rn. 7.
7 BGH, NJW-RR 2014, 758, Rn. 3.
8 MK-*Stackmann*, ZPO, § 238 Rn. 9.
9 BeckOK-*Wendtland*, ZPO, § 238 Rn. 6.
10 MK-*Stackmann*, ZPO, § 238 Rn. 9.
11 Musielak/Voit-*Grandel*, ZPO, § 238 Rn. 2.
12 BGH, BeckRS 2008, 04069, Rn. 16.
13 BeckOK-*Wendtland*, ZPO, § 238 Rn. 12.

- Ist der Wiedereinsetzungsantrag unbegründet, wird er zurückgewiesen. Auch dann bleibt es bei den Folgen der Versäumung.
- Ist der Wiedereinsetzungsantrag zulässig und begründet, wird Wiedereinsetzung gewährt, die nachgeholte Prozesshandlung als rechtzeitig fingiert und die nachteiligen Folgen der Versäumung rückwirkend beseitigt.[14]

9 Das Gericht ist wegen § 318 ZPO (bei Beschlüssen analog) an seine Entscheidung über die Wiedereinsetzung **gebunden**, ebenso das Rechtsmittelgericht.[15]

IV. Kein Einspruchsrecht, Abs. 2 Satz 2

10 Bei Säumnis des **Antragstellers** entscheidet das Gericht durch (echtes) Versäumnisurteil über die Wiedereinsetzung und die nachgeholte Prozesshandlung ohne Prüfung, ob der Wiedereinsetzungsantrag begründet und zulässig ist oder nicht.[16] Bei Säumnis des **Antragsgegners** prüft das Gericht hingegen und entscheidet demgemäß durch echtes oder unechtes Versäumnisurteil.[17]

V. Kosten, Abs. 4

11 Im Wiedereinsetzungsverfahren fallen **keine gesonderten Gebühren** an,[18] weil es zum Rechtszug der versäumten Prozesshandlung (§ 19 Abs. 1 RVG) gehört und mit der Verfahrensgebühr (Nr. 3100 VV-RVG) abgegolten ist, § 15 Abs. 2 RVG. Weder das Verfahren über den Antrag noch die Entscheidung darüber durch Beschluss, Zwischenurteil, echtes Versäumnisurteil oder (sonstiges) Endurteil lösen Gebühren aus.[19] **Ausnahme** sind Auslagen der Parteien oder bei Beweisaufnahme.[20] Für eine erfolglose **sofortige Beschwerde** gilt § 97 Abs. 1 ZPO;[21] bei einer erfolgreichen sofortigen Beschwerde sind dies Kosten des Wiedereinsetzungsverfahrens.[22]

12 §§ 269 Abs. 3, 516 Abs. 3, 565 ZPO sind *leges speciales* zu Abs. 4.[23] Unterliegt der Antragsteller nach gewährter Wiedereinsetzung im Prozess, trägt er bereits nach § 91 Abs. 1 ZPO die Prozesskosten, so dass über die Kosten der Wiedereinsetzung nicht gesondert entschieden werden muss.[24] **Fehlt** eine **Kostenentscheidung**, kann gemäß § 321 ZPO Ergänzung beantragt werden.

C. Rechtsmittel/Anfechtbarkeit, Abs. 3

13 Wird Wiedereinsetzung durch **Urteil** versagt, kann der Antragsteller Berufung oder Revision einlegen;[25] gegen ein Versäumnisurteil jedoch keinen Einspruch, Abs. 2 Satz 2, sondern ebenfalls nur Berufung und Revision im Umfang der §§ 514 Abs. 2, 565 ZPO.[26] Wird Wiedereinsetzung durch **Beschluss** versagt, kann der Antragsteller sofortige Beschwerde, ggf. Rechtsbeschwerde einlegen.[27] Dabei unterliegt die Frage, ob Wiedereinsetzung zu Recht versagt worden ist, in vollem Umfang der Prüfung durch das Rechtsmittelgericht.

14 Wird Wiedereinsetzung **gewährt**, ist dies unanfechtbar, Abs. 3.

---

14 BeckOK-*Wendtland*, ZPO, § 238 Rn. 12.
15 BGH, BeckRS 2016, 03900, Rn. 14.
16 BeckOK-*Wendtland*, ZPO, § 238 Rn. 14.
17 Stein/Jonas-*Roth*, ZPO, § 238 Rn. 8.
18 Zöller-*Greger*, ZPO, § 238 Rn. 12.
19 Musielak/Voit-*Grandel*, ZPO, § 238 Rn. 10.
20 BeckOK-*Wendtland*, ZPO, § 238 Rn. 19.
21 MK-*Stackmann*, ZPO, § 238 Rn. 16.
22 BeckOK-*Wendtland*, ZPO, § 238 Rn. 19.
23 Musielak/Voit-*Grandel*, ZPO, § 238 Rn. 8.
24 Musielak/Voit-*Grandel*, ZPO, § 238 Rn. 8.
25 BGH, BeckRS 2016, 05647, Rn. 8 f.
26 MK-*Stackmann*, ZPO, § 238 Rn. 15.
27 BGH, NJW-RR 2016, 507 f.

Titel 5
Unterbrechung und Aussetzung des Verfahrens

§ 239
Unterbrechung durch Tod der Partei

(1) Im Falle des Todes einer Partei tritt eine Unterbrechung des Verfahrens bis zu dessen Aufnahme durch die Rechtsnachfolger ein.

(2) Wird die Aufnahme verzögert, so sind auf Antrag des Gegners die Rechtsnachfolger zur Aufnahme und zugleich zur Verhandlung der Hauptsache zu laden.

(3) ¹Die Ladung ist mit dem den Antrag enthaltenden Schriftsatz den Rechtsnachfolgern selbst zuzustellen. ²Die Ladungsfrist wird von dem Vorsitzenden bestimmt.

(4) Erscheinen die Rechtsnachfolger in dem Termin nicht, so ist auf Antrag die behauptete Rechtsnachfolge als zugestanden anzunehmen und zur Hauptsache zu verhandeln.

(5) Der Erbe ist vor der Annahme der Erbschaft zur Fortsetzung des Rechtsstreits nicht verpflichtet.

Inhalt:

	Rn.		Rn.
A. Allgemeines	1	II. Dauer der Unterbrechung, Abs. 1	7
I. Normzweck	1	III. Aufnahme des Rechtsstreits,	
II. Anwendungsbereich	2	Abs. 1 und Abs. 5	8
B. Erläuterungen	3	IV. Ladung zur Aufnahme und	
I. Unterbrechung durch Tod einer		Verhandlung, Abs. 2 bis Abs. 4	9
Partei, Abs. 1	3	C. Gebühren/Kosten	13

A. Allgemeines
I. Normzweck

Dem Grundprinzip des Zivilprozesses als Parteiprozess (vgl. Einl. Rn. 4) folgend führt der **Tod einer Partei**, unabhängig davon, ob es die Kläger- oder die Beklagtenseite betrifft, grundsätzlich zur Unterbrechung des **rechtshängigen** Verfahrens (§ 261 ZPO) der Hauptsache. Dies beruht maßgeblich darauf, dass zwar nach § 1922 BGB im Zuge der Universalrechtsnachfolge der Erbe oder die Erbengemeinschaft unmittelbar und vom Zeitpunkt des Erbfalls an in die Rechts- und Vermögenspositionen der verstorbenen Partei und damit auch in das rechtshängige Prozessverhältnis im Zeitpunkt des Todesfalls eintreten. Allerdings kann es, von rein praktischen Umständen im Zusammenhang mit der Nachlassregelung und -verwaltung ohnehin abgesehen, nicht selten zu langwierigen Auseinandersetzungen um die Erbfolge kommen und schließlich steht jedem Erben über dies zunächst die **gesetzliche Ausschlagungsfrist** von sechs Wochen (§ 1944 BGB) zu. Im Falle einer „Kettenausschlagung", namentlich aufgrund von einem überschuldeten Nachlass, kann es so ohne Weiteres zur mehrmonatigen Verzögerung kommen, bis schlussendlich, wenn alle ermittelbaren Erben zuvor ausgeschlagen haben, nur noch der nicht zur Ausschlagung berechtigte Fiskus als gesetzlicher Erbe in das Verfahren eintritt (§§ 1936, 1942 BGB).[1]

1

II. Anwendungsbereich

Der Anwendungsbereich der Vorschrift des § 239 ZPO wie auch der weiteren Bestimmungen über die **kraft Gesetzes** mit Eintritt des jeweiligen Ereignisses eintretenden und **von Amts wegen**[2] zu beachtenden **Unterbrechungen** (§§ 239–245 ZPO) sowie der Bestimmungen über die erst mit insoweit dann konstitutivem Beschluss des Gerichts eintretende **Aussetzung** (§§ 246–250 ZPO) und schließlich die Vorschrift über das **Ruhen des Verfahrens** (§ 251 ZPO) insgesamt gelten für alle Hauptsacheverfahren. Die genannten Bestimmungen sind damit sowohl im Erkenntnisverfahren wie auch bei Vollstreckungsgegenklagen nach § 767 ZPO,[3] bei Verfahren über die Vollstreckbarkeitserklärung ausländischer Urteile nach §§ 722, 723 ZPO[4] sowie für inländische Schiedssprüche nach § 1060 ff. ZPO[5] als auch im Verfahren des einst-

2

---

[1] Vgl. auch in: Prütting/Gehrlein-*Anders*, ZPO, Vor § 239 Rn. 1.
[2] BGH, NJW 2002, 2107.
[3] BGH, NJW-RR 2009, 60 (61), Rn. 11 f. = ZIP 2008, 1941 (1942), Rn. 11 f.
[4] BGH, NJW-RR 2009, 279, Rn. 6 ff. = FamRZ 2008, 1749 (1750), Rn. 6 ff.
[5] OLG Köln, IPRspr. 2014, Nr. 291, 772

weiligen Rechtsschutzes[6] und schließlich im **Kostenfestsetzungsverfahren** anwendbar.[7] **Nicht erfasst** wird dagegen neben dem **PKH-Verfahren**[8] unter anderem das noch nicht beendete Verfahren der **selbstständigen Beweisaufnahme**,[9] soweit dieses noch durch Abschluss der Beweisaufnahme nicht bereits sachlich beendet ist,[10] und die **Rechtsbehelfsverfahren des Zwangsvollstreckungsverfahrens** selbst.[11] Soweit der Verstorbene bereits einen **Prozessbevollmächtigten** bestellt hatte, wird § 239 ZPO durch § 246 ZPO verdrängt.

B. Erläuterungen
I. Unterbrechung durch Tod einer Partei, Abs. 1

3   Ausweislich des Wortlauts von Abs. 1 ist zunächst nur der **Tod der Partei** selbst von Bedeutung. Die **Todeserklärung** nach § 9 VerschG unter den in den §§ 3 ff. VerschG geregelten Fällen des Verschollenseins steht dem gleich. Das **Versterben des Prozessbevollmächtigten** wird dagegen von § 244 ZPO erfasst. Beim **Tod einer Partei kraft Amtes** (z.B. Insolvenzverwalter [§ 56 ff. InsO], Nachlassverwalter [§§ 1981 ff. BGB] und Testamentsvollstrecker [2197 BGB]) gilt nicht § 239 ZPO, auch nicht analog,[12] sondern § 241 ZPO.[13] Ebenso greift § 239 ZPO nicht, auch nicht analog,[14] bei der **gewillkürten Prozessstandschaft** und dem Tod des Prozessstandschafters ein,[15] sondern nur, in entsprechender Anwendung, in den Fällen der **gesetzlichen Prozessstandschaft**, da bei diesen nur die Erben des verstorbenen Prozessstandschafters und nicht der tatsächliche Rechtsinhaber den Prozess fortführen können.[16]

4   **Partei** i.S.d. Abs. 1 ist nur die Hauptpartei, die den Prozess für sich selbst betreibt, nicht dagegen der als Streithelfer beigetretene Nebenintervenient, sofern keine streitgenössische Streithilfe (§ 69) vorliegt.[17] Bei der **einfachen Streitgenossenschaft** (§ 61 ZPO) führt der Tod eines Streitgenossen nur zur Unterbrechung des isolierbaren Prozessrechtsverhältnisses mit dem Gegner für den verstorbenen Streitgenossen, sodass im Verhältnis des überlebenden einfachen Streitgenossen und der Gegenpartei auch eine Entscheidung durch Teilurteil in Betracht kommen kann,[18] während bei der **notwendige Streitgenossenschaft** (§ 62 ZPO) das Verfahren insgesamt unterbrochen wird.

5   Bei **juristischen Personen** und (teil-)rechtsfähigen **Personenvereinigungen** wie insbesondere den Personen(handels)gesellschaften (GbR, OHG, KG), aber auch etwa den Gewerkschaften[19] und politischen Parteien (§ 3 ParteienG) findet § 239 ZPO analog Anwendung, **wenn** der Untergang ohne vorherige Liquidation erfolgt und somit eine Gesamtrechtsnachfolge eintritt.[20] Dies kann durch Anfall von Vereinsvermögen an den Fiskus gemäß § 46 BGB der Fall sein, ebenso auch bei Anwachsung des Gesellschaftsvermögens an den zuletzt verbliebenen „letzten" Gesellschafter sowie der Vereinigung aller Gesellschaftsanteile im Zuge einer Abtretung in der Hand eines einzigen Gesellschafters[21] und schließlich auch bei Umwandlungen nach dem UmwG (Verschmelzung, [§§ 2 ff. UmwG]; Aufspaltung [§ 123 Abs. 1 UmwG]; Vermögensübertragung [§ 174 Abs. 2 Satz 2 Nr. 1 UmwG]).[22] Dagegen findet § 239 ZPO bei der **Löschung**

---

6   BGH, NJW 2004, 1388 (1389) = WM 2004, 1152 (1153), unter Bestätigung von BGH, NJW 1962, 291 = WM 1962, 242.
7   BGH, NZI 2013, 886 (887), Rn. 15 = ZIP 2013, 1742 (1744), Rn. 15; BGH, NZI 2006, 128 = FamRZ 2005, 1535.
8   BGH, NJW-RR 2006, 1208 (1209), Rn. 1; zu besonderen Konstellationen insoweit BeckOK-*Jaspersen*, ZPO, § 239 Rn. 3.8.
9   BGH, NJW 2011, 1679 = ZIP 2011, 1024 (1025); BGH, NJW 2004, 1388 = ZIP 2004, 186 (187).
10 BGH, NJW 2011, 1679 = ZIP 2011, 1024 (1025), in Abgrenzung zu BGH, NJW 2004, 1388 = ZIP 2004, 186 (187).
11 Prütting/Gehrlein-*Anders*, ZPO, Vor § 239 Rn. 1. Weiterführend hierzu insgesamt, mit weiteren Beispielen, BeckOK-*Jaspersen*, ZPO, § 239 Rn. 3.1–3.16.
12 Ablehnend zur anderslautenden „älteren Rechtsprechung" insoweit BGH, NJW 1993, 3072 = ZIP 1993, 1412 (1413), m.w.N.
13 Prütting/Gehrlein-*Anders*, ZPO, 239 Rn. 3; MK-*Stackmann*, ZPO, § 239 Rn. 13 f.; Zöller-*Greger*, ZPO, 239 Rn. 7.
14 Befürwortend BeckOK-*Jaspersen*, ZPO, § 239 Rn. 15; Stein/Jonas-*Roth*, ZPO, § 239 Rn. 9.
15 BGH, NJW 1993, 3072 (3073) = ZIP 1993, 1412 (1413).
16 BGH, NJW 2012, 3642 (3643), Rn. 13 = FamRZ 2012, 1793 (1794), Rn. 13.
17 Prütting/Gehrlein-*Anders*, ZPO, § 239 Rn. 5; MK-*Stackmann*, ZPO, § 239 Rn. 10.
18 BGH, NJW 2007, 156 (157), Rn. 15 = FamRZ 2007, 209 (210).
19 BGH, NJW 1968, 1830.
20 BGH, NZG 2017, 394 (395), Rn. 22 = ZIP 2017, 493 (494), Rn. 22; BGH, NZG 2004, 611 = WM 2004, 1138 (1139); BGH NJW 2002, 1207 = ZIP 2002, 614 (615).
21 BGH, NJW-RR 2006, 1289 (1290) = MDR 2006, 704.
22 Vgl. Prütting/Gehrlein-*Anders*, ZPO, § 239 Rn. 7.

einer in das Handelsregister eingetragenen Gesellschaft keine Anwendung.[23] Anders ist dies bei ausländischen (Kapital-)Gesellschaften, wenn die für diese geltende Rechtsordnung eine **Wiedereintragung** vorsieht (z.B. englische Ltd.).[24]

Als **Rechtsnachfolger** der verstorbenen Partei ist derjenige anzusehen, der nach dem Tod der Partei – oder dem diesem gleich gestellten Ereignis bei nicht-natürlichen Personen – zum Inhaber deren Rechtsposition wird, denn der (Gesamt-)Rechtsnachfolger erwirbt im Regelfall neben den materiell-rechtlichen Rechtspositionen auch die Prozessführungsbefugnis.[25] Beerbt der Beklagte den Kläger, berührt dies seine prozessuale Stellung nicht.[26] Soweit die Konstellation einer **Sonderrechtsnachfolge** vorliegt, etwa, weil ein Nacherbe in den Prozess des Vorerben eintritt (vgl. § 242 Rn. 1) oder der Zessionar einer abgetretenen Forderung verstirbt, tritt der Sonderrechtsnachfolger insoweit an die Stelle des eigentlichen Rechtsnachfolgers.[27]

II. Dauer der Unterbrechung, Abs. 1

Für die **Dauer** der Unterbrechung nach Abs. 1 sieht § 239 ZPO keine starre Frist vor. Sie steht insoweit zunächst im Belieben des Rechtsnachfolgers des Verstorbenen, der das Verfahren von sich aus wiederaufnehmen kann, aber grundsätzlich nicht muss (anders der Erbe, vgl. Rn. 8).

III. Aufnahme des Rechtsstreits, Abs. 1 und Abs. 5

Die Aufnahme des Rechtsstreits durch den Rechtsnachfolger bestimmt sich im Einzelnen nach § 250 ZPO. Für den **Erben** wird eine sonst nicht gegebene Verpflichtung zur Aufnahme im Umkehrschluss zu § 239 Abs. 5 ZPO jedenfalls ab dem Zeitpunkt der Annahme der Erbschaft sowie aus dem Rechtsgedanken des § 1985 BGB abgeleitet.[28] In einer ausdrücklich erklärten Aufnahme des rechtshängigen Rechtsstreits noch während laufender Frist zur Annahme der Erbschaft kann grundsätzlich die Erklärung zur Annahme der Erbschaft gesehen werden. In das **Rubrum** ist, von Amts wegen,[29] ein Hinweis auf die eingetretene Rechtsnachfolge aufzunehmen, etwa:

„(...) als Erbe des am ... verstorbenen ..."[30]

IV. Ladung zur Aufnahme und Verhandlung, Abs. 2 bis Abs. 4

Mit der grundsätzlich fehlenden Pflicht des Rechtsnachfolgers, einen rechtshängigen Prozess aufzunehmen und fortzuführen, soweit er nicht Erbe der verstorbenen Partei geworden ist (vgl. Rn. 8), korrespondiert das Recht der „überlebenden" Partei, nach **Abs. 2** einen **Antrag auf Verfahrensfortgang** zu stellen. Denn anderenfalls wäre, insbesondere unter dem Gesichtspunkt ausstehender Kostenentscheidungen, ein endloser Schwebezustand, zu befürchten, der aber unter anderem die entgegenstehende Rechtshängigkeit nicht entfallen ließe. Der Erfolg eines solchen Antrags setzt die schlüssige **Darlegung** sowie gegebenenfalls auch den Beweis dafür voraus,[31] dass eine bestimmte Rechtsnachfolge eingetreten ist und der Rechtsnachfolger von dem rechtshängigen Verfahren auch Kenntnis hat, dessen Aufnahme sodann aber ohne gesetzlich geregelten Grund **verzögert**.[32] Aus Abs. 5 ergibt sich unmittelbar, dass vor Annahme der Erbschaft keine Verpflichtung zur Aufnahme besteht, somit eine Verzögerung *per se* nicht in Betracht kommt. Bei bereits fehlender schlüssiger Darlegung hilft dem Antragsteller in dem in jedem Fall von Amts wegen zu bestimmenden Termin die Säumnis des Rechtsnachfolgers nicht, andernfalls gilt durch die Säumnis der Vortrag zur verzögerten Aufnahme nach **Abs. 4** als zugestanden. Über die Aufnahme kann dem Grunde nach ein Aufnahmeurteil als Zwischenurteil (§ 303 ZPO) ergehen, wobei die Aufnahme ohne Weiteres auch erst inzident im Endurteil festgestellt werden kann.[33]

Nach Eingang des Antrags auf Aufnahme des Verfahrens seitens des Gegners ist der Rechtsnachfolger sowohl zur Aufnahme als auch zur Verhandlung der Hauptsache in einem mündlichen Termin nach Abs. 2 zu laden. **Abs. 3 Satz 1** sieht insoweit vor, dass die Ladung dem Rechtsnachfolger **selbst** zuzustellen ist, selbst wenn dieser, auch nach Vortrag des Gegners,

---

23 Vgl. Prütting/Gehrlein-*Anders*, ZPO, § 239 Rn. 8; MK-*Stackmann*, ZPO, § 239 Rn. 20; Musielak/Voit-*Stadler*, ZPO, § 239 Rn. 5; alle m.w.N.
24 BGH, NZG 2017, 394 (396), Rn. 26f. = ZIP 2017, 493 (495), Rn. 26f.
25 BGH, NJW 2012, 3642 (3643), Rn. 10 = FamRZ 2012, 1793, Rn. 10.
26 BGH, NJW 2014, 1886 Rn. 9 = FamRZ 2014, 750 (751), Rn. 9.
27 Prütting/Gehrlein-*Anders*, ZPO, § 239 Rn. 10; Zöller-*Greger*, ZPO, § 239 Rn. 9.
28 Prütting/Gehrlein-*Anders*, ZPO, § 239 Rn. 13; MK-*Stackmann*, ZPO, § 239 Rn. 22.
29 BeckOK-*Jaspersen*, ZPO, § 239 Rn. 44.
30 Vgl. Prütting/Gehrlein-*Anders*, ZPO, § 239 Rn. 13.
31 BeckOK-*Jaspersen*, ZPO, § 239 Rn. 47.
32 Prütting/Gehrlein-*Anders*, ZPO, § 239 Rn. 15; vgl. auch MK-*Stackmann*, ZPO, § 239 Rn. 36.
33 BGH, NZI 2012, 572 (573), Rn. 12 = ZIP 2012, 1527 (1528), Rn. 12.

bereits einen Prozessbevollmächtigten bestellt hat. Bei mehreren Rechtsnachfolgern, etwa einer Erbengemeinschaft, muss an alle Rechtsnachfolger einzeln selbst zugestellt werden. Für die vom Vorsitzenden nach **Abs. 3 Satz 2** zu bestimmende **Ladungsfrist** gilt § 217 ZPO. Eine Ladung zur mündlichen Verhandlung kann ausnahmsweise entfallen, wenn eine Entscheidung im schriftlichen Verfahren möglich ist (z.B. nach § 522 Abs. 1 und Abs. 2 ZPO).[34]

11 Für den anberaumten Verhandlungstermin gelten zunächst keine Besonderheiten. Neben der Verhandlung über die Aufnahme selbst, etwa die vom Gegner zu Recht angenommene eingetretene Rechtsnachfolge, ist ausweislich Abs. 2 a.E. auch über die Hauptsache zu verhandeln. Dies jedenfalls dann, wenn sich nicht eine unwirksame Aufnahme herausstellt, etwa, weil der vorgetragene Rechtsnachfolger nicht Rechtsnachfolger geworden ist. Bei **Säumnis des Rechtsnachfolgers** ist auf Antrag die behauptete Rechtsnachfolge, soweit diese schlüssig vorgetragen ist, als zugestanden anzunehmen und sodann zur Hauptsache zu verhandeln, Abs. 4. Insoweit kann auch bei vorherigem schriftlichen Bestreiten der Rechtsnachfolge gegen den Rechtsnachfolger in der Hauptsache ein Versäumnisurteil ergehen. Bei Säumnis des Gegners kann, sowohl wenn dieser die Aufnahmeberechtigung des Rechtsnachfolgers bestreitet als auch den Antrag nach Abs. 2 selbst gestellt hat, jeweils Versäumnisurteil gegen den Gegner ergehen, weil die Rechtsnachfolge dann ihrerseits als zugestanden gilt (§ 331 ZPO).[35]

12 Bei einer Unterbrechung, die nach Erlass einer Endentscheidung noch vor deren Erwachsen in Rechtskraft eintritt („**Unterbrechung zwischen den Instanzen**"),[36] ist bei einem noch vor Eintritt der Unterbrechung eingelegtem Rechtsmittel der Aufnahmeantrag in der Rechtsmittelinstanz zu erklären bzw. der Antrag nach Abs. 2 vom Gegner zu stellen. Hat der Verstorbene selbst noch kein Rechtsmittel eingelegt, kann der Rechtsnachfolger dies mit seinem Aufnahmeantrag gemeinsam einlegen.[37]

C. Kosten/Gebühren

13 Für die Stellung eines Aufnahmeantrags durch den Rechtsnachfolger oder den Gegner sind keine Gebühren oder Kosten auf gerichtlicher Seite oder für einen prozessbevollmächtigten Rechtsanwalt vorgesehen.[38]

§ 240
Unterbrechung durch Insolvenzverfahren

¹Im Falle der Eröffnung des Insolvenzverfahrens über das Vermögen einer Partei wird das Verfahren, wenn es die Insolvenzmasse betrifft, unterbrochen, bis es nach den für das Insolvenzverfahren geltenden Vorschriften aufgenommen oder das Insolvenzverfahren beendet wird. ²Entsprechendes gilt, wenn die Verwaltungs- und Verfügungsbefugnis über das Vermögen des Schuldners auf einen vorläufigen Insolvenzverwalter übergeht.

Inhalt:

	Rn.		Rn.
A. Allgemeines	1	II. Dauer der Unterbrechung, Satz 1	5
B. Erläuterungen	2	III. Aufnahme des Verfahrens, Satz 1	6
I. Eröffnung eines Insolvenzverfahrens über das Vermögen einer Partei, Satz 1 und Satz 2	2		

A. Allgemeines

1 Die Vorschrift des § 240 ZPO, die nicht von § 246 ZPO verdrängt wird, korrespondiert prozessrechtlich mit der des § 80 Abs. 1 InsO. Nach § 80 Abs. 1 InsO verliert mit der Eröffnung eines Insolvenzverfahrens über das Vermögen eines Schuldners dieser materiell-rechtlich die Verwaltungs- und Verfügungsbefugnis sowie prozessual auch seine Prozessführungsbefugnis über sein zur Insolvenzmasse gehörendes Vermögen, nachdem auch diese ausschließlich auf den Insolvenzverwalter nach § 80 Abs. 1 InsO übergeht. Sinn und Zweck der kraft Gesetzes bereits mit dem Beschluss über die Verfahrenseröffnung eintretenden Unterbrechung aller anhängigen Prozesse, unbeschadet davon, ob der Insolvenzschuldner Aktiv- oder Passivpartei ist, ist es, dem (vorläufigen) Insolvenzverwalter ausreichend Zeit zur Verschaffung eines Über-

---

34 Vgl. insoweit OLG München, BeckRS 2016, 10261 = MDR 2016, 1046.
35 Vgl. auch MK-*Stackmann*, ZPO, § 239 Rn. 38.
36 Prütting/Gehrlein-*Anders*, ZPO, § 239 Rn. 16.
37 Vgl. BeckOK-*Jaspersen*, ZPO, § 239 Rn. 41.
38 Vgl. Prütting/Gehrlein-*Anders*, ZPO, Vor § 239 Rn. 10.

blicks über den Prozessstand und die Beantwortung der Frage einzuräumen, ob und wie der Prozess fortgeführt werden soll.

B. Erläuterungen

I. Eröffnung eines Insolvenzverfahrens über das Vermögen einer Partei, Satz 1 und Satz 2

Tatbestandliche Voraussetzung des § 240 **Satz 1** ZPO ist zunächst, dass ein Insolvenzverfahren über das Vermögen einer an einem Rechtsstreit als Partei beteiligten Person, gleich ob natürliche oder juristische Person, nach § 27 InsO eröffnet worden ist. Die Bestellung eines **vorläufigen Insolvenzverwalters** nach § 21 Abs. 1 Nr. 1 i.V.m. Nr. 2 InsO genügt, wenn im Zuge dessen Bestellung auch die Verfügungsbefugnisse nach § 22 Abs. 1 Satz 1 InsO auf diesen übergegangen sind, **Satz 2**.[1] Die Eröffnung eines **Eigenverwaltungsverfahrens** nach §§ 275 ff. InsO genügt ebenfalls.[2] Die Rechtskraft der Bestellung oder Verfahrenseröffnung ist nicht erforderlich, solange der Beschluss des Insolvenzgerichts nur nicht wegen mangelnder Unterschrift nichtig ist.[3] Eine erfolgreiche Beschwerde gegen den Eröffnungsbeschluss – nicht etwa den deklaratorischen Beschluss durch das Prozessgericht, über den der rechtshängige Prozess unterbrochen wird – führt nur zum Wegfall der Unterbrechungswirkung *ex nunc* (§ 34 Abs. 3 Satz 3 InsO).[4] Ordnet ein ausländisches Insolvenzgericht die Eröffnung eines Insolvenzverfahrens an, führt auch dies nach §§ 352 Abs. 1, 343 Abs. 1 Satz 1 InsO sowie, im Falle eines im EU-Ausland ansässigen Insolvenzgerichts, nach Art. 15, 16 EUInsVO zur Unterbrechung.

2

Die Eröffnung eines Insolvenzverfahrens muss sich sodann auf das Vermögen einer an einem **rechtshängigen** Prozess beteiligten **Partei** beziehen. Während bei **notwendigen Streitgenossen** (§ 62 ZPO) die Eröffnung eines Insolvenzverfahrens zur Unterbrechung des gesamten Rechtsstreits führt, beschränkt sich bei **einfachen Streitgenossen** die Unterbrechung nur auf das jeweilige Prozessverhältnis.[5] Die Eröffnung eines Insolvenzverfahrens über das **Vermögen einer Personen(handels)gesellschaft** führt wegen § 17 Abs. 1 Satz 1 AnfG auch zur Unterbrechung von eventuell ebenfalls rechtshängigen Verfahren auf Inanspruchnahme der jeweiligen Gesellschafter;[6] in diesem Fall richtet sich die Unterbrechungswirkung allerdings nach § 17 Abs. 1 Satz 1 AnfG.[7] Umgekehrt unterbricht die Eröffnung eines Insolvenzverfahrens nur über das **Vermögen eines Gesellschafters** nicht einen Prozess oder ein Prozessverhältnis, in dem (auch) die Gesellschaft selbst Partei ist.[8]

3

Schließlich muss der geltend gemachte Anspruch, unabhängig davon, ob es ein von der insolvent gewordenen Partei erhobener oder ein gegen sie als Partei gerichteter Anspruch ist, zu der Insolvenzmasse (§§ 35, 36 InsO) gehören. Insbesondere bei **unpfändbaren Gegenständen** (§ 36 InsO) berührt die Insolvenzeröffnung nicht das streitige Verfahren hierüber. Andererseits genügt es, wenn von mehreren Streitgegenständen nur ein einziger zur Insolvenzmasse gehört,[9] oder, wenn der Anspruch erst während der Insolvenz neu zur Masse hinzu kommt.[10] Im Falle eines Rechtsstreits auf **Räumung und Herausgabe** stellt zwar nur die Räumungspflicht einen die Insolvenzmasse betreffenden Streitgegenstand dar, gleichwohl unterbricht auch hier die eingetretene Insolvenz den gesamten Rechtsstreit, also auch bezüglich des Herausgabeanspruchs des § 985 BGB.[11] Bei (Stufen-)Klagen auf Auskunft, Rechnungslegung und/oder Urkundenvorlegung hängt der Eintritt der Unterbrechung von dem jeweiligen Hauptanspruch und dessen Zugehörigkeit zur Insolvenzmasse ab,[12] ebenso bei Unterlassungsklagen.[13] Ein Anspruch auf **Drittauskunft**, etwa bei Wettbewerbsverletzungen, bleibt dagegen unberührt, sodass bei Eintritt der Insolvenz gerade nicht bei dem Dritten über dieses Prozessverhältnis durch Teilurteil entschieden werden kann.[14] Im Falle einer von mehreren – dann aus prozess-

4

---

1 BGH, NJW-RR 2013, 1461, Rn. 12 = ZIP 2013, 1493, Rn. 12.
2 BGH, NZI 2012, 572 (574), Rn. 42 = ZIP 2012, 1527 (1531), Rn. 42; BGH, NJW-RR 2007, 629, Rn. 6 = ZIP 2007, 249 (250), Rn. 6.
3 BGHZ 137, 49 (57) = NJW 1998, 609 = VersR 1998, 1299.
4 Musielak/Voit-*Stadler*, ZPO, § 240 Rn. 3; MK-*Stackmann*, ZPO, § 240 Rn. 9.
5 BGH v. 03.11.2016, I ZR 101/15, juris, Rn. 15, m.w.N.
6 BGH, NJW-RR 2009, 343, Rn. 6 = ZIP 2009, 47, Rn. 6.
7 BGHZ 208, 227 (236), Rn. 14 = NJW 2016, 1592 (1593), Rn. 14 = DZWIR 2015, 331 (333), Rn. 14.
8 BGH, NJW 2011, 683, Rn. 12.
9 Weiterführend hierzu Prütting/Gehrlein-*Anders*, ZPO, § 240 Rn. 6.
10 OLG Hamm, OLGR 2006, 61 f. = NJW 2005, 2788.
11 BGH, NJW-RR 2015, 433, Rn. 16 f. = ZIP 2015, 399 (400), Rn. 16 f.; Prütting/Gehrlein-*Anders*, ZPO, § 240 Rn. 6.
12 Prütting/Gehrlein-*Anders*, ZPO, § 240 Rn. 6; MK-*Stackmann*, ZPO, § 240 Rn. 19.
13 OLG Frankfurt a.M., NZI 2015, 891 = ZVI 2016, 73.
14 BGH, NJW 2010, 2213 (2214), Rn. 16, 21 ff. = ZIP 2010, 901 (902), Rn. 16, 21 ff.

rechtlichen Gründen notwendigen – Streitgenossen erhobenen **Nichtigkeitsklage** darf dagegen bei Insolvenzeintritt bei einem oder mehreren von ihnen zumindest dann dennoch durch Teilurteil entschieden werden, wenn ebenso auch eine Verfahrenstrennung möglich wäre.[15]

II. Dauer der Unterbrechung, Satz 1

5 Die Unterbrechung **tritt** mit der Eröffnung des Insolvenzverfahrens oder der Bestellung des vorläufigen Insolvenzverwalters **ein**, Satz 1; beides erfolgt, sobald der jeweils von dem Richter unterzeichnete Beschluss in den Geschäftsgang gegeben wird.[16] Für den Eintritt der unterbrechenden Wirkung nach § 240 ZPO ist es nicht erforderlich, dass die Parteien oder das Gericht, bei dem der unterbrochene Rechtsstreit anhängig ist, von dem unterbrechenden Ereignis Kenntnis haben. Aufgrund der besonderen Bedeutung der Eröffnung des Insolvenzverfahrens oder der Bestellung eines vorläufigen Insolvenzverwalters und der damit vom Gesetzgeber vorgesehenen Angabe der **Stunde der Entscheidung** (§ 27 Abs. 1 Nr. 3 InsO) kann theoretisch ein am Nachmittag des Eröffnungstages – unbemerkt – verkündetes Urteil allein deshalb anfechtbar sein; die Unterbrechung führt indessen nicht zur Nichtigkeit.[17] Ein in dieser Konstellation geschlossener Vergleich ist dagegen unwirksam, weil einer Partei die materiell-rechtliche Verfügungsbefugnis zum Abschluss des Vergleichs gefehlt hat (§ 80 Abs. 1 InsO). Die Unterbrechung **endet** durch die Beendigung des Insolvenzverfahrens, sei es durch Aufhebung des Eröffnungsbeschlusses (§ 34 Abs. 3 InsO), durch Aufhebung des Insolvenzverfahrens (§ 200 InsO oder § 258 InsO) oder durch dessen Einstellung (§§ 207, 211–213 InsO). Daneben kann es zur **Aufnahme** des unterbrochenen Rechtsstreits durch den Insolvenzverwalter oder durch dessen Freigabeerklärung zur einer Fortführung des unterbrochenen Verfahrens kommen.[18] Abzustellen ist jeweils auf den Zeitpunkt der Bekanntmachung der Entscheidung.[19]

III. Aufnahme des Verfahrens, Satz 1

6 Neben den maßgeblichen Vorschriften des Insolvenzrechts (§§ 85 ff. InsO) über die Aufnahme eines durch Insolvenzverfahrenseröffnung unterbrochenen Verfahrens ist für die Aufnahme in formeller Hinsicht nach § 250 ZPO zunächst ein entsprechender Schriftsatz erforderlich, der dem Gegner zugestellt werden muss (vgl. § 250 Rn. 2). Zur Aufnahme eines **Aktivprozesses** sind neben dem Insolvenzverwalter (§ 85 Abs. 1 Satz 1, § 86 Abs. 1 InsO) nach dessen Ablehnung der Aufnahme auch der Schuldner selbst (§ 85 Abs. 2 Hs. 1 Alt. 1 ZPO) sowie der Prozessgegner (§ 85 Abs. 2 Hs. 2 Alt. 2 ZPO) berechtigt. Eine Klagerücknahme durch den Insolvenzverwalter ist ohne vorherige Aufnahmeerklärung möglich.[20] Im **Passivprozess** sind sowohl der Insolvenzverwalter (§ 86 Abs. 1 Alt. 1 ZPO) als auch der Gegner (§ 86 Abs. 1 Alt. 2 ZPO) aufnahmeberechtigt, wenn eine der drei Voraussetzungen des § 86 Abs. 1 Nr. 1–3 ZPO erfüllt sind. Danach muss die Rechtsstreitigkeit entweder die Aussonderung eines Gegenstands der Insolvenzmasse (§ 86 Abs. 1 Nr. 1 i.V.m. §§ 47 f. InsO), eine abgesonderte Befriedigung (§ 86 Abs. 1 Nr. 2 i.V.m. §§ 49 ff. InsO) oder eine Masseverbindlichkeit (§ 86 Abs. 1 Nr. 3 i.V.m. §§ 53 ff. InsO) betreffen.

§ 241
Unterbrechung durch Prozessunfähigkeit

(1) Verliert eine Partei die Prozessfähigkeit oder stirbt der gesetzliche Vertreter einer Partei oder hört seine Vertretungsbefugnis auf, ohne dass die Partei prozessfähig geworden ist, so wird das Verfahren unterbrochen, bis der gesetzliche Vertreter oder der neue gesetzliche Vertreter von seiner Bestellung dem Gericht Anzeige macht oder der Gegner seine Absicht, das Verfahren fortzusetzen, dem Gericht angezeigt und das Gericht diese Anzeige von Amts wegen zugestellt hat.

(2) Die Anzeige des gesetzlichen Vertreters ist dem Gegner der durch ihn vertretenen Partei, die Anzeige des Gegners ist dem Vertreter zuzustellen.

(3) Diese Vorschriften sind entsprechend anzuwenden, wenn eine Nachlassverwaltung angeordnet wird.

---

15 BGH v. 03.11.2016, I ZR 101/15, juris, Rn. 20; BGH v. 02.02.2016, X ZR 146/13, juris, Rn. 7.
16 MK-*Schmal/Busch*, ZPO, § 29 Rn. 124 f.; MK-*Zipperer*, InsO, § 27 Rn. 8.
17 St. Rspr. seit BGHZ 2, 278 (279 f.); BGH, NJW-RR 2012, 1465 (1466), Rn. 3; BGH, NZI 2004, 341 = FamRZ 2004, 867 (868), jew. m.w.N.
18 BGHZ 163, 32 (35) = NJW 2005, 2015 (2016) = ZIP 2005, 1034 (1035).
19 BGH, NJW 1990, 1239 f. = ZIP 1989, 1411 (1412); Prütting/Gehrlein-*Anders*, ZPO, § 240 Rn. 7.
20 OLG Celle, ZIP 2011, 2127 (2128).

Zur Vermeidung von Nichtigkeitsklagen (§ 579 Abs. 1 Nr. 4 ZPO), soweit nicht § 246 ZPO zur **1** Anwendung kommt, unterbricht der Verlust der Prozessfähigkeit einer Partei oder der Verlust deren gesetzlichen Vertreters einen rechtshängigen Prozess.[1] Eine **von Anfang an fehlende** Prozessfähigkeit fällt dagegen nicht unter den Anwendungsbereich des § 241 ZPO, vielmehr wäre in diesem Fall solche Klage als – bereits von Anfang an – unzulässig durch Prozessurteil abzuweisen.[2]

Voraussetzung für den Eintritt der Unterbrechung ist, dass eine **Partei**, nicht nur ein (ein- **2** facher) Streithelfer,[3] ihre Prozessfähigkeit (§ 52 ZPO) oder ihren gesetzlichen Vertreter bzw. dieser seine Vertretungsbefugnis nach Eintritt der Rechtshängigkeit des Verfahrens verliert. § 241 ZPO findet auch auf die **Partei kraft Amtes** Anwendung. Im Falle einer **Gesamtvertretung**, insbesondere bei Personen(handels)gesellschaften oder juristischen Personen, führt erst der Verlust der Vertretungsbefugnis insgesamt zur Unterbrechung.

Bei der **Nachlassverwaltung** (§ 1981 BGB) gilt für Prozesse, die den Nachlass betreffen, nach **3** Abs. 3 die Unterbrechung des Abs. 1 ebenfalls, denn durch deren Anordnung verliert der Erbe seine Prozessführungsbefugnis. Im Falle einer **Nachlasspflegschaft** (§ 1960 BGB) und einer **Testamentsvollstreckung** (§§ 2212 f., 2197 ff. BGB) richtet sich die Unterbrechung dagegen nach § 243 ZPO.

Für den **Beginn der Unterbrechung** kommt es weder auf die Kenntnis der Parteien noch des **4** Gerichts bezüglich des Verlustes der Prozessfähigkeit oder des gesetzlichen Vertreters an. Die Unterbrechung **endet**, sobald die Wiedererlangung der Prozessfähigkeit oder eines gesetzlichen Vertreters in der Form des § 250 ZPO mitgeteilt wird.

Die **Form der Aufnahme** bestimmt sich nach § 250 ZPO, wobei die hier genügende **Anzeige** **5** des wieder zur Vertretung befugten alten oder des neuen gesetzlichen Vertreters dem Gegner, die Anzeige des Gegners zur Aufnahme des Verfahrens dem vertretungsberechtigten Vertreter der Partei zuzustellen ist (§ 241 Abs. 2 ZPO).[4] Eine Überprüfung der Voraussetzung für die Aufnahme, nämlich die Wiedererlangung der Prozessfähigkeit oder einer wirksamen gesetzlichen Vertretung, findet erst von Amts wegen im wiederaufgenommenen Verfahren und nicht bereits vor der Zustellung statt.[5]

§ 242
Unterbrechung durch Nacherbfolge

Tritt während des Rechtsstreits zwischen einem Vorerben und einem Dritten über einen der Nacherbfolge unterliegenden Gegenstand der Fall der Nacherbfolge ein, so gelten, sofern der Vorerbe befugt war, ohne Zustimmung des Nacherben über den Gegenstand zu verfügen, hinsichtlich der Unterbrechung und der Aufnahme des Verfahrens die Vorschriften des § 239 entsprechend.

Soweit nicht nach § 246 ZPO, insbesondere im Anwaltsprozess, durch die Bestellung eines **1** Prozessbevollmächtigten die Anwendbarkeit von § 242 ZPO ausgeschlossen ist, ergänzt die Bestimmung den Anwendungsbereich des § 239 ZPO. Voraussetzung ist, dass während eines von dem verstorbenen Vorerben geführten **Aktivprozess** über einen seiner Verfügung unterliegenden Nachlassgegenstand der Nacherbfall eintritt.[1] Der Todesfall des Vorerben, unabhängig davon, ob es hierdurch zum Anfall der Nacherbschaft kommt oder nicht (§§ 2103, 2106 Abs. 2 BGB), führt in keinem Fall zur direkten Anwendung von § 239 ZPO. Die Dauer der Unterbrechung bestimmt sich nach § 239 ZPO (vgl. § 239 Rn. 7), die Aufnahme erfolgt in der Form des § 250 ZPO.

---

1 Allg. M.: Prütting/Gehrlein-*Anders*, ZPO, § 241 Rn. 1; Musielak/Voit-*Stadler*, ZPO, § 241 Rn. 1; Stein/Jonas-*Roth*, ZPO, § 241 Rn. 1.
2 OLG München, OLGZ 1990, 345; OLG Hamm, NJW-RR 1998, 470 = GmbHR 1997, 1155.
3 Vgl. Musielak/Voit-*Stadler*, ZPO, § 241 Rn. 2.
4 Vgl. Thomas/Putzo-*Hüßtege*, ZPO, § 241 Rn. 8; Zöller-*Greger*, ZPO, § 241 Rn. 3.
5 BGH, ZIP 1982, 1318 (1319).

Zu § 242:
1 Prütting/Gehrlein-*Anders*, ZPO, § 242 Rn. 2; Thomas/Putzo-*Hüßtege*, ZPO, § 242 Rn. 1.

§ 243
Aufnahme bei Nachlasspflegschaft und Testamentsvollstreckung

Wird im Falle der Unterbrechung des Verfahrens durch den Tod einer Partei ein Nachlasspfleger bestellt oder ist ein zur Führung des Rechtsstreits berechtigter Testamentsvollstrecker vorhanden, so sind die Vorschriften des § 241 und, wenn über den Nachlass das Insolvenzverfahren eröffnet wird, die Vorschriften des § 240 bei der Aufnahme des Verfahrens anzuwenden.

1 § 243 ZPO modifiziert für den Fall, dass im Zuge des Todes einer Partei und der damit bereits nach § 239 ZPO einhergehenden Unterbrechung eines rechtshängigen Verfahrens für den Nachlass ein **Nachlasspfleger** (§ 1960 BGB) bestellt, eine **Testamentsvollstreckung** angeordnet (§§ 2212 f. BGB) oder ein **Nachlassinsolvenzverfahren** eröffnet wird (§ 1975 BGB, §§ 315 ff. InsO), nur die **Voraussetzungen der Aufnahme** des unterbrochenen Verfahrens. Zudem findet § 243 ZPO über die vom Gesetzgeber vorgesehene Unterbrechung durch den Tod einer Partei (§ 239 ZPO) auch in den Fällen der Unterbrechung wegen Eintritts der Nacherbfolge (§ 242 ZPO) Anwendung,[1] was angesichts der ergänzenden Wirkung des § 242 ZPO nur folgerichtig erscheint. Soweit § 239 ZPO – oder § 242 ZPO – infolge einer vorangegangenen Bestellung eines Prozessbevollmächtigten durch § 246 ZPO verdrängt wird, gelangt auch § 243 ZPO jeweils nicht zur Anwendung.

2 Die **Wirkung** des § 243 ZPO liegt darin, dass sich bei den beiden erstgenannten Konstellationen die Aufnahme nicht nach § 239 ZPO, sondern nach § 241 ZPO bestimmt (vgl. § 241 Rn. 5), respektive im Falle der **Nachlassinsolvenz** nach § 240 ZPO (vgl. § 240 Rn. 6). Im Falle der **Nachlasspflegschaft** und der **Testamentsvollstreckung** genügt somit eine Anzeige, die nach § 241 Abs. 2 ZPO zuzustellen ist, im Falle des **Nachlassinsolvenzverfahrens** gelten über § 240 Satz 1 ZPO die Vorschriften der §§ 85 f. InsO.

§ 244
Unterbrechung durch Anwaltsverlust

(1) Stirbt in Anwaltsprozessen der Anwalt einer Partei oder wird er unfähig, die Vertretung der Partei fortzuführen, so tritt eine Unterbrechung des Verfahrens ein, bis der bestellte neue Anwalt seine Bestellung dem Gericht angezeigt und das Gericht die Anzeige dem Gegner von Amts wegen zugestellt hat.

(2) ¹Wird diese Anzeige verzögert, so ist auf Antrag des Gegners die Partei selbst zur Verhandlung der Hauptsache zu laden oder zur Bestellung eines neuen Anwalts binnen einer von dem Vorsitzenden zu bestimmenden Frist aufzufordern. ²Wird dieser Aufforderung nicht Folge geleistet, so ist das Verfahren als aufgenommen anzusehen. ³Bis zur nachträglichen Anzeige der Bestellung eines neuen Anwalts erfolgen alle Zustellungen an die zur Anzeige verpflichtete Partei.

Inhalt:

	Rn.		Rn.
A. Allgemeines	1	II. Dauer der Unterbrechung, Abs. 1	3
B. Erläuterungen	2	III. Verzögerung der Aufnahme, Abs. 2	4
I. Vertretungsunfähigkeit, Abs. 1	2		

A. Allgemeines

1 § 244 ZPO regelt den Fall, dass in einem rechtshängigen Verfahren vor dem Landgericht oder Oberlandesgericht, wo der sogenannte Anwaltszwang herrscht (§ 78 Abs. 1 ZPO), der bereits bestellte Prozessbevollmächtigte einer Partei, nicht etwa die Partei selbst, verstirbt oder vertretungsunfähig wird. In diesem Fall, der das spiegelbildliche Gegenteil zur Konstellation des § 246 ZPO darstellt, führt die rechtliche Handlungsunfähigkeit der hiervon betroffenen Partei zur Unterbrechung des Verfahrens. In Verfahren vor dem Amtsgericht, wo eine anwaltliche Vertretung zwar möglich, aber nicht notwendig ist, findet § 244 ZPO keine Anwendung.

---

1 MK-*Stackmann*, ZPO, § 243 Rn. 1; Prütting/Gehrlein-*Anders*, ZPO, § 243 Rn. 1; Thomas/Putzo-*Hüßtege*, ZPO, § 243 Rn. 1; Zöller-*Greger*, ZPO, § 243 Rn. 1.

B. Erläuterungen
I. Vertretungsunfähigkeit, Abs. 1

Vertretungsunfähigkeit tritt ein, wenn ein Rechtsanwalt aus rechtlichen Gründen an der Fort- 2
führung einer Prozessvertretung gehindert ist.[1] Hierunter fallen zunächst der Verlust der eigenen Prozessfähigkeit, das Erlöschen oder die Rücknahme wie auch der Widerruf der Zulassung zur Rechtsanwaltschaft (§§ 13 ff. BRAO),[2] weiterhin die Erteilung eines kammerrechtlichen Vertretungsverbots (§ 114 Abs. 1 Nr. 4, § 114a i.V. m. § 204 Abs. 5 BRAO) und die Ausschließung aus der Anwaltschaft (§ 114 Abs. 1 Nr. 5, § 204 Abs. 1 BRAO) sowie die Erteilung eines vorläufigen Berufs- oder Vertretungsverbotes (§§ 150, 155 BRAO) und schließlich auch die Verhängung eines strafrechtlichen Berufsverbotes (§ 70 StGB).[3] Der früher ebenfalls in Betracht gekommene Verlust der Postulationsfähigkeit[4] dürfte, außerhalb der nach § 78 Abs. 1 ZPO immer noch existenten besonderen Zulassung als Rechtsanwalt bei dem Bundesgerichtshof, keine Bedeutung mehr haben, nachdem die frühere Beschränkung der Postulationsfähigkeit zunächst auf einzelne Landgerichte und sodann noch auf einzelne Oberlandesgerichte der heutigen bundesweiten Postulationsfähigkeit vor allen Land- und Oberlandesgerichten gewichen ist.

II. Dauer der Unterbrechung, Abs. 1

Die Unterbrechung **beginnt** im Falle des § 244 Abs. 1 ZPO unabhängig davon, ob das Gericht 3
oder die eigene Partei vom Eintritt des jeweiligen Ereignisses bzw. dem rechtlichen Hinderungsgrund Kenntnis erlangt; notwendig ist, soweit es für den Verlust der Vertretungsfähigkeit im Einzelfall hierauf ankommt, lediglich der Eintritt der Rechts- bzw. Bestandskraft der jeweiligen Entscheidung.[5] Auch hier sind zwischenzeitlich vorgenommene Prozesshandlungen lediglich anfechtbar, aber nicht nichtig.[6] Die Unterbrechung **endet** durch entsprechende Anzeige in der Form des § 250 ZPO seitens des neuen oder wieder zur Vertretung berechtigten bisherigen Rechtsanwalts.

III. Verzögerung der Aufnahme, Abs. 2

Verzögert die anwaltslos gewordene Partei die Bestellung eines neuen Prozessbevollmächtig- 4
ten, so eröffnet § 244 **Abs.** 2 Satz 1 ZPO dem Gegner die Möglichkeit, dem Prozess durch Antragstellung den Fortgang zu geben. Das Gericht kann entweder die andere Partei selbst zur Verhandlung zur Hauptsache laden (§ 224 Abs. 2 Satz 1 **Alt. 1** ZPO), wobei es dann einer (erneuten) Aufforderung zur Bestellung eines Anwalts bis zum Termin bedarf (§ 215 Abs. 2 ZPO).[7] In diesem Fall endet die Unterbrechung mit der Zustellung der Ladung an die Partei selbst. Zum anderen kann das Gericht der Partei eine Frist zur Bestellung eines neuen Rechtsanwalts setzen (§ 244 Abs. 2 Satz 1 **Alt. 2** ZPO). Im Falle eines (Nicht-)Erscheinens der Partei im Termin ohne neuen Anwalt sind sodann die Möglichkeiten des Versäumnisurteils nach §§ 330, 331 ZPO, gegebenenfalls auch des § 331a ZPO,[8] eröffnet. Als Folge des fruchtlosen Verstreichens einer solchen Frist tritt die Fiktion des § 244 Abs. 2 **Satz 2** ZPO ein, wonach das Verfahren mit Fristablauf als wiederaufgenommen gilt. In beiden Fällen sind alle Zustellungen, die bis zur (verspäteten) Anzeige der Bestellung eines neuen Anwalts vorzunehmen sind, an die zögernde Partei selbst zuzustellen (§ 244 Abs. 2 **Satz 3** ZPO).

§ 245
Unterbrechung durch Stillstand der Rechtspflege

Hört infolge eines Krieges oder eines anderen Ereignisses die Tätigkeit des Gerichts auf, so wird für die Dauer dieses Zustandes das Verfahren unterbrochen.

Infolge des ausdrücklich aufgenommenen Ereignisses eines **Krieges** müssen die „anderen Er- 1
eignisse" eine mindestens ebenso nachhaltige wie flächendeckende Wirkung entfalten, die zur Einstellung des Gerichtsbetriebs an einem Gerichtsort führt. Dies dürfte für **Revolutionen**

---

1 St. Rspr. seit RGZ 141, 167 (168), vgl. etwa BGHZ 111, 104 (106) = NJW 1990, 1854 (1855) = VersR 1990, 758.
2 BGH, NJW 2013, 2438 = MDR 2013, 669 (670).
3 Vgl. Prütting/Gehrlein-*Anders*, ZPO, § 244 Rn. 7; Thomas/Putzo-*Hüßtege*, ZPO, § 244 Rn. 8–12.
4 BGH, MDR 1976, 487.
5 BGH, NJW 2013, 2438, Rn. 14 ff. = MDR 2013, 669 (670), Rn. 14 ff.
6 OLG Celle, OLGR 2006, 183 (184) = MDR 2006, 1010 f.
7 Vgl. Prütting/Gehrlein-*Anders*, ZPO, § 244 Rn. 11.
8 Vgl. MK-*Stackmann*, ZPO, § 244 Rn. 23.

oder **Naturkatastrophen größeren Ausmaßes**, also nicht nur eine lokale Überschwemmung, anzunehmen sein. Dagegen wird die dienstliche Verhinderung aller Richter an einem Gerichtsort, sei es durch Krankheit oder, theoretisch denkbar, durch erfolgreiche Ablehnung, nicht zur Unterbrechung nach § 245 ZPO führen können. Mit der Beendigung der Unterbrechung tritt die Wiederaufnahme von selbst ein.

§ 246
Aussetzung bei Vertretung durch Prozessbevollmächtigten

(1) Fand in den Fällen des Todes, des Verlustes der Prozessfähigkeit, des Wegfalls des gesetzlichen Vertreters, der Anordnung einer Nachlassverwaltung oder des Eintritts der Nacherbfolge (§§ 239, 241, 242) eine Vertretung durch einen Prozessbevollmächtigten statt, so tritt eine Unterbrechung des Verfahrens nicht ein; das Prozessgericht hat jedoch auf Antrag des Bevollmächtigten, in den Fällen des Todes und der Nacherbfolge auch auf Antrag des Gegners die Aussetzung des Verfahrens anzuordnen.

(2) Die Dauer der Aussetzung und die Aufnahme des Verfahrens richten sich nach den Vorschriften der §§ 239, 241 bis 243; in den Fällen des Todes und der Nacherbfolge ist die Ladung mit dem Schriftsatz, in dem sie beantragt ist, auch dem Bevollmächtigten zuzustellen.

1   Der **Normzweck** des § 246 ZPO liegt darin, dass im Falle einer bestehenden Prozessvollmacht die grundsätzlich nach den §§ 239, 241, 242 ZPO zur Unterbrechung führenden Ereignisse die Kontinuität des Prozessverlaufs nicht in gleicher Weise gefährden, wie dies bei einem „reinen" Parteiprozess der Fall wäre. Denn die **Prozessvollmacht** erlischt gemäß § 86 ZPO ihrerseits bei Eintritt eines der in den §§ 239, 241, 242 ZPO genannten Ereignissen nicht (vgl. § 86 Rn. 2 ff.). Vertritt ein zugelassener **Rechtsanwalt sich selbst** (§ 78 Abs. 4 ZPO), so geht § 244 ZPO dem § 246 ZPO vor, sofern nicht ein allgemeiner Vertreter nach § 53 BRAO zuvor bestellt worden ist.[1] Im Interesse des Prozessbevollmächtigten, dessen Partei verstorben oder geschäftsunfähig oder nicht mehr ausreichend vertreten ist, sieht § 246 **Abs. 1 Hs. 2** ZPO ein **Antragsrecht** dahingehend vor, dass das Verfahren auszusetzen ist. Anders als beim Ruhen des Verfahrens, wo die Unterbrechung bereits kraft Gesetzes mit dem Eintritt der jeweiligen Ereignisse eintritt, führt hier erst der Beschluss des Gerichts zur Unterbrechung.

2   § 246 **Abs. 1** ZPO setzt für seine Anwendbarkeit die Erteilung einer wirksamen Prozessvollmacht, die im Zeitpunkt des jeweiligen Ereigniseintritts auch noch bestanden haben muss, voraus. Nach **Hs. 2** kann neben dem Prozessbevollmächtigten in den Fällen des Todes dessen Partei oder einer Nacherbfolge auch der Gegner den Antrag auf Aussetzung stellen.[2] In der bloßen Mitteilung, dass der eigene Mandant verstorben ist, liegt noch kein Antrag auf Aussetzung.[3] Der Antrag kann, nach Eintritt des jeweiligen Ereignisses, grundsätzlich jederzeit gestellt werden, eine Ausschlussfrist sieht das Gesetz insoweit nicht vor. Die Annahme eines **stillschweigenden Verzichts** durch rügeloses Einlassen bzw. Weiterverhandeln nach Kenntnis vom Eintritt eines zum Aussetzungsantrag berechtigenden Ereignisses erscheint weder notwendig noch sinnvoll.[4]

3   Auf Seiten des Gerichts besteht hinsichtlich der Aussetzung allenfalls eine Rechtsmissbrauchskontrolle, ein Beurteilungsspielraum bezüglich der Angemessenheit der Aussetzung ist nicht eröffnet.[5] Die Aussetzung **beginnt** erst mit der Wirksamkeit der gerichtlichen Anordnung (§ 248 ZPO), wofür allerdings die formlose Mitteilung des Aussetzungsbeschlusses ausreicht (§ 329 Abs. 2 Satz 1 ZPO); einer förmlichen Zustellung bedarf es weder für die Wirksamkeit noch löst erst die Zustellung selbst die Aussetzung aus (§ 329 Abs. 2 Satz 2 ZPO).[6] Die Aussetzung **endet** nach Abs. 2 durch Aufnahme (§§ 239, 242 ZPO) oder Anzeige (§§ 242, 243 ZPO) in Abhängigkeit des der Aussetzung jeweils zu Grunde liegenden Ereignisses, auf dessen Eintritt hin der Prozessbevollmächtigte oder der Gegner den Aussetzungsantrag gestellt haben.

---

1   KG Berlin, OLGR 2007, 967 = NJW-RR 2008, 142 (143).
2   Zur Irrelevanz eines diesbezüglichen Meinungsstreits vgl. Prütting/Gehrlein-*Anders*, ZPO, § 246 Rn. 6.
3   BGH, VersR 1993, 1375 f.
4   Vgl. RGZ 46, 379; Prütting/Gehrlein-*Anders*, ZPO, § 246 Rn. 7; MK-*Stackmann*, ZPO, § 246 Rn. 13; Zöller-*Greger*, ZPO, § 246 Rn. 5; a.A. Musielak/Voit-*Stadler*, ZPO, § 246 Rn. 3; Thomas/Putzo-*Hüßtege*, ZPO, § 246 Rn. 4.
5   OLG München, OLGR 2007, 69 = BB 2005, 2436; LG München I, NJW-RR 2013, 787 = WuM 2013, 316; vgl. auch Prütting/Gehrlein-*Anders*, ZPO, § 246 Rn. 7.
6   BGH, NJW-RR 2011, 1282 (1283), Rn. 11 ff.; Prütting/Gehrlein-*Anders*, ZPO, § 246 Rn. 8.

§ 247
Aussetzung bei abgeschnittenem Verkehr

Hält sich eine Partei an einem Ort auf, der durch obrigkeitliche Anordnung oder durch Krieg oder durch andere Zufälle von dem Verkehr mit dem Prozessgericht abgeschnitten ist, so kann das Gericht auch von Amts wegen die Aussetzung des Verfahrens bis zur Beseitigung des Hindernisses anordnen.

Die Vorschrift des § 247 ZPO regelt, spiegelbildlich zu § 245 ZPO, den Fall, dass eine Partei mit dem Gericht, an dem ein Rechtsstreit rechtsanhängig ist, nicht mehr mit dem Gericht verkehren kann. Als beachtliche Ursache hierfür zählt neben hoheitlichen Anordnungen, etwa der Verhängung einer Quarantäne, und ein Kriegsereignis grundsätzlich jeder andere Umstand, der zum „Abschnitt" für eine größere Person führt und nicht auf einem vorherigen Verhalten der Partei beruht. Ein **schlichter Auslandsaufenthalt** dürfte, soweit es nicht zum unerwarteten Verlust sämtlicher Kommunikationsmöglichkeiten vor Ort kommt,[1] etwa aufgrund dortiger Naturereignisse, nicht genügen. 1

§ 248
Verfahren bei Aussetzung

(1) Das Gesuch um Aussetzung des Verfahrens ist bei dem Prozessgericht anzubringen; es kann vor der Geschäftsstelle zu Protokoll erklärt werden.
(2) Die Entscheidung kann ohne mündliche Verhandlung ergehen.

§ 248 **Abs. 1** ZPO regelt die Zuständigkeit für die Entgegennahme des **Gesuchs um Aussetzung** nach §§ 246, 247 ZPO. Im Fall des § 247 ZPO erscheint dies auf den ersten Blick widersprüchlich, da eine Aussetzung nach dieser Vorschrift nur in Betracht kommt, wenn sich eine Partei an einem Ort befindet, von dem aus eine Kontaktaufnahme mit dem Gericht nicht möglich ist. Insoweit ist hinsichtlich des Gesuchs i.S.d. § 248 Abs. 1 ZPO zu beachten, dass die Aussetzung nach § 247 ZPO, eben mit Blick auf die der betroffenen Partei fehlenden Kommunikationsmöglichkeiten, auch eine **Aussetzung von Amts wegen** zulässt. Folglich kann das Gesuch, dass zumindest in diesem Fall auch nur eine Anregung sein kann, letztlich von Jedermann zu Gunsten der betroffenen Partei gestellt werden. Die Gesuche sind an das jeweils befasste Prozessgericht, also gegebenenfalls auch das Berufungs- oder Revisionsgericht, zu richten. Ausweislich von § 248 Abs. 1 Hs. 2 ZPO besteht insoweit auch **kein Anwaltszwang** (§ 78 Abs. 5 ZPO). 1

§ 248 **Abs. 2** ZPO sieht vor, dass die Entscheidung über eine Aussetzung oder deren nur ausnahmsweise zulässige Ablehnung (vgl. § 246 Rn. 3) ohne mündliche Entscheidung ergehen kann. Dies gilt ebenso nach § 128 Abs. 4 ZPO für die Aussetzungsentscheidungen nach § 148 ZPO.[1] Ergeht die ablehnende Entscheidung nicht im Beschlusswege vorab, kann sie auch im Endurteil noch nachgeholt werden.[2] Nach § 329 Abs. 2 Satz 2 ZPO ist der Beschluss zuzustellen. Die Wirkung der Aussetzung tritt erst mit Mitteilung (§ 329 Abs. 2 Satz 1 ZPO) ein;[3] eine Rückwirkung auf den Zeitpunkt der Antrag- oder Gesuchstellung kommt nicht in Betracht.[4] Erfolgt die Mitteilung, etwa durch die Geschäftsstelle auf dortige Nachfrage hin, fernmündlich, so genügt dies bereits für den Beginn der Aussetzung.[5] 2

---

1 OLG Zweibrücken, NJW 1999, 2907 = FamRZ 2000, 899; Prütting/Gehrlein-*Anders*, ZPO, § 247 Rn. 1.

Zu § 248:
1 BGH, NJW-RR 2011, 1691 (1692), Rn. 2 = MDR 2011, 1441.
2 Prütting/Gehrlein-*Anders*, ZPO, § 248 Rn. 2; MK-*Stackmann*, ZPO, § 248 Rn. 2.
3 BGH, NJW-RR 2011, 1282 (1283), Rn. 11 ff.
4 BGH, NJW 1987, 2379 (2380) = MDR 1987, 739; BGHZ 69, 395 (397) = JZ 1978, 110.
5 BGH, NJW-RR 2011, 1282 (1283), Rn. 14 f.

§ 249
Wirkung von Unterbrechung und Aussetzung

(1) Die Unterbrechung und Aussetzung des Verfahrens hat die Wirkung, dass der Lauf einer jeden Frist aufhört und nach Beendigung der Unterbrechung oder Aussetzung die volle Frist von neuem zu laufen beginnt.

(2) Die während der Unterbrechung oder Aussetzung von einer Partei in Ansehung der Hauptsache vorgenommenen Prozesshandlungen sind der anderen Partei gegenüber ohne rechtliche Wirkung.

(3) Durch die nach dem Schluss einer mündlichen Verhandlung eintretende Unterbrechung wird die Verkündung der auf Grund dieser Verhandlung zu erlassenden Entscheidung nicht gehindert.

Inhalt:

	Rn.		Rn.
A. Allgemeines	1	III. Verkündung von Entscheidungen nach Schluss der mündlichen Verhandlung, Abs. 3	6
B. Erläuterungen	2		
I. Beendigung und Neubeginn von Fristen, Abs. 1	2		
II. Wirkungslosigkeit von Prozesshandlungen einer Partei, Abs. 2	3		

A. Allgemeines

1 Soweit nach den §§ 239 ff. ZPO eine Unterbrechung oder Aussetzung eintritt oder beschlossen wird, regeln sich die weiteren Rechtsfolgen nach § 249 Abs. 1 und Abs. 2 ZPO; § 249 Abs. 3 ZPO gilt dagegen nur für Unterbrechungen nach den §§ 239 ff. ZPO, nicht für die Aussetzungen nach den §§ 246 ff. ZPO. Voraussetzung für den Eintritt der Rechtsfolgen ist stets eine wirksame Unterbrechung oder Aussetzung. Soweit innerhalb der ZPO wie auch des FamFG keine abweichenden Bestimmungen getroffen sind, gilt § 239 ZPO für alle Verfahrensarten, in denen es zu einer Unterbrechung oder Aussetzung kommen kann.[1]

B. Erläuterungen
I. Beendigung und Neubeginn von Fristen, Abs. 1

2 § 249 **Abs. 1** ZPO regelt, sowohl für die Unterbrechung wie auch für die Aussetzung, die – sofortige – Beendigung einer laufenden Frist. Unter Frist wird dabei jede **prozessuale** eigentliche Frist verstanden, also sowohl gesetzliche als auch richterliche Fristen, Notfristen ebenso wie gewöhnliche Fristen.[2] Nicht berührt werden materiell-rechtliche Fristen, insbesondere der Verjährung, sowie die sogenannten uneigentlichen Fristen, etwa die Ausschlussfristen des § 234 Abs. 3 ZPO (Wiedereinsetzungsausschluss) oder die Fünfjahresfrist des § 586 Abs. 2 Satz 2 ZPO (Wiederaufnahmeausschluss), als auch die Fünfmonatsfristen der §§ 517, 548 ZPO (Rechtsmittelausschluss).[3] Mit der Beendigung der Unterbrechung oder Aussetzung, also der Wiederaufnahme des Verfahrens, beginnt die volle Frist wieder von vorn zu laufen, unabhängig davon, wie viel von ihr bis zur Unterbrechung oder Aussetzung bereits verstrichen gewesen ist. Eine während einer Verlängerung unterbrochene Frist beginnt in ihrer ursprünglichen, gesetzlichen, Länge neu zu laufen.[4]

II. Wirkungslosigkeit von Prozesshandlungen einer Partei, Abs. 2

3 § 249 **Abs. 2** ZPO stellt klar, dass die Prozesshandlungen, die während einer Unterbrechung oder Aussetzung von einer Partei hinsichtlich der Hauptsache vorgenommen werden, **gegenüber der anderen Partei** keinerlei Wirkung entfalten. Die Unwirksamkeit ist dabei allerdings nicht als Nichtigkeit zu verstehen, vielmehr sind die Prozesshandlungen aufgrund ihrer Vornahme während des Verfahrensstillstands lediglich anfechtbar,[5] ebenso aber auch durch rügeloses Einlassen hierauf heilbar (§ 295 ZPO).[6] Die Partei selbst, die die Prozesshandlung vorgenommen hat, kann sich nicht auf die Unwirksamkeit berufen.[7] Prozesshandlungen **gegenüber dem Gericht** wie insbesondere die Einlegung eines Rechtsmittels werden von der Regelung

---

1 Prütting/Gehrlein-*Anders*, ZPO, § 249 Rn. 2; MK-*Stackmann*, ZPO, § 249 Rn. 1.
2 BeckOK-*Jaspersen*, ZPO, § 249 Rn. 6.
3 MK-*Stackmann*, ZPO, § 249 Rn. 6.
4 MK-*Stackmann*, ZPO, § 249 Rn. 10.
5 Thomas/Putzo-*Hüßtege*, ZPO, § 249 Rn. 7; Zöller-*Greger*, ZPO, § 249 Rn. 4.
6 BGH, NJW 1969, 49; BGH, VersR 1967, 343.
7 BGHZ 4, 314 (320) = NJW 1952, 705; Musielak/Voit-*Stadler*, ZPO, § 249 Rn. 4.

des Abs. 2 nicht erfasst, behalten somit also ihre Wirksamkeit auch nach Beendigung der Unterbrechung oder Aussetzung, und müssen nicht erneut vorgenommen werden.[8]

Auch ohne ausdrückliche gesetzliche Regelung gilt, dass **Prozesshandlungen des Gerichts**, wenn sie nach außen wirken und die Hauptsache betreffen, ebenfalls für die Parteien grundsätzlich keine rechtliche Wirkung entfalten.[9] Da sie nicht unmittelbar die Hauptsache betreffen, sind dagegen Entscheidungen über eine **Gerichtsstandsbestimmung** nach § 36 Abs. 1 Satz 3 ZPO,[10] über **Prozesskostenhilfe**[11] sowie **Berichtigungen und Ergänzungen** (§§ 319, 320 ZPO)[12] als auch Entscheidungen über **Vollstreckungsschutz** (§§ 719, 707 ZPO)[13] jeweils zulässig. Eine **Wertfestsetzung** ist nur dann zulässig, wenn sie während der Unterbrechung oder Aussetzung nicht Grundlage für die Verwerfung eines Rechtsmittels sein soll.[14]   4

Entscheidungen des Gerichts sind demgegenüber aus sich heraus wirksam, aber allein schon aufgrund ihres Ergehens während einer Unterbrechung oder Aussetzung für sich genommen anfechtbar,[15] soweit nicht Abs. 3 greift (vgl. Rn. 6). Für die **Anfechtbarkeit** ist es unerheblich, ob das Gericht in Kenntnis eines Unterbrechungsgrundes oder in Verkennung einer bereits getroffenen Aussetzungsentscheidung während des Verfahrensstillstands seine Entscheidung getroffen hat.[16] Die Anfechtungsberechtigung steht nur den von der Entscheidung selbst betroffenen Parteien zu. Die Anfechtung kann von den Parteien noch während des Verfahrensstillstands durch Einlegung des entsprechenden Rechtsmittels vollzogen werden.[17]   5

III. Verkündung von Entscheidungen nach Schluss der mündlichen Verhandlung, Abs. 3

Für die Unterbrechungen nach §§ 239ff. ZPO sieht § 249 **Abs. 3** ZPO eine zwingende Ausnahme für Entscheidungen vor, die zu verkünden sind, wenn die Unterbrechung erst **nach dem Schluss der mündlichen Verhandlung** eintritt (§ 136 Abs. 4 ZPO). Im Falle des schriftlichen Verfahrens nach § 128 Abs. 2 ZPO ist der Zeitpunkt maßgeblich, der entsprechend § 128 Abs. 2 Satz 2 ZPO dem der (letzten) mündlichen Verhandlung entspricht. Gleiches gilt, wenn nach Aktenlage entschieden wird (§§ 251a, 331a ZPO). Während eine entsprechende Anwendung des § 249 Abs. 3 ZPO weder für die **Aussetzung** noch für das **Ruhen des Verfahrens** in Betracht kommt,[18] ist die Verwerfung eines unzulässigen Rechtsmittels, das bereits vor der Unterbrechung eingereicht worden ist, zulässig.[19] Tritt die Unterbrechung zwar nach dem Schluss der mündlichen Verhandlung ein, aber noch innerhalb einer auf entsprechenden Antrag hin (§ 139 Abs. 5 ZPO) gewährten **Schriftsatzfrist** (§ 283 Satz 1 ZPO), so findet § 249 Abs. 3 ZPO keine Anwendung.[20]   6

§ 250
Form von Aufnahme und Anzeige

Die Aufnahme eines unterbrochenen oder ausgesetzten Verfahrens und die in diesem Titel erwähnten Anzeigen erfolgen durch Zustellung eines bei Gericht einzureichenden Schriftsatzes.

§ 250 ZPO regelt sowohl für die Unterbrechungen (§§ 239ff. ZPO) als auch für die Aussetzungen (§§ 246ff. ZPO) die Wiederaufnahme des Verfahrens. Für die Wiederaufnahme nach der Anordnung des **Ruhens des Verfahrens** (§§ 250, 251a Abs. 3 ZPO) findet sie entsprechende   1

---

[8] BGH, NJW-RR 2013, 1461, Rn. 5 = ZIP 2013, 1493, Rn. 5; BGH, NJW 1997, 1445 = ZIP 1997, 473.
[9] BGH, NJW 2013, 2438, Rn. 14 = MDR 2013, 669 (670), Rn. 14; BGHZ 111, 104 (107) = NJW 1990, 1854 (1855) = VersR 1990, 758; Prütting/Gehrlein-*Anders*, ZPO, § 249 Rn. 7.
[10] BGH, NJW-RR 2014, 248 (249), Rn. 7 = WM 2014, 329 (330), Rn. 7.
[11] BGH, NJW 1966, 1126 = MDR 1966, 573.
[12] MK-*Stackmann*, ZPO, § 249 Rn. 21; Prütting/Gehrlein-*Anders*, ZPO, § 249 Rn. 7.
[13] BGH, NJW 2001, 375.
[14] BGH, NJW 2000, 1199 = MDR 2000, 168 (169).
[15] BGH, NJW-RR 2012, 1465; BGH, NJW 2005, 290 (291) = ZIP 2004, 2399 (2400); BGH, NZI 2004, 341 = FamRZ 2004, 867.
[16] BGH, BeckRS 2017, 101570, Rn. 17 = ZIP 2017, 493 (494), Rn. 17; BGHZ 208, 227 (242), Rn. 36 = NJW 2016, 1592 (1596), Rn. 36 = WM 2016, 277 (282), Rn. 36.
[17] BGH, NJW 1995, 2563 = VersR 1996, 389.
[18] BGHZ 43, 135 (136) = NJW 1965, 1019 = MDR 1965, 370.
[19] BGH, MDR 2014, 109; OLG Düsseldorf, MDR 2001, 470; Prütting/Gehrlein-*Anders*, ZPO, § 249 Rn. 9.
[20] BGH, NJW 2012, 682f., Rn. 8 = WM 2012, 78f., Rn. 8.

Anwendung. Die Aufnahme wie auch die Anzeige sind schriftsätzlich bei Gericht einzureichen, da nur so eine von § 250 ZPO vorgeschriebene Zustellung (§§ 166 ff. ZPO) an den Gegner möglich ist. Soweit im Verfahren Anwaltszwang besteht (§ 78 ZPO), gilt dies auch für die Einbringung der Aufnahme oder Anzeige. In Verfahren vor dem Amtsgericht kann sie jeweils zur dortigen Geschäftsstelle erklärt werden (§ 496 ZPO).

2 Die Erklärung der Aufnahme oder Anzeige kann sowohl **ausdrücklich** als auch **konkludent** erfolgen.[1] So ist ihre Erklärung etwa auch mit der Einsendung eines Berufungs- oder Revisionsschriftsatzes möglich.[2] Notwendig ist zu ihrer Wirksamkeit allerdings, dass sie dem Gegner auch wirksam **zugestellt** wird.[3] Erfolgt die Übersendung der Aufnahme oder Anzeige an den Gegner nur formlos, kommt eine Heilung (§ 189 ZPO) mangels des hierfür gerichtlicherseits erforderlichen Zustellungswillens nicht in Betracht.[4]

§ 251
Ruhen des Verfahrens

[1]Das Gericht hat das Ruhen des Verfahrens anzuordnen, wenn beide Parteien dies beantragen und anzunehmen ist, dass wegen Schwebens von Vergleichsverhandlungen oder aus sonstigen wichtigen Gründen diese Anordnung zweckmäßig ist. [2]Die Anordnung hat auf den Lauf der im § 233 bezeichneten Fristen keinen Einfluss.

1 § 251 Satz 1 ZPO regelt eine Sonderform der Aussetzung des Verfahrens, nämlich den von allen Parteien gewünschten vorübergehenden Verfahrensstillstand. Zwar zwingt allein ein beider- oder mehrseitiger übereinstimmender Antrag das Gericht *per se* noch nicht dazu, das Ruhen des Verfahrens auch tatsächlich anzuordnen. Vielmehr muss die Anordnung nach § 251 Satz 1 Hs. 2 ZPO auch zweckmäßig erscheinen. Allerdings sollten an diese „Überzeugung" keine überhöhten Anforderungen gestellt werden. Gerade bei **schwebenden Vergleichsverhandlungen** wäre, für alle Beteiligten, das Gericht eingeschlossen, die iterative Bewilligung von Fristverlängerungen im Zweifel aufwendiger, aber in der Sache ohne Mehrgewinn, als dies bei einer Anordnung des Ruhens des Verfahrens der Fall wäre. Die **Wirkung der Anordnung des Ruhens des Verfahrens** entsprechen derjenigen von Unterbrechung und Aussetzung, sodass nach § 249 Abs. 1 ZPO alle prozessualen Fristen unterbrochen werden (vgl. § 249 Rn. 2) und alle Parteihandlungen gegenüber der anderen Partei unwirksam sind (vgl. § 249 Rn. 3). Als **sonstige wichtige Gründe** i.S.d. Hs. 1 kommen insbesondere im Fluss befindliche Entwicklungen, etwa auch in der ober- oder höchstgerichtlichen Rechtsprechung, in Betracht. So kann es durchaus auch im Interesse der Parteien liegen, dass der Ausgang von **Pilotverfahren** oder auch **Parallelverfahren** abgewartet wird.[1]

2 Der **Antrag** auf Ruhen des Verfahrens ist entweder schriftsätzlich oder in der mündlichen Verhandlung zu erklären. Im Verfahren vor den Amtsgerichten ist auch eine Erklärung zu Protokoll der Geschäftsstelle möglich (§ 496 ZPO). Ein einseitiger Antrag, auch wenn von allen Parteien einer Seite gestellt, genügt nicht. Sind an einem Rechtsstreit auf einer oder auch auf beiden Seiten mehrere Einzelparteien beteiligt, bedarf es, wie auch sonst, der allseitigen Antragstellung bzw. Zustimmung hierzu. Zwar kann im Ausnahmefall auch bei einfachen Streitgenossen das Ruhen deren (Teil-)Verfahrens beantragt und sodann bei Zweckmäßigkeit auch angeordnet werden, allerdings ist gerade die Zweckmäßigkeit einer solchen Anordnung vor dem Hintergrund des Gesichtspunkts der Prozesswirtschaftlichkeit eher zu verneinen.[2] Der **einfache Nebenintervenient** muss weder einem Ruhen zustimmen noch kann er dessen Anordnung verhindern.

3 Das Ruhen selbst **beginnt** erst mit der insoweit, wie in allen Fällen der Aussetzung, konstitutiven Beschlussfassung durch das Gericht und dem Wirksamwerden des entsprechenden Beschlusses durch dessen Verkündung (§ 329 Abs. 2 ZPO). Ausdrücklich wird nach Satz 2 die Frist des § 233 ZPO für eine etwaige Wiedereinsetzung in den vorigen Stand nicht unterbrochen oder auch nur gehemmt. Ebenso findet nach allgemeiner Meinung § 249 Abs. 3 ZPO auf

---

1 BGH, BeckRS 2009, 13343, Rn. 43; BGH, NJW 1995, 2171 (2172) = VersR 1995, 1462.
2 BGHZ 111, 104 (107) = NJW 1990, 1854 (1855) = VersR 1990, 758.
3 BGH, BeckRS 2009, 13343, Rn. 44; BGHZ 146, 372 (373) = NJW 2001, 1581 = WM 2001, 751 (752).
4 BGH, BeckRS 2009, 13343, Rn. 44; BGH, NJW 2003, 1192 (1193) = VersR 2003, 879.

Zu § 251:
1 Vgl. MK-*Stackmann*, ZPO, § 251 Rn. 12.
2 BGH, GRUR 2015, 200.

das Ruhen des Verfahrens keine Anwendung.[3] Im Übrigen entspricht die Wirkung des Ruhens des Verfahrens dem der Aussetzung nach § 249 Abs. 1 und Abs. 2 ZPO (vgl. Rn. 1). Ein **Ende des Verfahrensstillstands**, also eine Beendigung des Ruhens des Verfahrens, kann jede Partei durch entsprechende Aufnahme gemäß § 250 ZPO herbeiführen. Das Gericht kann zudem, wenn eine Verfahrensfortführung zweckmäßig oder jedenfalls zweckmäßiger als ein weiterer Verfahrensstillstand erscheint, auch **von Amts wegen** das Ruhen für beendet erklären.[4]

§ 251a
Säumnis beider Parteien; Entscheidung nach Lage der Akten

(1) Erscheinen oder verhandeln in einem Termin beide Parteien nicht, so kann das Gericht nach Lage der Akten entscheiden.
(2) [1]Ein Urteil nach Lage der Akten darf nur ergehen, wenn in einem früheren Termin mündlich verhandelt worden ist. [2]Es darf frühestens in zwei Wochen verkündet werden. [3]Das Gericht hat der nicht erschienenen Partei den Verkündungstermin formlos mitzuteilen. [4]Es bestimmt neuen Termin zur mündlichen Verhandlung, wenn die Partei dies spätestens am siebenten Tage vor dem zur Verkündung bestimmten Termin beantragt und glaubhaft macht, dass sie ohne ihr Verschulden ausgeblieben ist und die Verlegung des Termins nicht rechtzeitig beantragen konnte.
(3) Wenn das Gericht nicht nach Lage der Akten entscheidet und nicht nach § 227 vertagt, ordnet es das Ruhen des Verfahrens an.

Inhalt:

	Rn.		Rn.
A. Allgemeines	1	III. Urteil nach Aktenlage, Abs. 2	4
B. Erläuterungen	2	IV. Vertagung, Abs. 3 Hs. 1	5
I. Gemeinsame Voraussetzungen, Abs. 1	2	V. Ruhen des Verfahrens, Abs. 3 Hs. 2	6
II. Entscheidung nach Aktenlage, Abs. 1	3		

A. Allgemeines

Die Vorschrift, die systematisch auch bei den Vorschriften über das Versäumnisurteil (§§ 331 ff. ZPO) stehen könnte, dient, wie auch diese selbst, der Prozessökonomie. § 251a ZPO betrifft dabei den besonderen Fall, dass nicht nur eine Seite, sondern gleich beide Seiten **trotz ordnungsgemäßer Ladung** zu einem Termin zur mündlichen Verhandlung nicht erscheinen oder nach dem Erscheinen nicht verhandeln. Dem Gericht eröffnet § 251a ZPO dabei gleich mehrere mögliche Vorgehensweisen. Bei vorhandener **Entscheidungsreife** kann zunächst eine Entscheidung nach Aktenlage (Abs. 1, Rn. 3), nach einem bereits in mündlicher Verhandlung erfolgten Verhandeln der Parteien in einem früheren Termin kann sogar ein Urteil nach Lage der Akten ergehen (Abs. 2, vgl. Rn. 4). **Fehlt** es an der Entscheidungsreife, kommen die Vertagung (Abs. 3 Hs. 1 i.V.m. § 227 ZPO, vgl. Rn. 5) sowie schließlich die Anordnung des Ruhens des Verfahrens von Amts wegen (Abs. 3 Hs. 2, vgl. Rn. 6) in Betracht.

1

B. Erläuterungen
I. Gemeinsame Voraussetzungen, Abs. 1

Zur Eröffnung des Anwendungsbereichs des § 251a ZPO ist zunächst die Säumnis beider Parteien im Termin zur mündlichen Verhandlung erforderlich. Der **Säumnisbegriff** des § 251a Abs. 1 ZPO ist dabei mit dem der Säumnis nach §§ 330–331a, 333 und 514 ZPO identisch. Säumnis kann folglich sowohl im Nichterscheinen als auch im Nichtverhandeln liegen. Das Erscheinen einer Partei ohne postulationsfähigen Rechtsanwalt im Anwaltsprozess (§ 78 Abs. 1 ZPO) stellt auch i.S.d. § 251a Abs. 1 ZPO eine Säumnis dieser Partei dar. Daneben ist notwendig, dass keine der Gründe, welche den Erlass eines Versäumnisurteils nach § 335 Abs. 1 Nr. 2–4 ZPO hindern würden, vorliegen; so müssen beide Parteien insbesondere ordnungsgemäß und rechtzeitig geladen worden sein (§ 335 Abs. 1 Nr. 2 ZPO).

2

---

3 BeckOK-*Jaspersen*, ZPO, § 251 Rn. 7; MK-*Stackmann*, ZPO, § 251 Rn. 17; Musielak/Voit-*Stadler*, ZPO, § 251 Rn. 5.
4 BFH/NV 2013, 1790; Prütting/Gehrlein-*Anders*, ZPO, § 251 Rn. 4.

II. Entscheidung nach Aktenlage, Abs. 1

3 Liegen die Voraussetzungen des Abs. 1 vor, kann das Gericht unter der zusätzlichen Voraussetzung der **Entscheidungsreife**[1] (Abs. 1) nach Lage der Akten entscheiden. Die Entscheidungsreife fehlt insbesondere dann, wenn sich eine Partei zum Prozessvortrag der anderen Seite noch gar nicht äußern konnte. Im Falle einer **Klageänderung** nach der (ersten) mündlichen Verhandlung muss der gesamte Prozessstoff, auch soweit er die Klageänderung im Falle einer Klageerweiterung betrifft, bereits Gegenstand der früheren mündlichen Verhandlung gewesen sein.[2] Aufgrund der beiderseitigen Säumnis greift die Geständnisfiktion des § 331 Abs. 1 ZPO nicht.[3] Die Entscheidung nach Aktenlage kann, muss aber kein Urteil sein (vgl. zu diesem Rn. 4), vielmehr können auch alle Arten von Beschlüssen ergehen.[4]

III. Urteil nach Aktenlage, Abs. 2

4 Soweit das Gericht den Rechtsstreit auch inhaltlich für entscheidungsreif ansieht, kann es unter den weitergehenden Voraussetzungen des **Abs. 2** ein Urteil erlassen. **Satz 1** sieht zur Wahrung des Anspruchs auf rechtliches Gehör (Art. 103 Abs. 1 GG) vor, dass zuvor mindestens einmal mündlich verhandelt worden sein muss. Unter dieser Voraussetzung kann ein „normales" kontradiktorisches Urteil ergehen, das mit den Rechtsmitteln der Berufung oder (Sprung-)Revision angegriffen werden kann. Im Rubrum wird eine anstelle von „auf die mündliche Verhandlung vom ..." „nach Lage der Akten am ...", nämlich am beidseitig versäumten Termin, angeführt.[5]
Satz 2 bestimmt, dass eine Verkündung des Urteils nach Aktenlage frühestens zwei Wochen nach dem beiderseitig versäumten Termin verkündet werden darf. Dies wie auch die in **Satz 3** vorgesehene formlose Mitteilung des Verkündungstermins an die nicht erschienene(n) Partei(en) soll einer Überraschungsentscheidung im Termin vorbeugen. **Satz 4** ermöglicht es zudem einer nicht erschienenen Partei, bis spätestens sieben Tage vor dem Verkündungstermin glaubhaft zu machen, dass sie zum einen ohne ihr eigenes Verschulden an einer Terminswahrnehmung verhindert gewesen war und zudem auch nicht mehr (rechtzeitig) die Verlegung des Termins beantragen konnte. Gelingt einer Partei diese Glaubhaftmachung, ist von Amts wegen durch Beschluss ein neuer Verhandlungstermin gemäß § 216 ZPO zu bestimmen und der Verkündungstermin aufzuheben.[6]

IV. Vertagung, Abs. 3 Hs. 1

5 Kommt keine Entscheidung nach Aktenlage in Betracht, hat das Gericht zunächst nach Maßgabe von § 227 ZPO die Möglichkeit einer Vertagung zu prüfen, **Abs. 3 Hs. 1**. Diese ist insbesondere dann angezeigt, wenn Zweifel an einer ordnungsgemäßen Ladung bestehen.[7] Auch diese Entscheidung ergeht durch Beschluss.

V. Ruhen des Verfahrens, Abs. 3 Hs. 2

6 Besteht für eine Vertagung kein Anlass, kommt für das Gericht schließlich noch nach **Abs. 3 Hs. 2** die Anordnung des Ruhens des Verfahrens von Amts wegen in Betracht. Die Wirkungen ergeben sich aus § 249 ZPO. Für den Fortgang des Verfahrens bedarf es grundsätzlich einer Aufnahme oder Anzeige nach § 250 ZPO. Gegen den Beschluss über das Ruhen des Verfahrens ist nach § 252 ZPO die **sofortige Beschwerde** (§ 567 ZPO) eröffnet.

§ 252
Rechtsmittel bei Aussetzung

Gegen die Entscheidung, durch die auf Grund der Vorschriften dieses Titels oder auf Grund anderer gesetzlicher Bestimmungen die Aussetzung des Verfahrens angeordnet oder abgelehnt wird, findet die sofortige Beschwerde statt.

1 Entgegen der gesetzlichen Überschrift regelt § 252 ZPO, wie der Normwortlaut selbst zeigt, die Möglichkeit eines **Rechtsmittels** gegenüber allen die Unterbrechung (§§ 239 ff. ZPO) wie auch die Aussetzung (§§ 246 ff. ZPO) betreffenden Entscheidungen; gleiches gilt, soweit die jewei-

---

1 BVerfGE 69, 248 (255) = NJW 1985, 3005 (3006) = MDR 1985, 817 f.
2 Prütting/Gehrlein-*Anders*, ZPO, § 251a Rn. 3.
3 MK-*Stackmann*, ZPO, § 251a Rn. 13.
4 MK-*Stackmann*, ZPO, § 251a Rn. 33; Musielak/Voit-*Stadler*, ZPO, § 251a Rn. 3.
5 So Prütting/Gehrlein-*Anders*, ZPO, § 251a Rn. 4.
6 Musielak/Voit-*Stadler*, ZPO, § 251a Rn. 4.
7 Thomas/Putzo-*Hüßtege*, ZPO, § 251a Rn. 13.

lige Anordnung außerhalb der §§ 239–251a ZPO ihre Rechtsgrundlage hat (etwa §§ 148–155 ZPO). Das Rechtsmittel der **sofortigen Beschwerde** (§§ 567 ff. ZPO) ist dabei sowohl gegenüber der Anordnung als auch dem Ablehnung einer Aussetzung oder der Feststellung einer Unterbrechung möglich. Gleiches gilt für die Anordnung oder Ablehnung des Ruhens des Verfahrens nach §§ 251, 251a Abs. 3 ZPO.[1] Ausgenommen sind, wenngleich insoweit das jeweilige fachgerichtliche Verfahren formal ebenfalls auszusetzen ist, Beschlüsse über die Aussetzung und Vorlage nach **Art. 100 GG** (konkrete Normenkontrolle) sowie nach **Art. 267 AEUV** (Vorabentscheidungsverfahren), denn in beiden Fällen wird das Verfahren letztlich vor dem jeweiligen Vorlagegericht weiter betrieben.[2]

Vor dem Hintergrund, dass gerade bei einer unterbliebenen Vorlage an den EuGH eine Verletzung von Art. 101 Abs. 1 Satz 2 GG, des Anspruchs auf den gesetzlichen Richter, in Betracht kommt und insbesondere die letztinstanzlich entscheidenden Gerichte sogar eine Vorlagepflicht haben,[3] deren Verletzung gegebenenfalls Gegenstand einer Individualverfassungsbeschwerde (§§ 90 ff. BVerfGG) sein kann, erscheint die Erstreckung des § 252 ZPO auch auf dies beiden Aussetzungsformen nicht notwendig. Dagegen stünde einer solchen Erstreckung nicht entgegen, dass im Zuge einer sofortigen Beschwerde das Beschwerdegericht ein bereits am BVerfG oder EuGH anhängiges Verfahren durch Aufhebung des Vorlagebeschlusses „zurück holen" müsste. Denn ebenso wie eine Beendigung des Ausgangsverfahrens zur (sofortigen) Unzulässigkeit der Vorlage führen würde, könnte selbst das vorlegende Gericht aufgrund einer geänderten Rechtsauffassung über die Entscheidungserheblichkeit oder Verfassungswidrigkeit der vorgelegten Norm das Verfahren der konkreten Normenkontrolle *ad hoc* beenden.[4]

Über die gesetzlich vorgesehenen Fälle hinaus kann nach dem Rechtsgedanken des § 252 ZPO auch in anderen Fällen eines **faktischen Verfahrensstillstands** sofortige Beschwerde i.S. einer Untätigkeitsbeschwerde erhoben werden. So kann insbesondere bei längerer vollständiger Untätigkeit des Gerichts aufgrund der damit verbundenen Gefährdung des Anspruchs auf effektiven Rechtsschutz aus Art. 2 Abs. 1 i.V.m. Art. 20 Abs. 3 GG respektive aus Art. 19 Abs. 4 GG sofortige Beschwerde erhoben werden.[5] Dagegen findet infolge des gesetzlichen Ausschlusses nach § 227 Abs. 4 Satz 3 ZPO keine sofortige Beschwerde statt, wenn das Verfahren durch die Stattgabe eines Gesuchs auf Terminsverlegung verlängert wird.[6]

§ 252 ZPO verweist indessen nur auf die Vorschriften über die sofortige Beschwerde, weshalb die Voraussetzungen des § 567 Abs. 1 ZPO, namentlich zur Statthaftigkeit, gleichwohl vorliegen müssen. Demnach sind nur die Beschlüsse der **Amts- oder Landgerichte im ersten Rechtszug**, mittels derer eine Unterbrechung oder Aussetzung angeordnet oder abgelehnt worden sind, der Überprüfung durch eine sofortige Beschwerde zugänglich. Durch das zwischenzeitliche Ergehen eines **Endurteils** wird eine gegen die vorherige Aussetzung und deren Ablehnung erhobene sofortige Beschwerde prozessual überholt und damit gegenstandslos.[7] Seitens des Beschwerdegerichts besteht eine **volle Überprüfbarkeit** über das (Nicht-)Vorliegen eines Unterbrechungs- oder Aussetzungsgrundes, im Übrigen, insbesondere im Falle des Ruhens des Verfahrens, nur eine auf **Ermessensfehler** beschränkte Kontrolle der Ermessensentscheidung.[8] Im Einzelfall kann eine Aussetzungsentscheidung schon deshalb der Aufhebung anheimfallen, weil ihre Begründung eine Überprüfung durch das (Rechts-)Beschwerdegericht nicht ermöglicht.[9] Soweit das Beschwerdegericht sie zulässt (§ 574 Abs. 1 Nr. 2 ZPO), kommt in den Fällen der Aussetzung bzw. deren Ablehnung weitergehend auch eine **Rechtsbeschwerde** in Betracht.[10]

---

1 Prütting/Gehrlein-*Anders*, ZPO, § 252 Rn. 1; Musielak/Voit-*Stadler*, ZPO, § 252 Rn. 1.
2 Vgl. OLG Celle, OLGR 2009, 989 = NJW-RR 2009, 857; OLG Frankfurt a.M., FamRZ 1980, 178; Prütting/Gehrlein-*Anders*, ZPO, § 252 Rn. 2; a.A. *Pfeiffer*, NJW 1994, 1996 ff.
3 BVerfGE 126, 286 (316) = NJW 2010, 3422 (3427), Rn. 88 ff.; BVerfGK 13, 506 (513 ff.) = NVwZ-RR 2008, 658 (659), Rn. 17 ff.
4 Vgl. Burkiczak/Clemens/Schorkopf-*Dollinger*, BVerfGG, § 80 Rn. 95.
5 KG Berlin, KGR 2005, 22 (23) = NJW-RR 2005, 374 f. = FamRZ 2005, 729 (730 f.); OLG Brandenburg, OLGR 2009, 474 f. = MDR 2009, 948 (949).
6 OLG Frankfurt a.M., OLGR 2004, 285 (286) = NJW 2004, 3049 (3050); Prütting/Gehrlein-*Anders*, ZPO, § 252 Rn. 4.
7 Prütting/Gehrlein-*Anders*, ZPO, § 252 Rn. 5; MK-*Stackmann*, ZPO, § 252 Rn. 16; Thomas/Putzo-*Hüßtege*, ZPO, § 252 Rn. 4.
8 BGH, NJW-RR 2006, 1289 (1290) = MDR 2006, 704.
9 BGH, NJW-RR 2010, 423, Rn. 5 = VersR 2010, 687, Rn. 5.
10 BGH, NJW 2009, 2539 (2541), Rn. 16 = WM 2009, 1359 (1361), Rn. 16.

BUCH 2
Verfahren im ersten Rechtszug

ABSCHNITT 1
Verfahren vor den Landgerichten

Titel 1
Verfahren bis zum Urteil

§ 253
Klageschrift

(1) Die Erhebung der Klage erfolgt durch Zustellung eines Schriftsatzes (Klageschrift).

(2) Die Klageschrift muss enthalten:
1. die Bezeichnung der Parteien und des Gerichts;
2. die bestimmte Angabe des Gegenstandes und des Grundes des erhobenen Anspruchs, sowie einen bestimmten Antrag.

(3) Die Klageschrift soll ferner enthalten:
1. die Angabe, ob der Klageerhebung der Versuch einer Mediation oder eines anderen Verfahrens der außergerichtlichen Konfliktbeilegung vorausgegangen ist, sowie eine Äußerung dazu, ob einem solchen Verfahren Gründe entgegenstehen;
2. die Angabe des Wertes des Streitgegenstandes, wenn hiervon die Zuständigkeit des Gerichts abhängt und der Streitgegenstand nicht in einer bestimmten Geldsumme besteht;
3. eine Äußerung dazu, ob einer Entscheidung der Sache durch den Einzelrichter Gründe entgegenstehen.

(4) Außerdem sind die allgemeinen Vorschriften über die vorbereitenden Schriftsätze auch auf die Klageschrift anzuwenden.

(5) ¹Die Klageschrift sowie sonstige Anträge und Erklärungen einer Partei, die zugestellt werden sollen, sind bei dem Gericht schriftlich unter Beifügung der für ihre Zustellung oder Mitteilung erforderlichen Zahl von Abschriften einzureichen. ²Einer Beifügung von Abschriften bedarf es nicht, soweit die Klageschrift elektronisch eingereicht wird.

Inhalt:

	Rn.		Rn.
A. Allgemeines	1	V. Streitwertangabe, Abs. 3 Nr. 2	17
B. Erläuterungen	7	VI. Einzelrichter, Abs. 3 Nr. 3	18
I. Klageerhebung, Abs. 1	7	VII. Sonstige Voraussetzungen, Abs. 4	19
II. Parteibezeichnung, Abs. 2 Nr. 1	10	VIII. Abschriften, Abs. 5 Satz 1	20
III. Bestimmte Angaben, Abs. 2 Nr. 2	12	IX. Elektronische Einreichung, Abs. 5 Satz 2	22
IV. Versuch gütlicher Einigung, Abs. 3 Nr. 1	16		

A. Allgemeines

Die Vorschrift ist Ausdruck der **Dispositionsmaxime**, d.h. die Parteien bestimmen das Verfahren. Die Norm gilt für Verfahren vor den Amts- und Landgerichten, auch wenn sie auf letztere zugeschnitten ist. Die Klage legt den Streitgegenstand fest. Diesen kann der Kläger nur unter den Voraussetzungen der §§ 263 f. ZPO ändern und ihn wegen § 261 Abs. 3 Nr. 1 ZPO vor keinem anderen Gericht geltend/anhängig machen. 1

Die Klage muss einen klar umrissenen Antrag und Inhalt haben, sog. Streitgegenstand. Dies ist Ausdruck des im Rechtsstaatsprinzip (Art. 20 Abs. 3 GG) wurzelnden Bestimmtheitsgrundsatzes und dient der Rechtssicherheit. Daher gibt der Streitgegenstand auch den Rahmen nach § 308 ZPO vor, den das Gericht für seine Entscheidung einhalten muss. 2

3 Aus Gründen der Rechtssicherheit, Verfahrensbeschleunigung und Verwertungsmöglichkeit bisheriger Erkenntnisse bleibt ein einmal zuständiges Gericht für den Rechtsstreit auch dann noch **zuständig**, wenn es aufgrund nachträglich eingetretener Umstände ansonsten (etwa Umzug des Beklagten mit der Folge eines anderen Gerichtsstandes nach §§ 12, 13) oder sachlich nicht mehr zuständig wäre. Es gilt der Merksatz „Einmal zuständig, immer zuständig". Im Rahmen der sachlichen Zuständigkeit gilt dies allerdings nur für den Fall, dass eine Klage vor dem Landgericht unter 5.000,01 € „sinkt" (etwa wegen Teilzahlung) und damit ansonsten die Zuständigkeit der Amtsgerichte nach § 23 Nr. 1 GVG begründet wäre. Für den umgekehrten Fall (ursprünglich zuständiges Amtsgericht wird durch nachträglich gestellten Antrag einer Partei unzuständig, da nunmehr ein Gesamt-Streitwert über 5.000,00 € vorliegt) regelt § 506 ZPO, dass die sachliche Zuständigkeit der Amtsgerichte endet und für den gesamten Rechtsstreit die des Landgerichts begründet wird.

4 § 253 Abs. 1 ZPO bildet eine prozessuale Einheit mit § 261 ZPO.[1] Durch Einreichung der Klageschrift wird die Klage (nur) anhängig, erst mit Zustellung rechtshängig. Ab Zustellung besteht ein **Prozessverhältnis**, was eine Prozessförderungspflicht auslöst.[2] Wem eine Klage zugestellt wird, ist gehalten, sich alsbald über deren Inhalt zu vergewissern und unverzüglich die erforderlichen Gegenschritte einzuleiten, wenn er den Inhalt der Klage nicht hinnehmen will.[3] Dies gilt auch für **Ausländer**. Eine vorsorgliche Verteidigungsanzeige des Beklagten ist nicht möglich. Lediglich im einstweiligen Rechtsschutz kann bereits vor Zustellung bei Gericht eine sog. Schutzschrift hinterlegt werden, näher dazu § 945a ZPO.

5 § 253 ZPO greift auch für die Familien- und Arbeitsgerichte über die **Verweisungen** in §§ 113 Abs. 1 Satz 2, 124 Satz 2 FamFG und § 46 Abs. 2 ArbGG.

6 Der Inhalt der Klageschrift wird in den Abs. 2–4 geregelt. Abs. 1 und Abs. 2 sind Prozess- und damit zwingende Mindestvoraussetzungen, Abs. 3–5 nicht (keine Wirksamkeitsvoraussetzung).[4] Werden letztere nicht eingehalten, bleibt die Klage ordnungsgemäß, wird aber ggf. erst später zugestellt. Es liegt also im Interesse des Klägers, direkt die erforderliche Anzahl an **Abschriften** (pro Gegenpartei eine einfache und eine beglaubigte Abschrift) beizufügen und den Streitwert anzugeben, bevor er hierzu vom Gericht nach §§ 131, 133 ZPO bzw. § 61 GKG aufgefordert wird.

B. Erläuterungen
I. Klageerhebung, Abs. 1

7 Erhebung durch Zustellung: Die Klageerhebung erfolgt durch Einreichung einer unterschriebenen Klageschrift bei Gericht und Zustellung einer beglaubigten Abschrift an den Gegner, §§ 166 Abs. 2, 169 Abs. 2, 270 Satz 1 ZPO. Vor dem Amtsgericht genügt es wegen §§ 496, 498 ZPO auch, die Klage mündlich zu Protokoll der Geschäftsstelle zu erklären und das Protokoll dem Gegner zuzustellen. Die Einreichung führt zur Anhängigkeit, die Zustellung zur Rechtshängigkeit. Solange die Absicht deutlich wird, Klage zu erheben, ist der Wortlaut des Schriftstückes unbeachtlich. Rechtsschutz muss nur willensgetragen sein. Die Absicht ist zudem nicht an lautere Motive gebunden.[5] Querulatorische Klagemotivation ist v.a. Frage des Rechtsschutzbedürfnisses. Eine Klage kann auch dahin bedingt werden, dass ihre Zustellung vom Erfolg eines **Prozesskostenhilfe**-Antrags abhängig gemacht wird.

8 Die **Bezugnahme** auf andere Schriftstücke muss konkret und aus sich heraus verständlich erfolgen; andernfalls ist sie unzulässig und unbeachtlich. Denn das Klagevorbringen legt den Streitgegenstand fest und seine Konstruktion aus der Akte ist weder Gericht noch Gegner zumutbar.[6] Eine Heilung nach § 295 Abs. 2 ZPO durch rügelose Einlassung ist ausgeschlossen, da der notwendige Inhalt der Klageschrift im öffentlichen Interesse an Rechtssicherheit und Rechtskraft liegt.[7] Wird der Vortrag ordnungsgemäß nachgeholt, wirkt er *ex nunc*.[8]

9 Die Klageschrift bedarf einer eigenhändigen und vollständigen **Unterschrift** zur Individualisierung der Person und im Anwaltsprozess als eigenverantwortliche Prüfung des Inhalts.[9] Unterschreiben muss der Kläger, sein gesetzlicher Vertreter (siehe § 51 Rn. 2ff.) oder Prozessbevollmächtigter, in Anwaltsprozessen nur letzterer. Bei Behörden, Körperschaften und öffentlichen

---

1 Siehe nur BGH, NJW 2013, 387 (388).
2 BGH, NJW 2013, 387 (388).
3 BGH, NJW 2013, 387 (391).
4 BGH, NJW 2013, 387.
5 Musielak/Voit-*Foerste*, ZPO, § 253 Rn. 7.
6 Deutlich OLG Rostock, NJOZ 2005, 3389 (3390).
7 Thomas/Putzo-*Reichold*, ZPO, § 253 Rn. 20.
8 Musielak/Voit-*Foerste*, ZPO, § 253 Rn. 5a.
9 BeckOK-*von Selle*, ZPO, § 130 Rn. 7, 11.

Anstalten reicht es, wenn der Name des Verfassers maschinengeschrieben, aber mit einem Beglaubigungsvermerk versehen ist.[10] Fehlt die Unterschrift, ist die Klage unwirksam. Der Mangel kann nur *ex nunc* behoben werden. Es soll sichergestellt werden, dass es sich bei dem Schriftstück nicht nur um einen **Entwurf** handelt, es vielmehr mit Wissen und unbedingten Willen des Berechtigten zu klagen dem Gericht zugeleitet worden ist. Für den Anwaltsprozess bedeutet dies, dass die Klageschrift von einem dazu bevollmächtigten Rechtsanwalt zwar nicht selbst verfasst, aber nach eigenverantwortlicher Prüfung genehmigt und unterschrieben sein muss.[11] Ausreichend ist auch, dass die beglaubigte Abschrift unterschrieben ist.[12]

II. Parteienbezeichnung, Abs. 2 Nr. 1

Bezeichnung der Parteien: Partei ist, wer objektiv Partei sein soll (aus Sicht des Gerichts und Adressaten der Klage). Vorname, Name und ladungsfähige Anschrift sind anzugeben. Eine Partei kraft Amtes ist kenntlich zu machen, etwa als „Insolvenzverwalter über das Vermögen des/Testamentsvollstrecker über den Nachlass des X", genauso gesetzliche Vertreter. An namentlich Unbekannte kann eine Klage nur zugestellt werden, wenn sie nach Zahl, Aufenthaltsort oder Tätigkeit von anderen eindeutig unterschieden werden können.[13] Zu Personengesellschaften und juristischen Personen siehe § 50 ZPO. Falschbezeichnungen sind unbeachtlich, wenn an die gemeinte Partei zugestellt werden konnte. Verstöße machen die Klage nicht unwirksam, sondern hindern allenfalls Zustellung oder Verjährungshemmung.

Bezeichnung des Gerichts: Adressat muss das sachlich und örtlich zuständige **Gericht** sein, nicht aber das funktionell zuständige. Eine Ausnahme gilt für die Kammer für Handelssachen wegen § 96 Abs. 1 GVG. Mängel sind nur unschädlich, wenn die Klage tatsächlich beim gewollten Gericht eingeht.[14]

III. Bestimmte Angaben, Abs. 2 Nr. 2

Gegenstand des Anspruchs: nach heutigem Streitgegenstandsbegriff ohne eigenständige Bedeutung.

Grund des Anspruchs: Klagegrund ist der Lebenssachverhalt, auf den der Klageantrag gestützt werden soll. Dies gebietet eine Konkretisierung des Streitstoffs nach Beteiligten, Ort und Zeit, um ihn von ähnlichen Begebenheiten unterscheiden zu können.[15] Allerdings können auch unschlüssige Klagen wirksam eingereicht werden. Bleibt der Streitgegenstand unklar, wird die Klage durch **Prozessurteil** abgewiesen. Die Zuordnung des Streitstoffs zum Antrag darf nicht dem Gericht überlassen werden, da der Kläger den Streitgegenstand bestimmt.

Bestimmter **Antrag**: Das Bestimmtheitserfordernis soll den Streitgegenstand festlegen, den Umfang der materiellen Rechtskraft und den Entscheidungsspielraum des Gerichts abstecken, dem Beklagten eine präzise Verteidigung erlauben und eine Zwangsvollstreckung aus des Urteils ermöglichen.[16] Unklarheiten sind durch Auslegung oder Nachfrage zu beseitigen. Es ist zu fragen, was nach den Maßstäben der Rechtsordnung vernünftig ist und der verstandenen Interessenlage entspricht.[17] Als Prozesshandlung muss der Klageantrag grundsätzlich unbedingt sein; Ausnahmen ergeben sich für innerprozessuale Bedingungen (Klage unter der Bedingung von Prozesskostenhilfe, Hilfsanträge), da hier die Unsicherheit innerprozessual beseitigt werden kann. Zu nennen ist der **Umfang** der begehrten Leistung, bei angestrebter Zug-um-Zug-Verurteilung auch der Gegenleistung. Zahlungsklagen sind zu beziffern; für Zinsen genügen Prozentsatz und Beginn der angestrebten Verzinsung. Der Antrag auf Vornahme einer Handlung muss nur den erstrebten Erfolg, nicht den Weg dorthin konkretisieren, da es Sache des Schuldners ist, unter mehreren geeigneten und zumutbaren Mitteln auszuwählen.[18] Für **Unterlassungsanträge** ist eine Verallgemeinerung von Antrag und Titel statthaft, solange darin das Charakteristische der konkreten Verletzungstatbestände zum Ausdruck kommt, sog. Kerntheorie.[19] Ziel ist es, Umgehungen durch zu eng gefasste Unterlassungstitel zu vermeiden.

Zahlungsklagen müssen ausnahmsweise **nicht beziffert** werden, wenn die Feststellung der Anspruchshöhe unmöglich oder unzumutbar,[20] jedenfalls aber mit typischen Unsicherheiten

---

10 Musielak/Voit-*Foerste*, ZPO, § 253 Rn. 8.
11 OLG Düsseldorf, BeckRS 2015, 18488.
12 BGH, NJW 2012, 1738f.
13 Musielak/Voit-*Foerste*, ZPO, § 253 Rn. 18.
14 Zöller-*Greger*, ZPO, § 253 Rn. 23.
15 Musielak/Voit-*Foerste*, ZPO, § 253 Rn. 25f.
16 Musielak/Voit-*Foerste*, ZPO, § 253 Rn. 29.
17 BGH, BeckRS 2012, 24420.
18 Weitere Beispiele bei Musielak/Voit-*Foerste*, ZPO, § 253 Rn. 30ff.
19 BGH, NJW 2014, 2870.
20 Thomas/Putzo-*Reichold*, ZPO, § 253 Rn. 12.

(z. B. nicht abschließend mögliche Benennung der Höhe) belastet ist, etwa Klagen auf Schmerzensgeld, Abfindung, Entschädigung und Mietminderung.[21] Allerdings muss der Kläger dann zumindest einen ungefähren oder Mindestbetrag angeben.[22]

IV. Versuch gütlicher Einigung, Abs. 3 Nr. 1

16 Die Angabe, ob vor Klageerhebung eine Mediation o. ä. versucht wurde und ob einem solchen Verfahren Gründe entgegenstehen, soll dem Gericht die Chancen einer gütlichen Einigung und dem Kläger die Vorgabe des § 278 Abs. 1 ZPO vor Augen führen, ggf. auf § 15a EGZPO aufmerksam machen.[23]

V. Streitwertangabe, Abs. 3 Nr. 2

17 Die Angabe des Streitwerts ist Aufgabe des Klägers gemäß §§ 61 Satz 1 GKG. Unterbleibt die Angabe, beeinträchtigt das nicht die Klageerhebung, aber ihre Vorwirkung nach § 167 ZPO.

VI. Einzelrichter, Abs. 3 Nr. 3

18 Siehe dazu Kommentierung zu §§ 348 f. ZPO.

VII. Sonstige Voraussetzungen, Abs. 4

19 Abs. 4 ist immer in Verbindung mit § 130 Nr. 1–6 ZPO zu sehen. Insoweit kann auf die Kommentierung zu § 130 ZPO verwiesen werden.

VIII. Abschriften, Abs. 5 Satz 1

20 Die Einreichung der Klageschrift führt zur Anhängigkeit, sobald sie in den Machtbereich des Gerichts gelangt.[24] Zur Anzahl der Abschriften siehe §§ 131, 133 ZPO. Die Einreichung kann auch elektronisch, per Telegramm, Fax, Computerfax, ggf. E-Mail erfolgen, näher §§ 129–130a ZPO; nicht jedoch telefonisch, selbst wenn der durchgesagte Text aufgeschrieben wird.[25]

21 Wird die Klage ohne notwendige **Anlagen** zugestellt, ist die Erhebung unwirksam, § 189 ZPO greift nicht. Denn über § 189 ZPO ist nur eine Verletzung zwingender Zustellvorschriften (des Zustellungsmodus) heilbar, nicht aber ein Mangel des bei der Zustellung übergebenen Schriftstücks (des Zustellungsinhalts).[26] Erst mit Zugang der Anlagen wird der Mangel *ex nunc* geheilt. Wird in der Klageschrift ein Prozessbevollmächtigter des Beklagten angegeben, ist an diesen zuzustellen. Der Kläger trägt allerdings das Risiko, dass dieser in Wahrheit nicht bevollmächtigt und die Zustellung daher unwirksam war.[27]

IX. Elektronische Einreichung, Abs. 5 Satz 2

22 Wird die Klage elektronisch eingereicht, müssen keine Abschriften beigefügt werden. Dies ist geltende Rechtslage, obwohl nicht ganz einzusehen ist, wieso Mitarbeiter an staatlichen Gerichten auf Kosten der Steuerzahler Abschriften für einen Prozess zwischen Privatparteien fertigen müssen.

§ 254
Stufenklage

Wird mit der Klage auf Rechnungslegung oder auf Vorlegung eines Vermögensverzeichnisses oder auf Abgabe einer eidesstattlichen Versicherung die Klage auf Herausgabe desjenigen verbunden, was der Beklagte aus dem zugrunde liegenden Rechtsverhältnis schuldet, so kann die bestimmte Angabe der Leistungen, die der Kläger beansprucht, vorbehalten werden, bis die Rechnung mitgeteilt, das Vermögensverzeichnis vorgelegt oder die eidesstattliche Versicherung abgegeben ist.

Inhalt:

	Rn.		Rn.
A. Allgemeines	1	III. Stufe 3, Leistung	9
B. Erläuterungen	3	C. Rechtsmittel	11
I. Stufe 1, Auskunft	5	D. Praxishinweis	14
II. Stufe 2, eidesstattliche Versicherung	8		

---

21 Näher Musielak/Voit-*Foerste*, ZPO, § 253 Rn. 34 f.
22 KG Berlin, BeckRS 2010, 10186; OLG Saarbrücken, BeckRS 2010, 00450.
23 Zöller-*Greger*, ZPO, § 255 Rn. 20a.
24 Musielak/Voit-*Foerste*, ZPO, § 253 Rn. 11.
25 Musielak/Voit-*Foerste*, ZPO, § 253 Rn. 13.
26 LAG Stuttgart, BeckRS 2013, 67501.
27 BGH, NJW-RR 2011, 997.

A. Allgemeines

§ 254 ZPO ist ein besonderer Fall der objektiven Klagehäufung i.S.d. § 260 ZPO durch die Verbindung des (noch unbezifferten) Zahlungsanspruchs mit dem zu seiner Konkretisierung erforderlichen Hilfsanspruch auf Auskunft und Rechnungslegung.[1] Auskunfts- und Leistungsbegehren müssen sich daher wie bei § 260 ZPO immer gegen den- oder dieselben Beklagten richten.[2] Nach § 254 ZPO kann der Kläger einen Anspruch auf Zahlung oder Herausgabe, den er noch nicht nach § 253 Abs. 2 Nr. 2 ZPO beziffern oder konkretisieren kann, mit einer Klage auf Erteilung entsprechender Informationen (Auskunft, Rechnungslegung, Abgabe einer eidesstattlichen Versicherung und Wertermittlung) verbinden. Zwar tritt sofort **Rechtshängigkeit**[3] und Hemmung der **Verjährung**[4] für alle geltend gemachten Ansprüche in den 3 Stufen ein, doch erfolgt eine (stattgebende) Entscheidung für jede Stufe gesondert durch Teilurteil, das wiederum jeweils den allgemeinen Rechtsmitteln unterliegt. Für die 2. Stufe (Abgabe einer eidesstattlichen Versicherung) ist dabei zu beachten, dass in der Regel die **Berufungssumme** des § 511 Abs. 2 Nr. 1 ZPO nicht erreicht sein dürfte.[5]

1

Der **Streitwert** richtet sich nach dem Einzelanspruch mit dem höchsten Wert, von offensichtlich übertriebenen Vorstellungen des Klägers abgesehen, die bei der Schätzung des Gerichts nach § 3 ZPO außer Acht gelassen werden dürfen.[6] Die **Rechtsanwaltsgebühren** fallen für alle Stufen zusammen nur einmal an und errechnen sich nach § 23 Abs. 1 RVG, § 44 GKG nicht aus der Summe, sondern aus dem höchsten Wert einer Stufe, wobei etwaige dortige Einzelpositionen zu summieren sind.

2

B. Erläuterungen

Als Sonderfall der Klagehäufung unterliegt die Stufenklage nicht den Voraussetzungen des § 260 ZPO: Die einzelnen Klagen bleiben **selbstständig**. Es müssen daher für jede Stufe die allgemeinen Prozessvoraussetzungen vorliegen,[7] weil auch über jede einzelne Stufe gesondert entschieden werden muss. Die prozessuale Selbstständigkeit der im Wege der Stufenklage geltend gemachten Ansprüche bedingt, dass über jeden in der vorgegebenen Reihenfolge im Wege der abgesonderten Antragstellung durch Teil- bzw. Schlussurteil zu befinden ist.[8] Mit anderen Worten: In der mündlichen Verhandlung werden die Anträge nur für die jeweils zur Entscheidung anstehende Stufe gestellt.[9] Eine einheitliche Entscheidung über alle Anträge einer Stufenklage kommt nur dann in Betracht, wenn bereits bei der Prüfung des Auskunftsanspruchs klar ist, dass der Hauptanspruch ohne materiell-rechtliche Grundlage ist.[10] Ansonsten gilt: Nach rechtskräftigem Erlass eines Auskunftsurteils ist das Verfahren nur auf Parteiantrag (Kläger oder Beklagter)[11] **fortzusetzen**,[12] andernfalls nach sechs Monaten gemäß Aktenordnung wegzulegen.

3

Beziffert der Kläger im Laufe des Verfahrens seinen Antrag, liegt darin wegen § 264 Nr. 2 ZPO **keine Klageänderung**.[13] Aus dem gleichen Grund kann der Kläger auch zwischen einzelnen Stufen wechseln oder sie überspringen.[14]

4

Weil die zur Auskunft verurteilende Entscheidung nicht nach § 322 ZPO in materieller Rechtskraft erwächst oder das Gericht nach § 318 ZPO bindet (soweit in ihr bereits der Rechtsgrund des Hauptanspruchs bejaht wird), darf das Gericht auch **abweichend** von seinem Standpunkt im Teilurteil zur ersten Stufe urteilen.[15] Die Klage kann deshalb in den nachfolgenden Stufen auch aus Gründen abgewiesen werden, die bereits zur Klageabweisung in den vorangegangenen Stufen hätten führen müssen.[16] Bei Säumnis des Klägers ist Versäumnisurteil möglich, auch wenn der Zahlungsantrag noch nicht verhandelt und beziffert wurde.[17] Ergibt

5

---

1 BGH, BeckRS 2014, 11251.
2 LAG Berlin-Brandenburg, BeckRS 2012, 75329.
3 BGH, NJW 2015, 1093 (1094).
4 BGH, NJW 2012, 2180 (2181).
5 OLG Koblenz, NJOZ 2015, 736.
6 BGH, MDR 2012, 875.
7 Musielak/Voit-*Foerste*, ZPO, § 254 Rn. 3.
8 Zöller-*Greger*, ZPO, § 254 Rn. 7.
9 BeckOK-*Bacher*, ZPO, § 254 Rn. 12.
10 BSG, BeckRS 2014, 69034, Rn. 51.
11 OLG Koblenz, BeckRS 2004, 03182.
12 BGH, NJW-RR 2015, 188.
13 BeckOK-*Bacher*, ZPO, § 254 Rn. 17.1.
14 Näher BeckOK-*Bacher*, ZPO, § 254 Rn. 20.
15 BGH, NJW 2012, 2180 (2183).
16 BeckOK-*Bacher*, ZPO, § 254 Rn. 22.
17 Zöller-*Vollkommer*, ZPO, § 254 Rn. 17.

die Auskunft, dass ein Leistungsanspruch nicht besteht, tritt keine **Erledigung** der Hauptsache ein (denn die Sache war von Anfang an unbegründet). Der Kläger kann aber auch insoweit die Feststellung beantragen, dem Beklagten die Kosten des Rechtsstreits aufzuerlegen, unabhängig davon, ob sich dies aus einem materiell-rechtlichen Schadensersatzanspruch oder aus § 93 ZPO analog ergibt.[18]

I. Stufe 1, Auskunft

6 Auch die fehler- und **lückenhafte Auskunft** ist eine Auskunft, der Anspruch der 1. Stufe daher erfüllt und Auslassungen sowie Unrichtigkeiten nur als Voraussetzung für die 2. Stufe anzusehen.[19] Streitig ist, ob auch eine Auskunft unter dem **Druck der Zwangsvollstreckung** zur Erfüllung i.S.d. § 362 BGB und damit Erledigung der Stufe 1 führt.[20] Keine Erfüllung ist gegeben, wenn der Kläger weitergehend noch ein **notarielles Nachlassverzeichnis** gemäß § 2314 Abs. 1 Satz 3 BGB erstellt haben möchte, da ein solches eine größere Gewähr für die Vollständigkeit und Richtigkeit der Auskunft als das Privatverzeichnis des Pflichtteilsbelasteten bietet;[21] ein solches Verlangen ist daher auch nicht rechtsmissbräuchlich.[22]

7 Für Stufe 1 liegt wegen weiterhin bestehender Unsicherheiten auch dann ein Rechtsschutzbedürfnis vor, wenn der Kläger den Leistungsanspruch bereits **vorläufig** (etwa mit einem Mindestbetrag) **beziffert**. Auch dann muss trotz teilweiser Bezifferung erst über Stufe 1 entschieden werden.

8 Auskunfts- und Rechnungslegungsansprüche können sich aus jedem Informationsrecht ergeben.[23] Zweck der begehrten Auskunft muss stets sein, den Leistungsanspruch zu beziffern oder zu konkretisieren.[24] Eine Stufenklage ist **unzulässig**, wenn sie dem Kläger lediglich sonstige Informationen über seine Rechtsverfolgung verschaffen soll.[25] Es kommt aber eine **Umdeutung** in eine von der Stufung unabhängige objektive Klagehäufung in Betracht.
Beispiele:[26]

- *Die Auskunft soll dem Kläger lediglich die Beurteilung ermöglichen, ob ihm dem Grunde nach ein Schadensersatzanspruch zusteht*[27] *oder Einwendungen begründet sind (z.B. um die Höhe eines zur Aufrechnung gestellten Gegenanspruchs bestimmen zu können).*
- *Die Auskunft soll nur dazu dienen, weitere Schuldner ermitteln zu können.*
- *Die Auskunft dient nicht dem Umfang herauszugebender Gegenstände, sondern nur ihrem Verbleib (kein Rechtsschutzbedürfnis, da Herausgabeklage einfacher).*

II. Stufe 2, eidesstattliche Versicherung

9 Stufe 2 meint in der Regel das Begehren nach Abgabe einer eidesstattlichen Versicherung über die Vollständigkeit und Richtigkeit der erteilten Informationen (§§ 259 Abs. 2, 260 Abs. 2, 261 BGB). Der Anspruch auf Abgabe der eidesstattlichen Versicherung setzt voraus, dass Grund zu der Annahme i.S.d. § 260 Abs. 2 BGB besteht, die erteilte Auskunft oder Rechnungslegung sei unvollständig und dies beruhe auf der mangelnden Sorgfalt des Verpflichteten. Maßgeblich ist das Gesamtverhalten des Schuldners.[28] Grund zu dieser Annahme besteht etwa dann, wenn die ursprüngliche Auskunft mehrfach ergänzt oder berichtigt oder die Unvollständigkeit in einzelnen Punkten nachgewiesen worden ist.[29] Darin zeigt sich, dass auch eine unvollständige Auskunft die erste Stufe erfüllt und lediglich den Anwendungsbereich der zweiten Stufe eröffnet. Konkret **darlegungspflichtig** für fehlende Sorgfalt ist der Kläger; die bloße Behauptung reicht nicht.[30] Doch kann nicht stets die Stufe 2 gefordert werden, sondern nur bei konkreten Zweifeln an oder Anhaltspunkten für fehlende Sorgfalt bei Erstellung der

---

18 Zum Streitstand MK-*Becker-Eberhard*, ZPO, § 254 Rn. 26; Thomas/Putzo-*Reichold*, ZPO, § 254 Rn. 6.
19 OLG Nürnberg, NJW-RR 2005, 808 (809).
20 Zum Streitstand OLG Karlsruhe, BeckRS 2015, 01634, Rn. 23 ff.
21 BVerfG, NJW 2016, 2943, Rn. 3; OLG Zweibrücken, BeckRS 2015, 18532, Rn. 9.
22 OLG Schleswig, NJW-RR 2011, 946.
23 Nähere Auflistung etwa bei Musielak/Voit-*Foerste*, ZPO, § 254 Rn. 2.
24 BGH, NJW 2012, 3722.
25 OLG Düsseldorf, BeckRS 2014, 06800.
26 BeckOK-*Bacher*, ZPO, § 254 Rn. 4.1.f.
27 BGH, NJW 2012, 2180 (2182).
28 OLG München, BeckRS 2016, 01979, Rn. 27.
29 MK-*Becker-Eberhard*, ZPO, § 254 Rn. 16.
30 OLG Zweibrücken, BeckRS 2015, 18532, Rn. 11.

Auskunft. Denn Unrichtigkeiten und Unvollständigkeiten beruhen nicht zwingend auf fehlender Sorgfalt, ebenso ist entschuldbare Unkenntnis oder unverschuldeter Irrtum möglich.[31]

III. Stufe 3, Leistung

Anstelle einer Leistungsklage ist als letzte Stufe eine **Gestaltungsklage** möglich, etwa nach § 323 ZPO oder § 767 ZPO, für den Fall einer Veräußerung auf Erstattung des Erlöses und andernfalls auf Zahlung von Schadensersatz.[32] Sofern in Stufe 3 der konkrete Inhalt des Anspruchs vom Inhalt der Auskunft abhängt, kann der Antrag auch auf Herausgabe bislang unbekannter Gegenstände lauten, deren Identität mit den ersten Klagestufen geklärt werden soll.[33]

Der Leistungsantrag muss präzisiert werden, wenn das erfolgreiche Auskunftsbegehren erfüllt wurde. Ist eine Stufenklage zulässig, fehlt das **Rechtsschutzbedürfnis** für eine Feststellungsklage[34] (vom Fall der isolierten Auskunftsklage abgesehen, die allerdings logischerweise die Verjährung des Leistungsanspruchs nicht hemmen kann). Der Kläger ist nicht darauf beschränkt, lediglich den Betrag zu fordern, der sich aus der verlangten Auskunft ergibt, sondern behält die volle **Dispositionsfreiheit**, wie er den Leistungsanspruch errechnen und beziffern will.[35] Unterbleibt die Bezifferung auch jetzt, ist die Klage mangels Bestimmtheit abzuweisen.[36] Eine Stufenklage ist auch im Wege der **Widerklage** möglich.[37]

C. Rechtsmittel

Im Berufungsverfahren wird (per Teilurteil) nur über Ansprüche entschieden, die schon Gegenstand des angefochtenen Urteils waren. Hat die Auskunftsklage erst in zweiter Instanz Erfolg, muss über den Leistungsantrag in erster Instanz entschieden werden; die Leistungsklage bleibt in erster Instanz anhängig.[38]

Über die **Kosten eines Rechtsmittels** gegen ein Teilurteil entscheidet das Rechtsmittelgericht, wenn die Instanz vollständig abgeschlossen ist. Dem Schlussurteil vorbehalten bleibt lediglich die Entscheidung über die erstinstanzlichen Kosten des Rechtsstreits.[39]

Für die 2. Stufe (Abgabe einer eidesstattlichen Versicherung) ist in der Regel die Berufungssumme des § 511 Abs. 2 Nr. 1 ZPO nicht erreicht.[40]

D. Praxishinweis

Prozesskostenhilfe ist immer einheitlich für alle Stufen zu bewilligen,[41] über die **Kosten** immer einheitlich erst nach Abschluss aller Stufen durch Schlussurteil zu entscheiden.[42]

§ 255
Fristbestimmung im Urteil

(1) Hat der Kläger für den Fall, dass der Beklagte nicht vor dem Ablauf einer ihm zu bestimmenden Frist den erhobenen Anspruch befriedigt, das Recht, Schadensersatz wegen Nichterfüllung zu fordern oder die Aufhebung eines Vertrages herbeizuführen, so kann er verlangen, dass die Frist im Urteil bestimmt wird.

(2) Das Gleiche gilt, wenn dem Kläger das Recht, die Anordnung einer Verwaltung zu verlangen, für den Fall zusteht, dass der Beklagte nicht vor dem Ablauf einer ihm zu bestimmenden Frist die beanspruchte Sicherheit leistet, sowie im Falle des § 2193 Abs. 2 des Bürgerlichen Gesetzbuchs für die Bestimmung einer Frist zur Vollziehung der Auflage.

---

31 OLG München, BeckRS 2016, 04576, Rn. 14.
32 BeckOK-*Bacher*, ZPO, § 254 Rn. 9f.
33 BGH, NJW 2003, 2748f.
34 LAG Mainz, BeckRS 2011, 76842.
35 BGH, NJW 2012, 2180 (2183), Rn. 33.
36 BeckOK-*Bacher*, ZPO, § 254 Rn. 18.
37 BGH, NJW-RR 2011, 189.
38 BeckOK-*Bacher*, ZPO, § 254 Rn. 30.
39 BeckOK-*Bacher*, ZPO, § 254 Rn. 33.1.
40 OLG Koblenz, NJOZ 2015, 736.
41 OLG Köln, BeckRS 2015, 06614; OLG Hamburg, BeckRS 2014, 05744.
42 Zöller-*Greger*, ZPO, § 254 Rn. 5.

Inhalt:

	Rn.		Rn.
A. Allgemeines	1	II. Fristbestimmung vor Anordnung, Abs. 2	5
B. Erläuterungen	2	C. Rechtsmittel	8
I. Fristbestimmung vor Schadensersatz, Abs. 1	2		

A. Allgemeines

1 § 255 ZPO ergänzt Vorschriften des materiellen Rechts, die vorsehen, dass der Gläubiger dem Schuldner nach rechtskräftiger Verurteilung eine Frist setzen und nach deren Ablauf weitergehende Ansprüche geltend machen kann. Der Gläubiger kann so auf einfachem Wege erreichen, dass die Frist sofort mit Rechtskraft des Urteils zu laufen beginnt. Beim Amts- und Arbeitsgericht kann zugleich unter den Voraussetzungen der §§ 510b, 888a ZPO und § 61 Abs. 2 ArbGG angemessene Entschädigung verlangt werden. Für **Streitwert** und Kostenentscheidung spielt der Antrag nach § 255 ZPO keine Rolle.

B. Erläuterungen
I. Fristbestimmung vor Schadensersatz, Abs. 1

2 Die Fristbemessung liegt im **Ermessen** des Gerichts; es reicht daher, wenn der Kläger das Setzen einer angemessenen Frist beantragt.[1] Das Gericht muss aber im Urteil eine bestimmte Frist festlegen. Hat der Kläger direkt eine bestimmte Frist beantragt, darf diese das Gericht wegen § 308 Abs. 1 ZPO **nicht verkürzen**, wohl aber verlängern, wenn nur eine längere Frist angemessen ist. Der Schuldner kann hingegen keine Fristverlängerung einer einmal gesetzten Frist gemäß § 224 ZPO verlangen.[2] Die Fristbemessung bindet den Schuldner in diesem Verfahren. Für nachfolgende Verfahren darf die Angemessenheit nicht mehr in Frage gestellt werden; insoweit tritt ebenfalls **Bindungswirkung** ein. Wird die Fristsetzung nach materiellem Recht erst mit Rechtskraft des Urteils zulässig, darf auch die vom Gericht gesetzte Frist frühestens mit diesem Zeitpunkt beginnen. Wünscht der Kläger einen früheren Fristbeginn, muss er die Frist selbst setzen.

3 Für die Zulässigkeit des Antrags reicht es, wenn der Kläger das Bestehen eines Erfüllungsanspruchs (oder eines Rechts, das anstelle dieses Anspruchs tritt) und eines Rechts zur Fristsetzung geltend macht. Ob diese Rechte tatsächlich bestehen, ist eine Frage der Begründetheit.[3]

4 § 255 ZPO (analog) gilt für **Schadensersatz**[4] und **Rücktritt** sowie §§ 527, 910 Abs. 2, 1003, 1133 BGB, nicht hingegen aus §§ 350, 415 Abs. 2, 1056 BGB.[5]

II. Fristbestimmung vor Anordnung, Abs. 2

5 Hinsichtlich der Fristbestimmung und der Zulässigkeit des Antrags gilt das in den Rn. 2 und 3 zu Abs. 1 Gesagte.

6 Nach § 1052 Abs. 1 Satz 2 BGB (§ 2128 Abs. 2 BGB) kann der Eigentümer der mit einem Nießbrauch belasteten Sache (der Nacherbe) unter bestimmten Voraussetzungen die Anordnung einer Verwaltung über die Sache (den Nachlass) beantragen. Die Anordnung ist erst zulässig, wenn der Nießbraucher (der Vorerbe) rechtskräftig verurteilt ist, eine Sicherheitsleistung zu erbringen, und diese trotz Fristsetzung nach Rechtskraft nicht erbracht worden ist.

7 Nach § 2193 Abs. 2 BGB darf der vom Erblasser mit einer Auflage Beschwerte den Begünstigten selbst bestimmen. Das Bestimmungsrecht geht gemäß § 2194 BGB auf den Vollziehungsberechtigten über, wenn der Beschwerte rechtskräftig zur Vollziehung der Auflage verurteilt worden ist, dem aber trotz Fristsetzung nicht nachkommt.

C. Rechtsmittel

8 Die Fristsetzung ist Bestandteil der Hauptentscheidung und wird mit ihr gemäß § 318 ZPO bindend. Sie kann daher mit den Rechtsmitteln angefochten werden, die auch gegen die Hauptentscheidung statthaft sind.

---

1 Musielak-*Foerste*, ZPO, § 255 Rn. 3.
2 BeckOK-*Bacher*, ZPO, § 255 Rn. 16.
3 BeckOK-*Bacher*, ZPO, § 255 Rn. 5.
4 OLG Karlsruhe, NJW-RR 2014, 313 (314).
5 BeckOK-*Bacher*, ZPO, § 255 Rn. 6f.; Zöller-*Greger*, ZPO, § 255 Rn. 3.

§ 256
Feststellungsklage

(1) Auf Feststellung des Bestehens oder Nichtbestehens eines Rechtsverhältnisses, auf Anerkennung einer Urkunde oder auf Feststellung ihrer Unechtheit kann Klage erhoben werden, wenn der Kläger ein rechtliches Interesse daran hat, dass das Rechtsverhältnis oder die Echtheit oder Unechtheit der Urkunde durch richterliche Entscheidung alsbald festgestellt werde.

(2) Bis zum Schluss derjenigen mündlichen Verhandlung, auf die das Urteil ergeht, kann der Kläger durch Erweiterung des Klageantrags, der Beklagte durch Erhebung einer Widerklage beantragen, dass ein im Laufe des Prozesses streitig gewordenes Rechtsverhältnis, von dessen Bestehen oder Nichtbestehen die Entscheidung des Rechtsstreits ganz oder zum Teil abhängt, durch richterliche Entscheidung festgestellt werde.

Inhalt:

	Rn.		Rn.
A. Allgemeines	1	II. Zwischenfeststellungsklage, Abs. 2	15
B. Erläuterungen	7	C. Praxishinweise	21
I. Feststellungsklage, Abs. 1	7		

A. Allgemeines

Mit einer Feststellungsklage können die Parteien ihre streitige Rechtsbeziehung frühzeitig klären, da das Urteil aufgrund seiner materiellen Rechtskraft für spätere Prozesse auf Erfüllung, Rückgewähr oder Schadensersatz bindend ist:[1] Die Stattgabe erleichtert den späteren Prozess auf Leistung, die Abweisung macht ihn aussichtslos. Die **Beweislast** wird durch eine Umkehrung der Parteirollen nicht berührt,[2] d.h. auch wenn der Schuldner negative Feststellungsklage erhebt, trägt der Gläubiger für die anspruchsbegründenden Tatsachen die Darlegungs- und Beweislast. 1

Im Unterschied zu Leistungs- oder Gestaltungsklagen will die Feststellungsklage keinen Vollstreckungstitel schaffen, sondern ein streitiges Rechtsverhältnis klären. Der **Wechsel** von Feststellungs- auf Leistungsklage und umgekehrt bleibt wegen § 264 Nr. 2 ZPO jederzeit möglich. Hinsichtlich der **Rechtskraftwirkung** bestehen bis auf die negative Feststellungsklage keine Besonderheiten: Hier ist mit der Stattgabe das Gegenteil dessen, was begehrt wird, mit der Abweisung das Bestehen des Anspruchs in der geltend gemachten Höhe rechtskräftig festgestellt.[3] Für den **Streitwert** gilt bei der negativen Feststellungsklage der volle Wert des Anspruchs, da ein Obsiegen ihn insgesamt zu Fall bringt; bei der positiven Feststellungsklage ist ein Abschlag von i.d.R. 20 % vorzunehmen.[4] 2

Auch bei der Feststellungsklage gelten die **Bestimmtheitsanforderungen** des § 253 Abs. 2 Nr. 2 ZPO. Schuldgrund und -gegenstand sind auch bei einer negativen Feststellungsklage anzugeben.[5] Unzureichend sind daher Anträge auf Feststellung, der Kläger schulde dem Beklagten nichts oder Feststellung „in welcher Höhe noch" generische Ansprüche bestehen.[6] Ein unzulässiger Leistungsantrag kann in einen Feststellungsantrag **umgedeutet** werden, wenn sich aus dem Vortrag des Klägers das berechtigte Interesse an einer alsbaldigen Beseitigung der Ungewissheit über ein streitiges Rechtsverhältnis ergibt. Hiergegen bestehen nach der Rechtsprechung trotz § 308 ZPO keine Bedenken, weil das vom Kläger beantragte Leistungsurteil die Feststellung seines Anspruchs zur Voraussetzung hat und die Feststellungsklage ein **Weniger** gegenüber der Leistungsklage ist.[7] 3

Die Feststellungsklage ist aus Gründen der Prozessökonomie (Doppelbefassung der Gerichte) unzulässig, wenn es dem Kläger unter Beachtung seines Rechtsschutzinteresses möglich und zumutbar ist, sogleich ein vollstreckbares Urteil zu bekommen,[8] sog. **Vorrang der Leistungsklage**. Ein Übergang von der Feststellungs- zur Leistungsklage erweist sich nicht als Klageänderung, sondern als zulässige Klageerweiterung gemäß § 264 Nr. 2 ZPO.[9] Erhebt der Kläger 4

---

1 Musielak/Voit-*Foerste*, ZPO, § 256 Rn. 1.
2 Thomas/Putzo-*Reichold*, ZPO, § 256 Rn. 21.
3 BeckOK-*Bacher*, ZPO, § 256 Rn. 37.
4 Musielak/Voit-*Foerste*, ZPO, § 256 Rn. 45.
5 BeckOK-*Bacher*, ZPO, § 256 Rn. 8.
6 Musielak/Voit-*Foerste*, ZPO, § 256 Rn. 36.
7 BGH, BeckRS 2016, 02364, Rn. 27.
8 BGH, BeckRS 2016, 02364, Rn. 18.
9 BGH, NJW-RR 2013, 1105 (1106).

eine Leistungsklage in einem anderen Rechtsstreit parallel zur (positiven oder negativen) Feststellungsklage, entfällt das Feststellungsinteresse, sobald die Leistungsklage nicht mehr einseitig zurückgenommen werden kann. Die bereits rechtshängige Feststellungsklage wird im Hinblick auf die später erhobene Leistungsklage unzulässig. Der Vorrang der Leistungsklage besteht auch, wenn mit der parallelen Leistungsklage lediglich ein Teil der von der positiven Feststellungsklage erfassten Ansprüche geltend gemacht wird; in diesem Fall wird die Feststellungsklage teilweise unzulässig.[10] Umgekehrt ist die früher erhobene Leistungsklage Prozesshindernis gegenüber einer später erhobenen Feststellungsklage hinsichtlich des gleichen Anspruchs.[11]

5 Der Vorrang der Leistungsklage gilt **nicht**, wenn:
- die Feststellungsklage zu einer abschließenden und prozessökonomisch sinnvollen Entscheidung der zwischen den Parteien bestehenden Streitigkeiten führt.[12] Nach der Rechtsprechung gehören hierher Fälle, in denen zu erwarten ist, dass der Beklagte bereits auf ein Feststellungsurteil hin leisten wird,[13] etwa bei Klagen gegen öffentlich-rechtliche Körperschaften und Anstalten, Insolvenzverwalter, Banken und Versicherungen.[14]
- eine Leistungsklage wegen ungewisser Anspruchshöhe nicht oder nur teilweise bezifferbar ist,[15] unabhängig davon, ob im Laufe des Prozesses eine Bezifferung möglich wird.
- der Schuldner in einem anderen Mitgliedstaat der EU oder Vertragsstaat des Lugano-Übereinkommens negative Feststellungsklage erhebt. Dann ist eine nachfolgende Leistungsklage des Gläubigers in einem anderen Mitglied- oder Vertragsstaat gemäß Art. 27 EuGVVO/Art. 27 LugÜ als unzulässig abzuweisen, sobald die Zuständigkeit des zuerst angerufenen Gerichts feststeht. Das Feststellungsinteresse bleibt selbst dann bestehen, wenn die später erhobene Leistungsklage nicht mehr einseitig zurückgenommen werden kann.[16]

6 Nur die positive Feststellungsklage hemmt die **Verjährung**, nicht die negative, letztere diente sonst dem Gegner.[17] Die Hemmung tritt unabhängig davon ein, ob die Feststellungsklage zulässig erhoben wurde.[18]

B. Erläuterungen
I. Feststellungsklage, Abs. 1

7 **Rechtsverhältnis** ist die aus einem vorgetragenen Sachverhalt abgeleitete rechtliche Beziehung von Personen untereinander oder von Personen zu Sachen.[19] Die Personen müssen nicht am Prozess beteiligt sein: Gegenstand einer Feststellungsklage kann also auch ein Rechtsverhältnis zwischen einer Partei und einem Dritten[20] oder zwischen zwei nicht am Prozess beteiligten Personen sein.[21]

8 **Erfasst** sind:
- umfassendere Rechtsbeziehungen, aus denen sich mehrere Ansprüche oder Pflichten ergeben können, etwa die (Wirksamkeit der) Mitgliedschaft in einem Verein oder Verband[22]
- einzelne sich aus einem umfassenderen Rechtsverhältnis ergebende Beziehungen oder Folgen eines Rechtsverhältnisses sowie Inhalt und Umfang einer Leistungspflicht[23]
- Obliegenheiten aus einer bestehenden Rechtsbeziehung, z.B. einem Versicherungsvertrag[24]

9 **Nicht erfasst** sind:
- bloße Vorfragen oder einzelne Elemente eines Rechtsverhältnisses, etwa Feststellung des Schuldnerverzugs,[25] Unangemessenheit der Verfahrensdauer,[26] Wirksamkeit einer Kündigung,[27] Rechtswidrigkeit einer Handlung oder (Un-)Wahrheit einer Tatsachenbehauptung,[28]

---

10 Zu allem BGH, NJW-RR 2013, 1105 (1106).
11 BeckOK-*Bacher*, ZPO, § 256 Rn. 10.
12 BGH, BeckRS 2016, 02364, Rn. 22.
13 BGH, NJW 2007, 1588 (1589).
14 Näher MK-*Becker-Eberhard*, ZPO, § 256 Rn. 50.
15 BGH, NJW-RR 2008, 1520.
16 BGH, NJW 2010, 3452 (3454).
17 BGH, NJW 2012, 3633 (3634).
18 BGH, NJW-RR 2013, 992 (994).
19 BGH, NJW 2015, 873 (875).
20 BGH, NJW 2012, 3647 (3648 f.).
21 OLG Frankfurt a.M., BeckRS 2013, 02532.
22 BGH, NJW-RR 2013, 873 (875).
23 BGH, NJW 2015, 873 (875).
24 BeckOK-*Bacher*, ZPO, § 256 Rn. 3.
25 BGH, NJW 2015, 873 (875).
26 BGH, NJW 2014, 939 (944).

denn für all dies gibt es zielführendere Leistungsklagen
- abstrakte Rechtsfragen

Die Feststellungsklage muss sich auf ein **gegenwärtiges** Rechtsverhältnis beziehen. Dies kann auch ein bedingtes oder betagtes Rechtsgeschäft sein.[29] Nicht zulässig ist die Feststellung von Rechtsfolgen aus einem noch nicht bestehenden Rechtsverhältnis, das erst in Zukunft unter Voraussetzungen entstehen kann, deren Eintritt noch offen ist.[30] Umgekehrt müssen bei Feststellung eines vergangenen Rechtsverhältnisses Rechtsfolgen für Gegenwart oder Zukunft gegeben sein. Unzulässig ist daher z.b. eine Klage auf Feststellung der Ersatzpflicht für Werkmängel, soweit es um Mängel geht, die noch nicht in Erscheinung getreten sind.[31]   10

Auch die Anerkennung oder Unechtheit einer **Urkunde** kann Gegenstand einer Feststellungsklage sein, jedoch ausschließlich die Frage, ob die Urkunde vom Aussteller stammt, nicht aber, ob diese Person befugt war, die Urkunde im oder unter dem Namen eines Dritten auszustellen.[32] **Echt** ist die Urkunde, wenn die Unterschrift bzw. der unterschriebene Text vom Aussteller stammt oder mit dessen Willen dort steht.[33] Stellt das Urteil die Echtheit fest, schließt seine Rechtskraft einen späteren Gegenbeweis aus (Ausnahme: § 580 Nr. 2 ZPO).[34]   11

Rechtliches Interesse: Das besondere Feststellungsinteresse ist als Prozessvoraussetzung eine qualifizierte Form des Rechtsschutzbedürfnisses und muss bis zum Schluss der mündlichen Verhandlung vorliegen, sonst wird die Klage *ex nunc* unzulässig.[35] Ein rechtliches Interesse an einer alsbaldigen Feststellung des Bestehens oder Nichtbestehens eines Rechtsverhältnisses ist gegeben, wenn dem Recht oder der Rechtslage des Klägers eine gegenwärtige Gefahr der Unsicherheit droht und wenn das erstrebte Urteil geeignet ist, diese Gefahr zu beseitigen.[36]   12

Ausreichend für ein rechtliches Interesse: 13
- fehlerhafte Anregung des Gerichts[37]
- ernsthaftes Bestreiten der Forderung (dann droht „Unsicherheit")
- drohende Verjährung, selbst wenn sie nicht unmittelbar bevorsteht[38]

Nicht ausreichend für ein rechtliches Interesse: 14
- bloß wirtschaftliches, wissenschaftliches, affektives oder ideelles Interesse[39]
- endgültige Aufgabe des Anspruchs, etwa durch Verzicht oder Abtretung[40]

II. Zwischenfeststellungsklage, Abs. 2

Abs. 2 ist ebenfalls **anwendbar** im FamFG- und Arbeitsrechtsverfahren, **nicht** aber im Urkunds- und Wechselprozess (das Nachverfahren ausgenommen), Mahnverfahren und einstweiligen Rechtsschutz.[41]   15

Die objektive Rechtskraft des Urteils umfasst grundsätzlich nach § 322 Abs. 1 ZPO nur den Streitgegenstand, d.h. nur die Entscheidung über den im Streit stehenden Anspruch, nicht aber Vorfragen des Urteils. Durch einen Antrag nach Abs. 2 können die Parteien ausnahmsweise eine Erweiterung der Rechtskraft auf vorgreifliche Rechtsverhältnisse erreichen, etwa eine bindende Entscheidung nicht nur über die Herausgabepflicht, sondern auch über Eigentum, Besitz oder Besitzrecht. Dies wird erleichtert dadurch, dass es **keines Feststellungsinteresses** bedarf. Hintergrund ist der Schutz vor widersprüchlichen Entscheidungen (etwa Teilurteilen).[42] Es genügt, wenn über das zur Entscheidung gestellte Rechtsverhältnis im Rahmen des anhängigen Rechtsstreits ohnehin entschieden werden muss (**Vorgreiflichkeit**), d.h. die   16

---

27 OLG München, VersR 2014, 1080 (1084).
28 BeckOK-*Bacher*, ZPO, § 256 Rn. 3.2.
29 BGH, NJW 2015, 873 (875); zu möglichen Zeitgrenzen OLG Celle, NJW-RR 2012, 990 (991).
30 OLG Frankfurt a.M., BeckRS 2013, 02532.
31 BeckOK-*Bacher*, ZPO, § 256 Rn. 6.
32 BeckOK-*Bacher*, ZPO, § 256 Rn. 7.
33 Musielak/Voit-*Foerste*, ZPO, § 256 Rn. 6.
34 Musielak/Voit-*Foerste*, ZPO, § 256 Rn. 6.
35 Zöller-*Vollkommer*, ZPO, § 256 Rn. 7c.
36 BGH, NJW 2015, 873 (875f.).
37 Musielak/Voit-*Foerste*, ZPO, § 256 Rn. 8.
38 BGH, NJW-RR 2015, 988 (990).
39 Musielak/Voit-*Foerste*, ZPO, § 256 Rn. 8.
40 Musielak/Voit-*Foerste*, ZPO, § 256 Rn. 10.
41 Musielak/Voit-*Foerste*, ZPO, § 256 Rn. 39.
42 LAG Berlin-Brandenburg, BeckRS 2015, 65267.

Vorgreiflichkeit ersetzt das Feststellungsinteresse. An der Vorgreiflichkeit fehlt es aber, wenn die Klage ohnehin abzuweisen ist – unabhängig davon, ob das Rechtsverhältnis besteht.[43]

17 Die **örtliche Zuständigkeit** der Zwischenfeststellungsklage folgt derjenigen des Hauptprozesses. Zudem kann das Landgericht sachlich zuständig werden, wenn die Zwischenfeststellungsklage den Streitwert erhöht.[44]

18 Die Zwischenfeststellungsklage kann nur innerhalb eines **anhängigen** Verfahrens erhoben werden, von Seiten des Klägers im Wege der objektiven Klagehäufung, von Seiten des Beklagten im Wege der Widerklage. Der Antrag kann auch hilfsweise gestellt werden, etwa für den Fall, dass die Klage abgewiesen wird, muss jedoch über die Feststellung hinausgehen, der Klageanspruch bestehe nicht. Denn dies ergibt sich bereits aus der Klageabweisung selbst.[45] Die Zwischenfeststellungsklage ist auch noch möglich in der **Berufungsinstanz**,[46] und zwar ohne die Voraussetzungen des § 533 Nr. 1 ZPO prüfen zu müssen, nicht aber mehr in der Revisionsinstanz.[47] **Gegenstand** einer Zwischenfeststellungsklage kann nur ein **Rechtsverhältnis** sein. Insoweit gelten dieselben Anforderungen wie für die Feststellungsklage, Rn. 7. Es genügt also ein Rechtsverhältnis zwischen einer Partei und einem Dritten. War der Dritte zuvor nicht am Prozess beteiligt, ist seine Einbeziehung jedoch nur nach den Grundsätzen über eine Parteierweiterung zulässig; außerdem bedarf es gerade in Bezug auf ihn eines Feststellungsinteresses.[48]

19 Unzulässig ist mangels **Rechtsschutzbedürfnisses** eine Zwischenfeststellungsklage, wenn der Beklagte gemäß § 129 HGB an die Entscheidung über den Hauptantrag gebunden ist.[49] Darüber hinaus muss zumindest die Möglichkeit bestehen, dass die angestrebte Zwischenfeststellung für die Rechtsbeziehungen der Parteien über den Hauptantrag hinaus Bedeutung hat oder haben kann, etwa nicht auszuschließen ist, dass dem Kläger aus dem Vertragsverhältnis noch weitere Ansprüche zustehen.[50]

20 Über die Zwischenfeststellungsklage wird zugleich mit dem Hauptantrag entschieden, alternativ vorab durch **Teilurteil** (nicht jedoch über die Hauptklage). Die Entscheidung über das vorgreifliche Rechtsverhältnis ist dann für die Entscheidung über die weiteren Klageanträge bindend.[51]

C. Praxishinweise

21 Ist die Echtheit der Urkunde Voraussetzung für das Entstehen eines Rechtsverhältnisses, ist es prozessökonomischer, die Feststellungsklage auf das Bestehen oder Nichtbestehen des Rechtsverhältnisses zu richten.[52]

§ 257
Klage auf künftige Zahlung oder Räumung

Ist die Geltendmachung einer nicht von einer Gegenleistung abhängigen Geldforderung oder die Geltendmachung des Anspruchs auf Räumung eines Grundstücks oder eines Raumes, der anderen als Wohnzwecken dient, an den Eintritt eines Kalendertages geknüpft, so kann Klage auf künftige Zahlung oder Räumung erhoben werden.

§ 258
Klage auf wiederkehrende Leistungen

Bei wiederkehrenden Leistungen kann auch wegen der erst nach Erlass des Urteils fällig werdenden Leistungen Klage auf künftige Entrichtung erhoben werden.

---

43 BGH, NJW-RR 2010, 640.
44 BeckOK-*Bacher*, ZPO, § 256 Rn. 43.
45 Stein/Jonas-*Roth*, ZPO, § 256 Rn. 62.
46 BGH, NJW-RR 2008, 262 (263).
47 Musielak/Voit-*Foerste*, ZPO, § 256 Rn. 40.
48 Musielak/Voit-*Foerste*, ZPO, § 256 Rn. 41.
49 BGH, NJW-RR 2008, 1484 (1486).
50 BGH, NJW 2011, 2195 (2196).
51 BeckOK-*Bacher*, ZPO, § 256 Rn. 47.
52 BeckOK-*Bacher*, ZPO, § 256 Rn. 7.

§ 259
Klage wegen Besorgnis nicht rechtzeitiger Leistung

Klage auf künftige Leistung kann außer den Fällen der §§ 257, 258 erhoben werden, wenn den Umständen nach die Besorgnis gerechtfertigt ist, dass der Schuldner sich der rechtzeitigen Leistung entziehen werde.

Inhalt:

	Rn.		Rn.
A. Allgemeines	1	5. An den Eintritt eines Kalendertages geknüpft	10
B. Erläuterungen	4	II. Klage auf wiederkehrende Leistungen, § 258 ZPO	11
I. Klage auf zukünftige Zahlung oder Räumung, § 257 ZPO	4	III. Klage wegen Besorgnis nicht rechtzeitiger Leistung, § 259 ZPO	14
1. Geldforderung	5	C. Rechtsmittel	18
2. Nicht von einer Gegenleistung abhängig	6		
3. Räumung eines Grundstücks	8		
4. Räumung eines Raums, der anderen als Wohnzwecken dient	9		

A. Allgemeines

Die Vorschriften dienen der Vermeidung von Wartezeiten und immer neuer Verfahren bezüglich des gleichen Grundsachverhalts.[1] Eine Leistungsklage hat grundsätzlich nur Erfolg, wenn der zur Entscheidung gestellte Anspruch fällig ist. Sie ist ansonsten „als derzeit unbegründet" abzuweisen. Weil aber bereits **vor Fälligkeit** ein Rechtsschutzbedürfnis bestehen kann, ist nach den §§ 257–259 ZPO ausnahmsweise eine Verurteilung zu einer künftigen Leistung möglich. Auch hier muss der Anspruch aber bereits entstanden sein.[2] § 259 ZPO ist dabei die Generalklausel, stellt also den Grundfall dar, während § 257 ZPO (konkrete Zahlung und Räumung) und § 258 ZPO (wiederkehrende Leistungen) konkrete Fallgestaltungen regeln. Hierbei ergänzt § 258 ZPO den § 257 ZPO. 1

Tritt **Fälligkeit** im Laufe des Prozesses ein (dies gilt auch für Berufungs- oder Revisionsverfahren), wandelt sich der Anspruch ohne weiteres in einen Leistungsanspruch. Auf die §§ 257–259 ZPO kommt es dann nicht mehr an,[3] d.h. das Gericht verurteilt ohne Antragsänderung zu sofortiger Leistung.[4] Stellt sich umgekehrt erst im Prozess heraus, dass nur eine Verurteilung zur künftigen Leistung in Betracht kommt, kann der Antrag nach § 264 Nr. 2 ZPO dahingehend beschränkt werden. Nur so bleiben Entscheidungsmöglichkeit des Gerichts und Überprüfungsmöglichkeit der Partei erhalten: Entweder ist die Partei von der Auffassung des Gerichts überzeugt und gibt nach oder sie kann nach den allgemeinen Rechtsmitteln gegen die Entscheidung des Gerichts vorgehen. 2

Um die **Waffengleichheit** herzustellen, muss in den Fällen der §§ 257–259 ZPO auch der Beklagte früher Gegenrechte geltend machen können – nämlich schon dann, wenn bereits sicher ist, dass das Gegenrecht bestehen wird, wenn die eingeklagte Leistung fällig ist. Dies gilt insbesondere für Leistungsverweigerungsrechte Dritter sowie die Aufrechnung. Sie kann der Beklagte geltend machen, wenn im Zeitpunkt der letzten mündlichen Verhandlung mangels Fälligkeit der Gegenforderung noch keine Aufrechnungslage besteht, diese aber spätestens bei Fälligkeit der eingeklagten Forderung bestehen wird. Er sollte seine Einwendungen auch bereits erheben, weil ihm wegen dieser frühzeitigen Verteidigungsmöglichkeit eine erfolgreiche spätere Vollstreckungsgegenklage nach § 767 Abs. 2 ZPO verwehrt bleibt. 3

B. Erläuterungen
I. Klage auf zukünftige Zahlung oder Räumung, § 257 ZPO

Allgemein: Die Vorschrift gilt nur für einseitige Ansprüche, nicht für Ansprüche aus einem Gegenseitigkeitsverhältnis i.S.d. § 320 BGB. 4

1. **Geldforderung**: Hierunter fallen nach § 1147 BGB auch Ansprüche auf Duldung der Zwangsvollstreckung.[5] 5

---

1 Baumbach/Lauterbach/Albers/Hartmann, ZPO, Einf. §§ 257–259 Rn. 1.
2 BAG, BeckRS 2015, 66177, Rn. 40; BGH, NJW-RR 2006, 1485 (1486), jeweils für § 259 ZPO.
3 BeckOK-*Bacher*, ZPO, § 257 Rn. 5.
4 MK-*Becker-Eberhard*, ZPO, § 257 Rn. 12.
5 BeckOK-*Bacher*, ZPO, § 257 Rn. 8.

6   **2. Nicht von einer Gegenleistung abhängig**: Von einer Gegenleistung abhängig sind Ansprüche, deren Erfüllung der Schuldner Zug um Zug gegen Erbringung der eingeklagten Leistung als deren wirtschaftliches Äquivalent verlangen kann, d.h. synallagmatische Leistungen i.S.d. § 320 BGB.[6] Hauptanwendungsfälle sind Ansprüche auf künftige Miet- oder Pachtzinsen.[7]

7   Nicht von einer Gegenleistung abhängig sind hingegen folgende Ansprüche:
- Leistungen, hinsichtlich denen der Beklagte lediglich ein Zurückbehaltungsrecht aus § 273 BGB oder anderen Vorschriften wie § 369 Abs. 1 HGB geltend machen kann
- Schenkung, Darlehen
- Hypothek, Grundschuld[8]
- Erteilung einer Quittung nach § 368 BGB (da Gegenwert fehlt)
- ungerechtfertigte Bereicherung nach §§ 812ff. BGB
- Eigentümer-Besitzer-Verhältnis (EBV) nach §§ 987ff. BGB
- Erteilung einer Löschungsbewilligung nach § 1144 BGB
- bei erbrachter Gegenleistung[9]

8   **3. Räumung eines Grundstücks**
Grundstück ist jeder abgegrenzte Teil der Erdoberfläche. **Räumung** bedeutet dauerhafte Aufgabe des Besitzes, siehe dazu auch § 885 ZPO.

9   **4. Räumung eines Raums, der anderen als Wohnzwecken dient**
Räume sind als Teil eines festen Gebäudes unbewegliche Sachen. Ausdrücklich ausgenommen sind Wohnräume, Wohnwagen, Schiffe oder sonstige bewegliche Sachen, auch unabhängig vom (möglicherweise fehlenden) Rechtsgrund.[10]

10 **5. An den Eintritt eines Kalendertages geknüpft**
Geknüpft bedeutet: Es genügt, dass der maßgebliche Tag bestimmbar ist, sich also etwa aus einem späteren Ereignis ergibt, etwa einer Kündigung oder Fristsetzung. Dabei ist § 751 Abs. 1 ZPO zu beachten, ggf. auch § 726 Abs. 1 ZPO. Die angestrebte Verurteilung darf aber nicht zusätzlich vom Eintritt einer Bedingung oder sonstigen Umständen abhängig sein.[11]

II. Klage auf wiederkehrende Leistungen, § 258 ZPO

11 **Wiederkehrende Leistungen** sind mehrere (gleichartige) Ansprüche, die sich als einheitliche Folgen aus einem Rechtsverhältnis ergeben, sodass die einzelne von mehreren Leistungen in ihrer Entstehung nur noch vom Zeitablauf abhängig ist.[12] Die Leistung darf ebenso wie bei § 257 ZPO nicht von einer Gegenleistung abhängig sein (siehe Rn. 6f.). Sie muss nicht zwingend auf Geld gerichtet sein und der Umfang der Schuld muss nicht von vornherein feststehen.[13] Dabei muss der Kläger konkret angeben, für welche Zeiträume er welchen Betrag begehrt. Im Zeitpunkt der mündlichen Verhandlung muss die Leistungspflicht dann aber nach Grund und Höhe mit ausreichender Sicherheit feststehen.[14] Die bloße Behauptung des Bestehens des Anspruchs ist in keinem Fall ausreichend.[15]

12 Das Gericht muss eine **Prognose** treffen, ob die für die Verurteilung maßgebenden Voraussetzungen auch noch in Zukunft bestehen, andernfalls wird es die Klage abweisen.

13 Nach einer Verurteilung können beide Parteien spätere Veränderungen der Verhältnisse nur mit der **Abänderungsklage** gemäß § 323 ZPO (oder § 283 FamFG) geltend machen. Für eine Feststellungsklage fehlt insoweit das Rechtsschutzbedürfnis,[16] nicht jedoch bei vorheriger offener Teilklage für weitere Beträge.

III. Klage wegen Besorgnis nicht rechtzeitiger Leistung, § 259 ZPO

14 Anders als § 257 ZPO und § 258 ZPO ist § 259 ZPO nicht auf bestimmte Leistungen beschränkt, d.h. insbesondere auch anwendbar bei Ansprüchen, die unter einer Bedingung oder

---

6 BeckOK-*Bacher*, ZPO, § 257 Rn. 9.
7 BGH, NZM 2003, 912 (913).
8 Baumbach/Lauterbach/Albers/Hartmann, ZPO, § 257 Rn. 4.
9 BeckOK-*Bacher*, ZPO, § 257 Rn. 9.
10 Baumbach/Lauterbach/Albers/Hartmann, ZPO, § 257 Rn. 5.
11 BeckOK-*Bacher*, ZPO, § 257 Rn. 13f.
12 BGH, NJW 2015, 873 (876).
13 OLG Hamm, BeckRS 2010, 22267.
14 BGH, NJW 2015, 873 (876).
15 MK-*Becker-Eberhard*, ZPO, § 258 Rn. 14.
16 BeckOK-*Bacher*, ZPO, § 258 Rn. 13.

einem Vorbehalt stehen, von einer Gegenleistung abhängen oder aus sonstigen Gründen nur Zug um Zug zu erfüllen sind.[17] Gesetzliche Unterlassungsansprüche entstehen erst bei Wiederholungs- oder erstmaliger Begehungsgefahr. Wenn jedoch nicht zu befürchten ist, dass es zu Zuwiderhandlungen kommen wird, fehlt für gesetzliche Unterlassungsansprüche (anders als für vertragliche) bei § 259 ZPO das Rechtsschutzbedürfnis.[18]

Besorgnis, dass der Schuldner sich **der rechtzeitigen Leistung entziehen** werde: Sie liegt vor, wenn der Schuldner die Forderung des Gläubigers ernstlich bestreitet oder fortgesetzt Zahlung verweigert.[19] Dabei reicht es aus, wenn der Schuldner den Anspruch gutgläubig nach Grund oder Höhe bestreitet; Böswilligkeit oder Vorsatz sind nicht erforderlich.[20] Ein Berufen etwa auf eine Minderung oder Hilfsaufrechnung sind ausreichend.[21] Das Gericht hat die Besorgnis als Prozessvoraussetzung von Amts wegen zu prüfen. 15

Die Besorgnis der Leistungsverweigerung kann sich auch auf einen bedingten Anspruch beziehen, sofern abgesehen vom Eintritt der **Bedingung** die Verpflichtung des Schuldners zur Erbringung der künftigen Leistung in ihrem Bestand gewiss ist.[22] 16

Ein längerfristiger Mietrückstand, der auf Zahlungsunfähigkeit oder -unwilligkeit beruht, begründet die Vermutung, der Mieter werde auch künftig fällig werdende Zahlungen nicht leisten.[23] Nicht ausreichend ist die Besorgnis der Vollstreckungsvereitelung, denn sie stellt nicht die Leistung in Frage, sondern deren Durchsetzung; hier ist an Arrest zu denken.[24] 17

C. Rechtsmittel

Das Gericht weist eine Leistungsklage „als derzeit unbegründet" ab, wenn der zur Entscheidung gestellte Anspruch noch nicht fällig ist. 18

§ 260
Anspruchshäufung

Mehrere Ansprüche des Klägers gegen denselben Beklagten können, auch wenn sie auf verschiedenen Gründen beruhen, in einer Klage verbunden werden, wenn für sämtliche Ansprüche das Prozessgericht zuständig und dieselbe Prozessart zulässig ist.

Inhalt:

	Rn.		Rn.
A. Allgemeines	1	II. Gleiche Parteien	10
B. Erläuterungen	4	III. Für sämtliche Ansprüche das	
I. Mehrere Ansprüche	4	Prozessgericht zuständig	11
1. Kumulativ	5	IV. Dieselbe Prozessart	12
2. Alternativ	6	**C. Praxishinweise**	13
3. Eventual	8		

A. Allgemeines

Während die subjektive Klagehäufung in den §§ 59 ff. ZPO normiert ist, regelt § 260 ZPO die Geltendmachung mehrerer Streitgegenstände in derselben Klage und damit die **objektive Klagehäufung**. Erfolgt diese Häufung nachträglich, ist sie eine Klageänderung. Mehrere Ansprüche können durch innerprozessuale Bedingungen wie Haupt- und Hilfsanträge verknüpft sein, nur in Ausnahmefällen jedoch alternativ. In jedem Fall ist die vom Kläger vorgegebene Prüfungsreihenfolge zu beachten. 1

Die objektive Klagehäufung dient der **Prozessökonomie**. Denn sie gestattet die gemeinsame Verhandlung von Streitigkeiten und beugt widersprüchlichen Entscheidungen vor.[1] 2

---

17 BeckOK-*Bacher*, ZPO, § 259 Rn. 4.
18 Musielak-*Foerste*, ZPO, § 259 Rn. 3.
19 OLG Brandenburg, BeckRS 2015, 01190.
20 Baumbach/Lauterbach/Albers/Hartmann, ZPO, § 259 Rn. 5.
21 Musielak-*Foerste*, ZPO, § 259 Rn. 5.
22 BAG, BeckRS 2015, 66177, Rn. 40.
23 OLG Brandenburg, BeckRS 2015, 01190.
24 Zöller-*Greger*, ZPO, § 259 Rn. 3.

Zu § 260:
1 Musielak/Voit-*Foerste*, ZPO, § 260 Rn. 1.

3 Bei kumulativer Häufung sind die Einzelwerte wegen § 5 ZPO zu addieren, es sei denn es greift § 45 Abs. 1 GKG. Bei unzulässigen Formen der alternativen Anspruchshäufung ist der **Streitwert** nach § 3 ZPO zu schätzen, wobei in der Regel der höchste Einzelwert der geltend gemachten Ansprüche maßgeblich ist.[2] Fehlt es an einer der Voraussetzungen des § 260 ZPO, sind die Verfahren zu trennen.

I. Mehrere Ansprüche

4 Der Kläger macht mehrere Streitgegenstände geltend, wenn er mehrere Anträge stellt oder einen Antrag auf unterschiedliche Lebenssachverhalte stützt. Nicht von § 260 ZPO erfasst, doch ohne weiteres zulässig, ist ein Antrag, der auf einen einheitlichen Lebenssachverhalt, aber mehrere materiell-rechtliche Anspruchsgrundlagen gestützt wird.[3] Die Verknüpfung kann der Kläger alternativ, kumulativ oder eventual ausgestalten.

5 1. **Kumulativ**: Es werden mehrere prozessuale Ansprüche nebeneinander geltend gemacht, also entweder verschiedene Anträge aus dem gleichen Lebenssachverhalt (Schadensersatz und Schmerzensgeld) oder gleicher Antrag aus verschiedenen Lebenssachverhalten (15.000,00 € aus drei Darlehen). Eine nachträgliche kumulative Klagehäufung ist zugleich Klageänderung.[4] Umstritten ist, ob ein rechtlicher und/oder wirtschaftlicher Zusammenhang erforderlich ist.[5] Über kumulative Anträge wird gemeinsam verhandelt, es ist aber sachlich Teilurteil oder Abtrennung möglich.[6] Die **Zuständigkeit** des Landgerichts bleibt in jedem Fall wegen § 261 Abs. 3 Nr. 2 ZPO erhalten,[7] wenn nicht das Gericht von Anfang an unzuständig gewesen ist.[8]

6 2. **Alternativ**: Es wird ein Klageantrag auf verschiedene Klagegründe gestützt, die nicht in der Summe, sondern jeder für sich den Antrag rechtfertigen sollen (etwa entweder aus eigenem oder abgetretenem Recht; entweder aus Delikt oder nachbarrechtlichem Ausgleichsanspruch) oder mehrere Klagegründe den Klageantrag zwar in der Summe rechtfertigen, ihn aber überschreiten, ohne dass eine Rangfolge erkennbar ist (etwa Klage auf 500,00 € aus Ansprüchen von 300,00 € und 400,00 €).[9] Lediglich alternative Begründungen der Klage sind prozessual irrelevant, soweit der einheitliche Lebenssachverhalt gewahrt bleibt. Weil es an der Klarstellung fehlt, ist die Klage als unzulässig abzuweisen, wenn der Kläger diesen Mangel trotz Hinweises des Gerichts nicht behebt. Stützt der Kläger ausnahmsweise zulässig einen einheitlichen Antrag alternativ auf zwei Lebenssachverhalte, gibt das Gericht der Klage statt, wenn sich eine der beiden Begründungen oder Anspruchsgrundlagen als stichhaltig erweist.[10]

7 Der Kläger bestimmt über die **Reihenfolge**, in der über die einzelnen Streitgegenstände entschieden werden soll, es sei denn, er lässt sie offen oder stützt sein Klagebegehren, das ihm nur einmal zugesprochen werden kann und soll, alternativ auf mehrere Lebenssachverhalte (etwa verschuldensabhängiger Schadensersatzanspruch oder verschuldensunabhängiger nachbarrechtlichen Ausgleichsanspruch;[11] Vertrag oder Delikt[12] bzw. § 985 BGB[13]). Kommt hier das Gericht zu dem Ergebnis, das Begehren sei aufgrund eines der vorgetragenen Lebenssachverhalte begründet, ist es selbst bei Vorliegen unterschiedlicher Streitgegenstände weder sinnvoll noch geboten zu prüfen, ob das Ergebnis auch auf den anderen Lebenssachverhalt gestützt werden kann.[14]

8 3. **Eventual**: Der Kläger kann einzelne Ansprüche so verbinden, dass über einzelne Anträge nur unter einer bestimmten Bedingung entschieden werden soll (etwa im Verhältnis Haupt- und Hilfsantrag: Schadensersatz, hilfsweise Minderung; Auflassung, hilfsweise Rückzahlung). Die **Rechtshängigkeit** des mit dem bedingten Antrag geltend gemachten Begehrens tritt sofort (auflösend bedingt) ein[15] und entfällt *ex tunc*,[16] wenn die Bedingung nicht mehr

---

2 BeckOK-*Bacher*, ZPO, § 260 Rn. 31.
3 BeckOK-*Bacher*, ZPO, § 260 Rn. 3.
4 BGH, NJW 2014, 3314 (3315).
5 Zum Streitstand BeckOK-*Bacher*, ZPO, § 260 Rn. 7.
6 Musielak/Voit-*Foerste*, ZPO, § 260 Rn. 11.
7 MK-*Becker-Eberhard*, ZPO, § 260 Rn. 44.
8 OLG Düsseldorf, NJW-RR 2011, 572 (573).
9 Musielak/Voit-*Foerste*, ZPO, § 260 Rn. 3.
10 BeckOK-*Bacher*, ZPO, § 260 Rn. 30.
11 BGH, NJW 2012, 2343 (2344).
12 BGH, NJW 2013, 540 (541 f.).
13 BGH, BeckRS 2012, 17388.
14 BeckOK-*Bacher*, ZPO, § 260 Rn. 12.1.
15 BGH, NJW 2002, 751 (752).
16 Zöller-*Greger*, ZPO, § 260 Rn. 4a.

eintreten kann, etwa weil der vorrangig geltend gemachte Anspruch rechtskräftig zuerkannt wird.[17] Sonderregelungen wie § 204 Abs. 2 BGB bleiben aber zu beachten.[18]

Hilfsanträge dürfen nur von einer innerprozessualen Bedingung abhängig gemacht werden, nicht von einem außerprozessualen Ereignis,[19] weil sonst eine nicht alleine durch den Prozess zu lösende Unsicherheit auftritt. Haupt- und Hilfsantrag dürfen sich widersprechen oder gegenseitig ausschließen.[20] Hält das Gericht den Hauptantrag für begründet, darf es über nachgeordnete Hilfsanträge nicht mehr entscheiden; ein **Grundurteil** über Haupt- und Hilfsantrag scheidet aus.[21] Wird der Hauptantrag übereinstimmend für erledigt erklärt, hat das Gericht über den Hilfsantrag zu entscheiden.[22] Es prüft die Prozessvoraussetzungen eines Hilfsantrages erst, wenn die Bedingung eingetreten ist. Fehlt es dann an einer Prozessvoraussetzung, ist der Hilfsantrag als unzulässig abzuweisen. Ist das Gericht für die Entscheidung über den Hilfsantrag unzuständig, verweist es das Verfahren; alternativ kann es über den Hauptanspruch durch **Teilurteil** entscheiden und auf Antrag das restliche Verfahren bis zur rechtskräftigen Entscheidung über den Hauptanspruch aussetzen.[23]

9

II. Gleiche Parteien

Maßgeblich ist die prozessuale Geltendmachung, nicht die Aktiv- oder Passivlegitimation, d.h. **Prozessstandschaft** reicht aus.[24] Fehlt Personenidentität, können Ansprüche nur über §§ 59, 60 ZPO zusammen geltend gemacht werden.

10

III. Für sämtliche Ansprüche das Prozessgericht zuständig

Es gelten die §§ 5 ZPO, 23, 71 GVG, für die Kammer für Handelssachen insbesondere die §§ 97f. GVG. Mit Ausnahme der sachlichen Zuständigkeit ist für jeden (Haupt- oder Hilfs-) Anspruch jede einzelne Prozessvoraussetzung getrennt zu prüfen.[25]

11

IV. Dieselbe Prozessart

Dazu zählen Klage und Urkundsprozess, nicht aber Hauptsacheverfahren und einstweiliger Rechtsschutz.[26] Sonderregeln finden sich etwa in § 578 Abs. 2 ZPO und §§ 126 Abs. 2, 179 Abs. 2 FamFG.

12

A. Praxishinweise

Für den **Kläger**: Das Stellen von Haupt- und Hilfsantrag kann helfen, Kosten zu vermeiden, da zunächst nur über den Hauptantrag entschieden wird, der Hilfsantrag aber trotzdem rechtshängig wird. Für den **Beklagten**: Der mit dem Stellen von Haupt- und Hilfsantrag verbundenen Verlagerung des Kostenrisikos von Kläger- auf Beklagtenseite kann durch Erheben einer unbedingten negativen Feststellungswiderklage begegnet werden.[27]

13

§ 261
Rechtshängigkeit

(1) Durch die Erhebung der Klage wird die Rechtshängigkeit der Streitsache begründet.

(2) Die Rechtshängigkeit eines erst im Laufe des Prozesses erhobenen Anspruchs tritt mit dem Zeitpunkt ein, in dem der Anspruch in der mündlichen Verhandlung geltend gemacht oder ein den Erfordernissen des § 253 Abs. 2 Nr. 2 entsprechender Schriftsatz zugestellt wird.

(3) Die Rechtshängigkeit hat folgende Wirkungen:
1. während der Dauer der Rechtshängigkeit kann die Streitsache von keiner Partei anderweitig anhängig gemacht werden;
2. die Zuständigkeit des Prozessgerichts wird durch eine Veränderung der sie begründenden Umstände nicht berührt.

---

17 BeckOK-*Bacher*, ZPO, § 260 Rn. 10.
18 Musielak/Voit-*Foerste*, ZPO, § 260 Rn. 4b.
19 Musielak/Voit-*Foerste*, ZPO, § 260 Rn. 8.
20 BGH, NJW 2014, 3314.
21 BeckOK-*Bacher*, ZPO, § 260 Rn. 25.
22 BGH, NJW 2003, 2302.
23 BeckOK-*Bacher*, ZPO, § 260 Rn. 26.
24 MK-*Becker-Eberhard*, ZPO, § 260 Rn. 33.
25 Musielak/Voit-*Foerste*, ZPO, § 260 Rn. 19.
26 Musielak/Voit-*Foerste*, ZPO, § 260 Rn. 6c.
27 So auch BeckOK-*Bacher*, ZPO, § 260 Rn. 6.

§ 262
Sonstige Wirkungen der Rechtshängigkeit

¹Die Vorschriften des bürgerlichen Rechts über die sonstigen Wirkungen der Rechtshängigkeit bleiben unberührt. ²Diese Wirkungen sowie alle Wirkungen, die durch die Vorschriften des bürgerlichen Rechts an die Anstellung, Mitteilung oder gerichtliche Anmeldung der Klage, an die Ladung oder Einlassung des Beklagten geknüpft werden, treten unbeschadet der Vorschrift des § 167 mit der Erhebung der Klage ein.

Inhalt:

	Rn.		Rn.
A. Allgemeines	1	IV. Fortdauer, § 261 Abs. 3 Nr. 2 ZPO	12
B. Erläuterungen	2	V. Wirkungen der Rechtshängigkeit,	
I. Rechtshängigkeit, § 261 Abs. 1 ZPO	2	§ 262 Satz 1 ZPO	14
II. Zeitpunkt, § 261 Abs. 2 ZPO	4	VI. Wirkungszeitpunkt,	
III. Doppelte Rechtshängigkeit,		§ 262 Satz 2 ZPO	16
§ 261 Abs. 3 Nr. 1 ZPO	8	C. Rechtsmittel	17

A. Allgemeines

1 Die Vorschriften der §§ 261, 262 ZPO bilden die Grundlage für zahlreiche Regelungen, die bestimmte materiell-rechtliche oder prozessuale Wirkungen vom Eintritt der Rechtshängigkeit abhängig machen.

B. Erläuterungen
I. Rechtshängigkeit, § 261 Abs. 1 ZPO

2 Bei der **Erhebung der Klage** bilden § 253 Abs. 1 ZPO und § 261 Abs. 1 ZPO eine prozessuale Einheit.[1] Durch Einreichung der Klageschrift wird die Klage zunächst anhängig, erst mit Zustellung an die beklagte Partei rechtshängig. Die Klage muss wirksam erhoben sein. Auf ihre tatsächliche Zulässigkeit und/oder Begründetheit kommt es nicht an. Selbst das Fehlen einer Vollmacht oder einer anderen Prozessvoraussetzung hindert die Rechtshängigkeit nicht, auch wenn **Mängel** prinzipiell nur *ex nunc* geheilt werden können.[2] Zudem kann Rechtshängigkeit auch durch Einreichung der Klage auf **unzulässigem Rechtsweg** (wegen § 17b Abs. 1 Satz 2 GVG) oder bei einem Gericht im **Ausland** nach Maßgabe der § 328 ZPO bewirkt werden (beachte auch Art. 29 EuGVVO).[3] Voraussetzung ist aber, dass die Partei nicht missbräuchlich (etwa bewusst) das unzuständige Gericht angerufen hat, weil die Rechtshängigkeit dort bereits mit Einreichung der Klage erreicht wird (siehe §§ 81 Abs. 1, 90 Abs. 1 VwGO; §§ 90, 94 SGG; §§ 64 Abs. 1, 66 FGO).[4] Für das Mahnverfahren gilt § 696 Abs. 3 ZPO.

3 § 261 ZPO gilt auch für Arrest und **einstweilige Verfügung** (Rechtshängigkeit bereits ab Antragstellung bei Gericht)[5] sowie im **Prozesskostenhilfeverfahren** und im **selbstständigen Beweisverfahren** (Rechtshängigkeit ab Übermittlung des Antrags).[6] Rechtshängig wird auch hier nur der jeweilige Verfahrensgegenstand. Die Rechtshängigkeit eines Verfahrens, in dem eine einstweilige Verfügung zur Sicherung eines materiell-rechtlichen Anspruchs angestrebt wird, steht der Geltendmachung dieses Anspruchs in einem Hauptsacheverfahren nicht entgegen.[7]

II. Zeitpunkt, § 261 Abs. 2 ZPO

4 Rechtshängigkeit prozessualer Ansprüche, die erst im Laufe des Rechtsstreits geltend gemacht werden, tritt wahlweise durch Zustellung eines Schriftsatzes oder Antragstellung in der mündlichen Verhandlung nach § 297 ZPO ein. Anders als bei der Klageschrift sind die Angaben des § 253 Abs. 2 Nr. 1 ZPO nicht zu beachten und der Schriftsatz kann auch von Anwalt zu Anwalt nach § 195 ZPO zugestellt werden.[8] Allerdings sind erst nach Schluss der mündlichen Verhandlung eingereichte Anträge unzulässig und nur nach Maßgabe des § 296a ZPO zu beachten. Eine Zustellung zur Herbeiführung der Rechtshängigkeit erfolgt dann nicht mehr.

---

1 Siehe nur BGH, NJW 2013, 387 (388).
2 Musielak/Voit-*Foerste*, ZPO, § 261 Rn. 2.
3 OLG Hamburg, NJW-RR 2013, 629 (630).
4 KG Berlin, NJW-RR 2008, 744; OLG Schleswig, NJW-RR 2009, 152.
5 Etwa OLG Hamm, BeckRS 2013, 05315.
6 BGH, NJW-RR 2010, 891.
7 BeckOK-*Bacher*, ZPO, § 261 Rn. 3.
8 BGH, NJW 1992, 2235 f.

Beispiele für spätere Anträge sind:
- *Klagehäufung (§ 260 ZPO)*
- *Klageerweiterung (§ 264 Nr. 2, 3 ZPO)*
- *Klageänderung (§ 263 ZPO)*
- *Widerklage (§ 33 ZPO)*

Die Rechtshängigkeit **endet** mit unanfechtbarem Urteil (§ 705 ZPO) oder Beschluss (§ 329 ZPO), Klagerücknahme (§ 269 ZPO), beiderseitiger Erledigungserklärung (§ 91a ZPO) oder wirksamem Prozessvergleich,[9] nicht aber durch einseitige Erledigungserklärung,[10] Verweisung, Weglegen oder Aussetzung.[11] Überging das Gericht versehentlich einen Anspruch, endet die Rechtshängigkeit mit Ablauf der Frist für einen Antrag auf Urteilsergänzung nach § 321 Abs. 2 ZPO.[12] Die mögliche Unwirksamkeit eines Prozessvergleichs ist in der Frist der §§ 282 Abs. 3, 296 Abs. 3 ZPO geltend zu machen,[13] ein außergerichtlicher Vergleich hat auf die Rechtshängigkeit hingegen keinen Einfluss.[14]

Keine Rechtshängigkeit begründen:
- Prozessaufrechnung: Denn die aufgerechnete Forderung kann noch in anderen Prozessen aufgerechnet oder zum Gegenstand einer (Wider-)Klage gemacht und umgekehrt auch mit einer rechtshängigen Forderung anderweitig aufgerechnet werden.[15]
- Anmeldung zur Insolvenztabelle[16]
- Einreden[17]

III. Doppelte Rechtshängigkeit, § 261 Abs. 3 Nr. 1 ZPO

Die doppelte Rechtshängigkeit ist ein **Prozesshindernis** und von Amts wegen zu beachten. Die Partei soll nicht „Rosinenpickerei" betreiben dürfen, indem sie mehrere Ansprüche mit dem gleichen Streitgegenstand bei verschiedenen Richtern oder Kammern einreicht, um ggf. widersprüchliche Urteile zu provozieren. Fällt die doppelte Rechtshängigkeit nicht auf, bindet dies das erste Gericht nach § 318 ZPO;[18] gegen das später rechtskräftig gewordene Urteil ist im Anschluss Restitutionsklage nach § 580 Nr. 7 Buchst. a ZPO möglich.

Die Anwendung von Abs. 3 Nr. 1 setzt **Identität von Streitgegenstand und Parteien** voraus:

„Von keiner Partei anderweitig"

Die Rechtshängigkeitssperre nach Abs. 3 Nr. 1 hat in subjektiver Hinsicht denselben Umfang wie die materielle Rechtskraft. Daher wirkt sie auch gegenüber denjenigen Personen, auf die sich die materielle Rechtskraft nach §§ 325 ff. ZPO erstreckt, so etwa bei wirksamer Prozessstandschaft oder Rechtsnachfolge.[19] Identität der Parteien ist auch gegeben, wenn diese in den einzelnen Verfahren unterschiedliche Parteirollen einnähmen.[20]

Streitsache

Derselbe Streitgegenstand liegt auch vor, wenn ein Antrag das kontradiktorische Gegenteil einer bereits rechtshängigen Klage betrifft,[21] d.h. die Feststellungsklage sperrt die negative Feststellungsklage. Zulässig bleiben aber weitergehende Klageansprüche. So ist **Identität** der Streitgegenstände bei einer Klage auf Feststellung der Verpflichtung zum Schadensersatz wegen Mangels und auf (vollständigen oder teilweisen) Schadensersatz gerichteten Leistungsklage nicht gegeben, weil über die Feststellung des streitigen Rechtsverhältnisses hinaus auch Durchsetzung des Anspruchs verlangt wird.[22] Gleiches gilt, wenn der später rechtshängig gewordene Anspruch im Vergleich zum früheren ein **wesensgleiches Minus** darstellt.[23] Stellt der Streitgegenstand des ersten für den nachfolgenden Rechtsstreit nur eine Vorfrage dar, kommt

---

9 OLG Hamm, NJW-RR 2012, 882 (883).
10 BGH, NJW 2010, 2270.
11 Musielak/Voit-*Foerste*, ZPO, § 261 Rn. 8.
12 BGH, NJW-RR 2005, 790.
13 BGH, NJW 2014, 394 (395).
14 BGH, NJW 2002, 1503.
15 BGH, NJW-RR 2004, 1000; Baumbach/Lauterbach/Albers/Hartmann, ZPO, § 261 Rn. 6.
16 Musielak-*Foerste*, ZPO, § 261 Rn. 7.
17 Baumbach/Lauterbach/Albers/Hartmann, ZPO, § 261 Rn. 8.
18 Baumbach/Lauterbach/Albers/Hartmann, ZPO, § 261 Rn. 26.
19 OLG Düsseldorf, BeckRS 2014, 21714.
20 BeckOK-*Bacher*, ZPO, § 261 Rn. 17.
21 BGH, NJW-RR 2012, 1160.
22 BGH, NJW-RR 2013, 1105 (1106).
23 OLG Düsseldorf, BeckRS 2014, 21714.

Aussetzung nach § 148 ZPO in Betracht. Dann steht Abs. 3 Nr. 1 der zweiten Klage nicht entgegen.[24]

IV. Fortdauer, § 261 Abs. 3 Nr. 2 ZPO

12   Abs. 3 Nr. 2 bestimmt die Fortdauer der örtlichen und sachlichen Zuständigkeit (entsprechend für den Rechtsweg: § 17 Abs. 1 Satz 1 GVG). Dies dient der Prozessökonomie. Es bleiben aber die vorrangigen Regelungen der §§ 281, 506 ZPO zu beachten. Im Ergebnis bedeutet das: Eine einmal begründete Zuständigkeit des **Landgerichts** bleibt bestehen, auch wenn die Voraussetzungen dafür entfallen. Eine einmal begründete Zuständigkeit des **Amtsgerichts** bindet dieses nicht, es kann ab Eintreten der Unzuständigkeit verweisen.

13   **Durch eine Veränderung der sie begründenden Umstände nicht berührt** bei:
   - Verlegung von Wohnsitz (§ 13 ZPO), Sitz (§ 17 ZPO) oder Vermögen (§ 23 ZPO)
   - Klagehäufung (§ 5 ZPO) oder Prozesstrennung (§ 145 ZPO)
   - Widerklage (§ 33 ZPO), sofern nicht § 506 ZPO greift
   - gesetzliche Änderung der Zuständigkeit
   - Änderung der Rechtsprechung
   - Herabsetzung des Streitwerts durch Teilklagerücknahme

V. Wirkungen der Rechtshängigkeit, § 262 Satz 1 ZPO

Satz 1 stellt klar, dass die sonstigen Wirkungen der Rechtshängigkeit neben § 261 ZPO bestehen bleiben.

14   Sonstige materiell-rechtliche **Wirkungen**[25] der Rechtshängigkeit sind:
   - Rechtsermöglichung: § 407 Abs. 2 BGB, § 372 HGB
   - Rechtskonkretisierung: §§ 1384, 1587 Abs. 2 BGB, § 140 Abs. 2 HGB
   - Rechtserhaltung: §§ 204 Abs. 1 Nr. 1, 801 Abs. 1 Satz 3, 804 Abs. 1 Satz 2, 864 Abs. 1, 941, 977 Satz 2, 1002 Abs. 1, 1188 Abs. 2 Satz 2, 1300 Abs. 2, 1965 Abs. 2 BGB, §§ 440 Abs. 3, 612, 623 Abs. 2 HGB, Art. 52 Abs. 2 ScheckG
   - Rechtsmehrung: §§ 286 Abs. 1 Satz 2, 291, 292, 528 Abs. 1 Satz 3, 818 Abs. 4, 987, 989, 991 Abs. 1, 994 Abs. 2, 1613 Abs. 1, 2023 Abs. 1, 2077 Abs. 1 Satz 3 BGB
   - Rechtsminderung: §§ 996, 1408 Abs. 2 Satz 2, 1933 Satz 2 BGB, § 433 Abs. 2 Satz 1 HGB

15   Hauptanwendungsfall ist die Hemmung der Verjährung nach § 204 Abs. 1 BGB. Sie tritt ein in Gestalt und Umfang des Streitgegenstandes,[26] d.h. bei Leistungsklage (Nr. 1), Mahnbescheid (Nr. 3) und Aufrechnung (Nr. 5)[27] nur in Höhe des bezifferten Betrages, dafür aber für sämtliche Ansprüche und Hilfsanträge, sogar bei Stufenklagen nach § 254 ZPO und positiven Feststellungsklagen.[28] Die Hemmung durch Streitverkündung (Nr. 6) setzt ihre Zulässigkeit nach § 72 ZPO voraus.[29] Die Verjährung hemmt nur die Klage des materiell Berechtigten. **Berechtigte** sind der ursprüngliche Rechtsinhaber, dessen Rechtsnachfolger und der gesetzliche oder gewillkürte Prozessstandschafter.[30]

VI. Wirkungszeitpunkt, § 262 Satz 2 ZPO

16   Die materiell-rechtlichen Wirkungen treten mit **Klageerhebung** ein, d.h. mit Klagezustellung nach §§ 253 Abs. 1, 261 Abs. 1 ZPO. Im Mahnverfahren hemmt die Zustellung des Mahnbescheids die Verjährung gemäß § 204 Abs. 1 Nr. 3 BGB. Rechtshängigkeit tritt nur ein, wenn die Streitsache alsbald nach der Erhebung des Widerspruchs abgegeben wird, §§ 696 Abs. 3, 700 Abs. 2 ZPO. Soll mit der Klageerhebung eine Frist gewahrt, der Neubeginn oder die Hemmung der Verjährung herbeigeführt werden, ist ergänzend **§ 167 ZPO** zu beachten: Er verlegt die rechtserhaltende Wirkung der Rechtshängigkeit vor. Dann reicht bloße Anhängigkeit (Einreichung der Klage oder Eingang des Mahnantrags bei Gericht), ggf. sogar beim unzuständigen Gericht oder im falschen Rechtsweg.[31]

---

24 BGH, NJW-RR 2010, 640 (641).
25 Siehe Musielak-*Foerste*, ZPO, § 262 Rn. 1.
26 OLG Bamberg, BeckRS 2014, 12749.
27 BGH, NJW-RR 2009, 1169.
28 Musielak-*Foerste*, ZPO, § 262 Rn. 2f.; Zöller-*Greger*, ZPO, § 262 Rn. 3.
29 BGH, NJW 2009, 1488 (1489).
30 BGH, NJW 2010, 2270.
31 Musielak/Voit-*Foerste*, ZPO, § 262 Rn. 4.

C. Rehtsmittel

Bei doppelter Rechtshängigkeit ist die später rechtshängig gewordene Klage oder Widerklage als unzulässig abzuweisen. 17

§ 263
Klageänderung

Nach dem Eintritt der Rechtshängigkeit ist eine Änderung der Klage zulässig, wenn der Beklagte einwilligt oder das Gericht sie für sachdienlich erachtet.

§ 264
Keine Klageänderung

Als eine Änderung der Klage ist es nicht anzusehen, wenn ohne Änderung des Klagegrundes
1. **die tatsächlichen oder rechtlichen Anführungen ergänzt oder berichtigt werden;**
2. **der Klageantrag in der Hauptsache oder in Bezug auf Nebenforderungen erweitert oder beschränkt wird;**
3. **statt des ursprünglich geforderten Gegenstandes wegen einer später eingetretenen Veränderung ein anderer Gegenstand oder das Interesse gefordert wird.**

Inhalt:

	Rn.		Rn.
A. Allgemeines	1	3. Einwilligung des Beklagten	15
B. Erläuterungen	3	4. Sachdienlichkeit	16
I. Klageänderung, § 263 ZPO	3	II. Ergänzung, Berichtigung,	
1. Änderung der Klage – objektiv durch Änderung des Streitgegenstandes	5	§ 264 Nr. 1 ZPO	20
		III. Klageerweiterung, Klagebeschränkung, § 264 Nr. 2 ZPO	21
2. Änderung der Klage – subjektiv durch Änderung der Parteien	9	IV. Veränderung, § 264 Nr. 3 ZPO	25
		C. Rechtsmittel	29
		D. Praxishinweis	30

A. Allgemeines

Die Regeln der §§ 263 f. ZPO gelten sowohl für die objektive als auch die subjektive Klageänderung (Änderung des Streitgegenstandes und der Parteien). Über ihre Zulässigkeit wird im Zweifel durch **Zwischenurteil** nach § 303 ZPO entschieden, welches hinsichtlich einer Parteiänderung gesondert anfechtbar ist (ansonsten gilt § 280 Abs. 2 ZPO). Die Vorschriften ermöglichen es dem Kläger, sein Klagebegehren im Laufe des Rechtsstreits umzustellen, in den Fällen des § 264 ZPO im Interesse der Prozessökonomie sogar unabhängig von den Voraussetzungen einer Klageänderung. 1

Hinsichtlich der **Kosten** für das Verfahren siehe § 269 Rn. 9. Hinsichtlich der **Gerichtsgebühren** gilt § 12 Abs. 1 Satz 2 GKG, d.h. bei erhöhtem Streitwert führt die objektive Klageänderung auch zu erhöhtem Vorschuss. Bei subjektiver Klageänderung ändert sich der Vorschuss wegen der Einheitlichkeit des Prozessrechtsverhältnisses nicht. Hinsichtlich der **Anwaltsgebühren** gilt § 7 Abs. 1 RVG, d.h. bei erhöhtem Streitwert führt die objektive Klageänderung auch zu erhöhten Gebühren. Bei subjektiver Klageänderung erhöht sich die Gebühr je zusätzlich vertretener Partei nach Nr. 1008 VV-RVG. Es bleibt aber bei einer Angelegenheit i.S.d. § 15 Abs. 2 RVG.[1] 2

B. Erläuterungen
I. Klageänderung, § 263 ZPO

Allgemein: Der Kläger darf sein Klagebegehren im Laufe des Rechtsstreits auch umstellen, wenn die Klageänderung sachdienlich ist oder der Beklagte einwilligt. Im ersten Fall geht die Prozessökonomie vor, denn so können ein neuer Prozess vermieden und gewonnene Erkenntnisse genutzt werden. Im letzten Fall benötigt der Beklagte keinen Schutz. Geltend gemacht wird die Klageänderung in der mündlichen Verhandlung nach §§ 129, 297 ZPO (ggf. aufgrund rügeloser Einlassung nach § 39 ZPO)[2] oder durch Zustellung i.S.d. §§ 253, 261 Abs. 2 ZPO. Die Klageänderung ist auch noch in der **Rechtsmittelinstanz** möglich, solange eine Beschwer 3

---
1 BGH, NJW 2007, 769.
2 BGH, NJW 2010, 3376.

etwa für die Folge-Instanz verbleibt, der zunächst erhobene Klageanspruch also jedenfalls teilweise weiterverfolgt wird.[3] Eine bedingte Klageänderung ist unwirksam.[4]

4 § 263 ZPO gilt auch, wenn der Kläger die Klage- oder Verfahrensart **wechselt**, d.h. etwa vom Klage- ins Urkundsverfahren (es gelten jedoch die Sonderregelungen des § 533 ZPO und § 596 ZPO)[5] oder von der Vollstreckungs- bzw. Titelgegenklage des § 767 ZPO (analog) zur bloßen Klauselgegenklage nach § 768 ZPO.[6]

1. Änderung der Klage – objektiv durch Änderung des Streitgegenstandes

5 Eine objektive Klageänderung ist gegeben, wenn sich der Streitgegenstand ändert. Dies ist der Fall, wenn bei gleichbleibendem oder geändertem Klagegrund ein **anderer Klageantrag** gestellt wird,[7] wenn also der Kläger außerhalb des § 264 ZPO seinen Antrag ändert oder sein Begehren auf einen anderen (oder einen zusätzlichen)[8] Lebenssachverhalt stützt.[9] Unterschiedliche Lebenssachverhalte liegen vor, wenn die materiell-rechtliche Regelung die zusammentreffenden Ansprüche durch eine Verselbstständigung der einzelnen Lebensvorgänge erkennbar unterschiedlich ausgestaltet.[10]

6 Objektive Klageänderung in Form der Änderung des Klage*antrags* liegt etwa vor bei Umstellung von Feststellungs- auf Leistungsklage, Haupt- auf Hilfsantrag (die sich gegenseitig ausschließen dürfen),[11] Rücktritt auf Minderung, Unterlassung auf Schadensersatz, Leistung an Kläger auf Leistung an Dritten.[12] Objektive Klageänderung in Form der Änderung des Klage*grundes* liegt etwa vor bei Umstellung von eigenem Recht auf fremdes Recht (Abtretung), Nichterfüllung statt Erfüllung, Schadensersatz statt Kostenvorschuss.

7 Kein anderer Lebenssachverhalt und damit **keine Klageänderung** (sofern nicht der Antrag geändert wird) ist der bloße Wechsel der rechtlichen Begründung[13] (Delikt oder Bereicherungsrecht statt Vertrag; Wertminderung statt Nachbesserung; kleiner statt großer Schadensersatz;[14] Austausch der Berechnungsgrundlagen für Schadensersatz oder Werklohn, etwa durch neue Schlussrechnung[15]).

8 Ist die Klageänderung **unzulässig**, wird die Klage hinsichtlich des neuen Antrags als unzulässig abgewiesen. Über den zunächst gestellten Antrag hat das Gericht weiterhin zu entscheiden, es sei denn, der Kläger nimmt diesen zurück, ggf. nach § 269 ZPO mit Zustimmung des Beklagten. Auch bei der **Kosten**entscheidung sind beide Anträge zu berücksichtigen, die Kosten evtl. zu quoteln.

2. Änderung der Klage – subjektiv durch Änderung der Parteien

9 Eine subjektive Klageänderung ist gegeben, wenn sich Änderungen auf Kläger- oder Beklagtenseite ergeben, d.h. sowohl beim Parteiwechsel (Ersetzung der bisherigen Partei durch eine andere) als auch bei der Parteierweiterung (Hinzutreten weiterer Kläger oder Beklagter), Widerklage oder Drittwiderklage.[16]

10 § 263 ZPO gilt nicht bei Änderungen, die von Gesetzes wegen eintreten (etwa Tod einer Partei nach § 239 ZPO). Wegen § 265 Abs. 2 Satz 2 ZPO ist aber die Zustimmung beider Parteien erforderlich, wenn der Rechtsnachfolger an die Stelle des bisherigen Rechtsinhabers in den Prozess eintreten will. Unnötig ist sie bei der **Berichtigung** einer (lediglich falschen) Parteibezeichnung, die jederzeit zulässig ist.[17]

11 Bei einem Klägerwechsel muss der bisherige Kläger der Klageänderung zustimmen, der Beklagte unabhängig von der Instanz bei Sachdienlichkeit hingegen nicht.[18] Nach Beginn der mündlichen Verhandlung gilt: Für den (auch Wider-) Beklagtenwechsel ist unabhängig von

---

3 Zöller-*Greger*, ZPO, § 263 Rn. 11b, 14.
4 BGH, NJW 2011, 1453 (1455).
5 BeckOK-*Bacher*, ZPO, § 263 Rn. 6.
6 BGH, BeckRS 2012, 05392.
7 BGH, BeckRS 2012, 05392.
8 BGH, MDR 2011, 1311.
9 BGH, BeckRS 2013, 22405.
10 BGH, NJW 2014, 3307 (3308).
11 BGH, NJW 2014, 3314.
12 Musielak/Voit-*Foerste*, ZPO, § 263 Rn. 2a.
13 BGH, NJW 2015, 1093 (1094).
14 Musielak/Voit-*Foerste*, ZPO, § 263 Rn. 3.
15 OLG Köln, NJW 2014, 229 (232).
16 BGH, NJW 2014, 1670, dort auch zu Ausnahmen.
17 OLG München, BeckRS 2014, 15917, Rn. 23.
18 BGH, NJW 2003, 2172f.

der Instanz die Zustimmung des bisherigen (Wider-)Beklagten erforderlich,[19] nicht jedoch beim Klägerwechsel.

Entbehrlich ist die Zustimmung für einen Parteiwechsel dann, wenn sie rechtsmissbräuchlich verweigert wird.[20] So besteht kein schutzwürdiges Interesse der Partei an der Verweigerung der Zustimmung, wenn ihr nach der Sachlage zuzumuten ist, in den fortgeschrittenen Prozess einzutreten, bspw. sie sich nicht anders als die Altpartei verteidigen kann oder sie den Prozessstoff bereits kennt oder sogar wesentlich beeinflusst hat (etwa als Vertreter der Altpartei).[21]

Wirksam wird die Parteiänderung oder -erweiterung, wenn alle Beteiligten zugestimmt oder rügelos verhandelt haben oder das Gericht die Änderung für zulässig erklärt hat. Die Altpartei scheidet aus dem Prozess aus. Die **bisherigen Ergebnisse** bleiben verwertbar.[22] Der neue Beklagte kann allerdings eine Ergänzung einer bereits durchgeführten Beweisaufnahme beantragen, wenn er sonst in seiner Rechtsverteidigung beeinträchtigt wäre.[23] Stimmt die neue Partei einer Änderung zu, muss sie Geständnisse der Altpartei nach § 290 ZPO und Präkludierungen nach § 296 ZPO gegen sich gelten lassen.[24]

Im **Zwischenstreit** stehen sich Kläger und derjenige gegenüber, der den Wechsel nicht anerkennt. Ist dies der Altbeklagte und wird auf sein Ausscheiden erkannt oder wehrt sich der neue Beklagte und wird auf Eintritt erkannt, ist dieses Zwischenurteil als Endurteil jeweils anfechtbar. Der Kläger kann aber das Verfahren gemäß § 280 Abs. 2 ZPO analog mit dem jeweils Eingewechselten fortsetzen. Ist der Parteiwechsel unzulässig, gilt auch hier: Die neue Klage ist als unzulässig abzuweisen während über die alte Klage weiterzuverhandeln ist, soweit der Kläger an ihr festhält, also weder wirksam zurücknimmt noch Erledigung erklärt.[25]

3. Einwilligung des Beklagten

Die Einwilligung des Beklagten kann in der mündlichen Verhandlung oder einem Schriftsatz erfolgen. Die darin enthaltene Erklärung wird dann mit Eingang bei Gericht wirksam.[26] Auch als Einwilligung gilt nach **§ 267 ZPO** die rügelose Einlassung in der mündlichen Verhandlung. Die Einwilligung ist Prozesshandlung und kann als solche weder bedingt erklärt noch widerrufen werden.

4. Sachdienlichkeit

Sachdienlichkeit ist zu bejahen, wenn die Zulassung der Klageänderung den Streitstoff im Rahmen des anhängigen Rechtsstreits zumindest teilweise ausräumt (d.h. zu einer sachgemäßen und endgültigen Erledigung des Streits zwischen den Parteien führt) und einem sonst drohenden weiteren Rechtsstreit vorbeugt. Dem Gericht steht bei der Beurteilung der Sachdienlichkeit ein Ermessensspielraum zu, der vom Rechtsmittelgericht nur beschränkt überprüfbar, ggf. aber nachholbar ist, näher § 268 Rn. 3 f.

Kriterien für eine sachgerechte Ermessensausübung sind:
- ob die beiderseitigen Interessen,[27] abgewogen am Maßstab der Prozessökonomie,[28] gewahrt sind
- ob die geänderte Klage bei objektiver Beurteilung den Streitstoff endgültig zu beseitigen vermag.

Keine maßgeblichen Kriterien für eine sachgerechte Ermessensausübung sind:
- ob die Zulassung das Verfahren verzögert oder zu einer zusätzlichen Beweisaufnahme führt;[29]
- ob die geänderte Klage Aussicht auf Erfolg hat.[30]

Eine Klageänderung ist danach nur dann **nicht sachdienlich**, wenn völlig neuer Streitstoff zur Beurteilung und Entscheidung gestellt wird, ohne dafür das Ergebnis der bisherigen Prozessführung verwerten zu können.[31] Das ist in der Regel der Fall, wenn die geänderte Klage als

---

19 BGH, NJW 2006, 1351 (1354).
20 OLG Brandenburg, NJOZ 2015, 542 (544).
21 Musielak/Voit-*Foerste*, ZPO, § 263 Rn. 15.
22 BGH, NJW 2012, 3725 (3726).
23 BeckOK-*Bacher*, ZPO, § 263 Rn. 30 f.
24 Musielak/Voit-*Foerste*, ZPO, § 263 Rn. 22.
25 Musielak/Voit-*Foerste*, ZPO, § 263 Rn. 17.
26 BGH, NJW 1992, 2235 (2236).
27 BGH, BeckRS 2012, 05392.
28 BGH, NJW 2014, 3314 (3316).
29 BGH, NJW 2011, 2796 (2798).
30 BGH, NJW-RR 2002, 929 (930).
31 BGH, NJW 2011, 2796 (2798).

unzulässig abzuweisen[32] oder das Gericht für die Entscheidung über den neuen Antrag nicht zuständig ist.[33]

II. Ergänzung, Berichtigung, § 264 Nr. 1 ZPO

20 Bei Nr. 1 handelt es sich mangels Änderung von Klagegrund oder -antrag anders als bei Nr. 2 und 3 um keine Klageänderung, sodass die Aufnahme in § 264 ZPO bestenfalls deklaratorisch ist.

III. Klageerweiterung, Klagebeschränkung, § 264 Nr. 2 ZPO

21 **Erweiterung**: Zulässig sind quantitative und qualitative Antragsänderungen in Schriftsatz oder mündlicher Verhandlung bis zum Abschluss des Verfahrens. Die Abweichungen können Haupt- oder Nebenforderung betreffen, dürfen aber kein *aliud* sein. Eine Erweiterung liegt daher nur vor, wenn das bisherige Begehren ein inhaltsgleiches Minus des neuen Begehrens ist (entsprechend umgekehrt, dann Beschränkung). Das Gericht darf also nicht etwas anderes zusprechen, denn das würde gegen den Grundsatz *ne ultra petita* des § 308 Abs. 1 ZPO verstoßen und schon gar nicht unter § 264 ZPO fallen.[34]

22 **Quantitativ** zulässige Änderungen sind **Erweiterungen** hinsichtlich der Summe oder des Zeitraums, Übergang von Teil- zu Vollklage (und jeweils umgekehrt, dann **Beschränkung**).

23 **Qualitativ** zulässige erweiternde Änderungen sind Leistung statt Feststellung,[35] Leistung statt Auskunft, Zahlung statt Befreiung, Zahlung statt Hinterlegung, Leistung sofort statt künftig, unbedingt statt Zug-um-Zug, an Kläger statt an Dritten (und jeweils umgekehrt, dann **Beschränkung**).

24 Bei der Beschränkung ist zu beachten, dass § 269 ZPO – und hier v.a. das Einwilligungserfordernis nach Abs. 1 – nicht umgangen werden darf.[36] Im Übrigen ist § 264 ZPO aber *lex specialis* zu § 269 ZPO.[37]

IV. Veränderung, § 264 Nr. 3 ZPO

25 **Später eingetretene Veränderung**: Nr. 3 erlaubt dem Kläger, seinen Antrag an Umstände anzupassen, die die materielle Rechtslage nach Rechtshängigkeit[38] verändert haben, auch wenn er diese Änderung selbst herbeigeführt hat.[39] Gleichgestellt werden Umstände, die zwar bereits vor Rechtshängigkeit vorlagen, dem Kläger damals aber schuldlos unbekannt waren.[40]

26 **Anderer Gegenstand**:
Wie sich der andere Gegenstand und der ursprüngliche unterscheiden, spielt keine Rolle, solange der neue Gegenstand nach dem klägerischen Vorbringen aufgrund der späteren Veränderung als Surrogat oder Schadensersatz an die Stelle des ursprünglichen getreten ist. Ob dies tatsächlich der Fall ist, ist eine Frage der Begründetheit.

27 **Beispiele** für einen anderen Gegenstand sind:
– Wechsel von Erfüllung zu Schadensersatz
– Übereignung oder Vollstreckungsabwehr zu Herausgabe des Erlöses[41]

28 **Interesse** meint Schadensersatz.

C. Rechtsmittel

29 Hinsichtlich der Feststellung der Sachdienlichkeit verbleibt dem Rechtsmittelgericht nur die Prüfung, ob das Ausgangsgericht den Begriff verkannt oder die Grenzen seines Ermessens überschritten hat.[42] Anders als bei der objektiven Klageänderung ist die Zulassung einer Parteiänderung teilweise in der Rechtsmittelinstanz überprüfbar. Zwar gilt § 268 ZPO, doch kann gerügt werden, dass die trotz Sachdienlichkeit erforderliche Zustimmung eines Beteiligten nicht vorgelegen hat.[43]

---

32 LAG Düsseldorf, BeckRS 2004, 30457745; BGH, NJW-RR 2002, 929 (930), dort auch zu Ausnahmen.
33 OLG Hamburg, BeckRS 2002, 01642.
34 BGH, NJW 2007, 2777.
35 BGH, NJW-RR 2013, 1105 (1106).
36 Musielak/Voit-*Foerste*, ZPO, § 264 Rn. 6.
37 BeckOK-*Bacher*, ZPO, § 264 Rn. 6.
38 OLG Hamm, NJW-RR 2001, 142 (143).
39 Musielak/Voit-*Foerste*, ZPO, § 264 Rn. 8.
40 Musielak/Voit-*Foerste*, ZPO, § 264 Rn. 8; Zöller-*Greger*, ZPO, § 264 Rn. 5.
41 BeckOK-*Bacher*, ZPO, § 264 Rn. 8.1.
42 BGH, BeckRS 2012, 05392.
43 BeckOK-*Bacher*, ZPO, § 264 Rn. 30.1.

D. Praxishinweis
Im Falle einer Klageänderung ist kein erneuter Schlichtungsversuch erforderlich, selbst wenn die Zulässigkeit der Klage davon abhängt. Der Kläger muss also nur einen Schlichtungsversuch unternehmen.[44]

30

§ 265
Veräußerung oder Abtretung der Streitsache

(1) Die Rechtshängigkeit schließt das Recht der einen oder der anderen Partei nicht aus, die in Streit befangene Sache zu veräußern oder den geltend gemachten Anspruch abzutreten.

(2) ¹Die Veräußerung oder Abtretung hat auf den Prozess keinen Einfluss. ²Der Rechtsnachfolger ist nicht berechtigt, ohne Zustimmung des Gegners den Prozess als Hauptpartei an Stelle des Rechtsvorgängers zu übernehmen oder eine Hauptintervention zu erheben. ³Tritt der Rechtsnachfolger als Nebenintervenient auf, so ist § 69 nicht anzuwenden.

(3) Hat der Kläger veräußert oder abgetreten, so kann ihm, sofern das Urteil nach § 325 gegen den Rechtsnachfolger nicht wirksam sein würde, der Einwand entgegengesetzt werden, dass er zur Geltendmachung des Anspruchs nicht mehr befugt sei.

§ 266
Veräußerung eines Grundstücks

(1) ¹Ist über das Bestehen oder Nichtbestehen eines Rechts, das für ein Grundstück in Anspruch genommen wird, oder einer Verpflichtung, die auf einem Grundstück ruhen soll, zwischen dem Besitzer und einem Dritten ein Rechtsstreit anhängig, so ist im Falle der Veräußerung des Grundstücks der Rechtsnachfolger berechtigt und auf Antrag des Gegners verpflichtet, den Rechtsstreit in der Lage, in der er sich befindet, als Hauptpartei zu übernehmen. ²Entsprechendes gilt für einen Rechtsstreit über das Bestehen oder Nichtbestehen einer Verpflichtung, die auf einem eingetragenen Schiff oder Schiffsbauwerk ruhen soll.

(2) ¹Diese Bestimmung ist insoweit nicht anzuwenden, als ihr Vorschriften des bürgerlichen Rechts zugunsten derjenigen, die Rechte von einem Nichtberechtigten herleiten, entgegenstehen. ²In einem solchen Fall gilt, wenn der Kläger veräußert hat, die Vorschrift des § 265 Abs. 3.

Inhalt:

	Rn.		Rn.
A. Allgemeines	1	V. Fehlende Rechtskrafterstreckung,	
B. Erläuterungen	2	§ 265 Abs. 3 ZPO	8
I. Veräußerung, Abtretung,		VI. Spezialfall des § 265 Abs. 2	
§ 265 Abs. 1 ZPO	2	Satz 2 ZPO, § 266 Abs. 1 Satz 1 ZPO	9
1. In Streit befangene Sache	2	VII. Schiffsbauwerke,	
2. Veräußerung, Abtretung	3	§ 266 Abs. 1 Satz 2 ZPO	12
3. Rechtshängigkeit	4	VIII. Guter Glaube,	
II. Prozessstandschaft,		§ 266 Abs. 2 Satz 1 ZPO	13
§ 265 Abs. 2 Satz 1 ZPO	5	IX. Einrede, § 266 Abs. 2 Satz 2 ZPO	14
III. Rechtsnachfolger,		C. **Rechtsmittel**	15
§ 265 Abs. 2 Satz 2 ZPO	6		
IV. Nebenintervention,			
§ 265 Abs. 2 Satz 3 ZPO	7		

A. Allgemeines

§ 265 ZPO verhindert, dass wegen Rechtsnachfolge ein neuer Rechtsstreit begonnen werden muss, dient also ebenso wie der korrespondierende § 325 Abs. 1 ZPO der **Prozessökonomie**.[1] Bisherige Ergebnisse sollen nicht dadurch zunichte gemacht werden können, dass eine Partei einseitig die Prozesslage zum Nachteil des Gegners verändert, der die Veränderung der materiellen Rechtslage nicht beeinflussen kann, indem sie die Rechtsposition, aus der sich die **Aktiv- oder Passivlegitimation** ergibt, auf einen Dritten überträgt.[2] Andernfalls hätte die Abtretung den Verlust der Sachlegitimation zur Folge und die Klage müsste als unbegründet

1

---
44 BGH, NJW-RR 2010, 725 (726).

Zu § 266:
1 BeckOK-*Bacher*, ZPO, § 265 Rn. 1.
2 BGH, NJW-RR 2012, 224 f.

abgewiesen werden. So muss der Kläger lediglich seinen Antrag auf Leistung an den Rechtsnachfolger umstellen, §§ 727, 731 ZPO. Ist der Rechtsnachfolger des Klägers nicht an das Urteil gebunden, kann der Beklagte gemäß Abs. 3 Klageabweisung verlangen. § 266 ZPO ist *lex specialis* zu § 265 Abs. 2 Satz 2 ZPO und privilegiert den Grundstückserwerber gegenüber anderen Rechtsnachfolgern.[3]

B. Erläuterungen
I. Veräußerung, Abtretung, § 265 Abs. 1 ZPO
1. In Streit befangene Sache

2 **Sache** ist jeder Gegenstand, hier auch ein Recht.[4] **Streitbefangen** ist ein Gegenstand, wenn die für das Verfahren maßgebliche Sachlegitimation des Rechtsvorgängers auf seiner rechtlichen Beziehung zu der Sache beruht und diese den unmittelbaren Gegenstand des Rechtsstreits bildet,[5] d.h. mit dessen Übertragung die Aktiv- oder Passivlegitimation wechseln würde,[6] etwa Eigentum und sonstige **dingliche Rechte**. Nicht ausreichend sind schuldrechtliche Ansprüche[7] oder der Anspruch nach § 11 AnfG.[8]

2. Veräußerung, Abtretung

3 Erfasst ist jeder Einzelrechtsübergang[9] unter Lebenden – unabhängig davon, ob durch rechtsgeschäftliche (§§ 873, 929 BGB) oder hoheitliche (§ 90 ZVG) Übertragung oder gesetzlichen Übergang (§ 426 Abs. 2 BGB).[10] Bei mehraktigen Erwerbsvorgängen kommt es auf den letzten zum Rechtserwerb führenden Teilakt an.[11]

3. Rechtshängigkeit

4 Die Rechtsnachfolge muss nach Rechtshängigkeit eingetreten und der Rechtserwerb abgeschlossen sein, etwa durch Grundbucheintragung, Briefübergabe (§ 1117 Abs. 1 BGB), Eintritt einer aufschiebenden Bedingung.[12]

II. Prozessstandschaft, § 265 Abs. 2 Satz 1 ZPO

5 Nach Abs. 2 Satz 1 bleibt der bisherige Rechtsinhaber als gesetzlicher **Prozessstandschafter** weiter zur Prozessführung befugt.[13] Der Kläger muss allerdings seinen Antrag auf Leistung an den Rechtsnachfolger **umstellen**, §§ 727, 731 ZPO, andernfalls wird die Klage mangels Passivlegitimation als unbegründet abgewiesen.

III. Rechtsnachfolger, § 265 Abs. 2 Satz 2 ZPO

6 In den Fällen des § 265 Abs. 2 ZPO ist die **Zustimmung** des Gegners erforderlich und kann nicht dadurch ersetzt werden, dass das Gericht den Parteiwechsel für sachdienlich erachtet.[14] So schützt das Gesetz das Interesse des Gegners, in einem Verfahren gegen dessen Willen ein neues Gegenüber aufgedrängt zu bekommen. Gemäß § 267 ZPO analog ersetzt aber die **rügelose Einlassung** des Gegners dessen Zustimmung.[15] Weil mit der Rechtsnachfolge ein Parteiwechsel verbunden ist, bedarf es auch der Zustimmung des bisherigen Rechtsinhabers, näher § 263 Rn. 13f., 17. Bei der Hauptintervention reicht hingegen die Zustimmung des Gegners.[16]

IV. Nebenintervention, § 265 Abs. 2 Satz 3 ZPO

7 Kommt es zu keinem Parteiwechsel, kann der Rechtsnachfolger dem Rechtsstreit als Streithelfer des bisherigen Rechtsinhabers **beitreten**, weil der Rechtsnachfolger der materielle Rechtsinhaber ist.[17] Die Rechte aus § 69 ZPO werden entgegen § 325 ZPO ausgeschlossen, damit die prozessuale Lage des Rechtsnachfolgers durch die Veräußerung oder Abtretung nicht verschlechtert wird. Satz 3 hindert den beigetretenen Rechtsnachfolger auch entgegen § 67 ZPO

---

3 BeckOK-*Bacher*, ZPO, § 266 Rn. 1.
4 Thomas/Putzo-*Reichold*, ZPO, § 265 Rn. 2.
5 BGH, NJW 2014, 782 (784 f.).
6 Musielak/Voit-*Foerste*, ZPO, § 265 Rn. 3.
7 BGH, NJW 2014, 782 (785).
8 OLG Köln, BeckRS 2012, 12493.
9 Zu Ausnahmen Zöller-*Greger*, ZPO, § 265 Rn. 5a.
10 Thomas/Putzo-*Reichold*, ZPO, § 265 Rn. 6.
11 MK-*Becker-Eberhard*, ZPO, § 265 Rn. 64.
12 Musielak/Voit-*Foerste*, ZPO, § 265 Rn. 8.
13 BeckOK-*Bacher*, ZPO, § 265 Rn. 16.
14 BGH, NJW 2012, 3642 (3643).
15 OLG Frankfurt a.M., BeckRS 2013, 00771, Rn. 50.
16 BeckOK-*Bacher*, ZPO, § 265 Rn. 21.
17 BeckOK-*Bacher*, ZPO, § 265 Rn. 24.

Angriffs- und Verteidigungsmittel geltend zu machen, die mit Erklärungen und Handlungen des bisherigen Rechtsinhabers in Widerspruch stehen.[18]

V. Fehlende Rechtskrafterstreckung, § 265 Abs. 3 ZPO

Erhebt der Beklagte gegen die weitere Geltendmachung des Anspruchs die **Einrede** nach Abs. 3, wird die Klage als unbegründet abgewiesen. Mangels Rechtskraftbindung kann der Rechtsnachfolger aber **neue Klage** erheben.[19] Voraussetzung für die Einrede ist, dass der Rechtsnachfolger des Klägers den veräußerten Gegenstand gutgläubig erworben hat und deshalb gem. § 325 Abs. 2 ZPO nicht an die Rechtskraft des Urteils gebunden ist.[20] Erhebt der Beklagte die Einrede nicht, gilt Abs. 2. Gleiches gilt für den Kläger, dem auch im Falle eines gutgläubigen Erwerbs des Beklagten die Einrede nicht zusteht.[21]

VI. Spezialfall des § 265 Abs. 2 Satz 2 ZPO, § 266 Abs. 1 Satz 1 ZPO

Besitzer meint hier Eigentümer.[22] Gegenstand des Rechtsstreits muss ein mit dem Eigentum verbundenes Recht (Grunddienstbarkeit, Reallast) oder eine auf dem Grundstück ruhende Verpflichtung (dingliche Belastung wie Hypothek, Grundschuld) sein.[23] Die Veräußerung setzt auch bei § 266 ZPO Rechtshängigkeit voraus.

Wird ein Grundstück veräußert, kann der Rechtsnachfolger abweichend von § 265 Abs. 2 Satz 2 ZPO ohne Zustimmung des Gegners an Stelle des bisherigen Rechtsinhabers in einen Rechtsstreit über dingliche Rechte und Pflichten eintreten, ist aber an die bisherige Prozesslage gebunden. Der neue Rechtsinhaber kann selbst tätig werden, zumal der bisherige Rechtsinhaber meist kein Interesse hat, den Prozess weiterzuführen. Der Grundstückserwerber ist damit bevorzugt gegenüber dem Erwerber beweglicher Sachen.

Der Erwerber ist auf Antrag des Gegners verpflichtet, als Hauptpartei einzutreten, selbst bei Widerspruch des Veräußerers.[24] Versäumt er den hierfür beantragten Termin, kann gemäß § 239 Abs. 4 ZPO analog **Versäumnisurteil** ergehen.[25]

VII. Schiffsbauwerke, § 266 Abs. 1 Satz 2 ZPO

Die Vorschrift erstreckt sich nach Satz 2 auch auf eingetragene Schiff(sbauwerk)e sowie über § 99 Abs. 1 LuftRG auf Luftfahrzeuge.

VIII. Guter Glaube, § 266 Abs. 2 Satz 1 ZPO

Abs. 2 Satz 1 schützt den guten Glauben. Denn im Falle gutgläubigen Erwerbs (durch Kläger oder Beklagten) ist der Rechtsnachfolger gemäß § 325 Abs. 2 ZPO nicht an die Rechtskraft des Urteils gebunden. Beispiele für gutgläubigen Erwerb sind §§ 892, 893, 1140, 2366 BGB und § 90 ZVG.[26]

IX. Einrede, § 266 Abs. 2 Satz 2 ZPO

Auch im Falle des § 266 ZPO kann nur der Beklagte die Einrede aus § 265 Abs. 3 ZPO erheben, näher Rn. 8.

C. Rechtsmittel

Widersprechen der bisherige Rechtsinhaber, Rechtsnachfolger oder Gegner einer Übernahme des Rechtsstreits, ergeht **Zwischenurteil**, welches ausnahmsweise gemäß § 280 Abs. 2 Satz 1 ZPO analog selbstständig anfechtbar ist.[27]

---

18 BGH, GRUR 2012, 149 (156).
19 Zöller-*Greger*, ZPO, § 265 Rn. 9.
20 BeckOK-*Bacher*, ZPO, § 265 Rn. 26.
21 BeckOK-*Bacher*, ZPO, § 265 Rn. 27.
22 Stein/Jonas-*Roth*, ZPO, § 266 Rn. 3.
23 BeckOK-*Bacher*, ZPO, § 266 Rn. 4 ff.
24 Musielak/Voit-*Foerste*, ZPO, § 266 Rn. 6.
25 MK-*Becker-Eberhard*, ZPO, § 266 Rn. 23.
26 Zöller-*Greger*, ZPO, § 266 Rn. 5.
27 BeckOK-*Bacher*, ZPO, § 266 Rn. 10.

§ 267
Vermutete Einwilligung in die Klageänderung

Die Einwilligung des Beklagten in die Änderung der Klage ist anzunehmen, wenn er sich, ohne der Änderung zu widersprechen, in einer mündlichen Verhandlung auf die abgeänderte Klage eingelassen hat.

Inhalt:

	Rn.		Rn.
A. Allgemeines	1	C. Rechtsmittel	6
B. Erläuterungen	3		

A. Allgemeines

1 Die Vorschrift dient Rechtssicherheit und Prozessökonomie. § 267 ZPO zwingt den Beklagten, Einwände gegen eine Klageänderung unverzüglich und unmissverständlich vorzubringen, und befreit das Gericht von der Entscheidung darüber, ob eine konkludente Zustimmung vorliegt.

2 Die Norm gilt für:
- objektive Klageänderung
- Wechsel der Verfahrensart
- Parteiänderung
- Rechtsnachfolge i.S.d. § 265 Abs. 2 Satz 2 ZPO[1]
- Berufungsverfahren und Beklagtenwechsel in der Berufungsinstanz[2]

B. Erläuterungen

3 **Nicht widersprechen:** Der Gegner darf nicht zum Ausdruck bringen, dass er mit der Änderung nicht einverstanden ist. Ein Widerspruch kann auch konkludent erfolgen, nach BGH[3] etwa durch Bezugnahme auf einen vorbereitenden Schriftsatz nach § 137 Abs. 3 ZPO, in dem bereits Einwendungen gegen die Zulässigkeit der Klageänderung erhoben wurden.

4 **Eingelassen** hat sich der Gegner, wenn er rügelos (vorbehaltlos) zur Hauptsache verhandelt hat.[4] Einlassen setzt Aktivität des Beklagten voraus, indem er etwa andere Abweisungsgründe deutlich macht, zur Zulässigkeit Stellung nimmt oder zumindest ohne vorherige Beanstandung einen Abweisungsantrag stellt.[5] **Säumnis** reicht daher nicht. Dem Gegner muss nicht bewusst sein, dass eine Klageänderung vorliegt oder er gerade zustimmt, d.h. die Vermutungswirkung tritt unabhängig davon ein, ob der Beklagte einwilligen wollte oder ihm die Rechtsfolge seiner Einlassung bekannt war.[6]

5 **Mündliche Verhandlung:** Hierzu bedarf es des Stellens von Anträgen, d.h. Vorbringen in der vorgeschalteten Güteverhandlung reicht nicht. Vorbringen im Schriftsatz genügt nur in den Fällen des § 128 Abs. 2 ZPO, § 251a ZPO, § 331a ZPO und § 495a ZPO.

C. Rechtsmittel

6 Der Kläger kann rügen, dass das Gericht die Voraussetzungen des § 267 ZPO zu Unrecht verneint hat.[7] Die Entscheidung des Gerichts, der Beklagte habe sich rügelos auf die Klageänderung eingelassen, unterliegt hingegen nicht der Nachprüfung in der Rechtsmittelinstanz (§ 268 ZPO).

---

1 BeckOK-*Bacher*, ZPO, § 267 Rn. 2, 2.1.
2 BeckOK-*Bacher*, ZPO, § 267 Rn. 2.1; MK-*Becker-Eberhard*, ZPO, § 267 Rn. 11.
3 BGH, NJW-RR 2005, 437.
4 BGH, BeckRS 2010, 02326.
5 BGH, NJW-RR 2005, 437.
6 BeckOK-*Bacher*, ZPO, § 267 Rn. 6; MK-*Becker-Eberhard*, ZPO, § 267 Rn. 10.
7 BeckOK-*Bacher*, ZPO, § 268 Rn. 5.

§ 268
Unanfechtbarkeit der Entscheidung

Eine Anfechtung der Entscheidung, dass eine Änderung der Klage nicht vorliege oder dass die Änderung zuzulassen sei, findet nicht statt.

Die Vorschrift dient Rechtssicherheit und Prozessökonomie. § 268 ZPO verhindert, dass Verhandlung und Entscheidung über eine geänderte Klage nachträglich entwertet werden, und entzieht die Zulassung eines geänderten Antrages der Überprüfung durch die Rechtsmittelinstanz. Wird der geänderte Antrag zurückgewiesen, unterliegt die Zurückweisung der Anfechtung, sie ist in der Revisionsinstanz aber nur eingeschränkt überprüfbar. 1

Keine Anfechtung der Entscheidung: Die Entscheidung des Gerichts, der Beklagte habe sich rügelos auf die Klageänderung eingelassen, wird sofort endgültig und unterliegt gemäß § 268 ZPO nicht der Nachprüfung in der Rechtsmittelinstanz. Das Gericht ist an seine eigene Entscheidung gebunden, gleichgültig, ob es die Zulässigkeit ausdrücklich oder stillschweigend dadurch bejahte, dass es sich mit der geänderten Klage befasste.[1] Die Unanfechtbarkeit ist jedoch begrenzt auf die beiden Fälle, dass entweder keine Klageänderung vorliegt oder aber eine Klageänderung wegen Einwilligung oder Sachdienlichkeit zulässig ist. Denn die inhaltliche Prüfung, ob die Klageänderung sachdienlich ist, unterliegt tatrichterlichem Ermessen. **Bejaht** das Gericht die Sachdienlichkeit, kann es aus Gründen der Prozessökonomie offen lassen, ob eine Klageänderung vorliegt. **Verneint** das Gericht die Sachdienlichkeit, verbleibt dem Rechtsmittelgericht nur die Prüfung, ob das Ausgangsgericht den Begriff der Sachdienlichkeit verkannt oder die Grenzen seines Ermessens überschritten hat.[2] 2

Nachgeholt werden kann die Entscheidung über die Zulassung der Klageänderung in der Rechtsmittelinstanz nur, wenn sich das Ausgangsgericht nicht mit der Frage befassen musste, d.h. gar keine Entscheidung hierüber, auch nicht stillschweigend, treffen konnte oder sie ausdrücklich offen gelassen hat.[3] 3

§ 269
Klagerücknahme

(1) Die Klage kann ohne Einwilligung des Beklagten nur bis zum Beginn der mündlichen Verhandlung des Beklagten zur Hauptsache zurückgenommen werden.

(2) ¹Die Zurücknahme der Klage und, soweit sie zur Wirksamkeit der Zurücknahme erforderlich ist, auch die Einwilligung des Beklagten sind dem Gericht gegenüber zu erklären. ²Die Zurücknahme der Klage erfolgt, wenn sie nicht bei der mündlichen Verhandlung erklärt wird, durch Einreichung eines Schriftsatzes. ³Der Schriftsatz ist dem Beklagten zuzustellen, wenn seine Einwilligung zur Wirksamkeit der Zurücknahme der Klage erforderlich ist. ⁴Widerspricht der Beklagte der Zurücknahme der Klage nicht innerhalb einer Notfrist von zwei Wochen seit der Zustellung des Schriftsatzes, so gilt seine Einwilligung als erteilt, wenn der Beklagte zuvor auf diese Folge hingewiesen worden ist.

(3) ¹Wird die Klage zurückgenommen, so ist der Rechtsstreit als nicht anhängig geworden anzusehen; ein bereits ergangenes, noch nicht rechtskräftiges Urteil wird wirkungslos, ohne dass es seiner ausdrücklichen Aufhebung bedarf. ²Der Kläger ist verpflichtet, die Kosten des Rechtsstreits zu tragen, soweit nicht bereits rechtskräftig über sie erkannt ist oder sie dem Beklagten aus einem anderen Grund aufzuerlegen sind. ³Ist der Anlass zur Einreichung der Klage vor Rechtshängigkeit weggefallen und wird die Klage daraufhin zurückgenommen, so bestimmt sich die Kostentragungspflicht unter Berücksichtigung des bisherigen Sach- und Streitstandes nach billigem Ermessen; dies gilt auch, wenn die Klage nicht zugestellt wurde.

(4) ¹Das Gericht entscheidet auf Antrag über die nach Absatz 3 eintretenden Wirkungen durch Beschluss. ²Ist einem Beklagten Prozesskostenhilfe bewilligt worden, hat das Gericht über die Kosten von Amts wegen zu entscheiden.

(5) ¹Gegen den Beschluss findet die sofortige Beschwerde statt, wenn der Streitwert der Hauptsache den in § 511 genannten Betrag übersteigt. ²Die Beschwerde ist unzulässig, wenn gegen die Entscheidung über den Festsetzungsantrag (§ 104) ein Rechtsmittel nicht mehr zulässig ist.

---

1 MK-*Becker-Eberhard*, ZPO, § 268 Rn. 3.
2 BGH, NJW 2011, 2796 (2798).
3 BeckOK-*Bacher*, ZPO, § 268 Rn. 4.2, 6.

(6) Wird die Klage von neuem angestellt, so kann der Beklagte die Einlassung verweigern, bis die Kosten erstattet sind.

Inhalt:

		Rn.			Rn.
A.	**Allgemeines**	1	VII.	Wegfall vor Rechtshängigkeit, Abs. 3 Satz 3	13
B.	**Erläuterungen**	2	VIII.	Beschluss, Abs. 4 Satz 1	16
I.	Klagerücknahme, Abs. 1	2	IX.	Kosten Prozesskostenhilfe, Abs. 4 Satz 2	17
II.	Erklärung der Rücknahme, Abs. 2 Satz 1	4	X.	Sofortige Beschwerde, Abs. 5 Satz 1	18
III.	Zugang, Abs. 2 Satz 2 und Satz 3	6	XI.	Unzulässigkeit der sofortigen Beschwerde, Abs. 5 Satz 2	19
IV.	Fiktion der Einwilligung, Abs. 2 Satz 4	7	XII.	Erneute Klage, Abs. 6	20
V.	Wegfall der Rechtshängigkeit, Abs. 3 Satz 1	8	XIII.	Formulierungsbeispiele	21
VI.	Kosten, Abs. 3 Satz 2	9	C.	**Rechtsmittel**	24
			D.	**Praxishinweise**	25

A. Allgemeines

1   Die Klagerücknahme steht einer erneuten Geltendmachung des prozessualen Anspruchs nicht entgegen, lässt vielmehr nur die Rechtshängigkeit entfallen[1] und den materiell-rechtlichen Anspruch unberührt.[2] Sie bedarf der Zustimmung des Beklagten, sobald mündlich verhandelt worden ist, weil dieser dann für seine Verteidigung Mühe und Kosten aufgewendet, eine vorteilhafte Prozesslage erzielt und daher ein berechtigtes Interesse hat, eine abweisende Entscheidung über die Klage zu erzwingen,[3] oder sich mit der Rücknahme zufrieden gibt. Gegen einen weitergehenden **Verzicht** auf den Klageanspruch kann er nichts unternehmen. Dieser ist auch ohne seine Zustimmung möglich, da hier der erneuten Geltendmachung nicht nur ein prozessuales, sondern ein materielles Hindernis entgegensteht. **Vorteil** der Klagerücknahme ist u. a. die Reduzierung der Gerichtsgebühren gemäß Nr. 1211 KV-GKG von 3,0 auf 1,0 sowie die Vermeidung eines abweisenden Urteils, was präjudiziell wirken kann.

B. Erläuterungen
I. Klagerücknahme, Abs. 1

2   Die Rücknahme kann auf einen selbstständigen Teil beschränkt sein, vgl. auch § 264 Nr. 2 ZPO. Sie muss als **Prozesshandlung** nicht ausdrücklich, aber unzweifelhaft sein[4] und kann bis zur Grenze der Rechtskraft auch noch nach Erlass eines Urteils erfolgen.[5] Die Erklärung ist nicht widerruflich oder anfechtbar, unabhängig davon, ob sie irrtümlich erfolgt ist.[6] Denn die für Willenserklärungen geltenden Vorschriften über Nichtigkeit oder Anfechtbarkeit wegen Willensmängeln sind auf Prozesshandlungen weder direkt noch entsprechend anwendbar.[7] Auch eine **analoge Anwendung** des § 290 ZPO auf die Erklärung der Klagerücknahme ist im Hinblick auf den Ausnahmecharakter dieser Vorschrift ausgeschlossen.[8] Eine außergerichtliche Vereinbarung der Klagerücknahme zwischen den Parteien hat nicht die Wirkung des § 269 ZPO, führt aber zur Unzulässigkeit der Klage.[9]

3   **Beginn der mündlichen Verhandlung**: Die mündliche Verhandlung beginnt mit Stellen der Anträge in der ersten Instanz, § 137 Abs. 1 ZPO, nicht bereits mit der vorgeschalteten Güteverhandlung, siehe § 279 Abs. 1 Satz 1 ZPO. Nur bis zu diesem Zeitpunkt kann Rücknahme ohne Einwilligung des Beklagten erklärt werden. **Ausnahmen** bestehen im einstweiligen Rechtsschutz (jederzeit Rücknahme ohne Einwilligung möglich), bei Aussetzung nach dem KapMuG sowie bei Stufenklagen (auch nach Klärung der Stufe 1).[10]

---

1 BeckOK-*Bacher*, ZPO, § 269 Rn. 7.
2 Thomas/Putzo-*Reichold*, ZPO, § 269 Rn. 1.
3 Musielak/Voit-*Foerste*, ZPO, § 269 Rn. 1.
4 Thomas/Putzo-*Reichold*, ZPO, § 269 Rn. 6.
5 Musielak/Voit-*Foerste*, ZPO, § 269 Rn. 6.
6 OLG Schleswig, BeckRS 2012, 19672.
7 BGH, NJW 2016, 716 (717).
8 OLG Schleswig, BeckRS 2012, 19672.
9 Zöller-*Greger*, ZPO, § 269 Rn. 3.
10 Zöller-*Greger*, ZPO, § 269 Rn. 14.

II. Erklärung der Rücknahme, Abs. 2 Satz 1

Die Rücknahme unterliegt dem **Anwaltszwang** nach § 78 ZPO, beim Amtsgericht gilt § 496 ZPO. Der Anwaltszwang hat jedoch Ausnahmen, etwa wenn der Kläger ansonsten sich erst einen Anwalt suchen und weitere Kosten produzieren müsste, obwohl klar ist, dass er das Verfahren gar nicht weiterverfolgen will. Entsprechend kann der Antrag auf Durchführung des streitigen Verfahrens nach Widerspruch gegen den Mahnbescheid ohne Anwaltszwang zurückgenommen werden.[11] Weiter besteht **kein Anwaltszwang** für Klagerücknahme: 4

- nach Verweisung an das Landgericht, wenn der Kläger am Amtsgericht nicht anwaltlich vertreten war;[12]
- nach Mahnverfahren und Abgabe an Landgericht;[13]
- bei vollmachtloser Klageerhebung.[14]

Auch die **Einwilligung** des Beklagten ist als Prozesshandlung bedingungsfeindlich, unwiderruflich und unanfechtbar.[15] Für sie besteht **kein Anwaltszwang**.[16] Sie kann bereits vor Klagerücknahme erklärt werden, ihre Bindungswirkung tritt dann allerdings erst nach der Rücknahmeerklärung ein.[17] Wird die Einwilligung **verweigert**, bleibt dem Kläger nur der weitergehende – da materielle – **Verzicht** auf die Klageforderung, für den es mangels Schutzbedürfnisses des Beklagten keiner Einwilligung bedarf. 5

III. Zugang, Abs. 2 Satz 2 und Satz 3

Die Erklärung erfolgt in mündlicher Verhandlung oder durch Schriftsatz, der dem Beklagten zuzustellen ist, wenn dies für die Wirksamkeit der Rücknahme erforderlich ist (also nach mündlicher Verhandlung). Sie kann auch gegenüber dem Güterichter erfolgen, siehe Rn. 16 zu § 278 Abs. 5 Satz 1 ZPO. 6

IV. Fiktion der Einwilligung, Abs. 2 Satz 4

Die Einwilligungsfiktion dient der Prozessökonomie und soll eine sonst notwendige Prozessfortsetzung bei Beklagtenuntätigkeit/Schweigen vermeiden. Die Fiktion verlangt neben dem auch formularmäßig ausreichenden[18] Rechtsfolgenhinweis die „**Zustellung**", d.h. den förmlichen Zugang per Empfangsbekenntnis oder Zustellungsurkunde. Da es sich um eine Notfrist i.S.d. 233 ZPO handelt, ist Wiedereinsetzung nach § 233 ZPO und Heilung nach § 189 ZPO[19] möglich. 7

V. Wegfall der Rechtshängigkeit, Abs. 3 Satz 1

Durch die Rücknahme entfallen alle prozessualen und materiell-rechtlichen Rechtshängigkeitswirkungen (dazu näher Kommentierung zu §§ 261 f. ZPO) rückwirkend. Die Klagerücknahme lässt eine erhobene **Widerklage** unberührt.[20] 8

VI. Kosten, Abs. 3 Satz 2

Grundsatz: **Kostentragung beim Kläger**. Die Vorschrift beruht auf dem Verursacherprinzip, d.h. wer den Prozess eingeleitet hat, soll die Kosten (inkl. der Streithelfer, §§ 100f. ZPO) tragen.[21] Dabei ist der Klagerücknahmegrund ebenso unerheblich wie die materielle Rechtslage,[22] d.h. ob die Klage begründet wäre oder nicht. Denn der Kläger begibt sich mit der Rücknahme freiwillig in die Unterlegenenrolle.[23] Abs. 3 Satz 2 ist entsprechend auf die Rücknahme der **Widerklage**,[24] die der **Nebenintervention**, nicht jedoch auf die Rücknahme der **Streitverkündung** anwendbar.[25] Wird die Klage nur unter der Bedingung von **Prozesskostenhilfe** ein- 9

---

11 Thomas/Putzo-*Reichold*, ZPO, § 269 Rn. 7.
12 BeckOK-*Bacher*, ZPO, § 269 Rn. 3.1.
13 Thomas/Putzo-*Reichold*, ZPO, § 269 Rn. 7.
14 Musielak/Voit-*Foerste*, ZPO, § 269 Rn. 7.
15 BeckOK-*Bacher*, ZPO, § 269 Rn. 6.
16 Stein/Jonas-*Roth*, ZPO, § 269 Rn. 20.
17 Thomas/Putzo-*Reichold*, ZPO, § 269 Rn. 12.
18 Stein/Jonas-*Roth*, ZPO, § 269 Rn. 21.
19 Thomas/Putzo-*Hüßtege*, ZPO, § 189 Rn. 3.
20 Baumbach/Lauterbach/Albers/Hartmann, ZPO, § 269 Rn. 4.
21 Musielak/Voit-*Foerste*, ZPO, § 269 Rn. 11.
22 Baumbach/Lauterbach/Albers/Hartmann, ZPO, § 269 Rn. 33.
23 OLG Frankfurt a.M., BeckRS 2016, 02032.
24 Baumbach/Lauterbach/Albers/Hartmann, ZPO, § 269 Rn. 4.
25 BeckOK-*Bacher*, ZPO, § 269 Rn. 10.

gereicht, darf eine Entscheidung nach Abs. 3 Satz 2 nicht ergehen, selbst wenn die Klage formlos mitgeteilt wurde.[26]

10 **Ausnahme 1**: Es gibt bereits eine **rechtskräftige Kostenentscheidung**. Dann soll es bei dieser bleiben. Allerdings gibt es dann meist auch eine rechtskräftige Entscheidung in der Hauptsache, die der Klagerücknahme an sich entgegensteht.[27]

11 **Ausnahme 2**: Dem Beklagten aus einem anderen Grund aufzuerlegen
- § 344 ZPO (Kosten der Säumnis);
- §§ 96 f. ZPO (Kosten erfolgloser Verteidigungs- oder Rechtsmittel);[28]
- § 243 Satz 2 Nr. 2 FamFG (Kosten einer Unterhaltsklage bei Auskunftspflichtverletzung);
- freiwillige Kostenübernahme oder anderweitige Kostenregelung im Vergleich.[29]

12 In **selbstständigen Beweisverfahren** kommt weder eine übereinstimmende noch eine einseitige Erledigung des Verfahrens in Betracht. Letztere ist vielmehr in eine Antragsrücknahme mit der Kostenfolge des Abs. 3 Satz 2 umzudeuten.[30] Ob dies für das selbstständige Beweisverfahren auch bei Nichtzahlung des Vorschusses gilt oder dem Antragsgegner nur der Weg über § 494a ZPO bleibt, ist umstritten.[31]

VII. Wegfall vor Rechtshängigkeit, Abs. 3 Satz 3

13 Abs. 3 Satz 3 ist angelehnt an § 91a ZPO und ermöglicht es dem Gericht, zusätzlichen Arbeitsaufwand, und dem Kläger, die Kostenfolge des Satz 2 zu vermeiden, wenn die Klage schon vor Rechtshängigkeit unzulässig oder unbegründet geworden ist.[32] Ist der Antrag gestellt und zu seinen Ungunsten ausgefallen, darf der Kläger ihn nicht mehr anderweitig geltend machen, wenn keine neuen Umstände hinzugekommen sind.[33] Die Vorschrift gilt entsprechend im **einstweiligen Rechtsschutz**, wenn der Anlass schon vor der Einreichung des Antrags weggefallen ist. Ein späterer Wegfall des Anlasses führt zur Erledigung, weil ein Antrag auf Erlass einer einstweiligen Verfügung bereits mit seiner Einreichung bei Gericht rechtshängig wird.[34] Wird die Klage nur unter der Bedingung von Prozesskostenhilfe eingereicht, greift Abs. 3 Satz 3 nicht;[35] anders jedoch, wenn Prozesskostenhilfeantrag und Klage parallel eingereicht werden.[36]

14 Bei der Ausübung billigen **Ermessens** ist auch der Rechtsgedanke des § 93 ZPO heranzuziehen, d. h. dem Kläger sind die Kosten aufzuerlegen, wenn der Beklagte bis zur Rücknahme keine Veranlassung zur Klage gegeben hatte.[37] Im Übrigen kann auf die Kommentierung zu § 91a ZPO verwiesen werden. Ergeht eine streitige Kostenentscheidung nach Satz 3, entfällt die Reduzierung der Gerichtsgebühren von 3,0 auf 1,0 gemäß Nr. 1211 KV-GKG.

15 Ist **unklar**, ob der Anlass zur Klageerhebung vor oder nach Rechtshängigkeit weggefallen ist, muss sich der Kläger etwa durch Akteneinsicht zunächst über den Zeitpunkt der Zustellung informieren. Anderenfalls läuft er Gefahr, mit einer Klagerücknahme die Kostenfolge des Abs. 3 Satz 2 auszulösen.[38] Eine Anwendung der Vorschrift nach Rechtshängigkeit scheidet aus.[39]

VIII. Beschluss, Abs. 4 Satz 1

16 Den Antrag auf Beschluss des Gerichts können Kläger und Beklagter stellen.[40] Dem Antrag fehlt jedoch das Rechtsschutzbedürfnis, wenn der Beklagte bei Klagerücknahme zugesichert hat, keinen Kostenantrag stellen zu wollen.[41]

---

26 OLG Köln, BeckRS 2014, 17739.
27 Mit Recht BeckOK-*Bacher*, ZPO, § 269 Rn. 11.
28 OLG Stuttgart, MDR 2006, 1317 f.
29 Musielak/Voit-*Foerste*, ZPO, § 269 Rn. 12.
30 OLG Koblenz, NJW 2015, 1896.
31 Zum Meinungsstand OLG Köln, NJW 2015, 708 f.
32 BeckOK-*Bacher*, ZPO, § 269 Rn. 13.
33 BGH, NJW 2013, 2201 (2202).
34 BGH, NJW 2014, 3520 (3521).
35 OLG Köln, BeckRS 2014, 17739.
36 OLG Celle, BeckRS 2010, 06004.
37 OLG Dresden, NJW 2015, 497.
38 BeckOK-*Bacher*, ZPO, § 269 Rn. 16.
39 BGH, NJW 2014, 3520 (3521).
40 Musielak/Voit-*Foerste*, ZPO, § 269 Rn. 14.
41 OLG Bremen, NJW-RR 2014, 189.

IX. Kosten Prozesskostenhilfe, Abs. 4 Satz 2
War dem Beklagten **Prozesskostenhilfe** bewilligt, muss das Gericht von Amts wegen über die Kosten entscheiden, damit der beigeordnete Rechtsanwalt diese auch im eigenen Namen beitreiben kann.[42] 17

X. Sofortige Beschwerde, Abs. 5 Satz 1
Zur sofortigen Beschwerde siehe § 567 Rn. 1 ff. 18

XI. Unzulässigkeit der sofortigen Beschwerde, Abs. 5 Satz 2
Die sofortige Beschwerde ist ab dem Zeitpunkt unzulässig, ab dem ein rechtskräftiger Kostenfestsetzungsbeschluss vorliegt – unabhängig davon, ob sie vor oder nach Rechtskraft eingelegt worden ist. Abs. 5 Satz 2 gilt entsprechend im **selbstständigen Beweisverfahren**.[43] 19

XII. Erneute Klage, Abs. 6
Auch nach Klagerücknahme ist erneute Klage in der gleichen Sache möglich (auch wenn sich die Frage nach dem Sinn stellt). Der Beklagte hat aber die **Einrede** aus Abs. 6. Diese muss er vor Verhandlung zur Hauptsache erheben, um der **Präklusion** nach §§ 282 Abs. 3, 296 Abs. 3 ZPO zu entgehen. Die Einrede hindert ein mögliches Versäumnisurteil und ist nach fruchtlosem Ablauf einer Frist zur Kostenerstattung durch das Gericht **Prozesshindernis**, das zur Klageabweisung als unzulässig führt.[44] Abs. 6 greift auch, wenn zwar formell keine neue Klage, diese aber mit dem gleichen Streitgegenstand in der Sache begehrt wird, z.B. im Wege der Aufrechnung.[45] Die **Beweislast** für die Höhe der noch zu erstattenden Kosten des Vorprozesses trägt der Beklagte.[46] 20

XIII. Formulierungsbeispiele
Für **Klagerücknahme**: 21

Namens und im Auftrag meines Mandanten nehme ich hiermit die Klage zurück.

Für Tenor **Kostenbeschluss nach Abs. 3 Satz 2**: 22

Auf Antrag des Beklagten hat der Kläger die Kosten des Rechtsstreits zu tragen, nachdem er die Klage zurückgenommen hat. Der Rechtsstreit ist als nicht anhängig geworden anzusehen, soweit die Klage zurückgenommen worden ist.

Für Gründe eines **Kostenbeschlusses nach Abs. 3 Satz 3**: 23

Die Kosten des Rechtsstreits waren der Beklagten aufzuerlegen. Die Kostenentscheidung folgt aus § 269 Abs. 3 Satz 3 ZPO, da der Anlass zur Klageerhebung vor Rechtshängigkeit weggefallen ist und die Klage daraufhin zurückgenommen wurde. Unter Berücksichtigung des bisherigen Sach- und Streitstandes sind die Kosten des Rechtsstreits der Beklagten aufzuerlegen, weil diese nach Einreichung, aber noch vor Zustellung der Klage die Klageforderung erfüllt und sich damit freiwillig in die Rolle der Unterlegenen begeben hat.

C. Rechtsmittel
Gegen den Kostenbeschluss findet nach Maßgabe des Abs. 5 sofortige Beschwerde statt, näher Kommentierung der Rn. 19 f. zu Abs. 5. 24

D. Praxishinweise
Für **Kläger**: 25

– Wenn der Beklagte seine notwendige Einwilligung in die Klagerücknahme verweigern sollte, empfiehlt sich der **Verzicht** auf die Klageforderung. Da hiermit nicht nur bis zur Erfüllung der Anforderungen des § 269 Abs. 6 ZPO, sondern weitergehend auch materiell der Anspruch aufgegeben wird, ist der Beklagte nicht schützenswert. Seine Einwilligung ist nicht erforderlich.

– Vorsicht ist geboten bei der Unterscheidung, ob Klagerücknahme oder Erledigung erklärt wird. Die falsche prozessuale Erklärung kann zur Kostentragung führen, da eine Umdeutung von Klagerücknahme in Erledigungserklärung und umgekehrt nicht möglich ist. Es ist

---

42 Musielak/Voit-*Foerste*, ZPO, § 269 Rn. 14.
43 BGH, NJW 2015, 2590 (2591).
44 BeckOK-*Bacher*, ZPO, § 269 Rn. 33.
45 Musielak/Voit-*Foerste*, ZPO, § 269 Rn. 19.
46 Zöller-*Greger*, ZPO, § 269 Rn. 23.

- nicht Aufgabe des Gerichts, den Parteien die „richtige" Erklärung vorzugeben, im Gegenteil würde es seine **Neutralitätspflicht** verletzen.

26 Für **Gericht**:
- Kommt nur eine Klagerücknahme oder ein Urteil in Betracht, ist der Kläger auf die Kostenreduzierung der Gerichtsgebühren von 3,0 auf 1,0 nach KV Nr. 1211 zu verweisen. So kann die Notwendigkeit eines Urteils entfallen. Alternativ kann auf einen **Rechtsmittelverzicht** hingewiesen werden, der ebenfalls eine Reduzierung nach sich zieht und bis 1 Woche nach Verkündung des Tenors erfolgen kann.
- Kommen Klagerücknahme oder Erledigung in Betracht, darf dem Kläger nicht die „richtige" Erklärung vorgeben werden, da ansonsten die richterliche **Neutralitätspflicht** verletzt und in die Dispositionsfreiheit des Klägers eingegriffen wird. Vielmehr muss neutral zur Abgabe einer „prozessualen Erklärung" aufgefordert werden. Wählt der Kläger daraufhin die für ihn ungünstigere (da mit Kostentragung verbundene) Alternative, entlastet das den Beklagten. Diese Chance würde letzterem genommen und sich damit einseitig zu Gunsten des Klägers positioniert, wenn der Richter diesem die richtige Erklärung vorgibt. Die Vorgabe einer falschen Erklärung kann u.U. sogar Amtshaftungsansprüche begründen.

§ 270
Zustellung; formlose Mitteilung

[1]Mit Ausnahme der Klageschrift und solcher Schriftsätze, die Sachanträge enthalten, sind Schriftsätze und sonstige Erklärungen der Parteien, sofern nicht das Gericht die Zustellung anordnet, ohne besondere Form mitzuteilen. [2]Bei Übersendung durch die Post gilt die Mitteilung, wenn die Wohnung der Partei im Bereich des Ortsbestellverkehrs liegt, an dem folgenden, im Übrigen an dem zweiten Werktag nach der Aufgabe zur Post als bewirkt, sofern nicht die Partei glaubhaft macht, dass ihr die Mitteilung nicht oder erst in einem späteren Zeitpunkt zugegangen ist.

Inhalt:

	Rn.		Rn.
A. Allgemeines	1	II. Zugangsvermutung, Satz 2	7
B. Erläuterungen	2	1. Zugangsvermutung	7
I. Förmliche Zustellung, formlose Mitteilung, Satz 1	2	2. Widerlegung der Zugangsvermutung	9
1. Zustellung	2	C. Rechtsmittel	10
2. Formlose Mitteilung	5	D. Praxishinweis	11

A. Allgemeines

1 Aus Gründen der **Rechtssicherheit** ist die förmliche Zustellung auf besonders wichtige Schriftsätze beschränkt. Ansonsten genügt aus Kostengründen für Erklärungen der Parteien eine formlose Mitteilung. Nachteil in letzterem Fall ist die erschwerte Beweisbarkeit des Zugangs. Allerdings hilft Satz 2, indem er Zugangsvermutungen aufstellt. Da die Partei Verzögerungen ab Aufgabe zur Post nicht zu verantworten hat, lässt **§ 167 ZPO** die Wirkung der Zustellung schon mit Einreichung des Schriftstücks eintreten, falls eine Frist gewahrt oder die Verjährung gehemmt werden soll. Das Zustellungsverfahren selbst ist in den §§ 166 ff. ZPO geregelt, hinsichtlich der **Gebühren** gilt Nr. 1902 KV-GKG.

B. Erläuterungen
I. Förmliche Zustellung, formlose Mitteilung, Satz 1
1. Zustellung

2 Zustellung i.S.d. ZPO meint immer förmliche Zustellung. Zuzustellen sind neben der Klageschrift alle Schriftsätze, die einen Sachantrag enthalten. **Sachanträge** sind solche Anträge, die Inhalt, Gegenstand und Wirkung der erbetenen Entscheidung betreffen,[1] abzugrenzen sind davon insb. Argumente oder Beweise. Darüber hinaus hat der Gesetzgeber für zahlreiche Parteihandlungen die Zustellung vorgeschrieben, sodass Satz 1 nur noch Auffangfunktion zukommt.[2]

3 **Beispiele für Sachanträge** oder gesetzlich geregelte Fälle, in denen die Zustellung angeordnet ist:

---

[1] Musielak-*Huber*, ZPO, § 297 Rn. 1.
[2] MK-*Becker-Eberhard*, ZPO, § 270 Rn. 3.

Klageantrag, Klageänderung, Klageerweiterung, Klagerücknahme in der mündlichen Verhandlung (§ 269 Abs. 2 Satz 3 ZPO), Erledigungserklärung, Anträge des Rechtsmittelklägers und Erweiterung der Anschlussberufung,[3] Rechtsmittelbegründungen (§ 521 Abs. 1 ZPO, § 550 Abs. 2 ZPO, § 554 Abs. 4 ZPO), Anträge zur vorläufigen Vollstreckbarkeit nach § 714 ZPO, Anträge auf Erlass eines Arrestes oder einer einstweiligen Verfügung bei mündlicher Verhandlung, Nebenintervention (§ 70 Abs. 1 Satz 2 ZPO), Streitverkündung (§ 73 Satz 2 ZPO), Durchführung eines selbstständigen Beweisverfahrens,[4] **nicht** jedoch bloße Verteidigungsanträge (Klageabweisung, Zurückweisung eines Rechtsmittels[5] mit Ausnahme der Einspruchsschrift wegen § 340a ZPO).

Beispiele für bloße **Prozessanträge,** d.h. nur das Verfahren betreffende: 4
Terminsbestimmung oder -verlegung, Prozessverbindung oder -trennung, Aussetzung, Ruhen des Verfahrens, Verweisung, Beweisanträge, Antrag auf Verlesung einer Urkunde, Fristverlängerung oder Fristverkürzung.

2. Formlose Mitteilung
Ist die Zustellung weder vorgeschrieben noch vom Gericht angeordnet, genügt formlose Mitteilung. Sie kann erfolgen durch Aushändigung, Post (unter Verzicht auf Beglaubigung und Zustellungsurkunde) oder Boten. 5

Beispiele für ausreichende formlose **Mitteilung** (neben den o.g. bloßen Prozessanträgen): Ladung nach § 497 Abs. 1 ZPO, Anordnung persönlichen Erscheinens nach § 141 Abs. 2 ZPO, Verkündungstermin bei Entscheidung nach Lage der Akten gemäß § 251a Abs. 2 Satz 3 ZPO, in vorbereitenden Schriftsätzen (§ 129 ZPO) enthaltene Parteierklärungen. 6

II. Zugangsvermutung, Satz 2
1. Zugangsvermutung
Bei Übersendung durch die Post wird der Zugang innerhalb des Bezirks nach einem Werktag und außerhalb des Bezirkes nach zwei Werktagen vermutet. Dies ermöglicht den Erlass eines Versäumnisurteils, auch wenn den Akten keinen Aufschluss darüber geben, ob dem Beklagten ein tatsächliches Vorbringen rechtzeitig mitgeteilt worden ist, § 335 Abs. 1 Nr. 3 ZPO, ebenso den Zugang von Ladungen nach § 335 Abs. 1 Nr. 2 ZPO und § 497 Abs. 1 Satz 2 ZPO. 7

Unter **Post** i.S.d. Vorschrift fallen die Deutsche Post AG und andere private Zustelldienste. 8

2. Widerlegung der Zugangsvermutung
Die Vermutung ist **widerlegt,** wenn dem Gericht Umstände bekannt werden, aus denen sich sicher ergibt, dass der Schriftsatz nicht oder erst zu einem späteren Zeitpunkt zugegangen ist, z.B. die Sendung als unzustellbar zurückkommt. In allen anderen Fällen muss der Adressat glaubhaft machen (§ 294 ZPO), dass er die Erklärung nicht oder verspätet erhalten hat, ggf. im Wege der Gehörsrüge nach § 321a ZPO oder der Rechtsbehelfe nach §§ 345, 514 Abs. 2 ZPO. 9

C. Rechtsmittel
Ein Rechtsbehelf gegen Zustellungen ist nicht gegeben. I.S.d. Beschleunigungsgrundsatzes sollen solche vorbereitenden Zwischenregelungen nicht beschwerdefähig sein, die lediglich für die Art und Weise des weiteren Verfahrens die Weichen stellen. Vorbringen, das die Zugangsvermutung nach Satz 1 erschüttert, bleibt hingegen unter Umständen bei §§ 321a, 345 und 514 Abs. 2 ZPO möglich. 10

D. Praxishinweis
Dem Gericht steht es frei, im Interesse der Rechtssicherheit auch bei sonstigen Schriftsätzen die Zustellung anzuordnen. Dies empfiehlt sich insbesondere, wenn der Zugang sicher dokumentiert werden soll, etwa mit Zustellungsurkunde bei „unsicheren" Zeugen oder Anwälten, die das Empfangsbekenntnis gewöhnlich/erfahrungsgemäß nicht zurückschicken. 11

---

3 BGH, NJW 1993, 269 (270).
4 BGH, NJW 2011, 1965.
5 Musielak-*Huber*, ZPO, § 270 Rn. 2.

§ 271
Zustellung der Klageschrift

(1) Die Klageschrift ist unverzüglich zuzustellen.

(2) Mit der Zustellung ist der Beklagte aufzufordern, einen Rechtsanwalt zu bestellen, wenn er eine Verteidigung gegen die Klage beabsichtigt.

Inhalt:

	Rn.		Rn.
A. Allgemeines	1	b) Zustellungsvoraussetzungen	4
B. Erläuterungen	2	2. Unverzüglich	6
I. Unverzügliche Zustellung, Abs. 1	2	II. Rechtsanwaltsbestellung, Abs. 2	8
1. Zustellung	3	C. Rechtsmittel	11
a) Zuständigkeit	3	D. Praxistipps	12

A. Allgemeines

1 Der Beschleunigungsgrundsatz gilt auch für das Gericht. Es muss daher die Klage ohne schuldhaftes/prozesswidriges Zögern zustellen, sonst begeht der Richter eine Amtspflichtverletzung.[1] Vorher ist es jedoch Sache des Klägers, den eingeforderten **Vorschuss** zu zahlen, § 12 Abs. 1 GKG. Andernfalls verliert er materielle Rechte. Denn die Zustellung führt zur Rechtshängigkeit und damit insbesondere zur Hemmung der Verjährung nach § 204 Abs. 1 Nr. 1 BGB, auch bringt sie dem Kläger Zinsen ohne Verzug nach § 291 BGB (zu den sonstigen Wirkungen der Rechtshängigkeit siehe §§ 261, 262 Rn. 16).

B. Erläuterungen
I. Unverzügliche Zustellung, Abs. 1

2 Abs. 1 trägt dem Klägerinteresse Rechnung, so schnell wie möglich die Folgen der Rechtshängigkeit herbeizuführen, auch außerhalb des Anwendungsbereichs von § 167 Abs. 2 ZPO.

1. Zustellung
a) Zuständigkeit

3 Die Zustellung erfolgt **von Amts wegen** nach § 166 Abs. 2 ZPO beim Amtsgericht und im Fall des § 348 Abs. 1 ZPO vom nach der Geschäftsverteilung zuständigen Einzelrichter, ansonsten vom Vorsitzenden der zuständigen Kammer. Dieser ist *vice versa* auch für die Ablehnung der Zustellung zuständig, er muss den Fall nicht vorher auf die Kammer übertragen.[2] Bei **Zweifeln** hinsichtlich der gerichtsinternen Zuständigkeit ist vorab die Zustellung zu veranlassen,[3] um dem Beschleunigungsgrundsatz gerecht zu werden und interne Streitigkeiten nicht auf dem Rücken der Parteien auszutragen. Auch dies spricht dafür, die Ablehnung der Zustellung beim Vorsitzenden zu belassen, zumal dem Kläger hiergegen die sofortige Beschwerde nach § 567 Abs. 1 Nr. 1 ZPO zusteht[4] und er deswegen nicht rechtlos gestellt ist.

b) Zustellungsvoraussetzungen

4 **Formelle Mängel** berühren die Wirksamkeit der Zustellung grundsätzlich nicht, sondern allenfalls in Ausnahmefällen. Das Gericht darf die Zustellung nicht davon abhängig machen, ob Prozessvoraussetzungen vorliegen oder das als Klage gemeinte Schriftstück Erfolgsaussichten hat, sondern es weist ggf. später die Klage als unzulässig oder unbegründet ab. Als Zustellungsvoraussetzung prüft das Gericht lediglich einen gewissen **Mindeststandard**[5]:

- zustellungsfähige Anschrift des Beklagten
- Unterschrift des Klägers bzw. Klägervertreters
- Abfassung in deutscher Sprache, § 184 GVG
- erforderliche Abschriften i.S.d. § 253 Abs. 5 Satz 1 ZPO.[6]

---

1 OLG Stuttgart, BeckRS 2013, 07883.
2 So auch BeckOK-*Bacher*, ZPO, § 271 Rn. 5.1; a.A. Musielak-*Foerste*, ZPO, § 271 Rn. 4.
3 LG Berlin, BeckRS 2005, 07350.
4 OLG Frankfurt a.M., NJOZ 2007, 1714.
5 Auflistung etwa bei MK-*Becker-Eberhard*, ZPO, § 271 Rn. 10 ff.
6 BGH, BeckRS 2004, 12332.

Gründe, die eine Zustellung **nicht** hindern, sind insb.: 5
- fehlende Partei- oder Prozessfähigkeit,[7]
- doppelte Klageeinreichung,[8]
- sachliche, örtliche, funktionelle oder internationale[9] Unzuständigkeit,
- fehlendes obligatorisches Schlichtungsverfahren.

2. Unverzüglich

Unverzüglich bedeutet ohne prozesswidriges Zögern, vgl. auch § 121 Abs. 1 Satz 1 BGB. Das 6
Gericht muss nach Eingang des Gerichtsvorschusses gemäß § 12 Abs. 1 GKG innerhalb eines
angemessenen Zeitraums die Zustellungsvoraussetzungen prüfen sowie die weitere Verfahrensweise i.S.d. § 272 ZPO bestimmen sowie ggf. zunächst den Streitwert nach § 63 Abs. 1
Satz 1 GKG vorläufig festsetzen. Das Erfordernis der Unverzüglichkeit gilt sowohl im frühen
ersten Termin nach § 274 Abs. 2 ZPO als auch für das schriftliche Vorverfahren wegen § 216
Abs. 2 ZPO.

Frühzeitige **Hinweise** nach § 139 ZPO oder vorbereitende Maßnahmen nach § 273 ZPO sind 7
von der ZPO gewollt und daher **kein** prozesswidriges **Zögern**, selbst wenn sich dadurch die
Zustellung um einige Tage nach hinten verschiebt.[10] Ein verspätetes Zustellen stellt eine
Amtspflichtverletzung dar.

II. Rechtsanwaltsbestellung, Abs. 2

Abs. 2 dient dem Interesse des Beklagten an einer effektiven und frühzeitigen Rechtsverteidi- 8
gung. Ansonsten droht Präklusion nach § 296 Abs. 1 ZPO. **Unterbleibt** die Aufforderung zur
Anwaltsbestellung, ist die Zustellung trotzdem wirksam. Das Gericht ist wegen §§ 215 Abs. 2,
276 Abs. 2 ZPO lediglich daran gehindert, ein wirksames Versäumnisurteil zu erlassen, § 335
Abs. 1 Nr. 2 ZPO.

Zusammen mit der Klage ist die Ladung zum frühen ersten Termin (§ 274 Abs. 2 ZPO) nebst 9
Aufforderung zur Klageerwiderung (§ 275 ZPO) oder die Aufforderung zur Anzeige der Verteidigungsbereitschaft und Klageerwiderung im schriftlichen Vorverfahren (§ 276 Abs. 1 und
2 ZPO) zuzustellen.

Die Aufforderung, bei Verteidigungsabsicht einen **Anwalt** zu bestellen, ist nur im Anwen- 10
dungsbereich des § 78 ZPO erforderlich und wegen der qualifizierten Belehrungspflichten der
§§ 215 Abs. 2, 276 Abs. 2 ZPO auch bei jeder Ladung zum Termin und im schriftlichen Vorverfahren auszusprechen. Sie ist **entbehrlich**, wenn aus der Klageschrift oder sonstigem Vorbringen hervorgeht, dass der Beklagte bereits einen Anwalt hat.[11] Beim **Amtsgericht** erfolgt
gemäß § 499 Abs. 1 ZPO der Hinweis, dass eine Vertretung durch einen Rechtsanwalt nicht
erforderlich ist.

C. Rechtsmittel

Gegen die Ablehnung der Zustellung steht dem Kläger die **sofortige Beschwerde** nach § 567 11
Abs. 1 Nr. 1 ZPO zu. Unanfechtbar sind hingegen die Entscheidung zuzustellen sowie ein Verstoß gegen die Unverzüglichkeit i.S.d. Abs. 1.[12]

D. Praxistipps

Für das **Gericht**: Ggf. kann es sich bei Mängeln der Klageschrift anbieten, **Rücksprache** mit 12
dem Kläger(vertreter) zu halten, wenn keine besondere Eilbedürftigkeit oder Fristwahrung für
die Klageeinreichung erkennbar ist.

Für die **Partei**: Kommt es bei Klageeinreichung entscheidend auf die Hemmung der Verjäh- 13
rung an, kann es sich anbieten, die Klageschrift in den Gerichtsbriefkasten vor Ort zu werfen,
statt sie unter Umständen mehrere 100 km weit entfernt zustellen zu lassen, was ggf. zeitlich
nicht mehr ausreichen würde. Denn die mögliche Unzuständigkeit des Gerichts hindert die
Zustellung nicht.

---

7 Musielak-*Foerste*, ZPO, § 271 Rn. 2.
8 BeckOK-*Bacher*, ZPO, § 271 Rn. 4.6.
9 OLG Köln, NJOZ 2003, 172.
10 BeckOK-*Bacher*, ZPO, § 271 Rn. 2.2.; Musielak-*Foerste*, ZPO, § 271 Rn. 5.
11 BeckOK-*Bacher*, ZPO, § 271 Rn. 6.
12 Vgl. hierzu auch OLG Düsseldorf, BeckRS 2009, 09664.

§ 272
Bestimmung der Verfahrensweise

(1) Der Rechtsstreit ist in der Regel in einem umfassend vorbereiteten Termin zur mündlichen Verhandlung (Haupttermin) zu erledigen.
(2) Der Vorsitzende bestimmt entweder einen frühen ersten Termin zur mündlichen Verhandlung (§ 275) oder veranlasst ein schriftliches Vorverfahren (§ 276).
(3) Die Güteverhandlung und die mündliche Verhandlung sollen so früh wie möglich stattfinden.
(4) Räumungssachen sind vorrangig und beschleunigt durchzuführen.

Inhalt:

	Rn.		Rn.
A. Allgemeines	1	2. Die Entscheidung	5
B. Erläuterungen	2	III. Zeitiger Termin, Abs. 3	11
I. Haupttermin, Abs. 1	2	IV. Räumungssachen, Abs. 4	14
II. Bestimmung des Verfahrens, Abs. 2	4	C. Rechtsmittel	17
1. Bestimmung des Verfahrens	4	D. Praxishinweise	18

A. Allgemeines

1 Die Vorschrift ist Ausdruck des Beschleunigungsgrundsatzes. Das Gericht trifft die in den §§ 273 ff. ZPO jeweils für den Einzelfall effizientesten vorgesehenen Maßnahmen zur Terminsvorbereitung. Mit dem richterlichen Beschleunigungsgrundsatz korrespondiert die **Prozessförderungspflicht** der Parteien, die sich u. a. aus § 282 ZPO und § 296 ZPO ergibt.

B. Erläuterungen
I. Haupttermin, Abs. 1

2 Abs. 1 nennt aus prozessökonomischen Erwägungen als Zielvorgabe die **Erledigung** in einem einzigen Termin, der als Haupttermin bezeichnet wird. Zu dessen Vorbereitung kann nach Abs. 2 ein früher erster Termin oder ein schriftliches Vorverfahren mit anschließendem Termin angeordnet werden. In beiden Fällen ist der Termin ein **vollwertiger Termin** und damit Haupttermin i.S.d. Abs. 1, dem eine Güteverhandlung vorgeschaltet ist (§ 278 ZPO), an die sich im Falle der Erfolglosigkeit die mündliche Verhandlung unmittelbar anschließt (§ 279 Abs. 1 ZPO). Die Terminologie ist nicht sprachlogisch, sondern historisch begründet: Denn wenn auch der frühe „erste" Termin ein Haupttermin ist, in dem alles erledigt werden soll, entfällt der von der Terminologie zu erwartende „zweite" Termin.

3 „**In der Regel**" bedeutet, dass auch abweichende Prozesskonstellationen möglich sind (wegen Komplexität des Rechtsstreits oder Zulaufen auf ein Versäumnisurteil o.ä.). Das Gericht kann daher auch unterschiedliche Maßnahmen treffen, etwa Zeugen und Sachverständige laden (§ 273 Abs. 2 ZPO) oder vor dem Termin bereits einen Beweisbeschluss erlassen und zunächst ein gerichtliches Gutachten einholen (§ 358a ZPO). Wegen § 278 Abs. 1 ZPO („in jeder Lage des Verfahrens") ist mit Klagezustellung auch bereits ein Vergleichsvorschlag möglich, selbst wenn logischerweise die Gegenseite noch nicht gehört werden konnte. Ein Vergleichsvorschlag in diesem Moment bedeutet, wie in jedem anderen Moment, nicht, dass sich das Gericht zu erwartenden Argumenten der Gegenseite verschließt. Vielmehr kann das Verfahren sinnvoll beschleunigt werden.

II. Bestimmung des Verfahrens, Abs. 2
1. Bestimmung des Verfahrens

4 Der frühe erste Termin richtet sich nach § 275 ZPO, das schriftliche Vorverfahren nach § 276 ZPO. Nicht aufgelistete Varianten sind das schriftliche Verfahren nach § 128 Abs. 1 ZPO und das vereinfachte Verfahren nach § 495a ZPO vor dem Amtsgericht. Alle können und sollen nach der Vorgabe des Abs. 1 zu einer zügigen endgültigen Entscheidung und damit Erledigung des Rechtsstreits führen.

2. Die Entscheidung:

5 – trifft nach § 348 Abs. 1 ZPO der originäre Einzelrichter, ansonsten der **Vorsitzende**. Welche Wahl er trifft, unterliegt seinem freien, nicht nachprüfbaren **Ermessen**.[1] Die Eingabe der

---
[1] BeckOK-*Bacher*, ZPO, § 272 Rn. 6.

Parteien, einen bestimmten Verfahrensgang zu wählen, ist eine für das Gericht unverbindliche Anregung.
- kann auch **konkludent** erfolgen.[2] 6
- ist **unverzüglich** zu treffen, weil die Ladung zum Termin (§ 274 Abs. 2 ZPO) oder die Anordnung des schriftlichen Vorverfahrens (§ 276 Abs. 1 und 2 ZPO) zusammen mit der Klage zuzustellen sind, § 271 ZPO. Die Wahlmöglichkeit besteht auch noch nach Einlegung des Widerspruchs gegen einen Mahnbescheid nach § 697 Abs. 2 und 3 ZPO sowie Erhebung des Einspruchs gegen einen Vollstreckungsbescheid nach § 700 Abs. 4 ZPO.[3] 7
- orientiert sich richtigerweise an den **Eigenheiten des Rechtsstreits**, d. h. dass **frühe erste Termine** eher für unschlüssige oder unsubstantiierte Klagen gewählt werden oder etwa wegen emotionaler Verflechtungen der Streit eher vor dem Richter im Sitzungssaal zu lösen ist; **schriftliche Vorverfahren** hingegen in Fällen, die zunächst „ausgeschrieben" werden müssen oder bei denen keine Verteidigungsbereitschaft zu erwarten ist. Denn hier muss nicht eine Partei in einen Termin (mit zeitlichem Vorlauf) ohne Gegner gezwungen werden, sondern kann auf schriftlichem Wege zeitnah (Ablauf der Verteidigungsanzeige von 2 Wochen) ein Versäumnisurteil erlangen. In der Praxis richtet sich die Auswahl auch nach den Gepflogenheiten des Gerichts(bezirks), dem persönlichen Arbeitsstil des Richters oder dem momentanen Geschäftsanfall. Selbst wenn dies im Einzelfall ermessensfehlerhaft sein sollte, berechtigt es jedenfalls nicht zur (Zwischen-) Anfechtung (näher Rn. 17). 8
- kann wieder **geändert** werden.[4] Es ist also sowohl der Übergang von § 275 ZPO zu § 276 ZPO als auch von § 276 ZPO zu § 275 ZPO (für die Amtsgericht jeweils auch zu § 495a ZPO) möglich. Das gilt umso mehr, als sich die Verfahren nach ihrer erstmaligen Anordnung im weiteren Verlauf weitgehend entsprechen.[5] Die gegenteilige Auffassung[6] überzeugt nicht, da sie das Ermessen des Gerichts unnötigerweise einschränkt und dem hinter § 272 ZPO stehenden Beschleunigungsgrundsatz widerspricht. Dieser ist aber gerade Maßstab, an dem sich die vorbereitenden Maßnahmen messen lassen müssen, wie sich u. a. aus den genannten §§ 216 Abs. 2, 271 und 274 Abs. 2 ZPO ergibt. Zudem ist es inkonsequent, die Entscheidung dem freien, nicht nachprüfbaren Ermessen zu unterwerfen, dieses dann aber unter bestimmte Vorbehalte zu stellen. Außerdem muss das Gericht die Gelegenheit bekommen, eine möglicherweise bisher ermessensfehlerhafte Verfahrensbestimmung in eine ermessensfehlerfreie zu ändern. Ansonsten würde die ermessensfehlerhafte oder unzweckmäßige Entscheidung perpetuiert. Das Gericht wäre gezwungen, „sehenden Auges" daran festzuhalten. Ziel muss jedoch die Herstellung des ordnungsgemäße(re)n Prozesszustandes sein. Das ergibt sich aus der Fürsorgepflicht des Gerichts und letztlich bereits aus dem Rechtsstaatsprinzip. Solange kein Termin stattgefunden hat oder kein Versäumnisurteil erlassen ist, ist auch nicht erkennbar, wieso hiermit der Partei eine schützenswerte Rechtsposition genommen wird.[7] Zwar ist eine Abänderung der einmal getroffenen Verfahrenswahl gesetzlich nicht vorgesehen,[8] doch kann hieraus kein Argument gegen ihre Zulässigkeit hergeleitet werden. Denn sie ist auch nicht gesetzlich ausgeschlossen. Vielmehr ergibt sich nach Sinn und Zweck, dass dem Beklagten – anders als das OLG München[9] in seiner schon etwas angejahrten Entscheidung angenommen hat – noch keine gesicherte Rechtsposition genommen wird. Denn bei einem **Wechsel** vom frühen ersten Termin zum schriftlichen Vorverfahren und etwaigen Erlass eines Versäumnisurteils sind neue Fristen zu setzen, die der Beklagte genauso beachten kann und zu beachten hat, wie bei einer sofortigen Auswahl des schriftlichen Vorverfahrens. Ihm wird lediglich eine möglicherweise günstigere Rechtsaussicht abgeschnitten und damit eine Hoffnung enttäuscht. Ein Anspruch auf Beibehaltung günstigerer Rahmenbedingungen besteht jedoch nicht. Es ist nicht ersichtlich, wieso er sich bis zum Termin verfassungsrechtlich sicher sein sollte, nicht mehr mit (neuen) vorbereitenden gerichtlichen Maßnahmen behelligt zu werden, zumal der Gesetzgeber selbst den Beschleunigungsgrundsatz zum Wertemaßstab der Vorschriften erhoben hat. 9

Abs. 2 gilt **nicht** in arbeitsrechtlichen Verfahren (§ 46 Abs. 2 Satz 2 ArbGG). In Ehe- und Kindschaftssachen findet kein Vorverfahren statt, § 113 Abs. 4 Nr. 3 FamFG. In der Berufungs- und Revisionsinstanz hat das Gericht keine Wahl zwischen den Verfahren, sondern es hat nach 10

---

2 BeckOK-*Bacher*, ZPO, § 272 Rn. 6; MK-*Prütting*, ZPO, § 272 Rn. 9.
3 MK-*Prütting*, ZPO, § 272 Rn. 3.
4 MK-*Prütting*, ZPO, § 272 Rn. 13 ff.; Musielak/Voit-*Foerste*, ZPO, § 272 Rn. 7.
5 MK-*Prütting*, ZPO, § 272 Rn. 13.
6 OLG München, OLGZ 1983, 86 (88).
7 A.A. OLG München, OLGZ 1983, 86 (88).
8 Musielak/Voit-*Foerste*, ZPO, § 272 Rn. 7.
9 OLG München, OLGZ 1983, 86 (88).

§ 523 Abs. 2 Satz 1 ZPO und § 553 ZPO einen Termin zur mündlichen Verhandlung anzuberaumen.

III. Zeitiger Termin, Abs. 3

11   Abs. 3 ergänzt § 216 Abs. 2 ZPO, der für jede Lage des Verfahrens eine unverzügliche Terminbestimmung vorschreibt. Da die mündliche Verhandlung so schnell wie möglich stattfinden soll, sind auch die Stellungnahmefristen so kurz wie möglich zu halten. Wollen Gericht und Parteien nicht den Willen des Gesetzgebers und damit letztlich die Gewaltenteilung missachten, gilt: Angemessene Fristen sind **kurze Fristen**! Die von manchen Anwälten gepflegte standardmäßige Fristverlängerung um mindestens 4–6 Wochen widerspricht gerade Abs. 3 und dem von der Legislative aufgestellten Maßstab. Sie kann mit pauschalem Hinweis abgelehnt werden. **Ausnahmen** sind allenfalls da zu gewähren, wo stichhaltige Gründe vorgetragen werden oder die Komplexität des Verfahrens längere Fristen erfordert. Dies ist aber in der Regel bereits bei der ersten Fristsetzung berücksichtigt worden. Gerichte dürfen ihre Terminssituation und Vorbereitungszeit berücksichtigen, da sie im Gegensatz zu Anwälten keine Verfahren ablehnen können.

12   Für alle Verfahrensbeteiligte gilt der **Beschleunigungsgrundsatz**, d. h. Abs. 3 enthält den Grundsatz, einmal anberaumte Termine zu „halten" und nicht vorschnell/leichtfertig aufzuheben.[10] Dies gilt umso mehr für **Einspruchstermine**, weil der Gegner hier schon einen Vollstreckungstitel in der Hand hält und das Versäumnisurteil auf dem Verschulden des Einspruchstellenden beruht. Dann darf dieser nicht auch noch belohnt werden, indem Termine in ferner Zukunft anberaumt werden und sich damit das Versäumnis im Ergebnis bis auf § 344 ZPO nicht auswirkt. Im Gegenteil darf das Gericht Termine nicht so weit hinausschieben, dass eine Berücksichtigung verspäteten Vorbringens möglich wird.[11] Denn was das Gericht auf der einen Seite an vermeintlicher Wohltat der nachlässigen Partei gewährt, nimmt es auf der anderen Seite in gleichem Maße dem Gegner,[12] was dem Gleichbehandlungsgrundsatz widerspricht. Die in Abs. 3 normierte Pflicht des Gerichts, wonach die mündliche Verhandlung so früh wie möglich stattfinden soll, hat mit der Erfüllung von Auflagen durch die Parteien nichts zu tun. Deren Untätigbleiben regelt sich nach §§ 282 Abs. 2, 296 Abs. 2 ZPO, bei Fristsetzung nach § 296 Abs. 1 ZPO.[13]

13   Abs. 3 wird modifiziert durch §§ 51 Abs. 3 Satz 4, 96, 112 Abs. 1 Satz 2 GenG, § 246 Abs. 3 Satz 2 AktG.

IV. Räumungssachen, Abs. 4

14   Abs. 4 trifft eine Sonderregel für ein Sonderproblem und ergänzt die Regelungen der § 283a ZPO und § 940a ZPO. Der Gesetzgeber wollte gewährleisten, dass die besondere Situation bei Räumungssachen zu beachten ist. Denn anders als bei sonstigen Verträgen kann der Mieter/Pächter trotz wirksamer Kündigung des Vermieters/Verpächters dessen Wohnung weiterhin nutzen, der kein Zurückbehaltungsrecht hat. Je länger der Prozess dauert, desto höher ist die Gefahr des dauerhaften Zahlungsausfalls bei gleichzeitiger Beanspruchung des Eigentums, d. h. eine Leistung ohne Gegenleistung.[14]

15   **Räumungssachen** i.S.d. Abs. 4 sind alle Rechtsstreitigkeiten, in denen auf Räumung, Herausgabe oder Überlassung von Räumen gleich welcher (Nutzungs-)Art oder von Grundstücken geklagt wird.[15]

16   **Maßnahmen**:
   – vorrangige Terminierung (siehe auch § 227 Abs. 3 Satz 2 Nr. 2 ZPO),
   – kurze Fristen, beschränkt auf das „unbedingt Notwendige",[16]
   – Zurückweisung von Fristverlängerungsanträgen.

C. Rechtsmittel

17   Die Auswahl zwischen frühem ersten Termin und schriftlichem Vorverfahren erfolgt nach freiem Ermessen des Vorsitzenden bzw. originären Einzelrichters und ist **nicht anfechtbar**. Ein hiergegen gerichtetes Rechtsmittel ist als unzulässig zu verwerfen. Dies gilt selbst dann, wenn

---

10 Siehe OLG Köln, MDR 2005, 1188.
11 BGH, NJW 2002, 290 (291).
12 Näher *Baudewin/Wegner*, NJW 2014, 1479 (1483).
13 Näher *Baudewin/Wegner*, NJW 2014, 1479 ff.
14 BT-Drucks. 17/11894, S. 24.
15 BeckOK-*Ulrici*, ZPO, § 765a Rn. 5.
16 So BT-Drucks. 17/11894, S. 24.

die Auswahlentscheidung entgegen der gesetzlichen Vorgabe nicht unverzüglich getroffen wird.[17] Ermessensfehler bei der Auswahl oder Korrekturen der Auswahl (Wechsel zwischen einzelnen Verfahrensarten) sind ebenfalls **nicht beschwerdefähig**. Eine Anfechtung kann insbesondere nicht auf § 567 Abs. 1 ZPO gestützt werden, da dies das Gesetz nicht vorsieht. Im Übrigen fehlt es bereits an der Voraussetzung „Entscheidung" bzw. „Gesuch", da „Anträge" der Parteien, einen bestimmten Verfahrensgang zu wählen, nur eine unverbindliche Anregung für das Gericht darstellen. Weil die Parteien keine Anfechtungsmöglichkeit haben, muss es wenigstens dem Gericht erlaubt sein, eine falsche Entscheidung zu korrigieren oder eine *ex post* betrachtet nunmehr sich als besser herausstellende Entscheidung zu treffen. Das Gericht ist dazu jedoch nicht verpflichtet, so dass ein Beharren auf der ursprünglichen Entscheidung ebenso wenig eine Anfechtungsmöglichkeit nach sich zieht wie ein Umschwenken auf ein anderes Verfahren.

D. Praxishinweise

Die **Terminierung** terminsreifer Rechtsstreite muss stufenartig **nach** der vom Gesetzgeber angeordneten **Dringlichkeit** erfolgen: zunächst einstweilige Verfügungen und Arreste, dann Räumungssachen, dann Einspruchstermine nach Versäumnisurteil, dann Sonstiges. Zur Not ist Raum im Kalender zu schaffen und sind unter Hinweis auf vorrangige (etwa Räumungs-)Sachen anderweitige Termine zu verlegen. 18

§ 273
Vorbereitung des Termins

(1) Das Gericht hat erforderliche vorbereitende Maßnahmen rechtzeitig zu veranlassen.

(2) Zur Vorbereitung jedes Termins kann der Vorsitzende oder ein von ihm bestimmtes Mitglied des Prozessgerichts insbesondere
1. den Parteien die Ergänzung oder Erläuterung ihrer vorbereitenden Schriftsätze aufgeben, insbesondere eine Frist zur Erklärung über bestimmte klärungsbedürftige Punkte setzen;
2. Behörden oder Träger eines öffentlichen Amtes um Mitteilung von Urkunden oder um Erteilung amtlicher Auskünfte ersuchen;
3. das persönliche Erscheinen der Parteien anordnen;
4. Zeugen, auf die sich eine Partei bezogen hat, und Sachverständige zur mündlichen Verhandlung laden sowie eine Anordnung nach § 378 treffen;
5. Anordnungen nach den §§ 142, 144 treffen.

(3) ¹Anordnungen nach Absatz 2 Nr. 4 und, soweit die Anordnungen nicht gegenüber einer Partei zu treffen sind, 5 sollen nur ergehen, wenn der Beklagte dem Klageanspruch bereits widersprochen hat. ²Für die Anordnungen nach Abs. 2 Nr. 4 gilt § 379 entsprechend.

(4) ¹Die Parteien sind von jeder Anordnung zu benachrichtigen. ²Wird das persönliche Erscheinen der Parteien angeordnet, so gelten die Vorschriften des § 141 Abs. 2, 3.

Inhalt:

	Rn.		Rn.
A. Allgemeines	1	VI. Ladung von Sachverständigen/	
B. Erläuterungen	2	Zeugen, Abs. 2 Nr. 4	11
I. Vorbereitungspflicht des Gerichts, Abs. 1	2	VII. Vorlage von Urkunden, Abs. 2 Nr. 5	12
II. Maßnahmen des Gerichts, Abs. 2	3	VIII. Zeitpunkt für Ladung, Abs. 3 Satz 1	13
III. Ergänzung von Vorbringen, Abs. 2 Nr. 1	5	IX. Auslagenvorschuss, Abs. 3 Satz 2	14
IV. Amtsauskünfte, Urkunden, Abs. 2 Nr. 2	6	X. Benachrichtigung, Abs. 4 Satz 1	15
V. Persönliches Erscheinen, Abs. 2 Nr. 3	10	XI. Persönliches Erscheinen, Abs. 4 Satz 2	16
		C. Rechtsmittel	17

A. Allgemeines

Die Vorschrift konkretisiert die Pflicht des Gerichts zur umfassenden Vorbereitung jedes Termins aus § 272 Abs. 1 ZPO, siehe dort Rn. 2f. 1

---

17 Vgl. hierzu auch OLG Düsseldorf, BeckRS 2009, 09664.

B. Erläuterungen
I. Vorbereitungspflicht des Gerichts, Abs. 1

2   Der **Handlungsbedarf des Gerichts** richtet sich nach Verfahrenslage und Zumutbarkeit zum Zeitpunkt des Handelns, selbst wenn sich die Maßnahme später als unnötig erweisen sollte.[1] Die Prozessvorbereitungspflicht ist wegen des Beibringungsgrundsatzes begrenzt, d.h. nur zulässig, wenn sie schon durch Beweisanträge oder Vorbringen der Parteien vorgezeichnet ist. Vorbereitende Anordnungen „auf Verdacht oder Vorrat", die u.U. unnötige Kosten verursachen, sind von der Prozessleitungsbefugnis des Gerichts gemäß § 273 ZPO nicht gedeckt[2] und zudem durch Präklusionsvorschriften begrenzt. Dem Gericht wird aber kein unzumutbarer Aufwand abverlangt, um Versäumnisse einer Partei uneingeschränkt aufzufangen. Anderes würde den Sinn des § 296 ZPO konterkarieren, der gerade auch den ordnungsgemäß und rechtzeitig vortragenden Gegner schützen will.[3]

II. Maßnahmen des Gerichts, Abs. 2

3   Geeignete und zulässige Maßnahmen ergeben sich nicht nur aus Abs. 2. Wie der Begriff „insbesondere" zeigt, ist die darin enthaltene beispielhafte Auflistung nicht abschließend. Insbesondere sind die Parteien zu vollständigem und rechtzeitigem Vorbringen anzuhalten, § 139 Abs. 1 Satz 2 ZPO, ggf. durch Systematisierung des Vortrags oder Vorlage von Berechnungen.

4   Die Anordnung erfolgt durch Verfügung des zuständigen Richters, d.h. des Vorsitzenden oder Berichterstatters und bedarf nach der Rechtsprechung des BGH unnötigerweise der vollständigen Unterschrift. Eine **Paraphe** genügt nicht (dazu aber auch § 277 Rn. 6). Sie ist den Parteien formlos, bei Fristsetzung § 329 Abs. 2 Satz 2 ZPO förmlich mitzuteilen. Mögliche **Zustellungsmängel** werden unter den Voraussetzungen des § 189 ZPO geheilt. Eine **Frist** kann mit jeder Anordnung von Nr. 1–5 gesetzt und wegen § 224 Abs. 2 ZPO auch verkürzt oder verlängert werden. Bei Fristversäumung droht Präklusion gemäß § 296 Abs. 1 ZPO, ohne dass es eines vorherigen Hinweises bedarf.[4] Für Zeugen gilt § 356 ZPO.

III. Ergänzung von Vorbringen, Abs. 2 Nr. 1

5   Abs. 2 Nr. 1 korrespondiert mit § 139 Abs. 1 Satz 2 ZPO. Das Gericht bleibt aber an den **Beibringungsgrundsatz** gebunden, d.h. eine Klärung der Sache von Amts wegen findet nicht statt.

IV. Amtsauskünfte, Urkunden, Abs. 2 Nr. 2

6   **Behörde** ist nach § 1 Abs. 4 VwVfG jede Stelle, die Aufgaben der öffentlichen Gewalt wahrnimmt, oder ausführlicher: eine in den Organismus der Staatsverwaltung eingeordnete, organisatorische Einheit von Personen und sächlichen Mitteln, die mit einer gewissen Selbständigkeit ausgestattet dazu berufen ist, unter öffentlicher Autorität für die Erreichung der Zwecke des Staates oder von ihm geförderter Zwecke tätig zu sein.[5] Darunter fallen auch kirchliche Stellen, Beliehene, öffentliche Sparkassen oder Industrie- und Handelskammern.[6]

7   **Träger eines öffentlichen Amtes** sind Personen, die zwar keiner Behörde angehören, denen aber ein institutionalisierter hoheitlicher Aufgabenkreis übertragen ist, insbesondere Notare.

8   Unter **Urkunden** fallen auch vollständige Akten der eigenen oder anderer Behörden. Eine Partei muss zumindest implizit auf die Unterlagen Bezug genommen haben,[7] d.h. die Akte muss z.B. in einem Schriftsatz erwähnt worden sein. Dann können die Dokumente beigezogen werden, sie müssen dies aber nicht – zumindest dann nicht, wenn die Parteien selbst Einsicht nehmen können.[8] Entschließt sich das Gericht hingegen zur **Beiziehung**, ist diese den Parteien mitzuteilen. Nur dann ist eine Verwertung von Beiakten im Urteil möglich. Allein die vorbereitende Beiziehung einer Akte führt noch nicht dazu, dass die Partei sich nicht darauf berufen muss, weil ihr gesamter Inhalt ohnehin bereits Prozessstoff geworden ist. Vielmehr gehören Aktenteile, auf die sich keine Partei erkennbar beruft, nicht dazu.[9] Denn auch mit Stellung der Anträge nehmen die Parteivertreter nur Bezug auf das in den Hauptakten enthaltene Vorbringen, nicht auf dasjenige in Beiakten.[10] Das Gericht ist wegen des Beibringungsgrundsatzes der

---

1 Musielak/Voit-*Foerste*, ZPO, § 273 Rn. 2.
2 OLG Köln, NJW-RR 1997, 150.
3 *Baudewin/Wegner*, NJW 2014, 1479 (1483).
4 Musielak/Voit-*Foerste*, ZPO, § 273 Rn. 9.
5 BGH, BeckRS 2010, 09043 Rn. 8.
6 Musielak/Voit-*Foerste*, ZPO, § 273 Rn. 12; Zöller-*Greger*, ZPO, § 273 Rn. 8.
7 Musielak/Voit-*Foerste*, ZPO, § 273 Rn. 11.
8 OLG Hamm, NJW-RR 2002, 504.
9 OLG Schleswig, BeckRS 2008, 25342.
10 OLG Brandenburg, BeckRS 2009, 01216.

Parteien weder berechtigt noch verpflichtet, die Akte von sich aus auf relevanten Inhalt zu durchsuchen. Andernfalls betriebe es **unzulässige Beweisermittlung**. Selbst wenn es heißt, die Beiakte sei zum Gegenstand der mündlichen Verhandlung gemacht worden, bezieht sich dies nur auf die Teile der Akte, die einen von den Parteien vorgetragenen Sachverhalt betreffen – und dies auch nur, wenn die Partei einen konkreten Bezug dargestellt und nicht lediglich pauschal auf den Inhalt irgendwelcher Dokumente verwiesen hat.

Eine **amtliche Auskunft** ersetzt je nach Inhalt die Zeugenvernehmung des in Frage kommenden Sachbearbeiters über tatsächliche Vorgänge oder ein Sachverständigengutachten (z.B. Auskunft des amtlichen Wetterdienstes). Zulässig ist auch die Einholung von Auskünften bei ausländischen Behörden im Wege der Rechtshilfe. Ob die ersuchte Stelle zur Erteilung der Auskunft verpflichtet ist, ergibt sich nicht aus Abs. 2 Nr. 2, sondern den dafür einschlägigen Gesetzen. Die vom Gericht eingeholte Behördenauskunft kann auch ohne Bezugnahme der Partei im Prozess als Beweismittel verwertet werden.[11]

V. Persönliches Erscheinen, Abs. 2 Nr. 3
Zum persönlichen Erscheinen der Parteien siehe § 141 ZPO.

VI. Ladung von Sachverständigen/Zeugen, Abs. 2 Nr. 4
Zeugen dürfen/Sachverständige sollen nur geladen werden, wenn eine Partei sich auf sie bezogen hat. Das **Beweisthema** muss der Partei mit der Ladung genannt werden, da nur dann auch Ordnungsmittel möglich sind, § 377 Abs. 2 ZPO.

VII. Vorlage von Urkunden, Abs. 2 Nr. 5
Verspätet vorgelegte Unterlagen können nach § 296 Abs. 1 ZPO zurückgewiesen werden.[12] Ein **Auslagenvorschuss** kann nur nach § 17 Abs. 3 GKG erhoben werden. Im Übrigen siehe § 142 ZPO und § 144 ZPO.

VIII. Zeitpunkt für Ladung, Abs. 3 Satz 1
Zur Vermeidung unnötiger Kosten soll die Ladung von Sachverständigen/Zeugen erst erfolgen, wenn der Beklagte dem Klagebegehren widersprochen hat. Anderenfalls sind die Kosten niederzuschlagen.

IX. Auslagenvorschuss, Abs. 3 Satz 2
Das Gericht kann die Ladung von Sachverständigen und Zeugen von einem **Auslagenvorschuss** abhängig machen, §§ 379, 402 ZPO – und zwar unabhängig von der Beweislast.[13] Dies ergibt sich aus dem Beibringungsgrundsatz. Bei unterbliebener oder nicht rechtzeitiger Zahlung kann das Gericht eine (u.U. Ausschluss-)Frist zur Beibringung nach **§ 356 ZPO** setzen, die Präklusion zur Folge haben kann.

X. Benachrichtigung, Abs. 4 Satz 1
Parteien sind auch über solche Anordnungen zu benachrichtigen, die sich nur an den Gegner oder Dritte richten.[14] **Fehlende Benachrichtigung** muss die Partei nach § 295 ZPO rügen; andernfalls ist der Verstoß geheilt.[15]

XI. Persönliches Erscheinen, Abs. 4 Satz 2
Zum persönlichen Erscheinen der Parteien siehe unter § 141 ZPO.

C. Rechtsmittel
Anordnungen nach § 273 ZPO sind als verfahrensleitende Maßnahmen **nicht** selbstständig **anfechtbar**.[16] Anträge der Parteien sind bloße Anregungen, deren Übergehung ebenfalls nicht mit der sofortigen Beschwerde anfechtbar ist.[17] Die Ermessensausübung des Gerichts wird nur im Rahmen von Präklusion oder fehlender Benachrichtigung nach Abs. 4 Satz 1 vom Rechtsmittelgericht auf einen möglichen Verstoß gegen den Anspruch auf rechtliches Gehör überprüft.

---

11 Zu allem MK-*Prütting*, ZPO, § 273 Rn. 22.
12 BeckOK-*Bacher*, ZPO, § 273 Rn. 16.
13 OLG Köln, NJW-RR 2009, 1365.
14 BeckOK-*Bacher*, ZPO, § 273 Rn. 18.
15 MK-*Prütting*, ZPO, § 273 Rn. 28.
16 OLG München, BeckRS 2008, 19454.
17 Musielak/Voit-*Foerste*, ZPO, § 273 Rn. 8.

§ 274
Ladung der Parteien; Einlassungsfrist

(1) Nach der Bestimmung des Termins zur mündlichen Verhandlung ist die Ladung der Parteien durch die Geschäftsstelle zu veranlassen.

(2) Die Ladung ist dem Beklagten mit der Klageschrift zuzustellen, wenn das Gericht einen frühen ersten Verhandlungstermin bestimmt.

(3) ¹Zwischen der Zustellung der Klageschrift und dem Termin zur mündlichen Verhandlung muss ein Zeitraum von mindestens zwei Wochen liegen (Einlassungsfrist). ²Ist die Zustellung im Ausland vorzunehmen, so beträgt die Einlassungsfrist einen Monat. ³Der Vorsitzende kann auch eine längere Frist bestimmen

Inhalt:

	Rn.		Rn.
A. Allgemeines	1	III. Allgemein, Abs. 3	4
B. Erläuterungen	2	IV. Einlassungsfrist, Abs. 3 Satz 1	5
I. Ladung, Abs. 1	2	V. Zustellung im Ausland, Abs. 3 Satz 2 und 3	7
II. Ladung bei frühem ersten Termin, Abs. 2	3	C. Rechtsmittel	8

A. Allgemeines

1 Die Vorschrift stellt formelle Anforderungen für Ladung und Einlassungsfrist auf.

B. Erläuterungen
I. Ladung, Abs. 1

2 **Ladung** meint die (meist förmliche) Aufforderung, zum Termin zu erscheinen. Für das Amtsgericht gilt § 497 ZPO. Nach § 214 ZPO erfolgt die Ladung sowohl im Partei- als auch im Anwaltsprozess von Amts wegen durch die Geschäftsstelle (§ 153 GVG, §§ 166 ff. ZPO).

II. Ladung bei frühem ersten Termin, Abs. 2

3 Die Ladung zum frühen ersten Termin ist zusammen mit der Klageschrift zuzustellen.

III. Allgemein, Abs. 3

4 Abs. 3 gilt **entsprechend** für den jeweils ersten Termin im Berufungs- und Revisionsverfahren, §§ 523 Abs. 2, 553 Abs. 2 ZPO, sowie im Wechselprozess, nicht jedoch bei Arrest und einstweiliger Verfügung und im Arbeitsrecht gemäß § 47 ArbGG.[1]

IV. Einlassungsfrist, Abs. 3 Satz 1

5 Die Vorschrift sieht zum Schutz des Beklagten eine Mindestfrist von zwei Wochen zwischen der Zustellung der Klageschrift (auch: der Zustellung der Anspruchsbegründung nach Mahnverfahren) und dem ersten Termin vor. Für Folgetermine gilt die Frist nicht mehr. Wird die **Einlassungsfrist** nicht eingehalten, darf wegen § 335 Abs. 1 Nr. 2 ZPO gegen den Beklagten kein Versäumnisurteil ergehen. Verhandelt der Beklagte jedoch rügelos zur Sache, wird der Mangel nach § 295 ZPO **geheilt**.[2] Die Heilung nach § 295 ZPO tritt unabhängig davon ein, ob Anwaltszwang besteht oder nicht.

6 Die Einlassungsfrist muss anders als die Ladungs- (§ 217 ZPO) und Schriftsatzfrist (§ 132 ZPO) nur gegenüber dem Beklagten eingehalten werden. Auch sie kann gemäß § 226 Abs. 1 ZPO **abgekürzt** werden. Eine Verlängerung ist hingegen nach § 224 Abs. 2 ZPO ebenso ausgeschlossen wie eine Wiedereinsetzung.[3] Die Einlassungsfrist gilt nur für den ersten Termin nach Einleitung des Rechtsstreits, nicht hingegen bei Klageänderung, -erweiterung oder Widerklage;[4] hier ist nur noch § 132 ZPO einschlägig.

V. Zustellung im Ausland, Abs. 3 Satz 2 und 3

7 Bei Zustellung im Ausland muss der Vorsitzende/Einzelrichter nach Satz 2 zum Schutz des Beklagten eine längere Einlassungsfrist festlegen. Diese beträgt nach Satz 2 mindestens 1 Monat, wenn nicht der Vorsitzende eine noch längere Frist für angemessen hält, Satz 3. Dies ist davon

---

1 BeckOK-*Bacher*, ZPO, § 274 Rn. 4; Musielak/Voit-*Foerste*, ZPO, § 274 Rn. 3.
2 BeckOK-*Bacher*, ZPO, § 274 Rn. 5.
3 Musielak/Voit-*Foerste*, ZPO, § 274 Rn. 4.
4 Zöller-*Greger*, ZPO, § 274 Rn. 4.

abhängig, mit welchem Aufwand die Zustellung im Ausland zu bewirken ist. Innerhalb der EU ist die Monatsfrist in der Regel ausreichend.

C. Rechtsmittel

Ein Verstoß gegen die Vorschrift, dass Zustellung von Ladung zum frühen ersten Termin und Klageschrift nicht gleichzeitig erfolgen können, ist folgenlos,[5] ein Rechtsmittel daher nicht gegeben. 8

§ 275
Früher erster Termin

(1) [1]Zur Vorbereitung des frühen ersten Termins zur mündlichen Verhandlung kann der Vorsitzende oder ein von ihm bestimmtes Mitglied des Prozessgerichts dem Beklagten eine Frist zur schriftlichen Klageerwiderung setzen. [2]Andernfalls ist der Beklagte aufzufordern, etwa vorzubringende Verteidigungsmittel unverzüglich durch den zu bestellenden Rechtsanwalt in einem Schriftsatz dem Gericht mitzuteilen; § 277 Abs. 1 Satz 2 gilt entsprechend.

(2) Wird das Verfahren in dem frühen ersten Termin zur mündlichen Verhandlung nicht abgeschlossen, so trifft das Gericht alle Anordnungen, die zur Vorbereitung des Haupttermins noch erforderlich sind.

(3) Das Gericht setzt in dem Termin eine Frist zur schriftlichen Klageerwiderung, wenn der Beklagte noch nicht oder nicht ausreichend auf die Klage erwidert hat und ihm noch keine Frist nach Absatz 1 Satz 1 gesetzt war.

(4) [1]Das Gericht kann dem Kläger in dem Termin oder nach Eingang der Klageerwiderung eine Frist zur schriftlichen Stellungnahme auf die Klageerwiderung setzen. [2]Außerhalb der mündlichen Verhandlung kann der Vorsitzende die Frist setzen.

Inhalt:

	Rn.		Rn.
A. Allgemeines	1	IV. Frist im Termin, Abs. 3	5
B. Erläuterungen	2	V. Replik im Termin, Abs. 4 Satz 1	6
I. Klageerwiderung, Abs. 1 Satz 1	2	VI. Replik außerhalb Termin,	
II. Mitteilung über Verteidigungsmittel, Abs. 1 Satz 2	3	Abs. 4 Satz 2	7
III. Vorbereitungsmaßnahmen des Gerichts, Abs. 2	4	C. Rechtsmittel	8

A. Allgemeines

Die Vorschrift erlaubt dem Gericht, die Partei durch Fristsetzungen zu rechtzeitigem Vortrag anzuhalten. Andernfalls droht **Präklusion** und damit Zurückweisung verspäteten Vorbringens nach § 296 Abs. 1 ZPO. Aber auch das Gericht muss durch verfahrensleitende Maßnahmen den Prozess beschleunigen. Ziel ist wie bei § 272 ZPO die Erledigung in einem umfassend vorbereitenden Termin. § 275 ZPO ist in Arbeits- und Ehesachen **nicht anwendbar**, §§ 46 Abs. 2 Satz 2 ArbGG, 113 Abs. 4 Nr. 3 FamFG. 1

B. Erläuterungen
I. Klageerwiderung, Abs. 1 Satz 1

Die Frist zur Klageerwiderung beträgt gemäß § 277 Abs. 3 ZPO mindestens 2 Wochen, näher dort Rn. 7. Die entsprechende Verfügung ist dem Beklagten nach § 329 Abs. 2 Satz 2 ZPO **zuzustellen**, wegen § 317 Abs. 2 und 3 ZPO vollständig unterschrieben und beglaubigt. Mängel der Zustellung sind nach § 189 ZPO heilbar. Gegenüber dem Kläger reicht die formlose Unterrichtung. Meist ergeht die Fristsetzung jedoch zeitgleich mit der Ladung, die auch dem Kläger zugestellt werden muss. Nur im Falle einer Fristsetzung ist auch im frühen ersten Termin eine Zurückweisung verspäteten Vorbringens nach § 296 Abs. 1 ZPO möglich. 2

II. Mitteilung über Verteidigungsmittel, Abs. 1 Satz 2

Ergeht eine Anordnung gemäß Abs. 1 Satz 2, kommt eine Zurückweisung verspäteten Vorbringens nur nach § 296 Abs. 2 ZPO i.V.m. § 282 Abs. 2 ZPO in Betracht.[1] Zu § 277 Abs. 1 Satz 2 ZPO siehe dort Rn. 5. 3

---

5 BeckOK-*Bacher*, ZPO, § 274 Rn. 3.

Zu § 275:
1 Stein/Jonas-*Leipold*, ZPO, § 275 Rn. 19.

III. Vorbereitungsmaßnahmen des Gerichts, Abs. 2

4 Auch der frühe erste Termin ist vollwertiger Haupttermin und soll den Rechtsstreit möglichst beenden, siehe § 279 ZPO. Ist ausnahmsweise eine Erledigung im frühen ersten Termin nicht möglich, muss das Gericht nach Abs. 2 (weitere) erforderliche Maßnahmen treffen, d.h. insbesondere solche nach § 273 Abs. 2 ZPO.

IV. Frist im Termin, Abs. 3

5 Ausnahmsweise kann das Gericht erst im Termin dem Beklagten eine Frist zur schriftlichen Klageerwiderung setzen, Abs. 3. In der Regel wird das Gericht dies jedoch bereits mit Anberaumung des Termins gemacht haben (Abs. 1 Satz 1). Die Frist beträgt nach § 277 Abs. 3 ZPO mindestens, wegen § 277 Abs. 1 ZPO aber auch „üblicherweise"[2] 2 Wochen. **Längere Fristsetzungen** sind also gesondert zu prüfen (Schwierigkeit der Sache etc.).

V. Replik im Termin, Abs. 4 Satz 1

6 Das Gericht kann dem Kläger im Termin oder im Anschluss eine Frist zur Replik setzen. Die Frist beträgt nach § 277 Abs. 4 ZPO „üblicherweise"[3] zwei Wochen, längere Fristsetzungen sind also **prüfbedürftig** (Schwierigkeit der Sache etc.). Um den Vorgaben des § 272 Abs. 1 ZPO gerecht zu werden, ist bloßer Schriftsatznachlass i.S.d. § 283 ZPO vorrangig.

VI. Replik außerhalb Termin, Abs. 4 Satz 2

7 Das Gericht (= Kollegium) setzt im Termin die Frist zur Replik, außerhalb der mündlichen Verhandlung der Vorsitzende, was bei der üblichen Übertragung des Falles auf den Einzelrichter meist auf das Gleiche herauskommt.

C. Rechtsmittel

8 Anordnungen nach § 275 ZPO können **nicht** gesondert **angefochten** werden. Eine Überprüfung zusammen mit dem Endurteil ist aber dann möglich, wenn ein Vorbringen wegen Versäumung einer nach Abs. 1 Satz 2 oder Abs. 3 gesetzten Frist als verspätet zurückgewiesen wurde. Umgekehrt ist die Gewährung einer unangemessen langen Frist zur Klageerwiderung (nach der Rechtsprechung zumindest ab 1 Jahr, wahrscheinlich aber bereits ab 6 Monaten) als nicht zu rechtfertigende **Untätigkeit** des Gerichts, ähnlich wie die Verweigerung einer Terminsbestimmung nach **§ 567 ZPO**, anfechtbar,[4] und zwar unabhängig davon, ob der Parteivertreter eine so lange Frist gewährt haben wollte.

§ 276
Schriftliches Vorverfahren

(1) ¹Bestimmt der Vorsitzende keinen frühen ersten Termin zur mündlichen Verhandlung, so fordert er den Beklagten mit der Zustellung der Klage auf, wenn er sich gegen die Klage verteidigen wolle, dies binnen einer Notfrist von zwei Wochen nach Zustellung der Klageschrift dem Gericht schriftlich anzuzeigen; der Kläger ist von der Aufforderung zu unterrichten. ²Zugleich ist dem Beklagten eine Frist von mindestens zwei weiteren Wochen zur schriftlichen Klageerwiderung zu setzen. ³Ist die Zustellung der Klage im Ausland vorzunehmen, so beträgt die Frist nach Satz 1 einen Monat. ⁴Der Vorsitzende kann in diesem Fall auch eine längere Frist bestimmen.

(2) ¹Mit der Aufforderung ist der Beklagte über die Folgen einer Versäumung der ihm nach Absatz 1 Satz 1 gesetzten Frist sowie darüber zu belehren, dass er die Erklärung, der Klage entgegentreten zu wollen, nur durch den zu bestellenden Rechtsanwalt abgeben kann. ²Die Belehrung über die Möglichkeit des Erlasses eines Versäumnisurteils nach § 331 Abs. 3 hat die Rechtsfolgen aus den §§ 91 und 708 Nr. 2 zu umfassen.

(3) Der Vorsitzende kann dem Kläger eine Frist zur schriftlichen Stellungnahme auf die Klageerwiderung setzen.

---

[2] So mit Recht KG Berlin, BeckRS 2013, 20682.
[3] So mit Recht KG Berlin, BeckRS 2013, 20682.
[4] OLG Bremen, BeckRS 2007, 10371; OLG Frankfurt a.M., BeckRS 1998, 10921; OLG Karlsruhe, NJW 1984, 985; a.A. OLG Schleswig, NJW 1983, 459; Stein/Jonas-*Leipold*, ZPO, § 276 Rn. 26.

Inhalt:

	Rn.		Rn.
A. **Allgemeines**	1	IV. Belehrung über Fristversäumung, Abs. 2 Satz 1	10
B. **Erläuterungen**	2	V. Belehrung über Nebenentscheidungen, Abs. 2 Satz 2	11
I. Verteidigungsanzeige, Abs. 1 Satz 1	2		
II. Klageerwiderungsfrist, Abs. 1 Satz 2	8		
III. Auslandszustellung, Abs. 1 Satz 3 und 4	9	VI. Replik, Abs. 3	12
		C. **Rechtsmittel**	13

A. Allgemeines

Die Vorschrift regelt i.S.d. Verfahrensbeschleunigung den formalisierten Ablauf des schriftlichen Vorverfahrens. Ziel ist wie bei § 272 ZPO die Erledigung des Rechtsstreits in (nur) einem umfassend vorbereitenden Termin. Es droht Präklusion nach § 296 ZPO, wenn sich die Partei nicht innerhalb der gesetzten Fristen meldet, bei Versäumung der Verteidigungsanzeige gar Versäumnisurteil. Notwendige Hinweise des Gerichts leiten den Prozess. 1

§ 276 ZPO ist in Arbeits- und Ehesachen **nicht anwendbar**, § 46 Abs. 2 Satz 2 ArbGG, § 113 Abs. 4 Nr. 3 FamFG. 2

B. Erläuterungen
I. Verteidigungsanzeige, Abs. 1 Satz 1

Die **Verteidigungsanzeige** muss schriftlich und ab dem Landgericht zudem durch einen Rechtsanwalt abgegeben werden. Beim Amtsgericht kann sie auch zu Protokoll der Geschäftsstelle erklärt werden, §§ 129 Abs. 2, 496 ZPO. Im Mahnverfahren gilt Abs. 1 Satz 1 nach Abgabe an das Prozessgericht und Eingang der Anspruchsbegründung. Wird die Verteidigungsabsicht nicht rechtzeitig erklärt, ergeht auf Antrag Versäumnisurteil (beachte aber § 331 Abs. 3 Satz 1 Hs. 2 ZPO). 3

Eine nach Erlass eines Versäumnisurteils eingelegte Verteidigungsanzeige kann nicht in einen Einspruch **umgedeutet** werden.[1] Dafür spricht bereits § 340 Abs. 2 ZPO. Die Verteidigungsanzeige kann aber **zurückgenommen** werden.[2] So kann doch noch Versäumnisurteil ergehen. Dies kann zur Kostenersparnis sinnvoll sein und ist ähnlich wie beim Anerkenntnis nach § 307 ZPO auch dann noch möglich, wenn das Gericht bereits Termin anberaumt hat (näher § 272 Rn. 9). 4

Die **Frist** zur Verteidigungsanzeige beträgt stets zwei Wochen ab Zustellung der Klageschrift. Sie kann als Notfrist nicht verlängert oder verkürzt werden, § 224 Abs. 1 ZPO, außer bei einer Zustellung der Klage im Ausland. Hier ist eine Verlängerung der auf 1 Monat festgesetzten Frist zur Verteidigungsanzeige möglich, näher Rn. 9. 5

Einer **Wiedereinsetzung** in den vorigen Stand gemäß § 233 ZPO für eine Verteidigungsanzeige fehlt das Rechtsschutzbedürfnis:[3] Entweder ist die Verteidigungsanzeige noch rechtzeitig wegen § 331 Abs. 3 Satz 1 Hs. 2 ZPO, dann bedarf es der Wiedereinsetzung nicht. Oder es ist bereits Versäumnisurteil ergangen, dann kommt die Wiedereinsetzung zu spät und kann die Wirkungen des Versäumnisurteils nicht mehr beseitigen – dann ist der Einspruch nach § 338 ZPO das richtige Mittel, um sich zu wehren. 6

Die Anordnung des schriftlichen Vorverfahrens ist dem Beklagten nach § 329 Abs. 2 Satz 2 ZPO **zuzustellen**, wegen § 317 Abs. 2 und 3 ZPO vollständig unterschrieben und beglaubigt. Für den Kläger reicht die formlose Unterrichtung. Mängel der Zustellung sind nach § 189 ZPO **heilbar**. 7

II. Klageerwiderungsfrist, Abs. 1 Satz 2

Die Gesamtfrist zur Klageerwiderung im schriftlichen Vorverfahren beträgt mindestens 4 Wochen, wenn nicht bereits ein Mahnverfahren vorangegangen ist. Dann ist eine Gesamtfrist von mindestens 2 Wochen einzuhalten, § 697 Abs. 1 Satz 1, Abs. 2 Satz 2 ZPO. Vorbringen nach Ablauf der Frist ist nach § 296 Abs. 1 ZPO zurückzuweisen, wenn die Partei ein Verschulden trifft und eine Verzögerung des Rechtsstreits eintritt. Beides wird dem Wortlaut der Vorschrift nach vermutet. 8

---

1 OLG Köln, NJW-RR 2002, 1231.
2 BeckOK-*Bacher*, ZPO, § 276 Rn. 9.
3 KG Berlin, NJW-RR 1997, 56; OLG Schleswig, BeckRS 1997, 10220.

III. Auslandszustellung, Abs. 1 Satz 3 und 4

9 Für eine Zustellung im **Ausland** kann das Gericht die – ansonsten starre – Frist zur Verteidigungsabsicht selbst festlegen. Sie muss jedenfalls mindestens 1 Monat betragen. Sollte wegen möglicher Komplikationen bei Auslandszustellungen eine längere Frist angezeigt sein, kann der Vorsitzende nach Satz 4 eine noch längere Frist bestimmen. Innerhalb der EU ist die Monatsfrist jedoch in der Regel ausreichend. Die Fristsetzung sollte durch Beschluss zusammen mit der Anordnung eines Zustellungsbevollmächtigten i.S.d. § 184 ZPO erfolgen, was insbesondere den Vorteil des dortigen Abs. 1 Satz 2 mit sich bringt.

IV. Belehrung über Fristversäumung, Abs. 2 Satz 1

10 Der Beklagte ist über die Folgen einer Versäumung der Klageerwiderungsfrist zu belehren, näher Rn. 6 zu § 277 Abs. 2 ZPO.

V. Belehrung über Nebenentscheidungen, Abs. 2 Satz 2

11 Zu belehren ist auch über mögliche Folgen hinsichtlich Kosten und vorläufiger Vollstreckbarkeit, näher § 91 ZPO und § 708 Nr. 2 ZPO.

VI. Replik, Abs. 3

12 Ob der Vorsitzende zugleich mit der Anordnung nach Abs. 3 den Haupttermin bestimmt oder ob er den Eingang der Replik abwartet, obliegt seinem **Ermessen**. Richtschnur ist die Verfahrensbeschleunigung.[4] Zur Replik siehe Rn. 8 zu § 277 Abs. 4 ZPO.

C. Rechtsmittel

13 Anordnungen nach § 276 ZPO können **nicht** gesondert **angefochten** werden. Eine Überprüfung zusammen mit dem Endurteil ist möglich, wenn Vorbringen wegen Versäumung einer nach Abs. 1 Satz 2 oder Abs. 3 gesetzten Frist als verspätet zurückgewiesen wurde. Umgekehrt ist die Gewährung einer unangemessen langen Frist zur Klageerwiderung (nach der Rechtsprechung zumindest ab 1 Jahr, wahrscheinlich aber bereits ab 6 Monaten) als nicht zu rechtfertigende **Untätigkeit** des Gerichts, ähnlich wie die Verweigerung einer Terminsbestimmung nach **§ 567 ZPO**, anfechtbar,[5] und zwar unabhängig davon, ob der Parteivertreter eine so lange Frist gewährt haben wollte.

§ 277
Klageerwiderung; Replik

(1) ¹In der Klageerwiderung hat der Beklagte seine Verteidigungsmittel vorzubringen, soweit es nach der Prozesslage einer sorgfältigen und auf Förderung des Verfahrens bedachten Prozessführung entspricht. ²Die Klageerwiderung soll ferner eine Äußerung dazu enthalten, ob einer Entscheidung der Sache durch den Einzelrichter Gründe entgegen stehen.
(2) Der Beklagte ist darüber, dass die Klageerwiderung durch den zu bestellenden Rechtsanwalt bei Gericht einzureichen ist, und über die Folgen einer Fristversäumung zu belehren.
(3) Die Frist zur schriftlichen Klageerwiderung nach § 275 Abs. 1 Satz 1, Abs. 3 beträgt mindestens zwei Wochen.
(4) Für die schriftliche Stellungnahme auf die Klageerwiderung gelten Absatz 1 Satz 1 und Absätze 2 und 3 entsprechend.

Inhalt:

	Rn.		Rn.
A. Allgemeines	1	III. Belehrung, Abs. 2	6
B. Erläuterungen	2	IV. Mindestfrist, Abs. 3	7
I. Klageerwiderung, Abs. 1 Satz 1	2	V. Replik, Abs. 4	8
II. Einzelrichter, Abs. 1 Satz 2	5	C. Praxishinweis	9

A. Allgemeines

1 Die Vorschrift ergänzt § 282 ZPO und konkretisiert zur Verfahrensbeschleunigung die Anforderungen an das Verteidigungsvorbringen der Parteien sowie die Prozessförderungsmaßnahmen des Gerichts.

---

4 BeckOK-*Bacher*, ZPO, § 276 Rn. 15.
5 OLG Bremen, BeckRS 2007, 10371; OLG Frankfurt a.M., BeckRS 1998, 10921; OLG Karlsruhe, NJW 1984, 985; a.A. OLG Schleswig, NJW 1983, 459; Stein/Jonas-*Leipold*, ZPO, § 276 Rn. 19.

B. Erläuterungen
I. Klageerwiderung, Abs. 1 Satz 1

Abs. 1 Satz 1 ist eine **prozessuale Obliegenheit** und soll Prozessverschleppung insb. durch nur sukzessives Verteidigungsvorbringen des Beklagten verhindern. Im Haupttermin sollen alle Tatsachen offengelegt sein, damit das Gericht eine zügige und endgültige Entscheidung treffen kann. Nicht rechtzeitiges Vorbringen kann es nach § 296 Abs. 1 ZPO **zurückweisen**, da die Frist zur Klageerwiderung nach § 275 Abs. 1 Satz 1 ZPO oder § 276 Abs. 1 Satz 2 ZPO erfolgt ist. § 277 Abs. 1 ZPO findet wegen § 697 ZPO auch beim Übergang vom Mahn- ins streitige Verfahren Anwendung, ebenso bei einer Abstandnahme vom Urkundsprozess.[1]

Verteidigungsmittel sind alle zur Abwehr des Sachantrags vorgebrachten tatsächlichen Äußerungen, nach § 282 Abs. 1 ZPO insbesondere Behauptungen, Bestreiten, Einwendungen, Einreden, Beweismittel und Beweiseinreden (siehe Rn. 4).

Bereits im vorbereitenden Verfahrensstadium bis zum Haupttermin gelten die **Prozessförderungspflichten** des § 282 Abs. 1 ZPO, auch wenn sie erst ab dem zweiten Termin der gleichen Instanz eine Sanktion (Zurückweisung) nach sich ziehen können (siehe dort Rn. 2). Weil aber unter den Voraussetzungen des § 282 Abs. 2 ZPO eine Zurückweisung verspäteten Vorbringens auch im ersten Termin erlaubt ist,[2] ist **prozessuales Taktieren** der Parteien und Zurückhalten von Informationen nur in engen Grenzen möglich. Es birgt immer die Gefahr der Präklusion, auch wenn das Attribut der auf Förderung des Verfahrens „bedachten" Prozessführung ein subjektives Kriterium aufstellt und so ein Verschulden der Parteien verlangt.[3] Die Parteien sind auf Grund der Prozessförderungspflicht zu konzentrierter Verfahrensführung gehalten und dürfen Vorbringen nicht aus prozesstaktischen Erwägungen zurückhalten.[4]

II. Einzelrichter, Abs. 1 Satz 2

Eine Äußerung zur Einzelrichterentscheidung ist wegen §§ 348, 348a ZPO nur vor der Zivilkammer des Landgerichts sinnvoll (nicht vor Amtsgericht und Kammer für Handelssachen). **Erzwingbar** ist die Übertragung auf den Einzelrichter nicht.[5]

III. Belehrung, Abs. 2

Belehrungspflicht besteht über die Folgen des Versäumens der Klageerwiderungsfrist und über die Notwendigkeit, einen Rechtsanwalt zu bestellen. Belehrung über letzteres ist nur im Anwaltsprozess notwendig und sinnvoll.[6] Die Belehrung soll die Partei schützen, denn: Verstößt das Gericht gegen Abs. 2, ist eine **Präklusion** nach § 296 Abs. 1 ZPO ausgeschlossen und nur noch nach § 296 Abs. 2 ZPO möglich.[7] Das Gericht muss daher immer ordnungsgemäß über die möglichen Folgen einer Fristversäumung **belehren**. Es ist zwar nicht ganz einsichtig, wieso hierzu die Wiederholung des Wortlauts von § 296 Abs. 1 ZPO nicht ausreichen soll, da auch Normen dem Gebot der Klarheit und Verständlichkeit unterliegen. Die Rechtsprechung[8] verlangt allerdings, dass dem Beklagten (zusätzlich) mitzuteilen ist, dass er nach Ablauf der Frist damit zu rechnen hat, dass sein Vorbringen nach § 296 Abs. 1 ZPO unberücksichtigt bleibt und er den Prozess vollständig verlieren kann. Eine Wiederholung des Wortlauts ist aber jedenfalls ausreichend, wenn der Beklagte anwaltlich vertreten ist.[9] Denn juristisches Verständnis ist Teil seines Berufs. Es „darf daher vorausgesetzt werden, dass er die einschlägigen Verfahrensvorschriften kennt, jedenfalls in der Lage ist, sie sich zu beschaffen und sich über ihre Bedeutung zu informieren".[10] Unverständlich, aber zu beachten ist ebenfalls die Rechtsprechungsforderung, die Belehrung über die Fristversäumung sei nicht lediglich mit einer **Paraphe**, sondern mit vollständiger Namensunterschrift zu unterzeichnen,[11] denn der Wert einer richterlichen Verfügung hängt nicht von der Länge der Unterschrift ab. Auch mit einer – selbstverständlich bewusst und eigenhändig gesetzten – Paraphe übernimmt der Richter mit der Verfügung die Verantwortung für deren Inhalt. An der Eigenhändigkeit der Unterschrift

---

1 MK-*Prütting*, ZPO, § 277 Rn. 3.
2 *Baudewin/Wegner*, NJW 2014, 1479 (1480).
3 MK-*Prütting*, ZPO, § 277 Rn. 5.
4 BGH, NJW-RR 2014, 85, dort auch zu Ausnahmen.
5 Musielak/Voit-*Foerste*, ZPO, § 277 Rn. 3a.
6 MK-*Prütting*, ZPO, § 277 Rn. 7.
7 OLG Hamburg, BeckRS 2005, 09132.
8 Etwa BGH, NJW 1991, 2773.
9 BGH, NJW 1991, 493; OLG Hamm, NJW 1984, 1566; i.E. auch Musielak/Voit-*Foerste*, ZPO, § 277 Rn. 6.
10 So vollkommen zu Recht bereits OLG Hamm, NJW 1984, 1566.
11 Etwa OLG Frankfurt a.M., NJW-RR 2011, 1001 in Fortführung von BGH, NJW 1980, 1167; einschränkend jetzt aber BGH, BeckRS 2015, 05876.

fehlt es damit ebenso wenig wie an der Identifizierbarkeit der Unterschrift, die zudem noch von der Serviceeinheit verifiziert wurde, bevor die Verfügung den Parteien zugeht. Anders als bei anwaltlichen Schriftsätzen ist die Verfügung auch nicht vom Willen anderer Personen (Mandanten o.ä.) oder irgendwelcher Vollmachten abhängig.

IV. Mindestfrist, Abs. 3

7 Die Vorschrift des Abs. 3 gilt ausschließlich für den frühen ersten Termin. Für das schriftliche Vorverfahren gibt es eine vergleichbare Regelung in § 276 Abs. 1 Satz 2 ZPO. Der Fristbeginn der Vorschrift richtet sich nach § 221 ZPO. Die Mindestfrist von 2 Wochen kann wegen § 224 Abs. 2 ZPO weder abgekürzt noch unterbrochen werden, d.h. ein Verstoß macht die Frist unwirksam[12] und setzt gerade keine angemessene Frist in Gang.[13] Es gibt **keine Heilung** nach § 295 ZPO.[14]

V. Replik, Abs. 4

8 Abs. 4 gilt für beide Möglichkeiten: die des frühen ersten Termins nach § 275 Abs. 4 ZPO sowie die des schriftlichen Vorverfahrens nach § 276 Abs. 3 ZPO. Beachtenswert ist auch hier, dass das Gesetz gerade nicht monatelange Fristen gewähren will, womit es zu erheblichen Fristverlängerungen einen Riegel vorschiebt. Für Stellungnahmefristen sieht § 277 ZPO zur ausreichenden Gewährung rechtlichen Gehörs „üblicherweise"[15] zwei Wochen vor. Im Übrigen kann auf die Rn. 6 und 7 zu den Abs. 2 und 3 verwiesen werden.

C. Praxishinweis

9 Das Offenlegen der Verteidigungsstrategie nebst aller Informationen ist prozessuale Pflicht der Parteien.[16] Dies trägt zu einem fairen und zügigen Verfahren bei und vermeidet die Zurückweisung verspäteten Vorbringens. Zudem besteht das Gebot der Fairness und die so erhöhte Chance auf sinnvolle Vergleiche mit Langzeitwirkung, was Zeit, Geld und Nerven spart.

§ 278
Gütliche Streitbeilegung, Güteverhandlung, Vergleich

(1) Das Gericht soll in jeder Lage des Verfahrens auf eine gütliche Beilegung des Rechtsstreits oder einzelner Streitpunkte bedacht sein.

(2) ¹Der mündlichen Verhandlung geht zum Zwecke der gütlichen Beilegung des Rechtsstreit eine Güteverhandlung voraus, es sei denn, es hat bereits ein Einigungsversuch vor einer außergerichtlichen Gütestelle stattgefunden oder die Güteverhandlung erscheint erkennbar aussichtslos. ²Das Gericht hat in der Güteverhandlung den Sach- und Streitstand mit den Parteien unter freier Würdigung aller Umstände zu erörtern und, soweit erforderlich, Fragen zu stellen. ³Die erschienenen Parteien sollen hierzu persönlich gehört werden.

(3) ¹Für die Güteverhandlung sowie für weitere Güteversuche soll das persönliche Erscheinen der Parteien angeordnet werden. ²§ 141 Abs. 1 Satz 2, Abs. 2 und 3 gilt entsprechend.

(4) Erscheinen beide Parteien in der Güteverhandlung nicht, ist das Ruhen des Verfahrens anzuordnen.

(5) ¹Das Gericht kann die Parteien für die Güteverhandlung sowie für weitere Güteversuche vor einen hierfür bestimmten und nicht entscheidungsbefugten Richter (Güterichter) verweisen. ²Der Güterichter kann alle Methoden der Konfliktbeilegung einschließlich der Mediation einsetzen.

(6) ¹Ein gerichtlicher Vergleich kann auch dadurch geschlossen werden, dass die Parteien dem Gericht einen schriftlichen Vergleichsvorschlag unterbreiten oder einen schriftlichen Vergleichsvorschlag des Gerichts durch Schriftsatz gegenüber dem Gericht annehmen. ²Das Gericht stellt das Zustandekommen und den Inhalt eines nach Satz 1 geschlossenen Vergleichs durch Beschluss fest. ³§ 164 gilt entsprechend.

---

12 OLG Karlsruhe, BeckRS 2009, 09285.
13 MK-*Prütting*, ZPO, § 277 Rn. 11.
14 BeckOK-*Bacher*, ZPO, § 277 Rn. 5.
15 So mit Recht KG Berlin, BeckRS 2013, 20682.
16 So ausdrücklich BGH, NJW-RR 2014, 85.

§ 278a
Mediation, außergerichtliche Konfliktbeilegung

(1) Das Gericht kann den Parteien eine Mediation oder ein anderes Verfahren der außergerichtlichen Konfliktbeilegung vorschlagen.

(2) Entscheiden sich die Parteien zur Durchführung einer Mediation oder eines anderen Verfahrens der außergerichtlichen Konfliktbeilegung, ordnet das Gericht das Ruhen des Verfahrens an.

Inhalt:

		Rn.			Rn.
A.	Allgemeines	1	VIII.	Güterrichter, § 278 Abs. 5 Satz 1 ZPO	14
B.	Erläuterungen	5	IX.	Befugnisse des Güterrichters, § 278 Abs. 5 Satz 2 ZPO	17
I.	Güteverhandlung, § 278 Abs. 1 ZPO	6	X.	Schriftlicher Vergleich, § 278 Abs. 6 Satz 1 ZPO	18
II.	Notwendigkeit, § 278 Abs. 2 Satz 1 ZPO	7	XI.	Beschluss, § 278 Abs. 6 Satz 2 ZPO	19
III.	Inhalt, § 278 Abs. 2 Satz 2 ZPO	9	XII.	Berichtigung, § 278 Abs. 6 Satz 3 ZPO	20
IV.	Anhörung, § 278 Abs. 2 Satz 3 ZPO	10	XIII.	Mediation, § 278a Abs. 1 ZPO	21
V.	Persönliches Erscheinen, § 278 Abs. 3 Satz 1 ZPO	11	XIV.	Ruhen, § 278a Abs. 2 ZPO	22
VI.	Vertreter, § 278 Abs. 3 Satz 2 ZPO	12	C.	**Rechtsmittel**	24
VII.	Ruhen bei Nichterscheinen, § 278 Abs. 4 ZPO	13			

A. Allgemeines

Beide Vorschriften regeln die gütliche Einigung, wofür es 4 Möglichkeiten gibt: außergerichtlich, in der Güteverhandlung/mündlichen Verhandlung protokolliert, schriftlich oder vor einem Güterichter. Während die außergerichtliche Mediation in § 278a ZPO und dem Mediationsgesetz geregelt ist, richtet sich die gerichtsinterne Mediation vor dem Güterichter nach § 278 Abs. 5 ZPO. 1

Ziel der Vorschriften ist es, Anreize zur einvernehmlichen Streitbeilegung zu schaffen, um die **Konfliktlösung** zu beschleunigen, den Rechtsfrieden zu stärken und die staatlichen Gerichte zu entlasten.[1] Vereinzelt sieht der Gesetzgeber es **zwingend** vor, eine gütliche Streitbeilegung zu unternehmen, etwa in § 15 Abs. 10 UWG. 2

Das Gericht muss einen von den Parteien geschlossenen Vergleich protokollieren, soweit er den **Streitgegenstand** betrifft. Der Vergleich ist Vollstreckungstitel nach § 794 Abs. 1 Nr. 1 ZPO. Geht er über den Streitgegenstand hinaus oder treffen **Dritte** (d.h. Nicht-Parteien) Regelungen, liegt die Protokollierung im pflichtgemäßen **Ermessen** des Gerichts.[2] 3

Kosten und Gebühren sind beim gerichtlichen Vergleich und der außergerichtlichen Konfliktbeilegung identisch. Entscheidend ist nur, dass der Rechtsstreit zu einer vollständigen Erledigung der Hauptsache führt. 4

B. Erläuterungen

Allgemein: Eine gütliche Einigung hat erhebliche Vorzüge: einvernehmliche Beilegung des Streits und Wiederherstellung des Rechtsfriedens, Verfahrensbeschleunigung, Kostensenkung. 5

I. Güteverhandlung, § 278 Abs. 1 ZPO

Abs. 1 betont den Vorrang der gütlichen Einigung vor der streitigen Verhandlung, um die Parteien zu einer einvernehmlichen Beilegung des Rechtsstreits zu bewegen. „In jeder Lage" ist wörtlich zu verstehen, d.h. zeitlich von der Klagezustellung (vgl. § 271 Rn. 3 ff.) bis unmittelbar vor dem Urteil, und schließt das wiederholte Bemühen ein. 6

II. Notwendigkeit, § 278 Abs. 2 Satz 1 ZPO

Abs. 2 Satz 1 normiert die Pflicht eine Güteverhandlung durchzuführen 7

Ausnahmen:
- Früherer Einigungsversuch vor außergerichtlicher Gütestelle, siehe § 15a EGZPO
- Erkennbare Aussichtslosigkeit: Anhaltspunkte sind vorherige Schriftsätze, völlige Zerstrittenheit oder Unversöhnlichkeit der Parteien, Verhalten in Vorprozessen.[3] Das Gericht hat

---

1 Musielak/Voit-*Foerste*, ZPO, § 278a Rn. 1.
2 BGH, NJW 2011, 3451.
3 Musielak/Voit-*Foerste*, ZPO, § 278 Rn. 3.

aber ein **Ermessen**, wenn es Anhaltspunkte sieht, die Parteien umstimmen zu können. Dabei hat es zu berücksichtigen, dass der Gesetzgeber im Grundsatz die Notwendigkeit einer Güteverhandlung vorsieht, Ausnahmen daher restriktiv auszulegen sind. Im Zweifel sollte eine Güteverhandlung stattfinden.

8 Aus der bloßen **Abwesenheit** (mindestens) einer Partei kann nicht auf eine Aussichtslosigkeit der Güteverhandlung geschlossen werden, da mehrere Gründe für das Fernbleiben denkbar sind. War das Erscheinen der Partei angeordnet, ist Ordnungsgeld angezeigt.

III. Inhalt, § 278 Abs. 2 Satz 2 ZPO

9 Der Richter ist zur Erörterung des Sach- und Streitstandes von Gesetzes wegen verpflichtet. Daher rechtfertigt es **keine** Besorgnis der **Befangenheit**, wenn sich das Gericht in der Güte- oder mündlichen Verhandlung, wie auch in jeder anderen prozessualen Situation, zu den Erfolgsaussichten der Klage äußert, insbesondere auch auf Risiken der Prozessführung mit klaren und für den juristischen Laien verständlichen Worten hinweist.[4]

IV. Anhörung, § 278 Abs. 2 Satz 3 ZPO

10 Das persönliche Erscheinen der Parteien dient der Wahrung rechtlichen Gehörs und verdeutlicht, dass diese den Prozessstoff und -verlauf bestimmen und bestimmen sollen, um eine Lösung zu finden.

V. Persönliches Erscheinen, § 278 Abs. 3 Satz 1 ZPO

11 Die persönliche Anwesenheit der Parteien erhöht die Chancen einer gütlichen Einigung i.d.R. deutlich, weil sie Rücksprachen des Prozessvertreters mit der Partei erlaubt, der Partei einen unmittelbaren Eindruck vom Prozessgeschehen gibt und Missverständnisse beseitigen kann. Aus diesen Gründen sieht der Gesetzgeber grundsätzlich die Ladung der Parteien zur Güteverhandlung vor. Anderes gilt allenfalls für atypische Fälle oder begründete **Ausnahmen**, etwa bei großer Entfernung, Reiseunfähigkeit oder aber wenn die Geschäftsführung nach der betriebsinternen Arbeitsteilung mit dem Rechtsstreit nicht befasst ist.[5]

VI. Vertreter, § 278 Abs. 3 Satz 2 ZPO

12 Statt persönlich zu erscheinen, darf die Partei einen Vertreter entsenden, der ebenbürtig[6] zur Sachaufklärung beitragen kann und zum Vergleichsabschluss ermächtigt ist, näher § 141 ZPO. Es ist ratsam, dies auf der Ladung ausdrücklich zu vermerken und einzufordern. Ansonsten droht entweder niemand, „nur der Anwalt", ein nicht zur Sachaufklärung fähiger Geschäftsführer oder ein nicht abschlussermächtigter Sachbearbeiter zu kommen.

VII. Ruhen bei Nichterscheinen, § 278 Abs. 4 ZPO

13 Wenn beide Parteien nicht erscheinen, geben sie zu erkennen, dass sie das Verfahren jedenfalls vorerst nicht weiterführen wollen. Das Verfahren ist daher zwingend ruhend zu stellen, § 251a ZPO – Hoheit der Parteien über das Verfahren. Zu den Handlungsmöglichkeiten des Gerichts bei Säumnis beider Parteien im amtsgerichtlichen Verfahren, siehe § 495a Rn. 7.

VIII. Güterichter, § 278 Abs. 5 Satz 1 ZPO

14 Der **Güterichter** muss demselben Gericht angehören und ist durch den Geschäftsverteilungsplan bestimmt, d.h. die Parteien haben keinen Anspruch auf einen bestimmten Güterichter.[7] Dieser trifft keine Entscheidung, sondern versucht mittels alternativer Strategien eine Lösung des Rechtsstreits herbeizuführen.

15 Die Verweisung liegt im **Ermessen** des Gerichts, setzt also keinen Antrag der Parteien voraus, sondern lediglich die Gelegenheit zur Stellungnahme.[8] Art und Dauer des Güteversuchs sind dem Güterichter überlassen. Dieser lädt zum nicht öffentlichen[9] Termin für den Güteversuch. Persönliches Erscheinen wird in der Regel angeordnet und Nichterscheinen mit Ordnungsgeld belegt.

16 Der Erlass eines **Versäumnisurteils** ist mangels streitiger Verhandlung nicht möglich, die Anordnung des Ruhens des Verfahrens hingegen schon.[10] Der Güterichter hat in späteren Ver-

---

4 OLG Karlsruhe, BeckRS 2009, 09285.
5 Musielak/Voit-*Foerste*, ZPO, § 278 Rn. 5.
6 So mit Recht Musielak/Voit-*Foerste*, ZPO, § 278 Rn. 5.
7 Zöller-*Greger*, ZPO, § 278 Rn. 26.
8 Musielak/Voit-*Foerste*, ZPO, § 278 Rn. 14.
9 Zöller-*Greger*, ZPO, § 278 Rn. 30.
10 Musielak/Voit-*Foerste*, ZPO, § 278 Rn. 15.

fahren ein Zeugnisverweigerungsrecht nach § 383 Abs. 1 Nr. 6 ZPO. Er kann bereits Klagerücknahme und Erledigungserklärung(en) entgegennehmen,[11] da sich Güterrichter und Einzelrichter nach der gesetzlichen Intention gleichstehen. Zur Protokollierung siehe § 159 Abs. 2 Satz 2 ZPO.

IX. Befugnisse des Güterrichters, § 278 Abs. 5 Satz 2 ZPO

Der Güterrichter kann alle Methoden der Konfliktbereinigung nutzen (Moderation, Mediation, Evaluation, Schlichtung, Leistungsbestimmung, Verteilungsverfahren).[12] **Scheitert** der Güteversuch, reicht er die Akten mit entsprechendem Vermerk, aber ohne Mitteilung von Gründen an den Ursprungsrichter zurück.[13]

17

X. Schriftlicher Vergleich, § 278 Abs. 6 Satz 1 ZPO

Werden sich die Parteien irgendwann im laufenden Verfahren einig (vor oder nach der Verhandlung, zur Einigung innerhalb der mündlichen Verhandlung vgl. Rn. 3), können sie einen schriftlichen Vergleich schließen und so einen weiteren Termin vermeiden. Der Vergleichsschluss kann entweder außergerichtlich oder gerichtlich (§ 278 Abs. 6 ZPO) erfolgen. Letzterer ist ein Vollstreckungstitel nach § 794 Abs. 1 Nr. 1 ZPO.

18

XI. Beschluss, § 278 Abs. 6 Satz 2 ZPO

Abs. 6 Satz 2 gilt auch im **Prozesskostenhilfe**-Verfahren.[14] Haben beide Parteien ihre Zustimmung zum Vergleich erklärt, ist ein späterer Widerruf unbeachtlich, auch wenn das Gericht den Vergleichsschluss noch nicht festgestellt hat.[15] Denn dieser Beschluss ist nur deklaratorisch.

19

XII. Berichtigung, § 278 Abs. 6 Satz 3 ZPO

Der feststellende Beschluss des Gerichts hat die gleiche Funktion wie das Verhandlungsprotokoll, sodass er nach § 164 ZPO berichtigt werden kann. Mangels gesetzlicher Bestimmung ist er jedoch nicht mit der sofortigen Beschwerde anfechtbar, § 567 Abs. 1 Nr. 1 ZPO.[16] Macht eine Partei die Unwirksamkeit des Vergleichs geltend, muss sie Antrag auf Fortsetzung des Rechtsstreits stellen.[17]

20

XIII. Mediation, § 278a Abs. 1 ZPO

Einem Mediationsverfahren müssen beide Parteien zustimmen. Das Gericht macht nur einen Vorschlag, d.h. es darf nicht unmittelbar/selbst einen externen Mediator beauftragen.[18] Es liegt im gerichtlichen Ermessen, welche Streitbeilegungsform es vorschlägt. So kommt eine Mediation in Betracht, wenn die Zuziehung einer Person mit besonderer Ausbildung oder besonderen Fachkenntnissen erfolgversprechend erscheint. Weitere **Gesichtspunkte** können sein:

21

– wenn dem Rechtsstreit komplexe Rechtsbeziehungen oder Konflikte zugrunde liegen, die im Prozess nicht ausreichend beigelegt werden können.
– wenn eine dauerhafte persönliche oder geschäftliche Beziehung der Parteien besteht.
– wenn wichtige Vorfragen durch ein (un)verbindliches Schiedsgutachten geklärt werden können.

XIV. Ruhen, § 278a Abs. 2 ZPO

Gehen beide Parteien auf den gerichtlichen Vorschlag ein, eine Mediation durchzuführen (eine förmliche Zustimmung ist nicht erforderlich), ordnet das Gericht das **Ruhen** des Verfahrens an. Auf den Fristenlauf ist dies wegen § 251 Satz 2 ZPO ohne Einfluss, d.h. die Parteien dürfen nicht darauf vertrauen, dass laufende Fristen auch ohne rechtzeitigen Antrag verlängert werden.[19] Das Ruhen endet, wenn eine der Parteien das Verfahren wieder aufruft. Dies kann auch zum Zwecke der Protokollierung des Vergleichs geschehen. Ansonsten ist das Verfahren streitig fortzusetzen. Dafür darf der Mediator **nicht** als Zeuge vernommen werden.[20]

22

---

11 Zöller-*Greger*, ZPO, § 278 Rn. 32.
12 Zöller-*Greger*, ZPO, § 278 Rn. 28a.
13 Musielak/Voit-*Foerste*, ZPO, § 278 Rn. 15a.
14 LG Lüneburg, NJW-RR 2003, 1506.
15 OLG Hamm, NJW 2011, 1373.
16 Thomas/Putzo-*Reichold*, ZPO, § 278 Rn. 18.
17 Zöller-*Greger*, ZPO, § 278 Rn. 35.
18 OLG Koblenz, MDR 2014, 680.
19 BGH, NJW 2009, 1149.
20 Musielak/Voit-*Foerste*, ZPO, § 278a Rn. 3.

23 Für die **Verjährungshemmung** gelten während der Mediation die §§ 203, 204 Abs. 1 Nr. 4 BGB.

C. Rechtsmittel

24 Die gerichtliche Entscheidung, eine Güteverhandlung stattfinden zu lassen, ist – von fehlender Beschwer abgesehen – nicht anfechtbar.[21] Gegen einen einmal geschlossenen Vergleich kommt nur die Anfechtung in Betracht,[22] siehe näher § 794 ZPO.

§ 279
Mündliche Verhandlung

(1) ¹Erscheint eine Partei in der Güteverhandlung nicht oder ist die Güteverhandlung erfolglos, soll sich die mündliche Verhandlung (früher erster Termin oder Haupttermin) unmittelbar anschließen. ²Andernfalls ist unverzüglich Termin zur mündlichen Verhandlung zu bestimmen.

(2) Im Haupttermin soll der streitigen Verhandlung die Beweisaufnahme unmittelbar folgen.

(3) Im Anschluss an die Beweisaufnahme hat das Gericht erneut den Sach- und Streitstand und, soweit bereits möglich, das Ergebnis der Beweisaufnahme mit den Parteien zu erörtern.

Inhalt:

	Rn.		Rn.
A. Allgemeines	1	III. Mündliche Verhandlung und Beweisaufnahme, Abs. 2	5
B. Erläuterungen	2	IV. Erörterung, Abs. 3	6
I. Güteverhandlung und mündliche Verhandlung, Abs. 1 Satz 1	3	C. Rechtsmittel	9
II. Terminsbestimmung, Abs. 1 Satz 2	4		

A. Allgemeines

1 Die Vorschrift konkretisiert die in § 272 ZPO zum Ausdruck kommenden Gebote der Beschleunigung und Konzentration auf einen Haupttermin (siehe dort Rn. 1).

B. Erläuterungen
I. Güteverhandlung und mündliche Verhandlung, Abs. 1 Satz 1

2 Damit die mündliche Verhandlung unmittelbar nach dem erfolglosen Ende der Güteverhandlung stattfinden kann, müssen die Parteien unter Einhaltung von **Einlassungsfrist** gemäß § 274 Abs. 3 ZPO und **Ladungsfrist** gemäß § 217 ZPO zur Güteverhandlung *und* mündlichen Verhandlung geladen worden sein oder auf die Einhaltung dieser Fristen verzichtet haben. Bei Vorliegen der formellen Voraussetzungen kann die sofortige Durchführung der mündlichen Verhandlung durch verkündeten Gerichtsbeschluss nach § 329 Abs. 1 ZPO erfolgen, der eine Ladung wegen § 218 ZPO entbehrlich macht.[1]

3 Sowohl Haupttermin als auch früher erster Termin sind vollwertige Termine, die nach der Vorgabe des Gesetzgebers – wenn möglich – bereits den Rechtsstreit beenden sollen, § 272 ZPO. Ist eine Partei in der Güteverhandlung säumig, kommen die §§ 330 ff. ZPO zum Tragen. Sind beide Parteien säumig, gilt § 278 Abs. 4 ZPO. Erst ab dem zweiten Termin greift auch § 251a ZPO (siehe dort Abs. 2). Zu den Möglichkeiten, im amtsgerichtlichen Verfahren nach billigem Ermessen zu entscheiden, vgl. § 495a ZPO.

II. Terminsbestimmung, Abs. 1 Satz 2

4 Führen der frühe erste Termin oder der Haupttermin (nach § 272 Abs. 1 ZPO ausnahmsweise) nicht zur Entscheidungsreife, bestimmt der Vorsitzende unverzüglich Termin gemäß § 216 Abs. 2 ZPO oder § 272 Abs. 1 ZPO. Für den frühen ersten Termin gilt zudem § 275 Abs. 2 ZPO.

---

21 Musielak/Voit-*Foerste*, ZPO, § 278 Rn. 4.
22 OLG Hamm, NJW-RR 2011, 1436 f.; Musielak/Voit-*Borth*, ZPO, § 323a Rn. 1b.

Zu § 279:
1 BeckOK-*Bacher*, ZPO, § 279 Rn. 5.

III. Mündliche Verhandlung und Beweisaufnahme, Abs. 2

Mündliche Verhandlung und Beweisaufnahme werden i.S.d. Konzentration auf einen Termin zusammengezogen. Für den Ablauf des Haupttermins gelten die §§ 136ff. ZPO, für die Beweisaufnahme die §§ 284f. ZPO Hierbei sind neben geladenen auch präsente Zeugen zu vernehmen. Die Parteien dürfen bei der Beweisaufnahme anwesend sein (§ 357 Abs. 1 ZPO), müssen es aber nicht (§ 367 ZPO).

IV. Erörterung, Abs. 3

Mit der Verhandlung über die Beweisaufnahme nach §§ 285 Abs. 1, 370 ZPO erhalten die Parteien rechtliches Gehör i.S.d. Art. 103 Abs. 1 GG. Sie können (nicht: müssen)[2] die Beweisaufnahme bewerten, und zwar in der noch nicht geschlossenen mündlichen Verhandlung. Den hierzu oft verlangten (und leider oft vorschnell gewährten) **„Schriftsatznachlass"** auf die Beweisaufnahme sieht das Gesetz nicht vor. Er ist unzulässig, da die ZPO einen solchen abseits der §§ 139 Abs. 5, 283 Satz 1 ZPO nicht vorsieht.[3] Er darf daher in den allermeisten Fällen nicht gewährt werden, er verstößt gegen das Beschleunigungsgebot und zugleich gegen die Fairness, da er der Seite, der er das Schriftsatzrecht gewährt, einen prozessualen Vorteil zubilligt, der ihr nicht zusteht,[4] und sei es, dass sie – v.a. als Beklagtenseite – Zeit gewinnt. Möglich ist aber eine kurze Sitzungsunterbrechung zur parteiinternen Rücksprache. Grundsätzlich erwartet der Gesetzgeber, dass die Partei oder ihr Anwalt unmittelbar im Anschluss an die Beweisaufnahme kurzfristig Stellung nimmt. Allenfalls in besonderen Ausnahmefällen kann dieser Grundsatz des Schöpfens aus dem Inbegriff der mündlichen Verhandlung durchbrochen sein. In keinem Fall ist er jedoch die Regel.

Das Gericht kann bereits am Schluss der Beweisaufnahme seine vorläufige **Einschätzung** des Beweisergebnisses abgeben. Es ist an diese Einschätzung allerdings nicht gebunden. Die Parteien dürfen auch nicht darauf vertrauen, dass das Gericht an seiner vorläufigen Einschätzung festhalten wird.[5] Es ist im Anschluss an die Beweisaufnahme auch nicht verpflichtet, seine vorläufige Beweiswürdigung mitzuteilen, um der Partei Gelegenheit zu geben, weitere Beweismittel anzubieten.[6] Das Gericht hat die Verhandlung über das Ergebnis der Beweisaufnahme gemäß §§ 285 Abs. 1, 160 Abs. 2 ZPO zu protokollieren. Andernfalls verletzt es den Anspruch auf rechtliches Gehör der Parteien.[7]

Die Parteien dürfen nach der Beweisaufnahme **neue Beweismittel** benennen, wenn für die Partei erst aus der Erörterung erkennbar wird, dass sich neue Aspekte ergeben haben, die ihr inhaltliches Vorbringen ergänzungsbedürftig machen. Das dürfte insbesondere bei technischen Fragen der Fall sein, die sich erst aus der Beweisaufnahme ergeben und Nachfragen provozieren. Werden hingegen zu einem bereits zuvor relevanten Beweisthema zusätzliche Beweismittel benannt, ist das Gericht befugt, diese gemäß § 296 ZPO oder § 531 Abs. 2 ZPO zurückzuweisen, wenn die Beweismittel der Partei schon zuvor bekannt oder fahrlässig unbekannt waren.[8]

C. Rechtsmittel

Gegen das am Ende der Sitzung ergehende Urteil ist **Berufung** gemäß §§ 511, 513, 517 ZPO möglich. Hat das Gericht die Verhandlung über das Ergebnis der Beweisaufnahme entgegen §§ 285 Abs. 1, 160 Abs. 2 ZPO nicht protokolliert, kann die Partei in der Berufung Verletzung des Anspruchs auf rechtliches Gehör rügen, was ggf. zur Zurückverweisung an die erste Instanz führt, § 538 Abs. 2 Satz 1 Nr. 1 ZPO.

§ 280
Abgesonderte Verhandlung über Zulässigkeit der Klage

(1) Das Gericht kann anordnen, dass über die Zulässigkeit der Klage abgesondert verhandelt wird.
(2) ¹Ergeht ein Zwischenurteil, so ist es in Betreff der Rechtsmittel als Endurteil anzusehen. ²Das Gericht kann jedoch auf Antrag anordnen, dass zur Hauptsache zu verhandeln ist.

---

2 BGH, NJW 2004, 1732.
3 *Baudewin/Wegner*, NJW 2014, 1479 (1483).
4 *Baudewin/Wegner*, NJW 2014, 1479 (1483).
5 BGH, NJW-RR 2012, 1009.
6 BGH, NJW 2016, 3100.
7 BGH, BeckRS 2011, 29266.
8 BGH, BeckRS 2012, 04075.

Inhalt:

	Rn.		Rn.
A. Allgemeines	1	III. Verhandlung über Hauptsache, Abs. 2 Satz 2	9
B. Erläuterungen	4	IV. Formulierungsbeispiele für ein Zwischenurteil	10
I. Verhandlung über Zulässigkeit, Abs. 1	4		
II. Zwischenurteil, Abs. 2 Satz 1	5	C. Rechtsmittel	12

A. Allgemeines

1 Die Vorschrift ermöglicht zur Prozessökonomie und ggf. Kostenersparnis über die komplette Zulässigkeit der Klage vorab mit **Bindungswirkung** nach § 318 ZPO zu entscheiden, bevor eine umfangreiche Verhandlung oder Beweisaufnahme über die Begründetheit durchgeführt wird. § 280 ZPO geht damit noch weiter als § 146 ZPO, der dies nur hinsichtlich einzelner klärungsbedürftiger Punkte im Prozess erlaubt. Nahezu konterkariert wird die Idee der Verfahrensbeschleunigung allerdings durch die Möglichkeit des Rechtsmittels, dessen Ergebnis in der Regel abgewartet wird, so dass der Zwischenstreit in der Regel den Prozess **verzögert**.

2 Weder für die abgesonderte Verhandlung noch für das Zwischenurteil fallen zusätzliche Gerichts- oder Rechtsanwalts**gebühren** an, denn der Zwischenstreit gehört nach § 19 Abs. 1 Satz 2 Nr. 3 RVG zum Rechtszug. Allerdings scheidet eine Ermäßigung der Gerichtsgebühren gemäß Nr. 1211 KV-GKG nach einem Zwischenurteil aus.[1]

3 Das Zwischenurteil ergeht ohne **Kosten**entscheidung. Diese erfolgt erst im Endurteil.[2] Auch einer Entscheidung über die vorläufige Vollstreckbarkeit bedarf es nicht, weil es sich in der Sache um ein bloßes Feststellungsurteil handelt. Der **Streitwert** des Zwischenstreits entspricht dem der Hauptsache[3] und muss dementsprechend nicht gesondert festgesetzt werden.

B. Erläuterungen
I. Verhandlung über Zulässigkeit, Abs. 1

4 Die Anordnung, abgesondert zu verhandeln, ergeht nach Abs. 1 durch Beschluss des Gerichts, in der Kammer für Handelssachen wegen § 349 Abs. 2 Nr. 2 ZPO durch den Vorsitzenden. Ob und wie eine Anordnung ergeht, etwa auf alle oder nur einzelne Zulässigkeitsvoraussetzungen bezogen, liegt im gerichtlichen **Ermessen**.[4] Gegenstand kann jede Prozessvoraussetzung i.S.d. § 253 ZPO sein, die von Amts wegen zu prüfen ist, sowie Prozesshindernisse, die nur bei rechtzeitiger Rüge des Gegners zu beachten sind. Die **Beweislast** für Prozessvoraussetzungen trägt der Kläger, für Prozesshindernisse der Beklagte.[5] Über die Zulässigkeit des **Rechtswegs** kann wegen § 17a Abs. 4 GVG wie sonst auch ohne mündliche Verhandlung entschieden werden.

II. Zwischenurteil, Abs. 2 Satz 1

5 Ist die **Klage zulässig**, muss das Gericht keine Zwischenentscheidung nach Abs. 2 Satz 1 treffen, kann dies aber natürlich.[6] Für die Verhandlung über die Begründetheit bedarf es jedoch erneuter Ladung. Ist eine Partei im Termin zur abgesonderten Verhandlung säumig, darf ein Versäumnisurteil nur über die Frage der Zulässigkeit ergehen, § 347 Abs. 2 ZPO. Dies wird indes nur selten der Fall sein, weil fehlende Prozessvoraussetzungen zu einem abweisenden Prozessendurteil führen und nur das Vorbringen zu einem Prozesshindernis bei Säumnis als vom Gegner zugestanden gilt.[7]

6 Ist die **Klage unzulässig**, weist das Gericht sie durch Endurteil (Prozessurteil) ab oder verweist nach § 281 ZPO auf Antrag ans zuständige Gericht.

7 Ein Zwischenurteil setzt voraus, dass das Gericht die Klage für zulässig erachtet. Das Urteil ist auch anfechtbar, wenn über die Zulässigkeit nicht abgesondert verhandelt oder die Entscheidung auf einzelne Zulässigkeitsfragen beschränkt worden ist.[8] Unter § 280 ZPO fällt somit auch jede sonstige Entscheidung, mit der eine einzelne Prozessvoraussetzung bejaht oder verneint wird,[9] etwa Unterbrechung nach §§ 239 ff. ZPO.[10] Zwischenentscheidungen über die Zu-

---

1 LG Osnabrück, NJW-RR 2014, 1343.
2 OLG München, BeckRS 2016, 06263, Rn. 117.
3 OLG Nürnberg, BeckRS 2014, 03501.
4 BeckOK-*Bacher*, ZPO, § 280 Rn. 3.
5 Zöller-*Greger*, ZPO, § 280 Rn. 3.
6 Zöller-*Greger*, ZPO, § 280 Rn. 9.
7 Musielak/Voit-*Foerste*, ZPO, § 280 Rn. 5.
8 BeckOK-*Bacher*, ZPO, § 280 Rn. 7.
9 OLG Karlsruhe, NJW-RR 2013, 437 (438 f.).
10 BeckOK-*Bacher*, ZPO, § 280 Rn. 10.

lässigkeit eines Rechtsmittels sind hingegen nur mit dem Endurteil anfechtbar,[11] genauso wie die Nichtzuständigkeit des Gerichts hinsichtlich bestimmter Anspruchsgrundlagen.[12]

Ein Zwischenurteil ist für das Gericht nach § 318 ZPO **bindend** und bei Rechtskraft hinsichtlich des Entscheidungsgegenstandes auch der Überprüfung in den Rechtsmittelinstanzen entzogen. 8

III. Verhandlung über Hauptsache, Abs. 2 Satz 2

(Erst) Nach Rechtskraft des Zwischenurteils bestimmt das Gericht von Amts wegen Termin zur mündlichen Verhandlung über die Hauptsache, §§ 216, 272 Abs. 3 ZPO. Vor Rechtskraft des Zwischenurteils wird es nur auf Antrag einer Partei tätig und nur, wenn es ihn bezogen auf das Verfahren für sachgerecht/sinnvoll ermisst. **Ermessensgesichtspunkte** sind: Prozessökonomie (Verfahrensbeschleunigung und Konzentrationswirkung), Dringlichkeit der Hauptsache, Erfolgsaussicht des Rechtsmittels im Zwischenstreit.[13] 9

IV. Formulierungsbeispiele für ein Zwischenurteil:

Für Zulässigkeit: 10
1. *Die Streitsache ist nicht anderweitig rechtshängig.*
2. *Die Kostenentscheidung bleibt dem Schlussurteil vorbehalten.*

Für Unzulässigkeit: 11
1. *Die Einrede fehlender Prozesskostensicherheit wird zurückgewiesen.*
2. *Die Kostenentscheidung bleibt dem Schlussurteil vorbehalten.*

C. Rechtsmittel

Da das Zwischenurteil nach Abs. 2 Satz 1 als Endurteil mit Rechtsmitteln anfechtbar ist, gibt es mehrere Möglichkeiten: Bleibt das Rechtsmittel erfolglos, ist die Klage zulässig. Erklärt das Rechtsmittelgericht die Klage für unzulässig, weist es die Klage insgesamt ab. Hat das erstinstanzliche Gericht in der Zwischenzeit bereits Endurteil zur Hauptsache erlassen, gilt dies als aufgehoben (auflösende Bedingung).[14] Hat der Kläger aus dem vorläufig vollstreckbaren Endurteil schon vollstreckt, ist er schadensersatzpflichtig, § 717 Abs. 2 ZPO. 12

Die Ermessensentscheidung des Gerichts, dem Antrag auf mündliche Verhandlung vor Rechtskraft des Zwischenurteils *nicht* stattzugeben, ist mit der sofortigen Beschwerde nach § 252 ZPO analog anfechtbar, vom Beschwerdegericht aber nur auf Ermessensfehler überprüfbar. Bejaht oder verneint das Ausgangsgericht hingegen einzelne Prozessvoraussetzungen, beschränkt sich die Überprüfung der Rechtsmittelinstanz auf diese Fragen.[15] Hat das Gericht lediglich über Fragen entschieden, die in der Folgeinstanz nicht nachprüfbar sind (etwa wegen § 513 Abs. 2 ZPO), ist ein dennoch eingelegtes Rechtsmittel unzulässig. 13

§ 281
Verweisung bei Unzuständigkeit

(1) ¹Ist auf Grund der Vorschriften über die örtliche oder sachliche Zuständigkeit der Gerichte die Unzuständigkeit des Gerichts auszusprechen, so hat das angegangene Gericht, sofern das zuständige Gericht bestimmt werden kann, auf Antrag des Klägers durch Beschluss sich für unzuständig zu erklären und den Rechtsstreit an das zuständige Gericht zu verweisen. ²Sind mehrere Gerichte zuständig, so erfolgt die Verweisung an das vom Kläger gewählte Gericht.

(2) ¹Anträge und Erklärungen zur Zuständigkeit des Gerichts können vor dem Urkundsbeamten der Geschäftsstelle abgegeben werden. ²Der Beschluss ist unanfechtbar. ³Der Rechtsstreit wird bei dem im Beschluss bezeichneten Gericht mit Eingang der Akten anhängig. ⁴Der Beschluss ist für dieses Gericht bindend.

(3) ¹Die im Verfahren vor dem angegangenen Gericht erwachsenen Kosten werden als Teil der Kosten behandelt, die bei dem im Beschluss bezeichneten Gericht erwachsen. ²Dem Kläger sind die entstandenen Mehrkosten auch dann aufzuerlegen, wenn er in der Hauptsache obsiegt.

---

11 BGH, NJW-RR 2006, 710 (711).
12 BGH, BeckRS 2010, 06912.
13 Musielak/Voit-*Foerste*, ZPO, § 280 Rn. 9.
14 Musielak/Voit-*Foerste*, ZPO, § 280 Rn. 10; Zöller-*Greger*, ZPO, § 280 Rn. 10.
15 OLG Karlsruhe, NJW-RR 2013, 437 (438 f.).

Inhalt:

	Rn.		Rn.
A. Allgemeines	1	V. Anhängigkeit, Abs. 2 Satz 3	11
B. Erläuterungen	4	VI. Bindungswirkung, Abs. 2 Satz 4	12
I. Verweisung, Abs. 1 Satz 1	4	VII. Kosten, Abs. 3	14
II. Mehrere Gerichte, Abs. 1 Satz 2	8	VIII. Formulierungsbeispiele	15
III. Kein Anwaltszwang, Abs. 2 Satz 1	9	**C. Rechtsmittel**	19
IV. Unanfechtbarkeit, Abs. 2 Satz 2	10	**D. Praxishinweise**	20

A. Allgemeines

1 Die Vorschrift dient dem Schutz des Klägers vor zu hohen Prozesskosten und zugleich der Prozessökonomie sowie dem effektiven Rechtsschutz.[1] Der Kläger kann verhindern, dass die Klage wegen Unzuständigkeit des Gerichts als unzulässig abgewiesen wird, und sich Kosten, Zeitverlust und Mühen einer erneuten Klage vor dem zuständigen Gericht ersparen. Ihm bleiben ferner die Vorteile der **Rechtshängigkeit** erhalten.[2] Jedoch entfaltet nur der Verweisungsbeschluss nach Rechtshängigkeit **Bindungswirkung**, und zwar hinsichtlich aller Beklagten,[3] die bloße Abgabe vor Rechtshängigkeit nicht.[4]

2 § 281 ZPO gilt in allen Instanzen für das Urteilsverfahren, auch nach Abgabe vom Mahngericht über §§ 696 Abs. 1 und 5, 700 Abs. 3 ZPO sowie **analog** für Eil-, Prozesskostenhilfe- und selbstständige Beweisverfahren (hier ersetzt jeweils die Übermittlung zur Stellungnahme die Zustellung)[5] sowie Urkunden- und Wechselprozesse.[6] Im **Prozesskostenhilfeverfahren** beschränkt sich die Bindungswirkung eines Verweisungsbeschlusses jedoch auf das Verfahren zur Prüfung der Prozesskostenhilfe, nicht auf das – ja noch ungewiss/nur potentiell – nachfolgende Hauptsacheverfahren.[7] Nicht anwendbar ist § 281 ZPO bei internationaler Unzuständigkeit oder Schiedsabreden. Für die Rechtswegzuständigkeit gilt die **Sonderregelung** des § 17a GVG, für die Verweisung von Amts- zu Landgericht § 506 ZPO. § 281 ZPO betrifft nur inländische Gerichte, d.h. eine Verweisung an den EuGH oder ausländische Gerichte ist nicht erfasst.[8]

3 Die Norm betrifft **nicht** die **funktionelle Unzuständigkeit**, d.h. etwa das Verhältnis zwischen Prozess- und Vollstreckungsgericht, der Baulandkammer und anderer Kammer sowie zwischen Kammer und Einzelrichter. Sonderregelungen bestehen für die Kammer für Handelssachen (§§ 97 ff. GVG), Mahnverfahren (§§ 696 Abs. 1, 698, 700 Abs. 3 ZPO) und bestimmte Familiensachen (§ 23b Abs. 2 Satz 2, 3 GVG, §§ 123, 153 f., 202, 233, 263, 268 FamFG).[9]

B. Erläuterungen
I. Verweisung, Abs. 1 Satz 1

4 Die Verweisung setzt einen **Antrag** des Klägers voraus. Dabei ist auch seine **Dispositionsfreiheit** zu beachten. Kündigt der Beklagte lediglich an, sich **rügelos** nach § 39 ZPO einzulassen, nimmt der Kläger daraufhin aber seinen Verweisungsantrag trotz Gelegenheit zur Stellungnahme nicht zurück, hat Verweisung zu erfolgen. Denn der Kläger entscheidet, wo er klagen möchte. Das gilt umso mehr, als der Beklagte nicht an seine Ankündigung rügeloser Einlassung gebunden ist und der Kläger das Risiko einginge, dass in der mündlichen Verhandlung doch die fehlende örtliche oder sachliche Zuständigkeit gerügt wird.[10] Aus diesen Gründen steht es dem Kläger frei, ob er die Verweisung aufrechterhält oder nicht. Etwas anderes mag allenfalls dann gelten, wenn er den Antrag nur hilfsweise gestellt hat.[11] Die Bindungswirkung entfällt auch dann nicht, wenn das Amtsgericht den Hinweis auf die rügelose Einlassung trotz § 504 ZPO nicht gegeben hat.[12] Umgekehrt gilt: Stellt der Kläger nach Hinweis des Gerichts auf seine Unzuständigkeit keinen Verweisungsantrag, wird die Klage als unzulässig abgewiesen.

---

1 BGH, NJW-RR 2008, 1309.
2 BGH, NJOZ 2013, 1816, Rn. 8.
3 OLG Naumburg, BeckRS 2015, 19809.
4 BeckOK-*Bacher*, ZPO, § 281 Rn. 4.
5 OLG Hamm, BeckRS 2016, 04035.
6 Musielak/Voit-*Foerste*, ZPO, § 281 Rn. 2.
7 BGH, NJW-RR 2010, 209 (210); OLG Hamm, BeckRS 2016, 04035.
8 MK-*Prütting*, ZPO, § 281 Rn. 5.
9 Musielak/Voit-*Foerste*, ZPO, § 281 Rn. 6 f.
10 Siehe BGH, BeckRS 2013, 04618.
11 OLG Stuttgart, NJW-RR 2010, 792.
12 BGH, NJW-RR 2013, 1398.

Lediglich **teilweise Unzuständigkeit** berechtigt zur Verweisung, wenn sie für einen abtrennbaren prozessualen Anspruch besteht. Darum kann ein Amtsgericht, das ein Teilversäumnisurteil erlassen hat, den gesamten Rechtsstreit zum Landgericht verweisen.[13]

Die Verweisung muss das gewählte **Gericht bezeichnen.** Nennt der Kläger ein wiederum unzuständiges Gericht, an das verwiesen werden soll, darf dies das zunächst angerufene Gericht wegen der Dispositionsfreiheit des Klägers, wo er klagen möchte, in den Verweisungsbeschluss übernehmen. Die von Amts wegen bei Zulässigkeitsfragen zu beachtende Prüfpflicht des verweisenden Gerichts erstreckt sich nur auf seine eigene Unzuständigkeit. Stellt der Kläger hingegen (evtl. auch trotz Nachfrage) lediglich einen **unbestimmten Verweisungsantrag**, was zulässig ist, muss das verweisende Gericht eigenständig prüfen, an welches Gericht verwiesen werden soll, um seinerseits eine bindende Verweisung zu erreichen.[14] Sind mehrere Gerichte zuständig, richtet sich die Verweisung nach dem Verweisungsantrag, steht also zur Disposition der Partei.

Der entsprechende Beschluss sollte **begründet** werden. Gleichwohl sind auch nicht begründete Beschlüsse bindend, wenn sich die Begründung für die Verweisung aus der Akte ergibt.[15] Dies birgt aber das Risiko willkürlicher und damit nicht bindender Verweisung. Eine Entscheidung über **Kosten** findet nicht statt, sondern erst im Endurteil. Der Beschluss kann **formlos** mitgeteilt werden (Ausnahme: § 329 ZPO).

II. Mehrere Gerichte, Abs. 1 Satz 2

Gibt es mehrere zuständige Gerichte, gilt wieder die Dispositionsfreiheit des Klägers (Rn. 1 zu Satz 1). Er kann frei wählen nach § 35 ZPO, ist an seine Wahl dann aber auch gebunden.[16] Er kann sie nachträglich nicht ändern, auch nicht über den Umweg der Verweisung. Denn letztere ist nicht bindend.[17]

III. Kein Anwaltszwang, Abs. 2 Satz 1

Abs. 2 Satz 1 stellt klar, dass für Anträge und Erklärungen zur Zuständigkeit des Gerichts **kein Anwaltszwang** besteht, § 78 Abs. 3 ZPO.

IV. Unanfechtbarkeit, Abs. 2 Satz 2

Die Verweisung ist **unanfechtbar**, weil der Prozess nicht durch Streit um die Zuständigkeit verzögert und verteuert werden soll.[18] Dies gilt selbst dann, wenn ohne erforderlichen Antrag des Klägers verwiesen worden ist.[19] Hier ist es am aufnehmenden Gericht, die Übernahme des Verfahrens mangels Bindungswirkung abzulehnen. Ob dies Erfolg hat, ist eine Frage des Einzelfalls. So kann auch eine Verweisung **ohne Antrag** bindend sein.[20]

V. Anhängigkeit, Abs. 2 Satz 3

Der **Wechsel** der Gerichte unterbricht die Rechtshängigkeit nicht, sie verschiebt sich vielmehr nur auf das aufnehmende Gericht und dies aus Gründen der Rechtssicherheit auch erst mit Eingang der Akten bei dem Gericht, an das verwiesen wird.[21] Hinsichtlich der Wirkungen werden die Verfahren vor beiden Gerichten als Einheit behandelt, so dass alle bisherigen Prozesshandlungen von Partei und Gericht erhalten bleiben.[22]

VI. Bindungswirkung, Abs. 2 Satz 4

Die in Abs. 2 Satz 4 angeordnete Bindungswirkung soll beide Parteien und Gerichte vor langwierigen Streitigkeiten über die Zuständigkeit bewahren.[23] Die Bindungswirkung hindert auch eine Weiter- und Zurückverweisung[24] sowie Berichtigung des verweisenden Gerichts.[25] Formelle Fehler des Beschlusses, inhaltliche Unrichtigkeiten, irrige Streitwertfestsetzungen,[26]

---

13 Musielak/Voit-*Foerste*, ZPO, § 281 Rn. 7.
14 Noch strenger OLG Hamburg, BeckRS 2015, 15281.
15 Musielak/Voit-*Foerste*, ZPO, § 281 Rn. 10.
16 BeckOK-*Bacher*, ZPO, § 281 Rn. 6.1.
17 Musielak/Voit-*Foerste*, ZPO, § 281 Rn. 8.
18 BGH, NJW-RR 2008, 1309.
19 OLG Koblenz, BeckRS 2012, 09112.
20 So jedenfalls Zöller-*Greger*, ZPO, § 281 Rn. 16.
21 Musielak/Voit-*Foerste*, ZPO, § 281 Rn. 12.
22 BeckOK-*Bacher*, ZPO, § 281 Rn. 23.
23 BGH, NJW-RR 2010, 891, Rn. 13.
24 Thomas/Putzo-*Reichold*, ZPO, § 281 Rn. 13.
25 Musielak/Voit-*Foerste*, ZPO, § 281 Rn. 15.
26 Zöller-*Greger*, ZPO, § 281 Rn. 16.

übersehene oder falsch beurteilte Zuständigkeiten[27] ändern daran nichts. Etwas anderes gilt nach der Rechtsprechung nur dann, wenn die getroffene Entscheidung „schlechterdings nicht nachvollziehbar" i.S.v. **willkürlich** getroffen wurde.[28] Dies ist inhaltlich der Fall, wenn keine Begründung für die Verweisung gegeben, Einwände des Klägers bewusst übergangen oder einhellige Rechtsprechung und Literatur ignoriert wird.[29] Eine Auseinandersetzung mit den Einwänden oder der herrschenden Rechtsprechung lässt hingegen die Willkür entfallen.[30] Die Bindungswirkung entfällt formell, wenn kein **rechtliches Gehör** gewährt wurde.[31] Denn andernfalls sind die Parteien schutzlos gestellt, weil sie die Verweisung nicht mit Rechtsmitteln angreifen können.[32]

13 Lehnt das im Verweisungsbeschluss genannte Gericht die **Übernahme** des Rechtsstreits ab und erklärt sich förmlich für nicht zuständig, kann das zunächst befasste Gericht die Akte dem nächsthöheren Gericht nach § 36 Abs. 1 Nr. 6 ZPO vorlegen, um eine endgültige Zuständigkeitsbestimmung zu erhalten.[33]

VII. Kosten, Abs. 3

14 Nach Abs. 3 Satz 1 werden **Kosten** in der Verweisung nicht angesprochen. Vielmehr entscheidet erst das übernehmende Gericht im Urteil über die Kosten des Rechtsstreits, die auch die Mehrkosten durch Anrufung des unzuständigen Gerichts betreffen. Das übernehmende Gericht muss in seinem Urteil auch über die Mehrkosten (Abs. 3 Satz 2) entscheiden, die zunächst durch die Anrufung eines unzuständigen Gerichts entstanden sind. Unterlässt es dies, muss der Kläger **Urteilsergänzung** nach § 321a ZPO analog beantragen.[34]

VIII. Formulierungsbeispiele[35]

15 Für einen Verweisungsbeschluss bei **örtlicher Unzuständigkeit**:

Das Landgericht X erklärt sich für örtlich unzuständig und verweist den Rechtsstreit auf den Antrag des Klägers nach Anhörung der Beklagten an das zuständige Landgericht Y.

16 Für einen Verweisungsbeschluss bei **sachlicher Unzuständigkeit**:

Das Amtsgericht X erklärt sich für sachlich unzuständig und verweist den Rechtsstreit auf den Antrag des Klägers nach Anhörung der Beklagten an das zuständige Landgericht Y.

17 Für eine **Ablehnung der Übernahme**:

Das Landgericht X erklärt sich für örtlich/sachlich unzuständig. Der Rechtsstreit wird unter Ablehnung der Übernahme an das Landgericht Y zurückgegeben.

18 Für eine **Kostenentscheidung** im Urteil:

Die Kosten des Rechtsstreits trägt die Beklagte mit Ausnahme der Kosten, die durch die Verweisung entstanden sind; diese trägt der Kläger selbst.

C. Rechtsmittel

19 Gegen eine fehlerhafte Verweisung gibt es keine Rechtsbehelfe, § 281 Abs. 2 Satz 2 ZPO. Sie ist der Überprüfung auch im Rechtsmittelzug entzogen.[36] Eine Kontrolle findet nur durch das übernehmende Gericht statt, vgl. aber Abs. 2 Satz 4 (hier Rn. 12).

D. Praxishinweise

20 Für das **Gericht**:

Um willkürliche Verweisungsbeschlüsse ohne Bindungswirkung zu verhindern, sind v.a. drei Punkte zu beachten:

1. Zustellung der Klage, um Rechtshängigkeit herzustellen.
2. Gewähren auch der Beklagtenseite rechtlichen Gehörs.

---

27 BGH, NJW-RR 2015, 1016.
28 OLG München, BeckRS 2016, 06134.
29 Baumbach/Lauterbach/Albers/Hartmann, ZPO, § 281 Rn. 43.
30 OLG Dresden, NJW-RR 2010, 166.
31 BGH, NJW-RR 2015, 1016.
32 BGH, NZA-RR 2015, 552 (553).
33 OLG München, BeckRS 2016, 01561.
34 Musielak/Voit-*Foerste*, ZPO, § 281 Rn. 18.
35 Vgl. auch § 1 Rn. 4.
36 BGH, NJW 2014, 2125, Rn. 11.

3. Begründung des Beschlusses und Eingehen auf Einwände des Klägers sowie möglicher zuständigkeitsbegründender Regelungen. Auch der fehlerhafte Verweisungsbeschluss bindet das nachfolgende Gericht, selbst wenn das abgebende von entgegenstehender Rechtsprechung und Literatur abweicht. Entscheidend ist nur die rechtlich vertiefte Auseinandersetzung damit.

§ 282
Rechtzeitigkeit des Vorbringens

(1) Jede Partei hat in der mündlichen Verhandlung ihre Angriffs- und Verteidigungsmittel, insbesondere Behauptungen, Bestreiten, Einwendungen, Einreden, Beweismittel und Beweiseinreden, so zeitig vorzubringen, wie es nach der Prozesslage einer sorgfältigen und auf Förderung des Verfahrens bedachten Prozessführung entspricht.

(2) Anträge sowie Angriffs- und Verteidigungsmittel, auf die der Gegner voraussichtlich ohne vorhergehende Erkundigung keine Erklärung abgeben kann, sind vor der mündlichen Verhandlung durch vorbereitenden Schriftsatz so zeitig mitzuteilen, dass der Gegner die erforderliche Erkundigung noch einzuziehen vermag.

(3) ¹Rügen, die die Zulässigkeit der Klage betreffen, hat der Beklagte gleichzeitig und vor seiner Verhandlung zur Hauptsache vorzubringen. ²Ist ihm vor der mündlichen Verhandlung eine Frist zur Klageerwiderung gesetzt, so hat er die Rügen schon innerhalb der Frist geltend zu machen.

Inhalt:

	Rn.		Rn.
A. **Allgemeines**	1	II. Vorbereitende Schriftsätze, Abs. 2	9
B. **Erläuterungen**	2	III. Zulässigkeitsrügen, Abs. 3 Satz 1	14
I. Prozessförderungspflicht, Abs. 1	2	1. Zulässigkeitsrügen	16
1. Angriffs- und Verteidigungsmittel	3	2. Gleichzeitig und vor der Verhandlung	18
2. So zeitig (und vollständig) vorzubringen	4	IV. Fristen, Abs. 3 Satz 2	19
3. Wie es nach dem Prozess geboten ist	7	C. **Rechtsmittel**	21
		D. **Praxishinweise**	22

A. Allgemeines

Die Vorschrift legt den Parteien Prozessförderungspflichten auf und hält sie als Ausfluss des Beschleunigungsgrundsatzes zu einer sorgfältigen und zügigen Prozessführung an. Kommen sie dem nicht nach, kann das Gericht das verspätete Vorbringen in den Fällen der Abs. 1 (ab dem zweiten Termin)[1] und Abs. 2 (ab dem ersten Termin) nach § 296 Abs. 2 ZPO und im Fall des Abs. 3 bei verzichtbaren Rügen nach § 296 Abs. 3 ZPO zurückweisen. Die Prozessförderungspflicht erleichtert dem Gericht die Terminsvorbereitung und dem jeweiligen Gegner eine rechtzeitige Stellungnahme. Das konzentriert den Streitstoff sachgerecht[2] und verhindert eine nur „tropfenweise"[3] Information des Gerichts durch die Parteien. 1

B. Erläuterungen
I. Prozessförderungspflicht, Abs. 1

Abs. 1 definiert **Mindestanforderungen** an den Vortrag in der mündlichen Verhandlung, gilt aber laut BGH[4] erst ab dem zweiten Termin in einer Instanz und kann bis dahin sanktionslos missachtet werden. Nach dieser Rechtsprechung kann also Vorbringen im ersten Termin nie nach Abs. 1 verspätet sein. Abs. 1 gilt auch im schriftlichen Verfahren (§ 128 Abs. 2 ZPO), d.h. die Prozessförderungspflicht gebietet es, bis zum Fristende nach § 128 Abs. 2 Satz 2 ZPO vorzutragen. Vor Arbeitsgerichten gilt Abs. 1 nur im Urteilsverfahren (§§ 46 Abs. 2, 64 Abs. 6 ArbGG). 2

1. Angriffs- und Verteidigungsmittel
Angriffs- und Verteidigungsmittel sind alle zur Begründung oder Abwehr des Sachantrags vorgebrachten tatsächlichen Behauptungen, insbesondere Bestreiten, Einwendungen, Einreden, Beweismittel und Beweiseinreden.[5] 3

---

1 BGH, BeckRS 2014, 15333.
2 Musielak/Voit-*Foerste*, ZPO, § 282 Rn. 1.
3 MK-*Prütting*, ZPO, § 282 Rn. 19.
4 BGH, BeckRS 2014, 15333.
5 Zöller-*Greger*, ZPO, § 282 Rn. 2, 2a.

2. So zeitig (und vollständig) vorzubringen

4 Der richtige Zeitpunkt für das jeweilige Angriffs- oder Verteidigungsmittel richtet sich nach der Prozesslage. Verstöße können nach § 296 Abs. 2 ZPO zum Ausschluss des Vorbringens führen.

5 Die jeweiligen **Beweismittel** muss der Beweisführer vollständig bezeichnen, sobald sich ihre Bedeutung abzeichnet. Er darf nicht erst den Erfolg früherer Beweisangebote abwarten, vgl. § 279 Rn. 8.[6] Ist Beweisantritt des Beweispflichtigen erfolgt, bedürfen auch etwaige Gegenbeweise der frühzeitigen Präzisierung.[7]

6 Die „in anwaltlichen Schriftsätzen häufiger auftretende Nachlässigkeit"[8] der **Zeugenbenennung mit „N.N."** ist keine vollständige Bezeichnung und lässt die notwendige Individualisierung der Beweisperson vermissen (siehe auch § 373 ZPO). Sie ist daher unbeachtlich, fällt unter § 282 ZPO (ggf. i.V.m. § 296 ZPO) und bedarf **keines** richterlichen **Hinweises** nach § 139 Abs. 1 Satz 2, Abs. 4 ZPO.[9] Einer zusätzlichen Beibringungsfrist nach § 356 ZPO bedarf es nicht. Dies gilt erst recht, wenn die Partei anwaltlich vertreten ist.[10] Zwar macht der BGH[11] neuerdings eine Einschränkung: So sei ausnahmsweise ein Angebot auf Vernehmung eines mit „N.N." benannten Zeugen zu berücksichtigen, wenn dieser – etwa durch Hinweis auf seine konkrete betriebliche Funktion – hinreichend individualisierbar sei. Dann bedürfe es einer vorherigen Fristsetzung nach § 356 ZPO. Dies ist jedoch abzulehnen, da neue Abgrenzungsschwierigkeiten die Folge sind. Denn es ist nicht einzusehen, wieso es der Partei bei schwer darstellbaren Verteidigungsmitteln freistehen soll, diese zunächst nur anzukündigen und erst auf Hinweis des Gerichts zu substantiieren.[12] Es gilt weiterhin der **Beibringungsgrundsatz**. Der bloße Hinweis des Gerichts macht die Benennung etwa des Zeugen nicht einfacher und der benötigte Zeitgewinn kann auch auf andere Weise erreicht werden. Braucht die vollständige Benennung des Beweismittels Zeit, ist es am Beweisführer, sich bei Gericht mehr Zeit auszubedingen und einen Zeitraum zu benennen, bis wann er seinen Beweisantrag vervollständigt hat. Dem sollte das Gericht bei rechtlich schwierigem oder besonders umfangreichem Streitstoff nachkommen. Alle anderen Lösungen liefen der Prozessförderungspflicht der Parteien zuwider.

3. Wie es nach dem Prozess geboten ist

7 Ob Vorbringen geboten ist, hängt nach Abs. 1 ab von der **Prozesslage** und dem gegnerischen Vortrag. Keine Partei muss sich präventiv mit Angriffs- und Verteidigungsmitteln beschäftigen, d.h. es bedarf keiner Reaktion auf möglichen, aber noch nicht gehaltenen Vortrag, selbst bei diesbezüglichen vor- oder außergerichtlichen Anhaltspunkten. Nach dem BGH ist eine „vorauseilende Eigeninitiative für die Partei nicht zumutbar".[13] Die Partei kann aber im Rahmen der **Zumutbarkeit** gehalten sein, die zivilrechtlichen Voraussetzungen des Angriffs- oder Verteidigungsmittels zu schaffen, etwa wenn es durch schlichte Erklärung passieren kann. **Beispiele** sind insbesondere Gestaltungs- und Gegenrechte: Aufrechnung und Verjährung, Anfechtung und Rücktritt.[14]

8 Der Zweck des § 282 ZPO (Prozessförderung) verbietet es, Vorbringen aus prozesstaktischen Erwägungen zurückzuhalten[15] oder nur nach und nach in den Rechtsstreit einzubringen.[16] Die Parteien sind jedoch grundsätzlich nicht verpflichtet, Umstände zu ermitteln, die ihnen nicht bekannt sind, es sei denn, sie haben für die mögliche Relevanz im Prozess konkrete Anhaltspunkte.[17] Solche besonderen **Umstände** können sein: weitere Erbberechtigte (bei Erbschaft), weitere Kinder (aus früherer Ehe). Ebenso trifft die Parteien regelmäßig keine Pflicht, die Richtigkeit bisher bekannter Umstände in Zweifel zu ziehen und zu deren Verlässlichkeit Ermittlungen anzustellen oder Erkundigungen einzuziehen.[18] Die Partei muss insb. nicht fehlende eigene Sachkunde durch Einholung eines Privatgutachtens kompensieren.[19]

---

6 Musielak/Voit-*Foerste*, ZPO, § 282 Rn. 5; Zöller-*Greger*, ZPO, § 282 Rn. 3.
7 Musielak/Voit-*Foerste*, ZPO, § 282 Rn. 5.
8 So BGH, NJW 2011, 1738 (1739).
9 Mit Recht BGH, BeckRS 2014, 23594 Rn. 6; Musielak/Voit-*Foerste*, ZPO, § 282 Rn. 5; a.A. OLG Frankfurt a.M., MDR 2014, 298.
10 BGH, NJW 1987, 3077 (3080); a.A. *Gottschalk*, NJW 2004, 2939 (2940f.).
11 BGH, BeckRS 2014, 23594 Rn. 6 unter Verweis auf BGH, NJW 1998, 2368.
12 So Musielak/Voit-*Foerste*, ZPO, § 282 Rn. 6.
13 BGH, NJW 2003, 1400 (1401).
14 Musielak/Voit-*Foerste*, ZPO, § 282 Rn. 2, 5.
15 BGH, NJW-RR 2014, 85, dort auch zu Ausnahmen.
16 BeckOK-*Bacher*, ZPO, § 282 Rn. 4.
17 BGH, BeckRS 2012, 19868.
18 BGH, BeckRS 2012, 19868.
19 BGH, NJW 2003, 1400 (1401).

II. Vorbereitende Schriftsätze, Abs. 2

Abs. 2 enthält ergänzende Regelungen für den Fall vorbereitender Schriftsätze. Diese müssen so zeitig eingereicht werden, dass der Gegner erforderliche Erkundigungen noch vor der mündlichen Verhandlung einholen kann. Der Gegner soll sich im Verhandlungstermin insbesondere zu neuen Tatsachenbehauptungen der anderen Partei nach § 138 ZPO substantiiert und wahrheitsgemäß erklären, um sachgemäß verhandeln zu können. Hierzu werden vielfach nicht nur **Rückfragen** des Anwalts beim Mandanten, sondern auch Erkundigungen bei Dritten erforderlich sein. Nach dem BGH dient die Vorschrift aber nur dem Schutz des Gegners: § 282 Abs. 2 ZPO verlange nicht, neues Vorbringen so rechtzeitig schriftsätzlich anzukündigen, dass das Gericht noch vorbereitende Maßnahmen nach § 273 ZPO treffen könne.[20] § 282 Abs. 2 ZPO bezwecke nicht, dem Richter die rechtzeitige Terminsvorbereitung zu ermöglichen. Dafür böten terminsvorbereitende Verfügungen mit Fristsetzungen nach § 273 Abs. 2 Nr. 1 ZPO i.V.m. § 296 Abs. 1 ZPO eine Handhabe.[21]

Zu Angriffs- und Verteidigungsmitteln siehe Rn. 3.

So zeitig mitzuteilen, dass vorherige Erkundigung möglich: Welcher Zeitraum für eine vorherige Erkundigung erforderlich ist, hängt vom Einzelfall ab. Orientierung liefern aber § 132 ZPO (bei vorbereitenden Schriftsätzen mindestens 1 Woche), § 274 Abs. 3 ZPO und § 277 Abs. 3 ZPO (Einlassungs- und Klageerwiderungsfrist jeweils mindestens 2 Wochen). Nach dem BGH dürfen diese Paragraphen aber nicht allein zur Begründung herangezogen werden.[22] Maßstab müsse immer bleiben, ob und welche Zeit der Gegner benötige, um Erkundigungen einzuholen – sei es durch Rückfrage des Anwalts beim Mandanten oder Nachfrage bei Dritten.[23] Benennt die Partei Zeugen außerhalb der Fristen (etwa des § 132 ZPO), handelt sie aber jedenfalls auf eigenes **Risiko**, dass das Angriffs- oder Verteidigungsmittel als verspätet zurückgewiesen wird.[24] So kann es umgekehrt auch sein, dass die Einhaltung der o.g. Fristen ausreicht und längere Fristen zur Erkundigung notwendig sind.[25] Ob Erkundigungen nur erforderlich sind bei neuem Vortrag, nicht aber beim **Bestreiten** von Vortrag der Gegenseite,[26] ist zweifelhaft. Denn auch das erstmalige Bestreiten kann Erkundigungspflichten nach sich ziehen, da erst ab diesem Zeitpunkt rechtlich Beweisfälligkeit droht. Anders mag es sein, wenn für eine streitige Behauptung lediglich neue Beweise angeboten werden.[27]

Erweist sich der Zeitraum als zu kurz und konnte die Partei dies erkennen (**„voraussichtlich"**), so ist Abs. 2 verletzt, wenn ein rechtzeitiges Vorbringen möglich war (Abs. 1 analog).[28] Das verspätete Vorbringen bewirkt, dass der Gegner die Einlassung entgegen § 138 Abs. 3 ZPO verweigern darf.

Der **Verstoß** gegen Abs. 2 führt – auf Antrag – zum Schriftsatznachlass des Gegners nach § 283 ZPO, bei anschließendem Bestreiten ggf. zur Anwendung der **Präklusions**vorschrift des § 296 Abs. 2 ZPO oder Verhängung einer **Verzögerungsgebühr** nach § 38 GKG. Mehrkosten für einen neuen oder weiteren Termin können dem Verursacher nach § 95 ZPO auferlegt werden.[29]

III. Zulässigkeitsrügen, Abs. 3 Satz 1

Abs. 3 soll dazu beitragen, dass Bedenken gegen die Zulässigkeit bekannt werden, bevor mit vergeblichem Aufwand sinnlos zur Hauptsache verhandelt wird. Ein Verstoß gegen Abs. 3 führt zur Anwendung der Präklusionsvorschrift des § 296 Abs. 3 ZPO, in der Berufungsinstanz des § 532 ZPO.

Sondervorschriften auch hinsichtlich der Fristen gelten für Unzuständigkeitsregelungen nach §§ 39, 1032 ZPO oder § 101 Abs. 1 GVG.

1. Zulässigkeitsrügen

Zulässigkeitsrügen i.S.d. Abs. 3 sind alle Einwendungen, die das Fehlen einer Prozessvoraussetzung beanstanden. Sind diese von Amts wegen zu prüfen, sind Mängel jederzeit zu beachten, unabhängig vom verspäteten Vorbringen. Dann bleibt ein Verstoß gegen Abs. 3 folgenlos, sodass die Vorschrift nur für verzichtbare Rügen von Relevanz ist.

---

20 BGH, NJW 1999, 2446 (2446f.).
21 BGH, BeckRS 2007, 00607.
22 Etwa BGH, BeckRS 2006, 06251 für § 132 ZPO.
23 BGH, NJW 1999, 2446 (2446f.).
24 LG Kassel, BeckRS 2014, 04182.
25 Etwa BGH, NJW 1982, 1533 (1534) für § 274 Abs. 3 ZPO.
26 So BeckOK-*Bacher*, ZPO, § 282 Rn. 6 unter Verweis auf BGH, NJW-RR 2005, 1007 (1008).
27 BGH, NJW 1989, 716 (717).
28 Musielak/Voit-*Foerste*, ZPO, § 282 Rn. 9.
29 BeckOK-*Bacher*, ZPO, § 282 Rn. 16.

17 **Verzichtbare Rügen** (d.h. sie müssen geltend gemacht werden) sind:
  – keine Prozessvollmacht nach § 88 Abs. 1 ZPO,
  – keine Ausländersicherheit nach §§ 110, 113 ZPO,
  – anderweitige Rechtshängigkeit nach § 261 Abs. 3 Nr. 1 ZPO wegen unwirksamem Vergleich aus Vorprozess,[30]
  – keine Kostenerstattung nach § 269 Abs. 6 ZPO,
  – vorrangiger Schiedsvertrag nach § 1032 ZPO oder sonstige außergerichtliche Vereinbarungen.

2. Gleichzeitig und vor der Verhandlung

18 **Gleichzeitig** bedeutet: Verzichtbare Rügen und die sie stützenden Tatsachen dürfen nicht nach und nach vorgebracht werden – und auch nicht erst, wenn sich abzeichnet, dass die Einwendungen gegen die Begründetheit oder eine von mehreren in Betracht kommenden Zulässigkeitsrügen erfolglos bleiben. Vielmehr müssen die Rügen bis zum Beginn der mündlichen Verhandlung erhoben sein. Erst dort erhobene Rügen sind verspätet.

IV. Fristen, Abs. 3 Satz 2

19 Satz 2 trifft die ohne weiteres einsichtige Aussage, dass Fristen dazu da sind, eingehalten zu werden. Setzt das Gericht nach § 128 Abs. 2 ZPO, § 275 Abs. 1 ZPO oder § 276 Abs. 1 ZPO eine Frist zur Klageerwiderung, müssen die Rügen wann auch immer, aber jedenfalls innerhalb dieser Frist erhoben werden. Entsprechendes gilt wegen § 340 Abs. 3 ZPO für die Einspruchsfrist nach Versäumnisurteil, es sei denn, die Partei hat zuvor bereits eine Frist zur schriftlichen Klageerwiderung versäumt.[31]

20 In der mündlichen Verhandlung werden die schriftsätzlich angekündigten Rügen in der Regel durch stillschweigende **Bezugnahme** auf die vorbereitenden Schriftsätze erhoben.[32] Andernfalls hätte es einer Regelung wie § 39 ZPO bedurft.

C. Rechtsmittel

21 Auch im Berufungsverfahren gilt Abs. 1 wegen § 525 ZPO. Wird neues Vorbringen unter Verstoß gegen Abs. 1 erst in der zweiten Instanz vorgetragen, ist es nach § 531 ZPO ausgeschlossen. Hielt das erstinstanzliche Gericht das Vorbringen fälschlicherweise für ausreichend, muss das Rechtsmittelgericht auf seine abweichende Ansicht hinweisen.[33] **Verzichtbare Rügen** nach Abs. 3 müssen in der Berufungsinstanz spätestens in der Berufungsbegründung (wenn der Beklagte die erste Instanz verloren hat) oder in der Berufungserwiderung (wenn der Beklagte die erste Instanz gewonnen hat) erhoben bzw. wiederholt werden.[34]

D. Praxishinweise

22 Für den **Anwalt**:
Der **Verstoß** gegen Abs. 1 oder Abs. 2 führt nur zur Anwendung der Präklusionsvorschrift des § 296 Abs. 2 ZPO, wenn **Schriftsatznachlass** nach § 283 ZPO beantragt und in diesem das verspätete Vorbringen (im Rahmen des § 138 ZPO) **bestritten** wurde. Sollte dennoch ein neuer Termin nötig werden, kann bei Gericht die Anwendung der § 38 GKG (Verhängung einer **Verzögerungsgebühr**) oder § 95 ZPO (Verschuldete Mehrkosten) angeregt werden

23 Für das **Gericht**:
Der **Verstoß** gegen Abs. 1 oder Abs. 2 sollte durch die Anwendung der Präklusionsvorschrift des § 296 Abs. 2 ZPO sanktioniert werden. Voraussetzung hierfür ist allerdings ein vom Gegner beantragter und gewährter Schriftsatznachlass nach § 283 ZPO, in dem dieser das verspätete Vorbringen bestreitet, da unstreitiger Vortrag nicht verzögert und daher niemals verspätet sein kann.[35] Alternativ oder kumulativ bietet sich die Verhängung einer **Verzögerungsgebühr** nach § 38 GKG an. Zudem können **Mehrkosten** für neue Termine dem Verursacher nach § 95 ZPO auferlegt werden.[36]

---

30 BGH, NJW 2014, 394.
31 BeckOK-*Bacher*, ZPO, § 282 Rn. 12.
32 So BeckOK-*Bacher*, ZPO, § 282 Rn. 11.
33 BGH, NJW-RR 2006, 937.
34 BeckOK-*Bacher*, ZPO, § 282 Rn. 13.
35 *Baudewin/Wegner*, NJW 2014, 1479 (1481).
36 BeckOK-*Bacher*, ZPO, § 282 Rn. 16.

§ 283
Schriftsatzfrist für Erklärungen zum Vorbringen des Gegners

[1]Kann sich eine Partei in der mündlichen Verhandlung auf ein Vorbringen des Gegners nicht erklären, weil es ihr nicht rechtzeitig vor dem Termin mitgeteilt worden ist, so kann auf ihren Antrag das Gericht eine Frist bestimmen, in der sie die Erklärung in einem Schriftsatz nachbringen kann; gleichzeitig wird ein Termin zur Verkündung einer Entscheidung anberaumt. [2]Eine fristgemäß eingereichte Erklärung muss, eine verspätet eingereichte Erklärung kann das Gericht bei der Entscheidung berücksichtigen.

Inhalt:

	Rn.		Rn.
A. Allgemeines	1	III. Formulierungsbeispiel	17
B. Erläuterungen	3	C. Rechtsmittel	18
I. Schriftsatznachlass, Satz 1	3	D. Praxishinweis	19
II. Berücksichtigung, Satz 2	13		

A. Allgemeines

§ 283 ZPO ist eine der am meisten missverstandenen Vorschriften der ZPO. Sie sichert (lediglich) das rechtliche Gehör, begründet aber gerade **keine** umfassende Stellungnahmefrist für Dinge, die in der mündlichen Verhandlung passiert sind, schon gar nicht für **Beweisaufnahmen**. Lediglich ausnahmsweise muss das Gericht nach Auffassung der obergerichtlichen Rechtsprechung[1] nach höchst komplizierten Beweisaufnahmen den Parteien auf Antrag Schriftsatznachlass gewähren. Das ist aber sicherlich nicht der Fall, wenn lediglich Zeugen in einem Verkehrsunfall oder ein Sachverständiger ergänzend vernommen werden. Grundsätzlich beschränkt sich der Anwendungsbereich der Norm darauf, dass ein **Vorbringen** nicht mit dem in § 132 ZPO und § 282 Abs. 2 ZPO vorgegebenen zeitlichen Vorlauf durch einen vorbereitenden Schriftsatz angekündigt wurde. Um hierdurch eine Vertagung oder weitere mündliche Verhandlung zu verhindern, darf sich der Gegner noch schriftlich äußern, wenn eine sofortige Erklärung im Termin nicht möglich ist.

1

Die Vorschrift ist **nicht** anwendbar im **einstweiligen Rechtsschutz**.[2] Vielmehr muss jede Prozesspartei unmittelbar in der mündlichen Verhandlung alle erforderlichen Angriffs-, Verteidigungs- und Glaubhaftmachungsmittel vorlegen und Vorsorge für neuen und/oder ergänzenden Sachvortrag der Gegenpartei treffen. Dies gilt umso mehr, als der Antragsteller als Angreifer den Zeitpunkt der Verfahrenseinleitung in der Hand und die Verfahrensart selbst gewählt hat. Es ist dann an ihm, im Rahmen ordnungsgemäßer Prozessführung alle hierzu notwendigen Informationen und Unterlagen zeitnah vor der Einleitung eines Eilverfahrens zu beschaffen, um ggf. im Termin angemessen reagieren zu können. Dies ist dem einstweiligen Rechtsschutz gerade immanent, so dass nach dem Termin keine weiteren Fristen für etwaige ergänzende Recherchen o. ä. zuzubilligen sind.[3]

2

B. Erläuterungen
I. Schriftsatznachlass, Satz 1

Vorbringen meint Tatsachenbehauptungen, insbesondere Angriffs- und Verteidigungsmittel. Beweisangebote und Beweiserhebungen sind kein Vorbringen. Beweisangebote sollen Vorbringen durch Fakten untermauern, Beweiserhebungen sind Erkenntnismaßnahmen des Gerichtes für die eigene Entscheidungsfindung. **Neu** ist es, wenn es sich nicht in der Wiederholung oder im bloßen Bestreiten früheren Vorbringens erschöpft.[4]

3

Nicht rechtzeitig mitgeteilt ist das Vorbringen, wenn die zeitlichen Anforderungen des § 282 Abs. 2 ZPO nicht eingehalten sind.[5] Dabei bildet **§ 132 ZPO** die **Untergrenze**, d.h. eine Unterschreitung der Wochenfrist ist in jedem Fall nicht rechtzeitig.[6] Daher ist die Vorschrift nicht nur zu beachten, wenn ein Schriftsatz „in der mündlichen Verhandlung" übergeben wird, sondern auch wenn er nicht rechtzeitig vor der mündlichen Verhandlung eingereicht wurde.[7]

4

---

1 Etwa BGH, NJW 1991, 1547 (1548).
2 OLG Hamburg, GRUR-RR 2009, 365 (367); BeckOK-*Bacher*, ZPO, § 283 Rn. 7.
3 OLG Hamburg, GRUR-RR 2009, 365 (367).
4 OLG Düsseldorf, BeckRS 2014, 14730.
5 BeckOK-*Bacher*, ZPO, § 283 Rn. 4.
6 Musielak/Voit-*Foerste*, ZPO, § 283 Rn. 4.
7 VGH München, BeckRS 2009, 43475.

5   Ob der Gegner in der Lage ist, sich sofort zu dem neuen Vorbringen **zu erklären**, hängt von den Umständen des Einzelfalles ab. Dem Gericht wird für die Beurteilung dieser Frage ein Ermessen eingeräumt („kann"). Ist die Partei in der mündlichen Verhandlung anwesend, kann sie in der Regel auch direkt etwas dazu sagen. Denn sie muss sich ebenfalls ausreichend auf den Termin **vorbereiten**. Kommt sie dem nicht nach und kann aus diesen Gründen keine sofortige Erklärung abgeben, besteht kein Anlass für die Einräumung eines Schriftsatzrechtes.[8] Hierfür dürfen jedoch nicht zu hohe Anforderungen gestellt werden. Denn letztlich hat der Gegner den Schriftsatz verspätet eingereicht, sodass er auch das Risiko hierfür trägt und tragen soll.

6   Die angemessene **Frist**setzung für gewährten Schriftsatznachlass erfolgt durch Beschluss. Über die Folgen einer Fristversäumung muss nicht belehrt werden. Fristverlängerung ist nach §§ 224 f. ZPO möglich.

7   Wird Schriftsatznachlass gewährt und ergeht daraufhin im Verkündungstermin ein Urteil, wird dessen Wirkung (§§ 322, 323 Abs. 2, 767 Abs. 2 ZPO) dadurch erweitert, dass der Schriftsatznachlass den Schluss der mündlichen Verhandlung für beachtliches neues Vorbringen bis zum Fristablauf für die begünstigte Partei verschiebt.[9]

8   Die **Ablehnung** des Schriftsatznachlasses ist zu begründen. So darf das Gericht nicht über einen Antrag auf Schriftsatznachlass hinweggehen, ohne Gründe anzuführen, die eine Ablehnung der Frist i.S.d. § 283 ZPO rechtfertigen.[10]
    Mögliche **Gründe** sind:
    – Vorbringen ist nicht entscheidungserheblich.[11]
    – Frist des § 132 ZPO ist eingehalten.
    – Schriftsatznachlass außerhalb des Anwendungsbereichs des § 283 ZPO oder § 139 Abs. 5 ZPO (z.B. Antrag auf Stellungnahme zur Beweisaufnahme).[12]
    – Partei kann sich sofort erklären oder nur nicht erklären, weil sie nicht ausreichend auf den Termin vorbereitet ist.
    – Es handelt sich um ein Verfahren im einstweiligen Rechtsschutz.[13]

9   Ein Antrag auf **Vertagung** enthält nicht als „Minus" auch einen Antrag auf Gewährung eines Schriftsatzrechts.[14] Das Gericht muss auch nicht nach § 139 Abs. 1 ZPO auf eine Klarstellung hinwirken, da die Partei grundsätzlich anwaltlich vertreten ist und dem Parteivertreter der Unterschied zwischen Vertagung und Schriftsatznachlass bekannt sein sollte.[15] Es bedarf auch für die Partei **keines Hinweises** auf die Möglichkeit eines Schriftsatznachlasses, weil diese Möglichkeit dem Rechtsanwalt bekannt ist/sein muss. Hat die Partei **keinen Anwalt**, hat sie sich – etwa aus Kostengründen – bewusst gegen fachliche Rechtshilfe entschieden und kann nicht nur die hiermit verbundenen Chancen nutzen, sondern muss auch die jeweiligen Risiken tragen. Dann darf die Partei aber auch nicht erwarten, dass das Gericht den Job des Anwalts kostenlos übernimmt. Dies würde vielmehr einseitig die Partei benachteiligen, die einen Anwalt mandatiert hat, und so gegen das **Neutralitätsgebot** des Gerichts verstoßen.[16]

10 Der Gegner kann die sofortige Zurückweisung des nicht rechtzeitig mitgeteilten Vorbringens nicht dadurch erzwingen, dass er keinen Antrag auf Einräumung eines Schriftsatzrechts stellt. Vielmehr gilt dann sein Vorbringen gemäß § 138 Abs. 3 ZPO als zugestanden.[17] Eine mögliche Verzögerung und damit auch Präklusion nach § 296 ZPO kann immer nur dann eintreten, wenn der Gegner das verspätete Vorbringen auch bestreitet.[18]

11 Es kann immer **nur einer Partei** Schriftsatznachlass zur gleichen Frage gewährt werden.[19] Auch darf dem Gegner auf den Schriftsatznachlass **keine** Möglichkeit zur **Erwiderung** eingeräumt werden. Beides würde die Voraussetzungen des hierfür vorgesehenen schriftlichen Verfahrens nach § 128 Abs. 2 ZPO umgehen und ist daher unzulässig. Es kann stattdessen ins schriftliche Verfahren gewechselt werden. Möglich ist aber Schriftsatznachlass für verschie-

---

8 VerfGH Wiesbaden, BeckRS 2008, 36934.
9 Musielak/Voit-*Foerste*, ZPO, § 283 Rn. 15.
10 BVerfG, NJW 2015, 1166.
11 Zöller-*Greger*, ZPO, § 283 Rn. 2a.
12 *Baudewin/Wegner*, NJW 2014, 1479 (1483).
13 OLG Hamburg, GRUR-RR 2009, 365 (367).
14 Mit Recht Musielak/Voit-*Foerste*, ZPO, § 283 Rn. 6; a.A. OLG Köln, NJW-RR 1998, 1076.
15 Ähnlich Musielak/Voit-*Foerste*, ZPO, § 283 Rn. 6; a.A. BeckOK-*Bacher*, ZPO, § 283 Rn. 10.1.
16 Differenzierend Musielak/Voit-*Foerste*, ZPO, § 283 Rn. 6.
17 BeckOK-*Bacher*, ZPO, § 283 Rn. 11.
18 *Baudewin/Wegner*, NJW 2014, 1479 (1483).
19 BPatG, BeckRS 2014, 16754.

dene Parteien zu verschiedenen Fragen. Wird Schriftsatznachlass gewährt, verschiebt sich auch der für § 767 Abs. 2 ZPO und § 323 Abs. 2 ZPO relevante Zeitpunkt, bis zu dem Einwendungen geltend gemacht werden können, nach hinten.[20]

Zugleich wird ein **Verkündungstermin** anberaumt. Verkündet werden kann dann entgegen § 310 Abs. 1 Satz 2 ZPO nach einer längeren Zeit als 3 Wochen; im Schriftsatznachlass ist ein wichtiger Grund zu sehen.

II. Berücksichtigung, Satz 2

Wird in einem **rechtzeitig eingegangenen** Schriftsatz das nicht rechtzeitige Vorbringen der Gegenseite bestritten, kann dies zur Zurückweisung nach § 296 Abs. 1 oder 2 ZPO führen. Wird es nicht bestritten, ist es trotz Verspätung zu berücksichtigen.[21]

Enthält der nachgelassene Schriftsatz entscheidungserhebliches neues Vorbringen, das durch das nicht rechtzeitig mitgeteilte Vorbringen der Gegenseite veranlasst ist, ist nach der Rechtsprechung die mündliche Verhandlung wiederzueröffnen oder das schriftliche Verfahren anzuordnen, um rechtliches Gehör zu gewähren. Das soll auch gelten, wenn das Gericht neues Vorbringen in dem nachgelassenen Schriftsatz gemäß § 296 ZPO zurückweisen will.[22] Das macht allerdings keinen Sinn, denn: Wenn das Gericht eine neue mündliche Verhandlung anberaumen muss, ist sowieso keine Verspätung mehr gegeben, weil ja – eigentlich präkludierte – Beweismittel, etwa Zeugen, dann zu diesem Termin geladen oder in diesem berücksichtigt werden können. Die Präklusionsvorschriften liefen unnötig ins Leere.

Vom Schriftsatzrecht gedeckt ist nur Vortrag, der mit dem nicht rechtzeitig angekündigten Vorbringen des Gegners in Zusammenhang steht, durch diesen veranlasst ist und sich als Erwiderung darauf darstellt.[23] Darüber hinausgehendes Vorbringen bleibt nach § 296a ZPO unberücksichtigt und zwingt nicht zur Wiedereröffnung der mündlichen Verhandlung, sondern steht nach §§ 296a Satz 2, 156 Abs. 2 ZPO im Ermessen des Gerichts.[24] Nicht zu berücksichtigen sind daher neuer Sachvortrag, nachgeschobene Anträge oder prozesshindernde Einreden.[25]

Ob ein **verspätet eingegangener** Schriftsatz berücksichtigt wird, liegt im Ermessen des Gerichts.[26] **Ermessensgesichtspunkte** sind: Beschleunigungsgrundsatz, genügende Entschuldigung der Verspätung, Verfahrensfehler des Gerichts, ausreichende Erklärung der Partei im Termin, inwieweit die Entscheidung über die Klage schon vorbereitet war und diese Arbeiten bei Beachtung der verspäteten Erklärung entwertet würden.[27] Von der Berücksichtigung des Schriftsatzes sollte nur sparsam Gebrauch gemacht werden, denn es ist **nicht Sinn** der Wiedereröffnung der mündlichen Verhandlung, prozessuale Nachlässigkeiten einer Partei auszugleichen.[28] Das gilt auch bei schuldloser Fristversäumnis, denn Art. 103 Abs. 1 GG schützt „nur vor Versagen der Justiz, nicht vor dem Schicksal".[29]

III. Formulierungsbeispiel

Die Klägerin kann auf die im gegnerischen Schriftsatz vom 22.05.2017 neu vorgebrachten Tatsachen bis zum 10.06.2017 erwidern/Stellung nehmen.

C. Rechtsmittel

Fristsetzung nach Satz 1 und Ablehnung eines Schriftsatznachlasses sind **unanfechtbar**. Verstöße gegen § 283 ZPO können jedoch mit dem Rechtsmittel gegen das Endurteil geltend gemacht werden. Wurde Vorbringen unzulässigerweise übergangen, kann rechtliches Gehör verletzt sein und gemäß § 538 Abs. 2 Satz 1 Nr. 1 ZPO zur Zurückverweisung führen. Bei fehlender Berufungsmöglichkeit muss das erstinstanzliche Gericht nach § 321a ZPO abhelfen.

---

20 BeckOK-*Bacher*, ZPO, § 283 Rn. 13 f.
21 BeckOK-*Bacher*, ZPO, § 253 Rn. 18.
22 BGH, BeckRS 2012, 04075.
23 OLG Stuttgart, BeckRS 2013, 12075; BeckOK-*Bacher*, ZPO, § 253 Rn. 19.
24 BGH, NJW 2004, 3102 (3103); OLG Jena, BeckRS 2014, 17541.
25 Zöller-*Greger*, ZPO, § 283 Rn. 5.
26 BGH, NJW-RR 2014, 505.
27 OLG Brandenburg, BeckRS 2008, 26218; Musielak/Voit-*Foerste*, ZPO, § 283 Rn. 14.
28 OLG Düsseldorf, NJW-RR 2015, 341 (346).
29 Treffend Musielak/Voit-*Foerste*, ZPO, § 283 Rn. 14.

D. Praxishinweis

19 Für das **Gericht**:

Es gibt grundsätzlich keine Stellungnahmefrist für Beweisaufnahmen, anders nur für krasse Ausnahmefälle und jedenfalls nicht bei bloßer Zeugenbefragung oder ergänzender Vernehmung eines Sachverständigen. Schriftsatznachlass beschränkt sich auf den engen Anwendungsbereich, dass ein Vorbringen nicht mit dem in § 132 ZPO und § 282 Abs. 2 ZPO vorgegebenen zeitlichen Vorlauf durch einen vorbereitenden Schriftsatz angekündigt wurde.

20 Wenn das Gericht Schriftsatznachlass gewährt, sollte dieser beschränkt sein auf die neuen Tatsachen im letzten Schriftsatz, um die begrenzte Funktion des § 283 ZPO deutlich zu machen. Einen Schriftsatznachlass für beide Parteien gibt es nicht; für diesen Fall ist das schriftliche Verfahren anzuordnen. Weil nach der (umstrittenen) Rechtsprechung wegen der Gelegenheit zur Entschuldigung die mündliche Verhandlung wiederzueröffnen ist, wenn das Gericht neues Vorbringen in dem nachgelassenen Schriftsatz gemäß § 296 ZPO zurückweisen will, sollte das Gericht bereits vor Gewährung des Schriftsatznachlasses auf eine mögliche Verspätung **hinweisen** und hierzu anhören. Kann sich die Partei vorab **entschuldigen** oder bestreitet die Gegenseite im Schriftsatznachlass das entscheidungserhebliche Vorbringen nicht, kann im Verkündungstermin bei sonstiger Entscheidungsreife ein Urteil ergehen. Kann sich die Partei **nicht** vorab **entschuldigen** und bestreitet die Gegenseite im Schriftsatznachlass das entscheidungserhebliche Vorbringen, kann im Verkündungstermin bei sonstiger Entscheidungsreife ebenfalls ein Urteil ergehen, ohne die Verhandlung neu eröffnen zu müssen. Denn es ist bereits angehört worden. So kann dem Beschleunigungsgrundsatz und der Wirksamkeit der Präklusionsvorschriften Rechnung getragen werden.

21 Für die **Partei**:

Bei Interesse an der Entscheidungsreife des Prozesses kann das Gericht dazu angehalten werden, Schriftsatznachlass nur für den Fall zu gewähren, dass ein Vorbringen nicht mit dem in § 132 ZPO und § 282 Abs. 2 ZPO vorgegebenen zeitlichen Vorlauf durch einen vorbereitenden Schriftsatz angekündigt wurde. Eine Stellungnahmefrist auf Beweisaufnahmen sieht das Gesetz nicht vor. Wem gerechtfertigterweise Schriftsatznachlass gewährt wurde, kann beraten sein, das neue Vorbringen, sofern es prozessual zulässig ist, zu bestreiten, auf eine mögliche Verspätung bereits in der mündlichen Verhandlung hinzuweisen und das Gericht dazu anzuhalten, die Partei zu einer möglichen Entschuldigung hierfür anzuhören. So wird eine Wiedereröffnung der Verhandlung und ein Leerlaufen der Präklusionsvorschriften verhindert.

§ 283a
Sicherungsanordnung

(1) [1]Wird eine Räumungsklage mit einer Zahlungsklage aus demselben Rechtsverhältnis verbunden, ordnet das Prozessgericht auf Antrag des Klägers an, dass der Beklagte wegen der Geldforderungen, die nach Rechtshängigkeit der Klage fällig geworden sind, Sicherheit zu leisten hat, soweit

1. die Klage auf diese Forderungen hohe Aussicht auf Erfolg hat und
2. die Anordnung nach Abwägung der beiderseitigen Interessen zur Abwendung besonderer Nachteile für den Kläger gerechtfertigt ist. Hinsichtlich der abzuwägenden Interessen genügt deren Glaubhaftmachung.

[2]Streiten die Parteien um das Recht des Klägers, die Geldforderung zu erhöhen, erfasst die Sicherungsanordnung den Erhöhungsbetrag nicht. [3]Gegen die Entscheidung über die Sicherungsanordnung findet die sofortige Beschwerde statt.

(2) Der Beklagte hat die Sicherheitsleistung binnen einer vom Gericht zu bestimmenden Frist nachzuweisen.

(3) Soweit der Kläger obsiegt, ist in einem Endurteil oder einer anderweitigen den Rechtsstreit beendenden Regelung auszusprechen, dass er berechtigt ist, sich aus der Sicherheit zu befriedigen.

(4) [1]Soweit dem Kläger nach dem Endurteil oder nach der anderweitigen Regelung ein Anspruch in Höhe der Sicherheitsleistung nicht zusteht, hat er den Schaden zu ersetzen, der dem Beklagten durch die Sicherheitsleistung entstanden ist. [2]§ 717 Absatz 2 Satz 2 gilt entsprechend.

Inhalt:

	Rn.		Rn.
A. Allgemeines	1	V. Berechtigung, Abs. 3	12
B. Erläuterungen	2	VI. Schadensersatz, Abs. 4 Satz 1	13
I. Sicherheitsleistung, Abs. 1 Satz 1	2	VII. Zeitpunkt für Schadensersatz,	
II. Erhöhung, Abs. 1 Satz 2	9	Abs. 4 Satz 2	14
III. Sofortige Beschwerde, Abs. 1 Satz 3	10	**C. Formulierungsbeispiel**	15
IV. Nachweis, Abs. 2	11	**D. Rechtsmittel, Abs. 1 Satz 3 ZPO**	16

A. Allgemeines

Die Vorschrift soll den Vermieter, der Räumungsklage erhoben hat, vor Nachteilen schützen (siehe auch § 940a Abs. 3 ZPO).[1] Denn während des Prozesses bleibt er leistungspflichtig, muss also Wohnraum zur Verfügung stellen, kann aber die Miete hierfür möglicherweise nicht realisieren.[2] Je länger der Räumungsprozess dauert, desto größer wird der Mietausfall und desto geringer werden Leistungsfähigkeit und -bereitschaft des Mieters. Daher kann das Gericht dem Beklagten aufgeben, für die seit Rechtshängigkeit fälligen Ansprüche Sicherheit zu leisten. Gewinnt der Kläger, kann er sich aus der Sicherheit befriedigen, verliert er, muss er Schadensersatz leisten.

B. Erläuterungen
I. Sicherheitsleistung, Abs. 1 Satz 1

Die Art der Sicherungsanordnung setzt das Gericht nach seinem Ermessen fest, § 108 ZPO. Hier bietet sich in der Regel eine Hinterlegung von Geld an.[3]

Räumungsklage: Auf welche Anspruchsgrundlage die Räumungsklage gestützt wird, ist belanglos,[4] ebenso ob es sich um Wohnraum- oder Gewerbemiete handelt.[5]

Zahlungsklage aus demselben Rechtsverhältnis: Die Zahlungsklage muss nicht von Anfang an mit der Räumungsklage verbunden sein. Es genügt, wenn der Zahlungsanspruch nachträglich (etwa durch Klageerweiterung) geltend gemacht wird.[6]

Fällige Geldforderungen: Die zu sichernde Forderung muss vor Erlass der Sicherungsanordnung fällig geworden sein, doch können später fällig werdende Forderungen auf neuerlichen Antrag nach Abs. 1 durch ergänzende Anordnungen gesichert werden.[7]

Nach Rechtshängigkeit: Abs. 1 gilt also nicht für Ansprüche, die im Zeitraum zwischen Anhängigkeit und Rechtshängigkeit fällig geworden sind. Auch eine Rückwirkung nach § 167 ZPO kommt nicht in Betracht.[8]

Nr. 1 (Hohe Erfolgsaussicht): Sie ist gegeben, wenn der Klage anhand einer Prognose des Gerichts „nach dem bisherigen Sach- und Streitstand mit hoher Wahrscheinlichkeit keine berechtigten Einwendungen oder Einreden entgegenstehen".[9] Vorweggenommene Beweiswürdigung ist daher bei vorgegebener Beweismaßreduktion hinzunehmen.[10]

Nr. 2 (Abwägung): Der Kläger muss besondere Nachteile erleiden, d.h. die bloß längere Prozessdauer reicht ebenso wenig wie ein abstraktes Risiko späterer Insolvenz des Beklagten.[11] Besondere Nachteile können konkret drohende finanzielle Schieflagen oder Engpässe sein, etwa sonst nicht oder nur eingeschränkt mögliche(r) Lebensunterhalt, Kreditrückzahlung, Altersversorgung. Zu berücksichtigen ist auch das bisherige Prozessverhalten der Parteien.[12] Zur Glaubhaftmachung siehe § 294 Rn. 1 f., 5.

1
2
3
4
5
6
7
8

---

1 Zur diesbezüglichen Mietrechtsreform vgl. insg. *Dietrich*, ZMR 2012, 241 ff.; näher *Streyl*, NZM 2012, 249 f.
2 Musielak/Voit-*Foerste*, ZPO, § 283a Rn. 1.
3 Zöller-*Greger*, ZPO, § 283a Rn. 6.
4 OLG Naumburg, NZM 2016, 125.
5 BeckOK-*Bacher*, ZPO, § 283a Rn. 7.1.
6 Musielak/Voit-*Foerste*, ZPO, § 283a Rn. 3.
7 Musielak/Voit-*Foerste*, ZPO, § 283a Rn. 5.
8 BeckOK-*Bacher*, ZPO, § 283a Rn. 14.
9 BT-Drucks. 17/10485, S. 28.
10 Musielak/Voit-*Foerste*, ZPO, § 283a Rn. 6.
11 Musielak/Voit-*Foerste*, ZPO, § 283a Rn. 7.
12 BT-Drucks. 17/10485, S. 28.

II. Erhöhung, Abs. 1 Satz 2

9 Weil sich die Sicherheit nicht auf Forderungen erstrecken darf, die auf einer vom Kläger begehrten Erhöhung beruhen, sind Zahlungsverlangen eines höheren Betrages für Miete, Nebenkosten oder sonstige im Mietvertrag vorgesehene Leistungen ausgeschlossen.[13]

III. Sofortige Beschwerde, Abs. 1 Satz 3

10 Zur sofortigen Beschwerde siehe die Ausführungen zu § 567 ZPO.

IV. Nachweis, Abs. 2

11 Das Gericht setzt dem Beklagten eine Frist zum Nachweis (§ 751 Abs. 2 ZPO) der Sicherheitsleistung, um ihn zu zügigem Handeln anzuhalten. Nach Fristablauf kann der Kläger auf § 940a Abs. 3 ZPO zurückgreifen oder die Zwangsvollstreckung betreiben, da die Sicherungsanordnung Vollstreckungstitel i.S.d. § 794 Abs. 1 Nr. 3 ZPO ist.

V. Berechtigung, Abs. 3

12 Bei (auch teilweisem) **Erfolg** der Klage: Das Recht, sich aus der (schon oder künftig) erlangten Sicherheit zu befriedigen, wird im Hauptsacheverfahren durch Urteil oder Vergleich bzgl. des erfolgreichen Teils festgestellt. Nach rechtskräftigem Abschluss können die Gläubiger dann auf die Sicherheit zugreifen.[14]

VI. Schadensersatz, Abs. 4 Satz 1

13 Bei (teilweiser) **Abweisung** der Klage: Bzgl. des abgewiesenen Teils ist die Veranlassung für die Sicherheitsleistung weggefallen. Die geleistete Sicherheit ist – ggf. anteilig – zurückzugeben, § 109 ZPO. Etwaige Schäden beim Beklagten, etwa entgangene Zinsen, hat der Kläger verschuldensunabhängig zu ersetzen, näher § 717 ZPO.

VII. Zeitpunkt für Schadensersatz, Abs. 4 Satz 2

14 Der Schadensersatzanspruch ist bereits im anhängigen Rechtsstreit einklagbar und rückwirkend ab Schadenseintritt zu verzinsen. Er wird im Wege der Widerklage oder der hilfsweisen Aufrechnung verfolgt und macht ein Folgeverfahren entbehrlich.[15]

C. Formulierungsbeispiel

15 Für eine **Hinterlegungsanordnung**:

> Es wird angeordnet, dass der Beklagte zu Gunsten des Klägers einen Betrag in Höhe von 2.500,00 € sowie ab September 2016 monatlich einen Betrag in Höhe von 500,00 €, fällig jeweils am 3. Werktag eines Monats, binnen 2 Wochen nach Fälligkeit bei der Hinterlegungsstelle des Amtsgerichts [Ort] hinterlegt sowie Zinsen in Höhe von 5 Prozentpunkten über dem Basiszins ab dem jeweiligen Fälligkeitstag bis zum Tag der Hinterlegung. Die Hinterlegung ist dem Gericht unverzüglich anzuzeigen.

D. Rechtsmittel, § 283a Abs. 1 Satz 3

16 Die unterlegene Seite kann gegen die Sicherungsanordnung **sofortige Beschwerde** gemäß §§ 567 ff. ZPO einlegen, jedenfalls in der ersten Instanz. In der zweiten Instanz geht dies nur, wenn die Rechtsbeschwerde zugelassen wurde, § 574 Abs. 1 Satz 1 Nr. 2 ZPO.

§ 284
Beweisaufnahme

¹Die Beweisaufnahme und die Anordnung eines besonderen Beweisaufnahmeverfahrens durch Beweisbeschluss wird durch die Vorschriften des fünften bis elften Titels bestimmt. ²Mit Einverständnis der Parteien kann das Gericht die Beweise in der ihm geeignet erscheinenden Art aufnehmen. ³Das Einverständnis kann auf einzelne Beweiserhebungen beschränkt werden. ⁴Es kann nur bei einer wesentlichen Änderung der Prozesslage vor Beginn der Beweiserhebung, auf die es sich bezieht, widerrufen werden.

---

13 BeckOK-*Bacher*, ZPO, § 283a Rn. 18.
14 Musielak/Voit-*Foerste*, ZPO, § 283a Rn. 12.
15 Thomas/Putzo-*Reichold*, ZPO, § 283a Rn. 6.

§ 285
Verhandlung nach Beweisaufnahme

(1) Über das Ergebnis der Beweisaufnahme haben die Parteien unter Darlegung des Streitverhältnisses zu verhandeln.

(2) Ist die Beweisaufnahme nicht vor dem Prozessgericht erfolgt, so haben die Parteien ihr Ergebnis auf Grund der Beweisverhandlungen vorzutragen.

Inhalt:

	Rn.		Rn.
A. Allgemeines	1	IV. Widerruf, § 284 Satz 4 ZPO	11
B. Erläuterungen	2	V. Verhandeln über Beweisaufnahme,	
I. Beweisaufnahme, § 284 Satz 1 ZPO	2	§ 285 Abs. 1 ZPO	12
II. Freibeweis, § 284 Satz 2 ZPO	8	VI. Abweichende Beweisaufnahme,	
III. Beschränkte Zustimmung,		§ 285 Abs. 2 ZPO	14
§ 284 Satz 3 ZPO	9	C. Rechtsmittel	15

A. Allgemeines

Die Beweisaufnahme dient der Feststellung von Tatsachen (nur ausnahmsweise nach § 293 ZPO auch der Feststellung von Rechtsnormen), die anschließende mündliche Verhandlung der Wahrung rechtlichen Gehörs. **Beweisbedürftig** ist eine Tatsache (näher § 288 Rn. 3) nur dann, wenn sie substantiiert vorgetragen, entscheidungserheblich, wirksam bestritten oder nicht offenkundig ist. Beweisführung und Beweisanträge obliegen den Parteien, die auf die in der ZPO vorgesehenen Beweismitteln beschränkt sind, sofern sie nicht in Zusammenarbeit mit dem Gericht davon abweichen wollen. Eine generelle Ausnahme besteht für Umstände, die das Gericht von Amts wegen zu prüfen hat.[1] Anbieten muss den Beweis grundsätzlich die darlegungs- und beweisbelastete Partei **(Beibringungsgrundsatz)**. In bestimmten Konstellationen gelten Beweiserleichterungen oder vom o.g. Grundsatz abweichende Verteilungen der sekundären Darlegungs- und Beweislast. Manchmal dürfen aufgrund von Beweisverboten Beweise schon nicht erhoben oder verwendet werden. Hier ist aber die Rügepflicht in den zeitlichen Grenzen des § 295 Abs. 1 ZPO zu beachten.[2]

1

B. Erläuterungen
I. Beweisaufnahme, § 284 Satz 1 ZPO

§ 284 Satz 1 ZPO hat keinen eigenen Regelungsgehalt, sondern verweist nur auf die besonderen Vorschriften über die Beweisaufnahme, namentlich die §§ 355–484 ZPO, d.h. die dortigen Beweismittel Augenschein (§§ 371 ff. ZPO), Zeuge (§§ 373 ff. ZPO), Sachverständiger (§§ 402 ff. ZPO), Urkunde (§§ 415 ff. ZPO) und Parteivernehmung (§§ 445 ff. ZPO).

2

Die **Beweisaufnahme** erfolgt nach § 355 ZPO vor dem Prozessgericht und ist öffentlich, soweit die §§ 169 ff. GVG nichts anderes vorschreiben. Für die Parteien gilt § 357 ZPO. Im Anschluss ist über das Ergebnis der Beweisaufnahme zu verhandeln. Insoweit genügt im Protokoll der Satz: Die Parteien verhandeln über das Ergebnis der Beweisaufnahme unter Bezugnahme auf die eingangs gestellten Anträge.

3

Für **Beweisanträge** gilt, dass die zum Beweisthema gemachten Tatsachen so zu konkretisieren und substantiieren sind, wie es die Wahrheits- und Vollständigkeitspflicht des § 138 ZPO jeweils verlangt. Der Grad der **Konkretisierung** hängt insbesondere davon ab, was der Partei nach den Umständen des Einzelfalls, vor allem aber nach der Einlassung des Gegners, an Angaben möglich und zumutbar ist.[3] Ein Beweisantritt, dem die ausreichende Bestimmtheit der zu ermittelnden Tatsachen fehlt, ist abzulehnen.[4] So kann das Gericht vom Beweisführer gemäß der Substantiierungslast des § 138 Abs. 2 ZPO verlangen, konkreter vorzutragen, welche Anhaltspunkte für die in das Wissen eines Zeugen gestellten Behauptungen sprechen sollen, mit der Folge, dass unzureichender Vortrag bereits die **Beweisbedürftigkeit** entfallen lässt.[5] Gleiches gilt, wenn ein bloßer **Indizienbeweis** nicht schlüssig ist, d.h. die vorgetragenen Indizien – ihre Richtigkeit unterstellt – den Tatrichter trotzdem nicht von der Wahrheit der Haupttatsache

4

---

1 Näher *Balzer*, Beweisaufnahme und Beweiswürdigung im Zivilprozess, Rn. 31.
2 BGH, NJW-RR 2007, 1624 (1627).
3 OLG Hamm, BeckRS 2014, 13406.
4 So ausdrücklich BGH, NJW-RR 2005, 494 (496).
5 So auch Musielak/Voit-*Foerste*, ZPO, § 284 Rn. 15.

überzeugen würden, weil die unter Beweis gestellten Hilfstatsachen einzeln oder in der Gesamtschau für den Nachweis der Haupttatsache nach seiner Überzeugung nicht ausreichen.[6]

5   Der Beweisantrag unterliegt keiner Plausibilitäts-, Wahrscheinlichkeits- oder Qualitätskontrolle des Gerichts. Es steht den Parteien frei, auch unsichere Beweise zu benennen oder lediglich mittelbare. Beweisen ist auch bei abweichenden vorprozessualen Äußerungen oder sonstigen **Ungereimtheiten** nachzugehen. Diese Widersprüche oder Unsicherheiten mindern allerdings den Beweiswert und sollten in die Beweiswürdigung einfließen. Nur **untaugliche Beweismittel** sind gemäß § 244 Abs. 3 Satz 2 StPO analog unbeachtlich, etwa der o. g. unschlüssige Indizienbeweis, die Nennung unerreichbarer Beweismittel etc. Hier kann auf die Norm des § 244 Abs. 3–5 StPO und die diesbezügliche Kasuistik verwiesen werden. Wird der Beweisantrag zu spät gestellt oder präzisiert, kann er präkludiert sein i.S.d. § 296 Abs. 2 ZPO oder § 356 ZPO und braucht dann nicht berücksichtigt zu werden. Die Ablehnung kann ggf. auch im Urteil erfolgen.

6   Beispiel für einen korrekten Beweisantrag:

> Wird zum Beweis der Tatsache, dass B den K schlug, der Zeuge X angeboten, der gesehen hat, wie am [Datum] um [Uhrzeit] in Z der B den K mit der Faust in das Gesicht schlug.

Nicht ausreichend ist das häufiger anzutreffende Beweisangebot: Der Zeuge X hat die Schlägerei gesehen und kann alles bekunden.

7   Eine vorweggenommene Beweiswürdigung ist – vom Fall des Indizienbeweises abgesehen – dem Gericht verboten.[7] Unzulässig ist für die Partei der sog. **Ausforschungsbeweis**, d.h. ein Beweisangebot „ins Blaue hinein", der dazu dient, Tatsachen über die Benennung weiterer Beweismittel erst in Erfahrung zu bringen. Hier trägt eine Partei unzulässigerweise den Sachverhalt, für den sie darlegungsbelastet ist, nicht vollständig vor. Vielmehr fehlen anspruchsbegründende Merkmale, welche die Partei erst aus der Beweisaufnahme gewinnen will, um sie dann nachzuliefern.[8] Ein Zeuge kann daher nicht „zum Hergang der Auseinandersetzung" oder dem „konkreten Inhalt" beleidigender Äußerungen benannt werden.[9]

II. Freibeweis, § 284 Satz 2 ZPO

8   Unter der Voraussetzung des § 284 Satz 2 ZPO darf das Gericht auch in Fragen der Begründetheit von den gesetzlichen Beweisaufnahmeregeln **(Strengbeweis)** abweichen. Bei Zulässigkeitsfragen, die von Amts wegen zu klären sind, ist es sowieso nicht an den Strengbeweis gebunden.[10] Die Entscheidung zum Freibeweis liegt alleine im pflichtgemäßen Ermessen des Gerichts.

III. Beschränkte Zustimmung, § 284 Satz 3 ZPO

9   Bei Zustimmung der Parteien darf das Gericht von der Einhaltung ansonsten zwingender Verfahrensvorschriften absehen[11] sowie davon, sich einen unmittelbaren Eindruck von dem Beweismittel zu verschaffen. Es muss den Parteien wegen § 279 Abs. 3 ZPO jedoch vom Inhalt der Nachfrage per Telefon oder E-Mail berichten. Diese dürfen dann auch ihrerseits Nachfragen stellen, §§ 397, 402, 411 Abs. 4 Satz 1 ZPO.[12] Die Zustimmung der Parteien unterliegt nach Maßgabe des § 78 ZPO dem **Anwaltszwang**. Der Streitverkündete oder Nebenintervenient muss nicht zustimmen, da er keine Partei ist.

10 Die Zustimmung kann auf einzelne Beweiserhebungen beschränkt werden, was im Zweifel durch Auslegung zu ermitteln ist. So ist die Zustimmung zur telefonischen Befragung eines Zeugen gleichzeitig der Verzicht auf dessen persönliche Vernehmung, wirkt sich aber nicht auf andere Zeugen aus.[13]

IV. Widerruf, § 284 Satz 4 ZPO

11 Ein **Widerruf** des Einverständnisses zum Freibeweis ist nur bis zum Beginn der Beweisaufnahme möglich und solange die andere Partei noch nicht zugestimmt hat. Weiter muss eine wesentliche Änderung der Prozesslage vorliegen, etwa eine Änderung des Antrags oder Streitgegenstands (z.B. durch Klageerweiterung oder Widerklage).[14]

---

6 BGH, NJW 2012, 2427 (2431).
7 BGH, NJW-RR 2016, 175 (176).
8 Balzer, Beweisaufnahme und Beweiswürdigung im Zivilprozess, Rn. 47.
9 Musielak/Voit-*Foerste*, ZPO, § 284 Rn. 15.
10 OLG Stuttgart, BeckRS 2014, 23647.
11 BeckOK-*Bacher*, ZPO, § 284 Rn. 108.
12 Musielak/Voit-*Foerste*, ZPO, § 284 Rn. 26.
13 BeckOK-*Bacher*, ZPO, § 284 Rn. 109.
14 Musielak/Voit-*Foerste*, ZPO, § 284 Rn. 26.

V. Verhandeln über Beweisaufnahme, § 285 Abs. 1 ZPO

Der Termin zur Beweisaufnahme ist gemäß § 370 Abs. 1 ZPO zugleich die Fortsetzung der mündlichen Verhandlung. Bereits gestellte Anträge müssen **nicht wiederholt** werden.[15] Es ist deshalb unschädlich, wenn die Partei nach der Beweisaufnahme zu dessen Ergebnis nicht verhandelt.[16] Das Gericht muss nur Gelegenheit zur Stellungnahme gewähren. Wird diese nicht genutzt, kann sogleich Endurteil ergehen.   12

Nach § 279 Abs. 3 ZPO muss das Gericht wegen des Anspruchs auf rechtliches Gehör das Ergebnis der Beweisaufnahme mit den Parteien erörtern. Dabei kann das Gericht am Schluss der Beweisaufnahme bereits seine vorläufige Einschätzung des Beweisergebnisses abgeben, ohne dass die Parteien hierauf vertrauen dürfen, vgl. näher § 279 Rn. 7. Die Verhandlung über das Ergebnis der Beweisaufnahme ist gemäß §§ 285 Abs. 1, 160 Abs. 2 ZPO zu protokollieren. Die Bewertung bleibt im Normalfall der mündlichen Verhandlung vorbehalten, d. h. den hierzu oft verlangten (und leider auch oft gewährten) **„Schriftsatznachlass"** auf die Beweisaufnahme sieht das Gesetz nicht vor; er ist grundsätzlich unzulässig und darf nur in Ausnahmefällen (etwa extrem komplexe Beweisaufnahme, die sachverständige Hilfe erfordert) gewährt werden, näher hierzu und zur Frage neuer Beweismittel und etwaiger Präklusion bereits § 279 Rn. 8. Einen „Schriftsatznachlass" für beide Parteien gibt es erst recht nicht. Stattdessen kann das Gericht ins schriftliche Verfahren nach § 128 Abs. 2 ZPO wechseln, muss es aber nicht. Nachteil hieran ist, dass die Parteien komplett neu vortragen dürfen, ohne dass Präklusion droht.   13

VI. Abweichende Beweisaufnahme, § 285 Abs. 2 ZPO

Fand die Beweisaufnahme vor einem beauftragten oder ersuchten Richter (§§ 361 f. ZPO) oder durch Einholung oder Verwertung eines schriftlichen Gutachtens (§§ 358a, 411 f. ZPO) statt, haben die Parteien vorzutragen, wie das Ergebnis der Beweisaufnahme ihrer Meinung nach zu würdigen ist. Hierzu genügt Bezugnahme nach § 137 Abs. 3 ZPO.   14

C. Rechtsmittel

Die Beweiswürdigung des Tatrichters und die Erhebung oder Nichterhebung von Beweisen sind erst mit dem Endurteil anfechtbar.   15

Eine tatrichterliche Schlüssigkeitsprüfung bei bloßem Indizienprozess unterliegt nur eingeschränkter **Nachprüfung** durch die höhere Instanz. Es wird nur dahingehend überprüft, ob der Streitstoff umfassend, widerspruchsfrei und ohne Verstoß gegen Denk- oder Erfahrungssätze gewürdigt worden ist.[17]   16

§ 286
Freie Beweiswürdigung

(1) ¹Das Gericht hat unter Berücksichtigung des gesamten Inhalts der Verhandlungen und des Ergebnisses einer etwaigen Beweisaufnahme nach freier Überzeugung zu entscheiden, ob eine tatsächliche Behauptung für wahr oder für nicht wahr zu erachten sei. ²In dem Urteil sind die Gründe anzugeben, die für die richterliche Überzeugung leitend gewesen sind.

(2) An gesetzliche Beweisregeln ist das Gericht nur in den durch dieses Gesetz bezeichneten Fällen gebunden.

Inhalt:

	Rn.		Rn.
A. Allgemeines	1	III. Beweisregeln, Abs. 2	9
B. Erläuterungen	2	IV. Formulierungsbeispiele	11
I. Beweiswürdigung, Abs. 1 Satz 1	2	C. Rechtsmittel	12
II. Begründung, Abs. 1 Satz 2	8		

A. Allgemeines

Freie Beweiswürdigung bedeutet, dass der Richter sich eine Überzeugung vom tatsächlichen Geschehen auf Grundlage der Beweisaufnahme verschafft. Er würdigt alle Informationen und ist dabei (lediglich) an Denk-, zwingende Erfahrungs- und Naturgesetze gebunden sowie an   1

---

15 OLG Rostock, BeckRS 2014, 13188.
16 BAG, BeckRS 2007, 44734, Rn. 37.
17 BGH, NJW 2012, 2427 (2431).

Beweisverwertungsverbote.[1] Für unzulässige Beweismittel unterliegt der Betroffene jedoch der **Rügepflicht** in den zeitlichen Grenzen des § 295 Abs. 1 ZPO.[2]

B. Erläuterungen
I. Beweiswürdigung, Abs. 1 Satz 1

2 Eine Behauptung ist dann als bewiesen anzusehen, wenn das Gericht von ihrer Wahrheit überzeugt ist, sog. **Vollbeweis**. Ausreichend ist ein für das praktische Leben brauchbarer Grad an Gewissheit, der Zweifeln Schweigen gebietet, ohne sie völlig auszuschließen.[3] Die Überzeugung des Richters erfordert also keine – ohnehin nicht erreichbare – absolute oder unumstößliche, gleichsam mathematische Gewissheit oder „an Sicherheit grenzende Wahrscheinlichkeit".[4] Dabei können **Beweiserleichterungen** (Anscheinsbeweise, Vermutungen, Fiktionen) dazu führen, dass schon ein verhältnismäßig geringer Grad an Gewissheit als für das praktische Leben brauchbar angesehen werden darf und Zweifel in den Hintergrund treten dürfen.[5] Ein bloßes Glauben oder Fürwahrscheinlichhalten berechtigen den Richter jedoch auch hier nicht zur Bejahung des streitigen Tatbestandsmerkmals.[6] Da im Zivilrecht der Richter eine Entscheidung zwischen zwei Privatsubjekten trifft und, was er der einen nimmt, der anderen gibt, kann es ausreichen, den Vortrag der einen wahrscheinlicher als den der anderen zu erachten. Die strafrechtlichen Erwägungen, bei denen der obrigkeitliche Staat seine *ultima ratio* durchsetzt, passen hier nicht.

3 **Unvollständig** ist die Beweiswürdigung, wenn sich das Gericht nicht ausreichend mit Widersprüchen von Behauptungen oder Aussagen auseinandersetzt oder seine Beurteilung fehlerhaft auf eine abstrakte Beweisregel (Indizwirkung) gründet, die das Gesetz nicht kennt,[7] etwa mangelnde Glaubwürdigkeit eines Zeugen allein deswegen, weil dieser einer der Parteien nahesteht.

4 Innerhalb der o.g. Grenzen gibt es keine festen Regeln darüber, welchen Umständen das Gericht im Einzelfall das ausschlaggebende Gewicht beimisst. Es kann der Behauptung einer **Partei** Glauben schenken, auch wenn Zeugen das Gegenteil bekundet haben, unabhängig davon, ob die Partei förmlich vernommen oder „nur" angehört worden ist.[8] Hinsichtlich der Parteien sind nicht nur deren Schriftsätze, Anlagen und Aussagen zu werten, sondern auch ihr sonstiges Prozessverhalten, etwa der Umstand, dass sie ihren Vortrag im Laufe des Rechtsstreits geändert haben.[9]

5 Eine Partei macht sich nach der – nicht immer dem Gebot von Klarheit folgenden – Rechtsprechung des BGH ein ihr günstiges Beweisergebnis konkludent zu eigen.[10] Umgekehrt darf das Gericht im Einzelfall allein aufgrund des Parteivortrags und ohne Beweisaufnahme zu der Überzeugung gelangen, dass eine streitige Behauptung wahr ist,[11] oder zumindest dann, wenn zwar keine vollständige schriftliche Dokumentation der Behauptung vorhanden, die Darstellung hierfür „in sich schlüssig und einiger Beweis"[12] erbracht ist.

6 Die Beweiswürdigung von **Zeugenaussagen** bezieht sich in der Regel auf Glaubhaftigkeit der Aussage (objektiv) und Glaubwürdigkeit des Zeugen (subjektiv),[13] wenn das Gericht nicht bereits aufgrund objektiver Widersprüche oder Belege zu einer Überzeugung gelangen kann. Hierbei ist von der sog. **Nullhypothese** auszugehen, d.h. die Glaubhaftigkeit einer Aussage muss positiv begründet werden. Im Rahmen einer Inhaltsanalyse sind die Aussagequalität zu prüfen und sog. Realkennzeichen zu finden, d.h. Merkmale, die eine Überprüfung ermöglichen, ob die Angaben auf tatsächlichem Erleben beruhen oder ergebnisbasiert sind.[14]

7 Das Gericht ist nicht verpflichtet, vorgelegte Unterlagen oder beigezogene Akten ohne konkrete Hinweise im Parteivortrag von sich aus auf entscheidungserheblichen Inhalt zu durchsuchen.[15] Dagegen dürfen Erkenntnisse, die das Gericht erst nach Schluss der mündlichen

---

1 Beispiele bei Thomas/Putzo-*Reichold*, ZPO, § 286 Rn. 8.
2 BGH, NJW-RR 2007, 1624 (1627).
3 BGH, NJW 2015, 2111 (2112).
4 OLG München, BeckRS 2015, 09712, Rn. 29.
5 BeckOK-*Bacher*, ZPO, § 286 Rn. 3.
6 LAG Düsseldorf, BeckRS 2016, 65182, Rn. 34.
7 BGH, NJW 2012, 3439 (3442).
8 BGH, NJW 2015, 74 (75f.).
9 BGH, NJW-RR 2015, 910.
10 BGH, NJW-RR 2010, 495.
11 BeckOK-*Bacher*, ZPO, § 286 Rn. 10.
12 So ausdrücklich BGH, NJW 2014, 1527.
13 BGH, NJW 2014, 2797f.
14 LAG Düsseldorf, BeckRS 2016, 65182, Rn. 35.
15 BGH, NJW-RR 2014, 903 (905).

Verhandlung gewonnen hat, aufgrund fehlenden rechtlichen Gehörs nicht berücksichtigt werden. Allgemein dürfen Grundlage der Beweiswürdigung nur Umstände sein, zu denen den Parteien **rechtliches Gehör** gewährt wurde. Ist dies unterblieben, muss das Gericht die mündliche Verhandlung gemäß § 156 Abs. 2 Nr. 1 ZPO wiedereröffnen[16] oder wahlweise ins schriftliche Verfahren nach § 128 Abs. 2 ZPO wechseln.

II. Begründung, Abs. 1 Satz 2

Die Überzeugungsbildung des Gerichts ist begründungsbedürftig. Inhalt und Umfang unterliegen aber dem Instanzengericht. Dabei gilt der **Grundsatz**: Je umstrittener die Sache ist (etwa: verschiedene Gutachter kommen zu verschiedenen Ergebnissen),[17] desto mehr Begründung bedarf es. Das Gericht darf sich nicht mit floskelhaften Wendungen begnügen[18] und muss seine Überzeugungsbildung im Rahmen einer Gesamtschau nachvollziehbar darlegen.[19] Eine Vollständigkeit im Detail ist wegen § 313 Abs. 3 ZPO nicht nötig. Die Konkretisierung muss aber zeigen, dass eine sachentsprechende Beurteilung stattgefunden hat, ggf. warum das Gericht der Aussage eines Zeugen oder (Privat- oder gerichtlichen) Sachverständigen nicht folgt.[20]

8

III. Beweisregeln, Abs. 2

Beweisregeln sind Vorschriften, die die richterliche Überzeugungsbildung an formale Kriterien binden. Diese müssen nach Abs. 2 in der ZPO oder anderen Bundesgesetzen enthalten sein. **Beispiele** sind: §§ 165, 175, 183 Abs. 4, 195 Abs. 2, 314, 371a, 415–418, 438 Abs. 2 ZPO sowie § 190 StGB.

9

Tatsächliche Feststellungen in einem Zivil- oder **Strafurteil** sind nicht bindend, aber im Rahmen der freien Beweiswürdigung zu berücksichtigen. Die Bindung gemäß § 318 ZPO erstreckt sich nur auf die Entscheidung selbst, nicht aber tatsächliche Feststellungen und Gründe.[21] Das Gericht darf aber ohne weitere Beweiserhebung zu der Überzeugung gelangen, dass die Feststellungen aus dem (insbesondere) Strafurteil zutreffen, muss sie nur einer erneuten Überprüfung unterziehen.[22] Dabei wird in der Regel den strafgerichtlichen Feststellungen zu folgen sein, sofern nicht von den Parteien gewichtige Gründe für deren Unrichtigkeit vorgebracht werden.[23]

10

IV. Formulierungsbeispiele

Nach dem Ergebnis der Beweisaufnahme steht für das Gericht mit der gemäß § 286 ZPO erforderlichen Gewissheit fest, dass der Beklagte ... Diese Überzeugung von der Wahrheit erfordert keine absolute oder unumstößliche Gewissheit, da eine solche nicht zu erreichen ist. Das Gericht darf nicht darauf abstellen, ob jeder Zweifel und jede Möglichkeit des Gegenteils ausgeschlossen ist. Es genügt vielmehr ein für das praktische Leben brauchbarer Grad von Gewissheit, der den Zweifeln Schweigen gebietet, ohne sie völlig auszuschließen.[24]

11

Hierbei ist sich das Gericht bewusst, dass eine Bindungswirkung des Strafurteils für das Zivilverfahren nicht vorliegt. Dem Zivilgericht ist es allerdings auch nicht verwehrt, sich zum Zwecke seiner eigenen Überzeugungsbildung, ob sich ein bestimmtes Geschehen zugetragen hat, auf ein dazu ergangenes Strafurteil zu stützen.[25] *Hier ist das Gericht nach erneuter kritischer Überprüfung zu der vollen Überzeugung gelangt, dass das im Strafurteil festgestellte Geschehen mit der Wirklichkeit übereinstimmt. Durchgreifende Zweifel hat die Beklagtenseite nicht dargelegt. So bleibt es bei der Regel, dass den strafgerichtlichen Feststellungen zu folgen ist, da von den Parteien keine gewichtigen Gründe für deren Unrichtigkeit vorgebracht worden sind.*[26]

---

16 BeckOK-*Bacher*, ZPO, § 286 Rn. 6.2., 11.
17 BGH, NJW 2015, 411 (412).
18 BeckOK-*Bacher*, ZPO, § 286 Rn. 20.
19 BGH, NJW-RR 2013, 743 (745); BGH, NJW-RR 2007, 312.
20 Musielak/Voit-*Foerste*, ZPO, § 286 Rn. 67.
21 Thomas/Putzo-*Reichold*, ZPO, § 318 Rn. 1.
22 OLG Zweibrücken, NJW-RR 2011, 496 (497).
23 KG Berlin, NJOZ 2006, 1189.
24 BGH, NJW 2015, 2111 (2112).
25 So etwa OLG Zweibrücken, NJW-RR 2011, 496 (497).
26 KG Berlin, NJOZ 2006, 1189.

C. Rechtsmittel

12 Weil nach § 286 Abs. 1 ZPO die Beweiswürdigung Sache des Tatrichters ist, ist das Revisionsgericht an dessen Feststellungen nach § 559 Abs. 2 ZPO gebunden. Es überprüft nur, ob sich der Tatrichter mit dem Prozessstoff und den Beweisergebnissen umfassend und widerspruchsfrei auseinandergesetzt hat, seine Würdigung also alle Umstände vollständig berücksichtigt hat, rechtlich möglich ist und nicht gegen Denk- und Erfahrungssätze verstößt.[27]

§ 287
Schadensermittlung; Höhe der Forderung

(1) ¹Ist unter den Parteien streitig, ob ein Schaden entstanden sei und wie hoch sich der Schaden oder ein zu ersetzendes Interesse belaufe, so entscheidet hierüber das Gericht unter Würdigung aller Umstände nach freier Überzeugung. ²Ob und inwieweit eine beantragte Beweisaufnahme oder von Amts wegen die Begutachtung durch Sachverständige anzuordnen sei, bleibt dem Ermessen des Gerichts überlassen. ³Das Gericht kann den Beweisführer über den Schaden oder das Interesse vernehmen; die Vorschriften des § 452 Abs. 1 Satz 1, Abs. 2 bis 4 gelten entsprechend.

(2) Die Vorschriften des Absatzes 1 Satz 1, 2 sind bei vermögensrechtlichen Streitigkeiten auch in anderen Fällen entsprechend anzuwenden, soweit unter den Parteien die Höhe einer Forderung streitig ist und die vollständige Aufklärung aller hierfür maßgebenden Umstände mit Schwierigkeiten verbunden ist, die zu der Bedeutung des streitigen Teiles der Forderung in keinem Verhältnis stehen.

Inhalt:

	Rn.		Rn.
A. Allgemeines	1	III. Parteivernehmung, Abs. 1 Satz 3	7
B. Erläuterungen	2	IV. Ermittlung der Forderungshöhe,	
I. Schadensermittlung, Abs. 1 Satz 1	2	Abs. 2	8
II. Beweiserhebung, Abs. 1 Satz 2	6	C. Rechtsmittel	9

A. Allgemeines

1 Die Vorschrift reduziert die Anforderungen an die Darlegungslast des Geschädigten und die Überzeugungsbildung des Tatrichters. Die Norm ist anwendbar, wenn es um Entstehung und Höhe eines Schadens geht und diese von hypothetischen Entwicklungen abhängen, die nur eingeschränkt dem Beweis zugänglich sind oder dessen vollständige Aufklärung nur mit unverhältnismäßigem Aufwand möglich wäre (Prozessökonomie).[1] Denn im Haftungsrecht kann oft nicht mit letzter Sicherheit geklärt werden, inwieweit das Fehlverhalten auch zu Schäden geführt hat. Daher kann sich der Richter mit einer Schätzung begnügen, also v.a. mit einem geringeren Beweismaß für den Schadensnachweis. § 287 ZPO soll die sonst angelegten Darlegungs- und Beweisanforderungen im Falle der Entstehung und Höhe eines Schadens (Abs. 1) sowie im Falle sonstiger vermögensrechtlicher Streitigkeiten nur bezüglich der Höhe (Abs. 2) abschwächen und so verhindern, dass materiell berechtigte Ansprüche an prozessualen Anforderungen scheitern.[2]

B. Erläuterungen
I. Schadensermittlung, Abs. 1 Satz 1

2 **Schaden** ist jede unfreiwillige Einbuße am Vermögen oder an anderen Rechtsgütern.

3 Abs. 1 Satz 1 ist **anwendbar** auf jede Verpflichtung zu Entschädigung oder Schadensersatz (etwa §§ 823 ff., 839 BGB, §§ 7 ff. StVG), Vertragsverletzung (z.B. §§ 280 ff. BGB), Vertrauensschaden (§§ 122 Abs. 1, 179 Abs. 2 BGB), Nichtvermögensschaden (§§ 253 Abs. 2, 651f Abs. 2 BGB), Wert- oder Nutzungsersatz, Abzug „neu für alt".[3]

4 Abs. 1 Satz 1 ist **nicht anwendbar** auf Erfüllungsansprüche, Haftungsgrund und haftungsbegründende Kausalität.[4] Hierfür gilt § 286 ZPO, ggf. i.V.m. Anscheinsbeweisen. Abs. 1 Satz 1

---

27 BGH, NJW 2013, 1801 (1802).

Zu § 287:
1 BeckOK-*Bacher*, ZPO, § 287 Rn. 1.
2 So BVerfG, NJW 2010, 1870 (1871).
3 Musielak/Voit-*Foerste*, ZPO, § 287 Rn. 2.
4 Musielak/Voit-*Foerste*, ZPO, § 287 Rn. 4.

ändert an der Beweislast nichts,[5] sondern mindert lediglich das Beweismaß/die Darlegungslast. Ob der Geschädigte davon Gebrauch machen will, ist ihm überlassen. Er kann beim Vollbeweis verbleiben, wenn er sich von einer Schätzung keine hinreichend sichere Feststellung seines (vollen) Anspruchs erwartet.[6] Lässt er sich darauf ein, genügt es, dass in den Grenzen des Normzwecks für die Schädigung eine erhebliche Wahrscheinlichkeit besteht;[7] entsprechend mindert sich auch die **Darlegungslast**, z.B. über Erfahrungswerte, Listen oder Tabellen wie Mietpreisspiegel,[8] soweit nicht konkrete Einwände gegen sie erhoben sind.[9] Die geminderte Darlegungslast ist insbesondere hilfreich, wenn es um den Verlauf von Erwerbsschäden geht. Hier haben Prognosen zur Erwerbstätigkeit im Zweifel an frühere Ergebnisse oder den durchschnittlichen Berufserfolg anzuknüpfen.[10] Die Schadensbewertung darf nicht völlig abstrakt erfolgen, zur Not ist ein Teil- oder Mindestschaden zu schätzen, falls die Anknüpfungstatsachen dies erlauben.[11] Eine freie Schätzung ist nur ausnahmsweise zulässig, da dann das Erfordernis haftungsausfüllender Kausalität entfällt; außerdem ist zu befürchten, dass eine Versagung angemessenen Ersatzes zu Härten führen würde, die § 287 ZPO gerade vermeiden soll.[12]

In jedem Fall obliegen dem Geschädigten solche Angaben, die ihm ohne weiteres möglich sind. Die Schädigungsgrundlage muss der Geschädigte als **Anknüpfungstatsachen** darlegen und ggf. auch beweisen.[13] Die Mindestanforderungen an die Darlegung greifbarer Anhaltspunkte hängen auch davon ab, ob es sich um eher typische, häufiger wiederkehrende oder individuelle Geschehensabläufe handelt: Bei der Regulierung von Verkehrsunfällen braucht zur Auslagenpauschale nicht näher vorgetragen zu werden, während es in anderen Schadensfällen zumindest konkreter Darlegung der Anknüpfungstatsachen für die angefallenen Auslagen bedarf.[14]

II. Beweiserhebung, Abs. 1 Satz 2

Die Beweiserhebung über die Schätzungsgrundlagen nach Abs. 1 Satz 2 steht im pflichtgemäßen Ermessen des Gerichts. Der Geschädigte darf zwar den Vollbeweis versuchen, sich aber auch mit einer Schätzung begnügen. Die Ausübung des **Ermessens** kann nur auf Willkürgesichtspunkte überprüft werden, d.h. ob der Beweis unerlässliche Grundlage für die Schätzung ist[15] oder dem Gericht offensichtlich die nötige Sachkunde fehlt.[16] Um dies zu überprüfen, muss der Tatrichter die Grundlagen der Schätzung und ihre Auswertung mitteilen und die Ablehnung einer Beweisaufnahme begründen.[17] **Ermessensgesichtspunkte** sind: Aufwand und Verhältnis zu dem in Streit stehenden Betrag,[18] ob die Beweiserhebung mit Beschädigungen am zu untersuchenden Objekt einhergeht,[19] Dauer und voraussichtliches Ergebnis der zu erwartenden Beweisaufnahme, Dringlichkeit, Einverständnis des Gegners.

III. Parteivernehmung, Abs. 1 Satz 3

Eine Parteivernehmung des Beweisführers ist entgegen § 448 ZPO ohne Weiteres möglich,[20] d.h. es ist nicht erforderlich, dass bereits aufgrund anderer Indizien eine gewisse Wahrscheinlichkeit für die Richtigkeit der zu beweisenden Behauptung besteht. Auch eine Beeidigung der vernommenen Partei ist möglich, § 452 Abs. 1 Satz 1 ZPO.

IV. Ermittlung der Forderungshöhe, Abs. 2

Beweiserleichterungen gelten auch dann, wenn bei anderen vermögensrechtlichen Streitigkeiten zwar der Anspruch als solcher feststeht, seine Höhe aber nur mit unverhältnismäßigem Aufwand vollständig aufklärbar wäre. Dann kann die Höhe ohne Beweisaufnahme geschätzt

---

5 Mit Recht BeckOK-*Bacher*, ZPO, § 287 Rn. 13; Zöller-*Greger*, ZPO, § 287 Rn. 1.
6 Musielak/Voit-*Foerste*, ZPO, § 287 Rn. 6.
7 BGH, NJW 2015, 934 (937).
8 Vgl. *Dietrich*, NJW 2012, 567.
9 BGH, NJW 2013, 1539 (1540).
10 BGH, NJW 2011, 1145 (1147).
11 BGH, NJW 2013, 2584 (2585 f.).
12 Musielak/Voit-*Foerste*, ZPO, § 287 Rn. 8.
13 Musielak/Voit-*Foerste*, ZPO, § 287 Rn. 7.
14 BGH, NJW 2012, 2267.
15 BGH, NJW-RR 2015, 829.
16 BGH, NJW 2006, 615 (616 f.).
17 BGH, NJW 2013, 380 (384).
18 OLG Hamm, NJW-RR 2012, 668 (671 f.).
19 BeckOK-*Bacher*, ZPO, § 287 Rn. 19.
20 BGH, NJW 2013, 2345 (2346).

werden, etwa wenn die Erstellung einer Schlussrechnung wegen Zeitablaufs oder Insolvenz des Unternehmers und damit verbundener Aufklärungsschwierigkeiten nicht mehr in Betracht kommt.[21]

C. Rechtsmittel

9 Da die Bemessung der Höhe des Schadensersatzanspruchs in erster Linie Sache des Tatrichters ist, ist sie nur dahingehend überprüfbar, ob erhebliches Vorbringen der Parteien unberücksichtigt gelassen, Rechtsgrundsätze der Schadensbemessung verkannt, wesentliche Bemessungsfaktoren außer Betracht gelassen oder der Schätzung unrichtige Maßstäbe zugrunde gelegt worden sind.[22]

§ 288
Gerichtliches Geständnis

(1) Die von einer Partei behaupteten Tatsachen bedürfen insoweit keines Beweises, als sie im Laufe des Rechtsstreits von dem Gegner bei einer mündlichen Verhandlung oder zum Protokoll eines beauftragten oder ersuchten Richters zugestanden sind.
(2) Zur Wirksamkeit des gerichtlichen Geständnisses ist dessen Annahme nicht erforderlich.

§ 289
Zusätze beim Geständnis

(1) Die Wirksamkeit des gerichtlichen Geständnisses wird dadurch nicht beeinträchtigt, dass ihm eine Behauptung hinzugefügt wird, die ein selbständiges Angriffs- oder Verteidigungsmittel enthält.
(2) Inwiefern eine vor Gericht erfolgte einräumende Erklärung ungeachtet anderer zusätzlicher oder einschränkender Behauptungen als ein Geständnis anzusehen sei, bestimmt sich nach der Beschaffenheit des einzelnen Falles.

§ 290
Widerruf des Geständnisses

¹Der Widerruf hat auf die Wirksamkeit des gerichtlichen Geständnisses nur dann Einfluss, wenn die widerrufende Partei beweist, dass das Geständnis der Wahrheit nicht entspreche und durch einen Irrtum veranlasst sei. ²In diesem Fall verliert das Geständnis seine Wirksamkeit.

Inhalt:

	Rn.		Rn.
A. Allgemeines	1	III. Zusätze, § 289 ZPO	8
B. Erläuterungen	3	C. Rechtsmittel, § 290 ZPO	10
I. Geständnis, § 288 Abs. 1 ZPO	3	D. Praxishinweis	15
II. Wirksamkeitsvoraussetzungen, § 288 Abs. 2 ZPO	6		

A. Allgemeines

1 Ein **Geständnis** ist die – u.U. konkludente – mit Bindungswirkung ausgestattete Erklärung, dass eine Tatsachenbehauptung des Gegners wahr ist.[1] Das Geständnis richtet sich im Gegensatz zu Verzicht oder Anerkenntnis nicht auf den gesamten streitgegenständlichen Anspruch, sondern auf einzelne **Tatsachen**.[1] Es ist weitergehend als § 138 Abs. 3 ZPO, doch kann auch die Erklärung, eine bestimmte Behauptung der Gegenseite nicht bestreiten zu wollen, ein Geständnis i.S.d. § 288 ZPO darstellen – jedenfalls, wenn zusätzliche Anhaltspunkte vorliegen, die auf einen Geständniswillen schließen lassen.[3]

---

21 BGH, NJW-RR 2005, 167.
22 BGH, NJW 2013, 1539 (1540).

Zu § 290:
1 OLG Düsseldorf, BeckRS 2013, 18737.
2 BGH, NJW-RR 2006, 281 (282).
3 OLG Köln, NJOZ 2013, 1842 (1843).

Bindungswirkung: Das Geständnis entzieht eine Tatsachenbehauptung der gerichtlichen 2
Überprüfung, d.h. dem Gericht ist der Weg zur sonst gebotenen freien Beweiswürdigung nach
§ 286 ZPO versperrt,[4] ein Bestreiten nicht mehr möglich. Dies bedeutet, das Geständnis ist verbindlich mit der Folge, dass der zugestandene Sachverhalt ungeachtet späteren abweichenden
Vortrags als **unstreitig** zu werten ist.[5] Die Bindungswirkung besteht selbst dann, wenn das Geständnis bewusst unwahr ist. Die Partei hat in diesem Fall jedoch die Möglichkeit des Widerrufs nach § 290 ZPO (dazu Rn. 10 ff.). In allen Fällen, in denen die Partei kein wirksames Geständnis (dann aber Indiz!) abgegeben hat, muss das Gericht den Weg der Beweiswürdigung
nach § 286 ZPO gehen, so etwa auch bei Parteivernehmung oder persönlicher Anhörung.[6]

B. Erläuterungen
I. Geständnis, § 288 Abs. 1 ZPO

Tatsachen sind konkrete, nach Zeit und Raum bestimmte Geschehnisse oder Zustände der 3
Außenwelt (äußere Tatsachen) und des menschlichen Seelenlebens (innere Tatsachen),[7] die
dem Beweis zugänglich sind. Geständnisse können nur Tatsachen erfassen, die für die **Begründetheit** maßgeblich sind. Zulässigkeitsvoraussetzungen sind ungeachtet etwaiger Zugeständnisse von Amts wegen zu prüfen.

Tatsachen sind: 4
- auch Verkehrssitten i.S.d. § 157 BGB und Handelsbräuche i.S.d. § 346 HGB;[8]
- wegen § 293 ZPO auch ausländisches Recht, Gewohnheitsrecht und Statuten (Satzungen);[9]
- Rechtsbegriffe oder die Bezeichnung von Rechtsverhältnissen nur, „wenn sie einfach und allgemein bekannt sind".[10] Das sind insbesondere Massengeschäfte des täglichen Lebens wie Kauf oder Miete, die jedem Teilnehmer am Rechtsverkehr geläufig sind und im Wege einer laienhaften Parallelwertung Eingang in die Alltagssprache gefunden haben. Erforderlich ist aber, dass die Parteien übereinstimmend von der Rechtstatsache ausgehen. Nur der unstreitige Vortrag eines Rechtsbegriffs kann den Schluss rechtfertigen, die Parteien hätten damit zugleich stillschweigend die ihn ausfüllenden Tatsachen vorgetragen. Denn die rechtliche Würdigung bleibt ansonsten dem Richter vorbehalten.[11]

Keine Tatsachen sind: 5
- was noch nicht geschehen oder vorgetragen (Dispositionsmaxime!) ist, ist dem Beweis nicht zugänglich und damit auch keine Tatsache;[12]
- Rechtsfragen, d.h. die Subsumtion eines Sachverhalts unter Rechtsnormen;
- Werturteile, Erfahrungs-, Rechtssätze, Beweiswürdigung.[13]

II. Wirksamkeitsvoraussetzungen, § 288 Abs. 2 ZPO

Wirksamkeitsvoraussetzungen: 6
- Erklärung des Geständnisses muss **in mündlicher Verhandlung** des gleichen Prozesses erfolgen. Es bleibt aber eine konkludente Bezugnahme nach § 137 Abs. 3 ZPO möglich. Schriftliche Geständnisse sind nur wirksam bei Entscheidungen ohne mündliche Verhandlung, §§ 128 Abs. 2, Abs. 3, 251a, 331a, 495a ZPO, ein lediglich angekündigtes Geständnis in einem Schriftsatz ist daher ohne Bindungswirkung. Ein Geständnis im Strafprozess ist – wie alle Geständnisse in anderen Verfahren[14] – kein Geständnis i.S.d. zivilrechtlichen Prozesses, aber in diesem als Indiz nach § 286 ZPO zu würdigen.[15]
- Geständnis ist abzugeben durch Partei; in Rechtsanwaltsprozess durch **Rechtsanwalt**,[16] § 85 ZPO.
- Ebenso möglich vor beauftragtem oder ersuchtem Richter (§§ 361, 362 ZPO), dann zu protokollieren nach § 160 Abs. 3 Nr. 3 ZPO. Gibt eine Partei in einem Anwaltsprozess ein Ge-

---

4 BGH, NJW-RR 2009, 1272 (1273).
5 OLG Köln, BeckRS 2012, 20261.
6 BGH, NJW-RR 2009, 1272.
7 OLG Düsseldorf, BeckRS 2013, 18737.
8 BeckOK-*von Selle*, ZPO, § 138 Rn. 7.
9 BeckOK-*von Selle*, ZPO, § 138 Rn. 7.
10 KG Berlin, BeckRS 2009, 74192.
11 BeckOK-*von Selle*, ZPO, § 138 Rn. 8, 8.1.
12 BGH, NJW 1998, 1223 (1224).
13 Musielak-*Huber*, ZPO, § 288 Rn. 3.
14 OLG Bamberg, NJW-RR 2003, 1223.
15 BGH, NJW-RR 2004, 1001.
16 BGH, NJW-RR 2010, 140.

ständnis ab, das vom Vorbringen des Parteivertreters **abweicht**, gilt § 286 ZPO, d.h. eine Geständniswirkung tritt nicht ein (gleichwohl ist die Äußerung zu würdigen).[17] Für den umgekehrten Fall (Anwalt gibt Geständnis ab, das von Vorbringen der Partei abweicht) gilt § 85 Abs. 1 Satz 2 ZPO. Gibt der Parteivertreter das Geständnis ab, ist nach § 166 Abs. 1 BGB sein Kenntnisstand maßgeblich; beruht es hingegen auf Informationen der Partei, kommt es auf deren **Kenntnis** an,[18] § 166 Abs. 2 BGB.

– Geständnisse von Streitgenossen bzw. **Streithelfern** binden die Partei wegen § 61 letzter Hs. ZPO bzw. § 67 letzter Hs. ZPO nicht. Umgekehrt kann die Partei ein Geständnis zu Lasten des Streithelfers abgeben, selbst wenn dieses falsch ist. Grenze ist ein kollusives Zusammenwirken der Parteien zum Nachteil des Streithelfers.[19]

7   Ein Geständnis kann **nicht wirksam** abgegeben werden:

– unter einer Bedingung (es sei denn bloße Bedingung innerprozessualer Natur,[20] z.B. dass das Gericht seine Zuständigkeit bejaht[21]);
– von einer nicht-prozessfähigen Partei,[22] z.B. einer Naturpartei im Anwaltsprozess;
– von Streitgenossen wegen § 61 letzter Hs. ZPO (außer Partei widerspricht nicht);
– von Streithelfern wegen § 67 letzter Hs. ZPO (außer Partei widerspricht nicht);
– für Prozessvoraussetzungen (da von Amts wegen zu prüfen);
– bei unmöglichen Tatsachen oder Gegenteil offenkundig i.S.d. § 291 ZPO.[23]

III. Zusätze, § 289 ZPO

8   § 289 ZPO ist eine klarstellende Auslegungsnorm für **Zweifelsfragen**, wann überhaupt ein Geständnis vorliegt. Abs. 1 erklärt es für unschädlich, wenn das Geständnis neben den behaupteten Tatsachen noch ein rechtsvernichtendes, -hinderndes, -hemmendes oder -begründendes Angriffs- oder Verteidigungsmittel enthält, das auf einem anderen Lebenssachverhalt beruht als das gerichtliche Geständnis. Erklärungen können also eine **Doppelnatur** haben (materiell und prozessual). **Beispiel**: Begehrt die beklagte Partei die Abweisung der Klage wegen einer von ihr erklärten Aufrechnung, ist dies ein (konkludentes) Geständnis hinsichtlich der den Klageanspruch begründenden tatsächlichen Behauptungen.[24]

9   Abs. 2 stellt klar, dass inhaltliche Zusätze zu einer Erklärung zu würdigen sind. Hier betreffen das gerichtliche Geständnis und der Zusatz im Gegensatz zu Abs. 1 den gleichen Lebenssachverhalt.

C. Rechtsmittel, § 290 ZPO

10   Allgemeines: Das Geständnis ist als Prozesshandlung nach §§ 119 ff. BGB nicht anfechtbar. Es verliert seine Wirksamkeit (nur) bei einem Widerruf nach § 290 ZPO – und zwar *ex tunc*, d.h. rückwirkend. Mit Einverständnis des Gegners ist ein Widerruf jederzeit möglich, denn auch hier gilt die Dispositionsmaxime. Ansonsten obliegt dem Widerrufenden die volle **Beweislast** hinsichtlich Unwahrheit und Irrtum. Er muss schlüssig darlegen und beweisen, was ihn an der Erkenntnis des wahren Sachverhalts hinderte und was zur falschen Darstellung führte.[25] Gelingt ihm das, müssen die nunmehr wieder beweisbedürftigen Tatsachen im Wege der Beweisaufnahme zur Überzeugung des Gerichts geklärt werden. Der Widerruf nach § 290 ZPO ist nicht analog auf die Klagerücknahme anwendbar.[26]

11   Voraussetzung für einen wirksamen Widerruf ist, dass die Tatsache unwahr und das Geständnis durch einen Irrtum veranlasst war:

12   **Unwahrheit der Tatsache**

Das gilt für ein protokolliertes Geständnis auch dann, wenn der Gestehende geltend macht, der Inhalt des Protokolls sei falsch. Denn die Sitzungsniederschrift ist eine öffentliche Urkunde, die nach § 418 Abs. 1 ZPO den vollen Beweis der darin protokollierten Tatsachen begründet. Den Beweis der Protokollunrichtigkeit muss die Partei erbringen, die die Unrichtigkeit des Protokolls behauptet, § 418 Abs. 2 ZPO. Auch **Verständigungsschwierigkeiten** bei der Verhand-

---

17 BGH, NJW-RR 2009, 1272 (1273).
18 Zöller-*Greger*, ZPO, § 290 Rn. 2.
19 OLG Schleswig, NJW-RR 2000, 356.
20 BGH, NJW-RR 2003, 1145.
21 BGH, NJW-RR 2012, 503 (504), Rn. 14.
22 BGH, NJW-RR 2009, 1272 (1273).
23 So Thomas/Putzo-*Reichold*, ZPO, § 289 Rn. 6.
24 BGH, NJW-RR 1996, 699.
25 OLG Köln, BeckRS 2012, 20261.
26 OLG Schleswig, BeckRS 2012, 19672.

lung nehmen einer zu Protokoll abgegebenen Erklärung nicht die Qualität eines gerichtlichen Geständnisses i. S. d. § 288 ZPO.[27]

Irrtümliche Abgabe des Geständnisses 13
Irrtum ist jede Fehlvorstellung über die Wahrheit der zugestandenen Behauptung – unabhängig davon, ob verschuldet oder unverschuldet.
Kein relevanter **Irrtum**:
– Motivirrtum z. b. über Reichweite des Geständnisses oder Nichtkenntnis des tatsächlichen Sachverhalts, etwa bei Bezugnahme ohne die Urkunde zu kennen (dann kein Schutzbedürfnis, da Ungewissheit bewusst in Kauf genommen und auf eigenes Risiko gehandelt wurde);[28]
– bewusst unwahres Geständnis (dann keine Fehlvorstellung).[29]

Ein Geständnis gilt auch in Berufungs- und Revisionsinstanz, Nach- und (eingeschränkt) Restitutionsverfahren: Ein in der ersten Instanz abgegebenes Geständnis wirkt gemäß § 535 ZPO auch in der Berufungs- und nach § 555 ZPO in der Revisionsinstanz. Die Partei kann kein Geständnis nur für die 1. Instanz abgeben.[30] Die **Rechtsmittelinstanzen** können aber uneingeschränkt überprüfen, ob überhaupt ein Geständnis i. S. d. § 288 ZPO vorliegt.[31] An das im Vorbehaltsverfahren abgelegte Geständnis bleibt die Partei auch im Nachverfahren (§ 600 ZPO) gebunden.[32] Für den Fall eines unwahren Geständnisses gilt dies auch im Restitutionsverfahren (§ 580 ZPO).[33] 14

D. Praxishinweis

Behauptet eine Partei eine ihr ungünstige Tatsache, kann der Gegner diese sofort **zugestehen** und so den Widerruf ausschließen. Er macht sie damit zur nicht mehr beweisbedürftigen Entscheidungsgrundlage.[34] 15

§ 291
Offenkundige Tatsachen

Tatsachen, die bei dem Gericht offenkundig sind, bedürfen keines Beweises.

Inhalt:
	Rn.		Rn.
A. Allgemeines	1	C. Rechtsmittel	7
B. Erläuterungen	2		

A. Allgemeines

Die Vorschrift sieht als Ausdruck der Prozessökonomie vor, auf eine Beweisaufnahme zu verzichten, wenn die Tatsache allgemein oder zumindest dem Gericht bekannt ist. Es wäre in diesen Fällen bloße Förmelei, die an sich überflüssige Beweiserhebung durchzuführen. Weil dies den Beibringungsgrundsatz einschränkt, steht der Partei der **Gegenbeweis** offen. Soll die offenkundige Tatsache dem Urteil zugrunde gelegt werden, ist vorher rechtliches Gehör zu gewähren. 1

B. Erläuterungen

Zum **Tatsachenbegriff** siehe Kommentierung zu § 288 Rn. 3. 2

Offenkundig sind die Tatsachen, wenn sie allgemein oder jedenfalls gerichtsbekannt sind. Das Gericht darf eine offenkundige Tatsache auch ohne entsprechende Behauptung durch die Parteien in den Prozess einführen und seiner Entscheidung zugrunde legen;[1] Geständnis, Säumnis und Bestreiten sind dann ohne Bedeutung.[2] **Allgemein bekannt** sind Tatsachen, wenn sie in einem größeren oder kleineren Bezirk einer beliebig großen Menge von Personen bekannt 3

---
27 BGH, NJOZ 2005, 3983 (3986).
28 BGH, NJW 2011, 2794.
29 BGH, NJW 1995, 1432 (1433).
30 OLG Köln, FamRZ 2000, 1026.
31 BGH, NJW-RR 2005, 1297 f.
32 OLG Saarbrücken, NJOZ 2001, 1670.
33 OLG Düsseldorf, BeckRS 2003, 30321554.
34 *Zimmermann*, ZPO, § 288 Rn. 5.

Zu § 291:
1 OLG Zweibrücken, BeckRS 2014, 13307.
2 Thomas/Putzo-*Reichold*, ZPO, § 291 Rn. 5.

sind oder wahrnehmbar waren und man sich über sie aus zuverlässigen Quellen ohne besondere Fachkunde unterrichten kann.[3]

4 **Beispiele** sind Medien (insbesondere Internetrecherchen mit Hilfe von Suchmaschinen, Zeitungen und Wikipedia), Landkarten, Urteile in Datenbanken,[4] Bücher, Mietspiegel, Kalender, Abkürzungsverzeichnisse,[5] Markenregister,[6] aber auch Orts- oder Lichtverhältnisse.[7] Ist die Tatsache allgemein bekannt oder wahrnehmbar, spielt es – anders als bei gerichtsbekannten Tatsachen[8] – keine Rolle, wenn der Richter sich die Kenntnis auf privatem Wege verschafft.[9]

5 **Gerichtsbekannt** sind Tatsachen, die zumindest einer[10] der zur Entscheidung berufenen Richter aus jetziger oder früherer amtlicher Tätigkeit kennt. **Beispiele** sind: Verhalten einer Partei in früheren Prozessen,[11] rechtskräftige Verurteilungen, Existenz bestimmter Unterlagen oder Eintragungen, Scheidung, Betreuung mit Einwilligungsvorbehalt, Insolvenz,[12] frühere Gutachten oder Protokolle, Entzug der Rechtsanwaltszulassung.[13] Von der Gerichtskundigkeit zu unterscheiden ist die **Sachkunde** eines Gerichts, die einen Sachverständigenbeweis entbehrlich machen kann.[14]

6 Der Richter darf gerichtsbekannte Tatsachen auch aus Akten **anderer Verfahren** entnehmen.[15] Denn auch hier ist der Bezug zur dienstlichen Tätigkeit gegeben und der Richter würde ohne dieses Vorwissen wohl kaum solche Tatsachen in anderen Akten suchen. Es geht mehr um eine Auffrischung oder Bestätigung von Wissen als um eine Umgehung der Dispositionsmaxime. Andernfalls müsste der Richter auch „sehenden Auges" auf Kenntnisse verzichten, die bereits in seinem (dienstlichen) Hinterkopf sind und die er sich leicht in dienstlicher Eigenschaft beschaffen kann.[16] Auch den Parteien wird damit kein Unrecht getan, weil das Gericht diesen vor Verwertung der nunmehr gerichtsbekannten Tatsache ohnehin rechtliches Gehör gewähren muss.[17] Etwas anderes gilt nur für nicht vorgetragene offenkundige Tatsachen, deren Umstände allen Beteiligten ohne Weiteres als entscheidungserheblich bekannt sind.[18] Nach **Hinweis** auf die Gerichtskundigkeit steht der Partei der Gegenbeweis offen.[19]

C. Rechtsmittel

7 Das Berufungsgericht prüft im Rahmen des § 529 Abs. 1 Nr. 1 ZPO die Frage der Offenkundigkeit selbstständig; das Revisionsgericht prüft nur, ob das Tatgericht die Offenkundigkeit zutreffend erkannt hat.

§ 292
Gesetzliche Vermutungen

[1]Stellt das Gesetz für das Vorhandensein einer Tatsache eine Vermutung auf, so ist der Beweis des Gegenteils zulässig, sofern nicht das Gesetz ein anderes vorschreibt. [2]Dieser Beweis kann auch durch den Antrag auf Parteivernehmung nach § 445 ZPO geführt werden.

Inhalt:

	Rn.		Rn.
A. Allgemeines	1	I. Vermutung, Satz 1	2
B. Erläuterungen	2	II. Parteivernehmung, Satz 2	7

---

3 OLG Zweibrücken, BeckRS 2014, 13307.
4 BeckOK-*Bacher*, ZPO, § 291 Rn. 6.1.
5 Musielak/Voit-*Huber*, ZPO, § 291 Rn. 1.
6 OLG Düsseldorf, BeckRS 2014, 20381.
7 BGH, NJW 2007, 3211.
8 Musielak/Voit-*Huber*, ZPO, § 291 Rn. 2.
9 OLG Zweibrücken, BeckRS 2014, 13307.
10 Baumbach/Lauterbach/Albers/Hartmann, ZPO, § 291 Rn. 5; strenger BeckOK-*Bacher*, ZPO, § 291 Rn. 7: die Mehrheit der erkennenden Richter. Es ist aber nicht einzusehen, wieso Einzelrichter anders als Kammersachen behandelt werden sollen, zumal auch ein Richter dem Rest des Kollegiums sein Wissen vermitteln kann.
11 OLG München, BeckRS 2009, 27912.
12 Musielak/Voit-*Huber*, ZPO, § 291 Rn. 2.
13 Thomas/Putzo-*Reichold*, ZPO, § 291 Rn. 2.
14 Musielak/Voit-*Huber*, ZPO, § 291 Rn. 2.
15 Thomas/Putzo-*Reichold*, ZPO, § 291 Rn. 2; a.A. Musielak/Voit-*Foerste*, ZPO, § 265 Rn. 2.
16 Einschränkend BVerwG, BeckRS 2014, 54533, Rn. 7.
17 BGH, NJW 2009, 3787 (3790).
18 BGH, GRUR 2007, 534 (535).
19 OLG München, BeckRS 2009, 27912.

A. Allgemeines

Die Vorschrift regelt allgemein die Wirkung gesetzlicher Vermutungen, nämlich deren Widerlegbarkeit. So reicht es aus, dass der Gesetzgeber immer nur dann eine Regelung trifft, wenn eine Vermutung ausnahmsweise nicht widerlegbar sein soll. 1

B. Erläuterungen
I. Vermutung, Satz 1

Vermutet das Gesetz widerlegbar eine Tatsache, führt dies zu einer Umkehr der Darlegungs- und Beweislast. Die begünstigte Partei muss nur die Vermutungsbasis darlegen (näher unten Rn. 4), die vom Gesetz vermutete Tatsache jedoch weder beweisen noch vortragen.[1] Die **Darlegungs- und Beweislast** hinsichtlich der vermuteten Tatsache geht vielmehr auf den Gegner über. Er muss nicht nur deren Vorliegen erschüttern (sog. Gegenbeweis), sondern das Gericht vom vollen Beweis des Gegenteils überzeugen. Bloße **Indizien** gegen die Vermutung können lediglich im Rahmen der Gesamtwürdigung nach § 286 ZPO Berücksichtigung finden.[2] Wird bereits die Vermutungsbasis angegriffen, genügt der Gegenbeweis.[3] 2

§ 292 ZPO gilt dabei auch für die Vermutung von **Rechtstatsachen**, nicht jedoch für gesetzliche Auslegungsregeln („im Zweifel")[4] oder tatsächliche Vermutungen, die auf allgemeinem Erfahrungswissen beruhen, etwa die Verschuldensvermutung beim Verstoß gegen ein Schutzgesetz i.S.d. § 823 Abs. 2 BGB oder die Vermutung der Richtigkeit und Vollständigkeit einer Privaturkunde, § 416 ZPO. Diese begründen allenfalls einen **Anscheinsbeweis** für die behauptete Tatsache und erleichtern der betroffenen Partei die Darlegung und Beweisführung, entbinden sie aber nicht davon.[5] 3

Bei **Tatsachenvermutungen** schließt das Gesetz von einer tatbestandsfremden Tatsache auf ein Tatbestandsmerkmal, etwa § 1117 Abs. 3 BGB (vom Besitz des Gläubigers am Hypothekenbrief auf die Übergabe) oder § 1253 Abs. 2 BGB (vom Besitz des Pfandes beim Verpfänder oder Eigentümer auf die Rückgabe). Bei **Rechtsvermutungen** schließt das Gesetz von einer Tatsache unmittelbar auf das (Nicht-)Bestehen eines Rechts, etwa § 891 Abs. 1 und 2 BGB (von der Eintragung/Löschung im Grundbuch auf das Bestehen/Nichtbestehen des eingetragenen Rechts).[6] **Vermutungsbasis** ist hier die Ausgangstatsache, an die der Schluss des Gerichtes anknüpft (Besitz, Eintragung/Löschung), d.h. die begünstigte Partei muss nicht die Übergabe, Rückgabe oder das Bestehen/Nichtbestehen des eingetragenen Rechts darlegen oder beweisen. 4

Weitere Beispiele für widerlegbare Vermutungen: 5
- *§ 476 BGB (ein Mangel, der sich innerhalb von 6 Monaten bei einem Verbrauchsgüterkauf zeigt, lag bereits bei Gefahrübergang vor);*
- *§ 1006 BGB (Besitzer einer Sache ist auch deren Eigentümer).*

Unwiderlegbare Vermutungen sind hingegen z.B. § 267 ZPO und § 1566 BGB. Die gleiche Wirkung entfalten Fiktionen (etwa § 108 Abs. 2 Satz 2 BGB). Auch sie sind kraft Gesetzes unwiderlegbar („gilt"). 6

II. Parteivernehmung, Satz 2

Der beweisbelasteten Partei steht auch die **Parteivernehmung** gemäß § 445 ZPO offen, weil es nicht um einen Gegenbeweis geht (bloßes Erschüttern des Vorliegens einer vermuteten Tatsache), sondern den Beweis des Gegenteils. § 292 Satz 2 ZPO ist damit eine Ausnahme von § 445 Abs. 2 ZPO. 7

§ 292a

(weggefallen)

---

1 BGH, NJW 2010, 363 (364).
2 BGH, NJW 2005, 359 (363).
3 BeckOK-*Bacher*, ZPO, § 292 Rn. 11.
4 BeckOK-*Bacher*, ZPO, § 292 Rn. 6.
5 Musielak/Voit-*Huber*, ZPO, § 292 Rn. 1.
6 Musielak/Voit-*Huber*, ZPO, § 292 Rn. 2f.

§ 293
Fremdes Recht; Gewohnheitsrecht; Statuten

¹Das in einem anderen Staat geltende Recht, die Gewohnheitsrechte und Statuten bedürfen des Beweises nur insofern, als sie dem Gericht unbekannt sind. ²Bei Ermittlung dieser Rechtsnormen ist das Gericht auf die von den Parteien beigebrachten Nachweise nicht beschränkt; es ist befugt, auch andere Erkenntnisquellen zu benutzen und zum Zwecke einer solchen Benutzung das Erforderliche anzuordnen.

Inhalt:

	Rn.		Rn.
A. Allgemeines	1	II. Ermittlung, Satz 2	6
B. Erläuterungen	3	C. Rechtsmittel	7
I. Fremdes Recht, Satz 1	3		

A. Allgemeines

1 Die Vorschrift macht eine Ausnahme von dem Grundsatz, dass nur über Tatsachen Beweis zu erheben ist. Denn auch der Richter muss ausländisches Recht sowie Gewohnheitsrechte und Statuten nicht kennen. Er darf sich daher nach pflichtgemäßem Ermessen im Wege der Amtsermittlung Kenntnis hierüber verschaffen, und zwar ohne an den Strengbeweis gebunden zu sein.¹ Er darf Parteien dazu auffordern, Nachweise beizubringen, kann Gutachten einholen und **Rechts- und Amtshilfeersuchen** durchführen. Für anfallende Kosten kann er einen **Vorschuss** anfordern, § 17 Abs. 3 GKG.

2 Im Rahmen eines möglichen **Versäumnisurteils** gehören Ausführungen zum ausländischen Recht zur Schlüssigkeitsprüfung, da Rechtsnormen nicht als wahr unterstellt werden können.² Für die summarische Prüfung im **einstweiligen Rechtsschutz** gilt die Einschränkung, dass Auslegung und Anwendung ausländischen Rechts mit der Eilbedürftigkeit des Verfahrens in Einklang zu bringen sein müssen.³ Allgemein gilt: Lässt sich dieses trotz der gebotenen Sorgfalt nicht feststellen, ist **im Zweifel deutsches Recht** anzuwenden.⁴

B. Erläuterungen
I. Fremdes Recht, Satz 1

3 **Das in einem anderen Staat geltende Recht** sind alle Rechtsnormen außerhalb Deutschlands. Dies heißt umgekehrt, dass der Richter alle Rechtsnormen kennen muss, die (auch) innerhalb Deutschlands gelten, etwa EU- und Völkerrecht, Internationales Privatrecht.⁵ Hier darf er sich aber auch Kenntnis durch die Parteien oder Dritte verschaffen.

4 **Gewohnheitsrechte und Statuten:** Hier gibt es keine Beschränkung auf ausländisches Recht, d.h. der Richter kann insoweit auch über inländisches Recht Beweis erheben. **Statuten** sind Satzungsrechte öffentlich-rechtlicher Körperschaften, Anstalten und Stiftungen sowie Tarifverträge und Betriebsvereinbarungen.⁶ **Gewohnheitsrecht** beruht auf einer lang andauernden und ständigen, gleichmäßigen und allgemeinen tatsächlichen Übung, mit der ein bestimmter Lebenssachverhalt durch die beteiligten Verkehrskreise behandelt wird. Diese Übung muss von der Überzeugung getragen sein, mit ihrer Anwendung geltendes Recht zu befolgen.⁷

5 **Dem Gericht unbekannt**: Unbekannt ist das Recht dem Richter etwa, wenn er auf Grund sprachlicher oder rechtlicher Barrieren keinen unmittelbaren Zugang dazu hat.⁸ Hierbei handelt es sich um eine (logische) Einschränkung. Kennt der Richter das ausländische Recht, Gewohnheitsrecht oder die Statuten, braucht er sie nicht zu ermitteln.

II. Ermittlung, Satz 2

6 Der Richter darf sich im Rahmen seines **Ermessens** Kenntnis auch dadurch verschaffen, dass er selbst recherchiert oder die Parteien zu umfassenden Rechtsausführungen zum ausländischen Recht auffordert.⁹ Letzteres dient allerdings lediglich der Verfahrensbeschleunigung;

---

1 Musielak/Voit-*Huber*, ZPO, § 293 Rn. 5 f.
2 MK-*Prütting*, ZPO, § 293 Rn. 55.
3 Musielak/Voit-*Huber*, ZPO, § 293 Rn. 12.
4 BeckOK-*Bacher*, ZPO, § 293 Rn. 21.
5 Musielak/Voit-*Huber*, ZPO, § 293 Rn. 2.
6 BeckOK-*Bacher*, ZPO, § 293 Rn. 4 f.
7 BGH, NJW 2014, 387 (388).
8 BVerwG, NJW 2012, 3461 (3462).
9 Musielak/Voit-*Huber*, ZPO, § 293 Rn. 4.

Nachteile dürfen den Parteien bei fehlender Mitwirkung hieraus nicht entstehen. Da der Amtsermittlungsgrundsatz gilt, trifft die Parteien keine **Beweisführungslast**.[10] Das Gericht muss sein Ermessen erkennbar ausüben. So kann die Einholung einer (Rechtshilfe-)Auskunft unzureichend sein, wenn es nicht nur auf den Inhalt eines ausländischen Gesetzes, sondern dessen Auslegung und Anwendung durch die Gerichte des betreffenden Landes ankommt.[11] Dann ist es erforderlich, zusätzlich ein entsprechendes Gutachten einzuholen. Die Anforderungen an dieses sind umso höher, je detaillierter und kontroverser die Parteien zur ausländischen Rechtspraxis vortragen.[12] Auf diese Weise kann der Umfang der Ermittlungspflicht und damit auch das Ermessen des Richters durch den Vortrag der Parteien beeinflusst werden.[13] Weitere **Ermessensgesichtspunkte** sind die Bedeutung und Dringlichkeit der Streitsache für die Parteien im Verhältnis zu Zeit, Aufwand und Kosten der Ermittlungen.[14] Führen die unterschiedlichen Rechtsordnungen zum gleichen Ergebnis, kann die Anwendung offen bleiben; ein Ermessensfehlgebrauch liegt dann nicht vor.

C. Rechtsmittel

Das **Berufung**sgericht darf die Frage des Verhältnisses zwischen deutschem und ausländischem Recht nicht unbeantwortet lassen, da die unterlegene Partei erkennen können muss, ob wegen der Anwendung von deutschem Bundesrecht die Revision zulässig ist oder bei Annahme von ausländischem Recht nur ein Ermessensfehlgebrauch beanstandet werden kann. In der **Revision** kann hingegen offen gelassen werden, ob inländisches oder ausländisches Recht gilt, wenn das deutsche Recht zu keinem anderen Ergebnis führt.[15] Das Revisionsgericht darf ausländisches Recht in keinem Fall anwenden, sondern überprüft nur seine mögliche unzureichende oder fehlerhafte Ermittlung.[16]

7

§ 294
Glaubhaftmachung

(1) Wer eine tatsächliche Behauptung glaubhaft zu machen hat, kann sich aller Beweismittel bedienen, auch zur Versicherung an Eides statt zugelassen werden.
(2) Eine Beweisaufnahme, die nicht sofort erfolgen kann, ist unstatthaft.

Inhalt:

	Rn.		Rn.
A. Allgemeines	1	II. Präsente Beweismittel, Abs. 2	6
B. Erläuterungen	3	III. Formulierungsbeispiel	7
I. Glaubhaftmachung, Abs. 1	3		

A. Allgemeines

Die Bestimmung regelt zur Verfahrensbeschleunigung die Glaubhaftmachung als eine besondere Art der Beweisführung und das insoweit geltende Beweismaß. **Glaubhaft** gemacht ist eine Behauptung, wenn eine überwiegende Wahrscheinlichkeit dafür besteht, dass sie zutrifft,[1] d.h. der Richter legt im Rahmen seiner freien Beweiswürdigung die behauptete Tatsache zugrunde, wenn er ihr Bestehen für wahrscheinlicher hält als ihr Nichtbestehen.[2] Sie beschränkt sich auf die gesetzlich angeordneten Fälle: §§ 44 Abs. 2, Abs. 4, 104 Abs. 2, 118 Abs. 2 Satz 1, 236 Abs. 2, 296 Abs. 4, 381 Abs. 1 Satz 2, 406 Abs. 3, 487 Nr. 4, 511 Abs. 3, 531 Abs. 2 Satz 2, 589 Abs. 3, 605 Abs. 3, 707 Abs. 1 Satz 2, 719 Abs. 1 Satz 2, 769 Abs. 1 Satz 2, 805 Abs. 4, 900 Abs. 4, 920 Abs. 2 ZPO sowie außerhalb der ZPO etwa § 290 Abs. 1 Nr. 2 InsO und §§ 885 Abs. 1 Satz 2, 899 Abs. 2 Satz 2, 1615 Abs. 3, 2228 BGB.[3] Die Glaubhaftmachung

1

---

10 BGH, BeckRS 2012, 01018.
11 Musielak/Voit-*Huber*, ZPO, § 293 Rn. 5.
12 BVerwG, NJW 2012, 3461 (3462).
13 BGH, BeckRS 2012, 01018.
14 Ähnlich Musielak/Voit-*Huber*, ZPO, § 293 Rn. 9.
15 Musielak/Voit-*Huber*, ZPO, § 293 Rn. 10.
16 BGH, NJW 2013, 3656.

Zu § 294:
1 BGH, NJW 2015, 3517 (3518).
2 Musielak/Voit-*Huber*, ZPO, § 294 Rn. 3.
3 Auflistung etwa bei Musielak/Voit-*Huber*, ZPO, § 294 Rn. 2.

gilt dann auch für einen möglicherweise zu erbringenden **Gegenbeweis**[4] und kann zudem mit Hilfe von Indiztatsachen erfolgen.[5]

2 Es reicht zur Glaubhaftmachung nicht aus, wenn Vortrag von Zeugen nur schriftlich und/oder ohne Übersetzung in die deutsche Sprache vorliegt. Denn für **Ausländer** gelten dieselben Sorgfaltsanforderungen wie für Deutsche.[6]

B. Erläuterungen
I. Glaubhaftmachung, Abs. 1

3 **Tatsächliche Behauptung** meint Tatsache. Zum Begriff näher § 288 Rn. 3.

4 **Alle Beweismittel**: Der Beweisführer kann sich aller (präsenten!) Beweismittel der §§ 371–455 ZPO bedienen, ebenso der Versicherung an Eides Statt sowie der anwaltlichen Versicherung.[7] Wie stets setzt ein Beweis zunächst **Beweisbedürftigkeit** voraus, gilt also nicht für unstreitige oder offenkundige Tatsachen.[8] Die **Beibringung** der Beweismittel ist Sache der Parteien.

5 Beispiele für **nicht ausreichende Glaubhaftmachung**:
- pauschale Bezugnahme auf Rechtsanwaltsschriftsatz ohne eigenen Sachvortrag;[9]
- wenn das in Bezug genommene Dokument auch Wahrnehmungen anderer Personen oder sonstige Vorgänge enthält, die sich der eigenen Wahrnehmung des Erklärenden entziehen;[10]
- Vermischung tatsächlicher Ausführungen und rechtlicher Bewertungen;[11]
- bloßes Anbieten der Glaubhaftmachung;[12]
- Widerspruch zwischen anwaltlicher Versicherung und geschildertem Sachverhalt oder vorgelegten Unterlagen;[13]
- wenn bei Krankheit kurzfristig ein Vertreter hätte eingeschaltet oder ein Fristverlängerungsantrag hätte gestellt werden können.[14]

II. Präsente Beweismittel, Abs. 2

6 Die Beweisaufnahme muss sofort erfolgen (können), d.h. Dokumente, Zeugen, Sachverständige sind zum Termin mitzubringen. **Unzulässig** sind Vertagung, Antrag auf Vorlegung von Urkunden nach § 142 ZPO oder Einholung eines Sachverständigengutachtens. **Verstöße** gegen diese Pflicht sollen allerdings nicht zur Unverwertbarkeit der Beweise führen.[15] Hat also das Gericht fehlerhaft auch nicht präsente Beweismittel zugelassen, können auch diese der Entscheidung zugrunde gelegt werden.

III. Formulierungsbeispiel:

7 *Eidesstattliche Versicherung der Frau Y, wohnhaft in [Ort]:*
Über die strafrechtlichen Folgen und die Bedeutung der Abgabe einer falschen Versicherung an Eides Statt bin ich mir bewusst. Ich erkläre hiermit Folgendes an Eides Statt: ...
Ort, Datum, Unterschrift

§ 295
Verfahrensrügen

(1) Die Verletzung einer das Verfahren und insbesondere die Form einer Prozesshandlung betreffenden Vorschrift kann nicht mehr gerügt werden, wenn die Partei auf die Befolgung der Vorschrift verzichtet, oder wenn sie bei der nächsten mündlichen Verhandlung, die auf Grund des betreffenden Verfahrens stattgefunden hat oder in der darauf Bezug genommen

---

4 So etwa in LAG Chemnitz, BeckRS 2015, 72922.
5 BeckOK-*Bacher*, ZPO, § 294 Rn. 3.
6 So ausdrücklich BGH, NJW 2013, 387 (391).
7 Musielak/Voit-*Huber*, ZPO, § 294 Rn. 4.
8 Stein/Jonas-*Leipold*, ZPO, § 294 Rn. 6.
9 BGH, NJW 2015, 349 (350).
10 BeckOK-*Bacher*, ZPO, § 294 Rn. 11 f.
11 BGH, NJW 2015, 349 (350).
12 Baumbach/Lauterbach/Albers/Hartmann, ZPO, § 294 Rn. 10.
13 BGH, NJW 2015, 349 (350).
14 BGH, NJW 2015, 171.
15 Musielak/Voit-*Huber*, ZPO, § 294 Rn. 4; Stein/Jonas-*Leipold*, ZPO, § 294 Rn. 11.

ist, den Mangel nicht gerügt hat, obgleich sie erschienen und ihr der Mangel bekannt war oder bekannt sein musste.
(2) Die vorstehende Bestimmung ist nicht anzuwenden, wenn Vorschriften verletzt sind, auf deren Befolgung eine Partei wirksam nicht verzichten kann.

Inhalt:

	Rn.		Rn.
A. Allgemeines	1	II. Unverzichtbare Verfahrensfehler, Abs. 2	8
B. Erläuterungen	5	C. Rechtsmittel	10
I. Rügezeitpunkt, Abs. 1	5		

A. Allgemeines

§ 295 ZPO ist eine Heilungsvorschrift, die eine allzu große Formstrenge verhindert und so das Verfahren fördert. Wird eine Verfahrensvorschrift verletzt, muss die Partei sie rügen, sonst ist der Mangel ex tunc (rückwirkend) geheilt. Eine Ausnahme gilt für Fehler bei der Zustellung der Klage: Hier erfolgt die Heilung nur ex nunc.[1] Manche Vorschriften hält der Gesetzgeber jedoch für so wichtig, dass die Partei nicht auf sie verzichten kann, d. h. eine Heilung nicht möglich ist. 1

Der **Verzicht** kann ausdrücklich oder konkludent, innerhalb oder außerhalb der mündlichen Verhandlung erklärt werden und bedarf keiner Annahme durch den Gegner. Die Erklärung ist erst möglich, nachdem es zum Verfahrensverstoß gekommen ist; sie kann also nicht im Voraus abgegeben werden. Als einseitige Prozesshandlung ist sie zudem unwiderruflich.[2] 2

Die **Rüge** kann ausdrücklich oder konkludent erhoben werden, und zwar bis zum Schluss des betreffenden Termins (z.B. bei fehlerhafter Beweisaufnahme bis zum Ende der sich gemäß §§ 279 Abs. 3, 370 Abs. 1 ZPO anschließenden Verhandlung). Im schriftlichen Verfahren nach § 128 Abs. 2 ZPO (oder entsprechend § 495a ZPO) muss sie im ersten eingereichten Schriftsatz erhoben werden und in jedem Fall innerhalb der gesetzten Frist.[3] Allgemein gilt: Erhebt die Partei die Rüge verspätet, muss sie **darlegen**, dass sie den Mangel nicht gekannt hat und nicht früher hätte erkennen können.[4] 3

Eine **Hinweis**pflicht des Gerichts auf das Rügerecht nach § 139 ZPO besteht nicht; mangels planwidriger Regelungslücke und -bedürfnis auch nicht vor dem Amtsgericht nach § 504 ZPO analog.[5] Das Stellen eines Sachantrags führt zum Verlust des Rügerechts, nicht jedoch bloße Säumnis. Hier lebt durch den Einspruch wegen § 342 ZPO auch das Rügerecht wieder auf.[6] 4

B. Erläuterungen
I. Rügezeitpunkt, Abs. 1

Verfahrensvorschriften sind Normen, die den äußeren Ablauf des Rechtsstreits regeln. Erfasst sind Verstöße gegen Verfahrensvorschriften über Form, Voraussetzungen und Umstände (Zeit und Ort) der Vornahme von Prozesshandlungen des Gerichts oder der Parteien, unabhängig von einem Verschulden. **Nicht** erfasst sind Verstöße, die den sachlichen Inhalt der Prozesshandlung oder gerichtlichen Entscheidung betreffen (z.B. §§ 139, 286, 287, 308 ZPO).[7] 5

Sondervorschriften über die Zulässigkeit rügelosen Verhandelns sind §§ 39, 43, 189, 267, 282 Abs. 3, 296 Abs. 3 ZPO. 6

Verzicht **möglich**[8] bei Fehlern hinsichtlich: 7

– Einlassungs- und Ladungsfristen, Zustellung außerhalb Notfristen;
– Beweisaufnahme ohne Beweisbeschluss oder sonstige Anordnung;
– Protokollierung einer Zeugenaussage, Benutzung eines wegen unterlassener Belehrung nach § 383 Abs. 2 ZPO unzulässigen Beweismittels, allg.: Beweisverwertungsverboten;[9]
– förmlicher Entscheidung über einen Befangenheitsantrag;
– Förmlichkeiten für Urteilsergänzung nach § 321 ZPO;[10]

---
1 OLG Karlsruhe, BeckRS 2015, 07667.
2 BeckOK-*Bacher*, ZPO, § 295 Rn. 6.
3 Stein/Jonas-*Leipold*, ZPO, § 295 Rn. 15; Zöller-*Greger*, ZPO, § 295 Rn. 8.
4 OLG Karlsruhe, BeckRS 2015, 07667.
5 Ähnlich BeckOK-*Bacher*, ZPO, § 295 Rn. 9.2.
6 BeckOK-*Bacher*, ZPO, § 295 Rn. 8.1.
7 Zöller-*Greger*, ZPO, § 295 Rn. 2.
8 Aufzählung bei Musielak/Voit-*Huber*, ZPO, § 295 Rn. 4.
9 BGH, NJW-RR 2007, 1624 (1627).
10 BGH, NJW 2014, 1304 (1306).

- beglaubigter Abschriften;[11]
- Übersetzung eines in der mündlichen Verhandlung tätigen Dolmetschers.[12]

II. Unverzichtbare Verfahrensfehler, Abs. 2

8 **Unverzichtbare Verfahrensfehler** sind solche, die im öffentlichen Interesse an einer geordneten Rechtspflege bestehen oder dem Schutz einer anderen Partei dienen. Sie sind in der Regel von Amts wegen zu beachten[13] und lassen sich mit *ex nunc*-Wirkung ordnungsgemäß nachholen.[14]

9 Verzicht **nicht möglich**[15] hinsichtlich:
- Partei-, Prozess- und Postulationsfähigkeit;
- Rechtsweg- und Zuständigkeitsfragen (Zulässigkeit des Rechtsweges, ausschließliche Zuständigkeit nach § 40 Abs. 2 ZPO, Zuständigkeit im Instanzenzug, gesetzlicher Richter wegen Art. 101 Abs. 1 Satz 2 GG, unterbliebene oder fehlerhafte Mitwirkung von Richtern);
- Notfristen, Wiedereinsetzung;
- gesetzlicher Voraussetzungen für Zurückweisung verspäteter Prozesshandlungen;
- Unterschrift unter Klage/Berufung[16] als zwingendes Wirksamkeitserfordernis.

C. Rechtsmittel

10 Der Verlust des Rügerechts führt dazu, dass der Verfahrensmangel im weiteren Verlauf des Verfahrens nicht mehr geltend gemacht werden kann – und damit auch nicht in den Rechtsmittelinstanzen gemäß §§ 534, 556 ZPO. Bei nicht verzichtbaren Verfahrensfehlern kommt es nur unter den engen Voraussetzungen des § 538 Abs. 2 Satz 1 Nr. 1 ZPO zu einer Zurückverweisung.

§ 296
Zurückweisung verspäteten Vorbringens

(1) Angriffs- und Verteidigungsmittel, die erst nach Ablauf einer hierfür gesetzten Frist (§ 273 Abs. 2 Nr. 1 und, soweit die Fristsetzung gegenüber einer Partei ergeht, 5, § 275 Abs. 1 Satz 1, Abs. 3, 4, § 276 Abs. 1 Satz 2, Abs. 3, § 277) vorgebracht werden, sind nur zuzulassen, wenn nach der freien Überzeugung des Gerichts ihre Zulassung die Erledigung des Rechtsstreits nicht verzögern würde oder wenn die Partei die Verspätung genügend entschuldigt.
(2) Angriffs- und Verteidigungsmittel, die entgegen § 282 Abs. 1 nicht rechtzeitig vorgebracht oder entgegen § 282 Abs. 2 nicht rechtzeitig mitgeteilt werden, können zurückgewiesen werden, wenn ihre Zulassung nach der freien Überzeugung des Gerichts die Erledigung des Rechtsstreits verzögern würde und die Verspätung auf grober Nachlässigkeit beruht.
(3) Verspätete Rügen, die die Zulässigkeit der Klage betreffen und auf die der Beklagte verzichten kann, sind nur zuzulassen, wenn der Beklagte die Verspätung genügend entschuldigt.
(4) In den Fällen der Absätze 1 und 3 ist der Entschuldigungsgrund auf Verlangen des Gerichts glaubhaft zu machen.

§ 296a
Vorbringen nach Schluss der mündlichen Verhandlung

¹Nach Schluss der mündlichen Verhandlung, auf die das Urteil ergeht, können Angriffs- und Verteidigungsmittel nicht mehr vorgebracht werden. ²§ 139 Abs. 5, §§ 156, 283 bleiben unberührt.

---

11 OLG Karlsruhe, BeckRS 2015, 07667; LAG Stuttgart, BeckRS 2013, 67501.
12 BeckOK-*Bacher*, ZPO, § 295 Rn. 5.7.
13 Musielak/Voit-*Huber*, ZPO, § 295 Rn. 3.
14 Zöller-*Greger*, ZPO, § 295 Rn. 10.
15 Aufzählung bei Musielak/Voit-*Huber*, ZPO, § 295 Rn. 3.
16 BAG, NJW 2015, 3533; a.A. LAG Stuttgart, BeckRS 2013, 67501.

Inhalt:

	Rn.			Rn.
A. Allgemeines	1		3. Zusätzlich: (kausale) Verzögerung des Rechtsstreits...	17
B. Erläuterungen	3		4. Zusätzlich: grobe Nachlässigkeit.	18
I. Fristablauf, § 296 Abs. 1 ZPO	3	III.	Zulässigkeitsrügen,	
1. Angriffs- und Verteidigungsmittel.	4		§ 296 Abs. 3 ZPO	19
2. Nach Ablauf einer gesetzten Frist	5	IV.	Glaubhaftmachung,	
3. Ausnahme: keine (kausale) Verzögerung.	7		§ 296 Abs. 4 ZPO	20
4. Ausnahme: genügende Entschuldigung	11	V.	Schluss der mündlichen Verhandlung, § 296a Satz 1 ZPO...	21
II. Verstoß gegen Prozessförderungspflicht, § 296 Abs. 2 ZPO	14	VI.	Ausnahmen, § 296a Satz 2 ZPO....	22
		VII.	Formulierungsbeispiele	23
1. Angriffs- und Verteidigungsmittel.	15	**C.**	**Rechtsmittel**	25
2. Entgegen Prozessförderungspflicht	16	**D.**	**Praxishinweise**	26

A. Allgemeines

§ 296 ZPO ist Ausdruck des Beschleunigungsgrundsatzes. Vorgabe des Gesetzgebers ist eine materiell richtige Entscheidung in angemessener Zeit (Konflikt Anspruch auf rechtliches Gehör nach Art. 103 GG und Rechtssicherheit). Effektiver Rechtsschutz bedeutet für eine Partei, alles vorbringen zu können, für die andere, nicht länger als nötig mit einem Prozess belastet zu werden. Trifft die Partei ein **Verschulden**, sind die Verspätungsvorschriften konsequent anzuwenden. Denn: Was das Gericht auf der einen Seite an vermeintlicher Wohltat der nachlässigen Partei gewährt, nimmt sie auf der anderen Seite in gleichem Maße dem Gegner.[1] Rechtzeitiger und umfassender Vortrag dient zugleich der Arbeitseffizienz aller Beteiligten und ist der hinter den §§ 296, 296a ZPO enthaltene Appell des Gesetzgebers. Denn auch das Gericht muss seinen Pflichten nachkommen, d. h. das Verfahren fördern und einer baldigen Entscheidung zuführen.[2] Die Prüfung, ob Präklusion vorliegt, hat daher **von Amts wegen** zu erfolgen. Aus diesem Grund bedarf es auch **keines Hinweises** nach § 139 ZPO auf die Präklusion;[3] schon gar nicht bei anwaltlich vertretenen Parteien.[4] Von Rechtsanwälten kann und muss erwartet werden, dass sie die Folgen der Nichteinhaltung einer Frist kennen. Zudem hat der Gesetzgeber dem Richter bei Abs. 1 gerade **kein Ermessen** zugebilligt, d. h. die Rechtsfolge tritt unabhängig von Hinweis oder nicht ein. Im Falle des Abs. 2 ist lediglich rechtliches Gehör zur Frage der groben Nachlässigkeit zu gewähren, wenn diese sich nicht aufdrängen sollte (dazu näher Rn. 16). Dies gilt erst recht, wenn bereits der Gegner auf die mögliche Verspätung hingewiesen oder das Gericht den Hinweis gegeben hat, es könne im Verkündungstermin auch zu einem Urteil kommen.[5]

§ 296 ZPO ist anwendbar im schriftlichen Vorverfahren, frühen ersten Termin, selbstständigen Beweisverfahren und in der Berufung. So ist auch der **frühe erste Termin** nach § 275 ZPO ein vollwertiger (Haupt-)Termin. Ist dies für die Parteien erkennbar und kann es aufgrund des Umfangs und der Schwierigkeit des Prozesses zu einem Verfahrensabschluss kommen, ist auch in diesem eine Zurückweisung verspäteten Vorbringens möglich.[6] Dies lässt sich daran erkennen, dass das Gericht etwa schon Zeugen (mit oder ohne Vorschuss) lädt, um den Prozess der Entscheidungsreife zuzuführen.[7] Keinesfalls darf sich der Parteivertreter darauf verlassen, dass dies ein bloßer Durchlauftermin ist. Ein Irrtum geht immer zu Lasten seines Mandanten. Anträge und Einwendungen, die im **selbstständigen Beweisverfahren** nicht geltend gemacht worden sind, kann das Gericht nach den allgemeinen Regeln der Präklusion gemäß §§ 492 Abs. 1, 411 Abs. 4 Satz 2 i. V. m. § 296 Abs. 1 ZPO zurückweisen. Denn das selbstständige Beweisverfahren dient neben der Beweissicherung und Entlastung ebenfalls der Verfahrensbeschleunigung. Hat das Gericht die Parteien bei der Fristsetzung im selbstständigen Beweisverfahren auf die Folgen der Fristversäumung hingewiesen,[8] kann Vorbringen, das erst im Hauptsacheverfahren erfolgt, als verspätet zurückgewiesen werden.[9]

---

1 *Baudewin/Wegner*, NJW 2014, 1479 (1483).
2 *Musielak/Voit-Huber*, ZPO, § 296 Rn. 1.
3 *Baudewin/Wegner*, NJW 2014, 1479.
4 So bereits BVerfG, NJW 1987, 2733; etwa auch BAG, NJW 2012, 2376 (2378).
5 OLG Köln, BeckRS 2013, 16185.
6 *Musielak-Huber*, ZPO, § 296 Rn. 19.
7 Beispielhaft LG Kassel, BeckRS 2014, 04182.
8 BGH, NJW 2011, 594 (595).
9 *Baudewin/Wegner*, NJW 2014, 1479 (1481).

B. Erläuterungen
I. Fristablauf, § 296 Abs. 1 ZPO

3 Versäumt die Partei oder ihr Anwalt eine gesetzte Frist, muss das Gericht nach Abs. 1 Vorbringen außerhalb der Fristen **zwingend** zurückweisen. Eines **Hinweises** bei Fristsetzung über mögliche Folgen einer Fristversäumung bedarf es jedenfalls bei Anwälten nicht.[10] Regelmäßig ist bei Verwendung der heute üblichen Gerichtsformulare aber auch die „Naturpartei" hinreichend belehrt.[11]

1. Angriffs- und Verteidigungsmittel

4 Angriffs- und Verteidigungsmittel sind alle zur Begründung des Klageantrags oder zur Verteidigung gegen diesen vorgebrachten tatsächlichen Äußerungen, nach § 282 Abs. 1 ZPO insbesondere Behauptungen, Bestreiten, Einwendungen, Einreden, Beweismittel und Beweiseinreden. Dazu zählen jedoch nicht der Angriff und die Verteidigung selbst, wie z.B. Klage und Widerklage.[12] Rechtsausführungen sind jederzeit zulässig.[13]

2. Nach Ablauf einer gesetzten Frist

5 Es kann sich um eine gesetzliche oder richterliche Frist handeln. Beispiele sind Erklärung über bestimmte klärungsbedürftige Punkte (§ 273 Abs. 2 Nr. 1 ZPO), Klageerwiderung (§§ 275 Abs. 1 Satz 1, 276 Abs. 1 Satz 2 ZPO), Replik (§§ 275 Abs. 4, 276 Abs. 3 ZPO), Einspruchsbegründung nach Versäumnisurteil (§ 340 Abs. 3 Satz 3 ZPO); selbstständiges Beweisverfahren (§ 411 Abs. 4 Satz 2 ZPO), Berufung (§ 530 ZPO), Anspruchsbegründung nach Widerspruch gegen Mahnbescheid (§ 697 Abs. 3 Satz 2 ZPO). Bei anderen Fristüberschreitungen ist nicht Abs. 1, sondern Abs. 2 anwendbar.[14]

6 Dabei sind für wirksame richterliche Fristen Anforderungen zu beachten, die der BGH aufgestellt hat: Formal muss die fristsetzende Verfügung vom zuständigen Richter unterzeichnet (volle Unterschrift!) und förmlich zugestellt oder mündlich verkündet sein; inhaltlich müssen Fristdauer, die jeweiligen Anforderungen und die Folgen der Fristversäumung erkennbar sein.[15] Tatsächlich ist jedoch nicht einzusehen, wieso nicht auch eine Paraphe als Unterschrift ausreichen soll, näher bereits § 277 Rn. 6.

3. Ausnahme: keine (kausale) Verzögerung

7 Ob eine Verzögerung des Verfahrens eingetreten ist, beurteilt das Gericht nach freier Überzeugung. Ein **zusätzlicher Termin** führt immer zur Verzögerung.[16] Hierzu gehört auch das Ansetzenmüssen eines Verkündungstermins statt beabsichtigter Entscheidung am Ende der Sitzung.[17] Entscheidungsreife ist nicht erforderlich, sondern nur, dass die Berücksichtigung des verspäteten Sachvortrags die verbleibende Prozessdauer mit Sicherheit verlängern wird[18] und keine Überbeschleunigung vorliegt (z.B. Gericht hätte in der Kürze der Zeit sowieso kein Gutachten einholen können, d.h. Verzögerung wäre auch bei rechtzeitigem Vortrag eingetreten).[19] Nach dem vom BGH angewandten sog. absoluten Verzögerungsbegriff[20] verzögert sich der Rechtsstreit, wenn er bei Zulassung des verspäteten Vorbringens länger dauern würde als bei dessen Zurückweisung. Ein **unstreitiger** oder nicht beweisbedürftiger Vortrag verzögert das Verfahren nicht.[21] Gleiches gilt bei präsenten Beweismitteln – jedenfalls dann, wenn (wie meist) die Beweisaufnahme im ohnehin durchzuführenden Termin erfolgen kann. Das Gericht muss jedoch nicht erst im Termin benannte Zeugen herbeischaffen[22] oder die Verhandlung unterbrechen. Kann der präsente Zeuge zwar vernommen werden, macht dessen Aussage aber die Vernehmung eines nicht anwesenden Gegenzeugen erforderlich, wird das Verfahren ebenfalls verzögert.[23] Dies gilt entsprechend für alle Beweismittel, die einen Folgebeweis nach sich ziehen.

---

10 BAG, NJW 2012, 2376 (2378).
11 *Baudewin/Wegner*, NJW 2014, 1479.
12 Zöller-*Greger*, ZPO, § 282 Rn. 2, 2a.
13 Musielak-*Foerste*, ZPO, § 282 Rn. 2.
14 Thomas/Putzo-*Reichold*, ZPO, § 296 Rn. 26.
15 BGH, NJW 2009, 515; auch OLG Frankfurt a.M., NJW-RR 2011, 1001.
16 Saenger-*Saenger*, ZPO, § 296 Rn. 21.
17 Baumbach/Lauterbach/Albers/Hartmann, ZPO, § 296 Rn. 17; a.A. Zöller-*Greger*, ZPO, § 296 Rn. 15.
18 Saenger-*Saenger*, ZPO, § 296 Rn. 20.
19 BGH, NJW 2012, 2808f.
20 BGH, NJW 2012, 2808 (2809).
21 OLG Karlsruhe, NJOZ 2004, 298.
22 BGH, NJW 2003, 1027 (1029).
23 OLG Düsseldorf, BeckRS 2012, 05973; Saenger-*Saenger* ZPO, § 296 Rn. 28.

Fehlt es für einen Zeugenbeweis nur an der **ladungsfähigen Anschrift**, müssen ggf. die weiteren Voraussetzungen des § 356 ZPO für eine Zurückweisung gegeben sein,[24] der allerdings als Erleichterung kein Verschulden des Beweisführers mehr erfordert.[25] Auch für § 356 ZPO gilt: Bedürfte es eines zusätzlichen Termins, kann das Vorbringen als verspätet zurückgewiesen werden.[26]

8

Das verspätete Vorbringen muss den **Rechtsstreit im Gesamten** verzögern, d. h. ist auch bei Verzögerung eines Grundurteils möglich[27] – im Gegensatz zu einem Teilurteil.[28] Denn ein **Teilurteil** wird nach § 301 ZPO erlassen, wenn von mehreren Ansprüchen zumindest einer entscheidungsreif ist. Ein Grundurteil nach § 304 ZPO betrifft hingegen bereits sämtliche Klagegründe und damit den gesamten Rechtsstreit. Lediglich die Höhe des Anspruchs muss noch geklärt werden.

9

Die Verzögerung muss **kausal**[29] und der Partei zurechenbar sein. Treten Umstände hinzu, die sich dem Einflussbereich der Partei entziehen (etwa Nichterscheinen eines Zeugen), schließt das die Zurückweisung des Vorbringens ebenso aus wie ein (Mit-)Verschulden des Gerichts.[30] Dabei muss das **Gericht** nach der Rechtsprechung – tatsächlich *praeter legem*, d. h. am Gesetz vorbei – die Folgen einer Fristversäumung der Partei ausgleichen und die Verzögerung im Rahmen des Zumutbaren durch vorbereitende Maßnahmen verhindern.[31] **Zumutbar** sind vorbereitende Maßnahmen, wenn einfache und klar abgegrenzte Streitpunkte vorliegen, die sich in der mündlichen Verhandlung ohne unangemessenen Zeitaufwand klären lassen.[32] Jedenfalls dürfen durch zumutbare Anstrengungen des Gerichts nicht die Vorschusspflicht umgangen und die Fristen nach § 132 ZPO ad absurdum geführt werden. Denn so könnte der Beweisführer seine eigene Nachlässigkeit auf das Gericht abwälzen.[33] Zudem liefe dies der gesetzgeberischen Entscheidung und damit der Gewaltenteilung zuwider.[34]

10

4. Ausnahme: genügende Entschuldigung

Präklusion nach Abs. 1 setzt (alleiniges) Verschulden der Partei voraus; dieses wird **vermutet**.[35] Die Partei muss sich also entlasten, „und zwar sofort, spätestens im folgenden Termin".[36] Für das **Verschulden** reicht einfache Fahrlässigkeit.[37] Es liegt vor, wenn die Partei nicht mit der erforderlichen Sorgfalt handelt, die in der konkreten prozessualen Situation und aufgrund ihrer persönlichen Verhältnisse von ihr zu erwarten ist.[38] Das Verschulden des **Rechtsanwalts** wird der Partei nach § 85 Abs. 2 ZPO zugerechnet.[39] Dabei sind an die anwaltlichen Sorgfaltspflichten strengere Anforderungen als an die Partei selbst zu stellen.[40]

11

Eine **gesonderte Frist** für eine mögliche **Entschuldigung** ist dem Anwalt oder der Partei auch auf Antrag in der Regel nicht einzuräumen, sondern hat direkt im Termin zu erfolgen, wenn nicht bereits vorher durch den Hinweis des Gegners Gelegenheit bestanden hat, die Verzögerung zu erklären. Alles andere liefe dem Beschleunigungsgrundsatz zuwider und führte zu einer erneuten Verzögerung. Ausnahmen sind bei nötiger Rücksprache mit dem Mandanten allerdings denkbar und bei (fehlerhafter) Gewährung durch das Gericht auch nicht angreifbar.

12

Verschulden liegt vor, wenn:

13

- ein Beweismittel aus Versehen **nicht benannt** wurde.[41] Denn die Parteien sind gehalten, zu einem Beweisthema sofort alle Zeugen zu benennen, auf die sie sich berufen wollen, und es ist ihnen nicht gestattet, einzelne Beweismittel zurückzuhalten, um diese dann je nach dem Erfolg einer zunächst durchgeführten Beweisaufnahme sukzessive in den Prozess ein-

---

24 OLG Frankfurt a.M., MDR 2014, 298.
25 OLG Düsseldorf, BeckRS 2014, 01151.
26 *Baudewin/Wegner*, NJW 2014, 1479 (1481).
27 *Baudewin/Wegner*, NJW 2014, 1479 (1480).
28 BGH, NJW 2001, 1210; OLG München, BeckRS 2009, 22875.
29 Zöller-*Greger*, ZPO, § 296 Rn. 25.
30 Saenger-*Saenger* ZPO, § 296 Rn. 25.
31 BVerfG, NJW 2000, 945 (946); BGH, NJW 2012, 2808 (2809).
32 BGH, BeckRS 2003, 06448.
33 *Baudewin/Wegner*, NJW 2014, 1479 (1481).
34 Näher *Baudewin/Wegner*, NJW 2014, 1479 (1481).
35 Zöller-*Greger*, ZPO, § 296 Rn. 30.
36 So plastisch Thomas/Putzo-*Reichold*, ZPO, § 296 Rn. 28.
37 So ausdrücklich BGH, BeckRS 2012, 04075, Rn. 11.
38 MK-*Prütting*, ZPO, § 296 Rn. 133.
39 Beispielhaft LG Dessau, BeckRS 2015, 08119.
40 Zöller-*Greger*, ZPO, § 296 Rn. 23; Saenger-*Saenger*, ZPO, § 296 Rn. 39.
41 BGH, BeckRS 2012, 04075.

zuführen. Dies gilt nicht nur bei bewusstem Zurückhalten etwa aus Prozesstaktik, sondern auch bei bloßer Nachlässigkeit.[42]

- ein Beweismittel **außerhalb der Fristen** des § 132 ZPO benannt wurde.[43] Ggf. muss der Beweisführer den Zeugen als präsentes Beweismittel zum Termin mitbringen,[44] um der Präklusion zu entgehen.
- der Beweisführer trotz Frist **Auslagenvorschuss** für Zeugen nicht gezahlt hat. Dann braucht das Gericht den Zeugen nicht zu laden. Hier hilft dem Beweisführer auch nur bedingt, den Zeugen als präsentes Beweismittel zum Termin mitzubringen. Denn das Gericht darf die Vernehmung des gestellten Zeugen bei unentschuldigter Verspätung ablehnen, wenn es wegen der noch erforderlichen Vernehmung bisher nicht geladener („Gegen"-) Zeugen zu einer Verzögerung des Rechtsstreits kommen wird.[45]

II. Verstoß gegen Prozessförderungspflicht, § 296 Abs. 2 ZPO

14 Abs. 2 bietet darüber hinaus die Möglichkeit der freien Zurückweisung, wenn die Partei oder ihr Anwalt die allgemeine Prozessförderungspflicht verletzt. Letztere steht im Gegensatz zur gebundenen Entscheidung nach § 296 Abs. 2 ZPO im Ermessen des Gerichts. Von ihr sollte aber aus den in Rn. 1 genannten Gründen Gebrauch gemacht werden.

1. Angriffs- und Verteidigungsmittel

15 Siehe dazu Rn. 4.

2. Entgegen Prozessförderungspflicht

16 Eine Zurückweisung wegen Verstoßes gegen § 282 Abs. 1 ZPO kommt nach Ansicht der Rechtsprechung im frühen ersten Termin nicht in Betracht,[46] § 282 Abs. 2 ZPO hingegen schon.[47] Zwar rechtfertigt nach dem BGH die bloße Nichteinhaltung der mit § 282 ZPO korrespondierenden Schriftsatzfrist des § 132 ZPO nicht (allein) die Zurückweisung.[48] Doch stellt diese Rechtsprechung den Parteien keinen Freibrief für jedwedes verspätetes Vorbringen im ersten Verhandlungstermin aus. Vielmehr gibt es auch hier Fälle, in denen die Parteien ihre Prozessförderungspflicht durch fehlende oder verspätete Mitteilung von Angriffs- und Verteidigungsmitteln verletzen, auf die der Gegner ohne vorherige Erkundigung keine Erklärung abgeben kann.[49] Bei neuen Behauptungen besteht für das Gericht zunächst kein Anlass, etwa Zeugen (nach-)zuladen, da der Gegner die Behauptung noch nicht bestritten hat. Es steht zunächst dem Gegner frei, diesen neuen Sachvortrag zu prüfen und dann erst zu **bestreiten**.[50] Nach einer Auffassung sind Angriffs- und Verteidigungsmittel schon dann nicht rechtzeitig mitgeteilt, wenn keine Frist von drei Wochen vom Eingang des Schriftsatzes bei Gericht bis zur mündlichen Verhandlung gewahrt ist.[51] Vorbringen außerhalb der Fristen des § 132 ZPO reicht aber in keinem Fall aus.[52] Denn nach § 282 Abs. 2 ZPO sind Angriffs- und Verteidigungsmittel, auf die der Gegner voraussichtlich ohne vorhergehende Erkundigung keine Erklärung abgeben kann, nur rechtzeitig, wenn sie so früh vor der mündlichen Verhandlung mitgeteilt werden, dass sich der Gegner im Verhandlungstermin zu neuen Tatsachenbehauptungen erklären und sachgerecht verteidigen kann.[53]

3. Zusätzlich: (kausale) Verzögerung des Rechtsstreits

17 Hierzu bereits Rn. 10.

4. Zusätzlich: grobe Nachlässigkeit

18 Grobe Nachlässigkeit liegt vor, wenn die Partei oder ihr Prozessbevollmächtigter die prozessuale Sorgfalt in ungewöhnlich großem Maße verletzt und dasjenige unbeachtet gelassen hat, was jedem, der einen Prozess führt, hätte einleuchten müssen.[54] Die Partei muss nicht mit Ver-

---

42 BGH, BeckRS 2012, 04075.
43 LG Kassel, BeckRS 2014, 04182.
44 LG Coburg, BeckRS 2011, 27413.
45 OLG Düsseldorf, BeckRS 2012, 05973.
46 BGH, NJW 2012, 3787.
47 *Baudewin/Wegner*, NJW 2014, 1479 (1480).
48 So BGH, NJW 1997, 2244.
49 *Baudewin/Wegner*, NJW 2014, 1479 (1480).
50 OLG Frankfurt a.M., BeckRS 1994, 05883.
51 MK-*Becker-Eberhard*, ZPO, § 296 Rn. 143.
52 LG Kassel, BeckRS 2014, 04182.
53 BGH, BeckRS 2010, 17202, Rn. 16.
54 BGH, BeckRS 2013, 16136, Rn. 13.

schleppungsabsicht handeln, also etwa den Zeugen aus prozesstaktischen Gründen zunächst nicht benennen. In diesem Fall ist grobe Nachlässigkeit (und als Minus auch Verschulden) aber erst recht gegeben.[55] Wer ein Beweismittel zu einem zentralen Punkt des Rechtsstreits bewusst zurückhält, um erst einmal abzuwarten, zu welchem Ergebnis die Erhebung der bisher angebotenen Beweise führt, verstößt in grober Weise gegen die allgemeine **Prozessförderungspflicht** des Zivilprozesses.[56] Denn danach ist die Partei gehalten, für sie günstigen Vortrag in gesammelter Form und zeitnah so bald wie möglich in den Rechtsstreit einzuführen, um diesen einer möglichst umfassenden und sachlich richtigen Entscheidung zuzuführen.[57] Die Grundlagen der groben Nachlässigkeit hat das Gericht unter Würdigung aller Umstände nachzuweisen, außer die äußeren Umstände deuten bereits darauf hin. In diesem Fall obliegt es der Partei, entkräftende Tatsachen zu behaupten und zu beweisen.[58]

III. Zulässigkeitsrügen, § 296 Abs. 3 ZPO

Abs. 3 ist *lex specialis* zu den Abs. 1 und 2[59] und behandelt verzichtbare Rügen, die die Zulässigkeit betreffen, insbesondere prozesshindernde Einreden. Sie sind zurückzuweisen, wenn sie entgegen § 282 Abs. 3 ZPO nicht rechtzeitig vorgebracht werden. Eine verspätete Rüge wird nur berücksichtigt, wenn die Verspätung genügend **entschuldigt** ist. Insoweit gilt der Verschuldensmaßstab des Abs. 1, d.h. einfaches Verschulden genügt.[60] Wird die Verspätung nicht genügend entschuldigt, bleibt sie zwingend unberücksichtigt. Auf eine Verzögerung des Rechtsstreits kommt es nicht an.

19

IV. Glaubhaftmachung, § 296 Abs. 4 ZPO

Hat das Gericht Zweifel an dem vorgetragenen Entschuldigungsgrund, darf es den Vortrag erst zurückweisen, wenn es **Glaubhaftmachung** gemäß §§ 296 Abs. 4, 294 ZPO verlangt und der Partei ausreichend Gelegenheit zur Stellungnahme gegeben hat.[61] Zur Glaubhaftmachung näher siehe § 294 Rn. 1f., 5.

20

V. Schluss der mündlichen Verhandlung, § 296a Satz 1 ZPO

Nach Schluss der mündlichen Verhandlung sind Angriffs- und Verteidigungsmittel zurückzuweisen. Aus §§ 256 Abs. 2, 261 Abs. 2, 297 ZPO ergibt sich, dass auch der Angriff selbst (etwa neue Klage- und Widerklageanträge) ausgeschlossen sind.[62] Denn der Richter hat die mündliche Verhandlung geschlossen und darf bei der Urteilsfindung nur das berücksichtigen, was mündlich verhandelt wurde und worauf die gegnerische Partei erwidern konnte.[63] Eine Ausnahme gilt für das **Anerkenntnis**, da es gemäß § 307 Satz 2 ZPO keiner mündlichen Verhandlung bedarf und weder Angriffs- oder Verteidigungsmittel oder Sachvortrag ist.[64]

21

VI. Ausnahmen, § 296a Satz 2 ZPO

Satz 2 verdeutlicht, dass ein Rechtsstreit nach Möglichkeit in einem Termin zu erledigen ist, § 272 Abs. 1 ZPO, denn er lässt eine Wiedereröffnung des Verfahrens nur in engen Grenzen zu. Für die Fälle eines nachgelassenen Schriftsatzes nach (§ 296a Satz 2 ZPO i.V.m.) § 139 Abs. 5 ZPO und § 283 ZPO wird der Schluss der mündlichen Verhandlung im Wege einer **Fiktion** nach hinten verschoben, d.h. für Vorbringen so getan, als ob die Sitzung noch nicht geschlossen worden sei. Ob eine Verzögerung eingetreten ist, kann erst beurteilt werden, wenn die Stellungnahme des Gegners vorliegt oder die entsprechende Frist fruchtlos verstrichen ist.[65] Denn die Entscheidung des Gerichts hängt nicht nur vom Vorbringen selbst ab, sondern maßgeblich von der **Reaktion** der gegnerischen Partei. Bestreitet diese den verspäteten Vortrag nicht, tritt keine Verzögerung des Verfahrens ein; das Vorbringen ist zu berücksichtigen. Für einen Schriftsatznachlass zum Zwecke der Beweiswürdigung fehlt es an einer gesetzlichen Regelung in der ZPO. Er ist grundsätzlich unzulässig und nur in Ausnahmefällen zu gewähren, näher siehe § 283 Rn. 1.

22

---

55 Baudewin/Wegner, NJW 2014, 1479 (1480).
56 BGH, BeckRS 2012, 04075, Rn. 11; BGH, BeckRS 2007, 00402, Rn. 9.
57 BVerfG, NJW 2005, 1768 (1769).
58 OLG Köln, BeckRS 2010, 23543.
59 BGH, NJW-RR 2006, 496f.
60 Baudewin/Wegner, NJW 2014, 1479 (1480).
61 BGH, NJW 1986, 3193.
62 BGH, NJW-RR 2009, 853 (854).
63 Musielak/Voit-*Huber*, ZPO, § 296a Rn. 1.
64 Baudewin/Wegner, NJW 2014, 1479 (1483).
65 Zöller-*Greger*, ZPO, § 296 Rn. 16.

VII. Formulierungsbeispiele

Präklusionshinweis:

23 Nach Ablauf der Frist sind Angriffs- und Verteidigungsmittel nach § 296 Abs. 1 ZPO nur zuzulassen, wenn nach der freien Überzeugung des Gerichts ihre Zulassung die Erledigung des Rechtsmittels nicht verzögern würde oder die Partei die Verspätung genügend entschuldigt.

Für das **selbstständige Beweisverfahren**:

24 Nach Ablauf der Frist sind Einwendungen gegen das Gutachten, die Begutachtung betreffende Anträge und Ergänzungsfragen zum schriftlichen Gutachten nach §§ 492 Abs. 1, 411 Abs. 4, 296 Abs. 1 ZPO nur zuzulassen, wenn nach der freien Überzeugung des Gerichts ihre Zulassung die Erledigung des Rechtsmittels nicht verzögern würde oder die Partei die Verspätung genügend entschuldigt.

C. Rechtsmittel

25 Der Unterlegene kann mit der Berufung eine fehlerhafte Anwendung der Präklusionsvorschriften der § 296 ZPO und § 296a ZPO angreifen. Liegt diese vor, ist gleichzeitig ein Verstoß gegen das rechtliche Gehör gegeben; auch entgegen § 296a ZPO berücksichtigtes Vorbringen begründet einen wesentlichen Verfahrensmangel i.S.d. § 538 Abs. 2 Nr. 1 ZPO[66] und führt zur Zurückverweisung. Das Rechtsmittelgericht darf nach § 531 Abs. 1 ZPO aber lediglich überprüfen, ob das Vorbringen in erster Instanz zu Recht zurückgewiesen wurde. Dazu muss das Ausgangsgericht bei § 296 ZPO die Abs. 1 und 2 genau benennen und trennen, bei Abs. 2 sein Ermessen erkennbar ausüben sowie die grobe Nachlässigkeit belegen. Wie bei Ermessensentscheidungen üblich, darf es weder eine fehlerhafte Begründung durch eine andere ersetzen noch eine dem erstinstanzlichen Gericht vorbehaltene Ermessensentscheidung als Begründung für die Zurückweisung nachschieben.[67]

D. Praxishinweise

26 Für **Anwälte** gibt es **Fluchtwege** aus der Präklusion (etwa Flucht in die Säumnis),[68] die teilweise mit erheblichen Nachteilen, Kosten und Risiken behaftet sind. Die betroffene Partei kann versuchen, den späten Vortrag zu entschuldigen, eine faktische Verzögerung zu vermeiden, dem Gericht ein Verschulden nachzuweisen oder die faktische Verzögerung nicht kausal werden zu lassen.[69]

27 **Für Gerichte**:

Anträge sollen so früh wie möglich gestellt werden, wodurch eine Flucht in die Säumnis verhindert wird. Dies ist wegen § 137 Abs. 1 ZPO gesetzgeberische Entscheidung und zudem der anderen Partei gegenüber fair. Gerade der anwaltlich vertretenen Partei ist es zuzumuten, so früh wie möglich offenzulegen, ob sie einen Antrag stellen möchte oder nicht. Sind Anträge einmal gestellt, ist eine Flucht in die Säumnis nicht mehr möglich. Vorteil: Entscheidungsreife kann nicht mehr torpediert werden. Es besteht die Möglichkeit (nach Gewährung rechtlichen Gehörs), der säumigen Partei eine **Verzögerungsgebühr** gemäß § 38 GKG aufzuerlegen, sollte diese in die Säumnis oder die Widerklage flüchten und ein neuer Termin nur deshalb erforderlich werden, weil die Partei gezielt und daher schuldhaft die Säumnis herbeigeführt hat[70] bzw. nach langer Prozessdauer erst kurz vor oder sogar in der mündlichen Verhandlung eine Widerklage erhebt.

§ 297
Form der Antragstellung

(1) ¹Die Anträge sind aus den vorbereitenden Schriftsätzen zu verlesen. ²Soweit sie darin nicht enthalten sind, müssen sie aus einer dem Protokoll als Anlage beizufügenden Schrift verlesen werden. ³Der Vorsitzende kann auch gestatten, dass die Anträge zu Protokoll erklärt werden.

(2) Die Verlesung kann dadurch ersetzt werden, dass die Parteien auf die Schriftsätze Bezug nehmen, die die Anträge enthalten.

---

66 Musielak/Voit-*Huber*, ZPO, § 296a Rn. 5.
67 BGH, BeckRS 2013, 16136, Rn. 9.
68 Zu weiteren Möglichkeiten *Baudewin/Wegner*, NJW 2014, 1479 (1482 f.).
69 Einzelheiten bei *Baudewin/Wegner*, NJW 2014, 1479 (1482 f.).
70 Zöller-*Greger*, ZPO, § 296 Rn. 40.

Inhalt:

	Rn.		Rn.
A. Allgemeines	1	II. Verlesung aus Anlagen, Abs. 1 Satz 2	8
B. Erläuterungen	7	III. Anträge zu Protokoll, Abs. 1 Satz 3	9
I. Verlesung aus Schriftsätzen, Abs. 1 Satz 1	7	IV. Konkrete Bezugnahme, Abs. 2	10
		C. Rechtsmittel	12

A. Allgemeines

Die Vorschrift ist Ausdruck des Bestimmtheitsgrundsatzes und der Umgrenzungsfunktion der Klage. Die klagende Partei oder ihr Vertreter muss in der mündlichen Verhandlung Anträge formell ordnungsgemäß stellen, damit Klarheit über den Streitgegenstand herrscht. Wegen §§ 165, 308 ZPO sind jedenfalls auch Klageabweisungsanträge erfasst. Ansonsten droht Säumnis i.S.d. § 333 ZPO. 1

Die Vorschrift stellt veraltete formelle Anforderungen an die Antragstellung in der mündlichen Verhandlung. Die vom Gesetzgeber als Regelfall vorgesehene Verlesung der Sachanträge ist von der Praxis überholt; sie gibt es praktisch nicht mehr. Heutzutage werden die Anträge nur noch vom Gericht zu Protokoll genommen (Satz 3), ggf. durch Bezugnahme auf bereits eingereichte Schriftsätze (Abs. 2). Die Sätze 1 und 2 des Abs. 1 könnten daher bedenkenlos gestrichen werden. 2

§ 297 ZPO erfasst **nur Sachanträge** und keine Prozessanträge, dazu bereits näher § 270 Rn. 3 f. 3

Die Antragstellung ist ins Protokoll aufzunehmen, §§ 160 Abs. 3 Nr. 2, 162 ZPO, in schriftlichen Verfahren (§ 128 Abs. 2–4, 251a, 331a, 495a, 522, 921, 937 Abs. 2 ZPO) genügt die Antragstellung in den Schriftsätzen. 4

Mängel hinsichtlich der Förmlichkeiten aus § 297 ZPO sind nach § 295 ZPO heilbar mit Ausnahme des Falles, dass keine Anträge gestellt wurden. Insoweit fehlt dem Gericht die Sachentscheidungsbefugnis gemäß § 308 ZPO, es kann lediglich das Ruhen des Verfahrens anordnen. Wurden **Anträge gestellt**, aber nur versehentlich nicht ins Protokoll aufgenommen, ist Protokollberichtigung möglich. Bereits gestellte Anträge müssen in Folgeverhandlungen **nicht wiederholt** werden.[1] Wurden Anträge versehentlich **nicht gestellt**, muss das Gericht einen neuen Termin anberaumen oder ins schriftliche Verfahren nach § 128 Abs. 2 ZPO wechseln, da es ohne Anträge keine Endentscheidung treffen darf. Passiert dies versehentlich doch, rechtfertigt dies allerdings keine Zurückweisung, da neben diesem formellen Mangel auch noch ein materieller Mangel (umfangreiche Beweisaufnahme nötig, siehe § 538 Abs. 2 Satz 1 Nr. 1 ZPO) hinzukommen muss. Die Partei ist für diesen Fall auch nicht ausgeschlossen mit neuen Angriffs- oder Verteidigungsmitteln, § 531 Abs. 2 Satz 1 Nr. 2 ZPO. 5

Insbesondere bei teilweiser Klagerücknahme oder Erledigungserklärung ist ohne dahingehenden Antrag davon auszugehen, dass auch dieser Teil noch Streitgegenstand ist. Das Gericht muss aber nach § 139 ZPO die antragstellende Seite (unspezifisch, d.h. nicht zu dem einen oder anderen ratend) zu einer **prozessualen Erklärung** auffordern. Ob dieser Klagerücknahme, Erledigung oder nichts erklärt, ist ihm wieder überlassen – mit allen rechtlichen Konsequenzen. Es ist nicht Aufgabe des Gerichts und verletzt die Neutralitätspflicht, der Partei den prozessual „richtigen" Antrag in den Mund zu legen. Dies gilt für anwaltlich und nicht anwaltlich vertretene Parteien. 6

B. Erläuterungen
I. Verlesung aus Schriftsätzen, Abs. 1 Satz 1

Kommt in der Praxis nicht vor. 7

II. Verlesung aus Anlagen, Abs. 1 Satz 2

Kommt in der Praxis nicht vor. 8

III. Anträge zu Protokoll, Abs. 1 Satz 3

Aus praktischen und aus Zeitgründen diktiert der Vorsitzende neue oder (ggf. auf entsprechenden Hinweis nach § 139 Abs. 1 Satz 2 ZPO) geänderte Anträge heutzutage ins **Protokoll**, spielt sie sodann den Parteien noch einmal vor und lässt sie genehmigen, § 162 Abs. 1 ZPO. Die Anträge müssen selbst bei einem zwischenzeitlichen Richterwechsel nicht in jedem Verhandlungstermin neu gestellt werden, können es aber.[2] 9

---

1 OLG Rostock, BeckRS 2014, 13188.
2 OLG Jena, BeckRS 2004, 30337123.

IV. Konkrete Bezugnahme, Abs. 2

10 Bei unverändert gebliebenen Klageanträgen ist in der Praxis die schlichte Bezugnahme auf den Klageschriftsatz üblich. Diese muss **konkret** erfolgen, d.h. genau erkennen lassen, welche Anträge gestellt werden (sollen).

11 **Formulierungsbeispiel:**
Der Klägervertreter stellt daraufhin die Anträge aus der Klageschrift vom 30.04.2017 (Bl. 2 d.A.).

C. Rechtsmittel

12 Entscheidet das Gericht aus Versehen ohne gestellte Anträge, kann dies mit Berufung oder Revision angegriffen werden. Es erfolgt jedoch in der Regel keine Zurückweisung, da neben diesem formellen Mangel auch noch ein materieller Mangel (umfangreiche Beweisaufnahme nötig, siehe § 538 Abs. 2 Satz 1 Nr. 1 ZPO) hinzukommen muss. Die Partei ist für diesen Fall auch nicht ausgeschlossen mit neuen Angriffs- oder Verteidigungsmitteln, § 531 Abs. 2 Satz 1 Nr. 2 ZPO.

§ 298
Aktenausdruck
[Fassung bis 31.12.2017]

(1) Von einem elektronischen Dokument (§§ 130a, 130b) kann ein Ausdruck für die Akten gefertigt werden.

(2) Der Ausdruck muss den Vermerk enthalten,
1. welches Ergebnis die Integritätsprüfung des Dokumentes ausweist,
2. wen die Signaturprüfung als Inhaber der Signatur ausweist,
3. welchen Zeitpunkt die Signaturprüfung für die Anbringung der Signatur ausweist.

(3) Das elektronische Dokument ist mindestens bis zum rechtskräftigen Abschluss des Verfahrens zu speichern.

§ 298
Aktenausdruck
[Fassung ab 01.01.2018]

(1) [1]**Werden die Akten in Papierform geführt, ist von einem elektronischen Dokument ein Ausdruck für die Akten zu fertigen.** [2]Kann dies bei Anlagen zu vorbereitenden Schriftsätzen nicht oder nur mit unverhältnismäßigem Aufwand erfolgen, so kann ein Ausdruck unterbleiben. [3]Die Daten sind in diesem Fall dauerhaft zu speichern; der Speicherort ist aktenkundig zu machen.

(2) Wird das elektronische Dokument auf einem sicheren Übermittlungsweg eingereicht, so ist dies aktenkundig zu machen.

(3) Ist das elektronische Dokument mit einer qualifizierten elektronischen Signatur versehen und nicht auf einem sicheren Übermittlungsweg eingereicht, muss der Ausdruck einen Vermerk darüber enthalten,
1. welches Ergebnis die Integritätsprüfung des Dokumentes ausweist,
2. wen die Signaturprüfung als Inhaber der Signatur ausweist,
3. welchen Zeitpunkt die Signaturprüfung für die Anbringung der Signatur ausweist.

(4) Ein eingereichtes elektronisches Dokument kann nach Ablauf von sechs Monaten gelöscht werden.

§ 298a
Elektronische Akte
[Fassung bis 31.12.2017]

(1) [1]Die Prozessakten können elektronisch geführt werden. [2]Die Bundesregierung und die Landesregierungen bestimmen für ihren Bereich durch Rechtsverordnung den Zeitpunkt, von dem an elektronische Akten geführt werden sowie die hierfür geltenden organisatorisch-technischen Rahmenbedingungen für die Bildung, Führung und Aufbewahrung der elektronischen Akten. [3]Die Landesregierungen können die Ermächtigung durch Rechtsverordnung auf die Landesjustizverwaltungen übertragen. [4]Die Zulassung der elektronischen Akte kann auf einzelne Gerichte oder Verfahren beschränkt werden.

(2) [1]In Papierform eingereichte Schriftstücke und sonstige Unterlagen sollen zur Ersetzung der Urschrift in ein elektronisches Dokument übertragen werden. [2]Die Unterlagen sind, so-

fern sie in Papierform weiter benötigt werden, mindestens bis zum rechtskräftigen Abschluss des Verfahrens aufzubewahren.

(3) Das elektronische Dokument muss den Vermerk enthalten, wann und durch wen die Unterlagen in ein elektronisches Dokument übertragen worden sind.

§ 298a
Elektronische Akte
[Fassung ab 01.01.2018]

(1) ¹Die Prozessakten können elektronisch geführt werden. ²Die Bundesregierung und die Landesregierungen bestimmen für ihren Bereich durch Rechtsverordnung den Zeitpunkt, von dem an elektronische Akten geführt werden sowie die hierfür geltenden organisatorisch-technischen Rahmenbedingungen für die Bildung, Führung und Aufbewahrung der elektronischen Akten. ³Die Landesregierungen können die Ermächtigung durch Rechtsverordnung auf die Landesjustizverwaltungen übertragen. ⁴Die Zulassung der elektronischen Akte kann auf einzelne Gerichte oder Verfahren beschränkt werden.

(2) ¹In Papierform eingereichte Schriftstücke und sonstige Unterlagen sollen nach dem Stand der Technik in ein elektronisches Dokument übertragen werden. ²Es ist sicherzustellen, dass das elektronische Dokument mit den eingereichten Schriftstücken und sonstigen Unterlagen bildlich und inhaltlich übereinstimmt. ³Die in Papierform eingereichten Schriftstücke und sonstigen Unterlagen können sechs Monate nach der Übertragung vernichtet werden, sofern sie nicht rückgabepflichtig sind.

Inhalt:

	Rn.			Rn.
A. Allgemeines	1	V.	Zulassungsbeschränkung, § 298a Abs. 1 Satz 4 ZPO	8
B. Erläuterungen	3	VI.	Übertragung, § 298a Abs. 2 Satz 1 ZPO	9
I. Aktenausdruck, § 298 Abs. 1 ZPO	3			
II. Transfervermerk, § 298 Abs. 2 ZPO	4			
III. Aufbewahrungspflicht, § 298 Abs. 3 ZPO	6	VII.	Aufbewahrungspflicht, § 298a Abs. 2 Satz 2 ZPO	10
IV. Elektronische Akte, § 298a Abs. 1 Satz 1–3 ZPO	7	VIII.	Transfervermerk, § 298a Abs. 3 ZPO	11

A. Allgemeines

Während § 298 ZPO den Medientransfer eines elektronischen Dokuments in Papierform behandelt, regelt § 298a ZPO den umgekehrten Fall. In beiden Fällen geht es darum, die Akten vollständig zu halten und den Parteien ein Hin- und Herwechseln zwischen den verschiedenen Medien zu ersparen.[1] 1

Zuständig ist im Rahmen der §§ 298 f. ZPO die Geschäftsstelle;[2] erst recht ist aber der Richter zu entsprechenden Anordnungen befugt.[3] Zu Einzelheiten siehe die Kommentierung zu den §§ 130 ff. ZPO. 2

B. Erläuterungen
I. Aktenausdruck, § 298 Abs. 1 ZPO

Abs. 1 stellt den Medientransfer „von elektronisch in Papierform" zwar ins Ermessen des Gerichts, doch ist ein solcher aus den in Rn. 1 genannten Gründen in der Regel zweckmäßig. 3

II. Transfervermerk, § 298 Abs. 2 ZPO

Abs. 2 sieht zwingend den sog. **Transfervermerk** vor und ermöglicht u. a. so die Feststellungen, ob das signierte Dokument nach Erstellung der Signatur verändert worden ist, ob diese ihren Inhaber ausweist (unabhängig davon, ob die dahinter stehende Person die Signatur tatsächlich erstellt hat) und des Zeitpunkts der Signaturerstellung (unabhängig davon, ob dieser korrekt ermittelt ist).[4] Einer **Unterschrift** unter den Transfervermerk bedarf es nicht,[5] da dieser auch so einer beglaubigten Abschrift gleichsteht, § 416a ZPO. Für Urteile siehe § 317 Abs. 3 ZPO. 4

---

1 BeckOK-*Bacher*, ZPO, § 298 Rn. 3.
2 OLG Schleswig, BeckRS 2009, 12558.
3 Ähnlich BeckOK-*Bacher*, ZPO, § 298 Rn. 4.
4 Zu allem BeckOK-*Bacher*, ZPO, § 298 Rn. 9–12.
5 Zöller-*Greger*, ZPO, § 298 Rn. 2.

5 **Fehlt** es an einer der Angaben in Abs. 2, entfaltet der Vermerk nicht die (formellen) Wirkungen nach § 416a ZPO; Heilung ist aber nach § 189 ZPO möglich. Inhaltliche **Unrichtigkeiten** haben keinen Einfluss auf den formellen Beweiswert.[6]

III. Aufbewahrungspflicht, § 298 Abs. 3 ZPO

6 Abs. 3 stellt die Verfügbarkeit des Originaldokuments sicher, um die inhaltliche Richtigkeit des Abdrucks und die Gültigkeit der elektronischen Signatur überprüfen zu können, solange das Verfahren noch läuft.[7] Hierzu gehört auch das Kostenfestsetzungsverfahren.[8] Für abgeschlossene Verfahren gilt das Schriftgutaufbewahrungsgesetz.

IV. Elektronische Akte, § 298a Abs. 1 Satz 1–3 ZPO

7 Abs. 1 Satz 1 ist die **Ermächtigungsnorm** zur Einführung der elektronischen Prozessakte, überlässt Einzelheiten aber Rechtsverordnungen nach Satz 2 und 3.[9]

V. Zulassungsbeschränkung, § 298a Abs. 1 Satz 4 ZPO

8 Nach Satz 4 kann die E-Akte auf einzelne Gerichte oder Verfahren beschränkt werden, die gattungsmäßig bestimmt sind, etwa Familien- oder Scheidungsverfahren.[10]

VI. Übertragung, § 298a Abs. 2 Satz 1 ZPO

9 In Abs. 2 Satz 1 ist der Medientransfer „von Papierform in elektronisch" als Regelfall ausgestaltet; dieser ist aus den in Rn. 1 genannten Gründen auch grundsätzlich zweckmäßig. Ausnahmen können sich allenfalls dann ergeben, wenn etwa detaillierte Pläne oder Zeichnungen ohnehin nicht am üblichen Computerbildschirm sinnvoll eingesehen werden können.[11]

VII. Aufbewahrungspflicht, § 298a Abs. 2 Satz 2 ZPO

10 Es gilt das zu § 298 Abs. 3 ZPO Gesagte mit der zusätzlichen Anforderung, dass die Dokumente „in Papierform weiter benötigt werden". Dies ist insbesondere bei Quittungen o. ä. Dokumenten, die häufiger einen Streit über die Echtheit der Urkunde nach sich ziehen, der Fall.[12] Entscheidend ist, ob die (Original-)Unterlagen voraussichtlich zu **Beweiszwecken** benötigt werden[13] oder die mittels Scannen erstellte Datei jedenfalls nicht denselben Beweiswert hat wie das Papieroriginal.[14]

VIII. Transfervermerk, § 298a Abs. 3 ZPO

11 Abs. 3 enthält wie § 298 Abs. 2 ZPO zwingend einen sog. **Transfervermerk**, verzichtet aber hierfür auf eine elektronische Signatur, da das Dokument gerichtsintern bleibt.[15] Abs. 3 betrifft ausschließlich das gerichtliche Verfahren, trifft also keine Regelung für vom Anwalt eingescannte Unterlagen.[16]

§ 299
Akteneinsicht; Abschriften

(1) Die Parteien können die Prozessakten einsehen und sich aus ihnen durch die Geschäftsstelle Ausfertigungen, Auszüge und Abschriften erteilen lassen.

(2) Dritten Personen kann der Vorstand des Gerichts ohne Einwilligung der Parteien die Einsicht der Akten nur gestatten, wenn ein rechtliches Interesse glaubhaft gemacht wird.

(3) [1]Werden die Prozessakten elektronisch geführt, gewährt die Geschäftsstelle Akteneinsicht durch Erteilung eines Aktenausdrucks, durch Wiedergabe auf einem Bildschirm oder Übermittlung von elektronischen Dokumenten. [2]Nach dem Ermessen des Vorsitzenden kann Bevollmächtigten, die Mitglied einer Rechtsanwaltskammer sind, der elektronische Zugriff

---

6 BeckOK-*Bacher*, ZPO, § 298 Rn. 20.
7 BeckOK-*Bacher*, ZPO, § 298 Rn. 21.
8 MK-*Becker-Eberhard*, ZPO, § 298 Rn. 13.
9 Zu Verordnungen siehe die Auflistung bei Baumbach/Lauterbach/Albers/Hartmann, ZPO, § 298a Rn. 4.
10 Stein/Jonas-*Leipold*, ZPO, § 298a Rn. 5.
11 BeckOK-*Bacher*, ZPO, § 298a Rn. 3.1.
12 Musielak/Voit-*Huber*, ZPO, § 298a Rn. 8.
13 BeckOK-*Bacher*, ZPO, § 298a Rn. 8.1.
14 Musielak/Voit-*Huber*, ZPO, § 298a Rn. 8.
15 BeckOK-*Bacher*, ZPO, § 298a Rn. 12.
16 Musielak/Voit-*Huber*, ZPO, § 298a Rn. 10.

auf den Inhalt der Akten gestattet werden. ³Bei einem elektronischen Zugriff auf den Inhalt der Akten ist sicherzustellen, dass der Zugriff nur durch den Bevollmächtigten erfolgt. ⁴Für die Übermittlung ist die Gesamtheit der Dokumente mit einer qualifizierten elektronischen Signatur zu versehen und gegen unbefugte Kenntnisnahme zu schützen.

(4) Die Entwürfe zu Urteilen, Beschlüssen und Verfügungen, die zu ihrer Vorbereitung gelieferten Arbeiten sowie die Dokumente, die Abstimmungen betreffen, werden weder vorgelegt noch abschriftlich mitgeteilt.

Inhalt:

	Rn.		Rn.
A. Allgemeines	1	III. Elektronische Akteneinsicht, Abs. 3	12
B. Erläuterungen	4	IV. Entwürfe, Abs. 4	13
I. Akteneinsicht; Abschriften, Abs. 1	4	C. Rechtsmittel	14
II. Akteneinsicht für Dritte, Abs. 2	8		

A. Allgemeines

Die Vorschrift regelt die Akteneinsicht für Parteien und Dritte und dient der Wahrung des Anspruchs auf rechtliches Gehör. 1

Für die Auslagen bei Aktenversendung gilt Nr. 9003 KV-GKG sowie ergänzend §§ 9 Abs. 3, 17 Abs. 2 GKG, Nr. 2116 KV-GKG. Kostenschuldner ist nach § 28 Abs. 2 GKG **(Veranlasserprinzip)** in der Regel der die Akteneinsicht beantragende Parteivertreter. 2

Sondervorschriften für Akteneinsicht finden sich in §§ 760, 915 Abs. 3, 915b Abs. 1, 996 Abs. 2, 1001, 1016, 1022 Abs. 2, 1023 ZPO, §§ 66 Abs. 2, 150, 175 Abs. 1, 188 Satz 2 InsO sowie § 12 GBO, § 42 ZVG und § 13 FamFG. § 299 ZPO ist *lex specialis* zu den Datenschutzgesetzen[1] und gilt über § 4 InsO auch im Insolvenzrecht. 3

B. Erläuterungen
I. Akteneinsicht; Abschriften, Abs. 1

Prozessakten sind alle das Verfahren betreffende Dokumente inkl. dienstlicher Erklärungen und beigezogener Akten anderer Gerichte oder Behörden, soweit diese der Einsicht nicht widersprochen haben. 4

Nicht eingesehen werden dürfen: gerichtsinterne Schriftstücke, Prozesskostenhilfe-Erklärungen gemäß § 117 Abs. 2 ZPO,[2] Schutzschriften, siehe auch Abs. 4. 5

Es besteht **kein Anwaltszwang**. Es muss kein gesondertes rechtliches Interesse geltend gemacht werden (arg. e. contr. aus Abs. 2); dies ergibt sich bereits aus der Beteiligtenstellung. Die Akten können auf der Geschäftsstelle eingesehen werden; ein Anspruch auf Versendung oder Herausgabe der Akten besteht nicht.[3] 6

Das Akteneinsichtsrecht nach Abs. 1 dient allein der Prozessführung und **erlischt**, sobald das betreffende Verfahren endgültig abgeschlossen ist.[4] Das Recht auf Akteneinsicht oder Anfertigung von Abschriften gilt zunächst (auch mengenmäßig) unbeschränkt. Etwas anderes gilt nur, wenn konkrete Anhaltspunkte für einen beabsichtigten Missbrauch des Rechts bestehen[5] oder die Partei die Abschriften in größerer Zahl selbst herstellen kann.[6] In jedem Fall darf die Anfertigung der Kopien aber von der vorherigen Zahlung eines Geldbetrags zur Deckung der **Kopierkosten** abhängig gemacht werden. Die **Überlastung** eines Gerichts ist kein Grund für eine Zurückweisung. Sie darf gesetzliche Rechte nicht beschneiden, sondern rechtfertigt allenfalls eine nicht ganz zeitnahe Bescheidung. 7

II. Akteneinsicht für Dritte, Abs. 2

Dritte sind alle, die nicht (mehr) Partei sind, mit Ausnahme von Behörden oder Gerichten. Diese können Einsicht gemäß Art. 35 GG (nur) im Wege der Amtshilfe verlangen. Unter Abs. 2 fällt darüber hinaus auch das Einsichtsgesuch eines Verfahrensbeteiligten in ein bereits abgeschlossenes Verfahren.[7] Denn solche Akten bewahrt die Gerichtsverwaltung auf; sie muss da- 8

---

1 Zöller-*Greger*, ZPO, § 299 Rn. 1.
2 BGH, NJW 2015, 1827.
3 Musielak/Voit-*Huber*, ZPO, § 299 Rn. 2.
4 BGH, NJW 2015, 1827.
5 MK-*Ganter/Lohmann*, InsO, § 4 Rn. 72.
6 Stein/Jonas-*Leipold*, ZPO, § 299 Rn. 18.
7 BGH, NJW 2015, 1827.

her auch die Entscheidung darüber treffen, ob einem Beteiligten nach rechtskräftigem Abschluss eines Verfahrens Akteneinsicht gewährt werden soll.[8]

9 **Dritte** müssen ein **rechtliches Interesse** am Prozess glaubhaft machen, d. h. ein gegenwärtiges Rechtsverhältnis darlegen, welches einen rechtlichen oder wirtschaftlichen Bezug zum Prozess hat. Liegt dieses vor, hat das Gericht das Recht des Antragstellers auf effektiven Rechtsschutz abzuwägen gegen das Recht der Verfahrensbeteiligten auf informationelle Selbstbestimmung. **Beispiele**: Streitverkündungsempfänger zur Prüfung des Beitritts oder der Interventionswirkung; Partei nach Abschluss des Verfahrens.

10 **Nicht** ausreichend sind bloße Neugierde, Ausforschung, gesellschaftliche und wirtschaftliche Gründe.[9]

11 **Vorstand des Gerichts** ist Direktor/Präsident des Amtsgerichts/Präsident des Landgerichts; eine Übertragung dieser Befugnis auf den Personalreferenten oder im Einzelfall auf den Richter, der den Prozess geführt hat, ist allgemein üblich und zulässig. Den Parteien ist vorher rechtliches Gehör zu gewähren, damit sie gegebenenfalls ihr Interesse an einer Geheimhaltung darlegen können.

III. Elektronische Akteneinsicht, Abs. 3

12 Abs. 3 regelt nur die Ausgestaltung der elektronischen Akteneinsicht (das „**wie**"). Zuständig ist das Gericht, die Ausführung obliegt dem Urkundsbeamten der Geschäftsstelle nach pflichtgemäßem Ermessen, denn er bestimmt die Art der Akteneinsicht.[10] „**Ob**" hingegen Akteneinsicht zu gewähren ist, bestimmt sich nach den Abs. 1 und 2.

IV. Entwürfe, Abs. 4

13 Die in Abs. 4 genannten Unterlagen sind schon gar keine Bestandteile der Akten. Abs. 4 dient daher nur der Klarstellung, dass Entwürfe, Voten, Schmierzettel und ähnliche vorbereitende Dokumente nicht herausgegeben werden müssen. Diese sind meist nur Bestandteil des Aktendeckels und werden vor Akteneinsicht von der Geschäftsstelle herausgenommen. Unterbleibt dies aus Versehen, erhält der Antragsteller zwar prozessordnungswidrig davon Kenntnis, doch folgt daraus kein „**Verwertungsverbot**".[11]

C. Rechtsmittel

14 Bei **Verweigerung** der Akteneinsicht oder der Erteilung von Ausfertigungen ist bei Entscheidung durch den Richter sofortige Beschwerde gemäß § 567 Abs. 1 Nr. 2 ZPO der statthafte Rechtsbehelf, bei Entscheidung durch den Urkundsbeamten Erinnerung gemäß § 573 Abs. 1 ZPO. Gegen die **Gewährung** der Einsicht für Dritte kann jede Partei, gegen die Verweigerung der Dritte selbst nach Art. 23 ff. EGGVG vorgehen.[12]

§ 299a
Datenträgerarchiv

¹Sind die Prozessakten nach ordnungsgemäßen Grundsätzen zur Ersetzung der Urschrift auf einen Bild- oder Datenträger übertragen worden und liegt der schriftliche Nachweis darüber vor, dass die Wiedergabe mit der Urschrift übereinstimmt, so können Ausfertigungen, Auszüge und Abschriften von dem Bild- oder dem Datenträger erteilt werden. ²Auf der Urschrift anzubringende Vermerke werden in diesem Fall bei dem Nachweis angebracht.

Inhalt:

	Rn.		Rn.
A. Allgemeines	1	I. Archivierung, Satz 1	2
B. Erläuterungen	2	II. Nachweis, Satz 2	6

A. Allgemeines

1 Nach § 299a ZPO können abgeschlossene Verfahren per Mikrofilm oder anderen Datenträgern archiviert werden. Die weitere Gewährung von Akteneinsicht oder Erteilung von Ausfertigungen erfolgt dann anhand des Datenträgers und richtet sich nach § 299 ZPO.

---

8 BGH, NJW 2015, 1827.
9 Musielak/Voit-*Huber*, ZPO, § 299 Rn. 3c; Zöller-*Greger*, ZPO, § 299 Rn. 6a.
10 Musielak/Voit-*Huber*, ZPO, § 299 Rn. 6a.
11 OLG Frankfurt a. M., NJW 2007, 928.
12 Musielak/Voit-*Huber*, ZPO, § 299 Rn. 5.

B. Erläuterungen
I. Archivierung, Satz 1

Während § 298a ZPO die elektronische Aktenführung regelt, geht § 299a ZPO vom Fall der Papierakte für einen Rechtsstreit aus. Eine Archivierung nach Satz 1 setzt voraus, dass das Verfahren abgeschlossen und die Akte nach § 7 AktO weggelegt ist. Ob eine Archivierung erfolgt, entscheidet die Justizverwaltung.[1] 2

Zum Begriff der **Prozessakten** siehe § 299 Rn. 4 3

Nach ordnungsgemäßen Grundsätzen bedeutet für die Mikroverfilmung im Einklang mit der bundeseinheitlichen „Richtlinie für die Mikroverfilmung von Schriftgut in der Rechtspflege und Justizverwaltung", teilweise ergänzt durch Verwaltungsvorschriften in den Ländern. Vergleichbare Regelungen für magnetische und optische Speichermedien bestehen hingegen nicht.[2] 4

Ist eine ordnungsgemäße Übertragung nebst Nachweis erfolgt, dürfen die Originalunterlagen **vernichtet** werden. Ansonsten könnte auch das Ziel der Platzgewinnung nicht erreicht werden. Beweisurkunden nach §§ 142 Abs. 1, 273 Abs. 2 Nr. 1, Nr. 2, Nr. 5, 430, 432, 443 ZPO sind hingegen nach Abschluss des Verfahrens zurückzugeben. Ist dies nicht möglich, müssen sie im **Original** aufbewahrt werden. Der Vorsitzende kann aber anordnen, dass abweichend von der grundsätzlichen Vernichtung die Originalakten oder Teile davon als Archivgut aufbewahrt werden. Die Art der Originalaufbewahrung steht der Justizverwaltung insgesamt frei, solange eine Zuordnung möglich bleibt. 5

II. Nachweis, Satz 2

Mit der Mikroverfilmung ist ein schriftlicher **Nachweis** über die Übereinstimmung der Wiedergabe mit der Urschrift anzufertigen. Dieser Nachweis ist im Original aufzubewahren; eine (wiederum) davon gefertigte und aufbewahrte Mikroverfilmung reicht nicht. Der schriftliche Nachweis ist zu ergänzen um Vermerke, die auf dem inzwischen vernichteten Original angebracht waren, etwa zur Erteilung einer Ausfertigung nach § 734 ZPO oder auf Tatbestandsberichtigung nach § 320 Abs. 4 Satz 5 ZPO. 6

Titel 2
Urteil

§ 300
Endurteil

(1) Ist der Rechtsstreit zur Endentscheidung reif, so hat das Gericht sie durch Endurteil zu erlassen.

(2) Das Gleiche gilt, wenn von mehreren zum Zwecke gleichzeitiger Verhandlung und Entscheidung verbundenen Prozessen nur der eine zur Endentscheidung reif ist.

Inhalt:

	Rn.		Rn.
A. Allgemeines	1	I. Entscheidungsreife des Rechtsstreits, Abs. 1	5
I. Form gerichtlicher Entscheidungen	1		
II. Urteilsarten	2	II. Entscheidungsreife bei Prozessverbindung, Abs. 2	8
B. Erläuterungen	5	C. Rechtsmittel	9

A. Allgemeines
I. Form gerichtlicher Entscheidungen

Das Gericht entscheidet in Form von Verfügungen, Beschlüssen und Urteilen, vgl. § 160 Abs. 3 Nr. 6 ZPO. Das Urteil als gerichtliche Entscheidung ergeht grundsätzlich aufgrund einer **obligatorischen mündlichen Verhandlung**. Ausnahmen von diesem Grundsatz bilden beispielsweise Urteile gemäß §§ 128 Abs. 2, 3, 251a Abs. 1, 2, 307 Satz 2, 331 Abs. 3 Satz 1 Hs. 1, 341 1

---

1 BeckOK-*Bacher*, ZPO, § 299a Rn. 2, 3.
2 BeckOK-*Bacher*, ZPO, § 299a Rn. 4.

Abs. 2 ZPO. Das Endurteil ist das eine Instanz endgültig abschließende Urteil über die Hauptsache oder einen Teil dieser.[1]

II. Urteilsarten

2 Die **Urteilsart** ergibt sich aus dem Inhalt des Urteils und hierbei in erster Linie aus dessen Formel sowie den Entscheidungsgründen, § 313 Abs. 1 Nr. 4, 6 ZPO. Dabei kann zunächst zwischen Prozess- und Sachurteilen unterschieden werden. Während in einem **Prozessurteil** das Gericht ausschließlich über die Zulässigkeit der Klage entscheidet, trifft das Gericht bei **Sachurteilen** eine Entscheidung über die Begründetheit der Klage. Darüber hinaus kann ein Urteil entweder aufgrund streitiger Verhandlung als **kontradiktatorisches** Urteil oder als **nichtstreitiges** Urteil ergehen, z. B. als Verzichts,- Anerkenntnis- oder Versäumnisurteil.

3 **Sachurteile** können im Weiteren hinsichtlich ihres Inhalts unterschieden werden. Durch **Leistungsurteil** wird von der beklagten Partei ein bestimmtes Handeln, d. h. ein Tun, Dulden oder Unterlassen verlangt. Leistungsurteile sind bspw. Urteile, die auf Zahlung einer bestimmten Geldsumme oder auf Unterlassung einer Störung nach § 1004 Abs. 1 Satz 2 BGB lauten. Demgegenüber wird durch **Feststellungsurteil** nur das Bestehen oder Nichtbestehen eines Rechtsverhältnisses oder die Echtheit bzw. Unechtheit einer Urkunde festgestellt, § 256 Abs. 1 ZPO. Dies hat zur Folge, dass Feststellungsurteile mit Ausnahme der Kostenentscheidung grundsätzlich auch nicht vollstreckbar sind. **Gestaltungsurteile** schließlich führen unmittelbar eine Rechtsänderung herbei. Hierunter fallen bspw. die Anfechtungsklagen nach §§ 2342, 2344 BGB oder § 46 WEG.

4 Außerdem können Urteile auch danach unterschieden werden, inwiefern sie über den Streitgegenstand entscheiden bzw. in welcher prozessualen Situation sie ergangen sind. Hier sind z. B. die unterschiedlichen Urteilsarten der §§ 300–305a ZPO einzuordnen.

A. Erläuterungen
I. Entscheidungsreife des Rechtsstreits, Abs. 1

5 Ein Endurteil muss bei **Entscheidungsreife** des Rechtsstreits ergehen, wobei ein Endurteil in Form eines Teilurteils bei Vorliegen der entsprechenden Voraussetzungen auch hinsichtlich eines Teils der Hauptsache bzw. des Rechtsstreits zulässig ist (vgl. § 301 Rn. 1). Für die Beurteilung der Entscheidungsreife ist die prozessuale und materielle Rechtslage entscheidend. Von Entscheidungsreife ist danach auszugehen, wenn der Lebenssachverhalt, der dem zur Aburteilung anstehenden Streitgegenstand zu Grunde liegt, unter Beachtung des § 139 ZPO vollständig geklärt ist und die angebotenen Beweise erschöpft sind (vgl. § 285 Rn. 1) oder das Vorbringen einer Partei deswegen ungeklärt bleibt, weil dieses zulässigerweise durch das Gericht nicht berücksichtigt werden kann, vgl. §§ 296, 296a, 530 ff. ZPO.[2]

6 Die Entscheidung des Gerichts im Rahmen eines Endurteils kann entsprechend dem Umfang des Obsiegens der Klage lauten:
 – *Die zulässige Klage ist begründet.*
 – *Die zulässige Klage ist teilweise/überwiegend begründet.*
 – *Die zulässige Klage ist unbegründet.*
 – *Die Klage ist unzulässig.*

7 Die Frage nach der Zulässigkeit der Klage darf auch im Falle einer Klageabweisung nicht offenbleiben. Ein klageabweisendes Urteil, das die Zulässigkeit einer Klage fehlerhaft offenlässt, ist jedoch trotzdem der uneingeschränkten materiellen Rechtskraft fähig, wenn sich aus dem Tenor und den Entscheidungsgründen des Urteils ergibt, dass das Gericht kein Prozessurteil, sondern eine Sachentscheidung getroffen hat, obwohl es Zweifel an der Zulässigkeit der Klage hatte.[3]

II. Entscheidungsreife bei Prozessverbindung, Abs. 2

8 Das Endurteil i. S. d. § 300 Abs. 2 ZPO setzt neben einer Prozessverbindung nach § 147 ZPO eine subjektive Klagehäufung voraus. In einem solchen Fall hat bei entsprechender Entscheidungsreife ein Endurteil mit Kostenentscheidung zu ergehen. Infolge dieses Endurteils tritt automatisch eine Prozesstrennung ein.[4]

---

1 Zöller-*Vollkommer*, ZPO, § 300 Rn. 1.
2 Zöller-*Vollkommer*, ZPO, § 300 Rn. 2; Thomas/Putzo-*Reichold*, ZPO, § 300 Rn. 2.
3 BGH, NJW 2008, 1227 (1228), Rn. 15–17 m. w. N. = MDR 2008, 522.
4 Zöller-*Vollkommer*, ZPO, § 300 Rn. 4.

B. Rechtsmittel

Gegen ein Endurteil der 1. Instanz ist die **Berufung** statthaftes Rechtsmittel, § 511 Abs. 1 ZPO. Ein in der Berufungsinstanz erlassenes Endurteil kann durch das Rechtsmittel der **Revision** angefochten werden, § 542 Abs. 1 ZPO.

9

§ 301
Teilurteil

(1) ¹Ist von mehreren in einer Klage geltend gemachten Ansprüchen nur der eine oder ist nur ein Teil eines Anspruchs oder bei erhobener Widerklage nur die Klage oder die Widerklage zur Endentscheidung reif, so hat das Gericht sie durch Endurteil (Teilurteil) zu erlassen. ²Über einen Teil eines einheitlichen Anspruchs, der nach Grund und Höhe streitig ist, kann durch Teilurteil nur entschieden werden, wenn zugleich ein Grundurteil über den restlichen Teil des Anspruchs ergeht.
(2) Der Erlass eines Teilurteils kann unterbleiben, wenn es das Gericht nach Lage der Sache nicht für angemessen erachtet.

Inhalt:

	Rn.		Rn.
A. Allgemeines	1	IV. Teilurteil bei erhobener Widerklage, Abs. 1 Satz 1 Var. 3	5
B. Erläuterungen	2	V. Teilurteil und Grundurteil bei einem nach Grund und Höhe streitigen einheitlichen Anspruch, Abs. 1 Satz 2	6
I. Entscheidungsreife	2		
II. Entscheidungsreife nur des einen von mehreren in einer Klage geltend gemachten Ansprüchen, Abs. 1 Satz 1 Var. 1	3	VI. Unabhängigkeit des Teilurteils von der weiteren Entscheidung des Rechtsstreits	7
III. Entscheidungsreife nur eines Teils eines geltend gemachten Anspruchs, Abs. 1 Satz 1 Var. 2	4	VII. Unterbleiben des Erlasses eines Teilurteils, Abs. 2	8
		C. Prozessuales und Rechtsmittel	9

A. Allgemeines

Ein **Teilurteil** ist ein Endurteil, dessen Erlass grundsätzlich im nicht nachprüfbaren Ermessen des Gerichts liegt. Ein Teilurteil setzt zunächst einen **teilbaren Streitgegenstand** voraus. Es entscheidet dann über einen individualisierbaren, selbstständig zur Verbescheidung geeigneten und größenmäßig bestimmten Teil des Streitgegenstandes.[1] Das die Instanz abschließende Teilurteil, das gegebenenfalls auch nach dem Erlass mehrerer Teilurteile ergehen kann, ist das **Schlussurteil**. Grundsätzlich enthält auch erst das Schlussurteil die **Kostenentscheidung**. Der Kostenausspruch im Rahmen eines Teilurteils, das **nicht** Schlussurteil ist, lautet daher:

1

Die Kostenentscheidung bleibt der Schlussentscheidung vorbehalten.

Neben dem teilbaren Streitgegenstand sind die weiteren allgemeinen Voraussetzungen eines Teilurteils die **Entscheidungsreife** im jeweiligen Umfang sowie die **Unabhängigkeit** des Teilurteils von der weiteren Entscheidung des Rechtsstreits, wobei es sich hierbei nach h.M. um eine ungeschriebene Zulässigkeitsvoraussetzung handelt.[2]

B. Erläuterungen
I. Entscheidungsreife

Erforderlich ist eine Entscheidungsreife (vgl. § 300 Rn. 5) in dem jeweiligen Umfang des beabsichtigten Teilurteils. Im Hinblick auf den gesamten Rechtsstreit kann insofern auch von einer **teilweisen Entscheidungsreife** gesprochen werden. Nachdem das Teilurteil in seinem Umfang ein **Endurteil** ist (vgl. Rn. 1) können bei einem stattgebenden Teilurteil zum Anspruch dem Grunde nach gehörende Fragen im Gegensatz zum Grundurteil nicht offenbleiben, so dass bspw. über den Umfang einer Mitverursachung oder eines Mitverschuldens zu entscheiden ist.[3]

2

---

1 Zöller-*Vollkommer*, ZPO, § 301 Rn. 1.
2 MK-*Musielak*, ZPO, § 301 Rn. 9 m.w.N.
3 BGH, NJW 2003, 2986 = MDR 2003, 1230.

II. Entscheidungsreife nur des einen von mehreren in einer Klage geltend gemachten Ansprüchen, Abs. 1 Satz 1 Var. 1

3   Ein Teilurteil kann über einen von mehreren im Wege einer Klagehäufung i.S.d. § 260 ZPO geltend gemachten Anspruch ergehen. Dies ist bspw. bei der Entscheidung über den Auskunftsanspruch im Rahmen einer **Stufenklage** nach § 254 ZPO der Fall.[4] Ein solches Teilurteil kommt auch dann in Betracht, wenn sich ein geltend gemachter prozessualer Gesamtanspruch aus einzelnen, klar voneinander abgrenzbaren **Schadenspositionen** zusammensetzt, wie dies bspw. der Fall ist, wenn aus einem Verkehrsunfallgeschehen Schmerzensgeld und diverse materielle Schadenspositionen verlangt werden, wobei hier aber auch stets die Regelung des § 301 Abs. 1 Satz 2 ZPO zu berücksichtigen sein wird. Ein Teilurteil ist über den eigentlichen Wortlaut hinaus grundsätzlich auch in Fällen **einfacher Streitgenossenschaft** (vgl. § 60 Rn. 1) zulässig, wozu bspw. die Haftung mehrerer Beklagter als **Gesamtschuldner** i.S.d. § 421 BGB zählt. Allerdings kann es hier an der jeweiligen Entscheidungsreife fehlen, wenn in einem Prozessrechtsverhältnis noch eine Beweisaufnahme stattfinden wird, die in sämtlichen Prozessrechtsverhältnissen erheblich sein kann.[5] Darüber hinaus kann auch gegenüber einem subsidiär haftenden Streitgenossen kein Teilurteil ergehen, wenn über die Haftung des primär in Anspruch zu nehmenden noch nicht entschieden ist, wie dies bspw. im Falle der Klage wegen einer Haftung bei Amtspflichtverletzung möglich ist, § 839 Abs. 1 Satz 2 BGB.[6] Trotz der Möglichkeit widersprüchlicher Entscheidungen kann bei einfachen Streitgenossen ein Teilurteil ergehen, wenn der andere Streitgenosse mit der Rechtsfolge der Verfahrensunterbrechung in diesem Prozessrechtsverhältnis verstorben oder insolvent ist, §§ 239, 240 ZPO.[7] Wenn durch ein Teilurteil der Prozess gegenüber einem Streitgenossen in der betreffenden Instanz beendet wird, kann auch eine **Teilkostenentscheidung** ergehen, in der über die **außergerichtlichen Kosten** des nun ausgeschiedenen Streitgenossen entschieden wird.[8] In Fällen der **notwendigen Streitgenossenschaft** gemäß § 62 ZPO fehlt es hingegen grundsätzlich schon an einer Teilbarkeit des Streitgegenstandes, so dass der Erlass eines Teilurteils ausscheidet.[9]

III. Entscheidungsreife nur eines Teils eines geltend gemachten Anspruchs, Abs. 1 Satz 1 Var. 2

4   Ein solches Teilurteil setzt einen **teilbaren Anspruch** in materiell-rechtlicher Hinsicht voraus. Ob ein einheitlicher Anspruch teilbar ist, hängt einerseits davon ab, ob er quantitativ abgrenzbar und eindeutig ziffernmäßig oder sonst individualisierbar ist[10] und andererseits in welchem Umfang über ihn Streit bestehen kann, ohne dass die Gefahr widersprüchlicher Entscheidungen droht.[11] Unter diesen Voraussetzungen kann daher bspw. ein Teilurteil über einzelne Rechnungsposten eines **einheitlichen Schadensersatzanspruchs** zulässig sein, wenn die Entscheidung hierüber vom weiteren Ausgang des Rechtsstreits unabhängig ist.[12] Im Falle der Geltendmachung von **Schmerzensgeld** ist zu berücksichtigen, dass der Schmerzensgeldanspruch in materiell-rechtlicher Hinsicht zwar ein einheitlicher, aber dennoch ein teilbarer Anspruch ist. Es ist daher zulässig, dass durch einen Kläger im Wege der **offenen Teilklage** nur der Teil des Schmerzensgeldanspruchs geltend gemacht wird, dessen Höhe sich nach den Verletzungsfolgen bemessen soll, die im Zeitpunkt der letzten mündlichen Verhandlung bekannt sind. In diesem Fall ist dann auch der Erlass eines entsprechenden Teilurteils zulässig,[13] wobei der zukünftige Schmerzensgeldanspruch in der Praxis regelmäßig Gegenstand eines unbezifferten Feststellungsantrages i.S.d. § 256 ZPO sein wird, so dass über den geltend gemachten Schmerzensgeldanspruch im Wege eines Endurteils nach § 300 Abs. 1 ZPO zu entscheiden ist.

IV. Teilurteil bei erhobener Widerklage, Abs. 1 Satz 1 Var. 3

5   Der Erlass eines solchen Teilurteils setzt das Vorliegen der allgemeinen Voraussetzungen eines Teilurteils (vgl. Rn. 1) voraus. Damit ist auch bei erhobener Widerklage der Erlass eines Teilurteils hinsichtlich der Klage oder der Widerklage insbesondere dann unzulässig, wenn hierdurch widersprüchliche Entscheidungen im Rahmen des Rechtsstreits drohen. Dies ist bspw.

---

4 BGH, NJW 1996, 3345 (3346) = MDR 1996, 1286 (1287).
5 BGH, NJW-RR 1992, 253 (254) = MDR 1992, 411.
6 BGH, NVwZ 2004, 1526 (1527) = MDR 2004, 898.
7 BGHZ 189, 356 (360) = NJW 2011, 2736 (2737), Rn. 17 = MDR 2011, 935 f., jew. m.w.N.
8 BGH, NJW-RR 2001, 642.
9 BGH, NJW 1999, 1638 (1639) = ZIP 1999, 580 f.
10 BGH, NJW 1992, 1769 (1770) = MDR 1992, 805.
11 BGH, NJW 2004, 1243 (1244) = MDR 2004, 701 (702).
12 BGH, NJW 1992, 1769 (1770) = MDR 1992, 805.
13 BGH, NJW 2004, 1243 (1244) = MDR 2004, 701 (702).

dann der Fall, wenn Klage und Widerklage von **derselben Vorfrage** wie dem Bestehen einer Gewährleistungspflicht des Werkunternehmers abhängen.[14]

V. Teilurteil und Grundurteil bei einem nach Grund und Höhe streitigen einheitlichen Anspruch, Abs. 1 Satz 2

In dem Fall, dass bei einem **einheitlichen Anspruch** sowohl Grund als auch Höhe streitig sind, wird durch § 301 Abs. 1 Satz 2 ZPO verhindert, dass ein widersprüchliches und damit unzulässiges Teilurteil ergeht. So muss bspw. bei der Geltendmachung von **mehreren Schadensersatzansprüchen** aufgrund eines einheitlichen Verkehrsunfallgeschehens bei Entscheidungsreife hinsichtlich einer oder mehrerer einzelner Schadenspositionen zugleich ein Grundurteil hinsichtlich der Haftung des Beklagten dem Grunde nach ergehen. Dies setzt schon aufgrund des eindeutigen Wortlauts der Norm voraus, dass der Anspruch nicht nur der Höhe, sondern auch dem Grunde nach streitig ist, da nur dann überhaupt ein Grundurteil i.S.d. § 304 ZPO ergehen kann. In dem Fall, dass über die Einstandspflicht dem Grunde nach kein Streit besteht, kann daher kein Teilurteil ergehen, da für den Fall, dass die Haftung dem Grunde nach im weiteren Verlauf des Rechtsstreits doch noch in Streit gerät, die Gefahr sich widersprechender Entscheidungen besteht.[15]

6

VI. Unabhängigkeit des Teilurteils von der weiteren Entscheidung des Rechtsstreits

Die Entscheidung im Rahmen des Teilurteils muss **unabhängig** davon sein, wie in den weiteren Teilurteilen und im Schlussurteil über den Rest des Streitgegenstandes entschieden wird. Es darf in den einzelnen Teilurteilen nicht zu widersprüchlichen Entscheidungen kommen, wobei eine solche Gefahr in der Regel gegeben ist, wenn bei mehreren selbstständigen prozessualen Ansprüche entweder eine **materiell-rechtliche „Verzahnung"** besteht oder die Ansprüche **prozessual in ein Abhängigkeitsverhältnis** gestellt sind.[16] Hiervon sind auch die Fälle der **Präjudizialität** erfasst, was bedeutet, dass die Entscheidung über den beschiedenen Anspruch und den noch rechtshängigen Anspruch von einer **gemeinsamen Vorfrage** wie z.B. der Mangelhaftigkeit einer Werkleistung abhängt.[17] Bei der Beurteilung einer möglichen Widersprüchlichkeit ist auch die Möglichkeit abweichender Entscheidungen in den **weiteren Instanzen** zu berücksichtigen.[18] Daher ist der Erlass eines Teilurteils ohne Beachtung der weiteren Voraussetzungen des § 301 Abs. 1 Satz 2 ZPO unzulässig, wenn mehrere Ansprüche aus einem einheitlichen Klagegrund i.S.d. § 253 Abs. 2 Nr. 2 ZPO abgeleitet werden, bspw. in dem Fall, dass aufgrund eines Erbfalls durch den Vertragserben bei streitiger Erbenstellung ein Herausgabeanspruch nach § 2287 BGB und zugleich ein Herausgabeanspruch gemäß § 2018 BGB geltend gemacht wird. **Ausnahmen** von diesem Grundsatz bestehen einerseits in dem Fall des Todes oder der Insolvenz eines einfachen Streitgenossen (vgl. Rn. 3) und andererseits bei einer Entscheidung über den Auskunftsanspruch im Rahmen einer Stufenklage.[19]

7

VII. Unterbleiben des Erlasses eines Teilurteils, Abs. 2

Der Erlass eines Teilurteils steht nach h.M. im nicht nachprüfbaren Ermessen des Gerichts. Ein Teilurteil muss aber beispielsweise im Säumnisverfahren, insbesondere bei **Säumnis eines einfachen Streitgenossen**, ergehen.[20]

8

C. Prozessuales und Rechtsmittel

Da durch das Teilurteil der Rechtsstreit in **zwei selbstständige Verfahren** aufgespalten wird,[21] hat das Gericht, das das Teilurteil erlassen hat, auch im Falle eines **Rechtsmittels** grundsätzlich den Rechtsstreit im Hinblick auf den noch anhängigen Teil fortzuführen, wofür gegebenenfalls auch Zweitakten angelegt werden müssen.

9

Nachdem es sich bei einem zulässigen Teilurteil um ein **Endurteil** handelt, ist gegen das Teilurteil der 1. Instanz die **Berufung** statthaftes Rechtsmittel, § 511 Abs. 1 ZPO. Ein in der Berufungsinstanz erlassenes Teilurteil kann durch das Rechtsmittel der **Revision** angefochten werden, § 542 Abs. 1 ZPO. Bereits der Erlass eines Teilurteils, für das die dargestellten allgemeinen und/oder besonderen Voraussetzungen des § 301 Abs. 1 ZPO nicht vorgelegen haben und das

10

---

14 BGH, NJW-RR 2005, 22 = MDR 2005, 46.
15 BGHZ 143, 189 = NJW 2000, 800 (801) = VersR 2000, 467.
16 BGH, NJW 2015, 2429 = VersR 2016, 271 f., Rn. 7 f. m.w.N.
17 BGH, NJW-RR 2014, 1298, Rn. 9 m.w.N. = MDR 2014, 1138.
18 BGH, NJW 2009, 1824, Rn. 7 m.w.N. = MDR 2009, 442.
19 BGH, NJW-RR 2011, 189 (192), Rn. 26 m.w.N. = MDR 2010, 944 (945).
20 MK-*Musielak*, ZPO, § 301 Rn. 24 m.w.N.
21 BGH, NJW 1998, 686 (687) = MDR 1998, 179.

damit unzulässig ist, ist ein von Amts wegen zu berücksichtigender wesentlicher Verfahrensmangel, der zur Aufhebung des Teilurteils und Zurückverweisung der Sache führt, § 538 Abs. 2 Nr. 7 ZPO (vgl. § 538 Rn. 22).[22]

§ 302
Vorbehaltsurteil

(1) Hat der Beklagte die Aufrechnung einer Gegenforderung geltend gemacht, so kann, wenn nur die Verhandlung über die Forderung zur Entscheidung reif ist, diese unter Vorbehalt der Entscheidung über die Aufrechnung ergehen.

(2) Enthält das Urteil keinen Vorbehalt, so kann die Ergänzung des Urteils nach Vorschrift des § 321 beantragt werden.

(3) Das Urteil, das unter Vorbehalt der Entscheidung über die Aufrechnung ergeht, ist in Betreff der Rechtsmittel und der Zwangsvollstreckung als Endurteil anzusehen.

(4) [1]In Betreff der Aufrechnung, über welche die Entscheidung vorbehalten ist, bleibt der Rechtsstreit anhängig. [2]Soweit sich in dem weiteren Verfahren ergibt, dass der Anspruch des Klägers unbegründet war, ist das frühere Urteil aufzuheben, der Kläger mit dem Anspruch abzuweisen und über die Kosten anderweit zu entscheiden. [3]Der Kläger ist zum Ersatz des Schadens verpflichtet, der dem Beklagten durch die Vollstreckung des Urteils oder durch eine zur Abwendung der Vollstreckung gemachte Leistung entstanden ist. [4]Der Beklagte kann den Anspruch auf Schadensersatz in dem anhängigen Rechtsstreit geltend machen; wird der Anspruch geltend gemacht, so ist er als zur Zeit der Zahlung oder Leistung rechtshängig geworden anzusehen.

Inhalt:

	Rn.		Rn.
A. Allgemeines	1	V. Vorbehaltsurteil als Endurteil im Hinblick auf Rechtsmittel und Zwangsvollstreckung	7
B. Erläuterungen	2		
I. Entscheidungsreife nur der Verhandlung über die Forderung, Abs. 1	2	VI. Entscheidung über die Gegenforderung im Nachverfahren, Abs. 4 Satz 1, 2	8
II. Aufrechnungserklärung durch den Beklagten, Abs. 1	3		
III. Pflichtgebundenes Ermessen des Gerichts, Abs. 1	5	VII. Geltendmachung des durch das Vorbehaltsurteil verursachten Schadens durch den Beklagten, Abs. 4 Satz 3, 4	11
IV. Ergänzung des Vorbehaltsurteils nach § 321 ZPO, Abs. 2	6	C. Prozessuales und Rechtsmittel	12

A. Allgemeines

1 Durch das **Vorbehaltsurteil** soll für den Kläger bei **Entscheidungsreife der Klage** die Möglichkeit geschaffen werden, einen **schnellen Titel** zu erhalten, wobei dieser nur **vorläufig** ist. Mangels Entscheidungsreife wird eben noch nicht über die durch den Beklagten erhobene Einwendung der Aufrechnung i.S.d. §§ 387ff. BGB entschieden. Der Vorbehalt kann durch eine eigene Ziffer im Tenor zum Ausdruck kommen:

Die Entscheidung über die Aufrechnung des Beklagten mit einer Forderung in Höhe von (...) aus/wegen (...) bleibt dem Nachverfahren vorbehalten.[1]

Das Vorbehaltsurteil enthält eine Kostenentscheidung, vgl. § 302 Abs. 4 Satz 2 ZPO, und einen Ausspruch zur vorläufigen Vollstreckbarkeit, der sich nach den allgemeinen Regeln hierzu richtet, §§ 708ff. ZPO. Das **Nachverfahren** wird durch ein Endurteil, das **Schlussurteil**, abgeschlossen.

B. Erläuterungen
I. Entscheidungsreife nur der Verhandlung über die Forderung, Abs. 1

2 Voraussetzung für den Erlass eines Vorbehaltsurteils ist die **Entscheidungsreife** (vgl. § 300 Rn. 5) **der Klageforderung**. Das Vorbehaltsurteil ist regelmäßig ein **Leistungsurteil**. Ob dieses dauerhaft Bestand hat, hängt von der Entscheidung im Nachverfahren ab.[2]

---

22 BGH, NJW 2011, 2736 (2737), Rn. 19 m.w.N. = MDR 2011, 935 (936).

Zu § 302:
1 Thomas/Putzo-*Reichold*, ZPO, § 302 Rn. 6.
2 Zöller-*Vollkommer*, ZPO, § 302 Rn. 2, 15.

II. Aufrechnungserklärung durch den Beklagten, Abs. 1

Hinsichtlich der zur (Eventual-)Aufrechnung gestellten Gegenforderung gemäß der §§ 387, 388 BGB darf noch **keine Entscheidungsreife** bestehen, was sich so bereits aus dem Wortlaut des § 302 Abs. 1 ZPO ergibt. Ist das doch der Fall, so hat das Gericht abschließend durch **Endurteil** zu entscheiden.

Bei einem Vorbehaltsurteil muss stets berücksichtigt werden, ob zwischen der Klageforderung und der zur Aufrechnung gestellten Gegenforderung ein **rechtlicher Zusammenhang** besteht. Durch ein Vorbehaltsurteil werden im Ergebnis die **materiell-rechtlichen Wirkungen** einer Aufrechnung vorübergehend ausgesetzt,[3] da der Kläger zunächst einen Titel für die von ihm geltend gemachte Forderung erhält, obwohl diese, was erst im Nachverfahren entschieden wird, infolge einer erklärten Aufrechnung bereits erloschen sein kann, § 389 BGB. Insofern ist der Erlass eines Vorbehaltsurteils, was durch das Gericht im Rahmen seines **pflichtgebundenen Ermessens** (vgl. Rn. 5) zu beachten ist, bspw. dann nicht zulässig, wenn die Aufrechnung mit solchen Ansprüchen erfolgt, die dem **vertraglichen Äquivalenzverhältnis** zwischen Leistung und Gegenleistung dienen, wie z.b. die Aufrechnung mit Mangelbeseitigungskosten gegen den Vergütungsanspruch des Unternehmers im Rahmen eines Werkvertrages, § 320 BGB.[4] Daher sollte in den Fällen, in denen die gegenseitigen Forderungen **aus einem Vertragsverhältnis** stammen, ein Vorbehaltsurteil regelmäßig unterbleiben.[5]

III. Pflichtgebundenes Ermessen des Gerichts, Abs. 1

Das Gericht **kann** ein Vorbehaltsurteil erlassen, was bedeutet, dass der Erlass eines solchen im **pflichtgebundenen Ermessen** des Gerichts steht. Das Gericht hat bei der Ausübung des Ermessens den gesamten Streitstoff zu würdigen und die Interessen der am Rechtsstreit beteiligten Parteien gegeneinander abzuwägen. Bei der Ausübung des Ermessens kann sich das Gericht unter anderem daran orientieren, welche **Erfolgsaussichten der Gegenforderung** eingeräumt werden oder welche vermutliche **Dauer das Nachverfahren** haben wird bzw. welche **Nachteile dem Kläger** ohne eine entsprechende Vorabentscheidung drohen.[6] Der Erlass eines Vorbehaltsurteils steht aber in der alleinigen Verantwortung des Gerichts und kann durch die Parteien weder verbindlich beantragt noch ausgeschlossen werden.[7]

IV. Ergänzung des Vorbehaltsurteils nach § 321 ZPO, Abs. 2

Für den Fall, dass im Vorbehaltsurteil der Vorbehalt übersehen wurde, besteht neben der Ergänzung des Urteils auch die Möglichkeit der Einlegung eines **Rechtsmittels** (vgl. Rn. 12).

V. Vorbehaltsurteil als Endurteil im Hinblick auf Rechtsmittel und Zwangsvollstreckung

Das Vorbehaltsurteil ist **selbstständig anfechtbar**, wobei gegen ein Vorbehaltsurteil der 1. Instanz gemäß § 511 Abs. 1 ZPO die **Berufung** und gegen ein Vorbehaltsurteil der Berufungsinstanz gemäß § 542 Abs. 1 ZPO die **Revision** statthaftes Rechtsmittel ist. Durch das Rechtsmittelgericht kann hierbei auch überprüft werden, ob das Vorbehaltsurteil unter Verstoß gegen das pflichtgebundene Ermessen erlassen wurde (vgl. Rn. 5). Darüber hinaus ist das für vorläufig vollstreckbar erklärte Vorbehaltsurteil (vgl. Rn. 1) **Vollstreckungstitel**.

VI. Entscheidung über die Gegenforderung im Nachverfahren, Abs. 4 Satz 1, 2

Das Nachverfahren ist grundsätzlich von Amts wegen durch die Bestimmung eines Termins fortzusetzen, wobei dies keine Rechtskraft des Vorbehaltsurteils voraussetzt. Es erfolgt auch **keine Prozesstrennung** wie bei der Entscheidung durch ein Teilurteil (vgl. § 301 Rn. 9). Der Rechtsstreit ist stattdessen unter demselben Aktenzeichen fortzusetzen, so dass im Falle eines Rechtsmittels grundsätzlich **Zweitakten** angelegt werden müssen.

In dem Fall, dass mit einer **rechtswegfremden Forderung** die Aufrechnung erklärt wurde, darf durch das angegangene Gericht nach h.M. nicht über diese entschieden werden, da insbesondere auch § 17 Abs. 2 Satz 1 GVG keine eigene Zuständigkeit begründen kann.[8] Dies gilt bspw. dann, wenn der Klageanspruch eine Vergütungsforderung aus einem Arbeitsverhältnis darstellt, über den gemäß § 2 Abs. 1 Nr. 3 Buchst. a ArbGG die Arbeitsgerichte entscheiden, und

---

3 Kessen, BauR 2005, 1691 (1696).
4 BGHZ 165, 134 (137) = NJW 2006, 698 (699), Rn. 12 m.w.N. = MDR 2006, 509.
5 BGH, NJW-RR 2008, 31 (32), Rn. 19, 20 m.w.N. = MDR 2007, 1418 f.
6 BGHZ 165, 134 (138) = NJW 2006, 698 (699), Rn. 16 = MDR 2006, 509 (510).
7 Zöller-*Vollkommer*, ZPO, § 302 Rn. 6a m.w.N.
8 Zöller-*Vollkommer*, ZPO, § 302 Rn. 11 m.w.N.; Zöller-*Greger*, ZPO, § 145 Rn. 19a m.w.N.

die Aufrechnung mit einer Mietforderung erklärt wird.[9] Das angegangene Gericht kann ebenso grundsätzlich nicht über die Gegenforderung entscheiden, wenn es hierfür **international nicht zuständig** ist[10] oder wenn für die Gegenforderung die **Zuständigkeit der Familiengerichte** begründet ist, da insofern gemäß § 17a Abs. 6 GVG die Regelungen des § 17a Abs. 1–5 GVG zur Entscheidung über den Rechtsweg entsprechend für die Zuständigkeit der Gerichte in bürgerlichen Rechtsstreitigkeiten und Familiensachen gelten. Hieraus folgt, dass trotz des formal gleichen Rechtsweges bspw. eine Verweisung eines Rechtsstreits von einem für bürgerliche Rechtsstreitigkeiten zuständigen Gericht an ein Familiengericht erfolgen muss, wenn das für bürgerliche Rechtsstreitigkeiten zuständige Gericht sich für nicht zuständig hält, § 17a Abs. 2 Satz 1 GVG. Das Gesetz gibt damit der **Sachnähe des befassten Gerichts** den Vorzug, so dass das für bürgerliche Rechtsstreitigkeiten zuständige Gericht auch nach Erlass eines Vorbehaltsurteils nicht über die familienrechtliche Gegenforderung entscheiden kann (str.).[11] Um hier jedoch dem Rechtsstreit unmittelbar Fortgang zu geben, sollte keine Aussetzung des Rechtsstreits nach § 148 ZPO, die im Übrigen jedenfalls mit einer entsprechenden Aufforderung an die beklagte Partei, den Gegenanspruch innerhalb einer zu bezeichnenden Frist beim zuständigen Gericht geltend zu machen, verbunden sein sollte, erfolgen, sondern eine **Verweisung i.S.d.** § 17a Abs. 2 GVG nach Rechtskraft des Vorbehaltsurteils. In diesem Fall muss dann das Nachverfahren durch das Gericht durchgeführt werden, an das die Verweisung erfolgt ist.[12] Ein entsprechender Verweisungsbeschluss kann lauten:

> *Das [Gericht und Ort] ist für die Entscheidung über die vorbehaltene Gegenforderung aus dem Vorbehaltsurteil vom [Datum] unzuständig. Der Rechtsstreit wird nach Anhörung der Parteien an das [Gericht und Ort] verwiesen, § 17a Abs. 2, 6 GVG.*

10 Das Nachverfahren wird durch ein **Endurteil** abgeschlossen. Abhängig von der Entscheidung über die Gegenforderung kann dieses entweder

> *Das Vorbehaltsurteil vom [Datum] wird unter Wegfall des Vorbehalts aufrechterhalten.*

oder

> *Das Vorbehaltsurteil vom [Datum] wird aufgehoben. Die Klage wird abgewiesen.*

lauten. Ebenso ist über die **Kosten** ergänzend bzw. neu zu entscheiden (§ 302 Abs. 4 Satz 2 ZPO).

VII. Geltendmachung des durch das Vorbehaltsurteil verursachten Schadens durch den Beklagten, Abs. 4 Satz 3, 4

11 Der Beklagte hat die Möglichkeit, den ihm durch die Vollstreckung des Vorbehaltsurteils bzw. den durch die zur Abwendung der Vollstreckung erbrachten Leistung entstandenen Schaden durch einen entsprechenden inzidenten Antrag,[13] durch eine Widerklage oder auch in einem neuen Prozess geltend machen, wobei die Regelung des § 302 Abs. 4 Satz 4 ZPO in letzterem Fall nicht anwendbar ist. Der **verschuldensunabhängige** Schadensersatzanspruch umfasst die vollständige durch den Beklagten aufgrund des Vorbehaltsurteils erbrachte Leistung inklusive Zinsen und Kosten.

C. Prozessuales und Rechtsmittel

12 Das Gericht ist an seine Entscheidung über das Bestehen der Forderung, die es im Vorbehaltsurteil getroffen hat, gemäß § 318 ZPO gebunden. In seinem Bestand ist das Vorbehaltsurteil von der Entscheidung im Schlussurteil **auflösend bedingt**.[14] Der Beklagte kann der Klageforderung weitere Einwendungen oder Einreden auch nicht mehr entgegenhalten, es sei denn, der Kläger hat zulässigerweise nach Erlass des Vorbehaltsurteils seine Klage erweitert bzw. geändert. Im Umfang der Erweiterung bzw. Änderung kann aber der Beklagte dann auch sämtliche ihm weiter zur Verfügung stehenden Einwendungen und/oder Einreden erheben.

13 Gegen ein Vorbehaltsurteil der 1. Instanz ist die **Berufung** statthaftes Rechtsmittel, §§ 302 Abs. 3, 511 Abs. 1 ZPO. Ein in der Berufungsinstanz erlassenes Vorbehaltsurteil kann durch das Rechtsmittel der **Revision** angefochten werden, §§ 302 Abs. 3, 542 Abs. 1 ZPO.

---

9 BAG, NJW 2002, 317 = MDR 2002, 52.
10 Zöller-*Vollkommer*, ZPO, § 302 Rn. 4 m.w.N.
11 Zöller-*Greger*, ZPO, § 145 Rn. 19b m.w.N.
12 BAG, NJW 2008, 1020 (1021), Rn. 12 m.w.N. = MDR 2008, 464.
13 Stein/Jonas-*Leipold*, ZPO, § 302 Rn. 43 m.w.N.
14 Zöller-*Vollkommer*, ZPO, § 302 Rn. 15.

§ 303
Zwischenurteil

Ist ein Zwischenstreit zur Entscheidung reif, so kann die Entscheidung durch Zwischenurteil ergehen.

Inhalt:

	Rn.		Rn.
A. Allgemeines	1	C. Rechtsmittel	4
B. Erläuterungen	2	I. Bei Zwischenurteilen zwischen	
I. Zwischenstreit zwischen den Parteien	2	den Parteien	4
II. Zwischenstreit zwischen einer Partei		II. Bei Zwischenurteilen zwischen	
und einem Dritten	3	einer Partei und einem Dritten	5

A. Allgemeines

Zwischenurteile i.S.d. § 303 ZPO sind **Feststellungsurteile, die nicht den Streitgegenstand** betreffen. Sie dienen dem Fortgang des Rechtsstreits, indem in ihnen eine Entscheidung über ein Urteilselement getroffen wird,[1] so dass insofern eine **„Entlastung"** des Endurteils stattfindet.[2] Deren Erlass steht im **nicht nachprüfbaren Ermessen** des Gerichts. Zwischenurteile können sowohl zwischen den **Parteien** als auch gegenüber **Dritten** ergehen. Zwischenurteile haben keinen vollstreckungsfähigen Inhalt.   1

B. Erläuterungen
I. Zwischenstreit zwischen den Parteien

Ein Zwischenstreit **zwischen den Parteien**, über den ein Zwischenurteil i.S.d. § 303 ZPO ergeht, betrifft stets nur eine **prozessuale Vorfrage**, über die **mündlich verhandelt** wurde. Das Zwischenurteil erfasst hingegen nicht den materiellen Streitgegenstand. Darüber hinaus ist zu berücksichtigen, dass über die Zulässigkeit der Klage einerseits für den Fall, dass eine der Zulässigkeitsvoraussetzungen fehlt, durch klageabweisendes Endurteil i.S.d. § 300 Abs. 1 ZPO, und andererseits für den Fall, dass das Vorliegen der Prozessvoraussetzungen bejaht wird, durch Zwischenurteil i.S.d. § 280 Abs. 2 Satz 1 ZPO (vgl. § 280 Rn. 5) entschieden wird, was den praktischen Anwendungsbereich des Zwischenurteils zwischen den Parteien gemäß § 303 ZPO weiter einschränkt. Ein Zwischenurteil kann bspw. hinsichtlich der Anordnung der **Prozesskostensicherheit** gemäß § 110 ZPO,[3] der Gewährung der **Wiedereinsetzung in den vorigen Stand** gemäß § 238 ZPO oder der Bejahung der **Zulässigkeit eines Rechtsmittels**[4] ergehen.   2

II. Zwischenstreit zwischen einer Partei und einem Dritten

Durch ein solches Zwischenurteil wird der Zwischenstreit **endgültig** beendet. Ein solches Zwischenurteil enthält daher auch eine **Kostenentscheidung** hinsichtlich der Kosten des Zwischenstreits. Hierunter fallen z.B. Zwischenurteile über die Zulässigkeit einer **Nebenintervention** gemäß § 71 Abs. 2, 3 ZPO, über die Verpflichtung zur **Urkundenvorlage** gemäß § 142 Abs. 2 ZPO oder zur Vorlegung eines Gegenstandes und Duldung der Einnahme eines **Augenscheins** oder der Begutachtung durch **Sachverständige** gemäß § 144 Abs. 2 ZPO sowie hinsichtlich der Berechtigung der Geltendmachung eines **Zeugnisverweigerungsrechts** gemäß § 387 ZPO.   3

C. Rechtsmittel
I. Bei Zwischenurteilen zwischen den Parteien

Zwischenurteile i.S.d. § 303 ZPO sind nur im Rahmen des Rechtsmittels gegen das Endurteil anfechtbar, wenn sie zulässigerweise ergangen sind. Eine selbstständige Anfechtung scheidet dann aus. Demgegenüber kann ein Zwischenurteil, das in unzulässiger Art und Weise ergangen ist, entsprechend dem **Meistbegünstigungsgrundsatz** (vgl. Vorbem. zu §§ 511–577 Rn. 36) sowohl als Sachurteil, wenn bspw. über den Streitgegenstand entschieden wurde,[5] als auch als Zwischenurteil über § 280 Abs. 2 Satz 1 ZPO bei Erlass in der 1. Instanz durch Berufung gemäß § 511 Abs. 1 ZPO oder bei Erlass in der 2. Instanz durch Revision gemäß § 542 Abs. 1 ZPO[6] **selbstständig angefochten** werden.   4

---

1 Zöller-*Vollkommer*, ZPO, § 303 Rn. 1.
2 Thomas/Putzo-*Reichold*, ZPO, § 303 Rn. 1.
3 BGHZ 102, 232 (234) = NJW 1988, 1733 = MDR 1988, 298 f.
4 BGH, NJW 2007, 1466 (1467), Rn. 4 = MDR 2007, 734.
5 BGH, NJW-RR 2006, 565, Rn. 6 m.w.N. = FamRZ 2006, 408 (nur Ls.).
6 Zöller-*Vollkommer*, ZPO, § 303 Rn. 11.

II. Bei Zwischenurteilen zwischen einer Partei und einem Dritten

5 Die in der 1. Instanz durch das Amtsgericht oder das Landgericht erlassenen Zwischenurteile sind in der Regel mit der **sofortigen Beschwerde** gemäß § 567 Abs. 1 ZPO anfechtbar. Die in der 1. Instanz durch das Oberlandesgericht oder die in der 2. Instanz erlassenen Entscheidungen sind daher **unanfechtbar**, wenn gegen die entsprechende Entscheidung, falls sie durch ein Gericht 1. Instanz erlassen worden wäre, die sofortige Beschwerde statthaftes Rechtsmittel gewesen wäre, was regelmäßig der Fall ist. Dies gilt bspw. dann, wenn in der 2. Instanz die Zulässigkeit einer **Nebenintervention** durch Zwischenurteil i.S.d. § 71 Abs. 1, 2 ZPO verneint wurde.[7]

§ 304
Zwischenurteil über den Grund

(1) Ist ein Anspruch nach Grund und Betrag streitig, so kann das Gericht über den Grund vorab entscheiden.

(2) Das Urteil ist in Betreff der Rechtsmittel als Endurteil anzusehen; das Gericht kann jedoch, wenn der Anspruch für begründet erklärt ist, auf Antrag anordnen, dass über den Betrag zu verhandeln sei.

Inhalt:

	Rn.		Rn.
A. Allgemeines	1	C. Prozessuales und Rechtsmittel	11
B. Erläuterungen	2	I. Bindungswirkung des Grundurteils gemäß § 318 ZPO	11
I. Streitigkeit des Anspruchs dem Grund und dem Betrag nach, Abs. 1	2	II. Rechtsmittel, Abs. 2 Hs. 1	12
II. Antrag auf Anordnung der Verhandlung über den Betrag, Abs. 2 Hs. 2	10		

A. Allgemeines

1 Das **Grundurteil** ist Ausdruck der **Prozessökonomie**, so dass bei Anwendung des § 304 ZPO dogmatische Überlegungen, die vom sachlichen Recht gekennzeichnet sind, auch in den Hintergrund treten.[1] Dem Gericht wird die Möglichkeit gegeben, eine materielle Vorentscheidung über den Grund des Anspruchs herbeizuführen und so den **Verfahrensstoff „abzuschichten"**. So können eventuell umfangreiche und kostspielige Beweisaufnahmen über die Höhe des geltend gemachten Anspruchs vermieden werden, wenn über den Grund eine rechtskräftige Gerichtsentscheidung besteht und im Folgenden die Parteien hinsichtlich der Höhe eine Einigung erzielen können.[2] Durch das Grundurteil wird der Rechtsstreit in ein **Grund- und ein Betragsverfahren** getrennt. Das Grundurteil selbst enthält weder eine Kostenentscheidung noch einen Ausspruch zur vorläufigen Vollstreckbarkeit.

B. Erläuterungen
I. Streitigkeit des Anspruchs dem Grund und dem Betrag nach, Abs. 1

2 Ein Grundurteil setzt voraus, dass der **summenmäßig bestimmt**[3] geltend gemachte Anspruch sowohl dem Grund als auch der Höhe nach streitig ist. Bei einer **nicht bezifferten Feststellungsklage** kommt daher der Erlass eines Grundurteils ebenso wenig in Betracht[4] wie in den Fällen, in denen **nur der Betrag** streitig ist.[5] Im Falle einer **objektiven Klagehäufung** eines bezifferten Leistungsantrages und eines nicht bezifferten Feststellungsantrages ist der Erlass eines **Grund- und Teilendurteils** zu prüfen. Dies ist bspw. möglich, wenn durch den Kläger bezifferte **Schadensersatz- und Schmerzensgeldansprüche** aufgrund eines Verkehrsunfallgeschehens geltend gemacht werden und darüber hinaus die Feststellung der Verpflichtung der beklagten Partei zur Tragung auch künftiger, auf das Unfallgeschehen zurückzuführender Schäden ausgesprochen werden soll.[6]

---

7 BGH, NJW-RR 2013, 490 = MDR 2013, 485, Rn. 12 ff. m.w.N.

Zu § 304:
1 BGH, NJW-RR 1991, 599 (600); BGH, NJW 2016, 3244 (3245) = MDR 2017, 359 f., Rn. 26.
2 BGH, NJW-RR 1989, 1149 = MDR 1989, 535.
3 BGH, NJW 1991, 1896 = MDR 1991, 1202 (1203).
4 BGH, NJW 2002, 302 (303) = MDR 2001, 1433 (1434).
5 BGH, NJW-RR 1989, 1149 = MDR 1989, 535.
6 BGH, NJW 2001, 155 = MDR 2001, 105.

Ein der Klage dem Grund nach vollumfänglich stattgebendes Grundurteil kann bspw. lauten: *Der Anspruch des Klägers gegen den Beklagten wegen (...) ist dem Grund nach gerechtfertigt.* 3

Zum Grund gehört der **gesamte Prozessstoff**, soweit er nicht lediglich für den Betrag relevant ist.[7] Der Streit über den Grund muss **im zusprechenden Sinne entscheidungsreif** sein, da in dem Fall, dass bereits dem Grunde nach kein Anspruch besteht, ein klageabweisendes Endurteil ergehen muss. Entscheidungsreife i.d.S. bedeutet, dass sämtliche Aspekte, die zum Grund des Anspruchs gehören, erledigt sind und dass es bei dem Sach- und Streitstand im Zeitpunkt des Urteilserlasses **zumindest wahrscheinlich** ist, dass ein Anspruch auch **in irgendeiner Höhe** besteht.[8] Eine hohe Wahrscheinlichkeit ist hierfür hingegen nicht zu fordern.[9] Im Rahmen dieser **Wahrscheinlichkeitsprognose** ist es bei **Schadensersatzklagen** zulässig, auf den Beweismaßstab des § 287 ZPO abzustellen,[10] wobei aber hier wiederum zu berücksichtigen ist, dass die Regelung des § 304 ZPO dem Gedanken der Prozesswirtschaftlichkeit entspricht (vgl. Rn. 1). Entscheidend ist daher in erster Linie, ob wenigstens die **Wahrscheinlichkeit eines Schadens** i.d.S. feststeht, dass zumindest davon ausgegangen werden kann, dass das Grundurteil, wenn die haftungsausfüllende Kausalität im Betragsverfahren doch verneint wird, nicht lediglich zu einer Verzögerung und Verteuerung des Rechtsstreits führt.[11] 4

Zum Grund des Anspruchs gehören zunächst sämtliche **anspruchsbegründenden** Tatsachen,[12] wobei hierzu z.B. im Falle eines **Schadensersatzanspruchs** auch die haftungsbegründende[13] und die haftungsausfüllende Kausalität zählen[14] oder bei einem Anspruch aus **Rechtsanwaltshaftung** wegen einer Pflichtverletzung bei der Realisierung eines Anspruchs das Bestehen dieses Anspruchs.[15] Fragen der **haftungsausfüllenden** Kausalität können jedoch **ausdrücklich** auch dem Nachverfahren vorbehalten werden.[16] Wird ein Anspruch auf mehrere materiellrechtliche Anspruchsgrundlagen gestützt, so hat das Gericht beim Erlass eines Grundurteils jedenfalls über diejenige zu entscheiden, die für die Höhe des eingeklagten Betrages ausreicht, wenn den weiteren Anspruchsgrundlagen daneben keine eigene Bedeutung zukommt, wobei aber bspw. wegen der Regelung des § 12 StVG kein Grundurteil nur hinsichtlich der Anspruchsnorm des § 7 StVG ergehen kann, wenn Schadensersatzansprüche aus einem Verkehrsunfall sich sowohl aus § 7 StVG als auch aus § 823 Abs. 1 BGB ergeben können. Grundsätzlich muss das Gericht daher über **sämtliche Anspruchsgrundlagen** entscheiden,[17] wobei in dem Fall, dass das Gericht den Anspruch dem Grunde nach aus einer weitergehenden Anspruchsgrundlage verneint, die Klage insofern für unbegründet erklärt werden muss. Um hier den Tenor nicht zu überfrachten ist es ausreichend, dies in den Entscheidungsgründen klar darzustellen (str.).[18] 5

Wenn im Rahmen eines **einheitlichen Leistungsantrages** mehrere einzelne Forderungen zusammengefasst sind, wenn also bspw. die Miete für mehrere Monate als Summe geltend gemacht wird oder diverse einzelne Anspruchspositionen, die sich im Einzelnen nach Werk- oder Kaufvertragsrecht richten, als eine Schlussrechnungssumme eingeklagt werden, muss das Grundurteil sämtliche einzelne Ansprüche erfassen.[19] Ein **Teilgrundurteil** hinsichtlich eines einzelnen Anspruchs ist jedenfalls mangels Entscheidungsreife i.S.d. § 301 Abs. 1 Satz 1 ZPO dann unzulässig, wenn sich eine Vorfrage, im Rahmen des Teilgrundurteils entschieden wird, im Rahmen der weiteren Anspruchspositionen nochmals stellen würde.[20] Außerdem kann ein solches nur ergehen, wenn im Übrigen ein abweisendes Teilendurteil ergeht.[21] 6

Darüber hinaus muss auch hinsichtlich sämtlicher Einwendungen und Einreden, die zu einer **vollständigen Klageabweisung** führen können, eine Entscheidung getroffen werden. Dies gilt bspw. für die Einwendung der **Erfüllung** gemäß § 362 Abs. 1 BGB oder die Einrede der **Ver-** 7

---

7 Zöller-*Vollkommer*, ZPO, § 304 Rn. 5.
8 BGH, NJW-RR 2005, 1008 (1009) = MDR 2005, 1069.
9 BGH v. 27.01.2012, V ZR 224/10, juris, Rn. 7.
10 BGH, NJW 2005, 1935 (1936).
11 BGH, NJW-RR 1991, 599 (600).
12 BGHZ 80, 222 (224) = NJW 1981, 1953 (1954) = ZIP 1981, 514; BGH, NJW 2017, 265 = MDR 2016, 1377, Rn. 21 m.w.N.
13 BGHZ 89, 383 (388) = NJW 1984, 1226 (1227) = MDR 1984, 567.
14 BGH, NJW-RR 1997, 188 (189).
15 BGH, NJW 2015, 3453 (3455), Rn. 10 = FamRZ 2016, 42 (nur Ls.).
16 BGH, NJW 1995, 1549 (1550) = VersR 1995, 1358.
17 BGHZ 72, 34 (36) = NJW 1978, 1920 (1921) = MDR 1978, 919.
18 Zöller-*Vollkommer*, ZPO, § 304 Rn. 10 m.w.N. (str.).
19 BGH, NJW 2001, 224 (225) = MDR 2001, 167.
20 BGH, NJW-RR 1992, 1053 = MDR 1992, 1036.
21 BGHZ 89, 383 (388) = NJW 1984, 1226 (1227).

jährung. Im Falle einer **Aufrechnung** mit einer Gegenforderung, die die Klageforderung vollständig zum Erlöschen bringen kann, § 389 BGB, hat das Gericht die Möglichkeit, ein **Grund- und Vorbehaltsurteil** gemäß §§ 302, 304 ZPO zu erlassen.

8   Eine Entscheidung über Einwendungen, die dem geltend gemachten Anspruch nur **teilweise** entgegengestellt werden, wie beispielsweise das **Mitverschulden** im Rahmen der Schadensverursachung gemäß § 254 Abs. 1 BGB[22] oder die **Mitverursachung** gemäß § 17 StVG, kann grundsätzlich dem Betragsverfahren **vorbehalten** werden, wobei sich ein entsprechender Vorbehalt aus dem Urteilstenor oder jedenfalls aus den Entscheidungsgründen ergeben **muss**.[23] Die Frage eines Verstoßes gegen die **Schadensminderungspflicht** gemäß § 254 Abs. 2 Satz 1 BGB kann ebenfalls dem Nachverfahren vorbehalten werden.[24] Aus Gründen der Urteilsklarheit sollte ein solcher Vorbehalt ausdrücklich in einer eigenen Ziffer des Urteilstenors enthalten sein, die dann z. B. lauten kann:

Die Entscheidung hinsichtlich einer Mitwirkung eines Verschuldens des Beklagten bei der Entstehung des Schadens des Klägers bleibt dem Nachverfahren vorbehalten.

Um Sinn und Zweck des Grundurteils (vgl. Rn. 1) Genüge zu tun, ergeht jedoch in der Praxis bspw. in Rechtsstreitigkeiten über **Schadensersatzansprüche aus einem Verkehrsunfall** regelmäßig ein Grundurteil, in dem der Einwand der Mitverursachung bzw. des Mitverschuldens bereits dadurch berücksichtigt wird, dass nur ein **quotaler Anspruch dem Grunde nach** zugesprochen wird.[25] Der Tenor eines solchen Grundurteils kann lauten:

Der geltend gemachte Anspruch wegen (...) ist dem Grunde nach zu (...) % gerechtfertigt.

Im Falle eines Anspruchs auf **Schmerzensgeld** sollte, da das Mitverschulden des Geschädigten ein Faktor bei der Bemessung der Höhe des angemessenen Schmerzensgeldes ist, folgendermaßen tenoriert werden:

Der Schmerzensgeldanspruch wegen (...) ist unter Berücksichtigung eines Mithaftungsanteils des Klägers in Höhe von (...) % dem Grunde nach gerechtfertigt.[26]

9   Es steht im **freien Ermessen** des Gerichts, ob es ein Grundurteil erlässt, wobei es die Zulässigkeit dessen von Amts wegen zu prüfen hat. Ein Grundurteil kann auch in der Berufungs- und in der Revisionsinstanz ergehen unter gleichzeitiger Zurückverweisung des Rechtsstreits wegen der Höhe des Anspruchs (vgl. § 538 Rn. 17).

II. Antrag auf Anordnung der Verhandlung über den Betrag, Abs. 2 Hs. 2

10 Bis zur **Rechtskraft des Grundurteils** tritt ein **faktischer Verfahrensstillstand** ein, dem die Parteien aber durch den Antrag an das Gericht, die Verhandlung über den Betrag anzuordnen, entgegenwirken können. Im Falle einer Ablehnung dieses Prozessantrages durch das Gericht kann der Kläger hiergegen **sofortige Beschwerde** gemäß § 567 Abs. 1 Nr. 2 ZPO einlegen.

C. Prozessuales und Rechtsmittel
I. Bindungswirkung des Grundurteils gemäß § 318 ZPO

11 Ein Grundurteil ist nur der formellen, nicht aber der materiellen **Rechtskraft** fähig. Für die hiervon zu unterscheidende **Bindungswirkung** gemäß § 318 ZPO ist relevant, was das Gericht tatsächlich im Grundurteil entschieden hat. Hierbei kommt es nicht allein auf dessen Tenor an, sondern das Grundurteil ist unter Berücksichtigung der Entscheidungsgründe **insgesamt auszulegen**,[27] wobei für den Umfang der Bindungswirkung dann von Bedeutung ist, was das Gericht mit dem Grundurteil tatsächlich bindend festgestellt und entschieden hat.[28] Insofern muss das Gericht auch, wenn es bspw. die Haftung des Schädigers nur für bestimmte Verletzungsfolgen für gerechtfertigt hält, die Klage **dem Grund nach im Übrigen** hinsichtlich der weiteren behaupteten Verletzungsfolgen **abweisen**, was prozessual durch ein Teilurteil i.S.d. § 301 Abs. 1 Satz 1 ZPO erfolgt.[29] Wenn die Haftung dem Grunde nach vorbehaltlos und vollumfänglich bejaht wurde, kann z. B. aufgrund der Bindungswirkung des Grundurteils im Betragsverfahren ein **Mitverschulden** nicht mehr berücksichtigt werden.[30] Einwendungen und Einreden,

---

[22] BGHZ 76, 397 (399 f.) = NJW 1980, 1579.
[23] BGHZ 141, 129 (136) = NJW 1999, 2440 (2441 f.) = MDR 1999, 1009 (1010).
[24] BGH v. 27.01.2012, V ZR 224/10, juris, Rn. 17.
[25] BGHZ 76, 397 (400) = NJW 1980, 1579.
[26] Thomas/Putzo-*Reichold*, ZPO, § 304 Rn. 17 m.w.N.
[27] BGH, NJW 2011, 3242 (3243), Rn. 17 m.w.N. = MDR 2011, 1315.
[28] Zöller-*Vollkommer*, ZPO, § 304 Rn. 20 m.w.N.
[29] BGH, NJW 2000, 3423 (3424) = VersR 2000, 1282 (1283).
[30] Zöller-*Vollkommer*, ZPO, § 304 Rn. 8 m.w.N.

die erst nach dem Schluss der mündlichen Verhandlung, auf die das Grundurteil erging, entstanden sind, sind jedoch entsprechend § 767 Abs. 2 ZPO zu berücksichtigen.[31]

II. Rechtsmittel, Abs. 2 Hs. 1

Das Grundurteil gilt im Hinblick auf die statthaften Rechtsmittel als **Endurteil**, § 304 Abs. 2 Hs. 1 ZPO und ist daher selbstständig anfechtbar. Für die Beschwer des Rechtsmittelführers ist hierbei die **negative Bindungswirkung** des Grundurteils zu beachten, wenn z.b. in dessen Entscheidungsgründen zum materiellen Nachteil des Klägers bindend bestimmte Fragen bereits geklärt sind, obwohl nach dessen Tenor der geltend gemachte Anspruch dem Grunde nach für gerechtfertigt erklärt wurde.[32]

Bei einer Unzulässigkeit des Grundurteils, die von Amts wegen zu prüfen ist, kann das Berufungsgericht dieses aufheben und die Sache zurückverweisen oder den Rechtsstreit abschließend entscheiden, wobei es hierbei dann auch eine Entscheidung über den grundsätzlich noch in der 1. Instanz anhängigen „Betragsteil" treffen kann (vgl. § 538 Rn. 17 f.).

§ 305
Urteil unter Vorbehalt erbrechtlich beschränkter Haftung

(1) Durch die Geltendmachung der dem Erben nach den §§ 2014, 2015 des Bürgerlichen Gesetzbuchs zustehenden Einreden wird eine unter dem Vorbehalt der beschränkten Haftung ergehende Verurteilung des Erben nicht ausgeschlossen.

(2) Das Gleiche gilt für die Geltendmachung der Einreden, die im Falle der fortgesetzten Gütergemeinschaft dem überlebenden Ehegatten oder Lebenspartner nach dem § 1489 Abs. 2 und den §§ 2014, 2015 des Bürgerlichen Gesetzbuchs zustehen.

Inhalt:

	Rn.		Rn.
A. Allgemeines	1	§§ 2014, 2015 BGB durch den überlebenden Ehegatten oder Lebenspartner bei fortgesetzter Gütergemeinschaft	3
B. Erläuterungen	2		
I. Geltendmachung der Einrede gemäß §§ 2014, 2015 BGB durch den Erben.	2		
II. Geltendmachung der Einreden gemäß § 1489 Abs. 2 BGB und		C. Prozessuales	4

A. Allgemeines

Während die Klage gegen den Erben wegen eines sich gegen den Nachlass richtenden Anspruchs unzulässig ist, solange der Erbe die Erbschaft noch nicht angenommen hat, § 1958 BGB,[1] steht dem Erben, der die Erbschaft angenommen hat, im Hinblick auf die Nachlassverbindlichkeiten, § 1967 BGB, grundsätzlich die **Einrede der beschränkten Erbenhaftung** zu, die sich eben auch auf die §§ 2014, 2015 BGB stützen kann. In den Tenor eines solchen **unbedingten Endurteils** gegen den Erben sollte dann eine eigene Ziffer aufgenommen werden, die lauten kann:

Dem Beklagten bleibt die beschränkte Erbenhaftung vorbehalten.[2]

B. Erläuterungen
I. Geltendmachung der Einrede gemäß §§ 2014, 2015 BGB durch den Erben

Die Einrede kann durch den beklagten Erben bis zum **Schluss der mündlichen Verhandlung** erhoben werden. Durch das Gericht wird die **Begründetheit der Einrede** nicht geprüft, sondern sie sichert dem Erben die Möglichkeit der Geltendmachung der Rechte gemäß §§ 780 Abs. 1, 782, 783, 785 ZPO, es sei denn, es liegt ein Fall des § 780 Abs. 2 ZPO vor, in dem ein entsprechender Vorbehalt ausdrücklich nicht erforderlich ist.

---

31 Zöller-*Vollkommer*, ZPO, § 304 Rn. 24 m.w.N.
32 BGH, NJW-RR 2007, 138 (139), Rn. 17 m.w.N. = MDR 2006, 768.

Zu § 305:
1 Palandt-*Weidlich*, BGB, § 1958 Rn. 1.
2 Thomas/Putzo-*Seiler*, ZPO, § 780 Rn. 7.

II. Geltendmachung der Einreden gemäß § 1489 Abs. 2 BGB und §§ 2014, 2015 BGB durch den überlebenden Ehegatten oder Lebenspartner bei fortgesetzter Gütergemeinschaft

3 Im Falle einer **fortgesetzten Gütergemeinschaft** nach § 1483 Abs. 1 Satz 1 BGB haftet der überlebende Ehegatte oder Lebenspartner, vgl. § 7 Satz 2 LPartG für die **Gesamtgutsverbindlichkeiten** nach § 1489 Abs. 1 BGB persönlich. Wenn der überlebende Ehegatte oder Lebenspartner für diese Gesamtgutsverbindlichkeiten **nur aufgrund des Erbfalls** persönlich haftet, stehen ihm gemäß § 1489 Abs. 2 BGB die Einreden der §§ 2014, 2015 BGB zu, so dass der entsprechende Vorbehalt ebenfalls als eigene Ziffer in die Urteilsformel aufzunehmen ist (vgl. Rn. 1, 2).

C. Prozessuales

4 Wenn der Vorbehalt trotz seiner Geltendmachung durch den Erben im Endurteil fehlt, besteht entweder die Möglichkeit eines **Rechtsmittels** oder einer **Urteilsergänzung** entsprechend § 321 ZPO.

§ 305a
Urteil unter Vorbehalt seerechtlich beschränkter Haftung

(1) ¹Unterliegt der in der Klage geltend gemachte Anspruch der Haftungsbeschränkung nach § 611 Absatz 1 oder 3, §§ 612 bis 616 des Handelsgesetzbuchs und macht der Beklagte geltend, dass

1. aus demselben Ereignis weitere Ansprüche, für die er die Haftung beschränken kann, entstanden sind und
2. die Summe der Ansprüche die Haftungshöchstbeträge übersteigt, die für diese Ansprüche in Artikel 6 oder 7 des Haftungsbeschränkungsübereinkommens (§ 611 Absatz 1 Satz 1 des Handelsgesetzbuchs) oder in den §§ 612, 613 oder 615 des Handelsgesetzbuchs bestimmt sind,

so kann das Gericht das Recht auf Beschränkung der Haftung bei der Entscheidung unberücksichtigt lassen, wenn die Erledigung des Rechtsstreits wegen Ungewissheit über Grund oder Betrag der weiteren Ansprüche nach der freien Überzeugung des Gerichts nicht unwesentlich erschwert wäre. ²Das Gleiche gilt, wenn der in der Klage geltend gemachte Anspruch der Haftungsbeschränkung nach den §§ 4 bis 5m des Binnenschifffahrtsgesetzes unterliegt und der Beklagte geltend macht, dass aus demselben Ereignis weitere Ansprüche entstanden sind, für die er die Haftung beschränken kann und die in ihrer Summe die für sie in den §§ 5e bis 5k des Binnenschifffahrtsgesetzes bestimmten Haftungshöchstbeträge übersteigen.

(2) Lässt das Gericht das Recht auf Beschränkung der Haftung unberücksichtigt, so ergeht das Urteil

1. im Falle des Absatzes 1 Satz 1 unter dem Vorbehalt, dass der Beklagte das Recht auf Beschränkung der Haftung geltend machen kann, wenn ein Fonds nach dem Haftungsbeschränkungsübereinkommen errichtet worden ist oder bei Geltendmachung des Rechts auf Beschränkung der Haftung errichtet wird,
2. im Falle des Absatzes 1 Satz 2 unter dem Vorbehalt, dass der Beklagte das Recht auf Beschränkung der Haftung geltend machen kann, wenn ein Fonds nach § 5d des Binnenschifffahrtsgesetzes errichtet worden ist oder bei Geltendmachung des Rechts auf Beschränkung der Haftung errichtet wird.

Inhalt:

	Rn.		Rn.
A. Allgemeines	1	II. Binnenschifffahrtsrechtliche Forderungen, Abs. 1 Satz 2, Abs. 2 Nr. 2	3
B. Erläuterungen	2	III. Ermessen des Gerichts	4
I. Seefahrtsrechtliche und diesen gleichgestellte Forderungen, Abs. 1 Satz 1, Abs. 2 Nr. 1	2	C. Prozessuales	5

A. Allgemeines

1 Die Regelung stellt die **prozessrechtliche Anknüpfung** an die materiell-rechtlichen schifffahrtsrechtlichen Haftungsbeschränkungen an, die ihrerseits in **internationalen Übereinkommen** bei seerechtlichen und diesen gleichgestellten Forderungen und im **BinSchG** bei binnen-

schifffahrtsrechtlichen Forderungen geregelt sind. Gemäß § 611 Abs. 1 Satz 1 HGB sind dies bei seerechtlichen und diesen gleichgestellten Forderungen zunächst das Übereinkommen vom 19.11.1976, geändert durch das Protokoll vom 02.05.1996, über die Beschränkung der Haftung für Seeforderungen (= **Haftungsbeschränkungsübereinkommen**) und im Weiteren gemäß § 611 Abs. 1 Satz 2 HGB das Internationale Übereinkommen von 2001 über die zivilrechtliche Haftung für Bunkerölverschmutzungsschäden (= **Bunkeröl-Übereinkommen**). Außerdem ist auch das Internationale Übereinkommen von 1992 über die zivilrechtliche Haftung für Ölverschmutzungsschäden (= **Haftungsübereinkommen von 1992**) hier von Bedeutung, § 611 Abs. 2, 3 HGB.

B. Erläuterungen
I. Seefahrtsrechtliche und diesen gleichgestellte Forderungen, Abs. 1 Satz 1, Abs. 2 Nr. 1

Der Gegenstand der Klage muss eine schifffahrtsrechtliche Forderung i.S.d. Norm sein. Darüber hinaus muss eine **Gläubigermehrheit** im Hinblick auf diese Ansprüche und ein **Überschreiten der Haftungshöchstbeträge** durch die Summe aller Ansprüche durch den Beklagten dargelegt werden. 2

II. Binnenschifffahrtsrechtliche Forderungen, Abs. 1 Satz 2, Abs. 2 Nr. 2

Mit Ausnahme dessen, dass es sich um binnenschifffahrtsrechtliche Forderungen mit den entsprechenden Regelungen zur Haftungsbeschränkung nach dem Binnenschifffahrtsgesetz handelt, sind die Voraussetzungen entsprechend denen unter Rn. 2. 3

III. Ermessen des Gerichts

Wie sich aus dem Wortlaut des § 305a Abs. 2 ZPO ergibt, steht der Ausspruch des Vorbehalts im **Ermessen des Gerichts**. Dieses kann die Haftungsbeschränkung im Tenor nämlich auch **betragsmäßig** berücksichtigen, wobei die **Verfahrenserschwerung** aufgrund der dann erforderlichen Prüfung der Haftungsbegrenzung nach Grund und Höhe im Rahmen der Ermessensausübung von entscheidender Bedeutung ist.[1] 4

C. Prozessuales

Das Urteil stellt kein Vorbehaltsurteil, sondern ein **Endurteil** dar, das im Falle des Ausspruchs des Vorbehalts ohne sachliche Prüfung der geltend gemachten Haftungsbeschränkung ergeht. Infolge des Vorbehalts kann der Beklagte jedoch im **Zwangsvollstreckungsverfahren** die Einwendung des § 786a ZPO geltend machen.[2] Der Vorbehalt, der in einer eigenen Ziffer des Tenors enthalten sein sollte, kann entsprechend der **Formulierungen des § 305a Abs. 2 ZPO** gewählt werden. 5

§ 306
Verzicht

Verzichtet der Kläger bei der mündlichen Verhandlung auf den geltend gemachten Anspruch, so ist er auf Grund des Verzichts mit dem Anspruch abzuweisen, wenn der Beklagte die Abweisung beantragt.

Inhalt:

	Rn.		Rn.
A. Allgemeines	1	III. Abweisung des Klägers mit dem Anspruch	5
B. Erläuterungen	2	C. Prozessuales und Rechtsmittel	6
I. Verzichtserklärung des Klägers bei der mündlichen Verhandlung	2	I. Prozessuales	6
II. Antrag des Beklagten	4	II. Rechtsmittel	8

---

1 Zöller-*Vollkommer*, ZPO, § 305a Rn. 7.
2 Thomas/Putzo-*Reichold*, ZPO, § 305a Rn. 4.

A. Allgemeines

1 Der Verzicht ist eine rein[1] **prozessuale Bewirkungshandlung** des Klägers, durch die der Prozess gestaltet wird. Während durch eine Klagerücknahme der prozessuale Anspruch der Entscheidungsbefugnis des Gerichts aufgrund des im gesamten Zivilprozess geltenden **Dispositionsgrundsatzes** entzogen wird, ergeht nach einer Verzichtserklärung des Klägers ein **nichtstreitiges Sachurteil** (vgl. § 300 Rn. 2), das **Verzichtsurteil**, mit folgendem Tenor:

Der Kläger wird mit dem geltend gemachten Anspruch abgewiesen.[2]

Der Verzicht ist das **prozessuale Gegenstück** zum Anerkenntnis gemäß § 307 ZPO.

B. Erläuterungen
I. Verzichtserklärung des Klägers bei der mündlichen Verhandlung

2 Der Verzicht muss **nicht ausdrücklich** erklärt werden, sondern kann sich aus den gesamten Umständen der klägerischen Erklärung ergeben. Allerdings muss er aufgrund seiner prozessualen Folgen **eindeutig erklärt** werden. Bei Unklarheiten muss das Gericht daher durch entsprechende Nachfragen Klarheit schaffen, ob der Kläger im Einzelfall eine Verzichts-, eine Klagerücknahme- oder eine Erledigterklärung abgeben wollte. Ein Verzicht i.S.d. § 306 ZPO kann auch in der Berufungsinstanz erklärt werden, wobei in einem **Anerkenntnis des Klägers und Berufungsbeklagten** gleichzeitig ein solcher gesehen werden muss.[3] Die Erklärung des Verzichts ist vor den Landgerichten, den Oberlandesgerichten und dem Bundesgerichtshof, § 78 Abs. 1 ZPO, vom **Anwaltszwang** umfasst.[4]

3 Die Verzichtserklärung muss darüber hinaus in der **mündlichen Verhandlung** erfolgen und ist gemäß § 160 Abs. 3 Nr. 1 ZPO zu **protokollieren** und anschließend zu **genehmigen**, § 162 Abs. 1 ZPO. Die **Wirksamkeit** der Verzichtserklärung hängt jedoch nicht von der Genehmigung gemäß § 162 Abs. 1 ZPO ab, wenn Abgabe und Inhalt des Verzichts auch anderweitig genau bestimmt werden können.[5] Kann die Abgabe einer Verzichtserklärung durch den Kläger i.d.S. anderweitig genau bestimmt werden, z.B. weil sie unstreitig ist, steht auch eine überhaupt fehlende Protokollierung i.S.d. § 160 Abs. 3 Nr. 1 ZPO der Wirksamkeit des Verzichts nicht entgegen.

II. Antrag des Beklagten

4 Der Antrag des Beklagten unterliegt im Anwaltsprozess ebenfalls dem Anwaltszwang. Der Beklagte kann auch im Falle eines zulässigen Verzichts des Klägers mangels entsprechenden Rechtsschutzbedürfnisses trotz eines entsprechenden Antrages **kein streitiges Sachurteil** erlangen.[6] Stattdessen ist auch in einem solchen Fall durch Verzichtsurteil zu entscheiden.

III. Abweisung des Klägers mit dem Anspruch

5 Das Gericht prüft vor Erlass des Verzichtsurteils, wie stets, **von Amts wegen** die **Zulässigkeitsvoraussetzungen der Klage**. Der Kläger muss darüber hinaus hinsichtlich des geltend gemachten Anspruchs, auf den er verzichtet, **dispositionsbefugt** sein. Für den Fall der Unwirksamkeit eines Verzichts ist, unter Beachtung des § 139 ZPO, eine **Umdeutung** in eine Klagerücknahme zu prüfen. Das Verzichtsurteil enthält außerdem gemäß § 313b Abs. 1 ZPO grundsätzlich weder einen Tatbestand noch Entscheidungsgründe.

C. Prozessuales und Rechtsmittel
I. Prozessuales

6 Im Falle eines Teil-Verzichts muss ein **Teil-Verzichtsurteil** ergehen, ohne dass das Gericht diesbezüglich ein Ermessen hätte.

7 Die Kostenentscheidung richtet sich nach § 91 Abs. 1 Satz 1 ZPO.

II. Rechtsmittel

8 Gegen das Verzichtsurteil der 1. Instanz besteht das Rechtsmittel der **Berufung**, § 511 Abs. 1 ZPO; ein in der Berufungsinstanz ergangenes Verzichtsurteil kann mit dem Rechtsmittel der **Revision** angefochten werden, § 542 Abs. 1 ZPO. Allerdings hat ein in einer Instanz erklärter

---

1 Zöller-*Vollkommer*, ZPO, Vor §§ 306, 307 Rn. 5 m.w.N.
2 Thomas/Putzo-*Reichold*, ZPO, § 306 Rn. 1.
3 Zöller-*Vollkommer*, ZPO, § 306 Rn. 1 m.w.N.
4 BGH, NJW 1988, 210 = MDR 1988, 51.
5 BGHZ 107, 142 (146) = NJW 1989, 1934 = FamRZ 1989, 848, für den Fall des Anerkenntnisses i.S.d. § 307 ZPO.
6 BGHZ 49, 213 (216f.) = NJW 1968, 503f.

Verzicht grundsätzlich auch **Bindungswirkung** in der höheren Instanz, die nur dann entfällt, wenn sie durch den Kläger beseitigt werden kann, was jedoch voraussetzt, dass im Falle einer Rechtskraft des Urteils ein **Restitutionsgrund** nach § 580 ZPO[7] oder ein **Abänderungsgrund** gemäß § 323 ZPO gegeben wäre.[8]

§ 307
Anerkenntnis

¹Erkennt eine Partei den gegen sie geltend gemachten Anspruch ganz oder zum Teil an, so ist sie dem Anerkenntnis gemäß zu verurteilen. ²Einer mündlichen Verhandlung bedarf es insoweit nicht.

Inhalt:

	Rn.		Rn.
A. Allgemeines	1	III. Entbehrlichkeit einer mündlichen Verhandlung, Satz 2	11
B. Erläuterungen	2	C. Prozessuales und Rechtsmittel	12
I. Anerkenntnis des geltend gemachten Anspruchs, Satz 1	2	I. Prozessuales	12
II. Verurteilung dem Anerkenntnis gemäß, Satz 1	6	II. Rechtsmittel	13

A. Allgemeines

Das Anerkenntnis ist seinerseits das prozessuale Gegenstück zum Verzicht i.S.d. § 306 ZPO und stellt ebenso eine an das Gericht adressierte **rein prozessuale Bewirkungshandlung** dar.[1] Durch das Anerkenntnis wird der geltend gemachte prozessuale Anspruch als richtig anerkannt, wobei es unerheblich ist, ob dieser in einem **Leistungs-**, einem **Feststellungs-** oder in einem **Gestaltungsantrag** besteht. Das Gericht erlässt wegen des Dispositionsgrundsatzes **ohne weitere Sachprüfung** ein **(Teil-)Anerkenntnisurteil**. 1

B. Erläuterungen
I. Anerkenntnis des geltend gemachten Anspruchs, Satz 1

Die das Anerkenntnis abgebende Partei muss hinsichtlich des geltend gemachten Anspruchs die **Dispositionsbefugnis** besitzen. Das Anerkenntnis muss nicht ausdrücklich erklärt werden. Es muss sich jedoch eindeutig aus sämtlichen Umständen des Einzelfalls ergeben, so dass das Gericht bei Unklarheiten gemäß § 139 ZPO dazu verpflichtet ist, die Bedeutung einer entsprechenden Erklärung genau zu erörtern, bevor es ein Anerkenntnisurteil erlässt. Das Anerkenntnis kann auch unter **Einschränkungen** und **Vorbehalten** erklärt werden. So ist bspw. auch ein Anerkenntnis, das im Hinblick auf § 93 ZPO unter Verwahrung gegen die **Kostenlast** erfolgt, wirksam. Ein **hilfsweise erklärtes Anerkenntnis** für den Fall, dass das Gericht die Zulässigkeit der Klage bejahen sollte,[2] ist ebenfalls zulässig und Grundlage für ein Anerkenntnisurteil nach § 307 ZPO. Hiervon zu unterscheiden ist die Beantragung der Klageabweisung bezüglich eines gestellten Hauptantrages und das gleichzeitige Anerkenntnis eines gestellten **Eventualhilfsantrages**. In diesem Fall, der bspw. vorliegt, wenn in einer Mietsache hinsichtlich des Anspruchs auf Rückzahlung der bisher geleisteten Betriebskostenvorauszahlungen Klageabweisung beantragt und der hilfsweise gestellte Antrag auf Übersendung von Ablichtungen der Abrechnungsunterlagen anerkannt wird, hat im Falle der Abweisung des Hauptantrages ein **Teil-Anerkenntnis- und Endurteil** zu ergehen. 2

Im Anwaltsprozess gemäß § 78 Abs. 1 ZPO unterfällt die Anerkenntniserklärung dem **Anwaltszwang**, wobei nach der Revisionsbegründung gegenüber dem BGH ein Anerkenntnis nur von einem beim BGH zugelassenen Rechtsanwalt wirksam abgegeben werden kann.[3] 3

Die Anerkenntniserklärung, die in der mündlichen Verhandlung erfolgt, ist gemäß § 160 Abs. 3 Nr. 1 ZPO zu **protokollieren** und gemäß § 162 Abs. 1 ZPO zu **genehmigen**, wobei weder die Protokollierung noch die Genehmigung an sich **Wirksamkeitsvoraussetzungen** des prozessu- 4

---

7 BGHZ 80, 389 (394) = NJW 1981, 2193 (2194) = MDR 1981, 924, für den Fall des Anerkenntnisses i.S.d. § 307 ZPO und d. § 580 Abs. 1 Nr. 7 Buchst. b ZPO.
8 BGH, NJW 2002, 436 (438) = FamRZ 2002, 88 (90).

Zu § 307:
1 Zöller-*Vollkommer*, ZPO, Vor §§ 306, 307 Rn. 5 m.w.N.
2 BGH, MDR 1976, 838.
3 BGH, NJW 2015, 2193 f. = MDR 2015, 1151, Rn. 5.

alen Anerkenntnisses sind, wenn dessen Abgabe und Inhalt auch anderweitig genau bestimmt werden können (vgl. § 306 Rn. 3 m.w.N.).

5 Diejenige Partei, die ein wirksames Anerkenntnis abgeben hat, ist an dieses grundsätzlich **gebunden**, wobei ein **Widerruf** nur dann möglich ist, wenn im Falle einer Rechtskraft des Urteils ein **Restitutionsgrund** nach § 580 ZPO oder ein **Abänderungsgrund** gemäß § 323 ZPO gegeben wäre (vgl. § 306 Rn. 8 m.w.N.). Die Bindung besteht bspw. sogar dann fort, wenn durch den Beklagten das Anerkenntnis bereits im Rahmen des **schriftlichen Vorverfahrens** abgegeben wurde, ohne dass durch das Gericht ein Anerkenntnisurteil erging und der Kläger in einem anschließenden Verhandlungstermin gegen den dort säumigen Beklagten ein Versäumnisurteil erwirkt, gegen das der Beklagte form- und fristgerecht Einspruch einlegt, so dass erneut eine mündliche Verhandlung stattfindet.[4] Der Widerruf eines Anerkenntnisses ist in den Fällen einer **notwendigen Streitgenossenschaft** nach § 62 ZPO auch durch einen Streitgenossen in einer **nachfolgenden Tatsacheninstanz** möglich, wenn das Anerkenntnis zuvor in einem Termin zur mündlichen Verhandlung durch einen anderen Streitgenossen abgegeben worden war und der nun widerrufende Streitgenosse in dem entsprechenden Termin säumig war.[5]

II. Verurteilung dem Anerkenntnis gemäß, Satz 1

6 Das Gericht prüft neben der **Zulässigkeit des Anerkenntnisses** als solches nur noch das Vorliegen der **unverzichtbaren Zulässigkeitsvoraussetzungen der Klage** bzw. der **Widerklage**. Eine **Sachprüfung** in Form einer Schlüssigkeits- oder gar Begründetheitsprüfung findet nicht statt. Der Antrag und die vom Anerkenntnis umfassten Rechtsfolgen müssen **identisch** sein. Wird bspw. durch den Beklagten der geltend gemachte Anspruch nur Zug-um-Zug gegen die Erbringung einer Gegenleistung anerkannt, so hat das Gericht dem Kläger hierzu rechtliches Gehör zu gewähren. Wenn der Kläger daraufhin seinen Antrag entsprechend umstellt, kann Anerkenntnisurteil ergehen; hält der Kläger seinen Antrag jedoch aufrecht, so kann kein Anerkenntnisurteil erlassen werden. Das Gericht kann aber den anerkannten Anspruch seiner Prüfung zu Grunde legen und muss daher nur noch über das geltend gemachte Gegenrecht entscheiden.[6]

7 Im **Urkundsverfahren** kann bei Anerkenntnis des Anspruchs unter gleichzeitiger Erklärung, dass die Ausführung der Rechte im Nachverfahren vorbehalten bleiben soll, § 599 Abs. 1 ZPO, ein entsprechendes **Anerkenntnis-Vorbehaltsurteil** ergehen.[7]

8 Wird der geltend gemachte Anspruch nur dem Grunde nach anerkannt, so kann ein **Anerkenntnis-Grundurteil**[8] jedenfalls bei Vorliegen der weiteren Voraussetzungen des § 304 Abs. 1 ZPO ergehen, da es aus Gründen der **Prozessökonomie** angezeigt ist, in den Fällen, in denen ein geltend gemachter Anspruch zunächst dem Grund und der Höhe nach streitig war, im Falle eines Anerkenntnisses den Rechtsstreit hinsichtlich des Anspruchs dem Grund nach zu erledigen. Es besteht insofern grundsätzlich kein Unterschied zu den Fällen, in denen der Rechtsstreit dem Grunde nach bspw. infolge einer Beweisaufnahme entscheidungsreif wird.

9 Das Anerkenntnisurteil muss grundsätzlich weder einen Tatbestand noch Entscheidungsgründe enthalten, § 313b Abs. 1 ZPO. Dies gilt aber nicht, wenn die Kosten des Rechtsstreits gemäß § 93 ZPO dem Kläger auferlegt werden sollen, da das Gericht in diesem Fall die Voraussetzungen des sofortigen Anerkenntnisses i.S.d. § 93 ZPO im dann zu erlassenden **Teilanerkenntnis- und Endurteil** zu begründen hat.

10 Ein **Antrag des Klägers** ist ausdrücklich nicht Voraussetzung für den Erlass eines Anerkenntnisurteils in der 1. Instanz oder im Berufungsrechtszug. Im Falle eines Anerkenntnisses hat der Kläger in den ersten beiden Instanzen mangels eines entsprechenden Rechtsschutzbedürfnisses auch kein Recht auf ein **kontradiktatorisches Endurteil**.[9] In der **Revisionsinstanz** hingegen kann gemäß § 555 Abs. 3 ZPO ein Anerkenntnisurteil nur bei einem entsprechenden Antrag des Klägers ergehen.

III. Entbehrlichkeit einer mündlichen Verhandlung, Satz 2

11 Die Durchführung einer mündlichen Verhandlung ist **fakultativ**. Sie kann im Einzelfall bspw. geboten sein, wenn der Umfang des erklärten Anerkenntnisses trotz entsprechender Nachfragen durch das Gericht nicht eindeutig bestimmbar ist.

---

4 BGH, NJW 1993, 1717 (1718) = MDR 1993, 1238.
5 BGH, NJW 2016, 716 (717) = MDR 2016, 176 (177), Rn. 15 ff. m.w.N.
6 BGHZ 165, 53 (61) = NJW 2006, 217 (218), Rn. 23 m.w.N.
7 OLG Brandenburg, NJW-RR 2002, 1294 = MDR 2002, 780, in dem die Zulässigkeit stillschweigend vorausgesetzt wird.
8 LG Mannheim, MDR 1992, 898 f. (str.).
9 BGHZ 10, 333 (336 f.) = NJW 1953, 1830 f.

C. Prozessuales und Rechtsmittel
I. Prozessuales

Das Gericht ist **verpflichtet**, im Falle eines teilweisen Anerkenntnisses des Klageanspruchs ein **Teil-Anerkenntnisurteil** zu erlassen. 12

II. Rechtsmittel

Gegen das Anerkenntnisurteil der 1. Instanz ist die **Berufung** gemäß § 511 Abs. 1 ZPO und gegen dasjenige der Berufungsinstanz die **Revision** gemäß § 542 Abs. 1 ZPO statthaftes Rechtsmittel. Der Kläger kann die verfahrensmäßige Unzulässigkeit des Anerkenntnisurteils rügen, was in der Berufungsinstanz zu einer Zurückverweisung nach § 538 Abs. 2 Nr. 1 ZPO führt. Der anerkennende Beklagte ist jedoch grundsätzlich an sein Anerkenntnis **gebunden** (vgl. Rn. 5), wobei die Gründe für einen zulässigen Widerruf auch in der Berufung geltend gemacht werden können,[10] was analog § 538 Abs. 2 Nr. 6 ZPO zu einer Zurückverweisung führt.[11] Die **Kostenentscheidung** im Anerkenntnisurteil kann gemäß § 99 Abs. 2 ZPO durch die **sofortige Beschwerde** angefochten werden. 13

§ 308
Bindung an die Parteianträge

(1) ¹Das Gericht ist nicht befugt, einer Partei etwas zuzusprechen, was nicht beantragt ist. ²Dies gilt insbesondere von Früchten, Zinsen und anderen Nebenforderungen.

(2) Über die Verpflichtung, die Prozesskosten zu tragen, hat das Gericht auch ohne Antrag zu erkennen.

Inhalt:

	Rn.		Rn.
A. Allgemeines	1	III. Kostenentscheidung des Gerichts, Abs. 2	6
B. Erläuterungen	2	C. Prozessuales	7
I. Antragsbindung des Gerichts, Abs. 1	2		
II. Keine Bindung an die rechtliche Wertung	5		

A. Allgemeines

§ 308 Abs. 1 ZPO ist Ausprägung des im gesamten Zivilprozess geltenden **Dispositionsgrundsatzes**. Das Gericht kann nur über den **Streitgegenstand** entscheiden, wobei dieser durch die von den Parteien gestellten **Anträge** bestimmt und begrenzt wird. **Ausnahmen** von diesem Grundsatz finden sich im Rahmen der ZPO in den §§ 308 Abs. 2, 308a ZPO. Im Arrest- und im einstweiligen Verfügungsverfahren gilt § 308 ZPO eingeschränkt (vgl. § 938 Rn. 1). 1

B. Erläuterungen
I. Antragsbindung des Gerichts, Abs. 1

Das Gericht ist in seiner Entscheidung an den Antrag der jeweiligen Partei gebunden, § 308 Abs. 1 Satz 1 ZPO, wobei es selbstverständlich weniger zusprechen kann als beantragt, was in einer eigenen Ziffer des Urteilstenors grundsätzlich durch eine 2

Klageabweisung im Übrigen

zum Ausdruck gebracht wird.

Das Gericht darf der Partei aufgrund der Antragsbindung sowohl in **quantitativer** als auch in **qualitativer** Hinsicht nicht mehr zusprechen als beantragt. In qualitativer Hinsicht ist das Gericht darüber hinaus auch nicht befugt, einer Partei etwas anderes zu gewähren als beantragt. Das Gericht darf einer Partei mithin kein *aliud* zusprechen. Ob ein zulässiges qualitatives Weniger oder aber ein unzulässiges *aliud* vorliegt, muss hierbei stets im Einzelfall entschieden werden. Das Gericht sollte jedoch gemäß § 139 ZPO einen Hinweis erteilen, wenn es beabsichtigt, in qualitativer Hinsicht vom gestellten Antrag abzuweichen. Durch die so erfolgende Gewährung rechtlichen Gehörs wird der entsprechenden Partei auch die Möglichkeit gegeben, ihren Antrag gegebenenfalls umzustellen.

Ein zulässiges **qualitatives Weniger** liegt bspw. vor, wenn das Gericht statt der beantragten unbeschränkten Verurteilung nur Zug um Zug zuspricht.[1] Es ist auch zulässig, dass das Ge- 3

---

10 BGHZ 80, 389 (394) = NJW 1981, 2193 (2194) = MDR 1981, 924.
11 KG Berlin, NJW-RR 1995, 958.

Zu § 308:
1 BGHZ 117, 1 (3) = NJW 1992, 1172 (1173) = MDR 1992, 293.

richt im Rahmen eines **einheitlichen Schadensersatzanspruchs**, der sich aus diversen Einzelposten zusammensetzt, bei einzelnen Positionen über den beantragten Betrag hinausgeht, wenn nur nicht der insgesamt geltend gemachte Anspruch überschritten wird.[2]

4 Demgegenüber ist es aber z.B. unzulässig, statt zu einem beantragten Schmerzensgeldkapital zu einer Schmerzensgeldrente,[3] statt zu einem beantragten Schadensersatz in Natur zu einem solchen in Geld[4] oder statt zu einer beantragten Zahlung an einen Dritten zu einer Zahlung an die Klagepartei[5] zu verurteilen.

II. Keine Bindung an die rechtliche Wertung

5 Das Gericht ist nicht an die **rechtliche Würdigung** der beantragenden Partei gebunden. Entscheidend ist, dass sich die begehrte Rechtsfolge aus dem vorgetragenen Lebenssachverhalt ergibt, wobei nach h.M. die **Prüfungsbefugnis** des Gerichts nicht auf einzelne materiell-rechtliche Grundlagen beschränkt werden kann.[6]

III. Kostenentscheidung des Gerichts, Abs. 2

6 Die Regelung stellt eine **Ausnahme** von der Dispositionsmaxime des Zivilprozessrechts dar. Über die Kosten des Rechtsstreits ist stets **von Amts wegen** ohne entsprechenden Antrag und ohne Antragsbindung zu entscheiden. Ist dem Rechtsstreit ein **selbstständiges Beweisverfahren** vorausgegangen, so ist auch über die hierdurch entstandenen Kosten zu entscheiden (vgl. § 494a Rn. 4). Wenn die **Kostenentscheidung vergessen** wurde, kommt grundsätzlich eine **Urteilsergänzung** nach § 321 ZPO in Betracht.

C. Prozessuales

7 Ein Verstoß gegen § 308 Abs. 1 ZPO ist durch das Rechtsmittelgericht **von Amts wegen** zu prüfen.[7] Besteht gegen ein unter Verstoß gegen § 308 Abs. 1 ZPO ergangenes Urteil kein Rechtsmittel, so steht dem Beklagten regelmäßig die **Gehörsrüge** gemäß § 321a ZPO zur Verfügung, da ein solches Urteil hinsichtlich des nicht beantragten Ausspruchs unter Verletzung seines rechtlichen Gehörs ergangen ist.[8] Eine **Heilung** des Verstoßes ist gemäß § 295 Abs. 2 ZPO nicht möglich.[9] Allerdings kann diejenige Partei, „zu deren Gunsten" ein erstinstanzliches Gericht gegen § 308 ZPO verstoßen hat, durch den Antrag auf Zurückweisung der Berufung den Verstoß **genehmigen** und dadurch den geltend gemachten Anspruch zumindest konkludent erweitern. Bei einem entsprechenden Verstoß des Berufungsgerichts gegen § 308 Abs. 1 ZPO ist dies jedoch trotz eines Antrages auf Zurückweisung der Revision nicht möglich, da in der Revisionsinstanz eine Klageerweiterung gerade nicht zulässig ist.[10]

§ 308a
Entscheidung ohne Antrag in Mietsachen

(1) ¹Erachtet das Gericht in einer Streitigkeit zwischen dem Vermieter und dem Mieter oder dem Mieter und dem Untermieter wegen Räumung von Wohnraum den Räumungsanspruch für unbegründet, weil der Mieter nach den §§ 574 bis 574b des Bürgerlichen Gesetzbuchs eine Fortsetzung des Mietverhältnisses verlangen kann, so hat es in dem Urteil auch ohne Antrag auszusprechen, für welche Dauer und unter welchen Änderungen der Vertragsbedingungen das Mietverhältnis fortgesetzt wird. ²Vor dem Ausspruch sind die Parteien zu hören.

(2) Der Ausspruch ist selbständig anfechtbar.

Inhalt:

	Rn.		Rn.
A. Allgemeines	1	II. Selbständige Anfechtbarkeit, Abs. 2	3
B. Erläuterungen	2	C. Prozessuales	4
I. Gestaltungsurteil des Gerichts, Abs. 1 Satz 1	2		

---

2 BGH, NJW-RR 1990, 997 (998) = MDR 1990, 698.
3 BGH, NJW 1998, 3411 f. = MDR 1998, 1428 (1429).
4 Thomas/Putzo-*Reichold*, ZPO, § 308 Rn. 2; a.A. Musielak/Voit-*Musielak*, ZPO, § 308 Rn. 9.
5 BGH, NJW-RR 1995, 572 f. = MDR 1995, 739 f.
6 Zöller-*Vollkommer*, ZPO, Einleitung Rn. 84 m.w.N.
7 BGH, GRUR 2016, 213 (214) = MDR 2016, 291, Rn. 15 m.w.N.
8 Musielak/Voit-*Musielak*, ZPO, § 308 Rn. 22 m.w.N.; Zöller-*Vollkommer*, ZPO, § 308 Rn. 6.
9 Zöller-*Vollkommer*, ZPO, § 308 Rn. 7.
10 BGH, NZBau 2005, 163 f. = MDR 2005, 645 f.

A. Allgemeines

Die Regelung stellt eine **Ausnahme** von der in § 308 ZPO zum Ausdruck kommenden **Dispositionsmaxime** des Zivilprozessrechts dar. Sie ermächtigt das Gericht, neben der Klageabweisung ein **Gestaltungsurteil** zu erlassen, um **Rechtsfrieden** und **Rechtsklarheit** zu schaffen.[1] Die korrespondierende **materiell-rechtliche Regelung** hierzu findet sich in § 574a Abs. 2 BGB.

B. Erläuterungen
I. Gestaltungsurteil des Gerichts, Abs. 1 Satz 1

Die Parteien des Rechtsstreits sind entweder Vermieter und Mieter oder Mieter und Untermieter. Zwischen diesen muss ein Räumungsanspruch aus einem unbefristeten Mietverhältnis über Wohnraum streitgegenständlich sein. Das Gericht weist diese Klage ab, da die Voraussetzungen für eine Fortsetzung des Mietverhältnisses i.S.d. §§ 574, 574a, 574b BGB vorliegen. Das Gericht muss dann im Weiteren im Tenor des Urteils genau bestimmen festlegen, für welche Dauer und unter welchen Änderungen der Vertragsbedingungen das Mietverhältnis fortgesetzt wird. Der Tenor eines solchen Urteils kann daher lauten:

1. *Die Klage wird abgewiesen.*
2. *Das zwischen den Parteien mit Mietvertrag vom [Datum] begründete Mietverhältnis hinsichtlich der Räumlichkeiten in (...) wird nach folgenden Maßgaben fortgesetzt:*
   a) Das Mietverhältnis besteht bis zum [Datum]/wird auf unbestimmte Zeit fortgesetzt (§ 574b Abs. 2 Satz 2 BGB).
   b) Die Fortsetzung erfolgt unter folgender Änderung der Bedingungen des Mietverhältnisses:
   aa) (...)
   bb) (...)

2

II. Selbständige Anfechtbarkeit, Abs. 2

Das Gestaltungsurteil kann selbstständig angegriffen werden, ohne dass es eines Rechtsmittels gegen das Urteil des Gerichts hinsichtlich der Räumungsklage selbst bedarf. Sowohl der Kläger als auch der Beklagte können durch das Gestaltungsurteil im Hinblick auf ein Rechtsmittel **materiell beschwert** sein.

3

C. Prozessuales

Wenn das Gericht trotz Vorliegens der Voraussetzungen **versehentlich** keine Entscheidung hinsichtlich der Fortsetzung des Mietverhältnisses getroffen hat, kann unter den Voraussetzungen des § 321 ZPO eine **Urteilsergänzung** beantragt werden.[2]

4

Hinsichtlich der **Kostenentscheidung** ist die Sonderregelung des § 93b ZPO zu beachten. Die vorläufige Vollstreckbarkeit richtet sich nach § 708 Nr. 7 ZPO, so dass ein entsprechendes Urteil ohne Sicherheitsleistung für vorläufig vollstreckbar zu erklären ist.

5

§ 309
Erkennende Richter

Das Urteil kann nur von denjenigen Richtern gefällt werden, welche der dem Urteil zugrunde liegenden Verhandlung beigewohnt haben.

Inhalt:

	Rn.		Rn.
A. Allgemeines	1	II. Die dem Urteil zu Grunde liegende	
B. Erläuterungen	2	Verhandlung	3
I. Fällung des Urteils	2	C. Prozessuales	5

A. Allgemeines

Durch das Erfordernis des § 309 ZPO wird dem **Unmittelbarkeits- und dem Mündlichkeitsgrundsatz** und damit zwei Maximen des Zivilprozesses Rechnung getragen. Da durch die Norm auch geregelt wird, durch welche Richter die Entscheidung in Form des Urteils zu tref-

1

---

1 Musielak/Voit-*Musielak*, ZPO, § 308a Rn. 1 m.w.N.
2 Musielak/Voit-*Musielak*, ZPO, § 308a Rn. 5 m.w.N.

fen ist, ist sie auch einfachgesetzlicher Ausdruck der **Garantie des gesetzlichen Richters**,[1] so dass bei einem Verstoß auch das Recht des Art. 101 Abs. 1 Satz 2 GG verletzt wird.

A. Erläuterungen
I. Fällung des Urteils

2 Die **abschließende Beratung** und, im Falle eines Kollegialgerichts, **Abstimmung** über den Inhalt des Urteils, § 156 Abs. 2 Nr. 3 ZPO,[2] endet mit der schriftlichen Absetzung der Urteilsformel, die wiederum grundsätzlich Voraussetzung der Urteilsverkündung ist (vgl. § 310 Rn. 1).

II. Die dem Urteil zu Grunde liegende Verhandlung

3 Grundsätzlich ergeht ein Urteil nach **mündlicher Verhandlung**. Wenn zwischen dem Zeitpunkt nach Schluss der mündlichen Verhandlung und vor Beendigung der Urteilsfällung ein Richter aus dem Spruchkörper **ausgeschieden** ist, muss die Verhandlung gemäß § 156 Abs. 2 Nr. 3 ZPO wiedereröffnet werden. Damit ist ein Urteil bspw. dann unter Verstoß gegen § 309 ZPO ergangen, wenn es zwar von den Richtern, die der dem Urteil zu Grunde liegenden Verhandlung beigewohnt haben, unterzeichnet ist, aber einer der unterzeichnenden Richter bereits vor einer abschließenden Abstimmung über das Urteil aus dem Spruchkörper ausgeschieden war.[3] Das Gleiche gilt z.B. auch, wenn ein Richter vor Ablauf einer **Schriftsatzfrist** nach § 283 Satz 1 ZPO aus dem Spruchkörper ausscheidet, da hier die Möglichkeit besteht, dass durch den nachgelassenen Schriftsatz die zu treffende Entscheidung nochmals beeinflusst wird, so dass vor Ablauf der Schriftsatzfrist eine abschließende Beratung und Abstimmung noch nicht erfolgen kann.[4]

4 Das Erfordernis des § 309 ZPO gilt nicht für Urteile, die gemäß § 128 Abs. 2 ZPO mit Zustimmung der Parteien **ohne mündliche Verhandlung** ergehen, auch wenn in einem früheren Zeitpunkt bereits einmal mündlich verhandelt worden ist. Der Unmittelbarkeits- und der Mündlichkeitsgrundsatz werden in diesen Fällen insoweit durchbrochen, als mündlicher Vortrag, der in den Schriftsätzen nicht enthalten ist, in der Entscheidung keine Berücksichtigung findet.[5] Bei einer Entscheidung nach **Aktenlage** gemäß §§ 251a, 331a ZPO, aber auch nach § 522 Abs. 2 ZPO, gelten die Anforderungen des § 309 ZPO ebenfalls nicht.[6] In den genannten Fällen wird das Urteil von den Richtern gefällt, die bei Urteilserlass nach dem jeweiligen Geschäftsverteilungsplan gemäß §§ 21e, 21g GVG zuständig sind.

B. Prozessuales

5 Ein Verstoß gegen § 309 ZPO stellt in der **Revisionsinstanz** einen absoluten Revisionsgrund gemäß § 547 Nr. 1 ZPO dar[7] und führt, da die absoluten Revisionsgründe gleichzeitig zu wesentlichen Verfahrensmängeln führen, in der **Berufungsinstanz** zur Aufhebung und Zurückverweisung gemäß § 538 Abs. 2 Satz 1 Nr. 1 ZPO.[8]

§ 310
Termin der Urteilsverkündung

(1) ¹Das Urteil wird in dem Termin, in dem die mündliche Verhandlung geschlossen wird, oder in einem sofort anzuberaumenden Termin verkündet. ²Dieser wird nur dann über drei Wochen hinaus angesetzt, wenn wichtige Gründe, insbesondere der Umfang oder die Schwierigkeit der Sache, dies erfordern.

(2) Wird das Urteil nicht in dem Termin, in dem die mündliche Verhandlung geschlossen wird, verkündet, so muss es bei der Verkündung in vollständiger Form abgefasst sein.

(3) ¹Bei einem Anerkenntnisurteil und einem Versäumnisurteil, die nach §§ 307, 331 Abs. 3 ohne mündliche Verhandlung ergehen, wird die Verkündung durch die Zustellung des Urteils ersetzt. ²Dasselbe gilt bei einem Urteil, das den Einspruch gegen ein Versäumnisurteil verwirft (§ 341 Abs. 2).

---

1 BGH, NJW-RR 2015, 893 (894) = MDR 2015, 851 (852), Rn. 9 m.w.N.
2 BGH, NJW-RR 2015, 893 (894), Rn. 12 m.w.N.
3 BGH, NJW-RR 2012, 508 (509) = MDR 2012, 538, Rn. 9 m.w.N.
4 BGH, NJW-RR 2015, 893 (894 f.), Rn. 12, 14.
5 BGH, NJW-RR 1992, 1065 = MDR 1993, 39.
6 BVerfG, NJW 2004, 3696, Rn. 6 f.
7 BGH, NJW-RR 2012, 508 (509) = MDR 2012, 538, Rn. 8 f.
8 BGH, NJW 1992, 2099 (2100) = MDR 1992, 803 (804).

Inhalt:

	Rn.		Rn.
A. Allgemeines	1	termin, Abs. 1 Satz 1 Alt. 2, Abs. 1	
B. Erläuterungen	2	Satz 2, Abs. 2	3
I. Verkündung der Entscheidung am Schluss der mündlichen Verhandlung, Abs. 1 Satz 1 Alt. 1	2	III. Zustellung an Verkündungs statt, Abs. 3	7
		C. Prozessuales	8
II. Verkündung der Entscheidung in einem gesonderten Verkündungs-			

A. Allgemeines

Die **Verlautbarung** einer Entscheidung erfolgt grundsätzlich durch die Verkündung und in den Fällen des § 310 Abs. 3 ZPO durch die Zustellung an die Parteien. Verkündung bedeutet, dass ein Urteil oder auch ein nach einer mündlichen Verhandlung ergehender Beschluss, § 329 Abs. 1 ZPO, den Parteien des Rechtsstreits **mitgeteilt** wird. Das Urteil erlangt so, nachdem es durch das Gericht zuvor gefällt worden ist (vgl. § 309 Rn. 2), **rechtliche Wirksamkeit nach außen**. Ein Urteil, das zwar bereits gefällt, schriftlich abgesetzt und unterschrieben, aber noch nicht verkündet ist, stellt nur einen **internen Entwurf** i.S.d. § 299 Abs. 4 ZPO dar.[1]   1

B. Erläuterungen
I. Verkündung der Entscheidung am Schluss der mündlichen Verhandlung, Abs. 1 Satz 1 Alt. 1

Das Urteil kann bereits unmittelbar in dem Termin, in dem auch die mündliche Verhandlung gemäß § 136 Abs. 4 ZPO geschlossen wurde, verkündet werden. Ein solches **Stuhlurteil** muss im Weiteren grundsätzlich vor Ablauf von drei Wochen vom Tag der Verkündung an **vollständig** abgefasst der Geschäftsstelle übermittelt werden, § 315 Abs. 2 Satz 1 ZPO. Die Verkündung des Urteils hat gemäß § 173 Abs. 1 GVG **öffentlich** und grundsätzlich gemäß § 311 Abs. 2 Satz 1 ZPO durch Vorlesung der Urteilsformel bzw. gemäß § 311 Abs. 2 Satz 2 ZPO durch Bezugnahme auf diese zu erfolgen. Dies setzt voraus, dass jedenfalls die **Urteilsformel** im Zeitpunkt der Verkündung **schriftlich abgesetzt** ist, wenn nicht ein Ausnahmefall des § 311 Abs. 2 Satz 3 ZPO vorliegt. Grundsätzlich sollte von einer Entscheidung am Schluss der mündlichen Verhandlung im Zweifel abgesehen und stattdessen ein **Verkündungstermin** bestimmt werden, da sich in der **Praxis** zeigt, dass sich bei der Abfassung der Entscheidungsgründe Probleme zeigen können, die am Ende der mündlichen Verhandlung noch nicht gesehen und daher im Rahmen des Urteils nicht berücksichtigt worden sind und nach Verkündung auch nicht mehr berücksichtigt werden können.[2] Eine besondere Form des Stuhlurteils stellt das in der Berufungsinstanz mögliche **Protokollurteil** gemäß § 540 Abs. 1 Satz 2 ZPO dar (vgl. § 540 Rn. 18).   2

II. Verkündung der Entscheidung in einem gesonderten Verkündungstermin, Abs. 1 Satz 1 Alt. 2, Abs. 1 Satz 2, Abs. 2

Der Verkündungstermin ist grundsätzlich sofort nach Schluss der mündlichen Verhandlung anzuberaumen, wobei es hierzu gemäß § 218 ZPO keiner gesonderten **Ladung** mehr bedarf, da die entsprechende **Terminsbestimmung** nach Schluss der mündlichen Verhandlung in Anwesenheit der Parteien erfolgt. Der Verkündungstermin soll nur in Ausnahmefällen über drei Wochen hinaus angesetzt werden, wobei bspw. aber auch die Überlastung des Gerichts Grund für eine weitere Hinausschiebung des Verkündungstermins sein kann. Die Reihenfolge und der Zeitpunkt der zu bearbeitenden Angelegenheiten liegt jeweils im **pflichtgemäßen Ermessen** des Gerichts.[3] Die Regelung des § 310 Abs. 1 Satz 2 ZPO stellt insofern eine **bloße Ordnungsvorschrift** dar,[4] deren Verletzung nicht zu einer Unwirksamkeit der Verkündung führt. Darüber hinaus ist es den Parteien unbenommen, durch eine **sofortige Beschwerde** analog § 252 ZPO die Überschreitung der Frist des § 310 Abs. 1 Satz 2 ZPO oder auch eine spätere Verlegung des Verkündungstermins mit der Begründung des Nichtvorliegens eines wichtigen Grundes anzufechten (vgl. § 227 Rn. 10 ff.). Über die Verkündung selbst muss ein **Verkündungsprotokoll** erstellt werden, § 160 Abs. 3 Nr. 6, 7 ZPO, was im Übrigen auch für ein Protokollurteil gilt.[5]   3

---

[1] BGHZ 14, 39 (44).
[2] Zöller-*Vollkommer*, ZPO, § 310 Rn. 3.
[3] BVerfG, NJW-RR 1993, 253 = WuM 1993, 237.
[4] BGH, NJW 1989, 1156 (1157).
[5] BGHZ 158, 37 (40) = NJW 2004, 1666 f. = MDR 2004, 827 f.

4   In der **Praxis** wird es allgemein auch als zulässig erachtet, nach Schluss der mündlichen Verhandlung zunächst zu verkünden, dass eine Entscheidung im Laufe bzw. am Ende des Sitzungstages ergeht. Hierin liegt die Bestimmung eines Verkündungstermins. Nach erneutem Aufruf der Sache kann dann in diesem Verkündungstermin der „eigentliche" Verkündungstermin bestimmt werden. Dies muss jedoch wiederum gemäß § 160 Abs. 3 Nr. 6, 7 ZPO entsprechend protokolliert werden.[6]

5   Das in einem Verkündungstermin verkündete Urteil muss zu diesem Zeitpunkt **vollständig** mit Urteilsformel, Tatbestand und Entscheidungsgründen abgesetzt und darüber hinaus gemäß § 315 Abs. 1 ZPO von den Richtern, die bei der Entscheidung mitgewirkt haben, unterschrieben sein. Allerdings stellen auch diese Vorgaben **bloße Ordnungsvorschriften** dar, deren Verletzung jeweils die Wirksamkeit der Verkündung nicht infrage stellt.[7]

6   Eine **Unterbrechung** des Verfahrens nach dem Schluss der mündlichen Verhandlung nach den §§ 239ff. ZPO hindert gemäß § 249 Abs. 3 ZPO eine Verkündung nicht. Allerdings kann eine Verkündung nach dem Schluss der mündlichen Verhandlung nicht wirksam erfolgen, wenn einer Partei gemäß § 283 Satz 1 ZPO eine **Schriftsatzfrist** gewährt worden ist, die bei Eintritt der Unterbrechung des Verfahrens noch läuft.[8]

III. Zustellung an Verkündungs statt, Abs. 3

7   Die eine Verkündung **ersetzende** Zustellung erfolgt gemäß § 310 Abs. 3 Satz 1 ZPO einerseits im Falle eines **Anerkenntnisurteils** nach § 307 ZPO sowie eines **Versäumnisurteils** gegen den Beklagten im schriftlichen Vorverfahren nach § 331 ZPO. Diese Urteile werden in der verkürzten Form des § 313b Abs. 1 ZPO zugestellt. Andererseits erfolgt die Zustellung an Verkündungs statt bei einem **Verwerfungsurteil** gemäß § 341 ZPO im Falle eines unzulässigen Einspruchs gegen ein Versäumnisurteil oder gegen einen Vollstreckungsbescheid, § 700 Abs. 1 ZPO, ohne mündliche Verhandlung gemäß § 341 Abs. 2 ZPO. Dieses muss jedoch, um die Rechtsmittelfristen der §§ 517, 548 ZPO anlaufen zu lassen, in vollständiger Form mit Tatbestand und Entscheidungsgründen zugestellt werden, da § 313b Abs. 1 ZPO für dieses **kontradiktatorische Urteil** gerade nicht gilt und die §§ 517 Hs. 2 Alt. 1, 548 Hs. 2 Alt. 1 ZPO gerade die Zustellung des in vollständiger Form abgefassten Urteils verlangen.[9] Ebenso muss das an Verkündungs statt zugestellte Urteil von den Richtern, die bei der Entscheidung mitgewirkt haben, unterschrieben sein, § 315 Abs. 1 Satz 1 ZPO.[10]

C. Prozessuales

8   Durch die wirksame Verkündung werden bei entsprechender, mit **Beweiskraft** versehener Protokollierung, §§ 160 Abs. 3 Nr. 6, 7, 165 ZPO, die 5-monatigen Fristen für die Zulässigkeit der Berufung gemäß § 517 Hs. 2 Alt. 2 ZPO sowie der Revision gemäß § 548 Hs. 2 Alt. 2 ZPO in Gang gesetzt. Sowohl die Absetzung des Tatbestandes und der Entscheidungsgründe als auch die Unterschriftsleistung der mitwirkenden Richter können jedoch auch noch nach Ablauf der Fristen der § 310 Abs. 2, 315 Abs. 1 ZPO gemäß § 315 Abs. 2 Satz 3 ZPO in Anlehnung an die Frist der §§ 517 Hs. 2 Alt. 2, 548 Hs. 2 Alt. 2 ZPO bis zum Ablauf einer 5-monatigen Frist nachgeholt werden, da dies die äußerste Grenze einer nachträglichen Anfertigung „alsbald" darstellt.[11]

9   Eine **verfahrensfehlerhafte** Verkündung führt in der **Berufungsinstanz** zwar grundsätzlich zur Aufhebung und Zurückverweisung gemäß § 538 Abs. 2 Satz 1 Nr. 1 ZPO, wenn das Urteil auf dem entsprechenden Verfahrensfehler beruht. Dies ist dann der Fall, wenn das Urteil ohne den entsprechenden Verfahrensfehler anders ausgefallen wäre, was bspw. dann der Fall ist, wenn der Anspruch der Klagepartei auf rechtliches Gehör verletzt worden ist. Mangels Beruhens des Urteils auf dem Verfahrensfehler ist es jedoch z.B. unschädlich, wenn ein Urteil in einem den Parteien **nicht bekanntgegebenen Verkündungstermin** verkündet worden[12] oder wenn eine Verkündung unter **Ausschluss der Öffentlichkeit** erfolgt ist.[13]

---

6 OLG München, NJW 2011, 689.
7 BGH, NJW 1999, 143 (144) für den Fall der fehlenden vollständigen Absetzung gemäß § 310 Abs. 2 ZPO; BGH, NJW 1989, 1156 (1157); BGH, NJW-RR 2015, 508 (509) = MDR 2015, 789f., Rn. 6 m.w.N.
8 BGH, NJW 2012, 682, Rn. 8 m.w.N. = FamRZ 2012, 362 (nur Ls.).
9 Zöller-*Vollkommer*, ZPO, § 310 Rn. 6 m.w.N.
10 BGHZ 137, 49 (53) = NJW 1998, 609 = MDR 1998, 298.
11 GmSOGB, NJW 1993, 2603ff. = ZIP 1993, 1341ff.; BGH, NJW-RR 2009, 1712 (1713), Rn. 6 m.w.N. = MDR 2009, 1238.
12 BGHZ 14, 39 (52f.).
13 OLG Celle, NJW 2014, 3458f. = MDR 2014, 1325.

Wenn sich die Absicht des Gerichts zur Verlautbarung seiner Entscheidung feststellen lässt, 10
z.B. durch eine entsprechende Verfügung des zuständigen Richters, oder wenn das Gericht diesbezüglich von den förmlich unterrichteten Parteien so verstanden werden durfte, liegen jedenfalls die **Mindestanforderungen** an die Verlautbarung vor. In diesem Fall führen auch Verstöße gegen zwingende Formvorschriften für sich genommen nicht zu einer unwirksamen Entscheidung. Dies ist bspw. der Fall, wenn vor einem Verkündungstermin im schriftlichen Verfahren nach § 128 Abs. 2 ZPO ohne mündliche Verhandlung ein Anerkenntnisurteil nach § 307 ZPO erlassen und zugestellt worden ist. Von einer **unwirksamen Entscheidung** kann demgegenüber nur dann ausgegangen werden, „wenn gegen elementare, zum Wesen der Verlautbarung gehörende Formerfordernisse verstoßen wurde, so dass von einer Verlautbarung im Rechtssinne nicht mehr gesprochen werden kann"[14] und daher von einem **Scheinurteil** ausgegangen werden muss.

§ 311
Form der Urteilsverkündung

(1) Das Urteil ergeht im Namen des Volkes.
(2) ¹Das Urteil wird durch Vorlesung der Urteilsformel verkündet. ²Die Vorlesung der Urteilsformel kann durch eine Bezugnahme auf die Urteilsformel ersetzt werden, wenn bei der Verkündung von den Parteien niemand erschienen ist. ³Versäumnisurteile, Urteile, die auf Grund eines Anerkenntnisses erlassen werden, sowie Urteile, welche die Folge der Zurücknahme der Klage oder des Verzichts auf den Klageanspruch aussprechen, können verkündet werden, auch wenn die Urteilsformel noch nicht schriftlich abgefasst ist.
(3) Die Entscheidungsgründe werden, wenn es für angemessen erachtet wird, durch Vorlesung der Gründe oder durch mündliche Mitteilung des wesentlichen Inhalts verkündet.
(4) Wird das Urteil nicht in dem Termin verkündet, in dem die mündliche Verhandlung geschlossen wird, so kann es der Vorsitzende in Abwesenheit der anderen Mitglieder des Prozessgerichts verkünden.

Inhalt:

	Rn.		Rn.
A. Allgemeines	1	III. Form der Verkündung der	
B. Erläuterungen	2	Entscheidungsgründe, Abs. 3	4
I. Urteil im Namen des Volkes, Abs. 1 .	2	IV. Form der Verkündung bei einem ge-	
II. Formen der Verkündung der		sonderten Verkündungstermin, Abs. 4	5
Urteilsformel, Abs. 2	3	C. Prozessuales	6

A. Allgemeines
Die Norm enthält die verfahrensrechtlichen Vorgaben für eine ordnungsgemäße **Verkündung** 1
eines Urteils sowie eines Beschlusses, der aufgrund einer mündlichen Verhandlung ergeht und daher verkündet werden muss, § 329 Abs. 1 Satz 1 ZPO. Die Verkündung ist gemäß § 160 Abs. 3 Nr. 7 ZPO zu protokollieren.

B. Erläuterungen
I. Urteil im Namen des Volkes, Abs. 1
Durch diese Formel wird der verfassungsrechtlichen Vorgabe des Art. 20 Abs. 2 GG Rechnung 2
getragen. Fehlt diese Formel ist dies prozessual jedoch **ohne Bedeutung**.[1]

II. Formen der Verkündung der Urteilsformel, Abs. 2
Das Urteil wird bei **Anwesenheit** zumindest einer Partei gemäß § 311 Abs. 2 Satz 1 ZPO durch 3
das Verlesen des Tenors und in dem Fall, dass keine Partei anwesend ist, gemäß § 311 Abs. 2 Satz 2 ZPO durch die Bezugnahme auf den Tenor verkündet, da in diesem Fall das Vorlesen der Urteilsformel eine bloße Förmelei wäre. Die Verkündung setzt voraus, dass die Urteilsformel im Zeitpunkt der Verkündung **schriftlich abgesetzt** ist, was aus einem Umkehrschluss zu § 311 Abs. 2 Satz 3 ZPO folgt. In den dort genannten Fällen des Anerkenntnis- sowie des Verzichtsurteils bedarf es keiner vorherigen schriftlichen Absetzung des Urteilstenors. Entscheidungen, die die Folge der **Zurücknahme der Klage** enthalten, § 311 Abs. 2 Satz 3 Alt. 2 ZPO,

---

14 BGH, NJW 2004, 2019 (2020) = MDR 2004, 958.

Zu § 311:
1 Zöller-*Vollkommer*, ZPO, § 311 Rn. 1.

ergehen grundsätzlich durch Beschluss gemäß § 269 Abs. 4 Satz 1 ZPO (vgl. § 269 Rn. 16). Darüber hinaus gilt die Regelung zwar auch entsprechend für die Entscheidungen des Gerichts nach einer **Zurücknahme des Einspruchs gegen ein Versäumnisurteil** sowie der Rechtsmittel der **Berufung** und der **Revision**, §§ 346, 516 Abs. 3, 565 ZPO. Allerdings ist hier ebenfalls gemäß § 516 Abs. 3 Satz 2 ZPO grundsätzlich durch **Beschluss** zu entscheiden.

III. Form der Verkündung der Entscheidungsgründe, Abs. 3

4 Die Verkündung der Entscheidungsgründe steht im **freien Ermessen** desjenigen, der die Verkündung durchführt. In der **Praxis** sollte sich hierbei daran orientiert werden, welche Personen der Verkündung, z.B. Parteien oder auch die Presse, beiwohnen. Außerdem sollte die mündliche Begründung, soweit möglich, durch die Verwendung „nicht-juristischer" Termini erfolgen.

IV. Form der Verkündung bei einem gesonderten Verkündungstermin, Abs. 4

5 Im Falle eines Verkündungstermins i.S.d. § 310 Abs. 1 Satz 1 Alt. 2, Satz 2 ZPO kann die Verkündung des Urteils nur durch den Vorsitzenden des Kollegialgerichts und damit in Abwesenheit der Beisitzer erfolgen.

C. Prozessuales

6 Die Verkündung ist gemäß § 160 Abs. 3 Nr. 6, 7 ZPO zu **protokollieren**, wobei erst dadurch die diesbezügliche **Beweiskraft** gemäß § 165 ZPO eintritt. Das verkündete Urteil wird grundsätzlich gemäß § 160 Abs. 5 ZPO als **Anlage zum Protokoll** genommen. Einer Unterscheidung im Protokoll, in welcher Form die Urteilsverkündung erfolgt ist, bedarf es aufgrund der **Gleichwertigkeit der beiden Verlautbarungsalternativen** nicht.[2] Wenn bei der Verkündung überhaupt kein Verkündungsprotokoll erstellt wurde, so kann dies aus Gründen der Rechtssicherheit nur bis zum Ablauf einer **fünfmonatigen Frist** seit der Verkündung nachgeholt werden.[3] Der Tenor eines **Protokollurteils** i.S.d. § 540 Abs. 1 Satz 2 ZPO ist wörtlich in das Protokoll aufzunehmen.[4]

§ 312
Anwesenheit der Parteien

(1) ¹Die Wirksamkeit der Verkündung eines Urteils ist von der Anwesenheit der Parteien nicht abhängig. ²Die Verkündung gilt auch derjenigen Partei gegenüber als bewirkt, die den Termin versäumt hat.

(2) Die Befugnis einer Partei, auf Grund eines verkündeten Urteils das Verfahren fortzusetzen oder von dem Urteil in anderer Weise Gebrauch zu machen, ist von der Zustellung an den Gegner nicht abhängig, soweit nicht dieses Gesetz ein anderes bestimmt.

Inhalt:

	Rn.		Rn.
A. Allgemeines	1	II. Erforderlichkeit der Zustellung des Urteils, Abs. 2	3
B. Erläuterungen	2		
I. Wirksamkeit der Verkündung gegenüber den Parteien, Abs. 1	2		

A. Allgemeines

1 Die Verkündung des Urteils erfolgt durch das Gericht nach Schluss der mündlichen Verhandlung und damit grundsätzlich ohne dass die Parteien die Möglichkeit haben, hierauf noch konkret **Einfluss** zu nehmen. Aus diesem Grund ist die Verkündung als solche auch ohne Anwesenheit der Parteien wirksam, § 312 Abs. 1 Satz 1 ZPO.

B. Erläuterungen
I. Wirksamkeit der Verkündung gegenüber den Parteien, Abs. 1

2 Die Verkündung eines Urteils ist auch dann wirksam, wenn die Verkündung in einem Verkündungstermin erfolgt, der den Parteien **nicht mitgeteilt** wurde.[1]

---

2 BGH, NJW 2015, 2342 (2343) = MDR 2015, 852 (853), Rn. 12 m.w.N.
3 BGH, NJW 2011, 1741 (1742), Rn. 20 = MDR 2011, 681 (682).
4 BGHZ 158, 37 (40) = NJW 2004, 1666 = MDR 2004, 827.

Zu § 312:
1 BGHZ 14, 39 ff.

II. Erforderlichkeit der Zustellung des Urteils, Abs. 2

Die Zustellung des Urteils ist erforderlich, um die **Einspruchsfrist** gemäß § 339 Abs. 1 Hs. 2 ZPO, die **Berufungs- und die Revisionsfristen** gemäß §§ 517 Hs. 2, 548 Hs. 2 ZPO, die **Frist zur Urteilsergänzung** gemäß § 321 Abs. 2 ZPO sowie die **Frist zur sofortigen Beschwerde** gemäß § 569 Abs. 1 Satz 2 ZPO in Gang zu setzen. Außerdem ist die Zustellung des Urteils allgemeine Voraussetzung der **Zwangsvollstreckung**, § 750 Abs. 2 ZPO. Bei Erlass eines Arrestbefehls bzw. einer einstweiligen Verfügung ist außerdem die Regelung des § 929 Abs. 2 ZPO zu beachten, nach der der Vollzug einen Monat nach Verkündung oder Zustellung an die den Arrest bzw. die einstweilige Verfügung beantragende Partei unstatthaft ist.

3

§ 313
Form und Inhalt des Urteils

(1) Das Urteil enthält:

1. die Bezeichnung der Parteien, ihrer gesetzlichen Vertreter und der Prozessbevollmächtigten;
2. die Bezeichnung des Gerichts und die Namen der Richter, die bei der Entscheidung mitgewirkt haben;
3. den Tag, an dem die mündliche Verhandlung geschlossen worden ist;
4. die Urteilsformel;
5. den Tatbestand;
6. die Entscheidungsgründe.

(2) ¹Im Tatbestand sollen die erhobenen Ansprüche und die dazu vorgebrachten Angriffs- und Verteidigungsmittel unter Hervorhebung der gestellten Anträge nur ihrem wesentlichen Inhalt nach knapp dargestellt werden. ²Wegen der Einzelheiten des Sach- und Streitstandes soll auf Schriftsätze, Protokolle und andere Unterlagen verwiesen werden.

(3) Die Entscheidungsgründe enthalten eine kurze Zusammenfassung der Erwägungen, auf denen die Entscheidung in tatsächlicher und rechtlicher Hinsicht beruht.

Inhalt:

	Rn.		Rn.
A. Allgemeines	1	II. Der Tatbestand des Urteils, Abs. 1	
B. Erläuterungen	2	Nr. 5, Abs. 2	7
I. Das Rubrum und der Tenor des Urteils, Abs. 1 Nr. 1–4	2	III. Die Entscheidungsgründe des Urteils, Abs. 1 Nr. 6, Abs. 3	10
		C. Prozessuales	11

A. Allgemeines

Die Norm enthält die Vorgaben für den **grundsätzlichen Aufbau** eines Urteils. Sie gilt dabei ausschließlich für das Urteil der **1. Instanz**, was sich auch aus dem für das **Berufungsurteil** geltenden § 540 Abs. 1 Satz 1 ZPO ergibt. Für **Beschlüsse** gilt § 313 ZPO **nicht**. Durch das Urteil trifft das Gericht die Entscheidung hinsichtlich des durch die Parteien vorgetragenen Sachverhalts und des hieraus abgeleiteten Begehrens, vgl. § 253 Abs. 2 Nr. 2 ZPO, wobei dies in der Urteilsformel gemäß § 313 Abs. 1 Nr. 4 ZPO, dem **Tenor**, zum Ausdruck kommt. Durch das Urteil soll den Parteien und auch der Öffentlichkeit, § 311 Abs. 1 ZPO, die Entscheidung verständlich gemacht werden. Außerdem wird so eine Überprüfung der gerichtlichen Entscheidung durch das Rechtsmittelgericht möglich.[1]

1

B. Erläuterungen
I. Das Rubrum und der Tenor des Urteils, Abs. 1 Nr. 1–4

Das Urteil beginnt zunächst mit der einleitenden Formel „Im Namen des Volkes" gemäß § 311 Abs. 1 ZPO. Anschließend sollte stets die Bezeichnung der Entscheidung erfolgen, wobei es zweckmäßig und in der **Praxis** üblich ist, das Urteil seinem konkreten Typ nach genau zu bezeichnen, soweit dies nicht ohnehin gemäß § 313b Abs. 1 Satz 2 ZPO im Falle des Versäumnis-, Anerkenntnis- und Verzichtsurteils ausdrücklich gesetzlich vorgeschrieben ist. In dem dann folgenden **Rubrum** sind sämtliche Daten enthalten, die eine eindeutige **Identifizierung** des Rechtsstreits und der daran Beteiligten ermöglichen, vgl. § 313 Abs. 1 Nr. 1, 2, 3 ZPO,

2

---

1 Zöller-*Vollkommer*, ZPO, § 313 Rn. 2 m.w.N.

wozu auch das entsprechende gerichtliche Aktenzeichen i.S.d. § 4 AktO gehört. Obwohl das Rubrum in der Praxis mittlerweile grundsätzlich durch entsprechende EDV-Systeme erstellt wird, sollte vor der Unterschrift i.S.d. § 315 Abs. 1 Satz 1 ZPO dennoch regelmäßig kontrolliert werden, ob die Daten noch zutreffend sind.

3   Die genaue Bezeichnung der Parteien und ihrer gesetzlichen Vertreter gemäß § 313 Abs. 1 Nr. 1 ZPO dient neben der Identifizierung (vgl. Rn. 2) auch einer problemlosen **Zwangsvollstreckung** aus dem Urteil. Im Falle einer Widerklage oder einer Drittwiderklage werden die Parteien im Rubrum auch mit **sämtlichen Parteirollen** dargestellt, also z.B. „*Kläger und Widerbeklagter*". Diese Doppelbezeichnung sollte in der Rest des Urteils nicht beibehalten werden, da das Urteil sonst unverständlich und unübersichtlich werden kann, d.h. es ist dann ausreichend z.B. nur vom Kläger zu sprechen. Da bspw. ein **Kaufmann** gemäß § 17 Abs. 2 HGB unter seiner Firma klagen und verklagt werden kann, ist anzugeben, ob es sich bei der entsprechenden Partei um einen Einzelkaufmann oder eine Handelsgesellschaft handelt. Der Einzelkaufmann kann dann als „Inhaber/-in" bezeichnet werden. Im Falle der Beteiligung einer **parteifähigen GbR** (vgl. § 50 Rn. 16) sind sämtliche Gesellschafter anzugeben; im Falle des **Versterbens** einer Partei während eines laufenden Rechtsstreits sämtliche Erben. Bei Beteiligung einer **WEG** an einem Rechtsstreit ist die Regelung des § 44 WEG zu beachten, wobei gemäß § 44 Abs. 1 Satz 2 WEG sämtliche Wohnungseigentümer spätestens zum Schluss der mündlichen Verhandlung bezeichnet sein müssen. Außer den Parteien selbst müssen auch die **Nebenintervenienten** bzw. die dem Rechtsstreit beigetretenen Streitverkündeten in das Rubrum des Urteils aufgenommen werden. Wenn das Urteil an den **Prozessbevollmächtigten** i.S.d. § 172 Abs. 1 ZPO zugestellt wurde, ist es ohne Bedeutung, wenn dieser im Rubrum fälschlich bezeichnet ist.[2]

4   Die Bezeichnung des Gerichts i.S.d. § 313 Abs. 1 Nr. 2 ZPO verlangt, dass auch der entsprechende **Spruchkörper** genannt wird. Außerdem ist auch aufzunehmen, wenn das Urteil von einem **Einzelrichter**, vgl. §§ 348, 348a ZPO, stammt.

5   Gleichbedeutend mit dem Tag, an dem die mündliche Verhandlung geschlossen wurde, §§ 313 Abs. 1 Nr. 3, 136 Abs. 4 ZPO, sind im **schriftlichen Verfahren** gemäß § 128 Abs. 2 Satz 2 ZPO der Tag, bis zu dem Schriftsätze eingereicht werden können, und bei einer **Entscheidung nach Aktenlage** gemäß §§ 251a Abs. 1, 331a Satz 1 ZPO der entsprechende Termin zur mündlichen Verhandlung. Im Rubrum wird in diesen Fällen daher entweder ausgeführt

(...) aufgrund der mündlichen Verhandlung vom [Datum]

oder

(...) ohne mündliche Verhandlung mit Zustimmung der Parteien gemäß § 128 Abs. 2 ZPO aufgrund des Sachstandes vom [Datum]

bzw.

(...) nach Lage der Akten vom [Datum].

Der Tag des Schlusses der mündlichen Verhandlung ist insbesondere für die **Präklusionsvorschriften** der §§ 323 Abs. 2, 767 Abs. 2 ZPO entscheidend.

6   Die **Urteilsformel** bzw. der **Tenor** gemäß § 313 Abs. 1 Nr. 4 ZPO enthält die eigentliche Entscheidung des Rechtsstreits und besteht grundsätzlich aus der **Hauptsacheentscheidung**, dem **Kostenausspruch** gemäß §§ 91 ff. ZPO sowie der **Entscheidung über die vorläufige Vollstreckbarkeit** gemäß §§ 708 ff. ZPO. Das Urteil eines Gerichts der 1. Instanz kann als weitere Ziffer des Tenors auch einen Ausspruch über die **Zulassung der Berufung** i.S.d. § 511 Abs. 2 Nr. 2 ZPO und das Urteil eines Berufungsgerichts über die **Zulassung der Revision** enthalten, § 543 Abs. 1 Nr. 1, Abs. 2 ZPO. Die Urteilsformel ist die **Grundlage der Zwangsvollstreckung**, da die Zwangsvollstreckung bereits aufgrund einer (vollstreckbaren) Ausfertigung und damit ohne Tatbestand und Gründe erfolgen kann, §§ 724 Abs. 1, 317 Abs. 2 Satz 3 ZPO. Daher muss sie möglichst knapp, aber dennoch genau, bestimmt und aus sich heraus verständlich sein.[3] Für die **Auslegung einer Urteilsformel** kann und muss auf die Entscheidungsgründe zurückgegriffen werden, d.h. die Auslegung eines Tenors hat „im Lichte der Entscheidungsgründe" zu erfolgen.[4] Wenn aber ein **Widerspruch** zwischen der Urteilsformel und den Entscheidungsgründen vorliegt, geht jedenfalls dann der Tenor vor, wenn die Entscheidungsgründe in sich widersprüchlich sind und einzelne Teile der Urteilsformel mit den Entscheidungsgründen korrespondieren.[5] So muss im Falle eines **Unterlassungsanspruchs** das zu verbietende Verhalten genau bezeichnet werden. Die bloße Wiedergabe des gesetzlichen Verbotstatbestandes ist ge-

---

2   Zöller-*Vollkommer*, ZPO, § 313 Rn. 4.
3   BGH, NJW-RR 1994, 1185 (1186).
4   BGH, NJW 2007, 2182 = VersR 2007, 1230, Rn. 7 m.w.N.
5   Offenlassend BGH, NJW 1997, 3447 (3448) = NZV 1997, 396.

rade nicht ausreichend.[6] **Materiell-rechtliche Begriffe** sind in den Tenor grundsätzlich nicht aufzunehmen. Dies gilt aber z. b. nicht, wenn eine **gesamtschuldnerische** Verurteilung mehrerer Beklagter i. S. d. § 421 BGB erfolgt. Genügt die Urteilsformel den an sie gestellten Vorgaben nicht, wobei der Tenor grundsätzlich auch gemäß § 319 ZPO berichtigt und gemäß § 321 ZPO ergänzt werden kann, so hat das Rechtsmittelgericht das Urteil aufzuheben.

II. Der Tatbestand des Urteils, Abs. 1 Nr. 5, Abs. 2

Der Tatbestand enthält den wesentlichen und damit entscheidungserheblichen tatsächlichen und rechtlichen **Sachverhalt**, der dem Gericht zur Entscheidung vorliegt. Die Abfassung des Tatbestandes dient dabei auch der gerade in umfangreichen Verfahren nicht zu unterschätzenden **Selbstkontrolle des Gerichts**.[7]

Der Tatbestand ist dabei grundsätzlich wie folgt aufzubauen:

1. **Einleitungssatz**: Durch diesen soll in kurzen und prägnanten Worten dargestellt werden, um was es in dem Rechtsstreit überhaupt geht. Der Einleitungssatz ist im **Präsens** zu halten und kann bspw. lauten:

   Der Kläger verlangt vom Beklagten die Zahlung von Miete für einen Geschäftsraum.
   Der Beklagte nimmt den Kläger widerklagend auf die Erstellung einer Betriebskostenabrechnung für das Jahr 2015 in Anspruch.

2. **Unstreitiger Sachverhalt**: Hierbei handelt es sich um die von sämtlichen Parteien des Rechtsstreits übereinstimmend vorgetragenen tatsächlichen und rechtlichen Umstände. Unstreitig sind dabei insbesondere auch gemäß § 288 ZPO zugestandene oder i. S. d. § 138 Abs. 3 ZPO nicht ausdrücklich bestrittene Tatsachen. Der unstreitige Tatbestand ist im **Imperfekt** zu verfassen.

3. **Streitiger Vortrag des Klägers**: Die durch den Beklagten bis zum Schluss der mündlichen Verhandlung bzw. dem entsprechenden Zeitpunkt (vgl. Rn. 5) bestrittenen tatsächlichen Behauptungen des Klägers sind durch das Voranstellen von Formulierungen wie

   Der Kläger behauptet, dass (...)

   oder

   Der Kläger trägt vor, dass (...)

   darzustellen. Die **rechtlichen** Ausführungen, die nur ausnahmsweise aufgenommen werden, wenn sie für das Verständnis essentiell sind, sind hingegen durch Formulierungen wie

   Der Kläger meint, dass (...)

   oder

   Der Kläger ist der Ansicht, dass (...)

   einzuleiten. An dieser Stelle erfolgen auch die **unerledigten Beweisangebote** des Klägers und, soweit dies nachvollziehbar und verständlich ist, können an dieser Stelle auch die Ausführungen des Klägers zu den durch den Beklagten erhobenen Einwendungen und Einreden ausgeführt werden. Insgesamt soll die Darstellung des streitigen Tatbestandes in der Zeitform des **Präsens** erfolgen.

4. **Evtl. vorgezogene Prozessgeschichte**: Bereits an dieser Stelle sollte ein Teil der Prozessgeschichte dargestellt werden, wenn dies für die **Verständlichkeit** der zuletzt gestellten Anträge der Parteien erforderlich ist, was z. B. im Falle einer teilweisen einseitigen oder auch übereinstimmenden **Erledigterklärung** vorkommen kann. Die Darstellung der Prozessgeschichte erfolgt in der Zeitform des **Perfekt**.

5. Anträge der Parteien: Die zuletzt gestellten Anträge der Parteien sind nach dem jeweiligen Einleitungssatz

   Der Kläger beantragt zuletzt:

   bzw.

   Der Beklagte beantragt zuletzt:

   wörtlich wiederzugeben. Auf eine Übernahme der formelhaft durch die Parteien gestellten **Anträge zu den Kosten sowie zur vorläufigen Vollstreckbarkeit** kann im Tatbestand grundsätzlich verzichtet werden, da über diese Umstände ohnehin von Amts wegen zu entscheiden ist. Im Urteil des Berufungsgerichts sind auch die Berufungsanträge der Parteien anzugeben (vgl. § 540 Rn. 6).[8]

---

6 BGH, NJW 1992, 1691 (1692) = MDR 1992, 657.
7 Zöller-*Vollkommer*, ZPO, § 313 Rn. 2.
8 BGHZ 168, 352 (356) = NJW 2006, 2767, Rn. 10 m. w. N.

6. **Streitiger Vortrag des Beklagten**: Die durch den Beklagten erfolgte, streitige Erwiderung ist entsprechend dem streitigen klägerischen Vortrag darzustellen.
7. **Prozessgeschichte**: Die Prozessgeschichte ist nur darzustellen, soweit dies für die Entscheidung des Rechtsstreits von Bedeutung ist, z.b. für die Anwendung der Regelungen zur Zurückweisung verspäteten Vorbringens gemäß § 296 ZPO. Außerdem ist auszuführen, welche Beweise erhoben wurden, wobei hinsichtlich des Ergebnisses der Beweisaufnahme auf in der Akte befindliche Urkunden, z.B. das Protokoll einer mündlichen Verhandlung oder ein schriftliches Sachverständigengutachten Bezug genommen werden kann.

9 Gemäß § 313 Abs. 2 Satz 2 ZPO soll umfangreich auf in der Akte befindliche Schriftsätze, Protokolle und andere Unterlagen verwiesen werden, wobei unter diesen anderen Unterlagen bspw. **schriftliche Sachverständigengutachten**, **Lichtbilder** oder **Urkunden** zu verstehen sind. Um hier in umfangreichen Akten dem Rechtsmittelgericht die Überprüfung des Urteils zu erleichtern sollte auch die entsprechende Blatt-Zahl des in Bezug Genommenen mitaufgenommen werden. Der in der **Praxis** häufig zu lesende abschließende Satz

Im Übrigen wird zur Ergänzung des Tatbestandes auf die wechselseitigen Schriftsätze, jeweils samt Anlagen, sowie auf den übrigen gesamten Akteninhalt Bezug genommen.

ist zwar überflüssig, da auch ohne die globale Inbezugnahme davon auszugehen ist, dass der gesamte Akteninhalt Gegenstand der mündlichen Verhandlung wurde.[9] Andererseits stellt aber der dargestellte Satz einen klar erkennbaren Abschluss des Tatbestandes dar und dient damit letztlich der Übersichtlichkeit und Lesbarkeit des Urteils.

III. Die Entscheidungsgründe des Urteils, Abs. 1 Nr. 6, Abs. 3

10 Die Entscheidungsgründe beginnen mit einem **Obersatz**, in dem das Ergebnis der Entscheidung vorweg genannt wird (vgl. § 300 Rn. 6). Anschließend ist es zweckmäßig, zunächst die **Zulässigkeitsvoraussetzungen** der Klage, soweit erforderlich, zu behandeln. Hiernach ist die **Begründetheit** der Klage unter **Voranstellung des Ergebnisses** in einem Einleitungssatz darzustellen. Dies sollte auch unter Benennung der jeweiligen materiell-rechtlichen Anspruchsgrundlage erfolgen. Entsprechende Einleitungssätze können bspw. lauten:

Der Kläger kann vom Beklagten die Bezahlung von Miete in Höhe von (...) gemäß § 535 Abs. 2 BGB i.V.m. dem zwischen den Parteien bestehenden Mietvertrag vom [Datum] verlangen. Der Kläger hat jedoch keinen weitergehenden Anspruch, da der Mietvertrag mit Wirkung zum [Datum] wirksam gekündigt wurde.

oder

Die Kläger kann vom Beklagten weder gemäß § 546 Abs. 1 BGB noch gemäß § 985 BGB die Rückgabe des (...) verlangen, da zwischen den Parteien ein wirksamer Mietvertrag besteht.

Anschließend erfolgt die Subsumtion des durch das Gericht festgestellten Sachverhalts unter die entsprechenden Rechtsnormen, wobei an dieser Stelle auch die Ausführungen zur Beweiswürdigung gemäß § 286 Abs. 1 Satz 2 ZPO zu erfolgen haben. Schließlich erfolgt noch die Begründung der **Nebenentscheidungen** des Gerichts, so dass sich im Ergebnis sämtliche Entscheidungen der Urteilsformel in den Entscheidungsgründen wiederfinden.

C. Prozessuales

11 Bei Mängeln des **Tatbestandes** steht der der besondere Rechtsbehelf der **Tatbestandsberichtigung** gemäß § 320 ZPO zur Verfügung. Im Übrigen können Mängel des Tatbestandes als **wesentliche Verfahrensmängel** sowohl gemäß § 538 Abs. 2 Satz 1 Nr. 1 ZPO die **Berufung** als auch gemäß §§ 545, 546 ZPO die **Revision** begründen.[10]

12 Wenn die Entscheidungsgründe **vollständig fehlen**, stellt dies grundsätzlich einen absoluten Revisionsgrund gemäß § 547 Nr. 6 ZPO dar. Außerdem beginnen auch mangels eines vollständig abgefassten Urteils die fünfmonatigen Fristen gemäß §§ 517 Hs. 2, 548 Hs. 2 ZPO nicht zu laufen. Die Nachholung der Entscheidungsgründe ist aus Gründen der Rechtssicherheit nur innerhalb von fünf Monaten ab Verkündung des Urteils zulässig.[11] In den Fällen der §§ 313a, 313b, 540 Abs. 2 ZPO bedarf es jedoch keines Tatbestandes und bzw. oder keiner Entscheidungsgründe.

13 Ein im Verfahren nach § 495a ZPO ergangenes Urteil muss schon aufgrund des grundgesetzlichen Anspruchs auf rechtliches Gehör gemäß Art. 103 Abs. 1 GG zumindest die **wesentlichen Umstände**, die die Entscheidung tragen, erkennen lassen.[12]

---

9 BGHZ 158, 269 (272) = NJW 2004, 1876 (1879) = MDR 2004, 954 (957).
10 Thomas/Putzo-*Reichold*, ZPO, § 313 Rn. 26 m.w.N.
11 GmSOBG, NJW 1993, 2603 ff. = ZIP 1993, 1341 ff.
12 LG München I, NJW-RR 2004, 353 (354).

§ 313a
Weglassen von Tatbestand und Entscheidungsgründen

(1) ¹Des Tatbestandes bedarf es nicht, wenn ein Rechtsmittel gegen das Urteil unzweifelhaft nicht zulässig ist. ²In diesem Fall bedarf es auch keiner Entscheidungsgründe, wenn die Parteien auf sie verzichten oder wenn ihr wesentlicher Inhalt in das Protokoll aufgenommen worden ist.

(2) ¹Wird das Urteil in dem Termin, in dem die mündliche Verhandlung geschlossen worden ist, verkündet, so bedarf es des Tatbestands und der Entscheidungsgründe nicht, wenn beide Parteien auf Rechtsmittel gegen das Urteil verzichten. ²Ist das Urteil nur für eine Partei anfechtbar, so genügt es, wenn diese verzichtet.

(3) Der Verzicht nach Absatz 1 oder 2 kann bereits vor der Verkündung des Urteils erfolgen; er muss spätestens binnen einer Woche nach dem Schluss der mündlichen Verhandlung gegenüber dem Gericht erklärt sein.

(4) Die Absätze 1 bis 3 sind nicht anzuwenden im Fall der Verurteilung zu künftig fällig werdenden wiederkehrenden Leistungen oder wenn zu erwarten ist, dass das Urteil im Ausland geltend gemacht werden wird.

(5) Soll ein ohne Tatbestand und Entscheidungsgründe hergestelltes Urteil im Ausland geltend gemacht werden, so gelten die Vorschriften über die Vervollständigung von Versäumnis- und Anerkenntnisurteilen entsprechend.

Inhalt:

	Rn.		Rn.
A. Allgemeines	1	III. Weglassen von Tatbestand und Entscheidungsgründen bei einem Stuhlurteil, Abs. 2, 3	5
B. Erläuterungen	2		
I. Weglassen nur des Tatbestandes, Abs. 1 Satz 1	2	IV. Ausnahmen von § 313a Abs. 1–3 ZPO, Abs. 4	6
II. Weglassen von Tatbestand und Entscheidungsgründen bei unzweifelhaft nicht zulässigem Rechtsmittel, Abs. 1 Satz 2, Abs. 3	3	V. Nachträgliche Vervollständigung eines Urteils, Abs. 5	7
		C. Prozessuales	8

A. Allgemeines

Die Norm regelt die Fälle, in denen das **Begründungserfordernis**, dem das Gericht beim Erlass eines Urteils grundsätzlich unterliegt, erleichtert wird. Sie gilt für **sämtliche streitige Urteile** der 1. und der Berufungsinstanz. Für die **Revisionsinstanz** ist die Sonderregelung des § 547 ZPO zu berücksichtigen. § 313 ZPO gilt **analog** für andere grundsätzlich zu begründende Entscheidungen, wobei hier in der Praxis vor allem der Beschluss über die Kostentragungspflicht nach übereinstimmender Erledigterklärung gemäß § 91a Abs. 1 Satz 1 ZPO[1] von Bedeutung ist.   1

B. Erläuterungen
I. Weglassen nur des Tatbestandes, Abs. 1 Satz 1

Die Möglichkeit, nur auf den Tatbestand zu verzichten, setzt voraus, dass gegen das Urteil ein Rechtsmittel offensichtlich unzulässig ist. Im Falle eines **erstinstanzlichen Urteils** ist die Berufung unzweifelhaft unzulässig, wenn die Beschwer die Grenze von 600,00 € gemäß § 511 Abs. 2 Nr. 1 ZPO nicht übersteigt **und** das Gericht der 1. Instanz die Berufung auch nicht gemäß § 511 Abs. 2 Nr. 2 ZPO zugelassen hat. Die Revision gegen ein **Berufungsurteil** ist unter Berücksichtigung von § 26 Nr. 8 EGZPO bis zum 30.06.2018 offensichtlich unzulässig, wenn das Berufungsgericht diese nicht zugelassen hat, § 543 Abs. 1 Nr. 1 ZPO, die Nichtzulassungsbeschwerde i.S.d. § 544 ZPO die Beschwer in Höhe von 20.000,00 € nicht erreicht und das Berufungsgericht in dem entsprechenden Urteil die Berufung nicht verworfen hat. Gegen ein **Revisionsurteil** ist grundsätzlich kein Rechtsmittel zulässig.   2

II. Weglassen von Tatbestand und Entscheidungsgründen bei unzweifelhaft nicht zulässigem Rechtsmittel, Abs. 1 Satz 2, Abs. 3

Im Falle der offensichtlichen Unzulässigkeit eines Rechtsmittels (vgl. Rn. 2) bedarf es weder des Tatbestandes noch der Entscheidungsgründe, wenn die Parteien auf die Entscheidungsgründe verzichten, § 313a Abs. 1 Satz 2 Alt. 1 ZPO. Dieser Verzicht, der grundsätzlich nicht   3

---

1 BGH, NJW 2006, 3498 (3499), Rn. 12 = MDR 2007, 290.

zugleich einen **Rechtsmittelverzicht** enthält,[2] muss von beiden Parteien erklärt werden und ist entsprechend §§ 160 Abs. 3 Nr. 9, 162 ZPO zu **protokollieren** und zu **genehmigen**. Die fehlende Protokollierung steht jedoch der **Wirksamkeit der Verzichtserklärung** nicht entgegen.[3] Darüber hinaus bedarf es auch keiner Entscheidungsgründe im Falle eines offensichtlich unzulässigen Rechtsmittels (vgl. Rn. 2), wenn der wesentliche Inhalt der Entscheidung in das Protokoll aufgenommen worden ist, § 313a Abs. 1 Satz 2 Alt. 2 ZPO. Hieraus ergibt sich, dass ein solches Urteil nur als **Stuhlurteil** (vgl. § 310 Rn. 2) ergehen kann. Inhaltlich besteht jedoch zwischen dem wesentlichen Inhalt der Entscheidungsgründe i.S.d. § 313a Abs. 1 Satz 2 Alt. 2 ZPO und der kurzen Zusammenfassung der Erwägungen, auf denen die Entscheidung in tatsächlicher und rechtlicher Hinsicht beruht, § 313 Abs. 3 ZPO, kein Unterschied, so dass eine tatsächliche „Arbeitserleichterung" mit der genannten Möglichkeit des „Weglassens" sowohl von Tatbestand als auch Entscheidungsgründen nicht bewirkt wird.[4]

4 Der Verzicht selbst kann gemäß § 313a Abs. 3 Hs. 1 ZPO schon vor der Verkündung des Urteils erklärt werden, wobei dies nur für die mündliche Verhandlung gilt, die der Verkündung des Urteils unmittelbar vorausgeht. Die Begründungsverzichtserklärung gilt nur für ein mit dieser in unmittelbarem zeitlichem Zusammenhang stehenden Urteil.[5] Die späteste Erklärung des Begründungsverzichts muss gemäß § 313a Abs. 3 Hs. 2 ZPO eine Woche nach dem Schluss der mündlichen Verhandlung erfolgen, wobei diese einwöchige Frist gemäß §§ 222 ZPO, 187 Abs. 1, 188 Abs. 2 BGB zu berechnen ist. Eine verspätete Verzichtserklärung kann das Gericht entsprechend § 283 Satz 2 ZPO berücksichtigen.[6]

III. Weglassen von Tatbestand und Entscheidungsgründen bei einem Stuhlurteil, Abs. 2, 3

5 Bei einem **Stuhlurteil** (vgl. § 310 Rn. 2), das grundsätzlich durch ein Rechtsmittel anfechtbar ist, kann das Gericht sowohl den Tatbestand als auch die Entscheidungsgründe weglassen, wenn sämtliche an dem Rechtsstreit beteiligte Parteien auf **Rechtsmittel verzichten**. Falls nur eine Partei durch das Urteil eine Rechtsmittelbeschwer erfährt, z.B. im Falle einer vollständigen Stattgabe oder Klageabweisung, ist es ausreichend, wenn auch nur diese Partei den Rechtsmittelverzicht erklärt, § 313a Abs. 2 Satz 2 ZPO. Der Rechtsmittelverzicht muss nicht ausdrücklich erklärt werden. Dieser kann einer entsprechenden Erklärung einer Partei auch durch Auslegung entnommen werden. Allerdings ist aufgrund der grundsätzlichen Unwiderruflichkeit und Unanfechtbarkeit dieser Prozesshandlung hierbei **Zurückhaltung** geboten.[7] Das Gericht wird daher bei Unklarheiten zumindest gehalten sein, bei der entsprechenden Partei nochmals nachzufragen.

IV. Ausnahmen von § 313a Abs. 1–3 ZPO, Abs. 4

6 Im Falle einer Klage auf **künftig fällig werdende wiederkehrende Leistungen** i.S.d. § 258 ZPO, z.B. Schadensersatzrente, können Tatbestand und Entscheidungsgründe wegen der Möglichkeit der Abänderung des Urteils gemäß § 323 ZPO nicht weggelassen werden. Gleiches gilt für den Fall, dass eine **Geltendmachung im Ausland** erwartet wird, da im internationalen Rechtsverkehr grundsätzlich ein vollständiges Urteil für eine Geltendmachung von Rechten hieraus erforderlich ist.

V. Nachträgliche Vervollständigung eines Urteils, Abs. 5

7 Da im internationalen Rechtsverkehr die Geltendmachung von Rechten aus einem Urteil grundsätzlich ein solches in vollständiger Form voraussetzt, kann ein Urteil, bei dem sich das Erfordernis der Geltendmachung im Ausland erst **im Nachhinein** herausstellt, gemäß § 30 AVAG nachträglich vervollständigt werden.

C. Prozessuales

8 Im Hinblick auf den **Umfang der materiellen Rechtskraft** eines Urteils i.S.d. § 322 ZPO sollten auch solche Urteile, die weder eines Tatbestandes noch der Entscheidungsgründe bedürfen, zumindest kurz begründet werden.

---

2 BGH, NJW 2006, 3498, Rn. 8 f. m.w.N. = MDR 2007, 290.
3 BGH, NJW-RR 2007, 1451 f., Rn. 6–8 m.w.N. = MDR 2008, 100.
4 Zöller-*Vollkommer*, ZPO, § 313a Rn. 4 m.w.N.
5 Zöller-*Vollkommer*, ZPO, § 313a Rn. 6.
6 Musielak/Voit-*Musielak*, ZPO, § 313a Rn. 5 m.w.N.
7 BGH, NJW 2006, 3498, Rn. 8 m.w.N. = MDR 2007, 290.

§ 313b
Versäumnis-, Anerkenntnis- und Verzichtsurteil

(1) ¹Wird durch Versäumnisurteil, Anerkenntnisurteil oder Verzichtsurteil erkannt, so bedarf es nicht des Tatbestandes und der Entscheidungsgründe. ²Das Urteil ist als Versäumnis-, Anerkenntnis- oder Verzichtsurteil zu bezeichnen.

(2) ¹Das Urteil kann in abgekürzter Form nach Absatz 1 auf die bei den Akten befindliche Urschrift oder Abschrift der Klage oder auf ein damit zu verbindendes Blatt gesetzt werden. ²Die Namen der Richter braucht das Urteil nicht zu enthalten. ³Die Bezeichnung der Parteien, ihrer gesetzlichen Vertreter und der Prozessbevollmächtigten sind in das Urteil nur aufzunehmen, soweit von den Angaben der Klageschrift abgewichen wird. ⁴Wird nach dem Antrag des Klägers erkannt, so kann in der Urteilsformel auf die Klageschrift Bezug genommen werden. ⁵Wird das Urteil auf ein Blatt gesetzt, das mit der Klageschrift verbunden wird, so soll die Verbindungsstelle mit dem Gerichtssiegel versehen oder die Verbindung mit Schnur und Siegel bewirkt werden.

(3) Absatz 1 ist nicht anzuwenden, wenn zu erwarten ist, dass das Versäumnisurteil oder das Anerkenntnisurteil im Ausland geltend gemacht werden soll.

(4) Absatz 2 ist nicht anzuwenden, wenn die Prozessakten elektronisch geführt werden.

Inhalt:

	Rn.		Rn.
A. Allgemeines	1	III. Keine Entbehrlichkeit von Tatbestand und Entscheidungsgründen bei voraussichtlicher Geltendmachung im Ausland, Abs. 3	4
B. Erläuterungen	2		
I. Entbehrlichkeit von Tatbestand und Entscheidungsgründen, Abs. 1	2		
II. Weitere Form des Versäumnis-, Anerkenntnis- oder Verzichtsurteils, Abs. 2	3		

A. Allgemeines

Die Norm enthält die Fälle, in denen über die Vorschriften der §§ 313a, 540 Abs. 2 ZPO hinaus von der Fertigung eines Tatbestandes sowie von Entscheidungsgründen abgesehen werden kann. Ob das Gericht in den genannten Fällen von der Möglichkeit, auf Tatbestand und Entscheidungsgründe zu verzichten, allerdings tatsächlich Gebrauch macht, liegt in seinem **Ermessen**. Es ist dem Gericht ausdrücklich **nicht untersagt**, sein Urteil trotzdem mit Tatbestand und Entscheidungsgründen oder jedenfalls mit einer kurzen Begründung zu versehen. 1

B. Erläuterungen
I. Entbehrlichkeit von Tatbestand und Entscheidungsgründen, Abs. 1

Die Norm gilt **unmittelbar** für Versäumnisurteile gemäß §§ 330, 331 ZPO, für Anerkenntnisurteile gemäß § 307 ZPO und für Verzichtsurteile gemäß § 306 ZPO. Da es sich auch bei dem **Zweiten Versäumnisurteil** i.S.d. § 345 ZPO ausweislich der gesetzlichen Überschrift jener Regelung ausdrücklich um ein Versäumnisurteil handelt, gilt die Regelung des § 313b ZPO auch für dieses.[1] 2

Die Möglichkeit, auf Tatbestand und Entscheidungsgründe zu verzichten, besteht **nicht** bei einem **unechten Versäumnisurteil**, d.h. bei einem Urteil, das trotz Säumnis einer Partei gerade nicht wegen dieser Säumnis erging (zum Begriff vgl. auch § 330 Rn. 2; § 331 Rn. 2).[2] Haben im Falle eines **Anerkenntnisses** die Parteien hinsichtlich der Kosten im Hinblick auf § 93 ZPO streitig verhandelt, so besteht gegen die **Kostenentscheidung** gemäß § 99 Abs. 2 ZPO das Rechtsmittel der sofortigen Beschwerde. Um hier aber dem Beschwerdegericht eine Überprüfung der Kostenentscheidung zu ermöglichen bedarf es einer entsprechenden Begründung durch das Erstgericht. Ist hier keine Begründung erfolgt, so muss das Beschwerdegericht die Kostenentscheidung analog § 547 Nr. 6 ZPO aufheben und zur erneuten Entscheidung an das Erstgericht zurückverweisen.[3]

II. Weitere Form des Versäumnis-, Anerkenntnis- oder Verzichtsurteils, Abs. 2

Es ist sowohl zulässig, § 313a Abs. 2 Satz 1 Alt. 1 ZPO, das abgekürzte Urteil unmittelbar auf die in der Akte befindliche Klageschrift oder den Mahnbescheid bzw. den entsprechenden ma- 3

---

1 BGH, NJW-RR 2008, 876 (877) = VersR 2009, 802 (803), Rn. 11 m.w.N. (str.).
2 BGH, NJW-RR 1991, 255 = MDR 1991, 236 (nur Ls.).
3 OLG Brandenburg, NJW-RR 2000, 517 = MDR 2000, 233 f.

schinell erstellten Ausdruck, § 697 Abs. 5 ZPO, als auch, § 313a Abs. 2 Satz 1 Alt. 2 ZPO, auf ein hiermit zu verbindendes Blatt zu setzen, wobei in diesem Fall noch die Siegelung gemäß § 313a Abs. 2 Satz 5 ZPO zu erfolgen hat. Grundsätzlich gelten für das Rubrum des so erstellten abgekürzten Urteils auch die Anforderungen des § 313 Abs. 1 Nr. 1–3 ZPO. Allerdings sind hier die Vereinfachungen des § 313a Abs. 2 Satz 2, 3 ZPO zu berücksichtigen. Wenn entsprechend dem klägerischen Antrag erkannt wird, kann der Tenor i.S.d. § 313 Abs. 1 Nr. 4 ZPO gemäß § 313a Abs. 2 Satz 4 ZPO lauten:

> Es wird nach dem Antrag des Klägers aus dem Schriftsatz vom [Datum] erkannt.

Da die Erstellung eines Urteils in der beschriebenen Form voraussetzt, dass Klageschrift oder Mahnbescheid bzw. Aktenausdruck in **schriftlicher Form** vorliegen, findet die dargestellte Formerleichterung gemäß § 313a Abs. 4 ZPO keine Anwendung, wenn die Prozessakten elektronisch geführt werden.

III. Keine Entbehrlichkeit von Tatbestand und Entscheidungsgründen bei voraussichtlicher Geltendmachung im Ausland, Abs. 3

4 Da ein abgekürztes Urteil im Ausland regelmäßig nicht anerkennungsfähig ist, muss in den Fällen, in denen eine Geltendmachung im Ausland erfolgen soll, auch bei einem Versäumnis-, einem Anerkenntnis- und einem Verzichtsurteil die Fertigung eines Tatbestandes und von Entscheidungsgründen erfolgen. Bestehen beim Gericht Zweifel, ob eine Geltendmachung im Ausland erfolgen soll, ist dieses verpflichtet, dies gemäß § 139 ZPO beim Kläger zu eruieren. Eine **nachträgliche Vervollständigung** gemäß § 30 AVAG ist zulässig (vgl. hierzu auch § 313a Rn. 7).

§ 314
Beweiskraft des Tatbestandes

¹Der Tatbestand des Urteils liefert Beweis für das mündliche Parteivorbringen. ²Der Beweis kann nur durch das Sitzungsprotokoll entkräftet werden.

Inhalt:

	Rn.		Rn.
A. Allgemeines	1	II. Entkräftung des Beweises, Satz 2	4
B. Erläuterungen	2	C. Prozessuales	5
I. Beweis für das mündliche Vorbringen, Satz 1	2		

A. Allgemeines

1 Der Tatbestand eines Urteils gemäß § 313 Abs. 1 Nr. 5, Abs. 2 ZPO, zu dem auch die in den **Entscheidungsgründen** getroffenen tatsächlichen Feststellungen gehören,[1] hat keine **negative** Beweiskraft dahingehend, dass schriftsätzlich angekündigtes Parteivorbringen tatsächlich unterblieben ist, wenn es keine Erwähnung im Tatbestand gefunden hat. Der Tatbestand beweist demgegenüber nur, dass durch die Parteien **bestimmter Vortrag** zum entscheidenden Zeitpunkt des Schlusses der mündlichen Verhandlung **erfolgt** ist („**positive Beweiskraft**").[2]

B. Erläuterungen
I. Beweis für das mündliche Vorbringen, Satz 1

2 Die Beweiskraft des Tatbestandes erfasst das **mündliche Vorbringen** gemäß § 137 Abs. 2, 3 ZPO vor dem erkennenden Gericht, was sich aus dem Umkehrschluss zu § 320 Abs. 4 Satz 2 ZPO ergibt. Im **schriftlichen Verfahren** i.S.d. § 128 Abs. 2 ZPO gilt § 314 ZPO deshalb grundsätzlich nicht, es sei denn, dass zu einem früheren Zeitpunkt mündlich verhandelt worden ist, wobei sich die Beweiswirkung dann auch nur auf das bis zu diesem Zeitpunkt der früheren mündlichen Verhandlung erfolgte Parteivorbringen beschränkt.[3] Stehen ausdrückliche Feststellungen im Tatbestand und nur pauschal in Bezug genommene Ausführungen in einem Schriftsatz in einem **Widerspruch** zueinander, so geht der Tatbestand insofern vor.[4]

3 Die Beweiskraft des Tatbestandes besteht dann überhaupt nicht, wenn dieser in sich **widersprüchlich**, **lückenhaft** oder **unklar** ist, was bspw. dann der Fall ist, wenn der Tatbestand und

---

1 BGHZ 119, 300 (301) = NJW 1993, 55 (56).
2 BGHZ 158, 269 (280 ff.) = NJW 2004, 1876 (1879) = MDR 2004, 954 (957).
3 BGH, NJW-RR 2008, 1566 (1567), Rn. 16 m.w.N. = MDR 2008, 816.
4 BGH, NJW-RR 2007, 1434 (1435), Rn. 11 m.w.N. = MDR 2007, 853.

tatbestandliche Feststellungen in den Entscheidungsgründen sich widersprechen,⁵ wenn sich der Widerspruch aus den Gründen der die Tatbestandsberichtigung ablehnenden Entscheidung ergibt oder wenn ein Widerspruch mit konkret in Bezug genommenem schriftsätzlichen Vortrag vorhanden ist.⁶ Wenn eine **Tatbestandsberichtigung** aus prozessualen Gründen nicht möglich ist, z.B. bei Versetzung der bei der Entscheidung mitwirkenden Richter, hat der Tatbestand ebenfalls keine Beweiskraft.⁷

II. Entkräftung des Beweises, Satz 2

Das **Sitzungsprotokoll**, durch das der durch den Tatbestand des Urteils erbrachte Beweis entkräftet werden kann, muss selbst die **Beweiskraft des § 165 ZPO** haben und ist nur das Protokoll der Sitzung, aufgrund der das Urteil ergangen ist.⁸ Die Feststellungen im Sitzungsprotokoll müssen ausdrücklich bzw. unzweideutig sein,⁹ um einer entsprechenden Feststellung des Tatbestandes die Beweiskraft nehmen zu können.

C. Prozessuales

Hinsichtlich der Bedeutung des Tatbestandes für die **Rechtsmittelinstanz** gilt es zu berücksichtigen, dass im Verhältnis zwischen 1. Instanz und Berufungsinstanz sämtlicher in der **1. Instanz erfolgter Tatsachenvortrag** auch in die Berufungsinstanz gelangt, auch wenn einzelner Vortrag in der 1. Instanz für unerheblich gehalten wurde und daher keine Feststellungen getroffen worden sind.¹⁰ Die Regelung des § 314 ZPO stellt für das Berufungsgericht **kein Hindernis** dar, das gesamte Streitverhältnis in den von den §§ 529, 530, 531 ZPO gezogenen Grenzen zu berücksichtigen.¹¹ Damit ist aber grundsätzlich der **gesamte Akteninhalt** entscheidend, so dass die Beweiskraft des Tatbestandes nach § 314 ZPO und damit auch der Tatbestandsberichtigung gemäß § 320 ZPO zumindest im Verhältnis zwischen 1. Instanz und Berufungsinstanz von nicht allzu großer Bedeutung ist.

Aufgrund der Regelung des § 559 Abs. 1 Satz 1 ZPO, nach der das Revisionsgericht nur dasjenige Parteivorbringen berücksichtigen darf, das aus dem Berufungsurteil oder dem Sitzungsprotokoll ersichtlich ist, ist die Beweiskraft des Tatbestandes des **Berufungsurteils** hier höher einzuschätzen, so dass eine Tatbestandsberichtigung gemäß § 320 ZPO und daran anschließend gegebenenfalls eine Rüge gemäß §§ 559 Abs. 1 Satz 2, 551 Abs. 3 Satz 1 Nr. 2 Buchst. b ZPO erfolgen kann.¹²

§ 315
Unterschrift der Richter

(1) ¹Das Urteil ist von den Richtern, die bei der Entscheidung mitgewirkt haben, zu unterschreiben. ²Ist ein Richter verhindert, seine Unterschrift beizufügen, so wird dies unter Angabe des Verhinderungsgrundes von dem Vorsitzenden und bei dessen Verhinderung von dem ältesten beisitzenden Richter unter dem Urteil vermerkt.

(2) ¹Ein Urteil, das in dem Termin, in dem die mündliche Verhandlung geschlossen wird, verkündet wird, ist vor Ablauf von drei Wochen, vom Tage der Verkündung an gerechnet, vollständig abgefasst der Geschäftsstelle zu übermitteln. ²Kann dies ausnahmsweise nicht geschehen, so ist innerhalb dieser Frist das von den Richtern unterschriebene Urteil ohne Tatbestand und Entscheidungsgründe der Geschäftsstelle zu übermitteln. ³In diesem Fall sind Tatbestand und Entscheidungsgründe alsbald nachträglich anzufertigen, von den Richtern besonders zu unterschreiben und der Geschäftsstelle zu übermitteln.

(3) ¹Der Urkundsbeamte der Geschäftsstelle hat auf dem Urteil den Tag der Verkündung oder der Zustellung nach § 310 Abs. 3 zu vermerken und diesen Vermerk zu unterschreiben. ²Werden die Prozessakten elektronisch geführt, hat der Urkundsbeamte der Geschäftsstelle den Vermerk in einem gesonderten Dokument festzuhalten. ³Das Dokument ist mit dem Urteil untrennbar zu verbinden.

---

5 BGH, NZG 2015, 1432 (1436) = VersR 2015, 1165 (1169), Rn. 48 m.w.N.
6 BGH, NJW 2011, 1513 (1514), Rn. 12 m.w.N. = MDR 2011, 446 (nur Ls.).
7 BVerfG, NJW 2005, 657 (658).
8 BGH, NZG 2015, 1432 (1436) = VersR 2015, 1165 (1169), Rn. 49 m.w.N.
9 BGH, NJW-RR 2013, 1334 (1335) = MDR 2013, 1115 f., Rn. 8 m.w.N.
10 BGH, NJW-RR 2012, 429 (430) = MDR 2012, 486 (487), Rn. 11 m.w.N.
11 BGH, NJW 2007, 2414 (2416), Rn. 16 m.w.N. = MDR 2007, 353 (nur Ls.).
12 BGH, NJW 2011, 1513 (1514), Rn. 12 m.w.N. = MDR 2011, 446 (nur Ls.); BGH, NJW-RR 2014, 830 f. = MDR 2014, 674 (675), Rn. 4 m.w.N.

Inhalt:

	Rn.		Rn.
A. Allgemeines	1	III. Übermittlung des Urteils an die Geschäftsstelle, Abs. 2	4
B. Erläuterungen	2	IV. Verkündungs- bzw. Zustellungsvermerk, Abs. 3	5
I. Unterschrift der Richter, die bei der Entscheidung mitgewirkt haben, Abs. 1 Satz 1	2	C. Prozessuales	6
II. Verhinderung eines Richters an der Unterschriftsleistung, Abs. 1 Satz 2	3		

A. Allgemeines

1 Die Norm knüpft an die Regelung des § 313 Abs. 1 Nr. 2 ZPO an, nach der bereits das **Rubrum** des Urteils die Namen der Richter, die bei der Entscheidung mitgewirkt haben, enthalten muss.

B. Erläuterungen

I. Unterschrift der Richter, die bei der Entscheidung mitgewirkt haben, Abs. 1 Satz 1

2 Das Urteil ist auch von den Richtern zu unterschreiben, die bei der Urteilsfällung **überstimmt** wurden. Dabei gilt § 315 Abs. 1 Satz 1 ZPO für sämtliche Urteile. Im Falle eines **Stuhlurteils** (vgl. § 310 Rn. 2) oder eines **Protokollurteils** gemäß § 540 Abs. 1 Satz 2 ZPO ist auch das entweder im Protokoll selbst enthaltene oder das mit dem Protokoll als Anlage verbundene Urteil von sämtlichen Richtern, die an der Entscheidung mitgewirkt haben, zu unterschreiben, wobei im ersten Fall auch eine Unterschrift sämtlicher Richter unter das Protokoll zulässig ist. Nur die Unterschrift des Vorsitzenden am Ende des Protokolls gemäß § 163 Abs. 1 Satz 1 ZPO ist aber nicht ausreichend.[1] Hinsichtlich der Unterschrift als solches gelten grundsätzlich die gleichen Anforderungen wie bei der Unterschrift eines **vorbereitenden Schriftsatzes** gemäß § 130 Nr. 6 ZPO (vgl. § 130 Rn. 3). Danach muss die Unterschrift die **Identität** des Unterzeichnenden ausreichend erkennen lassen und hierbei solche **individuellen und charakteristischen Eigenschaften** aufweisen, das hierdurch die Nachahmung erschwert ist. Andererseits muss die Unterschrift auch die Wiedergabe eines **Namens** sein und die **Absicht einer vollen Unterschriftsleistung** durch den Unterzeichnenden erkennen lassen. Damit kann z.B. auch ein vereinfachter und nicht lesbarer Namenszug als Unterschrift angesehen werden, wobei hier dann besonders zu beachten ist, ob der Unterzeichner auch im Übrigen in einer vergleichbaren Art und Weise unterschreibt.[2] Unterschriften durch Paraphen und bloße Namenszeichen sind hingegen nicht ausreichend.

II. Verhinderung eines Richters an der Unterschriftsleistung, Abs. 1 Satz 2

3 Die Unterschrift eines verhinderten Richters eines **Kollegialgerichts** kann unter Beifügung eines entsprechenden **Verhinderungsvermerks** des Vorsitzenden bzw. des ältesten Beisitzers ersetzt werden, wobei die Verhinderung von einer **gewissen zeitlichen Dauer** sein muss und nicht nur völlig unerheblich sein darf. Ein Richter auf Probe, der zur **Staatsanwaltschaft** versetzt wird, behält seinen beamtenrechtlichen Status als Richter auf Probe und ist daher nicht verhindert i.S.d. Norm.[3] Der Verhinderungsvermerk, der auch gesondert unterschrieben werden sollte, um die Urheberschaft eindeutig darzustellen,[4] kann bspw. lauten:

Richter (...) ist wegen (...) an der Unterschriftsleistung verhindert.

Für die eindeutige Feststellung der Urheberschaft genügt es auch, wenn sich **räumlich eindeutig zuordenbar** zur Unterschrift des Vorsitzenden bzw. des ältesten Beisitzers der Vermerk

Und zugleich für (...)

findet. Die **Zustellung** einer Urteilsausfertigung ohne einen solchen Verhinderungsvermerk setzt die **Rechtsmittelfrist** nicht in Gang.[5] Das **Rechtsmittelgericht** darf aber nicht prüfen, ob der angegebene Verhinderungsgrund tatsächlich vorlag,[6] sondern nur, ob der angegebene Grund überhaupt einen Verhinderungsgrund i.S.d. § 315 Abs. 1 Satz 2 ZPO darstellen kann und ob sich der Vorsitzende bzw. der älteste Beisitzer hiervon auch entsprechend überzeugt hat, wobei hierzu **dienstliche Stellungnahmen** der entsprechenden Richter im **Freibeweisverfahren** einzuholen sind.[7]

---

1 BGH, NJW-RR 2010, 911 (912), Rn. 8f. m.w.N. = MDR 2010, 709.
2 BGH, NJW 2005, 3775f. = MDR 2006, 468f.
3 BGH, StV 1992, 557 (nur Ls.).
4 BGH, NJW 1961, 782.
5 BGH, VersR 1978, 138.
6 BGH, NJW 1961, 782 = MDR 1961, 391.
7 BAG, NJW 2010, 2300 (2301) = NZA 2010, 910 (911), Rn. 8.

III. Übermittlung des Urteils an die Geschäftsstelle, Abs. 2
Das **Stuhlurteil** ist gemäß § 315 Abs. 2 Satz 1 ZPO innerhalb einer Frist von drei Wochen, die 4
der ebenfalls dreiwöchigen Frist des § 310 Abs. 1 Satz 2 ZPO entspricht, in **vollständig abgefasster Form** i.S.d. § 313 Abs. 1 ZPO an die Geschäftsstelle zu übermitteln. Die Vervollständigung gemäß § 315 Abs. 2 Satz 3 ZPO hat **alsbald** zu erfolgen, was entsprechend der Fristen der §§ 517 Hs. 2 Alt. 2, 548 Hs. 2 Alt. 2 ZPO spätestens bis zum Ablauf von fünf Monaten nach der Verkündung geschehen muss (vgl. § 310 Rn. 8 m.w.N.). Nach Ablauf dieser Frist liegt ein **absoluter Revisionsgrund** gemäß § 547 Nr. 6 ZPO vor.

IV. Verkündungs- bzw. Zustellungsvermerk, Abs. 3
Das Fehlen des Verkündungs- bzw. Zustellungsvermerks führt weder zu einer Ungültigkeit 5
der Verkündung bzw. Zustellung noch der sich anschließenden Zwangsvollstreckung. Die Nichtbeachtung des § 315 Abs. 3 ZPO hat daher keine weitere Bedeutung.[8]

C. Prozessuales
Ein ohne Vorhandensein der erforderlichen Unterschriften verkündetes Urteil ist trotzdem 6
existent. Die fehlenden Unterschriften können in Anlehnung an die Fristen der §§ 517 Hs. 2 Alt. 2, 548 Hs. 2 Alt. 2 ZPO bis zum Ablauf einer **5-monatigen Frist jederzeit nachgeholt** werden (vgl. auch § 310 Rn. 8 m.w.N.). Ist jedoch die Nachholung nicht mehr möglich, so liegt ein **absoluter Revisionsgrund** i.S.d. § 547 Nr. 6 ZPO vor.[9] Ein an Verkündungs statt zugestelltes Urteil, § 310 Abs. 3 ZPO, **muss** hingegen unterschrieben sein (vgl. § 310 Rn. 7 m.w.N.).

§ 316

(weggefallen)

§ 317

Urteilszustellung und -ausfertigung

(1) ¹Die Urteile werden den Parteien, verkündete Versäumnisurteile nur der unterliegenden Partei in Abschrift zugestellt. ²Eine Zustellung nach § 310 Abs. 3 genügt. ³Auf übereinstimmenden Antrag der Parteien kann der Vorsitzende die Zustellung verkündeter Urteile bis zum Ablauf von fünf Monaten nach der Verkündung hinausschieben.
(2) ¹Ausfertigungen werden nur auf Antrag und nur in Papierform erteilt. ²Solange das Urteil nicht verkündet und nicht unterschrieben ist, dürfen von ihm Ausfertigungen, Auszüge und Abschriften nicht erteilt werden. ³Die von einer Partei beantragte Ausfertigung eines Urteils erfolgt ohne Tatbestand und Entscheidungsgründe; dies gilt nicht, wenn die Partei eine vollständige Ausfertigung beantragt.
(3) Ausfertigungen, Auszüge und Abschriften eines als elektronisches Dokument (§ 130b) vorliegenden Urteils können von einem Urteilsausdruck gemäß § 298 erteilt werden.
(4) Die Ausfertigung und Auszüge der Urteile sind von dem Urkundsbeamten der Geschäftsstelle zu unterschreiben und mit dem Gerichtssiegel zu versehen.
(5) ¹Ist das Urteil nach § 313b Abs. 2 in abgekürzter Form hergestellt, so erfolgt die Ausfertigung in gleicher Weise unter Benutzung einer beglaubigten Abschrift der Klageschrift oder in der Weise, dass das Urteil durch Aufnahme der in § 313 Abs. 1 Nr. 1 bis 4 bezeichneten Angaben vervollständigt wird. ²Die Abschrift der Klageschrift kann durch den Urkundsbeamten der Geschäftsstelle oder durch den Rechtsanwalt des Klägers beglaubigt werden.

Inhalt:

	Rn.		Rn.
A. Allgemeines	1	III. Zustellung von Ausfertigungen,	
B. Erläuterungen	2	Abs. 2, 4	4
I. Zustellung des Urteils, Abs. 1		IV. Ausfertigung bei Versäumnis-,	
Satz 1, 2	2	Anerkenntnis- und Verzichtsurteil,	
II. Hinausschieben der Zustellung,		Abs. 5	5
Abs. 1 Satz 3	3	C. Prozessuales	6

---

8 BGHZ 8, 303 (308f.).
9 BGH, NJW-RR 2007, 141 (142), Rn. 9 m.w.N. = MDR 2007, 351.

A. Allgemeines

1 § 317 ZPO regelt die förmlichen Vorgaben für die Zustellung sowie die Ausfertigung von Urteilen.

B. Erläuterungen

I. Zustellung des Urteils, Abs. 1 Satz 1, 2

2 Die **Zustellung** erfolgt gemäß § 317 Abs. 1 Satz 1 ZPO an die Parteien des Rechtsstreits. Durch die seit dem 01.07.2014 genügende Zustellung einer **beglaubigten Abschrift** des Urteils werden die **Rechtsbehelfsfristen** in Gang gesetzt,[1] d.h. die Einspruchsfrist beim Versäumnisurteil gemäß § 339 Abs. 1 ZPO, die Berufungsfrist gemäß § 517 ZPO, die Revisionsfrist gemäß § 548 ZPO und die Frist für die sofortige Beschwerde gemäß § 569 Abs. 1 Satz 2 ZPO. Darüber hinaus ist die Zustellung eine der **allgemeinen Voraussetzungen der Zwangsvollstreckung** gemäß § 750 Abs. 1 ZPO. Die Zustellung hat grundsätzlich an **beide Parteien** zu verfolgen, wobei eine Ausnahme für verkündete Versäumnisurteile gilt. Bei Versäumnisurteilen hat auch die Zustellung des Hinweises auf die Folgen einer Fristversäumung gemäß § 340 Abs. 3 Satz 4 ZPO zu erfolgen. Daraus, dass die gesetzliche Ausnahme nur für verkündete Versäumnisurteile gilt, folgt, dass sowohl unechte Versäumnisurteile (vgl. § 330 Rn. 2; § 331 Rn. 2) als auch Versäumnisurteile gegenüber der beklagten Partei im schriftlichen Vorverfahren gemäß § 331 Abs. 3 ZPO, die an Verkündungs statt zugestellt werden, beiden Parteien zugestellt werden müssen. Zugestellt wird eine **beglaubigte Abschrift** des Urteils i.S.d. § 169 Abs. 2, 3 ZPO, d.h. eine durch die Geschäftsstelle beglaubigte Ablichtung bzw. ein beglaubigter Ausdruck.

II. Hinausschieben der Zustellung, Abs. 1 Satz 3

3 Durch Verfügung, die den Parteien formlos mitzuteilen ist, kann bei einem übereinstimmenden Antrag der am Rechtsstreit beteiligten Parteien der Vorsitzende die Zustellung des Urteils hinausschieben, was im Ergebnis zu einer **Verlängerung der Rechtsmittelfrist** führt. Die Frist errechnet sich gemäß §§ 222 Abs. 1 ZPO, 187 Abs. 1, 188 Abs. 2 BGB.

III. Zustellung von Ausfertigungen, Abs. 2, 4

4 Die **Ausfertigung** ist eine in einer **bestimmten gesetzlichen Form gefertigte Abschrift des Urteils**, die den Zweck hat, das Urteil nach außen zu vertreten, da das Original bei der Akte verbleibt. Durch den Ausfertigungsvermerk gemäß § 317 Abs. 4 ZPO, durch den der Urkundsbeamten der Geschäftsstelle zu unterschreiben und mit dem Gerichtssiegel zu versehen ist, wird die Übereinstimmung der Abschrift mit dem Original in einer besonderen Form beurkundet.[2] Ausfertigungen werden gemäß § 317 Abs. 2 Satz 1, 3 Hs. 1 ZPO nur auf Antrag einer Partei, in Papierform sowie ohne Tatbestand und Entscheidungsgründe erteilt, z.B. zur **Einstellung oder Beschränkung der Zwangsvollstreckung** gemäß § 775 Nr. 1, 2 ZPO. Ausnahmsweise umfasst die Ausfertigung gemäß § 317 Abs. 2 Satz 3 Hs. 2 ZPO auch den Tatbestand und die Entscheidungsgründe. Die Erteilung der Ausfertigung ist erst nach der Verkündung des Urteils bzw. nach dessen Zustellung an Verkündungs statt gemäß § 310 Abs. 3 ZPO zulässig, § 317 Abs. 2 Satz 2 ZPO. Die Ausfertigung muss auch den Umstand der Unterschrift der Richter i.S.d. § 315 ZPO erkennen lassen, was bspw. durch den Zusatz „gez." erfolgen kann, wenn der Name des entsprechenden Richters in Klammern gesetzt wurde. Ebenfalls genügend ist es, wenn der Name des Richters in Druckbuchstaben ausgeführt, aber nicht eingeklammert ist. Nicht ausreichend ist es jedoch, wenn die Namen der unterzeichnenden Richter auf der Ausfertigung in Klammern stehen und sich kein entsprechender Vermerk „gez." o.ä. findet.[3] Liegt das Urteil als elektronisches Dokument i.S.d. § 130b ZPO vor, so werden Ausfertigungen, Auszüge und Abschriften von einem Urteilsausdruck gefertigt, § 317 Abs. 3 ZPO.

IV. Ausfertigung bei Versäumnis-, Anerkenntnis- und Verzichtsurteil, Abs. 5

5 Wurde im Falle eines Versäumnis-, Anerkenntnis- oder Verzichtsurteils die abgekürzte Form gemäß § 313b Abs. 2 ZPO gewählt, so kann die Ausfertigung ebenfalls durch Verwendung einer durch den Urkundsbeamten der Geschäftsstelle oder durch den klägerischen Rechtsanwalt beglaubigten Abschrift der Klageschrift oder des Mahnbescheides, § 697 Abs. 5 ZPO, erstellt werden. Die andere Möglichkeit besteht darin, das so erstellte abgekürzte Urteil um die Angaben der § 313 Abs. 1 Nr. 1–4 ZPO zu ergänzen.

---

1 BGH, NJW 2016, 1180 (1181), Rn. 14 ff. = FuR 2016, 352.
2 BGHZ 186, 22 (24) = NJW 2010, 2519, Rn. 7 m.w.N. = MDR 2010, 946 f.
3 BGHZ 186, 22 (26 f.) = NJW 2010, 2520 = FamRZ 2010, 1246 (1247), Rn. 17 m.w.N.

C. Prozessuales

Hinsichtlich der Zustellung als entscheidendem Zeitpunkt für den Beginn der Rechtsmittelfrist kam es bis zum 30. 06. 2014 bei einem Abweichen der Ausfertigung von der Abschrift nur auf die Ausfertigung an, da nur diese nach außen hervortrat, so dass die beschwerte Partei auch nur anhand dieser Ausfertigung ihre Rechte geltend machen konnte.[4] Für die seit 01. 07. 2014 ausreichende Zustellung einer beglaubigten Abschrift gemäß § 317 Abs. 1 Satz 1 ZPO gilt dann aber bei einem Abweichen von der Urschrift nichts Anderes. Schwerwiegende Abweichungen können zwar zu einer **Unwirksamkeit** der Zustellung führen; solche liegen aber jedenfalls dann nicht vor, wenn der entsprechende Fehler, wenn er im Urteil selbst gewesen wäre, gemäß § 319 ZPO hätte beseitigt werden können.[5] Die 5-monatige **Berufungsfrist** gemäß § 517 Hs. 2 ZPO bzw. die 5-monatige **Revisionsfrist** gemäß § 548 Hs. 2 ZPO läuft allerdings auch dann, wenn die Zustellung wegen einer Abweichung der beglaubigten Abschrift vom Original fehlerhaft war. In diesen Fällen ist jedoch eine **Wiedereinsetzung** regelmäßig möglich.[6]

6

§ 318
Bindung des Gerichts

Das Gericht ist an die Entscheidung, die in den von ihm erlassenen End- und Zwischenurteilen enthalten ist, gebunden.

Inhalt:

	Rn.		Rn.
A. Allgemeines	1	II. Reichweite der Bindungswirkung ...	3
B. Erläuterungen	2	C. Prozessuales	5
I. Bindung des Gerichts an End- und Zwischenurteile	2		

A. Allgemeines

Die Norm regelt die Bindung des Gerichts an **seine eigenen Entscheidungen innerhalb einer Instanz**. Ein **Richterwechsel** ist hierbei bedeutungslos, so dass bspw. die Bindungswirkung auch für eine Zivilkammer an die vorhergehende Entscheidung des dieser Kammer angehörenden Einzelrichters besteht.

1

B. Erläuterungen
I. Bindung des Gerichts an End- und Zwischenurteile

Die von der Rechtskraft zu unterscheidende Bindung des Gerichts i.S.d. § 318 ZPO besteht grundsätzlich nur bei Urteilen, wobei zu berücksichtigen ist, dass **Teil- und Vorbehaltsurteile** grundsätzlich im Umfang ihrer Entscheidung als Endurteile anzusehen sind (vgl. § 301 Rn. 1; § 302 Rn. 11). **Verfügungen** und **Beschlüsse** kann das Gericht demgegenüber jedenfalls so lange von Amts wegen aufheben oder ändern, wie es mit der Sache innerhalb der Instanz befasst ist. Bei Beschlüssen, die mit der **sofortigen Beschwerde** i.S.d. § 567 ZPO angefochten werden können, kann dies allerdings nur innerhalb der Beschwerdefrist geschehen (vgl. § 329 Rn. 13).[1] **Keine Bindung** besteht dann, wenn das Gesetz ausdrücklich eine Abänderung eines Urteils zulässt, wie dies bspw. bei Versäumnisurteilen nach Einspruch gemäß § 343 ZPO, bei einer Abhilfe bei Verletzung des Anspruchs auf rechtliches Gehör gemäß § 321a Abs. 5 Satz 2, 3 ZPO, bei Vorbehaltsurteilen gemäß § 302 ZPO (vgl. § 302 Rn. 10) oder bei Vorbehaltsurteilen im Urkunden- oder Wechselprozess gemäß §§ 599, 600 ZPO der Fall ist. Keine Bindungswirkung besteht auch an ein Endurteil im Falle einer **Wiederaufnahmeklage** gemäß §§ 578ff. ZPO.

2

II. Reichweite der Bindungswirkung

Das Gericht ist an das von ihm erlassene Urteil in **doppelter** Hinsicht gebunden. Es kann einerseits seine Entscheidung weder ergänzen noch ändern oder sogar aufheben. Eine entsprechende **Parteivereinbarung** erlaubt dem Gericht dies ebenfalls nicht.[2] Statthaft ist dies hinge-

3

---

4 BGH, NJW 2001, 1653 (1654) = MDR 2001, 646 (647).
5 BGH, NJW-RR 2006, 1570 (1571), Rn. 11 m.w.N. = MDR 2006, 1360.
6 BGH, NJW-RR 2004, 1651 (1652) = MDR 2004, 1437.

Zu § 318:
1 BGH, NJW-RR 2006, 1554, Rn. 7–9 m.w.N. = MDR 2007, 175.
2 Stein/Jonas-*Leipold*, ZPO, § 318 Rn. 9; Thomas/Putzo-*Reichold*, ZPO, § 318 Rn. 5 m.w.N.

gen nur, wenn dies **durch das Gesetz** ausdrücklich gemäß §§ 319, 320, 321 ZPO erlaubt wird. Andererseits bedeutet die Bindungswirkung, dass die in einem End- oder Zwischenurteil enthaltene Entscheidung für das Gericht im weiteren Verlauf des Rechtsstreits **richtungsweisend** ist. Die einmal eingeschlagene Richtung darf das Gericht nicht mehr verlassen, auch wenn es seine Entscheidung in dem entsprechenden vorausgegangenen Urteil für nicht mehr zutreffend erachtet. Inhaltlich entspricht dies der **materiellen Rechtskraft**, wobei die Bindung nur an die **Urteilsformel** und nicht an die weiteren tatsächlichen Feststellungen oder an die Ausführungen in den Entscheidungsgründen besteht. Letztere sind nur von Bedeutung, als sie für die Auslegung des Urteilstenors von Bedeutung sind.[3] Eine **formelle Rechtskraft** des entsprechenden Urteils ist für diese Bindungswirkung nicht erforderlich. Allerdings muss das Urteil als solches in prozessualer Hinsicht zulässig gewesen sein, was z.B. dann nicht der Fall ist, wenn durch Zwischenurteil über die Passivlegitimation entschieden wurde.[4]

4 Die Bindungswirkung tritt in **zeitlicher Hinsicht** mit Erlass des Urteils ein und endet gegebenenfalls mit der Aufhebung der Entscheidung durch ein Gericht höherer Instanz.[5]

C. Prozessuales

5 Für die Bindungswirkung **zwischen den Instanzen** bei einer Aufhebung und Zurückverweisung ist der in den §§ 563 Abs. 2, 577 Abs. 4 Satz 4 ZPO zum Ausdruck kommende allgemeine Rechtsgedanke zu berücksichtigen, dass das Gericht niedriger Ordnung an die durch das Gericht höherer Ordnung getroffene Entscheidung stets und damit sogar bei vermeintlich „greifbarer Gesetzeswidrigkeit" oder Verfassungswidrigkeit der Entscheidung des Gerichts höherer Ordnung gebunden ist.[6]

§ 319
Berichtigung des Urteils

(1) Schreibfehler, Rechnungsfehler und ähnliche offenbare Unrichtigkeiten, die in dem Urteil vorkommen, sind jederzeit von dem Gericht auch von Amts wegen zu berichtigen.

(2) ¹Der Beschluss, der eine Berichtigung ausspricht, wird auf dem Urteil und den Ausfertigungen vermerkt. ²Erfolgt der Berichtigungsbeschluss in der Form des § 130b, ist er in einem gesonderten elektronischen Dokument festzuhalten. ³Das Dokument ist mit dem Urteil untrennbar zu verbinden.

(3) Gegen den Beschluss, durch den der Antrag auf Berichtigung zurückgewiesen wird, findet kein Rechtsmittel, gegen den Beschluss, der eine Berichtigung ausspricht, findet sofortige Beschwerde statt.

Inhalt:

	Rn.		Rn.
A. Allgemeines	1	C. Prozessuales	16
B. Erläuterungen	2	I. Auswirkung der Berichtigung auf Rechtsmittelfristen	16
I. Berichtigung offenbarer Unrichtigkeiten von Amts wegen, Abs. 1	2	II. Bindungswirkung von Berichtigungsbeschlüssen	17
II. Berichtigungsbeschluss, Abs. 2	13		
III. Rechtsmittel, Abs. 3	14		

A. Allgemeines

1 Die Norm gibt dem Gericht die Möglichkeit in **Ausnahme von der Bindungswirkung** nach § 318 ZPO ein von ihm erlassenes Urteil nachträglich zu ändern. Der Anwendungsbereich der Berichtigungsmöglichkeit eines Urteils ist aufgrund dieses Ausnahmecharakters im Interesse der Rechtsklarheit und Rechtssicherheit grundsätzlich durch eine **enge Auslegung** zu ermitteln.[1] Weitere Rechtsgrundlagen für eine ausnahmsweise nachträglich vorzunehmende Änderung des Urteils enthalten die §§ 320, 321, 321a ZPO, die jedoch einen anderen Anwendungsbereich haben. Die Berichtigungsmöglichkeit des § 319 ZPO gilt **ausschließlich** für offenbare Unrichtigkeiten.

---

3 BGH, NJW 1994, 1222f.
4 BGHZ 8, 383 (384).
5 BGHZ 106, 219 (221) = NJW 1989, 1486 (1487) = MDR 1989, 432 (433).
6 BGH, NJW 2007, 1127 (1129), Rn. 20f. m.w.N. = MDR 2007, 415f.

Zu § 319:
1 BGH, NJW-Spezial 2008, 636 (637) = FamRZ 2008, 1925, Rn. 14.

B. Erläuterungen
I. Berichtigung offenbarer Unrichtigkeiten von Amts wegen, Abs. 1

Die Berichtigungsmöglichkeit besteht grundsätzlich auch für **Beschlüsse**, z.B. für den Verweisungsbeschluss gemäß § 281 Abs. 1 ZPO, wenn hier durch das Gericht der Wohnort des Beklagten versehentlich einem falschen Gerichtsbezirk zugeordnet worden ist;[2] nicht aber, wenn der Wohnsitz des Beklagten fehlerhaft beurteilt worden ist.[3] Ein **Prozessvergleich** kann hingegen nicht nach § 319 ZPO berichtigt werden;[4] hier kommt allenfalls bei Vorliegen der entsprechenden Voraussetzungen eine Protokollberichtigung nach § 164 ZPO in Betracht. Dies gilt gemäß § 278 Abs. 6 Satz 3 ZPO auch für einen gemäß § 278 Abs. 6 Satz 2 ZPO durch das Gericht festgestellten Vergleich.[5]   2

Eine **Unrichtigkeit** liegt vor, wenn eine **versehentliche** Diskrepanz zwischen dem **Verlautbarten** und dem vom Gericht **tatsächlich Gewollten** besteht. Ein Fehler in der **Willensbildung** kann hingegen über den Weg des § 319 ZPO grundsätzlich nicht berichtigt werden.[6] Dies gilt auch dann, wenn ein bestimmter Ausspruch durch das Gericht, wenn auch versehentlich, nicht gewollt war, z.B. wenn in der Urteilsformel kein Ausspruch über die **Kosten einer Nebenintervention** gemäß § 101 ZPO erfolgt ist und das Urteil im Übrigen die Nebenintervenienten nur im Rubrum erwähnt.[7] In diesem Fall kann aber befristet eine **Ergänzung des Urteils** gemäß § 321 ZPO beantragt werden. Eine Berichtigung nach § 319 ZPO kann in diesem Fall nur erfolgen, wenn sich aus dem Gesamtzusammenhang und hierbei insbesondere aus den Entscheidungsgründen des Urteils ergibt, dass das Gericht eine entsprechende Kostenentscheidung getroffen hat, so dass deren Aufnahme in die Urteilsformel nur versehentlich unterblieben ist.[8]   3

Von einer Unrichtigkeit wird auch dann ausgegangen, wenn ein **fehlerhafter Ausdruck** vorliegt. Dies ist z.B. dann der Fall, wenn **Verzugszinsen** gemäß § 288 Abs. 1 Satz 2 BGB fehlerhaft „in Höhe von 5 Prozent über dem Basiszinssatz" zugesprochen werden, anstatt „in Höhe von 5 Prozentpunkten über dem Basiszinssatz", wobei diesbezüglich sogar eine entsprechende Auslegung einer Urteilsformel durch den Gerichtsvollzieher zulässig ist.[9]   4

Eine Unrichtigkeit kann auch in einer **Unvollständigkeit** bestehen. So kann bspw. eine Urteilsformel gemäß § 319 ZPO berichtigt werden, in der ein Ausspruch über einen **einzelnen Anspruch** fehlt, wenn sich aus den Entscheidungsgründen ergibt, dass das Gericht über den entsprechenden Anspruch entschieden hat.[10]   5

Die Unrichtigkeit muss **offenbar** sein. Dies ist der Fall, wenn die Unrichtigkeit für einen **Außenstehenden** aus dem Zusammenhang des Urteils oder Vorgängen bei Erlass und Verkündung ohne weiteres erkennbar ist.[11] Allerdings ist die fehlerhafte Aufnahme eines Richters in das Rubrum eines Urteils ebenfalls i.d.S. offenbar, obwohl die Unrichtigkeit nur für diejenigen Richter erkennbar ist, die an diesem Urteil tatsächlich mitgewirkt haben.[12] Das Gesetz nennt Schreib- und Rechnungsfehler explizit als **Varianten** einer offenbaren Unrichtigkeit, deren Korrektur zulässig ist.   6

Eine Berichtigung einer offenbaren Unrichtigkeit über § 319 ZPO kann grundsätzlich in **allen Bestandteilen** des Urteils erfolgen.   7

Eine offenbare Unrichtigkeit im **Rubrum** eines Urteils liegt bspw. dann vor, wenn in diesem ein Richter bezeichnet ist, der an dem Urteil tatsächlich nicht mitgewirkt hat (vgl. Rn. 6). Hat dieser Richter das Urteil darüber hinaus unter Verstoß gegen § 315 Abs. 1 Satz 1 ZPO unterschrieben, so kann dessen Unterschrift **gestrichen** werden.[13] Im Weiteren stellen sich offenbare Unrichtigkeiten des Rubrums v.a. durch fehlerhafte Bezeichnungen der Parteien oder ihrer Vertreter dar. Dies kann bspw. dann der Fall sein, wenn im Laufe eines Rechtsstreits eine **Gesamtrechtsnachfolge** stattgefunden hat.[14] Denn auch bei unrichtiger äußerer Bezeichnung ist grundsätzlich die Person als Partei anzusehen, die erkennbar durch die Parteibezeichnung ge-   8

---

2 OLG Stuttgart, MDR 2004, 1377.
3 BGH, NJW-RR 1993, 700.
4 BAG, NJW 2009, 1161 (1163) = NZA 2009, 332 (333f.), Rn. 22ff. m.w.N.
5 BGH, NJW-RR 2005, 214f.
6 BGH, NJW 1985, 742 = MDR 1984, 824.
7 BGH, MDR 2013, 807, Rn. 2ff. m.w.N.
8 OLG München, NJW-RR 2003, 1440.
9 BGH, NJW-RR 2013, 511 = MDR 2013, 549 (550), Rn. 12 m.w.N.
10 BGH, NJW-RR 1991, 1278.
11 BGH, MDR 2013, 807, Rn. 2 m.w.N.
12 BGHZ 18, 350 (354) = NJW 1955, 1919 (1920).
13 BGHZ 18, 350 (354) = NJW 1955, 1919 (1920).
14 BGH, NJW 2002, 1430 (1431) = MDR 2002, 713 (714).

troffen werden soll,[15] so dass bei einer entsprechend falschen Bezeichnung der Partei jederzeit eine Berichtigung nach § 319 ZPO zulässig ist. Eine Rubrumsberichtigung **auf Seiten der beklagten Partei** ist jedoch immer dann unzulässig, wenn hierdurch eine subjektive Klageänderung oder -erweiterung herbeigeführt werden soll. Entscheidend ist damit stets die **rechtliche Identität** der Partei. Wenn diese durch eine Berichtigung des Rubrums geändert würde, so ist eine solche Berichtigung nach § 319 ZPO unzulässig.[16]

9 Eine offenbare Unrichtigkeit der **Urteilsformel** folgt grundsätzlich aus einer **Gesamtbetrachtung des Urteils** sowie **sonstiger relevanter objektiver Umstände**. So kann z.B. dann eine Berichtigung nach § 319 ZPO erfolgen, wenn im Tenor der Ausspruch „Im Übrigen wird die Klage abgewiesen" versehentlich vergessen wurde, obwohl sich eine solche, durch das Gericht beabsichtigte Entscheidung unzweifelhaft aus den Entscheidungsgründen ergibt,[17] wenn bei einer **Mehrheit von Klägern** die Klage des einen anstatt der des anderen abgewiesen oder bei einer **Mehrheit von Beklagten** der eine anstatt des anderen verurteilt wurde.[18] Ein **Rechenfehler** kann zu einer Korrektur einer zugesprochenen Urteilssumme führen.

10 Eine Berichtigung der **Kostenentscheidung** ist ebenfalls grundsätzlich möglich. Wenn sich aus den Entscheidungsgründen bspw. ergibt, dass das Gericht eine bestimmte **Kostenquote** getroffen hat, so kann eine hiervon abweichende Kostenquote im Tenor berichtigt werden. Dies ist auch dann möglich, wenn die Kostenquote **fehlerhaft berechnet** wurde. Ging das Gericht bei der Festlegung der Kostenquote aber von einem Streitwert aus, der **nachträglich geändert** wird, so ist eine Berichtigung der nun fehlerhaften Kostenquote entsprechend § 319 ZPO mangels einer planwidrigen Regelungslücke unzulässig.[19] In dem Fall, dass die Urteilsformel überhaupt keine Kostenentscheidung enthält, ist über § 319 ZPO auch deren Ergänzung zulässig. Dies gilt allerdings nicht, wenn der Ausspruch, z.B. über die **Kosten der Nebenintervention**, durch das Gericht, wenn auch versehentlich, übersehen wurde, was insbesondere dann anzunehmen ist, wenn sich aus den Entscheidungsgründen diesbezüglich nichts ergibt.[20] Ebenso kann eine nachträgliche Kostenentscheidung i.S.d. § 281 Abs. 3 Satz 2 ZPO gegen den im Übrigen obsiegenden Kläger grundsätzlich nicht gemäß § 319 ZPO erfolgen, wenn sich nicht aus dem Gesamtzusammenhang des Urteils ergibt, dass der Ausspruch nur versehentlich in der Urteilsformel vergessen wurde; stattdessen ist eine Urteilsergänzung gemäß § 321 ZPO durchzuführen.[21] In dem Fall, dass die Hauptsacheentscheidung nachträglich gemäß § 321 ZPO berichtigt wird, kann entsprechend § 319 ZPO auch eine nachträgliche Korrektur der Kostenentscheidung erfolgen.[22] Weil die Kostenentscheidung bei Urteilserlass grundsätzlich richtig war, kann § 319 ZPO nicht direkt angewendet werden. Da die Hauptsacheentscheidung versehentlich unrichtig war, ist davon auszugehen, dass auch die nach Korrektur fehlerhafte Kostenentscheidung auf diesem Versehen beruht, so dass davon ausgegangen werden kann, dass bei bereits anfänglich korrekter Hauptsacheentscheidung auch eine entsprechend richtige Kostenentscheidung getroffen worden wäre.

11 Eine nicht erfolgte **Rechtsmittelzulassung** ist grundsätzlich über § 319 ZPO korrigierbar, d.h., wenn sich aus dem Gesamtzusammenhang des Urteils oder aus den Vorgängen bei seinem Erlass oder seiner Verkündung ergibt, dass durch das Gericht die Zulassung eines Rechtsmittels bereits bei dessen Erlass beabsichtigt war.[23]

12 Offenbare Unrichtigkeiten sind **von Amts wegen** durch das Gericht zu berichtigen, das das Urteil erlassen hat. Dies bedeutet, dass § 319 ZPO dem Gericht die Befugnis gibt, sich **selbstständig zu korrigieren**. Das Gericht muss berichtigen, falls und sobald es von einem entsprechenden Fehler Kenntnis erlangt. Ein Antrag einer Naturalpartei im **Anwaltsprozess** ist hierbei als Anregung an das Gericht anzusehen, die Prüfung zu beginnen.[24] Im Gegensatz zur Tatbestandsberichtigung nach § 320 ZPO ist es nicht erforderlich, dass auch konkret der Richter, der die Entscheidung erlassen hat, an der Berichtigung mitwirkt.[25] Die Berichtigung des Urteils eines Einzelrichters durch das Kollegium und *vice versa* ist jedoch nicht zulässig, da beide Entscheidungsorgane jeweils innerhalb ihrer Zuständigkeit das Prozessgericht darstellen.

---

15 BGH, NJW-RR 2004, 501.
16 BAG, NJW 2009, 1293 = NZA 2009, 221 (222), Rn. 14 m.w.N.
17 BGHZ 182, 158 (178) = NJW 2010, 227 (232), Rn. 67.
18 BGHZ 113, 228 (231) = NJW 1991, 1834 = MDR 1991, 523.
19 BGH, NJW-Spezial 2008, 636f. = MDR 2008, 1292f. (str.).
20 BGH, MDR 2013, 807, Rn. 2f. m.w.N.
21 OLG Hamm, NJW-RR 2000, 1524 = MDR 2000, 1149f.
22 BGH, NJW-RR 2010, 19 (20), Rn. 22 m.w.N. (str.).
23 BGH, NJW-RR 2009, 1349 (1350), Rn. 8 m.w.N. = MDR 2009, 887 (888).
24 OLG Hamm, NJW-RR 1987, 187 (188) = FamRZ 1986, 1136 (1138f.).
25 BGHZ 106, 370 (373) = NJW 1989, 1281 = MDR 1989, 531 (532).

II. Berichtigungsbeschluss, Abs. 2

Der die Berichtigung aussprechende Beschluss ergeht gemäß § 128 Abs. 4 ZPO aufgrund **freigestellter mündlicher Verhandlung**, jedenfalls aber nach Anhörung der Parteien und ist anschließend auf dem Original des Urteils in der Akte zu vermerken oder mit dem Urteil untrennbar zu verbinden, was jedoch keine Voraussetzung einer Wirksamkeit der Berichtigung ist. Um dem Formerfordernis des § 319 Abs. 2 Satz 1 ZPO Genüge zu tun, ist es sinnvoll, die bereits hinausgegebenen Ausfertigungen bzw. Abschriften zurückzufordern, um den Berichtigungsbeschluss auch mit diesen verbinden zu können. Eine Verpflichtung der Parteien zur Hereingabe der Ausfertigungen besteht jedoch nicht. In diesem Fall empfiehlt es sich aber, den Berichtigungsbeschluss förmlich zuzustellen. Für elektronische Dokumente gelten die Formvorgaben des § 319 Abs. 2 Satz 2, 3 ZPO, d.h. der Berichtigungsbeschluss ist in einem gesonderten elektronischen Dokument festzuhalten und anschließend mit dem Original des Urteils untrennbar zu verbinden.

13

III. Rechtsmittel, Abs. 3

Wenn das Gericht die Berichtigung ablehnt, findet hiergegen kein Rechtsmittel statt. Gegebenenfalls kommt jedoch die Anhörungsrüge gemäß § 321a ZPO in Betracht.

14

Spricht das Gericht der 1. Instanz eine Berichtigung aus, so ist hiergegen das Rechtsmittel der **sofortigen Beschwerde** gegeben, wenn das Amtsgericht oder das Landgericht entschieden hat. Erfolgte die Berichtigung durch das Oberlandesgericht oder im Berufungsrechtszug durch das Landgericht, so findet gemäß § 574 Abs. 1 Nr. 2, Abs. 3 ZPO hiergegen die **zugelassene Rechtsbeschwerde** statt. Die Beschwerdefrist beginnt mit der Zustellung des Beschlusses, § 329 Abs. 3 ZPO. In dem Fall, dass das Gericht unzulässigerweise (vgl. Rn. 2) einen **Prozessvergleich** über § 319 ZPO berichtigt hat, kann dieser Beschluss nicht nach § 319 Abs. 3 ZPO angefochten werden, da auch eine korrekte Berichtigung des Protokolls nach § 164 Abs. 1 ZPO nicht anfechtbar wäre.[26]

15

C. Prozessuales
I. Auswirkung der Berichtigung auf Rechtsmittelfristen

Grundsätzlich beginnt die **Rechtsmittelfrist** mit der Zustellung des Urteils, da die Berichtigung auch auf den Zeitpunkt der Urteilsverkündung zurückwirkt, d.h. es ist nur das Urteil in der korrigierten Form und Fassung entscheidend. Eine später erfolgende Berichtigung nach § 319 ZPO hat damit auf den Lauf der Rechtsmittelfrist grundsätzlich keine Auswirkung.[27] Die **Zustellung des Berichtigungsbeschlusses** ist jedoch dann ausnahmsweise maßgebend, wenn die Parteien erst aufgrund der Berichtigung eine ausreichende Grundlage für die Entschließung zum weiteren Vorgehen und damit auch zur Einlegung eines Rechtsmittels haben, was bspw. dann der Fall ist, wenn sich erst aus der Berichtigung des Rubrums ergibt, gegen wen ein Rechtsmittel zu richten ist[28] oder wenn erst durch die Berichtigung der Urteilsformel ein Rechtsmittel ausdrücklich zugelassen wird.[29]

16

II. Bindungswirkung von Berichtigungsbeschlüssen

Berichtigungsbeschlüsse treffen zwar keine Entscheidung in der Sache. Sie sind der **materiellen Rechtskraft** aber fähig, soweit sie den entscheidenden Teil des Urteils, die Urteilsformel, bestimmen.[30] Ist ein solcher Berichtigungsbeschluss fehlerhaft, kann er trotz formeller Rechtskraft keine Bindungswirkung für ein anderes Gericht haben,[31] was z.B. dann der Fall ist, wenn die Voraussetzungen des § 319 ZPO nicht vorlagen, weil sich die offenbare Unrichtigkeit aus dem Urteil selbst nicht ergibt,[32] wenn durch eine fehlerhafte Berichtigung nachträglich ein Rechtsmittel zugelassen wird[33] oder wenn durch die fehlerhafte Berichtigung tatsächlich eine unzulässige subjektive Klageerweiterung vorgenommen wird (vgl. Rn. 8).

17

---

26 BGH, NJW-RR 2005, 214 = MDR 2005, 46 f.
27 BGHZ 89, 184 (186) = NJW 1984, 1041 = MDR 1984, 387 (388).
28 BGHZ 113, 228 (231) = NJW 1991, 1834 = MDR 1991, 523.
29 BGH, NJW 2004, 2389.
30 BGH, NJW 1985, 742 (743).
31 BGHZ 20, 188 (192 f.) = NJW 1956, 830 (831).
32 BGHZ 20, 188 (192) = NJW 1956, 830 (831).
33 BGHZ 127, 74 (76) = NJW 1994, 2832 (2833 f.) = MDR 1994, 1142 f.

§ 320
Berichtigung des Tatbestandes

(1) Enthält der Tatbestand des Urteils Unrichtigkeiten, die nicht unter die Vorschriften des vorstehenden Paragraphen fallen, Auslassungen, Dunkelheiten oder Widersprüche, so kann die Berichtigung binnen einer zweiwöchigen Frist durch Einreichung eines Schriftsatzes beantragt werden.

(2) ¹Die Frist beginnt mit der Zustellung des in vollständiger Form abgefassten Urteils. ²Der Antrag kann schon vor dem Beginn der Frist gestellt werden. ³Die Berichtigung des Tatbestandes ist ausgeschlossen, wenn sie nicht binnen drei Monaten seit der Verkündung des Urteils beantragt wird.

(3) Über den Antrag ist mündlich zu verhandeln, wenn eine Partei dies beantragt.

(4) ¹Das Gericht entscheidet ohne Beweisaufnahme. ²Bei der Entscheidung wirken nur diejenigen Richter mit, die bei dem Urteil mitgewirkt haben. ³Ist ein Richter verhindert, so gibt bei Stimmengleichheit die Stimme des Vorsitzenden und bei dessen Verhinderung die Stimme des ältesten Richters den Ausschlag. ⁴Eine Anfechtung des Beschlusses findet nicht statt. ⁵Der Beschluss, der eine Berichtigung ausspricht, wird auf dem Urteil und den Ausfertigungen vermerkt. ⁶Erfolgt der Berichtigungsbeschluss in der Form des § 130b, ist er in einem gesonderten elektronischen Dokument festzuhalten. ⁷Das Dokument ist mit dem Urteil untrennbar zu verbinden.

(5) Die Berichtigung des Tatbestandes hat eine Änderung des übrigen Teils des Urteils nicht zur Folge.

Inhalt:

	Rn.		Rn.
A. Allgemeines	1	II. Antrag auf Tatbestandsberichtigung, Abs. 1, Abs. 2	5
B. Erläuterungen	2	III. Weiteres Verfahren der Tatbestandsberichtigung, Abs. 3, 4	7
I. Inhaltliche Voraussetzungen einer Tatbestandsberichtigung, Abs. 1	2	C. Prozessuales und Rechtsmittel	11

A. Allgemeines

1 Durch die Regelung des § 320 ZPO wird dem Gericht ebenso wie durch die §§ 319, 321, 321a ZPO **ausnahmsweise** die Möglichkeit eröffnet, ein von ihm erlassenes Urteil unter **Durchbrechung der Bindungswirkung** des § 318 ZPO nachträglich zu ändern (vgl. auch § 319 Rn. 1). Sinn und Zweck der Tatbestandsberichtigung ist es, zu verhindern, dass in den Tatbestand fehlerhaft aufgenommener Parteivortrag aufgrund der **Beweiskraft des § 314 ZPO** zur Tatsachengrundlage einer **Entscheidung des Rechtsmittelgerichts** wird.[1] Nachdem aber durch das **Berufungsgericht** das **gesamte Streitverhältnis** in den von den §§ 529, 530, 531 ZPO gezogenen Grenzen zu berücksichtigen[2] und damit grundsätzlich der **gesamte Akteninhalt** entscheidend ist (vgl. § 314 Rn. 5), ist die Berichtigung des Tatbestandes eines **erstinstanzlichen Urteils** vor dem dargestellten Sinn und Zweck des § 320 ZPO von nicht allzu großer Bedeutung.[3]

B. Erläuterungen
I. Inhaltliche Voraussetzungen einer Tatbestandsberichtigung, Abs. 1

2 Eine **Unrichtigkeit** i.S.d. § 320 Abs. 1 ZPO liegt nicht vor, wenn im Tatbestand der Vortrag der Parteien **seinem Sinn nach** richtig wiedergegeben wird. Eine **wörtliche Wiedergabe** ist nicht erforderlich, kann jedoch im Einzelfall, z.B. bei technischen Sachverhalten, sinnvoll sein.

3 Von einer **Auslassung** oder einer **Dunkelheit** kann nur dann ausgegangen werden, wenn ein bestimmtes Vorbringen trotz der durch § 313 Abs. 2 Satz 1 ZPO vorgeschriebenen Knappheit des Tatbestandes in diesen aufzunehmen gewesen wäre, um diesen vollständig sein zu lassen. Hierbei ist aber zu berücksichtigen, dass jedenfalls das Berufungsgericht grundsätzlich den gesamten Akteninhalt und damit auch sämtliche vorbereitenden Schriftsätze berücksichtigen muss (vgl. Rn. 1), so dass diese Variante der Tatbestandsberichtigung bei einem **erstinstanzlichen Urteil** nahezu ohne Bedeutung ist. Eine Ausnahme besteht dann, wenn durch eine Partei in der mündlichen Verhandlung vom Vorbringen in einem vorbereitenden Schriftsatz

---

1 BGH, NJW 1983, 2030 (2031 f.) = ZIP 1983, 864 (866).
2 BGH, NJW 2007, 2414 (2416), Rn. 16 m.w.N. = MDR 2007, 353 (nur Ls.).
3 Zöller-*Vollkommer*, ZPO, § 320 Rn. 1 m.w.N.

abweichender **Sachvortrag** erfolgt. Dies kann z.b. dann der Fall sein, wenn die Klagepartei in einem **Arzthaftungsprozess** in einem vorbereitenden Schriftsatz noch behauptet hat, sich bei einer ordnungsgemäßen Aufklärung über mögliche Behandlungsalternativen durch den beklagten Arzt in einem Gewissenskonflikt befunden zu haben, und dann in der mündlichen Verhandlung bei ihrer Anhörung durch das erkennende Gericht darlegt, dass sie sich von dem beklagten Arzt in jedem Fall hätte operieren lassen.

Widersprüche im Tatbestand können nur dann über § 320 ZPO berichtigt werden, wenn sie sich auf die **tatbestandlichen Feststellungen selbst** beziehen. Widersprüche zwischen dem Tatbestand und den Entscheidungsgründen, die eventuell auch erst nach einer durchgeführten Tatbestandsberichtigung entstehen (§ 320 Abs. 5 ZPO), können hingegen nur durch ein **Rechtsmittel** angefochten werden.[4] 4

II. Antrag auf Tatbestandsberichtigung, Abs. 1, Abs. 2

Der Antrag ist innerhalb einer Frist von zwei Wochen, die mit der Zustellung des vollständig abgefassten Urteils beginnt, zu stellen, § 320 Abs. 1, Abs. 2 Satz 1 ZPO. Die Frist kann gemäß § 224 Abs. 2 Hs. 2 ZPO **nicht verlängert** werden. Die **Ausschlussfrist** des § 320 Abs. 2 Satz 3 ZPO von drei Monaten seit Verkündung des Urteils bzw. dessen Zustellung im Falle des § 310 Abs. 3 ZPO kann ebenso nicht verlängert werden. Die 3-Monats-Frist ist selbst dann entscheidend, wenn ein Antrag auf Tatbestandsberichtigung vor deren Ablauf deswegen nicht gestellt werden kann, weil das Urteil **noch nicht vollständig abgefasst** ist. Eine **Verfahrensrüge** kann hierauf nur dann gestützt werden, wenn die behauptete Unrichtigkeit des Tatbestandes **entscheidungserheblich** war.[5] 5

Diese gesetzlichen Fristen stellen keine Frist i.S.d. § 233 Satz 1 ZPO dar, so dass nach deren direktem Anwendungsbereich eine **Wiedereinsetzung in den vorigen Stand** gegen deren Versäumung nicht zulässig ist. Gegen eine **analoge Anwendung** spricht, dass der Gesetzgeber in § 233 Satz 1 ZPO die Fristen, bei denen eine Wiedereinsetzung in den vorigen Stand in Betracht kommt, explizit geregelt hat. Dabei war ihm bekannt, dass es neben den dort genannten Fristen auch weitere gesetzliche Fristen in der ZPO gibt, wie auch die des § 320 Abs. 1, Abs. 2 ZPO, gibt, die damit nicht vom Anwendungsbereich des § 233 Satz 1 ZPO erfasst werden. Es kann daher nicht von einer planwidrigen Regelungslücke als notwendige Voraussetzung einer analogen Anwendung ausgegangen werden, so dass eine Wiedereinsetzung in den vorigen Stand gegen die Versäumung der genannten Frist im Ergebnis nicht in Betracht kommt.[6] 6

III. Weiteres Verfahren der Tatbestandsberichtigung, Abs. 3, 4

Über den Antrag entscheiden **nur** diejenigen Richter, die auch an der entsprechenden Entscheidung mitgewirkt haben, § 320 Abs. 4 Satz 2 ZPO. Ist daher bspw. der Amtsrichter oder der Einzelrichter **aus dem Gericht ausgeschieden**, kann eine Tatbestandsberichtigung nicht mehr erfolgen. In einem solchen Fall kann das Rechtsmittelgericht jedenfalls **nicht** von einer **vollen Beweiskraft des Tatbestandes** ausgehen, da dies diejenige Partei, die die Berichtigung beantragt hatte, in ihrem Grundrecht auf effektiven Rechtsschutz nach Art. 2 Abs. 1 GG in Verbindung mit dem Rechtsstaatsprinzip verletzen würde.[7] Jedenfalls **im Umfang der beantragten Berichtigung** kann der Tatbestand dann keine Beweiskraft i.S.d. § 314 ZPO haben.[8] Für den Fall, dass die Entscheidung durch ein Kollegialgericht erlassen wurde, ist darüber hinaus die Regelung des § 320 Abs. 4 Satz 3 ZPO zu beachten. 7

Das Gericht entscheidet über den Antrag durch Beschluss, der grundsätzlich **ohne mündliche Verhandlung** ergeht, die insbesondere auch eine Beweisaufnahme nicht stattfindet, § 320 Abs. 4 Satz 1 ZPO; es sei denn, eine der Parteien beantragt eine mündliche Verhandlung, § 320 Abs. 3 ZPO. Der Berichtigungsbeschluss wird auf dem Urteil und den Ausfertigungen vermerkt, § 320 Abs. 4 Satz 5 ZPO. Er kann auch in elektronischer Form ergehen, wobei er dann in einem gesonderten Dokument festzuhalten und mit dem Urteil untrennbar zu verbinden ist § 320 Abs. 4 Satz 6, 7 ZPO, d.h. es darf keine unmittelbare Berichtigung des Tatbestandes in dem Urteilsdokument selbst erfolgen. 8

Der Beschluss, der im Übrigen auch **keine Kostenentscheidung** enthält, ist den Parteien formlos zu übersenden, § 329 Abs. 2 Satz 1 ZPO. Beantragt diejenige Partei, die den Antrag auf 9

---

4 RGZ 122, 332 (334).
5 BGHZ 32, 17 (28) = NJW 1960, 866 (868) = MDR 1960, 644 (nur Ls.).
6 BGHZ 32, 17 (27f.) = NJW 1960, 866 (868) = MDR 1960, 644 (nur Ls.).
7 BVerfG, NJW 2005, 657 (658f.).
8 Stein/Jonas-*Leipold*, ZPO, § 320 Rn. 25.

Tatbestandsberichtigung stellt, gleichzeitig eine mündliche Verhandlung darüber, so ist dieser Antrag der Gegenseite zusammen mit der Ladung zum Termin zuzustellen, § 329 Abs. 2 Satz 2 ZPO. Ergeht der Beschluss über den Tatbestandsberichtigungsantrag dann aufgrund der mündlichen Verhandlung ist er zu verkünden und anschließend zuzustellen, § 329 Abs. 1 Satz 1, Abs. 2 Satz 1 (e contrario) ZPO.

10 Die Tatbestandsberichtigung bezieht sich **nur** auf den Tatbestand des Urteils. Die weiteren Bestandteile des Urteils i.S.d. § 313 Abs. 1, Abs. 3 ZPO, insbesondere die Entscheidungsgründe, bleiben von einer Tatbestandsberichtigung gänzlich unberührt, § 320 Abs. 5 ZPO.

C. Prozessuales und Rechtsmittel

11 Der Berichtigungsmöglichkeit nach § 320 ZPO unterliegen grundsätzlich zunächst **Urteile** der 1. Instanz und der Berufungsgerichte, wobei bei den Urteilen der Berufungsgerichte die gemäß § 540 Abs. 1 Nr. 1 ZPO in Bezug genommenen tatsächlichen Feststellungen sowie das entsprechende Parteivorbringen im Hinblick auf § 559 Abs. 1 ZPO der Berichtigung unterliegen kann.[9] Der Tatbestand von Urteilen der Revisionsgerichte hingegen kann grundsätzlich nicht gemäß § 320 ZPO berichtigt werden, da dieser keine Beweiskraft i.S.d. § 314 ZPO hat. Dies kann aber **ausnahmsweise** dann möglich sein, wenn im Falle einer Zurückverweisung diese Beweiskraft dem Tatbestand des revisionsgerichtlichen Urteils zukommt.[10]

12 Auf **Beschlüsse** ist die Regelung des § 320 ZPO grundsätzlich **nicht** anwendbar. Dies kann **ausnahmsweise** aber dann der Fall sein, wenn der entsprechende Beschluss als Endentscheidung in einem Beschlussverfahren ergeht[11] und als möglicher Gegenstand einer Rechtsbeschwerde eine Darstellung des Sachverhalts sowie eine rechtliche Begründung erfordert.[12]

13 Ein Beschluss, durch den der Tatbestand berichtigt wird, kann selbst nicht über § 320 ZPO berichtigt werden. Hier kommt allenfalls eine Berichtigung nach § 319 ZPO in Betracht.[13]

14 In **Ehe- und Familienstreitsachen** ist § 320 ZPO über § 113 Abs. 1 Satz 2 FamFG entsprechend anwendbar.

15 Gegenüber einer Berichtigung nach § 319 ZPO ist diejenige über § 320 ZPO **nachrangig**, was sich so schon aus dem Wortlaut des § 320 Abs. 1 ZPO ergibt. Hinsichtlich einer **Ergänzung des Urteils** nach § 321 ZPO ist zu berücksichtigen, dass dieser gegebenenfalls eine Tatbestandsberichtigung **vorauszugehen** hat, wenn z.B. ein versehentlich übersehener Antrag auch nicht in den Tatbestand aufgenommen worden ist.[14] Die **Gehörsrüge** nach § 321a ZPO ist auch gegenüber der Tatbestandsberichtigung subsidiär, wenn durch diese die Gehörsverletzung vollständig beseitigt wird.[15]

16 Die Unrichtigkeit des Tatbestandes kann **nicht** durch eine **Verfahrensrüge** gemäß §§ 520 Abs. 3 Satz 2 Nr. 2, 529 Abs. 2 Satz 1 ZPO in der Berufungsinstanz bzw. gemäß §§ 551 Abs. 3 Satz 1 Nr. 2 Buchst. b, 557 Abs. 3 Satz 2 ZPO in der Revisionsinstanz gerügt werden, sondern **muss** über § 320 ZPO korrigiert werden.[16] Insofern kann die Tatbestandsberichtigung sowohl **Voraussetzung für ein Rechtsmittel** (vgl. Rn. 1) als auch **Grundlage einer Verfahrensrüge** sein, wenn die beantragte Berichtigung durch das Gericht fehlerhaft abgelehnt worden ist und hierin zugleich eine Verletzung des rechtlichen Gehörs nach Art. 103 Abs. 1 GG liegt, was bspw. dann der Fall ist, wenn die tatbestandlichen Feststellungen tatsächlich widersprüchlich sind.[17]

17 Im Übrigen ist der Beschluss, mit dem das Gericht über einen Tatbestandsberichtigungsantrag entscheidet, grundsätzlich nicht anfechtbar, § 320 Abs. 4 Satz 4 ZPO. Eine **Ausnahme** besteht insoweit, wenn das Gericht den Tatbestandsberichtigungsantrag **sachlich nicht verbeschieden** hat, z.B. weil sämtliche zur Entscheidung berufene Richter verhindert waren und deshalb der Tatbestandsberichtigungsantrag zurückgewiesen wurde.[18] In diesen Fällen kann der Beschluss mit einer **Gegenvorstellung** angefochten werden. Im Übrigen kann auch die **Anhörungsrüge** nach § 321a ZPO in Betracht kommen.

---

9 BGH, NJW-RR 2007, 1434 (1435), Rn. 11 m.w.N. = MDR 2007, 853.
10 BGH v. 22.02.1990, IX ZR 257/88, juris, Rn. 2 m.w.N.
11 BGHZ 65, 30 (36) = GRUR 1976, 40 (41).
12 BGH, NZI 2010, 530 (531), Rn. 7 m.w.N. = MDR 2010, 957 f.
13 BGH, NJW-RR 1988, 407 (408 f.) = MDR 1988, 389.
14 BGH, NJW-RR 2005, 790 (791).
15 Zöller-*Vollkommer*, ZPO, § 321a Rn. 4 m.w.N.
16 BGH, NJW-RR 2016, 396 (397) = NZBau 2016, 159 (160), Rn. 14 m.w.N.
17 BGH, NJW 2011, 1513 (1514), Rn. 12 m.w.N. = MDR 2011, 446 (nur Ls.).
18 Zöller-*Vollkommer*, ZPO, § 320 Rn. 14 m.w.N.

§ 321
Ergänzung des Urteils

(1) Wenn ein nach dem ursprünglich festgestellten oder nachträglich berichtigten Tatbestand von einer Partei geltend gemachter Haupt- oder Nebenanspruch oder wenn der Kostenpunkt bei der Endentscheidung ganz oder teilweise übergangen ist, so ist auf Antrag das Urteil durch nachträgliche Entscheidung zu ergänzen.
(2) Die nachträgliche Entscheidung muss binnen einer zweiwöchigen Frist, die mit der Zustellung des Urteils beginnt, durch Einreichung eines Schriftsatzes beantragt werden.
(3) ¹Auf den Antrag ist ein Termin zur mündlichen Verhandlung anzuberaumen. ²Dem Gegner des Antragstellers ist mit der Ladung zu diesem Termin der den Antrag enthaltende Schriftsatz zuzustellen.
(4) Die mündliche Verhandlung hat nur den nicht erledigten Teil des Rechtsstreits zum Gegenstand.

Inhalt:

	Rn.		Rn.
A. Allgemeines	1	II. Verfahren der Urteilsergänzung, Abs. 2–4	5
B. Erläuterungen	2	C. Prozessuales und Rechtsmittel	7
I. Inhaltliche Voraussetzungen einer Urteilsergänzung, Abs. 1	2		

A. Allgemeines

Die Ergänzung des Urteils über § 321 ZPO enthält neben den §§ 319, 320 ZPO eine weitere 1 Möglichkeit, nach der das Gericht **entgegen der Bindungswirkung** gemäß § 318 ZPO sein Urteil **ausnahmsweise** ändern kann. Das Gericht erhält hier aufgrund des offensichtlichen Verstoßes gegen den Anspruch der Partei auf **rechtliches Gehör** nach Art. 103 Abs. 1 GG die Möglichkeit, sein lückenhaftes Urteil nachträglich zu ergänzen.[1] Es ist dabei davon auszugehen, dass ein solches Urteil noch nicht per se inhaltlich fehlerhaft, sondern eben nur **ergänzungsbedürftig** ist. Insofern ist in diesen Fällen auch ein **Rechtsmittel** mangels Beschwer nicht zulässig, da ein geltend gemachter Anspruch durch das Gericht noch gar nicht verbeschieden wurde.[2] Das Gericht hat eben noch nicht über all das entschieden, worüber es zu entscheiden hatte. Die Urteilsergänzung setzt jedoch stets einen **Antrag** voraus und kann nicht von Amts wegen erfolgen.

B. Erläuterungen
I. Inhaltliche Voraussetzungen einer Urteilsergänzung, Abs. 1

Eine Urteilsergänzung kommt nur in Betracht, wenn ein Haupt- oder Nebenanspruch, der von 2 einer Partei geltend gemacht wurde, oder die Kostenentscheidung durch das Gericht **versehentlich** übersehen wurde. Darüber hinaus verweisen die §§ 302 Abs. 2, 599 Abs. 2, 716, 721 Abs. 1 Satz 3 ZPO auf die Regelung des § 321 ZPO. Aufgrund der Wirkung des § 322 Abs. 2 ZPO ist auch eine **Aufrechnungsforderung** als ein Anspruch i.S.d. § 321 Abs. 1 ZPO anzusehen.[3] Eine Urteilsergänzung kommt auch in Betracht, wenn dem obsiegenden Kläger **versehentlich** nicht die **Mehrkosten** i.S.d. § 281 Abs. 3 Satz 2 ZPO auferlegt wurden[4] oder wenn die Entscheidung über die **Kosten des Nebenintervenienten** übersehen wurde.[5] Eine darüber hinaus gehende **analoge Anwendung** auf Fälle, in denen das Gericht bspw. versehentlich nicht über die Einwendung eines **Zurückbehaltungsrechts**[6] entschieden hat, ist jedoch mangels planwidriger Regelungslücke abzulehnen. In diesen Fällen ist das entsprechende Urteil mit einem Rechtsmittel anzufechten. Eine **Rechtsmittelzulassung** kann ebenfalls nicht über § 321 ZPO ergänzt werden, da ein Gericht, das sich nicht explizit mit der Zulassung befasst, zum Ausdruck bringt, dass es ein Rechtsmittel eben gerade nicht zulassen will. Dies gilt selbst dann, wenn es gar nicht bedacht hat, dass es ein Rechtsmittel zulassen könnte,[7] denn im entscheidenden Zeitpunkt des Urteilserlasses hat es damit die Voraussetzungen für die Zulassung eines Rechtsmittels offensichtlich, wenn auch möglicherweise rechtsirrig, nicht für gegeben

---

1 BVerfG, NJW-RR 2000, 1664.
2 BGH, NJW-RR 2010, 19 (20), Rn. 11 m.w.N. = MDR 2009, 1406.
3 Zöller-*Vollkommer*, ZPO, § 321 Rn. 3 m.w.N.
4 OLG Hamm, NJW-RR 2000, 1524 = MDR 2000, 1149 (1150).
5 BGH, NJW-RR 2005, 295 = MDR 2005, 526.
6 BGHZ 154, 1 (2 ff.) = NJW 2003, 1463 f. = MDR 2003, 589 f.
7 BGH, NJW 2011, 1516 = WuM 2011, 391, Rn. 4 m.w.N. (str.).

gehalten. Damit ist aber der Anwendungsbereich des § 321 ZPO nicht eröffnet. Hier kommt allenfalls eine nachträgliche Rechtsmittelzulassung auf eine Anhörungsrüge oder eine **befristete Gegenvorstellung** hin in Betracht, wenn die nicht erfolgte Rechtsmittelzulassung gegen **Verfahrensgrundrechte** verstoßen hat, z.B. willkürlich erfolgte.[8]

3 Jede Form der **bewusst** unterlassenen Entscheidung steht einer Urteilsergänzung entgegen und kann nur über ein Rechtsmittel angefochten werden.[9] Die **Unterscheidung**, ob im Einzelfall die Entscheidung nur versehentlich übersehen oder bewusst unterlassen wurde, muss insbesondere unter Heranziehung der Entscheidungsgründe erfolgen. Eine bewusste Unterlassung liegt bspw. dann vor, wenn das Gericht rechtsirrig davon ausgeht, dass ein Anspruch nicht anhängig ist.[10]

4 Wird infolge einer versehentlichen Unvollständigkeit das Urteil auch **sachlich unrichtig**, so steht sowohl die Urteilsergänzung als auch das entsprechende Rechtsmittel zur Verfügung. Dies ist bspw. der Fall, wenn bei einem **Vorbehaltsurteil** der Vorbehalt fehlt, § 302 Abs. 2 ZPO, oder wenn im Urteil die Klage „im Übrigen" abgewiesen wurde, ohne dass sich feststellen lässt, ob über einen einzelnen Anspruch überhaupt eine Entscheidung getroffen wurde.[11] In **Zweifelsfällen**, die sich bspw. in Fällen vollständiger Klageabweisung bei Urteilen ohne Tatbestand nach § 495a ZPO darstellen können, ist davon auszugehen, dass das Gericht vollständig entschieden hat, so dass keine Beschränkung auf die Urteilsergänzung nach § 321 ZPO besteht.[12]

II. Verfahren der Urteilsergänzung, Abs. 2–4

5 Die Urteilsergänzung muss innerhalb der gesetzlichen 2-wöchigen Frist, beginnend mit der Zustellung des Urteils, beantragt werden, § 321 Abs. 2 ZPO. Eine **Verlängerung** dieser Frist ist ebenso unzulässig, § 224 Abs. 2 Hs. 2 ZPO, wie eine **Wiedereinsetzung in den vorigen Stand** gegen die Versäumung der Frist gemäß § 233 ZPO (vgl. § 320 Rn. 6). Wenn zunächst der Tatbestand zu berichtigen ist, was bspw. der Fall sein kann, wenn durch das Gericht über einen Antrag nicht entschieden wurde und zu diesem Anspruch auch im Tatbestand des Urteils keine Ausführungen wie die Wiedergabe des entsprechenden Antrages enthalten sind,[13] beginnt die Frist erst mit der Zustellung des entsprechenden Berichtigungsbeschlusses.[14] In dem Fall, dass die **Entscheidung über die Kosten der Streithilfe** zu ergänzen ist, beginnt die Frist erst mit der Zustellung des Urteils an den Streithelfer, was selbst dann gilt, wenn das Urteil selbst bereits formell rechtskräftig ist.[15]

6 Der Antrag ist dem Gegner zusammen mit der Ladung zum Termin zuzustellen, § 321 Abs. 3 ZPO. Hinsichtlich des nicht erledigten Teils erlässt das Gericht dann aufgrund der mündlichen Verhandlung bzw. bei Zustimmung der Parteien ohne eine solche mündliche Verhandlung, § 128 Abs. 2 ZPO, ein **Ergänzungsurteil**. Dieses ist ein **vollständiges Urteil**, welches sämtliche Bestandteile des § 313 ZPO enthält. Es kann insbesondere aber bspw. auch im Wege eines Versäumnis- oder Anerkenntnisurteils ergehen.

C. Prozessuales und Rechtsmittel

7 Wurde die Urteilsergänzung hinsichtlich eines Haupt- oder Nebenanspruchs nicht rechtzeitig beantragt, so erlischt dessen **Rechtshängigkeit**. Er kann bzw. muss dann im Wege einer **neuen Klage** erneut geltend gemacht werden. Das **Berufungsgericht** kann daher nur über diesen Antrag entscheiden, wenn er im Wege einer zulässigen Klageerweiterung nach § 533 ZPO anhängig gemacht werden kann und auch gemacht wird.[16] Dies gilt aber nicht für die **Kostenentscheidung**, über die gemäß § 308 Abs. 2 ZPO stets von Amts wegen entschieden werden muss.

8 Das Ergänzungsurteil ist **selbstständig anfechtbar**, was aber auch bedeutet, dass eine etwaig erforderliche Rechtsmittelzulassung auch für das Ergänzungsurteil vorliegen muss.[17] Gemäß § 518 Satz 1 ZPO beginnt der Lauf der **Berufungsfrist** hinsichtlich des zuerst ergangenen Urteils mit der Zustellung des Ergänzungsurteils, wenn dieses noch innerhalb der Berufungsfrist gegen das zuerst ergangene Urteil ergangen ist. In dem Fall aber, dass die Berufungsfrist

---

8 BGH, NJW-RR 2013, 256 = MDR 2013, 421, Rn. 6 m.w.N.
9 BGHZ 182, 158 (179) = NJW 2010, 227 (232) = NZBau 2009, 707 (713), Rn. 70 m.w.N.
10 BGHZ 182, 158 (179) = NJW 2010, 227 (232) = NZBau 2009, 707 (713), Rn. 70.
11 BGH, NJW-RR 2010, 19 (20), Rn. 13 m.w.N. = MDR 2009, 1406.
12 BGH, NJW-RR 2011, 1285 (1286), Rn. 8 ff. m.w.N. = MDR 2011, 810.
13 BGH, NJW 2015, 1826 = MDR 2015, 607 f., Rn. 5 m.w.N.
14 BGH, NJW 1982, 1821 (1822) = MDR 1982, 663.
15 BGH, NJW-RR 2005, 295 = MDR 2005, 526.
16 BGH, NJW-RR 2005, 790 (791) = MDR 2005, 1069 (nur Ls.).
17 BGH, NJW 2000, 3008 = MDR 2000, 1209 (1210).

gegen das zuerst ergangene Urteil bei Erlass des Ergänzungsurteils bereits abgelaufen ist, zeitigt der Erlass des Ergänzungsurteils keine Wirkungen auf den Lauf der Berufungsfrist gegen das zuerst ergangene Urteil.[18]

§ 321a
Abhilfe bei Verletzung des Anspruchs auf rechtliches Gehör

(1) [1]Auf die Rüge der durch die Entscheidung beschwerten Partei ist das Verfahren fortzuführen, wenn
1. ein Rechtsmittel oder ein anderer Rechtsbehelf gegen die Entscheidung nicht gegeben ist und
2. das Gericht den Anspruch dieser Partei auf rechtliches Gehör in entscheidungserheblicher Weise verletzt hat.

[2]Gegen eine der Endentscheidung vorausgehende Entscheidung findet die Rüge nicht statt.

(2) [1]Die Rüge ist innerhalb einer Notfrist von zwei Wochen nach Kenntnis von der Verletzung des rechtlichen Gehörs zu erheben; der Zeitpunkt der Kenntniserlangung ist glaubhaft zu machen. [2]Nach Ablauf eines Jahres seit Bekanntgabe der angegriffenen Entscheidung kann die Rüge nicht mehr erhoben werden. [3]Formlos mitgeteilte Entscheidungen gelten mit dem dritten Tage nach Aufgabe zur Post als bekannt gegeben. [4]Die Rüge ist schriftlich bei dem Gericht zu erheben, dessen Entscheidung angegriffen wird. [5]Die Rüge muss die angegriffene Entscheidung bezeichnen und das Vorliegen der in Absatz 1 Satz 1 Nr. 2 genannten Voraussetzungen darlegen.

(3) Dem Gegner ist, soweit erforderlich, Gelegenheit zur Stellungnahme zu geben.

(4) [1]Das Gericht hat von Amts wegen zu prüfen, ob die Rüge an sich statthaft und ob sie in der gesetzlichen Form und Frist erhoben ist. [2]Mangelt es an einem dieser Erfordernisse, so ist die Rüge als unzulässig zu verwerfen. [3]Ist die Rüge unbegründet, weist das Gericht sie zurück. [4]Die Entscheidung ergeht durch unanfechtbaren Beschluss. [5]Der Beschluss soll kurz begründet werden.

(5) [1]Ist die Rüge begründet, so hilft ihr das Gericht ab, indem es das Verfahren fortführt, soweit dies auf Grund der Rüge geboten ist. [2]Das Verfahren wird in die Lage zurückversetzt, in der es sich vor dem Schluss der mündlichen Verhandlung befand. [3]§ 343 gilt entsprechend. [4]In schriftlichen Verfahren tritt an die Stelle des Schlusses der mündlichen Verhandlung der Zeitpunkt, bis zu dem Schriftsätze eingereicht werden können.

Inhalt:

	Rn.		Rn.
A. Allgemeines	1	V. Möglichkeit der Stellungnahme für die gegnerische Partei, Abs. 3	14
B. Erläuterungen	2	VI. Entscheidungsmöglichkeiten des Gerichts, Abs. 4, Abs. 5 Satz 1	15
I. Rügeberechtigung	2		
II. Rügegegenstand, Abs. 1 Satz 1 Nr. 1, Satz 2	3	VII. Fortgang des Verfahrens bei begründeter Rüge, Abs. 5 Satz 2–4	18
III. Rügebefugnis und Begründetheit der Rüge, Abs. 1 Satz 1 Nr. 2	5	C. Prozessuales, Rechtsmittel und Verjährungshemmung	19
IV. Form und Frist der Rüge, Abs. 2	12		

A. Allgemeines

Die Rüge i.S.d. § 321a ZPO ist ein **subsidiärer Rechtsbehelf**, der gegenüber dem **Ausgangsgericht** erhoben und mit dem die Verletzung des Anspruchs auf rechtliches Gehör nach Art. 103 Abs. 1 GG geltend gemacht wird. Die Rüge führt daher nicht zu einer Überprüfung der Entscheidung durch die nächste Instanz, sondern im Falle ihrer Begründetheit zu einer **Fortsetzung des Verfahrens vor dem angegangenen Gericht**, indem das Verfahren in den Stand vor der Ausgangsentscheidung zurückversetzt wird. Die Rüge ist also kein Rechtsmittel.[1] Der Eintritt der formellen Rechtskraft gemäß § 705 Satz 2 ZPO wird durch ihre Erhebung nicht gehemmt. Im Falle ihrer Begründetheit **durchbricht** die Rüge die Rechtskraft der Entscheidung.[2] Diese besondere Art der Abhilfe setzt jedoch auch tatsächlich eine Rüge voraus, 1

---

18 BGH, NJW 2009, 442 (443), Rn. 6 m.w.N. = MDR 2009, 282 (283).

Zu § 321a:
1 BGH, NJW-RR 2012, 977 (978) = MDR 2012, 988, Rn. 14 m.w.N.
2 BGH, NJW 2012, 3087 (3088) = MDR 2012, 1184 (1185), Rn. 13 m.w.N.

so dass ein entsprechendes Tätigwerden von Amts wegen unzulässig ist. Dem steht jedoch nicht entgegen, dass ein Gericht, das von Amts wegen von einem entsprechenden Verstoß Kenntnis erlangt, dazu verpflichtet ist, die Parteien hierauf hinzuweisen, so dass dann die jeweilige Partei die Möglichkeit einer ausdrücklichen Rüge hat.[3]

B. Erläuterungen
I. Rügeberechtigung

2 Die Rüge kann von **jedem Verfahrensbeteiligten** erhoben werden, der durch die Entscheidung beschwert ist und eine Verletzung des rechtlichen Gehörs rügen kann, weil ihm ein entsprechender Anspruch in dem konkreten Verfahren zusteht. Dies gilt insbesondere auch für den **Streithelfer**, der sowohl die Verletzung des von der unterstützten Hauptpartei abgeleiteten Anspruchs auf rechtliches Gehör als auch die Verletzung seines eigenen Anspruchs auf rechtliches Gehör rügen kann, wobei Letzteres sogar zum Nachteil der unterstützten Hauptpartei möglich ist.[4] Da sich die Rüge stets auf einen **Grundrechtsverstoß** beziehen muss, ist eine besondere, darüberhinausgehende Beschwer, z.B. i.S. eines bestimmten Streitwertes, nicht erforderlich.

II. Rügegegenstand, Abs. 1 Satz 1 Nr. 1, Satz 2

3 Die Rüge kann gegenüber **jeder** gerichtlichen Entscheidung erhoben werden, gegen die weder ein Rechtsmittel noch ein sonstiger Rechtsbehelf zulässig ist, § 321a Abs. 1 Satz 1 Nr. 1 ZPO. Hierzu gehören z.B. alle **letztinstanzlichen** Entscheidungen wie Revisionsurteile des BGH oder Berufungsurteile von Oberlandesgerichten, in denen die Revision nicht zugelassen wurde und die Nichtzulassungsbeschwerde gemäß § 26 Nr. 8 EGZPO unzulässig ist. Hierzu zählen aber auch bspw. erstinstanzliche Entscheidungen von Amts- oder Landgerichten, gegen die eine Berufung mangels einer 600,00 € übersteigenden Rechtsmittelbeschwer oder einer Zulassung der Berufung, § 511 Abs. 2 ZPO, unzulässig ist, was in der **Praxis** vor allem bei solchen Entscheidungen von Bedeutung ist, die durch ein Amtsgericht im vereinfachten Verfahren nach § 495a ZPO erlassen wurden. Darüber hinaus kann die Gehörsrüge auch gegenüber **formell rechtskräftigen Entscheidungen** erhoben werden, § 705 Satz 1 ZPO, da gegen eine solche Entscheidung ja gerade kein Rechtsbehelf oder Rechtsmittel mehr zulässig ist.[5]

4 **Zwischenentscheidungen** sind hingegen grundsätzlich mit der Gehörsrüge nicht anfechtbar, § 321a Abs. 1 Satz 2 ZPO. Dies gilt uneingeschränkt für solche Entscheidungen, mit denen gerade keine abschließende Entscheidung getroffen wird, wie dies bspw. bei **Beweisbeschlüssen** der Fall ist. Denn bei dieser Art von Entscheidung kann im weiteren Verfahrensgang eine mögliche Verletzung des rechtlichen Gehörs noch korrigiert werden. Wird hingegen durch eine unanfechtbare Zwischenentscheidung mit bindender Wirkung für das weitere Verfahren entschieden, so findet hiergegen aufgrund einer verfassungskonformen Auslegung des § 321a Abs. 1 Satz 2 ZPO die Gehörsrüge statt, wenn im weiteren Verfahren keine solche Korrektur einer behaupteten Gehörsverletzung mehr erfolgen kann, was z.B. bei einem nicht anfechtbaren Beschluss hinsichtlich der **Zurückweisung eines Richterablehnungsgesuchs** der Fall ist.[6] Dies ist aber auch bspw. bei der Gewährung von **Wiedereinsetzung in den vorigen Stand** für den Gegner möglich.[7]

III. Rügebefugnis und Begründetheit der Rüge, Abs. 1 Satz 1 Nr. 2

5 Der Anspruch auf rechtliches Gehör des Zivilprozesses geht grundsätzlich über denjenigen, der über Art. 103 Abs. 1 GG garantiert wird, **hinaus**, was so auch ohne Weiteres zulässig ist. Allerdings stellt auch nicht jeder Verfahrensverstoß gleichzeitig eine Verletzung des Anspruchs auf rechtliches Gehör dar.[8] Der sowohl dem Art. 103 Abs. 1 GG als auch den diesbezüglichen einfachgesetzlichen Anforderungen der ZPO entsprechende Anspruch auf rechtliches Gehör gibt den Parteien das Recht, zumindest die Möglichkeit zu erhalten, sich zu sämtlichen tatsächlichen und rechtlichen Fragen, die für die Entscheidung relevant sind, zu äußern.[9] Das Gericht darf dann seiner Entscheidung auch nur das zu Grunde legen, wozu den Parteien zuvor die Gelegenheit zur Stellungnahme gewährt worden ist.[10] Dieser Anspruch auf

---

3 Zöller-*Vollkommer*, ZPO, § 321a Rn. 6.
4 BGH, NJW 2009, 2679 (2680), Rn. 14 m.w.N. = MDR 2009, 1173.
5 Zöller-*Vollkommer*, ZPO, § 321a Rn. 5 m.w.N. (str.).
6 BVerfG, NJW 2009, 833, Rn. 9f.; a.A. BGH, NJW 2007, 3786 = FamRZ 2008, 144, Rn. 2 m.w.N.
7 BGH, NJW-RR 2009, 642 (643), Rn. 6 m.w.N. = MDR 2009, 520f.
8 BVerfG, NJW 2007, 2241.
9 BVerfGE 86, 133 (144) = ZIP 1992, 1020 (1023f.).
10 BVerfGE 84, 188 (190) = NJW 1991, 2823 (2824).

rechtliches Gehör muss durch das Gericht, das zuletzt mit der Sache befasst war,[11] in **entscheidungserheblicher** Art und Weise verletzt worden sein, was zunächst bedeutet, dass das Gericht die Anforderungen, die an es durch den Anspruch der Parteien auf Beachtung ihres rechtlichen Gehörs, der entweder unmittelbar aus Art. 103 Abs. 1 GG oder aus den diesbezüglichen und weitergehenden einfachgesetzlichen Regelungen der ZPO folgt, gestellt werden, nicht beachtet hat. Mit anderen Worten: Die Gehörsrüge kann sowohl unmittelbar auf eine **Verletzung des Art. 103 Abs. 1 GG** als auch auf die **Verletzung einer einfachgesetzlichen Norm**, die ebenfalls den Anspruch auf rechtliches Gehör gewährleisten soll, gestützt werden. Eine **analoge Anwendung** der Gehörsrüge nach § 321a ZPO auf **andere Verfahrensgrundrechte** scheidet im Übrigen aber aufgrund des eindeutigen Wortlauts der Norm[12] und des Nichtvorhandenseins einer planwidrigen Regelungslücke aus.

Ein rügefähiger Verstoß gegen den Anspruch auf rechtliches Gehör kann **unbeabsichtigt** erfolgen. Ein solcher Verstoß liegt z.B. dann vor, wenn ein **Schriftsatz** durch das Gericht nicht berücksichtigt wurde, weil dieser durch die Geschäftsstelle versehentlich nicht vorgelegt wurde[13] oder nicht zur Akte gelangt ist, weil er mit einem falschen Aktenzeichen versehen worden ist, nachdem und obwohl er noch innerhalb einer gesetzten Schriftsatzfrist bei dem entsprechenden Gericht eingegangen war. Insofern kommt es auch **nicht** auf ein **Verschulden des Gerichts** an.[14] 6

Ein Gehörsverstoß kann sich aber auch aus einer **bewussten, aber fehlerhaften Rechtsanwendung** des Gerichts ergeben. Hierbei ist jedoch zunächst zu berücksichtigen, dass über § 321a ZPO nicht die Möglichkeit besteht, grundsätzlich jede Entscheidung auf ihre inhaltliche Richtigkeit hin zu überprüfen, da das rechtliche Gehör als Verfahrensgrundrecht den Einzelnen nicht davor schützen kann und soll, dass ein Gericht bei der Entscheidung eines Rechtsstreits hierfür maßgebliche Normen und Normgefüge nicht sorgfältig genug liest, was dann dazu führt, dass ihm ein **Rechtsfehler** unterläuft.[15] Dies ist bspw. dann der Fall, wenn durch das Gericht gegen die §§ 296, 296a, 530, 531 ZPO verstoßen wurde, was z.B. auch dann möglich ist, wenn das Gericht die Entscheidung getroffen hat, noch bevor eine **Stellungnahmefrist** abgelaufen war.[16] 7

Ein rügefähiger Verstoß kommt auch bei einem **Rechtsanwendungsfehler** in Betracht, der seine Ursache sowohl im rechtlichen als auch im tatsächlichen Bereich haben kann und unter Berücksichtigung sämtlicher Umstände des Einzelfalls als besonders grob anzusehen ist, wovon z.B. ausgegangen werden kann, wenn ein Urteil erkennen lässt, dass das Gericht den Sachvortrag einer Partei ausschließlich wörtlich aufgefasst hat, **ohne** jedoch den **Sinn des Vortrages** zu erfassen[17] oder sich mit umfangreichem Vortrag **nur rudimentär** befasst.[18] Dies kann bspw. dann gegeben sein, wenn das Gericht einen Sachvortrag der Partei, der auch nach Auffassung des Gerichts für die Beurteilung des Rechtsstreits **wesentlich** ist, nicht berücksichtigt hat.[19] Dagegen liegt grundsätzlich **keine Verletzung** des rechtlichen Gehörs vor, wenn das Gericht **rechtsfehlerhaft** Vortrag einer Partei **als nicht entscheidungserheblich** beurteilt.[20] 8

Ein **Verstoß gegen die richterliche Hinweispflicht** kann grundsätzlich zu einer Verletzung des Anspruchs auf rechtliches Gehör im dargestellten Sinne führen, wenn auch nicht jeder Verstoß gegen solche Hinweispflichten mit einer Gehörsverletzung gleichbedeutend ist.[21] Das Gericht darf **ohne vorherigen Hinweis** bspw. seine Entscheidung nicht auf einen rechtlichen Aspekt fußen lassen oder solchen Tatsachenvortrag fordern, mit dem eine rechtskundige, den Prozess gewissenhaft betreibende Partei nicht zu rechnen braucht. **Überraschungsentscheidungen** verletzen damit den Anspruch des Einzelnen auf rechtliches Gehör.[22] **Gleichbedeutend** mit dem Fehlen eines derart gebotenen Hinweises ist die **Erteilung eines fehlerhaften Hinweises**, was gegebenenfalls auch die Erteilung eines neuen Hinweises mit einer entsprechenden Stellungnahmefrist erforderlich macht.[23] Das Gericht ist jedoch **keinesfalls** gehalten, 9

---

11 BGH, NJW 2009, 1609, Rn. 4. m.w.N. = MDR 2009, 760.
12 BGH, NJW-RR 2009, 144, Rn. 1 m.w.N. = MDR 2008, 1175.
13 BGH, NJW-RR 2011, 424 (425), Rn. 14 m.w.N. = FamRZ 2010, 1728 (nur Ls.).
14 BVerfG, NJW 2013, 925.
15 BAG, NJW 2012, 1164 (1165) = NZA 2012, 411 (412), Rn. 11 m.w.N.
16 BGH, NJW 2011, 1363, Rn. 4 m.w.N. = MDR 2011, 558f.
17 BGH, NJW 2009, 2137, Rn. 4 m.w.N.
18 BGH, NJW-RR 2009, 786 (787) = VersR 2009, 496, Rn. 1.
19 BGH, NJW-RR 2010, 1216 (1217) = ZIP 2010, 1668 (1669), Rn. 5 m.w.N.
20 BAG, NJW 2009, 543 = NZA 2009, 223f., Rn. 8 m.w.N.
21 BGH, GRUR 2008, 1126 (1127), Rn. 12 m.w.N.
22 BVerfG, NJW 2012, 2262, Rn. 18 m.w.N.
23 BGH, GRUR 2011, 851 (852), Rn. 14 = MDR 2011, 1133 (nur Ls.).

den Parteien vor Schluss der mündlichen Verhandlung darzulegen, **wie es** aller Voraussicht nach **entscheiden wird**.[24]

10 Die Gehörsverletzung ist **entscheidungserheblich**, wenn die Entscheidung auf der entsprechenden Rechtsverletzung beruht, wobei dies gleichbedeutend mit dem **Beruhen i.S.d. §§ 545, 547 ZPO** ist. Mit anderen Worten: Es kann **nicht ausgeschlossen** werden,[25] dass die Entscheidung anders gelautet hätte, wenn der Anspruch auf rechtliches Gehör nicht verletzt worden wäre (vgl. § 547 Rn. 1).[26] Dies ist **aus Sicht des Gerichts** zu beurteilen. Von einer Entscheidungserheblichkeit ist z.B. bei einer zu Unrecht erfolgten **Präklusion** nach den §§ 296, 296a, 530, 531 ZPO auszugehen, wenn nicht ausgeschlossen werden kann, dass bei Berücksichtigung des präkludierten Sachvortrages anders entschieden worden wäre. Entscheidungserheblichkeit kann bspw. auch angenommen werden, wenn nicht ausgeschlossen werden kann, dass bei einem **erteilten Hinweis nach § 139 ZPO** durch die belastete Partei weiterer Sachvortrag erfolgt oder weiterer Beweis angetreten worden wäre.[27]

11 Für die Begründetheit der Rüge kommt es schließlich **nicht** darauf an, dass das Gericht auch ohne den Gehörsverstoß zur gleichen Entscheidung gelangt wäre. Dies ist erst im nach der erfolgreichen Rüge fortzusetzenden Verfahren zu prüfen, § 321a Abs. 5 Satz 1, 2 ZPO.

IV. Form und Frist der Rüge, Abs. 2

12 Die Rüge ist in Form eines Schriftsatzes, wobei hierfür gegebenenfalls auch **Anwaltszwang** gemäß § 78 ZPO zu beachten ist,[28] an das Gericht zu adressieren, dessen Entscheidung angefochten werden soll, § 321a Abs. 2 Satz 4 ZPO. Dieser Schriftsatz muss in **formaler Hinsicht** die angefochtene Entscheidung bezeichnen, § 321a Abs. 2 Satz 5 Hs. 1 ZPO und außerdem **substantiiert** darlegen, dass der Anspruch auf rechtliches Gehör in entscheidungserheblicher Weise verletzt wurde, § 321a Abs. 2 Satz 5 Hs. 2 ZPO i.V.m. § 321a Abs. 1 Satz 1 Nr. 2 ZPO. Es müssen hierbei **sämtliche tatsächlichen Umstände** dargelegt werden, aus denen sich die Verletzung des Anspruchs auf rechtliches Gehör und deren Entscheidungserheblichkeit ergibt,[29] was bspw. im Falle einer behaupteten **Verletzung der richterlichen Hinweispflicht** voraussetzt, dass der Tatsachenvortrag/die Beweisangebote, der/die ohne die Verletzung der Hinweispflicht erfolgt wäre/wären, substantiiert dargelegt wird/werden.[30] Dies gilt auch dann, wenn die angegriffene Entscheidung zu Recht nicht begründet war, weil es sich bspw. um eine **Rechtsbeschwerde** gehandelt hat, § 544 Abs. Satz 2 Hs. 2 ZPO, da ansonsten über die Anhörungsrüge ein Begründungszwang eingeführt würde.[31] **Gründe**, die nicht innerhalb der Frist dargelegt worden sind, können **nicht** im weiteren Lauf des Verfahrens **nachgeschoben** werden. Eine **Ergänzung** einer erkennbar unklaren oder nicht vollständigen Begründung ist jedoch wie bei einem in dieser Hinsicht grundsätzlich **vergleichbaren Antrag auf Wiedereinsetzung in den vorigen Stand**, § 236 Abs. 2 Satz 1 ZPO, auch während des Rügeverfahrens zulässig.[32]

13 Für die Erhebung der Gehörsrüge steht gemäß § 321a Abs. 2 Satz 1 Hs. 1 ZPO eine **Notfrist von zwei Wochen** zur Verfügung, die mit dem Zeitpunkt beginnt, in dem dem Betroffenen die Verletzung des Anspruchs auf rechtliches Gehör bekannt wird. Dieser Zeitpunkt fällt bei schriftlich begründeten Entscheidungen grundsätzlich mit dem Zeitpunkt des Zugangs der entsprechenden Entscheidung zusammen.[33] Bei einem behauptetermaßen danach liegenden Zeitpunkt kann es erforderlich sein, diesen Zeitpunkt glaubhaft zu machen ist, § 321a Abs. 2 Satz 1 Hs. 2 ZPO i.V.m. § 294 ZPO. Die Notfrist kann **weder verlängert noch verkürzt** werden, § 224 Abs. 1, Abs. 2 ZPO. Eine **Wiedereinsetzung in den vorigen Stand** gegen deren Versäumung nach §§ 233ff. ZPO ist jedoch möglich. Nach Ablauf von einem Jahr seit Bekanntgabe der angefochtenen Entscheidung, die gemäß § 321a Abs. 2 Satz 3 ZPO bei formloser Bekanntgabe mit dem dritten Tag nach der Aufgabe zur Post fingiert wird, ist die Rüge **absolut verfristet** und daher unzulässig, § 321a Abs. 2 Satz 2 ZPO. Insofern handelt es sich hier um eine **Ausschlussfrist**, bei deren Versäumung auch eine Wiedereinsetzung in den vorigen Stand nicht zulässig ist.[34]

---

24 BGH, GRUR 2009, 91 (92), Rn. 12 = MDR 2009, 158 (nur Ls.).
25 BVerfGE 89, 381 (393) = NJW 1994, 1053 (1054) = FamRZ 1994, 493 (495).
26 BGH, NJW-RR 2011, 424 (425), Rn. 17.
27 BGH, GRUR 2008, 1126 (1127), Rn. 12 m.w.N.
28 BGH, NJW 2005, 2017 = MDR 2005, 1182.
29 BGH, NJW 2009, 1609, Rn. 10 m.w.N.
30 BGH, NJW 2009, 148 (150), Rn. 10 m.w.N. = MDR 2009, 100f.
31 BGH, NJW 2009, 1609 (1610), Rn. 12 m.w.N.
32 BGH, NJW 2011, 458 (460), Rn. 17, 21, jeweils m.w.N. = MDR 2011, 124f.
33 BGH, MDR 2013, 421 (422), Rn. 5 m.w.N.
34 Zöller-*Vollkommer*, ZPO, § 321a Rn. 14 m.w.N.

V. Möglichkeit der Stellungnahme für die gegnerische Partei, Abs. 3

Das Rügeverfahren ist ein **kontradiktatorisches** Verfahren, an dem die gegnerische Partei grundsätzlich zu beteiligen ist. Diese verliert im Fall der Begründetheit der Rüge eine ihr günstige Rechtsposition, da die formelle Rechtskraft der ergangenen Entscheidung durchbrochen wird. Die Beteiligung des Gegners ist aber dann ausnahmsweise **nicht erforderlich**, wenn die Rüge offensichtlich keinen Erfolg hat, d.h. wenn diese bereits als unzulässig zu verwerfen oder aber auch als offensichtlich unbegründet zurückzuweisen ist.

VI. Entscheidungsmöglichkeiten des Gerichts, Abs. 4, Abs. 5 Satz 1

Das Gericht entscheidet durch den für die angegriffene Entscheidung zuständigen Spruchkörper in dessen regulärer Besetzung. Es ist allerdings **nicht erforderlich**, dass hierbei auch **dieselben Richter** mitwirken, da die Regelung des § 320 Abs. 4 Satz 2 ZPO nicht entsprechend anwendbar ist.[35]

Zunächst prüft das Gericht die **Zulässigkeit** der erhobenen Rüge. Hierzu gehört, dass die Rüge an sich statthaft sowie form- und fristgemäß erhoben worden ist, § 321a Abs. 4 Satz 1, 2 ZPO. Ist dies nicht der Fall, so kann die Entscheidung bspw. lauten:

> Die durch [genaue Bezeichnung des Rügeführers] mit Schriftsatz vom [Datum] erhobene Gehörsrüge gegen [genaue Bezeichnung der angegriffenen Entscheidung] wird als unzulässig verworfen.

Im Rahmen der Prüfung der Begründetheit ist zu berücksichtigen, dass der Rügeführer die entscheidungserhebliche Verletzung des rechtlichen Gehörs zwar darzulegen hat. Diese muss aber weder glaubhaft gemacht noch bewiesen werden. Stattdessen trifft das Gericht insofern eine **Aufklärungspflicht von Amts wegen**, da ein Versäumnis des Gerichts nicht auf den Bürger abgewälzt werden darf.[36] Im Übrigen kann der Beschluss i.S.d. § 321a Abs. 4 Satz 3 ZPO z.B. folgendermaßen lauten:

> Die durch [genaue Bezeichnung des Rügeführers] mit Schriftsatz vom [Datum] erhobene Gehörsrüge gegen [genaue Bezeichnung der angegriffenen Entscheidung] wird als unbegründet zurückgewiesen.

VII. Fortgang des Verfahrens bei begründeter Rüge, Abs. 5 Satz 2–4

Im Falle einer **begründeten Rüge** hilft das Gericht dieser dadurch ab, dass es das **Verfahren fortsetzt**, wobei das Verfahren in die Lage zurückversetzt wird, in der es sich vor dem Schluss der mündlichen Verhandlung befunden hat, § 321a Abs. 5 Satz 1, 2 ZPO. Diesem Zeitpunkt entspricht im schriftlichen Verfahren der Zeitpunkt, bis zu dem Schriftsätze eingereicht werden können, § 321a Abs. 5 Satz 4 ZPO in Verbindung mit § 128 Abs. 2 Satz 2 ZPO. Einer **ausdrücklichen Abhilfeentscheidung** bedarf es **nicht**. Es ist aber ohne Weiteres **zweckmäßig**, dass das Gericht die Parteien durch einen Beschluss oder durch eine Verfügung auf die Fortsetzung des Verfahrens hinweist. Das Verfahren wird aber nur bezüglich des Streitgegenstandes fortgesetzt, der von der begründeten Rüge betroffen ist, denn nur „soweit" ist die Fortführung aufgrund der Rüge geboten. Für die nach Fortsetzung des Verfahrens durch das Gericht neu zu treffende Entscheidung gilt das **Verbot der reformatio in peius nicht**.[37] Gemäß §§ 321a Abs. 5 Satz 3, 343 Satz 1 ZPO hat das Gericht die ursprüngliche Entscheidung **aufrechtzuerhalten**, insoweit die nunmehr zu treffende Entscheidung mit dieser übereinstimmt. Andernfalls ist die Ausgangsentscheidung **aufzuheben**, §§ 321a Abs. 5 Satz 3, 343 Satz 2 ZPO.

C. Prozessuales, Rechtsmittel und Verjährungshemmung

Während der Durchführung des Rügeverfahrens kann gemäß § 707 Abs. 1 ZPO die **einstweilige Einstellung der Zwangsvollstreckung** beantragt werden. Der Verwerfungs- und der Zurückweisungsbeschluss enthält jeweils eine **Kostenentscheidung** nach § 97 ZPO. Außerdem ist bei einer **Nichtzulassungsbeschwerde** die *lex specialis* des § 544 Abs. 7 ZPO zu beachten.

Der Beschluss, durch den die Rüge als unzulässig verworfen oder als unbegründet zurückgewiesen wird, ist **unanfechtbar**, § 321a Abs. 4 Satz 4 ZPO. Trotzdem ist diesem grundsätzlich eine nach dem Gesetzeswortlaut „kurze" Begründung beizufügen, § 321a Abs. 4 Satz 5 ZPO,

---

35 BGH, NJW-RR 2006, 63 (64) = MDR 2006, 168.
36 BVerfG, NJW 1998, 2044 = ZIP 1998, 881 (882).
37 BGH, NJW-RR 2012, 977 (978) = MDR 2012, 988, Rn. 14 m.w.N.

wobei hierüber kein Begründungszwang für die keiner Begründung unterliegende Entscheidung über die **Nichtzulassungsbeschwerde** nach § 544 Abs. 2 Satz 2 Hs. 2 ZPO begründet werden kann.[38] Ein Beschluss, der eine zulässige Anhörungsrüge als unzulässig verwirft, kann die entsprechende Partei wiederum in ihrem Anspruch auf rechtliches Gehör nach Art. 103 Abs. 1 GG sowie in ihrem Anspruch auf effektiven Rechtsschutz nach Art. 2 Abs. 1 GG i.V.m. dem Rechtsstaatsprinzip verletzen, so dass die Verfassungsbeschwerde möglich ist.[39] Im Übrigen ist die **Verfassungsbeschwerde** gemäß Art. 93 Abs. 1 Nr. 4 Buchst. a, 103 Abs. 1 GG in Verbindung mit § 90 BVerfGG der einzige Rechtsbehelf, wenn die Gehörsrüge verworfen oder zurückgewiesen wurde, wobei diese dann **gegen die Ausgangsentscheidung** zu richten ist. Die Monats-Frist gemäß § 93 Abs. 1 Satz 1 BVerfGG beginnt mit der Zustellung des Beschlusses nach § 321a Abs. 4 Satz 2, 3 ZPO.[40]

21 In **materiell-rechtlicher Hinsicht** gilt es schließlich noch zu berücksichtigen, dass dadurch, dass bei einer begründeten Rüge eine Fortsetzung des Verfahrens erfolgt und die formelle Rechtskraft durchbrochen wird, die **Verjährung eines geltend gemachten Anspruchs** nach wie vor **gehemmt** ist, § 204 Abs. 2 Satz 1 BGB.

§ 322
Materielle Rechtskraft

(1) Urteile sind der Rechtskraft nur insoweit fähig, als über den durch die Klage oder durch die Widerklage erhobenen Anspruch entschieden ist.

(2) Hat der Beklagte die Aufrechnung einer Gegenforderung geltend gemacht, so ist die Entscheidung, dass die Gegenforderung nicht besteht, bis zur Höhe des Betrages, für den die Aufrechnung geltend gemacht worden ist, der Rechtskraft fähig.

Inhalt:

	Rn.		Rn.
A. Allgemeines	1	B. Erläuterungen	16
I. Inhalt der Norm	1	I. Rechtskraft von Urteilen, Abs. 1	16
II. Grundsätzliche Wirkung der Rechtskraft	3	II. Rechtskraft bei Entscheidung über eine Gegenforderung, Abs. 2	26
III. Tatsachenpräklusion	4	C. Prozessuales	29
IV. Bedeutung der Rechtskraft für die Zulässigkeit einer Klage	5	I. Durchbrechung der Rechtskraft	29
V. Bedeutung der Rechtskraft für die Begründetheit einer Klage	6	II. Rechtskraftwirkung i.S.d. § 322 Abs. 2 ZPO bei Aufrechnung durch den Kläger	32
VI. Zeitliche Komponente der Rechtskraft	10		

A. Allgemeines
I. Inhalt der Norm

1 Durch § 322 ZPO wird die **objektive** Reichweite und damit der **Umfang der Rechtskraft** festgelegt. Die Regelung ist insofern in engem Zusammenhang mit **§ 325 ZPO** zu sehen, durch den die **subjektive Reichweite der Rechtskraft** bestimmt wird. Grundgedanke der Rechtskraft ist, dass ein kontradiktorischer Streit zwischen Parteien **endgültig befriedet** werden soll, ohne dass dieser über denselben Streitgegenstand wiederholt werden kann.[1]

2 Die Rechtskraftwirkung besteht in ihren Grenzen grundsätzlich auch gegenüber Gerichten **anderer Gerichtsbarkeiten**. Da jedoch sowohl Straf- als auch Verwaltungs-, Sozial- und Finanzgerichte nahezu nie über denselben Streitgegenstand in objektiver und subjektiver Hinsicht wie ein Zivilgericht zu entscheiden haben, besteht hier **faktisch kaum eine Rechtskraftwirkung**. Eine Bindung des Zivilgerichts an ein **Strafurteil** besteht überdies aus diesem Grund ebenfalls nicht.[2]

---

38 BGH v. 08.10.2015, VII ZR 238/14, juris, Rn. 3.
39 BVerfG, NJW 2007, 2241 (2242).
40 BVerfG, NJW 2009, 3710, Rn. 16.

Zu § 322:
1 BGH, NJW 2004, 1805 (1806) = FamRZ 2004, 940 (941); vgl. zu den weiteren Theorien zur materiellen Rechtskraft Zöller-*Vollkommer*, ZPO, Vor § 322 Rn. 14–19.
2 BGH, NJW-RR 2005, 1024f. = MDR 2005, 1114.

II. Grundsätzliche Wirkung der Rechtskraft

Die **materielle Rechtskraft** setzt voraus, dass das Urteil gemäß § 705 ZPO **formell rechtskräftig** ist. Die Rechtskraftwirkung ist zunächst von der **Bindungswirkung** nach § 318 ZPO zu unterscheiden. Während wegen § 318 ZPO das Gericht, das das Urteil erlassen hat, grundsätzlich und auch schon vor Eintritt der formellen Rechtskraft an dieses gebunden ist (vgl. § 318 Rn. 3), hindert die materielle Rechtskraft im Rahmen ihrer Grenzen sowohl das Gericht, das das Urteil erlassen hat, als auch andere Gerichte an einer nochmaligen Entscheidung. Daraus folgt einerseits, dass **von Amts wegen** zu prüfende **Zulässigkeitsvoraussetzung** einer jeden Klage ist, dass dieser keine rechtskräftige Entscheidung entgegensteht.[3] Andererseits besteht bei **Präjudizialität** eine Bindungswirkung, was bedeutet, dass es jedem Gericht untersagt ist, erneut zu entscheiden, wenn über denselben Streitgegenstand bereits eine **vorgreifliche Entscheidung** ergangen ist.[4] Dies hat das Gericht ebenfalls **von Amts wegen** zu prüfen.[5]

3

III. Tatsachenpräklusion

Die Rechtskraftwirkung darf auch nicht dadurch unterlaufen werden, dass durch die Parteien in einem **Folgeprozess** vorgebracht werden könnte, dass die Entscheidung des zuerst befassten Gerichts auf einer **unrichtigen bzw. unvollständigen Tatsachengrundlage** beruht. Aus diesem Grund hat die Rechtskraft auch eine **Präklusion** von solchen Tatsachen zur Folgen, zu deren Vorbringen die Parteien eines Rechtsstreits angehalten sind, da diese bei einer „natürlichen", vom Standpunkt der Parteien ausgehenden Betrachtung in den durch ihren Sachvortrag zur Entscheidung gestellten Tatsachenkomplex gehört hätten" und zum entscheidenden Zeitpunkt des Schlusses der mündlichen Verhandlung auch objektiv bereits vorgelegen haben.[6] So ist bspw. der Kläger, der gegenüber einem Anlageberater **Schadensersatz** wegen Pflichtverletzungen im Rahmen einer **Anlageberatung** geltend macht, im Falle einer **rechtskräftigen Klageabweisung** in einem erneuten Prozess mit gleichem Klageziel mit dem Vortrag weiterer Pflichtverletzungen präkludiert. Ein Beklagter kann demgegenüber nach rechtskräftiger Verurteilung zur Bezahlung einer Forderung im Rahmen einer Vollstreckungsabwehrklage nach § 767 Abs. 2 ZPO nicht einwenden, dass die Forderung im Zeitpunkt des Schlusses der mündlichen Verhandlung an einen Dritten abgetreten war, auch wenn er von der Abtretung bis zu jenem Zeitpunkt **keine Kenntnis** gehabt hat.[7] Von der Tatsachenpräklusion wird allerdings nur solcher Vortrag erfasst, der zu demjenigen Vortrag, der bereits rechtskräftig festgestellt ist, in Widerspruch steht.[8]

4

IV. Bedeutung der Rechtskraft für die Zulässigkeit einer Klage

Die Klage ist **als unzulässig abzuweisen**, wenn bereits eine rechtskräftige Entscheidung über denselben Streitgegenstand vorliegt. Von einer **Identität des Streitgegenstandes** eines späteren Prozesses zu demjenigen des Vorprozesses ist auch beim **kontradiktatorischen Gegenteil** auszugehen. Dies ist bspw. der Fall, wenn der Beklagte rechtskräftig zur Zahlung eines bestimmten Geldbetrages verurteilt ist und nun in einem neuen Prozess die Rückzahlung des Geleisteten mit der Behauptung verlangt, dass tatsächlich nichts geschuldet sei[9] oder wenn der Verkäufer eines Grundstücks, der im ersten Prozess zur Erklärung der Auflassung verurteilt wurde, im Folgeprozess die Löschung der für den Käufer eingetragenen Auflassungsvormerkung geltend macht.[10]

5

V. Bedeutung der Rechtskraft für die Begründetheit einer Klage

Durch die **Präjudizialität** wird das Gericht an einer divergierenden Entscheidung im nachfolgenden Prozess gehindert. Dies kann dazu führen, dass die Klage **als unbegründet abzuweisen** ist, wenn das Gericht an eine rechtskräftige Entscheidung im Vorprozess, die nunmehr eine **Vorfrage** im gegenständlichen Rechtsstreit darstellt, gebunden ist.[11] Zu einer Unzulässigkeit der Klage führt die Bindungswirkung insofern nicht. Diese Bindungswirkung besteht für

6

---

3 BGH, NJW-RR 2009, 790, Rn. 16 m.w.N. = MDR 2009, 398.
4 BGH, NJW 2012, 1964 (1965) = MDR 2012, 1247 (1248), Rn. 11 m.w.N.
5 BGHZ 182, 325 (329) = GRUR 2010, 231 (232), Rn. 15 m.w.N.
6 BGHZ 123, 137 (141) = NJW 1993, 2684 (2685) = MDR 1993, 1117 (1118); BGHZ 117, 1 (6f.) = NJW 1992, 1172 (1174) = MDR 1992, 293 (294).
7 BGHZ 145, 352 (354 ff.) = NJW 2001, 231 (232 f.) = MDR 2001, 109 (110 f.).
8 BGH, NJW 2017, 893 (894) = MDR 2017, 297 (298), Rn. 20.
9 BGH, NJW 2000, 2022 (2023) = MDR 2000, 780.
10 BGH, NJW 1996, 395 (396) = MDR 1996, 411 (412).
11 BGH, NJW 2008, 1227f., Rn. 9 m.w.N. = MDR 2008, 522.

das Gericht **bei sämtlichen Entscheidungen**, die es während des Rechtsstreits trifft. Dies bedeutet bspw., dass das Gericht keinen Beweis über solche Umstände erheben darf, die bereits zu der rechtskräftigen Vorentscheidung geführt haben.

7 **Präjudizialität** liegt z.B. vor, wenn im Vorprozess ein Herausgabeanspruch zuerkannt wurde und im Folgeprozess Schadensersatzansprüche wegen der nicht erfolgten Herausgabe geltend gemacht werden[12] oder wenn im Vorprozess Schadensersatz im Wege der Naturalrestitution gemäß § 249 Abs. 1 BGB zuerkannt wurde und im Folgeprozess Schadensersatz in Geld gemäß §§ 250, 251 BGB verlangt wird.[13] Im ersten Fall ist das Gericht des Folgeprozesses an die rechtskräftig festgestellte Herausgabeverpflichtung gebunden. Im zweiten Fall besteht eine Bindung an die rechtskräftige Feststellung des Bestehens eines Schadensersatzanspruchs dem Grunde nach.

8 Zu unterscheiden ist die Bindungswirkung infolge Präjudizialität zunächst von der nicht bestehenden Bindung des nachfolgenden Gerichts an die Entscheidung einer **sonstigen Vorfrage** durch das Gericht des Erstprozesses. Eine solche Vorfrage ist bspw. das Eigentum bei einer Herausgabeklage nach § 985 BGB[14] oder einem Grundbuchberichtigungsanspruch nach § 894 BGB,[15] das Bestehen eines Mietverhältnisses, wenn im ersten Prozess der Mieter gemäß § 546 Abs. 1 BGB zur Rückgabe an den Vermieter verurteilt wurde und im Folgeprozess der Vermieter von einem Dritten die Herausgabe gemäß § 546 Abs. 2 BGB verlangt,[16] oder grundsätzlich das Bestehen eines wirksamen Vertragsverhältnisses, wenn in zwei aufeinanderfolgenden Prozessen Leistung und Gegenleistung eingeklagt werden.[17] Die Bindungswirkung besteht nur und insoweit, als die Vorfrage, die im Zweitprozess entscheidungserheblich ist, **Streitgegenstand des Erstprozesses** war, so dass hierüber eine der Rechtskraft fähige Entscheidung erging.[18] Eine Vorfrage kann jedoch bspw. durch die Erhebung einer **Zwischenfeststellungsklage nach § 256 Abs. 2 ZPO** zum Streitgegenstand werden, so dass dann auch eine rechtskräftige Entscheidung mit entsprechender Bindungswirkung über diese ergehen kann.

9 Keine Bindung besteht außerdem grundsätzlich an **Tatsachenfeststellungen**[19] durch das zuerst entscheidende Gericht oder an die **Beantwortung von Rechtsfragen** durch dieses.

VI. Zeitliche Komponente der Rechtskraft

10 Das Gericht berücksichtigt in seinem Urteil stets nur die Umstände **bis zum Zeitpunkt der letzten mündlichen Verhandlung**. Umstände, die nach diesem Zeitpunkt eintreten bzw. entstanden sind, können grundsätzlich in einem neuen Prozess geltend gemacht werden, was für die Vollstreckungsabwehrklage so auch ausdrücklich in § 767 Abs. 2 ZPO geregelt ist.[20] Die rechtskräftige Entscheidung aus einem Ersturteil über **denselben Streitgegenstand** steht dem gerade nicht entgegen. Insofern ist die Rechtskraftwirkung stets auch **zeitlich** begrenzt.

11 Eine im Erstprozess als unbegründet abgewiesene Klage kann grundsätzlich durch Umstände nach Schluss der letzten mündlichen Verhandlung **begründet werden**. Dies gilt z.B. dann, wenn durch den Kläger eine **abgetretene Forderung** geltend gemacht wird und die Klage im Erstprozess mangels wirksamer Abtretung und damit fehlender Aktivlegitimation rechtskräftig abgewiesen wurde, woraufhin im Zweitprozess dieselbe Forderung aufgrund einer nach Schluss der mündlichen Verhandlung im Erstprozess erfolgten Abtretung erneut geltend gemacht wird, auch wenn die Abtretung bereits vor diesem Zeitpunkt hätte erfolgen können.[21]

12 Darüber hinaus können bspw. auch die für die **Fälligkeit** einer Forderung erforderlichen Umständen erst nach rechtskräftiger Klageabweisung im Erstprozess eintreten. Insofern ist stets unter Berücksichtigung von Urteilsformel, Tatbestand und Entscheidungsgründen festzustellen, ob das Gericht die Klageabweisung tatsächlich **nur** auf den Umstand fehlender Fälligkeit gestützt oder bzw. und aus einem sonstigen Grund, bspw. eingetretener Verjährung,[22] die Klage abgewiesen hat. Das Gericht ist überdies im ersteren Fall gehalten, die Klage ausdrücklich als *derzeit unbegründet* abzuweisen, was sich jedenfalls aus den **Entscheidungsgründen** ergeben muss.[23] In einem solchen Fall steht dann rechtskräftig fest, dass dem Kläger bis zum

---

12 BGH, NJW 2006, 63 (64 f.) = MDR 2006, 348 (349).
13 BGH, NJW 1991, 2014 = MDR 1991, 1200.
14 BGH, NJW-RR 1999, 376 (377) = MDR 1999, 218.
15 Offenlassend BGH, NJW-RR 2008, 1397 (1398 f.), Rn. 19 m.w.N. = MDR 2008, 815 (816).
16 BGH, NJW 2010, 2208, Rn. 9 m.w.N. = MDR 2010, 856.
17 BGHZ 117, 1 (2 f.) = NJW 1992, 1172 (1173) = MDR 1992, 293 (294).
18 BGH, NJW 2008, 1227 f., Rn. 9 m.w.N. = MDR 2008, 522.
19 BGH, NJW-RR 1996, 826 (827) = MDR 1996, 845 f.
20 BGHZ 157, 47 (52) = NJW 2004, 1252 (1253 f.).
21 BGH, NJW 1986, 1046 (1047) = MDR 1986, 312.
22 BGHZ 143, 169 (172 f.) = NJW 2000, 590 (591) = MDR 2000, 291 (292).
23 BGH, NJW-RR 2001, 310 = MDR 2001, 83.

Schluss der mündlichen Verhandlung des Erstprozesses kein fälliger Anspruch gegen den Beklagten zustand, wobei das Gericht des Zweitprozesses an diese Feststellung gebunden ist und die Fälligkeit im Nachfolgeprozess nur aufgrund solcher Umstände angenehmen kann, die **nach dem Erstprozess entstanden** sind.[24] Dies bedeutet z. b. bei einem **BGB-Werkvertrag**, dass die die Fälligkeit der Werklohnforderung begründende Abnahme der Werkleistung i. S. d. §§ 640, 641 BGB nach Schluss der mündlichen Verhandlung im Erstprozess erfolgt. Bei einem Werkvertrag, in dessen Rahmen die Geltung der **VOB/B** vereinbart ist, setzt die Fälligkeit der Werklohnforderung gemäß § 16 Abs. 3 Nr. 1 VOB/B die Stellung einer prüffähigen Schlussrechnung durch den Auftragnehmer voraus, was grundsätzlich auch nach rechtskräftiger Klageabweisung im Erstprozess noch nachgeholt werden kann.[25]

Die Wahrnehmung eines **Gestaltungsrechts** bzw. die Abgabe einer **rechtsgestaltenden Willenserklärung** stellt jedoch grundsätzlich **keine** solche Tatsache dar, auf die eine erneute Klage erfolgreich gestützt werden kann. Insofern ist grundsätzlich entscheidend, zu welchem Zeitpunkt die **Umstände**, die das Gestaltungsrecht begründen, **vorlagen**. Wenn dies bereits vor dem Schluss der letzten mündlichen Verhandlung des Erstprozesses war, so ist der Kläger im Falle einer Klageabweisung aufgrund der entgegenstehenden Rechtskraft des Ersturteils daran gehindert, das Gestaltungsrecht nach Schluss der mündlichen Verhandlung auszuüben und hierauf eine erneute Klage mit demselben Streitgegenstand zu stützen. Es kommt dann zu einer **Präklusion des Gestaltungsrechts**. So ist z. b. bei einer **Aufrechnung** nicht die Aufrechnungserklärung, sondern das objektive Bestehen der Aufrechnungslage entscheidend[26] und es kann bspw. im Falle der rechtskräftigen Abweisung einer Klage auf Rückzahlung eines Kaufpreises Zug-um-Zug gegen Rückgabe des Kaufgegenstandes nach **Rücktritt wegen eines Mangels** dasselbe Klageziel in einem Zweitprozess nicht mit der Begründung, der Verkäufer habe den Mangel arglistig verschwiegen, verfolgt werden, auch wenn die hierauf gründende **Anfechtungserklärung** erst nach Schluss der mündlichen Verhandlung des Erstprozesses erfolgt ist. Dabei ist auch grundsätzlich ohne Bedeutung, ob der entsprechende Umstand im Vorprozess bereits bekannt war und dementsprechend hätte vorgetragen werden können.[27] In der **Praxis** stellt sich diese Problematik im Übrigen in erster Linie im Rahmen der Zulässigkeit von Gründen der Vollstreckungsabwehrklage nach § 767 Abs. 2 ZPO (vgl. § 767 Rn. 9).

Grundsätzlich hat die prozessuale Präklusion auch die **materiell-rechtliche Unwirksamkeit** eines Gestaltungsrechts zur Folge. So führt z. b. im Falle der prozessualen Präklusion einer Aufrechnungserklärung diese auch zum Erlöschen der Wirkung der Aufrechnungserklärung nach § 389 BGB.[28]

Im Falle eines **klageabweisenden Versäumnisurteils** gemäß § 330 ZPO ist überdies schließlich davon auszugehen, dass dieses **ausschließlich** wegen der Säumnis des Klägers ergangen ist, so dass etwaige weitere Gründe für die Klageabweisung ohne Bedeutung sind. Damit kann auch eine nachträglich eingetretene Fälligkeit einer Forderung einer Klage in einem neuen Prozess nicht zum Erfolg verhelfen.[29]

B. Erläuterungen
I. Rechtskraft von Urteilen, Abs. 1

Der Rechtskraft fähig sind grundsätzlich sämtliche Arten von **Urteilen** (vgl. § 300 Rn. 2 ff.). **Beschlüsse**, die formell rechtskräftig werden und in denen das Gericht eine rechtskraftfähige Sachentscheidung trifft, können demgegenüber ebenfalls materielle Rechtskraftwirkung haben,[30] was z. B. auf Beschlüsse nach § 522 Abs. 2 ZPO zutrifft. Ein **Prozessvergleich** kann demgegenüber unter keinen Umständen eine Rechtskraftwirkung haben,[31] auch wenn er über § 278 Abs. 6 Satz 2 ZPO gerichtlich festgestellt wurde.[32]

Keine Rechtskraftwirkung haben jedoch solche **Urteile**, die **gänzlich wirkungslos** sind. Hierzu zählen zunächst die **Scheinurteile**, die nur den Anschein eines Urteils erwecken. Ein Scheinurteil liegt bspw. vor, wenn ein Entwurf eines Urteils zugestellt wird, das nicht verkündet

---

24 BGH, NJW-RR 2011, 1528 (1529), Rn. 12 m. w. N. = MDR 2011, 1252.
25 BGHZ 140, 365 (368) = NJW 1999, 1867 = MDR 1999, 671.
26 BGH, NJW 2009, 1671 f., Rn. 11 m. w. N. = MDR 2009, 706 (707).
27 BGHZ 157, 47 (51) = NJW 2004, 1252 (1253 f.); zum Meinungsstand vgl. Zöller-*Vollkommer*, ZPO, Vor § 322 Rn. 63 f. m. w. N.
28 BGH, NJW 2009, 1671 (1672), Rn. 12 m. w. N. = MDR 2009, 706 f.
29 BGHZ 153, 239 (242) = NJW 2003, 1044 f. = MDR 2003, 468 (469).
30 BGH, NJW 2004, 1805 (1806) = FamRZ 2004, 940.
31 BGHZ 86, 184 (186) = NJW 1983, 996 (997) = MDR 1983, 388.
32 Zöller-*Vollkommer*, ZPO, Vor § 322 Rn. 9a.

wurde.³³ Um hier den Anschein zu beseitigen sind **Rechtsmittel** unbefristet zulässig.³⁴ Im Weiteren sind z.B. auch solche Urteile wirkungslos, die ergangen sind, obwohl aufgrund von **Exterritorialität** keine deutsche Gerichtsbarkeit bestand³⁵ oder der Rechtsstreit **nicht rechtshängig** war.³⁶ Außerdem können Urteile auch **faktisch keine Wirkung** haben, weil z.B. eine Partei, die nicht existent ist, zu einer Leistung verurteilt wurde.³⁷

18 In Rechtskraft erwächst nur die im Urteil **ausgesprochene Rechtsfolge** und damit nur der vom Gericht aus dem vorgetragenen Sachverhalt gezogene Schluss auf das Bestehen oder Nichtbestehen der beanspruchten Rechtsfolge. Nicht in Rechtskraft erwächst hingegen die Feststellung der zugrundeliegenden präjudiziellen Rechtsverhältnisse oder sonstigen Vorfragen, aus denen das Gericht seinen Schluss gezogen hat.³⁸ Dies stellt die **objektive Grenze** der Rechtskraft eines Urteils dar. Um jedoch den Streitgegenstand, über den rechtskräftig entschieden ist, zu bestimmen, ist neben der Urteilsformel auch auf den Tatbestand und die Entscheidungsgründe abzustellen. Bei Urteilen, die weder einen Tatbestand noch Entscheidungsgründe enthalten, §§ 313a, 313b ZPO, oder bei denen Tatbestand und Entscheidungsgründe zur Bestimmung des Streitgegenstandes nicht ausreichen, ist darüber hinaus auch auf das Vorbringen der Parteien abzustellen.³⁹ Dies gilt überdies stets auch für **klageabweisende Urteile**,⁴⁰ da deren Streitgegenstand allein aus der Urteilsformel nicht zu definieren ist.

19 Bei **Prozessurteilen**, in denen das Gericht die Klage **als unzulässig abweist**, bedeutet dies, dass das Gericht nur entscheidet, dass die erhobene Klage zum entscheidenden Zeitpunkt des Schlusses der mündlichen Verhandlung aus dem sich aus den Entscheidungsgründen ergebenden Grund unzulässig war. Das Gericht trifft damit **nur hinsichtlich dieses Umstandes** eine der Rechtskraft fähige Entscheidung.⁴¹ Das bei einer erneuten Klageerhebung angegangene Gericht ist insbesondere nicht gehindert, die Klage aus einem anderen Grund als unzulässig abzuweisen, wenn das Ausgangsgericht seine Klageabweisung nur auf einen Grund gestützt hat.

20 Bei **Leistungsurteilen** ist bei **Schmerzensgeldklagen**, die **nicht** als **offene Teilklagen** erhoben werden (vgl. Rn. 24), zu berücksichtigen, dass die Rechtskraft grundsätzlich sämtliche Verletzungsfolgen im Zeitpunkt des Schlusses der mündlichen Verhandlung erfasst, es sei denn, dass jene zu diesem Zeitpunkt weder eingetreten noch objektiv vorhersehbar waren.⁴² Dies gilt auch, wenn das Schmerzensgeld im Rahmen eines **Adhäsionsverfahrens** zugesprochen wurde, vgl. § 406 Abs. 3 Satz 1 StPO.⁴³ Bei **Unterlassungsklagen** erfasst die Rechtskraft nur den Verbotsausspruch in Bezug zu der konkreten Verletzungshandlung, die streitgegenständlich war.⁴⁴

21 Bei einem stattgebenden **positiven Feststellungsurteil** ist im Falle eines **relativen Rechts** zu berücksichtigen, dass bspw. die Feststellung des Herrührens der Forderung aus einer vorsätzlichen unerlaubten Handlung, z.B. vor dem Hintergrund der §§ 850f Abs. 2, 302 Nr. 1 InsO, festgestellt werden kann. Damit kann die Feststellung des Bestehens eines **bestimmten materiellen Anspruchs** in Rechtskraft erwachsen, was im Falle der Titulierung der Forderung durch **Vollstreckungsbescheid** allerdings in einem kontradiktatorischen Erkenntnisverfahren geschehen muss, um im Zwangsvollstreckungsverfahren Berücksichtigung finden zu können.⁴⁵

22 Wird hingegen eine **negative Feststellungsklage** abgewiesen, so ist der Urteilsformel, dem Tatbestand und den Entscheidungsgründen zu entnehmen, welches Rechtsverhältnis es entgegen der klägerischen Auffassung bejahen will. Damit hat ein solches Urteil grundsätzlich **dieselbe Rechtskraftwirkung wie eine positive Feststellungsklage umgekehrten Rubrums**.⁴⁶ Wird also z.B. eine negative Feststellungsklage, die sich gegen das Bestehen eines bestimmten Anspruchs richtet, abgewiesen, so steht gleichzeitig rechtskräftig fest, dass der Anspruch in der entsprechenden Höhe besteht, vgl. § 304 Abs. 1 ZPO.⁴⁷

---

33 BGHZ 137, 49 (53) = NJW 1998, 609 (610) = MDR 1998, 298.
34 BGH, NJW 1995, 404 = MDR 1995, 89.
35 BGHZ 182, 10 (16) = NJW 2009, 3164 (3165), Rn. 20 m.w.N. = MDR 2009, 1239.
36 BGH, NJW-RR 2006, 565 f., Rn. 11 f. = FamRZ 2006, 408 (nur Ls.).
37 BGH, NJW 2010, 3100 (3101), Rn. 11 m.w.N. = MDR 2010, 1279 (1280).
38 BGH, NJW-RR 1999, 376 (377) = MDR 1999, 218.
39 BGH, NJW 2008, 2716 f., Rn. 13 m.w.N. = MDR 2008, 1118 (1119).
40 BGH, NJW 1999, 287 (288 f.) = VersR 1999, 904 (906).
41 BGH, NJW 1985, 2535 = MDR 1986, 39.
42 BGH, NJW 2001, 3414 (3415) = MDR 2001, 764 (765).
43 BGH, NJW 2015, 1252 = MDR 2015, 1094, Rn. 5 ff.
44 BGHZ 166, 253 (258) = NJW-RR 2006, 1118 (1120), Rn. 24 ff. m.w.N.
45 BGH, NJW 2005, 1663 f. = MDR 2005, 1014 f.
46 BGH, NJW 2003, 3058 (3059).
47 BGH, NJW 1986, 2508 (2509) = MDR 1986, 1016.

Bei **Gestaltungsurteilen** ist zu berücksichtigen, dass diese eine bestimmte rechtliche Situation erst **unmittelbar herbeiführen**. Sie sind damit aber auch **universell zu beachten**. Daneben haben diese jedoch auch eine materielle Rechtskraftwirkung dahingehend, dass Gestaltungsurteile **zwischen den Parteien** rechtskräftig feststellen, dass das **klägerische Gestaltungsbegehren** im Zeitpunkt des Schlusses der mündlichen Verhandlung begründet bzw. nicht begründet war.[48]   23

Bei **offenen Teilklagen** kann der vollumfänglich obsiegende Kläger Ansprüche derselben Art aus demselben Sachverhalt in einer neuen Klage geltend machen, da der Streitgegenstand durch den Klageantrag umgrenzt wird, so dass darüber hinaus gehende Ansprüche nicht Gegenstand des Prozesses sind.[49] Dies kann bspw. bei **„Teilschmerzensgeldklagen"** der Fall sein, die ausdrücklich das bis zum Zeitpunkt der letzten mündlichen Verhandlung gerechtfertigte Schmerzensgeld erfassen sollen.[50] Die Rechtskraftwirkung gilt insofern auch für vollständig oder teilweise abweisende Urteile nur hinsichtlich des geltend gemachten teilweisen Anspruchs.[51] Bei **verdeckten Teilklagen** gelten diese Ausführungen grundsätzlich entsprechend, so dass auch der vollständig obsiegende Kläger in diesem Fall in einem neuerlichen Prozess aus demselben Sachverhalt weitere Forderungen geltend machen kann, ohne dass er sich diese im Ausgangsprozess ausdrücklich vorbehalten haben muss.[52] Dasselbe gilt im Falle einer vollständigen oder teilweisen Abweisung der Klage, da über den nicht rechtshängigen Teil des Anspruchs auch bei einer verdeckten Teilklage keine Entscheidung ergehen kann, so dass auch die Rechtskraftwirkung nur hinsichtlich des geltend gemachten Teils eintritt.   24

Bei einem **klageabweisenden Sachurteil**, das auf eine Leistungs- oder Feststellungsklage ergeht, steht rechtskräftig fest, dass die geltend gemachte Rechtsfolge unter keinem denkbaren rechtlichen Gesichtspunkt aus dem gegenständlichen Sachverhalt begehrt werden kann.[53] Dies gilt auch dann, wenn das Gericht nicht sämtliche Anspruchsgrundlagen für ein Begehren geprüft hat.[54] Denn das Gericht entscheidet den Rechtsstreit unter allen in Betracht kommenden rechtlichen Gesichtspunkten, vgl. § 17 Abs. 2 Satz 1 GVG.[55] Dies gilt nur dann nicht, wenn das Gericht einen **bestimmten rechtlichen Aspekt** ausdrücklich oder im Wege der Urteilsauslegung **außer Betracht gelassen** hat, wobei es hierbei ohne Bedeutung ist, ob dies zu Recht geschehen ist, z.B. wenn dem Urteil unzweifelhaft der Willen des Prozessgerichts zu entnehmen ist, über den Sachverhalt nicht abschließend zu erkennen und so dem Kläger die Möglichkeit einer erneuten Klage aufgrund desselben Sachverhalts und der im Zeitpunkt der letzten mündlichen Verhandlung bestehenden Umstände offen lassen zu wollen.[56] Insofern kommt es zu einer **Durchbrechung der Rechtskraftwirkung**. Bei einer Verurteilung Zug-um-Zug bei einer Klageabweisung im Übrigen wird zwar nicht der Gegenanspruch rechtskräftig festgestellt; allerdings wird, wenn die Klage unbeschränkt erhoben wurde, die entsprechende Begrenzung des klägerischen Anspruchs, die aus dem Bestehen des Gegenanspruchs folgt, rechtskräftig festgestellt.[57] Hat das Gericht eine Klage abgewiesen und hierbei fehlerhaft die **Zulässigkeit** derselben **offengelassen**, so ist das entsprechende Urteil vollumfänglich der Rechtskraft fähig, wenn sich aus dessen Tatbestand und Entscheidungsgründen unzweifelhaft ergibt, dass das Gericht die Klage (auch) als nicht begründet angesehen hat.[58]   25

II. Rechtskraft bei Entscheidung über eine Gegenforderung, Abs. 2

Daraus, dass in § 322 Abs. 2 ZPO ausschließlich die Rechtskraftfähigkeit der Entscheidung über die zur Aufrechnung gestellte Gegenforderung beschrieben wird und die Norm als **Ausnahmeregelung** eng auszulegen ist,[59] folgt, dass Entscheidungen über sonstige geltend gemachte Gegenrechte, Einwendungen oder Einreden keine Rechtskraftwirkung zeitigen. So nimmt bspw. die Entscheidung über den Gegenanspruch selbst bei einer Verurteilung zur Leistung Zug-um-Zug gemäß §§ 273, 322 BGB nicht an der Rechtskraftwirkung teil.[60] Ent-   26

---

48 Zöller-*Vollkommer*, ZPO, § 322 Rn. 4 m.w.N. (h.M.).
49 BGH, NJW 1994, 3165 (3166) = FamRZ 1994, 1095 f.
50 BGH, NJW 2004, 1243 (1244) = MDR 2004, 701 f.
51 Thomas/Putzo-*Reichold*, ZPO, § 322 Rn. 26.
52 BGHZ 151, 1 (2 f.) = NJW 2002, 2167 f. = MDR 2002, 1062.
53 BGH, NJW 1997, 2954 (2955) = GRUR 1997, 482 (483).
54 BGH, NJW 1990, 1795 (1796).
55 BGHZ 153, 173 (176) = NJW 2003, 828 (829) = MDR 2003, 345 f.
56 BGH, GRUR 2002, 787 (788).
57 BGHZ 117, 1 (4 f.) = NJW 1992, 1172 (1173) = MDR 1992, 293 (294).
58 BGH, NJW 2008, 1227 (1228), Rn. 16 f. = MDR 2008, 522 f.
59 BGH, NJW-RR 1993, 386 (388) = FamRZ 1993, 676 (679).
60 BGH, NJW-RR 2010, 1295, Rn. 9 m.w.N.

scheidend ist mithin, dass auch **tatsächlich die Aufrechnung erklärt** wurde. Die bloße Aufrechenbarkeit von sich gegenüberstehenden Forderungen, z.B. im **werkvertraglichen Abrechnungsverhältnis**, ist nicht ausreichend. Aufgrund der Wirkung des § 322 Abs. 2 ZPO muss sich aber aus den Entscheidungsgründen eindeutig ergeben, ob die Klage wegen einer erfolgreichen Aufrechnung, § 389 BGB, oder aus sonstigen Gründen abgewiesen wurde.

27 Hat das Gericht im Falle der Stattgabe der Klage die Aufrechnung inhaltlich geprüft und das Bestehen der Gegenforderung verneint, so ist diese rechtskräftig aberkannt. Dies gilt auch dann, wenn das Gericht z.B. die Gegenforderung als **nicht ausreichend substantiiert** zurückweist.[61] **Keine Rechtskraftwirkung** nach § 322 Abs. 2 ZPO besteht, wenn das Gericht die Aufrechnung **als unzulässig zurückweist**, weil z.B. die **Aufrechnungserklärung** bereits **unwirksam** ist.[62] Entscheidend dafür, dass die Rechtskraftwirkung zu bejahen ist, ist also stets, dass das Gericht die **Gegenforderung materiell-rechtlich geprüft** und anschließend deren Bestehen verneint hat. Eine Rechtshängigkeit der Gegenforderung mit der Wirkung des § 261 Abs. 3 Nr. 1 ZPO tritt nicht ein. Wurde jedoch in zwei Prozessen die Aufrechnung mit derselben Gegenforderung erklärt, so bietet sich die Aussetzung des zweiten Prozesses gemäß § 148 ZPO an.[63]

28 Im Falle einer Klageabweisung ist das Gericht bei einer **hilfsweise** erklärten Aufrechnung gehalten, zunächst sämtliche sonstigen Einwendung und Einreden zu prüfen, bevor es die Klageabweisung auf die erklärte Hilfsausrechnung stützen kann.[64]

C. Prozessuales
I. Durchbrechung der Rechtskraft

29 Gesetzliche Fälle für die **Durchbrechung der Rechtskraft** enthalten z.B. § 36 Abs. 1 Nr. 5, 6 ZPO bei rechtskräftiger Zuständigkeitsbestimmung durch mehrere Gerichte, die §§ 233 ff. ZPO bei Wiedereinsetzung in den vorigen Stand gegen die Versäumung einer Rechtsmittelfrist, § 321a ZPO bei Verletzung des Anspruchs auf rechtliches Gehör sowie die §§ 323, 324 ZPO. Außerdem ist hier die Wiederaufnahme des Verfahrens nach §§ 578 ff. ZPO zu nennen.

30 Im Übrigen findet eine Durchbrechung der Rechtskraft grundsätzlich nicht statt, es sei denn „die Rechtskraft muss zurücktreten, wenn es mit dem Gerechtigkeitsgedanken schlechthin unvereinbar wäre, dass der Titelgläubiger seine formelle Rechtsstellung unter Missachtung der materiellen Rechtslage zu Lasten des Schuldners ausnutzt".[65] In diesem Fall kann das rechtskräftige Urteil mit einer **materiell auf § 826 BGB gestützten Klage angegriffen** werden, die gleichwertig zur **Restitutionsklage nach § 580 ZPO** ist.[66] Im Rahmen der **Zulässigkeit** einer solchen Klage ist zu berücksichtigen, dass § 582 ZPO entsprechende Anwendung findet. Die Klage ist **begründet**, wenn (1.) der Vollstreckungstitel materiell unrichtig ist, (2.) der Gläubiger hiervon Kenntnis hat und (3.) zusätzliche besondere Umstände vorliegen, die die Erlangung des Vollstreckungstitels oder seine Ausnutzung als sittenwidrig und es daher als geboten erscheinen lassen, dass der Gläubiger die ihm zugefallene Rechtsposition aufgibt.[67] Dies ist bspw. der Fall, wenn der Kläger einen **Prozessbetrug** begeht und das Gericht so bewusst irreführt, um den Titel zu erlangen.[68] Der **Schadensersatzanspruch** kann hierbei auf **Unterlassung der Zwangsvollstreckung und Herausgabe des Titels** gerichtet sein kann. Ein solcher Tenor kann bspw. lauten:

> 1. Der Beklagte hat die Zwangsvollstreckung aus dem [genaue Bezeichnung des Titels] zu unterlassen.
>
> 2. Der Beklagte hat an den Kläger [genaue Bezeichnung des Titels] herauszugeben.

31 Sind hinsichtlich desselben Streitgegenstandes zwei oder mehrere rechtskräftige Entscheidungen, die sich widersprechen, ergangen, so ist die älteste Entscheidung vorrangig, vgl. § 580 Nr. 7 Buchst. a ZPO.[69]

---

61 BGH, NJW 1994, 1538 = MDR 1994, 612.
62 BGH, NJW 2001, 3616 = MDR 2001, 1256 (1257).
63 BGH, NJW-RR 2004, 1000 (1001) = MDR 2004, 705 (706).
64 BGHZ 80, 97 (99) = NJW 1982, 1536 = MDR 1981, 564.
65 BGH, NJW-RR 2012, 304 (305) = MDR 2012, 368, Rn. 15 m.w.N.
66 BGHZ 50, 115 (120 ff.).
67 BGH, NJW-RR 2012, 304 (305) = MDR 2012, 368, Rn. 15 m.w.N.
68 BGHZ 153, 189 (198) = NJW 2003, 1326 (1328) = FamRZ 2003, 672 (675).
69 BGH, NJW 1981, 1517 (1518).

II. Rechtskraftwirkung i.S.d. § 322 Abs. 2 ZPO
bei Aufrechnung durch den Kläger

Die Regelung des § 322 Abs. 2 ZPO gilt grundsätzlich nicht entsprechend für eine **Aufrechnung durch den Kläger**.[70] In **Ausnahme** hiervon tritt eine Rechtskraftwirkung ein, wenn der Kläger einer **Vollstreckungsabwehrklage** die titulierte Forderung durch Aufrechnung zum Erlöschen bringt[71] oder wenn der Kläger einer **negativen Feststellungsklage** das Nichtbestehen der durch den Beklagten behaupteten Forderung durch die Aufrechnung mit der Gegenforderung darlegt.[72]

32

§ 323
Abänderung von Urteilen

(1) ¹Enthält ein Urteil eine Verpflichtung zu künftig fällig werdenden wiederkehrenden Leistungen, kann jeder Teil die Abänderung beantragen. ²Die Klage ist nur zulässig, wenn der Kläger Tatsachen vorträgt, aus denen sich eine wesentliche Veränderung der der Entscheidung zugrunde liegenden tatsächlichen oder rechtlichen Verhältnisse ergibt.

(2) Die Klage kann nur auf Gründe gestützt werden, die nach Schluss der Tatsachenverhandlung des vorausgegangenen Verfahrens entstanden sind und deren Geltendmachung durch Einspruch nicht möglich ist oder war.

(3) Die Abänderung ist zulässig für die Zeit ab Rechtshängigkeit der Klage.

(4) Liegt eine wesentliche Veränderung der tatsächlichen oder rechtlichen Verhältnisse vor, ist die Entscheidung unter Wahrung ihrer Grundlagen anzupassen.

Inhalt:

	Rn.		Rn.
A. Allgemeines	1	III. Begründetheit der Abänderungsklage, Abs. 2–4	13
B. Erläuterungen	4	C. Prozessuales	20
I. Statthaftigkeit der Abänderungsklage, Abs. 1 Satz 1	4		
II. Weitere Prozessvoraussetzungen der Abänderungsklage, Abs. 1 Satz 2, Abs. 2	10		

A. Allgemeines

Das **Abänderungsverfahren** nach den §§ 323, 323a ZPO stellt eine besondere Form eines **Rechtsbehelfs** dar, durch den sowohl die **materielle Rechtskraft gemäß § 322 ZPO** überwunden als auch die **Bindung nach § 318 ZPO** hinsichtlich einer Verpflichtung zu künftig fällig werdenden wiederkehrenden Leistungen, d.h. von **einseitigen Leistungen, deren Fälligkeit nur vom Zeitablauf abhängt**, beseitigt wird. Eine solches Urteil trägt stets ein **Prognoserisiko** des erkennenden Gerichts in sich, so dass über die Abänderungsklage die Möglichkeit besteht, die Auswirkungen dieses Prognoserisikos jedenfalls dahingehend zu reduzieren, als bei einer **nachträglichen Änderung** derjenigen Verhältnisse, die dem Ausgangsurteil zu Grunde lagen, eine entsprechende Abänderung möglich wird. Mit anderen Worten: Über das Abänderungsverfahren kann eine Prognose, die sich im Nachhinein als unzutreffend herausgestellt hat, korrigiert werden.[1]

1

Das Abänderungsverfahren führt zu einem **Gestaltungsurteil** (vgl. § 300 Rn. 3). Da durch das Gestaltungsurteil auch eine neue Festsetzung der Leistungspflicht in Abänderung der bisherigen Verpflichtung begehrt wird, liegt eine **Leistungsklage** vor.[2] Die Urteilsformel eines solchen stattgebenden Urteils i.S.d. § 323 Abs. 4 ZPO kann daher bspw. lauten:

2

> Der Beklagte wird verurteilt, an den Kläger eine für drei Monate im Voraus zu zahlende Geldrente in Höhe von (...) zu bezahlen. Das Urteil [genaue Bezeichnung des Urteils] wird aufgehoben.

---

70 BGH, NJW 1992, 982 (983) = MDR 1992, 611.
71 BGH, NJW 1992, 982 (983) = MDR 1992, 611; BGH, NJW-RR 2006, 1628 (1629), Rn. 10 m.w.N.
72 BGH, NJW 1992, 982 (983) = MDR 1992, 611.

Zu § 323:
1 BGHZ 185, 322 (324) = NJW 2010, 2437 (2438), Rn. 10 m.w.N. = MDR 2010, 868.
2 BGH, NJW 2001, 2259 (2260) = MDR 2001, 993.

Ist die Klage hingegen unzulässig oder unbegründet, wird diese abgewiesen. Eine „Aufrechterhaltung" des Ausgangsurteils in der Urteilsformel erfolgt nicht.

3 Die Norm gilt für sämtliche ab dem 01.09.2009 anhängig gewordene Abänderungsverfahren, **Art. 111 Abs. 1 Satz 2 FGG-RG**. Für diejenigen Verfahren, die bis zum 31.08.2009 anhängig geworden sind, gilt hingegen § 323 ZPO in der bis zu jenem Tag gültigen Fassung. Damit findet § 323 ZPO aber in den seit dem 01.09.2009 anhängig gewordenen Verfahren auch keine Anwendung mehr auf die Abänderung gesetzlicher Unterhaltsansprüche i.S.d. § 231 Abs. 1 FamFG, für die § 238 FamFG nun ein eigenständiges Abänderungsverfahren enthält. Die §§ 323, 323a ZPO sind damit in der **Praxis** bspw. noch für **Schadensersatzrenten** nach §§ 843–845 BGB oder für **vertraglich vereinbarte Leibrenten** gemäß §§ 759–761 BGB von Bedeutung.

B. Erläuterungen
I. Statthaftigkeit der Abänderungsklage, Abs. 1 Satz 1

4 Der Abänderbarkeit nach § 323 ZPO unterliegen zunächst sämtliche **Leistungsurteile**, die eine Verpflichtung zu einer künftig fällig werdenden Leistung enthalten, wobei es sich hierbei **nicht** um eine **gesetzliche Unterhaltspflicht** i.S.d. § 231 Abs. 1 FamFG handeln darf (vgl. Rn. 3). Da die für Unterhaltstitel geltende Vorschrift des § 238 Abs. 1 Satz 1 FamFG von der „in der Hauptsache ergangene[n] Entscheidung" spricht, kann die Abänderung einer **einstweiligen Verfügung** über § 323 ZPO nicht beantragt werden. Insofern kommt aber eine Aufhebung der einstweiligen Verfügung über §§ 936, 927 ZPO in Betracht.

5 Darüber hinaus kann aber auch die Abänderung eines negativen **Feststellungsurteils** über § 323 ZPO begehrt werden.[3]

6 Im Falle einer **Abweisung** einer Änderungsklage ist eine **erneute Abänderungsklage** gegen dieses Urteil zu richten, wenn das Gericht die Abweisung auf eine **getroffene Prognose gestützt** hat; im Übrigen, z.B. bei einer Klageabweisung wegen Unzulässigkeit der Abänderungsklage, hat sich die erneute Abänderungsklage auf das **Ausgangsurteil** zu beziehen.[4] Außerdem kann die Abänderungsklage grundsätzlich auch hinsichtlich eines Urteils eines **ausländischen Gerichts** erhoben werden, wenn dieses **im Inland anzuerkennen** ist.[5]

7 Schließlich muss die Abänderungsklage auch die **richtige Klageart** sein. Die Abänderung eines Urteils nach § 323 ZPO und die **Vollstreckungsabwehrklage** nach § 767 ZPO **schließen sich gegenseitig aus**, da die Vollstreckungsabwehrklage bspw. nur der Geltendmachung einer **rechtsvernichtenden** oder **rechtshemmenden Einwendung** dient und die **Vollstreckbarkeit** eines Urteils hindern soll, während mit der Abänderungsklage eine **nachträgliche Änderung eines rechtsbegründenden Umstands** geltend gemacht wird, um **für die Zukunft** eine Änderung der Verpflichtung zu erreichen.[6] Im Einzelfall ist bspw. der Einwand der Erfüllung oder eines entsprechenden Erfüllungssurrogats wie der Aufrechnung oder auch die nachträgliche Änderung eines Unterlassungstitels[7] durch eine Klage nach § 767 ZPO geltend zu machen; im Wege der Abänderungsklage nach § 323 ZPO ist aber z.B. gegen ein Urteil vorzugehen, das eine Verurteilung zu Verzugszinsen enthält, wenn sich nachträglich das Zinsniveau verändert.[8] Schließlich kann auch die **Umdeutung bzw. Auslegung** einer Abänderungsklage in eine Vollstreckungsabwehrklage und vice versa möglich und geboten sein,[9] worauf das Gericht regelmäßig nach § 139 Abs. 1 Satz 2 ZPO auch hinzuweisen hat.[10]

8 Für den Fall, dass gegen ein erstinstanzliches Urteil zwar **Berufung** eingelegt werden kann, aber noch nicht eingelegt wurde, besteht eine **Wahlmöglichkeit** für denjenigen, der die Abänderung anstrebt, wenn nach dem Schluss der Tatsachenverhandlung der 1. Instanz eine wesentliche Veränderung der tatsächlichen oder rechtlichen Umstände eingetreten ist, § 323 Abs. 1 Satz 2 ZPO. Er kann also **entweder** Berufung einlegen und die Klage unter Berücksichtigung des § 533 ZPO erweitern **oder** unmittelbar eine Abänderungsklage gegen das ergangene Urteil erheben, da Rechtskraft des Ausgangsurteils keine Zulässigkeitsvoraussetzung der Abänderungsklage ist.[11] Ist aber durch den Gegner desjenigen, der die Abänderung im dargestellten Sinne begehrt, bereits Berufung eingelegt worden, ist eine Abänderungsklage nicht

---
3 BGH, NJW-RR 1996, 65.
4 BGH, NJW 2012, 923 (924) = MDR 2012, 161 (162), Rn. 22 m.w.N.
5 OLG Köln, NJW-RR 2005, 876 = FamRZ 2005, 534.
6 BGHZ 163, 187 (189) = NJW 2005, 2313 = MDR 2005, 1293.
7 BGHZ 176, 35 (38 ff.) = NJW 2008, 1446 f., Rn. 9 ff. m.w.N. = MDR 2008, 767.
8 BGHZ 100, 211 (213) = NJW 1987, 3266 (3267) = MDR 1987, 830 (831).
9 BGH, NJW 2008, 1446 (1448), Rn. 18.
10 BGHZ 165, 223 (226) = NJW 2006, 695 (696), Rn. 14 = FamRZ 2006, 261 (262).
11 BGHZ 94, 145 (146) = NJW 1985, 1701.

mehr zulässig; stattdessen muss die begehrte Abänderung durch den nunmehrigen Berufungsbeklagten im Wege der **Anschlussberufung mit entsprechender Klageerweiterung** gemäß §§ 524, 533 ZPO geltend gemacht werden,[12] wobei hier die Anschlussfrist des § 524 Abs. 2 Satz 2 ZPO gerade nicht gilt, § 524 Abs. 2 Satz 3 ZPO. Verliert die Anschließung gemäß § 524 Abs. 4 ZPO ihre Wirkung, so kann eine Abänderungsklage erhoben werden, wobei hinsichtlich des Zeitpunkts nach § 323 Abs. 3 ZPO der Zeitpunkt der Anschließung entscheidend ist.[13]

Im Falle einer wesentlichen Änderung der tatsächlichen oder rechtlichen Umstände nach dem Schluss der Tatsachenverhandlung im vorausgegangenen Berufungsverfahren,[14] § 323 Abs. 1 Satz 2 ZPO, steht eine gegen dieses Urteil eingelegte **Revision** einer Abänderungsklage in keiner Weise entgegen. Einerseits kann in der Revision eine Änderung der Verhältnisse gemäß § 559 ZPO nicht vorgebracht werden und andererseits kann die Änderung gemäß § 323 Abs. 3 ZPO erst ab Rechtshängigkeit der Klage geltend gemacht werden, so dass eine Abänderung während eines laufenden Revisionsverfahrens faktisch nicht möglich wäre.[15]

II. Weitere Prozessvoraussetzungen der Abänderungsklage, Abs. 1 Satz 2, Abs. 2

Neben den grundsätzlich zu beachtenden Prozessvoraussetzungen, wobei hier zu berücksichtigen ist, dass im Falle einer Abänderungsklage ein **Einigungsversuch bei einer Gütestelle** gemäß § 15 Abs. 2 Satz 1 Nr. 1 EGZPO **nie Zulässigkeitsvoraussetzung** sein kann, ist weitere besondere Prozessvorausvoraussetzung, dass diese **denselben Streitgegenstand** hat wie das abzuändernde Urteil.[16] Dies ist in aller Regel der Fall, wenn und soweit die Abänderungsklage denselben auf eine zukünftig fällig werdende wiederkehrende Leistung gerichteten Titel betrifft.

Darüber hinaus muss zwischen den Parteien des Ausgangsurteils und denjenigen des Abänderungsverfahren grundsätzlich **Parteiidentität** bestehen, wovon auch dann auszugehen ist, wenn sich die **Rechtskraft** eines Urteils **auf einen Dritten**, der dann wiederum Partei des Abänderungsverfahrens ist, **erstreckt**.[17] Diesem Erfordernis ist aber auch dann Genüge getan, wenn die Abänderungsklage durch oder gegen den **Rechtsnachfolger** einer Partei des Ausgangsverfahrens erhoben wird, was z. B. der Fall ist, wenn im Ausgangsverfahren eine **Kfz-Haftpflichtversicherung** zur Zahlung einer Schadensersatzrente nach einem Verkehrsunfall verurteilt worden ist und der Geschädigte dann im Wege der Abänderungsklage gegenüber der Rechtsnachfolgerin dieser Kfz-Haftpflichtversicherung die Abänderung der Rente begehrt.

Als weitere besondere Zulässigkeitsvoraussetzung hat der Kläger **substantiiert vorzutragen**, dass sich die Prognose des Ausgangsurteils im Nachhinein als unzutreffend herausgestellt hat, da nach dem Schluss der letzten Tatsachenverhandlung im Ausgangsverfahren und ohne die Möglichkeit einer Geltendmachung in einem Einspruchsverfahren eine wesentliche Veränderung der tatsächlichen oder rechtlichen Umstände eingetreten ist, die das Gericht in seiner Ausgangsentscheidung noch zu Grunde gelegt hatte, § 323 Abs. 1 Satz 2, Abs. 2 ZPO. Ohne eine solche Behauptung in schlüssiger Form ist die Klage als unzulässig abzuweisen. Im Übrigen ist aber dann erst im Rahmen der Begründetheit der Klage zu prüfen, ob eine solche Änderung tatsächlich eingetreten ist.

III. Begründetheit der Abänderungsklage, Abs. 2–4

Die Begründetheit der Abänderungsklage, § 323 Abs. 4 ZPO, setzt voraus, dass nach dem Schluss der Tatsachenverhandlung des Ausgangsverfahrens eine **wesentliche** Änderung der rechtlichen oder tatsächlichen Verhältnisse, die der Ausgangsentscheidung noch zu Grunde lagen, eingetreten ist und dass deren Geltendmachung im Ausgangsverfahren durch Einspruch nicht mehr möglich war oder noch ist, § 323 Abs. 1 Satz 2, Abs. 2 ZPO.

Zunächst muss eine wesentliche Änderung der rechtlichen oder tatsächlichen Verhältnisse eingetreten sein, so dass sich die durch das Gericht ursprünglich aufgestellte Prognose im Nachhinein als unzutreffend erwiesen hat. Dies kann hinsichtlich der **tatsächlichen Verhältnisse** bspw. dann der Fall sein, wenn sich hinsichtlich einer **Haushaltsführungsschadensersatzrente** der Umfang der wöchentlichen Arbeitszeit im Haushalt wesentlich ändert. Eine wesentliche Änderung der **rechtlichen Verhältnisse** kann in einer **Änderung der Rechtslage**[18] oder

---

12 BGHZ 96, 205 (210) = NJW 1986, 383 f. = MDR 1986, 216 f.
13 BGH, NJW 1988, 2101 (2102) = FamRZ 1988, 817.
14 BGHZ 96, 205 (209) = NJW 1986, 383 f. = MDR 1986, 216 f.
15 Zöller-*Vollkommer*, ZPO, § 323 Rn. 13 m.w.N.
16 BGHZ 78, 130 (131) = NJW 1980, 2811 = MDR 1981, 125.
17 BGH, NJW-RR 1993, 5 = FamRZ 1992, 1060 (1061).
18 BGH, NJW 2012, 1356 (1357) = FamRZ 2012, 699 (700), Rn. 16.

der **höchstrichterlichen Rechtsprechung**[19] begründet sein. Hierfür trägt der Kläger neben der Darlegungs- auch die Beweislast.[20]

15 Außerdem darf keine **Präklusion** der Abänderungsgründe bestehen. Hierbei ist zunächst zu berücksichtigen, dass eine Tatsachenverhandlung neben derjenigen der 1. Instanz auch die **Berufungsverhandlung** ist, wenn die Berufung nicht zurückgenommen worden, sondern aufgrund der Berufungsverhandlung eine Sachentscheidung ergangen ist.[21]

16 Die entsprechenden Gründe dürfen dann einerseits erst nach dem Schluss der Tatsachenverhandlung des Ausgangsverfahrens entstanden sein, § 323 Abs. 2 Hs. 1 ZPO. Entscheidend ist hierbei **ausschließlich**, zu welchem Zeitpunkt die entsprechenden Gründe **objektiv entstanden** sind. Eine spätere Kenntniserlangung[22] ist ebenso ohne Bedeutung wie eine Vorhersehbarkeit einer solchen Änderung.[23] Ebenso kann die Abänderungsklage nicht auf solche Gründe gestützt werden, die bereits vor Schluss der Tatsachenverhandlung des Ausgangsverfahrens vorhanden waren, aber dort nicht geltend gemacht worden sind **("Alttatsachen")**, wobei der Beklagte eines Abänderungsverfahrens insofern dieser Beschränkung nicht unterliegt, als er die Aufrechterhaltung des Ausgangsurteils geltend macht.[24] Im Falle **mehrerer nacheinander erhobener Abänderungsklagen** ist der relevante Zeitpunkt i. S. d. § 323 Abs. 1 Hs. 1 ZPO grundsätzlich derjenige des letzten Abänderungsverfahrens, ohne dass es auf die Parteistellung in diesem Verfahren oder dessen Zielrichtung ankäme.[25] Im Übrigen gilt die Präklusion aber für **sämtliche Änderungsgründe**, d. h. auch der Beklagte eines Abänderungsverfahrens kann gezwungen sein, ggf. im Wege einer **Abänderungswiderklage**, Abänderungsgründe geltend zu machen, um nicht in einem neuen Verfahren mit genau diesen Gründen präkludiert zu sein.[26]

17 Die Abänderungsgründe sind andererseits auch dann präkludiert, wenn sie durch Einspruch noch geltend gemacht werden können oder wenn dies jedenfalls möglich gewesen wäre, § 323 Abs. 2 Hs. 2 ZPO. Dies bedeutet, dass im **Säumnisverfahren** für den relevanten Zeitpunkt auf denjenigen des **Ablaufs der Einspruchsfrist** abzustellen ist.

18 Die Änderung darf erst ab dem Zeitpunkt der Rechtshängigkeit der Abänderungsklage verlangt werden, § 323 Abs. 3 ZPO. Eine Anwendung von § 167 ZPO erfolgt nicht. Ebenso findet keine entsprechende Anwendung auf den Zugang eines **PKH-Antrages** statt.[27]

19 Schließlich ist zu berücksichtigen, dass das Gericht nur hinsichtlich der Abänderungsgründe entscheiden darf. Im Übrigen besteht grundsätzlich eine Bindung an das Ausgangsurteil,[28] die ausnahmsweise dann entfallen kann, wenn die Entscheidungsgrundlagen des Ausgangsurteils nicht feststellbar sind, z. B. im Falle eines Anerkenntnisurteils.[29]

C. Prozessuales

20 Hat der Gläubiger z. B. eines Schmerzensgeldanspruchs bezüglich einer begehrten Schmerzensgeldrente gemäß §§ 253 Abs. 2, 843 Abs. 1 BGB in einem ersten Prozess vollständig obsiegt, steht die Norm des § 323 ZPO grundsätzlich der Erhebung einer weiteren „einfachen" Leistungsklage i. S. d. § 258 ZPO entgegen, mit der eine höhere monatliche Schmerzensgeldrente geltend gemacht wird **(Zusatzklage)**, es sei denn, im Ausgangsverfahren wurde der Anspruch unter Zugrundelegung der damaligen Verhältnisse ausdrücklich nur teilweise geltend gemacht **(Nachforderungsklage)**.[30] Eine Zusatzklage ist damit nur unter den zusätzlichen Voraussetzungen des § 323 ZPO möglich. Eine Umdeutung einer Abänderungsklage in eine einfache Leistungsklage[31] und vice versa[32] ist jeweils ohne Weiteres zulässig.

21 Hat die nachträgliche Änderung der tatsächlichen oder rechtlichen Verhältnisse sogar zu einer **Änderung des Streitgegenstandes** geführt, so kann unmittelbar Klage i. S. d. § 258 ZPO erhoben werden, ohne dass insoweit die Schranken des § 323 ZPO zu beachten sind. Dies z. B. der Fall, wenn bei einer im Ausgangsverfahren zugesprochenen **Schmerzensgeldrente** im Nach-

---

19 BGH, NJW 2011, 2512 (2513) = FamRZ 2011, 1381 (1382), Rn. 18 m. w. N.
20 BGH, NJW 1987, 1201.
21 BGH, NJW 2012, 923 f. = FamRZ 2012, 288 (289), Rn. 21 m. w. N.
22 OLG Köln, FamRZ 1987, 846 (847).
23 OLG Karlsruhe, NJW-RR 2004, 585 = FamRZ 2004, 1052.
24 BGHZ 171, 206 (220) = NJW 2007, 1961 (1964 f.) = FamRZ 2007, 793 (796 f.), Rn. 38 m. w. N.
25 BGH, NJW 2000, 3789 f. = MDR 2000, 1134.
26 BGHZ 171, 206 (220) = NJW 2007, 1961 (1964 f.) = FamRZ 2007, 793 (796 f.), Rn. 38 m. w. N.
27 Zöller-*Vollkommer*, ZPO, § 323 Rn. 37 m. w. N.
28 BGH, NJW-RR 2001, 937 f. = FamRZ 2001, 1364 (1365).
29 BGHZ 173, 210 (213) = NJW 2007, 2921 (2922), Rn. 14 f. m. w. N. = MDR 2007, 1374 f.
30 BGHZ 94, 145 (146) = NJW 1985, 1701 = MDR 1985, 654 f.
31 BGH, NJW-RR 1986, 1260 = FamRZ 1986, 661 (662).
32 BGH, NJW 1992, 438 (439 f.) = MDR 1992, 710 f.

hinein solche Umstände eingetreten sind, die nach objektiven Gesichtspunkten und damit nach den Kenntnissen und Erfahrungen eines insoweit Sachkundigen nicht erkennbar waren.[33]

Die Zuständigkeit des Gerichts bestimmt sich nach den allgemeinen Vorschriften. Das Gericht kann außerdem entsprechend § 769 ZPO eine **einstweilige Anordnung** erlassen.[34]   22

§ 323a
Abänderung von Vergleichen und Urkunden

(1) ¹Enthält ein Vergleich nach § 794 Abs. 1 Nr. 1 oder eine vollstreckbare Urkunde eine Verpflichtung zu künftig fällig werdenden wiederkehrenden Leistungen, kann jeder Teil auf Abänderung des Titels klagen. ²Die Klage ist nur zulässig, wenn der Kläger Tatsachen vorträgt, die die Abänderung rechtfertigen.

(2) Die weiteren Voraussetzungen und der Umfang der Abänderung richten sich nach den Vorschriften des bürgerlichen Rechts.

Inhalt:

	Rn.		Rn.
A. Allgemeines	1	II. Besondere Zulässigkeitsvoraussetzungen, Abs. 1 Satz 2	4
B. Erläuterungen	2		
I. Statthaftigkeit der Abänderungsklage, Abs. 1 Satz 1	2	III. Maßgeblichkeit des materiellen Rechts, Abs. 2	6
		C. Prozessuales	7

A. Allgemeines

Durch die Norm wird das Verfahren zur **erstmaligen Abänderung** von gerichtlichen Vergleichen und vollstreckbaren Urkunden, die eine zukünftig fällig werdende wiederkehrende Leistung beinhalten, und die ab dem 01.09.2009 anhängig geworden sind, nunmehr gesondert geregelt, Art. 111 Abs. 1 Satz 2 FGG-RG. Für die bis zum 31.08.2009 anhängig gewordenen Verfahren gilt die Regelung des § 323 ZPO in der bis zu diesem Tag gültigen Fassung. Durch die Norm des § 323a ZPO wird ebenso wie durch § 323 ZPO eine Klage beschrieben, die auf den Erlass eines **Gestaltungsurteils** (vgl. § 300 Rn. 3) gerichtet ist.   1

B. Erläuterungen
I. Statthaftigkeit der Abänderungsklage, Abs. 1 Satz 1

Gegenstand der Abänderung ist entweder ein gerichtlicher Vergleich i.S.d. § 794 Abs. 1 Nr. 1 ZPO oder eine vollstreckbare Urkunde gemäß § 794 Abs. 1 Nr. 5 ZPO. In **analoger Anwendung** von § 323a ZPO kann auch ein **Anwaltsvergleich** gemäß §§ 796a–796c ZPO abgeändert werden. Voraussetzung für eine jede entsprechende Anwendung ist aber, dass die Abänderung eines **Vollstreckungstitels** begehrt wird. Insofern scheidet eine analoge Anwendung z.B. auf sonstige privatrechtliche Vereinbarungen aus.   2

Inhaltlich muss sich ein Teil zu einer künftig fällig werdenden wiederkehrenden Leistung verpflichtet haben, was bspw. bei **Schadensersatz in Form einer Geldrente** gemäß § 843 Abs. 1, Abs. 2 BGB der Fall ist. Die Leistung darf für die Eröffnung des Anwendungsbereichs des § 323a ZPO aber **nicht** in einem **gesetzlichen Unterhaltsanspruch** i.S.d. § 231 FamFG bestehen. Für derartige Abänderungsklagen gilt stattdessen die Regelung des § 239 FamFG.   3

II. Besondere Zulässigkeitsvoraussetzungen, Abs. 1 Satz 2

Parteien des Rechtsstreits müssen grundsätzlich **diejenigen Personen** sein, **die aus dem Titel vollstrecken können**, was bspw. auch auf den **Rechtsnachfolger** zutrifft. Ist der gerichtliche Vergleich bzw. die materiell-rechtliche Vereinbarung in einer vollstreckbaren Urkunde als **Vertrag zu Gunsten eines Dritten** i.S.d. § 328 Abs. 1 BGB ausgestaltet, kann dieser Dritte nur dann eine Abänderungsklage erheben, wenn ihm in der Vereinbarung selbst ausdrücklich eine **Vollstreckungsbefugnis** eingeräumt ist.[1] Die **Auslegung einer Vereinbarung**, die oftmals erforderlich ist, um festzustellen, ob in einer vertraglichen Vereinbarung überhaupt ein echter   4

---

33 BGH, NJW-RR 2006, 712 (713), Rn. 8 m.w.N. = MDR 2006, 987.
34 BGH, NJW 1986, 2057 = MDR 1986, 1007.

Zu § 323a:
1 OLG Hamburg, FamRZ 1982, 322; offenlassend BGH, MDR 1982, 740 = FamRZ 1982, 587 (str.).

Vertrag zu Gunsten Dritter zu sehen ist, kann im streng formalen Zwangsvollstreckungsverfahren einerseits schon nicht erfolgen. Andererseits ist auch zu berücksichtigen, dass dem Willen der Vertragschließenden i.S.d. §§ 133, 157 BGB nur im Falle einer ausdrücklichen Einräumung einer Vollstreckungsbefugnis entnommen werden kann, dass diese bereit sind, sich gegebenenfalls auch mit diesem Dritten in einen zukünftig entstehenden Rechtsstreit hinsichtlich der Vereinbarung zu begeben.

5 Durch die Klagepartei müssen außerdem **schlüssig** die Umstände **dargelegt** werden, die eine Änderung der zukünftig wiederkehrenden Leistungen begründen können. Eine **wesentliche** Änderung, wie dies von § 323 Abs. 1 Satz 2 ZPO verlangt wird, ist hier aber mangels einer entsprechenden Regelung gerade **nicht** erforderlich.

III. Maßgeblichkeit des materiellen Rechts, Abs. 2

6 Hinsichtlich der Begründetheit der Abänderungsklage kommt bspw. die Berufung auf die **Störung der Geschäftsgrundlage** nach § 313 ZPO, aber auch die **Änderung der Rechtslage**[2] oder einer **höchstrichterlichen Rechtsprechung**[3] in Betracht. Stets ist jedoch zu berücksichtigen, welches **materielle Rechtsgeschäft** dem Titel zu Grunde liegt, da dieses bspw. auch ein **Schuldanerkenntnis** i.S.d. § 781 BGB sein kann, für das eine Geschäftsgrundlage i.S.d. § 313 ZPO gerade nicht besteht.[4]

C. Prozessuales

7 Ist ein Vollstreckungstitel nach § 323a Abs. 1 Satz 1 ZPO bereits durch ein Gestaltungsurteil im Wege des § 323a ZPO abgeändert worden, so ist bei einer erneuten Abänderung dieses Urteil Gegenstand einer Klage, deren Voraussetzungen sich dann nach § 323 ZPO richten.[5] Wurde die Klage nach § 323a ZPO als unzulässig oder ohne eine Prognoseentscheidung als unbegründet abgewiesen, so kann erneut auf eine Abänderung des entsprechenden Titels nach § 323a ZPO geklagt werden. Wurde die Klage jedoch aufgrund einer Prognoseentscheidung abgewiesen, so hat sich die erneute Abänderungsklage gegen dieses Urteil zu richten, wobei diesbezüglich dann wieder die Voraussetzungen des § 323 ZPO zu beachten sind.[6]

§ 323b
Verschärfte Haftung

Die Rechtshängigkeit einer auf Herabsetzung gerichteten Abänderungsklage steht bei der Anwendung des § 818 Abs. 4 des Bürgerlichen Gesetzbuchs der Rechtshängigkeit einer Klage auf Rückzahlung der geleisteten Beträge gleich.

1 Die Regelung gilt für die Abänderungsklagen nach den §§ 323, 323a ZPO, die ab dem 01.09.2009 anhängig geworden sind, **Art. 111 Abs. 1 Satz 2 FGG-RG**. Für Unterhaltstitel i.S.d. § 231 Abs. 1 FamFG enthält § 241 FamFG eine identische Regelung.

2 Die Regelung bewirkt, dass in dem Zeitpunkt, in dem die auf Herabsetzung gerichtete Abänderungsklage des Titelschuldners **rechtshängig** wird, der Titelgläubiger nach den allgemeinen Vorschriften haftet, § 818 Abs. 4 BGB. Dies schließt dann auch im Weiteren die Berufung des Titelgläubigers auf den **Einwand der Entreicherung nach § 818 Abs. 3 ZPO** aus.

3 Wenn der Titelgläubiger neben der Herabsetzung der künftig fällig werdenden wiederkehrenden Leistungen die **Rückzahlung der überzahlten Beträge** verlangen möchte, so muss er diesen Antrag im Wege der **objektiven Klagehäufung** zusätzlich geltend machen. Insofern ist auch eine **hilfsweise** Geltendmachung des Rückforderungsanspruchs, allerdings in bezifferter Form, zulässig.[7]

---

2 BGH, NJW 2012, 1356 (1357) = FamRZ 2012, 699 (700), Rn. 16.
3 BGH, NJW 2011, 2512 (2513) = FamRZ 2011, 1381 (1382f.), Rn. 18 m.w.N.
4 BGH, NJW 2011, 1874 (1875f.), Rn. 23f. = MDR 2011, 728.
5 Zöller-*Vollkommer*, ZPO, § 323a Rn. 10 m.w.N.
6 BGH, NJW 2012, 923 (924) = MDR 2012, 161 (162), Rn. 22 m.w.N.
7 OLG Zweibrücken, OLGR 2001, 296 (299f.).

§ 324
Nachforderungsklage zur Sicherheitsleistung

Ist bei einer nach den §§ 843 bis 845 oder §§ 1569 bis 1586b des Bürgerlichen Gesetzbuchs erfolgten Verurteilung zur Entrichtung einer Geldrente nicht auf Sicherheitsleistung erkannt, so kann der Berechtigte gleichwohl Sicherheitsleistung verlangen, wenn sich die Vermögensverhältnisse des Verpflichteten erheblich verschlechtert haben; unter der gleichen Voraussetzung kann er eine Erhöhung der in dem Urteil bestimmten Sicherheit verlangen.

Die Norm gibt dem jeweils Berechtigten der genannten Ansprüche die Möglichkeit, im Wege einer **neuen Klage** die Leistung von Sicherheit durch den Verpflichteten zu verlangen. 1

Der **Kläger** ist Berechtigter eines Schadensersatzanspruchs nach den §§ 843–845 BGB oder nach den §§ 1569–1586b BGB, wobei im Weiteren zu berücksichtigen ist, dass diverse Normen auf die §§ 843–845 BGB verweisen, bspw. **§ 62 Abs. 3 HGB** oder **§ 618 Abs. 3 BGB**. Zu § 324 ZPO identische Regelungen enthalten z. B. **§ 13 Abs. 3 StVG** oder **§ 8 Abs. 3 HaftPflG**. Die Sicherheitsleistung kann im Wege der Nachforderungsklage **erstmals** verlangt, § 324 Hs. 1 ZPO, oder **nachträglich erhöht** werden, § 324 Hs. 2 ZPO, wenn sich die Vermögensverhältnisse des entsprechend Verpflichteten erheblich verschlechtert haben. 2

Die Nachforderungsklage nach § 324 ZPO kann auch noch nach Rechtskraft des Ausgangsurteils erhoben werden. 3

§ 325
Subjektive Rechtskraftwirkung

(1) Das rechtskräftige Urteil wirkt für und gegen die Parteien und die Personen, die nach dem Eintritt der Rechtshängigkeit Rechtsnachfolger der Parteien geworden sind oder den Besitz der in Streit befangenen Sache in solcher Weise erlangt haben, dass eine der Parteien oder ihr Rechtsnachfolger mittelbarer Besitzer geworden ist.

(2) Die Vorschriften des bürgerlichen Rechts zugunsten derjenigen, die Rechte von einem Nichtberechtigten herleiten, gelten entsprechend.

(3) ¹Betrifft das Urteil einen Anspruch aus einer eingetragenen Reallast, Hypothek, Grundschuld oder Rentenschuld, so wirkt es im Falle einer Veräußerung des belasteten Grundstücks in Ansehung des Grundstücks gegen den Rechtsnachfolger auch dann, wenn dieser die Rechtshängigkeit nicht gekannt hat. ²Gegen den Ersteher eines im Wege der Zwangsversteigerung veräußerten Grundstücks wirkt das Urteil nur dann, wenn die Rechtshängigkeit spätestens im Versteigerungstermin vor der Aufforderung zur Abgabe von Geboten angemeldet worden ist.

(4) Betrifft das Urteil einen Anspruch aus einer eingetragenen Schiffshypothek, so gilt Absatz 3 Satz 1 entsprechend.

Inhalt:

	Rn.		Rn.
A. Allgemeines	1	V. Wirkung für und gegen den Rechtsnachfolger bei Veräußerung eines belasteten Grundstücks bzw. eines belasteten Schiffs, Abs. 3 Satz 1, Abs. 4	17
B. Erläuterungen	2		
I. Rechtskraftwirkung für und gegen die Parteien, Abs. 1 Var. 1	2		
II. Rechtskraftwirkung bei Rechtsnachfolge, Abs. 1 Var. 2	8	VI. Wirkung für und gegen den Ersteher bei Zwangsversteigerung eines belasteten Grundstücks, Abs. 3 Satz 2	18
III. Rechtskraftwirkung bei mittelbarem Besitz, Abs. 1 Var. 3	14		
IV. Wirkung der Gutgläubigkeit, Abs. 2	15	C. Prozessuales	19

A. Allgemeines

Die Norm ist in Zusammenhang mit **§ 322 ZPO** einerseits und **§ 265 ZPO** andererseits zu sehen. Während von § 322 ZPO der objektive Umfang der Rechtskraft eines Urteils geregelt wird, wird durch § 325 ZPO bestimmt, **für und gegen wen** ein Urteil wirkt. Damit ist die Regelung über § 750 Abs. 1 i. V. m. § 727 ZPO auch von Bedeutung für die **Zwangsvollstreckung** aus einem Urteil. Im Hinblick auf die Veräußerung oder Abtretung einer in Streit befangenen Sache hat die Norm unmittelbare Auswirkungen auf den Fortgang des Prozesses, § 265 Abs. 3 ZPO. 1

B. Erläuterungen
I. Rechtskraftwirkung für und gegen die Parteien, Abs. 1 Var. 1

2 Die materielle Rechtskraft eines Urteils hat im **Grundsatz** nur zwischen den Parteien eines Rechtsstreits Wirkung.[1] Ein Urteil, das zwischen dem Kläger und einem **Streitgenossen** gemäß §§ 59, 60 ZPO ergangen ist, entfaltet keine Rechtskraftwirkung im Verhältnis zwischen dem Kläger und den anderen Streitgenossen, selbst wenn diese als **Gesamtschuldner** in Anspruch genommen wurden, § 325 Abs. 2 BGB. An einer **Rechtskraftwirkung auf einen Dritten** fehlt es z.B. auch dann, wenn im Verhältnis zwischen den beiden Prozessparteien das Bestehen bzw. Nichtbestehen eines Rechtsverhältnisses zwischen einer Partei und diesem Dritten festgestellt werden soll oder wenn bei einem Rechtsstreit, in dem Streitgegenstand ein Anspruch aus einem **Vertrag zu Gunsten Dritter** i.S.d. § 328 BGB ist und der zwischen dem Versprechensempfänger und dem Versprechenden geführt wurde, ein rechtskräftiges Urteil erging.

3 In Ausnahme von dem soeben unter Rn. 2 dargestellten Grundsatz kann es aber auch sein, dass das Gesetz im Einzelfall entweder **ausdrücklich** oder **aus seinem Sinn und Zweck** heraus die **Wirkung der Rechtskraft auch gegenüber einem Dritten** anordnet.[2] In diesem Fall kann allgemein von einer **Rechtskrafterstreckung** gesprochen werden, die ihrerseits sowohl im **Prozessrecht** als auch im **sachlichen Recht** begründet sein kann. Die rechtsdogmatischen Grundlagen der Rechtskrafterstreckung bzw. die sich ergebenden Fallgruppen sind hierbei im Einzelnen streitig,[3] wobei die durch den BGH angewandte Methode deswegen vorzugswürdig ist, da sie zu klaren Ergebnissen führt, was gerade bei der Festlegung der subjektiven Reichweite der Rechtskraft und der damit bewirkten Rechtssicherheit von essentieller Bedeutung ist.

4 Eine **ausdrückliche** Anordnung einer Rechtskraftwirkung gegenüber Dritten enthalten neben den weiteren Tatbestandsalternativen des § 325 Abs. 1 ZPO zunächst die **§§ 325a, 326, 327 ZPO**. Außerdem besteht eine ausdrückliche Rechtskrafterstreckung bspw. auf alle **beigeladenen Wohnungseigentümer** nach § 48 Abs. 3 WEG, auf den **Versicherer** bzw. **den Versicherungsnehmer** bei Klagen eines Dritten gemäß § 124 VVG oder sogar auf „alle" gemäß § 184 Abs. 2 FamFG im Falle eines Beschlusses in einer **Abstammungssache**.

5 Nach ihrem **Sinn und Zweck** besteht hingegen keine Rechtskrafterstreckung auf einen Dritten, der vor rechtskräftigem Abschluss eines Rechtsstreits eine im Verhältnis zur im Streit befindlichen Verbindlichkeit **akzessorische Verbindlichkeit** begründet, z.B. durch Übernahme einer Verpflichtung als Bürge nach §§ 765ff. BGB oder durch Belastung eines im Eigentum eines Dritten stehenden Grundstücks mit einer Hypothek nach §§ 1113ff. BGB. Wird die akzessorische Verpflichtung jedoch nach rechtskräftigem Abschluss eines Rechtsstreits über die Hauptverbindlichkeit übernommen, so besteht für den Dritten, der diese akzessorische Verpflichtung unter Bezugnahme auf das bereits bestehende Urteil eingeht, eine Bindung an das rechtskräftige Urteil.[4] Eine Bindungswirkung, die unabhängig von einer solchen Kenntnis eines Urteils eintritt, ist hingegen zu weitgehend. Denn grundsätzlich geht jeder, der eine akzessorische Verbindlichkeit eingeht, zunächst davon aus, dass die Hauptschuld besteht, da andernfalls schon kein nachvollziehbarer Grund für die Eingehung dieser Verbindlichkeit besteht. Trotzdem kann z.B. der Bürge sämtliche Einreden des Hauptschuldners erheben, § 768 Abs. 1 Satz 1 BGB, und sich damit gegen eine Inanspruchnahme zur Wehr setzen. Ein Unterschied zwischen dem Bürgen, der die Bürgschaft für eine Hauptverbindlichkeit eingeht, die noch überhaupt nicht in Streit befangen war, und demjenigen, der die Bürgschaft für eine Hauptverbindlichkeit erklärt, deren Bestehen im Verhältnis zwischen Gläubiger und Hauptschuldner zwar bereits rechtskräftig festgestellt wurde, allerdings ohne dass der Bürge hiervon Kenntnis hat, besteht insoweit aus Sicht des Bürgen bzw. desjenigen, der die akzessorische Verbindlichkeit übernimmt, nicht. Der Gläubiger, der durch die Bürgschaft ohnehin nur einen weiteren Schuldner erhält, ist insofern aber ebenfalls nicht schutzwürdig.[5]

6 Ein **Gesellschafter einer OHG bzw. einer GbR** kann nach § 129 Abs. 1 HGB nach einer Inanspruchnahme der Gesellschaft keine Einwendungen mehr geltend machen, die von der Gesellschaft infolge der rechtskräftigen Entscheidung nicht mehr geltend gemacht werden können, so dass dieser Fall jedenfalls **vergleichbar mit einer Rechtskrafterstreckung** des Urteils zwischen einem Dritten und der Gesellschaft auf die einzelnen Gesellschafter ist.[6] Die Rechtskraft eines Urteils, das demgegenüber zwischen einem Dritten und den Gesellschaftern ergan-

---

1 BGHZ 124, 86 (95) = NJW 1994, 453 (454) = ZIP 1994, 46 (48).
2 BGH, NJW 1996, 395 (396) = MDR 1996, 411 (412); BGH, NJW 2011, 2048f., Rn. 8 m.w.N. = MDR 2011, 797 (798).
3 Zöller-*Vollkommer*, ZPO, § 325 Rn. 28 m.w.N.
4 OLG Koblenz, MDR 1998, 1022 (1023).
5 Str.; a.A. Zöller-*Vollkommer*, ZPO, § 325 Rn. 34 m.w.N.
6 BGH, NJW 2011, 2048 (2049), Rn. 9 m.w.N. = MDR 2011, 797 (798).

gen ist, erstreckt sich jedoch mangels einer entsprechenden Regelung **nicht** auf die Gesellschaft.[7]

Außerdem entfaltet bspw. auch die rechtskräftige Entscheidung über den **Herausgabeanspruch des Vermieters gegen den Mieter** nach § 546 Abs. 1 BGB keine Rechtskraftwirkung in Bezug auf den Rückgabeanspruch des Vermieters gegen den Untermieter nach § 546 Abs. 2 BGB.[8]

II. Rechtskraftwirkung bei Rechtsnachfolge, Abs. 1 Var. 2

In **zeitlicher Hinsicht** gilt die Rechtskraftwirkung zum einen dann, wenn die Rechtsnachfolge noch **während** der Rechtshängigkeit des Rechtsstreits durch Veräußerung der in Streit befangenen Sache oder Abtretung des geltend gemachten Anspruchs i.S.d. § 265 Abs. 1 ZPO eintritt. Der Veräußerer bzw. Zedent bleibt gemäß § 265 Abs. 2 Satz 1 ZPO **prozessführungsbefugt**; der Rechtsstreit kann weiterhin gegen den Veräußerer bzw. Zedenten betrieben werden (vgl. hierzu § 266 Rn. 5). Für die subjektive Reichweite der Rechtskraft nach § 325 Abs. 1 Var. 2 ZPO ist es daher auch ohne Bedeutung, ob das für den Kläger obsiegende Urteil auf Leistung an diesen selbst oder an dessen Rechtsnachfolger bzw. durch den Beklagten oder durch dessen Rechtsnachfolger lautet. Hinsichtlich der Zwangsvollstreckung aus einem solchen Urteil ist zu beachten, dass in den Fällen, in denen die Leistung an den Kläger bzw. durch den Beklagten ausgeurteilt wurde, die Erteilung einer vollstreckbaren Ausfertigung nach Maßgabe des § 727 ZPO erforderlich ist.

Die Bindung gilt aber grundsätzlich auch dann, wenn die **Rechtsnachfolge** zu einem Zeitpunkt eintritt, zu dem der Rechtsstreit bereits rechtskräftig abgeschlossen ist.[9]

Bei einer Rechtsnachfolge vor Rechtshängigkeit besteht grundsätzlich keine Rechtskraftwirkung. Eine Ausnahme hiervon ist jedoch in **§ 407 Abs. 2 BGB** enthalten, der allerdings nur dann zu einer Bindung des Zessionars führt, wenn die Klage des Zedenten abgewiesen wurde, da die Norm als eine dem **Schuldnerschutz** dienende Regelung eng auszulegen ist und ausdrücklich nur davon spricht, dass der Zessionar das rechtskräftige Urteil „gegen" sich gelten lassen muss.[10]

Der Begriff der Rechtsnachfolge, der stets **materiell-rechtlich** zu beurteilen ist, erfasst zunächst die **Einzelrechtsnachfolge**, bspw. in Form der Übereignung der in Streit befangenen Sache nach § 929 BGB, Abtretung des geltend gemachten Anspruchs nach § 398 BGB oder auch derjenigen, die durch Hoheitsakt, z.B. in Form eines Zuschlages nach § 90 Abs. 1 ZVG, bewirkt wurde. Eine Rechtsnachfolge liegt auch dann vor, wenn nicht das Vollrecht, sondern ein im Vergleich zu diesem minderes Recht übertragen wird. Dies bedeutet, dass die Rechtskraftwirkung z.B. auch gegenüber demjenigen eintritt, zu dessen Gunsten durch eine der Prozessparteien an der in Streit befangenen Sache ein Pfandrecht oder eine Hypothek bestellt wird. Im Falle einer unter einer **aufschiebenden Bedingung** i.S.d. § 158 Abs. 1 BGB erfolgten Übertragung eines Rechts tritt die Rechtsnachfolge erst mit Eintritt der Bedingung ein, da stets ungewiss ist, ob die Bedingung tatsächlich eintreten wird.[11] Denn die Beurteilung der subjektiven Reichweite der Rechtskraft eines Urteils darf dieser Ungewissheit nicht unterliegen. Die befreiende Schuldübernahme i.S.d. §§ 414, 415 BGB ist hingegen kein Fall der Rechtsnachfolge i.S.d. § 325 Abs. 1 Var. 2 ZPO und kann daher auch nicht zu einer Rechtskraftwirkung im Verhältnis zum Übernehmenden führen.[12]

Unter den Begriff der Rechtsnachfolge fällt auch die **Gesamtrechtsnachfolge**, z.B. nach § 1922 Abs. 1 BGB. Die Rechtskraftwirkung ist dabei aber stets im Zusammenhang mit dem materiell-rechtlichen Rechtsnachfolgetatbestand zu sehen. So kann bspw. ein Erbe nur aufgrund der Stellung als Erbe und nur, soweit diese Erbenstellung reicht, durch die Rechtskraft eines Urteils gebunden sein.[13]

Außerdem ist auch im Falle eines **Betriebsübergangs** nach § 613a BGB von einer Rechtsnachfolge i.S.d. Norm auszugehen, was auch zu einer entsprechenden Anwendung des § 265 Abs. 2 ZPO führt.[14]

---

7 BGH, NJW 2011, 2048, Rn. 7 m.w.N. = MDR 2011, 797 (798).
8 BGH, NJW-RR 2006, 1385 (1386), Rn. 28ff. = MDR 2007, 78; BGH, NJW 2010, 2208, Rn. 9 m.w.N. = MDR 2010, 856.
9 BGHZ 114, 360 (364) = NJW 1991, 2552 = ZIP 1991, 872 (873).
10 BGHZ 52, 150 (152 ff.) = NJW 1969, 1479 f.
11 MK-*Musielak*, ZPO, § 325 Rn. 44 (str.).
12 BGHZ 61, 140 (141 ff.) = NJW 1973, 1700 f.; a.A. Zöller-*Vollkommer*, ZPO, § 325 Rn. 24 f. m.w.N.
13 BGH, MDR 1956, 542 f.
14 BAG, NZA 1994, 260 (261).

III. Rechtskraftwirkung bei mittelbarem Besitz, Abs. 1 Var. 3

14 Der mittelbare Besitz richtet sich nach § 868 BGB. Damit wirkt bspw. die Rechtskraft eines Urteils gegenüber einem **Mieter** auch gegenüber einem Untermieter, wenn der unmittelbare Besitz des Untermieters nach Rechtshängigkeit begründet wurde.

IV. Wirkung der Gutgläubigkeit, Abs. 2

15 Grundsätzlich entfaltet ein Urteil, das **zu Ungunsten des Rechtsvorgängers** ergangen ist, bei Vorliegen der Voraussetzungen des § 325 Abs. 1 ZPO auch gegen den Rechtsnachfolger Rechtskraftwirkung. Durch die Norm wird klargestellt, dass im Falle der **Gutgläubigkeit des Rechtsnachfolgers** im Hinblick auf die Rechtshängigkeit bzw. das Vorhandensein eines rechtskräftigen Urteils eine Überwindung dieser Rechtskraftwirkung grundsätzlich möglich ist. In welcher Form der Rechtsnachfolger gutgläubig sein muss, richtet sich hingegen nach den jeweiligen **materiell-rechtlichen Vorschriften**. Übereignet bspw. derjenige, der im Rahmen eines Rechtsstreits vom Beklagten als unmittelbarem Besitzer die Herausgabe einer beweglichen Sache gemäß § 985 BGB verlangt, diese Sache nach Rechtshängigkeit durch Abtretung des Herausgabeanspruchs nach § 931 BGB an einen Dritten, so kann der Dritte nur unter den weiteren Voraussetzungen des § 934 BGB Eigentum an der beweglichen Sache erlangen, wenn diese tatsächlich nicht dem Kläger gehört. Der Begriff der Gutgläubigkeit richtet sich hier nach § 932 Abs. 2 BGB, so dass ein klageabweisendes Urteil zwischen Kläger und Beklagtem dann keine Rechtskraftwirkung gegenüber dem erwerbenden Dritten entfaltet, wenn diesem der Herausgabeprozess tatsächlich nicht bekannt und auch nicht infolge grober Fahrlässigkeit unbekannt war, § 932 Abs. 2 BGB. Der Erwerber muss also in zweifacher Hinsicht gutgläubig sein **(doppelte Gutgläubigkeit)**.[15]

16 Über die Norm des § 325 Abs. 2 ZPO kann die Rechtskraftwirkung auch dann verhindert werden, wenn der **Erwerb vom Berechtigten** stattgefunden hat und in einem rechtskräftigen Urteil eine **nicht mit der tatsächlichen materiellen Rechtslage im Einklang stehende Rechtsfolge** ausgeurteilt wurde.[16] Dies ist bspw. der Fall, wenn durch den Kläger ein **rechtskräftiges Versäumnisurteil** gegen den Beklagten im Hinblick auf die Herausgabe eines beweglichen Gegenstandes gemäß § 985 BGB erstritten wird und der Beklagte, der tatsächlich Eigentümer dieser Sache ist, den Gegenstand nach Rechtskraft des Herausgabeurteils gemäß § 929 Satz 1 BGB an einen bezüglich des Urteils i.S.d. § 932 Abs. 2 BGB gutgläubigen Dritten übereignet. In diesem Fall besteht keine Rechtskraftwirkung des auf Herausgabe lautenden Versäumnisurteils gegen den Dritten.

V. Wirkung für und gegen den Rechtsnachfolger bei Veräußerung eines belasteten Grundstücks bzw. eines belasteten Schiffs, Abs. 3 Satz 1, Abs. 4

17 Durch die Regelung des § 325 Abs. 3 Satz 1 ZPO wird die Möglichkeit der gutgläubigen Überwindung der Rechtskraftwirkung für den Dritten in den dort genannten Fällen **ausgeschlossen**. Wenn die Zwangsversteigerung wegen des Anspruchs aus den genannten eingetragenen Rechten bereits begonnen hat, hat die Veräußerung keinen Einfluss auf den Fortgang des Verfahrens, **§ 26 ZVG**. Der Ausschluss der gutgläubigen Rechtsnachfolge gilt für einen Anspruch aus einer eingetragenen Schiffshypothek entsprechend, § 325 Abs. 4 ZPO.

VI. Wirkung für und gegen den Ersteher bei Zwangsversteigerung eines belasteten Grundstücks, Abs. 3 Satz 2

18 Der Eigentumserwerb in der Zwangsversteigerung erfolgt durch den **hoheitlichen Akt des Zuschlagsbeschlusses** nach § 90 Abs. 1 ZVG, wobei durch den Zuschlag die Rechte erlöschen, die nicht nach den Versteigerungsbedingungen bestehen bleiben sollen, § 91 Abs. 1 ZVG, wozu bspw. die Hypothek gehört, § 53 Abs. 1 ZVG. Damit erwirbt der Ersteher das Grundstück grundsätzlich mit diesen Rechten belastet, wobei bspw. ein bereits ergangenes rechtskräftiges Urteil hinsichtlich des Anspruchs aus der Hypothek zwischen dem Gläubiger und dem bisherigen Eigentümer gemäß § 325 Abs. 3 Satz 1 ZPO auch gegenüber dem Ersteher wirken und so dem Gläubiger über § 727 ZPO die Möglichkeit der Zwangsvollstreckung geben würde. Insofern wird der Ersteher durch die weiteren Anforderungen des § 325 Abs. 3 Satz 2 ZPO geschützt, da die Anmeldung im Versteigerungstermin verlesen wird, **so dass jeder Bieter weiß, mit welchen Inanspruchnahmen des Grundstücks er zu rechnen hat.**

---

15 BGHZ 114, 305 (309) = NJW 1991, 2420 (2421) = ZIP 1991, 1062 (1064).
16 BGH, NJW-RR 2002, 516 (517 f.) = MDR 2002, 393 f.

C. Prozessuales

Die gesetzlich geregelte Rechtskraft ist einer **Parteieinbarung** trotz des im Zivilverfahrensrecht geltenden **Dispositionsgrundsatzes** nicht zugänglich. Insbesondere können Parteien nicht vereinbaren, dass die Rechtskraft eines Urteils für oder gegen einen Dritten wirkt, wobei sich der Dritte andererseits **der Rechtskraft** eines Urteils aufgrund seiner Privatautonomie ohne Weiteres **unterwerfen** kann.[17]

19

Gerichte **anderer Gerichtsbarkeiten** sind an die Rechtskraft eines Urteils, soweit diese im Einzelfall in objektiver und in subjektiver Hinsicht reicht, gebunden (vgl. § 322 Rn. 2). Damit ist aber auch bspw. eine Bindung gegenüber einem Dritten, die nach § 325 Abs. 1 ZPO besteht, zu beachten.

20

§ 325a
Feststellungswirkung des Musterentscheids

Für die weitergehenden Wirkungen des Musterentscheids gelten die Vorschriften des Kapitalanleger-Musterverfahrensgesetzes.

Inhalt:

	Rn.		Rn.
A. Allgemeines	1	C. Prozessuales	5
B. Erläuterungen an § 22 KapMuG	2		

A. Allgemeines

Durch den nach dem Kapitalanleger-Musterverfahrensgesetz ergehenden Musterentscheid i.S.d. **§ 16 KapMuG** werden für eine Vielzahl von **Parallelprozessen Tatsachen und Rechtsfragen**, die für die Entscheidung von Bedeutung sind, festgestellt. § 325a ZPO ist hierbei in unmittelbarem Zusammenhang mit **§ 22 KapMuG** zu sehen. Dieser lautet:

1

§ 22 Wirkung des Musterentscheids

(1) ¹Der Musterentscheid bindet die Prozessgerichte in allen nach § 8 Absatz 1 ausgesetzten Verfahren. ²Unbeschadet des Absatzes 3 wirkt der Musterentscheid für und gegen alle Beteiligten des Musterverfahrens unabhängig davon, ob der Beteiligte alle im Musterverfahren festgestellten Tatsachen selbst ausdrücklich geltend gemacht hat. ³Dies gilt auch dann, wenn der Musterkläger oder der Beigeladene seine Klage im Ausgangsverfahren nach Ablauf der in § 24 Absatz 2 genannten Frist zurückgenommen hat.

(2) Der Beschluss ist der Rechtskraft insoweit fähig, als über die Feststellungsziele des Musterverfahrens entschieden ist.

(3) Nach rechtskräftigem Abschluss des Musterverfahrens werden die Beigeladenen in ihrem jeweiligen Rechtsstreit mit der Behauptung, dass der Musterkläger das Musterverfahren mangelhaft geführt habe, gegenüber den Musterbeklagten nur insoweit gehört,

1. als sie durch die Lage des Musterverfahrens zur Zeit der Aussetzung des von ihnen geführten Rechtsstreits oder durch Erklärungen und Handlungen des Musterklägers verhindert worden sind, Angriffs- oder Verteidigungsmittel geltend zu machen, oder

2. als Angriffs- oder Verteidigungsmittel, die ihnen unbekannt waren, vom Musterkläger absichtlich oder durch grobes Verschulden nicht geltend gemacht sind.

(4) Mit der Einreichung des rechtskräftigen Musterentscheids durch einen Beteiligten des Musterverfahrens wird das Ausgangsverfahren wieder aufgenommen.

(5) Der Musterentscheid wirkt auch für und gegen die Beteiligten, die dem Rechtsbeschwerdeverfahren nicht beigetreten sind.

B. Erläuterungen an § 22 KapMuG

Die **Bindungswirkung** des Musterbescheides ist, wie sich schon aus dem Wortlaut des § 325a ZPO ergibt, **weitergehend** als die objektive Rechtskraftwirkung eines Urteils i.S.d. § 322 ZPO. So zeitigt der Musterbescheid, ausgehend vom Musterverfahrensantrag nach § 2 Abs. 1 Satz 1 KapMuG, Bindungswirkung hinsichtlich sämtlicher **Feststellungsziele** und damit hinsichtlich des Vorliegens oder Nichtvorliegens anspruchsbegründender oder anspruchsausschließender

2

---

[17] Zöller-*Vollkommer*, ZPO, § 325 Rn. 43a m.w.N.

Voraussetzungen und auch bezüglich der Klärung von Rechtsfragen. Die Feststellungsziele des Musterverfahrens entsprechen daher dem Streitgegenstand eines Zivilprozesses.[1]

3 Die **Bindungswirkung** besteht gemäß § 22 Abs. 1 Satz 1 KapMuG für die Prozessgerichte **aller** ausgesetzten Verfahren nach § 8 Abs. 1 Satz 1 KapMuG und gemäß § 22 Abs. 1 Satz 2 KapMuG gegenüber sämtlichen Beteiligten des Musterverfahrens i.S.d. § 9 KapMuG. Die Bindung besteht dabei sogar bei einer Klagerücknahme im Musterverfahren, § 22 Abs. 1 Satz 3 KapMuG und auch gegenüber denjenigen, die sich an dem Rechtsbeschwerdeverfahren nach §§ 20, 21 KapMuG nicht beteiligten, § 22 Abs. 5 KapMuG.

4 Eine **Einschränkung der Bindungswirkung** des Musterbescheids für die einzelnen Beteiligten in ihren jeweiligen Verfahren ergibt sich aus § 22 Abs. 3 KapMuG.

C. Prozessuales

5 Nach rechtskräftigem Abschluss des Musterverfahrens obliegt es wieder jedem Einzelnen, der an dem Musterverfahren beteiligt war, seinen eigenen Rechtsstreit durch die Einreichung des Musterbescheides fortzusetzen, § 22 Abs. 4 KapMuG.

§ 326
Rechtskraft bei Nacherbfolge

(1) Ein Urteil, das zwischen einem Vorerben und einem Dritten über einen gegen den Vorerben als Erben gerichteten Anspruch oder über einen der Nacherbfolge unterliegenden Gegenstand ergeht, wirkt, sofern es vor dem Eintritt der Nacherbfolge rechtskräftig wird, für den Nacherben.

(2) Ein Urteil, das zwischen einem Vorerben und einem Dritten über einen der Nacherbfolge unterliegenden Gegenstand ergeht, wirkt auch gegen den Nacherben, sofern der Vorerbe befugt ist, ohne Zustimmung des Nacherben über den Gegenstand zu verfügen.

Inhalt:

	Rn.		Rn.
A. Allgemeines	1	II. Wirkung gegen den Nacherben, Abs. 2	3
B. Erläuterungen	2	C. Prozessuales	4
I. Wirkung für den Nacherben, Abs. 1	2		

A. Allgemeines

1 Der Nacherbe i.S.d. **§ 2100 BGB** ist **Rechtsnachfolger des Erben**, so dass bei einem Rechtsstreit zwischen einem Dritten und dem Vorerben über § 325 Abs. 1 Var. 2 ZPO keine Bindung durch ein rechtskräftiges Urteil eintreten könnte. Dem dient die Regelung des § 326 ZPO, durch die eine **Rechtskrafterstreckung** bewirkt wird.

B. Erläuterungen
I. Wirkung für den Nacherben, Abs. 1

2 Nur ein **zu Gunsten des Vorerben** ergangenes Urteil hinsichtlich einer Nachlassverbindlichkeit i.S.d. § 1967 BGB oder hinsichtlich eines Nachlassgegenstandes, das vor dem Eintritt der Nacherbfolge rechtskräftig wird, hat Rechtskraftwirkung für den Nacherben. Tritt hingegen die Nacherbfolge vor rechtskräftigem Abschluss des Rechtsstreits über einen Nachlassgegenstand ein, so sind die **Unterbrechungstatbestände der §§ 242, 239 ZPO** zu beachten.

II. Wirkung gegen den Nacherben, Abs. 2

3 Ein **zu Ungunsten des Vorerben** ergehendes Urteil hinsichtlich eines Nachlassgegenstandes kann darüber hinaus ebenfalls Rechtskraftwirkung für den Nacherben haben, wenn die Nacherbfolge nach Eintritt der Rechtskraft eingetreten ist und der Vorerbe hinsichtlich des konkreten Gegenstandes ohne Zustimmung des Nacherben verfügungsbefugt war, §§ 2112 ff. BGB. Bei Eintritt der Nacherbfolge vor Rechtskraft sind ebenfalls die **§§ 242, 239 ZPO** zu beachten.

---

[1] Zöller-*Vollkommer*, ZPO, § 325a Rn. 2 m.w.N.

C. Prozessuales
Im Hinblick auf die **Zwangsvollstreckung** ist bei Rechtskraftwirkung gegenüber dem Nacher- 4
ben eine entsprechende vollstreckbare Ausfertigung gegenüber diesem erforderlich, § 728
Abs. 1 ZPO.

§ 327
Rechtskraft bei Testamentsvollstreckung

(1) Ein Urteil, das zwischen einem Testamentsvollstrecker und einem Dritten über ein der Verwaltung des Testamentsvollstreckers unterliegendes Recht ergeht, wirkt für und gegen den Erben.

(2) Das Gleiche gilt von einem Urteil, das zwischen einem Testamentsvollstrecker und einem Dritten über einen gegen den Nachlass gerichteten Anspruch ergeht, wenn der Testamentsvollstrecker zur Führung des Rechtsstreits berechtigt ist.

Durch die Regelung erfolgt eine **Rechtskrafterstreckung** auf den Erben, da der **Testaments-** 1
vollstrecker einen Rechtsstreit im eigenen Namen führt.

Ein Urteil erlangt nach § 327 Abs. 1 ZPO Rechtskraftwirkung für und gegen den Erben, wenn 2
der Testamentsvollstrecker gemäß **§ 2212 BGB** ein der Testamentsvollstreckung unterliegendes Recht geltend gemacht hat. Außerdem tritt gemäß § 327 Abs. 2 ZPO **für und gegen** den Erben Rechtskraftwirkung ein, wenn das Urteil über einen gegen den Nachlass gerichteten Anspruch entscheidet und der Testamentsvollstrecker insofern gemäß **§ 2213 BGB** prozessführungsbefugt ist.

Hinsichtlich der Zwangsvollstreckung gegen den Erben ist die Erteilung einer qualifizierten 3
vollstreckbaren Ausfertigung nach § 728 Abs. 2 ZPO erforderlich.

§ 328
Anerkennung ausländischer Urteile

(1) Die Anerkennung des Urteils eines ausländischen Gerichts ist ausgeschlossen:
1. wenn die Gerichte des Staates, dem das ausländische Gericht angehört, nach den deutschen Gesetzen nicht zuständig sind;
2. wenn dem Beklagten, der sich auf das Verfahren nicht eingelassen hat und sich hierauf beruft, das verfahrenseinleitende Dokument nicht ordnungsmäßig oder nicht so rechtzeitig zugestellt worden ist, dass er sich verteidigen konnte;
3. wenn das Urteil mit einem hier erlassenen oder einem anzuerkennenden früheren ausländischen Urteil oder wenn das ihm zugrunde liegende Verfahren mit einem früher hier rechtshängig gewordenen Verfahren unvereinbar ist;
4. wenn die Anerkennung des Urteils zu einem Ergebnis führt, das mit wesentlichen Grundsätzen des deutschen Rechts offensichtlich unvereinbar ist, insbesondere wenn die Anerkennung mit den Grundrechten unvereinbar ist;
5. wenn die Gegenseitigkeit nicht verbürgt ist.

(2) Die Vorschrift der Nummer 5 steht der Anerkennung des Urteils nicht entgegen, wenn das Urteil einen nichtvermögensrechtlichen Anspruch betrifft und nach den deutschen Gesetzen ein Gerichtsstand im Inland nicht begründet war.

Inhalt:

	Rn.		Rn.
A. Allgemeines	1	V. Verstoß gegen den ordre public international, Abs. 1 Nr. 4	23
I. Inhalt der Norm	1	1. Allgemeines	23
II. Sekundäres EU-Recht	2	2. Verstoß gegen den prozessualen ordre public	25
III. Staatsverträge	3		
B. Erläuterungen	4	3. Verstoß gegen den materiellen ordre public	27
I. Anerkennung eines ausländischen Urteils	4		
II. Internationale Zuständigkeit des Erstgerichts, Abs. 1 Nr. 1	11	VI. Fehlende Verbürgung der Gegenseitigkeit, Abs. 1 Nr. 5, Abs. 2	29
III. Fehlende Einlassung des Beklagten, Abs. 1 Nr. 2	16	VII. Sonstige Gründe für eine Versagung der Anerkennung	32
IV. Entgegenstehende Rechtskraft und Rechtshängigkeit, Abs. 1 Nr. 3	21	C. Prozessuales	33

A. Allgemeines
I. Inhalt der Norm

1 Die Norm enthält in **enumerativer** und **negativer** Form die zu prüfenden Voraussetzungen, nach denen Urteile ausländischer Zivilgerichte im Inland grundsätzlich anzuerkennen sind. Als Ausgangspunkt ist dabei stets zu sehen, dass **völkergewohnheitsrechtlich** kein Staat überhaupt dazu verpflichtet ist, ausländische Urteile anzuerkennen, es sei denn, es liegt zwischen den betroffenen Staaten ein Staatsvertrag vor, in dem Entsprechendes vereinbart wurde.[1] Für die Anerkennung **ausländischer Schiedssprüche** gilt § 1061 ZPO.

II. Sekundäres EU-Recht

2 Sekundäres EU-Recht, insbesondere Verordnungen der EU, gehen dem § 328 ZPO grundsätzlich vor, **wenn und soweit** diese anwendbar sind.[2] Hierbei ist insbesondere die Verordnung (EU) Nr. 1215/2012 („**Brüssel-Ia**" bzw. „**EuGVVO 2012**") von Bedeutung, die gemäß deren Art. 66 Abs. 1 auf Verfahren, öffentliche Urkunden oder gerichtliche Vergleiche anzuwenden ist, die am 10.01.2015 oder danach eingeleitet, förmlich errichtet oder eingetragen bzw. gebilligt oder geschlossen worden sind. Hinsichtlich der Anerkennung und Vollstreckung von Entscheidungen nach dieser Verordnung sind außerdem die ebenfalls zum 10.01.2015 in Kraft getretenen **§§ 1110–1117 ZPO** zu berücksichtigen. Im Grundsatz sind gemäß Art. 36 Abs. 1 VO (EU) Nr. 1215/2012 sämtliche in den Mitgliedstaaten ergangene Entscheidungen gegenseitig anzuerkennen, wobei in dem Verfahren nach § 1115 ZPO die Versagungsgründe nach Art. 45 VO (EU) Nr. 1215/2012 **sowohl positiv als auch negativ** durch einen Berechtigten geltend gemacht werden können. Auf Entscheidungen, die nicht dem dargestellten zeitlichen Anwendungsbereich der genannten Verordnung unterfallen, ist nach wie vor die Verordnung (EG) Nr. 44/2001 („**Brüssel-I**" bzw. „**EuGVVO 2001**") in deren zeitlichem Anwendungsbereich nach deren Art. 66 anwendbar, was grundsätzlich Klagen und öffentliche Urkunden betrifft, die nach dem Inkrafttreten jener Verordnung zum 01.03.2002 erhoben bzw. aufgenommen worden sind.

III. Staatsverträge

3 Die Pflicht zur Anerkennung kann sich schließlich auch aus Staatsverträgen ergeben. Hierzu zählen bspw. die Art. 32 ff. LugÜ.

B. Erläuterungen
I. Anerkennung eines ausländischen Urteils

4 Die Regelung gilt für **ausländische Urteile**. Ein Urteil in diesem Sinne ist jede der **Rechtskraft fähige Sachentscheidung** eines **Zivilgerichts** im Rahmen eines **rechtlich geordneten Prozesses** über eine **durch eine Partei aufgestellte Rechtsbehauptung**.

5 Eine Entscheidung ist dann der **Rechtskraft fähig**, wenn nach dem Prozesssystem des Staats, durch dessen Gericht die Entscheidung erlassen wurde, innerhalb des Ausgangsverfahrens zu einem bestimmten Zeitpunkt kein Rechtsbehelf mehr zulässig ist, so dass die Entscheidung von da an grundsätzlich unabänderlich wird.[3] Eine solche Entscheidung liegt bei **Zwischenentscheidungen** im Erststaat, wie bspw. Beweisbeschlüssen,[4] nicht vor.

6 Es muss sich um eine **Entscheidung in der Sache** handeln.[5] Dies bedeutet, dass **Prozessurteile nicht** anerkannt werden und für ein deutsches Gericht unbeachtlich sind.[6] Die Frage, ob im Einzelfall eine Entscheidung in der Sache oder ein Prozessurteil ergangen ist, muss unter Einordnung der entsprechenden Rechtsfrage in das **deutsche Rechtssystem** erfolgen.[7]

7 Die Entscheidung muss außerdem von einem **ausländischen Zivilgericht** erlassen worden sein. Dies ist der Fall, wenn das entsprechende Gericht durch den ausländischen Staat zur Entscheidung privatrechtlicher Streitigkeiten eingerichtet wurde,[8] z.B. auch ein Arbeitsgericht oder ein Strafgericht, das im **Zwangsverfahren**[9] entscheidet, was im **Zweifelsfall** wiederum **nach deutschem Recht** zu entscheiden ist. § 328 ZPO findet in diesem Zusammenhang aber keine

---
1 Zöller-*Geimer*, ZPO, § 328 Rn. 1.
2 Zöller-*Geimer*, ZPO, § 328 Rn. 5 (allgemein zum Verhältnis zwischen Staatsverträgen und autonomem innerstaatlichem Recht) und Rn. 11.
3 BGHZ 141, 286 (294) = NJW 1999, 3198 (3200) = ZIP 1999, 1226 (1228).
4 Zöller-*Geimer*, ZPO, § 328 Rn. 66 m.w.N.
5 OLG Jena, SchiedsVZ 2008, 44 (45).
6 Musielak/Voit-*Stadler*, ZPO, § 328 Rn. 5 m.w.N. (h.M.).
7 Zöller-*Geimer*, ZPO, § 328 Rn. 39 m.w.N.
8 Thomas/Putzo-*Hüßtege*, ZPO, § 328 Rn. 4.
9 Zöller-*Geimer*, ZPO, § 328 Rn. 82.

Anwendung auf **Familiensachen** gemäß § 111 FamFG, da insofern die §§ 107 ff. FamFG Sonderregelungen enthalten.
Die **formelle Rechtskraft** des ausländischen Urteils ist hingegen nach h.M. nicht erforderlich.[10] 8
Anerkennung in diesem Sinne bedeutet, dass die **Wirkungen des ausländischen Urteils**, die 9
ihrerseits nach dem Recht des Urteilsstaats zu beurteilen sind, im Inland eintreten. Es findet damit eine **Wirkungserstreckung**[11] statt, die bei Vorliegen ihrer Voraussetzungen **von selbst** eintritt. Die anzuerkennenden Wirkungen umfassen jedenfalls die prozessrechtlichen Wirkungen des Urteils. Hingegen ist streitig, ob auch die **Tatbestandswirkung** unmittelbar eintritt oder ob dies nach dem anwendbaren materiellen Recht zu beurteilen ist, wobei sich das anwendbare Recht aus dem deutschen IPR ergibt.[12]

Das ausländische Urteil steht damit einem durch ein deutsches Gericht erlassenen Urteil 10
grundsätzlich **gleich**, wobei eine **Ausnahme** hiervon im Hinblick auf die **Zwangsvollstreckung**, in der die **§§ 722, 723 ZPO** zu beachten sind, besteht. Eines **formellen Anerkennungsaktes** bedarf es **nicht**. Allerdings ist in dem Fall, dass die Voraussetzungen der Anerkennung streitig sind, die Erhebung einer entsprechenden **Feststellungsklage nach** § 256 Abs. 1 ZPO zulässig.[13] Derjenige, der sich auf ein **Anerkennungshindernis** beruft, hat dessen Voraussetzungen zu **beweisen**.[14]

II. Internationale Zuständigkeit des Erstgerichts, Abs. 1 Nr. 1

Sinn und Zweck der Regelung ist neben dem **Schutz des Beklagten**, der sich nicht vor einem 11
ausländischen Gericht verteidigen soll, wenn nach inländischen Vorstellungen keine ausreichende Verbindung zwischen dem Streitgegenstand und dem ausländischen Gericht besteht, die **Sicherstellung**, dass das Prozessrecht des Urteilsstaats zumindest im Ansatz auf **international anerkannte und akzeptierte Grundsätze** Rücksicht nimmt,[15] so dass das Vorliegen der entsprechenden Voraussetzung auch **von Amts wegen** zu prüfen ist.

Das Urteilsgericht muss hiernach **international** für die Entscheidung des Rechtsstreits **zustän-** 12
dig gewesen sein, was der Fall ist, wenn jenes Gericht nach dem „**Spiegelbildprinzip**" für den Fall, dass in dem entsprechenden Staat die ZPO gelten würde, für die Entscheidung des Rechtsstreits zuständig gewesen wäre.[16] Ob das einzelne Gericht tatsächlich **örtlich** für die Entscheidung des Rechtsstreits **zuständig** war, ist demgegenüber **ohne Belang**.[17] Damit besteht bspw. eine internationale Zuständigkeit, wenn eine **beklagte juristische Person** im Urteilsstaat ihren Sitz gemäß § 17 Abs. 1 ZPO hat. In welchem Staat der Sitz besteht ist nach **deutschem Recht** zu beurteilen. Bei Staaten, die ihrerseits aus Teilstaaten mit jeweils eigenem Gerichtsaufbau bestehen, worunter v.a. die **USA** fallen, kommt es darauf an, ob eine Zuständigkeit des Erstgerichts bezogen auf das **gesamte Hoheitsgebiet des Urteilsstaates** besteht.[18] Die Begründung der Zuständigkeit durch eine **Gerichtsstandsvereinbarung** ist an § 38 ZPO zu messen.[19] Eine Zuständigkeit durch **rügelose Einlassung des Beklagten** zur Sache i.S.d. § 39 ZPO kann nur dann die internationale Zuständigkeit begründen, wenn das Erstgericht ohne die rügelose Einlassung unzuständig[20] **und** die Rüge der Unzuständigkeit beim Erstgericht nicht aussichtslos gewesen wäre.[21]

Bei **doppelrelevanten** Tatsachen, d.h. Tatsachen, die sowohl für die Zulässigkeit als auch für 13
die Begründetheit der Klage von Bedeutung sind, muss die internationale Zuständigkeit des Urteilsgerichts im Rahmen der Frage der Anerkennung des ausländischen Urteils **positiv festgestellt** werden, so dass nur der schlüssige Vortrag des Klägers hierzu nicht ausreichend ist. Dies bedeutet bspw., dass im Falle eines Urteils, bei dem sich die internationale Zuständigkeit des Erstgerichts aus § 32 ZPO ergeben soll, die **unerlaubte Handlung** durch das deutsche Anerkennungsgericht auch positiv festgestellt werden muss.[22]

---

10 Thomas/Putzo-*Hüßtege*, ZPO, § 328 Rn. 1 m.w.N.
11 Zöller-*Geimer*, ZPO, § 328 Rn. 20 f. m.w.N.
12 Zöller-*Geimer*, ZPO, § 328 Rn. 33, 62 ff. m.w.N.
13 BGH, NJW 1997, 2051 = FamRZ 1997, 490.
14 BGH, NJW 2006, 701 (702), Rn. 18 m.w.N. = FamRZ 2006, 198 (199).
15 BGHZ 141, 286 (292) = NJW 1999, 3198 (3199) = ZIP 1999, 1226 (1228).
16 BGHZ 189, 87 (93) = NJW-RR 2011, 721 (722) = FamRZ 2011, 788 (790), Rn. 23 m.w.N.
17 BGHZ 141, 286 (289) = NJW 1999, 3198 (3199) = ZIP 1999, 1226 (1227).
18 Zöller-*Geimer*, ZPO, § 328 Rn. 107 m.w.N. (auch zur a.A.).
19 BGH, NJW-RR 2005, 929 (930 f.) = MDR 2005, 1126 (1127).
20 BGHZ 120, 334 (337 f.) = NJW 1993, 1073 (1074) = MDR 1993, 473 (474).
21 BGH, WM 1996, 2037 f.
22 BGHZ 124, 237 (240 ff.) = NJW 1994, 1413 (1414) = MDR 1994, 1240 (1241).

14 Besteht nach der ZPO ein **ausschließlicher Gerichtsstand bei einem deutschen Gericht**, z.B. nach § 29a Abs. 1 ZPO, so führt dies automatisch zu einer Unzuständigkeit des Urteilsgerichts und damit zu einem Anerkennungshindernis.[23]

15 Der entscheidende Zeitpunkt für die Beurteilung der internationalen Zuständigkeit ist derjenige, der dem Schluss der mündlichen Verhandlung nach deutschem zivilprozessualen Verständnis entspricht, so dass auch **§ 261 Abs. 3 Nr. 2 ZPO** zu berücksichtigen ist.[24]

III. Fehlende Einlassung des Beklagten, Abs. 1 Nr. 2

16 Sinn der Vorschrift ist die **Gewährleistung rechtlichen Gehörs** durch ein deutsches Gericht auch bei Entscheidungen, die unter ausländischer Jurisdiktion ergangen sind.

17 Der Beklagte darf sich zunächst **nicht auf das Erstverfahren eingelassen** haben. Dies bedeutet, dass der Beklagte vor dem Ausgangsgericht weder zu prozessualen Fragen noch zur Sache selbst verhandelt haben darf.[25] Der Beklagte muss sich außerdem **im Anerkennungsverfahren** vor dem deutschen Gericht auf diesen Umstand **berufen** haben, so dass hier im Gegensatz zu den weiteren Voraussetzungen der Anerkennung ausländischer Urteile nach § 328 Abs. 1 Nr. 1, 3, 4 und 5 ZPO **keine Prüfung von Amts wegen** erfolgt.

18 Durch den **verfahrenseinleitenden Schriftsatz** muss dem Beklagten jedenfalls der der geltend gemachten Forderung zu Grunde liegende Sachverhalt so dargelegt werden, dass er sachgerecht entscheiden kann, ob er sich auf den Rechtsstreit einlässt.[26]

19 Das ausländische Urteil wird dann **nicht** anerkannt, wenn die **Zustellung** des verfahrenseinleitenden Schriftstücks **fehlerhaft** erfolgt ist, § 328 Abs. 1 Nr. 2 Alt. 1 ZPO. Dies ist anhand der Zustellungsvorschriften, die **am Ort des Ausgangsgerichts** gelten, zu bestimmen. Hierbei kommt auch die Anwendung geltender staatsvertraglicher Regelungen, z.B. das **HZÜ**, oder auch von EU-Recht wie der VO (EG) Nr. 1393/2007 („**EuZVO**") in Betracht. Der Beweis, dass die Zustellung ordnungsgemäß erfolgt ist, kann mit sämtlichen zulässigen Beweismitteln geführt werden. Die **Vorschriften der ZPO** zur Zustellung von Schriftstücken, z.B. die Heilung von Zustellungsmängeln durch den tatsächlichen Zugang des Schriftstücks gemäß § 189 ZPO, bei einer Ausführung der Zustellung nach dem Haager Zustellungsübereinkommen,[27] gelten **grundsätzlich nicht** entsprechend, es sei denn die jeweiligen ausländischen Zustellungsvorschriften enthalten selbst eine dem § 189 ZPO vergleichbare Regelung. Dies gilt wiederum jedenfalls dann nicht, d.h. eine **Heilung i.S.d. § 189 ZPO findet statt**, wenn die Zustellung nach dem HZÜ formgemäß ausgeführt wurde, hierbei Zustellungsformvorschriften des Urteilsstaats verletzt wurden, aber das Schriftstück **tatsächlich zugegangen** ist.[28] Für eine fehlende Anerkennung eines ausländischen Urteils ist es daher auch ohne Bedeutung, dass sich der Beklagte, obwohl er die Möglichkeit dazu gehabt hätte, nicht mit den ihm nach der ausländischen Verfahrensordnung zur Verfügung stehenden Rechtsbehelfen gegen das ausländische Urteil zur Wehr gesetzt hat.[29]

20 Das ausländische Urteil wird aber auch dann **nicht** anerkannt, wenn die Zustellung zwar ordnungsgemäß, aber **nicht so rechtzeitig** erfolgt ist, dass sich der Beklagte verteidigen konnte, § 328 Abs. 1 Nr. 2 Alt. 2 ZPO. Dieser Zeitraum, dessen Länge sich stets nach den **Umständen des Einzelfalls** richtet, beginnt erst in dem Moment, in dem der Beklagte **tatsächlich Kenntnis** von dem entsprechenden Schriftstück erlangen konnte.[30] Die Beurteilung nach den Umständen des Einzelfalls unter Abwägung der schützenswerten Interessen des Klägers und des Beklagten, bspw. bei bewusster Wohnsitzverschleierung durch den Beklagten einerseits und tatsächlicher Kenntniserlangung vom Wohnsitz des Beklagten durch den Kläger nach Veranlassung der öffentlichen Zustellung durch das Erstgericht, gilt auch bei einer **fiktiven Zustellung** wie bspw. der öffentlichen Zustellung. Die fiktive Zustellung stellt damit „kein generelles Anerkennungshindernis" dar.[31]

---

23 Stein/Jonas-*Roth*, ZPO, § 328 Rn. 75.
24 BGHZ 141, 286 (290) = NJW 1999, 3198 (3199) = ZIP 1999, 1226 (1227).
25 BayObLG, FamRZ 2005, 923 (924).
26 BGHZ 141, 286 (295 f.) = NJW 1999, 3198 (3200) = ZIP 1999, 1226 (1229).
27 BGHZ 120, 305 (308 ff.) = NJW 1993, 598 (599 f.) = FamRZ 1993, 311 (312 f.).
28 BGHZ 191, 59 (66) = NJW 2011, 3581 (3582), Rn. 24 ff. = MDR 2011, 1374 (1375 f.).
29 BGHZ 120, 305 (313 f.) = NJW 1993, 598 (600) = FamRZ 1993, 311 (313); BGH, NJW 2004, 3189; a.A. Zöller-*Geimer*, ZPO, § 328 Rn. 163 m.w.N.
30 BayObLG, FamRZ 2005, 923 (924).
31 BGH, NJW 2008, 1531 (1534) = FamRZ 2008, 390 (393), Rn. 31 ff.

IV. Entgegenstehende Rechtskraft und Rechtshängigkeit, Abs. 1 Nr. 3

Die Anerkennung eines ausländischen Urteils ist auch dann gemäß § 328 Abs. 1 Nr. 3 Alt. 1 ZPO nicht zulässig, wenn dieses in seinem **Kernpunkt** und damit nicht nur hinsichtlich seines Streitgegenstandes[32] mit einem früher ergangenen Urteil eines deutschen Gerichts oder einem früher ergangenen ausländischen Urteil, das selbst anzuerkennen ist, in **Widerspruch** steht. Dies gilt auch dann, wenn ein Widerspruch zu einer **präjudiziellen** Feststellung (vgl. § 322 Rn. 6) besteht.[33] Das Erfordernis des „Widerspruchs" ergibt sich hierbei zwar nicht aus § 328 Abs. 1 Nr. 3 ZPO, nach dem das **Prioritätsprinzip** auch für solche Entscheidungen gilt, die inhaltlich gleich lauten; bei diesen stellt sich jedoch in der **Praxis** kein Kollisionsproblem.[34]

21

Außerdem darf gemäß § 328 Abs. 1 Nr. 3 Alt. 2 ZPO das Verfahren, das in das ausländische Urteil gemündet hat, nicht mit einem **zuvor rechtshängig gewordenen deutschen Verfahren** kollidieren. Dies bedeutet, dass ein deutsches Verfahren mit **demselben inhaltlichen Kernpunkt** nicht vor dem ausländischen Verfahren rechtshängig geworden sein darf. Für die Beurteilung der Rechtshängigkeit des bei dem ausländischen Gericht geltend gemachten Anspruchs ist auf **dessen Verfahrensrecht** abzustellen.[35] Überdies steht die Rechtshängigkeit einer Klage vor einem ausländischen Gericht der Rechtshängigkeit vor einem deutschen Gericht gleich, wenn das zu erlassende ausländische Urteil in Deutschland anzuerkennen sein wird.[36] Die in Deutschland erhobene Klage ist mithin wegen doppelter Rechtshängigkeit, § 261 Abs. 3 Nr. 1 ZPO, unzulässig.

22

V. Verstoß gegen den ordre public international, Abs. 1 Nr. 4

1. Allgemeines

Ein ausländisches Urteil ist auch dann nicht anzuerkennen, wenn es zum Zeitpunkt der Entscheidung des deutschen Gerichts[37] gegen den *ordre public* **international**, der **über denjenigen des Art. 6 EGBGB hinausgeht**, verstößt.[38] Danach ist entscheidend, „ob das Ergebnis der Anwendung ausländischen Rechts im konkreten Fall zu den Grundgedanken der deutschen Regelungen und den in ihnen enthaltenen Gerechtigkeitsvorstellungen in so starkem Widerspruch steht, dass es nach deutscher Vorstellung untragbar erscheint", wohingegen **ohne Bedeutung** ist, ob ein deutsches Gericht, wenn es den entsprechenden Fall zu entscheiden gehabt hätte, infolge Anwendung deutschen Rechts zu einem anderen Ergebnis gekommen wäre (Verbot der *„révision au fond"*).[39] Der in § 328 Abs. 1 Nr. 4 ZPO explizit genannte Verstoß gegen die Grundrechte ist hierzu beispielhaft in die Norm aufgenommen worden.

23

Um die Anerkennung eines Urteils wegen eines Verstoßes gegen den *ordre public* international zu verhindern müssen allerdings **im Ausgangsverfahren sämtliche Rechtsbehelfe** wahrgenommen worden sein.[40]

24

2. Verstoß gegen den prozessualen ordre public

Der Widerspruch kann hierbei zunächst zum **prozessualen ordre public** und damit „auf dem Weg des ausländischen Gerichts zum Urteil" gegeben sein, was bedeutet, dass das Verfahren, das zu dem ausländischen Urteil geführt hat, in einem solchen Maße von den Grundprinzipien des deutschen Verfahrensrechts abweicht, dass nicht mehr von einem rechtsstaatlichen und geordneten Verfahren gesprochen werden kann.[41] Dies setzt grundsätzlich voraus, dass der Anspruch jeder Partei auf ein **rechtsstaatliches und faires Verfahren sowie auf rechtliches Gehör** gewahrt wurde.[42] Dies ist bspw. wegen einer Verletzung des Anspruchs auf rechtliches Gehör aus Art. 103 Abs. 1 GG nicht der Fall, wenn für die Einzahlung von **Auslagenvorschüssen** durch das ausländische Gericht so kurze Ausschlussfristen gesetzt wurden, dass diese nicht eingehalten werden konnten und wenn darüber hinaus auch beantragte Fristverlänge-

25

---

32 OLG Hamm, FamRZ 2001, 1015 unter Bezugnahme auf BGH, NJW 1995, 1758 f. = MDR 1995, 845.
33 Musielak/Voit-*Stadler*, ZPO, § 328 Rn. 20.
34 Zöller-*Geimer*, ZPO, § 328 Rn. 201.
35 BGH, NJW-RR 1992, 642 (643) = FamRZ 1992, 1058 (1059 f.).
36 BGH, NJW 1986, 2195.
37 BGHZ 52, 184 (192).
38 BGHZ 138, 331 (334) = NJW 1998, 2358 = MDR 1998, 917.
39 BGHZ 203, 350 (357) = NJW 2015, 479 (480) = MDR 2015, 93 (94), Rn. 28 m.w.N.
40 BGH, NJW 1997, 2051 (2052) = MDR 1997, 574 (575) = NJW-RR 2002, 1151 = MDR 2002, 108; vgl. auch BVerfG, NJW 1988, 1462 f.
41 BGH, NJW-RR 2010, 1221, Rn. 5.
42 BGH, NJW 1978, 1114 (1115).

rungen versagt wurden[43] oder durch das ausländische Gericht dem **vertretungsbereiten Rechtsanwalt eines Adhäsionsbeklagten** die Vertretung nicht gestattet wird, weil der Adhäsionsbeklagte persönlich nicht erschienen ist, so dass ein ausländisches Versäumnisurteil ergeht.[44] Dagegen liegt **kein solcher Verstoß** vor, wenn z.B. ein Gericht, das nach englischem *common law* entscheidet, den Beklagten wegen „*contempt of court*" („Missachtung des Gerichts") von der weiteren Verhandlung ausschließt und Versäumnisurteil erlässt, falls dies *ultima ratio* für die weitere ordnungsgemäße Durchführung des Verfahrens war.[45]

26 Außerdem muss der Verstoß gegen den prozessualen *ordre public* auch **kausal für die Entscheidung des Erstgerichts** gewesen sein. Derjenige, der sich im Anerkennungsverfahren auf einen solchen Verstoß beruft, muss daher darlegen, dass bei Beachtung der entsprechenden Verfahrensmaxime, z.B. bei Wahrung des rechtlichen Gehörs, die Entscheidung anders ausgefallen wäre.[46]

3. Verstoß gegen den materiellen ordre public

27 Der Widerspruch kann auch zum **materiellen** *ordre public* bestehen, d.h. das **Sachergebnis** des ausländischen Urteils ist im dargestellten Sinne (vgl. Rn. 23) **untragbar**. Voraussetzung hierfür ist zunächst grundsätzlich, dass überhaupt ein **Inlandsbezug des ausländischen Urteils** besteht, der sich jedoch nicht aus dem bloßen Anerkennungsbegehren ergibt.[47]

28 Ein Verstoß gegen den materiellen *ordre public* liegt z.B. grundsätzlich vor, wenn nach amerikanischem Recht „**punitive damages**", d.h. pauschalierte und ihrer Höhe nach erhebliche Schadensersatzbeträge zugesprochen werden,[48] wenn der Beklagte durch das Ausgangsurteil zu einer in Deutschland bzw. in der EU **verbotenen Handlung verurteilt** wurde oder wenn das ausländische Urteil durch einen **Prozessbetrug** erreicht wurde, wobei hier zu berücksichtigen ist, dass der Beklagte diesen Einwand nicht erheben kann, wenn er sich bereits im Verfahren bei dem ausländischen Gericht eingelassen und hierbei gegen den erhobenen Anspruch zur Wehr gesetzt[49] oder sogar einen Rechtsbehelf eingelegt hat, um den entsprechenden Verstoß gegen den materiellen *ordre public* zu beseitigen.[50] **Kein Verstoß** ist z.B. bei einer in einem Urteil enthaltenen Verpflichtung eines Mandanten zur Zahlung eines **40%-igen Erfolgshonorars an seinen Rechtsanwalt**[51] oder bei einer **unmittelbaren Verurteilung eines Beamten** zu Schadensersatz unter Missachtung von Art. 34 GG[52] gegeben.

VI. Fehlende Verbürgung der Gegenseitigkeit, Abs. 1 Nr. 5, Abs. 2

29 Die Anerkennung eines ausländischen Urteils setzt schließlich grundsätzlich voraus, dass bei einer **Würdigung sämtlicher Umstände** in der gelebten Praxis der Anerkennung von Urteilen bzw. in dem für die Anerkennung von Urteilen maßgeblichen Recht, welches auch tatsächlich praktiziert wird,[53] durch den ausländischen Staat und durch Deutschland gleichwertige Bedingungen für die Vollstreckung von Urteilen geschaffen werden.[54] Der ausländische Staat muss also deutsche Urteile **unter vergleichbaren Bedingungen anerkennen** wie Urteile des entsprechenden Staats durch Deutschland anerkannt werden. Dabei kommt auch eine **partielle Verbürgung der Gegenseitigkeit** in Betracht,[55] so dass stets auf den Einzelfall abzustellen ist.

30 In diesem Zusammenhang kann es auch zu einer **Überschneidung mit dem Anerkennungskriterium nach § 328 Abs. 1 Nr. 1 ZPO** kommen. Wäre das Gericht im Urteilsstaat wegen § 23 ZPO, dem **Gerichtsstand des Vermögens**, i.S.d. § 328 Abs. 1 Nr. 1 ZPO zuständig, so kann die Gegenseitigkeit auch dann verbürgt sein, wenn es in dem entsprechenden Urteilsstaat keine Rechtsregel gibt, aufgrund der ein deutsches Gericht zuständig sein könnte, falls das Recht

---

43 BGH, NJW-RR 2010, 1221, Rn. 7.
44 BGHZ 144, 390 (392f.) = NJW 2000, 3289f. = MDR 2000, 1212 (1213).
45 BGHZ 182, 204 (214ff.) = NJW 2010, 153 (156), Rn. 31ff. = MDR 2010, 29 (30f.).
46 BGH, SchiedsVZ 2009, 126 (127).
47 Zöller-*Geimer*, ZPO, § 328 Rn. 243 m.w.N.
48 BGHZ 118, 312 (338ff.) = NJW 1992, 3096 (3103ff.) = ZIP 1992, 1256 (1266ff.), str., vgl. auch BVerfG, NJW 2013, 990 (991) = GRUR 2013, 534 (535), Rn. 14, wonach „punitive damages [...] nicht von vornherein gegen unverzichtbare Grundsätze eines freiheitlichen Rechtsstaats" verstoßen.
49 BGH, NJW 2004, 2386 (2388) = MDR 2004, 1196f.
50 BGH, NJW 2014, 2365 (2366) = MDR 2014, 1174, Rn. 6 m.w.N.
51 BGHZ 118, 312 (332ff.) = NJW 1992, 3096 (3101f.) = ZIP 1992, 1256 (1264f.).
52 Zöller-*Geimer*, ZPO, § 328 Rn. 255.
53 Zöller-*Geimer*, ZPO, § 328 Rn. 265.
54 BGHZ 141, 286 (299) = NJW 1999, 3198 (3201) = ZIP 1999, 1226 (1230).
55 OLG Hamburg, NJW-RR 2013, 629 (630).

des Urteilsstaats eine internationale Zuständigkeit eines deutschen Gerichts aufgrund eines Rechtssatzes begründet, der für sich genommen dem deutschen Recht wiederum unbekannt ist.[56]

Die Voraussetzung der gegenseitigen Verbürgung gilt gemäß § 328 Abs. 2 ZPO **nicht**, wenn das ausländische Urteile einen nichtvermögensrechtlichen Anspruch betrifft **und** kein deutscher Gerichtsstand begründbar ist. 31

VII. Sonstige Gründe für eine Versagung der Anerkennung

Völkerrechtlich ist solchen Urteilen die Anerkennung zu versagen, die unter einer Verletzung der **Regeln über die Befreiung von der Gerichtsbarkeit**, z.b. über die Immunität, ergangen sind.[57] 32

C. Prozessuales

Die **Zwangsvollstreckung** richtet sich bei einem ausländischen Urteil grundsätzlich nach den **§§ 722, 723 ZPO**. Über die Voraussetzungen der Anerkennung der ausländischen Entscheidung nach § 328 ZPO hinaus, setzt die Zwangsvollstreckung hiernach insbesondere die **Rechtskraft des ausländischen Urteils** voraus, § 723 Abs. 2 Satz 1 ZPO. Wurde die Vollstreckbarerklärung rechtskräftig abgelehnt, so kann **unmittelbar aus dem ausländischen Urteil** auf Leistung geklagt werden.[58] 33

§ 329
Beschlüsse und Verfügungen

(1) ¹Die auf Grund einer mündlichen Verhandlung ergehenden Beschlüsse des Gerichts müssen verkündet werden. ²Die Vorschriften der §§ 309, 310 Abs. 1 und des § 311 Abs. 4 sind auf Beschlüsse des Gerichts, die Vorschriften des § 312 und des § 317 Abs. 2 Satz 1, 2, Absatz 3 und 4 auf Beschlüsse des Gerichts und auf Verfügungen des Vorsitzenden sowie eines beauftragten oder ersuchten Richters entsprechend anzuwenden.

(2) ¹Nicht verkündete Beschlüsse des Gerichts und nicht verkündete Verfügungen des Vorsitzenden oder eines beauftragten oder ersuchten Richters sind den Parteien formlos mitzuteilen. ²Enthält die Entscheidung eine Terminsbestimmung oder setzt sie eine Frist in Lauf, so ist sie zuzustellen.

(3) Entscheidungen, die einen Vollstreckungstitel bilden oder die der sofortigen Beschwerde oder der Erinnerung nach § 573 Abs. 1 unterliegen, sind zuzustellen.

Inhalt:

	Rn.		Rn.
A. Allgemeines	1	III. Bekanntmachung nicht verkündeter	
B. Erläuterungen	4	Entscheidungen, Abs. 2	20
I. Beschlüsse auf Grund mündlicher Verhandlung, Abs. 1 Satz 1	4	IV. Zustellung bestimmter Entscheidungen, Abs. 3	23
II. Rechtliche Grundlagen für Beschlüsse und Verfügungen, Abs. 1 Satz 2	5	C. Rechtsmittel	24

A. Allgemeines

Verfügungen sind den Fortgang des Verfahrens fördernde richterliche Anordnungen, denen grundsätzlich **keine wesentliche Bedeutung** in der Sache selbst zukommt. So können bspw. Hinweise nach § 139 ZPO oder auch Vergleichsvorschläge nach § 278 Abs. 1 ZPO in Form von Verfügungen ergehen. Terminsvorbereitende Anordnungen nach § 273 Abs. 2 ZPO erfolgen ebenfalls durch Verfügung. Demgegenüber trifft das Gericht **bedeutendere Anordnungen** oder auch **bestimmte Entscheidungen**, die mitunter auch verfahrensbeendend sein können, durch **Beschluss**. Hierunter fallen z.B. Beschlüsse nach § 91a Abs. 1 Satz 1 ZPO oder auch nach § 278 Abs. 6 Satz 2 ZPO. Die Regelung des § 329 ZPO enthält die Vorgaben für Verfügungen und Beschlüsse **nicht in abschließender Form**. Stattdessen gilt ein Großteil der gesetzlichen Regelungen für Urteile entsprechend. 1

Eine Verfügung bzw. ein Beschluss ist **erlassen**, wenn dieser mit Willen des Gerichts dessen inneren Geschäftsbetrieb verlassen hat,[1] was grundsätzlich erst dann der Fall ist, wenn die 2

---

56 BGHZ 141, 286 (300) = NJW 1999, 3198 (3201) = ZIP 1999, 1226 (1230).
57 Zöller-*Geimer*, ZPO, § 328 Rn. 6 m.w.N.
58 BGH, NJW 1987, 1146 = MDR 1987, 393.

Zu § 329:
1 BGH, NJW-RR 2012, 1533 (1534) = MDR 2012, 1116, Rn. 8.

entsprechende richterliche bzw. gerichtliche Anordnung die Geschäftsstelle mit der Zweckbestimmung verlassen hat, den Parteien bekanntgegeben zu werden.[2] Vor diesem Zeitpunkt liegt noch ein jederzeit abänderbares Internum vor.

3 Die **Wirksamkeit** der gerichtlichen Entscheidung tritt hingegen erst dann ein, wenn sie den Parteien mit Wissen und Wollen des Gerichts bekannt wird, was bei nicht verkündeten Entscheidungen grundsätzlich im Zeitpunkt der Zustellung bzw. der formlosen Mitteilung der Fall ist,[3] es sei denn im Einzelfall ergibt sich bspw. aus Sinn und Zweck der gesetzlichen Regelung, dass die Wirksamkeit bereits zum Zeitpunkt der Hinausgabe der Entscheidung, d.h. zum Zeitpunkt ihres Erlasses, anzunehmen ist, wie dies bspw. für die **insolvenzrechtlichen Verfügungsbeschränkungen** gemäß §§ 21 Abs. 2 Satz 1 Nr. 2, 23, 24 InsO gilt.[4] Grundsätzlich tritt die Wirksamkeit im Zeitpunkt der **ersten Zustellung** ein,[5] wobei bspw. im Falle eines **Verweisungsbeschlusses nach § 281 ZPO** die letzte Mitteilung entscheidend ist,[6] so dass sich hier eine schematische Beurteilung verbietet und stattdessen auf den **Einzelfall** abzustellen ist. Es ist stets danach zu urteilen, inwiefern die jeweilige Partei von den angeordneten Rechtsfolgen betroffen ist.[7] Im Hinblick auf den Beginn der **Rechtsmittelfrist** ist daher auch der Zeitpunkt der Wirksamkeit gegenüber jeder Partei **gesondert** maßgeblich.[8] Verkündete Entscheidungen hingegen werden unmittelbar mit ihrer Verkündung wirksam (vgl. § 310 Rn. 1).

B. Erläuterungen
I. Beschlüsse auf Grund mündlicher Verhandlung, Abs. 1 Satz 1

4 In dem Fall, dass nach einer obligatorischen oder einer fakultativen[9] **mündlichen Verhandlung** ein Beschluss ergeht, ist dieser zu **verkünden**, § 329 Abs. 1 Satz 1 ZPO. Hinsichtlich der Verkündung gelten zunächst gemäß § 329 Abs. 1 Satz 2 ZPO ausdrücklich die §§ 310 Abs. 1, 311 Abs. 4, 312 Abs. 1 ZPO entsprechend. Die Art und Weise der Verkündung obliegt grundsätzlich dem verkündenden Richter bzw. Rechtspfleger, da § 311 Abs. 1–3 ZPO nicht für entsprechend anwendbar erklärt ist. Es bietet sich aber an, die Verkündung eines Beschlusses **entsprechend der Verkündung eines Urteils** durchzuführen, da dies jedenfalls nicht verfahrensfehlerhaft ist. Durch die Verkündung wird im Übrigen grundsätzlich die 5-Monats-Frist nach § 569 Abs. 1 Satz 2 ZPO in Gang gesetzt, es sei denn, die entsprechende Partei ist im Verkündungstermin nicht vertreten und wurde zu diesem auch nicht ordnungsgemäß geladen.[10] Der verkündete Beschluss ist den Parteien nach der Verkündung entsprechend § 317 Abs. 1 Satz 1 ZPO **zuzustellen**. In dem Fall, dass ein Beschluss nur zugestellt wird, obwohl er hätte verkündet werden müssen, wird dieser im Zeitpunkt der Zustellung zwar wirksam. Allerdings ist er verfahrensfehlerhaft ergangen, so dass er für den Fall, dass er auf diesem Verfahrensfehler beruht, durch das Rechtsmittelgericht aufzuheben und die Sache zur erneuten Entscheidung zurückzuverweisen ist.[11]

II. Rechtliche Grundlagen für Beschlüsse und Verfügungen, Abs. 1 Satz 2

5 Das Gericht ist beim Erlass des Beschlusses an die **Parteianträge** entsprechend § 308 ZPO gebunden, wobei hinsichtlich der **Gerichtsbesetzung** die Norm des § 309 ZPO entsprechend gilt, § 329 Abs. 1 Satz 2 ZPO.

6 Im Hinblick auf die **äußere Form** sowie den **erforderlichen Inhalt** eines Beschlusses ist zunächst zu sehen, dass hierfür durch das Gesetz keine ausdrücklichen Vorgaben gemacht werden. Allerdings sind die Normen zu Form und Inhalt eines Urteils gemäß §§ 313, 313a, 313b ZPO jedenfalls **sinngemäß** auch auf Beschlüsse anzuwenden,[12] wobei es diesbezüglich aber regelmäßig einer **Betrachtung des einzelnen Falles** bedarf, um Form und Inhalt eines Beschlusses im erforderlichen Maß festzulegen. Hierbei ist eine Orientierung an **§ 38 Abs. 2–4 FamFG** angebracht.

---

2 BGH, NJW-RR 2012, 179 (180) = MDR 2012, 302 (303), Rn. 13 m.w.N.
3 BGHZ 164, 347 (351) = NJW 2005, 3724 (3725) = MDR 2006, 465.
4 BGHZ 133, 307 (310 ff.) = NJW 1997, 528 (nur Ls.) = MDR 1997, 156 f.
5 BGH, BGHReport 2001, 218.
6 BGH, NJW-RR 1995, 641 = MDR 1995, 739.
7 KG Berlin, NJW-RR 2000, 1239 (1240).
8 BGHZ 164, 347 (352 f.) = NJW 2005, 3724 (3726).
9 BGH, NJW-RR 2011, 5 (6), Rn. 11 m.w.N. = MDR 2010, 1141.
10 BGH, NJW-RR 2011, 5 (6), Rn. 14 m.w.N. = MDR 2010, 1141 (1142).
11 BGH, NJW-RR 2012, 398 (399) = MDR 2012, 430 (431), Rn. 13 m.w.N.
12 BGH, NJW 2001, 1653 (1654) = MDR 2001, 646 (647).

Das vollständige **Rubrum** ist insbesondere bei solchen Beschlüssen erforderlich, die ein Verfahren beenden, der Rechtskraft fähig sind[13] oder einen Vollstreckungstitel darstellen. Dies gilt z.B. für einen Beschluss, mit dem eine **einstweilige Verfügung** erlassen wird, §§ 922 Abs. 1 Satz 1 Alt. 2, 936 ZPO, Beschlüsse nach **§ 91a Abs. 1 Satz 1 ZPO** oder für **Kostenfestsetzungsbeschlüsse** nach § 104 ZPO.

7

Im Weiteren muss jeder Beschluss eine **Beschlussformel** aufweisen, aus der die Entscheidung des Gerichts hervorgeht.

8

Die **Begründung** eines Beschlusses ist jedenfalls dann zwingend erforderlich, wenn der Beschluss durch einen **Rechtsbehelf angefochten werden kann**,[14] wobei sich aus der Begründung vor dem Hintergrund des Art. 103 Abs. 1 GG ergeben muss, dass in der Entscheidung die wesentlichen von den Parteien vorgebrachten Tatsachenbehauptungen Berücksichtigung gefunden haben.[15] Ein Beschluss enthält zwar keinen Tatbestand i.S.d. § 313 Abs. 1 Nr. 5, Abs. 2 ZPO. Es ist jedoch **zweckmäßig und üblich**, die Begründung eines Beschlusses im **ersten Abschnitt** mit einer kurzen Darstellung der für die Entscheidung wesentlichen Umstände zu versehen. Eine Beweiskraft i.S.d. § 314 ZPO geht hiervon jedoch **nicht** aus.[16] Im **zweiten Abschnitt** folgt dann die **Begründung der Beschlussformel** entsprechend der Entscheidungsgründe eines Urteils, § 313 Abs. 1 Nr. 6, Abs. 3 ZPO. Die Begründung im dargestellten Sinn ist spätestens im Rahmen der **Abhilfeentscheidung** nach § 572 Abs. 1 Satz 1 Hs. 1 ZPO nachzuholen.[17] Andernfalls ist der Beschluss verfahrensfehlerhaft und daher durch das Rechtsmittelgericht grundsätzlich unter Zurückverweisung der Sache aufzuheben. Im Falle dessen, dass gegen einen Beschluss die **Rechtsbeschwerde** nach §§ 574 ff. ZPO der statthafte Rechtsbehelf ist, müssen in den Gründen der Entscheidung vor dem Hintergrund des § 577 Abs. 2 Satz 1 ZPO der Sachverhalt und die gestellten Anträge dargestellt werden.[18]

9

Im Einzelfall ist eine **Begründung** dann **nicht** erforderlich, wenn die Voraussetzungen entsprechend **§ 38 Abs. 4 FamFG** gegeben sind oder wenn die Entscheidung sich **unmittelbar aus dem Gesetz** ergibt[19] bzw. **gefestigter höchstrichterlicher Rechtsprechung** entspricht.[20] Eine Begründung kann auch dann entbehrlich sein, wenn sich diese **unmittelbar aus dem Sachverhalt** ergibt, wie dies bspw. der Fall sein kann, wenn eine **Streitwertfestsetzung** ohne Weiteres verständlich ist, weil diese dem eingeklagten Betrag entspricht. Außerdem ist eine Begründung auch grundsätzlich nicht notwendig, wenn die betroffene Entscheidung **nicht mehr anfechtbar** ist.[21] Die Parteien können schließlich nicht isoliert auf die Begründung einer Entscheidung **verzichten** und sich gleichzeitig die **Anfechtbarkeit der Entscheidung offenhalten**. Insofern ist ein Rechtsmittelverzicht erforderlich, um analog § 313a Abs. 2 ZPO von einer Begründung abzusehen.[22]

10

Inwiefern ein Beschluss mit einer **Rechtsmittelbelehrung** zu versehen ist, richtet sich nach § 232 ZPO.

11

Ein Beschluss, der nicht verkündet wird, muss jedenfalls die **Unterschrift von einem der an diesem mitwirkenden Richter** tragen, um von einem bloßen Entwurf unterscheiden zu können, §§ 329 Abs. 1 Satz 2, 317 Abs. 2 Satz 1 ZPO. Insofern ist bspw. auch die Unterschrift eines **allein entscheidenden Richters oder Rechtspflegers** zwingend erforderlich.[23] Die Unterschrift sämtlicher Richter, die an dem Beschluss mitgewirkt haben, ist hingegen nicht notwendig, so dass grundsätzlich die **Unterschriften des Vorsitzenden und des Berichterstatters ausreichend** sind,[24] wobei trotzdem die Unterschriften sämtlicher Richter, die an einer Entscheidung mitgewirkt haben, schon aus Gründen der Rechtssicherheit, vorhanden sein sollten. Insofern ist die Regelung des § 315 ZPO nicht entsprechend anwendbar. Allerdings müssen die genannten Richter aus dem Beschluss erkennbar sein,[25] was bspw. durch deren namentliche Nennung im Rubrum des Beschlusses möglich ist.

12

---

13 BGH, NJW-RR 2008, 367 (368), Rn. 6 m.w.N. = MDR 2008, 97.
14 BGH, NJW 1983, 123.
15 BVerfGE 86, 133 (145 f.) = ZIP 1992, 1020 (1023 f.).
16 OLG Frankfurt a.M., MDR 2004, 901.
17 KG Berlin, NJW 1974, 2010 = FamRZ 1974, 454.
18 BGH, NJW 2002, 2648 (2649) = MDR 2002, 1208.
19 BayObLG, NJW-RR 1991, 187 (188).
20 Zöller-*Vollkommer*, ZPO, § 329 Rn. 24.
21 BVerfG, NJW 2011, 1497 f. = FamRZ 2011, 540 (541), Rn. 12 ff., auch zu den insofern wiederum geltenden Ausnahmen.
22 OLG München, NJW-RR 2003, 1656 = MDR 2003, 1443 (1444).
23 BGHZ 137, 49 (52) = NJW 1998, 609 f. = MDR 1998, 298.
24 Str., zum Meinungsstand BPatG, GRUR 2014, 913 (916).
25 BGH, NJW-RR 1994, 1406 = MDR 1994, 1239.

13 Die **Bindungswirkung nach § 318 ZPO** besteht bei Beschlüssen grundsätzlich nicht, wobei dies bei Beschlüssen, die mit der **sofortigen Beschwerde** gemäß § 567 ZPO bzw. der **Rechtsbeschwerde** gemäß § 574 ZPO anfechtbar sind, nur bis zum Ablauf der Beschwerdefrist gilt.[26] Außerdem besteht eine Bindungswirkung dann nicht, wenn durch eine solche **grundrechtlich garantierte Verfahrensrechte der Parteien verletzt** würden, was z.B. der Fall ist, wenn ein **Verweisungsbeschluss nach § 281 ZPO willkürlich** ergangen ist.[27] Darüber hinaus besteht aber dann eine Bindungswirkung i.S.d. § 318 ZPO, wenn bei den Parteien durch den Beschluss ein **der Rechtskraft vergleichbarer Vertrauenstatbestand** geschaffen wurde, der einer nachträglichen Abänderung entgegensteht, was vor allem bei **nach dem Gesetz unanfechtbaren Entscheidungen** der Fall sein kann. Dies gilt z.B. bei einer Begründet-Erklärung eines **Ablehnungsgesuchs** gegen einen Richter gemäß § 46 Abs. 2 Hs. 1 ZPO, bei der Gewährung von **Wiedereinsetzung in den vorigen Stand** gemäß § 238 Abs. 3 ZPO[28] bzw. bei deren Ablehnung,[29] bei **Verweisungsbeschlüssen** gemäß §§ 506, 281 Abs. 2 Satz 2 ZPO, § 102 Satz 1 GVG oder bei einer **Zurückweisung der Berufung** nach § 522 Abs. 2 ZPO.[30]

14 Eine **Berichtigung** eines Beschlusses entsprechend § 319 ZPO ist zulässig.

15 Die **Tatbestandsberichtigung** analog § 320 ZPO kommt jedenfalls dann in Betracht, wenn der Beschluss in seinen Gründen **notwendigerweise auch den Sachverhalt** darzustellen hat, wie dies im Hinblick auf § 577 Abs. 2 Satz 1 ZPO bei solchen Beschlüssen der Fall ist, gegen die die **Rechtsbeschwerde** erhoben werden kann.[31]

16 Die **Beschlussergänzung** kann entsprechend § 321 ZPO erfolgen, wenn durch das Gericht bspw. versehentlich nicht über die **Kosten der Streithilfe** entschieden wurde.[32]

17 Die **§§ 322–327 ZPO** gelten entsprechend für Beschlüsse, wenn diese einerseits formell rechtskräftig werden können **und** andererseits aufgrund ihres Inhalts eine der Rechtskraft fähige Entscheidung enthalten.[33] Dies ist z.B. bei **Kostenfestsetzungsbeschlüssen**,[34] bei **Zurückweisungsbeschlüssen** nach § 522 Abs. 2 ZPO[35] oder bei grundsätzlich mit einem Urteil vergleichbaren Entscheidungen über einen Antrag auf Erlass einer **einstweiligen Verfügung** durch Beschluss[36] der Fall. In diesen Fällen ist grundsätzlich auch ein **Wiederaufnahmeverfahren** nach §§ 578 ff. ZPO im Hinblick auf einen durch einen Beschluss abgeschlossenen Rechtsstreit möglich (vgl. auch § 578 Rn. 1).[37]

18 Soweit Beschlüsse schließlich **Vollstreckungstitel** darstellen sind diese grundsätzlich ohne entsprechende Anwendung der §§ 708 ff. ZPO vollstreckbar. Dies gilt z.B. für **Vollstreckungsbescheide** oder **Kostenfestsetzungsbeschlüsse**.

19 Hinsichtlich gerichtlicher **Verfügungen** gelten die dargestellten Grundsätze entsprechend. Eine **Verkündung** von Verfügungen ist, wie sich aus dem Umkehrschluss zu § 329 Abs. 1 Satz 1 ZPO ergibt, grundsätzlich nicht vorgeschrieben. Außerdem ist im Grundsatz die formlose Mitteilung einer Verfügung ausreichend, es sei denn, **durch das Gesetz** wird die förmliche Zustellung vorgeschrieben, bspw. bei einer Fristsetzungsverfügung, § 329 Abs. 2 Satz 2 Hs. 2 ZPO. Darüber hinaus ist eine durch Verfügung erfolgte **Fristverlängerung** auch grundsätzlich wirksam, wenn der entsprechende Fristverlängerungsantrag vor Ablauf der Frist wirksam gestellt worden ist.[38] Wie sich aus dem Umkehrschluss zu § 329 Abs. 2 Satz 2 Hs. 2 ZPO schließlich auch ergibt, ist die Fristverlängerung durch Verfügung grundsätzlich ebenfalls nur formlos mitzuteilen.

III. Bekanntmachung nicht verkündeter Entscheidungen, Abs. 2

20 Grundsätzlich sind Entscheidungen, die **ohne mündliche Verhandlung** ergehen und daher auch nicht verkündet werden, den Parteien formlos mitzuteilen, § 329 Abs. 2 Satz 1 ZPO. Um

---

26 BGH, NJW-RR 2006, 1554, Rn. 9 m.w.N. = MDR 2007, 175.
27 BGH, NJW-RR 2010, 891 (892f.) = NZBau 2010, 313 (314), Rn. 15 m.w.N.
28 BGHZ 130, 97 (98) = NJW 1995, 2497 = MDR 1996, 195.
29 BAGE 42, 294 (300) = MDR 1984, 83.
30 BGH, NJW-RR 2007, 767, Rn. 9 m.w.N. = MDR 2007, 600f.
31 BGH, MDR 2010, 957f.; a.A. Zöller-*Vollkommer*, ZPO, § 329 Rn. 40 m.w.N.
32 OLG München, MDR 2003, 522.
33 BGH, NJW 2004, 1805 (1806) = MDR 2004, 961.
34 BGHZ 187, 227 (229) = NJW 2011, 1367, Rn. 8f. m.w.N. = MDR 2011, 136 (137).
35 BGH, NJW-RR 2007, 767, Rn. 9 m.w.N. = MDR 2007, 600f.
36 BGHZ 161, 298 (302f.) = NJW 2005, 436f. = MDR 2005, 570.
37 BGH, NJW-RR 2006, 912f., Rn. 8 m.w.N. = MDR 2006, 1008f.
38 BGHZ 182, 307 (313) = NJW 2009, 3655 (3656f.), Rn. 16 m.w.N. = MDR 2010, 42 (43).

hier den spätesten Zeitpunkt des Zugangs zu bestimmen kann auf die **3-Tages-Fiktion** des § 321a Abs. 2 Satz 3 ZPO zurückgegriffen werden.

Einer **förmlichen Zustellung** bedürfen einerseits **Terminsbestimmungen**, § 329 Abs. 2 Satz 2 Alt. 1 ZPO. Eine Ausnahme besteht hier für den auf die Klage bestimmten Termin vor dem **Amtsgericht**, § 497 Abs. 1 Satz 1 ZPO.   21

Andererseits sind Entscheidungen dann förmlich zuzustellen, wenn durch sie eine **Frist bestimmt** wird, § 329 Abs. 2 Satz 2 Alt. 2 ZPO. Hierunter fallen bspw. die **richterlichen Fristen** nach §§ 273 Abs. 2 Nr. 1, 275 Abs. 1 Satz 1, 276 Abs. 1 Satz 2 ZPO, wobei diese Verfügungen gemäß §§ 329 Abs. 1 Satz 2, 317 Abs. 2 Satz 2 ZPO durch den Entscheidungsträger unterschrieben sein müssen, um sie von einem bloßen Entwurf unterscheiden zu können.   22

IV. Zustellung bestimmter Entscheidungen, Abs. 3

Das Zustellungserfordernis des § 329 Abs. 3 ZPO betrifft sowohl verkündete als auch nicht verkündete Beschlüsse.[39] Einerseits sind danach **Vollstreckungstitel** i.S.d. § 794 ZPO zuzustellen. Andererseits hat das Zustellungserfordernis für solche Entscheidungen, die der sofortigen Beschwerde oder der Erinnerung nach § 573 Abs. 1 ZPO unterliegen, neben der Regelung des § 329 Abs. 2 Satz 2 ZPO aber **keine eigenständige Bedeutung**.   23

C. Rechtsmittel

Verfügungen und Beschlüsse treten an zahlreichen Stellen im Laufe eines Zivilprozesses auf. Sie sind zwar **grundsätzlich** im Wege der **sofortigen Beschwerde** nach §§ 567 ff. ZPO und der **Rechtsbeschwerde** nach §§ 574 ff. ZPO anfechtbar. Darüber hinaus ist aber zu berücksichtigen, dass bspw. auch der **Vollstreckungsbescheid** gemäß § 699 Abs. 1 Satz 1 ZPO in der Form eines Beschlusses ergeht, wobei hier der **Einspruch** gemäß §§ 700 Abs. 1, 338 ZPO der statthafte Rechtsbehelf ist. Der gegen einen Beschluss statthafte Rechtsbehelf ist daher **stets im Einzelfall** zu bestimmen.   24

Titel 3
Versäumnisurteil

§ 330
Versäumnisurteil gegen den Kläger

Erscheint der Kläger im Termin zur mündlichen Verhandlung nicht, so ist auf Antrag das Versäumnisurteil dahin zu erlassen, dass der Kläger mit der Klage abzuweisen sei.

Inhalt:

	Rn.		Rn.
A. Allgemeines	1	II. Entscheidung	9
B. Erläuterungen	3	C. Prozessuales und Rechtsmittel	11
I. Voraussetzungen für den Erlass eines echten Versäumnisurteils gegen den Kläger	3	I. Prozessuales	11
		II. Rechtsmittel	14

A. Allgemeines

Die Norm regelt die Voraussetzungen des **echten** Versäumnisurteils **gegen den Kläger**, d.h. des Versäumnisurteils, das **auf der Säumnis des Klägers beruht**. Dieses ist als Versäumnisurteil zu bezeichnen, § 313b Abs. 1 Satz 2 ZPO. Es handelt sich um ein **Sachurteil**, das gemäß § 313b Abs. 1 Satz 1 ZPO grundsätzlich nicht zu begründen ist, es sei denn, die Geltendmachung im Ausland ist zu erwarten, § 313b Abs. 3 ZPO.   1

Hiervon zu unterscheiden ist das **unechte** Versäumnisurteil **gegen den Kläger bei dessen Säumnis**. Dieses liegt vor, wenn der Kläger im Termin zur mündlichen Verhandlung zwar säumig ist, die **Abweisung der Klage** aber gerade nicht auf der Säumnis des Klägers, sondern **auf einem nicht zu behebenden Verfahrensmangel beruht**.[1] Es ergeht damit zwar ein Urteil bei   2

---

39 BGH, NJW-RR 2009, 1427 (1428), Rn. 15 m.w.N.

Zu § 330:
1 BGH, NJW-RR 1986, 1041 = MDR 1986, 998 f.

Säumnis einer Partei, jedoch **nicht wegen** dieser Säumnis. Es handelt sich daher auch nicht um ein Versäumnisurteil im eigentlichen Sinn, sondern um ein **kontradiktatorisches Endurteil in Form eines Prozessurteils**. Das unechte Versäumnisurteil in diesem Sinn ist deshalb als **Endurteil** zu bezeichnen, das überdies auch nicht mit dem Rechtsbehelf des Einspruchs nach § 338 ZPO, sondern mit den Rechtsmitteln der **Berufung**, § 511 Abs. 1 ZPO, bzw. der **Revision**, § 542 Abs. 1 ZPO, anfechtbar ist. Eine **fehlerhafte Bezeichnung** ändert an der Rechtsnatur der jeweiligen Entscheidung allerdings nichts, da stets ihr **Inhalt** hierfür entscheidend ist.[2] Die Norm des § 313b Abs. 1 Satz 1 ZPO gilt insoweit nicht, so dass das unechte Versäumnisurteil auch grundsätzlich mit Tatbestand und Entscheidungsgründen zu versehen ist.

B. Erläuterungen
I. Voraussetzungen für den Erlass eines echten Versäumnisurteils gegen den Kläger

3   Zunächst müssen die **allgemeinen Zulässigkeitsvoraussetzungen** der Klage gegeben sein, da andernfalls nicht der Erlass eines die Fortsetzung des Rechtsstreits in derselben Instanz ermöglichenden Versäumnisurteils, sondern eines Endurteils, durch das die Instanz beendet wird, angezeigt ist (Rn. 2).

4   Im Weiteren muss durch das Gericht gemäß § 216 ZPO ein Termin zur mündlichen Verhandlung der Hauptsache **bestimmt** worden sein. Eine **bloße Güteverhandlung** ist nicht ausreichend, wobei dieser im Falle dessen, dass eine Partei nicht erscheint, aber regelmäßig die mündliche Verhandlung nachfolgen wird, § 279 Abs. 1 Satz 1 ZPO. Bei einem **Beweistermin**, der vor dem Prozessgericht stattfindet, wird unmittelbar die mündliche Verhandlung fortgesetzt, § 370 Abs. 1 ZPO, so dass auch hier ein Versäumnisurteil ergehen kann. Im Verfahren auf Erlass eines **Arrestes** bzw. einer **einstweiligen Verfügung** kann bei Durchführung einer mündlichen Verhandlung nach §§ 922 Abs. 1 Alt. 1, 936 ZPO ebenfalls ein Versäumnisurteil erlassen werden.[3]

5   Der Kläger muss säumig sein. Dies ist der Fall, wenn er entweder nach einer allgemein üblichen **Wartezeit von 15 Minuten nach dem Aufruf der Sache** gemäß § 220 Abs. 1 ZPO, der seinerseits frühestens zum Zeitpunkt der bestimmten Terminsstunde erfolgen darf, nicht erscheint **oder** trotz Erscheinens nicht verhandelt, § 333 ZPO. Dem steht es gleich, wenn der Kläger sich vor dem Schluss der mündlichen Verhandlung gemäß § 220 Abs. 2 ZPO **eigenmächtig entfernt**. Die Säumnis des Klägers kann durch ein Erscheinen seines **Streithelfers** gemäß § 67 ZPO[4] oder eines **notwendigen Streitgenossen** gemäß § 62 Abs. 1 ZPO verhindert werden. Dabei können in einem Termin säumige notwendige Streitgenossen eine Prozesshandlung des anwesenden Streitgenossen die dieser auch für sie vorgenommen hat, wie bspw. ein **Anerkenntnis**, in den **Tatsacheninstanzen** in **nachfolgenden mündlichen Verhandlungen** widerrufen.[5] Im Anwaltsprozess nach § 78 ZPO ist ausschließlich das Erscheinen des Rechtsanwalts entscheidend. Sind **sämtliche Parteien** eines Rechtsstreits säumig, so gilt § 251a ZPO.

6   Der Erlass des Versäumnisurteils darf nicht nach § 335 ZPO unzulässig sein.

7   Es darf darüber hinaus auch kein Grund für eine Vertagung nach § 337 ZPO gegeben sein.

8   Schließlich muss der Beklagte den Erlass eines Versäumnisurteils **beantragen**. Darüber hinaus hat der Beklagte aber auch die Möglichkeit, eine Entscheidung nach Lage der Akten herbeizuführen, § 331a ZPO. Insofern besteht ein **Wahlrecht** für den Beklagten.

II. Entscheidung

9   Wenn sämtliche Voraussetzungen für den Erlass eines echten Versäumnisurteils gegen den Kläger vorliegen, so ist die Klage **ohne eine Sachprüfung** abzuweisen. Das Versäumnisurteil ist gemäß **§ 708 Nr. 2 ZPO** vorläufig vollstreckbar. Die Urteilsformel lautet daher:

1. Die Klage wird abgewiesen.

2. Der Kläger trägt die Kosten des Rechtsstreits.

3. Das Urteil ist vorläufig vollstreckbar.

10 Liegen eine oder mehrere der dargestellten Voraussetzungen nach den Rn. 4-7 **nicht** vor, so hat das Gericht den Antrag des Beklagten auf Erlass eines Versäumnisurteils gemäß § 336 ZPO **zurückzuweisen** und die Sache nach § 337 ZPO zu **vertagen**.

---

2 BGH, NJW 1999, 583 (584).
3 Zöller-*Vollkommer*, ZPO, § 922 Rn. 1 m.w.N.
4 BGH, NJW 1994, 2022 (2023) = ZIP 1994, 787 (788).
5 BGH, NJW 2016, 716 (717) = MDR 2016, 176 (177), Rn. 15 ff. m.w.N.

C. Prozessuales und Rechtsmittel
I. Prozessuales

Wird das klageabweisende echte Versäumnisurteil gegen den Kläger **rechtskräftig**, so ist damit dessen geltend gemachter Klageanspruch rechtskräftig i.S.d. § 322 ZPO abgesprochen. Der Streitgegenstand, auf den sich die rechtskräftige Abweisung bezieht, ist dabei durch den **gesamten Akteninhalt** zu ermitteln, da das Versäumnisurteil selbst weder einen Tatbestand noch Entscheidungsgründe aufweist, § 313b Abs. 1 Satz 1 ZPO. Diese **Rechtskraftwirkung** gilt selbst dann, wenn der Abweisung nach dem Vortrag des Klägers im Zweitprozess nur ein **vorübergehendes Hindernis** wie bspw. die fehlende Abnahme nach §§ 640, 641 BGB entgegengestanden hat, die zwischenzeitlich jedoch nachgeholt wurde (vgl. § 322 Rn. 15).[6] Dies gilt **ausnahmsweise nicht** in dem Fall, dass ein Kläger eine **Prozesskostensicherheit** i.S.d. § 110 ZPO nicht erbracht hat, so dass das gegen ihn ergehende Versäumnisurteil gemäß § 113 Satz 2 ZPO dahingehend lautet, dass die Klage für zurückgenommen erklärt wird.   11

Die Norm des § 330 ZPO ist auch auf **Widerklagen** entsprechend anwendbar, wobei diesbezüglich der Beklagte und Widerkläger als Kläger i.S.d. § 330 ZPO anzusehen ist, so dass bei dessen Ausbleiben der Kläger hinsichtlich der Klage Versäumnisurteil nach § 331 ZPO und hinsichtlich der Widerklage Klageabweisung durch Versäumnisurteil nach § 330 ZPO beantragen kann.   12

Das Versäumnisurteil kann verkündet werden, **bevor** die Urteilsformel schriftlich abgefasst ist, § 311 Abs. 2 Satz 3 ZPO. Regelmäßig ergeht ein Versäumnisurteil daher durch die **unmittelbare Aufnahme in das Protokoll**, § 160 Abs. 3 Nr. 6 ZPO. Um hierbei dem Unterschriftserfordernis gemäß § 315 Abs. 1 Satz 1 ZPO Genüge zu tun ist jedoch erforderlich, dass das im Protokolltext niedergelegte Versäumnisurteil von den **mitwirkenden Richtern unterschrieben** wird.   13

II. Rechtsmittel

Die Anfechtung des Versäumnisurteils findet im Wege des Einspruchs nach §§ 338 ff. ZPO statt.   14

§ 331
Versäumnisurteil gegen den Beklagten

(1) ¹Beantragt der Kläger gegen den im Termin zur mündlichen Verhandlung nicht erschienenen Beklagten das Versäumnisurteil, so ist das tatsächliche mündliche Vorbringen des Klägers als zugestanden anzunehmen. ²Dies gilt nicht für Vorbringen zur Zuständigkeit des Gerichts nach § 29 Abs. 2, § 38.

(2) Soweit es den Klageantrag rechtfertigt, ist nach dem Antrag zu erkennen; soweit dies nicht der Fall ist, ist die Klage abzuweisen.

(3) ¹Hat der Beklagte entgegen § 276 Abs. 1 Satz 1, Abs. 2 nicht rechtzeitig angezeigt, dass er sich gegen die Klage verteidigen wolle, so trifft auf Antrag des Klägers das Gericht die Entscheidung ohne mündliche Verhandlung; dies gilt nicht, wenn die Erklärung des Beklagten noch eingeht, bevor das von den Richtern unterschriebene Urteil der Geschäftsstelle übermittelt ist. ²Der Antrag kann schon in der Klageschrift gestellt werden. ³Eine Entscheidung ohne mündliche Verhandlung ist auch insoweit zulässig, als das Vorbringen des Klägers den Klageantrag in einer Nebenforderung nicht rechtfertigt, sofern der Kläger vor der Entscheidung auf diese Möglichkeit hingewiesen worden ist

Inhalt:

	Rn.		Rn.
A. Allgemeines	1	gegen den Beklagten im schriftlichen Vorverfahren, Abs. 3	14
B. Erläuterungen	3	C. Prozessuales und Rechtsmittel	17
I. Voraussetzungen für den Erlass eines echten Versäumnisurteils gegen den Beklagten, Abs. 1	3	I. Prozessuales	17
II. Entscheidung, Abs. 2	10	II. Rechtsmittel	18
III. Voraussetzungen für den Erlass eines echten Versäumnisurteils			

---

6 BGHZ 153, 239 (242) = NJW 2003, 1044 f. = MDR 2003, 468 (469).

A. Allgemeines

1 Die Norm regelt als Gegenstück zu § 330 ZPO die Voraussetzungen des **echten** Versäumnisurteils gegen den Beklagten, d. h. des Versäumnisurteils, das **auf der Säumnis des Beklagten beruht**. Dieses ist als Versäumnisurteil zu bezeichnen, § 313b Abs. 1 Satz 2 ZPO. Es handelt sich um ein **Sachurteil**, das gemäß § 313b Abs. 1 Satz 1 ZPO grundsätzlich nicht zu begründen ist, es sei denn, die Geltendmachung im Ausland ist zu erwarten, § 313b Abs. 3 ZPO.

2 Hiervon zu unterscheiden ist das **unechte** Versäumnisurteil **gegen den Kläger bei Säumnis des Beklagten**. Dieses liegt vor, wenn der Beklagte im Termin zur mündlichen Verhandlung säumig ist und die Klage **trotzdem abgewiesen** wird, da diese **entweder nicht zulässig oder nicht schlüssig** i. S. d. § 331 Abs. 2 Hs. 2 ZPO ist. Es ergeht damit zwar ein Urteil bei Säumnis einer Partei, jedoch **nicht wegen dieser Säumnis**. Es handelt sich daher auch nicht um ein Versäumnisurteil im eigentlichen Sinn, sondern um ein **kontradiktorisches Endurteil**. Wird die Klage insgesamt abgewiesen, weil diese bereits nicht zulässig ist, so liegt darüber hinaus ein **Prozessurteil** vor. Das unechte Versäumnisurteil in diesem Sinn ist als **Endurteil** zu bezeichnen. Es ist überdies auch nicht mit dem Rechtsbehelf des Einspruchs nach § 338 ZPO, sondern mit den Rechtsmitteln der **Berufung**, § 511 Abs. 1 ZPO, bzw. der **Revision**, § 542 Abs. 1 ZPO, anfechtbar. Eine **fehlerhafte Bezeichnung** des Urteils ändert an der **Rechtsnatur** der jeweiligen Entscheidung allerdings nichts, da stets ihr **Inhalt** hierfür entscheidend ist.[1] Der Erlass eines solchen unechten Versäumnisurteils setzt jedoch voraus, dass der Kläger auf die Unzulässigkeit bzw. fehlende Schlüssigkeit der von ihm erhobenen Klage **zuvor** durch das Gericht gemäß § 139 Abs. 2 ZPO **hingewiesen** wurde,[2] wenn, was nach dem Einzelfall zu beurteilen ist, eine solche **Hinweispflicht bestand**. Die Norm des § 313b Abs. 1 Satz 1 ZPO gilt insoweit nicht, so dass das unechte Versäumnisurteil auch grundsätzlich mit Tatbestand und Entscheidungsgründen zu versehen ist.

B. Erläuterungen
I. Voraussetzungen für den Erlass eines echten Versäumnisurteils gegen den Beklagten, Abs. 1

3 Zunächst müssen die **allgemeinen Zulässigkeitsvoraussetzungen** der Klage gegeben sein, wobei der Kläger hierfür die Darlegungs- und gegebenenfalls auch die Beweislast trägt.

4 Im Weiteren muss durch das Gericht gemäß **§ 216 ZPO** ein **Termin zur mündlichen Verhandlung der Hauptsache** bestimmt worden sein. Eine **bloße Güteverhandlung** ist nicht ausreichend, wobei dieser im Falle dessen, dass eine Partei nicht erscheint, aber regelmäßig die mündliche Verhandlung nachfolgen wird, § 279 Abs. 1 Satz 1 ZPO. Bei einem **Beweistermin**, der vor dem Prozessgericht stattfindet, wird unmittelbar die mündliche Verhandlung fortgesetzt, § 370 Abs. 1 ZPO, so dass auch hier ein Versäumnisurteil ergehen kann. Im Verfahren auf Erlass eines **Arrestes** bzw. einer **einstweiligen Verfügung** kann bei **Durchführung einer mündlichen Verhandlung** nach §§ 922 Abs. 1 Alt. 1, 936 ZPO ebenfalls ein Versäumnisurteil erlassen werden.[3]

5 Der Beklagte muss **säumig** sein. Dies ist der Fall, wenn er entweder nach einer allgemein üblichen **Wartezeit von 15 Minuten** nach dem Aufruf der Sache gemäß § 220 Abs. 1 ZPO, der seinerseits frühestens zum Zeitpunkt der bestimmten Terminsstunde erfolgen darf, nicht erscheint oder trotz Erscheinens **nicht verhandelt**, § 333 ZPO. Dem steht es gleich, wenn der Beklagte sich vor dem Schluss der mündlichen Verhandlung gemäß § 220 Abs. 2 ZPO **eigenmächtig entfernt**. Die Säumnis des Beklagten kann durch ein Erscheinen seines **Streithelfers** gemäß § 67 ZPO[4] oder eines **notwendigen Streitgenossen** gemäß § 62 Abs. 1 ZPO verhindert werden. Dabei können in einem Termin säumige notwendige Streitgenossen eine Prozesshandlung des anwesenden Streitgenossen die dieser auch für sie vorgenommen hat, wie bspw. ein **Anerkenntnis**, in den **Tatsacheninstanzen** in nachfolgenden mündlichen Verhandlungen **widerrufen**.[5] Im Anwaltsprozess nach § 78 ZPO ist ausschließlich das Erscheinen des Rechtsanwalts entscheidend. Sind **sämtliche Parteien** eines Rechtsstreits **säumig**, so gilt § 251a ZPO.

6 Der Erlass des Versäumnisurteils darf nicht nach § 335 ZPO unzulässig sein.

7 Es darf darüber hinaus auch kein Grund für eine Vertagung nach § 337 ZPO gegeben sein.

8 Außerdem muss die Klage **schlüssig** sein, § 331 Abs. 2 Hs. 1 ZPO, denn nur in diesem Fall kann auch die **Geständnisfiktion** des § 331 Abs. 1 Satz 1 ZPO greifen. Das Vorbringen des Klägers gilt als zugestanden i. S. d. §§ 138 Abs. 3, 288 ZPO, auch wenn der klägerische Vortrag in

---

1 BGH, NJW 1999, 583 (584).
2 BGH, NJW-RR 2008, 1649 (1650), Rn. 5 m. w. N. = VersR 2008, 809.
3 Zöller-*Vollkommer*, ZPO, § 922 Rn. 1 m. w. N.
4 BGH, NJW 1994, 2022 (2023) = ZIP 1994, 787 (788).
5 BGH, NJW 2016, 716 (717) = MDR 2016, 176 (177), Rn. 15 ff. m. w. N.

den **vorbereitenden Schriftsätzen** durch den Beklagten bestritten worden war. Die Geständnisfiktion gilt nicht, soweit Vortrag der Klagepartei eine **Erfüllungsort- bzw. Gerichtsstandsvereinbarung** und damit die Zuständigkeit des Gerichts betrifft, § 331 Abs. 1 Satz 2 ZPO, da diese im Rahmen der allgemeinen Prozessvoraussetzungen durch das Gericht **von Amts wegen** zu prüfen ist, § 335 Abs. 1 Nr. 1 ZPO. Mit anderen Worten: Das Gericht hat unter Beachtung des Beweismaßstabs des § 286 ZPO zu prüfen, ob der klägerische Vortrag zur Erfüllungsort- bzw. Gerichtsstandsvereinbarung in schlüssiger Art und Weise die Voraussetzungen der §§ 29 Abs. 2, 38 ZPO darlegt und ggf. beweist.[6]

Schließlich muss der Kläger neben der Stellung des eigentlichen Sachantrages auch den Erlass eines Versäumnisurteils **beantragen** und damit einen Prozessantrag stellen. 9

II. Entscheidung, Abs. 2

Wenn sämtliche Voraussetzungen für den Erlass eines echten Versäumnisurteils gegen den 10
Beklagten vorliegen, so ist der geltend gemachte Anspruch zuzusprechen, § 331 Abs. 2 Hs. 1 ZPO. Das Urteil ist gemäß **§ 708 Nr. 2 ZPO vorläufig vollstreckbar**.

Im Falle eines **unbezifferten Antrages**, wie dies bspw. bei der Geltendmachung von **Schmer-** 11
zensgeldansprüchen zulässig ist, kann das Gericht bei Erlass des Versäumnisurteils die Höhe des Anspruchs schätzen,[7] wenn es aufgrund des klägerischen Vortrages eine **ausreichende Schätzgrundlage** hat und die gerichtliche Vorstellung mit der sich aus den vorbereitenden Schriftsätzen ergebenden Vorstellung der Klagepartei übereinstimmt oder diese übersteigt; andernfalls ist durch **Teil-Versäumnisurteil** der Betrag zuzusprechen, der nach Auffassung des Gerichts gerechtfertigt ist, und im Übrigen durch **Schlussurteil** die Klage abzuweisen, wobei es sich diesbezüglich dann um ein **kontradiktorisches, unechtes Versäumnisurteil** (vgl. Rn. 2) handelt.[8]

Soweit der klägerische Vortrag den geltend gemachten Anspruch **im Übrigen** nicht rechtfer- 12
tigt ist die Klage gemäß § 331 Abs. 2 Hs. 2 ZPO **abzuweisen**. Hierbei handelt es sich ebenfalls um einen Fall eines **kontradiktatorischen** und **damit unechten Versäumnisurteils**.

Liegen eine oder mehrere der dargestellten Voraussetzungen für den Erlass eines echten Ver- 13
säumnisurteils nicht vor, so hat das Gericht den entsprechenden **Prozessantrag** des Klägers auf Erlass eines Versäumnisurteils gemäß § 336 ZPO **zurückzuweisen** und die Sache nach § 337 ZPO zu **vertagen**.

III. Voraussetzungen für den Erlass eines echten Versäumnisurteils gegen den Beklagten im schriftlichen Vorverfahren, Abs. 3

Im Falle des **schriftlichen Vorverfahrens** nach § 276 ZPO kann in dem Fall, dass der Beklagte 14
nicht innerhalb der 2-wöchigen Notfrist des § 276 Abs. 1 Satz 1 Hs. 1 ZPO seine Verteidigungsbereitschaft erklärt, auch **ohne mündliche Verhandlung** ein Versäumnisurteil gegen ihn ergehen, wenn darüber hinaus **(1.)** die allgemeinen Prozessvoraussetzungen gegeben sind, **(2.)** die Klage schlüssig ist und **(3.)** der Kläger den Erlass eines entsprechenden Versäumnisurteils beantragt hat, was gemäß § 331 Abs. 3 Satz 2 ZPO auch schon im Rahmen der Klageschrift zulässig ist. Der Beklagte muss auf diese Rechtsfolge gemäß § 276 Abs. 2 ZPO **hingewiesen** worden sein und die **Verteidigungsanzeige** darf, wenn überhaupt, allenfalls nach Ablauf der Notfrist und nach der Übermittlung des von den Richtern unterschriebenen Urteils an die Geschäftsstelle, § 331 Abs. 3 Satz 1 Hs. 2 ZPO, eingegangen sein.

Nach einem Einspruch gegen einen **Vollstreckungsbescheid**, der gemäß § 700 Abs. 1 ZPO 15
einem für vorläufig vollstreckbar erklärten Versäumnisurteil gleichsteht, kann bei Anordnung des schriftlichen Vorverfahrens mit gleichzeitiger Zustellung der Anspruchsbegründung gemäß § 700 Abs. 4 Satz 1 ZPO **kein Versäumnisurteil nach § 331 Abs. 3 ZPO** ergehen, wenn seitens der beklagten Partei keine Erwiderung erfolgt, da bereits keine Notfrist zur Verteidigungsanzeige gesetzt wird, § 700 Abs. 4 Satz 2 ZPO. Insofern muss stattdessen **unverzüglich Termin zur mündlichen Verhandlung** anberaumt werden, § 700 Abs. 5 Hs. 1 ZPO, in dem dann gegebenenfalls **Zweites Versäumnisurteil** nach § 345 ZPO ergehen kann.

Die Regelung des § 331 Abs. 3 Satz 3 ZPO ermöglicht dem Gericht ein **unechtes Versäumnis-** 16
urteil gegen den Kläger in der Form des **Versäumnisurteils** im schriftlichen Verfahren, wenn **(1.)** nur eine Nebenforderung betroffen ist und **(2.)** der Kläger hierauf zuvor ausdrücklich hingewiesen wurde.

---

6 Zöller-*Herget*, ZPO, § 331 Rn. 6.
7 BGH, NJW 1969, 1427 (1428).
8 Musielak/Voit-*Stadler*, ZPO, § 331 Rn. 10.

C. Prozessuales und Rechtsmittel
I. Prozessuales

17 Das Versäumnisurteil kann verkündet werden, **bevor** die Urteilsformel schriftlich abgefasst ist, § 311 Abs. 2 Satz 3 ZPO. Regelmäßig ergeht ein Versäumnisurteil daher durch die **unmittelbare Aufnahme in das Protokoll**, § 160 Abs. 3 Nr. 6 ZPO. Um hierbei dem **Unterschriftserfordernis** gemäß § 315 Abs. 1 Satz 1 ZPO Genüge zu tun ist es jedoch erforderlich, dass das im Protokolltext niedergelegte Versäumnisurteil **von den mitwirkenden Richtern unterschrieben** wird.

II. Rechtsmittel

18 Die Anfechtung des Versäumnisurteils findet im Wege des **Einspruchs** nach §§ 338 ff. ZPO statt.

§ 331a
Entscheidung nach Aktenlage

¹Beim Ausbleiben einer Partei im Termin zur mündlichen Verhandlung kann der Gegner statt eines Versäumnisurteils eine Entscheidung nach Lage der Akten beantragen; dem Antrag ist zu entsprechen, wenn der Sachverhalt für eine derartige Entscheidung hinreichend geklärt erscheint. ²§ 251a Abs. 2 gilt entsprechend.

Inhalt:

	Rn.		Rn.
A. Allgemeines	1	II. Entscheidung des Gerichts, Satz 1	
B. Erläuterungen	2	Hs. 2, Satz 2	5
I. Voraussetzungen für eine Entscheidung nach Aktenlage, Satz 1 Hs. 1	2	C. Prozessuales	6

A. Allgemeines

1 Durch die Regelung erhalten die Parteien die Möglichkeit, **statt** eines **Versäumnisurteils** ein Urteil nach Lage der Akten zu beantragen und so den Rechtsstreit einer **die Instanz abschließenden Entscheidung** zuzuführen. Insofern kann einer etwaigen Verschleppungsabsicht entgegengewirkt werden.[1]

B. Erläuterungen
I. Voraussetzungen für eine Entscheidung nach Aktenlage, Satz 1 Hs. 1

2 Durch das Gericht ist gemäß **§ 216 ZPO** ein **Termin zur mündlichen Verhandlung der Hauptsache** bestimmt worden. Eine bloße **Güteverhandlung** ist nicht ausreichend, wobei dieser im Falle dessen, dass eine Partei nicht erscheint, aber regelmäßig die mündliche Verhandlung nachfolgen wird, § 279 Abs. 1 Satz 1 ZPO. Bei einem **Beweistermin**, der vor dem Prozessgericht stattfindet, wird unmittelbar die mündliche Verhandlung fortgesetzt, § 370 Abs. 1 ZPO, so dass auch hier ein Versäumnisurteil ergehen kann. Im Verfahren auf Erlass eines **Arrestes** bzw. einer **einstweiligen Verfügung** kann bei **Durchführung einer mündlichen Verhandlung** nach §§ 922 Abs. 1 Alt. 1, 936 ZPO ebenfalls ein Versäumnisurteil erlassen werden,[2] so dass hier auch grundsätzlich eine Entscheidung nach Aktenlage in Betracht kommt.

3 Eine der Parteien ist **säumig**, obwohl sie **ordnungsgemäß**, insbesondere fristgemäß i.S.d. § 217 ZPO und unter Beifügung der erforderlichen Belehrungen nach § 215 ZPO, zum Termin **geladen** worden ist. Dies ist der Fall, wenn die Partei entweder nach einer allgemein üblichen **Wartezeit von 15 Minuten** nach dem Aufruf der Sache gemäß § 220 Abs. 1 ZPO, der seinerseits frühestens zum Zeitpunkt der bestimmten Terminsstunde erfolgen darf, nicht erscheint oder trotz Erscheinens **nicht verhandelt**, § 333 ZPO. Dem steht es gleich, wenn die Partei sich vor dem Schluss der mündlichen Verhandlung gemäß § 220 Abs. 2 ZPO **eigenmächtig entfernt**. Die Säumnis der jeweiligen Partei kann durch ein Erscheinen eines **Streithelfers** gemäß § 67 ZPO[3] oder eines **notwendigen Streitgenossen** gemäß § 62 Abs. 1 ZPO verhindert werden. Im **Anwaltsprozess** nach § 78 ZPO ist ausschließlich das Erscheinen des Rechtsanwalts entscheidend. Sind **sämtliche Parteien** eines Rechtsstreits säumig, so gilt **§ 251a ZPO**.

---

1 Zöller-*Herget*, ZPO, § 331a Rn. 1.
2 Zöller-*Vollkommer*, ZPO, § 922 Rn. 1 m.w.N.
3 BGH, NJW 1994, 2022 (2023) = ZIP 1994, 787 (788).

Die andere Partei stellt neben dem **Sachantrag** einen Antrag auf Entscheidung nach Lage der Akten und mithin einen **Prozessantrag**.

II. Entscheidung des Gerichts, Satz 1 Hs. 2, Satz 2

Ist der Sachverhalt für eine Entscheidung nach Lage der Akten, die im Übrigen in **jeder Instanz** ergehen kann, **hinreichend geklärt** (vgl. § 251a Rn. 3) hat das Gericht entsprechend zu entscheiden und gemäß § 331a Satz 2 ZPO analog § 251a Abs. 2 ZPO vorzugehen. Hierbei ist zu berücksichtigen, dass in den Fällen eine vorherige **mündliche Verhandlung** gemäß § 251a Abs. 2 Satz 1 ZPO **entbehrlich** ist, in denen auch für die zu treffende Entscheidung nach den für diese geltenden Vorschriften keine mündliche Verhandlung durchzuführen wäre, z. B. bei einer **Verwerfung der Berufung nach** § 522 Abs. 1 Satz 2 ZPO oder der Revision nach § 552 ZPO.[4]

C. Prozessuales

Hat das Gericht sich **fehlerhaft** dazu entschlossen, nach Lage der Akten zu entscheiden, so muss dies im Rahmen eines **Rechtsmittels** gegen das entsprechende Urteil geltend gemacht werden. Eine Anfechtung der Anordnung nach § 331a Satz 1 Hs. 2 ZPO ist **nicht statthaft**, da die Voraussetzungen des § 567 Abs. 1 ZPO schon nicht gegeben sind. Das Gericht hat insbesondere kein das Verfahren betreffendes Gesuch zurückgewiesen, § 567 Abs. 1 Nr. 2 ZPO.

§ 332
Begriff des Verhandlungstermins

Als Verhandlungstermine im Sinne der vorstehenden Paragraphen sind auch diejenigen Termine anzusehen, auf welche die mündliche Verhandlung vertagt ist oder die zu ihrer Fortsetzung vor oder nach dem Erlass eines Beweisbeschlusses bestimmt sind.

Die Regelung stellt eine **Durchbrechung** des zivilprozessualen Grundsatzes der **Einheitlichkeit der mündlichen Verhandlung** dar. Bereits gewonnene Prozessergebnisse werden im Falle einer Säumnis sämtlich **unbeachtlich**.

Im Falle einer Vertagung einer mündlichen Verhandlung oder ihrer Fortsetzung vor oder nach dem Erlass eines Beweisbeschlusses kann **stets** bei Vorliegen der weiteren gesetzlichen Voraussetzungen ein Versäumnisurteil gegen die säumige Partei erwirkt werden, bei dem bspw. die bisherigen Beweisergebnisse oder Prozesserklärungen wie Geständnisse nach §§ 138 Abs. 3, 288 ZPO **keine Berücksichtigung** finden. Ein **Säumnisfall** liegt aber **nicht** vor, wenn nach bereits erfolgter Antragstellung und anschließender Beweisaufnahme die Anträge **nicht mehr wiederholt** werden.[1]

Im Falle einer **Entscheidung nach Lage der Akten** gemäß § 331a ZPO ist jedoch der gesamte Akteninhalt und damit auch das Ergebnis früherer Beweisaufnahmen grundsätzlich zu berücksichtigen.[2]

§ 333
Nichtverhandeln der erschienenen Partei

Als nicht erschienen ist auch die Partei anzusehen, die in dem Termin zwar erscheint, aber nicht verhandelt.

Durch die Norm wird eine Säumnis desjenigen, der zwar erscheint, aber nicht verhandelt, **fingiert**.

Grundsätzlich ist für ein Verhandeln erforderlich, dass die Parteien jedenfalls im ersten Termin die **Anträge stellen**, §§ 137 Abs. 1, 297 ZPO.[1] Die erneute Stellung der Anträge in späteren

---

4 RGZ 159, 357 (361 f.).

Zu § 332:
1 BGHZ 63, 94 (95).
2 BGH, NJW 2002, 301 (302) = VersR 2003, 388.

Zu § 333:
1 BGH, NJW-RR 1986, 1252 (1253).

Terminen ist dann grundsätzlich nicht erforderlich.[2] Ein Verhandeln über **Prozessvoraussetzungen** wie z.B. die örtliche Zuständigkeit ist grundsätzlich ebenfalls ausreichend.[3]

3 Derjenige, der sich im Hinblick auf die streitgegenständliche Sache aber **jeder Einlassung verweigert**, verhandelt nicht i.S.d. § 333 ZPO. Dies ist bspw. dann der Fall, wenn durch die Partei lediglich **Prozessanträge** gestellt werden wie z.B. die Ablehnung eines Richters wegen Besorgnis der Befangenheit oder die Beantragung einer Aussetzung.[4]

4 Gemäß § 220 Abs. 2 ZPO hat jede Partei, die zunächst nicht verhandelt, die Möglichkeit, sich **bis zum Schluss eines Termins zur mündlichen Verhandlung** zum Verhandeln zu entschließen und so entsprechende Säumnisfolgen abzuwenden, wenn auch zunächst von einer Säumnis auszugehen war.[5]

§ 334
Unvollständiges Verhandeln

Wenn eine Partei in dem Termin verhandelt, sich jedoch über Tatsachen, Urkunden oder Anträge auf Parteivernehmung nicht erklärt, so sind die Vorschriften dieses Titels nicht anzuwenden.

1 Das unvollständige Verhandeln i.S.d. § 334 ZPO ist strikt vom **teilweisen Verhandeln** zu unterscheiden. Bei einem teilweisen Verhandeln kann der gesamte Streitstoff in mehrere Teile aufgeteilt werden, die dem Erlass eines Teilurteils nach § 301 ZPO zugänglich wären. Wenn eine Partei über einen solchen **selbstständigen Teil des Streitgegenstandes** nicht verhandelt, so kann insofern nach entsprechendem Hinweis gemäß § 139 Abs. 1, 2 ZPO **Teil-Versäumnisurteil** gegen die anwesende, aber insofern säumige Partei ergehen.[1]

2 Die Parteien sind nicht verpflichtet, in jedem Termin den gesamten Streitstoff zu erörtern und sich zu sämtlichen Tatsachen, Urkunden oder auch Anträgen auf Parteivernehmung zu erklären. Versäumnisfolgen hat dies nicht.

3 Bei einem unvollständigen Verhandeln besteht aber grundsätzlich die Möglichkeit der **Versäumung** aufgrund der Möglichkeit der Zurückweisung des entsprechenden Vorbringens nach den §§ 296 Abs. 2, 282 ZPO.

§ 335
Unzulässigkeit einer Versäumnisentscheidung

(1) Der Antrag auf Erlass eines Versäumnisurteils oder einer Entscheidung nach Lage der Akten ist zurückzuweisen:
1. wenn die erschienene Partei die vom Gericht wegen eines von Amts wegen zu berücksichtigenden Umstandes erforderte Nachweisung nicht zu beschaffen vermag;
2. wenn die nicht erschienene Partei nicht ordnungsmäßig, insbesondere nicht rechtzeitig geladen war;
3. wenn der nicht erschienenen Partei ein tatsächliches mündliches Vorbringen oder ein Antrag nicht rechtzeitig mittels Schriftsatzes mitgeteilt war;
4. wenn im Falle des § 331 Abs. 3 dem Beklagten die Frist des § 276 Abs. 1 Satz 1 nicht mitgeteilt oder er nicht gemäß § 276 Abs. 2 belehrt worden ist;
5. wenn in den Fällen des § 79 Abs. 3 die Zurückweisung des Bevollmächtigten oder die Untersagung der weiteren Vertretung erst in dem Termin erfolgt oder der nicht erschienenen Partei nicht rechtzeitig mitgeteilt worden ist.
(2) Wird die Verhandlung vertagt, so ist die nicht erschienene Partei zu dem neuen Termin zu laden.

---

2 BGHZ 63, 94 (95).
3 BGH, NJW 1967, 728.
4 BGH, NJW-RR 1986, 1252 (1253 f.).
5 BGH, NJW 1993, 861 (862) = MDR 1993, 1124.

Zu § 334:
1 BGH, NJW 2002, 145 = MDR 2001, 1371 f.

Inhalt:

	Rn.		Rn.
A. Allgemeines	1	IV. Unzulässigkeit bei schriftlichem Vorverfahren, Abs. 1 Nr. 4	6
B. Erläuterungen	2	V. Unzulässigkeit bei Zurückweisung des Bevollmächtigten im Parteiprozess, Abs. 1 Nr. 5	7
I. Vorliegen behebbarer Verfahrensmängel, Abs. 1 Nr. 1	2		
II. Ordnungsgemäße Ladung der säumigen Partei, Abs. 1 Nr. 2	4	C. Prozessuales	8
III. Rechtzeitiger Vortrag durch die Klagepartei, Abs. 1 Nr. 3	5		

A. Allgemeines

Die Norm enthält in **enumerativer Aufzählung** die Fälle, in denen trotz einer Säumnis einer *1*
Partei in der mündlichen Verhandlung, § 335 Abs. 1 Nr. 1, 2, 3, 5 ZPO, bzw. trotz Versäumung
der Notfrist zur Verteidigungsanzeige im schriftlichen Vorverfahren, § 335 Abs. 1 Nr. 4 ZPO,
dem Antrag der anwesenden Partei bzw. der Klagepartei im schriftlichen Vorverfahren auf Erlass eines Versäumnisurteils nicht nachzukommen ist.

B. Erläuterungen
I. Vorliegen behebbarer Verfahrensmängel, Abs. 1 Nr. 1

Der Erlass eines Versäumnisurteils ist unzulässig, wenn ein für die **erschienene Partei noch** *2*
behebbarer Verfahrensmangel vorliegt. Hierauf hat das Gericht vor Zurückweisung des Antrages auf Erlass eines Versäumnisurteils gemäß § 139 ZPO grundsätzlich hinzuweisen. Dies
ist bspw. im Falle einer Erfüllungsort- bzw. **Gerichtsstandsvereinbarung** i.S.d. § 331 Abs. 1
Satz 2 ZPO oder einer trotz Verlangens nicht geleisteten **Prozesskostensicherheit** nach § 110
ZPO der Fall. War durch das Gericht im Falle seiner **fehlenden Zuständigkeit** das schriftliche
Vorverfahren angeordnet worden und hat das Gericht während des schriftlichen Vorverfahrens
die Parteien hierauf gemäß § 139 ZPO hingewiesen, ohne dass durch die beklagte Partei im
Folgenden die Zuständigkeit ausdrücklich gerügt worden wäre, so kann entsprechend § 39
ZPO von einer Zuständigkeit ausgegangen werden.

Bei einem nicht behebbaren Verfahrensmangel, z. B. fehlende Klagbarkeit des Anspruchs oder *3*
anderweitige Rechtshängigkeit bzw. entgegenstehende Rechtskraft, hat hingegen ein **unechtes Versäumnisurteil** (vgl. § 330 Rn. 2; § 331 Rn. 2) zu ergehen.

II. Ordnungsgemäße Ladung der säumigen Partei, Abs. 1 Nr. 2

Die **säumige Partei** muss **ordnungsgemäß geladen** worden sein. Hierzu gehört, dass die **Zu-** *4*
stellung der Ladung ordnungsgemäß i.S.d. §§ 166 ff. ZPO ausgeführt wurde und dass die Ladung unter Berücksichtigung der **Einlassungsfrist** nach § 274 Abs. 3 ZPO **fristgerecht** i.S.d.
§§ 217, 239 Abs. 3 Satz 2, 604 Abs. 2 ZPO erfolgt ist. Außerdem muss in der Ladung über die
Folgen einer Terminsversäumung ordnungsgemäß **belehrt** werden sein, § 215 ZPO, wobei
diese Norm nicht voraussetzt, dass über sämtliche Einzelheiten des Säumnisverfahrens aufgeklärt wird, so dass bspw. ein gesonderter Hinweis auf die Möglichkeit eines **Zweiten Versäumnisurteils** bei einer mündlichen Verhandlung über den **Einspruch gegen einen Vollstreckungsbescheid**, vgl. § 700 Abs. 1 ZPO, nicht erforderlich ist.[1] Bei einer **Terminsbestimmung**
in einer **verkündeten Entscheidung** ist die Ladung gemäß § 218 ZPO entbehrlich, so dass das
Unterbleiben einer solchen Ladung dem Erlass eines Versäumnisurteils nicht entgegensteht.
Ebenso bedarf es naturgemäß keiner Ladung des Beklagten bei einem Versäumnisurteil im
schriftlichen Vorverfahren nach § 331 Abs. 3 ZPO. Die diesbezüglichen Feststellungen zur ordnungsgemäßen Ladung der säumigen Partei sind vor Erlass des Versäumnisurteils zu **protokollieren**.

III. Rechtzeitiger Vortrag durch die Klagepartei, Abs. 1 Nr. 3

Der Vortrag muss im Falle des **ersten Termins** nach Zustellung der Klageschrift unter Beach- *5*
tung der Einlassungsfrist des § 274 Abs. 3 ZPO und im Übrigen unter Berücksichtigung der
Wochenfrist des § 132 Abs. 1 ZPO erfolgen, um nicht den Erlass eines Versäumnisurteils unzulässig zu machen. Überdies gilt die Regelung aber nur für Tatsachenvortrag oder einen
Sachantrag, wie sich bereits aus deren Wortlaut ergibt. Für reine Prozessanträge (vgl. § 270
Rn. 4) gilt die Norm nicht.

---

1 BGH, NJOZ 2011, 1019 (1020), Rn. 11 m.w.N. = MDR 2010, 1340 f.

IV. Unzulässigkeit bei schriftlichem Vorverfahren, Abs. 1 Nr. 4

6 Das Versäumnisurteil im **schriftlichen Vorverfahren** gegen den Beklagten nach § 331 Abs. 3 ZPO kann nicht ergehen, wenn dem Beklagten die Notfrist zur Verteidigungsanzeige gemäß § 276 Abs. 1 Satz 1 ZPO nicht mit den erforderlichen Belehrungen nach § 276 Abs. 2 ZPO mitgeteilt wurde.

V. Unzulässigkeit bei Zurückweisung des Bevollmächtigten im Parteiprozess, Abs. 1 Nr. 5

7 Die Mitteilung der Zurückweisung i.S.d. § 335 Abs. 1 Nr. 5 Alt. 2 ZPO muss mindestens unter Beachtung der **3-tägigen Frist des § 217 ZPO** erfolgen.

C. Prozessuales

8 Im Falle einer Unzulässigkeit eines Versäumnisurteils nach § 335 Abs. 1 Nr. 1, 2, 3 und 5 ZPO hat das Gericht dies durch **Beschluss i.S.d. § 336 ZPO** auszusprechen und die Verhandlung zu **vertagen**, wobei in der bloßen Vertagung **konkludent** auch die Zurückweisung des Antrags auf Erlass eines Versäumnisurteils gesehen werden muss. Im Falle einer solchen Vertagung ist die säumige, nicht anwesende Partei zum neuen Termin unter Beachtung der Ladungsfristen zu **laden**, § 335 Abs. 2 ZPO. Besteht die Säumigkeit hingegen aufgrund Nichtverhandelns ist deren Ladung unter den Voraussetzungen des § 218 ZPO, d.h. Verkündung der Entscheidung zur Vertagung und entsprechende Bestimmung eines Termins, nicht erforderlich.

9 Im Falle des § 335 Abs. 1 Nr. 4 ZPO hingegen sind die unterlassenen Mitteilungen bzw. Belehrungen schlicht **nachzuholen**, so dass anschließend gegebenenfalls ein gesetzmäßiges Versäumnisurteil erlassen werden kann. Eine Zurückweisung des Antrages nach § 336 ZPO findet hingegen nicht statt.

§ 336
Rechtsmittel bei Zurückweisung

(1) ¹Gegen den Beschluss, durch den der Antrag auf Erlass des Versäumnisurteils zurückgewiesen wird, findet sofortige Beschwerde statt. ²Wird der Beschluss aufgehoben, so ist die nicht erschienene Partei zu dem neuen Termin nicht zu laden.

(2) Die Ablehnung eines Antrages auf Entscheidung nach Lage der Akten ist unanfechtbar.

Inhalt:

	Rn.		Rn.
A. Allgemeines	1	II. Ablehnung eines Antrages nach § 331a ZPO, Abs. 2	4
B. Erläuterungen	2	C. Prozessuales	5
I. Statthaftigkeit der sofortigen Beschwerde, Abs. 1 Satz 1	2		

A. Allgemeines

1 Die Norm regelt das **Rechtsmittelverfahren** bei Zurückweisung eines Antrages auf Erlass eines **echten Versäumnisurteils**, wobei ein solcher Beschluss auch **konkludent** in einer nach einem entsprechenden Antrag ergehenden Entscheidung auf Vertagung des Rechtsstreits gemäß § 337 ZPO enthalten ist.

B. Erläuterungen
I. Statthaftigkeit der sofortigen Beschwerde, Abs. 1 Satz 1

2 Der den Antrag auf Erlass eines echten Versäumnisurteils zurückweisende Beschluss ist durch die **sofortige Beschwerde** gemäß §§ 567 ff. ZPO anfechtbar. Die Notfrist von zwei Wochen nach § 569 Abs. 1 Satz 1 ZPO beginnt, da der Beschluss gemäß § 329 Abs. 3 Alt. 2 ZPO **zuzustellen** ist, gemäß § 222 Abs. 1 ZPO in Verbindung mit § 187 Abs. 1 BGB einen Tag nach der erfolgten Zustellung.

3 Die sofortige Beschwerde kann **nur** darauf gestützt werden, dass der Antrag auf Erlass des Versäumnisurteils zu Unrecht zurückgewiesen wurde.

II. Ablehnung eines Antrages nach § 331a ZPO, Abs. 2

4 Der Beschluss, mit dem das Gericht den Antrag auf Erlass einer **Entscheidung nach Lage der Akte** ablehnt, ist **nicht** anfechtbar. Die Partei, deren entsprechender Antrag abgelehnt wurde, kann aber dann oder auch gleichzeitig und hilfsweise den Erlass eines **Versäumnisurteils** beantragen.

C. Prozessuales

Hätte ein Versäumnisurteil verfahrensrechtlich ergehen müssen, so hebt das **Beschwerdegericht** den Zurückweisungsbeschluss des Ausgangsgerichts bei gleichzeitiger Zurückverweisung der Sache auf. Das Ausgangsgericht hat in diesem Fall erneut zu terminieren, **ohne die säumige Partei zu laden**, § 336 Abs. 1 Satz 2 ZPO, um in diesem neuen Termin den Erlass des Versäumnisurteils nach einem erneut erforderlichen Antrag **nachzuholen**. Erscheint die nicht geladene Partei nichtsdestotrotz zu dem neu anberaumten Termin, so ist sie auch zur Verhandlung zuzulassen.[1]   5

Wird der Zurückweisungsbeschluss durch das Beschwerdegericht bestätigt, so hat das Ausgangsgericht nun erneut unter Ladung sämtlicher Parteien neu zu terminieren, falls dies noch nicht geschehen ist.   6

§ 337
Vertagung von Amts wegen

[1]Das Gericht vertagt die Verhandlung über den Antrag auf Erlass des Versäumnisurteils oder einer Entscheidung nach Lage der Akten, wenn es dafür hält, dass die von dem Vorsitzenden bestimmte Einlassungs- oder Ladungsfrist zu kurz bemessen oder dass die Partei ohne ihr Verschulden am Erscheinen verhindert ist. [2]Die nicht erschienene Partei ist zu dem neuen Termin zu laden.

Inhalt:

	Rn.		Rn.
A. Allgemeines	1	II. Weitere Vertagungsgründe	4
B. Erläuterungen	2	C. Prozessuales	5
I. Vertagungsgründe, Satz 1	2		

A. Allgemeines

Durch die Norm soll der **Anspruch der säumigen Partei** auf Wahrung ihres **rechtlichen Gehörs** sichergestellt werden. Damit kann **keine** Vertagung erfolgen, wenn die Partei zwar erschienen ist, aber als säumig angesehen werden muss, weil sie nicht verhandelt, § 333 ZPO.   1

B. Erläuterungen
I. Vertagungsgründe, Satz 1

Das Gericht **hat** zu vertagen, wenn eine richterliche Frist zu kurz bemessen ist, § 337 Satz 1 Alt. 1 ZPO. Dies ist für jede Prozesslage im **Einzelfall** zu entscheiden, wobei eine Orientierung daran erfolgen kann, ob die Parteien aufgrund der Kürze der Frist einen erheblichen Grund für eine Terminsänderung i.S.d. § 227 Abs. 1 Satz 1 ZPO vorbringen könnten (vgl. § 227 Rn. 10 ff.).   2

Darüber hinaus hat das Gericht zu vertagen, wenn die säumige Partei die Säumnis **nicht verschuldet** hat, § 337 Satz 1 Alt. 2 ZPO. Der Begriff der unverschuldeten Säumnis ist gleichzusetzen mit demjenigen der unverschuldeten Fristversäumnis im Falle eines Antrages auf **Wiedereinsetzung in den vorigen Stand** gemäß § 233 ZPO, so dass auch die hierzu ergangene Rechtsprechung entsprechend gilt (vgl. § 233 Rn. 5 f.).[1] So kann z.B. eine bedürftige Partei, die für die Führung eines Rechtsstreits Prozesskostenhilfe beantragt hat, vor einer abschließenden Entscheidung über den Prozesskostenhilfeantrag, die ggf. auch erst noch durch ein Rechtsmittelgericht zu erfolgen hat, ein Zuwarten des Fortgangs der Hauptsache nur dann verlangen, wenn „gerade die Mittellosigkeit ihr die Vornahme der zur Wahrung ihrer Rechtsposition erforderlichen Prozesshandlungen, wie sie einer bemittelten Partei in der jeweiligen Prozesssituation zu Gebote stünden, verwehren oder unverhältnismäßig erschweren würde."[2] Dies bedeutet, dass die Mittellosigkeit einer Partei für ein unverschuldetes Nichterscheinen bzw. Nichtverhandeln, vgl. § 333 ZPO, stets kausal sein muss.   3

---

1 Zöller-*Herget*, ZPO, § 336 Rn. 3.

Zu § 337:
1 BGH, NJW 2004, 2309 (2311) = FamRZ 2004, 1366 (1368).
2 BGH, NJW 2016, 3248 (3249) = MDR 2016, 1108 f., Rn. 21 m.w.N.

II. Weitere Vertagungsgründe

4 Das Gericht hat außer in den soeben dargestellten Fällen des § 337 Satz 1 ZPO **auch** zu vertragen, wenn der Erlass des beantragten Versäumnisurteils bzw. eines Urteils nach Lage der Akten gemäß § 335 Abs. 1 Nr. 1, 2, 3 und 5 ZPO unzulässig ist (vgl. § 335 Rn. 8f.) **und** auch kein unechtes Versäumnisurteil (vgl. § 330 Rn. 2 und § 331 Rn. 2) ergehen kann.

C. Prozessuales

5 Im Falle der Vertagung ist die säumige Partei zu **laden**, § 337 Satz 2 ZPO.

§ 338
Einspruch

Der Partei, gegen die ein Versäumnisurteil erlassen ist, steht gegen das Urteil der Einspruch zu.

1 Der Einspruch ist der **besondere Rechtsbehelf der säumigen Partei** gegen ein gegen sie ergangenes Versäumnisurteil, der jedoch keinen **Devolutiveffekt** hat. Im Falle seiner Zulässigkeit wird das Verfahren stattdessen in den Stand vor der Säumnis **zurückversetzt** und beim **Ausgangsgericht** weiterbetrieben, § 342 ZPO. Der Einspruch ist zulässig, wenn er
- (1.) **statthaft** i.S.d. § 338 ZPO,
- (2.) **formgerecht** gemäß § 340 ZPO und
- (3.) **fristgemäß** nach § 339 ZPO erfolgt.
- (4.) Außerdem darf weder ein **Verzicht** auf den Einspruch noch eine **Rücknahme** eines bereits einmal eingelegten Einspruchs vorliegen, § 346 ZPO.

2 Gegen die Partei muss ein **echtes Versäumnisurteil** ergangen sein. Im Falle eines unechten Versäumnisurteils ist hingegen stets die Berufung nach § 511 Abs. 1 ZPO bzw. die Revision gemäß § 542 Abs. 1 ZPO der statthafte Rechtsbehelf. Ob das Gericht ein echtes Versäumnisurteil erlassen hat, richtet sich nicht nach der Bezeichnung des Urteils, sondern nach dessen **Inhalt**.[1] Aufgrund des **Grundsatzes der Meistbegünstigung** (vgl. Vorbem. zu §§ 511–577 Rn. 36f.) steht den Parteien also im Falle einer falschen Bezeichnung einer Entscheidung durch das Gericht, sowohl derjenige Rechtsbehelf zur Verfügung, der nach der Art der tatsächlich ergangenen Entscheidung statthaft ist, als auch dasjenige Rechtsmittel, das bei einer in der richtigen Form ergangenen Entscheidung zulässig wäre.[2] Dies bedeutet, dass der Einspruch bspw. auch dann statthafter Rechtsbehelf ist, wenn das Gericht seine Entscheidung nach **Einspruch** gegen einen Vollstreckungsbescheid, der gemäß § 700 Abs. 1 ZPO einem für vorläufig vollstreckbar erklärten Versäumnisurteil gleichsteht, als Versäumnisurteil bezeichnet, in diesem Urteil aber richtigerweise den Einspruch verwirft, womit es inhaltlich ein **Zweites Versäumnisurteil** trifft. Daneben besteht in diesem Fall aufgrund des Grundsatzes der Meistbegünstigung auch das Rechtsmittel der Berufung, §§ 514 Abs. 2, 345 ZPO.

3 Der Einspruch kann auf einen abtrennbaren Teil i.S.d. §§ 145, 301 ZPO **beschränkt** werden, § 340 Abs. 2 Satz 2 ZPO.

4 Die **einstweilige Einstellung der Zwangsvollstreckung** aus dem Versäumnisurteil richtet sich nach den §§ 719, 707 ZPO.

---

1 BGH, NJW 1999, 583 (584).
2 BGHZ 98, 362 (364f.) = NJW 1987, 442 (443) = MDR 1987, 221.

§ 339
Einspruchsfrist

(1) Die Einspruchsfrist beträgt zwei Wochen; sie ist eine Notfrist und beginnt mit der Zustellung des Versäumnisurteils.

(2) [1]Muss die Zustellung im Ausland erfolgen, so beträgt die Einspruchsfrist einen Monat. [2]Das Gericht kann im Versäumnisurteil auch eine längere Frist bestimmen.

(3) Muss die Zustellung durch öffentliche Bekanntmachung erfolgen, so hat das Gericht die Einspruchsfrist im Versäumnisurteil oder nachträglich durch besonderen Beschluss zu bestimmen.

Inhalt:

	Rn.		Rn.
A. Allgemeines	1	III. Zustellung durch öffentliche Bekanntmachung, Abs. 3	5
B. Erläuterungen	2	**C. Prozessuales**	6
I. Gesetzliche Einspruchsfrist, Abs. 1	2		
II. Zustellung im Ausland, Abs. 2	4		

A. Allgemeines

Die **von Amts wegen** zu prüfende Einhaltung der Einspruchsfrist ist eine der Zulässigkeitsvoraussetzungen des Einspruchs gegen ein Versäumnisurteil. Aufgrund des Gesetzes zur Änderung von Vorschriften im Bereich des Internationalen Privat- und Zivilverfahrensrechts wurde § 339 Abs. 2 ZPO durch neugefasste Absätze 2 und 3 ersetzt.[1]   1

B. Erläuterungen
I. Gesetzliche Einspruchsfrist, Abs. 1

Die zweiwöchige Einspruchsfrist beginnt gemäß §§ 222 Abs. 1 ZPO, 187 Abs. 1 BGB am Tag   2
nach der Zustellung und endet zwei Wochen später an dem Tag, der demjenigen der Zustellung entspricht, §§ 222 Abs. 1 ZPO, 188 Abs. 2 BGB. Die Frist ist eine Notfrist im Sinne des § 224 Abs. 1 Satz 2 ZPO und ist daher **weder** durch Parteivereinbarung **abkürzbar**, § 224 Abs. 1 Satz 1 ZPO, **noch** durch das Gericht **verlängerbar**, § 224 Abs. 2 ZPO. Bei deren Versäumung kommt aber grundsätzlich eine **Wiedereinsetzung in den vorigen Stand** nach §§ 233 ff. ZPO in Betracht.

Bei dem im schriftlichen Vorverfahren ergangenen Versäumnisurteil nach § 331 Abs. 3 ZPO   3
wird gemäß § 310 Abs. 3 ZPO die Verkündung durch die Zustellung **ersetzt**. Damit beginnt die Einspruchsfrist aber auch erst, wenn das Versäumnisurteil **sämtlichen Parteien** des Rechtsstreits zugestellt ist.[2]

II. Zustellung im Ausland, Abs. 2

Bei einer Zustellung im Ausland beträgt die Einspruchsfrist nach der Neufassung des Gesetzes   4
(vgl. Rn. 1) grundsätzlich **mindestens** einen Monat, § 339 Abs. 2 Satz 1 ZPO. Eine gesonderte Fristbestimmung ist insoweit obsolet. Das Gericht kann jedoch auch eine längere Einspruchsfrist bestimmen, § 339 Abs. 2 Satz 2 ZPO, wobei diese Frist dann ebenso **eine Notfrist** darstellt. Die Fristbestimmung hat im Versäumnisurteil selbst zu erfolgen. Eine nachträgliche Bestimmung der Einspruchsfrist in einem besonderen Beschluss ist gesetzlich nicht mehr vorgesehen. Bei der Bestimmung der Fristlänge wird sich das Gericht im Rahmen des ihm zustehenden Ermessens u. a. an den zu erwartenden Postlaufzeiten in das jeweilige Ausland orientieren.

III. Zustellung durch öffentliche Bekanntmachung, Abs. 3

Bei einer öffentlichen Zustellung wird die Einspruchsfrist, der bisherigen Gesetzeslage ent-   5
sprechend (vgl. Rn. 1), durch das Gericht bestimmt. Diese Frist stellt **ebenso eine Notfrist** dar, die mit der Zustellung der Fristbestimmung, d. h. entweder mit der Zustellung des Versäumnisurteils oder des gesonderten Beschlusses,[3] beginnt.

C. Prozessuales

Ist der Einspruch nicht fristgemäß erfolgt, so hat das Gericht diesen durch Urteil **ohne münd-**   6
liche Verhandlung als unzulässig zu verwerfen, § 341 ZPO.

---

1 BGBl. I, S. 1607 ff.
2 BGH, NJW 1994, 3359 (3360) = MDR 1995, 308.
3 BGH, NJW 2011, 2218 (2219), Rn. 15 m.w.N. = FamRZ 2011, 1223 (nur Ls.).

§ 340
Einspruchsschrift

(1) Der Einspruch wird durch Einreichung der Einspruchsschrift bei dem Prozessgericht eingelegt.

(2) ¹Die Einspruchsschrift muss enthalten:
1. die Bezeichnung des Urteils, gegen das der Einspruch gerichtet wird;
2. die Erklärung, dass gegen dieses Urteil Einspruch eingelegt werde.

²Soll das Urteil nur zum Teil angefochten werden, so ist der Umfang der Anfechtung zu bezeichnen.

(3) ¹In der Einspruchsschrift hat die Partei ihre Angriffs- und Verteidigungsmittel, soweit es nach der Prozesslage einer sorgfältigen und auf Förderung des Verfahrens bedachten Prozessführung entspricht, sowie Rügen, die die Zulässigkeit der Klage betreffen, vorzubringen. ²Auf Antrag kann der Vorsitzende für die Begründung die Frist verlängern, wenn nach seiner freien Überzeugung der Rechtsstreit durch die Verlängerung nicht verzögert wird oder wenn die Partei erhebliche Gründe darlegt. ³§ 296 Abs. 1, 3, 4 ist entsprechend anzuwenden. ⁴Auf die Folgen einer Fristversäumung ist bei der Zustellung des Versäumnisurteils hinzuweisen.

Inhalt:

	Rn.		Rn.
A. Allgemeines	1	II. Inhalt der Einspruchsschrift, Abs. 2	3
B. Erläuterungen	2	III. Begründung des Einspruchs, Abs. 3	6
I. Einlegung des Einspruchs, Abs. 1	2	C. Prozessuales	9

A. Allgemeines

1   Die formgemäße Erhebung des Einspruchs nach § 340 ZPO ist eine **von Amts wegen** zu prüfende Zulässigkeitsvoraussetzung eines Einspruchs gegen ein Versäumnisurteil. Die entsprechenden Voraussetzungen sind in § 340 Abs. 1, 2 ZPO enthalten. § 340 Abs. 3 ZPO enthält darüber hinaus gehende Anforderungen an die **Begründung des Einspruchs**, deren Missachtung jedoch **nicht** zu einer **Unzulässigkeit des Einspruchs** führt.

B. Erläuterungen
I. Einlegung des Einspruchs, Abs. 1

2   Der Schriftsatz, mit dem Einspruch eingelegt wird, ist ein **bestimmender Schriftsatz** (vgl. § 129 Rn. 1), der daher auch grundsätzlich zu **unterschreiben** ist. Dieser ist an das Gericht zu adressieren, das das Versäumnisurteil oder den Vollstreckungsbescheid, § 700 Abs. 1 ZPO, erlassen hat. Eine Erklärung des Einspruchs zu **richterlichem Protokoll** ist hingegen nicht ausreichend.[1] Beim **Amtsgericht** kann anstatt eines Schriftsatzes auch die mündliche Erklärung zu Protokoll der Geschäftsstelle erfolgen, § 496 ZPO.

II. Inhalt der Einspruchsschrift, Abs. 2

3   Der Schriftsatz muss zunächst das Versäumnisurteil bzw. den Vollstreckungsbescheid **genau** bezeichnen, § 340 Abs. 2 Satz 1 Nr. 1 ZPO. Diesbezüglich ist allerdings zu berücksichtigen, dass es ausreichend ist, wenn der Schriftsatz rechtzeitig zu den Akten gelangt und aus diesem der Wille zur Anfechtung der entsprechenden Entscheidung erkennbar ist.

4   Aus dem Schriftsatz muss sich außerdem ergeben, dass gegen ein ergangenes Versäumnisurteil Einspruch eingelegt werden soll, § 340 Abs. 2 Satz 1 Nr. 2 ZPO, wobei es nicht erforderlich ist, dass ausdrücklich der Begriff „Einspruch" verwendet wird. Es reicht aus, dass der Einspruchsführer darstellt, dass er das Versäumnisurteil **nicht akzeptieren** und stattdessen eine **Fortsetzung des Verfahrens** erreichen will.[2] Dies setzt allerdings voraus, dass die entsprechende Partei **überhaupt weiß**, dass gegen sie ein Versäumnisurteil ergangen ist, so dass ein Schriftsatz, der in Unkenntnis des Versäumnisurteils verfasst wurde, **nicht** als Einspruch **ausgelegt** oder in einen solchen **umgedeutet** werden kann.[3]

5   Schließlich muss der Einspruchsführer klar darstellen, **inwieweit** Einspruch eingelegt werden soll, § 340 Abs. 2 Satz 2 ZPO.

---

1 Zöller-*Herget*, ZPO, § 340 Rn. 1 m.w.N. (str.).
2 BGH, NJW-RR 1994, 1213 (1214) = MDR 1995, 308 (309).
3 OLG Köln, NJW-RR 2002, 1231; a.A. OLG Braunschweig, FamRZ 1995, 237 (238).

III. Begründung des Einspruchs, Abs. 3

Durch § 340 Abs. 3 Satz 1 ZPO wird die **Prozessförderungspflicht** der Parteien angesprochen, wie sich schon aus dem Wortlaut der Regelung ergibt. Die fehlende Begründung macht den Einspruch damit **nicht unzulässig**.[4] Stattdessen kommt eine **Zurückweisung von Vorbringen**, das nach Ablauf der **Begründungsfrist** vorgebracht wird, gemäß §§ 340 Abs. 3 Satz 3, 296 Abs. 1, 3, 4 ZPO in Betracht, so dass im Ergebnis das Versäumnisurteil aufrechtzuerhalten sein wird, § 343 Satz 1 ZPO. Dies setzt jedoch einen entsprechenden Hinweis bei der Zustellung des Versäumnisurteils voraus, § 340 Abs. 3 Satz 4 ZPO. 6

Die **Begründungsfrist** fällt überdies zwar mit der **Einspruchsfrist** zusammen, ist von dieser aber zu **unterscheiden**. Eine **Verlängerung** der Begründungsfrist kann durch das Gericht auch unter den Voraussetzungen des § 340 Abs. 3 Satz 2 ZPO **gewährt** werden, so dass diese Frist auch **keine Notfrist** i.S.d. § 224 Abs. 1 ZPO darstellt. Entscheidend ist damit für eine Berücksichtigung im weiteren Verlauf des Rechtsstreits das Vorbringen **innerhalb der Begründungsfrist** und nicht, dem Gesetzeswortlaut nach, in der Einspruchsschrift. 7

Droht bereits die Zurückweisung verspäteten Vorbringens im Termin zur mündlichen Verhandlung, weil bspw. eine richterliche Frist nach § 273 Abs. 2 Nr. 1 ZPO nicht beachtet wurde, besteht die Möglichkeit der **„Flucht in die Säumnis"**, so dass nach Erlass eines Versäumnisurteils und Einlegung eines Einspruchs die Begründungsfrist des § 340 Abs. 3 Satz 1 ZPO grundsätzlich zur Verfügung steht, um das verspätete Vorbringen nachzuholen. Dies gilt jedoch **nicht** im Hinblick auf eine **verzichtbare Rüge, die die Zulässigkeit der Klage betrifft**, wie z.B. die Einrede des Schiedsvertrages, da insofern nur entscheidend ist, ob das Unterlassen des Vorbringens ausreichend entschuldigt ist, § 296 Abs. 3 ZPO. Kann der Beklagte also dies nicht ausreichend entschuldigen, so bleibt die im Einspruchsverfahren erhobene Rüge **weiterhin verspätet und daher unbeachtlich**.[5] 8

C. Prozessuales

Im Falle eines Einspruchs gegen einen **Vollstreckungsbescheid** gilt das Begründungserfordernis des § 340 Abs. 3 ZPO nicht, § 700 Abs. 3 Satz 3 ZPO. 9

§ 340a
Zustellung der Einspruchsschrift

¹Die Einspruchsschrift ist der Gegenpartei zuzustellen. ²Dabei ist mitzuteilen, wann das Versäumnisurteil zugestellt und Einspruch eingelegt worden ist. ³Die erforderliche Zahl von Abschriften soll die Partei mit der Einspruchsschrift einreichen. ⁴Dies gilt nicht, wenn die Einspruchsschrift als elektronisches Dokument übermittelt wird.

Die Regelung sichert die **vollständige Information** derjenigen Partei, die zuvor das Versäumnisurteil erwirkt hat, hinsichtlich der durch den Einspruch bedingten Prozesssituation. 1

Durch die Zustellung der Einspruchsschrift gemäß § 340a Satz 1, 2 ZPO erlangt die **Gegenpartei** insbesondere Kenntnis von der Einspruchsbegründung i.S.d. § 340 Abs. 3 ZPO und kann somit den **Umfang der erforderlichen Erwiderung** vor dem Hintergrund der §§ 282, 296 ZPO feststellen. Um die ordnungsgemäße Information der Gegenpartei sicherzustellen hat der Einspruchsführer die jeweils erforderliche Zahl von Abschriften des Einspruchsschriftsatzes beizufügen, § 340a Satz 3 ZPO. Dies ist dann nicht erforderlich ist, wenn die Einspruchsschrift in elektronischer Form übermittelt wird, § 340a Satz 4 ZPO. Hierdurch wird die Regelung des § 133 ZPO ergänzt. 2

Die Mitteilung des Zeitpunkts der Zustellung sowie der Einlegung des Einspruchs nach § 340a Satz 2 ZPO dient ebenfalls der Information der Gegenpartei des Einspruchsführers, die bis zu diesem Zeitpunkt von der Zustellung des Versäumnisurteils und deren Zeitpunkt aufgrund dessen, dass das Versäumnisurteil grundsätzlich nur dem Gegner zuzustellen ist, § 317 Abs. 1 Satz 1 ZPO, **noch keine Kenntnis** hat. 3

Die Mitteilung der Tatsachen nach § 340a ZPO hat **unabhängig** von der Zulässigkeit des Einspruchs **in jedem Fall** zu erfolgen. Im Falle der Erforderlichkeit eines Einspruchstermins nach § 341a ZPO kann die Mitteilung nach § 340a ZPO jedoch **zusammen** mit der Zustellung der Terminsverfügung erfolgen. 4

---

4 BGHZ 75, 138 (140) = NJW 1979, 1988.
5 OLG München, NJW-RR 1995, 127 = MDR 1994, 1244; a.A. Thomas/Putzo-*Reichold*, ZPO, § 340 Rn. 9 m.w.N.

§ 341
Einspruchsprüfung

(1) ¹Das Gericht hat von Amts wegen zu prüfen, ob der Einspruch an sich statthaft und ob er in der gesetzlichen Form und Frist eingelegt ist. ²Fehlt es an einem dieser Erfordernisse, so ist der Einspruch als unzulässig zu verwerfen.
(2) Das Urteil kann ohne mündliche Verhandlung ergehen.

Inhalt:

	Rn.		Rn.
A. Allgemeines	1	II. Entscheidung des Gerichts,	
B. Erläuterungen	2	Abs. 1 Satz 2, Abs. 2	3
I. Prüfung der Zulässigkeit,		C. Prozessuales und Rechtsmittel	6
Abs. 1 Satz 1	2		

A. Allgemeines

1 In der Norm werden ausdrücklich die **Zulässigkeitsvoraussetzungen** eines Einspruchs gegen ein Versäumnisurteil genannt (vgl. § 338 Rn. 1), die durch das Prozessgericht **von Amts wegen** zu prüfen sind, wobei im Falle der Unzulässigkeit des Einspruchs dessen **Verwerfung als unzulässig durch Urteil** erfolgt.

B. Erläuterungen
I. Prüfung der Zulässigkeit, Abs. 1 Satz 1

2 Das Prozessgericht hat die Zulässigkeit des Einspruchs **vor Fortführung des Rechtsstreits** festzustellen, da im Falle von dessen Unzulässigkeit das Versäumnisurteil formell rechtskräftig ist, § 705 ZPO, was ein **fortdauerndes Verfahrenshindernis** darstellen würde,[1] so dass auch im Falle einer **Verweisung** das Gericht, an das verwiesen wurde, zur Prüfung der Zulässigkeit des Einspruchs berechtigt und verpflichtet ist, da nach bindender Verweisung dieses Gericht die gleiche Stellung wie dasjenige Gericht einnimmt, das vor der Verweisung noch das Versäumnisurteil erlassen hatte.[2]

II. Entscheidung des Gerichts, Abs. 1 Satz 2, Abs. 2

3 Das Gericht hat bei **zulässigem Einspruch** den Einspruchstermin nach § 341a ZPO zu terminieren.

4 Der **unzulässige Einspruch** hingegen ist durch das Gericht durch ein **kontradiktorisches Endurteil**[3] zu verwerfen. Die Urteilsformel lautet:

1. Der Einspruch des/der [genaue Bezeichnung des Einspruchsführers] gegen das Versäumnisurteil vom [Datum] wird als unzulässig verworfen.

2. Der [genaue Bezeichnung des Einspruchsführers] trägt die weiteren Kosten des Rechtsstreits.

3. Das Urteil ist vorläufig vollstreckbar.

Der Ausspruch zur vorläufigen Vollstreckbarkeit ergibt sich hierbei aus **§ 708 Nr. 3 ZPO**.

5 Es steht dem Gericht im Übrigen frei, eine mündliche Verhandlung durchzuführen, § 341 Abs. 2 ZPO. In dem Fall, dass das Gericht beabsichtigt, den Einspruch ohne mündliche Verhandlung als unzulässig zu verwerfen, kann es im Einzelfall aufgrund des Art. 103 Abs. 1 GG angezeigt sein, den Parteien hierzu rechtliches Gehör zu gewähren, wenn zu erwarten ist, dass bestimmte Umstände, die nach Ansicht des Gerichts zur Unzulässigkeit führen, durch die Parteien noch aufgeklärt werden können, was bspw. der Fall sein kann, wenn nicht klar ist, ob der **Schriftsatz des Einspruchsführers überhaupt als Einspruch** gewertet werden kann, weil diesen das Versäumnisurteil im Zeitpunkt des Schriftsatzes möglicherweise noch gar nicht erreicht hatte (vgl. § 340 Rn. 4). In eindeutigen Fällen, z.B. bei **offenkundiger Versäumung der Einspruchsfrist**, kann die Entscheidung auch ohne vorherige Anhörung ergehen, denn ausdrücklich gesetzlich geregelt ist eine solche Anhörung nicht.[4]

---

1 BGH, NJW 1976, 1940.
2 OLG Zweibrücken, NJW-RR 1998, 1606.
3 BGH, NJW-RR 2007, 1363, Rn. 8 = MDR 2007, 901 (902).
4 BGH, VersR 1975, 899, für den analogen Fall der Verwerfung der Berufung als unzulässig nach § 522 Abs. 1 Satz 2–4 ZPO.

C. Prozessuales und Rechtsmittel

Einer gesonderten Entscheidung über die **Zulässigkeit** bedarf es nicht. Wenn das Gericht dies (deklaratorisch) durch Beschluss oder im Wege eines Zwischenurteils dennoch **feststellt**, so besteht hiergegen **kein Rechtsbehelf**. Die Unzulässigkeit des Einspruchs kann aber im Rahmen des **Rechtsmittels gegen die Hauptsacheentscheidung** eingewandt werden, wobei diese ohnehin durch das Berufungs- bzw. das Revisionsgericht **von Amts wegen** zu prüfen ist.[5] 6

Gegen das kontradiktatorische Endurteil nach § 341 Abs. 1 Satz 2 ZPO ist, abhängig davon, in welcher Instanz das Urteil erging, das Rechtsmittel der **Berufung** nach § 511 Abs. 1 ZPO oder der **Revision** gemäß § 542 Abs. 1 ZPO bzw. der **Nichtzulassungsbeschwerde** i.S.d. § 544 ZPO statthaft. 7

§ 341a
Einspruchstermin

Wird der Einspruch nicht als unzulässig verworfen, so ist der Termin zur mündlichen Verhandlung über den Einspruch und die Hauptsache zu bestimmen und den Parteien bekannt zu machen.

Die Norm regelt das weitere Verfahren, wenn durch das Gericht nach der **von Amts wegen** durchzuführenden Prüfung der Zulässigkeit des Einspruchs gegen ein Versäumnisurteil dieser **nicht** gemäß § 341 Abs. 1 Satz 2 ZPO als unzulässig verworfen wird. 1

Das Gericht hat **von Amts wegen**, **unverzüglich**, § 216 Abs. 1, 2 ZPO, und **so früh wie möglich**, § 272 Abs. 2 ZPO, einen **Termin zur mündlichen Verhandlung über den Einspruch und die Hauptsache** zu bestimmen. Regelmäßig wird der Termin, der durch das Gericht sachgerecht im Sinne des § 273 ZPO vorzubereiten ist,[1] entsprechend dem **üblichen Geschäftsgang**, d.h. auf den nächsten freien Termin unter Einhaltung der Ladungsfrist, bestimmt. Gründe, einen Einspruchstermin **besonders kurzfristig** zu terminieren, bestehen hingegen nicht.[2] Der Termin darf aber **nicht** bereits unmittelbar nach Erlass des Versäumnisurteils „hilfsweise für den Fall des Einspruchs" bestimmt werden, sondern **erst nach tatsächlichem Eingang eines Einspruchs**. Erfolgt dies trotzdem, so ist der Termin nicht ordnungsgemäß bestimmt, so dass gegen eine in einem solchen Einspruchstermin säumige Partei kein Versäumnisurteil ergehen kann.[3] 2

Der Einspruchstermin ist den Parteien bekanntzumachen, so dass alle am Rechtsstreit beteiligten Parteien zu diesem auch zu laden sind, § 274 Abs. 1 ZPO. 3

Soll zunächst **nur** über die **Zulässigkeit des Einspruchs verhandelt** werden, so kann die Terminierung unter eindeutiger Angabe dieses Zwecks erfolgen. Es kann dann allerdings auch **nur** ein **Zwischenurteil i.S.d.** § 303 ZPO im Hinblick auf die bejahte Zulässigkeit des Einspruchs ergehen. Wird die Zulässigkeit des Einspruchs hingegen nach der mündlichen Verhandlung hierüber durch das Gericht verneint, so ergeht Endurteil nach § 341 Abs. 1 Satz 2 ZPO. 4

---

5 BGH, NJW 1976, 1940.

Zu § 341a:
1 BGHZ 76, 173 (178) = NJW 1980, 1105 (1106).
2 OLG Köln, MDR 2005, 1188 (1189).
3 BGH, NJW 2011, 928 (929), Rn. 13f. = MDR 2011, 252f.; BGH, NJW 2015, 3661 (3662) = MDR 2016, 350 (351), Rn. 15ff. m.w.N.

§ 342
Wirkung des zulässigen Einspruchs

Ist der Einspruch zulässig, so wird der Prozess, soweit der Einspruch reicht, in die Lage zurückversetzt, in der er sich vor Eintritt der Versäumnis befand.

1 Die Norm regelt die **rechtliche Folge** des **zulässigen Einspruchs**, der als Rechtsbehelf eigener Art gerade **keinen Devolutiveffekt** hat.

2 Durch den zulässigen Einspruch wird **exakt** das Prozessergebnis wiederhergestellt, das **vor der Säumnis** bestanden hat. Dies gilt bspw. für bereits erlangte Beweisergebnisse, für einen Verzicht, ein Anerkenntnis oder auch ein gerichtliches Geständnis. Das Gericht ist außerdem nicht mehr an das Versäumnisurteil gemäß § 318 ZPO gebunden.

3 Der Antrag auf Erlass eines Versäumnisurteils stellt auch einen **Sachantrag** dar (vgl. § 270 Rn. 2 f.). Dies bedeutet, dass diejenige Partei, die den Säumnisantrag gestellt und ein Versäumnisurteil erwirkt hat, nach Einlegung eines zulässigen Einspruchs an die sonstigen Folgen der Stellung eines Sachantrages gebunden ist. So ist bspw. der Beklagte, der ein Versäumnisurteil beantragt und erlangt hat, nach einem zulässigen Einspruch trotz der Wirkung des § 342 ZPO an die **Folgen des rügelosen Verhandelns zur Sache gebunden**, so dass bspw. die Zuständigkeit gemäß § 39 ZPO nicht mehr gerügt werden kann oder auch eine Ablehnung des Richters wegen der Besorgnis der Befangenheit nach § 43 ZPO nicht mehr möglich ist.

§ 343
Entscheidung nach Einspruch

[1]Insoweit die Entscheidung, die auf Grund der neuen Verhandlung zu erlassen ist, mit der in dem Versäumnisurteil enthaltenen Entscheidung übereinstimmt, ist auszusprechen, dass diese Entscheidung aufrechtzuerhalten sei. [2]Insoweit diese Voraussetzung nicht zutrifft, wird das Versäumnisurteil in dem neuen Urteil aufgehoben.

Inhalt:

	Rn.		Rn.
A. Allgemeines	1	III. Teilweise Aufrechterhaltung und Aufhebung des Versäumnisurteils	5
B. Erläuterungen	3		
I. Aufrechterhaltung des Versäumnisurteils, Satz 1	3	IV. Keine gerichtliche Entscheidung nach dem Einspruchstermin	6
II. Aufhebung des Versäumnisurteils, Satz 2	4		

A. Allgemeines

1 Aus der in § 342 ZPO abschließend dargestellten Wirkung des zulässigen Einspruchs ergibt sich, dass das Versäumnisurteil zunächst wirksam bleibt und auch einen Vollstreckungstitel, § 708 Nr. 2 ZPO, darstellt. Hieraus folgt, dass jede Entscheidung, die nach einem zulässigen Einspruch und einem anschließenden Einspruchstermin i.S.d. § 341a ZPO ergeht, **im Verhältnis zum Versäumnisurteil** gesehen werden muss.

2 Die Entscheidung über den **weiteren Bestand des Versäumnisurteils** ist grundsätzlich im **Endurteil**, in einem Vorbehaltsurteil nach §§ 302, 599 ZPO oder auch in einem Grundurteil nach § 304 ZPO zu treffen, das auf den Einspruchstermin hin ergeht. In einem Zwischenurteil nach §§ 280 Abs. 2 Satz 1, 303 ZPO ist hingegen eine Entscheidung nach § 343 ZPO nicht zu treffen. So erfolgt bspw. keine Aufhebung des Versäumnisurteils nach § 343 Satz 2 ZPO, wenn der Einspruchsführer die Einspruchsfrist des § 339 Abs. 1 ZPO versäumt und deshalb Wiedereinsetzung in den vorigen Stand beantragt hat, die das Gericht nach mündlicher Verhandlung in einem Zwischenurteil nach § 303 ZPO gewährt.

B. Erläuterungen
I. Aufrechterhaltung des Versäumnisurteils, Satz 1

3 In dem Umfang, in dem sich das Versäumnisurteil im Hinblick auf seine Urteilsformel inhaltlich als richtig erweist, wird dieses **aufrechterhalten**. Es ist insofern hingegen **ohne Bedeutung**, ob die prozessrechtlichen Voraussetzungen gemäß §§ 330, 331 ZPO für den Erlass des Versäumnisurteils vorgelegen haben.[1] Da das Versäumnisurteil außerdem bereits eine Kostenent-

---

1 Thomas/Putzo-*Reichold*, ZPO, § 343 Rn. 2.

scheidung enthält, ist nur noch über die **weiteren Kosten des Rechtsstreits** zu entscheiden. Der Ausspruch zur vorläufigen Vollstreckbarkeit folgt aus § 709 Satz 3 ZPO, falls das Versäumnisurteil unter § 709 Satz 1 ZPO gefallen wäre, wenn es nicht gerade in Form eines Versäumnisurteils ergangen wäre, z.b. weil in der Hauptsache ein Betrag über 1.250,00 € zugesprochen wurde, § 708 Nr. 11 ZPO (vgl. § 709 Rn. 5). Andernfalls richtet sich die vorläufige Vollstreckbarkeit nach §§ 708 Nr. 4-11, 711 ZPO. Die Urteilsformel kann daher z.b. lauten:

1. Das Versäumnisurteil vom [Datum] wird aufrechterhalten.

2. Der Kläger/Beklagte trägt die weiteren Kosten des Rechtsstreits.

3. Die Vollstreckung aus dem Versäumnisurteil vom [Datum] darf nur gegen Sicherheitsleistung in Höhe von Betrag/Prozentsatz des jeweils zu vollstreckenden Betrages fortgesetzt werden.

II. Aufhebung des Versäumnisurteils, Satz 2

Das Versäumnisurteil ist hingegen in dem Umfang **aufzuheben**, in dem es sich im Hinblick auf seine Urteilsformel inhaltlich als unrichtig erweist. In der Sache bedarf es dann eines **eigenen Ausspruchs in der Urteilsformel**. Hinsichtlich der **Kosten** ist die Regelung des § 344 ZPO zu beachten. Die vorläufige Vollstreckbarkeit richtet sich nach den §§ 708 ff. ZPO. Ist bspw. das Versäumnisurteil gegen den Beklagten ergangen und wird die Klage nach dem Einspruchstermin abgewiesen, so kann die Urteilsformel lauten:

1. Das Versäumnisurteil vom [Datum] wird aufgehoben.

2. Die Klage wird abgewiesen.

3. Der Kläger trägt die Kosten des Rechtsstreits. Die durch die Versäumnis im Termin vom [Datum] veranlassten Kosten trägt der Beklagte.

4. Das Urteil ist gegen Sicherheitsleistung in Höhe von Betrag/Prozentsatz des jeweils zu vollstreckenden Betrages vorläufig vollstreckbar.

III. Teilweise Aufrechterhaltung und Aufhebung des Versäumnisurteils

Erweist sich das Versäumnisurteil teilweise als richtig, so kann die Urteilsformel in dem unter Rn. 4 dargestellten Beispielsfall lauten:

1. Das Versäumnisurteil vom [Datum] bleibt insoweit aufrechterhalten, als der Beklagte zu [genaue Bezeichnung des aufrechterhaltenen Teils] verurteilt wurde.

2. Im Übrigen wird das Versäumnisurteil vom [Datum] aufgehoben und die Klage abgewiesen.

3. Von den Kosten des Rechtsstreits trägt der Kläger [Prozentsatz] und der Beklagte [Prozentsatz]. Die durch die Versäumnis im Termin vom [Datum] veranlassten Kosten trägt der Beklagte.

4. Die Vollstreckung aus dem Versäumnisurteil vom [Datum] darf nur gegen Sicherheitsleistung in Höhe von Betrag/Prozentsatz des jeweils zu vollstreckenden Betrages fortgesetzt werden. Das Urteil ist für den Beklagten gegen Sicherheitsleistung in Höhe von Betrag/Prozentsatz des jeweils zu vollstreckenden Betrages vorläufig vollstreckbar.

IV. Keine gerichtliche Entscheidung nach dem Einspruchstermin

In dem Fall, dass die Parteien sich im Einspruchstermin **vergleichen**, sollte jedenfalls durch das Gericht darauf hingewirkt werden, dass im Vergleich auch eine **Vereinbarung im Hinblick auf das Versäumnisurteil** getroffen wird. Diese kann bspw. lauten:

Der Kläger/der Beklagte verpflichtet sich, aus dem Versäumnisurteil vom [Datum] nicht zu vollstrecken.

Endet der Rechtsstreit nach Erlass eines Versäumnisurteils durch **Klagerücknahme** so gilt § 269 Abs. 3 Satz 1 Hs. 2 ZPO (vgl. § 269 Rn. 8). Das Versäumnisurteil wird damit wirkungslos, was auf Antrag durch **deklaratorischen Beschluss** festgestellt werden kann.[2] Dasselbe gilt im Falle einer vollumfänglichen **übereinstimmenden Erledigterklärung** (vgl. § 91a Rn. 6 ff.).

---

[2] OLG Celle, OLGR 1995, 216.

§ 344
Versäumniskosten

Ist das Versäumnisurteil in gesetzlicher Weise ergangen, so sind die durch die Versäumnis veranlassten Kosten, soweit sie nicht durch einen unbegründeten Widerspruch des Gegners entstanden sind, der säumigen Partei auch dann aufzuerlegen, wenn infolge des Einspruchs eine abändernde Entscheidung erlassen wird.

Inhalt:

	Rn.		Rn.
A. Allgemeines	1	C. Prozessuales	6
B. Erläuterungen	3		

A. Allgemeines

1 Die Norm stellt eine **Ausnahme** von dem in § 91 ZPO enthaltenen Grundsatz, dass die Kosten des Rechtsstreits von der unterliegenden Partei zu tragen sind, dar. Aus der Norm folgt außerdem eine **gesetzlich angeordnete Kostentrennung**, so dass diese auch eine Ausnahme vom Grundsatz der Einheitlichkeit der Kostenentscheidung statuiert.

2 Ist das Versäumnisurteil in gesetzlicher Weise ergangen so sind die Versäumniskosten von der säumigen Partei auch dann zu tragen, wenn diese obsiegt. In der Urteilsformel lautet der Kostenausspruch bspw. im Falle eines vorherigen Versäumnisurteils gegen den Beklagten bei anschließender Aufhebung des Versäumnisurteils und Klageabweisung:

Der Kläger trägt die Kosten des Rechtsstreits. Die durch die Versäumnis des Beklagten im Termin vom [Datum] veranlassten Kosten trägt der Beklagte.

B. Erläuterungen

3 Gegen die säumige Partei muss ein **echtes Versäumnisurteil** (vgl. § 330 Rn. 1; § 331 Rn. 1) in **gesetzlicher Weise** ergangen sein. Dies bedeutet, dass sämtliche Voraussetzungen für den Erlass eines echten Versäumnisurteils gegen den Kläger (vgl. § 330 Rn. 3–8) bzw. gegen den Beklagten (vgl. § 331 Rn. 3–9, 14–16) bei dessen Erlass vorgelegen haben müssen. Damit ist ein Versäumnisurteil aber z.B. auch dann nicht in gesetzlicher Weise ergangen, wenn ein unechtes Versäumnisurteil und mithin ein kontradiktatorisches Urteil hätte erlassen werden müssen, weil die Klage des säumigen Klägers bereits unschlüssig war.[1]

4 Infolge des Einspruchs ergeht eine abändernde Entscheidung nach § 343 Satz 2 ZPO.

5 Ob **tatsächlich** durch die Versäumnis veranlasste Kosten entstanden sind, ist jedoch **ausschließlich im Kostenfestsetzungsverfahren** nach §§ 103 ff. ZPO von Bedeutung. In der Kostenentscheidung der Urteilsformel hat bei Vorliegen der sonstigen Voraussetzungen des § 344 ZPO **unabhängig hiervon** ein entsprechender Ausspruch zu erfolgen. Durch die Säumnis veranlasste Kosten sind bspw. die für den Einspruchstermin anfallende **Terminsgebühr** des gegnerischen Prozessbevollmächtigten oder anfallende **Kosten für Zeugen und Sachverständige**. Diese sind nicht erstattungsfähig, soweit sie durch einen unbegründeten Widerspruch derjenigen Partei, die zuvor das Versäumnisurteil erwirkt hatte, entstanden sind. Hierunter fallen bspw. Kosten für eine Beweisaufnahme über den Zeitpunkt der Zustellung eines Versäumnisurteils[2] oder über sonstige Zulässigkeitsvoraussetzungen des Einspruchs.[3]

C. Prozessuales

6 Nimmt der Kläger die Klage nach Erlass eines Versäumnisurteils gegen den Beklagten zurück, so trägt der Beklagte die durch seine Versäumnis veranlassten Kosten trotzdem, wenn das Versäumnisurteil zuvor in gesetzlicher Weise ergangen war. Insofern sind dem Beklagten die entsprechenden Kosten nach **§ 269 Abs. 3 Satz 2 Alt. 2 ZPO** aufzuerlegen.[4]

---

1 BGH, NJW 2004, 365 (366).
2 Zöller-*Herget*, ZPO, § 344 Rn. 2.
3 Thomas/Putzo-*Reichold*, ZPO, § 344 Rn. 4.
4 BGHZ 159, 153 (157 ff.) = NJW 2004, 2309 ff. = MDR 2004, 1082.

§ 345
Zweites Versäumnisurteil

Einer Partei, die den Einspruch eingelegt hat, aber in der zur mündlichen Verhandlung bestimmten Sitzung oder in derjenigen Sitzung, auf welche die Verhandlung vertagt ist, nicht erscheint oder nicht zur Hauptsache verhandelt, steht gegen das Versäumnisurteil, durch das der Einspruch verworfen wird, ein weiterer Einspruch nicht zu.

Inhalt:

	Rn.		Rn.
A. Allgemeines	1	C. Rechtsmittel	8
B. Erläuterungen	3		

A. Allgemeines

Durch die Norm besteht im Falle **zweimaliger aufeinanderfolgender** Säumnis **derselben** Partei die Möglichkeit ein **zweites Versäumnisurteil** zu erwirken und so den Prozess in der Instanz zu Ende zu bringen und einer weiteren Prozessverschleppung entgegenzuwirken. 1

Die **Urteilsformel** des zweiten Versäumnisurteils kann bspw. lauten: 2

1. *Der Einspruch des Klägers/Beklagten gegen das Versäumnisurteil vom [Datum] wird verworfen.*
2. *Der Kläger/Beklagte trägt die weiteren Kosten des Rechtsstreits.*
3. *Das Urteil ist vorläufig vollstreckbar.*

Die Entscheidung zur vorläufigen Vollstreckbarkeit ergibt sich hierbei aus **§ 708 Nr. 2 ZPO**, da auch das zweite Versäumnisurteil ein Versäumnisurteil ist.

B. Erläuterungen

Es muss zunächst ein **echtes Versäumnisurteil** gegen den Kläger (vgl. § 330 Rn. 1) bzw. gegen den Beklagten (vgl. § 331 Rn. 1) oder ein **Vollstreckungsbescheid**, § 700 Abs. 1 ZPO, vorliegen. 3

Hiergegen wurde **zulässig Einspruch** eingelegt, so dass seitens des Gerichts ein Einspruchstermin nach § 341a ZPO anberaumt wurde. 4

Im Einspruchstermin ist dann **erneut diejenige Partei säumig**, gegen die schon zuvor Versäumnisurteil bzw. Vollstreckungsbescheid ergangen war und die dementsprechend Einspruch eingelegt hat. Entscheidend ist hierbei, dass die **säumige Partei nach Erlass des Versäumnisurteils nicht mehr zur Sache verhandelt** hat. 5

Im Falle dessen, dass ein **Vollstreckungsbescheid** vorausgegangen war, hat das Gericht gemäß § 700 Abs. 6 Hs. 1 ZPO außerdem das Vorliegen der Voraussetzungen des § 331 Abs. 1, 2 Hs. 1 ZPO und damit insbesondere die **Schlüssigkeit des klägerischen Vorbringens** zu prüfen (vgl. § 331 Rn. 8). 6

Da § 345 ZPO im Verhältnis zu § 342 ZPO *lex specialis* ist, hat das Gericht vor Erlass des zweiten Versäumnisurteils hingegen **nicht** zu prüfen, ob das **erste Versäumnisurteil gesetzmäßig ergangen** ist. Diese Prüfung ist seitens des Gerichts bereits vor Erlass des ersten Versäumnisurteils erfolgt und muss daher nicht nochmals durchgeführt werden.[1] 7

C. Rechtsmittel

Das zweite Versäumnisurteil der 1. Instanz kann mit der **Berufung** nach § 514 Abs. 2 ZPO, dasjenige der Berufungsinstanz mit der **Revision** nach §§ 565, 514 Abs. 2 ZPO angefochten werden. Das Rechtsmittel kann jedoch **nur** darauf gestützt werden, dass ein Fall der schuldhaften Versäumnis nicht vorgelegen habe. 8

§ 346
Verzicht und Zurücknahme des Einspruchs

Für den Verzicht auf den Einspruch und seine Zurücknahme gelten die Vorschriften über den Verzicht auf die Berufung und über ihre Zurücknahme entsprechend.

Durch die Norm werden die §§ 515, 516 ZPO für entsprechend anwendbar erklärt. 1

---

[1] BGHZ 141, 351 (353 ff.) = NJW 1999, 2599 f. = MDR 1999, 1017 f.; a. A. Zöller-*Herget*, ZPO, § 345 Rn. 3 f. m.w.N.

§ 347
Verfahren bei Widerklage und Zwischenstreit

(1) Die Vorschriften dieses Titels gelten für das Verfahren, das eine Widerklage oder die Bestimmung des Betrages eines dem Grunde nach bereits festgestellten Anspruchs zum Gegenstand hat, entsprechend.

(2) ¹War ein Termin lediglich zur Verhandlung über einen Zwischenstreit bestimmt, so beschränkt sich das Versäumnisverfahren und das Versäumnisurteil auf die Erledigung dieses Zwischenstreits. ²Die Vorschriften dieses Titels gelten entsprechend.

Inhalt:

	Rn.		Rn.
A. Allgemeines	1	I. Widerklage und Betragsverfahren nach Grundurteil, Abs. 1	2
B. Erläuterungen	2	II. Zwischenstreit, Abs. 2	5

A. Allgemeines

1 Durch die Norm werden die Regelungen zum Versäumnisurteil auch bei Widerklage, im Betragsverfahren nach Erlass eines Grundurteils sowie bei einem Zwischenstreit für entsprechend anwendbar erklärt.

B. Erläuterungen
I. Widerklage und Betragsverfahren nach Grundurteil, Abs. 1

2 Ist der **Widerkläger säumig**, so kann gegen ihn nur dann hinsichtlich der Widerklage Versäumnisurteil ergehen, wenn der Anspruch zu einem vorherigen Zeitpunkt in der mündlichen Verhandlung bereits geltend gemacht oder der Widerklageschriftsatz, § 253 Abs. 2 Nr. 2 ZPO, dem Gegner zuvor zugestellt wurde, § 261 Abs. 2 ZPO.

3 Bei **Säumnis des Widerbeklagten** kann die zuvor ordnungsgemäß schriftsätzlich angekündigte Widerklage im Termin erhoben und zugleich Versäumnisurteil beantragt werden.

4 Ist das Zwischenurteil über den Grund rechtskräftig oder hat das Gericht auf Antrag die Verhandlung über den Betrag angeordnet, § 304 Abs. 2 Hs. 2 ZPO so kann im nunmehr nachfolgenden **Betragsverfahren** Versäumnisurteil gegen den Kläger bzw. gegen den Beklagten ergehen. Insofern gelten keine Besonderheiten.

II. Zwischenstreit, Abs. 2

5 Der Zwischenstreit muss **zwischen den Parteien des Rechtsstreits** stattfinden, da bei einem Zwischenstreit zwischen einer Partei und einem Dritten ein Versäumnisurteil nicht zulässig ist. Wurde lediglich Termin zur Verhandlung über den Zwischenstreit bestimmt, so kann auch **nur** diesbezüglich Versäumnisurteil ergehen, § 347 Abs. 2 Satz 1 ZPO. Ein Termin, der ohne diese explizite Einschränkung anberaumt wurde, dient aber sowohl der Verhandlung über den Zwischenstreit als auch über die Hauptsache.[1]

Titel 4
Verfahren vor dem Einzelrichter

§ 348
Originärer Einzelrichter
[Fassung bis 31.12.2017]

(1) ¹Die Zivilkammer entscheidet durch eines ihrer Mitglieder als Einzelrichter. ²Dies gilt nicht, wenn
1. das Mitglied Richter auf Probe ist und noch nicht über einen Zeitraum von einem Jahr geschäftsverteilungsplanmäßig Rechtsprechungsaufgaben in bürgerlichen Rechtsstreitigkeiten wahrzunehmen hatte oder
2. die Zuständigkeit der Kammer nach dem Geschäftsverteilungsplan des Gerichts wegen der Zuordnung des Rechtsstreits zu den nachfolgenden Sachgebieten begründet ist:
   a) Streitigkeiten über Ansprüche aus Veröffentlichungen durch Druckerzeugnisse, Bild- und Tonträger jeder Art, insbesondere in Presse, Rundfunk, Film und Fernsehen;

---
1 BGH, NJW 1982, 888.

b) Streitigkeiten aus Bank- und Finanzgeschäften;
c) Streitigkeiten aus Bau- und Architektenverträgen sowie aus Ingenieurverträgen, soweit sie im Zusammenhang mit Bauleistungen stehen;
d) Streitigkeiten aus der Berufstätigkeit der Rechtsanwälte, Patentanwälte, Notare, Steuerberater, Steuerbevollmächtigten, Wirtschaftsprüfer und vereidigten Buchprüfer;
e) Streitigkeiten über Ansprüche aus Heilbehandlungen;
f) Streitigkeiten aus Handelssachen im Sinne des § 95 des Gerichtsverfassungsgesetzes;
g) Streitigkeiten über Ansprüche aus Fracht-, Speditions- und Lagergeschäften;
h) Streitigkeiten aus Versicherungsvertragsverhältnissen;
i) Streitigkeiten aus den Bereichen des Urheber- und Verlagsrechts;
j) Streitigkeiten aus den Bereichen der Kommunikations- und Informationstechnologie;
k) Streitigkeiten, die dem Landgericht ohne Rücksicht auf den Streitwert zugewiesen sind.

(2) Bei Zweifeln über das Vorliegen der Voraussetzungen des Absatzes 1 entscheidet die Kammer durch unanfechtbaren Beschluss.

(3) ¹Der Einzelrichter legt den Rechtsstreit der Zivilkammer zur Entscheidung über eine Übernahme vor, wenn
1. die Sache besondere Schwierigkeiten tatsächlicher oder rechtlicher Art aufweist,
2. die Rechtssache grundsätzliche Bedeutung hat oder
3. die Parteien dies übereinstimmend beantragen.
²Die Kammer übernimmt den Rechtsstreit, wenn die Voraussetzungen nach Satz 1 Nr. 1 oder 2 vorliegen. ³Sie entscheidet hierüber durch Beschluss. ⁴Eine Zurückübertragung auf den Einzelrichter ist ausgeschlossen.

(4) Auf eine erfolgte oder unterlassene Vorlage oder Übernahme kann ein Rechtsmittel nicht gestützt werden.

§ 348
Originärer Einzelrichter
[Fassung ab 01.01.2018]

(1) ¹Die Zivilkammer entscheidet durch eines ihrer Mitglieder als Einzelrichter. ²Dies gilt nicht, wenn
1. das Mitglied Richter auf Probe ist und noch nicht über einen Zeitraum von einem Jahr geschäftsverteilungsplanmäßig Rechtsprechungsaufgaben in bürgerlichen Rechtsstreitigkeiten wahrzunehmen hatte oder
2. die Zuständigkeit der Kammer nach § 72a Satz 1 des Gerichtsverfassungsgesetzes oder nach dem Geschäftsverteilungsplan des Gerichts wegen der Zuordnung des Rechtsstreits zu den nachfolgenden Sachgebieten begründet ist:
a) Streitigkeiten über Ansprüche aus Veröffentlichungen durch Druckerzeugnisse, Bild- und Tonträger jeder Art, insbesondere in Presse, Rundfunk, Film und Fernsehen;
b) Streitigkeiten aus Bank- und Finanzgeschäften;
c) Streitigkeiten aus Bau- und Architektenverträgen sowie aus Ingenieurverträgen, soweit sie im Zusammenhang mit Bauleistungen stehen;
d) Streitigkeiten aus der Berufstätigkeit der Rechtsanwälte, Patentanwälte, Notare, Steuerberater, Steuerbevollmächtigten, Wirtschaftsprüfer und vereidigten Buchprüfer;
e) Streitigkeiten über Ansprüche aus Heilbehandlungen;
f) Streitigkeiten aus Handelssachen im Sinne des § 95 des Gerichtsverfassungsgesetzes;
g) Streitigkeiten über Ansprüche aus Fracht-, Speditions- und Lagergeschäften;
h) Streitigkeiten aus Versicherungsvertragsverhältnissen;
i) Streitigkeiten aus den Bereichen des Urheber- und Verlagsrechts;
j) Streitigkeiten aus den Bereichen der Kommunikations- und Informationstechnologie;
k) Streitigkeiten, die dem Landgericht ohne Rücksicht auf den Streitwert zugewiesen sind.

(2) Bei Zweifeln über das Vorliegen der Voraussetzungen des Absatzes 1 entscheidet die Kammer durch unanfechtbaren Beschluss.

(3) ¹Der Einzelrichter legt den Rechtsstreit der Zivilkammer zur Entscheidung über eine Übernahme vor, wenn
1. die Sache besondere Schwierigkeiten tatsächlicher oder rechtlicher Art aufweist,
2. die Rechtssache grundsätzliche Bedeutung hat oder
3. die Parteien dies übereinstimmend beantragen.

²Die Kammer übernimmt den Rechtsstreit, wenn die Voraussetzungen nach Satz 1 Nr. 1 oder 2 vorliegen. ³Sie entscheidet hierüber durch Beschluss. ⁴Eine Zurückübertragung auf den Einzelrichter ist ausgeschlossen.

(4) Auf eine erfolgte oder unterlassene Vorlage oder Übernahme kann ein Rechtsmittel nicht gestützt werden.

Inhalt:

	Rn.		Rn.
A. Allgemeines	1	III. Übernahme durch die Kammer, Abs. 3	7
B. Erläuterungen	3	C. Prozessuales und Rechtsmittel	10
I. Originäre Zuständigkeit, Abs. 1 Satz 1, Abs. 2	3		
II. Der Kammer vorbehaltene Zuständigkeit, Abs. 1 Satz 2, Abs. 2	5		

A. Allgemeines

1 Durch die Norm wird geregelt, dass die Zivilkammer beim Landgericht in erster Instanz **grundsätzlich** durch eines ihrer Mitglieder als **Einzelrichter** entscheidet, es sei denn, einer der Ausnahmefälle des § 348 Abs. 1 Satz 2 ZPO liegt vor oder die Sache wird der Kammer zur Übernahme durch den Einzelrichter vorgelegt, § 348 Abs. 3 ZPO.

2 In der **Berufungsinstanz** enthält § 526 ZPO die korrespondierende Regelung. Im **Beschwerdeverfahren** ist § 568 ZPO zu beachten.

B. Erläuterungen
I. Originäre Zuständigkeit, Abs. 1 Satz 1, Abs. 2

3 Der Einzelrichter, der aufgrund des internen Geschäftsverteilungsplans der Zivilkammer nach § 21g GVG nach **abstrakten Merkmalen** zu bestimmen ist, erhält ein neu eingegangenes Verfahren unmittelbar von der Geschäftsstelle zur selbstständigen Bearbeitung vorgelegt. Eine **Zuständigkeit des Vorsitzenden** der Kammer besteht **in keiner Weise**. Eine „Mitwirkung an der Prozessleitung, Sachbearbeitung und Entscheidungsfindung" durch den Vorsitzenden ist **unzulässig** und stellt einen Eingriff in die richterliche Unabhängigkeit des originären Einzelrichters dar.[1] Allerdings ist es der **Geschäftsstelle nicht verwehrt**, bei Zweifeln über die Zuständigkeit des Einzelrichters die Sache zunächst dem Vorsitzenden vorzulegen, der dann die Subsumtion unter § 348 Abs. 1 ZPO selbst vornehmen oder einen unanfechtbaren Kammerbeschluss nach § 348 Abs. 2 ZPO herbeiführen kann.

4 Die Zuständigkeit des originären Einzelrichters ist **vollumfänglich**. Er ist allein das **Prozessgericht**. So entscheidet dieser bspw. auch in sämtlichen **Nebenverfahren** wie demjenigen auf Erlass einer einstweiligen Verfügung, auf Berichtigung nach § 319 ZPO oder auch im Zwangsvollstreckungsverfahren nach §§ 887 ff. ZPO.[2]

II. Der Kammer vorbehaltene Zuständigkeit, Abs. 1 Satz 2, Abs. 2

5 Gemäß § 348 Abs. 1 Satz 2 Nr. 1 ZPO verbleiben solche Sachen in der Zuständigkeit der Kammer, die einem **Proberichter** zufielen, der weniger als ein Jahr Praxis in der zivilrichterlichen Tätigkeit hat. Eine Übertragung auf den Proberichter kann jedoch gemäß § 348a Abs. 1 ZPO erfolgen. Da sich aus dem Wortlaut der Norm nicht ergibt, dass die Zuweisung an den originären Einzelrichter durch § 348 Abs. 1 ZPO nur bei Eingang der Sache gelten soll, wird der Proberichter nach Ablauf des einen Jahres in Kammersachen **automatisch Einzelrichter**. Dies gilt ebenfalls, wenn der Proberichter ausscheidet und **durch einen Richter ersetzt** wird, der nicht unter die Kriterien des § 348 Abs. 1 Satz 2 Nr. 1 ZPO fällt.[3] Scheidet hingegen ein solcher Richter aus der Kammer aus und wird dieser **durch einen entsprechenden Proberichter ersetzt**, dann werden die Einzelrichtersachen zu Kammersachen, so dass es einer **Übertragung auf den Proberichter** nach § 348a Abs. 1 ZPO **bedarf**, wenn die diesbezüglichen Voraussetzungen vorliegen.

6 Die Zugehörigkeit zu den einzelnen Spezialgebieten des § 348 Abs. 1 Satz 2 Nr. 2 ZPO, für die die Zuständigkeit bei einer entsprechenden Regelung im Geschäftsverteilungsplan des Gerichts gemäß § 21e GVG ebenfalls der Kammer vorbehalten ist, ergibt sich aus dem **klägerischen Vortrag**.[4] Es ist einerseits ausreichend, wenn der Streitgegenstand **zumindest teilweise**

---

[1] BGH, NJW-RR 2002, 929 (931 f.) = MDR 2002, 842.
[2] OLG Celle, OLGR 2004, 619 f.
[3] Thomas/Putzo-*Reichold*, ZPO, § 348 Rn. 2; a.A. Zöller-*Greger*, ZPO, § 348 Rn. 6a m.w.N.
[4] Zöller-*Greger*, ZPO, § 348 Rn. 8 m.w.N.

in eines der genannten Spezialgebiete fällt. Andererseits kann auch **nachträglich** durch Klageänderung, -erweiterung oder Widerklage die Zuständigkeit der Kammer durch die Einführung eines Streitgegenstandes aus einem Spezialgebiet **begründet** werden. Bei Zweifeln hinsichtlich der Zugehörigkeit zu einem der Spezialgebiete entscheidet die Kammer durch unanfechtbaren Beschluss nach § 348 Abs. 2 ZPO.

III. Übernahme durch die Kammer, Abs. 3

Die Vorlage durch den Einzelrichter an die Kammer hat unter den **alternativen** Voraussetzungen des § 348 Abs. 3 Satz 1 Nr. 1–3 ZPO zu erfolgen. Es besteht insofern **kein Ermessen**.[5] Die Entscheidung erfolgt dann nach Anhörung der Parteien durch Beschluss, § 348 Abs. 3 Satz 3 ZPO, wobei die Kammer den Rechtsstreit entweder übernimmt, § 348 Abs. 3 Satz 2 ZPO, oder die Übernahme ablehnt. Hat die Kammer den Rechtsstreit übernommen, kann dieser nicht auf den Einzelrichter zurückübertragen werden, § 348 Abs. 3 Satz 4 ZPO.

Besondere Schwierigkeiten tatsächlicher oder rechtlicher Art liegen nur vor, wenn diese **deutlich über das übliche Maß** hinausgehen, was jedoch auch durch die **Person des Einzelrichters**, z.B. aufgrund seiner Erfahrung, begründet werden kann.

Die grundsätzliche Bedeutung der Rechtssache kann sich auch aus tatsächlichen Gründen ergeben, wie z.B. die **wirtschaftliche Bedeutung der Sache** oder eine **besondere Öffentlichkeitswirksamkeit**. Entscheidend ist, dass die Bedeutung über den konkreten Rechtsstreit **hinaus** besteht.

C. Prozessuales und Rechtsmittel

Die Beschlüsse nach § 348 Abs. 2, 3 ZPO sind **unanfechtbar**, was für den Beschluss nach § 348 Abs. 3 ZPO aus § 348 Abs. 4 ZPO folgt. Überdies können auch **Rechtsmittel gegen die Hauptsacheentscheidung**, z.B. die Berufung gegen ein Endurteil, **nicht** auf die erfolgte oder unterlassene Vorlage oder Übernahme an oder durch die Kammer nach § 348 Abs. 3 ZPO gestützt werden.

Eine **fehlerhafte funktionelle Zuständigkeit** des Einzelrichters oder der Kammer kann jedoch **durch ein Rechtsmittel gerügt** werden, da das Gericht in diesem Fall falsch besetzt war.[6] In einem solchen Fall kann dann grundsätzlich auch eine Verletzung des Anspruchs auf den gesetzlichen Richter nach Art. 101 Abs. 1 Satz 2 GG gegeben sein,[7] die ebenfalls durch Rechtsmittel gerügt werden kann.

§ 348a
Obligatorischer Einzelrichter

(1) Ist eine originäre Einzelrichterzuständigkeit nach § 348 Abs. 1 nicht begründet, überträgt die Zivilkammer die Sache durch Beschluss einem ihrer Mitglieder als Einzelrichter zur Entscheidung, wenn
1. die Sache keine besonderen Schwierigkeiten tatsächlicher oder rechtlicher Art aufweist,
2. die Rechtssache keine grundsätzliche Bedeutung hat und
3. nicht bereits im Haupttermin vor der Zivilkammer zur Hauptsache verhandelt worden ist, es sei denn, dass inzwischen ein Vorbehalts-, Teil- oder Zwischenurteil ergangen ist.

(2) ¹Der Einzelrichter legt den Rechtsstreit der Zivilkammer zur Entscheidung über eine Übernahme vor, wenn
1. sich aus einer wesentlichen Änderung der Prozesslage besondere tatsächliche oder rechtliche Schwierigkeiten der Sache oder die grundsätzliche Bedeutung der Rechtssache ergeben oder
2. die Parteien dies übereinstimmend beantragen.

²Die Kammer übernimmt den Rechtsstreit, wenn die Voraussetzungen nach Satz 1 Nr. 1 vorliegen. ³Sie entscheidet hierüber nach Anhörung der Parteien durch Beschluss. ⁴Eine erneute Übertragung auf den Einzelrichter ist ausgeschlossen.

(3) Auf eine erfolgte oder unterlassene Übertragung, Vorlage oder Übernahme kann ein Rechtsmittel nicht gestützt werden.

---

5 BGH, NJW 2011, 2974 (2976), Rn. 18 m.w.N. = MDR 2011, 874 (875).
6 BGHZ 154, 200 (202) = NJW 2003, 1254 (1255) = MDR 2003, 588.
7 BGH, NJW 2011, 2974 (2976), Rn. 18 m.w.N. = MDR 2011, 874 (875).

Inhalt:

	Rn.		Rn.
A. Allgemeines	1	II. Übernahme durch die Kammer, Abs. 2	5
B. Erläuterungen	2	C. Prozessuales und Rechtsmittel, Abs. 3	8
I. Obligatorische Übertragung auf den Einzelrichter, Abs. 1	2		

A. Allgemeines

1 Durch die Norm wird die Zivilkammer dazu **verpflichtet**, in den Fällen, in denen nicht bereits eine originäre Einzelrichterzuständigkeit nach § 348 Abs. 1 Satz 1 ZPO besteht, den Rechtsstreit dem Einzelrichter zu übertragen, wenn die gesetzlichen Voraussetzungen vorliegen. Ein Ermessen besteht hier nicht.

B. Erläuterungen
I. Obligatorische Übertragung auf den Einzelrichter, Abs. 1

2 Der Rechtsstreit darf **weder** besondere Schwierigkeiten tatsächlicher oder rechtlicher Art (vgl. § 348 Rn. 8) **noch** grundsätzliche Bedeutung (vgl. § 348 Rn. 9) haben. Außerdem ist die Übertragung unzulässig, wenn bereits ein Haupttermin und damit ein umfassend vorbereiteter Termin zur mündlichen Verhandlung i.S.d. § 272 Abs. 1 ZPO stattgefunden hat, wobei die konkrete Bezeichnung dieses Termins grundsätzlich ohne Bedeutung ist. Stattdessen kommt es **ausschließlich auf den Inhalt des Termins** bzw. der zu seiner **Vorbereitung getroffenen Maßnahmen** an.[1] Dies gilt nicht, wenn inzwischen ein Vorbehalts-, Teil- oder Zwischenurteil ergangen ist.

3 Die Übertragung erfolgt durch Beschluss der Kammer, der grundsätzlich **nicht zu begründen** ist. Da den Parteien rechtliches Gehör zu gewähren ist, kann der Beschluss frühestens nach einer Stellungnahme der beklagten Partei hierzu ergehen. Die Klagepartei hingegen ist dazu angehalten, bereits im Rahmen der **Klageschrift** Ausführungen dazu zu machen, ob einer Übertragung auf den Einzelrichter Gründe entgegenstehen, § 253 Abs. 3 Nr. 3 ZPO.

4 Der Einzelrichter wird durch die Übertragung zum **Prozessgericht** und hat damit dieselbe Stellung inne wie der **originäre Einzelrichter** nach § 348 Abs. 1 Satz 1 ZPO (vgl. § 348 Rn. 4). Der Rechtsstreit geht **exakt in dem Verfahrensstand** über, in dem er sich im Zeitpunkt der Übertragung befunden hat. Eine nachträgliche Änderung des Streitgegenstandes, z.B. infolge subjektiver oder objektiver Klageerweiterung, hat auf die Zuständigkeit des Einzelrichters ebenfalls keinen Einfluss.[2]

II. Übernahme durch die Kammer, Abs. 2

5 Stellt sich nach der Übertragung auf den Einzelrichter durch eine wesentliche Änderung der Prozesslage, z.B. durch eine subjektive oder objektive Klageänderung, eine besondere tatsächliche oder rechtliche Schwierigkeit oder eine grundsätzliche Bedeutung ein, legt der Einzelrichter die Sache durch eine Verfügung der Kammer zur Prüfung der Übernahme vor. Dies gilt auch dann, wenn die Parteien dies übereinstimmend beantragen.

6 Die Kammer beschließt die Übernahme nach Anhörung der Parteien, wobei dieser Beschluss grundsätzlich **nicht zu begründen** ist.

7 Die Kammer wird ab dem Zeitpunkt der Übernahme wieder zum **Prozessgericht**, wobei die Übernahme **in dem Verfahrensstand** erfolgt, den der Rechtsstreit **im Zeitpunkt der Übernahme** hat, so dass bspw. sämtliche durch den Einzelrichter bereits gewonnene Beweisergebnisse bestehen bleiben. Eine erneute Übertragung auf den Einzelrichter ist ausgeschlossen, § 348a Abs. 2 Satz 4 ZPO.

C. Prozessuales und Rechtsmittel, Abs. 3

8 Der Übertragungsbeschluss ist weder mit der sofortigen Beschwerde nach § 567 Abs. 1 ZPO anfechtbar noch kann die Berufung auf eine fehlerhafte Übertragung gestützt werden.

9 Wegen einer Verletzung des **Anspruchs auf den gesetzlichen Richter** nach Art. 101 Abs. 1 Satz 2 GG kann die **Berufung** jedoch bspw. darauf **gestützt** werden, dass ein Einzelrichter in einer Sache, in der eine originäre Kammerzuständigkeit nach § 348 Abs. 1 Satz 2 ZPO besteht, ohne eine Übertragung nach § 348a Abs. 1 ZPO entschieden hat.

---

1 OLG Düsseldorf, NJW-RR 1996, 638.
2 Zöller-*Greger*, ZPO, § 348a Rn. 7 m.w.N.

§ 349
Vorsitzender der Kammer für Handelssachen

(1) ¹In der Kammer für Handelssachen hat der Vorsitzende die Sache so weit zu fördern, dass sie in einer mündlichen Verhandlung vor der Kammer erledigt werden kann. ²Beweise darf er nur insoweit erheben, als anzunehmen ist, dass es für die Beweiserhebung auf die besondere Sachkunde der ehrenamtlichen Richter nicht ankommt und die Kammer das Beweisergebnis auch ohne unmittelbaren Eindruck von dem Verlauf der Beweisaufnahme sachgemäß zu würdigen vermag.

(2) Der Vorsitzende entscheidet
1. über die Verweisung des Rechtsstreits;
2. über Rügen, die die Zulässigkeit der Klage betreffen, soweit über sie abgesondert verhandelt wird;
3. über die Aussetzung des Verfahrens;
4. bei Zurücknahme der Klage, Verzicht auf den geltend gemachten Anspruch oder Anerkenntnis des Anspruchs;
5. bei Säumnis einer Partei oder beider Parteien;
6. über die Kosten des Rechtsstreits nach § 91a;
7. im Verfahren über die Bewilligung der Prozesskostenhilfe;
8. in Wechsel- und Scheckprozessen;
9. über die Art einer angeordneten Sicherheitsleistung;
10. über die einstweilige Einstellung der Zwangsvollstreckung;
11. über den Wert des Streitgegenstandes;
12. über Kosten, Gebühren und Auslagen.

(3) Im Einverständnis der Parteien kann der Vorsitzende auch im Übrigen an Stelle der Kammer entscheiden.

(4) Die §§ 348 und 348a sind nicht anzuwenden.

Inhalt:

	Rn.		Rn.
A. Allgemeines	1	II. Alleinentscheidungsbefugnis des Vorsitzenden, Abs. 2, 3	4
B. Erläuterungen	2		
I. Kompetenzen des Vorsitzenden, Abs. 1	2	C. Prozessuales	7

A. Allgemeines

Der **Normzweck** erklärt sich aus der besonderen Zusammensetzung der Kammer für Handelssachen nach § 105 GVG, die aus einem Berufsrichter und zwei ehrenamtlichen Richtern **mit gleichem Stimmrecht** bestehen. Durch die Norm werden die **Zuständigkeiten zwischen dem Vorsitzenden und den ehrenamtlichen Richtern** definiert, wobei im **Grundsatz** stets dann der Vorsitzende allein zuständig ist, wenn es auf die besondere Sachkunde der ehrenamtlichen Richter nicht ankommt, vgl. § 349 Abs. 1 Satz 2 ZPO. Der Vorsitzende der Kammer für Handelssachen ist dann das **Prozessgericht**. 1

B. Erläuterungen
I. Kompetenzen des Vorsitzenden, Abs. 1

Der Vorsitzende ist gemäß § 349 Abs. 1 Satz 1 ZPO umfassend für die Vorbereitung des Haupttermins i.S.d. § 272 Abs. 1 ZPO zuständig, worunter z.B. die **Terminierung** als solche gemäß § 216 ZPO aber auch der Erlass der **terminsvorbereitenden Anordnungen** nach § 273 Abs. 2 ZPO fällt. 2

Für die **Beweiserhebung**, wozu gemäß § 359 ZPO bereits die Beurteilung der Frage, welche Beweise zu welchen Beweisthemen überhaupt zu erheben sind, zählt, ist der Vorsitzende **nur dann** allein befugt, wenn es diesbezüglich nicht auf die besondere Sachkunde der ehrenamtlichen Richter ankommt und **kumulativ** eine Beweiswürdigung durch die Kammer auch ohne unmittelbaren Eindruck von der Beweisaufnahme möglich ist, § 349 Abs. 1 Satz 2 ZPO. Dies setzt jedoch zwingend voraus, dass die Beweisaufnahme durch den Vorsitzenden gemäß § 160 Abs. 3 Nr. 4, 5 ZPO **entsprechend protokolliert** wurde, um den ehrenamtlichen Richtern eine Beweiswürdigung überhaupt zu ermöglichen. 3

II. Alleinentscheidungsbefugnis des Vorsitzenden, Abs. 2, 3

4 Die Befugnis zur alleinigen Entscheidung über die Aussetzung nach § 349 Abs. 2 Nr. 3 ZPO erfasst auch diejenige zur Entscheidung über die Anordnung des **Ruhens des Verfahrens** nach § 251 ZPO und dessen **Wiederaufnahme**. Bei **Säumnis** gemäß § 349 Abs. 2 Nr. 5 ZPO kann der Vorsitzende allein durch **echtes oder unechtes Versäumnisurteil** (vgl. § 330 Rn. 2; § 331 Rn. 2) entscheiden. Ebenso ist eine **Entscheidung nach Lage der Akten** nach §§ 251a, 331a ZPO zulässig.

5 Der Katalog des § 349 Abs. 2 ZPO ist **nicht abschließend**. So enthält das Gesetz selbst weitere Stellen, an denen es dem Vorsitzenden die Alleinentscheidungsbefugnis einräumt, was bspw. bei der Entscheidung über einen **Arrest** oder eine **einstweilige Verfügung bei Dringlichkeit** nach § 944 ZPO der Fall ist. Überdies ist stets entscheidend, ob es konkret auf die besondere Sachkunde der ehrenamtlichen Richter ankommt.

6 Schließlich wird der Vorsitzende auch durch entsprechende **Einverständniserklärungen der Parteien** zum Prozessgericht, § 349 Abs. 3 ZPO. Bei diesbezüglichen **Unklarheiten**, z.B. wenn die Parteien rügelos vor dem Vorsitzenden verhandelt haben,[1] sollte bei diesen ausdrücklich nachgefragt werden.

C. Prozessuales

7 Eine Verletzung des Grundsatzes der Unmittelbarkeit der Beweisaufnahme nach § 349 Abs. 1 Satz 2 ZPO kann durch **rügelose Einlassung** nach § 295 ZPO **geheilt** werden.[2]

8 Eine entsprechende Anwendung der Regelungen zum Verhältnis zwischen dem Einzelrichter und der Zivilkammer nach den §§ 348, 348a ZPO ist nicht zulässig, § 349 Abs. 4 ZPO.

§ 350
Rechtsmittel

Für die Anfechtung der Entscheidungen des Einzelrichters (§§ 348, 348a) und des Vorsitzenden der Kammer für Handelssachen (§ 349) gelten dieselben Vorschriften wie für die Anfechtung entsprechender Entscheidungen der Kammer.

1 Die Norm stellt **abschließend** auch hinsichtlich der Rechtsmittel klar, dass sowohl der Einzelrichter als auch der Vorsitzende der Kammer für Handelssachen im Verhältnis zur Zivilkammer bzw. zur Kammer für Handelssachen eigenständiges Prozessgericht sind.

§§ 351 bis 354
(weggefallen)

Titel 5
Allgemeine Vorschriften über die Beweisaufnahme

§ 355
Unmittelbarkeit der Beweisaufnahme

(1) ¹Die Beweisaufnahme erfolgt vor dem Prozessgericht. ²Sie ist nur in den durch dieses Gesetz bestimmten Fällen einem Mitglied des Prozessgerichts oder einem anderen Gericht zu übertragen.

(2) Eine Anfechtung des Beschlusses, durch den die eine oder die andere Art der Beweisaufnahme angeordnet wird, findet nicht statt.

Inhalt:

	Rn.		Rn.
A. Allgemeines	1	II. Richterwechsel	4
I. Normzweck und Grundlagen	1	III. Übertragung auf ein Mitglied des Prozessgerichts oder eines anderen Gerichts	8
II. Unterschied zum strafprozessualen Unmittelbarkeitsgrundsatz	2	C. Folgen bei Verstoß	9
B. Erläuterungen	3		
I. Prozessgericht	3		

---

1 BVerfGE 98, 145 (153) = NJW 1999, 1095 (1096).
2 BGHZ 40, 179 (183 f.) = NJW 1964, 108 (109) = FamRZ 1964, 39 (40).

A. Allgemeines
I. Normzweck und Grundlagen

Die Vorschrift normiert für das Strengbeweisverfahren (zur Abgrenzung siehe § 285 Rn. 8) im Haupt- sowie im selbstständigen Beweisverfahren[1] den Grundsatz der Beweisunmittelbarkeit als einen der tragenden Grundsätze des Zivilprozesses. Sie steht in Zusammenhang mit dem Grundsatz der freien richterlichen Beweiswürdigung (§ 286 ZPO), da zur Wahrheitsfindung durch das Gericht – beispielsweise hinsichtlich der Glaubwürdigkeit von Zeugen – in vielen Fällen ein unmittelbarer Eindruck durch die entscheidenden Richter zwingend erforderlich ist.[2] § 355 ZPO regelt hierbei nur die **formelle Unmittelbarkeit**. Eine **materielle Unmittelbarkeit** in der Weise, dass das Prozessgericht stets auch den sachnächsten Beweis zu erheben hätte, wird von der Vorschrift **nicht** gefordert[3] und widerspräche dem auch im Rahmen der Beweisaufnahme geltenden Grundsatz der Parteiherrschaft.

1

II. Unterschied zum strafprozessualen Unmittelbarkeitsgrundsatz

Die in § 355 ZPO zum Ausdruck kommende formelle Unmittelbarkeit unterscheidet die Beweisaufnahme in Zivilsachen deutlich von der Beweisaufnahme im Rahmen der strafrechtlichen Hauptverhandlung. Dort hat das Gericht von Amts wegen gem. § 244 Abs. 2 StPO die Beweisaufnahme auf alle Tatsachen und Beweise zu erstrecken, die für die Entscheidung von Bedeutung sind und muss hierbei stets dem sachnäheren Beweismittel den Vorzug geben.[4] Im Zivilsachen dagegen ist das Gericht grundsätzlich nicht daran gehindert, mittelbare Beweise zu erheben, beispielsweise in Form der Vernehmung von Zeugen vom Hörensagen,[5] der Verwertung von Zeugenaussagen im Wege des Urkundsbeweises[6] oder der Betrachtung von Lichtbildern anstelle eines Ortstermins[7] (siehe auch § 371 Rn. 2). Gleichwohl ist im Rahmen der Beweiswürdigung zu berücksichtigen, dass sachferneren Beweismitteln häufig ein geringerer Beweiswert zukommt als sachnäheren Beweismitteln. Zudem muss das Gericht den Grundsatz des rechtlichen Gehörs berücksichtigen. Die beantragte Erhebung eines unmittelbaren Beweismittels darf daher nicht deshalb unterbleiben, weil bereits ein mittelbares Beweismittel erhoben wurde.[8]

2

B. Erläuterungen
I. Prozessgericht

Die Beweisaufnahme hat nach § 355 Abs. 1 Satz 1 ZPO „vor dem Prozessgericht", also dem **zur Entscheidung berufenen Spruchkörper** zu erfolgen. Im Grundsatz sind dies beim Amtsgericht der Einzelrichter (§ 22 GVG), beim Landgericht die Kammer (§ 60 GVG) und beim Oberlandesgericht der Senat (§ 116 GVG). Soweit der Rechtsstreit durch den **Einzelrichter** entschieden wird (etwa im erstinstanzlichen Verfahren, §§ 348 f. ZPO, oder im Berufungsverfahren, §§ 526 f. ZPO), ist dieser das „Prozessgericht" i.S.d. § 355 Abs. 1 Satz 1 ZPO. Gleiches gilt für die Fälle, in denen der Vorsitzende oder ein einzelnes Mitglied eines Spruchkörpers kraft Gesetz ohne Mitwirkung der übrigen Mitglieder Beweis erheben kann. Namentlich sind dies **§ 349 Abs. 1 Satz 2 ZPO** für das Verfahren vor der Kammer für Handelssachen sowie **§ 527 Abs. 2 Satz 2 ZPO** für den vorbereitenden Einzelrichter in Berufungsverfahren, die jeweils u.a. mit dem Vorbehalt versehen sind, dass die Beweisergebnisse auch ohne unmittelbaren Eindruck vom Verlauf der Beweisaufnahme gewürdigt werden können. Da in beiden Fällen keine Bindung an einen „Auftrag" des Kollegialorgans besteht, sind der Vorsitzende der Kammer für Handelssachen bzw. der Vorbereitende Richter im Berufungsverfahren in den genannten

3

---

1 Vgl. OLG Celle, NZM 1998, 158; MK-*Heinrich*, ZPO, § 355 Rn. 2; Wieczorek/Schütze-*Ahrens*, ZPO, § 355 Rn. 6.
2 Zöller-*Greger*, ZPO, § 356 Rn. 1.
3 Ganz h.M., Wieczorek/Schütze-*Ahrens*, ZPO, § 355 Rn. 6 m.w.N.
4 Ausführlich KK-*Strehl*, StPO, § 244 Rn. 36 ff.
5 BeckOK-*Bach*, ZPO, § 355 Rn. 1.2.
6 BGH, NJW-RR 2016, 957 (958 f.) = MDR 2016, 1019; BGH, NJW 2000, 1420 (1421) = VersR 2000, 610 jeweils mit dem Hinweis, dass der Verwertung der Urkunde im Allgemeinen ein geringerer Beweiswert zukommt, als einem unmittelbaren Zeugenbeweis.
7 Vgl. BGH, NJW-RR 1987, 1237 = MDR 1988, 42; einem zusätzlich gestellten Beweisantrag auf Inaugenscheinnahme der Örtlichkeit im Rahmen eines Ortstermins muss danach nicht stattgegeben werden, wenn die von derselben Partei vorgelegte Fotografie der Örtlichkeit die rechtlich relevanten Merkmale hinreichend ausweist und die Partei keine von der Fotografie abweichenden Merkmale behauptet.
8 Vgl. BGH, BeckRS 2014, 08038 für die Verwertung eines ärztlichen Attests im Wege des Urkundenbeweises anstelle der beantragten unmittelbaren Anhörung des (sachverständigen) Zeugen bei der Beweiserhebung über die Geschäftsunfähigkeit einer Person; OLG München, BeckRS 2016, 13749, Rn. 53.

Förster

Fällen nicht als beauftragter Richter sondern als „Prozessgericht" i.S.d. Abs. 1 Satz 1 einzuordnen.[9]

II. Richterwechsel

4 Besondere Relevanz erhält der Grundsatz der formellen Unmittelbarkeit bei **Wechseln in der Gerichtsbesetzung**. Auf der einen Seite existiert kein Grundsatz dahingehend, dass ein Urteil ausschließlich durch Richter gefällt werden kann, die an der Beweisaufnahme teilgenommen haben. Auf der anderen Seite wäre es mit dem Grundsatz der formellen Unmittelbarkeit kaum vereinbar, wenn nach einem Wechsel in der Gerichtsbesetzung die bisherigen Ergebnisse der Beweisaufnahme – insbesondere soweit es bei der Beweiswürdigung auf den persönlichen Eindruck ankommt – beliebig weiterverwendet werden könnten. Dies betrifft insbesondere die Beurteilung der **Glaubwürdigkeit von Zeugen**.

5 Für die Verwertung bereits erhobener Beweise – insbesondere von Zeugenaussagen – ist folgender Mittelweg zweckmäßig: Die Verwertung der bisherigen Ergebnisse kann grundsätzlich auch **im Wege des Urkundenbeweises** durch Auswertung des Vernehmungsprotokolls erfolgen, ohne dass in jedem Fall zwingend die Beweisaufnahme wiederholt werden müsste. Erforderlich für die Verwertung ist jedoch, dass bei der Beweiswürdigung ausschließlich solche Aspekte Berücksichtigung finden, die entweder auf der Wahrnehmung aller an der Entscheidung beteiligten Richter beruhen oder zu denen die Parteien **aktenkundig sind** und zu denen die Parteien **Stellung nehmen** konnten.[10] Die aktenkundige Festlegung kann dadurch erfolgen, dass im Protokoll über die Beweisaufnahme Angaben zum persönlichen Eindruck des Richters über die Glaubwürdigkeit eines Zeugen aufgenommen werden.[11] Darüber hinaus dürfte auch das von den Gerichten zum Teil bei kurzfristigen Richterwechseln praktizierte Vorgehen, den persönlichen Eindruck im Rahmen eines **Hinweisbeschlusses** niederzulegen und den Parteien hierzu **Gelegenheit zur Stellungnahme** zu geben, nicht zu beanstanden sein. Zu beachten ist jedoch stets, dass die Verwertung der Zeugenaussage nur noch als mittelbares Beweismittel erfolgt und dass der Beweiswert daher möglicherweise geschmälert ist.

6 In der **rechtswissenschaftlichen Literatur** wird zum Teil die Auffassung vertreten, ohne entsprechenden Protokollhinweis sei regelmäßig davon auszugehen, dass bei den vernehmenden Richtern **keine Zweifel an der Glaubwürdigkeit** eines Zeugen aufgekommen seien; das Gericht könne daher auch nach einem Richterwechsel auch ohne entsprechende Protokollhinweise von der Glaubwürdigkeit der Zeugen ausgehen und müsse die Beweisaufnahme folglich nur wiederholen, wenn die Glaubwürdigkeit anders beurteilt werden soll.[12] Diese Auffassung überzeugt nicht:[13] Dass in einem Vernehmungsprotokoll (oder an anderer Stelle in der Akte) keine Ausführungen zur Glaubwürdigkeit eines Zeugen aufgenommen sind, kann vielfältige Gründe haben und lässt nicht den Schluss zu, der vernehmende Richter sei von der Glaubwürdigkeit ausgegangen. Beispielsweise ist es durchaus denkbar, dass der vernehmende Richter noch keinen abschließenden Eindruck über die Glaubwürdigkeit eines Zeugen gebildet hat oder dass Ausführungen zur Glaubwürdigkeit schlichtweg deshalb ausgeblieben sind, weil der vernehmende Richter hierfür bislang keine Zeit gefunden hat.

7 Fehlt es an einer aktenkundigen Festlegung des persönlichen Eindrucks und müsste das Gericht nach dem oben Gesagten die Beweisaufnahme wiederholen, so bietet es sich an, bei den Parteien **zunächst anzufragen**, ob weiterhin alle unter Beweis gestellte Tatsachenbehauptungen im Streit bleiben. Da die Parteien bzw. ihre Vertreter in aller Regel der Beweisaufnahme beigewohnt haben, können sie häufig selbst gut einschätzen, welches Ergebnis bei einer Wiederholung der Beweisaufnahme zu erwarten wäre. Um den Prozess zu beschleunigen und gleichzeitig unnötige Kosten zu vermeiden, sind die Parteien bei bereits durchgeführter Beweisaufnahme häufig bereit, Tatsachenvortrag unstreitig zu stellen, oder ihren Tatsachenvortrag übereinstimmend an die bereits erfolgte Beweisaufnahme anzupassen. Eine erneute Beweisaufnahme ist dann nicht mehr erforderlich.

---

9 BeckOK-*Bach*, ZPO, § 355 Rn. 6.
10 BGH, NJW 1991, 1180 = MDR 1991, 672; OLG Koblenz, BeckRS 2014, 16287, Rn. 18 = VersR 2017, 729 = MDR 2014, 1290; OLG Frankfurt a.M., NJOZ 2012, 815 (816) = NJW Spezial 2012, 75.
11 BGH, NJW 1991, 1180 = MDR 1991, 672.
12 So offenbar MK-*Heinrich*, ZPO, § 355 Rn. 6.
13 So im Ergebnis auch OLG Frankfurt a.M., NJOZ 2012, 815 (816) = NJW-Spezial 2012, 75.

III. Übertragung auf ein Mitglied des Prozessgerichts oder eines anderen Gerichts

Abs. 1 Satz 2 stellt klar, dass im Ausnahmefall vom Grundsatz der formellen Unmittelbarkeit **8**
abgewichen werden und die Durchführung der Beweisaufnahme einem[14] Mitglied des Prozessgerichts (**beauftragter Richter**) oder eines anderen Gerichts (**ersuchter Richter**, zur Zuständigkeit siehe § 157 GVG) übertragen werden kann. Zulässig ist dies nur in den gesetzlich vorgesehenen Fällen, namentlich § 372 Abs. 2 ZPO (Augenschein), § 375 ZPO (Zeugenbeweis), § 405 ZPO (Sachverständiger), § 434 ZPO (Urkundenbeweis) sowie § 451 ZPO (Parteieinvernahme). Eine Verwertung der durch den beauftragten oder ersuchten Richter gewonnenen Eindrücke ist nur insoweit zulässig, als diese aktenkundig gemacht worden sind und die Parteien Gelegenheit zur Stellungnahme hatten.[15] Um dem Ausnahmecharakter der Vorschrift gerecht zu werden und den Grundsatz der formellen Unmittelbarkeit nicht zu weit auszuhöhlen, sollte von einer Übertragung der Beweisaufnahme auf den beauftragten oder ersuchten Richter nur zurückhaltend Gebrauch gemacht werden.

C. Folgen bei Verstoß

Wird gegen den Grundsatz der formellen Unmittelbarkeit der Beweisaufnahme verstoßen, so darf **9**
das Beweisergebnis grundsätzlich nicht verwertet werden und die Beweisaufnahme ist zu wiederholen. Umstritten ist, ob eine Verletzung der formellen Unmittelbarkeit dem **Rügeverlust** nach § 295 ZPO unterfällt. Hier ist richtigerweise davon auszugehen, dass die formelle Unmittelbarkeit – wie die zahlreichen in Rn. 8 dargestellten gesetzlichen Ausnahmen zeigen – kein derart fundamentaler prozessualer Grundsatz ist, der einer Parteidisposition und damit einer Anwendung des § 295 Abs. 1 ZPO entzogen wäre. Verstöße gegen die formelle Unmittelbarkeit können daher nach § 295 Abs. 1 ZPO geheilt werden.[16] Die Frage nach einem Rügeverlust spielt allerdings in der gerichtlichen Praxis nur eine untergeordnete Rolle, da die Parteien in aller Regel von einem Verstoß gegen den Grundsatz der formellen Unmittelbarkeit erst mit dem Urteilsgründen Kenntnis erhalten, beispielsweise wenn das Gericht nach einem Richterwechsel im Rahmen der Beweiswürdigung aktenmäßig nicht festgehaltene Eindrücke verwertet.[17]

Gem. **Abs. 2** findet eine **Anfechtung** des Beschlusses, durch den die eine oder die andere Art **10**
der Beweisaufnahme angeordnet wird, nicht statt. Die Vorschrift geht über das ohnehin im Rahmen von Beweisbeschlüssen bestehende Verbot der isolierten Anfechtbarkeit (vgl. § 359 Rn. 7) hinaus und schränkt die Überprüfung der formellen Unmittelbarkeit durch das Rechtsmittelgericht weiter ein. Der Umfang der Einschränkung ist allerdings umstritten. In diesem Zusammenhang wird zum Teil vertreten, eine Verletzung der formellen Unmittelbarkeit könne im Rechtsmittelzug stets über den Aspekt der fehlerhaften Beweiswürdigung überprüft werden,[18] womit die Einschränkung des § 355 Abs. 2 ZPO faktisch leerliefe. Überzeugender ist stattdessen, über § 355 Abs. 2 ZPO diejenigen Aspekte der formellen Unmittelbarkeit einer Anfechtung zu entziehen, die dem **Ermessen des Gerichts** unterliegen.[19] Danach ist beispielsweise die Frage, ob die Durchführung einer Zeugeneinvernahme durch einen kommissarischen Richter i.S.d. § 375 Abs. 1 Nr. 2 ZPO „dienlich erscheint" einer Überprüfung entzogen,[20] während die Frage nach der „Verhinderung" eines Zeugen i.S.d. § 375 Abs. 1 Nr. 2 ZPO überprüft werden könnte. Im Rechtsmittelzug kann ferner gerügt werden, dass bei der Übertragung der Beweisaufnahme auf einen kommissarischen Richter keiner der Ausnahmefälle des § 375 ZPO in Betracht kommt.[21] Beruht eine Entscheidung auf einem unverwertbaren Beweisergebnis, so ist sie im Rechtsmittelzug aufzuheben. Das Berufungsgericht kann dann entweder den Rechtsstreit unter den Voraussetzungen des § 538 Abs. 2 ZPO zurückverweisen oder in der Sache nach erneuter Beweiserhebung selbst entscheiden (§ 538 Abs. 1 ZPO).[22]

---

14 Zur Unzulässigkeit der Übertragung der Beweisaufnahme gleichzeitig an mehrere Mitglieder des Prozessgerichts BGHZ 32, 233 = NJW 1960, 1252.
15 BeckOK-*Bach*, ZPO, § 355 Rn. 20.
16 MK-*Heinrich*, ZPO, § 355 Rn. 18; BeckOK-*Bach*, ZPO, § 355 Rn. 25 jeweils m.w.N. auch zur Gegenansicht.
17 BeckOK-*Bach*, ZPO, § 355 Rn. 25; vgl. auch OLG Koblenz, BeckRS 2014, 16287, Rn. 18 = VersR 2017, 729 = MDR 2014, 1290.
18 Zöller-*Greger*, ZPO, § 355 Rn. 8.
19 MK-*Heinrich*, ZPO, § 355 Rn. 19; Stein/Jonas-*Berger*, ZPO, § 355 Rn. 31 jeweils unter Bezugnahme auf die Gesetzgebungsmaterialien, nach denen die Frage einer Übertragung der Beweisaufnahme auf den kommissarischen Richter vom „diskretionären Ermessen" abhängig sei (Mat. II. 1., S. 305).
20 MK-*Heinrich*, ZPO, § 355 Rn. 19.
21 BGH, NJW 2000, 2024 (2025).
22 BGH, NJW 2000, 2024 (2025).

§ 356
Beibringungsfrist

Steht der Aufnahme des Beweises ein Hindernis von ungewisser Dauer entgegen, so ist durch Beschluss eine Frist zu bestimmen, nach deren fruchtlosem Ablauf das Beweismittel nur benutzt werden kann, wenn nach der freien Überzeugung des Gerichts dadurch das Verfahren nicht verzögert wird.

Inhalt:

	Rn.		Rn.
A. Allgemeines	1	I. Hindernis von ungewisser Dauer	4
I. Normzweck	1	II. Fristsetzung durch das Gericht	6
II. Verhältnis zu sonstigen Vorschriften der ZPO	2	III. Rechtsfolgen bei Fristablauf	7
B. Erläuterungen	4	C. Rechtsmittel	8

A. Allgemeines
I. Normzweck

1 Die Vorschrift dient dem **Ausgleich** zwischen dem Interesse des Beweisführers an der Berücksichtigung aller von ihm angebotenen Beweise – auch wenn diese derzeit nicht erhoben werden können – und dem Interesse des Beweisgegners an zügigem Verfahrensabschluss. Es stehen sich damit auf der einen Seite der Anspruch auf rechtliches Gehör (Art. 103 Abs. 1 GG) und auf der anderen Seite das Gebot des effektiven Rechtsschutzes gegenüber.[1]

II. Verhältnis zu sonstigen Vorschriften der ZPO

2 Für die Erhebung einzelner Beweise sieht die ZPO zum Teil besondere Vorschriften vor, die in ihrem Anwendungsbereich die allgemeine Vorschrift des § 356 ZPO verdrängen. Dies sind **§ 364 ZPO** (Parteimitwirkung bei Beweisaufnahme im Ausland), **§ 379 ZPO** (Auslagenvorschuss beim Zeugenbeweis) sowie **§§ 431, 371 Abs. 2 ZPO** (Vorlegungsfrist beim Urkundsbeweis oder Augenschein).

3 In Abgrenzung zu den allgemeinen Präklusionsvorschriften setzt die Anwendung von § 356 ZPO voraus, dass ein **beachtlicher Beweisantrag** vorliegt. Wird kein Beweisantrag gestellt oder ist dieser unbeachtlich, so kann § **296 Abs. 2 ZPO** zur Anwendung kommen. Abgrenzungsschwierigkeiten können hier insbesondere bei unvollständigen Beweisanträgen entstehen, beispielsweise bei der Benennung eines „Zeugen N.N."[2] Scheitert die Durchführung der Beweisaufnahme an der **Mitwirkung des Prozessgegners**, so finden die Grundsätze der **Beweisvereitelung** Anwendung.[3]

B. Erläuterungen
I. Hindernis von ungewisser Dauer

4 Der Beweisaufnahme muss ein **Hindernis** entgegenstehen. Dies ist beispielsweise der Fall, wenn die Anschrift eines Zeugen nicht bekannt ist,[4] wenn ein Dritter die erforderliche Mitwirkung verweigert[5] oder wenn der Beweisführer die Untersuchung durch einen Sachverständigen ablehnt.[6] **Unerheblich** ist hierbei, ob das Hindernis von der beweisbelasteten Partei **verschuldet** wurde oder nicht.[7] **Kein Hindernis** i.S.d. Vorschrift liegt vor, soweit das Gericht **selbst auf die Beweisaufnahme Einfluss nehmen kann**, beispielsweise wenn ein vom Gericht bestimmter Sachverständiger an der Erstattung des Gutachtens gehindert ist. In derartigen Fällen kann das in der Auswahl des Sachverständigen nicht beschränkte Gericht die Durchführung der Beweisaufnahme durch die Bestellung eines anderen Sachverständigen sichern.[8]

---

1 Vgl. BVerfGE 69, 248 = NJW 1985, 3005 (3005 f.).
2 Ausführlich hierzu *Bruns*, NJ 2016, 244.
3 BeckOK-*Bach*, ZPO, § 356 Rn. 12 mit dem zutreffenden Hinweis, dass im Falle einer durch Beweisvereitelung herbeigeführten Beweislastumkehr gleichwohl eine Frist nach § 356 ZPO zu setzen ist – allerdings nur gegenüber der nunmehr beweisbelasteten Partei; siehe hierzu auch BGH, NJW 1986, 2371 (2372) = FamRZ 1986, 663.
4 Vgl. BGH, NJW 1998, 2368 (2369) für einen hinreichend individualisierbaren und damit in beachtlicher Weise benannten „Zeugen N.N.".
5 OLG Nürnberg, MDR 1983, 942.
6 BGH, NJW 1972, 1133 (1134) = MDR 1972, 508.
7 BVerfG, NJW 2000, 945 (946); BGH, NJW 1993, 1926 (1927 f.).
8 BGH, NJW 1972, 1133 (1134) = MDR 1972, 508.

Die Vorschrift findet nur Anwendung, wenn das Hindernis von **ungewisser Dauer** ist. Steht für 5
das Gericht fest, dass das Hindernis in Zukunft **wieder entfallen wird**, so scheidet § 356 ZPO
aus. In diesem Fall muss das Gericht einen Termin zur Beweisaufnahme für einen Zeitpunkt
nach Wegfall des Hindernisses bestimmen oder – sofern ein Zuwarten bis zu diesem Zeitpunkt
nicht zumutbar ist – den Beweisantrag wegen Unerreichbarkeit des Beweismittels ablehnen
(siehe hierzu für den Fall des Zeugenbeweises auch § 373 Rn. 7 sowie allgemein zur Ablehnung von Beweisanträgen § 285 Rn. 4).[9]

II. Fristsetzung durch das Gericht

Liegen die Voraussetzungen des § 356 ZPO vor, so **muss** das Gericht – ohne dass insoweit ein 6
Ermessen bestünde[10] – eine Frist zur Behebung des Hindernisses setzen. Erforderlich ist stets,
dass das Gericht ausdrücklich eine **konkrete Frist** setzt; Aufforderungen zur „unverzüglichen
Ergänzung der Beweismittel" o.ä. genügen daher nicht.[11] Die Fristbestimmung erfolgt auf Antrag oder von Amts wegen durch **Beschluss**. Eine mündliche Verhandlung ist nicht erforderlich
(§ 128 Abs. 4 ZPO), Verkündung bzw. Zustellungserfordernis richten sich nach § 329 ZPO. Für
die Fristberechnung gilt § 222 ZPO.

III. Rechtsfolgen bei Fristablauf

Beseitigt der Beweisführer das Hindernis nicht innerhalb der vom Gericht gesetzten Frist, so 7
wird er kraft Gesetzes mit dem Beweismittel ausgeschlossen (§ 230 ZPO). Auf ein Verschulden
des Beweisführers kommt es nicht an (vgl. Rn. 4). Der Ausschluss gilt nach h.M. nur für die
jeweilige Instanz.[12] Nicht ausgeschlossen wird der Beweisführer nach dem Wortlaut der Vorschrift dann, wenn durch die Beweiserhebung das Verfahren nicht verzögert wird. Erhebt das
Gericht einen Beweis, obwohl der Beweisführer nach § 356 ZPO eigentlich ausgeschlossen
wäre, so kann das Beweisergebnis dennoch der Entscheidung zu Grunde gelegt werden, denn
§ 356 ZPO sieht nur die Möglichkeit des Gerichts vor, von einer Beweiserhebung abzusehen
und enthält **kein Beweisverwertungsverbot**.

C. Rechtsmittel

Wird zum **Nachteil des Beweisführers** gegen § 356 ZPO verstoßen – beispielsweise, weil das 8
Gericht keine oder eine unangemessen kurze Frist gesetzt hat – so kann das Urteil durch Be-
rufung oder Revision angefochten werden. Eine **isolierte Anfechtung** des Beschlusses über die
Fristsetzung ist **nicht möglich**.[13] Gegen die Ablehnung eines **Antrags des Beweisgegners** auf
Fristsetzung durch Beschluss kann nach zutreffender h.M. in der Literatur mit der sofortigen
Beschwerde gem. § 567 Abs. 1 Nr. 2 ZPO vorgegangen werden.[14] Gleiches gilt in Analogie zu
§ 252 ZPO, wenn das Gericht durch eine unangemessen lange Frist eine faktische Verfahrensaussetzung bewirkt.[15]

§ 357
Parteiöffentlichkeit

(1) Den Parteien ist gestattet, der Beweisaufnahme beizuwohnen.

(2) ¹Wird die Beweisaufnahme einem Mitglied des Prozessgerichts oder einem anderen Gericht übertragen, so ist die Terminsbestimmung den Parteien ohne besondere Form mitzuteilen, sofern nicht das Gericht die Zustellung anordnet. ²Bei Übersendung durch die Post gilt
die Mitteilung, wenn die Wohnung der Partei im Bereich des Ortsbestellverkehrs liegt, an
dem folgenden, im Übrigen an dem zweiten Werktage nach der Aufgabe zur Post als bewirkt,
sofern nicht die Partei glaubhaft macht, dass ihr die Mitteilung nicht oder erst in einem späteren Zeitpunkt zugegangen ist.

Inhalt:

	Rn.		Rn.
A. Allgemeines	1	II. Benachrichtigung der Parteien	4
B. Erläuterungen	2	III. Einschränkungen	5
I. Umfang der Parteiöffentlichkeit	2	C. Rechtsmittel	8

---

9 Baumbach/Lauterbach/Albers/Hartmann, ZPO, § 356 Rn. 6; MK-*Heinrich*, ZPO, § 356 Rn. 4.
10 Vgl. BGH, NJW 1974, 188.
11 BGH, NJW 1993, 1926 (1928).
12 OLG Karlsruhe, NJW-RR 1994, 512; MK-*Heinrich*, ZPO, § 355 Rn. 13; Thomas/Putzo-*Reichold*,
ZPO, § 356 Rn. 5; a.A. unter Bezugnahme auf § 531 ZPO BeckOK-*Bach*, ZPO, § 355 Rn. 18.
13 Thomas/Putzo-*Reichold*, ZPO, § 356 Rn. 6.
14 MK-*Heinrich*, ZPO, § 356 Rn. 14; Thomas/Putzo-*Reichold*, ZPO, § 356 Rn. 6; BeckOK-*Bach*, ZPO,
§ 356 Rn. 21; a.A. OLG Celle, NJW-RR 2000, 1166.
15 Vgl. OLG Bremen, NJW 1969, 1908 (1909).

A. Allgemeines

1 § 357 ZPO steht in Zusammenhang mit dem in §§ 169 ff. GVG geregelten **Öffentlichkeitsgrundsatz** und sichert den **Anspruch auf rechtliches Gehör** (Art. 103 Abs. 1 GG) im Zusammenhang mit der Beweisaufnahme. Die Vorschrift verfolgt damit die gleiche Zielrichtung wie beispielsweise das Recht auf Akteneinsicht (§ 299 ZPO) oder der Grundsatz der Mündlichkeit der Verhandlung (§ 128 Abs. 1 ZPO).

B. Erläuterungen

I. Umfang der Parteiöffentlichkeit

2 Nach einhelliger Auffassung ist der Wortlaut der Vorschrift, nach dem (nur) „den Parteien" gestattet ist, der Beweisaufnahme beizuwohnen, zu eng gefasst. Über die unmittelbaren Parteien hinaus sind – schon wegen der Wirkung des § 68 ZPO – auch **Haupt- und Nebenintervenienten** zur Anwesenheit bei der Beweisaufnahme berechtigt.[1] Gleiches gilt für die **Prozessbevollmächtigten** der Partei. Zudem können sich die Parteien von **sachkundigen Beratern** – beispielsweise Privatgutachtern – begleiten lassen, um auf diese Weise ihren Anspruch auf rechtliches Gehör effektiv wahrzunehmen.[2]

3 Der Grundsatz der Parteiöffentlichkeit gilt zunächst für die **Beweisaufnahme durch das Gericht selbst**, und zwar auch im selbstständigen Beweisverfahren (§ 492 Abs. 1 ZPO) sowie bei Beweisaufnahmen im Rechtsmittelverfahren.[3] Darüber hinaus ist den Parteien die Anwesenheit auch dann gestattet, wenn die **Tatsachenermittlung durch einen Sachverständigen** erfolgt (siehe hierzu auch § 371 Rn. 2 f. sowie § 404a Rn. 5).[4] Letzteres erlangt insbesondere bei Bauprozessen Bedeutung, bei denen die sachverständige Beurteilung regelmäßig erst nach Durchführung eines Ortstermins mit dem Sachverständigen erfolgen kann.

II. Benachrichtigung der Parteien

4 Von ihrem Recht auf Anwesenheit bei der Beweisaufnahme können die betroffenen Personen nur dann effektiv Gebrauch machen, wenn sie **Kenntnis** davon haben, wann und wo eine Beweisaufnahme stattfindet. Aus der Terminsladung (§ 274 ZPO) muss sich daher ergeben, **dass das Gericht im anberaumten Termin**, der gem. § 370 ZPO zugleich zur Fortsetzung der mündlichen Verhandlung dient, **eine Beweisaufnahme beabsichtigt**. Nur so kann die Partei abschätzen, ob im Falle des Fernbleibens vom Termin mit den entsprechenden **Konsequenzen** (§ 367 ZPO) zu rechnen ist. Das Gericht ist allerdings nicht verpflichtet, bei der Terminsladung konkret anzugeben, welche Beweisthemen behandelt und welche Beweise erhoben werden sollen; andernfalls wäre die situationsgerechte und prozessökonomische Erstreckung der Beweisaufnahme auf weitere präsente Beweismittel nicht möglich.[5] Findet die Beweisaufnahme durch einen **beauftragten oder ersuchten Richter** statt, so genügt es, wenn die Terminsladung gem. **§ 357 Abs. 2 Satz 1 ZPO** formlos zugestellt wird. Nach zutreffender h.M. muss auch in diesem Fall die Ladungsfrist des § 217 ZPO eingehalten werden.[6] Für den Fall einer postalischen Übersendung der Mitteilung sieht § 357 Abs. 2 Satz 2 ZPO eine durch Glaubhaftmachung (§ 294 ZPO) widerlegliche Vermutung vor.

III. Einschränkungen

5 Der Teilnahme einer Partei an der Beweisaufnahme kann das **Persönlichkeitsrecht** des Prozessgegners oder eines Dritten entgegenstehen. Dies gilt namentlich dann, wenn im Rahmen eines Sachverständigenbeweises eine **körperliche Untersuchung** erfolgen muss. Hier muss es der Proband nicht dulden, dass sein Prozessgegner oder eine andere fachlich nicht beteiligte Person der Beweisaufnahme beiwohnt.[7] Um gleichwohl den Anspruch auf rechtliches Gehör sicherzustellen, kann die auf dieser Grundlage von der Anwesenheit ausgeschlossene Partei

---

1 MK-*Heinrich*, ZPO, § 357 Rn. 6; Baumbach/Lauterbach/Albers/Hartmann, ZPO, § 357 Rn. 5.
2 OLG München, NJW-RR 1988, 1534 (1535) = MDR 1989, 71.
3 MK-*Heinrich*, ZPO, § 357 Rn. 2; BeckOK-*Bach*, ZPO, § 357 Rn. 2.
4 BGH, NJW 1984, 807; OLG München, BeckRS 2015, 10739, Rn. 16 = MedR 2015, 720; OLG Oldenburg, DS 2004, 263 = BauR 2004, 1817.
5 BeckOK-*Bach*, ZPO, § 357 Rn. 12.1.
6 Zöller-*Greger*, ZPO, § 357 Rn. 5; MK-*Heinrich*, ZPO, § 357 Rn. 11; a.A. Thomas/Putzo-*Reichold*, ZPO, § 361 Rn. 1.
7 OLG München, NJW-RR 1991, 896; dies gilt auch für das Anamnesegespräch, da auch hier eine vertrauenerweckende Atmosphäre erforderlich ist, die durch die Anwesenheit des Gegners oder dessen Prozessbevollmächtigten gestört werden könnte, OLG München, BeckRS 2015, 10739, Rn. 16, 21 = MedR 2015, 720; denkbar ist jedoch ein Anwesenheitsrecht der Partei- bzw. des Prozessbevollmächtigten vor Beginn der Untersuchung/Anamnese, um die Identität der zu untersuchenden Person festzustellen, vgl. OLG Zweibrücken, NJW-RR 2017, 63.

jedoch einen Arzt als sachkundigen Berater (vgl. Rn. 2) damit beauftragen, der Tatsachenfeststellung durch den Sachverständigen beizuwohnen.[8]

Sofern die Beweisaufnahme im Rahmen eines **Ortstermins in einer Wohnung** stattfindet, kann das Gericht gem. **§ 144 Abs. 1 Satz 3 ZPO** keine Duldung der Maßnahme anordnen (siehe § 144 Rn. 4). Auf Grundlage des **Hausrechts** besteht daher die Möglichkeit, dass der Hausrechtsinhaber einer zur Anwesenheit berechtigten Person den Zugang verwehrt. In diesem Fall kann eine Beweisaufnahme nicht stattfinden und der Beweisführer bleibt gegebenenfalls **beweisfällig**. Erfolgt die Zugangsvereitelung **durch den Beweisgegner**, so kann die Berufung auf das Hausrecht als **Beweisvereitelung** zu werten sein.[9] 6

Eine weitere Einschränkung des Anwesenheitsrechts besteht, wenn eine Partei zur Aufrechterhaltung der Ordnung im Gerichtssaal auf Grundlage von **§ 177 GVG** aus dem Sitzungszimmer entfernt wurde. Darüber hinaus ist es dankbar, in **analoger Anwendung von § 247 StPO** anzuordnen, dass eine Partei während der Vernehmung eines Zeugen den Sitzungssaal verlassen muss, wenn zu befürchten ist, dass ein Zeuge bei Anwesenheit einer Partei nicht die Wahrheit sagen werde. Der aus dem Sitzungssaal entfernten Partei muss anschließend vor Entlassung des Zeugen jedoch das Ergebnis der Beweisaufnahme mitgeteilt und die Möglichkeit eingeräumt werden, Fragen an den Zeugen zu richten.[10] Aus dem Interesse einer Partei, im Rahmen der Beweisaufnahme keine **Geschäfts- oder Betriebsgeheimnisse offenbar zu müssen**, kann sich eine Einschränkung der Parteiöffentlichkeit dagegen nicht ergeben. In derartigen Fällen ist es allenfalls denkbar, eine Vertrauensperson mit der Wahrnehmung der zu schützenden Informationen zu betrauen und diese dann als mittelbares Beweismittel in den Prozess einzuführen.[11] Ein Verstoß gegen den Grundsatz der formellen Unmittelbar der Beweisaufnahme läge hierin nicht. 7

C. Rechtsmittel

Eine Verletzung des Grundsatzes der Parteiöffentlichkeit führt zur **Unverwertbarkeit** der gewonnenen Beweisergebnisse[12] und zwingt – sofern der Verstoß rechtzeitig erkannt wird – grundsätzlich zur Wiederholung der Beweisaufnahme. Hiervon kann in eng umgrenzten Ausnahmefällen abgesehen werden, wenn für das Gericht feststeht, dass auch bei Anwesenheit der Partei kein anderes Beweisergebnis erzielt worden wäre.[13] Da die Parteien auf die Parteiöffentlichkeit verzichten können, kommt zudem eine **Heilung** etwaiger Verstöße nach § 295 ZPO in Betracht. Liegt nach diesen Vorgaben ein Verfahrensmangel vor, so kann dies im Rahmen eines **Rechtsmittels gegen die Endentscheidung** gerügt werden. Eine isolierte Anfechtung findet nicht statt.[14] 8

§ 357a

(weggefallen)

§ 358

Notwendigkeit eines Beweisbeschlusses

Erfordert die Beweisaufnahme ein besonderes Verfahren, so ist es durch Beweisbeschluss anzuordnen.

Inhalt:

	Rn.		Rn.
A. Allgemeines	1	C. Rechtsmittel	3
B. Erläuterungen	2		

---

8 BeckOK-*Bach*, ZPO, § 357 Rn. 10; vgl. für das sozialgerichtliche Verfahren auch LSG Mainz, NJW 2006, 1547.
9 OLG München, NJW 1984, 807.
10 Stein/Jonas-*Berger*, ZPO, § 357 Rn. 15; BeckOK-*Bach*, ZPO, § 357 Rn. 8; MK-*Heinrich*, ZPO, § 357 Rn. 9; einschränkend OLG Koblenz, NJOZ 2012, 14 = VersR 2012, 922 für die Tatsachenermittlung durch einen gerichtlichen Sachverständigen.
11 Ausführlich und m.w.N. BeckOK-*Bach*, ZPO, § 357 Rn. 11.1 ff.
12 OLG Koblenz, NJW-RR 2009, 741 (742).
13 BeckOK-*Bach*, ZPO, § 357 Rn. 14.1; MK-*Heinrich*, ZPO, § 357 Rn. 12; a.A. Stein/Jonas-*Berger*, ZPO, § 357 Rn. 21.
14 Thomas/Putzo-*Reichold*, ZPO, § 357 Rn. 3.

A. Allgemeines

1 Ausgehend von dem **Grundsatz**, dass eine Beweiserhebung durch das Gericht **keiner förmlichen Anordnung** bedarf, legt die Vorschrift fest, wann **ausnahmsweise** ein obligatorischer Beweisbeschluss erforderlich ist. Neben § 358 ZPO besteht des Erfordernis eines förmlichen Beschlusses auch für Anordnung einer Parteivernehmung (§ 450 ZPO) sowie bei vorterminlicher Beweiserhebung (§ 358a ZPO). Ist nach den genannten Vorschriften ein förmlicher Beschluss erforderlich, so richtet sich dessen Inhalt nach § 359 ZPO; in den übrigen Fällen erfolgt die Beweisaufnahme auf Grundlage einer – nicht ausdrücklich gesetzlich geregelten – formlosen Beweisanordnung.[1]

B. Erläuterungen

2 Ein förmlicher Beweisbeschluss muss nur dann ergehen, wenn die Beweisaufnahme **ein besonderes Verfahren** erfordert. Dies ist nach h.M. immer dann der Fall, wenn die Beweisaufnahme nicht unmittelbar in dem Termin erfolgen kann, in dem sie angeordnet wird, wenn also für die Beweisaufnahme eine **Vertagung** erfolgen muss.[2] Hierunter fällt beispielsweise die Beweiserhebung durch den beauftragten oder ersuchten Richter, die Einholung eines schriftlichen Sachverständigengutachtens oder eine Beweisaufnahme im Ausland (vgl. § 363 ZPO). Zum Verfahren siehe § 359 Rn. 6.

C. Rechtsmittel

3 Verstöße gegen § 358 ZPO können grundsätzlich nicht isoliert, sondern nur im Rahmen eines gegen das spätere Urteil gerichteten Rechtsmittels gerügt werden.[3] Wird mit einem Beweisbeschluss unter Verstoß gegen § 358 ZPO faktisch eine Aussetzung des Verfahrens herbeigeführt, ist eine Anfechtung des Beschlusses mit sofortiger Beschwerde in Analogie zu § 252 ZPO denkbar.[4] Eine **Heilung** nach § 295 ZPO ist möglich.

§ 358a
Beweisbeschluss und Beweisaufnahme vor mündlicher Verhandlung

¹Das Gericht kann schon vor der mündlichen Verhandlung einen Beweisbeschluss erlassen. ²Der Beschluss kann vor der mündlichen Verhandlung ausgeführt werden, soweit er anordnet
1. eine Beweisaufnahme vor dem beauftragten oder ersuchten Richter,
2. die Einholung amtlicher Auskünfte,
3. eine schriftliche Beantwortung der Beweisfrage nach § 377 Abs. 3,
4. die Begutachtung durch Sachverständige,
5. die Einnahme eines Augenscheins.

Inhalt:

	Rn.		Rn.
A. Allgemeines	1	C. Rechtsmittel	3
B. Erläuterungen	2		

A. Allgemeines

1 Die Vorschrift dient der **Verfahrensbeschleunigung** und soll dem Gericht ermöglichen, das Verfahren in einem einzigen umfassend vorbereiteten Haupttermin (§ 272 Abs. 1 ZPO) zu erledigen. Soweit in § 358a Satz 1 ZPO der **Erlass** des Beweisbeschlusses ohne vorhergehende mündliche Verhandlung zugelassen wird, überschneidet sich die Vorschrift mit § 128 Abs. 4 ZPO.[1] Ihr eigentlicher Anwendungsbereich besteht daher in der durch Satz 2 ermöglichten vorterminlichen **Ausführung** eines Beweisbeschlusses.

---

1 Wieczorek/Schütze-*Ahrens*, ZPO, § 358 Rn. 1.
2 MK-*Heinrich*, ZPO, § 358 Rn. 2; Baumbach/Lauterbach/Albers/Hartmann, ZPO, § 358 Rn. 4; Stein/Jonas-*Berger*, ZPO, § 358 Rn. 1; a.A. Zöller-*Greger*, ZPO, § 358 Rn. 2; BeckOK-*Bach*, ZPO, § 358 Rn. 5 ff.
3 OLG Brandenburg, FamRZ 2001, 294; MK-*Heinrich*, ZPO, § 358 Rn. 7.
4 Vgl. Zöller-*Greger*, ZPO, § 252 Rn. 1a.

Zu § 358a:
1 MK-*Heinrich*, ZPO, § 358a Rn. 1.

B. Erläuterungen

§ 358a ZPO stellt es in das Ermessen des Gerichts,[2] bereits vor der mündlichen Verhandlung in Bezug auf die Beweisaufnahme tätig zu werden. **Frühestmöglicher Zeitpunkt** für ein Tätigwerden des Gerichts ist der **Eingang der Klageerwiderung**, da vor diesem Zeitpunkt kaum eingeschätzt werden kann, ob eine unter Beweis gestellte Tatsache überhaupt streitig und ob eine Beweisaufnahme über die Tatsache überhaupt erforderlich ist.[3] Opportun ist ein Vorgehen nach § 358a ZPO beispielsweise dann, wenn eine Begutachtung durch einen Sachverständigen zu erfolgen hat und die für die Begutachtung notwendigen Tatsachen zwischen den Parteien unstreitig sind und nicht erst durch eine gesonderte Beweisaufnahme festgestellt werden müssen. Neben der Möglichkeit eines Beweisbeschlusses vor dem ersten Termin zur mündlichen Verhandlung können Beschlüsse nach § 358a ZPO auch **zwischen zwei Verhandlungsterminen** ergehen.[4]

2

Während der bloße **Erlass** des vorterminlichen Beweisbeschlusses gem. § 358a Satz 1 ZPO hinsichtlich aller Beweismittel möglich ist, kann die **Ausführung** nur in den in § 358a Satz 2 ZPO genannten Fällen bereits vor der mündlichen Verhandlung stattfinden. Eine Ausdehnung der in Satz 2 genannten Möglichkeit zur vorterminlichen Ausführung auf andere Beweismittel ist nicht möglich. Die in § 358a Satz 2 Nr. 2 ZPO erwähnte **Einholung amtlicher Auskünfte** ist als eigenständiges Beweismittel anzusehen, bei dem durch eine Behörde amtlich bekannte (i.d.R. schriftlich fixierte) Tatsachen mitgeteilt werden.[5] Soweit diese Mitteilung reicht, werden die Vernehmung von Sachverständigen oder der Urkundenbeweis ersetzt.[6]

3

C. Rechtsmittel

Verstöße gegen § 358a ZPO können grundsätzlich nicht selbstständig, sondern nur mit dem auf der Beweisaufnahme beruhenden Urteil angefochten werden. Eine Heilung nach § 295 ZPO ist möglich.

4

§ 359
Inhalt des Beweisbeschlusses

Der Beweisbeschluss enthält:
1. die Bezeichnung der streitigen Tatsachen, über die der Beweis zu erheben ist;
2. die Bezeichnung der Beweismittel unter Benennung der zu vernehmenden Zeugen und Sachverständigen oder der zu vernehmenden Partei;
3. die Bezeichnung der Partei, die sich auf das Beweismittel berufen hat.

Inhalt:

	Rn.		Rn.
A. Allgemeines	1	II. Verfahren	6
B. Erläuterungen	2	C. Rechtsmittel	7
I. Inhalt	2		

A. Allgemeines

Die Vorschrift regelt den **Beschlussinhalt bei förmlicher Beweisaufnahme**. Zwingend ist der Erlass eines Beweisbeschlusses u.a. in den Fällen des **§ 358 ZPO** (Beweisaufnahme bei besonderem Verfahren), **§ 358a ZPO** (vorterminliche Beweisaufnahme), **§§ 425 f. ZPO** (Anordnung der Urkundenvorlage durch den Gegner; siehe § 425 Rn. 3, § 426 Rn. 3) sowie **§ 450 ZPO** (Parteivernehmung). In den übrigen Fällen kann die Beweisaufnahme auch formlos erfolgen (vgl. § 358 Rn. 1), wobei das Gericht auch bei fakultativer Beweisaufnahme nicht am Erlass eines förmlichen Beweisbeschlusses gehindert ist. Seinem Charakter nach ist der Beweisbeschluss eine **prozessleitende Anordnung**, an die das Gericht nicht gebunden ist.[1] Dem Gericht ver-

1

---

[2] Vgl. OLG Koblenz, NJW 1979, 374.
[3] Musielak/Voit-*Stadler*, ZPO, § 358a Rn. 2; a.A. MK-*Heinrich*, ZPO, § 358a Rn. 4, Baumbach/Lauterbach/Albers/Hartmann, ZPO, § 358a Rn. 4; die einen Erlass bereits unmittelbar nach Eingang der Klage bei Gericht zulassen und lediglich empfehlen, wegen der entstehenden Kosten und der noch offenen Beweisbedürftigkeit mit dem Erlass des Beschlusses abzuwarten.
[4] BeckOK-*Bach*, ZPO, § 358a Rn. 6; a.A. Musielak/Voit-*Stadler*, ZPO, § 358a Rn. 2.
[5] Musielak/Voit-*Stadler*, ZPO, § 358a Rn. 8 f.
[6] MK-*Heinrich*, ZPO, § 358a Rn. 6; a.A. BeckOK-*Bach*, ZPO, § 358a Rn. 1.

Zu § 359:
[1] Vgl. Mat. II. 1., S. 306 („prozessleitend[es], jederzeit abänderlich[es] Dekret").

bleibt damit stets die Möglichkeit, den Beschluss nicht oder nicht vollständig auszuführen.[2] Zur **Änderung** eines Beweisbeschlusses siehe **§ 360 ZPO**.

B. Erläuterungen
I. Inhalt

2 Der Beweisbeschluss muss die **streitigen Tatsachen** bezeichnen (§ 359 Nr. 1 ZPO); das **Beweisthema** muss also hinreichend genau aus dem Beschluss selbst hervorgehen. Dies bedeutet einerseits, dass der Beschluss nicht derart vage formuliert sein darf, dass die beweisbedürftigen Tatsachen durch die Beweisaufnahme erst ermittelt werden bzw. dass aus dem Beweisbeschluss nicht hervorgeht, welche Tatsachen zwischen den Parteien überhaupt streitig sind.[3] Andererseits dürfen für das Gericht an die Formulierung des Beweisthemas aber keine unerfüllbaren Anforderungen gestellt werden, zumal sich – gerade bei komplexen Sachverhalten – viele Details erst im Rahmen der Beweisaufnahme ergeben und weder vom Gericht noch von den Parteien vorher präzise antizipiert werden können. Die Anforderungen an die Formulierung des Beweisthemas lassen sich hierbei kaum in starre Regeln gießen, sondern sind stattdessen im Einzelfall unter Berücksichtigung des konkreten Zwecks der Beweisaufnahme zu bestimmen.[4] Dabei ist es auch zulässig, dass im Beweisbeschluss auf weitere **Aktenbestandteile Bezug genommen** wird.[5] Beim **Zeugenbeweis** sollte berücksichtigt werden, dass durch die Angabe des Beweisthemas die Zeugenaussage beeinflusst werden könnte. Es empfiehlt sich daher, die unter Beweis gestellte Behauptung zwar hinreichend konkret in den Beschlusstext aufzunehmen, der Zeugenladung selbst jedoch eine andere – allgemeinere – Formulierung beizufügen.[6]

3 Angegeben werden müssen gem. § 359 Nr. 2 ZPO die **Beweismittel** unter Benennung der zu vernehmenden Zeugen und Sachverständigen oder der zu vernehmenden Partei. Das Gericht muss sich daher in dem Beschluss einerseits festlegen, welche **Art von Beweis** erhoben werden soll; andererseits müssen die Beweismittel selbst **hinreichend genau bezeichnet** werden, bei Zeugen also beispielsweise durch Name und ladungsfähige Anschrift. Bei der Erhebung des Sachverständigenbeweises ist es zulässig – und durchaus üblich –, dass die namentliche Benennung eines Sachverständigen zunächst offen gelassen wird und später durch separaten Beschluss erfolgt.[7] Ein solches Vorgehen bietet sich insbesondere dann an, wenn das Gericht Zeit benötigt, um (bei medizinischen Gutachten etwa durch Rückfrage bei einer Landesärztekammer) einen geeigneten Sachverständigen auszuwählen.

4 Das Gericht hat im Beschluss zudem anzugeben, wer sich auf das Beweismittel berufen hat (§ 359 Nr. 3 ZPO), wer also **Beweisführer** ist. Diese Angabe ist insbesondere zur Bestimmung der Vorschusspflicht (§ 17 GKG) oder hinsichtlich eines möglichen Zeugenverzichts (§ 399 ZPO) von Bedeutung. Eine Aussage über die Beweislast wird durch die Angabe des Beweisführers im Beschluss nicht getroffen.[8]

5 Die Ladung von Zeugen/Sachverständigen (§§ 379, 402 ZPO), die Einholung des schriftlichen Gutachtens (§§ 402, 411 ZPO) und auch weitere mit Auslagen verbundene Beweiserhebungen (§ 17 Abs. 1 GKG) können von der Einzahlung eines **Auslagenvorschusses** abhängig gemacht werden. Dies geschieht regelmäßig unmittelbar durch den Beweisbeschluss.

II. Verfahren

6 Sofern der Beweisbeschluss aufgrund einer mündlichen Verhandlung ergeht, muss er gem. § 329 Abs. 1 Satz 1 ZPO verkündet werden. Beschlüsse ohne mündliche Verhandlung (§§ 128 Abs. 4, 358a ZPO) werden gem. § 329 Abs. 2 Satz 1 ZPO formlos mitgeteilt, sofern nicht gem. § 329 Abs. 2 Satz 2 ZPO eine Zustellung erforderlich ist. Eine Begründung muss der Beweisbeschluss nicht enthalten.

C. Rechtsmittel

7 Beweisbeschlüsse sind grundsätzlich nicht isoliert anfechtbar, unterliegen jedoch der Prüfung durch das Rechtsmittelgericht, sofern gegen das dem Beschluss nachfolgende Urteil ein Rechtsmittel eingelegt wird.

---

2 MK-*Heinrich*, ZPO, § 360 Rn. 1 ff.; Prütting/Gehrlein-*Lindner*, ZPO, § 359 Rn. 7.
3 Siehe für den Fall eines ersuchten Richters etwa OLG Frankfurt a.M., NJW-RR 1995, 637 = MDR 1995, 1216; OLG Koblenz, NJW 1975, 1036.
4 MK-*Heinrich*, ZPO, § 359 Rn. 4.
5 BeckOK-*Bach*, ZPO, § 359 Rn. 4.
6 Vgl. BeckOK-*Bach*, ZPO, § 359 Rn. 3.1.
7 BeckOK-*Bach*, ZPO, § 359 Rn. 5.2.
8 Thomas/Putzo-*Reichold*, ZPO, § 359 Rn. 4.

§ 360
Änderung des Beweisbeschlusses

¹Vor der Erledigung des Beweisbeschlusses kann keine Partei dessen Änderung auf Grund der früheren Verhandlungen verlangen. ²Das Gericht kann jedoch auf Antrag einer Partei oder von Amts wegen den Beweisbeschluss auch ohne erneute mündliche Verhandlung insoweit ändern, als der Gegner zustimmt oder es sich nur um die Berichtigung oder Ergänzung der im Beschluss angegebenen Beweistatsachen oder um die Vernehmung anderer als der im Beschluss angegebenen Zeugen oder Sachverständigen handelt. ³Die gleiche Befugnis hat der beauftragte oder ersuchte Richter. ⁴Die Parteien sind tunlichst vorher zu hören und in jedem Fall von der Änderung unverzüglich zu benachrichtigen.

Inhalt:

	Rn.		Rn.
A. Allgemeines	1	C. Rechtsmittel	6
B. Erläuterungen	2		

A. Allgemeines

§ 360 ZPO bekräftigt in Satz 1 zunächst den Grundsatz, dass Beweisbeschlüsse **nicht isoliert** 1 **angefochten** werden können. Im Übrigen regelt die Vorschrift, unter welchen Voraussetzungen ein erlassener Beweisbeschluss durch das Gericht abgeändert werden kann. Die praktische Relevanz von § 360 ZPO ist eher gering: Da das Gericht ohnehin Beweisbeschlüsse als prozessleitende Anordnungen nicht oder nicht vollständig ausführen muss (vgl. § 359 Rn. 1), und wegen § 358a ZPO sowie § 128 Abs. 4 ZPO eine mündliche Verhandlung für den Erlass eines Beweisbeschlusses weitgehend fakultativ ist, könnte das Gericht auch ohne Geltung von § 360 ZPO *de facto* einen bestehenden Beweisbeschluss ändern.[1] Auch die in § 360 Satz 4 ZPO geregelte Anhörungs- und Informationspflicht ist weitgehend deklaratorisch und ergibt sich bereits aus dem allgemeinen Anspruch der Parteien auf rechtliches Gehör.[2]

B. Erläuterungen

Die Vorschrift sieht zunächst vor, dass Änderungen des Beweisbeschlusses stets mit **Zustim-** 2 **mung der Parteien** möglich sind. Da es sich bei der Zustimmung um eine Prozesshandlung handelt, muss sie im Anwaltsprozess vom Prozessbevollmächtigten abgegeben werden.[3] Die Zustimmung muss sich inhaltlich auf eine **konkrete Änderung** beziehen und kann **formlos** erfolgen.[4]

Auch **ohne Zustimmung der Parteien** lässt § 360 ZPO eine Änderung des Beweisbeschlusses 3 zu, soweit es sich um die Berichtigung oder Ergänzung der im Beschluss angegebenen Beweistatsachen oder um die Vernehmung anderer als der im Beschluss angegebenen Zeugen oder Sachverständigen handelt. Das ursprüngliche Beweisthema muss damit weiterhin Grundlage des Beschlusses bleiben, darf aber im Detail präzisiert werden. Eine Erstreckung auf neue Tatsachen, die mit dem bisherigen Thema nicht im Zusammenhang stehen, ist dabei jedoch nicht möglich.[5] Darüber hinaus ist es denkbar, dass sich während der Beweisaufnahme im Zusammenhang mit dem ursprünglichen Beweisthema neue Tatsachen als beweisbedürftig herausstellen. Schon aus Gründen der Praktikabilität – insbesondere bei einer Beweisaufnahme durch den beauftragten oder ersuchten Richter – muss in derartigen Fällen eine unkomplizierte Erweiterung/Anpassung des Beweisbeschlusses ohne erneute mündliche Verhandlung möglich sein.[6]

Ist die Beweisaufnahme einem beauftragten oder ersuchten Richter übertragen, so stehen die- 4 sem nach § 360 Satz 3 ZPO dieselben Änderungsrechte zu. Um die Grenzen der Amtshilfe (§§ 158 ff. GVG) nicht auszuheben, sollte der kommissarische Richter von der Änderungsmög-

---

1 BeckOK-*Bach*, ZPO, § 360 Rn. 3 (Vorschrift „weitgehend überflüssig"); siehe zum Verhältnis von § 360 Satz 2 ZPO und § 358a ZPO auch MK-*Heinrich*, ZPO, § 360 Rn. 11; Zöller-*Greger*, ZPO, § 360 Rn. 2; Musielak/Voit-*Stadler*, ZPO, § 360 Rn. 1; Thomas/Putzo-*Reichold*, ZPO, § 360 Rn. 7.
2 Vgl. für den Fall der von § 360 ZPO unmittelbar erfassten Aufhebung eines Beweisbeschlusses; BGH, NJW 1985, 1399 (1400); MK-*Heinrich*, ZPO, § 360 Rn. 14.
3 Musielak/Voit-*Stadler*, ZPO, § 360 Rn. 4.
4 BeckOK-*Bach*, ZPO, § 360 Rn. 5; MK-*Heinrich*, ZPO, § 360 Rn. 6; a.A. (Zustimmung ist schriftlich zu erklären) Thomas/Putzo-*Reichold*, ZPO, § 360 Rn. 2; Baumbach/Lauterbach/Albers/Hartmann, ZPO, § 360 Rn. 6.
5 MK-*Heinrich*, ZPO, § 360 Rn. 8; Musielak/Voit-*Stadler*, ZPO, § 360 Rn. 6.
6 BeckOK-*Bach*, ZPO, § 360 Rn. 6.

lichkeit allerdings nur zurückhaltend Gebrauch machen.[7] § 360 ZPO lässt zudem zu, dass das Prozessgericht **nachträglich** eine Übertragung der Beweisaufnahme auf einen kommissarischen Richter anordnet.[8]

5 Vor einer Änderung des Beweisbeschlusses sind die Parteien – sofern dies möglich ist – **anzuhören** und in jedem Fall von der Änderung unverzüglich **zu benachrichtigen**. Eine Ausnahme von der Anhörungspflicht ist denkbar, wenn der kommissarische Richter während der Beweisaufnahme im Wege der Änderung des Beweisbeschlusses eine Anpassung vornimmt und die Parteien beim Beweistermin nicht zugegen sind.

C. Rechtsmittel

6 Die Änderung des Beweisbeschlusses kann wie der Beweisbeschluss selbst (vgl. § 359 Rn. 7) nicht isoliert angefochten werden.[9] Verstöße gegen § 360 ZPO können jedoch – sofern keine Heilung gem. § 295 ZPO eingetreten ist – im Rahmen eines gegen die Endentscheidung eingelegten Rechtsmittels gerügt werden.

§ 361
Beweisaufnahme durch beauftragten Richter

(1) Soll die Beweisaufnahme durch ein Mitglied des Prozessgerichts erfolgen, so wird bei der Verkündung des Beweisbeschlusses durch den Vorsitzenden der beauftragte Richter bezeichnet und der Termin zur Beweisaufnahme bestimmt.

(2) Ist die Terminsbestimmung unterblieben, so erfolgt sie durch den beauftragten Richter, wird er verhindert, den Auftrag zu vollziehen, so ernennt der Vorsitzende ein anderes Mitglied.

1 Vor dem Hintergrund der formellen Unmittelbarkeit der Beweisaufnahme hat die Beweiserhebung grundsätzlich durch das Prozessgericht (gegebenenfalls als Kollegialorgan) zu erfolgen und kann nur im Ausnahmefall auf ein einzelnes Mitglied des Prozessgerichts als beauftragten Richter übertragen werden (siehe § 355 Rn. 8). § 361 ZPO enthält Bestimmungen über die Durchführung der Beweisaufnahme durch einen beauftragten Richter.

2 Das Kollegialorgan muss zunächst im obligatorischen (vgl. § 358 Rn. 2) Beweisbeschluss anordnen, dass **überhaupt** eine Beweisaufnahme durch einen beauftragten Richter stattfindet. Der Vorsitzende bezeichnet anschließend, auf **welches Mitglied des Prozessgerichts** sich die Übertragung bezieht (§ 361 Abs. 1 ZPO)[1] und **bestimmt gegebenenfalls einen Termin**. Unterbleibt die Terminsbestimmung durch den Vorsitzenden, nimmt sie der beauftragte Richter selbst vor. Hinsichtlich der Benachrichtigung der Parteien siehe § 357 Rn. 4. Eine **Güteverhandlung** darf der beauftragte Richter durchführen, wenn die Parteien im Termin (kein Anwaltszwang, § 78 Abs. 3 ZPO) von sich aus Vergleichsverhandlungen aufnehmen.[2]

3 Gegen Entscheidungen des beauftragten Richters ist gem. § 573 ZPO die Erinnerung statthaft.

---

7 MK-*Heinrich*, ZPO, § 360 Rn. 13.
8 Thomas/Putzo-*Reichold*, ZPO, § 361 Rn. 5.
9 OLG Brandenburg, FamRZ 2001, 294.

Zu § 361:
1 MK-*Heinrich*, ZPO, § 361 Rn. 4; Prütting/Gehrlein-*Lindner*, ZPO, § 361 Rn. 2 (namentliche Bezeichnung nicht erforderlich, soweit beauftragter Richter ausreichend identifizierbar); enger Baumbach/Lauterbach/Albers/Hartmann, ZPO, § 361 Rn. 4; Zöller-*Greger*, ZPO, § 361 Rn. 2 (namentliche Bezeichnung erforderlich).
2 MK-*Heinrich*, ZPO, § 361 Rn. 7; zur Wirksamkeit eines ohne Prozessbevollmächtigte vor dem beauftragten Richter geschlossenen Prozessvergleichs siehe BGHZ 77, 264 = NJW 1980, 2307; OLG Düsseldorf, NJW 1975, 2298.

§ 362
Beweisaufnahme durch ersuchten Richter

(1) Soll die Beweisaufnahme durch ein anderes Gericht erfolgen, so ist das Ersuchungsschreiben von dem Vorsitzenden zu erlassen.

(2) Die auf die Beweisaufnahme sich beziehenden Verhandlungen übermittelt der ersuchte Richter der Geschäftsstelle des Prozessgerichts in Urschrift; die Geschäftsstelle benachrichtigt die Parteien von dem Eingang.

Die Vorschrift enthält – ähnlich wie § 361 ZPO – Bestimmungen über die Beweisaufnahme, sofern diese einem anderen Gericht übertragen wurde.   *1*

Die Übertragung der Beweisaufnahme auf einen ersuchten Richter setzt einen **obligatorischen Beweisbeschluss** des Prozessgerichts voraus (siehe § 358 Rn. 2). Das **Ersuchungsschreiben** ist vom Vorsitzenden zu erlassen (§ 362 Abs. 1 ZPO) und an das (inländische) Amtsgericht zu richten, in dessen Bezirk die Amtshandlung vorgenommen werden soll (§ 157 Abs. 1 GVG). Hierbei steht es im Ermessen des Vorsitzenden, ob dem Schreiben lediglich der Beweisbeschluss, ein Aktenauszug oder die gesamte Verfahrensakte beigefügt wird.[1] Das Ersuchen darf vom ersuchten Gericht nur abgelehnt werden, wenn das ersuchende Gericht dem ersuchten Gericht im Rechtszug nicht höhergestellt ist und die vorzunehmende Handlung nicht zulässig ist (§ 158 Abs. 2 GVG). Dies ist beispielsweise der Fall, wenn das Beweisthema nicht i.S.d. § 359 Nr. 1 ZPO hinreichend umschrieben ist[2] oder wenn der Beschluss zu einem Ausforschungsbeweis führt;[3] die bloße (vermeintliche) Unzweckmäßigkeit der Beweiserhebung genügt dagegen für eine Ablehnung nicht.[4]   *2*

Der ersuchte Richter bestimmt für die Beweisaufnahme einen **Termin**. Hinsichtlich der Benachrichtigung der Parteien siehe § 357 Rn. 4, hinsichtlich eines Güteversuchs § 361 Rn. 2. Das vom ersuchten Richter über die Beweisaufnahme erstellte Protokoll übermittelt der ersuchte Richter an die Geschäftsstelle des Prozessgerichts in Urschrift; die Parteien werden anschließend über den Eingang des Protokolls benachrichtigt (§ 362 Abs. 2 ZPO).   *3*

Gegen Entscheidungen des ersuchten Richters ist gem. § 573 ZPO die Erinnerung statthaft. Lehnt der ersuchte Richter das Ersuchen ab oder gibt er dem Ersuchen entgegen § 158 Abs. 2 GVG statt, so entscheidet das Oberlandesgericht, zu dessen Bezirk das ersuchte Gericht gehört (§ 159 Abs. 1 GVG).   *4*

§ 363
Beweisaufnahme im Ausland

(1) Soll die Beweisaufnahme im Ausland erfolgen, so hat der Vorsitzende die zuständige Behörde um Aufnahme des Beweises zu ersuchen.

(2) Kann die Beweisaufnahme durch einen Konsularbeamten erfolgen, so ist das Ersuchen an diesen zu richten.

(3) ¹Die Vorschriften der Verordnung (EG) Nr. 1206/2001 des Rates vom 28. Mai 2001 über die Zusammenarbeit zwischen den Gerichten der Mitgliedstaaten auf dem Gebiet der Beweisaufnahme in Zivil- oder Handelssachen bleiben unberührt. ²Für die Durchführung gelten die §§ 1072 und 1073.

Ist ein Beweismittel im Ausland belegen, so kann das Gericht das Beweismittel besorgen und die Beweiserhebung nach den allgemeinen beweisrechtlichen Regeln unmittelbar im Inland durchführen. Kann eine solche inländische Beweisaufnahme nicht erfolgen – beispielsweise weil das Beweismittel nicht herbeigeschafft werden kann oder weil die Beweisaufnahme die Souveränität eines anderen Staates verletzen würde – so besteht die Möglichkeit einer **Beweisaufnahme im Wege der Rechtshilfe**. § 363 ZPO sieht als Ausnahme vom Grundsatz der Unmittelbarkeit der Beweisaufnahme (siehe § 355 Rn. 1) einige **grundlegende Regeln** für die Be   *1*

---

1 MK-*Heinrich*, ZPO, § 362 Rn. 4 mit dem Hinweis, dass dem ersuchten Richter im Zweifel die Akten zur Verfügung gestellt werden sollten; Zöller-*Greger*, ZPO, § 362 Rn. 2.
2 Vgl. OLG Koblenz, NJW 1975, 1036 = VersR 1976, 70.
3 OLG München, NJW 1966, 2125 (2126); a.A. OLG Frankfurt a.M., NJW-RR 1995, 637 = MDR 1995, 1216 (Beurteilung nur durch ersuchendes Gericht); nach MK-*Heinrich*, ZPO, § 362 Rn. 5 dürften sich die beiden Auffassungen kaum unterscheiden, da der ersuchte Richter in aller Regel kaum in der Lage sein wird, zu erkennen, ob es sich offensichtlich um einen Ausforschungsbeweis handelt.
4 BGH, NJW 1990, 2936 = MDR 1991, 33.

weisaufnahme im Ausland vor, die durch weitere Vorschriften, insbesondere durch das **Haager Übereinkommen** über die Beweisaufnahme im Ausland in Zivil- und Handelssachen vom 18.03.1970, die **Rechtshilfeordnung für Zivilsachen (ZRHO)** sowie die **Verordnung (EG) Nr. 1206/2001** v. 28.05.2001 über die Zusammenarbeit zwischen den Gerichten der Mitgliedstaaten auf dem Gebiet der Beweisaufnahme in Zivil- und Handelssachen **(EUBeweisVO)** einschließlich der korrespondierenden **§§ 1073 f.** ZPO ergänzt werden.

2 Die Entscheidung des Prozessgerichts für eine Beweisaufnahme im Wege der Rechtshilfe hat durch förmlichen (gegebenenfalls vorterminlichen, § 358a ZPO) **Beweisbeschluss** zu erfolgen.[1] Im Anschluss fertigt der Vorsitzende ein **Ersuchungsschreiben**, hinsichtlich dessen Inhalt die Vorgaben der **ZRHO** zu berücksichtigen sind.[2] Das Schreiben ist gem. § 363 Abs. 2 ZPO an einen **Konsularbeamten** richten, sofern die Beweisaufnahme durch ihn erfolgen kann (vgl. § 15 KonsG), andernfalls an die zuständige **ausländische Behörde**. Zum Verfahren bei einer Beweiserhebung nach der **EUBeweisVO** sowie zum anwendbaren Recht siehe die Kommentierung zu §§ 1072 ff. ZPO. Zur Einholung schriftlicher Zeugenaussagen bei ausländischen Zeugen siehe § 377 Rn. 3.

§ 364
Parteimitwirkung bei Beweisaufnahme im Ausland

(1) Wird eine ausländische Behörde ersucht, den Beweis aufzunehmen, so kann das Gericht anordnen, dass der Beweisführer das Ersuchungsschreiben zu besorgen und die Erledigung des Ersuchens zu betreiben habe.

(2) Das Gericht kann sich auf die Anordnung beschränken, dass der Beweisführer eine den Gesetzen des fremden Staates entsprechende öffentliche Urkunde über die Beweisaufnahme beizubringen habe.

(3) [1]In beiden Fällen ist in dem Beweisbeschluss eine Frist zu bestimmen, binnen der von dem Beweisführer die Urkunde auf der Geschäftsstelle niederzulegen ist. [2]Nach fruchtlosem Ablauf dieser Frist kann die Urkunde nur benutzt werden, wenn dadurch das Verfahren nicht verzögert wird.

(4) [1]Der Beweisführer hat den Gegner, wenn möglich, von dem Ort und der Zeit der Beweisaufnahme so zeitig in Kenntnis zu setzen, dass dieser seine Rechte in geeigneter Weise wahrzunehmen vermag. [2]Ist die Benachrichtigung unterblieben, so hat das Gericht zu ermessen, ob und inwieweit der Beweisführer zur Benutzung der Beweisverhandlung berechtigt ist.

Inhalt:

	Rn.		Rn.
A. Allgemeines	1	C. Rechtsmittel	3
B. Erläuterungen	2		

A. Allgemeines

1 Das Betreiben der Beweisaufnahme – auch im Ausland – ist grundsätzlich Sache des Gerichts. Nur in engen Ausnahmefällen ist auf Grundlage von § 364 ZPO ein **Parteibetrieb** möglich. Von der Vorschrift sollte entsprechend ihrem Ausnahmecharakter und vor dem Hintergrund, dass ein Parteibetrieb im Ausland häufig nur mit Schwierigkeiten durchzuführen sein wird, allerdings nur zurückhaltend Gebrauch gemacht werden.[1] Dies ist etwa denkbar, wenn die gerichtliche Durchführung der Beweisaufnahme von vorneherein als aussichtslos erscheint oder sich nachträglich als nicht durchführbar herausstellt.[2]

B. Erläuterungen

2 Die Anordnung ist durch Beschluss zu treffen und richtet sich an den **Beweisführer**. Dies ist stets derjenige, der sich auf das Beweismittel berufen hat, unabhängig davon, wer letztendlich die Beweislast trägt.[3] Hat das Gericht bereits einen Beschluss nach § 363 ZPO erlassen und stellt sich anschließend heraus, dass dem Ersuchungsschreiben nicht in angemessener Zeit ent-

---

1 Prütting/Gehrlein-*Lindner*, ZPO, § 363 Rn. 15.
2 Ausführlich MK-*Heinrich*, ZPO, § 363 Rn. 8 ff.; Prütting/Gehrlein-*Lindner*, ZPO, § 363 Rn. 16 ff.; Wieczorek/Schütze-*Ahrens*, ZPO, § 363 Rn. 46 ff.

Zu § 364:
1 MK-*Heinrich*, ZPO, § 364 Rn. 1; BeckOK-*Bach*, ZPO, § 364 Rn. 1.
2 Vgl. BGH, NJW 1984, 2039 = MDR 1985, 30.
3 BGH, NJW 1984, 2039 = MDR 1985, 30; Musielak/Voit-*Stadler*, ZPO, § 364 Rn. 4.

sprochen wird, so kann der bereits erlassene Beweisbeschluss auf Grundlage von § 364 ZPO ohne vorherige mündliche Verhandlung geändert werden.[4] Der Inhalt der Anordnung richtet sich nach § 364 Abs. 1 oder Abs. 2 ZPO. Dem Beweisführer ist zugleich gem. § 364 Abs. 3 ZPO eine angemessene **Frist** zu setzen, bei deren Ablauf die gleichen Folgen Eintreten wie beim Ablauf der Beibringungsfrist nach § 356 ZPO (vgl. § 356 Rn. 7).[5] Nach § 364 Abs. 4 Satz 1 ZPO hat der Beweisführer dem Gegner, wenn möglich, den Ort und die Zeit der Beweisaufnahme so zeitig **mitzuteilen**, dass der Gegner seine Rechte angemessen wahrnehmen kann. Unterbleibt diese Mitteilung, so steht es im Ermessen des Gerichts, inwieweit es das Ergebnis der Beweisaufnahme seiner Entscheidung zu Grund legen will (§ 364 Abs. 4 Satz 2 ZPO).

C. Rechtsmittel

Für den Beschluss nach § 364 ZPO gelten hinsichtlich der Anfechtbarkeit die allgemeinen Grundsätze zur Anfechtung von Beweisbeschlüssen (siehe § 359 Rn. 7). Eine **Heilung** nach § 295 Abs. 1 ZPO ist möglich. 3

§ 365
Abgabe durch beauftragten oder ersuchten Richter

¹Der beauftragte oder ersuchte Richter ist ermächtigt, falls sich später Gründe ergeben, welche die Beweisaufnahme durch ein anderes Gericht sachgemäß erscheinen lassen, dieses Gericht um die Aufnahme des Beweises zu ersuchen. ²Die Parteien sind von dieser Verfügung in Kenntnis zu setzen.

Die Vorschrift ermöglicht es dem kommissarischen Richter, selbstständig und ohne weitere Einschaltung des Prozessgerichts ein anderes Gericht um die Aufnahme des Beweises zu ersuchen. § 365 ZPO führt damit zu einer Beschleunigung des Verfahrens und ist Ausdruck des Grundsatzes der **Prozessökonomie**. 1

Eine Abgabe ist möglich, wenn Gründe vorliegen, die eine Beweisaufnahme durch ein anderes Gericht **sachgerecht** erscheinen lassen. Denkbar ist insoweit beispielsweise, dass der durch den kommissarischen Richter zu vernehmende Zeuge den Wohnort wechselt oder der vom Prozessgericht angenommene Wohnort unrichtig ist.¹ Die Gründe für eine Abgabe müssen sich nach dem Wortlaut der Vorschrift **nachträglich** ergeben. Hierfür ist es nicht zwingend erforderlich, dass die Gründe erst nach Erlass des Beweisbeschlusses entstehend; es genügt vielmehr, wenn die Gründe für die Abgabe erst nachträglich bekannt werden.² 2

Im Falle des ersuchten Richters steht die Weitergabe des Ersuchens einer Ablehnung gleich. Es gilt daher § 159 GVG (siehe § 362 Rn. 4). 3

§ 366
Zwischenstreit

(1) Erhebt sich bei der Beweisaufnahme vor einem beauftragten oder ersuchten Richter ein Streit, von dessen Erledigung die Fortsetzung der Beweisaufnahme abhängig und zu dessen Entscheidung der Richter nicht berechtigt ist, so erfolgt die Erledigung durch das Prozessgericht.

(2) Der Termin zur mündlichen Verhandlung über den Zwischenstreit ist von Amts wegen zu bestimmen und den Parteien bekannt zu machen.

Inhalt:

	Rn.		Rn.
A. Allgemeines	1	C. Rechtsmittel	4
B. Erläuterungen	2		

---

4 MK-*Heinrich*, ZPO, § 364 Rn. 2.
5 Musielak/Voit-*Stadler*, ZPO, § 364 Rn. 5.

Zu § 365:
1 MK-*Heinrich*, ZPO, § 365 Rn. 2.
2 Musielak/Voit-*Stadler*, ZPO, § 365 Rn. 2.

A. Allgemeines

1 Die Vorschrift regelt die **Kompetenzverteilung** zwischen kommissarischem Richter und Prozessgericht bei einem Streit im Zusammenhang mit der Beweisaufnahme.

B. Erläuterungen

2 Zur Entscheidung über einen Zwischenstreit **berechtigt** ist der kommissarische Richter u.a. in den Fällen des **§ 360 Satz 3 ZPO** (Änderung des Beweisbeschlusses, siehe hierzu § 360 Rn. 4), **§ 365 ZPO** (Weitergabe des Auftrags/Ersuchens), **§§ 372 Abs. 2, 405 ZPO** (Ermächtigung zur Auswahl von Sachverständigen durch das Prozessgericht) sowie **§§ 405, 406 Abs. 4 ZPO** (Ablehnungsgesuch gegen Sachverständigen). Ferner obliegen dem kommissarischen Richter Entscheidungen im Zusammenhang mit der Sitzungspolizei/Ordnungsgewalt (§ 180 GVG).[1] Soweit keine Berechtigung des kommissarischen Richters besteht, entscheidet das Prozessgericht. Dies betrifft etwa die Rechtmäßigkeit einer Zeugnisverweigerung (**§§ 387, 389 Abs. 1 ZPO**) oder die Zulässigkeit von Fragen an einen Zeugen (**§§ 397 Abs. 3, 398 Abs. 2 ZPO**).

3 Sofern das Prozessgericht über einen Zwischenstreit zu entscheiden hat, führt der kommissarische Richter – soweit möglich – die Beweisaufnahme durch und leitet die Akte anschließend dem Prozessgericht zu.[2] Dieses entscheidet soweit erforderlich durch **Zwischenurteil** i.S.d. § 303 ZPO.[3]

C. Rechtsmittel

4 Gegen eine Entscheidung des kommissarischen Richters ist die **Erinnerung** gem. § 573 Abs. 1 ZPO statthaft, bei Ordnungsmitteln gilt § 181 GVG. Zu den Rechtsmitteln gegen das durch das Prozessgericht erlassene Zwischenurteil siehe § 303 Rn. 4 ff.

§ 367
Ausbleiben der Partei

(1) Erscheint eine Partei oder erscheinen beide Parteien in dem Termin zur Beweisaufnahme nicht, so ist die Beweisaufnahme gleichwohl insoweit zu bewirken, als dies nach Lage der Sache geschehen kann.

(2) Eine nachträgliche Beweisaufnahme oder eine Vervollständigung der Beweisaufnahme ist bis zum Schluss derjenigen mündlichen Verhandlung, auf die das Urteil ergeht, auf Antrag anzuordnen, wenn das Verfahren dadurch nicht verzögert wird oder wenn die Partei glaubhaft macht, dass sie ohne ihr Verschulden außerstande gewesen sei, in dem früheren Termin zu erscheinen, und im Falle des Antrags auf Vervollständigung, dass durch ihr Nichterscheinen eine wesentliche Unvollständigkeit der Beweisaufnahme veranlasst sei.

Inhalt:
	Rn.		Rn.
A. Allgemeines	1	C. Rechtsmittel	4
B. Erläuterungen	2		

A. Allgemeines

1 Die Anwesenheit der Parteien bei der Beweisaufnahme ist ein Recht (vgl. § 357 Abs. 1 ZPO) und keine Pflicht. Dementsprechend sieht § 367 ZPO die Möglichkeit vor, die Beweisaufnahme auch ohne Anwesenheit der Parteien durchzuführen und verhindert damit – i.S.d. Prozessökonomie –, dass beim Ausbleiben einer oder beider Parteien die geladenen Zeugen oder Sachverständigen nochmals erscheinen müssen.

B. Erläuterungen

2 Die Vorschrift setzt ein **Nichterscheinen** einer Partei bei einer Beweisaufnahme vor dem Prozessgericht oder dem kommissarischen Richter voraus, obwohl Zeit und Ort der Beweisaufnahme zuvor **ordnungsgemäß mitgeteilt** worden sind (siehe § 357 Rn. 4).[1] Das Gericht kann dann die Beweisaufnahme durchführen, soweit dies trotz Ausbleibens der Partei möglich ist.

---

1 Thomas/Putzo-*Reichold*, ZPO, § 366 Rn. 4.
2 Musielak/Voit-*Stadler*, ZPO, § 366 Rn. 5.
3 Ausführlich – auch zu den Fällen, in denen vom Erlass eines Zwischenurteils abgesehen werden kann – MK-*Heinrich*, ZPO, § 366 Rn. 3; Wieczorek/Schütze-*Ahrens*, ZPO, § 366 Rn. 7 ff.

Zu § 367:
1 Zöller-*Greger*, ZPO, § 367 Rn. 2.

Eine Beweisaufnahme kann auch dann erfolgen, wenn im Anschluss die mündliche Verhandlung fortgesetzt wird (§ 370 Abs. 1 ZPO) und gegen die nicht erschienen Partei **Versäumnisurteil** ergeht.[2] Gleiches gilt nach h. M. für den Fall einer **Entscheidung nach Lage der Akten** (§§ 251a, 331a ZPO).[3]

Nach § 367 Abs. 2 ZPO kann die Beweisaufnahme auf Antrag einer nicht erschienenen Partei nachgeholt oder wiederholt werden. Möglich ist dies entweder, wenn das Verfahren durch die Nachholung/Wiederholung **nicht i. S. d. § 296 Abs. 1 oder 2 ZPO verzögert** wird oder wenn die Partei substantiiert darlegt und glaubhaft macht, dass sie an ihrem Ausbleiben **kein Verschulden trifft**. Ist die Beweisaufnahme durch das Gericht **unvollständig** ausgeführt worden, so muss die Partei zusätzlich vortragen und glaubhaft machen, dass durch ihr Nichterscheinen eine wesentliche Unvollständigkeit der Beweisaufnahme herbeigeführt wurde. Hierbei kann es erforderlich sein, dass die Partei mitteilt, welche bislang nicht gestellten Fragen sie an einen Zeugen oder Sachverständigen gerichtet hätte.[4] Eine Nachholung oder Wiederholung der Beweisaufnahme ist zudem möglich, wenn die **Gegenpartei einwilligt**.[5]

3

C. Rechtsmittel

Die Nachholung oder Wiederholung der Beweisaufnahme nach § 367 Abs. 2 ZPO wird nach mündlicher Verhandlung durch Beweisbeschluss angeordnet; die Ablehnung ergeht durch Zwischenurteil oder im Rahmen der Gründe des Endurteils.[6] Eine Anfechtung ist nur mit dem Endurteil möglich.[7]

4

§ 368
Neuer Beweistermin

Wird ein neuer Termin zur Beweisaufnahme oder zu ihrer Fortsetzung erforderlich, so ist dieser Termin, auch wenn der Beweisführer oder beide Parteien in dem früheren Termin nicht erschienen waren, von Amts wegen zu bestimmen.

Hat das Gericht einmal die Durchführung der Beweisaufnahme angeordnet, so wird diese im **Amtsbetrieb** durchgeführt.

1

§ 368 ZPO stellt klar, dass auch beim Ausbleiben einer oder beider Parteien (§ 367 ZPO) eine notwendige Neuterminierung von Amts wegen erfolgt. Die Neuterminierung wird jeweils durch das Gericht vorgenommen, das die Beweisaufnahme durchführt, gegebenenfalls also durch den beauftragten oder ersuchten Richter.[1] Dem Gericht steht es frei, den neu bestimmten Termin **zu verkünden** oder den Parteien (förmlich gem. § 329 Abs. 2 Satz 2 ZPO, im Falle eines durch den kommissarischen Richter bestimmten Termins gegebenenfalls formlos gem. § 357 Abs. 2 Satz 1 ZPO) **mitzuteilen**; eine Ladung ist gem. **§ 218 ZPO** nicht erforderlich, wenn die Parteien zum Verkündungstermin ordnungsgemäß geladen worden sind.[2]

2

§ 369
Ausländische Beweisaufnahme

Entspricht die von einer ausländischen Behörde vorgenommene Beweisaufnahme den für das Prozessgericht geltenden Gesetzen, so kann daraus, dass sie nach den ausländischen Gesetzen mangelhaft ist, kein Einwand entnommen werden.

---

2 MK-*Heinrich*, ZPO, § 367 Rn. 1.
3 Vgl. BGH, NJW 2002, 301 = VersR 2003, 388; Musielak/Voit-*Stadler*, ZPO, § 367 Rn. 3; MK-*Heinrich*, ZPO, § 367 Rn. 3.
4 Baumbach/Lauterbach/Albers/Hartmann, ZPO, § 367 Rn. 5.
5 Thomas/Putzo-*Reichold*, ZPO, § 367 Rn. 3; Zöller-*Greger*, ZPO, § 367 Rn. 4; Stein/Jonas-*Berger*, ZPO, § 367 Rn. 8; a.A. MK-*Heinrich*, ZPO, § 367 Rn. 6.
6 Musielak/Voit-*Stadler*, ZPO, § 367 Rn. 6; Zöller-*Greger*, ZPO, § 367 Rn. 2; Thomas/Putzo-*Reichold*, ZPO, § 367 Rn. 6.
7 MK-*Heinrich*, ZPO, § 367 Rn. 8.

Zu § 368:
1 BeckOK-*Vorwerk/Wolf*, ZPO, § 368 Rn. 1.
2 MK-*Heinrich*, ZPO, § 368 Rn. 2; enger Musielak/Voit-*Stadler*, ZPO, § 368 Rn. 2 (neu anberaumter Termin ist grundsätzlich zu verkünden).

1 Ausgehend von dem Grundsatz, dass sich bei einer Beweisaufnahme im Ausland das anzuwendende formelle Recht regelmäßig nach der *lex fori* bestimmt (vgl. Art. 9 HBÜ, Art. 10 Abs. 2 EUBeweisVO), regelt die Vorschrift den Fall, dass die Beweisaufnahme nach dem ausländischem Recht einen Fehler aufweist, nach deutschem Recht aber ordnungsgemäß wäre.

2 Verletzt die Beweisaufnahme Vorgaben der *lex fori* ohne zugleich auch gegen die Maßstäbe des deutschen Rechts zu verstoßen, so kann die Beweisaufnahme gem. § 369 ZPO **nicht bemängelt** werden. Gleiches gilt für den – in § 369 ZPO nicht unmittelbar geregelten – **umgekehrten Fall**, dass zwar Maßstäbe des deutschen Rechts, nicht aber der anwendbaren *lex fori* verletzt werden. Dies ergibt sich daraus, dass bei einer nach ausländischem Recht durchzuführenden Beweisaufnahme letztlich nur dieses Recht maßgebend sein kann.[1] Bei einem Verstoß sowohl gegen die *lex fori* als auch gegen deutsches Recht kann das Gericht (sofern der Verstoß nicht ohnehin gem. § 296 ZPO geheilt ist) das Ergebnis (und den Mangel) der Beweisaufnahme frei gem. § 286 ZPO würdigen.[2]

§ 370
Fortsetzung der mündlichen Verhandlung

(1) Erfolgt die Beweisaufnahme vor dem Prozessgericht, so ist der Termin, in dem die Beweisaufnahme stattfindet, zugleich zur Fortsetzung der mündlichen Verhandlung bestimmt.

(2) [1]In dem Beweisbeschluss, der anordnet, dass die Beweisaufnahme vor einem beauftragten oder ersuchten Richter erfolgen solle, kann zugleich der Termin zur Fortsetzung der mündlichen Verhandlung vor dem Prozessgericht bestimmt werden. [2]Ist dies nicht geschehen, so wird nach Beendigung der Beweisaufnahme dieser Termin von Amts wegen bestimmt und den Parteien bekannt gemacht.

1 Die Vorschrift **verbindet kraft Gesetz** den vor dem Prozessgericht stattfindenden Beweistermin mit dem Verhandlungstermin. Der Beweisaufnahme soll daher grundsätzlich unmittelbar die Verhandlung über deren Ergebnis (§ 285 ZPO) nachfolgen.

2 § 370 Abs. 1 ZPO gilt für die Beweisaufnahme **vor dem Prozessgericht**, auch wenn diese nicht im Gerichtssaal sondern als **Ortstermin** stattfindet.[1] Die Verbindung tritt kraft Gesetz ein, sie kann (und gegebenenfalls muss) vom Gericht aber – etwa wenn nach einer umfangreichen Beweisaufnahme eine Stellungnahme der Parteien unmittelbar im Termin nicht möglich ist – **auch aufgehoben** werden.[2] Die mündliche Verhandlung wird erst fortgesetzt, wenn die Beweisaufnahme vollständig ausgeführt bzw. undurchführbar geworden ist oder wenn das Gericht von der Durchführung des Beweisbeschlusses abgesehen oder diesen aufgehoben hat.[3] Im Anschluss an die Beweisaufnahme ist den Parteien gem. § 285 Abs. 1 ZPO Gelegenheit zur Stellungnahme zum Beweisergebnis zu geben. Gegen die in der mündlichen Verhandlung (nicht bei der Beweisaufnahme, siehe § 367 ZPO) nicht erschiene Partei kann **Versäumnisurteil** ergehen. Als Folge der Geständnisfiktion gem. § 331 Abs. 1 ZPO bleibt das Ergebnis der Beweisaufnahme unberücksichtigt, es sei denn aufgrund der erhobenen Beweise hat sich der Klägervortrag als bewusst unwahr herausgestellt.[4]

3 Im Falle einer Beweisaufnahme vor dem beauftragten/ersuchten Richter kann das Gericht (was eher selten vorkommen wird) gem. § 370 Abs. 2 Satz 1 ZPO bereits im Beweisbeschluss Termin zur Fortsetzung der mündlichen Verhandlung bestimmten. Andernfalls erfolgt die Terminsbestimmung nach Abschluss der Beweisaufnahme gem. § 370 Abs. 2 Satz 2 ZPO von Amts wegen.

---

1 Vgl. RGZ 2, 371 (373); Musielak/Voit-*Stadler*, ZPO, § 369 Rn. 5; MK-*Heinrich*, ZPO, § 369 Rn. 4 mit dem Hinweis, dass bei einem wesentlichen abweichen der *lex fori* vom deutschen Recht der Wert der erhobenen Beweise regelmäßig besonders kritisch zu würdigen ist.
2 Thomas/Putzo-*Reichold*, ZPO, § 369 Rn. 1; MK-*Heinrich*, ZPO, § 369 Rn. 5; a.A. Musielak/Voit-*Stadler*, ZPO, § 369 Rn. 6.

Zu § 370:
1 Zöller-*Greger*, ZPO, § 370 Rn. 1; Thomas/Putzo-*Reichold*, ZPO, § 370 Rn. 1.
2 Vgl. BGH, BeckRS 2011, 21382 = NJW 2011, 3040 = DS 2011, 362; MK-*Heinrich*, ZPO, § 370 Rn. 2; Baumbach/Lauterbach/Albers/Hartmann, ZPO, § 370 Rn. 6.
3 Musielak/Voit-*Stadler*, ZPO, § 370 Rn. 2.
4 MK-*Heinrich*, ZPO, § 370 Rn. 5; Musielak/Voit-*Stadler*, ZPO, § 370 Rn. 5.

Titel 6
Beweis durch Augenschein

§ 371
Beweis durch Augenschein

(1) ¹Der Beweis durch Augenschein wird durch Bezeichnung des Gegenstandes des Augenscheins und durch die Angabe der zu beweisenden Tatsachen angetreten. ²Ist ein elektronisches Dokument Gegenstand des Beweises, wird der Beweis durch Vorlegung oder Übermittlung der Datei angetreten.

(2) ¹Befindet sich der Gegenstand nach der Behauptung des Beweisführers nicht in seinem Besitz, so wird der Beweis außerdem durch den Antrag angetreten, zur Herbeischaffung des Gegenstandes eine Frist zu setzen oder eine Anordnung nach § 144 zu erlassen. ²Die §§ 422 bis 432 gelten entsprechend.

(3) Vereitelt eine Partei die ihr zumutbare Einnahme des Augenscheins, so können die Behauptungen des Gegners über die Beschaffenheit des Gegenstandes als bewiesen angesehen werden.

Inhalt:

	Rn.		Rn.
A. Allgemeines	1	II. Beweisantritt	4
B. Erläuterungen	2	III. Beweisvereitelung, Abs. 3	6
I. Begriff und Abgrenzung	2		

A. Allgemeines

§ 371 ZPO regelt die Grundlagen des Augenscheinsbeweises, insbesondere den Beweisantritt (Abs. 1), die Herbeischaffung des Beweisgegenstandes (Abs. 2) sowie die Rechtsfolgen bei Beweisvereitelung. Die Durchführung der Beweisaufnahme wird ergänzend in § 372 ZPO geregelt. Sondervorschriften für elektronische/gescannte Dokumente enthalten § 371a ZPO und § 371b ZPO; Untersuchungen zur Feststellung der Abstammung werden von § 372a ZPO erfasst.   1

B. Erläuterungen
I. Begriff und Abgrenzung

Dem Augenscheinsbeweis zugänglich ist **jede auf einer sinnlichen Wahrnehmung beruhende Tatsachenfeststellung.** Hierzu gehören – entgegen dem Wortlaut der Vorschrift – nicht nur visuelle Sinneswahrnehmungen, sondern auch akustische, sensorische und taktile Feststellungen.[1] Besondere praktische Bedeutung hat der Augenscheinsbeweis insbesondere dann, wenn die Parteien – etwa im Rahmen eines Miet- oder Nachbarschaftsstreits – über die tatsächliche Beschaffenheit einer Sache streiten.[2] Der Augenscheinsbeweis wird hierbei regelmäßig **mittelbar** durch die Vorlage von Fotografien o. ä. erhoben. Vor dem Hintergrund der im Zivilprozess geltenden formellen Unmittelbarkeit ist dies regelmäßig unproblematisch (siehe § 355 Rn. 1 f.). Kein Augenscheinsbeweis liegt vor, wenn das Gericht – etwa bei unstreitigen Tatsachen – eine **informatorische Besichtigung** durchführt.   2

Da letztlich alle im Rahmen des Zivilprozesses erhobenen Beweise auf einer sinnlichen Wahrnehmung beruhen, ist der Augenscheinsbeweis das allgemeinste aller Beweismittel[3] und wird immer dann verdrängt, wenn vorrangige Sonderregelungen bestehen.[4] Schwierigkeiten ergeben sich in diesem Zusammenhang insbesondere bei der **Abgrenzung zum Urkundenbeweis.** Hier gilt: Von einer Urkunde ist auszugehen, wenn eine in Wortzeichen verfasste, lesbare und verkehrsfähige Gedankenerklärung vorliegt (siehe § 415 Rn. 2). Fehlt es – wie etwa beim Strich auf dem Bierdeckel, Plänen (jeweils keine Wortzeichen) oder elektronischen Dateien (keine Verkehrsfähigkeit, siehe hierzu auch die ausdrücklichen Regelungen in § 371 Abs. 1 Satz 2 ZPO und § 416a ZPO sowie hinsichtlich der Beweiskraft § 371a ZPO) – an einem dieser Merkmale, so kann kein Urkundenbeweis, wohl aber ein Augenscheinsbeweis erfolgen. Glei-   3

---

1 Zöller-*Greger*, ZPO, § 371 Rn. 1; Wieczorek/Schütze-*Ahrens*, ZPO, § 371 Rn. 2.
2 Siehe etwa BGH, NJW-RR 2015, 847 = NZM 2015, 486 für die mangelhafte Ausführung nicht geschuldeter Schönheitsreparaturen.
3 Wieczorek/Schütze-*Ahrens*, ZPO, § 371 Rn. 2; BeckOK-*Bach*, ZPO, § 371 Rn. 2 („Generalklausel des Beweisrechts").
4 Stein/Jonas-*Berger*, ZPO, Vor § 371 Rn. 5.

ches gilt, wenn sich das Beweisthema nicht auf den in der Urkunde verkörperten Gedankeninhalt, sondern auf äußere Merkmale eines Dokuments bezieht.[5]

II. Beweisantritt

4 Der **Beweisantritt** erfolgt durch Bezeichnung des Gegenstandes des Augenscheins und durch die Angabe der zu beweisenden Tatsachen (§ 371 Abs. 1 Satz 1 ZPO). Denkbar, aber in der Praxis eher selten, ist ferner eine Beweisaufnahme **von Amts wegen** (siehe hierzu § 144 Rn. 2 ff.). Bei **elektronischen Dokumenten** wird der Beweis durch Vorlage (etwa auf einem USB-Stick) oder Übermittlung (meist per E-Mail) der Datei angetreten (§ 371 Abs. 1 Satz 2 ZPO). Für den Fall, dass das Gericht die vorgelegte/übermittelte elektronische Datei nicht selbst öffnen kann, erfolgt die Einnahme des Augenscheins mit Hilfe eines Sachverständigen.[6]

5 Befindet sich der Gegenstand der Inaugenscheinsnahme **nicht im Besitz des Beweisführers**, so ist gem. **§ 371 Abs. 2 Satz 1 ZPO** ein Antrag auf Fristsetzung zur Vorlage oder auf eine Anordnung nach § 144 ZPO erforderlich. Der Beweisführer hat folglich die Wahl: Entweder lässt er sich durch das Gericht eine Frist zur Vorlage des Gegenstandes setzen und bringt anschließend den Besitzer zur Vorlage des Gegenstandes bzw. Duldung der Beweiserhebung; oder er beantragt eine unmittelbare Vorlage- bzw. Duldungsanordnung durch das Gericht.[7] Für den Inhalt beider Anträge gilt § 424 ZPO.

III. Beweisvereitelung, Abs. 3

6 § 371 Abs. 3 ZPO sieht Sonderregeln für die Beweisvereitelung beim Augenscheinsbeweis vor. Entscheidend ist in diesem Zusammenhang stets die Frage, ob die vereitelte Einnahme des Augenscheins für die Partei **zumutbar** war bzw. ob die vereitelnde Partei einen **triftigen Grund für die Verweigerung des Augenscheins** hatte. Hierbei sind einerseits die Bedeutung der Beweistatsache auf der einen und die Schwere des Eingriffs für betroffene Partei auf der anderen Seite gegeneinander abzuwägen. Ein triftiger Grund zur Verweigerung des Augenscheins kann danach etwa dann vorliegen, wenn die Beweiserhebung einen körperlichen Eingriff bei einer Partei voraussetzt, der die Gefahr schwerwiegender Gesundheitsschäden mit sich bringt.[8] Bei materiellen Schäden – beispielsweise wenn im Rahmen eines Bauprozesses für die Einnahme des Augenscheins eine Bauteilöffnung erforderlich wird – spielt es für die Frage nach dem Vorliegen eines triftigen Grundes zur Verweigerung insbesondere eine Rolle, ob der Beweisführer für einen etwaigen späteren Schadensersatzanspruch Sicherheit geleistet hat.[9] Zur Leitungs- und Weisungsbefugnis des Gerichts bei Bauteilöffnungen durch einen Sachverständigen siehe § 404a Rn. 2.

§ 371a
Beweiskraft elektronischer Dokumente

(1) [1]Auf private elektronische Dokumente, die mit einer qualifizierten elektronischen Signatur versehen sind, finden die Vorschriften über die Beweiskraft privater Urkunden entsprechende Anwendung. [2]Der Anschein der Echtheit einer in elektronischer Form vorliegenden Erklärung, der sich auf Grund der Prüfung nach dem Signaturgesetz ergibt, kann nur durch Tatsachen erschüttert werden, die ernstliche Zweifel daran begründen, dass die Erklärung vom Signaturschlüssel-Inhaber abgegeben worden ist.

(2) Hat sich eine natürliche Person bei einem ihr allein zugeordneten De-Mail-Konto sicher angemeldet (§ 4 Absatz 1 Satz 2 des De-Mail-Gesetzes), so kann für eine von diesem De-Mail-Konto versandte elektronische Nachricht der Anschein der Echtheit, der sich aus der Überprüfung der Absenderbestätigung gemäß § 5 Absatz 5 des De-Mail-Gesetzes ergibt, nur durch Tatsachen erschüttert werden, die ernstliche Zweifel daran begründen, dass die Nachricht von dieser Person mit diesem Inhalt versandt wurde.

(3) [1]Auf elektronische Dokumente, die von einer öffentlichen Behörde innerhalb der Grenzen ihrer Amtsbefugnisse oder von einer mit öffentlichem Glauben versehenen Person innerhalb des ihr zugewiesenen Geschäftskreises in der vorgeschriebenen Form erstellt wor-

---

5 BeckOK-*Bach*, ZPO, § 371 Rn. 4.
6 MK-*Zimmermann*, ZPO, § 371 Rn. 13.
7 BeckOK-*Bach*, ZPO, § 371 Rn. 8 ff. mit dem Hinweis, dass sich der Beweisführer regelmäßig dann für eine Vorlageanordnung durch das Gericht entscheiden wird, wenn sich der Gegenstand im Besitz des Prozessgegners befindet, da das Gericht gem. § 144 Abs. 1 Satz 2 ZPO nach pflichtgemäßem Ermessen regelmäßig eine Vorlageanordnung erlassen muss.
8 OLG Düsseldorf, NJW 1984, 2635 = VersR 1985, 457; MK-*Zimmermann*, ZPO, § 371 Rn. 28.
9 MK-*Zimmermann*, ZPO, § 371 Rn. 28 m.w.N.

den sind (öffentliche elektronische Dokumente), finden die Vorschriften über die Beweiskraft öffentlicher Urkunden entsprechende Anwendung. ²Ist das Dokument von der erstellenden öffentlichen Behörde oder von der mit öffentlichem Glauben versehenen Person mit einer qualifizierten elektronischen Signatur versehen, gilt § 437 entsprechend. ³Das Gleiche gilt, wenn das Dokument im Auftrag der erstellenden öffentlichen Behörde oder der mit öffentlichem Glauben versehenen Person durch einen akkreditierten Diensteanbieter mit seiner qualifizierten elektronischen Signatur gemäß § 5 Absatz 5 des De-Mail-Gesetzes versehen ist und die Absenderbestätigung die erstellende öffentliche Behörde oder die mit öffentlichem Glauben versehene Person als Nutzer des De-Mail-Kontos ausweist.

Elektronische Dateien sind mangels Verkehrsfähigkeit keine Urkunden, sondern Augenscheinsobjekte (vgl. § 371 Rn. 3). § 371a ZPO stellt sie unter bestimmten Voraussetzungen hinsichtlich ihrer Beweiskraft den Urkunden gleich. Die Vorschrift erfasst nur **originär elektronische Dokumente**;[1] nachträglich eingescannte Dokumente sind in ihrer digitalisierten Version nur unter den Voraussetzungen des § 371b ZPO den Urkunden gleichgestellt. Die Beweiskraft des Ausdrucks eines öffentlichen elektronischen Dokuments ist ergänzend in § 416a ZPO geregelt. 1

Bei **privaten elektronischen Dokumenten** sieht § 371a ZPO eine Gleichstellung mit Urkunden vor, wenn das Dokument mit einer **qualifizierten elektronischen Signatur** i.S.d. § 2 Nr. 3 SigG versehen ist. Hinsichtlich der Echtheit der Erklärung normiert § 371a Abs. 1 Satz 2 ZPO einen **Anscheinsbeweis**, der nur durch Tatsachen erschüttert werden kann, die ernstliche Zweifel daran begründen, dass die Erklärung vom Signaturschlüssel-Inhaber abgegeben worden ist. Denkbar ist dies beispielsweise bei einer unberechtigten Verwendung des Signaturschlüssels.[2] 2

Für den Fall, dass eine private elektronische Nachricht von einem **De-Mail-Konto** versandt wurde, kann unter den Voraussetzungen von § 371a Abs. 2 ZPO ebenfalls der Anschein der Echtheit entstehen. Voraussetzung hierfür ist, dass die Nachricht von einer **natürlich Person** über ein **ihr allein zugeordnetes Konto** nach **sicherer Anmeldung** versandt worden ist und eine Absenderbestätigung nach § 5 Abs. 5 DeMailG vorliegt. Erforderlich ist zudem, dass die Nachricht **vollständig und samt Metadaten** gespeichert bzw. an das Gericht gesandt worden ist.[3] Die durch § 371a Abs. 2 ZPO herbeigeführte Beweiserleichterung bezieht sich nicht nur auf die Person des Absenders, sondern auch auf den Inhalt der Nachricht, da die Signatur bei einer Veränderung des Inhalts zerstört würde.[4] 3

Öffentliche elektronische Dokumente stehen gem. § 371a Abs. 3 Satz 1 ZPO auch ohne elektronische Signatur hinsichtlich ihres Beweiswerts den Urkunden gleich. Ist das Dokument zudem mit einer qualifizierten elektronischen Signatur versehen, gilt gem. § 371 Abs. 3 Satz 2 ZPO die Echtheitsvermutung des § 437 ZPO. Gleiches gilt gem. § 371 Abs. 3 Satz 3 ZPO wenn das Dokument mit einer Signatur nach § 5 Abs. 5 DeMailG versehen ist und die Absenderbestätigung die erstellende öffentliche Behörde oder die mit öffentlichem Glauben versehene Person als Nutzer des De-Mail-Kontos ausweist. 4

§ 371b
Beweiskraft gescannter öffentlicher Urkunden

¹Wird eine öffentliche Urkunde nach dem Stand der Technik von einer öffentlichen Behörde oder von einer mit öffentlichem Glauben versehenen Person in ein elektronisches Dokument übertragen und liegt die Bestätigung vor, dass das elektronische Dokument mit der Urschrift bildlich und inhaltlich übereinstimmt, finden auf das elektronische Dokument die Vorschriften über die Beweiskraft öffentlicher Urkunden entsprechende Anwendung. ²Sind das Dokument und die Bestätigung mit einer qualifizierten elektronischen Signatur versehen, gilt § 437 entsprechend.

Der im Jahr 2013 neu eingeführte § 371b ZPO ergänzt den nur auf originär elektronische Dokumente anwendbaren § 371a ZPO (siehe § 371a Rn. 1) und erweitert die Gleichstellung der Beweiskraft traditioneller Urkunden und elektronischer Dokumente um eingescannte öffentliche 1

---

1 Vgl. Roßnagel/Nebel, NJW 2014, 886 (887).
2 BeckOK-Bach, ZPO, § 371a Rn. 5; ausführlich zur Erschütterung des Anscheinsbeweises im Rahmen des § 371 Abs. 1 Satz 2 ZPO Wieczorek/Schütze-Ahrens, ZPO, § 371a Rn. 56 ff.
3 BeckOK-Bach, ZPO, § 371a Rn. 6.
4 Saenger-Eichele, ZPO, § 371a Rn. 5.

Urkunden. Die von der Vorschrift erfassten eingescannten Urkunden werden damit im Ergebnis den beglaubigten Abschriften (§ 435 ZPO) angenähert und erleichtern die elektronische Aktenführung für Behörden und Gerichte.

2 Nur **öffentliche Urkunden**, nicht jedoch Privaturkunden werden von der Vorschrift erfasst.[1] Erforderlich ist zudem, dass die Urkunde durch eine öffentliche Stelle nach dem **Stand der Technik** – beispielsweise, aber nicht zwingend,[2] unter Einhaltung der BSI TR RESISCAN-03138[3] – digitalisiert worden ist und eine Bestätigung über die Identität von Original und Abbild vorliegt. Aus § 371b Satz 2 ZPO ergibt sich, dass für die Gleichstellung der Beweiskraft das Vorliegen einer elektronischen Signatur nicht erforderlich ist, wohl aber für die entsprechende Anwendbarkeit des § 437 ZPO.

§ 372
Beweisaufnahme

(1) Das Prozessgericht kann anordnen, dass bei der Einnahme des Augenscheins ein oder mehrere Sachverständige zuzuziehen seien.

(2) Es kann einem Mitglied des Prozessgerichts oder einem anderen Gericht die Einnahme des Augenscheins übertragen, auch die Ernennung der zuzuziehenden Sachverständigen überlassen.

1 Die Vorschrift regelt zum einen die Hinzuziehung von Sachverständigen bei der Einnahme des Augenscheins, zum anderen die Möglichkeit der Übertragung der Augenscheinsnahme auf einen kommissarischen Richter.

2 Die Einnahme des Augenscheins hat – entsprechend dem Grundsatz der formellen Unmittelbarkeit (vgl. § 355 Rn. 1) – grundsätzlich durch das Prozessgericht selbst zu erfolgen. Gleichwohl kann es erforderlich sein, **ergänzend** einen **Sachverständigen hinzuziehen**. Denkbar ist dies einerseits, wenn das Gericht – beispielsweise bei elektronischen Dateien, die vom Gericht nicht geöffnet werden können – ohne Hilfe des Sachverständigen nicht in der Lage ist den betreffenden Gegenstand wahrzunehmen; andererseits können durch den Augenschein Feststellungen getroffen werden, die später der gutachterlichen Beurteilung durch den Sachverständigen unterliegen.

3 Von der ergänzenden Hinzuziehung eines Sachverständigen zu unterscheiden ist der Einsatz eines **Augenscheinsgehilfen/Augenscheinsmittler**, der anstelle des Gerichts unmittelbar sinnliche Wahrnehmungen vornimmt. Von dieser Möglichkeit sollte nur im Ausnahmefall Gebrauch gemacht werden, beispielsweise wenn das Gericht die Einnahme des Augenscheins aus tatsächlichen Gründen nicht durchführen kann (z.B. Besichtigung eines Wracks durch einen Taucher)[1] oder die unmittelbare Beweiserhebung durch das Gericht unzumutbar ist (z.B. Untersuchungen im Intimbereich).[2] Die Beweisaufnahme erfolgt anschließend im Wege der Einvernahme des Augenscheinsmittlers als (gegebenenfalls sachverständiger) Zeuge.

4 § 372 Abs. 2 ZPO erlaubt die Übertragung der Einnahme des Augenscheins auf einen **kommissarischen Richter**, dem auch die Ernennung der zuzuziehenden Sachverständigen überlassen werden kann. Das Prozessgericht kann hierbei dem kommissarischen Richter nicht nur die Ernennung an sich, sondern auch die Frage überlassen, ob überhaupt ein Sachverständiger hinzugezogen werden soll.[3]

5 Das Ergebnis des Augenscheins ist – sofern keine Ausnahme nach § 161 Abs. 1 ZPO vorliegt – gem. § 160 Abs. 3 Nr. 5 ZPO **zu protokollieren**. Das Protokoll muss von den Beteiligten genehmigt werden (§ 162 Abs. 1 ZPO).

---

1 Musielak/Voit-*Huber*, ZPO, § 371b Rn. 2.
2 BeckOK-*Bach*, ZPO, § 371b Rn. 5.
3 https://www.bsi.bund.de/DE/Publikationen/TechnischeRichtlinien/tr03138/index_htm.html (Stand: 18.05.2017).

Zu § 372:
1 MK-*Zimmermann*, ZPO, § 372 Rn. 3.
2 Etwas enger (körperliche Untersuchungen an einer Frau) Thomas/Putzo-*Reichold*, ZPO, § 372 Rn. 3; MK-*Zimmermann*, ZPO, § 372 Rn. 3.
3 BeckOK-*Bach*, ZPO, § 372 Rn. 6.

§ 372a
Untersuchungen zur Feststellung der Abstammung

(1) Soweit es zur Feststellung der Abstammung erforderlich ist, hat jede Person Untersuchungen, insbesondere die Entnahme von Blutproben, zu dulden, es sei denn, dass die Untersuchung dem zu Untersuchenden nicht zugemutet werden kann.

(2) ¹Die §§ 386 bis 390 gelten entsprechend. ²Bei wiederholter unberechtigter Verweigerung der Untersuchung kann auch unmittelbarer Zwang angewendet werden, insbesondere die zwangsweise Vorführung zur Untersuchung angeordnet werden.

Inhalt:

	Rn.		Rn.
A. Allgemeines	1	II. Auswahl der Methode und	
B. Erläuterungen	2	Zumutbarkeit der Untersuchung	3
I. Erforderlichkeit der Untersuchung	2	III. Duldungspflicht	4

A. Allgemeines

§ 372a ZPO verpflichtet Parteien oder Dritte, Untersuchungen zur Feststellung der Abstam- **1** mung in zivilprozessualen Verfahren zu dulden. Für Abstammungssachen i.S.d. § 169 Abs. 1 Nr. 1 und 4 FamFG (Feststellung des Bestehens oder Nichtbestehens eines Eltern-Kind-Verhältnisses/Anfechtung der Vaterschaft) gilt seit 2009 der inhaltlich entsprechende § 178 FamFG.[1] Die Vorschrift hat damit seit dem Inkrafttreten des FamFG **erheblich an Bedeutung verloren** und greift meist nur noch dann, wenn Abstammung nicht selbst Streitgegenstand, sondern – etwa im Erbschaftsprozess – Vorfrage ist.[2]

B. Tatbestandliche Anknüpfung
I. Erforderlichkeit der Untersuchung

Die Feststellung der Abstammung ist erforderlich, wenn sie **entscheidungserheblich** und **be- 2 weisbedürftig** ist.[3] Zudem muss die beweisbelastete Partei vortragen und begründen, warum die Abstammung einer Person behauptet bzw. bestritten wird. Vor dem Hintergrund fehlender Einblicke in das Sexualleben der (im Falle von Erbrechtsstreitigkeiten ohnehin bereits verstorbenen) betreffenden Person, sind an die Substantiierung des Behauptens oder Bestreitens allerdings keine allzu großen Anforderungen zu stellen. Ausreichend ist daher ein **begründeter Anfangsverdacht**.[4] Aus dem Kriterium der Erforderlichkeit und wegen des mit der Inaugenscheinnahme nach § 372a ZPO verbundenen Eingriffs in die körperliche Unversehrtheit (Art. 2 Abs. 2 Satz 1 GG) ergibt sich zudem, dass zunächst alle **anderen Beweismöglichkeiten** (z.B. die Verwertung einer noch vorhandenen Plasmaprobe eines Verstorbenen) **ausgeschöpft** werden müssen.[5]

II. Auswahl der Methode und Zumutbarkeit der Untersuchung

Die **Auswahl** der Untersuchungsmethode **obliegt dem Gericht**, wobei zur Feststellung der Ab- **3** stammung namentlich in Betracht kommen: DNS-Analyse (primäre und am häufigsten angewandte Untersuchungsmethode), Blutgruppenuntersuchung, serostatische Zusatzberechnung, erbbiologische/anthropologische Gutachten sowie Tragezeitgutachten.[6] Die Untersuchung ist **unzulässig**, wenn sie dem Betroffenen **nicht zugemutet werden kann**. Dabei sind einerseits Art und Intensität der Untersuchung, andererseits die Bedeutung der Untersuchung für den Rechtsstreit und ihre für den Betroffenen zu berücksichtigen. Hierbei dürfte es zu weit gehen, bereits dann Unzumutbarkeit anzunehmen, wenn die Feststellung der Abstammung nicht Streitgegenstand, sondern bloße Vorfrage ist,[7] da andernfalls § 372a ZPO nach der Neuschaffung von § 178 FamFG (s.o. Rn. 1) praktisch leerliefe.[8] Unzumutbarkeit kann sich aber beispielsweise dadurch ergeben, dass die zu untersuchende Person als Folge des Untersuchungsergebnisses einer Strafverfolgung ausgesetzt ist. Die Möglichkeit einer Bestrafung wegen

---

1 Keidel-*Engelhardt*, FamFG, § 178 Rn. 1.
2 Musielak/Voit-*Huber*, ZPO § 372a Rn. 2.
3 Vgl. OLG Oldenburg, NJW 1973, 1419 = FamRZ 1974, 158.
4 BGH, NJW 1998, 2976 (2977) = FamRZ 1998, 955 für den Fall der Ehelichkeitsanfechtungsklage.
5 Vgl. OLG Hamburg, NJW-RR 2010, 155 = FamRZ 2009, 1232; krit. BeckOK-*Bach*, ZPO, § 372a Rn. 9.
6 Eingehend MK-*Zimmermann*, ZPO, § 372a Rn. 8ff.
7 In diese Richtung Wieczorek/Schütze-*Ahrens*, ZPO, § 372a Rn. 12.
8 Wie hier MK-*Zimmermann*, ZPO, § 372a Rn. 14.

eines Aussagedelikts wird hierbei jedoch in aller Regel nicht genügen, um eine Unzumutbarkeit der Untersuchung zu begründen; anders mag dies jedoch bei schweren Delikten, insbesondere aus dem Bereich des Sexualstrafrechts und in Bezug auf zu untersuchende Dritte, aussehen.[9]

III. Duldungspflicht

4 § 372a ZPO normiert für die zu untersuchende Person eine Duldungspflicht, die auch die Vornahme notwendiger Mitwirkungshandlungen (z.B. Erscheinen zum Untersuchungstermin, Öffnen des Mundes für Speichelentnahme) erfasst.[10] Ein **Zeugnisverweigerungsrecht** steht der zu untersuchenden Person **nicht** zu. Dies ergibt sich aus § 372a Abs. 2 Satz 1 ZPO, der auf die §§ 386–390 ZPO, nicht jedoch auf §§ 383f. ZPO verweist.[11] Verweigert **die zu untersuchende Person** die Mitwirkung, ist wie folgt **zu differenzieren**: Bei zu untersuchenden Dritten greifen gem. § 372a Abs. 2 Satz 1 ZPO die Vorschriften über die Zeugnisverweigerung; gegebenenfalls ist gem. § 387 ZPO durch Zwischenurteil zu entscheiden. Im Übrigen gilt § 390 ZPO. Verweigert **die zu untersuchende Partei** die Mitwirkung, muss in aller Regel nicht auf die §§ 386–390 ZPO zurückgegriffen werden; da auf derartige Konstellationen die allgemeinen Grundsätze der Beweisfälligkeit/Beweisvereitelung angewandt werden können.[12]

Titel 7
Zeugenbeweis

§ 373
Beweisantritt

Der Zeugenbeweis wird durch die Benennung der Zeugen und die Bezeichnung der Tatsachen, über welche die Vernehmung der Zeugen stattfinden soll, angetreten.

Inhalt:

	Rn.		Rn.
A. Allgemeines	1	III. Beweisantritt	6
B. Erläuterungen	2	IV. Absehen von der Zeugeneinvernahme entsprechend § 244 Abs. 3 Satz 2 StPO	7
I. Zeugenbegriff und Abgrenzung zu anderen Beweismitteln	2		
II. Anforderungen an die Zeugnisfähigkeit	5	C. Folgen bei Verstoß	8

A. Allgemeines
1 § 373 ZPO regelt den Antritt des Zeugenbeweises.

B. Erläuterungen
I. Zeugenbegriff und Abgrenzung zu anderen Beweismitteln

2 Zeuge ist, wer als Beweismittel über **vergangene** oder (z.B. bei der Frage nach dem aktuellen Gesundheitszustand) **gegenwärtige Tatsachen oder Zustände** aus **eigener Wahrnehmung berichtet**, vgl. § 414 ZPO. Gegenstand des Zeugenbeweises können sowohl äußere und objektivierbare Zustände, als auch innere Vorgänge (etwa das hypothetische Verhalten des Zeugen) sein.[1] Nicht möglich ist der Zeugenbeweis dagegen soweit es um die Feststellung von Werturteilen, Rechtsbegriffen oder Schlussfolgerungen geht.[2]

3 Während der **Sachverständige** auf Grundlage seiner besonderen Sachkunde Schlussfolgerungen auf Basis feststehender Tatsachen zieht, berichtet der Zeuge aufgrund eigener unmittelbarer Wahrnehmung. Anders als der Sachverständige (vgl. § 412 ZPO) kann der Zeuge daher

---

9 Vgl. etwa OLG Hamm, NJW 1993, 474 (475) = FamRZ 1993, 76 (Keine Unzumutbarkeit bei Inzestverdacht hinsichtlich des zu untersuchenden Beklagten); ausführlich und m.w.N. Stein/Jonas-Berger, ZPO, § 372a Rn. 11; BeckOK-Bach, ZPO, § 372a Rn. 18f.
10 Wieczorek/Schütze-Ahrens, ZPO, § 372a Rn. 58.
11 BeckOK-Bach, ZPO, § 372a Rn. 1.1
12 BeckOK-Bach, ZPO, § 372a Rn. 25ff.

Zu § 373:
1 Vgl. RGZ 62, 415 (416).
2 MK-Damrau, ZPO, § 373 Rn. 3.

weder ausgetauscht noch wegen Befangenheit abgelehnt werden. Diese Abgrenzung bedeutet indes nicht, dass der Zeuge – was im Einzelfall kaum möglich und dem Zeugen kaum zumutbar wäre – keinerlei Schlussfolgerungen ziehen darf. Soweit der Zeuge allgemein anerkannte Bewertungsmaßstäbe anwendet und hierbei aufgrund einfacher nachvollziehbarer Denkvorgänge Schlüsse zieht, dürfte dies im Rahmen des Zeugenbeweises nicht zu beanstanden sein.[3] Nichts anderes kann gelten, wenn der Zeuge wahrgenommene Tatsachen aufgrund eigener Wahrnehmung in einen Gesamtzusammenhang einordnet (beispielsweise bei der Frage, ob ein vom Zeuge wahrgenommener Vorgang – z.B. der Ablauf einer Beratungssituation – das „übliche Vorgehen" in einem Unternehmen darstellt). Zum **sachverständigen Zeugen** siehe die Kommentierung zu § 414 ZPO. Zum **Augenscheinsgehilfen/Augenscheinsmittler** siehe § 372 Rn. 3.

Schwierigkeiten bereitet im Einzelfall die Abgrenzung des Zeugenbeweises zur **Parteivernehmung**. Hier gilt im Grundsatz, dass eine Zeugeneinvernahme ausscheidet, soweit eine Person als Partei vernommen werden kann. **Kläger** und **Beklagter** des Rechtsstreits scheiden damit als Zeugen grundsätzlich genauso aus, wie die **satzungsgemäßen gesetzlichen Vertreter** von Vereinen oder Gesellschaften (z.b. Vorstandsmitglieder einer Aktiengesellschaft, Geschäftsführer einer GmbH),[4] die **zur (Gesamt-)Vertretung berechtigten Gesellschafter** einer GbR[5] oder **Parteien kraft Amtes** (etwa Testamentsvollstrecker oder Nachlassverwalter). Als Zeugen vernommen werden dagegen nicht satzungsgemäßen oder gesetzlichen Vertretung berechtigte Gesellschafter (hierunter fallen auch **Kommanditisten einer KG**, selbst, wenn ihnen Prokura erteilt worden ist),[6] der **Rechtsinhaber** im Rechtsstreit einer Partei kraft Amtes (etwa der Erbe im Prozess des Testamentsvollstreckers), der **Nebenintervenient** (§ 65 ZPO) sowie der **Rechtsvorgänger** im Prozess des Zessionars.[7] **Geschäftsunfähige Parteien** oder **Minderjährige**, die nicht nach § 455 Abs. 2 ZPO als Parteien vernommen werden, sind ebenfalls Zeugen.[8] Gleiches gilt für **Streitgenossen**, sofern diese über Tatsachen vernommen werden, die sie selbst nicht betreffen oder soweit sie aus dem Rechtsstreit (z.B. aufgrund Vergleichs oder Teilurteils) bereits ausgeschieden sind.[9]

II. Anforderungen an die Zeugnisfähigkeit

Die Zeugnisfähigkeit setzt lediglich voraus, dass der Zeuge **seine eigenen Wahrnehmungen wiedergeben kann**. Hierfür ist **weder** ein bestimmtes **Alter** noch ein bestimmter **Geisteszustand** erforderlich, so dass auch Minderjährige und Geschäftsunfähige als Zeugen vernommen werden können.[10] Gleichwohl sind vor allem bei sehr jungen Zeugen (etwa mitfahrenden Kinder bei der Beweisaufnahme über einen Verkehrsunfall) deren intellektuelle Reife sowie eine mögliche unbewusste Beeinflussung im Rahmen der Beweiswürdigung zu berücksichtigen.

III. Beweisantritt

Der Zeugenbeweis wird nicht von Amts wegen erhoben, sondern setzt einen Antrag voraus, in dem der Zeuge **namentlich** und unter Angabe einer **ladungsfähigen Anschrift** zu benennen ist. Wird keine Anschrift angegeben, so liegt gleichwohl ein beachtlicher Beweisantrag vor, der nur unter den Voraussetzungen des § 356 ZPO unberücksichtigt bleiben darf (siehe § 365 Rn. 3).[11] Zudem müssen die Tatsachen, die mit Hilfe des Zeugen bewiesen werden sollen, hinreichend substantiiert angegeben werden. Zum Ausforschungsbeweis siehe § 285 Rn. 7.

---

3 BeckOK-*Scheuch*, ZPO, § 373 Rn. 15.
4 Musielak/Voit-*Huber*, ZPO, § 373 Rn. 8.
5 BeckOK-*Scheuch*, ZPO, § 373 Rn. 6.
6 BGH, NJW 1965, 2253 = MDR 1965, 980; Musielak/Voit-*Huber*, ZPO, § 373 Rn. 8.
7 BGH, NJW 2001, 826 (827); Zöller-*Greger*, ZPO, § 373 Rn. 4; MK-*Damrau*, ZPO, § 373 Rn. 14 mit der Einschränkung, dass eine Zeugeneinvernahme ausscheidet, wenn die Zession primär durchgeführt wurde, um den Rechtsvorgänger die Stellung als Zeuge zu verschaffen; diese Einschränkung überzeugt allerdings nicht, da die Motive der Abtretung nur selten überprüft werden können; überzeugender erscheint es daher, die formale Stellung des Zedenten als Zeugen unberührt zu lassen und das – regelmäßig weiterhin bestehende und einfach festzustellende – Eigeninteresse des Zedenten im Rahmen der Beweiswürdigung zu berücksichtigen.
8 Vgl. BGH, NJW 2000, 289 (291) = VersR 2001, 479; Zöller-*Greger*, ZPO, § 373 Rn. 4; BeckOK-*Becheler*, ZPO, § 455 Rn. 2.
9 Vgl. BGH, NJW 1999, 135 (136) = FamRZ 1999, 154.
10 MK-*Damrau*, ZPO, § 373 Rn. 6.
11 BGH, NJW 1993, 1926 = MDR 1994, 512.

IV. Absehen von der Zeugeneinvernahme entsprechend § 244 Abs. 3 Satz 2 StPO

7 Die Vorschrift des § 244 Abs. 3 Satz 2 StPO, nach der einem Beweisantrag im Strafprozess dann nicht gefolgt werden muss, wenn das Beweismittel „völlig ungeeignet oder wenn es unerreichbar ist", findet im Zivilprozess **entsprechende Anwendung**.[12] An die **Unerreichbarkeit des Zeugen** sind jedoch hohe Anforderungen zu stellen: So genügt es nicht, wenn ein Zeuge lediglich mehrfach nicht vor Gericht erscheint; erforderlich ist vielmehr, dass das Gericht unter Beachtung seiner Aufklärungspflicht alle der Bedeutung des Zeugnisses entsprechenden Bemühungen – etwa die Verhängung von Ordnungsmitteln – vergeblich entfaltet hat und keine begründete Aussicht besteht, das Beweismittel in absehbarer Zeit zu beschaffen.[13] Von einer **Untauglichkeit des Beweismittels** kann nur ausgegangen werden, wenn es im Einzelfall vollkommen ausgeschlossen erscheint, dass die Beweisaufnahme irgendetwas Sachdienliches ergeben könnte; die bloße Unwahrscheinlichkeit einer Tatsache reicht hierfür ebenso wenig aus, wie ein dem Zeugen gegebenenfalls zustehendes Zeugnisverweigerungsrecht.[14]

A. Folgen bei Verstoß

8 Die fehlerhafte Behandlung einer Person als Zeuge bzw. als Nicht-Zeuge und die hierdurch resultierende unrichtige Wahl des Beweismittels stellt einen **Verfahrensfehler** dar, der nach § 295 ZPO heilbar ist.[15]

§ 374
(weggefallen)

§ 375
Beweisaufnahme durch beauftragten oder ersuchten Richter

(1) Die Aufnahme des Zeugenbeweises darf einem Mitglied des Prozessgerichts oder einem anderen Gericht nur übertragen werden, wenn von vornherein anzunehmen ist, dass das Prozessgericht das Beweisergebnis auch ohne unmittelbaren Eindruck von dem Verlauf der Beweisaufnahme sachgemäß zu würdigen vermag, und

1. wenn zur Ausmittlung der Wahrheit die Vernehmung des Zeugen an Ort und Stelle dienlich erscheint oder nach gesetzlicher Vorschrift der Zeuge nicht an der Gerichtsstelle, sondern an einem anderen Ort zu vernehmen ist;
2. wenn der Zeuge verhindert ist, vor dem Prozessgericht zu erscheinen und eine Zeugenvernehmung nach § 128a Abs. 2 nicht stattfindet;
3. wenn dem Zeugen das Erscheinen vor dem Prozessgericht wegen großer Entfernung unter Berücksichtigung der Bedeutung seiner Aussage nicht zugemutet werden kann und eine Zeugenvernehmung nach § 128a Abs. 2 nicht stattfindet.

(1a) Einem Mitglied des Prozessgerichts darf die Aufnahme des Zeugenbeweises auch dann übertragen werden, wenn dies zur Vereinfachung der Verhandlung vor dem Prozessgericht zweckmäßig erscheint und wenn von vornherein anzunehmen ist, dass das Prozessgericht das Beweisergebnis auch ohne unmittelbaren Eindruck von dem Verlauf der Beweisaufnahme sachgemäß zu würdigen vermag.

(2) Der Bundespräsident ist in seiner Wohnung zu vernehmen.

Inhalt:

	Rn.		Rn.
A. Allgemeines	1	C. Folgen bei Verstoß	7
B. Erläuterungen	2		

---

12 BGH, NJW-RR 2013, 9 (10) = FamRZ 2012, 1938; BGH, NJW 2012, 296 (297) = VersR 2011, 1563.
13 BGH, NJW-RR 2015, 1151 (1152) = WM 2105, 1572 (für den Fall eines zweimalig nicht erschienen Zeugen); BGH, NJW 2006, 3416 (3418).
14 BGH, NJW-RR 2015, 1151 (1152) = WM 2105, 1572; BGH, NJW-RR 2013, 9 (10) = FamRZ 2012, 1938; vgl. auch BGH, BeckRS 2016, 1735, Rn. 11.
15 Vgl. BGH, NJW 1965, 2253 (2254) = MDR 1965, 980.

A. Allgemeines
Die Vorschrift regelt in Abweichung vom Grundsatz der formellen Unmittelbarkeit (siehe § 355 Rn. 8) die Voraussetzungen, unter denen – ausnahmsweise – die Einvernahme eines Zeugen einem beauftragten (§ 361 ZPO) oder ersuchten Richter (§ 362 ZPO) übertragen werden kann.

1

B. Erläuterungen
Grundvoraussetzung für die Übertragung der Beweisaufnahme auf einen kommissarischen Richter ist die Annahme, dass es bei der späteren Beweiswürdigung nicht auf den unmittelbaren Eindruck von der Beweisaufnahme ankommt. Eine kommissarische Vernehmung scheidet daher immer dann aus, wenn – etwa bei zu erwartenden widersprechenden Zeugenaussagen – im Rahmen der Beweiswürdigung voraussichtlich entscheidend auf die Glaubwürdigkeit der Zeugen eingegangen werden muss.[1]

2

Eine Vernehmung des Zeugen **an Ort und Stelle** (§ 375 Abs. 1 Nr. 1 ZPO) kann etwa dann **sachdienlich** sein, wenn der Zeuge über Wahrnehmungen zu vernehmen ist, die er an einem bestimmten Ort (etwa im Zusammenhang mit einem Unfall) gemacht hat. Gesetzlich vorgesehen ist die Vernehmung an einem bestimmten Ort in den Fällen des **§ 375 Abs. 2 ZPO** (Bundespräsident) sowie **§ 382 ZPO** (Regierungsmitglieder auf Bundes- und Landesebene sowie Abgeordnete).

3

Eine **Verhinderung** des Zeugen (§ 375 Abs. 1 Nr. 2 ZPO) liegt etwa dann vor, wenn der Zeuge wegen Krankheit oder aufgrund seines Alters nicht mehr vor Gericht erscheinen kann. Nicht ausreichend ist dagegen, wenn dem Zeugen lediglich die Mittel zur Bestreitung der Reisekosten fehlen, da nach dem JVEG ein Kostenvorschuss gewährt werden kann.[2] Bei **inhaftierten Zeugen** ist stets zu prüfen, ob das Erscheinen vor Gericht nicht mittels Vorführung sichergestellt werden kann.[3] In allen Fällen kommt die Vernehmung durch einen kommissarischen Richter jedoch nur in Betracht, wenn eine Zeugenvernehmung im Wege der Bild- und Tonübertragung nach § 128a ZPO nicht durchführbar ist.

4

Eine Übertragung der Zeugeneinvernahme ist ferner möglich, wenn dem Zeugen das Erscheinen vor Gericht unter Berücksichtigung der Bedeutung seiner Aussage wegen **großer Entfernung** nicht zugemutet werden kann (§ 375 Abs. 1 Nr. 3 ZPO). Denkbar ist dies etwa, wenn zum gleichen Beweisthema noch weitere Zeugen zu vernehmen sind, die mutmaßlich ähnliche Wahrnehmungen schildern werden. Vorrangig ist auch hier die Zeugenvernehmung nach § 128a ZPO.

5

§ 375 Abs. 1a ZPO ermöglicht dem Gericht die Durchführung der Beweisaufnahme durch einen kommissarischen Richter „zur Vereinfachung" der Verhandlung. Hierdurch soll – auch vor dem Hintergrund des Beschleunigungsgrundsatzes – gerade in komplexen Verfahren wie etwa umfangreichen Bauprozessen eine unangemessene Verzögerung oder Erschwernis des Verfahrens verhindert werden.[4]

6

C. Folgen bei Verstoß
Wird ein Zeuge unter Verstoß gegen § 375 ZPO kommissarisch vernommen, so ist die Beweisaufnahme insoweit zu wiederholen. Eine Heilung nach § 295 ZPO ist möglich.[5]

7

§ 376
Vernehmung bei Amtsverschwiegenheit

(1) Für die Vernehmung von Richtern, Beamten und anderen Personen des öffentlichen Dienstes als Zeugen über Umstände, auf die sich ihre Pflicht zur Amtsverschwiegenheit bezieht, und für die Genehmigung zur Aussage gelten die besonderen beamtenrechtlichen Vorschriften.

(2) Für die Mitglieder des Bundestages, eines Landtages, der Bundes- oder einer Landesregierung sowie für die Angestellten einer Fraktion des Bundestages oder eines Landtages gelten die für sie maßgebenden besonderen Vorschriften.

---

1 OLG Köln, NJW-RR 1998, 1143 = VersR 1998, 1565.
2 MK-*Damrau*, ZPO, § 375 Rn. 4.
3 A.A. offenbar Musielak/Voit-*Huber*, ZPO, § 375 Rn. 3; BeckOK-*Scheuch*, ZPO, § 375 Rn. 5.1; Wieczorek/Schütze-*Ahrens*, ZPO, § 375 Rn. 14, die bei inhaftierten Zeugen von einer Verhinderung ausgehen.
4 Vgl. MK-*Damrau*, ZPO, § 375 Rn. 3.
5 BGHZ 133, 36 = NJW 1996, 2734 (2735).

(3) Eine Genehmigung in den Fällen der Absätze 1, 2 ist durch das Prozessgericht einzuholen und dem Zeugen bekannt zu machen.
(4) Der Bundespräsident kann das Zeugnis verweigern, wenn die Ablegung des Zeugnisses dem Wohl des Bundes oder eines deutschen Landes Nachteile bereiten würde.
(5) Diese Vorschriften gelten auch, wenn die vorgenannten Personen nicht mehr im öffentlichen Dienst oder Angestellte einer Fraktion sind oder ihre Mandate beendet sind, soweit es sich um Tatsachen handelt, die sich während ihrer Dienst-, Beschäftigungs- oder Mandatszeit ereignet haben oder ihnen während ihrer Dienst-, Beschäftigungs- oder Mandatszeit zur Kenntnis gelangt sind.

Inhalt:

	Rn.		Rn.
A. Allgemeines	1	B. Erläuterungen	2

A. Allgemeines

1 Die Vorschrift regelt die Voraussetzungen, unter denen Personen, die der Amtsverschwiegenheit unterliegen, als Zeugen vernommen werden können und sieht zudem ein besonderes Zeugnisverweigerungsrecht des Bundespräsidenten vor.

B. Erläuterungen

2 **Richter** i.S.d. Abs. 1 sind gem. § 1 DRiG Berufsrichter und ehrenamtliche Richter. Der Begriff des **Beamten** richtet sich nach § 3 BeamtStG, wobei Beamte des Bundes, der Länder, der Gemeinden bzw. Gemeindeverbände sowie öffentlich-rechtlicher Körperschaften (einschließlich der Religionsgemeinschaften, vgl. Art. 140 GG, Art. 137 Abs. 5 WRV), Anstalten und Stiftungen erfasst werden. Zu den „anderen Personen des öffentlichen Dienstes" gehören zunächst Angestellte und Arbeiter des öffentlichen Dienstes. Darüber hinaus gilt die Vorschrift auch für nach dem Verpflichtungsgesetz für den öffentlichen Dienst besonders verpflichtete Personen, Soldaten, Stadt- und Gemeinderäte, sog. V-Leute sowie für Bedienstete von Unternehmen aus dem Rüstungssektor.[1]

3 Der **Umfang der Amtsverschwiegenheit** sowie das – gem. § 376 Abs. 5 ZPO auch über die Beendigung des Dienstverhältnisses hinaus bestehende – Genehmigungserfordernis durch den Dienstherrn ergeben sich aus den für die jeweilige Berufsgruppe einschlägigen Vorschriften. Für Bundesbeamte gilt daher beispielsweise **§ 69 BBG**, für Landesbeamte **§ 37 BeamtStG**. Hinsichtlich der Amtsverschwiegenheit von Richtern sind in Bezug auf das Beratungsgeheimnis zusätzlich § 43 DRiG und § 45 Abs. 1 Satz 2 DRiG zu beachten. Da das Beratungsgeheimnis auch dem Dienstvorgesetzten gegenüber besteht, scheidet insoweit die Erteilung einer Aussagegenehmigung aus; der betroffene Richter muss daher hinsichtlich des Beratungsgeheimnisses selbst entscheiden.[2] **Zuständig** für die Einholung der Aussagegenehmigung ist gem. § 376 Abs. 3 ZPO das **Gericht**.

4 Für **Bundestagsabgeordnete** ist hinsichtlich der Aussagegenehmigung **§ 44d AbgG** zu beachten, für **Fraktionsangestellte § 49 Abs. 1 AbgG**. Für die Mitglieder der **Bundesregierung** gilt **§ 6 Abs. 1 BMinG**, der gem. **§ 7 ParlStG** auch auf **Parlamentarische Staatssekretäre** Anwendung findet. In Bezug auf die Mitglieder der Landesregierungen sowie hinsichtlich der Abgeordneten in den Landesparlamenten existieren entsprechende landesgesetzliche Vorschriften.

5 Ohne die erforderliche Aussagegenehmigung besteht für das Gericht ein **unverzichtbares Vernehmungsverbot**. Bei Aussagen ohne erforderlicher Genehmigung besteht jedoch **kein Verwertungsverbot**.[3] Gegen die – als Verwaltungsakt zu qualifizierende – Versagung der Genehmigung kann die beweisbelastete Partei im Wege der Anfechtungsklage vorgehen.[4] Das Prozessgericht kann bis zur rechtskräftigen Entscheidung des Verwaltungsrechtsstreits das Verfahren nach § 148 ZPO aussetzen.

6 Für den **Bundespräsidenten** sieht § 376 Abs. 4 ZPO ein Zeugnisverweigerungsrecht vor, sofern die Ablegung des Zeugnisses dem Wohl des Bundes oder eines deutschen Landes Nachteile bereiten würde.

---

1 Zu allem MK-*Damrau*, ZPO, § 376 Rn. 4 f.
2 Vgl. Stein/Jonas-*Berger*, ZPO, § 376 Rn. 18; MK-*Damrau*, ZPO, § 376 Rn. 3; hinsichtlich der Amtsverschwiegenheit für Wirtschaftsprüfer, die gem. § 4 Abs. 3 FinDAG für die BaFin tätig werden siehe BGH, BeckRS 2016, 14860; BGH, BeckRS 2016, 14857; BGH, BeckRS 2016, 8259; BGH, BeckRS 2016, 08887; BGH, BeckRS 2016, 4664.
3 Vgl. BGH, NJW 1952, 151 (151 f.) in Bezug auf § 54 StPO; Zöller-*Greger*, ZPO, § 376 Rn. 4.
4 Vgl. BVerwGE 34, 252 = NJW 1971, 160.

§ 377
Zeugenladung

(1) ¹Die Ladung der Zeugen ist von der Geschäftsstelle unter Bezugnahme auf den Beweisbeschluss auszufertigen und von Amts wegen mitzuteilen. ²Sie wird, sofern nicht das Gericht die Zustellung anordnet, formlos übermittelt.

(2) Die Ladung muss enthalten:
1. die Bezeichnung der Parteien;
2. den Gegenstand der Vernehmung;
3. die Anweisung, zur Ablegung des Zeugnisses bei Vermeidung der durch das Gesetz angedrohten Ordnungsmittel in dem nach Zeit und Ort zu bezeichnenden Termin zu erscheinen.

(3) ¹Das Gericht kann eine schriftliche Beantwortung der Beweisfrage anordnen, wenn es dies im Hinblick auf den Inhalt der Beweisfrage und die Person des Zeugen für ausreichend erachtet. ²Der Zeuge ist darauf hinzuweisen, dass er zur Vernehmung geladen werden kann. ³Das Gericht ordnet die Ladung des Zeugen an, wenn es dies zur weiteren Klärung der Beweisfrage für notwendig erachtet.

Inhalt:

	Rn.		Rn.
A. Allgemeines	1	II. Schriftliche Beantwortung der Beweisfrage durch den Zeugen, Abs. 3	6
B. Erläuterungen	2		
I. Formale und inhaltliche Vorgaben für die Zeugenladung	2		

A. Allgemeines

§ 377 ZPO enthält formale und inhaltliche Vorgaben für die Zeugenladung (Abs. 1, 2) und ermöglicht zudem als vereinfachte Form der Beweisaufnahme unter bestimmten Voraussetzungen die schriftliche Beantwortung der Beweisfrage durch den Zeugen (Abs. 3).

1

B. Erläuterungen
I. Formale und inhaltliche Vorgaben für die Zeugenladung

§ 377 Abs. 1 ZPO stellt zunächst klar, dass die Ladung der Zeugen im **Amtsbetrieb** durch das Gericht erfolgt und dem Zeugen **formlos** durch einfachen Brief übermittelt wird. Hiervon abweichend kann das Gericht nach pflichtgemäßem Ermessen auch eine förmliche Zustellung der Ladung anordnen. Dies geschieht regelmäßig dann, wenn der Zeuge einer ersten formlosen Ladung unentschuldigt nicht gefolgt ist und die Möglichkeit besteht, er werde – etwa im Zuge der Verhängung eines Ordnungsmittels nach § 380 ZPO – behaupten, die Ladung nicht erhalten zu haben.

2

Muss die Ladung des Zeugen im **Ausland** erfolgen, so ist wie folgt zu differenzieren: Bei **deutschen Staatsangehörigen** kann die Ladung durch das Gericht **unmittelbar formlos** durch normale Briefpost erfolgten, einschließlich einer **Androhung von Ordnungsmitteln** gem. § 380 ZPO.¹ Eine **förmliche Ladung** ist dagegen aufgrund des mit der förmlichen Zustellung verbundenen Souveränitätseingriffs nur auf Grundlage der **EU-Zustellungsverordnung i. V. m. §§ 1068, 1069 ZPO** möglich. Die Ladung von **ausländischen Staatsangehörigen** im Ausland ist ebenfalls durch formlosen Brief möglich, allerdings ohne Androhung von Ordnungsmitteln.²

3

Für die Ladung als Zeuge ist grundsätzlich unerheblich, ob der Zeuge **geschäftsfähig** ist.³ Entscheidend ist vielmehr, ob der Zeuge eigenständig den Sinn der Ladung erfassen und ihr aus eigenem Entschluss selbstständig Folge leisten kann.⁴ Hiervon ist bei Zeugen ab **Vollendung des 14. Lebensjahres** – jedenfalls solange das Gericht für den Zeugen mit öffentlichen Verkehrsmitteln gut erreichbar ist – regelmäßig auszugehen.⁵ Bei jüngeren Zeugen ist dagegen der gesetzliche Vertreter (idealerweise zusätzlich zu dem minderjährigen Zeugen) mit der Aufforderung zu laden, den Minderjährigen zum Termin mitzubringen.⁶

4

---

1 MK-*Damrau*, ZPO, § 377 Rn. 5 mit dem Hinweis, dass ein etwaiges Ordnungsmittel im Ausland nicht vollstreckt werden kann.
2 MK-*Damrau*, ZPO, § 377 Rn. 5; Baumbach/Lauterbach/Albers/Hartmann, ZPO, § 377 Rn. 5.
3 BeckOK-*Scheuch*, ZPO, § 377 Rn. 8.
4 Stein/Jonas-*Berger*, ZPO, § 377 Rn. 3.
5 MK-*Damrau*, ZPO, § 377 Rn. 4.
6 Stein/Jonas-*Berger*, ZPO, § 377 Rn. 3.

5 Die **inhaltlichen Mindestvorgaben** für die Zeugenladung sind in § 377 Abs. 2 ZPO geregelt. Sie sollen dem Zeugen – vor dem Hintergrund etwaiger Zeugnisverweigerungsrechte und des § 378 ZPO – eine Vorbereitung auf den Termin ermöglichen und ihm die Folgen einer Säumnis (§ 380 ZPO) vor Augen führen. Eine starre **Ladungsfrist** existiert nicht (siehe § 380 Rn. 2).

II. Schriftliche Beantwortung der Beweisfrage durch den Zeugen, Abs. 3

6 Als besondere Form der Zeugenvernehmung – nicht als Urkundenbeweis – ist in § 377 Abs. 3 ZPO die schriftliche Beantwortung der Beweisfrage durch den Zeugen vorgesehen. **Grundvoraussetzung** hierfür ist, dass sich die Beweisfrage inhaltlich und der Zeuge persönlich für eine schriftliche Beantwortung eignen. Denkbar ist dies insbesondere bei **unkomplizierten Sachverhalten** und bei Zeugen, an deren **Glaubwürdigkeit keine Zweifel** bestehen und die ohne weiteres **in der Lage sind**, Ihre Aussage **schriftlich niederzulegen**.[7]

7 Die **Anordnung** der schriftlichen Beantwortung der Beweisfrage erfolgt durch das Prozessgericht im Rahmen des (gegebenenfalls vorterminlichen, § 358a Satz 2 Nr. 3 ZPO) **Beweisbeschlusses**. Die Zustimmung der Parteien ist nicht erforderlich, sollte aber vor dem Hintergrund des Fragerechts nach § 397 ZPO gleichwohl vorliegen.[8] Eine (bei Weigerung mit Ordnungsmittel gem. § 380 ZPO zu ahndende) **Pflicht des Zeugen** zur schriftlichen Beantwortung der Beweisfrage **besteht nicht**. Hierauf ist der Zeuge – ebenso wie auf die Zeugnisverweigerungsrechte gem. § 383 Abs. 1 Nr. 1–3 ZPO, auf die Wahrheitspflicht sowie auf die Möglichkeit einer Ladung – durch das Gericht **hinzuweisen**.[9]

8 Nach eingeholter schriftlicher Beantwortung der Beweisfrage wird diese den Parteien formlos mitgeteilt. Bei unklaren, widersprüchlichen oder unvollständigen Aussagen kann das Gericht eine **schriftliche Ergänzung** einholen. Alternativ ist gem. § 377 Abs. 3 Satz 3 ZPO die **Ladung des Zeugen** möglich, sofern das Gericht dies zur weiteren Klärung der Beweisfrage für notwendig erachtet. Die nachträgliche Anordnung der Ladung steht im **pflichtgemäßen Ermessen** des Gerichts und kann beispielsweise dann geboten sein, wenn sich die Beantwortung der Beweisfrage entgegen einer ersten Annahme des Gerichts als komplex herausstellt. Im Hinblick auf das Fragerecht der Parteien nach § 397 ZPO kann es sinnvoll und geboten sein, dass das Gericht einem entsprechenden begründeten Verlangen nachkommt.[10]

§ 378
Aussageerleichternde Unterlagen

(1) ¹Soweit es die Aussage über seine Wahrnehmungen erleichtert, hat der Zeuge Aufzeichnungen und andere Unterlagen einzusehen und zu dem Termin mitzubringen, wenn ihm dies gestattet und zumutbar ist. ²Die §§ 142 und 429 bleiben unberührt.

(2) Kommt der Zeuge auf eine bestimmte Anordnung des Gerichts der Verpflichtung nach Absatz 1 nicht nach, so kann das Gericht die in § 390 bezeichneten Maßnahmen treffen; hierauf ist der Zeuge vorher hinzuweisen.

1 Die Vorschrift dient der Effektivität der Zeugenvernehmung und legt dem Zeugen eine **Vorbereitungs- und Mitnahmepflicht** in Bezug auf Aufzeichnungen und andere aussageerleichternde Unterlagen auf, die durch das Gericht mit Maßnahmen nach § 390 ZPO durchgesetzt werden kann.

2 Der Zeuge ist gem. § 378 Abs. 1 ZPO **verpflichtet**, auch ohne Aufforderung durch das Gericht Aufzeichnungen und Unterlagen einzusehen und zum Termin mitzubringen, soweit ihm dies die Aussage über das Beweisthema erleichtert. Relevant wird dies insbesondere bei Vorgängen, die bereits länger zurückliegen und von denen beispielsweise Aktennotizen existieren, mit denen der Zeuge seine Erinnerungen reaktivieren kann.[1] Eine **Nachforschungspflicht** des Zeugen über Vorgänge, an denen er selbst nicht beteiligt war (beispielsweise bei Filialleitern von Banken) besteht dagegen nicht, da die Vorschrift nur von aussageerleichternden, nicht aber von

---

7 MK-*Damrau*, ZPO, § 377 Rn. 7; BeckOK-*Scheuch*, ZPO, § 377 Rn. 13.
8 Prütting/Gehrlein-*Trautwein*, ZPO, § 377 Rn. 8; MK-*Damrau*, ZPO, § 377 Rn. 13.
9 BeckOK-*Scheuch*, ZPO, § 377 Rn. 17.
10 Vgl. *Balzer*, Beweisaufnahme und Beweiswürdigung im Zivilprozess, Rn. 198.

Zu § 378:
1 Vgl. OLG Köln, NJW 1973, 1983 (1984) = MDR 1973, 942.

aussageermöglichenden Unterlagen spricht.² Für die Pflicht des Zeugen besteht eine **Zumutbarkeitsgrenze**, die je nach Einzelfall unter Berücksichtigung der Bedeutung des Rechtsstreits für die Parteien und des für den Zeugen bestehenden (und über §§ 19 Abs. 1 Nr. 4, 20 JVEG zu vergütenden) Aufwands zu bemessen ist.³ Soweit der Zeuge über die Dokumente nicht verfügen kann, besteht für ihn keine Verpflichtung, beim Berechtigten die Erlaubnis zur Einsicht/ Mitnahme zu erfragen.⁴

Aus dem Verweis in § 378 Abs. 1 Satz 2 ZPO ergibt sich, dass der Zeuge **nicht verpflichtet** ist, die Unterlagen dem Gericht **vorzulegen**. Hierfür muss das Gericht auf § 142 ZPO oder § 429 ZPO zurückgreifen. 3

Das Gericht kann die Zeugenpflicht gem. § 378 Abs. 2 ZPO in einer **Anordnung** konkretisieren und bei Nichtbefolgung Maßnahmen nach § 390 ZPO treffen. Um eine spätere Durchsetzung nach § 390 ZPO zu ermöglichen, muss die Anordnung **hinreichend bestimmt** formuliert sein und zu erkennen geben, welche Dokumente der Zeuge einsehen und zum Termin mitbringen soll.⁵ Hinsichtlich des Verfahrens siehe die Kommentierung zu § 390 ZPO. Eine isolierte Anfechtung der Anordnung durch den Zeugen ist nicht möglich (§ 355 Abs. 2 ZPO); gegebenenfalls muss der Zeuge gegen die Zwangsmittelanordnung vorgehen.⁶ 4

§ 379
Auslagenvorschuss

¹**Das Gericht kann die Ladung des Zeugen davon abhängig machen, dass der Beweisführer einen hinreichenden Vorschuss zur Deckung der Auslagen zahlt, die der Staatskasse durch die Vernehmung des Zeugen erwachsen.** ²**Wird der Vorschuss nicht innerhalb der bestimmten Frist gezahlt, so unterbleibt die Ladung, wenn die Zahlung nicht so zeitig nachgeholt wird, dass die Vernehmung durchgeführt werden kann, ohne dass dadurch nach der freien Überzeugung des Gerichts das Verfahren verzögert wird.**

Inhalt:

	Rn.		Rn.
A. Allgemeines	1	C. Rechtsmittel	5
B. Erläuterungen	2		

A. Allgemeines

Die Vorschrift sichert als Sonderregelung zu § 17 GKG¹ die Ansprüche der Staatskasse und des gem. § 22 Abs. 1 Satz 1 GKG für die Prozesskosten haftenden Klägers.² 1

B. Erläuterungen

Vorschusspflichtig ist der **Beweisführer**, also diejenige Partei, die den Zeugen benannt hat. Die objektive Beweislast spielt hinsichtlich der Vorschusspflicht nur dann an eine Rolle, wenn beide Parteien die Einvernahme des Zeugen beantragen.³ Keine Vorschusspflicht besteht für die in § 2 GKG genannten Parteien sowie gem. § 122 Abs. 1 Nr. 1a, Abs. 2 ZPO für die Partei, der Prozesskostenhilfe bewilligt worden ist und ihren Prozessgegner. Ferner entfällt die Vorschusspflicht, wenn der Zeuge einen entsprechenden Verzicht abgibt.⁴ 2

Der Vorschuss wird durch das Prozessgericht angeordnet. Seine **Höhe** orientiert sich an der gem. JVEG zu erwartenden Zeugenentschädigung und kann – etwa, wenn sich herausstellt, dass der Zeuge aus dem Urlaub anreisen muss – auf Grundlage von § 17 Abs. 3 GKG gege- 3

---

2 OLG Köln, NJW 1973, 1983 (1984) = MDR 1973, 942; Stein/Jonas-*Berger*, ZPO, § 378 Rn. 5; BeckOK-*Scheuch*, ZPO, § 378 Rn. 2; MK-*Damrau*, ZPO, § 378 Rn. 2.
3 BeckOK-*Scheuch*, ZPO, § 378 Rn. 4f.
4 Stein/Jonas-*Berger*, ZPO, § 378 Rn. 4; Wieczorek/Schütze-*Ahrens*, ZPO, § 378 Rn. 10; a.A. MK-*Damrau*, ZPO, § 378 Rn. 4.
5 MK-*Damrau*, ZPO, § 378 Rn. 7.
6 Prütting/Gehrlein-*Trautwein*, ZPO, § 378 Rn. 5.

Zu § 379:
1 Vgl. OLG Bamberg, NJW-RR 2001, 1578 (1578 f.) = FamRZ 2001, 1387 für den Fall des Sachverständigenbeweises (§ 402 ZPO i.V.m. § 379 ZPO).
2 Stein/Jonas-*Berger*, ZPO, § 379 Rn. 1.
3 BGH, NJW-RR 2010, 1059 = GRUR 2010, 365 (367); BGH, NJW 1999, 2823 = VersR 1999, 1515.
4 OLG Düsseldorf, NJW-RR 1997, 1085.

benenfalls **nachträglich erhöht** werden.⁵ Gem. § 379 Satz 2 ZPO unterbleibt die Ladung, bis der Vorschuss eingezahlt worden ist. In der Praxis wird – gerade bei zeitnah anstehenden Terminen – häufig unmittelbar mit der Vorschussanordnung eine Ladung des Zeugen vorgenommen und diese im Falle der Nichtzahlung des Vorschusses wieder rückgängig gemacht. Vor dem Hintergrund des Beschleunigungsgrundsatzes dürfte dieses Vorgehen zulässig, wenn nicht sogar vorzugswürdig sein. Unterbleibt die Ladung des Zeugen oder wird diese infolge fehlenden Vorschusses wieder rückgängig gemacht, so muss der Zeuge gleichwohl vernommen werden, wenn er trotzdem zum Termin erscheint.⁶

4 Dem Beweisführer muss durch das Gericht eine **angemessene Frist** für die Zahlung des Vorschusses gesetzt werden. Diese ist so zu bemessen, dass sie von der zahlungspflichtigen Partei – auch unter Berücksichtigung der für die Überprüfung des Beweisbeschlusses benötigten Zeit sowie einer gegebenenfalls zwischen dem Prozessbevollmächtigten und der Partei bzw. mit der Rechtsschutzversicherung erforderlichen Korrespondenz – eingehalten werden kann.⁷ Vor diesem Hintergrund ist beispielsweise eine Frist von nur zwei Wochen im Anwaltsprozess für die Zahlung eines Auslagenvorschusses von 1.500,00 € unangemessen kurz und damit unwirksam.⁸

C. Rechtsmittel

5 Die Anordnung des Vorschusses ist gem. § 355 Abs. 2 ZPO nicht isoliert angreifbar⁹ und kann daher nur mit dem gegen die Hauptsache gerichteten Rechtsmittel angefochten werden.

§ 380
Folgen des Ausbleibens des Zeugen

(1) ¹Einem ordnungsgemäß geladenen Zeugen, der nicht erscheint, werden, ohne dass es eines Antrages bedarf, die durch das Ausbleiben verursachten Kosten auferlegt. ²Zugleich wird gegen ihn ein Ordnungsgeld und für den Fall, dass dieses nicht beigetrieben werden kann, Ordnungshaft festgesetzt.
(2) Im Falle wiederholten Ausbleibens wird das Ordnungsmittel noch einmal festgesetzt; auch kann die zwangsweise Vorführung des Zeugen angeordnet werden.
(3) Gegen diese Beschlüsse findet die sofortige Beschwerde statt.

Inhalt:

	Rn.		Rn.
A. Allgemeines	1	C. Rechtsmittel	7
B. Erläuterungen	2		

A. Allgemeines

1 § 380 ZPO sichert die effektive Durchführung der Beweisaufnahme und dient dem Interesse der Parteien an einer zügigen und kostensparenden Erledigung des Rechtsstreits. Zu diesem Zweck hat das Gericht einem ordnungsgemäß geladenen Zeugen, der nicht zur Beweisaufnahme erscheint, die durch das Ausbleiben verursachten Kosten aufzuerlegen und gegen den Zeugen ein Ordnungsgeld festzusetzen.

B. Erläuterungen

2 Kostentragung und Ordnungsgeld sind nur möglich, wenn der Zeuge **ordnungsgemäß geladen** wurde. Hierfür ist zunächst erforderlich, dass die – gegebenenfalls formlos erfolgte – Zeugenladung den in § 377 Abs. 2 ZPO geregelten **Mindestinhalt** aufweist und den Zeugen insbesondere ausreichend über den Vernehmungsgegenstand informiert.¹ Die Ladung muss dem Zeugen zudem derart **rechtzeitig zugehen**, dass ihm das Erscheinen zum Termin zugemutet werden kann.² Anders als in Bezug auf die Ladung der Parteien (§ 217 ZPO) existiert insoweit allerdings

---
5 OLG München, OLGZ 1978, 484 = MDR 1978, 412 (für den Fall des Sachverständigenbeweises); MK-*Damrau*, ZPO, § 379 Rn. 7; a.A. OLG Frankfurt a.M., OLGZ 1968, 436 (438).
6 MK-*Damrau*, ZPO, § 379 Rn. 7.
7 Musielak/Voit-*Huber*, ZPO, § 379 Rn. 10.
8 BGH, BeckRS 2016, 10411, Rn. 13 = IBR 2016, 3020 für die Anforderung eines Auslagenvorschusses für ein Sachverständigengutachten.
9 BGH, NJW-RR 2009, 1433 = FamRZ 2009, 1056.

Zu § 380:
1 Siehe hierzu OLG Celle, OLGZ 1977, 366 (368).
2 BeckOK-*Scheuch*, ZPO, § 380 Rn. 3.

keine starre Ladungsfrist. Die Frage der Rechtzeitigkeit der Ladung wird daher im Einzelfall unter Berücksichtigung des Umfanges der Aussage sowie des für den Zeugen bestehenden Zeit- und Reiseaufwandes zu bestimmen sein. Einem am Gerichtsort wohnenden oder tätigen Zeugen (beispielsweise einem bei einem Verkehrsunfallprozess benannten Polizeibeamten) kann es im Einzelfall durchaus zugemutet werden, am Tag nach Zugang der Ladung vor Gericht zu erscheinen. Auswärtigen Zeugen, die für ihre Anreise und ihre Abwesenheit umfangreicheren Planungs- und Kostenaufwand benötigen, ist dagegen eine Vorbereitungszeit von jedenfalls mehr als einem vollen Tag zuzugestehen. Dabei muss dem Zeugen insbesondere auch ausreichend Zeit verbleiben, einen Reisekostenvorschuss gem. § 3 JVEG zu beantragen.[3]

Der Zeuge ist **nicht erschienen**, wenn er zum Vernehmungstermin **überhaupt nicht** oder **verspätet** erscheint. Kann der verspätete Zeuge durch das Gericht trotz Verspätung noch vernommen werden, scheiden Maßnahmen gegen ihn aus. Der rechtzeitig erschienene Zeuge muss vor Gericht eine angemessene Zeit – maximal 1,5 Stunden – **auf seine Vernehmung warten;**[4] entfernt er sich vor Ablauf dieser Zeit, ist er als nicht erschienen zu behandeln. Hat sich der Zeuge schuldhaft in einem vernehmungsunfähigen Zustand versetzt, so gilt er ebenfalls als nicht erschienen.[5] Das Nichterscheinen des Zeugen darf zudem nicht entschuldigt sein; siehe hierzu die Kommentierung zu § 381 ZPO. 3

Die **Entscheidung** über die Kostentragungspflicht und das Ordnungsmittel ergeht **von Amts wegen** durch **Beschluss** des Gerichts, das die Vernehmung angeordnet hat; dies kann auch der beauftragte oder ersuchte Richter sein (§ 400 ZPO).[6] Auf den Ausspruch der Kostentragungspflicht haben die Parteien einen Anspruch; ein entsprechender Beschluss ist nur dann entbehrlich, wenn sich die Parteien – beispielsweise im Rahmen eines Prozessvergleichs – einvernehmlich über die Verteilung der Gerichtskosten einigen und dabei keine Kostentragungspflicht des Zeugen wünschen.[7] Auch hinsichtlich des Ordnungsmittels besteht eine Verpflichtung des Gerichts; von der Verhängung darf daher – da das Ordnungsmittel der Ahndung einer Ordnungswidrigkeit entspricht – nur unter den Voraussetzungen des § 153 Abs. 1 StPO, § 47 OWiG abgesehen werden.[8] Die Höhe des Ordnungsgeldes richtet sich nach Art. 6 Abs. 1 EGStGB und beträgt mindestens 5,00 €, höchstens 1.000,00 €. 4

§ 380 Abs. 2 ZPO sieht die Möglichkeit vor, gegen einen wiederholt fehlenden Zeugen ein **weiteres Ordnungsgeld** festzusetzen oder den Zeugen zwangsweise vorzuführen. Aus der Formulierung „noch einmal" ist zu schließen, dass die Festsetzung des Ordnungsgeldes beim nicht erschienenen Zeugen nur ein weiteres Mal möglich ist; erscheint der Zeuge auch zum dritten Mal nicht, scheidet die Verhängung eines weiteren Ordnungsgeldes aus.[9] 5

Bei **minderjährigen Zeugen** ist wie folgt zu differenzieren: In Anlehnung an § 19 StGB ist bei Zeugen unter 14 Jahren sowohl der Ausspruch der Kostentragungspflicht, als auch die Verhängung eines Ordnungsmittels gem. § 380 Abs. 1 ZPO ausgeschlossen;[10] dies gilt auch für Maßnahmen gegenüber den gesetzlichen Vertreter, da es insoweit an einer gesetzlichen Grundlage fehlt.[11] Insoweit bleibt dem Gericht allenfalls die Möglichkeit einer Vorführung gem. § 380 Abs. 2 ZPO. Ab Vollendung des 14. Lebensjahres sind dagegen Kostentragungspflicht und Ordnungsgeldverhängung möglich.[12] 6

C. Rechtsmittel

Der Zeuge kann gegen den Beschluss im Wege der sofortigen Beschwerde gem. § 380 Abs. 3 ZPO i.V.m. § 567 Abs. 1 Nr. 1 ZPO vorgehen. Weigert sich das Gericht, dem Zeugen die Kosten aufzuerlegen, so steht den Parteien gegen den Beschluss ebenfalls sofortige Beschwerde gem. § 567 ZPO zu.[13] 7

---

3 MK-*Damrau*, ZPO, § 380 Rn. 3.
4 OLG Köln, JR 1969, 264; BeckOK-*Scheuch*, ZPO, § 380 Rn. 4; a.A. MK-*Damrau*, ZPO, § 380 Rn. 2 (längstens 45 Minuten).
5 BGHSt 23, 331 = NJW 1970, 2253 für einen infolge Trunkenheit verhandlungsunfähigen Angeklagten im Strafprozess.
6 BeckOK-*Scheuch*, ZPO, § 380 Rn. 9.
7 Vgl. MK-*Damrau*, ZPO, § 380 Rn. 5.
8 OLG Hamm, JMblNRW 1971, 282; MK-*Damrau*, ZPO, § 380 Rn. 5; ähnlich OLG Frankfurt a.M., NJW 1972, 2093 (analoge Anwendung).
9 Vgl. OLG Dresden, NJOZ 2002, 1668 = MDR 2002, 1088 in Bezug auf § 409 Abs. 1 Satz 3 ZPO; BeckOK-*Scheuch*, ZPO, § 380 Rn. 11.1; a.A. Zöller-*Greger*, ZPO, § 380 Rn. 8 („noch einmal" nicht „als Zahlwort zu verstehen", daher wiederholte Verhängung möglich).
10 Heute h.M.; BeckOK-*Scheuch*, ZPO, § 380 Rn. 7; MK-*Damrau*, ZPO, § 380 Rn. 16; a.A. (für § 51 StPO) OLG Hamm NJW 1965, 1613.
11 OLG Hamm, NJW 1965, 1613 (für § 51 StPO).
12 Stein/Jonas-*Berger*, ZPO, § 380 Rn. 20.
13 MK-*Damrau*, ZPO, § 380 Rn. 12.

§ 381
Genügende Entschuldigung des Ausbleibens

(1) ¹Die Auferlegung der Kosten und die Festsetzung eines Ordnungsmittels unterbleiben, wenn das Ausbleiben des Zeugen rechtzeitig genügend entschuldigt wird. ²Erfolgt die Entschuldigung nach Satz 1 nicht rechtzeitig, so unterbleiben die Auferlegung der Kosten und die Festsetzung eines Ordnungsmittels nur dann, wenn glaubhaft gemacht wird, dass den Zeugen an der Verspätung der Entschuldigung kein Verschulden trifft. ³Erfolgt die genügende Entschuldigung oder die Glaubhaftmachung nachträglich, so werden die getroffenen Anordnungen unter den Voraussetzungen des Satzes 2 aufgehoben.

(2) Die Anzeigen und Gesuche des Zeugen können schriftlich oder zum Protokoll der Geschäftsstelle oder mündlich in dem zur Vernehmung bestimmten neuen Termin angebracht werden.

Inhalt:

	Rn.		Rn.
A. Allgemeines	1	C. Rechtsmittel	5
B. Erläuterungen	2		

A. Allgemeines

1 Die Vorschrift steht in Zusammenhang mit den in § 380 ZPO festgelegten Folgen des Nichterscheinens eines Zeugen und regelt das gerichtliche Vorgehen bei einer genügenden Entschuldigung des Ausbleibens. Von besonderer Bedeutung ist insbesondere die in § 381 Abs. 1 Satz 3 ZPO vorgesehene Aufhebung der durch das Gericht ausgesprochenen Kostentragungspflicht bzw. des verhängten Ordnungsmittels im Falle einer nachträglichen Glaubhaftmachung der genügenden Entschuldigung durch den Zeugen.

B. Erläuterungen

2 Das Nichterscheinen des Zeugen ist **genügend entschuldigt**, wenn er von der Ladung bzw. dem Gerichtstermin **keine Kenntnis** hat und ihm die Unkenntnis – beispielsweise bei Zugang der Ladung und zeitnahem Termin während einer 2-wöchigen Urlaubsabwesenheit – nicht vorgeworfen werden kann.[1] Gleiches gilt bei **Unfällen** oder **Erkrankungen** des Zeugen, sofern ihm hierdurch ein Erscheinen bei Gericht unmöglich oder unzumutbar ist. Gegenüber privaten oder beruflichen Verpflichtungen ist die Zeugenpflicht dagegen grundsätzlich vorrangig. Dies gilt auch bei einer **Urlaubsabwesenheit** des Zeugen während des Gerichtstermins, es sei denn, mit der Umbuchung des Urlaubs sind für den Zeugen unangemessene finanzielle Nachteile verbunden, die nach dem JVEG nicht ausgeglichen werden können.

3 Die Umstände, aus denen sich die genügende Entschuldigung des Zeugen ergibt, müssen dem Gericht **rechtzeitig** – d.h. so, dass der Termin noch verlegt und die zur Verhandlung geladenen Personen noch im regulären Geschäftsbetrieb umgeladen werden können[2] – mitgeteilt werden. Eine **Glaubhaftmachung** ist gem. § 381 Abs. 1 Satz 2 ZPO **nur hinsichtlich einer etwaigen Verspätung** der Entschuldigung vorgesehen. Hieraus ergibt sich, dass die Umstände der Entschuldigung selbst nicht glaubhaft gemacht werden müssen; es genügt vielmehr deren substantiierte Darlegung, die das Gericht in die Lage versetzt, gegebenenfalls eigene Ermittlungen von Amts wegen anzustellen und beispielsweise die Vorlage von Belegen zu verlangen.[3] Entschuldigt der Zeuge sein Ausbleiben unter Verweis auf eine Krankheit, so ist es in aller Regel ausreichend, wenn er ein ärztliches Attest vorlegt, aus dem die Unfähigkeit zur Wahrnehmung des Termins hervorgeht.[4]

4 Solange das Gericht noch keinen Beschluss nach § 380 ZPO erlassen hat, unterbleibt bei genügender Entschuldigung der Ausspruch der Kostentragung bzw. die Verhängung von Ordnungsmitteln. Liegt bereits ein entsprechender Beschluss vor, so sieht § 381 Abs. 1 Satz 3 ZPO dessen nachträgliche Aufhebung vor; hierbei hat auch eine Kostenentscheidung zum Nachteil der Staatskasse zu erfolgen, da dem Zeugen im Rahmen des Entschuldigungsverfahren Kosten entstanden sein können.[5] Die Entscheidung nach § 381 ZPO ergeht gegebenenfalls durch den kommissarischen Richter (§ 400 ZPO).

---

1 Sehr weitgehend MK-*Damrau*, ZPO, § 381 Rn. 2 (Abwesenheit bis zu etwa 6 Wochen).
2 OLG Frankfurt a.M., BeckRS 2016, 12011, Rn. 14 m.w.N.
3 Stein/Jonas-*Berger*, ZPO, § 381 Rn. 11; Musielak/Voit-*Huber*, ZPO, § 381 Rn. 7; BeckOK-*Scheuch*, ZPO, § 381 Rn. 2; a.A. MK-*Damrau*, ZPO, § 381 Rn. 8.
4 OLG Frankfurt a.M., BeckRS 2016, 12011, Rn. 17; OLG Köln, BeckRS 1999, 30071272.
5 MK-*Damrau*, ZPO, § 381 Rn. 14.

C. Rechtsmittel

Gegen die Zurückweisung des Aufhebungsantrags kann der Zeuge gem. § 380 Abs. 3 ZPO i.V.m. § 567 Abs. 1 Nr. 2 ZPO im Wege der sofortigen Beschwerde vorgehen.[6] Die Parteien können gegen im Wege der sofortigen Beschwerde nur gegen die Aufhebung der Kostentragungspflicht vorgehen; die Aufhebung eines Ordnungsmittelbeschlusses ist durch die Parteien dagegen nicht anfechtbar.[7]

§ 382
Vernehmung an bestimmten Orten

(1) Die Mitglieder der Bundesregierung oder einer Landesregierung sind an ihrem Amtssitz oder, wenn sie sich außerhalb ihres Amtssitzes aufhalten, an ihrem Aufenthaltsort zu vernehmen.

(2) Die Mitglieder des Bundestages, des Bundesrates, eines Landtages oder einer zweiten Kammer sind während ihres Aufenthaltes am Sitz der Versammlung dort zu vernehmen.

(3) Zu einer Abweichung von den vorstehenden Vorschriften bedarf es:
– **für die Mitglieder der Bundesregierung der Genehmigung der Bundesregierung,**
– **für die Mitglieder einer Landesregierung der Genehmigung der Landesregierung,**
– **für die Mitglieder einer der im Absatz 2 genannten Versammlungen der Genehmigung dieser Versammlung.**

§ 382 ZPO sieht für die Vernehmung von Regierungsmitgliedern und Parlamentariern Besonderheiten hinsichtlich des Vernehmungsortes vor und soll damit die Funktionsfähigkeit der Legislative und der obersten Exekutivorgane sicherstellen.

Zur **Bundesregierung** gehören gem. Art. 62 GG der Bundeskanzler und die Bundesminister, nicht jedoch Staatssekretäre.[1] Hinsichtlich der Zusammensetzung der **Landesregierungen** gelten die entsprechenden landesrechtlichen Vorschriften, die (wie etwa in Bayern, Art. 43 Abs. 2 BV) auch Staatssekretäre als Regierungsmitglieder vorsehen können.[2] Die Vernehmung hat jeweils am Amtssitz oder Aufenthaltsort des Regierungsmitglieds zu erfolgen. Für den **Bundespräsidenten** gilt § 375 Abs. 2 ZPO (Vernehmung in seiner Wohnung).

Parlamentarier i.S.d. § 382 Abs. 2 ZPO sind die Mitglieder des Bundestages und der Landesparlamente, nicht jedoch Mitglieder exekutiver Entscheidungsgremien wie etwa Stadt- oder Gemeinderäte.[3] Sie sind während ihres Aufenthalts am Versammlungssitz dort zu vernehmen.

Da § 382 Abs. 1, 2 ZPO die Funktionsfähigkeit von Regierung und Parlamenten sicherstellen soll und folglich kein persönliches Privileg für Regierungsmitglieder/Parlamentarier enthält, muss die **Genehmigung nach § 382 Abs. 3 ZPO** auch dann eingeholt werden, wenn der von der Vorschrift privilegierte Zeuge freiwillig am Gerichtsort erscheinen möchte.[4] Wird die erforderliche Genehmigung nicht eingeholt und der Zeuge trotzdem am Gerichtsort vernommen, bleibt die Aussage gleichwohl verwertbar.[5]

§ 383
Zeugnisverweigerungsrecht aus persönlichen Gründen

(1) Zur Verweigerung des Zeugnisses sind berechtigt:
1. der Verlobte einer Partei oder derjenige, mit dem die Partei ein Versprechen eingegangen ist, eine Lebenspartnerschaft zu begründen;
2. der Ehegatte einer Partei, auch wenn die Ehe nicht mehr besteht;
2a. der Lebenspartner einer Partei, auch wenn die Lebenspartnerschaft nicht mehr besteht;

---

6 Stein/Jonas-*Berger*, ZPO, § 381 Rn. 21; BeckOK-*Scheuch*, ZPO, § 381 Rn. 8.
7 Vgl. OLG Hamm, NJW-RR 1987, 815 (816) = WRP 1987, 187; Zöller-*Greger*, ZPO, § 381 Rn. 5.

Zu § 382:
1 Wieczorek/Schütze-*Ahrens*, ZPO, § 382 Rn. 2; MK-*Damrau*, ZPO, § 382 Rn. 2.
2 Vgl. Stein/Jonas-*Berger*, ZPO, § 382 Rn. 2.
3 Wieczorek/Schütze-*Ahrens*, ZPO, § 382 Rn. 2; MK-*Damrau*, ZPO, § 382 Rn. 4.
4 Zöller-*Greger*, ZPO, § 382 Rn. 2; Thomas/Putzo-*Reichold*, ZPO, § 382 Rn. 1; Musielak/Voit-*Huber*, ZPO, § 382 Rn. 2; a.A. MK-*Damrau*, ZPO, § 382 Rn. 4.
5 Stein/Jonas-*Berger*, ZPO, § 382 Rn. 5.

3. diejenigen, die mit einer Partei in gerader Linie verwandt oder verschwägert, in der Seitenlinie bis zum dritten Grad verwandt oder bis zum zweiten Grad verschwägert sind oder waren;
4. Geistliche in Ansehung desjenigen, was ihnen bei der Ausübung der Seelsorge anvertraut ist;
5. Personen, die bei der Vorbereitung, Herstellung oder Verbreitung von periodischen Druckwerken oder Rundfunksendungen berufsmäßig mitwirken oder mitgewirkt haben, über die Person des Verfassers, Einsenders oder Gewährsmanns von Beiträgen und Unterlagen sowie über die ihnen im Hinblick auf ihre Tätigkeit gemachten Mitteilungen, soweit es sich um Beiträge, Unterlagen und Mitteilungen für den redaktionellen Teil handelt;
6. Personen, denen kraft ihres Amtes, Standes oder Gewerbes Tatsachen anvertraut sind, deren Geheimhaltung durch ihre Natur oder durch gesetzliche Vorschrift geboten ist, in Betreff der Tatsachen, auf welche die Verpflichtung zur Verschwiegenheit sich bezieht.

(2) Die unter Nummern 1 bis 3 bezeichneten Personen sind vor der Vernehmung über ihr Recht zur Verweigerung des Zeugnisses zu belehren.

(3) Die Vernehmung der unter Nummern 4 bis 6 bezeichneten Personen ist, auch wenn das Zeugnis nicht verweigert wird, auf Tatsachen nicht zu richten, in Ansehung welcher erhellt, dass ohne Verletzung der Verpflichtung zur Verschwiegenheit ein Zeugnis nicht abgelegt werden kann.

Inhalt:

	Rn.		Rn.
A. Allgemeines	1	III. Medienschaffende, Abs. 1 Nr. 5	9
B. Erläuterungen	2	IV. Belehrungspflicht und Beschränkung	
I. Nahe Angehörige, Abs. 1 Nr. 1–3	2	der Vernehmung, Abs. 2 und 3	10
II. Berufsgeheimnisträger, Abs. 1 Nr. 4, 6	6		

A. Allgemeines

1 Für bestimmte Gruppen von Zeugen kann die mit der Aussage verbundene Wahrheitspflicht zu einer **persönlichen Konfliktsituation** führen. Gem. § 383 ZPO besteht daher ein Zeugnisverweigerungsrecht in Fällen, in denen nahe Angehörige Prozesspartei sind (§ 383 Abs. 1 Nr. 1–3 ZPO), in denen ein besonders geschütztes berufliches Vertrauensverhältnis besteht (§ 383 Abs. 1 Nr. 4, 6 ZPO) oder in denen die verfassungsrechtlich gewährleistete Medienfreiheit (Art. 5 Abs. 1 GG) eine Berechtigung zur Zeugnisverweigerung erfordert (§ 383 Abs. 1 Nr. 5 ZPO).

B. Erläuterungen
I. Nahe Angehörige, Abs. 1 Nr. 1–3

2 Die in § 383 Abs. 1 Nr. 3 ZPO genannten persönlichen Verhältnisse müssen **zwischen dem Zeugen und einer Partei** bestehen. Das Zeugnisverweigerungsrecht gilt daher weder für Angehörige einer Partei kraft Amtes (z. B. Testamentsvollstrecker) noch für Angehörige eines Streithelfers.[1] Bei Streitgenossen ist danach zu differenzieren, ob die konkrete Beweisfrage (auch) das Prozessverhältnis des Angehörigen betrifft.[2] Bei juristischen Personen oder rechtsfähigen Personengesellschaften als Partei scheidet ein Zeugnisverweigerungsrecht aus.

3 Der Begriff des **Verlöbnisses** (§ 383 Abs. 1 Nr. 1 ZPO) entspricht § 1297 BGB und setzt ein gegenseitiges, ernst gemeintes Versprechen zur Eingehung einer Ehe oder einer eingetragenen Lebenspartnerschaft voraus. Das Verlöbnis muss zum Zeitpunkt der Zeugenaussage noch Bestand haben und darf nicht wegen Verstoßes gegen § 134 BGB oder § 138 BGB – beispielsweise weil einer der Partner noch anderweitig verheiratet ist – nichtig sein.[3] **Ehegatten** bzw. **Lebenspartner** haben gem. § 383 Abs. 1 Nr. 2 ZPO auch dann ein Zeugnisverweigerungsrecht, wenn die Ehe aufgrund rechtskräftiger Scheidung nicht mehr besteht. Gleiches gilt, wenn die Ehe – beispielsweise im Falle einer Doppelehe (§§ 1306, 1314 Abs. 1 BGB) – aufgehoben wurde bzw. aufhebbar ist.[4] Eine analoge Anwendung des Zeugnisverweigerungsrechts auf **nichteheliche Lebensgemeinschaften** ist nicht möglich.[5]

---

1 Thomas/Putzo-*Reichold*, ZPO, § 383 Rn. 3; a.A. zum Streihelfer Zöller-*Greger*, ZPO, § 383 Rn. 2 (Beziehung zu einem Streitverkündeten genügt nur vor dessen Beitritt nicht).
2 MK-*Damrau*, ZPO, § 383 Rn. 6.
3 BVerfG, NJW 1987, 2807.
4 BGH, NJW 1956, 679 (680).
5 Stein/Jonas-*Berger*, ZPO, § 383 Rn. 27; MK-*Damrau*, ZPO, § 383 Rn. 16; a.A. Wieczorak/Schütze-*Ahrens*, ZPO, § 383 Rn. 14 ff. (nichteheliche Lebensgemeinschaft müsse als faktisch etablierte familienrechtliche Kategorie angesehen werden, in der ein für § 383 Abs. 1 Nr. 1–3 ZPO typischer Konflikt auftreten könne).

Ist der Zeuge mit einer Partei in **gerade Linie verwandt oder verschwägert**, so steht ihm – 4
unabhängig vom Grad der Verwandtschaft und auch dann, wenn die Verwandtschaft oder
Schwägerschaft nicht mehr besteht – ein Zeugnisverweigerungsrecht zu. In der **Seitenlinie
verwandte** Zeugen können bis zum dritten Grad (§ 1589 Satz 3 BGB), also gegenüber Geschwistern, Tanten/Onkeln und Nichten/Neffen das Zeugnis verweigern, nicht aber beispielsweise gegenüber Cousins/Cousinen (Verwandte 4. Grades).[6] Bei **Schwägerschaft in der Seitenlinie** gilt das Zeugnisverweigerungsrecht bis zum zweiten Grad und besteht damit
gegenüber Geschwistern und Eltern des Ehegatten sowie gegenüber den Ehegatten der Geschwister des Zeugen.[7]

Minderjährige Zeugen, denen ein Zeugnisverweigerungsrecht zusteht, dürfen nicht vernommen werden, wenn sie die Aussage verweigern.[8] Dies gilt unabhängig von der Verstandesreife 5
des Zeugen und auch dann, wenn der gesetzliche Vertreter einer Aussage des Zeugen zustimmt.[9] Möchte der minderjährige Zeuge dagegen auf sein Zeugnisverweigerungsrecht verzichten und aussagen, so ist wie folgt zu differenzieren: Verfügt der Zeuge über die erforderliche Verstandesreife, um die Bedeutung des Zeugnisverweigerungsrechts zu erkennen, so
kann er – unabhängig von seiner Geschäftsfähigkeit – auf das Zeugnisverweigerungsrecht
wirksam verzichten und aussagen;[10] in den anderen Fällen muss der gesetzliche Vertreter darüber entscheiden, ob der Zeuge von seinem Zeugnisverweigerungsrecht Gebrauch macht.[11]
An dieser Entscheidung sind **Eltern als gesetzliche Vertreter** in den Fällen des **§§ 1629 Abs. 2,
1795 BGB** gehindert, also insbesondere dann, wenn ein Elternteil oder wenn Geschwister Partei sind.[12]

II. Berufsgeheimnisträger, Abs. 1 Nr. 4, 6

Geistliche i.S.d. § 383 Abs. 1 Nr. 4 ZPO sind alle Seelsorger staatlich anerkannter Religions- 6
gemeinschaften (Art. 140 GG i.V.m. Art. 137 Abs. 5 WRV), gleich ob Priester oder seelsorgerisch tätige Laien.[13] Das Zeugnisverweigerungsrecht erstreckt sich nur auf Tatsachen, die dem
Zeugen „anvertraut" worden sind sowie auf die Tatsache des Anvertrauens (z.B. der Vornahme einer Beichte) an sich;[14] hat der Geistliche daher von Tatsachen nicht in seiner Eigenschaft als Seelsorger, sondern nur bei Gelegenheit einer seelsorgerischen Tätigkeit erfahren,
so scheidet ein Zeugnisverweigerungsrecht aus.[15] Ebenso wenig besteht ein Zeugnisverweigerungsrecht für Tätigkeiten des Geistlichen außerhalb der Seelsorge, beispielsweise im erzieherischen Bereich.[16]

Der Kreis der **Personen, denen kraft ihres Amtes, Standes oder Gewerbes** eine zur Zeugnis- 7
verweigerung berechtigende Schweigepflicht obliegt, bestimmt sich primär nach § 203 StGB
und erfasst daher unter anderem **Ärzte, Zahnärzte, Tierärzte** (§ 203 Abs. 1 Nr. 1 StGB), **Berufspsychologen** mit staatlich anerkannter wissenschaftlicher Ausbildung (§ 203 Abs. 1 Nr. 2
StGB), **Rechtsanwälte, Patentanwälte, Notare, Wirtschaftsprüfer**[17], **Steuerberater** (§ 203 Abs. 1
Nr. 3 StGB), **Ehe-, Familien-, Erziehungs-, Jugend-** und **Suchtberater** (§ 203 Abs. 1 Nr. 4
StGB), Mitglieder/Beauftragte von **Beratungsstellen** nach den §§ 3 und 8 des Schwangerenkonfliktgesetzes (§ 203 Abs. 1 Nr. 4a StGB), staatlich anerkannte **Sozialarbeiter/Sozialpädagogen** (§ 203 Abs. 1 Nr. 5 StGB), Angehörige bestimmter **Versicherungsunternehmen** oder
Verrechnungsstellen (§ 203 Abs. 1 Nr. 6 StGB), **Amtsträger** (§ 203 Abs. 2 Nr. 1 StGB), für den
öffentlichen Dienst **besonders verpflichtete Personen** (§ 203 Abs. 2 Nr. 2 StGB), Personen, die
Aufgaben oder Befugnisse nach dem **Personalvertretungsrecht** wahrnehmen (§ 203 Abs. 2
Nr. 3 StGB), Mitglieder von **parlamentarischen Untersuchungsausschüssen** (§ 203 Abs. 2 Nr. 4
StGB), **öffentlich bestellte Sachverständige** (§ 203 Abs. 2 Nr. 5 StGB) sowie **förmlich verpflichtete wissenschaftlich tätige Personen** (§ 203 Abs. 2 Nr. 6 StGB). Darüber hinaus bestehen Ver-

---

6 Ausführlich zu den Verwandtschaftsverhältnissen und Graden MK-*Wellenhofer*, BGB, § 1589
Rn. 13.
7 MK-*Damrau*, ZPO, § 383 Rn. 17.
8 Vgl. BGH, NJW 1970, 766.
9 MK-*Damrau*, ZPO, § 383 Rn. 8.
10 BayObLG, NJW 1967, 206 (209) = FamRZ 1966, 644.
11 Vgl. BGHSt 23, 221 = NJW 1970, 766.
12 Ausführlich MK-*Damrau*, ZPO, § 383 Rn. 10.
13 BGHSt 51, 140 = NJW 2007, 307 für den Fall eines Seelsorgers ohne kirchliche Weihen in einer
Justizvollzugsanstalt.
14 MK-*Damrau*, ZPO, § 383 Rn. 23.
15 BeckOK-*Scheuch*, ZPO, § 383 Rn. 20.
16 OLG Nürnberg, FamRZ 1963, 260 = MDR 1963, 508.
17 Für den Umfang des Zeugnisverweigerungsrechts für Wirtschaftsprüfer, die gem. § 4 Abs. 3
FinDAG für die BaFin tätig werden siehe BGH, BeckRS 2016, 14860; BGH, BeckRS 2016, 4664.

schwiegenheitspflichten beispielsweise bei **Mediatoren** (§ 4 MediationsG)[18] sowie – **kraft Natur der Sache** – für **Auskunfteien, Detekteien, Dolmetscher, Schiedsrichter** sowie in Bezug auf kundenbezogene Tatsachen für **Banken**.[19] Ein Zeugnisverweigerungsrecht nach § 383 Abs. 1 Nr. 6 ZPO ist ferner denkbar bei **Lehrkräften** im Hinblick auf Äußerungen während einer pädagogischen Lehrerkonferenz, soweit Persönlichkeitsrechte/Geheimhaltungsinteressen von Schülern betroffen sind.[20] In allen genannten Fällen gilt das Zeugnisverweigerungsrecht nur für „**anvertraute**" Tatsachen, mithin auf alle Umstände, die der Berufsgeheimnisträger aufgrund oder im Zusammenhang mit seiner Vertrauensstellung erfährt, nicht jedoch in Bezug auf Tatsachen, die der Geheimnisträger als Teil der Öffentlichkeit oder privat wahrgenommen hat.[21]

8 Besondere Probleme können sich ergeben, wenn der Vertrauensgeber zum Zeitpunkt der Aussage **verstorben** ist. Dies gilt insbesondere im **Erbprozess**, in dem über die **Testierfähigkeit** des Erblassers gestritten wird und in diesem Zusammenhang der zum Zeitpunkt der Testierung behandelnde Arzt[22] vernommen werden soll. Hierbei ist im Grundsatz davon auszugehen, dass die Schweigepflicht des Arztes den Tod des Patienten überdauert (vgl. auch § 203 Abs. 4 StGB)[23] und daher eine Aussage über anvertraute Tatsachen nur möglich ist, wenn der Arzt (gegebenenfalls auf Grundlage des mutmaßlichen Patientenwillens) von der **Schweigepflicht entbunden** wird. Siehe hierzu sowie allgemein zur Entbindung der Schweigepflicht die Kommentierung zu § 385 Abs. 2 ZPO.

III. Medienschaffende, Abs. 1 Nr. 5

9 Als Ausfluss der grundgesetzlich gewährleisteten **Freiheit von Presse und Rundfunk** (Art. 5 Abs. 1 GG) sieht § 383 Abs. 1 Nr. 5 ZPO ein Zeugnisverweigerungsrecht für Personen vor, die bei der Vorbereitung, Herstellung oder Verbreitung von periodischen Druckwerken oder Rundfunksendungen berufsmäßig mitwirken oder mitgewirkt haben. Das Zeugnisverweigerungsrecht gilt für alle haupt- oder nebenberuflichen und darüber hinaus auch sog. „freie" Mitarbeiter,[24] nicht jedoch für Informanten oder Beitragsverfasser.[25] Inhaltlich werden vom Zeugnisverweigerungsrecht die Person des Verfassers, Einsenders oder Gewährsmanns von Beiträgen und Unterlagen sowie über die ihnen im Hinblick auf ihre Tätigkeit gemachten Mitteilungen erfasst, soweit es sich um Beiträge, Unterlagen und Mitteilungen für den redaktionellen Teil handelt.

IV. Belehrungspflicht und Beschränkung der Vernehmung, Abs. 2 und 3

10 In den Fällen des § 383 Abs. 1 Nr. 1–3 ZPO muss das Gericht über das Zeugnisverweigerungsrecht belehren (§ 383 Abs. 2 ZPO). Verstöße gegen die Belehrungspflicht sind nach § 295 ZPO heilbar.[26] Bei zeugnisverweigerungsberechtigten Personen i.S.d. § 383 Abs. 1 Nr. 4–6 ZPO besteht keine Belehrungspflicht, jedoch hat das Gericht bei der Vernehmung derartig – nicht gem. § 385 Abs. 2 ZPO entbundener – Zeugen gem. § 383 Abs. 3 ZPO keine Frage zu stellen, die einer Verletzung der Verschwiegenheitspflicht führen würde. Sagt der Zeuge unter Verletzung seiner Verschwiegenheitspflicht aus, so kann die Aussage gleichwohl verwertet werden, es sei denn, der Zeuge wurde durch verfahrenswidrige Maßnahmen des Gerichts zu seiner Aussage bestimmt.[27]

---

18 Musielak/Voit-*Voit*, ZPO, § 383 Rn. 6; Stein/Jonas-*Berger*, ZPO, § 383 Rn. 52.
19 BeckOK-*Scheuch*, ZPO, § 383 Rn. 23.1; MK-*Damrau*, ZPO, § 383 Rn. 39; Musielak/Voit-*Voit*, ZPO, § 383 Rn. 6, jeweils m.w.N.; BGH, NJW 2016, 2190 (2193) = GRUR 2016, 497 mit der Einschränkung, dass § 383 ZPO (i.V.m. § 19 Abs. 2 MarkenG) im Hinblick auf die Enforcement-Richtlinie (2004/48/EG) dahingehend unionsrechtskonform auszulegen ist, dass bei der Verwendung eines Kontos im Zusammenhang mit einer offensichtlichen Markenverletzung die Auskunft über Namen und Anschrift des Kontoinhabers nicht verweigert werden darf; siehe ferner OLG Stuttgart, GRUR-RR 2012, 73 = MarkenR 2012, 35; OLG Naumburg, GRUR-RR 2012, 388 = MarkenR 2012, 281 sowie ausführlich und mit Blick auf die Vorgaben der Enforcement-Richtlinie (2004/48/EG) *Ahrens*, GRUR 2015, 1083.
20 LG Nürnberg-Fürth, BeckRS 2016, 21078.
21 Ausführlich und m.w.N. MK-*Damrau*, ZPO, § 383 Rn. 33.
22 Zu den weiteren denkbaren Beweismitteln im Zusammenhang mit der Testier(un)fähigkeit siehe *Cording*, ZEV 2010, 23.
23 BGH, NJW 1983, 2627 (2628) = VersR 1983, 834.
24 Zöller-*Greger*, ZPO, § 383 Rn. 22.
25 MK-*Damrau*, ZPO, § 383 Rn. 28.
26 Vgl. BGH, NJW 1985, 1158 = MDR 1984, 825; Wieczorek/Schütze-*Ahrens*, ZPO, § 383 Rn. 82; MK-*Damrau*, ZPO, § 383 Rn. 40.
27 BGH, NJW 1990, 1734 (1735).

§ 384
Zeugnisverweigerungsrecht aus sachlichen Gründen

Das Zeugnis kann verweigert werden:
1. über Fragen, deren Beantwortung dem Zeugen oder einer Person, zu der er in einem der im § 383 Nr. 1 bis 3 bezeichneten Verhältnisse steht, einen unmittelbaren vermögensrechtlichen Schaden verursachen würde;
2. über Fragen, deren Beantwortung dem Zeugen oder einem seiner im § 383 Nr. 1 bis 3 bezeichneten Angehörigen zur Unehre gereichen oder die Gefahr zuziehen würde, wegen einer Straftat oder einer Ordnungswidrigkeit verfolgt zu werden;
3. über Fragen, die der Zeuge nicht würde beantworten können, ohne ein Kunst- oder Gewerbegeheimnis zu offenbaren.

Inhalt:

	Rn.		Rn.
A. Allgemeines	1	II. Umfang des Zeugnisverweigerungsrechts, Verfahren	5
B. Erläuterungen	2		
I. Konfliktsituationen	2		

A. Allgemeines

In bestimmten Konfliktsituationen konkretisiert § 384 ZPO das Persönlichkeitsrecht sowie den Achtungsanspruch des Zeugen und vermittelt ein **partielles Zeugnisverweigerungsrecht**, mit dessen Hilfe der Zeuge in eigenem Interesse oder im Interesse naher Angehöriger einzelne Beweisfragen unbeantwortet lassen kann.[1] Dies gilt namentlich für die Beantwortung von Fragen, die ihm oder einem nahen Angehörigen einen unmittelbaren vermögensrechtlichen Schaden verursachen würden (§ 384 Nr. 1 ZPO), die ihm oder einem nahen Angehörigen zur Unehre gereichen oder einen Straf- oder Ordnungswidrigkeitenverfolgung nach sich ziehen könnten (§ 384 Nr. 2 ZPO) oder bei deren Beantwortung der Zeuge ein Kunst- oder Gewerbegeheimnis offenbaren müsste (§ 384 Nr. 3 ZPO). 1

B. Erläuterungen
I. Konfliktsituationen

Der in **§ 384 Nr. 1 ZPO** genannte **unmittelbare vermögensrechtliche Nachteil** muss direkte Folge der Aussage des Zeugen sein. Denkbar ist dies beispielsweise, wenn durch die Aussage ein Schadensersatz-, Regress-[2] oder Unterhaltsanspruch[3] begründet oder dessen Durchsetzung durch die Aussage erleichtert würde. **Nicht ausreichend** sind dagegen bloß **mittelbare Nachteile** wie etwa die Befürchtung des Zeugen, er werde bei einem bestimmten Prozessausgang eine eigene Forderung gegen eine der Parteien oder einen Dritten nicht mehr durchsetzen können. 2

Zur **Unehre i.S.d. § 384 Nr. 2 ZPO** gereicht dem Zeugen eine Aussage dann, wenn sie geeignet ist, dem Ansehen oder der Wertschätzung des Zeugen unzumutbar zu schaden. Maßgeblich sind dabei nicht die Wert- und Moralvorstellungen einzelner – möglicherweise enger und in ihren Anschauungen extremer – sozialer Kreise, sondern das Bewusstsein der gesamten Rechtsgemeinschaft.[4] Vor diesem Hintergrund kann etwa die Aussage eines Zeugen über außerehelichen Geschlechtsverkehr ein Zeugnisverweigerungsrecht nach § 384 Nr. 1 ZPO begründen,[5] nicht aber dagegen bereits jede Frage über sexuelle Kontakte.[6] Die Gefahr einer Verfolgung des Zeugens wegen einer **Straftat** oder **Ordnungswidrigkeit** besteht dann, wenn durch die Aussage ein Straf- oder Bußgeldverfahren eingeleitet oder dessen Durchführung erleichtert werden könnte.[7] Daran fehlt es beispielsweise, wenn das Straf- oder Bußgeldverfahren 3

---

1 Vgl. BVerfG, NJW 1975, 103 (104).
2 MK-*Damrau*, ZPO, § 384 Rn. 7.
3 OLG Karlsruhe, NJW 1990, 2758 = FamRZ 1990, 641 für die Möglichkeit der Inanspruchnahme eines Mehrverkehrszeugen als nichtehelicher Vater.
4 OVG Lüneburg, NJW 1978, 1493 (1494) für Angehörige der kommunistischen/sozialistischen Arbeiterbewegung im Rahmen eines sog. Extremisten-Prozesses.
5 OLG Karlsruhe, NJW 1994, 528 = FamRZ 1994, 1122 für den Fall eines verheirateten Zeugen im Hinblick auf Fragen nach einer außerehelichen Beziehung im Trennungsunterhaltsprozess.
6 BeckOK-*Scheuch*, ZPO, § 384 Rn. 6.1; a.A. Wieczorek/Schütze-*Ahrens*, ZPO, § 384 Rn. 46.
7 Vgl. BVerfG, NJW 2002, 1411 (1412) = NStZ 2002, 378 (in Bezug auf § 55 Abs. 1 StPO); OLG Celle, NJW-RR 2016, 827 (828) = NZG 2016, 699.

rechtskräftig abgeschlossen ist[8] oder eine Straf- oder Ordnungswidrigkeitenverfolgung an fehlender Strafmündigkeit oder mittlerweile eingetretener Verjährung scheitert.[9]

4 Der Begriff des **Geheimnisses** entspricht § 17 UWG und erfasst alle Tatsachen, die nicht offenkundig, sondern nur einem eng begrenzten Personenkreis bekannt sind.[10] Aus dem gewerblichen Bereich kann dies insbesondere auf Bezugsquellen, Einkaufspreise, Kreditgeber oder Kunden, nicht jedoch auf Einkommen, Einnahmen oder Vertragsbedingungen zutreffen.[11] Aus dem Bereich des Kunstgeheimnisses kann § 384 Nr. 3 ZPO beispielsweise hinsichtlich der Nichtoffenbarung der Autorenschaft bei anonymen oder pseudonymen Werken eingreifen. Zwischen § 384 Nr. 3 ZPO und § 383 Abs. 1 Nr. 6 ZPO können Überschneidungen bestehen. In derartigen Fällen hat der Zeuge die Wahl, ob er auf Grundlage von § 383 ZPO die gesamte Aussage oder auf Grundlage von § 384 ZPO nur die Beantwortung einzelner Fragen verweigert.[12]

II. Umfang des Zeugnisverweigerungsrechts, Verfahren

5 Nicht erforderlich ist, dass die in § 384 Nr. 1–3 ZPO genannten Nachteile für den Zeugen oder einen nahen Angehörigen nur bei wahrheitsgemäßer Beantwortung entstehen. Der Zeuge kann vielmehr auch dann Fragen unbeantwortet lassen, **wenn die wahrheitsgemäße Beantwortung für ihn folgenlos ist,**[13] da andernfalls aus der Berufung auf § 384 ZPO nachteilige Schlüsse zu Lasten des Zeugen gezogen werden könnten. Wird also im Rahmen eines Arzthaftungsprozesses der behandelnde Operateur als Zeuge vernommen, so kann er auf Grundlage von § 384 Nr. 1 oder 2 ZPO auch dann die Aussage verweigern, wenn die Behandlung *lege artis* erfolgt ist.

6 Über das Recht nach § 384 ZPO muss der Zeuge **nicht belehrt** werden. Er kann bis zum Abschluss der Vernehmung frei entscheiden, ob er von dem Zeugnisverweigerungsrecht Gebrauch macht und kann auch seine bisherige Angaben zur Sache widerrufen und damit unverwertbar machen.[14] Aus diesem Grund dürfen Fragen der Parteien nach § 397 ZPO, deren Beantwortung der Zeuge verweigern könnte, nicht zurückgewiesen werden.[15]

§ 385
Ausnahmen vom Zeugnisverweigerungsrecht

(1) In den Fällen des § 383 Nr. 1 bis 3 und des § 384 Nr. 1 darf der Zeuge das Zeugnis nicht verweigern:
1. über die Errichtung und den Inhalt eines Rechtsgeschäfts, bei dessen Errichtung er als Zeuge zugezogen war;
2. über Geburten, Verheiratungen oder Sterbefälle von Familienmitgliedern;
3. über Tatsachen, welche die durch das Familienverhältnis bedingten Vermögensangelegenheiten betreffen;
4. über die auf das streitige Rechtsverhältnis sich beziehenden Handlungen, die von ihm selbst als Rechtsvorgänger oder Vertreter einer Partei vorgenommen sein sollen.
(2) Die im § 383 Nr. 4, 6 bezeichneten Personen dürfen das Zeugnis nicht verweigern, wenn sie von der Verpflichtung zur Verschwiegenheit entbunden sind.

---

8 OLG Celle, NStZ 1983, 377, mit der Einschränkung, dass dies nicht gilt, wenn das Strafverfahren zwar rechtskräftig abgeschlossen ist, aber mit einer Wiedereinsetzung in den vorigen Stand gerechnet werden kann; siehe auch OLG Celle, NJW-RR 2016, 827 (828) = NZG 2016, 699 (Einstellung des Strafverfahrens nach § 170 Abs. 2 StPO genügt nicht, da Ermittlungen jederzeit wieder aufgenommen werden könnten).
9 OLG Oldenburg, NJW 1961, 1225 für den Fall einer wegen Verjährung ausgeschlossenen Strafverfolgung.
10 Vgl. BGH, GRUR 2009, 603 (604) = VersR 2009, 1403; BeckOK-*Scheuch*, ZPO, § 384 Rn. 12; ausführlich zum Begriff des Betriebs- und Geschäftsgeheimnisses in § 17 UWG Ohly/Sosnitza-*Ohly*, UWG, § 17 Rn. 5 ff.
11 MK-*Damrau*, ZPO, § 384 Rn. 14 m.w.N.
12 BeckOK-*Scheuch*, ZPO, § 384 Rn. 14.
13 BGH, FamRZ 1958, 826 (827).
14 Vgl. BGH, NStZ 1982, 431 in Bezug auf § 55 StPO.
15 MK-*Damrau*, ZPO, § 384 Rn. 3.

Ausnahmen vom Zeugnisverweigerungsrecht **§ 385 ZPO**

Inhalt:

	Rn.		Rn.
A. Allgemeines	1	II. Unzulässige Zeugnisverweigerung nach Entbindung von Schweigepflicht, Abs. 2	5
B. Erläuterungen	2		
I. Unzulässige Zeugnisverweigerung über einzelne Tatsachen, Abs. 1	2	III. Verfahren, Beweiswürdigung	7

A. Allgemeines

Die Vorschrift schränkt die Ausübung des Zeugnisverweigerungsrechts nach §§ 383, 384 ZPO ein. Von besonderer praktischer Bedeutung ist insbesondere die in § 385 Abs. 2 ZPO enthaltene Möglichkeit der Entbindung von der Schweigepflicht im Fall des § 383 Nr. 6 ZPO. 1

B. Erläuterungen
I. Unzulässige Zeugnisverweigerung über einzelne Tatsachen, Abs. 1

Kein Zeugnisverweigerungsrecht besteht nach **§ 385 Abs. 1 Nr. 1 ZPO** hinsichtlich des Inhalts eines – später tatsächlich zustande gekommenen[1] – Rechtsgeschäfts, wenn der Zeuge bei dessen **Errichtung zugezogen** war. Die bloße Anwesenheit des Zeugen bei der Errichtung genügt hierbei nicht; vielmehr muss der Zeuge sich bewusst gewesen sein oder wenigstens damit gerechnet haben, dass er später in Bezug auf das Rechtsgeschäft später als Zeuge in Betracht kommt.[2] 2

§ 385 Abs. 1 Nr. 2 und 3 ZPO betreffen bestimmte Tatsachen in Bezug auf Familienmitglieder, also auf alle mit dem Zeugen verwandten oder verschwägerten Personen, einschließlich Ehegatten.[3] Erfasst werden zum einen die in Abs. 1 Nr. 2 ZPO genannten Personenstandsangelegenheiten, zum anderen die in Abs. 2 Nr. 3 ZPO genannten Vermögensangelegenheiten, wie etwa güterrechtliche Vereinbarungen, Unterhaltsansprüche, Übergabe- oder Abfindungsverträge.[4] 3

Die in **§ 385 Abs. 1 Nr. 4 ZPO** genannten Begriffe des „Rechtsvorgängers" oder „Vertreters" werden weit ausgelegt. Erfasst sind daher beispielsweise Zedenten, Ehegatten vor Begründung einer Gütergemeinschaft, Geschäftsführer ohne Auftrag sowie Helfer und Berater.[5] 4

II. Unzulässige Zeugnisverweigerung nach Entbindung von Schweigepflicht, Abs. 2

Von besonderer praktischer Bedeutung ist die in **§ 385 Abs. 2 ZPO** vorgesehene Möglichkeit, den zur Verschwiegenheit verpflichteten Zeugen von der Schweigepflicht zu entbinden. Dies gilt insbesondere hinsichtlich der Berufsgeheimnisträger nach § 383 Abs. 1 Nr. 6 ZPO. Die Entbindung von der Schweigepflicht kann **ausdrücklich** oder **konkludent**, beispielsweise durch die Benennung des zur Verschwiegenheit verpflichteten Zeugen, erfolgen.[6] Ist der ursprünglich zur Schweigepflichtsentbindung Berechtigte verstorben (etwa im **Erbprozess**, in dem über die Testierunfähigkeit des Erblassers gestritten und zu diesem Zweck der behandelnde Arzt als Zeuge vernommen werden soll), gilt Folgendes: Mit dem Tod der durch die Schweigepflicht geschützten Person erlischt die Verschwiegenheitspflicht nicht (vgl. auch § 203 Abs. 4 StGB).[7] Sie geht auch – außer bei vermögensrechtlichen Ansprüchen[8] – als höchstpersönliches Recht nicht auf die Erben über.[9] Ob und inwieweit daher der Arzt nach dem Tod des Patienten zur Verschwiegenheit verpflichtet ist, hängt damit maßgeblich vom ausdrücklichen oder mutmaßlichen Willen des Patienten ab, wobei im praktisch relevanten Fall von Erbstreitigkeiten viel dafür spricht, dass der Patient Interesse an der Aufdeckung einer möglicherweise wegen Testierunfähigkeit unwirksamen letztwilligen Verfügung hat und daher seinen Gesundheitszustand nicht vor dem erkennenden Gericht verbergen wollte.[10] 5

---

1 Wohl h.M.: MK-*Damrau*, ZPO, § 385 Rn. 2; BeckOK-*Scheuch*, ZPO, § 385 Rn. 2; Wieczorek/Schütze-*Ahrens*, ZPO, § 385 Rn. 7; a.A. Stein/Jonas-*Berger*, ZPO, § 385 Rn. 2; Musielak/Voit-*Huber*, ZPO, § 385 Rn. 2 (Anwendung von § 385 Abs. 1 Nr. 1 ZPO auch bei gescheiterten Verhandlungen).
2 Vgl. BayOblG, MDR 1984, 1025, für die Zuziehung eines „Schreibzeugen" nach § 25 BeurkG.
3 MK-*Damrau*, ZPO, § 385 Rn. 3 m.w.N.
4 Thomas/Putzo-*Reichold*, ZPO, § 395 Rn. 3.
5 MK-*Damrau*, ZPO, § 385 Rn. 5 m.w.N.
6 BeckOK-*Scheuch*, ZPO, § 395 Rn. 12.
7 BGH, NJW 1984, 2893 (2894) = FamRZ 1984, 994.
8 Vgl. BGH, NJW 1983, 2627 = VersR 1983, 834 für das Recht auf Einsichtnahme in Krankenpapiere.
9 BGH, NJW 1984, 2893 (2895) = FamRZ 1984, 994.
10 Vgl. BGH, NJW 1984, 2893 (2895) = FamRZ 1984, 994; ausführlich *Bartsch*, NJW 2001, 861.

Förster

6 Bei **Geistlichen** i.S.d. § 383 Abs. 1 Nr. 4 ZPO ist ergänzend zu berücksichtigen, dass sie auf Grundlage von Art. 9 des Reichskonkordats vom 20.07.1933 auch trotz Entbindung von der Schweigepflicht nicht aussagen müssen

III. Verfahren, Beweiswürdigung

7 Im Falle der Verweigerung des Zeugnisses nach § 383 Abs. 1 Nr. 1–3 ZPO muss der Beweisführer die Voraussetzungen des § 385 Abs. 1 ZPO beweisen.[11] Die Versagung einer Entbindung von der Verschwiegenheitspflicht nach § 385 Abs. 2 ZPO kann im Rahmen der Beweiswürdigung zum Nachteil der durch die Schweigepflicht geschützten Person berücksichtigt werden.[12]

§ 386
Erklärung der Zeugnisverweigerung

(1) Der Zeuge, der das Zeugnis verweigert, hat vor dem zu seiner Vernehmung bestimmten Termin schriftlich oder zum Protokoll der Geschäftsstelle oder in diesem Termin die Tatsachen, auf die er die Weigerung gründet, anzugeben und glaubhaft zu machen.

(2) Zur Glaubhaftmachung genügt in den Fällen des § 383 Nr. 4, 6 die mit Berufung auf einen geleisteten Diensteid abgegebene Versicherung.

(3) Hat der Zeuge seine Weigerung schriftlich oder zum Protokoll der Geschäftsstelle erklärt, so ist er nicht verpflichtet, in dem zu seiner Vernehmung bestimmten Termin zu erscheinen.

(4) Von dem Eingang einer Erklärung des Zeugen oder von der Aufnahme einer solchen zum Protokoll hat die Geschäftsstelle die Parteien zu benachrichtigen.

1 § 386 ZPO regelt die **Obliegenheit** des Zeugen, die Gründe für die Zeugnisverweigerung näher darzulegen und entbindet ihn bei schriftlicher oder zu Protokoll der Geschäftsstelle erklärter Weigerung von der Erscheinungspflicht.

2 Der Zeuge muss die Tatsachen zur Begründung des Zeugnisverweigerungsrechts angeben und das Gericht hierdurch in die Lage versetzen, die Voraussetzungen für die Zeugnisverweigerung zu überprüfen. Für die **Glaubhaftmachung** bestehen hinsichtlich des Zeugnisverweigerungsrechts nach § 383 Nr. 4–6 ZPO die in § 386 Abs. 2 ZPO genannten Erleichterungen. In der Praxis wird die Glaubhaftmachung **nur bei Zweifeln** gefordert, zumal sich die Gründe für die Zeugnisverweigerung (bspw. bei Ärzten oder Steuerberatern) häufig bereits aus der beruflichen Stellung des Zeugen ergeben.[1]

3 Bei schriftlicher Erklärung oder Erklärung zu Protokoll der Geschäftsstelle muss der Zeuge nicht zum Termin erscheinen (§ 386 Abs. 3 ZPO). Eine telefonische Mitteilung genügt nicht.[2] Vom Eingang der Erklärung sind die Parteien gem. § 386 Abs. 4 ZPO zu benachrichtigen, insbesondere um die Möglichkeit einer Entbindung des Zeugen von der Schweigepflicht (§ 385 Abs. 2 ZPO) zu prüfen.

4 Gibt der Zeuge keine Gründe für die Zeugnisverweigerung an so kann das Gericht im Falle des Nichterscheinens nach § 380 ZPO und im Falle des Erscheinens nach § 390 ZPO verfahren.

§ 387
Zwischenstreit über die Zeugnisverweigerung

(1) Über die Rechtmäßigkeit der Weigerung wird von dem Prozessgericht nach Anhörung der Parteien entschieden.

(2) Der Zeuge ist nicht verpflichtet, sich durch einen Anwalt vertreten zu lassen.

(3) Gegen das Zwischenurteil findet sofortige Beschwerde statt.

---

11 BeckOK-*Scheuch*, ZPO, § 385 Rn. 8.
12 MK-*Damrau*, ZPO, § 385 Rn. 12.

Zu § 386:
1 Musielak/Voit-*Voit*, ZPO, § 386 Rn. 1.
2 BFH, BeckRS 2004, 25006820.

Inhalt:

	Rn.		Rn.
A. Allgemeines	1	B. Erläuterungen	2

A. Allgemeines

§ 387 ZPO regelt das Verfahren, die gerichtliche Entscheidung sowie das zulässige Rechtsmittel bei einem Streit über die Rechtmäßigkeit einer Zeugnisverweigerung. 1

B. Erläuterungen

Anwendungsfälle des § 387 ZPO sind der Streit über das **Vorliegen eines Zeugnisverweigerungsrechts** an sich, über die Angabe von **ausreichenden Tatsachen** durch den Zeugen i.S.d. § 386 Abs. 1 ZPO oder über deren **Glaubhaftmachung**.[1] Dabei muss die Rechtmäßigkeit der Zeugnisverweigerung zwischen den Parteien tatsächlich im Streit stehen; akzeptiert daher der Beweisführer (bzw. im Fall des § 399 ZPO dessen Gegner) die Weigerung des Zeugen, so liegt hierin ein konkludenter Verzicht auf den Zeugen[2] und eine Entscheidung des Gerichts erübrigt sich. Gleiches gilt, wenn die Parteien nach Erklärung der Zeugnisverweigerung rügelos i.S.d. § 295 ZPO zur Sache verhandeln.[3] 2

Parteien des Zwischenstreits, der als Teil des Beweisverfahrens geführt wird, sind der **Beweisführer** und der **Zeuge**,[4] der sich gem. § 387 Abs. 2 ZPO nicht anwaltlich vertreten lassen muss. Die Gründe für die Zeugnisverweigerung müssen durch den Zeugen glaubhaft gemacht werden; gleiches gilt für den Beweisführer hinsichtlich der Ausnahmetatbestände des § 385 ZPO.[5] **Zuständig** ist das Prozessgericht; dies gilt auch bei kommissarischer Vernehmung (vgl. §§ 389 ZPO). Grundsätzlich ist eine **mündliche Verhandlung** erforderlich; ein Versäumnisurteil ist ausgeschlossen.[6] 3

Der **Tenor** des Zwischenurteils sollte wegen der beschränkten Rechtskraftwirkung auf Feststellung der Berechtigung zur Zeugnisverweigerung lauten:[7] 4

> Es wird festgestellt, dass der Zeuge [Name] wegen [Grund zur Zeugnisverweigerung] zur Zeugnisverweigerung berechtigt/nicht berechtigt ist.

Das Zwischenurteil enthält zudem eine **Kostenentscheidung** über die durch den Zwischenstreit verursachten zusätzlichen Kosten sowie einen diesbezüglichen Ausspruch über die vorläufige Vollstreckbarkeit.[8]

Das Zwischenverfahren ist **gerichtsgebührenfrei**; der bereits im Verfahren tätige **Anwalt** kann **keine gesonderte Gebühr** verlangen (vgl. § 19 Abs. 1 Nr. 3 RVG); für die **Vertretung des Zeugen** kann die Gebühr **Nr. 3100 VV-RVG** entstehen.[9] Das Zwischenurteil ist mit **sofortiger Beschwerde** anfechtbar (§ 387 Abs. 3 ZPO). 5

§ 388
Zwischenstreit über schriftliche Zeugnisverweigerung

Hat der Zeuge seine Weigerung schriftlich oder zum Protokoll der Geschäftsstelle erklärt und ist er in dem Termin nicht erschienen, so hat auf Grund seiner Erklärungen ein Mitglied des Prozessgerichts Bericht zu erstatten.

Die Vorschrift hat klarstellende Funktion und sieht vor, dass eine Säumnisentscheidung ausscheidet, wenn der Zeuge zur mündlichen Verhandlung über den Zwischenstreit nicht erscheint. 1

---

1 MK-*Damrau*, ZPO, § 387 Rn. 5.
2 OLG Oldenburg, OLGZ 1991, 451 (452); Zöller-*Greger*, ZPO, § 387 Rn. 2.
3 BGH, NJW-RR 1987, 445.
4 Thomas/Putzo-*Reichold*, ZPO, § 387 Rn. 2.
5 Vgl. Stein/Jonas-*Berger*, ZPO, § 387 Rn. 4.
6 MK-*Damrau*, ZPO, § 387 Rn. 9.
7 Vgl. MK-*Damrau*, ZPO, § 387 Rn. 13; der u.a. von Thomas/Putzo-*Reichold*, ZPO, § 387 Rn. 3, sowie Saenger-*Eichele*, ZPO, § 387 Rn. 4, vorgeschlagene Tenor („Der Zeuge XY ist wegen [...] zur Zeugnisverweigerung <nicht> berechtigt") könnte dagegen als Urteil mit *inter-omnes*-Wirkung interpretiert werden.
8 MK-*Damrau*, ZPO, § 387 Rn. 14 f.
9 BeckOK-*Scheuch*, ZPO, § 387 Rn. 6.

§ 389
Zeugnisverweigerung vor beauftragtem oder ersuchtem Richter

(1) Erfolgt die Weigerung vor einem beauftragten oder ersuchten Richter, so sind die Erklärungen des Zeugen, wenn sie nicht schriftlich oder zum Protokoll der Geschäftsstelle abgegeben sind, nebst den Erklärungen der Parteien in das Protokoll aufzunehmen.
(2) Zur mündlichen Verhandlung vor dem Prozessgericht werden der Zeuge und die Parteien von Amts wegen geladen.
(3) ¹Auf Grund der von dem Zeugen und den Parteien abgegebenen Erklärungen hat ein Mitglied des Prozessgerichts Bericht zu erstatten. ²Nach dem Vortrag des Berichterstatters können der Zeuge und die Parteien zur Begründung ihrer Anträge das Wort nehmen; neue Tatsachen oder Beweismittel dürfen nicht geltend gemacht werden.

1 Ein Zwischenstreit über die Zeugnisverweigerung kann auch bei Durchführung der Beweisaufnahme durch einen beauftragten (§ 361 ZPO) oder ersuchten (§ 362 ZPO) Richter entstehen. § 389 ZPO stellt klar, dass in diesem Fall eine **Entscheidung des Zwischenstreits** nicht durch den kommissarischen Richter, sondern **durch das Prozessgericht** zu erfolgen hat und dass deshalb der kommissarische Richter die entsprechenden Erklärungen der Parteien in das Protokoll aufnehmen muss.

2 Das Gericht hat nach § 389 Abs. 1 ZPO sowohl die Erklärungen des Zeugen als auch die der Parteien in das Protokoll aufzunehmen. Das Prozessgericht lädt dann die Parteien und den Zeugen von Amts wegen (§ 389 Abs. 2 ZPO). Ein **Nachschieben von Gründen** nach dem Vortrag des Berichterstatters ist gem. § 389 Abs. 3 Satz 2 ZPO ausgeschlossen. Zulässig bleibt es jedoch, die bereits vorgebrachten Tatsachen zu erläutern oder auf neue rechtliche Gesichtspunkte zu stützen.[1] Zudem kann der Zeuge stets – auch nach rechtskräftiger Beendigung des Zwischenstreits – ein neues Zeugnisverweigerungsrecht geltend machen.[2]

§ 390
Folgen der Zeugnisverweigerung

(1) ¹Wird das Zeugnis oder die Eidesleistung ohne Angabe eines Grundes oder aus einem rechtskräftig für unerheblich erklärten Grund verweigert, so werden dem Zeugen, ohne dass es eines Antrages bedarf, die durch die Weigerung verursachten Kosten auferlegt. ²Zugleich wird gegen ihn ein Ordnungsgeld und für den Fall, dass dieses nicht beigetrieben werden kann, Ordnungshaft festgesetzt.
(2) ¹Im Falle wiederholter Weigerung ist auf Antrag zur Erzwingung des Zeugnisses die Haft anzuordnen, jedoch nicht über den Zeitpunkt der Beendigung des Prozesses in dem Rechtszug hinaus. ²Die Vorschriften über die Haft im Zwangsvollstreckungsverfahren gelten entsprechend.
(3) Gegen die Beschlüsse findet die sofortige Beschwerde statt.

Inhalt:

	Rn.		Rn.
A. Allgemeines	1	C. Rechtsmittel	5
B. Erläuterungen	2		

A. Allgemeines

1 Ähnlich wie § 380 ZPO, der beim Ausbleiben eines ordnungsgemäß geladenen Zeugen die Auferlegung der Kosten und die Verhängung eines Ordnungsgeldes vorsieht, regelt § 390 ZPO die Folgen einer unberechtigten Zeugnisverweigerung.

B. Erläuterungen

2 Die Vorschrift gilt für ordnungsgemäß geladene Zeugen, die in der mündlichen Verhandlung nach rechtskräftigem Abschluss des Verfahrens nach § 387 ZPO, ohne Angabe eines Grundes oder unter Angabe nicht ernst gemeinter oder völlig abwegiger Gründe die Aussage verwei-

---

1 Thomas/Putzo-*Reichold*, ZPO, § 389 Rn. 2 wonach zudem neuer Tatsachenvortrag der Parteien für den Ausschluss des Zeugnisverweigerungsrechts zulässig sein soll.
2 MK-*Damrau*, ZPO, § 389 Rn. 6; Musielak/Voit-*Huber*, ZPO, § 389 Rn. 2.

gern oder sich nach Beginn der Vernehmung eigenmächtig und grundlos entfernen.[1] Der vollständigen Verweigerung der Aussage steht es gleich, wenn der Zeuge die Beantwortung einzelner Fragen ohne Begründung ablehnt, nicht jedoch, wenn er nach Auffassung des Gerichts zwar antwortet, allerdings die Unwahrheit sagt.[2]

Das Gericht hat – nach Gewährung rechtlichen Gehörs – gegen den Zeugen wie im Fall des § 380 ZPO (siehe dort Rn. 4) ein **Ordnungsgeld** zu verhängen und ihm die durch seine Weigerung verursachten **Kosten aufzuerlegen**. Zugleich ist ein neuer Termin zur Fortsetzung der Beweisaufnahme zu bestimmen. Erscheint der Zeuge in diesem Termin nicht, ist nach § 380 ZPO zu verfahren.[3]   3

Anders als bei § 380 ZPO ist im Falle einer zweiten unbegründeten Aussageverweigerung kein erneutes Ordnungsmittel möglich. Stattdessen ist – nicht von Amts wegen, sondern nur auf Antrag – gem. § 390 Abs. 2 Satz 1 ZPO **Beugehaft** zu verhängen, für deren Vollstreckung gem. § 390 Abs. 2 Satz 2 ZPO die Vorschriften über die Haft im Zwangsvollstreckungsverfahren gelten (§§ 802g f. ZPO; siehe die Kommentierung dort).   4

C. Rechtsmittel

Der Zeuge kann gegen die Verhängung des Ordnungsmittels, die Auferlegung der Kosten sowie gegen die Haftanordnung gem. § 390 Abs. 3 ZPO mit der sofortigen Beschwerde vorgehen. Gleiches gilt für die Partei, wenn entsprechende Beschlüsse unterblieben sind oder aufgehoben wurden.   5

§ 391
Zeugenbeeidigung

Ein Zeuge ist, vorbehaltlich der sich aus § 393 ergebenden Ausnahmen, zu beeidigen, wenn das Gericht dies mit Rücksicht auf die Bedeutung der Aussage oder zur Herbeiführung einer wahrheitsgemäßen Aussage für geboten erachtet und die Parteien auf die Beeidigung nicht verzichten.

Inhalt:

	Rn.		Rn.
A. Allgemeines	1	C. Rechtfolgen bei Verstoß	5
B. Erläuterungen	2		

A. Allgemeines

Zeugen sind durch das Gericht nur dann zu beeidigen, wenn dies mit Rücksicht auf die Bedeutung der Aussage oder zur Herbeiführung einer wahrheitsgemäßen Aussage für geboten erachtet wird und die Parteien auf die Beeidigung verzichten. Anders noch in § 356 Abs. 1 der Civilprozeßordnung von 1877[1] ist damit die uneidliche Vernehmung von Zeugen der gesetzliche Regelfall und die eidliche Vernehmung die begründungsbedürftige Ausnahme. Dies entspricht auch der gerichtlichen Praxis, in der die Zeugen weit überwiegend bis nahezu ausschließlich uneidlich vernommen werden.   1

B. Erläuterungen

Zur **Eidesleistung verpflichtet** sind grundsätzlich alle Zeugen, die nicht unter § 393 ZPO fallen und für die – was sich aus § 390 Abs. 1 Satz 1 ZPO ergibt – kein Zeugnisverweigerungsrecht besteht.[2] Die Abnahme eines Eides scheidet ferner aus, wenn die Parteien auf die Beeidigung **verzichtet** haben. Dieser Verzicht ist **frei widerruflich** und kann nur für bereits getätigte, nicht jedoch für zukünftige Aussagen erklärt werden.[3]   2

---

1 MK-*Damrau*, ZPO, § 390 Rn. 2, 5.
2 Vgl. zu § 70 StPO BGHSt 9, 362 = NJW 1956, 1807.
3 MK-*Damrau*, ZPO, § 390 Rn. 9.

Zu § 391:
1 „Jeder Zeuge ist einzeln und vor seiner Vernehmung zu beeidigen; die Beeidigung kann jedoch aus besonderen Gründen, namentlich wenn Bedenken gegen ihre Zulässigkeit obwalten, bis nach Abschluß der Vernehmung ausgesetzt werden"; abrufbar unter http://www.deutschestextarchiv.de/book/view/unknown_civilprozessordnung_1877 (Stand: 19.05.2017).
2 MK-*Damrau*, ZPO, § 391 Rn. 2; der zur Zeugnisverweigerung berechtigte Zeuge darf auch dann die Eidesleistung verweigern, wenn er auf sein Zeugnisverweigerungsrecht verzichtet hat, vgl. BGH, NJW 1965, 1530 = FamRZ 1965, 425.
3 Thomas/Putzo-*Reichold*, ZPO, § 391 Rn. 7.

3 Bei der Entscheidung über die Beeidigung eines Zeugen zu berücksichtigen sind namentlich die **Bedeutung der Aussage** sowie die Frage, ob die Beeidigung **zur Herbeiführung einer wahrheitsgemäßen Aussage** geboten ist. Eine Beeidigung scheidet danach aus, wenn die Aussage des Zeugen **nicht entscheidungserheblich** ist, wenn **keine Zweifel an der Glaubwürdigkeit** des Zeugen bestehen oder wenn das Gericht bereits aufgrund der übrigen Beweismittel **vom Gegenteil der unglaubwürdigen Aussage überzeugt** ist.[4]

4 Die Vornahme der Beeidigung steht im **pflichtgemäßen Ermessen** des Prozessgerichtsgerichts. Bei Durchführung der Zeugenvernehmung durch einen **kommissarischen Richter** ist auch dieser befugt, über die Beeidigung zu entscheiden.[5] Zu Durchführung und Eidesformel siehe § 392 ZPO sowie §§ 478 ff. ZPO. Unterbleibt die Beeidigung, so kann das Gericht hierüber durch Beschluss entscheiden oder – was häufig zweckmäßiger ist – in den Urteilsgründen darlegen, warum von einer Beeidigung abgesehen wurde.[6]

C. Rechtsfolgen bei Verstoß

5 Wird ein Zeuge **trotz Vereidigungsverbots eidlich vernommen,** so darf die Aussage nur als uneidliche gewertet werden. § 295 ZPO gilt insoweit nicht.[7] **Unterlässt das Gericht** eine gebotene Beeidigung, so kann dies wegen § 295 ZPO durch das Rechtsmittelgericht nur überprüft werden, wenn es von den Parteien – beispielsweise in Form eines ausdrücklichen Beeidigungsantrags – gerügt worden ist.[8]

§ 392
Nacheid; Eidesnorm

[1]Die Beeidigung erfolgt nach der Vernehmung. [2]Mehrere Zeugen können gleichzeitig beeidigt werden. [3]Die Eidesnorm geht dahin, dass der Zeuge nach bestem Wissen die reine Wahrheit gesagt und nichts verschwiegen habe.

1 Die Vorschrift stellt klar, dass die Beeidigung des Zeugen nach dessen Vernehmung stattzufinden hat und regelt zudem den Inhalt der Eidesnorm. Zur Durchführung der Vereidigung siehe §§ 478 ff. ZPO.

§ 393
Uneidliche Vernehmung

Personen, die zur Zeit der Vernehmung das 16. Lebensjahr noch nicht vollendet oder wegen mangelnder Verstandesreife oder wegen Verstandesschwäche von dem Wesen und der Bedeutung des Eides keine genügende Vorstellung haben, sind unbeeidigt zu vernehmen.

1 Personen, die nicht **eidesmündig** sind, dürfen durch das Gericht gem. § 393 ZPO nur uneidlich vernommen werden. Zu Verstößen siehe § 391 Rn. 5.

§ 394
Einzelvernehmung

(1) Jeder Zeuge ist einzeln und in Abwesenheit der später abzuhörenden Zeugen zu vernehmen.
(2) Zeugen, deren Aussagen sich widersprechen, können einander gegenübergestellt werden.

1 Die Vorschrift sieht in Abs. 1 als Grundregel der Vernehmung die Einzelvernehmung in Abwesenheit der später anzuhörenden Zeugen vor. Erst ab Beendigung der Aussage und Entlassung des Zeugen (die – etwa vor dem Hintergrund einer möglichen späteren Gegenüberstel-

---

4 MK-*Damrau*, ZPO, 391 Rn. 5.
5 Str., wie hier: BeckOK-*Scheuch*, ZPO, § 391 Rn. 8; einschränkend MK-*Damrau*, ZPO, § 391 Rn. 7 (Beeidigung durch kommissarischen Richter nur, wenn dies zur Wahrheitsfindung erforderlich ist); ablehnend Musielak/Voit-*Huber*, ZPO, § 391 Rn. 3; Thomas/Putzo-*Reichold*, ZPO, § 391 Rn. 2 (nur bei Ermächtigung durch das Prozessgericht).
6 MK-*Damrau*, ZPO, § 391 Rn. 8.
7 Vgl. Thomas/Putzo-*Reichold*, ZPO, § 393 Rn. 2.
8 Vgl. BVerwG, NJW 1998, 3369 = DVBl. 1999, 99.

lung – nicht unmittelbar nach Aussage erfolgen muss) gehört dieser zur Öffentlichkeit i.S.d. § 169 GVG und darf der Vernehmung der späteren Zeugen beiwohnen. Nach Abs. 2 kann das Prozessgericht oder der kommissarische Richter nach **pflichtgemäßem Ermessen**[1] bei widersprechenden Zeugenaussagen eine Gegenüberstellung durchführen.

§ 395
Wahrheitsermahnung; Vernehmung zur Person

(1) Vor der Vernehmung wird der Zeuge zur Wahrheit ermahnt und darauf hingewiesen, dass er in den vom Gesetz vorgesehenen Fällen unter Umständen seine Aussage zu beeidigen habe.

(2) [1]Die Vernehmung beginnt damit, dass der Zeuge über Vornamen und Zunamen, Alter, Stand oder Gewerbe und Wohnort befragt wird. [2]Erforderlichenfalls sind ihm Fragen über solche Umstände, die seine Glaubwürdigkeit in der vorliegenden Sache betreffen, insbesondere über seine Beziehungen zu den Parteien vorzulegen.

Vor der Vernehmung hat das Gericht den Zeugen zur Wahrheit zu ermahnen; zweckmäßigerweise wird dies mit dem Hinweis auf die Strafbarkeit einer falschen uneidlichen oder eidlichen Aussage (§§ 153 ff. StGB) verbunden. Im Anschluss wird der Zeuge zur Person vernommen (Abs. 2) und gegebenenfalls über Zeugnisverweigerungsrechte belehrt (§ 383 Abs. 2 ZPO). Darüber hinaus lässt es § 394 ZPO zu, dem Zeugen sog. **Generalfragen** zu seiner Glaubwürdigkeit zu stellen, etwa über frühere Verurteilungen wegen Aussagedelikten.[1]   1

§ 396
Vernehmung zur Sache

(1) Der Zeuge ist zu veranlassen, dasjenige, was ihm von dem Gegenstand seiner Vernehmung bekannt ist, im Zusammenhang anzugeben.

(2) Zur Aufklärung und zur Vervollständigung der Aussage sowie zur Erforschung des Grundes, auf dem die Wissenschaft des Zeugen beruht, sind nötigenfalls weitere Fragen zu stellen.

(3) Der Vorsitzende hat jedem Mitglied des Gerichts auf Verlangen zu gestatten, Fragen zu stellen.

Inhalt:

	Rn.		Rn.
A. Allgemeines	1	C. Rechtsmittel	5
B. Erläuterungen	2		

A. Allgemeines
Die Vorschrift baut auf der generellen Aussagepflicht des Zeugen auf und regelt im Zusammenspiel mit § 397 ZPO den Ablauf der Vernehmung sowie das Fragerecht des Gerichts.   1

Erläuterungen
Die Aussage des Zeugen hat nach § 396 Abs. 1 ZPO im Zusammenhang – d.h. ohne Zwischenfragen des Gerichts oder der Parteien – und in den Worten des Zeugen zu erfolgen. Dies schließt, insbesondere bei unsicheren Zeugen, allerdings nicht aus, dass der Vorsitzende – etwa durch geeignete und möglichst offene Eröffnungsfragen – dem Zeugen eine Starthilfe zur Erfüllung seiner Aussagepflicht gibt.[1] Der Zeuge darf bei seiner Aussage **Notizen** oder **eigene Aufzeichnungen** verwenden (vgl. auch § 378 ZPO).[2] Ein vollständiger Ersatz der Zeugenaussage durch die **Übergabe einer schriftlichen Aussage** ist nur in den Fällen des § 377 Abs. 3 ZPO möglich; denkbar ist allerdings, dass eine vom Zeugen selbst schriftlich niedergelegte   2

---

1 Vgl. BAG, NJW 1968, 566.

Zu § 395:
1 Baumbach/Lauterbach/Albers/Hartmann, ZPO, § 395 Rn. 5; MK-*Damrau*, ZPO, § 395 Rn. 4, mit dem Hinweis, dass der Zeuge die Beantwortung gegebenenfalls nach § 384 ZPO verweigern kann.

Zu § 396:
1 Musielak/Voit-*Huber*, ZPO, § 396 Rn. 1.
2 MK-*Damrau*, ZPO, § 396 Rn. 2.

Aussage durch das Gericht verlesen, zu Protokoll genommen und mit dem Zeugen besprochen wird.³ Der Zeuge darf bei seiner Vernehmung auch mit einem **Rechtsbeistand** erscheinen.⁴

3 Als Ausdruck der richterlichen Aufklärungspflicht gem. **§ 139 ZPO** sind im Anschluss an die Vernehmung Fragen durch das Gericht zur Aufklärung und zur Vervollständigung der Aussage sowie zu der Frage, worauf das Wissen des Zeugen beruht, möglich und gegebenenfalls geboten.

4 Die Aussagen des Zeugen sind gem. **§ 160 Abs. 3 Nr. 4 ZPO** zu protokollieren. Um die nach § 396 Abs. 1 ZPO gebotene zusammenhängende Aussage des Zeugen durch die Protokollierung nicht unnötig zu unterbrechen, empfiehlt es sich, den Zeugen zunächst so weit wie möglich vollständig im Zusammenhang aussagen zu lassen und die Aussage anschließend, d. h. noch vor den Fragen des Gerichts und der Parteien (§ 397 ZPO), zusammenfassend und möglichst in den Worten des Zeugen zu protokollieren. Die anschließenden Antworten zu den Fragen des Gerichts und der Parteien sind ebenfalls in das Protokoll aufzunehmen; dabei sollte auch der Fragesteller genannt (z. B. „Auf Frage des Beklagtenvertreters:") und – sofern dies nicht aus der Antwort selbst eindeutig hervorgeht – auch die Zielrichtung der Frage und gegebenenfalls deren genauer Wortlaut protokolliert werden.⁵

B. Rechtsmittel

5 Verstöße gegen § 396 ZPO sind Verfahrensfehler, die nach § 295 ZPO geheilt werden können.⁶

§ 397
Fragerecht der Parteien

(1) Die Parteien sind berechtigt, dem Zeugen diejenigen Fragen vorlegen zu lassen, die sie zur Aufklärung der Sache oder der Verhältnisse des Zeugen für dienlich erachten.

(2) Der Vorsitzende kann den Parteien gestatten und hat ihren Anwälten auf Verlangen zu gestatten, an den Zeugen unmittelbar Fragen zu richten.

(3) Zweifel über die Zulässigkeit einer Frage entscheidet das Gericht.

1 Als Ausdruck des Anspruchs der Parteien auf rechtliches Gehör lässt § 397 ZPO zu, dass die Parteien dem Zeugen durch das Gericht Fragen vorlegen lassen und unter den Voraussetzungen des § 397 Abs. 2 ZPO an den Zeugen unmittelbar Fragen richten. Das Fragerecht kann nur unmittelbar in Verbindung mit der Vernehmung des Zeugen und damit nur im Beweistermin, bei dem der Zeuge anwesend ist, ausgeübt werden.¹ Für nachträgliche Fragen gilt § 398 ZPO. Zum Fragerecht der Parteien gehört auch, dem Zeugen **Vorhaltungen** zu machen.²

2 Nur **unzulässige Fragen** – nicht aber solche, die das Gericht lediglich für nicht sachdienlich hält³ – können durch das Gericht gem. § 397 Abs. 3 ZPO zurückgewiesen werden. Die betrifft etwa Fragen, die als **Ausforschungsfragen** über das Beweisthema hinausgehen, die durch den Zeugen **bereits beantwortet** wurden, die (etwa wegen § 383 Abs. 3 ZPO) **nicht gestellt** oder (etwa wegen Amtsverschwiegenheit nach § 376 ZPO) **nicht beantwortet** werden dürfen oder die in der Art einer **Suggestivfrage** gestellt werden.⁴ Die Zurückweisung erfolgt durch nicht gesondert anfechtbaren **Beschluss**. Bei **Weigerung des kommissarischen Richters** kann das Prozessgericht die nachträgliche Vernehmung anordnen (§ 398 Abs. 3 ZPO).

---

3 Thomas/Putzo-*Reichold*, ZPO, § 396 Rn. 1.
4 Musielak/Voit-*Huber*, ZPO, § 396 Rn. 1; vgl. auch BVerfGE 38, 105 = NJW 1975, 103.
5 Vgl. ausführlich Musielak/Voit-*Huber*, ZPO, § 396 Rn. 3.
6 Thomas/Putzo-*Reichold*, ZPO, § 396 Rn. 2, 4; Musielak/Voit-*Huber*, ZPO, § 396 Rn. 1.

Zu § 397:
1 BGH, NJW 1961, 2308 (2308).
2 MK-*Damrau*, ZPO, § 397 Rn. 2.
3 Vgl. BGH, NJW 1997, 802 für die Ladung eines Sachverständigen zur mündlichen Erläuterung des Gutachtens, obwohl das Gericht die schriftliche Begutachtung für ausreichend und überzeugend hält.
4 MK-*Damrau*, ZPO, § 397 Rn. 5 f.; Thomas/Putzo-*Reichold*, ZPO, § 397 Rn. 2.

§ 398
Wiederholte und nachträgliche Vernehmung

(1) Das Prozessgericht kann nach seinem Ermessen die wiederholte Vernehmung eines Zeugen anordnen.

(2) Hat ein beauftragter oder ersuchter Richter bei der Vernehmung die Stellung der von einer Partei angeregten Frage verweigert, so kann das Prozessgericht die nachträgliche Vernehmung des Zeugen über diese Frage anordnen.

(3) Bei der wiederholten oder der nachträglichen Vernehmung kann der Richter statt der nochmaligen Beeidigung den Zeugen die Richtigkeit seiner Aussage unter Berufung auf den früher geleisteten Eid versichern lassen.

§ 398 ZPO ermöglicht es dem Gericht, nach pflichtgemäßem Ermessen eine erneute Vernehmung des Zeugen anzuordnen. Relevant wird dies insbesondere dann, wenn bei der ersten Vernehmung des Zeugen Fehler unterlaufen sind oder wenn das Gericht nur bei einer erneuten Vernehmung die Glaubwürdigkeit des Zeugen beurteilen kann. 1

Eine wiederholte Vernehmung i.S.d. Vorschrift liegt nur vor, wenn der Zeuge zu demselben Beweisthema im gleichen Verfahren bereits ausgesagt sagt.[1] Die schriftliche Ergänzung einer schriftlichen Aussage oder die Ladung des Zeugen nach § 377 Abs. 3 Satz 3 ZPO fallen nicht unter § 398 ZPO. Gleiches gilt für die (erstmalige) Einvernahme eines Zeugen, der bereits im Strafverfahren ausgesagt hat.[2] 2

Die Anordnung der wiederholten Vernehmung steht gem. § 398 Abs. 1 ZPO im **pflichtgemäßen Ermessen** des Gerichts. Sie hat zwingend zu erfolgen, wenn die Zeugenaussage nach einem **Richterwechsel** nicht mehr verwertet werden kann (§ 355 Rn. 4 ff.), bei der ersten Vernehmung rechtzeitig gerügte (§ 295 ZPO) **Fehler unterlaufen** sind oder wenn die **Protokollierung** der Zeugenaussage ganz **unterblieben** ist oder **unrichtig** vorgenommen wurde.[3] Ferner kann eine Wiederholung der Beweisaufnahme geboten sein, wenn die **Berufungsinstanz** im Rechtsmittelverfahren die Aussage oder die Glaubwürdigkeit eines in der Vorinstanz vernommenen Zeugen abweichend beurteilen möchte.[4] 3

Wird bei Vernehmung durch einen **beauftragten** (§ 361 ZPO) oder **ersuchten** (§ 362 ZPO) **Richter**, die Stellung der von einer Partei angeregten Frage verweigert (§ 397 ZPO), so kann das Prozessgericht gem. § 398 Abs. 2 ZPO die nachträgliche Vernehmung anordnen und die Vernehmung entweder selbst durchführen oder den verordneten Richter damit betrauen.[5] Hinsichtlich der Beeidigung bei wiederholter Vernehmung gilt § 398 Abs. 3 ZPO. 4

§ 399
Verzicht auf Zeugen

Die Partei kann auf einen Zeugen, den sie vorgeschlagen hat, verzichten; der Gegner kann aber verlangen, dass der erschienene Zeuge vernommen und, wenn die Vernehmung bereits begonnen hat, dass sie fortgesetzt werde.

Als Ausdruck des **Verhandlungsgrundsatzes** lässt § 399 ZPO den Verzicht auf einen Zeugen durch den Beweisführer zu. Gleichzeitig ermöglicht die Vorschrift es dem Gegner, auf die Vernehmung des Zeugen oder deren Fortsetzung zu bestehen. § 399 ZPO dient damit zugleich auch dem **Beschleunigungsgrundsatz**. 1

Der – im Anwaltsprozess durch einen Rechtsanwalt zu erklärende (§ 78 ZPO) – Verzicht muss **spätestens bis zum Ende der Vernehmung** vorgenommen werden[1] und kann **ausdrücklich** oder **konkludent** erfolgen. An einen **stillschweigenden Verzicht** sind jedoch hohe Anforderungen zu stellen: So kann das bloße Nichtverlesen eines schriftsätzlich gestellten Beweisantrags für sich genommen in aller Regel noch nicht als Verzicht gewertet werden; etwas anderes gilt 2

---

1 Vgl. OLG Schleswig, OLGZ 1980, 59.
2 OLG München, BeckRS 2016, 13749, Rn. 53.
3 MK-*Damrau*, ZPO, § 398 Rn. 4.
4 Ausführlich Wieczorek/Schütze-*Ahrens*, ZPO, § 398 Rn. 13 ff. m.w.N.
5 Baumbach/Lauterbach/Albers/Hartmann, ZPO, § 398 Rn. 12.

Zu § 399:
1 BeckOK-*Scheuch*, ZPO, § 399 Rn. 3.

erst dann, wenn nach entsprechendem Verhalten des Gerichts vernünftigerweise nicht mehr zu erwarten ist, dass die Partei noch an ihrem Beweisantrag festhält.[2] Denkbar ist ein konkludenter Verzicht außerdem, wenn der Beweisführer eine (grundlose) Zeugnisverweigerung widerspruchslos hinnimmt.[3] Die Einverständniserklärung zum **schriftlichen Verfahren** nach § 128 Abs. 2 ZPO beinhaltet keinen schlüssigen Verzicht auf die benannten Zeugen.[4]

3 Sofern die andere Partei nicht auf die Vernehmung oder deren Fortsetzung besteht, ist der noch nicht erschienene Zeuge **abzuladen**; der bereits erschienene Zeuge ist zu **entlassen**, seine Aussage **darf nicht verwertet werden**.[5]

§ 400
Befugnisse des mit der Beweisaufnahme betrauten Richters

Der mit der Beweisaufnahme betraute Richter ist ermächtigt, im Falle des Nichterscheinens oder der Zeugnisverweigerung die gesetzlichen Verfügungen zu treffen, auch sie, soweit dies überhaupt zulässig ist, selbst nach Erledigung des Auftrages wieder aufzuheben, über die Zulässigkeit einer dem Zeugen vorgelegten Frage vorläufig zu entscheiden und die nochmalige Vernehmung eines Zeugen vorzunehmen.

1 Die Vorschrift ist klarstellender Natur und regelt nicht abschließend einige Befugnisse des beauftragten (§ 361 ZPO) oder ersuchten (§ 362 ZPO) Richters.
2 Im Falle des Nichterscheinens des Zeugen kann der kommissarische Richter nach § 380 ZPO vorgehen (siehe § 380 Rn. 4) und entsprechende Beschlüsse nach § 381 Abs. 1 Satz 3 ZPO aufheben. Gleiches gilt für Maßnahmen nach § 390 ZPO. Kommt es dagegen zu einem Zwischenstreit über die Zeugnisverweigerung, so entscheidet das Prozessgericht (§ 387 ZPO). Der kommissarische Richter kann Fragen der Parteien zurückweisen (§ 397 Abs. 3 ZPO), allerdings kann das Prozessgericht in diesem Fall eine nachträgliche Vernehmung anordnen (§ 398 Abs. 2 ZPO). Hinsichtlich der weiteren Befugnisse des kommissarischen Richters siehe die Kommentierung zu §§ 361, 362 ZPO.

§ 401
Zeugenentschädigung

Der Zeuge wird nach dem Justizvergütungs- und -entschädigungsgesetz entschädigt.

1 Die Vorschrift verweist hinsichtlich der Zeugenentschädigung auf das Justizvergütungs- und entschädigungsgesetz (JVEG).
2 Die Vorschriften zum JVEG sowie die jeweiligen Kostensätze (Anhänge zum JVEG) finden sich im Anhang 1.

---

2 BGH, BeckRS 2016, 3972, Rn. 4; BGH, NJW-RR 1987, 1403 (1404) = FamRZ 1987, 1019; vgl. auch BGH, NJW-RR 1996, 1459 (1460) in Bezug auf die Rücknahme eines Antrags auf Parteivernehmung.
3 Musielak/Voit-*Huber*, ZPO, § 399 Rn. 2.
4 MK-*Damrau*, ZPO, § 399 Rn. 3.
5 Musielak/Voit-*Huber*, ZPO, § 399 Rn. 3.

Titel 8
Beweis durch Sachverständige

§ 402
Anwendbarkeit der Vorschriften für Zeugen

Für den Beweis durch Sachverständige gelten die Vorschriften über den Beweis durch Zeugen entsprechend, insoweit nicht in den nachfolgenden Paragraphen abweichende Vorschriften enthalten sind.

Inhalt:

	Rn.		Rn.
A. Allgemeines	1	I. Auf Sachverständige anwendbare Vorschriften	4
I. Begriff und Funktion des Sachverständigen	1	II. Auf Sachverständige nicht anwendbare Vorschriften	5
II. Abgrenzung	3		
B. Erläuterungen	4		

A. Allgemeines
I. Begriff und Funktion des Sachverständigen

Der Sachverständige wird im zivilprozessualen System als Beweismittel eingeordnet. Seine Aufgabe besteht darin, dem Gericht die für die Beurteilung von Tatsachen erforderliche **Sachkunde** zu vermitteln oder selbst **Tatsachen festzustellen**, sofern hierfür eine besondere Sachkunde erforderlich ist (siehe § 372 Rn. 2). Funktional ist er damit zugleich **neutraler Gehilfe** des Gerichts,[1] ohne selbst (wie etwa der ehrenamtliche und in der Regel fachkundige Handelsrichter gem. § 109 GVG) in das Gericht eingegliedert zu sein.[2] 1

Sachverständiger kann grundsätzlich nur eine **natürliche Person** sein. Juristische Personen des Privatrechts – etwa Kliniken oder (Forschungs-)Institute – können als solche nicht zum Sachverständigen bestellt werden; erforderlich ist in derartigen Fällen stets, dass ein (entsprechend fachlich ausgewiesener) Mitarbeiter des Instituts zum Sachverständigen bestellt wird und insbesondere auch später zur mündlichen Erläuterung des Gutachtens (§ 411 Abs. 3 ZPO) zur Verfügung steht.[3] Darüber hinaus können **Behörden** als Sachverständige beauftragt werden, sofern dies gesetzlich vorgesehen ist (Bsp.: Deutsches Patent- und Markenamt gem. § 21 Abs. 1 PatG gegebenenfalls i.V.m. § 21 GebrMG, § 58 Abs. 1 MarkenG; Rechtsanwaltskammer gem. § 14 Abs. 2 RVG). Zulässig ist ferner die Bestellung einer **Gruppe von Einzelsachverständigen**, die jeweils für ein Teilgebiet der durch Sachverständigenbeweis zu klärenden Frage zuständig sind.[4] Hiervon zu unterscheiden ist der Einsatz von Hilfspersonen durch den Sachverständigen gem. § 407a Abs. 2 Satz 2 ZPO. 2

II. Abgrenzung

Anders als der **Zeuge** (zur Abgrenzung siehe § 373 Rn. 2 f.) berichtet der Sachverständige nicht über außerprozessuale eigene Wahrnehmungen, sondern zieht aufgrund eigener Sachkunde Schlüsse aus feststehenden oder prozessual ermittelten Tatsachen. Vom **Augenscheinsgehilfen/Augenscheinsmittler** (siehe § 372 Rn. 3) unterscheidet sich der Sachverständige ebenfalls durch die für die Feststellung oder Beurteilung der Tatsachen erforderliche Sachkunde. **Privatgutachter** sind keine Sachverständigen i.S.d. §§ 402 ff. ZPO. Die von ihnen erstellten Gutachten werden als (qualifizierter) substantiierter Parteivortrag eingeordnet,[5] der das Gericht nicht bindet, gleichwohl aber vom Gericht auch nicht ohne nähere Auseinandersetzung (d.h. regelmäßig nicht ohne Stellungnahme eines gerichtlichen Sachverständigen) übergangen werden darf, da andernfalls das Recht der Partei auf rechtliches Gehör verletzt wird.[6] 3

---

1 BGHZ 168, 380 = NJW 2006, 3214.
2 MK-*Zimmermann*, ZPO, § 402 Rn. 2.
3 Zöller-*Greger*, ZPO, § 402 Rn. 6; MK-*Zimmermann*, ZPO, § 404 Rn. 2; OLG München, NJW 1968, 202; in der Rechtsprechung wird es dagegen zum Teil zugelassen, dass – insbesondere bei demoskopischen Gutachten im gewerblichen Rechtsschutz – auch Gutachten durch Institute eingeholt werden, BGH, GRUR 1957, 426 (428); KG Berlin, GRUR 1987, 473; zustimmend Thomas/Putzo-*Reichold*, ZPO, § 404 Rn. 6; kritisch zur Aussagekraft der zitierten Rechtsprechung MK-*Zimmermann*, ZPO, § 404 Rn. 2.
4 Thomas/Putzo-*Reichold*, ZPO, § 404 Rn. 9.
5 BGH, NJW-RR 2011, 419 (420); BGH, NJW 1998, 3197 (3199) = MDR 1998, 1274.
6 BGH, NJW-RR 2011, 609 = VersR 2011, 552.

B. Erläuterungen
I. Auf Sachverständige anwendbare Vorschriften

4   Auf Sachverständige anwendbar sind folgende Vorschriften des Zeugenbeweises: § 375 ZPO (Beweisaufnahme durch beauftragen oder ersuchten Richter); **377 Abs. 1 und 2 ZPO** (Zeugenladung); **§ 379 ZPO** (Auslagenvorschuss; dies gilt jedoch nur bei Beweisantritt durch eine Partei [siehe hierzu die Kommentierung zu § 403 ZPO] sowie bei einer entsprechenden Gutachtensergänzung;[7] wird der Zeugenbeweis dagegen gem. § 144 Abs. 1 Satz 1 ZPO von Amts wegen angeordnet, scheidet die Anforderung eines Auslagenvorschusses aus);[8] **§ 381 ZPO** (Genügende Entschuldigung des Ausbleibens; anwendbar, sofern die Frist oder Nachfrist gem. § 411 Abs. 2 ZPO nicht eingehalten wird);[9] **§ 382 ZPO** (Vernehmung an bestimmten Orten); **§ 383 ZPO** (Zeugnisverweigerung aus persönlichen Gründen; siehe § 408 Abs. 1 Satz 1 ZPO); **§ 384 ZPO** (Zeugnisverweigerungsrecht aus sachlichen Gründen; siehe ebenfalls § 408 Abs. 1 Satz 1 ZPO); **§ 385 ZPO** (Ausnahmen vom Zeugnisverweigerungsrecht);[10] **§ 386 ZPO** (Erklärung der Zeugnisverweigerung); **§ 387 ZPO** (Zwischenstreit über Zeugnisverweigerung); **§ 388 ZPO** (Zwischenstreit über schriftliche Zeugnisverweigerung); **§ 389 ZPO** (Zeugnisverweigerung vor beauftragtem oder ersuchten Richter); **§ 391 ZPO** (Zeugenbeeidigung; ergänzt durch § 410 ZPO);[11] **§ 393 ZPO** (Uneidliche Vernehmung; allerdings in der Praxis kaum denkbar); **§ 394 Abs. 2 ZPO** (Einzelvernehmung; Gegenüberstellung); **§ 395 ZPO** (Wahrheitsermahnung; Vernehmung zur Person); **§ 396 ZPO** (Vernehmung zur Sache); **§ 397 ZPO** (Fragerecht der Parteien); **§ 398 ZPO** (Wiederholte und nachträgliche Vernehmung); **§ 399 ZPO** (Verzicht auf Zeugen; allerdings besteht weiterhin die Möglichkeit, ein Gutachten gem. § 144 ZPO von Amts wegen einzuholen);[12] **§ 400 ZPO** (Befugnisse des mit der Beweisaufnahme betrauten Richters).

II. Auf Sachverständige nicht anwendbare Vorschriften

5   Nicht auf Sachverständige anwendbar sind folgende Vorschriften des Zeugenbeweises: **§ 373 ZPO** (Beweisantritt; § 403 ZPO ist Spezialregelung); **§ 376 ZPO** (Vernehmung bei Amtsverschwiegenheit; es gilt § 408 Abs. 2 ZPO);[13] **§ 377 Abs. 3 ZPO** (schriftliche Beantwortung der Beweisfrage durch den Zeugen; wird von § 411 ZPO verdrängt);[14] **§ 378 ZPO** (aussageerleichternde Unterlagen); **§ 380 ZPO** (Folgen des Ausbleibens eines Zeugen; es gilt § 409 ZPO); **§ 390 ZPO** (Folgen der Zeugnisverweigerung; es gilt § 409 ZPO); **§ 392 ZPO** (Nacheid; Eidesnorm; verdrängt durch § 410 ZPO); **§ 394 Abs. 1 ZPO** (Einzelvernehmung); **§ 401 ZPO** (Zeugenentschädigung; wird durch § 413 ZPO verdrängt).

§ 403
Beweisantritt

Der Beweis wird durch die Bezeichnung der zu begutachtenden Punkte angetreten.

1   § 403 ZPO regelt den Antritt des Sachverständigenbeweises auf Veranlassung einer Partei. Die Vorschrift ähnelt auf den ersten Blick § 373 ZPO; da der Sachverständigenbeweis jedoch gem. § 144 ZPO durch das Gericht auch von Amts wegen erhoben werden kann, ist kein Beweisantrag i.e.S. erforderlich. Der Beweisantritt nach § 403 ZPO stellt stattdessen nur eine Anregung der Partei an das Gericht dar.[1]

2   Die von § 403 ZPO geforderte **Bezeichnung der zu begutachtenden Punkte** kann **auch summarisch erfolgen**. Eine (gegebenenfalls nur mit wissenschaftlicher Sachkunde zu leistende) Substantiierung ist ebenso wenig erforderlich, wie die Vorgabe, auf welchem Weg der Sach-

---

[7] Vgl. OLG Köln, NJW 2009, 1335 = MDR 2009, 554.
[8] BGH, NJW 2000, 743 = VersR 2001, 914.
[9] MK-*Zimmermann*, ZPO, § 402 Rn. 4.
[10] Wie hier MK-*Zimmermann*, ZPO, § 402 Rn. 4; a.A. Thomas/Putzo-*Reichold*, ZPO, § 402 Rn. 1.
[11] BGH, NJW 1998, 3355 (3356) = MDR 1999, 112.
[12] Thomas/Putzo-*Reichold*, ZPO, § 402 Rn. 1.
[13] A.A. Thomas/Putzo-*Reichold*, ZPO, § 402 Rn. 1 (§ 376 ZPO mit den einschlägigen beamtenrechtlichen Vorschriften anwendbar); wie hier MK-*Zimmermann*, ZPO, § 402 Rn. 3.
[14] Vgl. BGHZ 6, 398 = NJW 1952, 1214.

Zu § 403:
[1] Zöller-*Greger*, ZPO, § 403 Rn. 1; MK-*Zimmermann*, ZPO, § 403 Rn. 2.

verständige zu seinem Ergebnis kommen soll.[2] Die Anforderungen an die Beweisanregung nach § 403 ZPO sind damit geringer als an den späteren gerichtlichen Beweisbeschluss (siehe § 359 Rn. 2). Ein konkreter Sachverständiger muss durch die Partei nicht benannt werden; die Auswahl erfolgt gem. § 404 ZPO durch das Gericht. Zum Antrag im selbstständigen Beweisverfahren siehe die Kommentierung zu § 487 ZPO.

§ 404
Sachverständigenauswahl

(1) [1]**Die Auswahl der zuzuziehenden Sachverständigen und die Bestimmung ihrer Anzahl erfolgt durch das Prozessgericht.** [2]**Es kann sich auf die Ernennung eines einzigen Sachverständigen beschränken.** [3]**An Stelle der zuerst ernannten Sachverständigen kann es andere ernennen.**

(2) Vor der Ernennung können die Parteien zur Person des Sachverständigen gehört werden.

(3) Sind für gewisse Arten von Gutachten Sachverständige öffentlich bestellt, so sollen andere Personen nur dann gewählt werden, wenn besondere Umstände es erfordern.

(4) Das Gericht kann die Parteien auffordern, Personen zu bezeichnen, die geeignet sind, als Sachverständige vernommen zu werden.

(5) Einigen sich die Parteien über bestimmte Personen als Sachverständige, so hat das Gericht dieser Einigung Folge zu geben; das Gericht kann jedoch die Wahl der Parteien auf eine bestimmte Anzahl beschränken.

Inhalt:

	Rn.		Rn.
A. Allgemeines........................	1	II. Öffentlich bestellte Sachverständige, Abs. 3	4
B. Erläuterungen....................	2		
I. Sachverständigenauswahl, Abs. 1, 2.	2	III. Mitwirkung der Parteien, Abs. 4, 5..	5

A. Allgemeines

Die Vorschrift überträgt die **Auswahl des Sachverständigen** dem **Gericht** und trägt damit der Funktion des Sachverständigen als Gehilfe des Richters (siehe § 402 Rn. 1) Rechnung. Neben der im Jahr 2016 eingefügten fakultativen Anhörung (§ 404 Abs. 2 ZPO) sieht die Regelung einen grundsätzlichen Vorrang öffentlich bestellter Sachverständiger vor (§ 404 Abs. 3 ZPO) und enthält Vorgaben zur Mitwirkung der Parteien bei der Sachverständigenauswahl (§ 404 Abs. 4 und 5 ZPO). 1

B. Erläuterungen
I. Sachverständigenauswahl, Abs. 1, 2

Die Auswahl des Sachverständigen trifft das Gericht im Rahmen des **Beweisbeschlusses** (§ 359 ZPO). Sie steht – soweit nicht § 404 Abs. 5 ZPO eingreift – im **Ermessen** des Gerichts.[1] Die Person des Sachverständigen muss unmittelbar durch das Gericht festgelegt werden; juristische Personen kommen als Sachverständige nicht in Betracht (siehe hierzu die Kommentierung in § 402 Rn. 2); ihnen kann auch nicht die Auswahl eines Sachverständigen überlassen werden. Sofern das Gericht Schwierigkeiten hat, einen entsprechend fachlich ausgewiesenen Sachverständigen zu finden, ist es denkbar und in der Praxis üblich, dass Berufsverbände (etwa Landesärztekammern) um die Nennung geeigneter Sachverständiger gebeten werden. Das Gericht hat hierbei auch die Möglichkeit, den Beweisbeschluss über die Einholung des Sachverständigengutachtens – einschließlich der gegebenenfalls erforderlichen Anforderung eines Auslagenvorschusses – zunächst ohne namentliche Nennung eines Sachverständigen zu erlassen und die Benennung in einem separaten Beschluss später nachzuholen. 2

---

2 BGH, NJW 1995, 130 (131 f.) = MDR 1995, 275; siehe auch BVerwG, NJW 1987, 970 (971): „es genügt, wenn das Begehren in Umrissen Inhalt und Ziel der vom Gutachter zu beantwortenden Fragen hervortreten läßt"; so im Ergebnis auch BAG, NJW 2015, 1709 (1710), allerdings mit der Einschränkung, dass „[d]er Vortrag [...] so detailliert sein [muss], dass die aufklärungsbedürftige Sachfrage zweifelsfrei abgrenzbar ist und ein Sachverständiger Art und Umfang der übertragenen Tätigkeit erkennen kann."

Zu § 404:
1 BGHZ 28, 302 = NJW 1959, 434.

3   Der im Oktober 2016 eingefügte § 404 Abs. 2 ZPO sieht eine – allerdings nur **fakultative**[2] – Anhörung der Parteien vor. Eine zwingende Anhörung zur Person des Sachverständigen ist damit nach wie vor gesetzlich nicht vorgesehen; sie bietet sich aber insbesondere dann an, wenn die Parteien oder Prozessbevollmächtigten – wie etwa häufig im Arzthaftungsprozess – selbst über Fachkunde verfügen.

II. Öffentlich bestellte Sachverständige, Abs. 3

4   Öffentlich bestellte Sachverständige werden gem. § 404 Abs. 3 ZPO bei der Ernennung bevorzugt; sie dürfen gem. § 407 Abs. 1 ZPO die Erstellung von Gutachten nicht ablehnen. § 404 Abs. 3 ZPO ist jedoch eine reine Ordnungsvorschrift, aus deren Verletzung kein Verfahrensfehler abgeleitet werden kann.[3]

III. Mitwirkung der Parteien, Abs. 4, 5

5   Gem. § 404 Abs. 3 ZPO kann das Gericht die Parteien auffordern, geeignete Personen zu bezeichnen. Einigen sich die Parteien über bestimmte Personen, so hat das Gericht dieser Einigung Folge zu leisten (§ 404 Abs. 5 ZPO) und ist auch – weil ansonsten möglicherweise unnötige Kosten verursacht würden – daran gehindert, von Amts wegen (§ 144 ZPO) zum gleichen Beweisthema einen weiteren Sachverständigen zu ernennen.[4] Das Schweigen einer Partei auf den Vorschlag einer anderen Partei führt nicht zur Einigung i. S. d. § 404 Abs. 5 ZPO.[5]

§ 404a
Leitung der Tätigkeit des Sachverständigen

(1) Das Gericht hat die Tätigkeit des Sachverständigen zu leiten und kann ihm für Art und Umfang seiner Tätigkeit Weisungen erteilen.

(2) Soweit es die Besonderheit des Falles erfordert, soll das Gericht den Sachverständigen vor Abfassung der Beweisfrage hören, ihn in seine Aufgabe einweisen und ihm auf Verlangen den Auftrag erläutern.

(3) Bei streitigem Sachverhalt bestimmt das Gericht, welche Tatsachen der Sachverständige der Begutachtung zugrunde legen soll.

(4) Soweit es erforderlich ist, bestimmt das Gericht, in welchem Umfang der Sachverständige zur Aufklärung der Beweisfrage befugt ist, inwieweit er mit den Parteien in Verbindung treten darf und wann er ihnen die Teilnahme an seinen Ermittlungen zu gestatten hat.

(5) ¹Weisungen an den Sachverständigen sind den Parteien mitzuteilen. ²Findet ein besonderer Termin zur Einweisung des Sachverständigen statt, so ist den Parteien die Teilnahme zu gestatten.

Inhalt:

	Rn.		Rn.
A. Allgemeines	1	III. Sachverhaltsfeststellung durch den Sachverständigen und Kontakte zu den Parteien, Abs. 4	5
B. Erläuterungen	2		
I. Leitungs- und Weisungsbefugnis, Abs. 1, 2	2	IV. Informationspflicht, Abs. 5	6
II. Tatsachengrundlage, Abs. 3	4	C. Verstöße	7

A. Allgemeines

1   Die Vorschrift sichert die **Effektivität** der Einholung des Sachverständigenbeweises und normiert zu diesem Zweck eine gerichtliche **Weisungs- und Leitungsbefugnis**. Zu den Aufgaben des Gerichts gehört gem. § 404a ZPO zudem, dem Sachverständigen den **genauen Umfang der Beweisfrage** mitzuteilen und Klarheit darüber zu schaffen, inwieweit der Sachverständige selbst Tatsachen ermitteln darf. Darüber hinaus enthält die Vorschrift Vorgaben darüber, wie der Sachverständige mit den Parteien in Kontakt treten darf und wie die Parteien Kenntnis über die Ausübung der gerichtlichen Weisungs- und Leistungsbefugnis erhalten.

---

2   Im ursprünglichen Gesetzentwurf (BT-Drucks. 18/6985, S. 7) war dagegen vorgesehen, dass die Parteien vor der Ernennung zur Person des Sachverständigen angehört werden „sollen"; die Anhörung sollte danach nur entfallen, wenn besondere Umstände vorliegen (z.B. bei Eilverfahren oder bei unzumutbarem Aufwand aufgrund großer Anzahl der anzuhörenden Personen).
3   BayObLG, BeckRS 1990, 30887893.
4   Musielak/Voit-*Huber*, ZPO, § 404 Rn. 6; MK-*Zimmermann*, ZPO, § 404 Rn. 10; a.A. Zöller-*Greger*, ZPO, § 404 Rn. 4.
5   MK-*Zimmermann*, ZPO, § 404 Rn. 10.

B. Erläuterungen
I. Leitungs- und Weisungsbefugnis, Abs. 1, 2

Aus der Funktion des Sachverständigen als neutraler Gehilfe des Gerichts (siehe § 402 Rn. 1) ergibt sich, dass der Sachverständige **in fachlicher Hinsicht eigenverantwortlich handelt**. Die Leitungs- und Weisungsbefugnis des Gerichts gem. § 404a Abs. 1, 2 ZPO) bezieht sich daher nicht auf die inhaltlichen Ausführungen des Sachverständigen, sondern auf dessen Vorgehen bei der Abarbeitung des Beweisbeschlusses. Praktische Relevanz haben derartige Weisungen insbesondere dann, wenn die Beweisfrage – etwa in Bauprozessen – nur dadurch geklärt werden kann, dass **Bauteilöffnungen** vorgenommen werden. Die Durchführung derartiger Substanzeingriffe ist eigenverantwortliche Aufgabe des Sachverständigen und kann von diesem entweder selbst oder durch beauftragte Dritte vorgenommen werden.[1] Weisungen an den Sachverständigen können im Rahmen der Prozessleitungsfunktion des Gerichts darüber hinaus in umfangreichen Streitigkeiten sinnvoll sein; so ist es denkbar, dass das Gericht den Sachverständigen zunächst bittet, nur eine Beweisfrage zu beantworten, wenn die Aussicht besteht, dass auf dieser Grundlage eine gütliche Beilegung des Rechtsstreits zustande kommt.

§ 404a Abs. 2 ZPO steht im Zusammenhang mit § 403 ZPO, der für den Beweisantritt beim Sachverständigenbeweis gerade keinen konkreten Beweisantrag des Antragstellers verlangt und vielmehr für den Beweisantritt auch die summarische Bezeichnung der zu begutachtenden Punkte genügen lässt (siehe § 403 Rn. 2). Die Effektivität des Sachverständigenbeweises steht und fällt damit häufig mit der im Rahmen des Beweisbeschlusses (siehe § 359 Rn. 2) zu formulierenden **Beweisfrage**. Die Vorschrift lässt es daher zu, dass das Gericht – insbesondere bei komplexen Sachfragen – vor der Formulierung der Beweisfrage mit dem Sachverständigen (gegebenenfalls telefonisch) Kontakt aufnimmt, diesen anhört und das Ergebnis des Gesprächs bei der Abfassung der Beweisfrage berücksichtigt. Ob es darüber hinaus sinnvoll ist, vor Abfassung der Beweisfrage auch eine Anhörung der Parteien durchzuführen, lässt sich nicht pauschal beantworten, sondern hängt von der Art der zu begutachtenden Frage und der Komplexität des Rechtsstreits ab.[2]

II. Tatsachengrundlage, Abs. 3

Die Beurteilung durch den Sachverständigen erfolgt zunächst auf Grundlage der zwischen den Parteien **unstreitigen Tatsachen**. Stehen die Tatsachen, aufgrund derer der Sachverständige eine fachliche Einschätzung abgeben soll, im Streit oder hält das Gericht bestimmte Tatsachen für falsch, so hat es dem Sachverständigen mitzuteilen, auf welcher Tatsachengrundlage die Begutachtung erfolgen soll.[3] Dabei ist es auch denkbar, dass dem Sachverständigen aufgegeben wird, sein Gutachten **zu alternativen Tatsachengrundlagen** zu erstellen.[4] Zudem ist es häufig zweckmäßig, den Sachverständigen bereits bei der Tatsachenermittlung – etwa der Augenscheinsnahme oder der Zeugeneinvernahme – hinzuzuziehen.

III. Sachverhaltsfeststellung durch den Sachverständigen und Kontakte zu den Parteien, Abs. 4

Die Ermittlung des Sachverhalts ist Aufgabe des Gerichts und darf wegen des Grundsatzes der Unmittelbarkeit der Beweisaufnahme (siehe § 355 Rn. 1) dem Sachverständigen nur überlassen werden, wenn für die Feststellung besondere Fachkunde erforderlich oder die Beweisaufnahme durch das Gericht dem Betroffenen nicht zumutbar ist (siehe § 372 Rn. 1 f.). Von praktischer Relevanz ist dies insbesondere, wenn im Rahmen eines ärztlichen Sachverständigengutachtens eine medizinische Untersuchung durchgeführt werden muss (zum Anwesenheitsrecht der Parteien siehe § 357 Rn. 5) oder wenn für die Begutachtung Materialproben fachgerecht entnommen werden müssen. Darüber hinaus ist es zulässig, dass der Sachverständige **Befundtatsachen** selbstständig ermittelt, die nicht die dem Gutachtensauftrag zu Grunde liegende Sachfrage, sondern die Anwendung seiner Sachkunde betreffen (etwa Vergleichsmieten, übliche Vergütungen o. ä.).[5] § 404a Abs. 4 ZPO ermöglicht dem Gericht zudem Weisungen in Bezug auf die **Kontaktaufnahme mit den Parteien** des Rechtsstreits, denen der Sachverständige auch die Möglichkeit zur **Teilnahme** bei seinen Ermittlungen geben muss.[6]

---

1 Wie hier OLG Jena, DS 2008, 29 (mit abl. Anm. *Luz*); OLG Frankfurt a. M., NJW 1989, 2834; Thomas/Putzo-*Reichold*, ZPO, § 404a Rn. 2; Zöller-*Greger*, ZPO, § 404a Rn. 8; a. A. OLG Bamberg, BauR 2002, 829 (Bauteilöffnung Aufgabe des Antragstellers).
2 Eine Anhörung befürwortend Thomas/Putzo-*Reichold*, ZPO, § 404a Rn. 3; skeptisch MK-*Zimmermann*, ZPO, § 404a Rn. 4 (Anhörung unzweckmäßig).
3 BGH, NJW 1998, 1446 (1447) = VersR 1997, 510.
4 MK-*Zimmermann*, ZPO, § 404a Rn. 5.
5 Zöller-*Greger*, ZPO, § 404a Rn. 7.
6 BGH, NJW 1975, 1363 = WRP 1975, 436 (Besichtigung einer Sache im Patentnichtigkeitsverfahren ohne Benachrichtigung der Gegenpartei als Befangenheitsgrund).

IV. Informationspflicht, Abs. 5

6 Um den Eindruck der Neutralität des Sachverständigen auf die Parteien nicht zu beeinträchtigen, sieht § 404a Abs. 5 ZPO vor, dass die Parteien Kenntnis von den Weisungen des Gerichts an den Sachverständigen erhalten müssen. Sofern ein Anweisungstermin i.S.d. § 404a Abs. 2 ZPO a.E. stattfindet, haben die Parteien ein Recht auf Teilnahme.

C. Verstöße

7 Anordnungen des Gerichts nach § 404a Abs. 4 ZPO werden als Bestandteil oder Ergänzung des Beweisbeschlusses angesehen und sind daher wie dieser (siehe § 359 Rn. 7) nicht selbstständig anfechtbar.[7] Verstöße gegen § 404a ZPO führen grundsätzlich nicht zur Unverwertbarkeit des Gutachtens, wenn nicht zugleich gegen den Grundsatz der Unmittelbarkeit der Beweisaufnahme oder des rechtlichen Gehörs verstoßen wird.[8]

§ 405
Auswahl durch den mit der Beweisaufnahme betrauten Richter

¹Das Prozessgericht kann den mit der Beweisaufnahme betrauten Richter zur Ernennung der Sachverständigen ermächtigen. ²Er hat in diesem Falle die Befugnisse und Pflichten des Prozessgerichts nach den §§ 404, 404a.

1 Die Vorschrift hat in der gerichtlichen Praxis **kaum Relevanz**. Sie ermöglicht es dem Gericht, bei einer Beweisaufnahme durch beauftragten oder ersuchten Richter (§ 375 ZPO) im Beweisbeschluss zu bestimmen, dass diesem auch die Auswahl des Sachverständigen nach § 404 ZPO sowie die Befugnisse und Pflichten nach § 404a ZPO obliegen.

§ 406
Ablehnung eines Sachverständigen

(1) ¹Ein Sachverständiger kann aus denselben Gründen, die zur Ablehnung eines Richters berechtigen, abgelehnt werden. ²Ein Ablehnungsgrund kann jedoch nicht daraus entnommen werden, dass der Sachverständige als Zeuge vernommen worden ist.
(2) ¹Der Ablehnungsantrag ist bei dem Gericht oder Richter, von dem der Sachverständige ernannt ist, vor seiner Vernehmung zu stellen, spätestens jedoch binnen zwei Wochen nach Verkündung oder Zustellung des Beschlusses über die Ernennung. ²Zu einem späteren Zeitpunkt ist die Ablehnung nur zulässig, wenn der Antragsteller glaubhaft macht, dass er ohne sein Verschulden verhindert war, den Ablehnungsgrund früher geltend zu machen. ³Der Antrag kann vor der Geschäftsstelle zu Protokoll erklärt werden.
(3) Der Ablehnungsgrund ist glaubhaft zu machen; zur Versicherung an Eides statt darf die Partei nicht zugelassen werden.
(4) Die Entscheidung ergeht von dem im zweiten Absatz bezeichneten Gericht oder Richter durch Beschluss.
(5) Gegen den Beschluss, durch den die Ablehnung für begründet erklärt wird, findet kein Rechtsmittel, gegen den Beschluss, durch den sie für unbegründet erklärt wird, findet sofortige Beschwerde statt.

Inhalt:

	Rn.		Rn.
A. Allgemeines	1	II. Rechtzeitigkeit der Ablehnung, Abs. 2	5
B. Erläuterungen	2	III. Verfahren	7
I. Ablehnungsgründe, Abs. 1	2	C. Rechtsmittel, Abs. 5, und Gebühren	8

A. Allgemeines

1 Die Stellung des Sachverständigen als neutraler Gehilfe des Gerichts (siehe § 402 Rn. 1) rechtfertigt es, ihn hinsichtlich der Ablehnung dem Richter gleichzustellen. § 406 ZPO verweist auf die Vorschriften für Richter (§§ 41 ff. ZPO), wobei – anders als bei § 41 ZPO – ein Ausschluss kraft Gesetz nicht vorgesehen ist. Da durch Ablehnungsgesuche das Verfahren nicht unnötig

---
7 BGH, NJW-RR 2009, 995 = GRUR 2009, 519 = WRP 2009, 634.
8 BGH, NJW-RR 2011, 1459.

verzögert werden soll, sieht § 406 ZPO eine zeitnahe Stellung des Ablehnungsgesuchs vor. Die Vorschrift gilt nur für natürliche Personen als Sachverständige. Wird ein Gutachten durch eine **Behörde** erstattet (siehe § 402 Rn. 2), so scheidet eine Ablehnung aus.[1] Gleiches gilt für **Hilfspersonen des Sachverständigen** (§ 407a Abs. 2 Satz 2 ZPO).

B. Erläuterungen
I. Ablehnungsgründe, Abs. 1

Ein Sachverständiger kann abgelehnt werden, wenn ein **gesetzlicher Ausschlussgrund** nach § 41 ZPO vorliegt. Hinsichtlich der einzelnen Ausschlussgründe wird auf die Kommentierung zu § 41 ZPO verwiesen. **Nicht anwendbar** ist gem. § 404 Abs. 1 Satz 2 ZPO der Ausschlussgrund des **§ 41 Nr. 5 ZPO**: Ein Sachverständiger kann damit – anders als der gem. § 41 Nr. 5 ZPO ausgeschlossene Richter – auch dann nicht abgelehnt werden, wenn er in derselben Sache als Zeuge vernommen worden ist. Hat der Sachverständige im Ausgangsrechtsstreit ein Gutachten erstattet, so kann hierauf eine Ablehnung entsprechend § 41 Nr. 6 ZPO nicht gestützt werden; dies ergibt sich aus der neutralen Stellung des Sachverständigen sowie aus der Tatsache, dass der Sachverständige am Erlass der Entscheidung nicht unmittelbar beteiligt ist.[2]

2

Gem. § 406 Abs. 1 Satz 1 ZPO i.V.m. **§ 42 ZPO** kann ein Sachverständiger abgelehnt werden, wenn die Besorgnis der Befangenheit besteht, wenn also ein Grund vorliegt, der geeignet ist, Misstrauen gegen die Unparteilichkeit des Sachverständigen zu rechtfertigen (siehe allgemein zu diesem Merkmal § 42 Rn. 10 f.). Ein solcher Grund kann sich aus der **Person des Sachverständigen** ergeben. Denkbar ist dies beispielsweise bei **geschäftlichen oder mandantschaftlichen Beziehungen** zu einer Partei oder zu einem Prozessbevollmächtigten,[3] der Stellung als **behandelnder Arzt**,[4] der Erstellung von vorprozessualen **Privatgutachten**[5] oder der Eigenschaft als **Arbeitnehmer** oder **Bediensteter** einer Partei.[6] Darüber hinaus kann das **Verhalten des Sachverständigen** ein Ablehnungsgesuch rechtfertigen. Dies kommt etwa in Betracht, wenn der Sachverständige sich während des laufenden Verfahrens **von einer Partei mit der weiteren Beweissicherung** beauftragen lässt,[7] sich ohne Zusammenhang mit der Beweisfrage **unsachlich** zum Prozessverhalten eines Prozessbevollmächtigten oder der Lebensführung einer Prozesspartei **äußert**,[8] ohne Ermächtigung durch das Gericht **informationsbereite Dritte** zur Verschaffung von Anknüpfungstatsachen **befragt**,[9] bei seinen Ausführungen über die **Beweisfrage deutlich hinausgeht**,[10] einen **Ortstermin** in Anwesenheit nur einer der Parteien **ohne Benachrichtigung der anderen Partei** durchführt,[11] den Eindruck erweckt, **emotional involviert zu sein**,[12] oder wenn er **überzogene Kritik an einem Privatgutachten** übt.[13] Eine Ab-

3

---

1 OLG Hamm, NJW-RR 1990, 1471; OLG Frankfurt a.M., NJW 1965, 306 (jeweils zum Gutachterausschuss); Zöller-*Greger*, ZPO, § 406 Rn. 2; differenzierend MK-*Zimmermann*, ZPO, § 406 Rn. 3 (Behörde als solche kann nicht abgelehnt werden, wohl aber einzelne Mitglieder von Kollegialorganen).
2 Vgl. BGH, MDR 1961, 397; a.A. und für eine entsprechende Anwendbarkeit MK-*Zimmermann*, ZPO, § 406 Rn. 2.
3 BGH, NJW-RR 1987, 893 = GRUR 1987, 350 (Mandatsverhältnis zwischen Sachverständigen und Prozessbevollmächtigten einer Partei wegen Anmeldung und Durchsetzung der Patente des Sachverständigen).
4 OLG Stuttgart, MDR 1962, 910.
5 BGH, NJW 1972, 1133 (1134) = MDR 1972, 508 (Tätigkeit im Auftrag des Haftpflichtversicherers einer Partei); vgl. auch OLG Düsseldorf, MDR 2005, 474; nach BGH, BeckRS 2017, 100896, Rn. 9 f. m.w.N., gilt dies auch dann, wenn ein entgeltliches Privatgutachten zu einer gleichartigen Fragestellung in einem gleichartigen Sachverhalt für einen nicht unmittelbar oder mittelbar am Rechtsstreit beteiligten Dritten erstattet wird.
6 BGH, NZS 2016, 869; OLG München, MDR 2002, 291; OLG Hamburg, MDR 1983, 412 (Hochschullehrer im Beamtenverhältnis im Rechtsstreit des Dienstherrn).
7 OLG Düsseldorf, MDR 2005, 474.
8 OLG Nürnberg, MDR 2012, 365.
9 OLG Nürnberg, OLGR 2006, 909.
10 Vgl. OLG Köln, BeckRS 2016, 110981, Rn. 4, für den Fall, dass ein Sachverständiger ausführt, dass der von ihm vorgefundene Ist-Zustand (den der Sachverständige nach dem Beweisbeschluss auf die Einhaltung der anerkannten Regeln der Technik überprüfen sollte) neben einem Werkmangel auch einen Planungsmangel/Ausschreibungsfehler darstelle bzw. auf Fehler bei der Bauüberwachung oder andere Ursachen zurückgeführt werden könne.
11 BGH, NJW 1975, 1363 = MDR 1975, 754 = WRP 1975, 436; der Beginn einer Ortsbesichtigung durch den Sachverständigen vor der den Parteien mitgeteilten Terminstunde reicht dagegen für sich genommen noch nicht aus, OLG Braunschweig, BeckRS 2016, 16567, Rn. 10 = FamRZ 2017, 128.
12 OLG Köln, BeckRS 2016, 110981, Rn. 3.
13 OLG Oldenburg, NJW-RR 2000, 1166.

lehnung kann dagegen in der Regel **nicht darauf gestützt werden**, dass das Gutachten Fehler aufweist oder der Sachverständige auch Rechtsfragen anspricht.[14] Auch übliche berufliche Kontakte[15] oder die deutliche aber nicht unangemessene Reaktion des Sachverständigen auf Angriffe durch einen Prozessbevollmächtigten in der mündlichen Verhandlung genügen nicht.[16]

4   Nach dem 2016 eingeführten § 407a Abs. 2 ZPO n.F. hat der Sachverständige **unverzüglich zu prüfen**, ob ein Grund vorliegt, der geeignet ist, Misstrauen gegen seine Unparteilichkeit zu rechtfertigen und muss solche Gründe dem Gericht **unverzüglich mitzuteilen**. Unterlässt er dies, so kann dies zum Wegfall des Vergütungsanspruchs (§ 8a Abs. 1 JVEG) führen und gegen den Sachverständigen ein Ordnungsgeld festgesetzt werden.

II. Rechtzeitigkeit der Ablehnung, Abs. 2

5   Das Ablehnungsgesuch kann **frühestens** nach Ernennung des Sachverständigen erfolgen;[17] vorher ist es lediglich als – nicht förmlich zu bescheidende – Bitte an das Gericht auf Nichternennung des Sachverständigen zu behandeln.[18] **Spätester Zeitpunkt** für das Ablehnungsgesuch ist gem. § 406 Abs. 2 Satz 1 ZPO zwei Wochen nach Verkündung oder Zustellung des Beschlusses über die Ernennung des Sachverständigen. Danach kann eine Ablehnung nur erfolgen, wenn der Antragsteller glaubhaft macht, dass er ohne sein Verschulden verhindert war, den Ablehnungsgrund früher geltend zu machen (§ 406 Abs. 2 Satz 2 ZPO). Das Ablehnungsgesuch muss in diesen Fällen nicht sofort angebracht werden; vielmehr ist dem Antragsteller eine angemessene Prüfungs- und Überlegungsfrist zuzubilligen, deren Länge sich nach den Umständen des Einzelfalles zu bemessen ist.[19] Hat das Gericht den Parteien eine **Frist zur Stellungnahme** auf das Sachverständigengutachten gem. § 411 Abs. 4 ZPO gesetzt und ergibt sich der Ablehnungsgrund aus dem Inhalt des Gutachtens, so läuft die Frist zur Ablehnung **gleichzeitig** mit der vom Gericht gesetzten – und gegebenenfalls verlängerten (§ 411 Abs. 4 Satz 2 ZPO) – Stellungnahmefrist ab, wenn zur Begründung des Ablehnungsgesuchs eine inhaltliche Auseinandersetzung mit den Ausführungen des Sachverständigen erforderlich ist.[20] Lässt sich eine Partei nach Abschluss der Anhörung des Sachverständigen **zur Sache ein** oder stellt **Sachanträge**, ohne die ihr zu diesem Zeitpunkt bereits bekannten Ablehnungsgründe geltend zu machen, so **verliert** sie gem. § 43 ZPO ihr Recht zur Ablehnung.[21]

6   Nach Ablauf der Frist nach § 406 Abs. 2 ZPO ist die Geltendmachung des Ablehnungsgrundes für den gesamten Rechtsstreit, auch in der Rechtsmittelinstanz, ausgeschlossen.[22] Soweit jedoch nicht oder nicht rechtzeitig vorgebrachte Ablehnungsgründe den Beweiswert der Ausführungen des Sachverständigen beeinträchtigen, kann dies **bei der Beweiswürdigung berücksichtigt werden**.[23]

III. Verfahren

7   Anzubringen ist das Ablehnungsgesuch bei dem Gericht oder Richter, von dem der Sachverständige ernannt ist, gegebenenfalls also beim Richterkommissar (vgl. § 405 ZPO). **Anwaltszwang** besteht **nicht** (§ 406 Abs. 2 Satz 2 ZPO i.V.m. § 78 Abs. 3 ZPO). Der Ablehnungsgrund ist **glaubhaft zu machen**; eidesstattliche Versicherung der Partei ist nicht zulässig (§ 406 Abs. 3 ZPO). **Mündliche Verhandlung** ist nicht erforderlich (§ 128 Abs. 4 ZPO). Der Sachverständige muss – auch wenn eine dem § 44 Abs. 3 ZPO entsprechende Vorschrift fehlt – jedenfalls dann zum Ablehnungsgesuch **angehört werden**, wenn dieses auf Umstände außerhalb des schriftlichen Gutachtens oder des Protokolls über die Vernehmung gestützt wird;[24] äußert er sich, so

---

14 OLG Nürnberg, BauR 2002, 129 = MDR 2002, 291.
15 Vgl. OLG Hamm, MDR 2012, 118.
16 OLG Zweibrücken, MDR 2013, 1425 = NJW-Spezial 2013, 557.
17 Vgl. VGH München, BeckRS 2016, 106556, Rn. 5.
18 MK-*Zimmermann*, ZPO, § 406 Rn. 5.
19 OLG Koblenz, NJW-RR 1992, 1470 (1471).
20 BGH, NJW 2005, 1869 = FamRZ 2005, 1083 = MDR 2005, 1007; anders noch OLG Koblenz, NJW-RR 1999, 72 (Frist zur Anbringung der Ablehnungsgründe unabhängig von gerichtlich gesetzter Stellungnahmefrist).
21 OLG Dresden, BeckRS 2016, 111008, Rn. 3; OLG Bamberg, BeckRS 2016, 08594 = MDR 2016, 789 = MedR 2016, 889; BeckOK-*Scheuch*, ZPO, § 406 Rn. 29; a.A. MK-*Zimmermann*, ZPO, § 406 Rn. 7 (Anwendung von § 43 ZPO vor dem Hintergrund des § 406 Abs. 2 Satz 2 ZPO nicht haltbar).
22 Vgl. BayObLG, FamRZ 1986, 186.
23 BGH, NJW 1981, 2009 (2010) = MDR 1981, 739.
24 OLG Koblenz, OLGZ 1977, 375 = NJW 1977, 395; OLG Karlsruhe, OLGZ 1984, 104 = NJW 1984, 1413; Thomas/Putzo-*Reichold*, ZPO, § 406 Rn. 9; a.A. MK-*Zimmermann*, ZPO, § 406 Rn. 11 m.w.N.; differenzierend Zöller-*Greger*, ZPO, § 406 Rn. 12a (Anhörung nicht in jedem Fall erforderlich).

ist dem Antragsteller hierzu Gelegenheit zur Stellungnahme zu geben.[25] Beabsichtigt das Gericht, dem Antrag stattzugeben, so ist der Gegner des Antragstellers – dem gem. § 406 Abs. 5 ZPO im Falle eines stattgebenden Beschlusses kein Rechtsmittel zusteht – anzuhören.[26] Die Entscheidung über das Ablehnungsgesuch erfolgt durch zu begründenden **Beschluss**; eine inzidente Zurückweisung in den Urteilsgründen ist nicht möglich.[27] Die Tenorierung entspricht § 46 ZPO (siehe § 46 Rn. 4).

C. Rechtsmittel, Abs. 5, und Gebühren

Hat das Ablehnungsgesuch **Erfolg**, so ist gegen den stattgebenden Beschluss kein Rechtsmittel statthaft. Wird das Ablehnungsgesuch als unzulässig **verworfen** oder als unbegründet **zurückgewiesen**, so kann der Antragsteller gegen den Beschluss mit der **sofortigen Beschwerde** vorgehen. Form, Frist und Anwaltszwang richten sich nach **§ 569 ZPO**. Bei Zulassung (§ 574 Abs. 1 Satz 1 Nr. 2 ZPO) ist gegen den die Beschwerde zurückweisenden Beschluss **Rechtsbeschwerde** statthaft. Da die Beschwerde keine aufschiebende Wirkung hat (§ 570 ZPO), ist das Gericht nicht gehindert, auch vor Eintritt der formellen Rechtskraft des Beschlusses über die Zurückweisung der Ablehnung in der Sache durch Endurteil zu entscheiden. In der Praxis empfiehlt sich gleichwohl, die formelle Rechtskraft des Beschlusses abzuwarten, da ein auf einem unverwertbaren Gutachten beruhendes Urteil gegebenenfalls in der Berufungsinstanz aufzuheben wäre.[28] 8

Das **Ablehnungsverfahren** selbst ist gerichtsgebührenfrei. Für den **Prozessbevollmächtigten** gehört die **Stellung des Ablehnungsantrags** zur Instanz (§ 19 Abs. 1 Satz 2 Nr. 3 RVG). Wird im Beschwerdeverfahren die Beschwerde verworfen oder zurückgewiesen, so entsteht die Gebühr nach Nr. 1812 KV-GKG. Der Rechtsanwalt erhält für das Betreiben des Beschwerdeverfahrens die Gebühr nach Nr. 3500 VV-RVG. 9

§ 407
Pflicht zur Erstattung des Gutachtens

(1) Der zum Sachverständigen Ernannte hat der Ernennung Folge zu leisten, wenn er zur Erstattung von Gutachten der erforderten Art öffentlich bestellt ist oder wenn er die Wissenschaft, die Kunst oder das Gewerbe, deren Kenntnis Voraussetzung der Begutachtung ist, öffentlich zum Erwerb ausübt oder wenn er zur Ausübung derselben öffentlich bestellt oder ermächtigt ist.

(2) Zur Erstattung des Gutachtens ist auch derjenige verpflichtet, der sich hierzu vor Gericht bereit erklärt hat.

Anders als beim Zeugen, kommt es beim Sachverständigen nicht auf dessen individuelle Wahrnehmung, sondern auf seine Sachkunde an. Der Sachverständige ist daher **grundsätzlich austauschbar** und ist nur in den in § 407 ZPO genannten Fällen zur Erstattung des Gutachtens verpflichtet. 1

Öffentlich bestellte Sachverständige, die gem. § 404 Abs. 3 ZPO bei der Sachverständigenauswahl bevorzugt werden, haben der Ernennung Folge zu leisten. Gleiches gilt bei **öffentlicher Ausübung** des für die Begutachtung relevanten Gewerbes, Wissenschaft oder Kunst. Der Begriff des Gewerbes ist in diesem Zusammenhang denkbar weit zu verstehen und erfasst jede erwerbsgerichtete Tätigkeit, gleich ob selbstständig, freiberuflich oder im Angestelltenverhältnis. **Öffentlich bestellte** oder **ermächtigte** Personen sind etwa zugelassene Rechtsanwälte oder approbierte Ärzte, auch wenn sie nicht (mehr) praktizieren. 2

Gem. **§ 407 Abs. 2 ZPO** sind ferner diejenigen Personen verpflichtet, die sich vor Gericht zur Erstattung des Gutachtens bereit erklärt haben. Eine solche Erklärung kann durch widerspruchslose Entgegennahme eines gerichtlichen Gutachtensauftrags erfolgen.[1] Darüber hinaus ist es dankbar, dass der Sachverständige sich dem Gericht gegenüber auch durch allgemeines 3

---

25 OLG Koblenz, OLGZ 1977, 375 = NJW 1977, 395.
26 Zöller-*Greger*, ZPO, § 406 Rn. 12a; a.A. MK-*Zimmermann*, ZPO, § 406 Rn. 11 (kein rechtliches Interesse an der Person des Sachverständigen).
27 OLG Düsseldorf, JZ 1977, 564.
28 MK-*Zimmermann*, ZPO, § 406 Rn. 13.

Zu § 407:
1 Thomas/Putzo-*Reichold*, ZPO, § 407 Rn. 4; a.A. MK-*Zimmermann*, ZPO, § 407 Rn. 3.

Angebot seiner Sachverständigentätigkeit mit der Folge des § 407 Abs. 2 ZPO zur Erstattung von Gutachten bereit erklärt.[2]

§ 407a
Weitere Pflichten des Sachverständigen

(1) ¹Der Sachverständige hat unverzüglich zu prüfen, ob der Auftrag in sein Fachgebiet fällt und ohne die Hinzuziehung weiterer Sachverständiger sowie innerhalb der vom Gericht gesetzten Frist erledigt werden kann. ²Ist das nicht der Fall, so hat der Sachverständige das Gericht unverzüglich zu verständigen.

(2) ¹Der Sachverständige hat unverzüglich zu prüfen, ob ein Grund vorliegt, der geeignet ist, Misstrauen gegen seine Unparteilichkeit zu rechtfertigen. ²Der Sachverständige hat dem Gericht solche Gründe unverzüglich mitzuteilen. ³Unterlässt er dies, kann gegen ihn ein Ordnungsgeld festgesetzt werden.

(3) ¹Der Sachverständige ist nicht befugt, den Auftrag auf einen anderen zu übertragen. ²Soweit er sich der Mitarbeit einer anderen Person bedient, hat er diese namhaft zu machen und den Umfang ihrer Tätigkeit anzugeben, falls es sich nicht um Hilfsdienste von untergeordneter Bedeutung handelt.

(4) ¹Hat der Sachverständige Zweifel an Inhalt und Umfang des Auftrages, so hat er unverzüglich eine Klärung durch das Gericht herbeizuführen. ²Erwachsen voraussichtlich Kosten, die erkennbar außer Verhältnis zum Wert des Streitgegenstandes stehen oder einen angeforderten Kostenvorschuss erheblich übersteigen, so hat der Sachverständige rechtzeitig hierauf hinzuweisen.

(5) ¹Der Sachverständige hat auf Verlangen des Gerichts die Akten und sonstige für die Begutachtung beigezogene Unterlagen sowie Untersuchungsergebnisse unverzüglich herauszugeben oder mitzuteilen. ²Kommt er dieser Pflicht nicht nach, so ordnet das Gericht die Herausgabe an.

(6) Das Gericht soll den Sachverständigen auf seine Pflichten hinweisen.

Inhalt:

	Rn.		Rn.
A. Allgemeines	1	II. Herausgabe von Akten, Unterlagen und Untersuchungsergebnissen, Abs. 4	4
B. Erläuterungen	2		
I. Prüf-, Anzeige- und Übermittlungspflichten des Sachverständigen	2	III. Weitergabe des Auftrags und Einschaltung von Hilfspersonen, Abs. 3, 5	5

A. Allgemeines

1 § 407a ZPO dient der **Prozessökonomie** und will – insbesondere durch die Anzeige- und Übermittlungspflichten in Abs. 1, 4 und 5 – die Erstellung und Verwertung des Gutachtens beschleunigen. Seit 2016 sieht die Vorschrift zudem hinsichtlich etwaiger Befangenheitsgründe eine gegebenenfalls durch Ordnungsgeld sanktionierbare Prüf- und Mitteilungspflicht des Sachverständigen vor (§ 407a Abs. 2 ZPO). Abs. 3 der Norm verbietet die Übertragung des Gutachtensauftrags und regelt den Einsatz von Hilfskräften durch den Sachverständigen. Auf diese Pflichten soll der Sachverständige hingewiesen werden (§ 407a Abs. 6 ZPO).

B. Erläuterungen
I. Prüf-, Anzeige- und Übermittlungspflichten des Sachverständigen

2 Die in **§ 407a Abs. 1 ZPO** normierte Prüfungspflicht hinsichtlich der fachlichen Befähigung des Sachverständigen dient der Vermeidung fachlich unzulänglicher Gutachten. Der Sachverständige hat zudem seit der Neufassung der Vorschrift im Jahr 2016 zu prüfen, ob der Auftrag innerhalb der vom Gericht gesetzten (mittlerweile obligatorischen) Frist (siehe hierzu § 411 Rn. 2 f.) erledigt werden kann. Ebenfalls neu eingefügt wurde **§ 407a Abs. 2 ZPO**, der dem Sachverständigen eine Prüf- und Mitteilungspflicht hinsichtlich etwaiger Befangenheitsgründe auferlegt. Unterlässt der Sachverständige die Mitteilung etwaiger Befangenheitsgründe, so kann dies zum Wegfall des Vergütungsanspruchs (§ 8a Abs. 1 JVEG) führen und gegen den Sachverständigen ein Ordnungsgeld festgesetzt werden.

---

2 Stein/Jonas-*Leipold*, ZPO, § 407 Rn. 5; Prütting/Gehrlein-*Katzenmeier*, ZPO, § 407 Rn. 3; a.A. MK-*Zimmermann*, ZPO, § 407 Rn. 3.

Zweifel am Inhalt oder Umfang des Auftrags hat der Sachverständige gem. § 407a Abs. 4 ZPO unverzüglich mit dem Gericht abzuklären und dem Gericht dadurch die Ausübung der Leitungs- und Weisungsbefugnis gem. § 404a ZPO zu ermöglichen. Ein Verstoß gegen diese Pflicht kann zum Entfallen des Vergütungsanspruchs führen (§ 8a Abs. 2 Nr. 2 JVEG). Ebenso muss der Sachverständige überprüfen, ob der vom Gericht angeforderte **Kostenvorschuss ausreicht** oder voraussichtlich erheblich – d. h. um mehr als 20 % bis 25 %[1] – überschritten und eine nachträgliche Aufstockung durch das Gericht erforderlich werden wird. Hat das Gericht keinen Kostenvorschuss angeordnet, trifft den Sachverständigen eine entsprechende Pflicht, wenn die **Kosten außer Verhältnis zum Wert des Streitgegenstandes** stehen. Hiervon kann jedenfalls dann ausgegangen werden, wenn die zu erwartende Vergütung des Sachverständigen mehr als 50 % des Streitwertes erreicht.[2] Durch die Mitteilungspflicht soll den wirtschaftlichen Interessen der Parteien und der Vorhersehbarkeit der gerichtlichen Kosten Rechnung getragen und gegebenenfalls eine rechtzeitige prozessökonomische Reaktion der Parteien (etwa gütliche Einigung oder gegenseitiges Unstreitigstellen bestimmter Punkte) ermöglicht werden.

II. Herausgabe von Akten,
Unterlagen und Untersuchungsergebnissen, Abs. 4

Auf Verlangen des Vorsitzenden[3] hat der Sachverständige nach **§ 407a Abs. 4 Satz 1 ZPO** die Akten und sonstige für die Begutachtung beigezogene Unterlagen sowie Untersuchungsergebnisse (beispielsweise Röntgenbilder oder Fotografien) an das Gericht herauszugeben. Kommt der Sachverständige dem Verlangen nicht nach, so ordnet das Gericht durch Beschluss die Herausgabe an (§ 407a Abs. 4 Satz 2 ZPO). Da die Parteien in der Lage sein müssen, sich mit allen Grundlagen des Sachverständigengutachtens kritisch auseinanderzusetzen, kann es wegen des Anspruchs der Parteien auf rechtliches Gehör geboten sein, dass das Gericht dem Sachverständigen aufgibt, seiner Beurteilung zu Grunde liegende weitere Gutachten herauszugeben.[4] Der Beschluss ist durch die Parteien nicht anfechtbar.[5] Verweigert der Sachverständige auf den Beschluss hin die Herausgabe, so kann das Gericht ihm die dadurch verursachten Kosten auferlegen sowie ein Ordnungsgeld festsetzen (§ 409 Abs. 1 ZPO); hiergegen kann der Sachverständige gem. § 409 Abs. 2 ZPO mit der sofortigen Beschwerde vorgehen.[6]

III. Weitergabe des Auftrags
und Einschaltung von Hilfspersonen, Abs. 3, 5

Der Sachverständige wird vom Gericht ausgewählt (§ 404 ZPO) und darf dementsprechend den Gutachtensauftrag **nicht eigenmächtig weitergeben**. **Hilfspersonen** können daher nur hinzugezogen werden, so lange der Sachverständige selbst uneingeschränkt die volle Verantwortung für das Gutachten übernimmt,[7] nach seinem Kenntnisstand auch in der Lage dazu ist und dies im Gutachten dokumentiert.[8] So ist es beispielsweise denkbar, dass bei medizinischen Gutachten einzelne klinische Untersuchungen durch eingewiesene ärztliche Mitarbeiter des zum Gutachter ernannten Chefarztes vorgenommen worden; bei Bauprozessen kann die Einschaltung von Hilfskräften insbesondere dann relevant werden, wenn durch den Sachverständigen selbst Bauteilöffnungen erfolgen (siehe hierzu bereits § 404a Rn. 2). Die von ihm eingeschalteten Hilfskräfte hat der Sachverständige namhaft zu machen und den Umfang ihrer Tätigkeit anzugeben, sofern es sich nicht um Hilfsdienste von untergeordneter Bedeutung (etwa Schreibarbeiten)[9] handelt (§ 407a Abs. 3 Satz 2 ZPO). Hat der Sachverständige den Gutachtensauftrag unzulässigerweise an einen Dritten weitergegeben, so kann das Gericht den Beweisbeschluss gem. § 360 Satz 3 ZPO von Amts wegen ändern und den Dritten zum gerichtlichen Sachverständigen bestimmen.[10]

---

1 OLG Düsseldorf, BeckRS 2016, 12291, Rn. 2 = DS 2016, 206; OLG Düsseldorf, BeckRS 2016, 11208, Rn. 3 = DS 2016, 240; OLG Stuttgart, DS 2008, 78 = MDR 2008, 652.
2 OLG Zweibrücken, BeckRS 2015, 19201, Rn. 15.
3 Zöller-*Greger*, ZPO, § 407a Rn. 4.
4 BGH, BeckRS 2014, 19592, Rn. 6 = VersR 2015, 338.
5 Vgl. OLG Karlsruhe, NJW-RR 2006, 1655 = DS 2007, 30 = MDR 2007, 236.
6 Zöller-*Greger*, ZPO, § 407a Rn. 4.
7 Vgl. BVerwG, BeckRS 2016, 40574, Rn. 5.
8 Vgl. BVerwG, NJW 1984, 2645 = DVBl. 1984, 832 (nicht ausreichend, wenn ein Klinikdirektor das von einem ärztlichen Mitarbeiter aufgrund klinischer Untersuchungen erstellte Gutachten lediglich mit dem Vermerk „einverstanden" versieht).
9 *Balzer*, Beweisaufnahme und Beweiswürdigung im Zivilprozess, Rn. 204.
10 BGH, NJW 1985, 1399 (1400) = MDR 1985, 923.

§ 408
Gutachtenverweigerungsrecht

(1) ¹Dieselben Gründe, die einen Zeugen berechtigen, das Zeugnis zu verweigern, berechtigen einen Sachverständigen zur Verweigerung des Gutachtens. ²Das Gericht kann auch aus anderen Gründen einen Sachverständigen von der Verpflichtung zur Erstattung des Gutachtens entbinden.

(2) ¹Für die Vernehmung eines Richters, Beamten oder einer anderen Person des öffentlichen Dienstes als Sachverständigen gelten die besonderen beamtenrechtlichen Vorschriften. ²Für die Mitglieder der Bundes- oder einer Landesregierung gelten die für sie maßgebenden besonderen Vorschriften.

(3) Wer bei einer richterlichen Entscheidung mitgewirkt hat, soll über Fragen, die den Gegenstand der Entscheidung gebildet haben, nicht als Sachverständiger vernommen werden.

1 Die **Pflicht zur Erstattung des Gutachtens** (§ 407 ZPO) besteht nicht, wenn beim Sachverständigen **persönliche** (§ 383 ZPO) oder **sachliche** (§ 384 ZPO) Gründe vorliegen, die einen Zeugen zur Zeugnisverweigerung berechtigten würden. Hinsichtlich des Verfahrens gelten die §§ 386 ff. ZPO (siehe § 402 Rn. 4). Darüber hinaus kann das Gericht den Sachverständigen gem. § 408 Abs. 1 Satz 2 ZPO auch aus anderen Gründen von der Verpflichtung zur Erstattung des Gutachtens entbinden; häufig geschieht dies im Rahmen eines Austauschs des Sachverständigen (§ 360 Satz 3 ZPO), beispielsweise, wenn beim zunächst ernannten Sachverständigen eine Arbeitsüberlastung vorliegt und mit dem Eingang des Gutachtens in absehbarer Zeit nicht gerechnet werden kann.

2 Bei **Beamten, Richtern** und **Parlamentariern** gilt § 408 Abs. 2 ZPO (siehe auch § 376 Rn. 2 ff.).

3 § 408 Abs. 3 ZPO hat eher geringe praktische Bedeutung; denkbar ist hier insbesondere, dass der Sachverständige als ehrenamtlicher Richter oder im Rahmen eines Schiedsgerichtsverfahrens, bei dem identische (Sach-)Fragen Gegenstand der Entscheidung gebildet haben, mitgewirkt hat.

§ 409
Folgen des Ausbleibens oder der Gutachtenverweigerung

(1) ¹Wenn ein Sachverständiger nicht erscheint oder sich weigert, ein Gutachten zu erstatten, obgleich er dazu verpflichtet ist, oder wenn er Akten oder sonstige Unterlagen zurückbehält, werden ihm die dadurch verursachten Kosten auferlegt. ²Zugleich wird gegen ihn ein Ordnungsgeld festgesetzt. ³Im Falle wiederholten Ungehorsams kann das Ordnungsgeld noch einmal festgesetzt werden.

(2) Gegen den Beschluss findet sofortige Beschwerde statt.

1 Die Vorschrift betrifft den Fall, dass ein gem. §§ 407 f. ZPO zur Erstattung des Gutachtens verpflichteter Sachverständiger trotz ordnungsgemäßer Ladung **nicht zur mündlichen Verhandlung erscheint**, **Akten oder sonstige Unterlagen** entgegen der Pflicht aus § 407a Abs. 5 ZPO **zurückbehält** oder in der Verhandlung die **Erstattung des mündlichen Gutachtens** oder die **Ableistung des Eides** (§ 410 ZPO) **verweigert**. Bei Untätigkeit oder Weigerung im Zusammenhang mit der Erstellung eines schriftlichen Gutachtens gilt § 411 Abs. 2 ZPO.

2 Als Konsequenz von § 409 ZPO können dem Sachverständigen die durch Verstoß verursachten **Kosten auferlegt** oder ein **Ordnungsgeld** zwischen 5,00 € und 1.000,00 € (Art. 6 Abs. 1 EGStGB) festgesetzt werden. Aus der von § 409 Abs. 1 Satz 2 ZPO gewählten Formulierung („noch einmal") kann geschlossen werden, dass das Ordnungsgeld **nur ein weiteres Mal** verhängt werden kann (siehe zum gleichlautenden § 380 Abs. 2 ZPO die Kommentierung dort Rn. 5 m.w.N.). Anders als beim Zeugenbeweis (§§ 380, 390 ZPO) ist beim Sachverständigen weder eine zwangsweise Vorführung noch die Verhängung von Ordnungshaft möglich.

3 Die Entscheidung über die Kostentragung und das Ordnungsgeld ergeht durch Beschluss. Hiergegen – sowie bereits gegen die Androhung des Ordnungsgeldes[1] – steht dem Sachverständige gem. § 409 Abs. 2 ZPO die sofortige Beschwerde zu. Bei Unterlassen des Kostenausspruchs sind die Parteien beschwerdeberechtigt.[2]

---

[1] OLG Köln, VersR 2003, 1281; OLG München, MDR 1980, 1029 = VersR 1980, 1078.
[2] MK-*Zimmermann*, ZPO, § 409 Rn. 9.

§ 410
Sachverständigenbeeidigung

(1) ¹Der Sachverständige wird vor oder nach Erstattung des Gutachtens beeidigt. ²Die Eidesnorm geht dahin, dass der Sachverständige das von ihm erforderte Gutachten unparteiisch und nach bestem Wissen und Gewissen erstatten werde oder erstattet habe.

(2) Ist der Sachverständige für die Erstattung von Gutachten der betreffenden Art im Allgemeinen beeidigt, so genügt die Berufung auf den geleisteten Eid; sie kann auch in einem schriftlichen Gutachten erklärt werden.

Ob die Notwendigkeit einer Vereidigung des Sachverständigen besteht, richtet sich nach §§ 402, 391 ZPO.[1] § 410 ZPO regelt ergänzend die **Durchführung der Sachverständigenbeeidigung** sowie die für Sachverständige geltende **Eidesnorm**. 1

Die Vorschrift gilt nur für gerichtliche Sachverständige; auf Privatgutachter (siehe § 402 Rn. 3) ist § 410 ZPO nicht anwendbar.[2] Zulässig sind gem. § 410 Abs. 1 Satz 1 ZPO **Vor- und Nacheid**. Vom Voreid gedeckt ist auch ein später erstattetes schriftliches Gutachten, einschließlich dessen mündlicher Erläuterung.[3] Bei allgemein beeidigten Sachverständigen genügt gem. § 410 Abs. 2 ZPO die – auch im schriftlichen Gutachten mögliche – Berufung auf den geleisteten Eid, die jedoch noch nicht alleine durch den bei Sachverständigen üblichen Stempel „Öffentlich bestellter und vereidigter Sachverständiger" bzw. entsprechende Hinweise im schriftlichen Gutachten erklärt wird.[4] Das Verfahren bei Abnahme des Eides richtet sich nach **§§ 478 ff. ZPO**. 2

§ 411
Schriftliches Gutachten

(1) Wird schriftliche Begutachtung angeordnet, setzt das Gericht dem Sachverständigen eine Frist, innerhalb derer er das von ihm unterschriebene Gutachten zu übermitteln hat.

(2) ¹Versäumt ein zur Erstattung des Gutachtens verpflichteter Sachverständiger die Frist, so soll gegen ihn ein Ordnungsgeld festgesetzt werden. ²Das Ordnungsgeld muss vorher unter Setzung einer Nachfrist angedroht werden. ³Im Falle wiederholter Fristversäumnis kann das Ordnungsgeld in der gleichen Weise noch einmal festgesetzt werden. ⁴Das einzelne Ordnungsgeld darf 3.000 Euro nicht übersteigen. ⁵ § 409 Abs. 2 gilt entsprechend.

(3) ¹Das Gericht kann das Erscheinen des Sachverständigen anordnen, damit er das schriftliche Gutachten erläutere. ²Das Gericht kann auch eine schriftliche Erläuterung oder Ergänzung des Gutachtens anordnen.

(4) ¹Die Parteien haben dem Gericht innerhalb eines angemessenen Zeitraums ihre Einwendungen gegen das Gutachten, die Begutachtung betreffende Anträge und Ergänzungsfragen zu dem schriftlichen Gutachten mitzuteilen. ²Das Gericht kann ihnen hierfür eine Frist setzen; § 296 Abs. 1, 4 gilt entsprechend.

Inhalt:

	Rn.		Rn.
A. Allgemeines	1	II. Mündliche Erläuterung des Gutachtens, Ergänzungsgutachten, Abs. 3	4
B. Erläuterungen	2		
I. Fristsetzung und Säumnis, Abs. 1, 2	2	III. Einwendungen, Anträge und Ergänzungsfragen der Parteien, Abs. 4	6

A. Allgemeines

Anders als beim Zeugen, bei dem die mündliche Vernehmung gesetzlicher Regelfall ist und die schriftliche Beantwortung der Beweisfrage eine Ausnahme darstellt (§ 377 Abs. 3 ZPO), entscheidet das Gericht beim Sachverständigenbeweis unabhängig von einer Zustimmung der Parteien nach **pflichtgemäßem Ermessen**, ob das Gutachten schriftlich oder mündlich erstattet wird.[1] In der Praxis wird von der Möglichkeit der Einholung eines (anschließend gegebenenfalls mündlich erläuterten) Gutachtens gerade bei komplexen Fachfragen häufig Gebrauch ge- 1

---

1 BGH, NJW 1998, 3355 (3356) = VersR 1999, 591 = MDR 1999, 112.
2 BGH, NJW-RR 2011, 419 (420).
3 Thomas/Putzo-*Reichold*, ZPO, § 410 Rn. 1.
4 MK-*Zimmermann*, ZPO, § 410 Rn. 4; OLG Oldenburg, VersR 1989, 108.

Zu § 411:
1 BGHZ 6, 398 = NJW 1952, 1214.

macht.[2] § 411 ZPO regelt die Modalitäten des schriftlichen Gutachtens, insbesondere hinsichtlich der Fristsetzung (Abs. 1), der Säumnis des Sachverständigen (Abs. 2), der Ergänzung und Erläuterung des Gutachtens (Abs. 3) sowie der Einwendungen, Anträge und Ergänzungsfragen der Parteien (Abs. 4).

B. Erläuterungen
I. Fristsetzung und Säumnis, Abs. 1, 2

2 Die gesetzlichen Vorgaben zur Fristsetzung des Gerichts bei schriftlicher Gutachtenserstellung sowie zu den Folgen einer Säumnis des Sachverständigen sind zum Oktober 2016 durch den Gesetzgeber i.S. einer weiteren Verfahrensverkürzung neu geregelt worden. § 411 Abs. 1 ZPO sieht nunmehr eine **obligatorische Fristsetzung** durch das Gericht vor, innerhalb derer der Sachverständige das schriftliche Gutachten an das Gericht übermitteln soll. Möchte das Gericht neben dem eigentlichen Gutachten auch die Untersuchungsergebnisse des Sachverständigen (beispielsweise Lichtbilder o.ä.) übermittelt bekommen, kann das Gericht nach § 407a Abs. 5 ZPO vorgehen (siehe § 407a Rn. 4).

3 Übermittelt der Sachverständige das schriftliche Gutachten nicht innerhalb der vom Gericht gesetzten Frist, so ist in § 411 Abs. 2 ZPO seit 2016 als **Regelsanktion** („soll"; vorher: „kann") ein **Ordnungsgeld** bis 3.000,00 € vorgesehen. Die Verhängung scheidet aus, wenn der Sachverständige entsprechend § 381 ZPO die **Säumnis nicht zu vertreten hat** (siehe § 402 Rn. 4). Wie bei § 409 ZPO ist die Verhängung von **Ordnungshaft ausgeschlossen** und kann das Ordnungsgeld nur **insgesamt zwei Mal verhängt** werden (siehe § 409 Rn. 2). Die Auferlegung der durch die Säumnis verursachten Kosten ist nicht möglich; aus der reinen (auch hartnäckigen) Säumnis kann auch nicht mit der Rechtsfolge des § 409 ZPO auf eine Gutachtensverweigerung geschlossen werden.[3] Vor Verhängung des Ordnungsgeldes ist dem Sachverständigen durch Beschluss eine **Nachfrist** zu setzen. Gegen diesen Beschluss[4] sowie gegen die Festsetzung des Ordnungsgeldes kann der Sachverständige gem. § 411 Abs. 2 Satz 4 ZPO i.V.m. § 409 Abs. 2 ZPO **sofortige Beschwerde** einlegen.

II. Mündliche Erläuterung des Gutachtens, Ergänzungsgutachten, Abs. 3

4 Ob das Gericht eine mündliche Erläuterung des schriftlichen Sachverständigengutachtens oder eine ergänzende schriftliche Begutachtung nach § 411 Abs. 3 ZPO anordnet, steht in seinem **pflichtgemäßen Ermessen**. Die Ergänzung kann auf Veranlassung des Gerichts auch erfolgen, wenn die Parteien gem. § 411 Abs. 4 ZPO mit ihren Anträgen und Einwendungen ausgeschlossen sind.[5] Sie ist u.a. dann geboten, wenn nach dem Studium des schriftlichen Gutachtens Zweifel/Unklarheiten verbleiben[6] oder Widersprüche zu einem Privatgutachten nicht aufgeklärt werden.[7] Die Erläuterung muss durch den Sachverständigen selbst vorgenommen werden; eine Erläuterung durch wissenschaftliche Mitarbeiter (zum Einsatz von Hilfskräften siehe § 407a Rn. 5) ist nicht zulässig.[8]

5 Als Ausdruck des Rechts der Parteien auf rechtliches Gehör, haben diese gem. §§ 402, 397 ZPO einen **Anspruch** darauf, dem Sachverständigen nach Eingang des schriftlichen Gutachtens Fragen zu stellen, Bedenken vorzutragen und ihn um Erläuterung zu bitten; das Gericht muss folglich auf entsprechenden Antrag auch dann die Anhörung des Sachverständigen veranlassen, wenn es das Gutachten für im Ergebnis eindeutig und in der Begründung widerspruchsfrei erachtet.[9] Auch durch die schriftliche Beantwortung von gerichtlichen Ergänzungsfragen erlischt das Recht der Partei auf mündliche Anhörung des Sachverständigen nicht.[10] Die von der antragstellenden Partei an den Sachverständigen gerichteten fachspezifischen

---

2 Zu den Vor- und Nachteilen mündlicher Gutachten siehe *Balzer*, Beweisaufnahme und Beweiswürdigung im Zivilprozess, Rn. 209.
3 Str.; wie hier MK-*Zimmermann*, ZPO, 4. Aufl. 2012, § 411 Rn. 8; a.A. Thomas/Putzo-*Reichold*, ZPO, § 410 Rn. 4; MK-*Zimmermann*, ZPO, 5. Aufl. 2016, § 411 Rn. 8.
4 Vgl. OLG München, OLGZ 1981, 91 = MDR 1980, 1029.
5 Vgl. BGH, NJW 1992, 1459 = VersR 1992, 722 = MDR 1992, 407 für die Anhörung eines Sachverständigen von Amts wegen im Berufungsverfahren.
6 BVerfG, NJW-RR 1996, 183 (184); BGH, NJW 2001, 3269 (3270) = MDR 2001, 1311.
7 BGH, NJW 2002, 1651 (1654) = MDR 2002, 569.
8 BVerwG, NJW 1984, 2645 = DVBl. 1984, 832.
9 BVerfG, BeckRS 2015, 52591, Rn. 18 = WM 2015, 1948; BVerfG, NJW 2012, 1346 = DS 2012, 257; BVerfG, NJW-RR 1996, 183 (184); BGH, BeckRS 2016, 13600, Rn. 4; BGH, NJW-RR 2015, 510 = VersR 2015, 257; BGH, NJW-RR 1987, 339 (340).
10 BGH, NJW-RR 2015, 510 (511) = VersR 2015, 257; siehe aber auch BVerfG, BeckRS 2015, 52591, Rn. 19.

Fragen müssen nicht vollständig im Voraus ausformuliert oder gar durch ein Privatgutachten substantiiert sein;[11] vielmehr genügt es, wenn die Partei **allgemein angibt**, in welcher Richtung sie durch ihre Fragen eine weitere Aufklärung wünscht.[12] Der Antrag kann jedoch abgelehnt werden, wenn er **rechtsmissbräuchlich** gestellt wird, etwa weil die Notwendigkeit einer Erörterung überhaupt nicht begründet wird oder weil nur beweisunerhebliche Fragen angekündigt werden.[13] Wird der Sachverständige auf Antrag einer Partei geladen, so kann die Ladung von der Zahlung eines **Auslagenvorschusses** abhängig gemacht werden.[14]

III. Einwendungen, Anträge und Ergänzungsfragen der Parteien, Abs. 4

Einwendungen gegen das Gutachten, die Begutachtung betreffende Anträge und Ergänzungsfragen, sind gem. § 411 Abs. 4 Satz ZPO innerhalb eines **angemessenen Zeitraums** mitzuteilen. Als Anträge kommen insbesondere solche auf mündliche Erläuterung oder Einholung eines Ergänzungsgutachtens (§ 411 Abs. 3 ZPO, siehe hierzu Rn. 5), ferner auf Beeidigung (§ 410 ZPO) oder auf Einholung eines Obergutachtens (§ 412 ZPO) in Betracht. Das Gericht (nicht der Vorsitzende alleine) kann – und wird in der Praxis regelmäßig – den Parteien gem. § 411 Abs. 4 Satz 2 ZPO eine entsprechende Frist setzen, die unmissverständlich formuliert sein und einen Hinweis auf die Folgen einer Fristversäumung enthalten muss.[15] Die **Länge der Frist** richtet sich nach der **Komplexität der gutachterlichen Ausführungen** und muss ausreichen, damit die Parteien das Gutachten – gegebenenfalls mit Hilfe eigener Fachleute oder Privatgutachter – fachlich beurteilen können.[16] Dies gilt in besonderer Weise bei **nur mündlich erstatteten Gutachten**; hier muss jeder Partei Gelegenheit gegeben werden, nach Vorliegen des Protokolls über die Beweisaufnahme zum Beweisergebnis Stellung zu nehmen.[17] Innerhalb der Frist müssen nicht alle Einwendungen detailliert vorgebracht und alle Ergänzungsfragen ausformuliert werden. Es genügt, wenn die aus Sicht der Partei klärungsbedürftigen Punkte für die übrigen Prozessbeteiligten und das Gericht klar erkennbar sind.

6

§ 411a
Verwertung von Sachverständigengutachten aus anderen Verfahren

Die schriftliche Begutachtung kann durch die Verwertung eines gerichtlich oder staatsanwaltschaftlich eingeholten Sachverständigengutachtens aus einem anderen Verfahren ersetzt werden.

Inhalt:

	Rn.		Rn.
A. Allgemeines	1	II. Verfahren und Wirkung	3
B. Erläuterungen	2	III. Stellung des Sachverständigen	6
I. Gerichtlich oder staatsanwaltschaftlich eingeholtes Gutachten	2		

A. Allgemeines

§ 411a ZPO soll die Effizienz der Beweisaufnahme erhöhen und die Einholung unnötiger Gutachten vermeiden. Zu diesem Zweck können gerichtlich oder staatsanwaltschaftlich eingeholte Gutachten aus einem anderen Verfahren verwertet werden.

1

B. Erläuterungen
I. Gerichtlich oder staatsanwaltschaftlich eingeholtes Gutachten

Über § 411a ZPO können nur gerichtlich oder staatsanwaltschaftlich eingeholte Gutachten verwertet werden. **Privatgutachten** sowie von der **Polizei** oder von **Behörden im Verwaltungsverfahren** (vgl. § 26 Abs. 1 Satz 1 Nr. 2 VwVfG) in Auftrag gegebene Gutachten können nicht über § 411a ZPO, sondern allenfalls als Urkunden in den Prozess eingeführt werden. Von

2

---

11 BGHZ 164, 330 = NJW 2006, 153 = VersR 2006, 242 = MDR 2006, 531.
12 BGH, NJW-RR 2015, 510 = VersR 2015, 257; BGH, NJW-RR 2007, 212 = DS 2007, 23 = FamRZ 2006, 1752.
13 BVerfG, NJW-RR 1996, 183 (184); OLG Koblenz, BeckRS 2016, 417 = MedR 2016, 439.
14 BGH, NJW 1964, 658 = MDR 1964, 501; Zöller-*Greger*, ZPO, § 411 Rn. 5b.
15 BGH, NJW-RR 2006, 428 = DS 2006, 152; BGH, NJW-RR 2001, 1431 = VersR 2002, 120 = MDR 2001, 1130.
16 MK-*Zimmermann*, ZPO, § 411 Rn. 16.
17 BGH, NJW 2009, 2604 (2605) = DS 2009, 269 = VersR 2009, 1137 = FamRZ 2009, 1483.

II. Verfahren und Wirkung

3 Die Entscheidung über die Verwertung des Gutachtens steht im **pflichtgemäßen Ermessen** des Gerichts. Ob die Verwertung eines Gutachtens prozessförderlich ist, hängt dabei von einer Vielzahl von Faktoren ab. Je mehr sich die Beweisthemen und/oder die Beteiligten decken, desto eher wird eine Verwertung sinnvoll sein. Gegen die Verwertung spricht es, wenn eine begründete Ablehnung des Sachverständigen (§ 406 ZPO) zu erwarten ist oder wenn das verwertete Gutachten im Ausgangsverfahren zu einer Entscheidung geführt hat, die maßgeblich auf vom Zivilprozess abweichenden prozessualen (beispielsweise die Unschuldsvermutung im Strafprozess) oder materiell-rechtlichen Grundsätzen (etwa der vom Zivilrecht abweichende strafrechtliche Fahrlässigkeitsmaßstab) beruht.[1]

4 Die Verwertung des Gutachtens geschieht auf Antrag oder von Amts wegen (§ 144 Abs. 1 Satz 1 ZPO) aufgrund eines **förmlichen Beweisbeschlusses**.[2] Vor der Verwertung muss den Parteien **Gelegenheit zur Stellungnahme** gegeben[3] und das Gutachten **in Abschrift übersandt** werden.[4] Der Beschluss nach § 411a ZPO bewirkt eine **Ernennung des Sachverständigen** für das Verfahren; er ist dem Sachverständigen daher **mitzuteilen**.[5]

5 Das schriftliche Gutachten – nicht die vom Sachverständigen im Ausgangsverfahren abgegebene mündliche Erläuterung (§ 411 Abs. 3 ZPO) – kann im Rahmen des § 411a ZPO so verwertet werden, **als wäre es für den konkreten Rechtsstreit erstellt worden**. Den Parteien steht daher auch das Recht zu, den Sachverständigen **abzulehnen** (§ 406 ZPO) oder die **mündliche Anhörung** des Sachverständigen zu beantragen (§ 411 Abs. 3 ZPO).[6] Eine neue Begutachtung ist nur über § 412 ZPO möglich.

III. Stellung des Sachverständigen

6 Bei Verwertung des Gutachtens nach § 411a ZPO ist der Sachverständige auch für das neue Verfahren ernannt (siehe Rn. 3). Eine **weitere Vergütung** steht ihm allerdings nur dann zu, sofern er – etwa im Rahmen einer mündlichen Erläuterung – auch im neuen Verfahren tatsächlich tätig wird. Bei Vorliegen der Voraussetzungen des **§ 408 ZPO** kann der Sachverständige der Verwertung des Gutachtens **widersprechen**.[7]

7 In der rechtswissenschaftlichen Literatur wird zum Teil vertreten, der Sachverständige könne sein Gutachten aus **urheberrechtlichen Gründen** wegen gegebenenfalls gewandelter Überzeugung **zurückrufen** (§ 42 UrhG).[8] Dem ist nicht zu folgen: Die Herstellung von Vervielfältigungsstücken (§ 16 UrhG) bzw. die gegebenenfalls öffentliche Wiedergabe (§ 15 Abs. 2, 3 UrhG) des in der Regel als urheberrechtlich geschütztes Sprachwerk (§ 2 Abs. 1 Nr. 1 UrhG) anzusehenden Sachverständigengutachtens erfolgt im Rahmen des § 411a UrhG nicht aufgrund der Einräumung eines Nutzungsrechts durch den Sachverständigen, sondern über die Urheberrechtsschranke des § 45 UrhG (sofern man nicht – wofür einiges spricht – die in § 411a UrhG ausdrücklich gestattete Verwertung des Gutachtens unmittelbar als Urheberrechtsschranke heranziehen möchte). Mithin wird dem Gericht im Falle des § 411a ZPO kein Nutzungsrecht eingeräumt, das über § 42 UrhG zurückgerufen werden könnte.[9] Dem Sachverständigen steht es aber frei, seine gegebenenfalls veränderte fachliche Einschätzung im Rahmen der mündlichen Anhörung oder der Gutachtensergänzung (§ 411 Abs. 3 ZPO) zu äußern.

---

1 Musielak/Voit-*Huber*, ZPO, § 411a Rn. 10.
2 Zöller-*Greger*, ZPO, § 411a Rn. 4; BeckOK-*Scheuch*, ZPO, § 411a Rn. 12; a.A. MK-*Zimmermann*, ZPO, § 411a Rn. 7 (Beweisanordnung oder Verwertungshandlung genügt); offen gelassen von BGH, ZEV 2012, 100 (101) = FamRZ 2012, 297.
3 BGH, ZEV 2012, 100 (101) = FamRZ 2012, 297.
4 MK-*Zimmermann*, ZPO, § 411a Rn. 6; Zöller-*Greger*, ZPO, § 411a Rn. 4.
5 Zöller-*Greger*, ZPO, § 411a Rn. 5; a.A. MK-*Zimmermann*, ZPO, § 411a Rn. 14.
6 BGH, ZEV 2012, 100 (101) = FamRZ 2012, 297; *Balzer*, Beweisaufnahme und Beweiswürdigung im Zivilprozess, Rn. 244b.
7 Prütting/Gehrlein-*Katzenmeier*, ZPO, § 411a Rn. 10; Zöller-*Greger*, ZPO, § 411a Rn. 5; a.A. MK-*Zimmermann*, ZPO, § 411a Rn. 5.
8 Zöller-*Greger*, ZPO, § 411a Rn. 5; MK-*Zimmermann*, ZPO, § 411a Rn. 15; Prütting/Gehrlein-*Katzenmeier*, ZPO, § 411a Rn. 10.
9 So auch Wieczorek/Schütze-*Ahrens*, ZPO, § 411a Rn. 18; Musielak/Voit-*Huber*, ZPO, § 411a Rn. 15.

§ 412
Neues Gutachten

(1) Das Gericht kann eine neue Begutachtung durch dieselben oder durch andere Sachverständige anordnen, wenn es das Gutachten für ungenügend erachtet.

(2) Das Gericht kann die Begutachtung durch einen anderen Sachverständigen anordnen, wenn ein Sachverständiger nach Erstattung des Gutachtens mit Erfolg abgelehnt ist.

Ein **ungenügendes Gutachten** liegt vor, wenn es die Beweisfrage **nicht vollständig abarbeitet**,[1] nicht aufzuklärende **Widersprüche** enthält, von **unzutreffenden tatsächlichen Voraussetzungen** ausgeht, der Sachverständige **nicht die erforderliche Sachkunde** hat oder wenn neue **wissenschaftliche Erkenntnisse** vorliegen, die vom Sachverständigen bei der Begutachtung nicht berücksichtigt wurden.[2] Das Gericht muss auf Grundlage des Gutachtens insbesondere in der Lage sein, sich mit den substantiierten (und gegebenenfalls auf ein Privatgutachten gestützten) Einwendungen der Parteien auseinanderzusetzen und muss bei widersprechenden fachlichen Ausführungen nachvollziehbar darlegen, warum es der einen oder der anderen Auffassung folgt.[3] Legt eine Partei erst nach Eingang des gerichtlichen Gutachtens ein Privatgutachten vor, so ist es bei fehlender eigener Sachkunde des Gerichts in der Regel erforderlich, mindestens eine ergänzende Stellungnahme des gerichtlichen Sachverständigen einzuholen.[4] Lässt sich der Widerspruch zwischen Parteieinwendungen/Privatgutachten und Ausführungen des gerichtlichen Sachverständigen weiterhin nicht auflösen, kommt die Einholung eines sog. **Obergutachtens** in Betracht.

1

Ist ein Sachverständiger mit Erfolg **abgelehnt worden** (§ 406 ZPO), so kann das Gericht gem. § 412 Abs. 2 ZPO eine neue Begutachtung anordnen. Sofern weiterhin Beweisbedürftigkeit besteht, wird die Einholung **regelmäßig zwingend** sein.

2

Die Entscheidung über die Einholung eines neuen Gutachtens ergeht durch **Beschluss** des Prozessgerichts, gegebenenfalls (§ 405 ZPO) durch den **kommissarischen Richter**.[5] Der Beschluss ist **nicht anfechtbar**.[6]

3

§ 413
Sachverständigenvergütung

Der Sachverständige erhält eine Vergütung nach dem Justizvergütungs- und -entschädigungsgesetz.

Die Vorschrift verweist hinsichtlich der Sachverständigenvergütung auf das Justizvergütungs- und -entschädigungsgesetz (JVEG). Streit über die Vergütung des Sachverständigen kann in diesem Zusammenhang insbesondere im Rahmen des § 8a JVEG (Wegfall oder Beschränkung des Vergütungsanspruchs) entstehen.[1]

1

Die Vorschriften zum JVEG sowie die jeweiligen Kostenansätze (Anhänge zum JVEG) finden sich im Anhang 1.

2

§ 414
Sachverständige Zeugen

Insoweit zum Beweis vergangener Tatsachen oder Zustände, zu deren Wahrnehmung eine besondere Sachkunde erforderlich war, sachkundige Personen zu vernehmen sind, kommen die Vorschriften über den Zeugenbeweis zur Anwendung.

---

1 Vgl. BGH, NJW 1996, 730 = MDR 1996, 632.
2 BGH, NJW 1970, 946 (949) = MDR 1970, 491; MK-*Zimmermann*, ZPO, § 412 Rn. 1; Zöller-*Greger*, ZPO, § 412 Rn. 2.
3 Vgl. BGH; BeckRS 2016, 7958, Rn. 11; BGH, NJW 1992, 1459 = VersR 1992, 722 = MDR 1992, 407; BGH, NJW 1987, 442 = MDR 1987, 226.
4 BGH, BeckRS 2016, 21063, Rn. 41; BGH, NJW 2002, 1651 (1654) = MDR 2002, 569.
5 Thomas/Putzo-*Reichold*, ZPO, § 412 Rn. 2; a.A. MK-*Zimmermann*, ZPO, § 412 Rn. 5 (kommissarischer Richter nicht zuständig, da ihm keine Beweiswürdigung obliegt).
6 OLG Köln, NJW-RR 2000, 729.

Zu § 413:
1 Siehe ausführlich *Balzer*, Beweisaufnahme und Beweiswürdigung im Zivilprozess, Rn. 240 ff.

1 Anders als der **Zeuge** (zur Abgrenzung siehe § 373 Rn. 2 f.) berichtet der **Sachverständige** als solcher nicht über außerprozessuale eigene Wahrnehmungen, sondern zieht aufgrund eigener Sachkunde Schlüsse aus feststehenden oder prozessual ermittelten Tatsachen. Eine Auskunftsperson ist gem. § 414 ZPO auch dann als Zeuge zu vernehmen, wenn für die Wahrnehmung von Tatsachen eine besondere Sachkunde erforderlich war. Dies ist beispielsweise denkbar, wenn über den Zustand einer mittlerweile nicht mehr vorhandenen Sache Beweis durch Einvernahme eines Privatgutachters erhoben wird. In diesen Fällen ist in besonderer Weise darauf zu achten, dass der sachverständige Zeuge in seiner prozessualen Rolle bleibt und ausschließlich über seine Wahrnehmungen berichtet, ohne hieraus fachliche Schlüsse zu ziehen.

2 Sofern der Sachverständige **Befundtatsachen selbstständig ermittelt** (siehe hierzu § 404a Rn. 5), ist dies Teil seiner Sachverständigentätigkeit; hinsichtlich dieser Tatsachen ist er mithin nicht als Zeuge zu vernehmen.

Titel 9
Beweis durch Urkunden

§ 415
Beweiskraft öffentlicher Urkunden über Erklärungen

(1) Urkunden, die von einer öffentlichen Behörde innerhalb der Grenzen ihrer Amtsbefugnisse oder von einer mit öffentlichem Glauben versehenen Person innerhalb des ihr zugewiesenen Geschäftskreises in der vorgeschriebenen Form aufgenommen sind (öffentliche Urkunden), begründen, wenn sie über eine vor der Behörde oder der Urkundsperson abgegebene Erklärung errichtet sind, vollen Beweis des durch die Behörde oder die Urkundsperson beurkundeten Vorganges.

(2) Der Beweis, dass der Vorgang unrichtig beurkundet sei, ist zulässig.

Inhalt:

	Rn.		Rn.
A. Allgemeines	1	III. Beweiskraft	5
B. Erläuterungen	2	IV. Beweis unrichtiger Beurkundung,	
I. Zivilprozessualer Urkundenbegriff	2	Abs. 2	6
II. Begriff der Behörde	3		

A. Allgemeines

1 Die Vorlage von Urkunden hat im Zivilprozess große Bedeutung, spielt allerdings im Rahmen der Beweisaufnahme – im Vergleich zu den anderen Beweismitteln – eine eher untergeordnete Rolle. Hintergrund dieser Diskrepanz ist zum einen, dass die Beweiskraft einer Urkunde sich primär auf die in §§ 437, 440 Abs. 2 ZPO sowie §§ 415–418 ZPO genannten Punkte beschränkt und insbesondere nicht die inhaltliche/materielle Richtigkeit des Urkundeninhalts erfasst; zum anderen werden die durch die Urkunde beweisbaren Tatsachen nach Vorlage der entsprechenden Dokumente häufig zugestanden, womit die Beweisbedürftigkeit entfällt.[1]

B. Erläuterungen
I. Zivilprozessualer Urkundenbegriff

2 Der zivilprozessuale Urkundenbegriff unterscheidet sich vom strafrechtlichen[2] und erfordert eine **schriftlich verkörperte Gedankenerklärung**.[3] Maßgeblich für die einer Urkunde innewohnende Beweiskraft ist dabei der Gedanke, dass der Inhalt einer Urkunde verkehrsfähig, d.h. jederzeit auch ohne Hilfsmittel verfügbar und aufgrund seiner Schriftlichkeit weitgehend vor Manipulationen geschützt ist; **fremdsprachige Dokumente** können damit ebenso Urkunden i.S.d. § 415 ZPO sein, wie solche in geläufiger **Kurz-** oder **Blindenschrift**, nicht jedoch der Inhalt und Ausdruck **elektronischer Datenträger** (siehe hierzu jedoch § 416a ZPO), **Zeichnungen** oder sog. **Beweiszeichen**.[4] Für den Urkundenbegriff (nicht jedoch für die Beweiskraft, vgl.

---

[1] MK-*Schreiber*, ZPO, § 415 Rn. 4.
[2] Siehe hierzu Schönke/Schröder-*Heine/Schuster*, StGB, § 267 Rn. 2 ff.
[3] Vgl. zum identischen Urkundenbegriff des § 416 ZPO sowie des § 126 BGB BGH, NJW 1998, 58 (59) = NZM 1998, 25 = MDR 1998, 31.
[4] Zöller-*Geimer*, ZPO, Vor § 415 Rn. 2; MK-*Schreiber*, ZPO, § 415 Rn. 7, 5 sowie differenzierend für Computerausdrucke Rn. 9.

§ 416 ZPO) unerheblich ist ferner, ob die Urkunde **unterschrieben** ist.[5] **Fotokopien** oder **Abschriften** sind für sich genommen keine Urkunden, können diese jedoch im Falle beglaubigter Abschriften im Prozess gem. § 435 ZPO ersetzen. Elektronische Dokumente sind in ihrer digitalisierten Version unter den Voraussetzungen der §§ 371a, 371b ZPO den Urkunden gleichgestellt. Für Ausdrucke elektronischer öffentlicher Dokumente gilt § 416a ZPO.

II. Begriff der Behörde

Der Behördenbegriff i.S.d. § 415 ZPO orientiert sich an § 1 Abs. 4 VwVfG und erfasst damit jede Stelle, die Aufgaben der öffentlichen Verwaltung wahrnimmt. Aus § 438 ZPO ergibt sich zudem, dass auch ausländische Stellen Behörden i.S.d. ZPO sein können.[6] Von § 415 ZPO erfasst sind ferner Urkunden, die von Urkundspersonen, wie insbesondere **Notaren, gerichtlichen Urkundsbeamten** oder **Konsularbeamten** ausgestellt werden.[7] Die Deutsche Post AG sowie andere Lizenznehmer (§§ 5 ff. PostG) sind gem. § 33 PostG mit dem Recht beliehen, förmlichen Zustellung vorzunehmen; die von ihnen ausgestellten **Zustellungsurkunden** sind daher ebenfalls öffentliche Urkunden[8] (auf die allerdings nicht § 415 ZPO, sondern § 418 ZPO anzuwenden ist, siehe § 418 Rn. 2). 3

Erforderlich für die Anwendbarkeit des § 415 ZPO ist stets, dass die Behörde oder die Urkundsperson **innerhalb ihrer Amtsbefugnis** gehandelt hat, dass sie also nach außen tätig geworden ist (die Urkunde also nicht nur einen innerdienstlichen Vorgang betrifft) und dass für die Ausstellung der Urkunde eine **sachliche Zuständigkeit** besteht.[9] 4

III. Beweiskraft

Äußerlich mangelfreie (ansonsten: § 419 ZPO) Urkunden i.S.d. § 415 ZPO entfalten **formelle Beweiskraft** darüber, dass die in ihnen enthaltenen Erklärungen, soweit sie Rechtswirkungen erzeugen, vollständig und richtig wiedergegeben sind.[10] Die inhaltliche Richtigkeit der Erklärung unterliegt dagegen nach wie vor der richterlichen Beweiswürdigung i.S.d. § 286 ZPO. Soweit – wie bei **notariellen Urkunden/Unterschriftsbeglaubigungen** (§ 10 Abs. 2 BeurkG i.V.m. § 40 Abs. 4 BeurkG) – die Identitätsfeststellung zum Urkundeninhalt gehört, erstreckt sich die formelle Beweiskraft auch auf die Identität des Erklärenden.[11] Für öffentliche Urkunden, die Erklärungen einer Behörde enthalten gilt § 417 ZPO, für öffentliche Urkunden über Wahrnehmungen oder Handlungen einer Behörde/Urkundsperson gilt § 418 ZPO. 5

IV. Beweis unrichtiger Beurkundung, Abs. 2

Die formelle Beweiswirkung des § 415 ZPO kann der Beweisgegner durch Gegenbeweis beseitigen. 6

§ 416
Beweiskraft von Privaturkunden

Privaturkunden begründen, sofern sie von den Ausstellern unterschrieben oder mittels notariell beglaubigten Handzeichens unterzeichnet sind, vollen Beweis dafür, dass die in ihnen enthaltenen Erklärungen von den Ausstellern abgegeben sind.

Inhalt:

	Rn.		Rn.
A. Allgemeines	1	I. Begriff der Privaturkunde	2
B. Erläuterungen	2	II. Beweiskraft	4

---

5 BeckOK-*Krafka*, ZPO, § 415 Rn. 2; vgl. auch OLG Köln, NJW 1992, 1774 = VersR 1991, 1430 = MDR 1991, 900.
6 Vgl. BGH, NJW-RR 2007, 1006 = FamRZ 2007, 636.
7 Zöller-*Geimer*, ZPO, § 415 Rn. 3.
8 MK-*Schreiber*, ZPO, 415 Rn. 14.
9 Zöller-*Geimer*, ZPO, § 415 Rn. 4; Verstöße gegen die örtliche Zuständigkeit sind dagegen unerheblich, BeckOK-*Krafka*, ZPO, § 415 Rn. 15; MK-*Schreiber*, ZPO, § 415 Rn. 16; auch bei privatrechtlichem Handeln können die von einer Behörde über das Rechtsgeschäft ausgestellten Urkunden öffentliche Urkunden i.S.d. § 415 ZPO sein; vgl. BGHZ 6, 304 = NJW 1952, 1211 für die Ausstellung von Beförderungspapieren durch die Reichsbahn.
10 BGH, NJW 2017, 175 (175f.) = DNotZ 2017, 48; Thomas/Putzo-*Reichold*, ZPO, § 415 Rn. 5.
11 Vgl. BGH, NJW 1963, 1010 (1012) = MDR 1963, 408; Zöller-*Geimer*, ZPO, § 415 Rn. 5; kritisch MK-*Schreiber*, ZPO, § 415 Rn. 27.

A. Allgemeines

1 Die Vorschrift regelt die formelle Beweiskraft von Privaturkunden.

B. Erläuterungen

I. Begriff der Privaturkunde

2 Private Urkunden i.S.d. § 416 ZPO (zum zivilprozessualen Urkundenbegriff siehe § 415 Rn. 2) sind alle Urkunden, die nicht zu öffentlichen Urkunden gem. § 415 ZPO gehören.[1] Ihnen kommt formelle Beweiskraft zu, wenn Erklärungen des Ausstellers enthalten und von diesem unterschrieben oder mittels notariell beglaubigten Handzeichens unterzeichnet sind.

3 Maßgeblich für die **Unterzeichnung** einer privaten Urkunde ist, dass der Aussteller des Dokuments erkannt werden kann. Die Unterzeichnung muss dabei weder **eigenhändig**, noch **handschriftlich** erfolgen, so dass auch maschinenschriftlich verfasste Unterzeichnungen, Faksimile-Stempel, Telefax-Ausdrucke oder Unterschriften von Gehilfen im Namen des Ausstellers nach fernmündlichem Diktat erfasst sind.[2] Eine **Namensunterzeichnung** (wie bei § 126 BGB) ist **nicht erforderlich**, es genügt vielmehr, wenn sich die Person des Unterzeichners – auch unter Berücksichtigung des Inhalts der Erklärung oder des Adressaten – ermitteln lässt (Beispiel: „Dein Vater").[3] **Handzeichen/Paraphen**, die erkennbar als bewusste und gewollte Namensabkürzungen erscheinen, stellen keine Unterschrift i.S.d. § 416 ZPO dar[4] und können daher die formelle Beweiskraft nach dem Wortlaut der Vorschrift nur auslösen, wenn sie notariell beglaubigt sind.

II. Beweiskraft

4 Äußerlich mangelfreie (ansonsten: § 419 ZPO) sowie echte (§ 440 ZPO)[5] private Urkunden entfalten **formelle Beweiskraft** hinsichtlich der Abgabe der in der Urkunde enthaltenen Erklärung. Hierzu gehört insbesondere auch die **Begebung**, d.h. die Tatsache, dass die Erklärung mit Wille des Erklärenden in Verkehr gebracht worden ist.[6] Hinsichtlich des **Inhalts** oder der **Wirksamkeit** der Erklärung[7] sowie der **Umstände** ihrer Abgabe (z.B. Ort und Zeit)[8] entfaltet § 416 ZPO dagegen keine Wirkung. Insoweit bleibt es bei der freien richterlichen Beweiswürdigung nach § 286 Abs. 1 ZPO,[9] die gegebenenfalls durch Beweiserleichterungen in Form des *prima facie*-Beweises – etwa hinsichtlich der Richtigkeit und Vollständigkeit der in einer Vertragsurkunde enthaltenen Vereinbarungen[10] – ergänzt wird.

5 Anders als bei öffentlichen Urkunden (§ 415 Abs. 2 ZPO) sieht § 416 ZPO **keine Möglichkeit** des **Gegenbeweises** vor. Gleichwohl kann gegen die von der Beweiskraft des § 416 ZPO erfasste Begebung der Gegenbeweis dahingehend angetreten werden, dass dem Aussteller die nur als Entwurf gedachte **Urkunde abhandengekommen** sei.[11] Diese Möglichkeit des Gegenbeweises – dem der Wortlaut des § 415 Abs. 2 ZPO nicht entgegensteht – rechtfertigt sich nicht zuletzt aus einem Vergleich mit § 440 ZPO: Der (vermeintliche) Aussteller einer Urkunde kann der Urheberschaft entgegen treten und die Echtheit der Urkunde bestreiten (§ 440 Abs. 1 ZPO); trägt der Aussteller dagegen vor, eine echte Urkunde sei ihm im Entwurfsstadium abhandengekommen, so ist in dieser prinzipiell vergleichbaren Situation nicht ersichtlich, warum er keine Möglichkeit des Gegenbeweises haben sollte.[12]

---

1 Musielak/Voit-*Huber*, ZPO, § 416 Rn. 1.
2 Zöller-*Geimer*, ZPO, § 416 Rn. 2; MK-*Schreiber*, ZPO, § 416 Rn. 5, 6; Thomas/Putzo-*Reichold*, ZPO, § 416 Rn. 2.
3 MK-*Schreiber*, ZPO, § 416 Rn. 7.
4 BGH, NJW-RR 2007, 351 mit der – zutreffenden – Einschränkung, dass bei der Abgrenzung zwischen Handzeichen/Paraphe und Unterschrift gegebenenfalls ein großzügiger Maßstab anzulegen sei; Thomas/Putzo-*Reichold*, ZPO, § 416 Rn. 2.
5 BGH, BeckRS 2016, 14928, Rn. 6; BGH, NJW-RR 2015, 819 (821), mit dem Hinweis, dass bei feststehender Echtheit der Unterschrift hinsichtlich des über der Schrift stehenden Textes die Vermutung des § 440 Abs. 2 ZPO greift; BGH, NJW 1988, 2741 = MDR 1988, 770; OLG München, BeckRS 2016, 13625, Rn. 69.
6 BGH, NJW-RR 2003, 384 (384 f.) = VersR 2003, 229 = FamRZ 2003, 669; BGH, NJW-RR 2006, 847 (848) = VersR 2006, 992 = FamRZ 2006, 859.
7 BGH, NJW-RR 1993, 1379 (1380) = MDR 1993, 1119 hinsichtlich des Inhalts einer Erklärung; Zöller-*Geimer*, ZPO, § 416 Rn. 9; MK-*Schreiber*, ZPO, § 416 Rn. 9.
8 BGH, NJW-RR 1990, 737 (738) = MDR 1990, 802.
9 Vgl. BGH, NJW-RR 1993, 1379 (1380) = MDR 1993, 1119.
10 Siehe hierzu etwa BGH, NJW 2002, 3164 = MDR 2002, 1361 = ZNotP 2002, 409.
11 BGH, NJW-RR 2006, 847 = VersR 2006, 992 = FamRZ 2006, 859; Zöller-*Geimer*, ZPO, § 416 Rn. 9; Musielak/Voit-*Huber*, ZPO, § 416 Rn. 3; a.A. MK-*Schreiber*, ZPO, § 416 Rn. 11.
12 Zu diesem Argument BGH, NJW-RR 2006, 847 (848 f.) = VersR 2006, 992 = FamRZ 2006, 859.

§ 416a
Beweiskraft des Ausdrucks eines öffentlichen elektronischen Dokuments
[Fassung bis 31.12.2017]

Der mit einem Beglaubigungsvermerk versehene Ausdruck eines öffentlichen elektronischen Dokuments gemäß § 371a Absatz 3, den eine öffentliche Behörde innerhalb der Grenzen ihrer Amtsbefugnisse oder eine mit öffentlichem Glauben versehene Person innerhalb des ihr zugewiesenen Geschäftskreises in der vorgeschriebenen Form erstellt hat, sowie der Ausdruck eines gerichtlichen elektronischen Dokuments, der einen Vermerk des zuständigen Gerichts gemäß § 298 Abs. 2 enthält, stehen einer öffentlichen Urkunde in beglaubigter Abschrift gleich.

§ 416a
Beweiskraft des Ausdrucks eines öffentlichen elektronischen Dokuments
[Fassung ab 01.01.2018]

Der mit einem Beglaubigungsvermerk versehene Ausdruck eines öffentlichen elektronischen Dokuments gemäß § 371a Absatz 3, den eine öffentliche Behörde innerhalb der Grenzen ihrer Amtsbefugnisse oder eine mit öffentlichem Glauben versehene Person innerhalb des ihr zugewiesenen Geschäftskreises in der vorgeschriebenen Form erstellt hat, sowie der Ausdruck eines gerichtlichen elektronischen Dokuments, der einen Vermerk des zuständigen Gerichts gemäß § 298 Absatz 3 enthält, stehen einer öffentlichen Urkunde in beglaubigter Abschrift gleich.

1 Die Vorschrift knüpft an § 371a Abs. 3 ZPO und § 298 Abs. 2 ZPO an, die öffentliche/gerichtliche elektronische Dokumente in ihrer digitalisierten Version den Urkunden gleichstellen. Ausdrucke derartiger Dokumente werden gem. § 416a ZPO wie beglaubigten Abschriften öffentlicher Urkunden behandelt.

2 Öffentliche elektronische Dokumente i.S.d. § 371a Abs. 3 ZPO fallen nur dann unter § 416a ZPO, wenn der Ausdruck durch eine öffentliche Behörde innerhalb der Grenzen ihrer Amtsbefugnisse oder von einer mit öffentlichem Glauben versehen Person innerhalb des ihr zugewiesenen Geschäftskreises (z.B. Notar) in der vorgeschriebenen Form erstellt worden ist. Zudem muss das Dokument mit einer **qualifizierten elektronischen Signatur** versehen sein (§ 371a Abs. 3 Satz 2 ZPO). Diese aus dem Wortlaut von § 416a ZPO nicht unmittelbar abzuleitende Voraussetzung folgt aus der Gleichstellung des öffentlichen elektronischen Dokuments i.S.d. § 371a ZPO mit den elektronischen gerichtlichen Dokumenten i.S.d. § 298 ZPO, das für die Beweiskraft nach § 416a ZPO einen **Transfervermerk** einschließlich Signaturprüfung (§ 298 Abs. 2 Nr. 2 ZPO) enthalten muss.[1]

3 Die Gleichstellung des Ausdrucks öffentlicher elektronischer Dokumente mit beglaubigten Abschriften führt zu Anwendung der §§ 415, 417 und 418 ZPO. Gem. § 435 Satz 1 ZPO kann das Gericht die Vorlage der Urschrift verlangen. Für den Ausdruck gerichtlicher elektronischer Dokumente gelten §§ 165, 314 ZPO.

§ 417
Beweiskraft öffentlicher Urkunden über amtliche Anordnung, Verfügung oder Entscheidung

Die von einer Behörde ausgestellten, eine amtliche Anordnung, Verfügung oder Entscheidung enthaltenden öffentlichen Urkunden begründen vollen Beweis ihres Inhalts.

1 Unversehrte (§ 419 ZPO) und echte (§ 437 ZPO) öffentliche Urkunden, die von einer Behörde ausgestellt sind und – die Begriffe „Anordnung, Verfügung oder Entscheidung" sind insoweit untechnisch gemeint[1] – eine nach außen gerichtete Erklärung der Behörde selbst enthalten begründen gem. § 417 vollen Beweis ihres Inhalts. Die Vorschrift erfasst damit u.a. den Tenor von **Gerichtsurteilen** und **Strafbefehlen**, sowie **Verwaltungsakte** und **Erbscheine**,[2] gegebenen

---
1 MK-*Schreiber*, ZPO, § 416a Rn. 3; ebenso Thomas/Putzo-*Reichold*, ZPO, § 416a Rn. 2.

Zu § 417:
1 MK-*Schreiber*, ZPO, § 416a Rn. 5.
2 Vgl. BGHSt 19, 87 = NJW 1964, 558.

falls über § 371a Abs. 3 ZPO auch in Form elektronischer Dokumente. Urkunden, die nicht von einer Behörde, sondern von einer öffentlichen Urkundsperson (z. B. Notar) ausgestellt sind, fallen anders als bei § 415 ZPO nicht in den Anwendungsbereich der Vorschrift.[3]

2 Die Beweiskraft nach § 417 ZPO erstreckt sich nicht nur auf die in der Urkunde enthaltene behördliche Erklärung, sondern auf den **gesamten Inhalt der Urkunde** (beispielsweise Ort und Zeit der Erklärung oder teilnehmende Personen), **nicht** jedoch auf **deren inhaltliche Richtigkeit** (bzw. die der Erklärung zu Grunde liegenden Tatsachen)[4] oder auf die **Motive** der Erklärung. Soweit die Beweiskraft reicht, ist mangels einer § 415 Abs. 2 ZPO entsprechenden Vorschrift der Gegenbeweis ausgeschlossen.[5] Gegen die Echtheit oder die Wirksamkeit der Urkunde ist der Gegenbeweis dagegen zulässig, gegebenenfalls durch Einlegung des statthaften Rechtsbehelfs.[6]

§ 418
Beweiskraft öffentlicher Urkunden mit anderem Inhalt

(1) Öffentliche Urkunden, die einen anderen als den in den §§ 415, 417 bezeichneten Inhalt haben, begründen vollen Beweis der darin bezeugten Tatsachen.

(2) Der Beweis der Unrichtigkeit der bezeugten Tatsachen ist zulässig, sofern nicht die Landesgesetze diesen Beweis ausschließen oder beschränken.

(3) Beruht das Zeugnis nicht auf eigener Wahrnehmung der Behörde oder der Urkundsperson, so ist die Vorschrift des ersten Absatzes nur dann anzuwenden, wenn sich aus den Landesgesetzen ergibt, dass die Beweiskraft des Zeugnisses von der eigenen Wahrnehmung unabhängig ist.

1 § 418 ZPO ergänzt § 415 ZPO (Öffentliche Urkunden über vor einer Behörde oder Urkundsperson abgegebene Erklärungen) und § 417 ZPO (Öffentliche Urkunden über eigene Erklärungen einer Behörde) und erfasst öffentliche Urkunden, in denen **Wahrnehmungen** oder **Handlungen** durch eine Behörde oder eine Urkundsperson (gegebenenfalls über § 371a Abs. 3 ZPO auch in elektronischer Form) dokumentiert sind.

2 Von § § 418 ZPO erfasst sind u. a. **Eingangsvermerke/Eingangsstempel**,[1] **Zustellungsurkunden** durch Justizbedienstete oder beliehene Postunternehmen[2] (§ 33 PostG, siehe bereits oben § 415 Rn. 3), das **Gerichtsvollzieherprotokoll** über den Annahmeverzug eines Schuldners[3] sowie **Sitzungsprotokoll** und **Urteilstatbestand**.[4] Liegt dem Dokument dagegen eine rechtliche oder tatsächliche Beurteilung durch die Behörde oder Urkundsperson zu Grunde – etwa bei Feststellungen des Notars zur **Testier-/Geschäftsfähigkeit** oder des Konsulats zur **Staatsangehörigkeit** – so ist § 418 ZPO **nicht** anwendbar.[5]

3 **Gegenbeweis** ist gem. § 418 Abs. 2 ZPO zulässig, soweit nicht die Landesgesetze den Beweis ausschließen/beschränken oder die ZPO selbst (wie in § 165 Satz 2 ZPO oder § 314 Satz 2 ZPO) Einschränkungen vorsieht. Der Gegenbeweis hat den an den Hauptbeweis zu stellenden Anforderungen zu genügen (Glaubhaftmachung kann daher gegebenenfalls ausreichen)[6] und muss hinreichend substantiiert werden.[7] Parteivernehmung ist wegen § 445 Abs. 2 ZPO aus-

---

3 Vgl. Thomas/Putzo-*Reichold*, ZPO, § 417 Rn. 1; BeckOK-*Krafka*, ZPO, § 417 Rn. 2; a.A. MK-*Schreiber*, ZPO, § 417 Rn. 4.
4 Vgl. BGHSt 19, 87 = NJW 1964, 558 hinsichtlich eines Erbscheins.
5 Zöller-*Geimer*, ZPO, § 417 Rn. 2.
6 Thomas/Putzo-*Reichold*, ZPO, § 417 Rn. 2.

Zu § 418:
1 BGH, NJW 2000, 1872 (1873) = VersR 2000, 868 für den Fall des gerichtlichen Eingangsstempels.
2 Vgl. BFH, NVwZ 2000, 239 = NJW 2000, 1976 für den Fall des finanzgerichtlichen Verfahrens sowie OLG Düsseldorf, NJW 2000, 2831 (2832).
3 OLG Köln, NJW-RR 1986, 863 = OLGZ 1986, 481 = MDR 1986, 765.
4 Zöller-*Geimer*, ZPO, § 418 Rn. 1.
5 Thomas/Putzo-*Reichold*, ZPO, § 418 Rn. 3; MK-*Schreiber*, ZPO, § 418 Rn. 7; vgl. auch BayObLG, BayObLGZ 1974, 336 zur Beurteilung der Geschäftsfähigkeit eines Beteiligten durch den Urkundsnotar im Grundbuchverfahren.
6 BGH, MDR 1983, 749 hinsichtlich des Eingangsstempels im Verfahren über die Wiedereinsetzung in den vorigen Stand.
7 Vgl. BVerwG, NJW 1985, 1179 für den Fall des Verwaltungsverfahrens (schlichtes Bestreiten unter Benennung des Postzustellers als Zeugen genügt nicht).

geschlossen (siehe § 445 Rn. 2). Der Gegenbeweis kann im Wege des **Freibeweisverfahrens** geführt werden.[8]

Sind in der Urkunde **fremde Wahrnehmungen** enthalten, so gilt § 418 ZPO gem. **Abs. 3** nur, wenn dies landes- oder bundesrechtlich vorgesehen ist. Der landesrechtliche Vorbehalt hat keine praktische Bedeutung; bundesrechtlich können entsprechende Wahrnehmungen beispielsweise über §§ 60, 66 ZPO (z.B. Wahrnehmung der Hebamme zur Geburt) von § 418 ZPO erfasst werden.[9]

4

§ 419
Beweiskraft mangelbehafteter Urkunden

Inwiefern Durchstreichungen, Radierungen, Einschaltungen oder sonstige äußere Mängel die Beweiskraft einer Urkunde ganz oder teilweise aufheben oder mindern, entscheidet das Gericht nach freier Überzeugung.

Urkunden genießen im Rechtsverkehr hohes Vertrauen und rechtfertigen hierdurch die in §§ 415 ff. ZPO enthaltenen Regeln zur formellen Beweiskraft. § 419 ZPO trägt diesem Vertrauen Rechnung, indem mangelbehaftete – öffentliche oder private – Urkunden hinsichtlich ihrer Beweiskraft der freien richterlichen Überzeugung unterliegen.

1

Ein Mangel der Urkunde i.S.d. § 419 ZPO liegt vor, wenn das **äußere Erscheinungsbild** der Urkunde den **Verdacht einer Manipulation** nahelegt.[1] Dies ist etwa der Fall bei äußeren Veränderungen wie Durchstreichungen, Überstempelungen,[2] Ergänzungen,[3] Rissen, Flecken oder einem Urkundenformat, das auf eine nachträgliche Veränderung der ursprünglichen Größe hindeutet.[4] Das Vorliegen eines Mangels muss nicht sicher feststehen; es genügt insoweit, dass die Möglichkeit nachträglicher Veränderungen nach dem äußerlichen Erscheinungsbild der Urkunde **möglich erscheint**.[5] Kein Mangel i.S.d. § 419 ZPO liegt vor, wenn die Veränderung der Urkunde gesetzlich zulässig und unter Beachtung der einschlägigen Vorschriften (z.B. § 47 PStG) erfolgt ist.[6]

2

Bei äußerlichen Mängeln i.S.d. § 419 ZPO unterliegt die gesamte Urkunde der freien richterlichen Beweiswürdigung.[7] Die Beweiskraft der Urkunde entfällt dabei nicht ersatzlos; stattdessen wird dem Gericht die Verantwortung der durch die §§ 415 ff. ZPO aufgehobenen freien Beweiswürdigung zurückgegeben.[8]

3

§ 420
Vorlegung durch Beweisführer; Beweisantritt

Der Beweis wird durch die Vorlegung der Urkunde angetreten.

Hat der Beweisführer die Urkunde selbst in Besitz, so wird der Beweis gem. § 420 ZPO durch Vorlegung der Urkunde angetreten. Befindet sich die Urkunde im Besitz des Gegners oder eines Dritten (und kann sich der Beweisführer den Besitz nicht selbst ohne gerichtliche Hilfe

1

---

8 BGH, NJW 2000, 1872 (1873) = VersR 2000, 868 = MDR 2000, 899; BeckOK-*Krafka*, ZPO, § 418 Rn. 10.
9 Musielak/Voit-*Huber*, ZPO, § 418 Rn. 4.

Zu § 419:
1 BAG, NZA 2004, 670 (673).
2 BGH, NJW 1992, 512 = WPM 1991, 2008.
3 BGH, NJW 1994, 2768 = DNotZ 1995, 28 = MDR 1994, 912 (handschriftliche Änderung einer notariellen Urkunde durch den Notar, die entgegen der einschlägigen Dienstordnung für Notare nicht gesondert unterzeichnet wurde).
4 BGH, NJW 1980, 893 = MDR 1980, 385.
5 BGH, NJW 1966, 1657 = MDR 1966, 835; BGH, NJW 1980, 893 = MDR 1980, 385; MK-*Schreiber*, ZPO, § 419 Rn. 3.
6 Thomas/Putzo-*Reichold*, ZPO, § 419 Rn. 2; MK-*Schreiber*, ZPO, § 419 Rn. 3; siehe auch BGH, DNotZ 1956, 643 für den Fall, dass Durchstreichungen und Einschaltungen in einer notariellen Urkunde selbst wieder unter Beachtung der gesetzlichen Vorschriften beurkundet sind.
7 MK-*Schreiber*, ZPO, § 419 Rn. 1, 4; Thomas/Putzo-*Reichold*, ZPO, § 419 Rn. 3; Zöller-*Geimer*, ZPO, § 419 Rn. 4 mit der Einschränkung, dass dies bei notariellen Urkunden nicht gelten soll.
8 BGH, NJW 1980, 60 (62); BAG, NZA 2004, 670 (673).

verschaffen) so gelten die § 421 ZPO bzw. § 422 ZPO. Befindet sich die Urkunde in den Händen einer Behörde oder eines Beamten, so kommt § 432 ZPO in Betracht.

2 Der Beweisantritt erfolgt durch Vorlage der Urkunde; die bloße – i.d.R. schriftsätzliche – Ankündigung der Urkundenvorlage im Termin genügt nicht. Bei **privaten Urkunden** ist das **Original** vorzulegen; eine Abschrift ist (anders bei öffentlichen Urkunden, vgl. § 435 ZPO) nur dann ausreichend, wenn der Gegner des Beweisführers die Echtheit der Urkunde und die Übereinstimmung von Abschrift und Original nicht bestreitet.[1] Bei umfangreichen Urkunden oder Urkundensammlungen hat der Beweisführer im Rahmen des Beweisantritts die Urkunde bzw. Urkundenstelle zu bezeichnen. Die Beweisaufnahme selbst erfolgt durch Einsichtnahme, die auch dem Gegner des Beweisführers zu gestatten ist.[2]

§ 421
Vorlegung durch den Gegner; Beweisantritt

Befindet sich die Urkunde nach der Behauptung des Beweisführers in den Händen des Gegners, so wird der Beweis durch den Antrag angetreten, dem Gegner die Vorlegung der Urkunde aufzugeben.

1 Befindet sich die Urkunde – zum Zeitpunkt der Stellung des Beweisantrags[1] – in den Händen des Gegners, so kann der Urkundenbeweis durch den Beweisführer nicht durch Vorlage des Originals (§ 420 ZPO) erfolgen. § 421 ZPO sieht für diesen Fall einen Beweisantritt in Form eines Antrags, dem Gegner die Vorlegung der Urkunde aufzugeben, vor. Die Vorlegungspflicht des Gegners ergibt sich aus §§ 422 f. ZPO; das Vorlegungsverfahren ist in §§ 424 ff. ZPO geregelt, die Folgen einer Nichtvorlegung in § 427 ZPO.

2 Die Vorlegungsanordnung des Gerichts setzt einen **Antrag** des Beweisführers oder seines Streithelfers[2] voraus. Zum **Antragsinhalt** siehe § 424 ZPO. Der Antrag kann in der mündlichen Verhandlung oder schriftsätzlich erfolgen[3] und richtet sich gegen die **gegnerische Partei** oder – sofern diese die Urkunde in seinem Besitz hat – deren **Prozessvertreter** oder **Streithelfer**.[4] Eigene Streitgenossen/Streihelfer des Beweisführers sind keine „Gegner" i.S.d. § 421 ZPO, sondern Dritte.[5]

§ 422
Vorlegungspflicht des Gegners nach bürgerlichem Recht

Der Gegner ist zur Vorlegung der Urkunde verpflichtet, wenn der Beweisführer nach den Vorschriften des bürgerlichen Rechts die Herausgabe oder die Vorlegung der Urkunde verlangen kann.

1 Eine Pflicht zur Vorlegung einer Urkunde kann bestehen, wenn der Antragsgegner bürgerlichrechtlich zur Herausgabe oder Vorlage der Urkunde verpflichtet ist. Eine solche Verpflichtung kann sich aus **Herausgabeansprüchen** (z.B. § 985 BGB gegebenenfalls i.V.m. § 952 BGB, § 716 Abs. 1 BGB, § 810 BGB,[1] § 402 BGB) sowie aus **Ansprüchen auf Rechnungslegung** (z.B. § 666 BGB gegebenenfalls i.V.m. § 675 BGB, § 1698 Abs. 1 BGB, § 2130 Abs. 2 BGB jeweils i.V.m. § 259 Abs. 1 BGB) ergeben. Voraussetzung ist jeweils, dass der Anspruch **durchsetzbar**, d.h. einwendungs- und einredefrei ist.[2]

---

1 OLG Schleswig, OLGR 2009, 921.
2 MK-*Schreiber*, ZPO, § 420 Rn. 4; Musielak/Voit-*Huber*, ZPO, § 420 Rn. 3.

Zu § 421:
1 Thomas/Putzo-*Reichold*, ZPO, § 421 Rn. 1.
2 Stein/Jonas-*Berger*, ZPO, § 421 Rn. 6.
3 MK-*Schreiber*, ZPO, § 421 Rn. 1.
4 Str.; wie hier MK-*Schreiber*, ZPO, § 421 Rn. 3; einschränkend Stein/Jonas-*Berger*, ZPO, § 421 Rn. 4; Musielak/Voit-*Huber*, ZPO, § 421 Rn. 3 (u.U. Anwendung auf streitgenössischen Streithelfer i.S.d. § 69 ZPO); Thomas/Putzo-*Reichold*, ZPO, § 421 Rn. 3 (keine Anwendung auf einfache Streithelfer auf der Gegenseite).
5 Thomas/Putzo-*Reichold*, ZPO, § 421 Rn. 3; Stein/Jonas-*Berger*, ZPO, § 421 Rn. 4.

Zu § 422:
1 Siehe hierzu BGH, NJW 2014, 3312 (3314) = WM 2014, 1379 = MDR 2014, 947.
2 MK-*Schreiber*, ZPO, § 422 Rn. 3; Prütting/Gehrlein-*Preuß*, ZPO, § 422 Rn. 5.

Prozessuale Folge der bürgerlich-rechtlichen Vorlagepflicht ist es, dass der Gegner des Beweisführers die Urkunde dem Prozessgericht – oder im Fall des § 434 ZPO dem kommissarischen Richter – vorzulegen hat. Die Vorlage kann weder durch das Gericht noch durch selbstständige Klage des Beweisführers (vgl. die ausdrückliche Regelung bei der Vorlegungspflicht Dritter in § 429 Satz 1 ZPO a.E.) erzwungen werden. **Bestreitet** der Gegner den **Besitz** der Urkunde, so gilt § 426 ZPO. Die Folgen der Nichtvorlegung der Urkunde regelt **§ 427 ZPO**. Im Falle einer Beseitigung der Urkunde kommt § 444 ZPO in Betracht.

2

§ 423
Vorlegungspflicht des Gegners bei Bezugnahme

Der Gegner ist auch zur Vorlegung der in seinen Händen befindlichen Urkunden verpflichtet, auf die er im Prozess zur Beweisführung Bezug genommen hat, selbst wenn es nur in einem vorbereitenden Schriftsatz geschehen ist.

Die Herausgabepflicht nach § 423 ZPO ist vom materiellen Recht losgelöst und setzt voraus, dass der Gegner des Beweisführers im Prozess selbst auf eine in seinen Händen befindliche Urkunde zur Beweisführung – d.h. nicht bloß auf den Urkundeninhalt zur Verdeutlichung des eigenen Vorbringens[1] – Bezug genommen hat. § 423 ZPO ermöglicht dem Beweisführer hierbei die Vorlage durch den Gegner zum Zwecke der eigenen Beweisführung (§ 420 ZPO). Soweit es lediglich um die Einsicht in die Originalurkunde geht, gilt § 134 ZPO.

1

§ 424
Antrag bei Vorlegung durch Gegner

Der Antrag soll enthalten:
1. die Bezeichnung der Urkunde;
2. die Bezeichnung der Tatsachen, die durch die Urkunde bewiesen werden sollen;
3. die möglichst vollständige Bezeichnung des Inhalts der Urkunde;
4. die Angabe der Umstände, auf welche die Behauptung sich stützt, dass die Urkunde sich in dem Besitz des Gegners befindet;
5. die Bezeichnung des Grundes, der die Verpflichtung zur Vorlegung der Urkunde ergibt.
Der Grund ist glaubhaft zu machen.

§ 424 ZPO regelt den **Inhalt des Antrags** bei einer Vorlegungspflicht des Beweisgegners gem. §§ 422, 423 ZPO. Obwohl der Inhalt des Antrags durch § 424 ZPO normtextlich nicht als zwingend bezeichnet wird, sind die in der Vorschrift genannten Voraussetzungen gleichwohl derart wesentlich, dass ein nicht den Vorgaben des § 424 ZPO entsprechender Antrag als unzulässig, jedenfalls aber als nicht begründet i.S.d. § 425 ZPO zurückzuweisen ist.[1] Das normtextliche „Soll" ist daher faktisch als **„Muss"** zu lesen.

1

Im Einzelnen hat der Beweisführer die Urkunde so konkret zu bezeichnen, dass ihre Identität durch den Antragsgegner zweifelsfrei bestimmt werden kann **(Nr. 1)**; hierzu gehört auch die möglichst vollständige Wiedergabe des Urkundeninhalts **(Nr. 3)**. Angegeben werden müssen wegen § 425 ZPO die durch die Urkunde zu beweisenden Tatsachen **(Nr. 2)**, wegen §§ 426, 427 ZPO die Umstände, auf welche der Beweisführer die Behauptung stützt, dass die Urkunde sich im Besitz des Antragsgegners befindet **(Nr. 4)** sowie wegen §§ 422, 423 ZPO die Angabe des Grundes, aus dem sich die Verpflichtung des Gegners zur Vorlegung der Urkunde ergibt **(Nr. 5)**. Der Grund ist glaubhaft zu machen (§ 294 ZPO).

2

---

1 MK-*Schreiber*, ZPO, § 423 Rn. 1.

Zu § 424:
1 Stein/Jonas-*Berger*, ZPO, § 425 Rn. 1.

§ 425
Anordnung der Vorlegung durch Gegner

Erachtet das Gericht die Tatsache, die durch die Urkunde bewiesen werden soll, für erheblich und den Antrag für begründet, so ordnet es, wenn der Gegner zugesteht, dass die Urkunde sich in seinen Händen befinde, oder wenn der Gegner sich über den Antrag nicht erklärt, die Vorlegung der Urkunde an.

1 § 425 ZPO regelt die Entscheidung des Gerichts über einen Vorlegungsantrag für den Fall, dass der Gegner den Besitz der Urkunde zugesteht oder sich über den Antrag nicht erklärt. Bestreitet der Gegner des Beweisführers, dass die Urkunde sich in seinem Besitz befindet, so gilt § 426 ZPO.

2 Wie bei allen Beweisanträgen hat das Gericht zu prüfen, ob überhaupt eine Beweiserhebung stattzufinden hat, insbesondere ob die zu beweisende Tatsache erheblich und ob die Beweiserhebung zulässig ist. Zusätzlich überprüft das Gericht – neben den Voraussetzungen des § 424 ZPO – die Begründetheit des Antrags auf Vorlegung, insbesondere das Vorliegen einer Vorlegungspflicht gem. §§ 422, 423 ZPO.

3 Angeordnet oder abgelehnt wird die Beweiserhebung durch **Beschluss des Gerichts** (§ 359 ZPO); eine **isolierte Anfechtung** ist **nicht zulässig**.[1] Die Ablehnung kann auch in den Gründen des Endurteils oder – sofern Streit über die Zulässigkeit besteht – durch Zwischenurteil gem. § 303 ZPO erfolgen.[2]

§ 426
Vernehmung des Gegners über den Verbleib

[1]Bestreitet der Gegner, dass die Urkunde sich in seinem Besitz befinde, so ist er über ihren Verbleib zu vernehmen. [2]In der Ladung zum Vernehmungstermin ist ihm aufzugeben, nach dem Verbleib der Urkunde sorgfältig zu forschen. [3]Im Übrigen gelten die Vorschriften der §§ 449 bis 454 entsprechend. [4]Gelangt das Gericht zu der Überzeugung, dass sich die Urkunde im Besitz des Gegners befindet, so ordnet es die Vorlegung an.

1 Bestreitet der Gegner des Beweisführers den Besitz der Urkunde, so ist der Entscheidung des Gerichts über die Anordnung der Vorlegung gem. § 426 ZPO die Vernehmung des Gegners vorgeschaltet.

2 Das Gericht hat zunächst – wie im Fall des § 425 ZPO – die Erheblichkeit der zu beweisenden Tatsache, die Zulässigkeit der Beweiserhebung, die Voraussetzungen des § 424 ZPO und die Begründetheit des Vorlegungsantrags (insbesondere das Bestehen einer Vorlegungspflicht) zu prüfen. Zudem muss für das Gericht feststehen, dass die Urkunde überhaupt existiert, da die Vernehmung nach § 426 ZPO nicht zum Ziel hat, Klarheit über die fragliche Existenz einer Urkunde zu schaffen.[1]

3 Die Vernehmung über den Verbleib richtet sich gem. § 426 Satz 3 ZPO nach den Vorschriften über die **Parteivernehmung** (§§ 449–454 ZPO) auf Grundlage eines **Beweisbeschlusses** (vgl. auch § 450 Abs. 1 ZPO). Sie ist auch auf den Verbleib der Urkunde zu erstrecken sowie darauf, welche sorgfältigen Nachforschungen – zu denen gem. § 426 Satz 2 ZPO in der Ladung zum Vernehmungstermin aufzufordern ist – durch den Gegner vorgenommen wurden.[2] Ist das Gericht auf Grundlage der Aussage des Gegners (bzw. deren Verweigerung, §§ 453 Abs. 2, 446 ZPO) vom Urkundenbesitz überzeugt, so ordnet es gem. § 426 Satz 4 ZPO durch Beschluss die Urkundenvorlage an. Hieran ist gegebenenfalls die Rechtsfolge des § 427 ZPO geknüpft. Die Ablehnung der Urkundenvorlage kann durch nicht isoliert anfechtbaren Beschluss, durch Zwischenurteil (§ 303 ZPO) oder in den Gründen des Endurteils erfolgen.

---

1 MK-*Schreiber*, ZPO, § 425 Rn. 2.
2 Thomas/Putzo-*Reichold*, ZPO, § 425 Rn. 1.

Zu § 426:
1 Zöller-*Geimer*, ZPO, § 426 Rn. 1; MK-*Schreiber*, ZPO, § 426 Rn. 2 jeweils unter Bezugnahme auf RGZ 44, 422 (425).
2 Thomas/Putzo-*Reichold*, ZPO, § 426 Rn. 3; Zöller-*Geimer*, ZPO, § 426 Rn. 2; abl. MK-*Schreiber*, ZPO, § 426 Rn. 3 (Nachforschungen und entsprechende Vernehmung für den Beweisgegner nur zumutbar, falls er die Urkunde je in seinen Händen hatte oder für deren Verlust ursächlich geworden ist).

§ 427
Folgen der Nichtvorlegung durch Gegner

¹Kommt der Gegner der Anordnung, die Urkunde vorzulegen, nicht nach oder gelangt das Gericht im Falle des § 426 zu der Überzeugung, dass er nach dem Verbleib der Urkunde nicht sorgfältig geforscht habe, so kann eine vom Beweisführer beigebrachte Abschrift der Urkunde als richtig angesehen werden. ²Ist eine Abschrift der Urkunde nicht beigebracht, so können die Behauptungen des Beweisführers über die Beschaffenheit und den Inhalt der Urkunde als bewiesen angenommen werden.

Ordnet das Gericht auf Grundlage von § 425 ZPO die Vorlage der Urkunde an und kommt der Gegner des Beweisführers dieser Anordnung nicht nach, so richtet sich die prozessuale Sanktion nach § 427 ZPO. Gleiches gilt, wenn das Gericht im Fall des § 426 ZPO zu der Überzeugung gelangt, dass der Gegner des Beweisführers nach dem Verbleib der Urkunde nicht sorgfältig geforscht hat. Die Urkundenvorlage kann demnach durch das Gericht nicht erzwungen werden; das Verhalten des Gegners wird vielmehr in Anlehnung an die Grundsätze der **Beweisvereitelung** sanktioniert. § 427 ZPO wird zudem **analog** angewandt, wenn die Vorlegungspflicht nicht auf einem Beschluss nach §§ 425 f. ZPO, sondern auf einer Anordnung **von Amts wegen** gem. §§ 142, 273 Abs. 2 Nr. 5 ZPO beruht.[1] 1

Konsequenz der Anwendung von § 427 ZPO ist zunächst, dass der Beweisführer – soweit ihm dies möglich ist und sofern er dies möchte – eine Abschrift der Urkunde beibringen und das Gericht diese als richtig ansehen kann. Im Übrigen unterliegen die Behauptungen des Beweisführers zur Beschaffenheit und zum Inhalt der Urkunde der **freien Beweiswürdigung**. 2

§ 428
Vorlegung durch Dritte; Beweisantritt

Befindet sich die Urkunde nach der Behauptung des Beweisführers im Besitz eines Dritten, so wird der Beweis durch den Antrag angetreten, zur Herbeischaffung der Urkunde eine Frist zu bestimmen oder eine Anordnung nach § 142 zu erlassen.

Ist die Urkunde weder im Besitz des Beweisführers (dann § 420 ZPO) noch des Gegners (zum Begriff § 421 Rn. 2; dann §§ 421 ff. ZPO), und kommt eine freiwillige Vorlage durch den Dritten nicht in Betracht, so kann der Beweisantritt nach § 428 ZPO erfolgen. Die Pflicht zur Vorlage der Urkunde durch den Dritten ergibt sich aus § 429 ZPO. Zum Verfahren siehe §§ 430 ff. ZPO. 1

Der Beweisantritt erfolgt im Fall des § 428 ZPO durch **Antrag**, der entweder in der mündlichen Verhandlung oder – da der entsprechende Beschluss (§ 431 ZPO/§ 142 ZPO) auch ohne mündliche Verhandlung ergehen kann (§ 128 Abs. 4 ZPO) – **schriftsätzlich** gestellt werden kann. Der Antrag ist auf Fristsetzung durch das Gericht gem. § 431 Abs. 1 ZPO zu richten, wobei in diesem Fall die Beschaffung der Urkunde – erforderlichenfalls durch Klage unmittelbar gegen den Dritten, § 429 Satz 1 a.E. ZPO – Aufgabe des Beweisführers ist.[1] Alternativ kann der Beweisführer einen Antrag auf gerichtliche Anordnung nach § 142 ZPO stellen; diesem Antrag muss das Gericht folgen, sofern die Voraussetzungen für eine Urkundenvorlegung gegeben sind.[2] 2

§ 429
Vorlegungspflicht Dritter

¹Der Dritte ist aus denselben Gründen wie der Gegner des Beweisführers zur Vorlegung einer Urkunde verpflichtet; er kann zur Vorlegung nur im Wege der Klage genötigt werden. ²§ 142 bleibt unberührt.

---

1 MK-*Schreiber*, ZPO, § 422 Rn. 7; Thomas/Putzo-*Reichold*, ZPO, § 427 Rn. 2.

Zu § 428:
1 MK-*Schreiber*, ZPO, § 428 Rn. 2; ein Antrag des Beweisführers auf Ladung des Dritten mit der Auflage, die Urkunde mitzubringen, ist unzulässig und gegebenenfalls in einen Antrag auf gerichtliche Anordnung nach § 142 ZPO umzudeuten, Musielak/Voit-*Huber*, ZPO, § 428 Rn. 3.
2 Stein/Jonas-*Berger*, ZPO, § 428 Rn. 4.

1 Die prozessuale Vorlegungspflicht Dritter deckt sich mit den materiell-rechtlichen Vorlagepflichten des Beweisgegners gem. § 422 ZPO (§ 422 Rn. 1). Ihre Durchsetzung erfolgt – gegebenenfalls nach Fristsetzung durch das Gericht gem. § 431 ZPO – durch selbstständige Klage des Beweisführers gegen den Dritten. Für die Zulässigkeit der Klage gelten die allgemeinen Bestimmungen, insbesondere die allgemeinen Zuständigkeitsregeln der §§ 12 ff. ZPO; die Zwangsvollstreckung erfolgt gem. § 883 ZPO.[1]

2 Neben der selbstständigen Klage des Beweisführers besteht gem. 429 Satz 2 ZPO die Möglichkeit einer Anordnung des Gerichts nach § 142 ZPO, gegebenenfalls auf Antrag des Beweisführers (§ 428 ZPO a.E.). Die Vorlage kann in diesem Fall durch die Verhängung von Ordnungsmitteln (§§ 142 Abs. 2 Satz 2, 390 ZPO) erzwungen werden.[2]

§ 430
Antrag bei Vorlegung durch Dritte

Zur Begründung des nach § 428 zu stellenden Antrages hat der Beweisführer den Erfordernissen des § 424 Nr. 1 bis 3, 5 zu genügen und außerdem glaubhaft zu machen, dass die Urkunde sich in den Händen des Dritten befinde.

1 Der Antrag bei Urkundenvorlegung durch Dritte ist inhaltlich an § 424 ZPO angelehnt und muss die Urkunde (Nr. 1), die zu beweisenden Tatsachen (Nr. 2), möglichst vollständig den Urkundeninhalt (Nr. 3) sowie den Grund bezeichnen, aus dem sich die Verpflichtung zur Vorlegung der Urkunde ergibt (Nr. 5). Zusätzlich muss angegeben und glaubhaft gemacht werden, dass die Urkunde sich in den Händen des Dritten befindet.

§ 431
Vorlegungsfrist bei Vorlegung durch Dritte

(1) Ist die Tatsache, die durch die Urkunde bewiesen werden soll, erheblich und entspricht der Antrag den Vorschriften des vorstehenden Paragraphen, so hat das Gericht durch Beschluss eine Frist zur Vorlegung der Urkunde zu bestimmen.

(2) Der Gegner kann die Fortsetzung des Verfahrens vor dem Ablauf der Frist beantragen, wenn die Klage gegen den Dritten erledigt ist oder wenn der Beweisführer die Erhebung der Klage oder die Betreibung des Prozesses oder der Zwangsvollstreckung verzögert.

1 Die Beschaffung der Urkunde von Dritten ist – soweit nicht § 142 ZPO Anwendung findet – Aufgabe des Beweisführers. Für die hierzu gegebenenfalls erforderliche Klage (§ 429 Satz 1 ZPO) setzt das Gericht dem Beweisführer gem. § 431 ZPO durch **Beschluss** eine Frist. Voraussetzung für die Fristsetzung ist die **Erheblichkeit** der zu beweisenden Tatsache sowie ein **ordnungsgemäßer Antrag** nach § 430 ZPO. Fristverkürzung oder -verlängerung durch das Gericht ist möglich (§ 224 Abs. 2 ZPO). Die Fristsetzung nach § 431 Abs. 1 ZPO ist selbst nicht Beweisbeschluss; § 355 Abs. 2 ZPO steht daher einer **sofortigen Beschwerde** des Gegners des Beweisführers nicht entgegen.[1]

2 Während des Laufs der Frist steht das Verfahren still. Die Fortsetzung erfolgt entweder durch **Terminsantrag** des Beweisführers oder – während des Laufs der Frist nur unter den Voraussetzungen des § 431 Abs. 2 ZPO – des Beweisgegners.[2]

---

1 Zöller-*Geimer*, ZPO, § 429 Rn. 2.
2 BeckOK-*Krafka*, ZPO, § 429 Rn. 3.

Zu § 431:
1 Vgl. Zöller-*Geimer*, ZPO, § 431 Rn. 1.
2 Baumbach/Lauterbach/Albers/Hartmann, ZPO, § 431 Rn. 5; Thomas/Putzo-*Reichold*, ZPO, § 431 Rn. 3; a.A. (Terminsbestimmung nach Fristablauf von Amts wegen) Zöller-*Geimer*, ZPO, § 431 Rn. 2; Stein/Jonas-*Berger*, ZPO, § 431 Rn. 9.

§ 432
Vorlegung durch Behörden oder Beamte; Beweisantritt

(1) Befindet sich die Urkunde nach der Behauptung des Beweisführers in den Händen einer öffentlichen Behörde oder eines öffentlichen Beamten, so wird der Beweis durch den Antrag angetreten, die Behörde oder den Beamten um die Mitteilung der Urkunde zu ersuchen.

(2) Diese Vorschrift ist auf Urkunden, welche die Parteien nach den gesetzlichen Vorschriften ohne Mitwirkung des Gerichts zu beschaffen imstande sind, nicht anzuwenden.

(3) Verweigert die Behörde oder der Beamte die Mitteilung der Urkunde in Fällen, in denen eine Verpflichtung zur Vorlegung auf § 422 gestützt wird, so gelten die Vorschriften der §§ 428 bis 431.

Befindet sich eine Urkunde – gleich ob Privaturkunde oder öffentliche Urkunde – im Besitz einer öffentlichen Behörde (zum Begriff siehe § 273 Rn. 6) oder eines öffentlichen Beamten so kann der Beweisantritt gem. § 432 ZPO durch den Antrag erfolgen, die Behörde oder den Beamten im Wege der **Amtshilfe** um Mitteilung/Vorlage der Urkunde zu ersuchen. Neben dem Beweisantritt nach § 431 ZPO ist auch – gegebenenfalls nach entsprechender Anregung durch die Parteien – eine Anforderung von Amts wegen gem. § 276 Abs. 2 Nr. 2 ZPO möglich. 1

Ein Beweisantritt nach § 432 ZPO kommt nur in Betracht, wenn die Behörde bzw. der Beamter **Dritte** i.S.d. §§ 428 ff. ZPO ist. Sind Behörde/Beamter bzw. die zugehörige juristische Person des öffentlichen Rechts dagegen **Partei**, so finden die §§ 420 ff. ZPO Anwendung. Kann der Beweisführer sich die Urkunde auch ohne Mitwirkung des Gerichts beschaffen (§ 432 Abs. 2 ZPO; Bsp.: Grundbuchauszug gem. § 12 GBO, Urteilsausfertigung gem. § 317 Abs. 2 ZPO, Ausfertigung eines Erbscheins gem. § 357 FamFG) oder besteht ein materiell-rechtlicher und gegebenenfalls gerichtlich durchzusetzender Herausgabeanspruch gem. § 422 ZPO gegen die Behörde (§ 432 Abs. 3 ZPO), so scheidet ein Beweisantritt nach § 432 ZPO aus. 2

Ob die ersuchte Behörde die Urkunde auf Anforderung vorlegen muss, richtet sich nach den einschlägigen öffentlich-rechtlichen Bestimmungen. Grundsätzlich ist dabei von einer Pflicht zur Zusammenarbeit auszugehen (Art. 35 GG, § 168 GVG). Die Übersendung von Urkunden, Akten oder Aktenbestandteilen kann durch die ersuchte Behörde aus **Gründen des öffentlichen Wohls** (§ 96 StPO)[1] sowie dann **verweigert** werden, wenn **Interessen Dritter** – beispielsweise persönlichkeitsrechtlicher Art – entgegenstehen.[2] 3

§ 433
(weggefallen)

§ 434
Vorlegung vor beauftragtem oder ersuchtem Richter

Wenn eine Urkunde bei der mündlichen Verhandlung wegen erheblicher Hindernisse nicht vorgelegt werden kann oder wenn es bedenklich erscheint, sie wegen ihrer Wichtigkeit und der Besorgnis ihres Verlustes oder ihrer Beschädigung vorzulegen, so kann das Prozessgericht anordnen, dass sie vor einem seiner Mitglieder oder vor einem anderen Gericht vorgelegt werde.

Als Ausnahme vom Grundsatz der Unmittelbarkeit der Beweisaufnahme (siehe § 355 Rn. 8) ermöglicht § 434 ZPO – sofern das Prozessgericht die Vorlage nicht im Rahmen eines Ortstermins durchführt – die Urkundenvorlage vor einem kommissarischen Richter. Voraussetzung hierfür ist die Urkunde aufgrund **erheblicher Hindernisse** nicht vorgelegt werden kann oder wenn es wegen ihrer **Wichtigkeit** und der Besorgnis ihres **Verlusts** oder der **Beschädigung** bedenklich erscheint, sie in der mündlichen Verhandlung vorzulegen. Dies ist etwa denkbar bei unentbehrlichen und besonders wichtigen Geschäftsunterlagen oder bei historisch bedeutsamen Urkunden. 1

---

1 Zöller-*Geimer*, ZPO, § 432 Rn. 3.
2 Vgl. BVerfGE 27, 344 = NJW 1970, 555 = FamRZ 70, 245 zur Zulässigkeit der Anforderung von Akten eines Ehescheidungsverfahrens im Disziplinarverfahren.

2 Die Entscheidung nach § 434 ZPO erfolgt auf Grundlage eines nicht isoliert anfechtbaren **Beschlusses**, der nach mündlicher Verhandlung oder vorterminlich (§ 358a Nr. 1 ZPO) ergehen kann. Die **Beweisaufnahme** erfolgt durch Vorlegung des Urkundenoriginals vor dem kommissarischen Richter. Dieser sollte eine beglaubigte Abschrift der Urkunde zu den Akten nehmen und einen Protokollvermerk über seine Wahrnehmungen zur Echtheit der Urkunde anfertigen.[1]

§ 435
Vorlegung öffentlicher Urkunden in Urschrift oder beglaubigter Abschrift

[1]Eine öffentliche Urkunde kann in Urschrift oder in einer beglaubigten Abschrift, die hinsichtlich der Beglaubigung die Erfordernisse einer öffentlichen Urkunde an sich trägt, vorgelegt werden; das Gericht kann jedoch anordnen, dass der Beweisführer die Urschrift vorlege oder die Tatsachen angebe und glaubhaft mache, die ihn an der Vorlegung der Urschrift verhindern. [2]Bleibt die Anordnung erfolglos, so entscheidet das Gericht nach freier Überzeugung, welche Beweiskraft der beglaubigten Abschrift beizulegen sei.

1 Während Privaturkunden grundsätzlich im Original vorzulegen sind (§ 420 ZPO), ermöglicht § 435 ZPO bei öffentlichen Urkunden die Vorlage der Urkunde in einer **beglaubigten Abschrift**. Die Vorlage des Originals kann unter den Voraussetzungen des § 435 Satz 1 Hs. 2 ZPO angeordnet werden. Eine **einfache Abschrift** genügt, wenn vom Gegner des Beweisführers die Echtheit der Urkunde und die Übereinstimmung von Abschrift und Original nicht bestritten wird.[1]

§ 436
Verzicht nach Vorlegung

Der Beweisführer kann nach der Vorlegung einer Urkunde nur mit Zustimmung des Gegners auf dieses Beweismittel verzichten.

1 Bis zur Vorlegung der Urkunde kann der Beweisführer ohne Einschränkung auf das Beweismittel verzichten. Nach Vorlegung ist der Verzicht § 436 ZPO nur noch mit Zustimmung des Gegners möglich. Verzicht und Zustimmung sind dabei unwiderruflich, hindern den Beweisführer allerdings in den Grenzen der Präklusion nicht, den Beweis erneut anzutreten.

2 Liegt ein nach § 436 ZPO wirksamer Verzicht vor, so darf der Urkundeninhalt durch das Gericht bei der Entscheidung nicht berücksichtigt werden. § 436 ZPO führt allerdings nicht zu einer Einschränkung von § 142 ZPO, so dass das Gericht eine Beweisaufnahme von Amts wegen durchführen kann.[1]

§ 437
Echtheit inländischer öffentlicher Urkunden

(1) Urkunden, die nach Form und Inhalt als von einer öffentlichen Behörde oder von einer mit öffentlichem Glauben versehenen Person errichtet sich darstellen, haben die Vermutung der Echtheit für sich.

(2) Das Gericht kann, wenn es die Echtheit für zweifelhaft hält, auch von Amts wegen die Behörde oder die Person, von der die Urkunde errichtet sein soll, zu einer Erklärung über die Echtheit veranlassen.

---

1 MK-*Schreiber*, ZPO, § 434 Rn. 2.

Zu § 435:
1 Zöller-*Geimer*, ZPO, § 435 Rn. 4.

Zu § 436:
1 MK-*Schreiber*, ZPO, § 436 Rn. 2; Stein/Jonas-*Berger*, ZPO, § 436 Rn. 2; Thomas/Putzo-*Reichold*, ZPO, § 436 Rn. 1; einschränkend Zöller-*Geimer*, ZPO, § 436 Rn. 1 mit dem Hinweis, dass bei Verzicht und Zustimmung immer zu untersuchen sein wird, ob darin zugleich ein materiell wirksamer Verzicht auf das in der Urkunde verbriefte Recht enthalten ist; generell ablehnend Musielak/Voit-*Huber*, ZPO, § 436 Rn. 1 (Vorrang des Beibringungsgrundsatzes).

Hinsichtlich der Echtheit inländischer öffentlicher Urkunden finden die §§ 437 f. ZPO Anwendung; für private Urkunden gelten die §§ 439 f. ZPO. Mangelfreie (§ 419 ZO) öffentliche Urkunden haben gem. § 437 Abs. 1 ZPO die Vermutung der Echtheit für sich. Bestreitet also der Gegner des Beweisführers, dass die in der Urkunde enthaltene Erklärung nicht von der durch den Beweisführer als Aussteller bezeichneten Person stammt, so muss er den Beweis des Gegenteils (§ 292 Abs. 1 ZPO) führen. Eine Urkunde ist **inländisch**, wenn sie von einer deutschen Behörde oder von einer mit öffentlichem Glauben versehenen Person errichtet worden sind. Ebenfalls als inländisch gelten Urkunden von Behörden oder Urkundspersonen der DDR.[1]   1

Hält das Gericht die Echtheit der Urkunde für zweifelhaft, so kann es nach § 437 Abs. 2 ZPO vorgehen. Eine zeugenschaftliche Vernehmung der Urkundsperson ist hierbei nicht erforderlich; vielmehr genügt die Abgabe einer dienstlichen Erklärung.[2]   2

§ 438
Echtheit ausländischer öffentlicher Urkunden

(1) Ob eine Urkunde, die als von einer ausländischen Behörde oder von einer mit öffentlichem Glauben versehenen Person des Auslandes errichtet sich darstellt, ohne näheren Nachweis als echt anzusehen sei, hat das Gericht nach den Umständen des Falles zu ermessen.

(2) Zum Beweis der Echtheit einer solchen Urkunde genügt die Legalisation durch einen Konsul oder Gesandten des Bundes.

Die Vermutungswirkung des § 437 ZPO gilt für ausländische öffentliche Urkunde grundsätzlich nicht. Stattdessen hat das Gericht gem. § 438 Abs. 1 ZPO die Echtheit der Urkunde nach den Umständen des Falles und damit auf Grundlage freier Beweiswürdigung zu ermessen. Zum Nachweis der Echtheit genügt die **Legalisation** durch einen dt. Konsularbeamten (§ 438 Abs. 2 ZPO).   1

§ 438 Abs. 1 ZPO findet **keine Anwendung**, wenn die Echtheit der Urkunde zwischen den Parteien unstreitig ist[1] oder wenn in multi- oder bilateralen Staatsverträgen die Legalisation für entbehrlich erklärt wird. Letzteres ist etwa der Fall im Anwendungsbereich der **EUGVVO** (Art. 61), der **EuEheVO** (Art. 52), der **EuUnthVO** (Art. 64), der **EuErbVO** (Art. 74) sowie des **HAÜ**.[2]   2

§ 439
Erklärung über Echtheit von Privaturkunden

(1) Über die Echtheit einer Privaturkunde hat sich der Gegner des Beweisführers nach der Vorschrift des § 138 zu erklären.

(2) Befindet sich unter der Urkunde eine Namensunterschrift, so ist die Erklärung auf die Echtheit der Unterschrift zu richten.

(3) Wird die Erklärung nicht abgegeben, so ist die Urkunde als anerkannt anzusehen, wenn nicht die Absicht, die Echtheit bestreiten zu wollen, aus den übrigen Erklärungen der Partei hervorgeht.

Hinsichtlich der Echtheit von Privaturkunden besteht keine dem § 437 ZPO vergleichbare Vermutungswirkung. Die Echtheit muss daher (was i.d.R. konkludent durch den Parteivortrag des Beweisführers geschieht) behauptet und gegebenenfalls gem. § 440 ZPO bewiesen werden.   1

§ 439 ZPO legt dem Gegner des Beweisführers eine Erklärungspflicht im Hinblick auf die Echtheit der Privaturkunde auf. Erklärt sich der Gegner nicht (auch nicht mit Nichtwissen,   2

---

1 MK-*Schreiber*, ZPO, § 437 Rn. 3 mit dem Hinweis, dass zusätzlich auch Urkunden, auf die das mittlerweile außer Kraft gesetzte Gesetz betreffend die Beglaubigung öffentlicher Urkunden vom 01.05.1878 (RGBl. I, S. 89) Anwendung findet, als inländisch angesehen werden können.
2 Zöller-*Geimer*, ZPO, § 437 Rn. 1.

Zu § 438:
1 Wie hier Zöller-*Geimer*, ZPO, § 438 Rn. 2; a.A. MK-*Schreiber*, ZPO, § 438 Rn. 1; Stein/Jonas-*Berger*, ZPO, § 438 Rn. 1; Prütting/Gehrlein-*Preuß*, ZPO, § 438 Rn. 2; Thomas/Putzo-*Reichold*, ZPO, § 438 Rn. 1 (Gericht entscheidet über die Echtheit frei und ohne Rücksicht auf das Parteiverhalten).
2 Siehe zum Haager Übereinkommen sowie zu den beigetretenen Staaten Stein/Jonas-*Berger*, ZPO, § 438 Rn. 17 f.

§ 138 Abs. 4 ZPO), so ist die Echtheit mit der Wirkung eines Geständnisses als anerkannt anzusehen (§§ 138 Abs. 3, 288 ZPO), wobei die Wirkung des Geständnisses sich auf den Prozess beschränkt, in dem es abgegeben wurde.[1] Vor dem **Amtsgericht** treten diese Folgen gem. § 510 ZPO nur ein, wenn die Partei durch das Gericht zur Erklärung über die Echtheit der Urkunde aufgefordert worden ist.

§ 440
Beweis der Echtheit von Privaturkunden

(1) Die Echtheit einer nicht anerkannten Privaturkunde ist zu beweisen.
(2) Steht die Echtheit der Namensunterschrift fest oder ist das unter einer Urkunde befindliche Handzeichen notariell beglaubigt, so hat die über der Unterschrift oder dem Handzeichen stehende Schrift die Vermutung der Echtheit für sich.

1 Beim Beweis der Echtheit von Privaturkunden ist zu differenzieren zwischen der **Echtheit der Unterschrift** (falls vorhanden) und der **Echtheit des Textes**. Dem Beweisführer obliegt zunächst (sofern nicht ein notariell beglaubigtes Handzeichen vorliegt) der Beweis dafür, dass die Namensunterschrift echt, d.h. vom Willen des Ausstellers gedeckt, ist (siehe § 416 Rn. 3).[1] Für den Echtheitsbeweis sind alle Beweismittel zulässig, einschließlich Schriftvergleichung (§ 441 ZPO) zulässig.[2]

2 Steht die Echtheit der Unterschrift fest oder liegt ein notariell beglaubigtes Handzeichen vor, so besteht gem. § 440 Abs. 2 ZPO eine Vermutung für die Echtheit der Urkunde. Die Echtheitsvermutung gilt auch bei Blanko-Unterschriften,[3] erstreckt sich jedoch nur auf den über der Unterschrift stehenden und von der Unterschrift abgeschlossenen Text; steht der Text dagegen unter der Unterschrift, so wird er auch dann nicht von der Vermutungswirkung des § 440 Abs. 2 ZPO erfasst, wenn die Unterschrift formularmäßig über dem Text („Oberschrift") geleistet wird.[4] Die Echtheitsvermutung kann vom Gegner gem. § 292 ZPO durch den Beweis des Gegenteils widerlegt werden, etwa wenn der Gegner einen Blankettmissbrauch[5] oder eine Fälschung der in der Urkunde enthaltenen Erklärung[6] behauptet.

§ 441
Schriftvergleichung

(1) Der Beweis der Echtheit oder Unechtheit einer Urkunde kann auch durch Schriftvergleichung geführt werden.
(2) In diesem Fall hat der Beweisführer zur Vergleichung geeignete Schriften vorzulegen oder ihre Mitteilung nach der Vorschrift des § 432 zu beantragen und erforderlichenfalls den Beweis ihrer Echtheit anzutreten.
(3) ¹Befinden sich zur Vergleichung geeignete Schriften in den Händen des Gegners, so ist dieser auf Antrag des Beweisführers zur Vorlegung verpflichtet. ²Die Vorschriften der §§ 421 bis 426 gelten entsprechend. ³Kommt der Gegner der Anordnung, die zur Vergleichung geeigneten Schriften vorzulegen, nicht nach oder gelangt das Gericht im Falle des § 426 zu der Überzeugung, dass der Gegner nach dem Verbleib der Schriften nicht sorgfältig geforscht habe, so kann die Urkunde als echt angesehen werden.
(4) Macht der Beweisführer glaubhaft, dass in den Händen eines Dritten geeignete Vergleichungsschriften sich befinden, deren Vorlegung er im Wege der Klage zu erwirken imstande sei, so gelten die Vorschriften des § 431 entsprechend.

---

1 BGH, NJW 2006, 154 (157).

Zu § 440:
1 Vgl. BVerfG, BeckRS 2016, 51920, Rn. 13; BGH, NJW 1995, 1683 = MDR 1995, 628.
2 Ausführlich zum Echtheitsbeweis bei Privaturkunden *Balzer*, Beweisaufnahme und Beweiswürdigung im Zivilprozess, Rn. 279 ff.
3 BGH, NJW-RR 2015, 819 (821); BGH, NJW 2000, 1179 (1181).
4 BGHZ 113, 48 = NJW 1991, 487 = VersR 1991, 312.
5 BGH, NJW-RR 487 (488 f.); OLG München, BeckRS 2016, 13625, Rn. 69.
6 BGH, BeckRS 2016, 14928, Rn. 6.

Für den Beweis der Echtheit einer Urkunde ist die Schriftvergleichung das in der Praxis relevanteste Beweismittel. Ihre Modalitäten sind in § 441 ZPO geregelt, auch wenn die Beweisaufnahme selbst – sofern die Schriftvergleichung durch das Gericht erfolgt – im Wege des **Augenscheins** (§ 371 ZPO) oder (wie meist) mittels **Sachverständigengutachtens** (§§ 402 ff., 442 ZPO) erfolgt.

Die Beschaffung von Vergleichsurkunden obliegt gem. § 441 Abs. 2 ZPO dem Beweisführer, der gegebenenfalls, auch den Beweis für deren Echtheit antreten muss. Befinden sich Vergleichsurkunden in den Händen des Beweisgegners oder von Dritten, so gelten §§ 441 Abs. 3, 4 ZPO. Eine Vorlageanordnung des Gerichts von Amts wegen gem. § 144 ZPO kommt nicht in Betracht; denkbar ist jedoch die Verwertung von bereits in der Akte befindlichen Urkunden, nachdem den Parteien hierzu rechtliches Gehör gewährt worden ist.[1]

§ 442
Würdigung der Schriftvergleichung

Über das Ergebnis der Schriftvergleichung hat das Gericht nach freier Überzeugung, geeignetenfalls nach Anhörung von Sachverständigen, zu entscheiden.

Hinsichtlich des Ergebnisses der Schriftvergleichung findet freie Beweiswürdigung statt. Ob ein (i.d.R. schriftliches) Sachverständigengutachten eingeholt wird, steht im Ermessen des Gerichts; gleichwohl wird dem Gericht regelmäßig die Sachkunde fehlen, um eine verlässliche Beurteilung zur Schriftvergleichung vornehmen zu können. Dies gilt insbesondere dann, wenn die Vergleichsschriften augenscheinlich unterschiedlich sind oder wenn bei der Durchführung der Schriftvergleichung auf physikalisch-technische Maßnahmen zurückgegriffen werden muss.

§ 443
Verwahrung verdächtiger Urkunden

Urkunden, deren Echtheit bestritten ist oder deren Inhalt verändert sein soll, werden bis zur Erledigung des Rechtsstreits auf der Geschäftsstelle verwahrt, sofern nicht ihre Auslieferung an eine andere Behörde im Interesse der öffentlichen Ordnung erforderlich ist.

Beim Urkundenbeweis erfolgt die Beweisaufnahme durch Einsichtnahme in die Urkunde (§ 420 Rn. 2). Die Originalurkunde wird daher nicht Bestandteil der Gerichtsakte und dem Beweisführer nach der Vorlegung gem. § 420 ZPO zurückgegeben. Etwas anderes gilt gem. § 443 ZPO für Urkunden, deren Echtheit bestritten ist oder deren Inhalt verändert sein soll. Sie werden zwar ebenfalls nicht Bestandteil der Gerichtsakte, verbleiben aber bis zur Erledigung des Rechtsstreits auf der Geschäftsstelle. Nach Erledigung des Verfahrens werden Sie an den Beweisführer zurückgegeben, sofern nicht eine Ablieferung an eine andere Behörde (etwa an die zuständige Staatsanwaltschaft bei Verdacht eines Urkundendelikts) vorgenommen wird.

§ 444
Folgen der Beseitigung einer Urkunde

Ist eine Urkunde von einer Partei in der Absicht, ihre Benutzung dem Gegner zu entziehen, beseitigt oder zur Benutzung untauglich gemacht, so können die Behauptungen des Gegners über die Beschaffenheit und den Inhalt der Urkunde als bewiesen angesehen werden.

Die Vorschrift überträgt den allgemeinen Gedanken der **Beweisvereitelung** auf den Urkundenbeweis. Auf die Eigentumsverhältnisse an der Urkunde, die Rechtswidrigkeit oder Strafbarkeit der Handlung kommt es nicht an. § 444 ZPO ist auch dann anwendbar, wenn der Beweisgegner die Urkunde vernichtet oder vernichten lässt und dabei fahrlässig verkennt, dass diese später einmal eine Beweisfunktion haben kann.[1]

---

1 Zöller-*Geimer*, ZPO, § 441 Rn. 2.

Zu § 444:
1 Vgl. BGH, NJW 1994, 1594 (1595) = VersR 1994, 562.

Titel 10
Beweis durch Parteivernehmung

§ 445
Vernehmung des Gegners; Beweisantritt

(1) Eine Partei, die den ihr obliegenden Beweis mit anderen Beweismitteln nicht vollständig geführt oder andere Beweismittel nicht vorgebracht hat, kann den Beweis dadurch antreten, dass sie beantragt, den Gegner über die zu beweisenden Tatsachen zu vernehmen.

(2) Der Antrag ist nicht zu berücksichtigen, wenn er Tatsachen betrifft, deren Gegenteil das Gericht für erwiesen erachtet.

Inhalt:

	Rn.		Rn.
A. Allgemeines	1	II. Verfahren	4
B. Erläuterungen	2	C. Rechtsmittel	5
I. Zulässigkeit der Parteivernehmung des Gegners	2		

A. Allgemeines

1 § 445 ZPO regelt die Vernehmung des Gegners als **eigenständiges Beweismittel**. Sie ist zu unterscheiden von der **informatorischen Anhörung** einer Partei (§§ 118, 141 ZPO), bei der im Rahmen der gerichtlichen Aufklärungspflicht (§ 139 ZPO) als Teil der Stoffsammlung Unklarheiten und Lücken im Parteivortrag beseitigt werden. Zur Abgrenzung der Parteivernehmung vom Zeugenbeweis siehe § 373 Rn. 4.

B. Erläuterungen
I. Zulässigkeit der Parteivernehmung des Gegners

2 Die Parteivernehmung des Gegners ist nur für diejenige Partei zulässig, der ein Beweis „obliegt". Nur **beweisbelastete** Parteien können daher einen Antrag auf Parteivernehmung des Gegners stellen; eine Parteieinvernahme nach § 445 ZPO zur Führung des **Gegenbeweises scheidet damit** – wie sich auch aus § 445 Abs. 2 ZPO ergibt – **aus**.[1]

3 Nur wenn die beweisbelastete Partei den Beweis nicht vollständig geführt oder andere Beweismittel nicht vorgebracht hat, kann ein Antrag auf Parteivernehmung des Gegners gestellt werden. Die Parteivernehmung nach § 445 ZPO ist damit in Bezug auf die weiteren vorgebrachten Beweismittel **subsidiär**. Dem Beweisführer steht es allerdings frei, welche vorrangig abzuarbeitenden Beweismittel er vorbringt; die Subsidiarität steht damit – allerdings verbunden mit einem Präklusionsrisiko hinsichtlich der zunächst nicht vorgebrachten Beweismittel – zur Disposition der beweisbelasteten Partei.[2] Ein „**Anbeweis**" i.S. einer gewissen Anfangswahrscheinlichkeit für die Richtigkeit der behaupteten Tatsache (wie im Rahmen des § 448 ZPO, siehe hierzu § 448 Rn. 3) oder eine vorherige Glaubhaftmachung ist bei § 445 ZPO **nicht erforderlich**.[3]

II. Verfahren

4 Die Parteivernehmung nach § 445 ZPO setzt einen **Antrag** der beweisführenden Partei voraus. Der Antrag muss die unter Beweis gestellten Tatsachen konkret bezeichnen und ist auf Vernehmung des Gegners zu richten.[4] Stehen auf der Gegenseite mehrere Streitgenossen, so kann der Beweisführer die Vernehmung eines bestimmten Streitgenossen verlangen; tut er dies nicht, so gilt § 449 ZPO und das Gericht kann bestimmen, ob alle oder nur einzelne Streitgenommen zu vernehmen sind.[5] Der Antrag auf Parteivernehmung kann – vergleichbar mit dem Verzicht auf einen Zeugen (§ 399 ZPO) – **zurückgenommen** werden; die Rücknahme des Antrags ist widerruflich.[6] Wird in der mündlichen Verhandlung gem. § 137 Abs. 3 ZPO auf

---

1 OLG Düsseldorf, MDR 1995, 959; MK-*Schreiber*, ZPO, § 445 Rn. 10; Thomas/Putzo-*Reichold*, ZPO, § 445 Rn. 3.
2 MK-*Schreiber*, ZPO, § 445 Rn. 7.
3 BGH, NJW 2012, 2427 (2431) = VersR 2013, 628 = MDR 2012, 1033; BGHZ 33, 63 = NJW 1960, 1950 = MDR 1960, 830; Zöller-*Greger*, ZPO, § 445 Rn. 3.
4 Thomas/Putzo-*Reichold*, ZPO, § 445 Rn. 1.
5 MK-*Schreiber*, ZPO, § 445 Rn. 11, § 449 Rn. 2; Zöller-*Greger*, ZPO, § 449 Rn. 1; Stein/Jonas-*Berger*, ZPO, § 449 Rn. 3.
6 BAG, NJW 1974, 1349.

einen schriftsätzlich vorgebrachten Antrag Bezug genommen, so muss der Antrag nicht mehr ausdrücklich gestellt werden.[7] Angeordnet wird die Parteivernehmung durch **Beschluss** (§ 450 ZPO).

C. Rechtsmittel

Unterlässt das Gericht den erforderlichen Beschluss oder vernimmt es einen Zeugen als Partei bzw. eine Partei als Zeugen, so stellt dies jeweils einen Verfahrensfehler dar, der gem. § 295 Abs. 1 ZPO geheilt werden kann.[8] Keine Heilung ist dagegen möglich, wenn die Parteieinvernahme nach § 445 ZPO fälschlicherweise (siehe oben Rn. 2) zu Gunsten einer nicht beweisbelasteten Partei durchgeführt worden ist, sofern die beweislastbestimmende Vorschrift zum materiellen Recht gehört.[9]

5

§ 446
Weigerung des Gegners

Lehnt der Gegner ab, sich vernehmen zu lassen, oder gibt er auf Verlangen des Gerichts keine Erklärung ab, so hat das Gericht unter Berücksichtigung der gesamten Sachlage, insbesondere der für die Weigerung vorgebrachten Gründe, nach freier Überzeugung zu entscheiden, ob es die behauptete Tatsache als erwiesen ansehen will.

Anders als der Zeuge (vgl. § 390 ZPO), ist die Partei bei einer Vernehmung nach § 445 ZPO nicht zur Aussage verpflichtet. Bei Verweigerung der Vernehmung kann das Gericht daher die Aussage **nicht mit Ordnungsmitteln erzwingen**; die Rechtsfolgen ergeben sich stattdessen aus § 446 ZPO. Bei Ausbleiben der Partei im Termin zur Vernehmung oder Beeidigung gilt **§ 454 ZPO**.

1

Der Gegner kann seine Weigerung dadurch erklären, dass er ausdrücklich die Vernehmung verweigert oder auf entsprechende gerichtliche Aufforderung zur Abgabe einer Erklärung schweigt.[1] Die – gem. § 160 Abs. 3 Nr. 3 ZPO bzw. vor dem Amtsgericht gem. § 510a ZPO **zu protokollierende** – Weigerung unterliegt im Anwaltsprozess dem **Anwaltszwang** (§ 78 ZPO); der Partei selbst verbleibt aber die Möglichkeit zur **Aussageverweigerung** (§ 453 Abs. 2 ZPO).[2] Bis zum Schluss der mündlichen Verhandlung kann die Weigerung frei widerrufen werden.[3]

2

Bei Weigerung des Gegners hat das Gericht unter Berücksichtigung der gesamten Sachlage nach freier Überzeugung zu entscheiden, ob es die behauptete Tatsache als erwiesen ansieht, wobei insbesondere die gegebenenfalls für die Weigerung **vorgebrachten Gründe** zu berücksichtigen sind. Relevant ist dies etwa, wenn durch die Aussage (außerprozessuales) **strafbares Verhalten** der Partei aufgedeckt würde oder (nicht unmittelbar prozessrelevante) **Geschäfts-/ Betriebsgeheimnisse** offenbart werden müssten.[4]

3

§ 447
Vernehmung der beweispflichtigen Partei auf Antrag

Das Gericht kann über eine streitige Tatsache auch die beweispflichtige Partei vernehmen, wenn eine Partei es beantragt und die andere damit einverstanden ist.

---

7 BGH, NJW-RR 1996, 1459 (1460).
8 MK-*Schreiber*, ZPO, § 445 Rn. 4, 12; vgl. in diesem Zusammenhang auch BGH, BeckRS 1977, 31115833 = WPM 1977, 1007 („Wenn eine Person bei ihrer Vernehmung vor dem Gericht ausgesagt hat, so ist im Regelfall ohnehin keine Partei dadurch beschwert, daß der Vernommene, als Zeuge statt als Partei bezeichnet worden ist").
9 MK-*Schreiber*, ZPO, § 445 Rn. 9; a.A. Baumbach/Lauterbach/Albers/Hartmann, ZPO, § 445 Rn. 6; Stein/Jonas-*Berger*, ZPO, § 445 Rn. 10.

Zu § 446:
1 MK-*Schreiber*, ZPO, § 446 Rn. 2.
2 Thomas/Putzo-*Reichold*, ZPO, § 446 Rn. 1.
3 MK-*Schreiber*, ZPO, § 446 Rn. 2; a.A. Baumbach/Lauterbach/Albers/Hartmann, ZPO, § 446 Rn. 4 (auch in erster Instanz Widerruf nur entsprechend § 533 ZPO); Stein/Jonas-*Berger*, ZPO, § 446 Rn. 10.
4 Vgl. Musielak/Voit-*Huber*, ZPO, § 446 Rn. 2.

1 Die Vorschrift baut auf § 445 ZPO auf und sieht als – in der Praxis sehr seltenen – Sonderfall eine Vernehmung der beweispflichtigen Partei vor.

2 Für die Vernehmung nach § 447 ZPO müssen zunächst die **gleichen Voraussetzungen wie für die Vernehmung nach § 445 ZPO** erfüllt sein (insbesondere: Unzulässigkeit der Parteivernehmung zum Zwecke des Gegenbeweises, siehe § 445 Rn. 2). Weitere Voraussetzung für die Parteivernehmung der beweispflichtigen Partei nach § 447 ZPO sind ein **Antrag** (gleich ob von der beweispflichtigen Partei oder deren Gegner) sowie das **Einverständnis** der anderen Partei. Letzteres kann nicht durch Schweigen auf einen Antrag erklärt werden[1] und ist bis zur Durchführung der Parteivernehmung **widerruflich**.[2] Im Anwaltsprozess gilt § 78 ZPO. Die Durchführung der Parteivernehmung steht auch bei übereinstimmendem Antrag im **Ermessen des Gerichts**.[3]

§ 448
Vernehmung von Amts wegen

Auch ohne Antrag einer Partei und ohne Rücksicht auf die Beweislast kann das Gericht, wenn das Ergebnis der Verhandlungen und einer etwaigen Beweisaufnahme nicht ausreicht, um seine Überzeugung von der Wahrheit oder Unwahrheit einer zu erweisenden Tatsache zu begründen, die Vernehmung einer Partei oder beider Parteien über die Tatsache anordnen.

Inhalt:

	Rn.		Rn.
A. Allgemeines	1	II. Verfahren	5
B. Erläuterungen	2	C. Rechtsmittel	6
I. Voraussetzungen für die Parteivernehmung von Amts wegen	2		

A. Allgemeines

1 § 448 ZPO gibt dem Gericht ein Mittel an die Hand, um – als **Ausnahme vom Beibringungsgrundsatz**[1] – von Amts wegen eine noch nicht vollständig gewonnene Überzeugung des Gerichts vom Wahrheitsgehalt streitiger Tatsachen durch die Vernehmung einer oder beider Parteien zu ergänzen. Wie im Falle der §§ 445, 447 ZPO ist auch die Parteieinvernahme nach § 448 ZPO von der informatorischen Anhörung einer Partei nach §§ 118, 141 ZPO abzugrenzen (siehe bereits § 445 Rn. 1).

B. Erläuterungen
I. Voraussetzungen für die Parteivernehmung von Amts wegen

2 Die Parteieinvernahme von Amts wegen dient der **Ergänzung** der bisherigen Überzeugungsbildung und setzt daher voraus, dass das Gericht zunächst die bereits angebotenen Beweise erhebt,[2] dass die Parteien die ihnen zumutbaren Beweise anbieten[3] und dass das Gericht die Ausräumung von Restzweifeln durch die Parteivernehmung erwartet.[4] Anders als bei §§ 445, 447 ZPO (siehe § 445 Rn. 2) ist das Gericht bei § 448 ZPO nicht an die Beweislast gebunden und kann daher die Parteieinvernahme auch zur Ergänzung eines **Gegenbeweises** anordnen.[5]

3 Ferner ist erforderlich, dass für die zu beweisende Tatsache ein **„Anbeweis"** in Form einer gewissen **Anfangswahrscheinlichkeit** besteht.[6] Für die streitige Tatsachenbehauptung müssen daher irgendwelche Umstände – beispielsweise die bereits erhobenen Beweise, beweiskräftige

---

1 LAG Kiel, NZA-RR 2006, 402.
2 Str., wie hier MK-*Schreiber*, ZPO, § 447 Rn. 2; a.A. Musielak/Voit-*Huber*, ZPO, § 447 Rn. 1; Zöller-*Greger*, ZPO, § 447 Rn. 3; Stein/Jonas-*Leipold*, ZPO, § 447 Rn. 2.
3 Thomas/Putzo-*Reichold*, ZPO, § 447 Rn. 1.

Zu § 448:
1 Thomas/Putzo-*Reichold*, ZPO, § 448 Rn. 1; Prütting/Gehrlein-*Müller-Christmann*, ZPO, § 448 Rn. 1.
2 Vgl. BGH, VersR 1984, 665 (666).
3 Vgl. BGH, NJW 1997, 1988 = NZV 1997, 351 = MDR 1997, 638.
4 BGH, NJW 1994, 320 (321) = DNotZ 1994, 615 = MDR 1994, 675.
5 MK-*Schreiber*, ZPO, § 448 Rn. 3.
6 BGH, NJW 1998, 814 (815) = MDR 1998, 407; BGH, NJW 1989, 3222 = MDR 1990, 146.

Indizien[7] oder auch die Lebenserfahrung[8] – sprechen. Fehlt es daran und stehen sich auch sonst die Parteibehauptungen beweislos gegenüber, so ist eine Parteieinvernahme nach § 448 ZPO unzulässig.[9] Gleiches gilt, wenn aufgrund der bisherigen Beweisaufnahme weder der eine noch der andere Parteivortrag bestätigt wird und das Gericht keinem der bisher erhobenen Beweismittel einen höheren Beweiswert zumisst.[10]

Die Durchführung einer Parteivernehmung von Amts wegen kommt insbesondere unter den Gesichtspunkten der **prozessualen Waffengleichheit**, des **rechtlichen Gehörs** und des **fairen Verfahrens** (Art. 103 Abs. 1 GG, Art. 2 GG i.V.m. Art. 20 Abs. 3 GG; Art. 6 Abs. 1 EMRK) in Betracht, wenn sich (nur) eine der Parteien in **Beweisnot** befindet; häufigster Anwendungsfall hierfür ist das **Vier-Augen-Gespräch** zwischen einem Zeugen und einer Partei.[11] Das Gericht kann in derartigen Situationen allerdings der Waffengleichheit auch dadurch genügen, dass die zeugenlose Partei gem. §§ 118, 141 ZPO informatorisch angehört wird, zumal einer solchen Anhörung im Rahmen der Beweiswürdigung der Vorzug vor einer Zeugenaussage gegeben werden kann.[12] 4

II. Verfahren

Die Anordnung der Parteivernehmung von Amts wegen erfolgt durch formellen **Beweisbeschluss** (§ 450 ZPO), in dem das Beweisthema genau zu bezeichnen ist. Die Aussage ist zu protokollieren (§ 160 Abs. 3 Nr. 4 ZPO). In den **Urteilsgründen** sind die Gründe für die erfolgte oder nicht erfolgte Parteivernehmung zu nennen.[13] 5

C. Rechtsmittel

Die gerichtliche Ermessensentscheidung über die Durchführung einer Parteivernehmung nach § 448 ZPO ist im Berufungsverfahren in vollem Umfang überprüfbar.[14] Eine Heilung durch Rügeverzicht ist denkbar.[15] Im Revisionsverfahren ist die Ermessensausübung nur dahingehend überprüfbar, ob die rechtlichen Voraussetzungen für die Parteivernehmung verkannt oder das Ermessen fehlerhaft ausgeübt worden ist.[16] 6

§ 449
Vernehmung von Streitgenossen

Besteht die zu vernehmende Partei aus mehreren Streitgenossen, so bestimmt das Gericht nach Lage des Falles, ob alle oder nur einzelne Streitgenossen zu vernehmen sind.

Stehen dem Beweisführer mehrere (einfache oder notwendige) Streitgenossen gegenüber, so muss der Beweisführer zunächst entscheiden, wessen Vernehmung er beantragt: Beantragt er die Vernehmung eines bestimmten Streitgenossen nach § 445 ZPO, so ist das Gericht hieran gebunden und hat – sofern die Voraussetzungen für eine Parteieinvernahme vorliegen – nur diese Partei zu vernehmen. Das von § 449 ZPO angesprochene Wahlrecht des Gerichts besteht damit nur, wenn der Beweisführer entweder die Vernehmung mehrerer Streitgenossen beantragt hat oder wenn eine Parteieinvernahme von Amts wegen (§ 448 ZPO) stattfindet.[1] 1

Die Vorschrift greift nicht, wenn einer oder mehrere Streitgenossen auf Gegnerseite nicht als Partei, sondern als Zeuge vernommen werden. Dies betrifft namentlich Beweistatsachen, die zum Prozessrechtsverhältnis des als Zeuge zu vernehmenden Streitgenossen keinen inhaltlichen Bezug haben (vgl. auch § 373 Rn. 4). 2

---

7 Prütting/Gehrlein-*Müller-Christmann*, ZPO, § 448 Rn. 4; MK-*Schreiber*, ZPO, § 448 Rn. 3.
8 BGH, NJW-RR 1991, 983 (984) = VersR 1991, 917 = MDR 1992, 137.
9 Thomas/Putzo-*Reichold*, ZPO, § 448 Rn. 2; BGH, BeckRS 1968, 31374306 = VersR 1969, 220.
10 OLG Saarbrücken, OLGZ 1984, 122 (123); MK-*Schreiber*, ZPO, § 448 Rn. 3.
11 BGH, BeckRS 2016, 19866, Rn. 37; BGH, NJW 2010, 3292 (3293) m.w.N.
12 BGH, NJW 2003, 3636 = FamRZ 2004, 21 = MDR 2004, 227; BGH, NJW 2009, 1019 (2021); Thomas/Putzo-*Reichold*, ZPO, § 448 Rn. 4; MK-*Schreiber*, ZPO, § 448 Rn. 3a.
13 MK-*Schreiber*, ZPO, § 448 Rn. 6; BGH, NJW 1983, 2033 (2034), für den Fall der Nichtanordnung einer beantragten Parteivernehmung durch das Gericht, obwohl sich die beweisbelastete Partei in Beweisnot befindet und für die Richtigkeit des Tatsachenvortrags eine gewisse Wahrscheinlichkeit besteht.
14 BGH, NJW 1983, 2033 (2034).
15 Thomas/Putzo-*Reichold*, ZPO, § 448 Rn. 5 mit dem Hinweis, dass der Verfahrensfehler für die Parteien vielfach allerdings erst durch die Urteilsgründe erkennbar werden wird.
16 BGH, NJW 1989, 3222 (3223) = MDR 1990, 146.

Zu § 449:
1 Zöller-*Greger*, ZPO, § 449 Rn. 1.

§ 450
Beweisbeschluss

(1) ¹Die Vernehmung einer Partei wird durch Beweisbeschluss angeordnet. ²Die Partei ist, wenn sie bei der Verkündung des Beschlusses nicht persönlich anwesend ist, zu der Vernehmung unter Mitteilung des Beweisbeschlusses von Amts wegen zu laden. ³Die Ladung ist der Partei selbst mitzuteilen, auch wenn sie einen Prozessbevollmächtigten bestellt hat; der Zustellung bedarf die Ladung nicht.

(2) ¹Die Ausführung des Beschlusses kann ausgesetzt werden, wenn nach seinem Erlass über die zu beweisende Tatsache neue Beweismittel vorgebracht werden. ²Nach Erhebung der neuen Beweise ist von der Parteivernehmung abzusehen, wenn das Gericht die Beweisfrage für geklärt erachtet.

1 Die Durchführung der Parteivernehmung – gleich ob auf Antrag (§ 445 ZPO) oder von Amts wegen (§ 448 ZPO) – setzt einen **förmlichen Beweisbeschluss** (§ 359 ZPO) voraus, in dem die Grundlage der Parteieinvernahme (§§ 445, 447, 448 ZPO) zu benennen und das **Beweisthema** zu bezeichnen und inhaltlich abzugrenzen ist. Ist die Partei bei der Verkündung des Beweisbeschlusses nicht anwesend, so ist sie gem. § 450 Abs. 1 Satz 2 ZPO von Amts wegen zu laden. Die Zustellung der Ladung ist nicht zwingend, aber im Hinblick auf § 454 ZPO ratsam.[1] Ein Verstoß gegen § 450 Abs. 1 ZPO ist gem. § 295 Abs. 1 ZPO heilbar.[2]

2 **§ 450 Abs. 2 ZPO** ist Ausdruck der **Subsidiarität** der Parteieinvernahme (siehe § 445 Rn. 3). Nachträglich angebotene Beweismittel sind nach pflichtgemäßem Ermessen des Gerichts zunächst vorrangig abzuarbeiten (§ 450 Abs. 2 Satz 1 ZPO). Hat eine nachträgliche Beweisaufnahme zur Klärung der Beweisfrage geführt, so hat das Gericht zwingend von der Parteivernehmung abzusehen (§ 450 Abs. 2 Satz 1 ZPO).[3]

§ 451
Ausführung der Vernehmung

Für die Vernehmung einer Partei gelten die Vorschriften der §§ 375, 376, 395 Abs. 1, Abs. 2 Satz 1 und der §§ 396, 397, 398 entsprechend.

1 Für die Ausführung der Parteivernehmung verweist die ZPO auf zahlreiche Vorschriften aus dem Bereich der Zeugeneinvernahme. Anwendbar sind danach **§ 375 ZPO** (Grundsätzliche Vernehmung durch das Prozessgericht; Übertragung der Vernehmung auf kommissarischen Richter nur in den Fällen und unter den Voraussetzungen des § 375 Abs. 1 ZPO); **§ 376 ZPO** (Besonderheiten bei der Vernehmung von Beamten und anderen Personen des öffentlichen Dienstes); **§ 395 Abs. 1, Abs. 2 Satz 1 ZPO** (Wahrheitsermahnung, Angaben zur Person; auf § 395 Abs. 2 Satz 2 ZPO wird zwar nicht ausdrücklich Bezug genommen, entsprechende Fragen sind nach pflichtgemäßem Ermessen des Gerichts aber gleichwohl zulässig);[1] **§§ 396, 397 ZPO** (Vernehmung im Zusammenhang; Fragen durch Gericht und Parteien); **§ 398 ZPO** (Wiederholte und nachträgliche Vernehmung). Die Aussage der Partei ist gem. **§ 160 Abs. 3 Nr. 4 ZPO** zu protokollieren.

2 Die in § 451 ZPO enthaltene Aufzählung über die bei der Parteivernehmung anwendbaren Vorschriften ist **abschließend**. Weitere Vorschriften aus dem Bereich des Zeugenbeweises (beispielsweise § 377 Abs. 2 und 3 ZPO über die schriftliche Vernehmung) sind daher nicht anwendbar.[2]

---

1 Zöller-*Greger*, ZPO, § 450 Rn. 2.
2 BGH, FamRZ 1965, 212 (213).
3 BGH, NJW 1974, 56 = MDR 1974, 223.

Zu § 451:
1 Stein/Jonas-*Berger*, ZPO, § 451 Rn. 14; Musielak/Voit-*Huber*, ZPO, § 451 Rn. 1.
2 MK-*Schreiber*, ZPO, § 451 Rn. 7.

§ 452
Beeidigung der Partei

(1) ¹Reicht das Ergebnis der unbeeidigten Aussage einer Partei nicht aus, um das Gericht von der Wahrheit oder Unwahrheit der zu erweisenden Tatsache zu überzeugen, so kann es anordnen, dass die Partei ihre Aussage zu beeidigen habe. ²Waren beide Parteien vernommen, so kann die Beeidigung der Aussage über dieselben Tatsachen nur von einer Partei gefordert werden.

(2) Die Eidesnorm geht dahin, dass die Partei nach bestem Wissen die reine Wahrheit gesagt und nichts verschwiegen habe.

(3) Der Gegner kann auf die Beeidigung verzichten.

(4) Die Beeidigung einer Partei, die wegen wissentlicher Verletzung der Eidespflicht rechtskräftig verurteilt ist, ist unzulässig.

Ähnlich wie bei der Vernehmung von Zeugen kann auch bei der Parteivernehmung eine Beeidigung erfolgen. Die Partei ist jedoch – anders als grundsätzlich der Zeuge (siehe § 391 Rn. 2) – nicht zur Ablegung des Eides verpflichtet; bei Weigerung gilt gem. § 453 Abs. 2 ZPO vielmehr § 446 ZPO. Ob eine Beeidigung stattfinde, steht im **pflichtgemäßen Ermessen** des Gerichts. Die Entscheidung über die Vornahme der Beeidigung ergeht durch Beschluss; wird von der Möglichkeit der Beeidigung kein Gebrauch gemacht, so hat das Gericht die Gründe hierfür im Urteil darzulegen.¹   1

Die Beeidigung hat zu unterbleiben, wenn der Gegner hierauf **verzichtet** (§ 452 Abs. 3 ZPO) oder wenn die Partei wegen eines vorsätzlichen Eidesdeliktes (insbesondere § 154 StGB) **vorbestraft** ist (§ 452 Abs. 4 ZPO).   2

Die Beeidigung hat gem. § 452 Abs. 2 ZPO in Form des **Nacheids** zu erfolgen. Zur Durchführung siehe § 481 ZPO, zur Eidesbelehrung siehe § 480 ZPO.   3

§ 453
Beweiswürdigung bei Parteivernehmung

(1) Das Gericht hat die Aussage der Partei nach § 286 frei zu würdigen.

(2) Verweigert die Partei die Aussage oder den Eid, so gilt § 446 entsprechend.

Die Aussage der Partei im Rahmen der Parteivernehmung unterliegt – was durch § 453 Abs. 1 ZPO deklaratorisch klargestellt wird¹ – der **freien richterlichen Beweiswürdigung** durch das Gericht (§ 286 ZPO). Dabei wird es häufig auf den persönlichen Eindruck des Gerichts von der Partei ankommen. Bei Vernehmung der Partei durch einen kommissarischen Richter können diese Umstände daher nur berücksichtigt werden, wenn sie protokolliert worden sind; ist dies unterblieben, so muss die Vernehmung durch das Prozessgericht wiederholt werden.²   1

Bei **Aussage- oder Eidesverweigerung** verweist § 454 Abs. 2 ZPO auf § 446 ZPO und ermöglicht dem Gericht, im Rahmen der freien richterlichen Beweiswürdigung auch die für die Weigerung vorgebrachten Gründe zu berücksichtigen. Über die Rechtsfolgen bei Aussage- oder Eidesverweigerung muss nicht belehrt werden, ein entsprechender Hinweis kann jedoch je nach Prozesslage sinnvoll sein.³   2

§ 454
Ausbleiben der Partei

(1) Bleibt die Partei in dem zu ihrer Vernehmung oder Beeidigung bestimmten Termin aus, so entscheidet das Gericht unter Berücksichtigung aller Umstände, insbesondere auch etwaiger von der Partei für ihr Ausbleiben angegebener Gründe, nach freiem Ermessen, ob die Aussage als verweigert anzusehen ist.

---

1 Zöller-*Greger*, ZPO, § 452 Rn. 2; Prütting/Gehrlein-*Müller-Christmann*, ZPO, § 452 Rn. 6.

Zu § 453:
1 MK-*Schreiber*, ZPO, § 453 Rn. 1; Prütting/Gehrlein-*Müller-Christmann*, ZPO, § 453 Rn. 1.
2 Vgl. BGH, NJW 1974, 56 (57) = MDR 1974, 223 sowie BGH, NJW-RR 2016, 583 (584) = NZM 2016, 567.
3 Zöller-*Greger*, ZPO, § 452 Rn. 1.

(2) War der Termin zur Vernehmung oder Beeidigung der Partei vor dem Prozessgericht bestimmt, so ist im Falle ihres Ausbleibens, wenn nicht das Gericht die Anberaumung eines neuen Vernehmungstermins für geboten erachtet, zur Hauptsache zu verhandeln.

1 § 454 ZPO steht in Zusammenhang mit §§ 453 Abs. 2, 446 ZPO und sieht vor, dass im Falle einer im Vernehmungstermin nicht erschienen Partei u. a. die für das Ausbleiben vorgebrachten Gründe bei der Beweiswürdigung berücksichtigt werden können. Voraussetzung für diese im Regelfall für die ausgebliebene Partei nachteilige Rechtsfolge des Nichterscheinens ist, dass der Termin zur Parteivernehmung unter Anwesenheit der Parteien in einem vorausgehenden Termin bekannt gegeben oder dass die Partei ordnungsgemäß geladen wurde (§ 450 Abs. 1 Satz 2, 3 ZPO); die Anordnung zum persönlichen Erscheinen (§ 141 ZPO) genügt insoweit nicht.

2 Ist das Ausbleiben der Partei entschuldigt, so bestimmt das Gericht einen neuen Termin zur Parteivernehmung. Im Falle unentschuldigten Fernbleibens leitet der kommissarische Richter die Akte an das Prozessgericht zurück. Findet die Parteivernehmung unmittelbar vor dem Prozessgericht statt, so ist – wie nach Abschluss einer Beweisaufnahme (§ 370 Abs. 1 ZPO) – zur Hauptsache zu verhandeln.

§ 455
Prozessunfähige

(1) ¹Ist eine Partei nicht prozessfähig, so ist vorbehaltlich der Vorschrift im Absatz 2 ihr gesetzlicher Vertreter zu vernehmen. ²Sind mehrere gesetzliche Vertreter vorhanden, so gilt § 449 entsprechend.

(2) ¹Minderjährige, die das 16. Lebensjahr vollendet haben, können über Tatsachen, die in ihren eigenen Handlungen bestehen oder Gegenstand ihrer Wahrnehmung gewesen sind, vernommen und auch nach § 452 beeidigt werden, wenn das Gericht dies nach den Umständen des Falles für angemessen erachtet. ²Das Gleiche gilt von einer prozessfähigen Person, die in dem Rechtsstreit durch einen Betreuer oder Pfleger vertreten wird.

1 Als Partei vernommen werden können nur Prozessfähige. Fehlt es an der Prozessfähigkeit, so kann die **prozessunfähige Partei** als **Zeuge** und ihr **gesetzliche Vertreter** gem. § 455 Abs. 1 ZPO **als Partei** vernommen werden.[1] Als Ausnahme von diesem Grundsatz können gem. § 455 Abs. 2 ZPO auch **Minderjährige**, die das 16. Lebensjahr vollendet haben, über eigene Handlungen und eigene Wahrnehmungen als Partei vernommen werden. Eine Beeidigung ist in diesen Fällen ebenfalls möglich. Voraussetzung hierfür ist, dass das Gericht dies nach den Umständen des Falles für angemessen erachtet, wobei unter anderem die Einsichtsfähigkeit und Zuverlässigkeit der Partei berücksichtigt werden kann.[2]

§§ 456 bis 477
(weggefallen)

---

[1] Vgl. BGH, NJW 1965, 2253 (2254) = MDR 1965, 980 für den Fall eines Kommanditisten.
[2] MK-*Schreiber*, ZPO, § 455 Rn. 2.

Titel 11
Abnahme von Eiden und Bekräftigungen

§ 478
Eidesleistung in Person
Der Eid muss von dem Schwurpflichtigen in Person geleistet werden.

Schwurpflichtige i.S.d. § 478 ZPO sind der **Zeuge** (§§ 391, 392 ZPO), der **Sachverständige** (§ 410 ZPO), die **Parteien** (§§ 426, 452 ZPO), der **Dolmetscher** (§ 189 GVG) sowie im Rahmen der Zwangsvollstreckung der **Gläubiger bei der Abgabe der eidesstattlichen Versicherung** (§§ 802c Abs. 3 Satz 1, 883 Abs. 2, 889 ZPO). Dem Eid gleichgestellt ist die **eidesgleiche Bekräftigung** (§ 484 ZPO). § 478 ZPO stellt klar, dass die Eidesleistung **höchstpersönlich** erfolgen muss und eine Stellvertretung mithin ausgeschlossen ist. Wird der gesetzliche Vertreter einer prozessunfähigen Partei gem. § 455 ZPO vernommen und vereidigt, so ist der Vertreter selbst zur Eidesleistung verpflichtet.

§ 479
Eidesleistung vor beauftragtem oder ersuchtem Richter
(1) Das Prozessgericht kann anordnen, dass der Eid vor einem seiner Mitglieder oder vor einem anderen Gericht geleistet werde, wenn der Schwurpflichtige am Erscheinen vor dem Prozessgericht verhindert ist oder sich in großer Entfernung von dessen Sitz aufhält und die Leistung des Eides nach § 128a Abs. 2 nicht stattfindet.

(2) Der Bundespräsident leistet den Eid in seiner Wohnung vor einem Mitglied des Prozessgerichts oder vor einem anderen Gericht.

Die Vorschrift gilt für den Fall, dass die Beweisaufnahme vor dem Prozessgericht erfolgt, der Schwurpflichtige aber dort an der Eidesleistung gehindert und die Eidesleistung auch nicht im Wege einer Videokonferenz nach § 128a Abs. 2 ZPO durchgeführt werden kann. Bei Durchführung einer Zeugenvernahme durch den kommissarischen Richter kann dieser unmittelbar selbst über die Beeidigung entscheiden (str., siehe § 391 Rn. 4). Der Bundespräsident, der gem. § 375 Abs. 2 ZPO in seiner Wohnung zu vernehmen ist, leistet gem. § 479 Abs. 2 ZPO gegebenenfalls auch dort seinen Eid.

§ 480
Eidesbelehrung
Vor der Leistung des Eides hat der Richter den Schwurpflichtigen in angemessener Weise über die Bedeutung des Eides sowie darüber zu belehren, dass er den Eid mit religiöser oder ohne religiöse Beteuerung leisten kann.

Die – gem. § 160 Abs. 2 ZPO zu protokollierende – Belehrung hat durch das Gericht in angemessener und für den Schwurpflichtigen verständlicher Weise zu erfolgen. Es empfiehlt sich, den Schwurpflichtigen hierbei insbesondere auf die Strafbarkeit nach § 154 StGB hinzuweisen. Eine Verpflichtung zur Belehrung über die Möglichkeit einer eidesgleichen Bekräftigung (§ 484 ZPO) besteht nicht.[1]

§ 481
Eidesleistung; Eidesformel
(1) Der Eid mit religiöser Beteuerung wird in der Weise geleistet, dass der Richter die Eidesnorm mit der Eingangsformel:
„Sie schwören bei Gott dem Allmächtigen und Allwissenden"
vorspricht und der Schwurpflichtige darauf die Worte spricht (Eidesformel):
„Ich schwöre es, so wahr mir Gott helfe."

---

1 MK-*Schreiber*, ZPO, § 480 Rn. 2 m.w.N.

(2) Der Eid ohne religiöse Beteuerung wird in der Weise geleistet, dass der Richter die Eidesnorm mit der Eingangsformel:
„Sie schwören"
vorspricht und der Schwurpflichtige darauf die Worte spricht (Eidesformel):
„Ich schwöre es."
(3) Gibt der Schwurpflichtige an, dass er als Mitglied einer Religions- oder Bekenntnisgemeinschaft eine Beteuerungsformel dieser Gemeinschaft verwenden wolle, so kann er diese dem Eid anfügen.
(4) Der Schwörende soll bei der Eidesleistung die rechte Hand erheben.
(5) Sollen mehrere Personen gleichzeitig einen Eid leisten, so wird die Eidesformel von jedem Schwurpflichtigen einzeln gesprochen.

1 § 481 ZPO regelt die Durchführung der Eidesleistung. Der Richter spricht zunächst die **Eingangsformel** mit (§ 481 Abs. 1 ZPO) oder ohne (§ 481 Abs. 2 ZPO) religiöse Beteuerung und im unmittelbaren Anschluss die entsprechende **Eidesnorm** (Zeugen: § 392 Satz 3 ZPO; Sachverständige § 410 Abs. 1 Satz 2 ZPO; Parteivernehmung § 452 Abs. 2 ZPO; Dolmetscher § 189 Abs. 1 Satz 1 ZPO; eidesstattliche Versicherung im Zwangsvollstreckungsverfahren § 802c Abs. 3 Satz 1 ZPO) vor. Anschließend leistet der Zeugen die **Eidesformel** mit (§ 481 Abs. 1 ZPO) oder ohne (§ 481 Abs. 2 ZPO) religiöser Beteuerung, wobei er gem. § 481 Abs. 3 ZPO die rechte Hand heben soll.

2 Für den Fall einer Zeugenbeeidigung mit religiöser Beteuerungsformel läuft die Zeugenbeeidigung daher beispielsweise wie folgt ab: Richter: „Sie schwören bei Gott dem Allmächtigen und Allwissenden, dass sie nach bestem Wissen die reine Wahrheit gesagt und nichts verschwiegen haben." Zeuge: „Ich schwöre es, so wahr mir Gott helfe." Die Durchführung der Beeidigung ist zu protokollieren (§ 160 Abs. 2 ZPO).

§ 482
(weggefallen)

§ 483
Eidesleistung sprach- oder hörbehinderter Personen

(1) ¹Eine hör- oder sprachbehinderte Person leistet den Eid nach ihrer Wahl mittels Nachsprechens der Eidesformel, mittels Abschreibens und Unterschreibens der Eidesformel oder mit Hilfe einer die Verständigung ermöglichenden Person, die vom Gericht hinzuzuziehen ist. ²Das Gericht hat die geeigneten technischen Hilfsmittel bereitzustellen. ³Die hör- oder sprachbehinderte Person ist auf ihr Wahlrecht hinzuweisen.
(2) Das Gericht kann eine schriftliche Eidesleistung verlangen oder die Hinzuziehung einer die Verständigung ermöglichenden Person anordnen, wenn die hör- oder sprachbehinderte Person von ihrem Wahlrecht nach Absatz 1 keinen Gebrauch gemacht hat oder eine Eidesleistung in der nach Absatz 1 gewählten Form nicht oder nur mit unverhältnismäßigem Aufwand möglich ist.

1 § 483 ZPO dient als Ergänzung zu **§ 186 GVG** und ermöglicht hör- oder sprachbehinderten – nicht jedoch (nicht schwurpflichtigen) geistig behinderten[1] – Personen die Eidesleistung mittels Nachsprechens der Eidesformel, Abschreibens und Unterschreibens oder mit Hilfe einer die Verständigung ermöglichenden Person. In die letztgenannte Kategorie fallen nicht nur (Gebärdensprach-)dolmetscher, sondern auch sonstige (Vertrauens-)personen, die eine Kommunikation mit der zum Eid verpflichteten hör- oder sprachbehinderten Person ermöglichen können.[2]

2 Das **Wahlrecht** zwischen den verschiedenen Möglichkeiten der Eidesleistung liegt gem. § 483 Abs. 1 Satz 1 ZPO bei der sprach- oder hörbehinderten Person. Macht diese von ihrem Wahlrecht keinen Gebracht oder ist die gewählte Form nur mit unverhältnismäßigem Aufwand

---

[1] Musielak/Voit-*Huber*, ZPO, § 483 Rn. 2; MK-*Schreiber*, ZPO, § 483 Rn. 2; Prütting/Gehrlein-*Trautwein*, ZPO, § 483 Rn. 2.
[2] Thomas/Putzo-*Reichold*, ZPO, § 483 Rn. 1.

möglich, so kann das Gericht eine schriftliche Eidesleistung verlangen oder die Hinzuziehung einer die Verständigung ermöglichenden Person anordnen.

§ 484
Eidesgleiche Bekräftigung

(1) ¹Gibt der Schwurpflichtige an, dass er aus Glaubens- oder Gewissensgründen keinen Eid leisten wolle, so hat er eine Bekräftigung abzugeben. ²Diese Bekräftigung steht dem Eid gleich; hierauf ist der Verpflichtete hinzuweisen.

(2) Die Bekräftigung wird in der Weise abgegeben, dass der Richter die Eidesnorm als Bekräftigungsnorm mit der Eingangsformel:

„Sie bekräftigen im Bewusstsein Ihrer Verantwortung vor Gericht"

vorspricht und der Verpflichtete darauf spricht:

„Ja".

(3) § 481 Abs. 3, 5, § 483 gelten entsprechend.

Da wegen des **Vorrangs der Religionsfreiheit** (Art. 4 GG) niemand gegen seinen Glauben oder sein Gewissen zu einem Eid gezwungen werden kann,[1] sieht § 484 ZPO für den Schwurpflichtigen als (auch hinsichtlich der strafrechtlichen Beurteilung, vgl. § 155 Nr. 1 StGB) gleichwertige Alternative zum Eid die eidesgleiche Bekräftigung vor. Auf die Gleichstellung zwischen Eid und eidesgleicher Bekräftigung ist der Verpflichtete durch das Gericht hinzuweisen (§ 484 Abs. 1 Satz 2 ZPO); sie kann gem. § 484 Abs. 3 ZPO i.V.m. § 481 Abs. 3 ZPO auch mit einer religiösen Beteuerungsformel versehen werden.   1

Titel 12
Selbständiges Beweisverfahren

§ 485
Zulässigkeit

(1) Während oder außerhalb eines Streitverfahrens kann auf Antrag einer Partei die Einnahme des Augenscheins, die Vernehmung von Zeugen oder die Begutachtung durch einen Sachverständigen angeordnet werden, wenn der Gegner zustimmt oder zu besorgen ist, dass das Beweismittel verloren geht oder seine Benutzung erschwert wird.

(2) ¹Ist ein Rechtsstreit noch nicht anhängig, kann eine Partei die schriftliche Begutachtung durch einen Sachverständigen beantragen, wenn sie ein rechtliches Interesse daran hat, dass
1. der Zustand einer Person oder der Zustand oder Wert einer Sache,
2. die Ursache eines Personenschadens, Sachschadens oder Sachmangels,
3. der Aufwand für die Beseitigung eines Personenschadens, Sachschadens oder Sachmangels festgestellt wird. ²Ein rechtliches Interesse ist anzunehmen, wenn die Feststellung der Vermeidung eines Rechtsstreits dienen kann.

(3) Soweit eine Begutachtung bereits gerichtlich angeordnet worden ist, findet eine neue Begutachtung nur statt, wenn die Voraussetzungen des § 412 erfüllt sind.

Inhalt:

	Rn.		Rn.
A. Allgemeines	1	II. Beweisverfahren durch Sachverständigenbeweis bei rechtlichem Interesse, Abs. 2	5
B. Erläuterungen	2		
I. Beweisaufnahme bei Besorgnis oder erschwerter Benutzung eines Beweismittels, Abs. 1	3	III. Einschränkungen einer erneuten Begutachtung, Abs. 3	8

---

[1] BVerfGE 33, 23 = NJW 1972, 1183 = MDR 1972, 760 in Bezug auf § 70 Abs. 1 StPO.

A. Allgemeines

1   Das selbstständige Beweisverfahren ermöglicht die Erhebung einzelner Beweise **unabhängig** bzw. vor einem späteren Hauptsacheverfahren und behandelt sie wie ein in diesem Verfahren erhobener Beweis. Gesetzgeberischer Intention nach soll es zu einer Entlastung der Gerichte und zu einer Verfahrensbeschleunigung führen. Insbesondere letzteres wird in der Praxis oft nicht erreicht.

2   Das Verfahren gehört zur **streitigen Gerichtsbarkeit**, ist aber nicht zwingend kontradiktorisch. Die Zustellung[1] eines Antrages auf Durchführung des Verfahrens hemmt die Verjährung (§ 204 Abs. 1 Nr. 7 BGB). Durch den Eilzweck bzw. das Wesen des Verfahrens bedingt, sind die Vorschriften über eine Aussetzung oder Unterbrechung (§§ 148 ff., 239 ff. ZPO) nicht anwendbar.[2] Ein **Ruhen des Verfahrens** kann nur angeordnet werden, soweit die Eilbedürftigkeit nicht entgegensteht.[3]

B. Erläuterungen

I. Beweisaufnahme bei Besorgnis oder erschwerter Benutzung eines Beweismittels, Abs. 1

3   Das Verfahren nach Abs. 1 wird auf **Antrag** eingeleitet. Es wird nur durchgeführt, soweit der Gegner **zustimmt** oder ein Beweismittelverlust droht. Letzteres bedeutet zum einen, dass ein rechtliches Interesse glaubhaft gemacht wird, dass die begehrte Beweiserhebung möglicherweise in einem nachfolgenden Verfahren Verwendung finden kann. Zum anderen muss glaubhaft gemacht werden, dass ein Beweismittelverlust droht, beispielsweise wegen einer schweren und lebensgefährlichen Erkrankung eines Zeugen[4] oder einer drohenden Veränderung der zu begutachtenden Sache.[5] Für den Antrag und die Erklärung des Gegners besteht **kein Anwaltszwang**; die Erklärungen können zu Protokoll der Geschäftsstelle erfolgen. (§§ 486 Abs. 4, 78 Abs. 3 ZPO, vgl. auch § 486 Rn. 5).

4   Als **Beweismittel** sind im selbstständigen Beweisverfahren nach Abs. 1 nur ein Augenschein (§ 371 ZPO), die Zeugenvernehmung (§ 373 ZPO) oder die Erholung eines Sachverständigengutachtens (§§ 402, 411 ZPO) genannt und zulässig.

II. Beweisverfahren durch Sachverständigenbeweis bei rechtlichem Interesse, Abs. 2

5   Die Erholung eines Sachverständigengutachtens ist nach Abs. 2 daneben **unter erleichterten Voraussetzungen** möglich. Wird während des selbstständigen Beweisverfahrens in Hauptsacheverfahren anhängig, bleibt dieses zulässig, bis das Hauptsachegericht eine Beweiserhebung für erforderlich hält und die Akten des selbstständigen Beweisverfahrens beizieht.[6] Das erforderliche **rechtliche Interesse** ist weit zu fassen.[7] Die Eignung zur Prozessvermeidung ist i.w.S. zu verstehen. Für eine **Schlüssigkeits- oder Erheblichkeitsprüfung** durch das Gericht ist daher kein Raum. Das rechtliche Interesse fehlt nur, wenn kein Rechtsverhältnis, kein Prozessgegner oder kein Anspruch ersichtlich ist.[8]

6   Der Zustand einer Person oder der Zustand oder Wert einer Sache umfasst beispielsweise auch die Erkennbarkeit von Schäden für den Hauseigentümer oder Bewohner,[9] die Berufsunfähigkeit,[10] den Grad der Invalidität[11] oder den Minderwert eines Gewerks im Rahmen einer Bausache.[12]

7   Die Ursache eines Personenschadens, Sachschadens oder Sachmangels beinhaltet auch die Frage eines ärztlichen Behandlungsfehlers,[13] nicht aber die Frage einer ordnungsgemäßen Aufklärung.[14] Unter diese Vorschrift fallen auch die technischen Verursachungsanteile hinsichtlich eines gerügten Baumangels.[15] Der **Aufwand** für die Beseitigung eines Personenscha-

---

1   BGH, NZBau, 2011, 303 = VersR 2011, 1278.
2   BGH, NJW 2004, 1388 = MDR 2004, 404.
3   KG Berlin, NJW-RR 1996, 1086; OLG Düsseldorf, NJW-RR 2009, 496.
4   Vgl. OLG Nürnberg, NJW-RR 1998, 575 = MDR 1997, 594.
5   OLG Hamm, NJW-RR 2010, 1035 = MDR 2010, 714.
6   BGH, NZBau 2004, 550 = MDR 2005, 45.
7   Dazu BGHZ 198, 237 = MDR 2013, 1342.
8   BGH, MDR 2005, 162 = NJW 2004, 3488.
9   BGH, NJW-RR 2010, 233 = VersR 2010, 1055.
10 OLG Celle, NJW-RR 2011, 536; a.A. OLG Köln, NJW-RR 2009, 431 = VersR 2008, 1340.
11 OLG Nürnberg, NJW-RR 2015, 160 = VersR 2014, 1519.
12 OLG Hamm, NJW-RR 2002, 1674.
13 BGHZ 198, 237 = NJW 2013, 3654; BGHZ 153, 302 = MDR 2003, 590.
14 OLG Oldenburg, VersR 2010, 927.
15 OLG Hamm, BauR 2005, 752; OLG München, BauR 1998, 363 = MDR 1998, 495.

dens, Sachschadens oder Sachmangels umfasst an sich nicht die Frage, welche Maßnahmen hierfür erforderlich sind. Dies wird jedoch in der Regel eine notwendige Vorfrage darstellen und kann daher insoweit zulässiges Beweisthema werden. Auch entgangener Gewinn als Teil eines Personenschadens kann im Wege eines selbstständigen Beweisverfahrens nach dieser Vorschrift ermittelt werden.[16]

III. Einschränkungen einer erneuten Begutachtung, Abs. 3

Eine erneute Begutachtung unterliegt den engen Voraussetzungen des § 412 ZPO. Unerheblich ist, ob die bereits vorliegende Begutachtung in einem anderen Hauptsacheprozess, dem vorliegenden oder einem anderen Beweissicherungsverfahren stattgefunden hat. Antragsergänzungen bleiben jedoch zulässig.[17]   8

§ 486
Zuständiges Gericht

(1) Ist ein Rechtsstreit anhängig, so ist der Antrag bei dem Prozessgericht zu stellen.

(2) ¹Ist ein Rechtsstreit noch nicht anhängig, so ist der Antrag bei dem Gericht zu stellen, das nach dem Vortrag des Antragstellers zur Entscheidung in der Hauptsache berufen wäre. ²In dem nachfolgenden Streitverfahren kann sich der Antragsteller auf die Unzuständigkeit des Gerichts nicht berufen.

(3) In Fällen dringender Gefahr kann der Antrag auch bei dem Amtsgericht gestellt werden, in dessen Bezirk die zu vernehmende oder zu begutachtende Person sich aufhält oder die in Augenschein zu nehmende oder zu begutachtende Sache sich befindet.

(4) Der Antrag kann vor der Geschäftsstelle zu Protokoll erklärt werden.

Inhalt:

	Rn.		Rn.
A. Allgemeines	1	III. Eilzuständigkeit bei dringender Gefahr, Abs. 3	4
B. Erläuterungen	2	IV. Kein Anwaltszwang für Antrag, Abs. 4	5
I. Zuständiges Gericht bei anhängigem Rechtsstreit, Abs. 1	2		
II. Zuständiges Gericht bei noch nicht anhängigem Rechtsstreit, Abs. 2	3		

A. Allgemeines

Die Vorschrift regelt, welches Gericht für den Antrag auf Durchführung eines selbstständigen Beweisverfahrens zuständig ist.   1

B. Erläuterungen
I. Zuständiges Gericht bei anhängigem Rechtsstreit, Abs. 1

Soweit ein Rechtsstreit anhängig ist, ist der Antrag beim Prozessgericht zu stellen. Bei einem Rechtsstreit in der Revisionsinstanz ist das Berufungsgericht als letzte Tatsacheninstanz zuständig.[1]   2

II. Zuständiges Gericht bei noch nicht anhängigem Rechtsstreit, Abs. 2

Andernfalls ist das Gericht zuständig, bei welchem eine entsprechende Hauptsacheklage zu erheben wäre. Bei mehreren Antragsgegnern und fehlendem gemeinsamen Gerichtsstand ist durch eine Gerichtsstandbestimmung nach § 36 ZPO zu verfahren.   3

III. Eilzuständigkeit bei dringender Gefahr, Abs. 3

Soweit eine sofort notwendige Beweiserhebung vor dem an sich zuständigen Gericht nicht mehr durchführbar wäre, ist auch das Gericht der Belegenheit des Beweismittels zuständig.   4

IV. Kein Anwaltszwang für Antrag, Abs. 4

Für den Antrag und die Stellungnahme des Gegners besteht kein Anwaltszwang. Er kann zu Protokoll der Geschäftsstelle gestellt werden, nach § 129a ZPO derjenigen eines jeden Amts-   5

---

16 BGH, NJW-RR 2010, 946 = MDR 2010, 39.
17 OLG Naumburg, NJW-RR 2012, 1418 = BauR 2013, 138.

Zu § 486:
1 BGHZ 17, 117 = NJW 1955, 908.

gerichts. Der Beitritt eines Streithelfers unterliegt gleichfalls nicht dem Anwaltszwang.[2] Anderes gilt für die Beteiligten im Fall der mündlichen Erörterung nach § 492 Abs. 3 ZPO und im Rahmen eines Termins zur mündlichen Anhörung eines Sachverständigen (§ 411 Abs. 3 ZPO).[3]

§ 487
Inhalt des Antrages

Der Antrag muss enthalten:
1. die Bezeichnung des Gegners;
2. die Bezeichnung der Tatsachen, über die Beweis erhoben werden soll;
3. die Benennung der Zeugen oder die Bezeichnung der übrigen nach § 485 zulässigen Beweismittel;
4. die Glaubhaftmachung der Tatsachen, die die Zulässigkeit des selbständigen Beweisverfahrens und die Zuständigkeit des Gerichts begründen sollen.

Inhalt:

	Rn.		Rn.
A. Allgemeines	1	II. Glaubhaftmachung der Voraussetzungen, Nr. 4	5
B. Erläuterungen	2		
I. Inhalt des Antrages, Nr. 1–3	2		

A. Allgemeines

1 Die Vorschrift statuiert den notwendigen Inhalt eines Antrages auf Durchführung eines selbstständigen Beweisverfahrens.

B. Erläuterungen
I. Inhalt des Antrages, Nr. 1–3

2 Für die Bezeichnung des Gegners gilt § 253 Abs. 2 Nr. 1 ZPO. Diese Angabe kann nur nach Maßgabe des § 494 ZPO unterbleiben. Bei mehreren möglichen Gegnern sind alle zu bezeichnen. Eine Streitverkündung wie eine Nebenintervention sind im selbstständigen Beweisverfahren zulässig.[1]

3 Der Antragsteller hat die **Anknüpfungstatsachen** vorzutragen, die der Beweiserhebung zugrunde zu legen sind. Dabei dürfen einerseits keine übertriebenen Anforderungen gestellt werden, andererseits gilt auch im selbstständigen Beweisverfahren das Verbot einer Ausforschung als Beweiserhebung von Amts wegen. Ohne Belang ist die Frage, ob die im Antrag vorgetragenen Tatsachen in einem späteren Hauptsacheverfahren entscheidungserheblich sind. Dies kann und darf vom Gericht im Rahmen des selbstständigen Beweisverfahrens nicht überprüft werden.[2]

4 **Zeugen** sind mit ladungsfähiger Anschrift zu bezeichnen. Beim Sachverständigenbeweis genügt es, wenn der Antragsteller die Erholung eines Sachverständigengutachtens als Beweismittel benennt. Die Auswahl des Sachverständigen erfolgt durch das Gericht. Soweit die Parteien sich auf einen Sachverständigen verständigen, ist das Gericht daran gebunden (§ 404 Abs. 4 ZPO).

II. Glaubhaftmachung der Voraussetzungen, Nr. 4

5 Die Voraussetzungen sind vom Antragsteller glaubhaft zu machen (§ 294 ZPO). Hierzu ist der Antragsteller gegebenenfalls vor einer Zurückweisung des Antrags unter Fristsetzung ausdrücklich aufzufordern.

§§ 488 bis 489
(weggefallen)

---

2 BGHZ 194, 68 = NJW 2012, 2810 = MDR 2012, 1242.
3 Zöller-*Greger*, ZPO, Vor §§ 485–494a Rn. 4 m.w.N.

Zu § 487:
1 BGHZ 134, 190 = NJW 1997, 859 = MDR 1997, 390.
2 BGH, NJW 2000, 960 = MDR 2000, 224.

§ 490
Entscheidung über den Antrag

(1) Über den Antrag entscheidet das Gericht durch Beschluss.

(2) ¹In dem Beschluss, durch welchen dem Antrag stattgegeben wird, sind die Tatsachen, über die der Beweis zu erheben ist, und die Beweismittel unter Benennung der zu vernehmenden Zeugen und Sachverständigen zu bezeichnen. ²Der Beschluss ist nicht anfechtbar.

Inhalt:

	Rn.		Rn.
A. Allgemeines	1	II. Inhalt des Beschlusses, Abs. 2	4
B. Erläuterungen	2	C. Rechtsmittel	5
I. Entscheidung durch Beschluss, Abs. 1	2		

A. Allgemeines

Die Vorschrift behandelt die richterliche Entscheidung über die Einleitung des selbstständigen Beweisverfahrens. 1

B. Erläuterungen
I. Entscheidung durch Beschluss, Abs. 1

Die Entscheidung des Gerichts erfolgt durch Beschluss, der regelmäßig im schriftlichen Verfahren ergeht. Eine mündliche Verhandlung ist gleichwohl fakultativ (§ 128 Abs. 4 ZPO). 2

Der Antragsgegnerseite ist rechtliches Gehör zu gewähren,[1] jedenfalls nachträglich, soweit dies zuvor nicht möglich war. Diese ist befugt, Gegenanträge zu stellen.[2] Der Streithelfer ist indes nur berechtigt, Anträge zu stellen, die das Verhältnis der von ihm unterstützten Partei zum Antragsteller betreffen.[3] 3

II. Inhalt des Beschlusses, Abs. 2

Der Beschluss entspricht seinem Inhalt nach einem Beweisbeschluss. Auf die Erläuterung zu § 359 ZPO wird daher Bezug genommen. Wie dieser enthält der Beschluss die Tatsachen, über die Beweis zu erheben ist, und die Bezeichnung der Beweismittel. Die Vorgabe von Anknüpfungstatsachen erfolgt nicht durch das Gericht, sondern durch den Antragsteller.[4] Grund hierfür ist, dass ein Beweisergebnis über Anknüpfungstatsachen für die Beweiserhebung noch nicht vorliegt. Das Risiko der Behauptung und Zugrundelegung einer nachträglich unzutreffenden bzw. nicht entscheidungserheblichen Anknüpfungstatsache trifft damit den Antragsteller. 4

C. Rechtsmittel

Der stattgebende Beschluss ist **unanfechtbar**,[5] eine Gegenvorstellung jedoch wie beim Beweisbeschluss nach § 359 ZPO zulässig. Gegen die (teilweise) Ablehnung ist die sofortige Beschwerde statthaft. 5

§ 491
Ladung des Gegners

(1) Der Gegner ist, sofern es nach den Umständen des Falles geschehen kann, unter Zustellung des Beschlusses und einer Abschrift des Antrags zu dem für die Beweisaufnahme bestimmten Termin so zeitig zu laden, dass er in diesem Termin seine Rechte wahrzunehmen vermag.

(2) Die Nichtbefolgung dieser Vorschrift steht der Beweisaufnahme nicht entgegen.

Die Vorschrift stellt klar, dass der Antragsgegner zur Beweiserhebung hinzuzuziehen ist. 1

Nach **Abs. 1** ist der Antragsgegner nach den allgemeinen Vorschriften (§§ 166 ff., 216 ZPO) von Amts wegen zu laden. **Abs. 2** regelt die Folgen eines Verstoßes. Unterbleibt die Ladung, wird die Beweiserhebung nicht unzulässig. Sie muss auch nicht vertagt oder gestoppt werden (§ 367 ZPO). Die für ein Hauptsacheverfahren entstehenden rechtlichen Folgen behandelt § 493 Abs. 2 ZPO. 2

---

[1] Vgl. ausdrücklich OLG Koblenz, MDR 2013, 171 = BeckRS 2012, 24679.
[2] Zöller-*Herget*, ZPO, § 485 Rn. 3 m.w.N.
[3] OLG Karlsruhe, MDR 2008, 1354 = BeckRS 2008, 15414; OLG Düsseldorf, BauR 2004, 1657 = BeckRS 2004, 18410.
[4] A.A. OLG Köln, BauR 2002, 1120 = BeckRS 2002, 30237218: § 404 Abs. 3 ZPO anwendbar.
[5] BGH, NJW 2011, 3371 = MDR 2011, 1313.

§ 492
Beweisaufnahme

(1) Die Beweisaufnahme erfolgt nach den für die Aufnahme des betreffenden Beweismittels überhaupt geltenden Vorschriften.

(2) Das Protokoll über die Beweisaufnahme ist bei dem Gericht, das sie angeordnet hat, aufzubewahren.

(3) Das Gericht kann die Parteien zur mündlichen Erörterung laden, wenn eine Einigung zu erwarten ist; ein Vergleich ist zu gerichtlichem Protokoll zu nehmen.

Inhalt:

	Rn.		Rn.
A. Allgemeines	1	II. Aufbewahrung des Protokolls, Abs. 2	3
B. Erläuterungen	2	III. Erörterungstermin, Abs. 3	4
I. Durchführung der Beweisaufnahme, Abs. 1	2		

A. Allgemeines

1 Die Vorschrift stellt klar, dass die Durchführung der Beweiserhebung (grundsätzlich) den allgemeinen Vorschriften über die Beweisaufnahme folgt.

B. Erläuterungen
I. Durchführung der Beweisaufnahme, Abs. 1

2 Es gelten die allgemeinen Regeln für die Beweiserhebung hinsichtlich der einzelnen Beweismittel der ZPO. Im Rahmen des Zeugenbeweises somit auch eine schriftliche Beweiserhebung nach § 377 Abs. 3 ZPO möglich. Die gerichtliche Anordnung der Vorlage von Unterlagen nach § 142 ZPO ist unzulässig,[1] eine richterliche Anordnung kann nach § 144 ZPO u. U. zulässig sein.[2]

II. Aufbewahrung des Protokolls, Abs. 2

3 Das Protokoll einer Beweiserhebung verbleibt bei dem Gericht, welches sie angeordnet hat. Damit soll verhindert werden, dass unklar ist, bei welchem von mehreren möglichen Hauptsachegerichten es aufbewahrt ist.

III. Erörterungstermin, Abs. 3

4 Die Vorschrift schafft die Möglichkeit und fordert das Gericht dazu auf, dass die Parteien vor dem Hintergrund einer erfolgten Beweiserhebung im selbstständigen Beweisverfahren vor dem Gericht eine Einigung erörtern. Damit soll – wie auch in § 278 Abs. 1 ZPO vorgesehen – der prozessvermeidende Charakter des Verfahrens unterstrichen werden. In der Praxis hat die Vorschrift wenig Bedeutung, da Vergleichsverhandlungen in der Regel außergerichtlich oder im Rahmen eines Termins zur Anhörung des Sachverständigen geführt werden. Für einen Erörterungstermin besteht Anwaltszwang, soweit er nicht vor einem beauftragten oder ersuchten Richter stattfindet.[3]

§ 493
Benutzung im Prozess

(1) Beruft sich eine Partei im Prozess auf Tatsachen, über die selbständig Beweis erhoben worden ist, so steht die selbständige Beweiserhebung einer Beweisaufnahme vor dem Prozessgericht gleich.

(2) War der Gegner in einem Termin im selbständigen Beweisverfahren nicht erschienen, so kann das Ergebnis nur benutzt werden, wenn der Gegner rechtzeitig geladen war.

Inhalt:

	Rn.		Rn.
A. Allgemeines	1	II. Unzulässigkeit der Verwertung der Ergebnisse der Beweisaufnahme, Abs. 2	3
B. Erläuterungen	2		
I. Verwertung der Ergebnisse der Beweisaufnahme, Abs. 1	2		

---

[1] OLG Düsseldorf, MDR 2014, 926 = BeckRS 2014, 08408; bejahend KG Berlin, NJW 2014, 85 für Unterlagen, der der Sachverständige für die Begutachtung benötigt; i.E. str.
[2] BGH, MDR 2013, 864 = NJW 2012, 2687, soweit nicht eine Wohnung nach Maßgabe eines weiten Wohnungsbegriffes betroffen.
[3] Zöller-*Greger*, ZPO, Vor §§ 485–494a Rn. 4 m.w.N.

A. Allgemeines

Das selbstständige Beweisverfahren bezweckt, ein streitiges Hauptsacheverfahren obsolet werden lassen oder Beweisergebnisse für dieses vorab zu erzielen. § 493 ZPO regelt, auf welche Weise die Verwertung im anschließenden Hauptsacheverfahren erfolgt. 1

B. Erläuterungen
I. Verwertung der Ergebnisse der Beweisaufnahme, Abs. 1

Die Verwertung erfolgt derart, als wäre der Beweis im Hauptsacheverfahren erhoben worden. Bei einem Sachverständigengutachten bedeutet dies eine Verwertung als Sachverständigenbeweis, nicht allein als Urkundenbeweis.[1] Die Verwertung erfolgt **von Amts wegen**, wenn eine der Parteien sich durch entsprechenden Vortrag oder durch Bezugnahme auf das selbstständige Beweisverfahren darauf beruft. Im Hauptsacheverfahren können Einwendungen gegen das Gutachten erhoben werden. Für eine **Präklusion** von Vorbringen oder von Einwendungen, welche bereits im selbstständigen Beweisverfahren hätten vorgebracht werden können, ist jedenfalls dann kein Raum, wenn in dessen Rahmen keine Frist zur Erhebung von Einwendungen gesetzt und auf die Folgen einer Fristversäumung hingewiesen wurde.[2] 2

II. Unzulässigkeit
der Verwertung der Ergebnisse der Beweisaufnahme, Abs. 2

Der Antragsgegner kann einer Verwertung widersprechen, wenn er in einem Termin nicht erschienen war und zu diesem nicht rechtzeitig geladen war. Dies kann beispielsweise auch dann der Fall sein, wenn eine Partei nicht über das Stattfinden eines Ortstermins benachrichtigt wurde. Ein **Beweisverwertungsverbot** tritt hierdurch nicht ein, ein nachfolgender Beweisantritt der Partei darf allerdings nicht zurückgewiesen werden. Unstreitige Tatsachen sind in diesem Fall gleichwohl verwertbar. 3

§ 494
Unbekannter Gegner

(1) Wird von dem Beweisführer ein Gegner nicht bezeichnet, so ist der Antrag nur dann zulässig, wenn der Beweisführer glaubhaft macht, dass er ohne sein Verschulden außerstande sei, den Gegner zu bezeichnen.

(2) Wird dem Antrag stattgegeben, so kann das Gericht dem unbekannten Gegner zur Wahrnehmung seiner Rechte bei der Beweisaufnahme einen Vertreter bestellen.

Die Vorschrift behandelt die Frage, unter welchen Voraussetzungen und auch welche Weise das selbstständige Beweisverfahren als nicht kontradiktorisches Verfahren geführt werden kann. Ist dem Antragsteller der Antragsgegner unbekannt, kann ein selbstständiges Beweisverfahren auch gegen einen unbekannten Gegner geführt werden. Die vom Antragsteller glaubhaft zu machenden Voraussetzungen, dass der Gegner auch mit zumutbarem Nachforschungsaufwand nicht zu ermitteln ist, sind hoch anzusetzen. 1

Die **Bestellung eines Vertreters** liegt im Ermessen des Gerichts. Im Falle seiner Bestellung hat er die Rechtsstellung eines gesetzlichen Vertreters des unbekannten Gegners. 2

§ 494a
Frist zur Klageerhebung

(1) Ist ein Rechtsstreit nicht anhängig, hat das Gericht nach Beendigung der Beweiserhebung auf Antrag ohne mündliche Verhandlung anzuordnen, dass der Antragsteller binnen einer zu bestimmenden Frist Klage zu erheben hat.

(2) ¹Kommt der Antragsteller dieser Anordnung nicht nach, hat das Gericht auf Antrag durch Beschluss auszusprechen, dass er die dem Gegner entstandenen Kosten zu tragen hat. ²Die Entscheidung unterliegt der sofortigen Beschwerde.

---

1 BGH, MDR 2008, 160 = NJW 2008, 523.
2 Im Einzelnen str., vgl. *Seibel*, BauR 2011, 1410; *Klein*, NZBau 2012, 8; *Ulrich*, BauR 2013, 299; *Wintermeier*, NZBau 2015, 409.

Inhalt:

	Rn.		Rn.
A. Allgemeines	1	II. Anordnung der Klageerhebung, Abs. 1	3
B. Erläuterungen	2	III. Kostenentscheidung, Abs. 2	4
I. Beendigung des selbstständigen Beweisverfahrens	2	C. Rechtsmittel	6

A. Allgemeines

1 Die Regelung verzahnt das selbstständige Beweisverfahren mit einem Hauptsacheverfahren und regelt, unter welchen Voraussetzungen der Antragsgegner den Antragsteller nach sachlicher Beendigung des selbstständigen Beweisverfahrens zur Durchführung eines Hauptsacheverfahrens zwingen bzw. zur Kostentragung hinsichtlich des selbstständigen Beweisverfahrens verpflichten kann.

B. Erläuterungen
I. Beendigung des selbstständigen Beweisverfahrens

2 Die Vorschrift setzt die Beendigung des selbstständigen Beweisverfahrens voraus. Diese tritt nicht etwa durch einen deklaratorischen oder gar konstitutiven Beschluss,[1] sondern durch dessen sachliche Erledigung[2] ein. Bei einer mündlichen Sachverständigenanhörung ist dies regelmäßig mit der Genehmigung des Protokolls nach § 162 ZPO gegeben,[3] nach der Übersendung eines schriftlichen Sachverständigengutachtens unter Fristsetzung für Ergänzungsanträge und Einwendungen mit Ablauf der Frist, ohne dass Einwendungen erhoben worden oder Fristverlängerungsanträge gestellt worden sind.[4]

II. Anordnung der Klageerhebung, Abs. 1

3 Die Anordnung setzt einen **Antrag** des Antragsgegners, der dem Anwaltszwang unterliegt,[5] und die Gewährung rechtlichen Gehörs voraus. Eine mündliche Verhandlung ist fakultativ (§ 128 Abs. 4 ZPO). Die **Fristlänge** bestimmt das Gericht nach pflichtgemäßem Ermessen. Gesichtspunkt für die Fristbemessung ist, welche Zeit der Antragsteller benötigt bzw. noch benötigt, um eine Klage gegen den Antragsgegner vorzubereiten und anhängig zu machen. **Hauptsacheklage** bedeutet eine Klage gegen den Antragsgegner mit der Zielrichtung, wie sie sich aus dem selbstständigen Beweisverfahren ergibt.

III. Kostenentscheidung, Abs. 2

4 Grundsätzlich wird im selbstständigen Beweisverfahren **keine Kostenentscheidung** getroffen, da dies im nachfolgenden Hauptsacheverfahren geschieht. Für eine isolierte Kostenentscheidung ist daher in der Regel kein Raum, auch nicht beispielsweise bei einer übereinstimmenden Erledigungserklärung.[6] Bei einer Rücknahme bzw. einer einseitigen Erledigungserklärung[7] des Antragstellers ist hingegen ein Beschluss nach § 269 Abs. 3 Satz 2 ZPO analog möglich.[8] Keine Rücknahme, sondern ein schlichtes Nichtbetreiben des Verfahrens liegt aber in der mangelnden Einzahlung eines weiteren Auslagenvorschusses nach Anordnung einer Beweiserhebung.[9] Für die Annahme einer konkludenten Rücknahme des Antrages bedarf es besonderer Umstände.[10] Die Kostenentscheidung nach Abs. 2 ergeht nur auf Antrag. Sie setzt die Gewährung rechtlichen Gehörs voraus. Es gelten die §§ 91 ff. ZPO.

5 Der Entscheidung nach Abs. 2 steht entgegen, wenn **zwischenzeitlich Klage erhoben** worden ist. Klageerhebung ist auch die Erhebung einer Widerklage[11] oder die Geltendmachung im Wege der Aufrechnung.[12] Ob die Klageerhebung innerhalb der gesetzten Frist erfolgt ist, ist

---

1 OLG Hamm, NJW-RR 2007, 600 = BauR 2007, 1097; a.A. OLG Düsseldorf, NJW-RR 2013, 346.
2 BGHZ 199, 190 = NJW 2014, 789 (791), Rn. 28.
3 BGHZ 199, 190 = NJW 2014, 789 (791), Rn. 28.
4 Vgl. Musielak/Voit-*Huber*, ZPO, § 492 Rn. 3 m.w.N.: Ohne Fristsetzung geht die Rechtsprechung abhängig vom jeweiligen Einzelfall von einer Fristdauer von 1–6 Monaten aus.
5 OLG Zweibrücken, NJW-RR 1996, 573 = MDR 1995, 744; Thomas/Putzo-*Reichold*, ZPO, § 494a Rn. 1; MK-*Schreiber*, ZPO, § 494a Rn. 2; a.A. OLG Jena, MDR 2000, 783; Baumbach/Lauterbach/Albers/Hartmann, ZPO, § 494a Rn. 5.
6 BGH, NJW-RR 2011, 931 = MDR 2011, 502.
7 BGH, NJW 2011, 1292 = BauR 2011, 714.
8 BGH, NZBau 2005, 42 = MDR 2005, 227.
9 OLG Köln, NJW 2015, 708; a.A. OLG Saarbrücken, NJW-RR 2011, 500.
10 Zu weiteren Konstellationen einer isolierten Kostenentscheidung, vgl. Musielak/Voit-*Huber*, ZPO, § 494a Rn. 7.
11 BGH, NJW-RR 2003, 1240 = MDR 2003, 1130.
12 BGH, NJW-RR 2005, 1688 = MDR 2006, 167.

nicht entscheidend, wenn dies vor Erlass des Beschlusses nach Abs. 2 noch erfolgt.[13] Maßgeblich ist die Rechtshängigkeit der Klage, allerdings unter Berücksichtigung der Regelung des § 167 ZPO. Eine gleichwohl ergehende Entscheidung bindet, so dass der Antragsteller Feststellungsklage zu erheben hat.[14]

C. Rechtsmittel

Gegen die Anordnung einer Frist zur Klageerhebung ist **kein Rechtsmittel** gegeben.[15] Wird die Anordnung einer Frist abgelehnt, ist hiergegen die sofortige Beschwerde statthaft. Gegen den Beschluss zur Kostenentscheidung steht der beschwerten Partei jeweils die sofortige Beschwerde zu.

6

ABSCHNITT 2
Verfahren vor den Amtsgerichten

§ 495
Anzuwendende Vorschriften

(1)[1] **Für das Verfahren vor den Amtsgerichten gelten die Vorschriften über das Verfahren vor den Landgerichten, soweit nicht aus den allgemeinen Vorschriften des Buches 1, aus den nachfolgenden besonderen Bestimmungen und aus der Verfassung der Amtsgerichte sich Abweichungen ergeben.**

Während sich die amtsgerichtliche **Zuständigkeit** nach dem GVG (dort §§ 23 ff., 157) und nach sonstigen spezialgesetzlichen Zuweisungen (z.B. §§ 689, 764, 797 Abs. 3, 919, 942 ZPO, § 2 InsO, § 1 Abs. 1 ZVG, § 62 Abs. 1 BeurkG) beurteilt, orientiert sich das amtsgerichtliche **Verfahren** im Wesentlichen an demjenigen erster Instanz vor den Landgerichten (§§ 253–494a ZPO). Abweichungen ergeben sich insbesondere aus der **Verfassung der Amtsgerichte**, namentlich aus § 22 GVG (sog. Einzelrichterprinzip),[2] sowie aus dem Umstand, dass vor den Amtsgerichten weder eine anwaltliche Vertretung (§§ 78 f. ZPO; Ausnahme: § 114 Abs. 1 FamFG, siehe § 499 Rn. 2) noch die schriftliche Vorbereitung der mündlichen Verhandlung vorgeschrieben ist (§§ 496, 129 Abs. 2, 129a ZPO, siehe § 496 Rn. 1).[3]

1

Die Vorschriften über das Verfahren vor den Amtsgerichten dienen nicht nur dem Zweck der **Verfahrensvereinfachung und -beschleunigung** (§§ 495a, 496, 497, 510b ZPO), sondern vorrangig auch dem **Ausgleich** solcher prozessualer **Risiken**, die mit einer Prozessführung durch Naturparteien oder durch rechtlich unerfahrene Bevollmächtigte (§ 79 Abs. 2 ZPO) bzw. Beistände (§ 90 Abs. 1 ZPO) einhergehen, etwa im Hinblick auf ungenügendes Tatsachenvorbringen oder unterbliebene Beweisantritte. Das Gesetz begegnet den genannten Risiken mit punktuellen (jedoch abschließenden) Erweiterungen der im amtsgerichtlichen Verfahren umso bedeutenderen allgemeinen Erörterungs-, Frage- und Hinweispflicht (§ 139 ZPO), insbesondere in Gestalt der „**nachfolgenden besonderen Bestimmungen**" der §§ 499, 504, 510 ZPO. **Keine** Anwendung finden die §§ 495 ff. ZPO derweil in Ehesachen und Familienstreitsachen (§ 113 Abs. 1 Satz 2 FamFG).

2

„Besondere"[4] Regelungen für das amtsgerichtliche Verfahren enthalten die folgenden **allgemeinen Vorschriften des Buches 1**: §§ 45 Abs. 2, 79, 83 Abs. 2, 87 Abs. 1, 88 Abs. 2, 90, 121 Abs. 2, 129 Abs. 2, 129a, 163 Abs. 2 Satz 1 Hs. 2, 192 Abs. 3 und 217 ZPO.

3

---

13 OLG München, MDR 2001, 833 = BeckRS 2001, 30159630.
14 BGH, NJW 2004, 1580 = MDR 2004, 1325.
15 BGH, NJW-RR 2010, 1318 = MDR 2010, 1144.

Zu § 495:
1 Es handelt sich um eine amtliche Absatzzahl.
2 Eingehend Wieczorek/Schütze-*Reuschle*, ZPO, § 495 Rn. 8 ff.
3 Überblick über die Entwicklung des Gesetzes bei Stein/Jonas-*Leipold*, ZPO, Vorbem. § 495 Rn. 5 ff.
4 Zur insoweit missverständlichen Formulierung MK-*Deubner*, ZPO, § 495 Rn. 5 („verfehlt"); Wieczorek/Schütze-*Reuschle*, ZPO, § 495 Rn. 4 ff. (insb. Rn. 7: „falsch gelesen").

§ 495a
Verfahren nach billigem Ermessen

¹Das Gericht kann sein Verfahren nach billigem Ermessen bestimmen, wenn der Streitwert 600 Euro nicht übersteigt. ²Auf Antrag muss mündlich verhandelt werden.

Inhalt:

	Rn.		Rn.
A. Allgemeines	1	III. Antrag auf mündliche Verhandlung, Satz 2	5
B. Erläuterungen und Prozessuales	2	IV. Insbesondere: Das Urteil im Verfahren nach billigem Ermessen	6
I. Streitwertgrenze, Satz 1	2		
II. Verfahrensgestaltung nach billigem Ermessen, Satz 1	3	C. Kosten und Rechtsmittel	8

A. Allgemeines

1   Die Vorschrift bezweckt in erster Linie die **Vereinfachung** und **Beschleunigung** bürgerlich-rechtlicher Streitverfahren „im unteren Streitwertbereich"[1] und damit einhergehend eine Reduzierung der amtsrichterlichen Arbeitsbelastung durch „eine prozessökonomische Gestaltung des Verfahrens nach Lage des Einzelfalls".[2] Anwendung findet sie ausschließlich im **Verfahren vor den Amtsgerichten** (Ausnahme: § 495 Rn. 2 a.E.), **nicht** aber vor den Landgerichten und den Arbeitsgerichten (§ 46 Abs. 2 Satz 2 ArbGG). Innerhalb seines Anwendungsbereichs gilt § 495a ZPO für **alle** in der ZPO beschriebenen **Verfahrensarten**; spezialgesetzliche Regelungen etwa im Urkunden- und Wechselprozess, im Arrest- bzw. einstweiligen Verfügungsverfahren, im PKH-Verfahren oder im Mahnverfahren sind jedoch vorrangig zu berücksichtigen. Dies befolgend erweisen sich auch weitergehende Verfahrensvereinfachungen als zulässig.[3] **Entsprechend** anwendbar ist § 495a ZPO bis zu einem Hauptsachestreitwert von 600,00 € auf das Verfahren abschließende Beschlüsse gemäß § 91a ZPO und auf Verweisungsbeschlüsse i.S.d. § 281 ZPO.[4]

B. Erläuterungen und Prozessuales
I. Streitwertgrenze, Satz 1

2   Nach § 495a Satz 1 ZPO ist die Vorschrift nur bis zu einem **Zuständigkeitsstreitwert** (§§ 2 ff. ZPO) von maximal **600,00 €** anwendbar, wobei es auf den Zeitpunkt der **Einreichung der Klage**, also den Tag des Eingangs bei Gericht, ankommt (§ 4 Abs. 1 Hs. 1 ZPO). Bei gleichbleibendem Streitgegenstand sind spätere Wertsteigerungen bzw. -minderungen unerheblich; ändert sich indes der **Streitgegenstand** (z.B. durch Teilklagerücknahme, übereinstimmende Teilerledigungserklärung, Erhöhung des ursprünglichen Klageantrags, Erheben eines weiteren Anspruchs, etc.) und mit ihm der Streitwert unter bzw. über 600,00 €, hat dies unmittelbaren Einfluss auf die Anwendbarkeit des § 495a ZPO. Ungeachtet dessen liegt es in der Hand des Amtsrichters **(„kann")**, vom Verfahren nach billigem Ermessen ins Normalverfahren oder umgekehrt (sofern der Streitwert 600,00 € nicht übersteigt) überzuwechseln; die Gültigkeit im vereinfachten Verfahren ordnungsgemäß vorgenommener Prozesshandlungen und Beweiserhebungen bleibt von einem solchen Wechsel unberührt.[5] Eine Addition der Zuständigkeitsstreitwerte von Klage und **Widerklage** verbietet sich (§ 5 Hs. 2 ZPO), sodass § 495a ZPO bis zu einem Klage-/Widerklagestreitwert von jeweils 600,00 € insgesamt anwendbar bleibt.[6] Während bei **Prozesstrennung** (§ 145 ZPO) eine isolierte Betrachtung der dann eigenständigen Verfahren geboten ist, kommt es bei einer **Prozessverbindung** (§ 147 ZPO) darauf an, ob der Gesamtstreitwert (§ 5 Hs. 1 ZPO) die Grenze von 600,00 € überschreitet oder nicht.[7]

---

[1] Zöller-*Herget*, ZPO, § 495a Rn. 2.
[2] Stein/Jonas-*Leipold*, ZPO, § 495a Rn. 4; vgl. auch Musielak/Voit-*Wittschier*, ZPO, § 495a Rn. 1; zweifelnd MK-*Deubner*, ZPO, § 495a Rn. 2; Zöller-*Herget*, ZPO, § 495a Rn. 1.
[3] Vgl. Musielak/Voit-*Wittschier*, ZPO, § 495a Rn. 1; MK-*Deubner*, ZPO, § 495a Rn. 4ff.; Thomas/Putzo-*Reichold*, ZPO, § 495a Rn. 1; Zöller-*Herget*, ZPO, § 495a Rn. 4, 7; a.A. Baumbach/Lauterbach/Albers/Hartmann, ZPO, § 495a Rn. 7 (bejaht wird aber die Anwendbarkeit auf das PKH-Verfahren, Rn. 66); Stein/Jonas-*Leipold*, ZPO, § 495a Rn. 11 (Anwendungsbereich der Vorschrift beschränkt sich auf das ordentliche Klageverfahren).
[4] Musielak/Voit-*Wittschier*, ZPO, § 495a Rn. 10; Zöller-*Herget*, ZPO, § 495a Rn. 14.
[5] Baumbach/Lauterbach/Albers/Hartmann, ZPO, § 495a Rn. 5; Musielak/Voit-*Wittschier*, ZPO, § 495a Rn. 4; MK-*Deubner*, ZPO, § 495a Rn. 8, 10, 12; Zöller-*Herget*, ZPO, § 495a Rn. 3.
[6] Baumbach/Lauterbach/Albers/Hartmann, ZPO, § 495a Rn. 5; Musielak/Voit-*Wittschier*, ZPO, § 495a Rn. 4; MK-*Deubner*, ZPO, § 495a Rn. 8; Zöller-*Herget*, ZPO, § 495a Rn. 5; a.A. Wieczorek/Schütze-*Reuschle*, ZPO, § 495a Rn. 22 (Summe der Streitwerte maßgebend).
[7] MK-*Deubner*, ZPO, § 495a Rn. 9; a.A. Stein/Jonas-*Leipold*, ZPO, § 495a Rn. 16.

II. Verfahrensgestaltung nach billigem Ermessen, Satz 1

Auch im Verfahren nach billigem (= **pflichtgemäßem**) Ermessen hat das Amtsgericht die zentralen zivilprozessualen Grundsätze und damit alle Prinzipien eines **rechtsstaatlichen Verfahrens** zu beachten (Dispositionsmaxime, insb. Bindung an die Anträge der Parteien, Beibringungs-, Gleichbehandlungs- und Öffentlichkeitsgrundsatz, Anspruch auf rechtliches Gehör, Erhebung der angebotenen und entscheidungserheblichen Beweise nach den für das Normalverfahren geltenden Beweisregeln, etc.).[8] Im Übrigen aber kann es sein Verfahren frei (prozessökonomisch) gestalten, insbesondere in Abweichung von den §§ 355–455 ZPO Beweis erheben: Verwertung bereits vorliegender Urkunden oder beigezogener Akten, telefonische oder schriftliche Einholung von Auskünften bzw. Zeugenvernehmungen.[9] Letzteres dürfte sich jedoch nur in Ausnahmefällen als praktikabel und im Ergebnis zeitsparend erweisen (etwa bei im Ausland lebenden Zeugen), i.d.r. jedoch nicht bei umfangreichen Befragungen, komplexen Sachverhalten (Gewährung rechtlichen Gehörs!) oder erforderlicher Glaubwürdigkeitsbeurteilung (persönlicher Eindruck!).[10] Vereinfachungen bei der Protokollierung ergeben sich in jedem Fall aus § 161 Abs. 1 Nr. 1 ZPO.[11]   3

Obgleich § 495a ZPO keine förmliche Anordnung[12] des Verfahrens nach billigem Ermessen vorschreibt, darf es das Gericht den Parteien nicht unmöglich machen, ihr Antragsrecht nach § 495a Satz 2 ZPO (siehe Rn. 5) in angemessener Weise auszuüben. Es hat daher **vor Urteilerlass** von der beabsichtigten Durchführung eines rein schriftlichen Verfahrens ohne mündliche Verhandlung – auf das Vorliegen der Voraussetzungen des § 128 Abs. 2, 3 ZPO kommt es nicht an (*e contrario* § 495a Satz 2 ZPO)[13] – zu **unterrichten** und den spätesten Zeitpunkt (= Schluss der mündlichen Verhandlung) mitzuteilen, bis zu dem in berücksichtigungsfähiger Weise zur Sache vorgetragen werden kann; vor Ablauf dieser Frist darf eine Entscheidung nicht ergehen, da das Gericht fristgemäßes Vorbringen der Parteien zu berücksichtigen hat **(Art. 103 Abs. 1 GG)**.[14] Auch bei datierten Fristen, die wie nicht datierte („berechnete") stets angemessen sein müssen, gilt dabei § 222 Abs. 2 ZPO.[15] Ist das Verfahren nach § 495a ZPO anordnende Beschluss einer Partei nachweislich nicht zugegangen, stellt sich der Erlass eines kontradiktorischen Endurteils ohne vorausgegangene mündliche Verhandlung als **willkürlich** dar.[16] **Praxishinweis**: Es empfiehlt sich, den Parteien die Anordnung des vereinfachten Verfahrens **stets** förmlich zuzustellen, ggf. schon anlässlich der ohnehin erforderlichen Zustellung der Klageschrift bzw. des die Klage enthaltenden Protokolls (§§ 253 Abs. 1, 496, 498 ZPO); ausreichend ist aber auch das Beifügen einer rückgabepflichtigen Empfangsbescheinigung (siehe § 497 Rn. 1).   4

III. Antrag auf mündliche Verhandlung, Satz 2

Gemäß § 495a Satz 2 ZPO ist auf Antrag[17] einer Partei, der jederzeit (einseitig) zurückgenommen werden kann,[18] **mündlich zu verhandeln** (Hintergrund: Art. 6 Abs. 1 der Europäischen Menschenrechtskonvention[19]); dem Gericht steht es aber frei, auch ohne Antrag eine münd-   5

---

8 Musielak/Voit-*Wittschier*, ZPO, § 495a Rn. 5; MK-*Deubner*, ZPO, § 495a Rn. 13 ff., 31 f.; Stein/Jonas-*Leipold*, ZPO, § 495a Rn. 24, 38; Thomas/Putzo-*Reichold*, ZPO, § 495a Rn. 2; siehe auch BayVerfGH, NJW-RR 2011, 1211 (1212 f.) = MDR 2011, 1003 (1004): richterlicher Verstoß gegen Dispositionsmaxime durch Setzen einer unzulässigen Präklusionsfrist; KG Berlin, MDR 2001, 1435 (1436): Gericht darf den Parteien eine objektiv mögliche Beweisführung nicht schlechthin verwehren; Musielak/Voit-*Wittschier*, ZPO, § 495a Rn. 5; MK-*Deubner*, ZPO, § 495a Rn. 49: keine Befugnis des Gerichts, die Einspruchsfrist gegen Versäumnisurteil bzw. Vollstreckungsbescheid frei zu bestimmen; insoweit a. A. Baumbach/Lauterbach/Albers/Hartmann, ZPO, § 495a Rn. 21.
9 Musielak/Voit-*Wittschier*, ZPO, § 495a Rn. 6; MK-*Deubner*, ZPO, § 495a Rn. 13, 33 ff.; Stein/Jonas-*Leipold*, ZPO, § 495a Rn. 37, 39.
10 So auch Zöller-*Herget*, ZPO, § 495a Rn. 10; ähnlich MK-*Deubner*, ZPO, § 495a Rn. 37; Wieczorek/Schütze-*Reuschle*, ZPO, § 495a Rn. 52 ff.
11 Zöller-*Herget*, ZPO, § 495a Rn. 10.
12 Muster für eine verfahrenseinleitende Verfügung im Verfahren nach § 495a ZPO bei *Fischer*, MDR 1994, 978 (983); *Kuschel/Kunze*, DRiZ 1996, 193 (195).
13 Wieczorek/Schütze-*Reuschle*, ZPO, § 495a Rn. 34, 43 ff.
14 BVerfG v. 02.03.2017, 2 BvR 977/16, juris, Rn. 8; BVerfG, NJW-RR 2009, 562, Rn. 9 f.; BVerfG, NJW-RR 1994, 254 (255); vgl. auch MK-*Deubner*, ZPO, § 495a Rn. 12, 26; Thomas/Putzo-*Reichold*, ZPO, § 495a Rn. 2.
15 BVerfG, NJW 2013, 3776 = FamRZ 2013, 1876, Rn. 13 ff.
16 BVerfG, NJW 2006, 2248 (2249), Rn. 19 = FamRZ 2006, 763 (764).
17 Eingehend zum Antrag i.S.d. § 495a Satz 2 ZPO *Thum*, NJW 2014, 3198.
18 Baumbach/Lauterbach/Albers/Hartmann, ZPO, § 495a Rn. 18; Musielak/Voit-*Wittschier*, ZPO, § 495a Rn. 7.
19 Stein/Jonas-*Leipold*, ZPO, § 495a Rn. 34; Wieczorek/Schütze-*Reuschle*, ZPO, § 495a Rn. 38.

liche Verhandlung anzuberaumen.[20] Der Antrag kann bis zur Verkündung bzw. anderweitigen Bekanntgabe des Urteils schriftlich oder zum Protokoll der Geschäftsstelle gestellt werden. **Beschränkungen** des Antragsrechts in zeitlicher Hinsicht sind aus Gründen der Prozessökonomie zulässig (insb. Fristsetzung zur Ausübung des Rechts).[21] **Ignoriert** das Gericht einen rechtzeitig gestellten Antrag nach § 495a Satz 2 ZPO, enttäuscht es unter Verletzung des Grundrechts auf rechtliches Gehör (Art. 103 Abs. 1 GG) das schutzwürdige Vertrauen der antragstellenden (u. U. aber auch der gegnerischen) Seite, noch im Rahmen einer mündlichen Verhandlung Gelegenheit zu haben, zur Sache vorzutragen, Erklärungen abzugeben, Anträge zu stellen bzw. zu ändern und Rechtsansichten zu äußern.[22] Andererseits erwächst für die Parteien aus § 495a Satz 2 ZPO kein Anspruch, dass auch eine u. U. notwendige **Beweisaufnahme** in mündlicher Verhandlung durchgeführt wird. Beabsichtigt das Gericht jedoch eine solche außerhalb mündlicher Verhandlung (z. B. schriftliche Zeugenvernehmung), so ist der beantragte Termin erst **nach** Durchführung der Beweisaufnahme anzuberaumen, um deren Ergebnis in mündlicher Verhandlung mit den Parteien erörtern zu können. Ist ergänzend Beweis zu erheben, muss im Anschluss erneut mündlich verhandelt werden.[23]

IV. Insbesondere: Das Urteil im Verfahren nach billigem Ermessen

6   Im **Rubrum** ist die Bezeichnung des Rechtsstreits als „Verfahren nach § 495a ZPO" zwar möglich, aber nicht von Nöten.[24] Im Übrigen ist das Amtsgericht nicht per se von jeder Begründungspflicht entbunden; vielmehr kann es bei einem streitigen Urteil (die Wahl der Entscheidungsform steht nicht im Ermessen des Gerichts[25]) vom Abfassen des **Tatbestands** (§ 313a Abs. 1 Satz 1 ZPO) und u. U. auch der **Entscheidungsgründe** absehen, sofern deren wesentlicher Inhalt im Anschluss an die festzustellende Urteilsverkündung (§ 160 Abs. 3 Nr. 6 f. ZPO) – ggf. durch Bezugnahme (§ 160 Abs. 5 ZPO) – in das Verhandlungsprotokoll aufgenommen worden ist oder die Parteien ganz auf sie verzichtet haben (§§ 313a Abs. 1 Satz 2 ZPO).[26] Abgesehen vom Fall des Begründungsverzichts bedarf jedoch auch das im Verfahren nach billigem Ermessen ergehende Urteil einer „**rational nachvollziehbaren Begründung**",[27] aus der hervorgeht, dass sich das Gericht mit den für die Entscheidung des Rechtsstreits wesentlichen Gesichtspunkten beschäftigt hat; formelhaft-pauschale Bezugnahmen auf Aktenbestandteile bzw. auf die von einer Partei vertretenen Rechtsansichten werden deshalb den Anforderungen des Art. 103 Abs. 1 GG nicht gerecht.[28] Liegen dagegen die Voraussetzungen des **§ 511 Abs. 2 ZPO** vor (Wert des Beschwerdegegenstandes übersteigt 600,00 €,[29] Gericht des ersten Rechtszuges hat Berufung im Urteil zugelassen), findet § 313a Abs. 1 ZPO **keine** Anwendung. Das im vereinfachten Verfahren erlassene Urteil kann den Parteien auch nach mündlicher Verhandlung **an Verkündungs statt zugestellt** werden, wobei die **Bindungswirkung** eines kontradiktorischen Urteils (§ 318 ZPO) schon mit dessen Übergabe an die Geschäftsstelle eintritt; bei Schriftsätzen, die vor diesem Zeitpunkt bei Gericht eingegangen sind, aber erst danach der Geschäftsstelle bzw. dem Richter vorgelegt werden, ist ggf. auf § 321a ZPO zurückzugreifen.[30]

7   Das Gericht kann auch **ohne vorherigen Hinweis** bei Nichterscheinen **einer Partei** zu einem von Amts wegen oder auf Antrag (§ 495a Satz 2 ZPO) anberaumten Verhandlungstermin anstelle eines beantragten **Versäumnisurteils** ein streitiges **Endurteil** (§ 300 Abs. 1 ZPO) erlassen, gegen das der Einspruch nicht statthaft ist; auf die Voraussetzungen der §§ 331a, 251a Abs. 2 ZPO kommt es dabei nicht an. Dem Amtsrichter ist es insofern gestattet, bei hinreichender, aber nicht wahrgenommener Möglichkeit des Beklagten zur Äußerung und Terminsteil-

---

20 *Thum*, NJW 2014, 3198.
21 AG Bergen (Rügen), NJW-RR 2015, 648; Stein/Jonas-*Leipold*, ZPO, § 495a Rn. 35; a. A. MK-*Deubner*, ZPO, § 495a Rn. 38 ff. (39).
22 BVerfG v. 02.03.2017, 2 BvR 977/16, juris, Rn. 7; BVerfG v. 25.06.2015, 1 BvR 367/15, juris, Rn. 7 ff.; BVerfG, NJW 2012, 2262 (2263), Rn. 23; *Thum*, NJW 2014, 3198 (3199 f.); a. A. AG Bergen (Rügen) v. 20.08.2013, 23 C 222/13, juris, Rn. 3.
23 MK-*Deubner*, ZPO, § 495a Rn. 41; Wieczorek/Schütze-*Reuschle*, ZPO, § 495a Rn. 56.
24 Vgl. Baumbach/Lauterbach/Albers/Hartmann, ZPO, § 495a Rn. 23.
25 MK-*Deubner*, ZPO, § 495a Rn. 42.
26 BVerfG, NJW 1995, 2911; Musielak/Voit-*Wittschier*, ZPO, § 495a Rn. 8 f.; Thomas/Putzo-*Reichold*, ZPO, § 495a Rn. 3; kritisch Zöller-*Herget*, ZPO, § 495a Rn. 13.
27 BVerfG, NJW 1995, 2911.
28 BVerfG, NJW 1995, 2911; LG München, NJW-RR 2004, 353 (354) = MDR 2004, 770 (771).
29 Etwa bei Unterliegen des Klägers mit Klage und Widerklage, deren jeweiliger Zuständigkeitsstreitwert 600,00 € nicht übersteigt, wohingegen die Summe der Beschwer über 600,00 € liegt, vgl. auch Zöller-*Herget*, ZPO, § 495a Rn. 13.
30 AG Stralsund v. 07.10.2016, 25 C 126/16, juris, Rn. 3; Musielak/Voit-*Wittschier*, ZPO, § 495a Rn. 6; MK-*Deubner*, ZPO, § 495a Rn. 47; Zöller-*Herget*, ZPO, § 495a Rn. 12; eingehend zum Zeitpunkt der Bindung bei Urteilen im Verfahren nach § 495a ZPO *Schäfer*, NJOZ 2015, 601.

nahme ein Endurteil ausschließlich auf Grundlage des klägerischen Vorbringens zu fällen;³¹ hat sich allerdings die säumige Partei im Vorfeld schriftlich geäußert, muss das Gericht dieses Vorbringen bei Erlass des Urteils, das selbstverständlich Entscheidungsreife voraussetzt, berücksichtigen.³² Auch bei **Säumnis beider Parteien** im Termin kann – ungeachtet der §§ 227, 251a ZPO – **ohne vorherigen Hinweis** ein Endurteil ergehen, selbst wenn noch nicht in einem früheren Termin mündlich verhandelt wurde.³³ Ist derweil das schriftliche Verfahren (§ 495a Satz 1 ZPO) in zulässiger Weise mit einem **schriftlichen Vorverfahren** (§ 276 ZPO) verbunden worden, kann das Amtsgericht nach unterbliebener Verteidigungsanzeige anstelle eines Versäumnisurteils nur dann ein Endurteil erlassen, wenn es auf diese Möglichkeit – gemeinsam mit dem nach den §§ 276 Abs. 2, 331 Abs. 3 ZPO erforderlichen Hinweis – bereits in der Verfahrensanordnung **ausdrücklich und widerspruchsfrei**³⁴ hingewiesen hat. Dagegen besteht im **rein schriftlichen Verfahren** (§ 495a Satz 1 ZPO) keine Möglichkeit zum Erlass eines Versäumnisurteils: mangels Anwendbarkeit der §§ 330 ff. ZPO kann hier nur ein kontradiktorisches Urteil ergehen.³⁵

C. Kosten und Rechtsmittel

Gerichtskosten: Eine besondere Urteilsgebühr wird nicht erhoben. Die Verfahrensgebühr ermäßigt sich auf 1,0 durch **Zurücknahme der Klage** im Verfahren nach § 495a ZPO, in dem eine mündliche Verhandlung nicht stattfindet, vor Ablauf des Tages, an dem eine Ladung zum Termin zur Verkündung des Urteils zugestellt oder das schriftliche Urteil der Geschäftsstelle übermittelt wird; dies jedoch nur, soweit keine Entscheidung nach § 269 Abs. 3 Satz 3 ZPO über die Kosten ergeht oder die Entscheidung einer zuvor mitgeteilten Einigung der Parteien über die Kostentragung oder der Kostenübernahmeerklärung einer Partei folgt (Nr. 1211 Nr. 1c KV-GKG). Nach Ansicht des OLG Karlsruhe³⁶ ist Nr. 1211 Nr. 1c KV-GKG **subsidiär** gegenüber Nr. 1a und 1b; wird also im Verfahren nach billigem Ermessen eine mündliche Verhandlung angeordnet, findet Nr. 1a Anwendung, während im schriftlich geführten Verfahren der vom Gericht bestimmte Zeitpunkt maßgeblich sein soll, bis zu dem in berücksichtigungsfähiger Weise zur Sache vorgetragen werden kann (vgl. Nr. 1b).³⁷ **Klagerücknahme ohne Einwilligung** des Gegners ist dabei nur zulässig, solange sich dieser nicht in geeigneter Form zur Hauptsache eingelassen hat, selbst wenn es später zu einer mündlichen Verhandlung kommt.³⁸ **Keine Ermäßigung nach Nr. 1211 Nr. 2 KV-GKG**, der sich nur auf § 313a Abs. 2 ZPO bezieht. **Rechtsanwaltsgebühren**: Es gelten die Nr. 3100 ff. VV-RVG; wird ohne mündliche Verhandlung entschieden, entsteht gleichwohl die Terminsgebühr (Nr. 3104 Abs. 1 Nr. 1 VV-RVG).

Streitige Urteile im Verfahren nach billigem Ermessen sind i.d.R. **nicht berufungsfähig** (vgl. § 511 Abs. 2 Nr. 1 ZPO); das Amtsgericht kann die Berufung aber im Urteil zulassen (§ 511 Abs. 2 Nr. 2 ZPO). **§ 514 Abs. 2 ZPO** ist bei Vorliegen der entsprechenden Voraussetzungen anwendbar, wohingegen seiner analogen Anwendung auf das kontradiktorische Urteil § 321a ZPO entgegensteht;³⁹ im Übrigen gelten bei **Versäumnisurteilen** und anderweitigen Entschei-

---

31 BVerfG, NJW 2007, 3486 (3487); AG Ahrensburg, NJW 1996, 2516; Baumbach/Lauterbach/Albers/Hartmann, ZPO, § 495a Rn. 20 f., 35, 69, 75; Musielak/Voit-*Wittschier*, ZPO, § 495a Rn. 6; enger (vorheriger Hinweis erforderlich) Stein/Jonas-*Leipold*, ZPO, § 495a Rn. 45; so wohl auch Zöller-*Herget*, ZPO, § 495a Rn. 12; a. A. (Rückgriff auf die §§ 330 ff. ZPO) Heiß, JZ 2015, 1054 (1057); MK-*Deubner*, ZPO, § 495a Rn. 45; Thomas/Putzo-*Reichold*, ZPO, § 495a Rn. 2.
32 BVerfG, JZ 2015, 1053, Rn. 7 ff. mit zust. Anm. Heiß, JZ 2015, 1054 (1057).
33 Enger Stein/Jonas-*Leipold*, ZPO, § 495a Rn. 45 (vorheriger Hinweis erforderlich); Wieczorek/Schütze-*Reuschle*, ZPO, § 495a Rn. 62 f. (bei Säumnis beider Parteien kann das Gericht im Falle eines vorherigen Hinweises das Urteil auch ohne vorangegangene mündliche Verhandlung erlassen; im Übrigen sind die Vorschriften des § 251a Abs. 2 Satz 2–4 ZPO anwendbar und trotz fehlenden Antrags der Erlass eines Versäumnisurteils als milderes Mittel zulässig).
34 Vgl. SächsVerfGH v. 17.07.2014, Vf. 6-IV-14, juris, Rn. 39 f.
35 MK-*Deubner*, ZPO, § 495a Rn. 45; Stein/Jonas-*Leipold*, ZPO, § 495a Rn. 45.
36 OLG Karlsruhe, MDR 2006, 235 (236); zustimmend LG Fulda v. 27.01.2017, 5 T 2/17, nicht veröffentlicht.
37 Dem OLG Karlsruhe, MDR 2006, 235, ist nur teilweise beizupflichten, da der Gesetzgeber die Zeitpunkte, bis zu denen im Verfahren nach § 495a ZPO eine Klage mit der Folge zurückgenommen werden kann, dass sich die Verfahrensgebühr ermäßigt, in Nr. 1211 Nr. 1c KV-GKG eindeutig bestimmt hat; außerdem betrifft Nr. 1211 Nr. 1b KV-GKG schon seinem Wortlaut nach nur die Fälle des § 128 Abs. 2 ZPO. „Subsidiär" ist Nr. 1211 Nr. 1c KV-GKG demnach nur gegenüber Nr. 1a.
38 Stein/Jonas-*Leipold*, ZPO, § 495a Rn. 31.
39 Musielak/Voit-*Wittschier*, ZPO, § 495a Rn. 11; Stein/Jonas-*Leipold*, ZPO, § 495a Rn. 49; Wieczorek/Schütze-*Reuschle*, ZPO, § 495a Rn. 98, 102 ff.; Zöller-*Herget*, ZPO, § 495a Rn. 6; a. A. Baumbach/Lauterbach/Albers/Hartmann, ZPO, § 495a Rn. 30.

dungsformen keine Besonderheiten gegenüber dem Normalverfahren. Verletzungen des **Anspruchs auf rechtliches Gehör** sind über § 321a ZPO zu rügen, **danach**[40] steht nur noch die **Verfassungsbeschwerde** offen (Art. 93 Abs. 1 Nr. 4a GG). Die über die Anwendbarkeit des § 495a ZPO entscheidende (ggf. gesonderte) Streitwertfestsetzung ist **nicht** eigenständig anfechtbar.[41]

§ 496
Einreichung von Schriftsätzen; Erklärungen zu Protokoll

Die Klage, die Klageerwiderung sowie sonstige Anträge und Erklärungen einer Partei, die zugestellt werden sollen, sind bei dem Gericht schriftlich einzureichen oder mündlich zum Protokoll der Geschäftsstelle anzubringen.

1 Die Parteien (der Nebenintervenient in Bezug auf die Beitrittserklärung[1]) können im amtsgerichtlichen Verfahren auch bei anwaltlicher Vertretung **frei wählen**, ob sie die Klage, die Klageerwiderung sowie sonstige Anträge oder Erklärungen, die **zugestellt** werden sollen, schriftlich einreichen oder mündlich zum Protokoll der Geschäftsstelle (§ 153 GVG) anbringen. Ein späterer Wechsel von der einen Variante zur anderen bleibt der Partei ebenso unbenommen wie der kumulative Gebrauch beider Varianten. Entsprechendes gilt für Schriftsätze und Erklärungen, die **ohne** besondere Form mitzuteilen sind (§ 270 Satz 1 ZPO).[2] **Vorbereitende Schriftsätze** sind im Gegensatz zum Anwaltsprozess (§ 129 Abs. 1 ZPO) im Verfahren vor den Amtsgerichten entbehrlich; das Gericht kann jedoch auf § 129 Abs. 2 ZPO zurückgreifen, wobei es das gesetzlich vorgesehene Wahlrecht der Parteien nicht einschränken darf.[3]

2 Für eingereichte **Schriftsätze** gelten die §§ 130ff., 253 ZPO; auf etwaige Mängel hat das Gericht rechtzeitig hinzuweisen (§ 139 ZPO) und auf deren Beseitigung hinzuwirken. Für Erklärungen zum **Protokoll** der Geschäftsstelle gilt § 129a ZPO: Der Urkundsbeamte bzw. der Rechtspfleger (§ 24 Abs. 2 RPflG) hat die Anträge und Erklärungen entgegenzunehmen und in ein Protokoll niederzuschreiben (Ausnahmen bestehen bei verworrenen oder ehrenrührigen Inhalten); hierbei ist auf die Behebung vorhandener Mängel hinzuwirken, die erschienene Partei insofern zu belehren/beraten und das Protokoll sodann an den zur Entscheidung berufenen Richter weiterzugeben (u. U. nach § 129a Abs. 2 Satz 1 ZPO).[4] Unzulässig ist die **fernmündliche** Entgegennahme von Anträgen und Erklärungen.[5] Im Hinblick auf die §§ 129a Abs. 1, 167 ZPO (siehe § 498 Rn. 1) kann die Protokollierung wegen **fehlender Verfahrenszuständigkeit** des Gerichts nicht verweigert werden.[6]

3 Für das **Mahnverfahren** enthält § 702 ZPO besondere und damit vorrangig zu beachtende Bestimmungen. Für das **PKH-Verfahren** ist § 117 ZPO zu berücksichtigen.

---

40 BVerfG, NJW 2005, 3059; BVerfG, NJW 2002, 3388.
41 OLG Köln, MDR 2010, 231 = WuM 2010, 96; LG Stuttgart, NJW-RR 2008, 1167, Rn. 7ff.; LG Dortmund, NJW-RR 2006, 1222 (1223); Musielak/Voit-*Wittschier*, ZPO, § 495a Rn. 11; MK-*Wöstmann*, ZPO, § 2 Rn. 22; Stein/Jonas-*Leipold*, ZPO, § 495a Rn. 17; Zöller-*Herget*, ZPO, § 3 Rn. 7 („keine planwidrige Rechtsschutzlücke"); a.A. LG München I, NJW-RR 2002, 425 (426) = MDR 2001, 713.

Zu § 496:
1 MK-*Schultes*, ZPO, § 70 Rn. 3; Wieczorek/Schütze-*Reuschle*, ZPO, § 496 Rn. 3; Zöller-*Vollkommer*, ZPO, § 70 Rn. 1.
2 MK-*Deubner*, ZPO, § 496 Rn. 3 (Protokollierung = „voller Schriftsatzersatz"); Stein/Jonas-*Leipold*, ZPO, § 496 Rn. 2ff.; Wieczorek/Schütze-*Reuschle*, ZPO, § 496 Rn. 4ff.
3 MK-*Wagner*, ZPO, § 129 Rn. 3; MK-*Deubner*, ZPO, § 496 Rn. 4; Stein/Jonas-*Leipold*, ZPO, § 129 Rn. 17, § 496 Rn. 2; Wieczorek/Schütze-*Reuschle*, ZPO, § 496 Rn. 12; a.A. (Einschränkungen des Wahlrechts u.U. zulässig) Baumbach/Lauterbach/Albers/Hartmann, ZPO, § 496 Rn. 1, 3; Zöller-*Herget*, ZPO, § 496 Rn. 1.
4 MK-*Deubner*, ZPO, § 496 Rn. 2f., 5ff.; Stein/Jonas-*Leipold*, ZPO, § 496 Rn. 5f.; Thomas/Putzo-*Reichold*, ZPO, § 496 Rn. 1; Wieczorek/Schütze-*Reuschle*, ZPO, § 496 Rn. 10f., 13ff.; Zöller-*Herget*, ZPO, § 496 Rn. 2f.
5 BGH, NJW 1981, 1627; Musielak/Voit-*Wittschier*, ZPO, § 496 Rn. 2; MK-*Deubner*, ZPO, § 496 Rn. 7; Stein/Jonas-*Roth*, ZPO, § 159 Rn. 7; a.A. Stein/Jonas-*Leipold*, ZPO, § 496 Rn. 7 (Unzulässigkeit nur bei fristgebundenen Erklärungen unter Verweis auf OLG Schleswig, ZIP 1984, 1017, ZIP 1985, 1229); Zöller-*Herget*, ZPO, § 496 Rn. 3 (Recht, aber keine Pflicht zur Entgegennahme telefonischer Erklärungen); differenzierend Wieczorek/Schütze-*Reuschle*, ZPO, § 496 Rn. 15ff.
6 Stein/Jonas-*Leipold*, ZPO, § 496 Rn. 6; Thomas/Putzo-*Reichold*, ZPO, § 496 Rn. 1; Wieczorek/Schütze-*Reuschle*, ZPO, § 496 Rn. 13.

§ 497
Ladungen

(1) ¹Die Ladung des Klägers zu dem auf die Klage bestimmten Termin ist, sofern nicht das Gericht die Zustellung anordnet, ohne besondere Form mitzuteilen. ²§ 270 Satz 2 gilt entsprechend.

(2) ¹Die Ladung einer Partei ist nicht erforderlich, wenn der Termin der Partei bei Einreichung oder Anbringung der Klage oder des Antrages, auf Grund dessen die Terminsbestimmung stattfindet, mitgeteilt worden ist. ²Die Mitteilung ist zu den Akten zu vermerken.

Inhalt:

	Rn.		Rn.
A. Erläuterungen und Prozessuales	1	II. Entbehrlichkeit der Ladung, Abs. 2	2
I. Form der Ladung, Abs. 1	1	B. Gerichtsgebühren	3

A. Erläuterungen und Prozessuales
I. Form der Ladung, Abs. 1

§ 497 Abs. 1 Satz 1 ZPO ermöglicht es dem Gericht, abweichend von § 329 Abs. 2 Satz 2 ZPO **dem Kläger** die von Amts wegen zu veranlassende **Ladung** (§§ 214, 274 Abs. 1 ZPO) zu dem auf die Klage von Amts wegen zu bestimmenden Termin[1] **ohne besondere Form**, d.h. (fern-)mündlich oder schriftlich, mitzuteilen.[2] Alternativ kommt die richterliche Anordnung einer förmlichen Zustellung der Ladung („sofern nicht") bzw. die eines schriftlichen Vorverfahrens in Betracht (§§ 272 Abs. 2, 276 ZPO).[3] Von der Vorschrift erfasst ist ausschließlich der **frühe erste Termin** i.S.d. §§ 272 Abs. 2, 275 ZPO,[4] auch wenn dieser zwischenzeitlich verlegt wurde.[5] Nach § 497 Abs. 1 Satz 2 ZPO findet zudem **§ 270 Satz 2 ZPO** entsprechende Anwendung; aber: **keine Zugangsvermutung** zum Nachteil des Klägers, bei dessen Säumnis das Gericht vielmehr gehalten ist, sich vor Erlass eines streitigen Endurteils (§ 495a ZPO) des Zugangs der formlos übersandten Ladung und damit der Gewährung rechtlichen Gehörs (Art. 103 Abs. 1 GG) etwa durch Beifügen einer **rückgabepflichtigen Empfangsbescheinigung** zu versichern (siehe auch § 495a Rn. 4 a.E.).[6] Ist lediglich ein **Versäumnisurteil** ergangen, gegen das der Kläger Einspruch eingelegt hat, wird bei fehlender richterlicher Überzeugung vom (rechtzeitigen) Zugang der formlos mitgeteilten Ladung § 344 ZPO[7] bzw. § 21 GKG zu beachten sein.[8]

1

II. Entbehrlichkeit der Ladung, Abs. 2

Von der Ladung einer Partei kann im amtsgerichtlichen Verfahren (jenseits des § 218 ZPO) **ganz abgesehen** werden, wenn ihr selbst oder ihrem gesetzlichen/bevollmächtigten Vertreter, dem die Ladung zuzustellen wäre (nicht aber einem Boten und auch nicht bei Anordnung des persönlichen Erscheinens der Partei, vgl. § 141 Abs. 1 Satz 2 ZPO), der Termin schon **bei**[9] Einreichung/Protokollierung der Klage bzw. des Antrags, der zur Terminsbestimmung führt, mündlich oder schriftlich mitgeteilt wurde (Satz 1). Den entsprechenden Vorgang hat der handelnde Richter bzw. Urkundsbeamte der Geschäftsstelle in den Akten zu beurkunden

2

---

1 Es gelten insoweit vor den Amtsgerichten – abgesehen vom Verfahren nach billigem Ermessen (§ 495a ZPO) – keine Besonderheiten gegenüber dem landgerichtlichen Verfahren (siehe § 216 Rn. 2).
2 Musielak/Voit-*Wittschier*, ZPO, § 497 Rn. 1f.; MK-*Deubner*, ZPO, § 497 Rn. 2; a.A. Wieczorek/Schütze-*Reuschle*, ZPO, § 497 Rn. 11 (Ladung selbst bedarf der Schriftform).
3 Thomas/Putzo-*Reichold*, ZPO, § 497 Rn. 1; Wieczorek/Schütze-*Reuschle*, ZPO, § 497 Rn. 8.
4 Weitergehend Baumbach/Lauterbach/Albers/Hartmann, ZPO, § 497 Rn. 5f.
5 BayVerfGH, NJW-RR 2001, 1647; Baumbach/Lauterbach/Albers/Hartmann, ZPO, § 497 Rn. 6; Musielak/Voit-*Wittschier*, ZPO, § 497 Rn. 2; Zöller-*Herget*, ZPO, § 497 Rn. 2; a.A. MK-*Deubner*, ZPO, § 497 Rn. 3; Wieczorek/Schütze-*Reuschle*, ZPO, § 497 Rn. 7 (bei Terminsverlegung Zustellung erforderlich).
6 BVerfG, NJW 2006, 2248 (2249), Rn. 16f. = FamRZ 2006, 763; BayVerfGH, NJW-RR 2001, 1647; Musielak/Voit-*Wittschier*, ZPO, § 497 Rn. 2; MK-*Deubner*, ZPO, § 497 Rn. 4; Stein/Jonas-*Leipold*, ZPO, § 497 Rn. 4f.; a.A. Baumbach/Lauterbach/Albers/Hartmann, ZPO, § 497 Rn. 1.
7 Das Versäumnisurteil ist dann nicht in gesetzlicher Weise ergangen, vgl. § 335 Abs. 1 Nr. 2 ZPO.
8 Stein/Jonas-*Leipold*, ZPO, § 497 Rn. 4; Zöller-*Herget*, ZPO, § 497 Rn. 3.
9 So auch MK-*Deubner*, ZPO, § 497 Rn. 5; Stein/Jonas-*Leipold*, ZPO, § 497 Rn. 6f.; Wieczorek/Schütze-*Reuschle*, ZPO, § 497 Rn. 22; für eine Anwendung der Vorschrift „auf fast gleichliegende Fälle" (z.B. Mitteilung bei einem späteren Erscheinen) dagegen Baumbach/Lauterbach/Albers/Hartmann, ZPO, § 497 Rn. 8.

(Satz 2).[10] Anwendung findet § 497 Abs. 2 ZPO auch auf die **gegnerische Partei**[11] sowie auf den **Nebenintervenienten**.[12]

B. Gerichtsgebühren

3   Die Zustellung der Klage soll gemäß § 12 Abs. 1 Satz 1 GKG erst **nach** Zahlung der Gebühr für das „Verfahren im Allgemeinen" (Nr. 1210 KV-GKG) erfolgen, soweit nicht eine der in den §§ 12 Abs. 2, 14 GKG geregelten Ausnahmen greift. Ist Gegenstand des Verfahrens kein fester Geldbetrag in Euro oder ist gesetzlich kein Wert bestimmt, muss vor der Gebührenanforderung der Streitwert zunächst vorläufig festgesetzt werden (§ 63 Abs. 1 Satz 1 GKG).

§ 498
Zustellung des Protokolls über die Klage

Ist die Klage zum Protokoll der Geschäftsstelle angebracht worden, so wird an Stelle der Klageschrift das Protokoll zugestellt.

1   Auch die mündlich zum Protokoll der Geschäftsstelle angebrachte Klage (§ 496 ZPO) bedarf „selbstverständlich"[1] der von Amts wegen zu veranlassenden und unverzüglichen (§§ 166 Abs. 2, 270 Satz 1, 271 Abs. 1 ZPO) **Zustellung** an die gegnerische Partei, um Rechtshängigkeit zu bewirken (§§ 253 Abs. 1, 261 ZPO; zur Rückwirkung der Zustellung siehe § 167 ZPO). Es bestehen auch im Übrigen **keine Besonderheiten** gegenüber der Klageschrift i.S.d. § 253 Abs. 1 ZPO. Bei Abgabe zum Protokoll der Geschäftsstelle eines **anderen** Amtsgerichts (§ 129a Abs. 1 ZPO) ist das Protokoll von dort aus unverzüglich an das in der Klage genannte Gericht zu übermitteln (§ 129a Abs. 2 Satz 1 ZPO). Anhängigkeit tritt dann erst mit Eingang des Protokolls beim Prozessgericht ein (§§ 129a Abs. 2 Satz 2, 167 ZPO), von wo aus es selbst bei Mängeln unverzüglich zuzustellen ist (§ 271 Abs. 1 ZPO).[2]

§ 499
Belehrungen

(1) Mit der Zustellung der Klageschrift oder des Protokolls über die Klage ist der Beklagte darüber zu belehren, dass eine Vertretung durch einen Rechtsanwalt nicht vorgeschrieben ist.

(2) Mit der Aufforderung nach § 276 ist der Beklagte auch über die Folgen eines schriftlich abgegebenen Anerkenntnisses zu belehren.

Inhalt:

	Rn.		Rn.
A. Allgemeines	1	II. Belehrung über Folgen eines Anerkenntnisses, Abs. 2	3
B. Erläuterungen und Prozessuales	2		
I. Belehrung wegen Vertretung durch einen Rechtsanwalt, Abs. 1	2		

---

10 Musielak/Voit-*Wittschier*, ZPO, § 497 Rn. 3; MK-*Deubner*, ZPO, § 497 Rn. 6 ff.; Stein/Jonas-*Leipold*, ZPO, § 497 Rn. 6 ff.; Thomas/Putzo-*Reichold*, ZPO, § 497 Rn. 3.
11 Musielak/Voit-*Wittschier*, ZPO, § 497 Rn. 3; MK-*Deubner*, ZPO, § 497 Rn. 5; a.A. LG Tübingen, MDR 1956, 431; Baumbach/Lauterbach/Albers/Hartmann, ZPO, § 497 Rn. 8; Stein/Jonas-*Leipold*, ZPO, § 497 Rn. 7; Wieczorek/Schütze-*Reuschle*, ZPO, § 497 Rn. 19.
12 Stein/Jonas-*Leipold*, ZPO, § 497 Rn. 9; Wieczorek/Schütze-*Reuschle*, ZPO, § 497 Rn. 21; Zöller-*Herget*, ZPO, § 497 Rn. 3.

Zu § 498:
1 MK-*Deubner*, ZPO, § 498 Rn. 1 („Die Vorschrift ist überflüssig"); so auch Musielak/Voit-*Wittschier*, ZPO, § 498 Rn. 1; a.A. Wieczorek/Schütze-*Reuschle*, ZPO, § 498 Rn. 1.
2 Musielak/Voit-*Wittschier*, ZPO, § 498 Rn. 2; MK-*Deubner*, ZPO, § 498 Rn. 1 f.; Stein/Jonas-*Leipold*, ZPO, § 498 Rn. 1, 3; Wieczorek/Schütze-*Reuschle*, ZPO, § 498 Rn. 3 f.; Zöller-*Herget*, ZPO, § 498 Rn. 1 f.

A. Allgemeines

§ 499 Abs. 1 ZPO dient dem Schutz der beklagten Partei, die über die besonderen Hinweispflichten im Anwaltsprozess (§§ 215 Abs. 2, 271 Abs. 2, 275 Abs. 1 Satz 2 Hs. 1, 276 Abs. 2, 277 Abs. 2 ZPO) hinaus darüber zu belehren ist, dass im amtsgerichtlichen Verfahren eine Vertretung durch einen Rechtsanwalt nicht vorgeschrieben ist.[1] Weil im Verfahren vor den Landgerichten die Erklärung des Anerkenntnisses (§ 307 ZPO) ohnehin dem Anwaltszwang unterliegt (siehe § 307 Rn. 3), erweitert § 499 Abs. 2 ZPO bei amtsrichterlicher Anordnung des schriftlichen Vorverfahrens[2] die §§ 276 Abs. 2, 277 Abs. 2 ZPO dahingehend, dass der Beklagte auch über die Folgen eines schriftlich abgegebenen Anerkenntnisses zu informieren ist.[3]

1

B. Erläuterungen und Prozessuales
I. Belehrung wegen Vertretung durch einen Rechtsanwalt, Abs. 1

Bereits **mit der Zustellung** der Klageschrift oder des Protokolls über die Klage (§§ 496, 498 ZPO) ist der Beklagte darüber zu belehren, dass eine Vertretung durch einen Rechtsanwalt nicht vorgeschrieben ist (Ausnahme: § 114 Abs. 1 FamFG); eine erneute Belehrung im Zuge der Ladung zur mündlichen Verhandlung ist nicht erforderlich.[4] Keine Rolle spielt es dabei, ob ein früher erster Termin (§ 275 ZPO), das schriftliche Vorverfahren (§ 276 ZPO) oder das Verfahren nach billigem Ermessen (§ 495a ZPO) angeordnet wird.[5] Ergeht der Hinweis nicht, hat dies keinerlei Folgen für den Prozess.[6]

2

II. Belehrung über Folgen eines Anerkenntnisses, Abs. 2

Mit der Aufforderung nach § 276 Abs. 1 Satz 1 Hs. 1 ZPO ist der Beklagte – auch wenn er anwaltlich vertreten ist[7] – **in verständlicher Weise** (i.d.R. also schriftlich) über die Folgen eines schriftlich abgegebenen Anerkenntnisses zu belehren (Verurteilung dem Anerkenntnis gemäß, ohne dass es einer mündlichen Verhandlung bedarf, § 307 ZPO).[8] Weitergehende Hinweise etwa zur Form der Erklärung des Anerkenntnisses bzw. zur möglichen Kostenfolge (§§ 91, 93, 129a, 496 ZPO) sind nicht erforderlich.[9]

3

Eine **verspätete** Belehrung durch das Gericht bleibt ohne Folgen, wohingegen bei **fehlender** Belehrung des Beklagten – dem Sinn und Zweck der Vorschrift nach – trotz Anerkenntnisses kein Anerkenntnisurteil im schriftlichen Verfahren ergehen kann; zulässig bleibt jedoch der Erlass eines solchen in mündlicher Verhandlung, sofern die beklagte Partei dort den geltend gemachten Anspruch (abermals) anerkennt.[10] Mit dem **Schutzzweck der Norm** ist es vereinbar, dass das Gericht den Beklagten, der ohne vorherige Belehrung schriftlich anerkannt hat, schriftlich nach § 499 Abs. 2 ZPO sowie über den Umstand belehrt, dass das ursprünglich erklärte Anerkenntnis keinerlei rechtliche Wirkungen entfaltet; bleibt der Beklagte daraufhin bei seinem Anerkenntnis, kann das Anerkenntnisurteil auch außerhalb einer mündlichen Verhandlung ergehen.[11]

4

§§ 499a bis 503

(weggefallen)

---

1 Vgl. BT-Drucks. 15/5222, S. 12; kritisch insoweit Zöller-*Herget*, ZPO, § 499 Rn. 1.
2 Für eine analoge Anwendung der Vorschrift auf den Fall der Ladung des Beklagten zu einem frühen ersten Termin Stein/Jonas-*Leipold*, ZPO, § 499 Rn. 14; diese Ansicht ist im Hinblick auf den eindeutigen Wortlaut der Norm und mangels planwidriger Regelungslücke abzulehnen.
3 Vgl. Musielak/Voit-*Wittschier*, ZPO, § 499 Rn. 1.
4 Vgl. BT-Drucks. 15/5222, S. 12.
5 Musielak/Voit-*Wittschier*, ZPO, § 499 Rn. 1a; Stein/Jonas-*Leipold*, ZPO, § 499 Rn. 5.
6 MK-*Deubner*, ZPO, § 499 Rn. 12, der jedoch auf mögliche Amtshaftungsansprüche des Beklagten verweist.
7 Musielak/Voit-*Wittschier*, ZPO, § 499 Rn. 2; MK-*Deubner*, ZPO, § 499 Rn. 5; Stein/Jonas-*Leipold*, ZPO, § 499 Rn. 12; Zöller-*Herget*, ZPO, § 499 Rn. 2; mit Wieczorek/Schütze-*Reuschle*, ZPO, § 499 Rn. 10 kann die Belehrung in diesem Fall aber „entsprechend kürzer und formaler ausfallen".
8 MK-*Deubner*, ZPO, § 499 Rn. 2, 7 f.
9 Baumbach/Lauterbach/Albers/Hartmann, ZPO, § 499 Rn. 4; MK-*Deubner*, ZPO, § 499 Rn. 7; Stein/Jonas-*Leipold*, ZPO, § 499 Rn. 10, 15; Zöller-*Herget*, ZPO, § 499 Rn. 2; a.A. Wieczorek/Schütze-*Reuschle*, ZPO, § 499 Rn. 9 (Belehrung muss sich auch auf mögliche Kostenfolge nach § 93 ZPO erstrecken).
10 Musielak/Voit-*Wittschier*, ZPO, § 499 Rn. 3; MK-*Deubner*, ZPO, § 499 Rn. 2 f., 6; Stein/Jonas-*Leipold*, ZPO, § 499 Rn. 17 f.; Zöller-*Herget*, ZPO, § 499 Rn. 3.
11 Vgl. MK-*Deubner*, ZPO, § 499 Rn. 4; Wieczorek/Schütze-*Reuschle*, ZPO, § 499 Rn. 12.

§ 504
Hinweis bei Unzuständigkeit des Amtsgerichts

Ist das Amtsgericht sachlich oder örtlich unzuständig, so hat es den Beklagten vor der Verhandlung zur Hauptsache darauf und auf die Folgen einer rügelosen Einlassung zur Hauptsache hinzuweisen.

Inhalt:

	Rn.		Rn.
A. Allgemeines	1	B. Erläuterungen und Prozessuales	2

A. Allgemeines

1 Die Vorschrift will in Erweiterung bzw. Konkretisierung der Hinweispflicht nach § 139 Abs. 1 ZPO und im Zusammenspiel mit § 39 Satz 2 ZPO einer „**Erschleichung der amtsgerichtlichen Zuständigkeit**"[1] dadurch vorbeugen, dass bei unterbliebener gerichtlicher Belehrung des i.d.R. rechtsunkundigen und insoweit fürsorgebedürftigen Beklagten § 39 Satz 1 ZPO keine Rechtswirkungen entfaltet. Die Rüge sachlicher bzw. örtlicher Unzuständigkeit und damit auch ein klägerischer Verweisungsantrag (§ 281 Abs. 1 Satz 1 ZPO) können bei unterbliebenem Hinweis vielmehr noch später, d.h. **nach** einer zunächst rügelosen Einlassung des Beklagten zur Hauptsache erfolgen (entgegen § 282 Abs. 3 Satz 1 ZPO).[2] Für das **Mahnverfahren** enthält § 696 ZPO besondere Regelungen.[3]

B. Erläuterungen und Prozessuales

2 Der gerichtliche Hinweis hat sich inhaltlich auf die sachliche und/oder örtliche **Unzuständigkeit** sowie auf das **Zuständigwerden und -bleiben** des angerufenen Amtsgerichts bei rügelosem Verhandeln zur Hauptsache (§ 39 Satz 1 ZPO) zu beziehen. Fernerhin ist der Beklagte über die **rechtlichen Konsequenzen** einer Unzuständigkeitsrüge (Verweisung an zuständiges Gericht bei klägerischem Antrag, andernfalls Klageabweisung durch Prozessurteil) zu belehren.[4] Die Hinweispflicht erstreckt sich des Weiteren auf die fehlende **internationale**[5] Zuständigkeit und entfällt selbst bei **ausschließlicher** Zuständigkeit eines anderen Gerichts nicht, obgleich in diesem Fall die Ausnahmeregelung des § 40 Abs. 2 Satz 2 ZPO zur Anwendung kommt; der gebotene Hinweis bezieht sich dann auf die auch bei rügelosem Verhandeln fortwährende Unzuständigkeit des befassten Amtsgerichts.[6]

3 Die auch bei anwaltlicher Vertretung des Beklagten erforderlichen Hinweise[7] müssen spätestens **vor** Einleitung der streitigen **mündlichen Verhandlung** (§ 137 Abs. 1 ZPO) ergehen und sind überdies als wesentlicher Vorgang (§ 160 Abs. 2 ZPO) in das **Protokoll** aufzunehmen. Eine vorausgehende schriftliche Hinweiserteilung (§ 273 Abs. 1 ZPO) ist nicht nur möglich, sondern unter prozessökonomischen Gesichtspunkten (§ 281 Abs. 1 Satz 1 ZPO) sogar angezeigt; im **schriftlichen Verfahren** muss sie vor (schriftlicher) Einlassung der beklagten Partei erfolgen. **Nach** dem Schluss der mündlichen Verhandlung kann die Belehrung nicht mehr wirksam nachgeholt werden, es bedarf dann einer Wiedereröffnung der Verhandlung gemäß § 156 Abs. 2 Nr. 1 ZPO.[8] Die vorstehenden Grundsätze gelten vor allem wegen des vergleichbaren Schutzbedürfnisses der beklagten Partei auch bei **nachträglicher sachlicher Unzustän-**

---

1 Musielak/Voit-*Wittschier*, ZPO, § 504 Rn. 1; ähnlich Thomas/Putzo-*Reichold*, ZPO, § 504 Rn. 1.
2 Vgl. BGH, NJW-RR 1992, 1091; Musielak/Voit-*Wittschier*, ZPO, § 504 Rn. 1, 3; MK-*Deubner*, ZPO, § 504 Rn. 1; Stein/Jonas-*Leipold*, ZPO, § 504 Rn. 1; Zöller-*Herget*, ZPO, § 504 Rn. 1.
3 Musielak/Voit-*Wittschier*, ZPO, § 504 Rn. 1; Zöller-*Herget*, ZPO, § 504 Rn. 4.
4 Stein/Jonas-*Leipold*, ZPO, § 504 Rn. 9; Wieczorek/Schütze-*Reuschle*, ZPO, § 504 Rn. 13; a.A. MK-*Deubner*, ZPO, § 504 Rn. 6 (nicht erforderlich, aber ratsam).
5 So auch Musielak/Voit-*Wittschier*, ZPO, § 504 Rn. 2; MK-*Deubner*, ZPO, § 504 Rn. 4; Stein/Jonas-*Leipold*, ZPO, § 504 Rn. 5; a.A. OLG Frankfurt a.M., NJW 1979, 1787; Baumbach/Lauterbach/Albers/Hartmann, ZPO, § 504 Rn. 4; zur Frage, ob die §§ 38–40 ZPO für die Begründung der internationalen Zuständigkeit entsprechend anzuwenden sind, BGH, NJW 1979, 1104 = MDR 1979, 658.
6 MK-*Deubner*, ZPO, § 504 Rn. 2, 6; Stein/Jonas-*Leipold*, ZPO, § 504 Rn. 3; a.A. Wieczorek/Schütze-*Reuschle*, ZPO, § 504 Rn. 7, 11.
7 OLG Schleswig v. 11.07.2012, 2 W 187/11, juris, Rn. 25; BayObLG, NJW 2003, 366; MK-*Deubner*, ZPO, § 504 Rn. 5; Zöller-*Herget*, ZPO, § 504 Rn. 2.
8 LG Hannover, MDR 1985, 772; Musielak/Voit-*Wittschier*, ZPO, § 504 Rn. 2; MK-*Deubner*, ZPO, § 504 Rn. 7f.; Stein/Jonas-*Leipold*, ZPO, § 504 Rn. 7f.; Zöller-*Herget*, ZPO, § 504 Rn. 2.

digkeit des Amtsgerichts i.S.d. § 506 Abs. 1 ZPO, das in diesem Fall gleichermaßen „sachlich [...] unzuständig" ist (§§ 504, 39 Satz 2 ZPO).[9]

Ein amtsgerichtlicher Verweisungsbeschluss ist insbesondere auch dann bindend, wenn der Kläger schon vorab einen Verweisungsantrag gestellt hat oder seitens des Gerichts auf bestehende Zuständigkeitsbedenken hingewiesen worden ist und dem Beklagten daraufhin nur **Gelegenheit zur Stellungnahme** zu dem (u.U. erst auf den Hinweis) erfolgten Verweisungsantrag gegeben wurde, ohne dass er davon Gebrauch macht, durch **ausdrücklichen Rügeverzicht** die Zuständigkeit des angerufenen Amtsgerichts zu begründen. Nach zutreffender Ansicht des **BGH** rechtfertigen die §§ 504, 39 Satz 2 ZPO insoweit keine anderweitige Beurteilung: § 39 Satz 1 ZPO beruhe auf der Erwägung, dass es nicht hinzunehmen sei, wenn sich der Beklagte in Kenntnis der Unzuständigkeit auf eine Verhandlung vor dem an sich unzuständigen Gericht einlassen und in einem späteren Verfahrensstadium noch die Rüge der Unzuständigkeit erheben könnte; nicht zu entnehmen sei der Regelung hingegen, dass das Gericht dem Beklagten auch dann stets die Möglichkeit einräumen müsse, die Zuständigkeit durch rügeloses Verhandeln zur Hauptsache zu begründen, wenn der Kläger schon vor der mündlichen Verhandlung die Verweisung an das zuständige Gericht beantragt habe.[10]

4

§ 505
(weggefallen)

§ 506
Nachträgliche sachliche Unzuständigkeit

(1) Wird durch Widerklage oder durch Erweiterung des Klageantrages (§ 264 Nr. 2, 3) ein Anspruch erhoben, der zur Zuständigkeit der Landgerichte gehört, oder wird nach § 256 Abs. 2 die Feststellung eines Rechtsverhältnisses beantragt, für das die Landgerichte zuständig sind, so hat das Amtsgericht, sofern eine Partei vor weiterer Verhandlung zur Hauptsache darauf anträgt, durch Beschluss sich für unzuständig zu erklären und den Rechtsstreit an das Landgericht zu verweisen.

(2) Die Vorschriften des § 281 Abs. 2, Abs. 3 Satz 1 gelten entsprechend.

Inhalt:

	Rn.		Rn.
A. Allgemeines	1	II. Anwendbarkeit des § 281 Abs. 2, 3	
B. Erläuterungen und Prozessuales	3	Satz 1 ZPO, Abs. 2	6
I. Unzuständigkeit durch Widerklage oder Erweiterung, Abs. 1	3	C. Kosten und Gebühren	7

A. Allgemeines

Die Vorschrift regelt **abschließend** für die drei von ihr genannten Fallkonstellationen (siehe Rn. 3), die erst im Laufe des Streitverfahrens (§ 261 Abs. 2 ZPO), sprich **nachträglich zur sachlichen Unzuständigkeit** des Amtsgerichts führen, eine Abweichung vom Grundsatz des § 261 Abs. 3 Nr. 2 ZPO *(„perpetuatio fori")*. Auf diese Weise soll einer Erschleichung der amtsgerichtlichen Zuständigkeit insbesondere durch spätere Klageerweiterung entgegengewirkt und trotz ursprünglicher sachlicher Zuständigkeit des Amtsgerichts eine „einheitliche Entschei-

1

---

9 LG Hannover, MDR 1985, 772; Musielak/Voit-*Wittschier*, ZPO, § 504 Rn. 2, § 506 Rn. 5; MK-*Deubner*, ZPO, § 504 Rn. 3, § 506 Rn. 8; Stein/Jonas-*Leipold*, ZPO, § 504 Rn. 3, § 506 Rn. 10; Wieczorek/Schütze-*Reuschle*, ZPO, § 504 Rn. 3 ff., § 506 Rn. 15, 20; Zöller-*Herget*, ZPO, § 504 Rn. 2, § 506 Rn. 3; a. A. LG Hamburg, MDR 1978, 940; Baumbach/Lauterbach/Albers/Hartmann, ZPO, § 504 Rn. 4.
10 BGH, NJW-RR 2013, 1398 (1399), Rn. 9 f. = MDR 2013, 1304, Rn. 9 f.; BGH v. 19.03.2013, X ARZ 622/12, juris, Rn. 9 ff.; BGH, NJW-RR 2013, 764 (765), Rn. 8 ff. = MDR 2013, 481, Rn. 8 ff.; vgl. auch OLG Hamm v. 25.07.2013, 32 SA 46/13, juris, Rn. 18 f.; OLG München, MDR 2013, 243 (244); Musielak/Voit-*Wittschier*, ZPO, § 504 Rn. 3; *Vossler*, NJW 2003, 1164 (1165); a. A. BayObLG, NJW 2003, 366; Stein/Jonas-*Leipold*, ZPO, § 504 Rn. 10, 13; Wieczorek/Schütze-*Reuschle*, ZPO, § 504 Rn. 16.

dung zusammenhängender Verfahren"[1] durch Verweisung des **gesamten** Rechtsstreits an das zuständige Landgericht ermöglicht werden.[2]

2 Tritt erst im **Berufungsverfahren** einer der in § 506 Abs. 1 ZPO genannten Fälle ein, entfaltet eine Verweisung des Rechtsstreits von der Berufungszivilkammer an eine erstinstanzliche Zivilkammer mangels gesetzlicher Grundlage **keine Bindungswirkung** i.S.d. § 281 Abs. 2 Satz 4 ZPO.[3] Gleiches gilt für eine Verweisung durch die Berufungszivilkammer an das Oberlandesgericht als Berufungsgericht, sodass erstgenannte auch über das erweiterte Begehren zu entscheiden hat.[4] Da das Landgericht in gleicher Weise wie das Oberlandesgericht als Berufungsgericht die Revision zulassen kann und bei Erreichen der Wertgrenze (§ 26 Nr. 8 Satz 1 EGZPO) außerdem die Möglichkeit der Nichtzulassungsbeschwerde besteht, ändert sich insoweit auch nichts am Zugang zum BGH als **Revisionsinstanz**.[5]

B. Erläuterungen und Prozessuales
I. Unzuständigkeit durch Widerklage oder Erweiterung, Abs. 1

3 Einer der in § 506 Abs. 1 ZPO genannten Umstände – zulässige **Klageänderung** (§ 264 Nr. 2, 3 ZPO),[6] (Hilfs-[7])**Widerklage** (es gilt § 33 ZPO[8]), **Zwischenfeststellungs(wider)klage** (§ 256 Abs. 2 ZPO) – muss **nachträglich** zur **sachlichen** Unzuständigkeit des Amtsgerichts führen, etwa weil der später rechtshängig gewordene Teil schon für sich genommen (z.B. Widerklage mit einem Gegenstandswert über 5.000,00 €) oder erst zusammen mit dem ursprünglich erhobenen Anspruch (§ 5 Hs. 1 ZPO) die landgerichtliche Zuständigkeit i.S.d. §§ 23, 71 GVG begründet.[9] **Keine** Anwendung findet § 506 ZPO dagegen in den Fällen der §§ 147 (Ausnahme: § 112 Abs. 2 GenG), 302 Abs. 4 Satz 4, 510b, 600 Abs. 2, 717 Abs. 2 Satz 2, Abs. 3, 1065 Abs. 2 Satz 2 ZPO.[10] Gleichwohl erweist sich die nach einer **Prozessverbindung** (§ 147 ZPO) erfolgte Verweisung als für das Landgericht bindend, es sei denn, das Amtsgericht hat sich trotz gegebenem Anlass in keiner Weise mit der beinahe einhelligen Meinung in Rechtsprechung und Literatur auseinandergesetzt;[11] eine **analoge** Anwendung des § 506 ZPO ist derweil geboten,

---

1 MK-*Deubner*, ZPO, § 506 Rn. 1.
2 BGH, NJW-RR 1996, 891 = MDR 1996, 1179; MK-*Deubner*, ZPO, § 506 Rn. 1; Zöller-*Herget*, ZPO, § 506 Rn. 1.
3 KG Berlin, NJW-RR 2000, 804; LG Zweibrücken, NJW-RR 1994, 1087; Baumbach/Lauterbach/Albers/Hartmann, ZPO, § 506 Rn. 7; Musielak/Voit-*Wittschier*, ZPO, § 506 Rn. 1; Stein/Jonas-*Leipold*, ZPO, § 506 Rn. 27; Thomas/Putzo-*Reichold*, ZPO, § 506 Rn. 2, 5; Wieczorek/Schütze-*Reuschle*, ZPO, § 506 Rn. 44 ff.; Zöller-*Herget*, ZPO, § 506 Rn. 4; a.A. LG Hamburg, NJW-RR 1993, 932; LG Aachen, NJW-RR 1999, 143; LG Kassel, NJW-RR 1996, 1340. Ein Zuständigkeitskonflikt zwischen Berufungszivilkammer und erstinstanzlicher Zivilkammer des gleichen Gerichts ist nicht nach § 36 Abs. 1 Nr. 6 ZPO, sondern nach Maßgabe des Geschäftsverteilungsplans und ggf. durch das Präsidium des Gerichts zu entscheiden, vgl. BGH, NJW 2000, 80 = VersR 2001, 126.
4 BGH, NJW-RR 1996, 891 = MDR 1996, 1179; Baumbach/Lauterbach/Albers/Hartmann, ZPO, § 506 Rn. 7; Musielak/Voit-*Wittschier*, ZPO, § 506 Rn. 1; Stein/Jonas-*Leipold*, ZPO, § 506 Rn. 27; Thomas/Putzo-*Reichold*, ZPO, § 506 Rn. 2, 5; Zöller-*Herget*, ZPO, § 506 Rn. 4.
5 Vgl. MK-*Deubner*, ZPO, § 506 Rn. 17.
6 Vgl. in Bezug auf Schmerzensgeldforderungen OLG Hamm, NJW-RR 2012, 1464 (1465).
7 Es gilt namentlich aus Gründen der Prozessökonomie § 506 Abs. 1 ZPO analog, vgl. AG Syke v. 22.04.2009, 9 C 1238/08, nicht veröffentlicht; Musielak/Voit-*Wittschier*, ZPO, § 506 Rn. 1; *Toussaint*, NJ 2006, 392 (395); offengelassen von OLG Celle, NJW-RR 2009, 1512 (Verweisungsbeschluss jedenfalls nicht objektiv willkürlich); a.A. OLG Koblenz v. 08.06.2009, 4 W 300/09, nicht veröffentlicht; LG Verden v. 25.05.2009, 4 O 189/09, nicht veröffentlicht.
8 MK-*Deubner*, ZPO, § 506 Rn. 2; a.A. Stein/Jonas-*Leipold*, ZPO, § 506 Rn. 3 (Fn. 1); Wieczorek/Schütze-*Reuschle*, ZPO, § 506 Rn. 8.
9 Musielak/Voit-*Wittschier*, ZPO, § 506 Rn. 2; MK-*Deubner*, ZPO, § 506 Rn. 2 ff.; Stein/Jonas-*Leipold*, ZPO, § 506 Rn. 2, 7; Thomas/Putzo-*Reichold*, ZPO, § 506 Rn. 3.
10 Vgl. Musielak/Voit-*Wittschier*, ZPO, § 506 Rn. 1; MK-*Deubner*, ZPO, § 506 Rn. 5 f.; Stein/Jonas-*Leipold*, ZPO, § 506 Rn. 6, 28 f.; Thomas/Putzo-*Reichold*, ZPO, § 506 Rn. 2; Zöller-*Herget*, ZPO, § 506 Rn. 2.
11 OLG Hamm, MDR 2014, 1106; OLG Hamm, MDR 2013, 1307; musste sich hingegen dem Amtsgericht die fortdauernde Zuständigkeit nicht aufdrängen und sind auch sonst keine Anhaltspunkte ersichtlich, dass es sich willkürlich der Erkenntnis verschlossen hat, dass eine streitwerterhöhende Verbindung keine Auswirkungen auf die Zuständigkeit haben könnte, so ist ein dennoch ergehender Verweisungsbeschluss zwar rechtsfehlerhaft, aber bindend, vgl. OLG Hamm v. 21.08.2015, 32 SA 43/15, juris, Rn. 21.

wenn die klägerische Partei durch **willkürliches** Splitten des Streitgegenstandes in verschiedene Teilklagen die Zuständigkeit des Amtsgerichts erreichen will.[12]

In den Fällen des § 506 Abs. 1 ZPO hat sich das Amtsgericht auf **Antrag einer Partei**, der in mündlicher Verhandlung, schriftlich oder vor dem Urkundsbeamten der Geschäftsstelle (§§ 506 Abs. 2, 281 Abs. 2 Satz 1 ZPO) gestellt werden kann, durch Beschluss für unzuständig zu erklären und den Rechtsstreit insgesamt an das Landgericht zu verweisen. Im Unterschied zu § 281 Abs. 1 ZPO, der durch § 506 Abs. 1 ZPO nur ergänzt, nicht aber verdrängt wird, kann somit auch die **beklagte Partei** Verweisung beantragen; umgekehrt setzt ein Antrag der Klägerseite keine Unzuständigkeitsrüge voraus.[13] Der auch bei **Säumnis** der gegnerischen Partei statthafte Antrag ist vor weiterer Verhandlung zur Hauptsache (siehe § 39 Rn. 3 ff.), d.h. vor Verhandlung über die geänderte Klage bzw. die erhobene Widerklage etc. zu stellen.[14] Der **Verweisungsbeschluss** kann ohne mündliche Verhandlung ergehen (§ 128 Abs. 4 ZPO) und beinhaltet keine Entscheidung über die Kosten; vor seinem Erlass ist den Parteien **rechtliches Gehör**[15] zu gewähren. Die Verweisung hat an das zuständige Landgericht zu erfolgen, wobei dieses nicht das dem verweisenden Amtsgericht übergeordnete sein muss („**Diagonalverweisung**"; siehe auch Rn. 6).[16] Eine Verweisung **von Amts wegen** kommt dagegen nicht in Betracht.[17] **Formulierungsbeispiel**:

4

Das Amtsgericht [Ort] erklärt sich nach Anhörung der/des ... sachlich (ggf.: und örtlich) für unzuständig und verweist den Rechtsstreit auf Antrag der/des ... gemäß § 506 Abs. 1 ZPO an das zuständige Landgericht [Ort].

Beantragt eine Partei die Verweisung des Rechtsstreits, **ohne** dass die Voraussetzungen des § 506 Abs. 1 ZPO vorliegen, weist das Amtsgericht den Antrag entweder in einem die eigene Zuständigkeit bejahenden Zwischenurteil (§ 280 Abs. 2 Satz 1 ZPO) oder im späteren Endurteil (§ 300 ZPO) als **unbegründet** zurück.[18] Eine Verweisung (allein) des nachträglich erhobenen Anspruchs kommt aber bei Vorliegen der Voraussetzungen des § 281 Abs. 1 ZPO in Betracht, während für das ursprüngliche Begehren § 261 Abs. 3 Nr. 2 ZPO gilt.[19] Unterbleibt ein Verweisungsantrag, obwohl die Voraussetzungen des § 506 Abs. 1 ZPO gegeben sind und die Unzuständigkeit beklagtenseits rechtzeitig geltend gemacht wurde (vgl. § 39 Satz 1 ZPO), hat das Amtsgericht die Klage in Bezug auf den erst nachträglich erhobenen Anspruch mangels eigener Zuständigkeit als **unzulässig** abzuweisen.[20] Zur entsprechenden Anwendbarkeit des § 504 ZPO bei rügelosem Verhandeln des Gegners zur Hauptsache in den Fällen des **§ 506 Abs. 1 ZPO** siehe § 504 Rn. 3 a.E.

5

II. Anwendbarkeit des § 281 Abs. 2, 3 Satz 1 ZPO, Abs. 2

Nach § 506 Abs. 2 ZPO gelten die Vorschriften des § 281 Abs. 2, Abs. 3 Satz 1 ZPO entsprechend. Insbesondere unterliegt der amtsgerichtliche Verweisungsbeschluss nicht der Anfechtung und ist für das Landgericht, an das verwiesen wurde, bindend, soweit dessen **sachliche** Zuständigkeit betroffen ist (§§ 281 Abs. 2 Satz 2, 4, 506 Abs. 2 ZPO).[21] Im Falle einer Widerklage, die zur Zuständigkeit der Landgerichts gehört, ist eine Verweisung dabei selbst dann bindend, wenn das Amtsgericht für die Klage **ausschließlich** zuständig war.[22] Eine Bindung auch in **örtlicher** Hinsicht kann sich aus einer **kombinierten** amtsgerichtlichen Verweisung

6

---

12 OLG Hamm, MDR 2014, 1106; Baumbach/Lauterbach/Albers/Hartmann, ZPO, § 506 Rn. 4; MK-*Wagner*, ZPO, § 147 Rn. 13; Stein/Jonas-*Leipold*, ZPO, § 506 Rn. 29; Zöller-*Greger*, ZPO, § 147 Rn. 8; a.A. Musielak/Voit-*Wittschier*, ZPO, § 506 Rn. 1; MK-*Deubner*, ZPO, § 506 Rn. 6.
13 MK-*Deubner*, ZPO, § 506 Rn. 1, 7; Wieczorek/Schütze-*Reuschle*, ZPO, § 506 Rn. 17.
14 MK-*Deubner*, ZPO, § 506 Rn. 8; Zöller-*Herget*, ZPO, § 506 Rn. 4.
15 Hierzu OLG Hamm v. 06.01.2017, 32 SA 79/16, juris, Rn. 9 f.
16 Musielak/Voit-*Wittschier*, ZPO, § 506 Rn. 3; MK-*Deubner*, ZPO, § 506 Rn. 11, 18; Thomas/Putzo-*Reichold*, ZPO, § 506 Rn. 2; enger (bei Doppelverweisung zusätzlich klägerischer Antrag nach § 281 Abs. 1 ZPO erforderlich) Stein/Jonas-*Leipold*, ZPO, § 506 Rn. 15 f. (15); Wieczorek/Schütze-*Reuschle*, ZPO, § 506 Rn. 24 ff., 32 f., 48.
17 Baumbach/Lauterbach/Albers/Hartmann, ZPO, § 506 Rn. 5; Musielak/Voit-*Wittschier*, ZPO, § 506 Rn. 1 f., 5.
18 Musielak/Voit-*Wittschier*, ZPO, § 506 Rn. 4; Stein/Jonas-*Leipold*, ZPO, § 506 Rn. 21; Thomas/Putzo-*Reichold*, ZPO, § 506 Rn. 8.
19 MK-*Deubner*, ZPO, § 506 Rn. 12; Wieczorek/Schütze-*Reuschle*, ZPO, § 506 Rn. 36.
20 Musielak/Voit-*Wittschier*, ZPO, § 506 Rn. 5; Stein/Jonas-*Leipold*, ZPO, § 506 Rn. 22; Zöller-*Herget*, ZPO, § 506 Rn. 5.
21 Musielak/Voit-*Wittschier*, ZPO, § 506 Rn. 6; Stein/Jonas-*Leipold*, ZPO, § 506 Rn. 17 ff.; Zöller-*Herget*, ZPO, § 506 Rn. 6; nach Baumbach/Lauterbach/Albers/Hartmann, ZPO, § 506 Rn. 6 schließt die Prüfung der sachlichen Zuständigkeit grundsätzlich diejenige der örtlichen ein.
22 OLG München v. 13.11.2014, 34 AR 153/14, juris, Rn. 12 (vgl. BauR 2015, 313); OLG Karlsruhe, MDR 2011, 1499; Zöller-*Herget*, ZPO, § 506 Rn. 2.

gemäß der §§ 281 Abs. 1, 506 Abs. 1 ZPO ergeben; auch wenn bereits ein anderes Amtsgericht wegen örtlicher Unzuständigkeit den Rechtsstreit an das nunmehr befasste Amtsgericht verwiesen hatte und dieses wegen sachlicher Unzuständigkeit gemäß § 506 ZPO an das ihm übergeordnete Landgericht verweist, kann letzteres wegen seiner Zuständigkeitsbindung in örtlicher und sachlicher Hinsicht den Rechtsstreit nicht mehr an das übergeordnete Landgericht des ursprünglich mit der Sache befassten Amtsgerichts weiterverweisen.[23] **Keine Bindungswirkung** kommt derweil einer Verweisung durch das sachlich unzuständig gewordene Amtsgericht an das für den Wohnsitz des Klägers und Widerbeklagten zuständige (auswärtige) Landgericht zu, wenn sich der zunächst an seinem Wohnsitz in Anspruch genommene Beklagte bei Erhebung der Widerklage für den besonderen Gerichtsstand des § 33 ZPO entschieden hat.[24] Wurde den Parteien vor Erlass des Verweisungsbeschlusses keine Gelegenheit zur Stellungnahme gegeben, ist dieser ebenfalls nicht bindend.[25]

C. Kosten und Gebühren

7   § 281 Abs. 3 Satz 2 ZPO ist von der Verweisung des § 506 Abs. 2 ZPO nicht erfasst und findet daher keine Anwendung (ursprünglich hatte der Kläger eben kein unzuständiges Gericht angerufen), es sei denn, es handelt sich um eine kombinierte amtsgerichtliche Verweisung gemäß der §§ 281 Abs. 1, 506 Abs. 1 ZPO (siehe Rn. 6).[26] In keiner der unter Rn. 4, 5 genannten Konstellationen (Verweisungsbeschluss, Zwischenurteil, klageabweisendes Prozessurteil) entstehen besondere Gebühren bei **Gericht**. Die **Rechtsanwaltsgebühren** fallen nur einmal an (§§ 20 Satz 1, 15 Abs. 2 RVG).[27]

§§ 507 bis 509

(weggefallen)

§ 510
Erklärung über Urkunden

Wegen unterbliebener Erklärung ist eine Urkunde nur dann als anerkannt anzusehen, wenn die Partei durch das Gericht zur Erklärung über die Echtheit der Urkunde aufgefordert ist.

1   Die Vorschrift erweitert[1] bzw. konkretisiert[2] für das amtsgerichtliche Verfahren die Hinweispflicht nach § 139 Abs. 1 ZPO; zum Schutz des jeweiligen Beweisgegners kommt die ihm ggf. unbekannte **Geständnisfiktion** des § 439 Abs. 3 ZPO nur dann zum Tragen, wenn er durch das Gericht erfolglos zur Erklärung über die Echtheit der betreffenden Urkunde aufgefordert worden ist. § 510 ZPO gilt dabei allein für **Privaturkunden** i.S.d. § 416 ZPO.[3]

2   Der Beweisgegner – anwaltlich vertreten oder nicht – ist vom Gericht aufzufordern, sich zur Echtheit der vorgelegten Urkunde zu erklären. **Praxishinweis**: Eine Belehrung auch über die **Rechtsfolgen** des § 439 Abs. 3 ZPO ist zwar nicht vorgesehen, jedoch schon allein deshalb angezeigt, um den Beweisgegner in die Lage zu versetzen, eine sachgerechte Entscheidung zu treffen.[4] Die Aufforderung kann (vorab) schriftlich oder im Rahmen der mündlichen Verhandlung erfolgen, wobei sie aus Gründen der Transparenz und Klarstellung als wesentlicher Ver-

---

23 Musielak/Voit-*Wittschier*, ZPO, § 506 Rn. 6; Stein/Jonas-*Leipold*, ZPO, § 506 Rn. 20; Zöller-*Herget*, ZPO, § 506 Rn. 6.
24 OLG Zweibrücken, NJW-RR 2000, 590.
25 Vgl. nur OLG Hamm v. 06.01.2017, 32 SA 79/16, juris, Rn. 8 ff.
26 Stein/Jonas-*Leipold*, ZPO, § 506 Rn. 23 f.; Wieczorek/Schütze-*Reuschle*, ZPO, § 506 Rn. 49 f.; Zöller-*Herget*, ZPO, § 506 Rn. 7.
27 Musielak/Voit-*Wittschier*, ZPO, § 506 Rn. 7 f.; Zöller-*Herget*, ZPO, § 506 Rn. 8.

Zu § 510:
1 So Musielak/Voit-*Wittschier*, ZPO, § 510 Rn. 1; Stein/Jonas-*Leipold*, ZPO, § 510 Rn. 1.
2 So MK-*Deubner*, ZPO, § 510 Rn. 1.
3 Musielak/Voit-*Wittschier*, ZPO, § 510 Rn. 1; Wieczorek/Schütze-*Reuschle*, ZPO, § 510 Rn. 1 ff.; Zöller-*Herget*, ZPO, § 510 Rn. 1 f.
4 So auch MK-*Deubner*, ZPO, § 510 Rn. 2; Wieczorek/Schütze-*Reuschle*, ZPO, § 510 Rn. 11 leitet dagegen aus § 139 Abs. 1 Satz 1 ZPO eine entsprechende Pflicht des Amtsgerichts her.

handlungsvorgang zu **protokollieren** ist (§ 160 Abs. 2 ZPO).[5] Erklärt sich der Beweisgegner trotz gerichtlicher Aufforderung nicht ausdrücklich, kann das Bestreiten der Echtheit immer noch aus seinen übrigen Erklärungen hervorgehen (§ 439 Abs. 3 ZPO).

Ist die Aufforderung unterblieben, kommt es nicht zur Geständnisfiktion des § 439 Abs. 3 ZPO, wobei der Beweisgegner die Echtheit der Urkunde noch in der **Berufungsinstanz** bestreiten kann; § 531 Abs. 2 ZPO steht dem nicht entgegen.[6] Eine Aufforderung i.S.d. § 510 ZPO durch die Berufungszivilkammer ist dann jedoch nicht mehr erforderlich, da nunmehr Anwaltszwang besteht und § 510 ZPO allein für das amtsgerichtliche Verfahren Geltung beansprucht. Ist die Berufung nicht statthaft, kann auf § 321a ZPO zurückgegriffen werden.[7]   3

§ 510a
Inhalt des Protokolls

Andere Erklärungen einer Partei als Geständnisse und Erklärungen über einen Antrag auf Parteivernehmung sind im Protokoll festzustellen, soweit das Gericht es für erforderlich hält.

Es handelt sich um eine mit Blick auf § 160 Abs. 2, 3 ZPO „überflüssige"[1] **Erweiterung** des § 160 Abs. 4 ZPO für das amtsgerichtliche Verfahren, in dem auch ohne Antrag einer Partei bestimmte Vorgänge oder Äußerungen **von Amts wegen** zu protokollieren sind, soweit das Gericht es nach pflichtgemäßem Ermessen[2] für erforderlich hält.[3] Im Übrigen gelten für das Sitzungsprotokoll die **§§ 159–165 ZPO**.[4] Gegen die Protokollierung von Erklärungen steht den Parteien kein Einspruchsrecht zu.[5]   1

§ 510b
Urteil auf Vornahme einer Handlung

Erfolgt die Verurteilung zur Vornahme einer Handlung, so kann der Beklagte zugleich auf Antrag des Klägers für den Fall, dass die Handlung nicht binnen einer zu bestimmenden Frist vorgenommen ist, zur Zahlung einer Entschädigung verurteilt werden; das Gericht hat die Entschädigung nach freiem Ermessen festzusetzen.

Inhalt:
	Rn.		Rn.
A. Allgemeines	1	**C. Gerichtliche Entscheidung**	5
B. Erläuterungen und Prozessuales	2	**D. Zwangsvollstreckung**	8

A. Allgemeines

Die Vorschrift ermöglicht es i.S. einer prozessökonomischen Verfahrensgestaltung, **gleichzeitig** die Verurteilung zur Vornahme einer Handlung, die Fristbestimmung für die Vornahme im amtsgerichtlichen Urteil und die Verurteilung zur Zahlung von Schadensersatz nach fruchtlosem Verstreichen der Frist zu beantragen, ohne dass es – wie vor den Landgerichten (§ 255   1

---

5 Musielak/Voit-*Wittschier*, ZPO, § 510 Rn. 2; MK-*Deubner*, ZPO, § 510 Rn. 3; Wieczorek/Schütze-*Reuschle*, ZPO, § 510 Rn. 12f.; a.A. Baumbach/Lauterbach/Albers/Hartmann, ZPO, § 510 Rn. 1 (Feststellung im Tatbestand des Urteils, Protokollierung ist freigestellt); Thomas/Putzo-*Reichold*, ZPO, § 510 Rn. 1 (Feststellung im Tatbestand); Stein/Jonas-*Leipold*, ZPO, § 510 Rn. 1; Zöller-*Herget*, ZPO, § 510 Rn. 2 (entweder im Sitzungsprotokoll oder im Tatbestand).
6 Musielak/Voit-*Wittschier*, ZPO, § 510 Rn. 3; Zöller-*Herget*, ZPO, § 510 Rn. 2.
7 Wieczorek/Schütze-*Reuschle*, ZPO, § 510 Rn. 17f.

Zu § 510a:
1 Musielak/Voit-*Wittschier*, ZPO, § 510a Rn. 1; ähnlich Baumbach/Lauterbach/Albers/Hartmann, ZPO, § 510a Rn. 1; MK-*Deubner*, ZPO, § 510a Rn. 1 („bloße Appellfunktion"); Zöller-*Herget*, ZPO, § 510a Rn. 1 („keine bes praktische Bedeutung"); a.A. wohl Wieczorek/Schütze-*Reuschle*, ZPO, § 510a Rn. 1.
2 Stein/Jonas-*Leipold*, ZPO, § 510a Rn. 2; Thomas/Putzo-*Reichold*, ZPO, § 510a Rn. 1.
3 Musielak/Voit-*Wittschier*, ZPO, § 510a Rn. 1; Zöller-*Herget*, ZPO, § 510a Rn. 1.
4 Musielak/Voit-*Wittschier*, ZPO, § 510a Rn. 2; Thomas/Putzo-*Reichold*, ZPO, § 510a Rn. 1.
5 MK-*Deubner*, ZPO, § 510a Rn. 2.

ZPO) – der Voraussetzungen des § 259 ZPO bedarf.[1] § 510b ZPO beinhaltet jedoch **keine** materiell-rechtliche Anspruchsgrundlage.[2] Vgl. für das arbeitsgerichtliche Verfahren **§ 61 Abs. 2 Satz 1 ArbGG**.

B. Erläuterungen und Prozessuales

2 **Anwendung** findet § 510b ZPO auf Klagen betreffend die Vornahme vertretbarer oder unvertretbarer Handlungen i.S.d. **§§ 887, 888 ZPO** (auch in den Fällen des § 888 Abs. 3 ZPO[3]), auf die Verurteilung zur Abgabe einer eidesstattlichen Versicherung **(§ 889 ZPO)**[4] und – im genannten Umfang – vor der landgerichtlichen **Zivilberufungskammer** (siehe Rn. 5), **nicht** dagegen auf Unterlassungs-, Duldungs- bzw. Herausgabeansprüche (§§ 883–885, 890 ZPO),[5] auf Klagen zur Abgabe einer Willenserklärung[6] und im landgerichtlichen Verfahren erster Instanz nach erfolgter Verweisung gemäß § 506 ZPO.[7]

3 Der **Antrag** auf Fristsetzung zur Vornahme der Handlung sowie auf Zahlung einer Entschädigung nach fruchtlosem Fristablauf muss von der klagenden Partei spätestens in der mündlichen (Berufungs-)Verhandlung (siehe Rn. 5) bzw. vorab schriftlich oder mündlich zum Protokoll der Geschäftsstelle (§ 496 ZPO) gestellt werden. Vortrag zu einer Besorgnis i.S.d. § 259 ZPO (siehe Rn. 1) oder eine anderweitige **prozessuale Begründung** sind nicht erforderlich, ebenso wenig die Angabe einer bestimmten Frist bzw. eines (Mindest-)Entschädigungsbetrags, auch wenn letzteres im Hinblick auf § 511 Abs. 2 Nr. 1 ZPO **anzuraten** ist.[8] Gibt der Kläger eine Frist vor, darf das Gericht diese unter teilweiser Zurückweisung des Antrags zwar überschreiten, wegen **§ 308 Abs. 1 ZPO** aber nicht unterschreiten.[9] **Formulierungsbeispiel**:

> Es wird beantragt, den/die Beklagte(n) zu verurteilen, innerhalb einer vom Gericht zu bestimmenden Frist (alternativ: bis spätestens …) die Handlung [Bezeichnung] vorzunehmen und nach fruchtlosem Fristablauf eine durch das Gericht festzusetzende Entschädigung (alternativ: eine Entschädigung in Höhe von … €) an den/die Kläger(in) zu zahlen.

4 Der Antrag führt zur Rechtshängigkeit (§ 261 Abs. 1 ZPO) des Entschädigungsanspruchs, der selbst **unbedingt** erhoben wird und **objektive Klagenhäufung** i.S.d. § 260 ZPO bewirkt (also kein bloßer Inzidentantrag).[10] Da infolge wirtschaftlicher Identität für den **Streitwert** des gesamten erstinstanzlichen Verfahrens ausschließlich der **Hauptanspruch**, nicht aber der Entschädigungsanspruch maßgebend ist (§ 5 ZPO findet keine Anwendung), hat wegen letzterem selbst bei Überschreitung der amtsgerichtlichen Zuständigkeitsgrenze eine Verweisung nach § 506 ZPO zu unterblieben; eine gleichwohl erfolgte Verweisung an das Landgericht entfaltet **keine** Bindungswirkung.[11]

C. Gerichtliche Entscheidung

5 Das Amtsgericht hat über den **Primäranspruch** und den **Fristsetzungsantrag** zu entscheiden (es gilt insoweit § 255 ZPO), wohingegen die Entscheidung über den **Entschädigungsantrag** im ausschließlichen Anwendungsbereich des § 510b ZPO in seinem pflichtgemäßen Ermessen

---

1 BGH, NJW 1999, 954 (955) = VersR 2000, 369 (370); OLG Köln, NJW-RR 1998, 1682 = MDR 1997, 1059; Musielak/Voit-*Wittschier*, ZPO, § 510b Rn. 1; MK-*Deubner*, ZPO, § 510b Rn. 1; Thomas/Putzo-*Reichold*, ZPO, § 510b Rn. 1 f.; a.A. OLG München, OLGZ 1965, 10 (11 f.).
2 Baumbach/Lauterbach/Albers/Hartmann, ZPO, § 510b Rn. 1; MK-*Deubner*, ZPO, § 510b Rn. 3.
3 Stein/Jonas-*Leipold*, ZPO, § 510b Rn. 4; Thomas/Putzo-*Reichold*, ZPO, § 510b Rn. 3.
4 Musielak/Voit-*Wittschier*, ZPO, § 510b Rn. 1; Zöller-*Herget*, ZPO, § 510b Rn. 2.
5 Stein/Jonas-*Leipold*, ZPO, § 510b Rn. 4; Zöller-*Herget*, ZPO, § 510b Rn. 2.
6 MK-*Deubner*, ZPO, § 510b Rn. 2; Wieczorek/Schütze-*Reuschle*, ZPO, § 510b Rn. 7.
7 Baumbach/Lauterbach/Albers/Hartmann, ZPO, § 510b Rn. 4; Zöller-*Herget*, ZPO, § 510b Rn. 3.
8 Musielak/Voit-*Wittschier*, ZPO, § 510b Rn. 3; MK-*Deubner*, ZPO, § 510b Rn. 5 f.; Stein/Jonas-*Leipold*, ZPO, § 510b Rn. 8; Zöller-*Herget*, ZPO, § 510b Rn. 3.
9 MK-*Deubner*, ZPO, § 510b Rn. 5; Zöller-*Greger*, ZPO, § 255 Rn. 4.
10 Musielak/Voit-*Wittschier*, ZPO, § 510b Rn. 3; MK-*Deubner*, ZPO, § 510b Rn. 7; Thomas/Putzo-*Reichold*, ZPO, § 510b Rn. 5; Zöller-*Herget*, ZPO, § 510b Rn. 1; a.A. Baumbach/Lauterbach/Albers/Hartmann, ZPO, § 510b Rn. 4; Stein/Jonas-*Leipold*, ZPO, § 510b Rn. 2, 6; *Wieser*, NJW 2003, 2432 (2433, Fn. 15).
11 Baumbach/Lauterbach/Albers/Hartmann, ZPO, § 510b Rn. 4, 6; Musielak/Voit-*Wittschier*, ZPO, § 510b Rn. 3; Stein/Jonas-*Leipold*, ZPO, § 510b Rn. 6 f.; Thomas/Putzo-*Reichold*, ZPO, § 510b Rn. 5; Zöller-*Herget*, ZPO, § 510b Rn. 4, 9; a.A. LG Köln, MDR 1984, 501 („höhere Wert maßgeblich"); MK-*Deubner*, ZPO, § 510b Rn. 26 (ist der Wert des Zweitanspruchs höher, so ist sein Wert maßgebend; übersteigt der Wert des Zweitanspruchs dabei 5.000,00 €, soll die Zuständigkeit des Amtsgerichts aber bestehen bleiben, vgl. Rn. 27); Wieczorek/Schütze-*Reuschle*, ZPO, § 510b Rn. 21 f. (sachliche Zuständigkeit des Amtsgerichts bleibt jedoch unberührt, vgl. Rn. 23).

steht. Es kann daher auch ganz auf eine Entscheidung über die beantragte Entschädigung verzichten, etwa wenn insoweit eine umfangreiche und daher zeitintensive Beweisaufnahme erforderlich wäre; ein **Teilurteil** allein über den Hauptanspruch verbietet sich dagegen.[12] Bei einem solchen Verzicht erfolgt lediglich eine Erörterung in den Entscheidungsgründen, keine Erwähnung im Tenor;[13] der nicht beschiedene Entschädigungsanspruch kann dann zum Gegenstand eines **Berufungsverfahrens** gemacht werden.[14] In der **Berufungsinstanz** darf das Landgericht nach eigenem Ermessen die Entschädigung ausurteilen, selbst wenn der Entschädigungsantrag hier erstmals gestellt wurde; der Zustimmung des Gegners bzw. einer Sachdienlichkeitsprüfung bedarf es auch in diesem Fall nicht.[15]

Sofern der Hauptanspruch bejaht wird (andernfalls gelten die Sekundäranträge als nicht gestellt[16]), ist der Entschädigungsantrag im Tenor des Urteils als **unzulässig** abzuweisen, wenn die tatbestandlichen Voraussetzungen des § 510b ZPO nicht vorliegen (Fristsetzung dann allenfalls nach § 255 ZPO). Dagegen erfolgt die Abweisung als **unbegründet**, wenn bei Nichtvornahme der Handlung durch den Gegner schon nach materiellem Recht (Beibringungsgrundsatz!) kein Anspruch der klagenden Partei auf Schadensersatz besteht;[17] im Hinblick auf etwaige Einwendungen hat der Beklagte **§ 767 Abs. 2 ZPO** zu beachten (siehe Rn. 8).[18] Zur Entscheidung über den Fristsetzungsantrag siehe Rn. 3.

Im Falle einer **positiven Entscheidung** verurteilt das Amtsgericht die beklagte Partei zur Vornahme der beantragten Handlung, bestimmt insoweit eine angemessene Frist und setzt für den Fall des fruchtlosen Fristablaufs nach freiem Ermessen (nur wenn streitig) eine der Höhe nach bestimmte Entschädigung fest (§§ 510b Hs. 2, 287, 308 Abs. 1 ZPO). Trotz § 888a ZPO (siehe Rn. 8) ist das Urteil vollumfänglich für **vorläufig vollstreckbar** zu erklären (§§ 708 ff. ZPO).[19] Die vom Gericht möglichst präzise anzugebende **Frist** ist keine prozessuale und kann schon mit Verkündung oder Zustellung des Urteils beginnen (in diesem Fall ist hinsichtlich des Fristablaufs eine **konkrete Datumsangabe** in der Urteilsformel angezeigt), sofern nicht ausnahmsweise das materielle Recht für den Fristbeginn die formelle Rechtskraft des Urteils voraussetzt (z.B. §§ 1052 Abs. 1, 2128 Abs. 2, 2193 Abs. 2 BGB).[20] In **keiner** der vorgenannten Konstellationen, also auch dann nicht, wenn das Gericht dem Kläger eine geringere Entschädigung als beantragt zuspricht und den Antrag im Übrigen abweist, wirkt sich die Entscheidung über den Entschädigungsanspruch auf die im Urteil zu treffende **Kostenentscheidung** aus (siehe Rn. 4).[21]

---

12 Musielak/Voit-*Wittschier*, ZPO, § 510b Rn. 5, 7; MK-*Deubner*, ZPO, § 510b Rn. 9, 12, 19; Stein/Jonas-*Leipold*, ZPO, § 510b Rn. 9, 15; Thomas/Putzo-*Reichold*, ZPO, § 510b Rn. 6; Wieczorek/Schütze-*Reuschle*, ZPO, § 510b Rn. 24, 26 ff.; Zöller-*Herget*, ZPO, § 510b Rn. 4; a.A. Baumbach/Lauterbach/Albers/Hartmann, ZPO, § 510b Rn. 5 (Amtsgericht darf „keineswegs davon absehen", über den Antrag zu entscheiden).
13 Stein/Jonas-*Leipold*, ZPO, § 510b Rn. 9; Thomas/Putzo-*Reichold*, ZPO, § 510b Rn. 6; Wieczorek/Schütze-*Reuschle*, ZPO, § 510b Rn. 65; Zöller-*Herget*, ZPO, § 510b Rn. 5; a.A. Musielak/Voit-*Wittschier*, ZPO, § 510b Rn. 6 (Abweisung als unbegründet); MK-*Deubner*, ZPO, § 510b Rn. 14 (im Tenor oder in den Entscheidungsgründen).
14 MK-*Deubner*, ZPO, § 510b Rn. 22; Stein/Jonas-*Leipold*, ZPO, § 510b Rn. 10; Thomas/Putzo-*Reichold*, ZPO, § 510b Rn. 6; Zöller-*Herget*, ZPO, § 510b Rn. 5; a.A. Wieczorek/Schütze-*Reuschle*, ZPO, § 510b Rn. 68 ff.
15 Musielak/Voit-*Wittschier*, ZPO, § 510b Rn. 1, 3, 6; MK-*Deubner*, ZPO, § 510b Rn. 22 f.; Thomas/Putzo-*Reichold*, ZPO, § 510b Rn. 3, 6; Zöller-*Herget*, ZPO, § 510b Rn. 1, 3; einschränkend Stein/Jonas-*Leipold*, ZPO, § 510b Rn. 10 (bei erstmals in der Berufungsinstanz gestelltem Entschädigungsantrag Einwilligung des Gegners bzw. Sachdienlichkeitsprüfung erforderlich); Wieczorek/Schütze-*Reuschle*, ZPO, § 510b Rn. 15 (notwendiges Einverständnis des Beklagten).
16 Musielak/Voit-*Wittschier*, ZPO, § 510b Rn. 6; MK-*Deubner*, ZPO, § 510b Rn. 11; a.A. Baumbach/Lauterbach/Albers/Hartmann, ZPO, § 510b Rn. 7.
17 Musielak/Voit-*Wittschier*, ZPO, § 510b Rn. 6; Zöller-*Herget*, ZPO, § 510b Rn. 6 f.
18 Stein/Jonas-*Leipold*, ZPO, § 510b Rn. 13; Thomas/Putzo-*Reichold*, ZPO, § 510b Rn. 8.
19 Musielak/Voit-*Wittschier*, ZPO, § 510b Rn. 7; Stein/Jonas-*Leipold*, ZPO, § 510b Rn. 15 ff.; Thomas/Putzo-*Reichold*, ZPO, § 510b Rn. 9; Zöller-*Herget*, ZPO, § 510b Rn. 10; a.A. MK-*Deubner*, ZPO, § 510b Rn. 20 f.; *Wieser*, NJW 2003, 2432 (2434).
20 Musielak/Voit-*Foerste*, ZPO, § 255 Rn. 4; MK-*Deubner*, ZPO, § 510b Rn. 13; Wieczorek/Schütze-*Reuschle*, ZPO, § 510b Rn. 33, 35 f.; a.A. (Fristbeginn ab Rechtskraft des Urteils) Stein/Jonas-*Roth*, ZPO, § 255 Rn. 10; Zöller-*Greger*, ZPO, § 255 Rn. 4; *Wieser*, NJW 2003, 2432 (2433).
21 Baumbach/Lauterbach/Albers/Hartmann, ZPO, § 510b Rn. 10; Zöller-*Herget*, ZPO, § 510b Rn. 9; a.A. LG Köln, MDR 1984, 501; Wieczorek/Schütze-*Reuschle*, ZPO, § 510b Rn. 22, 43, 80.

D. Zwangsvollstreckung

8 Da § 726 ZPO keine Anwendung findet, ist die **Vollstreckungsklausel** (§ 725 ZPO) sofort zu erteilen.[22] Ist der Beklagte zur Zahlung einer Entschädigung verurteilt, schließt **§ 888a ZPO** die Zwangsvollstreckung auf Grund der §§ 887 f. ZPO aus. Wird dennoch vollstreckt, ist die **sofortige Beschwerde** statthaft (§ 793 ZPO),[23] sodass sich der **Kläger** beim Rückgriff auf § 510b ZPO im Klaren sein muss, dass er bereits vor Fristablauf der Befugnis verlustig geht, die Vollstreckung bezüglich des Hauptanspruchs zu betreiben, und nur noch wegen der zugesprochenen Entschädigung vollstrecken kann; insoweit ist ein **gerichtlicher Hinweis geboten**.[24] Liegen zusätzlich die Voraussetzungen des § 259 ZPO vor, auf den § 888a ZPO keine Anwendung findet, hat sich die klagende Partei (ggf. nach entsprechendem Hinweis des Gerichts) zu erklären, für welchen Weg – **§§ 255, 259 ZPO oder § 510b ZPO** – sie sich entscheidet.[25] Bei Einwendungen gegen die Vollstreckung des Entschädigungsanspruchs kann der Beklagte **Vollstreckungsgegenklage** (§ 767 ZPO) erheben, etwa wenn der klägerische Anspruch infolge fristgemäßer Vornahme der Handlung erst gar nicht entstanden oder nach Entstehung durch Aufrechnung erloschen ist.[26]

§ 510c
(weggefallen)

---

22 OLG Hamburg, MDR 1972, 1040; Musielak/Voit-*Wittschier*, ZPO, § 510b Rn. 8; Stein/Jonas-*Leipold*, ZPO, § 510b Rn. 20; Thomas/Putzo-*Reichold*, ZPO, § 510b Rn. 10; a.A. OLG Köln, MDR 1950, 432.
23 Musielak/Voit-*Lackmann*, ZPO, § 888a Rn. 1; Zöller-*Herget*, ZPO, § 510b Rn. 10.
24 So auch Stein/Jonas-*Leipold*, ZPO, § 510b Rn. 5; Wieczorek/Schütze-*Reuschle*, ZPO, § 510b Rn. 49.
25 Stein/Jonas-*Leipold*, ZPO, § 510b Rn. 3; Wieczorek/Schütze-*Reuschle*, ZPO, § 510b Rn. 50 ff.; a.A. MK-*Deubner*, ZPO, § 510b Rn. 1, 8 (das Amtsgericht hat bei Vorliegen der entsprechenden Voraussetzungen den für die klagende Partei günstigeren § 259 ZPO anzuwenden).
26 Musielak/Voit-*Wittschier*, ZPO, § 510b Rn. 8; Stein/Jonas-*Leipold*, ZPO, § 510b Rn. 20 ff.; Zöller-*Herget*, ZPO, § 510b Rn. 11.

BUCH 3
Rechtsmittel

Vorbemerkungen zu §§ 511–577 ZPO

Inhalt:

	Rn.		Rn.
A. Allgemeines	1	8. Kein Verzicht	19
I. Strukturreform durch das ZPO-RG		IV. Einzelheiten zur Beschwer	20
m.W.v. 01.01.2002	1	1. Allgemeines	20
II. Begriff des Rechtsmittels,		2. Beschwer des Klägers	21
Devolutiv- und Suspensiveffekt	2	3. Beschwer des Beklagten	22
III. Rechtsmittelbelehrung	5	4. Beschwer des Nebeninterve-	
B. Erläuterungen	6	nienten	23
I. Die einzelnen Rechtsmittel	6	5. Beispiele für die Beschwer	24
1. Berufung	6	6. Fehlendes Rechtsschutzbedürfnis	
2. Revision	7	trotz Beschwer	32
3. Sofortige Beschwerde	8	V. Rechtsmittel gegen inkorrekte	
4. Rechtsbeschwerde	9	Entscheidungen	33
II. Zulässigkeit und Begründetheit	10	1. Allgemeines	33
III. Zulässigkeitsvoraussetzungen	12	2. Scheinurteile	34
1. Allgemeines	12	3. Wirkungslose Urteile	35
2. Statthaftigkeit	13	4. Verfahrensfehlerhafte Entschei-	
3. Beschwer und Rechtsschutz-		dungen – Grundsatz der Meist-	
bedürfnis	14	begünstigung	36
4. Rechtsmittelsummen	15	5. Kein Fall der inkorrekten Ent-	
5. Form und Frist der Einlegung	16	scheidung	38
6. Begründung	17	VI. Entscheidungen des Rechtsmittel-	
7. Prozesshandlungsvoraussetzungen	18	gerichts	39

A. Allgemeines
I. Strukturreform durch das ZPO-RG m.W.v. 01.01.2002

Das Dritte Buch der ZPO ist überschrieben mit Rechtsmittel und folgt den Vorschriften des Zweiten Buches über das Verfahren im ersten Rechtszug. Es wurde durch das Gesetz zur Reform des Zivilprozesses (ZPO-RG) vom 27.07.2001 grundlegend überarbeitet, das zum 01.01.2002 in Kraft trat und eine Strukturreform verfolgte; unter **Stärkung der ersten Instanz** hat es die Funktionen der Rechtsmittelinstanzen erheblich umgestaltet.[1] Allgemein gebietet das Rechtsstaatsprinzip, dass der Zugang zu den Rechtsbehelfs- und damit auch Rechtsmittelverfahren nicht in unzumutbarer Weise erschwert werden darf.[2]

1

II. Begriff des Rechtsmittels, Devolutiv- und Suspensiveffekt

Versteht man unter dem Oberbegriff **Rechtsbehelf** alle zugelassenen prozessualen Gesuche zur Verfolgung eines Rechts, z.B. auch die Klage nach § 253 ZPO, heben sich unter ihnen die **Rechtsmittel** als diejenigen Rechtsbehelfe ab, mit denen eine Partei eine gerichtliche Entscheidung unter Hemmung der Rechtskraft durch die nächsthöhere Instanz überprüfen lässt, um eine für sie günstigere Entscheidung zu erzielen. Rechtsmittel i.S.d. ZPO sind lediglich die Berufung (§§ 511–541 ZPO), die Revision (§§ 542–566 ZPO) sowie die sofortige Beschwerde (§§ 567–572 ZPO) und die Rechtsbeschwerde (§§ 574–577 ZPO). Die Nichtzulassungsbeschwerde (§ 544 ZPO) ist notwendige Folge der an die Stelle der früheren Streitwertrevision gesetzten Zulassungsrevision (§ 543 Abs. 1 ZPO: „nur") und ein spezieller Rechtsbehelf mit dem Ziel, den Rechtsmittelzug der Revision überhaupt zu eröffnen, damit beim Revisionsge-

2

---

1 BGBl. I, S. 1887 ff.; Gesetzesbegründung BT-Drucks. 14/4722, S. 60: „deutlichere Funktionsdifferenzierung der Rechtsmittelebenen"; kritisch *Büttner*, FS Eichele, S. 61.
2 BVerfG, NJW 1993, 1380.

richt der Streitgegenstand zur Verhandlung und Entscheidung anfällt.³ Nicht zu den Rechtsmitteln zählen etwa die Gehörsrüge nach § 321a ZPO, der Einspruch nach §§ 338 ff. ZPO, die Nichtigkeits- und Restitutionsklage nach §§ 578 ff. ZPO oder die Erinnerung nach §§ 573, 766 ZPO. Auch die Verfassungsbeschwerde nach §§ 90 ff. BVerfG ist kein Rechtsmittel, sondern als außerordentlicher Rechtsbehelf zur Durchsetzung der Grundrechte und ihnen gleichgestellten Rechte subsidiär nach Erschöpfung des Rechtsweges konzipiert, der rechtskräftige Gerichtsentscheidungen nur ausnahmsweise in Frage stellen soll.⁴

3 Rechtsmittel weisen als charakteristische Merkmale eine Anfallswirkung durch Übergang der Verhandlungs- und Sachentscheidungsbefugnis auf die nächsthöhere Instanz (sog. **Devolutiveffekt**) und eine Hemmungswirkung durch Aufschub des Eintritts der formellen Rechtskraft und der unbedingten vorläufigen Vollstreckbarkeit nach §§ 704, 705 Satz 2 ZPO (sog. **Suspensiveffekt**) auf. Die Abhilfemöglichkeit des Gerichts im Falle der sofortigen Beschwerde (§ 572 Abs. 1 Hs. 1 ZPO) schiebt den Devolutiveffekt zunächst nur auf.⁵ Wie die Korrektivvorschrift des § 537 ZPO über das Antragsrecht des Gegners der Berufung auf vorläufige Vollstreckbarerklärung belegt, reicht die Hemmungswirkung weiter als die Anfallswirkung. Auch in Bezug auf den nicht mit der Berufung verfolgten Teil der Beschwer tritt keine formelle Rechtskraft ein.⁶

4 Seit dem ZPO-Reformgesetz sieht die ZPO einen grundsätzlich dreistufigen Instanzenzug von Erstgericht, erstem Rechtsmittelgericht und zweiter Rechtsmittelinstanz vor, d. h. für jeden Zivilprozess ist (theoretisch) der Instanzenzug bis zum Revisions- bzw. Rechtsbeschwerdegericht eröffnet.

III. Rechtsmittelbelehrung

5 Seit 01. 01. 2014 hat in Verfahren ohne Anwaltszwang jede anfechtbare Entscheidung eine Rechtsbelehrung zu enthalten (§ 232 Satz 2 ZPO i. V. m. § 78 Abs. 1 ZPO), d. h. im Einzelfall das statthafte Rechtsmittel, das Gericht, bei dem das Rechtsmittel einzulegen ist, dessen Sitz sowie Form- und Fristvorschriften zu benennen, vgl. im Einzelnen Kommentierung zu § 232 ZPO (Rechtsbehelfsbelehrung) und zu § 233 Satz 2 ZPO (Verschuldensbegriff bei Wiedereinsetzung in den vorigen Stand). In § 39 FamFG, § 9 Abs. 5 ArbGG, § 58 VwGO, § 66 SGG und § 55 Abs. 1 Satz 2 FGO ist die Rechtsmittelbelehrung schon länger gesetzlich vorgesehen.

B. Erläuterungen
I. Die einzelnen Rechtsmittel

1. Berufung

6 Die Berufung nach §§ 511–541 ZPO ist das Rechtsmittel gegen erstinstanzliche Endurteile und gleichgestellte Zwischenurteile der Amts- und Landgerichte. Mit dem ZPO-RG wurde das Recht der Berufung erheblich geändert und die frühere Ausgestaltung als volle Tatsacheninstanz (§ 525 ZPO a. F.) zu Recht aufgegeben. Die Berufung dient nunmehr der Fehlerkontrolle und Fehlerbeseitigung bzgl. der Richtigkeit und Vollständigkeit der Tatsachenfeststellungen sowie der materiellen Rechtsanwendung, vgl. §§ 513, 529 und 531 Abs. 2 ZPO. § 529 Abs. 1 ZPO normiert den Grundsatz der Tatsachenbindung des Berufungsgerichts. Neue Anträge, die Aufrechnung und die Widerklage in der Berufungsinstanz erlaubt § 533 ZPO nur in Grenzen. Die Aufhebung und Zurückverweisung durch das Berufungsgericht ist stark eingeschränkt worden, vgl. § 538 ZPO. Berufungsurteile sollen nach dem Willen des Gesetzgebers durch Zusammenschau mit dem Ersturteil Verständlichkeit erlangen und daher bewusst sehr kurz gehalten werden können, vgl. § 540 ZPO. Ressourceneffizienz verfolgte der Gesetzgeber auch mit der in den OLG-Bezirken höchst uneinheitlich gehandhabten Vorschrift des § 522 Abs. 2 und 3 ZPO, wonach die Zurückweisung „offensichtlich unbegründeter"⁷ Berufungen durch Beschluss erleichtert wird. Berufungsgerichte sind gegen Urteile des Amtsgerichts in der Zivilkammer oder die Kammer für Handelssachen beim übergeordneten Landgericht nach § 72 GVG bzw. § 100 GVG und gegen Urteile des Landgerichts das Oberlandesgericht nach § 119 Abs. 1 Nr. 2 GVG sowie in Sachen der Familiengerichte beim Amtsgericht ebenso das Oberlandesgericht nach § 119 Abs. 1 Nr. 1 Buchst. a GVG. Sondervorschriften⁸ können eine Beru-

---

3 Strittig, vgl. Zöller-*Heßler*, ZPO, § 544 Rn. 2, 5 m. w. N.; im Einzelnen vgl. Kommentierung zu § 544 ZPO.
4 BVerfG, NJW 2004, 1855, Rn. 17 m. w. N.; Baumbach/Lauterbach/Albers/Hartmann, ZPO, Grundz. § 511 Rn. 34.
5 MK-*Rimmelspacher*, ZPO, Vor §§ 511 ff. Rn. 1.
6 BGH, NJW 1992, 2296, Rn. 11 = MDR 1992, 1083; OLG Hamm, NJW-RR 1990, 1470.
7 BT-Drucks. 14/4722, S. 97.
8 Vgl. zum Beispiel § 72 Abs. 2 GVG (WEG-Sachen), § 93 GWB (Kartellsachen), § 105 UrhG (Urheberrechtsstreitsachen) und § 229 Abs. 2 BauGB (Baulandsachen).

fungskonzentration begründen, was im Einzelfall zu erheblichen Abgrenzungsschwierigkeiten führen und die Frage der Fristwahrung trotz Rechtsmitteleinlegung beim funktionell unzuständigen Gericht aufwerfen kann.[9] Im arbeitsgerichtlichen Verfahren gelten §§ 64 ff. ArbGG.

2. Revision
Die Revision nach §§ 542–566 ZPO ist das letztinstanzliche Rechtsmittel gegen Berufungs(end)urteile und gleichgestellte Zwischenurteile der Landgerichte und der Oberlandesgerichte (§ 542 ZPO) sowie als sog. Sprungrevision nach Maßgabe von § 566 ZPO gegen erstinstanzliche Urteile der Amtsgerichte und der Landgerichte. Auch das Recht der Revision, insbesondere der Zugang zu dieser, wurden durch das ZPO-RG erheblich umgestaltet. Es bedarf der Zulassung (§§ 543 Abs. 1, 566 Abs. 1 Satz 1 Nr. 2 ZPO). Mit Einführung von § 555 Abs. 3 und § 565 Satz 2 ZPO zum 01.01.2014 hat der Gesetzgeber Anerkenntnissen und Klagerücknahmen „in letzter Sekunde" vor einem Grundsatzurteil des Revisionsgerichts entgegengewirkt. Seitens der Anwaltschaft in der Kritik steht vor allem die Ausgestaltung der Nichtzulassungsbeschwerde (NZB) nach § 544 ZPO, mit der die vom Berufungsgericht verweigerte Zulassung erreicht werden kann.[10] Die NZB ist wegen der bis 30.06.2018 verlängerten Geltung von § 26 Nr. 8 Satz 1 EGZPO[11] weiterhin nur zulässig, wenn der Wert der mit der Revision geltend zu machenden Beschwer 20.000,00 € übersteigt, es sei denn, das Berufungsgericht hat die Berufung verworfen.[12] Revisionsgericht ist nach § 133 GVG der Bundesgerichtshof (BGH). Der BGH entscheidet auch über die NZB, die im Erfolg nach § 544 Abs. 6 bzw. Abs. 7 ZPO zur Fortsetzung als Revisionsverfahren bzw. Aufhebung und Zurückverweisung führt. 7

3. Sofortige Beschwerde
Die sofortige Beschwerde nach §§ 567–572 ZPO findet gegen erstinstanzliche Beschlüsse, Verfügungen und bestimmte Zwischenurteile der Amts- und Landgerichte statt. Es kommt zu einer vollen Überprüfung in tatsächlicher und rechtlicher Hinsicht (arg. § 571 Abs. 2 Satz 1 ZPO). Die Einschränkung der Berufung nach § 529 Abs. 1 ZPO wurde zu Gunsten einer vollwertigen zweiten Tatsacheninstanz für die sofortige Beschwerde nicht übernommen. Es besteht die Möglichkeit der Abhilfe durch den *iudex a quo* (§ 572 Abs. 1 ZPO). Beschwerdegericht ist im Verhältnis zum Amtsgericht das Landgericht (§ 72 GVG) oder in Familiensachen das Oberlandesgericht (§ 119 Abs. 1 Nr. 1 GVG), im Verhältnis zum Landgericht das Oberlandesgericht (§ 119 Abs. 1 Nr. 2 GVG). 8

4. Rechtsbeschwerde
Die Rechtsbeschwerde (§§ 574–577 ZPO) ist statthaft in den ausdrücklich vom Gesetz bestimmten Fällen, wie in § 522 Abs. 1 Satz 4 ZPO für die Verwerfung der Berufung, sowie nach Zulassung gegen Beschlüsse des Beschwerdegerichts, des Berufungsgerichts und des Oberlandesgerichts im ersten Rechtszug. Sie ist auf Rechtskontrolle beschränkt und revisionsähnlich geregelt. Eine Nichtzulassungsbeschwerde für den Fall, dass die Rechtsbeschwerde nach § 574 Abs. 1 Satz 1 Nr. 2 ZPO der Zulassung bedarf diese verweigert wird, kennt das Beschwerderecht hingegen nicht. Die weitere Beschwerde und die sofortige weitere Beschwerde sind durch das ZPO-RG abgeschafft. Rechtsbeschwerdegericht ist der Bundesgerichtshof (§ 133 GVG). 9

---

9 BGH, NJW-RR 2017, 105, Rn. 16 ff. = MDR 2016, 1042 für eine differenzierende Lösung danach, ob die gesetzliche Regelung der Zuständigkeit für das Rechtsmittel mit hinreichender Sicherheit erkennen lässt, ob über das Rechtsmittel das allgemein zuständige Rechtsmittelgericht oder aber das Rechtsmittelgericht zu entscheiden hat, das nach einer Spezialregelung zuständig ist, durch die die Zuständigkeit bei einem bestimmten Rechtsmittelgericht konzentriert worden ist. So bereits BGHZ 71, 367 (371 f.) = NJW 1978, 2096 zu § 92 Satz 2 GWB a.F.
10 Kritisch zur Funktion der Nichtzulassungsbeschwerde nach § 544 ZPO und der gegenwärtigen Spruchpraxis des BGH, etwa *Winter*, NJW 2016, 922.
11 Die Geltung des Erfordernisses der Mindestbeschwer nach § 26 Nr. 8 Satz 1 EGZPO wurde durch Art. 4 des Gesetzes zur Änderung der Insolvenzordnung und zur Änderung des Gesetzes, betreffend die Einführung der Zivilprozessordnung vom 22.12.2016 (BGBl. I, S. 3147) bis zum 30.06.2018 erneut verlängert. Zur Verfassungsmäßigkeit der Wertgrenze des § 26 Nr. 8 Satz 1 GVG siehe BGH, NJW-RR 2003, 645, Rn. 7 ff. m.w.N. Die Verfassungsmäßigkeit dieser zeitlichen Geltungsverlängerung hat der BGH bestätigt, weil sich aus der Verfassung kein Anspruch darauf ableiten lasse, dass der Rechtsweg in allen Zweigen einen Instanzenzug haben, insbesondere stets das Rechtsmittel der Revision gegeben sein müsse, siehe BGH v. 08.02.2017, XII ZA 2/17, juris, mit Verweis auf BGH, NJW-RR 2003, 645; BGH, WuM 2014, 754.
12 BGH, FamRZ 2013, 1733, Rn. 4 ff. = PStR 2013, 280; BGH, NJW 2013, 2762, Rn. 4 ff. = MDR 2013, 1240; BGH v. 27.02.2014, III ZR 161/13, juris, Rn. 6 ff.; BGH, NJW-RR 2015, 256, Rn. 9 = MDR 2015, 230 jeweils für die erstinstanzliche Entscheidung des OLG über eine Entschädigungsklage nach §§ 198 ff. GVG unter Ablehnung der Ausnahmeregelung des § 26 Nr. 8 Satz 2 GVG.

II. Zulässigkeit und Begründetheit

10 Jedes Rechtsmittel hat nur Erfolg, wenn es zulässig und begründet ist. **Zulässig** ist das Rechtsmittel nur, wenn es statthaft ist und die übrigen Zulässigkeitsvoraussetzungen erfüllt sind. Die Prüfung der Zulässigkeit des Rechtsmittels hat vorrangig zu erfolgen und darf grundsätzlich nicht offenbleiben. Fehlt eine Zulässigkeitsvoraussetzung, fehlt es an der Sachentscheidungsbefugnis und muss das Rechtsmittel ohne Begründetheitsprüfung durch Prozessurteil (nach mündlicher Verhandlung) oder Beschluss (§ 522 Abs. 1 Satz 2 ZPO, § 552 Abs. 1 Satz 2 ZPO, § 572 Abs. 2 Satz 2 ZPO und § 577 Abs. 1 Satz 2 ZPO) verworfen werden, ggf. nach einem richterlichen Hinweis gemäß §§ 139, 525 ZPO.[13] Beispiel für einen Tenor:

> *Die Berufung des Klägers gegen das am [Datum] verkündete Urteil der 1. Zivilkammer des Landgerichts ... – Aktenzeichen ... – wird als unzulässig verworfen.*
>
> *Der Kläger hat die Kosten der Berufung zu tragen.*

Eine Ausnahme soll gelten, wenn in Bezug auf die Anfechtbarkeit der Rechtsmittelentscheidung und auf die materielle Rechtskraft die Zurückweisung als unbegründet keine weitergehenden Folgen als ihre Verwerfung als unzulässig hat und auch im Übrigen die Interessen der Parteien nicht entgegenstehen.[14] Konsequenter ist es, stets beim Grundsatz des Vorrangs der Zulässigkeitsprüfung zu bleiben.[15] Die Zulässigkeit eines Rechtsmittels ist in jeder Lage des Verfahrens von Amts wegen zu prüfen.

11 **Begründet** ist das Rechtsmittel nicht nur, wenn die materiell-rechtliche Sachprüfung eine abweichende Entscheidung zugunsten des Rechtsmittelführers ergibt, sondern auch wenn die Entscheidung erster Instanz nicht verfahrensrechtlich einwandfrei ist (Zulässigkeit der Klage bzw. des Antrags; Verfahrensfehler, Heilbarkeit und Rügemöglichkeit), vgl. § 561 ZPO. Das Revisionsgericht und das Rechtsbeschwerdegericht haben auch noch die Zulässigkeit der Berufung von Amts wegen in tatsächlicher und rechtlicher Hinsicht zu prüfen, denn nur durch eine zulässige Berufung ist die Rechtskraft des erstinstanzlichen Urteils gehemmt.[16] Diese Prüfung ist auch dann nicht entbehrlich, wenn das Berufungsgericht die Revision zugelassen hat.[17]

III. Zulässigkeitsvoraussetzungen

1. Allgemeines

12 Die Zulässigkeit des Rechtsmittels hat der Rechtsmittelführer voll zu beweisen. Es gelten die Grundsätze der Tatsachenfeststellung und des Freibeweises nach §§ 286, 525 ZPO.[18] Nicht aufklärbare gerichtsinterne Umstände hindern die Zulässigkeit nicht.[19]

2. Statthaftigkeit

13 Die **Statthaftigkeit** (§§ 511, 514 Abs. 2, 542, 567, 574 ZPO) bestimmt, welches Rechtsmittel nach den jeweiligen gesetzlichen Vorschriften gegen welche Art von Entscheidung wie der angefochtenen eingelegt werden kann. Ein außerordentliches Rechtsmittel ist darüber hinaus auch bei Verletzung eines Verfahrensgrundrechts (arg. § 543 Abs. 2 Nr. 1 ZPO) oder „greifbarer Gesetzeswidrigkeit" nicht statthaft.[20]

---

13 BGHZ 2, 278; Saenger-*Koch*, ZPO, Vor §§ 511–577 Rn. 13; Thomas/Putzo-*Reichold*, ZPO, Vorbem § 511 Rn. 11.
14 BGH, NJW-RR 2006, 1346, Rn. 4 f. = MDR 2006, 1304 m.w.N. für die sofortige Beschwerde; bestätigt BGH, NJW-RR 2010, 664, Rn. 4 = MDR 2010, 649 für die Revision; Musielak/Voit-*Ball*, ZPO, Vor § 511 Rn. 12; a.A. (bis 27. Aufl.) Thomas/Putzo-*Reichold*, Vorbem § 511 Rn. 11; offen Baumbach/Lauterbach/Albers/Hartmann, ZPO, Grundz § 511 Rn. 7.
15 Bedenken: MK-*Rimmelspacher*, ZPO, Vor §§ 511 ff. Rn. 10.
16 Das bedeutet zwar nicht Amtsermittlung der Tatsachen und Ausforschung der Wahrheit wie beim Untersuchungsgrundsatz, gebietet aber andererseits eine umfassende Prüfung des dem Gericht vorliegenden oder offenkundigen Prozessstoffs, also anhand aller aus dem Akteninhalt ersichtlichen Anhaltspunkte, vgl. BGH, WuM 2016, 688, Rn. 25 = MDR 2016, 1280; BGHZ 102, 37 (38) = NJW 1988, 268, Rn. 10 = MDR 1988, 131; Musielak/Voit-*Ball*, ZPO, Vorbem. § 511 Rn. 19.
17 BGH, NJW 1993, 2052, Rn. 17 = MDR 1993, 511.
18 St. Rspr. z.B. BGH, NJW 2006, 1808, Rn. 10 = MDR 2006, 1365; Thomas/Putzo-*Reichold*, ZPO, Vorbem. § 511 Rn. 14.
19 BGH, NJW 2001, 1581, Rn. 11 = MDR 2001, 828.
20 BGH, NJW 2002, 1577, Rn. 6 ff. = MDR 2002, 901; so bereits vor dem ZPO-RG BGH, NJW 1989, 2758 = MDR 1990, 36. Zur Gegenvorstellung bei innerinstanzlichen Entscheidungen entspr. § 318 ZPO, vgl. Zöller-*Heßler*, ZPO, § 567 Rn. 22 ff.; MK-*Rimmelspacher*, ZPO, Vor §§ 511 ff. Rn. 103. Zur Gehörsrüge nach § 321a ZPO und der Verfassungsbeschwerde nach §§ 90 ff. BVerfGG, vgl. Kommentierungen zu § 321a ZPO.

3. Beschwer und Rechtsschutzbedürfnis

Grundlegende und ungeschriebene Zulässigkeitsvoraussetzung eines jeden Rechtsmittels sind die sog. **Beschwer** im Zeitpunkt der Einlegung bis zum Entscheidungszeitpunkt sowie die konkrete Rechtsverfolgung, diese Beschwer durch zumindest teilweise Weiterverfolgung des vorinstanzlichen Begehrens mit dem Rechtsmittel zu beseitigen.[21] Dementsprechend verlangt § 520 Abs. 3 Satz 2 Nr. 1 ZPO für die Berufungsbegründung u.a. die Erklärung, „welche Abänderungen des Urteils beantragt werden". Die Beschwer bezeichnet allgemein, dass der rechtskraftfähige Inhalt der angefochtenen Entscheidung der unteren Instanz beim Vergleich mit dem beantragten Begehren für den Rechtsmittelführer „in irgendeiner Weise sachlich nachteilig"[22] ist. Sie ist Ausdruck der Notwendigkeit eines Rechtsschutzbedürfnisses, um das Rechtsmittelgericht mit dem Rechtsstreit zu befassen. Sie darf nicht einzig in der Kostenentscheidung bestehen.[23] Die Beschwer darf nicht bloß behauptet werden, sondern muss tatsächlich vorliegen und sich aus der Entscheidung selbst ergeben, wofür der rechtskräftige Inhalt der angefochtenen Entscheidung, also der Tenor (§ 313 Abs. 1 Nr. 4 ZPO) und bei einer unklaren Urteilsformel durch Heranziehung die auslegbaren Entscheidungsgründe (§ 313 Abs. 3 ZPO), sowie der Vergleich der (letzten) Sachanträge maßgebend sind.[24] Daher ist nicht ausreichend, wenn eine nachteilige Wirkung erst aus dem Zusammenwirken mit sonstigen Umständen folgt.[25] Der Wegfall der Beschwer bis zum Entscheidungszeitpunkt macht das Rechtsmittel nachträglich unzulässig.[26] Die tatsächlich in der Rechtsmittelinstanz weiterverfolgte Beschwer muss ggf. erforderliche Rechtsmittelsummen (vgl. Rn. 15) erreichen. Gemäß § 4 Abs. 1 ZPO ist grundsätzlich der Zeitpunkt der Rechtsmitteleinlegung maßgebend. Da bei der Berufung – wie üblich – nicht schon regelmäßig mit der Einlegung die Berufungsanträge angekündigt werden (§ 520 Abs. 2 Satz 2 Nr. 1 ZPO) und diese bis zum Schluss der mündlichen Verhandlung in den Grenzen der rechtzeitigen Berufungsbegründung geändert werden können, kann eine zunächst zulässige Berufung nachträglich noch zulässig bzw. unzulässig werden.[27] Wegen Einzelheiten, Beispielsfällen und Fehlens des Rechtsschutzbedürfnisses trotz Beschwer, vgl. Rn. 20 ff.

14

4. Rechtsmittelsummen

Teilweise ist das Erreichen gesetzlich bestimmter Rechtsmittelsummen weitere Zulässigkeitsvoraussetzung. § 511 Abs. 2 Nr. 1 und § 567 Abs. 2 ZPO verlangen aus Gründen der Entlastung der Rechtsmittelgerichte von Bagatellsachen einen bestimmten Wert des Beschwerdegegenstandes, welcher den Teil der Beschwer bezeichnet, den der Rechtsmittelführer ausweislich seines Rechtsmittelantrags beseitigen will. § 544 ZPO i.V.m. § 26 Nr. 8 EGZPO verlangt bis 30.06.2018[28] im Rahmen der Nichtzulassungsbeschwerde einen Mindestwert der mit der Revision geltend zu machenden Beschwer in Höhe von 20.000,00 €, es sei denn das Berufungsgericht hat die Berufung verworfen. Vgl. Einzelheiten, Berechnung und Zeitpunkt jeweils dort.

15

5. Form und Frist der Einlegung

Das Rechtsmittel muss in der gesetzlich vorgeschriebenen Form (§§ 519, 549, 569 Abs. 2 und 3 ZPO) und Frist (§§ 517, 548, 569 Abs. 1 ZPO) eingelegt werden. Eine Wiedereinsetzung in den vorigen Stand (§ 233 ZPO) in die verstrichene Rechtsmittelfrist ist grundsätzlich möglich.[29]

16

---

21 BGHZ 1, 29; BGHZ 85, 140 = NJW 1983, 172 = FamRZ 1982, 1198; BGH, NJW-RR 2004, 1365.
22 BGHZ 50, 261, Rn. 9.
23 BGH, NJW 2013, 2361, Rn. 19 = MDR 2013, 671 für Kosten bei Erledigung der Hauptsache und die Statthaftigkeit der sofortigen Beschwerde gem. § 91a Abs. 2 ZPO; BGH, NJW-RR 2007, 765, Rn. 5; OLG Düsseldorf, FamRZ 1991, 350; Zöller-*Heßler*, ZPO, Vor § 511 Rn. 10.; Prütting/Gehrlein-*Lemke*, ZPO, § 511 Rn. 17.
24 Baumbach/Lauterbach/Albers/Hartmann, ZPO, Grundz § 511 Rn. 14, raten zu Recht im Interesse der materiellen Gerechtigkeit Großzügigkeit bei der Beurteilung der Beschwer an.
25 BGH, NJW-RR 2015, 1203, Rn. 11 = MDR 2015, 853; BGH, NJW-RR 1996, 828, Rn. 5 = MDR 1996, 960; Zöller-*Heßler*, ZPO, Vor § 511 Rn. 19b.
26 BGH, NJW-RR 2004, 1365 = FamRZ 2004, 1553 zum Wegfall der Beschwer infolge einer Wiedereinsetzung in den vorigen Stand.
27 St. Rspr., vgl. bereits Großer Senat für Zivilsachen des Reichsgerichts, RGZ 168, 355 (358, 360); bestätigt statt vieler BGH v. 10.01.2017, VIII ZR 98/16, juris, zum Unzulässigwerden einer Berufung durch willkürliche Beschränkung des Berufungsantrags auf einen unterhalb der Berufungssumme liegenden Wert, also nicht als Reaktion auf ein Verhalten des Gegners.
28 Vgl. zur zeitlichen Geltung und Verfassungsmäßigkeit von § 26 Nr. 8 EGZPO, Rn. 7.
29 Saenger-*Koch*, ZPO, Vor §§ 511–577 Rn. 16; vgl. auch BGH, WuM 2013, 377, Rn. 6 abgelehnt bei unvollständigem PKH-Gesuch innerhalb der Rechtsmittelfrist.

6. Begründung

17 Berufung, Revision und Rechtsbeschwerde müssen außerdem formgerecht und binnen (verlängerbarer) Fristen begründet werden (§§ 520, 551, 575 Abs. 2–5 ZPO). Die sofortige Beschwerde „soll" begründet werden (§ 571 Abs. 1 ZPO) und schreibt daher keine Begründungsfrist vor. Von der Möglichkeit des Vorsitzenden nach § 571 Abs. 3 Satz 1 ZPO, eine Frist zur Begründung der sofortigen Beschwerde zu setzen, sollte das Beschwerdegericht i.S. einer raschen Sachentscheidung rege Gebrauch machen, sofern der Beschwerdeführer trotz voller zweiter Tatsacheninstanz (§ 571 Abs. 2 ZPO) auf eine Begründung von sich aus verzichten sollte.

7. Prozesshandlungsvoraussetzungen

18 Die Prozesshandlungsvoraussetzungen, v. a. Partei-, Prozess- und Postulationsfähigkeit müssen bei Rechtsmitteleinlegung und -begründung gegeben sein.[30] Geht der Streit selbst um die Partei- oder Prozessfähigkeit (Begründetheitsfrage), wird ein möglicherweise Partei- oder Prozessunfähiger bis zur rechtskräftigen Erledigung als partei- bzw. prozessfähig behandelt, auch wenn ein für ihn bestellter Prozesspfleger untätig bleibt.[31] Verwirft das Berufungsgericht die Berufung nicht durch Beschluss nach § 522 Abs. 1 Satz 3 ZPO als unzulässig, sondern entscheidet es aufgrund mündlicher Verhandlung, reicht der Erkenntnisstand bzw. Nachweis (erst) bei Schluss der mündlichen Verhandlung.[32] Die vollmachtlose Berufungseinlegung führt zu deren Verwerfung als unzulässig, wenn der handelnde RA trotz einstweiliger Zulassung und trotz Fristsetzung zur Vorlage die nachträgliche Genehmigung seiner bisherigen Prozessführung nicht durch schriftliche Vollmacht nachweisen konnte. Eine Bevollmächtigung für die Zeit nach Erlass des Prozessurteils heilt nicht rückwirkend, da mit dem Prozessurteil keine genehmigungsfähige Rechtslage mehr besteht. Umgekehrt hat die Ausstellung einer Prozessvollmacht vor Erlass des Prozessurteils rückwirkende Kraft.[33]

8. Kein Verzicht

19 Zulässigkeitshindernis ist der Verzicht auf das Rechtsmittel, vgl. §§ 515, 565, 567 Abs. 3, 574 Abs. 4 ZPO.

IV. Einzelheiten zur Beschwer

1. Allgemeines

20 Zum Begriff der Beschwer, siehe Rn. 14. Mit dem Erlass der mit dem Rechtsmittel statthaft anzufechtenden Entscheidung steht fest, in welchem Umfang Kläger und Beklagter beschwert sind. Entscheidend für die Zulässigkeit eines Rechtsmittels des Klägers oder des Beklagten ist nur die jeweils eigene Beschwer. Ausreichend kann der Anschein der Beschwer sein, z.B. wenn die untere Instanz den Streitgegenstandsbegriff verkennt und für die tenorierte Teilabweisung kein Raum war, weil die Klage nach den gerichtlichen Entscheidungsgründen in vollem Umfang begründet ist.[34] Das gilt auch, wenn das Berufungsgericht eine Berufung in einem Teilgegenstand als unzulässig verwirft, über den der Kläger wegen erstinstanzlicher Stattgabe gar keine Berufung eingelegt hatte.[35]

2. Beschwer des Klägers

21 Die klagende Partei ist durch eine gerichtliche Entscheidung nur dann beschwert, wenn ihr rechtskraftfähiger Inhalt von dem in der unteren Instanz gestellten Antrag zu ihrem Nachteil abweicht, dem Begehren des Klägers also nicht voll entsprochen worden ist (sogenannte **formelle Beschwer**).[36] Das ist auch der Fall, wenn das angefochtene Endurteil keinen vollstreckungsfähigen Inhalt hat. Bei Abweisung der Klage als unbegründet ist wegen der geringeren Reichweite der Rechtskrafterstreckung auch der *Kläger* beschwert, der eine Abweisung als unzulässig verfolgt.[37] Ein nicht beschwerter Streitgenosse kann sich für die Zulässigkeit der von ihm eingelegten Berufung trotz Zusammenrechnung der Beschwer beider Streitgenossen

---

30 Thomas/Putzo-*Reichold*, Vorbem. § 511 Rn. 35.
31 BGHZ 86, 184 (186) = NJW 1983, 996; BGHZ 110, 294 (295 ff.) = NJW 1990, 1734; BGH, NJW 1995, 404; BGH, NJW 2000, 289 = MDR 2000, 223.
32 BGH, NJW 2005, 3773, Rn. 19 = MDR 2006, 283.
33 GemSOGB, BGHZ 91, 111 = NJW 1984, 2149, Rn. 13 ff. = MDR 1984, 732.
34 BGH, NJW 1993, 2052, Rn. 19 = MDR 1993, 511.
35 BGH, NJW 1991, 703, Rn. 16 f. = MDR 1991, 328.
36 St. Rspr., BGHZ 50, 261 (263); BGHZ 140, 335 (338); Saenger-*Koch*, ZPO, Vor §§ 511–577 Rn. 18; Zöller-*Heßler*, ZPO, Vor § 511 Rn. 13; Thomas/Putzo-*Reichold*, ZPO, Vorbem. § 511 Rn. 18 („meist quantitatives oder qualitatives Minus des Urteilstenors" im Vergleich zum Antrag).
37 BGH, NJW-RR 2001, 930, Rn. 11 (Rechtsanwalt als vollmachtloser Vertreter).

gemäß §§ 2, 5 ZPO nicht dem Grunde nach auf die Beschwer des anderen Streitgenossen berufen.[38]

3. Beschwer des Beklagten

Für einen Beklagten liegt die Beschwer, die ihn zur Einlegung des Rechtsmittels berechtigt, hingegen in dem Betrag oder in dem Wert seiner Verurteilung (sogenannte **materielle Beschwer**).[39] Dies liegt daran, dass der Beklagte keinen echten Sachantrag stellt und irrelevant ist, in welcher Weise er zu dem Klagevorbringen Stellung genommen hatte.[40] Überhaupt genügt, wenn er sachlich-rechtlich eine zu seinen Gunsten abweichende Entscheidung erlangen kann.[41] Daher ist dem Beklagten auch die Berufung gegen ein Anerkenntnisurteil (§ 307 ZPO) möglich, welches ihn *formell* nicht beschwert, aber gegen das er die Unwirksamkeit des Anerkenntnisses einwenden können muss.[42] Zum anderen kann er auch durch eine klageabweisende Entscheidung beschwert sein, etwa wenn Prozess- statt Sachurteil ergangen,[43] die Klage als „derzeit unbegründet" abgewiesen worden ist[44] oder die Klageabweisung auf einer Aufrechnung beruht.[45] Hingegen fehlt dem Beklagten die materielle Beschwer, wenn er gegen ein klageabweisendes Prozessurteil Berufung mit dem Ziel einlegt, gemäß seinem Anerkenntnis verurteilt zu werden, um hiernach Dritte in Anspruch zu nehmen.[46] Zum Wegfall der Beschwer des Beklagten kommt es, wenn er zur Zahlung verurteilt wurde und ohne Vorbehalt den Urteilsbetrag vorbehaltlos zahlt, bevor er Berufung einlegt.[47]

22

4. Beschwer des Nebenintervenienten

Ein **Nebenintervenient** – gleich ob als einfacher oder streitgenössischer Streithelfer – beteiligt sich, auch wenn er dabei in eigenem Namen und kraft eigenen (prozessualen) Rechts neben der Hauptpartei handelt, mit der es aus seiner Stellung und seinem Auftreten heraus zum Ausdruck kommenden prozessualen Erklärung, die Hauptpartei unterstützen zu wollen, an einem fremden Prozess, ohne selbst Partei zu werden[48]. Das Rechtsmittel eines **einfachen** Streithelfers (§ 67 ZPO) ist stets ein Rechtsmittel für die Hauptpartei, ohne dass er dabei selbst in eine Parteirolle gelangt; in seiner Rechtsmitteleinlegung liegt nur die Erklärung, das Rechtsmittel[49] der von ihm bei seinem Beitritt bezeichneten Partei unterstützen zu wollen.[50] Bei ihm ist die Beschwer der unterstützten Hauptpartei notwendig und ausreichend. Hingegen ist die **streitgenössische Nebenintervenient** wegen § 69 ZPO selbstständiger und mit dem Recht der Prozessführung als ein von der von ihm unterstützten Hauptpartei unabhängiges Recht ausgestattet, auch wenn er ebenso nicht selbst Partei wird.[51] Daher ist einerseits die Beschwer in der Person des streitgenössischen Nebenintervenienten selbstständig zu bestimmen.[52] Andererseits bewirkt die Fiktion des § 69 ZPO eine Gleichstellung mit einem Streitgenossen nur für die Frage des Prozessbetriebs. Wegen des einheitlichen Streitgegenstandes und der einheitlichen Urteilswirkung findet keine Wertaddition für die Frage des Beschwerdewerts und Erreichens von Rechtsmittelsummen statt.[53] In Abstammungssachen gilt § 184 Abs. 3 FamFG.[54]

23

---

38 BGH, NJW 2013, 2361, Rn. 18 f. = MDR 2013, 671, zugleich zu den Voraussetzungen für eine Umdeutung (§ 140 ZPO) der unzulässigen Berufung in eine zulässige sofortige Beschwerde nach § 91a Abs. 2 ZPO.
39 A.A. MK-*Rimmelspacher*, ZPO, Vor §§ 511 ff. Rn. 17 ff. (Beklagter ebenso formelle Beschwer).
40 Vgl. Kommentierungen zu § 297 Abs. 1 ZPO.
41 Baumbach/Lauterbach/Albers/Hartmann, ZPO, Grundz. § 511 Rn. 16.
42 BGH, NJW 1992, 1513; BGH, NJW 1955, 545; KG Berlin, MDR 2011, 880; OLG Koblenz, NJW-RR 1993, 462; OLG Frankfurt a.M., MDR 1982, 417; Baumbach/Lauterbach/Albers/Hartmann, ZPO, Grundz. § 511 Rn. 17 – „Anerkenntnis"; a.A. Prütting/Gehrlein-*Lemke*, ZPO, § 511 Rn. 18 differenzierend danach, ob der Beklagte sein Anerkenntnis unter Vorbehalt abgegeben hat.
43 BGHZ 28, 349 f. = NJW 1959, 436; Zöller-*Heßler*, ZPO, Vor § 511 Rn. 20.
44 BGHZ 144, 242 (244 f.) = NJW 2000, 2988 (2989).
45 RGZ 161, 167 (172); Wieczorek/Schütze-*Gerken*, ZPO, Vor §§ 511–541 Rn. 39.
46 BGH, NJW-RR 2015, 1203, Rn. 8 f. = MDR 2015, 853.
47 BGH, NJW 2004, 2019; Prütting/Gehrlein-*Lemke*, ZPO, § 511 Rn. 17.
48 BGH, WuM 2016, 688, Rn. 20 = MDR 2016, 1280.
49 Haben Hauptpartei und Nebenintervenient Berufung eingelegt, liegt nur ein einheitliches Rechtsmittel vor, über das einheitlich zu entscheiden ist, vgl. BGH, NJW-RR 2006, 644, Rn. 7 = MDR 2006, 944.
50 BGH, WuM 2016, 688, Rn. 15 = MDR 2016, 1280; BGH, VersR 1997, 1088; BGH, NJW 1997, 2385; BGH, NJW 1995, 198, jeweils m.w.N.
51 BGH, WuM 2016, 688, Rn. 17 f. = MDR 2016, 1280; BGH, NJW 2014, 3521, Rn. 7 m.w.N.
52 Offen gelassen von BGH, NJW 2001, 2638, Rn. 8 = MDR 2001, 1006; a.A. Thomas/Putzo-*Reichold*, Vorbem. § 511 Rn. 20.
53 Insoweit eindeutig und zutreffend BGH, NJW 2001, 2638, Rn. 10 = MDR 2001, 1006.
54 Zöller-*Heßler*, ZPO, Vor § 511 Rn. 24.

5. Beispiele für die Beschwer[55]

24 Aufgrund der nicht greifbaren Zahl aller denkbaren Fälle einer (formellen bzw. materiellen) Beschwer der Parteien, welche vom rechtskraftfähigen Tenor und den Sachanträgen abhängt, sollen lediglich ausgesuchte weitere Beispiele dargestellt werden. Ergänzend zu beachten sind § 3 Rn. 2 zum Begriff des „Rechtsmittelstreitwerts" und die ausgewählten praxisrelevanten Einzelfragen zum Streitwert in alphabetischer Reihenfolge unter § 3 Rn. 16 ff.

25 Eine Beschwer des Klägers wie des Beklagten fehlt grundsätzlich, soweit mit dem Rechtsmittel lediglich eine **andere Begründung** der angefochtenen Entscheidung begehrt wird. Vgl. aber Rn. 29 zum Grundurteil.

26 Bei **Antragsüberschreitung** ist der Kläger beschwert, wenn der Tenor einen Antrag betrifft, den der Kläger nicht mehr verfolgt hatte. Der Beklagte kann wegen Verstoßes gegen § 308 Abs. 1 ZPO beschwert sein.

27 In Fällen der **Aufrechnungserklärung**[56] des Beklagten ist wegen § 322 Abs. 2 ZPO zu unterscheiden: In den Fällen, in denen der Beklagte gegen eine unbestrittene Forderung des Klägers primär aufgerechnet hat, ist er nur in dem Umfang beschwert, in dem er zur Zahlung verurteilt worden ist.[57] Bestreitet er die Klageforderung und kommt es zur Klageabweisung ohne Sachentscheidung über seine Gegenforderung, fehlt es ihm an einer Beschwer. Wird die Klage abgewiesen, weil die (Haupt- oder Hilfs-)Aufrechnung des Beklagten durchgreift, erwächst die Entscheidung über die Gegenforderung in Rechtskraft (§ 322 Abs. 2 ZPO). Die Beschwer des Beklagten liegt darin, dass in diesem Fall seine Gegenansprüche verbraucht wären. Er kann sein Rechtsmittel auf die Abwehr der Klage beschränkt und den Aufrechnungseinwand einlegen.[58] Wird die Klage wegen einer Hilfsaufrechnung abgewiesen, sind beide Parteien in Höhe der Klageforderung beschwert.[59] Wird der Klage trotz Hilfsaufrechnung stattgegeben, ist der Beklagte doppelt beschwert, einmal aus der zuerkannten Hauptforderung und einmal aus der gemäß § 322 Abs. 2 ZPO rechtskraftfähigen Aberkennung seiner Aufrechnungsforderung.[60] Keine Beschwer tritt in Bezug auf die Aufrechnungsforderung hingegen ein, wenn die (primär oder hilfsweise erklärte) Aufrechnung als unzulässig zurückgewiesen wird.[61]

28 Bei **Auskunftsklagen** richtet sich die Beschwer des Rechtsmittelführers nach dem Aufwand der Erteilung[62] bzw. aus dem Interesse, die Auskunft nicht erteilen zu müssen.[63]

29 Vor allem im Haftpflichtprozess von Bedeutung ist die Frage der Beschwer aus einem **Grundurteil** (§ 304 ZPO). Eine Beschwer des Beklagten liegt in Höhe des eingeklagten Betrages vor. Bei gequoteltem Grundurteil ist die Beschwer für Kläger und Beklagten nach dem je ihn belastenden Teil zu berechnen.[64] Abweichend vom obigen Grundsatz („andere Begründung") kann eine im Grundurteil zugesprochene Anspruchsgrundlage eine Beschwer des Klägers bedeuten, wenn sie den verfolgten Anspruch im Betragsverfahren der Höhe nach nicht gleichwertig zu rechtfertigen verspricht. Beispielhaft zu nennen sind gesetzliche Haftungsgrenzen, die nicht in allen relevanten Rechtsgrundlagen vorkommen,[65] oder Aufwendungen für die Abrechnung von Mängelbeseitigungskosten (Vorschuss), welche bei einer Bejahung von Schadensersatz nicht entstehen würden.[66] Das eine von mehreren Anspruchsgrundlagen verneinende Grundurteil, führt zwar – ohne insoweit schon der Rechtskraft fähig zu sein – zu einer

---

55 Weiterführende Beispiele mit Rechtsprechungsnachweisen auch bei Baumbach/Lauterbach/Albers/Hartmann, ZPO, Grundz. § 511 Rn. 17.
56 Anders für die Klage auf Auszahlung eines Saldos aus Abrechnung von Forderung und Gegenforderung, bei der nur die Differenz Streitgegenstand ist, vgl. BGH, NJW-RR 2004, 1715, Rn. 16 f. = MDR 2004, 702.
57 BGH, FamRZ 2004, 1714, Rn. 3 = WuM 2004, 492.
58 BGH, NJW 2002, 900, Rn. 11 = MDR 2002, 601; BGH, MDR 2001, 1184; Zöller-*Heßler*, ZPO, Vor § 511 Rn. 26.
59 BGHZ 26, 295.
60 BGHZ 48, 212; Zöller-*Heßler*, ZPO, Vor § 511 Rn. 26a.
61 BGH, NJW 1994, 1538, Rn. 4 f. = MDR 1994, 612 mit der Unterscheidung im Einzelfall bei Zurückweisung der Aufrechnungsforderung „mangels substantiierten Vortrags".
62 BGH, NJW-RR 2014, 834, Rn. 6 ff. = FamRZ 2014, 645: Auskunft des Unterhaltspflichtigen über seine Einkünfte.
63 Baumbach/Lauterbach/Albers/Hartmann, ZPO, Grundz. § 511 Rn. 17 – „Auskunft".
64 Auf eine teilweise Klageabweisung soll es nicht ankommen, vgl. Zöller-*Heßler*, ZPO, Vor 511 Rn. 16.
65 BGH, NJW 1997, 2115: Haftungsgrenzen bei bloßer Gefährdungshaftung vs. unbegrenzte Ansprüche bei Verschuldenshaftung.
66 BGH, NJW-RR 2005, 326, Rn. 10 f. = MDR 2005, 470: statt Schadensersatz Mängelbeseitigungskostenvorschuss mit anschließender Abrechnungspflicht. Nach einer Klageabweisung sind die Kosten der Selbstvornahme entscheidend, BGH, NJW-RR 2014, 404.

innerprozessualen Bindungswirkung, die im Betrags- und im Rechtsmittelverfahren gemäß §§ 318, 512, 557 Abs. 2 ZPO grundsätzlich zu berücksichtigen ist.[67] Für den Rechtsmittelzug gilt diese Bindungswirkung hingegen nur eingeschränkt. Reichen die beiden Klagegründe quantitativ gleich weit, erkennt das Gericht aber nur einen als begründet an, so ist das auf ihn gestützte Grundurteil ein voller Sieg des Klägers mit der Folge, dass er gegen die Aberkennung des anderen Klagegrunds seiner Forderung mangels Beschwer kein Rechtsmittel einlegen kann. In diesem Fall ist das Rechtsmittelgericht gehalten, den weiteren (abgelehnten) Klagegrund von Amts wegen zu prüfen.[68]

Bei **Unterlassungsklagen** besteht die Beschwer in dem Nachteil bei einer Erfüllung. Das Interesse des zur Unterlassung verurteilten Beklagten an der Beseitigung seiner Verurteilung entspricht nicht zwangsläufig, aber regelmäßig dem Interesse des Klägers an dieser Verurteilung, denn das Interesse des Klägers an einer solchen Unterlassung ist pauschalierend und unter Berücksichtigung von Bedeutung, Größe und Umsatz des Verletzers, Art, Umfang und Richtung der Verletzungshandlung sowie von subjektiven Umständen auf Seiten des Verletzers wie etwa dem Verschuldensgrad zu bewerten.[69]   30

Bei Verurteilung zur Leistung (nur) **Zug-um-Zug** ist der Kläger beschwert, der die Leistung ohne Einschränkung erreichen will. Ist die Klageforderung unstreitig gestellt und wendet der Beklagte nur den Gegenanspruch ein, ist der Beklagte bei Verurteilung nur Zug-um-Zug nicht beschwert.[70] Bei Verurteilung zur uneingeschränkten Leistung ist er doppelt beschwert, einmal in Höhe der Klageforderung und einmal in Höhe seines Gegenanspruchs, insgesamt aber höchstens in Höhe der Klageforderung.[71]   31

6. Fehlendes Rechtsschutzbedürfnis trotz Beschwer
Mit der Beschwer ist im Regelfall zugleich das Rechtsschutzbedürfnis für die Anrufung der höheren Instanz zu bejahen. **Ausnahmsweise** kann es trotz vorhandener Beschwer an dem Rechtsschutzbedürfnis des Rechtsmittelklägers und damit der Zulässigkeit fehlen. Maßgebend ist ein Vergleich zwischen der Beschwer im Einzelfall und dem konkreten Antrag des Rechtsmittelführers. Begehrt er keine, auch keine zumindest teilweise Beseitigung seiner konkreten Beschwer, kann er kein schützenswertes Interesse an einer Entscheidung des Rechtsmittelgerichts über seinen Rechtsmittelantrag geltend machen. Es handelt sich dann um kein Vorgehen „gegen" eine Entscheidung i.S.v. §§ 511, 542, 567, 574 ZPO.[72] Auf Klägerseite fehlt ein Rechtsschutzinteresse trotz (formeller) Beschwer z.B., wenn der geltend gemachte Anspruch zugesprochen, jedoch unter Verneinung geltend gemachter Anspruchsgrundlagen oder sonst anders als in der Klage rechtlich begründet wurde.[73] Das Gleiche gilt zur Vermeidung einer Zweckentfremdung der Möglichkeit des Rechtsmittels, wenn mit dem Rechtsmittelantrag ohne Weiterverfolgung des Klageanspruchs im Wege der Klageänderung, -erweiterung oder -beschränkung der Klage ausschließlich ein bislang nicht geltend gemachter Anspruch zum Gegenstand gemacht wird.[74] Verfolgt der Kläger mit seinem Berufungsantrag (§ 520 Abs. 3 ZPO) hingegen zumindest teilweise die Beseitigung seiner Beschwer, darf er sein Rechtsmittel sehr wohl zur Erweiterung bzw. Änderung seiner erstinstanzlichen Anträge nutzen, vgl. § 525 ZPO. Auf Beklagtenseite kann das Rechtsschutzinteresse trotz (materieller) Beschwer fehlen, wenn er erfolglos ein Zurückbehaltungsrecht geltend gemacht hat. Denn von der Ausnahme des § 322 Abs. 2 ZPO abgesehen, ist es für die Beschwer des unterlegenen Beklagten grundsätzlich unerheblich, welche und wie viele Einwendungen er gegen den Klageanspruch ohne Erfolg erhoben hat.[75] Ohne die Verurteilung erster Instanz anzugreifen darf der Beklagte in der   32

---

67 BGH, NJW 1959, 1918 (1919); Zöller-*Vollkommer*, ZPO, § 304 Rn. 11.
68 BGH, K&R 2017, 111, Rn. 23 m.w.N.: enteignungsgleicher Eingriff bejaht, enteignender Eingriff verneint.
69 BGH, NJW 2015, 787, Rn. 10 = MDR 2015, 230, mit abweichendem Maßstab für den Fall des *nicht* gewerblich mit Umsatzinteresse tätigen und *nicht* im Wettbewerb stehenden Beklagten; BGH, GRUR 2013, 1067.
70 BGH, NJW-RR 2010, 492, Rn. 2 = FamRZ 2009, 1057.
71 BGH, NJW-RR 1996, 828, Rn. 4 = MDR 1996, 960 für die erfolglose Geltendmachung eines Zurückbehaltungsrechts aus über die Klageforderung hinausgehenden Gegenansprüchen.
72 Allg. Meinung, statt vieler MK-*Rimmelspacher*, ZPO, Vor § 511 ff. Rn. 13 m.w.N.
73 BGHZ 50, 261, Rn. 9 f.; Zöller-*Heßler*, ZPO, Vor § 511 Rn. 11 m.w.N.; Musielak/Voit-*Ball*, ZPO, Vorbem. § 511 Rn. 26–29 mit zahlreichen Beispielen. Anders im Einzelfall des Grundurteils, vgl. Rn. 29.
74 BGH, NJW 2008, 3570; BGH, NJW 2003, 2172; Musielak/Voit-*Ball*, ZPO, Vorbem. § 511 Rn. 26–29, mit zahlreichen Beispielen; Saenger-*Koch*, ZPO, Vor §§ 511–577 Rn. 21; a.A. Stein/Jonas-*Grunsky*, ZPO, Einl. Vor § 511 Rn. 73; differenzierend *Bub*, Zur Zulässigkeit einer Berufung bei Auswechslung des Streitgegenstands, MDR 1995, 1191.
75 BGH, NJW-RR 1996, 829, Rn. 5 = MDR 1996, 960; BGH, NJW 1973, 146.

Berufungsinstanz nicht erstmals eine Widerklage erheben.[76] Nicht eindeutig als Wegfall der Beschwer durch Zeitablauf bezeichnet, aber doch beachtenswert berücksichtigt hat der BGH die Frage der Beschwer eines beklagten Unterlassungsschuldners nach Verurteilung zur Löschung von mehr als drei Jahre alter E-Mails von seiner Internetseite.[77]

V. Rechtsmittel gegen inkorrekte Entscheidungen

1. Allgemeines

33 Im Regelfall ist klar, welche Entscheidung gewollt ist. Etwaige Zweifel sind zunächst durch Auslegung aller Urteils- bzw. Beschlussteile zu beseitigen, wobei Überschriften (z. B. rechtsfehlerhaft Teilurteil) nicht maßgebend sind.[78] Verbleiben Fehler des Gerichts, Unklarheiten oder ein falscher Anschein, darf dies nicht zu Lasten der Parteien gehen. Bessere Rechtskenntnis als die des Gerichts darf von ihnen nicht verlangt werden.[79]

2. Scheinurteile

34 Daher sind auch **Scheinurteile** anfechtbar, z. B. der allenfalls den Rechtsschein eines Urteils erzeugende Urteilsentwurf, bei dem das Urteil mangels förmlicher Verlautbarung mit allen prozessualen und materiell-rechtlichen Wirkungen noch nicht existent ist.[80] Da nur der Rechtsschein eines Urteils beseitigt werden soll, hängt eine dahin klarstellende Entscheidung des Rechtsmittelgerichts nicht davon ab, dass alle Zulässigkeitsvoraussetzungen eines echten Rechtsmittels vorliegen. Weil ein Nichturteil objektiv keine Rechtswirkung entfaltet und daher auch nicht zur Prozessbeendigung führen kann, empfiehlt sich jeder Partei, einen Antrag auf Fortsetzung des Verfahrens zu stellen.[81]

3. Wirkungslose Urteile

35 Um den Eintritt formeller Rechtskraft zu verhindern, kann auch ein **wirkungsloses Urteil** mit dem Rechtsmittel angefochten werden, das gegen ein rechtsfehlerfreies Urteil des gleichen Inhalts gegeben wäre.[82] Um ein wirkungsloses Urteil handelt es sich, wenn es zwar wirksam verkündet worden ist, aber keine Urteilswirkung entfalten kann. Beispiele sind das trotz Unterbrechung oder Aussetzung des Verfahrens (§ 248 ZPO) ergangene Urteil,[83] Entscheidungen gegen eine nicht existente Partei[84] oder Urteile trotz fehlender Rechtshängigkeit.[85]

4. Verfahrensfehlerhafte Entscheidungen – Grundsatz der Meistbegünstigung

36 Für Rechtsmittel gegen **verfahrensfehlerhafte Entscheidungen** gilt der sogenannte **Grundsatz der Meistbegünstigung**.[86] Den Parteien steht dasjenige Rechtsmittel zu, welches nach der Art der tatsächlich ergangenen Entscheidung statthaft ist;[87] zulässig ist aber auch das Rechtsmittel, das bei einer in der richtigen Form getroffenen Entscheidung gegeben gewesen wäre.[88] Wird fälschlich durch Beschluss statt durch Urteil entschieden, kann auch das gegen Urteile statthafte Rechtsmittel eingelegt werden.[89] Wird ein Einspruch gegen ein Versäumnisurteil entgegen § 341 ZPO durch Beschluss verworfen, ist hiergegen sowohl die Berufung als auch die sofortige Beschwerde zulässig.[90] Die Berufung ist statthaft gegen ein als Versäumnisurteil bezeichnetes, aber inhaltlich kontradiktorisches Urteil.[91] Dasselbe gilt, wenn sich aufgrund nicht durch Auslegung zu beseitigender Zweifel die Art der anzufechtenden Entscheidung

---

76 OLG Frankfurt a. M., OLGR 2000, 279 = MDR 2001, 53, Rn. 24.
77 BGH, NJW 2015, 787, Rn. 11 = MDR 2015, 230; allgemein zur Beschwer bei Unterlassung, vgl. Rn. 29.
78 Zöller-*Heßler*, ZPO, Vor § 511 Rn. 30.
79 Vgl. insofern zur verfassungsrechtlichen Rechtsschutzgarantie, insbesondere zum Grundsatz des Vertrauensschutzes BVerfGE 69, 387; BVerfGE 79, 377 f.; BGHZ 90, 3 = MDR 1984, 396.
80 BGHZ GSZ 14, 39 (44); BGH, NJW 1995, 404, Rn. 5 = MDR 1995, 89.
81 BGH, NJW 1995, 404, Rn. 5 = MDR 1995, 89; LG Köln, NJW-RR 2014, 182, Rn. 5 ff.; Stein/Jonas-*Jacobs*, ZPO, Vor § 578–591 Rn. 6.
82 Prütting/Gehrlein-*Lemke*, ZPO, § 511 Rn. 7.
83 BGH, NJW 1997, 1445, Rn. 10 = VersR 1997, 1419; Ausnahme ist § 248 Abs. 3 ZPO.
84 BGH, WM 1994, 1212, Rn. 10 = BauR 1994, 506.
85 BGH, NJW-RR 2006, 565, Rn. 11 f. = WM 2006, 932.
86 Ausführlich *Schenkel*, MDR 2003, 136.
87 St. Rspr. des BGH, vgl. BGHZ 40, 265 (267); BGHZ 72, 18 (187 f.); BGHZ 73, 87 (89).
88 BGHZ 98, 362 = NJW 1997, 442, Rn. 20 = MDR 1987, 221; Zöller-*Heßler*, ZPO, Vor § 511 Rn. 30; Prütting/Gehrlein-*Lemke*, ZPO, § 511 Rn. 9.
89 BGHZ 98, 362 = NJW 1997, 442, Rn. 20 = MDR 1987 221.
90 OLG Dresden v. 08.12.2016, 4 W 915/16, juris.
91 BGH, NJW 1999, 583, Rn. 15 ff. = MDR 1999, 190: „Teil-Versäumnis- und Schlussurteil".

nicht eindeutig ermitteln lässt.[92] Hingegen findet der Meistbegünstigungsgrundsatz **nicht** Anwendung, wenn es einer Partei Vorteile verschafft, die sie bei verfahrensrichtiger Entscheidung nicht hätte. Der Schutzgedanke greift z.b. nicht, wenn das Erstgericht zu Unrecht einen Fall der Säumnis angenommen und auf dieser Sachlage ein nach Fassung und Inhalt eindeutiges, in den Formen des § 313b ZPO abgefasstes Versäumnisurteil erlassen hat. Eine solche Entscheidung ist dann zwar inhaltlich falsch, das Gericht hat aber keinen Verlautbarungsfehler begangen und deshalb durch die Form seiner Entscheidung den Parteien auch keinen falschen Weg für die Art der Anfechtung gewiesen.[93] Der Grundsatz hilft auch dort nicht, wo das Beschwerdegericht fälschlich eine unanfechtbare Entscheidung auf die sofortige Beschwerde hin geändert hat; die hiergegen eingelegte Rechtsbeschwerde ist selbst dann unstatthaft, wenn das Beschwerdegericht sie zugelassen hat. Ein vom Gesetz nicht vorgesehener Rechtsmittelzug kann auch durch eine Fehlentscheidung des ersten Rechtsmittelgerichts nicht eröffnet werden.[94]

Im Rahmen der **Anwendung des Meistbegünstigungsprinzips** besteht grundsätzlich **kein Wahlrecht** des Rechtsmittelgerichts, wie das Verfahren durchzuführen und in welcher Form zu entscheiden ist. Es muss dem tatsächlichen Prozessgegenstand bei Zugrundelegung richtiger Entscheidung der Vorinstanz entsprechend vorgehen. Ist das angerufene Gericht selbst für die Durchführung des Rechtsmittelverfahrens zuständig, so hat die Überleitung in die richtige Verfahrensart durch eine innerprozessuale Klarstellung zu erfolgen. Das Rechtsmittelgericht darf in der Sache selbst entscheiden und nur nach Maßgabe von §§ 538 Abs. 2, 572 Abs. 3 ZPO die Entscheidung aufheben und an die Vorinstanz zurückverweisen. Ist das angerufene Gericht nicht für die Entscheidung über das Rechtsmittel in einem korrekten Verfahrensgang zuständig, verweist es die Sache nach § 281 ZPO analog (nur auf Antrag)[95] an das Rechtsmittelgericht, das bei richtiger Entscheidungsform zuständig wäre. Wird der Verweisungsantrag nicht gestellt und das Rechtsmittel auch nicht zurückgenommen, ist es als unzulässig zu verwerfen.[96] 37

5. Kein Fall der inkorrekten Entscheidung

Ein Fall der inkorrekten Entscheidung liegt **nicht** vor bei bloß äußerer Verbindung zweier selbstständiger Entscheidungen, wenn eine davon, die im Beschlusswege hätte ergehen müssen, in ein Endurteil mit aufgenommen wurde (z.B. Streitwertfestsetzung, PKH-Bewilligung). Jede dieser selbstständigen Entscheidungen ist mit dem für sie statthaften Rechtsmittel oder Rechtsbehelf anzufechten.[97] 38

VI. Entscheidungen des Rechtsmittelgerichts

Allgemein gilt für die möglichen Entscheidungen des Rechtsmittelgerichts, dass die angefochtene Entscheidung nur insoweit abgeändert werden darf, als eine Änderung beantragt ist. Es gelten das Verbesserungsverbot sowie das Verbot der *reformatio in peius* (vgl. §§ 308, 528, 557 ZPO). 39

Ist das **Rechtsmittel unzulässig**, wird es auf Kosten des Rechtsmittelführers als unzulässig verworfen. Es gilt der Vorrang der Zulässigkeitsprüfung und kommt zu keiner Prüfung der Begründetheit mehr, vgl. Rn. 10. Im Beschwerde- und Rechtsbeschwerdeverfahren ist die Verwerfung durch Beschluss zwingend, im Berufungs- und Revisionsverfahren ist die Verwerfung durch Beschluss der Regelfall und durch Urteil – nach mündlicher Verhandlung – in der Praxis die Ausnahme. 40

Ist das **Rechtsmittel zulässig, aber unbegründet**, wird es auf Kosten des Rechtsmittelführers zurückgewiesen. Die angefochtene Entscheidung wird bestätigt. Im Beschwerde- und Rechtsbeschwerdeverfahren ergeht die Entscheidung wiederum zwingend durch Beschluss, im Berufungsverfahren nach Maßgabe von § 522 Abs. 2 ZPO durch einstimmigen Beschluss,[98] oder 41

---

[92] Prütting/Gehrlein-*Lemke*, ZPO, § 511 Rn. 9.
[93] BGH, NJW 1999, 583, Rn. 19 = MDR 1999, 190; BGH, NJW 1997, 1448, Rn. 9 f. = MDR 1997, 495; BGH, NJW 1994, 665, Rn. 4 f. = MDR 1994, 199 (arg.: Die Einspruchsfrist beginnt auch mit Zustellung eines zu Unrecht erlassenen Versäumnisurteils zu laufen); Stein/Jonas-*Bartels*, ZPO, § 338 Rn. 5 f.
[94] BGH, NJW 2009, 3653, Rn. 5 ff. = MDR 2009, 1300.
[95] Ebenso BGH, NJW-RR 1995, 379, Rn. 12 = MDR 1995, 823; unklar gelassen Zöller-*Heßler*, ZPO, Vor § 511 Rn. 33.
[96] Ebenso mit ausführlicher Darstellung *Schenkel*, MDR 2003, 136.
[97] Zöller-*Heßler*, ZPO, Vor § 511 Rn. 35.
[98] Gemäß § 522 Abs. 3 ZPO, eingeführt durch Gesetz zur Änderung des § 522 ZPO m.W.v. 27.10.2011 (BGBl. I, S. 2082), unterliegt der Beschluss nach § 522 Abs. 2 ZPO der Nichtzulassungsbeschwerde (NZB), siehe dort.

– nach mündlicher Verhandlung – durch Urteil, im Revisionsverfahren stets durch Urteil außer in den Fällen des § 552a ZPO durch einstimmigen Beschluss.

42 Ist das **Rechtsmittel zulässig und begründet**, enthält der Tenor der Entscheidung zwei Aussprüche, die in getrennten Ziffern erfolgen sollten: **Aufhebung** (kassatorischer Teil – *iudicium rescindens*) der vorinstanzlich(en) Entscheidung(en), soweit sie unrichtig ist (sind), *und* **weitere Entscheidung des Rechtsmittelgerichts** (reformatorische Entscheidung – *iudicium rescissorium*), die bestehen kann in: **Zurückverweisung** zur neuen Verhandlung und Entscheidung – in der Regel auch über die Kosten des Rechtsmittels (§§ 538 Abs. 2, 544 Abs. 7, 563 Abs. 1, 577 Abs. 4 ZPO) unter Achtung der Bindung des Rechtsmittelgerichts (§§ 563 Abs. 2, 566 Abs. 8 Satz 3, 577 Abs. 4 Satz 4 ZPO), oder **eigene ersetzende Prozess- oder Sachentscheidung** unter Ausspruch der Kostenentscheidung auch über die Kosten der Vorinstanz(en) (§§ 538 Abs. 1, 563 Abs. 1, 577 Abs. 5 ZPO). Ist kein weiteres Rechtsmittel der Revision oder Rechtsbeschwerde möglich, beendet die ersetzende Entscheidung das Verfahren.

ABSCHNITT 1
Berufung

§ 511
Statthaftigkeit der Berufung

(1) Die Berufung findet gegen die im ersten Rechtszug erlassenen Endurteile statt.

(2) Die Berufung ist nur zulässig, wenn
1. der Wert des Beschwerdegegenstandes 600 Euro übersteigt oder
2. das Gericht des ersten Rechtszuges die Berufung im Urteil zugelassen hat.

(3) Der Berufungskläger hat den Wert nach Absatz 2 Nr. 1 glaubhaft zu machen; zur Versicherung an Eides statt darf er nicht zugelassen werden.

(4) ¹Das Gericht des ersten Rechtszuges lässt die Berufung zu, wenn
1. die Rechtssache grundsätzliche Bedeutung hat oder die Fortbildung des Rechts oder die Sicherung einer einheitlichen Rechtsprechung eine Entscheidung des Berufungsgerichts erfordert und
2. die Partei durch das Urteil mit nicht mehr als 600 Euro beschwert ist.

²Das Berufungsgericht ist an die Zulassung gebunden.

Inhalt:

	Rn.		Rn.
A. Allgemeines	1	3. Glaubhaftmachung, Abs. 3	27
I. Normzweck	1	4. Einzelfälle	29
II. Anwendungsbereich	3	5. Entscheidung über den Wert	
B. Erläuterungen	4	des Beschwerdegegenstandes	30
I. Berufungsfähige Endurteile, Abs. 1	4	IV. Zulassungsberufung, Abs. 2 Nr. 2	
II. Parteien des Berufungsverfahrens	12	und Abs. 4	31
1. Berufungskläger	13	1. Anwendungsbereich	31
2. Berufungsbeklagter	18	2. Zulassungsvoraussetzungen,	
III. Wertberufung, Abs. 2 Nr. 1		Abs. 4 Satz 1	33
und Abs. 3	19	3. Teilweise Berufungszulassung	37
1. Mindestwert des		4. Entscheidung des Erstgerichts	
Beschwerdegegenstandes	19	über die Zulassung	38
2. Berechnung des Werts des		5. Bindung des Berufungsgerichts	39
Beschwerdegegenstandes	22	C. Gebühren	40

A. Allgemeines
I. Normzweck

1 § 511 ZPO regelt mit der Statthaftigkeit der Berufung eine grundlegende Zulässigkeitsvoraussetzung der Berufung neben v. a. Form und Frist der Einlegung, der Rechtsmittelbegründung sowie der Beschwer als ungeschriebenem Merkmal (vgl. Vorbem. zu §§ 511–577 Rn. 13). Dadurch grenzt die Norm das Rechtsmittel der Berufung von anderen Rechtsmitteln sowie anderen Rechtsbehelfen ab, vgl. entsprechend §§ 542 f. ZPO für die Revision, § 567 ZPO für die sofortige Beschwerde und § 574 ZPO für die Rechtsbeschwerde.

§ 511 Abs. 1 ZPO bestimmt, dass die Berufung gegen die im ersten Rechtszug erlassenen Endurteile stattfindet. § 511 Abs. 2 bis Abs. 4 ZPO setzen die Ziele des ZPO-Reformgesetzes m.W.v. 01.01.2002[1] um und enthält Bestimmungen zur Berufungssumme und zur Zulassungsberufung. Die Neufassung stellt klar, dass das Erstgericht die Zulassung der Berufung nur dann zu prüfen hat, wenn sein Endurteil eine der Parteien mit nicht mehr als 600,00 € beschwert (Vorbem. zu §§ 511–577 Rn. 15, 20–32). Diese Prozessvoraussetzungen sind in jeder Lage des Verfahrens von Amts wegen zu prüfen. Im Mittelpunkt stehen die Voraussetzungen nach § 511 Abs. 2 Nr. 1 und Nr. 2 ZPO.

II. Anwendungsbereich

§ 511 ZPO findet in jedem Berufungsverfahren nach der ZPO und den auf sie verweisenden Gesetzen Anwendung; für das arbeitsgerichtliche Verfahren sind §§ 64 ff. ArbGG zu beachten. § 511 ZPO gilt auch in WEG-Verfahren.[2]

B. Erläuterungen
I. Berufungsfähige Endurteile, Abs. 1

Berufungsfähig sind Endurteile des Amtsgerichts und Landgerichts in der ersten Instanz, die für ihren Entscheidungsgegenstand das Verfahren des ersten Rechtszuges abschließen sowie gleichgestellte Zwischenurteile.[3] Endurteile sind auch Prozessurteile, Teilurteile (§ 301 ZPO), Vorbehaltsurteile (§§ 302, 599 ZPO), Grundurteile (§ 304 ZPO), Verzichtsurteile (§ 306 ZPO), Anerkenntnisurteile[4] (§ 307 ZPO) und Ergänzungsurteile,[5] gleich ob die Ergänzung vorgenommen oder abgelehnt wird (§ 321 ZPO), ebenso das Vollstreckungsurteil (§ 722 ZPO).[6] Irrelevant ist, ob das Amtsgericht als Zivil- oder Familiengericht, das Landgericht durch den Einzelrichter, die Zivilkammer oder den Vorsitzenden der Kammer für Handelssachen entschieden hat.[7] Enthält eine Entscheidung unterschiedliche Teile, ist jeder Teil selbstständig mit dem für ihn vorgesehenen Rechtsbehelf oder Rechtsmittel anzufechten (sog. gemischte Entscheidung).[8] Auf die bloße Bezeichnung als Endurteil kommt es somit nicht an.[9]

Zwischenurteile unterliegen der Nachprüfung grundsätzlich nur nach Maßgabe von § 512 ZPO. Lediglich kraft gesetzlicher Gleichstellung in den Fällen der §§ 280 Abs. 2, 302, 304 und 599 Abs. 3 ZPO können sie mit der Berufung angegriffen werden.[10] Bei Zwischenurteilen gemäß § 303 ZPO kann der Grundsatz fehlender selbstständiger Anfechtbarkeit ausnahmsweise eingeschränkt sein:[11] Stellt ein Zwischenurteil die Fortdauer einer Unterbrechung des Verfahrens fest und wird dadurch einer Partei die Aufnahme des Rechtsstreit verwehrt, ist es wegen des Justizgewährleistungsanspruchs wie ein Endurteil mit der Berufung anfechtbar.[12] Andernfalls würde die Partei infolge der Feststellungen des Zwischenurteils von der Prozessführung abgehalten und müsste auf Dauer auf die Wahrnehmung ihrer Rechte verzichten.[13]

Vorbehaltsurteile sind mit der Berufung angreifbar, da sie bzgl. der Rechtsmittelfähigkeit gemäß § 302 Abs. 3 ZPO Endurteilen gleichgestellt sind.

Anfechtbar mit der Berufung ist das 2. (echte) Versäumnisurteil (VU), wenn die Berufung darauf gestützt wird, dass eine schuldhafte Versäumung nicht vorgelegen habe, § 514 Abs. 2, § 345 ZPO.[14] Voraussetzung ist die schlüssige Darlegung, dass der Termin nicht schuldhaft versäumt worden ist; wird die fehlende oder unverschuldete Säumnis nicht schlüssig darge-

---

1 BGBl. I, S. 1887 ff.; Gesetzesbegründung BT-Drucks. 14/4722, S. 60: „deutlichere Funktionsdifferenzierung der Rechtsmittelebenen"; kritisch *Büttner*, FS Eichele, 2013, S. 61.
2 *Sauren*, NZM 2007, 860 zur Annäherung der WEG-Sachen an das ZPO-Verfahren.
3 Prütting/Gehrlein-*Ackermann*, ZPO, § 542 Rn. 6; Musielak/Voit-*Ball*, ZPO, § 542 Rn. 3.
4 BGH, FamRZ 2003, 1922, Rn. 14 = FuR 2004, 35.
5 BGH, MDR 2005, 470.
6 Vgl. auch Stein/Jonas-*Althammer*, ZPO, § 511 Rn. 9; Prütting/Gehrlein-*Lemke*, ZPO, § 511 Rn. 2 f.
7 MK-*Rimmelspacher*, ZPO, § 511 Rn. 19; Musielak/Voit-*Ball*, ZPO, § 511 Rn. 2.
8 BGH, NJW 1995, 1033; Musielak/Voit-*Ball*, ZPO, § 511 Rn. 9.
9 BGHZ 113, 362 (365 f.) = NJW 1991, 2020, Rn. 9: keine Berufung ausschließlich gegen eine Kostenentscheidung nach § 91a ZPO enthaltenden Teil einer gemischten Entscheidung.
10 Zöller-*Heßler*, ZPO, § 542 Rn. 6, m. w. H.
11 BGH, NJW 2005, 20, Rn. 9 ff. = MDR 2005, 345; Prütting/Gehrlein-*Ackermann*, ZPO, § 542 Rn. 6, m.w.N.
12 BGH, NJW-RR 2006, 288, Rn. 9 ff. = MDR 2006, 529; BGH, NJW 2004, 2983, Rn. 7, 11 ff. = MDR 2004, 1312 für die Revision.
13 Prütting/Gehrlein-*Ackermann*, ZPO, § 542 Rn. 6 m.w.N.; Musielak/Voit-*Ball*, ZPO, § 542 Rn. 4; vgl. BGH, MDR 2009, 1000, m.w.N.
14 Musielak/Voit-*Ball*, ZPO, § 542 Rn. 4; Zöller-*Heßler*, ZPO, § 542 Rn. 5, m.w.N.

legt, ist die Berufung als unzulässig zu verwerfen.[15] Telos und Wortlautgrenze von § 514 Abs. 2 Satz 1 ZPO verbieten eine erweiterte Auslegung dahingehend, dass eine schlüssige Darlegung der fehlenden oder unverschuldeten Säumnis auch dann vorliege, wenn der schuldhaft säumige Kläger rügt, das erkennende Gericht sei bei Erlass des 2. VU nicht vorschriftmäßig besetzt gewesen, weil es seine Ablehnungsgesuche zu Unrecht als unzulässig verworfen habe; die ordnungsgemäße Besetzung des erkennenden Gerichts ist vor Erlass des 2. VU amtswegig zu prüfen.[16] Berufungsfähig ist auch das einen Einspruch gegen ein VU (§ 341 Abs. 1 ZPO) oder einen Vollstreckungsbescheid als unzulässig verwerfende Urteil (§ 700 Abs. 1 ZPO) sowie das die Wiedereinsetzung versagende Urteil (§ 238 Abs. 2 ZPO).[17]

8   Unter Umgehung der Berufungsinstanz ist gegen die erstinstanzlichen Endurteile nach Maßgabe von § 566 ZPO die Revision als Sprungrevision statt der Berufung möglich.

9   **Nicht berufungsfähig** sind das erste Versäumnisurteil (§ 514 Abs. 1 ZPO), das Ausschlussurteil (§ 957 Abs. 1 ZPO) und das Schlussurteil über die Kosten nach vorangegangenem Anerkenntnisurteil (§ 99 Abs. 2 ZPO).[18] Beweisbeschlüsse sind nicht anfechtbar, § 355 Abs. 2 ZPO.[19] Gegen das Zwischenurteil, mit dem über den Antrag auf Zurückweisung einer Nebenintervention entschieden wird, findet gemäß § 71 Abs. 2 ZPO nicht die Berufung, sondern die sofortige Beschwerde statt.[20] Ebenso wenig ist die Berufung statthaft für Zwischenurteile etwa nach § 135 Abs. 2 und 3 ZPO, § 142 Abs. 2, § 144 Abs. 2, § 372a, § 387 oder § 402 ZPO. Gegen seit 01.09.2009 in Neuverfahren ergangene Beschlüsse des Familiengerichts ist nur noch die Beschwerde nach §§ 38, 116 Abs. 1, 117 FamFG statthaft, nicht die Berufung.

10 Zur Berufung gegen Scheinurteile, wirkungslose Urteile oder verfahrensfehlerhafte Urteile, einschl. gegen die Unterbrechungswirkung (§ 249 ZPO) verstoßende Urteile vgl. Vorbem. zu §§ 511–577 Rn. 33 ff. Ein unvollständiges Urteil mit vollständiger Klageabweisung bei fehlendem Tatbestand ist *neben* dem Urteilsergänzungsverfahren nach § 321 Abs. 1 ZPO mit der Berufung anfechtbar.[21]

11 Ein im ersten Rechtszug erlassenes Endurteil liegt nicht vor, wenn das Berufungsgericht über neu im Rechtsmittelrechtszug anhängig gemachte Streitgegenstände[22] oder gegen einen erst jetzt hinzugekommenen Beklagten[23] entscheidet. „Erlassen" ist das erstinstanzliche Endurteil, wenn es ordentlich verkündet ist, in den Fällen des § 310 Abs. 3 ZPO mit der Zustellung.

II. Parteien des Berufungsverfahrens

12 Wer Partei des Berufungsverfahrens sein kann, bestimmt sich durch prozessuale Betrachtung. Zur Berufungseinlegung berechtigt ist jeder, gegen den sich das Urteil richtet und zwar unabhängig davon, ob er an dem materiellen Rechtsverhältnis beteiligt und „richtige" Partei ist.[24] Beides ist für die Begründung eines Prozessrechtsverhältnisses ohne Belang.

1. Berufungskläger

13 Als Berufungskläger kommen daher mehrere in Betracht. Berechtigt ist auch derjenige, der im Rubrum nur irrtümlich als Partei bezeichnet ist und derjenige, gegen den sich das Urteil in Wahrheit richtet.[25] Für die Frage der Zulässigkeit der Berufung einer möglicherweise parteiunfähigen oder nicht existenten Partei ist nicht danach zu unterscheiden, ob mit dem Rechtsmittel ein Prozessurteil wegen Rüge der fehlenden Parteifähigkeit bzw. Nichtexistenz oder sogar eine andere Sachentscheidung erstrebt wird.[26]

---

15 BGH, NJW 2016, 642, Rn. 5.
16 BGH, NJW 2016, 642 (643), Rn. 7, 14 = MDR 2016, 483 für die Revision.
17 Saenger-*Koch*, ZPO, § 511 Rn. 2.
18 Anders bei gemischten Kostenentscheidungen, vgl. BGH, NJW 2013, 2361; BGHZ 17, 392 (397 f.) = NJW 1955, 1394.
19 BGH, NJW-RR 2007, 1375, Rn. 8 = MDR 2008, 30.
20 Das Beschwerdegericht kann dann durch Beschluss über die sofortige Beschwerde gegen das Zwischenurteil entscheiden, die Rechtsbeschwerde zum BGH, gemäß § 574 Abs. 3 Satz 1, Abs. 1 Nr. 2 ZPO mit bindender Wirkung gem. § 574 Abs. 3 Satz 2 ZPO zuzulassen, wenn die Rechtssache grundsätzliche Bedeutung hat oder die Fortbildung des Rechts oder die Sicherung einer einheitlichen Rechtsprechung eine Entscheidung des Rechtsbeschwerdegerichts erfordert, vgl. BGH, NJW-RR 2013, 490, Rn. 18 = MDR 2013, 485.
21 Zum Verhältnis der Ergänzung nach § 321 ZPO und Rechtsmitteln, vgl. BGH, NJW 2010, 1148, Rn. 11 ff. = MDR 2009, 1406.
22 BGH, NJW-RR 1994, 61.
23 BGH, NJW 1999, 62.
24 BGHZ 4, 328 (332); BGH, NJW-RR 2005, 118, Rn. 6 f. = MDR 2004, 960.
25 Prütting/Gehrlein-*Lemke*, ZPO, § 511 Rn. 50; Musielak/Voit-*Ball*, ZPO, § 511 Rn. 10 f.
26 BGH, NJW 2010, 3100, Rn. 9 ff. = MDR 2010, 1279; a.A. OLG Köln, VersR 1998, 207 (208).

Der **Rechtsnachfolger** einer Partei, der mangels Zustimmung des Gegners nach § 265 Abs. 2 Satz 2 ZPO zurückgewiesen wurde, kann gegen diese Entscheidung Berufung (ausschließlich) mit dem Ziel einlegen, die Übernahme des Prozesses durchzusetzen.[27] Wird die Erklärung der Prozessübernahme als Rechtsnachfolger mit der Berufungseinlegung verbunden, was zulässig ist und ggf. durch Auslegung der Berufungsschrift zu ermitteln ist, kommt es dann aber nicht zur Zustimmung des Gegners nach § 265 Abs. 2 Satz 2 ZPO, kann das Fehlen wegen des eindeutigen Wortlauts nicht durch eine Entscheidung des Gerichts aufgrund Sachdienlichkeit ersetzt werden.[28]   *14*

Bei subjektiver Klagehäufung können **Streitgenossen** nach §§ 59 ff. ZPO je nur für sich Berufung einlegen bzw. kann nur jeweils gegen jeden Einzelnen Berufung eingelegt werden.[29] Im Fall der notwendigen Streitgenossenschaft werden alle anderen Streitgenossen bei Berufungseinlegung auch nur durch einen von ihnen selbst Partei, siehe ausführlich Kommentierungen § 62 Rn. 13 ff. Für den Fall eines – ggf. verfahrenswidrigen – Teilversäumnisurteils gegen einzelne von materiell-rechtlich notwendigen Streitgenossen bedeutet die Berufung eines der Streitgenossen, gegen den ein streitiges Urteil ergangen ist, daher nicht, dass Erstere ohne eigenen Rechtsbehelf (ggf. nach dem Meistbegünstigungsgrundsatz) Partei dieses Berufungsverfahren werden.[30] Bei einer Wohnungseigentümergemeinschaft muss sich die Berufung gegen alle Mitglieder nach § 46 Abs. 1 Satz 1 WEG richten, da diese notwendige Streitgenossen sind.[31] Bei einer Hinterlegungsklage nach § 856 Abs. 2 ZPO kann jeder Pfändungsgläubiger durch Berufungseinlegung dem Prozess gegen den Drittschuldner als Streitgenosse beitreten („in jeder Lage des Verfahrens").[32]   *15*

Streithelfer,[33] gleich ob einfacher oder streitgenössischer, legen mit ihrer Berufung ein Rechtsmittel für die Hauptpartei ein, nehmen nur deren Rechte wahr und werden selbst nicht Partei. Der einfache Streithelfer kann daher nur solange Berufung einlegen, wie die Rechtsmittelfrist für die Hauptpartei läuft.[34] Legt auch die unterstützte Hauptpartei Berufung ein, handelt es sich folgerichtig nur um ein einheitliches Rechtsmittel, über das einheitlich zu entscheiden ist.[35] Widerspricht die Hauptpartei, ist die Berufung des Streithelfers unzulässig, es sei denn dieser ist streitgenössischer Nebenintervenient (§ 69 ZPO).[36] Unzulässig ist die Berufung auch, wenn der Beitritt des Streithelfers rechtskräftig abgelehnt worden ist.[37]   *16*

Wer als Dritter fälschlich im Rubrum aufgeführt wird, darf sich vor einer drohenden Vollstreckung durch Berufung schützen und braucht sich nicht auf die Berichtigung nach § 319 ZPO verweisen lassen, solange diese nicht erfolgt ist; denn es steht nicht fest, ob sie innerhalb der Berufungsfrist erfolgt.[38] Umgekehrt kann sich ein Dritter nicht anstelle des Klägers des abgewiesenen Anspruchs berühmen und darauf gestützt Berufung einlegen.[39]   *17*

2. Berufungsbeklagter

Berufungsbeklagter kann nur der im Ersturteil aufgeführte Prozessgegner sein. Unzulässig ist die Berufung gegen einen eigenen Streitgenossen, gegen jeden Dritten (z.B. Streithelfer, welche nicht Partei werden, siehe oben Rn. 16) oder die Berufung eines Streithelfers gegen die von ihm unterstützte Hauptpartei.[40]   *18*

---

27 BGH, NJW 1988, 3209.
28 BGH, NJW 1996, 2799, Rn. 7 = MDR 1996, 1177.
29 Nach OLG Saarbrücken, VersR 2002, 1091 ist für die Forderungszuständigkeit bei Ehegatten als Mitgläubiger eines gemeinschaftlichen Anspruchs aus Versicherungsvertrag gemäß § 432 BGB zu beachten, dass es durch die Berufungseinlegung nicht zu einer unzulässigen Klageänderung mangels Begehr der Beseitigung der Beschwer des erstinstanzlichen Urteils kommt.
30 BGHZ 131, 376 ff.; BGH, DNotZ MDR 2001, 1046 = WM 2001, 1349 = NJW 2001, 3053.
31 BGH, NJW 2012, 1224.
32 MK-*Rimmelspacher*, ZPO, § 511 Rn. 24; Stein/Jonas-*Althammer*, ZPO, § 511 Rn. 15; Baumbach/Lauterbach/Albers/Hartmann, ZPO, § 511 Rn. 11.
33 Zur Beschwer des Nebenintervenienten, vgl. Vorbem. zu §§ 511–577 Rn. 23.
34 BGH, NJW-RR 2013, 1400, Rn. 3 = MDR 2013, 1240.
35 BGH, NJW-RR 2006, 644 = MDR 2006, 944; Saenger-*Koch*, ZPO, § 511 Rn. 11; Thomas/Putzo, *Reichold*, ZPO, § 511 Rn. 8.
36 BGHZ 92, 275 (279); BGH, NZG 1999, 260, Rn. 9 = ZIP 1999, 190.
37 Musielak/Voit-*Ball*, ZPO, § 511 Rn. 13.
38 BGH, WM 1978, 69; BGH, MDR 1968, 407.
39 Musielak/Voit-*Ball*, ZPO, § 511 Rn. 14.
40 Thomas/Putzo-*Reichold*, ZPO, § 511 Rn. 10.

III. Wertberufung, Abs. 2 Nr. 1 und Abs. 3
1. Mindestwert des Beschwerdegegenstandes

19 Zur Entlastung der Berufungsgerichte von Bagatellsachen verlangt § 511 Abs. 2 Nr. 1 ZPO einen Mindestwert des Beschwerdegegenstandes entsprechend der Wertgrenze für das vereinfachte Verfahren nach § 495a ZPO. Die Berufungssumme muss **600,00 €**[41] **übersteigen** und gilt gleichermaßen für Sach- wie Prozessurteile erster Instanz und für vermögens- wie nichtvermögensrechtliche Angelegenheiten.[42] D.h. das anzufechtende Urteil darf den Berufungsführer nach seinem zweitinstanzlichen Begehren nicht nur unerheblich beschweren. Dabei knüpft § 511 Abs. 2 Nr. 1 ZPO nicht unmittelbar an die Beschwer (vgl. allgemein Vorbem. zu §§ 511–577 Rn. 15, 20 ff.), sondern an den „Wert des Beschwerdegegenstandes" an. Abgestellt wird demnach auf **den Teil der Beschwer**, den der Berufungsführer tatsächlich dem Rechtsmittelgericht zur Prüfung unterbreitet, was sich wiederum durch seinen Rechtsmittelantrag bestimmt. Es besteht daher auch keine Übereinstimmung mit dem erstinstanzlichen Streitwert und dem sog. Kostenstreitwert der Berufungsinstanz. Vielmehr kann der Wert des Beschwerdegegenstandes a) die Beschwer erreichen, aber nicht übersteigen, und b) den erstinstanzlichen Streitwert unter-, aber auch überschreiten. Es kommt auf den Betrag an, in dessen Höhe der Berufungskläger mit seinem Berufungsantrag gemäß § 520 Abs. 3 Nr. 1 ZPO die „Abänderung" der erstinstanzlichen Entscheidung begehrt. Eine Erhöhung des Werts über die Beschwer hinaus ist auch durch ein darüberhinausgehendes Begehren oder eine Klageerweiterung bzw. Widerklage erst nach erstinstanzlichem Urteil nicht möglich, da sonst die erforderliche Wertgrenze jederzeit nach Belieben des Berufungsführers erreicht werden könnte und der Normzweck (keine Bagatellrechtssachen ohne grundsätzliche Bedeutung) ad absurdum geführt würde.[43] Ohne jede Beschwer kann von vornherein keine Berufungssumme erreicht werden.

20 Beispiel:

Klage auf Zahlung von 7.500,00 €: Im Endurteil des ersten Rechtszugs werden nur 6.600,00 € zugesprochen. In der Berufung werden noch 700,00 € geltend gemacht. – Die Beschwer beträgt 900,00 €, der Wert des Beschwerdegegenstandes 700,00 €. Ergebnis: Die Berufungssumme ist erreicht und wird nicht zum Zulässigkeitshindernis.

21 **Keine Berufungssumme** braucht hingegen die Berufung gegen ein echtes zweites Versäumnisurteil (auch keine Berufungszulassung), § 514 Abs. 2 ZPO, die Anschlussberufung (vgl. § 524 ZPO), eine Berufung vor dem Schifffahrtsgericht nach § 14 GVG und die Anfechtung eines bloßen Scheinurteils (vgl. Vorbem. zu §§ 511–577 Rn. 34), mit dem lediglich ein Rechtsschein beseitigt werden soll.

2. Berechnung des Werts des Beschwerdegegenstandes

22 Der Wert des Beschwerdegegenstandes wird gemäß § 2 ZPO unter Anwendung der §§ 3 ff. ZPO ermittelt. Während aber bei der Bestimmung des Werts der Beschwer das Interesse maßgeblich ist, dass der Beschwerte an der Abänderung des Urteils haben kann, ist bei der Bestimmung des Werts des Beschwerdegegenstandes das Interesse maßgeblich, das er an der Urteilsabänderung nach seinem Berufungsantrag tatsächlich hat.

23 Maßgeblicher Zeitpunkt für die Berechnung ist der Zeitpunkt der Einlegung des Rechtsmittels, § 4 Abs. 1 ZPO. Im Berufungsrecht ist die Besonderheit zu beachten, dass mit der Berufungseinlegung nicht sogleich die Berufungsanträge gestellt werden müssen, vgl. §§ 517, 520 ZPO. Ob die Berufungssumme erreicht wird, steht also nicht stets von Anfang an fest. Die Berufung ist als unzulässig zu verwerfen, wenn der Berufungskläger zwar einen Berufungsantrag angekündigt hat, der die Berufungssumme erreicht, die Berufung aber bis zum Ablauf der Berufungsbegründungsfrist nur hinsichtlich eines Teils der beantragten Abänderung des angefochtenen Urteils, der die Berufungssumme nicht erreicht, in einer den Anforderungen des § 520 Abs. 3 Satz 2 Nr. 2 ZPO genügenden Weise begründet hat.[44] Umgekehrt ist eine Erweiterung der Berufung zum Zweck des Erreichens der Berufungssumme bis zum Schluss der mündlichen Verhandlung vor dem Berufungsgericht zulässig, (zwingend) vorausgesetzt dies ist noch von der fristgerecht eingereichten Berufungsbegründung gedeckt.[45] Letzteres dürfte die Ausnahme sein.

---

41 Eine Erhöhung der Berufungssumme von 600,00 € auf 1.000,00 € ist schon seit dem Jahr 2010 in der Diskussion und wäre nur zu begrüßen, vgl. BT-Drucks. 17/2149 und BR-Drucks. 439/07.
42 Musielak/Voit-*Ball*, ZPO, § 511 Rn. 17.
43 Das Rechtsstaatsprinzip verlangt *per se* keinen Instanzenzug und erlaubt daher auch Rechtsmittelsummen als Zulässigkeits- und damit Zugangsvoraussetzungen.
44 BGH, NJW-RR 2012, 662, Rn. 8 = MDR 2012, 932 für Schadensersatz nach Verkehrsunfall und die Nichtanfechtung der erstinstanzlich zugrunde gelegten Haftungsquote durch die rechtzeitige Berufungsbegründung.
45 Saenger-*Koch*, ZPO, § 511 Rn. 14.

Das Berufungsgericht hat den Wert des Beschwerdegegenstandes gemäß § 2 ZPO i.V.m. §§ 3 ff. ZPO nach freiem Ermessen zu berechnen. An die erstinstanzliche Streitwertfestsetzung ist es nicht gebunden.[46] Will er diese unterschreiten und dadurch unter der Wertgrenze von 600,01 € landen, muss der Rechtsmittelführer vor einer Verwerfung der Berufung als unzulässig nach Art. 103 Abs. 1 GG angehört werden und zusätzlich *selbst* über die Voraussetzungen einer Berufungszulassung nach § 511 Abs. 2 Nr. 2 und Abs. 4 ZPO entscheiden.[47] Das Revisionsgericht wiederum kann die Ermessensausübung bei der Berechnung nur auf Ermessensfehler bzw. -überschreitung nachprüfen, d.h. ob maßgebliche Tatsachen (§ 286 ZPO) nicht berücksichtigt oder unter Verstoß gegen § 139 ZPO nicht festgestellt wurden.[48]

24

Ergänzender Vortrag der Parteien und neues Vorbringen zur Beschwer sind beachtbar.[49] Dementsprechend kann eine einmal durch Beschluss festgesetzte Berufungssumme auch nachträglich (zu Gunsten, aber auch zu Lasten des Berufungsführers) geändert werden. Ein Vertrauensschutz einer Partei besteht nicht, weil § 318 ZPO nur die Bindung an die vom Gericht erlassenen Urteile, nicht aber auch Beschlüsse bestimmt.[50] Andererseits gilt auch: Während die *Beschwer* zum Zeitpunkt der Entscheidung noch gegeben sein muss und ihr Wegfall die Berufung unzulässig macht, ist eine Verminderung des Werts des Beschwerdegegenstandes (etwa wegen nur beschränkter PKH-Gewährung) für die Zulässigkeit unschädlich, es sei denn diese beruht auf einer willkürlichen Beschränkung der Berufung, welche allgemein dann bejaht wird, wenn sie nicht auf eine Reaktion des Gegners erfolgt.[51] Das wiederum lässt sich i.d.R. erst nach dem in der mündlichen Verhandlung verlesenen Antrag beurteilen, weil er bis dahin auch wieder erweitert werden kann.[52]

25

Es kommt bei der Bemessung der Berufungssumme nur auf die eigene Beschwer, nicht auch die des Gegners an (vgl. Vorbem. zu §§ 511–577 Rn. 14 m.w.N.). Unterliegen beide Parteien in der ersten Instanz, sind die Beschwer und der Wert des Beschwerdegegenstands für jede Partei gesondert zu ermitteln.[53] Die Beschwer aller Streitgenossen ist auch dann gemäß §§ 2, 5 ZPO zu addieren, wenn die Berufung nur von einzelnen Streitgenossen eingelegt wurde.[54] Dies gilt nicht, wenn es sich nicht um wirtschaftlich identische Streitgegenstände handelt.[55] Ansprüche gegen mehrere Gesamtschuldner sind identisch und nicht zusammenzurechnen.[56] Entgegen § 5 ZPO sind bei der Widerklage für die Berechnung der Beschwer Klage und Widerklage zusammenzurechnen, wenn sie verschiedene Streitgegenstände betreffen.[57]

26

3. Glaubhaftmachung, Abs. 3

Gemäß § 511 Abs. 3 ZPO hat der Berufungsführer grundsätzlich bis zum Ablauf der Berufungsfrist des § 517 ZPO, spätestens aber bis zur Verwerfung der Berufung als unzulässig den Beschwerdewert gemäß § 294 ZPO glaubhaft zu machen. Seine eigene eidesstattliche Versicherung ist nicht zugelassen, § 511 Abs. 3 Satz 2 ZPO. Im Übrigen sind alle anderen Beweismittel offen, soweit präsent.[58] Bei Zahlungsklagen ergibt sich der Wert regelmäßig aus den Akten und entfällt eine nähere Glaubhaftmachung.

27

Eine Bindung des Berufungsgerichts an die Glaubhaftmachung der Partei besteht nicht, sonst drohte die Gefahr irgendeiner eidesstattlichen Versicherung nach § 294 ZPO. Erforderlichenfalls erfolgt Beweiserhebung. Unzulässig ist allerdings eine Ermittlung von Amts wegen durch Sachverständigengutachten.[59] Dies gilt auch, wenn der Berufungskläger den Wert des Beschwerdegegenstandes nicht glaubhaft macht und ihn das Berufungsgericht deshalb von Amts wegen aufgrund eigener Lebenserfahrung und Sachkenntnis nach freiem Ermessen zu schätzen hat, § 3 ZPO.

28

---

46 BGH, NJW-RR 1998, 573, Rn. 7 = MDR 1998, 557.
47 BGH, Grundeigentum 2014, 798 f.; BGH, NJW-RR 2014, 1027, Rn. 19 ff. = MDR 2014, 739, trotz Rechtsbehelfsbelehrung des Erstgerichts (zu § 39 FamFG); Prütting/Gehrlein-*Lemke*, ZPO, § 511 Rn. 46; Musielak/Voit-*Ball*, ZPO, § 511 Rn. 42b.
48 BGH, NJW-RR 2007, 724; Thomas/Putzo-*Reichold*, ZPO, § 511 Rn. 13.
49 BGH, NJW-RR 2006, 791: kein Ausschluss nach § 531 Abs. 2 Satz 1 Nr. 3 ZPO; BGH, NJW-RR 2005, 219.
50 BGH, FamRZ 1992, 663, Rn. 7; Saenger-*Koch*, ZPO, § 511 Rn. 14 a.E.
51 Vgl. Vorbem. zu §§ 511–577 Rn. 14; zuletzt BGH v. 10.01.2017, VIII ZR 98/16, juris; BGH, NJW-RR 2009, 126; zutreffend Saenger-*Koch*, ZPO, § 511 Rn. 14.
52 BGH, NJW-RR 2005, 714, Rn. 9 ff. = MDR 2005, 796; BGH, NJW 1983, 1063; *Zimmermann*, ZPO, § 511 Rn. 7a.
53 BGH, NJW 1994, 2900.
54 BGHZ 206, 276 = NJW 2015, 2816 = MDR 2015, 1149.
55 Musielak/Voit-*Ball*, ZPO, § 511 Rn. 19.
56 BGH, NJW-RR 2004, 638 (639), Rn. 5 f. = MDR 2004, 406.
57 BGH, NJW 1994, 3292.
58 BGH, NJW 2015, 873, Rn. 20 = MDR 2015, 352.
59 BGH, NJW-RR 1998, 573, Rn. 7 = MDR 1998, 557.

4. Einzelfälle[60]

29 Da es sich um eine zentrale Zulässigkeitsvoraussetzung handelt, steht die von Amts wegen zu erfolgende Ermittlung der Berufungssumme im Mittelpunkt der Rechtsprechung. Eine abschließende Darstellung für alle denkbaren Einzelfälle ist wegen der Vielzahl nicht möglich. Im Einzelnen wird verwiesen auf die Beispiele zur Beschwer unter Vorbem. zu §§ 511–577 Rn. 24 ff. sowie auf die alphabetische Darstellung ausgewählter Einzelfragen (ausgehend vom Zuständigkeitsstreitwert unter Erläuterung von Abweichungen) unter § 3 Rn. 16 ff.

5. Entscheidung über den Wert des Beschwerdegegenstandes

30 Die Entscheidung über den Wert des Beschwerdegegenstandes ergeht durch Beschluss nach § 329 ZPO oder in den Entscheidungsgründen des Berufungsurteils. Gegen die Festsetzung des Wertes des Beschwerdegegenstandes i.S.v. § 511 Abs. 2 Nr. 1 ZPO durch die Berufungskammer des Landgerichts ist kein Rechtsmittel zum Oberlandesgericht statthaft. Vielmehr obliegt die Prüfung der „Richtigkeit" des vom Landgericht angenommenen Rechtsmittelstreitwertes im Falle der Verwerfung der Berufung als unzulässig wegen Nichterreichens der Erwachsenheitssumme auf eine dagegen gerichtete Rechtsbeschwerde hin dem im Instanzenzug übergeordneten Bundesgerichtshof.[61]

IV. Zulassungsberufung, Abs. 2 Nr. 2 und Abs. 4

1. Anwendungsbereich

31 Erreicht die Beschwer als maximal denkbarer Wert des Beschwerdegegenstandes einer Partei aus Sicht des Gerichts des ersten Rechtszuges die notwendige Mindestberufungssumme von 600,01 € nicht, ist die Berufung nur zulässig, wenn das Erstgericht die Berufung gerade dieser Partei (ggf. beider Parteien) unter den Voraussetzungen von § 511 Abs. 2 Nr. 2 und Abs. 4 ZPO zugelassen hat. Überwunden wird das Nichterreichen der Berufungssumme, vgl. die kumulative Voraussetzung in § 511 Abs. 4 Satz 1 Nr. 2 ZPO. Eine solche Zulassung bindet das Berufungsgericht gemäß § 511 Abs. 4 Satz 2 ZPO, entbindet aber nicht von den übrigen Zulässigkeitsvoraussetzungen (vgl. dazu Vorbem. zu §§ 511–577 Rn. 12 ff.).

32 Gemäß § 514 Abs. 2 Satz 2 ZPO **nicht anwendbar** ist § 511 Abs. 2 Nr. 2 ZPO in den Fällen von § 514 Abs. 2 Satz 1 ZPO. Berufung und Anschlussberufung gegen ein echtes zweites Versäumnisurteil sind auch ohne Erreichenmüssen der Berufungssumme statthaft. Das Gleiche gilt im arbeitsgerichtlichen Verfahren in Fällen des § 64 Abs. 2 Buchst. c ArbGG.

2. Zulassungsvoraussetzungen, Abs. 4 Satz 1

33 Gemäß § 511 Abs. 4 Satz 1 Nr. 1 ZPO ist die Zulassung der Berufung trotz Unterschreitens der Berufungssumme (Nr. 2: grundsätzlich ein Bagatellfall) notwendig, wenn
– die Rechtssache grundsätzliche Bedeutung hat
oder
– wenn die Fortbildung des Rechts
oder
– die Sicherung einer einheitlichen Rechtsprechung eine Entscheidung des Berufungsgerichts erfordert.

34 Die Rechtssache soll **grundsätzliche Bedeutung** haben, wenn sie „eine über den Einzelfall hinausgehende Bedeutung" hat.[62] Bloß wirtschaftliche Bedeutung genügt nicht. Die Auswirkungen müssen rechtlicher und dürfen nicht nur tatsächlicher Natur sein (Wortlaut: „Rechtssache"). Andererseits soll eine Grundsatzbedeutung allein aus dem Gewicht für die beteiligten Verkehrskreise resultieren können, was m. E. eine Betroffenheit einer unbestimmten Zahl von Fällen voraussetzt.[63] Dazu gehören hingegen nicht die Fälle, in denen das Erstgericht Zweifel an der Verfassungsmäßigkeit der anzuwendenden Rechtsnorm hat, denn insofern hat nach Art. 100 Abs. 1 GG eine Vorlage an das BVerfG zu erfolgen.

35 Die anderen beiden Alternativen konkretisieren den Zulassungsgrund der grundsätzlichen Bedeutung und den Zugang zur Berufungsinstanz bzw. mittelbar auch zur Revisionsinstanz.[64] Demnach ist die Berufung auch zuzulassen, wenn die Fortbildung des Rechts oder die Sicherung einer einheitlichen Rechtsprechung eine Entscheidung des Berufungsgerichts erfordert. Ein Zulassungsgrund liegt damit auch dann vor, wenn das erstinstanzliche Urteil in einer

---

[60] Weitergehende Beispiele unter anderem auch bei Zöller-*Heßler*, ZPO, § 511 Rn. 21 ff.; Baumbach/Lauterbach/Albers/Hartmann, ZPO, § 511 Rn. 16 ff.
[61] OLG Zweibrücken, NJW-RR 2015, 124, Rn. 5.
[62] Vgl. BT-Drucks. 14/4722, S. 93.
[63] BGH, NJW 2003, 3765.
[64] BT-Drucks. 14/4722, S. 93; Thomas/Putzo-*Reichold*, ZPO, § 511 Rn. 20.

Rechtsfrage, auf deren Entscheidung das Urteil beruht, von einer obergerichtlichen Entscheidung abweicht und Anlass besteht, die Rechtsfrage einer (abermaligen) Klärung zugänglich zu machen.[65]

§ 511 Abs. 4 ZPO entspricht der Vorschrift und dem Normzweck des § 543 Abs. 2 ZPO für die Revision und § 574 Abs. 2 ZPO für die Rechtsbeschwerde. Für alle drei Alternativen von Satz 1 Nr. 1 gelten die dortigen Ausführungen – unter Berücksichtigung der unterschiedlichen Prozesssituationen – hier sinngemäß. Vgl. Kommentierungen unter § 543 Rn. 13 ff. 36

3. Teilweise Berufungszulassung
Eine bloß **teilweise Zulassung der Berufung** ist anzuerkennen, soweit durch Teil-, Grund- oder Zwischenurteil entschieden hätte werden können und der Streitstoff tatsächlich wie rechtlich sauber abtrennbar oder aus Sicht der Partei grundsätzlich teilweise anfechtbar ist.[66] Eine Zulassung auf isolierte Rechtsfragen ist hingegen nicht erlaubt, arg. „Rechtssache".[67] 37

4. Entscheidung des Erstgerichts über die Zulassung
Die Entscheidung über die Zulassung erfolgt richtigerweise im Tenor des erstinstanzlichen Endurteils, ist aber auch in den Entscheidungsgründen wirksam, da der Rechtszug der Partei eröffnet wird (Justizgewährungsanspruch). Sie macht eine sonst unzulässige Berufung zulässig, vorausgesetzt alle anderen Zulässigkeitsvoraussetzungen sind erfüllt. 38

5. Bindung des Berufungsgerichts
Die Berufungszulassung durch das Erstgericht ist für das Berufungsgericht bindend, § 511 Abs. 4 Satz 2 ZPO. Für die Parteien besteht keine Anfechtungsmöglichkeit, gleich ob die Zulassung bejaht oder verneint wird.[68] 39

C. Gebühren
Die **Gebühren des Gerichts** richten sich nach Nr. 1220 ff. KV-GKG. Die pauschale Verfahrensgebühr erfasst das gesamte Berufungsverfahren und beträgt 4,0 nach Nr. 1220 KV-GKG. Sie reduziert sich nach Maßgabe der drei Ermäßigungstatbestände auf 1,0 (Nr. 1221 KV-GKG), auf 2,0 (Nr. 1222 Nr. 1–4 KV-GKG) oder auf 3,0 (Nr. 1223 KV-GKG).[69] 40

Die **Gebühren des RA** ergeben sich aus Nr. 3200–3205 VV-RVG. Die Verfahrensgebühr beträgt 1,6, die Terminsgebühr 1,2.[70] Beschränkt sich sein Auftrag auf die Prüfung der Erfolgsaussichten einer Berufung gilt Nr. 2100 VV-RVG. 41

§ 512
Vorentscheidungen im ersten Rechtszug

Der Beurteilung des Berufungsgerichts unterliegen auch diejenigen Entscheidungen, die dem Endurteil vorausgegangen sind, sofern sie nicht nach den Vorschriften dieses Gesetzes unanfechtbar oder mit der sofortigen Beschwerde anfechtbar sind.

Inhalt:

	Rn.		Rn.
A. Normzweck	1	1. Allgemeines	5
B. Anwendungsbereich	2	2. Unanfechtbare Zwischen-	
C. Erläuterungen	3	entscheidungen	6
I. Grundsatz der inzidenten		3. Beschwerdefähige Zwischen-	
Nachprüfung von Vorentscheidungen im ersten Rechtszug	3	entscheidungen	7
II. Ausnahmen	5	4. Isoliert berufungsfähige Zwischenentscheidungen	8

---

65 BT-Drucks. 14/4722, S. 93.
66 BGH, NJW-RR 2009, 1431, Rn. 14 = MDR 2009, 1183; Zöller-*Heßler*, ZPO, § 511 Rn. 40; Thomas/Putzo-*Reichold*, ZPO, § 511 Rn. 23; Prütting/Gehrlein-*Lemke*, ZPO, § 511 Rn. 40; a.A. MK-*Rimmelspacher*, ZPO, § 511 Rn. 63; a.A. BT-Drucks. 14/4722, S. 93 – Anm.: Dem Gesetzeswortlaut ist eine solche Intention aber nicht zu entnehmen.
67 BGH, NJW 2003, 2529 = WM 2003, 1370.
68 BGH, NJW-RR 1998, 1445. Wegen der Möglichkeit der Anhörungsrüge nach § 321a ZPO vgl. dort und BGH, NJW-RR 2014, 1338 = MDR 2014, 1470; VGH München, BayVBl. 2015, 102.
69 Einzelheiten Zöller-*Heßler*, ZPO, § 511 Rn. 42 m.w.N.
70 Berechnungsbeispiele bei *Schneider*, MDR 2005, 254.

A. Normzweck

1 Die Vorschrift dient der zügigen Erledigung des Rechtsstreits. Ein im Instanzenzug höheres Gericht ist grundsätzlich nicht an die der Endentscheidung vorausgehenden Entscheidungen des unteren Gerichts in derselben Sache gebunden. Zwischenentscheidungen sind die Instanz nicht beendende Entscheidungen des Gerichts und grundsätzlich nur im Rahmen des Rechtsmittels gegen das Endurteil durch das Rechtsmittelgericht überprüfbar.[1] Wie die Parallelvorschriften in § 557 Abs. 2 ZPO für die Revision und in § 583 ZPO für die Wiederaufnahme, entspricht die Vorschrift des § 512 ZPO gerade dem Sinn eines Rechtsmittels, dass auch solche Entscheidungen (nicht tatsächliche Feststellungen oder Begründungen) überprüft werden, die der Endentscheidung i.S.d. in § 511 ZPO (Statthaftigkeitsgrundsatz) vorausgegangen sind. Gemäß dem „Prinzip der Konzentration" soll die isolierte Anfechtung von Zwischenentscheidungen in der ZPO die Ausnahme sein.[2]

B. Anwendungsbereich

2 Ausnahmen von der Inzidentprüfung des Berufungsgerichts ergeben sich aus ausdrücklichen gesetzlichen Anordnungen oder aus dem Sinn und Zweck der prozessualen Vorschriften. § 512 ZPO ist im Arbeitsgerichtsverfahren entsprechend anwendbar, § 64 Abs. 6 Satz 1 ArbGG.

C. Erläuterungen
I. Grundsatz der inzidenten Nachprüfung von Vorentscheidungen im ersten Rechtszug

3 Ist gegen das Endurteil erster Instanz Berufung eingelegt, überprüft das Berufungsgericht grundsätzlich auch Vorentscheidungen des Erstgerichts betreffend die Zulässigkeit oder Begründetheit der Klage, auf denen das angegriffene Endurteil beruht.[3] Dabei spielt es keine Rolle, ob sie selbstständig ergingen oder mit dem Endurteil verbunden wurden.[4] Einer besonderen Rüge bedarf es nicht.[5]

4 Zu den inzident nachprüfbaren Vorentscheidungen zählen das Zwischenurteil nach § 303 ZPO, Beschlüsse wie z.B. Verbindungs- und Trennungsbeschlüsse nach §§ 145, 147 ZPO oder Beweisbeschlüsse nach §§ 358a, 359 ZPO sowie Verfügungen wie z.B. nach §§ 216, 273, 275 ZPO, sofern es sich um solche des **Gerichts** handelt.[6] Nicht anwendbar ist § 512 ZPO daher auf Fälle prozessleitender Anordnungen des Vorsitzenden i.S.v. § 140 ZPO, da über diese das Erstgericht in der mündlichen Verhandlung entscheidet. Das Rechtsmittelgericht hat aufgrund einer zulässigen Berufung auch die Entscheidung des unteren Gerichts, ein Verfahren gemäß § 321a Abs. 1, 5 ZPO fortzuführen, zu überprüfen und zwar darauf, ob der Anhörungsrüge statthaft, zulässig und begründet war und ob das erstinstanzliche Gericht den Umfang der sich aus § 321a Abs. 5 ZPO ergebenden Abänderungsbefugnis eingehalten hat.[7]

II. Ausnahmen
1. Allgemeines

5 Nach Erlass des angefochtenen Endurteils, also später ergangene Entscheidungen des Erstgerichts (z.B. §§ 319 ff. ZPO) fallen bereits begrifflich nicht unter die Überprüfungskompetenz aus § 512 ZPO. Aufgrund ausdrücklicher Ausnahme findet keine Nachprüfung der dem Endurteil vorausgegangenen Entscheidungen statt, wenn sie nach den Vorschriften der ZPO unanfechtbar oder mit der Beschwerde anfechtbar sind. Wo sie entweder bereits nicht anfechtbar

---

1 Zu den Voraussetzungen, unter denen zivilprozessuale Zwischenentscheidungen mit der Verfassungsbeschwerde angegriffen werden können, vgl. BVerfGE 101, 106 (120); insbesondere für Ablehnungsgesuche siehe BVerfGE 119, 292 (294), zuletzt BVerfG v. 15.06.2015, 1 BvR 1288/14, juris = ZAP EN-Nr. 610/2015.
2 MK-*Rimmelspacher*, ZPO, § 512 Rn. 1.
3 RGZ 24, 423 (426). In der Parallelvorschrift des § 583 ZPO ist das Tatbestandsmerkmal des Beruhens ausdrücklich genannt. Für § 512 ZPO gilt das Tatbestandsmerkmal ungeschrieben gleichermaßen.
4 Wieczorek/Schütze-*Gerken*, ZPO, § 512 Rn. 2; MK-*Rimmelspacher*, ZPO, § 512 Rn. 12.
5 BGHZ 4, 5 (7) = NJW 1952, 381 mit Verweis auf RGZ 4, 371; RGZ 110, 172; RGZ 167, 213. Ebenso für die Arbeitsgerichtsbarkeit BAG, = NJW 1976, 774 (775). Einschränkend Prütting/Gehrlein-*Lemke*, ZPO, § 512 Rn. 5 für die Überprüfung auf Verfahrensmängel, die nicht von Amts wegen zu berücksichtigen sind, m.H.a. § 529 Abs. 2 ZPO.
6 Verneinend BGH, NJW 2004, 1458 (1459 f.) für die unterlassene Zwischenentscheidung der Zurückweisung als verspätetes Vorbringen.
7 BGH, NJW 2016, 3035, Rn. 10, 12 = MDR 2016, 787, arg. e § 321a Abs. 4 Satz 4 ZPO und gesetzliche Wertung.

waren oder – obwohl anfechtbar – nicht angefochten wurden, ist das Berufungsgericht gebunden. Nichts Anderes kann gelten, wenn Zwischenentscheidungen selbstständig mit dem Rechtsmittel der Berufung anfechtbar sind, auch wenn diese Bereichsausnahme im zweiten Halbsatz nicht ausdrücklich mitbenannt ist.[8]

2. Unanfechtbare Zwischenentscheidungen
Die ausdrücklich in der ZPO angeordnete Unanfechtbarkeit von Vorentscheidungen des Erstgerichts würde durch eine Entscheidungsbefugnis inzidenter der Berufungsinstanz konterkariert. Zu nennen sind insbesondere die Bestimmungen der §§ 46 Abs. 2 Alt. 1, 127 Abs. 2 und 3, 225 Abs. 3, 227 Abs. 2, 238 Abs. 3, 268, 281 Abs. 2, 348 Abs. 4, 348a Abs. 3, 406 Abs. 5 ZPO. Über den Wortlaut hinaus sind von der Ausnahme auch unanfechtbare Vorentscheidungen nach dem GVG erfasst, insbesondere § 17a Abs. 5 GVG.[9]   6

3. Beschwerdefähige Zwischenentscheidungen
Aus § 567 ZPO ergibt sich, welche Entscheidungen mit der sofortigen Beschwerde anfechtbar sind. Entweder ist die isolierte Anfechtung gesetzlich angeordnet (§ 567 Abs. 1 Nr. 1 ZPO) oder ein das Verfahren betreffendes Gesuch ist abgelehnt worden (§ 567 Abs. 1 Nr. 2 ZPO). Anders als der Berufung eröffnet die Beschwerde keine neue Tatsacheninstanz (§ 571 Abs. 2 ZPO). Ob sie im Einzelfall tatsächlich und form- wie fristgerecht eingelegt wird, ist unerheblich (§ 512 Hs. 2 Alt. 2 ZPO: „anfechtbar"). Eine Ausnahme von der Bindung besteht, wenn die mit der sofortigen Beschwerde anfechtbare Entscheidung nicht gesondert, sondern erst in dem erstinstanzlichen Endurteil getroffen worden ist.[10]   7

4. Isoliert berufungsfähige Zwischenentscheidungen
Unterliegen Vorentscheidungen selbstständig der Berufung, wie das Teilurteil nach § 301 ZPO, das Zwischenurteil über prozesshindernde Einreden nach § 280 Abs. 2 ZPO, über den Grund des Anspruchs nach § 304 ZPO oder das Vorbehaltsurteil im Urkundenprozess nach § 599 ZPO, ist für eine inzidente Prüfungskompetenz aus § 512 ZPO kein Raum.[11] Auch ein Zwischenurteil, das die Wiedereinsetzung in den vorigen Stand versagt, soll isoliert mit der Berufung anfechtbar sein.[12]   8

§ 513
Berufungsgründe

(1) Die Berufung kann nur darauf gestützt werden, dass die Entscheidung auf einer Rechtsverletzung (§ 546) beruht oder nach § 529 zugrunde zu legende Tatsachen eine andere Entscheidung rechtfertigen.

(2) Die Berufung kann nicht darauf gestützt werden, dass das Gericht des ersten Rechtszuges seine Zuständigkeit zu Unrecht angenommen hat.

Inhalt:

	Rn.		Rn.
A. Allgemeines	1	1. Kausale Rechtsverletzung	5
I. Normzweck	1	2. Angriffe in tatsächlicher Hinsicht	9
II. Anwendungsbereich	4	II. Ausschluss bei bejahten	
B. Erläuterungen	5	Zuständigkeitsfragen, Abs. 2	10
I. Berufungsgründe, Abs. 1	5		

---

8 BGHZ 182, 10 (16) = NJW 2009, 3164 (3165), Rn. 19 ff. = MDR 2009, 1239 zugleich für die Rückausnahme im Falle eines die Immunität einer Partei zu Unrecht verneinenden Zwischenurteils.
9 Stein/Jonas-*Althammer*, ZPO, § 512 Rn. 7; Musielak/Voit-*Ball*, ZPO, § 512 Rn. 3.
10 Prütting/Gehrlein-*Lemke*, ZPO, § 512 Rn. 7.
11 Musielak/Voit-*Ball*, ZPO, § 512 Rn. 5.
12 BGHZ 47, 289 (291) = NJW 1967, 1566 = MDR 1967, 765 mit dem Argument, dass ein Beschluss (statt wie hier Zwischenurteil), durch den ein Antrag auf Wiedereinsetzung wegen Versäumung der Berufungsfrist abgelehnt wird, nach einer unbestrittenen Rechtsprechung ebenfalls durch sofortige Beschwerde selbstständig anfechtbar sei; vgl. insofern BGHZ 2, 235 (237); BGHZ 21, 142 (147); Musielak/Voit-*Ball*, ZPO, § 512 Rn. 5.

A. Allgemeines
I. Normzweck

1 § 513 Abs. 1 und Abs. 2 ZPO betreffen die Begründetheit der Berufung und sind für den Rechtsmittelführer zusammen mit § 529 ZPO maßgebender Leitgedanke bei der Erstellung der Berufungsbegründung gemäß § 520 Abs. 3 ZPO.[1]

2 § 513 Abs. 1 ZPO beschreibt den Wandel der Funktion des Rechtsmittels der Berufung durch das ZPO-Reformgesetz. Diese besteht nicht mehr – wie zuvor – in einer im Wesentlichen uneingeschränkten und rechtsstaatlich nicht gebotenen Eröffnung einer umfassenden zweiten Tatsacheninstanz. Vielmehr soll die Berufung unter grundsätzlicher Bindung an die in erster Instanz getroffenen Tatsachenfeststellungen v.a. eine **Fehlerprüfung und -korrektur** gewährleisten.[2] Es handelt sich bei der Berufungsinstanz um eine zweite – eingeschränkte – Tatsacheninstanz, deren Aufgabe in der Gewinnung einer „fehlerfreien und überzeugenden" und damit „richtigen" Entscheidung des Einzelfalles besteht.[3] Die Berufung kann lediglich auf die zwei genannten Berufungsgründe gestützt werden, die entsprechend für den Prüfungsumfang gemäß § 529 ZPO entscheidend sind.

3 § 513 Abs. 2 ZPO schließt bei **Bejahung** der (nationalen) örtlichen, sachlichen und funktionellen Zuständigkeit durch die erste Instanz eine berufungsgerichtliche Überprüfung weitgehend aus. Die Vorschrift dient der Entlastung und der Verfahrensbeschleunigung.[4] Zudem wird die Sacharbeit und -entscheidung der ersten Instanz nicht wegen Fehlens der Zuständigkeit hinfällig.[5]

II. Anwendungsbereich

4 § 513 ZPO gilt in Berufungsverfahren aller Art. Gemäß § 64 Abs. 6 Satz 1 ArbGG ist die Norm vor den **Arbeitsgerichten** entsprechend anzuwenden, wobei mit § 48 Abs. 1 Hs. 1 ArbGG i.V.m. § 17a Abs. 5 GVG für die sachliche Zuständigkeit und mit § 48 Abs. 1 Nr. 1 ArbGG für die örtliche Zuständigkeit Regelungen bestehen, die als *lex specialis* vorgehen.

B. Erläuterungen
I. Berufungsgründe, Abs. 1
1. Kausale Rechtsverletzung

5 Gemäß § 513 Abs. 1 ZPO überprüft das Berufungsgericht das angegriffene Endurteil zuvorderst auf Grundlage der erstinstanzlich festgestellten Tatsachen und nur unter den Voraussetzungen von § 529 Abs. 1 Nr. 1 ZPO (dort Rn. 2ff.) oder §§ 529 Abs. 1 Nr. 2 ZPO i.V.m. 531 Abs. 2 ZPO (dort Rn. 9ff.) aufgrund danach maßgeblicher neuer Tatsachen.[6] Der Klammerhinweis auf § 546 ZPO legt die Definition des Begriffs der Rechtsverletzung i.S.v. § 513 Abs. 1 Alt. 1 ZPO fest: Das Recht ist verletzt, wenn eine Rechtsnorm nicht oder nicht richtig angewendet worden ist. Neben der Rechtsverletzung kann die Berufung damit begründet werden, dass nach § 529 ZPO zugrunde zu legende Tatsachen eine andere Entscheidung rechtfertigen, § 513 Abs. 1 Alt. 2 ZPO.

---

1 *Stackmann*, NJW 2008, 3665, weist zu Recht darauf hin, dass Prüfungsgrundlage des Berufungsgerichts neben dem in Ausfertigung vorliegenden Ersturteil die Sachakte erster Instanz ist. Der prozessbevollmächtigte RA muss diese einsehen, um ausgehend von den Erkenntnismöglichkeiten des Berufungsgerichts vorzutragen. Beispielhaft seien die Zustellung fehlerhafter Urteils- oder Protokollausfertigungen, unvollständige Verkündungsprotokolle oder nicht (mehr) zugestellte Schriftsätze in den Akten, auf denen nicht protokollierte und daher bislang unbekannte Hinweise des Gerichts als Aktenvermerk festgehalten sind, genannt. Ebenso Stein/Jonas-*Althammer*, ZPO, § 513 Rn. 10 und *Wach/Kern*, NJW 2006, 1315.
2 BT-Drucks. 14/4722, S. 59f., 94; BGH, NJW 2016, 713, Rn. 7, m.w.N.; BGH, NJW 2016, 3015, Rn. 26; BGH, NJW 2010, 376. Zur Verfassungsmäßigkeit Baumbach/Lauterbach/Albers/Hartmann, ZPO, § 513 Rn. 1 m.v.a. BVerfG, VersR 1992, 679; OLG Oldenburg, MDR 2011, 1100.
3 BGH, NJW 2016, 3015, Rn. 26; BGH, NJW 2016, 713, Rn. 7; BGHZ 162, 314 (316); BGH v. 09.03.2005, VIII ZR 266/03, juris; jeweils m.w.N.; BT-Drucks. 14/4722, S. 59f.
4 § 513 Abs. 2 ZPO verstößt nicht gegen Art. 101 Abs. 1 Satz 2 GG und den Anspruch auf den gesetzlichen Richter. Die Garantie des gesetzlichen Richters setzt nicht voraus, den Streit darüber über mehrere Instanzen führen zu können.
5 BT-Drucks. 14/4722, S. 94.
6 Eine Berichtigung des Tatbestands ist mit dem Rechtsmittel der Berufung nicht zu erreichen, BGHZ 182, 76 = NJW-RR 2010, 975 = WM 2009, 1597 (1598); auch nicht mit der Gehörsrüge gemäß § 321a ZPO, BGH, WM 2010, 976. Zur Erwägung eines Tatbestandsberichtigungsantrags gemäß §§ 314, 320 ZPO und „Zweifeln" nach § 529 Abs. 1 ZPO, wenn der Tatbestand des Ersturteils falsch oder lückenhaft festgestellt ist, vgl. *Wach/Kern*, NJW 2006, 1315; für die arbeitsgerichtliche Berufung *Dührsen/Richter*, ArbR 2015, 420 und 470.

Rechtsnorm sind alle materiellen und verfahrensrechtlichen Vorschriften, gleich wer sie erlassen hat.[7] Namentlich insbesondere Gesetze, Rechtsverordnungen, Verwaltungsanordnungen[8] über bloß innerdienstliche Anweisungen hinaus, welche für Dritte die Grundlage von Rechtsansprüchen oder die Entstehung einer bindenden rechtlichen Verpflichtung zur Folge haben, aber auch Gewohnheitsrecht[9] und Völkerrecht. Ebenso Satzungen öffentlich-rechtlicher Körperschaften, Anstalten und Stiftungen,[10] auch der Mietspiegel einer Stadt in seinem Geltungsbereich.[11] Privatrechtliche Satzungen und inländische Allgemeine Geschäftsbedingungen kommt Rechtsnormcharakter zu, wenn eine unterschiedliche Auslegung durch verschiedene Berufungsgerichte denkbar ist und daher ein Bedürfnis an einheitlicher Handhabung besteht.[12] Das Bestehen und der Inhalt von Verkehrssitten und Handelsbräuche hingegen sollen tatsächliche Feststellungen sein, sofern sie rechtsfehlerfrei festgestellt worden sind;[13] das überzeugt nicht. Wie allgemeine Denkgesetze und Erfahrungssätze auch, sollten sie wie Rechtsnormen behandelt werden, da sie letzteren nahe sind.[14]

6

Unter den Begriff der **Rechtsverletzung** fällt es insbesondere, einschlägige Rechtsnormen zu übersehen, für nicht anwendbar zu erklären, ihre abstrakten Tatbestandsmerkmale nicht richtig zu interpretieren oder unzutreffend den festgestellten Sachverhalt unter die Norm subsumieren. Bei der Auslegung von Individualvereinbarungen sowie bei Ermessensentscheidungen des Erstgerichts hat das Berufungsgericht eine vollumfassende Prüfungskompetenz, anders als das Revisionsgericht, siehe § 546 Rn. 3 ff. Es hat gemäß §§ 513 Abs. 1, 546 ZPO die erstinstanzliche Auslegung einer **Individualvereinbarung** – auf der Grundlage der nach § 529 ZPO maßgeblichen Tatsachen – **in vollem Umfang** darauf zu überprüfen, ob die Auslegung gemäß §§ 133, 157 BGB **sachlich überzeugt**. Diese Prüfungskompetenz hinsichtlich der erstinstanzlichen Tatsachenfeststellung folgt aus § 529 Abs. 1 Nr. 1 ZPO. Hält das Berufungsgericht die erstinstanzliche Auslegung lediglich für eine zwar vertretbare, aber – bei Abwägung aller Gesichtspunkte – nicht für eine sachlich überzeugende Auslegung, so hat es selbst die Auslegung vorzunehmen, die es als Grundlage einer sachgerechten Entscheidung des Einzelfalles für geboten hält. Dem steht nicht entgegen, dass § 513 Abs. 1 ZPO auf § 546 ZPO verweist und im Revisionsrecht nur ein beschränkter Prüfungsumfang gilt, vgl. dazu § 546 Rn. 1 f. Eine Bindung des Berufungsgerichts an die von der Vorinstanz „festgestellten Tatsachen" bzgl. des Inhalts von Vereinbarungen besteht nur hinsichtlich der Feststellung des (tatsächlichen) Erklärungstatbestandes der beiderseitigen Erklärungen sowie der weiteren tatsächlichen Umstände, die für das Verständnis der Vereinbarung von Bedeutung sind.[15] Entsprechendes gilt für **Ermessensentscheidungen**, z. B. nach § 287 ZPO. Eine erstinstanzliche Schmerzensgeldbemessung oder eine Mitverschuldensquote etwa sind auf Grundlage der nach § 529 ZPO maßgeblichen Tatsachen in vollem Umfang darauf zu überprüfen, ob sie überzeugen. Das Berufungsgericht darf sich nicht auf Rechtsfehler der Vorinstanz wie Ermessensnichtgebrauch oder -fehlgebrauch beschränken. Ggf. ist eigenes Ermessen auszuüben und an die Stelle der Bestimmung durch die Vorinstanz zu setzen. Nur so ist auch insofern eine Fehlerkorrektur i. S. einer sachgerechten Entscheidung des Einzelfalls gewährleistet.[16] In der mündlichen Verhandlung erteilte richterliche Hinweise sind gemäß §§ 139 Abs. 4, 160 Abs. 2 ZPO aktenkundig zu

7

---

7 Zur Rechtsverletzung gehört daher etwa auch ein Verstoß gegen § 286 ZPO, zutreffend Zöller-*Heßler*, ZPO, § 546 Rn. 2, m. w. N.; *Zimmermann*, ZPO, § 513 Rn. 1.
8 BGH, MDR 1970, 210, Rn. 25 f. für „Richtlinien der Freien und Hansestadt Hamburg zur Gewährung von Flutschadenbeihilfen" und die Einhaltung des verfassungsmäßigen Gleichheitsprinzips; BGH, MDR 1958, 669 (Volltext mit amtl. LS) = ZZP 1959, 237 = LM Nr. 46 zu § 549 ZPO für unter einer Landesregierung erlassene „Richtlinien über die Gewährung von Ministerialzulagen".
9 BGH, NJW 1965, 1862 (1864), Rn. 17 = MDR 1965, 731 = GRUR 1966, 50; vgl. auch § 545 Rn. 3 (dort Fn. 10).
10 Zöller-*Heßler*, ZPO, § 546 Rn. 4 mit zahlreichen Rechtsprechungsbeispielen.
11 BGH, NJW 2011, 2284, Rn. 12 = WuM 2011, 421 = MDR 2011, 839.
12 BGHZ 163, 321, Rn. 21; BGHZ 144, 245 (248); BGHZ 112, 204 (210); Prütting/Gehrlein-*Lemke*, ZPO, § 513 Rn. 6; Zöller-*Heßler*, ZPO, § 545 Rn. 6; Thomas/Putzo-*Reichold*, ZPO, § 546 Rn. 7.
13 BGH, NJW 1966, 502, Rn. 18 = WM 1966, 219; ebenso Thomas/Putzo-*Reichold*, ZPO, § 545 Rn. 4.
14 Für die Annahme eines Rechtsnormcharakters ebenso Zöller-*Heßler*, ZPO, § 546 Rn. 5a; *Oestmann*, JZ 2003, 285 zur Ermittlung von Verkehrssitten und Handelsbräuchen im Zivilprozess.
15 Zum Ganzen BGHZ 160, 83 (88 ff.) = BGH, NJW 2004, 2751 = FamRZ 2004, 1482; BGH, NJW 2016, 3015, Rn. 23, zum Gebrauchtwagenkauf von einem Händler und der Auslegung von Angaben in einem „verbindlichen Bestellformular"; OLG Brandenburg v. 28. 02. 2008, 5 U 59/07, juris, Rn. 53.
16 BGH, NJW 2006, 1589 (1591 f.), Rn. 28 ff. = VersR 2006, 710, m. w. N.; Thomas/Putzo-*Reichold*, ZPO, § 513 Rn. 2; Prütting/Gehrlein-*Lemke*, ZPO, § 513 Rn. 5; a. A. OLG Braunschweig, VersR 2004, 924 (925); OLG Karlsruhe, OLGR 2004, 398 (399); OLG Hamm, VersR 2006, 134 (135); OLG Hamm, VersR 2004, 757; OLG München, NJW 2004, 959; Baumbach/Lauterbach/Albers/Hartmann, ZPO, § 513 Rn. 1 (Prüfung nur auf Ermessensüberschreitung).

machen. Sind die Protokollierung oder auch ein Aktenvermerk unterblieben und ergibt sich auch nicht aus dem Urteil, dass dies aus einem Versehen geschehen ist, kann darauf die Berufung wegen einer Rechtsverletzung gestützt werden.[17]

8   Eine Rechtsverletzung ist stets nur berufungsrelevant, wenn die angefochtene Entscheidung auf ihr „beruht".[18] Es ist zu unterscheiden. Während bei Verletzung **materieller Rechtsnormen** die richtige Rechtsanwendung zu einem für den Rechtsmittelführer günstigeren Ergebnis führen muss, genügt im Falle der Verletzung von **Verfahrensvorschriften** für diese **Kausalität** die Möglichkeit der für ihn günstigeren Entscheidung.[19] Verfahrensverstöße der ersten Instanz, die auf Ebene des Berufungsgerichts absolute Revisionsgründe i.S.d. § 547 ZPO darstellen würden, sind stets als kausal anzusehen, da nur so der Verweis in § 513 Abs. 1 ZPO auf § 546 ZPO konsequent beachtet ist.[20]

2. Angriffe in tatsächlicher Hinsicht

9   Gemäß § 513 Abs. 1 Alt. 2 ZPO kann die Berufung unabhängig von einer Rechtsverletzung auch damit begründet werden, dass nach § 529 ZPO zugrunde zu legende Tatsachen eine andere Entscheidung rechtfertigen. Die **neuen Tatsachen** müssen wiederum zu einer günstigeren Entscheidung als die des Erstgerichts führen.[21] Solche nicht auf Rechtsverletzung beruhende Fehler in der Tatsachenfeststellung führen entweder wegen Zweifeln an der Richtigkeit oder Vollständigkeit zu einer Neufeststellung gemäß § 529 Abs. 1 Nr. 1 ZPO (vgl. § 529 Rn. 5 ff.) oder das Berufungsgericht muss aufgrund von erstmals in der zweiten Instanz geltend gemachten Angriffs- und Verteidigungsmitteln eine neue Tatsachenfeststellung durchführen, da die Voraussetzungen von § 529 Abs. 1 Nr. 2 ZPO i.V.m. § 531 Abs. 2 Nr. 3 ZPO erfüllt sind.[22]

II. Ausschluss bei bejahten Zuständigkeitsfragen, Abs. 2

10 § 513 Abs. 2 ZPO stellt den Grundsatz der Unanfechtbarkeit von Verstößen des erstinstanzlichen Gerichts bei **Bejahung der Zuständigkeit** in der Berufungsinstanz auf.[23] Nach der gesetzlichen Interessenbewertung kommt einem Streit über die Zuständigkeit nur noch eine mindere Bedeutung zu, wenn ein unteres Gericht sich (gleich weshalb, gleich ob ausdrücklich oder konkludent)[24] einmal für zuständig erklärt und damit den Instanzenzug eröffnet hat.[25] Mit der Erwägung der grundsätzlichen Gleichwertigkeit der verschiedenen Gerichte werden Belange der staatlichen Rechtspflege nicht berührt und bestehen dagegen keine verfassungsrechtlichen Bedenken.[26]

11 Der Prüfungsausschluss von Absatz 2 ist weit zu verstehen und erfasst die sachliche, örtliche, funktionelle, ausschließliche und auch nach § 38 ZPO vereinbarte Zuständigkeit sowie eine Zuständigkeit infolge rügeloser Verhandlung gemäß § 39 Satz 1 ZPO.[27] Erfasst ist auch die

---

17 BGH, NJW 2006, 60, Rn. 26 ff. = WM 2006, 1026 m. V. a. RegE, BT-Drucks. 14/4722, S. 78; ungenau *Zimmermann*, ZPO, § 513 Rn. 4.
18 Näher *Schellhammer*, MDR 2001, 1141 mit Hinweisen auf Haftungsrisiken für Rechtsanwälte.
19 Prütting/Gehrlein-*Lemke*, ZPO, § 513 Rn. 7; Stein/Jonas-*Althammer*, ZPO, § 513 Rn. 9.
20 Ebenso Prütting/Gehrlein-*Lemke*, ZPO, § 513 Rn. 8; Musielak/Voit-*Ball*, ZPO, § 513 Rn. 5; a. A. MK-*Rimmelspacher*, ZPO, § 513 Rn. 12.
21 Zöller-*Heßler*, ZPO, § 513 Rn. 5.
22 BGH, NJW-RR 2007, 934 (935), Rn. 8 = MDR 2007, 966 für den Eintritt einer Fälligkeit infolge Zeitablaufs erst bei Berufungsbegründung: Es ist sogar zulässig, die mit der Berufung erstrebte Abänderung des erstinstanzlichen Urteils *ausschließlich* mit neuen Angriffs- und Verteidigungsmitteln zu begründen, soweit diese in der Berufungsinstanz zu berücksichtigen sind. Einer Auseinandersetzung mit den Gründen des angefochtenen Urteils bedarf es in diesem Falle nicht. So bereits BGHZ 134, 190 = NJW 1997, 859, Rn. 10 = MDR 1997, 390.
23 Vgl. § 545 Abs. 2 ZPO für die Revisionsinstanz, vgl. dort Rn. 7 und BGH, NJW 2005, 1660; § 571 Abs. 2 Satz 2 ZPO für die sofortige Beschwerde, vgl. dort Rn. 4 und BGH, ZIP 1992, 66; § 576 Abs. 2 ZPO für die Rechtsbeschwerde bei Bejahung und Verneinung der Zuständigkeit, vgl. dort Rn. 3; §§ 65 und 88 ArbGG für die Arbeitsgerichtsbarkeit.
24 BGH, NJW 1998, 1230, Rn. 3 = MDR 1998, 177 zur Vorgängervorschrift § 512a ZPO a. F.
25 BGHZ 44, 46 (48f.) = BGH, NJW 1965, 1665, Rn. 6 = JZ 1966, 237 zur Vorgängervorschrift § 512a ZPO a. F. und den Fall der örtlichen Zuständigkeit.
26 BGHZ 44, 46 (48f.) = NJW 1965, 1665, Rn. 9 = JZ 1966, 237 zur Vorgängervorschrift § 512a ZPO a. F. Eine verfassungskonforme Auslegung gemäß Art. 3, 101 Abs. 1 GG für den Fall der *willkürlichen* Bejahung der Zuständigkeit verlangen MK-*Rimmelspacher*, ZPO, § 513 Rn. 19; Stein/Jonas-*Althammer*, ZPO, § 513 Rn. 11; OLG Oldenburg, NJW-RR 1999, 865. Diese Ausnahme ist konsequenter abzulehnen, ebenso Zöller-*Heßler*, ZPO, § 513 Rn. 10.
27 Thomas/Putzo-*Reichold*, ZPO, § 513 Rn. 3; Baumbach/Lauterbach/Albers/Hartmann, ZPO, § 513 Rn. 4 m. w. N.

Frage, ob eine Familiensache nach dem FamFG gegeben ist.[28] Über den Gesetzeswortlaut hinaus gilt § 513 Abs. 2 ZPO auch für die sog. Gerichtseinteilung, etwa bei Entscheidungen über eine Patentsache, Kartellsache, Baulandsache oder Landwirtschaftssache.[29]

Nach dem Wortlaut („angenommen hat") gilt der Prüfungsausschluss des § 513 Abs. 2 ZPO nicht **bei Verneinung und Offenlassen** der Zuständigkeit durch das Erstgericht.[30] **Unanwendbar** ist § 513 Abs. 2 ZPO auch für die Prüfung einer Exterritorialität nach §§ 18 f. GVG sowie der internationalen Zuständigkeit, also ob die deutschen Gerichte entscheiden dürfen, was auch das Berufungsgericht in jeder Lage des Verfahrens **von Amts wegen** zu prüfen hat.[31] Fragen der **Rechtswegzulässigkeit**, insbesondere zum Verhältnis der Zivilgerichte zu den Gerichten für Arbeitssachen fallen in der Berufungsinstanz vorrangig unter die *lex specialis* des § 17a Abs. 5 GVG, es sei denn das Erstgericht hat auf Rechtswegrüge hin entgegen § 17a Abs. 3 Satz 2 GVG nicht vorweg im Beschlusswege entschieden.[32] 12

Die Berufung, die gegen § 513 Abs. 2 ZPO verstößt und eine Zuständigkeitsbejahung angreift, hat das Berufungsgericht durch Beschluss gemäß § 522 Abs. 1 Satz 2 ZPO als unzulässig zu verwerfen.[33] Für eine Verweisung des Rechtsstreits an ein anderes erstinstanzliches Gericht gemäß § 281 ZPO hat das Berufungsgericht in diesem Fall keine Kompetenz; sie ist durch das Revisionsgericht aufzuheben.[34] 13

§ 514
Versäumnisurteile

(1) Ein Versäumnisurteil kann von der Partei, gegen die es erlassen ist, mit der Berufung oder Anschlussberufung nicht angefochten werden.

(2) ¹Ein Versäumnisurteil, gegen das der Einspruch an sich nicht statthaft ist, unterliegt der Berufung oder Anschlussberufung insoweit, als sie darauf gestützt wird, dass der Fall der schuldhaften Versäumung nicht vorgelegen habe. ²§ 511 Abs. 2 ist nicht anzuwenden.

Inhalt:

	Rn.		Rn.
A. Allgemeines	1	1. Allgemeines	5
I. Normzweck	1	2. Eingeschränkte Prüfung –	
II. Anwendungsbereich	2	keine schuldhafte Versäumung,	
B. Erläuterungen	3	Abs. 2 Satz 1	7
I. Keine Statthaftigkeit der Berufung gegen Versäumnisurteile, Abs. 1	3	3. Keine sonstigen Zulässigkeitsvoraussetzungen, Abs. 2 Satz 2	11
II. Ausnahmsweise Statthaftigkeit der Berufung gegen Versäumnisurteile, Abs. 2	5	III. Verfahren	12
		C. Gebühren	13

A. Allgemeines
I. Normzweck

§ 514 ZPO ist die konsequente Folgerung der Statthaftigkeitsvorschriften der §§ 338 ff. ZPO und § 511 ZPO. Absatz 1 bestätigt § 338 ZPO, den Einspruch gegen ein echtes Versäumnisurteil nur zum bisherigen Richter zu führen (kein Devolutiveffekt). Absatz 2 Satz 1 und 2 enthalten eine Ausnahmevorschrift, wann zur Wahrung des Anspruchs auf rechtliches Gehör und 1

---

28 Baumbach/Lauterbach/Albers/Hartmann, ZPO, § 513 Rn. 4; Musielak/Voit-*Ball*, ZPO, § 513 Rn. 8; vgl. für Familiensachen auch § 17a Abs. 6 GVG.
29 Musielak/Voit-*Ball*, ZPO, § 513 Rn. 9 m.w.N.; Stein/Jonas-*Althammer*, ZPO, § 513 Rn. 12.
30 OLG München, NJW-RR 2013, 1359, Rn. 18 = BauR 2013, 1907.
31 Baumbach/Lauterbach/Albers/Hartmann, ZPO, § 513 Rn. 6 – „Internationale Zuständigkeit"; BGH, NJW 2004, 1456, Rn. 12 = VersR 2005, 960; BGH, WM 1999, 226 (227) noch vor dem ZPO-Reformgesetz 2001.
32 BGHZ 119, 246 (250) = NJW 1993, 470, Rn. 15 = WM 1993, 820; BGHZ 121, 367 (370 f.) = NJW 1993, 1799, Rn. 14 ff. = WM 1993, 1015; Musielak/Voit-*Ball*, ZPO, § 513 Rn. 8.
33 BGH, NJW 1998, 1230 = MDR 1998, 177 zur Vorgängervorschrift § 512a ZPO a.F.; Baumbach/Lauterbach/Albers/Hartmann, ZPO, § 513 Rn. 7; Zöller-*Heßler*, ZPO, § 513 Rn. 15; a.A. Musielak/Voit-*Ball*, ZPO, § 513 Rn. 11; Stein/Jonas-*Althammer*, ZPO, § 513 Rn. 15 (Berufung sei unbegründet).
34 BGH, NJW-RR 2005, 501 (504), Rn. 27 f. = MDR 2005, 266; Zöller-*Heßler*, ZPO, § 513 Rn. 10; anders im umgekehrten Fall der Ablehnung der Zuständigkeit durch das Erstgericht, in dem der Verweisungsantrag erstmals in zweiter Instanz auch nicht gemäß § 531 Abs. 2 ZPO als verspätet zurückzuweisen ist, zutreffend OLG München, NJW-RR 2013, 1359, Rn. 18 = BauR 2013, 1907.

konsequenterweise unabhängig von dem Erreichen einer Berufungssumme oder von einer Berufungszulassung das Rechtsmittel der Berufung bzw. Anschlussberufung gegen Versäumnisurteile wiederum doch statthaft ist, weil umgekehrt ausnahmsweise der Einspruch unstatthaft ist. In letzterem Fall kann sich die Berufung nur auf das Fehlen schuldhafter Säumnis stützen.

II. Anwendungsbereich

2 Im Verfahren der Arbeitsgerichte gilt § 64 Abs. 6 Satz 1, Abs. 2 Buchst. d ArbGG.[1] Im Beschwerdeverfahren von Ehesachen und Familienstreitsachen gilt § 514 Abs. 2 ZPO über § 117 Abs. 2 FamFG entsprechend.[2] § 565 ZPO verweist auf § 514 ZPO für ein Versäumnisurteil im Revisionsverfahren, siehe dort.[3] Auf Versäumnisurteile vor den Kammern/Senaten für Baulandsachen ist § 514 ZPO nicht anwendbar, § 227 Abs. 3 Satz 2 ZPO.[4]

B. Erläuterungen
I. Keine Statthaftigkeit der Berufung gegen Versäumnisurteile, Abs. 1

3 **Versäumnisurteil** i.S.d. § 514 Abs. 1 ZPO ist das **echte** erste wegen Säumnis ergangene Urteil gegen die säumige Partei gemäß §§ 330, 331 ZPO.[5] Dagegen hat die säumige Partei nur den Einspruch, § 338 ZPO, nicht aber die Berufung oder Anschlussberufung, auch wenn es fehlerhaft ergangen ist.[6] Maßgebend ist nicht die Bezeichnung, sondern der Inhalt des Urteils, d.h. nach dem (auch unrichtigen) Standpunkt des erstinstanzlichen Gerichts, wobei bei **inkorrekter Entscheidung** das **Prinzip der Meistbegünstigung** zu beachten ist.[7] Der **Vollstreckungsbescheid** steht gemäß § 700 Abs. 1 ZPO einem für vorläufig vollstreckbar erklärten Versäumnisurteil gleich und kann ebenso nur mit dem Einspruch (§ 338 ZPO) angefochten werden. Dagegen ist gegen das **unechte Versäumnisurteil** (v.a. klageabweisende Urteil bei Säumnis des Beklagten nach § 331 Abs. 2 Hs. 2 ZPO), gegen die klageabweisende Prozessurteil gegen den nicht erschienenen Kläger wegen Unzulässigkeit der Klage und gegen die Entscheidung nach Aktenlage gemäß §§ 331a, 251a ZPO,[8] welche allesamt streitige Endurteile sind, das Rechtsmittel der Berufung statthaft und gilt § 514 Abs. 1 ZPO nicht. **Bei gemischten Urteilen** über einen oder mehrere Streitgegenstände, z.B. einem Teilversäumnisurteil und streitigen Resturteil wird das einheitliche Urteil in die Bestandteile aufgespalten und kann ein (Teil)Urteil gegen die säumige Partei wegen § 514 Abs. 1 ZPO der Berufung bzw. Anschlussberufung entzogen und nur mit dem Einspruch anfechtbar sein, während das streitige Resturteil berufungsfähig ist.[9]

4 Bei Verstoß gegen § 514 Abs. 1 ZPO sind Berufung und Anschlussberufung gegen ein Versäumnisurteil mangels Statthaftigkeit als unzulässig zu verwerfen, § 522 Abs. 1 ZPO.[10]

II. Ausnahmsweise Statthaftigkeit der Berufung gegen Versäumnisurteile, Abs. 2
1. Allgemeines

5 § 514 Abs. 2 ZPO erfasst den umgekehrten Fall, allerdings mit dann eingeschränkter Prüfungsbefugnis des Berufungsgerichts. Die analoge Anwendung bei Verletzung des Anspruchs auf rechtliches Gehör, v.a. im schriftlichen Verfahren gemäß § 128 Abs. 2 ZPO und § 495a ZPO i.S.e. „außerordentlichen" Berufung gemäß BVerfG[11] ist seit Einführung der Gehörsrüge (§ 321a ZPO) obsolet, und zwar auch dort, wo diese tatbestandlich nicht anwendbar sein

---

1 BAGE 61, 237 = NZA 1989, 693, wonach § 514 Abs. 2 Satz 2 ZPO im arbeitsgerichtlichen Verfahren nicht gelten soll, ist aufgrund des selbstständigen Nebeneinanders von § 64 Abs. 2 Buchst. b und Abs. 2 Buchst. d ArbGG nicht mehr haltbar. Ebenso EK-*Koch*, ArbGG, § 64 Rn. 12; Stein/Jonas-*Althammer*, ZPO, § 514 Rn. 22. Offengelassen als strittig Zöller-*Heßler*, ZPO, § 514 Rn. 3.
2 Vgl. Bahrenfuss-*Blank*, FamFG, § 117 Rn. 10.
3 BGH, NJW-RR 2008, 876.
4 Baumbach/Lauterbach/Albers/Hartmann, ZPO, § 514 Rn. 4.
5 Baumbach/Lauterbach/Albers/Hartmann, ZPO, § 514 Rn. 4; differenzierende Ansicht MK-*Rimmelspacher*, ZPO, § 514 Rn. 4 mit Verweis auf Rspr. des RG für Fälle einer von Amts wegen zu prüfenden Voraussetzung.
6 BGH, NJW 1994, 665.
7 Prütting/Gehrlein-*Lemke*, ZPO, § 514 Rn. 5; Zöller-*Heßler*, ZPO, § 514 Rn. 1; a.A. MK-*Rimmelspacher*, ZPO, § 514 Rn. 4; allgemein zum Meistbegünstigungsgrundsatz Vorbem. §§ 511–577 Rn. 36f.
8 RGZ 159, 357 (358f.).
9 BGH, FamRZ 1986, 897, Rn. 9 = MDR 1986, 39; BGH, FamRZ 1988, 945, Rn. 7f.; Baumbach/Lauterbach/Albers/Hartmann, ZPO, § 514 Rn. 4; MK-*Rimmelspacher*, ZPO, § 514 Rn. 8.
10 MK-*Rimmelspacher*, ZPO, § 514 Rn. 9.
11 BVerfG NJW 1999, 1176f.

sollte.[12] Auch eine außerordentliche Beschwerde zum BGH durch analoge Anwendung von § 514 Abs. 2 ZPO ist nach der Neuregelung des Beschwerderechts ausgeschlossen.[13]

Der Einspruch ist ausnahmsweise nicht statthaft zum einen gegen ein sog. zweites Versäumnisurteil i. S. v. § 345 ZPO, mit dem der Einspruch gegen ein erstes Versäumnisurteil (auch im seltenen Fall der gesonderten mündlichen Verhandlung über einen Zwischenstreit, § 347 Abs. 2 ZPO) oder gegen einen Vollstreckungsbescheid (§ 700 Abs. 1 ZPO) wegen erneuter Säumnis der säumigen Partei im Einspruchstermin verworfen wird und zum anderen gegen ein Versäumnisurteil gemäß § 238 Abs. 2 Satz 2 ZPO, mit dem ein Antrag auf Wiedereinsetzung in den vorigen Stand zurückgewiesen wird.

2. Eingeschränkte Prüfung – keine schuldhafte Versäumung, Abs. 2 Satz 1

Gemäß § 514 Abs. 2 Satz 1 ZPO kann diese Berufung und Anschlussberufung nur darauf gestützt werden, dass der Fall der schuldhaften Versäumung nicht vorgelegen habe. Das ist einerseits der Fall, wenn bereits keine Säumnis im Einspruchstermin, auf das angefochtene Versäumnisurteil ergangen ist, vorgelegen hat und andererseits, wenn der Rechtsmittelführer dort zwar säumig war, seine Versäumung aber schuldlos war. Da die Vorschrift Ausnahmecharakter hat, ist sie streng anzuwenden. Der nach dem Wortlaut einzig erlaubte Angriffspunkt der fehlenden oder nicht schuldhaften Versäumung muss ernst genommen werden und versagt die Überprüfung des zweiten Einspruchsurteils etwa auf Umstände, die das Einspruchsgericht zu prüfen hatte, denn solche Umstände hätten im Einspruchstermin behandelt werden können.[14] Ausgeschlossen sind daher Einwände wie, das erste Versäumnisurteil hätte nicht erlassen werden dürfen, zum Termin seines Erlasses sei nicht ordnungsgemäß geladen worden oder die Klage sei nicht zulässig oder nicht schlüssig begründet gewesen.[15] Die Berufung kann auch nicht auf einen Restitutionsgrund i. S. v. § 580 ZPO gestützt werden.[16] Eine Auslegung über den Wortlaut hinaus ist nicht gerechtfertigt.[17]

Strittig ist, ob hiervon abweichend eine erweiterte Prüfbefugnis bei der Berufung gegen ein Versäumnisurteil besteht, mit dem der Einspruch gegen einen **Vollstreckungsbescheid** verworfen wird. Rechtsprechung und wohl herrschende Lehre bejahen diese **Ausnahme** zu Recht mit Verweis auf die ausdrückliche Anordnung in §§ 700 Abs. 6, 331 Abs. 1, 2, § 345 ZPO (vgl. § 700 Rn. 15), wonach die allgemeinen und besonderen Prozessvoraussetzungen des Mahnbescheids, die Zulässigkeit des Vollstreckungsbescheids und die Schlüssigkeit der Klage zu prüfen sind, andernfalls der Vollstreckungsbescheid aufzuheben ist und kein zweites Versäumnisurteil nach § 345 ZPO ergehen kann, sondern die Klage abzuweisen ist.[18] Ausschlaggebend ist, dass die Voraussetzungen für den Erlass des Vollstreckungsbescheides bislang keiner *richterlichen* Prüfung wie ein im Streitverfahren ergangenes erstes Versäumnisurteil unterlegen haben; Mahn- und Vollstreckungsbescheid ergehen ohne Schlüssigkeitsprüfung. Die Berufungsfähigkeit beim zweiten Versäumnisurteil und der Prüfungsumfang bzw. die Prüfungspflicht des Einspruchsrichters müssen letztlich gleichlaufen.[19] Beachtliche Rüge i. R. v. § 514

---

12 Vgl. BT-Drucks. 14/4722, S. 94; a. A. *Schneider*, MDR 2004, 549.
13 BGH, BauR 2006, 1019; BGHZ 150, 133 = WM 2002, 775 = NJW 2002, 1577.
14 A. A. ohne nachvollziehbare Grenze: OLG Celle, FamRZ 1993, 1220.
15 Eingehend BGH, NJW 1999, 2599, Rn. 10 ff. = MDR 1999, 1017; bestätigt BGH, NJW-RR 2007, 1363, Rn. 10 = MDR 2007, 901; Thomas/Putzo-*Reichold*, ZPO, § 514 Rn. 4; Prütting/Gehrlein-*Lemke*, ZPO, § 514 Rn. 8; ausführlich MK-*Rimmelspacher*, ZPO, § 514 Rn. 17 mit zahlreichen Nachweisen.
16 BGH, NJW-RR 2011, 1692 = MDR 2011, 1370; BGH, FamRZ 2012, 27, jew. zum nachträglichen Auffinden einer Urkunde.
17 Bestätigt BGH, NJW 2016, 642, Rn. 11, 13, m. w. N. = MDR 2016, 483 zu Besetzungsrügen i. Z. m. der Verwerfung von Richterablehnungsgesuchen: „Die an die wiederholte Säumnis einer Partei geknüpfte Sanktion des § 514 Abs. 2 Satz 1 ZPO steht in einer Reihe mit weiteren gesetzlichen Regelungen im Versäumnisverfahren (§ 708 Nr. 2, § 340 Abs. 3, § 341 Abs. 1 ZPO), die sämtlich darauf hinauslaufen, eine Partei, gegen die ein Versäumnisurteil erlassen ist, im Interesse der Prozessbeschleunigung zu besonders sorgfältiger Prozessführung zu veranlassen. Bleibt die Partei erneut schuldhaft säumig, ist es nur konsequent, an dieses Fehlverhalten die schärfere Sanktion des endgültigen Prozessverlustes zu knüpfen."
18 BGH, NJW 1991, 43, Rn. 9 ff. = MDR 1991, 146; KG Berlin, MDR 2007, 49; Thomas/Putzo-*Reichold*, ZPO, § 514 Rn. 4; Saenger-*Wöstmann*, ZPO, § 514 Rn. 5; Baumbach/Lauterbach/Albers/Hartmann, ZPO, § 514 Rn. 10; a. A. *Adolphsen/Dickler*, ZZP 125, 463.
19 BGHZ 112, 367 = NJW 1991, 43 = MDR 1991, 146; Zöller-*Heßler*, ZPO, § 514 Rn. 8a, 8b; a. A. MK-*Rimmelspacher*, ZPO, § 514 Rn. 18.

Abs. 2 Satz 1 ZPO ist z.B. auch, dass das zweite Versäumnisurteil nach Vollstreckungsbescheid wegen fehlender örtlicher Zuständigkeit nicht hätte ergehen dürfen.[20]

9 **Keine Säumnis im Einspruchstermin** liegt z.B. vor bei mangelhafter Ladung (§ 335 Abs. 1 Nr. 2 ZPO), fehlerhaftem Aufruf zur Sache und v.a. bei bloß unvollständigem Verhandeln (§ 334 ZPO). Eine Partei ist i.S.d. §§ 330 ff. ZPO säumig, wenn sie trotz ordnungsgemäßer Bestimmung eines notwendigen Termins zur mündlichen Verhandlung nach Aufruf der Sache am hierzu bestimmten Ort nicht erscheint, bei notwendiger Vertretung durch einen Rechtsanwalt nicht durch einen beim Prozessgericht zugelassenen Rechtsanwalt vertreten ist oder nicht zur Sache verhandelt.[21]

10 **Keine schuldhafte Versäumung** ist nach denselben Maßstäben wie die Verschuldensfrage bei der Wiedereinsetzung in den vorigen Stand zu bemessen. Nicht schuldhaft ist die Säumnis, wenn die Partei an der Wahrnehmung des Einspruchstermins unverschuldet verhindert war (§§ 337, 233 ZPO, § 276 Abs. 2 BGB), mithin die Sorgfalt einer ordentlichen Prozesspartei gewahrt hat.[22] Es besteht umfangreiche Kasuistik (vgl. § 233 Rn. 5 f. und § 85 Rn. 15 ff.). Einfache Fahrlässigkeit ist schädlich.[23] Praxisrelevant sind die grundsätzlich nicht zu überspannenden Anforderungen an die Darlegung der anwaltlichen Organisation und ein nach § 85 Abs. 2 ZPO zuzurechnendes Organisationsverschulden des Prozessbevollmächtigten.[24]

3. Keine sonstigen Zulässigkeitsvoraussetzungen, Abs. 2 Satz 2

11 Sonstige Zulässigkeitsvoraussetzungen bestehen wegen § 514 Abs. 2 Satz 2 ZPO nicht, abweichend von § 511 Abs. 2 ZPO reicht jede Beschwer unabhängig von der Höhe der Berufungssumme und kommt es auf eine Berufungszulassung nicht an.

III. Verfahren

12 An den Prüfungseinschränkungen hat sich der Rechtsmittelführer zu halten. Eine zulässige Berufung setzt die schlüssige und vollständige Darlegung in der Berufungsbegründung voraus, dass der Termin nicht schuldhaft versäumt worden sei und das angefochtene Versäumnisurteil darauf beruht (Kausalität);[25] richtigerweise innerhalb der Berufungsbegründungsfrist.[26] Bezugnahme auf Urkunden reicht nicht.[27] Sonst ist die Berufung nach § 522 Abs. 1 Satz 2, 3 ZPO durch Endurteil oder Beschluss als unzulässig zu verwerfen. Ist die Berufung schlüssig und auch sonst zulässig, kann die fehlende oder unverschuldete Säumnis aber nicht nachgewiesen werden, ist die Berufung als unbegründet zurückzuweisen. Bei Zulässigkeit und Begründetheit der Berufung ist das den Einspruch verwerfende zweite Versäumnisurteil aufzuheben, nach Maßgabe von § 538 Abs. 2 Satz 1 Nr. 6 ZPO an das Gericht des ersten Rechtszuges zurückzuverweisen oder bei Entscheidungsreife abschließend zu entscheiden.[28] Mit der Zurückverweisung wird der Rechtsstreit in die Lage vor Entscheidung über den Einspruch versetzt.[29]

---

20 OLG Schleswig, MDR 2007, 906: § 513 Abs. 2 ZPO steht hier nicht entgegen; zutreffend Saenger-*Wöstmann*, ZPO, § 514 Rn. 5.
21 BGHZ 141, 351 (354), m.w.N.; BGH, NJW 2011, 928 (929), Rn. 11, 14; *Adolphsen/Dickler*, ZZP 125, 463 (471).
22 St. Rspr. BGH, NJW 2007, 2047, Rn. 6 m.w.N. = WM 2007, 1239; erneut bestätigt BGH, NJW-RR 2016, 505, Rn. 7 = MDR 2016, 111; Stein/Jonas-*Althammer*, ZPO, § 514 Rn. 8; Prütting/Gehrlein-*Lemke*, ZPO, § 514 Rn. 10.
23 Baumbach/Lauterbach/Albers/Hartmann, ZPO, § 514 Rn. 6.
24 Aus der aktuellen Rspr.: Verschulden *abgelehnt*: OLG Saarbrücken, MDR 2016, 51 (kurzfristige Erkrankung und Fax ans Gericht 3 Stunden vor Terminsstunde mit Eilt-Vermerk). Verschulden bejaht: BGH, NJW-RR 2016, 505 (Delegation von Fristen- und Termineintragung und -kontrolle an Auszubildende); OLG Hamm, MDR 2016, 177, Rn. 45 (Bekannter, wenn auch unvorhersehbarer Stau bei Pkw-Anreise und Ausweichpflicht auf Bahn u.a. Anreisemittel); OLG Köln v. 19.12.2013, 4 U 27/13, juris (Einplanung angemessener Fahrtzeit mit Pkw und versehentliche Nichtmitnahme eines Handys).
25 BGH, NJW-RR 2016, 505, Rn. 7 = MDR 2016, 111; BGH, NJW-RR 2011, 1692, Rn. 5 m.w.N. = MDR 2011, 1370; BGH, NJW 1999, 724.
26 OLG Saarbrücken, NJW-RR 1995, 1297; LG Münster, MDR 1988, 681; LG Karlsruhe MDR 1988, 870; Baumbach/Lauterbach/Albers/Hartmann, ZPO, § 514 Rn. 11; a.A. Zöller-*Heßler*, ZPO, § 514 Rn. 7, 13; *Schneider*, MDR 1985, 376, m.w.N.; unklar MK-*Rimmelspacher*, ZPO, § 514 Rn. 23.
27 MK-*Rimmelspacher*, ZPO, § 514 Rn. 23.
28 BGH, NJW 1999, 724 (725), Rn. 19 = MDR 1999, 178.
29 Musielak/Voit-*Ball*, ZPO, § 514 Rn. 11.

C. Gebühren

Gebühren des Gerichts richten sich nach Nr. 1220 KV-GKG bei Berufung gegen ein Versäumnisurteil. Für den Rechtsanwalt gelten Nr. 3200–3205 VV-RVG. Die allgemeine Verfahrensgebühr beträgt 1,6. 13

§ 515
Verzicht auf Berufung

Die Wirksamkeit eines Verzichts auf das Recht der Berufung ist nicht davon abhängig, dass der Gegner die Verzichtsleistung angenommen hat.

Inhalt:

	Rn.		Rn.
A. Normzweck und Anwendungsbereich	1	2. Verzichtserklärung gegenüber dem Prozessgegner und Einrede	10
I. Normzweck	1	3. Verzicht durch zweiseitige Vereinbarung	12
II. Anwendungsbereich	2	4. Verzicht bei Streitgenossenschaft und Nebenintervention	14
B. Erläuterungen	3	C. Gebühren	15
I. Allgemeines	3		
II. Arten des Verzichts			
1. Verzichtserklärung gegenüber dem Gericht	7		

A. Normzweck und Anwendungsbereich
I. Normzweck

§ 515 ZPO über den (endgültigen) Verzicht auf die Berufung ist wie § 516 ZPO über die Rücknahme der Berufung Ausdruck der sog. Dispositionsmaxime im Zivilprozess, welche als prozessuale Seite der Privatautonomie von Art. 2 Abs. 1 GG geschützt wird und möglichst uneingeschränkt auch für Rechtsmittel und Rechtsbehelfe zu gelten hat.[1] Die Vorschrift erfasst – anders als die früher geltende Fassung[2] – Fälle des Verzichts sowohl vor Erlass des erstinstanzlichen Urteils (vgl. § 313a Abs. 3 ZPO) als auch nach Erlass des erstinstanzlichen Urteils, sei es vor oder nach eingelegter Berufung. Dennoch ist die Regelung unvollständig, da sie die Zulässigkeit eines Verzichts auf die Berufung voraussetzt, aber nicht Tatbestandsvoraussetzungen vorgibt.[3] Dem Wortlaut nach erfasst § 515 ZPO nur den einseitigen Verzicht gegenüber dem Gericht. Daneben anerkannt ist der Verzicht durch Erklärung gegenüber dem Prozessgegner, welcher ihm eine verfahrensrechtliche Einrede verschafft, und die zweiseitige Verzichtsvereinbarung. 1

II. Anwendungsbereich

Die Vorschrift findet entsprechende Anwendung auf den Einspruch gegen ein Versäumnisurteil (§ 346 ZPO), auf die Revision (§ 565 ZPO), auf die Beschwerde[4] sowie auf die Gehörsrüge.[5] Ein Verzicht des Berufungsbeklagten auf das eigene Rechtsmittel der Berufung schließt nicht seine Anschlussberufung aus, wie § 524 Abs. 2 Satz 1 ZPO ausdrücklich bestimmt, es sei denn durch Auslegung ergibt sich auch ein Verzicht hierauf.[6] Zum Beschwerdeverzicht in Ehesachen und in Angelegenheiten der freiwilligen Gerichtsbarkeit vgl. § 67 Abs. 1–3 FamFG. In Scheidungssachen ist ein Rechtsmittel gegen den Scheidungsausspruch zum Zwecke der Aufrechterhaltung der Ehe unabhängig vom Vorliegen einer formellen Beschwer anerkannt und ein Rechtsmittelverzicht sowie seine Reichweite nach den allgemeinen Regeln zu ermitteln.[7] Im arbeitsgerichtlichen Verfahren gilt die Vorschrift gemäß § 64 Abs. 6 ArbGG entsprechend. 2

---

1 Zum verfassungsrechtlichen Schutz der Dispositionsmaxime durch Art. 2 Abs. 1 GG vgl. nur *Stürner*, FS Baur, S. 650 ff.; *Katzenmeier*, JZ 2002, 533 (536).
2 Vgl. nur BGH, NJW 1994, 737 zur Notwendigkeit von Analogieprüfungen.
3 MK-*Rimmelspacher*, ZPO, § 515 Rn. 1; Stein/Jonas-*Althammer*, ZPO, § 515 Rn. 1.
4 Prütting/Gehrlein-*Lemke*, ZPO, § 515 Rn. 1 mit Verweis auf OLG Schleswig, SchlHA 57, 75; Thomas/Putzo-*Reichold*, ZPO, § 515 Rn. 3.
5 Ebenso Thomas/Putzo-*Reichold*, ZPO, § 515 Rn. 3.
6 Zöller-*Heßler*, ZPO, § 515 Rn. 16.
7 BGHZ 89, 325 = NJW 1984, 1302, Rn. 7 = MDR 1984, 385; BGH, FamRZ 1986, 1089 = NJW-RR 1986, 1327 zum umfassenden Rechtsmittelverzicht hinsichtlich eines Verbundurteils über den Scheidungsausspruch und sämtliche Folgesachen. Zum Verzicht in Verbundverfahren vgl. auch § 144 FamFG.

Keine Anwendung findet die Vorschrift auf die Klageerhebung. Hingegen ist der Rechtsmittelverzicht schon vor Klageerhebung – durch vertragliche Vereinbarung – zulässig.[8]

B. Erläuterungen
I. Allgemeines

3 Die Partei, die einen Verzicht[9] erklärt, gibt das prozessuale Recht, eine ihr ungünstige Entscheidung durch die übergeordnete Instanz nachprüfen zu lassen, **endgültig** auf.[10] Es bedarf daher einer klaren und eindeutigen Erklärung der verzichtenden Partei, wobei von einem „Verzicht" nicht die Rede sein muss.[11] Begleitumstände oder zusätzliche Erklärungen sind zu berücksichtigen.[12] Schlüssige Handlung oder stillschweigende Erklärung sind ebenso möglich. Wegen der einschneidenden Folge hat die Auslegung v. a. konkludenter Erklärungen restriktiv zu erfolgen.[13] Nach dem Grundsatz der Meistbegünstigung soll im Zweifel auf die Überprüfung des Urteils durch die nächsthöhere Instanz nicht verzichtet werden.[14] Vom Verzicht auf die Berufung zu unterscheiden ist die Beschränkung der Rechtsmittelanträge gemäß § 520 Abs. 3 Nr. 1 ZPO und die Rechtsmittelrücknahme gemäß § 516 ZPO, die beide nicht den endgültigen Verlust des Rechtsmittels zur Folge haben, sowie der Verzicht auf den materiell-rechtlichen Anspruch,[15] der den Rechtsmittelführer nicht hindert, den Anspruch trotzdem durch Erweiterung seines zunächst beschränkten Rechtsmittels einer Sachentscheidung des Gerichts zuzuführen.

4 Der Verzicht kann ganz oder teilweise erfolgen, d.h. auf das ganze erstinstanzliche Urteil oder selbstständige Teile davon bezogen werden. Ein **Teilverzicht** setzt abtrennbare Teile des Streitgegenstands voraus. Die uneingeschränkte Einlegung eines Rechtsmittels und zunächst lediglich beschränkte Rechtsmittelanträge in der Begründungsschrift, welche hinter der Beschwer zurückbleiben (erst in der Berufungsbegründung müssen die Berufungsanträge enthalten sein, § 520 Abs. 3 Satz 2 Nr. 1 ZPO), hemmt die Rechtskraft des angefochtenen Urteils in vollem Umfang, weshalb in einem solchen Fall in der Regel nur unter Hinzutreten weiterer Anhaltspunkte von einem Teilrechtsmittelverzicht ausgegangen werden darf.[16] Letzteres ist v. a. dann der Fall, wenn bei nur eingeschränktem Rechtsmittelantrag in der Berufungsbegründung zugleich der Rechtsmittelverzicht im Übrigen erklärt wird. Dann entfällt die Möglichkeit, die Berufung zu erweitern und ist der nicht angegriffene Teil der Beschwer überhaupt nicht mehr beim Berufungsgericht anhängig.[17]

5 Ein wirksamer Rechtsmittelverzicht ist nicht deshalb unmöglich, weil das Verfahren nach § 249 ZPO unterbrochen ist. Nach § 249 Abs. 2 ZPO sind die während der **Unterbrechung** vorgenommenen gerichtlichen wie außergerichtlichen Prozesshandlungen nur dem Gegner gegenüber unwirksam, aber nicht schlechthin nichtig. Die erklärende Partei bleibt an ihre Erklärung gebunden und kann sich nicht auf die Unwirksamkeit berufen. Der Gegner kann durch ausdrückliche oder stillschweigende Genehmigung entsprechend § 295 ZPO den Rechtsmittelverzicht voll wirksam werden lassen, etwa wenn er auch seinerseits auf Rechtsmittel verzichtet, um das Urteil in vollem Umfang gelten zu lassen.[18] Etwas anderes kann sich im Einzelfall aus dem Grund der Unterbrechung durch Wegfall der Prozesshandlungsbefugnis ergeben, z.B. nach Eröffnung des Insolvenzverfahrens.[19]

---

8 Wieczorek/Schütze-*Gerken*, ZPO, § 515 Rn. 42.
9 Wer hingegen eine eingelegte Berufung *zurücknimmt*, geht lediglich dieser Berufung verlustig, vgl. § 516 Abs. 3 ZPO. Er kann also, solange die Berufungsfrist noch läuft, eine neue Berufung einlegen, vgl. bereits BGHZ 27, 60 (61 f.).
10 RGZ 161, 350 (355); Prütting/Gehrlein-*Lemke*, ZPO, § 515 Rn. 2. Im Merkmal der Endgültigkeit unterscheidet sich der Rechtsmittelverzicht vor allem von der Rechtsmittelrücknahme gemäß § 516 ZPO.
11 BGH, NJW 2006, 3498, Rn. 8 = MDR 2007, 290.
12 OLG Karlsruhe, FamRZ 1985, 286.
13 BGH, MDR 2002, 900; BGH, MDR 1990, 533.
14 BGH, NJW 1994, 942 (943).
15 BGH, NJW 1989, 170 = MDR 1988, 1033: Erforderlichkeit des gleichzeitigen Rechtsmittelverzichts hinsichtlich eines Teilverzichts auf eine Forderung für die Erteilung der Teilrechtskraft des angefochtenen Urteils.
16 BGHZ 7, 143 für die Revision; BGH, NJW 1985, 3079, Rn. 9 f. = MDR 1985, 667; Zöller-*Heßler*, ZPO, § 515 Rn. 17.
17 BGH, NJW 1968, 2106, Rn. 4 ff. = MDR 1968, 1005: Der nicht von den Berufungsanträgen erfasste Teil kann daher nicht als unzulässig verworfen werden.
18 BGHZ 4, 314 (320), Rn. 12 m.w.N. = NJW 1952, 705; ebenso Zöller-*Greger*, ZPO, § 249 Rn. 4; Zöller-*Heßler*, ZPO, § 515 Rn. 6. Für den Rechtsmittelverzicht durch vertragliche Vereinbarung während des Stillstands Wieczorek/Schütze-*Gerken*, ZPO, § 515 Rn. 41.
19 Wieczorek/Schütze-*Gerken*, ZPO, § 515 Rn. 41.

Vereinbaren die Parteien, gegen das erstinstanzliche zukünftige Urteil nur Sprungrevision einzulegen, ist darin der gegenseitige und damit vertragliche Verzicht auf die Berufung enthalten, arg. § 566 Abs. 1 Satz 2 ZPO.[20]

II. Arten des Verzichts
1. Verzichtserklärung gegenüber dem Gericht

Der Verzicht auf das Recht der Berufung ist einseitige, bestimmende Prozesserklärung und unterliegt deren allgemeinen Regeln; insbesondere hat das Revisionsgericht das Recht zur unbeschränkten Auslegung.[21] Eine Einwilligung des Gegners ist ausweislich des ausdrücklichen Wortlauts nicht notwendig. Verzichtet aber auch die andere Partei, wird das Urteil damit rechtskräftig. Inhalt und Tragweite bei Erklärung gegenüber dem (Erst- oder Berufungs-)Gericht bestimmen sich durch objektive Betrachtung und zwar auch dann, wenn die Verfahrensbeteiligten und der entgegennehmende Richter die Verzichtserklärung übereinstimmend in einem anderen Sinne aufgefasst haben sollten.[22] Eine ordnungsgemäße Protokollierung gemäß §§ 160 Abs. 3 Nr. 9, 162 ZPO ist nicht notwendig. Fehlt sie, darf der Verzicht auf andere Weise als durch das Protokoll bewiesen werden.[23] Bei wirksamem Verzicht auf die Berufung vor Erlass des Urteils ist ein gleichwohl eingelegtes Rechtsmittel **von Amts wegen** als unzulässig zu verwerfen.[24] Der Ablauf der Berufungseinlegungsfrist für den nichtverzichtenden Beteiligten und ebenso der Verzicht aller Beteiligten führen zum vorzeitigen Eintritt der formellen Rechtskraft.[25] Der Verzicht nach Rechtsmitteleinlegung ist sachlich eine Zurücknahme der Berufung, verbunden mit dem Verzicht auf erneute Einlegung.[26] Gleichwohl kommt der Bundesgerichtshof zur Verwerfungsentscheidung von Amts wegen.[27]

Bei Erklärung gegenüber dem Gericht ist der Verzicht auf die Berufung als bestimmende Prozesshandlung in der Regel unwiderruflich und auch nicht wegen Willensmängeln nach §§ 119, 123 BGB anfechtbar. Auch die Zustimmung des Gegners zum Widerruf ändert daran nichts. § 290 ZPO über den Widerruf des Geständnisses ist nicht entsprechend anwendbar.[28] Bei Vorliegen eines Restitutionsgrundes kann der Verzicht ausnahmsweise aus Gründen der Prozesswirtschaftlichkeit widerrufen werden, vorausgesetzt die Berufung selbst wird innerhalb der Frist des § 586 ZPO eingelegt.[29]

Als Prozesshandlung unterliegt die Verzichtserklärung dem Anwaltszwang, außer in den Fällen des § 78 Abs. 3 ZPO. Postulationsfähig ist nur der zur Vertretung vor dem Prozessgericht befugte Rechtsanwalt.[30] In Anwaltsprozessen deckt die Prozessvollmacht wegen § 83 Abs. 1 ZPO den Verzicht.[31] Die Mandatierung allein für den Verzicht auf die Berufung genügt.[32] In Anwaltsprozessen verlangt der Bundesgerichtshof[33] wegen des Mandatsvertrags und der Verantwortlichkeit gegenüber seiner Partei eine ausdrückliche Verzichtserklärung. Im Einzelfall sollte sich eine schematische Lösung verbieten und sind auch im Anwaltsprozess die Grund-

---

20 BGH, NJW 1986, 198 = MDR 1986, 313.
21 Musielak/Voit-*Ball*, ZPO, § 515 Rn. 3; allgemein Zöller-*Greger*, ZPO, vor § 128 Rn. 25; für das Revisionsgericht Zöller-*Heßler*, ZPO, § 546 Rn. 11; BGHZ 4, 321 (334 f.); BGHZ 22, 268; BGH, FamRZ 1996, 1071; BGH, NJW-RR 1997, 1288, Rn. 19 = FamRZ 1997, 999.
22 BGH, NJW-RR 2007, 1451, Rn. 10 = FamRZ 2007, 1631; Bestätigung von BGH, NJW 1981, 2816, Rn. 5 f. = FamRZ 1981, 947, für ein Verbundverfahren.
23 BGH, NJW-RR 2007, 1451 = MDR 2008, 100.
24 BGHZ 27, 60 = NJW 1958, 868, Rn. 1 ff. = MDR 1958, 512 mit ausführlicher Begründung.
25 Musielak/Voit-*Ball*, ZPO, § 515 Rn. 12; *Rimmelspacher*, JuS 1988, 953 (954 f.).
26 Ebenso Wieczorek/Schütze-*Gerken*, ZPO, § 515 Rn. 15; Stein/Jonas-*Althammer*, ZPO, § 515 Rn. 5; a. A. MK-*Rimmelspacher*, ZPO, § 515 Rn. 22.
27 BGHZ 27, 60 (61 f.) = NJW 1958, 868 mit Anm. *Kubisch*, NJW 1958, 1492; a. A. Wieczorek/Schütze-*Gerken*, ZPO, § 515 Rn. 15, der in der Rechtsfolge eine Kostenentscheidung von Amts wegen nach § 516 Abs. 3 ZPO für zutreffend hält, hingegen eine Verwerfungsentscheidung nur bejaht, wenn der Berufungsbeklagte hierfür ein Rechtsschutzinteresse darlegt.
28 BGH, NJW 1985, 2334, Rn. 9 = MDR 1985, 830.
29 Vgl. bereits RG, DR 1943, 620 bei Auffinden einer Urkunde i.S.v. § 580 Nr. 7 Buchst. b ZPO; BGHZ 12, 284 für den Fall der durch eine strafbare Handlung veranlassten Rechtsmittelrücknahme; BGHZ 80, 389 (394), m.w.N.; Zöller-*Heßler*, ZPO, § 515 Rn. 6.
30 Die Postulationsfähigkeit beginnt mit der Zulassung zur Rechtsanwaltschaft (§§ 6 Abs. 1, 12 Abs. 1 BRAO), daher kann der Rechtsreferendar als Stationsreferendar (§ 59 BRAO) den Verzicht nicht wirksam erklären, vgl. dazu BGHZ 2, 112; Zöller-*Vollkommer*, ZPO, § 78 Rn. 6. Diskutiert für den Referendar als oberlandesgerichtlich bestellten Vertreter (§ 53 Abs. 4 Satz 2 und Abs. 7 BRAO) MK-*Rimmelspacher*, ZPO, § 515 Rn. 19.
31 *Saenger-Wöstmann*, ZPO, § 515 Rn. 2.
32 Zutreffend OLG München, OLGZ 1967, 23.
33 BGH, NJW 2006, 3498, Rn. 10 f. = MDR 2007, 290; zur Anwaltshaftung *Schneider*, MDR 2000, 987 (988), m.w.N.

sätze der Auslegung von Prozesserklärungen unter objektiver Würdigung des Erklärungsinhalts heranzuziehen, soweit die Auslegung nicht durch die Rechtskunde ausgeschlossen ist. Die Rechtsprechung,[34] wonach ein Verzicht von dem gesetzlichen Vertreter einer juristischen Person unter offensichtlichem Missbrauch seiner Vertretungsmacht unwirksam sei, kann dabei auf den Rechtsanwalt, der seine im Innenverhältnis beschränkte Vollmacht missbraucht, allein wegen § 83 Abs. 1 ZPO nicht ohne weiteres übertragen werden.[35] Es ist ein Gebot der Rechtssicherheit, Rechtskundige bei ihren Prozesserklärungen beim Wort zu nehmen.[36] Umgekehrt gilt das Gebot von Treu und Glauben auch im Prozessrecht.[37]

2. Verzichtserklärung gegenüber dem Prozessgegner und Einrede

10 Ein Rechtsmittelverzicht nach § 515 ZPO kann auch gegenüber dem Prozessgegner erklärt werden.[38] Diese Erklärung kann in einem Vergleich erfolgen.[39] Auch insofern bedarf es weder einer besonderen Form noch einer ausdrücklichen Erklärung. Es gelten dieselben Auslegungsgrundsätze wie beim Rechtsmittelverzicht durch Erklärung gegenüber dem Gericht. Wie jener ist der Verzicht gegenüber dem Gegner Prozesshandlung und daher ebenso grundsätzlich unwiderruflich sowie nicht anfechtbar.[40] Eine Verzichtserklärung durch schlüssige Handlung kann wiederum nur bejaht werden, wenn die Handlung völlig unzweideutig erkennen lässt, dass die Partei auf das Rechtsmittel verzichten wollte und dass sie diese Erklärung auch dem Gegner gegenüber abgegeben hat.[41] Da es sich um eine einseitige, aber **außergerichtliche** Prozesshandlung handelt, besteht kein Anwaltszwang.[42] Dies gilt auch bei Abgabe in Anwesenheit des Gerichts, z.B. bei Erklärung durch die Partei persönlich in der mündlichen Verhandlung.[43]

11 Der Verzicht gegenüber dem Prozessgegner verschafft diesem eine prozessuale Einrede, auf deren Erhebung hin erst der Verzicht dem Berufungsgericht zur Kenntnis gelangt. Der Gegner kann daher seinerseits auf diese Einrede verzichten, entweder von vornherein durch deren Nichterhebung oder nachträglich nach deren Erhebung, möglich bis zum Eintritt der Rechtskraft.[44] Die Berufung ist auf die Einrede hin auch ohne hierauf gerichteten Antrag des Gegners als unzulässig zu verwerfen, regelmäßig durch Beschluss gemäß § 522 Abs. 1 ZPO.[45] Ihr kann die Gegeneinrede der Arglist nach den Grundsätzen von Treu und Glauben entgegengehalten werden, auch soweit der Verzicht weder anfechtbar noch widerruflich ist.[46]

3. Verzicht durch zweiseitige Vereinbarung

12 Möglich ist auch die vertragliche Vereinbarung eines Verzichts auf die Berufung. Es besteht weder Formzwang[47] noch Anwaltszwang.[48] Eine stillschweigende Vereinbarung setzt wiederum einen eindeutigen und zweifelsfreien Verzichtswillen voraus.[49] Wie der dem Gegner einseitig erklärte Verzicht hat der Vertrag keine unmittelbare prozessuale Wirkung, sondern begründet er für den Gegner eine Einrede, die die Berufung erst mit deren Einlegung unzulässig macht.[50] Die Gegeneinrede des Rechtsmissbrauchs bzw. der Arglist besteht auch hierzu.[51]

---

34 BGH, MDR 1962, 374, Rn. 71 ff. m.w.N. = WM 1962, 415.
35 BGH, NJW-RR 1994, 386, Rn. 15 = FamRZ 1994, 300 für ein Scheidungsurteil und eine ausländische Partei; Zöller-*Heßler*, ZPO, § 515 Rn. 6; uneindeutig Musielak/Voit-*Ball*, ZPO, § 515 Rn. 10.
36 Vgl. in st. Rspr. BFHE 146, 395 = BStBl. II 1986, 679; BVerwG, Buchholz 310 VwGO § 132 Nr. 231; BAGE 144, 125 = NJW 2013, 2221 = DB 2013, 1421, Rn. 39.
37 RGZ 102, 217 (222); RGZ 161, 350 (359).
38 BGHZ 2, 112; BGH, NJW 1974, 1248.
39 RGZ 45, 323 (329).
40 BGH, NJW 1968, 794 (795) = MDR 1968, 308; BGH, NJW 1985, 2335 = MDR 1986, 139.
41 RG, HRR 30, 2108.
42 BGHZ 2, 112 (114); BGH, NJW 2002, 2108 = MDR 2002, 900; BGH, NJW-RR 1989, 1344; BGH, JZ 1953, 153.
43 BGH, JZ 1953, 153; Wieczorek/Schütze-*Gerken*, ZPO § 515 Rn. 19.
44 BGH, NJW 1985, 2334 = MDR 1985, 830; BGH, NJW 1968, 794 = MDR 1968, 308; BGH, JZ 1953, 153; OLG Düsseldorf, FamRZ 1980, 709; Wieczorek/Schütze-*Gerken*, ZPO, § 515 Rn. 31.
45 BGHZ 28, 52.
46 BGH, NJW 1985, 2335 = MDR 1986, 139; Zöller-*Heßler*, ZPO, § 515 Rn. 12 beispielhaft: übereilte Verzichtserklärung unter Druck oder in einem Depressionszustand ohne anwaltliche Beratung.
47 BGH, NJW 1986, 198 = MDR 1986, 313; OLG Nürnberg, VersR 1981, 887.
48 BGH, NJW 1986, 198 = MDR 1986, 313; BGH, NJW-RR 1997, 1288.
49 OLG Hamm, NJW-RR 1994, 1407, für das Rechtsmittel der Kostenbeschwerde und die beiderseitige Erklärung, es werde auf die Begründung für eine im Vergleich vereinbarte Kostenentscheidung gemäß § 91a ZPO verzichtet.
50 BGH, NJW-RR 1997, 1288; BGH, NJW 1986, 198 = MDR 1986, 313.
51 RGZ 161, 350 (359).

Zu unterscheiden ist nach dem Inhalt der vertraglichen Vereinbarung. Begründet sie (lediglich) die **schuldrechtliche Verpflichtung** einer oder beider Parteien, die Berufung nicht einzulegen oder vor Ablauf der Berufungsfrist auf die Berufungseinlegung zu verzichten, unterliegt diese als Rechtsgeschäft den materiell-rechtlichen Vorschriften über Auslegung von Willenserklärungen, Willensmängel, Anfechtung, Vertreter ohne Vertretungsmacht, Missbrauch der Vertretungsmacht und Nichtigkeit nach §§ 134 und 138 BGB.[52] Ein solcher Verzichtsvertrag ist vor wie nach Prozessbeginn denkbar. Bis zum Eintritt der Rechtskraft kann ein solcher Vertrag von den Parteien auch wieder aufgehoben werden. Enthält die vertragliche Vereinbarung hingegen bereits den **Verzicht selbst**, was erst nach Erlass des Urteils möglich ist, liegt eine außergerichtliche Prozesshandlung vor, die – wie der einseitig dem Gegner gegenüber erklärte Verzicht – weder widerruflich noch anfechtbar ist.[53]

13

4. Verzicht bei Streitgenossenschaft bzw. Nebenintervention
Der Verzicht des einfachen Streitgenossen wirkt wegen § 61 ZPO nur für und gegen ihn.[54] Der Rechtsmittelverzicht des notwendigen Streitgenossen ist im Verhältnis der Streitgenossen untereinander wirksam. Die Zulässigkeit des Rechtsmittels eines anderen Streitgenossen berührt er hingegen nicht. Diese Regeln gelten entsprechend für den Verzicht des Gegners gegenüber einem von mehreren Streitgenossen. Der (einfache wie streitgenössische) Nebenintervenient wird nicht Partei des Berufungsverfahrens. Die Berufung des einfachen Nebenintervenienten ist oder wird unzulässig, wenn die Hauptpartei auf das Rechtsmittel verzichtet hat oder verzichtet. Anders als die Rücknahme der Berufung betrifft der Verzicht nicht einen einzelnen Rechtsmittelakt, sondern das Rechtsmittel als solches. Er führt zu dessen endgültigem Verlust.[55] Anders liegt dies beim streitgenössischen Nebenintervenienten. Seine Rechtsmittelbefugnis wird durch den Rechtsmittelverzicht der Hauptpartei nicht berührt, da er nach § 69 ZPO als Streitgenosse der Hauptpartei gilt.[56]

14

C. Gebühren

An Gerichtsgebühren ermäßigt sich durch den Verzicht die das gesamte Verfahren abgeltende, pauschale Verfahrensgebühr gemäß 1222 Nr. 2 KV-GKG.[57] Die Verfahrensgebühr gemäß Nr. 3200 VV-RVG gilt den Verzicht ab, die Terminsgebühr gemäß Nr. 3202 VV-RVG bei Erklärung im Termin. Ist der Auftrag des RA auf den Rechtsmittelverzicht beschränkt, erhält er die Gebühr gemäß Nr. 3403 VV-RVG.

15

§ 516
Zurücknahme der Berufung

(1) Der Berufungskläger kann die Berufung bis zur Verkündung des Berufungsurteils zurücknehmen.
(2) ¹Die Zurücknahme ist dem Gericht gegenüber zu erklären. ²Sie erfolgt, wenn sie nicht bei der mündlichen Verhandlung erklärt wird, durch Einreichung eines Schriftsatzes.
(3) ¹Die Zurücknahme hat den Verlust des eingelegten Rechtsmittels und die Verpflichtung zur Folge, die durch das Rechtsmittel entstandenen Kosten zu tragen. ²Diese Wirkungen sind durch Beschluss auszusprechen.

Inhalt:

	Rn.		Rn.
A. Allgemeines	1	1. Rücknahmeerklärung	3
I. Normzweck	1	2. Zeitliche Grenze	6
II. Anwendungsbereich	2	3. Teilrücknahme	7
B. Erläuterungen	3	II. Verlustigerklärung und	
I. Voraussetzungen der Zurücknahme der Berufung, Abs. 1 und 2	3	Kostentragung, Abs. 3	8
		C. Gebühren	15

---

52 Wieczorek/Schütze-*Gerken*, ZPO, § 515 Rn. 25 f., 32; MK-*Rimmelspacher*, ZPO, § 515 Rn. 35.
53 Wieczorek/Schütze-*Gerken*, ZPO, § 515 Rn. 32.
54 RGZ 161, 350 (351 f.).
55 A.A. OLG Hamburg, NJW 1989, 1362.
56 BGH, NJW 2008, 1889.
57 Siehe allgemein zur pauschalen Verfahrensgebühr und Ermäßigungstatbestände, Nr. 1220–1223 KV-GKG bzw. Nr. 3200–3205 VV-RVG.

A. Allgemeines
I. Normzweck

1 Die Rücknahme der eingelegten Berufung ist wie der Verzicht Ausdruck der Dispositionsmaxime des Berufungsklägers. Der Rechtsmittelführer, der Berufung eingelegt *hat*, hat es bis zur zeitlichen Grenze der Verkündung des Berufungsurteils in seiner Hand, das Verfahren auf Grundlage dieser Berufung ohne Entscheidung des Berufungsgerichts zu beenden. Der Zustimmung des Berufungsgegners bedarf es – anders als nach früherer Rechtslage – nicht. Anders als beim Verzicht auf die Berufung (§ 515 ZPO), der u.a. auch vor Berufungseinlegung erklärt werden kann, ist damit kein endgültiger Verzicht auf zweitinstanzliche Überprüfung verbunden. Eine erneute Berufungseinlegung ist nicht ausgeschlossen. Abzugrenzen ist die Rücknahme ferner auch von der Erledigungserklärung in zweiter Instanz, der Klagerücknahme in zweiter Instanz nach § 269 ZPO und dem Klageverzicht nach § 306 ZPO. Die Rücknahme betrifft nur *diese* Berufung und kann erneut eingelegt werden, was beispielsweise in der Berufungsbegründung konkludent erfolgt sein kann.[1] Es spielt keine Rolle, ob die Berufung wegen Bedenken an der Zulässigkeit oder der Begründetheit oder aus sonstigen Motiven zurückgenommen wird.

II. Anwendungsbereich

2 Die Vorschrift des § 516 ZPO findet entsprechende Anwendung auf die Rücknahme der Revision (§ 565 ZPO) und des Einspruchs gegen ein Versäumnisurteil (§ 346 ZPO) sowie gegen einen Vollstreckungsbescheid (§§ 700 Abs. 1 346 ZPO), auf die Rücknahme einer Anschlussberufung nach § 524 ZPO, einer sofortigen Beschwerde (§ 567 ZPO), einer Rechtsbeschwerde (§ 574 ZPO), einer Erinnerung nach § 573 ZPO und eines Widerspruchs gegen Arrest und einstweilige Verfügung nach § 924 ZPO.[2]

B. Erläuterungen
I. Voraussetzungen der Zurücknahme der Berufung, Abs. 1 und 2
1. Rücknahmeerklärung

3 Eine Rücknahmeerklärung braucht nicht ausdrücklich erfolgen, muss aber klar und eindeutig sein, das Verfahren ohne Entscheidung des Berufungsgerichts beenden zu wollen.[3] Die Rücknahme ist als prozessbeendende Maßnahme Prozesshandlung und als solche bedingungsfeindlich (auch innerprozessuale Bedingungen), nicht anfechtbar und unwiderruflich.[4] Ein Widerruf kommt auch mit Einverständnis des Berufungsgegners nur in Betracht, wenn ein Restitutionsgrund nach §§ 580 ff. ZPO gegeben ist. Es besteht in Anwaltsprozessen Anwaltszwang (§ 78 ZPO). Die Prozessvollmacht umfasst die Befugnis und ist nach außen nicht beschränkbar (§ 83 Abs. 1 ZPO).[5] Die von ihr selbst eingelegte Berufung darf die Partei selbst zurücknehmen, wobei sich die Gerichtskosten nach Nr. 1221 KV-GKG ermäßigen auf 1,0. Es gilt das zum Verzicht auf die Berufung nach § 515 ZPO insofern Gesagte unter Würdigung der unterschiedlichen Prozesssituation und Interessenlage im Wesentlichen entsprechend.

4 Die Rücknahmeerklärung hat zwingend gegenüber dem Gericht zu erfolgen, § 516 Abs. 2 Satz 1 ZPO, und kann schriftsätzlich oder bei der mündlichen Verhandlung vor dem Berufungsgericht (keine Protokollierung notwendig, aber ratsam) erklärt werden, § 516 Abs. 2 Satz 2 ZPO, und wird mit dem Zugang (*ex nunc*) wirksam. Ihre Erklärung gegenüber dem Berufungsbeklagten bzw. eine vertragliche Rücknahmevereinbarung mit dem Berufungsgegner kann im Einzelfall und bei Verstoß durch Auslegung eine Verzichtseinrede nach § 515 ZPO begründen mit der Folge der Verwerfung der Berufung als unzulässig.[6]

5 Im Falle der **Streithilfe** mit eigener Rechtsmitteleinlegung und Fortsetzung eines deswegen einheitlichen Rechtsmittels durch den Streithelfer für die Partei kann es hingegen bei dem Verfahren mit dem Berufungskläger als Partei trotz eigener Rücknahmeerklärung bleiben.[7] Eine Fortsetzung des Berufungsverfahrens durch einen Streithelfer, der selbst kein Rechtsmittel eingelegt hatte und daher nur eine von ihm abhängige Stellung erlangt hat, scheidet aber aus, wenn der Kläger seine Berufung gegen ein die Klage abweisendes Urteil zurücknimmt.[8]

---

1 BGHZ 46, 117.
2 Prütting/Gehrlein-*Lemke*, ZPO, § 516 Rn. 1; Musielak/Voit-*Ball*, ZPO, § 516 Rn. 2.
3 BGH, NJW-RR 2006, 862.
4 BGH, NJW-RR 2008, 85; Saenger-*Wöstmann*, ZPO, § 516 Rn. 4 f. mit weiterführenden Beispielen.
5 BGH, VersR 1988, 526.
6 Musielak/Voit-*Ball*, ZPO, § 516 Rn. 5; Saenger-*Wöstmann*, ZPO, § 516 Rn. 3.
7 BGH, NJW 1993, 2944; Saenger-*Wöstmann*, ZPO, § 516 Rn. 9; a.A. Musielak/Voit-*Ball*, ZPO, § 516 Rn. 12.
8 BGH, NJW-RR 2011, 263, Rn. 4 = GRUR 2011, 359.

2. Zeitliche Grenze

Ab Einlegung kann die Berufung bis zum späten Zeitpunkt der Verkündung des Berufungsurteils, d.h. unter dem Eindruck der mündlichen Verhandlung zurückgenommen werden, § 516 Abs. 1 ZPO. Verkündung bedeutet Beginn der Verkündung;[9] auch wenn die Sache zuvor vom Revisionsgericht zurückverwiesen worden war. Wird die Berufung durch Beschluss beendet, z.B. durch Verwerfungsbeschluss nach § 522 Abs. 1 ZPO, ist die Rücknahme noch bis zu dessen Zustellung nach § 329 Abs. 2 Satz 2 ZPO möglich.

3. Teilrücknahme

Inhaltlich ist auch eine teilweise Rücknahme der Berufung bezogen auf einen klar abtrennbaren Teil des Streitgegenstandes zulässig.[10] Erforderlich ist, dass die Berufung zuvor in einem weiteren Umfang eingelegt war. Gleichwohl ist nicht jede Antragsbeschränkung im Verfahren nach ursprünglich uneingeschränkter Antragstellung als teilweise Rücknahme der Berufung mit ihren Folgen zu verstehen.

II. Verlustigerklärung und Kostentragung, Abs. 3

Mit der Rücknahme hat sich das Berufungsverfahren erledigt und tritt formelle Rechtskraft des angefochtenen Urteils *ex nunc* ein (§ 705 ZPO).[11] Die Rücknahme hat zwei Folgen: Verlustigerklärung und Kostenentscheidung. Beides ist von Amts wegen durch Beschluss auszusprechen, sofern nicht nur eine Teilrücknahme[12] vorliegt, § 516 Abs. 3 Satz 1 ZPO.

Für die Rechtskraft des Berufungsverfahrens kommt es nicht auf den daher nur deklaratorischen Beschluss des Berufungsgerichts nach § 516 Abs. 3 ZPO an.[13] Der **Tenor** des Beschlusses lautet:

> Die Partei (Berufungskläger) wird des eingelegten Rechtsmittels für verlustig erklärt und hat die Kosten des Verfahrens zu tragen.

Der Verlust betrifft nur dieses eingelegte Rechtsmittel. Verzichtet der Berufungskläger nicht gleichzeitig nach § 515 ZPO und ist die Berufungsfrist nach § 517 ZPO noch nicht abgelaufen, kann das Rechtsmittel der Berufung gegen dasselbe erstinstanzliche Urteil neu eingelegt werden.

Der Berufungskläger hat nach Rücknahme grundsätzlich die durch das Rechtsmittel entstandenen Kosten zu tragen. Es ist eine differenzierte Betrachtung angezeigt. Dem Gegner sind die Kosten zu erstatten, soweit sie zur zweckentsprechenden Rechtsverfolgung oder -verteidigung notwendig waren. Notwendig i.S.d. § 91 Abs. 1 ZPO sind nur Kosten für solche Maßnahmen, die im Zeitpunkt ihrer Vornahme objektiv erforderlich und geeignet zur Rechtsverfolgung oder Rechtsverteidigung erscheinen.[14] Sofern der Bundesgerichtshof aktuell RA-Kosten als nicht erstattungsfähig ansieht, die ggf. in unverschuldeter Unkenntnis erst nach Berufungsrücknahme des Berufungsklägers entstanden sind, ist dies nur schwer mit dem in derselben Entscheidung allgemein von ihm bestätigten Standpunkt vereinbar, wonach dies aus der Sicht einer verständigen und wirtschaftlich vernünftigen Partei (grundsätzlich) im Zeitpunkt der Vornahme der kostenverursachenden Handlung zu beurteilen sei.[15]

Eine **Anschlussberufung** des Berufungsbeklagten verliert kraft Gesetzes gemäß § 524 Abs. 4 ZPO ihre Wirkung.[16] War sie zulässig, hat der Berufungskläger auch die Kosten des Berufungsbeklagten aus der Anschlussberufung zu tragen.[17] Hingegen trifft die Kostenlast hieraus den Berufungsbeklagten selbst, wenn die Berufung von vornherein unzulässig oder bereits zurückgenommen oder zurückgewiesen war.[18]

Eine **Kostentragungsvereinbarung** der Parteien in außergerichtlichen Verhandlungen über die Berufungsrücknahme geht den Grundsätzen und der Kostenabwälzung von Amts wegen nach

---

9 BGHZ 190, 197; BGH, GRUR 2014, 911.
10 RGZ 134, 132.
11 BGHZ 173, 374.
12 Zur Teilrücknahme Saenger-*Wöstmann*, ZPO, § 516 Rn. 15.
13 Musielak/Voit-*Ball*, ZPO, § 516 Rn. 14; MK-*Rimmelspacher*, ZPO, § 516 Rn. 26 f.
14 BGH, NJW 2016, 2751, Rn. 8 vs. 10 = MDR 2016, 487 mit Verweis auf BGHZ 166, 117, Rn. 20; BGH, NJW-RR 2007, 1575, Rn. 17; OLG Brandenburg v. 25.08.2009, 6 W 70/08, juris, Rn. 14; OLG Düsseldorf, NJW-RR 2009, 426, Rn. 2; Musielak/Voit-*Flockenhaus*, ZPO, § 91 Rn. 8.
15 BGH, NJW 2016, 2751, Rn. 8 vs. 10 = MDR 2016, 487 mit Verweis auf BGH, NJW-RR 2014, 185, Rn. 10; BGH, NJW 2012, 2734, Rn. 9; BGH, NJW 2012, 1370, Rn. 12, jew. m.w.N.
16 Kritisch Musielak/Voit-*Ball*, ZPO, § 516 Rn. 11.
17 BGH, NJW 2013, 875, m.w.N. für die Anschlussrevision.
18 BGHZ 67, 305; Saenger-*Wöstmann*, ZPO, § 516 Rn. 13 m.w.N.

§ 516 Abs. 3 ZPO stets vor, da es erneut um Dispositionsmaxime der Parteien geht und der Berufungskläger gerade keine Entscheidung des Berufungsgerichts zur Sache mehr möchte.[19]

14 Gegen den Beschluss nach § 516 Abs. 3 ZPO hat das Berufungsgericht unter den Voraussetzungen des § 574 Abs. 2 ZPO die Rechtsbeschwerde zuzulassen, § 574 Abs. 3 ZPO.

C. Gebühren

15 **Gebühren des Gerichts**: Die Pauschalgebühr Nr. 1220 KV-GKG ermäßigt sich bei Rücknahme vor Begründung von 4,0 auf 1,0 bzw. nach Begründung auf 2,0, vgl. Nr. 1221 KV-GKG und Nr. 1222 KV-GKG. Dem Wert nach wird die Gebühr § 47 GKG entnommen. Grundsätzlich richtet sich der Wert der Berufung nach den Berufungsanträgen, § 47 Abs. 1 Satz 1 GKG. Wird die Berufung vor Antragstellung zurückgenommen, bestimmt sich der Wert der Berufung nach dem Maximalwert, d.h. nach der Beschwer, § 47 Abs. 1 Satz 2 GKG. Zur Kostenreduzierung vor der Berufungsrücknahme doch noch einen geringen Berufungsantrag zu stellen und erst danach die Berufung zurückzunehmen, ist nach dem Einzelfall rechtsmissbräuchliches Verhalten und findet keine Beachtung.[20] Der Beschluss nach § 516 Abs. 3 Satz 2 ZPO ist gebührenfrei.

16 **Gebühren des Rechtsanwalts**: Es ist zwischen dem RA des Berufungsklägers und dem RA des Berufungsbeklagten zu unterscheiden. Die Rücknahmeerklärung ist durch die volle 1,6-Verfahrensgebühr nach Nr. 3200 VV-RVG abgegolten. Der in der Praxis verbreitete Kostenantrag löst ebenfalls keine zusätzliche Gebühr aus und ist überflüssig, § 19 Abs. 1 Satz 2 Nr. 9 RVG. Der RA des Berufungsbeklagten, der bereits den Antrag auf Zurückweisung der Berufung gestellt hat, hat die volle 1,6-Verfahrensgebühr nach Nr. 3200 VV-RVG ebenfalls verdient. Hatte der RA bei Rücknahme noch keinen Antrag gestellt, erhält er nur eine ermäßigte 1,1-Verfahrensgebühr nach Nr. 3200, 3201 VV-RVG.[21] Hinzukommen kann eine Terminsgebühr nach Nr. 3202, VV-RVG.

§ 517
Berufungsfrist

Die Berufungsfrist beträgt einen Monat; sie ist eine Notfrist und beginnt mit der Zustellung des in vollständiger Form abgefassten Urteils, spätestens aber mit dem Ablauf von fünf Monaten nach der Verkündung.

Inhalt:

	Rn.		Rn.
A. Allgemeines	1	III. Spätester Fristbeginn, Hs. 2	8
B. Erläuterungen	2	IV. Fristende	10
I. Berufung vor Fristbeginn	2	V. Fristwahrung und Fristversäumnis	11
II. Fristbeginn, Hs. 1	3		

A. Allgemeines

1 Das Rechtsmittel der Berufung ist wie die Revision (§ 548 ZPO), die sofortige Beschwerde (§ 569 Abs. 1 Satz 2 ZPO) und die Rechtsbeschwerde (§ 575 Abs. 1 Satz 1 ZPO) auch fristgebunden. § 517 ZPO regelt für die Einlegung der Berufung eine Monatsfrist als Notfrist im Interesse der beiderseitigen Rechtssicherheit. Zum einen gibt sie den Parteien Auskunft, wann es zum Eintritt der formellen Rechtskraft nach § 705 Satz 1 und 2 ZPO kommt. Zum anderen begrenzt sie zeitlich, bis wann die Parteien die Ausübung des Berufungsrechts voll überlegen können. Als Notfrist kann die Berufungsfrist weder abgekürzt, noch verlängert werden, § 224 Abs. 1 ZPO. Einlegung, Rücknahme (§ 516 ZPO) oder Verwerfung (§ 522 Abs. 1 ZPO) der Berufung beeinflussen den Lauf der Berufungsfrist nicht, weshalb z.B. mehrfache Einlegung möglich ist.[1] Eine andere Sache sind deren jeweilige Rechtsfolgen. Im arbeitsgerichtlichen Verfahren gilt die Vorschrift nach § 66 Abs. 1 ArbGG entsprechend.[2]

---

19 BGH, MDR 1972, 945; ebenso Saenger-*Wöstmann*, ZPO, § 516 Rn. 11.
20 OLG Koblenz, FamRZ 2005, 1767.
21 Zur ermäßigten Verfahrensgebühr des RA vgl. auch BGH, NJW 2016, 2751, Rn. 14 für den Fall des Berufungszurückweisungsantrags vor Kenntnis von der Berufungsrücknahme. Äußerst strittig, vgl. vehement a.A. OLG Celle, nicht rkr., VuR 2017, 79 = MDR 2017, 1471 und OLG München, RVGreport 2016, 425 = MDR 2017, 302; a.A. auch bereits BAG, RVGreport 2012, 349, Rn. 10;

Zu § 517:
1 Musielak/Voit-*Ball*, ZPO, § 517 Rn. 3.
2 BAG, NJW 2007, 862.

B. Erläuterungen
I. Berufung vor Fristbeginn

Die Berufungsfrist beträgt einen Monat und beginnt mit der Zustellung des in vollständiger Form abgefassten Urteils. Vor Fristbeginn ist die Berufseinlegung zulässig.[3] Dies gilt nicht vor der Verkündung nach § 310 Abs. 1 ZPO oder in den Fällen des § 310 Abs. 3 ZPO vor der Zustellung des Urteils, weil es dann noch nicht existent ist; angreifbar ist dann allenfalls ein Rechtsschein eines Urteils, der aber gar keine gesetzliche Frist in Gang setzen kann, vgl. Vorbem. zu §§ 511–577 Rn. 33 f. zur Berufung gegen Scheinurteile und wirkungslose Urteile m.w.N. Dem RA ist gleichwohl die vorsorgliche erneute Rechtsmitteleinlegung zu empfehlen.

II. Fristbeginn, Hs. 1

Die Frist beginnt am Tag der wirksamen Amtszustellung (§ 166 Abs. 2 ZPO) einer Ausfertigung oder einer beglaubigten Abschrift des vollständig abgefassten Urteils. Durch die Neufassung von § 317 Abs. 1 Satz 1 ZPO m.W.v. 01.07.2014[4] ist es nicht mehr erforderlich, eine Urteilsausfertigung zuzustellen.[5] Dies ist erfreulich bereits höchstrichterlich bestätigt.[6] Zu den Anforderungen an ein vollständig abgefasstes Urteil, vgl. die Ausführungen zu §§ 310 ff. ZPO. Zu den Anforderungen an eine wirksame Amtszustellung vgl. die Ausführungen und Einzelfallbeispiele zu §§ 166 ff. ZPO.

Aus den rechtsstaatlichen Gründen der Rechtsklarheit und Rechtssicherheit muss jede gesetzliche Frist in Beginn, Dauer und Ende zweifelsfrei feststehen. D.h. für jeden Berufungsberechtigten ist ggf. gesondert der Fristenlauf und zuvorderst das jeweils fristauslösende Zustellmoment zu ermitteln. Bei Streitgenossen beginnt die Frist für jeden gesondert mit Zustellung an ihn.[7] Das Gleiche gilt bei streitgenössischen Nebenintervenienten (§ 69 ZPO).[8] Bei der einfachen Nebenintervention kommt es auf den Zeitpunkt der Amtszustellung bei der Hauptpartei an.

Die Fristenberechnung bestimmt sich nach §§ 187 Abs. 1, 188 Abs. 2 und Abs. 3 BGB. Bei Urteilszustellung am 29., 30. oder 31. Januar endet die Frist am 28. bzw. 29. Februar, bei Zustellung am 28. (bzw. 29.) Februar ist Fristablauf am 28. (bzw. 29.) März.[9]

Bei mehrfacher Zustellung ist die erste Zustellung als fristauslösendes Ereignis maßgebend.[10] Keine Besonderheit ergibt sich für eine im Ausland wohnhafte, nicht anwaltlich vertretene Partei.[11] Eine falsche Rechtsmittelbelehrung ist unschädlich, da sie die Wirksamkeit der Zustellung nicht berührt.[12] Die Parteien können den Fristbeginn infolge wirksamer Zustellung nicht durch Parteivereinbarung verhindern, sondern sind auf einen Antrag nach § 317 Abs. 1 Satz 3 ZPO zu verweisen.[13]

Die Urteilsergänzung nach § 321 ZPO führt zu einem neuen Fristbeginn, vgl. § 518 Satz 1 ZPO. Die Tatbestandsberichtigung nach § 320 ZPO löst keinen neuen Fristenbeginn aus, da sie mit keiner Änderung der Beschwer verbunden ist. Anders kann dies im Einzelfall bei der Berichtigung nach § 319 ZPO sein, die im Grundsatz auf die Verkündung zurückwirkt mit der Folge, dass die berichtigte Entscheidung als von Anfang an verkündet fingiert wird.[14] Unter Umständen hat aber erst die berichtigte Entscheidung etwa die wahre Beschwer[15] oder den eigentlichen Rechtsmittelgegner[16] erkennen lassen, was in Bezug auf den Fristenlauf dann ausnahmsweise nicht zu Lasten des Berufungsklägers gehen darf.

---

3 RGZ 110, 170; BGH, NJW 1999, 3268; Thomas/Putzo-*Reichold*, ZPO, § 517 Rn. 1.
4 Gesetz zur Förderung des elektronischen Rechtsverkehrs mit den Gerichten v. 10.10.2013, BGBl. I, S. 3786.
5 Thomas/Putzo-*Reichold*, ZPO, § 517 Rn. 2, weist zu Recht darauf hin, dass die Zustellung einer beglaubigten Abschrift wegen § 317 Abs. 1 Satz 1 ZPO genügt. Die a.A. BGH, NJW 2010, 2519; BGH, MDR 2011, 65; Musielak/Voit-*Ball*, ZPO (bis 13. Aufl.), § 517 Rn. 5, ist überholt.
6 BGH, NJW 2016, 1180, Rn. 16 f.
7 BGH, VersR 1980, 804; auch bei notwendigen Streitgenossen, ebenso Zöller-*Heßler*, ZPO, § 517 Rn. 11.
8 BGHZ 49, 183 (187 f.).
9 BGH, NJW 1984, 1358.
10 BGH, VersR 2000, 1038; Saenger-*Wöstmann*, ZPO, § 517 Rn. 2.
11 BGH, NJW-RR 2011, 490; Musielak/Voit-*Ball*, ZPO, § 517 Rn. 5.
12 BGH, DtZ 1991, 409; Musielak/Voit-*Ball*, ZPO, § 517 Rn. 5.
13 Thomas/Putzo-*Reichold*, ZPO, § 517 Rn. 3.
14 BGHZ 89, 184; BGHZ 113, 228; BGH, NJW-RR 2009, 1443; Saenger-*Wöstmann*, ZPO, § 517 Rn. 3; Musielak/Voit-*Ball*, ZPO, § 517 Rn. 10.
15 BGHZ 17, 149 = NJW 1955, 989; BGH, NJW-RR 1999, 646; BGH, NJW-RR 1993, 1213.
16 BGHZ 113, 228 = NJW 1991, 1834.

III. Spätester Fristbeginn, Hs. 2

8   Bei Verkündung des Urteils oder Verkündungsersatz (§ 310 Abs. 3 ZPO), aber fehlender bzw. unwirksamer Zustellung einer Ausfertigung oder einer beglaubigten Abschrift nach § 317 Abs. 1 Satz 1 ZPO droht, dass die Frist niemals zu laufen beginnt und daher auf unbestimmte Zeit formelle Rechtskraft und Rechtssicherheit nicht eintreten können. § 517 Hs. 2 ZPO ordnet daher einen spätestens Fristbeginn der Berufungsfrist an und zwar spätestens mit dem Ablauf von fünf Monaten nach der Verkündung. Diese fünf Monate sind keine Frist und erst recht keine Notfrist, weil mit ihnen nur der späteste Beginn der dann wiederum regulär nur 1 Monat betragenden Berufungsfrist nach § 517 Hs. 1 ZPO definiert wird. Daher gilt auch § 222 Abs. 2 ZPO nicht.[17] Aus demselben Grund hindert auch eine Verfahrensunterbrechung (§ 249 ZPO) nicht den Ablauf der fünf Monate.

9   Der Beginn der Berufungsfrist nach fünf Monaten wird grundsätzlich dann nicht ausgelöst, wenn die beschwerte Partei zum Termin zur mündlichen Verhandlung nicht ordnungsgemäß geladen worden ist und sie auch sonst keine Informationspflicht über den Fortgang hatte.[18] Ist das Urteil bis zum Ablauf der Fünfmonatsfrist noch immer nicht zugestellt, darf sich der Rechtsmittelführer auf eine Verfahrensrüge beschränken, eben dies als prozessordnungswidrig zu rügen, ohne dass er eine weitergehende Berufungsbegründung i.S.v. § 520 Abs. 3 ZPO fristgerecht einreichen müsste, vgl. § 520 Rn. 37. Mangels Kenntnis des anzufechtenden Urteils wird von ihm nichts Unmögliches verlangt.[19]

IV. Fristende

10 Fristende ist ein Monat nach Beginn. Der Rechtssuchende darf gesetzliche Fristen bis zur vollen Grenze ausnützen.[20] Dementsprechend haben die Justizbehörden funktionsfähige Zugangseinrichtungen zu schaffen und aufrecht zu erhalten, v.a. Empfangsgeräte nach Dienstschluss bereit zu halten.[21]

V. Fristwahrung und Fristversäumnis

11 Die Wahrung der Berufungsfrist ist als eine Zulässigkeitsvoraussetzung der Berufung gemäß § 522 Abs. 1 ZPO von Amts wegen zu prüfen. Der Berufungsführer trägt die Beweislast für den rechtzeitigen Eingang beim *zuständigen* Gericht. Allenfalls bei gerichtsinternen Vorgängen kann eine Aufklärungspflicht von Amts wegen bestehen.[22] Es gilt der Freibeweis i.S.v. § 286 ZPO, wonach das Glaubhaftmachen genügen könnte. Bei Fristversäumnis ist die Berufung als unzulässig zu verwerfen. Bei gemischten Urteilen gilt dies im Hinblick auf den berufungsfähigen Teil, vgl. § 511 Rn. 4. Bei unverschuldeter Versäumnis findet die Wiedereinsetzung in den vorigen Stand (§ 233 ZPO) statt.[23] In Betracht kommt auch eine Umdeutung in eine zulässige Anschlussberufung i.S.v. § 224 ZPO (im Fall der Beschwer beider Parteien), sofern dies dem Parteiwillen entspricht, vgl. § 524 Rn. 12.[24]

§ 518
Berufungsfrist bei Urteilsergänzung

¹Wird innerhalb der Berufungsfrist ein Urteil durch eine nachträgliche Entscheidung ergänzt (§ 321), so beginnt mit der Zustellung der nachträglichen Entscheidung der Lauf der Berufungsfrist auch für die Berufung gegen das zuerst ergangene Urteil von neuem. ²Wird gegen beide Urteile von derselben Partei Berufung eingelegt, so sind beide Berufungen miteinander zu verbinden.

Inhalt:

	Rn.		Rn.
A. Normzweck und Anwendungsbereich	1	B. Erläuterungen	4

---

17 BAG, NJW 2000, 2835.
18 BGH, NJW-RR 2011, 5, Rn. 14 ff. = MDR 2011, 1141.
19 BAGE 84, 140 ff.
20 BVerfGE 74, 220.
21 Thomas/Putzo-*Reichold*, ZPO, § 517 Rn. 7.
22 BGH, NJW-RR 2014, 179, Rn. 10.
23 Rspr.-Überblick bei *Bernau*, NJW 2016, 1999 sowie v.a. zur Glaubhaftmachung *Koch*, NJW 2016, 2994.
24 Thomas/Putzo-*Reichold*, ZPO, § 517 Rn. 9.

A. Normzweck und Anwendungsbereich

Auf Antrag der betroffenen Partei erlässt das Gericht ein sog. **Ergänzungsurteil**, wenn es einen geltend gemachten Haupt- oder Hilfsanspruch oder die Kostenentscheidung bei seinem Endurteil ganz oder teilweise übergangen hat, § 321 Abs. 1 ZPO. Vgl. im Einzelnen dort. Wesentlicher Ausgangspunkt der Regelung des § 518 ZPO ist, dass das nachträgliche Ergänzungsurteil des Erstgerichts Endurteil i.S.v. § 511 Abs. 1 ZPO und als solches mit der Berufung selbstständig anfechtbar ist (vgl. § 511 Rn. 4). Die Beschwer des Ergänzungsurteils richtet sich folgerichtig nur nach diesem.[1] Berufungsfähig ist auch das Urteil, mit dem der Erlass eines Ergänzungsurteils zurückgewiesen wird. 1

§ 518 Satz 1 ZPO betrifft den Fall des erlassenen Ergänzungsurteils „innerhalb der Berufungsfrist", d.h. vor Ablauf der Berufungsfrist, welche Zulässigkeitsvoraussetzung ist (§§ 517, 522 Abs. 1 ZPO).[3] § 518 Satz 2 ZPO will zwei Berufungsverfahren nebeneinander vermeiden. Die Vorschrift gilt auch für die Ergänzungsentscheidungen, auf die § 321 ZPO entsprechend anwendbar ist (ausdrücklich §§ 302 Abs. 2, 599 Abs. 2, 716, 721 Abs. 1 ZPO und vergleichbare Lücken)[4] sowie für die Revision (§ 548 ZPO).[5] Im arbeitsgerichtlichen Verfahren ist § 518 ZPO ohne Einschränkung anwendbar, sowohl im Urteilsverfahren, als auch im Beschlussverfahren, vgl. § 64 Abs. 6 Satz 1 ZPO. 2

Keine Anwendung findet § 518 ZPO bei einer Urteilsberichtigung nach § 319 ZPO[6] oder einer Tatbestandsberichtigung nach § 320 ZPO[7] sowie bei der Ablehnung einer Urteilsergänzung.[8] „Von neuem" kann der Lauf der Berufungsfrist begrifflich nicht beginnen, wenn das Ergänzungsurteil früher zugestellt und damit wirksam wird als das Haupturteil. Im Umkehrschluss ist § 518 ZPO nicht anwendbar, weshalb das Ergänzungsurteil früher rechtskräftig werden kann.[9] Die Berufungsfrist beginnt auch für die Berufung gegen ein vollständiges Urteil an eine Person vor deren Tod nicht von neuem zu laufen, wenn nach dem Tod ein weiteres, die Rechtsnachfolge feststellendes Urteil nach § 239 Abs. 4 ZPO erlassen wird. Der Rechtsnachfolger ist nach der sog. Fussstapfentheorie nicht allein als solcher besserzustellen.[10] 3

B. Erläuterungen

Die Berufungsfrist für das dem Ergänzungsurteil vorangegangene Haupturteil beginnt zunächst mit seiner Verkündung bzw. Zustellung. Wird vor Ablauf seiner Berufungsfrist ein Ergänzungsurteil verkündet, beginnt ab Zustellung dieses Ergänzungsurteil die Berufungsfrist für das Haupturteil von neuem zu laufen, weil der Beschwerte seinen Inhalt bei seinen Rechtsmitteln mitberücksichtigen können soll. Das gilt daher auch, wenn das Ergänzungsurteil selbst, z.B. mangels Beschwer nicht angefochten werden kann und wurde.[11] Ebenso, wenn eine Berufung gegen das Haupturteil zu diesem Zeitpunkt bereits zurückgenommen oder verworfen war.[12] 4

War die Berufungsfrist gegen das Haupturteil bei Zustellung des Ergänzungsurteils bereits abgelaufen, bleibt es dabei. 5

Wird sowohl gegen das selbstständig anfechtbare Haupturteil, als auch gegen das selbstständig anfechtbare Ergänzungsurteil Berufung eingelegt, sind diese beiden Berufungsverfahren nach § 518 Satz 2 ZPO zu verbinden (vgl. § 147 ZPO). 6

---

1 BGH, NJW 1980, 840; Zöller-*Heßler*, ZPO, § 518 Rn. 1.
2 BGH, NJW-RR 2005, 326, Rn. 5 = MDR 2005, 470.
3 BGH, NJW 2009, 442.
4 Beispiele bei Prütting/Gehrlein-*Lemke*, ZPO, § 518 Rn. 4.
5 Thomas/Putzo-*Reichold*, ZPO, § 518 Rn. 1.
6 BGH, NJW 2003, 2991.
7 Ausnahmen vgl. § 517 Rn. 7.
8 RGZ 151, 309.
9 Zöller-*Heßler*, ZPO, § 518 Rn. 1; Thomas/Putzo-*Reichold*, ZPO, § 518 Rn. 1; Saenger-*Wöstmann*, ZPO, § 518 Rn. 2.
10 RGZ 140, 353.
11 RGZ 151, 304.
12 Thomas/Putzo-*Reichold*, ZPO, § 518 Rn. 3; Saenger-*Wöstmann*, ZPO, § 518 Rn. 3.

§ 519
Berufungsschrift

(1) Die Berufung wird durch Einreichung der Berufungsschrift bei dem Berufungsgericht eingelegt.

(2) Die Berufungsschrift muss enthalten:
1. die Bezeichnung des Urteils, gegen das die Berufung gerichtet wird;
2. die Erklärung, dass gegen dieses Urteil Berufung eingelegt werde.

(3) Mit der Berufungsschrift soll eine Ausfertigung oder beglaubigte Abschrift des angefochtenen Urteils vorgelegt werden.

(4) Die allgemeinen Vorschriften über die vorbereitenden Schriftsätze sind auch auf die Berufungsschrift anzuwenden.

Inhalt:

	Rn.		Rn.
A. Allgemeines	1	II. Notwendiger Inhalt der Berufungsschrift, Abs. 2	9
I. Normzweck	1	1. Bezeichnung des angefochtenen Urteils, Abs. 2 Nr. 1	10
II. Anwendungsbereich	3	a) Allgemeines	10
B. Erläuterungen	4	b) Berichtigungsmöglichkeit	11
I. Einlegung der Berufung bei dem Berufungsgericht, Abs. 1	4	c) Fehlerquelle Parteiangaben	12
1. Berufungsschrift	4	2. Erklärung der Berufungseinlegung, Abs. 2 Nr. 2	15
2. Bedingungsfeindlichkeit und PKH-Fälle	5	III. Ausfertigung oder beglaubigte Abschrift, Abs. 3	16
3. Anwaltszwang	6	IV. Anwendung von §§ 130 ff. ZPO, Abs. 4	17
4. Adressat der Berufungsschrift	7		
5. Mehrfache Berufungseinlegung	8		

A. Allgemeines
I. Normzweck

1 Mit der Berufungsschrift wird das Verfahren der Berufung gegen Endurteile des ersten Rechtszuges in Gang gebracht. Zur Wahrung des in Art. 2 Abs. 1 GG i. V. m. Art. 19 Abs. 4, 20 Abs. 3, 103 Abs. 1 GG verbürgten Anspruchs auf effektiven Rechtsschutz sollen die Gerichte dem Rechtsmittelführer den Zugang zu einer Nachprüfung durch die höhere Instanz nicht allzu sehr erschweren.[1] § 519 ZPO[2] dient dabei der **Rechtssicherheit und Rechtsklarheit**, ob und inwieweit die Berufungsschrift bei rechtzeitiger Einlegung den Eintritt der **Rechtskraft** des angefochtenen Endurteils gemäß § 705 Satz 2 ZPO **hemmt** (sog. **Suspensiveffekt**). Mit der Berufungseinlegung wird der Rechtsstreit in der Berufungsinstanz anhängig, soweit der Rechtsmittelantrag reicht (sog. **Devolutiveffekt**, näher § 520 Abs. 3 Satz 2 Nr. 1 ZPO). Um diese Folgen für den Einzelfall möglichst klar und eindeutig zu bestimmen, verlangt § 519 ZPO für die Einlegung der Berufung einen bestimmenden Schriftsatz, der Form und Inhalt genügt und den sie verantwortenden anwaltlichen Urheber i.S.v. § 78 Abs. 1 ZPO identifiziert.[3] Die formgerechte Einlegung ist Voraussetzung für die Zulässigkeit der Berufung, § 522 Abs. 1 Satz 1 ZPO.

2 Mit der Berufungseinlegung kann auf Antrag die Zwangsvollstreckung vorläufig eingestellt werden, §§ 707 Abs. 1, 719 Abs. 1 ZPO.

II. Anwendungsbereich

3 § 519 ZPO gilt auch in WEG-Verfahren. In Verfahren der Arbeitsgerichte gilt die Norm gemäß § 64 Abs. 6 Satz 1 ArbGG entsprechend; zum Vertretungszwang und Unterschriftserfordernis vgl. § 11 Abs. 4 i. V. m. Abs. 2 Satz 1 und Abs. 2 Satz 2 Nr. 4 und/oder Nr. 5 ArbGG.

---

1 Vgl. BVerfGE 69, 381 (385) = NJW 1986, 244 = MDR 1985, 816, zum „Gebot einer rechtsstaatlichen Verfahrensgestaltung"; BVerfG, NJW 1992, 1952, für die Weihnachtszeit.

2 § 549 ZPO, § 569 Abs. 2 ZPO und § 575 Abs. 1, 4 ZPO vergleichbar für die Einlegung der Revision, sofortigen Beschwerde und Rechtsbeschwerde, welche zur Auslegung herangezogen werden können.

3 RGZ 151, 82 (85 f.) [Grundsatzentscheidung zur Einlegung mittels Telegramm]: „(...) das höhere Ziel der Wahrung des Rechtsfriedens und der Rechtssicherheit zum Wohle der Volksgemeinschaft (...) läßt sich ohne eine gewisse Formenstrenge des Prozeßverfahrens nicht erreichen"; bestätigt RGZ 164, 390 (395).

B. Erläuterungen
I. Einlegung der Berufung bei dem Berufungsgericht, Abs. 1
1. Berufungsschrift
§ 519 Abs. 1 ZPO verlangt eine **Berufungsschrift**, weshalb die mündliche oder telefonische Berufungserklärung zu Protokoll der Geschäftsstelle nicht genügt.[4] Anders als der Verweis in Absatz 4 auf §§ 129 ff. ZPO über die vorbereitenden Schriftsätze suggeriert, handelt es sich bei der Berufungsschrift um einen fristgebundenen bestimmenden Schriftsatz.[5] Seine Einreichung ist einseitige Prozesshandlung und macht die Berufungseinlegung perfekt. Für die fristgerechte Einreichung der Berufungsschrift per **Telefax** ist die Übermittlung der letzten Seite mit der Unterschrift durch vollständige Speicherung maßgebend; der Ausdruck darf später erfolgen.[6] Beim Telefax belegt ein Sendeprotokoll mit sog. „OK-Vermerk" nur die Verbindung, nicht aber die erfolgreiche Übermittlung und Speicherung am Empfangsgerät.[7] Zu den schriftlichen, nicht den elektronischen Dokumenten zählen diejenigen, die im Wege eines Telegramms, mittels Fernschreiben oder per Telefax übermittelt werden.[8] Für die Übermittlung einer Berufungsbegründung durch **Computerfax** hat der Gemeinsame Senat der Obersten Gerichtshöfe des Bundes entschieden, dass in Prozessen mit Anwaltszwang bestimmende Schriftsätze formwirksam durch elektronische Übertragung einer Textdatei mit eingescannter Unterschrift auf ein Faxgerät des Gerichts übermittelt werden können.[9] Außer der Zugangseröffnung ohne Verhinderungen und Verzögerungen ist eine Mitwirkung des Gerichts, v.a. die amtliche Empfangnahme durch den zuständigen Urkundsbeamten oder die Zustellung gemäß § 521 ZPO nicht notwendig.[10] Einerseits besteht daher keine Rechtspflicht des Gerichts, zur Heilung von Mängeln beizutragen.[11] Andererseits verlangen Art. 2 Abs. 1 GG i.V.m. dem Rechtsstaatsprinzip und § 139 ZPO ein faires Verfahren und im Zweifel eine Auslegung zugunsten einer zulässigen Einlegung.[12] Den Beweis der wirksamen Berufungseinlegung hat der Berufungskläger zu führen. Ausweislich § 520 Abs. 3 Satz 1 ZPO kann die Berufungsbegründung bereits in der Berufungsschrift erfolgen, andernfalls in einer eigenen Berufungsbegründungsschrift binnen der Frist des § 520 Abs. 2 ZPO.

2. Bedingungsfeindlichkeit und PKH-Fälle
Die Berufungseinlegung ist nach allgemeiner Meinung **bedingungsfeindlich**.[13] Der Rechtsmittelführer muss alles vermeiden, was den Eindruck erweckt, er wolle eine (künftige) Prozesshandlung nur ankündigen und sie von der Gewährung von Prozesskostenhilfe abhängig machen.[14] Sind die gesetzlichen Anforderungen an eine Berufungsschrift erfüllt, kommt die Deutung, dass der Schriftsatz nicht als unbedingte Berufungseinlegung bestimmt war, nur in Betracht, wenn sich dies aus den Begleitumständen mit einer jeden vernünftigen Zweifel ausschließenden Deutlichkeit ergibt.[15] Wegen der schwerwiegenden Folgen einer bedingten und damit unzulässigen Berufungsbegründung ist für die Annahme einer Bedingung eine ausdrückliche zweifelsfreie Erklärung erforderlich. Bei Auslegungsbedürftigkeit ist der objektive Erklärungswert und -wille unter Berücksichtigung der Begleitumstände maßgebend, wie er dem Gericht bis zum Ablauf der Rechtsmittelfrist zur Kenntnis gelangt ist.[16] Bedeutsam ist die Abgrenzung einer Einlegung unter der schädlichen Bedingung der Bewilligung einer gleichzeitig beantragten Prozesskostenhilfe (PKH)[17] und der sehr wohl unbedingten Berufungsein-

---
4 BGH, NJW-RR 2009, 852.
5 BGH, VersR 1983, 59; BGH, NJW 1994, 1354.
6 BGHZ 167, 214; grundlegend BGH, NJW 1994, 2097, Rn. 9 ff. = MDR 1994, 826.
7 BGH, NJW 2013, 2514, Rn. 11; BGH, NJW-RR 2014, 179, Rn. 12, 14, zur Aufklärungspflicht des Gerichts von Amts wegen.
8 Vgl. zu den Ausnahmen vom Unterschriftserfordernis insoweit jeweils die Nachweise bei GmS-OGB, BGHZ 144, 160 = NJW 2000, 2340 (2341).
9 GmS-OGB, BGHZ 144, 160 = NJW 2000, 2340 f.
10 BVerfGE 52, 203 (207 ff.) = NJW 1980, 580; BGH, NJW 1994, 1354; BGH, NJW 1988, 2046, zur Heilbarkeit der unterlassenen Zustellung nach § 295 ZPO.
11 BGH, VersR 1985, 767; andererseits BGH, MDR 1991, 1198: Hinweispflicht des Gerichts auf das offenkundig versehentliche Fehlen einer Anlage, von der die Zulässigkeit abhängen kann.
12 Zöller-*Heßler*, ZPO, § 519 Rn. 1.
13 BGH, BauR 2013, 513.
14 BGH, NJW-RR 2000, 879 = FamRZ 2001, 907: PKH-Antrag mit eindeutig bloßem „Entwurf" einer Berufungsschrift oder mit ordnungsgemäßer Berufungsschrift als Begründung, aber dem Zusatz, „beabsichtigte" Berufung werde erst nach PKH-Bewilligung eingereicht.
15 BGH, NJW 2014, 1307.
16 BGH, NJW-RR 2012, 755, Rn. 16 ablehnend für die nachträgliche Erklärung über die richtige Deutung des Schriftsatzes auf Hinweis des Gerichts.
17 BGH, FamRZ 2011, 29; BGH, FamRZ 2007, 895.

legung bei Einreichung eines PKH-Gesuchs.[18] Im Zweifel ist zugunsten des Rechtsmittelführers anzunehmen, dass er eher das Kostenrisiko einer ganz oder teilweise erfolglosen Berufung auf sich nimmt als von vornherein zu riskieren, dass seine Berufung als unzulässig verworfen wird, er also unbedingt Berufung eingelegt hat und sich lediglich für den Fall der Versagung von Prozesskostenhilfe die Zurücknahme der Berufung vorbehält.[19] Es bleibt die Möglichkeit, PKH für eine Berufung zu beantragen und nach Fristablauf Wiedereinsetzung in den vorigen Stand (§ 233 ZPO) sowohl in die versäumte Berufungsfrist als auch in die ebenfalls abgelaufene Berufungsbegründungsfrist zu beantragen.[20] Die Anschlussberufung hingegen kann von einer Bedingung und damit von der PKH-Bewilligung abhängig gemacht werden, sog. **Hilfsanschlussberufung**.[21]

3. Anwaltszwang

6 Gemäß § 78 Abs. 1 Satz 1 ZPO besteht **Anwaltszwang**.[22] Die bestimmende Berufungsschrift muss grundsätzlich von einem zur Vertretung bei dem Berufungsgericht berechtigten Rechtsanwalt **eigenhändig** unterschrieben sein.[23] Bei Einlegung per Telefax muss die Kopiervorlage original unterschrieben sein;[24] der Originalschriftsatz muss nicht zwingend nachgereicht werden, da die Möglichkeit des Freibeweises besteht.[25] Die Postulationsfähigkeit des Unterzeichners muss in dem Zeitpunkt der Hingabe vorliegen, in dem der RA die Berufungsschrift „auf den Weg bringt", nicht mehr auch des Zugangs.[26] Die Unterschrift dient der Identifizierung des Urhebers und der Feststellung des unbedingten Willens, Inhalt und Einreichung einer Prozesshandlung und nicht etwa nur eines Entwurfsschriftstückes zu verantworten.[27] Berufungsschrift und Berufungsbegründung müssen nicht selbst von einem dazu bevollmächtigten und bei dem Prozessgericht zugelassenen Rechtsanwalt verfasst, aber nach eigenverantwortlicher Prüfung genehmigt und unterschrieben sein.[28] Eine Blankounterschrift kann geeignet sein, die Form zu wahren, wenn bei Fristablauf gewährleistet ist, dass der Rechtsanwalt den Inhalt des noch zu erstellenden Schriftsatzes so genau festgelegt hat, dass er dessen eigenverantwortliche Prüfung bereits vorab bestätigen konnte.[29] Die aus einem Blankoexemplar ausgeschnittene und auf die Telefax-Vorlage geklebte Unterschrift des Prozessbevollmächtigten erfüllt die an eine eigenhändige Unterschrift nach § 130 Nr. 6 ZPO i.V.m. §§ 519 Abs. 4, 520 Abs. 5 ZPO zu stellenden Anforderungen aber nicht.[30] Eine elektronische Nachricht (E-Mail) an die Geschäftsstelle des Gerichts, die im Anhang eine Bilddatei (PDF-Datei) übermittelt, die durch Einscannen der vom Prozessbevollmächtigten eigenhändig unterschriebenen Berufungsschrift erstellt worden ist, wahrt für sich genommen als elektronisches Dokument die Schriftform nicht (§ 130a ZPO), jedoch dann, sobald sie dem Berufungsgericht durch Ausdruck in der Akte vorliegt.[31] Die beglaubigte Abschrift einer Berufungsschrift ersetzt die Urschrift, wenn der Be-

---

18 Der schriftliche und nicht zu Protokoll der Geschäftsstelle gestellte PKH-Antrag ist seinerseits ebenfalls ein bestimmender Schriftsatz und muss eigenhändig unterschrieben werden, BGH, NJW 1994, 2097, Rn. 7 = MDR 1997, 826.
19 BGH v. 25.09.2007, XI ZB 6/07, juris, Rn. 6; BGHZ 165, 318 (320f.); BGH, FamRZ 2007, 895 (896), Rn. 10; BGH, FamRZ 2004, 1553 (1554).
20 *Zimmermann*, ZPO, § 519 Rn. 1; näher *Toussaint*, NJW 2014, 3209; Musielak/Voit-*Ball*, ZPO, § 519 Rn. 26b ausführlich m.w.N. auch zur weiteren Alternative, Berufung zugleich mit dem PKH-Antrag einzulegen und nur für die Berufungsbegründung die PKH-Bewilligung abzuwarten.
21 BGH, NJW 1984, 1240; OLG Frankfurt a.M., FamRZ 1999, 1157; Zöller-*Heßler*, ZPO, § 519 Rn. 1 und § 524 Rn. 17.
22 BGH, NJW 2016, 1827 m. Anm. *Fölsch* = NZM 2016, 565, zur Wiedereinsetzung in den vorigen Stand und Notwendigkeit einer Rechtsbehelfsbelehrung bei Verwerfung einer ohne RA eingelegten Berufung als unzulässig; OLG Hamm, NJW 1996, 601, für Baulandsachen.
23 BGH, NJW 2005, 2086 (2088), für das ausnahmsweise unschädliche Fehlen der Unterschrift des RA.
24 BGH, NJW 1994, 2097, Rn. 9 = MDR 1994, 826.
25 Saenger-*Wöstmann*, ZPO, § 519 Rn. 2.
26 Keine rückwirkende Heilung durch Genehmigung des postulationsfähigen RA, BGHZ 111, 339 (343f.) = NJW 1990, 3085.
27 Zum Unterschriftserfordernis durch RA, Zusatz, Vertretung etc. ausführlich § 130 Rn. 3f. Zur Übermittlung in elektronischer Form § 130a ZPO.
28 St. Rspr., vgl. nur BGH, NJW 2015, 3246, Rn. 7ff. = MDR 2015, 1258; BGH, NJW-RR 2012, 1142, Rn. 16; BGH, NJW 2012, 3378, Rn. 16; BGH, BeckRS 2011, 26453, Rn. 6; BGH, NJW 2006, 3784, Rn. 7; BGH, NJW 2005, 2709; BGH, NJW-RR 1998, 574.
29 BGH, NJW 2012, 3378, Rn. 16, 19 = MDR 2012, 1363; BGH, NJW 2005, 2709, Rn. 17 = MDR 2005, 1427.
30 BGH, NJW 2015, 3246, Rn. 7, 11ff. m. Anm. *Einsele*, kritisch zum Vergleich des Versands per Telefax mit dem eingescannten Namenszug bei Computerfax = MDR 2015, 1258.
31 BGH, NJW 2015, 1527, Rn. 10 m. Anm. *Habermann* = MDR 2015, 533.

glaubigungsvermerk von dem Prozessbevollmächtigten des Berufungsklägers handschriftlich vollzogen ist.[32] Die Unterzeichnung durch einen anderen postulationsfähigen Rechtsanwalt „i. V." oder „für Rechtsanwalt"[33] genügt, wobei Identität und Postulationsfähigkeit des Unterbevollmächtigten bei Fristablauf für das Gericht nicht feststehen müssen.[34] Nicht ausreichend ist der Zusatz „i.A.", der nur einen Erklärungsboten bezeichnet, es sei denn der Unterzeichner gehört als Sozietätsmitglied zum Kreis der Prozessbevollmächtigten des Berufungsklägers und wird unmittelbar in Ausführung des auch ihm erteilten Mandats tätig.[35] Eine ohne Prozessvollmacht eingelegte Berufung ist unzulässig, wobei der Mangel durch Genehmigung des Berechtigten selbst dann von Anfang an geheilt wird, wenn sie nach Ablauf der Berufungsfrist erteilt wird.[36]

4. Adressat der Berufungsschrift

Eine Verfahrenshandlung, die gegenüber dem Gericht vorzunehmen ist, wird frühestens mit Zugang beim richtigen Empfänger wirksam, vgl. § 129a Abs. 2 Satz 2 ZPO.[37] Empfänger für die Berufungseinlegung ist gemäß § 519 Abs. 1 ZPO allein das **Berufungsgericht** *(iudex ad quem)*. Das Risiko, rechtzeitig das richtige Gericht zu treffen, trägt demnach bei der Berufung[38] der Rechtsmittelführer. Der Prozessbevollmächtigte RA hat sich bei Unklarheiten, etwa wegen § 72 GVG in WEG-Sachen (Zuständigkeitskonzentration bei bestimmten Landgerichten) frühzeitig zu unterrichten und zu organisieren. Die Berufungsschrift ist eingereicht, sobald sie in die **Verfügungsgewalt des zuständigen Gerichts** gelangt ist.[39] Gleichzeitig darf dem Rechtssuchenden der Zugang zu den eingeräumten Instanzen nicht in unzumutbarer, aus Sachgründen nicht mehr zu rechtfertigender Weise erschwert werden.[40] Berufungsgericht ist bei Zuständigkeit auswärtiger Spruchkörper auch das Stammgericht,[41] bei Zuständigkeitskonzentrationen (wie vor)[42] jedoch nur dieses zuständige Gericht und in Schifffahrtssachen nur das Schifffahrtsobergericht.[43] Das fälschlich angegangene Gericht muss die bei ihm eingegangenen Schriftsätze an das zuständige Rechtsmittelgericht weiterleiten, jedoch nicht stets sofort, sondern nur „im ordentlichen Geschäftsgang" und je nachdem, ob ohne weiteres seine Bestimmung möglich und die eigene Unzuständigkeit erkennbar ist.[44] Zur Wirkung der Rechtshängigkeit der Berufung durch Einlegung kommt es erst, sobald die Berufungsschrift tatsächlich in die Verfügungsgewalt des zuständigen Berufungsgerichts kommt. Zulässig ist die Berufung nur, wenn diese Weiterleitung noch fristwahrend geschieht, § 522 Abs. 1 Satz 1 ZPO.[45] Besteht beim AG/LG bzw. LG/OLG eine gemeinsame Einlaufstelle, insbesondere eine gemeinsame Faxeingangsstelle, oder bestehen mehrere gemeinsame Telefaxanschlüssen, ist der Schriftsatz dort eingegangen, an den er gerichtet ist.[46] Der RA trägt die persönliche Verantwortung und sollte daher dringend durch stets eigene Kontrolle vor Versand auf eine korrekte Adressierung achten, um insofern auch etwaig unbekannte Fehlerquellen zu umgehen. Notfalls ergibt sich die Adressierung in sonstiger Weise, etwa durch Angabe des OLG-Aktenzeichens.[47]

---

32 BGH, NJW 2012, 1738 (1739), Rn. 9 = MDR 2012, 730.
33 BGH v. 14.03.2017, XI ZB 16/16, juris = BeckRS 2017, 107321; Musielak/Voit-*Ball*, ZPO, § 519 Rn. 12.
34 BGH, NJW-RR 2012, 1139, Rn. 11 = MDR 2012, 796.
35 BGH, NJW-RR 2012, 1269, Rn. 7, 9 = IBR 2012, 619.; bestätigt von BGH, NJW-RR 2016, 1336 = MDR 2017, 52 für die Rechtsmittelbegründungsschrift und die Verwerfung des Rechtsmittels als unzulässig.
36 BGH, NJW 2001, 2095 (2096) = MDR 2001, 1008; BGH, NJW 1995, 1901 (1902); GmS-OGB, BGHZ 91, 111 (115) = NJW 1984, 2149.
37 BGH, BeckRS 2006, 12682; BGHZ 134, 387 (390).
38 Anders bei der sofortigen Beschwerde, vgl. § 569 ZPO.
39 Musielak/Voit-*Ball*, ZPO, § 519 Rn. 18, mit zahlreichen Nachweisen.
40 BVerfG, NJW-RR 2008, 446, Rn. 9; bestätigt BVerfG, NJW 2005, 3346.
41 BGH, NJW 1967, 107; Thomas/Putzo-*Reichold*, ZPO, § 519 Rn. 5.
42 BGH, NJW 2000, 1574, für Baulandsachen; BGH, NJW 2010, 1818, differenzierend für Streitigkeiten nach § 72 Abs. 2 GVG i.V.m. § 43 WEG.
43 A.A. Zöller-*Heßler*, ZPO, § 519 Rn. 13.
44 BVerfG, NJW 1995, 3173.
45 Statt vieler BGH, NJW-RR 2010, 275.
46 Thomas/Putzo-*Reichold*, ZPO, § 519 Rn. 6.
47 BGH, NJW-RR 1993, 254, Rn. 5: mit der konkreten Adressierung legt sich der Verfasser auf ein bestimmtes Gericht fest; in Abgrenzung zu BGH, NJW 1992, 1047, wo die Berufungsschrift nicht an ein bestimmtes Gericht adressiert war.

5. Mehrfache Berufungseinlegung

8 Mehrfache Berufungseinlegung ist möglich. Der Fall von Telefax und Originalberufungsschrift, der Fall von zwei Berufungsschriften von verschiedenen Rechtsanwälten derselben Partei, der Fall der wiederholten Einlegung sowie auch der Fall von Berufungseinlegung durch Partei und Streithelfer, allesamt jeweils innerhalb der Berufungsfrist, stellen im Rechtssinn jeweils ein **einheitliches Rechtsmittel** dar, über das eine einheitliche Entscheidung zu treffen ist.[48] Legen mehrere Prozessbevollmächtigte derselben Partei Berufung ein und nimmt einer „die Berufung" ohne weitere Angaben zurück, bewirkt dies in der Regel den Verlust der Berufung.[49]

II. Notwendiger Inhalt der Berufungsschrift, Abs. 2

9 Verstößt die Berufungsschrift bei Ablauf der Berufungsfrist gegen die strengen Mindestanforderungen des § 519 Abs. 2 ZPO, ist die Berufung von Amts wegen als unzulässig zu verwerfen, § 522 Abs. 1 Satz 1 ZPO.

1. Bezeichnung des angefochtenen Urteils. Abs. 2 Nr. 1

a) Allgemeines

10 Die Bezeichnung des angefochtenen Urteils bedeutet die Angabe der Parteien, des Gerichts des ersten Rechtszuges (*iudex a quo*), des Aktenzeichens und des Verkündungsdatums. Der Berufungsbeklagte (Prozessgegner erster Instanz) und innerhalb der Berufungsfrist auch das Berufungsgericht müssen in der Lage sein, sich über die Identität des Urteils, gegen das die Berufung gerichtet wird, Gewissheit zu verschaffen. Bei Fehlbezeichnung des Erstgerichts kann sich dies aus der nach § 519 Abs. 3 ZPO beigefügten Urteilsausfertigung,[50] den schon vorliegenden erstinstanzlichen Akten[51] oder den Umständen des Einzelfalls[52] ergeben. Eine fehlerhafte Angabe des erstinstanzlichen Aktenzeichens beeinträchtigt nicht die Wirksamkeit der Berufungsschrift, wenn aufgrund der sonstigen Angaben sich zweifelsfrei ergibt, welches Urteil angefochten wird. Bei der Rechtsanwendung sollten die Berufungsgerichte i.R.v. § 522 Abs. 2 ZPO großzügig daran denken, dass der Rechtsmittelzugang nicht unzumutbar erschwert werden darf.

b) Berichtigungsmöglichkeit

11 Da es auf den Zeitpunkt des Ablaufs der Berufungsfrist ankommt, ist die Berichtigung einer fehlenden oder fehlerhaften Angabe durch den Berufungsführer bis dahin zuzulassen.[53]

c) Fehlerquelle Parteiangaben

12 Fehleranfällig sind die Parteiangaben. Die Berufungsschrift muss enthalten, für wen und gegen wen das Rechtsmittel eingelegt wird. Es genügt, dass sich die Personen des (der) Berufungskläger(s) und des (der) Berufungsbeklagten durch Auslegung ermitteln lassen. Dabei findet § 133 BGB Anwendung, wonach der wirkliche Wille zu erforschen ist.[54] Stets zu beachtende Grenze ist, dass grundsätzlich nur diejenigen Erkenntnismöglichkeiten des Berufungsgerichts für die Feststellung herangezogen werden dürfen, die **bis zum Ablauf der Berufungsfrist** vorgelegen haben.

13 Auf Seite des **Berufungsklägers** gelten zum Zwecke der Rechtsklarheit strenge Anforderungen. Von demjenigen, der den Eintritt der Rechtskraft hemmen will (§ 705 Satz 2 ZPO) darf völlige Zweifelsfreiheit innerhalb der Berufungsfrist erwartet werden.[55] Es ist etwa – am besten im Rubrum der Berufungsschrift – klarzustellen, welche von mehreren Streitgenossen Berufungsführer sind, da bei Unklarheiten die Berufung sonst insgesamt unzulässig sein kann.[56] Nicht erforderlich ist hingegen die Angabe einer ladungsfähigen Anschrift des Berufungsklägers.[57]

---

48 Vgl. nur BGH, NJW-RR 2006, 644, Rn. 7 = MDR 2006, 944; Saenger-*Wöstmann*, ZPO, § 519 Rn. 7; Musielak/Voit-*Ball*, ZPO, § 519 Rn. 25.
49 Zutreffend *Zimmermann*, ZPO, § 519 Rn. 4.
50 BGH, NJW-RR 1989, 958 = FamRZ 1989, 1063.
51 BGH, FamRZ 1988, 830, Rn. 4 ff.
52 BAG, NZA 1997, 456; BGH, NJW 1993, 1719; BGH, NJW 1989, 2395 f.
53 BGH, NJW-RR 2009, 208; BGH, NJW-RR 2008, 1161; BGH, NJW-RR 2007, 935; Saenger-*Wöstmann*, ZPO, § 519 Rn. 10.
54 BVerfG, NJW 1991, 3140; statt vieler BGHZ 21, 168 (172); BGH, NJW-RR 2013, 1278; BGH, NJW-RR 2010, 277; Stein/Jonas-*Althammer*, ZPO, § 519 Rn. 20.
55 St. Rspr., etwa BGH, NJW-RR 2011, 281, Rn. 10 = MDR 2010, 828, m.w.N.
56 BGH, NJW 1992, 2413; Stein/Jonas-*Althammer*, ZPO, § 519 Rn. 20; Prütting/Gehrlein-*Lemke*, ZPO, § 519 Rn. 16.
57 BGH, NJW 2005, 3773, mit Hinweisen zum Rechtsmissbrauch des Rechtsmittelführers aus Kostenerwägungen heraus; anders bei der Klageerhebung BGH, NJW-RR 2004, 1503.

Auf Seiten des **Berufungsbeklagten** gelten die Ausführungen entsprechend, insbesondere 14
wiederum die Erkenntnisgrenze der Berufungsfrist. Es gelten aber geringere Anforderungen,
weil die Identitätsklärung oft einfacher ist. Ggf. ergibt bereits die Auslegung der Berufungsanträge, wer nach der eingereichten Berufungsschrift Berufungsbeklagter ist. Problembehaftet
sind Fälle, in denen **mehrere Personen** in Betracht kommen oder Verwechslungen wegen Namensgleichheit, z.B. von Unternehmen entstehen können. Obsiegen in erster Instanz mehrere
Streitgenossen, empfiehlt sich eine ausdrückliche Klarstellung. Wird nur einer, typischerweise
der im Rubrum in erster Stelle genannte Streitgenosse als Berufungsbeklagter bezeichnet,
ohne dass die Berufung beschränkt wird, richtet sich das Rechtsmittel gegen alle Streitgenossen. Werden einige von mehreren Streitgenossen ausdrücklich als Berufungsbeklagte bezeichnet, ist die Berufung gegen diese beschränkt gerichtet. Werden zwar sämtliche Streitgenossen
benannt, aber innerhalb der Berufungsfrist etwa durch Berufungsanträge oder -begründung
Beschränkungen vorgenommen, kann dies zur Beschränkung auf einzelne führen. Ob eine Beschränkung des Rechtsmittelangriffs auf einen Teil der bisherigen Prozessgegner, gewollt ist,
kann im Zweifel danach beurteilt werden, ob dies in Anbetracht des der Vorinstanz unterbreiteten Streitstoffs ungewöhnlich oder gar fernliegend erscheint.[58] Die ladungsfähige Anschrift
des Berufungsbeklagten und seines RA muss (wie auf Klägerseite) nicht angegeben sein.[59]

2. Erklärung der Berufungseinlegung, Abs. 2 Nr. 2
Die Berufungsschrift muss die Erklärung beinhalten, dass gegen das bezeichnete Urteil (Nr. 1) 15
Berufung eingelegt werde. Falschbezeichnung schadet nicht (*falsa demonstratio non nocet*).
Das Wort „Berufung" muss zur Wirksamkeit nicht gebraucht werden, solange die Absicht der
Nachprüfung des erstinstanzlichen Gerichts zweifelsfrei erkennbar ist.[60] Ist das Schriftstück
formgerecht, darf es nur dann als bloßer Entwurf gedeutet werden, wenn sich dies aus den
Begleitumständen für das Berufungsgericht zweifelsfrei so ergibt.[61] Unzulässig sind eine nur
bedingte oder hilfsweise Einlegung, dazu näher oben für PKH-Fälle, Rn. 5. Die Berufungsanträge können der Berufungsbegründungsschrift vorbehalten bleiben, § 520 Abs. 3 Satz. 2 Nr. 1
ZPO.

III. Ausfertigung oder beglaubigte Abschrift, Abs. 3
§ 519 Abs. 3 ZPO ist nach dem Wortlaut („soll") eine bloße Ordnungsvorschrift. Die Vorlage 16
einer Ausfertigung oder beglaubigten Abschrift des angefochtenen Urteils sollte anwaltliche
Routine sein und kann vor einer nach Absatz 2 mangelhaften Berufungsschrift bewahren. Der
RA tut gut daran, in der Kanzleiorganisation die Soll-Vorschrift intern als Muss-Vorschrift zu
behandeln.

IV. Anwendung von §§ 130 ff. ZPO, Abs. 4
Auch bei § 519 Abs. 4 ZPO handelt es sich um eine Ordnungsvorschrift, da die Berufungsan- 17
träge und Berufungsbegründung (vgl. § 130 Nr. 2–5 ZPO) einem besonderen Schriftsatz nach
§ 520 ZPO vorbehalten werden dürfen. Zu den allgemeinen Vorschriften über die vorbereitenden Schriftsätze vgl. §§ 130–133 ZPO.

§ 520
Berufungsbegründung

(1) Der Berufungskläger muss die Berufung begründen.

(2) ¹Die Frist für die Berufungsbegründung beträgt zwei Monate und beginnt mit der Zustellung des in vollständiger Form abgefassten Urteils, spätestens aber mit Ablauf von fünf
Monaten nach der Verkündung. ²Die Frist kann auf Antrag von dem Vorsitzenden verlängert
werden, wenn der Gegner einwilligt. ³Ohne Einwilligung kann die Frist um bis zu einem
Monat verlängert werden, wenn nach freier Überzeugung des Vorsitzenden der Rechtsstreit
durch die Verlängerung nicht verzögert wird oder wenn der Berufungskläger erhebliche
Gründe darlegt.

(3) ¹Die Berufungsbegründung ist, sofern sie nicht bereits in der Berufungsschrift enthalten
ist, in einem Schriftsatz bei dem Berufungsgericht einzureichen. ²Die Berufungsbegründung
muss enthalten:

---
58 Zum Ganzen ausführlich BGH, NJW-RR 2011, 281 = MDR 2010, 828. Enger für Drittwiderbeklagte
BGH, NJW 2003, 3203.
59 BGHZ 65, 114 (116); BGH, NJW 2005, 3773; Stein/Jonas-*Althammer*, ZPO, § 519 Rn. 23.
60 BGH, MDR 2008, 1293; BGH, MDR 2006, 110 (Schriftsätzliche Ankündigung einer Berufungsbegründung durch postulationsfähigen RA unter Angabe von Aktenzeichen und Parteien).
61 BGH, NJW 2002, 1352 = MDR 2002, 775.

1. die Erklärung, inwieweit das Urteil angefochten wird und welche Abänderungen des Urteils beantragt werden (Berufungsanträge);
2. die Bezeichnung der Umstände, aus denen sich die Rechtsverletzung und deren Erheblichkeit für die angefochtene Entscheidung ergibt;
3. die Bezeichnung konkreter Anhaltspunkte, die Zweifel an der Richtigkeit oder Vollständigkeit der Tatsachenfeststellungen im angefochtenen Urteil begründen und deshalb eine erneute Feststellung gebieten;
4. die Bezeichnung der neuen Angriffs- und Verteidigungsmittel sowie der Tatsachen, auf Grund derer die neuen Angriffs- und Verteidigungsmittel nach § 531 Abs. 2 zuzulassen sind.

(4) Die Berufungsbegründung soll ferner enthalten:
1. die Angabe des Wertes des nicht in einer bestimmten Geldsumme bestehenden Beschwerdegegenstandes, wenn von ihm die Zulässigkeit der Berufung abhängt;
2. eine Äußerung dazu, ob einer Entscheidung der Sache durch den Einzelrichter Gründe entgegenstehen.

(5) Die allgemeinen Vorschriften über die vorbereitenden Schriftsätze sind auch auf die Berufungsbegründung anzuwenden.

Inhalt:

	Rn.		Rn.
A. Allgemeines	1	a) Allgemeines	19
I. Normzweck	1	b) Berufungsbeschränkung	23
II. Anwendungsbereich	2	c) Berufungserweiterung	24
B. Erläuterungen	3	3. Berufungsgründe,	
I. Begründungszwang („muss"), Abs. 1	3	Abs. 3 Satz 2 Nr. 2–4	25
II. Frist der Berufungsbegründung, Abs. 2	4	a) Allgemeines	25
		b) Rechtsverletzung, Abs. 3 Satz 2 Nr. 2	31
1. Beginn, Dauer, Berechnung, Ende, Abs. 2 Satz 1	4	c) Angaben zu den Tatsachenfeststellungen, Abs. 3 Satz 2 Nr. 3	33
2. Fristverlängerung, Abs. 2 Satz 2 und 3	11	d) Neue Angriffs- und Verteidigungsmittel, Abs. 3 Satz 2 Nr. 4	35
III. Notwendiger Inhalt der Berufungsbegründung, Abs. 3	17	4. Ausnahmefälle	36
1. Berufungsbegründungsschrift, Abs. 3 Satz 1	18	IV. Wertangaben und Einzelrichterfrage, Abs. 4	38
2. Berufungsanträge, Abs. 3 Satz 2 Nr. 1	19	V. Verweis auf vorbereitende Schriftsätze, Abs. 5	39

A. Allgemeines
I. Normzweck

1 § 520 ZPO regelt Frist-, Form- und Inhaltsanforderungen an die Berufungsbegründung. Der Begründungszwang ist Zulässigkeitsvoraussetzung i.S.v. § 522 Abs. 1 Satz 1, Satz 2 ZPO. Die Vorschrift dient zusammen mit den §§ 513, 529 und 531 ZPO der Konzentration des Prozessstoffes sowie der Beschleunigung des Verfahrens entsprechend der Umgestaltung der Berufungsinstanz mit Beschränkung des Prüfungsumfangs durch das ZPO-RG m.W.v. 01.01.2002.[1] Konterkariert wird dieses Interesse zumindest teilweise durch die Aufgabe des Berufungsgerichts, den Streitstoff in den Grenzen der §§ 529, 531 ZPO und mit Ausnahme von nicht von Amts wegen zu prüfenden Verfahrensfehlern – wegen § 529 Abs. 2 Satz 1 und Satz 2 ZPO dennoch in seiner Gesamtheit und ohne Bindung an die vom Berufungskläger vorgebrachten Gründe nach allen Richtungen zu würdigen.

II. Anwendungsbereich

2 § 520 ZPO gilt für jede Berufung, auch in Arrest- und einstweiligen Verfügungssachen trotz Dringlichkeit, §§ 922 Abs. 1, 936 ZPO sowie in WEG-Verfahren.[2] Im arbeitsgerichtlichen Verfahren gilt § 520 ZPO gemäß § 64 Abs. 6 ArbGG entsprechend.[3] Die Begründungsfrist beträgt ebenfalls zwei Monate ab Zustellung des vollständigen Urteils, § 66 Abs. 1 Satz 1, 2 ArbGG.

---

1 BT-Drucks. 14/4722, S. 95.
2 Baumbach/Lauterbach/Albers/Hartmann, ZPO, § 520 Rn. 3, 4.
3 Zu den Anforderungen an eine Berufungsbegründung bei einer mit einer Kündigungsschutzklage oder Entfristungsklage gekoppelten Weiterbeschäftigungsklage bzw. Lohnzahlungsklage, vgl. allgemein m.w.N. Stein/Jonas-*Althammer*, ZPO, § 520 Rn. 62 f.

§ 66 Abs. 1 Satz 3 ArbGG sieht zur Beschleunigung eine zwingende Beantwortungsfrist von einem Monat ab Zustellung der Berufungsbegründung an den Berufungsbeklagten vor. Die Begründungsfrist kann dort selbst bei Einverständnis des Gegners nur einmal (keine gesetzliche Höchstdauer) verlängert werden, § 66 Abs. 1 Satz 5 ArbGG.[4]

B. Erläuterungen
I. Begründungszwang („muss"), Abs. 1

§ 520 Abs. 1 ZPO regelt einen Begründungszwang („*muss*"). Erst nach Eingang und Prüfung gemäß § 522 ZPO ist ein Verhandlungstermin anzuberaumen. Die Berufungsbegründung ist ein bestimmender Schriftsatz, d.h. Protokollerklärung, mündliche oder telefonische Erklärung (auch zur Ergänzung) genügen wie bei § 519 ZPO nicht.[5] Die Ausführungen zur Berufungsschrift gelten entsprechend. Telefaxerklärung mit eigenhändiger Unterschrift auf der Originalkopie hingegen reicht wie dort auch ohne zusätzlichen Eingang der Originalbegründungsschrift.[6] Erfolgt sie nicht bereits in der Berufungsschrift (zulässig gemäß § 520 Abs. 3 Satz 1 ZPO), muss sie – wie praxisüblich – in einem gesonderten Schriftsatz an das Berufungsgericht eingereicht werden, der „zur Begründung *bestimmt*" ist, also den Willen zur Begründung klar enthält.[7] Bei fehlerhafter Wiedergabe des Aktenzeichens des Berufungsgerichts oder des erstinstanzlichen Gerichts, des Verkündungsdatums des angefochtenen Ersturteils oder des Datums der Berufungseinlegung muss aufgrund sonstiger, fristgerecht vorliegender Umstände für das Gericht und den Berufungsbeklagten zweifelsfrei feststehen, welchem Berufungsverfahren die Begründung zuzuordnen ist.[8] Innerhalb der Berufungsfrist des Absatz 2 kann sie in Nachträgen ergänzt werden; der Wortlaut ist insofern missverständlich. Ein Antrag auf Prozesskostenhilfe oder auf Einstellung der Zwangsvollstreckung (§§ 707 Abs. 1, 719 Abs. 1 ZPO), der § 520 Abs. 3 ZPO entspricht und fristgerecht eingeht, kann ausreichen, es sei denn der anderslautende Wille ist eindeutig.[9] Die von der Partei eingelegte Berufung kann der Streithelfer (fristwahrend) begründen und nach § 67 Hs. 2 ZPO umgekehrt.[10] Einfache Streitgenossen müssen jeweils selbstständig Berufung einlegen und sie begründen. Im Falle notwendiger Streitgenossenschaft genügt die Begründung durch einen von ihnen (vgl. ausführlich § 62 Rn. 13).

II. Frist der Berufungsbegründung, Abs. 2
1. Beginn, Dauer, Berechnung, Ende, Abs. 2 Satz 1

Die Begründungsfrist beträgt **zwei Monate**, § 520 Abs. 2 Satz 1 ZPO. Sie ist keine Notfrist, daher verlängerbar (§ 224 Abs. 1 Satz 2, Abs. 2, 3 ZPO). Wiedereinsetzung in den vorigen Stand ist kraft ausdrücklicher Bestimmung in § 233 Satz 1 ZPO möglich.

Gemäß § 520 Abs. 2 Satz 1 ZPO **beginnt** die Begründungsfrist mit Amtszustellung des erstinstanzlichen Urteils in vollständiger Form (§§ 166ff. ZPO), spätestens fünf Monate nach dessen Verkündung. Dieser Zeitpunkt entspricht dem Beginn der Berufungsfrist (§ 517 ZPO), welche aber selbstständig ist, und sorgt für Vereinfachung. Unberührt bleibt der Fristenlauf von der Durchführung eines als gerichtliches Güteverfahren ausgestalteten Mediationsverfahrens (§ 278 Abs. 2, 5 Satz 3 ZPO i.V.m. § 251 Satz 2 ZPO),[11] der Versäumung der Berufungsfrist des § 517 ZPO,[12] einem Wiedereinsetzungsantrag und der dabei wiederholten Einlegung der Be-

---

4 BAG, NJW 2013, 1468; LAG München, NZA 2007, 814.
5 § 519 Rn. 4f. zu Schriftsatz, Anwaltszwang (§ 78 Abs. 1 ZPO), Unterschrift, Vertretung, Einreichung und Adressat gelten entsprechend.
6 BGH, NJW-RR 2005, 793, abgelehnt für den Fall des Eingangs von S. 1 bis 11 sowie S. 25 mit der Unterschrift des RA vor 24.00 Uhr (berücksichtigungsfähige Teile der Zulässigkeitsprüfung nach § 522 Abs. 1 ZPO) und S. 12 bis 24 nach 24.00 Uhr (nicht berücksichtigungsfähig); grundlegend BGH, NJW 1994, 2097 = MDR 1994, 826.
7 BGH, NJW-RR 2005, 793, Rn. 5 = MDR 2005, 944.
8 St. Rspr., BGH, NJW-RR 2008, 576, Rn. 12 = MDR 2008, 355.
9 OLG Koblenz, MDR 2015, 178, für die rechtzeitige Berufungsbegründung durch PKH-Antragsschrift nach Wiedereinsetzung in den vorigen Stand; BGH, FamRZ 2009, 1408; BGH, NJW 2008, 1740; BGH, FamRZ 1989, 849; Thomas/Putzo-*Reichold*, ZPO, § 520 Rn. 2; Zöller-*Heßler*, ZPO, § 520 Rn. 6; Baumbach/Lauterbach/Albers/Hartmann, ZPO, § 520 Rn. 4a – „Einstellungsantrag".
10 BGH, NJW 1999, 2046; BGH, NJW 1985, 2480.
11 BGH, NJW 2009, 1149 = MDR 2009, 582: auch kein Vertrauenstatbestand durch gerichtliches Informationsblatt zur Mediation mit dem Hinweis: „Während des Mediationsverfahrens soll die Berufung nicht begründet werden. Die Frist zur Begründung der Berufung wird auf Antrag entsprechend verlängert."
12 BGHZ 98, 325.

rufung oder der Verwerfung der Berufung als unzulässig.[13] Der Lauf der Begründungsfrist wird auch nicht durch ein Ergänzungsurteil nach Ablauf der Berufungsfrist, aber vor Ablauf der Berufungsbegründungsfrist berührt.[14] D.h. in diesen Fällen wird ihr Lauf nicht gehemmt.[15]

6   Auch ein **Prozesskostenhilfeantrag** hemmt die Begründungsfrist nicht. Wird PKH für das Berufungsverfahren nach oder (für eine ordentliche Begründungsschrift unzumutbar) knapp vor Ablauf der Begründungsfrist bewilligt,[16] kommt es zu einem eigenen (kürzeren) Fristenlauf abweichend vom eigentlichen Fristenregime des § 520 ZPO. Denn gemäß Wortlaut in §§ 234 Abs. 1 Satz 2 ZPO und § 236 Satz 2 ZPO, der seit dem 1. Justizmodernisierungsgesetz[17] gilt, beginnt mit Zustellung des Bewilligungsbeschlusses eine einmonatige Frist für die Wiedereinsetzungsantrag, innerhalb derer die versäumte Handlung der Berufungsbegründung gleichzeitig auch nachzuholen ist, ohne dass sich der Berufungsführer noch auf zwei Monate nach § 520 Abs. 2 Satz 1 ZPO berufen könnte.[18] Es ist wegen des klaren Wortlauts und auch deshalb hinzunehmen, weil die arme Partei den Lauf des PKH-Verfahrens nicht nutzlos verstreichen lassen braucht und RAe etwa im arbeitsgerichtlichen Verfahren wegen § 66 Abs. 1 Satz 3 ArbGG eine kurze Bearbeitungsfrist in Berufungsverfahren (dort allerdings nicht Begründungs-, sondern Beantwortungsfrist des Berufungsbeklagten) kennen.

7   Bei **Wiedereinsetzung in den vorigen Stand** beginnt die Frist mit Zustellung des Wiedereinsetzungsbeschlusses. Unzulässig ist die Wiedereinsetzung zur Behebung inhaltlicher Mängel einer rechtzeitigen Berufungsschrift, zulässig hingegen ist sie, wenn die Berufungsbegründungsschrift nicht vollständig übermittelt wurde.[19]

8   Ist das Verfahren unterbrochen oder ausgesetzt, kann die Begründungsfrist nicht zu laufen beginnen, § 249 Abs. 1 ZPO. Ein Ruhen des Verfahrens verhindert den Fristablauf nicht, §§ 233, 251 Abs. 1 Satz 2 ZPO.

9   Bei Streitgenossen erfolgt die Zustellung des anzufechtenden Ersturteils jeweils gesondert und beginnt die Frist damit unter Umständen zu unterschiedlichen Zeitpunkten.[20]

10 Die Fristberechnung und das Fristende richten sich nach § 222 ZPO i.V.m. §§ 187 Abs. 1, 188 Abs. 2 BGB. Zur Wahrung per Telefax ist die Übermittlung der letzten Seite mit der Unterschrift durch vollständige Speicherung bis spätestens 23.59 Uhr maßgebend.[21] Fällt das Fristende auf einen Samstag, Sonntag oder allgemeinen Feiertag, läuft die Frist erst am nächsten Werktag ab, § 222 Abs. 3 ZPO. Die Fristeinhaltung klärt das Berufungsgericht von Amts wegen und unterliegt dem Freibeweis gemäß § 286 ZPO unter Berücksichtigung von eidesstaatlichen Versicherungen.[22] Die Beweislast trägt der Rechtsmittelführer.[23]

2. Fristverlängerung, Abs. 2 Satz 2 und 3

11 Eine Fristverlängerung der Berufungsbegründungsfrist ist durch § 224 Abs. 1 Satz 2 ZPO nicht ausgeschlossen und in § 520 Abs. 2 Satz 2 und 3 ZPO explizit behandelt. Voraussetzung ist

---

13 Nach BGH, NJW-RR 2012, 308; BGH, NJW-RR 2011, 995, ist bei Erfolg des Angriffs durch Nichtzulassungsbeschwerde gegen die Verwerfung der Berufung als unzulässig an einen Wiedereinsetzungsantrag für die Berufungsbegründungsfrist zu denken.
14 BGH, NJW 2009, 442.
15 Thomas/Putzo-*Reichold*, ZPO, § 520 Rn. 4.
16 BGH, NJW 2004, 2902, Rn. 8 ff. = MDR 2004, 1376 zur alten Rechtslage vor Inkrafttreten des 1. Justizmodernisierungsgesetzes vom 01.09.2004 (BGBl. I, S. 2198) für den Fall der PKH-Bewilligung zwei Werktage vor Ablauf der zweimonatigen Berufungsbegründungsfrist mit grundlegenden Ausführungen zum Fristenregime und möglichen Zeitpunkten von Fristbeginn und -dauer, im Ergebnis jedoch Detailfragen offengelassen; bestätigt BGH, NJW 2003, 3275 (3276) mit Ausführungen zur verfassungskonformen Auslegung der damaligen Wiedereinsetzungsvorschriften.
17 1. Justizmodernisierungsgesetz, in Kraft getreten am 01.09.2004, BGBl. I, S. 2198.
18 BGH, NJW 2009, 2857, Rn. 4 ff. = MDR 2007, 100; ausdrücklich in Abgrenzung zu BGH, NJW 2003, 3275 (siehe Fn. 17); Prütting/Gehrlein-*Lemke*, ZPO, § 520 Rn. 5 mit Verweis auf den eindeutigen Wortlaut; ebenso Musielak/Voit-*Ball*, ZPO, § 520 Rn. 5; Saenger-*Wöstmann*, ZPO, § 520 Rn. 5.
19 BGH, NJW 2000, 364, Rn. 6 = MDR 2000, 235.
20 Saenger-*Wöstmann*, ZPO, § 520 Rn. 5.
21 Vgl. näher § 519 Rn. 4; *Zimmermann*, ZPO, § 520 Rn. 7 empfiehlt, „in den Notfällen (20 Seiten Fax um 23.57 Uhr gesendet) jede Seite zu unterschreiben. Ob dies hilft, ist fraglich, da die letzte Seite wegen der Abschlussfunktion rechtzeitig mit eingegangen sein muss und alles was danach eingeht, nicht berücksichtigt werden darf.
22 BGH, NJW-RR 2012, 509 (510), Rn. 9 = MDR 2012, 539 auch für den Gegenbeweis der Unrichtigkeit einer Datumsangabe in einem Empfangsbekenntnis über die Zustellung des Ersturteils, für den das bloße Erschüttern, d.h. die Möglichkeit der Unrichtigkeit der Angabe nicht genügt. Prütting/Gehrlein-*Lemke*, ZPO, § 520 Rn. 4.
23 BGH, NJW-RR 2005, 75; ausführlich *Schlee*, AnwBl. 1986, 339.

stets ein *vor* Fristablauf beim Berufungsgericht eingehender **Antrag** in schriftlicher Form (arg. „Frist ist Frist").[24] Für den Postlauf darf der RA auf die Regelbeförderungszeit grundsätzlich vertrauen, deren „übliche" Dauer sich aber nach den organisatorischen und betrieblichen Vorkehrungen des jeweiligen Dienstleisters bemisst.[25] Ein rechtzeitig eingehendes Telefax muss entsprechend § 519 Rn. 4 genügen. Das Aktenzeichen braucht nicht richtig wiedergegeben sein, sofern die Zuordnung vor Fristablauf möglich ist.[26] Wie die Berufungsbegründung selbst besteht Anwaltszwang und muss der Verlängerungsantrag daher von einem Berufungsanwalt unterzeichnet sein.[27] Der gewünschte Zeitraum der Verlängerung oder ein bestimmtes Enddatum sind nicht anzugeben,[28] was sich als sicherer Weg aber empfiehlt.[29] Die Anordnung des Ruhens des Verfahrens zu beantragen, genügt nicht.[30] Ebenso wenig reicht der Antrag, bei Scheitern von Vergleichsverhandlungen die Begründung später zu ergänzen.[31]

Ist die Begründungsfrist abgelaufen und ein Verlängerungsantrag nicht rechtzeitig gestellt, ist die Berufung als unzulässig zu verwerfen und eine Gleichwohlgewährung wegen § 522 Abs. 1 Satz 1, 2 ZPO unwirksam.[32] Möglich ist dann ein Antrag auf Wiedereinsetzung in den vorigen Stand (§ 233 Satz 1 ZPO), bei Stattgabe wird die Verwerfung ohne weiteres gegenstandslos (§ 238 ZPO).[33] 12

Mit Einwilligung des Berufungsgegners ist die Fristverlängerung mehrfach und zeitlich auch länger als 1 Monat möglich. Der Antrag des Berufungsklägers braucht dann keiner Begründung (Parteimaxime). Die Einwilligung braucht vom Gegner nicht dem Berufungsgericht selbst und auch nicht schriftlich erklärt werden, d.h. der Berufungskläger darf sie einholen und ihr Vorliegen anwaltlich versichern. Die konkludente Einwilligung reicht aus, wobei der bloße Hinweis auf laufende Vergleichsverhandlungen hierfür nicht genügt. Nach der Systematik von § 511 Abs. 2 Satz 2 und 3 ZPO darf der Berufungskläger umgekehrt auf eine Einwilligung nicht „blind" vertrauen, sonst handelt er schuldhaft und scheitert eine Wiedereinsetzung in den vorigen Stand an § 233 ZPO. 13

Ohne Einwilligung des Gegners erlaubt § 520 Abs. 2 Satz 3 ZPO die Fristverlängerung „um bis zu einem Monat".[34] Voraussetzung ist, dass dadurch keine Verzögerung des Rechtsstreits eintritt, was „nach freier Überzeugung des Vorsitzenden" beurteilt werden soll, jedoch regelmäßig zu bejahen sein dürfte, oder wenn der Berufungskläger erhebliche Gründe darlegt und glaubhaft macht (§ 234 Abs. 2 ZPO). Die Verlängerungsgründe müssen bei Entscheidung noch vorliegen. Als erhebliche Gründe anerkannt sind z.B. Arbeitsüberlastung, Erkrankungen und Urlaub des RA und des Personals, aber auch der Partei selbst, Vergleichsverhandlungen, die Notwendigkeit der Rücksprache mit der Partei, sofern diese etwa mit Informations-, Urkunden- oder Gutachtenbeschaffung oder mit Erkenntnissen aus Akteneinsicht zusammenhängt, sowie der kurzfristige Wechsel des Prozessvertreters. 14

Für die Gewährung wie Ablehnung der Fristverlängerung ist der Vorsitzende gemäß § 520 Abs. 2 Satz 2 und 3 ZPO zuständig.[35] Er entscheidet nach freiem Ermessen und ist inhaltlich an den Verlängerungsantrag nicht gebunden, darf also eine kürzere wie längere Frist als beantragt bewilligen. Beide Verfügungen sind unanfechtbar, § 225 Abs. 3 ZPO.[36] Zur Rechtsklarheit haben die Verfügungen schriftlich zu erfolgen, wobei bei Bewilligung keine „Frist in den Lauf gesetzt" wird und es daher keiner förmlichen Zustellung gemäß § 329 Abs. 2 Satz 2 ZPO bedarf. Die Fristverlängerung darf formfrei mitgeteilt werden.[37] Sie bewirkt, dass das Ende der 15

---

24 MK-*Rimmelspacher*, ZPO, § 520 Rn. 8.
25 LAG Stuttgart, BeckRS 2016, 115272, Rn. 28 ff.: Verschulden angenommen für die Beauftragung eines regionalen Postdienstleistungsunternehmens für eine überregional versendete Berufungsbegründungsschrift.
26 BGH, NJW 2003, 3418.
27 BGH, NJW-RR 2014, 440 (441), Rn. 22 = WM 2014, 422; BGHZ 93, 300 (303); MK-*Rimmelspacher*, ZPO, § 520 Rn. 7; Musielak/Voit-*Ball*, ZPO, § 520 Rn. 7.
28 Musielak/Voit-*Ball*, ZPO, § 520 Rn. 7; a.A. Prütting/Gehrlein-*Lemke*, ZPO, § 520 Rn. 6.
29 BGH, NJW 1990, 2628: Die bloße Bitte, bei Scheitern von außergerichtlichen Vergleichsverhandlungen die Begründung später ergänzen zu dürfen, genügt nicht.
30 BGH, NJW-RR 2010, 275, Rn. 12 = MDR 2010, 164; Musielak/Voit-*Ball*, ZPO, § 520 Rn. 7.
31 BGH, NJW 1990 2628.
32 BGHZ 116, 377 = NJW 1992, 842 = MDR 1992, 407; anders noch BGHZ 102, 37; Prütting/Gehrlein-*Lemke*, ZPO, § 520 Rn. 6.
33 Thomas/Putzo-*Reichold*, ZPO, § 520 Rn. 7 mit Verweis auf BGH, ZZP 1971, 400.
34 BGH, NJW 2004, 174: „höchstens"; Gesetzesbegründung, BT-Drucks. 14/4722, S. 95: eine erneute Verlängerung ist nur mit Einwilligung des Gegners zulässig.
35 Thomas/Putzo-*Reichold*, ZPO, § 520 Rn. 10.
36 BGHZ 102, 37 (39).
37 BGH, NJW-RR 2009, 933: Bei erstmaligem und ordentlich begründetem Verlängerungsantrag darf der RA auf die Erteilung auch ohne Mitteilung vertrauen.

Berufungsbegründungsfrist auf den in der Verfügung genannten Termin oder die dort bestimmte Frist hinausgeschoben wird.

16 Die Fristverlängerung ist auch wirksam, wenn sie verfahrensfehlerhaft zustande kommt und nicht unbefristet oder undatiert erfolgt, was kaum vorkommen dürfte. Hingegen ist sie unwirksam, wenn der Antrag erst nach Ablauf der Berufungsbegründungsfrist eingegangen ist. Der Berufungskläger ist dann auf den Antrag auf Wiedereinsetzung in den vorigen Stand verwiesen und hat dort die Begründung nachzuholen.[38]

III. Notwendiger Inhalt der Berufungsbegründung, Abs. 3

17 Nach § 519 Abs. 3 ZPO „muss" die innerhalb der Berufungsbegründungsfrist des § 519 Abs. 2 ZPO eingehende Berufungsbegründung die Erklärung enthalten, welche Abänderung des angefochtenen Urteils beantragt werde (Nr. 1) und die im Einzelnen anzuführenden Gründe der Anfechtung bezeichnen (Nr. 2–4). Zweckmäßig, aber nicht notwendig sind Angaben über eine Grundsätzlichkeit der Rechtssache, um einer sofortigen Zurückweisung durch Beschluss nach § 522 Abs. 2 ZPO entgegen zu wirken.

1. Berufungsbegründungsschrift, Abs. 3 Satz 1

18 Die Berufungsbegründung darf bereits in der Berufungsschrift enthalten sein oder ist, was der Regelfall ist, in einem Schriftsatz bei dem Berufungsgericht einzureichen, § 520 Abs. 3 Satz 1 ZPO. Der Berufungsbegründungsschriftsatz ist das „Herzstück" des Versuchs des Rechtsmittelführers, in der nächsthöheren Instanz ein für sich günstigeres Ergebnis zu erreichen. Der gesamte Inhalt der Berufungsbegründung, „der" Berufungsbegründungsschriftsatz, ergibt sich aus allen Begründungsschriftsätzen, die innerhalb der Begründungsfrist des § 520 Abs. 2 ZPO beim Berufungsgericht eingehen.[39] Er gibt Umfang und Ziel des Rechtsmittelführers wieder. Für Form und Einreichung gelten die Ausführungen zur Berufungsschrift nach § 519 ZPO entsprechend. Entscheidender Maßstab für die dort genannten Fallkonstellationen ist stets, dass der RA-Schriftsatz zur Begründung der Berufung „bestimmt" ist, insbesondere von ihm eigenhändig unterschrieben ist.[40]

2. Berufungsanträge, Abs. 3 Satz 2 Nr. 1
a) Allgemeines

19 Dementsprechend muss mit den Berufungsanträgen, welche gemäß § 520 Abs. 3 Satz 2 Nr. 1 ZPO zwingender Bestandteil der Begründungsschrift sein müssen, eine sachliche Abänderung des angefochtenen Endurteils verfolgt werden. Die **innerhalb** der Begründungsfrist eingereichten Schriftsätze des Berufungsklägers müssen **ihrem gesamten Inhalt nach** eindeutig ergeben, in welchem Umfang und mit welchem Ziel das Urteil angefochten werden soll bzw. gemäß § 537 ZPO für vorläufig vollstreckbar zu erklären ist, um hinreichend bestimmt zu sein.[41] Dabei gilt der Auslegungsgrundsatz, dass sein Vorbringen so zu verstehen ist, wie es nach den Maßstäben der Rechtsordnung vernünftig ist und seinem Interesse am ehesten entspricht.[42] Der Antrag auf Aufhebung des Urteils und Zurückverweisung bringt regelmäßig die Weiterverfolgung des bisherigen Begehrens zum Ausdruck und reicht dafür aus.[43] Ein förmlicher Antrag ist sogar entbehrlich, wenn die uneingeschränkte Weiterverfolgung des Rechtsschutzziels in der ersten Instanz zweifelsfrei aus dem gesamten Inhalt zu erkennen ist.[44] Der Berufungskläger kann ohne weiteres einen unbezifferten Antrag stellen, sofern dies nach allgemeinen Grundsätzen – z.B. im Rahmen einer Stufenklage (§ 254 ZPO) – im Einzelfall zulässig ist.[45]

20 Mangels **Rechtsschutzbedürfnisses trotz Beschwer** machen Berufungsanträge die Berufung unzulässig, wenn sie nicht zumindest auch teilweise die Beschwer der Partei aus dem erstinstanzlichen Urteil zu beseitigen versuchen, vgl. ausführlich Vorbem. zu §§ 511–577 Rn. 20 und 32. Es muss ein den Mindestwert des Beschwerdegegenstandes (Berufungssumme, § 511 Abs. 2 Nr. 1 ZPO) erreichender Teil der Beschwer angefochten werden, es sei denn § 511 Abs. 2 Nr. 2 ZPO (Zulassungsberufung wegen grundsätzlicher Bedeutung der Rechtssache) greift ein. Gar keinen Angriff gegen die Beschwer zu unternehmen, ist hingegen nicht Sinn und Zweck eines Instanzenzugs. An der Zulässigkeit der Berufung (ggf. trotz Beschwer) fehlt

---

38 A.A. MK-*Rimmelspacher*, ZPO, § 520 Rn. 18.
39 BGH, FamRZ 2015, 247, Rn. 10 = MDR 2015, 232.
40 Vgl. BGH, NJW-RR 2005, 793; siehe auch die Ausführungen unter § 519 Rn. 4 und 6 ff.
41 BGH, FamRZ 2015, 247, Rn. 10 = MDR 2015, 232.
42 BGH, NJW-RR 2005, 1659.
43 BGH, NJW-RR 1995, 1154.
44 BGH, NJW 2014, 3098 = MDR 2014, 1089.
45 BGH, MDR 2015, 232.

es daher, wenn die *innerhalb* der Berufungsbegründungsfrist eingereichten Begründungsschriftsätze ausschließlich im Wege der Klageänderung neue, in der ersten Instanz nicht verfolgte Ansprüche geltend macht. Unzulässig ist auch die Berufung, deren Berufungsschrift zwar Berufungsanträge oberhalb der Berufungssummen ankündigt, aber bis zum Ablauf der Berufungsbegründungsfrist nach § 520 Abs. 2 ZPO lediglich eine Begründung i.S.v. § 520 Abs. 3 Satz 2 ZPO eingereicht wird, mit der dem Inhalt des Angriffs nach die Berufungssumme nicht (mehr) erreicht wird.

Auf die Klageänderung, Klageerweiterung und neue Aufrechnung in der Berufungsinstanz findet § 511 Abs. 3 Nr. 1 ZPO keine Anwendung. Stattdessen gelten die besonderen Voraussetzungen der §§ 525, 533, 264 Nr. 2 ZPO. 21

Erkennt der in erster Instanz verurteilte Beklagte die Klageforderung innerhalb der Berufungsbegründungsfrist an, ohne die Berufung zu begründen, ist die Berufung gemäß seinem Anerkenntnis zurückzuweisen.[46] 22

b) Berufungsbeschränkung
Der Berufungskläger darf seine Berufungsanträge auf einen abgrenzbaren Teil des Streitgegenstandes beschränken.[47] Darin liegt weder eine teilweise Klagerücknahme noch ein teilweiser Rechtsmittelverzicht.[48] Zur Abgrenzung, vgl. §§ 516, 515 ZPO. Es stellt sich die Frage nach dem Wert des Beschwerdegegenstandes i.S.v. § 511 Abs. 2 Nr. 1 ZPO, weil der Beschwerdegegenstand hinter der Beschwer zurückbleibt. Eine Beschränkung auf ein Zurückbehaltungsrecht,[49] auf einzelne Rechtsfragen oder allein auf die Kostenentscheidung (§ 99 Abs. 1 ZPO) ist hingegen nicht zulässig. 23

c) Berufungserweiterung
Solange die Frist zur Begründung der Berufung (§ 520 Abs. 2 ZPO) noch nicht abgelaufen ist, kann der Berufungskläger durch neue oder weiterreichende Anträge sein Rechtsmittel erweitern. Nach Ablauf der Berufungsbegründungsfrist ist dies bis zum Schluss der mündlichen Verhandlung nur noch möglich, soweit die Erweiterung von dem Inhalt des Begründungsschriftsatzes (noch) gedeckt ist, also in dem Rahmen der Gründe nach § 511 Abs. 3 Nr. 2–4 ZPO bleibt. Daneben ist eine Erweiterung nur unter den Umständen einer Abänderungsklage (§ 323 ZPO), Wiedereinsetzung in den vorigen Stand (§ 233 ZPO) oder Wiederaufnahme des Verfahrens (§§ 580 ff. ZPO) erlaubt.[50] Die spätere Berufungserweiterung braucht nicht eigens vorbehalten worden sein.[51] 24

3. Berufungsgründe, Abs. 3 Satz 2 Nr. 2–4
a) Allgemeines
Da die Berufungsbegründung erkennen lassen soll, aus welchen tatsächlichen und rechtlichen Gründen der Berufungskläger das angefochtene Urteil für unrichtig hält, hat dieser – zugeschnitten auf den Streitfall und aus sich heraus verständlich – diejenigen Punkte rechtlicher Art darzulegen, die er als unzutreffend beurteilt ansieht, und dazu die Gründe anzugeben, aus denen sich die Fehlerhaftigkeit jener Punkte und deren Erheblichkeit für die angefochtene Entscheidung herleiten. Zur Darlegung der Fehlerhaftigkeit ist somit lediglich die Mitteilung der Umstände erforderlich, die das Urteil aus der Sicht des Berufungsführers in Frage stellen. Besondere formale Anforderungen werden nicht gestellt; für die Zulässigkeit der Berufung ist es insbesondere ohne Bedeutung, ob die Ausführungen in sich schlüssig oder rechtlich haltbar sind.[52] Notwendig, aber ausreichend ist, mindestens einen der in § 511 Abs. 3 Satz 2 Nr. 2–4 ZPO benannten Gründe geltend zu machen. Dieser Zwang zur konkreten inhaltlichen Begründung binnen der Begründungsfrist des § 520 Abs. 2 ZPO führt zu einer Konzentration des Rechtsstoffs.[53] 25

---

46 BGH, NJW-RR 2013, 1333, Rn. 8 = MDR 2013, 1423.
47 Ausführlich Zöller-*Heßler*, ZPO, § 520 Rn. 29 ff.; Musielak/Voit-*Ball*, ZPO, § 520 Rn. 22 ff.; Prütting/Gehrlein-*Lemke*, ZPO, § 520 Rn. 25 ff.
48 BGH, NJW 2001, 146; BGH, NJW-RR 1998, 572.
49 Zu Recht Prütting/Gehrlein-*Lemke*, ZPO, § 520 Rn. 26; a.A. BGHZ 45, 287 (289) = NJW 1966, 1755, Rn. 74 = MDR 1966, 836 für die Berufungsbeschränkung auf die Frage, dass das Erstgericht die Verurteilung des Beklagten von einer Gegenleistung abhängig gemacht hat oder dies abgelehnt hat.
50 Prütting/Gehrlein-*Lemke*, ZPO, § 520 Rn. 28; Musielak/Voit-*Ball*, ZPO, § 520 Rn. 25, m.w.N.
51 Prütting/Gehrlein-*Lemke*, ZPO, § 520 Rn. 28.
52 St. Rspr., vgl. BGH, NJW-RR 2014, 760, Rn. 8 = MDR 2014, 741; BGH, NJW 2012, 3581, Rn. 8 mit zahlreichen Nachweisen.
53 BVerfG, NJW-RR 2002, 135; Thomas/Putzo-*Reichold*, ZPO, § 520 Rn. 20.

26 Gemäß § 520 Abs. 3 Satz 2 Nr. 2–4 ZPO gelten für die Rüge der Rechtsverletzung und eines Feststellungsmangels unterschiedliche Zulässigkeitskriterien. Die erfolgversprechende Berufungsbegründung verlangt daher zunächst ein präzises Erfassen der Angriffsgründe und ihrer jeweiligen Voraussetzungen unter Analyse des angefochtenen Ersturteils auf Fehler und ihre Rechtserheblichkeit.[54] Eine Auseinandersetzung mit den Entscheidungsgründen des Erstgerichts ist nur dann entbehrlich, wenn die Berufung ausschließlich auf neue Angriffs- und Verteidigungsmittel i.S.v. §§ 520 Abs. 3 Satz 2 Nr. 4, 531 Abs. 2 ZPO begründet wird.[55] Umgekehrt braucht sich die Berufungsbegründung nicht mit Gründen auseinandersetzen, die zwar die Entscheidung erster Instanz zusätzlich stützen würden, aber im angefochtenen Urteil nicht herangezogen worden sind.[56]

27 Eine Bezugnahme auf andere Schriftstücke, insbesondere auf erstinstanzlichen Vortrag und Beweisantritte, ist nur sehr eingeschränkt zulässig.[57] Ausnahme kann ein von einem RA, nicht der Partei selbst unterzeichneter PKH-Antrag mit umfassender Begründung i.S.e. vollwertigen Berufungsbegründung sein.[58]

28 Bei einem einzigen **unteilbaren Streitgegenstand** reicht es, wenn die Berufungsgründe ein Element der Entscheidungsgründe angreifen, sofern dadurch die Entscheidung insgesamt rechtlich zu Fall gebracht werden kann.[59] Andernfalls ist die Berufung unzulässig.[60]

29 Stützt das Erstgericht sein Urteil auf mehrere voneinander unabhängige, selbstständige rechtlich tragende Erwägungen, muss jede einzelne angegriffen werden, damit die Berufung zulässig ist.[61]

30 Erstreckt sich das Ersturteil auf mehrere oder auf teilbare Streitgegenstände, muss der Berufungsführer seine Berufungsgründe gegen jeden Streitgegenstand bzw. gegen jeden Teil vorbringen.[62] Sonst sind die von seinen Berufungsgründen nicht erfassten Teile des Ersturteils als unzulässig zu verwerfen.[63]

b) Rechtsverletzung, Abs. 3 Satz 2 Nr. 2

31 Gemäß § 513 Abs. 1 ZPO kann die Berufung nur darauf gestützt werden, dass das angefochtene Endurteil auf einer Rechtsverletzung (§ 546 ZPO) beruht. Zum Begriff der Rechtsverletzung, vgl. ausführlich § 546 Rn. 3 ff. Es müssen die Umstände aufgeführt werden, die zur inhaltlichen Unrichtigkeit des Ersturteils geführt haben. Voraussetzung ist daher deren Ursächlichkeit, da die Vorschrift ausdrücklich ihre „Erheblichkeit für die angefochtene Entscheidung" verlangt und sie sonst auch nicht die begehrte Abänderung begründen könnten.[64] Es bedarf eine aus sich heraus verständliche Angabe, welche bestimmten Punkte des angefochtenen Urteils der Berufungskläger bekämpft und welche Gründe er ihnen entgegensetzt.[65] Die Darstellung muss dabei auf den Streitfall zugeschnitten sein und darf nicht allgemein oder formelhaft gehalten sein.[66] Andernfalls riskiert der Berufungsführer die Zurückweisung in der Sache durch Beschluss nach § 522 Abs. 2 ZPO. Paragraphen müssen nicht angegeben werden. Die Entscheidungserheblichkeit muss vorgetragen werden, es sei denn sie ergibt sich unmittelbar aus dem Prozessstoff.[67]

32 Zu dem Berufungsgrund der Rechtsverletzung gehört neben der entscheidungserheblichen Verletzung des materiellen Rechts auch diejenige des Verfahrensrechts. Wer den Verstoß gegen die richterliche Hinweispflicht (§ 139 ZPO) geltend macht, muss im Einzelnen ausführen, was er bei Erteilung des entsprechenden Hinweises konkret entscheidungserheblich vorgetra-

---

54 Lehrreich *Stackmann*, NJW 2003, 169 ff.
55 BGH, NJW-RR 2007, 934.
56 BGH, NJW-RR 2006, 499; bei Unklarheit, ob das Erstgericht die Klageabweisung auf eine weitere selbstständig tragende rechtliche Erwägung gestützt hat, geht dies nicht zu Lasten des Berufungsführers und braucht seine Begründung diese nicht gesondert angreifen, vgl. BGH, NJW-RR 2013, 509.
57 BAG, NJW 2005, 1884; näher Prütting/Gehrlein-*Lemke*, ZPO, § 520 Rn. 34; Beispiel für eine zulässige Ausnahme BGH, NJW 2010, 3661.
58 BGH, FamRZ 2004, 1553; BGH, NJW-RR 1989, 184.
59 Prütting/Gehrlein-*Lemke*, ZPO, § 520 Rn. 32.
60 BGH, MDR 2011, 933: fehlender Angriff gegen sämtliche tragenden Anspruchsgrundlagen.
61 BGH v. 28.01.2014, III ZB 32/13, juris, Rn. 13.
62 Prütting/Gehrlein-*Lemke*, ZPO, § 520 Rn. 33.
63 BGH, NJW-RR 2006, 1044, Rn. 20 ff. = MDR 2006, 943.
64 BGH, NJW-RR 2008, 1308 = MDR 2008, 994.
65 BGH, NJW-RR 2006, 499, Rn. 9 = MDR 2006, 704; BGH, NJW 2003, 3345.
66 BGH, NJW-RR 2007, 1363.
67 BGH, NJW 2012, 3581, Rn. 12 = MDR 2012, 1362.

gen hätte.[68] Bei materiell-rechtlichen Verstößen ist eine entsprechende Rechtsansicht darzulegen. Bei Verfahrensverstößen muss aufgezeigt werden, dass das Erstgericht ohne den Verstoß gegen das Prozessrecht möglicherweise zu einem anderen Ergebnis gekommen wäre.[69]

c) Angaben zu den Tatsachenfeststellungen, Abs. 3 Satz 2 Nr. 3
Meint der Berufungskläger, das Erstgericht habe die Tatsachen zu seinem Nachteil unrichtig oder unvollständig festgestellt, muss er in der Berufungsbegründung konkrete Anhaltspunkte vortragen, vgl. §§ 513 Abs. 1 Satz 2, 529 ZPO. Diese Zweifel müssen nach Nr. 3 Hs. 2 eine „neue Feststellung gebieten".[70] Dies ist *per se* nur bei entscheidungserheblichen Tatsachen denkbar, was dargelegt werden sollte. Im Streit steht häufig die Beweiswürdigung des Erstgerichts. In der Regel werden hierzu Beweisangebote erbracht. Der Gesetzgeber erwartet eine „vertiefte inhaltliche Auseinandersetzung mit den Tatsachenfeststellungen".[71] Soll Parteivorbringen übergangen worden sein, so ist eine genaue Bezeichnung unter Angabe der Fundstelle in den Schriftsätzen der Vorinstanz nicht erforderlich; sie ergibt sich aus der Aktenlage.[72]

33

Die Prüfungskompetenz des Berufungsgerichts endet allerdings (zu Gunsten des Berufungsführers) nicht bei den von ihm dargelegten fehlerhaften Tatsachenfeststellungen.[73] Im Fall eines zulässigen Rechtsmittels obliegt dem Berufungsgericht nach Maßgabe des § 529 Abs. 1 Nr. 1 Hs. 2 ZPO eine Inhaltskontrolle der tatsächlichen Entscheidungsgrundlage des erstinstanzlichen Urteils ungeachtet einer entsprechenden Berufungsrüge.

34

d) Neue Angriffs- und Verteidigungsmittel, Abs. 3 Satz 2 Nr. 4
Der Berufungskläger kann sein Rechtsmittel – allein[74] oder teilweise – auf neue Angriffs- und Verteidigungsmittel stützen. Berücksichtigung finden dürfen diese allerdings nur unter den Voraussetzungen des § 531 Abs. 2 ZPO. Zum Begriff der neuen Angriffs- und Verteidigungsmittel, vgl. ausführlich § 531 Rn. 9 ff. Erforderlich ist deren konkrete Benennung sowie die Angabe der Tatsachen, die ihre Zulassung unter den strengen Voraussetzungen des § 531 Abs. 2 ZPO überhaupt zulassen, vgl. § 529 Abs. 1 Nr. 2 ZPO.

35

4. Ausnahmefälle
Gegen ein zweites Versäumnisurteil gemäß § 514 Abs. 2 ZPO hat der Berufungskläger darzulegen, dass kein Fall schuldhafter Säumnis vorgelegen hat, vgl. dort.

36

Wird das verkündete Urteil nicht binnen fünf Monaten in vollständiger Form zugestellt, braucht es für eine wirksame Berufungsbegründung nicht mehr als eine entsprechende Verfahrensrüge.[75] Als Begründung reichen Ausführungen zur mutmaßlichen Urteilsbegründung aus.[76]

37

IV. Wertangaben und Einzelrichterfrage, Abs. 4

§ 511 Abs. 4 ZPO ist eine Ordnungsvorschrift. Nach Nr. 1 soll der Rechtsmittelführer den Wert des Beschwerdegegenstandes (vgl. § 511 Abs. 2 Nr. 1 ZPO) angeben, insbesondere bei nichtvermögensrechtlichen Streitgegenständen, z.B. bei Unterlassungs-, Herausgabe- oder Feststellungsbegehren. Die Mitteilung nach Nr. 2, ob gegen die Verhandlung und Entscheidung durch den Einzelrichter (vgl. § 526 ZPO) Einwände bestehen, dient ebenfalls der bloßen Verfahrensleitung. Beide Angaben berühren die Wirksamkeit und Zulässigkeit der Berufung nicht und können auch außerhalb der Berufungsbegründungsfrist nachgeholt werden.[77]

38

V. Verweis auf vorbereitende Schriftsätze, Abs. 5

Durch Verweis gelten die allgemeinen Vorschriften über die vorbereitenden Schriftsätze (§§ 130–133 ZPO).[78] Auf die Ausführungen zur Berufungsschrift unter § 519 Rn. 17 wird ergänzend verwiesen.

39

---

68 BGH, NJW-RR 2015, 757, Rn. 8 = VersR 2016, 480; BGH, NJW-RR 2004, 495, Rn. 21 f. = MDR 2004, 408.
69 Musielak/Voit-*Ball*, ZPO, § 520 Rn. 33.
70 Vgl. BGH, NJW 2012, 3581, Rn. 10 ff. = MDR 2012, 1362.
71 BT-Drucks. 14/4722, S. 96.
72 BGHZ 158, 269 = NJW 2004, 1876, Rn. 21 = MDR 2004, 954.
73 BGHZ 158, 269 = NJW 2004, 1876, Rn. 19 = MDR 2004, 954.
74 BGH, NJW-RR 2007, 934 = MDR 2007, 966.
75 Musielak/Voit-*Ball*, ZPO, § 520 Rn. 5; *Zimmermann*, ZPO, § 520 Rn. 16.
76 BGH, FamRZ 2004, 179, Rn. 10 ff.
77 Thomas/Putzo-*Reichold*, ZPO, § 520 Rn. 35.
78 BGH, NJW-RR 2009, 357, Rn. 5 ff. = MDR 2009, 401, zur E-Mail.

§ 521
Zustellung der Berufungsschrift und -begründung

(1) Die Berufungsschrift und die Berufungsbegründung sind der Gegenpartei zuzustellen.

(2) ¹Der Vorsitzende oder das Berufungsgericht kann der Gegenpartei eine Frist zur schriftlichen Berufungserwiderung und dem Berufungskläger eine Frist zur schriftlichen Stellungnahme auf die Berufungserwiderung setzen. ²§ 277 gilt entsprechend.

A. Erläuterungen

1 § **521 Abs. 1 ZPO** ordnet die **Zustellung** der Berufungsschrift und der Berufungsbegründung an den Berufungsbeklagten an, um diese (durch Überlassung der vom Rechtsmittelführer in ausreichender Zahl nach §§ 519 Abs. 4, 133 Abs. 1 Satz 1 ZPO beigefügten beglaubigten Abschriften) darüber zu unterrichten, dass und wann ein Rechtsmittel gegen das erstinstanzliche Endurteil eingelegt wurde. Die Zulässigkeit der Berufung selbst ist davon nicht berührt. D. h. auch, die Berufung kann ohne vorherige Zustellung verworfen werden, wenn ein nicht nachholbares Zulässigkeitserfordernis fehlt.[1]

2 Die Zustellung erfolgt **von Amts wegen** nach §§ 166 Abs. 2, 172 Abs. 2 ZPO an den bestellten Prozessbevollmächtigten zweiter Instanz, sonst an den Prozessbevollmächtigten erster Instanz, sonst an die Partei selbst. Bei Streitgenossenschaft ist an alle Streitgenossen zuzustellen, es sei denn es liegt eine Beschränkung auf Einzelne i. S. v. § 519 Rn. 14 vor. An die Streithelfer wird ebenfalls zugestellt.[2] Der Zeitpunkt der Zustellung der Berufungsbegründungsschrift ist für den Beginn der Anschlussberufungsfrist gemäß § 524 Abs. 2 Satz 2 ZPO maßgebend.[3]

3 Gemäß § **521 Abs. 2 ZPO** kann das Gericht oder der Vorsitzende dem Berufungsbeklagten eine **Erwiderungsfrist** und gleichzeitig dem Berufungskläger eine **Replikfrist** setzen. Der Berufungsbeklagte darf sich im Wesentlichen auf sein erstinstanzliches Vorbringen beschränken.[4] Wenn zur Verfahrensleitung davon Gebrauch gemacht wird, sollte großzügig Frist gesetzt werden.[5] Die Frist muss mindestens zwei Wochen betragen, § 521 Abs. 2 Satz 2 ZPO i. V. m. § 277 Abs. 3 und 4 ZPO. Verlängerung ist möglich, § 224 ZPO. Die bloße Mitteilung einer Erwiderungsfrist nach § 521 Abs. 2 Satz 1 ZPO durch die Geschäftsstelle genügt nicht. Es bedarf auch insofern der förmlichen **Zustellung** einer beglaubigten Abschrift der Fristsetzungsverfügung gemäß § 329 Abs. 2 Satz 2 ZPO.[6] Dies ist für den Fristbeginn einer Anschlussberufung nach § 524 Abs. 2 Satz 2 ZPO bedeutend.

4 Bei **Fristversäumung** bestimmen sich die Folgen wegen ausdrücklicher Verweisung in § 530 ZPO nach § 296 Abs. 1 und Abs. 4 ZPO.[7]

§ 522
Zulässigkeitsprüfung; Zurückweisungsbeschluss

(1) ¹Das Berufungsgericht hat von Amts wegen zu prüfen, ob die Berufung an sich statthaft und ob sie in der gesetzlichen Form und Frist eingelegt und begründet ist. ²Mangelt es an einem dieser Erfordernisse, so ist die Berufung als unzulässig zu verwerfen. Die Entscheidung kann durch Beschluss ergehen. ³Gegen den Beschluss findet die Rechtsbeschwerde statt.

(2) ¹Das Berufungsgericht soll die Berufung durch Beschluss unverzüglich zurückweisen, wenn es einstimmig davon überzeugt ist, dass
1. die Berufung offensichtlich keine Aussicht auf Erfolg hat,
2. die Rechtssache keine grundsätzliche Bedeutung hat,
3. die Fortbildung des Rechts oder die Sicherung einer einheitlichen Rechtsprechung eine Entscheidung des Berufungsgerichts nicht erfordert und
4. eine mündliche Verhandlung nicht geboten ist.

²Das Berufungsgericht oder der Vorsitzende hat zuvor die Parteien auf die beabsichtigte Zurückweisung der Berufung und die Gründe hierfür hinzuweisen und dem Berufungsführer binnen einer zu bestimmenden Frist Gelegenheit zur Stellungnahme zu geben. ³Der Beschluss nach Satz 1 ist zu begründen, soweit die Gründe für die Zurückweisung nicht bereits

---

1 BGHZ 65, 114 (116); BGH, NJW-RR 1991, 510, Rn. 15 = MDR 1991, 422.
2 Thomas/Putzo-*Reichold*, ZPO, § 521 Rn. 1.
3 Zöller-*Heßler*, ZPO, § 521 Rn. 6.
4 BGH, NJW 2002, 3237, Rn. 18 = MDR 2002, 1112 zur erstinstanzlich erklärten Hilfsaufrechnung und Auslegung des Erklärungsgehalts eines Prozessverhaltens; Saenger-*Wöstmann*, ZPO, § 521 Rn. 2.
5 Musielak/Voit-*Ball*, ZPO, § 521 Rn. 2, hält 1 Monat für angezeigt.
6 BGH, NJW 2009, 515, Rn. 5 = MDR 2009, 216.
7 Vgl. OLG Naumburg, NJW-RR 2014, 342, Rn. 16 ff. = MDR 2014, 279.

in dem Hinweis nach Satz 2 enthalten sind. ⁴Ein anfechtbarer Beschluss hat darüber hinaus eine Bezugnahme auf die tatsächlichen Feststellungen im angefochtenen Urteil mit Darstellung etwaiger Änderungen oder Ergänzungen zu enthalten.

(3) Gegen den Beschluss nach Absatz 2 Satz 1 steht dem Berufungsführer das Rechtsmittel zu, das bei einer Entscheidung durch Urteil zulässig wäre.

Inhalt:

	Rn.		Rn.
A. Allgemeines	1	4. Rechtsmittel gegen die Verwerfung, Satz 4	15
I. Normzweck	1	II. Zurückweisung der Berufung durch Beschluss, Abs. 2	18
II. Anwendungsbereich	2	1. Allgemeines	18
B. Erläuterungen	3	2. Voraussetzungen der einstimmigen Zurückweisung durch Beschluss	21
I. Zulässigkeitsprüfung von Amts wegen, Abs. 1	3	a) Offensichtlich keine Erfolgsaussicht, Satz 1 Nr. 1	22
1. Allgemeines	3	b) Keine grundsätzliche Bedeutung der Rechtssache i.w.S., Satz 1 Nr. 2–3	24
2. Prüfung von Amts wegen, Satz 1	4	c) Nichtgebotenheit der mündlichen Verhandlung, Satz 1 Nr. 4	25
3. Verwerfung wegen Unzulässigkeit, Satz 2 und 3	6	3. Verfahren	26
a) Allgemeines	6	4. Rechtsmittel gegen die Zurückweisung, Abs. 3	30
b) Zulässige Berufung und Wirkung der Entscheidung	10	C. Gebühren	31
c) Unzulässige Berufung und Wirkung der Entscheidung	11		
d) Einheitliches Rechtsmittel und Vorgreiflichkeit der Wiedereinsetzung	13		

A. Allgemeines
I. Normzweck

Bei § 522 ZPO handelt es sich um ein Kernstück der Verfahrensvorschriften über das Rechtsmittel der Berufung. In **jedem** Berufungsverfahren – und damit elementar – hat das Berufungsgericht diese Norm anzuwenden und an den Beginn seiner zweitinstanzlichen Tätigkeit der Fehlerkontrolle und Fehlerkontrolle am Einzelfall nach Maßgabe von §§ 513 Abs. 1, 529 Abs. 1 Satz 1 ZPO zu stellen. § 522 Abs. 1 ZPO konstituiert den Grundsatz des Vorrangs der Zulässigkeitsprüfung von Amts wegen vor der Begründetheitsprüfung und einer Sachentscheidung, vgl. Vorbem. zu §§ 511–577 Rn. 10. Unter dem Aspekt der Prozesswirtschaftlichkeit erlauben sodann § 522 Abs. 1 Satz 2 und 3 ZPO sowie § 522 Abs. 2 ZPO (i.V.m. § 26 Nr. 8 Satz 1 EG-ZPO) sowohl für unzulässige, als auch für offensichtlich unbegründete Berufungen ein vereinfachtes Verfahren und zwar entgegen § 128 Abs. 1 ZPO jeweils auch ohne mündliche Verhandlung. In der praktischen Anwendung bereitet nicht nur § 522 Abs. 2 ZPO mitunter Unmut beim Rechtsuchenden, sondern auch die korrekte Anwendung von § 522 Abs. 1 ZPO dem Berufungsgericht Schwierigkeiten.

II. Anwendungsbereich

§ 522 ZPO gilt in allen zivilprozessualen Berufungen, auch über Arreste oder einstweilige Verfügungen, und nach den auf sie verweisenden Gesetzen sowie im WEG-Verfahren. Im arbeitsgerichtlichen Berufungsverfahren ist nur § 522 Abs. 1 ZPO anwendbar,[1] wegen § 66 Abs. 2 Satz 2 und 3 ArbGG nicht aber die Vorschriften über den Zurückweisungsbeschluss nach § 522 Abs. 2 und 3 ZPO.[2] Über die Verwerfung der Berufung als unzulässig entscheidet stets die Kammer des Landesarbeitsgerichts durch Beschluss, § 64 Abs. 6 Satz 2 ArbGG. Dagegen findet die Rechtsbeschwerde zum Bundesarbeitsgericht nur statt, wenn das Landesarbeitsgericht sie nach §§ 77, 72 Abs. 2 ArbGG zugelassen hat.[3]

B. Erläuterungen
I. Zulässigkeitsprüfung von Amts wegen, Abs. 1
1. Allgemeines

Ohne Feststellung der Statthaftigkeit und Zulässigkeit der Berufung darf das Berufungsgericht über ihre Begründetheit keine sachliche Entscheidung treffen. Die Zulässigkeit darf grundsätzlich nicht offen gelassen werden, auch nicht im Falle der Zurückweisung der Berufung nach

---

1 LAG Köln, NZA-RR 2010, 210.
2 BAG, NJW 2011, 251.
3 Zum Ganzen Baumbach/Lauterbach/Albers/Hartmann, ZPO, § 522 Rn. 3.

§ 522 Abs. 2 ZPO. Dies ergibt sich bereits aus der Anordnung in § 522 Abs. 1 Satz 1 ZPO der Prüfung „von Amts wegen" sowie aus § 522 Abs. 1 Satz 4 und Abs. 3 ZPO, vgl. Vorbem. zu §§ 511–577 Rn. 10 f.[4] Trotz des eingeschränkten Wortlauts sind sämtliche Zulässigkeitsvoraussetzungen (vgl. allgemein Vorbem. §§ 511–577 Rn. 12 ff.) zu prüfen, die abhängig von ihrer Art bis zum Schluss der mündlichen Verhandlung vorliegen müssen, sonst kein Recht auf den Instanzenzug besteht. Gleichzeitig gilt der allgemeine Grundsatz, die Anforderungen an die Zulässigkeit der Berufung „nicht in unzumutbarer, aus Sachgründen nicht gebotener Weise zu überspannen".[5] Im Einzelnen v.a.: Statthaftigkeit, Berufungsberechtigung, Beschwer, Berufungssumme oder Berufungszulassung, form- und fristgerechte Berufungseinlegung und Berufungsbegründung, aber auch die Prüfung der wirksamen Prozessvollmacht.[6] Im Rahmen der Zulässigkeitsprüfung auch von Amts wegen zu klären ist die Prozessfähigkeit des Berufungsklägers. Ergibt sich im Berufungsverfahren, dass der in erster Instanz unterlegene Berufungskläger schon seit Klageerhebung prozessunfähig ist bzw. verbleiben nicht ausräumbare Zweifel, so ist wegen der Eröffnung eines umfassenden Rechtsschutzes auch für einen Prozessunfähigen nicht die Berufung als unzulässig zu verwerfen, sondern die Klage als unzulässig abzuweisen.[7]

2. Prüfung von Amts wegen, Satz 1

4 Für die Prüfung von Amts wegen i.S.v. § 522 Abs. 1 Satz 1 ZPO hat das Berufungsgericht den gesamten Prozessstoff, d. h. alle aus der Akte ersichtlichen Anhaltspunkte zu würdigen. Andererseits darf es **nicht** Tatsachen selbst i. S. e. Amtsermittlung bzw. des Untersuchungsgrundsatzes erforschen und in den Prozess einführen.[8] Das gilt auch im Falle der Verwerfung der Berufung gemäß § 522 Abs. 1 Satz 2 wegen nicht gewahrter Berufungsfrist (§ 517 ZPO) oder Begründungsfrist (§ 520 Abs. 2 ZPO). Die Grundsätze der Parteimaxime und Beibringung der erforderlichen Nachweise auch im Bereich der Prozessvoraussetzungen bleiben unberührt und vom Berufungskläger zu erfüllen.[9] Vielmehr trägt er – mit Ausnahme der Glaubhaftmachung der Berufungssumme nach § 511 Abs. 3 ZPO – die **volle Beweislast**[10] für alle zulässigkeitsrelevanten Tatsachen, sofern sie nicht bloß gerichtsinterne Vorgänge[10] betreffen, wobei für die Überzeugungsbildung des Gerichts nichts Anderes gilt als sonst. Der Freibeweis ist zulässig, das Gericht ist weder von einem Beweisantritt der Partei abhängig noch auf die gesetzlichen Beweismittel beschränkt.[11]

5 In der Entscheidung muss diese Prüfung von Amts wegen zwingend durch die Wiedergabe des maßgeblichen Sachverhalts, über den entschieden wird, des Streitgegenstands und der Anträge der Parteien in beiden Instanzen zum Ausdruck kommen. Die Entscheidung muss jedenfalls die die Verwerfung tragenden Feststellungen enthalten.[12] Andernfalls ist dem Bundesgerichtshof als Rechtsbeschwerdegericht nach §§ 522 Abs. 1 Satz 4, 574 Nr. 6, 576 Abs. 3 ZPO bzw. als Revisionsgericht nach §§ 543, 544 ZPO die Überprüfung nicht möglich.[13] Wird aufgrund einer mündlichen Verhandlung durch Urteil[14] entschieden, muss das Urteil

---

4 OLG Köln, NJW 2008, 3649; Zöller-*Heßler*, ZPO, § 522 Rn. 35.
5 BVerfG 69, 381 = NJW 1997, 2941, m.w.N.
6 BGH, NJW 2001, 2095, Rn. 10 ff. = MDR 2001, 1008.
7 BGH, FamRZ 2014, 553 = WM 2014, 1054; BGH, FamRZ 2012, 631, Rn. 5, jeweils in Fortführung zu BGHZ 110, 294 = NJW 1990, 1734 = MDR 1990, 610.
8 Stein/Jonas-*Althammer*, ZPO, § 522 Rn. 1.
9 BGH, NJW-RR 2000, 1156, Rn. 4 = MDR 2000, 660.
10 Innergerichtliche Vorgänge wie der Zeitpunkt des Faxeingangs bei Gericht sind aufzuklären, um den Rechtsmittelzugang nicht unzumutbar zu erschweren, vgl. BGH, NJW-RR 2014, 179, Rn. 14 ff. = JurBüro 2014, 222.
11 BGH v. 19.11.2013, II ZB 16/12, juris, Rn. 8; BGH, NJW-RR 2012, 509 = MDR 2012, 539; BGH, NJW 2007, 1457, Rn. 8 ff. = MDR 2007, 732 zur grundsätzlichen Berücksichtigungsfähigkeit einer eidesstattlichen Versicherung des prozessbevollmächtigten RA über die Fristwahrung, die jedoch allein für sich zur vollen richterlichen Überzeugung regelmäßig nicht ausreicht. Saenger-*Wöstmann*, ZPO, § 522 Rn. 1; a.A. MK-*Rimmelspacher*, ZPO, § 522 Rn. 5.
12 BGH, NJW-RR 2016, 320, Rn. 6 = MDR 2016, 292 für das Fehlen von Berufungsanträgen mit dem zutreffenden Hinweis, dass sich ein Verwerfungsbeschluss wegen Nichtwahrung der Berufungsfrist (§ 517 ZPO) oder Begründungsfrist (§ 520 Abs. 2 ZPO) auf die entscheidungserheblichen Tatsachen beschränken darf.
13 BGH, NJW-RR 2014, 1531, Rn. 7, zur Statthaftigkeit der Berufung m.w.N.; BGH, NJW-RR 2014, 124, Rn. 5 = MDR 2014, 1339; BGH, NJW-RR 2013, 1077 = NZV 2013, 533, Rn. 4, m.w.N.; BGH, NJW-RR 2010, 1582, Rn. 5; BGH, NJW-RR 2008, 1455, Rn. 4, jeweils zum Erreichen der erforderlichen Beschwer.
14 Die mündliche Verhandlung über die Zulässigkeit der Berufung steht im pflichtgemäßen, nicht nachprüfbaren Ermessen des Rechtsmittelgerichts und sollte erfolgen, sobald die Unzulässigkeit nicht klar ist und eine Aussprache mit den Parteien erforderlich ist, ebenso Thomas/Putzo-*Reichold*, ZPO, § 522 Rn. 6; Prütting/Gehrlein-*Lemke*, ZPO, § 522 Rn. 8 mit Verweis auf die Garantie der Öffentlichkeit nach Art. 6 Abs. 1 EMRK; MK-*Rimmelspacher*, ZPO, § 522 Rn. 5.

daher mit einem Tatbestand versehen sein, sonst führt die Nichtzulassungsbeschwerde bzw. Revision ohne weiteres zur Aufhebung und Zurückverweisung an das Berufungsgericht.[15]

3. Verwerfung wegen Unzulässigkeit, Satz 2 und 3
a) Allgemeines
Dem Berufungsgericht ist eine Verwerfung der Berufung **erst** erlaubt, wenn die Unzulässigkeit **endgültig** feststeht.[16] Vorher muss daher über vorhandene PKH-Anträge und Wiedereinsetzungsanträge entschieden worden sein.[17] Deren Ablehnung und die Verwerfung dürfen aber verbunden werden.[18] Entsprechendes muss bei vorhandenen Fristverlängerungsanträgen gelten. Vor der Verwerfung muss auch noch geprüft werden, ob eine Umdeutung der eingelegten Berufung in eine zulässige Anschlussberufung (bei eigener Berufung des Gegners) möglich ist und dem Willen der Partei entspricht.[19] 6

Zur Entscheidung über die Verwerfung im Beschlusswege nach § 522 Abs. 1 Satz 3 ZPO ohne mündliche Verhandlung ist das Berufungsgericht berufen. Wegen § 523 Abs. 1 Satz 1 ZPO ist das die Kammer bei den Landgerichten und der Senat bei den Oberlandesgerichten, nicht der Einzelrichter (Gedanke der höheren Richtigkeitsgewähr).[20] Vor Erlass ist dem Rechtsmittelkläger rechtliches Gehör gemäß Art. 103 Abs. 1 Satz 1 ZPO einzuräumen.[21] Anders als die Zurückweisung als unbegründet nach § 522 Abs. 2 ZPO bedarf es keiner Einstimmigkeit.[22] Ergeht die Entscheidung ohne mündliche Verhandlung durch Beschluss, ist der Erkenntnisstand in dem Zeitpunkt maßgebend, welcher im schriftlichen Verfahren nach allgemeinen Grundsätzen dem Schluss der mündlichen Verhandlung entspricht.[23] 7

Ergeht die Verwerfung als unzulässig nach mündlicher Verhandlung durch Urteil, darf auch der Einzelrichter gemäß § 526 Abs. 1 ZPO entscheiden[24] und kommt es auf den Schluss der mündlichen Verhandlung an.[25] 8

Liegen mehrfache Berufungseinlegungen vor, ist zu differenzieren. Bei dem einheitlichen Rechtsmittel von Berufungskläger und Streithelfer (vgl. § 519 Rn. 8) muss nur eine von ihnen sämtliche Zulässigkeitsvoraussetzungen erfüllen. Erfolgt eine erneute Berufungseinlegung nach einer ersten, auch rechtskräftigen Verwerfung als unzulässig, ist diese neu nach § 522 Abs. 1 ZPO zu prüfen, vgl. näher Rn. 13. 9

b) Zulässige Berufung und Wirkung der Entscheidung
Sind sämtliche Zulässigkeitsvoraussetzungen erfüllt, wird dies ohne mündliche Verhandlung durch Beschluss (§ 522 Abs. 1 Satz 3 ZPO) und nach mündlicher Verhandlung durch Zwischenurteil[26] (§ 303 ZPO) oder in den Gründen des Berufungsendurteils ausgesprochen. Bei Wegfall der Zulässigkeitsvoraussetzungen später im Laufe des Berufungsverfahrens ist das Rechtsmittel sodann als unzulässig zu verwerfen (Prüfung von Amts wegen in jeder Lage des Verfahrens). Der Tenor eines Zwischenurteils lautet: 10

Die Berufung [der Partei] gegen das am ... verkündete Urteil des Landgerichts ... – Aktenzeichen – ist zulässig.[27]

c) Unzulässige Berufung und Wirkung der Entscheidung
Ist die Unzulässigkeit der Berufung endgültig, darf sie ohne mündliche Verhandlung nur durch Beschluss ausgesprochen werden, § 522 Abs. 1 Satz 3 ZPO. Der Verwerfungsbeschluss wird mit förmlicher Zustellung (§ 329 Abs. 3 ZPO) wirksam. Er bindet das Berufungsgericht entgegen § 329 Abs. 1 Satz 1 ZPO wegen der urteilsersetzenden Funktion ebenso wie ein Ausspruch der Verwerfung durch Urteil nach vorangegangener mündlicher Verhandlung, für den § 318 11

---

15 BGH, NJW 2014, 3583 = MDR 2015, 176.
16 Prütting/Gehrlein-*Lemke*, ZPO, § 522 Rn. 11.
17 BGH v. 13.12.2016, VIII ZB 15/16, juris, Rn. 9, 15; BGH v. 20.05.2015, VII ZB 66/14, juris; BGH, NJW-RR 2011, 995, Rn. 10 = MDR 2011, 748.
18 BGH, VersR 1985, 1143; Musielak/Voit-*Ball*, ZPO, § 522 Rn. 8; Stein/Jonas-*Althammer*, ZPO, § 522 Rn. 20; Saenger-*Wöstmann*, ZPO, § 522 Rn. 1.
19 BGH, NJW 2009, 442, Rn. 10 ff. = MDR 2009, 282; Saenger-*Wöstmann*, ZPO, § 522 Rn. 1.
20 Prütting/Gehrlein-*Lemke*, ZPO, § 522 Rn. 15; Thomas/Putzo-*Reichold*, ZPO, § 522 Rn. 2.
21 BGH, MDR 2010, 710; BGH, NJW-RR 2008, 78; BGH, NJW-RR 2006, 142.
22 Saenger-*Wöstmann*, ZPO, § 522 Rn. 3; Musielak/Voit-*Ball*, ZPO, § 522 Rn. 10.
23 BGH, NJW-RR 2012, 1139, Rn. 11 = MDR 2012, 796.
24 BGH, NJW-RR 2012, 702, Rn. 10 = MDR 2012, 729.
25 BGHZ 91, 105 (115); BGH, NJW 2005, 3773 = MDR 2006, 283; MK-*Rimmelspacher*, ZPO, § 522 Rn. 4.
26 BGH, NJW 2007, 1466, Rn. 4: Das Zwischenurteil wiederum ist nicht selbständig, sondern nur zusammen mit dem Endurteil anfechtbar.
27 Saenger-*Wöstmann*, ZPO, § 522 Rn. 4.

ZPO unmittelbar gilt.[28] Der Beschluss kann von ihm nicht geändert (z.B. nur Teilverwerfung) oder aufgehoben werden.[29] Eine Vollverwerfung beendet die Berufungsinstanz. Eine Teilverwerfung als unzulässig für einen abtrennbaren Teil der Berufung oder für einen von mehreren Streitgenossen ist zulässig. Für den zulässigen Teil bzw. den verbleibenden Streitgenossen muss nach allgemeinen Regeln die Berufungssumme des § 511 Abs. 2 Nr. 1 ZPO erreicht sein. Der Tenor eines Verwerfungsbeschlusses lautet:

Die Berufung [der Partei] gegen das am ... verkündete Urteil des Landgerichts ... – Aktenzeichen – wird verworfen.[30]

12 Soll die Unzulässigkeit der Berufung im Fehlen von Berufungsanträgen (§ 520 Abs. 3 Satz 1 Nr. 1 ZPO) bestehen, geht aber das Berufungsgericht nach seiner Wiedergabe des Sachverhalts, des Streitgegenstands und der Anträge der Parteien in beiden Instanzen (vgl. Anforderungen an die Prüfung von Amts wegen, Rn. 4f.) selbst von einem hinreichend bestimmten *Klageantrag* aus, muss die Unzulässigkeit des Klageantrags zu einer Sachentscheidung in der Berufungsinstanz führen. Die (vollständige) Verwerfung der Berufung ist nicht gerechtfertigt.[31]

d) Einheitliches Rechtsmittel und Vorgreiflichkeit der Wiedereinsetzung

13 Ist die Berufung einmal als unzulässig verworfen worden, ist der Berufungskläger an einer erneuten, dann fehlerfreien Einlegung bei einem anderen Gericht (häufig verbunden mit einem Antrag auf Wiedereinsetzung in den vorigen Stand) nicht gehindert. Dieses Vorgehen haben die angerufenen Gerichte jeweils als einheitliches Rechtsmittel darauf zu prüfen, ob keine der Einlegungen zulässig und damit erfolgreich war. Erst wenn dies feststeht, ist eine Verwerfung nach § 522 Abs. 1 ZPO zulässig.[32] Für die erneute Berufungseinlegung gelten die allgemeinen Voraussetzungen und der frühere Mangel muss behoben sein.[33] Sie ist wegen entgegenstehender Rechtskraft unzulässig, wenn eine frühere Berufungseinlegung als unstatthaft (§§ 511, 514 Abs. 2 ZPO) verworfen wurde und diese Verwerfung in Rechtskraft erwachsen ist.[34]

14 Besteht der Mangel in einem Versäumnis der Berufungs- oder Berufungsbegründungsfrist, kann ein Antrag auf Wiedereinsetzung in den vorigen Stand helfen. Die Entscheidung über die Wiedereinsetzung ist vorgreiflich und im Falle ihrer Rechtskraft auch bindend für die Entscheidung über die Zulässigkeit des Rechtsmittels; einem bereits erlassenen Verwerfungsbeschluss entzieht sie die Grundlage. Daher ist das Begehren auf Wiedereinsetzung parallel zu verfolgen und eine dort ggf. ergehende Zurückweisung gesondert nach § 238 Abs. 2 ZPO anzufechten, um sie nicht in Rechtskraft erwachsen und für die Entscheidung über die Verwerfung bindend werden zu lassen. Die Rechtskraft der Entscheidung über einen Wiedereinsetzungsantrag erfasst nur den zugrundeliegenden Lebenssachverhalt, weshalb innerhalb der Wiedereinsetzungsfrist auch noch nachträglich ein zusätzlicher, auf einen anderen Lebenssachverhalt gestützter Wiedereinsetzungsantrag gestellt werden kann.[35] Die Entscheidung, die Wiedereinsetzung gewährt, beseitigt eine vorherige (ggf. sogar bereits rechtskräftige) oder gleichzeitige Verwerfung der Berufung als unzulässig, es sei denn der Zulässigkeitsmangel besteht dort in einem anderen Grund als Fristversäumnis, weil dann keine Deckung der Mängel besteht.[36]

4. Rechtsmittel gegen die Verwerfung, Satz 4

15 Alle Verwerfungsbeschlüsse oder -urteile des Berufungsgerichts unterliegen der Rechtsbeschwerde[37] gemäß § 522 Abs. 1 Satz 4 ZPO bzw. gemäß § 542 Abs. 1 ZPO der Nichtzulassungsbeschwerde (§ 544 ZPO) oder Revision (§ 543 ZPO). Die Wertgrenze[38] 20.000,00 € spielt keine Rolle, vgl. ausdrücklich Art. 26 Nr. 8 Satz 2 EGZPO.[39] Auch eine Zulassung durch das

---

28 Ausführlich Stein/Jonas-*Althammer*, ZPO, § 522 Rn. 30f.
29 BGH, NJW-RR 1995, 765.
30 Saenger-*Wöstmann*, ZPO, § 522 Rn. 5.
31 BGH, NJW-RR 2016, 320, Rn. 10 = MDR 2016, 292.
32 Instruktiv BGH, NJW 2015, 3171, Rn. 9ff. = WuM 2015, 587 für die Frage der Zuständigkeit der WEG-Gerichte im Streit um den Umfang des Sondereigentums und die mehrfache Berufungseinlegung, zunächst beim WEG-Gericht [dort (rechtsfehlerhafte) Verwerfung als unzulässig mangels fristgerechter Berufungseinlegung] und anschließend beim Gericht für allgemeine Zivilsachen mit Wiedereinsetzungsantrag.
33 BGH, NJW 1999, 287; BGH, NJW 1991, 1116; Thomas/Putzo-*Reichold*, ZPO, § 522 Rn. 11.
34 Thomas/Putzo-*Reichold*, ZPO, § 522 Rn. 11.
35 BGH, NJW-RR 2016, 523 = MDR 2016, 412 m. Anm. *Toussaint*; ausführlich zur Rechtsprechung des BGH zur Wiedereinsetzung in den vorigen Stand: *Bernau*, NJW 2016, 1999.
36 BGHZ 72, 1 = NJW 1978, 2245; BGH, NJW-RR 2007, 1718, Rn. 4 = MDR 2008, 39; BGH, NJW 2006, 2269; Prütting/Gehrlein- *Lemke*, ZPO, § 522 Rn. 21; Thomas/Putzo-*Reichold*, ZPO, § 522 Rn. 11; Saenger-*Wöstmann*, ZPO, § 522 Rn. 8.
37 Es muss ein BGH-Anwalt (§ 575 Abs. 1 ZPO) tätig werden, vgl. BGH, MDR 2002, 1448.
38 Die Wertgrenze des § 26 Nr. 8 Satz 1 EGZPO wurde zeitlich verlängert bis 30.06.2018, vgl. BGBl. I, S. 3149.
39 Musielak/Voit-*Ball*, ZPO, § 522 Rn. 16; *Vossler*, MDR 2015, 442.

Berufungsgericht braucht es nicht. Das bedeutet, der Bundesgerichtshof (§ 133 GVG) kann durch seine Rechtsprechung regen Einfluss auf die Auslegung der formalen Zulässigkeitsvoraussetzungen nehmen, die daher zu beobachten ist. Die anwaltliche Praxis muss beides gerade auch für vermeintliche Bagatellsachen beachten, um durch eine erfolgreiche Anfechtung einer Verwerfung doch noch eine Begründetheitsprüfung und Sachentscheidung über die eingelegte Berufung zu erreichen. Hingegen ist der Vortrag neuer Tatsachen oder Beweise zum Nachweis der Zulässigkeit der Berufung stets ausgeschlossen.[40]

Die Rechtsbeschwerde (§ 522 Abs. 1 Satz 4 ZPO) ist dabei nicht unbeschränkt statthaft, insbesondere gelten die allgemeinen Regeln aus § 574 Abs. 2 ZPO und ist sie wegen der Wertung von § 542 Abs. 2 ZPO in Fällen des Arrestes, der einstweiligen Verfügung, der vorzeitigen Besitzeinweisung im Enteignungsverfahren und im Umlegungsverfahren nicht statthaft.[41] 16

Wurde die Berufung für zulässig erklärt, ist bei Erlass eines Zwischenurteils oder Beschlusses eine Nachprüfung nur auf zugelassene Revision gegen das Endurteil statthaft, bei Ausspruch in den Gründen des Endurteils (ausdrücklich oder stillschweigend) die Revision nach allgemeinen Regeln.[42] 17

II. Zurückweisung der Berufung durch Beschluss, Abs. 2
1. Allgemeines

§ 522 Abs. 2 und Abs. 3 ZPO betreffen die Begründetheit der eingelegten und zulässigen Berufung. Die Vorschrift wurde durch das ZPO-Reformgesetz m.W.v. 01.01.2002[43] grundlegend geändert.[44] Sie räumt dem Berufungsgericht ein intendiertes Ermessen im Hinblick auf die Durchführung der mündlichen Verhandlung bei offensichtlich aussichtslosen Berufungen ein. Die Zurückweisung wegen Unbegründetheit nicht durch Urteil, sondern im Beschlusswege „soll" bei kumulativer Erfüllung der Voraussetzungen Nr. 1 bis Nr. 4 die Regel sein.[45] 18

Unerlässliche und nicht in die Disposition des Berufungsgerichts gestellte Grundvoraussetzung eines Zurückweisungsbeschlusses nach § 522 Abs. 1 ZPO. Der **Vorrang der Zulässigkeitsprüfung** dient nicht etwa einem Selbstzweck, sondern ist für den Rechtsmittelkläger und dessen Rechtsschutzmöglichkeiten von zentraler Bedeutung. Maßgebender Grund ist das unterschiedliche Regime der Wertgrenzen in § 26 Nr. 8 Satz 1 und Satz 2 EGZPO und die Frage, ob im Einzelfall weitere Rechtsmittel bestehen. Die Nichtzulassungsbeschwerde gegen die Zurückweisung der Berufung als unbegründet (§ 522 Abs. 2 i. V. m. Abs. 3 ZPO) erfordert nach § 26 Nr. 8 **Satz 1** EGZPO[46] bis zum 30.06.2018, dass der Wert der mit der Revision geltend zu machenden Beschwer 20.000,00 € übersteigt. Zur Darlegung des Übersteigens der Wertgrenze, vgl. § 544 Rn. 6 und 8 f. Etwas anderes gilt nach § 26 Nr. 8 **Satz 2** EGZPO nur dann, wenn das Berufungsgericht die Berufung als unzulässig nach § 522 Abs. 1 ZPO verworfen hat, siehe oben Rn. 15. 19

Der BGH hält es durch analoge Anwendung von § 524 Abs. 4 ZPO für zulässig, eine Berufung auch dann gemäß § 522 Abs. 2 ZPO durch einstimmigen Beschluss zurückzuweisen, wenn der in erster Instanz unterlegene Kläger sein Klagebegehren in zweiter Instanz erweitert. Mit dem Zurückweisungsbeschluss verliere die Klageerweiterung ihre Wirkung, womit ein vermeintlicher Weg der „taktischen Flucht" vor der Zurückweisung einer Berufung ohne mündliche Verhandlung ausdrücklich geschlossen wurde.[47] 20

2. Voraussetzungen der einstimmigen Zurückweisung durch Beschluss

Die Voraussetzungen nach § 522 Abs. 2 Nr. 1–4 ZPO müssen kumulativ erfüllt sein. 21

a) Offensichtlich keine Erfolgsaussicht, Abs. 2 Satz 1 Nr. 1
Der Berufung muss von vornherein jede Aussicht auf Erfolg („offensichtlich") in der Sache fehlen. Das ist der Fall, wenn für jeden Sachkundigen ohne längere Nachprüfung (wenn auch nach gründlicher Prüfung) erkennbar ist, dass die vorgebrachten Berufungsgründe das ange- 22

---

40 BGHZ 156, 165; BGH, NJW 2004, 71; Thomas/Putzo-*Reichold*, ZPO, § 522 Rn. 10.
41 BGH, NJW 2003, 69, Rn. 4 = MDR 2003, 872; Thomas/Putzo-*Reichold*, ZPO, § 522 Rn. 10.
42 Thomas/Putzo-*Reichold*, ZPO, § 522 Rn. 8 f.
43 BGBl. I, S. 1887.
44 Ausführlich *Baumert*, MDR 2013, 7; zur Verfassungsmäßigkeit statt vieler BVerfG, NJW 2009, 137; BVerfG, NJW 2008, 3419.
45 BT-Drucks. 17/6406, S. 8: Entscheidung nach mündlicher Verhandlung durch Urteil nur, wenn sich dadurch das Verfahren nicht verzögert.
46 Zeitliche Verlängerung bis 30.06.2018 durch § 26 Nr. 8 EGZPO in der Fassung des Gesetzes zur Änderung der Insolvenzordnung und zur Änderung des Gesetzes, betreffend die Einführung der Zivilprozessordnung vom 22.12.2016, BGBl. I, S. 3149.
47 BGH, BeckRS 2016, 20145 = MDR 2017, 50 = WuB 2017, 179 m. Anm. *Rimmelspacher*.

fochtene Urteil nicht zu Fall bringen können.[48] Anzustellen ist eine Prognose, ob die Berufung auch bei Durchführung einer mündlichen Verhandlung unbegründet sein wird. Beurteilungsgrundlage ist der im Berufungsverfahren zu berücksichtigende, Prozessstoff insgesamt einschließlich des nach §§ 529, 532 ZPO zulässigen neuen Vorbringens.[49] Nicht ausreichend ist, wenn das Ersturteil sich mit einer anderen Begründung als richtig erweist[50] oder die als unzulässig abgewiesene Klage unbegründet ist.[51]

23 Zweitinstanzliche Klageänderung, Widerklage (§ 533 ZPO) oder Hilfsantrag können einen Zurückweisungsbeschluss nach § 522 Abs. 2 ZPO nicht verhindern, da sie entsprechend § 524 Abs. 4 ZPO ihre Wirkung verlieren.[52]

b) Keine grundsätzliche Bedeutung der Rechtssache i. w. S., Satz 1 Nr. 2 und 3

24 Trotz Fehlens der Erfolgsaussicht darf die Berufung dann nicht durch Beschluss zurückgewiesen werden, wenn die Rechtssache (nicht die Tatsachen) von grundsätzlicher Bedeutung (§ 522 Abs. 2 Satz 1 Nr. 2 ZPO) ist oder die Fortbildung des Rechts oder die Sicherung einer einheitlichen Rechtsprechung (§ 522 Abs. 2 Satz 1 Nr. 3 ZPO) eine Entscheidung durch Berufungsurteil nach vorangegangener mündlicher Verhandlung erfordert. Die Kriterien entsprechen § 543 Abs. 2 Satz 1 ZPO, auf die dortigen Ausführungen wird verwiesen, vgl. § 543 Rn. 13 ff.. An eine vorangegangene Zulassung der Berufung nach § 511 Abs. 2 Nr. 2 und Abs. 4 ZPO durch das Erstgericht ist das Berufungsgericht nicht gebunden.[53]

c) Nichtgebotenheit der mündlichen Verhandlung, Satz 1 Nr. 4

25 Das Berufungsgericht darf einstimmig die mündliche Verhandlung entgegen dem Mündlichkeitsgrundsatz des § 128 Abs. 1 ZPO für nicht geboten halten. Die Vorschrift ist an § 130a VwGO angelehnt und soll dem Schutz des Berufungsklägers dienen. Sind die Voraussetzungen von § 522 Abs. 2 Satz 1 Nr. 1–3 ZPO erfüllt, kann es sich nur um Ausnahmen handeln, um ein dennoch anzuerkennendes Bedürfnis festzustellen. Konsequent ist die mündliche Verhandlung, wenn sich das erstinstanzliche Urteil zwar im Ergebnis richtig erweist, aber unzutreffend begründet ist, vgl. oben Rn. 22.[54] Die Vorstellung des Gesetzgebers, die Rechtsverfolgung müsse für ihn existenzielle (nicht nur wirtschaftliche) Bedeutung[55] haben, ist hingegen wenig aussagekräftig und unbrauchbar.[56]

3. Verfahren

26 Die Zurückweisung durch Beschluss erfordert eine Entscheidung des ganzen Spruchkörpers (Landgerichte: Kammer; Oberlandesgerichte: Senat) und zwar durch Einstimmigkeit (trotz Anfechtbarkeit seit Einführung von § 522 Abs. 3 ZPO). Ein Einzelrichter kann die Zurückweisung ohne mündliche Verhandlung also nicht beschließen, arg. § 523 Abs. 1 Satz 1 ZPO. Gemäß § 522 Abs. 2 Satz 2 ZPO ist der Berufungsführer vor Zurückweisung durch Beschluss durch schriftlichen Hinweis unter Angabe konkret bezeichneter Gründe anzuhören, um das rechtliche Gehör nach Art. 103 Abs. 1 GG zu wahren.[57] Die Zurückweisung durch Beschluss konnte bislang der Berufungsführer an dieser Stelle des Verfahrens nicht mehr durch dann erstmals neues Vorbringen in seiner Stellungnahme verhindern, es sei denn dieses neue Vorbringen wurde vom Berufungsbeklagten unstreitig gestellt, weshalb dieser in einem solchen Fall zwingend ebenso angehört werden sollte.[58] Nunmehr ist höchstrichterlich geklärt, dass nach Maßgabe von §§ 529, 531 ZPO zulässiges neues Vorbringen auch dann zu berücksichtigen ist, wenn das Berufungsgericht nach § 522 Abs. 2 ZPO entscheiden will.[59] Darüber hinaus muss das Berufungsgericht dabei Schriftsätze der beiden Parteien, die zwar nach Ablauf der gemäß

---

48 BT-Drucks. 17/604, S. 11.
49 BGH, NJW 2017, 736, Rn. 12.
50 BGH, NJW 2004, 3420.
51 Ebenso Thomas/Putzo-*Reichold*, ZPO, § 522 Rn. 14; a.A. Saenger-*Wöstmann*, ZPO, § 522 Rn. 11; OLG Hamm, VersR 2013, 604; OLG Hamburg, NJW 2006, 71, m.w.N.
52 BGHZ 198, 315, Rn. 8 ff., 19 ff. = NJW 2014, 151 = WM 2013, 2255, m.w.N.; MK-*Rimmelspacher*, ZPO, § 522 Rn. 35; Musielak/Voit-*Ball*, ZPO, § 522 Rn. 28a; Saenger-*Wöstmann*, ZPO, § 522 Rn. 11; *Vossler*, MDR 2008, 722 (724); Zöller-*Heßler*, ZPO, § 522 Rn. 37 (für nach § 533 ZPO nicht zuzulassende Änderungen im Prozessverhalten).
53 Musielak/Voit-*Ball*, ZPO, § 522 Rn. 23.
54 BT-Drucks. 17/5334, S. 7; Saenger-*Wöstmann*, ZPO, § 522 Rn. 12a.
55 BT-Drucks. 17/5334, S. 7 mit dem Beispiel Arzthaftungssache.
56 Zu Recht ablehnend Prütting/Gehrlein-*Lemke*, ZPO, § 522 Rn. 34; bestätigt OLG Köln, MedR 2016, 185, Rn. 21, trotz Arzthaftungssache.
57 BGH, NJW-RR 2016, 699, Rn. 5.
58 MK-*Rimmelspacher*, ZPO, § 522 Rn. 26; Saenger-*Wöstmann*, ZPO, § 522 Rn. 14.
59 BGH, NJW 2017, 736 = MDR 2017, 358.

§ 522 Abs. 2 Satz 2 ZPO gesetzten Frist zur Stellungnahme, aber vor Erlass des die Berufung zurückweisenden Beschlusses eingehen, zur Kenntnis nehmen und jedenfalls daraufhin überprüfen, ob darin enthaltene Rechtsausführungen der beabsichtigten Verfahrensweise entgegenstehen und zu einem Eintritt in die mündliche Verhandlung veranlassen. Erlassen ist der Beschluss in diesem Sinne in dem Zeitpunkt, in dem das Gericht sich seiner in einer der Verkündung vergleichbaren Weise entäußert hat.[60] Die Stellungnahmefrist des Berufungsführers ist an § 277 Abs. 3 ZPO je nach Schwierigkeit des Einzelfalls zu orientieren.

§ 522 Abs. 2 Satz 3 und 4 ZPO konkretisieren das Maß der Begründung des Zurückweisungsbeschlusses. Eine Begründung ist einerseits nur insoweit erforderlich, als die Zurückweisung – typischerweise nach der Stellungnahme des Berufungsklägers – auf andere oder weitere Gründe gestützt wird als in dem Hinweis nach § 522 Abs. 2 Satz 2 ZPO enthalten. Im Falle der Anfechtbarkeit mit der Nichtzulassungsbeschwerde (NZB, §§ 522 Abs. 3, 544 ZPO), also wenn die Wertgrenze des § 26 Nr. 8 Satz 1 EGZPO (20.000,00 €) überschritten ist, muss die Begründung wie ein anfechtbares Berufungsurteil nach § 540 Abs. 1 Satz 1 Nr. 1 ZPO eine Bezugnahme auf den Tatbestand des erstinstanzlichen Urteils mit Darstellung etwaiger Änderungen oder Ergänzungen enthalten. Nur so kann der Bundesgerichtshof im Falle des Erfolgs der NZB und Fortsetzung als Revision (§ 544 Abs. 6 ZPO) entscheiden.[61] Neben diesen Darstellungen muss der Zurückweisungsbeschluss zumindest sinngemäß erkennen lassen, was der Berufungskläger mit seinem Rechtsmittel erstrebt hat, da sonst die revisionsrechtlich notwendige tatsächliche Beurteilungsgrundlage fehlt und der Beschluss aufzuheben ist.[62]

Eine teilweise Zurückweisung ist im Falle abtrennbarer Streitgegenstände (Teilurteil möglich) oder gegenüber einem von mehreren Rechtsmitteln (mehrere Parteien als Berufungsführer, Zurückweisung nur gegen einzelne) möglich.[63]

Von Amts wegen auszusprechen ist im Beschluss, dass das angefochtene Urteil erster Instanz gemäß § 708 Nr. 10 Satz 2 ZPO ohne Sicherleistung vorläufig vollstreckbar ist.

4. Rechtsmittel gegen die Zurückweisung, Abs. 3

§ 522 Abs. 3 ZPO wurde m.W.v. 27.10.2011 neu eingeführt und betrifft nur die Anfechtbarkeit des Zurückweisungsbeschlusses nach § 522 Abs. 2 ZPO, nicht auch die Verwerfung der Berufung nach § 522 Abs. 1 ZPO. Statthaftes Rechtsmittel ist die Nichtzulassungsbeschwerde (NZB) gemäß § 544 ZPO, wobei die bis 30.06.2018 verlängerte Wertgrenze des § 26 Nr. 8 Satz 1 EGZPO greift. Das Übersteigen dieser Wertgrenze ist mit der Nichtzulassungsbeschwerdebegründung glaubhaft zu machen; die Streitwertfestsetzung im Berufungsurteil ist dabei unerheblich.[64] Für die Wertgrenze ist nämlich nicht die Beschwer aus dem Berufungsurteil maßgebend, sondern der Wert des Beschwerdegegenstandes aus dem beabsichtigten Revisionsverfahren.[65] Entsprechendes gilt im Falle der Zurückweisung einer Berufung nach § 522 Abs. 2 ZPO.

C. Gebühren

Gebühren des Gerichts: Solche fallen für den Verwerfungs- und Zurückweisungsbeschluss nicht gesondert an. Hingegen ermäßigt sich auch nicht die Gebühr für das Verfahren im Allgemeinen von 4,0 nach Nr. 1220 KV-GKG. Bei Rücknahme der Berufung infolge eines Hinweisbeschlusses nach § 522 Abs. 2 Satz 2 ZPO ermäßigt sich diese Pauschalgebühr wegen Nr. 1222 KV-GKG auf 2,0.[66] Für die Rechtsbeschwerde nach § 522 Abs. 1 Satz 4 ZPO gelten Nr. 1820 KV-GKG und Nr. 1821 KV-GKG.

Gebühren des RA: Die Verfahrensgebühr bestimmt sich nach Nr. 3200 VV-RVG, bei vorzeitiger Beendigung ermäßigt sie sich nach Nr. 3201 VV-RVG von 1,6 auf 1,1. Bei Entscheidung des Gerichts ohne mündliche Verhandlung im Beschlusswege scheidet eine Terminsgebühr nach Nr. 3104 VV-RVG aus. Der Hinweisbeschluss nach § 522 Abs. 2 ZPO ist von Nr. 3202

---

60 BGH, NZM 2017, 147 = MDR 2017, 107. Etwaige Verstöße sollten mit der Anhörungsrüge gemäß § 321a ZPO geltend gemacht werden, sofern die Nichtzulassungsbeschwerde wegen §§ 522 Abs. 3, 544 ZPO i.V.m. § 26 Nr. 8 EGZPO ausgeschlossen ist.
61 Musielak/Voit-*Ball*, ZPO, § 522 Rn. 28.
62 BGH, NJW 2016, 3787 = MDR 2016, 1402 = NZM 2016, 852; BGH, NJW-RR 2013, 1077 = MDR 2013, 1243.
63 Musielak/Voit-*Ball*, ZPO, § 522 Rn. 28a; Saenger-*Wöstmann*, ZPO, § 522 Rn. 16.
64 BGH, NJW 2002, 1380 = MDR 2002, 1389.
65 BGH NJW 2002, 2720 = MDR 2002, 1331.
66 OLG Koblenz, MDR 2007, 619; ebenso Zöller-*Heßler*, ZPO, § 522 Rn. 45.

VV-RVG nicht erfasst und löst ebenso keine Terminsgebühr aus. Möglich bleibt diese aber nach Vorbem. 3 Abs. 3 VV-RVG durch Besprechung zur Erledigung. Für die Rechtsbeschwerde nach § 522 Abs. 1 Satz 4 ZPO gilt Nr. 3502 VV-RVG, bei deren vorzeitiger Beendigung Nr. 3503 VV-RVG.

§ 523
Terminsbestimmung

(1) ¹Wird die Berufung nicht nach § 522 durch Beschluss verworfen oder zurückgewiesen, so entscheidet das Berufungsgericht über die Übertragung des Rechtsstreits auf den Einzelrichter. ²Sodann ist unverzüglich Termin zur mündlichen Verhandlung zu bestimmen.

(2) Auf die Frist, die zwischen dem Zeitpunkt der Bekanntmachung des Termins und der mündlichen Verhandlung liegen muss, ist § 274 Abs. 3 entsprechend anzuwenden.

Inhalt:

	Rn.		Rn.
A. Allgemeines	1	II. Unverzügliche Terminsbestimmung, Abs. 1 Satz 2	7
I. Normzweck	1		
II. Anwendungsbereich	2	III. Bekanntmachungsfrist, Abs. 2	9
B. Erläuterungen	3		
I. Übertragung auf den entscheidenden oder vorbereitenden Einzelrichter, Abs. 1 Satz 1	3		

A. Allgemeines
I. Normzweck

1 Hat das Berufungsgericht nach der Prüfung von Zulässigkeit und wahrscheinlicher Begründetheit die Berufung weder gemäß § 522 Abs. 1 ZPO als unzulässig verworfen (vgl. § 522 Rn. 3–15) noch gemäß § 522 Abs. 2 ZPO als unbegründet zurückgewiesen (vgl. § 522 Rn. 16–29), steht fest, dass über das Rechtsmittel mündlich zu verhandeln und durch Urteil zu entscheiden ist.[1] Die Vorschrift regelt für diesen Fall die Fortsetzung des Berufungsverfahrens, welche ausweislich des Wortlauts von § 523 Abs. 1 Satz 2 ZPO („unverzüglich") unter Achtung des Grundsatzes der Verfahrensbeschleunigung zu verfolgen ist. § 523 Abs. 2 ZPO sichert den Parteien eine angemessene Vorbereitung.

2 #### II. Anwendungsbereich

Für die Revision enthält § 553 ZPO die Parallelvorschrift. Im Arbeitsgerichtsverfahren ist § 523 Abs. 1 ZPO nicht anwendbar.[2]

B. Erläuterungen
I. Übertragung auf den entscheidenden oder vorbereitenden Einzelrichter, Abs. 1 Satz 1

3 Unter den Voraussetzungen der Vorschrift des § 526 Abs. 1 ZPO bzw. des § 527 Abs. 1 ZPO „kann" der für das Berufungsverfahren zuständige Gesamtspruchkörper, die Kammer bei dem Landgericht bzw. der Senat bei dem Oberlandesgericht, einem seiner Mitglieder als Einzelrichter zur Entscheidung oder zur Vorbereitung der Entscheidung übertragen. In Sachen der Kammer für Handelssachen kann nur der Vorsitzende der Einzelrichter sein, § 526 Abs. 4 ZPO und § 527 Abs. 1 Satz 2 ZPO. Beide Möglichkeiten stehen grundsätzlich im nicht justiziablen Ermessen des Berufungsgerichts und ergehen durch nicht anfechtbaren Beschluss.[3]

4 Der **entscheidende Einzelrichter** ist mit der Übertragung auf ihn das „Berufungsgericht" mit allen seinen Kompetenzen und unabhängig vom einzelnen Fortgang des Berufungsverfahrens. Er tritt nach § 526 Abs. 1 ZPO vollständig an die Stelle des Kollegiums und darf insbesondere

---

1 Die Bestimmung eines Verhandlungstermins ist gleichwohl nicht als „Sperre" für Entscheidungen nach § 522 Abs. 1 und Abs. 2 ZPO oder § 526 Abs. 1 ZPO zu verstehen, zutreffend OLG Düsseldorf, NJW 2005, 833; a.A. Wieczorek/Schütze-*Gerken*, ZPO, § 522 Rn. 79; ausdrücklich offen gelassen BVerfG, NJW-RR 2006, 1654 (1655), Rn. 11 mit Verweis auf das nach den jeweiligen Regelungen einzuräumende rechtliche Gehör.
2 Arg. §§ 64 Abs. 6 Satz 2, 66 Abs. 2 Satz 1 ArbGG. Zutreffend MK-*Rimmelspacher*, ZPO, § 523 Rn. 2.
3 BT-Drucks. 14/4722, S. 99. Für den entscheidenden Einzelrichter ausdrücklich siehe § 526 Abs. 3 ZPO; Ausnahme: BGH, NJW 2007, 1466 (1467).

auch die Berufung durch Endurteil verwerfen.[4] Einer gesonderten Regelung seiner Aufgaben und Befugnisse bedarf es aufgrund dieser vollständigen Zuweisung der Entscheidungsbefugnis nicht. Im Einzelnen, siehe § 526 Rn. 1 f.

Bei der Übertragung lediglich auf den die Kollegialentscheidung **vorbereitenden** Einzelrichter hingegen sind die Aufgaben und Befugnisse gesondert zu regeln, was in den Bestimmungen der § 527 Abs. 2–4 ZPO erfolgt. Im Einzelnen siehe § 527 Rn. 1 f.

5

Der Einzelrichter, gleich ob entscheidender oder vorbereitender, hat nach § 523 Abs. 1 Satz 2 ZPO i. V. m. § 216 Abs. 2 ZPO Termin zur mündlichen Verhandlung zu bestimmen. Sehen die Kammer oder der Senat von der Einzelrichterübertragung ganz ab, genügt konkludent die Terminierung vor dem Gesamtspruchkörper, ohne dass es eines ausdrücklichen Beschlusses bedarf. In diesem Fall terminiert der Vorsitzende, § 216 Abs. 2 ZPO.

6

II. Unverzügliche Terminsbestimmung, Abs. 1 Satz 2

Der Termin zur mündlichen Verhandlung über die Berufung ist gemäß § 523 Abs. 1 Satz 2 ZPO ausdrücklich in allen Fällen **unverzüglich** i. S. v. § 121 Abs. 1 BGB zu bestimmen und gemäß §§ 525, 272 Abs. 3 ZPO „so früh wie möglich" anzusetzen. Es gilt § 216 ZPO, vgl. i. E. dort. Dabei darf der Termin an sich wegen notwendiger Vorbereitung oder Geschäftsbelastung weiter hinausgerückt werden.[5] Ein schriftliches Vorverfahren i. S. v. §§ 276 ff. ZPO ist damit grundsätzlich nicht vereinbar und wegen des Verfahrens nach § 522 ZPO im Vorfeld nicht vorgesehen. Aus dem Wortlaut von § 276 Abs. 1 ZPO ergibt sich, dass ein schriftliches Vorverfahren gerade das Absehen von einem frühen Termin zur mündlichen Verhandlung beinhalten würde.[6] Dennoch ist eine Frist für die berufungsbeklagte Partei zur schriftlichen Berufungserwiderung und ggf. auch eine Frist für den Berufungskläger zur Replik hierauf nicht ausgeschlossen, wie § 521 Abs. 2 ZPO belegt.[7] Solche beiderseitigen Schriftsatzfristen werden zumeist nur in Fällen eingeräumt, in denen das Berufungsgericht die Zulässigkeit bejaht und im Vorfeld von einer Zurückweisung der Berufung gemäß § 522 Abs. 2 ZPO ganz ohne Erwiderungsschrift des Berufungsbeklagten absieht. Sodann geht es weniger um die Durchführung eines schriftlichen Vorverfahrens, als um die Gewährung ausreichenden rechtlichen Gehörs und die Vorbereitung des Verhandlungstermins, gerade in tatsächlich oder rechtlich schwierig gelagerten Fällen.[8] Das Berufungsgericht sollte zumindest stets gleichzeitig die Terminsbestimmung verbinden.[9]

7

Für terminsvorbereitende Maßnahmen des Berufungsgerichts allgemein gilt § 273 ZPO über § 525 ZPO. Dazu gehören auch Hinweise gemäß § 139 ZPO zur Strukturierung des Verfahrens oder Beweisbeschluss und -aufnahme gemäß § 358a ZPO.

8

III. Bekanntmachungsfrist, Abs. 2

Die Bekanntmachung des anberaumten Termins ist gemäß § 525 ZPO i. V. m. § 329 Abs. 2 Satz 2 ZPO förmlich zuzustellen i. S. v. §§ 166 ff. ZPO. Dabei müssen die Ladungsfrist des § 217 ZPO von einer Woche und die Einlassungsfrist des § 274 Abs. 3 ZPO von zwei Wochen eingehalten werden. Bei Nichteinhaltung darf der Berufungsbeklagte die Einlassung verweigern, ohne dass ein Versäumnisurteil gegen ihn ergehen kann (vgl. § 274 Rn. 4 und 5).

9

---

4 BGH, NJW-RR 2012, 702; MK-*Rimmelspacher*, ZPO, § 522 Rn. 14; Prütting/Gehrlein-*Lemke*, ZPO, § 523 Rn. 2.
5 Vgl. § 216 Rn. 10 ff.; Ebenso Zöller-*Stöber*, ZPO, § 216 Rn. 17; OLG Karlsruhe, NJW 1973, 1510.
6 Zutreffend Musielak/Voit-*Ball*, ZPO, § 523 Rn. 3, Prütting/Gehrlein-*Lemke*, ZPO, § 523 Rn. 3; a. A. wohl Zöller-*Heßler*, ZPO, § 523 Rn. 2 mit Verweis auf § 521 Abs. 2 ZPO.
7 So auch der Gesetzgeber, vgl. BT-Drucks. 14/4722, S. 98.
8 Zum Anspruch auf rechtliches Gehör vor Gericht siehe BVerfGE 60, 175 (210 f.); BVerfGE 60, 305 (310 f.); im Verhältnis zwischen § 522 Abs. 2 ZPO und § 523 ZPO, BVerfG NJW-RR 2006, 1654.
9 Der Anspruch des Rechtsmittelführers auf rechtliches Gehör wird verletzt, wenn das Gericht überraschend verfährt, indem es nach Bestimmung eines Termins zur mündlichen Verhandlung ohne vorherigen Hinweis gemäß § 522 Abs. 2 ZPO im Beschlusswege entscheidet, BVerfG, NJW-RR 2006, 1654.

§ 524
Anschlussberufung

(1) ¹Der Berufungsbeklagte kann sich der Berufung anschließen. ²Die Anschließung erfolgt durch Einreichung der Berufungsanschlussschrift bei dem Berufungsgericht.

(2) ¹Die Anschließung ist auch statthaft, wenn der Berufungsbeklagte auf die Berufung verzichtet hat oder die Berufungsfrist verstrichen ist. ²Sie ist zulässig bis zum Ablauf der dem Berufungsbeklagten gesetzten Frist zur Berufungserwiderung. ³Diese Frist gilt nicht, wenn die Anschließung eine Verurteilung zu künftig fällig werdenden wiederkehrenden Leistungen (§ 323) zum Gegenstand hat.

(3) ¹Die Anschlussberufung muss in der Anschlussschrift begründet werden. ²Die Vorschriften des § 519 Abs. 2, 4 und des § 520 Abs. 3 sowie des § 521 gelten entsprechend.

(4) Die Anschließung verliert ihre Wirkung, wenn die Berufung zurückgenommen, verworfen oder durch Beschluss zurückgewiesen wird.

Inhalt:

	Rn.		Rn.
A. Allgemeines	1	6. Erklärung der Anschlussberufung	12
I. Normzweck	1	7. Zeitpunkt, Erweiterung,	
II. Anwendungsbereich	5	Wiedereinsetzung	15
B. Erläuterungen	6	8. Zweites Versäumnisurteil	20
I. Voraussetzungen der		II. Begründung, Zustellung und	
Anschlussberufung	6	Fristsetzung	21
1. Eingelegte Hauptberufung	7	III. Entscheidung des Berufungsgerichts	
2. Berechtigte und Gegner	8	und Rechtsmittel	22
3. Kein Verzicht	9	IV. Wirkungsverlust	25
4. Gegenstand der Anschluss-		**C. Kosten und Gebühren**	27
berufung	10	I. Kosten	27
5. Keine Berufungssumme, keine		II. Gebühren	28
Beschwer, keine Zulässigkeit	11		

A. Allgemeines
I. Normzweck

1 Die Vorschrift des § 524 ZPO regelt die Anforderungen an eine **Anschlussberufung**. Sie richtet sich an den Gegner der Berufung: Der Berufungsbeklagte kann sich der Berufung des Berufungsklägers mit der Wirkung des § 524 Abs. 4 ZPO anschließen, § 524 Abs. 1 Satz 1 ZPO. Dies gilt sowohl für den Fall des zumindest teilweisen Unterliegens, als auch für den Fall des vollen Obsiegens des Berufungsbeklagten in der ersten Instanz. Sind die Voraussetzungen des § 511 Abs. 2 ZPO erfüllt, könnte der Berufungsbeklagte (bei hinreichend eigener Beschwer und sonstiger Zulässigkeit) seinerseits **ebenfalls** (Haupt-)Berufung nach § 511 Abs. 1 ZPO einlegen. Hat er hieran kein Interesse, verzichtet er etwa auf das ihm in eigener Person zustehende Rechtsmittel (§ 515 ZPO) oder lässt er die Berufungsfrist des § 517 ZPO verstreichen, wäre er grundsätzlich darauf beschränkt, sich lediglich gegen die Berufung des Prozessgegners zu verteidigen und deren Verwerfung (vgl. § 522 Abs. 1 ZPO) bzw. Zurückweisung (vgl. § 522 Abs. 2 und 3 ZPO) zu verfolgen. Der Berufungskläger wiederum bräuchte keine *reformatio in peius* (Verschlechterung) mehr befürchten, vgl. § 528 Satz 1 und 2 ZPO. Dennoch erlaubt § 524 Abs. 2 Satz 1 ZPO ausdrücklich die Einlegung einer Anschlussberufung.

2 § 524 ZPO geht über das Recht auf eigene (Haupt-)Berufung hinaus und verschafft dem Berufungsbeklagten innerhalb der Berufung des Berufungsklägers[1] aus Gründen der Waffengleichheit, Prozesswirtschaftlichkeit und prozessualen Billigkeit ein richtiges Angriffsmittel mit dem Recht, auch einen angriffsweise wirkenden Antrag zu stellen, ohne selbst eine Hauptberufung einzulegen.[2] Er kann mit der Anschlussberufung eine Abänderung des Ersturteils zu seinen Gunsten erreichen und zwar **ein Mehr** als die bloße Zurückweisung der Berufung des Berufungsklägers, z.B. neue Ansprüche verfolgen, die Klage erweitern, Widerklage erheben oder den Anspruch bei unverändertem Klageantrag auf einen neuen Klagegrund stellen. Dadurch bestimmt er als Anschlussberufungskläger die Grenzen des weiterhin einheitlichen Berufungsrechtsstreits neu.[3] Dies gilt insbesondere auch für den in erster Instanz voll obsiegenden Kläger, der mit der Anschlussberufung seine Klage erweitern kann, und für den in erster

---

1 Vgl. BGHZ 109, 41 (45).
2 Prütting/Gehrlein-*Lemke*, ZPO, § 524 Rn. 1 ff., m.w.N.
3 Saenger-*Wöstmann*, ZPO, § 524 Rn. 2.

Instanz voll obsiegenden Beklagten, der mit der Anschlussberufung Widerklage erheben kann. Die Anschlussberufung ist gleichwohl kein eigenes Rechtsmittel.[4]

Im Gegenzug nimmt der Berufungsbeklagte mit der bloßen Anschlussberufung statt einer eigenen Hauptberufung die Akzessorietätswirkung des § 524 Abs. 4 ZPO (vgl. Rn. 25 f.) in Kauf. 3

Will der Berufungsbeklagte hingegen nicht mehr als die bloße Verwerfung oder Zurückweisung der Berufung des Berufungsbeklagten erreichen, braucht er das Institut der Anschlussberufung nicht und ist sie unnötig und daher unzulässig. Das ist z. B. der Fall, wenn er Zahlung an Dritten statt an sich selbst verlangt[5] oder nach zwischenzeitlicher Mangelbeseitigung statt des ursprünglich geforderten Kostenvorschusses Antrag auf Kostenerstattung gemäß § 13 Nr. 5 Abs. 2 VOB/B verlangt, ohne den im Ersturteil zuerkannten Betrag zu erweitern,[6] oder lediglich eine Korrektur der ohnehin von Amts wegen ergehenden Kostenentscheidung begehrt[7] oder lediglich die Gründe des erstinstanzlichen Urteils abgeändert haben möchte.[8] Keiner Anschlussberufung bedarf es auch zur Geltendmachung der Schadensersatzansprüche nach §§ 302 Abs. 4, 600 Abs. 2, 717 Abs. 2 und 3 ZPO.[9] 4

II. Anwendungsbereich

§ 554 ZPO und § 567 Abs. 3 ZPO sehen ähnliche Regelungen über eine Anschließung für die Revision und für die Beschwerde vor. § 524 ZPO ist im Erinnerungsverfahren entsprechend anzuwenden.[10] Die Vorschrift gilt auch in WEG-Verfahren.[11] Im arbeitsgerichtlichen Verfahren gilt sie gemäß §§ 46 Abs. 2, 64 Abs. 6 Satz 1, 87 Abs. 2 Satz 1 ArbGG entsprechend.[12] 5

B. Erläuterungen
I. Voraussetzungen der Anschlussberufung

§ 524 ZPO konstatiert für die Anschlussberufung eigene Voraussetzungen, da sie gerade keine Hauptberufung ist. Für die Zulässigkeitsprüfung durch das Berufungsgericht gilt § 522 Abs. 1 ZPO.[13] Im Einzelnen: 6

1. Eingelegte Hauptberufung

Die Berufung des Berufungsklägers muss eingelegt sein und darf noch nicht als unzulässig verworfen (§ 522 Abs. 1 ZPO), durch Beschluss zurückgewiesen (§ 522 Abs. 2, 3 ZPO) oder insgesamt zurückgenommen (§ 516 ZPO) sein. Unkenntnis von der Zurücknahme beeinflusst die Unzulässigkeit der Anschließung nicht.[14] 7

2. Berechtigte und Gegner

Gemäß § 524 Abs. 1 Satz 1 ZPO kann nur der Berufungsbeklagte die Anschlussberufung erklären. Sein Streithelfer ist nach § 67 ZPO berechtigt. Gegner kann nur der Berufungskläger sein, nicht aber ein Streithelfer der Vorinstanz oder gar ein unbeteiligter Dritter; auch nicht unter den Voraussetzungen der gewillkürten Parteiänderung oder Parteierweiterung in der Berufungsinstanz. Die Anschlussberufung ist keine Berufung i. S. v. § 524 Abs. 1 Satz 1 ZPO und erlaubt daher grundsätzlich keine Gegenanschließung des Berufungsklägers; insofern kann eine Erweiterung seiner Hauptberufung vorliegen.[15] Der Berufungskläger kann sich seinerseits nur anschließen, wenn der Berufungsbeklagte selbst durch das Ersturteil beschwert ist und zumindest über einen teilbaren Prozessstoff (Haupt-)Berufung nach §§ 511 ff. ZPO eingelegt hat. 8

---

4 BGHZ 37, 131; Thomas/Putzo-*Reichold*, ZPO, § 524 Rn. 1.
5 BGH, MDR 1978, 398; Thomas/Putzo-*Reichold*, ZPO, § 524 Rn. 2.
6 BGH, MDR 2006, 586; Saenger-*Wöstmann*, ZPO, § 524 Rn. 2; Thomas/Putzo-*Reichold*, ZPO, § 524 Rn. 2.
7 Musielak/Voit-*Ball*, ZPO, § 524 Rn. 9; MK-*Rimmelspacher*, ZPO, § 524 Rn. 18.
8 BGH, NJW 1958, 868; Thomas/Putzo-*Reichold*, ZPO, § 524 Rn. 6.
9 Thomas/Putzo-*Reichold*, ZPO, § 524 Rn. 2; MK-*Rimmelspacher*, ZPO, § 524 Rn. 20; Musielak/Voit-*Ball*, ZPO, § 524 Rn. 9; Saenger-*Wöstmann*, ZPO, § 524 Rn. 2 a. E.
10 OLG München, NJW 1971, 763 f.; Musielak/Voit-*Ball*, ZPO, § 522 Rn. 3.
11 Baumbach/Lauterbach/Hartmann/Albers, ZPO, § 524 Rn. 3.
12 BAG, NZA 2012, 1224; LAG Frankfurt a. M., NZA-RR 2011, 521; OVG Hamburg, NZA-RR 2010, 335.
13 BGH, ZIP 1991, 42; Thomas/Putzo-*Reichold*, ZPO, § 524 Rn. 18.
14 BGHZ 17, 398.
15 BGHZ 88, 360 (363); Prütting/Gehrlein-*Lemke*, ZPO, § 524 Rn. 9; a. A. MK-*Rimmelspacher*, ZPO, § 524 Rn. 10, m. w. N.

3. Kein Verzicht

9 Der Berufungsbeklagte darf nicht auf die Anschlussberufung verzichtet haben; § 515 ZPO gilt analog. Vgl. im Einzelnen dort.

4. Gegenstand der Anschlussberufung

10 Die Anschlussberufung muss sich gegen dasselbe Urteil oder eine Vorentscheidung dazu (§ 512 ZPO) richten, gegen die sich die Berufung wendet. Bei Schlussurteil nicht gegen ein vorangegangenes Teilurteil, Grundurteil oder Zwischenurteil.[16]

5. Keine Berufungssumme, keine Beschwer, keine Zulassung

11 Der Berufungsbeklagte muss weder eine bestimmte (Anschluss-)Berufungssumme erreichen noch bedarf es einer Beschwer.[17] Daher darf der Berufungsbeklagte die Anschlussberufung auch mit dem Ziel der Klageerweiterung oder Widerklage einlegen, jedoch vorbehaltlich der Bestimmungen des § 533 ZPO.[18] § 511 Abs. 2 ZPO gilt nicht. Auch einer Zulassung bedarf es daher nicht.

6. Erklärung der Anschließung

12 Ob eine eigene Berufung oder eine Anschließung nach § 524 Abs. 1 Satz 1 ZPO gewollt ist, ist nach dem Willen der Partei auszulegen. Es ist zu fragen, ob der Berufungsbeklagte lediglich die Zurückweisung der Berufung begehrt oder mehr, nämlich eine Abänderung des erstinstanzlichen Urteils zu seinen Gunsten verfolgt.[19] Eine unzulässige Berufung ist i.d.R. in eine Anschlussberufung umzudeuten, sofern die Einlegungsfrist noch läuft.[20] Auch nach Verwerfung der eigenen Berufung des Berufungsbeklagten ist eine Anschließung an die Berufung des Berufungsbeklagten noch zulässig.[21]

13 Die Anschließung kann gemäß § 524 Abs. 1 Satz 2 ZPO nur durch Einreichung einer Berufungsanschlussschrift bei dem Berufungsgericht erfolgen. Die Form entspricht der Berufungseinlegung, § 524 Abs. 3 Satz 2 ZPO i.V.m. § 519 Abs. 2 ZPO.

14 Die Erklärung unter einer Bedingung ist zulässig, sofern es sich um innerprozessuale Bedingungen handelt.

7. Zeitpunkt, Erweiterung, Wiedereinsetzung

15 Seit dem 1. Justizmodernisierungsgesetz[22] muss die Anschlussberufung innerhalb der ggf. verlängerten Berufungserwiderungsschrift erklärt werden, § 524 Abs. 2 Satz 2 ZPO. Solange die Frist noch nicht formgerecht durch förmliche Zustellung einer beglaubigten Abschrift der Verfügung des Vorsitzenden in Gang gesetzt wurde, ist die Anschlussberufung bis zum Schluss der mündlichen Verhandlung möglich.[23] Bloße Bekanntmachung genügt nicht. In der Verfügung nach § 521 Abs. 2 Satz 1 ZPO darf der Hinweis auf § 277 Abs. 2 ZPO nicht fehlen.[24] Der Berufungsbeklagte sollte abwarten, ob die Berufung nach § 522 ZPO zurückgewiesen wird.

16 In Fällen künftig fällig werdender Leistungen bietet sich dem Berufungsbeklagten die Anschließung an, weil damit die Veränderung der wirtschaftlichen Verhältnisse bis zum Schluss der mündlichen Verhandlung berücksichtigt werden. Denn die Frist binnen der Berufungserwiderungsschrift gilt ausdrücklich nicht, um Abänderungsklagen nach § 323 ZPO aus Gründen der Prozesswirtschaftlichkeit zu vermeiden, § 524 Abs. 2 Satz 3 ZPO. Das muss auch für die in diesem Zuge zusätzlich geltend gemachten Rückstände für die Vergangenheit gelten.[25]

17 Für Verbundverfahren geht § 145 Abs. 1 FamFG als *lex specialis* zu § 524 Abs. 2 Satz 2 und 3 ZPO vor.[26]

18 Nach Ablauf der Einlegungsfrist des § 524 Abs. 2 Satz 2 ZPO kann die Anschlussberufung erweitert werden, solange inhaltlich der Rahmen nach der fristgerecht eingereichten Anschlussbegründungsberufung nicht überschritten ist.[27]

---

16 BGHZ 30, 213 (216 ff.); Musielak/Voit-*Ball*, ZPO, § 524 Rn. 8.
17 BGHZ 4, 229 (234); MK-*Rimmelspacher*, ZPO, § 524 Rn. 10.
18 BGHZ 4, 229 (234); BGH, MDR 2012, 300; Saenger-*Wöstmann*, ZPO, § 524 Rn. 7; Prütting/Gehrlein-*Lemke*, ZPO, § 524 Rn. 13.
19 BGHZ 109, 179 (187); BGH, NJW 2001, 1272; Prütting/Gehrlein-*Lemke*, ZPO, § 524 Rn. 11.
20 BGHZ 100, 383 (386); BGH, NJW-RR 2016, 445; BGH, ZfBR 2012, 140.
21 Musielak/Voit-*Ball*, ZPO, § 524 Rn. 15; MK-*Rimmelspacher*, ZPO, § 524 Rn. 31; Stein/Jonas-*Althammer*, ZPO, § 524 Rn. 23; Saenger-*Wöstmann*, ZPO, § 524 Rn. 11.
22 BGBl. I 2004, S. 2198.
23 BGH, FamRZ 2009, 222 f.
24 BGH, WM 2015, 1720, Rn. 19 = NJW 2015, 1608.
25 BGH, NJW 2016, 1963.
26 BGH, NJW 2008, 1953; Thomas/Putzo-*Reichold*, ZPO, § 524 Rn. 10.
27 BGH, NJW 2016, 1963; BGH, MDR 2006, 45; Saenger-*Wöstmann*, ZPO, § 524 Rn. 8.

Nach wohl h.M. führt die Nichtnennung der Notfrist des § 524 Abs. 2 Satz 2 ZPO in § 233 ZPO dazu, dass eine Wiedereinsetzung in den vorigen Stand bei Fristversäumnis unzulässig ist. Dem ist wegen des Gesetzeswortlauts und der ausdrücklichen Neufassung des Fristenregimes durch das 1. Justizmodernisierungsgesetz zuzustimmen. In diesem Zuge hätte eine klarstellende Regelung in das Gesetz aufgenommen werden können.   19

8. Zweites Versäumnisurteil
Im Falle des Zweiten Versäumnisurteils gilt § 514 Abs. 2 ZPO.   20

II. Begründung, Zustellung und Fristsetzung
Zwingende Zulässigkeitsvoraussetzung für die Anschlussberufung ist es, dass sie in der Anschlussschrift begründet wird, § 524 Abs. 3 Satz 1 ZPO („muss").[28] Zu den inhaltlichen Anforderungen gilt § 520 Abs. 3 ZPO entsprechend, vgl. § 520 Rn. 17 ff. Insbesondere bedarf es der hinreichend bestimmten Angabe der Anschlussberufungsanträge, die im Rahmen des einheitlichen Berufungsstreits zur Entscheidung gestellt werden, um mehr als die Zurückweisung zu erreichen. Eine Ergänzung der Begründung innerhalb der Frist des § 524 Abs. 2 Satz 2 ZPO ist vergleichbar mit der Berufungsbegründung (§ 520 Rn. 18) zuzulassen, d. h. auch solange sie sich im Rahmen der Anträge hält.[29] Für die Zustellung gelten §§ 524 Abs. 3 Satz 2, 521 ZPO. Für eine Erwiderungsfrist an den Berufungskläger oder sonstigen Gegner der Anschlussberufung gelten § 524 Abs. 3 Satz 2 ZPO i.V.m. §§ 521 Abs. 2 Satz 2, 277 ZPO entsprechend.   21

III. Entscheidung des Berufungsgerichts und Rechtsmittel
Aus der Akzessorietät nach § 524 Abs. 4 ZPO folgt, dass eine Vorwegentscheidung über die Anschlussberufung durch Teilurteil stets ausgeschlossen ist.[30] Das Berufungsgericht entscheidet über die Zulässigkeit und Begründetheit der Anschlussberufung nicht in einem gesonderten Verfahren, sondern in dem einheitlichen Berufungsrechtsstreit. Mit § 524 ZPO kommt es nicht zu zwei Prozessen.[31]   22

Es gilt § 522 Abs. 1 ZPO, vgl. Rn. 6. Bei Unzulässigkeit ergeht ein Verwerfungsbeschluss, der mit den Rechtsmitteln gegen die Verwerfung der Berufung anfechtbar ist (§§ 522 Abs. 1 Satz 4, 542, 574 ZPO).[32] Bei Unbegründetheit ist die Anschlussberufung zurückzuweisen. Gegen den Beschluss, der die Anschlussberufung für wirkungslos erklärt, ist die Rechtsbeschwerde statthaft.[33] Das gilt nicht, wenn § 524 Abs. 4 ZPO erfüllt ist und die Anschlussberufung kraft Gesetzes die Wirkung verloren hat; der Ausspruch der Wirkungslosigkeit ist dann nur deklaratorisch und es besteht kein Rechtsmittel.[34]   23

Da Sinn und Zweck der Anschlussberufung gerade einen angriffsweise wirkenden Antrag eröffnet und sie dem Berufungsbeklagten erlaubt, neue Ansprüche („ein Mehr" als nur Zurückweisung) geltend zu machen, scheidet eine Zurückweisung neuer prozessualer Ansprüche und der zugehörigen Tatsachen als verspätet aus. Für Widerklage und Aufrechnung sind die besonderen Anforderungen in § 533 ZPO zu beachten. Hingegen sind unselbstständige Angriffs- und Verteidigungsmittel (Behauptungen, Bestreiten, Beweismittel usw.) zum Zwecke der Rechtsverfolgung der Verwerfung oder Zurückweisung der Berufung des Berufungsbeklagten nach den allgemeinen Grundsätzen des § 531 Abs. 2 ZPO zurückzuweisen.[35]   24

IV. Wirkungsverlust
Die Anschließung verliert gemäß § 524 Abs. 4 ZPO **kraft Gesetzes** ihre Wirkung in verschiedenen Situationen, in denen es nicht mehr zu einer Abänderung des erstinstanzlichen Urteils zu Lasten des Berechtigten kommt, weil eine Sachentscheidung über die Hauptberufung ausgeschlossen ist. Gemeinsam ist die Wertung des Gesetzes, dass der Berufungsbeklagte nicht in den Genuss einer Sachentscheidung in Abänderung des Ersturteils zu seinen Gunsten kommen soll, wo er selbst keine (Haupt-)Berufung eingelegt hat. Neben den gesetzlich genannten Fällen der Rücknahme der Berufung (§ 516 ZPO), der Verwerfung oder der Zurückweisung durch Beschluss kommen der Verzicht auf die eingelegte Berufung, die Klagerücknahme und   25

---

28 A.A. Musielak/Voit-*Ball*, ZPO, § 524 Rn. 21.
29 BGH, NJW 2005, 3067; Thomas/Putzo-*Reichold*, ZPO, § 524 Rn. 16.
30 BGH, NJW 1994, 2235; Zöller-*Heßler*, ZPO, § 524 Rn. 42, für den Fall einer unheilbar unzulässigen Anschlussberufung.
31 Prütting/Gehrlein-*Lemke*, ZPO, § 524 Rn. 23.
32 Saenger-*Wöstmann*, ZPO, § 524 Rn. 16.
33 BGH, MDR 1985, 125.
34 BGHZ 139, 12 (15); BGHZ 109, 41 (46); BGH, NJW 2011, 1455; Saenger-*Wöstmann*, ZPO, § 524 Rn. 16.
35 Thomas/Putzo-*Reichold*, ZPO, § 524 Rn. 25 f.

der die Instanz beendende Vergleich in Betracht.³⁶ Ein richterlicher Beschluss über die Wirkungslosigkeit ist nur deklaratorischer Natur und unterliegt keinem Rechtsmittel.³⁷ Zur Kostentragung bei Rücknahme der Berufung durch den Berufungskläger, vgl. § 516 Rn. 11 f.

26 In den Fällen der Klageerweiterung und der Widerklage in der Berufungsinstanz gilt § 524 Abs. 4 ZPO entsprechend.³⁸

C. Kosten und Gebühren
I. Kosten

27 Die Kosten einer zulässigen Anschlussberufung hat grundsätzlich der Berufungskläger zu tragen.³⁹ Zu einer Kostenquotelung im Verhältnis des Werts der Anschlussberufung zum Gesamtstreitwert des Berufungsverfahrens kommt es, wenn die Gründe für die Wirkungslosigkeit bei Einlegung bereits vorlagen.⁴⁰ Umstritten und höchstrichterlich, soweit ersichtlich, noch nicht geklärt ist, ob bei Zurückweisung der Berufung nach § 522 Abs. 2 Satz 2 ZPO als unbegründet die Kosten des zweiten Rechtszugs anteilig im Verhältnis der Werte von Berufung und Anschlussberufung anfallen.

II. Gebühren

28 **Gebühren des Gerichts:** Die allgemeine 4,0-Verfahrensgebühr (Nr. 1220 KV-GKG) entsteht nur einmal. Wird das Verfahren insgesamt beendigt, weil die Berufung des Berufungsklägers insgesamt zurückgenommen wird und die Anschlussberufung die Wirkung verliert (§ 524 Abs. 4 ZPO), ermäßigt sich die Gebühr nach Nr. 1221 KV-GKG auf 1,0. Der Streitwert bemisst sich nach § 45 Abs. 2 i. V. m. Abs. 1 Satz 1 und Satz 3 GKG.

29 **Gebühren des RA** bestimmen sich nach Nr. 3200 ff. VV-RVG und erhält er wegen § 15 RVG nur einmal, weil es sich um ein einheitliches Berufungsverfahren aus Hauptberufung und Anschlussberufung handelt (vgl. Abhängigkeit, § 524 Abs. 4 ZPO).⁴¹

§ 525
Allgemeine Verfahrensgrundsätze

¹Auf das weitere Verfahren sind die im ersten Rechtszug für das Verfahren vor den Landgerichten geltenden Vorschriften entsprechend anzuwenden, soweit sich nicht Abweichungen aus den Vorschriften dieses Abschnitts ergeben. ²Einer Güteverhandlung bedarf es nicht.

Inhalt:

	Rn.		Rn.
A. Allgemeines...................	1	I. Anwendbare Vorschriften..........	2
B. Erläuterungen.................	2	II. Nicht anwendbare Vorschriften.....	4

A. Allgemeines

1 Die Vorschrift bestimmt, welche Verfahrensregeln im Berufungsrechtszug nach der schriftlichen Einleitung und Vorbereitung des Berufungsverfahrens (§§ 511–524 ZPO) zur Anwendung kommen. Sie enthält dabei im Ergebnis eine weitgehende Verweisung auf das erstinstanzliche Verfahrensrecht.

B. Erläuterungen
I. Anwendbare Vorschriften

2 Die Vorschriften der 1. Buchs (§§ 1–252 ZPO) gelten für das Berufungsverfahren unmittelbar. Die Vorschriften des 2. Buchs, Abschnitt 1 (§§ 253–494a ZPO) gelten kraft Verweisung in § 525 Satz 1 ZPO für das Berufungsverfahren entsprechend, soweit sich nicht Abweichungen aus den Vorschriften der §§ 511–541 ZPO ergeben. Entsprechend anwendbar sind gemäß § 525 Satz 1 ZPO außerdem die Vorschriften über die besonderen erstinstanzlichen Verfahren, so über den Urkunden- und Wechselprozess (§§ 592–605a ZPO), die Eilverfahren Arrest und

---

36 Näher Prütting/Gehrlein-*Lemke*, ZPO, § 524 Rn. 25 ff.
37 BGHZ 139, 12 (15); BGH, NJW 2011, 1455; Thomas/Putzo-*Reichold*, ZPO, § 524 Rn. 22a.
38 BGH, MDR 2015, 49.
39 BGH, NJW-RR 2005, 727.
40 Ausführlich mit differenzierendem Ansatz: Zöller-*Heßler*, ZPO, § 524 Rn. 43 ff.
41 Zöller-*Heßler*, ZPO, § 524 Rn. 46, m. w. N.

einstweilige Verfügung (§§ 916–945 ZPO)[1] und über die Zwangsvollstreckung, soweit sie für das Berufungsverfahren passen.[2]

Nach herrschender Meinung entsprechend anwendbar ist im Berufungsverfahren über ein **amtsgerichtliches Urteil** trotz des Wortlauts von § 525 Satz 1 ZPO aus den Vorschriften über das amtsgerichtliche Verfahren (§§ 495–510b ZPO) jedenfalls § 510b ZPO.[3] Das ist sachgerecht, denn eine rechtmäßige Verurteilung gemäß § 510b ZPO kann nicht allein deswegen der Aufhebung in der Berufungsinstanz unterliegen, weil die entsprechende Verfahrensvorschrift nicht mehr anwendbar wäre.

II. Nicht anwendbare Verfahrensvorschriften

Nicht anwendbar sind aufgrund von § 525 Satz 2 ZPO die Vorschriften über das obligatorische Güteverfahren nach § 278 Abs. 2–5 ZPO. Einer Güteverhandlung bedarf es vor dem Berufungsgericht nicht. Das Berufungsgericht ist aber nicht gehindert, einen Güteversuch mit den Parteien zu unternehmen, vielmehr wendet sich die Vorschrift des § 278 Abs. 1 ZPO, wonach die Gerichte in jeder Lage des Verfahrens auf eine gütliche Streitbeilegung bedacht seien sollen, auch an die Berufungsgerichte. Anwendbar ist im Berufungsverfahren auch § 278 Abs. 6 ZPO mit seiner Möglichkeit eines schriftlichen Vergleichsschlusses.

Nicht anwendbar sind auch diejenigen Vorschriften über das landgerichtliche Verfahren, für die die §§ 511–541 ZPO besondere Regelungen enthalten. Solche Sonderregelungen finden sich insbesondere in den §§ 526, 527 ZPO für das Tätigwerden des Einzelrichters, in § 528 ZPO für die Bindung an die Parteianträge, in den §§ 529–532 ZPO zum Vortrag neuer Angriffs- und Verteidigungsmittel, in § 533 ZPO zur Klageänderung, Aufrechnung und Widerklage in der Berufungsinstanz und in den §§ 538–540 ZPO für die Entscheidung des Berufungsgerichts. Diese Vorschriften verdrängen die erstinstanzlichen Vorschriften, soweit sie von diesen abweichende Regelungen enthalten.[4]

Die teilweise Unanwendbarkeit erstinstanzlicher Verfahrensvorschriften kann sich überdies auch aus der Natur des Berufungsverfahrens ergeben. Dies betrifft insbesondere die Möglichkeit einer Verweisung des Rechtsstreits an ein anderes Gericht. Eine Verweisung auf einen anderen Rechtsweg kommt wegen § 17a Abs. 5 GVG nicht in Betracht. Auch eine Verweisung nach § 281 ZPO zwischen verschiedenen Berufungsgerichten ist wegen der bei der Berufungseinlegung zu beachtenden Förmlichkeiten grundsätzlich ausgeschlossen.[5] Etwas anderes kann allenfalls unter dem Gesichtspunkt der Meistbegünstigung gelten. Möglich ist eine Verweisung durch das Berufungsgericht an das zuständige erstinstanzliche Gericht auf Antrag des Klägers, wenn die Klage gerade wegen Unzuständigkeit des ursprünglich angegangenen Gerichts abgewiesen wurde.[6]

Nicht möglich ist schließlich nach herrschender Meinung auch eine Verweisung durch die Berufungskammer des Landgerichts an eine erstinstanzliche Zivilkammer für den Fall, dass die Berufungskammer eine **Klageerweiterung** über die amtsgerichtliche Streitwertgrenze hinaus als sachdienlich zulässt.[7] Begründen lässt sich dies damit, dass § 506 ZPO als Ausnahmevorschrift für das amtsgerichtliche Verfahren eng auszulegen und einer analogen Anwendung auf den hiesigen Fall nicht zugänglich ist.[8] Außerdem bliebe dann die Frage der Zuständigkeit bis zu einer Entscheidung der angegangenen Berufungskammer über die Sachdienlichkeit der Klageerweiterung offen, was unter dem Gesichtspunkt der Verfahrensklarheit nicht wünschenswert ist.

---

1 Prütting/Gehrlein-*Oberheim*, ZPO, § 525 Rn. 7.
2 Das trifft für die Vorschriften über die Zwangsvollstreckung jedenfalls insoweit zu, als es um die einstweilige Einstellung von Vollstreckungsmaßnahmen geht, §§ 719, 707 ZPO. Daneben enthält das 8. Buch der ZPO Vorschriften, die sich unmittelbar an das Berufungsgericht wenden, z.B. § 718 ZPO.
3 Prütting/Gehrlein-*Oberheim*, ZPO, § 525 Rn. 8, der die §§ 495–510b ZPO insgesamt als anwendbar ansieht; für § 510b ZPO ebenfalls bejahend Thomas/Putzo-*Reichold*, ZPO, § 525 Rn. 1; Zöller-*Herget*, ZPO, § 510b Rn. 1.
4 Prütting/Gehrlein-*Oberheim*, ZPO, § 525 Rn. 10.
5 Zöller-*Heßler*, ZPO, § 525 Rn. 2; Thomas/Putzo-*Reichold*, ZPO, § 281 Rn. 1; Prütting/Gehrlein-*Oberheim*, ZPO, § 525 Rn. 11.
6 OLG München, BeckRS 2013, 12515; Prütting/Gehrlein-*Oberheim*, ZPO, § 525 Rn. 11 m.w.N.
7 LG Zweibrücken, NJW-RR 1994, 1087 (Leitsatz); Zöller-*Heßler*, ZPO, § 525 Rn. 2; a.A. OLG Oldenburg, NJW 1973, 810 (811).
8 Ebenso Prütting/Gehrlein-*Oberheim*, ZPO, § 525 Rn. 11; Zöller-*Heßler*, ZPO, § 525 Rn. 2.

§ 526
Entscheidender Richter

(1) Das Berufungsgericht kann durch Beschluss den Rechtsstreit einem seiner Mitglieder als Einzelrichter zur Entscheidung übertragen, wenn
1. die angefochtene Entscheidung von einem Einzelrichter erlassen wurde,
2. die Sache keine besonderen Schwierigkeiten tatsächlicher oder rechtlicher Art aufweist,
3. die Rechtssache keine grundsätzliche Bedeutung hat und
4. nicht bereits im Haupttermin zur Hauptsache verhandelt worden ist, es sei denn, dass inzwischen ein Vorbehalts-, Teil- oder Zwischenurteil ergangen ist.

(2) ¹Der Einzelrichter legt den Rechtsstreit dem Berufungsgericht zur Entscheidung über eine Übernahme vor, wenn
1. sich aus einer wesentlichen Änderung der Prozesslage besondere tatsächliche oder rechtliche Schwierigkeiten der Sache oder die grundsätzliche Bedeutung der Rechtssache ergeben oder
2. die Parteien dies übereinstimmend beantragen.

²Das Berufungsgericht übernimmt den Rechtsstreit, wenn die Voraussetzungen nach Satz 1 Nr. 1 vorliegen. ³Es entscheidet hierüber nach Anhörung der Parteien durch Beschluss. ⁴Eine erneute Übertragung auf den Einzelrichter ist ausgeschlossen.

(3) Auf eine erfolgte oder unterlassene Übertragung, Vorlage oder Übernahme kann ein Rechtsmittel nicht gestützt werden.

(4) In Sachen der Kammer für Handelssachen kann Einzelrichter nur der Vorsitzende sein.

Inhalt:

	Rn.		Rn.
A. Allgemeines	1	III. Rückübertragung, Abs. 2	11
B. Erläuterungen	2	IV. Kein Rechtsmittel, Abs. 3	14
I. Übertragung, Abs. 1 und 4	3	V. Wirkung der Übertragung	15
II. Voraussetzungen der Übertragung	7		

A. Allgemeines

1 Die Vorschrift erlaubt es, den Rechtsstreit in der Berufungsinstanz auf den Einzelrichter zu übertragen, ohne dass es hierfür der Zustimmung der Parteien bedürfte. Zweck dieser Regelung ist es, einen geringeren Ressourceneinsatz bei den Berufungsgerichten zu ermöglichen.[1] In der Praxis wird von der Regelung jedenfalls bei den Berufungskammern der Landgerichte durchaus Gebrauch gemacht.

2 Die Möglichkeit der Übertragung auf den Einzelrichter ist verschiedentlich auf Kritik gestoßen.[2] Der Kritik ist zuzugeben, dass es wünschenswert ist, in Berufungsverfahren von einigem (vor allem wirtschaftlichen) Gewicht in Dreierbesetzung zu verhandeln. Dieser Forderung kommen die Berufungsgerichte nach hiesiger Beobachtung nach. Zutreffend ist aber auch, und insoweit kann der rechtspolitischen Kritik an § 526 ZPO nicht gefolgt werden, dass es im Bereich der Berufungen gegen amtsgerichtliche Urteile nicht wenige Verfahren gibt, die aus dem Kontext nachbarschaftlicher Streitlust hervorgehen oder die auch in zweiter Instanz ausschließlich auf der Basis von Standardschriftsätzen geführt werden (etwa „Mietwagensachen"). Diese Verfahren in Dreierbesetzung zu verhandeln, dürfte in den seltensten Fällen rechtsstaatlich geboten sein.

B. Erläuterungen
I. Übertragung, Abs. 1 und 4

3 Die Übertragung auf den Einzelrichter erfolgt durch förmlichen Beschluss des Berufungsgerichts. Der Beschluss bedarf keiner Begründung und steht im nicht nachprüfbaren Ermessen des Gerichts.[3] Ergeht der Beschluss aufgrund einer mündlichen Verhandlung, ist er gemäß §§ 525, 329 Abs. 1 Satz 1 ZPO zu verkünden. Ergeht er ohne mündliche Verhandlung, was der Regelfall ist, wird der Beschluss gemäß §§ 525, 329 Abs. 2 Satz 1 ZPO den Parteien lediglich formlos mitgeteilt.

---

1 Zöller-*Heßler*, ZPO, § 526 Rn. 1.
2 Scharfe Kritik etwa bei *Deutsch*, NJW 2004, 1150.
3 Zöller-*Heßler*, ZPO, § 526 Rn. 3.

Das rechtliche Gehör der Parteien vor der Entscheidung wird gewährleistet durch die §§ 520 Abs. 4 Nr. 2, 521 Abs. 2 Satz 2, 277 Abs. 1 Satz 2 ZPO. Danach sollen sich die Parteien im Rahmen der Berufungsbegründung bzw. im Rahmen der Berufungserwiderung dazu äußern, ob einer Entscheidung der Sache durch den Einzelrichter Gründe entgegenstehen. Lediglich dann, wenn der Berufungsbeklagtenpartei nicht gemäß § 521 Abs. 2 Satz 1 ZPO eine Frist zur Berufungserwiderung gesetzt wird, ist ihr vor einer Übertragung auf den Einzelrichter gesondert rechtliches Gehör zu dieser Frage zu gewähren. Eine solche Vorgehensweise dürfte in der Praxis allerdings selten sein, da kaum Konstellationen vorstellbar sind, in denen es sachgerecht wäre, dem Berufungsbeklagten zunächst rechtliches Gehör allein zur Frage der Einzelrichterübertragung zu gewähren und ihn erst später in der Sache zum Berufungsvorbringen vortragen zu lassen. 4

Der Beschluss zur Übertragung auf den Einzelrichter kann erst nach Ablauf der Berufungsbegründungsfrist getroffen werden. § 523 Abs. 1 Satz 1 ZPO fordert vom Berufungsgericht, zunächst zu entscheiden, ob die Berufung nach § 522 ZPO durch Beschluss zu verwerfen oder zurückzuweisen ist. Das setzt, jedenfalls soweit über eine Zurückweisung zu entscheiden ist, den Ablauf der Berufungsbegründungsfrist voraus, weil andernfalls nicht sicher überprüft werden kann, ob die Voraussetzungen des § 522 Abs. 2 ZPO vorliegen. 5

Zum entscheidenden Einzelrichter kann jedes Mitglied der Berufungskammer bzw. des befassten Senats bestimmt werden einschließlich des Vorsitzenden. Nach welchen Regeln der Einzelrichter bestimmt wird, hat sich gemäß § 21g Abs. 2, 3 GVG aus der Geschäftsverteilung des Spruchkörpers zu ergeben.[4] In Sachen der Kammer für Handelssachen kann gemäß § 526 Abs. 4 ZPO nur der Vorsitzende Einzelrichter sein. 6

II. Voraussetzungen der Übertragung

Die Übertragung auf den Einzelrichter ist unter den vier kumulativen in § 526 Abs. 1 ZPO genannten Voraussetzungen möglich. Die angefochtene Entscheidung muss von einem Einzelrichter erlassen worden sein. In Betracht kommen folglich Entscheidungen des Amtsrichters, des originären (§ 348 ZPO) oder des obligatorischen (§ 348a ZPO) Einzelrichters beim Landgericht. Kein Einzelrichter i.d.S. ist der Vorsitzende der Handelskammer.[5] 7

Die Sache darf keine besonderen Schwierigkeiten tatsächlicher oder rechtlicher Art aufweisen. Die Verwendung des Adjektivs „besonders" zeigt, dass die Schwierigkeit der Angelegenheit deutlich über dem normalen Maß liegen muss. Darunter können weit überdurchschnittlich schwer verständliche Sachverhalte zu subsumieren sein, außerdem Fälle, die besonders komplizierte wissenschaftliche, technische oder wirtschaftliche Zusammenhänge betreffen oder ausgefallene und ungewöhnlich schwierige Rechtsfragen.[6] 8

Weiterhin darf die Rechtssache keine grundsätzliche Bedeutung haben. Grundsätzliche Bedeutung hat eine Rechtssache nach häufig verwendeter Formulierung, wenn sie eine entscheidungserhebliche, klärungsbedürftige und klärungsfähige Rechtsfrage aufwirft, die sich in einer unbestimmten Vielzahl von Fällen stellen kann, oder wenn andere Auswirkungen des Rechtsstreits auf die Allgemeinheit deren Interessen in besonderem Maße berühren.[7] Der Begriff ist weit zu verstehen und geht über die Verwendung an anderer Stelle des Gesetzes, etwa in den §§ 511 Abs. 4, 543 Abs. 2 ZPO, hinaus.[8] Die grundsätzliche Bedeutung kann sich im hiesigen Zusammenhang auch aus der wirtschaftlichen Relevanz für die Parteien ergeben.[9] 9

Schließlich scheidet eine **Übertragung auf den entscheidenden Einzelrichter** aus, wenn bereits zur Hauptsache verhandelt worden ist, es sei denn, dass zwischenzeitlich ein Vorbehalts-, Teil- oder Zwischenurteil ergangen ist. Verhandeln i.d.S. ist dann gegeben, wenn die Parteien zur Hauptsache, d.h. zur Begründetheit der Berufung, Anträge gestellt haben. Bei Säumnis einer Partei genügt die Antragstellung durch die anwesende Partei.[10] 10

III. Rückübertragung, Abs. 2

Die **Rückübertragung vom Einzelrichter auf den Spruchkörper** kommt nur ausnahmsweise in Betracht. Sie setzt voraus, dass sich entweder aus einer wesentlichen Änderung der Prozesslage tatsächliche oder rechtliche Schwierigkeiten der Sache oder die grundsätzliche Bedeu- 11

---

4 Vgl. auch MK-*Rimmelspacher*, ZPO, § 526 Rn. 11.
5 BGHZ 156, 320 (325) = NJW 2004, 856 (857) zu § 568 Satz 1 ZPO. Die systematischen und historischen Argumente des BGH gelten jedoch auch für den Bereich des § 526 ZPO.
6 Thomas/Putzo-*Reichold*, ZPO, § 526 Rn. 7.
7 BGHZ 159, 135 (137) = NJW 2004, 2222 (2223) zu § 574 Abs. 2 ZPO.
8 Prütting/Gehrlein-*Oberheim*, ZPO, § 526 Rn. 8; BeckOK-*Wulf*, ZPO, § 526 Rn. 11.
9 Zöller-*Heßler*, ZPO, § 526 Rn. 6.
10 Prütting/Gehrlein-*Oberheim*, ZPO, § 526 Rn. 11.

tung der Rechtssache ergeben haben oder dass die Parteien übereinstimmend die Rückübertragung beantragen. Ob diese Voraussetzungen vorliegen, entscheidet der Einzelrichter autonom durch einen nach Abs. 3 unanfechtbaren Beschluss. Kommt er im Rahmen seiner Prüfung für sich zu dem Ergebnis, dass die Voraussetzungen für eine Rückübertragung vorliegen, hat er allerdings kein Übertragungsermessen, sondern muss die Sache dem Spruchkörper vorlegen. Das ergibt sich aus der Formulierung des Gesetzestextes („legt vor").

12 Eine **Änderung der Prozesslage** tritt ein, wenn sich die Umstände, die der Übertragung auf den Einzelrichter zugrunde lagen, geändert haben. Das kann sich namentlich ergeben aus Klageänderungen, Widerklagen, Aufrechnungen, aus Beweisergebnissen oder aus Änderungen des Gesetzeslage oder der obergerichtlichen Rechtsprechung. Wesentlich ist die Änderung dann, wenn sie einer Übertragung auf den Einzelrichter hätte entgegenstehen können.[11]

13 Legt der Einzelrichter den Rechtsstreit dem Kollegialgericht vor, entscheidet dieses nach Anhörung der Parteien durch Beschluss darüber, ob die Sache zurückübernommen wird. Das Kollegialgericht ist zur Übernahme verpflichtet, wenn die Voraussetzungen des § 526 Abs. 2 Satz 1 ZPO vorliegen. Ein Ermessen besteht insoweit nicht. Übernimmt der Spruchkörper die Sache, so ist gemäß § 526 Abs. 2 Satz 3 ZPO eine erneute Übertragung auf den entscheidenden Einzelrichter selbst bei einer erneuten wesentlichen Änderung der Sach- oder Prozesslage ausgeschlossen. Möglich bleibt allerdings die Übertragung auf den vorbereitenden Einzelrichter nach § 527 ZPO.[12]

IV. Kein Rechtsmittel, Abs. 3

14 Gegen die erfolgte oder unterlassene Übertragung des Rechtsstreits auf den Einzelrichter, die erfolgte oder unterlassene Vorlage durch den Einzelrichter an den Spruchkörper und gegen die erfolgte oder unterlassene Rückübernahme durch den Spruchkörper gibt es gemäß § 526 Abs. 3 ZPO kein Rechtsmittel. Ebenso kann gemäß dieser Vorschrift eine Revision gegen das Berufungsurteil nicht auf eine der vorbeschriebenen Handlungen oder Unterlassungen gestützt werden.[13] Gerügt werden kann allerdings, dass der Übertragungsakt auf den Einzelrichter nicht wirksam gewesen sei, z.B. wenn es überhaupt an einem Übertragungsbeschluss fehlt.[14]

V. Wirkung der Übertragung

15 Mit der Übertragung tritt der Einzelrichter vollständig an die Stelle des Kollegialgerichts. Er ist ab jetzt das Gericht und für alle Entscheidungen zuständig einschließlich etwaiger Nebenentscheidungen wie derjenigen über die Streitwertfestsetzung, die Kostentragung oder die Bestimmung einer Sicherheitsleistung. Nachträgliche Veränderungen des Streitgegenstands (Klageerweiterung, Widerklage, Aufrechnung, etc.) ändern an der Zuständigkeit des Einzelrichters nichts. Er ist auch für bereits begonnene oder neue Nebenverfahren zuständig, z.B. für Prozesskostenhilfeverfahren. An vor der Übertragung bereits vom Spruchkörper getroffene Entscheidungen bleibt der Einzelrichter gebunden, er übernimmt den Rechtsstreit in derjenigen prozessualen Situation, in der er ihm übertragen wurde. Daher laufen auch etwaig gesetzte Fristen weiter.[15]

16 Ausfluss der vollständigen Übertragung der Entscheidungsbefugnis auf den Einzelrichter ist auch, dass dieser wirksam die Revision wegen **grundsätzlicher Bedeutung der Rechtssache** zulassen kann, ohne automatisch das Recht der Parteien auf den gesetzlichen Richter zu verletzen. Denn der Einzelrichter, der die Frage der grundsätzlichen Bedeutung anders beurteilt als die Mehrheit des Spruchkörpers (§ 526 Abs. 1 Nr. 3 ZPO), muss nicht zugleich die Sache dem Spruchkörper vorlegen, weil hierfür außerdem eine wesentliche Änderung der Prozesslage (§ 526 Abs. 2 Satz 1 Nr. 1 ZPO) erforderlich wäre.[16] Insoweit unterscheidet sich die Rechtslage von derjenigen bei der Zulassung der Rechtsbeschwerde durch den Einzelrichter gemäß § 574 Abs. 2 Nr. 1 ZPO. Deren Zulassung ist nach der Rechtsprechung des Bundesgerichtshofs zwar ebenfalls wirksam,[17] die Rechtsbeschwerde ist aber auch stets begründet, weil der Einzelrichter bei Bejahung der grundsätzlichen Bedeutung der Rechtssache diese dem Kollegialgericht hätte vorlegen müssen gemäß § 568 Satz 2 Nr. 2 ZPO.[18]

---

11 Prütting/Gehrlein-*Oberheim*, ZPO, § 526 Rn. 18.
12 MK-*Rimmelspacher*, ZPO, § 526 Rn. 30; Zöller-*Heßler*, ZPO, § 526 Rn. 13.
13 Prütting/Gehrlein-*Oberheim*, ZPO, § 526 Rn. 23.
14 Wie im Fall BGH, NJW 2001, 1357.
15 Prütting/Gehrlein-*Oberheim*, ZPO, § 526 Rn. 16.
16 BGH, NJW 2003, 3768.
17 Vgl. z.B. BGH, NJW 2003, 1254 (1255).
18 BGH, NJW 2003, 1254 (1255); BGH v. 07.10.2010, IX ZB 55/10, juris; BGH v. 08.05.2012, VIII ZB 91/11, juris.

§ 527
Vorbereitender Einzelrichter

(1) ¹Wird der Rechtsstreit nicht nach § 526 dem Einzelrichter übertragen, kann das Berufungsgericht die Sache einem seiner Mitglieder als Einzelrichter zur Vorbereitung der Entscheidung zuweisen. ²In der Kammer für Handelssachen ist Einzelrichter der Vorsitzende; außerhalb der mündlichen Verhandlung bedarf es einer Zuweisung nicht.

(2) ¹Der Einzelrichter hat die Sache so weit zu fördern, dass sie in einer mündlichen Verhandlung vor dem Berufungsgericht erledigt werden kann. ²Er kann zu diesem Zweck einzelne Beweise erheben, soweit dies zur Vereinfachung der Verhandlung vor dem Berufungsgericht wünschenswert und von vornherein anzunehmen ist, dass das Berufungsgericht das Beweisergebnis auch ohne unmittelbaren Eindruck von dem Verlauf der Beweisaufnahme sachgemäß zu würdigen vermag.

(3) Der Einzelrichter entscheidet
1. über die Verweisung nach § 100 in Verbindung mit den §§ 97 bis 99 des Gerichtsverfassungsgesetzes;
2. bei Zurücknahme der Klage oder der Berufung, Verzicht auf den geltend gemachten Anspruch oder Anerkenntnis des Anspruchs;
3. bei Säumnis einer Partei oder beider Parteien;
4. über die Verpflichtung, die Prozesskosten zu tragen, sofern nicht das Berufungsgericht gleichzeitig mit der Hauptsache hierüber entscheidet;
5. über den Wert des Streitgegenstandes;
6. über Kosten, Gebühren und Auslagen.

(4) Im Einverständnis der Parteien kann der Einzelrichter auch im Übrigen entscheiden.

Inhalt:

	Rn.		Rn.
A. Normzweck, Anwendungsbereich...	1	III. Entscheidungsbefugnisse, Abs. 3....	10
B. Erläuterungen	3	IV. Sachentscheidung durch den	
I. Zuweisung, Abs. 1	3	Einzelrichter, Abs. 4	12
II. Aufgaben und Befugnisse, Abs. 2 ...	5	V. Rechtsbehelfe	14

A. Normzweck, Anwendungsbereich

Die Vorschrift ergänzt die Regelung über den entscheidenden Einzelrichter in § 526 ZPO um den vorbereitenden Einzelrichter. Auch er kann im Einverständnis mit den Parteien nach Abs. 4 den Rechtsstreit insgesamt entscheiden. Das kann praktisch werden, wenn eine Übertragung nach § 526 ZPO nicht möglich ist, weil erstinstanzlich ein Kollegialgericht entschieden hat. Im Übrigen soll die Vorschrift eine umfassende Vorbereitung des Streitstoffs durch den Einzelrichter ermöglichen und damit einer Straffung des Verfahrens dienen. 1

Die Vorschrift ist in Berufungsverfahren sowohl vor dem Landgericht als auch vor dem Oberlandesgericht anwendbar. Nicht in Betracht kommt die Zuweisung an den vorbereitenden Einzelrichter allerdings in Baulandsachen.[1] Nicht anwendbar ist die Vorschrift gemäß § 64 Abs. 6 Satz 2 ArbGG überdies in arbeitsgerichtlichen Berufungssachen. 2

B. Erläuterungen
I. Zuweisung, Abs. 1

Die **Zuweisung an den Einzelrichter** erfolgt durch den Spruchkörper, nicht durch den Vorsitzenden allein. Eines förmlichen Beschlusses bedarf es für die Zuweisung nach dem von § 526 Abs. 1 ZPO insoweit abweichenden Wortlaut eigentlich nicht. Tatsächlich wird aber regelmäßig ein Beschluss des Spruchkörpers ergehen, weil anders die Zuweisung an den vorbereitenden Einzelrichter kaum zu dokumentieren ist. Rechtliches Gehör muss den Parteien vor der Zuweisung nicht gewährt werden, allerdings ist die Zuweisung mitzuteilen, wenn sie außerhalb der mündlichen Verhandlung erfolgt.[2] Vor der **Kammer für Handelssachen** ist gemäß § 527 Abs. 1 Satz 1 Hs. 1 ZPO Einzelrichter zwingend der Vorsitzende. Außerhalb der mündlichen Verhandlung bedarf es in diesem Fall gemäß § 527 Abs. 1 Satz 2 Hs. 2 ZPO eines Übertragungsaktes nicht. 3

---

1 BGHZ 86, 104 (112).
2 Zöller-*Heßler*, ZPO, § 527 Rn. 5; Thomas/Putzo-*Reichold*, ZPO, § 527 Rn. 2.

4 Die Zuweisung kann zu jedem Zeitpunkt im Berufungsverfahren erfolgen. Ausgeschlossen ist sie nur, solange eine Übertragung nach § 526 ZPO gegeben ist. Die Zuweisung nach § 527 ZPO kann vom Spruchkörper jederzeit zurückgenommen werden. Anders ist dies allerdings zu beurteilen, wenn der Einzelrichter nach § 527 Abs. 4 ZPO die alleinige Entscheidungsbefugnis erlangt hat.[3] Hiervon zu unterscheiden ist die Frage, ob der Einzelrichter im Fall des Abs. 4 seinerseits die Sache ohne Änderung der Prozesslage an den Spruchkörper zurückgeben kann. Das ist mangels einer dem § 526 Abs. 2 ZPO vergleichbaren einschränkenden Regelung zu bejahen.[4]

II. Aufgaben und Befugnisse, Abs. 2

5 Aufgabe des Einzelrichters ist es, die Sache so weit zu fördern, dass Entscheidungsreife eintritt und sie vom Kollegialgericht in einem Haupttermin erledigt werden kann. Dazu wird der Einzelrichter den Streitstoff sichten, erforderlichenfalls Hinweise gemäß § 139 Abs. 1 ZPO erteilen und die Möglichkeit einer gütlichen Streitbeilegung mit den Parteien erörtern. Der Rechtsstreit kann ohne weiteres auch vor dem vorbereitenden Einzelrichter wirksam durch einen Vergleich i.S.d. § 794 Abs. 1 Nr. 1 ZPO beendet werden.[5]

6 Nach § 527 Abs. 2 Satz 2 ZPO kann der vorbereitende Einzelrichter auch „einzelne Beweise" erheben, soweit dies sachgerecht erscheint und anzunehmen ist, dass das Berufungsgericht das Beweisergebnis ohne unmittelbaren Eindruck von der Beweisaufnahme würdigen kann. Hierzu wurde früher vertreten, dass die Übertragung einer vollständigen und umfänglichen Beweisaufnahme auf den Einzelrichter in der Regel (im konkreten Fall in einem Arzthaftungsprozess) verfahrenswidrig sei.[6] Seine dahingehende Rechtsprechung hat der BGH zwischenzeitlich weiterentwickelt und dargelegt, dass vorbehaltlich der sich aus dem Gesetzeswortlaut ergebenden Einschränkungen grundsätzlich die gesamte Beweisaufnahme dem vorbereitenden Einzelrichter überlassen werden kann.[7]

7 Geeignet für eine Beweiserhebung durch den Einzelrichter ist die Erholung eines schriftlichen **Sachverständigengutachtens**, insbesondere wenn in diesem Zusammenhang eine Ortsbesichtigung durchzuführen ist. Sinnvoll kann im Einzelfall auch die Einvernahme von **Zeugen** sein, wobei der Einzelrichter nonverbale Eindrücke der Beweisaufnahme in einem den Parteien bekannt zu machenden Vermerk festhalten sollte.[8] Eine **Parteivernehmung** ist zwar nicht ausgeschlossen, sollte im Regelfall aber dem Kollegium vorbehalten bleiben.[9] Sie lässt sich – sofern nicht nach § 128 Abs. 2 ZPO mit Zustimmung der Parteien im schriftlichen Verfahren entschieden wird – sachgerecht im Rahmen des nach der Rückgabe an den Spruchkörper anzusetzenden Haupttermins durchführen.

8 Hält der Einzelrichter die Sache für so weit gefördert, dass der Rechtsstreit in einer mündlichen Verhandlung vor dem Spruchkörper abgeschlossen werden kann, gibt er sie an das Kollegium zurück. Dies kann durch nicht zu begründenden aber bekannt zu machenden Beschluss, durch formlose Verfügung oder konkludent durch Zuleitung der Akten an den Vorsitzenden zum Zwecke der Terminierung geschehen.[10] Das Kollegium kann die Sache erneut dem Einzelrichter zuweisen, wenn es weitere Vorbereitungen für notwendig hält. Beschränkungen hinsichtlich wiederholter Zuweisungen enthält das Gesetz nicht. Auch nach Rückgabe der Sache an den Spruchkörper bleibt der Einzelrichter für Handlungen und Entscheidungen zuständig, die aus seiner Tätigkeit im Rahmen der Verfahrensvorbereitung herrühren,[11] z.B. für die Festsetzung des Vergleichswerts eines vor ihm geschlossenen (Teil)Vergleichs.

9 Nach Rückgabe der Sache an den Spruchkörper muss dieser abschließend mündlich verhandeln (außer im Fall des § 128 Abs. 2 ZPO). Will das Kollegium hierbei von der Bewertung eines Beweises durch den vorbereitenden Einzelrichter abweichen, so ist diese Beweiserhebung von allen Richtern zu wiederholen.[12]

---

3 Zöller-*Heßler*, ZPO, § 527 Rn. 6.
4 Prütting/Gehrlein-*Oberheim*, ZPO, § 527 Rn. 20 m.w.N.
5 Prütting/Gehrlein-*Oberheim*, ZPO, § 527 Rn. 10.
6 BGH, NJW 1994, 801.
7 BGH, NJW 2013, 2516, Rn. 22.
8 Beispiel aus BGH, NJW 1991, 1302: „Der Zeuge wirkte offen, gutmütig und ehrlich"; Prütting/Gehrlein-*Oberheim*, ZPO, § 527 Rn. 5.
9 Zöller-*Heßler*, ZPO, § 527 Rn. 8.
10 Prütting/Gehrlein-*Oberheim*, ZPO, § 527 Rn. 22.
11 Zöller-*Heßler*, ZPO, § 527 Rn. 10.
12 Prütting/Gehrlein-*Oberheim*, ZPO, § 527 Rn. 24.

III. Entscheidungsbefugnisse, Abs. 3

Für die in § 527 Abs. 3 ZPO genannten Entscheidungen liegt die Zuständigkeit beim vorbereitenden Einzelrichter. Abs. 3 Nr. 2 umfasst dabei Fälle der Verfahrensbeendigung, die keine weitere Sachprüfung mehr erfordern. Im Säumnisfall (Abs. 3 Nr. 3) kann der Einzelrichter nach herrschender Meinung auch ein unechtes Versäumnisurteil erlassen.[13] Die Kostenentscheidung nach Abs. 3 Nr. 4 betrifft im Wesentlichen Fälle der übereinstimmenden Erledigterklärung, wobei diese vor dem Einzelrichter erfolgt sein muss.[14] 10

Neben den sich aus § 527 Abs. 2, 3 ZPO ergebenden Entscheidungsbefugnissen bestehen für den vorbereitenden Einzelrichter weitere Entscheidungskompetenzen kraft Sachzusammenhangs. Das betrifft namentlich die Wiedereinsetzung in ihm gegenüber versäumte Fristen, Entscheidungen nach § 71 ZPO über die Zurückweisung einer Nebenintervention und alle im Rahmen einer Beweiserhebung anfallenden Entscheidungen wie z.B. solche über eine Sachverständigenablehnung, über die Zulässigkeit einer Zeugnisverweigerung oder über die Festsetzung von Ordnungsmitteln.[15] 11

IV. Sachentscheidung durch den Einzelrichter, Abs. 4

Mit dem Einverständnis der Parteien kann der Einzelrichter gemäß § 527 Abs. 4 ZPO auch im Übrigen, d.h. insbesondere in der Hauptsache, entscheiden. Das Einverständnis muss grundsätzlich ausdrücklich schriftlich oder zu Protokoll erklärt werden, eine konkludente Erklärung ist nur ausnahmsweise möglich. Das Einverständnis kann im Allgemeinen nicht auf einzelne Entscheidungen, etwa auf die als nächstes zu treffende Entscheidung, beschränkt werden.[16] Allerdings ist eine Beschränkung auf abtrennbare Teile des Streitgegenstands möglich, so dass der Einzelrichter ein Teilurteil erlassen kann.[17] Das Einverständnis der Parteien kann in entsprechender Anwendung des § 128 Abs. 2 Satz 1 ZPO bei einer wesentlichen Änderung der Prozesslage widerrufen werden.[18] 12

Nach Abs. 4 „kann" der Einzelrichter entscheiden. Anders als im Rahmen des Abs. 3 („entscheidet") muss der Einzelrichter auf die Einverständniserklärung der Parteien hin keine Sachentscheidung treffen. Er ist nicht gehindert, die Sache an das Kollegium zurückzugeben.[19] Ein Anspruch auf Entscheidung durch den Einzelrichter besteht selbst dann nicht, wenn die Rückgabe an das Kollegium zu einer Verzögerung der Entscheidung führt.[20] 13

V. Rechtsbehelfe

Eine gesetzliche Regelung über Rechtsbehelfe gegen die Zuweisung an den vorbereitenden Einzelrichter existiert nicht. Da aber § 526 Abs. 3 ZPO sogar die weiterreichende Übertragung des gesamten Rechtsstreits auf den Einzelrichter der Anfechtung ausnimmt, kann im Rahmen des § 527 ZPO nichts anderes gelten. Ein Rechtsmittel kann daher nicht darauf gestützt werden, dass eine Zuweisung an den Einzelrichter erfolgte oder eine solche unterlassen wurde oder dass die Rückgabe an das Kollegium erfolgte oder dieses die Zuweisung an den Einzelrichter zurücknahm.[21] 14

§ 528
Bindung an die Berufungsanträge

[1]Der Prüfung und Entscheidung des Berufungsgerichts unterliegen nur die Berufungsanträge. [2]Das Urteil des ersten Rechtszuges darf nur insoweit abgeändert werden, als eine Abänderung beantragt ist.

Inhalt:

	Rn.		Rn.
A. Allgemeines	1	II. Grenzen der Abänderung, Satz 2	6
B. Erläuterungen	2	III. Änderung der erstinstanzlichen	
I. Umfang der Prüfung, Satz 1	2	Kostenentscheidung	11

---

13 Prütting/Gehrlein-*Oberheim*, ZPO, § 527 Rn. 15 m.w.N. auch zur Gegenauffassung.
14 Zöller-*Heßler*, ZPO, § 527 Rn. 11.
15 Vgl. *Schneider*, MDR 2003, 375.
16 Zöller-*Heßler*, ZPO, § 527 Rn. 14.
17 Prütting/Gehrlein-*Oberheim*, ZPO, § 527 Rn. 19, unter Hinweis auf OLG Karlsruhe, OLGZ 1973, 374.
18 BGHZ 105, 270 (275).
19 BGH, NJW 1989, 229.
20 MK-*Rimmelspacher*, ZPO, § 527 Rn. 16; Prütting/Gehrlein-*Oberheim*, ZPO, § 527 Rn. 20.
21 Prütting/Gehrlein-*Oberheim*, ZPO, § 527 Rn. 26.

A. Allgemeines

1 § 528 Satz 1 ZPO gibt den Rahmen für die berufungsgerichtliche Verhandlung und Entscheidung vor: beides ist beschränkt durch die im Berufungsverfahren gestellten Anträge, wobei es wie in erster Instanz auf die zum Schluss der mündlichen Verhandlung gestellten Anträge ankommt (§ 297 ZPO). § 528 Satz 1 ZPO ist damit Ausfluss der Dispositionsmaxime im Zivilprozess. Der Satz 2 der Vorschrift beschränkt die Abänderungsbefugnis des Berufungsgerichts und enthält das Verbot einer Schlechterstellung des Berufungsführers (Verbot der *reformatio in peius*) gegenüber dem erstinstanzlich von ihm erzielten Ergebnis. Eine Schlechterstellung ist nur zulässig auf eine wirksame eigenständige Berufung oder Anschlussberufung des Prozessgegners hin.

B. Erläuterungen
I. Umfang der Prüfung, Satz 1

2 Der Gegenstand des Berufungsverfahrens wird durch die Anträge der Parteien bestimmt. Der Streitgegenstand kann dabei im Umfang hinter demjenigen der ersten Instanz zurückbleiben, wenn das Ersturteil nur teilweise angefochten wird. Soweit Klageänderung, Aufrechnungserklärung oder Widerklagen in Betracht kommen (§ 533 ZPO) kann der Streitgegenstand im Berufungsverfahren ausnahmsweise auch über denjenigen der ersten Instanz hinausgehen. Bei wechselseitigen Berufungen gegen ein teilweise der Klage stattgebendes Urteil ist in der Praxis regelmäßig die gesamte erstinstanzliche Entscheidung Prüfungsgegenstand.

3 Der Berufungsinstanz kann – abgesehen von den Fällen des § 533 ZPO – nur anfallen, worüber der Erstrichter entschieden hat. Entschieden ist, soweit den erstinstanzlichen Anträgen im Tenor stattgegeben wurde oder diese abgewiesen wurden. Ist in erster Instanz bewusst nur über einen Teil der Ansprüche entschieden worden (Teilurteil, § 301 ZPO), kann nur in diesem Umfang eine Berufung geführt werden. Hinsichtlich der nicht entschiedenen Ansprüche findet das Verfahren in erster Instanz seine Fortsetzung und führt zu einer weiteren eigenständig anfechtbaren Endentscheidung.[1] Wurde unbeabsichtigt über einen Teil des erstinstanzlichen Anspruchs dort nicht entschieden, ist nach § 321 ZPO (Urteilsergänzung) vorzugehen. Bei Versäumung der Frist des § 321 Abs. 2 ZPO erlischt die Rechtshängigkeit des übergangenen prozessualen Anspruchs.[2] Das Berufungsgericht hat hierüber nicht mehr zu entscheiden, es sei denn, der übergangene Anspruch wird in zweiter Instanz wirksam als neuer Anspruch geltend gemacht (§ 533 ZPO). Ist eine Entscheidung bewusst unterblieben, weil der Erstrichter irrtümlich davon ausging, eine Entscheidung sei nicht mehr notwendig (z.B. irrtümliche Annahme einer Teilklagerücknahme), so ist dieser sachlich-rechtliche Fehler mit der Berufung angreifbar.[3]

4 Der Berufungsinstanz fällt nicht an die Klageforderung bei einer wirksamen Beschränkung der Berufung auf eine Aufrechnungsforderung. In diesem Fall steht die Berechtigung des Klageanspruchs vielmehr fest.[4]

5 Das Berufungsgericht darf und muss jedoch entscheiden in folgenden Fällen, obwohl über einen Anspruch erstinstanzlich noch nicht entschieden ist: bei einer Berufung des Beklagten über einen wegen Zuerkennung des Hauptantrags nicht verbeschiedenen **Hilfsantrag**, wenn das Berufungsgericht den Hauptantrag zurückweist;[5] wenn bei einem an sich unzulässigen Teilurteil nicht in die erste Instanz zurückverwiesen wird: über den restlichen Anspruch;[6] wird bei einer **Stufenklage** nur die Entscheidung über die erste Stufe angegriffen, kann das Berufungsgericht die Klage insgesamt abweisen, wenn es sie insgesamt für unbegründet hält.[7] Über einen noch in erster Instanz anhängigen Streitgegenstand kann das Berufungsgericht außerdem dann entscheiden, wenn eine Partei dies beantragt und der Gegner einwilligt.[8]

II. Grenzen der Abänderung, Satz 2

6 Wie das Erstgericht (§ 308 Abs. 1 ZPO), so ist auch das Berufungsgericht an die Parteianträge gebunden (§ 528 Satz 2 ZPO). Es darf nicht mehr und nichts anderes zugesprochen werden,

---

1 Prütting/Gehrlein-*Oberheim*, ZPO, § 528 Rn. 6.
2 Zöller-*Heßler*, ZPO, § 528 Rn. 12.
3 MK-*Rimmelspacher*, ZPO, § 528 Rn. 8; Zöller-*Heßler*, ZPO, § 528 Rn. 12.
4 BGH, NJW-RR 2001, 1572 (1573).
5 BGH, NJW-RR 2013, 1334 (1335); BGH, NJW-RR 2005, 220 m.w.N. aus der Rechtsprechung und zur Gegenauffassung in Teilen der Literatur.
6 BGH, NJW 2001, 78 (79). Beachte auch: ficht bei einem unzulässigen Teilurteil der Kläger die ergangene Entscheidung nur teilweise an, steht der Aufhebung des gesamten Teilurteils das Verbot der *reformatio in peius* entgegen, BGH, NJW 2013, 1009 (1010).
7 BGH, NJW 1985, 2405 (2407).
8 BGHZ 97, 280 (1. Leitsatz) = NJW 1986, 2108.

als der Berufungskläger beantragt hat. Das gilt auch für Nebenforderungen.[9] Ebenso darf das, was das Ersturteil rechtskräftig zuerkannt hat, nicht durch das Berufungsurteil wieder aberkannt werden. Diese Grenzen der Abänderbarkeit gelten nach Zurückverweisung auch für das erstinstanzliche Gericht. Eine Abänderung lediglich der rechtlichen Begründung des Ersturteils ist dem Berufungsgericht dagegen nicht verwehrt.

Fälle einer unstatthaften Schlechterstellung sind etwa:[10] bei Teilerfolg der Klage und Berufung des Klägers darf der zuerkannte Teil nicht wieder abgesprochen, bei Berufung des Beklagten darf dem Kläger nicht mehr zugesprochen werden als in erster Instanz.[11] Bei Verurteilung zur Leistung Zug um Zug kann auf eine Klägerberufung die Klage nicht abgewiesen und auf eine Beklagtenberufung nicht unbedingt verurteilt werden. Ist eine Aufrechnungsforderung für (teilweise) begründet erachtet worden, kann sie auf die Berufung des Aufrechnenden nicht für unbegründet oder in geringerer Höhe begründet erachtet werden. Ist eine Klage wegen einer Hilfsaufrechnung erfolglos geblieben, darf auf eine Berufung des Klägers die Hauptforderung nicht mehr geprüft werden. Hat das Erstgericht zu Unrecht Klage und Widerklage saldiert, darf das Berufungsgericht auf Berufung des Beklagten die Forderungen nicht wieder getrennt ausurteilen, auch wenn dies bei fiktiver Saldierung dem wirtschaftlichen Ergebnis des Ersturteils entspricht. Durch ein solches Vorgehen wird der Beklagte im Urteilstenor schlechter gestellt, das Verschlechterungsverbot ist verletzt.[12]

Umstritten ist, ob und inwieweit das Verschlechterungsverbot in Fällen, in denen ein von Amts wegen zu beachtender Verfahrensmangel vorliegt, der Aufhebung des gesamten Urteils bei einer Teilanfechtung entgegensteht. In der Rechtsprechung des Bundesgerichtshofs wird insoweit zwischen behebbaren und unheilbaren Verfahrensfehlern differenziert. Bei einem behebbaren Verfahrensfehler wird es als zulässig erachtet, auf eine Teilanfechtung das ganze von dem Mangel betroffene Urteil aufzuheben und die Sache zurückzuverweisen, um den Prozess in die richtige Lage zu bringen und den Mangel im Ganzen zu beheben. Dabei darf die von neuem zu treffende sachliche Entscheidung des Ausgangsgerichts nicht zu Ungunsten des Rechtsmittelführers von der aufgehobenen Entscheidung abweichen. Bei unheilbaren, von Amts wegen zu berücksichtigenden Verfahrensmängeln entscheidet eine Abwägung zwischen der verletzten Verfahrensnorm und dem Verschlechterungsverbot. Maßgebend ist danach, ob der verletzten Verfahrensnorm ein größeres Gewicht zukommt als dem Verschlechterungsverbot. Ist dies der Fall, darf insgesamt aufgehoben werden. Das Verschlechterungsverbot tritt danach beispielsweise zurück, wenn Verfahrensvorschriften verletzt wurden, die einen Wiederaufnahmeantrag begründen würden.[13]

Nicht unter das Schlechterstellungsverbot fällt es, wenn das Berufungsgericht eine Klageabweisung als unzulässig in eine solche als unbegründet umwandelt und umgekehrt. Eine Abweisung als zur Zeit unbegründet kann in die Abweisung als endgültig unbegründet abgeändert werden, wenn aufgrund der zwischenzeitlich eingetretenen Rechtslage ein zusprechendes Urteil in Zukunft nicht mehr ergehen kann.[14] Zulässig ist auch eine Abänderung unselbstständiger Rechnungsposten innerhalb eines zusammengesetzten Anspruchs unter Beibehaltung der Endsumme.[15] In diesem Fall wird lediglich eine Änderung der Entscheidungsgründe vorgenommen, die an der Rechtskraft des Urteils nicht teilnehmen und durch das Verschlechterungsverbot nicht geschützt werden. Keinen Verstoß gegen das Verschlechterungsverbot stellt es aus demselben Grund auch dar, wenn ein wegen unbestimmten oder widersprüchlichen Tenors unwirksames Urteil abgeändert wird.[16]

Verstöße gegen die Bindung an die Parteianträge und gegen das Verbot der *reformatio in peius* werden vom Revisionsgericht bei zulässiger Revision von Amts wegen berücksichtigt.[17]

---

9 Vgl. für Zinsforderungen BGH, BeckRS 2014, 10217.
10 Vgl. die Aufzählung bei Thomas/Putzo-*Reichold*, ZPO, § 528 Rn. 5.
11 BGH, NJW 2011, 848 (851), Rn. 50.
12 BGH, NJW 2013, 140 (141). Der BGH weist zutreffend darauf hin, dass der Beklagte in einer solchen Konstellation auch wirtschaftlich beschwert sein kann, wenn nämlich die Einbringlichkeit der Widerklageforderung zweifelhaft ist.
13 BGH, NJW 2013, 1009 m.w.N. auch zur Gegenauffassung. Im konkreten Fall eines unzulässigen Teilurteils hat der BGH für eine Klägerberufung eine Aufhebung des zusprechenden Urteilsteils abgelehnt.
14 BGH, WM 1996, 1862.
15 BGH, NJW-RR 2004, 95 (96); Zöller-*Heßler*, ZPO, § 528 Rn. 28.
16 BGH, NJW-RR 2001, 1351 (1352); BGH, NJW-RR 1996, 659. Beide Entscheidungen ergingen zu Aufhebungen in der Revisionsinstanz. Im Bereich des § 528 ZPO ist jedoch ebenso vorzugehen.
17 BGH, NJW-RR 1989, 1087.

III. Änderung der erstinstanzlichen Kostenentscheidung

11 Das Berufungsgericht überprüft die erstinstanzliche Kostenentscheidung auch ohne entsprechenden Antrag von Amts wegen. Dies folgt aus § 525 Satz 1 ZPO i.V.m. § 308 Abs. 2 ZPO. Dabei gilt das Verschlechterungsverbot nicht, d.h. das Berufungsgericht kann auch dann zum Nachteil des Berufungsführers entscheiden, wenn keine Anschlussberufung eingelegt und damit das Urteil erster Instanz formal nicht zu Lasten des Berufungsführers angegriffen wurde.[18] Die Abänderung der erstinstanzlichen Kostenentscheidung kann sogar zum Nachteil eines in der Berufungsinstanz nicht mehr beteiligten Streitgenossen erfolgen.[19]

§ 529
Prüfungsumfang des Berufungsgerichts

(1) Das Berufungsgericht hat seiner Verhandlung und Entscheidung zugrunde zu legen:
1. **die vom Gericht des ersten Rechtszuges festgestellten Tatsachen, soweit nicht konkrete Anhaltspunkte Zweifel an der Richtigkeit oder Vollständigkeit der entscheidungserheblichen Feststellungen begründen und deshalb eine erneute Feststellung gebieten;**
2. **neue Tatsachen, soweit deren Berücksichtigung zulässig ist.**

(2) ¹Auf einen Mangel des Verfahrens, der nicht von Amts wegen zu berücksichtigen ist, wird das angefochtene Urteil nur geprüft, wenn dieser nach § 520 Abs. 3 geltend gemacht worden ist. ²Im Übrigen ist das Berufungsgericht an die geltend gemachten Berufungsgründe nicht gebunden.

Inhalt:

	Rn.		Rn.
A. Allgemeines...................	1	III. Verfahrensfehler, Abs. 2 Satz 1	11
B. Erläuterungen.................	2	IV. Prüfung der Rechtsanwendung,	
I. Umfang der Prüfung, Abs. 1	2	Abs. 2 Satz 2...................	14
II. Entfallen der Bindungswirkung......	5	V. Anfechtbarkeit.................	15

A. Allgemeines

1 Die Vorschrift ist ein zentrales Element der durch das ZPO-Reformgesetz 2001 eingeführten Beschränkung der Berufungsinstanz auf die Fehlerkontrolle und Fehlerbeseitigung. Zu diesem Zweck wird das Berufungsgericht durch Abs. 1 Nr. 1 Hs. 1 der Norm grundsätzlich an die erstinstanzlich getroffenen Feststellungen gebunden. Außerdem werden nach Abs. 2 Satz 1 nicht von Amts wegen zu berücksichtigende Verfahrensfehler nur auf eine entsprechende Rüge hin geprüft. Die Berufungsinstanz bleibt aber dennoch im Gegensatz zur Revision Tatsacheninstanz, weil unter den Voraussetzungen von § 529 Abs. 1 Nr. 1 Hs. 2 ZPO auch eine neue Feststellung von Tatsachen möglich ist und weil in den Grenzen von § 531 Abs. 2 ZPO sogar neuer Tatsachenstoff vorgebracht werden kann.[1]

B. Erläuterungen
I. Umfang der Prüfung, Abs. 1

2 Festgestellt i.S.d. § 529 Abs. 1 Nr. 1 ZPO sind solche Tatsachen, bezüglich derer der Erstrichter aufgrund einer freien Beweiswürdigung die Entscheidung getroffen hat, dass sie für wahr oder für unwahr zu erachten sind und solche Tatsachen, die der Erstrichter ohne Prüfung der Wahrheit seinem Urteil zugrunde gelegt hat, weil sie offenkundig, gerichtsbekannt, zugestanden oder unstreitig waren oder weil sich aus gesetzlichen Vermutungen oder Beweis- und Auslegungsregeln ergeben haben.[2] Die Vorschrift bezieht sich gleichermaßen auf Feststellungen zur Zulässigkeit und zur Begründetheit.[3]

3 Davon zu unterscheiden ist, dass nach der Rechtsprechung des Bundesgerichtshofs über die festgestellten Tatsachen hinaus grundsätzlich der gesamte in der 1. Instanz vorgetragene Streitstoff in die Berufungsinstanz gelangt, auch wenn er vom Erstrichter als unerheblich angesehen wird und dieser daher insoweit keine Feststellungen trifft.[4] Gerade aus dem Umstand,

---

18 OLG Jena, NJW-RR 2002, 970 (971) m.w.N.
19 BGH, NJW 1981, 2360; Thomas/Putzo-*Reichold*, ZPO, § 528 Rn. 2.

Zu § 529:
1 Zöller-*Heßler*, ZPO, § 529 Rn. 1.
2 BGH, NJW 2005, 983 (984); BGHZ 158, 295 (309) = NJW 2004, 2152 (2155).
3 MK-*Rimmelspacher*, ZPO, § 529 Rn. 12.
4 BGH, NJW-RR 2012, 429 (430), Rn. 11.

dass solcher Streitstoff nicht neu i. S. d. § 531 Abs. 2 ZPO und daher in der Beachtlichkeit nicht beschränkt ist, können sich i. S. v. § 529 Abs. 1 Nr. 1 ZPO Zweifel an der Vollständigkeit der Feststellungen ergeben, nämlich dann, wenn weitere Feststellungen aus Sicht des Berufungsgerichts entscheidungserheblich gewesen wären. Hinsichtlich solcher nicht festgestellter Tatsachen tritt jedenfalls keine Bindung des Berufungsgerichts ein.

Zu beachten ist im Zusammenhang mit den festgestellten Tatsachen und der Frage ihrer Korrigierbarkeit nach § 529 Abs. 1 Nr. 1 ZPO, dass **Unrichtigkeiten** der tatbestandlichen Feststellungen des Ersturteils (also insbesondere des Tatbestands) nur im Wege der Tatbestandsberichtigung gemäß § 320 ZPO geltend gemacht werden können.[5] Grund hierfür ist die Beweiskraft des Tatbestands gemäß § 314 Satz 1 ZPO. Wird im Ersturteil eine Tatsache also zu Unrecht als unstreitig dargestellt oder ein Tatsachenvortrag falsch wiedergegeben, ist ein Antrag auf Berichtigung des Ersturteils zu stellen.[6] Anders verhält es sich dagegen bei Unvollständigkeiten. Diese können als Verfahrensfehler mit der Berufung geltend gemacht werden.

II. Entfallen der Bindungswirkung

Das Berufungsgericht ist an die Tatsachenfeststellungen des Erstgerichts nicht gebunden, wenn **konkrete Anhaltspunkte** dafür bestehen, dass die Feststellungen unrichtig oder unvollständig sind. In diesem Zusammenhang ist es Aufgabe des Berufungsgerichts, das Urteil der Vorinstanz auch ohne dahin gehende Rüge auf konkrete Anhaltspunkte für Zweifel hinsichtlich der Richtigkeit und Vollständigkeit der getroffenen Tatsachenfeststellungen zu prüfen und etwaige Fehler zu beseitigen.[7]

Solche Fehler liegen etwa vor, wenn das Beweismaß verkannt wurde (§ 286 ZPO statt § 287 ZPO), wenn die Beweiswürdigung nachvollziehbarer Grundlagen entbehrt, wenn gegen Denkgesetze oder allgemeine Erfahrungssätze verstoßen wurde, wenn Verfahrensfehler bei den Tatsachenfeststellungen unterlaufen sind,[8] etwa ein lückenhaftes Sachverständigengutachten nicht ergänzt wurde oder einem rechtzeitig gestellten Antrag auf mündliche Anhörung des Sachverständigen nicht entsprochen wurde.[9] Konkrete Anhaltspunkte für eine fehlerhafte Tatsachenfeststellung können sich darüber hinaus aus gemäß § 531 Abs. 2 ZPO zuzulassenden neuen Angriffs- und Verteidigungsmitteln ergeben, ferner aus gerichtsbekannten Tatsachen, wobei es genügt, wenn diese dem Berufungsgericht bekannt sind.

Aufgrund der konkreten Anhaltspunkte müssen Zweifel an der Richtigkeit und Vollständigkeit der Tatsachenfeststellungen begründet sein. **Begründete Zweifel** bestehen, wenn aus der Sicht des Berufungsgerichts eine gewisse – nicht notwendig überwiegende – Wahrscheinlichkeit dafür besteht, dass im Falle einer Beweiserhebung die erstinstanzlichen Feststellungen keinen Bestand haben werden, sich also deren Unrichtigkeit herausstellt.[10] Bloß theoretische Bedenken oder die abstrakte Möglichkeit abweichender Tatsachenfeststellungen reichen dagegen nicht aus, um das Berufungsgericht zu einer Überprüfung zu veranlassen.

Die Zweifel an den bisherigen Feststellungen müssen eine Neufeststellung gebieten, sei es im Wege einer vollständig wiederholten Beweisaufnahme, sei es im Wege einer ergänzenden Beweisaufnahme. Erforderlich werden kann in diesem Zusammenhang in gewissem Umfang eine vorweggenommene Beweiswürdigung zur Abschätzung des Beweiswerts weiterer Beweismittel. Hat z. B. das Erstgericht seine Tatsachenfeststellungen auf die Bekundungen unmittelbarer Zeugen gestützt, wird ein in erster Instanz nicht vernommener Zeuge vom Hörensagen häufig eine weitere Beweisaufnahme nicht gebieten.[11] Dagegen ist eine von der erstinstanzlichen Würdigung abweichende Würdigung eines Zeugenbeweises ohne vorherige Wiederholung der Einvernahme des Zeugen dem Berufungsgericht regelmäßig verwehrt, weil in die Beweiswürdigung Umstände eingeflossen sein können, die sich aus dem Sitzungsprotokoll nicht ergeben.[12] Aus demselben Grund ist eine Wiederholung der Beweisaufnahme entbehrlich, wenn schon das Erstgericht nur auf der Grundlage einer schriftlichen Zeugenaussage entschieden hat[13] oder eine Würdigung der Zeugenaussage gar nicht erfolgt ist.[14] Kommt es zu einer erneuten Beweisaufnahme, muss das Berufungsgericht regelmäßig alle Zeugen hören,

---

5 BGH, NJW 2007, 2913 (2915), Rn. 11.
6 Musielak/Voit-*Ball*, ZPO, § 529 Rn. 6.
7 BGH, NJW 2011, 3435, Rn. 14; BGH, NJW 2005, 983 (984).
8 BGHZ 158, 269 = NJW 2004, 1876 (1. Leitsatz).
9 BGH, VersR 2006, 950.
10 BGH, NJW 2006, 152 (153); BGHZ 159, 245 (249) = NJW 2004, 2825 (2826).
11 Thomas/Putzo-*Reichold*, ZPO, § 529 Rn. 4.
12 BVerfG, NJW 2005, 1487; Prütting/Gehrlein-*Oberheim*, ZPO, § 529 Rn. 14.
13 BGH, NJW 1998, 384 (385).
14 BGH, NJW 1994, 1341 (1343) für einen Fall, in dem das Berufungsgericht eine erstinstanzlich nicht gewürdigte Aussage eines Zeugen als glaubwürdig erachtet hat.

die zu dem Beweisthema benannt sind, weil es nur so das Gesamtergebnis der Beweisaufnahme unmittelbar würdigen kann (§§ 286 Abs. 1, 355 ZPO). Allerdings muss sich die Beweisaufnahme dabei nur soweit erstrecken, wie Zweifel an den erstinstanzlichen Feststellungen bestehen. Über Unzweifelhaftes muss nicht erneut Beweis erhoben werden. Ist erstinstanzlich ein Sachverständiger vernommen worden, darf das Berufungsgericht aus dessen Gutachten keine anderen Schlüsse ziehen als das Erstgericht, wenn es den Gutachter nicht zuvor selbst vernimmt.[15]

9 Die zweifelhaften Feststellungen müssen überdies solche Tatsachen betreffen, die nach zutreffender materiell-rechtlicher Beurteilung **entscheidungserheblich** sind. Das Gesetz bekräftigt hier in § 529 Abs. 1 Nr. 1 ZPO nur Selbstverständliches: über Tatsachen, die nicht entscheidungserheblich sind, hat schon nach allgemeinen Regeln keine Beweisaufnahme stattzufinden.

10 Neue Tatsachen hat das Berufungsgericht zu berücksichtigen, wenn sie nach § 531 Abs. 2 ZPO zuzulassen sind. Solche neuen Tatsachen können eine wiederholte oder ergänzende Beweisaufnahme notwendig machen, ohne dass es auf Zweifel an den Tatsachenfeststellungen der ersten Instanz ankommt. Die Kriterien des § 529 Abs. 1 Nr. 1 ZPO spielen mithin für neue zuzulassende Tatsachen und deren Zugang zu einer Beweisaufnahme in zweiter Instanz keine Rolle. Dies wird durch die separate Verortung jener Konstellation in § 529 Abs. 1 Nr. 2 ZPO verdeutlicht.

III. Verfahrensfehler, Abs. 2 Satz 1

11 Für den Prüfungsumfang des Berufungsgerichts bei Verfahrensfehlern erster Instanz ist zu unterscheiden zwischen Mängeln, die von Amts wegen zu berücksichtigen sind und solchen, die nur auf eine Rüge nach § 520 Abs. 3 ZPO hin berücksichtigt werden, die für die Parteien also disponibel sind.

12 **Von Amts wegen** zu prüfen sind zunächst die Prozessvoraussetzungen des § 56 ZPO und zwar in allen Instanzen. Allerdings ist z.B. bei der Parteifähigkeit einer juristischen Person eine Prüfung des Fortbestands nur veranlasst, wenn es konkrete Hinweise auf deren Erlöschen gibt.[16] Bei einem Versäumnisurteil vor dem Erstgericht ist die Zulässigkeit des Einspruchs von Amts wegen zu prüfen, weil sonst die Rechtskraft des Versäumnisurteils dem weiteren Verfahren entgegensteht.[17] Ebenso von Amts wegen zu beachten ist eine fehlende Bestimmtheit des Klageantrags, etwa weil nicht klargestellt wurde, welche von mehreren Anträgen Haupt- und welche Hilfsanträge sind.[18] Von Amts wegen zu berücksichtigen ist weiterhin eine etwaige Unzulässigkeit des Ersturteils, so z.B. die Unzulässigkeit eines Grundurteils bei unbezifferter Anspruchshöhe[19] oder die Fällung eines Urteils während einer Verfahrensunterbrechung. Schließlich ist bei entsprechenden Anhaltspunkten von Amts wegen die Einhaltung der Vorschriften zu prüfen, die die Öffentlichkeit der Verhandlung und die Gewährung rechtlichen Gehörs sichern sollen.

13 **Rügeabhängig** sind Verstöße gegen Verfahrensvorschriften, auf deren Einhaltung die Parteien verzichten können. Das betrifft alle den äußeren Verfahrensablauf regelnden Normen, z.B. Zustellungsvorschriften, die §§ 159f. ZPO betreffend die gerichtliche Protokollierung, Ladungsvorschriften, Verstöße gegen § 283 ZPO und die Vorschriften über das bei der Beweisaufnahme zu beachtende Verfahren.[20] Eine Verfahrensrüge darf sich in diesem Zusammenhang nicht in der pauschalen Beanstandung des erstinstanzlichen Verfahrens erschöpfen, sondern muss das fehlerbehaftete Verhalten des Erstgerichts konkret erkennen lassen. Der Berufungskläger muss die Verfahrensrüge dabei in der Berufungsbegründung erheben.[21]

IV. Prüfung der Rechtsanwendung, Abs. 2 Satz 2

14 Die Anwendung des materiellen Rechts wird in den Grenzen des § 528 ZPO unter Berücksichtigung aller in Betracht kommender Anspruchsgrundlagen von Amts wegen geprüft.[22] Das Berufungsgericht unterliegt dabei gemäß § 529 Abs. 2 Satz 2 ZPO keiner Beschränkung auf die geltend gemachten Berufungsgründe. Es hat die Auslegung von Willenserklärungen und die Würdigung von Beweisen ohne Bindung an die erstinstanzliche Interpretation vorzunehmen, wobei es nicht darauf ankommt, ob es die Auslegung der Vorinstanz für vertretbar hält. Maß-

---

15 Prütting/Gehrlein-*Oberheim*, ZPO, § 529 Rn. 14.
16 BGHZ 159, 14 = NJW 2004, 2523 (2. Leitsatz).
17 BGH, NJW 1976, 1940.
18 Thomas/Putzo-*Reichold*, ZPO, § 529 Rn. 8 m.w.N.
19 BGH, NJW 2000, 664 (665).
20 Vgl. die Aufzählung bei Prütting/Gehrlein-*Oberheim*, ZPO, § 529 Rn. 18.
21 Prütting/Gehrlein-*Oberheim*, ZPO, § 529 Rn. 19.
22 BGH, NJW 2011, 3435, Rn. 14.

geblich ist vielmehr, ob die Auslegung **sachlich überzeugend** ist. Das Berufungsgericht ist insoweit nicht auf die Prüfungskompetenz des Revisionsgerichts beschränkt, sondern hat auf der Grundlage aller berücksichtigungsfähigen Tatsachen zu prüfen, ob die Beweiswürdigung des erstinstanzlichen Gerichts bei Berücksichtigung aller Gesichtspunkte überzeugt. Die Berufung kann daher – anders als die Revision – auch auf eine von der ersten Instanz abweichende Würdigung von Zeugenaussagen gestützt werden.[23] Ist die erstinstanzliche Würdigung nicht überzeugend, hat das Berufungsgericht (ggf. unter Wiederholung der Beweisaufnahme) eine eigene Würdigung vorzunehmen. Dieselben Grundsätze gelten für Ermessensentscheidungen, insbesondere für die Bemessung von Schmerzensgeld. Auch hier hat das Berufungsgericht in vollem Umfang zu überprüfen, ob die erstinstanzliche Bemessung überzeugt.[24]

V. Anfechtbarkeit

Mit der Revision, soweit diese gegeben ist, kann angegriffen werden, dass das Berufungsgericht zu Unrecht eine Bindung an erstinstanzliche Feststellungen bejaht und daher fehlerhaft eine eigene Tatsachenfeststellung unterlassen habe. Auf diesen Einwand kann ggf. wegen Verletzung des Art. 103 GG auch eine Verfassungsbeschwerde gestützt werden. Nicht im Revisionsverfahren zu prüfen ist dagegen, ob das Berufungsgericht seine Bindung an die erstinstanzlichen Feststellungen zu Unrecht verneint hat. Dass der vom Gesetzgeber mit § 529 Abs. 1 Nr. 1 ZPO intendierte Zweck einer Verfahrensstraffung durch eine Bindung an die (zutreffenden und vollständigen) erstinstanzlichen Feststellungen verfehlt wurde, kann nämlich nachträglich nicht mehr geheilt werden.[25] 15

§ 530
Verspätet vorgebrachte Angriffs- und Verteidigungsmittel

Werden Angriffs- oder Verteidigungsmittel entgegen den §§ 520 und 521 Abs. 2 nicht rechtzeitig vorgebracht, so gilt § 296 Abs. 1 und 4 entsprechend.

Inhalt:

	Rn.		Rn.
A. Allgemeines	1	III. Verzögerung	4
B. Erläuterungen	2	IV. Entschuldigung	7
I. Angriffs- und Verteidigungsmittel	2	V. Zurückweisung und Rechtsbehelfe	8
II. Verspätung	3		

A. Allgemeines

Die Vorschrift dient der Beschleunigung und Konzentration im Berufungsverfahren.[1] Sie schreibt vor, dass Angriffs- und Verteidigungsmittel, die unentschuldigt nicht innerhalb der Berufungsbegründungsfrist oder einer gemäß § 521 Abs. 2 ZPO gesetzten Berufungserwiderungs- oder Replikfrist vorgebracht werden, zwingend zurückzuweisen sind, wenn ihre Zulassung die Erledigung des Rechtsstreits verzögern würde. 1

B. Erläuterungen
I. Angriffs- und Verteidigungsmittel

Angriffs- und Verteidigungsmittel sind alle zur Begründung eines Sachvortrags oder zur Verteidigung dagegen vorgebrachten tatsächlichen und rechtlichen Behauptungen, Einwendungen und Einreden, sämtliches Bestreiten und alle Beweisanträge.[2] Nicht dazu zählen Rechtsausführungen sowie selbstständige Angriffe in Form von neuen Anträgen, Klageerweiterungen und Widerklagen sowie die Anschlussberufung. Die Aufrechnung ist dagegen ein Angriffs- und Verteidigungsmittel und unterliegt dementsprechend der Präklusion und zusätzlich den Beschränkungen des § 533 ZPO.[3] Zu den anhand von § 530 ZPO zu prüfenden Angriffs- und Verteidigungsmitteln gehört auch das Vorbringen zu Nebenforderungen, z.B. zu Zinsen.[4] 2

---

23 BGH, BeckRS 2014, 22752, Rn. 9.
24 Prütting/Gehrlein-*Oberheim*, ZPO, § 529 Rn. 9.
25 Vgl. BGH, NJW 2005, 1583 (1585); Thomas/Putzo-*Reichold*, ZPO, § 529 Rn. 3; Zöller-*Heßler*, ZPO, § 529 Rn. 27; Musielak/Voit-*Ball*, ZPO, § 529 Rn. 26.

Zu § 530:
1 Prütting/Gerlach-*Oberheim*, ZPO, § 530 Rn. 1.
2 BGHZ 159, 254 (269) = NJW 2004, 2828 (2830).
3 Vgl. BeckOK-*Wulf*, ZPO, § 530 Rn. 4.
4 Prütting/Gerlach-*Oberheim*, ZPO, § 530 Rn. 7 m.w.N.

II. Verspätung

3 Eine Verspätung i.S.d. § 530 ZPO liegt für den Berufungskläger vor, wenn er die Berufungsbegründungsfrist (§ 520 Abs. 2 ZPO) versäumt oder wenn er eine gemäß § 521 Abs. 2 Satz 1 ZPO gesetzte Replikfrist verstreichen lässt. Auch wenn eine Replikfrist gesetzt wird, müssen die nach § 520 Abs. 3 Nr. 2–4 ZPO erforderlichen Angriffs- und Verteidigungsmittel innerhalb der Berufungsbegründungsfrist vorgebracht werden.[5] Für den Berufungsbeklagten liegt eine Verspätung vor, wenn er eine gesetzte Frist zur Berufungserwiderung (§ 521 Abs. 2 ZPO) versäumt. Keine Verspätung liegt vor, soweit neue Angriffs- und Verteidigungsmittel erst als adäquate Reaktion auf einen Hinweis des Berufungsgerichts innerhalb einer gesetzten Stellungnahmefrist vorgetragen werden.[6]

III. Verzögerung

4 § 530 ZPO verweist für den Fall verspäteten Vortrags von Angriffs- und Verteidigungsmitteln auf § 296 Abs. 1 ZPO. Solche Angriffs- und Verteidigungsmittel sind daher nur zuzulassen, wenn nach der freien Überzeugung des Berufungsgerichts die Zulassung den Rechtsstreit nicht verzögert oder wenn die Partei die Verzögerung genügend entschuldigt.

5 Eine Verzögerung des Rechtsstreits (vgl. zum **Begriff** auch § 296 Rn. 7 ff.) ist gegeben, wenn die Zulassung des verspäteten Vortrags die Erledigung des Rechtsstreits in zweiter Instanz verzögern würde. Das ist namentlich auch dann der Fall, wenn ohne die Zulassung des verspäteten Vorbringens ein Zurückweisungsbeschluss gemäß § 522 Abs. 2 ZPO ergehen kann.[7]

6 Keine Verzögerung liegt vor, wenn die verspätet vorgebrachten Angriffs- und Verteidigungsmittel in zweiter Instanz unstreitig sind.[8] Eine (verspätungsbedingte) Verzögerung ist auch dann nicht anzunehmen, wenn das Berufungsgericht die Verzögerung durch zumutbare Maßnahmen hätte abwenden können, insbesondere durch rechtzeitige Hinweise gemäß § 139 ZPO. Bleiben Maßnahmen des Berufungsgerichts jedoch erfolglos und beruht dies auf Gründen, die typischerweise dem verspäteten Vortrag anhaften, so ist das Vorbringen zurückzuweisen.[9]

IV. Entschuldigung

7 Eine Zurückweisung von Angriffs- und Verteidigungsmitteln kommt nicht in Betracht, wenn die Partei ihre Verspätung genügend entschuldigt. Die Entschuldigungsgründe sind gemäß §§ 530, 296 Abs. 4 ZPO auf Verlangen des Berufungsgerichts glaubhaft zu machen. Einer Entschuldigung steht bereits leicht fahrlässiges Verhalten der Partei entgegen.[10] Ein Verschulden ihres Rechtsanwalts muss die Partei gemäß § 85 Abs. 2 ZPO gegen sich gelten lassen.

V. Zurückweisung und Rechtsbehelfe

8 Ist ein verspätetes Vorbringen verfahrensverzögernd und nicht genügend entschuldigt, darf es nicht zugelassen werden. Die §§ 530, 296 Abs. 1 ZPO eröffnen für das Berufungsgericht kein Ermessen.[11] Auf eine beabsichtigte Zurückweisung ist die Partei hinzuweisen, um ihr Gelegenheit zur Entschuldigung zu geben.[12] Die Zurückweisung erfolgt in den Gründen der Entscheidung des Berufungsgerichts, wobei das Vorliegen der gesetzlichen Voraussetzungen einer Zurückweisung darzulegen ist.[13]

9 Die Zurückweisung von Angriffs- und Verteidigungsmitteln unterliegt der Überprüfung durch das Revisionsgericht.[14] Die Zulassung von Vorbringen ist dagegen nicht anfechtbar und unterliegt nicht der Aufhebung durch die Revision,[15] weil die infolge der gesetzwidrigen Zulassung eingetretene Verzögerung nicht mehr beseitigt werden kann.

---

5 Prütting/Gerlach-*Oberheim*, ZPO, § 530 Rn. 8.
6 BGH, NJW-RR 2007, 1612 (1613).
7 OLG München, BeckRS 2014, 11909.
8 BGH, NJW 2005, 291 (293) zu § 531 Abs. 2 ZPO; MK-*Rimmelspacher*, ZPO, § 530 Rn. 15.
9 BGH, NJW 1989, 719 (720): Nichterscheinen eines verspätet benannten aber noch geladenen Zeugen, der möglicherweise auch bei rechtzeitiger Benennung nicht erschienen wäre.
10 Prütting/Gerlach-*Oberheim*, ZPO, § 530 Rn. 11; Musielak/Voit-*Ball*, ZPO, § 530 Rn. 24.
11 Thomas/Putzo-*Reichold*, ZPO, § 530 Rn. 4.
12 BGH, NJW 1989, 717 (718), wonach die Partei zu einer Entschuldigung sogar aufzufordern ist.
13 Prütting/Gerlach-*Oberheim*, ZPO, § 530 Rn. 13.
14 BGH, NJW 2006, 152 (153); BGHZ 159, 254 (269) = NJW 2004, 2828 (2830).
15 Musielak/Voit-*Ball*, ZPO, § 530 Rn. 28 m.w.N.

§ 531
Zurückgewiesene und neue Angriffs- und Verteidigungsmittel

(1) Angriffs- und Verteidigungsmittel, die im ersten Rechtszuge zu Recht zurückgewiesen worden sind, bleiben ausgeschlossen.

(2) ¹Neue Angriffs- und Verteidigungsmittel sind nur zuzulassen, wenn sie
1. einen Gesichtspunkt betreffen, der vom Gericht des ersten Rechtszuges erkennbar übersehen oder für unerheblich gehalten worden ist,
2. infolge eines Verfahrensmangels im ersten Rechtszug nicht geltend gemacht wurden oder
3. im ersten Rechtszug nicht geltend gemacht worden sind, ohne dass dies auf einer Nachlässigkeit der Partei beruht.

²Das Berufungsgericht kann die Glaubhaftmachung der Tatsachen verlangen, aus denen sich die Zulässigkeit der neuen Angriffs- und Verteidigungsmittel ergibt.

Inhalt:

	Rn.		Rn.
A. Allgemeines	1	II. Zulassung neuer Angriffsmittel, Abs. 2	9
B. Erläuterungen	4	III. Das weitere Verfahren; Rechtsmittel	15
I. Zurückgewiesene Angriffsmittel, Abs. 1	4		

A. Allgemeines

Die Norm ist Teil der berufungsrechtlichen Präklusionsvorschriften. Angriffs- und Verteidigungsmittel, die in der ersten Instanz zu spät vorgebracht und daher zu Recht zurückgewiesen wurden, bleiben nach Abs. 1 auch im Berufungsverfahren ausgeschlossen. Neue Angriffs- und Verteidigungsmittel, solche also, die in der ersten Instanz gar nicht vorgetragen wurden, sind nur unter den Voraussetzungen des Abs. 2 zuzulassen, d.h. bei bestimmten Fehlern des erstinstanzlichen Verfahrens oder wenn die fehlende Geltendmachung von der Partei nicht zu vertreten ist. § 531 ZPO sichert damit die Einhaltung der Prozessförderungspflicht durch die Parteien, indem diese angehalten werden, rechtzeitig in der ersten Instanz vorzutragen und nichts für die zweite Instanz aufzusparen (keine „Flucht in die Berufung").[1]   1

Durch die Vorschrift nicht ausgeschlossen ist die erstmalige Erhebung einer Einrede[2] oder die erstmalige Ausübung eines Gestaltungsrechts in zweiter Instanz, wenn die Erhebung der Einrede bzw. die Ausübung des Gestaltungsrechts und zur Begründung notwendigen Tatsachen unstreitig oder bereits bewiesen sind.[3] Überhaupt ist nach der ständigen Rechtsprechung des Bundesgerichtshofs auch unabhängig von Einreden und Gestaltungsrechten jegliches neue Vorbringen zuzulassen, wenn es zwischen den Parteien unstreitig ist,[4] selbst wenn dadurch zu anderen Themenbereichen eine Beweisaufnahme erforderlich wird.[5]   2

§ 531 ZPO gilt nicht, soweit Sonderregelungen bestehen wie in § 532 ZPO für Rügen betreffend die Zulässigkeit der Klage, wie in § 534 ZPO für sonstige Verfahrensrügen und wie in § 533 ZPO für Klageänderung, Aufrechnungserklärung und Widerklage.[6] § 531 ZPO gilt ferner nicht für Angriffs- und Verteidigungsmittel, die erst nach dem Schluss der mündlichen Verhandlung erster Instanz entstanden sind.[7]   3

B. Erläuterungen
I. Zurückgewiesene Angriffsmittel, Abs. 1

Angriffs- und Verteidigungsmittel, die in erster Instanz zu Recht zurückgewiesen wurden, bleiben auch in der Berufungsinstanz ausgeschlossen, gleichgültig ob sie nochmals ausdrücklich vorgebracht werden oder nicht. Maßgeblich für die Anwendung des Absatzes 1 sind zwei Begriffe: es muss erstinstanzlich zu einer **Zurückweisung** des fraglichen Angriffs- oder Verteidigungsmittels (zum Begriff vgl. § 296 Rn. 4) gekommen sein und diese muss **zu Recht** erfolgt sein.   4

---

1 Prütting/Gehrlein-*Oberheim*, ZPO, § 531 Rn. 1, mit kritischem Hinweis darauf, dass es unschlüssig sei, dass erstinstanzlich verspäteter Vortrag stets ausgeschlossen sei, während gar nicht gebrachter Vortrag unter den Voraussetzungen des Abs. 2 zuzulassen sei.
2 BGH, NJW-RR 2010, 664, für die Einrede der beschränkten Erbenhaftung.
3 Vgl. BGHZ 177, 212 = NJW 2008, 3434 (1. Leitsatz), für die Erhebung der Verjährungseinrede.
4 BGH, NJW 2009, 685; BGH, NJW 2009, 2532 (2533).
5 BGH, BeckRS 2015, 02176, Rn. 5; Thomas/Putzo-*Reichold*, ZPO, § 531 Rn. 1.
6 Thomas/Putzo-*Reichold*, ZPO, § 531 Rn. 5.
7 BGH, NJW-RR 2010, 1478.

5 Eine **Zurückweisung** liegt nur vor, wenn sie ausdrücklich im erstinstanzlichen Urteil erfolgte und dort begründet wurde.[8] Eine Zurückweisung durch gesonderten Beschluss ist dagegen wirkungslos.[9] Grundlage für die Zurückweisung in erster Instanz können nur sein § 296 Abs. 1 oder Abs. 2 ZPO oder § 340 Abs. 3 Satz 3 ZPO i. V. m. § 296 Abs. 1 ZPO. Ist erstinstanzliches Vorbringen dagegen unberücksichtigt geblieben, ohne dass es nach diesen Vorschriften präkludiert worden wäre, so ist § 531 Abs. 1 ZPO nicht einschlägig. Dasselbe gilt für Vorbringen, das der Erstrichter mangels Schlüssigkeit für unbeachtlich gehalten und deshalb nicht zurückgewiesen hat.[10] Keine Zurückweisung i.S.d. Absatzes 1 liegt auch vor, wenn das Ausgangsgericht mangels Vorschusszahlung nach § 379 ZPO die Ladung von Zeugen unterlässt.[11] Nicht anwendbar ist § 531 ZPO ferner auf solchen Vortrag, der erst nach dem Schluss der mündlichen Verhandlung (§ 296a ZPO) bzw. nach Ende einer nachgelassenen Schriftsatzfrist (§ 283 Satz 1 ZPO) erfolgt. Solche Angriffs- und Verteidigungsmittel gelten als erstinstanzlich nicht vorgetragen und unterfallen daher ausschließlich § 531 Abs. 2 ZPO.[12]

6 Wurden in erster Instanz Angriffs- und Verteidigungsmittel gemäß § 296 Abs. 1 oder Abs. 2 ZPO zurückgewiesen oder nicht zugelassen, so prüft das Berufungsgericht, ob die Zurückweisung oder Nichtzulassung **zu Recht** erfolgt ist. Das ist dann der Fall, wenn im Zeitpunkt der letzten mündlichen Verhandlung in erster Instanz die Voraussetzungen der Präklusionsnorm erfüllt waren. Für die Beurteilung dieser Frage kommt es auf den Erkenntnisstand des Berufungsgerichts und dessen freie Überzeugung an. Fehlt es danach an den Präklusionsvoraussetzungen, so ist Abs. 1 auch dann nicht anwendbar, wenn der Erstrichter nach seinem Erkenntnisstand die Voraussetzungen für gegeben halten durfte.[13] Bei seiner Entscheidung muss das Berufungsgericht auch neuen Tatsachenvortrag zur genügenden Entschuldigung (§ 296 Abs. 1 ZPO) und zum Fehlen grober Nachlässigkeit (§ 296 Abs. 2 ZPO) berücksichtigen, wenn er in erster Instanz schuldlos unterblieben ist.[14] Die Zulassung jeglichen neuen Vortrags hierzu würde dagegen § 531 Abs. 1 ZPO und die erstinstanzliche Präklusion zu sehr aushöhlen.[15]

7 Geschah die Zurückweisung zu Unrecht, lag also der in erster Instanz angenommene Präklusionsgrund nach Meinung des Berufungsgerichts nicht vor, so darf dieses die **fehlerhafte Begründung** der Zurückweisung **nicht durch eine andere ersetzen**.[16] Das Berufungsgericht darf auch nicht eine zu Unrecht unterbliebene Zurückweisung nachholen.[17] Es hat den fraglichen Vortrag vielmehr zuzulassen und unter dessen Berücksichtigung zur Sache zu entscheiden (§ 538 Abs. 1 ZPO) oder ggf. an die erste Instanz zurückzuverweisen (§ 538 Abs. 2 Satz 1 Nr. 1 ZPO). Im Falle der Zurückverweisung ist das Vorbringen in die erneute erstinstanzliche Verhandlung einzubeziehen.[18] Es gilt generell, dass im Falle der Zurückverweisung nach § 538 Abs. 2 ZPO eine Zurückweisung von Vorbringen nie zu Recht erfolgen kann, weil der Rechtsstreit noch nicht entscheidungsreif ist und deshalb das Tatbestandsmerkmal der Verzögerung nicht bejaht werden kann.[19]

8 Erfolgte die erstinstanzliche Zurückweisung zu Recht, so bleibt das betroffene Vorbringen für den weiteren Rechtsstreit endgültig ausgeschlossen, außer es wird unstreitig. Eine etwaig vor dem Berufungsgericht durchzuführende Beweisaufnahme ist nicht auf das ausgeschlossene Vorbringen zu erstrecken, auch wenn hierzu angebotene Beweismittel zu anderen Beweisthemen ohnehin heranzuziehen sind. Nicht ausgeschlossen ist es allerdings, anstelle eines erstinstanzlich präkludierten Beweisantritts im Berufungsverfahren für dasselbe Beweisthema einen neuen Zeugen zu benennen, wenn insoweit die Zulassungsvoraussetzungen (§ 531 Abs. 2 ZPO) vorliegen.[20]

---

8 BGH, NJW 1999, 585 für die Zurückweisung eines Antrags auf Erholung eines Sachverständigengutachtens.
9 BGH, NJW 2002, 290 (291) m.w.N.
10 Musielak/Voit-*Ball*, ZPO, § 531 Rn. 4a.
11 BGH, NJW 1980, 343 (344).
12 Prütting/Gehrlein-*Oberheim*, ZPO, § 531 Rn. 6.
13 Musielak/Voit-*Ball*, ZPO, § 531 Rn. 6.
14 BVerfGE 75, 183 = NJW 1987, 2003 (2. Leitsatz).
15 Musielak/Voit-*Ball*, ZPO, § 531 Rn. 7; Prütting/Gehrlein-*Oberheim*, ZPO, § 531 Rn. 5; a.A. zugunsten der Berücksichtigung jeglichen neuen Vortrags in diesem Zusammenhang MK-*Rimmelspacher*, ZPO, § 531 Rn. 12.
16 BGHZ 166, 227 = NJW 2006, 1741 (Leitsatz); BGH, NJW-RR 2005, 1007 (1008); BGH, NJW 1990, 1302 (1304).
17 Zöller-*Heßler*, ZPO, § 531 Rn. 7 m.w.N.
18 Thomas/Putzo-*Reichold*, ZPO, § 531 Rn. 10.
19 Musielak/Voit-*Ball*, ZPO, § 531 Rn. 9; ähnlich Prütting/Gehrlein-*Oberheim*, ZPO, § 531 Rn. 7.
20 BGH, NJW 1989, 716.

II. Zulassung neuer Angriffsmittel, Abs. 2

Angriffs- und Verteidigungsmittel, die erstmals in der Berufungsinstanz vorgebracht werden, können nur berücksichtigt werden, wenn eine der in Abs. 2 Satz 1 Nr. 1–3 genannten Voraussetzungen vorliegt. **Neu** ist ein Angriffs- und Verteidigungsmittel dabei, wenn es erstinstanzlich vor dem Schluss der mündlichen Verhandlung nicht vorgetragen war, gleichgültig ob ein solcher Vortrag erstinstanzlich möglich war oder ob die Tatsache erst nachträglich entstanden ist.[21] Neu ist auch der abermalige Vortrag von Tatsachen, die erstinstanzlich wieder fallen gelassen wurden,[22] ebenso das erneute Vorbringen eines Beweismittels, das in erster Instanz gemäß § 356 ZPO ausgeschlossen war.[23] Nicht neu ist die bloße Konkretisierung, Verdeutlichung oder Ergänzung erstinstanzlichen Vortrags. Ebenfalls nicht neu ist Vortrag, der in das erstinstanzliche Urteil deshalb keinen Eingang gefunden hat – auch nicht durch Bezugnahme – weil er vom Erstrichter für unerheblich erachtet wurde, denn grundsätzlich gelangt nach der ständigen Rechtsprechung des Bundesgerichtshofs der gesamte aus der Akte ersichtliche Prozessstoff in die Berufungsinstanz.[24] 9

Ein neues Angriffs- oder Verteidigungsmittel ist zuzulassen, wenn es einen Gesichtspunkt betrifft, den der Erstrichter erkennbar übersehen oder für unerheblich gehalten hat (Abs. 2 Satz 1 **Nr. 1**). Gesichtspunkt ist jede für die Entscheidung erhebliche tatsächliche oder rechtliche Erwägung. Übersehen ist, was bei Urteilserlass nicht einbezogen wurde. Für unerheblich gehalten wurde, was zwar erwogen aber verworfen wurde. Die Erkennbarkeit ist anhand der Akte zu beurteilen.[25] Die Nr. 1 des § 531 Abs. 2 ZPO kommt regelmäßig in Betracht, wenn das Berufungsgericht den Fall materiell-rechtlich anders beurteilt als der Erstrichter und deshalb andere Tatsachen entscheidungserheblich sind als nach der Beurteilung des Ausgangsgerichts. Für die Anwendung der Nr. 1 muss die Rechtsansicht des Ausgangsgerichts den Sachvortrag der Parteien zumindest mit beeinflusst haben, etwa indem das Gericht durch seine Prozessleitung die Parteien davon abgehalten hat, zu bestimmten Punkten näher vorzutragen.[26] Das Berufungsgericht muss in solchen Fällen gemäß §§ 525, 139 Abs. 4, 4 ZPO die Parteien auf seine abweichende Rechtsansicht hinweisen und Gelegenheit zu ergänzendem Sachvortrag geben. Die Nr. 1 gilt auch für Gegenrechte, die in erster Instanz zwar hätten geltend gemacht werden können, deren Geltendmachung aber nicht veranlasst war.[27] 10

Zuzulassen sind nach der **Nr. 2** auch neue Angriffs- und Verteidigungsmittel, die infolge eines Verfahrensmangels im ersten Rechtszug nicht geltend gemacht wurden. Es muss ein gerichtlich verursachter Verfahrensmangel kausal dafür geworden sein, dass eine Partei davon abgesehen hat, Angriffs- und Verteidigungsmittel vorzutragen. Das kommt namentlich in Betracht bei Verstößen gegen die materielle Prozessleitungspflicht (§ 139 ZPO) dergestalt, dass rechtlich unzutreffende Hinweise erteilt wurden oder dass aus der Perspektive des Erstgerichts erforderliche Hinweise unterblieben sind oder unvollständig erteilt wurden. Hat das Erstgericht dagegen von seinem Rechtsstandpunkt aus zutreffend auf einen Hinweis verzichtet, ist die Zulassung der neuen Angriffs- und Verteidigungsmittel nur nach der Nr. 1 oder 3 möglich.[28] Verfahrensfehler können sich auch ergeben aus der Verletzung der Förderungspflichten zu den §§ 136 Abs. 3, 273 Abs. 2 Nr. 1, 279 Abs. 3 ZPO, aus einer Verletzung von § 283 Satz 1 ZPO oder aus einer Entscheidung vor Ablauf einer noch offenen Frist.[29] Der Verfahrensfehler wird nicht von Amts wegen berücksichtigt sondern muss gemäß § 529 Abs. 2 ZPO gerügt werden. Die Zulassung neuen Vorbringens ist darüber hinaus davon abhängig zu machen, dass das Ersturteil auf dem Verfahrensfehler beruhen kann.[30] 11

Während bei den Nr. 1 und 2 die Zulassung neuer Angriffs- und Verteidigungsmittel durch einen Fehler des Gerichts beeinflusst wird, kommt es hierauf bei der **Nr. 3** nicht an. Grundlage der Zulassung ist dort allein, dass die Nichtgeltendmachung in erster Instanz nicht auf einer Nachlässigkeit der Partei beruht. Nachlässig handelt eine Partei, wenn sie Tatsachen nicht vorträgt, die ihr bekannt sind und deren Bedeutung für die Entscheidung sie kennt oder zumindest hätte kennen müssen.[31] In der Berufungsinstanz neu vorgetragen werden dürfen dementsprechend Tatsachen, die erst nach dem Schluss der mündlichen Verhandlung erster Instanz 12

---

21 Prütting/Gehrlein-*Oberheim*, ZPO, § 531 Rn. 8.
22 BGH, NJW 1998, 2977 (2978) m.w.N.
23 Thomas/Putzo-*Reichold*, ZPO, § 531 Rn. 13 unter Hinweis auf OLG Karlsruhe, NJW-RR 1994, 512.
24 BGH, NJW 2007, 2414 (2416) m.w.N.
25 MK-*Rimmelspacher*, ZPO, § 531 Rn. 20; Prütting/Gehrlein-*Oberheim*, ZPO, § 531 Rn. 9.
26 BGH, NJW-RR 2012, 341 (343) m.w.N.
27 Thomas/Putzo-*Reichold*, ZPO, § 531 Rn. 14.
28 Prütting/Gehrlein-*Oberheim*, ZPO, § 531 Rn. 10.
29 BGH, NJW 2008, 3361 (3362).
30 Zutreffend Thomas/Putzo-*Reichold*, ZPO, § 531 Rn. 15.
31 BGHZ 158, 295 = NJW 2004, 2152 (5. Leitsatz).

entstanden sind.³² Das gilt auch dann, wenn die Partei diese Tatsache etwa durch Ausübung eines Gestaltungsrechts oder durch Erstellung einer neuen Abrechnung selbst geschaffen hat.³³

13 Bei Tatsachen, die einer Partei erst nach dem Schluss der mündlichen Verhandlung bekannt oder in ihrer Bedeutung für die Entscheidung bewusst geworden sind, die aber zuvor bereits existierten, kommt es für die Zulässigkeit des erstmaligen Vorbringens in der Berufungsinstanz darauf an, ob das nachträgliche Bekannt- bzw. Bewusstwerden auf einer Nachlässigkeit beruht.³⁴ Insoweit hängt die Zulassung davon ab, ob die Partei die Tatsachen bei Anwendung der gebotenen Sorgfalt hätte erfahren oder deren Entscheidungserheblichkeit hätte erkennen können und müssen. Der Partei schadet in diesem Zusammenhang bereits einfache Fahrlässigkeit.³⁵ Ein Fehlverhalten ihres Prozessbevollmächtigten hat sich die Partei gemäß § 85 Abs. 2 ZPO zurechnen zu lassen.

14 Die Partei muss darlegen und nachweisen, dass sie in erster Instanz nicht nachlässig war. Das ergibt sich bereits aus der Formulierung der Nr. 3 als Ausnahmetatbestand („ohne dass") und aus der Gesetzesbegründung.³⁶ Misslingt dieser Nachweis, ist die neue Tatsache nicht zuzulassen.

III. Das weitere Verfahren; Rechtsmittel

15 Das Berufungsgericht kann gemäß § 531 Abs. 2 Satz 2 ZPO die Glaubhaftmachung (§ 294 ZPO) der Tatsachen verlangen, aus denen sich die Zulässigkeit der neuen Angriffs- und Verteidigungsmittel ergibt. Hält das Berufungsgericht die Zulässigkeit nicht für gegeben, so hat es den Berufungsführer darauf hinzuweisen und ihm hierzu rechtliches Gehör zu gewähren. Die Nichtzulassung neuer Tatsachen nach § 531 Abs. 2 Satz 1 Nr. 1–3 ZPO ist im Berufungsurteil bzw. Beschluss nach § 522 Abs. 2 ZPO so zu begründen, dass dem Revisionsgericht (ggf. dem Verfassungsgericht) eine Nachprüfung ermöglicht wird.³⁷

16 Die Nichtberücksichtigung von Vorbringen kann mit der Revision angegriffen werden bzw. – soweit diese nicht eröffnet ist – bei Verletzung des Art. 103 GG mit der Verfassungsbeschwerde. Die Zulassung neuen Vorbringens ist dagegen, auch wenn sie materiell fehlerhaft ist, nach der Rechtsprechung des Bundesgerichtshofs und nach der herrschenden Lehre unanfechtbar, weil die durch die Zulassung ggf. eingetretene Verzögerung nicht mehr beseitigt werden könne.³⁸

§ 532
Rügen der Unzulässigkeit der Klage

¹Verzichtbare Rügen, die die Zulässigkeit der Klage betreffen und die entgegen den §§ 520 und 521 Abs. 2 nicht rechtzeitig vorgebracht werden, sind nur zuzulassen, wenn die Partei die Verspätung genügend entschuldigt. ²Dasselbe gilt für verzichtbare neue Rügen, die die Zulässigkeit der Klage betreffen, wenn die Partei sie im ersten Rechtszug hätte vorbringen können. ³Der Entschuldigungsgrund ist auf Verlangen des Gerichts glaubhaft zu machen.

Inhalt:

	Rn.		Rn.
A. Allgemeines	1	III. Verspätete Rüge	5
B. Erläuterungen	3	IV. Neue Rügen, Satz 2	6
I. Verzichtbare Zulässigkeitsrügen	3	V. Entschuldigungserfordernis	7
II. Rechtzeitige Rüge	4	VI. Gerichtliche Entscheidung	8

---

32 BGH, NJW-RR 2005, 1687 (1688).
33 Prütting/Gehrlein-*Oberheim*, ZPO, § 531 Rn. 11.
34 BGH, NJW 2006, 152 (154). In dieser Entscheidung hält es der BGH auch außerhalb des Arzthaftungsprozesses nicht für nachlässig, wenn eine Partei Einwendungen gegen ein Sachverständigengutachten in erster Instanz ohne Privatgutachten oder sachverständige Beratung vorbringt, obwohl der Vortrag besondere Sachkunde erfordert.
35 BGHZ 159, 245 (253) = NJW 2004, 2825 (2827); Zöller-*Heßler*, ZPO, § 531 Rn. 30; Prütting/Gehrlein-*Oberheim*, ZPO, § 531 Rn. 11; Thomas/Putzo-*Reichold*, ZPO, § 531 Rn. 16.
36 BT-Drucks. 14/4722, S. 12; Zöller-*Heßler*, ZPO, § 531 Rn. 34.
37 Prütting/Gehrlein-*Oberheim*, ZPO, § 531 Rn. 13; Musielak/Voit-*Ball*, ZPO, § 531 Rn. 22, der auch im Falle der Zulassung eine Begründung fordert.
38 BGH, NJW 2007, 3127 (3128) m.w.N.; a.A. und erwägenswert Musielak/Voit-*Ball*, ZPO, § 531 Rn. 24 f. unter Hinweis auf die durch das Novenrecht der ZPO-Reform beabsichtigte Stärkung der erstinstanzlichen Feststellungen.

A. Allgemeines

Auch in der zweiten Instanz sind Zulässigkeitsfragen grundsätzlich von Amts wegen zu prüfen. § 532 ZPO betrifft die wenigen Zulässigkeitsfragen, die nur auf Rüge hin geprüft werden. Für diese schreibt die Vorschrift – wie § 296 Abs. 3 ZPO für die erste Instanz – eine verzögerungsunabhängige Präklusion vor. Eine Zulassung der Rüge ist nur bei genügender Entschuldigung möglich, selbst wenn ihre Zulassung den Rechtsstreit sogar beschleunigen würde. 1

Nicht unter § 532 ZPO fällt die Rüge der Unzuständigkeit des erstinstanzlichen Gerichts. Insoweit ist § 513 Abs. 2 ZPO *lex specialis* und führt aus Gründen der Verfahrensökonomie generell zu einem Rügeausschluss (vgl. § 513 Rn. 3). 2

B. Erläuterungen

I. Verzichtbare Zulässigkeitsrügen

Bei den verzichtbaren Rügen i.S.d. § 532 ZPO handelt es sich um die Einrede der mangelnden Ausländersicherheit (§§ 110, 113 ZPO), die Einrede der fehlenden Kostenerstattung aus einer früheren Klage mit dem selben Streitgegenstand (§ 269 Abs. 6 ZPO) und die Einrede einer Schiedsvereinbarung (§ 1032 ZPO).[1] Unter § 532 ZPO fallen in diesem Zusammenhang nicht nur die Rügen selbst, sondern auch die zu deren Begründung vorgebrachten Tatsachenbehauptungen und Beweismittel.[2] 3

II. Rechtzeitige Rüge

Die Rüge muss grundsätzlich, wenn sie vom Berufungsführer erhoben wird, innerhalb der Berufungsbegründungsfrist (§ 520 Abs. 2 ZPO) vorgebracht werden. Stammt sie vom Berufungsbeklagten, muss sie innerhalb einer zur Erwiderung gesetzten Frist (§ 521 Abs. 2 ZPO) geltend gemacht werden. Wird keine Erwiderungsfrist gesetzt, ist die Rüge gemäß §§ 525, 282 Abs. 3 Satz 1 ZPO zu Beginn der mündlichen Verhandlung vor dem Berufungsgericht und vor der Verhandlung zur Hauptsache vorzubringen.[3] Ist die Zulässigkeitsrüge i.d.S. rechtzeitig erhoben, liegt kein Fall des § 532 ZPO vor. 4

III. Verspätete Rüge

Wurde die verzichtbare Zulässigkeitsrüge verspätet erhoben, kann sie gemäß § 532 Sätze 1 und 2 ZPO nur noch berücksichtigt werden, wenn die Verspätung **genügend entschuldigt** wird (zur genügenden Entschuldigung vgl. § 296 Rn. 11 ff.). Daran fehlt es, wenn die Partei an der Verspätung irgendein Verschulden trifft, wobei bereits einfache Fahrlässigkeit schadet.[4] Insbesondere stellt der Vorbehalt, eine Rüge „nur für die erste Instanz" fallen zu lassen, keine genügende Entschuldigung dar.[5] Eine **Glaubhaftmachung** (§ 294 ZPO) des Entschuldigungsgrunds ist gemäß § 532 Satz 3 ZPO nicht automatisch sondern nur auf Verlangen des Berufungsgerichts erforderlich. 5

IV. Neue Rügen, Satz 2

In der Terminologie des § 532 ZPO hängt die Frage, ob eine Rüge alt oder neu ist, nicht davon ab, ob ihre Voraussetzungen erst nach Abschluss des ersten Rechtszugs entstanden sind, sondern davon, ob sie bereits in erster Instanz geltend gemacht worden war. Wurde sie bereits geltend gemacht, handelt es sich um eine alte Rüge, die § 532 Satz 1 ZPO unterfällt. Wurde sie in erster Instanz noch nicht geltend gemacht, obwohl sie bereits hätte vorgebracht werden können, unterfällt die Rüge § 532 Satz 2 ZPO. Neu ist eine Rüge auch dann, wenn sie in erster Instanz zunächst erhoben worden war, dann aber wieder fallengelassen wurde.[6] Eine Rüge, deren Voraussetzungen erst nach der ersten Instanz entstehen, fällt für die Zulässigkeitsprüfung unter § 532 Satz 1 ZPO.[7] 6

V. Entschuldigungserfordernis

In der Sache stellt § 532 Satz 2 ZPO die neuen Rügen, die schon in erster Instanz hätten vorgebracht werden können, den alten Rügen gleich: in beiden Fällen kann eine verspätete Gel- 7

---

1 Prütting/Gehrlein-*Oberheim*, ZPO, § 532 Rn. 3, der außerdem darauf hinweist, dass im Einzelfall auch weitere Einreden, die die Nichteinhaltung von Abreden über den Ausschluss der Klagbarkeit betreffen, unter § 532 ZPO fallen können, so z.B. die Vereinbarung eines Güteversuchs vor einer Schiedsstelle vor Klageerhebung.
2 MK-*Rimmelspacher*, ZPO, § 532 Rn. 4.
3 BGH, NJW-RR 2006, 496, Rn. 5; Prütting/Gehrlein-*Oberheim*, ZPO, § 532 Rn. 7.
4 Vgl. BGH, NJW 1985, 743 (744).
5 Zöller-*Heßler*, ZPO, § 532 Rn. 6 unter Hinweis auf OLG Frankfurt a.M., NJW 1969, 380.
6 Prütting/Gehrlein-*Oberheim*, ZPO, § 532 Rn. 11.
7 Zöller-*Heßler*, ZPO, § 532 Rn. 5.

tendmachung, d.h. eine solche unter Verstoß gegen die §§ 520 Abs. 2, 521 Abs. 2 Satz 1 ZPO, nur durch genügende Entschuldigung geheilt werden. Hinsichtlich der alten Rügen ist in diesem Zusammenhang zu beachten, dass die Rügeerhebung in erster Instanz nicht in die Berufungsinstanz fortdauert, sondern die Zulässigkeitsrüge vor dem Berufungsgericht erneut zu erheben ist.[8]

VI. Gerichtliche Entscheidung

8 Eine verspätet vorgebrachte verzichtbare Zulässigkeitsrüge wird, wenn die Verspätung nicht genügend entschuldigt ist, entweder durch Zwischenurteil nach § 280 ZPO oder, was unter verfahrensökonomischen Gesichtspunkten der Regelfall sein dürfte, in den Gründen der instanzabschließenden Entscheidung zurückgewiesen. Sowohl die Zulassung als auch die Nichtzulassung einer Zulässigkeitsrüge durch das Berufungsgericht können mit der Revision angegriffen werden.[9]

§ 533
Klageänderung; Aufrechnungserklärung; Widerklage

Klageänderung, Aufrechnungserklärung und Widerklage sind nur zulässig, wenn
1. der Gegner einwilligt oder das Gericht dies für sachdienlich hält und
2. diese auf Tatsachen gestützt werden können, die das Berufungsgericht seiner Verhandlung und Entscheidung über die Berufung ohnehin nach § 529 zugrunde zu legen hat.

Inhalt:

	Rn.		Rn.
A. Allgemeines	1	II. Sachdienlichkeit	5
B. Erläuterungen	3	III. Tatsachengrundlage	7
I. Einwilligung	4	IV. Wirkung der (Nicht-)Zulassung	9

A. Allgemeines

1 Die Vorschrift flankiert die Präklusionsnormen für Angriffs- und Verteidigungsmittel. Jene können nach den §§ 530, 531 ZPO in der Berufungsinstanz nur zeitlich und sachlich begrenzt vorgebracht werden, womit eine Änderung der Entscheidungsgrundlage gegenüber der ersten Instanz weitgehend vermieden werden soll. Dies entspricht der Funktion der Berufung als Instanz der Fehlerkontrolle und Fehlerbeseitigung. § 533 ZPO erweitert die Beschränkungen für neuen Vortrag um neue Angriffe und Verteidigungen selbst (Klageänderung, Widerklage). Außerdem beschränkt die Vorschrift die Möglichkeiten einer Aufrechnung im Berufungsrechtszug. Die Aufrechnung ist zwar Angriffs- bzw. Verteidigungsmittel, sie führt aber typischerweise zu einer Erweiterung des erstinstanzlichen Streitstoffs und ist daher im Interesse der Waffengleichheit der Parteien wie Klageänderungen und Widerklagen zu behandeln.[1]

2 Die Erweiterung des Streitstoffs in zweiter Instanz darf nicht ausschließliches Ziel des Rechtsmittelführers sein. Die Zulassung von Klageänderung, Aufrechnungserklärung und Widerklage setzt daher in jedem Fall eine zulässige Berufung gegen das erstinstanzliche Urteil unter Bekämpfung der dortigen Beschwer voraus.[2]

B. Erläuterungen

3 Klageänderung, Aufrechnungserklärung und Widerklage in zweiter Instanz setzen kumulativ voraus, dass diese auf Tatsachen gestützt werden können, die das Berufungsgericht ohnehin nach § 529 ZPO zugrunde zu legen hat **und** dass entweder der Gegner einwilligt oder das Gericht die Zulassung der Klageänderung, Aufrechnung oder Widerklage für sachdienlich hält.

---

8 Prütting/Gehrlein-*Oberheim*, ZPO, § 532 Rn. 6.
9 BGH, NJW-RR 1993, 1021; BGH, NJW 1985, 743.

Zu § 533:
1 Prütting/Gerlach-*Oberheim*, ZPO, § 533 Rn. 1.
2 BGH, NJW-RR 2006, 442 (1. Leitsatz). Dort hatten die Parteien in zweiter Instanz einen Teilvergleich geschlossen, in dessen Folge nur noch eine Klageerweiterung des Berufungsführers streitgegenständlich blieb. Der Bundesgerichtshof hob die zusprechende OLG-Entscheidung auf und verwarf die Berufung als unzulässig, weil der Berufungsführer nicht mehr beschwert war.

I. Einwilligung

Die Einwilligung kann ausdrücklich oder konkludent erklärt werden. § 267 ZPO ist entsprechend anwendbar (§ 525 Satz 1 ZPO), so dass sich die Einwilligung auch aus der rügelosen Verhandlung zur geänderten Klage, Aufrechnung oder Widerklage ergeben kann.[3] Die Einwilligung ist bedingungsfeindlich und nicht widerrufbar.[4]

II. Sachdienlichkeit

Die Sachdienlichkeit beurteilt sich in erster Linie anhand der Prozesswirtschaftlichkeit sowie anhand einer Abwägung der Interessen der Parteien. Dabei kommt es allein auf die objektive Beurteilung an, ob und inwieweit die Zulassung der Klageänderung, Aufrechnung oder Widerklage den sachlichen Streitstoff im Rahmen des anhängigen Rechtsstreits ausräumt und einem andernfalls zu gewärtigenden weiteren Rechtsstreit vorbeugt.[5] Die Sachdienlichkeit kann fehlen, wenn der ansonsten spruchreife Prozess durch eine nicht spruchreife Klageänderung, Aufrechnung oder Widerklage verzögert würde. Allerdings führt nicht generell das Erforderlichwerden einer in erster Instanz nicht notwendig gewordenen Beweisaufnahme zur mangelnden Sachdienlichkeit. Dies ist allenfalls dann anders zu beurteilen, wenn eine sehr aufwändige Beweisaufnahme erforderlich wird. Kriterium kann insoweit sein, ob die Klageänderung, Aufrechnung oder Widerklage bei wertender Betrachtung vornehmlich dazu dient, eine Sachentscheidung in der Berufungsinstanz zu verzögern.[6]

Ein rechtlicher Zusammenhang zwischen Klageforderung und Aufrechnungsforderung ist weder erforderlich noch ausreichend. Bei mehreren Aufrechnungsforderungen ist die Sachdienlichkeit für jede gesondert zu prüfen. Dies kann, solange der Aufrechnende seinen gegenteiligen Willen nicht eindeutig zum Ausdruck bringt, dazu führen, dass das Berufungsgericht von mehreren hilfsweise zur Aufrechnung gestellten Gegenforderungen nur einige zulässt und hierdurch im Ergebnis von der vom Aufrechnenden gewünschten Aufrechnungsreihenfolge abweicht. Der Bundesgerichtshof billigt dies.[7] Geht der Aufrechnende in zweiter Instanz vom Urkundenprozess in den Normalprozess über, ist eine Aufrechnung regelmäßig zuzulassen, da der Kläger dem Beklagten sonst allein durch die Abstandnahme vom Urkundenprozess die Aufrechnungsmöglichkeit nehmen könnte, die er sonst im Nachverfahren in erster Instanz hätte.[8]

III. Tatsachengrundlage

Klageänderung, Aufrechnungserklärung und Widerklage in zweiter Instanz sind gemäß § 533 Nr. 2 ZPO nur zulässig, wenn sie auf Tatsachen gestützt werden können, die das Berufungsgericht nach § 529 ZPO ohnehin seiner Entscheidung zugrunde zu legen hat. Liegen also die Voraussetzungen nach § 533 Nr. 1 ZPO vor, ist weiter zu prüfen, ob auch die Voraussetzungen von § 529 ZPO gegeben sind. Das heißt, es ist zwischen alten und neuen Tatsachen zu unterscheiden und bei letzteren anhand der §§ 529 Abs. 1 Nr. 2, 530, 531 ZPO festzustellen, ob sie zuzulassen sind.[9]

Nach der Rechtsprechung des Bundesgerichtshofs gelangt der gesamte erstinstanzlich vorgetragene Tatsachenstoff in die Berufungsinstanz, auch wenn ihn das erstinstanzliche Gericht als unerheblich angesehen und daher keine Feststellungen getroffen hat. Zulässiges Vorbringen i.S.d. § 533 Nr. 2 ZPO liegt daher auch dann vor, wenn erstinstanzlicher Vortrag erst in der zweiten Instanz durch eine Widerklage oder Aufrechnung erheblich wird.[10] Stets zulässig i.S.d. § 533 Nr. 2 ZPO ist auch neues Vorbringen, das in der Berufungsinstanz unstreitig bleibt.[11]

IV. Wirkung der (Nicht-)Zulassung

Die Zulassung von Klageänderung, Aufrechnungserklärung und Widerklage in zweiter Instanz ist unanfechtbar, weil der Zweck, eine Mehrung des Streitstoffs zwischen erster und zweiter Instanz zu verhindern, rückwirkend nicht mehr erreicht werden kann.[12]

---

3 Für die erstmalige Aufrechnung in der Berufungsinstanz: BGH, BeckRS 2010, 02326, Rn. 5; für die Widerklage: BGH, NJW-RR 2005, 437.
4 Prütting/Gerlach-*Oberheim*, ZPO, § 533 Rn. 10.
5 Vgl. für eine Klageänderung in zweiter Instanz: BGH, NJW 2009, 2886 m.w.N.
6 Vgl. BGH, NJW-RR 2012, 429 (430), für den Fall einer „Flucht in die Widerklage".
7 BGH, NJW 2000, 143 (144).
8 BGH, NJW 2000, 143 (144) m.w.N.; Thomas/Putzo-*Reichold*, ZPO, § 533 Rn. 9.
9 Zöller-*Heßler*, ZPO, § 533 Rn. 35.
10 BGH, NJW-RR 2012, 429 (430) m.w.N.
11 BGH, NJW-RR 2005, 438 (Leitsatz).
12 BGH, NJW-RR 2008, 262 (263).

10 Wird eine erstmals in zweiter Instanz erklärte Aufrechnung als unzulässig zurückgewiesen, so ergeht über die Aufrechnungsforderung keine rechtskraftfähige Entscheidung. Sie kann also zum Gegenstand eines anderen Verfahrens gemacht werden. Wurde dagegen in erster Instanz Tatsachenvortrag zur Aufrechnung gemäß § 296 ZPO unberücksichtigt gelassen, der in zweiter Instanz erneut vorgetragen und nach § 531 ZPO nicht zugelassen wird, so ist die Aufrechnungsforderung wegen mangelnder Substantiierung sachlich mit Rechtskraftwirkung aberkannt. Wird die Aufrechnung zugelassen, ergeht eine rechtskräftige Sachentscheidung, bei der für die Zurückweisung einzelnen Vorbringens § 530 ZPO bzw. §§ 525 Satz 1, 282 Abs. 1, 2, 296 Abs. 2 ZPO gelten.[13]

§ 534
Verlust des Rügerechts

Die Verletzung einer das Verfahren des ersten Rechtszuges betreffenden Vorschrift kann in der Berufungsinstanz nicht mehr gerügt werden, wenn die Partei das Rügerecht bereits im ersten Rechtszuge nach der Vorschrift des § 295 verloren hat.

Inhalt:

	Rn.		Rn.
A. Erläuterungen	1	B. Zweitinstanzliche Verfahrensfehler	4

A. Erläuterungen

1 Die Vorschrift perpetuiert die Wirkung des § 295 ZPO in die Berufungsinstanz. Hat eine Partei in erster Instanz wirksam auf die Rüge eines Verfahrensfehlers verzichtet, so soll der betreffende Verfahrensfehler auch in zweiter Instanz keine Auswirkungen mehr auf den Ausgang des Rechtsstreits haben. Die Vorschrift trägt damit dem Umstand Rechnung, dass das Berufungsverfahren als Fortsetzung des erstinstanzlichen Verfahrens zu begreifen ist. Zugleich beugt die Vorschrift mit der Aufrechterhaltung der Wirkung des § 295 ZPO einer Entwertung des erstinstanzlichen Verfahrens vor.[1] Die Vorschrift gilt in allen Berufungsverfahren nach der ZPO einschließlich des WEG-Verfahrens. Über § 64 Abs. 6 ArbGG findet sie überdies im arbeitsgerichtlichen Berufungsverfahren Anwendung.

2 Unter § 534 ZPO fallen alle verzichtbaren Verfahrensvorschriften, die von § 295 ZPO erfasst werden. Es handelt sich um Vorschriften, die den äußeren Verfahrensablauf regeln, z.B. §§ 253, 159f., 166ff., 271, 274, 283, 311ff., 355ff., 377 ZPO, vgl. § 295 Rn. 7. Besonderheiten bestehen bei den grundsätzlich unverzichtbaren Vorschriften über die Gewährung rechtlichen Gehörs. Auf eine Gehörsverletzung kann sich eine Partei nicht mehr berufen, wenn sie nachträglich Gelegenheit zur Äußerung erhält, diese aber nicht nutzt.[2] **Nicht** verzichtbar sind die von Amts wegen zu beachtenden Vorschriften über die Prozessvoraussetzungen, die Vorschriften über die Gerichtsbesetzung und solche Vorschriften, die den Inhalt von Handlungen der Parteien oder des Gerichts betreffen.

3 Der Verlust verzichtbarer Rügen tritt ein entweder durch ausdrücklichen oder stillschweigenden Verzicht oder dadurch, dass die Partei bei der nächsten mündlichen Verhandlung den Mangel nicht rügt, obwohl er bekannt ist oder bekannt sein musste. Die in der Praxis bisweilen anzutreffende Erklärung, einen Mangel vorläufig nicht weiterverfolgen, die Rüge aber für den nächsten Rechtszug vorbehalten zu wollen, führt zum Rügeverlust. Im Ergebnis bewirkt § 534 ZPO, dass eine Berufung nur auf solche verzichtbaren Verfahrensverletzungen aus der ersten Instanz gestützt werden kann, die bereits erstinstanzlich gerügt wurden, die der Partei ohne Nachlässigkeit unbekannt geblieben sind oder die erst nach dem Schluss der letzten mündlichen Verhandlung erster Instanz begangen wurden.[3]

B. Zweitinstanzliche Verfahrensfehler

4 Auf Verfahrensfehler, die erst in der Berufungsinstanz unterlaufen, ist § 534 ZPO nicht anwendbar. Insoweit gilt über die allgemeine Verweisung in § 525 ZPO der § 295 ZPO unmittelbar. Ein Rügeverlust tritt dementsprechend hinsichtlich des zweitinstanzlichen Fehlers nur ein, wenn die betroffene Partei im Berufungsverfahren auf eine Rüge verzichtet oder sich rügelos einlässt, obschon ihr der Mangel bekannt war oder bekannt sein musste. Wiederholt das Be-

---

13 Thomas/Putzo-*Reichold*, ZPO, § 533 Rn. 8.

Zu § 534:
1 MK-*Rimmelspacher*, ZPO, § 534 Rn. 1; BeckOK-*Wulf*, ZPO, § 534 Rn. 1.
2 Zöller-*Greger*, ZPO, § 295 Rn. 5 m.w.N.
3 Prütting/Gehrlein-*Oberheim*, ZPO, § 534 Rn. 4.

rufungsgericht einen bereits vom Ausgangsgericht gemachten Verfahrensfehler, ist die Rüge in zweiter Instanz nicht dadurch gehindert, dass die betroffene Partei ihr erstinstanzliches Rügerecht bereits verloren hatte.[4]

§ 535
Gerichtliches Geständnis

Das im ersten Rechtszug abgelegte gerichtliche Geständnis behält seine Wirksamkeit auch für die Berufungsinstanz.

Inhalt:

	Rn.		Rn.
A. Allgemeines	1	II. Widerruf	3
B. Erläuterungen	2	III. Bloßes Nichtbestreiten	4
I. Erstinstanzliches Geständnis	2		

A. Allgemeines

Die Vorschrift schützt ebenso wie § 534 ZPO die Fortgeltung der erstinstanzlichen Verfahrensergebnisse in der zweiten Instanz. Ein vor dem Erstrichter abgelegtes Geständnis soll auch in zweiter Instanz Bestand haben und eine Beweisaufnahme über zugestandene Tatsachen vermieden werden. Die Wirksamkeit des erstinstanzlichen Geständnisses entfällt nur, wenn die betroffene Partei beweist, dass ihr Geständnis nicht der Wahrheit entsprach und durch einen Irrtum veranlasst war (§§ 525, 290 ZPO). Im arbeitsgerichtlichen Berufungsverfahren findet die Vorschrift gemäß § 64 Abs. 6 ArbGG ebenfalls Anwendung. 1

B. Erläuterungen
I. Erstinstanzliches Geständnis

§ 535 ZPO setzt ein erstinstanzliches gerichtliches Geständnis voraus. Auf außergerichtliche Erklärungen ist die Vorschrift nicht anwendbar. Ob ein erstinstanzliches gerichtliches Geständnis vorliegt, hat das Berufungsgericht autonom zu beurteilen. Es ist nicht an die Beurteilung durch das erstinstanzliche Gericht gebunden. Hat dieses ein gerichtliches Geständnis bejaht, kann das Berufungsgericht dennoch das Vorliegen eines unter § 535 ZPO fallenden Geständnisses verneinen und umgekehrt.[1] 2

II. Widerruf

Das erstinstanzliche Geständnis kann unter den Voraussetzungen des § 290 ZPO widerrufen werden. Der Widerruf kann auch in zweiter Instanz noch erfolgen, wobei es unschädlich ist, wenn die Widerrufsvoraussetzungen bereits in erster Instanz vorlagen. Allerdings droht die Präklusion des Widerrufs als neues Angriffs- oder Verteidigungsmittel gemäß §§ 530, 531 Abs. 2 ZPO bzw. §§ 525, 296 Abs. 2 ZPO.[2] Ist der Geständniswiderruf in zweiter Instanz wirksam, kann die vormals zugestandene Tatsache Gegenstand einer Beweisaufnahme werden. Für die in diesem Zusammenhang erforderlichen Beweisantritte gelten jedoch wiederum die Präklusionsnormen der §§ 530, 531 Abs. 2 bzw. §§ 525, 296 Abs. 2 ZPO.[3] Im Ergebnis sind damit vor einen erfolgreichen Geständniswiderruf in der Berufungsinstanz hohe Hürden gesetzt. Allerdings wird der Widerruf unabhängig von § 290 ZPO wirksam, wenn der Gegner ihm zustimmt, die Parteien im Rahmen ihrer Dispositionsmaxime dem Geständnis also einvernehmlich seine Wirkung nehmen. 3

III. Bloßes Nichtbestreiten

Von einem gerichtlichen Geständnis i.S.d. § 288 Abs. 1 ZPO zu unterscheiden ist das bloße Nichtbestreiten von Tatsachen i.S.d. § 138 Abs. 3 ZPO. Letzteres fällt nach überwiegender Auffassung nicht unter die Vorschrift des § 535 ZPO.[4] Das Nichtbestreiten entfaltet anders als 4

---

4 Prütting/Gehrlein-*Oberheim*, ZPO, § 534 Rn. 5.

Zu § 535:
1 Musielak/Voit-*Ball*, ZPO, § 535 Rn. 1; MK-*Rimmelspacher*, ZPO, § 535 Rn. 3.
2 MK-*Rimmelspacher*, ZPO, § 535 Rn. 3; Prütting/Gehrlein-*Oberheim*, ZPO, § 535 Rn. 8.
3 Prütting/Gehrlein-*Oberheim*, ZPO, § 535 Rn. 8.
4 So Zöller-*Heßler*, ZPO, § 535 Rn. 1; Musielak/Voit-*Ball*, ZPO, § 535 Rn. 1; MK-*Rimmelspacher*, ZPO, § 535 Rn. 7; Prütting/Gehrlein-*Oberheim*, ZPO, § 535 Rn. 4; BeckOK-*Wulf*, ZPO, § 535 Rn. 3; a.A. (auch Fälle des § 138 Abs. 3 ZPO unterfallen § 535 ZPO) OLG München, MDR 1984, 321; Thomas/Putzo-*Reichold*, ZPO, § 535 Rn. 1.

das Geständnis keine Bindungswirkung. Das Bestreiten kann daher prinzipiell in erster und in zweiter Instanz nachgeholt werden, freilich eingeschränkt durch die Präklusionsvorschriften des § 296 Abs. 2 ZPO bzw. der §§ 530, 531 Abs. 2; 525, 296 Abs. 2 ZPO.

5 Ob ein Geständnis oder lediglich ein Nichtbestreiten i.S.d. § 138 Abs. 3 ZPO vorliegt, hat das Berufungsgericht durch Auslegung im Einzelfall (§ 289 Abs. 2 ZPO) zu ermitteln.[5] Im Zweifel wird von einem bloßen Nichtbestreiten auszugehen sein, da die Annahme eines Geständnisses wegen dessen starker Bindungswirkung nur im Falle eindeutiger Erklärungen gerechtfertigt erscheint.[6]

§ 536
Parteivernehmung

(1) Das Berufungsgericht darf die Vernehmung oder Beeidigung einer Partei, die im ersten Rechtszuge die Vernehmung abgelehnt oder die Aussage oder den Eid verweigert hatte, nur anordnen, wenn es der Überzeugung ist, dass die Partei zu der Ablehnung oder Weigerung genügende Gründe hatte und diese Gründe seitdem weggefallen sind.

(2) War eine Partei im ersten Rechtszuge vernommen und auf ihre Aussage beeidigt, so darf das Berufungsgericht die eidliche Vernehmung des Gegners nur anordnen, wenn die Vernehmung oder Beeidigung im ersten Rechtszuge unzulässig war.

Inhalt:

	Rn.		Rn.
A. Normzweck	1	I. Parteivernehmung, Abs. 1	2
B. Erläuterungen	2	II. Beeidigung des Gegners, Abs. 2	6

A. Normzweck

1 § 536 ZPO dient wie die §§ 534, 535 ZPO der Sicherung der erstinstanzlichen Verfahrensergebnisse. Zu diesem Zweck will § 536 Abs. 1 ZPO verhindern, dass eine Partei ihre Vernehmung/Eidesleistung ohne ausreichenden Grund für die zweite Instanz zurückhält. Hatte die Partei in erster Instanz ihre Vernehmung/Beeidigung verweigert, kommen diese Maßnahmen in der zweiten Instanz nur noch unter der Bedingung in Betracht, dass die Partei nach Überzeugung des Berufungsgerichts für ihre Weigerung genügende Gründe hatte und diese zwischenzeitlich weggefallen sind. § 536 Abs. 2 ZPO soll flankierend zu § 452 Abs. 1 Satz 2 ZPO verhindern, dass es zu einander widersprechenden eidlichen Aussagen zwischen den Instanzen kommt.

B. Erläuterungen
I. Parteivernehmung, Abs. 1

2 Eine Partei kann ihre Vernehmung verweigern (§ 446 ZPO), ebenso die Aussage oder den Eid (§ 453 Abs. 2 ZPO). In gleicher Weise kann gemäß § 454 Abs. 1 ZPO das Ausbleiben einer Partei in dem zu ihrer Vernehmung oder Beeidigung bestimmten Termin zu bewerten sein. Lagen dererlei Umstände in erster Instanz vor, was das Berufungsgericht selbstständig zu beurteilen hat,[1] schränkt § 536 Abs. 1 ZPO die Möglichkeit einer Vernehmung oder Beeidigung der sich erstinstanzlich weigernden Partei in der Berufungsinstanz ein. Die Partei muss für die erstinstanzliche Weigerung genügende Gründe gehabt haben und diese müssen nunmehr weggefallen sein. Die Beschränkung des § 536 Abs. 1 ZPO erstreckt sich allerdings nur auf das Beweisthema, auf das sich die erstinstanzliche Weigerung bezogen hatte. Die Vorschrift gilt entsprechend für die Parteivernehmung über den Verbleib einer Urkunde (§§ 426 Satz 1 und 3, 453 Abs. 2 ZPO).

3 Genügende Gründe können beispielsweise seien der Schutz von Geschäfts- und Betriebsgeheimnissen, das Verschweigen ehrenrühriger Tatsachen[2] oder Furcht vor einem straf- oder berufsrechtlichen Verfahren.[3] Nicht ausreichend ist, dass die Partei trotz der Weigerung ein

---

5 Vgl. auch MK-*Rimmelspacher*, ZPO, § 535 Rn. 8, der darauf hinweist, dass das Berufungsgericht von Amts wegen zu prüfen habe, ob die Voraussetzungen des § 138 Abs. 3 ZPO in erster Instanz vorlagen und noch vorliegen – ohne dass es auf eine entsprechende Rüge ankomme.
6 Prütting/Gehrlein-*Oberheim*, ZPO, § 535 Rn. 4 m.w.N.

Zu § 536:
1 MK-*Rimmelspacher*, ZPO, § 536 Rn. 3 unter Hinweis auf § 512 ZPO.
2 MK-*Rimmelspacher*, ZPO, § 536 Rn. 5 m.w.N.
3 Prütting/Gehrlein-*Oberheim*, ZPO, § 536 Rn. 5.

ihr günstiges Urteil erwartete, sich also bloß über die Notwendigkeit ihrer Aussage bzw. Beeidigung irrte. Insoweit ist die Partei an ihrer erstinstanzlich eigenverantwortlich getroffenen Entscheidung festzuhalten.

Weggefallen ist der Weigerungsgrund unproblematisch dann, wenn er objektiv nicht mehr besteht, z.B. ein Betriebsgeheimnis nicht mehr zu wahren ist oder der befürchteten strafrechtlichen Verfolgung nunmehr die Verjährung entgegensteht. Darüber hinaus kommt auch der Wegfall subjektiver Gründe in Betracht, etwa der Wegfall des Schamgefühls hinsichtlich der Bekanntgabe ehrenrühriger Tatsachen. In diesem Fall ist jedoch zu fordern, dass der Wegfall aus Sicht eines verständigen Dritten nachvollziehbar ist. Andernfalls droht eine Aushöhlung des Verbots eines willkürlichen Aufsparens der Parteivernehmung für die zweite Instanz.[4] 4

Ist unter Verstoß gegen § 536 Abs. 1 ZPO die Vernehmung oder Beeidigung einer Partei angeordnet worden, so ist der Anordnungsbeschluss aufzuheben, wenn der Mangel entdeckt wird. Ist der Beschluss bereits ausgeführt worden, so dürfen die Vernehmung bzw. Beeidigung bei der Berufungsentscheidung nicht verwertet werden. Andernfalls liegt ein Verfahrensmangel i.S.d. § 551 Abs. 3 Nr. 2 Buchst. b ZPO vor.[5] 5

II. Beeidigung des Gegners, Abs. 2

§ 536 Abs. 2 ZPO behandelt den Fall, dass eine Partei erstinstanzlich vernommen und beeidigt wurde. Für die erste Instanz verbietet es § 452 Abs. 1 Satz 2 ZPO, dass im Falle der Vernehmung beider Parteien beide Parteien auch zum selben Beweisthema beeidigt werden. Hierdurch soll vermieden werden, dass einander widersprechende eidliche Aussagen mit entsprechenden strafrechtlichen Konsequenzen provoziert werden. § 536 Abs. 2 ZPO setzt diesen Gedanken für den Berufungsrechtszug fort. War eine Partei vor dem Ausgangsgericht beeidigt worden, darf das Berufungsgericht grundsätzlich nicht die Aussage des Gegners zum selben Beweisthema beeidigen lassen.[6] Auch dann bestünde nämlich die erhöhte Gefahr einander widersprechender eidlicher Aussagen. 6

Ausnahmsweise ist die Beeidigung des Gegners in der Berufungsinstanz jedoch gestattet, wenn die Vernehmung oder die Beeidigung der anderen Partei im ersten Rechtszug unzulässig war, mithin die Voraussetzungen der Vernehmung bzw. Beeidigung nach den §§ 445 ff. ZPO nicht vorlagen. In einer solchen Situation darf dem Gegner nicht aus dem Fehler des erstinstanzlichen Gerichts ein Nachteil – hier in Form der fehlenden Beeidigungsmöglichkeit – erwachsen.[7] Zu sehen ist in diesem Zusammenhang, dass das Gesetz mit der Ausnahmevorschrift des § 536 Abs. 2 ZPO das Bemühen um die Vermeidung einander widersprechender Eidesleistungen aufweicht, denn mag die Beeidigung in erster Instanz auch unzulässig gewesen sein, so war sie doch in aller Regel nicht unwirksam und damit auch nicht ohne strafrechtliche Relevanz. 7

§ 537
Vorläufige Vollstreckbarkeit

(1) ¹Ein nicht oder nicht unbedingt für vorläufig vollstreckbar erklärtes Urteil des ersten Rechtszuges ist, soweit es durch die Berufungsanträge nicht angefochten wird, auf Antrag von dem Berufungsgericht durch Beschluss für vorläufig vollstreckbar zu erklären. ²Die Entscheidung ist erst nach Ablauf der Berufungsbegründungsfrist zulässig.

(2) Eine Anfechtung des Beschlusses findet nicht statt.

Inhalt:

	Rn.		Rn.
A. Allgemeines	1	II. Verfahren und Entscheidung	7
B. Erläuterungen	3	III. Unanfechtbarkeit, Abs. 2	11
I. Voraussetzungen	3		

---

4 Überzeugend Prütting/Gehrlein-*Oberheim*, ZPO, § 536 Rn. 5 m.w.N. auch zur Gegenauffassung.
5 MK-*Rimmelspacher*, ZPO, § 536 Rn. 7.
6 MK-*Rimmelspacher*, ZPO, § 536 Rn. 9; Musielak/Voit-*Ball*, ZPO, § 536 Rn. 3.
7 MK-*Rimmelspacher*, ZPO, § 536 Rn. 10, auch mit dem zutreffenden Hinweis, dass, bei einem Verstoß des Ausgangsgerichts gegen § 445 Abs. 2 ZPO unter Schutzzweckgesichtspunkten kein Grund für die ausnahmsweise Beeidigungsmöglichkeit des § 536 Abs. 2 ZPO bestehe.

A. Allgemeines

1 Für einen obsiegenden Gläubiger ist in einer Vielzahl von Fällen das erstrittene erstinstanzliche Urteil vor Eintritt der Rechtskraft nur gegen Sicherheitsleistung vollstreckbar, so – abgesehen von den seltenen Fällen des § 710 ZPO – insgesamt im Bereich des § 709 ZPO, außerdem im Bereich der §§ 708 Nr. 4–11, 711, 712 Abs. 2 ZPO. Dies gilt auch dann, wenn das erstinstanzliche Urteil nur teilweise angefochten wird, weil nach herrschender Meinung im Falle einer Teilanfechtung auch hinsichtlich des überschießenden Teils keine Rechtskraft eintritt,[1] da die Hemmungswirkung der Berufung weiterreicht als deren Anfallswirkung. Begründet wird dies damit, dass es im weiteren Berufungsverfahren zu Antragserweiterungen und zur Einlegung einer Anschlussberufung kommen kann. Bevor es jedoch zu solchen Erweiterungen des Berufungsgegenstands kommt, besteht kein Grund, den Schutz des Schuldners im nicht angefochtenen Teil der Verurteilung aufrecht zu erhalten.[2] Das erstinstanzliche Urteil kann daher gemäß § 537 Abs. 1 Satz 1 ZPO auf Antrag des Gläubigers unbedingt für vorläufig vollstreckbar erklärt werden.

2 Nicht § 537 ZPO unterfällt ein Begehren des Gläubigers, die **Höhe der Sicherheitsleistung** zu reduzieren, soweit er hinsichtlich des nicht angefochtenen Teils eines erstinstanzlichen Urteils vollstrecken will. Hier ist nur Hilfe über § 718 Abs. 1 ZPO möglich.[3] Nicht anwendbar ist § 537 ZPO nach herrschender Meinung auch auf die erstinstanzliche Kostenentscheidung, weil diese unabhängig vom Umfang der Urteilsanfechtung der Überprüfung durch das Berufungsgericht unterliegt.[4]

B. Erläuterungen
I. Voraussetzungen

3 Eine Entscheidung nach § 537 Abs. 1 ZPO setzt drei Dinge voraus: ein nicht unbedingt vollstreckbares Urteil, eine lediglich teilweise Anfechtung und einen Gläubigerantrag. Auf die Zulässigkeit oder Erfolgsaussichten des Rechtsmittels kommt es dagegen nicht an. Auch der Einwand, es sei bereits erfüllt worden, ist regelmäßig unbeachtlich, es sei denn, dass die fehlende Leistungsverpflichtung zwischen den Parteien unstreitig ist.

4 Ein **nicht unbedingt vollstreckbares Urteil** liegt vor, wenn die erstinstanzliche Entscheidung zur vorläufigen Vollstreckbarkeit auf den §§ 708 Nr. 4–11, 711, 709 oder 712 Abs. 2 ZPO beruht. Maßgeblich ist insoweit allerdings allein der Tenor. Ob die erstinstanzliche Entscheidung zur vorläufigen Vollstreckbarkeit sachlich richtig war oder nicht, ist nicht maßgeblich.

5 Das erstinstanzliche Urteil ist **bloß teilweise angefochten**, wenn es nicht vollständig mit der Berufung angegriffen wird. Nur im nicht angefochtenen Umfang kommt eine Entscheidung nach § 537 Abs. 1 ZPO in Betracht. In zeitlicher Hinsicht kommt es auf den Umfang der Anfechtung zum Zeitpunkt des Beschlusses nach § 537 Abs. 1 ZPO an. Eine nur teilweise Anfechtung liegt auch dann vor, wenn zunächst unbeschränkt angefochten worden war, die Anfechtung dann aber durch Verzicht oder Rücknahme des Rechtsmittels (das umfasst auch eine etwaige Anschlussberufung) teilweise weggefallen ist. Eine analoge Anwendung des § 537 Abs. 1 ZPO auf einen offensichtlich unbegründeten Teil einer Anfechtung ist nicht möglich.[5]

6 Erforderlich ist schließlich ein **Antrag** des Gläubigers der nicht angefochtenen Forderung. Der Antrag unterliegt gemäß § 78 Abs. 1 Satz 1 ZPO dem Anwaltszwang. Eine Begründung oder eine Bezifferung des Antrags ist nicht erforderlich. Erfolgt allerdings eine begrenzende Bezifferung, so ist das Berufungsgericht hieran gebunden. Der Antrag kann bis zur Verkündung der Berufungsentscheidung gestellt werden, auch nach Zurückverweisung der Sache durch die Revisionsinstanz.[6]

II. Verfahren und Entscheidung

7 Zuständig ist grundsätzlich der vollständige Spruchkörper, nach Übertragung gemäß § 526 Abs. 1 ZPO wird der entscheidende Einzelrichter zuständig. Im Falle des § 527 ZPO ist auch der vorbereitende Einzelrichter entscheidungsbefugt, da es lediglich um eine Vorbereitung der Endentscheidung geht. Dem Gegner ist vor der Entscheidung rechtliches Gehör zu gewähren.

---

1 BGH, NJW 1992, 2296 (2. Leitsatz); OLG Hamm, NJW-RR 1990, 1470.
2 Prütting/Gehrlein-*Oberheim*, ZPO, § 537 Rn. 1.
3 Zöller-*Heßler*, ZPO, § 537 Rn. 1a unter Hinweis auf *Groeger*, NJW 1994, 431.
4 OLG Schleswig, MDR 1985, 679 (Leitsatz); Thomas/Putzo-*Reichold*, ZPO, § 537 Rn. 3; Prütting/Gehrlein-*Oberheim*, ZPO, § 537 Rn. 5; a.A. Zöller-*Heßler*, ZPO, § 537 Rn. 5, allerdings auch nur für den Fall, dass die Möglichkeit einer späteren Korrektur im Berufungsverfahren ausgeschlossen sei. Letzteres dürfte in der Praxis nur selten der Fall sein.
5 Prütting/Gehrlein-*Oberheim*, ZPO, § 537 Rn. 5.
6 Vgl. Prütting/Gehrlein-*Oberheim*, ZPO, § 537 Rn. 7.

Eine mündliche Verhandlung ist gemäß §§ 525, 128 Abs. 4 ZPO in das Ermessen des Gerichts gestellt, eine Säumnisentscheidung ist ausgeschlossen.

Die Entscheidung ergeht gemäß § 537 Abs. 1 Satz 1 ZPO **durch Beschluss**. Dieser darf gemäß § 537 Abs. 1 Satz 2 ZPO erst nach Ablauf der Berufungsbegründungsfrist getroffen werden. Abzustellen ist dabei im Falle mehrerer Berufungsführer auf den Ablauf der letzten Berufungsbegründungsfrist. Eine Differenzierung zwischen den verschiedenen Berufungsführern wäre nicht sachgerecht, da sie zum einen unnötig Entscheidungen nach § 537 ZPO provozieren würde über Urteilsteile, bezüglich derer noch eine Anfechtung durch die anderen Berufungsführer erwartet werden kann und die daher nach der *ratio legis* eigentlich nicht für unbedingt vollstreckbar erklärt werden sollen. Zum anderen wäre dann wertungsmäßig kaum zu erklären, warum im Falle einer sogleich mit Berufungseinlegung erklärten bloßen Teilanfechtung überhaupt noch gemäß § 537 Abs. 1 Satz 2 ZPO bis zum Ablauf der Berufungsbegründungsfrist zugewartet werden soll.

8

Bei Vorliegen der gesetzlichen Voraussetzungen ist dem Antrag nach § 537 Abs. 1 ZPO stattzugeben. Ein **gerichtliches Ermessen** besteht nach dem eindeutigen Wortlaut der Vorschrift nicht. In der Sache wird die erstinstanzliche Vollstreckbarkeitsentscheidung abgeändert. Wird der Umfang der Hauptsacheanfechtung nach der Entscheidung geändert, ändert das nichts an der Wirksamkeit der Entscheidung nach § 537 Abs. 1 ZPO. Diese bedarf auch einer Kostenentscheidung nach den §§ 91 ff. ZPO, damit etwaige Anwaltsgebühren aus Nr. 3329 VV-RVG festgesetzt werden können. Eine Gerichtsgebühr entsteht nicht.

9

Tenorierungsvorschlag:[7]

10

1. Auf den Antrag des ... vom ... wird das Urteil des ... wegen eines Betrags von ... € nebst Zinsen hieraus in Höhe von ... Prozentpunkten über dem jeweiligen Basiszinssatz für vorläufig vollstreckbar erklärt.

2. Der Beklagte trägt die Kosten des Verfahrens.

III. Unanfechtbarkeit, Abs. 2

Der Beschluss über die unbedingte Vollstreckbarkeitserklärung ist gemäß § 537 Abs. 2 ZPO unanfechtbar. Möglich bleibt danach noch eine Entscheidung nach §§ 719, 707 ZPO.[8]

11

§ 538
Zurückverweisung

(1) Das Berufungsgericht hat die notwendigen Beweise zu erheben und in der Sache selbst zu entscheiden.

(2) ¹**Das Berufungsgericht darf die Sache, soweit ihre weitere Verhandlung erforderlich ist, unter Aufhebung des Urteils und des Verfahrens an das Gericht des ersten Rechtszuges nur zurückverweisen,**

1. **soweit das Verfahren im ersten Rechtszuge an einem wesentlichen Mangel leidet und auf Grund dieses Mangels eine umfangreiche oder aufwändige Beweisaufnahme notwendig ist,**
2. **wenn durch das angefochtene Urteil ein Einspruch als unzulässig verworfen ist,**
3. **wenn durch das angefochtene Urteil nur über die Zulässigkeit der Klage entschieden ist,**
4. **wenn im Falle eines nach Grund und Betrag streitigen Anspruchs durch das angefochtene Urteil über den Grund des Anspruchs vorab entschieden oder die Klage abgewiesen ist, es sei denn, dass der Streit über den Betrag des Anspruchs zur Entscheidung reif ist,**
5. **wenn das angefochtene Urteil im Urkunden- oder Wechselprozess unter Vorbehalt der Rechte erlassen ist,**
6. **wenn das angefochtene Urteil ein Versäumnisurteil ist oder**
7. **wenn das angefochtene Urteil ein entgegen den Voraussetzungen des § 301 erlassenes Teilurteil ist**

und eine Partei die Zurückverweisung beantragt. ²**Im Fall der Nummer 3 hat das Berufungsgericht sämtliche Rügen zu erledigen.** ³**Im Fall der Nummer 7 bedarf es eines Antrags nicht.**

---

7 Nach Zöller-*Heßler*, ZPO, § 537 Rn. 17.
8 Zöller-*Heßler*, ZPO, § 537 Rn. 9 m.w.N.; Prütting/Gehrlein-*Oberheim*, ZPO, § 537 Rn. 13, der zudem bei veränderter Sachlage, insbesondere Rücknahme der Berufung oder Anschließung, auf die Möglichkeit eines neuen Antrags nach § 537 Abs. 1 ZPO hinweist.

Inhalt:

	Rn.		Rn.
A. Allgemeines	1	3. Prozessurteil, Abs. 2 Nr. 3	13
B. Erläuterungen	3	4. Entscheidung über den Anspruchsgrund, Abs. 2 Nr. 4	17
I. Gemeinsame Voraussetzungen der Zurückverweisungsfälle	3	5. Vorbehaltsurteil, Abs. 2 Nr. 5	19
II. Die einzelnen Fälle der Zurückverweisung, Abs. 2	5	6. Zweites Versäumnisurteil, Abs. 2 Nr. 6	21
1. Wesentlicher Verfahrensmangel im ersten Rechtszug, Abs. 2 Nr. 1	5	7. Teilurteil, Abs. 2 Nr. 7	22
2. Einspruchsverwerfung, Abs. 2 Nr. 2	12	III. Entscheidung des Berufungsgerichts in den Fällen des Abs. 2	23

A. Allgemeines

1 Abs. 1 der Vorschrift benennt den Regelfall für die Entscheidung über eine zulässige Berufung: das Berufungsgericht hat die notwendigen Beweise (§ 529 Abs. 1 ZPO) zu erheben und die erforderliche Sachentscheidung selbst zu treffen. Demgegenüber regelt Abs. 2 nach der gesetzgeberischen Vorstellung mit der Zurückverweisung an das Ausgangsgericht den Ausnahmefall. Die Zurückverweisung ist abgesehen von dem in § 538 Abs. 2 Satz 1 Nr. 7 ZPO geregelten Fall stets von einem Parteiantrag abhängig, da sie der Beschleunigung des Verfahrens dienen soll.[1] Die Zurückverweisung erfolgt durch Berufungsurteil. Dieses schließt die Berufungsinstanz ab und kann nach den allgemeinen Vorschriften mit der Revision angegriffen werden.

2 Die Fälle, in denen eine Zurückverweisung erfolgen kann, sind in § 538 Abs. 2 ZPO abschließend normiert. Aus anderen, insbesondere aus Zweckmäßigkeitserwägungen, ist eine Zurückverweisung, selbst wenn die Parteien zustimmen, nicht zulässig. Die Zurückverweisung ist im Urteil zu begründen[2] und scheidet in der Regel aus, wenn bereits einmal zurückverwiesen wurde oder wenn eine ungebührliche Verfahrensverzögerung durch Fehler des Gerichts eingetreten ist.[3] Das Fehlen von Tatbestand und Entscheidungsgründen im Ersturteil zwingt nicht zur Zurückverweisung. Auch dann kann das Berufungsgericht ggf. selbst verhandeln und entscheiden.[4]

B. Erläuterungen
I. Gemeinsame Voraussetzungen der Zurückverweisungsfälle

3 Außer in den Fällen der Nr. 7 bedarf es für eine Zurückverweisung immer eines Parteiantrags. Dieser kann auch nach Ablauf der Berufungsbegründungsfrist gestellt werden, insbesondere auch als Hilfsantrag und noch in einer mündlichen Verhandlung vor dem Berufungsgericht.[5] Die Antragstellung ist Prozesshandlung und unterliegt daher dem Anwaltszwang (§ 78 Abs. 1 ZPO).

4 Voraussetzung für eine Zurückverweisung ist außerdem, dass eine weitere Verhandlung zur Sache erforderlich ist. Daran fehlt es, wenn die Sache vor dem Berufungsgericht zur Endentscheidung reif ist oder mit vertretbarem Aufwand (Nr. 1) entscheidungsreif gemacht werden kann. Eine Zurückverweisung kommt daher beispielsweise nicht in Betracht, wenn die erstinstanzliche Abweisung einer Klage als unzulässig (§ 538 Abs. 2 Satz 1 Nr. 3 ZPO) nach Auffassung des Berufungsgerichts zu bestätigen ist. Das Berufungsgericht entscheidet dann lediglich auf Zurückweisung der Berufung.[6] Eine Zurückverweisung scheidet ebenfalls aus, wenn sich neue Aspekte im zweiten Rechtszug nur aufgrund von nicht berücksichtigungsfähigem neuen Sachvortrag i.S.d. § 531 Abs. 2 ZPO ergeben.

II. Die einzelnen Fälle der Zurückverweisung, Abs. 2
1. Wesentlicher Verfahrensmangel im ersten Rechtszug, Abs. 2 Nr. 1

5 Ein **Verfahrensmangel** ist ein Verstoß gegen eine Verfahrensnorm, ein Fehler, der den Weg zum Urteil bzw. die Art und Weise seines Erlasses betrifft (*error in procedendo*). Hiervor zu unterscheiden ist ein Fehler bei der Rechtsfindung (*error in iudicando*). Dieser betrifft den Inhalt des Urteils und kann selbst bei grober Fehlerhaftigkeit nicht zur Zurückverweisung führen. Ausgangspunkt für die Prüfung, ob ein Verfahrensmangel vorliegt, ist der materiell-recht-

---

[1] Musielak/Voit-*Ball*, ZPO, § 538 Rn. 1 unter Hinweis auf die amtliche Begründung des ZPO-Reformgesetzes.
[2] BGH, NJW 2011, 2578 (2579), Rn. 17.
[3] Thomas/Putzo-*Reichold*, ZPO, § 538 Rn. 2 m.w.N.
[4] BGH, NJW 2011, 769 (770).
[5] OLG Saarbrücken, NJW-RR 2003, 573 (574).
[6] Prütting/Gehrlein-*Oberheim*, ZPO, § 538 Rn. 8.

liche Standpunkt des Erstrichters ohne Rücksicht auf dessen Richtigkeit.[7] Selbst, wenn danach ein Verfahrensmangel vorliegt, scheidet eine Zurückverweisung allerdings aus, wenn sich der Verfahrensmangel nach der Rechtsauffassung des Berufungsgerichts auf die Sachentscheidung nicht auswirkt.[8]

Nicht um Verfahrensfehler, sondern um materiell-rechtliche Fehler handelt es sich, wenn das Ausgangsgericht von seinem rechtlichen Standpunkt aus folgerichtig keine Fragen stellt oder keine Hinweise erteilt[9] oder wenn es die Schlüssigkeit der Klage oder deren zureichende Substantiierung zu Unrecht verneint. Ebenso handelt es sich nicht um einen Verfahrensfehler i.S.d. § 538 Abs. 2 Satz 1 Nr. 1 ZPO, wenn das Erstgericht die Beweislast verkennt und daher eine Beweisaufnahme unterlässt oder wenn es einen Vertrag fehlerhaft auslegt infolge einer fehlerhaften sachlich-rechtlichen Würdigung.[10] 6

Der Verfahrensmangel muss **wesentlich** sein. Das ist dann der Fall, wenn der Mangel so schwerwiegend ist, dass das erstinstanzliche Verfahren keine ordnungsgemäße Grundlage für die Entscheidung abgibt, wobei es nicht auf ein Verschulden des erstinstanzlichen Gerichts ankommt. Der Mangel kann nur dann wesentlich sein, wenn er für das erstinstanzliche Urteil ursächlich geworden ist, was beim Vorliegen eines absoluten Revisionsgrundes unwiderlegbar vermutet wird.[11] Der Verfahrensmangel ist für das Ergebnis der erstinstanzlichen Entscheidung nicht mehr wesentlich, wenn er gemäß § 295 ZPO oder durch Genehmigung geheilt wurde. An der Wesentlichkeit mangelt es darüber hinaus, wenn das Ersturteil trotz des Verfahrensmangels aus anderen Gründen inhaltlich richtig ist.[12] 7

Als wesentliche Verfahrensmängel wurden in der obergerichtlichen Rechtsprechung bisher unter anderem anerkannt: die Verletzung des Anspruchs auf rechtliches Gehör und die Verletzung des Grundsatzes der Waffengleichheit durch Ablehnung eines Vertagungsantrags;[13] die falsche Besetzung des Gerichts;[14] die Zurückweisung von Parteivorbringen ohne die Voraussetzungen des § 296 ZPO; das Verkennen des Kerns eines Parteivorbringens und das darauf gegründete Nichtbeachten einer entscheidungserheblichen Frage oder das Übergehen eines wesentlichen Teils des Klagevortrags;[15] das Unterlassen einer erforderlichen Beweisaufnahme ohne zulässigen Ablehnungsgrund; Verstöße gegen die Hinweispflichten aus § 139 ZPO, z.B. die unterbliebene Klärung der Frage, wer verklagt ist;[16] die Nichtanhörung benannter Gegenzeugen; die Nichtbeiziehung von Verkehrsunfallakten; die Verwendung eines Privatgutachtens statt eines erforderlichen gerichtlichen Gutachtens; die Verwertung im Strafprozess gemachter Aussagen anstelle einer erneuten Vernehmung der Zeugen.[17] 8

In Betracht kommen auch **Fehler im Urteil**. So etwa: die Verwertung von Zeugen- und Sachverständigenaussagen oder Augenscheinergebnissen ohne Feststellung im Protokoll oder Tatbestand; die Behandlung einer Klage als Erstklage, obwohl sie als Abänderungsklage zu behandeln war; Erlass eines Urteils gegen einen Scheinbeklagten;[18] unzulässiger Parteiwechsel im Wege der Rubrumsberichtigung;[19] Urteil im schriftlichen Verfahren ohne wirksame Zustimmung beider Parteien;[20] Erlass von Grund- oder Vorbehaltsurteilen ohne deren Voraussetzungen;[21] das Fehlen von Tatbestand und Entscheidungsgründen ohne das Vorliegen der Voraussetzungen des § 313a ZPO; die fehlende oder fehlerhafte Verkündung des Urteils; Verstoß gegen § 322 Abs. 2 ZPO, indem das Ersturteil Rechtskraftwirkung auch für den Teil der Aufrechnungsforderung annimmt, der die Klagesumme des Vorprozesses übersteigt, und diesen daher nicht mehr prüft.[22] 9

Aufgrund des Verfahrensfehlers muss eine **umfangreiche und aufwändige Beweisaufnahme** notwendig sein. Umfangreich ist eine Beweisaufnahme, wenn zahlreiche Beweise erhoben werden müssen, namentlich wenn zahlreiche Zeugen oder mehrere Sachverständige zu hören 10

---

7 BGH, NJW 2013, 2601 (1. Leitsatz).
8 BGH, NJW-RR 2003, 1572.
9 BGH, NJW 2012, 304 (305).
10 Thomas/Putzo-*Reichold*, ZPO, § 538 Rn. 8.
11 BGH, NJW 2011, 769; BGH, NJW 2000, 2508 (2509).
12 BGH, NJW 2000, 2508 (2509).
13 Thomas/Putzo-*Reichold*, ZPO, § 538 Rn. 10 m.w.N.
14 Vgl. Zöller-*Heßler*, ZPO, § 538 Rn. 14 m.w.N.
15 BGH, NJW 1998, 2053.
16 OLG München, NJW 1971, 1615 (1616).
17 Prütting/Gehrlein-*Oberheim*, ZPO, § 538 Rn. 12 m.w.N.
18 OLG Hamm, NJW-RR 1999, 217.
19 OLG Frankfurt a.M., NJW-RR 1990, 1471.
20 OLG Zweibrücken, FamRZ 1999, 456.
21 BGH, NJW 1996, 848 (850).
22 OLG Celle, OLGZ 1970, 5 (7).

sind. Aufwändig ist eine Beweisaufnahme, wenn sie mehrere Termine vor dem Berufungsgericht erfordert oder wenn sie an einem weit entfernten Ort etwa im Wege der Rechtshilfe im Ausland erfolgen muss.[23] Nicht ohne weiteres aufwändig wird eine Beweisaufnahme dadurch, dass ein Augenschein außerhalb des Gerichtsgebäudes einzunehmen ist,[24] ebenso nicht allein dadurch, dass noch ein Sachverständigengutachten zu erholen ist.[25]

11 Wie in allen Fällen des § 538 Abs. 2 Satz 1 ZPO muss das Berufungsgericht nachprüfbar darlegen, dass es das ihm eingeräumte Ermessen für eine Zurückverweisung des Rechtsstreits unter Berücksichtigung aller Umstände ausgeübt hat. Dabei ist insbesondere in Erwägung zu ziehen, dass die Zurückverweisung an die Vorinstanz in aller Regel zu einer weiteren Verzögerung und Verteuerung des Rechtsstreits führen wird, so dass die Zurückverweisung auf Ausnahmefälle beschränkt bleiben muss, in denen die Durchführung des Verfahrens in der Berufungsinstanz zu noch größeren Nachteilen für die Parteien führt als die Zurückverweisung der Sache an das erstinstanzliche Gericht.[26]

2. Einspruchsverwerfung, Abs. 2 Nr. 2

12 § 538 Abs. 2 Satz 1 Nr. 2 ZPO bezieht sich auf die Fälle des § 341 ZPO, in denen durch Urteil der Einspruch gegen ein Versäumnisurteil als unzulässig verworfen worden ist. Erachtet das Berufungsgericht abweichend vom Erstgericht den Einspruch als zulässig, dann darf zurückverwiesen werden, damit in erster Instanz zur Sache verhandelt werden kann. Ebenso verhält es sich, wenn das Ersturteil einen Wiedereinsetzungsantrag hinsichtlich der versäumten Einspruchsfrist abgelehnt hat, das Berufungsgericht jedoch Wiedereinsetzung gewährt.[27] Teilt das Berufungsgericht dagegen die Auffassung des Erstgerichts, wird die Berufung zurückgewiesen. Der Unterschied zwischen den Nr. 2 und 6 besteht darin, dass bei Nr. 2 erstinstanzlich über die Zulässigkeit des Einspruchs entschieden wurde, während bei Nr. 6 ein technisch zweites Versäumnisurteil gemäß § 514 Abs. 2 ZPO mit der Berufung angegriffen wird.

3. Prozessurteil, Abs. 2 Nr. 3

13 § 538 Abs. 2 Satz 1 Nr. 3 ZPO regelt den Fall, dass die Klage erstinstanzlich zu Unrecht **als unzulässig abgewiesen** worden ist. Wird die Zulässigkeit erstinstanzlich durch Zwischenurteil bejaht, kann diese Entscheidung zwar gemäß § 280 Abs. 2 Satz 1 ZPO ebenfalls mit der Berufung angegriffen werden, eine Zurückverweisung kommt jedoch nicht in Betracht, weil nur der Zwischenstreit der Rechtsmittelinstanz anfällt, der Rechtsstreit im Übrigen aber in erster Instanz anhängig bleibt. Nicht maßgeblich ist, ob das abweisende Prozessurteil auf abgesonderte Verhandlung nach § 280 Abs. 1 ZPO hin ergangen ist.[28] Nicht anwendbar ist die Nr. 3, wenn das Erstgericht eine Sachentscheidung getroffen hat, wo die Klage eigentlich wegen Unzulässigkeit abzuweisen war. Ebenfalls nicht anwendbar ist die Nr. 3, wenn das Erstgericht hilfsweise auch Ausführungen zur Begründetheit gemacht hat.[29] Einer Zurückverweisung bedarf es dann nicht.

14 Dagegen ist eine Zurückverweisung möglich, wenn die Klage aus einem Grund als „unbegründet" abgewiesen wurde, der richtigerweise zu einer Prozessabweisung hätte führen müssen.[30] Die Nr. 3 ist entsprechend anwendbar, wenn das Erstgericht die materielle Rechtslage deshalb nicht geprüft hat, weil es von einer vermeintlichen Beendigung des Rechtsstreits durch Prozessvergleich ausgegangen ist oder sich wegen vermeintlicher Unzulässigkeit einer Klageänderung oder wegen eines vermeintlichen Anerkenntnisses an einer Sachentscheidung gehindert gesehen hat.[31]

15 Gemäß § 538 Abs. 2 Satz 2 ZPO hat das Berufungsgericht im Falle der Berufung gegen ein Prozessurteil über sämtliche Zulässigkeitsrügen zu befinden. Zu prüfen sind dabei über den Wortlaut der Vorschrift hinaus auch die von Amts wegen zu beachtenden Voraussetzungen, deren Prüfung also keine Rüge erfordert.[32] Wenn das Berufungsgericht der Auffassung ist,

---

23 Prütting/Gehrlein-*Oberheim*, ZPO, § 538 Rn. 16.
24 BGH, NJW-RR 2006, 1677 (1678) für einen Augenscheinstermin, mit dem die Bebaubarkeit eines Grundstücks i.S.d. § 34 BauGB festgestellt werden soll.
25 BGH, NJW-RR 2010, 1048 (1049), Rn. 16.
26 BGH, NZBau 2015, 153 (154), Rn. 21; BGH, NZBau 2005, 224 (225).
27 Thomas/Putzo-*Reichold*, ZPO, § 538 Rn. 14.
28 BGHZ 27, 15 (27) = NJW 1958, 747 (748); a.A. MK-*Rimmelspacher*, ZPO, § 538 Rn. 47, unter Hinweis auf die Entstehungsgeschichte der Norm und das systematische Verhältnis zu den Nr. 4 und 5.
29 Prütting/Gehrlein-*Oberheim*, ZPO, § 538 Rn. 22; Musielak/Voit-*Ball*, ZPO, § 538 Rn. 21; a.A. Zöller-*Heßler*, ZPO, § 538 Rn. 37.
30 Musielak/Voit-*Ball*, ZPO, § 538 Rn. 21.
31 Musielak/Voit-*Ball*, ZPO, § 538 Rn. 22.
32 BeckOK-*Wulf*, ZPO, § 538 Rn. 21.

dass es an einer anderen Prozessvoraussetzung fehlt als der Erstrichter dies angenommen hat, bestätigt es die Klageabweisung aufgrund des seiner Meinung nach vorliegenden Mangels. Eine Zurückverweisung findet nicht statt.[33] Nicht anwendbar ist § 538 Abs. 2 Satz 2 ZPO im Falle der Berufung gegen ein Zwischenurteil nach abgesonderter Verhandlung (§ 280 Abs. 1 ZPO). Hier beschränkt sich die Entscheidungskompetenz des Berufungsgerichts auf die Zulässigkeitsfragen, die Gegenstand des Zwischenstreits sind.[34]

Ist die Klage in erster Instanz zu Recht als unzulässig abgewiesen worden oder ist sie aus anderen Gründen als vom Erstrichter angenommen (§ 538 Abs. 2 Satz 2 ZPO) unzulässig, so wird die Berufung gegen das Prozessurteil zurückgewiesen. Ist die Klage dagegen zulässig, so kann zurückverwiesen werden, auch wenn das Zulässigkeitshindernis erst während des Berufungsverfahrens behoben worden ist. Ist die Sache allerdings zwischenzeitlich entscheidungsreif geworden oder kann mit zumutbarem Aufwand entscheidungsreif gemacht werden, so hat das Berufungsgericht von einer Zurückverweisung abzusehen und selbst in der Sache zu entscheiden. Eine Sachabweisung auf Berufung des Klägers gegen ein Prozessurteil verstößt nicht gegen das Verschlechterungsverbot.[35]

16

4. Entscheidung über den Anspruchsgrund, Abs. 2 Nr. 4

§ 538 Abs. 2 Satz 1 Nr. 4 ZPO nimmt den Fall eines bereits in erster Instanz **nach Grund und Höhe streitigen** Anspruchs in den Blick. Eine Zurückverweisung ist dann möglich, wenn das Erstgericht entweder ein Grundurteil nach § 304 ZPO erlassen hat, das vom Berufungsgericht bestätigt wird, oder das Erstgericht die Klage wegen fehlenden Anspruchsgrunds abgewiesen hat und das Berufungsgericht diese Entscheidung aufhebt. Das Berufungsgericht muss dann selbst ein Grundurteil erlassen und kann zur Verhandlung über die Höhe des Anspruchs zurückverweisen.[36] Eine Zurückverweisung ohne Entscheidung über den Anspruchsgrund ist unzulässig, wenn das Erstgericht die Klage aus einem sachlichen Grund abgewiesen hatte, den das Berufungsgericht für unzutreffend hält.[37] Ebenso ist eine Zurückverweisung unzulässig, wenn das Erstgericht die Klage mangels Substanziierung der Schadenshöhe abgewiesen hat. Das Berufungsgericht hat dann neben dem Anspruchsgrund auch über dessen Höhe zu entscheiden.[38]

17

Entsprechend anwendbar ist die Nr. 4 bei **Stufenklagen**, wenn das Berufungsgericht abweichend von erstinstanzlicher dem Rechnungslegungs- oder Auskunftsanspruch stattgibt.[39] Ebenso ist die Nr. 4 entsprechend anwendbar, wenn in erster Instanz antragsgemäß ein **Feststellungsurteil** erlassen wurde und der Kläger erst in zweiter Instanz zu einem Leistungsantrag übergeht,[40] ferner, wenn das Erstgericht zur Rechnungslegung verurteilt hat und der Kläger in zweiter Instanz im Wege der Klageerweiterung zusätzlich Zahlungsklage erhebt. Auch in diesen Fällen hat das Erstgericht zur Anspruchshöhe noch nicht geprüft, was eine Zurückverweisung rechtfertigt. Werden im Wege der Klagenhäufung Zahlungs- und Feststellungsklage verbunden, so darf das Berufungsgericht nach erstinstanzlicher Abweisung der Klagen zwar die Zahlungsklage nach einem Grundurteil zurückverweisen, nicht aber auch den Feststellungsanspruch, weil dieser nicht nach Grund und Betrag streitig sein kann.[41] Eine Zurückverweisung kommt trotz Vorliegens der Voraussetzungen der Nr. 4 jedoch nicht in Betracht, wenn der Streit über den Betrag zwischenzeitlich spruchreif ist oder mit zumutbarem Aufwand spruchreif gemacht werden kann.[42]

18

5. Vorbehaltsurteil, Abs. 2 Nr. 5

§ 538 Abs. 2 Satz 1 Nr. 5 ZPO gilt unmittelbar nur für den Fall, dass ein erstinstanzliches Vorbehaltsurteil nach § 599 ZPO vom Berufungsgericht bestätigt wird. Sieht das Berufungsgericht

19

---

33 Zöller-*Heßler*, ZPO, § 538 Rn. 42.
34 Musielak/Voit-*Ball*, ZPO, § 538 Rn. 24.
35 BGH, NJW 1989, 393 (394); BGHZ 23, 36 (50) = NJW 1957, 539 (541); Musielak/Voit-*Ball*, ZPO, § 538 Rn. 25.
36 Vgl. Thomas/Putzo-*Reichold*, ZPO, § 538 Rn. 19.
37 BGHZ 71, 226 (232) = NJW 1978, 1430 (1431).
38 BGH, NJW 1998, 613.
39 BGH, NJW 2006, 2626 (2627).
40 OLG Frankfurt a.M., NJW-RR 1987, 1536; Zöller-*Heßler*, ZPO, § 538 Rn. 47; Thomas/Putzo-*Reichold*, ZPO, § 538 Rn. 20; a.A. BeckOK-*Wulf*, ZPO, § 538 Rn. 23; Musielak/Voit-*Ball*, ZPO, § 538 Rn. 27.
41 BGH, NJW 2002, 302 (303); BGH, NJW 1988, 1984. Folge ist, dass zum Zahlungsanspruch der Höhe nach vor dem Erstgericht zu verhandeln ist, während über den Feststellunganspruch in der Berufungsinstanz entschieden wird. A.A. Zöller-*Heßler*, ZPO, § 538 Rn. 47: Zurückverweisung insgesamt zulässig zur Vermeidung der Prozessführung in zwei Instanzen.
42 Musielak/Voit-*Ball*, ZPO, § 538 Rn. 29 m.w.N.

die Klage dagegen als unzulässig, als in der gewählten Prozessart unstatthaft (§ 597 Abs. 2 ZPO) oder als unbegründet an, kommt eine Zurückverweisung nicht in Betracht.[43] Nimmt der Kläger in zweiter Instanz vom Urkundenprozess Abstand, scheidet eine Zurückverweisung ebenfalls aus.[44] Weist der Erstrichter die Klage ab und erlässt das Berufungsgericht erstmals ein Vorbehaltsurteil, so fällt nach der Rechtsprechung des Bundesgerichtshofs das Nachverfahren ohne weiteres dem Berufungsgericht an. Ob bei Vorliegen der sonstigen Voraussetzungen eine Zurückverweisung gemäß Nr. 5 zur Durchführung des Betragsverfahrens zulässig ist, hat der Bundesgerichtshof zuletzt offen gelassen.[45]

20 Die Nr. 5 ist entsprechend anwendbar auf Vorbehaltsurteile nach § 302 ZPO. Bestätigt das Berufungsgericht ein erstinstanzliches Vorbehaltsurteil nach § 302 ZPO, kann zur Entscheidung über die Aufrechnungsforderung zurückverwiesen werden. Erlässt das Berufungsgericht erstmals ein Aufrechnungsvorbehaltsurteil, so soll in entsprechender Anwendung der Nr. 5 eine Zurückverweisung an das Ausgangsgericht ebenfalls in Betracht kommen.[46] Eine Zurückverweisung scheidet dagegen aus in Fällen, in denen der Beklagte trotz der Aufrechnung verurteilt wurde oder wenn die Klage wegen der Aufrechnung abgewiesen wurde. In beiden Fällen hat der Erstrichter die Aufrechnungsforderung bereits geprüft, für eine erneute Entscheidung des Ausgangsgerichts besteht kein Bedürfnis. Eine in zweiter Instanz erstmals erklärte Aufrechnung ist kein Zurückverweisungsgrund.[47]

6. Zweites Versäumnisurteil, Abs. 2 Nr. 6

21 § 538 Abs. 2 Satz 1 Nr. 6 ZPO betrifft den Fall einer erfolgreichen Berufung gegen ein zweites Versäumnisurteil (§ 514 Abs. 2 ZPO), wenn also das Berufungsgericht davon ausgeht, dass ein Fall schuldhafter Säumnis im Einspruchstermin nicht vorlag. Dann ist Zurückverweisung an das Erstgericht möglich, weil zur Sache in erster Instanz bisher nicht entschieden wurde. Entsprechend anwendbar ist die Vorschrift bei der Berufung gegen ein Anerkenntnisurteil, wenn aus Sicht des Berufungsgerichts kein wirksames Anerkenntnis vorlag.[48]

7. Teilurteil, Abs. 2 Nr. 7

22 § 538 Abs. 2 Satz 1 Nr. 7 ZPO erlaubt schließlich eine Zurückverweisung dort, wo in erster Instanz ein Teilurteil erlassen wurde, ohne dass die Voraussetzungen des § 301 ZPO vorlagen. Auf diese Weise wird vermieden, dass ein zusammengehöriger Rechtsstreit gleichzeitig in zwei verschiedenen Instanzen zur Verhandlung kommt. Anders als in den anderen Fällen des § 538 Abs. 2 Satz 1 ZPO ist in den Fällen der Nr. 7 gemäß § 538 Abs. 2 Satz 3 ZPO für die Zurückverweisung kein Parteiantrag erforderlich. Das Berufungsgericht kann allerdings, anstatt zurückzuverweisen, auch ohne Antrag und ohne Einverständnis der Parteien den noch in erster Instanz befindlichen Teil des Rechtsstreits an sich ziehen und die Sache insgesamt entscheiden.[49]

III. Entscheidung des Berufungsgerichts in den Fällen des Abs. 2

23 Das Berufungsgericht entscheidet durch selbstständig anfechtbares Endurteil über die Aufhebung des bisherigen Verfahrens und die Zurückverweisung. Eine Aufhebung des Verfahrens ist allerdings nicht erforderlich, soweit der zu revidierende Mangel nur das Urteil betrifft, die erstinstanzlichen Feststellungen jedoch weiterhin Entscheidungsgrundlage sein können.[50] Möglich ist auch eine nur teilweise Zurückverweisung, wenn über den zurückzuverweisenden Teil gemäß § 301 ZPO durch Teilurteil hätte entschieden werden können.[51] Das zurückverweisende Urteil enthält **keine Kostenentscheidung**. Über die Kosten des Berufungsverfahrens ist in dem abschließenden erstinstanzlichen Urteil mitzuentscheiden. Im Falle der Zurückverweisung wegen eines erheblichen Verfahrensfehlers ist allerdings die Niederschlagung von Kosten gemäß § 21 Abs. 1 Satz 1 GKG in Betracht zu ziehen.

24 Rechtsmittel sind gegen die Entscheidung des Berufungsgerichts nach allgemeinen Regeln gegeben, d.h. es kommen Revision bzw. Nichtzulassungsbeschwerde in Betracht. Geprüft wird

---

43 Musielak/Voit-*Ball*, ZPO, § 538 Rn. 31.
44 BGHZ 29, 337 (339) = NJW 1959, 868.
45 BGH, NJW 2005, 2701 (2703); die Möglichkeit der Zurückverweisung bejahend: Zöller-*Heßler*, ZPO, § 538 Rn. 53; Musielak/Voit-*Ball*, ZPO, § 538 Rn. 32 jeweils m.w.N.
46 OLG München, MDR 2000, 903.
47 Musielak/Voit-*Ball*, ZPO, § 538 Rn. 33.
48 OLG Frankfurt a.M., NJW-RR 2011, 216; OLG Jena, NJW-RR 2009, 1519; KG Berlin, NJW-RR 1995, 958; OLG München, MDR 1991, 795.
49 BGH, NJW 2009, 230; BGH, NJW 2001, 78 (79).
50 Zöller-*Heßler*, ZPO, § 538 Rn. 57.
51 BGH, NJW 2011, 2800 (2801), Rn. 26.

vom Revisionsgericht die richtige Anwendung des § 538 ZPO. Gerügt werden können und müssen im Falle einer Zurückverweisung das Fehlen der Voraussetzungen des Abs. 2, insbesondere die missachtete Verpflichtung des Berufungsgerichts zur Durchführung einer nicht umfangreichen und nicht aufwändigen Beweisaufnahme und der Ausfall bzw. der fehlerhafte Gebrauch von Ermessen bei der Zurückverweisungsentscheidung.[52] Soweit sachlich-rechtliche Ausführungen Grundlage der Zurückverweisung sind, prüft das Revisionsgericht auch diese nach.[53]

Die Zurückverweisung führt zu einer **Wiedereröffnung des Verfahrens** in der ersten Instanz. 25
Frühere Prozesshandlungen, beispielsweise Geständnisse, behalten ihre Wirksamkeit, bereits durchgeführte Beweisaufnahmen sind verwertbar, es sei denn eine Aufhebung des Verfahrens erfasst diese.[54] Bei der erneuten Entscheidung durch das Ausgangsgericht ist zu beachten, dass die der Aufhebung zugrunde liegende Rechtsansicht des Berufungsgerichts das Untergericht entsprechend § 563 Abs. 2 ZPO bindet.[55] Weitere Einschränkungen des erstinstanzlichen Entscheidungsspielraums können sich aus dem Verschlechterungsverbot (§ 528 ZPO) ergeben.

§ 539
Versäumnisverfahren

(1) Erscheint der Berufungskläger im Termin zur mündlichen Verhandlung nicht, so ist seine Berufung auf Antrag durch Versäumnisurteil zurückzuweisen.

(2) ¹Erscheint der Berufungsbeklagte nicht und beantragt der Berufungskläger gegen ihn das Versäumnisurteil, so ist das zulässige tatsächliche Vorbringen des Berufungsklägers als zugestanden anzunehmen. ²Soweit es den Berufungsantrag rechtfertigt, ist nach dem Antrag zu erkennen; soweit dies nicht der Fall ist, ist die Berufung zurückzuweisen.

(3) Im Übrigen gelten die Vorschriften über das Versäumnisverfahren im ersten Rechtszug sinngemäß.

Inhalt:

	Rn.		Rn.
A. Allgemeines	1	III. Säumnis des Berufungsbeklagten,	
B. Erläuterungen	2	Abs. 2	9
I. Allgemeine Voraussetzungen	2	IV. Anwendbarkeit der Säumnis-	
II. Säumnis des Berufungsklägers, Abs. 1	6	vorschriften, Abs. 3	15
		V. Rechtsbehelfe	17

A. Allgemeines

Das Säumnisverfahren in zweiter Instanz ist parallel ausgestaltet zu demjenigen in erster Instanz. Erscheint der Berufungskläger bei einer wirksam eingelegten Berufung nicht, so wird seine Berufung durch Versäumnisurteil zurückgewiesen. Erscheint der Berufungsbeklagte in einem auf eine wirksame Berufung hin angesetzten Termin nicht, so gilt das zulässige tatsächliche Vorbringen des Berufungsklägers als zugestanden. Es wird dann durch Versäumnisurteil dem Berufungsantrag entsprechend verurteilt, soweit der Berufungsantrag infolge der säumnisbedingten Geständnisfiktion gerechtfertigt ist. 1

B. Erläuterungen
I. Allgemeine Voraussetzungen

Ein (echtes) Versäumnisurteil in der Berufungsinstanz setzt unabhängig davon, gegen wen es 2
ergeht, voraus, dass eine zulässige Berufung vorliegt, dass eine zulässige Klage gegeben ist und dass dem Erlass eines Versäumnisurteils nicht sonstige Verfahrensvorschriften entgegenstehen.

Die **Zulässigkeit der Berufung** ist vom Berufungsgericht gemäß § 522 Abs. 1 Satz 1 ZPO jeder- 3
zeit von Amts wegen zu prüfen. Wird in dem Termin, in dem der Berufungsbeklagte säumig ist, festgestellt, dass die Berufung unzulässig ist, wird diese durch kontradiktorisches Urteil verworfen. Es handelt sich nicht um ein Versäumnisurteil.[1] Eine Ausnahme besteht nach herr-

---

52 Vgl. Zöller-*Heßler*, ZPO, § 538 Rn. 62.
53 BGHZ 31, 358 (363) = NJW 1960, 669 (670).
54 Prütting/Gehrlein-*Oberheim*, ZPO, § 538 Rn. 36.
55 Vgl. BGHZ 51, 131 (135).

Zu § 539:
1 BGH, NJW 2001, 2095.

schender Meinung nur dann, wenn sich die Unzulässigkeit der Berufung aus einer Versäumung der Fristen im Berufungsverfahren ergibt und der anberaumte Termin auch zur Verhandlung über einen Antrag auf Wiedereinsetzung in den vorigen Stand bestimmt war. Dann erfolgt die Verwerfung der Berufung durch echtes Versäumnisurteil, gegen das wegen § 238 Abs. 2 Satz 2 ZPO kein Einspruch zulässig ist.[2] Es kann dann allein noch die Revision gegen das Versäumnisurteil geführt werden mit dem Vortrag, es habe kein Fall der Säumnis vorgelegen.[3]

4 Ein echtes Versäumnisurteil setzt des Weiteren eine **zulässige Klage** voraus.[4] Ohne eine zulässige Klage fehlt es an der Grundlage für eine Sachentscheidung, wie sie auch das (echte) Versäumnisurteil darstellt. Liegt demnach, etwa wegen des Fehlens zwingender Prozessvoraussetzungen, schon keine zulässige Klage vor, erlässt das Berufungsgericht in einem anberaumten Termin ein unechtes Versäumnisurteil. War die erstinstanzliche Klage bereits als unzulässig abgewiesen worden, weist es die Berufung zurück. War erstinstanzlich die Klage als unbegründet abgewiesen worden, wird die Berufung mit der Maßgabe zurückgewiesen, dass die Klage unzulässig sei.[5] Umstritten ist, wie zu verfahren ist, wenn im ersten Rechtszug die Klage trotz (nicht erkannter) Unzulässigkeit nur teilweise abgewiesen wurde. Nach einer Ansicht wird in zweiter Instanz auch auf eine Berufung des Klägers hin dann die gesamte Klage als unzulässig abgewiesen,[6] nach anderer Ansicht steht einem solchen Vorgehen das Verbot der *reformatio in peius* entgegen.[7]

5 Ein echtes Versäumnisurteil in zweiter Instanz darf schließlich auch dann nicht ergehen, wenn das angegriffene Urteil **gegen erstinstanzliche Verfahrensvorschriften verstößt**. Das ist der Fall, wenn das Erstgericht übersehen hat, dass der Einspruch gegen ein vorausgegangenes Versäumnisurteil unzulässig war. Dann ist das erstinstanzliche Urteil unabhängig von der Säumnis einer Partei aufzuheben und der Einspruch als unzulässig zu verwerfen.[8] Gegen Verfahrensvorschriften ist auch dann verstoßen, wenn das Erstgericht in unzulässiger Weise ein Teilurteil erlassen oder die Unterbrechung des Verfahrens oder den Wegfall der Rechtshängigkeit übersehen hat. Das Berufungsgericht hat dann im Wege des unechten Versäumnisurteils die vom Erstgericht richtiger Weise zu erlassende Entscheidung nachzuholen[9] bzw. die Sache zurückzuverweisen.

II. Säumnis des Berufungsklägers, Abs. 1

6 Ein Versäumnisurteil gegen den Berufungskläger ergeht, wenn die oben genannten allgemeinen Voraussetzungen (Rn. 3–5) vorliegen, der ordnungsgemäß geladene Berufungskläger im Termin zur mündlichen Verhandlung nicht erscheint und der Berufungsbeklagte einen entsprechenden Antrag stellt. Dem Berufungskläger muss der Antrag auf Zurückweisung der Berufung nicht rechtzeitig vor dem Termin mitgeteilt worden sein (§ 335 Abs. 1 Nr. 3 ZPO), weil es sich nicht um einen Sach- sondern nur um einen Prozessantrag handelt.[10] Keine Rolle spielt die Begründetheit der Berufung, denn diese wird nicht geprüft. Das echte Versäumnisurteil gegen den Berufungskläger ergeht allein aufgrund von dessen Säumnis.

7 Das Versäumnisurteil ist als solches zu bezeichnen und lautet dahin, dass die Berufung des Berufungsklägers (Formulierung auch mit den Parteirollen aus erster Instanz möglich und sogar üblich) zurückgewiesen wird. Die Kosten werden gemäß § 97 Abs. 1 ZPO dem Berufungskläger auferlegt, die Entscheidung wird für vorläufig vollstreckbar erklärt ohne Sicherheitsleistung.[11] Tatbestand und Entscheidungsgründe sind gemäß §§ 525, 313b Abs. 1 Satz 1 ZPO entbehrlich.

8 Die Rechtskraft eines klageabweisenden Versäumnisurteils macht die erneute Geltendmachung des Anspruchs nach der Rechtsprechung des Bundesgerichtshofs in jedem Fall unzu-

---

2 BGH, NJW 1969, 846.
3 Prütting/Gehrlein-*Oberheim*, ZPO, § 527 Rn. 3; Zöller-*Heßler*, ZPO, § 539 Rn. 4.
4 BGH, NJW 1999, 291; a.A. für den Fall der Säumnis des Berufungsklägers: MK-*Rimmelspacher*, ZPO, § 539 Rn. 7.
5 Prütting/Gehrlein-*Oberheim*, ZPO, § 527 Rn. 4.
6 Zöller-*Heßler*, ZPO, § 539 Rn. 8.
7 Vgl. BeckOK-*Wulf*, ZPO, § 539 Rn. 5.
8 Thomas/Putzo-*Reichold*, ZPO, § 539 Rn. 2.
9 Prütting/Gehrlein-*Oberheim*, ZPO, § 527 Rn. 5.
10 Prütting/Gehrlein-*Oberheim*, ZPO, § 527 Rn. 9; anderes gilt allerdings für den Sachvortrag des Berufungsbeklagten, weil der Berufungskläger die Entscheidung, ob er erscheint, hiervon muss abhängig machen können, vgl. Zöller-*Heßler*, ZPO, § 539 Rn. 10.
11 Rechtsgrundlage hierfür ist nach h.M. § 708 Nr. 2 ZPO, nach anderer Auffassung § 708 Nr. 10 ZPO, vgl. die Nachweise bei MK-*Rimmelspacher*, ZPO, § 539 Rn. 9 m.w.N. Ein Unterschied in der Tenorierung ergibt sich aus diesem Meinungsstreit nicht.

lässig. Das gilt gerade auch dann, wenn die rechtskräftige Klageabweisung auf einem Versäumnisurteil des Berufungsgerichts beruht. Der Kläger kann sich in einem Zweitprozess nicht darauf berufen, im Erstprozess habe seinem Anspruch nur ein vorübergehendes Hindernis, z.B. fehlende Fälligkeit, entgegengestanden.[12] Dem Kläger wird daher ggf. zu raten sei, kein Versäumnisurteil im Kauf zu nehmen, sondern ein Endurteil zu akzeptieren, mit dem seine Klage (mangels Fälligkeit) als derzeit unbegründet abgewiesen wird. Ein solches Urteil hindert eine spätere Klage nicht.

III. Säumnis des Berufungsbeklagten, Abs. 2

Bei Säumnis des Berufungsbeklagten im anberaumten Termin und entsprechendem Antrag ergeht ein echtes Versäumnisurteil gegen den Berufungsbeklagten, soweit der Vortrag des Berufungsklägers ein stattgebendes Berufungsurteil rechtfertigt. Die Situation entspricht derjenigen beim erstinstanzlichen Versäumnisurteil gegen den Beklagten: das tatsächliche Vorbringen der (Berufungs-)Klagepartei gilt als zugestanden. Soweit es den Berufungsantrag rechtfertigt, ist i.S.d. Berufung zu entscheiden. 9

Kernstück des § 539 Abs. 2 ZPO ist die dort in Satz 1 angeordnete Geständnisfiktion. Danach gilt das gesamte erst- und zweitinstanzliche tatsächliche Vorbringen des Berufungsklägers als zugestanden. Das zweitinstanzliche Vorbringen muss allerdings dem Berufungsbeklagten rechtzeitig mitgeteilt worden sein, §§ 525, 335 Abs. 1 Nr. 3 ZPO. Unschädlich ist es, wenn das zweitinstanzliche Vorbringen vom Sachvortrag in erster Instanz abweicht.[13] Unschädlich ist es sogar, wenn dieses Vorbringen im Gegensatz zu einem klaren Beweisergebnis in erster Instanz steht, denn die erstinstanzliche Beweisaufnahme bleibt unberücksichtigt.[14] Noch weitergehend ist nach herrschender Auffassung selbst solches Vorbringen zu berücksichtigen, das ohne Säumnis wegen § 531 Abs. 1 ZPO ausgeschlossen oder nach § 531 Abs. 2 ZPO nicht mehr berücksichtigungsfähig wäre.[15] Hierfür lässt sich anführen, dass die Präklusionsvorschriften keinen Sanktionscharakter haben[16] und außerdem der säumige Berufungsbeklagte nicht schutzwürdig ist. Im Übrigen spricht für die herrschende Auffassung, dass dem Zweck der Präklusionsvorschriften, nämlich eine Verfahrensstraffung herbeizuführen, in der zweiten Instanz im Rahmen eines Versäumnisverfahrens nicht dadurch gedient wäre, wenn das Berufungsgericht zunächst prüfen müsste, ob ein Angriffs- oder Verteidigungsmittel in erster Instanz i.S.d. § 531 Abs. 1 ZPO zu Recht zurückgewiesen wurde bzw. inwieweit noch Zulassungen nach § 531 Abs. 2 ZPO erfolgen können. 10

Im Säumnisverfahren zu berücksichtigen sind auch Klageänderung, Aufrechnungserklärung und Widerklage i.S.d. § 533 ZPO. Aufgrund des zuvor Ausgeführten (Rn. 10) ist entsprechendes neues Vorbringen des Berufungsklägers grundsätzlich berücksichtigungsfähig. Das Berufungsgericht hat allerdings eine Sachdienlichkeitsprüfung gemäß § 533 Nr. 1 ZPO durchzuführen.[17] Die Fiktion einer Einwilligung des Berufungsbeklagten kommt nicht in Betracht, weil der insoweit einschlägige § 267 ZPO eine Einlassung in einer mündlichen Verhandlung voraussetzt. Die Zulässigkeitsschranke des § 533 Nr. 2 ZPO greift nicht ein, weil das Berufungsgericht nicht nur die Feststellungen des Erstrichters, sondern das gesamte tatsächliche Vorbringen des Berufungsklägers zugrunde zu legen hat.[18] 11

Soweit das Vorbringen des Berufungsklägers schlüssig ist, wird durch Versäumnisurteil das erstinstanzliche Urteil abgeändert (oder aufgehoben) und in den Grenzen des Sachantrags diejenige Entscheidung erlassen, die der Berufungskläger begehrt. Die Kostenentscheidung ergibt sich aus § 91 ZPO bzw. bei nur teilweiser Schlüssigkeit des Berufungsklägervortrags aus § 92 ZPO. Die Entscheidung zur vorläufigen Vollstreckbarkeit beruht nach herrschender Meinung auf § 708 Nr. 2 ZPO.[19] Tatbestand und Entscheidungsgründe sind nicht erforderlich, §§ 525, 313b Abs. 1 Satz 1 ZPO. 12

Überschrift und **Tenor** auf eine Berufung gegen ein klageabweisendes erstinstanzliches Urteil könnten also beispielsweise lauten:

---

12 BGHZ 153, 239 (Leitsatz) = NJW 2003, 1044. Die Entscheidung ist in ihrer Tragweite in der Literatur verbreitet auf Kritik gestoßen, vgl. Zöller-*Heßler*, ZPO, § 539 Rn. 10 m.w.N.; MK-*Rimmelspacher*, ZPO, § 539 Rn. 9.
13 Zöller-*Heßler*, ZPO, § 539 Rn. 13.
14 BAG, NJW 2004, 3732.
15 MK-*Rimmelspacher*, ZPO, § 539 Rn. 12; Prütting/Gehrlein-*Oberheim*, ZPO, § 527 Rn. 12; Zöller-*Heßler*, ZPO, § 539 Rn. 15; BeckOK-*Wulf*, ZPO, § 539 Rn. 14, 16; a.A. Musielak/Voit-*Ball*, ZPO, § 539 Rn. 7; Thomas/Putzo-*Reichold*, ZPO, § 539 Rn. 7.
16 Prütting/Gehrlein-*Oberheim*, ZPO, § 527 Rn. 12.
17 Zöller-*Heßler*, ZPO, § 539 Rn. 16.
18 MK-*Rimmelspacher*, ZPO, § 539 Rn. 16.
19 Vgl. zum diesbezüglichen Meinungsstreit oben Fn. 11.

13 *Versäumnisurteil*
1. Auf die Berufung des Klägers wird das Endurteil des Amtsgerichts ... vom ... aufgehoben. Der Beklagte wird verurteilt, an den Kläger ... € nebst Zinsen hieraus in Höhe von ... seit dem ... zu bezahlen.
2. Der Beklagte trägt die Kosten des Rechtsstreits.
3. Das Urteil ist vorläufig vollstreckbar.

14 Soweit das Vorbringen den Berufungsantrag nicht rechtfertigt, wird die Berufung durch kontradiktorisches Urteil zurückgewiesen (insoweit unechtes Versäumnisurteil). Das Urteil ist dann ein Teil-Versäumnis- und Endurteil.[20] Die Vollstreckbarkeitsentscheidung ist auf § 708 Nr. 10 ZPO zu stützen.

IV. Anwendbarkeit der Säumnisvorschriften, Abs. 3

15 Soweit nicht in § 539 Abs. 1 und Abs. 2 ZPO besondere Regelungen getroffen sind, gelten gemäß § 539 Abs. 3 ZPO im Säumnisverfahren in der zweiten Instanz die Vorschriften über das Versäumnisverfahren im ersten Rechtszug entsprechend. Das sind die §§ 330–347 ZPO. Zu beachten sind insbesondere § 333 ZPO, wonach ein Nichtverhandeln als Säumnis anzusehen ist, und § 344 ZPO über die Versäumniskosten.

16 Nicht anwendbar ist § 331 Abs. 3 ZPO, da es einer Verteidigungsanzeige in zweiter Instanz nicht bedarf. Eine Entscheidung nach Lage der Akten ist gemäß §§ 525, 331a, 251a Abs. 2 ZPO nur möglich, wenn bereits vor dem Berufungsgericht verhandelt wurde.[21] Ein Verhandeln in erster Instanz genügt insoweit nicht.

V. Rechtsbehelfe

17 Gegen ein echtes Versäumnisurteil ist statthafter Rechtsbehelf allein der Einspruch gemäß §§ 539 Abs. 3, 338–343 ZPO. Unechte Versäumnisurteile sind kontradiktorische Urteile und als solche, soweit deren Voraussetzungen vorliegen, mit der Revision angreifbar.[22] Soweit ein Teil-Versäumnis- und Endurteil vorliegt, steht der säumigen Partei der Einspruch, der anderen Partei die Revision offen.[23] Gegen ein technisch zweites Versäumnisurteil in der Berufungsinstanz ist die Revision gegeben aber beschränkt auf den Vortrag, es habe kein Fall der schuldhaften Säumnis vorgelegen.[24]

§ 540
Inhalt des Berufungsurteils

(1) ¹Anstelle von Tatbestand und Entscheidungsgründen enthält das Urteil
1. die Bezugnahme auf die tatsächlichen Feststellungen im angefochtenen Urteil mit Darstellung etwaiger Änderungen oder Ergänzungen,
2. eine kurze Begründung für die Abänderung, Aufhebung oder Bestätigung der angefochtenen Entscheidung.

²Wird das Urteil in dem Termin, in dem die mündliche Verhandlung geschlossen worden ist, verkündet, so können die nach Satz 1 erforderlichen Darlegungen auch in das Protokoll aufgenommen werden.

(2) Die §§ 313a, 313b gelten entsprechend.

Inhalt:

	Rn.		Rn.
A. Allgemeines	1	III. Rechtliche Erwägungen, Abs. 1 Satz 1 Nr. 2	9
B. Erläuterungen	3	IV. Protokollurteile, Abs. 1 Satz 2	18
I. Aufbau des Berufungsurteils	3	V. Anwendbarkeit der §§ 313a, 313b ZPO, Abs. 2	20
II. Tatsachenfeststellungen, Abs. 1 Satz 1 Nr. 1	5		

---

20 Thomas/Putzo-*Reichold*, ZPO, § 331 Rn. 9.
21 MK-*Rimmelspacher*, ZPO, § 539 Rn. 18; Prütting/Gehrlein-*Oberheim*, ZPO, § 527 Rn. 16.
22 Prütting/Gehrlein-*Oberheim*, ZPO, § 527 Rn. 18.
23 Wiederrum nur soweit deren Voraussetzungen vorliegen.
24 Zöller-*Heßler*, ZPO, § 539 Rn. 17.

A. Allgemeines

Die Vorschrift bringt in ihrem ersten Absatz für die Berufungsgerichte erhebliche Vereinfachungsmöglichkeiten bei der Abfassung von Endurteilen. Daneben bestehen aufgrund der Verweisung in Abs. 2 auch die aus der ersten Instanz bekannten Abkürzungsmöglichkeiten der §§ 313a, 313b ZPO insbesondere bei Erlass von Versäumnis-, Anerkenntnis- und Verzichtsurteilen. Ihre Rechtfertigung findet die Vorschrift in der Konzeption des ZPO-Reformgesetzes 2001, wonach die Berufungsgerichte in erster Linie für die Fehlerkontrolle und Fehlerbeseitigung zuständig sind, die Möglichkeit neuen Parteivortrags dagegen stark eingeschränkt ist. Unter diesen Umständen ist es nicht erforderlich, auch in zweiter Instanz den Parteien ein Urteil mit umfassendem Tatbestand und umfassenden Entscheidungsgründen an die Hand zu geben.[1] Die zugrunde zu legenden Feststellungen ergeben sich bereits aus dem Ersturteil (§ 529 Abs. 1 Nr. 1 ZPO). Soweit hier in zweiter Instanz Abweichungen geboten sind, werden diese gemäß § 540 Abs. 1 Nr. 1 ZPO dargestellt. Ebenso verhält es sich wegen § 540 Abs. 1 Nr. 2 ZPO hinsichtlich der tragenden Gründe, wobei allerdings auch die Erwägungen für ein die erste Instanz bestätigendes Urteil kurz darzulegen sind. Die Parteien und Dritte können mithin in einer Zusammenschau von erstinstanzlichem und zweitinstanzlichem Urteil den festgestellten Sachverhalt und die tragenden tatsächlichen und rechtlichen Erwägungen in ausreichender Form nachvollziehen.

Die Berufungsgerichte müssen die Abkürzungsmöglichkeiten des § 540 ZPO nicht nutzen.[2] Es bietet sich jedoch an, von ihnen Gebrauch zu machen, um Ressourcen für mündliche Verhandlungen und ggf. Beweisaufnahmen zu schonen. Dabei ist es insbesondere zu empfehlen, von der Möglichkeit der Abfassung von Protokollurteilen gemäß § 540 Abs. 1 Satz 2 ZPO Gebrauch zu machen. Protokollurteile zwingen zu einer sofortigen Niederlegung der tragenden Erwägungen des Urteils. Dies kann im Einzelfall zu erheblichem Zeitdruck führen, gewährleistet jedoch, dass sowohl die vor dem Termin stattgehabte umfassende Verfahrensvorbereitung als auch das Ergebnis der mündlichen Verhandlung (namentlich Beweisaufnahmen) noch in unmittelbarer Erinnerung sind und so möglichst vollständig in die Urteilsgründe einfließen können. Ein arbeitsintensives Rekapitulieren vor einem etwaigen Verkündungstermin kann auf diese Weise vermieden werden. Darüber hinaus führt die Anwendung von § 540 Abs. 1 Satz 2 ZPO im Normalfall dazu, dass die Parteien die vollständige Berufungsentscheidung innerhalb weniger Tage nach der Berufungsverhandlung in Händen halten. Die praktischen Erfahrungen mit Protokollurteilen lassen sich als durchweg positiv bezeichnen.

B. Erläuterungen
I. Aufbau des Berufungsurteils

Auf das Rubrum, die Urteilsüberschrift und den Tenor folgen im Berufungsurteil üblicherweise nur allgemein die „Gründe". § 540 Abs. 1 Satz 1 ZPO bestimmt, dass es einer Gliederung in Tatbestand und Entscheidungsgründe nicht bedarf. Die Gründe werden dann zweckmäßigerweise entsprechend § 540 Abs. 1 Satz 1 ZPO in zwei Abschnitte unterteilt (beispielsweise I. und II.).[3] Der erste Abschnitt befasst sich mit den tatsächlichen Feststellungen und wird regelmäßig aus einer Bezugnahme auf die erstinstanzlichen Feststellungen und einer knappen Darstellung etwaiger Abweichungen bestehen. Der zweite Abschnitt dient der Darlegung der rechtlichen Beurteilung durch das Berufungsgericht und erfordert eine kurze Begründung für die Abänderung, Aufhebung oder Bestätigung des erstinstanzlichen Urteils. Es sind also auch bei einer Zurückweisung der Berufung die tragenden rechtlichen Erwägungen mitzuteilen.

Auf die Gründe zur Hauptsache folgt – in der Regel ohne eigenen Gliederungspunkt – eine kurze Begründung zur Entscheidung über Nebenforderungen (z.B. vorgerichtliche Rechtsanwaltskosten, Zinsansprüche u.a.) und zu den Nebenentscheidungen (Verfahrenskosten, Vollstreckbarkeit, ggf. Zulassung der Revision). Das Urteil endet mit den Unterschriften der beteiligten Richter.

II. Tatsachenfeststellungen, Abs. 1 Satz 1 Nr. 1

Der Umfang der Tatsachendarlegungen im Berufungsurteil orientiert sich in der Praxis nicht zuletzt daran, ob die Revision zugelassen wird bzw. eine Nichtzulassungsbeschwerde nach § 544 ZPO möglich ist. In diesen Fällen ist eine größere Dichte bei der Darstellung der Tatsachengrundlagen angezeigt. Das Revisionsgericht muss nach einer wiederholt verwendeten Formulierung aus dem Berufungsurteil erkennen können, von welchem Sach- und Streitstand das Berufungsgericht ausgegangen ist, welches Rechtsmittelbegehren die Parteien verfolgt ha-

---
1 Vgl. Zöller-*Heßler*, ZPO, § 540 Rn. 1.
2 Thomas/Putzo-*Reichold*, ZPO, § 540 Rn. 1.
3 Zöller-*Heßler*, ZPO, § 540 Rn. 3.

ben und welche tatsächlichen Feststellungen der Entscheidung zu Grunde liegen.[4] Das Fehlen jeglicher Feststellungen stellt sogar einen absoluten Revisionsgrund dar gemäß § 547 Nr. 6 ZPO.[5]

6 § 540 Abs. 1 Satz 1 Nr. 1 ZPO schreibt nicht ausdrücklich vor, dass die **Anträge** der Parteien im Berufungsverfahren in die Feststellungen aufgenommen werden müssten. Eine Aufnahme ist gleichwohl zwingend erforderlich, weil eine Bezugnahme auf die Feststellungen in erster Instanz insoweit nicht weiterhelfen kann, gleichzeitig aber aus dem Urteil heraus klar werden muss, was die Parteien im Berufungsverfahren begehren. Nur so wird deutlich, in welchem Umfang der Streitgegenstand in die Berufung gelangt ist. Die Sachanträge müssen dabei zumindest sinngemäß wiedergegeben werden.[6] Nicht erforderlich ist, wie in erster Instanz, die Wiedergabe von Kostenanträgen und Anträgen zur vorläufigen Vollstreckbarkeit, ebenso nicht die Anregung, die Revision zuzulassen.

7 Das Berufungsurteil enthält gemäß § 540 Abs. 1 Satz 1 Nr. 1 ZPO eine **Bezugnahme** auf die tatsächlichen Feststellungen im angefochtenen Urteil, damit in erster Linie auf dessen Tatbestand, aber auch auf die in den Entscheidungsgründen enthaltenen Tatsachen.[7] Die Bezugnahme umfasst auch die erstinstanzliche Verweisung auf Schriftsätze, Protokolle und andere Unterlagen gemäß § 313 Abs. 2 Satz 2 ZPO. Etwaige Änderungen gegenüber den erstinstanzlichen Feststellungen und deren Ergänzungen[8] sind im Berufungsurteil darzustellen. Wegen der Einzelheiten kann auch insoweit gemäß §§ 525 Satz 1, 313 Abs. 2 Satz 2 ZPO auf Schriftsätze und andere Unterlagen verwiesen werden.[9] Wichtig ist, dass sich durch die verschiedenen Bezugnahmen und ausdrücklichen Darstellungen kein widersprüchlicher Sachverhalt ergibt.

8 Soweit gegen das Berufungsurteil die Revision zugelassen wird oder die Nichtzulassungsbeschwerde möglich ist, sind Aussagen von Zeugen, Sachverständigen und Parteien sowie das Ergebnis eines Augenscheins gemäß §§ 160 Abs. 3 Nr. 4 und 5, 161 Abs. 1 Nr. 1 ZPO zu protokollieren. Diese Protokollierungen gehören nicht in die tatsächlichen Feststellungen i.S.d. § 540 Abs. 1 Satz 1 Nr. 1 ZPO.[10]

III. Rechtliche Erwägungen, Abs. 1 Satz 1 Nr. 2

9 Das Berufungsgericht hat gemäß § 540 Abs. 1 Satz 1 Nr. 2 ZPO eine kurze Begründung für die Abänderung, Aufhebung oder Bestätigung der angefochtenen Entscheidung zu liefern. Schon nach altem Recht war es erlaubt, im Falle einer Bestätigung des angefochtenen Urteils allein auf dessen Entscheidungsgründe Bezug zu nehmen.[11] Da der Gesetzgeber die Anforderungen an die Ausführlichkeit des Berufungsurteils mit dem ZPO-Reformgesetz von 2001 gesenkt hat, ist ein solches Vorgehen auch weiterhin als ausreichend anzusehen, falls dadurch das zulässige Berufungsvorbringen erschöpft wird.[12] Eine derartige Fallgestaltung wird jedoch in der Praxis die Ausnahme darstellen, da solche Fälle in der Regel bereits für einen Zurückweisungsbeschluss gemäß § 522 Abs. 2 Satz 1 ZPO geeignet sind.

10 Sobald sich Änderungen im festgestellten Sachverhalt ergeben oder das Berufungsgericht von der rechtlichen Begründung des Erstgerichts abweicht (auch bei gleichbleibendem Ergebnis),[13] ist hierfür eine Begründung im Urteil erforderlich. Diese Begründung soll fallbezogen, anschaulich, objektiv nachprüfbar und frei von bloßen Vermutungen seien.[14]

11 Die Nichtzulassung verspäteten Vorbringens (§§ 530, 531 ZPO) ist im Berufungsurteil zu begründen, weil das Revisionsgericht überprüft, ob die insoweit relevanten Rechtsbegriffe richtig angewendet worden sind. Dasselbe gilt, wenn eine Partei eine Änderung der Tatsachengrundlage nach § 529 Abs. 1 Nr. 1 ZPO begehrt, das Berufungsgericht aber das Vorliegen der Voraussetzungen dieser Vorschrift verneint.[15]

12 Das Berufungsurteil hat im Rahmen der rechtlichen Erwägungen eine **Beweiswürdigung** zu enthalten, soweit in zweiter Instanz eine eigene Beweisaufnahme durchgeführt wurde. Diese

---

4 BGH, NJW 2007, 2334 (2335).
5 Zöller-*Heßler*, ZPO, § 540 Rn. 6.
6 BGH, NJW 2010, 3372 (3373), Rn. 20 m.w.N. aus der Rechtsprechung des BGH.
7 BGH, NJW 1997, 1931, dort als ständige Rechtsprechung bezeichnet.
8 Zu den Feststellungen i.d.S. gehört auch der Sachvortrag der Parteien.
9 MK-*Rimmelspacher*, ZPO, § 540 Rn. 6.
10 Zöller-*Heßler*, ZPO, § 540 Rn. 11.
11 BGH, NJW 1985, 1784 (1785).
12 Zöller-*Heßler*, ZPO, § 540 Rn. 13.
13 Vgl. Prütting/Gehrlein-*Oberheim*, ZPO, § 540 Rn. 15.
14 Vgl. für die beiden zuletzt genannten Aspekte BGH, NJW 1982, 2874 (2875).
15 Zöller-*Heßler*, ZPO, § 540 Rn. 19.

Beweiswürdigung darf knapp ausfallen, muss den Parteien aber ausreichend darstellen, warum das Berufungsgericht von welchem Sachverhalt ausgeht. Der Beweiswürdigung muss auch zu entnehmen sein, dass das Berufungsgericht den wesentlichen Beweisstoff zur Kenntnis genommen und verarbeitet hat.[16] Grundsätzlich unzulässig ist es, wenn das Berufungsgericht die Glaubwürdigkeit eines Zeugen abweichend vom Erstgericht beurteilt, ohne sich selbst einen Eindruck von dem Zeugen verschafft zu haben.[17] In einem solchen Fall ist eine erneute Vernehmung des Zeugen vor dem Berufungsgericht veranlasst. Anders ist dies allerdings dann, wenn das Erstgericht einen Auslandszeugen im Wege der Rechtshilfe vernommen hat. Dann ist eine erneute Ladung nicht geboten, weil das Erstgericht in diesem Fall bei der Glaubwürdigkeitsbeurteilung keine bessere Tatsachengrundlage hatte, als sie das Berufungsgericht hat.[18]

Zu den **Nebenforderungen** hat das Berufungsurteil jedenfalls dann, wenn vom erstinstanzlichen Urteil abgewichen wird, ebenfalls eine kurze Begründung zu enthalten. Es wird allerdings auch vertreten, dass bezüglich antragsgemäß zugesprochener Zinsen eine Begründung entbehrlich sei.[19]   13

Die **Kostenentscheidung** kann sehr knapp begründet werden. Normalerweise genügt ein Hinweis auf die einschlägigen Vorschriften der ZPO.[20] Darüber hinausgehende Ausführungen sind allenfalls in kostenmäßig schwierigen Mehrparteienkonstellationen veranlasst. Bedacht zu nehmen ist stets darauf, dass bei Teilanfechtungen divergierende Streitwerte zwischen erster und zweiter Instanz bestehen mit der Folge, dass bisweilen unterschiedliche Kostenquoten für die erste und die zweite Instanz auszuurteilen sind.   14

Besondere Vorsicht ist bei der Kostenentscheidung geboten, wenn in der Berufungsinstanz mehrere erstinstanzliche Verfahren gemäß § 147 ZPO verbunden wurden (denkbar etwa bei zwei erstinstanzlichen Verfahren über denselben Autounfall). In diesem Fall wird im Rahmen der Entscheidung des Berufungsgerichts über die Kostenverteilung in erster Instanz bereits im Tenor eine kostenmäßige Trennung zwischen den beiden Ursprungsverfahren nicht zu vermeiden sein, weil andernfalls, also bei Ausurteilung einer einheitlichen Quote, bestimmten Parteien des einen erstinstanzlich Rechtsstreits (namentlich den Haftpflichtversicherern) auch Kosten des anderen erstinstanzlichen Rechtsstreits überbürdet würden, obwohl sie hieran gar nicht beteiligt waren.[21]   15

Die Entscheidung zur **vorläufigen Vollstreckbarkeit** ergibt sich bei dem Endurteil in zweiter Instanz aus § 708 Nr. 10 ZPO. Eine Sicherheitsleistung wird also im Regelfall nicht angeordnet. Etwas anderes kann sich ergeben, wenn wegen § 711 ZPO eine Abwendungsbefugnis auszusprechen ist. Für vorläufig vollstreckbar zu erklären sind alle Berufungsurteile, da sie auch dann, wenn sie nicht der Nichtzulassungsbeschwerde unterliegen oder wegen § 542 Abs. 2 ZPO eine Revision nicht statthaft ist, nicht bereits mit der Verkündung rechtskräftig werden.[22]   16

Über die **Zulassung der Revision** hat das Berufungsgericht dort, wo die Revision nicht bereits gemäß § 542 Abs. 2 ZPO von Gesetzes wegen unstatthaft ist, von Amts wegen zu entscheiden. Als zugelassen ist die Revision nur dann anzusehen, wenn dies im Berufungsurteil ausdrücklich festgehalten wird. Schweigt das Urteil insoweit aus, liegt keine Zulassung vor.   17

IV. Protokollurteile, Abs. 1 Satz 2

Eine wesentliche Vereinfachung der Urteilsbegründung ermöglicht § 540 Abs. 1 Satz 2 ZPO für den Fall, dass das Gericht das Urteil in demselben Termin verkündet, in dem die mündliche Verhandlung geschlossen wird (sog. Stuhlurteil). Dann können die Darlegungen nach § 540 Abs. 1 Satz 1 ZPO in das Protokoll aufgenommen werden, während die eigentliche Urteilsurkunde keine Gründe mehr enthält,[23] sondern allenfalls einen Hinweis darauf, dass die Gründe zu Protokoll genommen wurden. Die Möglichkeit des Protokolldiktats von Gründen hat sich in der Praxis sehr bewährt. Da das Urteil nicht unmittelbar nach der mündlichen Verhandlung verkündet werden muss, sondern eine Verkündung auch am Schluss des Sitzungstages mög-   18

---

16 Vgl. BVerfGE 54, 43 (46).
17 BGH, NJW 1997, 466 (Leitsatz); BGH, NJW 1995, 1292 (1293).
18 OLG Karlsruhe, NJW-RR 1990, 191 (192).
19 Zöller-*Heßler*, ZPO, § 540 Rn. 20, unter Hinweis auf *Stanicki*, DRiZ 1983, 270.
20 Musielak/Voit-*Ball*, ZPO, § 540 Rn. 7.
21 Ein anschauliches Beispiel findet sich bei LG Würzburg v. 12.12.2014, 53 S 1371/14, nicht veröffentlicht.
22 Zöller-*Heßler*, ZPO, § 540 Rn. 24 unter Hinweis auf BGHZ 109, 211; Prütting/Gehrlein-*Oberheim*, ZPO, § 540 Rn. 7; differenzierend MK-*Rimmelspacher*, ZPO, § 540 Rn. 11, der eine Vollstreckbarkeitserklärung von Berufungsurteilen im Anwendungsbereich des § 542 Abs. 2 ZPO nicht für erforderlich hält.
23 Vgl. ausführlich Prütting/Gehrlein-*Oberheim*, ZPO, § 540 Rn. 20.

lich ist,[24] besteht in der Regel für das Gericht ausreichend Zeit, die Darlegungen i.S.d. § 540 Abs. 1 Satz 1 ZPO zwischen der mündlichen Verhandlung und dem Ende des Sitzungstages zu Protokoll zu bringen. Die Gründe können damit zu einem Zeitpunkt niedergelegt werden, zu dem die Einarbeitung in den Fall und eine etwaige Beweisaufnahme noch bestmöglich präsent sind. Die Sache ist damit für das Berufungsgericht abgeschlossen und die Parteien erhalten zeitnah eine Begründung der gerichtlichen Entscheidung.

19 Auch das Protokollurteil ist gemäß §§ 525 Satz 1, 315 Abs. 1 Satz 1 ZPO von **allen** mitwirkenden Richtern zu unterschreiben. Das Urteil kann in der Weise erstellt werden, dass ein alle Merkmale des § 313 Abs. 1 Nr. 1–4 ZPO aufweisendes und von allen beteiligten Richtern unterschriebenes Urteil mit dem Sitzungsprotokoll – als Anlage – verbunden wird. Durch diese Verbindung wird der inhaltliche Bezug zu den in das Protokoll „ausgelagerten" Darlegungen nach § 540 Abs. 1 Satz 1 ZPO hergestellt. Eine andere Möglichkeit besteht darin, dass alle mitwirkenden Richter das Sitzungsprotokoll unterschreiben, das dann aber neben den Darlegungen nach § 540 Abs. 1 Satz 1 ZPO auch die Angaben nach § 313 Abs. 1 Nr. 1–4 ZPO enthalten muss.[25] In ersterem Fall kann eine Verbindung von Urteilstext und Protokoll, das die Gründe enthält, später als fünf Monate nach der Urteilsverkündung nicht mehr nachgeholt werden.[26]

V. Anwendbarkeit der §§ 313a, 313b ZPO, Abs. 2

20 Eine noch weitergehende Möglichkeit zur Abkürzung des Berufungsurteils ergibt sich aus den **§§ 540 Abs. 2, 313a ZPO**. Nach § 313a Abs. 1 Satz 1 ZPO bedarf es eines Tatbestands nicht, wenn ein Rechtsmittel gegen das Urteil unzweifelhaft nicht zulässig ist. Das betrifft bis zum Ablauf der Übergangszeit aus § 26 Nr. 8 EGZPO alle Urteile, bei denen der Wert der Beschwer 20.000,00 € nicht übersteigt und in denen die Revision nicht zugelassen wird.[27] In diesen Fällen bedarf es keines Tatbestands und dementsprechend auch keines Surrogats gemäß § 540 Abs. 1 Satz 1 Nr. 1 ZPO (Bezugnahme). Bei unzweifelhaft unzulässigem Rechtsmittel bedarf es außerdem auch keiner Entscheidungsgründe und damit auch keines Surrogats gemäß § 540 Abs. 1 Satz 1 Nr. 2 ZPO, wenn die Parteien auf die Entscheidungsgründe verzichten oder wenn ihr wesentlicher Inhalt in das Protokoll aufgenommen wird. In letzterem Fall besteht der Unterschied zu den Protokollgründen gemäß § 540 Abs. 1 Satz 2 ZPO darin, dass gemäß §§ 540 Abs. 2, 313a Abs. 1 ZPO auch die Bezugnahme nach § 540 Abs. 1 Satz 1 Nr. 1 ZPO nicht erforderlich ist.

21 Wird das Berufungsurteil in dem Termin, in dem die mündliche Verhandlung geschlossen wird, verkündet (Stuhlurteil), kann gemäß **§§ 540 Abs. 2, 313a Abs. 2 Satz 1 ZPO** auf Tatbestand und Entscheidungsgründe – und damit auch auf die Surrogate gemäß § 540 Abs. 1 Satz 1 Nr. 1 und 2 ZPO – verzichtet werden, wenn beide Parteien auf Rechtsmittel gegen das Urteil verzichten. Ist das Urteil nur für eine Partei anfechtbar, genügt deren Verzicht (§ 313a Abs. 2 Satz 2 ZPO). Bei Rechtsmittelverzicht der belasteten Partei(en) ist also auch jenseits der §§ 540 Abs. 2, 313b ZPO ein Berufungsurteil ohne jede Gründe möglich.

22 Die Abkürzungsmöglichkeiten gemäß § 313a Abs. 1, 2 ZPO sind gemäß §§ 540 Abs. 2, 313a Abs. 4 ZPO nicht anzuwenden, bei Verurteilung zu künftig fällig werdenden wiederkehrenden Leistungen oder wenn zu erwarten ist, dass das Urteil im Ausland geltend gemacht werden wird.

23 Im Falle zweitinstanzlicher Versäumnis-, Anerkenntnis- oder Verzichtsurteile sind gemäß **§§ 540 Abs. 2, 313b Abs. 1 Satz 1 ZPO** Tatbestand und Entscheidungsgründe und damit auch deren Surrogate gemäß § 540 Abs. 1 Satz 1 ZPO entbehrlich. Das Urteil besteht, wie in erster Instanz, nur aus Rubrum, Überschrift, Tenor und den Unterschriften der Richter. Nicht anzuwenden ist diese Abkürzungsmöglichkeit gemäß §§ 540 Abs. 2, 313b Abs. 3 ZPO allerdings dann, wenn zu erwarten ist, dass ein Versäumnis- oder Anerkenntnisurteil im Ausland geltend gemacht werden soll.

---

24 BGHZ 158, 37 = NJW 2004, 1666 (1. Leitsatz).
25 BGH, NJW-RR 2010, 911 (1. Leitsatz).
26 BGH, NJW-RR 2008, 1521 (Leitsatz).
27 Das sind von den Berufungen, über die das Landgericht entscheidet, etwa 99 % der Verfahren. Seltene Ausnahmen gibt es dort, wo eine streitwertunabhängige erstinstanzliche Zuständigkeit der Amtsgerichte bei gleichzeitiger Berufungszuständigkeit der Landgerichte besteht. In der Praxis wird dies nur relevant bei Streitigkeiten aus dem Bereich des Wohnraummietrechts. Dort kann die Beschwer in Ausnahmefällen über 20.000,00 € liegen. Denkbar ist dies außerdem wegen der eintretenden Erhöhung der Beschwer, wenn eine Vielzahl unbegründeter Hilfsaufrechnungen erklärt wird.

§ 541
Prozessakten

(1) ¹Die Geschäftsstelle des Berufungsgerichts hat, nachdem die Berufungsschrift eingereicht ist, unverzüglich von der Geschäftsstelle des Gerichts des ersten Rechtszuges die Prozessakten einzufordern. ²Die Akten sind unverzüglich an das Berufungsgericht zu übersenden.
(2) Nach Erledigung der Berufung sind die Akten der Geschäftsstelle des Gerichts des ersten Rechtszuges nebst einer beglaubigten Abschrift der in der Berufungsinstanz ergangenen Entscheidung zurückzusenden.

Inhalt:
	Rn.		Rn.
A. Allgemeines	1	I. Aktenanforderung durch die Geschäftsstelle, Abs. 1	3
I. Normzweck	1	II. Unverzüglichkeit	4
II. Anwendungsbereich	2	III. Rücksendung nach Berufungsverfahren, Abs. 2	6
B. Erläuterungen	3		

A. Allgemeines
I. Normzweck

Der erste Absatz der Vorschrift dient der Prozessbeschleunigung.[1] Adressaten der Vorschrift sind die Geschäftsstellen des erstinstanzlichen Gerichts und des Berufungsgerichts, die für eine unverzügliche Anforderung bzw. unverzügliche Übersendung der Prozessakten zu sorgen haben. Der zweite Absatz der Vorschrift dient der Prozessorganisation.   1

II. Anwendungsbereich

Der Anwendungsbereich der Vorschrift umfasst alle Berufungsverfahren nach der ZPO einschließlich derjenigen im Bereich des WEG. Gemäß § 565 ZPO ist die Vorschrift außerdem im Revisionsverfahren entsprechend anzuwenden, ferner im Wege der Lückenausfüllung im Beschwerde- und Rechtsbeschwerdeverfahren.[2] Im arbeitsgerichtlichen Verfahren folgt die Anwendbarkeit aus § 64 Abs. 6 ArbGG.   2

B. Erläuterungen
I. Aktenanforderung durch die Geschäftsstelle, Abs. 1

Nach Eingang der Berufungsschrift hat die Geschäftsstelle des Berufungsgerichts unverzüglich von der Geschäftsstelle des erstinstanzlichen Gerichts die Prozessakten anzufordern. Das geschieht in der Praxis üblicherweise formblattmäßig, wobei die Anforderung sogleich mit dem neu vergebenen Aktenzeichen des Berufungsgerichts versehen wird. Das erstinstanzliche Gericht hat daraufhin unverzüglich die Akte dem Berufungsgericht zu übersenden. Dabei sind die Akten auch dann vollständig zu übersenden, wenn das Verfahren vor dem Erstgericht noch nicht umfassend erledigt ist, etwa bei der Berufung gegen ein Teil-, Grund- oder Vorbehaltsurteil. Möchte das Erstgericht in diesen Fällen weiterverhandeln, ist gemäß § 3 Abs. 7 AktO eine beglaubigte Abschrift der kompletten Akte anzufertigen (Zweit- oder Doppelakte). Ein solches Vorgehen ist in der Praxis allerdings selten. Tatsächlich wird das Verfahren vor dem Erstgericht in der Regel bis zu einer Entscheidung des Berufungsgerichts nicht weiter betrieben – dies in der zuweilen nicht ganz unberechtigten Hoffnung, das Berufungsgericht werde im Vergleichswege eine „Gesamtlösung" erreichen.   3

II. Unverzüglichkeit

Die Geschäftsstellen haben die Akten ohne schuldhaftes Zögern (§ 121 Abs. 1 Satz 1 BGB) anzufordern und zu übersenden. Die beschleunigte Vorlage an das Berufungsgericht soll insbesondere eine zeitnahe Entscheidung erleichtern über Anträge auf einstweilige Einstellung der Zwangsvollstreckung nach den §§ 707, 719 Abs. 1 ZPO. § 544 Abs. 1 ZPO a.F. sah bis zur ZPO-Reform 2002 ausdrücklich eine Aktenanforderung „innerhalb von 24 Stunden" vor. Eine inhaltliche Änderung dieser Maßgabe war nach herrschender Auffassung mit der Umformulierung in § 541 Abs. 1 ZPO nicht beabsichtigt. Es ist daher nach wie vor eine Aktenanforderung spätestens am nächsten Arbeitstag nach Eingang der Berufungsschrift erforderlich.[3]   4

---

[1] Nach a.A. dient die Vorschrift dazu, die Erteilung eines Rechtskraftzeugnisses gemäß § 706 ZPO zu verhindern, vgl. BGH, NJW 2012, 78 (79), Rn. 19, der ohne nähere Begründung sogar davon spricht, die Vorschrift gelte allein der Verhinderung der Erteilung eines Rechtskraftzeugnisses.
[2] Prütting/Gehrlein-*Oberheim*, ZPO, § 541 Rn. 1.
[3] MK-*Rimmelspacher*, ZPO, § 541 Rn. 3; Prütting/Gehrlein-*Oberheim*, ZPO, § 541 Rn. 3.

5 Mit Wirkung zum 01.09.2004 wurde § 541 Abs. 1 ZPO um einen Satz 2 ergänzt, der eine in zeitlicher Hinsicht gleichlautende Verpflichtung für die Geschäftsstelle des erstinstanzlichen Gerichts begründet. Diese hat die Akten innerhalb eines weiteren Arbeitstags zu versenden. Grundsätzlich nicht zulässig ist es demgegenüber, zunächst noch die Abwicklung von Nebenverfahren (insbesondere Streitwert- oder Kostenfestsetzung) abzuwarten. Wenn nötig, sind hierfür Zweitakten zu fertigen, wobei namentlich die weitere Durchführung eines Kostenfestsetzungsverfahrens ohnehin nicht sachgerecht ist, da sich die ausgleichungspflichtigen Kosten infolge der zweitinstanzlichen Entscheidung auch für die erste Instanz ändern können. Inhaltlich sind alle beim Erstgericht vorhandenen Akten einschließlich etwaiger Anlagen zu übersenden. Vom Erstgericht beigezogene Akten anderer Behörden gehören grundsätzlich nicht zu den vorzulegenden Akten. Sie sind bei Bedarf vom Berufungsgericht neu anzufordern. Soweit eine Vorlage durch das Erstgericht erfolgt, ist dies allerdings unschädlich.

III. Rücksendung nach Berufungsverfahren, Abs. 2

6 Nach Erledigung der Berufung sind die Akten an das erstinstanzliche Gericht zurückzusenden. Dort verbleiben sie bis zum Ablauf der Aufbewahrungsfrist. Erledigt ist die Berufung mit Eintritt der Rechtskraft eines abschließenden berufungsgerichtlichen Urteils bzw. mit dem Wirksamwerden einer das Berufungsverfahren beendenden Parteihandlung (Vergleich, Berufungsrücknahme). Zurückzusenden an das Erstgericht ist auch eine beglaubigte Abschrift der in der Berufungsinstanz ergangenen Entscheidung (bei Urteilen einschließlich der Vermerke über Verkündung und Erteilung einer vollstreckbaren Ausfertigung). Die Urschrift der Berufungsentscheidung kann demgegenüber bei dem Berufungsgericht verbleiben (vgl. § 4 Abs. 7 AktO). Es besteht kein Einsichtsrecht der Parteien in die Urschrift der Rechtsmittelentscheidung.[4]

ABSCHNITT 2
Revision

Vorbemerkungen zu §§ 542–566 ZPO

1 Das Revisionsrecht wurde zuletzt durch das Gesetz zur Reform des Zivilprozesses (ZPO-RG) vom 27.07.2001 überarbeitet, das zum 01.01.2002 in Kraft trat.[1] Im Zivilprozessrecht ist die Revision ein Rechtsmittel von zentraler Bedeutung, dessen Zweck in der Überprüfung von Berufungsurteilen liegt. Im Gegensatz zur Berufung erfolgt durch die Revision keine tatsächliche, sondern eine **rechtliche Nachprüfung des vorinstanzlichen Urteils**. Die Revision dient sowohl der Wahrung einer einheitlichen Rechtsprechung als auch der Einzelfallgerechtigkeit; sie stärkt mithin Rechtssicherheit und Fortbildung des Rechts. Revisionsgericht ist der BGH, §§ 123ff. GVG. Im Übrigen wird auf die Vorbemerkungen zu § 511 ZPO verwiesen.

2 Mit der ZPO-Reform wurde das Mischsystem von Wert- und Zulassungsrevision durch ein **System der Zulassungsrevision** ersetzt, **ergänzt durch** die **Nichtzulassungsbeschwerde** (NZB) gem. § 544 ZPO. Der früher vom OLG bei vermögensrechtlichen Ansprüchen festgesetzte Wert der Beschwer ist im aktuellen Recht für die Zulassung der Revision unerheblich.[2] Die Zulassung der Revision erfolgt entweder durch das Berufungsgericht gem. § 543 Abs. 1 Nr. 1 ZPO oder gem. § 544 Abs. 6 ZPO durch den BGH im Wege der Stattgabe der NZB. Zu beachten ist hier allerdings **§ 26 Nr. 8 EGZPO**. Danach ist noch bis zum 30.06.2018 die NZB – sofern das Berufungsgericht die Berufung nicht verworfen hat – nur dann zulässig, wenn der Wert der mit der Revision geltend zu machenden Beschwer 20.000,00 € übersteigt. Auf Grund des BVerfG-Beschlusses vom 30.04.2003[3] wurde die Anhörungsrüge in § 321a ZPO neu geregelt, um im Zusammenwirken mit der NZB den Aspekt der Einzelfallgerechtigkeit nachhaltig zu verankern.[4]

---

4 BGH v. 17.09.2009, IX ZR 164/07, juris, Rn. 1.

Zu Vorbemerkungen zu §§ 542–566 ZPO:
1 BGBl. I, S. 1887ff.
2 Prütting/Gehrlein-*Ackermann*, ZPO, § 542 Rn. 1 m.w.N.
3 BVerfGE 107, 395 = NJW 2003, 1924 (Plenumsbeschluss gem. § 16 BVerfGG).
4 Zöller-*Heßler*, ZPO, vor § 542 Rn. 6.

§ 542
Statthaftigkeit der Revision

(1) Die Revision findet gegen die in der Berufungsinstanz erlassenen Endurteile nach Maßgabe der folgenden Vorschriften statt.

(2) ¹Gegen Urteile, durch die über die Anordnung, Abänderung oder Aufhebung eines Arrestes oder einer einstweiligen Verfügung entschieden worden ist, findet die Revision nicht statt. ²Dasselbe gilt für Urteile über die vorzeitige Besitzeinweisung im Enteignungsverfahren oder im Umlegungsverfahren.

Inhalt:

	Rn.		Rn.
A. Allgemeines	1	III. Rechtswegbeschränkungen in Familiensachen	6
I. Normzweck	1	**C. Gebühren und Kosten**	7
II. Anwendungsbereich	2	I. RA-Gebühren	7
B. Erläuterungen	4	II. Gerichtskosten	8
I. Revisionsfähige Urteile	4		
II. Ausschluss der Revision	5		

A. Allgemeines
I. Normzweck

§ 542 ZPO regelt mit der Statthaftigkeit der Revision – neben Form und Frist der Einlegung, der Rechtsmittelbegründung sowie der Beschwer als ungeschriebenem Merkmal[1] – eine weitere Zulässigkeitsvoraussetzung der Revision.[2] 1

II. Anwendungsbereich

§ 542 ZPO grenzt den Anwendungsbereich der Revision gegen den anderer Rechtsmittel ab.[3] Die Revision ist gegen Berufungsurteile der Oberlandesgerichte (OLG) und Landgerichte (LG) statthaft.[4] Eine Ausnahme bildet die Sprungrevision gem. § 566 ZPO gegen die in 1. Instanz erlassenen Endurteile.[5] Im Fall einer Klage auf Entschädigung wegen unangemessener Verfahrensdauer gem. §§ 198 ff., 201 Abs. 2 GVG, über die das OLG in 1. Instanz entscheidet, ist kraft ausdrücklicher gesetzlicher Anordnung die Revision statthaft.[6] Im arbeitsgerichtlichen Verfahren ist § 72 ArbGG zu beachten. 2

Wie einleitend angemerkt (Vorbem. zu § 542 Rn. 2), ist der Zugang zur Revision über die **Nichtzulassungsbeschwerde (NZB)** bis einschließlich 30.06.2018 gem. § 26 Nr. 8 EGZPO entgegen dem Grundsatz der Zulassungsrevision davon abhängig, dass der Wert der verfolgten **Beschwer die Wertgrenze von 20.000,00 € übersteigt**.[7] Bei der Wertermittlung sind die Forderungen mehrerer Beschwerdeführer grundsätzlich zu addieren, § 5 ZPO, wenn es sich um **einfache Streitgenossen** gem. §§ 59, 60 ZPO handelt.[8] 3

B. Erläuterungen
I. Revisionsfähige Urteile

Revisionsfähig sind Endurteile der 2. Instanz, die für ihren Entscheidungsgegenstand das Berufungsverfahren abschließen.[9] Dazu zählen auch Urteile, die gem. §§ 538, 539 ZPO an die 1. Instanz zurück verweisen oder auf Aufhebung oder Abgabe an ein anderes Gericht lauten.[10] Endurteile sind auch Teilurteile, § 301 ZPO, Vorbehaltsurteile, §§ 302, 599 ZPO, und Ergän- 4

---

1 BGHZ 50, 261 (263) = JurionRS 1968, 11401, Rn. 9; zur Beschwer des Rechtsmittelführers vgl. § 511 Rn. 1 f.; Vorbem. zu §§ 511–577 Rn. 12 ff.
2 Prütting/Gehrlein-*Ackermann*, ZPO, § 542 Rn. 4.
3 Musielak/Voit-*Ball*, ZPO, § 542 Rn. 1.
4 Vgl. Musielak/Voit-*Ball*, ZPO, § 542 Rn. 2, der unter Verweis auf BGH, NJW-RR 1994, 61 = JurionRS 1993, 15347, Rn. 7 ff. (sofortige Beschwerde) der Auffassung ist, dass die Revision auch statthaft sei, wenn das Berufungsgericht über – zusätzliche – neue Ansprüche entschieden hat, die durch Klageänderung, Klageerweiterung oder Widerklage in 2. Instanz erstmals erhoben wurden.
5 Prütting/Gehrlein-*Ackermann*, ZPO, § 542 Rn. 5.
6 BGH, NJW 2013, 2762 (2763) = JurionRS 2013, 42537, Rn. 3 ff.: Gem. § 201 Abs. 2 Satz 4 GVG gelten § 543 ZPO und § 544 ZPO, so dass – bis zum 30.06.2018 – die Vorgaben des § 26 Nr. 8 EGZPO gelten.
7 Zur Verfassungsmäßigkeit der Wertgrenze siehe BGH, NJW-RR 2003, 645.
8 BGH, NJW 2015, 2816.
9 Prütting/Gehrlein-*Ackermann*, ZPO, § 542 Rn. 6; Musielak/Voit-*Ball*, ZPO, § 542 Rn. 3.
10 Vgl. BGH, NJW 1984, 495 = JurionRS 1983, 16585.

zungsurteile, § 321 ZPO.[11] Zwischenurteile können grundsätzlich nur gem. § 280 ZPO und § 304 ZPO mit der Revision angegriffen werden.[12] Bei Zwischenurteilen gem. § 303 ZPO kann der Grundsatz fehlender selbstständiger Anfechtbarkeit eingeschränkt sein:[13] Stellt ein Zwischenurteil die Fortdauer einer Unterbrechung des Verfahrens fest und wird dadurch einer Partei die Aufnahme des Rechtsstreit verwehrt, ist es wegen des Justizgewährleistungsanspruchs wie ein Endurteil anfechtbar.[14] Andernfalls würde die Partei infolge der Feststellungen des Zwischenurteils von der Prozessführung ferngehalten und müsste auf unbestimmte Zeit auf die Wahrnehmung ihrer Rechte verzichten.[15] Unanfechtbar sind jedoch Zwischenurteile über die Zurückweisung einer Nebenintervention; das Beschwerdegericht kann dann durch Beschluss über die sofortige Beschwerde gegen das Zwischenurteil entscheiden, die Rechtsbeschwerde zum BGH gem. § 574 Abs. 3 Satz 1, Abs. 1 Nr. 2 ZPO mit bindender Wirkung gem. § 574 Abs. 3 Satz 2 ZPO zuzulassen, wenn die Rechtssache grundsätzliche Bedeutung hat oder die Fortbildung des Rechts oder die Sicherung einer einheitlichen Rechtsprechung eine Entscheidung des Rechtsbeschwerdegerichts erfordert.[16] Vorbehaltsurteile sind mit der Revision angreifbar, da sie bzgl. der Rechtsmittelfähigkeit gem. §§ 302 Abs. 3, 599 Abs. 3 ZPO Endurteilen gleichgestellt sind. Ein **Versäumnisurteil** (VU) kann von der Partei, gegen die es erlassen ist, mit der Revision nicht angegriffen werden, §§ 565 Satz 1, 514 Abs. 1 ZPO.[17] Ein **zweites (echtes) VU 2. Instanz** ist gem. § 565 ZPO nur dann revisionsfähig, wenn die Revision darauf gestützt wird, dass eine schuldhafte Versäumung nicht vorgelegen habe, §§ 514 Abs. 2, 345 ZPO.[18] Voraussetzung einer zulässigen Revision ist mithin die schlüssige Darlegung, dass der Termin nicht schuldhaft versäumt worden sei; wird die fehlende oder unverschuldete Säumnis nicht schlüssig dargelegt, ist die Revision als unzulässig zu verwerfen.[19] Telos und Wortlautgrenze der §§ 565 Satz 1, 514 Abs. 2 Satz 1 ZPO verbieten eine erweiterte Auslegung dieser Normen dahingehend, dass eine schlüssige Darlegung des fehlenden oder unverschuldeten Säumnis auch dann vorliege, wenn der in 2. Instanz schuldhaft säumige Revisionskläger rügt, das erkennende Gericht sei bei Erlass des 2. VU nicht vorschriftmäßig besetzt gewesen, weil es seine Ablehnungsgesuche zu Unrecht als unzulässig verworfen habe, §§ 547 Nr. 1, 579 Abs. 1 Nr. 1 ZPO; die ordnungsgemäße Besetzung des erkennenden Gerichts ist vor Erlass des 2. VU amtswegig zu prüfen.[20] Ein Urteil 2. Instanz, das eine Berufung als unzulässig verwirft, ohne dass die Säumnis einer Partei hierauf Einfluss hätte, ist kein (echtes) VU, weil es nicht auf einer Säumnis beruht, und muss – vorbehaltlich des Meistbegünstigungsgrundsatzes – mit der Revision, nicht mit einem Einspruch angefochten werden.[21]

II. Ausschluss der Revision

5   Urteile des Berufungsgerichts über die Anordnung, Abänderung oder Aufhebung eines Arrestes oder einer einstweiligen Verfügung sind mit der Revision nicht anfechtbar, § 542 Abs. 2 Satz 1 ZPO, selbst wenn das Berufungsgericht die Revision zulässt.[22] Gem. § 574 Abs. 1 Satz 2 ZPO gilt das auch für Rechtsbeschwerden gegen Beschlüsse i.S.d. § 542 Abs. 2 Satz 1 ZPO.[23] § 542 Abs. 2 Satz 1 ZPO begrenzt den Instanzenzug bzgl. der Anfechtung von Hauptsacheentscheidungen, gleich, ob durch Urteil oder Beschluss entschieden wurde.[24] Diese Rechtslage liegt im summarischen Charakter des Eilverfahrens begründet.[25] Sie gilt selbst dann, wenn das

---

11 Zöller-*Heßler*, ZPO, § 542 Rn. 3.
12 Zöller-*Heßler*, ZPO, § 542 Rn. 6 m.w.N.
13 Prütting/Gehrlein-*Ackermann*, ZPO, § 542 Rn. 6 m.w.N.
14 BGH, NJW-RR 2006, 288; BGH, NJW 2004, 2983.
15 BGH, MDR 2009, 1000; Prütting/Gehrlein-*Ackermann*, ZPO, § 542 Rn. 6 m.w.N.; Musielak/Voit-*Ball*, ZPO, § 542 Rn. 4.
16 BGH, NJW-RR 2013, 490 = JurionRS 2012, 34796, Rn. 18.
17 BGH, NJW 2016, 642, Rn. 5.
18 Musielak/Voit-*Ball*, ZPO, § 542 Rn. 4; Zöller-*Heßler*, ZPO, § 342 Rn. 5 m.w.N.
19 BGH, NJW 2016, 642, Rn. 5 m.w.N.
20 BGH, NJW 2016, 642 (643), Rn. 7, 14; BGH, VersR 2017, 188 (190).
21 BGH, NJW 2001, 2095.
22 BGH, NJW 2011, 3025; Zöller-*Heßler*, ZPO, § 342 Rn. 8; Musielak/Voit-*Ball*, ZPO, § 542 Rn. 5; Prütting/Gehrlein-*Ackermann*, ZPO, § 542 Rn. 7.
23 Statt vieler BGHZ 154, 102 (103 ff.): „[…] Die Zulassung der Rechtsbeschwerde durch das Berufungsgericht bindet den BGH nicht. Die Bindungswirkung des § 574 Abs. 3 Satz 2 ZPO tritt nur hinsichtl. des Vorliegens eines Zulassungsgrundes nach § 574 Abs. 2 ZPO ein, eröffnet aber nicht ein gesetzlich nicht vorgesehenes Rechtsmittel […]."
24 BGH, NJW 2011, 3025; zur Rechtsbeschwerde siehe BGHZ 154, 102; Prütting/Gehrlein-*Ackermann*, ZPO, § 542 Rn. 7.
25 BGHZ 154, 102; BGH, NJW-RR 2003, 1075 = JurionRS 2003, 23265, Rn. 14, 16; Prütting/Gehrlein-*Ackermann*, ZPO, § 542 Rn. 7.

Berufungsgericht die Rechtsbeschwerde gegen eine Entscheidung über die Kosten nach § 91a ZPO zulässt.[26] Ist also das Ausgangsverfahren ein Eilverfahren, auch wenn hierin eine Kostengrundentscheidung ergangen ist, so ist der Zugang zum BGH auf gar keine Weise eröffnet.[27] Die **Begrenzung des Instanzenzuges gilt nicht für Folgesachen** wie das Kostenfestsetzungsverfahren, da es als selbstständiges, nicht nur summarisches Verfahren mit einem eigenen Rechtsmittelzug ausgestaltet ist.[28] Entscheidungen über die vorzeitige Besitzeinweisung im Enteignungs- und im Umlegungsverfahren gem. § 542 Abs. 2 Satz 2 ZPO besitzen hingegen nur vorläufigen Charakter und sind damit nicht revisionsfähig.[29]

III. Rechtswegbeschränkungen in Familiensachen

§ 26 Nr. 9 EGZPO a. F., der in Familiensachen die NZB für einen bestimmten Zeitraum grundsätzlich ausschloss, wurde zwar durch Art. 28 Nr. 3 FGG-RG[30] aufgehoben, gilt aber über Art. 111 FGG-RG[31] für vor dem 01.09.2009 anhängig gewordene Altverfahren fort: bei allen bis zum 31.12.2020 von den Familiensenaten nach altem Verfahrensrecht verkündeten, zugestellten oder sonst bekannt gemachten Entscheidungen bleibt die NZB ausgeschlossen.[32] Dies gilt jedoch nicht für die in § 70 Abs. 3 FamFG geregelten Fälle (Betreuungs-, Unterbringungs-Freiheitsentziehungssachen). Ein Verfahren i. S. d. Art. 111 FGG-RG ist die gesamte, ggf. mehrere Instanzen umfassende gerichtliche Tätigkeit in einer Sache, nicht nur das Verfahren bis zum Abschluss einer Instanz. Für ein vor dem 01.09.2009 eingeleitetes Verfahren ist bis zu seinem rechtskräftigen Abschluss nach Art. 111 Abs. 1 FGG-RG durchweg das seinerzeit geltende Verfahrensrecht anzuwenden.[33] Das Stellen eines Prozess- bzw. Verfahrenskostenhilfeantrags ist indes noch keine verfahrenseinleitende Handlung i. S. v. Art. 111 FGG-RG.[34] Seit 01.09.2009 ist der Zugang zum BGH in Familiensachen dann eröffnet, wenn die Rechtsbeschwerde durch Beschluss des Familiengerichts gem. §§ 38, 70 Abs. 2 FamFG aus Gründen i. S. d. § 543 Abs. 2 ZPO und § 574 Abs. 2 ZPO zugelassen ist.[35]

C. Gebühren und Kosten
I. RA-Gebühren

Die Anwaltsgebühren im Revisionsverfahren richten sich nach Nr. 3206–3211 VV-RVG;[36] für Verfahren vor dem Bundessozialgericht gelten Nr. 3212 VV-RVG und Nr. 3213 VV-RVG. Gem. Nr. 3206 VV-RVG entsteht eine 1,6-Verfahrensgebühr, jedoch gem. Nr. 3208 VV-RVG eine 2,3-Verfahrensgebühr, wenn sich die Parteien oder die Beteiligten nur durch einen beim BGH zugelassenen Rechtsanwalt vertreten lassen können; gem. Nr. 3210 VV-RVG entsteht eine 1,5-Terminsgebühr.

II. Gerichtskosten

Die Gerichtskosten im Revisionsverfahren richten sich nach Kostenverzeichnis (KV)[37] Nr. 1230–1232 KV-GKG. Nach Nr. 1230 KV-GKG gilt ein Satz von 5,0. Ermäßigungen richten sich nach Nr. 1231 KV-GKG (1,0-Satz) bzw. nach Nr. 1232 KV-GKG (3,0-Satz); siehe dort auch die Hinweise zur kostenrechtlichen Einordnung von Erledigungserklärungen nach § 91a ZPO.

---

26 BGH, NJW-RR 2003, 1075 = JurionRS 2003, 23265, Rn. 11 ff.
27 Prütting/Gehrlein-*Ackermann*, ZPO, § 542 Rn. 7.
28 BGH, NJW-RR 2009, 859.
29 Vgl. BGHZ 43, 168 (170): In Baulandsachen ist die Revision gegen Urteile nicht zulässig, durch die über die Anordnung oder Aufhebung einer vorzeitigen Besitzeinweisung entschieden wird.
30 FGG-RG v. 17.12.2008, BGBl. I, S. 2700.
31 FGG-RG v. 17.12.2008, BGBl. I, S. 2743.
32 Zöller-*Heßler*, ZPO, § 26 EGZPO Rn. 16.
33 BGH, NJW 2011, 386.
34 BGH, NJW 2013, 2358; Prütting/Gehrlein-*Ackermann*, ZPO, § 542 Rn. 9 m. w. N.
35 Prütting/Gehrlein-*Ackermann*, ZPO, § 542 Rn. 8 f. m. w. N.
36 Anlage 1 (Vergütungsverzeichnis) zu § 2 Abs. 2 RVG.
37 Anlage 1 zu § 3 Abs. 2 GKG.

§ 543
Zulassungsrevision

(1) Die Revision findet nur statt, wenn sie
1. das Berufungsgericht in dem Urteil oder
2. das Revisionsgericht auf Beschwerde gegen die Nichtzulassung

zugelassen hat.

(2) [1]Die Revision ist zuzulassen, wenn
1. die Rechtssache grundsätzliche Bedeutung hat oder
2. die Fortbildung des Rechts oder die Sicherung einer einheitlichen Rechtsprechung eine Entscheidung des Revisionsgerichts erfordert.

[2]Das Revisionsgericht ist an die Zulassung durch das Berufungsgericht gebunden.

Inhalt:

	Rn.		Rn.
A. Allgemeines	1	V. Die Zulassungsgründe	13
I. Normzweck	1	1. Grundsätzliche Bedeutung der Rechtssache	14
II. Anwendungsbereich	2	2. Fortbildung des Rechts	16
B. Erläuterungen	3	3. Sicherung einer einheitlichen Rechtsprechung	18
I. Zulassung durch das Berufungsgericht	3	a) Divergenz	18
II. Beschränkung der Rechtsmittelzulassung	5	b) Rechtsanwendungsfehler, Verfahrensmängel	19
III. Entscheidungserheblichkeit der Zulassungsfrage	8	c) Absolute Revisionsgründe	30
IV. Maßgeblicher Zeitpunkt für das Vorliegen der Zulassungsvoraussetzungen	12	d) Offensichtliche Unrichtigkeit	33

A. Allgemeines
I. Normzweck

1 Der Zugang zur Revision wird gem. § 543 ZPO von der Zulassung des Rechtsmittels abhängig gemacht.[1] Systematisch regelt § 543 ZPO neben § 542 ZPO ebenfalls die Statthaftigkeit der Revision.[2]

II. Anwendungsbereich

2 Berufungsurteile können mit der Revision nur aufgrund einer ausdrücklichen Entscheidung des Berufungsgerichts oder des Revisionsgerichts angefochten werden, und zwar grundsätzlich unabhängig von der Höhe des Streitwertes und der Beschwer.[3] Jedoch findet gem. §§ 565, 514 Abs. 2 ZPO für den Fall des 2. VU des Berufungsgerichts die Revision auch ohne Zulassung statt.[4] § 543 Abs. 2 Satz 1 ZPO definiert die Zulassungsgründe und § 543 Abs. 2 Satz 1 ZPO regelt einen Vertrauensschutztatbestand bzgl. der Statthaftigkeit einer vom Berufungsgericht explizit zugelassenen Revision.[5] Die Nichtzulassung der Revision durch das Berufungsgericht unterliegt der selbstständigen Anfechtung und Überprüfung durch das Revisionsgericht gem. § 544 ZPO und hat somit keine finale Wirkung für den Verfahrensgang.[6] Wegen der amtswegigen Entscheidung des Berufungsgerichts über die Zulassung der Revision bedarf es keines Antrags der Parteien;[7] jedoch kann eine Anregung gegenüber dem Berufungsgericht zweckmäßig sein, etwa zur Bedeutung über den Einzelfall hinaus oder wegen der abweichenden Beurteilung durch andere Instanzgerichte.[8] Die Zulassung der Revision erstreckt sich auch auf das Ergänzungsurteil, sofern es nur eine Kostenentscheidung enthält.[9] Das Revisionsge-

---

[1] Vgl. BGH, NJW-RR 2008, 876.
[2] Musielak/Voit-*Ball*, ZPO, § 543 Rn. 1.
[3] Zöller-*Heßler*, ZPO, § 543 Rn. 3; zur Sonderregelung gem. § 26 Nr. 8 EGZPO, die das Streitwertelement durch die Beschränkung der NZB zumindest bis 30.06.2018 fortführt, siehe hierzu Vorbemerkung zu § 542 Rn. 2 sowie § 542 Rn. 3.
[4] BGH, NJW-RR 2008, 876; Prütting/Gehrlein-*Ackermann*, ZPO, § 543 Rn. 1.
[5] Musielak/Voit-*Ball*, ZPO, § 543 Rn. 1.
[6] Vgl. Zöller-*Heßler*, ZPO, § 543 Rn. 28.
[7] Zöller-*Heßler*, ZPO, § 543 Rn. 16.
[8] Prütting/Gehrlein-*Ackermann*, ZPO, § 543 Rn. 1.
[9] BGH, NJW 2011, 2653; BGH, NJW 2007, 3421; Prütting/Gehrlein-*Ackermann*, ZPO, § 543 Rn. 1.

richt kann eine vom Berufungsgericht zugelassene Revision gem. § 552a Satz 1 ZPO nur durch einstimmigen Beschluss zurückweisen.[10]

B. Erläuterungen
I. Zulassung durch das Berufungsgericht

Die Zulassungskompetenz hat gem. § 543 Abs. 2 ZPO grundsätzlich das Berufungsgericht.[11] Gem. § 543 Abs. 2 Satz 2 ZPO ist das Revisionsgericht an die Zulassung der Revision durch das Berufungsgericht gebunden. Die Zulassung ist für die Parteien unanfechtbar.[12] Das gilt auch dann, wenn die vom Berufungsgericht angenommenen Zulassungsvoraussetzungen aus Sicht des Revisionsgerichts nicht vorliegen.[13] Keine Bindung besteht jedoch im Fall einer Gehörsrüge gem. § 321a ZPO, wenn ein Gehörsverstoß vom Berufungsgericht nicht festgestellt wurde: Die Anhörungsrüge kann nur dann zu einer wirksamen Zulassung der Revision führen, wenn das Verfahren aufgrund eines Gehörsverstoßes gem. § 321a Abs. 5 ZPO fortgesetzt wird und sich erst aus dem anschließend gewährten rechtlichen Gehör ein Grund für die Zulassung der Revision ergibt.[14] Gegen ein Urteil, gegen das gem. § 542 Abs. 2 ZPO die Revision nicht eröffnet ist, findet die Revision nicht statt.[15] An seine Nichtzulassungsentscheidung ist auch das Berufungsgericht selbst gebunden, §§ 525, 318 ZPO.[16]

3

Das Berufungsgericht muss die Zulassung ausdrücklichen im Tenor oder in den Entscheidungsgründen des Berufungsurteils aussprechen.[17] **Schweigt das Berufungsurteil** diesbezüglich, **ist die Revision nicht zugelassen**.[18] Hat das Berufungsgericht die Zulassung nachweislich beschlossen, aber versehentlich im Urteil nicht erwähnt, ist die Urteilsberichtigung gem. § 319 ZPO zulässig.[19] In diesem Fall beginnt die Revisionsfrist neu zu laufen, wenn die Partei Kenntnis von der ausdrücklichen Zulassung der Revision erhält. Die Zulassungsentscheidung kann weder durch Ergänzung des Urteils gem. § 321 ZPO[20] noch durch dessen Änderung nachgeholt werden.[21] Im Falle der nachträglichen Zulassung der Revision durch das Berufungsgericht aufgrund einer Anhörungsrüge ist der BGH wirksam gebunden, soweit die Fortsetzung des Verfahrens aufgrund eines Gehörsverstoßes gem. § 321a Abs. 5 ZPO geboten ist und sich aus dem nunmehr gewährten rechtlichen Gehör ein Grund für die Zulassung der Revision ergibt.[22] Unabhängig von der Art des Zulassungsgrundes lässt der Einzelrichter, dem das Verfahren nach § 526 Abs. 1 ZPO zur Entscheidung übertragen worden ist, im Berufungsverfahren grundsätzlich selbst die Revision zu.[23]

4

II. Beschränkung der Rechtsmittelzulassung

Unwirksam ist die Beschränkung der Revisionszulassung auf eine bestimmte Rechtsfrage.[24] Erwähnt daher die Revisionszulassung innerhalb des Streitgegenstandes nur eine von mehreren Rechtsfragen oder einzelne von mehreren materiell-rechtlichen Anspruchsgrundlagen, liegt darin keine Zulassungsbeschränkung.[25]

5

Zulässig ist jedoch die **Beschränkung** der Revision **auf einen rechtlich selbstständigen und abtrennbaren Teil des Streitstoffs**, der Gegenstand eines Teil- oder Zwischenurteils sein könnte

6

---

10 Prütting/Gehrlein-*Ackermann*, ZPO, § 543 Rn. 7.
11 Musielak/Voit-*Ball*, ZPO, § 543 Rn. 3.
12 Thomas/Putzo-*Reichold*, ZPO, § 543 Rn. 12.
13 BGH, NJW-RR 2014, 1470; Prütting/Gehrlein-*Ackermann*, ZPO, § 543 Rn. 7.
14 BGH, NJW-RR 2014, 1470; BGH, NJW 2011, 1516; Thomas/Putzo-*Reichold*, ZPO, § 543 Rn. 12.
15 Prütting/Gehrlein-*Ackermann*, ZPO, § 543 Rn. 7.
16 Thomas/Putzo-*Reichold*, ZPO, § 543 Rn. 12.
17 Prütting/Gehrlein-*Ackermann*, ZPO, § 543 Rn. 2.
18 Prütting/Gehrlein-*Ackermann*, ZPO, § 543 Rn. 2; Musielak/Voit-*Ball*, ZPO, § 543 Rn. 14.
19 Prütting/Gehrlein-*Ackermann*, ZPO, § 543 Rn. 2; vertiefend dazu Musielak/Voit-*Ball*, ZPO, § 543 Rn. 15 sowie Zöller-*Heßler*, ZPO, § 543 Rn. 17a, jeweils m.w.N.
20 BGH, NJW 2011, 1516.
21 BGH, NJW 2004, 779 = JurionRS 2003, 15863, Rn. 6f.; auch hierzu vertiefend Musielak/Voit-*Ball*, ZPO, § 543 Rn. 15 m.w.N.; Zöller-*Heßler*, ZPO, § 543 Rn. 18.
22 BGH, NJW-RR 2012, 306; BGH, NJW 2011, 1516.
23 BGH, NJW 2003, 2900; anders im Beschwerdeverfahren: gem. § 568 Satz 1 ZPO originärer Einzelrichter; gem. § 568 Satz 2 Nr. 2 ZPO bei grundsätzlicher Bedeutung der Sache Übertragung zur Entscheidung an das Kollegium, vgl. dazu Prütting/Gehrlein-*Ackermann*, ZPO, § 543 Rn. 3; Musielak/Voit-*Ball*, ZPO, § 543 Rn. 3 m.w.N.
24 BGH, NJW-RR 2012, 174 = JurionRS 2011, 18473, Rn. 22; BGHZ 180, 77; BGHZ 101, 276 = JurionRS 1987, 13060, Rn. 7.
25 BGHZ 161, 15; Prütting/Gehrlein-*Ackermann*, ZPO, § 543 Rn. 4.

oder auf den der Revisionskläger selbst seine Revision beschränken könnte;[26] es muss dann aber sichergestellt sein, dass bei einer Zurückverweisung kein Widerspruch zum nicht anfechtbaren Teil des Streitstoffs auftritt.[27] Die Eingrenzung der Revisionszulassung kann sich sowohl aus der Urteilsformel als auch aus den Gründen der angefochtenen Entscheidung ergeben;[28] ggf. ist der Tenor im Lichte der Entscheidungsgründe auszulegen.[29] Wirksame Zulassungsbeschränkungen können sich etwa bzgl. folgender Topoi ergeben:[30] Die Zulässigkeit der Klage,[31] was zur Folge hat, dass die Revision als unzulässig durch Beschluss, § 552 Abs. 2 ZPO, zu verwerfen ist, wenn sie sich allein gegen die Entscheidung des Berufungsgerichts in der Sache richtet;[32] die Entscheidung über Klage oder Widerklage;[33] einer von mehreren selbstständigen Ansprüchen bzw. ein vom restlichen Prozessstoff abtrennbarer Teil des prozessualen Anspruchs;[34] die Anspruchshöhe;[35] eine von mehreren Prozessparteien, zu deren Nachteil das Berufungsgericht die von ihm für klärungsbedürftig gehaltenen Rechtsfragen entschieden hat.[36] Hat das Berufungsgericht eine im Tenor seines Urteils ohne Einschränkung ausgesprochene Zulassung der Revision in den Entscheidungsgründen mit der Rechtsgrundsätzlichkeit der Frage begründet, ob dem Klagebegehren die Rechtskraft eines früheren Urteils entgegensteht, so liegt darin eine wirksame Zulassungsbeschränkung auf die Zulässigkeit der Klage.[37] Die amtswegig zu berücksichtigende Rechtskraftwirkung einer früheren Entscheidung kann durch eine Zulassungsbeschränkung der Revision jedoch nicht von der Prüfung ausgenommen werden.[38]

7 Die **Beschränkung** des Rechtsmittels muss dem Urteil **klar und eindeutig** zu entnehmen sein,[39] also entweder im Tenor[40] oder in den Entscheidungsgründen[41] enthalten sein. Enthält der Tenor keine Einschränkung, ist das Eindeutigkeitserfordernis erfüllt, sofern aus den Entscheidungsgründen hinreichend klar hervorgeht, dass das Berufungsgericht die Möglichkeit einer Nachprüfung im Revisionsverfahren nur wegen eines abtrennbaren Teils seiner Entscheidung eröffnen wollte.[42] Ist die Rechtsfrage, derentwegen das Berufungsgericht die Revision zugelassen hat, nur für einen Teil der entschiedenen Ansprüche von Bedeutung, kann die gebotene Auslegung ergeben, dass in der Angabe des Zulassungsgrundes die Zulassungsbeschränkung auf diese Ansprüche zu sehen ist.[43] Zur Beurteilung der Frage, in welchem Umfang das Berufungsgericht die Revision zulassen wollte, kann auch der Aspekt der Entscheidungserheblich-

---

26 BGHZ 161, 15; BGH, NJW-RR 2012, 174 = JurionRS 2011, 18473, Rn. 22; BGH, WM 2011, 2223; BGHZ 180, 77; BGHZ 101, 276 = JurionRS 1987, 13060, Rn. 7; krit. dazu Musielak/Voit-*Ball*, ZPO, § 543 Rn. 13, nach dessen Auffassung die Forderung nach einer tatsächlichen und rechtlichen Selbständigkeit des von der Zulassung erfassten Teils sachlich nicht geboten ist.
27 BGH v. 07.06.2011, VI ZR 225/10, juris, Rn. 10; BGH, WM 2011, 526 = JurionRS 2010, 31224, Rn. 5; Prütting/Gehrlein-*Ackermann*, ZPO, § 543 Rn. 4.
28 Statt vieler siehe BGH, NJW 1995, 1955 = JurionRS 1995, 15674, Rn. 7.
29 BGH, NJW 2011, 155 = JurionRS 2010, 27099, Rn. 8.
30 Zöller-*Heßler*, ZPO, § 543 Rn. 19–26a m.w.N. zu weiteren Fallgruppen; Thomas/Putzo-*Reichold*, ZPO, § 543 Rn. 9 mit Beispielen u.w.N.; Prütting/Gehrlein-*Ackermann*, ZPO, § 543 Rn. 4 m.w.N.
31 BGH, NJW-RR 2011, 1287 = JurionRS 2011, 19739, Rn. 10.
32 BGH, NJW-RR 2012, 759 – Die Beschränkung der Revisionszulassung hat zur Folge, dass der Streitstoff, soweit er von der Zulassung nicht erfasst wird, nicht der Prüfungskompetenz des Revisionsgerichts unterliegt; vgl. Musielak/Voit-*Ball*, ZPO, § 543 Rn. 11–13 mit kritischer Bewertung der h.M. bzgl. der Voraussetzungen einer wirksamen Beschränkung der Zulassung.
33 BGH, NJW 2010, 3015.
34 BGH, NJW 2011, 155 = JurionRS 2010, 27099, Rn. 8; BGH, NJW-RR 2010, 664; BGH, NJW 1995, 1955 = JurionRS 1995, 15674, Rn. 7.
35 BGH, NJW 2011, 155 = JurionRS 2010, 27099, Rn. 7; BGH, WM 2011, 2223.
36 BGH, NJW 2012, 2446; BGH v. 07.06.2011, VI ZR 225/10 = JurionRS 2011, 18937, Rn. 4 ff.
37 BGH, NJW 1990, 1795 = JurionRS 1989, 13348, Rn. 13.
38 Prütting/Gehrlein-*Ackermann*, ZPO, § 543 Rn. 4. Zwar kann die Revision beschränkt auf die Frage zugelassen werden, ob dem Klagebegehren die Rechtskraft eines früheren Urteils entgegensteht. Jedoch kann nicht umgekehrt die Frage der entgegenstehenden Rechtskraft einer anderen Entscheidung von der Prüfung ausgeklammert werden. Die Rechtskraftwirkung einer früheren Entscheidung ist auch in der Rechtsbeschwerdeinstanz von Amts wegen zu berücksichtigen und steht einer Sachprüfung entgegen, solange der Einwand der Rechtskraft nicht ausgeräumt ist, BGHZ 182, 325 = JurionRS 2009, 30728, Rn. 15.
39 BGH, NVwZ-RR 2015, 331.
40 Z.B. Zulassung im Tenor „nach näherer Maßgabe der Gründe" und Begrenzung des Umfangs der Zulassung in den Gründen, Prütting/Gehrlein-*Ackermann*, ZPO, § 543 Rn. 5.
41 BGH, NJW 2011, 155 = JurionRS 2010, 27099, Rn. 8 m.w.N.
42 BGH v. 04.04.2012, VII ZR 56/11, juris, Rn. 3; BGH, NJW 2011, 155 = JurionRS 2010, 27099, Rn. 8; Prütting/Gehrlein-*Ackermann*, ZPO, § 543 Rn. 5.
43 BGH, NVwZ-RR 2015, 331.

keit herangezogen werden.⁴⁴ Eine nicht eindeutige oder nicht wirksame Beschränkung kann nicht in eine zulässige Beschränkung umgedeutet werden: dann bleibt die Zulassung der Revision bindend und die Beschränkung wirkungslos.⁴⁵ Es könnte sich empfehlen, in Zweifelfällen Revision und Nichtzulassungsbeschwerde (NZB), § 544 ZPO, einzureichen und vorsorglich zu begründen, da es letztlich dem BGH obliege, durch Auslegung der Urteilsgründe über die Wirksamkeit der Zulassungsbeschränkung der Revision zu entscheiden, aber die Praxis der Zivilsenate des BGH hier nicht durchweg konsistent sei.⁴⁶

III. Entscheidungserheblichkeit der Zulassungsfrage

Die Zulassung kommt nur dann in Betracht, wenn die Rechtsfrage, derentwegen die Zulassung erfolgt, für das angegriffene Urteil entscheidungserheblich ist.⁴⁷ Hat das Berufungsgericht sein Urteil primär auf eine andere tragende Begründung gestützt, fehlt es an der Entscheidungserheblichkeit, so dass auch bei einer klärungsbedürftigen Rechtsfrage die Revision unzulässig ist.⁴⁸ Kommt das Revisionsgericht bei der Prüfung einer NZB zu dem Ergebnis, das Berufungsurteil sei jedenfalls im Ergebnis richtig, ist die Revision unzulässig.⁴⁹ Gleiches gilt selbst bei einer Verletzung rechtlichen Gehörs oder ähnlich schwerer Verfahrensfehler des Berufungsgerichts, wenn bei fehlerfreier Rechtsanwendung auch unter Berücksichtigung des übergangenen Vorbringens kein anderes Urteil hätte ergehen können.⁵⁰   8

Die **offensichtliche Unrichtigkeit des Urteils** ist nur dann ein Zulassungsgrund, wenn auch objektive Willkür vorliegt.⁵¹   9

Hat das Berufungsgericht die Klage aus zwei Gründen abgewiesen, von denen einer **grundsätzliche Bedeutung** hat, aber hinsichtlich des zweiten kein Zulassungsgrund besteht, fehlt es an der Entscheidungserheblichkeit der Grundsatzfrage.⁵² Das Revisionsgericht sei dann an die Auffassung des Berufungsgerichts gebunden, so dass dessen Entscheidung zum zweiten Abweisungsgrund im Rahmen der NZB nicht überprüfbar ist.⁵³ Auch in Fällen, in denen das Berufungsgericht eine Entscheidung getroffen hat, die auf mehreren Rechtsfehlern beruht, von denen jedoch einer nicht entscheidungserheblich ist, soll die Revision ebenso unzulässig sein, insbesondere wenn im Ergebnis eine richtige Entscheidung des Berufungsgerichts vorliegt.⁵⁴   10

Diese **BGH-Rechtsprechung wird** verschiedentlich wegen der ergebnisorientierten Argumentation **kritisiert**: NZB und Revision seien genau voneinander abzugrenzen, um das Revisionsverfahren berechenbar zu halten; im Zulassungsverfahren sei nicht über die Fehlerhaftigkeit nicht gerügter Begründungen oder die Kausalität nicht entscheidungserheblicher Verstöße zu entscheiden, sondern die Zulassungsgründe seien zu prüfen.⁵⁵ Wenn eine klärungsfähige und -bedürftige Frage bei richtiger Anwendung des materiellen und des Verfahrensrechts im Revisionsverfahren entscheidungserheblich sei, könne die Zulassung nicht davon abhängen, ob auch bzgl. der vom Berufungsgericht alternativ oder kumulativ angeführten weiteren Gründe jeweils ein Zulassungsgrund dargetan werden könne oder nicht.⁵⁶ Bei Verstößen gegen Verfahrensgrundrechte genügten das Beruhen des Berufungsurteils hierauf und die Ergebnisrelevanz des Verstoßes.⁵⁷   11

---

44 BGH v. 15.03.2011, II ZR 141/10, juris, Rn. 13; Prütting/Gehrlein-*Ackermann*, ZPO, § 543 Rn. 6.
45 BGHZ 161, 15 = JurionRS 2004, 24436, Rn. 7; BGH, NJW 2004, 3176 = JurionRS 2004, 16073, Rn. 10; Zöller-*Heßler*, ZPO, § 543 Rn. 26a.
46 So Prütting/Gehrlein-*Ackermann*, ZPO, § 543 Rn. 5.
47 BGH, NJW 2003, 831; BGHZ 153, 254; Zöller-*Heßler*, ZPO, § 543 Rn. 6a.
48 Prütting/Gehrlein-*Ackermann*, ZPO, § 543 Rn. 6; Zöller-*Heßler*, ZPO, § 543 Rn. 6a; *Ball* und *Ackermann* lassen es für die Verneinung der Entscheidungserheblichkeit bereits genügen, dass das Berufungsgericht seine Entscheidung auf eine gleichrangige – nicht nur hilfsweise – zweite Begründung stützt, Musielak/Voit-*Ball*, ZPO, § 543 Rn. 9k; Prütting/Gehrlein-*Ackermann*, ZPO, § 543 Rn. 22; zu weiteren Fallkonstellationen siehe Musielak/Voit-*Ball*, ZPO, § 543 Rn. 9k ff. m.w.N.
49 BGH, NJW 2003, 3205; Prütting/Gehrlein-*Ackermann*, ZPO, § 543 Rn. 22.
50 BGH, MDR 2005, 1241; BGH, NJW 2003, 3205; Prütting/Gehrlein-*Ackermann*, ZPO, § 543 Rn. 22.
51 BVerfG, NJW 2005, 3345 = JurionRS 2005, 21715, Rn. 4; BGH, NJW 2003, 831.
52 BGHZ 153, 254; Musielak/Voit-*Ball*, ZPO, § 543 Rn. 9l.
53 BGHZ 153, 254.
54 BGHZ 153, 254; BGH, NJW 2004, 72 = JurionRS 2003, 25588, Rn. 7; BGH, NJW 2004, 1167.
55 Zöller-*Heßler*, ZPO, § 543 Rn. 6a.
56 Musielak/Voit-*Ball*, ZPO, § 543 Rn. 9m.
57 Prütting/Gehrlein-*Ackermann*, ZPO, § 543 Rn. 22.

IV. Maßgeblicher Zeitpunkt
für das Vorliegen der Zulassungsvoraussetzungen

12 Der maßgebliche zeitliche Bezugspunkt für die Beurteilung der Entscheidungserheblichkeit der Zulassungsfrage ergibt sich aus der jeweiligen Zulassungsentscheidung: Im Fall des § 543 Abs. 1 Nr. 1 ZPO ist der Erkenntnisstand im Zeitpunkt der Beurteilung des Berufungsgerichts entscheidend, im Fall des § 543 Abs. 1 Nr. 2 ZPO hat das Revisionsgericht den Kenntnisstand im Verfahren der NZB zu Grunde zu legen.[58] Hier muss eine Divergenz zur BGH-Rechtsprechung vorliegen.[59] Die Erwägung, die NZB diene der Überprüfung der Entscheidung des Berufungsgerichts über die Zulassung der Revision, rechtfertigt es nicht, auf einen früheren Zeitpunkt abzustellen. Stellt sich die unterbliebene Zulassung zum Zeitpunkt der Entscheidung des Revisionsgerichts als richtig dar, fehlt es an der Notwendigkeit ihrer Änderung ebenso wie in dem Fall, in dem der Zulassungsgrund wegen nachträglicher Änderung der tatsächlichen Verhältnisse entfallen ist.[60] Wird nach der Entscheidung des Berufungsgerichts und nach Einlegung der NZB durch ein Urteil des BGH oder des EuGH eine klärungsbedürftige Frage i.S.d. Rechtsmittelführers entschieden, bleibt die Zulassungsfrage entscheidungserheblich, da dann das Berufungsurteil falsch ist.[61] Dann ist die NZB begründet und die Revision zur Sicherung einer einheitlichen Rechtsprechung, § 543 Abs. 2 Nr. 2 Alt. 2 ZPO, zuzulassen, wenn sie Aussicht auf Erfolg hat.[62] Während im Fall des § 543 Abs. 2 Satz 1 Nr. 1 ZPO die grundsätzliche Bedeutung der Sache des Beschwerdeführers und auch die Erfolgsaussicht der beabsichtigten Revision entfallen kann, wenn der BGH die Grundsatzfrage nach Einlegung der NZB in einem anderen Verfahren entscheidet, verändert die Korrektur einer berufungsgerichtlichen Fehlerpraxis durch das Revisionsgericht nicht die Erfolgsaussichten einer Revision gegen ein weiteres, auf derselben Fehlerpraxis beruhendes Urteil.[63] Das gilt auch, wenn die gerügte Fehlerpraxis des Berufungsgerichts nach Eingang der NZB in einer Parallelsache durch eine Leitentscheidung des BGH korrigiert worden ist.[64] Das Revisionsgericht muss bei der Beurteilung der Erfolgsaussicht sogar eigenständig Revisionsrügen erwägen, sofern nicht bereits die NZB eine Begründung der Revision enthält, § 551 Abs. 2, 3 Satz 2 ZPO.[65] Das Gesagte gilt grundsätzlich auch beim Zulassungsgrund der Fortbildung des Rechts, § 543 Abs. 2 Nr. 2 Alt. 1 ZPO.[66] Die entscheidungserhebliche Rechtsfrage muss im Revisionsverfahren klärungsfähig sein, d.h. dort noch Berücksichtigung finden können.[67]

V. Die Zulassungsgründe

13 Aus § 543 Abs. 2 ZPO ergeben sich die Zulassungsgründe der grundsätzlichen Bedeutung der Rechtssache, § 543 Abs. 2 Satz 1 Nr. 1 ZPO, der Fortbildung des Rechts, § 543 Abs. 2 Satz 1 Nr. 2 Alt. 1 ZPO, und der Sicherung einer einheitlichen Rechtsprechung § 543 Abs. 2 Satz 1 Nr. 2 Alt. 1 ZPO. Diese Zulassungsgründe gelten unter dem Gesichtspunkt der Divergenz sowohl für die Zulassung durch das Berufungsgericht als auch für die Zulassung durch den BGH.[68] Der Gesetzgeber geht davon aus, dass die Zulassungsvoraussetzungen der „Fortbildung des Rechts" und der „Sicherung der Einheitlichkeit der Rechtsprechung" den Zulassungsgrund der „grundsätzlichen Bedeutung einer Rechtssache" konkretisieren, ohne ihn hierauf zu beschränken. Auch wenn eine Abgrenzung der einzelnen Zulassungsalternativen nicht immer eindeutig gelinge, biete dieser Ansatz doch die Gewähr, dass aus der unterschiedlichen Ausgestaltung der Rechtsmittelzugangsvoraussetzungen einschränkende Schlüsse auf die Auslegung des Zulassungsgrundes der „grundsätzlichen Bedeutung" nicht gezogen werden können.[69] Kommt der Topos der Sicherung einer einheitlichen Rechtsprechung im Zusammenhang mit einer fehlerhaften Rechtsanwendung bzw. einer Verletzung von Verfahrensgrundrechten durch das Berufungsgericht zum Tragen, dürften die hierzu vom BGH entwickelten

---

58 BGHZ 153, 254; BGH, ZIP 2007, 1780; BGH, NJW 2005, 154; Zöller-*Heßler*, ZPO, § 543 Rn. 6a.
59 BGH, ZIP 2007, 1780.
60 BGH, NJW 2005, 154.
61 Prütting/Gehrlein-*Ackermann*, ZPO, § 543 Rn. 8.
62 Zöller-*Heßler*, ZPO, § 543 Rn. 6a; vgl. auch BVerfG, NJW 2008, 2493 = JurionRS 2008, 13452, Rn. 5, 10 ff.; BGH, NJW 2010, 2812 = JurionRS 2010, 20190, Rn. 11; BGH, ZIP 2007, 1780; BGH, NJW 2005, 154 = JurionRS 2004, 32618, Rn. 19; BGH, NJW 2004, 3188 = JurionRS 2004, 14316, Rn. 11; Prütting/Gehrlein-*Ackermann*, ZPO, § 543 Rn. 8.
63 BGH, NJW 2005, 154 = JurionRS 2004, 32618, Rn. 20.
64 BGH, NJW 2005, 154 = JurionRS 2004, 32618, amtl. Leitsatz und Rn. 12.
65 BGH, NJW 2004, 3188 = JurionRS 2004, 14316, Rn. 11.
66 Prütting/Gehrlein-*Ackermann*, ZPO, § 543 Rn. 9.
67 BGHZ 154, 288; BGH, NJW 2004, 1458 = JurionRS 2004, 11259, Rn. 6, 11 m.w.N.; Zöller-*Heßler*, ZPO, § 543 Rn. 6a.
68 Prütting/Gehrlein-*Ackermann*, ZPO, § 543 Rn. 11.
69 BT-Drucks. 14/4722, S. 67.

Grundsätze zur Zulassung der Revision[70] für die Zulassungspraxis der Berufungsgerichte von eher untergeordneter Bedeutung sein, da die Berufungsgerichte wohl naturgemäß ihren eigenen Entscheidungen keine derartigen Fehler unterstellen.[71]

1. Grundsätzliche Bedeutung der Rechtssache

Die grundsätzlichen Bedeutung der Rechtssache gem. § 543 Abs. 2 Satz 1 Nr. 1 ZPO liegt vor, wenn sie eine entscheidungserhebliche, klärungsbedürftige und klärungsfähige Rechtsfrage aufwirft, die sich in einer unbestimmten Vielzahl von Fällen stellen kann und deshalb das abstrakte Interesse der Allgemeinheit an der einheitlichen Entwicklung und Handhabung des Rechts berührt.[72] Daher soll § 543 Abs. 2 Satz 1 Nr. 1 ZPO nach dem Willen des Gesetzgebers vor allem Modell- oder Musterprozesse sowie Verfahren erfassen, in denen die Auslegung typischer Vertragsbestimmungen, Tarife, Formularverträge oder allgemeiner Geschäftsbedingungen erforderlich wird oder in denen die Entscheidung einer Einzelfrage (z. B. auf den Gebieten des Wettbewerbsrechts oder des Urheberrechts u.a.) die Rechtsentwicklung fördert.[73] Mit dem Ziel, einer Rechtserstarrung entgegenzuwirken, nimmt der Gesetzgeber ferner die grundsätzliche Bedeutung der Rechtssache und mithin ihre Klärungsbedürftigkeit an, wenn entweder die Instanzgerichte dem BGH weitgehend nicht folgen oder im Schrifttum ernstzunehmende Bedenken gegen die höchstrichterliche Rechtsprechung geäußert werden.[74] Klärungsbedürftig sind auch solche Rechtsfragen, deren Beantwortung zweifelhaft ist oder zu denen unterschiedliche Auffassungen vertreten werden und die noch nicht oder nicht hinreichend höchstrichterlich geklärt sind.[75] Aus den verfassungsrechtlichen Anforderungen des Justizgewährungsanspruchs folgt ebenfalls, dass sich auch dann weiterer Klärungsbedarf ergeben kann, wenn zu einer bereits vom BGH geklärten Rechtsfrage neue Argumente ins Feld geführt werden, die den BGH zu einer Überprüfung seiner Auffassung veranlassen könnten.[76] Auch das tatsächliche oder wirtschaftliche Gewicht der Sache für den beteiligten Rechtsverkehr kann Grundsätzlichkeit begründen.[77]

Um die **grundsätzliche Bedeutung der Rechtssache** ordnungsgemäß darzutun, muss die durch die angefochtene Entscheidung aufgeworfene Rechtsfrage konkret benannt, ihre Klärungsbedürftigkeit und Bedeutung für eine unbestimmte Vielzahl von Fällen im Einzelnen aufgezeigt bzw. die Auswirkungen des Rechtsstreits auf die Allgemeinheit und das sich daraus ergebende Bedürfnis für ein korrigierendes Eingreifen des BGH dargestellt werden.[78] An die Darlegung sind aber dann keine besonderen Anforderungen zu stellen, wenn die zu beantwortende Rechtsfrage sowie ihre Entscheidungserheblichkeit sich unmittelbar aus dem Prozessrechtsverhältnis ergeben; zur Klärungsbedürftigkeit, Klärungsfähigkeit und der über den Einzelfall hinausgehenden Bedeutung der Sache ist ein Hinweis auf Streit in Rechtsprechung und Literatur entbehrlich, wenn der entscheidungserheblichen Rechtsfrage bereits wegen ihres Gewichts für die beteiligten Verkehrskreise grundsätzliche Bedeutung zukommt.[79] Die Klärungsfähigkeit der Rechtsfrage setzt die Revisibilität des anzuwendenden Rechts voraus gem. § 545 Abs. 1 ZPO, d.h. die entscheidungserhebliche Rechtsfrage muss im Revisionsverfahren klärungsfähig sein, mithin dort noch Berücksichtigung finden können.[80]

2. Fortbildung des Rechts

Zur Fortbildung des Rechts gem. § 543 Abs. 2 Satz 1 Nr. 2 Alt. 1 ZPO ist die Revision zuzulassen, wenn der Einzelfall Veranlassung gibt, Leitsätze für die Auslegung von Gesetzesbestimmungen des materiellen oder des Verfahrensrechts aufzustellen oder Gesetzeslücken auszufüllen.[81] Das ist der Fall, wenn es für die rechtliche Beurteilung typischer oder verallgemeinerungsfähiger Lebenssachverhalte an einer richtungsweisenden Orientierungshilfe ganz

---

70 Siehe dazu die Ausführungen in den folgenden Randnummern.
71 Prütting/Gehrlein-*Ackermann*, ZPO, § 543 Rn. 11 sowie entsprechend für das Berufungsverfahren § 511 Rn. 45.
72 BGHZ 154, 288 (291 f.); BGHZ 159, 135 = JurionRS 2004, 13759, Rn. 7.
73 BT-Drucks. 14/4722, S. 104 m.w.N.
74 BT-Drucks. 14/4722, S. 104.
75 BVerfG, NJW 2011, 2276 = JurionRS 2011, 15852, Rn. 21.
76 BVerfG, NJW 2011, 2276 = JurionRS 2011, 15852, Rn. 10, 21; Prütting/Gehrlein-*Ackermann*, ZPO, § 543 Rn. 12.
77 BT-Drucks. 14/4722, S. 105 m.w.N.; Prütting/Gehrlein-*Ackermann*, ZPO, § 543 Rn. 12.
78 BGHZ 159, 135 = JurionRS 2004, 13759, Rn. 7.
79 BGHZ 159, 135 = JurionRS 2004, 13759, Rn. 7.
80 BGHZ 154, 288; BGH, NJW 2004, 1458 = JurionRS 2004, 11259, Rn. 6, 11 m.w.N.; Zöller-*Heßler*, ZPO, § 543 Rn. 6a.
81 BT-Drucks. 14/4722, S. 104 m.w.N.

oder teilweise fehlt.[82] Nach dem Willen des Gesetzgebers konkretisiert der Zulassungsgrund „Fortbildung des Rechts" den der „grundsätzlichen Bedeutung einer Rechtssache", ohne ihn hierauf zu beschränken.[83] Daher dürfte die Feststellung berechtigt sein, dass dieser Zulassungsgrund sich weitgehend mit dem der Grundsatzbedeutung deckt.[84]

17 Die Fortbildung des Rechts ist auch geboten, wenn technischer Fortschritt (z.B. Internet, soziale Medien), Veränderungen rechtlicher Bezugspunkte (z.B. Auswirkungen steuerlicher Änderungen auf die Vertragsgestaltung) oder Auswirkungen der Novellierung dynamischer Rechtsgebiete (z.B. Lauterkeitsrecht, Immaterialgüterrecht, Gesellschaftsrecht) zur Beurteilung anstehen.[85] Die Revision ist gem. § 543 Abs. 2 Satz 1 Nr. 2 Alt. 1 ZPO ferner zuzulassen, wenn eine Vorlage an den EuGH nach Art. 267 AEUV (früher Art. 234 EG) zur Klärung einer entscheidungserheblichen Sache in Betracht kommt.[86]

3. Sicherung einer einheitlichen Rechtsprechung
a) Divergenz

18 Der Zulassungsgrund der Sicherung einer einheitlichen Rechtsprechung gem. § 543 Abs. 2 Satz 1 Nr. 2 Alt. 2 ZPO umfasst Fälle der Divergenz, wenn die angefochtene Entscheidung von der Entscheidung eines höher- oder gleichrangigen Gerichts abweicht und auf dieser Abweichung beruht. Eine Abweichung i.d.S. liegt jedoch nur vor, wenn die angefochtene Entscheidung ein und dieselbe Rechtsfrage anders beantwortet als die Vergleichsentscheidung und dabei einen Rechtssatz aufstellt, der sich mit einem in der Vergleichsentscheidung aufgestellten und diese tragenden Rechtssatz nicht deckt.[87] Die bloß ergebnisverschiedene Würdigung gleicher Sachverhalte durch verschiedene Gerichte für sich allein reicht noch nicht aus;[88] den Entscheidungen müssen sich widersprechende abstrakte Rechtssätze zugrunde liegen.[89] Dabei genügt eine unbewusste Abweichung: ein in Unkenntnis entgegenstehender höchstrichterlicher Rechtsprechung aufgestellter Rechtssatz kann die Einheitlichkeit der Rechtsprechung gefährden.[90] Erforderlich ist außerdem, dass die abweichende Entscheidung der Rechtsfrage des einen Gerichts für die Entscheidung des anderen Gerichts entscheidungserheblich ist.[91]

b) Rechtsanwendungsfehler, Verfahrensmängel

19 Neben Fällen der Divergenz umfasst der Zulassungsgrund der Sicherung einer einheitlichen Rechtsprechung gem. § 543 Abs. 2 Satz 1 Nr. 2 Alt. 2 ZPO auch **materielle oder formelle Fehler bei der Auslegung oder Anwendung revisiblen Rechts**, sog. Rechtsanwendungsfehler, wenn sie über den Einzelfall hinaus die Interessen der Allgemeinheit nachhaltig berühren.[92] Dies ist der Fall, wenn das Berufungsgericht bei der Auslegung und Anwendung des materiellen oder des Verfahrensrechts gegen grundlegende, verfassungsrechtlich abgesicherte Gerechtigkeitsanforderungen verstoßen hat und wenn die Rechtsanwendungsfehler geeignet sind, das Vertrauen in die Rechtsprechung zu beschädigen, z.B. wenn Verfahrensgrundrechte, namentlich die Grundrechte auf Gewährung des rechtlichen Gehörs und auf ein objektiv willkürfreies Verfahren, verletzt sind.[93] Beruht die anzufechtende Entscheidung auf einer Verletzung des allgemeinen Gleichheitssatzes in der Ausprägung des Willkürverbots, Art. 3 Abs. 1 GG, oder auf einer Verletzung der Verfahrensgrundrechte des Beschwerdeführers, insbesondere der Garantie des gesetzlichen Richters, Art. 101 Abs. 1 Satz 2 GG, oder der Gewährung rechtlichen Gehörs, Art. 103 Abs. 1 GG, ist die Revision zur Sicherung einer einheitlichen Rechtsprechung zuzulassen.[94] Der Revision kommt auf diese Weise auch die Funktion zu, erfolgreiche Verfassungsbeschwerden vermeidbar zu machen.[95]

---

82 BGHZ 154, 288.
83 BT-Drucks. 14/4722, S. 104 m.w.N.
84 Prütting/Gehrlein-*Ackermann*, ZPO, § 543 Rn. 13.
85 Prütting/Gehrlein-*Ackermann*, ZPO, § 543 Rn. 13; Zöller-*Heßler*, ZPO, § 543 Rn. 12.
86 BGH v. 16.01.2003, I ZR 130/02, juris, Rn. 1; Prütting/Gehrlein-*Ackermann*, ZPO, § 543 Rn. 13; Musielak/Voit-*Ball*, ZPO, § 543 Rn. 7.
87 BGH, NJW-RR 2012, 124 = JurionRS 2011, 24628, Rn. 3 m.w.N.; BGHZ 154, 288; Prütting/Gehrlein-*Ackermann*, ZPO, § 543 Rn. 14.
88 BGH, NJW-RR 2012, 124 = JurionRS 2011, 24628, Rn. 3.
89 BGH v. 22.10.2009, I ZR 124/08, juris, Rn. 6; BGH, NJW-RR 2007, 1676 = JurionRS 2007, 38074, Rn. 2; Prütting/Gehrlein-*Ackermann*, ZPO, § 543 Rn. 14.
90 Prütting/Gehrlein-*Ackermann*, ZPO, § 543 Rn. 14; Musielak/Voit-*Ball*, ZPO, § 543 Rn. 8.
91 BGH, WM 2012, 746 = JurionRS 2012, 10752, Rn. 11; Prütting/Gehrlein-*Ackermann*, ZPO, § 543 Rn. 14.
92 BT-Drucks. 14/4722, S. 104; BGHZ 154, 288 (294).
93 BT-Drucks. 14/4722, S. 104; BGH, NJW 2003, 831; BGH, NJW 2000, 590 = JurionRS 1999, 16876, Rn. 4.
94 BGHZ 154, 288 (296); Prütting/Gehrlein-*Ackermann*, ZPO, § 543 Rn. 17.
95 BGHZ 154, 288 (296).

Ferner kann die Fallgruppe des Rechtsanwendungsfehlers bejaht werden, wenn konkrete Anhaltspunkte dafür bestehen, dass ohne Korrektur eine Wiederholung oder Nachahmung des Fehlers droht.[96] Eine **strukturelle Wiederholungsgefahr** wird in einem grundlegenden Missverständnis der höchstrichterlichen Rechtsprechung gesehen, wenn die angefochtene Entscheidung darauf beruht.[97] Auch wenn es an der Formulierung eines Rechtssatzes in einem Berufungsurteil fehlen mag, so ist das Allgemeininteresse gleichwohl berührt, wenn der Argumentation des Berufungsgerichts erkennbar ein unrichtiger Obersatz zugrunde liegt, sie aus diesem Grunde verallgemeinerungsfähig ist und somit die Gefahr der Wiederholung oder Nachahmung eines Rechtsfehlers besteht.[98]

20

Im maßgeblichen Interesse der Allgemeinheit liegt die Korrektur eines fehlerhaften Berufungsurteils auch dann, wenn die Entstehung oder der Fortbestand schwer erträglicher Unterschiede in der Rechtsprechung vermieden werden sollen, etwa wenn konkrete Anhaltspunkte für eine **ständige Fehlerpraxis** vorliegen, die die Gefahr der Wiederholung des Rechtsfehlers durch das gleiche Gericht oder die ernsthafte Gefahr einer Nachahmung durch andere Gerichte birgt.[99] Wenn die rechtliche Begründung des Berufungsgerichts i.S. einer falschen Signalwirkung symptomatische Bedeutung für die Rechtspraxis erlangen kann, dürfte eine Korrektur indiziert sein.[100]

21

Das Interesse der Allgemeinheit an der Wahrung des Vertrauens in die Rechtsprechung ist berührt, wenn das Berufungsurteil auf einer **Verletzung von Verfahrensgrundrechten** oder auf einem **Verstoß gegen das Willkürverbot** beruht.[101] Hiermit sind die Fälle der Willkür gemeint, in denen sich die Rechtsauslegung oder Rechtsanwendung durch das Berufungsgericht so weit von den gesetzlichen Grundlagen entfernt, dass sie unter keinem denkbaren Aspekt mehr vertretbar und i.d.S. evident fehlerhaft ist.[102] Nur wenn auch objektive Willkür vorliegt, ist die offensichtliche Unrichtigkeit eines Urteils ein Zulassungsgrund.[103] Jedoch muss der Verstoß gegen das Willkürverbot oder die Verfahrensgrundrechte nicht offenkundig sein, wenn die Durchsetzung der Verfahrensgrundrechte geboten ist und deshalb eine Verfassungsbeschwerde eingelegt werden könnte.[104]

22

Ein Beruhen der anzufechtenden Entscheidung auf einer Verletzung des **allgemeinen Gleichheitssatzes** in der **Ausprägung des Willkürverbots**, Art. 3 Abs. 1 GG, ist bei einer fehlerhaften Rechtsanwendung zu bejahen, die sachlich schlechthin unhaltbar ist, weil sie unter keinem denkbaren Aspekt rechtlich vertretbar erscheint und sich deshalb der Schluss aufdrängt, dass sie auf sachfremden Erwägungen beruht.[105] Das kann der Fall sein, wenn bei der Auslegung einer Formularvertragsklausel anerkannte Auslegungsgrundsätze in besonderem Maße außer Acht gelassen wurden oder eine notwendige Vertragsauslegung unterblieben und die Entscheidung deshalb nicht verständlich ist.[106]

23

Die Feststellung von **Willkür** enthält keinen subjektiven Schuldvorwurf.[107] Willkür ist im objektiven Sinne als eine Maßnahme zu verstehen, die im Verhältnis zu der Situation, der sie Herr werden will, tatsächlich und eindeutig unangemessen ist.[108] Willkür liegt vor, wenn eine offensichtlich einschlägige Norm nicht berücksichtigt oder der Inhalt einer Norm in krasser Weise missdeutet wird.[109] Der Rechtsanwendungsfehler kann auch auf sachfremden Erwägungen beruhen, wenn die Entscheidung auf einem Verstoß gegen elementare Denkgesetze beruht,[110] eine offensichtlich einschlägige Norm nicht berücksichtigt oder ihr Inhalt in krasser

24

---

96 Musielak/Voit-*Ball*, ZPO, § 543 Rn. 8b m.w.N.
97 BGH, NJW 2005, 154 = JurionRS 2004, 32618, Rn. 11; Zöller-*Heßler*, ZPO, § 543 Rn. 15c.
98 BGH, NJW 2004, 1960; Prütting/Gehrlein-*Ackermann*, ZPO, § 543 Rn. 16.
99 BGHZ 154, 288 (294).
100 Prütting/Gehrlein-*Ackermann*, ZPO, § 543 Rn. 16; Zöller-*Heßler*, ZPO, § 543 Rn. 13.
101 BT-Drucks. 14/4722, S. 67, 104; BGHZ 154, 288 = NJW 2003, 1943; BGHZ 151, 221 = NJW 2002, 3029.
102 BGHZ 154, 288; vgl. auch Zöller-*Heßler*, ZPO, § 543 Rn. 15c.
103 BVerfG, NJW 2005, 3345 = JurionRS 2005, 21715, Rn. 4; BGH, NJW 2003, 831; Thomas/Putzo-*Reichold*, ZPO, § 543 Rn. 5.
104 BGHZ 154, 288 (294); BGH, NJW 2004, 2222 = JurionRS 2004, 13759, Rn. 13; Prütting/Gehrlein-*Ackermann*, ZPO, § 543 Rn. 17.
105 BGH, NJW 2005, 153 = JurionRS 2004, 20319, Rn. 9.
106 BGH, NJW 2005, 153 = JurionRS 2004, 20319, Rn. 12.
107 BGH, NJW 2005, 153 = JurionRS 2004, 20319, Rn. 9; Prütting/Gehrlein-*Ackermann*, ZPO, § 543 Rn. 18.
108 BVerfGE 80, 48 = JurionRS 1989, 12195, Rn. 10.
109 BGH, NJW 2009, 855 = JurionRS 2008, 25884, Rn. 10.
110 BGH, NJW 2009, 855 = JurionRS 2008, 25884, Rn. 10; Prütting/Gehrlein-*Ackermann*, ZPO, § 543 Rn. 18.

Weise missdeutet wird.[111] Eine nur fragwürdige oder fehlerhafte Rechtsanwendung, auch wenn sie offensichtlich ist, genügt dagegen nicht; die Rechtslage muss in eklatanter Weise verkannt worden und die Rechtsanwendung unter keinem denkbaren Gesichtspunkt rechtlich vertretbar sein.[112]

25 Die Verletzung des Grundrechts auf **Gewährung rechtlichen Gehörs**, Art. 103 Abs. 1 GG, ist ein Zulassungsgrund gem. § 543 Abs. 2 Satz 1 Nr. 2 ZPO, auch wenn keine Wiederholungsgefahr vorliegt.[113] Das Gebot des rechtlichen Gehörs soll als Prozessgrundrecht sicherstellen, dass gerichtliche Entscheidungen frei von Verfahrensfehlern ergehen.[114] Der Zulassungsgrund kann vorliegen, wenn sich aus den dargelegten Umständen klar ergibt, dass das Gericht pflichtwidrig tatsächliches Vorbringen der Prozessbeteiligten weder zur Kenntnis genommen noch in Erwägung gezogen hat.[115] Dies ist der Fall, wenn das Gericht auf den wesentlichen Kern eines Parteivortrags zu der Frage, die für das Verfahren von zentraler Bedeutung ist, in den Entscheidungsgründen nicht eingeht.[116] Das Berufungsgericht muss den wesentlichen, der Rechtsverfolgung und Rechtsverteidigung dienenden Vortrag einer Partei, den Kern des Parteivortrags, in den Urteilsgründen verarbeiten.[117] Art. 103 Abs. 1 GG garantiert den Beteiligten eines gerichtlichen Verfahrens, dass sie Gelegenheit haben, sich zum Sachverhalt und zur Rechtslage zu äußern, und dass das Gericht das Vorbringen zur Kenntnis nimmt und in Erwägung zieht.[118] Art. 103 Abs. 1 GG garantiert den Beteiligten eines gerichtlichen Verfahrens jedoch nicht, dass sie mit ihrem Vorbringen im Verfahren Recht behalten, dass also das Gericht der von einer Partei vertretenen Rechtsansicht zu folgen hätte.[119]

26 Ferner muss das Gericht in Erfüllung seiner **prozessualen Fürsorgepflicht** gem. § 139 Abs. 4 ZPO **Hinweise** auf von der betroffenen Partei erkennbar für entscheidungserheblich gehaltene Umstände grundsätzlich so frühzeitig vor der mündlichen Verhandlung erteilen, dass die Partei ihre Prozessführung darauf einrichten, schon für die anstehende mündliche Verhandlung ihren Vortrag ergänzen und die danach erforderlichen Beweise antreten kann.[120] Erteilt das Gericht den Hinweis entgegen § 139 Abs. 4 ZPO erst in der mündlichen Verhandlung, muss es der betroffenen Partei genügend Gelegenheit zur Reaktion geben. Ist eine sofortige Äußerung nach den konkreten Umständen und den Anforderungen des § 282 Abs. 1 ZPO nicht zu erwarten, darf die mündliche Verhandlung nicht ohne weiteres geschlossen werden.[121] Vielmehr hat das Gericht die mündliche Verhandlung dann zu vertagen, ins schriftliche Verfahren zu gehen, soweit dies im Einzelfall sachgerecht erscheint, oder auf Antrag der betreffenden Partei gem. §§ 139 Abs. 5, 296a ZPO eine Frist zu bestimmen, innerhalb derer die Partei die Stellungnahme in einem Schriftsatz nachreichen kann.[122] Unterlässt das Gericht diese gebotenen prozessualen Reaktionen und erkennt es aus dem nicht nachgelassenen Schriftsatz der betroffenen Partei, dass diese sich offensichtlich in der mündlichen Verhandlung nicht ausreichend erklären konnte, ist es gemäß § 156 Abs. 2 Nr. 1 ZPO zur Wiedereröffnung der mündlichen Verhandlung verpflichtet.[123]

27 Eine **Versagung rechtlichen Gehörs** liegt ferner vor, wenn das Gericht ohne vorherigen Hinweis Anforderungen an den Sachvortrag stellt, mit denen auch ein gewissenhafter und kundiger Verfahrensbeteiligter nach dem bisherigen Verfahrensverlauf nicht zu rechnen brauchte, denn dies kommt der Verhinderung des Vortrags gleich.[124] Ein Verstoß gegen Art. 103 Abs. 1 GG ist auch gegeben, wenn das Gericht seine Substantiierungsanforderungen offensichtlich überspannt, infolgedessen den Sachvortrag nicht zur Kenntnis nimmt und die angebotenen

---

111 Prütting/Gehrlein-*Ackermann*, ZPO, § 543 Rn. 18 m.w.N.
112 BGH v. 28.02.2008, IX ZR 132/05, juris, Rn. 2 m.w.N.
113 Prütting/Gehrlein-*Ackermann*, ZPO, § 543 Rn. 19.
114 BVerfG, NJW-RR 2002, 68 = JurionRS 2001, 18139, Rn. 17 m.w.N.
115 BVerfG, NJW-RR 2002, 68 = JurionRS 2001, 18139, Rn. 17; BGH, VersR 2017, 316 (316f.).
116 BGH, NJW 2009, 2139 = JurionRS 2009, 14428, Rn. 5; Prütting/Gehrlein-*Ackermann*, ZPO, § 543 Rn. 19.
117 BVerfG, NJW 2004, 1519 = JurionRS 2004, 12153, Rn. 14; BGH, NJW-RR 2009, 1361 = JurionRS 2009, 19430, Rn. 5.
118 BGH, MDR 2012, 246 = JurionRS 2011, 30810, Rn. 10 m.w.N.; BGH, VersR 2017, 316 (316f.).
119 BGH v. 14.06.2012, IX ZB 274/09, juris, Rn. 2 m.w.N.; BGH, MDR 2012, 246 = JurionRS 2011, 30810, Rn. 10, 12; BGH v. 03.02.2011, IX ZR 111/10, juris, Rn. 5; Prütting/Gehrlein-*Ackermann*, ZPO, § 543 Rn. 19.
120 BGH, WM 2006, 2328 = JurionRS 2006, 24900, Rn. 4.
121 BGH, NJW-RR 2007, 412 = JurionRS 2006, 24900, Rn. 4; BGH, NJW 1999, 2123 = JurionRS 1999, 18872, Rn. 8.
122 BGH, NJW-RR 2007, 412 = JurionRS 2006, 24900, Rn. 4; BGH, NJW 1999, 2123 = JurionRS 1999, 18872, Rn. 8.
123 BGH, NJW-RR 2007, 412 = JurionRS 2006, 24900, Rn. 4.
124 BGH, GRUR 2010, 1034 = JurionRS 2010, 23272, Rn. 11 m.w.N.

Beweise nicht erhebt.¹²⁵ Geht es einem erheblichen Beweisangebot nicht nach, liegt darin eine unzulässige vorweggenommene Beweiswürdigung.¹²⁶ Das ist etwa der Fall, wenn ein Gericht die BGH-Rechtsprechung missachtet, wonach ein Beweisantritt für erhebliche, nicht willkürlich ins Blaue hinein aufgestellte Tatsachen nur dann unberücksichtigt bleiben darf, wenn das angebotene Beweismittel ungeeignet ist, weil es im Einzelfall zur Beweisbehauptung erkennbar keine sachdienlichen Ergebnisse erbringen kann, oder wenn die unter Beweis gestellte Tatsache so ungenau bezeichnet ist, dass ihre Erheblichkeit nicht beurteilt werden kann.¹²⁷

Ein Sachvortrag zur Begründung eines Anspruchs ist dann schlüssig und erheblich, wenn die Partei Tatsachen vorträgt, die in Verbindung mit einem Rechtssatz geeignet und erforderlich sind, das geltend gemachte Recht in der Person der Partei entstanden erscheinen zu lassen.¹²⁸ Das Gericht muss aufgrund des tatsächlichen Vorbringens der Partei entscheiden können, ob die gesetzlichen Voraussetzungen für das Bestehen des geltend gemachten Rechts vorliegen; sind diese Anforderungen erfüllt, ist es Sache des Tatrichters, in die Beweisaufnahme einzutreten und dabei ggf. die benannten Zeugen oder die zu vernehmende Partei nach weiteren Einzelheiten zu befragen oder einem Sachverständigen die beweiserheblichen Streitfragen zu.¹²⁹ Zur Rechtsverteidigung genügt eine Partei den **Substantiierungspflichten** beim Sachvortrag, wenn sie Tatsachen vorträgt, die in Verbindung mit einem Rechtssatz geeignet sind, das von der anderen Seite geltend gemachte Recht als nicht bestehend erscheinen zu lassen. Dabei ist unerheblich, wie wahrscheinlich die Darstellung ist und ob sie auf eigenem Wissen oder auf einer Schlussfolgerung aus Indizien beruht. Genügt das Parteivorbringen diesen Anforderungen an die Substantiierung, darf das Gericht im Hinblick auf Art. 103 Abs. 1 GG nicht den Vortrag weiterer Einzeltatsachen verlangen, die etwa den Zeitpunkt und den Vorgang bestimmter Ereignisse betreffen.¹³⁰

Ein Verstoß gegen den Anspruch auf Gewährung rechtlichen Gehörs liegt auch vor, wenn die Begründung der angefochtenen Entscheidung nur den Schluss erlaubt, dass die Entscheidung des Gerichts allein höchstens dem Wortlaut, nicht aber den Sinn des Parteivortrags erfassenden Wahrnehmung beruht.¹³¹ Gleiches gilt, wenn das Berufungsgericht den Sachvortrag einer Partei zu einem in der 1. Instanz unbeachtet gebliebenen rechtlichen Gesichtspunkt zurückweist, obwohl es erkennt, dass dieser Gesichtspunkt erstmals in der Berufungsinstanz von Bedeutung war, oder wenn es eine Klageänderung zu Unrecht nicht zulässt mit der Begründung, diese könne nicht in zulässiger Weise auf neues Vorbringen gestützt werden.¹³² Unrichtige tatbestandliche Feststellungen im Berufungsurteil können in der Revisionsinstanz nur mit einer Verfahrensrüge nach § 551 Abs. 3 Satz 1 Nr. 2 Buchst. b ZPO moniert werden; Voraussetzungen sind ein Antrag auf Berichtigung des Tatbestandes gem. § 320 ZPO und widersprüchliche tatbestandliche Feststellungen des Berufungsgerichts in seiner Entscheidung, mit der es den Berichtigungsantrag zurückweist. Ein widersprüchlicher Tatbestand eines Berufungsurteils liefert keinen Beweis mehr für ein Parteivorbringen.¹³³ Eine **Unrichtigkeit tatbestandlicher Darstellungen** in dem Berufungsurteil kann nur in dem Berichtigungsverfahren nach § 320 ZPO behoben werden; mit einer Verfahrensrüge nach § 551 Abs. 3 Satz 1 Nr. 2 ZPO kann die Berichtigung nicht nachgeholt werden, auch wenn die betreffenden Feststellungen des Berufungsgerichts in den Entscheidungsgründen seines Urteils enthalten sind.¹³⁴ Fehlt es aber an einer Berichtigung des Tatbestandes nach § 320 ZPO, sind die tatsächlichen Feststellungen des Berufungsgerichts für das weitere Verfahren gem. § 314 ZPO bindend.¹³⁵

---

125 BGH v. 16.07.2013, VIII ZR 384/12, juris, Rn. 11 m.w.N.; BGH v. 28.02.2012, VIII ZR 124/11, juris, Rn. 5 m.w.N.
126 BGH, NJW-RR 2010, 1217 = JurionRS 2010, 18184 Rn. 10; Prütting/Gehrlein-*Ackermann*, ZPO, § 543 Rn. 19.
127 BGH, NJW-RR 2010, 1217 (1218), Rn. 10 m.w.N.
128 BGH v. 28.02.2012, VIII ZR 124/11, juris, Rn. 6 m.w.N.; BGH, NJW 2012, 382 = JurionRS 2011, 28249, Rn. 14 m.w.N.; Prütting/Gehrlein-*Ackermann*, ZPO, § 543 Rn. 19.
129 BGH, NJW 2012, 382 = JurionRS 2011, 28249, Rn. 14 m.w.N.
130 BGH, NJW-RR 2010, 1217 = JurionRS 2010, 18184 Rn. 11 m.w.N.
131 BGH, NJW 2009, 2137 = JurionRS 2009, 11217, Rn. 3; Prütting/Gehrlein-*Ackermann*, ZPO, § 543 Rn. 19.
132 BGH, NJW 2013, 2745 = JurionRS 2013, 33837, Rn. 20, 25; BGH, NJW-RR 2012, 1408; Prütting/Gehrlein-*Ackermann*, ZPO, § 543 Rn. 19.
133 BGH, NJW 2011, 1513 = JurionRS 2010, 33536, Rn. 12; Prütting/Gehrlein-*Ackermann*, ZPO, § 543 Rn. 19.
134 BGH v. 22.09.2008, II ZR 235/07, juris, Rn. 5; Prütting/Gehrlein-*Ackermann*, ZPO, § 543 Rn. 19.
135 BGH, NJW-RR 2010, 1500 = JurionRS 2010, 16063, Rn. 9; BGH v. 22.09.2008, II ZR 235/07, juris, Rn. 5.

c) Absolute Revisionsgründe

30 Nach der ZPO-Systematik können absolute Revisionsgründe grundsätzlich nur im Rahmen einer statthaften und zulässigen Revision geltend gemacht werden.[136] Das Vorliegen eines absoluten Revisionsgrunds indiziert daher nicht ohne weiteres das Bestehen eines Zulassungsgrunds i.S.d. § 543 Abs. 2 ZPO.[137] Wird jedoch ein absoluter Revisionsgrund gem. § 547 Nr. 1–4 ZPO substantiiert dargetan, ist die Revision zur Sicherung einer einheitlichen Rechtsprechung gem. § 543 Abs. 2 Satz 1 Nr. 2 Alt. 2 ZPO zuzulassen.[138] Der absolute Revisionsgrund des § 547 Nr. 5 ZPO ist nicht einschlägig, wenn die angefochtene Entscheidung nicht **„aufgrund" der letzten mündlichen Verhandlung** ergangen ist, in der das Gericht die Öffentlichkeit entgegen § 169 GVG ausgeschlossen oder entgegen § 170 GVG zugelassen hat, etwa wenn die Entscheidung im schriftlichen Verfahren getroffen wurde.[139] Bei § 547 Nr. 6 ZPO kommt es mit Blick auf die jeweiligen Umständen des Einzelfalles darauf an, mit welcher Intensität sich die fehlende Begründung auf die Entscheidung auswirkt; eine fehlende Begründung führt daher nicht in jedem Fall zur Zulassung der Revision.[140] Die zulassungsrechtliche Einordnung defizitärer tatbestandlicher Darstellungen in einem Berufungsurteil hängt ebenfalls vom Schweregrad ab: Lassen sich tatsächliche Grundlagen der Berufungsentscheidung nicht mehr zweifelsfrei erkennen, fehlt es mithin an den **Mindestvoraussetzungen tatbestandlicher Darlegungen** in einem Berufungsurteil, insbesondere an der Erkennbarkeit des mit dem Rechtsmittel verfolgten Rechtsschutzziels, ist das Urteil im Revisionsverfahren von Amts wegen aufzuheben.[141] Die Bezugnahme auf die tatsächlichen Feststellungen im angefochten Urteil erstreckt sich naturgemäß nicht auf die im zweiten Rechtszug gestellten Anträge, daher ist die Aufnahme der Berufungsanträge in das Berufungsurteil zwingend.[142] Anträge müssen im Berufungsurteil zumindest sinngemäß wiedergegeben werden,[143] eine bloße Bezugnahme auf das Sitzungsprotokoll zur Darstellung der gestellten Anträge genügt nicht;[144] denn es ist nicht Aufgabe des Revisionsgerichts, den Sachverhalt selbst zu ermitteln, um abschließend beurteilen zu können, ob die Revision begründet ist.[145]

31 Auch ein Berufungsurteil, das die Revision nicht zulässt, muss die oben beschriebenen Anforderungen erfüllen,[146] da es inakzeptabel wäre, wenn es nur deshalb Bestand hätte, weil es weder die Revision noch – **mangels Wiedergabe der tatsächlichen Feststellungen** – die Prüfung der Voraussetzungen einer erfolgreichen NZB zulässt.[147] Für die Rechtsbeschwerde ist anerkannt, dass die mangelnde Wiedergabe des für die Entscheidung maßgeblichen Sachverhalts einen Verfahrensmangel begründet, den das Beschwerdegericht auf die Rechtsbeschwerde hin von Amts wegen zu berücksichtigen hat und der zur Aufhebung des angefochtenen Beschlusses und zur Zurückverweisung der Sache an das Berufungsgericht führt.[148] Beschlüsse, die der Rechtsbeschwerde unterliegen, § 522 Abs. 1 Satz 4 ZPO i.V.m. § 574 Abs. 1 Satz 1 Nr. 1 ZPO, müssen den entscheidungserheblichen Sachverhalt, den Streitgegenstand und die Anträge in beiden Instanzen, insbesondere das mit dem Rechtsmittel verfolgte Rechtsschutzziel, deutlich wiedergeben;[149] andernfalls sind sie nicht mit den erforderlichen Gründen gem. §§ 576 Abs. 2, 547 Nr. 6 ZPO versehen und bereits deshalb aufzuheben.[150] Das Rechtsbeschwerdegericht hat grundsätzlich von dem Sachverhalt auszugehen, den das Berufungsgericht festgestellt hat, §§ 577 Abs. 2 Satz 4, 559 ZPO. Enthält der angefochtene Be-

---

136 BGH, NJW-RR 2012, 760 = JurionRS 2011, 36419, Rn. 4; BGHZ 39, 333 (335) = JurionRS 1962, 14541, Rn. 26 a.E.; BAG, NZA 2001, 912 = JurionRS 2001, 10202, Rn. 5; Musielak/Voit-*Ball*, ZPO, § 547 Rn. 2.
137 BGH, NJW-RR 2012, 760 = JurionRS 2011, 36419, Rn. 4; Musielak/Voit-*Ball*, ZPO, § 547 Rn. 2; a.A. Zöller-*Heßler*, ZPO, § 543 Rn. 15b.
138 BGH, MDR 2007, 1213 = JurionRS 2007, 33818, Rn. 8; Zöller-*Heßler*, ZPO, § 543 Rn. 15b.
139 BGHZ 164, 69.
140 BGH, MDR 2012, 868 = JurionRS 2011, 36419, Rn. 6.
141 BGH, MDR 2013, 1360 = JurionRS 2013, 42565, Rn. 15; BGH, NJW 2012, 141 = JurionRS 2011, 28530, Rn. 2; BGH v. 04.05.2011, XII ZR 142/08, juris, Rn. 6f.; BGHZ 156, 97 (99f.) = MDR 2004, 44; Prütting/Gehrlein-*Ackermann*, ZPO, § 543 Rn. 20.
142 BGH, MDR 2013, 1360 = JurionRS 2013, 42565, Rn. 15.
143 BGH, WM 2014, 217 = JurionRS 2013, 52171, Rn. 18ff. m.w.N.; Prütting/Gehrlein-*Ackermann*, ZPO, § 543 Rn. 20.
144 BGH, WM 2014, 217 = JurionRS 2013, 52171, Rn. 20.
145 BGH, NJW 2012, 141 = JurionRS 2011, 28530, Rn. 2; BGH v. 04.05.2011, XII ZR 142/08, juris, Rn. 6.
146 BGHZ 156, 97 (100) = MDR 2004, 44 m.w.N.
147 BGHZ 156, 97 (100f.; 104f.).
148 BGH, NJW 2012, 141 = JurionRS 2011, 28530.
149 BGH, NJW-RR 2012, 141.
150 BGH v. 16.09.2014, XI ZB 5/13, juris, Rn. 5; BGH, NJW-RR 2013, 1077f.

schluss keine tatsächlichen Feststellungen, ist das Rechtsbeschwerdegericht nicht zu einer rechtlichen Prüfung in der Lage.[151] Verwirft das Berufungsgericht die Berufung nicht durch Beschluss, sondern durch Urteil als unzulässig, gilt nichts anderes: Hat das Gerichts den entscheidungserheblichen Sachverhalt nicht mitgeteilt, führt die NZB des Berufungsklägers zur Aufhebung des Urteils und Zurückverweisung der Sache an das Berufungsgericht.[152]

Das BSG hat für die Sozialgerichtsbarkeit entschieden, dass es bei der Verletzung des Rechts auf ein zügiges Verfahren im Lichte des Art. 6 Abs. 1 EMRK und Art. 13 EMRK sowie eines verfassungsrechtlich aus Art. 2 Abs. 1 GG und Art. 20 Abs. 3 GG herzuleitenden **allgemeinen Justizgewährungsanspruchs** i.S. eines effektiven Rechtsschutzes geboten ist, einem Beteiligten in einem Beschwerdeverfahren gegen die Nichtzulassung der Revision das Recht einzuräumen, eine überlange Verfahrensdauer vor den Gerichten eines Bundeslandes mit einer Verfahrensrüge gemäß § 160 Abs. 2 Nr. 3 Hs. 1 SGG zum obersten Gerichtshof des Bundes geltend zu machen, ohne darlegen zu müssen, dass die angefochtene Entscheidung auf diesem Verfahrensfehler beruhen kann.[153] Ergeht die gerichtliche Entscheidung nicht innerhalb einer angemessenen Frist, ist das subjektive Recht des Beteiligten aus Art. 6 Abs. 1 EMRK verletzt, so dass ein Verfahrensmangel besteht.[154] Vereinzelt wird daher vertreten, das **Recht auf eine gerichtliche Entscheidung ohne Verfahrensverzögerung** stelle verfassungsrechtlich und auch im Hinblick auf die zivilprozessuale Revision ein Verfahrensgrundrecht dar, das aus dem Rechtsstaatsgebot hergeleitet werden könne.[155] Eine Verfahrensverzögerung verletzt demnach auch das objektive Beschleunigungsgebot des Art. 6 Abs. 1 EMRK.[156] Jedoch wird dieser Ansatz hinterfragt, da mit §§ 198 ff. GVG ein explizit kodifizierter Mechanismus zum Vorgehen bei überlangen Gerichtsverfahren vorliege.[157]

d) Offensichtliche Unrichtigkeit
Nach der vom BVerfG gebilligten BGH-Rechtsprechung ist ein offensichtlich rechtsfehlerhaftes Berufungsurteil allein noch kein zwingender Grund für die Zulassung der Revision.[158] Allerdings lässt der BGH in Einzelfällen bei **groben Rechtsanwendungsfehlern** die Revision zu, etwa wenn die anzufechtende Entscheidung auf einer Verletzung des allgemeinen Gleichheitssatzes in der Ausprägung des **Willkürverbotes** beruht, Art. 3 Abs. 1 GG,[159] im Übrigen bei der schon dargelegten **Wiederholungsgefahr**[160] und bei einem grundlegenden **Missverständnis der höchstrichterlichen Rechtsprechung**.[161] Dieser BGH-Ansatz bei der Zugangskontrolle zur Revisionsinstanz erfährt verschiedentlich Kritik, da eine grundsätzliche Ausklammerung des Individualinteresses der Prozessparteien an einer Ergebniskorrektur weder i.S.d. Gesetzgebers noch zweckdienlich sei.[162] Nach Ansicht der Kritiker muss die sich im Einzelfall verwirklichende Sicherung rechtsstaatlicher Rechtsgewährung die Grundlage der revisionsrechtlichen Rechtsfortbildung sein.[163] Daher sei das Vertrauen in die Rechtsprechung bereits bei einem grob fehlerhaften Berufungsurteil erschüttert, auch wenn die Schwelle zur Willkür

---

151 BGH v. 16.09.2014, XI ZB 5/13, juris, Rn. 5 m.w.N.
152 BGH, NJW 2014, 3583 = JurionRS 2014, 28132, Rn. 7 ff.
153 BSG v. 13.12.2005, B 4 RA 220/04 B, juris, Rn. 39 ff.; Prütting/Gehrlein-*Ackermann*, ZPO, § 543 Rn. 20.
154 BSG v. 13.12.2005, B 4 RA 220/04 B, juris, Rn. 41.
155 Prütting/Gehrlein-*Ackermann*, ZPO, § 543 Rn. 20, vgl. auch BVerfG, NJW 2003, 2897 ff., Rn. 28 f., 31, zu Verfahrensverzögerungen im Strafprozess.
156 BSG v. 13.12.2005, B 4 RA 220/04 B, juris, Rn. 41; Prütting/Gehrlein-*Ackermann*, ZPO, § 543 Rn. 20; die EMRK wurde durch Zustimmungsgesetz gem. Art. 59 Abs. 2 GG ins deutsche Recht transformiert und trat am 03.09.1953 in Kraft, BGBl. II 1954, S. 14. Sie nimmt den Rang eines förmlichen Bundesgesetzes ein, BVerfGE 111, 307 (311 f.).
157 Zöller-*Heßler*, ZPO, § 543 Rn. 15c.
158 BVerfG, NJW 2005, 3345 (3346) = JurionRS 2005, 21715, Rn. 10 ff.; BGHZ 154, 288 (293–295).
159 BGH, NJW 2005, 153; Prütting/Gehrlein-*Ackermann*, ZPO, § 543 Rn. 21; siehe auch Musielak/Voit-*Ball*, ZPO, § 543 Rn. 9j, Fn. 90 m.w.N.
160 Statt vieler Musielak/Voit-*Ball*, ZPO, § 543 Rn. 9j m.w.N.
161 BGH, NJW 2005, 154; Zöller-*Heßler*, ZPO, § 543 Rn. 15c.
162 Prütting/Gehrlein-*Ackermann*, ZPO, § 543 Rn. 21; Musielak/Voit-*Ball*, ZPO, § 543 Rn. 9j; Zöller-*Heßler*, ZPO, § 543 Rn. 15c; BT-Drucks. 14/4722, S. 65 ff., 67: „[…] Mit der Erweiterung der Zulassungsgründe und dem damit verbundenen erweiterten Verständnis der „grundsätzlichen Bedeutung einer Rechtssache" werden künftig auch Revisionen zuzulassen sein, denen eine Grundsatzbedeutung im herkömmlichen Sinne nicht zukommt, die aber gleichwohl eine Leitentscheidung der höchstrichterlichen Rechtsprechung erfordern. Gleiches gilt für Revisionen, die zwar eine Leitentscheidung nicht erfordern, gleichwohl aber eine Ergebniskorrektur wegen offensichtlicher Unrichtigkeit oder wegen der Verletzung eines Verfahrensgrundrechts geboten erscheinen lassen."
163 Zöller-*Heßler*, ZPO, § 543 Rn. 8; Musielak/Voit-*Ball*, ZPO, § 543 Rn. 9j m.w.N.

noch nicht erreicht sei. Die Billigung einer grob fehlerhaften, offensichtlich unrichtigen Entscheidung durch Nichtzulassung der Revision sei mit der Würde und der Verantwortung des BGH kaum vereinbar.[164]

§ 544
Nichtzulassungsbeschwerde

(1) ¹Die Nichtzulassung der Revision durch das Berufungsgericht unterliegt der Beschwerde (Nichtzulassungsbeschwerde). ²Die Beschwerde ist innerhalb einer Notfrist von einem Monat nach Zustellung des in vollständiger Form abgefassten Urteils, spätestens aber bis zum Ablauf von sechs Monaten nach der Verkündung des Urteils bei dem Revisionsgericht einzulegen. ³Mit der Beschwerdeschrift soll eine Ausfertigung oder beglaubigte Abschrift des Urteils, gegen das die Revision eingelegt werden soll, vorgelegt werden.

(2) ¹Die Beschwerde ist innerhalb von zwei Monaten nach Zustellung des in vollständiger Form abgefassten Urteils, spätestens aber bis zum Ablauf von sieben Monaten nach der Verkündung des Urteils zu begründen. ²§ 551 Abs. 2 Satz 5 und 6 gilt entsprechend. ³In der Begründung müssen die Zulassungsgründe (§ 543 Abs. 2) dargelegt werden.

(3) Das Revisionsgericht gibt dem Gegner des Beschwerdeführers Gelegenheit zur Stellungnahme.

(4) ¹Das Revisionsgericht entscheidet über die Beschwerde durch Beschluss. ²Der Beschluss soll kurz begründet werden; von einer Begründung kann abgesehen werden, wenn sie nicht geeignet wäre, zur Klärung der Voraussetzungen beizutragen, unter denen eine Revision zuzulassen ist, oder wenn der Beschwerde stattgegeben wird. ³Die Entscheidung über die Beschwerde ist den Parteien zuzustellen.

(5) ¹Die Einlegung der Beschwerde hemmt die Rechtskraft des Urteils. ²§ 719 Abs. 2 und 3 ist entsprechend anzuwenden. ³Mit der Ablehnung der Beschwerde durch das Revisionsgericht wird das Urteil rechtskräftig.

(6) ¹Wird der Beschwerde gegen die Nichtzulassung der Revision stattgegeben, so wird das Beschwerdeverfahren als Revisionsverfahren fortgesetzt. ²In diesem Fall gilt die form- und fristgerechte Einlegung der Nichtzulassungsbeschwerde als Einlegung der Revision. ³Mit der Zustellung der Entscheidung beginnt die Revisionsbegründungsfrist.

(7) Hat das Berufungsgericht den Anspruch des Beschwerdeführers auf rechtliches Gehör in entscheidungserheblicher Weise verletzt, so kann das Revisionsgericht abweichend von Absatz 6 in dem der Beschwerde stattgebenden Beschluss das angefochtene Urteil aufheben und den Rechtsstreit zur neuen Verhandlung und Entscheidung an das Berufungsgericht zurückverweisen.

Inhalt:

	Rn.		Rn.
A. Allgemeines	1	2. Beschwerdefrist, Abs. 1 Satz 2	14
I. Normzweck	1	3. Beschwerdeschrift, Abs. 1 Satz 3	15
II. Anwendungsbereich	2	IV. Begründung der NZB, Abs. 2	16
B. Erläuterungen	3	1. Begründungsfrist	16
I. Auswirkungen der Einlegung der NZB	3	2. Inhalt der Beschwerdebegründung, Abs. 2 Satz 3	19
1. Kein Rechtsmittel bzgl. der Hauptsache	3	a) Darlegung der Zulassungsgründe	19
2. NZB und Zwangsvollstreckung	4	b) Besonderheiten bei der Darlegung des Zulassungsgrundes der Grundsatzbedeutung, der Rechtsfortbildung, der Sicherung einer einheitlichen Rechtsprechung und der Verletzung eines Verfahrensgrundrechts	20
3. Übergangsregelung und Wertgrenze	5		
II. Beschwer	8		
1. Beschwer und Streitwert	8		
2. Ermittlung des Wertes der Beschwer	9		
3. Darlegung des Wertes der Beschwer	10	c) Darlegung des Wertes der mit der Revision geltend zu machende Beschwer	24
4. Glaubhaftmachung des Wertes der Beschwer	12	V. Zur Abgrenzung von NZB-Begründung und Revisionsbegründung	25
III. Einlegung der NZB, Abs. 1	13		
1. Iudex ad quem; Anwaltszwang	13	VI. Entscheidung des Revisionsgerichts	26

---

[164] Prütting/Gehrlein-*Ackermann*, ZPO, § 543 Rn. 21.

1. Zulässigkeitsprüfung 26	b) Stattgabe der NZB, Abs. 6 31
2. Begründetheitsprüfung 27	c) Die Zurückverweisung ans
3. Vorherige Anhörung des Gegners,	Berufungsgericht, Abs. 7 32
Abs. 3 28	d) Erfolglose NZB und Gehörsrüge .. 33
4. Maßgeblicher Zeitpunkt 29	**C. Gebühren und Kosten** 34
5. Die Entscheidung über die NZB,	I. RA-Gebühren 34
Abs. 4 30	II. Gerichtskosten 37
a) Der Beschluss und seine	
Begründung 30	

A. Allgemeines
I. Normzweck
Durch die Nichtzulassungsbeschwerde (NZB) gem. § 544 ZPO kann die Nichtzulassungsent- 1
scheidung des Berufungsgerichts vom Revisionsgericht überprüft werden, um die Zulassung
der Revision zu erreichen.[1]

II. Anwendungsbereich
Die NZB ist ein spezieller Rechtsbehelf und notwendige Folge der an die Stelle der Wertrevi- 2
sion gesetzten Zulassungsrevision, da sonst der Aufgaben- und Funktionsbereich des Revisionsgerichts ausschließlich durch das Berufungsgericht festgelegt würde.[2] Maßgeblich für die
Zulassungspraxis des BGH sind die Sicherung einer einheitlichen Rechtsprechung und die
Korrektur von Berufungsurteilen, die auf der Verletzung von Verfahrensgrundrechten beruhen
oder wegen anderer schwerer Rechtsverletzungen eine Gefährdung des Vertrauens der Allgemeinheit in die Rechtsprechung darstellen können.[3]

B. Erläuterungen
I. Auswirkungen der Einlegung der NZB
1. Kein Rechtsmittel bzgl. der Hauptsache
Die NZB ist kein Rechtsmittel im engeren Sinne in Bezug auf die Hauptsache; sie hat **Suspen-** 3
siv-, aber nur begrenzten bzw. verzögerten **Devolutiveffekt**: Ihre Einlegung hemmt gem. § 544
Abs. 5 Satz 1 ZPO den Eintritt der Rechtskraft des Berufungsurteils, jedoch fällt die Haupt-
sache in der Revisionsinstanz erst an, wenn das Revisionsgericht gem. § 544 Abs. 6 ZPO der
NZB stattgibt und die Revision zulässt.[4] Gem. § 544 Abs. 5 Satz 3 ZPO wird das angegriffene
Urteil mit der Ablehnung der NZB durch das Revisionsgericht rechtskräftig.

2. NZB und Zwangsvollstreckung
Nach § 544 Abs. 5 ZPO kann das Revisionsgericht auf Antrag im NZB-Verfahren die einst- 4
weilige Einstellung der Zwangsvollstreckung unter den gleichen Voraussetzungen wie bei der
Revision anordnen, § 719 Abs. 2 Satz 1 ZPO.[5] Die Einstellung der Zwangsvollstreckung im
Revisionsverfahren und im NZB-Verfahren kommt nur in Betracht, wenn die Vollstreckung
dem Schuldner einen nicht zu ersetzenden Nachteil brächte und wenn kein überwiegendes
Interesse des Gläubigers entgegensteht, §§ 719 Abs. 2 Satz 1, 707 Abs. 1 ZPO.[6] Versäumt der
Schuldner einen **Vollstreckungsschutzantrag** gem. § 712 ZPO im Berufungsrechtszug, obwohl
ihm ein solcher Antrag möglich und zumutbar gewesen wäre, kommt eine Einstellung der
Zwangsvollstreckung nach § 719 Abs. 2 ZPO grundsätzlich nicht in Betracht.[7] Ausnahmsweise
ist die Antragstellung verzichtbar, etwa wenn die Gegenpartei aktenkundig erklärt hat, dass
aus einem etwaigen günstigen Urteil bis zur Rechtskraft nicht vollstreckt werde,[8] und insbesondere auch dann, wenn die Durchführung der Zwangsvollstreckung für den Schuldner mit
einer durch ärztliches Attest nachgewiesenen akuten Suizidgefahr verbunden ist.[9] Dagegen
ist eine Ausnahme von der Pflicht zur Antragstellung nicht gegeben, wenn vorgetragen wird,
auf einen Vollstreckungsschutzantrag sei deshalb verzichtet worden, weil man aufgrund einer

---
1 Prütting/Gehrlein-*Ackermann*, ZPO, § 544 Rn. 1; Musielak/Voit-*Ball*, ZPO, § 544 Rn. 2.
2 Zöller-*Heßler*, ZPO, § 544 Rn. 2.
3 Musielak/Voit-*Ball*, ZPO, § 544 Rn. 2.
4 Prütting/Gehrlein-*Ackermann*, ZPO, § 544 Rn. 2; Musielak/Voit-*Ball*, ZPO, § 544 Rn. 11; Zöller-
Heßler, ZPO, § 544 Rn. 5.
5 Zöller-*Heßler*, ZPO, § 544 Rn. 14.
6 BGH, GuT 2009, 214 f. = JurionRS 2009, 16770, Rn. 5; Prütting/Gehrlein-*Ackermann*, ZPO, § 544
Rn. 3.
7 BGH v. 01.07.2009, XII ZR 50/09, juris, Rn. 5.
8 BGH, NJW-RR 2007, 11 = JurionRS 2006, 15214, Rn. 5.
9 BGH, NJW-RR 2007, 11 = JurionRS 2006, 15214, Rn. 6.

Vereinbarung der Parteien zum Führen eines Musterprozesses darauf vertraut habe, der Gläubiger werde aus einem für vorläufig erstreckbar erklärten Urteil nicht vollstrecken.[10] Auch reicht bei einer Verurteilung zur Auskunftserteilung die Begründung nicht aus, es handele sich um Betriebsgeheimnisse und einmal erlangtes Wissen ließe sich nicht zurückholen, da dieses Risiko jeder Vollstreckung aus einem Titel auf Auskunftserteilung *per se* innewohnt und daher der Beklagten nach Auffassung des BGH auch schon während des Berufungsverfahrens klar sein muss. Allein der Umstand, dass die Vollstreckung das Prozessergebnis vorwegnehmen würde, stellt danach keinen unersetzlichen Nachteil dar, so dass hier der Vollstreckungsschutzantrag nach § 712 ZPO zwingend bleibt.[11]

3. Übergangsregelung und Wertgrenze

5 Gem. § 26 Nr. 8 Satz 1 EGZPO ist die NZB ausnahmsweise im Übergangszeitraum bis einschließlich 30. 06. 2018 unzulässig, wenn der Wert der mit der Revision geltend zu machenden **Beschwer** 20.000,00 € nicht übersteigt;[12] dies gilt nicht, wenn das Berufungsgericht die Berufung verwirft, § 26 Nr. 8 Satz 2 EGZPO.[13] § 26 Nr. 8 Satz 2 EGZPO regelt eine Rückausnahme: Die Zulässigkeit der NZB gegen ein die Berufung verwerfendes Urteil ist von der Wertgrenze des § 26 Nr. 8 Satz 1 EGZPO ausgenommen. Hintergrund ist die Vereinheitlichung der Rechtsmittelmöglichkeiten bei verwerfenden Entscheidungen des Berufungsgerichts, gegen die gem. § 522 Abs. 1 Satz 4 ZPO wertunabhängig die **Rechtsbeschwerde** stattfindet, wenn sie nach § 522 Abs. 1 Satz 2, 3 ZPO als Beschluss ergangen sind.[14] Nach dem Willen des Gesetzgebers soll ein weiter Rechtsschutz gegen Verwerfungsentscheidungen des Berufungsgerichts unabhängig davon gewährleistet sein, ob sie als Urteil oder als Beschluss ergehen.[15] Es war daher geboten, gegen Verwerfungsentscheidungen – bei Entscheidung durch Urteil über die NZB, bei Beschlussverwerfung durch die Rechtsbeschwerde, § 574 Abs. 2 ZPO – die Eröffnung der Revisionsinstanz sicherzustellen.[16] Für die Wertgrenze der NZB nach § 26 Nr. 8 EGZPO ist der Wert des Beschwerdegegenstandes aus dem beabsichtigten Revisionsverfahren maßgebend, wobei die Wertberechnung nach den allgemeinen Grundsätzen der §§ 3 ff. ZPO vorzunehmen ist.[17]

6 Weist das Berufungsgericht die Berufung mit einer objektiv willkürlichen Entscheidung als unbegründet zurück, stützt es diese Entscheidung jedoch ausschließlich auf Erwägungen, die zu einer Verwerfung des Rechtsmittels als unzulässig hätten führen müssen, ist die NZB **unabhängig vom Beschwerdewert** statthaft.[18] Denn andernfalls hätte es das Berufungsgericht in der Hand, die vom Gesetzgeber beabsichtigte Gewährung eines weiten Rechtsschutzes gegen Verwerfungsentscheidungen in Fällen, in denen die Beschwer 20.000,00 € nicht übersteigt, allein dadurch außer Kraft zu setzen, dass es die Berufung ohne erkennbaren sachlichen Grund formal als unbegründet zurückweist.[19] Eine **Verkürzung der Rechtsmittelmöglichkeiten** des Berufungsführers durch eine objektiv willkürliche Vorgehensweise des Berufungsgerichts liegt nicht im Willen des Gesetzgebers, so dass hier bei zweckentsprechender Auslegung des § 26 Nr. 8 Satz 2 EGZPO die Statthaftigkeit der NZB zu bejahen ist.[20]

7 § 62 Abs. 2 **WEG**[21] steht der Statthaftigkeit der NZB gegen die Verwerfung der Berufung – unabhängig vom Wert der geltend gemachten Beschwer – ebenfalls nicht entgegen, denn der BGH geht davon aus, dass das WEG hier eine **planwidrige Regelungslücke** enthält, die durch

---

10 BGH, WuW 2008, 1102 f.; Prütting/Gehrlein-*Ackermann*, ZPO, § 544 Rn. 3.
11 BGH v. 04. 08. 2008, EnZR 14/08, juris.
12 Prütting/Gehrlein-*Ackermann*, ZPO, § 544 Rn. 4; Art. 3 des Artikel-Gesetzes vom 05. 12. 2014, BGBl. I, S. 1962, Gesetz zur Erleichterung der Umsetzung der Grundbuchamtsreform in Baden-Württemberg sowie zur Änderung des Gesetzes betreffend die Einführung der Zivilprozessordnung und des Wohnungseigentumsgesetzes.
13 § 26 Nr. 8 Satz 2 EGZPO wurde durch Art. 2 Nr. 1 des 1. JustizmodernisierungsG vom 24. 08. 2004, BGBl. I, S. 2198, 2200, eingeführt.
14 BGH, NJW 2011, 8 = JurionRS 2011, 17391, Rn. 10.
15 BT-Drucks. 15/1508, S. 32.
16 Zöller-*Heßler*, ZPO, § 26 EGZPO Rn. 15b.
17 BGH, NJW-RR 2005, 1011 = JurionRS 2005, 13742, Rn. 6; BGH, NJW-RR 2004, 638 f. = JurionRS 2003, 23853, Rn. 4 ff.; BGH, NJW 2002, 2720 = JurionRS 2002, 19619, Rn. 6 ff.
18 BGH, NJW 2011, 8 = JurionRS 2011, 17391, Rn. 10 f.; Prütting/Gehrlein-*Ackermann*, ZPO, § 544 Rn. 4.
19 BGH, NJW 2011, 8 = JurionRS 2011, 17391, Rn. 11.
20 BGH, NJW 2011, 8 = JurionRS 2011, 17391, Rn. 11.
21 § 62 Abs. 2 WEG regelt, dass in Wohnungseigentumssachen gem. § 43 Nr. 1–4 WEG die Bestimmungen über die NZB (§§ 543 Abs. 1 Nr. 2, 544 ZPO) keine Anwendung findet, soweit die anzufechtende Entscheidung vor dem 31. 12. 2015 verkündet worden ist.

analoge Anwendung des § 26 Nr. 8 Satz 2 EGZPO zu schließen ist.²² Hingegen entfällt – mangels planwidriger Regelungslücke – eine analoge Anwendung des § 26 Nr. 8 Satz 2 EGZPO im Fall der Verwerfung eines Einspruchs gegen ein **zweitinstanzliches Versäumnisurteil** gem. § 341 Abs. 2 ZPO.²³

II. Beschwer

1. Beschwer und Streitwert

Die Beschwer des Rechtsmittelführers entspricht wertmäßig dem Betrag, um den die Berufungsentscheidung hinter dem in der 2. Instanz verfolgten Klagebegehren zurückbleibt; die für den Beklagten maßgebliche materielle Beschwer entspricht dem Wert seiner Verurteilung im Berufungsurteil.²⁴ Die **Beschwer** stimmt i.d.R. mit dem **Streitwert** oder dem **Wert des Beschwerdegegenstands** überein.²⁵ Für § 26 Nr. 8 EGZPO ist die Beschwer des Berufungsurteils maßgeblich, die der Beschwerdeführer bei erfolgreicher NZB im anschließenden Revisionsverfahren zu beseitigen trachtet; maßgeblich ist also nicht der objektive Wert des Beschwerdegegenstandes, sondern das sich aus den Revisionsanträgen ergebende **subjektive Rechtsschutzziel**.²⁶ Grundsätzlich obliegt es dem Beschwerdeführer darzulegen, dass er mit der beabsichtigten Revision nach Abänderung des Berufungsurteils in einem Umfang trachtet, der die Wertgrenze von 20.000,00 € übersteigt.²⁷ Der Streitwert des Revisionsverfahrens richtet sich ebenfalls nach dem Interesse des Revisionsklägers an der Abänderung der Berufungsentscheidung.²⁸

8

2. Ermittlung des Wertes der Beschwer

Zur Ermittlung des Wertes der Beschwer siehe § 511 Rn. 1f; Vorbem. zu §§ 511–577 Rn. 12. ff. Den Wert der Beschwer prüft und bestimmt das Revisionsgericht von Amts wegen in der Entscheidung über die NZB.²⁹ Es ist dabei weder an die Angaben der Parteien noch an die Streitwertfestsetzung des Berufungsgerichts gebunden.³⁰ Allerdings sind die von den Parteien in den Vorinstanzen angegeben Werte bzw. die in den Instanzen festgesetzten Streitwerte wichtige **Indikatoren**.³¹ Den Parteiangaben kommt erhebliches Gewicht zu, besonders wenn sie in der 1. Instanz zu einem Zeitpunkt abgegeben werden, in dem die spätere Kostentragungspflicht noch offen ist. Denn von Angaben, die zu diesem Zeitpunkt gemacht werden, ist größere Objektivität zu erwarten, als von einer späteren Einschätzung, wenn die Kostentragungspflicht bereits feststeht.³² Die Rechtsprechung zeigt, dass eine Partei wenig Aussicht auf Erfolg hat, wenn sie nach Klageabweisung bzw. Verurteilung geltend macht, das mit der Klage verfolgte wirtschaftliche Interesse bzw. die in der Verurteilung liegende Beschwer liege höher als 20.000,00 €, obwohl die Wertfestsetzungen im bisherigen Verfahrensgang nicht beanstandet worden waren.³³ Die Anforderung der Rechtsprechung an den Beklagten, er müsse bereits in den Vorinstanzen seine wirtschaftlichen Belastungen im Falle des Unterliegens darlegen und daher die Zulassung der Revision durch das Berufungsgericht beantragen, da er sonst eine höhere Beschwer im NZB-Verfahren nicht geltend machen könne,³⁴ wird vereinzelt als zu restriktiv kritisiert. Begründet wird die Kritik damit, dass der Beklagte auf den Streitwert i.d.R. keinen Einfluss habe und dass das Ausmaß seiner wirtschaftlichen Belastungen i.d.R. nicht geeignet sei, einen Zulassungsgrund zu ergeben.³⁵ Hat eine Partei eine – vom Berufungsgericht

9

---

22 BGH, NJW 2012, 3310 = JurionRS 2012, 22820, Rn. 8: „[…] Der […] Gedanke der Gewährleistung einer einheitlichen Anfechtbarkeit der verwerfenden Entscheidungen des Berufungsgerichts gilt in gleicher Weise für WEG-Sachen. Es ist kein sachlicher Grund ersichtlich, warum dort gegen eine Berufungsverwerfung eine Beschwerde nur statthaft ist, wenn die Entscheidung im Wege eines Beschlusses ergangen ist, während gegen die gleiche Entscheidung, wenn sie in einem Urteil getroffen wird, die Beschwerdemöglichkeit nicht gegeben sein soll. […]."
23 BGH v. 08.09.2011, III ZR 259/10, juris, Rn. 6 m.w.N.; Prütting/Gehrlein-*Ackermann*, ZPO, § 544 Rn. 4.
24 Musielak/Voit-*Ball*, ZPO, § 544 Rn. 4.
25 Prütting/Gehrlein-*Ackermann*, ZPO, § 544 Rn. 5.
26 BGH v. 15.05.2014, I ZR 176/13, juris, Rn. 5; Zöller-*Heßler*, ZPO, § 26 EGZPO Rn. 14 m.w.N.
27 BGH, NJW-RR 2005, 1011 = JurionRS 2005, 13742, Rn. 6; BGH, NJW 2002, 2721 = JurionRS 2002, 19619, Rn. 6ff.
28 Prütting/Gehrlein-*Ackermann*, ZPO, § 544 Rn. 5.
29 BGH v. 13.08.2009, I ZR 33/08, juris, Rn. 5; BGH, NJW-RR 2005, 1011f. = JurionRS 2005, 13742, Rn. 6f.; Prütting/Gehrlein-*Ackermann*, ZPO, § 544 Rn. 6.
30 BGH, NJW-RR 2005, 1011 = JurionRS 2005, 13742, Rn. 6; vgl. auch BGH, NJW-RR 2005, 224.
31 Prütting/Gehrlein-*Ackermann*, ZPO, § 544 Rn. 6.
32 BGH, GRUR 2012, 1288.
33 BGH, GRUR-RR 2012, 271 = JurionRS 2012, 12600, Rn. 2ff.
34 BGH v. 15.05.2014, I ZR 176/13, juris, Rn. 6 m.w.N.
35 Prütting/Gehrlein-*Ackermann*, ZPO, § 544 Rn. 6.

beschränkt zugelassene – Revision eingelegt und erhebt sie nach Nichtzulassung der Revision durch das Berufungsgericht die NZB, sind die Werte der zugelassenen Revision und der NZB für die Bestimmung des Wertes der mit der Revision geltend zu machenden Beschwer i.S.v. § 26 Nr. 8 EGZPO zusammenzurechnen.[36] Bei der Wertermittlung sind die Forderungen mehrerer Beschwerdeführer grundsätzlich zu addieren, § 5 ZPO, wenn es sich um **einfache Streitgenossen** gem. §§ 59, 60 ZPO handelt.[37]

3. Darlegung des Wertes der Beschwer

10 In der Begründung der NZB ist darzulegen, dass mit der Revision die Abänderung des Berufungsurteils erreicht werden soll, so dass der Wert der Beschwer von 20.000,00 € überschritten wird.[38] Für die Bestimmung der Beschwer sind diejenigen Teile des Streitstoffes unerheblich, zu denen ein Zulassungsgrund nicht dargetan wird, § 544 Abs. 2 Satz 2 ZPO.[39] Die NZB ist nur zulässig, wenn der Beschwerdeführer mindestens einen Zulassungsgrund – hinsichtlich eines in rechtlicher oder tatsächlicher Hinsicht selbstständigen und abtrennbaren Teils des Streitstoffes, der einer beschränkten Revisionszulassung zugänglich ist – dargelegt hat, der einen die Wertgrenze von 20.000,00 € übersteigenden Streitgegenstand betrifft, § 26 Nr. 8 EGZPO.[40] Besteht ein Berufungsurteil aus mehreren **selbständig abtrennbaren Teilen**, die zwar in ihrer Kumulation die Statthaftigkeitsschwelle des § 26 Nr. 8 EGZPO erreichen oder überschreiten, nicht jedoch isoliert gesehen, ist zwingend für jeden selbständig abtrennbaren Teil des Prozessstoffes ein Zulassungsgrund darzulegen.[41] Ergeben etwa Klage und Hilfswiderklage nur in der Summe den Beschwerdewert gem. § 26 Nr. 8 EGZPO, ist die NZB nur statthaft, wenn hinsichtlich beider Klagen Zulassungsgründe dargelegt sind. Die allein prozessuale Verknüpfung der Klagen reicht für eine Zusammenrechnung nicht aus.[42] Ausnahmen von diesem gesetzlichen Leitgedanken sind restriktiv zu handhaben und nur etwa dann zu bejahen, wenn die Entscheidung über einen prozessualen Anspruch oder Anspruchsteil, zu dem ein Zulassungsgrund dargetan ist, von einem anderen prozessualen Anspruch oder Anspruchsteil materiell-rechtlich insofern abhängt, dass sich beide ein- oder wechselseitig beeinflussen.[43]

11 Für das **Erreichen der Wertgrenze**, die nur für die Zulässigkeit der NZB Bedeutung hat, ist es unerheblich, ob die dargelegten Zulassungsgründe auch tatsächlich gegeben sind: Legt der Rechtsmittelführer zu einem die Schwelle von 20.000,00 € übersteigenden Wert der Beschwer Zulassungsgründe dar, ist die NZB zulässig.[44] Die NZB ist begründet und die Revision ist zuzulassen, soweit ein Zulassungsgrund gegeben ist; dies kann zu einer beschränkten Zulassung führen.[45] Nach Ansicht des BGH ist auch eine NZB zulässig, die sich mit abtrennbaren, einer beschränkten Revisionszulassung zugänglichen Teilen des Prozessstoffs befasst, deren Wert nicht einzeln, sondern nur zusammengerechnet die Wertgrenze des § 26 Nr. 8 EGZPO übersteigt.[46]

4. Glaubhaftmachung des Wertes der Beschwer

12 Bei unbezifferten Anträgen ist der Wert der Beschwer grundsätzlich nach den §§ 3 ff. ZPO zu bestimmen.[47] Das Revisionsgericht ist bei der Festsetzung der Beschwer nicht zu einer Wertermittlung nach § 3 Hs. 2 ZPO verpflichtet;[48] die Glaubhaftmachung des Beschwerdeführers, der Wert der mit der Revision geltend zu machenden Beschwer übersteige 20.000,00 €, reicht aus.[49] Ergibt sich jedoch im Laufe eines Rechtsstreits aus einem vom Gericht eingeholten Sachverständigengutachten, dass der vom Kläger bei Verfahrenseinleitung angegebene Wert, § 61 GKG, nicht zutrifft, so sind die Feststellungen des Sachverständigen für die Wertfestsetzung maßgebend.[50] Gem. § 294 Abs. 1 ZPO ist zur Glaubhaftmachung auch die Versicherung an Eides statt zugelassen. Zwar ist dieses Beweismittel dem Berufungskläger im Berufungsrechtszug bei der Glaubhaftmachung des Wertes des Beschwerdegegenstandes gem. § 511

---

36 BGH, GRUR 2007, 83 = JurionRS 2006, 24383, Rn. 11.
37 BGH, NJW 2015, 2816.
38 BGH, NJW 2002, 2720; Prütting/Gehrlein-*Ackermann*, ZPO, § 544 Rn. 7.
39 BGH, NJW-RR 2009, 1612 f. = JurionRS 2009, 16816, Rn. 3.
40 BGH, NJW-RR 2009, 1612 f. = JurionRS 2009, 16816, Rn. 2 f.
41 Prütting/Gehrlein-*Ackermann*, ZPO, § 544 Rn. 7.
42 BGH, NJW-RR 2009, 1612 f. = JurionRS 2009, 16816, Rn. 2 ff.
43 BGH, NJW-RR 2009, 1612 f. = JurionRS 2009, 16816, Rn. 11 m.w.N.
44 BGH, NJW 2002, 2720; Musielak/Voit-*Ball*, ZPO, § 544 Rn. 6.
45 BGHZ 166, 327; Prütting/Gehrlein-*Ackermann*, ZPO, § 544 Rn. 7.
46 BGHZ 166, 327; Musielak/Voit-*Ball*, ZPO, § 544 Rn. 6.
47 Prütting/Gehrlein-*Ackermann*, ZPO, § 544 Rn. 8.
48 BGH, NJW-RR 2005, 1011 = JurionRS 2005, 13742, Rn. 8.
49 BGH, NJW 2002, 3180 f. = JurionRS 2002, 23735, Rn. 3.
50 BGH, NJW-RR 2005, 1011 = JurionRS 2005, 13742, Rn. 8 m.w.N.

Abs. 3 Hs. 2 ZPO verwehrt. Diese Einschränkung bei der Wahl der Beweismittel zur Glaubhaftmachung gilt jedoch nicht für die Revisionsinstanz bzw. für die NZB.[51]

III. Einlegung der NZB, Abs. 1

1. Iudex ad quem; Anwaltszwang
Die NZB ist beim BGH als Revisionsgericht einzulegen, § 7 Abs. 2 EGZPO; eine beim LG oder OLG eingelegte NZB ist unzulässig.[52] Bei der Einlegung der NZB muss sich eine Partei immer von einem beim BGH zugelassenen Rechtsanwalt vertreten lassen, § 78 Abs. 1 Satz 3 ZPO.[53] Vom Anwaltszwang ausgenommen ist die Stellung des Antrags auf Prozesskostenhilfe.[54]

13

2. Beschwerdefrist, Abs. 1 Satz 2
Gem. § 544 Abs. 1 Satz 2 ZPO ist die NZB innerhalb einer Notfrist von 1 Monat, § 224 Abs. 1 Satz 2 ZPO, nach Zustellung des in vollständiger Form abgefassten Urteils beim BGH einzulegen. Ist das vollständige Berufungsurteil nach seiner Verkündung nicht oder nicht wirksam zugestellt worden oder liegt eine fehlerhafte Verkündung vor, endet die Frist mit Ablauf von 6 Monaten nach der Verkündung, § 310 Abs. 1 ZPO.[55] Bei unverschuldeter Versäumung der Notfrist ist gem. § 233 ZPO auf Antrag **Wiedereinsetzung in den vorigen Stand** zu gewähren.[56] Die Frist endet ausnahmsweise nur dann am darauffolgenden Werktag, wenn das eigentliche Fristende auf einen gesetzlichen Feiertag am Sitz des BGH in Karlsruhe fällt. Das Ende einer Rechtsmittelfrist wird wegen eines allgemeinen Feiertages nur dann hinausgeschoben, wenn der betreffende Tag an dem Ort, wo das Rechtsmittel einzulegen ist, gesetzlicher Feiertag ist. Für den Ablauf einer Rechtsmittelfrist an einem nicht bundeseinheitlichen Feiertag sind mithin die Verhältnisse am Ort des Sitzes des Gerichts maßgeblich. Entsprechendes gilt für ein **Prozesskostenhilfegesuch**, das innerhalb der Frist einzulegen ist, die für das beabsichtigte Rechtsmittel vorgeschrieben ist.[57]

14

3. Beschwerdeschrift, Abs. 1 Satz 3
Gem. § 544 Abs. 1 Satz 3 ZPO soll mit der Beschwerdeschrift eine Ausfertigung oder Abschrift des Urteils vorgelegt werden, gegen das sich NZB und Revision richten.[58] Die beigefügte Ausfertigung oder Abschrift des anzugreifenden Urteils soll dem BGH die Ermittlung des zuständigen Senats erleichtern, der über die NZB entscheidet,[59] sowie die Prüfung, ob die NZB das Urteil richtig bezeichnet.[60]

15

IV. Begründung der NZB, Abs. 2

1. Begründungsfrist
Gem. § 544 Abs. 2 Satz 1 und 2 ZPO ist die NZB innerhalb von **zwei Monaten ab Zustellung** des vollständig abgefassten Berufungsurteils zu begründen. Ist das vollständige Berufungsurteil nach seiner Verkündung nicht oder nicht wirksam zugestellt worden oder liegt eine fehlerhafte Verkündung vor, endet die Frist mit Ablauf von 7 Monaten nach der Verkündung, § 310 Abs. 1 ZPO.[61] Die Verlängerung der NZB-Begründungsfrist richtet sich nach den Voraussetzungen der Verlängerung der Revisionsbegründungsfrist, §§ 544 Abs. 2 Satz 2, 551 Abs. 2 Satz 5 und 6 ZPO. Bei unverschuldeter Versäumung der NZB-Begründungsfrist ist gem. § 233 ZPO auf Antrag **Wiedereinsetzung in den vorigen Stand** zu gewähren.[62]

16

Anträge auf **Verlängerung der NZB-Begründungsfrist** sind Prozesserklärungen.[63] Nach der BGH-Rechtsprechung kann das Revisionsgericht die Würdigung prozessualer Erklärungen einer Partei uneingeschränkt nachprüfen und Erklärungen selbst auslegen. Danach ist im Zweifel dasjenige gewollt, was nach den Maßstäben der Rechtsordnung vernünftig ist und der wohlverstandenen Interessenlage entspricht.[64] Das Verständnis der abgegebenen Erklärung

17

---

51 Prütting/Gehrlein-*Ackermann*, ZPO, § 544 Rn. 8.
52 Zöller-*Heßler*, ZPO, § 544 Rn. 7 m.w.N.; Musielak/Voit-*Ball*, ZPO, § 544 Rn. 9.
53 BGH, NJW-RR 2004, 936.
54 Prütting/Gehrlein-*Ackermann*, ZPO, § 544 Rn. 9.
55 Thomas/Putzo-*Reichold*, ZPO, § 544 Rn. 6.
56 Thomas/Putzo-*Reichold*, ZPO, § 544 Rn. 7.
57 BGH, NJW-RR 2012, 254 f. = JurionRS 2012, 10174, Rn. 1.
58 Prütting/Gehrlein-*Ackermann*, ZPO, § 544 Rn. 11.
59 Musielak/Voit-*Ball*, ZPO, § 544 Rn. 12; amtl. Begründung d. ZPO-RG, BT-Drucks. 14/4722, S. 105.
60 Prütting/Gehrlein-*Ackermann*, ZPO, § 544 Rn. 11.
61 Thomas/Putzo-*Reichold*, ZPO, § 544 Rn. 12; Musielak/Voit-*Ball*, ZPO, § 544 Rn. 15.
62 Thomas/Putzo-*Reichold*, ZPO, § 544 Rn. 12.
63 BGH, NJW-RR 2010, 1705 = JurionRS 2010, 24022, Rn. 9 f.; Prütting/Gehrlein-*Ackermann*, ZPO, § 544 Rn. 12.
64 BGH, NJW 2014, 155 = JurionRS 2013, 42547, Rn. 30 m.w.N.

wird dabei allerdings nur insoweit durch die tatsächlichen Interessen der erklärenden Partei bestimmt, als sich diese aus den äußerlich in Erscheinung tretenden Umständen ersehen lassen; maßgebend ist daher grundsätzlich der objektive Empfängerhorizont.[65]

18 Mehrere zusammen abgegebene Erklärungen sind auch im Zusammenhang zu würdigen.[66] Hat etwa eine Partei, die sowohl Revision als auch vorsorglich NZB eingelegt hat, mit der Rechtsmittelschrift und weiteren Anträgen nur um Verlängerung der NZB-Begründungsfrist nachgesucht, müssen Anträge auf Fristverlängerung anhand der Umstände des Einzelfalls ausgelegt werden: Handelt es sich um ein einheitliches Rechtsschutzbegehren, das nur vorsorglich mit unterschiedlichen Rechtsbehelfen verfolgt wird, liegt damit auch ein **konkludenter Antrag auf Verlängerung der Revisionsbegründungsfrist** vor.[67] Dem ist nicht so, wenn ausdrücklich nur die Fristverlängerung zur Begründung der Revision beantragt wird.[68] Eine Berichtigung einer Prozesshandlung ist nicht ausgeschlossen, wenn es sich um einen offensichtlichen Irrtum handelt.[69]

2. Inhalt der Beschwerdebegründung, Abs. 2 Satz 3
a) Darlegung der Zulassungsgründe

19 In der NZB-Begründung muss der Beschwerdeführer darlegen, warum die Zulassung der Revision geboten sein soll. Bloße Rügen von Rechtsfehlern des Berufungsurteils genügen nicht, wenn nicht dargelegt wird, warum diese Rechtsfehler einen Zulassungsgrund gem. § 543 Abs. 2 ZPO darstellen.[70] Gem. § 544 Abs. 2 Satz 3 ZPO sind Zulassungsgründe nicht zu behaupten, sondern deren **Voraussetzungen sind substantiiert darzulegen**; dazu gehören auch Ausführungen zu Entscheidungserheblichkeit, Klärungsbedürftigkeit und Klärungsfähigkeit.[71] Dem Revisionsgericht muss es ermöglicht werden, allein anhand der Beschwerdebegründung inklusive der dort in Bezug genommenen Aktenstellen sowie anhand des Berufungsurteils die Zulassungsvoraussetzungen zu prüfen. Es soll davon entlastet werden, die Zulassungsvoraussetzungen anhand der Akten ermitteln zu müssen.[72] Gibt das Berufungsurteil oder das Sitzungsprotokoll das Parteivorbringen nicht wieder, muss die NZB den Tatsachenstoff darlegen, da allein das Fehlen tatbestandlicher Darstellungen noch keinen Zulassungsgrund darstellt.[73] Eine unrichtige Benennung des Zulassungsgrundes wird durch eine inhaltlich schlüssige und substantiierte Darlegung in der NZB-Begründung ausgeglichen.[74] Neue Tatsachen können – unter den Einschränkungen des § 559 ZPO – zur Darlegung der Zulassungsgründe vorgebracht werden, soweit sie nicht im Widerspruch zu den tatbestandlichen Feststellungen des Berufungsurteils und zu sonstigen Feststellungen des Berufungsgerichts stehen, an die das Revisionsgericht bei der Entscheidung über die zugelassene Revision gebunden ist.[75]

b) Besonderheiten bei der Darlegung des Zulassungsgrundes der Grundsatzbedeutung, der Rechtsfortbildung, der Sicherung einer einheitlichen Rechtsprechung und der Verletzung eines Verfahrensgrundrechts

20 Um die **Grundsatzbedeutung** i.S.d. § 543 Abs. 2 Satz 1 Nr. 1 ZPO ordnungsgemäß darzulegen, ist es grundsätzlich erforderlich, die durch das Berufungsurteil aufgeworfene **Rechtsfrage konkret** zu benennen. Zudem muss ihre **Klärungsbedürftigkeit** und Bedeutung für eine unbestimmte Vielzahl von Fällen im Einzelnen aufgezeigt bzw. die Auswirkungen des Rechtsstreits auf die Allgemeinheit und das daraus resultierende **Bedürfnis für eine Korrektur durch den BGH** dargestellt werden.[76] Zur aufgeworfenen Rechtsfrage ist auszuführen, aus welchen Gründen, in welchem Umfang und von welcher Seite diese umstritten ist.[77] **Keine besonderen Anforderungen** an die Darlegung sind zu stellen, wenn sich die Rechtsfrage sowie ihre Entscheidungserheblichkeit unmittelbar aus dem Prozessrechtsverhältnis ergeben; zur Klärungsbedürftigkeit, Klärungsfähigkeit und der über den Einzelfall hinausgehenden Bedeutung der

---

65 BGH, NJW-RR 2010, 1705 = JurionRS 2010, 24022, Rn. 10 m.w.N.
66 BGH, GRUR 2009, 515 = JurionRS 2008, 29906, Rn. 19.
67 BGH, GRUR 2009, 515 = JurionRS 2008, 29906, Rn. 19.
68 Prütting/Gehrlein-*Ackermann*, ZPO, § 544 Rn. 12.
69 BGH, NJW 2014, 155 = JurionRS 2013, 42547, Rn. 30.
70 BGHZ 154, 288 (291); Prütting/Gehrlein-*Ackermann*, ZPO, § 544 Rn. 14.
71 Zöller-*Heßler*, ZPO, § 544 Rn. 10a m.w.N.
72 BGHZ 152, 182 (185) m.w.N.; Musielak/Voit-*Ball*, ZPO, § 544 Rn. 17.
73 BGH, NJW-RR 2004, 712 (713) = JurionRS 2004, 11538, Rn. 10; BGH, NJW 2003, 3208 = JurionRS 2003, 23875, Rn. 4.
74 BGH, NJW 2003, 754 f. = JurionRS 2002, 23820, Rn. 5; Musielak/Voit-*Ball*, ZPO, § 544 Rn. 17a.
75 Prütting/Gehrlein-*Ackermann*, ZPO, § 544 Rn. 19 m.w.N.; Musielak/Voit-*Ball*, ZPO, § 544 Rn. 20.
76 Prütting/Gehrlein-*Ackermann*, ZPO, § 544 Rn. 15.
77 BGHZ 154, 288 = JurionRS 2003, 23900, Rn. 5 m.w.N.; Musielak/Voit-*Ball*, ZPO, § 544 Rn. 17b.

Sache[78] ist ein Hinweis auf Streit in Rechtsprechung und Literatur entbehrlich, wenn der entscheidungserheblichen Rechtsfrage bereits wegen ihres darzulegenden Gewichts für die beteiligten Verkehrskreise grundsätzliche Bedeutung zukommt.[79]

Ist eine Rechtsfrage klärungsbedürftig, weil entweder die Instanzgerichte dem BGH weitgehend nicht folgen oder im Schrifttum **ernstzunehmende Bedenken gegen die BGH-Rechtsprechung** geäußert werden, müssen die Instanzgerichte und deren abweichende Meinung bzw. die im Schrifttum geäußerten Bedenken explizit genannt werden.[80] Betrifft die Rechtsfrage, derentwegen grundsätzliche Bedeutung gem. § 543 Abs. 2 Satz 1 Nr. 1 ZPO geltend gemacht wird, auslaufendes Recht, so muss in der NZB-Begründung dargelegt werden, dass eine BGH-Entscheidung trotzdem für die Zukunft richtungsweisend sein kann, weil entweder noch über eine erhebliche Anzahl von Fällen nach altem Recht zu entscheiden oder die Frage für das neue Recht weiterhin von Bedeutung ist.[81]   21

Der Zulassungsgrund der **Sicherung einer einheitlichen Rechtsprechung** gem. § 543 Abs. 2 Satz 1 Nr. 2 Alt. 2 ZPO umfasst Fälle der **Divergenz** (siehe § 543 Rn. 18 m.w.N.). In der NZB-Begründung muss die Vorentscheidung, zu der die Divergenz behauptet wird, konkret benannt und zitiert werden; die entscheidungserheblichen, als divergierend betrachteten abstrakten Rechtssätze aus dieser Vorentscheidung und aus der angefochtenen Entscheidung sind herauszustellen und es ist vorzutragen, inwiefern diese Rechtssätze nicht übereinstimmen.[82] Werden **Rechtsanwendungsfehler** behauptet, die qualitativ noch nicht als Divergenz einzustufen sind, muss der Beschwerdeführer darlegen, dass die angefochtene Entscheidung von höherer oder gleichrangiger Rechtsprechung abweicht und das als fehlerhaft gerügte Rechtsanwendung entscheidungserheblich ist.[83] Darzulegen sind etwa konkrete Anhaltspunkte, aus denen sich ein grundlegendes rechtliches Missverständnis der BGH-Rechtsprechung, das Zugrundelegen eines unrichtigen Obersatzes oder eine **strukturelle Wiederholungsgefahr** ergeben.[84] Bei einem grundlegenden Missverständnis oder einem falschen Obersatz sind Darlegungen zur Wiederholungs- oder Nachahmungsgefahr entbehrlich.[85] Vorsorglich sollte aber eine Analyse grober Rechtsanwendungsfehler mit Richtung auf einen ihnen zugrunde liegenden falschen Obersatz oder ein „grundlegendes Missverständnis der höchstrichterlichen Rechtsprechung" erfolgen.[86]   22

Bei **Verletzung von Verfahrensgrundrechten**[87] wie etwa einem **Verstoß gegen das Willkürverbot** sind das verletzte Recht und die Entscheidungskausalität der Verletzung darzulegen, ferner, dass die fehlerhafte Rechtsanwendung unter keinem denkbaren Gesichtspunkt rechtlich vertretbar ist und diese daher auf sachfremden Erwägungen beruht;[88] die Offenkundigkeit der Grundrechtsverletzung ist nicht explizit darzulegen.[89] Macht der Beschwerdeführer geltend, das Berufungsgericht habe ihm unter Verletzung der richterlichen Hinweispflicht, § 139 ZPO,[90] das rechtliche Gehör verweigert, muss er – hypothetisch den fehlenden Hinweis voraussetzend – seinen zunächst unterbliebene Vortrag vollständig nachholen, so dass dieser nun schlüssig ist.[91]   23

c) Darlegung des Wertes der mit der Revision geltend zu machende Beschwer
Wegen § 26 Nr. 8 EGZPO muss – vor Ablauf der Begründungsfrist – dargelegt werden, dass mit der Revision die Abänderung des Berufungsurteils in einem Umfang von mehr als   24

---

78 BGHZ 154, 288 = JurionRS 2003, 23900, Rn. 5.
79 BGH, NJW 2004, 2222 (2223) = JurionRS 2004, 13759, Rn. 7 m.w.N.
80 Prütting/Gehrlein-*Ackermann*, ZPO, § 544 Rn. 15.
81 BGH, NJW 2003, 1943 (1944) = JurionRS 2003, 23900, Rn. 7.
82 BGHZ 152, 182 (186) = JurionRS 2008, 13930, Rn. 3; Musielak/Voit-*Ball*, ZPO, § 544 Rn. 17c.
83 Prütting/Gehrlein-*Ackermann*, ZPO, § 544 Rn. 17; Musielak/Voit-*Ball*, ZPO, § 544 Rn. 17c m.w.N.; vgl. auch BGHZ 159, 137 (187) = NJW 2003, 65.
84 Prütting/Gehrlein-*Ackermann*, ZPO, § 544 Rn. 17.
85 Prütting/Gehrlein-*Ackermann*, ZPO, § 544 Rn. 17; vgl. dazu auch BGH, NJW 2005, 154 (155) = JurionRS 2004, 32618, Rn. 11.
86 Prütting/Gehrlein-*Ackermann*, ZPO, § 544 Rn. 17.
87 Zum Zulassungsgrund der Verletzung von Verfahrensgrundrechten vgl. § 543 Rn. 19.
88 Prütting/Gehrlein-*Ackermann*, ZPO, § 544 Rn. 18; vgl. auch BGHZ 154, 288 (299f.); BGH v. 28.02.2008, IX ZR 132/05, juris, Rn. 2; BGH, NJW 2003, 1943 (1944) = JurionRS 2003, 23900, Rn. 29f.
89 BGHZ 154, 288 = JurionRS 2003, 23900, Rn. 29f.; Musielak/Voit-*Ball*, ZPO, § 544 Rn. 17d.
90 Prütting/Gehrlein-*Ackermann*, ZPO, § 544 Rn. 18; zu Erfordernis und Funktion, einen Hinweis gem. § 139 ZPO aktenkundig zu machen, vgl. BGH, GRUR 2011, 1140, Rn. 23 = JurionRS 2011, 26557, Rn. 22f.
91 BGH, NJW-RR 2003, 1003 (1004); Musielak/Voit-*Ball*, ZPO, § 544 Rn. 17d.

20.000,00 € erstrebt wird.[92] dies gilt nicht, wenn es sich nicht um ein die Berufung verwerfendes Urteil des Berufungsgerichts handelt.[93]

V. Zur Abgrenzung von NZB-Begründung und Revisionsbegründung

25 Neben der NZB-Begründung ist eine eigenständige Revisionsbegründung zwingend erforderlich, selbst wenn im Schriftsatz explizit auf erstere verwiesen wird, denn der BGH geht von einer klaren Trennung zwischen dem Zulassungs- und dem Revisionsverfahren aus und betrachtet mit der positiven Zulassungsentscheidung das NZB-Verfahren als beendet.[94] Die NZB-Begründung kann sich auf die Darlegung der Zulassungsgründe des § 543 Abs. 2 ZPO beschränken und muss Revisionsrügen, mit denen das Berufungsurteil nach Zulassung der Revision anzugreifen ist, nicht vorwegnehmen.[95] Aus der formalen Trennung von NZB-Begründung und Revisionsbegründung folgt aber nicht zwangsläufig eine inhaltliche Trennung der beiden Begründungen, so etwa wenn die Zulassungsgründe aus Rechtsfehlern des Berufungsgerichts hergeleitet werden.[96] Auch bei Rechtsfragen von grundsätzlicher Bedeutung kann es erforderlich sein, schon in der NZB-Begründung auch die beabsichtigten Revisionsrügen vorzutragen, um dem Revisionsgericht eine prognostische Prüfung der Entscheidungserheblichkeit, etwa des über den Einzelfall hinausgehenden allgemeinen Interesses, zu ermöglichen.[97]

VI. Entscheidung des Revisionsgerichts

1. Zulässigkeitsprüfung

26 Wie bei der Revision gem. § 552 Abs. 1 ZPO hat das Revisionsgericht auch bei der NZB die Zulässigkeit zu prüfen, d.h. die form- und fristgerechte Einlegung und Begründung sowie die Überschreitung der Wertgrenze gem. § 26 Nr. 8 EGZPO.[98] Ist eine dieser Voraussetzungen nicht gegeben, muss die NZB als unzulässig verworfen werden.[99]

2. Begründetheitsprüfung

27 Im Rahmen der Begründetheit prüft das Revisionsgericht anhand des Beschwerdevorbringens, ob gem. § 543 Abs. 2 ZPO die Revision zuzulassen ist.[100] Geprüft werden nur solche Zulassungsgründe, die in der Beschwerdebegründung angegeben und deren Zulassungsvoraussetzungen substantiiert dargelegt sind;[101] die Erfolgsaussichten der Revision selbst werden nicht in die Prüfung einbezogen.[102] Zulassungsgründe, etwa eine Divergenz, sind nur dann relevant, wenn der Beschwerdeführer sie explizit geltend macht.[103] Diese BGH-Rechtsprechung erfährt in der Literatur Kritik, da die Beschränkung der Prüfung ausschließlich auf die mit der Beschwerdebegründung geltend gemachten Zulassungsgründe systemwidrig sei: mit dem Interesse der Allgemeinheit sei es unvereinbar, dass ein Urteil, das etwa eine ungeklärte Rechtsfrage von grundsätzlicher Bedeutung oder eine Divergenz enthalte, nur deshalb bestehen bleibe, weil der Beschwerdeführer sein Zulassungsbegehren auf einen anderen Zulassungsgrund stütze.[104] Im öffentlichen Interesse liege es vielmehr, dass keine Bindung des Revisionsgerichts an die vom Beschwerdeführer geltend gemachten Zulassungsgründe bestehe wie gem. § 557 Abs. 3 Satz 1 ZPO bzgl. der im Revisionsverfahren geltend gemachten Revisionsgründe.[105]

3. Vorherige Anhörung des Gegners, Abs. 3

28 Gem. § 544 Abs. 3 ZPO hat der Beschwerdegegner Gelegenheit zur Stellungnahme, die § 78 Abs. 1 Satz 3 ZPO von einem beim BGH zugelassenen Rechtsanwalt abzugeben ist.[106] Einer

---

92 Musielak/Voit-*Ball*, ZPO, § 544 Rn. 20a.
93 Prütting/Gehrlein-*Ackermann*, ZPO, § 544 Rn. 13.
94 BGH, NJW 2008, 588 m.w.N.; vgl. auch Zöller-*Heßler*, ZPO, § 544 Rn. 12; Musielak/Voit-*Ball*, ZPO, § 544 Rn. 17 f.
95 Prütting/Gehrlein-*Ackermann*, ZPO, § 544 Rn. 20; Musielak/Voit-*Ball*, ZPO, § 544 Rn. 17 f.
96 Prütting/Gehrlein-*Ackermann*, ZPO, § 544 Rn. 20.
97 Prütting/Gehrlein-*Ackermann*, ZPO, § 544 Rn. 20; Musielak/Voit-*Ball*, ZPO, § 544 Rn. 18.
98 Prütting/Gehrlein-*Ackermann*, ZPO, § 544 Rn. 21.
99 Musielak/Voit-*Ball*, ZPO, § 544 Rn. 21.
100 Prütting/Gehrlein-*Ackermann*, ZPO, § 544 Rn. 22.
101 Thomas/Putzo-*Reichold*, ZPO, § 544 Rn. 14 m.w.N.
102 BGHZ 152, 7 (8 f.); Zöller-*Heßler*, ZPO, § 544 Rn. 12 m.w.N.
103 BGH, NJW 2003, 2319 (2320) = JurionRS 2003, 23259, Rn. 8; Prütting/Gehrlein-*Ackermann*, ZPO, § 544 Rn. 22.
104 Prütting/Gehrlein-*Ackermann*, ZPO, § 544 Rn. 22 m.w.N.; Musielak/Voit-*Ball*, ZPO, § 544 Rn. 22a m.w.N.
105 Prütting/Gehrlein-*Ackermann*, ZPO, § 544 Rn. 22; Musielak/Voit-*Ball*, ZPO, § 544 Rn. 22a.
106 Zöller-*Heßler*, ZPO, § 544 Rn. 11.

solchen Anhörung bedarf es nicht, wenn das Revisionsgericht die NZB als unzulässig oder offensichtlich unbegründet zurückweist.[107] I.d.R. gibt aber der BGH durch die Mitteilung des mutmaßlichen Termins zur Beratung über die Zulassung der Revision dem Beschwerdegegner Gelegenheit zur Stellungnahme.[108]

4. Maßgeblicher Zeitpunkt
Zum maßgeblichen Zeitpunkt des Vorliegens der NZB-Zulassungsvoraussetzungen siehe § 543 Rn. 12.

29

5. Die Entscheidung über die NZB, Abs. 4
a) Der Beschluss und seine Begründung
Der BGH entscheidet über die NZB durch Beschluss, § 544 Abs. 4 Satz 1 ZPO, und ohne mündliche Verhandlung, § 128 Abs. 4 ZPO.[109] Der Beschluss soll kurz begründet werden, § 544 Abs. 4 Satz 2 Hs. 1 ZPO. Die Soll-Vorschrift ordnet also auch bei einer ablehnenden Entscheidung eine Begründung nicht zwingend an.[110] Gem. § 544 Abs. 4 Satz 2 Hs. 2 ZPO kann von einer Begründung abgesehen werden, wenn der NZB stattgegeben wird oder wenn eine Begründung nicht geeignet wäre, zur Klärung der Voraussetzungen beizutragen, unter denen die Revision zuzulassen ist. Ein formelhafter Hinweis auf die Voraussetzungen des § 543 Abs. 2 Satz 1 ZPO genügt hier.[111] Diese verfassungsgerichtlich gesicherte Rechtsprechungspraxis wird verschiedentlich kritisiert, da derartig formelhafte Begründungen weder aufschlussreich noch zufriedenstellend seien.[112] Insbesondere für den Beschwerdeführer sei es wichtig, wenigstens in groben Zügen Aufklärung darüber zu erhalten, warum er mit seiner NZB nicht habe durchdringen können.[113] Gerade im Hinblick auf § 321a ZPO sei es gerechtfertigt, vom Gericht gem. § 544 Abs. 4 Satz 2 ZPO zu erfahren, dass etwa eine Rüge der Verletzung von Verfahrensgrundrechten auch geprüft worden sei.[114]

30

b) Stattgabe der NZB, Abs. 6
Gibt der BGH der erfolgreichen NZB statt, wird das Beschwerdeverfahren als Revisionsverfahren fortgesetzt, § 544 Abs. 6 Satz 1 ZPO, und die form- und fristgerecht Einlegung der NZB gilt als Einlegung der Revision, § 544 Abs. 6 Satz 2 ZPO. Gem. § 544 Abs. 6 Satz 3 ZPO beginnt mit der Zustellung der Entscheidung die Revisionsbegründungsfrist, § 551 Abs. 2 ZPO.[115] Eine separate Revisionsbegründung – sei es auch nur in Form expliziter Bezugnahme auf die NZB-Begründung gem. § 551 Abs. 3 Satz 2 ZPO[116] – ist nach Zulassung der Revision zwingend,[117] selbst wenn die NZB-Begründung schon die gem. § 551 Abs. 3 Satz 1 ZPO für eine Revisionsbegründung erforderlichen *essentialia* enthält.[118] Nach erfolgreicher NZB ist der BGH im Revisionsverfahren bei der Überprüfung des Berufungsurteils weder gebunden noch beschränkt auf Gesichtspunkte, die zur Zulassung der Revision geführt haben, denn maßgebend für den Umfang der Revisionsprüfung ist § 557 ZPO.[119]

31

c) Die Zurückverweisung ans Berufungsgericht, Abs. 7
§ 544 Abs. 7 ZPO sieht eine Sonderregelung bei der Revisionszulassung wegen Verletzung des rechtlichen Gehörs vor:[120] Liegt ein entscheidungserheblicher Verstoß gegen Art. 103 Abs. 1 GG vor, kann der BGH in dem der NZB stattgebenden Beschluss das angefochtene Urteil auf-

32

---

107 Zöller-*Heßler*, ZPO, § 544 Rn. 11; Musielak/Voit-*Ball*, ZPO, § 544 Rn. 23.
108 Prütting/Gehrlein-*Ackermann*, ZPO, § 544 Rn. 23.
109 Thomas/Putzo-*Reichold*, ZPO, § 544 Rn. 15.
110 BGH, NJW 2009, 1609; BGH, NJW 2004, 1531 f. = JurionRS 2004, 10691, Rn. 4; Zöller-*Heßler*, ZPO, § 544 Rn. 12c.
111 BVerfG, NJW 2011, 1497.
112 Prütting/Gehrlein-*Ackermann*, ZPO, § 544 Rn. 25.
113 Zöller-*Heßler*, ZPO, § 544 Rn. 12c m.w.N.
114 Prütting/Gehrlein-*Ackermann*, ZPO, § 544 Rn. 25.
115 Zum Verhältnis von § 544 Abs. 6 ZPO und § 551 Abs. 2 ZPO luzide Zöller-*Heßler*, ZPO, § 544 Rn. 17.
116 BGH, NJW 2008, 588 = JurionRS 2007, 44817, Rn. 5; Prütting/Gehrlein-*Ackermann*, ZPO, § 544 Rn. 26.
117 BGH, NJW 2008, 588 f. = JurionRS 2007, 44817, Rn. 4; Zöller-*Heßler*, ZPO, § 544 Rn. 16.
118 BGH, NJW 2008, 588 f. = JurionRS 2007, 44817, Rn. 4 f.
119 Prütting/Gehrlein-*Ackermann*, ZPO, § 544 Rn. 26; Zöller-*Heßler*, ZPO, § 544 Rn. 18.
120 Vertiefend dazu Zöller-*Heßler*, ZPO, § 544 Rn. 19.

heben und den Rechtsstreit zur neuen Verhandlung und Entscheidung an das Berufungsgericht zurückverweisen.[121] Das Revisionsverfahren entfällt dann.[122]

d) Erfolglose NZB und Gehörsrüge

33 Lehnt der BGH die NZB gem. § 544 Abs. 5 Satz 3 ZPO ab (Verwerfung, Zurückweisung), wird das Berufungsurteil mit der Zustellung des Beschlusses rechtskräftig.[123] Gegen diese Endentscheidung ist eine Gehörsrüge gem. § 321a ZPO zulässig,[124] wenn sie sich gegen eine neue und eigenständige **Verletzung rechtlichen Gehörs** gem. Art. 103 Abs. 1 GG durch den BGH im NZB-Verfahren richtet.[125] Dies ist nicht schon dann der Fall, wenn der BGH die rechtliche Lage anders als der Beschwerdeführer beurteilt, etwa einen Zulassungsgrund für nicht gegeben erachtet, oder gem. § 544 Abs. 4 Satz 2 ZPO von einer näheren Begründung der Entscheidung über die NZB-Zulassung absieht.[126] Die Gehörsrüge kann auch nicht damit begründet werden, dem BGH sei im Zusammenhang mit der Überprüfung des in der Vorinstanz erfolgten Gehörsverstoßes ein Rechtsfehler unterlaufen.[127] § 544 Abs. 4 Satz 2 ZPO ist entsprechend anwendbar bei Zurückweisung einer Gehörsrüge gegen die Zurückweisung der NZB.[128]

C. Gebühren und Kosten
I. RA-Gebühren

34 Gem. § 17 Nr. 1 RVG ist das NZB-Verfahren gegenüber dem Berufungsverfahren eine eigene gebührenrechtliche Angelegenheit. Gleiches gilt gem. § 17 Nr. 9 RVG für das Revisionsverfahren, das sich an eine erfolgreiche NZB anschließt. Im NZB-Verfahren erhält der Anwalt eine 1,6-Verfahrensgebühr gem. nach Nr. 3506 VV-RVG,[129] der BGH-Anwalt gem. Nr. 3508 VV-RVG eine 2,3-Verfahrensgebühr nach Nr. 3508 VV-RVG.[130] Da sich die Parteien gem. § 78 Abs. 1 Satz 4 ZPO von einem am BGH zugelassenen Anwalt vertreten lassen müssen, erfolgt eine Anrechnung und Erhöhung auf eine 2,3-**Verfahrensgebühr**.[131] Endet der Auftrag vorzeitig i.S.d. Nr. 3201 Nr. 1 VV-RVG, erhält der BGH-Anwalt insgesamt eine ermäßigte 1,8-Verfahrensgebühr gem. Nr. 3507, 3509 VV-RVG. Vertritt er mehrere Auftraggeber, erhöht sich die Verfahrensgebühr gem. Nr. 1008 VV-RVG um 0,3 je weiteren Auftraggeber, sofern diese am Streitgegenstand gemeinschaftlich beteiligt sind.[132] Die NZB-Verfahrensgebühr gem. Nr. 3506, 3508 VV-RVG wird gem. Anmerkung zu Nr. 3506 VV-RVG auf die Revisionsverfahrensgebühr angerechnet.[133] Wird im NZB-Verfahren der nicht postulationsfähige Anwalt der Vorinstanz für den Beschwerdegegner tätig, erhält dieser nur eine 0,8-Verfahrensgebühr nach Nr. 3403 VV-RVG für eine Einzeltätigkeit.[134]

35 Gem. Teil 3 Vorb. 3 Abs. 3 VV-RVG i.V.m. Nr. 3516 VV-RVG erhält der Anwalt eine 1,2-**Terminsgebühr**. Ohne mündliche Verhandlung entsteht die Gebühr i.d.R. nur bei der Mitwirkung an Besprechungen, die auf der Vermeidung oder Erledigung des Verfahrens gerichtet sind, Teil 3 Vorb. 3 Abs. 3 Nr. 2 VV-RVG.[135]

36 Gelingt im NZB-Verfahren eine Einigung, fällt zusätzlich eine 1,3-**Einigungsgebühr** gem. Nr. 1000, 1004 VV-RVG an.[136]

---

121 Prütting/Gehrlein-*Ackermann*, ZPO, § 544 Rn. 27 m.H.a. die beiden exemplarischen Fälle einer Zurückverweisung gem. § 544 Abs. 7 ZPO: BGH v. 13.01.2015, VI ZR 551/13, juris; BGH v. 28.04.2011, V ZR 182/10, juris.
122 Zöller-*Heßler*, ZPO, § 544 Rn. 19; Musielak/Voit-*Ball*, ZPO, § 544 Rn. 25b m.w.N.
123 BGHZ 164, 347 (350 ff.) = NJW 2005, 3724; Musielak/Voit-*Ball*, ZPO, § 544 Rn. 25.
124 Prütting/Gehrlein-*Ackermann*, ZPO, § 544 Rn. 28.
125 BGH v. 28.03.2012, XII ZR 23/11, juris, Rn. 5 ff.; Zöller-*Heßler*, ZPO, § 544 Rn. 12 f.
126 BVerfG, NJW 2007, 3418 f. m.w.N.; BGH, NJW-RR 2010, 274 = JurionRS 2009, 26895, Rn. 3 ff.; BGH, NJW 2009, 1360 f. = JurionRS 2009, 12370, Rn. 6; BGH, NJW 2008, 923 = JurionRS 2007, 44012, Rn. 4 f.; Prütting/Gehrlein-*Ackermann*, ZPO, § 544 Rn. 28.
127 BVerfG, NJW 2011, 1497 ff.; BGH, NJW 2009, 1609 f. = JurionRS 2009, 12370, Rn. 6 ff.; BGH, NJW 2008, 2126 = JurionRS 2007, 48789, Rn. 8 f.
128 BVerfG, NJW 2011, 1497; Thomas/Putzo-*Reichold*, ZPO, § 544 Rn. 17.
129 Anlage 1 (Vergütungsverzeichnis) zu § 2 Abs. 2 RVG.
130 Musielak/Voit-*Ball*, ZPO, § 544 Rn. 26.
131 Zöller-*Heßler*, ZPO, § 544 Rn. 20 m.w.N.; siehe Prütting/Gehrlein-*Ackermann*, ZPO, § 544 Rn. 30 mit umfangreichen w. N.
132 Prütting/Gehrlein-*Ackermann*, ZPO, § 544 Rn. 30.
133 Nr. 3206 ff. VV-RVG.
134 BGH, NJW 2006, 2266 = JurionRS 2006, 14900, Rn. 6 ff.; Prütting/Gehrlein-*Ackermann*, ZPO, § 544 Rn. 30.
135 Prütting/Gehrlein-*Ackermann*, ZPO, § 544 Rn. 30.
136 Prütting/Gehrlein-*Ackermann*, ZPO, § 544 Rn. 30.

II. Gerichtskosten

Wird die NZB gem. § 544 Abs. 5 Satz 3 ZPO verworfen oder zurückgewiesen, fällt gem. Kostenverzeichnis (KV)[137] Nr. 1242 im NZB-Verfahren eine 2,0-Gebühr an. Die Rücknahme der NZB oder ihre anderweitige Erledigung reduziert die Gebühr gem. KV Nr. 1243 auf 1,0. Wird der NZB stattgegeben, entsteht gem. Anmerkung zu KV Nr. 1243 keine Gebühr. Lässt der BGH auf die NZB die Revision zu, wird mit dem Zulassungsbeschluss die Verfahrensgebühr für das Revisionsverfahren ausgelöst, § 6 Abs. 1 Satz 2 GKG.[138] Wenn neben der Revision hilfsweise wegen desselben Streitgegenstandes die NZB erhoben wird, fallen für die NZB keine zusätzlichen Gerichtsgebühren an, weil sie mit dem Revisionsverfahren eine Einheit bildet und der Streitwert für die Revisionsinstanz bereits auf den im Gesetz vorgesehenen Höchstwert festgesetzt worden ist; gem. § 63 GKG ist keine Festsetzung eines gesonderten Streitwerts veranlasst. Gleiches gilt für die Anwaltsgebühren, § 33 RVG,[139] vgl. Rn. 34 ff. 37

§ 545
Revisionsgründe

(1) Die Revision kann nur darauf gestützt werden, dass die Entscheidung auf einer Verletzung des Rechts beruht.

(2) Die Revision kann nicht darauf gestützt werden, dass das Gericht des ersten Rechtszuges seine Zuständigkeit zu Unrecht angenommen oder verneint hat.

Inhalt:

	Rn.		Rn.
A. Allgemeines	1	B. Erläuterungen	4
I. Normzweck	1	I. Revisibilität ausländischen Rechts	4
II. Anwendungsbereich des § 545 Abs. 1 ZPO	2	II. Prüfungsausschluss, Abs. 2	7

A. Allgemeines
I. Normzweck

Mit der Revision kann nur die **Verletzung revisibler Rechtsnormen** durch tragende Erwägungen der Entscheidung des Berufungsgerichts gerügt werden.[1] Solche revisiblen Rechtsnormen sind alle materiellen und verfahrensrechtlichen Vorschriften, also Gesetze, Rechtsverordnungen, Verwaltungsanweisungen, soweit sie ausnahmsweise über den innerdienstlichen Bereich hinausgehen, Gewohnheitsrecht und Völkerrecht. Auch die allgemeinen Denkgesetze und Erfahrungssätze sind revisible Rechtsnormen, ebenso privatrechtliche Satzungen, sofern sie eine Vielzahl von Personen oder Sachverhalten betreffen, sowie allgemeine Geschäftsbedingungen (AGB).[2] Die Revision kann auch auf die **Verletzung** von Bestimmungen des **europäischen Unionsrechts** gestützt werden,[3] auch wenn für deren Auslegung der Gerichtshof der Europäischen Union nach Art. 267 AEUV zuständig ist.[4] 1

II. Anwendungsbereich des § 545 Abs. 1 ZPO

Gem. § 545 ZPO a.F. konnte die Revision nur darauf gestützt werden, dass die Entscheidung auf der Verletzung des Bundesrechts oder einer Vorschrift, deren Geltungsbereich sich über den **Bezirk eines Oberlandesgerichts (OLG)** hinaus erstreckte.[5] Mit Art. 29 Nr. 14a FGG-RG ist § 545 Abs. 1 ZPO mit Wirkung zum 01.09.2009 wie folgt gefasst worden: „Die Revision 2

---

137 Anlage 1 zu § 3 Abs. 2 GKG.
138 Musielak/Voit-*Ball*, ZPO, § 544 Rn. 27; Prütting/Gehrlein-*Ackermann*, ZPO, § 544 Rn. 29.
139 BGH, NJW 2015, 1253.

Zu § 545:
1 Prütting/Gehrlein-*Ackermann*, ZPO, § 545 Rn. 1.
2 BGHZ 163, 321; Prütting/Gehrlein-*Lemke* § 513 Rn. 6 zum diesbzgl. gleichlautenden § 513 Abs. 1 ZPO; a.A. zu AGB: Musielak/Voit-*Ball*, ZPO, § 545 Rn. 2.
3 Prütting/Gehrlein-*Ackermann*, ZPO, § 545 Rn. 1; Musielak/Voit-*Ball*, ZPO, § 545 Rn. 5.
4 Prütting/Gehrlein-*Ackermann*, ZPO, § 545 Rn. 1. Die Vorlagepflicht des Revisionsgerichts im Rahmen des Vorabentscheidungsverfahren gem. Art. 267 AEUV besteht nicht, wenn die richtige Anwendung des EU-Rechts so offenkundig ist, dass für vernünftige Zweifel kein Raum bleibt (*acte-clair-Doctrine*), EuGH, NJW 1983, 1257 = JurionRS 1982, 16870, Rn. 3 f., 16, 21.
5 Zur alten Rechtslage siehe BGH v. 21.08.2008, X ZR 80/07, juris, Rn. 8.

kann nur darauf gestützt werden, dass die Entscheidung auf einer Verletzung des Rechts beruht."[6]

3 Ziel des Gesetzgebers war die **Erweiterung des Anwendungsbereichs des § 545 Abs. 1 ZPO** für die revisionsgerichtliche Überprüfung von Rechtsnormen im Zivilprozess, womit dem Revisionsgericht eine maximale Wirkungsbreite ermöglicht werden soll.[7] Dies gilt auch vor dem gesetzgeberischen Ziel des ZPO-RG, die Revision zu einer Instanz umzugestalten, bei der die Klärung grundsätzlicher Rechtsfragen, die Aufgaben der Rechtsfortbildung und der Wahrung der Rechtseinheit im Vordergrund stehen.[8] § 545 Abs. 1 ZPO a.F. hatte die Überprüfung lediglich eines Teils der Entscheidungen der Berufungsgerichte auf Rechtsverletzung hin ermöglicht.[9] Die historisch bedingte Unterscheidung einer Vorschrift, ob sie in mehreren OLGs Anwendung fand, ließ sich im Hinblick auf die Reform des Rechtsmittelrechts in Zivilsachen nicht mehr sachlich rechtfertigen; eine Unterscheidung hinsichtlich der Überprüfung landesrechtlicher und anderer regional begrenzter Vorschriften ist obsolet.[10] Im aktuellen Recht unterliegen der Revision daher einheitlich **alle Rechtsnormen** unabhängig davon, ob sie in mehreren OLGs angewendet werden.[11] Die Gesetzesbegründung bezieht sich dabei auf die BGH-Entscheidungen vom 05.07.2005[12] und 12.10.2007,[13] wonach die revisionsgerichtliche Prüfung der Berufungsurteile bzgl. AGB nicht auf solche Bedingungen beschränkt ist, die über den räumlichen Bezirk des Berufungsgerichts hinaus verwendet werden.[14]

B. Erläuterungen
I. Revisibilität ausländischen Rechts

4 Mit Ausnahme der Arbeitsgerichtsbarkeit[15] ist ausländisches Recht **grundsätzlich nicht** revisibel.[16] Ob das Berufungsgericht ausländisches Recht zutreffend angewandt und ausgelegt hat, ist revisionsrechtlicher Nachprüfung entzogen.[17] Dennoch konnte das Revisionsgericht auch bisher schon das nicht revisible ausländische Recht selbst ermitteln und seiner Entscheidung zu Grunde legen, sollte es vom Berufungsgericht außer Betracht gelassen und infolgedessen nicht gewürdigt worden sein.[18] Ansonsten ist das Revisionsgericht an den vom Berufungsgericht festgestellten Inhalt der in Betracht kommenden ausländischen Normen gebunden.[19] Die Nicht-Revisibilität ausländischen Rechts gilt auch dann, wenn es dem deutschen Recht ähnlich oder wortgleich ist, denn das ausländische Gesetz ist im Einklang mit der gesamten ausländischen Rechtsordnung auszulegen, so dass auch wörtlich übereinstimmende Normen zweier Rechtsordnungen nicht zwingend dieselben Rechtsfolgen haben müssen.[20]

5 Das Revisionsgericht muss nach § 545 ZPO prüfen, ob deutsches oder ausländisches Recht anzuwenden ist und ob das Berufungsgericht das ausländische Recht gem. § 293 ZPO ordnungsgemäß, unter Ausnutzung aller ihm zugänglichen Erkenntnisquellen ermittelt hat.[21] **Nachprüfbar sind Kollisionsnormen** ausländischen Rechts einschließlich der in ihnen verwendeten materiell-rechtlichen Begriffe, soweit in Frage steht, ob sie auf deutsches Recht verweisen,[22] nicht aber wenn sie auf anderes Auslandsrecht verweisen.[23]

---

6 Gesetz zur Reform des Verfahrens in Familiensachen und in den Angelegenheiten der freiwilligen Gerichtsbarkeit (FGG-Reformgesetz) vom 17.12.2008, BGBl. I, S. 2586ff.
7 BT-Drucks 16/9733, S. 301f.
8 Prütting/Gehrlein-*Ackermann*, ZPO, § 545 Rn. 4.
9 Prütting/Gehrlein-*Ackermann*, ZPO, § 545 Rn. 4.
10 Prütting/Gehrlein-*Ackermann*, ZPO, § 545 Rn. 4.
11 Prütting/Gehrlein-*Ackermann*, ZPO, § 545 Rn. 4; BT-Drucks 16/9733, S. 301f.
12 BGHZ 163, 321.
13 BGH, NJW-RR 2008, 251 = JurionRS 2007, 42163, Rn. 7.
14 Prütting/Gehrlein-*Ackermann*, ZPO, § 545 Rn. 4.
15 Im arbeitsgerichtlichen Verfahren ist auch ausländisches Recht revisibel, BAGE 27, 99 = JurionRS 1975, 10047.
16 BGHZ 45, 351 = JurionRS 1966, 12278, Rn. 21 m.w.N.; BGH, NJW-RR 1996, 732 = JurionRS 1996, 14548, Rn. 14ff. m.w.N.; Prütting/Gehrlein-*Ackermann*, ZPO, § 545 Rn. 2.
17 Vgl. Zöller-*Heßler*, ZPO, § 545 Rn. 8ff.; Thomas/Putzo-*Reichold*, ZPO, § 545 Rn. 8f.
18 BGH, NJW 2010, 1070 = JurionRS 2009, 26887, Rn. 21; BGH, NJW 2004, 308 = JurionRS 2003, 23409, Rn. 12; BGH, NJW 2003, 2685 = JurionRS 2003, 23745, Rn. 8f.
19 BGH, NJW-RR 1996, 732 = JurionRS 1996, 14548, Rn. 15, 25.
20 BGHZ 118, 151 (163f.) m.w.N.; BGH, NJW-RR 1996, 732 = JurionRS 1996, 14548, Rn. 14; Prütting/Gehrlein-*Ackermann*, ZPO, § 545 Rn. 2.
21 BGHZ 118, 151 (162); BGH, NJW-RR 2009, 311 = JurionRS 2008, 26896, Rn. 10; BGH, NJW 2003, 2685 = JurionRS 2003, 23745, Rn. 8f.; Prütting/Gehrlein-*Ackermann*, ZPO, § 545 Rn. 2.
22 BGH, NJW 1958, 750 = JurionRS 1958, 13973, Rn. 13; Prütting/Gehrlein-*Ackermann*, ZPO, § 545 Rn. 2; Zöller-*Heßler*, ZPO, § 545 Rn. 9; siehe auch Ausführungen zu § 560 ZPO: Das Revisionsge-
(Fortsetzung siehe Seite 1205)

Da der Wortlaut des § 545 Abs. 1 ZPO n.F. nicht mehr von „Bundesrecht" spricht, sondern nur 6
noch von der Verletzung von „Recht", wird vereinzelt diskutiert, ob nun der Anwendungsbereich der Norm bei der fehlerhaften Anwendung ausländischen Rechts eröffnet sei.[24] Der BGH hat diese Frage in seiner Entscheidung vom 12.11.2009 offen gelassen.[25] Die Gesetzesbegründung zum FGG-RG äußert sich dazu nicht, so dass ein gesetzgeberischer Wille für die Revisibilität ausländischen Rechts durch die Neufassung der Vorschrift **nicht erkennbar** ist.[26] Dieses Ergebnis wird auch gestützt durch die systematische Auslegung der Norm im Hinblick auf §§ 560, 563 Abs. 4 ZPO: deren Wortlaut setzt Normen voraus, auf deren Verletzung die Revision nach § 545 ZPO nicht gestützt werden kann.[27] Ist die Revision auf eine Verletzung nicht revisiblen ausländischen Rechts gestützt, ist sie unbegründet.[28]

II. Prüfungsausschluss, Abs. 2

Im Interesse der Verfahrensbeschleunigung und der Entlastung des Rechtsmittelgerichts 7
schließt § 545 Abs. 2 ZPO eine revisionsgerichtliche Prüfung von **Feststellungen des erstinstanzlichen Gerichts** zur nationalen örtlichen, sachlichen und funktionellen Zuständigkeit aus.[29] Nach Auffassung des BGH entzieht der Gesetzgeber mit dieser Regelung die Prüfung von Zuständigkeitsfragen in umfassenderer Weise einer revisionsrechtlichen Prüfung.[30]

Der **Prüfungsausschluss** gem. § 545 Abs. 2 ZPO gilt jedenfalls dann, wenn das Berufungsgericht 8
die Zuständigkeitsfrage genauso beurteilt wie das erstinstanzliche Gericht.[31] Mit Ausnahme der internationalen Zuständigkeit (Rn. 10) besteht auch hinsichtl. der Zuständigkeit des Gerichts 1. Instanz keine revisionsgerichtliche Prüfungskompetenz.[32] Zwar regelt § 545 Abs. 2 ZPO nicht explizit den Fall, dass das Berufungsgericht die Zuständigkeit des erstinstanzlichen Gerichts zu Unrecht bejaht oder verneint hat, jedoch gilt nach Auffassung des BGH auch hier der Ausschluss der revisionsrechtlichen Prüfung.[33]

Auch wenn das Berufungsgericht die Revision wegen der Zuständigkeitsfrage zugelassen hat, 9
gilt der Prüfungsausschluss gem. § 545 Abs. 2 ZPO, denn die Zulassungsentscheidung des Berufungsgerichts eröffnet nicht die Prüfungskompetenz des Revisionsgerichts.[34]

Der Prüfungsausschluss nach § 545 Abs. 2 ZPO **gilt nicht für die internationale Zuständigkeit**; 10
sie unterliegt der Nachprüfung durch das Revisionsgericht.[35]

---

richt kann prüfen, (1) ob das Berufungsgericht bei der Ermittlung bzw. Anwendung irrevisiblen Rechts revisible Vorschriften verletzt hat, (2) ob das angewendete irrevisible Recht höherrangigem revisiblem Recht entspricht und (3) ob statt des vom Berufungsgericht angewendeten irrevisiblen Rechts revisibles Recht anzuwenden ist oder umgekehrt, Prütting/Gehrlein-*Ackermann*, ZPO, § 560 Rn. 1.
23 BGHZ 45, 351 = JurionRS 1966, 12278, Rn. 21 m.w.N.: Die revisionsrechtliche Nachprüfung ausländischen Rechts im Rahmen des Art. 27 EGBGB a.F. (bis 17.12.2009) klärte nur die Frage, ob deutsches Recht zu Unrecht angewendet worden war; Zöller-*Heßler*, ZPO, § 545 Rn. 9.
24 BGHZ 198, 14; Prütting/Gehrlein-*Ackermann*, ZPO, § 545 Rn. 6 m.w.N.; Zöller-*Geimer/Greger*, ZPO, § 293 Rn. 28 m.w.N.
25 BGH, NJW 2010, 1070 = JurionRS 2009, 26887, Rn. 21; Prütting/Gehrlein-*Ackermann*, ZPO, § 545 Rn. 6.
26 Prütting/Gehrlein-*Ackermann*, ZPO, § 545 Rn. 6; Thomas/Putzo-*Reichold*, ZPO, § 545 Rn. 8f.; Zöller-*Heßler*, ZPO, § 545 Rn. 8ff.
27 Prütting/Gehrlein-*Ackermann*, ZPO, § 545 Rn. 6.
28 Vgl. Zöller-*Heßler*, ZPO, § 545 Rn. 14; vgl. auch BGHZ 10, 367 = JurionRS 1953, 10049, Rn. 18ff.; BGH, NJW-RR 1996, 732 = JurionRS 1996, 14548, Rn. 14ff., 25.
29 Prütting/Gehrlein-*Ackermann*, ZPO, § 545 Rn. 7; Thomas/Putzo-*Reichold*, ZPO, § 545 Rn. 13.
30 BGH, NJW-RR 2009, 434; Prütting/Gehrlein-*Ackermann*, ZPO, § 545 Rn. 7.
31 BGH, NJW-RR 2007, 1437; Prütting/Gehrlein-*Ackermann*, ZPO, § 545 Rn. 8.
32 BGH, NJW-RR 2006, 930; BGH, NJW 2005, 1660; BGH, NJW 2003, 2917; Prütting/Gehrlein-*Ackermann*, ZPO, § 545 Rn. 8; Thomas/Putzo-*Reichold*, ZPO, § 545 Rn. 13.
33 Prütting/Gehrlein-*Ackermann*, ZPO, § 545 Rn. 8; a.A. Musielak/Voit-*Ball*, ZPO, § 545 Rn. 12.
34 BGH, NJW-RR 2011, 72; BGH, NJW-RR 2007, 1509; BGH, NJW 1988, 3267f. m.w.N. = JurionRS 1988, 13651; vgl. auch: BGH, NJW-RR 2007, 1437; BGH, NJW-RR 2006, 930; Zöller-*Heßler*, ZPO, § 545 Rn. 15; Prütting/Gehrlein-*Ackermann*, ZPO, § 545 Rn. 9; Musielak/Voit-*Ball*, ZPO, § 545 Rn. 12.
35 BGH, NJW-RR 2010, 1554; BGH, NJW-RR 2007, 1509; BGH, NJW 2005, 1660; BGH, NJW 2003, 2916; BGHZ 153, 82; Thomas/Putzo-*Reichold*, ZPO, § 545 Rn. 13; Musielak/Voit-*Ball*, ZPO, § 545 Rn. 13 m.w.N.; Zöller-*Heßler*, ZPO, § 545 Rn. 15; Prütting/Gehrlein-*Ackermann*, ZPO, § 545 Rn. 10.

11 § 545 Abs. 2 ZPO schließt die Nachprüfung durch das Revisionsgericht aus, wenn das Berufungsgericht das Vorliegen einer **Familiensache** in Übereinstimmung mit dem Gericht erster Instanz bejaht oder verneint hat; dann ist der BGH daran gebunden.[36] Diese Bindung des BGH besteht hingegen nicht, wenn das Berufungsgericht die Zuständigkeitsfrage offengelassen hat.[37]

12 Auch die revisionsgerichtliche Prüfung der erstinstanzlichen Zuständigkeit des **Arbeitsgerichts** ist gem. § 545 Abs. 2 ZPO ausgeschlossen.[38] Da es sich dabei um eine Frage der Rechtswegzuständigkeit handelt, wird § 545 Abs. 2 ZPO jedoch ohnehin von § 17a Abs. 5 GVG als *lex specialis* verdrängt.[39]

§ 546
Begriff der Rechtsverletzung

Das Recht ist verletzt, wenn eine Rechtsnorm nicht oder nicht richtig angewendet worden ist.

Inhalt:

	Rn.		Rn.
A. Allgemeines	1	VI. Prüfung von Beweiswürdigungen..	8
I. Normzweck	1	1. Grundlagen	8
II. Anwendungsbereich	2	2. Beweisregeln	9
B. Erläuterungen: Fallgruppen nach § 546 ZPO	3	3. Indizienbeweis	10
		4. Sachverständigengutachten	11
I. Auslegung von Rechtsnormen	3	5. Zeugenaussagen	12
II. Auslegung von Willenserklärungen und Individualvereinbarungen	4	6. Parteivernehmungen	14
		VII. Auslegung von unbestimmten Rechtsbegriffen und Generalklauseln	15
III. Auslegung von Allgemeinen Geschäftsbedingungen (AGB)	5		
IV. Auslegung von Prozesserklärungen	6	VIII. Grenzen der Überprüfung tatrichterlichen Ermessens	17
V. Auslegung von Entscheidungen der Exekutive und der Judikative	7		

A. Allgemeines
I. Normzweck

1 § 546 ZPO regelt zusammen mit §§ 545, 559 ZPO die inhaltlichen Schranken der Nachprüfung des Berufungsurteils durch den BGH, der die Prüfung nur in rechtlicher, nicht jedoch in tatsächlicher Hinsicht durchführt.[1] Der Zweck der Norm kann also darin gesehen werden, den BGH von der Notwendigkeit der Beweiserhebung zu entbinden, da er den vom Berufungsgericht festgestellten Sach- und Streitstand zugrunde zu legen hat.[2]

II. Anwendungsbereich

2 Der BGH zieht bei der Überprüfung des Berufungsurteils auf **Fehler bei der Rechtsanwendung** gem. § 546 ZPO das von ihm selbstständig ermittelte, auszulegende, anzuwendende und gem. § 545 ZPO maßgebliche revisible Recht heran.[3] Neben der Unterscheidung von Tat- und Rechtsfrage ist auch die Frage entscheidend, ob der Tatrichter bei der Tatsachenfeststellung oder der Subsumtion des festgestellten Sachverhalts ein Beurteilungsspielraum hatte.[4] Wird eine Frage als Rechtsfrage qualifiziert, prüft der BGH das Ergebnis des angefochtenen Urteils unmittelbar; wird eine Frage als Tatfrage qualifiziert, wird geprüft, ob auf dem Weg zur Entscheidung Verfahrensverstöße unterlaufen sind.[5] Denn **auch prozessuale Normen** sind Recht

---

36 Prütting/Gehrlein-*Ackermann*, ZPO, § 545 Rn. 11; vgl. hierzu auch BGH, NJW-RR 2009, 434; BGH, NJW-RR 2007, 1437.
37 BGH, NJW 1988, 2380 = JurionRS 1988, 13091, Rn. 5 = Musielak/Voit-*Ball*, ZPO, § 545 Rn. 15; vgl. auch Zöller-*Heßler*, ZPO, § 545 Rn. 15 m.w.N.
38 Musielak/Voit-*Ball*, ZPO, § 545 Rn. 14.
39 Zöller-*Heßler*, ZPO, § 545 Rn. 16 m.w.N.

Zu § 546:
1 Prütting/Gehrlein-*Ackermann*, ZPO, § 546 Rn. 1; Thomas/Putzo-*Reichold*, ZPO, § 546 Rn. 1 ff.
2 Zöller-*Heßler*, ZPO, § 546 Rn. 1.
3 Prütting/Gehrlein-*Ackermann*, ZPO, § 546 Rn. 1.
4 Musielak/Voit-*Ball*, ZPO, § 546 Rn. 2; Thomas/Putzo-*Reichold*, ZPO, § 546 Rn. 1 ff.
5 Zöller-*Heßler*, ZPO, § 546 Rn. 1.

i.S.d. § 546 ZPO und eine erfolgreiche Verfahrensrüge führt gem. § 551 Abs. 3 Nr. 2 Buchst. b ZPO dazu, dass das Revisionsgericht an die tatsächlichen Feststellungen des Berufungsgerichts nicht gebunden ist, § 559 ZPO. Insofern können auch tatrichterliche Feststellungen der revisionsrechtlichen Nachprüfbarkeit unterliegen, vorausgesetzt, sie werden ordnungsgemäß gerügt.[6] Gem. § 559 Abs. 1 Satz 1 ZPO kann der BGH neues tatsächliches Vorbringen der Parteien in der Revisionsinstanz grundsätzlich nicht berücksichtigen, es sei denn, eine Tatsachenfeststellung beruht ihrerseits auf einer Verletzung materiellen Rechts bzw. ist von einem ordnungsgemäß gerügten Verfahrensfehler beeinflusst, § 551 Abs. 3 Satz 1 Nr. 2 Buchst. b ZPO.[7] Hat das Berufungsgericht keine Sachaufklärung durchgeführt, ist der zweitinstanzliche Tatsachenvortrag des Revisionsklägers als wahr zu unterstellen und bei der revisionsrechtlichen Überprüfung des Berufungsurteils zugrunde zu legen.[8]

B. Erläuterungen: Fallgruppen nach § 546 ZPO
I. Auslegung von Rechtsnormen

Die Auslegung von Recht bzw. Rechtsnormen – ob materieller oder prozessualer Natur – ist eine Rechtsfrage i.S.d. § 546 ZPO[9] und gehört zum Kernbereich der revisionsrechtlichen Überprüfung.[10] Erfahrungssätze und Denkgesetze werden wie revisible Rechtsnormen behandelt.[11]   3

II. Auslegung von Willenserklärungen und Individualvereinbarungen

Die Auslegung rechtsgeschäftlicher Willenserklärungen und Verträge obliegt dem Tatrichter.[12] Sie ist für den BGH bindend, wenn sie rechtsfehlerfrei vorgenommen wurde und zu einem vertretbaren Auslegungsergebnis führt, auch wenn ein anderes möglich erscheint oder sogar näher liegt.[13] Die Auslegung durch den Tatrichter ist vom BGH nur dahingehend zu überprüfen, ob der Auslegungsstoff unvollständig berücksichtigt wurde, ob gesetzliche oder allgemein anerkannte Auslegungsregeln, die Denkgesetze oder allgemeine Erfahrungssätze verletzt wurden oder ob die Auslegung auf einem im Revisionsverfahren gerügten Verfahrensfehler beruht.[14] Sollten solche Fehler vorliegen, entfällt die Bindung des BGH an die tatrichterliche Auslegung.[15] Hat der Tatrichter eine ergänzende Vertragsauslegung rechtsfehlerhaft nicht vorgenommen, entfällt die Bindung ebenfalls;[16] der BGH kann die Auslegung selbst nachholen.[17] Die Auslegung von Bestimmungen einer im Grundbuch eingetragenen Teilungserklärung ist hingegen unbeschränkt nachprüfbar.[18]   4

III. Auslegung von Allgemeinen Geschäftsbedingungen (AGB)

Inländische allgemeine Geschäftsbedingungen (AGB), Formularverträge und sonstige vorformulierte Bedingungen werden vom BGH wie revisible Rechtsnormen behandelt und deren Auslegung uneingeschränkt überprüft, wenn eine unterschiedliche Auslegung durch verschiedene Berufungsgerichte denkbar ist;[19] auf den räumlichen Anwendungsbereich kommt es   5

---

6 Prütting/Gehrlein-*Ackermann*, ZPO, § 546 Rn. 2.
7 Musielak/Voit-*Ball*, ZPO, § 546 Rn. 2.
8 Prütting/Gehrlein-*Ackermann*, ZPO, § 546 Rn. 1; Musielak/Voit-*Ball*, ZPO, § 546 Rn. 2.
9 Zöller-*Heßler*, ZPO, § 546 Rn. 2f.
10 Musielak/Voit-*Ball*, ZPO, § 546 Rn. 4; siehe hierzu auch BGH, NJW 1965, 1862 (1864) = JurionRS 1965, 12301, Rn. 15 m.w.N. zu dem Fall, dass sogar auch ungeschriebenes Recht revisibel ist: „[…] Für den Zivilprozeß und das verwaltungs-, arbeits- und sozialgerichtliche Verfahren entspricht es einer althergebrachten, auch heute noch geltenden Rechtsüberzeugung, daß Rechtsmittelschriften – abgesehen von den durch den fernschriftlichen und telegraphischen Verkehr bedingten Besonderheiten – eigenhändig unterzeichnet sein müssen […]."
11 Prütting/Gehrlein-*Ackermann*, ZPO, § 546 Rn. 4.
12 Zöller-*Heßler*, ZPO, § 546 Rn. 9 m.w.N.
13 BGH, NJW 1998, 1144 (1145), Rn. 16; Prütting/Gehrlein-*Ackermann*, ZPO, § 546 Rn. 4.
14 BGH, NJW 1998, 1144 (1145), Rn. 16.
15 BGH, WM 2009, 980 = JurionRS 2009, 13524, Rn. 14; BGH, WM 2009, 861 = JurionRS 2009, 12450, Rn. 12 m.w.N.; Prütting/Gehrlein-*Ackermann*, ZPO, § 546 Rn. 4.
16 Musielak/Voit-*Ball*, ZPO, § 546 Rn. 5 m.w.N.
17 BGHZ 124, 39 (45); BGH, WM 2009, 1180 = JurionRS 2009, 14475, Rn. 20 m.w.N.; Prütting/Gehrlein-*Ackermann*, ZPO, § 546 Rn. 4 m.w.N.
18 BGH, NJW-RR 2014, 527 = JurionRS 2013, 52401, Rn. 11 m.w.N.; Prütting/Gehrlein-*Ackermann*, ZPO, § 546 Rn. 4.
19 BGH v. 21.08.2008, X ZR 80/07, juris, Rn. 8.

nicht an.[20] Die Auslegung gesellschaftsvertraglicher Regelungen wie etwa Satzungen von Kapitalgesellschaften – mit Ausnahme von Bestimmungen individualrechtlichen Inhalts – ist ebenfalls unbeschränkt nachprüfbar.[21] AGB sind nach ihrem objektiven Inhalt und typischen Sinn einheitlich so auszulegen, wie sie von verständigen und redlichen Vertragspartnern unter Abwägung der Interessen der normalerweise beteiligten Kreise verstanden werden. Dabei sind die Verständnismöglichkeiten eines durchschnittlichen Vertragspartners zu Grunde zu legen, und es kommt nicht auf die individuelle Interessenlage im Einzelfall an, sondern auf die typisierten Interessen des Verwenders und seiner Vertragspartner.[22] Im Inland verwendete ausländische AGB oder auf der Grundlage ausländischen Rechts formulierte AGB sind wie ausländisches Recht zu behandeln, so dass ihre Auslegung gem. §§ 545 Abs. 1, 560 ZPO der Nachprüfung durch die Revisionsinstanz entzogen ist.[23] Nachprüfbar ist aber die Frage, ob es sich um ausländische oder inländische AGB handelt.[24]

IV. Auslegung von Prozesserklärungen

6 Die vorinstanzliche Auslegung von Prozesserklärungen, also von prozessualen Willenserklärungen, prüft das Revisionsgericht uneingeschränkt nach und muss sie in Bezug auf ihre prozessuale Bedeutung frei würdigen, so etwa die Bewertung von Klageanträgen durch den Tatrichter.[25] Die Auslegung von Prozesserklärungen darf nicht am buchstäblichen Sinn des Ausdrucks haften, sondern hat den wirklichen Willen der Partei zu erforschen; hier gilt der Grundsatz, dass im Zweifel dasjenige gewollt ist, was nach den Maßstäben der Rechtsordnung vernünftig ist und der wohlverstandenen Interessenlage entspricht.[26]

V. Auslegung von Entscheidungen der Exekutive und der Judikative

7 Der BGH unterliegt bei der Prüfung der Auslegung und rechtlichen Einordnung gerichtlicher und behördlicher Entscheidungen keinen Beschränkungen.[27] Gleiches gilt für Grundbucheintragungen.[28]

VI. Prüfung von Beweiswürdigungen

1. Grundlagen

8 Die Beweiswürdigung dient der Tatsachenfeststellung und obliegt dem Tatrichter, an dessen Feststellungen das Revisionsgericht grundsätzlich gebunden ist, § 559 Abs. 2 ZPO.[29] Revisionsrechtlich ist zu prüfen, ob der Tatrichter sich mit dem Prozessstoff und den Beweisergebnissen umfassend und widerspruchsfrei auseinandergesetzt hat, die Würdigung also vollständig und rechtlich möglich ist und nicht gegen Denkgesetze oder Erfahrungssätze verstößt.[30] Die wesentlichen **Grundlagen der Beweiswürdigung** müssen dazu im Berufungsurteil nachvollziehbar dargelegt werden, ggf. auch durch ergänzende Bezugnahme auf Entscheidungsgründe

---

20 Thomas/Putzo-*Reichold*, ZPO, § 546 Rn. 7 m.w.N.; Prütting/Gehrlein-*Ackermann*, ZPO, § 546 Rn. 5; zum Wegfall der Beschränkung durch das Erfordernis „über den Bezirk eines OLG hinaus" siehe § 545 Rn. 2f.
21 BGHZ 116, 359 (364); Prütting/Gehrlein-*Ackermann*, ZPO, § 546 Rn. 4; Musielak/Voit-*Ball*, ZPO, § 546 Rn. 5 m.w.N.; Zöller-*Heßler*, ZPO, § 546 Rn. 5 m.w.N.
22 BGH, NJW-RR 2008, 251 = JurionRS 2007, 42163, Rn. 8; BGH v. 21.08.2008, X ZR 80/07, juris, Rn. 8; Prütting/Gehrlein-*Ackermann*, ZPO, § 546 Rn. 5.
23 Prütting/Gehrlein-*Ackermann*, ZPO, § 546 Rn. 5; Musielak/Voit-*Ball*, ZPO, § 546 Rn. 6.
24 BGHZ 112, 204 = NJW 1991, 37 = JurionRS 1990, 14151, Rn. 16ff.; Zöller-*Heßler*, ZPO, § 546 Rn. 5.
25 BGH, NJW 1998, 3350 (3352) = JurionRS 1998, 15336, Rn. 26; BGHZ 140, 156 (157) zur Wertung eines Parteivorbringens als Geständnis i.S.d. § 288 Abs. 1 ZPO; Prütting/Gehrlein-*Ackermann*, ZPO, § 546 Rn. 6; Musielak/Voit-*Ball*, ZPO, § 546 Rn. 7; Zöller-*Heßler*, ZPO, § 546 Rn. 11.
26 BGH, NJW 2014, 155; Musielak/Voit-*Ball*, ZPO, § 546 Rn. 7.
27 Musielak/Voit-*Ball*, ZPO, § 546 Rn. 8 m.w.N.: Soweit es um die Frage geht, ob ein Gemeinderatsbeschluss den Bürgermeister auch zur Übernahme der Bürgschaft zugunsten der Klägerin ermächtigte, ist der BGH nicht auf die Nachprüfung beschränkt, ob der Tatrichter bei der Auslegung des Beschlusses der Gemeindevertretung gesetzliche Auslegungsregeln, Denkgesetze, Erfahrungssätze oder Verfahrensvorschriften verletzt hat. Er kann den Beschluss vielmehr selbst auslegen, BGH, NJW 1998, 2138 = JurionRS 1998, 15609, Rn. 21; zu Pfändungsbeschlüssen siehe BGH, NJW 1983, 2773 (2774) = JurionRS 1983, 13884, Rn. 14 m.w.N.; BGH, NJW 2000, 1268 (1269); zum Verwaltungsakt siehe BGHZ 86, 104 (110) = NJW 1983, 1793 = JurionRS 1982, 12339.
28 BGH 13, 133 (134) = JurionRS 1954, 10194, Rn. 33 m.w.N.; Musielak/Voit-*Ball*, ZPO, § 546 Rn. 8 m.w.N.
29 BGH, NJW 2015, 411 (412), Rn. 13 m.w.N.; Prütting/Gehrlein-*Ackermann*, ZPO, § 546 Rn. 8; Musielak/Voit-*Ball*, ZPO, § 546 Rn. 9.
30 BGH, NJW 1993, 935 (937) = JurionRS 1993, 15067, Rn. 16 m.w.N.

des erstinstanzlichen Urteils.[31] Das Berufungsgericht braucht zwar nicht auf jedes Beweismittel einzugehen und jede Erwägung darzustellen, die für seine Überzeugungsbildung maßgebend war. Bei komplexen Sachverhalten genügt es aber auch nicht, durch formelhafte Wendungen, wie etwa „lebenspraktische Gewissheit" zum Ausdruck zu bringen, das Gericht sei von der Wahrheit einer Tatsache überzeugt oder nicht überzeugt. Die wesentlichen Grundlagen dafür müssen vielmehr mit Bezug zu den konkreten Fallumständen nachvollziehbar dargelegt werden.[32] Der revisionsrechtlichen Überprüfung unterliegt ferner das **Beweismaß**.[33] Gem. § 286 ZPO hat der Tatrichter in freier Beweiswürdigung zu entscheiden, ob eine tatsächliche Behauptung für wahr oder für nicht wahr zu erachten ist. Die Beweiswürdigung verstößt gegen § 286 ZPO, wenn der Tatrichter Beweisanforderungen überspannt oder unerfüllbar hoch ansetzt,[34] etwa unumstößliche Gewissheit bei der Prüfung verlangt, ob eine Behauptung wahr und erwiesen ist.[35] Der Richter muss sich im tatsächlich zweifelhaften Fall mit einem praktikablen Grad von Gewissheit begnügen, der den Zweifeln Schweigen gebietet, ohne sie völlig auszuschließen.[36]

2. Beweisregeln

Ein revisionsrechtlich beachtlicher Verfahrensfehler i.S. eines Verstoßes gegen den Grundsatz der freien Beweiswürdigung gem. § 286 ZPO ist gegeben, wenn der Tatrichter gesetzliche Beweisregeln unbeachtet lässt,[37] der Beweiswürdigung eine gesetzlich nicht vorgesehene Beweisregel zugrundelegt[38] oder sich an einen nicht existierenden Erfahrungssatz gebunden fühlt.[39] Revisionsrechtlich nachprüfbar ist ferner, ob der Tatrichter die Beweislast verkannt hat und ob Beweiserleichterungen, eine Beweislastumkehr oder die Regeln des Anscheinsbeweises greifen.[40]

9

3. Indizienbeweis

Die Würdigung eines auf Indizien gestützten Beweises ist ebenfalls nur eingeschränkt revisionsrechtlich nachprüfbar,[41] denn auch hier ist der Tatrichter grundsätzlich in seiner Überzeugungsbildung darin frei, welche Aussagekraft er Hilfstatsachen im Einzelnen und in einer Gesamtschau beimisst.[42] Er stellt die den Indizien zukommenden Wahrscheinlichkeitsgrade und somit die sich daraus ergebenden Schlussfolgerungen fest. Revisionsrechtlich ist die **Beweiswürdigung** gem. § 286 ZPO nur darauf zu überprüfen, ob jeder Umstand vollständig berücksichtigt und nicht gegen Denk- oder Erfahrungssätze verstoßen wurde.[43] Dies ist der Fall, wenn der Tatrichter Indizientatsachen in ihrer Ambivalenz nicht erkennt oder ihnen Indizwirkungen zuerkennt, die sie nicht haben können, etwa wenn er Indizientatsachen nur mit dem Vortrag einer Partei für vereinbar hält, obwohl sie sich zwanglos mit dem gegensätzlichen Vortrag beider Parteien vereinbaren lassen.[44] Nachprüfbar ist die Würdigung des Indizienbeweises auch dahingehend, ob der Tatrichter seine Anforderungen an den Grad der richterlichen Überzeugungsbildung überspannt hat (siehe dazu § 546 Rn. 8). Ferner muss das Urteil im Fall des Indizienbeweises die erforderliche zusammenfassende Würdigung und Gesamtschau erkennen lassen; die wesentlichen Gesichtspunkte der Überzeugungsbildung sind in den Entscheidungsgründen nachvollziehbar darzulegen.[45]

10

4. Sachverständigengutachten

Bei der Auswahl von Sachverständigen und der Würdigung der Gutachten können dem Berufungsgericht revisible Fehler unterlaufen.[46] Die Auswahl des Sachverständigen steht zwar im Ermessen des Gerichts, eine fehlerhafte Ermessensausübung liegt aber vor, wenn das Gericht

11

---

31 Musielak/Voit-*Ball*, ZPO, § 546 Rn. 9 m.w.N.
32 BGH, NJW 1998, 2969 (2971) = JurionRS 1998, 15594, Rn. 28.
33 BGH, NJW 1993, 935 (937) = JurionRS 1993, 15067, Rn. 16 m.w.N.
34 Musielak/Voit-*Ball*, ZPO, § 546 Rn. 9 m.w.N.
35 BGH, NJW 1993, 935 (937) = JurionRS 1993, 15067, Rn. 16.
36 BGH, NJW 1993, 935 (937) = JurionRS 1993, 15067, Rn. 16 m.w.N.
37 Musielak/Voit-*Ball*, ZPO, § 546 Rn. 10 m.w.N.
38 BGHZ 128, 307 = JurionRS 1995, 15491, Rn. 11.
39 BGH, NJW 1999, 486 ff. = JurionRS 1998, 17429, Rn. 7.
40 Prütting/Gehrlein-*Ackermann*, ZPO, § 546 Rn. 13; Musielak/Voit-*Ball*, ZPO, § 546 Rn. 10 m.w.N.; vgl. auch Zöller-*Heßler*, ZPO, § 546 Rn. 13.
41 Prütting/Gehrlein-*Ackermann*, ZPO, § 546 Rn. 9.
42 BGH, MDR 2009, 562; vgl. auch Zöller-*Heßler*, ZPO, § 546 Rn. 13.
43 BGH, MDR 2009, 562 m.w.N.
44 BGH, NJW 1993, 935 (937), Rn. 21 m.w.N.
45 BGH, NJW-RR 2007, 312; BGH, NJW-RR 1993, 443 (444) = JurionRS 1992, 18316, Rn. 7, 9.
46 Prütting/Gehrlein-*Ackermann*, ZPO, § 546 Rn. 11.

einen Sachverständigen aus dem falschen Sachgebiet auswählt.[47] Der Tatrichter muss außerdem Gutachten gerichtlich bestellter Sachverständiger sorgfältig und kritisch würdigen und auf die Ausräumung möglicher Unvollständigkeiten, Unklarheiten und Zweifel hinwirken;[48] das gilt wegen der Bedeutung der betroffenen Rechtsgüter insbesondere bei **Arzthaftungsprozessen**.[49] So ist ein weiteres Gutachten einzuholen, wenn das Gutachten des gerichtlichen Sachverständigen insgesamt oder zumindest in einzelnen Punkten zu vage und unsicher erscheint.[50] Legt eine Partei ein eigenes privates Gutachten vor, das im Gegensatz zu den Erkenntnissen des gerichtlichen Sachverständigen steht, so darf der Tatrichter – wie auch im Fall **sich widersprechender Gutachten** zweier gerichtlich bestellter Sachverständiger – den Streit der Sachverständigen nicht dadurch entscheiden, dass er ohne eingehende Befassung mit den widersprüchlichen Gutachten und einer einleuchtenden und logisch nachvollziehbaren Begründung einem von ihnen den Vorzug gibt.[51] Stehen die Ausführungen einer ärztlichen Schlichtungsstelle oder eines Privatgutachtens im Widerspruch zu den Angaben des gerichtlichen Sachverständigen und versäumt das Berufungsgericht die Aufklärung des Widerspruchs, liegt eine Verletzung rechtlichen Gehörs vor, Art. 103 Abs. 1 GG.[52] Der Tatrichter ist in Arzthaftungsprozessen bei Widersprüchen zwischen Gutachten oder Äußerungen von Sachverständigen **zur amtswegigen Aufklärung verpflichtet**, auch wenn es sich um Privatgutachten handelt.[53] Das Berufungsgericht darf Einwendungen einer Partei gegen die erstinstanzliche Überzeugungsbildung nicht mit der Begründung als unbeachtlich ansehen, die Partei setze lediglich in unzulässiger Weise ihre abweichende Bewertung an die Stelle derjenigen des Gerichtssachverständigen und des Landgerichts.[54] Auch ist eine Partei nicht verpflichtet, eine ausreichend konkret vorgetragene und unter Beweis durch ein Sachverständigengutachten gestellte Behauptung vorab durch ein Privatgutachten zu belegen.[55] Der Tatrichter darf **unklare Gutachten** nicht ausschließlich aufgrund ergänzender eigener – etwa medizinischer – Fachlektüre auswerten und würdigen.[56] Er muss den Parteien explizit mitteilen und im Berufungsurteil hinreichend darlegen, dass er die für die Auswertung der Fachliteratur erforderliche Sachkunde besitzt, wenn er auf dieser Basis einen Gutachterstreit entscheidet.[57] Dabei sind jedoch an den Tatrichter hohe Anforderungen zu stellen; der bloße Hinweis etwa auf medizinische Fachliteratur ist grundsätzlich nicht geeignet, die erforderliche Sachkunde des Gerichts zu begründen, da das Studium derartiger Literatur infolge der notwendigerweise generalisierenden Betrachtungsweise dem medizinischen Laien nur bruchstückhafte Kenntnisse vermitteln kann.[58] Kommt der Tatrichter diesen Verpflichtungen nicht nach, liegt ein Verfahrensfehler vor, der bei entsprechender Rüge zu revisionsrechtlicher Nachprüfung führt.[59]

5. Zeugenaussagen

12 Hat das Berufungsgericht die Glaubwürdigkeit eines Zeugen oder die protokollierte Aussage eines Zeugen **anders gewürdigt als das Gericht 1. Instanz**, ohne den Zeugen nach § 398 ZPO erneut vernommen zu haben, ist in der Regel der Anspruch auf rechtliches Gehör durch rechtsfehlerhafte Anwendung der prozessualen Vorschrift des § 529 Abs. 1 Nr. 1 ZPO verletzt[60] und damit die revisionsrechtliche Prüfung eröffnet.[61] Denn wenn aus Sicht des Berufungsgerichts konkrete Anhaltspunkte Zweifel an der Richtigkeit und Vollständigkeit der entscheidungserheblichen Feststellungen der Vorinstanz begründen, ist § 529 Abs. 1 Nr. 1 ZPO einschlägig,[62] der das Gericht zur neuen Tatsachenfeststellung, verpflichtet.[63] Eine neue Feststellung der Tatsachen stellt es dabei dar, wenn die in 1. Instanz erhobenen Beweise eigenständig durch das

---

47 BGH, NJW 2009, 1209.
48 BGH, NJW-RR 2009, 679.
49 BGH, NJW 1994, 2419 = JurionRS 1994, 15211, Rn. 19 ff. m.w.N.
50 BGH, NJW-RR 2009, 679 m.w.N.
51 BGH, NJW 2015, 411 (412), Rn. 15 m.w.N.; BGH, VersR 2009, 817 = JurionRS 2009, 11564, Rn. 9 m.w.N.
52 BGH, NJW 2016, 639 (640), Rn. 5 ff.
53 BGH, NJW 2016, 639 (640), Rn. 6 m.w.N.; BGH, NJW 2015, 411 (412), Rn. 15 m.w.N.
54 BGH, NJW 2016, 713 (714).
55 BGH, NJW 2016, 713.
56 BGH, NJW 1994, 2419 = JurionRS 1994, 15211, Rn. 23 m.w.N.
57 BGH, NJW 2008, 2994; BGH, NJW 1994, 2419 = JurionRS 1994, 15211, Rn. 25; vgl. auch Prütting/Gehrlein-*Ackermann*, ZPO, § 546 Rn. 11 m.w.N.; Musielak/Voit-*Ball*, ZPO, § 546 Rn. 10 m.w.N.
58 BGH, NJW 1994, 2419 = JurionRS 1994, 15211, Rn. 24.
59 Prütting/Gehrlein-*Ackermann*, ZPO, § 546 Rn. 11.
60 BGH, VersR 2006, 949 f. = JurionRS 2006, 14072, Rn. 2 m.w.N.
61 Prütting/Gehrlein-*Ackermann*, ZPO, § 546 Rn. 12.
62 BGH, VersR 2006, 949 f. = JurionRS 2006, 14072, Rn. 2.
63 BGH v. 14.02.2008, III ZR 145/07, juris, Rn. 27.

Berufungsgericht gewürdigt werden. Davon zu unterscheiden ist die Frage, ob die zu treffenden Feststellungen die erneute Erhebung bereits in 1. Instanz erhobener Beweise erfordern, was im pflichtgemäßen Ermessen des Berufungsgerichtes steht und für den Zeugenbeweis aus § 525 Satz 1 ZPO, § 398 Abs. 1 ZPO folgt. Dieses **Ermessen kann auf Null reduziert sein**, wenn das Berufungsgericht die Zeugenaussage anders verstehen will als die Vorinstanz.[64]

Revisionsrechtlich beachtlich ist ein Verfahrensfehler i.s. eines Verstoßes gegen den **Grundsatz der freien Beweiswürdigung gem. § 286 ZPO**, wenn das Berufungsgericht ohne weitere Würdigung einem Zeugen allein deshalb nicht geglaubt hat, weil er ein erhebliches Eigeninteresse am Ausgang des Rechtsstreits hat und bei seiner Vernehmung keine Umstände zutage gefördert wurden, welche die aus seinem Engagement abzuleitenden Bedenken zerstreut hätten. Dem Grundsatz der freien Beweiswürdigung gem. § 286 ZPO kann die Entscheidung des Berufungsgericht nur dann entsprechen, wenn sie auf einer individuellen Würdigung des gesamten Inhalts der Verhandlungen und des Ergebnisses der Beweisaufnahme gründet.[65] Es existiert keine abstrakte Beweisregel und keinen Erfahrungssatz, nach ein **Zeuge, der einer Prozesspartei nahesteht** oder am Abschluss des dem Prozess zugrundeliegenden Vertrages beteiligt waren, von vornherein als parteiisch und unzuverlässig zu gelten haben und ihre Aussagen grundsätzlich unbrauchbar sind.[66]

13

6. Parteivernehmungen

Die freie Würdigung des Ergebnisses einer Parteivernehmung gem. §§ 543, 286 ZPO ist grundsätzlich Sache des Tatrichters, an dessen Feststellungen das Revisionsgericht gem. § 559 Abs. 2 ZPO gebunden ist.[67] Der revisionsrechtlichen Überprüfung unterliegt jedoch die Widerspruchsfreiheit und Vollständigkeit der Auseinandersetzung des Tatrichters mit dem Prozessstoff und den Beweisergebnissen; seine Würdigung muss umfassend und rechtlich möglich sein und darf nicht gegen Denkgesetze oder Erfahrungssätze verstoßen.[68] Der Tatrichter darf grundsätzlich nicht ohne persönliche Anhörung einer Partei Feststellungen darüber treffen, wie sich die Partei hypothetisch entschieden hätte oder ob sie in einen Entscheidungskonflikt geraten wäre, etwa wenn eine ausreichende und richtige Aufklärung vor einem ärztlichen Eingriff durchgeführt worden wäre; von der Anhörung kann ausnahmsweise abgesehen werden, wenn schon die unstreitigen äußeren Umstände dem Tatrichter eine sichere Beurteilung der hypothetischen Entscheidungssituation erlauben.[69] Will das Berufungsgericht das Ergebnis einer Parteivernehmung abweichend vom Gericht 1. Instanz würdigen, das die Partei zur Frage eines Entscheidungskonflikts persönlich angehört hatte, muss das Berufungsgericht dazu die Partei grundsätzlich erneut anhören.[70]

14

VII. Auslegung von unbestimmten Rechtsbegriffen und Generalklauseln

Der BGH kann die tatrichterliche Feststellung der Voraussetzungen eines unbestimmten Rechtsbegriffs nur beschränkt daraufhin prüfen, ob wesentliche Umstände übersehen oder nicht vollständig gewürdigt, Erfahrungssätze verletzt oder Verfahrensfehler begangen wurden.[71] Denn bei der Subsumption des konkreten Sachverhalts unter einen unbestimmten Rechtsbegriff oder eine Generalklausel ist dem Tatrichter ein Beurteilungsspielraum vorbehalten.[72]

15

Ob ein Verhalten – etwa eines Gutachters – als **sittenwidrig** anzusehen ist und ob das Berufungsgericht die Gesamtumstände des Falles in erforderlichem Umfang gewürdigt hat, unterliegt der uneingeschränkten revisionsrechtlichen Überprüfung.[73] Die Frage, ob ein **Verstoß gegen Treu und Glauben** vorliegt, ist keine reine Tatfrage, sondern zugleich eine der Nachprüfung durch das Revisionsgericht unterliegende Rechtsfrage.[74] Unbeschränkt nachprüf-

16

---

64 BGH v. 14.02.2008, III ZR 145/07, juris, Rn. 27.
65 BGH v. 18.01.1995, VIII ZR 23/94, juris, Rn. 11.
66 BGH v. 18.01.1995, VIII ZR 23/94, juris, Rn. 11 m.w.N.
67 BGH, NJW 2015, 74 (76f.), Rn. 17.
68 BGHZ 194, 26 m.w.N.; vgl. dazu auch § 546 Rn. 8.
69 BGH, NJW 2005, 1364.
70 BGH, NJW 2015, 74 (76f.), Rn. 16ff.
71 BGH, NJW 2007, 211 = JurionRS 2006, 26011, Rn. 13; Prütting/Gehrlein-*Ackermann*, ZPO, § 546 Rn. 14.
72 BGH, NJW 2007, 2177 = JurionRS 2007, 31955, Rn. 32; Prütting/Gehrlein-*Ackermann*, ZPO, § 546 Rn. 14.
73 BGH v. 20.04.2004, X ZR 257/02, juris, Rn. 31; Musielak/Voit-*Ball*, ZPO, § 546 Rn. 12 m.w.N.; eine indifferente Einordnung ergibt sich nach Prütting/Gehrlein-*Ackermann*, ZPO, § 546 Rn. 15 aus BGH v. 09.07.2007, II ZR 95/06, juris, Rn. 2.
74 BGHZ 45, 258 (266) = JurionRS 1966, 12514, Rn. 37 m.w.N.; Musielak/Voit-*Ball*, ZPO, § 546 Rn. 12 m.w.N.; indifferent auch hier Prütting/Gehrlein-*Ackermann*, ZPO, § 546 Rn. 15.

bar ist auch die Würdigung der Frage, ob eine Klausel in AGB den Vertragspartner des Klauselverwenders **unangemessen benachteiligt**.[75] In diesen Fällen ist die Frage, ob ein festgestellter Sachverhalt die Voraussetzungen eines unbestimmten Rechtsbegriffs nach den rechtlichen Maßstäben der höchstrichterlichen Rechtsprechung erfüllt, als Rechtsfrage zu behandeln, die uneingeschränkter revisionsrechtlicher Überprüfung unterliegt.[76]

VIII. Grenzen der Überprüfung tatrichterlichen Ermessens

17 Die Ausübung des tatrichterlichen Ermessens ist der Nachprüfung des BGH im Allgemeinen entzogen.[77] Der Tatrichter würdigt bei Ermessensentscheidungen alle Umstände des Einzelfalls und entscheidet innerhalb des gesetzlichen Rahmens nach seiner freien Überzeugung.[78] Aus dem gesetzlich eingeräumten Ermessensspielraum des Berufungsgerichts, also etwa aus der **Bewertungsfreiheit zur Streitwertfestsetzung** gem. § 3 ZPO oder zur **Schadensermittlung** gem. § 287 ZPO vor, ergibt sich, dass sich die Kontrolle durch das Revisionsgericht auf konkrete Gesetzesverletzungen beschränken muss: Nur wo der Berufungsrichter die gesetzlichen Grenzen seines Ermessens überschritten oder von seinem Ermessen in einer dem Zweck der Ermächtigung nicht entsprechenden Weise Gebrauch gemacht hat, kann der BGH eingreifen.[79] Der BGH prüft dann, ob das Ermessen ausgeübt wurde, ob die **Grenzen der Ermessensausübung** eingehalten wurden und ob alle wesentlichen Umstände – ob von den Parteien vorgebracht oder sich aus der Natur des Sache ergebend –[80] Beachtung gefunden haben bzw. keine Gesichtspunkte in die Abwägung eingeflossen sind, die so nicht hätten berücksichtigt werden dürfen.[81] Nachprüfbar ist auch, ob der Tatrichter an die Darlegung der etwa für die Schadensermittlung gem. § 287 ZPO wesentlichen Umstände überspannte Anforderungen gestellt hat.[82] Insgesamt muss also das Berufungsgericht sein Ermessen in einer dem Zweck der Ermächtigung entsprechenden Weise und von einem rechtlich zutreffenden Ansatz ausgehend so ausüben, dass ihm den Zugang zu einer rechtsfehlerfreien **Ermessensentscheidung** möglich ist.[83] Um dem BGH die Nachprüfung zu ermöglichen, müssen sich den Entscheidungsgründen des Berufungsurteils Anhaltspunkte entnehmen lassen, ob das Berufungsgericht das ihm eingeräumte Ermessen ausgeübt hat und welche Erwägungen für die Ermessensausübung maßgeblich waren.[84] Der BGH kann eine eigene Ermessensentscheidung im Revisionsurteil treffe, wenn bei einer zweifelsfreien Sachlage jede andere Entscheidung **ermessenfehlerhaft** wäre.[85]

§ 547

Absolute Revisionsgründe

Eine Entscheidung ist stets als auf einer Verletzung des Rechts beruhend anzusehen,
1. wenn das erkennende Gericht nicht vorschriftsmäßig besetzt war;
2. wenn bei der Entscheidung ein Richter mitgewirkt hat, der von der Ausübung des Richteramts kraft Gesetzes ausgeschlossen war, sofern nicht dieses Hindernis mittels eines Ablehnungsgesuchs ohne Erfolg geltend gemacht ist;
3. wenn bei der Entscheidung ein Richter mitgewirkt hat, obgleich er wegen Besorgnis der Befangenheit abgelehnt und das Ablehnungsgesuch für begründet erklärt war;
4. wenn eine Partei in dem Verfahren nicht nach Vorschrift der Gesetze vertreten war, sofern sie nicht die Prozessführung ausdrücklich oder stillschweigend genehmigt hat;
5. wenn die Entscheidung auf Grund einer mündlichen Verhandlung ergangen ist, bei der die Vorschriften über die Öffentlichkeit des Verfahrens verletzt sind;
6. wenn die Entscheidung entgegen den Bestimmungen dieses Gesetzes nicht mit Gründen versehen ist.

---

75 Musielak/Voit-*Ball*, ZPO, § 546 Rn. 12 mit Verweis auf BGH, NJW 1997, 3022 f.
76 Prütting/Gehrlein-*Ackermann*, ZPO, § 546 Rn. 15.
77 Zöller-*Heßler*, ZPO, § 546 Rn. 14 m.w.N.
78 Vgl. Prütting/Gehrlein-*Ackermann*, ZPO, § 546 Rn. 17 m.w.N.
79 BGH, NJW 1982, 1765 = JurionRS 1982, 12668, Rn. 5 m.w.N.
80 BGH, NJW-RR 2009, 1053 = JurionRS 2009, 13853, Rn. 14; BGH, NJW-RR 2009, 542 = JurionRS 2008, 27075, Rn. 23 m.w.N.
81 BGH, NJW 2009, 993; BGH, NJW 2007, 2414–2417 = JurionRS 2006, 25018, Rn. 9; Prütting/Gehrlein-*Ackermann*, ZPO, § 546 Rn. 16.
82 BGH, NJW 1995, 2227 (2228) = JurionRS 1995, 15653, Rn. 21 m.w.N.; BGH, NJW 1993, 2673 = JurionRS 1993, 14888, Rn. 5 ff.; Musielak/Voit-*Ball*, ZPO, § 546 Rn. 13.
83 BGH, NJW 2009, 502 = JurionRS 2008, 26575, Rn. 28 m.w.N.; BGH, NJW 2008, 218.
84 BGH, NJW-RR 1994, 1143 = JurionRS 1994, 17099, Rn. 33; Prütting/Gehrlein-*Ackermann*, ZPO, § 546 Rn. 16; Musielak/Voit-*Ball*, ZPO, § 546 Rn. 13.
85 BGH, NJW 1992, 2235 (2236) = JurionRS 1992, 14839, Rn. 22.

Inhalt:

	Rn.		Rn.
A. Allgemeines	1	IV. Nicht ordnungsgemäße Vertretung einer Partei, Nr. 4	10
I. Normzweck	1		
II. Anwendungsbereich; Rügeerfordernis	2	V. Verletzung der Vorschriften über die Öffentlichkeit des Verfahrens, Nr. 5 .	11
B. Erläuterungen: Die absoluten Revisionsgründe	3	VI. Fehlende Entscheidungsgründe, Nr. 6	12
I. Nicht vorschriftsmäßige Besetzung, Nr. 1	3	1. Fehlende und verspätete Begründung	12
II. Mitwirkung eines ausgeschlossenen Richters, Nr. 2	8	2. Fehlende inhaltliche Mindeststandards, Unvollständigkeit und Unverständlichkeit	13
III. Mitwirkung eines wegen Besorgnis der Befangenheit abgelehnten Richters, Nr. 3	9	3. Bezugnahme im Berufungsurteil	14

A. Allgemeines
I. Normzweck

Gegenstand des Regelungsbereichs des § 547 ZPO sind Fragen der **revisionsrechtlichen Kausalität**. Eine Rechtsverletzung gem. § 546 ZPO führt nur dann zu einer erfolgreichen Revision, wenn das Urteil auf dem Verstoß selbst beruht, wenn also das Berufungsgericht bei richtiger Anwendung der Norm zu einem anderen Urteil hätte gelangen müssen.[1] Da bei Verfahrensmängeln die Feststellung der Kausalität schwierig ist, wird dies in § 547 ZPO bei einigen besonders schwerwiegenden Verfahrensmängeln unwiderleglich vermutet.[2]   1

II. Anwendungsbereich; Rügeerfordernis

In den sechs in § 547 ZPO enumerativ aufgeführten Fällen[3] absoluter Revisionsgründe hat das Revisionsgericht nicht zu prüfen, ob das Berufungsurteil auf diesem Mangel beruht, so dass eine Zurückweisung der Revision als unbegründet gem. § 561 ZPO ausscheidet.[4] Jedoch können auch diese **absoluten Revisionsgründe** nur im Rahmen einer statthaften und im Übrigen zulässigen Revision geltend gemacht werden[5] und sie müssen wohl gem. § 551 Abs. 3 Satz 1 Nr. 2 Buchst. b ZPO **ordnungsgemäß gerügt** werden, sofern es sich nicht um von Amts wegen zu prüfende unverzichtbare Prozessvoraussetzungen handelt.[6] Dies gilt jedenfalls bzgl. § 547 Nr. 2 ZPO.[7] War eine Partei nicht ordnungsgemäß vertreten gem. § 547 Nr. 4 ZPO, ist dieser Mangel in der Revision von Amts wegen zu berücksichtigen.[8] Liegen die genannten Voraussetzungen vor, ist die Revision bei einem absoluten Revisionsgrund gem. § 547 Nr. 1–6 ZPO zuzulassen.[9]   2

B. Erläuterungen: Die absoluten Revisionsgründe
I. Nicht vorschriftsmäßige Besetzung, Nr. 1

Gem. § 547 Nr. 1 ZPO ist eine Entscheidung stets als auf einer Verletzung des Rechts beruhend anzusehen, wenn das erkennende Gericht nicht vorschriftsmäßig besetzt war. Die ordnungsgemäße Besetzung des Gerichts ist primär im Gerichtsverfassungsgesetz (GVG) geregelt[10] und beurteilt sich darüber hinaus allein nach dem **Geschäftsverteilungsplan**, der im Zeitpunkt des Erlasses der Sachentscheidung galt; frühere Geschäftsverteilungspläne sind für   3

---

1 Zöller-*Heßler*, ZPO, § 547 Rn. 1.
2 BGHZ 172, 250 (252 ff.); BGH v. 26.11.2008, VIII ZR 200/06, juris, Rn. 6; Prütting/Gehrlein-*Ackermann*, ZPO, § 547 Rn. 1 m.w.N.; Musielak/Voit-*Ball*, ZPO, § 547 Rn. 1 m.w.N.
3 Zur Erweiterung der vormals vier absoluten Revisionsgründe (§ 547 Nr. 1–4 ZPO) siehe BGHZ 172, 250 (253); vgl. auch Prütting/Gehrlein-*Ackermann*, ZPO, § 547 Rn. 2, wo auf die Parallele zwischen absoluten Revisionsgründe des § 547 Nr. 1–4 ZPO mit den Nichtigkeitsgründen des § 579 Abs. 1 ZPO hingewiesen wird.
4 BGH, NJW 2003, 585; Thomas/Putzo-*Reichold*, ZPO, § 547 Rn. 1.
5 Prütting/Gehrlein-*Ackermann*, ZPO, § 547 Rn. 1.
6 BGH, NJW 2007, 909 ff. = JurionRS 2006, 26032, Rn. 20; Musielak/Voit-*Ball*, ZPO, § 547 Rn. 2; Zöller-*Heßler*, ZPO, § 547 Rn. 1 mit Verweis auf BGHZ 41, 249 (253).
7 BGH, NJW 2007, 909 ff. = JurionRS 2006, 26032, Rn. 19 f.; Prütting/Gehrlein-*Ackermann*, ZPO, § 547 Rn. 1 m.w.N.
8 Prütting/Gehrlein-*Ackermann*, ZPO, § 547 Rn. 1; für die Vertretung des Vorstands einer AG durch den Aufsichtsrat siehe BGH, NJW-RR 2009, 690 f. = JurionRS 2009, 11563, Rn. 6–8; BGH, NJW-RR 2007, 98 = JurionRS 2006, 25317, Rn. 4 ff.
9 Prütting/Gehrlein-*Ackermann*, ZPO, § 547 Rn. 2 mit Verweis auf BGHZ 172, 250 (253 f.).
10 Zöller-*Heßler*, ZPO, § 547 Rn. 2.

diese rechtliche Würdigung ohne Bedeutung. Demgemäß kommt es für den absoluten Revisionsgrund des § 547 Nr. 1 ZPO auf die letzte mündliche Verhandlung an, auf die das Urteil ergangen ist. Die Besetzung des Gerichts bei früheren mündlichen Verhandlungen ist ebenso wenig entscheidend, wie diejenige bei der Beweisaufnahme oder der Urteilsverkündung.[11]

4 Die **Garantie des gesetzlichen Richters gem. Art. 101 Abs. 1 Satz 2 GG** beugt der Gefahr vor, dass die Justiz durch eine Manipulation der rechtsprechenden Organe sachfremden Einflüssen ausgesetzt wird und durch eine einzelfallbezogene Auswahl der zur Entscheidung berufenen Richter das Ergebnis der Entscheidung – gleich von welcher Seite – beeinflusst werden kann.[12] Zu diesem Zweck müssen Regelungen zur Bestimmung des gesetzlichen Richters im Voraus so eindeutig wie möglich das Gericht, den Spruchkörper und die zur Entscheidung des Einzelfalls berufenen Richter festlegen. D.h. die jährlich aufzustellenden **Geschäftsverteilungspläne** der Gerichte müssen die wesentlichen Merkmale gesetzlicher Vorschriften aufweisen, mithin der Schriftform genügen und generell-abstrakt die Zuständigkeit der Spruchkörper und die Zuweisung der einzelnen Richter regeln, damit die einzelne Sache allein aufgrund allgemeiner, vorab festgelegter Merkmale an den entscheidenden Richter gelangt und so der Verdacht einer Manipulation der rechtsprechenden Gewalt ausgeschlossen wird.[13] Jede Verletzung dieser Vorgaben ist ein **Verfahrensfehler gem. § 547 Nr. 1 ZPO**,[14] etwa wenn das Berufungsgericht mangels geschäftsplanmäßiger Einsetzung eines Vorsitzenden Richters nicht ordnungsgemäß besetzt war, wenn also der Rechtsbegriff der Verhinderung des Vorsitzenden verkannt wurde.[15] Für mit Berufsrichtern überbesetzte Spruchkörper eines Gerichts ist im Voraus nach abstrakten Merkmalen zu bestimmen, welche Richter an den jeweiligen Verfahren mitzuwirken haben, so dass für den Regelfall die **Besetzung des zuständigen Spruchkörpers** bei den einzelnen Verfahren ableitbar ist.[16]

5 Die **Mitwirkung eines Richters beim Urteil** ist in § 309 ZPO regelt, wonach das Urteil nur von denjenigen Richtern gefällt werden kann, die an der dem Urteil zugrunde liegenden Verhandlung teilgenommen haben. Wurde das Berufungsurteil etwa von drei Richtern unterschrieben, die es nach den Einleitungssatz auch erlassen haben, hatte aber an der dem Urteil zu Grunde liegenden mündlichen Verhandlung laut Sitzungsniederschrift nur die Vorsitzende Richterin als Einzelrichterin teilgenommen, so ist eine nicht vorschriftsmäßige Besetzung des Berufungsgerichts gem. § 309 ZPO gegeben.[17] Die Urteilsverkündung selbst ist von § 547 Nr. 1 ZPO nicht erfasst, denn durch die Verkündung wird das Urteil nicht etwa ein Urteil der verkündenden Richter. Es bleibt vielmehr die Entscheidung der Richter, die es beschlossen haben und die es nach § 315 Abs. 1 ZPO unterzeichnen müssen.[18] Gefällt ist ein Urteil i.S.d. § 309 ZPO erst dann, wenn darüber abschließend beraten und abgestimmt wurde:[19] Findet nach Schluss der mündlichen Verhandlung, aber noch vor der abschließenden Beratung und Urteilsfällung ein **Richterwechsel** statt, ist das erkennende Gericht nicht vorschriftsmäßig besetzt, wenn entgegen § 156 Abs. 2 Nr. 3 ZPO die mündliche Verhandlung nicht wiedereröffnet, sondern ein Urteil verkündet wird, das auch von dem **ausgewechselten Richter** unterschrieben wurde.[20] Zulässig ist – selbst nach Rechtsmitteleinlegung – eine Berichtigung der Angabe und Unterschrift des Richters auf einem Urteil, an dem er tatsächlich nicht mitgewirkt hat.[21]

6 Ein **fehlerhafte Besetzung** gem. § 547 Nr. 1 ZPO besteht, wenn ein Richter während der Verhandlung einschläft[22] oder die Verhandlung auch nur kurzfristig verlässt.[23] Gleiches gilt auch für den Fall, dass der Richter sich durch eine mit der Verhandlung der Sache nicht in Zusammenhang stehende Tätigkeit selbst ablenkt und dadurch seine Fähigkeit beeinträchtigt, die

---

11 BGH, NJW-RR 2009, 210 = JurionRS 2008, 26183, Rn. 14 m.w.N.
12 BVerfG, NJW 2005, 2689 = JurionRS 2005, 11574, Rn. 15 m.w.N.
13 BVerfG, NJW 2005, 2689 = JurionRS 2005, 11574, Rn. 16; Prütting/Gehrlein-*Ackermann*, ZPO, § 547 Rn. 6.
14 Prütting/Gehrlein-*Ackermann*, ZPO, § 547 Rn. 6; instruktiv m. Bsp. für fehlerhafte Gerichtsbesetzungen siehe Musielak/Voit-*Ball*, ZPO, § 547 Rn. 3 m.w.N.
15 BGH, NJW-RR 2009, 210 = JurionRS 2008, 26183, Rn. 4 m.w.N.; Prütting/Gehrlein-*Ackermann*, ZPO, § 547 Rn. 5; zur Abgrenzung von vorübergehender und dauernder Verhinderung siehe BGHZ 164, 87 (90 ff.) m.w.N.
16 BGH v. 25.03.2009, XII ZR 75/06, juris, Rn. 15; BGH, NJW 2009, 1351 ff. = JurionRS 2008, 27591, Rn. 10.
17 BGH v. 26.11.2008, VIII ZR 200/06, juris, Rn. 6.
18 BGHZ 61, 369 (370) = JurionRS 1973, 11105, Rn. 7.
19 BGH, NJW 2002, 1426 = JurionRS 2002, 18645, Rn. 12.
20 BGH, NJW-RR 2012, 508 f. = JurionRS 2012, 11724, Rn. 9; Prütting/Gehrlein-*Ackermann*, ZPO, § 547 Rn. 3.
21 BGHZ 18, 350 = JurionRS 1955, 12752, Rn. 9; Zöller-*Heßler*, ZPO, § 547 Rn. 2 m.w.N.
22 Musielak/Voit-*Ball*, ZPO, § 547 Rn. 5 m.w.N.; Zöller-*Heßler*, ZPO, § 547 Rn. 2 m.w.N.
23 BAG, NJW 1958, 924; Musielak/Voit-*Ball*, ZPO, § 547 Rn. 5.

Verhandlung in allen ihren wesentlichen Teilen zuverlässig in sich aufzunehmen und richtig zu würdigen.[24] Die Besetzung ist im Einzelfall gem. § 547 Nr. 1 ZPO fehlerhaft, wenn bei der Entscheidung ein Richter mitwirkt, der wegen **körperlicher oder geistiger Gebrechen** an einer konkreten Wahrnehmung in der mündlichen Verhandlung gehindert ist, etwa wegen fehlender Sehfähigkeit bei einer Inaugenscheinnahme gem. § 371 ZPO.[25]

Besetzungsfehler gem. § 547 Nr. 1 ZPO sind **nur auf Rüge zu berücksichtigen**.[26] Dazu muss die Revision nicht nur einen Verdacht äußern, sondern konkrete Einzeltatsachen für die fehlerhafte Besetzung anführen; bei Gerichtsinterna ist darzulegen, dass eine zweckentsprechende Aufklärung versucht wurde.[27] Das Rügeerfordernis entfällt, wenn sich die vorschriftswidrige Besetzung als unvertretbar und willkürlich darstellt oder die Durchführung bzw. die Fortsetzung des Verfahrens unzulässig macht.[28]

7

II. Mitwirkung eines ausgeschlossenen Richters, Nr. 2

Die Mitwirkung eines vom Richteramt gem. § 41 ZPO ausgeschlossenen Richters bei der Entscheidung des Berufungsgerichts stellt einen absoluten Revisionsgrund gem. § 547 Nr. 2 ZPO dar,[29] es sei denn, ein auf diesen Grund gestütztes Ablehnungsgesuch wurde bereits rechtskräftig abgelehnt gem. § 46 Abs. 2 ZPO.[30]

8

III. Mitwirkung eines wegen Besorgnis der Befangenheit abgelehnten Richters, Nr. 3

Gem. § 547 Nr. 3 ZPO ist eine Entscheidung dann rechtsfehlerhaft, wenn an ihr ein wegen Besorgnis der Befangenheit abgelehnter Richter mitgewirkt hat und das Ablehnungsgesuch für begründet erklärt war, § 42 ZPO; auch die **Selbstablehnung** wird davon erfasst, § 48 ZPO.[31] § 547 Nr. 3 ZPO ist nicht einschlägig, wenn der Richter hätte erfolgreich abgelehnt werden können oder die Selbstablehnung hätte erklären können, ohne dass dies auch geschehen ist.[32] Wurde ein Richter wegen eines Verhaltens nach Unterzeichnung, aber vor Verkündung des Berufungsurteils erfolgreich abgelehnt, liegt der absolute Revisionsgrund des § 547 Nr. 3 ZPO ebenfalls nicht vor, denn der nachträgliche Eintritt der Handlungsunfähigkeit des abgelehnten Richters, § 47 ZPO, steht der bloßen Verkündung des bereits abgesetzten Urteils nicht entgegen.[33]

9

IV. Nicht ordnungsgemäße Vertretung einer Partei, Nr. 4

War eine Partei im Berufungsverfahren nicht ordnungsgemäß vertreten, stellt dies einen amtswegig zu berücksichtigenden Verfahrensmangel gem. § 547 Nr. 4 ZPO dar.[34] Dem Prozessgegner steht dieses Recht nicht zu: eine Partei kann sich nicht darauf berufen, dass die Gegenseite nicht ordnungsgemäß vertreten war.[35] Die Norm umfasst das Auftreten einer prozessunfähigen Partei ohne gesetzlichen Vertreter oder wirksam bestellten Prozessvertreter[36] und greift auch dann ein, wenn eine zwingend vorgeschriebene und von Amts wegen vorzunehmende Beiladung eines Dritten unterlassen wird.[37] Die nicht ordnungsgemäß vertretene Partei kann die Prozessführung – selbst in der Revisionsinstanz noch –[38] genehmigen, wodurch der Mangel ex

10

---

24 Musielak/Voit-*Ball*, ZPO, § 547 Rn. 5 u. a. mit Verweis auf BGH, NJW 1962, 2212 = JurionRS 1962, 11844, Rn. 7.
25 BGHZ 38, 347 (348ff.) m.w.N.; zu den Besonderheiten in Strafsachen vgl. d. H. bei Musielak/Voit-*Ball*, ZPO, § 547 Rn. 5, Fn. 25, sowie in BGHZ 38, 347 (348ff.).
26 BGH, NJW-RR 2004, 1294; BAG, NJW 1962, 318.
27 Musielak/Voit-*Ball*, ZPO, § 547 Rn. 6 m.w.N.; BGH, NJW-RR 1995, 700 (701) = JurionRS 1995, 15212, Rn. 12 m.w.N.
28 BGH, NJW-RR 2004, 1294 = JurionRS 2004, 14449, Rn. 4f.; Prütting/Gehrlein-*Ackermann*, ZPO, § 547 Rn. 7.
29 Zöller-*Heßler*, ZPO, § 547 Rn. 3 m.w.N.
30 Thomas/Putzo-*Reichold*, ZPO, § 547 Rn. 5.
31 Thomas/Putzo-*Reichold*, ZPO, § 547 Rn. 5.
32 BGHZ 120, 141 (144f.).
33 BGH, NJW 2001, 1502.
34 BGH, NJW-RR 2007, 98 = JurionRS 2006, 25317, Rn. 7; BGH, NJW 2003, 585.
35 BGH v. 22.12.2016, IX ZR 259/15, juris, Rn. 8f.
36 Thomas/Putzo-*Reichold*, ZPO, § 547 Rn. 7; Musielak/Voit-*Ball*, ZPO, § 547 Rn. 9ff.; Zöller-*Heßler*, ZPO, § 547 Rn. 5, jeweils m.w.N. und Bsp.
37 BGH, NJW 2003, 585 = JurionRS 2002, 23810, Rn. 8f.; Prütting/Gehrlein-*Ackermann*, ZPO, § 547 Rn. 10.
38 BGHZ 51, 27 (29) = NJW 1969, 188f. = JurionRS 1968, 12534, Rn. 18.

tunc geheilt wird.[39] Ein Fall des § 547 Nr. 4 ZPO kann auch vorliegen, wenn ein nicht vertretungsberechtigter Vertreter klagt oder verklagt wird, etwa bei einer Klage des Vorstands statt des allein vertretungsberechtigten Aufsichtsrats.[40]

V. Verletzung der Vorschriften über die Öffentlichkeit des Verfahrens, Nr. 5

11 § 547 Nr. 5 ZPO ist einschlägig, wenn während der letzten mündlichen Verhandlung die Öffentlichkeit entgegen den GVG-Bestimmungen über Ausschluss und Zulassung der Öffentlichkeit entweder ausgeschlossen, § 169 GVG, oder zugelassen, §§ 170 ff. GVG war, Letzteres insbesondere auch bei der Entscheidung über den Ausschluss der Öffentlichkeit selbst, § 174 GVG.[41] § 547 Nr. 5 ZPO ist nicht einschlägig, wenn die angefochtene Entscheidung nicht „auf Grund" der letzten mündlichen Verhandlung ergangen ist, etwa wenn die Entscheidung im schriftlichen Verfahren getroffen wurde.[42]

VI. Fehlende Entscheidungsgründe, Nr. 6

1. Fehlende und verspätete Begründung

12 Fehlen dem Berufungsurteil die Entscheidungsgründe, ist ein Fall des § 547 Nr. 6 ZPO gegeben,[43] soweit sie nicht gem. §§ 540, 313a oder 313b ZPO entbehrlich sind.[44] Wenn im Falle eines bei Verkündung noch nicht vollständig abgefassten Urteils Tatbestand und Entscheidungsgründe nicht binnen fünf Monaten nach Verkündung schriftlich niedergelegt, von den Richtern unterschrieben und der Geschäftsstelle übergeben worden sind, ist § 547 Nr. 6 ZPO ebenfalls einschlägig, da sonst nicht mehr gewährleistet ist, dass der Eindruck von der mündlichen Verhandlung und das auf dieser Grundlage Beratene noch zuverlässigen Niederschlag in den Entscheidungsgründe findet.[45]

2. Fehlende inhaltliche Mindeststandards, Unvollständigkeit und Unverständlichkeit

13 Bei der Einordnung unvollständiger und unverständlicher Urteile sowie fehlender inhaltlicher Mindeststandards ist zu differenzieren: Kein absoluter Revisionsgrund gem. § 547 Nr. 6 ZPO liegt vor bei Unrichtigkeit oder Unvollständigkeit der Entscheidungsgründe;[46] erforderlich ist, dass eine Begründung schlechthin fehlt[47] oder die Gründe ganz unverständlich und verworren sind.[48] Die unvollständige Würdigung eines Parteivorbringens oder eines Beweisergebnisses reichen nicht aus; § 547 Nr. 6 ZPO erfasst eine Entscheidung vielmehr dann, wenn aus ihr nicht zu erkennen ist, welche tatsächlichen Feststellungen und welche rechtlichen Erwägungen für die getroffene Entscheidung maßgebend waren, wenn die Gründe sachlich inhaltslos sind, aus leeren Redensarten oder der Wiedergabe des Gesetzestextes bestehen.[49] § 547 Nr. 6 ZPO erfasst auch Fälle, in denen auf die geltend gemachten Ansprüche i.S.d. §§ 145, 322 ZPO oder auf zentrale Angriffs- und Verteidigungsmittel wie Einwendungen, Einreden, Repliken etc. in den Entscheidungsgründen nicht eingegangen wird[50] oder in denen die Wiedergabe maßgeblichen Sachverhalts fehlt und der Streitgegenstand sowie die Anträge in beiden Instanzen nicht erkennbar sind.[51]

3. Bezugnahme im Berufungsurteil

14 § 540 Abs. 1 Nr. 1 ZPO schreibt für das Berufungsurteil die Bezugnahme auf die Entscheidungsgründe des erstinstanzlichen Urteils weitestgehend vor, so dass sich aus der Bezug-

---

39 BGH, NJW-RR 1993, 669 (670) = JurionRS 1993, 14829, Rn. 31 f.; Musielak/Voit-*Ball*, ZPO, § 547 Rn. 10.
40 BGH, NJW-RR 2009, 690 = JurionRS 2009, 11563, Rn. 7 f.; Prütting/Gehrlein-*Ackermann*, ZPO, § 547 Rn. 10.
41 Thomas/Putzo-*Reichold*, ZPO, § 547 Rn. 10; Musielak/Voit-*Ball*, ZPO, § 547 Rn. 12.
42 BGHZ 164, 69.
43 Prütting/Gehrlein-*Ackermann*, ZPO, § 547 Rn. 13.
44 Thomas/Putzo-*Reichold*, ZPO, § 547 Rn. 11.
45 GmS-OGB, NJW 1993, 2603 = JurionRS 1993, 15437, Rn. 8 ff.; Prütting/Gehrlein-*Ackermann*, ZPO, § 547 Rn. 13; Musielak/Voit-*Ball*, ZPO, § 547 Rn. 13 jeweils m.w.N.
46 BGH, NJW 1991, 2761; Zöller-*Heßler*, ZPO, § 547 Rn. 7; Thomas/Putzo-*Reichold*, ZPO, § 547 Rn. 12 mit Verweis auf RGZ 156, 227.
47 BGH, NJW 1981, 1045 (1046).
48 BGHZ 39, 333 (338) = JurionRS 1962, 14541, Rn. 32.
49 BGHZ 39, 333 = JurionRS 1962, 14541, Rn. 32.
50 BGHZ 39, 333 = JurionRS 1962, 14541, Rn. 32; Prütting/Gehrlein-*Ackermann*, ZPO, § 547 Rn. 14; Musielak/Voit-*Ball*, ZPO, § 547 Rn. 15; Zöller-*Heßler*, ZPO, § 547 Rn. 7 jeweils m.w.N.
51 BGH, NJW-RR 2010, 1582; Prütting/Gehrlein-*Ackermann*, ZPO, § 547 Rn. 14.

nahme kein Fall des § 547 Nr. 6 ZPO ergibt.[52] Werden in 2. Instanz neue Ansprüche erhoben oder neue Angriffs- oder Verteidigungsmittel vorgebracht, auf die das Urteil 1. Instanz nicht eingegangen sein kann, ist der Anwendungsbereich des § 547 Nr. 6 ZPO hingegen eröffnet; dies gilt insbesondere auch für die Berufungsanträge.[53] Eine Entscheidung gilt ferner dann als nicht mit Gründen versehen gem. § 547 Nr. 6 ZPO, wenn sie nicht aus sich selbst heraus verständlich ist, weil sie auf die Gründe eines Urteils Bezug nimmt, das zwar gleichzeitig ergangen ist, aber in einem Verfahren, an dem nur eine der Parteien des Rechtsstreits ebenfalls beteiligt war.[54]

§ 548
Revisionsfrist

Die Frist für die Einlegung der Revision (Revisionsfrist) beträgt einen Monat; sie ist eine Notfrist und beginnt mit der Zustellung des in vollständiger Form abgefassten Berufungsurteils, spätestens aber mit dem Ablauf von fünf Monaten nach der Verkündung.

§ 548 ZPO entspricht § 517 ZPO, der für das Berufungsverfahren gilt;[1] auf die dortige Kommentierung wird verwiesen. § 518 ZPO zur Berufungsfrist bei erstinstanzlicher Urteilsergänzung gilt entsprechend, wenn das Berufungsgericht ein Ergänzungsurteil gem. § 321 ZPO erlassen hat.[2] Die Revisionsfrist läuft für jede Partei gesondert.[3] Die Zustellung eines Berufungsurteils, das unzulässigerweise zur Begründung auf eine anderes Urteil Bezug nimmt, an dem nicht beide Parteien beteiligt waren, setzt die Frist gem. § 548 ZPO für die an dem anderen Urteil nicht beteiligte Partei nicht in Gang.[4] Denn gem. § 552 ZPO beginnt die Revisionsfrist erst mit der Zustellung des in vollständiger Form abgefassten Urteils, weil der durch das Urteil Beschwerte **mindestens einen Monat zur Verfügung haben** soll, um sich über die Anfechtung des Urteils schlüssig zu werden.[5]

1

§ 549
Revisionseinlegung

(1) ¹Die Revision wird durch Einreichung der Revisionsschrift bei dem Revisionsgericht eingelegt. ²Die Revisionsschrift muss enthalten:
1. die Bezeichnung des Urteils, gegen das die Revision gerichtet wird;
2. die Erklärung, dass gegen dieses Urteil Revision eingelegt werde.
³§ 544 Abs. 6 Satz 2 bleibt unberührt.
(2) Die allgemeinen Vorschriften über die vorbereitenden Schriftsätze sind auch auf die Revisionsschrift anzuwenden.

§ 549 ZPO entspricht § 519 Abs. 1, 2 und 4 ZPO, der für das Berufungsverfahren gilt;[1] auf die dortige Kommentierung wird verwiesen. Die Revisionsschrift muss **gem. § 133 GVG beim Revisionsgericht**, in der Praxis also beim BGH, eingelegt werden und gem. § 78 Abs. 1 Satz 3 ZPO durch einen beim BGH zugelassenen Rechtsanwalt unterzeichnet sein.[2] § 549 Abs. 1 Satz 3 ZPO bezieht sich auf den Fall, dass der Revision eine erfolgreiche NZB voranging, so dass dann die form- und fristgerechte Einlegung der NZB auch für die Revision gilt.[3]

1

---

52 Prütting/Gehrlein-*Ackermann*, ZPO, § 547 Rn. 16; Zöller-*Heßler*, ZPO, § 547 Rn. 8.
53 BGHZ 154, 99 (100).
54 BGH, NJW-RR 1991, 830 (831) = JurionRS 1990, 13892, Rn. 9.

Zu § 548:
1 Vgl. Prütting/Gehrlein-*Ackermann*, ZPO, § 548 Rn. 1.
2 Thomas/Putzo-*Reichold*, ZPO, § 548 Rn. 1.
3 Zöller-*Heßler*, ZPO, § 548 Rn. 3 m.w.N.
4 Musielak/Voit-*Ball*, ZPO, § 548 Rn. 1.
5 BGH, NJW-RR 1991, 830 (831) = JurionRS 1990, 13892, Rn. 9.

Zu § 549:
1 Vgl. Musielak/Voit-*Ball*, ZPO, § 549 Rn. 1.
2 Prütting/Gehrlein-*Ackermann*, ZPO, § 549 Rn. 1.
3 Prütting/Gehrlein-*Ackermann*, ZPO, § 549 Rn. 3.

2 Die Gerichtsgebühren für das Verfahren im Allgemeinen zu einem Satz von 5,0 gem. Kostenverzeichnis (KV)[4] Nr. 1230 KV-GKG werden gem. § 6 Abs. 1 GKG mit Einreichung der Rechtsmittelschrift fällig (vgl. § 542 Rn. 8). Sie können sich nachträglich gem. Nr. 1231, 1232 KV-GKG ermäßigen.[5]

§ 550
Zustellung der Revisionsschrift

(1) Mit der Revisionsschrift soll eine Ausfertigung oder beglaubigte Abschrift des angefochtenen Urteils vorgelegt werden, soweit dies nicht bereits nach § 544 Abs. 1 Satz 3 geschehen ist.

(2) Die Revisionsschrift ist der Gegenpartei zuzustellen

1 § 550 Abs. 1 ZPO entspricht § 519 Abs. 3 ZPO und § 550 Abs. 2 ZPO entspricht § 521 Abs. 1 ZPO, die jeweils für das Berufungsverfahren gelten;[1] auf die dortige Kommentierung wird verwiesen.

§ 551
Revisionsbegründung

(1) Der Revisionskläger muss die Revision begründen.

(2) [1]Die Revisionsbegründung ist, sofern sie nicht bereits in der Revisionsschrift enthalten ist, in einem Schriftsatz bei dem Revisionsgericht einzureichen. [2]Die Frist für die Revisionsbegründung beträgt zwei Monate. [3]Sie beginnt mit der Zustellung des in vollständiger Form abgefassten Urteils, spätestens aber mit Ablauf von fünf Monaten nach der Verkündung. [4]§ 544 Abs. 6 Satz 3 bleibt unberührt. [5]Die Frist kann auf Antrag von dem Vorsitzenden verlängert werden, wenn der Gegner einwilligt. [6]Ohne Einwilligung kann die Frist um bis zu zwei Monate verlängert werden, wenn nach freier Überzeugung des Vorsitzenden der Rechtsstreit durch die Verlängerung nicht verzögert wird oder wenn der Revisionskläger erhebliche Gründe darlegt; kann dem Revisionskläger innerhalb dieser Frist Einsicht in die Prozessakten nicht für einen angemessenen Zeitraum gewährt werden, kann der Vorsitzende auf Antrag die Frist um bis zu zwei Monate nach Übersendung der Prozessakten verlängern.

(3) [1]Die Revisionsbegründung muss enthalten:
1. die Erklärung, inwieweit das Urteil angefochten und dessen Aufhebung beantragt werde (Revisionsanträge);
2. die Angabe der Revisionsgründe, und zwar:
   a) die bestimmte Bezeichnung der Umstände, aus denen sich die Rechtsverletzung ergibt;
   b) soweit die Revision darauf gestützt wird, dass das Gesetz in Bezug auf das Verfahren verletzt sei, die Bezeichnung der Tatsachen, die den Mangel ergeben.

[2]Ist die Revision auf Grund einer Nichtzulassungsbeschwerde zugelassen worden, kann zur Begründung der Revision auf die Begründung der Nichtzulassungsbeschwerde Bezug genommen werden.

(4) § 549 Abs. 2 und § 550 Abs. 2 sind auf die Revisionsbegründung entsprechend anzuwenden.

Inhalt:

	Rn.		Rn.
A. Allgemeines	1	2. Die Revisionsbegründung, Abs. 3 Satz 1 Nr. 2	6
I. Normzweck	1	a) Sachrügen, Abs. 3 Satz 1 Nr. 2 Buchst. a	6
II. Anwendungsbereich	2	b) Verfahrensrügen, Abs. 3 Satz 1 Nr. 2 Buchst. b	8
B. Erläuterungen	3		
I. Begründungsfrist, Abs. 2 Satz 2–6	3		
II. Inhalt der Revisionsbegründung, Abs. 3	4		
1. Die Revisionanträge	4		

---

4 Anlage 1 zu § 3 Abs. 2 GKG.
5 Zöller-*Heßler*, ZPO, § 549 Rn. 5.

Zu § 550:
1 Zöller-*Heßler*, ZPO, § 550 Rn. 1 f.

A. Allgemeines
I. Normzweck
Die Revisionsbegründung, die von § 551 Abs. 1 ZPO verlangt wird, dient der Verfahrenskonzentration und ist Ausdruck der Parteimaxime im Revisionsverfahren.[1]

1

II. Anwendungsbereich
§ 551 ZPO bei der Revision entspricht dem **Begründungszwang** in der 2. Instanz gem. § 520 ZPO und regelt Form, Frist und den notwendigen Inhalt der Revisionsbegründung.[2] Eine fristgerechte und den Anforderungen des § 551 Abs. 3 ZPO genügende Begründung der Revision ist Voraussetzung der Zulässigkeit des Rechtsmittels, da sonst die Revision gem. § 552 ZPO als unzulässig verworfen wird.[3] Bei gleichzeitiger Einlegung von NZB und Revision bezieht sich der Antrag auf Fristverlängerung sowohl auf die Frist der Revisions- als auch auf die NZB-Begründung.[4] Inhalt und Qualität der NZB-Begründung haben keinen Einfluss auf die **Notwendigkeit einer eigenständigen Revisionsbegründung** (siehe § 544 Rn. 25), in der die Anträge zu stellen sind und zumindest auf die NZB-Begründung Bezug zu nehmen ist.[5]

2

B. Erläuterungen
I. Begründungsfrist, Abs. 2 Satz 2–6
Die Revisionsbegründungsfrist beträgt gem. § 551 Abs. 2 Satz 2 ZPO zwei Monate und sie beginnt mit Urteilszustellung, spätestens jedoch fünf Monate ab Urteilsverkündung.[6] Bei einer erfolgreichen NZB beginnt die Begründungsfrist mit Zustellung des Zulassungsbeschlusses des Revisionsgerichtes, § 544 Abs. 6 Satz 3 ZPO.[7] Wo die Fristverlängerung ohne Einwilligung in der Berufungsinstanz nur bis zu einem Monat möglich ist, verlängert eine Verfügung des Vorsitzenden in der 2. Instanz die Frist um bis zu zwei Monate ohne Einwilligung.[8] Wenn der Revisionskläger innerhalb dieser Frist keine **ausreichend lange Einsicht in die vorinstanzlichen Verfahrensakten** nehmen, ist eine Fristverlängerung um bis zu zwei weitere Monate nach Eingang der Prozessakten beim Anwalt der Revision zu gewähren.[9] Diese auch für das NZB-Verfahren geltenden Verlängerungsmöglichkeiten berücksichtigen den Anwaltswechsel im zivilprozessualen Revisionsverfahren, für eine sinnvolle und vollständige Rechtsmittelbegründung erst nach ausreichend langer Akteneinsicht durch den BGH-Anwalt des Revisionsklägers erlaubt.[10] Für die Rüge gem. § 551 Abs. 3 Satz 1 Nr. 2 Buchst. b ZPO der sich nicht aus dem Berufungsurteil ergebenden Verfahrensfehler ist der Anwalt auf die Prozessakten angewiesen.[11] Außerdem ist er **wegen des zwingenden Anwaltswechsels nach § 78 Abs. 1 Satz 4 ZPO erstmals mit der Rechtssache** befasst, so dass ihm die Begründung der Revision bzw. der NZB zunächst allein auf Basis des Berufungsurteils ebenso wenig zugemutet werden kann wie ein Antrag auf Wiedereinsetzung in den vorigen Stand zur Nachholung von Verfahrensrügen.[12] Im Rahmen einer einmal zulässigen Revision können Sachrügen gem. § 551 Abs. 3 Satz 1 Nr. 2 Buchst. a ZPO auch nach Ablauf der Revisionsbegründungsfrist bis zum Schluss der mündlichen Verhandlung nachgeschoben werden.[13]

3

II. Inhalt der Revisionsbegründung, Abs. 3
1. Die Revisionsanträge
§ 551 Abs. 3 Satz 1 Nr. 1 ZPO entspricht § 520 Abs. 3 Satz 2 Nr. 1 ZPO, der für das Berufungsverfahren gilt; auf die dortige Kommentierung wird verwiesen. Ob das Berufungsurteil in vollem oder nur in beschränktem Umfang angefochten und welche Abänderung angestrebt wird, muss sich aus den Anträgen ergeben; jedoch wird eine **klar formulierte Revisionsbegründung**, aus der sich das entsprechende Begehren zweifelsfrei ergibt, den Mangel eines fehlen-

4

---
1 Zöller-*Heßler*, ZPO, § 551 Rn. 1.
2 Musielak/Voit-*Ball*, ZPO, § 551 Rn. 1.
3 Prütting/Gehrlein-*Ackermann*, ZPO, § 551 Rn. 1.
4 Prütting/Gehrlein-*Ackermann*, ZPO, § 551 Rn. 5.
5 BGH, NJW 2008, 588 f. = JurionRS 2007, 44817, Rn. 5.
6 Vgl. dazu die Parallelen zur Berufungsbegründungsfrist gem. § 520 Abs. 2 ZPO.
7 Thomas/Putzo-*Reichold*, ZPO, § 551 Rn. 2.
8 Prütting/Gehrlein-*Ackermann*, ZPO, § 551 Rn. 3.
9 BGH, MDR 2017, 632 = ZIP 2017, 1026, Rn. 15 m.w.N,; Thomas/Putzo-*Reichold*, ZPO, § 551 Rn. 2.
10 Musielak/Voit-*Ball*, ZPO, § 551 Rn. 4 mit Verweis auf die amtliche Begründung zum 1. JuMoG, BT-Drucks. 15/1508, S. 21 f.
11 Prütting/Gehrlein-*Ackermann*, ZPO, § 551 Rn. 3.
12 BGH, NJW-RR 2005, 143 f. = JurionRS 2004, 18302, Rn. 7.
13 BGH, NJW 2000, 364 = JurionRS 1999, 16644, Rn. 4; Musielak/Voit-*Ball*, ZPO, § 551 Rn. 10.

den explizit formulierten Antrags regelmäßig heilen.[14] Ein nur auf Aufhebung und Zurückverweisung gerichteter Antrag ist unschädlich, denn die erfolgreiche Revision führt – anders als die Berufung – ohnehin zur Aufhebung und Zurückverweisung, §§ 562, 563 ZPO, und der BGH ist trotz fehlenden Sachantrags nicht an einer eigenen Sachentscheidung nach § 563 Abs. 3 ZPO gehindert.[15] Mit den Revisionsanträgen kann die Revision **wirksam beschränkt** werden, so dass sie nur im antragsgemäßen Umfang eingelegt ist, auch wenn die Beschwer des Revisionsklägers tatsächlich weiter reicht. Jedoch ist in einer solchen **Revisionsbeschränkung** kein konkludenter Rechtsmittelverzicht für den nicht umfassten Teil der Beschwer zu sehen,[16] denn Revisionsanträge sind auch nach Ablauf der Revisionsbegründungsfrist nicht bindend.[17] Revisionsanträge können bis zum Schluss der mündlichen Verhandlung geändert, beschränkt oder wieder bis zur Höhe der Beschwer erweitert werden, soweit Änderungen oder Erweiterungen durch die fristgerecht eingereichte Revisionsbegründung gedeckt sind.[18]

5 Grundsätzlich unzulässig ist eine Revision, mit der statt der Beseitigung einer Beschwer des Klägers lediglich eine Klageänderung begehrt wird, indem ein neuer, bislang nicht geltend gemachter Anspruch zur Entscheidung gestellt werden soll;[19] d.h. **Revisionsanträge können grundsätzlich nur auf solche Ansprüche erweitert werden, die bereits Gegenstand des Berufungsurteils sind.**[20] Die Revision muss also den in den Vorinstanzen erhobenen Klageanspruch wenigstens teilweise weiterverfolgen.[21] War das Klagebegehren auf verschiedene Streitgegenstände gestützt, kann eine Klarstellung zur Reihenfolge der Streitgegenstände nach Treu und Glauben auch noch in der Revisionsinstanz nachgeholt werden.[22]

2. Die Revisionsbegründung, Abs. 3 Satz 1 Nr. 2
a) Sachrügen, Abs. 3 Satz 1 Nr. 2 Buchst. a

6 § 551 Abs. 3 Satz 1 Nr. 2 Buchst. a ZPO entspricht § 520 Abs. 3 Satz 2 Nr. 2 ZPO; auf die dortige Kommentierung wird verwiesen. Gem. § 551 Abs. 3 Satz 1 Nr. 2 Buchst. a ZPO muss die Revisionsbegründung die bestimmte, d.h. die möglichst **konkrete und präzise Bezeichnung der Umstände** enthalten, aus denen sich die materielle Rechtsverletzung ergibt, §§ 545, 546 ZPO.[23] Unrichtige oder fehlende Paragraphenangaben sind unschädlich, sofern sich aus der Begründung und der dort gerügten Verletzung auf die jeweils betroffene Norm schließen lässt.[24] Die Begründung muss sich mit den tragenden Gründen des Berufungsurteils auseinandersetzen und sie muss darlegen, in welchen Punkten und warum die Erwägungen des Berufungsgerichts aus Sicht der Revision rechtsfehlerhaft sind.[25] Betrifft die angegriffene Entscheidung mehrere prozessuale Ansprüche, ist grundsätzlich für jeden Anspruch eine den Anforderungen des § 551 Abs. 3 Satz 1 Nr. 2 Buchst. a ZPO genügende Begründung der Revision erforderlich.[26] Beruht die Entscheidung über eine Mehrheit von Ansprüchen hingegen auf einem einheitlichen, allen Ansprüchen gemeinsamen Grund, so genügt es, wenn die Revisionsbegründung diesen einheitlichen Grund insgesamt angreift.[27] Da **zur Begründung der Revision gem. § 551 Abs. 3 Satz 2 ZPO auf die Begründung der erfolgreichen NZB Bezug genommen** werden kann, behandelt der BGH im Falle einer zugelassenen Revision eine versehentlich eingereichte NZB-Begründung als Revisionsbegründung, sofern sie den Anforderungen des § 551 Abs. 3 Satz 2 ZPO genügt; die unpassende Bezeichnung ist unbeachtlich.[28]

7 § 551 Abs. 3 Satz 1 Nr. 2 Buchst. a ZPO betrifft nur die Zulässigkeit der Revision;[29] wenn durch rechtzeitig übermittelte Teile der Revisionsbegründung die Frist gem. § 551 Abs. 2 ZPO ge-

---

14 Zöller-*Heßler*, ZPO, § 551 Rn. 6 m.w.N.
15 Musielak/Voit-*Ball*, ZPO, § 551 Rn. 5.
16 Musielak/Voit-*Ball*, ZPO, § 551 Rn. 6.
17 Zöller-*Heßler*, ZPO, § 551 Rn. 7 m.w.N. u. Bsp.
18 BGHZ 91, 154 (159) = NJW 1984, 2831 = JurionRS 1984, 18429, Rn. 20 m.w.N.; BGHZ 12, 52 (67 f.) = NJW 1954, 554 = JurionRS 1953, 10460, Rn. 39; Musielak/Voit-*Ball*, ZPO, § 551 Rn. 7.
19 BGH, NJW 2008, 3570; Prütting/Gehrlein-*Ackermann*, ZPO, § 551 Rn. 8.
20 Zöller-*Heßler*, ZPO, § 551 Rn. 9; vgl. § 559 Rn. 2 ff.
21 BGH, NJW-RR 2012, 516 = JurionRS 2012, 12332, Rn. 17; Zöller-*Heßler*, ZPO, § 551 Rn. 9.
22 BGHZ 189, 56 (63) m.w.N.; Prütting/Gehrlein-*Ackermann*, ZPO, § 551 Rn. 8.
23 Thomas/Putzo-*Reichold*, ZPO, § 551 Rn. 5; Prütting/Gehrlein-*Ackermann*, ZPO, § 551 Rn. 8.
24 BGH, NJW 1992, 1768 (1769) = JurionRS 1992, 14857, Rn. 22; BGH, NJW-RR 1990, 480 (481) = JurionRS 1989, 14618, Rn. 13; Musielak/Voit-*Ball*, ZPO, § 551 Rn. 9.
25 BAG, NJW 1998, 2470 = JurionRS 1997, 10262, Rn. 11 m.w.N.; Prütting/Gehrlein-*Ackermann*, ZPO, § 551 Rn. 9.
26 BGH v. 17.07.2013, I ZR 129/08, juris, Rn. 16; Prütting/Gehrlein-*Ackermann*, ZPO, § 551 Rn. 9.
27 BGH v. 17.07.2013, I ZR 129/08, juris, Rn. 18.
28 BGH, NJW-RR 2005, 794 f. = JurionRS 2005, 11658, Rn. 6; Prütting/Gehrlein-*Ackermann*, ZPO, § 551 Rn. 9; Zöller-*Heßler*, ZPO, § 551 Rn. 16.
29 Zöller-*Heßler*, ZPO, § 551 Rn. 13.

wahrt ist, können daher neue Rügen zur Verletzung materiellen Rechts daher **auch nach Ablauf der Revisionsbegründungsfrist** noch nachgeschoben werden.[30] Der BGH überprüft gem. § 557 Abs. 3 Satz 1 ZPO das angefochtene Urteil im Rahmen der gestellten Anträge unter allen materiell-rechtlichen Gesichtspunkten, ohne auf die erhobene Rüge(n) beschränkt zu sein.[31] Die Revision gegen ein zurückverweisendes Berufungsurteil gem. § 538 Abs. 2 Satz 1 Nr. 1 ZPO kann nicht mit Sachrügen begründet werden, denn in einem solchen Fall kann nur auf wesentliche Verfahrensmängel, Fehler bei der Beweisaufnahme oder darauf rekurriert werden, dass das Berufungsgericht die Voraussetzungen bzw. die Grenzen seines Ermessens verkannt oder sein Ermessen nicht ausgeübt hat; sobald jedoch eine Verfahrensrüge ordnungsgemäß erhoben ist, kann auch ergänzend eine Sachrüge erhoben werden.[32]

b) Verfahrensrügen, Abs. 3 Satz 1 Nr. 2 Buchst. b
Bei Verfahrensrügen gem. § 551 Abs. 3 Satz 1 Nr. 2 Buchst. b ZPO ist die Nachprüfung – anders als bei Sachrügen – auf den Umfang der ordnungsgemäß erhobenen Rügen beschränkt, § 557 Abs. 3 Satz 2 ZPO.[33] Die **Revisionsbegründung muss die Einzeltatsachen genau bezeichnen**, aus denen sich der Verfahrensfehler ergibt, § 551 Abs. 3 Satz 1 Nr. 2 Buchst. b ZPO,[34] da diese – anders als materiell-rechtliche Fehler – oft aus dem Berufungsurteil selbst nicht ersichtlich sind.[35] Die Revision muss übergangenen Sachvortrag und Inhalt beigezogener Akten, übergangene Beweisantritte und Beweisergebnisse unter Angabe der Fundstellen in den Schriftsätzen der Vorinstanzen genau darlegen.[36] So muss etwa eine ordnungsgemäße Rüge der Verletzung der richterlichen Hinweispflicht, § 139 ZPO, darlegen, was der Revisionskläger auf den nicht erfolgten und vermissten Hinweis hin vorgetragen hätte.[37] Die Rüge darf nicht auf bloßen Verdacht erhoben werden; bei gerichtsinternen Vorgängen muss die Revision zumindest darlegen, dass sie zweckentsprechende Aufklärung gesucht hat.[38]

Mit Ausnahme der Verfahrensfehler, die das Revisionsgericht ohnehin amtswegig zu berücksichtigen hat, sind Verfahrensfehler gem. § 551 Abs. 3 Satz 1 Nr. 2 Buchst. b ZPO nur dann beachtlich, wenn sie bis zum Ablauf der Revisionsbegründungsfrist, § 551 Abs. 2 ZPO, **ordnungsgemäß gerügt** worden sind.[39] Dies gilt auch für die absoluten Revisionsgründe des § 547 ZPO.[40] Die Voraussetzung einer ordnungsgemäßen Verfahrensrüge gem. § 551 Abs. 3 Satz 1 Nr. 2 Buchst. b ZPO[41] erfüllt die Revisionsbegründung nicht, wenn sie im Falle eines kassatorischen Urteils, § 538 Abs. 2 Satz 1 Nr. 1 ZPO nur die vom Berufungsgericht angestellten materiell-rechtlichen Überlegungen beanstandet, ohne darzulegen, dass durch Sachurteil hätte entschieden werden müssen.[42]

Unrichtige tatbestandliche Feststellungen im Berufungsurteil sind im **Berichtigungsverfahren gem. § 320 ZPO** zu beheben; Verfahrensrügen gem. § 551 Abs. 3 Satz 1 Nr. 2 ZPO oder Gegenrügen des Revisionsbeklagten kommen nicht in Betracht.[43] Unterbleibt eine Urteilsberichtigung, ist das Revisionsgericht an die tatbestandlichen Feststellungen in dem Berufungsurteil gebunden, §§ 314, 559 ZPO, und muss sie seiner Beurteilung zugrunde legen[44] Ist der Antrag auf Berichtigung des Tatbestandes vom Berufungsgericht zurückgewiesen worden, kann eine Unrichtigkeit tatbestandlicher Feststellungen auch in der Revisionsinstanz mit einer Verfahrensrüge gem. § 551 Abs. 3 Satz 1 Nr. 2 ZPO geltend gemacht werden; dazu muss sich aber aus dem Berufungsurteil eine Widersprüchlichkeit der tatbestandlichen Feststellungen ergeben.[45]

---

30 BGH, NJW 2000, 364 = JurionRS 1999, 16644, Rn. 4; Musielak/Voit-*Ball*, ZPO, § 551 Rn. 10.
31 Zöller-*Heßler*, ZPO, § 551 Rn. 13.
32 BGH, NJW-RR 2008, 585 = JurionRS 2008, 10328, Rn. 1; Zöller-*Heßler*, ZPO, § 551 Rn. 13 mit Verweis auf BSG, NJW 1987, 919 = MDR 1985, 700.
33 Zöller-*Heßler*, ZPO, § 551 Rn. 14.
34 BGH, NJW 1992, 512 = JurionRS 1991, 14453, Rn. 6.
35 Musielak/Voit-*Ball*, ZPO, § 551 Rn. 11.
36 BGHZ 14, 205 (209 f.); Prütting/Gehrlein-*Ackermann*, ZPO, § 551 Rn. 13.
37 BGH, NJW 1999, 2113 (2114) = JurionRS 1999, 18867, Rn. 14.
38 BGH, NJW 1992, 512 = JurionRS 1991, 14453, Rn. 6; BGH, NJW 1986, 2115 = JurionRS 1986, 13725, Rn. 4; Musielak/Voit-*Ball*, ZPO, § 551 Rn. 11.
39 Prütting/Gehrlein-*Ackermann*, ZPO, § 551 Rn. 12.
40 Musielak/Voit-*Ball*, ZPO, § 551 Rn. 12.
41 BGH, NJW 1992, 512 = JurionRS 1991, 14453, Rn. 6.
42 BGH, NJW-RR 2008, 585; Musielak/Voit-*Ball*, ZPO, § 551 Rn. 14; Prütting/Gehrlein-*Ackermann*, ZPO, § 551 Rn. 10.
43 BGH, NJW-RR 2007, 1434 f. = JurionRS 2007, 11732, Rn. 11.
44 BGH, NJW-RR 2010, 1500 = JurionRS 2010, 16063, Rn. 10.
45 BGH, GRUR 2011, 459 = JurionRS 2010, 33536, Rn. 12; Prütting/Gehrlein-*Ackermann*, ZPO, § 551 Rn. 14.

11 Das Rügeerfordernis gem. § 551 Abs. 3 Satz 1 Nr. 2 Buchst. b ZPO inklusive der Ausschlusswirkung der Begründungsfrist gem. § 551 Abs. 2 ZPO gilt grundsätzlich auch für den **Anschlussrevisionskläger**, § 554 ZPO.[46] Dagegen sind im Einzelfall sog. Gegenrügen des Revisionsbeklagten bis zum Schluss der mündlichen Revisionsverhandlung zulässig.[47]

§ 552
Zulässigkeitsprüfung

(1) [1]Das Revisionsgericht hat von Amts wegen zu prüfen, ob die Revision an sich statthaft und ob sie in der gesetzlichen Form und Frist eingelegt und begründet ist. [2]Mangelt es an einem dieser Erfordernisse, so ist die Revision als unzulässig zu verwerfen.
(2) Die Entscheidung kann durch Beschluss ergehen.

1 § 552 ZPO entspricht § 522 Abs. 1 Satz 1–3 ZPO, der für das Berufungsverfahren die amtswegige Prüfung der Statthaftigkeit und Zulässigkeit vor der Prüfung der Begründetheit regelt;[1] auf die dortige Kommentierung wird verwiesen.

2 Die **Verwerfung der Revision als unzulässig** geschieht vor mündlicher Verhandlung durch Beschluss, danach durch Urteil;[2] sie ist in beiden Fällen unanfechtbar und für das Revisionsgericht bindend, § 318 ZPO.[3] Wegen der Unanfechtbarkeit der Entscheidung führt der Weg zur Gehörsrüge gem. § 321a ZPO.[4]

§ 552a
Zurückweisungsbeschluss

[1]Das Revisionsgericht weist die von dem Berufungsgericht zugelassene Revision durch einstimmigen Beschluss zurück, wenn es davon überzeugt ist, dass die Voraussetzungen für die Zulassung der Revision nicht vorliegen und die Revision keine Aussicht auf Erfolg hat. [2]§ 522 Abs. 2 Satz 2 und 3 gilt entsprechend.

Inhalt:
	Rn.		Rn.
A. Allgemeines	1	II. Anwendungsbereich	2
I. Normzweck	1	**B. Erläuterungen**	3

A. Allgemeines
I. Normzweck

1 § 552a ZPO bezweckt eine Entlastung des BGH durch Zurückweisung ohne den Aufwand einer mündlichen Verhandlung, wenn das Berufungsgericht die Revision zu Unrecht zugelassen hat.[1] Dieser Regelungsbedarf ergibt sich aus der Bindung des Revisionsgerichts an eine Zulassung durch das Berufungsgericht gem. § 543 Abs. 2 Satz 2 ZPO.[2] Wegen der entsprechenden Geltung von § 522 Abs. 2 Satz 2 und 3 ZPO wird auf die Kommentierung zu § 522 ZPO verwiesen.

II. Anwendungsbereich

2 Eine Zurückweisung gem. § 252a ZPO setzt voraus, dass **im Zeitpunkt der BGH-Entscheidung kein Zulassungsgrund** gem. § 543 Abs. 2 Satz 1 ZPO mehr besteht,[3] die Revision **nach Akten-**

---

46 BGH, NJW 1994, 801 (803) = JurionRS 1993, 15335, Rn. 17; Musielak/Voit-*Ball*, ZPO, § 551 Rn. 12.
47 BGHZ 121, 65 (69) = JurionRS 1992, 14658, Rn. 13; Prütting/Gehrlein-*Ackermann*, ZPO, § 551 Rn. 12; Musielak/Voit-*Ball*, ZPO, § 551 Rn. 12.

Zu § 552:
1 Vgl. Musielak/Voit-*Ball*, ZPO, § 552 Rn. 1 ff.
2 Zöller-*Heßler*, ZPO, § 552 Rn. 2, dort unter Rn. 3 Hinweise zu Gerichtskosten und RA-Gebühren.
3 Prütting/Gehrlein-*Ackermann*, ZPO, § 552 Rn. 2.
4 Prütting/Gehrlein-*Ackermann*, ZPO, § 552 Rn. 2; Musielak/Voit-*Ball*, ZPO, § 552 Rn. 3.

Zu § 552a:
1 Thomas/Putzo-*Reichold*, ZPO, § 552a Rn. 1.
2 Zöller-*Heßler*, ZPO, § 552a Rn. 2.
3 BGH, NJW-RR 2005, 650.

lage unbegründet ist und die Revisionsrichter **einstimmig** dieser Auffassung sind.[4] Die Zurückweisung setzt gem. § 252a Satz 2 ZPO, § 522 Abs. 2 Satz 2 ZPO einen **vorherigen Hinweis und** die Einräumung der **Gelegenheit zur Stellungnahme** voraus.[5]

B. Erläuterungen

Da der **Zeitpunkt der Entscheidung** des Revisionsgerichts maßgeblich für die Beurteilung ist, ob die Voraussetzungen für die Zulassung der Revision vorliegen, ist eine Zurückweisung durch Beschluss gem. § 552a ZPO zulässig, wenn die Voraussetzungen zwar im Zeitpunkt der Entscheidung des Berufungsgerichts noch vorlagen, aber danach etwa infolge einer Gesetzesänderung oder höchstrichterlicher Klärung der Rechtsfrage entfallen sind.[6]

Haben beide Parteien Revision eingelegt, erlaubt § 552a ZPO auch die Zurückweisung nur einer der beiden Revisionen,[7] denn aus einer unbeschränkten Zulassung und der Revisionseinlegung durch beide Parteien ergibt sich keine Pflicht, auch beide Revisionen mündlich zu verhandeln. Jedoch bleibt bei einer **Teilzurückweisung** die mündliche Verhandlung über die Revision der anderen Partei erforderlich, so dass die Berufungsentscheidung bzgl. dieses Teils des Streitgegenstandes noch nicht in Rechtskraft erwächst.[8] Für die Parteien kann eine frühe Zurückweisung revisionsrechtlich nicht relevanter Teile des Rechtsstreits gem. § 552a ZPO eine schnellere Vollstreckbarkeit bedeuten; jedenfalls tritt wegen Streitwertreduktion vor der mündlichen Verhandlung eine Kostenersparnis ein.[9]

§ 553
Terminsbestimmung; Einlassungsfrist

(1) Wird die Revision nicht durch Beschluss als unzulässig verworfen oder gemäß § 552a zurückgewiesen, so ist Termin zur mündlichen Verhandlung zu bestimmen und den Parteien bekannt zu machen.

(2) Auf die Frist, die zwischen dem Zeitpunkt der Bekanntmachung des Termins und der mündlichen Verhandlung liegen muss, ist § 274 Abs. 3 entsprechend anzuwenden.

§ 553 ZPO entspricht § 523 ZPO bei frühem ersten Termin im Berufungsverfahren;[1] auf die dortige Kommentierung wird mit der Maßgabe verwiesen, dass § 553 ZPO eine Übertragung auf den Einzelrichter nicht vorsieht und dem Revisionsgericht auch nicht aufgibt, unverzüglich Termin zur mündlichen Verhandlung zu bestimmen.[2]

§ 554
Anschlussrevision

(1) ¹Der Revisionsbeklagte kann sich der Revision anschließen. ²Die Anschließung erfolgt durch Einreichung der Revisionsanschlussschrift bei dem Revisionsgericht.

(2) ¹Die Anschließung ist auch statthaft, wenn der Revisionsbeklagte auf die Revision verzichtet hat, die Revisionsfrist verstrichen oder die Revision nicht zugelassen worden ist. ²Die Anschließung ist bis zum Ablauf eines Monats nach der Zustellung der Revisionsbegründung zu erklären.

(3) ¹Die Anschlussrevision muss in der Anschlussschrift begründet werden. ²§ 549 Abs. 1 Satz 2 und Abs. 2 und die §§ 550 und 551 Abs. 3 gelten entsprechend.

(4) Die Anschließung verliert ihre Wirkung, wenn die Revision zurückgenommen, verworfen oder durch Beschluss zurückgewiesen wird.

---

4 Thomas/Putzo-*Reichold*, ZPO, § 552a Rn. 2; Zöller-*Heßler*, ZPO, § 552a Rn. 3.
5 Prütting/Gehrlein-*Ackermann*, ZPO, § 552a Rn. 1; Zöller-*Heßler*, ZPO, § 552a Rn. 4.
6 BGH, NJW-RR 2005, 650; Prütting/Gehrlein-*Ackermann*, ZPO, § 552a Rn. 2.
7 BGH, NJW-RR 2007, 1022.
8 Prütting/Gehrlein-*Ackermann*, ZPO, § 552a Rn. 3.
9 BGH, NJW-RR 2007, 1022.

Zu § 553:
1 Thomas/Putzo-*Reichold*, ZPO, § 553 Rn. 1.
2 Prütting/Gehrlein-*Ackermann*, ZPO, § 553 Rn. 1.

Inhalt:

	Rn.		Rn.
A. Allgemeines	1	2. Begründung	7
I. Normzweck	1	**C. Gebühren und Kosten**	8
II. Anwendungsbereich	2	I. RA-Gebühren	8
B. Erläuterungen	3	II. Gerichtskosten	9
I. Voraussetzungen der Anschließung	3	III. Kosten der erfolglosen Anschlussrevision	10
II. Anschließung	6		
1. Erklärungsfrist	6		

A. Allgemeines
I. Normzweck

1 Mit der Anschlussrevision gem. § 554 ZPO wird der Partei, die das Berufungsurteil trotz eigener Beschwer zunächst akzeptiert hatte, die eigene Verteidigung eröffnet, damit sie ebenfalls die Möglichkeit hat, zu ihren Gunsten eine Abänderung des Berufungsurteils zu erreichen.[1] Die Anschlussrevision ist **kein eigenes Rechtsmittel, sondern** nur ein **Angriff innerhalb des vom Revisionskläger eingelegten Rechtsmittels.**[2]

II. Anwendungsbereich

2 § 554 ZPO entspricht im Wesentlichen § 524 ZPO zur Anschlussberufung, so dass auf die dortige Kommentierung mit den Einschränkungen der nachfolgenden Hinweise verwiesen wird.[3] Abweichend von den Vorschriften zur Anschlussberufungsfrist in § 524 Abs. 2 Satz 2 ZPO ist die Anschlussrevision gem. § 554 Abs. 2 Satz 2 ZPO bis zum Ablauf eines Monats nach der Zustellung der Revisionsbegründung zu erklären. Anders als die Anschlussberufung erfordert die Anschlussrevision eine **eigene Beschwer** aufgrund des Berufungsurteils.[4]

B. Erläuterungen
I. Voraussetzungen der Anschließung

3 Zwingende Voraussetzung für die Einlegung der Anschlussrevision ist die vom Prozessgegner bereits eingelegte Revision, die nicht zurückgenommen, verworfen oder sonst erledigt sein darf.[5] Da die Anschlussrevision kein selbstständiges Rechtsmittel ist und grundsätzlich von der **Zulässigkeit und Fortführung des Hauptrechtsmittels** abhängt, kann die Anschlussrevision durch die im Belieben des Revisionsklägers stehende Rücknahme der Revision ohne gerichtliche Sachentscheidung hinfällig werden.[6] Gem. § 554 Abs. 4 ZPO verliert die Anschließung ihre Wirkung, wenn die Revision zurückgenommen, verworfen oder durch Beschluss zurückgewiesen wird; bei teilweiser Zurücknahme oder Verwerfung der Revision ist die Anschlussrevision gem. § 554 Abs. 4 ZPO auf die verbleibenden Teile des Streitstoffes beschränkt.[7] Zur Vermeidung dieser **Akzessorietät** muss eine selbstständige Revision eingelegt werden, so dass dann zwei selbstständige Rechtsmittel bestehen, die nur noch einen formalen, verfahrensmäßigen Bezug haben.[8]

4 Gem. § 554 Abs. 2 Satz 1 ZPO kann eine Anschlussrevision auch dann wirksam eingelegt werden, wenn der Revisionsbeklagte zuvor auf die Revision verzichtet hat, die Revisionsfrist verstrichen oder die Revision nicht zu seinen Gunsten zugelassen worden und auch vom Revisionsgericht im NZB-Verfahren nicht zugelassen worden ist.[9] Bei einer beschränkt zugelassenen Revision, die dem Revisionskläger nur einen partiellen Angriff auf das im Übrigen hinzunehmende Berufungsurteil eröffnet, ist die **Anschlussrevision unbeschränkt zulässig**, selbst wenn eine NZB wegen Fehlens eines Zulassungsgrundes oder mangels Erreichens des Beschwerdewertes gem. § 26 Nr. 8 EGZPO erfolglos gewesen wäre.[10] Eine **Gegenanschließung des Revi-**

---

1 BGH, NJW-RR 2005, 651 = JurionRS 2005, 11282, Rn. 6 m.w.N.; Zöller-*Heßler*, ZPO, § 554 Rn. 1.
2 BGH, MDR 2012, 865.
3 Siehe Musielak/Voit-*Ball*, ZPO, § 554 Rn. 1 m.w.N.; Thomas/Putzo-*Reichold*, ZPO, § 554 Rn. 1.
4 BGH, NJW-RR 2011, 910 m.w.N.; BGH, GRUR 2011, 1043 = JurionRS 2011, 23270, Rn. 22.
5 BGHZ 17, 398 = NJW 1955, 1187 = JurionRS 1955, 13480, Rn. 7; Prütting/Gehrlein-*Ackermann*, ZPO, § 554 Rn. 2.
6 BGH, MDR 2012, 865.
7 Prütting/Gehrlein-*Ackermann*, ZPO, § 554 Rn. 9; Musielak/Voit-*Ball*, ZPO, § 554 Rn. 10.
8 Zöller-*Heßler*, ZPO, § 554 Rn. 2.
9 BGH, NJW-RR 2005, 651; Prütting/Gehrlein-*Ackermann*, ZPO, § 554 Rn. 1, 3; Musielak/Voit-*Ball*, ZPO, § 554 Rn. 4 m.w.N.
10 Prütting/Gehrlein-*Ackermann*, ZPO, § 554 Rn. 4; Thomas/Putzo-*Reichold*, ZPO, § 554 Rn. 2.

sionsklägers, der zunächst nur beschränkt Revision eingelegt hat, ist nicht möglich.[11] Daher ist die Anschlussrevision nur zulässig, wenn sie einen Lebenssachverhalt betrifft, der im **unmittelbaren rechtlichen oder wirtschaftlichen Zusammenhang mit dem von der Revision erfassten Streitgegenstand** steht.[12] Eine unzulässige, z.B. verspätet eingelegte Revision ist regelmäßig in eine Anschlussrevision umzudeuten, wenn deren Voraussetzungen vorliegen, wie etwa die Einhaltung der Monatsfrist gem. § 554 Abs. 2 Satz 2 ZPO.[13]

Da die Anschlussrevision eine aus dem Berufungsurteil resultierende **Beschwer des Revisionsbeklagten** verlangt,[14] kann der im 2. Rechtszug unterlassene Angriff gegen die erstinstanzliche Entscheidung nicht in der 3. Instanz nachgeholt werden.[15] Für die Beschwer des Anschlussrevisionsklägers besteht keine wertmäßige Mindestgrenze; § 26 Nr. 8 EGZPO ist unbeachtlich.[16]

II. Anschließung

1. Erklärungsfrist

Die Erklärung der Anschlussrevision erfolgt durch **Einreichung einer Anschlussschrift** inklusive Begründung seitens eines postulationsfähigen BGH-Anwaltes beim zuständigen Revisionsgericht **innerhalb eines Monats nach Zustellung der Revisionsbegründung**; die Anschließung bedarf keiner Zulassung.[17] Da der Revisionskläger bei gleichzeitiger Einlegung von Revision und NZB seine Revision nach Zulassung zumindest durch einen auf die NZB-Begründung bezugnehmenden Schriftsatz begründen muss (siehe § 544 Rn. 25 und § 551 Rn. 2), ist die Berechnung der Monatsfrist gem. § 554 Abs. 2 Satz 2 ZPO jedenfalls wegen der Zustellung der Revisionsbegründung sichergestellt.[18]

2. Begründung

Gem. § 554 Abs. 3 Satz 2 ZPO hat die Begründung der Anschlussrevision inhaltlich den Anforderungen des § 551 Abs. 3 ZPO für die Revisionsbegründung zu genügen.[19] Daher muss der Anschlussrevisionskläger Verfahrensfehler gem. § 551 Abs. 3 Satz 1 Nr. 2 Buchst. b ZPO seinerseits form- und fristgerecht rügen, und zwar unabhängig von Verfahrensrügen des Revisionsklägers.[20] Erhebt die Anschlussrevision eine bestimmte Verfahrensrüge nicht, legt der BGH diesbezüglich bei der revisionsrechtlichen Prüfung das Verfahren des Berufungsgerichts als fehlerfrei zugrunde.[21] Im Einzelfall kann die Wirkung einer Verfahrensrüge der Revision auf die Anschlussrevision ausstrahlen, wenn die Angriffe beider Seiten in einem untrennbaren Zusammenhang stehen.[22]

C. Gebühren und Kosten
I. RA-Gebühren

Hinsichtlich der Anschlussrevision liegt nur eine Gebühreninstanz vor, so dass der RA gem. § 15 Abs. 2 RVG die Gebühren in derselben Angelegenheit nur einmal fordern kann.

II. Gerichtskosten

Da über Revision und Anschlussrevision, die gegen ein und dasselbe Urteil gerichtet sind, in einem Verfahren verhandelt wird, fällt die allgemeine Verfahrensgebühr, Kostenverzeichnis(KV)[23] Nr. 1230, nur einmal an: vom 1-fachen Wert, wenn derselbe Streitgegenstand vorliegt; vom zusammengerechneten Wert der Streitgegenstände, wenn diese verschieden sind,

---

11 BGHZ 174, 244, Rn. 41; Zöller-*Heßler*, ZPO, § 554 Rn. 8 m.w.N.; Musielak/Voit-*Ball*, ZPO, § 554 Rn. 8 m.w.N.; Prütting/Gehrlein-*Ackermann*, ZPO, § 554 Rn. 6.
12 BGH, GRUR 2009, 515 = JurionRS 2008, 29906, Rn. 20; BGHZ 174, 244 (253); BGH v. 21.06.2001, IX ZR 73/00, juris, Rn. 42ff.
13 BGH, MDR 2012, 865; BGH v. 12.07.2012, XI ZR 147/10, juris, Rn. 2; Zöller-*Heßler*, ZPO, § 554 Rn. 1.
14 BGH, GRUR 2011, 1043 = JurionRS 2011, 23270, Rn. 22; Prütting/Gehrlein-*Ackermann*, ZPO, § 554 Rn. 5.
15 BGH, NJW 1983, 1858; Musielak/Voit-*Ball*, ZPO, § 554 Rn. 5.
16 Prütting/Gehrlein-*Ackermann*, ZPO, § 554 Rn. 5; Musielak/Voit-*Ball*, ZPO, § 554 Rn. 5.
17 Prütting/Gehrlein-*Ackermann*, ZPO, § 554 Rn. 7; Zöller-*Heßler*, ZPO, § 554 Rn. 6.
18 BGH, NJW 2008, 588 = JurionRS 2007, 44817, Rn. 6ff. m.w.N.; Prütting/Gehrlein-*Ackermann*, ZPO, § 554 Rn. 7.
19 Prütting/Gehrlein-*Ackermann*, ZPO, § 554 Rn. 8.
20 Musielak/Voit-*Ball*, ZPO, § 554 Rn. 9 m.w.N.
21 BGH, NJW 1994, 801 (803) = JurionRS 1993, 15335, Rn. 17 m.w.N.
22 BGH, NJW 1994, 801 (803) = JurionRS 1993, 15335, Rn. 18.
23 Anlage 1 zu § 3 Abs. 2 GKG.

§ 45 Abs. 1 Satz 1, 3, Abs. 2 GKG. Die selbstständige Rücknahme der Anschlussrevision hat keine Gebührenermäßigung zur Folge. Hingegen führt die – akzessorisch bedingte – Beendigung der Anschlussrevision durch Rücknahme der Hauptrevision dazu, dass das Verfahren insgesamt beendet wird, was eine Gebührenermäßigung zur Folge hat.[24]

III. Kosten der erfolglosen Anschlussrevision

10 Wird die Anschlussrevision als unzulässig verworfen oder als unbegründet zurückgewiesen, sind die anteiligen, aus dem addierten Wert von Haupt- und Anschlussrevision berechneten Kosten des Revisionsverfahrens dem Anschlussrevisionskläger aufzuerlegen.[25] Dem Revisionskläger sind im Falle der Zurücknahme einer zulässigen Hauptrevision in entsprechender Anwendung von § 97 Abs. 1 ZPO, § 516 Abs. 3 Satz 1 ZPO, § 565 ZPO, § 554 ZPO grundsätzlich auch die Kosten einer zulässig erhobenen Anschlussrevision aufzuerlegen,[26] wenn diese nach § 554 Abs. 4 ZPO ihre Wirkung wegen der Akzessorietät durch Rücknahme der Revision verliert;[27] das gilt auch bei einer Umdeutung einer unzulässigen Revision in eine Anschlussrevision.[28]

§ 555
Allgemeine Verfahrensgrundsätze

(1) ¹Auf das weitere Verfahren sind, soweit sich nicht Abweichungen aus den Vorschriften dieses Abschnitts ergeben, die im ersten Rechtszuge für das Verfahren vor den Landgerichten geltenden Vorschriften entsprechend anzuwenden. ²Einer Güteverhandlung bedarf es nicht.

(2) Die Vorschriften der §§ 348 bis 350 sind nicht anzuwenden.

(3) Ein Anerkenntnisurteil ergeht nur auf gesonderten Antrag des Klägers.

Inhalt:

	Rn.		Rn.
A. Allgemeines	1	B. Erläuterungen	3
I. Normzweck	1	I. Verfahren bei Säumnis	3
II. Anwendungsbereich und Anwendbarkeit anderer Vorschriften	2	II. Entscheidung	6

A. Allgemeines
I. Normzweck

1 Gem. § 555 ZPO gelten im Revisionsverfahren grundsätzlich die Vorschriften für das Verfahren d. 1. Instanz vor den Landgerichten, §§ 253–494a ZPO. § 565 ZPO erklärt ergänzend einzelne rechtsmitteltypische Regelungen des Berufungsverfahren für anwendbar.[1] Gem. § 555 Abs. 3 ZPO ergeht ein **Anerkenntnisurteil** nur auf gesonderten Antrag des Klägers, damit Grundsatzentscheidungen des BGH nicht gegen den Willen des Klägers durch Anerkenntnis verhindert werden können.[2]

II. Anwendungsbereich und Anwendbarkeit anderer Vorschriften

2 Auf das Revisionsverfahren sind gem. § 555 Abs. 1 und 2 ZPO die §§ 253–494a ZPO mit Ausnahme der §§ 348–350 ZPO anzuwenden; ausgenommen sind außerdem § 278 Abs. 2–5 ZPO, da eine zwingend vorgeschriebene Güteverhandlung nicht erforderlich ist.[3] Jedoch finden § 278 Abs. 1 ZPO mit der gerichtlichen Pflicht, stets auf eine gütliche Beilegung des Rechtsstreits hinzuwirken, und die Regelung zum gerichtlichen Vergleich gem. § 278 Abs. 6 ZPO Anwendung,[4] durch den das Verfahren auch in der 3. Instanz noch beendet werden kann. § 565 ZPO macht die dort benannten rechtsmitteltypischen Regelungen der Berufungsinstanz für das

---

24 Zöller-*Heßler*, ZPO, § 554 Rn. 11; Thomas/Putzo-*Reichold*, ZPO, § 554 Rn. 6.
25 Musielak/Voit-*Ball*, ZPO, § 554 Rn. 13 m.w.N.
26 BGH, NJW 2005, 651.
27 BGH, NJW 2012, 2446 (2447); BGH, NJW-RR 2005, 651.
28 BGH, NJW 2013, 875; BGH, NJW 2012, 2446 (2447).

Zu § 555:
1 Musielak/Voit-*Ball*, ZPO, § 555 Rn. 1.
2 BT-Drucks. 17/13948, S. 2, 35.
3 Thomas/Putzo-*Reichold*, ZPO, § 555 Rn. 6.
4 Musielak/Voit-*Ball*, ZPO, § 555 Rn. 3 m.w.N.; Zöller-*Heßler*, ZPO, § 555 Rn. 1.

Revisionsverfahren fruchtbar, etwa zu Verzicht und Rücknahme des Rechtsmittels. Auch die Beschränkung der Klage gem. § 264 Nr. 2 ZPO soll zulässig sein.[5] Aus § 555 Abs. 3 ZPO ergibt sich grundsätzlich die Zulässigkeit des Anerkenntnisses. Im Übrigen sind in der Revision wegen der Beschränkung auf den Tatsachenstoff der 2. Instanz, §§ 557 Abs. 1, 559 Abs. 1 ZPO, Klageänderung und Klageerweiterung, Widerklage und Aufrechnung grundsätzlich ausgeschlossen.[6] Eine übereinstimmende Erledigungserklärung gem. § 91a ZPO hat das Revisionsgericht zu beachten,[7] ebenso eine einseitige Erledigungserklärung des Klägers, sofern das erledigende Ereignis außer Streit ist.[8]

B. Erläuterungen
I. Verfahren bei Säumnis

Gem. § 555 Abs. 1 ZPO gelten für die Säumnis einer Partei bei einer zulässigen Revision die Vorschriften der §§ 330 ff. ZPO.[9] Bei unzulässiger Revision ist diese im Säumnisfall durch kontradiktorisches Urteil zu verwerfen.[10]   3

Liegt **Säumnis des Revisionsklägers** vor, muss die Revision gem. § 330 ZPO auf Antrag des Revisionsbeklagten ohne Sachprüfung durch Versäumnisurteil (VU) zurückgewiesen werden.[11]   4

Bei **Säumnis des Revisionsbeklagten** gelten zwar grundsätzlich § 331 Abs. 1, 2 ZPO, jedoch findet § 539 Abs. 2 ZPO keine entsprechende Anwendung;[12] danach wäre das zulässige tatsächliche Vorbringen des Revisionsklägers als zugestanden anzunehmen, wenn der Revisionsbeklagte nicht erscheint und der Berufungskläger gegen ihn das VU beantragt. Der BGH prüft aber auch bei Säumnis des Revisionsbeklagten die Begründetheit der Revision.[13] Auf die amtswegig zu prüfenden Tatsachen ist die Säumnis ohne Einfluss, andere gem. § 559 Abs. 1 Satz 2 ZPO, § 551 Abs. 3 Satz 1 Nr. 2 Buchst. b ZPO zulässigerweise neu vorgebrachte Tatsachen gelten – sofern § 335 Abs. 1 Nr. 3 ZPO nicht entgegensteht – als zugestanden gem. § 331 Abs. 1 ZPO.[14] Erweist sich die Revision danach als begründet, ist durch echtes VU, das gegen den Berufungsbeklagten ergeht, das Berufungsurteil aufzuheben;[15] diese VU unterscheidet sich jedoch im Umfang der Nachprüfung und im Grad der Begründung regelmäßig nicht von einem echten kontradiktorischen Revisionsurteil.[16] Erweist die Revision sich als unbegründet, ist sie durch streitiges Endurteil (unechtes VU), das gegen den erschienenen Revisionskläger ergeht, zurückzuweisen,[17] so dass hier die Säumnis des Revisionsbeklagten folgenlos bleibt.[18]   5

II. Entscheidung

In der Revisionsinstanz finden gem. § 555 Abs. 2 ZPO, der die entsprechenden Vorschriften der §§ 348–350 ZPO ausschließt, keine Einzelrichter-Entscheidungen statt.[19]   6

Wird ein **Anerkenntnisurteil** nicht gem. § 555 Abs. 3 ZPO vom Revisionskläger gesondert beantragt, ergeht ein streitiges Urteil, auch wenn der Revisionsbeklagte ein Anerkenntnis abgibt.[20] Dies gilt jedoch erst, wenn der Kläger seine Revision begründet hat; bis zu diesem Zeitpunkt kann der Revisionsbeklagte den gegen ihn geltend gemachten Anspruch einseitig anerkennen.[21]   7

---

5 Prütting/Gehrlein-*Ackermann*, ZPO, § 555 Rn. 1; Musielak/Voit-*Ball*, ZPO, § 555 Rn. 2.
6 Musielak/Voit-*Ball*, ZPO, § 555 Rn. 2; Prütting/Gehrlein-*Ackermann*, ZPO, § 555 Rn. 2.
7 BGHZ 106, 359 (368) = JurionRS 1989, 13186, Rn. 19; BGHZ 123, 264 (265) = JurionRS 1993, 15136, Rn. 6.
8 BGHZ 106, 359 (368) = JurionRS 1989, 13186, Rn. 20; Musielak/Voit-*Ball*, ZPO, § 555 Rn. 2.
9 Prütting/Gehrlein-*Ackermann*, ZPO, § 555 Rn. 3.
10 Musielak/Voit-*Ball*, ZPO, § 555 Rn. 4 m.w.N.
11 Musielak/Voit-*Ball*, ZPO, § 555 Rn. 5; Zöller-*Heßler*, ZPO, § 555 Rn. 3.
12 Thomas/Putzo-*Reichold*, ZPO, § 555 Rn. 5.
13 BGH, NJW 1999, 647 f. = JurionRS 1998, 17464, Rn. 2; BGH, NJW 1998, 156 (157) = JurionRS 1997, 19453, Rn. 13; BGH, NJW 1995, 1162 = JurionRS 1994, 15355, Rn. 4; Musielak/Voit-*Ball*, ZPO, § 555 Rn. 6; Prütting/Gehrlein-*Ackermann*, ZPO, § 555 Rn. 5 m.w.N.; Thomas/Putzo-*Reichold*, ZPO, § 555 Rn. 5.
14 Thomas/Putzo-*Reichold*, ZPO, § 555 Rn. 5.
15 BGH, NJW-RR 1996, 113 = JurionRS 1995, 15145, Rn. 5; BGH, NJW 1986, 3085 = JurionRS 1986, 13156, Rn. 10.
16 Prütting/Gehrlein-*Ackermann*, ZPO, § 555 Rn. 5; Zöller-*Heßler*, ZPO, § 555 Rn. 4; Musielak/Voit-*Ball*, ZPO, § 555 Rn. 6.
17 BGH, NJW 1993, 1788 = JurionRS 1993, 14968, Rn. 9; Thomas/Putzo-*Reichold*, ZPO, § 555 Rn. 5.
18 Zöller-*Heßler*, ZPO, § 555 Rn. 4.
19 Prütting/Gehrlein-*Ackermann*, ZPO, § 555 Rn. 6.
20 Musielak/Voit-*Ball*, ZPO, § 555 Rn. 9.
21 BGH, NJW-RR 2014, 831 f.

§ 556
Verlust des Rügerechts

Die Verletzung einer das Verfahren der Berufungsinstanz betreffenden Vorschrift kann in der Revisionsinstanz nicht mehr gerügt werden, wenn die Partei das Rügerecht bereits in der Berufungsinstanz nach der Vorschrift des § 295 ZPO verloren hat.

1 § 556 ZPO entspricht § 534 ZPO;[1] auf die dortige Kommentierung wird verwiesen. Danach kann ein Verfahrensmangel, auf dessen Rüge gem. § 295 ZPO in der Berufungsinstanz verzichtet wurde, in der Revisionsinstanz **nicht mehr** geltend gemacht werden.[2] Auf nicht gerügte Mängel des erstinstanzlichen Verfahrens kann die Revision nur gestützt werden, wenn diese vor Schluss der mündlichen Verhandlung in der 2. Instanz beanstandet wurden.[3] Fehler des Berufungsgerichts bei der Urteilsfällung sind nicht vom Rügerechtsverlust gem. § 556 ZPO betroffen, da die Parteien davon denknotwendig bei der Schlussverhandlung im zweitinstanzlichen Verfahren noch keine Kenntnis haben konnten.[4]

§ 557
Umfang der Revisionsprüfung

(1) Der Prüfung des Revisionsgerichts unterliegen nur die von den Parteien gestellten Anträge.

(2) Der Beurteilung des Revisionsgerichts unterliegen auch diejenigen Entscheidungen, die dem Endurteil vorausgegangen sind, sofern sie nicht nach den Vorschriften dieses Gesetzes unanfechtbar sind.

(3) [1]Das Revisionsgericht ist an die geltend gemachten Revisionsgründe nicht gebunden. [2]Auf Verfahrensmängel, die nicht von Amts wegen zu berücksichtigen sind, darf das angefochtene Urteil nur geprüft werden, wenn die Mängel nach den §§ 551 und 554 Abs. 3 gerügt worden sind.

Inhalt:

	Rn.		Rn.
A. Allgemeines	1	2. Verbesserungs- und Verschlechterungsverbot	4
I. Normzweck	1		
II. Anwendungsbereich	2	II. Nachprüfung von Vorentscheidungen	6
B. Erläuterungen	3	III. Prüfung von Verfahrensmängeln	7
I. Zum Umfang der revisionsrechtlichen Nachprüfung	3	1. Amtswegig zu berücksichtigende Fehler	7
1. Beschränkung durch Revisionsanträge; Anfallwirkung	3	2. Nicht amtswegig zu berücksichtigende Verfahrensmängel	9
		IV. Prüfung von Sachmängeln	10

A. Allgemeines
I. Normzweck

1 § 557 ZPO ist Ausfluss der zivilprozessualen **Dispositionsmaxime** und legt durch Bindung an die Anträge der Parteien die Grenzen der revisionsrechtlichen Überprüfung des Berufungsurteils fest.[1]

II. Anwendungsbereich

2 § 557 ZPO setzt eine zulässige Revision voraus; die Zulässigkeit ist amtswegig zu prüfen.[2] § 557 Abs. 1 ZPO regelt die **Anfallwirkung** im Rahmen der Anträge[3] und § 557 Abs. 3 ZPO bestimmt den Umfang der Begründetheitsprüfung.[4] § 557 Abs. 3 Satz 2 ZPO entspricht § 529

---

1 Thomas/Putzo-*Reichold*, ZPO, § 556 Rn. 1.
2 Prütting/Gehrlein-*Ackermann*, ZPO, § 556 Rn. 1.
3 BGHZ 133, 36 (39) = JurionRS 1996, 14528, Rn. 16.
4 BGH, NJW 1992, 1966 (1967) = JurionRS 1992, 14677, Rn. 12 m.w.N.; Musielak/Voit-*Ball*, ZPO, § 556 Rn. 1.

Zu § 557:
1 Musielak/Voit-*Ball*, ZPO, § 557 Rn. 1.
2 Thomas/Putzo-*Reichold*, ZPO, § 557 Rn. 1.
3 Prütting/Gehrlein-*Ackermann*, ZPO, § 557 Rn. 1.
4 Thomas/Putzo-*Reichold*, ZPO, § 557 Rn. 1.

Abs. 2 ZPO[5] und § 557 Abs. 2 ZPO entspricht § 512 ZPO, so dass auf die dortigen Kommentierungen zum Berufungsverfahren verwiesen werden kann. § 557 Abs. 2 ZPO bezieht in die Prüfung des BGH auch Entscheidungen des Berufungsgerichts mit ein, die dem Endurteil vorausgegangen sind und im Berufungsverfahren nicht gesondert angefochten werden konnten.[6]

B. Erläuterungen
I. Zum Umfang der revisionsrechtlichen Nachprüfung
1. Beschränkung durch Revisionsanträge; Anfallwirkung

Die revisionsrechtliche Begründetheitsprüfung erfolgt im Rahmen der zulässigen Beschränkung durch das Berufungsurteil und der zuletzt gestellten Revisions- und Anschließungsanträge.[7] Der Streitgegenstand aus der 2. Instanz wird grundsätzlich nur insoweit zum Gegenstand des Revisionsverfahrens, als das Berufungsgericht über ihn entschieden hat (**Anfallwirkung**).[8] Das Revisionsgericht muss über alle von der Anfallwirkung umfassten und in der Revisionsinstanz gestellten Anträge, auch über die unzulässigen, entscheiden.[9] Was mit den Revisionsanträgen nicht angegriffen ist, darf der BGH selbst dann nicht abändern, wenn es offensichtlich falsch ist.[10] Daher darf der BGH ein nur beschränkt angefochtenes Berufungsurteil nicht ganz aufheben, auch wenn der von ihm festgestellte Mangel den nicht angefochtenen Teil mit erfasst.[11] Der nicht angegriffene Teil einschließlich der auf ihn entfallenden zweitinstanzlichen Kostenentscheidung, etwa bei einem nach Haupt- und Hilfsanspruch differenzierten Angriff, ist der Nachprüfung und Abänderung durch das Revisionsgericht entzogen.[12]

3

2. Verbesserungs- und Verschlechterungsverbot

Gem. § 557 ZPO unterliegt das Revisionsgericht dem Verbesserungs- und Verschlechterungsverbot: es darf dem Revisionskläger nicht mehr zusprechen, als er beantragt hat, und es darf das angefochtene Urteil auch nicht zum Nachteil des Revisionsklägers abändern (*reformatio in peius*), es sei denn, der Revisionsbeklagte hat Anschlussrevision erhoben.[13] Wurde in der 2. Instanz eine Berufung zu Unrecht als unzulässig verworfen, so kann das Revisionsgericht bei Entscheidungsreife gem. § 563 Abs. 3 ZPO in der Sache zum Nachteil des Revisionsklägers entscheiden; das Verschlechterungsverbot ist hier nicht berührt, da die Wirkungen des Rechtskraft des angefochtenen Urteils nicht zum Nachteil des Klägers verändert werden.[14]

4

Greift der Revisionskläger das Berufungsurteil an, weil seine Klage als unbegründet abgewiesen wurde, ist das **Verschlechterungsverbot** ebenfalls nicht verletzt, wenn der BGH die Klage als unzulässig abweist, weil amtswegig zu berücksichtigende Prozessvoraussetzungen fehlen.[15] Das Verschlechterungsverbot ist ebenso wenig tangiert, wenn die Revision des Beklagten als unzulässig abgewiesen wird, obwohl er sich als Revisionskläger gegen das der Klage stattgebende Berufungsurteil gewandt hatte, um die Abweisung als unbegründet zu erreichen.[16] Denn wer den Rechtsstreit durch Erhebung der Revision fortsetzt, trägt auch in der Revisionsinstanz das Risiko der Entdeckung eines in den bisherigen Verfahrensteilen nicht gefundenen Mangels.[17]

5

II. Nachprüfung von Vorentscheidungen

Entsprechend § 512 ZPO sind gem. § 557 Abs. 2 ZPO in der Revisionsinstanz nur solche Vorentscheidungen des Berufungsgerichts nachprüfbar, die das Gesetz nicht für unanfechtbar erklärt hat.[18] Mithin ist derjenige Teil des Prozessgegenstandes vor einer Abänderung geschützt, über den das erstinstanzliche Gericht wirksam und mit materieller Rechtskraft zu Gunsten des

6

---

5 Prütting/Gehrlein-*Ackermann*, ZPO, § 557 Rn. 1.
6 Musielak/Voit-*Ball*, ZPO, § 557 Rn. 1.
7 Thomas/Putzo-*Reichold*, ZPO, § 557 Rn. 1 mit Verweis auf BGH, NJW 1996, 527 = JurionRS 1995, 15791, Rn. 12 f.
8 BGH, NJW 1986, 2765 (2766 f.) = JurionRS 1985, 13098, Rn. 62; Musielak/Voit-*Ball*, ZPO, § 557 Rn. 2.
9 Zöller-*Heßler*, ZPO, § 557 Rn. 5.
10 Prütting/Gehrlein-*Ackermann*, ZPO, § 557 Rn. 2.
11 Zöller-*Heßler*, ZPO, § 557 Rn. 4.
12 BGHZ 106, 219 (220 f.); Musielak/Voit-*Ball*, ZPO, § 557 Rn. 7.
13 Prütting/Gehrlein-*Ackermann*, ZPO, § 557 Rn. 3; Zöller-*Heßler*, ZPO, § 557 Rn. 1.
14 BGHZ 102, 332 (337) = JurionRS 1987, 13215, Rn. 32; BGH, NJW 2014, 1306; Musielak/Voit-*Ball*, ZPO, § 557 Rn. 7; Prütting/Gehrlein-*Ackermann*, ZPO, § 557 Rn. 4.
15 Prütting/Gehrlein-*Ackermann*, ZPO, § 557 Rn. 5; zu inzidenten Prüfung der Zulässigkeit der Klage in der Revision siehe Thomas/Putzo-*Reichold*, ZPO, § 557 Rn. 5 f.
16 Prütting/Gehrlein-*Ackermann*, ZPO, § 557 Rn. 5; Zöller-*Heßler*, ZPO, § 557 Rn. 3.
17 Zöller-*Heßler*, ZPO, § 557 Rn. 3.
18 Prütting/Gehrlein-*Ackermann*, ZPO, § 557 Rn. 6.

Revisionsklägers entschieden hat.[19] § 557 Abs. 2 ZPO schließt in der Revision eine Inzidentprüfung oberlandesgerichtlicher Entscheidungen, z.B. eines Beschlusses, durch den die Ablehnung eines Richters für begründet erklärt worden oder die Ablehnung erfolglos geblieben ist, auch dann aus, wenn eine Rechtsbeschwerde gegen einen derartigen Beschluss mangels Zulassung nicht möglich war.[20] Nach allgemeiner Auffassung sind – über den Wortlaut des § 557 Abs. 2 ZPO hinausgehend – selbstständig mit der Revision anfechtbare Vorentscheidungen des Berufungsgerichts von der **Inzidentprüfung des Revisionsgerichts** ausgenommen, wenn sie mangels einer solchen Anfechtung rechtskräftig werden.[21] Dazu zählen revisionsfähige Zwischenurteile gem. § 280 Abs. 2 ZPO, Grundurteile gem. § 304 ZPO, und Vorbehaltsurteile gem. §§ 302, 599 ZPO.[22] Die revisionsgerichtliche Inzidentprüfung einer zweitinstanzlichen Zurückweisung eines Ablehnungsgesuches gegen einen Richter ist umstritten.[23]

III. Prüfung von Verfahrensmängeln
1. Amtswegig zu berücksichtigende Fehler

7   Gem. § 557 Abs. 3 ZPO ist der BGH an die geltend gemachten Revisionsgründe nicht gebunden; er prüft amtswegig sog. **absolute Verfahrensmängel**, alle übrigen Verfahrensmängel nur dann, wenn diese entsprechend gerügt wurden.[24] Amtswegig zu berücksichtigen sind Normen, die den Inhalt von Partei- oder Gerichtshandlungen betreffen, insbesondere die **Prozessvoraussetzungen**, sowie Vorschriften, die die Öffentlichkeit der Verhandlung oder das rechtliche Gehör gewähren sollen.[25] Die Revision prüft amtswegig auch die **Sachurteilsvoraussetzungen**[26] wie Partei- und Prozessfähigkeit, Prozessführungsbefugnis und Prozessstandschaft, die Bestimmtheit des Klageantrags, das Rechtsschutzinteresse und die Zulässigkeit einer (Zwischen-)Feststellungsklage.[27] Dazu gehören auch die **Prozessfortsetzungsbedingungen**, z.B. die Zulässigkeit des Einspruchs gegen ein VU als Sachverhandlungsvoraussetzung und Sachurteilsvoraussetzung.[28] Amtswegig zu prüfen ist ferner, ob das angefochtene Urteil überhaupt ergehen durfte, z.B. ob die Voraussetzungen eines Grundurteils vorlagen.[29] Auch das Fehlen der Mindestangaben im Berufungsurteil gem. § 540 Abs. 1 Nr. 1 ZPO stellt einen absoluten Verfahrensmangel dar, der zur Aufhebung und Zurückverweisung führt.[30]

8   Das Revisionsgericht prüft **absolute Verfahrensmängel** in rechtlicher und tatsächlicher Hinsicht; dazu würdigt es Beweise, um die zur Entscheidung erforderlichen Tatsachen im entscheidungserheblichen Zeitpunkt festzustellen.[31] Es ist auch befugt und verpflichtet, neu vorgebrachte Beweismittel, etwa eine nach der letzten mündlichen Verhandlung vor dem Berufungsgericht vorgelegte Urkunde, zur Feststellung der erheblichen Tatsachen zu berücksichtigen.[32] Die Beachtung eines neuen Vorbringens einer „Neutatsache" oder eines neuen Beweismittels für eine „Alttatsache" kann bei der Prüfung einer der Parteidisposition entzogenen, auch dem Schutz der Allgemeininteressen dienenden Prozessvoraussetzung nicht mit der Erwägung versagt werden, die Partei hätte die Tatsache oder das Beweismittel schon vor dem Instanzgericht in den Rechtsstreit einführen müssen.[33]

---

19 Prütting/Gehrlein-*Ackermann*, ZPO, § 557 Rn. 3.
20 BGH, NJW-RR 2007, 775 = JurionRS 2006, 27828, Rn. 4; BGH, NJW-RR 2005, 294 (295) = JurionRS 2004, 23616, Rn. 3 ff.; Prütting/Gehrlein-*Ackermann*, ZPO, § 557 Rn. 6.
21 Prütting/Gehrlein-*Ackermann*, ZPO, § 557 Rn. 7; Musielak/Voit-*Ball*, ZPO, § 557 Rn. 11; Zöller-*Heßler*, ZPO, § 557 Rn. 5b.
22 Musielak/Voit-*Ball*, ZPO, § 557 Rn. 11; zu einem Zwischenurteil, das die Wiedereinsetzung wegen versäumter Berufungsfrist ablehnt, siehe BGHZ 47, 289 = JurionRS 1967, 14827, Rn. 4 f.
23 Vgl. Zöller-*Heßler*, ZPO, § 557 Rn. 5b mit Verweis auf BVerfG, NJW 2009, 833, das die bisherige fachgerichtliche Rechtsprechung zu dieser Frage als überholt ansieht; gegen eine Überprüfbarkeit Musielak/Voit-*Ball*, ZPO, § 557 Rn. 11 mit Verweis auf BGH, NJW-RR 2007, 775 (776).
24 Zöller-*Heßler*, ZPO, § 557 Rn. 7 ff.
25 Prütting/Gehrlein-Ackermann, ZPO, § 557 Rn. 8; zu einzelnen Bsp. siehe Zöller-Heßler, ZPO, § 557 Rn. 8.
26 BGH, NJW-RR 2000, 1156.
27 Musielak/Voit-*Ball*, ZPO, § 557 Rn. 14.
28 Prütting/Gehrlein-*Ackermann*, ZPO, § 557 Rn. 8 m.w.N.; Musielak/Voit-*Ball*, ZPO, § 557 Rn. 14 m.w.N.
29 Prütting/Gehrlein-*Ackermann*, ZPO, § 557 Rn. 8; Zöller-*Heßler*, ZPO, § 557 Rn. 8 m.w.N.; Musielak/Voit-*Ball*, ZPO, § 557 Rn. 16.
30 BGH, NJW 2011, 2054 = JurionRS 2011, 17885, Rn. 8 f.
31 BGH, NJW 1976, 1940 f. = JurionRS 1976, 13103, Rn. 22 m.w.N.; Prütting/Gehrlein-*Ackermann*, ZPO, § 557 Rn. 9.
32 BGH, NJW 1976, 1940 f. = JurionRS 1976, 13103, Rn. 23.
33 BGH, NJW 1976, 1940 f. = JurionRS 1976, 13103, Rn. 23 f.; Zöller-*Heßler*, ZPO, § 557 Rn. 14.

2. Nicht amtswegig zu berücksichtigende Verfahrensmängel

Nicht amtswegig zu berücksichtigende Verfahrensmängel müssen anders als die absoluten Verfahrensmängel gem. § 551 Abs. 3 Satz 1 Nr. 2 Buchst. b ZPO gerügt werden und zwar auch dann, wenn es sich um absolute Revisionsgründe gem. § 547 ZPO handelt.[34] Die gem. §§ 551, 554 ZPO erhobenen Verfahrensrügen prüft der BGH unter Beschränkung auf die in der Begründung der Revision bzw. der Anschlussrevision vorgetragenen Topoi gem. § 559 Abs. 1 ZPO.[35]   9

IV. Prüfung von Sachmängeln

Bei der Prüfung von Sachmängeln des Berufungsurteils ist der BGH gem. § 557 Abs. 3 Satz 1 ZPO an die geltend gemachten Revisionsgründe nicht gebunden.[36] Sofern der Revisionskläger eine ausreichende Revisionsbegründung zur Sache geliefert hat oder eine den Anspruch betreffende zulässige Verfahrensrüge erhoben hat, prüft das Revisionsgericht das Berufungsurteil umfassend auf sachliche Richtigkeit.[37]   10

§ 558
Vorläufige Vollstreckbarkeit

¹Ein nicht oder nicht unbedingt für vorläufig vollstreckbar erklärtes Urteil des Berufungsgerichts ist, soweit es durch die Revisionsanträge nicht angefochten wird, auf Antrag von dem Revisionsgericht durch Beschluss für vorläufig vollstreckbar zu erklären. ²Die Entscheidung ist erst nach Ablauf der Revisionsbegründungsfrist zulässig.

§ 558 ZPO entspricht § 537 ZPO für das Berufungsverfahren;[1] auf die dortige Kommentierung wird *mutatis mutandis* verwiesen.   1

§ 559
Beschränkte Nachprüfung tatsächlicher Feststellungen

(1) ¹Der Beurteilung des Revisionsgerichts unterliegt nur dasjenige Parteivorbringen, das aus dem Berufungsurteil oder dem Sitzungsprotokoll ersichtlich ist. ²Außerdem können nur die in § 551 Abs. 3 Nr. 2 Buchstabe b erwähnten Tatsachen berücksichtigt werden.

(2) Hat das Berufungsgericht festgestellt, dass eine tatsächliche Behauptung wahr oder nicht wahr sei, so ist diese Feststellung für das Revisionsgericht bindend, es sei denn, dass in Bezug auf die Feststellung ein zulässiger und begründeter Revisionsangriff erhoben ist.

Inhalt:

	Rn.		Rn.
A. Allgemeines	1	I. Definition des Prozessstoffes gem. § 559 ZPO	3
I. Normzweck	1	II. Parteivorbringen der 1. und 2. Instanz	8
II. Anwendungsbereich	2	III. Bindende Feststellungen, Abs. 2	12
B. Erläuterungen	3	IV. Tatsachenfeststellung in der 3. Instanz	14

A. Allgemeines
I. Normzweck

§ 559 ZPO legt den für das Revisionsverfahren maßgeblichen Prozessstoff fest.[1] Der grundsätzlich Ausschluss neuer tatsächlicher Umstände dient der **Entlastung des BGH** von zusätzlichen Arbeitsaufwand, der mit der Feststellung von Tatsachen, insbesondere einer Beweiserhebung, verbunden ist.[2] Dass als Folge des Ausschlusses ein der materiellen Rechtslage nicht entspre-   1

---

34 Prütting/Gehrlein-*Ackermann*, ZPO, § 557 Rn. 10.
35 Zöller-*Heßler*, ZPO, § 557 Rn. 10.
36 Prütting/Gehrlein-*Ackermann*, ZPO, § 557 Rn. 11.
37 Zöller-*Heßler*, ZPO, § 557 Rn. 15; zu einzelnen Bsp. siehe Thomas/Putzo-*Reichold*, ZPO, § 557 Rn. 9.

Zu § 558:
1 Zöller-*Heßler*, ZPO, § 558 Rn. 1 ff. m.w.N.

Zu § 559:
1 Musielak/Voit-*Ball*, ZPO, § 559 Rn. 1.
2 Prütting/Gehrlein-*Ackermann*, ZPO, § 559 Rn. 2.

chendes Urteil ergehen und ein neuer Rechtsstreit notwendig werden kann, nimmt das Gesetz in Kauf.[3]

II. Anwendungsbereich

2 § 559 ZPO definiert – korrespondierend mit §§ 545 Abs. 1, 546 ZPO – den **Rechtsprüfungscharakter der Revisionsinstanz**.[4] Neuer Tatsachenvortrag in der Revisionsinstanz ist grundsätzlich ausgeschlossen, § 559 Abs. 1 ZPO.[5] Grundlagen der revisionsrechtlichen Überprüfung sind grundsätzlich allein die Tatsachenfeststellungen des Berufungsurteils und das aus dem Sitzungsprotokoll ersichtliche Parteivorbringen, § 559 Abs. 1, 2 ZPO.[6]

B. Erläuterungen
I. Definition des Prozessstoffes gem. § 559 ZPO

3 In der Revisionsinstanz sind **neuer Parteivortrag** und **neue Sachanträge** bei der Definition bzw. Abgrenzung des Prozessstoffs differenziert einzuordnen.[7] Grundsätzlich können neue Ansprüche im Wege der Klageänderung, § 263 ZPO,[8] Klageerweiterung, § 264 Nr. 2, 3 ZPO,[9] Zwischenfeststellungsklage, § 256 Abs. 2 ZPO oder Widerklage, § 33 ZPO,[10] in der Revision nicht erhoben werden, da dies neuen Tatsachenvortrag voraussetzt.[11] Unzulässig ist ferner eine Parteiänderung oder -erweiterung.[12] Gem. § 559 ZPO ist grundsätzlich auch eine Änderung des Klageantrages unzulässig, etwa der Wechsel von einer Feststellungs- zur Leistungsklage,[13] es sei denn, damit ist keine Änderung des Klagegrundes i.S.d. § 253 Abs. 2 Nr. 2 ZPO verbunden,[14] sondern nur eine Beschränkung, Modifikation oder Klarstellung des früheren Antrags,[15] der sich wiederum auf einen vom Tatrichter bereits gewürdigt Sachverhalt stützt.[16]

4 Berücksichtigen muss das Revisionsgericht jedoch **prozessuale Erklärungen, die den Streit ganz oder teilweise erledigen**, insbes. Anerkenntnis, Verzicht, Klagerücknahme, Prozessvergleich, übereinstimmende Erledigungserklärungen sowie eine einseitige Erledigungserklärung des Klägers, wenn das erledigende Ereignis außer Streit ist.[17] Bei einem Widerspruch gegen die Erledigungserklärung muss die 3. Instanz zunächst prüfen, ob die Hauptsache tatsächlich erledigt ist, ob also die zunächst zulässige und begründete Klage nachträglich gegenstandslos geworden ist.[18]

5 Der BGH berücksichtigt außerdem neu vorgetragene Umstände, von denen die **Zulässigkeit der Revision abhängt**,[19] ferner neue Tatsachen, die vom Revisionsgericht amtswegig zu prüfen sind, weil sie **Prozessvoraussetzungen** oder **Prozessfortsetzungsbedingungen** betreffen.[20]

---

3 BGHZ 139, 215 (221) = JurionRS 1998, 17774 Rn. 15.
4 Thomas/Putzo-*Reichold*, ZPO, § 559 Rn. 1.
5 BGHZ 139, 215 (221) = JurionRS 1998, 17774 Rn. 14 f.
6 Prütting/Gehrlein-*Ackermann*, ZPO, § 559 Rn. 2.
7 Zur umfangreichen Kasuistik siehe etwa Zöller-*Heßler*, ZPO, § 559 Rn. 4 ff.; Musielak/Voit-*Ball*, ZPO, § 559 Rn. 4 ff.; Thomas/Putzo-*Reichold*, ZPO, § 559 Rn. 4 ff.
8 BGHZ 28, 131 (136 f.) = JurionRS 1958, 14359, Rn. 21: In der Revisionsinstanz kann ein Hilfsantrag nicht zum Hauptantrag erhoben werden, wenn darin eine in der Revisionsinstanz unzulässige Klageänderung liegt.
9 BGH, ZIP 2009, 1477 Rn. 9 = JurionRS 2009, 14374, Rn. 9 m.w.N.; BGH, NJW 1991, 1683 = JurionRS 1990, 14398, Rn. 16.
10 Prütting/Gehrlein-*Ackermann*, ZPO, § 559 Rn. 4; BGHZ 24, 279 (285).
11 BGH, NJW 1998, 2969 (2970) = JurionRS 1998, 15594, Rn. 19; Musielak/Voit-*Ball*, ZPO, § 559 Rn. 3; Thomas/Putzo-*Reichold*, ZPO, § 559 Rn. 2.
12 BGHZ 135, 107 (108 f.); Musielak/Voit-*Ball*, ZPO, § 559 Rn. 3.
13 BGH, NJW-RR 2008, 1136 ff. = JurionRS 2008, 40964, Rn. 32 f.; Musielak/Voit-*Ball*, ZPO, § 559 Rn. 3 m.w.N.
14 BGH v. 29.11.1990, I ZR 45/89, juris, Rn. 16: Zulässige Änderung, wenn auf der Grundlage des festgestellten und unstreitigen Sachverhalts ohne Beschränkung der Verteidigungs-möglichkeiten des Gegners eine abschließende Entscheidung möglich und sachdienlich ist.
15 BGH, GRUR 2013, 833, Rn. 24 f. = JurionRS 2012, 37822, Rn. 24.
16 BGH v. 18.06.1998, IX ZR 311/95, juris, Rn. 19.
17 BGH 106, 359 (368) m.w.N.; Musielak/Voit-*Ball*, ZPO, § 559 Rn. 6; Prütting/Gehrlein-*Ackermann*, ZPO, § 559 Rn. 5.
18 BGH, NJW-RR 2007, 639 = JurionRS 2006, 31268, Rn. 1; Prütting/Gehrlein-*Ackermann*, ZPO, § 559 Rn. 5.
19 BGHZ 22, 370 (372); Musielak/Voit-*Ball*, ZPO, § 559 Rn. 8; Prütting/Gehrlein-*Ackermann*, ZPO, § 559 Rn. 6.
20 BGHZ 125, 196 (200 f.); Musielak/Voit-*Ball*, ZPO, § 559 Rn. 8 ff.; Prütting/Gehrlein-*Ackermann*, ZPO, § 559 Rn. 6.

§§ 559 Abs. 1 Satz 2, 551 Abs. 3 Satz 1 Nr. 2 Buchst. b ZPO regeln explizit, dass die **Revisionsbegründung bei Verfahrensfehlern** die Bezeichnung der Tatsachen enthalten muss, aus denen sich Verfahrensfehler ergeben. Da sich diese Tatsachen, mit denen der Revisionskläger die Verfahrensrügen begründet, meist nicht aus dem Berufungsurteil oder dem Sitzungsprotokoll ergeben dürfte, ist hier neuer Tatsachenvortrag zulässig.[21] 6

Der Grundsatz des Ausschlusses neuer Tatsachen gem. § 559 ZPO ist außerdem einschränkend dahin auszulegen, dass in bestimmtem Umfang auch **Tatsachen**, die sich erst **nach Schluss der mündlichen Berufungsverhandlung**, mithin **während des Revisionsverfahrens** ereignen,[22] in die Urteilsfindung einfließen können, sofern sie unstreitig sind und schützenswerte Belange der Gegenpartei nicht entgegenstehen.[23] Denn wenn die Berücksichtigung neuer tatsächlicher Umstände keine nennenswerte Mehrarbeit verursacht und die Belange des Prozessgegners gewahrt bleiben, ist Raum für das Argument, dass es aus prozessökonomischen Gründen unverantwortlich wäre, die vom Tatsachenausschluss betroffene Partei auf einen weiteren, ggf. durch mehrere Instanzen zu führenden Prozess zu verweisen. Die Konzentration der Revisionsinstanz allein auf die rechtliche Bewertung eines bereits festgestellten Sachverhalts ist dann sekundär, und durch die Zulassung neuen Vorbringens im Revisionsverfahren ist eine rasche und endgültige Streitbeilegung herbeizuführen.[24] Schließlich können auch Entscheidungen berücksichtigt werden, die eine **vorgreifliche Rechtsfrage** rechtskräftig klären, von deren Beantwortung das Ergebnis des zur Beurteilung stehenden Rechtsstreits abhängt.[25] 7

II. Parteivorbringen der 1. und 2. Instanz

Die Revision berücksichtigt gem. § 559 Abs. 1 Satz 1 ZPO den **Tatsachenvortrag der 1. und 2. Instanz**, der **im Berufungsurteil** oder als mündlicher Parteivortrag **in einem Sitzungsprotokoll** enthalten ist.[26] Dazu gehören auch explizit und konkret in Bezug genommene Teile der Prozessakten wie Anlagen, Urkunden, Produkte und Modelle.[27] Aus dem Tatbestand des Berufungsurteils ersichtlicher Parteivortrag erbringt Beweis für das Parteivorbringen in der 2. Instanz, § 314 ZPO.[28] Gleiches gilt für die Wiedergabe von Parteivortrag in den Entscheidungsgründen des Berufungsurteils.[29] Der Tatbestand des Urteils 1. Instanz, der vom Berufungsgericht in Bezug genommen wird, liefert Beweis für das Parteivorbringen in der 1. Instanz.[30] 8

Vom Berufungsgericht **unrichtig wiedergegebener Parteivortrag** kann nur mit einem Antrag auf Tatbestandsberichtigung gem. § 320 ZPO berichtigt werden; eine Verfahrensrüge scheidet aus.[31] 9

Ein **unvollständiger Tatbestand** kann im Revisionsverfahren mit einer Verfahrensrüge gem. § 551 Abs. 3 Satz 1 Nr. 2 Buchst. b ZPO geltend gemacht werden, etwa wenn eine verfahrenswidrige Übergehung schriftsätzlichen Parteivorbringens vorliegt.[32] Einem **lückenhaften, unklaren oder widersprüchlichen Tatbestand** kommt weder Beweiskraft i.S.d. § 314 ZPO noch Bindungswirkung für die Revisionsinstanz zu, § 559 Abs. 2 Satz 2 ZPO.[33] Denn dann ist dem BGH die rechtliche Nachprüfung des Berufungsurteils regelmäßig unmöglich und es ist bereits wegen dieses Mangels auch ohne Verfahrensrüge aufzuheben,[34] sofern sich nicht der wirkliche Sach- und Streitstand zweifelsfrei aus wirksam in Bezug genommenen Schriftsätzen ergibt.[35] 10

---

21 Prütting/Gehrlein-*Ackermann*, ZPO, § 559 Rn. 3.
22 BGH, NJW 2001, 1730 (1731) = JurionRS 2001, 20787, Rn. 17.
23 BGHZ 139, 215 (221) = JurionRS 1998, 17774, Rn. 14.
24 BGHZ 139, 214 = JurionRS 1998, 17774, Rn. 15.
25 BGH, NJW 2001, 1730 (1731) = JurionRS 2001, 20787, Rn. 17; Musielak/Voit-*Ball*, ZPO, § 559 Rn. 10; Prütting/Gehrlein-*Ackermann*, ZPO, § 559 Rn. 8; Zöller-*Heßler*, ZPO, § 559 Rn. 7 m.w.N.
26 Musielak/Voit-*Ball*, ZPO, § 559 Rn. 14.
27 BGH, WRP 2007, 1076 ff. = JurionRS 2007, 33564, Rn. 23, 43 ff.
28 BGH, NZG 2007, 428 = JurionRS 2007, 11732, Rn. 11; Musielak/Voit-*Ball*, ZPO, § 559 Rn. 15.
29 Musielak/Voit-*Ball*, ZPO, § 559 Rn. 15 m.w.N.; Prütting/Gehrlein-*Ackermann*, ZPO, § 559 Rn. 10.
30 BGH, NZG 2007, 428 = JurionRS 2007, 11732, Rn. 11; Musielak/Voit-*Ball*, ZPO, § 559 Rn. 15.
31 BGHZ 173, 155, Rn. 21; Musielak/Voit-*Ball*, ZPO, § 559 Rn. 16.
32 BGH, NJW 1992, 2148 (2149) = JurionRS 1992, 14628, Rn. 22; Musielak/Voit-*Ball*, ZPO, § 559 Rn. 17.
33 BGH, NJW-RR 2005, 962 (963) = JurionRS 2005, 13872, Rn. 9 m.w.N.; BGH, NJW 2000, 3007 = JurionRS 2000, 19143, Rn. 25.
34 BGHZ 80, 64 (67); BGH, NJW-RR 1989, 306 (307) = JurionRS 1988, 13152, Rn. 23; Prütting/Gehrlein-*Ackermann*, ZPO, § 559 Rn. 12.
35 BGH, NJW 1999, 641 (642) = JurionRS 1998, 17467, Rn. 6; Musielak/Voit-*Ball*, ZPO, § 559 Rn. 18.

11 Bei einem **Widerspruch zwischen** erkennbar **unrichtigem Tatbestand und Sitzungsprotokoll** geht das Sitzungsprotokoll vor.[36] Bei einem **Widerspruch zwischen** dem Inhalt der in Bezug genommenen **Schriftsätze und** dem im Tatbestand wiedergegebenen **Parteivorbringen** ist grundsätzlich letzteres maßgeblich; einschlägige Feststellungen im Berufungsurteil begründen vollen Beweis für das mündliche Parteivorbringen und gegebenenfalls auch dafür, dass etwas in der mündlichen Verhandlung anders als in einem früheren Schriftsatz vorgetragen wurde.[37]

III. Bindende Feststellungen, Abs. 2

12 Das Revisionsgericht ist an die tatsächlichen Feststellungen des Berufungsgerichts gebunden. Jenseits des Wortlauts der § 559 Abs. 2 ZPO, wonach die Bindungswirkung für die Feststellung der Wahrheit oder Unwahrheit einer Tatsachenbehauptung besteht, ist der BGH auch an die Feststellung als offenkundig oder gerichtsbekannt gebunden.[38] Die Revision kann nur auf die Verletzung der Rechtssätze über die **Gerichtskundigkeit**, nicht auf deren Annahme selbst, gestützt werden. Die Revision kann jedoch mit der Verfahrensrüge beanstanden, das Berufungsgericht habe den Gegenbeweis abgeschnitten; die Möglichkeit, den Beweis für die Unrichtigkeit von gerichtskundigen Tatsachen zu führen, schließt § 291 ZPO nicht aus, wonach Tatsachen, die bei dem Gericht offenkundig sind, keines Beweises bedürfen.[39]

13 Die Bindung gem. § 559 Abs. 2 ZPO entfällt außerdem, wenn eine Verfahrensrüge beanstandet, dass etwa Tatsachenbehauptungen bzw. Beweisanträge verfahrensfehlerhaft übergangen oder gar nicht vorgetragene Tatsachen gewürdigt wurden, wenn bei der Beweisaufnahme oder Beweiswürdigung in 2. Instanz Fehler unterlaufen sind oder wenn das Berufungsgericht unter Verstoß gegen § 398 ZPO von der Wiederholung einer erstinstanzlichen Zeugenvernehmung abgesehen hat.[40] Keine Bindung besteht auch an Tatsachenfeststellungen, die vom BGH amtswegig zu berücksichtigende Umstände betreffen.[41]

IV. Tatsachenfeststellung in der 3. Instanz

14 Das Revisionsverfahren ist grundsätzlich von Beweisaufnahmen freizuhalten.[42] Der BGH kann jedoch die Sache zur Beweisaufnahme an das Berufungsgericht zurückverweisen, § 563 Abs. 1 ZPO, oder selbst Beweis erheben, soweit neue Tatsachen zur berücksichtigen und beweisbedürftig sind.[43] Diese müssen vorgetragen und nach den allgemeinen Vorschriften über die Beweisaufnahme gem. §§ 355 ff. ZPO bewiesen werden.[44] Bei der Prüfung der Prozessvoraussetzungen findet auch im Revisionsverfahren der **Freibeweis** statt, der mit allen möglichen Mitteln geführt und erhoben wird, wie etwa der eidesstattlichen Versicherung;[45] dies senkt nicht die Anforderungen an die richterliche Überzeugung, sondern stellt das Gericht – im Rahmen pflichtgemäßen Ermessens – nur freier bei der Gewinnung der Beweismittel und im Beweisverfahren.[46]

§ 560
Nicht revisible Gesetze

Die Entscheidung des Berufungsgerichts über das Bestehen und den Inhalt von Gesetzen, auf deren Verletzung die Revision nach § 545 nicht gestützt werden kann, ist für die auf die Revision ergehende Entscheidung maßgebend.

---

36 BGH, NJW 1992, 311 (312) = JurionRS 1991, 14532, Rn. 13 m.w.N.; Prütting/Gehrlein-*Ackermann*, ZPO, § 559 Rn. 13.
37 BGH, NJW 2003, 1390 (1391) = JurionRS 2003, 23689, Rn. 13 m.w.N.; Musielak/Voit-*Ball*, ZPO, § 559 Rn. 19.
38 BGH, NJW 1993, 2674 (2675) = JurionRS 1993, 15073, Rn. 25 m.w.N.; Musielak/Voit-*Ball*, ZPO, § 559 Rn. 20; Prütting/Gehrlein-*Ackermann*, ZPO, § 559 Rn. 14.
39 BGH, NJW 1993, 2674 (2675) = JurionRS 1993, 15073, Rn. 25 m.w.N.
40 Musielak/Voit-*Ball*, ZPO, § 559 Rn. 22 m.w.N.; Zöller-*Heßler*, ZPO, § 559 Rn. 11 m.w.N.
41 BGHZ 48, 12 (15) = JurionRS 1967, 12454, Rn. 17 m.w.N.; Zöller-*Heßler*, ZPO, § 559 Rn. 11.
42 BGHZ 104, 215 (222) = JurionRS 1988, 13598, Rn. 13; vgl. auch § 559 Rn. 1 f.
43 BGHZ 104, 215 = JurionRS 1988, 13598, Rn. 13; BGH, NJW 1976, 1940 (1941).
44 Musielak/Voit-*Ball*, ZPO, § 559 Rn. 11; Prütting/Gehrlein-*Ackermann*, ZPO, § 559 Rn. 9.
45 BGH, NJW 1992, 627 (628) = JurionRS 1991, 14346, Rn. 10 m.w.N.
46 BGH, NJW-RR 1992, 1338 (1339) = JurionRS 1992, 14360, Rn. 6 m.w.N.

Inhalt:

	Rn.		Rn.
A. Allgemeines	1	I. Abgrenzung zwischen revisiblem und nicht revisiblem Recht	3
I. Normzweck	1		
II. Anwendungsbereich	2	II. Nachprüfung irrevisiblen Rechts	5
B. Erläuterungen	3		

A. Allgemeines
I. Normzweck

§ 560 ZPO regelt die Frage, wie irrevisibles Recht und die hierzu getroffenen Feststellungen des Berufungsgerichts vom Revisionsgericht zu behandeln sind.[1] 1

II. Anwendungsbereich

§ 560 ZPO wirkt zusammen mit § 545 Abs. 1 ZPO,[2] wonach die Revision nur auf eine Verletzung des Rechts im Berufungsurteil gestützt werden kann.[3] § 560 ZPO ergänzt, dass das Revisionsgericht an die tatsächlichen Feststellungen des Berufungsgerichts über Bestehen und Inhalt nicht revisibler Gesetze gebunden ist.[4] 2

B. Erläuterungen
I. Abgrenzung von revisiblem und irrevisiblem Recht

Aus §§ 545, 560 ZPO ergibt sich die Unterscheidung zwischen revisiblem und nicht revisiblem Recht, wobei der BGH über das Bestehen und den Inhalt revisiblen Rechts frei befinden kann, über das irrevisible jedoch nicht.[5] D. h. eine Prüfung, ob das irrevisible Recht richtig ausgelegt und ob es richtig und vollständig angewendet worden ist, ist grundsätzlich unzulässig.[6] Ist die irrevisible Norm von revisiblem Recht oder die Anwendung der irrevisiblen Norm durch eine Verletzung revisiblen Rechts beeinflusst, ist dies jedoch vom Revisionsgericht zu berücksichtigen, denn auch in diesen Fällen beruht die Entscheidung des Berufungsgerichts auf einem Verstoß gegen revisibles Recht, wenn dem Berufungsgericht insoweit ein Rechtsfehler unterlaufen ist.[7] 3

Gem. §§ 545, 560 ZPO sind **Revisionsrügen ausgeschlossen**, die auf die freie Beweiswürdigung gem. § 286 ZPO gestützt sind[8] oder die zweitinstanzliche Auslegung irrevisiblen Rechts angreifen, weil sie den allgemeinen Auslegungsregeln, Erfahrungssätzen oder den Denkgesetzen widerspreche,[9] weil das Berufungsgericht bei der Anwendung irrevisiblen Rechts die Beweislastverteilung verkannt oder Verfahrensvorschriften verletzt habe.[10] Der Ausschluss von Revisionsrügen gilt auch, soweit amtswegig zu prüfende Prozessvoraussetzungen nach irrevisiblem Recht zu beurteilen sind; dazu gehört ausländisches Recht,[11] wobei jedoch nachprüfbar ist, ob die Ermittlung des ausländischen Rechts verfahrensrechtlich einwandfrei zustande gekommen ist.[12] 4

II. Nachprüfung irrevisiblen Rechts

In Ausnahmefällen kann das Revisionsgericht irrevisibles Recht, also insbes. Recht ohne Rechtsnormqualität sowie ausländisches Recht,[13] selbst auslegen.[14] Der BGH prüft, ob das Berufungsgericht bei der Ermittlung oder Anwendung irrevisiblen Rechts revisible Vorschriften verletzt hat und ob das angewendete irrevisible Recht höherrangigem revisiblem Recht ent- 5

---

1 Prütting/Gehrlein-*Ackermann*, ZPO, § 560 Rn. 1; Musielak/Voit-*Ball*, ZPO, § 560 Rn. 1.
2 Musielak/Voit-*Ball*, ZPO, § 560 Rn. 1.
3 Prütting/Gehrlein-*Ackermann*, ZPO, § 560 Rn. 1.
4 Thomas/Putzo-*Reichold*, ZPO, § 560 Rn. 1.
5 Zöller-*Heßler*, ZPO, § 560 Rn. 1 ff.
6 Prütting/Gehrlein-*Ackermann*, ZPO, § 560 Rn. 2.
7 BGHZ 118, 295 (299).
8 BGH, NJW 1994, 1408 (1409) = JurionRS 1994, 15510, Rn. 10 m.w.N.; BGH, NJW 1992, 438 (440) = JurionRS 1991, 14118, Rn. 24 m.w.N.
9 BGH, NJW 1994, 1408 (1409) = JurionRS 1994, 15510, Rn. 10; Prütting/Gehrlein-*Ackermann*, ZPO, § 560 Rn. 2.
10 Prütting/Gehrlein-*Ackermann*, ZPO, § 560 Rn. 2; Musielak/Voit-*Ball*, ZPO, § 560 Rn. 3.
11 BGH, NJW 1995, 2097 = JurionRS 1995, 15180, Rn. 5.
12 BGHZ 21, 214 (217) = JurionRS 1975, 12489, Rn. 5 ff.; Musielak/Voit-*Ball*, ZPO, § 560 Rn. 3.
13 Prütting/Gehrlein-*Ackermann*, ZPO, § 560 Rn. 3 m.w.N.
14 Zöller-*Heßler*, ZPO, § 560 Rn. 4.

spricht.[15] Geprüft wird ferner, ob statt des vom Berufungsgericht angewendeten irrevisiblen Rechts revisibles Recht anzuwenden ist oder umgekehrt.[16]

6 Die Verfahrensrüge gem. § 551 Abs. 3 Satz 1 Nr. 2 Buchst. b ZPO kann gegen die Verletzung prozessrechtlicher Pflichten gem. § 293 ZPO zur **Ermittlung** des Gewohnheitsrechts oder **ausländischen Rechts** gerichtet werden,[17] etwa gegen eine tatrichterliche Überschreitung der sich aus dem Einzelfall ergebenden Ermessensgrenzen.[18] So wird es regelmäßig ermessensfehlerhaft sein, wenn der Tatrichter seiner Entscheidung statt des maßgebenden Rechts eines bestimmten Staates das Recht eines anderen Staates zugrunde legt. Gem. § 551 Abs. 3 Satz 1 Nr. 2 Buchst. b ZPO kann auch gerügt werden, dem Berufungsurteil sei nicht zu entnehmen, ob der angewandte Rechtssatz im ausländischen Recht tatsächlich bestehe,[19] ferner, dass die 2. Instanz das in Frage kommende ausländische Recht aus Rechtsprechung und Rechtslehre sowie aus der Praxis nur unvollständig ermittelt habe.[20] Voraussetzung ist jedoch, dass die Rüge nicht doch die Nachprüfung irrevisiblen ausländischen Rechts beabsichtigt, und, dass die auf ausländisches Recht gestützte Parteibehauptung in der 2. Instanz objektiv geeignet war, eine tatrichterliche Pflicht zur Ermittlung des ausländischen Rechts zu begründen.[21] Je detaillierter und kontroverser der Vortrag der Parteien zu einer bestimmten **ausländischen Rechtspraxis** ausfällt, desto höher sind die Anforderungen an deren zweitinstanzliche Würdigung, desto umfassendere Ausführungen zur Rechtslage sind mithin vom Tatrichter zu erwarten.[22] Haben die Parteien leichten Zugang zu den Erkenntnisquellen der ausländischen Rechtsordnung, müssen sie das ausländische Recht konkret darstellen.[23]

7 Die **Rüge** von Verfahrensfehlern bei **der Anwendung irrevisiblen Rechts** ist **ausnahmsweise zulässig,** wenn etwa bzgl. § 286 ZPO die Übergehung von Sachvortrag, von Beweisantritten oder Beweisergebnissen auch vom Standpunkt der Auslegung aus, die das Berufungsgericht selbst dem irrevisiblen Recht gibt, beachtlich ist.[24] Der BGH unterliegt keiner Beschränkung bei der Anwendung irrevisiblen Rechts, das erst nach Schluss der Berufungsverhandlung in Kraft trat oder vom Berufungsgericht übersehen wurde.[25]

§ 561
Revisionszurückweisung

Ergibt die Begründung des Berufungsurteils zwar eine Rechtsverletzung, stellt die Entscheidung selbst aber aus anderen Gründen sich als richtig dar, so ist die Revision zurückzuweisen.

Inhalt:

	Rn.		Rn.
A. Allgemeines	1	II. Anwendungsbereich	2
I. Normzweck	1	**B. Erläuterungen**	4

A. Allgemeines
I. Normzweck

1 § 561 ZPO regelt einen **speziellen Fall der Unbegründetheit** und stellt im Interesse der Prozessökonomie klar, dass das Rechtsmittel auch dann zurückzuweisen ist, wenn das Berufungsurteil zwar auf einer Gesetzesverletzung i.S.d. § 545 ZPO beruht, im Ergebnis aber aus anderen als vom Berufungsgericht angenommenen Gründen richtig ist.[1]

---

15 BGH, NJW-RR 2009, 311, Rn. 10 = JurionRS 2008, 26896, Rn. 10; Prütting/Gehrlein-*Ackermann*, ZPO, § 560 Rn. 3 f.; Musielak/Voit-*Ball*, ZPO, § 560 Rn. 4.
16 BGH, NJW 1995, 2097 = JurionRS 1995, 15180, Rn. 4.
17 BGH, NJW-RR 2009, 311 = JurionRS 2008, 26896, Rn. 10; BGH, NJW 2003, 2685 (2686) = JurionRS 2003, 23745, Rn. 7 ff.; Musielak/Voit-*Ball*, ZPO, § 560 Rn. 4 m.w.N.
18 BGHZ 118, 151 (162 f.).
19 BGHZ 118, 151 (163) m.w.N.
20 BGH, NJW 1992, 3106 (3107) = JurionRS 1992, 14440, Rn. 9 m.w.N.; BGH, NJW 2003, 2685 (2686) = JurionRS 2003, 23745, Rn. 9; Prütting/Gehrlein-*Ackermann*, ZPO, § 560 Rn. 4.
21 BGHZ 118, 312 (319 f.); BGHZ 118, 151 (163); Musielak/Voit-*Ball*, ZPO, § 560 Rn. 4.
22 BGHZ 118, 151 (164); Prütting/Gehrlein-*Ackermann*, ZPO, § 560 Rn. 4.
23 BGHZ 118, 312 (319 f.).
24 BGH, NJW 1988, 636 (637) = JurionRS 1987, 13010, Rn. 14 m.w.N.; BGHZ 24, 159 (164); BGHZ 3, 342 (346 f.); Musielak/Voit-*Ball*, ZPO, § 560 Rn. 4; Prütting/Gehrlein-*Ackermann*, ZPO, § 560 Rn. 5.
25 BGHZ 40, 197 (201) m.w.N.; Musielak/Voit-*Ball*, ZPO, § 560 Rn. 4.

Zu § 561:
1 Prütting/Gehrlein-*Ackermann*, ZPO, § 561 Rn. 1; Musielak/Voit-*Ball*, ZPO, § 561 Rn. 1; Zöller-*Heßler*, ZPO, § 561 Rn. 4 m.w.N.

II. Anwendungsbereich

Die Revision ist als unbegründet und durch Urteil zurückzuweisen, wenn die angefochtene, aber im Ergebnis inhaltlich richtige zweitinstanzliche Entscheidung revisibles Recht nicht verletzt, mithin nur die Verletzung irrevisiblen Rechts gerügt wird, § 545 ZPO, wenn das Berufungsurteil nicht auf der gerügten Gesetzesverletzung beruht, §§ 545 Abs. 1, 546 ZPO, oder wenn entgegen den Anforderungen des § 557 Abs. 3 Satz 2 ZPO Verfahrensmängel nicht oder nicht ordnungsgemäß gerügt worden sind.[2]

Bei Vorliegen eines ordnungsgemäß gerügten, **absoluten Revisionsgrundes gem.** § 547 ZPO ist § 561 ZPO nicht anwendbar, so dass die Revision nicht deshalb zurückgewiesen werden kann, weil die angefochtene Entscheidung aus anderen Gründen richtig ist;[3] das fehlerhaft ergangene Berufungsurteil ist dann auch bei richtigem Ergebnis aufzuheben.[4]

B. Erläuterungen

Wurde der Klage unter **Verletzung materiellen Rechts** stattgegeben, so ist die Revision gem. § 561 ZPO zurückzuweisen, wenn das Berufungsurteil nicht hierauf **beruht**; zu prüfen ist also nicht nur, ob eine Rechtsverletzung vorliegt, sondern auch, ob sie das angefochtene Urteil entscheidend beeinflusst hat.[5] So greift § 561 ZPO, wenn sich der Klageanspruch auch auf eine andere als die vom Berufungsgericht herangezogene Anspruchsgrundlage stützen lässt.[6] Erweist sich das Parteivorbringen des Beklagten auch aus Sicht des Revisionsgerichts als unerheblich, soll es unbeachtlich sein, wenn das Berufungsgericht diese vom Beklagten vorgebrachten Gründe gar nicht oder anders gewürdigt hat; das angefochtene Berufungsurteil ist dann ebenfalls aufrechtzuerhalten.[7] **Beruht die angefochtene Entscheidung auf Verfahrensmängeln**, bleibt die Revision gem. § 561 ZPO aus Gründen der Prozessökonomie erfolglos, wenn auch unter Einbeziehung verfahrensfehlerhaft übergangenen Parteivortrags oder unter Ausklammerung verfahrensfehlerhaft festgestellter Tatsachen der BGH zum gleichen Ergebnis kommt und auch das Berufungsgericht nach erneuter Würdigung zu keinem anderen Ergebnis gelangen könnte.[8] Allerdings ist auf eine begründete **Verfahrensrüge** das Urteil bereits dann aufzuheben, wenn nur die Möglichkeit besteht, dass die Entscheidung bei prozessordnungsgemäßem Verfahren anders hätte ausfallen können, wenn also nicht ausgeschlossen werden kann, dass das Gericht 2. Instanz bei Berücksichtigung des übergangenen Vorbringens anders entschieden hätte.[9]

Gem. § 561 ZPO ist die Revision zurückzuweisen, wenn ein aufgrund des vom Berufungsgericht herangezogenen Rechts unrichtiges Berufungsurteil sich infolge einer **zwischenzeitlichen Gesetzesänderung** als richtig erweist.[10] Wurde der Revisionskläger durch den Rechtsfehler der 2. Instanz begünstigt, ist das angefochtene Berufungsurteil wegen des Verbots der *reformatio in peius* ebenfalls aufrechtzuerhalten.[11] Eine Zurückweisung der Revision gem. § 561 ZPO hat ferner zu erfolgen, wenn das Berufungsgericht wegen falscher Beurteilung der Schlüssigkeit der Klage trotz Säumnis des Beklagten die Berufung durch unechtes Versäumnisurteil (VU) zurückgewiesen hatte und der Beklagte auch in der 3. Instanz säumig ist. Das Revisionsgericht darf dann nicht anstelle des Berufungsgerichts der Klage durch VU stattgeben, sondern muss die Sache zur Verhandlung und Entscheidung an das Berufungsgericht zurückverweisen, da sonst die **prozessualen Rechte des Beklagten unzulässig verkürzt** würden.[12]

---

2 Prütting/Gehrlein-*Ackermann*, ZPO, § 560 Rn. 1; Thomas/Putzo-*Reichold*, ZPO, § 261 Rn. 1–4.
3 Zöller-*Heßler*, ZPO, § 561 Rn. 1.
4 Musielak/Voit-*Ball*, ZPO, § 561 Rn. 5; Prütting/Gehrlein-*Ackermann*, ZPO, § 561 Rn. 2; Prütting/Gehrlein-*Ackermann*, ZPO, § 561 Rn. 2: § 561 ZPO soll bei einem lediglich nicht mit Gründen versehenen Berufungsurteil, § 547 Nr. 6 ZPO, Anwendung finden, so dass hier die Revision zurückgewiesen werden könnte.
5 Zöller-*Heßler*, ZPO, § 561 Rn. 1.
6 Prütting/Gehrlein-*Ackermann*, ZPO, § 561 Rn. 3.
7 Musielak/Voit-*Ball*, ZPO, § 561 Rn. 2; Prütting/Gehrlein-*Ackermann*, ZPO, § 561 Rn. 3.
8 BGHZ 132, 245 (248 f.) = JurionRS 1996, 14698, Rn. 9 m.w.N.; Prütting/Gehrlein-*Ackermann*, ZPO, § 561 Rn. 3.
9 BVerfGE 62, 392 (396); BGH, NJW 2003, 3205 = JurionRS 2003, 23617, Rn. 12 m.w.N.
10 BGHZ 2, 324 = JurionRS 1951, 11143, Rn. 7–9; Zöller-*Heßler*, ZPO, § 561 Rn. 3 m.w.N.
11 Zöller-*Heßler*, ZPO, § 561 Rn. 3.
12 BGH, MDR 1987, 131 = JurionRS 1986, 13156, Rn. 17 m.w.N.; Zöller-*Heßler*, ZPO, § 561 Rn. 5.

§ 562
Aufhebung des angefochtenen Urteils

(1) Insoweit die Revision für begründet erachtet wird, ist das angefochtene Urteil aufzuheben.

(2) Wird das Urteil wegen eines Mangels des Verfahrens aufgehoben, so ist zugleich das Verfahren insoweit aufzuheben, als es durch den Mangel betroffen wird.

Inhalt:

	Rn.		Rn.
A. Allgemeines	1	II. Anwendungsbereich	2
I. Normzweck	1	B. Erläuterungen	3

A. Allgemeines
I. Normzweck

1 § 562 ZPO regelt zusammen mit § 563 ZPO, wie das Revisionsgericht bei einer begründeten Revision entscheidet.[1]

II. Anwendungsbereich

2 Der Anwendungsbereich des § 562 ZPO ist eröffnet, wenn der Rechtsstreit in der Revisionsinstanz überhaupt **angefallen** ist **und entscheidungsreif** ist.[2] Daher sind Vorlagen an den Großen Senat für Zivilsachen (GSZ), den Vereinigten Großen Senat (VGS), § 132 GVG, an den Gemeinsamen Senat der Obersten Bundesgerichte (GmS-OBG), § 11 RsprEinhG, an das BVerfG, Art. 100, 126 GG, oder an den EuGH, Art. 267 AEUV, vorab vorzunehmen.[3]

B. Erläuterungen

3 **Beruht** die zweitinstanzliche Entscheidung **auf** einer **Rechtsverletzung**, §§ 545 ff. ZPO, und stellt sie sich nicht aus anderen Gründen als richtig dar, § 561 ZPO, ist sie gem. § 562 ZPO aufzuheben, damit eine neue Entscheidung des Berufungsgerichts, § 563 Abs. 1, 4 ZPO, oder eine ersetzende Entscheidung des BGH gem. § 563 Abs. 3 ZPO möglich wird.[4]

4 Wird das zweitinstanzliche Urteil wegen eines **Verfahrensfehlers** aufgehoben, ist damit gem. **§ 562 Abs. 2 ZPO** auch eine Aufhebung des Verfahrens verbunden, wobei der Mangel nicht zwingend das gesamte Verfahren betreffen muss.[5] Umgekehrt kann sich die Aufhebung etwa auf eine unter Verletzung des rechtlichen Gehörs durchgeführte Beweisaufnahme beschränken, so dass dann das Beweisergebnis in der 2. Instanz nicht mehr verwertet werden kann.[6] Das Revisionsgericht kann die Aufhebung auch auf die tatsächlichen Feststellungen des Berufungsgerichts beschränken.[7]

5 Nach dem Wortlaut des § 562 Abs. 1 ZPO, der die Aufhebung vorsieht, **insoweit** die Revision für begründet erachtet wird, ist die **Aufhebung** auf alle Teile des Berufungsurteils **beschränkbar**, die gem. §§ 310 ff. ZPO Gegenstand einer selbstständigen Entscheidung sein können.[8] Die Aufhebung kann beschränkt werden auf die Entscheidung über einen von mehreren selbstständigen Klageansprüchen, auf die Entscheidung über die Klage oder Widerklage, auf den Betrag eines nach Grund und Höhe streitigen Anspruchs,[9] oder bei zweitinstanzlicher Abweisung von Haupt- und Hilfsantrag auf die Entscheidung über Letzteren.[10]

6 Aus § 562 ZPO ergibt sich, dass das Berufungsurteil nur insoweit aufgehoben werden kann, als es mit der Revision angefochten ist.[11] Der **nicht angefochtene Teil des Urteils** wird – von einem entsprechenden Rechtsmittelverzicht abgesehen – erst dann rechtskräftig, wenn er weder durch Erweiterung der Rechtsmittelanträge noch durch ein Anschlussrechtsmittel in das Rechtsmittelverfahren einbezogen werden kann und damit insoweit jede Möglichkeit einer Änderung im Rechtsmittelzug ausgeschlossen ist.[12]

---

1 Prütting/Gehrlein-*Ackermann*, ZPO, § 562 Rn. 1.
2 Prütting/Gehrlein-*Ackermann*, ZPO, § 562 Rn. 2 m.w.N.
3 Musielak/Voit-*Ball*, ZPO, § 562 Rn. 2.
4 Musielak/Voit-*Ball*, ZPO, § 562 Rn. 1 ff.
5 Prütting/Gehrlein-*Ackermann*, ZPO, § 562 Rn. 4.
6 Zöller-*Heßler*, ZPO, § 562 Rn. 3.
7 Thomas/Putzo-*Reichold*, ZPO, § 562 Rn. 1.
8 Zöller-*Heßler*, ZPO, § 562 Rn. 1.
9 Musielak/Voit-*Ball*, ZPO, § 562 Rn. 3 m.w.N.; Zöller-*Heßler*, ZPO, § 562 Rn. 1 m.w.N.
10 Zöller-*Heßler*, ZPO, § 562 Rn. 1; Musielak/Voit-*Ball*, ZPO, § 562 Rn. 3 m.w.N.
11 Prütting/Gehrlein-*Ackermann*, ZPO, § 562 Rn. 3.
12 BGH, NJW 1994, 657 (659) = JurionRS 1993, 14807, Rn. 25 m.w.N.; Musielak/Voit-*Ball*, ZPO, § 562 Rn. 3.

§ 563
Zurückverweisung; eigene Sachentscheidung

(1) ¹Im Falle der Aufhebung des Urteils ist die Sache zur neuen Verhandlung und Entscheidung an das Berufungsgericht zurückzuverweisen. ²Die Zurückverweisung kann an einen anderen Spruchkörper des Berufungsgerichts erfolgen.

(2) Das Berufungsgericht hat die rechtliche Beurteilung, die der Aufhebung zugrunde gelegt ist, auch seiner Entscheidung zugrunde zu legen.

(3) Das Revisionsgericht hat jedoch in der Sache selbst zu entscheiden, wenn die Aufhebung des Urteils nur wegen Rechtsverletzung bei Anwendung des Gesetzes auf das festgestellte Sachverhältnis erfolgt und nach letzterem die Sache zur Endentscheidung reif ist.

(4) Kommt im Fall des Absatzes 3 für die in der Sache selbst zu erlassende Entscheidung die Anwendbarkeit von Gesetzen, auf deren Verletzung die Revision nach § 545 nicht gestützt werden kann, in Frage, so kann die Sache zur Verhandlung und Entscheidung an das Berufungsgericht zurückverwiesen werden.

Inhalt:

	Rn.		Rn.
A. Allgemeines	1	2. Verfahren nach Zurückverweisung	5
I. Normzweck	1	3. Bindung des Berufungsgerichts	7
II. Anwendungsbereich	2	4. Selbstbindung des Revisions-	
B. Erläuterungen	3	gerichts	10
I. Zurückverweisung an das Berufungsgericht, Abs. 1	3	II. Eigene Sachentscheidung des Revisionsgerichts, Abs. 3	11
1. Zurückverweisung an das Berufungsgericht	3	III. Fakultative Zurückverweisung, Abs. 4	13

A. Allgemeines
I. Normzweck

§ 563 ZPO regelt zusammen mit § 562 ZPO, welche Entscheidung in 3. Instanz bei begründeter Revision zu treffen ist.[1]   1

II. Anwendungsbereich

Ist das angefochtene Urteils aufzuheben, muss die Sache an das Berufungsgericht zurückverwiesen werden, §§ 562, 563 Abs. 1 ZPO, das dann auf der Grundlage der rechtlichen Beurteilung des BGH eine neue Berufungsentscheidung trifft, § 563 Abs. 2 ZPO. Im Falle des § 563 Abs. 3 ZPO hat das Revisionsgericht die ersetzende Entscheidung selbst zu treffen und im Falle des § 563 Abs. 4 ZPO ist ihm freigestellt, ob es selbst entscheidet oder zurückverweist.[2]   2

B. Erläuterungen
I. Zurückverweisung an das Berufungsgericht, Abs. 1
1. Zurückverweisung an das Berufungsgericht

Die Zurückverweisung an das Berufungsgericht gem. § 563 Abs. 1 ZPO ist in der 3. Instanz die Regel und hängt nicht, wie in 2. Instanz gem. § 538 Abs. 2 ZPO, von zwingenden Voraussetzungen ab. Zurückzuverweisen ist in allen Fällen begründeter Revision, in denen der BGH die ersetzende Entscheidung mangels Entscheidungsreife nicht selbst treffen kann, vgl. § 563 Abs. 2 ZPO.[3]   3

Das **Berufungsgericht ist Adressat der Zurückverweisung** gem. § 563 Abs. 1 ZPO.[4] Ausnahmen stellen die Zurückverweisung an die 1. Instanz in der Sprungrevision gem. § 566 Abs. 8 Satz 2 ZPO sowie als ersetzende Entscheidung, § 563 Abs. 3 ZPO, auf Antrag gem. § 538 Abs. 2 Satz 1 ZPO vor.[5] Welcher Spruchkörper des Gerichts, an das zurückverwiesen wird, erneut verhandeln und entscheiden muss, bestimmt sich nach dem dortigen Geschäftsverteilungsplan.[6] Der zuständige Spruchkörper ist auch zur Entscheidung über **Prozessreste** berufen, die etwa bei einer Revision gegen ein Teilurteil in 2. Instanz verblieben waren.[7] Die   4

---

1 Prütting/Gehrlein-*Ackermann*, ZPO, § 563 Rn. 1.
2 Musielak/Voit-*Ball*, ZPO, § 563 Rn. 1.
3 Prütting/Gehrlein-*Ackermann*, ZPO, § 563 Rn. 2; Musielak/Voit-*Ball*, ZPO, § 563 Rn. 2.
4 Prütting/Gehrlein-*Ackermann*, ZPO, § 563 Rn. 3.
5 Prütting/Gehrlein-*Ackermann*, ZPO, § 563 Rn. 3; Musielak/Voit-*Ball*, ZPO, § 563 Rn. 3.
6 BGH, NJW 2011, 1279 (1280); Musielak/Voit-*Ball*, ZPO, § 563 Rn. 5.
7 Musielak/Voit-*Ball*, ZPO, § 563 Rn. 5 m.w.N.

Zurückverweisung erfolgt nur im Fall des § 563 Abs. 1 Satz 2 ZPO an einen bestimmten Senat des Berufungsgerichts.[8] Davon macht der BGH nur in Ausnahmefällen Gebrauch,[9] etwa dann, wenn das Berufungsgericht eklatant bzw. wiederholt gegen höchstrichterliche Entscheidungen verstoßen hat und zu erwarten ist, dass dieser Verstoß sich nach Zurückverweisung wiederholt.[10]

2. Verfahren nach Zurückverweisung

5 Durch die Zurückverweisung gem. § 563 Abs. 1 Satz 1 ZPO wird das **frühere Berufungsverfahren wiedereröffnet** und es muss ausgehend von der Lage bei Schluss der früheren Berufungsverhandlung fortgesetzt werden,[11] so dass eine Kontinuität zwischen alter und neuer Verhandlung entsteht.[12] Als Ergänzung oder anstelle früherer Anträge und früheren Vorbringens können die Parteien neue Anträge stellen und neue Angriffs- und Verteidigungsmittel vorbringen,[13] wobei Zurückweisungen gem. § 530, 531 ZPO zulässig sind.[14] Die Tatsachenfeststellungen und Beweisergebnisse der früheren Verfahrens sind weiterhin verwertbar, soweit nicht auch gem. § 562 Abs. 2 ZPO das Verfahren des Berufungsgerichts aufgehoben oder in den Gründen des Revisionsurteils beanstandet worden ist.[15] Die Bindung an ein früheres Geständnis bleibt bis zu einem wirksamen Widerruf erhalten, §§ 535, 290 ZPO. Tatsachen, die im früheren Berufungsverfahren nicht bestritten worden waren und gem. § 138 Abs. 3 ZPO als zugestanden galten, können nach Zurückverweisung gem. § 563 Abs. 1 ZPO in der Fortsetzung des Berufungsverfahrens nun noch bestritten werden.[16]

6 Soweit nicht bereits Teilrechtskraft eingetreten ist,[17] **kann** die **Berufung** noch auf Teile **erweitert werden**, die im früheren Verfahren nicht Gegenstand der Berufung waren, oder auf den gesamten ursprünglichen Streit ausgedehnt werden; es gibt keinen konkludenten teilweisen Rechtsmittelverzicht.[18] Gleiches gilt für die **Anschlussberufung**, § 524 ZPO: Die Zurückverweisung gibt z.B. dem Kläger Gelegenheit, sich in der erneuten Berufungsverhandlung dem Rechtsmittel des Beklagten anzuschließen.[19] Die nicht fristgebundene unselbstständige Anschließung ist auch in diesem Stadium noch zulässig, weil die Zurückverweisung das Berufungsverfahren wieder in den Stand vor Erlass des angefochtenen Urteils versetzt.[20] Anders läge es, wenn nur der Beklagte als Berufungskläger Revision eingelegt hätte, denn dann stünde auch bei Zurückverweisung des ganzen Rechtsstreits das Verbot der *reformatio in peius* einer Anschlussberufung entgegen.[21]

3. Bindung des Berufungsgerichts

7 § 563 Abs. 2 ZPO institutionalisiert die sich ohnehin aus dem Instanzenzug ergebende Autorität des Revisionsgerichts,[22] so dass grundsätzlich die **rechtliche Beurteilung des BGH**, die der Aufhebung zu Grunde liegt, **für die Entscheidung des Berufungsgerichts bindend** ist. Diese Bindungswirkung gem. § 563 Abs. 2 ZPO soll verhindern, dass eine endgültige Entscheidung der Sache durch das Hin- und Herschieben zwischen Berufungs- und Revisionsgericht bei jeweils gleichbleibender Rechtsauffassung verzögert oder gar vereitelt wird.[23] Korrespondierend zur Bindungswirkung für die Berufungsgerichte besteht eine, wenn auch eingeschränkte Selbstbindung des Revisionsgerichts (siehe § 263 Rn. 9), die das Berufungsgericht davon abhalten soll, seine von einer verlautbarten BGH-Rechtsprechung abweichende Auffassung entgegen § 563 Abs. 2 ZPO zur höchstrichterlichen Nachprüfung zu stellen. Die in § 563 Abs. 2 ZPO statuierte **Bindungswirkung** hat eine zügige Befriedung der Prozessparteien zum Ziel

---

8 Musielak/Voit-*Ball*, ZPO, § 563 Rn. 5.
9 Musielak/Voit-*Ball*, ZPO, § 563 Rn. 4.
10 Prütting/Gehrlein-*Ackermann*, ZPO, § 563 Rn. 4.
11 BGH, NJW 1989, 170 = JurionRS 1988, 14824, Rn. 3 m.w.N.
12 Vgl. Prütting/Gehrlein-*Ackermann*, ZPO, § 563 Rn. 5; Zöller-*Heßler*, ZPO, § 563 Rn. 2; Musielak/Voit-*Ball*, ZPO, § 563 Rn. 8.
13 BGH, NJW 1963, 444; Musielak/Voit-*Ball*, ZPO, § 563 Rn. 7.
14 Zöller-*Heßler*, ZPO, § 563 Rn. 2.
15 Musielak/Voit-*Ball*, ZPO, § 563 Rn. 8 m.w.N.
16 BGH, NJW 1995, 3115 (3116) = JurionRS 1995, 15537, Rn. 12.
17 BGH, NJW 1994, 657 (659) = JurionRS 1993, 14807, Rn. 24 f.; Musielak/Voit-*Ball*, ZPO, § 563 Rn. 7.
18 BGH, NJW 2001, 146; Musielak/Voit-*Ball*, ZPO, § 563 Rn. 7.
19 BGH, NJW 1994, 586 (588) = JurionRS 1993, 15108, Rn. 21.
20 Vgl. § 563 Rn. 5; BGH, NJW 1989, 170 = JurionRS 1988, 14824, Rn. 3 m.w.N.
21 BGH, NJW-RR 1989, 1404; BGH v. 15.10.1993, V ZR 19/92, juris, Rn. 21; BGH v. 04.07.1988, II ZR 334/87, juris, Rn. 3; Musielak/Voit-*Ball*, ZPO, § 563 Rn. 7.
22 BGH v. 28.09.2000, IX ZR 6/99, juris, Rn. 45; GemSen-OGH, BGHZ 60, 392 (397 f.); Prütting/Gehrlein-*Ackermann*, ZPO, § 563 Rn. 6.
23 GemSen-OGH, BGHZ 60, 392 (397 f.).

und ist tendenziell **einer Rechtskraft vergleichbar**.[24] Daher ist die 2. Instanz an die der Aufhebung zugrunde liegende Rechtsauffassung der 3. Instanz selbst dann gebunden, wenn nach ihrer Ansicht ein Rechtssatz übersehen oder irrtümlich falsch ausgelegt wurde.[25] Das Berufungsgericht ist auch bei verfassungsrechtlichen Bedenken an das zurückverweisende Urteil gebunden, die 2. Instanz kann sich der Bindungswirkung nicht mit dem Argument entziehen, die Ansicht des Revisionsgerichts sei greifbar gesetzeswidrig.[26]

Die **Bindungswirkung** gem. § 563 Abs. 2 ZPO besteht **nur bzgl. der rechtliche Beurteilung** des Revisionsgerichts, sofern diese der Aufhebung unmittelbar zu Grunde liegt, mithin kausal ist.[27] An Rechtsauffassungen in einem *obiter dictum* besteht mangels **Entscheidungskausalität** keine Bindung.[28] Bindung besteht nur bzgl. Ansprüche, die Gegenstand der Revisionsentscheidung waren, jedoch nicht für neue Ansprüche.[29] Die Bindung der 2. Instanz gem. § 563 Abs. 2 ZPO besteht ferner bzgl. der in 3. Instanz zu Grunde gelegten Tatsachen, die das Revisionsgericht ausnahmsweise selbst zu treffen hatte.[30] Die Bindungswirkung entfällt, wenn das Gericht, an das zurückverwiesen wird, neue Tatsachen feststellt und auf der Grundlage eines geänderten maßgeblichen Sachverhalts entscheidet, als dem, von dem das Revisionsgericht auszugehen hatte.[31] Erfahrungssätze und technische Regeln sind nicht umfasst; hat das Berufungsgericht begründete Zweifel an ihrer Richtigkeit, muss es den technischen Sachverhalts selbst aufklären und darf sich dem nicht unter Hinweis auf die anderslautende höchstrichterliche Rechtsprechung entziehen.[32]

8

Die Bindungswirkung gem. § 263 Abs. 2 ZPO entfällt, wenn sich die Rechtslage durch Gesetzesänderung oder Rechtsprechungsänderung nachträglich ändert.[33]

9

4. Selbstbindung des Revisionsgerichts

Gelangt eine gem. § 563 Abs. 1 ZPO zurückverwiesene Sache erneut vor das Revisionsgericht, so besteht **keine absolute Selbstbindung** an seine eigene vormalige Rechtsauffassung. Denn i.S.d. Rechtsfortbildung entfällt die Selbstbindung des BGH, wenn er seine Rechtsauffassung zwischenzeitlich geändert und die auch bekanntgegeben hat.[34] Das gilt auch, wenn der BGH seine Rechtsauffassung erst geändert hat, nachdem die Vorinstanz bereits im zweiten Rechtsgang unter Berücksichtigung der alten Rechtsauffassung entschieden hat.[35] Die Bindungswirkung der Rechtauffassung eines obersten Bundesgerichtes entfällt ebenfalls, wenn zwischenzeitlich das Bundesverfassungsgericht oder i.R.d. Art. 267 AEUV der EuGH abweichend entschieden haben. Dann gebietet die Beachtung des höherrangigen Rechts das Zurücktreten der verfahrensrechtlichen Bindung.[36]

10

II. Eigene Sachentscheidung des Revisionsgerichts, Abs. 3

Gem. § 563 Abs. 3 ZPO trifft das Revisionsgericht eine eigene Sachentscheidung, wenn die Aufhebung des Urteils nur wegen einer **fehlerhaften oder unterbliebenen Subsumtion** erfolgt und die Sache zur Endentscheidung reif ist, vgl. § 300 ZPO.[37] Die **Entscheidungsreife** liegt vor, wenn es keiner weiteren tatsächlichen Feststellungen mehr bedarf, um eine instanzbeendende Entscheidung zu treffen.[38] Daran fehlt es regelmäßig, wenn die 2. Instanz die Klage als unzu-

11

---

24 BGH, NJW 2007, 1127 = JurionRS 2006, 29295, Rn. 20.
25 BGH, NJW 2007, 1127 = JurionRS 2006, 29295, Rn. 20 mit Verweis auf BGH v. 04.05.1994, XII ARZ 36/93, juris, Rn. 6; BAG, NJW 2009, 3739 = JurionRS 2009, 25027, Rn. 11 f.; Prütting/Gehrlein-*Ackermann*, ZPO, § 563 Rn. 6.
26 BGH, NJW 2007, 1127 = JurionRS 2006, 29295, Rn. 21; Zöller-*Heßler*, ZPO, § 563 Rn. 3a m.w.N.
27 BGHZ 132, 6 (10); Thomas/Putzo-*Reichold*, ZPO, § 563 Rn. 5 ff. m.w.N.
28 Musielak/Voit-*Ball*, ZPO, § 563 Rn. 11; Zöller-*Heßler*, ZPO, § 563 Rn. 3a m.w.N.
29 Prütting/Gehrlein-*Ackermann*, ZPO, § 563 Rn. 8; Musielak/Voit-*Ball*, ZPO, § 563 Rn. 12 m.w.N.; Thomas/Putzo-*Reichold*, ZPO, § 563 Rn. 6 m.w.N.
30 BGH, NJW 1995, 3115 (3116) = JurionRS 1995, 15537, Rn. 12; Prütting/Gehrlein-*Ackermann*, ZPO, § 563 Rn. 8.
31 BGHZ 159, 122 (127); Musielak/Voit-*Ball*, ZPO, § 563 Rn. 13.
32 BGH, NJW 1982, 1049 (1050) = JurionRS 1981, 12532; Musielak/Voit-*Ball*, ZPO, § 563 Rn. 10 m.w.N.
33 BGHZ 145, 316 (319) = NJW-RR 2001, 447; zu den Rechtsprechungsänderungen siehe § 263 Rn. 10; Musielak/Voit-*Ball*, ZPO, § 563 Rn. 13 m.w.N.; Thomas/Putzo-*Reichold*, ZPO, § 263 Rn. 6 m.w.N.; Zöller-*Heßler*, ZPO, § 263 Rn. 5.
34 BGH, NJW 2007, 1127 = JurionRS 2006, 29295, Rn. 20; Prütting/Gehrlein-*Ackermann*, ZPO, § 563 Rn. 9; vgl. auch BAG, NJW 2009, 3739 = JurionRS 2009, 25027, Rn. 12.
35 GemSen-OGH, BGHZ 60, 392 (397 f.).
36 BGHZ 167, 169 f., Rn. 11 f.; BGHZ 129, 178 (185); Prütting/Gehrlein-*Ackermann*, ZPO, § 563 Rn. 9.
37 BGHZ 122, 308 (316); Thomas/Putzo-*Reichold*, ZPO, § 563 Rn. 13.
38 Prütting/Gehrlein-*Ackermann*, ZPO, § 563 Rn. 10.

lässig abgewiesen oder die Berufung verworfen hat.[39] Sind jedoch gem. § 563 Abs. 3 ZPO weitere tatsächliche Feststellungen weder erforderlich noch zu erwarten,[40] eröffnen die **gesetzliche Pflicht zur eigenen Sachentscheidung** und das Gebot der Prozessökonomie dem Revisionsgericht die Möglichkeit zur eigenständigen Auslegung, zur ergänzenden Feststellung des Sachverhaltes und zur Subsumtion.[41] Dies gilt auch für unbestimmte Rechtsbegriffe und Generalklauseln.[42] Festgestellt ist der **entscheidungserhebliche** Sachverhalt, wenn er sich aus dem Berufungsurteil als unstreitig, offenkundig, gerichtsbekannt, zugestanden oder bewiesen ergibt und keine berechtigten Verfahrensrügen bzgl. der Tatsachenfeststellungen erhoben sind, §§ 559 Abs. 2, 551 Abs. 3 Satz 1 Nr. 2 Buchst. b ZPO.[43]

12 Der BGH trifft jedoch gem. § 563 Abs. 3 ZPO keine eigene ersetzende Entscheidung, wenn der Sachverhalt bisher nur vom Gericht 1. Instanz festgestellt und vom Berufungsgericht noch nicht gem. § 529 Abs. 1 Nr. 1 ZPO daraufhin geprüft wurde, ob konkrete Anhaltspunkte Zweifel an der Richtigkeit oder Vollständigkeit der entscheidungserheblichen Feststellungen der 1. Instanz begründen.[44] Diese Prüfung kann nicht vom Revisionsgericht vorgenommen werden, weil die Ermittlung oder Verneinung konkreter Anhaltspunkte für eine Unrichtigkeit der erstinstanzlichen Tatsachenfeststellungen ihrerseits eine neue Tatsachenfeststellung darstellen kann und damit in die Zuständigkeit des Tatrichters fällt.[45]

III. Fakultative Zurückverweisung, Abs. 4

13 Das Revisionsgericht kann nach seiner Wahl zurückverweisen oder selbst entscheiden, wenn die ersetzende Entscheidung gem. § 563 Abs. 3 ZPO die Anwendung nicht revisiblen Rechts erfordert.[46] Entscheidet es selbst, ist es an die Feststellungen des Berufungsgerichts zum nicht revisiblen Recht gebunden, § 560 ZPO.[47] Enthält das Berufungsurteil aber dazu keine Feststellungen, ist die Anwendung irrevisiblen Rechts frei nachprüfbar.[48]

§ 564
Keine Begründung der Entscheidung bei Rügen von Verfahrensmängeln

¹Die Entscheidung braucht nicht begründet zu werden, soweit das Revisionsgericht Rügen von Verfahrensmängeln nicht für durchgreifend erachtet. ²Dies gilt nicht für Rügen nach § 547.

1 § 564 ZPO dient der **Entlastung des Revisionsgerichts** von der Mühe, jede einzelne erfolglose Verfahrensrüge ausdrücklich bescheiden zu müssen, und zwar unabhängig davon, ob die Rüge nicht ordnungsgemäß erhoben ist, § 551 Abs. 3 Satz 1 Nr. 2 Buchst. b ZPO, oder ob sie nicht durchgreift, weil das gerügte Verfahren fehlerfrei ist.[1] Gleiches gilt für eine im Revisionsverfahren erhobene Gehörsrüge, § 321a ZPO.[2] Die Verneinung eines absoluten Revisionsgrundes, § 547 ZPO, muss jedoch begründet werden gem. § 564 Satz 2 ZPO.[3] Ergänzend zu § 564 Satz 1 ZPO gelten über §§ 555, 525 ZPO die Erleichterungen beim Abfassen des Urteils gem. §§ 540, 313a ZPO.[4]

---

39 Zöller-*Heßler*, ZPO, § 563 Rn. 11 m.w.N.
40 BGH v. 28.09.2000, IX ZR 6/99, juris, Rn. 37.
41 BGHZ 122, 308 (316) = JurionRS 1993, 15415, Rn. 22; Prütting/Gehrlein-*Ackermann*, ZPO, § 563 Rn. 11.
42 BGH v. 30.04.1993, V ZR 234/91, juris, Rn. 22; Musielak/Voit-*Ball*, ZPO, § 563 Rn. 20 m.w.N.; Zöller-*Heßler*, ZPO, § 563 Rn. 11 a.E. m.w.N.
43 Prütting/Gehrlein-*Ackermann*, ZPO, § 563 Rn. 11.
44 BGH, NJW 2008, 576 = JurionRS 2007, 43194, Rn. 27.
45 BGH v. 30.10.2007, X ZR 101/06, juris, Rn. 27; Prütting/Gehrlein-*Ackermann*, ZPO, § 563 Rn. 12.
46 BGHZ 118, 151 (168) m.w.N.; BGH, NJW 1997, 2233 = JurionRS 1997, 20540, Rn. 15 m.w.N.; Prütting/Gehrlein-*Ackermann*, ZPO, § 563 Rn. 14; Zöller-*Heßler*, ZPO, § 563 Rn. 13.
47 BGHZ 24, 159 (164) = JurionRS 1957, 13594, Rn. 32 m.w.N.; Musielak/Voit-*Ball*, ZPO, § 563 Rn. 29.
48 BGHZ 118, 312 (319) = JurionRS 1992, 14361, Rn. 24; Prütting/Gehrlein-*Ackermann*, ZPO, § 563 Rn. 14; Zöller-*Heßler*, ZPO, § 563 Rn. 13.

Zu § 564:
1 Musielak/Voit-*Ball*, ZPO, § 564 Rn. 2.
2 BGH, NJW 2005, 1432 (1433).
3 Zöller-*Heßler*, ZPO, § 564 Rn. 2; Prütting/Gehrlein-*Ackermann*, ZPO, § 564 Rn. 1.
4 Thomas/Putzo-*Reichold*, ZPO, § 564 Rn. 1.

§ 565
Anzuwendende Vorschriften des Berufungsverfahrens

¹Die für die Berufung geltenden Vorschriften über die Anfechtbarkeit der Versäumnisurteile, über die Verzichtsleistung auf das Rechtsmittel und seine Zurücknahme, über die Rügen der Unzulässigkeit der Klage und über die Einforderung, Übersendung und Zurücksendung der Prozessakten sind auf die Revision entsprechend anzuwenden. ²Die Revision kann ohne Einwilligung des Revisionsbeklagten nur bis zum Beginn der mündlichen Verhandlung des Revisionsbeklagten zur Hauptsache zurückgenommen werden.

Inhalt:

	Rn.		Rn.
A. Allgemeines	1	II. Anwendungsbereich	2
I. Normzweck	1	B. Erläuterungen	3

A. Allgemeines
I. Normzweck

§ 565 ZPO ergänzt § 555 ZPO, der die Vorschriften über das landgerichtliche Verfahren 1. Instanz im Revisionsverfahren für anwendbar erklärt; über § 565 ZPO sind die explizit aufgeführten Vorschriften des Berufungsverfahrens im Revisionsverfahren anwendbar.[1] Mit dem **Zustimmungserfordernis** gem. § 565 Satz 2 ZPO soll erreicht werden, dass Grundsatzentscheidungen des BGH nicht gegen den Willen des Revisionsbeklagten durch Revisionsrücknahme verhindert werden können.[2]   1

II. Anwendungsbereich

Gem. § 565 ZPO anwendbare Vorschriften über das Berufungsverfahren sind die Bestimmungen zur Anfechtbarkeit eines Versäumnisurteils (VU), § 514 ZPO, Verzicht und Rücknahme der Revision, §§ 515, 516 ZPO, Rügen gegen die Zulässigkeit der Klage, § 532 ZPO, sowie zu Einforderung, Übersendung und Zurücksendung der Prozessakten, § 541 ZPO.   2

B. Erläuterungen

Ein **in der 2. Instanz erlassenes VU**, § 345 ZPO, ist gem. §§ 565, 514 Abs. 2 Satz 1 ZPO mit der Revision anfechtbar, nicht jedoch ein erstes VU, § 514 Abs. 1 ZPO,[3] es sei denn, damit wird ein **Wiedereinsetzungsantrag** der säumigen Partei zurückgewiesen, § 238 Abs. 2 Satz 2 ZPO.[4] Die Revision kann entsprechend § 514 Abs. 2 Satz 1 ZPO nur darauf gestützt werden, das Berufungsgericht habe bei Erlass der angefochtenen Entscheidung rechtsfehlerhaft eine schuldhafte Säumnis angenommen.[5] Im Übrigen ist die Revision ohne Rücksicht auf Beschwer und Zulassung unbeschränkt statthaft,[6] §§ 514 Abs. 2 Satz 2, 511 Abs. 2 Nr. 2 ZPO i.V.m. § 543 Abs. 1 ZPO.[7] Gem. §§ 565, 514 Abs. 2 Satz 2 ZPO muss auch die Berufungssumme, § 511 Abs. 2 Nr. 1 ZPO nicht erreicht sein.[8]   3

Für **Verzicht und Rücknahme der Revision** gelten §§ 565, 515, 516 ZPO mit der Maßgabe des § 565 Satz 2 ZPO, wonach ab Beginn der mündlichen Verhandlung zur Hauptsache die Rücknahme nur mit Zustimmung des Revisionsbeklagten zulässig ist;[9] die Rücknahme muss durch einen beim BGH zugelassenen Rechtsanwalt erfolgen.[10] Der Beschluss gem. § 516 Abs. 3 Satz 2 ZPO setzt keinen Antrag voraus.[11]   4

Für die **Rüge gegen die Unzulässigkeit der Klage** gelten §§ 565, 532 ZPO, die jedoch von geringer praktischer Bedeutung sind, weil im Revisionsverfahren unverzichtbare Prozessrügen amtswegig geprüft werden, soweit sie nicht gem. § 545 Abs. 2 ZPO ausgeschlossen sind.[12] Neue verzichtbare Zulässigkeitsrügen gem. § 532 ZPO können in 3. Instanz schon gem. § 559   5

---

1 Prütting/Gehrlein-*Ackermann*, ZPO, § 565 Rn. 1.
2 Musielak/Voit-*Ball*, ZPO, § 565 Rn. 2 mit Verweis auf BT-Drucks. 17/13948, S. 35 f.
3 Prütting/Gehrlein-*Ackermann*, ZPO, § 565 Rn. 2.
4 Musielak/Voit-*Ball*, ZPO, § 565 Rn. 2.
5 Prütting/Gehrlein-*Ackermann*, ZPO, § 565 Rn. 2.
6 BGH, NJW-RR 2008, 876 = JurionRS 2008, 12228, Rn. 3 m.w.N.
7 Thomas/Putzo-*Reichold*, ZPO, § 565 Rn. 2.
8 Musielak/Voit-*Ball*, ZPO, § 565 Rn. 2.
9 Thomas/Putzo-*Reichold*, ZPO, § 565 Rn. 3.
10 Musielak/Voit-*Ball*, ZPO, § 565 Rn. 3.
11 Prütting/Gehrlein-*Ackermann*, ZPO, § 565 Rn. 3.
12 Prütting/Gehrlein-*Ackermann*, ZPO, § 565 Rn. 4.

Abs. 1 ZPO grundsätzlich nicht mehr vorgebracht werden.[13] Ausnahmsweise neu vorgebracht werden kann die Einrede der mangelnden Prozesskostensicherheit, §§ 110 ff. ZPO,[14] sofern die Voraussetzungen dafür erst in 3. Instanz erfüllt sind oder die Verspätung genügend entschuldigt wird.[15]

Prozessakten sind gem. §§ 565, 541 ZPO unverzüglich einzufordern, zu übersenden und nach Erledigung zurück zu senden.[16]

§ 566
Sprungrevision

(1) ¹Gegen die im ersten Rechtszug erlassenen Endurteile, die ohne Zulassung der Berufung unterliegen, findet auf Antrag unter Übergehung der Berufungsinstanz unmittelbar die Revision (Sprungrevision) statt, wenn
1. der Gegner in die Übergehung der Berufungsinstanz einwilligt und
2. das Revisionsgericht die Sprungrevision zulässt.

²Der Antrag auf Zulassung der Sprungrevision sowie die Erklärung der Einwilligung gelten als Verzicht auf das Rechtsmittel der Berufung.

(2) ¹Die Zulassung ist durch Einreichung eines Schriftsatzes (Zulassungsschrift) bei dem Revisionsgericht zu beantragen. ²Die §§ 548 bis 550 gelten entsprechend. ³In dem Antrag müssen die Voraussetzungen für die Zulassung der Sprungrevision (Absatz 4) dargelegt werden. ⁴Die schriftliche Erklärung der Einwilligung des Antragsgegners ist dem Zulassungsantrag beizufügen; sie kann auch von dem Prozessbevollmächtigten des ersten Rechtszuges oder, wenn der Rechtsstreit im ersten Rechtszug nicht als Anwaltsprozess zu führen gewesen ist, zu Protokoll der Geschäftsstelle abgegeben werden.

(3) ¹Der Antrag auf Zulassung der Sprungrevision hemmt die Rechtskraft des Urteils. ²§ 719 Abs. 2 und 3 ist entsprechend anzuwenden. ³Die Geschäftsstelle des Revisionsgerichts hat, nachdem der Antrag eingereicht ist, unverzüglich von der Geschäftsstelle des Gerichts des ersten Rechtszuges die Prozessakten einzufordern.

(4) ¹Die Sprungrevision ist nur zuzulassen, wenn
1. die Rechtssache grundsätzliche Bedeutung hat oder
2. die Fortbildung des Rechts oder die Sicherung einer einheitlichen Rechtsprechung eine Entscheidung des Revisionsgerichts erfordert.

²Die Sprungrevision kann nicht auf einen Mangel des Verfahrens gestützt werden.

(5) ¹Das Revisionsgericht entscheidet über den Antrag auf Zulassung der Sprungrevision durch Beschluss. ²Der Beschluss ist den Parteien zuzustellen.

(6) Wird der Antrag auf Zulassung der Revision abgelehnt, so wird das Urteil rechtskräftig.

(7) ¹Wird die Revision zugelassen, so wird das Verfahren als Revisionsverfahren fortgesetzt. ²In diesem Fall gilt der form- und fristgerechte Antrag auf Zulassung als Einlegung der Revision. ³Mit der Zustellung der Entscheidung beginnt die Revisionsbegründungsfrist.

(8) ¹Das weitere Verfahren bestimmt sich nach den für die Revision geltenden Bestimmungen. ²§ 563 ist mit der Maßgabe anzuwenden, dass die Zurückverweisung an das erstinstanzliche Gericht erfolgt. ³Wird gegen die nachfolgende Entscheidung des erstinstanzlichen Gerichts Berufung eingelegt, so hat das Berufungsgericht die rechtliche Beurteilung, die der Aufhebung durch das Revisionsgericht zugrunde gelegt ist, auch seiner Entscheidung zugrunde zu legen.

Inhalt:

	Rn.		Rn.
A. Allgemeines	1	II. Verfahrensgang	7
I. Normzweck	1	**C. Gebühren und Kosten**	8
II. Anwendungsbereich	2	I. RA-Gebühren	8
B. Erläuterungen	3	II. Gerichtskosten	10
I. Zulässigkeitsvoraussetzungen der Sprungrevision	3		

---

13 Musielak/Voit-*Ball*, ZPO, § 565 Rn. 4.
14 Thomas/Putzo-*Reichold*, ZPO, § 565 Rn. 4.
15 BGH, NJW-RR 1990, 278 = JurionRS 1989, 13615, Rn. 6; BGHZ 37, 264 (266); Prütting/Gehrlein-*Ackermann*, ZPO, § 565 Rn. 4.
16 Prütting/Gehrlein-*Ackermann*, ZPO, § 565 Rn. 5.

A. Allgemeines
I. Normzweck

§ 566 ZPO steht im Zeichen der **Prozessökonomie**, denn mit der Sprungrevision können die Parteien einen allein um Rechtsfragen geführten Streit bei reduzierten Kosten unter Verzicht auf die Berufungsinstanz einer höchstrichterlichen Entscheidung zuführen.[1]   1

II. Anwendungsbereich

Das Verfahren der Sprungrevision weist trotz vieler Parallelen zum NZB-Verfahren (siehe § 544 ZPO) einige Besonderheiten auf;[2] es richtet sich nicht gegen Endurteile der 2. Instanz, sondern der 1. Instanz, wenn der abzuurteilende Sachverhalt unstreitig sowie nicht weiter aufklärungsbedürftig ist und die Entscheidung **nur** von **materiellen Rechtsfragen**, nicht jedoch von Verfahrensmängeln, § 566 Abs. 4 Satz 2 ZPO, abhängt.[3] Dem Übergehen der Berufungsinstanz müssen alle Parteien zustimmen, § 266 Abs. 1 Satz 1 Nr. 1 ZPO.[4] Für die Sprungrevision in Arbeitssachen gilt § 76 ArbGG.   2

B. Erläuterungen
I. Zulässigkeitsvoraussetzungen der Sprungrevision

Gem. § 566 Abs. 2 Satz 1 ZPO wird die Sprungrevision durch Einreichung der **Zulassungsschrift** beim Revisionsgericht eingeleitet, die gem. § 566 Abs. 2 Satz 2 ZPO den Maßgaben der §§ 548–550 ZPO bzgl. Frist, Form und Zustellung entsprechen muss, also insbesondere innerhalb der Revisionsfrist von 1 Monat, beginnend ab Zustellung der Entscheidung 1. Instanz, einzureichen ist, § 548 ZPO.[5] Das Gericht 1. Instanz kann die Sprungrevision nicht wirksam zulassen.[6] Die Zulassung kann noch nach Einlegung der Berufung oder nach deren Zurücknahme beantragt werden, solange die Berufungsfrist nicht abgelaufen ist.[7] Bereits der Antrag auf Zulassung der Sprungrevision hemmt die Rechtskraft des Berufungsurteils, § 566 Abs. 3 Satz 1 ZPO, und der BGH kann nun auch unter den Voraussetzungen des § 719 Abs. 2, 3 ZPO die Zwangsvollstreckung einstellen.[8]   3

Die gegnerische **Einwilligungserklärung** in die Sprungrevision ist dem Zulassungsantrag beizufügen, § 566 Abs. 2 Satz 4 ZPO; sie muss handschriftlich unterzeichnet sein und vor Ablauf der Revisionsfrist dem Revisionsgericht vorliegen.[9] Wird die Einwilligung nicht telegrafisch, per Telefax, Computerfax oder elektronisch erklärt, ist sie im Original einzureichen; eine vom Anwalt des Antragstellers gefertigte, auch beglaubigte Fotokopie der Einwilligungserklärung genügt nicht.[10] Einwilligungsbefugt sind der Antragsgegner und sein Prozessbevollmächtigter des 1. Rechtszugs, § 566 Abs. 2 Satz 4 ZPO. Der Rechtsanwaltszwang gilt auch im arbeitsgerichtlichen Verfahren.[11] Der Verzicht der Parteien auf die Berufung ist endgültig; die Einwilligungserklärung wird nach Einreichung der Zulassungsschrift unwiderruflich.[12]   4

Gem. § 566 Abs. 2 Satz 3 ZPO sind bereits in der Zulassungsschrift auch die **Zulassungsgründe** gem. § 566 Abs. 4 ZPO darzulegen. Bei der Sprungrevision findet keine Fristenstaffelung zwischen Antragstellung und Begründung statt, so dass für beide die **Monatsfrist** aus § 548 ZPO gilt; bei Zulassung der Sprungrevision, § 566 Abs. 7 Satz 1 ZPO, ist eine ergänzende Revisionsbegründung vorgesehen, § 566 Abs. 7 Satz 2 ZPO.[13] Die **Anforderungen an die Begründung** entsprechen denjenigen des Revisionsverfahrens gem. § 543 Abs. 2 Satz 1 ZPO und sind ebenso darzulegen.[14] Die Sprungrevision kann gem. § 566 Abs. 4 Satz 2 ZPO nicht auf Verfahrensmängel gestützt werden. Anders als bei § 543 Abs. 2 ZPO folgt daraus, dass aus einem Verfahrensfehler kein Zulassungsgrund hergeleitet werden kann.[15] Die Sprungrevision ist   5

---

1 Prütting/Gehrlein-*Ackermann*, ZPO, § 566 Rn. 1 f.; Musielak/Voit-*Ball*, ZPO, § 566 Rn. 1.
2 Prütting/Gehrlein-*Ackermann*, ZPO, § 566 Rn. 2.
3 Thomas/Putzo-*Reichold*, ZPO, § 566 Rn. 1.
4 Zöller-*Heßler*, ZPO, § 566 Rn. 1.
5 Prütting/Gehrlein-*Ackermann*, ZPO, § 566 Rn. 11.
6 Musielak/Voit-*Ball*, ZPO, § 566 Rn. 4.
7 Musielak/Voit-*Ball*, ZPO, § 566 Rn. 4 m.w.N.
8 Zöller-*Heßler*, ZPO, § 566 Rn. 9.
9 BGHZ 92, 76 (77).
10 BGH v. 19.10.2011, I ZR 69/11, juris, Rn. 6 m.w.N.
11 Thomas/Putzo-*Reichold*, ZPO, § 566 Rn. 4 m.w.N.
12 Prütting/Gehrlein-*Ackermann*, ZPO, § 566 Rn. 8; Zöller-*Heßler*, ZPO, § 566 Rn. 4 m.w.N.
13 Prütting/Gehrlein-*Ackermann*, ZPO, § 566 Rn. 11.
14 BGH, WM 2008, 2225.
15 Prütting/Gehrlein-*Ackermann*, ZPO, § 566 Rn. 10 m.w.N.

gem. §§ 566 Abs. 8, 552 ZPO bei Fehlen einer Zulässigkeitsvoraussetzung als unzulässig zu verwerfen.[16]

6 **Statthaft** ist die Sprungrevision gegen alle,[17] ohne Zulassung gem. § 511 Abs. 2 Nr. 1 ZPO berufungsfähigen erstinstanzlichen End- und Grundurteile sowie selbstständig anfechtbaren Zwischenurteile, § 280 ZPO, der Amts- und Landgerichte; ausgenommen sind Arrest- und Verfügungsurteile, § 545 Abs. 2 ZPO.[18] Die Beschwer des mit der Sprungrevision angegriffenen Urteils muss den Wert von 600,00 € übersteigen.[19] Die Wertgrenze des § 26 Nr. 8 EGZPO i. H. v. 20.000,00 € gilt hier nicht.[20]

II. Verfahrensgang

7 Der BGH entscheidet über den Antrag auf Zulassung der Sprungrevision durch Beschluss, § 566 Abs. 5 Satz 1 ZPO. **Wird dem Antrag stattgeben, wird das Verfahren als Revisionsverfahren fortgesetzt**, § 566 Abs. 7 Satz 1 ZPO, und der form- und fristgerechten Sprungrevisionsantrag gilt als Einlegung der Revision, § 566 Abs. 7 Satz 2 ZPO. Der Beschluss ist den Parteien gem. § 566 Abs. 5 Satz 2 ZPO zuzustellen. Im Fall der Ablehnung wird das angegriffene Berufungsurteil rechtskräftig, § 544 Abs. 6 ZPO, und zwar mit Zustellung des ablehnenden Beschlusses;[21] ein Rückgriff auf die Berufung ist dann ausgeschlossen.[22] Das weitere Verfahren richtet sich grundsätzlich nach den **Vorschriften über die Revision**, § 566 Abs. 8 ZPO. Über die zulässige Sprungrevision entscheidet das Revisionsgericht durch Urteil, für dessen Inhalt die §§ 561 ff. ZPO gelten.[23] Die Zurückverweisung erfolgt – analog § 563 Abs. 2 ZPO – an das Gericht 1. Instanz, § 566 Abs. 8 Satz 2 ZPO, das ebenso wie ein evtl. nachfolgendes Berufungsgericht an die der Aufhebung zugrunde liegende Rechtsauffassung des BGH gebunden ist, § 566 Abs. 8 Satz 3 ZPO.[24]

C. Gebühren und Kosten

I. RA-Gebühren

8 Einholung und Abgabe der Einwilligungserklärung, § 566 Abs. 1 Satz 2, Abs. 2 Satz 4 ZPO, gehören zur 1. Instanz, § 19 Abs. 1 Satz 2 Nr. 9 RVG, und sind beim Prozessbevollmächtigten mit der Verfahrensgebühr abgegolten.[25] Ist hierfür ein Rechtsanwalt tätig, der nicht Prozessbevollmächtigter ist oder war, richtet sich seine Gebühr nach Nr. 3403 VV-RVG,[26] evtl. auch nach Nr. 3404 VV-RVG bei einem Schreiben einfacher Art.[27]

9 Das Verfahren über die Zulassung der Sprungrevision vor dem BGH zählt dagegen bereits zu dem sich anschließenden Revisionsverfahren; sie gelten als dieselbe Angelegenheit, so dass die Gebühren nur einmal anfallen, § 16 Nr. 11 RVG i. V. m. § 15 Abs. 2 RVG. Die Gebühren fallen nach Nr. 3206 ff. VV-RVG an gem. Vorbem. 3.2 Abs. 1 VV-RVG.

II. Gerichtskosten

10 Gem. Kostenverzeichnis (KV)[28] Nr. 1240 entsteht bei Ablehnung des Antrags auf Zulassung der Sprungrevision eine 1,5-Gebühr. Wird der Antrag zurückgenommen oder das Verfahren anderweitig erledigt, reduziert sich die Gebühr auf 1,0 gem. Nr. 1241 KV-GKG. Keine gesonderte Gebühr entsteht, wenn dem Antrag stattgegeben wird, Anmerkung zu Nr. 1241 KV-GKG; die Gerichtsgebühren richten sich dann nach den Vorschriften des Revisionsverfahrens.[29]

---

16 BGH v. 16.10.2008, IX ZR 46/08, juris, Rn. 7; Musielak/Voit-*Ball*, ZPO, § 566 Rn. 10.
17 BGHZ 69, 354 = JurionRS 1977, 11496, Rn. 9.
18 Thomas/Putzo-*Reichold*, ZPO, § 566 Rn. 2.
19 Zöller-*Heßler*, ZPO, § 566 Rn. 3.
20 Zöller-*Heßler*, ZPO, § 566 Rn. 3 m. w. N.
21 Thomas/Putzo-*Reichold*, ZPO, § 566 Rn. 10.
22 Musielak/Voit-*Ball*, ZPO, § 566 Rn. 10 m. w. N.
23 Prütting/Gehrlein-*Ackermann*, ZPO, § 566 Rn. 12.
24 Musielak/Voit-*Ball*, ZPO, § 566 Rn. 11; Thomas/Putzo-*Reichold*, ZPO, § 566 Rn. 14.
25 Prütting/Gehrlein-*Ackermann*, ZPO, § 566 Rn. 14.
26 Anlage 1 (Vergütungsverzeichnis) zu § 2 Abs. 2 RVG; Musielak/Voit-*Ball*, ZPO, § 566 Rn. 13.
27 Zöller-*Heßler*, ZPO, § 566 Rn. 14.
28 Anlage 1 zu § 3 Abs. 2 GKG.
29 Prütting/Gehrlein-*Ackermann*, ZPO, § 566 Rn. 13.

ABSCHNITT 3
Beschwerde

Titel 1
Sofortige Beschwerde

§ 567
Sofortige Beschwerde; Anschlussbeschwerde

(1) Die sofortige Beschwerde findet statt gegen die im ersten Rechtszug ergangenen Entscheidungen der Amtsgerichte und Landgerichte, wenn
1. dies im Gesetz ausdrücklich bestimmt ist oder
2. es sich um solche eine mündliche Verhandlung nicht erfordernde Entscheidungen handelt, durch die ein das Verfahren betreffendes Gesuch zurückgewiesen worden ist.

(2) Gegen Entscheidungen über Kosten ist die Beschwerde nur zulässig, wenn der Wert des Beschwerdegegenstands 200 Euro übersteigt.

(3) ¹Der Beschwerdegegner kann sich der Beschwerde anschließen, selbst wenn er auf die Beschwerde verzichtet hat oder die Beschwerdefrist verstrichen ist. ²Die Anschließung verliert ihre Wirkung, wenn die Beschwerde zurückgenommen oder als unzulässig verworfen wird.

Inhalt:

	Rn.		Rn.
A. Allgemeines	1	3. Wiederholte Einlegung und Verbrauch	8
I. Normzweck	1		
II. Anwendungsbereich	2	II. Kostenbeschwerde, Abs. 2	9
III. Beschwerdearten	3	III. Anschlussbeschwerde, Abs. 3	10
IV. Abgrenzungen	4	1. Anschlussbeschwerde	10
B. Erläuterungen	6	2. Einlegung und Akzessorietät	11
I. Sofortige Beschwerde, Abs. 1	6	**C. Kosten/Gebühren**	12
1. Statthaftigkeit	6	I. Gerichtsgebühren	12
2. Beschwer	7	II. Anwaltsgebühren	13

A. Allgemeines
I. Normzweck

Gegen Entscheidungen, die nicht als Urteil ergehen und damit nicht mit der Berufung (§§ 511 ff. ZPO) oder der (Sprung-)Revision (§§ 551 ff., 564 ZPO) angegriffen werden können, ist die sofortige Beschwerde nach Abs. 1 als eigenständiges **Rechtsmittel** zulässig. Im Unterschied zu den Rechtsmitteln der Berufung und Revision kann das Gericht, dessen Entscheidung angegriffen wird, auf die sofortige Beschwerde hin dieser abhelfen (§ 572 Abs. 1 ZPO). Erst nach einem **Nichtabhilfebeschluss** kommt es zum Eintritt des für Rechtsmittel typischen Devolutiveffekt. Abs. 2 schließt in Bagatellsachen das Beschwerderecht aus. Abs. 3 eröffnet die Möglichkeit der Anschlussbeschwerde. 1

II. Anwendungsbereich

Die Bestimmungen des Beschwerderechts gelten für alle in der ZPO vorgesehen Beschwerden sowie durch entsprechende Verweisungen auch innerhalb derjenigen Gesetze, die hierauf Bezug nehmen (z.B. § 6 InsO i.V.m. § 4 InsO; § 17a Abs. 4 Satz 3 GVG im Falle eines nach der ZPO erfolgenden Prozesses). Im **FamFG** gelten eigene Bestimmungen für die sofortige Beschwerde (§§ 58 ff. FamFG). Ebenso gelten die Bestimmungen der §§ 567–577 ZPO etwa auch **nicht** für die Beschwerde nach den §§ 71 ff. GBO, den §§ 66 ff. GKG und dem GNotKG. 2

III. Beschwerdearten

In der ZPO finden sich verschiedene Beschwerdearten: Die **Erstbeschwerde**, mit der erstmals eine bestimmte gerichtliche Entscheidung angegriffen wird. Eine **weitere Beschwerde**, die sich gegen die Entscheidung über eine erhobene Beschwerde richtet, ist in der ZPO nur als **Rechtsbeschwerde** (§§ 574 ff. ZPO) vorgesehen. Daneben existiert die **Anschlussbeschwerde** (§ 567 Abs. 3 Satz 2 ZPO), die vom Gegner der angegriffenen Entscheidung nur als unselbstständige Beschwerde erhoben werden kann. 3

IV. Abgrenzungen

4 Von der Beschwerde sind weitere gesetzliche Rechtsbehelfe zu unterscheiden. So existiert zunächst die **Erinnerung** (§ 573 ZPO), mit der eine Entscheidung im selben Rechtszug, also ohne Devolutiveffekt, zur erneuten Überprüfung durch das Gericht (z.B. § 766 ZPO) oder des Rechtspflegers (§ 11 Abs. 2 Satz 1 RPflG) gestellt werden kann. Die früher anerkannte, gesetzlich nicht geregelte, **außerordentliche Beschwerde** bei greifbarer Gesetzeswidrigkeit einer unanfechtbaren Entscheidung[1] ist seit der Neufassung des Beschwerderechts durch die ZPO-Reform 2009 nicht mehr zulässig.[2] Sie ist zudem durch die Einführung der **Anhörungsrüge** (§ 321a ZPO) teilweise gegenstandslos worden, die bei einer Verletzung des Anspruchs auf rechtliches Gehör (Art. 103 Abs. 1 GG) das Gericht zur Fortführung des Verfahrens verpflichtet (§ 321a Abs. 5 Satz 1 ZPO).

5 Ebenfalls durch eine Änderung des Gesetzgebers gegenstandslos geworden ist die frühere **Untätigkeitsbeschwerde**, die nunmehr durch den Entschädigungsanspruch aus § 198 Abs. 1 GVG bei unangemessener Verfahrensdauer nach einer vorherigen **Verzögerungsrüge** (§ 198 Abs. 3 GVG) verdrängt worden ist.[3] Daneben ist die gesetzlich nicht geregelte **Gegenvorstellung** ein Mittel, unanfechtbar(e) (gewordene) Entscheidungen zur Selbstkorrektur des Gerichts zu stellen, soweit diese nicht in materieller Rechtskraft erwachsen.[4] Fehlt es am Eintritt materieller Rechtskraft, etwa bei Wertfestsetzungsbeschlüssen, kann die Gegenvorstellung innerhalb der nicht verlängerbaren **Notfrist** (§ 224 Abs. 1 Satz 2 ZPO) des § 321a Abs. 2 Satz 2 ZPO[5] mit dem Ziel der Abänderung der anderweitig nicht mehr angreifbaren Entscheidung eingelegt werden, ohne dass allerdings die Entscheidung hierüber selbst Gegenstand einer gerichtlichen Überprüfung werden kann.[6]

B. Erläuterungen
I. Sofortige Beschwerde, Abs. 1

1. Statthaftigkeit

6 Für die **Statthaftigkeit** der sofortigen Beschwerde sieht § **567 Abs. 1** ZPO zunächst allgemein vor, dass diese (nur) gegen erstinstanzliche Entscheidungen der **Amts- und Landgerichte** erhoben werden kann. Zusätzlich muss entweder eine insoweit enumerativ in **Nr. 1** durch ausdrückliche Regelung im Gesetz vorgesehene Beschwerdefähigkeit gegen die jeweilige Entscheidung bestehen (z.B. § 46 Abs. 2, § 71 Abs. 2, § 99 Abs. 1 Satz 2, § 127 Abs. 2 Satz 2, Abs. 3 Satz 1, § 135 Abs. 3, § 387 Abs. 3 ZPO). Ist diese Voraussetzung nicht gegeben, können gleichwohl nach der eingeschränkten Generalklausel der **Nr. 2** all diejenigen Entscheidungen angegriffen werden, denen nicht zwingend eine mündliche Verhandlung vorauszugehen hat, also alle Verfügungen und Beschlüsse, durch die ein Gesuch einer Partei zurückgewiesen worden ist. Entscheidend ist, dass in dem jeweils anhängigen Rechtsstreit ein (förmlicher) und **vom Gesetz vorgesehener**[7] Antrag zurückgewiesen worden ist; die bloße Nichtbefolgung einer Anregung, auch wenn die angeregte Maßnahme **von Amts wegen** ohnehin hätte erfolgen müssen, genügt ebenso nicht, wie die sofortige Beschwerde bei Maßnahmen, die von Amts wegen ergehen oder im Ermessen des Gerichts stehen,[8] unstatthaft ist.[9] Auf die Art und Weise der Zurückweisung des gestellten Antrags kommt es nicht an. Der „**Gegenantrag**" des Verfahrensgegners, einen gestellten Antrag abzulehnen, ist kein Gesuch i.S.d. § 567 ZPO.[10]

2. Beschwer

7 Erforderlich ist zudem das ungeschriebene Merkmal der **Beschwer** des Beschwerdeführers. Dies kann die **formelle Beschwer** desjenigen sein, dessen Antrag ganz oder teilweise nicht stattgegeben worden ist, oder die **materielle Beschwerde** des Antragsgegners, dessen Rechtsposition sich infolge einer auch nur teilweise Stattgabe des Antrags seines Verfahrensgegners

---

1 Vgl. BGHZ 109, 41 (43f.) = NJW 1990, 840f. = VersR 1980, 263 (264); BGHZ 119, 372 (374) = NJW 1993, 135 (136) = VersR 1993, 203; Prütting/Gehrlein-*Lohmann*, ZPO, § 567 Rn. 5, m.w.N.
2 BGHZ 150, 133 (135f.) = NJW 2002, 1577 = VersR 2002, 636; BGHZ 159, 14 (18) = NJW 2004, 2224 (2225) = FamRZ 2004, 1191 (1193).
3 BGH, NJW 2013, 385 (386), Rn. 3; Zöller-*Heßler*, ZPO, § 567 Rn. 21.
4 BVerfGE 122, 190 (203) = NJW 2009, 829 (831) = MDR 2009, 295 (295f.).
5 OLG Rostock, FamRZ 2009, 907 (908).
6 OLG Rostock, NJW-RR 2010, 215; Thomas/Putzo-*Reichold*, ZPO, Vor § 567 Rn. 17.
7 OLG München, MDR 1984, 592.
8 Zöller-*Heßler*, ZPO, § 567 Rn. 35, m.w.N.
9 BGH, NJW-RR 2009, 210 (211), Rn. 12 = FamRZ 2009, 223 (224), Rn. 12; BGH, MDR 2004, 698 (699).
10 Thomas/Putzo-*Reichold*, ZPO, § 567 Rn. 6; Zöller-*Heßler*, ZPO, § 567 Rn. 32.

verschlechtert hat. Erforderlich ist, dass die Beschwer im Zeitpunkt der Beschwerdeentscheidung durch das Beschwerdegericht noch vorliegt. Eine prozessuale Überholung kann zur nachträglichen Unzulässigkeit führen.[11] In diesem Fall kann der Beschwerdeführer, soweit er über die Hauptsache dispositionsbefugt ist, grundsätzlich nur mittels einer **Erledigterklärung der Hauptsache** reagieren.[12] Unter besonderen Umständen kann aber auch nur die **Erledigung des Rechtsmittels** selbst erklärt werden, etwa dann, wenn diesem erst durch nachträgliche Änderung der angegriffenen Entscheidung die Grundlage entzogen wird.[13]

3. Wiederhole Einlegung und Verbrauch
Eine **wiederholte Einlegung** einer Beschwerde ist innerhalb der Frist (§ 569 Abs. 1 Satz 1 ZPO) möglich, wenn die vorherige Beschwerde lediglich als unzulässig verworfen worden ist. Anderenfalls tritt mit der **Sachentscheidung** über die vorherige Beschwerde der rechtskräftige Abschluss des Beschwerdeverfahrens ein, soweit nicht die **Rechtsbeschwerde** (§ 574 ZPO) in Betracht kommt. In letzterem Fall ist eine wiederholte Einlegung aufgrund entgegenstehender Rechtshängigkeit des Beschwerdeverfahrens über die vorherige sofortige Beschwerde unzulässig.

8

II. Kostenbeschwerde, Abs. 2
Abs. 2 schränkt die Beschwerde gegen **Kostenentscheidungen** dahingehend ein, dass der Wert des Beschwerdegegenstandes 200,00 € übersteigen muss. Entscheidend ist der **Differenzbetrag** zwischen den zur Erstattung beantragten Kosten und den vom Gericht festgesetzten Kosten. **Kosten** ist dabei der Oberbegriff für alle Gebühren und Auslagen einschließlich der Vergütung für die anwaltliche Tätigkeit (§ 1 GKG, § 1 Abs. 1 Satz 1 RVG). Maßgeblich ist der **Zeitpunkt der Einlegung** der sofortigen Beschwerde als Kostenbeschwerde (§ 4 Abs. 1 ZPO), weshalb nachgeschobene Kosten, über die noch keine Entscheidung ergangen ist, nicht in den Beschwerdebetrag einbezogen werden,[14] wie auch umgekehrt nachträgliche Verminderungen eine Kostenbeschwerde nicht unzulässig werden lassen.[15] Bei einer **Teilabhilfe** durch das Ausgangsgericht (§ 572 Abs. 1 Satz 1 Hs. 1 ZPO) ist der Zeitpunkt der Vorlage an das Beschwerdegericht (§ 572 Abs. 1 Satz 2 Hs. 2 ZPO) maßgeblich.[16] Erfolgt die **Teilabhilfe durch den Rechtspfleger**, führt das nachträgliche Absinken der Beschwerdesumme zum Übergang ins Erinnerungsverfahren (§ 11 Abs. Satz 1 RPflG), in das das Beschwerdegericht mit bindender Wirkung für das Ausgangsgericht das Verfahren durch Beschluss zu verweisen hat.[17]

9

III. Anschlussbeschwerde, Abs. 3
1. Anschlussbeschwerde
Auch im Beschwerdeverfahren bietet sich dem Verfahrensgegner die Möglichkeit, anlässlich eines gegen ihn gerichtlich eingelegten Rechtsmittels seinerseits gegen die bereits vom Gegner angegriffene Entscheidung mit der **Anschlussbeschwerde** selbst vorzugehen. Sie stellt kein eigenes Rechtsmittel dar, sondern ist unselbstständig gegenüber der bereits eingelegten Beschwerde des Gegners, sodass sie mit Zurücknahme oder Verwerfung der Beschwerde als unzulässig ihre **Akzessorietät** verliert (§ 567 Abs. 3 Satz 2 ZPO). Die **Rücknahme** der sofortigen Beschwerde, die außerhalb von Abs. 3 Satz 2 keine weitergehende Regelung in der ZPO erfährt, ist gegenüber dem derzeit mit der sofortigen Beschwerde befassten Gericht, bis zur (Nicht-)Abhilfeentscheidung dem Ausgangsgericht und erst hiernach gegenüber dem Beschwerdegericht, zu erklären.[18]

10

2. Einlegung und Akzessorietät
Eingelegt werden kann die Anschlussbeschwerde sowohl beim Ausgangsgericht als auch beim Beschwerdegericht, und zwar unabhängig davon, ob bereits eine Vorlage an das Beschwerdegericht erfolgt ist.[19] Berücksichtigt werden muss die Anschlussbeschwerde durch das

11

---

11 Prütting/Gehrlein-*Lohmann*, ZPO, § 567 Rn. 13, m.w.N.
12 Erledigterklärung eines Rechtsmittels noch offen gelassen bei BGHZ 127, 74 (82) = NJW 1994, 2832 (2834) = MDR 1994, 1142 (1143); BGH, NJW-RR 2005, 418 = WM 2005, 135, jew. m.w.N.; vgl. auch Prütting/Gehrlein-*Lohmann*, ZPO, § 567 Rn. 13.
13 BGH, NJW 1998, 2453 (2454) = MDR 1998, 1114 (1115), für den Fall einer nachträglichen Abänderung einer Entscheidung über eine Klagerücknahme nach § 269 Abs. 3 Satz 3 ZPO; OLG Naumburg, OLGR 2007, 970 ff.
14 BGH, NJW-RR 2011, 499, Rn. 3 = MDR 2011, 199.
15 Zöller-*Heßler*, ZPO, § 567 Rn. 41.
16 OLG Köln, FGPrax 2010, 216; OLG Celle, NdsRpfl 2010, 247 (248); KG Berlin, MDR 2007, 235.
17 OLG Düsseldorf, NJW-RR 2012, 446; Prütting/Gehrlein-*Lohmann*, ZPO, § 567 Rn. 12.
18 MK-*Lipp*, ZPO, § 569 Rn. 21; Prütting/Gehrlein-*Lohmann*, ZPO, § 569 Rn. 9.
19 BGH, MDR 2013, 1118 (1118 f.), Rn. 11.

Ausgangsgericht nur bis zur Vorlage an das Beschwerdegericht.[20] Daneben sind aufgrund des **unselbstständigen Charakters** weder eine eigene Beschwer noch, im Falle der Kostenbeschwerde nach Abs. 2, das Erreichen des dort vorgesehenen Beschwerdebetrags erforderlich. Ebenso wenig kann der Anschlussbeschwerde ein Fristablauf entgegenstehen.

C. Kosten und Gebühren
I. Gerichtsgebühren

12 Als **Gerichtsgebühr** für ein Verfahren anlässlich von Beschwerden nach den § 71 Abs. 2, § 91a Abs. 2, § 99 Abs. 2, § 269 Abs. 5 und § 494a Abs. 2 ZPO sieht das GKG in Nr. 1810 KV-GKG grundsätzlich eine Gebühr in Höhe von 90,00 € vor. Diese ermäßigt sich im Falle der Rücknahme der Beschwerde bis zum Tag, an dem die Beschwerdeentscheidung der Geschäftsstelle übergeben worden ist, auf 60,00 € nach Nr. 1811 KV-GKG. Gleiches gilt bei der beiderseitigen Erledigterklärung der Hauptsache oder gegebenenfalls auch des Rechtsmittels, mit der das Rechtsmittel selbst gegenstandslos wird.[21] Nr. 1812 KV-GKG bestimmt für **sonstige Beschwerden**, die nicht gebührenfrei sind, eine Gebühr in Höhe von 60,00 €, wenn das Rechtsmittel als unzulässig verworfen oder zurückgewiesen wird. Für den Fall der nur teilweisen Verwerfung oder Zurückweisung kann das Gericht nach billigem Ermessen gemäß Nr. 1812 KV-GKG die Gebühr bis auf die Hälfte reduzieren oder von der Erhebung ganz absehen.

II. Anwaltsgebühren

13 Für den prozessbevollmächtigten Rechtsanwalt stellt nach § 18 Abs. 1 Nr. 3 RVG jedes Beschwerdeverfahren eine **besondere Angelegenheit** dar. Als Höhe der Verfahrensgebühr für Beschwerdeverfahren bestimmt Nr. 3500 VV-RVG 0,5 der Wertgebühr gemäß § 13 RVG; für die Nichtzulassungsbeschwerde (§ 544 ZPO) sowie die Rechtsbeschwerde (§§ 574 ff. ZPO) gelten gesonderte Bestimmungen (vgl. § 544 Rn. 34; § 574 Rn. 1). Werden **mehrere Beschwerdeführer** vertreten, erhöht sich die Beschwerdegebühr entsprechend Nr. 1008 Abs. 2 VV-RVG um jeweils 0,3. Während bei **mündlicher Verhandlung** über Beschwerden gegen die Zurückweisung von Anträgen auf Anordnung eines Arrestes oder Erlass einer einstweiligen Verfügung die Terminsgebühr nach Nr. 3514 VV-RVG 1,2 Wertgebühren beträgt, beläuft sie sich im Übrigen nach Nr. 3513 VV-RVG auf eine 0,5 Wertgebühren.

§ 568
Originärer Einzelrichter

¹Das Beschwerdegericht entscheidet durch eines seiner Mitglieder als Einzelrichter, wenn die angefochtene Entscheidung von einem Einzelrichter oder einem Rechtspfleger erlassen wurde. ²Der Einzelrichter überträgt das Verfahren dem Beschwerdegericht zur Entscheidung in der im Gerichtsverfassungsgesetz vorgeschriebenen Besetzung, wenn
1. die Sache besondere Schwierigkeiten tatsächlicher oder rechtlicher Art aufweist oder
2. die Rechtssache grundsätzliche Bedeutung hat.

³Auf eine erfolgte oder unterlassene Übertragung kann ein Rechtsmittel nicht gestützt werden.

Inhalt:

	Rn.		Rn.
A. Allgemeines	1	II. Übertragung an Kollegialgericht, Satz 2	4
B. Erläuterungen	2	III. Rechtsmittelausschluss, Satz 3	7
I. Einzelrichter am Beschwerdegericht, Satz 1	2		

A. Allgemeines

1 § 568 ZPO bestimmt die **Besetzung** des Beschwerdegerichts. Eines **formellen Beschlusses** über die Zuständigkeit bedarf es nur in dem Fall der obligatorischen Übertragung vom Einzelrichter an das Kollegialgericht nach Satz 2 (vgl. Rn. 4). Die Zuständigkeit des Einzelrichters nach Satz 1 wird dagegen nicht durch einen (deklaratorischen) Beschluss festgestellt.[1]

---

20 BGH, MDR 2013, 1118 (1118 f.), Rn. 11.
21 Vgl. Prütting/Gehrlein-*Lohmann*, ZPO, § 567 Rn. 17.

Zu § 568:
1 Vgl. MK-*Lipp*, ZPO, § 568 Rn. 2.

B. Erläuterungen
I. Einzelrichter am Beschwerdegericht, Satz 1

§ 568 Satz 1 ZPO regelt die Besetzung des Beschwerdegerichts in Abhängigkeit von der Besetzung des Ausgangsgerichts. Danach entscheidet am Beschwerdegericht entsprechend dem Geschäftsverteilungsplan des dortigen Spruchkörpers (§ 21g Abs. 3 GVG) der für die konkrete Beschwerde vorgesehene Einzelrichter als **originär zuständiger Einzelrichter**, wenn die angegriffene Entscheidung von einem Amtsrichter sowie, am Landgericht, von einem originären (§ 348 ZPO) oder obligatorischen (§ 348a ZPO) Einzelrichter oder schließlich von einem Rechtspfleger (§ 3 i.V.m. § 11 Abs. 1 RPflG) getroffen worden ist. Einzelrichter am Beschwerdegericht kann auch ein Proberichter sein.[2] Der **Vorsitzende der Kammer für Handelssachen** ist dagegen, auch wenn er entsprechend § 349 Abs. 2 und Abs. 3 ZPO eine Entscheidung allein trifft, kein Einzelrichter i.S.d. § 22 Abs. 4 GVG und damit auch nicht i.S.d. § 568 Satz 1 ZPO.[3] Gleiches gilt in den Fällen des § 3 Abs. 3 AVAG.[4] In diesen Fällen ist das Beschwerdegericht als **Kollegialspruchkörper** originär zur Entscheidung berufen. 2

Umstritten ist, ob die **Nichtabhilfeentscheidung** durch den Kollegialspruchkörper des Ausgangsgerichts über eine Beschwerde gegen eine Einzelrichterentscheidung zur originären Zuständigkeit des Beschwerdegerichts als Kollegialspruchkörper führt.[5] Während die Befürworter einer Zuständigkeit des Einzelrichters den Wortlaut des § 568 Satz 1 ZPO („die angefochtene Entscheidung") ins Feld führen können,[6] stützt sich die vorzugswürdige Gegenansicht darauf, dass § 572 ZPO eine eigene Sachentscheidung vorsieht.[7] Auch wenn der Gesetzgeber mit der Einführung des originären Einzelrichters maßgeblich einen Beschleunigungs- und Vereinfachungseffekt vor Augen hatte, dürfte die ebenfalls im Zuge der ZPO-Reform zum Tragen gekommene Überlegung, wonach es Akzeptanzprobleme geben könnte, wenn eine von einem Kollegialspruchkörper getroffene Entscheidung von einem Einzelrichter aufgehoben werden würde,[8] maßgeblich sein. Denn die vom Einzelrichter getroffene Entscheidung ist im Falle der Nichtabhilfeentscheidung des Kollegialspruchkörpers von eben diesem vollumfänglich bestätigt worden; insoweit kann es letztlich keinen Unterschied machen, ob die Entscheidung bereits von Anfang an eine Kollegialentscheidung war oder erst später durch die Nichtabhilfeentscheidung hierzu geworden ist.[9] 3

II. Übertragung an Kollegialgericht, Satz 2

Soweit der Kollegialspruchkörper nicht bereits originär nach § 568 Satz 1 ZPO zur Entscheidung berufen ist, **hat** der originär zuständige Einzelrichter unter den Voraussetzungen des **Satzes 2** dem gesamten Spruchkörper die Entscheidung über die Beschwerde zu übertragen. Ein Ermessen hinsichtlich der Übertragung besteht nicht. Zwar ist die Entscheidung über die Übertragung nach Satz 3 trotz einer eventuellen Verletzung des Anspruchs auf den gesetzlichen Richter (Art. 101 Abs. 1 Satz 2 GG) nicht angreifbar (vgl. Rn. 7), allerdings kann die Verletzung gleichwohl zur Aufhebung der Beschwerdeentscheidung führen.[10] 4

Voraussetzung für eine pflichtgemäße Übertragung sind zum einen besondere Schwierigkeiten in tatsächlicher oder rechtlicher Hinsicht **(Nr. 1)**, zum anderen die grundsätzliche Bedeutung der Sache **(Nr. 2)**. Das Adjektiv **„besondere"** verdeutlicht, dass es sich um erheblich über dem durchschnittlichen Grad liegende **Sach- oder Rechtsfragen** handeln muss.[11] Relevant sind dabei nur die mit der jeweiligen Beschwerdeentscheidung unmittelbar verbundenen Fragen, sodass es im Beschwerdeverfahren über PKH nicht darauf ankommt, ob im Falle einer Berufung oder sofortigen Beschwerde im Hauptsacheverfahren der gesamte Kollegialspruchkörper 5

---

2 BGH, NJW 2003, 1875 (1876) = FamRZ 2003, 1007 (1008).
3 BGHZ 156, 320 (325) = NJW 2004, 856 (857) = WM 2004, 348 (349).
4 OLG Nürnberg, OLGR 2004, 182; OLG Stuttgart, OLGR 2003, 102f.; OLG Köln, OLGR 2002, 344ff.
5 Für Zuständigkeit des Kollegialspruchkörpers OLG München, NJW-RR 2013, 441, m.w.N.; KG Berlin, JurBüro 2011, 148f.; OLG Schleswig, OLGR 2005, 123; OLG Saarbrücken, OLGR 2007, 372; dagegen etwa OLG Bremen, NJW-RR 2013, 1361; OLG Hamburg, NJW-RR 2013, 1361; OLG Hamm, NJW-RR 2011, 238 (239); OLG München, OLGR 2007, 186 (187).
6 Vgl. auch MK-*Lipp*, ZPO, § 568 Rn. 7, m.w.N.; Zöller-*Heßler*, ZPO, § 568 Rn. 2.
7 Vgl. OLG München, NJW-RR 2013, 441; wohl auch Prütting/Gehrlein-*Lohmann*, ZPO, § 568 Rn. 2.
8 BT-Drucks. 14/4722, S. 111.
9 Vgl. auch OLG München, NJW-RR 2013, 441.
10 BGHZ 154, 200 (202) = NJW 2003, 1254 (1255) = WM 2003, 701 (702); BGH, NJW 2004, 223 = WuM 2003, 708.
11 Hierzu Thomas/Putzo-*Reichhold*, ZPO, § 568 Rn. 6.

zuständig wäre.¹² Ebenso erfordert eine Übertragung des Beschwerdeverfahrens an den gesamten Spruchkörper wegen **grundsätzlicher Bedeutung,** dass die Bedeutung unmittelbar im Beschwerdeverfahren zum Ausdruck kommt.¹³ Grundsätzliche Bedeutung wird hier, wie auch in den anderen Fällen (z.B. § 511 Abs. 4 Nr. 2, § 522 Abs. 2 Satz 1 Nr. 3, § 543 Abs. 2 Satz 1 Nr. 1, § 574 Abs. 2 ZPO), dahingehend verstanden, dass die zu entscheidende Sache über den Einzelfall hinaus reicht und zur Fortbildung des Rechts oder zur Sicherung einer einheitlichen Rechtsprechung erforderlich ist.¹⁴

6 Die **Annahme grundsätzlicher Bedeutung** für die Zulassung der Rechtsbeschwerde nach § 574 Abs. 2 Nr. 2 ZPO (vgl. § 574 Rn. 6) setzt damit zugleich die vorherige **Übertragung** vom Einzelrichter an das gesamte **Kollegialgericht** als Beschwerdegericht voraus; ein Unterlassen berührt nicht die Zulassung der Rechtsbeschwerde (§ 574 Abs. 3 Satz 2 ZPO), sondern führt vielmehr allein schon wegen der jedenfalls objektiv willkürlichen Verletzung des Anspruchs auf den gesetzlichen Richter (Art. 101 Abs. 1 Satz 2 i.V.m. Art. 3 Abs. 1 GG) zur Aufhebung der Beschwerdeentscheidung durch das Rechtsbeschwerdegericht.¹⁵

III. Rechtsmittelausschluss, Satz 3

7 Unbeschadet der Möglichkeit einer Verletzung des grundrechtsgleichen Rechts auf den gesetzlichen Richter (Art. 101 Abs. 1 Satz 2 GG) entzieht § 568 Satz 3 ZPO die Entscheidung des Beschwerdegerichts, in welcher **Besetzung** es über eine Beschwerde entscheidet, einer isolierten weiteren Überprüfung. Soweit die Rechtsbeschwerde weder ausdrücklich vom Gesetz zugelassen ist (§ 574 Abs. 1 Nr. 1 ZPO, vgl. § 574 Rn. 3) noch vom Beschwerdegericht zugelassen wird (§ 574 Abs. 1 Nr. 2 ZPO, vgl. § 574 Rn. 4), steht dem Beschwerdeführer wie auch dem Beschwerdegegner kein eigener Rechtsbehelf zu. Die Erhebung einer **Gehörsrüge** (§ 321a ZPO) bleibt hiervon unberührt, soweit die verfahrensfehlerhafte Entscheidung möglicherweise auch auf dem Übergehen von Sach- oder Rechtsvortrag und einer erst daraus folgenden Verkennung der besonderen Schwierigkeit oder der grundsätzlichen Bedeutung folgt.¹⁶ Ebenso kann, gegebenenfalls aber erst nach erfolgloser Erhebung der Gehörsrüge (§ 321a ZPO; Grundsatz der materiellen Subsidiarität, § 92 BVerfGG), eine Verfassungsbeschwerde (§ 90 BVerfGG) wegen Verletzung des grundrechtsgleichen Anspruchs auf den gesetzlichen Richter (Art. 101 Abs. 1 Satz 2 GG) erhoben werden.

8 Soweit die Rechtsbeschwerde **per Gesetz oder per Zulassung** statthaft ist, bedarf es keiner Verfahrensrüge des Rechtsbeschwerdeführers, vielmehr liegt bei Verletzung von § 568 Satz 1 oder Satz 2 ZPO ein **von Amts wegen** zu beachtender Verfahrensfehler vor.¹⁷

§ 569
Frist und Form

(1) ¹Die sofortige Beschwerde ist, soweit keine andere Frist bestimmt ist, binnen einer Notfrist von zwei Wochen bei dem Gericht, dessen Entscheidung angefochten wird, oder bei dem Beschwerdegericht einzulegen. ²Die Notfrist beginnt, soweit nichts anderes bestimmt ist, mit der Zustellung der Entscheidung, spätestens mit dem Ablauf von fünf Monaten nach der Verkündung des Beschlusses. ³Liegen die Erfordernisse der Nichtigkeits- oder der Restitutionsklage vor, so kann die Beschwerde auch nach Ablauf der Notfrist innerhalb der für diese Klagen geltenden Notfristen erhoben werden.

(2) ¹Die Beschwerde wird durch Einreichung einer Beschwerdeschrift eingelegt. ²Die Beschwerdeschrift muss die Bezeichnung der angefochtenen Entscheidung sowie die Erklärung enthalten, dass Beschwerde gegen diese Entscheidung eingelegt werde.

(3) Die Beschwerde kann auch durch Erklärung zu Protokoll der Geschäftsstelle eingelegt werden, wenn

1. der Rechtsstreit im ersten Rechtszug nicht als Anwaltsprozess zu führen ist oder war,
2. die Beschwerde die Prozesskostenhilfe betrifft oder
3. sie von einem Zeugen, Sachverständigen oder Dritten im Sinne der §§ 142, 144 erhoben wird.

---

12 OLG Celle, NJW 2002, 2329f.; a.A. OLG Köln, NJW 2002, 1436; mittelbar die Relevanz des Hauptsacheverfahrens verneinend auch BGH, WuM 2012, 46 (47).
13 BGH, WuM 2012, 46 (47).
14 MK-*Lipp*, ZPO, § 568 Rn. 13.
15 BGH, InsBürO 2017, 29; BGH, WuM 2012, 46 (47); BGHZ 154, 200 (201) = NJW 2003, 1254 (1255) = FamRZ 2003, 669 (670).
16 KG Berlin, IPPrax 2011, 512 (513); MK-*Lipp*, ZPO, § 568 Rn. 22.
17 BGH, NJW-RR 2012, 125 (126) = WuM 2012, 46 (47).

Inhalt:

	Rn.		Rn.
A. Allgemeines	1	2. Inhalt, Satz 2	6
B. Erläuterungen	2	III. Befreiung vom Anwaltszwang, Abs. 3	7
I. Frist und zuständige Gerichte, Abs. 1	2	1. Erstinstanzlicher Rechtsstreit ohne Anwaltszwang, Nr. 1	8
1. Grundsätzlich zweiwöchige Notfrist	2	2. Beschwerde gegen Prozesskostenhilfeentscheidung, Nr. 2	9
2. Einlegung beim Ausgangsgericht	3	3. Beschwerde von Zeugen, Sachverständigen oder Dritten, Nr. 3	10
II. Form und Inhalt, Abs. 2	5		
1. Schriftform, Satz 1	5		

A. Allgemeines

§ 569 ZPO regelt die **formellen Voraussetzungen** der sofortigen Beschwerde, insbesondere deren Form und die zu wahrende Frist, wie aber auch die gerichtliche Empfangszuständigkeit. Darüber hinaus privilegiert Abs. 3 durch Befreiung vom Anwaltszwang (§ 78 Abs. 3 ZPO) den Beschwerdeführer in bestimmten Verfahrensarten. **1**

B. Erläuterungen
I. Frist und zuständige Gerichte, Abs. 1
1. Grundsätzlich zweiwöchige Notfrist

Abs. 1 **Satz 1** sieht für die Einlegung der sofortigen Beschwerde grundsätzlich eine nicht verlängerbare Notfrist (§ 224 Abs. 1 Satz 2 ZPO) von **zwei Wochen** vor. Als eine vom Gesetz vorgesehene **Ausnahme von der 2-Wochen-Frist** ist momentan nur die **Monatsfrist** für die Einlegung einer sofortigen Beschwerde gegen Beschlüsse im Prozesskostenhilfeverfahren (§ 127 Abs. 2 Satz 3, Abs. 3 Satz 3 ZPO), die ebenfalls als nicht verlängerbare **Notfrist** (§ 224 Abs. 1 Satz 2 ZPO) ausgestaltet ist, vorhanden. Als Fristbeginn sieht **Satz 2** grundsätzlich die Zustellung (§ 329 Abs. 3 ZPO) des anzugreifenden Beschlusses vor.[1] In jedem Fall, insbesondere bei unterbliebener oder unwirksamer Zustellung oder fehlender Verkündung,[2] beginnt die 2-Wochen-Frist nach Satz 2 mit Ablauf von **fünf Monaten** nach der Verkündung der anzugreifenden Entscheidung vor. Eine unterbliebene oder fehlerhafte Rechtsmittelbelehrung stellt jedoch keine unwirksame Zustellung dar, sodass hier zunächst die 2-Wochen-Frist an- und ggf. abläuft[3] und anschließend allenfalls ein Antrag auf Wiedereinsetzung in den vorigen Stand (§§ 233 ff. ZPO) gestellt werden kann.[4] Die vollständig fehlende Begründung der zu begründenden Entscheidung hindert den Anlauf der Beschwerdefrist ebenfalls nicht;[5] lediglich die Zustellung einer unvollständig begründeten Entscheidung lässt die Frist nicht beginnen.[6] Die hier ebenfalls vorgesehene abweichende Bestimmung erfasst derzeit innerhalb der ZPO neben der sofortigen Beschwerde des Bezirksrevisors gegen die Bewilligung von Prozesskostenhilfe nach § 127 Abs. 3 ZPO[7] auch die sofortige Beschwerde gegen die Versagung der Anerkennung oder der Vollstreckung ausländischer Entscheidungen (§ 1115 Abs. 5 Satz 2 ZPO).[8] **2**

2. Einlegung beim Ausgangsgericht

Fristwahrend ist die **Einlegung der sofortigen Beschwerde** beim **Ausgangsgericht**, dem Gericht, dessen Entscheidung mit der sofortigen Beschwerde angegriffen wird, oder beim Beschwerdegericht, das im Falle der Nichtabhilfeentscheidung (§ 572 Abs. 1 Satz 1 Hs. 2 ZPO) zur Entscheidung berufen ist. Die Einlegung beim Ausgangsgericht ist zwar mit Blick auf dessen Möglichkeit zur Abhilfe (§ 572 Abs. 1 ZPO) unter dem Gesichtspunkt der Verfahrensbeschleunigung sinnvoll, weil eine beim Beschwerdegericht eingereichte sofortige Beschwerde dem Ausgangsgericht zur Prüfung der Abhilfe vorgelegt werden muss.[9] Gleichwohl ist auch die **Einlegung beim Beschwerdegericht**, anders als bei einem von vornherein unzuständigen Gericht, fristwahrend. Eine anderweitig eingelegte Beschwerde ist von dem jewei- **3**

---

1 BGH v. 12.05.2016, IX ZA 33/15, juris, Rn. 5.
2 Hierzu OLG Koblenz, NJW-RR 2003, 1079 f. = FamRZ 2004, 208; offen gelassen in BGH, NJW-RR 2012, 180 (181).
3 Vgl. BGH, NJW 2012, 2445 Rn. 5.
4 Vgl. BGH, NJW 2012, 2445 Rn. 7; BGH, NJW 2012, 2443 (2444), Rn. 8 ff., mit Differenzierung zwischen unterbliebener und unvollständiger bzw. falscher Rechtsmittelbelehrung.
5 Vgl. OLG Düsseldorf, FamRZ 2013, 1598 (1599).
6 BGHZ 133, 166 = NJW 1998, 1959 f. = VersR 1998, 596; OLG Schleswig, FamRZ 2014, 1846 (1847); OLG Köln, NJW-RR 2012, 1017 (1018).
7 Vgl. hierzu Prütting/Gehrlein-*Lohmann*, ZPO, § 569 Rn. 2.
8 Zu anderweitigen Abweichungen siehe Thomas/Putzo-*Reichhold*, ZPO, § 569 Rn. 8.
9 Vgl. auch MK-*Lipp*, ZPO, § 569 Rn. 3.

ligen Gericht entsprechend dem Grundsatz des fairen Verfahrens (Art. 2 Abs. 1 GG) unverzüglich dem zuständigen (Ausgangs-)Gericht vorzulegen.[10] Fristwahrend ist in diesem Fall aber nur der rechtzeitige Eingang der weitergeleiteten Beschwerde bei einem der beiden zuständigen Gerichte. Eine unterbleibende Weiterleitung kann die Wiedereinsetzung rechtfertigen, wenn im Falle ihrer rechtzeitigen Vornahme die Fristwahrung möglich gewesen wäre, was der Beschwerdeführer zu beweisen hat.[11]

4   Satz 3 sieht für die Nichtigkeits- oder Restitutionsklage (§§ 579, 580 ZPO) ebenfalls eine Abweichung von der 2-Wochen-Frist des Satzes 1 dahingehend vor, dass diese Klagen innerhalb der für sie vorgesehenen Notfrist von jeweils einem Monat (§ 586 Abs. 1 ZPO) erhoben werden. Der Beginn der Monatsfrist der Nichtigkeits- und Restitutionsklage ist ebenfalls eigenständig geregelt (§ 586 Abs. 2 Satz 1 ZPO).

II. Form und Inhalt, Abs. 2

1. Schriftform, Satz 1

5   Abs. 2 gibt die **Formalia** für eine sofortige Beschwerde vor. **Satz 1** bestimmt zunächst, dass die sofortige Beschwerde grundsätzlich nur **schriftlich**, als durch ein unterschriebenes Schriftstück, nicht als bloßes Computerfax ohne Unterschrift,[12] eingelegt werden kann. Abs. 3 sieht für bestimmte Verfahrensarten insoweit aber auch die Möglichkeit der Erklärung zu Protokoll der Geschäftsstelle mit gleichzeitiger Befreiung vom Anwaltszwang (§ 78 Abs. 3 ZPO) vor. Soweit keine Befreiung vom Anwaltszwang vorliegt, muss die Beschwerdeschrift von einem Rechtsanwalt, bei einer direkt beim BGH eingelegten sofortigen Beschwerde von einem bei diesem zugelassenen Rechtsanwalt (§ 78 Abs. 1 Satz 3 ZPO) unterschrieben sein.

2. Inhalt, Satz 2

6   Satz 2 ergänzt die Anforderungen an eine wirksame Beschwerdeschrift insoweit, als jedenfalls die **angegriffene Entscheidung** benannt werden und die Erklärung, dass diese mit der sofortigen Beschwerde angegriffen werde, vorhanden sein muss. Mit Blick auf Art. 19 Abs. 4 GG sind insoweit insbesondere hinsichtlich der zweiten Voraussetzung keine überhöhten Anforderungen zu stellen, weshalb gerade auch die Verwendung des Begriffs „sofortige Beschwerde" nicht essentiell ist.[13] Ausreichend ist vielmehr, dass der eindeutige Wille zum Ausdruck kommt, die angegriffene Entscheidung zur gerichtlichen Überprüfung stellen zu wollen.[14] Auch ist, wenngleich dies vom Gesetz nicht ausdrücklich vorgesehen ist, so doch schon kraft Natur der Sache eine Erkennbarkeit des Beschwerdeführers zwecks verfahrensrechtlicher Zuordnung erforderlich,[15] wobei dies auch mittels Auslegung und Heranziehung der bisher vorliegenden Unterlagen erreicht werden kann.[16] Eine Begründung der sofortigen Beschwerde ist nicht zwingend (§ 571 Abs. 1 ZPO: „soll"), außer im Zwangsversteigerungsrecht (§ 100 ZVG), mit Blick auf die Möglichkeit der Abhilfe durch das Ausgangsgericht (§ 572 Abs. 1 Satz 1 Hs. 1 ZPO) aber durchaus sinnvoll.

III. Befreiung vom Anwaltszwang, Abs. 3

7   Abs. 3 sieht für bestimmte Verfahren die Möglichkeit für den Beschwerdeführer vor, seine Beschwerde auch durch Erklärung zu **Protokoll der Geschäftsstelle** und damit unter Befreiung eines etwaigen Anwaltszwangs (§ 78 Abs. 3 ZPO) zu erheben. Zuständige Geschäftsstelle ist hierbei sowohl die Geschäftsstelle des Ausgangsgerichts wie auch die des Beschwerdegerichts. Der dortige **Urkundsbeamte** (§ 153 GVG) oder der Rechtspfleger (§ 26 RPflG) sind zur Aufnahme – nicht zur Rechtsberatung – berufen. Eine Erklärung zu Protokoll der Geschäftsstelle erfordert die persönliche Anwesenheit des Erklärenden, sie kann nicht durch eine telefonische Kontaktaufnahme ersetzt werden.[17] Die Befreiung vom Anwaltszwang umfasst allerdings lediglich die Einlegung der sofortigen Beschwerde sowie gegebenenfalls eine Replik auf die Beschwerdeerwiderung durch den Beschwerdegegner (vgl. § 571 Abs. 4 ZPO; hierzu § 571

---

10 BVerfG, NJW 2006, 1579f.; BGH, MDR 2013, 994, Rn. 17.
11 BGH, NJW 2014, 3098 (3099), Rn. 13 = FamRZ 2014, 1443 (1444), Rn. 13; BGH, NJW 2012, 2814 (2816), Rn. 26 = FamRZ 2012, 1205 (1207), Rn. 26.
12 Vgl. BGHZ 144, 160 (164f.) = NJW 2000, 2340 (2341) = VersR 2000, 1166.
13 Siehe hierzu weiterführend Prütting/Gehrlein-*Lohmann*, ZPO, § 569 Rn. 6, m.w.N.
14 Vgl. BGH, WM 2013, 1225 (1226), Rn. 18; BGH, NJW 2004, 1112 (1113) = WM 2004, 198.
15 BGH, NJW 2011, 2371f.
16 Vgl. BGH, GRUR 2014, 494 (495), Rn. 12; BGHZ 188, 85f., Rn. 8 = NJW 2011, 2056, Rn. 8 = WM 2011, 427 (428), Rn. 8.
17 BGH, NJW-RR 2009, 852f., Rn. 8ff. = FamRZ 2009, 970f., Rn. 8ff.

Rn. 4); bei Anberaumung einer mündlichen Verhandlung kommt es zum „Wiederaufleben" des Anwaltszwangs.[18]

1. Erstinstanzlicher Rechtsstreit ohne Anwaltszwang, Nr. 1
Nr. 1 erfasst die Fälle, in denen bereits das Ausgangsverfahren keinem Anwaltszwang unterliegt. Dies sind insbesondere die Prozesse vor dem Amtsgericht, nicht aber vor dem Familiengericht (§ 114 Abs. 1 FamFG; Ausnahmen hierzu in § 114 Abs. 4 FamFG), sowie alle Verfahren vor dem Rechtspfleger aufgrund des dort generellen Ausschlusses des Anwaltszwangs (§ 13 RPflG). Als „Verfahren" ist dabei nur das jeweilige Haupt- oder Nebenverfahren gemeint, sodass sowohl das Erkenntnis- und das Vollstreckungsverfahren wie aber auch das Hauptverfahren und etwa das Verfahren über Prozesskostenhilfe (hierzu ohnehin Abs. 3 Nr. 2, vgl. Rn. 9) und das Kostenfestsetzungsverfahren (§ 104 ZPO) von einander zu trennen sind. 8

2. Beschwerde gegen Prozesskostenhilfeentscheidung, Nr. 2
Nr. 2 nimmt ausdrücklich alle sofortigen Beschwerden im Zusammenhang mit dem Prozesskostenhilfeverfahren vom Rechtsanwaltszwang. 9

3. Beschwerde von Zeugen, Sachverständigen oder Dritten, Nr. 3
Nr. 3 sieht schließlich vor, dass für die von Zeugen, Sachverständigen oder Dritten erhobene sofortige Beschwerde ebenfalls ohne Hinzuziehung eines Rechtsanwalts möglich ist, was im Hinblick auf die besondere Verfahrensbeteiligung dieses Personenkreises nur sachdienlich erscheint. 10

§ 570
Aufschiebende Wirkung; einstweilige Anordnungen

(1) Die Beschwerde hat nur dann aufschiebende Wirkung, wenn sie die Festsetzung eines Ordnungs- oder Zwangsmittels zum Gegenstand hat.
(2) Das Gericht oder der Vorsitzende, dessen Entscheidung angefochten wird, kann die Vollziehung der Entscheidung aussetzen.
(3) Das Beschwerdegericht kann vor der Entscheidung eine einstweilige Anordnung erlassen; es kann insbesondere die Vollziehung der angefochtenen Entscheidung aussetzen.

Inhalt:

	Rn.		Rn.
A. Allgemeines	1	II. Befugnisse des Ausgangsgerichts, Abs. 2	3
B. Erläuterungen	2	III. Befugnisse des Beschwerdegerichts, Abs. 3	5
I. Grundsätzlich kein Suspensiveffekt, Abs. 1	2		

A. Allgemeines
Die Vorschrift beschränkt den **Suspensiveffekt** der sofortigen Beschwerde auf Angriffe gegen **Ordnungs- und Zwangsmittel**. Die damit grundsätzlich verbundene Gefahr des Eintritts irreparabler Schäden bis zur abschließenden Entscheidung über die Beschwerde wird durch die Abs. 2 und 3 aufgefangen, so dass auch insoweit effektiver Rechtsschutz (Art. 2 Abs. 1 i.V.m. Art. 20 Abs. 3 GG) gewährleistet ist. Das Ausgangsgericht kann die eigene Entscheidung vorläufig außer Vollzug zu setzen, und das Beschwerdegericht kann durch den Erlass einer einstweiligen Anordnung, insbesondere auch zur Außervollzugsetzung der angegriffenen Entscheidung, seinerseits reagieren. 1

B. Erläuterungen
I. Grundsätzlich kein Suspensiveffekt, Abs. 1
Durch **Abs. 1** wird einem Rechtsmittel zu eigene **Suspensiveffekt**, die vorläufige Außervollzugsetzung des bzw. die aufschiebende Wirkung gegenüber der angegriffenen Entscheidung, weitgehend aufgeschlossen. Im Falle der sofortigen Beschwerde kommt dieser nur bei der Festsetzung von Ordnungs- oder Zwangsmitteln zum Zuge. Dies sind zum einen die Festsetzung eines Ordnungsgeldes gegen eine Partei (§ 141 Abs. 3 Satz 1 ZPO [Ausbleiben bei angeordnetem persönlichem Erscheinen]), einen Zeugen (§ 380 Abs. 1 Satz 2 ZPO [Ausbleiben eines Zeugen], § 390 Abs. 1 Satz 2 ZPO [Verweigerung der Aussage oder des Eides]) oder 2

---
18 Vgl. MK-*Lipp*, ZPO, § 571 Rn. 21.

einen Sachverständige (§ 409 Abs. 1 Satz 2 ZPO [Ausbleiben eines Sachverständigen], § 411 Abs. 2 ZPO [Säumnis bei Gutachtenerstattung]). Daneben kommen die Zwangsmittel zur Durchsetzung einer vertretbaren Handlung (§ 888 Abs. 1 Satz 1 ZPO) oder einer Duldung bzw. eines Unterlassens (§ 890 Abs. 1 Satz 1 ZPO) in Betracht.[1]

II. Befugnisse des Ausgangsgerichts, Abs. 2

3   Abs. 2 räumt dem Ausgangsgericht die Möglichkeit ein, von Amts wegen oder, erst recht, auf entsprechenden Antrag hin nach pflichtgemäßen Ermessen („kann")[2] die mit der sofortigen Beschwerde angegriffene eigene Entscheidung vorläufig außer Vollzug zu setzen. Diese Kompetenz besteht in der Zeit zwischen der Einlegung der sofortigen Beschwerde bzw. deren Vorlage durch das Beschwerdegericht zur Prüfung einer Abhilfeentscheidung (§ 572 Abs. 1 Satz 1 Hs. 1 ZPO) bis zu Entscheidung über die Nichtabhilfe und Vorlage an das Beschwerdegericht durch das Ausgangsgericht (§ 572 Abs. 1 Satz 1 Hs. 2 ZPO). Die Entscheidung nach § 570 Abs. 2 ZPO ihrerseits ist nicht beschwerdefähig.[3]

4   Anlass für eine **vorläufige Außervollzugsetzung** besteht nur dann, wenn das Aussetzungsinteresse des Beschwerdeführers das Vollzugsinteresse des Beschwerdegegners deutlich überwiegt, also insbesondere dann, wenn dem Beschwerdeführer durch den weiteren Vollzug schwere, namentlich irreparable, Nachteile drohen und die sofortige Beschwerde bei einer summarischen Prüfung Erfolgsaussichten verspricht.[4] Eine unzulässige oder offensichtlich unbegründete sofortige Beschwerde kann somit keine Außervollzugsetzung rechtfertigen. Dagegen kann die Außervollzugsetzung bei unsicherer Rechtslage und damit Ungewissheit über die Begründetheit der sofortigen Beschwerde ohne weiteres erfolgen.[5] Durch die Ablehnung oder den Erlass einer Außervollzugsetzung bindet sich das Ausgangsgericht nicht, vielmehr kann es seine eigene Entscheidung auch insoweit bis zur Vorlage der sofortigen Beschwerde an das Beschwerdegericht jederzeit ändern.[6]

III. Befugnisse des Beschwerdegerichts, Abs. 3

5   Dem **Beschwerdegericht** räumt Abs. 3 weitergehende Möglichkeiten zum Erlass einstweiliger Anordnungen ein. Zuständig ist das Beschwerdegericht spätestens mit der Vorlage der sofortigen Beschwerde durch das Ausgangsgericht bei nicht vollständiger Abhilfe (§ 572 Abs. 1 Satz 1 Hs. 2 ZPO). Wird die sofortige Beschwerde direkt beim Beschwerdegericht eingelegt, kann dieses bereits vor oder im Zuge der Vorlage an das Ausgangsgericht zur Ermöglichung der dortigen Prüfung einer Abhilfeentscheidung **eigenen einstweiligen Rechtsschutz** nach § 570 Abs. 3 ZPO gewähren.[7]

6   Neben der bloßen **Außervollzugsetzung** der angegriffenen Entscheidung kann das Beschwerdegericht auch weitergehende **einstweilige Anordnungen** in Bezug auf die angegriffene Entscheidung treffen (z.B. Anordnung von Sicherheitsleistungen anstelle einer Außervollzugsetzung),[8] die ihre Grenze erst dann finden, wenn der Charakter einer einstweiligen Verfügung erreicht wird, so etwa, wenn durch eine beantragte Maßnahme erstmalig **Sicherungsmaßnahmen** getroffen werden sollen.[9] Entscheidungen nach Abs. 3 können nur im Vorfeld und nicht gemeinsam mit der Beschwerdeentscheidung getroffen werden.[10]

7   Für die **Voraussetzungen einer einstweiligen Anordnung** gelten die gleichen Maßstäbe wie im Falle des Abs. 2 (vgl. Rn. 3), also insbesondere eine zulässige und nicht offensichtlich unbegründete sofortige Beschwerde bei überwiegenden drohenden Nachteilen für den Beschwerdeführer im Falle der Vollziehung als für den Beschwerdegegner im Falle der Anordnung, insbesondere Außervollzugsetzung.[11] Auch das Beschwerdegericht darf seine getroffenen Entscheidungen oder die vormalige Ablehnung einer einstweiligen Anordnung bis zur eigenen Beschwerdeentscheidung jederzeit ändern.[12]

---

1 BGH, GRUR-RR 2012, 496; BGH, NJW 2011, 3791 (3792), Rn. 8 ff. = WM 2011, 2331 (2332), Rn. 8 ff.
2 Vgl. BGH, NJW 2002, 1658.
3 KG Berlin, MDR 2010, 105; OLG Köln, ZMR 1990, 419 (420).
4 Vgl. BGH, NJW 2002, 1658 f., Rn. 2 f. = WM 2002, 827 (828), Rn. 2 f.
5 BGH, WuM 2011, 190, Rn. 1.
6 Vgl. Prütting/Gehrlein-*Lohmann*, ZPO, § 570 Rn. 4; Thomas/Putzo-*Reichold*, ZPO, § 570 Rn. 2.
7 Vgl. Prütting/Gehrlein-*Lohmann*, ZPO, § 570 Rn. 5; Zöller-*Heßler*, ZPO, 570 Rn. 3.
8 Vgl. Prütting/Gehrlein-*Lohmann*, ZPO, § 570 Rn. 5.
9 BGH, NJW-RR 2006, 322 (323), Rn. 9 = WM 2006, 189 (190).
10 OLG Koblenz v. 11.05.2015, 14 W 316/15, juris.
11 Vgl. BGH v. 19.01.2017, I ZB 94/16, juris, Rn. 4; BGH, WuM 2011, 703; BGH, Grundeigentum 2010, 1055.
12 Vgl. Zöller-*Heßler*, ZPO, § 570 Rn. 5.

§ 571
Begründung, Präklusion, Ausnahmen vom Anwaltszwang

(1) Die Beschwerde soll begründet werden.

(2) ¹Die Beschwerde kann auf neue Angriffs- und Verteidigungsmittel gestützt werden. ²Sie kann nicht darauf gestützt werden, dass das Gericht des ersten Rechtszuges seine Zuständigkeit zu Unrecht angenommen hat.

(3) ¹Der Vorsitzende oder das Beschwerdegericht kann für das Vorbringen von Angriffs- und Verteidigungsmitteln eine Frist setzen. ²Werden Angriffs- und Verteidigungsmittel nicht innerhalb der Frist vorgebracht, so sind sie nur zuzulassen, wenn nach der freien Überzeugung des Gerichts ihre Zulassung die Erledigung des Verfahrens nicht verzögern würde oder wenn die Partei die Verspätung genügend entschuldigt. ³Der Entschuldigungsgrund ist auf Verlangen des Gerichts glaubhaft zu machen.

(4) Ordnet das Gericht eine schriftliche Erklärung an, so kann diese zu Protokoll der Geschäftsstelle abgegeben werden, wenn die Beschwerde zu Protokoll der Geschäftsstelle eingelegt werden darf (§ 569 Abs. 3).

Inhalt:

	Rn.		Rn.
A. Allgemeines	1	1. Volle weitere Tatsacheninstanz, Satz 1	3
B. Erläuterungen	2	2. Keine Zuständigkeitsrüge, Satz 2	4
I. Beschwerdebegründung, Abs. 1	2	III. Frist und Präklusion, Abs. 3	5
II. Neue Angriffs- und Verteidigungsmittel, Abs. 2	3	IV. Befreiung vom Anwaltszwang, Abs. 4	6

A. Allgemeines

§ 571 ZPO erklärt die **Begründung** einer sofortigen Beschwerde für **fakultativ** („soll") und eröffnet zugleich für die Beschwerde eine vollwertige zweite Tatsacheninstanz, in der, anders als in der Berufung, neue Angriffs- und Verteidigungsmittel grundsätzlich unbeschränkt zugelassen sind. Dem Beschwerdegericht ist allerdings die Möglichkeit einer Fristsetzung für deren Beibringung mit der anschließenden Sanktion einer etwaigen Präklusion eingeräumt. 1

B. Erläuterungen
I. Beschwerdebegründung, Abs. 1

Abs. 1 befreit den Beschwerdeführer von einer Begründung seiner sofortigen Beschwerde, sodass jedenfalls die Zulässigkeit nicht allein mit dem Fehlen einer solchen Begründung verneint werden kann.[1] Ob dies bei sofortigen Beschwerden gegen Kostenfestsetzungsbeschlüsse anders zu beurteilen ist, weil der Beschwerdeführer grundsätzlich mitzuteilen hat, worin genau er sich beschwert fühlt, ist, selbst bei vormaliger – wiederholter – Ankündigung einer Begründung zweifelhaft.[2] Allerdings ist allein schon mit Blick auf die Abhilfebefugnis des Ausgangsgerichts eine, wenn auch nur knappe, Begründung sinnvoll und, wenn die angegriffene Maßnahme nicht geradezu evident („handgreiflich") fehlerhaft ist, auch für die Prüfung der Begründetheit der sofortigen Beschwerde sachdienlich. Zudem dient es unzweifelhaft der Verfahrensbeschleunigung, wenn gezielt die Einwände und gegebenenfalls auch Umstände, aufgrund derer der Beschwerdeführer die angegriffene Entscheidung für falsch hält, mitgeteilt werden. 2

II. Neue Angriffs- und Verteidigungsmittel, Abs. 2
1. Volle weitere Tatsacheninstanz, Satz 1

Abs. 2 Satz 1 eröffnet dem Beschwerdeführer – und ebenso auch dem Beschwerdegegner – im Beschwerdeverfahren vor dem Ausgangs- wie letztlich auch vor dem Beschwerdegericht eine vollwertige zweite Tatsacheninstanz.[3] Eine **Bindung** des Beschwerdegerichts an die Feststellungen des Ausgangsgerichts wie im Falle der Berufung (§ 529 Abs. 1 ZPO) ist gerade nicht vorgesehen, so dass die entsprechenden Bestimmungen des Berufungsrechts (§§ 513, 529 ZPO) auch nicht entsprechend angewandt werden dürfen.[4] Damit ist zugleich auch eine Erweiterung der sofortigen Beschwerde durch Stellung eines neuen, weiteren Antrags möglich.[5] 3

---

1 Vgl. Prütting/Gehrlein-*Lohmann*, ZPO, § 571 Rn. 2; Thomas/Putzo-*Reichold*, ZPO, § 571 Rn. 1.
2 So aber KG Berlin, KGR 2009, 796 (797); ähnlich auch BGH, NZI 2007, 166, Rn. 6 = WM 2007, 810 (811), Rn. 6, bei Festsetzung einer Auslagenpauschale für Insolvenzverwalter.
3 BGH, NZI 2013, 539 Rn. 3 = WM 2013, 939 Rn. 3; BGH, NJW 2010, 1002 Rn. 9 = WM 2010, 1334 (1335), Rn. 9.
4 OLG München, OLGR 2003, 263.
5 BGH, NZI 2007, 166 (167), Rn. 20 = WM 2007, 810 (812), Rn. 20; vgl. auch Prütting/Gehrlein-*Lohmann*, ZPO, § 571 Rn. 4.

2. Keine Zuständigkeitsrüge, Satz 2

4 **Satz 2** schließt für die sofortige Beschwerde, vergleichbar mit den Vorgaben des Berufungsrechts (§ 513 Abs. 2 ZPO), Rügen aus, die die **Annahme der Zuständigkeit** des Gerichts des ersten Rechtszugs zum Gegenstand haben. Ausgenommen davon ist allerdings die **internationale Zuständigkeit** der deutschen Gerichte,[6] weil diese **von Amts wegen** in jedem Verfahrensstadium zu prüfen ist.[7] Erschöpft sich die Begründung einer sofortigen Beschwerde in der Rüge der unzutreffend angenommenen sachlichen oder örtlichen Zuständigkeit des Gerichts des ersten Rechtszugs, ist die sofortige Beschwerde bereits **unzulässig** und nicht nur unbegründet.[8]

III. Frist und Präklusion, Abs. 3

5 **Abs. 3 Satz 1** eröffnet dem Beschwerdegericht – nicht dem Ausgangsgericht – die Möglichkeit, zum Zwecke der Verfahrensbeschleunigung und damit zur Prozessökonomie die Setzung einer Frist, innerhalb derer neue Angriffs- und Verteidigungsmittel vorzubringen sind. Ebenso kann eine solche Frist auch für die Beibringung einer bisher noch nicht erfolgten Begründung der sofortigen Beschwerde gesetzt werden.[9] Gerade bei der bloßen Ankündigung einer nachzureichenden Begründung kann die Setzung einer – angemessenen[10] – Frist geboten sein, weil eine vorschnelle Entscheidung über eine unbegründete sofortige Beschwerde an einer Verletzung des Anspruchs auf rechtliches Gehör (Art. 103 Abs. 1 GG) leidet.[11] Als Sanktion für verspätetes Vorbringen sieht **Satz 2** eine **Präklusion** vor, indem verspätetes Vorbringen nur dann nach der freien Überzeugung des Gerichts zuzulassen ist, wenn es die Erledigung des Verfahrens nicht verzögern würde und zusätzlich die Verspätung genügend entschuldigt ist. Insoweit gelten die Maßstäbe des allgemeinen Verfahrensrechts (§ 296 ZPO, siehe dort Rn. 7) entsprechend. **Satz 3** eröffnet dem Gericht hinsichtlich der Entschuldigung der Verspätung die Möglichkeit der Anordnung, dass die vortragende Partei die Umstände glaubhaft zu machen hat (§ 294 ZPO).

IV. Befreiung vom Anwaltszwang, Abs. 4

6 Abs. 4 führt die Privilegierung des § 569 Abs. 3 ZPO, der bei bestimmten Verfahren sowie bei bestimmten Verfahrensbeteiligten vom Anwaltszwang durch die Möglichkeit der Erklärung der sofortigen Beschwerde zur Protokoll der Geschäftsstelle freistellt (§ 78 Abs. 3 ZPO), dahingehend fort, dass auch der Beschwerdegegner von der Möglichkeit einer Erklärung zu Protokoll der Geschäftsstelle Gebrauch machen kann und sich damit keines Rechtsanwalts bedienen muss. Dies gilt nach dem Wortlaut des Abs. 4 („eingelegt werden kann") unabhängig davon, ob der Beschwerdeführer selbst von dieser Möglichkeit Gebrauch gemacht hat. Findet auf Anordnung des Beschwerdegerichts eine mündliche Verhandlung statt, besteht indessen der allgemeine Anwaltszwang (§ 78 Abs. 1 ZPO) für diese.[12]

§ 572
Gang des Beschwerdeverfahrens

(1) [1]Erachtet das Gericht oder der Vorsitzende, dessen Entscheidung angefochten wird, die Beschwerde für begründet, so haben sie ihr abzuhelfen; andernfalls ist die Beschwerde unverzüglich dem Beschwerdegericht vorzulegen. [2]§ 318 bleibt unberührt.

(2) [1]Das Beschwerdegericht hat von Amts wegen zu prüfen, ob die Beschwerde an sich statthaft und ob sie in der gesetzlichen Form und Frist eingelegt ist. [2]Mangelt es an einem dieser Erfordernisse, so ist die Beschwerde als unzulässig zu verwerfen.

(3) Erachtet das Beschwerdegericht die Beschwerde für begründet, so kann es dem Gericht oder Vorsitzenden, von dem die beschwerende Entscheidung erlassen war, die erforderliche Anordnung übertragen.

(4) Die Entscheidung über die Beschwerde ergeht durch Beschluss.

---

6 OLG Hamburg, FamRZ 2015, 776; OLG Karlsruhe, NJW-RR 2012, 331 = FamRZ 2012, 660.
7 BGHZ 153, 82 (84 ff.) = NJW 2003, 426 f. = FamRZ 2003, 370 (371).
8 Vgl. BGH, NZI 2005, 184.
9 Prütting/Gehrlein-*Lohmann*, ZPO, § 571 Rn. 6.
10 Zur Angemessenheit weiterführend Prütting/Gehrlein-*Lohmann*, ZPO, § 571 Rn. 6.
11 Vgl. BVerfGK 15, 121 (123) = NJW 2009, 1582 (1583), Rn. 11.
12 Vgl. MK-*Lipp*, ZPO, § 571 Rn. 21.

Inhalt:

	Rn.		Rn.
A. Allgemeines	1	3. Verwerfung, Satz 2	9
B. Erläuterungen	2	III. Beschwerdeentscheidung, Abs. 3	10
I. Abhilfe durch Ausgangsgericht, Abs. 1	2	1. Begründetheitsprüfung	10
1. Abhilfebefugnis, Satz 1 Hs. 1	2	2. Unbegründete sofortige Beschwerde	11
a) Neue Tatsachen und Rechtsausführungen	3	3. Begründete sofortige Beschwerde	12
b) Keine neuen Anträge	4	4. Bindungswirkung der Beschwerdeentscheidung	13
2. Nichtabhilfe und Vorlage, Satz 1 Hs. 2	5	5. Anordnungen des Beschwerdegerichts	14
II. Beschwerdeprüfung, Abs. 2	7	6. Reformatio in peius	15
1. Statthaftigkeit, Form, Frist	7	IV. Entscheidungsform, Abs. 4	16
2. Beschwer, Verzicht, Rechtsschutzbedürfnis	8	**C. Kosten/Gebühren**	17

A. Allgemeines

Die Regelung über den Gang des Beschwerdeverfahrens beinhaltet insbesondere die Befugnis des Ausgangsgerichts, die eigene vom Beschwerdeführer angegriffene Entscheidung zu überprüfen und gegebenenfalls auch ganz oder teilweise i.S.d. sofortigen Beschwerde abzuändern, der Beschwerde also abzuhelfen. Diese zur Beschleunigung des Beschwerdeverfahrens sowie zur Entlastung der Beschwerdegerichte eingeführte Bestimmung regelt zudem den Prüfungsumfang des Beschwerdegerichts und die Art und Weise der das Beschwerdeverfahren abschließenden Entscheidung. 1

B. Erläuterungen

I. Abhilfe durch Ausgangsgericht, Abs. 1

1. Abhilfebefugnis, Satz 1 Hs. 1

Satz 1 enthält als zentrales Element des Beschwerderechts die **Abhilfebefugnis** des Ausgangsgerichts. Dieses hat, anders als das Beschwerdegericht (Abs. 2 Satz 1), nur die Begründetheit der sofortigen Beschwerde gegen die eigene Entscheidung zu überprüfen und auch im Falle einer Nichtabhilfe **inhaltlich zu würdigen**. Auf die **Zulässigkeit** der sofortigen Beschwerde kommt es für eine eventuelle Abhilfe durch das Ausgangsgericht nach dem Wortlaut des Gesetzes (Satz 1: „für begründet, so") sowie in Ansehung von Abs. 2 Satz 2, wonach nur das Beschwerdegericht im Falle der Unzulässigkeit zur Verwerfung der sofortigen Beschwerde berechtigt ist (vgl. Rn. 7 ff.),[1] nicht an.[2] Dagegen folgt aus der Abhilfebefugnis, dass eine beim Beschwerdegericht in zulässiger Weise eingereichte sofortige Beschwerde von diesem zunächst dem Ausgangsgericht, auch dem Rechtspfleger (§ 11 Abs. 2 RPflG), vorzulegen ist, um diesem die Möglichkeit zur Abhilfe zu eröffnen; in besonders eilbedürftigen Fällen eröffnet § 570 Abs. 3 ZPO dem Beschwerdegericht die Möglichkeit, auch schon vor der (Nicht-)Abhilfeentscheidung des Ausgangsgerichts durch einstweilige Anordnungen wirksamen einstweiligen Rechtsschutz zu gewähren (vgl. § 570 Rn. 4). 2

a) Neue Tatsachen und Rechtsausführungen
Im Zuge der Abhilfeprüfung hat sich das Ausgangsgericht mit der Beschwerdebegründung, insbesondere auch mit **neu vorgebrachten Tatsachen und Rechtsausführungen**, auseinanderzusetzen.[3] Die Begründung der Nichtabhilfeentscheidung muss diese Auseinandersetzung erkennen lassen, weshalb **formelhafte Nichtabhilfeentscheidungen**, die insbesondere nur auf die Begründung der angegriffenen Entscheidung verweisen, nicht ausreichen.[4] Hat der Beschwerdeführer die sofortige Beschwerde zunächst ohne Begründung eingelegt, darf eine sofortige Vorlage an das Beschwerdegericht (Satz 1 Hs. 2) nur dann erfolgen, wenn keine nachfolgende Begründung angekündigt ist; gegebenenfalls ist dem Beschwerdeführer eine **Frist zur Beibringung der Begründung** durch das Ausgangsgericht zu setzen (§ 571 Abs. 3 Satz 1 3

---

[1] BGH, NJW-RR 2009, 718: Vorlage auch bei unstatthafter sofortiger Beschwerde.
[2] Vgl. OLG Stuttgart, OLGR 2003, 387; OLG Frankfurt a.M., OLGR 2004, 102 (103 f.) = NJW-RR 2003, 140 (141); OLG Karlsruhe, OLGR 2003, 225 (226); Zöller-*Heßler*, ZPO, § 572 Rn. 14; Thomas/Putzo-*Reichold*, ZPO, § 572 Rn. 2: statthaft; vgl. auch Prütting/Gehrlein-*Lohmann*, ZPO, § 572 Rn. 2.
[3] OLG Düsseldorf, FamRZ 2006, 1551; OLG Köln, OLGR 2005, 582; OLG Brandenburg, FamRZ 2004, 653; OLG Köln, OLGR 2004, 10 (11).
[4] OLG Köln, FamRZ 2010, 146; OLG Düsseldorf, FamRZ 2006, 1551.

ZPO analog). Eine vorzeitige Vorlage verletzt den Anspruch auf rechtliches Gehör (Art. 103 Abs. 1 GG). Die ordnungsgemäße Durchführung des (Nicht-)Abhilfeverfahrens ist zwar keine Voraussetzung für die im Falle der Nichtabhilfe vorgesehene Vorlage an das Beschwerdegericht (Satz 1 Hs. 2),[5] kann aber gleichwohl zur **Aufhebung der Nichtabhilfeentscheidung** des Ausgangsgerichts und zur **Zurückverweisung des Verfahrens** zur erneuten Prüfung der sofortigen Beschwerde an das Ausgangsgericht führen.[6]

b) Keine neuen Anträge

4 Die Befugnis zur Abhilfe umfasst lediglich diejenigen **Anträge**, über die bereits in der angegriffenen Entscheidung **entschieden** worden ist, sodass erst im Zuge der sofortigen Beschwerde neu gestellte (Hilfs-)Anträge nicht Gegenstand einer Abhilfeentscheidung sein können.[7] Der Abhilfe entzogen sind nach Satz 2 (vgl. Rn. 6) ebenso alle Entscheidungen i.S.d. § 318 ZPO (End- und Zwischenurteile). Vor einer Abhilfeentscheidung, die ganz oder teilweise der Durchsetzung des Begehrens des Beschwerdeführers dienen kann, ist der Beschwerdegegner zu hören. Sowohl die Abhilfeentscheidung als auch die Nichtabhilfeentscheidung ergehen als **Beschluss**. Anfechtbar ist für den **Beschwerdegegner** nur die (teilweise) Abhilfeentscheidung, soweit die Entscheidung als solche, wäre sie von Anfang an vom Ausgangsgericht erlassen worden, für ihn angreifbar gewesen wäre.[8] Die Nichtabhilfeentscheidung ist für den Beschwerdeführer nicht angreifbar,[9] weil eine erneute Selbstkontrolle des Ausgangsgerichts weder notwendig noch mit Blick auf die Verfahrensökonomie sinnvoll wäre.

2. Nichtabhilfe und Vorlage, Satz 1 Hs. 2

5 Als Folge der Entscheidung über die vollständige oder wenigstens teilweise **Nichtabhilfe** des Ausgangsgerichts hat dieses nach **Satz 1 Hs. 2** die sofortige Beschwerde **unverzüglich** dem Beschwerdegericht zur Entscheidung **vorzulegen**. Eine Selbstverwerfungskompetenz steht dem Ausgangsgericht selbst bei einer unstatthaften sofortigen Beschwerde nicht zu.[10] Der **Nichtabhilfebeschluss** selbst ist für keine der Parteien anfechtbar,[11] weil es insoweit an einer eigenständigen Beschwer fehlt; diese tritt erst durch die Entscheidung des Beschwerdegerichts ein. Mangels eigenständiger Anfechtbarkeit bedarf der Nichtabhilfebeschluss auch keiner Zustellung, vielmehr gilt § 329 Abs. 2 Satz 1 ZPO.[12]

6 **Mängel im Nichtabhilfeverfahren**, insbesondere die Nichtberücksichtigung neuen Vorbringens, berühren die Vorlage als solche nicht. Das Beschwerdegericht kann allerdings den Vorlagebeschluss – nicht den Nichtabhilfebeschluss – **aufheben** und die sofortige Beschwerde hierdurch zur erneuten Prüfung und Entscheidung an das Ausgangsgericht **zurückverweisen**.[13] Eine Übertragung der Restriktionen des § 538 Abs. 2 ZPO für die Zurückverweisung einer Sache durch das Berufungsgericht an das Erstgericht[14] auf das Beschwerdeverfahren ist noch nicht geklärt.

II. Beschwerdeprüfung, Abs. 2

1. Statthaftigkeit, Form, Frist

7 Das Beschwerdegericht hat als Folge einer vollständigen oder teilweisen Nichtabhilfeentscheidung und nachfolgender Vorlage durch das Ausgangsgericht nach **Satz 1** seinerseits die Zulässigkeit der sofortigen Beschwerde zu überprüfen. Maßgeblicher Zeitpunkt für das Vorliegen der Zulässigkeitsvoraussetzungen ist die Beschwerdeentscheidung. Die dafür notwendigen Feststellungen hat das Beschwerdegericht von Amts wegen im Freibeweisverfahren zu treffen, wobei den Beschwerdeführer die Darlegungs- und Beweislasten treffen. Ausdrücklich im Gesetz in Satz 1 genannt sind die **Statthaftigkeit** (vgl. § 567 Rn. 5), die **Form** (vgl. § 569 Rn. 5) und die **Frist** (vgl. § 569 Rn. 2). Soweit sich die **sofortige Beschwerde gegen eine Kostenentscheidung** wendet, kommt es bezüglich der Erreichung der Beschwerdesumme (§ 567 Abs. 2

---

5 OLG Koblenz, FamRZ 2008, 288.
6 KG Berlin, MDR 2013, 863 (864).
7 BGH, NZI 2007, 166 (167), Rn. 19 f. = WM 2007, 810 (812), Rn. 19 f.
8 Vgl. Prütting/Gehrlein-*Lohmann*, ZPO, § 572 Rn. 3.
9 BGH, ZIP 2009, 289 (290), Rn. 8 = WM 2009, 334 (335), Rn. 8; OLG Celle, OLGR 2006, 462 (464).
10 BGH, NJW-RR 2009, 718, allerdings bei Rechtspflegerbeschwerde; MK-*Lipp*, ZPO, § 572 Rn. 12; Prütting/Gehrlein-*Lohmann*, ZPO, § 572 Rn. 5; beide m.w.N.; a.A. OLG Köln, NJW-RR 2010, 287 = MDR 2011, 1411; OLG Naumburg, OLGR 2008, 312 (313); Zöller-*Heßler*, ZPO, § 572 Rn. 4.
11 BGH, NJW-RR 2009, 718 Rn. 8 = WM 2009, 335 (336), Rn. 8; OLG Celle, OLGR 2006, 462 f.
12 MK-*Lipp*, ZPO, § 572 Rn. 14; Prütting/Gehrlein-*Lohmann*, ZPO, § 572 Rn. 4.
13 BGH, NJW-RR 2005, 1299 = MDR 2005, 1305 (1306); MK-*Lipp*, ZPO, § 572 Rn. 16.
14 Vgl. BT-Drucks. 14/4722, S. 102.

ZPO; vgl. § 567 Rn. 6) nur hier ausnahmsweise auf den Zeitpunkt der Einlegung der sofortigen Beschwerde an (§ 4 Abs. 1 ZPO).

2. Beschwer, Verzicht, Rechtsschutzbedürfnis
Als weitere Zulässigkeitsvoraussetzungen sind vom Beschwerdegericht das Vorliegen einer tatsächlichen **Beschwer** für den Beschwerdeführer (vgl. § 567 Rn. 6), das **Fehlen eines Verzichts** auf die Einlegung der sofortigen Beschwerde sowie das **Rechtsschutzbedürfnis** zu prüfen. Ein **Verzicht** ist nach §§ 515, 565 ZPO analog möglich und führt nach seiner gegebenenfalls durch zurückhaltende **Auslegung**[15] zu ermittelnden Erklärung dazu, dass eine nachfolgend erhobene sofortige Beschwerde unzulässig ist.[16] Ist infolge **prozessualer Überholung** die ursprüngliche Beschwer entfallen (z.B. Anerkenntnis oder Klagerücknahme in der Hauptsache)[17] oder dient die sofortige Beschwerde in rechtsmissbräuchlicher Weise nur der Verzögerung und Verschleppung, fehlt es grundsätzlich am **Rechtsschutzbedürfnis** für eine Sachentscheidung des Beschwerdegerichts. Eine innerhalb der Frist des § 569 Abs. 1 ZPO wiederholt eingelegte sofortige Beschwerde (vgl. § 567 Rn. 7) ist nur dann zulässig, wenn die vorherige sofortige Beschwerde nicht durch eine Sachentscheidung zurückgewiesen worden ist, sondern aus prozessualen Gründen verworfen worden ist.

8

3. Verwerfung, Satz 2
Als an sich zwingende Rechtsfolge des Fehlens einer Zulässigkeitsvoraussetzung sieht § 572 Abs. 2 **Satz 2** ZPO die Verwerfung der sofortigen Beschwerde durch das Beschwerdegericht als **unzulässig** vor. Gleichwohl wird auch ein **Offenlassen** bzw. Dahingestelltbleiben der Zulässigkeit als akzeptabel angesehen, soweit die sofortige Beschwerde – jedenfalls auch – als unbegründet zurückgewiesen werden kann.[18] Jedenfalls nach Ablauf der Beschwerdefrist, innerhalb derer der Beschwerdeführer bei einer prozessualen Zurückweisung erneut sofortige Beschwerde erheben könnte, dürfte die Sachentscheidung auch ihm gegenüber im Falle einer Zurückweisung keine größere Beschwer darstellen, als dies bei einer Verwerfung der Fall wäre.[19] Anders als bei der Berufung (§ 522 Abs. 1 Satz 4 ZPO) führt auch die Verwerfung einer sofortigen Beschwerde nicht zur Statthaftigkeit der Rechtsbeschwerde.[20] Bei Feststellung der Unzulässigkeit der sofortigen Beschwerde lautet die Entscheidung des Beschwerdegerichts auf **Verwerfung** der sofortigen Beschwerde.

9

III. Beschwerdeentscheidung, Abs. 3
1. Begründetheitsprüfung
Vom Gesetzgeber erst nach erfolgter Prüfung und Bejahung der Zulässigkeit vorgesehen, in der Praxis häufig aber auch parallel oder sogar vor der abschließenden Prüfung der Zulässigkeit vorgenommen (vgl. Rn. 9), hat das Beschwerdegericht **von Amts wegen** die Begründetheit der sofortigen Beschwerde zu prüfen. Ebenso wie das Ausgangsgericht hat auch das Beschwerdegericht neues Vorbringen zu Tatsachen und Rechtsfragen in der sofortigen Beschwerde zu berücksichtigen, soweit keine **Präklusion** hierfür vor dem Beschwerdegericht eingetreten ist (§ 571 Abs. 3 ZPO, vgl. § 571 Rn. 4). Rechtliches Gehör (Art. 103 Abs. 1 GG) ist den Parteien vor der Entscheidung des Beschwerdegerichts von diesem zu gewähren, wenn die **Nichtabhilfeentscheidung** neue Aspekte enthält, die bisher von keiner Partei berücksichtigt werden konnten; eine mündliche Verhandlung ist dafür aber regelmäßig nicht notwendig (§ 128 Abs. 4 ZPO).

10

2. Unbegründete sofortige Beschwerde
Kommt das Beschwerdegericht nach der Prüfung der sofortigen Beschwerde zu dem Ergebnis, dass diese **unbegründet** ist, wird die sofortige Beschwerde als unbegründet zurückgewiesen. Bei nur teilweiser Begründetheit kommt eine Teilzurückweisung in Betracht, wenn sich die sofortige Beschwerde gegen voneinander **abtrennbare** Verfahrensgegenstände, also eigenständige Teile einer angegriffenen Entscheidung, richtet. In diesem Fall kann die sofortige Beschwerde teilweise („soweit") zurückgewiesen werden und ihr im Übrigen durch Aufhebung („soweit") der begründet angegriffenen Entscheidungsteile stattgegeben werden. Greifen nur

11

---
15 BGH, NJW 2006, 3498, Rn. 8 = FamRZ 2008, 1753.
16 Vgl. MK-*Lipp*, ZPO, § 567 Rn. 33.
17 Vgl. Thomas/Putzo-*Reichold*, ZPO, § 572 Rn. 18, m. w. Bsp.
18 BGH v. 07.02.2011, AnwZ (B) 13/10, juris, Rn. 3; BGH, NJW-RR 2006, 1346 (1347), Rn. 4 = WM 2006, 1409, Rn. 4.
19 Differenzierend MK-*Lipp*, ZPO, § 572 Rn. 23.
20 BGH, NJW-RR 2006, 1346 (1347), Rn. 5 = WM 2006, 1409 f., Rn. 5; BGH, NJW-RR 2005, 1009 = FamRZ 2005, 1481.

Teile der mit der sofortigen Beschwerde vorgebrachten Einwendungen gegenüber einer **untrennbaren** (Einzel-)Entscheidung durch, ist die sofortige Beschwerde gleichwohl jedenfalls insoweit **begründet**, als die Begründetheitsprüfung für den Beschwerdeführer positiv ausfällt. Anders als bei der Teilstattgabe ergibt sich der unterschiedliche Erfolg des Beschwerdevorbringens hier erst aus den Gründen der Beschwerdeentscheidung.[21]

3. Begründete sofortige Beschwerde

12 Kommt das Beschwerdegericht zu dem Ergebnis einer jedenfalls teilweisen **Begründetheit** der sofortigen Beschwerde, ist in jedem Fall die angegriffene Entscheidung aufzuheben. Erstreckt sich die Begründetheit der sofortigen Beschwerde nur auf abtrennbare Teile einer angegriffenen Entscheidung, sind nur diese aufzuheben. Bei vorliegender Entscheidungsreife hat das Beschwerdegericht sodann grundsätzlich anstelle des Ausgangsgerichts weitergehend in der Sache **selbst** nach dem Rechtsgedanken des § 538 ZPO zu entscheiden. Eine Zurückverweisung kann indessen auch bei Entscheidungsreife in Betracht kommen, wenn die Verfahrensmängel vor dem Ausgangsgericht so schwerwiegend waren, dass eine Entscheidung des Beschwerdegerichts auf einen Entzug der ersten Instanz zum Nachteil mindestens einer Partei hinausliefe.[22] Zwingend wird eine Zurückverweisung zudem erfolgen müssen, wenn die Sache noch nicht entscheidungsreif ist und auch nicht mit annähernd gleichem Aufwand vor dem Beschwerdegericht entscheidungsreif werden kann.

4. Bindungswirkung der Beschwerdeentscheidung

13 Im Falle der Zurückverweisung ist das **Ausgangsgericht** an die Rechtsauffassung des Beschwerdegerichts, wie sie in der Beschwerdeentscheidung zum Ausdruck kommt, in analoger Anwendung von § 577 Abs. 4 Satz 4, § 563 Abs. 2 ZPO gebunden.[23] Ebenso ist aber auch im Falle einer erneuten sofortigen Beschwerde in derselben Sache das Beschwerdegericht an seine vormalige Rechtsauffassung gebunden.[24] Wie auch im Revisionsrecht kann es jedoch zum **Entfallen dieser Bindungswirkung**, sowohl bereits beim Ausgangsgericht als auch beim erneut befassten Beschwerdegericht, kommen, wenn die der Zurückverweisung zugrunde liegende Rechtsauffassung des Beschwerdegerichts nach dessen (erster) Entscheidung durch eine Änderung in der höher- bzw. höchstrichterlichen Rechtsprechung überholt worden ist.[25] Gleiches gilt, wenn bis zur Beschwerdeentscheidung **keine höchstrichterliche Klärung** einer Rechtsfrage vorlag und nach der Beschwerdeentscheidung eine solche eingetreten ist, wodurch die Rechtsauffassung des Beschwerdegerichts überholt worden ist.[26]

5. Anordnungen des Beschwerdegerichts

14 Im Zuge der Zurückverweisung kann das Beschwerdegericht nach Abs. 3 nach freiem richterlichen Ermessen gegenüber dem Ausgangsgericht auch Anordnungen für das weitere Verfahren und insbesondere die nach der (Teil-)Aufhebung dessen angegriffener Entscheidung erneut zu treffender Entscheidung vorgeben.

6. Reformatio in peius

15 Wenngleich für das Beschwerderecht in der ZPO nicht ausdrücklich geregelt, wird aus dem gemeinsamen Rechtsgedanken des § 528 Satz 2 ZPO sowie des § 557 Abs. 1 ZPO auch für die sofortige Beschwerde gefolgert, dass jedenfalls bei fehlender Anschlussbeschwerde das **Verbot der** *reformatio in peius*, also einer (inhaltlichen) Verschlechterung, zu Gunsten des Beschwerdeführers besteht.[27] Dieses erstreckt sich im Falle der Zurückverweisung an das Ausgangsgericht auch auf dessen erneute Entscheidung,[28] sodass der Beschwerdeführer mehr als die Verwerfung oder Zurückweisung seiner sofortigen Beschwerde nicht zu befürchten hat. **Keine Verschlechterung** i.d.S. stellt dagegen die Zurückweisung einer sofortigen Beschwerde durch das Beschwerdegericht dar, wenn das Ausgangsgericht die sofortige Beschwerde bereits im Zuge seiner Nichtabhilfeentscheidung als unzulässig angesehen hat, wie auch im umgekehrten Fall, dass eine vom Ausgangsgericht als unbegründet angesehene sofortige Beschwerde vom Beschwerdegericht als unzulässig verworfen wird.

---

21 Vgl. MK-*Lipp*, ZPO, § 572 Rn. 29.
22 OLG Saarbrücken, OLGR 2007, 509 (510); OLG Celle, OLGR 2003, 6 (8).
23 BGH, NJW 2013, 1310 (1311), Rn. 18 = MDR 2013, 167, Rn. 18.
24 BGH, NJW 2013, 1310 (1311), Rn. 18 = MDR 2013, 167, Rn. 18.
25 BGH, NJW 2013, 1310 (1311), Rn. 20 f. = MDR 2013, 167, Rn. 20 f.
26 BGH, NJW 2013, 1310 (1311), Rn. 22 = MDR 2013, 167, Rn. 22.
27 Vgl. MK-*Lipp*, ZPO, § 572 Rn. 35; Prütting/Gehrlein-*Lohmann*, ZPO, § 572 Rn. 12.
28 BGHZ 159, 122 (124 f.) = NJW-RR 2004, 1422 = WM 2004, 1328 (1329); BGH, NZI 2009, 49 (51), Rn. 27 = WM 2008, 2299 (2301), Rn. 27.

IV. Entscheidungsform, Abs. 4

§ 572 Abs. 4 ZPO sieht als Entscheidungsform für jeden Fall der Beschwerdeentscheidung den Beschluss vor. Eine ausnahmsweise durchgeführte **mündliche Verhandlung** steht dem nicht entgegen.[29] Zur stets notwendigen Begründung kann in geeigneten Fällen auf die Begründung der angegriffenen Entscheidung Bezug genommen werden, soweit diese um entsprechende Ergänzungen, die das Beschwerdevorbringen reflektieren, erweitert wird.[30] Unterliegt die Entscheidung des Beschwerdegerichts der **Rechtsbeschwerde** (§ 574 Abs. 1 oder Abs. 2 ZPO), so muss die Beschwerdeentscheidung auch den maßgeblichen Sachverhalt inklusive der Anträge in beiden Instanzen wiedergeben;[31] dessen Fehlen stellt für sich genommen einen Aufhebungsgrund dar.[32] Soweit geboten, ist in dem Beschluss im Tenor die Zulassung der Rechtsbeschwerde auszusprechen (§ 574 Abs. 1 Satz 1 Nr. 2, Abs. 3 Satz 1 i. V. m. Abs. 2 ZPO). Eine Nachholung der Zulassung ist nicht zulässig, auch nicht zur „Abhilfe" auf eine eingegangene Gegenvorstellung.[33]

16

C. Kosten/Gebühren

Eine **Entscheidung** über die Kostentragung im Falle einer Beschwerdeentscheidung ergeht grundsätzlich nur dann, wenn die angegriffene Entscheidung ihrerseits eine Kostenentscheidung enthält,[34] was insbesondere bei verfahrensleitenden Entscheidungen oder Streitwertbeschlüssen (§ 68 Abs. 3 GKG) nicht der Fall ist. Soweit absehbar keine Kosten anfallen (können), etwa wegen Bewilligung von PKH für den Beschwerdeführer, unterbleibt ebenfalls eine Kostenentscheidung.[35] Im Übrigen richtet sich die Kostenentscheidung nach den allgemeinen Vorschriften der §§ 91, 92 und 97 Abs. 1 ZPO. Die Höhe der Gerichts- und Anwaltsgebühren ergibt sich aus dem KV-GKG zum GKG (vgl. § 567 Rn. 11 f.).

17

§ 573
Erinnerung

(1) ¹Gegen die Entscheidungen des beauftragten oder ersuchten Richters oder des Urkundsbeamten der Geschäftsstelle kann binnen einer Notfrist von zwei Wochen die Entscheidung des Gerichts beantragt werden (Erinnerung). ²Die Erinnerung ist schriftlich oder zu Protokoll der Geschäftsstelle einzulegen. ³§ 569 Abs. 1 Satz 1 und 2, Abs. 2 und die §§ 570 und 572 gelten entsprechend.

(2) Gegen die im ersten Rechtszug ergangene Entscheidung des Gerichts über die Erinnerung findet die sofortige Beschwerde statt.

(3) Die Vorschrift des Absatzes 1 gilt auch für die Oberlandesgerichte und den Bundesgerichtshof.

Inhalt:

	Rn.		Rn.
A. Allgemeines	1	III. Erstreckung auf BGH und OLG, Abs. 3	7
B. Erläuterungen	2	IV. Erinnerung gegen Rechtspfleger	8
I. Erinnerung gegen beauftragten oder ersuchten Richter, Abs. 1	2	C. Kosten/Gebühren	10
II. Sofortige Beschwerde gegen Erinnerungsentscheidung, Abs. 2	6		

A. Allgemeines

Die in § 573 Abs. 1 Satz 1 ZPO vorgesehene Erinnerung stellt gegenüber der nachfolgend möglichen Beschwerde nach § 573 Abs. 2 ZPO eine notwendige Vorstufe dar. Anders als die Beschwerde ist die **Erinnerung** mangels Devolutiveffekts nur ein **Rechtsbehelf** und kein Rechtsmittel. Ihre Einlegung dient der rechtlichen Kontrolle der Durchführung gerichtlicher Anordnungen durch einen beauftragten oder ersuchten Richter (§ 278 Abs. 5 Satz 1, §§ 361, 362 ZPO) oder Urkundsbeamten der Geschäftsstelle (§ 168 Abs. 1 ZPO, § 153 GVG), die je-

1

---

29 MK-*Lipp*, ZPO, § 572 Rn. 39; Thomas/Putzo-*Reichold*, ZPO, § 572 Rn. 25.
30 Vgl. MK-*Lipp*, ZPO, § 572 Rn. 39, m. w. N.
31 Vgl. Prütting/Gehrlein-*Lohmann*, ZPO, § 572 Rn. 13 m. w. N.
32 BGH, NJW 2014, 3583, Rn. 7 = MDR 2015, 176, Rn. 7; BGH, NJW 2002, 2648 (2649) = WM 2003, 101.
33 BGH, NJW-RR 2016, 955.
34 BGH, FamRZ 2006, 1268.
35 Vgl. MK-*Lipp*, ZPO, § 572 Rn. 40.

weils an die erteilten Anordnungen grundsätzlich gebunden sind (Ausnahmen: § 299 ZPO [Terminsbestimmung], § 365 ZPO [Delegation], § 400 ZPO [Ordnungsmittel]), durch das anordnende Gericht.

B. Erläuterungen
I. Erinnerung gegen beauftragten oder ersuchten Richter, Abs. 1

2   § 573 Abs. 1 **Satz 1** ZPO sieht die Erinnerung als **statthaften** Rechtsbehelf gegen Entscheidungen des beauftragten oder ersuchten Richters (§ 278 Abs. 5 Satz 1 ZPO [Güterichter]; § 361 ZPO [beauftragter Richter]; § 362 ZPO [ersuchter Richter]) vor. Diese können nach Abs. 3 (vgl. Rn. 7) auch Richter der Oberlandesgerichte sowie des Bundesgerichtshofs sein. Für Entscheidungen des **Rechtspflegers** gilt § 11 Abs. 2 RPflG (vgl. Rn. 8).

3   Weiterhin sieht Satz 1 als **Frist** für die Antragstellung eine nicht verlängerbare **Notfrist** (§ 224 Abs. 1 Satz 2 ZPO) von zwei Wochen vor. Innerhalb dieser Frist ist die Erinnerung nach **Satz 2 schriftlich** oder **zu Protokoll der Geschäftsstelle** einzulegen. Somit besteht für eine Einlegung der Erinnerung **kein Anwaltszwang** (§ 78 Abs. 3 ZPO). Eingelegt werden kann die Erinnerung, wie auch die Beschwerde (vgl. § 569 Rn. 3), sowohl bei dem Gericht bzw. der Geschäftsstelle, dessen Entscheidung angegriffen wird, als auch bei dem Gericht, dass die Durchführung der angegriffenen Entscheidung veranlasst hat (**Satz 3** i.V.m. § 569 Abs. 1 Satz 1 ZPO). Inhaltlich muss die Erinnerung sowohl die angegriffene Entscheidung als auch den Umstand, dass deren rechtliche Überprüfung begehrt wird, erkennen lassen (**Satz 3** i.V.m. § 569 Abs. 2 Satz 2 ZPO). Mangels Einbeziehung des § 571 ZPO in die Verweisung des Abs. 1 Satz 3, der neben Teilen des § 569 ZPO nur auf die §§ 570 ZPO und 572 ZPO Bezug nimmt, erscheint fraglich, ob neue Angriffs- und Verteidigungsmittel vorgebracht werden können (§ 571 Abs. 2 Satz 1), oder, erst recht nach Fristsetzung (§ 571 Abs. 3 Satz 1 ZPO), als präkludiert zurückgewiesen werden dürfen (§ 571 Abs. 3 Satz 2 ZPO).

4   Die **Notfrist** beginnt mit der nach § 329 Abs. 3 ZPO notwendigen **Zustellung** der anzugreifenden Entscheidung, spätestens aber mit Ablauf von **fünf Monaten** nach Verkündung der Entscheidung (Satz 3 i.V.m. § 569 Abs. 1 Satz 2 ZPO). Sie ist nicht verlängerbar (§ 224 Abs. 1 Satz 2 ZPO).

5   Eine **Abhilfe** durch das Gericht oder den Urkundsbeamten, dessen Entscheidung beanstandet wird, ist möglich (**Satz 3** i.V.m. § 572 ZPO). **Aufschiebende Wirkung** hat die Erinnerung nur, soweit sie sich gegen die Festsetzung eines Ordnungs- oder Zwangsmittels wendet (Satz 3 i.V.m. § 570 Abs. 1 ZPO). Das Gericht oder der Urkundsbeamte können jedoch auch von Amts wegen die **Aussetzung der Vollziehung** der beanstandeten Entscheidung anordnen (Satz 3 i.V.m. § 570 Abs. 2 ZPO). Die **Entscheidung** über die Erinnerung erfolgt, gegebenenfalls nach vorheriger mündlicher Verhandlung (§ 128 Abs. 4 ZPO), durch das Erinnerungsgericht wie im Falle einer sofortigen Beschwerde (Satz 3 i.V.m. § 572 Abs. 2 und Abs. 3 ZPO). Zuständig ist im Falle einer Erinnerung gegen Entscheidungen des beauftragten Richters das diesen beauftragende Kollegialgericht, im Falle des ersuchten Richters der ersuchende **Spruchkörper**. Sie kann auf Verwerfung als unzulässig, Zurückweisung als unbegründet oder auf entsprechende Abhilfe lauten.

II. Sofortige Beschwerde gegen Erinnerungsentscheidung, Abs. 2

6   Abs. 2 schränkt die Statthaftigkeit einer **sofortigen Beschwerde** (§§ 567 ff. ZPO) gegen Entscheidungen, die auf eine Erinnerung hin ergangen sind, dahingehend ein, dass die sofortige Beschwerde nur gegen Entscheidungen über Erinnerungen **im ersten Rechtszug** statthaft ist. Somit können vom Berufungs- oder auch vom Beschwerdegericht veranlasste Entscheidungen von beauftragten oder ersuchten Richtern oder Urkundsbeamten zwar mit der Erinnerung beanstandet werden, die Entscheidungen über die Erinnerung jedoch nicht ihrerseits mit der sofortigen Beschwerde weitergehend überprüft werden. Diese Entscheidungen, regelmäßig der Landgerichte oder der Oberlandesgerichte, können sodann nur, ihre Zulässigkeit per Gesetz (§ 574 Abs. 1 Satz 1 Nr. 1 ZPO) oder per Zulassung (§ 574 Abs. 1 Satz 1 Nr. 2 ZPO) vorausgesetzt, mit der **Rechtsbeschwerde** angegriffen werden. Soweit sie nach Abs. 2 statthaft ist, gelten für die sofortige Beschwerde nach Abs. 2 im Übrigen die Zulässigkeitsvoraussetzungen der §§ 567 ff. ZPO (insb. § 569 ZPO).

III. Erstreckung auf BGH und OLG, Abs. 3

7   Abs. 3 bezieht in die Statthaftigkeit der Erinnerung auch alle Entscheidungen der Richter an den Oberlandesgerichten sowie der Richter am Bundesgerichtshof ein, soweit diese als beauftragte oder ersuchte Richter tätig werden.

IV. Erinnerung gegen Rechtspfleger

Für **Entscheidungen des Rechtspflegers** gelten zwar zunächst nach § 11 Abs. 1 RPflG die allgemeinen Bestimmungen über die Rechtsmittel, womit, soweit inhaltlich statthaft, auch gegen Entscheidungen des Rechtspflegers die **sofortige Beschwerde** (§§ 567 ff. ZPO) erhoben werden kann (vgl. § 567 Rn. 5). Im Übrigen sieht § 11 Abs. 2 Satz 1 RPflG die **Erinnerung** vor. Diese ist, entsprechend den Bestimmungen über die Erinnerung nach § 573 ZPO (§ 11 Abs. 2 Satz 4 RPflG i.V.m. § 573 ZPO), schriftlich oder zu Protokoll unter Angabe der beanstandeten Entscheidung bei dem Gericht einzureichen, dem der Rechtspfleger angehört.[1] Als **Frist** sieht § 11 Abs. 2 Satz 2 RPflG die Frist des § 573 Abs. 1 Satz 1 ZPO und damit letztlich die zweiwöchige, nicht verlängerbare, **Notfrist** (§ 224 Abs. 1 Satz 2 ZPO) vor, die entweder mit Zustellung oder nach Ablauf von fünf Monaten nach Verkündung der Entscheidung beginnt (§ 11 Abs. 2 Satz 1 und Satz 4 RPflG i.V.m. § 573 Abs. 1 Satz 1 und Satz 3 i.V.m. § 569 Abs. 1 Satz 2 ZPO). Hilft der **Rechtspfleger** der Erinnerung nicht ab (§ 11 Abs. 4 RPflG), so ist diese dem nach den allgemeinen Bestimmungen zuständigen **Gericht** (§ 28 RPflG) vorzulegen.

8

Bei einem **Kollegialgericht** ist dieses vollständig als Spruchkörper für die Entscheidung zuständig, weil eine Übertragung auf den **Einzelrichter** nicht vorgesehen ist, da weder § 11 Abs. 2 RPflG noch die sinngemäße Anwendung von § 573 ZPO mit der dortigen Bezugnahme auf die § 569 Abs. 1 Satz 1 und Satz 2, Abs. 2 ZPO sowie die §§ 570 und 572 ZPO eine Heranziehung von § 568 ZPO rechtfertigen.[2] Aufgrund der fragmentarischen Bezugnahme im Erinnerungsrecht des § 573 ZPO auf § 570 ZPO *und* § 572 ZPO – nicht § 570 ZPO *bis* § 572 ZPO – erscheint auch hier zweifelhaft,[3] ob in diesem Verfahren keine Präklusion für neue Angriffs- und Verteidigungsmittel geben soll.[4]

9

C. Kosten/Gebühren

Gerichtsgebühren fallen für die Erinnerung nicht an. Dies gilt im Falle der **Rechtspflegererinnerung** (vgl. Rn. 8) auch dann (§ 11 Abs. 4 RPflG), wenn der **Richter** die Erinnerung nach Nichtabhilfe durch den Rechtspfleger zurückweist.

10

Rechtsanwaltsgebühren sind, soweit die (Rechtspfleger-)**Erinnerung** im Zuge eines betriebenen Verfahrens erhoben wird, nach § 19 Abs. 1 Nr. 5 Buchst. a RVG ebenfalls nicht vorgesehen, weil es sich insoweit um eine mit dem Rechtszug oder Verfahren zusammenhängende Tätigkeit handelt. Soweit die anwaltliche Tätigkeit ausschließlich in der Einlegung der Beschwerde liegt, fällt hierfür nach Nr. 3500 VV-RVG eine 0,5-Wertgebühr i.S.d. § 13 RVG sowie gegebenenfalls eine Termingebühr in Höhe von 0,5 Wertgebühren bei einer mündlichen Verhandlung (Nr. 3513 VV-RVG).

11

Titel 2
Rechtsbeschwerde

§ 574
Rechtsbeschwerde; Anschlussrechtsbeschwerde

(1) ¹**Gegen einen Beschluss ist die Rechtsbeschwerde statthaft, wenn**
1. **dies im Gesetz ausdrücklich bestimmt ist oder**
2. **das Beschwerdegericht, das Berufungsgericht oder das Oberlandesgericht im ersten Rechtszug sie in dem Beschluss zugelassen hat.**

²**§ 542 Abs. 2 gilt entsprechend.**

(2) **In den Fällen des Absatzes 1 Nr. 1 ist die Rechtsbeschwerde nur zulässig, wenn**
1. **die Rechtssache grundsätzliche Bedeutung hat oder**
2. **die Fortbildung des Rechts oder die Sicherung einer einheitlichen Rechtsprechung eine Entscheidung des Rechtsbeschwerdegerichts erfordert.**

---

1 Vgl. MK-*Lipp*, ZPO, § 573 Rn. 12.
2 Vgl. MK-*Lipp*, ZPO, § 573 Rn. 14.
3 Vgl. auch Prütting/Gehrlein-*Lohmann*, ZPO, § 573 Rn. 3, mit der zutreffenden Anm., dass die Gesetzesbegründung fehlerhaft von einer Bezugnahme in § 573 Abs. 1 Satz 3 auf „§§ 570 bis 572" (BT-Drucks. 14/4722, S. 115) spricht; allerdings relativiert sich dieser wohl nur rein redaktionelle Fehler insoweit, als im Nachfolgenden § 571 E, anders als § 570 E und § 572 E, keine weitergehende Erwähnung dort findet.
4 So MK-*Lipp*, ZPO, § 573 Rn. 15.

(3) ¹In den Fällen des Absatzes 1 Nr. 2 ist die Rechtsbeschwerde zuzulassen, wenn die Voraussetzungen des Absatzes 2 vorliegen. ²Das Rechtsbeschwerdegericht ist an die Zulassung gebunden.

(4) ¹Der Rechtsbeschwerdegegner kann sich bis zum Ablauf einer Notfrist von einem Monat nach der Zustellung der Begründungsschrift der Rechtsbeschwerde durch Einreichen der Rechtsbeschwerdeanschlussschrift beim Rechtsbeschwerdegericht anschließen, auch wenn er auf die Rechtsbeschwerde verzichtet hat, die Rechtsbeschwerdefrist verstrichen oder die Rechtsbeschwerde nicht zugelassen worden ist. ²Die Anschlussbeschwerde ist in der Anschlussschrift zu begründen. ³Die Anschließung verliert ihre Wirkung, wenn die Rechtsbeschwerde zurückgenommen oder als unzulässig verworfen wird.

Inhalt:

	Rn.		Rn.
A. Allgemeines	1	b) Sicherung der Einheitlichkeit der Rechtsprechung, Alt. 2	10
I. Normzweck	1	III. Zulassung durch Beschwerdegericht, Abs. 3	11
II. Anwendungsbereich	2	1. Zulassungsentscheidung, Satz 1	11
B. Erläuterungen	3	2. Bindungswirkung, Satz 2	12
I. Statthaftigkeit, Abs. 1	3	IV. Anschlussrechtsbeschwerde, Abs. 4	13
1. Statthaftigkeit, Satz 1	3	1. Frist und Anschlussmöglichkeit, Satz 1	13
2. Ausschluss im einstweiligen Rechtsschutz, Satz 2	5	2. Begründung der Anschlussbeschwerde, Satz 2	14
II. Zulässigkeitsvoraussetzungen, Abs. 2	6	3. Unselbstständigkeit, Satz 3	15
1. Grundsätzliche Bedeutung, Nr. 1	7	**C. Kosten/Gebühren**	16
2. Fortbildung und Einheitlichkeit, Nr. 2	8	I. Gerichtskosten	16
a) Fortbildung des Rechts, Alt. 1	9	II. Anwaltsgebühren	17

A. Allgemeines
I. Normzweck

1 Die Rechtsbeschwerde ist, vergleichbar zur gegen Berufungsurteile erhebbaren Revision, ein weiteres **Rechtsmittel**, mit dem unter den gesetzlichen Voraussetzungen des Abs. 1 Entscheidungen des Beschwerdegerichts angegriffen werden können.

II. Anwendungsbereich

2 Der Anwendungsbereich der Rechtsbeschwerde erstreckt sich zunächst auf die **Beschwerdeentscheidungen**, die nach der **ZPO** ergehen. In den Verfahren nach dem **FamFG** finden sich für die Rechtsbeschwerde weitgehend identische, aber eigenständige, Bestimmungen (§§ 70 ff. FamFG).

B. Erläuterungen
I. Statthaftigkeit, Abs. 1

1. Statthaftigkeit, Satz 1

3 Abs. 1 regelt die **Statthaftigkeit** der Rechtsbeschwerde in zwei alternativen Fällen. Während nach **Abs. 1 Satz 1 Nr. 1** die Statthaftigkeit unmittelbar aus dem Gesetz folgen kann (z.B. § 522 Abs. 1 Satz 4, § 1065 Abs. 1 Satz 1, § 1115 Abs. 5 Satz 3 ZPO; § 15 Abs. 1 AVAG; § 335a Abs. 3 Satz 1 HGB; § 20 Abs. 1 Satz 1 KapMuG; § 17a Abs. 4 Satz 4 GVG),[1] sieht **Abs. 1 Satz 1 Nr. 2** die **Statthaftigkeit** der Rechtsbeschwerde in Abhängigkeit von deren Zulassung vor. **Zulassungsbefugt** sind sowohl das Beschwerdegericht, das Berufungsgericht oder auch das Oberlandesgericht, das im ersten Rechtszug durch Beschluss entschieden hat (z.B. § 1062 ZPO). Eine **Zulassung durch das Amtsgericht** ist in jedem Fall ausgeschlossen, selbst dann, wenn das Amtsgericht über die **Erinnerung** gegen eine Entscheidung des Rechtspflegers nach § 11 Abs. 2 RPflG zu entscheiden hat.[2] Fehlt es an der Statthaftigkeit, ist auch eine **zugelassene Rechtsbeschwerde** unzulässig,[3] weil andernfalls die Entscheidung des Gesetzgebers, wonach

---

1 BGHZ 155, 365 (368) = NJW 2003, 2913 f. = VersR 2004, 883; BGHZ 152, 213 (214 f.) = NJW-RR 2003, 277 (279) = VersR 2003, 1057; danach ist die „sofortige Beschwerde" i.S.d. § 17a Abs. 4 Satz 4 „nach den Vorschriften der jeweils anzuwendenden Verfahrensordnung", also der ZPO, als Rechtsbeschwerde anzusehen. Vgl. auch Prütting/Gehrlein-*Lohmann*, ZPO, § 574 Rn. 5.
2 BGH v. 17.09.2009, IX ZB 171/09, juris; BGH, NJW-RR 2007, 285, Rn. 2 = WuM 2007, 634, Rn. 2.
3 BGH, NJW-RR 2011, 577, Rn. 6 = FamRZ 2011, 282 (283), Rn. 6; BGH, NJW 2003, 211 = VersR 2003, 1007.

bestimmte gerichtliche Entscheidungen unanfechtbar sein sollen, bei fehlerhafter Zulassung eines Rechtsmittels hiergegen gleichwohl angreifbar werden würden.[4] Anders als die Sprungrevision im Revisionsrecht (§ 566 ZPO) kennt die ZPO im Beschwerdeverfahren das Rechtsmittel einer **Sprungrechtsbeschwerde** nicht; diese ist nur im familiengerichtlichen Verfahren nach dem **FamFG** vorgesehen (§ 75 FamFG).

Entsprechend sind, trotz Zulassung durch das Gericht, dessen Entscheidung mit der Rechtsbeschwerde angegriffen werden soll, Rechtsbeschwerden gegen unanfechtbare Entscheidungen wie Ergänzungen (§ 321 ZPO),[5] Gehörsrügen (§ 321a ZPO) oder Kostenbeschwerden, die den Mindestwert von 200,00 € nicht überschreiten,[6] unstatthaft.[7] Ist bereits die Entscheidung über eine sofortige Beschwerde verfehlt gewesen, weil schon die **sofortige Beschwerde nicht statthaft** gewesen ist, ist eine vom Beschwerdegericht mit der Beschwerdeentscheidung zugelassene Rechtsbeschwerde nicht statthaft.[8]   4

2. Ausschluss im einstweiligen Rechtsschutz, Satz 2
Im Verfahren des einstweiligen Rechtsschutzes ist die Statthaftigkeit der Rechtsbeschwerde, ebenso wie die der Revision nach § 542 Abs. 2 ZPO, durch die zwingende Vorgabe des § 574 Abs. 1 Satz 2 ZPO ausgeschlossen. Der Ausschluss umfasst zwar auch die im Verfahren über den **Arrest** (§§ 916 ff. ZPO) oder die **einstweilige Verfügung** (§§ 935 ff. ZPO) ergehenden Kosten(grund)entscheidungen. Unberührt und damit zur Statthaftigkeit der Rechtsbeschwerde unter den Voraussetzungen des Abs. 1 Satz 1 führend bleiben indessen Entscheidungen, die im **Kostenfestsetzungsverfahren** ergehen.[9]   5

II. Zulässigkeitsvoraussetzungen, Abs. 2
Im Falle der Statthaftigkeit der Rechtsbeschwerde nach Vorgabe des Gesetzgebers (Abs. 1 Satz 1 Nr. 1 – insoweit ist die eigene Bezugnahme des Gesetzgebers in § 574 Abs. 2 ZPO, der nur auf „Absatz 1 Nr. 1" verweist, fehlerhaft) sind nach Abs. 2 **weitergehende Voraussetzungen** für die Zulässigkeit der Rechtsbeschwerde, alternativ zu einander, vorgesehen. Nach **Abs. 2 Nr. 1** ist die qua Gesetz statthafte Rechtsbeschwerde nur dann **zulässig**, wenn die zu klärende Rechtssache grundsätzliche Bedeutung hat, oder, **Abs. 2 Nr. 2**, eine Entscheidung des Rechtsbeschwerdegerichts zur **Fortbildung des Rechts** oder zur **Sicherung einer einheitlichen Rechtsprechung** notwendig ist. Die Prüfung dieser Voraussetzungen, die vom Rechtsbeschwerdeführer im Zuge der Begründung seiner Rechtsbeschwerde **zwingend** darzulegen sind (§ 575 Abs. 3 Nr. 2 ZPO; vgl. hierzu § 575 Rn. 9), obliegt dem Rechtsbeschwerdegericht (§ 577 Abs. 1 Satz 1 ZPO; vgl. hierzu § 577 Rn. 2).[10]   6

1. Grundsätzliche Bedeutung, Nr. 1
Grundsätzliche Bedeutung hat eine Rechtssache – ebenso wie im Revisionsrecht nach § 543 Abs. 2 Satz 1 Nr. 1 ZPO (vgl. 543 Rn. 14), wenn sie eine entscheidungserhebliche, klärungsbedürftige und klärungsfähige Rechtsfrage aufwirft, die sich in einer unbestimmten Vielzahl von Fällen stellen kann, oder wenn andere Auswirkungen des Rechtsstreits auf die Allgemeinheit deren Interessen in besonderem Maße berühren und ein Tätigwerden des Bundesgerichtshofs erforderlich machen.[11] Als **klärungsbedürftig** gilt eine Rechtsfrage, wenn ihre Beantwortung bisher zweifelhaft ist oder hierzu unterschiedliche Rechtsauffassungen nebeneinander vertreten werden und es bisher an einer höchstrichterlichen Klärung fehlt.[12] Zum Klärungsbedarf führt indessen nicht, dass lediglich vereinzelt anderslautende Stimmen in der Wissenschaft vorhanden sind;[13] dies gilt erst recht, wenn in der Rechtsprechung **verschiedener Oberlandesgerichte** eine **einheitliche** Auffassung vorherrscht.[14] Andererseits schließt das Vorliegen der   7

---

4 BVerfG, DtZ 1993, 85; BGH, FamRZ 2015, 1875 (1876), Rn. 6; BGH, NJW 2002, 3554 = VersR 2003, 482.
5 BGH, NJW-RR 2009, 209 = FamRZ 2009, 38.
6 BGH, NJW-RR 2011, 143, Rn. 4 = VersR 2010, 1473.
7 Zu weiteren Konstellationen einer unstatthaften Rechtsbeschwerde vgl. Thomas/Putzo-*Reichold*, ZPO, § 574 Rn. 3.
8 BGH, NJW 2009, 3653, Rn. 4 = WM 2009, 1582 (1583), Rn. 2; BGHZ 158, 212 (214) = NJW 2004, 2015 (2016) = WM 2004, 992.
9 BGH, MDR 2015, 1323 f.; BGH, NJW 2013, 1369, Rn. 5.
10 Vgl. Prütting/Gehrlein-*Lohmann*, ZPO, § 574 Rn. 5.
11 BT-Drucks. 14/4722, S. 67, 104; BVerfG, NJW 2011, 1276 (1277); BVerfGK 17, 526 (528); BGHZ 159, 135 (137) = NJW 2004, 2222 (2223) = WM 2004, 1407 (1408); BGHZ 154, 288 (291) = NJW 2003, 1943 = WM 2003, 987 f.; BGHZ 152, 182 (190 ff.) = NJW 2003, 65 (66) = WM 2002, 2344.
12 BVerfG, NJW 2011, 1276 (1277); BVerfGK 15, 127 (130) = NJW-RR 2009, 1026.
13 BVerfGK 15, 127 (130) = NJW-RR 2009, 1026.
14 BGH, NJW 2015, 3441; BGH, NJW-RR 2010, 978.

höchstrichterlichen Klärung einer Rechtsfrage nicht auf Dauer die erneute Klärungsbedürftigkeit derselben Rechtsfrage aus, vielmehr kann das Vorbringen gewichtiger Argumente in der Rechtsprechung nicht nur einzelner Instanzgerichte sowie der Literatur dazu führen, dass eine **erneute höchstrichterliche Klärung** notwendig wird.[15] Die grundsätzliche Bedeutung muss bis zum **Zeitpunkt der Entscheidung** durch das Rechtsbeschwerdegericht vorhanden sein, weshalb eine vorherige (restlose) Klärung der Rechtsfrage im Zuge eines anderen Verfahrens zur Unzulässigkeit der noch anhängigen Rechtsbeschwerde führen kann.[16]

2. Fortbildung und Einheitlichkeit, Nr. 2

8 Wiederum alternativ zu einander sieht Abs. 2 **Nr. 2** zum einen die Notwendigkeit einer Entscheidung des Rechtsbeschwerdegerichts zur **Fortbildung des Rechts** (Alt. 1; hierzu Rn. 8) sowie die Notwendig einer Entscheidung des Rechtsbeschwerdegerichts zur **Sicherung einer einheitlichen Rechtsprechung** (Alt. 2; hierzu Rn. 9) vor. Eine im Einzelfall schwierige Abgrenzung der beiden Alternativen zueinander ist nicht erforderlich (auch nicht nach § 575 Abs. 3 Nr. 2 ZPO; vgl. § 575 Rn. 9).[17] Im Kern handelt es sich bei diesen ohnehin um Unterfälle der grundsätzlichen Bedeutung einer Rechtsfrage i.S.d. § 574 Abs. 2 Nr. 1 ZPO.[18]

a) Fortbildung des Rechts, Alt. 1

9 Der Zulassungsgrund der Notwendigkeit einer Entscheidung zur **Fortbildung des Rechts (Alt. 1)** liegt vor, wenn der Einzelfall Veranlassung gibt, Leitsätze für die Auslegung von Gesetzesbestimmungen des materiellen oder des Verfahrensrechts aufzuzeigen oder Gesetzeslücken zu schließen.[19] Ist, etwa nach einer **beiderseitigen Erledigterklärung** (§ 91a ZPO), nur noch über die Kosten zu entscheiden, kommt eine Zulassung der Rechtsbeschwerde auch dann nicht in Betracht, wenn für die Kostenentscheidung materiell-rechtliche Rechtsfragen von grundsätzlicher Bedeutung zu klären wären, weil die Kostenentscheidung selbst nicht der Fortbildung des materiellen Rechts dienen kann.[20] Anders wäre es dagegen, wenn im Zuge der Kostenentscheidungen Bestimmungen des Verfahrens- und Kostenrechts zu klären und somit dieser Teilrechtsbereich fortzubilden wäre.

b) Sicherung der Einheitlichkeit der Rechtsprechung, Alt. 2

10 Der Zulassungsgrund der Notwendigkeit einer Entscheidung zur **Sicherung der Einheitlichkeit der Rechtsprechung (Alt. 2)** liegt vor, wenn eine nicht nur auf bloßer fehlerhafter Rechtsanwendung beruhende „Abweichung" von höchstrichterlicher Rechtsprechung vorliegt und die Gefahr einer Wiederholung besteht, somit also Anzeichen für eine systematische Divergenz erkennbar sind.[21] Auch können **erhebliche Fehler** in der Handhabung von Verfahrensvorschriften oder Bestimmungen des materiellen Rechts als nur schwer erträgliche Unterschiede in der Rechtsanwendung angesehen werden und damit zu diesem Zulässigkeitsgrund führen.[22] Dies gilt insbesondere für die Verletzung des Anspruchs auf rechtliches Gehör (Art. 103 Abs. 1 GG), selbst wenn die Verletzung dieses Anspruchs sich im Ergebnis der angegriffenen Entscheidung nicht auswirkt.[23]

III. Zulassung durch Beschwerdegericht, Abs. 3

1. Zulassungsentscheidung, Satz 1

11 Unter den Voraussetzungen des Abs. 2 (grundsätzliche Bedeutung einer zu klärenden Rechtsfrage) ist nach Abs. 1 Nr. 2 die Rechtsbeschwerde in der Entscheidung des Beschwerdegerichts zuzulassen. Der insoweit eindeutige Wortlaut des Abs. 3 **Satz 1**, „ist", schließt ein Ermessen des Beschwerdegerichts von vornherein aus. Zuständig für die Entscheidung über die Zulassung ist nur das **Kollegialgericht**, nicht der Einzelrichter (§ 568 Satz 2 ZPO; vgl. § 568 Rn. 4).[24] Eine Verletzung des Anspruchs auf den gesetzlichen Richter (Art. 101 Abs. 1 Satz 2 GG), die bereits für sich zur Aufhebung der mit der zugelassenen Rechtsbeschwerde angegriffenen Entscheidung des Einzelrichters führt, liegt indessen nur dann vor, wenn dieser alleine

---

15 BT-Drucks. 14/4722, S. 104: keine „Rechtserstarrung"; BVerfG, NJW 2009, 572 (573) = FamRZ 2009, 192 (193); BGH, NJW 2014, 456 (457), Rn. 9 = MDR 2014, 147 (148).
16 BGH, NZI 2012, 144; BGH, NJW 2003, 3781 (3782) = VersR 2004, 1197 (1198).
17 Prütting/Gehrlein-*Lohmann*, ZPO, § 574 Rn. 10.
18 Vgl. BGH, NJW-RR 2012, 441 = WM 2012, 140 (141).
19 BGH, NJW 2003, 437 = FamRZ 2003, 369 (370).
20 BGH, WuM 2012, 332 f. Rn. 7; BGH, NJW-RR 2009, 425, Rn. 9 = WuM 2008, 2201, Rn. 9.
21 Vgl. Prütting/Gehrlein-*Lohmann*, ZPO, § 574 Rn. 11.
22 BT-Drucks. 14/4722, S. 104; BGHZ 151, 42 (45) = NJW 2002, 2473 = WM 2002, 1567 (1568).
23 BGH, NJW 2015, 2424 (2425), Rn. 12 = 2015, 1383; BGH, NJW 2009, 1083, Rn. 13; BGH, NJW 2004, 367 (368).
24 BGH, NJW-RR 2013, 256, Rn. 9; BGH, WuM 2012, 332, Rn. 4.

die Rechtsbeschwerde zugelassen hat;[25] an der ausdrücklichen **Ablehnung der Zulassung** der Rechtsbeschwerde ist dagegen auch der Einzelrichter nicht gehindert.[26] Grundsätzlich kann die Zulassungsentscheidung auch **nicht nachträglich** erfolgen.[27] Möglich sind lediglich nachgehende Entscheidungen auf eine erhobene Gehörsrüge (§ 321a ZPO) oder eine Gegenvorstellung hin, **soweit** eine willkürliche (Art. 3 Abs. 1 GG), also jedenfalls objektiv unvertretbare, Verletzung von Verfahrensgrundrechten des Beschwerdeführers vorliegt.[28] Eine nachträgliche Zulassung, die **nicht** auf vorangegangenen Verfahrensverletzungen beruht, ist dagegen nicht möglich.[29]

2. Bindungswirkung, Satz 2

Nach **Abs. 3 Satz 2** ist das Rechtsbeschwerdegericht grundsätzlich an die Zulassungsentscheidung des Beschwerdegerichts **gebunden**. Dies gilt insbesondere auch dann, wenn der hierfür **unzuständige Einzelrichter** (vgl. Rn. 10) die Rechtsbeschwerde zugelassen hat.[30] Die **Bindung** tritt aber nur für rechtzeitige Zulassungsentscheidungen des Beschwerdegerichts auf der Grundlage des Abs. 2 i. V. m. Abs. 1 Nr. 2 ein. Die Voraussetzungen hierfür müssen noch im **Zeitpunkt der Entscheidung** über die Rechtsbeschwerde vorliegen.[31] Eine nachträgliche und damit unzulässige Zulassungsentscheidung bindet das Rechtsbeschwerdegericht nicht.[32] Keine Bindung des Rechtsbeschwerdegerichts tritt weiterhin ein, wenn die Zulassung der Rechtsbeschwerde bereits **von Gesetzes wegen unzulässig** ist, etwa, weil die angegriffene Entscheidung für sich genommen unanfechtbar ist. Hier würde eine bindende Zulassung der Rechtsbeschwerde zur Eröffnung eines so vom Gesetzgeber nicht vorgesehenen Instanzenzuges führen.[33]

12

IV. Anschlussrechtsbeschwerde, Abs. 4

1. Frist und Anschlussmöglichkeit, Satz 1

Für den **Rechtsbeschwerdegegner** eröffnet Abs. 4 **Satz 1**, vergleichbar mit der Anschlussrevision (§ 554 ZPO), auch bei der Rechtsbeschwerde die Möglichkeit, sich einer bereits eingelegten Rechtsbeschwerde des Gegners anzuschließen. Abs. 4 Satz 1 beschränkt diese Möglichkeit auf den Rechtsbeschwerdegegner und schließt damit alle übrigen Verfahrensbeteiligten hiervon aus.[34] Vom Gesetz ist für den Anschluss eine **Notfrist** (§ 224 Abs. 1 ZPO) von **einem Monat** vorgesehen, die mit der Zustellung der Rechtsbeschwerdeschrift des Rechtsbeschwerdeführers, welcher die Rechtsbeschwerde eingelegt hat, an den Rechtsbeschwerdegegner beginnt. Sie wird nur dann gewahrt, wenn bis zu ihrem Ablauf eine **Rechtsbeschwerdeanschlussschrift** beim Rechtsmittelgericht eingeht, die den Anforderungen an eine Rechtsbeschwerdeschrift (§ 575 Abs. 1 ZPO) genügt. Ebenso wie im Falle der Anschlussrevision (§ 554 Abs. 2 ZPO) verliert der zum Anschluss berechtigte Rechtsbeschwerdegegner sein Anschlussrecht nicht dadurch, dass er – vorzeitig – auf eine eigene Rechtsbeschwerde **verzichtet** hat, die **Frist** für eine eigene Erhebung einer Rechtsbeschwerde **abgelaufen** ist oder die Rechtsbeschwerde **nicht zugelassen** worden ist.

13

2. Begründung der Anschlussbeschwerde, Satz 2

Nach **Satz 2** ist die Anschlussrechtsbeschwerde bereits in der Anschlussschrift zu begründen. Aufgrund des Wortlautes des Satzes, „ist in der Anschlussschrift zu **begründen**", muss der Rechtsbeschwerdegegner seine Anschlussrechtsbeschwerde, anders als der Rechtsbeschwerdeführer seine eigene Rechtsbeschwerde, die er nach Einlegung seiner Rechtsbeschwerdeschrift innerhalb eines Monats ab Zustellung der angegriffenen Entscheidung auch noch nachträglich begründen kann (§ 575 Abs. 2 Satz 1 ZPO; vgl. § 575 Rn. 6), **sogleich begründen**. Dies führt zwar zu der etwas formalistisch anmutenden Konstellation, dass eine zunächst ohne Begründung eingelegte Anschlussschrift nicht mehr nachträglich innerhalb der noch laufenden Monatsfrist begründet werden kann, sondern als **neue, eigenständige, Anschlussrechtsbeschwerde** eingelegt oder gegebenenfalls in eine solche umgedeutet werden muss, dürfte aber nach dem klaren Wortlaut des Gesetzes dem Willen des Gesetzgebers entsprechen.[35]

14

---

25 BGH, WuM 2012, 332, Rn. 4.
26 BGH, NJW-RR 2013, 256, Rn. 9.
27 BGH, NJW-RR 2012, 1509 (1511), Rn. 15 = MDR 2012, 1002, Rn. 15.
28 BGH, NJW-RR 2013, 256, Rn. 6.
29 BGH, NJW-RR 2016, 955, Rn. 8 ff. = MDR 2016, 1352 (1353), Rn. 8 ff.
30 BGH, WuM 2012, 332, Rn. 3; BGH, NJW-RR 2012, 125 (126), Rn. 8.
31 BGH, NZI 2012, 144; BGH, NJW 2003, 3781 f. = VersR 2004, 1197.
32 BGH, NJW-RR 2012, 1509 (1511), Rn. 15 = MDR 2012, 1002, Rn. 15.
33 BGH, NJW-RR 2015, 1405 (1406), Rn. 11 = MDR 2015, 668 (669), Rn. 11.
34 BGH, WM 2014, 1584 (1585), Rn. 5; vgl. auch Prütting/Gehrlein-*Lohmann*, ZPO, § 574 Rn. 20.
35 Vgl. Prütting/Gehrlein-*Lohmann*, ZPO, § 574 Rn. 21; Zöller-*Heßler*, ZPO, § 574 Rn. 20.

3. Unselbstständigkeit, Satz 3

15 Die Unselbstständigkeit der Anschlussrechtsbeschwerde, wie der Anschlussrechtsmittel insgesamt (vgl. § 524 Abs. 4 ZPO [Anschlussberufung]; § 554 Abs. 4 ZPO [Anschlussrevision]), wird durch Abs. 4 **Satz 3** klargestellt. Danach „teilt" die Anschlussrechtsbeschwerde „das Schicksal" der Rechtsbeschwerde und **verliert** ihre Wirkung, sobald der Rechtsbeschwerdeführer seine Rechtsbeschwerde zurückgenommen hat oder diese durch Entscheidung des Rechtsmittelgerichts als unzulässig verworfen worden ist.

C. Kosten/Gebühren
I. Gerichtskosten

16 Für die Rechtsbeschwerde, soweit für sie **nicht besondere gesetzliche Regelungen** gelten, bestimmen sich die Gerichtskosten nach den Vorgaben der Nr. 1820 ff. KV-GKG. Für die Rechtsbeschwerde nach § 74 GWB, § 86 EnWG sowie § 35 KSpG gelten indessen die Vorgaben der Nr. 1230 ff. KV-GKG, sowie für Rechtsbeschwerden im Verfahren des gewerblichen Rechtsschutzes die Vorgaben der Nr. 1253 ff. KV-GKG. Liegt **keine „spezielle" Rechtsbeschwerde** vor, fallen für die Entscheidung über eine Rechtsbeschwerde nach Nr. 1820 KV-GKG, mit der diese als unzulässig verworfen wird, 2,0 Gerichtsgebühren an, in Verfahren nach § 20 KapMuG nach Nr. 1821 KV-GKG 5,0 Gerichtgebühren an. Eine Ermäßigung auf 1,0 Geschäftsgebühren tritt ein, wenn die Rechtsbeschwerde noch vor Eingang ihrer Begründung beim Rechtsbeschwerdegericht **zurückgenommen** wird (Nr. 1822 KV-GKG). Für Rechtsbeschwerden in den Fällen der **§ 71 Abs. 1 ZPO** (Zwischenstreit über Nebenintervention), **§ 91a Abs. 1 ZPO** (Kostenentscheidung nach übereinstimmender Erledigterklärung), **§ 99 Abs. 2 ZPO** (Kostenentscheidung nach Anerkenntnis), **§ 269 Abs. 4 ZPO** (Kostenentscheidung nach Klagerücknahme), **§ 494a Abs. 2 Satz 2 ZPO** (Kostenentscheidung nach selbstständigem Beweisverfahren) oder **§ 516 Abs. 3 ZPO** (Kostenentscheidung nach Berufungsrücknahme) ist dagegen eine **Festgebühr** i. H. v. 180,00 € vorgesehen (Nr. 1823 KV-GKG). Diese ermäßigt sich bei Rücknahme der Rechtsbeschwerde vor Eingang ihrer Begründung auf 60,00 € (Nr. 1824 KV-GKG). Erfolgt die Rücknahme erst vor dem Tag, an dem die Entscheidung über die Rechtsbeschwerde zur Geschäftsstelle gelangt, und liegen nicht die Voraussetzungen der Nr. 1824 KV-GKG vor, ermäßigt sich die Gebühr nur auf 90,00 € (Nr. 1825 KV-GKG). Schließlich fallen für Rechtsbeschwerden, die nicht kostenfrei erhoben werden können, bei deren Verwerfung oder Zurückweisung Gerichtskosten 120,00 € (Nr. 1826 KV-GKG) oder, soweit diese bis zum Tag des Eingangs der Entscheidung auf der Geschäftsstelle **zurückgenommen** werden, nur 60,00 € an (Nr. 1827 KV-GKG).

II. Anwaltsgebühren

17 Für den prozessbevollmächtigten Rechtsanwalt stellt die Einlegung einer Rechtsbeschwerde stets eine eigene, selbstständige, Angelegenheit dar (§ 17 Nr. 1, § 18 Abs. 1 Nr. 3 RVG). Damit fällt für **jede** Rechtsbeschwerde eine Verfahrensgebühr von 1,0 an (Nr. 3502 VV-RKG), die sich im Falle der vorzeitigen Beendigung auf die Hälfte, 0,5 Verfahrensgebühren, ermäßigt (Nr. 3503 VV-RKG). Umgekehrt **erhöht** sich mit **jedem weiteren Auftraggeber** in derselben Angelegenheit die Verfahrensgebühr um jeweils 0,3 je zusätzlichen Auftraggeber bis zum Maximalwert von 2,0 (Nr. 1008 VV-RVG). Kommt es im Verfahren der Rechtsbeschwerde ausnahmsweise zu einem Termin für eine **mündliche Verhandlung**, fällt die Terminsgebühr in Höhe von 1,2 Verfahrensgebühren an (Nr. 3156 VV-RVG).

§ 575
Frist, Form und Begründung der Rechtsbeschwerde

(1) ¹Die Rechtsbeschwerde ist binnen einer Notfrist von einem Monat nach Zustellung des Beschlusses durch Einreichen einer Beschwerdeschrift bei dem Rechtsbeschwerdegericht einzulegen. ²Die Rechtsbeschwerdeschrift muss enthalten:
1. die Bezeichnung der Entscheidung, gegen die die Rechtsbeschwerde gerichtet wird und
2. die Erklärung, dass gegen diese Entscheidung Rechtsbeschwerde eingelegt werde.

³Mit der Rechtsbeschwerdeschrift soll eine Ausfertigung oder beglaubigte Abschrift der angefochtenen Entscheidung vorgelegt werden.

(2) ¹Die Rechtsbeschwerde ist, sofern die Beschwerdeschrift keine Begründung enthält, binnen einer Frist von einem Monat zu begründen. ²Die Frist beginnt mit der Zustellung der angefochtenen Entscheidung. ³§ 551 Abs. 2 Satz 5 und 6 gilt entsprechend.

(3) Die Begründung der Rechtsbeschwerde muss enthalten:
1. die Erklärung, inwieweit die Entscheidung des Beschwerdegerichts oder des Berufungsgerichts angefochten und deren Aufhebung beantragt werde (Rechtsbeschwerdeanträge),

2. in den Fällen des § 574 Abs. 1 Nr. 1 eine Darlegung zu den Zulässigkeitsvoraussetzungen des § 574 Abs. 2,
3. die Angabe der Rechtsbeschwerdegründe, und zwar
   a) die bestimmte Bezeichnung der Umstände, aus denen sich die Rechtsverletzung ergibt;
   b) soweit die Rechtsbeschwerde darauf gestützt wird, dass das Gesetz in Bezug auf das Verfahren verletzt sei, die Bezeichnung der Tatsachen, die den Mangel ergeben.

(4) ¹Die allgemeinen Vorschriften über die vorbereitenden Schriftsätze sind auch auf die Beschwerde- und die Begründungsschrift anzuwenden. ²Die Beschwerde- und die Begründungsschrift sind der Gegenpartei zuzustellen.

(5) Die §§ 541 und 570 Abs. 1, 3 gelten entsprechend.

Inhalt:

	Rn.		Rn.
A. Allgemeines	1	1. Begründungsfrist, Satz 1	7
B. Erläuterungen	2	2. Fristbeginn, Satz 2	8
I. Monatsfrist und Mindestinhalt, Abs. 1	2	3. Revisionsrecht, Satz 3	9
1. Notfrist von einem Monat, Satz 1	2	III. Mindestanforderungen an die Begründung, Abs. 3	10
2. Mindestinhalt der Beschwerdeschrift, Satz 2	5	IV. Allgemeine Vorschriften und Zustellung an Gegner, Abs. 4	11
3. Beifügung von Ausfertigungen oder Abschriften, Satz 3	6	V. Aktenbeiziehung und aufschiebende Wirkung, Abs. 5	12
II. Nachträgliche Begründung; Revisionsrecht, Abs. 2	7		

A. Allgemeines

Die Bestimmung des § 575 ZPO regelt die formellen Voraussetzungen der Rechtsbeschwerde. Soweit sich aus der Bestimmung selbst keine direkten, dem Revisionsrecht nachgebildeten, Regelungen entnehmen lassen, wird vom Gesetzgeber selbst mehrfach auf das Revisionsrecht (z.B. Abs. 2 Satz 3, Abs. 5) Bezug genommen. 1

B. Erläuterungen
I. Monatsfrist und Mindestinhalt, Abs. 1
1. Notfrist von einem Monat, Satz 1

Abs. 1 Satz 1 sieht für die Einlegung der Rechtsbeschwerde eine **Notfrist** (§ 224 Abs. 1 Satz 2 ZPO) von einem Monat vor, die mangels gesetzlicher Regelung hierfür nicht verlängerbar ist (§ 224 Abs. 2 ZPO). Diese beginnt erst mit der wirksamen **Zustellung** der mit der Rechtsbeschwerde anzugreifenden Entscheidung anzulaufen. Anders als im Revisionsrecht (§ 548 ZPO) sieht § 575 ZPO keine Bestimmung für den Fall einer **unterbliebenen oder unwirksamen Zustellung** vor, weshalb in diesen Fällen grundsätzlich auch keine Verfristung der Einlegung der Rechtsbeschwerde in Betracht kommt.[1] Gegen eine analoge Anwendung von § 548 ZPO, wie dies teilweise in der Literatur gefordert wird,[2] spricht, dass der Gesetzgeber wiederholt auf andere Bestimmungen des Revisionsrechts Bezug genommen hat (z.B. Abs. 2 Satz 3, Abs. 5) und damit dem Grunde nach eine planwidrige Regelungslücke fehlen dürfte. Dem steht auch nicht ohne Weiteres entgegen, dass für das Berufungs- und Beschwerderecht eine Höchstfrist von fünf Monaten nach der Verkündung der Entscheidung existiert (§ 517 Hs. 2, § 569 Abs. 1 Satz 2 Hs. 2 ZPO), denn anders als im erstinstanzlichen Urteilen und Beschlüssen findet im Beschwerdeverfahren grundsätzlich keine Verkündung der Beschwerdeentscheidung statt.[3] Damit dürfte nur im Falle einer verkündeten Beschwerdeentscheidung die **Fünf-Monats-Frist** auf die Einlegung und Begründung der Rechtsbeschwerde übertragbar sein, wohingegen bei einer nur formlos bekannt gegebenen Beschwerdeentscheidung ein Fristlauf nicht in Betracht kommen dürfte.[4] 2

Ein **fehlender Fristanlauf** steht indessen einer Einlegung und Begründung einer Rechtsbeschwerde nicht entgegen, da auch bei einem erst späteren Fristanlauf eine vorzeitig eingelegte und sogar begründete Rechtsbeschwerde zulässig ist.[5] Eine **Wiedereinsetzung in den vorigen** 3

---
1 BAG, NJW 2008, 1610 (1611), Rn. 9f.
2 Vgl. etwa Thomas/Putzo-*Reichold*, ZPO, § 575 Rn. 1; Musielak-*Ball*, ZPO, § 575 Rn. 2.
3 So MK-*Lipp*, ZPO, § 575 Rn. 2; Prütting/Gehrlein-*Lohmann*, ZPO, § 575 Rn. 2.
4 BAG, NJW 2008, 1610 (1611), Rn. 9f. So auch Prütting/Gehrlein-*Lohmann*, ZPO, § 575 Rn. 2.
5 BAG, NJW 2008, 1610 (1611), Rn. 9f.; BAGE 133, 249 (253) = NZA 2011, 411 (413), Rn. 23 (für Revisionseinlegung und -begründung); BGH, NJW 1999, 3269 (3270) = VersR 2001, 119 (für Berufungseinlegung und -begründung).

Stand (§§ 233f. ZPO) in die Einlegungs- und Begründungsfrist ist möglich und kann insbesondere bei Beantragung von PKH für das Rechtsbeschwerdeverfahren in Betracht kommen.[6] Für den **einfachen Streithelfer** (§ 74 i. V. m. § 67 ZPO) ist die Einlegung der Rechtsbeschwerde nur innerhalb der für die von ihm unterstützten Partei laufende Frist möglich.[7] Dies gilt auch in den Fällen, in denen bereits die vorangegangene sofortige Beschwerde nur von dem dem Rechtsstreit beigetretenen **Streitverkündungsempfänger** für die von ihm unterstützte Partei eingelegt worden ist und die unterstützte (Haupt-)Partei selbst sich hieran weder beteiligt noch eigenständig die Beschwerdeentscheidung beantragt hat.[8]

4 **Einzulegen** ist die Rechtsbeschwerde innerhalb der Notfrist beim **Rechtsbeschwerdegericht**. Dafür ist, nachdem gegenwärtig nur der **Bundesgerichtshof** als Rechtsbeschwerdegericht im Zivilprozess nach der ZPO in Betracht kommt (§ 133 GVG), die Einlegung durch einen am **BGH zugelassenen Rechtsanwalt** (§ 78 Abs. 1 Satz 3 ZPO) erforderlich;[9] eine Ausnahme gilt für eine vom **Bezirksrevisor** eingelegte Rechtsbeschwerde,[10] wobei allerdings der Bezirksrevisor oder ein ihn vor dem Bundesgerichtshof vertretender Mitarbeiter seinerseits die Befähigung zum Richteramt haben müssen.[11] Eine beim Beschwerdegericht, also dem Gericht, das die mit der Rechtsbeschwerde angegriffene Entscheidung erlassen hat, eingelegte Rechtsbeschwerde ist **nicht fristwahrend**; es findet auch **kein Abhilfeverfahren** durch das Beschwerdegericht statt.[12] Eine dort – oder ebenso bei einem anderen unzuständigen Gericht – eingelegte Rechtsbeschwerde wahrt die Frist nur dann, wenn die von dort aus weitergeleitete Rechtsbeschwerde **innerhalb** der Monatsfrist beim Rechtsbeschwerdegericht eingeht. Hier kann lediglich, insbesondere im Falle einer unrichtigen Rechtsbehelfsbelehrung, eine **Wiedereinsetzung in den vorigen Stand** (§§ 233f. ZPO) in Betracht kommen.[13] Auf die fristgerechte Zustellung der Rechtsbeschwerde auch an den Rechtsbeschwerdegegner (Abs. 4 Satz 2) kommt es nicht an, solange nur die Zustellung als solche wirksam erfolgt ist.[14]

2. Mindestinhalt der Beschwerdeschrift, Satz 2

5 Bereits der Schriftsatz zur **Einlegung der Rechtsbeschwerde** und nicht erst die, gegebenenfalls nachfolgende, Begründung der Rechtsbeschwerde (Abs. 2 Satz 1), muss nach Satz 2 bestimmten Vorgaben genügen (für die Mindestbegründung vgl. unten zu Abs. 3 Rn. 9ff.). So ist neben der Angabe der Bezeichnung der Entscheidung, gegen welche sich die Rechtsbeschwerde richtet (Nr. 1) auch die Erklärung notwendig, dass gegen die konkret bezeichnete Entscheidung die Rechtsbeschwerde eingelegt werden soll (Nr. 2); die Angabe eines falschen Aktenzeichens ist dabei unschädlich, sofern sich aus den sonstigen, während der Begründungsfrist für die Rechtsbeschwerde vorgetragenen und für das Rechtsbeschwerdegericht auch erkennbaren Umständen eine Zuordnung dennoch möglich ist.[15] Das **Fehlen** des Wortes „Rechtsbeschwerde" führt indessen nicht zur Unzulässigkeit des eingelegten Rechtsmittels, wenn nach entsprechender Auslegung des Schriftsatzes, insbesondere, aber (wohl) nicht notwendig bei Verwendung des Wortes „Beschwerde",[16] das Ziel einer gerichtlichen Überprüfung der angegriffenen Entscheidung festgestellt werden kann.[17] Aufgrund der Bestimmung des Abs. 4 Satz 1 (vgl. hierzu Rn. 14) sind entsprechend § 130 Nr. 1 ZPO auch hinreichend bestimmte Angaben zum Rechtsbeschwerdeführer sowie zum Rechtsbeschwerdegegner erforderlich.

3. Beifügung von Ausfertigungen oder Abschriften, Satz 3

6 Die nur als reine **Ordnungsvorschrift** („soll") ausgestaltete Bestimmung sieht vor, dass der Rechtsbeschwerdeführer bereits bei Einlegung seiner Rechtsbeschwerde eine Ausfertigung (vgl. § 169 Rn. 6) oder beglaubigte Abschrift (vgl. § 169 Rn. 5) der mit seinem Rechtsmittel angegriffenen Entscheidung beifügt; ein Verstoß gegen diese Vorgabe bleibt jedoch folgenlos.[18]

---

6 Vgl. BGH, FamRZ 2015, 1103, Rn. 5; BGH, NJW-RR 2009, 1429 (Rn. 9).
7 BGH, NJW-RR 2013, 1400, Rn. 3; OLG Naumburg, MDR 2015, 54.
8 BGH, NJW-RR 2013, 1400, Rn. 4; BGH, NJW-RR 2012, 1042, Rn. 6 = MDR 2012, 1056 (1057), Rn. 6.
9 BGH v. 12.11.2014, IX ZB 61/14, juris, Rn. 1f.
10 BGH, NJW-RR 2005, 1237, Rn. 6f. = FamRZ 2005, 1164 (1165).
11 BGH, NJW-RR 2011, 76 (77), Rn. 1 = FamRZ 2010, 1544 (1545), Rn. 10.
12 OLG Köln v. 30.08.2013, 19 U 67/13, juris, Rn. 2.
13 BGH, NJW-RR 2004, 1714 (1715).
14 Vgl. BGH, NJW 2013, 2906, Rn. 6 = WM 2013, 1713 (1714), Rn. 6; BGH, NJW 2002, 2181 = WM 2002, 1512 (1513).
15 BGH v. 25.01.2017, XII ZB 567/15, juris, Rn. 7ff.
16 Vgl. BGH v. 12.11.2015, IX ZB 80/15, juris, Rn. 1: „Aufhebung"; BGH v. 25.08.2014, IX ZB 29/14, juris, Rn. 1: „sofortige Beschwerde"; BGH v. 22.04.2014, IX ZB 18/14, juris, Rn. 1: „nicht näher bezeichnete[s] Rechtsmittel".
17 BGH v. 01.06.2015, IX ZB 20/15, juris, Rn. 1; BGH, NJW 2002, 2181 = WM 2002, 1512.
18 Prütting/Gehrlein-*Lohmann*, ZPO, § 575 Rn. 3.

II. Nachträgliche Begründung; Revisionsrecht, Abs. 2
1. Begründungsfrist, Satz 1
Ebenfalls binnen eines **Monats** ab – wirksamer – Zustellung der angegriffenen Entscheidung (Abs. 2 Satz 2, vgl. Rn. 6) ist die Rechtsbeschwerde zu begründen. **Abs. 2 Satz 1** eröffnet es insoweit dem Beschwerdeführer, seine Rechtsbeschwerde entweder bereits mit deren Einlegung durch die Beschwerdeschrift sogleich zu begründen oder eine Begründung nachzureichen. Anders als die Frist zur Einlegung der Rechtsbeschwerde (Abs. 1 Satz 1; vgl. Rn. 2) handelt es sich bei der Begründungsfrist um **keine Notfrist**. Vielmehr ist die Möglichkeit einer **Verlängerung** ausdrücklich durch die Bezugnahme auf das entsprechende Revisionsrecht (Abs. 2 Satz 3 i.V.m. § 551 Abs. 2 Satz 5 und Satz 6 ZPO) vorgesehen (vgl. hierzu § 551 Rn. 6). Danach kann die Begründungsfrist entweder mit Einwilligung des Rechtsbeschwerdegegners (Abs. 2 Satz 3 i.V.m. § 551 Abs. 2 Satz 5 ZPO) oder, dann allerdings begrenzt auf zwei Monate, oder nach freier Überzeugung des Vorsitzenden bei Fehlen einer Verfahrensverzögerung oder Anführung erheblicher Gründe für die nicht rechtzeitige Begründbarkeit (Abs. 2 Satz 5 i.V.m. § 551 Abs. 2 Satz 5 ZPO) verlängert werden.

7

2. Fristbeginn, Satz 2
Der Beginn der Monatsfrist nach **Satz 2** für die Begründung einer Rechtsbeschwerde deckt sich mit dem Beginn der Monatsfrist für die Einlegung einer Rechtsbeschwerde (Abs. 1 Satz 1), nachdem jeweils als fristauslösendes Ereignis auf die Zustellung der angegriffenen Entscheidung abzustellen ist. Soweit nach der **Bewilligung von Prozesskostenhilfe** für die Rechtsbeschwerde eine **Wiedereinsetzung in den vorigen Stand** zur Begründung der Rechtsbeschwerde gewährt wird, beginnt die Begründungsfrist bereits mit der **Bewilligung der Prozesskostenhilfe** und nicht erst mit der Bewilligung der Wiedereinsetzung in den vorigen Stand.[19] Die zur versäumten Berufungs- und Revisionsbegründungsfrist geltende Rechtsprechung, wonach es dort erst auf die Bekanntgabe der gewährten Wiedereinsetzung in den vorigen Stand ankommt,[20] ist im Rechtsbeschwerdeverfahren nicht übertragbar.[21]

8

3. Revisionsrecht, Satz 3
Satz 3 des Abs. 2 bestimmt, dass hinsichtlich der Frist zur Begründung der Rechtsbeschwerde die **Bestimmungen des Revisionsrechts** Anwendung finden. Danach kann die Begründungsfrist durch den Vorsitzenden verlängert werden (vgl. § 551 Abs. 1 Satz 5 und Satz 6 ZPO). Voraussetzung ist, dass entweder der Rechtsbeschwerdegegner einwilligt (§ 575 Abs. 2 Satz 3 i.V.m. § 551 Abs. 1 Satz 5 ZPO), nach der freien Überzeugung des Vorsitzenden keine Verzögerung des Verfahrens eintritt (§ 575 Abs. 2 Satz 3 i.V.m. § 551 Abs. 1 Satz 6 Hs. 1. Alt. 1 ZPO) oder aber erhebliche Gründe, die eine Verlängerung rechtfertigen, vom Rechtsbeschwerdeführer vorgetragen werden (§ 575 Abs. 2 Satz 3 i.V.m. § 551 Abs. 1 Satz 6 Hs. 1 Alt. 2 ZPO). Schließlich kann auch eine nicht rechtzeitig mögliche **Akteneinsicht** eine Fristverlängerung rechtfertigen (§ 575 Abs. 2 Satz 3 i.V.m. § 551 Abs. 1 Satz 6 Hs. 2 ZPO). In jedem Fall ist die Verlängerung der Frist in den Fällen des Satzes 6 des § 551 Abs. 1 ZPO auf **zwei Monate** begrenzt.

9

III. Mindestanforderungen an die Begründung, Abs. 3
Zum von **Abs. 3** vorgegebenen Mindestumfang der Begründung einer Rechtsbeschwerde gehört nach **Nr. 1** zunächst die Angabe des Beschwerdeführers, inwieweit er die angegriffene Entscheidung des Beschwerdegerichts überhaupt angreift und deren Aufhebung beantragt. Vom Gesetzgeber ist dies als **Rechtsbeschwerdeantrag** legaldefiniert. Während eine **Beschränkung** auch noch nach Ablauf der Begründungsfrist möglich ist, muss eine **Erweiterung** des Rechtsbeschwerdeantrags innerhalb der Begründungsfrist erfolgen.[22] Weiterhin sieht **Nr. 2** für den Fall, dass die Rechtsbeschwerde dem Grunde nach bereits vom Gesetz zugelassen ist, vor, dass die dann nach § 574 Abs. 2 ZPO erforderlichen Voraussetzungen für die Zulassung der Rechtsbeschwerde (vgl. § 574 Rn. 5 ff.) dargelegt werden.[23] Schließlich müssen nach **Nr. 3** in allen Fällen der Einlegung einer Rechtsbeschwerde die **konkreten Gründe** dargelegt werden, aus denen heraus der Rechtsbeschwerdeführer die angegriffene Entscheidung für rechtsfehlerhaft hält. Dies kann in der **Verletzung materiellen Rechts (Nr. 3 Buchst. a)** oder in einem

10

---

19 BGHZ 176, 379 (380 f.), Rn. 5 = NJW 2008, 3500, Rn. 5 = WM 2005, 1715 (1716), Rn. 5.
20 Vgl. BGHZ 173, 14 (19 f.), Rn. 13 ff. = NJW 2007, 3354 (3355), Rn. 13 ff. = FamRZ 2007, 1640 (1641), Rn. 13 ff.
21 BGHZ 176, 379 (381), Rn. 7 = NJW 2008, 3500, Rn. 7 = WM 2005, 1715 (1716), Rn. 7; krit. Prütting/Gehrlein-*Lohmann*, ZPO, § 575 Rn. 4, der zu Recht darauf hinweist, dass ein Gleichlauf von bemittelter und unbemittelter Partei in keinem Fall erreichbar ist.
22 MK-*Lipp*, ZPO, § 575 Rn. 16; Musielak/Voit-*Ball*, ZPO, § 575 Rn. 6 i.V.m. § 551 Rn. 7.
23 Vgl. auch Prütting/Gehrlein-*Lohmann*, ZPO, § 575 Rn. 6.

Verfahrensmangel (Nr. 3 Buchst. b) liegen. Will der Rechtsbeschwerdeführer einen Verfahrensmangel rügen, muss er zusätzlich die Tatsachen vortragen, auf denen der Verfahrensmangel beruht. Insgesamt gilt diesbezüglich das Gleiche wie bei der Revisionsbegründung. Im Zuge der Begründung der Rechtsbeschwerde kann der Beschwerdeführer auch ergänzenden Sachvortrag zur Aufklärung von bisher unklaren oder ergänzungsbedürftigen Angaben in das (Beschwerde-)Verfahren einführen, ohne insoweit einer Präklusion zu unterliegen.[24]

IV. Allgemeine Vorschriften und Zustellung an Gegner, Abs. 4

11   Nach **Abs. 4 Satz 1** ist zunächst die Bestimmung über die vorbereitenden Schriftsätze (§ 130 ZPO) auch auf die Beschwerdeschrift und, soweit die Begründung nach Abs. 2 Satz 1 separat begründet wird, auch auf die Beschwerdebegründungsschrift anzuwenden. Dies bedeutet insbesondere, dass die Angaben zu den am Verfahren Beteiligten (§ 130 Nr. 1 ZPO) enthalten sein müssen. **Abs. 4 Satz 2** sieht sodann ausdrücklich die Zustellung von Amts wegen für die Beschwerde- und die Beschwerdebegründungsschrift vor.

V. Aktenbeiziehung und aufschiebende Wirkung, Abs. 5

12   Wie im Falle der Berufung hat nach **Abs. 5** i. V. m. § 541 Abs. 1 Satz 1 ZPO die **Geschäftsstelle** des Rechtsbeschwerdegerichts die Verfahrensakten bei der Geschäftsstelle des Beschwerdegerichts anzufordern. Diese wiederum ist nach Abs. 5 i. V. m. § 541 Abs. 1 Satz 2 ZPO zur **unverzüglichen Versendung** der Verfahrensakten an das Rechtsbeschwerdegericht angehalten. Nach der Erledigung des Rechtsbeschwerdeverfahrens sind nach Abs. 5 i. V. m. § 541 Abs. 2 ZPO die Akten mit einer beglaubigten Abschrift der über die Rechtsbeschwerde ergangenen Entscheidung sodann an die Geschäftsstelle des Beschwerdegerichts zurückzugeben.

§ 576
Gründe der Rechtsbeschwerde

(1) Die Rechtsbeschwerde kann nur darauf gestützt werden, dass die Entscheidung auf der Verletzung des Bundesrechts oder einer Vorschrift beruht, deren Geltungsbereich sich über den Bezirk eines Oberlandesgerichts hinaus erstreckt.
(2) Die Rechtsbeschwerde kann nicht darauf gestützt werden, dass das Gericht des ersten Rechtszuges seine Zuständigkeit zu Unrecht angenommen oder verneint hat.
(3) Die §§ 546, 547, 556 und 560 gelten entsprechend.

Inhalt:

	Rn.		Rn.
A. Allgemeines	1	II. Ausschluss der Zuständigkeitsrüge, Abs. 2	3
B. Erläuterungen	2		
I. Beschränkung auf Bundesrecht und überregionales Recht, Abs. 1	2	III. Entsprechende Geltung des Revisionsrechts, Abs. 3	4

A. Allgemeines

1   Die Vorschrift beschränkt die Rechtsbeschwerde zunächst auf die Überprüfung der Anwendung und Auslegung von Rechtsvorschriften und schließt damit eine Tatsachenüberprüfung aus. Ebenso kann die vom Erstgericht, dem Ausgangsgericht, bejahte oder verneinte Zuständigkeit nicht überprüft werden, soweit es sich nicht um die **internationale Zuständigkeit** deutscher Gerichte handelt.[1]

B. Erläuterungen
I. Beschränkung auf Bundesrecht und überregionales Recht, Abs. 1

2   Durch **Abs. 1** werden zunächst nur **Vorschriften des Bundesrechts** zum zulässigen Gegenstand der Rüge im Rechtsbeschwerdeverfahren erhoben. Dies können sowohl materiell-rechtliche als auch prozessrechtliche Bestimmungen sein. Bei der Rüge der Verletzung von Verfahrensrechten kommen den **absoluten Revisionsgründen** des § 547 ZPO über Abs. 3 (vgl. Rn. 4) auch bei

---

24 BGH, NJW 2016, 3312 (3313), Rn. 10 = VersR 2016, 1463 (1646); BGH, NJW 2014, 77, Rn. 9 = VersR 2014, 1275, Rn. 9.

Zu § 576:
1 BGHZ 191, 219 (222), Rn. 10 = NJW 2012, 148 (149), Rn. 10 = VersR 2012, 114, Rn. 10; BGHZ 188, 85 (87), Rn. 12 = NJW 2011, 2056, Rn. 12 = WM 2011, 427 (428), Rn. 12.

der Rechtsbeschwerde Bedeutung zu.² Verletzt ist eine Vorschrift, wenn sie nicht oder nicht richtig angewandt worden ist (Abs. 3 i.V.m. § 546 ZPO).³ Daneben kann auch **Landesrecht** zum Gegenstand einer Rechtsbeschwerde werden, **soweit** die landesrechtliche Vorschrift in mehr als einem Oberlandesgerichtsbezirk gilt. In Ländern, die nur über ein Oberlandesgericht verfügen, kann somit die Verletzung des dortigen **Landesrechts** nicht zum Gegenstand einer Rechtsbeschwerde gemacht werden.⁴ Mit der Entscheidung i.S.d. Abs. 1 ist zudem nur die Entscheidung des **Beschwerdegerichts** gemeint. Die vorausgegangene Entscheidung des Erstgerichts kann mit der Rechtsbeschwerde nicht (mehr) zur Überprüfung gestellt werden.⁵ Im erstinstanzlichen **Schiedsverfahren** nach § 1062 ZPO vor einem Oberlandesgericht kann die Rechtsbeschwerde nach § 1065 Abs. 2 Satz 1 ZPO ergänzend auch auf die Verletzung von **staatsvertraglichen Regelungen** gestützt werden.

II. Ausschluss der Zuständigkeitsrüge, Abs. 2

Die Rüge, dass bereits das Erstgericht seine **Zuständigkeit** zu Unrecht angenommen oder abgelehnt habe, kann mit der Rechtsbeschwerde ausweislich **Abs. 2** nicht mehr erhoben werden. Dies umfasst sowohl die **sachliche** wie auch die **örtliche** und die **funktionale** Zuständigkeit, nicht aber die von Amts wegen in jedem Verfahrensstadium zu prüfende internationale Zuständigkeit.⁶ Aufgrund der spezielleren Regelung des § 17a Abs. 5 GVG ist zudem, insoweit aber mit gleicher Wirkung, auch die Frage des **Rechtswegs** einer Prüfung entzogen.

3

III. Entsprechende Geltung des Revisionsrechts, Abs. 3

Durch die Bestimmung des Abs. 3 werden schließlich einzelne Vorschriften aus dem Revisionsrecht auch für die Rechtsbeschwerde für entsprechend anwendbar erklärt. Zunächst wird so der in Abs. 1 gebrauchte Begriff der „Verletzung" einer Rechtsvorschrift über Abs. 3 i.V.m. § 546 ZPO dahingehend legaldefiniert, dass jede nicht oder nicht richtige Anwendung einer Vorschrift diese verletzt. Weiterhin werden die **absoluten Revisionsgründe** des § 547 ZPO über Abs. 3 auch zu absoluten Rechtsbeschwerdegründen, sodass ein Vorliegen der dort angeführten Verfahrensfehler zwingend zur unwiderlegbaren Vermutung führen, dass die mit der Rechtsbeschwerde angegriffene Entscheidung des Beschwerdegerichts hierauf beruhen. Voraussetzung für die Prüfung der angegriffenen Entscheidung auf das Vorliegen **absoluter Rechtsbeschwerdegründe** ist ebenso wie bei der Revision auch, allerdings unverändert die **Rüge eines solchen Verfahrensfehlers**.⁷ Anders ist dies lediglich, wenn der angegriffenen Entscheidung die nach dem Gesetz erforderliche **Begründung fehlt** (Abs. 3 i.V.m. § 547 Nr. 6 ZPO).⁸ Daneben gilt auch im Rechtsbeschwerderecht die Möglichkeit des rügeloses Einlassens und dieses damit verbundenen Verlustes des Rügerechts nach § 295 ZPO in der Beschwerdeinstanz (Abs. 3 i.V.m. § 556 ZPO). Schließlich ist das Rechtsbeschwerdegericht, ebenso wie das Revisionsgericht, hinsichtlich der Rechtsvorschriften, die seiner Überprüfung entzogen sind, an die diesbezügliche Vorentscheidung des Beschwerdegerichts gebunden (Abs. 3 i.V.m. § 560 ZPO).⁹ Im Falle der Anwendung **ausländischen Rechts** beschränkt sich die Prüfung des Rechtsbeschwerdegerichts auf dessen hinreichende und fehlerfreie **Ermittlung**, nicht aber dessen fehlerfreie **Anwendung**.¹⁰

4

§ 577
Prüfung und Entscheidung der Rechtsbeschwerde

(1) ¹Das Rechtsbeschwerdegericht hat von Amts wegen zu prüfen, ob die Rechtsbeschwerde an sich statthaft und ob sie in der gesetzlichen Form und Frist eingelegt und begründet ist. ²Mangelt es an einem dieser Erfordernisse, so ist die Rechtsbeschwerde als unzulässig zu verwerfen.

---

2 Vgl. MK-*Lipp*, ZPO, § 576 Rn. 7.
3 BT-Drucks. 14/4722, S. 118.
4 BGH, NJW-RR 2004, 643 = WM 2004, 444.
5 BGH, NJW-RR 2011, 1000.
6 BGHZ 191, 219 (222), Rn. 10 = NJW 2012, 148 (149), Rn. 10 = VersR 2012, 114, Rn. 10; BGHZ 188, 85 (87), Rn. 12 = NJW 2011, 2056, Rn. 12 = WM 2011, 427 (428), Rn. 12.
7 Vgl. BAG, NZA 2015, 1342 (1343), Rn. 11.
8 BGH, ErbR 2016, 230; BGHZ 203, 1 (25), Rn. 61 = NJW 2015, 236 (239), Rn. 61 = WM 2015, 22 (29), Rn. 61; BGH, MMR 2015, 136; BGH, NJW-RR 2013, 1077, Rn. 4.
9 Vgl. BT-Drucks. 14/4722, S. 118.
10 Prütting/Gehrlein-*Lohmann*, ZPO, § 576 Rn. 4.

(2) ¹Der Prüfung des Rechtsbeschwerdegerichts unterliegen nur die von den Parteien gestellten Anträge. ²Das Rechtsbeschwerdegericht ist an die geltend gemachten Rechtsbeschwerdegründe nicht gebunden. ³Auf Verfahrensmängel, die nicht von Amts wegen zu berücksichtigen sind, darf die angefochtene Entscheidung nur geprüft werden, wenn die Mängel nach § 575 Abs. 3 und § 574 Abs. 4 Satz 2 gerügt worden sind. ⁴§ 559 gilt entsprechend.

(3) Ergibt die Begründung der angefochtenen Entscheidung zwar eine Rechtsverletzung, stellt die Entscheidung selbst aber aus anderen Gründen sich als richtig dar, so ist die Rechtsbeschwerde zurückzuweisen.

(4) ¹Wird die Rechtsbeschwerde für begründet erachtet, ist die angefochtene Entscheidung aufzuheben und die Sache zur erneuten Entscheidung zurückzuverweisen. ²§ 562 Abs. 2 gilt entsprechend. ³Die Zurückverweisung kann an einen anderen Spruchkörper des Gerichts erfolgen, das die angefochtene Entscheidung erlassen hat. ⁴Das Gericht, an das die Sache zurückverwiesen ist, hat die rechtliche Beurteilung, die der Aufhebung zugrunde liegt, auch seiner Entscheidung zugrunde zu legen.

(5) ¹Das Rechtsbeschwerdegericht hat in der Sache selbst zu entscheiden, wenn die Aufhebung der Entscheidung nur wegen Rechtsverletzung bei Anwendung des Rechts auf das festgestellte Sachverhältnis erfolgt und nach letzterem die Sache zur Endentscheidung reif ist. ²§ 563 Abs. 4 gilt entsprechend.

(6) ¹Die Entscheidung über die Rechtsbeschwerde ergeht durch Beschluss. ²§ 564 gilt entsprechend. ³Im Übrigen kann von einer Begründung abgesehen werden, wenn sie nicht geeignet wäre, zur Klärung von Rechtsfragen grundsätzlicher Bedeutung, zur Fortbildung des Rechts oder zur Sicherung einer einheitlichen Rechtsprechung beizutragen.

Inhalt:

	Rn.		Rn.
A. Allgemeines	1	III. Fehlerhafte, aber richtige Entscheidung, Abs. 3	4
B. Erläuterungen	2	IV. Aufhebung und Zurückverweisung, Abs. 4	5
I. Zulässigkeitsprüfung und -entscheidung, Abs. 1	2	V. Eigene Sachentscheidung, Abs. 5	6
II. Prüfungsumfang und Verfahrensmängel, Abs. 2	3	VI. Beschlussform und Begründung, Abs. 6	7

A. Allgemeines

1 Das eigentliche Verfahren vor dem Rechtsbeschwerdegericht wird zunächst ausschließlich durch § 577 ZPO geregelt, der allerdings, soweit er nicht dem Revisionsrecht nachgebildete Vorgaben enthält, mehrfach auf die Bestimmungen des Revisionsrechts Bezug nimmt.

B. Erläuterungen
I. Zulässigkeitsprüfung und -entscheidung, Abs. 1

2 Die Prüfung einer Rechtsbeschwerde obliegt nach **Abs. 1** ausschließlich dem Rechtsbeschwerdegericht. Eine beim Beschwerdegericht oder einem anderen Gericht eingelegte Rechtsbeschwerde muss demnach an das Rechtsbeschwerdegericht weitergeleitet werden, auch wenn die Rechtsbeschwerde **offensichtlich unzulässig** ist. Gelangt das Rechtsbeschwerdegericht zu dem Ergebnis, dass die Rechtsbeschwerde nicht statthaft ist (§ 574 Abs. 1 und Abs. 2 ZPO), nicht frist- oder formgerecht (§ 575 Abs. 1 und Abs. 2 ZPO), oder nicht ausreichend begründet (§ 575 Abs. 3 ZPO) ist, so ist die Rechtsbeschwerde durch **Beschluss** (Abs. 6 Satz 1; vgl. Rn. 7) zu verwerfen, Satz 2. Die **Prüfung der Statthaftigkeit** umfasst neben der Prüfung, ob die Rechtsbeschwerde als solche für sich genommen statthaft ist, auch die Prüfung, ob bereits die vorangegangene **sofortige Beschwerde statthaft** gewesen ist, denn ein diesbezügliches Fehlen würde dazu führen, dass durch die Beschwerdeentscheidung ein so nicht vom Gesetzgeber vorgesehener Rechtszug eröffnet wird.[1] Daneben muss, wie bei jedem Rechtsmittel, der Rechtsbeschwerdeführer auch **beschwert** sein, indem der Antrag des Antragstellers ganz oder teilweise abgelehnt worden ist (formelle Beschwer auf Seiten des Antragstellers) oder einem solchen ganz oder teilweise stattgegeben worden ist (materielle Beschwer auf Seiten des Antragsgegners).[2] Ebenso müssen die allgemeinen **Prozesshandlungsvoraussetzungen** bei dem Rechtsbeschwerdeführer vorliegen.

---

[1] BGH, NZI 2014, 724, Rn. 4; BGHZ 158, 212 (214) = NJW 2004, 2015 (2016) = WM 2004, 992 (993).
[2] Weiterführend hierzu Prütting/Gehrlein-*Lohmann*, ZPO, § 577 Rn. 4.

II. Prüfungsumfang und Verfahrensmängel, Abs. 2

Wie im gesamten Zivilprozess gilt nach **Satz 1** auch im Verfahren der Rechtsbeschwerde die **Bindung** des Gerichts an den **Antrag** bzw. die Anträge des oder der Rechtsbeschwerdeführer. Demgegenüber ist, was **Satz 2** ausdrücklich klarstellt, das Rechtsbeschwerdegericht nicht an die Begründung der Anträge gebunden, was zu einer uneingeschränkten Überprüfung der angegriffenen Entscheidung im Umfang des jeweiligen Angriffs führt. Insbesondere bei der Prüfung der **Verletzung von materiellem Recht** ist das Rechtsbeschwerdegericht damit nicht auf die gegen dessen Anwendung durch das Beschwerdegericht vorgebrachten Einwendungen beschränkt. Anders sieht dies **Satz 3** für **Verfahrensmängel** vor, soweit diese nicht bereits von Amts wegen zu überprüfen sind. **Satz 4** entzieht über die entsprechende Anwendung von § 559 ZPO schließlich die zuletzt vom Beschwerdegericht **festgestellten Tatsachen** einer umfassenden Überprüfung und lässt nur sehr eingeschränkt neuen Tatsachenvortrag zu (Abs. 2 Satz 4 i.V.m. § 559 Abs. 1 Satz 2 i.V.m. § 551 Abs. 3 Nr. 2 ZPO). Eine etwaige **Beweiswürdigung** durch das Beschwerdegericht ist auch im Rechtsbeschwerdeverfahren nur eingeschränkt auf Vollständigkeit, Widerspruchsfreiheit sowie Vereinbarkeit mit den Denkgesetzen überprüfbar.[3]

III. Fehlerhafte, aber richtige Entscheidung, Abs. 3

Lässt die angegriffene Entscheidung des Beschwerdegerichts zwar in ihrer Begründung eine **Verletzung von Rechtsvorschriften** erkennen, erweist sie sich gleichwohl aber **letztlich als richtig**, so ist die Rechtsbeschwerde nach **Abs. 3** als unbegründet zurückzuweisen. Wie im Revisionsrecht (§ 561 ZPO) gilt auch bei der Rechtsbeschwerde, dass eine falsch begründete, aber materiell-rechtlich dennoch richtige Entscheidung zu keiner Beschwer für den Beschwerdeführer führt, die durch eine Aufhebung der angegriffenen Entscheidung beseitigt werden müsste.[4]

IV. Aufhebung und Zurückverweisung, Abs. 4

Eine zulässige und begründete Rechtsbeschwerde führt zwingend zur **Aufhebung** der angegriffenen Entscheidung und, nach der Systematik des § 577 ZPO entsprechend **Satz 1**, grundsätzlich auch zur **Zurückverweisung** der Sache an das Beschwerdegericht zur erneuten dortigen Entscheidung. Soweit erkennbar bereits die Ausgangsentscheidung fehlerhaft ist und vom Beschwerdegericht hätte aufgehoben werden müssen, kann das Rechtsbeschwerdegericht – anders als das durch § 563 Abs. 1 ZPO hieran gehinderte Revisionsgericht – auch direkt an **das Ausgangsgericht** zurückverweisen. In diesem Fall ist vom Rechtsbeschwerdegericht auch die eigentlich nicht seiner Prüfung unterliegende Entscheidung des Erstgerichts ebenfalls aufzuheben.[5] Stellt das Rechtsbeschwerdegericht Verfahrensmängel fest, sei es von Amts wegen oder auf entsprechende Rüge hin, so ist nach **Satz 2** i.V.m. § 562 Abs. 2 ZPO auch das fehlerhafte Verfahren mit den bisherigen Feststellungen aufzuheben. Erachtet es das Rechtsbeschwerdegericht für erforderlich, dass sich ein **anderer Spruchkörper** des Beschwerde- oder des Ausgangsgerichts mit der Sache neu befasst, etwa wegen einer zu befürchtenden innerlichen Festlegung des bisherigen Spruchkörpers,[6] eröffnet **Satz 3** eine entsprechende abweichende Zurückverweisung. Schließlich verpflichtet **Satz 4** das Gericht, an das die Sache vom Rechtsbeschwerdegericht zurückverwiesen wird, zur **Beachtung** derjenigen rechtlichen Beurteilung, die zur Aufhebung der angegriffenen Entscheidung geführt hat. *De facto* ist das neu zur Entscheidung berufene Instanzgericht damit an die rechtliche Beurteilung des Rechtsbeschwerdegerichts **gebunden**, was aber auch dazu führt, dass bei deren Beachtung insoweit grundsätzlich keine weitere Rechtsverletzung mehr in Betracht kommen kann.[7] Für das Rechtsbeschwerdegericht kann sich ebenfalls eine **(Rück-)Bindung** an die vorangegangene eigene Entscheidung ergeben, soweit nicht zwischenzeitlich durch den Großen Senat für Zivilsachen, die Vereinigten Großen Senate, den Gemeinsamen Senat der obersten Bundesgerichte, den Gerichtshof der Europäischen Union, den Europäischen Gerichtshof für Menschenrechte oder schließlich das Bundesverfassungsgericht eine Entscheidung ergangen ist, die der Fortführung der vormaligen Auffassung des Rechtsbeschwerdegerichts entgegen steht.[8]

---

3 BGH, NZG 2014, 423 (425), Rn. 30 = WM 2014, 618 (621), Rn. 30; weiterführend Prütting/Gehrlein-*Lohmann*, ZPO, § 577 Rn. 7.
4 BT-Drucks. 14/4722, S. 118; vgl. auch BAG, NZA 2007, 647 (648), Rn. 11.
5 Vgl. BGH, NJW-RR 2015, 1078 (1080) = WM 2015, 1428 (1430); BGHZ 160, 176 (185) = NJW 2004, 2976 (2979) = WM 2004, 1877 (1881).
6 BT-Drucks. 14/4722, S. 119.
7 BGH, NJW 2013, 1310 (1311), Rn. 18 = MDR 2013, 167, Rn. 18.
8 BGH, NJW 2013, 1310 (1311), Rn. 19 = MDR 2013, 167, Rn. 19.

V. Eigene Sachentscheidung, Abs. 5

6 Abweichend vom Grundsatz der Zurückverweisung des Absatzes 4 Satz 1 hat das Rechtsbeschwerdegericht nach **Abs. 5 Satz 1** die Sache selbst zu entscheiden, wenn kein Verfahrensfehler festzustellen oder gerügt worden ist, sondern **lediglich** eine Rechtsverletzung vorliegt und der festgestellte Sachverhalt die Grundlage für die **Entscheidungsreife** bietet. Dies kann auch im Verfahren über die Bewilligung von **Prozesskostenhilfe** geschehen.[9] Schon eine Lücke in der angegriffenen Beschwerdeentscheidung dahingehend, dass nicht ersichtlich ist, ob ein Vorbringen einer Partei als erwiesen angesehen worden ist oder lediglich als wahr unterstellt wurde, steht einer Sachentscheidung infolge dann fehlender Entscheidungsreife entgegen.[10] Einer eigenen Sachentscheidung kann auch entgegenstehen, dass Rechtsvorschriften, lokales oder ausländisches Recht, anzuwenden sind oder sein könnten, die der Überprüfung des Rechtsbeschwerdegerichts nach § 576 Abs. 1 ZPO entzogen sind, weshalb **Satz 2** i.V.m. § 563 Abs. 4 ZPO in diesen Fällen die Zurückverweisung trotz Entscheidungsreife ermöglicht.[11]

VI. Beschlussform und Begründung, Abs. 6

7 Das Rechtsbeschwerdegericht entscheidet nach **Satz 1** ausschließlich durch **Beschluss**, der grundsätzlich auch begründet werden muss. Für den Fall, dass mit der Rechtsbeschwerde ausschließlich Verfahrensfehler gerügt worden sind, deren Vorliegen das Rechtsbeschwerdegericht verneinen kann, ist dagegen nach **Satz 2** i.V.m. § 564 ZPO eine Begründung nicht notwendig. Ebenso kann das Rechtsbeschwerdegericht nach **Satz 3** von einer Begründung absehen, wenn durch eine solche weder eine Klärung von Rechtsfragen grundsätzlicher Bedeutung zu erreichen wäre noch ein Beitrag zur Fortbildung des Rechts oder zur Sicherung einer einheitlichen Rechtsprechung geleistet werden könnte. Der Anspruch auf rechtliches Gehör (Art. 103 Abs. 1 GG) und dessen einfach-rechtliche Ausprägung in Gestalt des Rechtsbehelfs der Gehörsrüge (§ 321a ZPO) verpflichten das Rechtsbeschwerdegericht weder einfach-rechtlich noch verfassungsrechtlich dazu, auf jeden Vortrag des Rechtsbeschwerdeführers einzugehen.[12]

---

9 BGH, NZA 2015, 1279 (1280).
10 BGH, NJW 2014, 700 (702), Rn. 16 = MDR 2014, 107 (108), Rn. 16.
11 BT-Drucks. 14/4722, S. 119.
12 BGH, FamRZ 2006, 408; BGH, NJW 2005, 1432 (1433) = MDR 2005, 887.

BUCH 4
Wiederaufnahme des Verfahrens

Vorbemerkungen zu §§ 578–591 ZPO

Inhalt:

	Rn.		Rn.
A. Allgemeines	1	III. Entscheidung des Gerichts	6
B. Dreistufigkeit des Wiederaufnahmeverfahrens	3	C. Ablauf des Verfahrens	8
		D. Gerichtskosten, Rechtsanwaltsvergütung	10
I. Zulässigkeit	4		
II. Vorliegen eines Wiederaufnahmegrundes	5		

A. Allgemeines

Die Vorschriften über die Wiederaufnahme des Verfahren zielen auf die Aufhebung rechtskräftiger Entscheidungen (i.d.R. End- oder Versäumnisurteile [auch Vollstreckungsbescheide]; unanfechtbare oder rechtskräftige Beschlüsse; nicht jedoch Zwischen- oder Vorbehaltsurteile; Prozessvergleiche; reine Kostenentscheidung; vgl. ausführlich § 578 Rn. 1)[1] und damit verbundener Neuverhandlung der Sache vor demselben Gericht. Solange noch originäre Rechtsmittel möglich sind, ist ein Wiederaufnahmeverfahren unstatthaft. **Parteien** können jedoch ausschließlich die Parteien oder deren Gesamtrechtsnachfolger des ursprünglichen Prozesses, infolgedessen das angegriffene Urteil erging, sein. Das gesetzlich normierte Wiederaufnahmeverfahren soll das Vertrauen in die Rechtsprechung stärken, indem selbst rechtskräftige Urteile überprüft werden können, wenn ihre Grundlagen erschüttert sind. Jedoch nicht schon dann, wenn neue Beweismittel gefunden werden, die der wahren Sachlage entsprechendes Urteil ermöglichen, sondern nur unter den gesetzlich geregelten besonderen Voraussetzungen (siehe hierzu Rn. 3 ff.).[2] Bei der gesetzlich geregelten **Nichtigkeitsklage** (§ 579 ZPO) und der **Restitutionsklage** (§ 580 ZPO), die nicht miteinander verbunden werden können (vgl. § 578 Rn. 2), handelt es sich nicht um originäre Rechtsmittel, sondern um außerordentliche Rechtsbehelfe. Daneben kann auch die Schadensersatzklage (§ 826 BGB) wegen Urteilserschleichung, die Anhörungsrüge (§ 321a ZPO), eine Wiedereinsetzung in den vorigen Stand (§ 233 ZPO), Verfassungsbeschwerde (§ 90 BVerfGG) und Individualbeschwerde nach Art. 34 EMRK, zur Beseitigung der Rechtskraft führen. Die vorgenannten Rechtsschutzmöglichkeiten schließen sich nicht gegenseitig aus.[3]

Eine Bindung des Zivilgerichts an ein Strafurteil bzw. dessen Beweiswürdigung besteht im Wiederaufnahmeverfahren nicht.[4]

B. Dreistufigkeit des Wiederaufnahmeverfahrens

Grundsätzlich hat das für die Wiederaufnahmeentscheidung zuständige Gericht über die Zulässigkeit (1. Schritt), das Vorliegen eines Wiederaufnahmegrundes (= Begründetheit, 2. Schritt) und im Falle der Zulässigkeit und Begründetheit im Rahmen der Neuverhandlung über die Sache selbst – nochmals – (3. Schritt) zu entscheiden. Ist die Wiederaufnahmeklage demnach zulässig und ist auch ein Wiederaufnahmegrund gegeben, so muss die angegriffene rechtskräftige Entscheidung aufgehoben werden. Die Hauptsache muss – nach den für die betreffende Verfahrensart maßgebenden Vorschriften – von neuem verhandelt werden (§ 590 Abs. 1 ZPO).[5]

---

1 Auch Eintragungen zur Insolvenztabelle (§ 178 Abs. 3 InsO), so Saenger-*Kemper*, ZPO, § 578 Rn. 2.
2 So BGH, NJW 1959, 1369 (1370), II.
3 § 580 ZPO ist nicht *lex specialis* gegenüber § 826 BGB (auch nicht subsidiär), dahingehend, dass ein unrichtiges, aber rechtskräftiges Urteil nur mit der Restitutionsklage angegriffen werden könnte, vgl. BGHZ 50, 115 = NJW 1968, 1275 (1276 f.); Zöller-*Greger*, ZPO, Vor § 578 Rn. 17; Saenger-*Kemper*, ZPO, § 578 Rn. 6.
4 So im Ergebnis BGHZ 85, 32 = MDR 1983, 119.
5 Vgl. BGH, GRUR 1966, 109 (110).

I. Zulässigkeit

4 Die Prüfung der Zulässigkeit hat von Amts wegen zu erfolgen, § 589 ZPO. Hierbei sind v. a. die **allgemeinen Prozessvoraussetzungen**, das Vorliegen der **Rechtskraft einer gerichtlichen Entscheidung** (siehe Rn. 1), das Vorliegen einer **Beschwer** des Wiederaufnahmeklägers, die **Statthaftigkeit** des Wiederaufnahmeverfahrens (erforderlich ist ein schlüssiges Behaupten eines Wiederaufnahmegrundes, §§ 579, 580 ZPO)[6] sowie die **Form** (§ 587 ZPO) und **Frist** (§ 586 ZPO) zu prüfen. Nicht zwingend erforderlich ist ein – weiteres – besonderes Rechtsschutzbedürfnis. Ein Rechtsschutzbedürfnis als solches fehlt jedoch regelmäßig bei einer erneuten Wiederaufnahmeklage, die auf denselben Sachverhalt und dieselben rechtlichen Gründe wie eine frühere, vom Kläger zurückgenommene Wiederaufnahmeklage gestützt wird.[7] Für die **Restitutionsklage gelten weiter § 581 ZPO** (betreffend § 580 Nr. 1–5 ZPO) sowie **§ 582 ZPO**, vgl. die Ausführungen dort.

II. Vorliegen eines Wiederaufnahmegrundes

5 Das Vorliegen eines oder mehrerer Wiederaufnahmegründe prüft das Gericht **von Amts wegen**,[8] ohne, dass der Amtsermittlungsgrundsatz greift. Wiederaufnahmegründe der Nichtigkeitsklage siehe § 579 Abs. 1 Nr. 1–4 ZPO und die Ausführungen dort (Rn. 5 ff.); Wiederaufnahmegründe der Restitutionsklage siehe § 580 Nr. 1–8 ZPO und die Ausführungen dort (Rn. 4 ff.). Wird die Klage innerhalb der Klagefrist (§ 586 Abs. 1 ZPO) auf einen Wiederaufnahmegrund gestützt, so kann nach Ablauf der Frist nicht noch ein weiterer Wiederaufnahmegrund nachgeschoben werden, für den die Fristen bereits abgelaufen sind. Das Gericht prüft ebenso etwaige Ausschlussgründe. Entsprechende Tatsachen für die Begründetheit des einschlägigen Wiederaufnahmegrundes hat der Wiederaufnahmekläger darzulegen und zu beweisen.[9]

III. Entscheidung des Gerichts

6 Liegen die Zulässigkeitsvoraussetzungen (Rn. 4) nicht vor, verwirft das Gericht die Klage als unzulässig. Der Tenor lautet:

Die Klage auf Wiederaufnahme des Verfahrens [Aktenzeichen] wird als unzulässig verworfen.

Liegen die Zulässigkeitsvoraussetzungen vor, konnte ein Wiederaufnahmegrund (Rn. 5) jedoch nicht angenommen werden, weist das Gericht die Klage als unbegründet ab. Der Tenor lautet:

Die Klage auf Wiederaufnahme des Verfahrens [Aktenzeichen] wird als unbegründet abgewiesen.

Liegen die Zulässigkeitsvoraussetzungen sowie ein Wiederaufnahmegrund vor, hat das Gericht das angegriffene Urteil aufzuheben und eine Neuverhandlung der Hauptsache in Form der Fortführung des Prozesses zum Zeitpunkt des Urteilserlasses anzuordnen. Der Tenor lautet:

1. Auf die Wiederaufnahmeklage vom [Datum] wird das Urteil des Landgerichts ... vom [Datum] aufgehoben und die Beklagte verurteilt, an den Kläger 2.500,00 € nebst Zinsen in Höhe von 5 Prozentpunkten über dem jeweiligen Basiszinssatz seit 01.12.2016 zu bezahlen.

2. Im Übrigen wird die Klage abgewiesen.

3. Die Berufung durch den Kläger wird zugelassen.

4. Die Kosten des Rechtsstreits hat der Kläger zu 75 %, die Beklagte zu 25 % zu tragen.

7 Das Wiederaufnahmegericht hat – erneut – von Amts wegen über die Zulassung eines Rechtsmittels zu entscheiden, vgl. hierzu auch § 591 Rn. 3.[10] Es ist zudem eine einheitliche **Kostenentscheidung** zu treffen, da der ursprüngliche Prozess und das Wiederaufnahmeverfah-

---

6 Vgl. BGH, BeckRS 2016, 19737; BGHZ 57, 211 (212 f.); Wieczorek/Schütze-*Büscher*, ZPO, § 588 Rn. 2, § 589 Rn. 5; Zöller-*Greger*, ZPO, § 589 Rn. 2; Musielak/Voit-*Musielak*, ZPO, § 578 Rn. 15.
7 Vgl. BVerwGE 95, 64 = NVwZ 1994, 1206 (1207).
8 Vgl. BGHZ 30, 60 (62) = MDR 1959, 647.
9 Vgl. BGHZ 86, 32 (39); BGHZ 85, 32: „Die Beweislast für die Tatsachen, die einen Restitutionsgrund ergeben, trägt der Restitutionskläger"; Zöller-*Greger*, ZPO, Vor § 578 Rn. 22.
10 Ist eine Entscheidung über die Zulassung der Berufung im Tenor nicht ausdrücklich ausgesprochen worden, und ergibt sich eine Zulassung auch nicht aus den Gründen (was ausreichend wäre), gilt das Schweigen als Ablehnung, vgl. Saenger-*Wöstmann*, ZPO, § 511 Rn. 31; Thomas/Putzo-*Reichold*, ZPO, § 511 Rn. 22.

ren nebst der erneuten Verhandlung der Hauptsache eine Einheit darstellen.[11] Hinsichtlich der **Rechtskraftwirkung** ist zu unterscheiden: Bei Entscheidung des Gerichts „als unzulässig" bleibt eine Wiedererhebung, unter identischen Zulässigkeitsvoraussetzungen (insbesondere muss zwingend die Frist [§ 586 ZPO] eingehalten werden) möglich, soweit das erneut angestrebte Wiederaufnahmeverfahren den Zulässigkeitsmangel behebt. Die Entscheidung des Gerichts als „unbegründet" entfaltet in der Regel Rechtskraftwirkung hinsichtlich des abgeurteilten Wiederaufnahmegrundes. Zur relevanten Rechtslage zum Zeitpunkt der Entscheidung, vgl. § 591 Rn. 3.

C. Ablauf des Verfahrens

Zum erforderlichen Inhalt der Wiederaufnahmeklageschrift, vgl. die Ausführungen zu § 587 ZPO, mit deren Einhaltung auch die Frist nach § 586 Abs. 1 ZPO gewahrt werden kann. Ein bestimmter Antrag muss erst in der mündlichen Verhandlung gestellt werden (vgl. § 587 Rn. 1). Für die Verhandlung und Entscheidung über die Zulässigkeit der Wiederaufnahme des Verfahrens sind ausschließlich die ZPO-Vorschriften anwendbar. Im ersetzenden Verfahren gelten hingegen die allgemeinen Regeln. Hier sind auch die Vorschriften zur Klageänderung (§§ 263, 264 ZPO) und die besonderen Verfahrensvorschriften zum Urkunden-, Wechsel- und Scheckprozess (§§ 592 ff. ZPO) anwendbar;[12] vgl. zum neuen Verfahren auch die Ausführungen zu § 590 Rn. 1 ff. Das Gericht verhandelt in der Regel nach schriftlichem Vorverfahren **mündlich** zur Sache; eine Entscheidung im schriftlichen Verfahren ist auch möglich. Für die Verhandlung und Entscheidung über den Grund der Wiederaufnahme des Verfahrens sind die Vorschriften der §§ 330 ff. ZPO über das Versäumnisurteil anwendbar. Es kann demnach (auch unechtes) **Versäumnisurteil** erlassen werden; ein Einspruch hiergegen ist nicht möglich.[13] Eine Entscheidung nach Aktenlage ist möglich.[14] Im Falle einer streitigen Entscheidung ergeht ein Endurteil.

8

Ist eine – möglicherweise nicht anfechtbare – Entscheidung noch nicht ergangen und sodann ein Wiederaufnahmegrund bekannt geworden, ist die mündliche Verhandlung wieder zu eröffnen, § 156 Abs. 2 Nr. 2 ZPO, zu den Anforderungen, vgl. § 156 Rn. 5. Eine Verhandlung „zur Hauptsache" i.S.d. § 269 Abs. 1 ZPO ist schon diejenige zum Wiederaufnahmegrund und nicht erst die Verhandlung im ersetzenden Verfahren.[15]

9

D. Gerichtskosten, Rechtsanwaltsvergütung

Die allgemeinen Regeln gelten auch für den **Streitwert** und die **Gerichtskosten** für diejenige Instanz, gegen deren Urteil oder urteilsvertretenden Beschluss sich die Wiederaufnahmeklage richtet, einschließlich der Vorschriften zum **Kostenvorschuss**.[16] Gleiches gilt für die Regelungen zur **Rechtsanwaltsvergütung**.

10

§ 578
Arten der Wiederaufnahme

(1) Die Wiederaufnahme eines durch rechtskräftiges Endurteil geschlossenen Verfahrens kann durch Nichtigkeitsklage und durch Restitutionsklage erfolgen.
(2) Werden beide Klagen von derselben Partei oder von verschiedenen Parteien erhoben, so ist die Verhandlung und Entscheidung über die Restitutionsklage bis zur rechtskräftigen Entscheidung über die Nichtigkeitsklage auszusetzen.

Die Vorschrift regelt in Teilen die Statthaftigkeit eines Wiederaufnahmeverfahrens. Nach **Abs. 1** richtet sich die Wiederaufnahme gegen rechtskräftige Endurteile (nicht Prozessvergleiche), unabhängig ob Leistungs-, Gestaltungs- oder Feststellungsurteile. Auch Versäumnisurteile oder Vollstreckungsbescheide sind von Abs. 1 erfasst; nicht hingegen Vorbehalts- oder

1

---

11 Nach BGH, NJW 1992, 1458, = MDR 1992, 713, trägt der Wiederaufnahmekläger selbst im Erfolgsfalle die Kosten der Wiederaufnahme aufgrund nicht vorschriftsmäßiger Vertretung vor dem Revisionsgericht (§§ 579 Abs. 1 Nr. 4, 88 ZPO), wenn er das vollmachtlose Auftreten des Vertreters veranlasst hatte.
12 Vgl. Zöller-*Greger*, ZPO, § 585 Rn. 12, 13.
13 Vgl. BGH, GRUR 1966, 109 (110) = MDR 1966, 40; BGH, NJW 1959, 1780 = MDR 1959, 832.
14 Thomas/Putzo-*Reichold*, ZPO, § 590 Rn. 6.
15 Vgl. Zöller-*Greger*, ZPO, § 585 Rn. 10.
16 Vgl. Baumbach/Lauterbach/Albers/Hartmann, ZPO, § 585 Rn. 4; Prütting/Gehrlein-*Meller-Hannich*, ZPO, § 585 Rn. 16.

Zwischenurteile (vgl. aber § 583 Rn. 2).[1] **Analog** wird Abs. 1 auch auf **unanfechtbare oder rechtskräftige Beschlüsse** angewendet, die außerhalb des Urteilsverfahrens ergehen, insbesondere nach § 522 Abs. 1 Satz 3 ZPO (Zurückweisung der Berufung durch Beschluss) bzw. § 552 Abs. 2 ZPO (Zurückweisung der Revision durch Beschluss), in der Zwangsvollstreckung oder Beschlüsse über den schuldrechtlichen Versorgungsausgleich.[2] Eine Wiederaufnahme zum Zwecke der Abänderung des **Kostenpunkts** in Analogie zu § 99 ZPO ist unstatthaft.[3]

2 **Abs. 2** regelt zunächst den Vorrang der Nichtigkeitsklage und insoweit – im Falle der gleichzeitigen Erhebung – ein Verbindungsverbot. Das Gericht hat daher die Klagen nach erfolgter mündlicher Verhandlung oder im schriftlichen Verfahren nach § 128 ZPO durch begründeten Beschluss gem. § 145 Abs. 1 Satz 2 ZPO zu trennen und das Restitutionswiederaufnahmeverfahren auszusetzen.

§ 579
Nichtigkeitsklage

(1) Die Nichtigkeitsklage findet statt:
1. wenn das erkennende Gericht nicht vorschriftsmäßig besetzt war;
2. wenn ein Richter bei der Entscheidung mitgewirkt hat, der von der Ausübung des Richteramts kraft Gesetzes ausgeschlossen war, sofern nicht dieses Hindernis mittels eines Ablehnungsgesuchs oder eines Rechtsmittels ohne Erfolg geltend gemacht ist;
3. wenn bei der Entscheidung ein Richter mitgewirkt hat, obgleich er wegen Besorgnis der Befangenheit abgelehnt und das Ablehnungsgesuch für begründet erklärt war;
4. wenn eine Partei in dem Verfahren nicht nach Vorschrift der Gesetze vertreten war, sofern sie nicht die Prozessführung ausdrücklich oder stillschweigend genehmigt hat.

(2) In den Fällen der Nummern 1, 3 findet die Klage nicht statt, wenn die Nichtigkeit mittels eines Rechtsmittels geltend gemacht werden konnte.

Inhalt:

	Rn.		Rn.
A. Allgemeines	1	III. Mitwirkung eines befangenen Richters, Nr. 3	7
B. Erläuterungen	2	IV. Keine vorschriftsgemäße Vertretung, Nr. 4	8
I. Keine vorschriftsgemäße Besetzung des erkennenden Gerichts, Nr. 1	5		
II. Mitwirkung eines ausgeschlossenen Richters, Nr. 2	6		

A. Allgemeines

1 Die Nichtigkeitsklage gem. § 579 Abs. 1 ZPO führt als Wiederaufnahmegründe Prozessverstöße auf, die ebenso im Revisionsrecht relevant sind (insoweit entspricht die Vorschrift dem § 547 Nr. 1–4 ZPO, vgl. auch die Ausführungen dort). Liegen Wiederaufnahmegründe vor, so wird die ursprüngliche Entscheidung gegen die Nichtigkeitsgründe vorgebracht werden, aufgehoben und neu entschieden (zum Verfahren: Vorbem. zu §§ 578–591 Rn. 4ff.). Der früher mit der Entscheidung befasste Richter ist nicht *per se* ausgeschlossen; § 41 Nr. 6 ZPO ist im Wiederaufnahmeverfahren nicht anwendbar.[1] Befangenheitsgründe können aber im Hinblick auf die begründeten Nichtigkeitsgründen vorliegen.[2]

B. Erläuterungen

2 Zur **Zulässigkeit** siehe Vorbem. zu §§ 579–591 Rn. 4. Im Rahmen der Zulässigkeit muss der Wiederaufnahmekläger zudem einen Wiederaufnahmegrund nach Abs. 2 behaupten sowie (in den Fällen der Abs. 1 Nr. 1 und 3) darlegen und unter Beweis stellen, dass diese Wiederaufnahmegründe – **schuldhaft** – nicht mittels eines Rechtsmittels (auch Einspruch gegen Versäumnisurteil oder Gehörsrüge gem. § 321a ZPO) geltend gemacht werden konnten, § 579

---

1 Vgl. BGH, NJW 1963, 587; Thomas/Putzo-*Reichold*, ZPO, § 578 Rn. 1; Saenger-*Kemper*, ZPO, § 578 Rn. 2f.
2 Vgl. BGH, NJW 1984, 2364 = MDR 1984, 922.
3 Vgl. Thomas/Putzo-*Reichold*, ZPO, § 578 Rn. 3; Saenger-*Kemper*, ZPO, § 578 Rn. 4.

Zu § 579:
1 BGH, NJW 1981, 1273f. = MDR 1981, 481.
2 MK-*Braun*, ZPO, § 579 Rn. 11.

Abs. 2 ZPO.[3] Dem steht es bei den Nr. 1 und 3 gleich, wenn der Nichtigkeitsgrund in einem Rechtsmittelverfahren erfolglos geltend gemacht worden ist.[4]

Die Begründetheit (siehe Vorbem. zu §§ 579–591 Rn. 5) setzt die Feststellung des behaupteten Wiederaufnahmegrundes nach Abs. 2 voraus. Die Prüfung hat – unabhängig vom Vortrag der Parteien – von Amts wegen zu erfolgen und lässt ein Anerkenntnis oder ein Geständnis im Ursprungsprozess unberücksichtigt, da das öffentliche Interesse an der Rechtskraft überwiegt.[5] Dies gilt nicht in Nr. 4 für die dort gesetzlich geregelte ausdrückliche oder stillschweigende Genehmigung. 3

Das Gesetz sieht insgesamt vier Wiederaufnahmegründe vor. Die Aufzählung ist abschließend. 4

I. Keine vorschriftsgemäße Besetzung des erkennenden Gerichts, Nr. 1

Die Vorschrift entspricht § 547 Nr. 1 ZPO, vgl. auch die Ausführungen dort. Eine nicht vorschriftsmäßige Besetzung liegt nur bei einer **offensichtlich schweren, weil willkürlichen Gesetzesverletzung** vor.[6] Eine irrige Gesetzesauslegung oder irrtümliche Abweichung von Festsetzungen des Geschäftsverteilungsplanes genügt nicht. Nichtigkeitsgründe nach Nr. 1 z. B. in Form einer nicht ordnungsgemäßen Besetzung des Berufungsgerichts können nicht im Rahmen einer unzulässigen Revision durch das Revisionsgericht „mitgeprüft" werden, da diese Prüfung eine zulässige Revision erfordern. Für diese Konstellation kommt einzig die Nichtigkeitsklage in Betracht.[7] 5

II. Mitwirkung eines ausgeschlossenen Richters, Nr. 2

Die Vorschrift entspricht § 547 Nr. 2 ZPO, vgl. auch die Ausführungen dort. Die Regelung gilt auch für Urkundsbeamte (beim Erlass eines Vollstreckungsbescheids) und Rechtspfleger.[8] Nach Nr. 2 liegt ein Nichtigkeitsgrund vor, wenn ein Richter, der nach § 41 ZPO ausgeschlossen ist, an einer rechtskräftigen Entscheidung mitgewirkt hat. Es kommt auf den Zeitpunkt der letzten mündlichen Verhandlung an. Ist gegen den mitwirkenden Richter aufgrund des nunmehr im Nichtigkeitsverfahren vorgetragenen Befangenheitsgrundes bereits im Vorprozess ein entsprechendes Rechtsmittel erhoben worden, das erfolglos geblieben ist, führt dies – mangels Rechtsschutzbedürfnis (keine wiederholte Überprüfung des identischen Grundes) – zur Unzulässigkeit der Nichtigkeitsklage.[9] 6

III. Mitwirkung eines befangenen Richters, Nr. 3

Die Vorschrift entspricht § 547 Nr. 3 ZPO, vgl. auch die Ausführungen dort. Die Regelung gilt auch für Urkundsbeamte. Nach Nr. 3 liegt ein Nichtigkeitsgrund vor, wenn bei der rechtskräftigen Entscheidung ein Richter mitgewirkt hat, obgleich er wegen Besorgnis der Befangenheit abgelehnt und (!) das Ablehnungsgesuch – ggf. auch nach Erlass der Entscheidung nach § 46 Abs. 2 ZPO – tatsächlich für begründet erklärt wurde. Eine nachträglich bekannt gewordene Befangenheit genügt nicht; die Mitwirkung eines Richters, der wegen Befangenheit abgelehnt werden könnte, jedoch noch nicht abgelehnt wurde, genügt nicht.[10] Der mitwirkende Richter muss also mit Erfolg abgelehnt worden sein. Ein Verstoß gegen die Wartepflicht des § 47 Abs. 1 ZPO begründet einen Nichtigkeitsgrund nach Nr. 3 nicht. 7

IV. Keine vorschriftsgemäße Vertretung, Nr. 4

Die Vorschrift entspricht § 547 Nr. 4 ZPO, vgl. auch die Ausführungen dort. Prozessunfähige oder nicht durch ihren gesetzlichen Vertreter vertretene Parteien müssen vor Gericht vertreten 8

---

3 Vgl. Stein/Jonas-*Jakobs*, ZPO, § 579 Rn. 12; MK-*Braun*, ZPO, § 579 Rn. 6; Zöller-*Greger*, ZPO, § 579 Rn. 6; Thomas/Putzo-*Reichold*, ZPO, § 579 Rn. 3; Baumbach/Lauterbach/Albers/Hartmann, ZPO, § 579 Rn. 22.
4 Vgl. BGH, NJW 2008, 448 = MDR 2008, 68; MK-*Braun*, ZPO, § 579 Rn. 6.
5 Vgl. Thomas/Putzo-*Reichold*, ZPO, § 579 Rn. 4.
6 Zur restriktiven Anwendung des Nichtigkeitsgrundes: BGH, NJW 1995, 332 (335); vgl. auch BVerfG, NJW 1997, 1497, zur Bedeutung des Art. 101 Abs. 1 Satz 2 GG für die Bestimmung der Sitz- oder Spruchgruppen von Berufsrichtern in übersetzten gerichtlichen Spruchkörpern; vgl. auch Saenger-*Kemper*, ZPO, § 579 Rn. 2.
7 BGHZ 2, 278.
8 Vgl. MK-*Braun*, ZPO, § 579 Rn. 7 mit Hinweis auf das Gesetz vom 16.07.2002, BGBl. I, S. 1810, wonach das Mahnverfahren dem Urkundsbeamten der Geschäftsstelle übertragen werden kann; Zöller-*Greger*, ZPO, § 579 Rn. 3; Saenger-*Kemper*, ZPO, § 579 Rn. 3.
9 Vgl. Saenger-*Kemper*, ZPO, § 579 Rn. 3, 7.
10 BGH, NJW-RR 2016, 1406 (1407), Rn. 12; BGH, BeckRS 2012, 18029; BGH, NJW 1981, 1273 (1274); Musielak/Voit-*Musielak*, ZPO, § 579 Rn. 4; MK-*Gehrlein*, ZPO, § 47 Rn. 5; MK-*Braun*, ZPO, § 579 Rn. 9; Stein/Jonas-*Bork*, ZPO, § 47 Rn. 9.

werden. Liegt insoweit keine ordnungsgemäße Vertretung vor, ist ein Nichtigkeitsgrund nach Nr. 4 gegeben. In der Praxis kann dies bei erklärtem **Rechtsmittelverzicht** oder **Rechtsmittelrücknahme** einer für prozessfähig gehaltenen, aber tatsächlich prozessunfähigen Partei in Betracht kommen; nicht aber, wenn die Prozessfähigkeit erst im Laufe des Verfahrens wegfällt.[11] Ebenso nicht, wenn die – prozessfähige – Partei aufgrund einer öffentlichen Zustellung von dem Verfahren keine Kenntnis hatte.[12] Im **Insolvenzverfahren** kann im Rahmen der Nichtigkeitsklage (mit Nichtigkeitsgrund gem. Nr. 4) ein Schuldner einwenden, die titulierte Forderung des Gläubigers, die zugleich den Insolvenzgrund darstellt, bestehe nicht, weil er, der Schuldner, auch im Vorprozess nicht prozessfähig gewesen sei.[13] Nicht Parteifähige sind regelmäßig nicht ordnungsgemäß vertreten. Eine stillschweigende Genehmigung im Rahmen der späteren Prozessführung lässt den Nichtigkeitsgrund nach Nr. 4 entfallen.[14]

§ 580
Restitutionsklage

Die Restitutionsklage findet statt:

1. wenn der Gegner durch Beeidigung einer Aussage, auf die das Urteil gegründet ist, sich einer vorsätzlichen oder fahrlässigen Verletzung der Eidespflicht schuldig gemacht hat;
2. wenn eine Urkunde, auf die das Urteil gegründet ist, fälschlich angefertigt oder verfälscht war;
3. wenn bei einem Zeugnis oder Gutachten, auf welches das Urteil gegründet ist, der Zeuge oder Sachverständige sich einer strafbaren Verletzung der Wahrheitspflicht schuldig gemacht hat;
4. wenn das Urteil von dem Vertreter der Partei oder von dem Gegner oder dessen Vertreter durch eine in Beziehung auf den Rechtsstreit verübte Straftat erwirkt ist;
5. wenn ein Richter bei dem Urteil mitgewirkt hat, der sich in Beziehung auf den Rechtsstreit einer strafbaren Verletzung seiner Amtspflichten gegen die Partei schuldig gemacht hat;
6. wenn das Urteil eines ordentlichen Gerichts, eines früheren Sondergerichts oder eines Verwaltungsgerichts, auf welches das Urteil gegründet ist, durch ein anderes rechtskräftiges Urteil aufgehoben ist;
7. wenn die Partei
   a) ein in derselben Sache erlassenes, früher rechtskräftig gewordenes Urteil oder
   b) eine andere Urkunde auffindet oder zu benutzen in den Stand gesetzt wird, die eine ihr günstigere Entscheidung herbeigeführt haben würde;
8. wenn der Europäische Gerichtshof für Menschenrechte eine Verletzung der Europäischen Konvention zum Schutz der Menschenrechte und Grundfreiheiten oder ihrer Protokolle festgestellt hat und das Urteil auf dieser Verletzung beruht.

Inhalt:

	Rn.		Rn.
A. Allgemeines	1	4. Urteilserschleichung durch Straftat, Nr. 4	7
B. Erläuterungen	2	5. Amtspflichtverletzung durch Richter, Nr. 5	8
I. Zulässigkeit	2		
II. Begründetheit	3	6. Urteilsaufhebung, Nr. 6	9
1. Strafbarer falscher Eid, Nr. 1	4	7. Auffinden eines früheren Urteils in derselben Sache/anderen Urkunde, Nr. 7	10
2. Urkundenfälschung, Nr. 2	5		
3. Wahrheitswidrige Angaben durch Zeugen oder Sachverständige, Nr. 3	6	8. Verstoß gegen Europäische Menschenrechtskonvention, Nr. 8	13

A. Allgemeines

1 § 580 ZPO regelt die Wiederaufnahmegründe der Restitutionsklage, die – wie das gesamte Wiederaufnahmeverfahren – die Beseitigung eines rechtskräftigen Urteils (siehe auch § 578

---

11 Vgl. umfangreich Musielak/Voit-*Musielak*, ZPO, § 579 Rn. 5 ff. m.w.N.
12 Vgl. BGH, NJW 2003, 1326.
13 Vgl. BGH, NZI 2006, 642.
14 Vgl. Saenger-*Kemper*, ZPO, § 579 Rn. 5.

Rn. 1) bezweckt und eine neue Entscheidung in derselben Sache herbeiführen soll. Die Wiederaufnahmegründe des § 580 ZPO finden ihre Berechtigung in der Notwendigkeit, das Vertrauen in die Rechtspflege zu sichern und die Autorität der Gerichte zu wahren. Durch Art. 10 Nr. 6 des Zweiten Gesetzes zur Modernisierung der Justiz wurde die Norm durch Hinzufügung einer Nr. 8 letztmalig geändert, sodass rechtskräftige nationale Entscheidungen nach entsprechenden EGMR-Entscheidungen, die einen Verstoß gegen die Menschenrechtskonvention feststellen, wiederaufgenommen werden können.[1]

B. Erläuterungen
I. Zulässigkeit

Zu den **Zulässigkeitsvoraussetzungen** siehe Vorbem. zu §§ 579–591 Rn. 4. Zusätzlich muss das Gericht im Rahmen der Restitutionsklage **von Amts wegen** ebenso prüfen, ob es dem Wiederaufnahmekläger unmöglich war, den Wiederaufnahmegrund im ursprünglichen Prozess bereits geltend zu machen (§ 582 ZPO). Darüber hinaus müssen im Falle der § 580 Nr. 1–5 ZPO die Voraussetzungen des § 581 Abs. 1 ZPO (in der Regel rechtskräftige Verurteilung wegen einer Straftat) beachtet werden.

2

II. Begründetheit

Die Begründetheit setzt die **Feststellung des behaupteten Wiederaufnahmegrundes** nach Nr. 1–8 voraus (siehe Vorbem. zu §§ 579–591 Rn. 5). Die Prüfung hat – unabhängig vom Vortrag der Parteien – von Amts wegen zu erfolgen und lässt ein Anerkenntnis oder ein Geständnis im Vorprozess unberücksichtigt, da das öffentliche Interesse an der Rechtskraft überwiegt. Dies kann ausnahmsweise jedoch nicht für ein unwahres Geständnis gelten.[2] Das angegriffene Urteil muss zudem zwingend auf dem festgestellten Restitutionsgrund beruhen;[3] dieses Erfordernis gilt für alle in § 580 ZPO genannten Restitutionsgründe. Die eigentlich abschließende Aufzählung wird durch § 185 Abs. 1 FamFG („Der Restitutionsantrag gegen einen rechtskräftigen Beschluss, in dem über die Abstammung entschieden ist, ist auch statthaft, wenn ein Beteiligter ein neues Gutachten über die Abstammung vorlegt, das allein oder in Verbindung mit den im früheren Verfahren erhobenen Beweisen eine andere Entscheidung herbeigeführt haben würde") erweitert.[4]

3

1. Strafbarer falscher Eid, Nr. 1

Nach Nr. 1 liegt ein Restitutionsgrund vor, wenn sich der Gegner im Rahmen der Parteivernehmung durch Beeidigung einer Aussage, auf die das Urteil gegründet ist, einer vorsätzlichen oder fahrlässigen Verletzung der Eidespflicht (auch nur teilweise Unrichtigkeit genügt) schuldig gemacht hat. Erforderlich ist eine Strafbarkeit wegen Meineids oder fahrlässigen Falscheids (§ 154 StGB, § 163 StGB). Eidesgleiche Bekräftigung steht dem gleich.[5] Entscheidend ist, dass die mit dem Wiederaufnahmeverfahren angegriffene Entscheidung, und sei es nur in einem Nebenaspekt, auf dem falschen Eid **beruht**. Dieser kann auch in einer Vorentscheidung (§ 583 ZPO) geleistet worden sein, wenn diese wiederum ursächlich für das anzugreifende Urteil war.[6] Es ist eine rechtskräftige strafrechtliche Verurteilung erforderlich, § 581 Abs. 1 ZPO.

4

2. Urkundenfälschung, Nr. 2

Nach Nr. 2 liegt ein Restitutionsgrund vor, wenn eine Urkunde, auf die das Urteil gegründet ist, fälschlich ausgefertigt oder verfälscht ist. Insoweit müssen die Voraussetzungen der strafrechtlichen Urkundenfälschung §§ 267 ff. StGB vorliegen; die Tat muss rechtskräftig verurteilt sein, § 581 Abs. 1 ZPO. Wer die Urkunde fälschlich ausgefertigt oder verfälscht hat ist unerheblich, ebenso, wer sie in den Prozess eingeführt hat. Wurde indes eine solche Urkunde durch den Restitutionskläger vorgelegt und lag Kenntnis bis zum Ende der mündlichen Verhandlung vor, so fehlt ihm das Rechtsschutzbedürfnis für ein Wiederaufnahmeverfahren bzw. ist ihm prozesswidersprüchliches Verhalten entgegenzuhalten, das zur Unstatthaftigkeit des Wiederaufnahmeverfahrens führt.

5

---

1 Sog. 2. Justizmodernisierungsgesetz vom 22.12.2006, BGBl. I, S. 3421.
2 Vgl. OLG Düsseldorf, BeckRS 2003, 30321554; siehe auch § 290 Rn. 14.
3 BGHZ 103, 121 (125 ff.) = NJW 1988, 1914 (1915); Zöller-*Greger*, ZPO, § 580 Rn. 5.
4 Vgl. hierzu auch BGHZ 156, 153 = NJW 2003, 3708 (3709 f.).
5 Thomas/Putzo-*Reichold*, ZPO, § 580 Rn. 5; nicht jedoch die falsche Versicherung an Eides statt, vgl. Saenger-*Kemper*, ZPO, § 580 Rn. 3.
6 BGHZ 103, 121 = NJW 1988, 1914 (1915 f.).

3. Wahrheitswidrige Angaben durch Zeugen oder Sachverständige, Nr. 3

6 Nach Nr. 3 liegt ein Restitutionsgrund vor, wenn entweder ein Zeuge oder ein Sachverständiger, auch ein Dolmetscher (wegen §§ 189, 191 GVG),[7] sich einer strafbaren Verletzung der Wahrheitspflicht schuldig gemacht haben. Darunter fallen insbesondere die §§ 153–156 StGB und § 163 StGB. Es ist eine rechtskräftige strafrechtliche Verurteilung erforderlich, § 581 Abs. 1 ZPO.

4. Urteilserschleichung durch Straftat, Nr. 4

7 Nach Nr. 4 liegt ein Restitutionsgrund vor, wenn das angegriffene Urteil von einem Vertreter der Partei oder von dem Gegner oder dessen Vertreter durch eine in Beziehung auf den Rechtsstreit verübte Straftat erwirkt wurde. Hierunter fallen insbesondere Straftaten nach § 156 StGB (Falsche Versicherung an Eides Statt), § 160 StGB (Verleitung zur Falschaussage), § 240 StGB (Nötigung), § 253 StGB (Erpressung), § 263 StGB (Prozessbetrug durch eine der Parteien), § 266 StGB (Untreue), § 356 StGB (Parteiverrat). Täter oder Teilnehmer muss der gesetzliche oder rechtsgeschäftliche Vertreter, der Gegner oder dessen Vertreter sein. Es ist eine rechtskräftige strafrechtliche Verurteilung erforderlich, § 581 Abs. 1 ZPO. Eine Straftat im Versuchsstadium genügt nicht.[8]

5. Amtspflichtverletzung durch Richter, Nr. 5

8 Nach Nr. 5 liegt ein Restitutionsgrund vor, wenn ein Richter – oder ein Urkundsbeamter (bezogen auf den Erlass eines Vollstreckungsbescheids) – bei dem Urteil mitgewirkt hat, der sich in Beziehung auf den Rechtsstreit einer strafbaren Verletzung seiner Amtspflichten gegen die Partei schuldig gemacht hat. In Betracht kommt v. a. eine Strafbarkeit des Richters wegen Vorteilsannahme (§ 331 Abs. 2 StGB), Bestechlichkeit (§ 332 Abs. 2 StGB), Rechtsbeugung (§ 339 StGB), Bestechung (§ 344 StGB), Unterlassen einer Diensthandlung (§ 336 StGB) oder Falschbekundung im Amt (§ 348 StGB). Es ist eine rechtskräftige strafrechtliche Verurteilung erforderlich, § 581 Abs. 1 ZPO. Ist dieser Restitutionsgrund anzunehmen, ist das gesamte Urteil aufzuheben, selbst wenn der Nachweis der Kausalität zwischen der strafbaren Handlung und den einzelnen teilurteilsfähigen Bestandteilen des Urteils nicht für alle Bestandteile geführt werden konnte.[9]

6. Urteilsaufhebung, Nr. 6

9 Nach Nr. 6 liegt ein Restitutionsgrund vor, wenn das Urteil (gleichgestellt einem aufgehobenen Urteil: Zurückverweisungsbeschluss nach § 522 Abs. 2 ZPO oder Schiedsspruch, § 1055 ZPO; nicht aber Einstellungsverfügung der Staatsanwaltschaft nach § 170 Abs. 2 StPO, selbst wenn nach Wiederaufnahme der Ermittlungen in dieser Sache später eine rechtskräftige Verurteilung erfolgt)[10] des ordentlichen Gerichts, eines früheren Sondergerichts oder eines Verwaltungsgerichts, auf welches das Urteil gegründet ist, durch ein anderes rechtskräftiges Urteil aufgehoben wurde. Entscheidend ist ein Ursachenzusammenhang zwischen den Entscheidungen, der in der herangezogenen Entscheidung eine erhebliche Stütze findet.[11] Eine analoge Anwendung von § 580 Nr. 6 ZPO wird dementsprechend befürwortet mit Blick auf solche Entscheidungen, die ihrer Bedeutung nach einem Urteil gleichkommen.[12] Ebenso die Aufhebung eines Verwaltungsakts, auf den das mit der Restitutionsklage angegriffene Urteil gegründet

---

7 Thomas/Putzo-*Reichold*, ZPO, § 580 Rn. 7.
8 MK-*Braun*, ZPO, § 580 Rn. 20.
9 KG Berlin, NJW 1976, 1356 (1357), für einen Schiedsspruch.
10 Vgl. BAG, BeckRS 2013, 66903: Ein Urteil, das die Kündigungsschutzklage eines Arbeitnehmers mit der Begründung abweist, die der Kündigung zugrunde liegende Strafanzeige entbehre einer Berechtigung, und das sich insoweit maßgeblich auf eine Einstellungsverfügung der Staatsanwaltschaft nach § 170 Abs. 2 StPO stützt, unterliegt nicht deshalb der Wiederaufnahme nach § 580 Nr. 6 ZPO, weil die staatsanwaltschaftlichen Ermittlungen nach rechtskräftigem Abschluss des Kündigungsrechtsstreits wieder aufgenommen wurden und zu einer rechtskräftigen strafgerichtlichen Verurteilung geführt haben; BGH, MDR 2008, 460 (Schiedsspruch); BGH, MDR 2007, 600 (Zurückverweisungsbeschluss).
11 Vgl. BGH, NJW 2006, 2856, wonach die Folgen einer Entscheidung des Bundesverfassungsgerichts, durch die eine Rechtsnorm oder deren Auslegung in einem bestimmten Sinne für verfassungswidrig oder die fachgerichtliche Auslegung und Anwendung unbestimmter Gesetzesbegriffe für unvereinbar mit dem Grundgesetz erklärt werden, auf bereits rechtskräftig abgeschlossene andere Verfahren, denen die später als verfassungswidrig erkannte Norm oder Auslegung zu Grunde liegt, von § 79 BVerfGG besonders und abschließend geregelt werden; vgl. hierzu auch BVerfG, DStR 2006, 108 = ZIP 2006, 60.
12 Vgl. BAG, BeckRS 2013, 66903; Baumbach/Lauterbach/Albers/Hartmann, ZPO, § 580 Rn. 9; Zöller-*Greger*, ZPO, § 580 Rn. 13.

ist.[13] Im gewerblichen Rechtsschutz bei Klagen, an deren Bestand das Gericht im Verletzungsrechtsstreit gebunden ist, wenn der Bestand des Schutzrechts vor Ablauf der regulären Laufzeit und vor dem für die Beurteilung im Ausgangsverfahren maßgeblichen Zeitpunkt in Wegfall gekommen ist (hier dann: entsprechende Anwendung des § 580 Nr. 6 ZPO).[14]

7. Auffinden eines früheren Urteils in derselben Sache/anderen Urkunde, Nr. 7

Nach **Nr. 7 Buchst. a** liegt ein Restitutionsgrund vor, wenn die Partei ein in derselben Sache erlassenes, früher rechtskräftig gewordenes Urteil auffindet. Dies muss bis zum Schluss der mündlichen Verhandlung für den Wiederaufnahmekläger nicht verfügbar (bzw. in den Prozess einbringbar) gewesen sein oder der Wiederaufnahmekläger muss außer Stande gewesen sein, es zu benutzen. Durch das aufgefundene Urteil müsste eine für den Wiederaufnahmekläger günstigere Entscheidung herbeigeführt werden können. 10

Nr. 7 Buchst. b umfasst den Regelungszweck der Nr. 7 Buchst. a auch für andere Urkunden. Dies dürfte in der Praxis der Hauptanwendungsfall sein. Nr. 7 Buchst. b ist nicht auf den Bereich der formellen Beweiskraft (§§ 415 ff. ZPO) beschränkt, sondern meint auch Urkunden, die für die zu beweisende Tatsache lediglich einen frei zu würdigenden Beweiswert haben. Erforderlich für eine Urkunde i. S. d. Nr. 7 Buchst. b ZPO ist ein eigener Beweiswert aufgrund des in ihr verkörperten Gedankeninhalts. Die Urkunde muss geeignet sein, das angefochtene Urteil in seinen tatsächlichen Grundlagen für jedermann erkennbar und in einer für das allgemeine Rechtsgefühl unerträglichen Weise zu erschüttern.[15] Zum Begriff der Urkunde allgemein vgl. § 415 Rn. 2. Strafurteile, die nach rechtskräftiger Beendigung eines Kündigungsrechtsstreits ergangen sind, zählen nicht zu den Urkunden, die nach § 580 Nr. 7 Buchst. b ZPO eine Restitutionsklage begründen könnten.[16] Eine analoge Anwendung auf **andere Beweismittel** (z.B. Augenscheinsobjekte, wie Fotos oder Fotokopien; neues Sachverständigengutachten, selbst dann nicht, wenn dem Gutachten neue technische Methoden oder Erkenntnisse zugrunde liegen)[17] ist nicht möglich. Die Restitutionsklage kann in der Regel nicht auf das nachträgliche Auffinden einer Privaturkunde gestützt werden, die in der Zeit zwischen der letzten mündlichen Verhandlung vor dem Berufungsgericht und der Verkündung des Urteils errichtet worden ist.[18] 11

Die aufgefundene Urkunde muss zu einer für den Wiederaufnahmekläger **günstigeren Entscheidung** im Vorprozess geführt haben. Hierbei dürfen nur das tatsächliche Vorbringen im Vorprozess und der mit der Urkunde in Zusammenhang stehende Prozessstoff und als Beweismittel außer der Urkunde nur die im Vorprozess erhobenen und angetretenen Beweise berücksichtigt werden.[19] Ein Austausch von Beweismitteln ist nicht möglich, insoweit ist die Restitutionsklage dann unzulässig, wenn sie nur dem Zweck dient, ein anderes – nicht von einem Restitutionsgrund betroffenes – Beweismittel zu ersetzen.[20] Es ist auf den Zeitpunkt abzustellen, in dem die Partei die Urkunde spätestens noch hätte benutzen können (Schluss der mündlichen Verhandlung; soweit die Berufung möglich ist: Ablauf der Berufungsfrist; Versäumnisurteil: Ablauf der Einspruchsfrist).[21] 12

8. Verstoß gegen Europäische Menschenrechtskonvention, Nr. 8

Nach Nr. 8 liegt ein Restitutionsgrund dann vor, wenn der EGMR eine Verletzung der Europäischen Konvention zum Schutze der Menschenrechte und Grundfreiheiten oder ihrer Protokolle **festgestellt** hat und das Urteil auf dieser Verletzung beruht. Wegen § 35 EGZPO betrifft die Norm nur Urteile, die nach dem 01.01.2007 rechtskräftig wurden. 13

---

13 Vgl. BAG, BeckRS 2013, 66903; Zöller-*Greger*, ZPO, § 580 Rn. 13.
14 Vgl. BGHZ 187, 1 = GRUR 2010, 996 (997), das hierzu noch ausführt: Ist das Schutzrecht mit Wirkung *ex nunc* weggefallen, so ist eine erfolgte Verurteilung auf die Restitutionsklage hin nur für den Zeitraum nach dem Erlöschen des Schutzrechts aufzuheben. Ist der Beklagte auch zur Unterlassung verurteilt worden, ist auf entsprechenden Antrag des Klägers insoweit die Erledigung des Rechtsstreits in der Hauptsache festzustellen.
15 Vgl. BGH, NJW-RR 1991, 380; BGHZ 57, 211 (215), im Hinblick auf einen Strafbefehl, der – vor Abschluss des Vorprozesses ergangen – hinsichtlich der ihm zugrundeliegenden Vorgänge eine zum Beweis geeignete Urkunde im Sinne der genannten Vorschrift sein kann.
16 So BAG, BeckRS 2013, 66903; BGH, NJW-RR 1991, 380 (381).
17 Vgl. BGHZ 65, 300; KG Berlin, NJW-RR 1997, 123; OLG Koblenz, NJW-RR 1995, 1278.
18 So BGHZ 30, 60 = NJW 1959, 1369 (1370).
19 BGHZ 31, 351 (356) = NJW 1960, 818; BGHZ 6, 354 (356) = NJW 1952, 1095.
20 Vgl. Thomas/Putzo-*Reichold*, ZPO, § 580 Rn. 19.
21 Vgl. Thomas/Putzo-*Reichold*, ZPO, § 580 Rn. 20.

§ 581
Besondere Voraussetzungen der Restitutionsklage

(1) In den Fällen des vorhergehenden Paragraphen Nummern 1 bis 5 findet die Restitutionsklage nur statt, wenn wegen der Straftat eine rechtskräftige Verurteilung ergangen ist oder wenn die Einleitung oder Durchführung eines Strafverfahrens aus anderen Gründen als wegen Mangels an Beweis nicht erfolgen kann.

(2) Der Beweis der Tatsachen, welche die Restitutionsklage begründen, kann durch den Antrag auf Parteivernehmung nicht geführt werden.

1 § 581 Abs. 1 ZPO knüpft an die Restitutionsgründe des § 580 ZPO an und regelt eine **weitere Voraussetzung für die Zulässigkeit** des Wiederaufnahmeverfahrens. Danach muss hinsichtlich der Nr. 1–5 des § 580 ZPO eine **rechtskräftige strafrechtliche Verurteilung** (Strafurteil oder Strafbefehl) vorliegen. Liegt diese besondere Voraussetzung der Restitutionsklage nicht vor, so ist ein Wiederaufnahmeverfahren aus diesen Gründen von vornherein ausgeschlossen (zur Ausnahme: Rn. 2), und dem Zivilgericht ist eine eigene Beurteilung der Richtigkeit der vorgetragenen Behauptungen in der Sache versperrt.[1] Die Ermittlung und die Prüfung der behaupteten Straftat durch die Strafverfolgungsbehörden stellt ein notwendiges Vorverfahren dar.[2] Das Zivilgericht hat die Voraussetzungen im Wiederaufnahmeverfahren von Amts wegen (Beweislast insoweit beim Wiederaufnahmekläger) zu prüfen. Eine Bindung des Zivilgerichts an die strafrechtliche Entscheidung besteht nicht.

2 Eine **Ausnahme** gilt nach **Abs. 1 Alt. 2** nur dann, wenn die Einleitung oder Durchführung eines Strafverfahrens aus anderen Gründen als wegen Mangels an Beweisen nicht erfolgen kann. Diese Ausnahme von der seitens des Gesetzgebers gewollten Vorabklärung durch die Strafverfolgungsbehörden und Strafgerichte kann z.B. dann angenommen werden, wenn eine Strafverfolgung wegen hinzugetretener, vom Wiederaufnahmekläger nicht beeinflussbarer Umstände unmöglich geworden ist.[3] Die Ausnahme des Abs. 1 Alt. 2 ist zu **bejahen** bei Tod des Beschuldigten, Schuldunfähigkeit oder Verjährung. **Verneint** bei Einstellung wegen Geringfügigkeit (§ 153 StPO; § 153a StPO, solange die Auflagen noch nicht erfüllt sind), Freispruch, Einstellung der Ermittlungen nach § 170 Abs. 2 StPO oder Ablehnung der Durchführung eines Strafverfahrens nach § 204 Abs. 1 StPO durch das Strafgericht. Weiter wurde die Ausnahme des Abs. 1 Alt. 2 verneint bei rechtzeitiger Anzeige und Möglichkeit von Ermittlungen sowie der Durchführung eines Strafverfahrens, wenn der Wiederaufnahmekläger im Wiederaufnahmeverfahren lediglich angibt, in dem vorangegangenen Zivilprozess sei eine Straftat begangen worden. Ebenso verneint wurde die Ausnahme des Abs. 1 Alt. 2 bei strafrechtlicher Verjährung, wenn die Partei eine rechtzeitige Anzeige unterlassen hat, aber die Voraussetzungen für eine strafrechtliche Verurteilung vorgelegen und erfüllt hätten werden können.[4]

3 Nach **Abs. 2** kann der Beweis der Tatsachen, welche die Restitutionsklage begründen, also die Feststellung eines Restitutionsgrundes im Rahmen der Begründetheitsprüfung sowie die weiter erforderlichen Voraussetzungen des § 582 ZPO, **nicht durch Parteivernehmung** geführt werden.[5] Hiervon werden in ganz engen Grenzen Ausnahmen zugelassen. Abs. 2 steht der Vernehmung einer Partei von Amts wegen über die den Restitutionsgrund bildenden Tatsachen nicht entgegen. Dies ist beispielsweise zum Beweis des Zeitpunkts der Errichtung einer nach § 580 Nr. 7 Buchst. b ZPO aufgefundenen Urkunde möglich.[6]

---

1 Vgl. BGH, NJW 2006, 1573, Rn. 9 = MDR 2007, 234; BGHZ 85, 32 (37) = NJW 1983, 230.
2 Vgl. BGH, NJW 2006, 1573, Rn. 11 = MDR 2007, 234; BGHZ 50, 115 (122) = NJW 1968, 1275; BGHZ 85, 32 (37) = NJW 1983, 230.
3 Vgl. RGZ 139, 44.
4 Vgl. zu beiden Beispielen BGH, NJW 2006, 1573, Rn. 13; BGHZ 153, 189 (197) = NJW 2003, 1326; BGH, VersR 1962, 175 (177).
5 Vgl. Thomas/Putzo-*Reichold*, ZPO, § 581 Rn. 4.
6 Vgl. BGHZ 30, 60 = NJW 1959, 1359 (1370), mit dem Hinweis, dass das Gericht aber die nicht beweispflichtige Partei auch nicht von Amts wegen vernehmen darf, wenn nach dem Ergebnis der Verhandlung nichts für die Behauptung der beweispflichtigen Partei, sondern mehr für die Behauptung des Gegners, die Urkunde sei erst später errichtet worden, spricht.

§ 582
Hilfsnatur der Restitutionsklage

Die Restitutionsklage ist nur zulässig, wenn die Partei ohne ihr Verschulden außerstande war, den Restitutionsgrund in dem früheren Verfahren, insbesondere durch Einspruch oder Berufung oder mittels Anschließung an eine Berufung, geltend zu machen.

§ 582 ZPO regelt eine **weitere Zulässigkeitsvoraussetzung** der Restitutionsklage,[1] wonach diese nur dann zulässig ist, wenn der Wiederaufnahmekläger unverschuldet außerstande war, den Restitutionsgrund im ursprünglichen Prozess, insbesondere durch Einspruch oder (ggf. Anschluss-) Berufung geltend zu machen. Die Norm sieht insoweit ein **Verschuldensmoment** vor. In der Regel ist die Kenntnis der tatsächlichen Umstände, die zur Annahme des Restitutionsgrundes führen, erforderlich.[2] Das alleinige Vergessen der Errichtung einer Urkunde reicht für sich gesehen regelmäßig jedoch nicht aus, eine Nichtgeltendmachung zu entschuldigen.[3] Hinzutreten müssen außergewöhnliche Umstände, da grundsätzlich zu vermuten ist, dass die selbst errichtete Urkunde dem Errichtenden noch positiv bekannt ist (arg.: § 138 Abs. 4 ZPO). Einer verschuldeten Nichtgeltendmachung steht es gleich, wenn der Wiederaufnahmekläger nicht ausreichende und zumutbare Nachforschung betrieben hat. Als **weitere Voraussetzung** muss die Geltendmachung des Restitutionsgrundes **unterblieben** sein. Insoweit sind z. B. nach Auffinden einer Urkunde (§ 580 Nr. 7 Buchst. b ZPO) zivilprozessuale Anträge erforderlich, z. B. nach Schluss der mündlichen Verhandlung ein Antrag auf Wiedereröffnung der mündlichen Verhandlung, § 156 Abs. 2 Nr. 2 ZPO (unter Glaubhaftmachung eines Wiederaufnahmegrundes).[4] § 582 ZPO schließt auch dann eine Restitutionsklage aus, wenn der Restitutionsgrund **in dem früheren Verfahren erfolglos** geltend gemacht wurde.[5]

Die strenge Prüfung der Anforderungen des § 582 ZPO hat von Amts wegen zu erfolgen. Die Darlegungs- und Beweislast liegt beim Wiederaufnahmekläger.

§ 583
Vorentscheidungen

Mit den Klagen können Anfechtungsgründe, durch die eine dem angefochtenen Urteil vorausgegangene Entscheidung derselben oder einer unteren Instanz betroffen wird, geltend gemacht werden, sofern das angefochtene Urteil auf dieser Entscheidung beruht.

Die Vorschrift entspricht inhaltlich weitgehend dem § 512 ZPO für das Berufungsrecht bzw. § 557 Abs. 2 ZPO für das Revisionsrecht mit der Abweichung, dass die Anfechtungsgründe auch Entscheidungen der unteren Instanzen (also sog. Vorentscheidungen, unabhängig, ob sie anfechtbar sind oder nicht) betreffen können. Nicht hingegen Vorentscheidungen höherer Instanzen (z. B. in Form einer Zurückverweisungsentscheidung, §§ 538, 563 Abs. 3 ZPO), da die untere Instanz keine Entscheidung der höheren Instanz nachprüfen kann.[1] Die im Rahmen der Wiederaufnahmeklage angegriffene rechtskräftige Entscheidung muss zwingend auf einer solchen Vorentscheidung beruhen. Die Wiederaufnahmeklage richtet sich aber in ihrem Ziel und insoweit auch mit ihrem Antrag (vgl. hierzu Vorbem. zu §§ 578–591 Rn. 6) weiterhin nur gegen die endgültige, rechtskräftige Entscheidung, nicht gegen die (mitursächlichen) Vorentscheidungen, außer diese wurde von einer höheren Instanz getroffen.[2]

Als Vorentscheidungen kommen auch selbstständig anfechtbare Zwischen- oder Vorbehaltsurteile in Betracht.

---

1 Vgl. BGH, WM 1975, 736; a. A. OLG Köln, NJW-RR 1999, 363, wonach § 582 ZPO im Rahmen der Begründetheit relevant wird.
2 Vgl. Thomas/Putzo-*Reichold*, ZPO, § 582 Rn. 3.
3 So jedoch Thomas/Putzo-*Reichold*, ZPO, § 582 Rn. 5 mit Verweis auf AG Berlin Tempelhof-Kreuzberg, FamRZ 1997, 568.
4 Vgl. OLG Brandenburg, NJ 2007, 78; MK-*Braun*, ZPO, § 582 Rn. 7.
5 Vgl. MK-*Braun*, ZPO, § 582 Rn. 10.

Zu § 583:
1 Thomas/Putzo-*Reichold*, ZPO, § 583 Rn. 1.
2 MK-*Braun*, ZPO, § 583 Rn. 2; Baumbach/Lauterbach/Albers/Hartmann, ZPO, § 583 Rn. 1; Zöller-*Greger*, ZPO, § 583 Rn. 3.

§ 584
Ausschließliche Zuständigkeit für Nichtigkeits- und Restitutionsklagen

(1) Für die Klagen ist ausschließlich zuständig: das Gericht, das im ersten Rechtszug erkannt hat; wenn das angefochtene Urteil oder auch nur eines von mehreren angefochtenen Urteilen von dem Berufungsgericht erlassen wurde oder wenn ein in der Revisionsinstanz erlassenes Urteil auf Grund des § 580 Nr. 1 bis 3, 6, 7 angefochten wird, das Berufungsgericht; wenn ein in der Revisionsinstanz erlassenes Urteil auf Grund der §§ 579, 580 Nr. 4, 5 angefochten wird, das Revisionsgericht.

(2) Sind die Klagen gegen einen Vollstreckungsbescheid gerichtet, so gehören sie ausschließlich vor das Gericht, das für eine Entscheidung im Streitverfahren zuständig gewesen wäre.

1 § 584 ZPO regelt die gerichtliche **örtliche wie auch sachliche** – ausschließliche – Zuständigkeit für das Wiederaufnahmeverfahren; zur ausschließlichen Zuständigkeit, vgl. auch Vorbem. zu §§ 1–37 Rn. 12. Danach ist das Gericht des früheren Prozesses grundsätzlich zuständig, wenn ein erstinstanzliches Urteil angegriffen wird.

2 Im Einzelnen:

Zuständigkeit Früheres Verfahren	Zuständigkeit für Wiederaufnahmeverfahren	Bemerkung
Amtsgericht, Zivilsachen	Amtsgericht, Zivilsachen	
Amtsgericht als zentrales Mahngericht, Zivilsachen	Amtsgericht, das für das streitige Verfahren zuständig ist	Für den Fall, dass Vollstreckungsbescheid angegriffen wird, der einem Versäumnisurteil gleichsteht, vgl. Abs. 2
Amtsgericht als Familiengericht, 1. Instanz	Amtsgericht als Familiengericht, 1. Instanz	
Landgericht, 1. Instanz Zivilsachen	Landgericht, 1. Instanz Zivilsachen	
Landgericht, 2. Instanz Zivilsachen – stattgebendes Urteil.	Landgericht, 2. Instanz Zivilsachen	Die Zuständigkeit der 2. Instanz gilt auch, wenn **mehrere** Urteile angegriffen werden, u.a. ein Urteil des Landgerichts, 1. Instanz Zivilsachen.
Landgericht, 2. Instanz Zivilsachen – Entscheidung: unzulässige Berufung	Amtsgericht, Zivilsachen	**Ausnahme:** In der Verwerfungsentscheidung selbst ist der Wiederaufnahmegrund zu sehen.
Oberlandesgericht, 2. Instanz Zivilsachen – stattgebendes Urteil.	Oberlandesgericht, 2. Instanz Zivilsachen	
Oberlandesgericht, 2. Instanz Zivilsachen – Entscheidung: unzulässige Berufung	Landgericht, 1. Instanz Zivilsachen	
Oberlandesgericht, 2. Instanz/Beschwerden Familiensachen	Oberlandesgericht, 2. Instanz Familiensachen	
Bundesgerichtshof als Revisions-/Rechtsbeschwerdeinstanz	Je nach dem, welches Gericht die frühere Entscheidung getroffen hat: Landgericht, 2. Instanz Zivilsachen Oberlandesgericht, 2. Instanz Zivilsachen Oberlandesgericht, 2. Instanz/Beschwerdeinstanz Familiensachen	Bei Vorliegen der Restitutionsgründe nach § 580 Nr. 1–3, 6, 7 ZPO, da insoweit tatsächliche Feststellungen erforderlich sind. Bei § 580 Nr. 4 ZPO nur, wenn tatsächliche Feststellungen angegriffen sind.

Zuständigkeit Früheres Verfahren	Zuständigkeit für Wiederaufnahmeverfahren	Bemerkung
Bundesgerichtshof als Revisions-/Rechtsbeschwerdeinstanz	Bundesgerichtshof	Für Nichtigkeitsklage und Klage nach § 580 Nr. 4 ZPO, unabhängig, ob auch Entscheidungen der Vorinstanzen betroffen sind.

§ 585
Allgemeine Verfahrensgrundsätze

Für die Erhebung der Klagen und das weitere Verfahren gelten die allgemeinen Vorschriften entsprechend, sofern nicht aus den Vorschriften dieses Gesetzes sich eine Abweichung ergibt.

Inhalt:
Rn.   Rn.
A. Allgemeines 1   B. Entsprechend anzuwendende
                                             Normen 2

A. Allgemeines

§ 585 ZPO gilt für die Nichtigkeitsklage (§ 579 ZPO) und die Restitutionsklage (§ 580 ZPO) gleichermaßen und ordnet sowohl für die **Erhebung der Wiederaufnahmeklagen** als auch für das weitere **Verfahren** an, dass die „allgemeinen Vorschriften entsprechend" gelten, soweit sich nicht aus den Vorschriften „dieses Gesetzes" eine Abweichung ergibt. „Dieses Gesetz" ist das 4. Buch der ZPO, das die **besonderen Vorschriften zur Wiederaufnahme** enthält. Die Sonderregeln des 4. Buchs der ZPO haben also Vorrang. Die übrigen Vorschriften insbesondere des 1. und 2. Buchs der ZPO werden „entsprechend" angewendet.[1] Grund für diese analoge Geltung der übrigen Vorschriften der ZPO und ggf. anderer Verfahrensordnungen, die auf die ZPO verweisen (z.B. §§ 48 Abs. 2, 118 FamFG, § 159 Abs. 1 VwGO, § 179 Abs. 1 SGG, § 4 InsO, § 79 ArbGG, § 134 FGO, § 209 BEG), ist, dass die Wiederaufnahmeklagen außerordentliche Rechtsbehelfe gegen rechtskräftige Endurteile und damit gerade keine gewöhnlichen Klagen darstellen.[2] Es ergeben sich dadurch aber weitgehend keine Abweichungen zur unmittelbaren Anwendung dieser Vorschriften.[3] 1

B. Entsprechend anzuwendende Normen

Gemäß § 585 ZPO entsprechend angewendet werden insbesondere: 2
- § 253 ZPO hinsichtlich der **Klageerhebung**, wobei sich der Inhalt der **Klageschrift** aus §§ 587, 588 ZPO ergibt. Dies gilt auch dann, wenn die Wiederaufnahmeklage in einer Rechtsmittelinstanz erhoben wird, weil sie sich gegen ein Berufungs- oder Revisionsurteil richtet.[4] Diese Vorschriften gelten entsprechend auch für Wiederaufnahmeverfahren gegen urteilsvertretende Beschlüsse, die allerdings nicht durch Klage, sondern durch Antrag eingeleitet werden.[5]
- § 269 ZPO hinsichtlich der **Klagerücknahme**. Eine Verhandlung „zur Hauptsache" i.S.d. Vorschrift ist schon diejenige zum Wiederaufnahmegrund und nicht erst die Verhandlung im ersetzenden Verfahren.[6]
- §§ 50ff. ZPO hinsichtlich der **Partei- und Prozessfähigkeit**, §§ 59ff. ZPO zur **Streitgenossenschaft**. Notwendige Streitgenossen sind dabei im Wiederaufnahmeverfahren in gleicher Weise zu beteiligen wie bei gewöhnlichen Klagen.[7] Die Wiederaufnahmeklage eines Streitgenossen ist nur dann hinsichtlich des Wiederaufnahmegrundes begründet, wenn dieser in der Person des klagenden Streitgenossen gegeben ist.[8]

---
1 Vgl. Baumbach/Lauterbach/Albers/Hartmann, ZPO, § 585 Rn. 1.
2 Vgl. BGH, WM 2007, 229; BGH, ZIP 2006, 1316; Prütting/Gehrlein-*Meller-Hannich,* ZPO, § 585 Rn. 13; Zöller-*Greger,* ZPO, § 585 Rn. 3.
3 Vgl. Baumbach/Lauterbach/Albers/Hartmann, ZPO, § 585 Rn. 4; Zöller-*Greger,* ZPO, § 585 Rn. 3.
4 Vgl. Baumbach/Lauterbach/Albers/Hartmann, ZPO, § 585 Rn. 3.
5 Vgl. Zöller-*Greger,* ZPO, § 585 Rn. 15.
6 Vgl. Zöller-*Greger,* ZPO, § 585 Rn. 10.
7 Vgl. RGZ 96, 52; Zöller-*Greger,* ZPO, § 585 Rn. 5.
8 Vgl. Zöller-*Greger,* ZPO, § 585 Rn. 5.

– §§ 78 ff. ZPO hinsichtlich des **Anwaltszwangs** und der Prozessvollmacht.[9] Ob Anwaltszwang herrscht und welcher Rechtsanwalt ggf. postulationsfähig ist, richtet sich danach, vor welchem Gericht eine Wiederaufnahmeklage erhoben wird. Die Prozessvollmacht gilt gem. § 81 ZPO auch im Wiederaufnahmeverfahren, selbst wenn sie im Vorprozess erteilt wurde. Zustellungen sind daher an den ursprünglichen Prozessbevollmächtigten der entsprechenden Instanz zu richten, § 172 ZPO, es sei denn es wird für das Wiederaufnahmeverfahren ein anderer Prozessbevollmächtigter bestellt, so dass sich die ursprüngliche Vollmacht erledigt, § 87 Abs. 1 ZPO.[10]

– §§ 114 ff. ZPO hinsichtlich der **Prozesskostenhilfe**. Diese wird für das Wiederaufnahmeverfahren selbstständig unabhängig davon bewilligt, ob sie im Vorprozess bewilligt worden war oder hätte bewilligt werden können. Es kommt insoweit auf die persönlichen und wirtschaftlichen Verhältnisse der Partei im Wiederaufnahmeverfahren an.[11] Die **Erfolgsaussicht** der beabsichtigten Wiederaufnahmeklage beurteilt sich nicht nur danach, ob die Wiederaufnahmeklage zulässig und begründet ist und ein Wiederaufnahmegrund vorliegt, sondern bezieht auch die Erfolgsaussichten in der Hauptsache ein.[12] Ist das angefochtene Urteil in der Hauptsache sachlich richtig, ist Prozesskostenhilfe unabhängig von der Zulässigkeit und Begründetheit der Wiederaufnahmeklage hinsichtlich des aufhebenden Verfahrens nicht zu bewilligen. Dies ist damit zu begründen, dass das aufhebende und das ersetzende Verfahren gem. § 590 Abs. 2 ZPO eine Einheit bilden und deshalb im Prozesskostenhilfeverfahren eine Gesamtbetrachtung erforderlich ist.

3 Hinsichtlich des **Verhandlungsgrundsatzes** ist zu unterscheiden. Er gilt nicht für die Prüfung des Wiederaufnahmegrundes, die von Amts wegen erfolgt. Sie ist der Disposition der Parteien entzogen, weil nicht diese, sondern allein die Gerichte über die Rechtskraft des Urteils des Vorprozesses verfügen können.[13] **Anerkenntnis** und **Geständnis** unterliegen deshalb insoweit der **freien Beweiswürdigung** nach § 286 ZPO.[14] Soweit durch den Amtsermittlungsgrundsatz geprägte Verfahrensordnungen auf die ZPO verweisen, gilt dieser auch im Wiederaufnahmeverfahren.

4 Die **Aussetzung des Verfahrens** nach §§ 148, 149 ZPO darf nicht eingesetzt werden, um die noch nicht gegebene Zulässigkeit oder Begründetheit der Wiederaufnahmeklage erst herbeizuführen,[15] indem z.B. im Hinblick auf die Restitutionsgründe des § 580 Nr. 1–5 ZPO die Rechtskraft des Strafurteils (besondere Zulässigkeitsvoraussetzung der Restitutionsklage gemäß § 581 Abs. 1 ZPO) zunächst abgewartet wird.

5 Zum Verfahren und den Gebühren/Kosten: Vorbem. zu §§ 578–591 Rn. 8 ff.

§ 586
Klagefrist

(1) Die Klagen sind vor Ablauf der Notfrist eines Monats zu erheben.

(2) ¹**Die Frist beginnt mit dem Tag, an dem die Partei von dem Anfechtungsgrund Kenntnis erhalten hat, jedoch nicht vor eingetretener Rechtskraft des Urteils.** ²**Nach Ablauf von fünf Jahren, von dem Tag der Rechtskraft des Urteils an gerechnet, sind die Klagen unstatthaft.**

(3) Die Vorschriften des vorstehenden Absatzes sind auf die Nichtigkeitsklage wegen mangelnder Vertretung nicht anzuwenden; die Frist für die Erhebung der Klage läuft von dem Tag, an dem der Partei und bei mangelnder Prozessfähigkeit ihrem gesetzlichen Vertreter das Urteil zugestellt ist.

(4) Die Vorschrift des Absatzes 2 Satz 2 ist auf die Restitutionsklage nach § 580 Nummer 8 nicht anzuwenden.

---

9 Vgl. Baumbach/Lauterbach/Albers/Hartmann, ZPO, § 585 Rn. 4; Zöller-*Greger*, ZPO, § 585 Rn. 5.
10 Vgl. Zöller-*Greger*, ZPO, § 585 Rn. 2, 7; Baumbach/Lauterbach/Albers/Hartmann, ZPO, § 585 Rn. 4.
11 Vgl. Zöller-*Greger*, ZPO, § 585 Rn. 6.
12 Vgl. BGH, NJW 1993, 3140; so auch Prütting/Gehrlein-*Meller-Hannich*, ZPO, § 585 Rn. 11; Zöller-*Greger*, ZPO, § 585 Rn. 5.
13 Vgl. RGZ 135, 123 (131); BGHZ 30, 60 (62).
14 Vgl. RGZ 135, 123 (131); Baumbach/Lauterbach/Albers/Hartmann, ZPO, § 581 Rn. 7; Prütting/Gehrlein-*Meller-Hannich*, ZPO, § 585 Rn. 8.
15 Vgl. Zöller-*Greger*, ZPO, § 585 Rn. 8 sowie § 581 Rn. 5.

Die Vorschrift regelt (als Zulässigkeitsvoraussetzung) die als **von Amts wegen** zu prüfende 1
Klagefrist sowohl für die Nichtigkeits- als auch die Restitutionsklage, vgl. auch Vorbem. zu
§§ 578–591 Rn. 4. Die – zu wahrende – **Monatsfrist** in Abs. 1 ist eine gesetzlich genannte Notfrist i. S. d. § 224 Abs. 1 Satz 2 ZPO; Klageerhebung kann auch vor Fristbeginn erfolgen. Eine
Verlängerung der Frist ist nicht möglich, § 224 Abs. 1 Satz 1 ZPO; die Fristen gelten stets uneingeschränkt.[1] Fristwahrung nach § 167 ZPO ist möglich. Die Fristberechnung erfolgt gem.
§ 222 ZPO i. V. m. §§ 187 Abs. 1, 188 Abs. 2 Alt. 1 BGB, vgl. hier § 222 Rn. 3 ff. **Abs. 2 Satz 1**
regelt den Fristbeginn, nämlich an dem Tag, an dem die Partei von dem Anfechtungsgrund
(nicht von der Erheblichkeit des Anfechtungsgrundes)[2] **Kenntnis** erlangt hat, jedoch frühestens
an dem Tag der tatsächlichen Rechtskraft des Urteils, das angegriffen werden soll.[3] Hiervon
gilt die Ausnahme in **Abs. 3**, wonach die Frist dann nicht zu laufen beginnt, wenn die Nichtigkeitsklage wegen mangelnder Vertretung (§ 579 Abs. 1 Nr. 4 ZPO) betrieben wird. In diesem Fall beginnt die Frist erst mit dem Tag, an dem der Partei und bei mangelnder Prozessfähigkeit ihrem gesetzlichen Vertreter, das anzugreifende Urteil zugestellt wurde.

Im Rahmen der Monatsfrist muss die Klage mit den Anforderungen des § 587 ZPO erhoben 2
worden sein. Soweit die Klage die weiteren Inhalte des § 588 Abs. 1, 2 ZPO noch beinhaltet, hat dies auf die Zulässigkeit keine Auswirkung. Die Frist des § 586 ZPO wird durch
einen Antrag zum sachlich unzuständigen Gericht gewahrt, wenn das Verfahren nach § 281
ZPO an das zuständige Gericht verwiesen wird.[4] Die Frist wird auch nur dann eingehalten,
wenn die **erforderlichen Tatsachen zur Fristeinhaltung hinreichend dargelegt** werden. Es
kommt für den Beginn der Frist des § 586 Abs. 1 ZPO nicht immer auf das Wissen des Prozessbevollmächtigten, der die Wiederaufnahmekläger im Vorprozess vertreten hat, an. § 81
ZPO erlaubt zwar auch eine Vertretung seiner Partei im Wiederaufnahmeverfahren. Die
Kenntnis des Prozessbevollmächtigten der Partei wird nur dann zugerechnet, wenn er zur Zeit
der Kenntnis über den Wiederaufnahmegrund noch beauftragt war. Falls später eine Wiederaufnahme- oder Restitutionsklage angestrengt wird, muss der Anwalt trotz an sich noch bestehender Vollmacht erneut beauftragt werden, um auch für dieses Verfahren Vertreter der
Partei zu werden.[5] Die Aussage des früheren Prozessbevollmächtigten (vertretungsberechtigt
im Prozess, in dem das anzugreifende Urteil erging) „die Frist des § 586 ZPO ist gewahrt, da
wir erst am [Datum] von dem hier geltend gemachten Anfechtungsgrund Kenntnis erlangt haben" ist unsubstantiiert und führt – soweit nicht innerhalb der Notfrist der Sachverhalt klargestellt werden kann – zur Klageabweisung wegen Unzulässigkeit, vgl. Vorbem. zu §§ 578–
591 Rn. 6.[6]

Wird die Klage innerhalb der Klagefrist auf einen Wiederaufnahmegrund gestützt, so kann 3
nach Ablauf der Frist nicht noch ein weiterer Wiederaufnahmegrund nachgeschoben werden,
für den die Fristen bereits abgelaufen sind. Der Anfechtungsgrund ist damit regelmäßig mit
Ablauf der Klagefrist endgültig inhaltlich umfasst.

Die Nichtigkeits- bzw. Restitutionsklage kann – unabhängig einer Kenntnis – nach **Abs. 2** 4
Satz 2 nur **bis fünf Jahre nach der Rechtskraft** des Urteils erhoben werden und ist sodann bereits unzulässig. Eine Verlängerung der Frist oder eine Hemmung nach § 206 BGB ist ebenso

---

1 A. A. MK-*Braun*, ZPO, § 586 Rn. 3 ff., wonach die Fristen bei noch nicht vollstreckbaren Urteilen und Vorausentscheidungen nicht greifen sollen.
2 Vgl. BGH, BeckRS 1961, 31186127, wonach im Falle des § 580 Nr. 7 ZPO die Kenntnis des Inhalts der Urkunde und die Möglichkeit erforderlich und relevant ist, sie zum Beweise zu benutzen. Dagegen kommt es nicht darauf an, wann der Wiederaufnahmekläger die Überzeugung erlangt hat, dass die Urkunde rechtlich erheblich sei.
3 Vgl. hierzu KG Berlin, NJW 1965, 1866 (1867), wonach der Lauf der Klagefrist des § 586 Abs. 2 Satz 1 ZPO auch dann erst mit dem Zeitpunkt der Rücknahme der Revision gegen ein Urteil des Berufungsgerichts beginnt, wenn die Revision wegen Nichterreichung der Revisionssumme unzulässig war.
4 So jedenfalls BSG, NJW 1970, 966 (967); dem anschließend BayObLG, BeckRS 1990, 5910, Rn. 9.
5 So BGHZ 33, 355 = NJW 1960 818 (819), mit der Klarstellung, dass grundsätzlich der Auftrag des Anwalts, der die Partei im ersten Rechtszug vertreten hat, in dem Augenblick endet, in dem er seiner Partei das Urteil übermittelt und ihr eröffnet, oder in dem das Urteil zugestellt wurde und damit die Rechtsmittelfrist endet. Das gilt besonders, wenn das Urteil rechtskräftig ist.
6 So der Fall bei BAGE 88, 344 = NZA 1998, 1301 (1302), das im Wesentlichen weiter ausführt: Es wird nicht einmal deutlich, ob mit „wir" die Sozietät des jetzigen Klägervertreters gemeint ist oder aber der Kläger nebst dem Verfasser der Klageschrift. Bereits dies führt zur Unzulässigkeit der Nichtigkeitsklage hinsichtlich der mit der Klageschrift geltend gemachten Nichtigkeitsgründe. Für die Einhaltung der Frist des § 586 Abs. 1 ZPO ist bei beendetem Auftrag des im Vorprozess tätigen Anwalts nicht auf dessen Kenntnis, sondern auf die Kenntnis der Partei abzustellen (BGHZ 31, 351 [354] = NJW 1960, 818).

nicht möglich, wie eine Wiedereinsetzung.[7] Von der in **Abs. 2 Satz 2** geregelten 5-Jahres-Frist sieht das Gesetz zwei **Ausnahmen** vor: Im unter Rn. 1 genannten Fall der Nichtigkeitsklage wegen mangelnder Vertretung (§ 579 Abs. 1 Nr. 4 ZPO) sowie im Fall der Aufhebung des Urteils auf Grund eines durch den EGMR festgestellten Verstoß gegen die Menschenrechtskonvention (§ 580 Nr. 8 ZPO) gilt die 5-Jahres-Frist nicht, **Abs. 3, 4.**

§ 587
Klageschrift

In der Klage muss die Bezeichnung des Urteils, gegen das die Nichtigkeits- oder Restitutionsklage gerichtet wird, und die Erklärung, welche dieser Klagen erhoben wird, enthalten sein.

1   Die Norm regelt den **zwingenden Inhalt** einer das Verfahren nach §§ 578 ff. ZPO einleitenden Wiederaufnahmeklageschrift. Es gilt § 253 Abs. 2 Nr. 1 ZPO. Insoweit sind das erkennende Gericht und die Parteien zu benennen. § 587 ZPO ersetzt § 253 Abs. 2 Nr. 2 ZPO. Wie Wiederaufnahmeklageschrift muss das **Urteil** gegen sich das Wiederaufnahmeverfahren richtet **bezeichnen**. Hierbei genügt nicht nur die Angabe des Aktenzeichens; die Klageschrift muss auch den Erlasszeitpunkt genau bezeichnen. Dies ist erforderlich, um bei mehreren Entscheidungen (z. B. Versäumnisurteil; Teilurteil; etc.) klarzustellen, welche Entscheidung genau angegriffen werden soll und ermöglicht dem Gericht, die Statthaftigkeit (§ 578 Rn. 1) zu prüfen. Die direkte Bezeichnung der Klage als Nichtigkeits- oder Restitutionsklage ist in der Praxis (insbesondere im Anwaltsprozess) üblich, aber nicht zwingend, wenn sich die Zielrichtung aus der schlüssigen Klageschrift deutlich ergibt.[1] Nur, wenn die vorgenannten – geringen – Voraussetzungen vorliegen, wird die Frist des § 586 Abs. 1 ZPO gewahrt. Ein **konkreter Antrag** ist erst in der mündlichen Verhandlung bzw. im schriftlichen Verfahren zu dem Zeitpunkt, der dem Ende der mündlichen Verhandlung entspricht, erforderlich.

2   **Wiederaufnahmegrund oder Beweismittel** für die Tatsachen, die den Grund ergeben, müssen **nicht** angegeben werden (vgl. hierzu § 588 Abs. 1 Nr. 1, 2 ZPO: „soll").

§ 588
Inhalt der Klageschrift

(1) Als vorbereitender Schriftsatz soll die Klage enthalten:
1. die Bezeichnung des Anfechtungsgrundes;
2. die Angabe der Beweismittel für die Tatsachen, die den Grund und die Einhaltung der Notfrist ergeben;
3. die Erklärung, inwieweit die Beseitigung des angefochtenen Urteils und welche andere Entscheidung in der Hauptsache beantragt werde.
(2) [1]Dem Schriftsatz, durch den eine Restitutionsklage erhoben wird, sind die Urkunden, auf die sie gestützt wird, in Urschrift oder in Abschrift beizufügen. [2]Befinden sich die Urkunden nicht in den Händen des Klägers, so hat er zu erklären, welchen Antrag er wegen ihrer Herbeischaffung zu stellen beabsichtigt.

1   § 588 ZPO knüpft an § 587 ZPO an und regelt als „Sollvorschrift" weitere Inhalte der Klageschrift einer Nichtigkeits- oder Restitutionsklage. Beinhaltet eine Klageschrift die unter Abs. 1 genannten Inhalte nicht, so kann diese dennoch zulässig sein, soweit die zwingenden Inhalte des § 587 ZPO (siehe die Kommentierung dort, insbesondere Rn. 1) erfasst sind. Spätestens zum **Schluss der mündlichen Verhandlung** müssen die in Abs. 1 Nr. 1–3 genannten Inhalte jedoch **vorgetragen** sein.

---

7   Vgl. Thomas/Putzo-*Reichold*, ZPO, § 586 Rn. 4.

Zu § 587:
1   RGZ 61, 418 (421 f.); MK-*Braun*, ZPO, § 587 Rn. 2, mit dem Hinweis, dass zu Recht geringe Anforderungen an die von § 587 ZPO geforderte Erklärung zu stellen seien; Thomas/Putzo-*Reichold*, ZPO, § 587 Rn. 1; i. E. auch Saenger-*Kemper*, ZPO, § 587 Rn. 2.

Nach Abs. 1 **Nr. 1** soll der Anfechtungsgrund bezeichnet sein. Dabei kommt es nicht auf den 2
rechtlichen Wiederaufnahmegrund (§ 579 Abs. 1 Nr. 1–4 ZPO bzw. § 580 Nr. 1–8 ZPO) an, sondern auf die ursächlichen Tatsachen. Wird der Wiederaufnahmegrund nicht vorgetragen, hat
das auf die Zulässigkeit der Klage und zur Einhaltung der Klagefrist nach § 586 Abs. 1 ZPO
keine Auswirkung.[1] Abs. 1 **Nr. 2** regelt das Erfordernis von zu benennenden Beweismitteln,
wenngleich die Parteivernahme zum Beweis der Tatsachen, welche die Restitutionsklage begründen kann, ausscheidet, § 581 Abs. 2 ZPO. **Für die Einhaltung der Notfrist** gem. § 586
Abs. 1 ZPO genügt wegen § 589 Abs. 2 ZPO die Glaubhaftmachung nach § 294 ZPO; vgl. im
Übrigen zu Beweismitteln die Ausführungen unter § 587 Rn. 2. Der eigentliche Beweisantritt
muss spätestens in der mündlichen Verhandlung erfolgen. Abs. 1 **Nr. 3** regelt die Anträge (vgl.
hierzu Vorbem. zu §§ 578–591 Rn. 6). In der Regel sind sowohl ein Aufhebungsantrag (Aufhebung des angegriffenen Urteils) sowie ein Hauptantrag (auf Verurteilung z.B. zur Zahlung) zu
stellen; zu den Anträgen, vgl. auch Vorbem. zu §§ 578–591 Rn. 6. Ein Hauptantrag ist schon
wegen der zwingenden gerichtlichen Bindung an die Anträge (§ 308 ZPO) zwingend. Ein Aufhebungsantrag in der Regel nur dann, wenn eine Teil-Aufhebung begehrt wird, da ansonsten
davon auszugehen sein wird, dass die gänzliche Aufhebung des angegriffenen Urteils begehrt
wird.

Nach **Abs. 2** Satz 1 sollen (weiterhin nur „Sollvorschrift")[2] die Urkunden (insbesondere § 580 3
Nr. 2 und Nr. 7 Buchst. b ZPO) der Klageschrift beigefügt werden, auf welche die Restitutionsklage gestützt werden. Weitere – nicht die vorzulegenden Urkunden betreffende – Beweisantritte sind ebenso möglich.[3] Nach Abs. 2 Satz 2 soll sich der Kläger, wenn sich die Urkunden
nicht in seinem unmittelbaren Zugriffsbereich befinden, mittels Antrag erklären, wie die Urkunden beizuschaffen sind. Spätestens zum **Schluss der mündlichen Verhandlung müssen** die
Urkunden zum Akt gereicht werden. Geschieht dies nicht, erfolgt die Klageabweisung.

§ 589
Zulässigkeitsprüfung

(1) [1]Das Gericht hat von Amts wegen zu prüfen, ob die Klage an sich statthaft und ob sie in
der gesetzlichen Form und Frist erhoben sei. [2]Mangelt es an einem dieser Erfordernisse, so
ist die Klage als unzulässig zu verwerfen.

(2) Die Tatsachen, die ergeben, dass die Klage vor Ablauf der Notfrist erhoben ist, sind
glaubhaft zu machen.

Zur Zulässigkeitsprüfung, die gem. **Abs. 1** von Amts wegen zu erfolgen hat, vgl. Vorbem. zu 1
§§ 578–591 Rn. 4, 6. Darüber hinaus ist nach h.M. aber auch die Begründetheit, also das Vorliegen eines Wiederaufnahmegrundes von Amts wegen zu prüfen (vgl. Vorbem. zu §§ 578–591
Rn. 5, 6).[1]

Abs. 2 regelt die erforderliche Glaubhaftmachung (§ 294 Abs. 2 ZPO) hinsichtlich der einzu- 2
haltenden Frist des § 586 Abs. 1 ZPO; eine hierauf gerichtete anwaltliche Glaubhaftmachung
scheidet hinsichtlich des Zeitpunkts der Kenntnis des Klägers gem. § 586 Abs. 2 ZPO in der
Regel aus.[2] Die Glaubhaftmachung mittels **präsenter Beweismittel** muss bis spätestens zum
Ende der mündlichen Verhandlung erfolgen; diese müssen auch durch den Wiederaufnahmebeklagten bereitgehalten werden, wenn er die Fristeinhaltung erschüttern will. Unstatthaft
sind Beweisanträge, denen nicht sofort entsprochen werden kann.[3]

Über die Zulässigkeit kann durch Zwischenurteil (§ 280 ZPO) entschieden werden, vgl. auch 3
§ 591 Rn. 2.

---

1 MK-*Braun*, ZPO, § 588 Rn. 2; Thomas/Putzo-*Reichold*, ZPO, § 588 Rn. 1
2 RGZ 135, 123 (129).
3 MK-*Braun*, ZPO, § 588 Rn. 5.

Zu § 589:
1 Vgl. BGHZ 30, 60 (62) = MDR 1959, 647; MK-*Braun*, ZPO, § 589 Rn. 2.
2 Vgl. BAGE 88, 344 = NJW 1998, 1301 (1302 f.).
3 Ausdrücklich: MK-*Braun*, ZPO, § 588 Rn. 1; vgl. auch BAGE 88, 344 = NJW 1998, 1301 (1302).

§ 590
Neue Verhandlung

(1) Die Hauptsache wird, insoweit sie von dem Anfechtungsgrunde betroffen ist, von neuem verhandelt.

(2) ¹Das Gericht kann anordnen, dass die Verhandlung und Entscheidung über Grund und Zulässigkeit der Wiederaufnahme des Verfahrens vor der Verhandlung über die Hauptsache erfolge. ²In diesem Fall ist die Verhandlung über die Hauptsache als Fortsetzung der Verhandlung über Grund und Zulässigkeit der Wiederaufnahme des Verfahrens anzusehen.

(3) Das für die Klagen zuständige Revisionsgericht hat die Verhandlung über Grund und Zulässigkeit der Wiederaufnahme des Verfahrens zu erledigen, auch wenn diese Erledigung von der Feststellung und Würdigung bestrittener Tatsachen abhängig ist.

1 Gemäß § 590 ZPO wird die Hauptsache auf eine zulässige Wiederaufnahmeklage nur insoweit von neuem verhandelt, als sie von dem Wiederaufnahmegrund betroffen ist. Wenn nur ein Teil des Streitgegenstands betroffen ist, über den zulässigerweise im Wege des Teilurteils entschieden werden kann, ist nur darüber erneut zu verhandeln.[1] Die Vorschrift bezieht sich sowohl auf die Nichtigkeits- (§ 579 ZPO) als auch auf die Restitutionsklage (§ 580 ZPO). Zum Verfahren vgl. bereits Vorbem. zu §§ 578–591 Rn. 3 ff., 8 f. Es gelten sowohl für das Wiederaufnahmeverfahren sowie für die – im Falle der Zulässigkeit und Begründetheit der Wiederaufnahmeklage – Hauptsache die Verfahrensvorschriften der ZPO. Richtet sich das Wiederaufnahmeverfahren gegen einen unanfechtbaren oder rechtskräftigen Beschluss (vgl. § 578 Rn. 1), so ist die Wiederaufnahme im Beschlusswege mit freigestellter mündlicher Verhandlung zu beantragen.[2]

2 Über die Zulässigkeit und die Begründetheit des Wiederaufnahmeantrags **kann** gemeinsam (**Abs. 2 Satz 1**) oder jeweils **gesondert** verhandelt werden, wenngleich das Verfahren von Einreichung der Wiederaufnahmeklage bis hin zu einer möglichen Entscheidung in der Hauptsache als ein **einheitliches Verfahren** anzusehen ist (vgl. auch Vorbem. zu §§ 578–591 Rn. 7). Ungeachtet dessen kann die im Falle der Begründetheit sich anschließende Hauptsache im Anschluss an eine vorangegangene Entscheidung über die Zulässigkeit und Begründetheit separat verhandelt werden, **Abs. 2 Satz 2**. Das zuständige Erstgericht (§ 584 ZPO) hat sodann den Vorprozess, dessen abschließendes Urteil angegriffen wurde, soweit er der Aufhebung unterliegt, neu zu verhandeln. Dabei wird der Prozess in das **Stadium der letzten mündlichen Verhandlung** unmittelbar vor der Urteilsverkündung zurückgesetzt. Erkenntnisse der ursprünglichen Verhandlung bzw. Beweisaufnahme müssen verwertet werden, soweit sie nicht der Anfechtung unterlagen. Soweit sie von der Anfechtung betroffen sind, dürfen sie im Rahmen der (neuen) Hauptsacheentscheidung nicht mehr berücksichtigt werden, sondern sind neu zu erheben. Dies gilt erst recht, wenn die Verhandlung an sich von der Anfechtung betroffen (z.B. strafbares Verhalten des Richters im Hinblick auf den Rechtsstreit [Rechtsbeugung], § 580 Nr. 5 ZPO) ist, sodass in diesem Fall zwingend gänzlich neu zu verhandeln ist.[3] Soweit die Sache neu verhandelt wird, sind neue Behauptungen, Beweismittel und Anträge zulässig.[4] Grundlage für die Entscheidung in der Hauptsache sind die Erkenntnisse des neuen Verfahrens (ggf. zusammen mit den zu verwertenden Erkenntnissen aus dem Vorprozess, die nicht der Anfechtung unterlagen). In der Hauptsache gelten die Vorschriften der §§ 330, 331 ZPO, vgl. Vorbem. zu §§ 578–591 Rn. 8. § 539 Abs. 2 ZPO greift bei Klage zum Berufungsgericht. Eine Entscheidung nach Aktenlage ist möglich.[5] Zum **Tenor** und zur **Kostenentscheidung** vgl. Vorbem. zu §§ 578–591 Rn. 6 f.

3 Weist das Erstgericht die Wiederaufnahmeklage als unzulässig ab (vgl. auch Vorbem. zu §§ 578–591 Rn. 6) und kommt das Berufungsgericht zu der Einschätzung, dass die Wiederaufnahmeklage zulässig ist, kann es im Rahmen eines Zwischenurteils (§ 537 Abs. 2 Satz 1 ZPO) zurückverweisen oder selbst in der Sache entscheiden.[6]

4 **Abs. 3** regelt, dass ein Revisionsgericht, wenn es das zuständige Gericht ist, auch Feststellungen treffen und bestrittene Tatsachen würdigen muss.

---

1 BGHZ 188, 1 = GRUR 2010, 996 (998), Rn. 24; MK-*Braun*, ZPO, § 590 Rn. 3; Zöller-*Greger*, ZPO, § 590 Rn. 4.
2 Vgl. BGH, NJW 1984, 2364 (2365) = MDR 1984, 922.
3 KG Berlin, NJW 1976, 1956 (1957).
4 BGH, WM 1983, 959.
5 Thomas/Putzo-*Reichold*, ZPO, § 590 Rn. 6.
6 KG Berlin, NJW-RR 1990, 8 = FamRZ 1989, 647, zu einem Scheidungsurteil.

§ 591
Rechtsmittel

Rechtsmittel sind insoweit zulässig, als sie gegen die Entscheidungen der mit den Klagen befassten Gerichte überhaupt stattfinden.

§ 591 ZPO knüpft an das **allgemeine System des Rechtsmittelrechts** und lässt Rechtsmittel gegen Entscheidungen im Wiederaufnahmeverfahren nur insoweit zu, als sie überhaupt stattfinden. Das ein Wiederaufnahmeverfahren abschließende Endurteil unterliegt damit **stets denselben Rechtsmitteln**, wie das Urteil, dessen Aufhebung mit der Nichtigkeits- oder Restitutionsklage begehrt wird und zwar als Urteil oder Beschluss in der jeweiligen Instanz. Die Vorschrift erweitert also nicht die Zulässigkeit von Rechtsmitteln speziell für gerichtliche Entscheidungen, die im Wiederaufnahmeverfahren ergehen.[1] Es kommt darauf an, ob eine erst-, zweit- oder drittinstanzliche Entscheidung im Wiederaufnahmeverfahren angefochten worden ist. Die Entscheidung im Wiederaufnahmeverfahren hat denselben Platz im **Instanzenzug**. Dies gilt für Nichtigkeits- und Restitutionsklage gleichermaßen, gleichgültig, ob das Gericht über die Wiederaufnahme selbst entschieden oder im ersetzenden Verfahren die ursprüngliche mit der Wiederaufnahmeklage angefochtene Entscheidung des Vorprozesses durch eine neue Entscheidung ersetzt hat.[2] Die Wiederaufnahmeklage eröffnet also nicht stets einen vollständigen neuen Instanzenzug, sondern ermöglicht eine Neuverhandlung und -entscheidung nur in der Instanz, in der ein Wiederaufnahmegrund vorliegt. Die im Anschluss daran statthaften Rechtsmittel sind allein die im jeweiligen Instanzenzug vorgesehenen. Ggf. ist gegen die konkrete Entscheidung gar **kein Rechtsmittel** statthaft, z.B. weil es sich um ein im Wiederaufnahmeverfahren ergangenes Revisionsurteil handelt,[3] ein Rechtsmittel nicht zugelassen wird oder eine Nichtzulassungsbeschwerde unzulässig ist[4] oder erfolglos bleibt.[5] In Betracht kommen die Berufung (§ 511 ZPO), die Revision (§ 542 ZPO) einschließlich der Sprungrevision (§ 566 ZPO), die Nichtzulassungsbeschwerde (§ 544 ZPO), die sofortige Beschwerde (§ 567 ZPO), die befristete Erinnerung (§ 573 ZPO) oder die Rechtsbeschwerde (§ 574 ZPO) bzw. soweit andere Prozessordnungen auf die ZPO verweisen, die Rechtsmittel dieser Prozessordnungen.

Entscheidet das Wiederaufnahmegericht über die Zulässigkeit der Klage oder das Vorliegen eines Wiederaufnahmegrunds gesondert durch **Zwischenurteil**, gilt insoweit § 280 Abs. 2 ZPO. Das Urteil ist ggf. hinsichtlich beider Stufen selbstständig anfechtbar soweit auch das zu erwartende End- bzw. Schlussurteil rechtsmittelfähig wäre.[6]

Zulässigkeit und Begründetheit des jeweils statthaften Rechtsmittels richten sich dann nach den allgemeinen Regeln. Dabei kommt es auf den **Rechtszustand bei Erlass des neuen Urteils** und nicht auf den früheren Rechtszustand bei Erlass des Urteils des Vorprozesses an.[7] Es gilt mithin stets das aktuelle Recht. Dies gilt sowohl bei nachträglichen Änderungen der Rechtslage als auch dann, wenn die Voraussetzungen für ein Rechtsmittel bei unveränderter Rechtslage erst in der Neuverhandlung eintreten oder wegfallen. Setzt z.B. der Gesetzgeber **eine Erwachsenheitssumme** zwischen dem Erlass des alten und des neuen Urteils herab oder erhöht sie, gilt die neue Erwachsenheitssumme. Wird die unveränderte Erwachsenheitssumme erst durch eine in der Neuverhandlung mögliche Klageänderung oder -erweiterung erreicht, ist diese neue Erwachsenheitssumme maßgeblich. Nach dem 30.06.2018 mag z.B. § 26 Nr. 8 Satz 1 EGZPO diesbezüglich relevant werden, nach dem der Wert der mit der Revision geltend zu machenden Beschwer 20.000,00 € übersteigen muss. Sollte der Gesetzgeber die Befristung dieses Erfordernisses nicht erneut verlängern, könnte bei einer geringeren Beschwer die Revision gegen ein im Wiederaufnahmeverfahren nach dem 30.06.2018 ergangenes Urteil zulässig sein, obwohl sie gegen das angefochtene alte Urteil unzulässig war. Das Gericht kann zudem über die **Zulassung von Rechtsmitteln** anders entscheiden als in seinem im Wiederaufnahmeverfahren angefochtenen Urteil. Im Wiederaufnahmeverfahren wird neu verhandelt. Das Gericht kann mithin auch zu einem neuen Ergebnis hinsichtlich der Zulässigkeit von Rechtsmitteln gelangen und z.B. die grundsätzliche Bedeutung der Rechtssache gem. § 574 Abs. 2 Nr. 1 ZPO bejahen, obgleich es sie im angefochtenen Urteil verneint hatte.

---

1 BGH, IBRRS 2012, 1828 = BeckRS 2012, 9465, Rn. 2; BGHZ 47, 21 (23) = FamRZ 1967, 212.
2 BeckOK-*Fleck*, ZPO, § 591 Rn. 1.
3 RGZ 57, 234; RG, JW 1936, 2099; RG, JW 1935, 780; KG Berlin, JR 1963, 387.
4 Z.B. BGH, IBRRS 2012, 1828 = BeckRS 2012, 9465, Rn. 3.
5 Prütting/Gehrlein-*Meller-Hannich*, ZPO, § 591 Rn. 1.
6 BGH, NJW 1993, 1928 (1929) = FamRZ 1993, 943; BGH, NJW 1979, 427 = MDR 1979, 297.
7 BAGE 6, 95 = NJW 1958, 1605; Thomas/Putzo-*Reichold*, ZPO, § 591 Rn. 1.

4 Soweit die Zulässigkeit eines Rechtsmittels von einer Entscheidung des Ausgangsgerichts, z.B. über die Zulassung der Berufung gem. § 511 Abs. 2 Nr. 2, Abs. 4 ZPO, abhängig ist muss das Gericht diese Entscheidung im Wiederaufnahmeverfahren ebenso treffen wie in einem entsprechenden Urteil bzw. in einem entsprechenden urteilsvertretenden Beschluss derselben Instanz. Auch für die Rechtsbehelfsbelehrung gem. § 232 ZPO gelten die allgemeinen Regeln.

BUCH 5
Urkunden- und Wechselprozess

§ 592
Zulässigkeit

¹Ein Anspruch, welcher die Zahlung einer bestimmten Geldsumme oder die Leistung einer bestimmten Menge anderer vertretbarer Sachen oder Wertpapiere zum Gegenstand hat, kann im Urkundenprozess geltend gemacht werden, wenn die sämtlichen zur Begründung des Anspruchs erforderlichen Tatsachen durch Urkunden bewiesen werden können. ²Als ein Anspruch, welcher die Zahlung einer Geldsumme zum Gegenstand hat, gilt auch der Anspruch aus einer Hypothek, einer Grundschuld, einer Rentenschuld oder einer Schiffshypothek.

Inhalt:

	Rn.		Rn.
A. Allgemeines und Prozessuales	1	B. Erläuterungen	4

A. Allgemeines und Prozessuales

Es handelt sich beim Urkundenprozess um eine **spezielle Verfahrensart**, die einer durch Urkunden ausgewiesenen Klagepartei schneller als im ordentlichen Verfahren zu einem u.U. nur **vorläufigen** (vgl. § 600 Abs. 1 ZPO) und überdies mit dem **Risiko einer Schadensersatzpflicht** (vgl. §§ 600 Abs. 2, 302 Abs. 4 ZPO) behafteten, immerhin aber bereits **vollstreckbaren Titel** (vgl. § 708 Nr. 4 ZPO) verhilft. Nur wo dieser Zweck tatsächlich erreichbar ist, kann dem Beklagten zugemutet werden, sich mit möglichen Einwendungen auf das Nachverfahren verweisen zu lassen; andernfalls besteht kein Grund, ihn der Gefahr eines u.U. falschen Vorbehaltsurteils auszusetzen.[1] Seine „**innere Rechtfertigung**" findet der Urkundenprozess vor allem in der erhöhten Erfolgswahrscheinlichkeit eines auf Urkunden als sichere, leicht zu verwendende und regelmäßig präsente Beweismittel fundierten Rechtsschutzbegehrens und der erfahrungsmäßigen Seltenheit von Nachverfahren.[2] Bereits mit **Rechtshängigkeit** im Urkundenverfahren wird der Anspruch selbst rechtshängig; die Streitsache kann daher nicht gleichzeitig dort und im ordentlichen Verfahren anhängig gemacht werden (§ 261 Abs. 3 Nr. 1 ZPO; siehe auch § 602 Rn. 3 f.).[3] Soweit die §§ 592–605a ZPO keine Besonderheiten vorsehen, gelten auch für den Urkunden-, Wechsel- bzw. Scheckprozess die **allgemeinen Vorschriften** der ZPO über dieses Verfahren. Dabei ist eine **Verbindung von Urkundenprozessen** unter den Voraussetzungen des § 147 ZPO zulässig, nicht aber eine solche mit einem ordentlichen Klageverfahren oder mit einem Wechsel- bzw. Scheckprozess;[4] eine **Aussetzung** (§ 148 ZPO) des Urkundenverfahrens scheidet i.d.R. aus, da ansonsten dessen besonderer Zweck, dem Kläger zügig zu einem vollstreckbaren Titel zu verhelfen, gefährdet wäre (siehe auch § 600 Rn. 1).[5] Der Durchführung eines **Schlichtungsverfahrens** vor einer durch die Landesjustizverwaltung eingerichteten oder anerkannten Gütestelle bedarf es nicht (§ 15a Abs. 2 Satz 1 Nr. 4 EGZPO; siehe für den Scheckprozess auch § 605a Rn. 1). Die §§ 592–605a ZPO finden zwar im **WEG-Verfahren**, nicht aber im **arbeitsgerichtlichen Verfahren** Anwendung (§ 46 Abs. 2 Satz 2 ArbGG; siehe auch § 602 Rn. 1).

1

---

[1] BGH v. 06.11.2012, II ZR 176/12, juris, Rn. 39.
[2] BGH, NJW 2008, 523 (524), Rn. 21 = BauR 2008, 392 (394); BGH, NJW 2001, 3549 (3551) = MDR 2002, 43.
[3] OLG Hamm, NJW 1978, 57 (58); Baumbach/Lauterbach/Albers/Hartmann, ZPO, § 592 Rn. 1; Wieczorek/Schütze-*Olzen*, ZPO, Vorbem. § 592 Rn. 8.
[4] Baumbach/Lauterbach/Albers/Hartmann, ZPO, § 592 Rn. 1; Zöller-*Greger*, ZPO, Vorbem. § 592 Rn. 3.
[5] BGH, NJW-RR 2004, 1000 (1001) = MDR 2004, 705 (706) m.w.N. zu der vom BGH bejahten – jedoch umstrittenen – Ausnahme von dieser Regel, wenn andernfalls die Gefahr sich widersprechender rechtskräftiger Entscheidungen besteht (hier für den Fall einer doppelten Prozessaufrechnung); vgl. auch Stein/Jonas-*Berger*, ZPO, Vorbem. § 592 Rn. 2, § 595 Rn. 16; Wieczorek/Schütze-*Olzen*, ZPO, Vorbem. § 592 Rn. 7, § 593 Rn. 6; Zöller-*Greger*, ZPO, Vorbem. § 592 Rn. 3, § 593 Rn. 5.

2   Die Parteien können sich mit **bindender Wirkung verpflichten**, nicht im Wege des Urkundenprozesses zu klagen; eine dennoch erhobene Klage ist dann jedenfalls auf die erhobene **Einrede** des in Anspruch genommenen anderen Teils als in der abbedungenen Prozessart unstatthaft abzuweisen (§ 597 Abs. 2 ZPO).[6] **Praxishinweis**: Macht ein Rechtsanwalt Ansprüche aus einem schriftlichen Vertrag geltend, so ist er i.d.R. nicht gezwungen, Klage im Urkundenprozess zu erheben (vgl. § 592 Satz 1 ZPO: „kann"), zumal die Vollstreckung aus einem dort errungenen Titel häufig schon wegen der Gefahr, auf Schadensersatz in Anspruch genommen zu werden (§§ 600 Abs. 2, 302 Abs. 4 Satz 3, 4 ZPO), nicht in Betracht kommt. Eine Klage im Urkundenprozess ist jedoch immer dann zu erwägen, „wenn für den Anwalt ein **besonderes Interesse** des Mandanten, mittels des Vorbehaltsurteils möglichst schnell einen vollstreckbaren Titel zu erhalten, ersichtlich wird".[7]

3   Zum **Wechselprozess** hat der **BGH** entschieden, „dass bei einer umfassenden **Schiedsklausel**, die alle Streitigkeiten aus dem abgeschlossenen Geschäft einem Schiedsgericht zuweist, Ansprüche aus Wechseln, die im Zusammenhang mit dem Geschäft begeben wurden, grundsätzlich in die Schiedsvereinbarung einbezogen sind". Dies führe jedoch **nicht** dazu, dass dem Kläger der Wechselprozess vor dem staatlichen Gericht verwehrt sei. Der Wechselgläubiger habe sich im Regelfall ungeachtet der vereinbarten Schiedsklausel das Recht auf ein Vorgehen im Wechselprozess – jedenfalls im Urkundenverfahren – vorbehalten, die Schiedseinrede sei erst im Nachverfahren erheblich. Die dargestellten Grundsätze zum Wechselprozess werden vom BGH hingegen **nicht** auf den **Urkundenprozess** übertragen: Sind Streitigkeiten aus einem bestimmten Rechtsverhältnis einer Schiedsvereinbarung unterstellt, dann soll dies grundsätzlich die ordentliche Klage und den Urkundenprozess vor dem staatlichen Gericht **ausschließen**, sodass die Klage im Urkundenprozess auf Rüge des Beklagten hin als unzulässig abzuweisen ist (§ 1032 Abs. 1 ZPO; siehe auch Rn. 6 sowie § 600 Rn. 1).[8]

B. Erläuterungen

4   **Gegenstand** der (Leistungs-)Klage im Urkundenprozess, die eine unmissverständliche **Erklärung** des Klägers voraussetzt, dass in dieser besonderen Verfahrensart geklagt werde (**§ 593 Abs. 1 ZPO**, siehe dort Rn. 1), muss die Zahlung einer **bestimmten Geldsumme** (also nicht Hinterlegung bzw. Sicherheitsleistung[9]) oder die **Leistung** einer bestimmten Menge anderer **vertretbarer Sachen** (§ 91 BGB) oder **Wertpapiere** sein, wobei § 592 Satz 1 ZPO in diesem Umfang das Urkundenverfahren **unterschiedslos** für die Geltendmachung von Ansprüchen gleich welchen Ursprungs bzw. Entstehungsgrundes öffnet (siehe zum Gegenstand des Wechselprozesses § 602 Rn. 2).[10] Geklagt werden kann dabei auch auf Zahlung an einen Dritten zum Zwecke einer Kautionsleistung,[11] Zug um Zug sowie auf künftige Leistung (§§ 257 ff. ZPO), nicht aber im Wege der Stufenklage.[12] **§ 592 Satz 2 ZPO** eröffnet zudem den Urkundenprozess ganz allgemein für **Klagen auf Duldung der Zwangsvollstreckung** (keine abschließende Aufzählung).[13] Im Urkundenverfahren **unstatthaft** sind derweil Gestaltungs- und (Hilfs-/Zwischen-)Feststellungsklagen,[14] Klagen auf Leistung individueller Sachen bzw. auf Herausgabe

---

6   BGH, NJW 2001, 3549 (3550) = BB 2001, 2133; vgl. auch Musielak/Voit-*Voit*, ZPO, § 592 Rn. 15; MK-*Braun*, ZPO, § 592 Rn. 8; Wieczorek/Schütze-*Olzen*, ZPO, Vorbem. § 592 Rn. 9; Zöller-*Greger*, ZPO, Vorbem. § 592 Rn. 4, § 592 Rn. 5.
7   BGH, NJW 1994, 3295 (3296 f.) = JZ 1995, 467 (469 f.).
8   BGH, NJW 2006, 779 (780), Rn. 16 f. = BauR 2006, 1020 (1022 f.); ebenso Musielak/Voit-*Voit*, ZPO, § 592 Rn. 15, § 602 Rn. 9; MK-*Braun*, ZPO, § 597 Rn. 3, § 602 Rn. 2; Stein/Jonas-*Berger*, ZPO, § 592 Rn. 27; Thomas/Putzo-*Reichold*, ZPO, Vorbem. § 592 Rn. 2; Zöller-*Greger*, ZPO, Vorbem. § 592 Rn. 3; a.A. OLG Bamberg v. 19.05.2004, 3 U 37/03, juris, Rn. 14; OLG Düsseldorf v. 26.04.1996, 22 U 1/96, juris, Rn. 14 ff.; OLG Düsseldorf v. 04.05.1995, 6 U 175/94, juris, Rn. 40 f.
9   Zöller-*Greger*, ZPO, § 592 Rn. 1; a.A. Baumbach/Lauterbach/Albers/Hartmann, ZPO, § 592 Rn. 4 – „Hinterlegung".
10 BGH, NJW 2005, 2701 = WuM 2005, 526; Zöller-*Greger*, ZPO, § 592 Rn. 2.
11 BGH, NJW 1953, 1707.
12 Stein/Jonas-*Berger*, ZPO, § 592 Rn. 3, 6 f.; Thomas/Putzo-*Reichold*, ZPO, § 592 Rn. 3; Zöller-*Greger*, ZPO, § 592 Rn. 1.
13 Stein/Jonas-*Berger*, ZPO, § 592 Rn. 8; Wieczorek/Schütze-*Olzen*, ZPO, § 592 Rn. 18 ff.; Zöller-*Greger*, ZPO, § 592 Rn. 4.
14 BGH v. 06.11.2012, II ZR 176/12, juris, Rn. 38 ff.; der Weg zur Zwischenfeststellungsklage ist erst im Nachverfahren eröffnet, vgl. BGH, NJW 1994, 1353 (1353 f.) = BB 1994, 963 (964); Zöller-*Greger*, ZPO, § 592 Rn. 3, der allerdings die Statthaftigkeit des Urkundenprozesses für die Klage auf Feststellung einer bestrittenen Insolvenzforderung (§§ 179 ff. InsO) bejaht; so auch MK-*Braun*, ZPO, § 592 Rn. 6; Stein/Jonas-*Berger*, ZPO, § 592 Rn. 4; wie hier dagegen BGH v. 21.03.1979, II ZR 91/78, juris, Rn. 15 f.; OLG München, BB 1985, 698 = MDR 1985, 419; Baumbach/Lauterbach/Albers/Hartmann, ZPO, § 592 Rn. 4 – „Feststellung", „Gestaltung"; Musielak/Voit-*Voit*, ZPO, § 592 Rn. 3; Thomas/Putzo-*Reichold*, ZPO, § 592 Rn. 4; Wieczorek/Schütze-*Olzen*, ZPO, § 592 Rn. 7 ff.

individuell bestimmter Gegenstände,[15] auf Vornahme von Handlungen oder auf Unterlassung sowie auf Abgabe von Willenserklärungen.[16] Auch bei einer **Bürgschaft auf erstes Anfordern** ist das Verfahren nach den §§ 592 ff. ZPO für den Rückforderungsprozess in aller Regel unstatthaft.[17]

Forderungen aus Mietverträgen (insb. Miete oder Nutzungsentschädigung gemäß § 546a 5 Abs. 1 BGB) können Gegenstand eines Urkundenprozesses sein. So hat der **BGH** im Falle einer auf Zahlung rückständiger **Wohnraummiete**[18] gerichteten Klage entschieden, dass beklagtenseits behauptete Mängel der Mietsache und eine darauf gestützte **Mietminderung** nicht zur Folge haben, dass deshalb die Höhe der Miete vom Vermieter nicht mehr durch Urkunden bewiesen werden kann. Denn die Mangelfreiheit gehöre nicht zu den anspruchsbegründenden Tatsachen i.S.d. § 592 Satz 1 ZPO, die der klagende Vermieter in einem solchen Fall durch Urkunden zu beweisen habe. Vielmehr begründe die infolge der Mangelhaftigkeit der Mietsache eintretende Mietminderung eine materiell-rechtliche Einwendung des Mieters gegen die Forderung auf Mietzahlung, die im Prozess vom Mieter darzulegen und ggf. zu beweisen sei.[19] Macht der Mieter derweil nicht (nur) Mietminderung geltend, sondern erhebt wegen behaupteter Mängel die **Einrede des nicht erfüllten Vertrages** (§ 320 BGB), so ist die Klage nach dem BGH jedenfalls dann im Urkundenprozess statthaft, wenn der Mieter die Wohnung unstreitig in vertragsgemäßem Zustand erhalten hat und seine Einrede damit begründet, dass ein **Mangel erst nachträglich** eingetreten ist; denn auch in diesem Fall müsse der Mieter beweisen, dass ihm eine unter das Gegenseitigkeitsverhältnis fallende Gegenforderung zustehe.[20] Des Weiteren ist nach der Rechtsprechung des BGH eine Klage im Urkundenprozess statthaft, wenn der Mieter, der wegen behaupteter **anfänglicher Mängel** der Mietsache Minderung geltend macht oder die Einrede des nicht erfüllten Vertrages erhebt, die ihm vom Vermieter zum Gebrauch überlassene Wohnung als Erfüllung angenommen hat, **ohne die später behaupteten Mängel zu rügen**. Zwar müsse nach allgemeinen Beweislastgrundsätzen der Vermieter beweisen, dass er seine vertragliche Pflicht, dem Mieter die Mietsache in vertragsgemäßem Zustand zu überlassen, erfüllt habe. Jedoch trage nach Überlassung der Mietsache gemäß **§ 363 BGB** grundsätzlich der Mieter die Beweislast dafür, dass die Mietsache zum Zeitpunkt der Übergabe mangelhaft gewesen sei, wenn er die ihm überlassene Sache als Erfüllung angenommen habe. Demnach sei die Klage des Vermieters im Urkundenprozess statthaft, wenn entweder unstreitig sei, dass der Mieter die Mietsache als Erfüllung angenommen habe, oder wenn der Vermieter ein solches Verhalten des Mieters durch Urkunden – etwa ein Übergabeprotokoll oder Kontoauszüge, aus denen sich ergebe, dass der Mieter zunächst die ungeminderte Miete gezahlt habe – beweisen könne.[21] Darüber hinaus ist die Statthaftigkeit des Urkundenprozesses selbst dann nicht von vornherein zu verneinen, wenn **erhebliche Mängel** der Mietsache zwischen den Parteien **unstreitig** bzw. vom Vermieter **nicht substantiiert bestritten** und damit nicht beweisbedürftig sind, sodass sich die Höhe der geminderten Miete nicht aus dem Mietvertrag ergibt. Denn in dieser Konstellation wird das erkennende Gericht ggf. schon mit den im Urkundenprozess zur Verfügung stehenden Mitteln – die auch die **Schätzung** (§ 287 ZPO) einschließen – in der Lage sein, das Maß der Gebrauchsbeeinträchtigung zu bestimmen.[22] Schließlich bestehen auch bei **Betriebskostennachforderungen** keine Gründe, diese per se von einer Geltendmachung im Wege des Urkundenprozesses auszunehmen.[23]

---

15 Hierzu OLG Celle v. 29.11.1995, 2 U 201/95, juris, Rn. 2 ff.
16 Thomas/Putzo-*Reichold*, ZPO, § 592 Rn. 4; Zöller-*Greger*, ZPO, § 592 Rn. 1, 4.
17 Vgl. BGH, NJW 2001, 3549 (3551 f.) = MDR 2002, 43, der im Übrigen weiter daran festhält, dass der im Urkundenprozess verklagte Bürge, der sich auf erstes Anfordern verpflichtet hat, seine Einwendungen aus dem Hauptschuldverhältnis nicht schon im Nachverfahren erheben kann, sondern damit auf einen künftigen Rückforderungsprozess verwiesen ist; Thomas/Putzo-*Reichold*, ZPO, § 592 Rn. 4, § 600 Rn. 7; Zöller-*Greger*, ZPO, § 592 Rn. 2; a.A. Musielak/Voit-*Voit*, ZPO, § 592 Rn. 15.
18 Für Mietforderungen aus einem gewerblichen Mietverhältnis bereits BGH, NJW 1999, 1408 = WuM 1999, 345.
19 BGH, NJW-RR 2013, 1232, Rn. 33 f. = MDR 2013, 993 (993 f.), Rn. 33 f.; BGH, NJW 2007, 1061, Rn. 9 = WuM 2007, 82 (83), Rn. 9; BGH, NJW 2005, 2701 = WuM 2005, 526 (527).
20 BGH, NJW-RR 2013, 1232, Rn. 34 = MDR 2013, 993 (994), Rn. 34; BGH, NJW 2007, 1061, Rn. 9 ff. = WuM 2007, 82 (83), Rn. 9 ff.
21 BGH, NJW-RR 2013, 1232 (1232 f.), Rn. 35 = MDR 2013, 993 (994), Rn. 35; BGH, NJW 2009, 3099, Rn. 9 ff. = WuM 2009, 591 (592), Rn. 9 ff.; vgl. auch BGH, WuM 2010, 761 (762), Rn. 9 ff.
22 BGH v. 16.10.2013, XII ZR 64/12, juris; a.A. KG Berlin, MDR 2012, 901 (Miete kann dann i.d.R. nicht mehr im Urkundenprozess eingeklagt werden); Zöller-*Greger*, ZPO, § 592 Rn. 2.
23 Hierzu BGH, NJW 2015, 475 (476), Rn. 11 ff. = MDR 2015, 15, Rn. 11 ff.

6   Das Gericht hat die der Parteidisposition entzogene Frage der Statthaftigkeit des Urkundenprozesses **von Amts wegen** zu prüfen. Fehlt es an einem tauglichen Verfahrensgegenstand oder erweist sich der Urkundenprozess aus sonstigen Gründen als unstatthaft, kann die klagende Partei bei einem **Anerkenntnis** des Beklagten (§ 307 ZPO) den geltend gemachten Anspruch gleichwohl im Urkundenverfahren weiter verfolgen und dort den Erlass eines Anerkenntnisurteils beantragen (siehe § 599 Rn. 4 f.).[24] Auch die **allgemeinen** (insb. parteibezogenen), dem **Freibeweis**[25] unterliegenden **Prozessvoraussetzungen** – einschließlich der speziellen Voraussetzungen der §§ 257 ff. ZPO – sind im Urkundenverfahren **von Amts wegen** zu prüfen, ohne dass jedoch insoweit die Beschränkungen der §§ 592 Satz 1, 595 Abs. 2, 3 ZPO zu berücksichtigen sind. Dies gilt nicht nur für Zulässigkeitsrügen i.S.d. § 282 Abs. 3 ZPO, sondern gleichermaßen für prozesshindernde (verzichtbare) Einreden, etwa die der **Schiedsvereinbarung** (§ 1032 Abs. 1 ZPO, siehe auch Rn. 3 und § 600 Rn. 1).[26] Wie die Prüfung der Sachurteilsvoraussetzungen und aller weiteren von Amts wegen zu beachtenden Tatsachen (Richterablehnung, Verfahrensaussetzung/-unterbrechung, etc.) unterliegt auch die Ermittlung **ausländischen Rechts** (§ 293 ZPO) nicht den Besonderheiten des Urkundenverfahrens.[27]

7   Gemäß § 592 Satz 1 ZPO müssen als weitere **besondere Prozessvoraussetzung** sämtliche zur **Begründung des Anspruchs** erforderlichen Tatsachen – soweit sie beweisbedürftig sind (s.u.) – durch **Urkunden** bewiesen werden können (zum Urkundenbegriff siehe § 415 Rn. 2; zu den übrigen – insbesondere rechtserhaltenden – Tatsachen bzw. zum Beweis der Echtheit oder Unechtheit einer Urkunde siehe § 595 Rn. 2, § 600 Rn. 3 a.E.; zur Mitteilung der Beweisurkunden und zum Antritt des Urkundenbeweises siehe § 593 Rn. 2 f., § 595 Rn. 3; zu den Beweiserleichterungen im Scheck- und Wechselprozess siehe § 605 ZPO). Maßgeblich hierfür sind die **Tatbestandsvoraussetzungen** der jeweiligen sachlich-rechtlichen Anspruchsgrundlage und die allgemeinen Grundsätze der **Beweislastverteilung**.[28] Das Vorstehende gilt auch für **Nebenforderungen** (beachte insoweit aber die §§ 605 Abs. 2, 605a ZPO). Derweil setzt § 592 Satz 1 ZPO nicht voraus, dass der materiell-rechtliche Klageanspruch seiner Höhe nach feststeht, sodass der Kläger auch nur einen **bestimmten Teil** des Anspruchs im Urkundenprozess einklagen kann, wenn sich lediglich insoweit die klagebegründenden Tatsachen urkundlich beweisen lassen.[29] **Unstreitige, zugestandene** oder **offenkundige** (§ 291 ZPO) Tatsachen bedürfen jedoch auch im Urkundenverfahren – abgesehen vom Fall der Säumnis des Beklagten (siehe § 597 Rn. 2) – keines Beweises und damit keiner Urkundenvorlage.[30] Nach vorzugswürdiger Ansicht des **BGH** soll dies jedoch nur für **Lücken in der Beweisführung** gelten, da die Statthaftigkeit des Urkundenprozesses schon begriffsnotwendig die Vorlage zumindest einer Urkunde voraussetzt, sodass sich auf anspruchsbegründende Tatsachen beziehende Urkunden bei Nicht-

---

24 Baumbach/Lauterbach/Albers/Hartmann, ZPO, § 597 Rn. 8; Zöller-*Greger*, ZPO, § 592 Rn. 5 f., § 597 Rn. 4 f.
25 Wieczorek/Schütze-*Olzen*, ZPO, § 592 Rn. 36; Zöller-*Greger*, ZPO, § 592 Rn. 9; a.A. Stein/Jonas-*Berger*, ZPO, § 595 Rn. 13 a.E.: Normales Beweisverfahren bezüglich Prozessvoraussetzungen.
26 BGH, NJW 1986, 2765 = MDR 1986, 130; Wieczorek/Schütze-*Olzen*, ZPO, § 592 Rn. 37 a.E., § 595 Rn. 16 f.; Zöller-*Greger*, ZPO, § 592 Rn. 9, § 595 Rn. 8; a.A. Stein/Jonas-*Berger*, ZPO, § 595 Rn. 13, der bei prozesshindernden Einreden, die auf Privatvereinbarung beruhen, einen Beweis durch Urkunden oder Parteivernehmung fordert (§ 595 Abs. 2 ZPO).
27 BGH, NJW-RR 1997, 1154 = MDR 1997, 879; Stein/Jonas-*Berger*, ZPO, § 595 Rn. 14; Wieczorek/Schütze-*Olzen*, ZPO, § 595 Rn. 17 a.E.
28 Beispiele bei Stein/Jonas-*Berger*, ZPO, § 592 Rn. 11 ff.; Wieczorek/Schütze-*Olzen*, ZPO, § 592 Rn. 25 ff.; Zöller-*Greger*, ZPO, § 592 Rn. 8.
29 BGH, BB 1969, 598.
30 BGH, NJW 2015, 475 (476), Rn. 14 = MDR 2015, 15 (16), Rn. 14; BGH, NJW 2008, 523, Rn. 13 = BauR 2008, 392 (393); BGHZ 62, 286 (287 ff.) = NJW 1974, 1199; OLG Köln, MDR 2014, 1022 = BauR 2014, 2132 (2132 f.); Baumbach/Lauterbach/Albers/Hartmann, ZPO, § 592 Rn. 9 f.; Musielak/Voit-*Voit*, ZPO, § 592 Rn. 11; Stein/Jonas-*Berger*, ZPO, § 592 Rn. 15, 20, § 597 Rn. 10 ff.; Thomas/Putzo-*Reichold*, ZPO, § 592 Rn. 6; a.A. OLG Schleswig, NJW 2014, 945 (946): Im Urkundenprozess müssen alle Anspruchsvoraussetzungen durch Urkunden unterlegt sein, unabhängig von der Frage, ob die Tatsachen bestritten sind; ebenso OLG München, MDR 2012, 186; Wieczorek/Schütze-*Olzen*, ZPO, § 592 Rn. 31 ff.: Auch unstreitige und zugestandene Tatsachen müssen durch Urkunden bewiesen werden, nicht aber offenkundige Tatsachen; ebenso MK-*Braun*, ZPO, § 592 Rn. 11 ff.; vermittelnd Zöller-*Greger*, ZPO, § 592 Rn. 10 f., § 597 Rn. 4 f.: Der Urkundenprozess ist grundsätzlich dann nicht statthaft, wenn der Kläger für anspruchsbegründende Tatsachen keinen Urkundenbeweis anbieten kann, der Beklagte die betreffenden Tatsachen aber nicht bestreitet; wegen § 286 ZPO dürfen jedoch unstreitige oder von der Gegenseite zugestandene Tatsachen „in engen Grenzen vom Urkundenbeleg ausgenommen werden", wohingegen der Beweiszwang im Urkundenprozess bei offenkundigen Tatsachen von vornherein entfällt.

bestreiten nicht generell entbehrlich werden.³¹ Nach **anderer Ansicht** hingegen soll ein Urkundenprozess möglich sein, ohne dass auch nur eine Anspruchsvoraussetzung durch Urkunden bewiesen werden kann.³²

Die vorgelegte Urkunde muss nicht das den Klageanspruch begründende Rechtsverhältnis selbst verbriefen. Es genügt, dass der Anspruch durch **Urkunden i. S. d. Urkundenbeweises**³³ unter Beachtung der sich aus den §§ 415 ff. ZPO ergebenden besonderen Beweisregeln und nach den Grundsätzen der **freien richterlichen Beweiswürdigung** (§ 286 ZPO) vollständig bewiesen werden kann. Jede Urkunde, die geeignet ist, dem Gericht gegenüber den Beweis für das Bestehen des Anspruchs **unmittelbar oder mittelbar** – etwa durch den Beweis von **Indiztatsachen**, die den Schluss auf die anspruchsbegründende Haupttatsache zulassen – zu erbringen, ist daher als ausreichend anzusehen.³⁴ Auch im Urkundenprozess ist die **Auslegung** der verfahrensgegenständlichen Urkunden unter Berücksichtigung von **Erfahrungssätzen** und dem Prozessstoff zu entnehmender **Indizien** zulässig und geboten; ggf. sind sogar außerhalb des Erklärungsakts liegende, dem Empfänger erkennbare Begleitumstände heranzuziehen.³⁵ Keine Rolle spielt es indes, ob die beklagte Partei selbst bei der Errichtung der Urkunde **mitgewirkt** hat.³⁶

8

Im Urkundenverfahren dürfen **Augenschein, Zeugen** und **Sachverständige** mittels **privatschriftlicher Urkunde**, in der außergerichtlich das Ergebnis des Augenscheins, die Zeugenaussage (und sei es im Rahmen einer eidesstattlichen Versicherung³⁷) oder die gutachtliche Äußerung eines Sachverständigen protokolliert ist, nicht zugelassen werden. Denn eine solche Urkunde hat keinesfalls eine höhere, sondern regelmäßig eine geringere Beweiskraft als der unmittelbare Augenschein etc. Ausgehend von dem Grundgedanken, der letztlich zur privilegierten Zulassung des Urkundenbeweises geführt hat (siehe Rn. 1), erscheint es mit dem BGH nachgerade **sinnwidrig**, Augenschein, Zeugen und Sachverständige zwar als unmittelbare Beweismittel auszunehmen, sie dann aber in der schwächeren Form des Urkundenbeweises zu akzeptieren.³⁸ Doch auch die Verwertung **gerichtlicher Protokolle** über Zeugenvernehmungen oder eines im **selbstständigen Beweisverfahren** eingeholten Sachverständigengutachtens ist im Urkundenprozess unzulässig, soweit diese an die Stelle einer unmittelbaren Beweiserhebung treten soll.³⁹ Unzulässige Beweiserhebungen im erstinstanzlichen Urkundenverfahren können als **prozessuale Verstöße** mit der **Berufung** gerügt und vom Berufungsgericht korrigiert werden, namentlich durch Abweisung der Klage als im Urkundenprozess unstatthaft (§ 597 Abs. 2 ZPO).⁴⁰

9

---

31 BGHZ 62, 286 (292) = NJW 1974, 1199; ebenso OLG Köln, MDR 2014, 1022; OLG Frankfurt a.M. v. 31.08.1995, 16 U 111/94, juris, Rn. 26; Musielak/Voit-*Voit*, ZPO, § 592 Rn. 11; Zöller-*Greger*, ZPO, § 592 Rn. 11, § 597 Rn. 1.
32 OLG Jena, MDR 1997, 975; Stein/Jonas-*Berger*, ZPO, § 597 Rn. 12.
33 Beispiele bei Stein/Jonas-*Berger*, ZPO, § 592 Rn. 19 ff.; Wieczorek/Schütze-*Olzen*, ZPO, § 592 Rn. 38 ff.; Zöller-*Greger*, ZPO, § 592 Rn. 15.
34 BGH, NJW-RR 2006, 760 (761), Rn. 16; BGH, NJW 2002, 2777 (2778) = VersR 2003, 511 (513); BGH, NJW 1985, 2953 = MDR 1986, 304; BGH, BeckRS 1982, 31073277; OLG Köln, MDR 2014, 1227; OLG Koblenz v. 10.12.2013, 3 U 725/13, juris, Rn. 39; Stein/Jonas-*Berger*, ZPO, § 592 Rn. 18 ff., 25, § 595 Rn. 7; Wieczorek/Schütze-*Olzen*, ZPO, § 592 Rn. 48, § 595 Rn. 21, 35; Zöller-*Greger*, ZPO, § 592 Rn. 15, § 595 Rn. 7; a.A. Baumbach/Lauterbach/Albers/Hartmann, ZPO, § 592 Rn. 7: §§ 592 ff. ZPO fordern Urkundenbeweisbarkeit durch Hauptbeweis.
35 BGH, NJW 2002, 2872 (2873), Rn. 18 = VersR 2003, 251 (252); BGH, NJW 1995, 1683.
36 OLG Köln, MDR 2014, 1022 (1023) = BauR 2014, 2132 (2133); Baumbach/Lauterbach/Albers/Hartmann, ZPO, § 592 Rn. 12; MK-*Braun*, ZPO, § 592 Rn. 16; Stein/Jonas-*Berger*, ZPO, § 592 Rn. 19, 23; Thomas/Putzo-*Reichold*, ZPO, § 592 Rn. 6; a.A. Musielak/Voit-*Voit*, ZPO, § 592 Rn. 12 und wohl auch Zöller-*Greger*, ZPO, Vorbem. § 592 Rn. 1.
37 BGH, NJW-RR 2012, 1242 (1245), Rn. 24; OLG München, NJW 1953, 1835.
38 BGH, NJW-RR 2012, 1242 (1245), Rn. 24; BGH, NJW 2008, 523 (524), Rn. 16 = BauR 2008, 392 (393 f.); BGHZ 1, 218 (220 f.); OLG München, MDR 1998, 1180 (1181); Musielak/Voit-*Voit*, ZPO, § 592 Rn. 12; Stein/Jonas-*Berger*, ZPO, § 592 Rn. 24; Thomas/Putzo-*Reichold*, ZPO, § 592 Rn. 7; Zöller-*Greger*, ZPO, § 592 Rn. 16.
39 BGH, NJW 2008, 523 (524 f.), Rn. 17 ff. = BauR 2008, 392 (394 f.); Baumbach/Lauterbach/Albers/Hartmann, ZPO, § 592 Rn. 13; Musielak/Voit-*Voit*, ZPO, § 592 Rn. 12; Stein/Jonas-*Berger*, ZPO, § 592 Rn. 24; Thomas/Putzo-*Reichold*, ZPO, § 592 Rn. 7; Wieczorek/Schütze-*Olzen*, ZPO, § 592 Rn. 42 ff.; a.A. OLG München v. 07.02.2007, 7 U 4952/06, juris, Rn. 24 ff. (betreffend Protokolle über Zeugen- und Beschuldigtenvernehmungen in einem Strafverfahren); OLG Rostock v. 02.12.2002, 3 U 97/02, juris, Rn. 66 f.; OLG München NJW 1953, 1835; Zöller-*Greger*, ZPO, § 592 Rn. 15.
40 OLG Karlsruhe, BB 1971, 1384.

§ 593
Klageinhalt; Urkunden

(1) Die Klage muss die Erklärung enthalten, dass im Urkundenprozess geklagt werde.

(2) [1]**Die Urkunden müssen in Abschrift der Klage oder einem vorbereitenden Schriftsatz beigefügt werden.** [2]**Im letzteren Fall muss zwischen der Zustellung des Schriftsatzes und dem Termin zur mündlichen Verhandlung ein der Einlassungsfrist gleicher Zeitraum liegen.**

Inhalt:

	Rn.		Rn.
A. Erklärung zur Prozessart, Abs. 1	1	B. Mitteilung der Beweisurkunden, Abs. 2	2

A. Erklärung zur Prozessart, Abs. 1

1 Die **unverzichtbare** (§ 295 Abs. 2 ZPO) **Erklärung in der Klageschrift**, dass im Urkundenprozess geklagt werde (§ 593 Abs. 1 ZPO), dient der Klarstellung der Verfahrensrechtslage und stellt eine weitere **besondere Prozessvoraussetzung** dar. Ohne eine solche Erklärung, die nicht ausdrücklich erfolgen, aber den Willen des Klägers **eindeutig** und unmissverständlich erkennen lassen muss (etwa durch die Überschrift „**Klage im Urkundenprozess**"[1]), ist die Klage im ordentlichen Verfahren erhoben. Der vom Gesetz geforderten Klarstellung ist aber auch dann Genüge getan, wenn der Kläger die Erklärung nicht schon in der Klageschrift, sondern erst in einem **späteren zuzustellenden Schriftsatz** oder in **mündlicher Verhandlung** abgibt. Im Falle einer solch nachträglichen Erklärung ist der Wechsel vom ordentlichen Verfahren in den Urkundenprozess jedoch entsprechend **§ 263 ZPO** nach Eintritt der Rechtshängigkeit nur dann zulässig, wenn der Beklagte zustimmt oder das Gericht den Übergang für sachdienlich erachtet, was allerdings nur ausnahmsweise in Betracht kommen dürfte (zum umgekehrten Fall des Abstehens vom Urkundenprozess siehe § 596 ZPO).[2] **Sachdienlichkeit** wurde z.B. bejaht, wenn der Wechsel in einem frühen Prozessstadium erfolgt, etwa im Rahmen der Anspruchsbegründung nach durchgeführtem Mahnverfahren.[3] Im Übrigen gelten für die **Erhebung der Klage** die allgemeinen Vorschriften des ordentlichen Verfahrens (§§ 253, 261, 496 ff. ZPO).[4] Zum **Urkunden-, Wechsel- bzw. Scheckmahnverfahren** siehe § 703a ZPO; zur entsprechenden Erklärung im Wechsel- bzw. Scheckprozess siehe § 604 Rn. 1; zur hilfsweisen Klageerhebung im Urkundenprozess und zum Übergang vom Urkunden- in den Wechselprozess siehe § 602 Rn. 3.

B. Mitteilung der Beweisurkunden, Abs. 2

2 Gemäß § 593 Abs. 2 Satz 1 ZPO sind der **Klageschrift** zur Information des Beklagten die Beweisurkunden **in Abschrift** (nicht im Original) beizufügen und gemeinsam zuzustellen; **nicht** erforderlich ist eine **Beglaubigung** der Abschriften.[5] Ungeachtet dessen muss die Klageschrift nebst Anlagen – also auch den regelmäßig nicht beglaubigten Urkundenabschriften – der Gegenseite in beglaubigter Form zugestellt werden (vgl. **§ 169 Abs. 2 ZPO**); andernfalls liegt ein Zustellungsmangel vor, der nach § 189 ZPO heilbar ist.[6] Im Übrigen genügt nach der gesetzlichen Regelung die Beifügung der Abschriften als Anlage zu einem **vorbereitenden Schriftsatz**, der **formlos** mitgeteilt wird (§ 270 Satz 1 ZPO) und auch noch in der **Berufungsinstanz** nachgereicht werden kann; dann ist aber die Frist des **§ 593 Abs. 2 Satz 2 ZPO** (i.V.m. §§ 274 Abs. 3, 523 Abs. 2, 553 Abs. 2 ZPO) zu beachten.[7] Werden die Urkunden erst in der **münd-**

---

1 Vgl. Wieczorek/Schütze-*Olzen*, ZPO, § 593 Rn. 2.
2 BGH, NJW 1977, 1883 (1884) = BB 1977, 1175 (1176); Stein/Jonas-*Berger*, ZPO, § 593 Rn. 1 f.; Wieczorek/Schütze-*Olzen*, ZPO, § 593 Rn. 1 ff., § 596 Rn. 1; Zöller-*Greger*, ZPO, § 593 Rn. 1 ff.; a.A. Musielak/Voit-*Voit*, ZPO, § 593 Rn. 3: Der Übergang in den Urkundenprozess ist nur mit Einwilligung des Beklagten zulässig, wohingegen eine Zulassung wegen Sachdienlichkeit ausgeschlossen ist (kein Fall des § 263 ZPO).
3 LG Flensburg, NJW 2003, 3425.
4 Stein/Jonas-*Berger*, ZPO, § 593 Rn. 14; Thomas/Putzo-*Reichold*, ZPO, § 593 Rn. 1.
5 Baumbach/Lauterbach/Albers/Hartmann, ZPO, § 593 Rn. 4; Musielak/Voit-*Voit*, ZPO, § 593 Rn. 4; Stein/Jonas-*Berger*, ZPO, § 593 Rn. 4; Zöller-*Greger*, ZPO, § 593 Rn. 7; wohl auch OLG Frankfurt a.M. v. 31.08.1995, 16 U 111/94, juris, Rn. 26: Die überreichte (unbeglaubigte) Urkundenkopie „reichte daher allenfalls für die Urkunden-Information im Sinne des § 593 Abs. 2 ZPO aus"; OLG Düsseldorf, MDR 1988, 504: Eine unbeglaubigte Ablichtung „mag in Einzelfällen dem zwingenden Erfordernis des § 593 Abs. 2 ZPO genügen"; a.A. Thomas/Putzo-*Reichold*, ZPO, § 593 Rn. 3: beglaubigte Abschrift erforderlich.
6 Musielak/Voit-*Voit*, ZPO, § 593 Rn. 4; Wieczorek/Schütze-*Olzen*, ZPO, § 593 Rn. 8.
7 Stein/Jonas-*Berger*, ZPO, § 593 Rn. 7 f.; Thomas/Putzo-*Reichold*, ZPO, § 593 Rn. 3; Zöller-*Greger*, ZPO, § 593 Rn. 9.

lichen Verhandlung mitgeteilt, muss bis zur Schlussverhandlung ein dem § 593 Abs. 2 Satz 2 ZPO entsprechender Zeitraum liegen.[8] Strikt zu unterscheiden ist die Urkundenmitteilung vom Erfordernis des **Beweisantritts durch Vorlegung** der Urkunde (§ 595 Abs. 3 ZPO, siehe dort Rn. 3).[9]

Bei **nicht (ordnungsgemäß) erfolgter** oder **nicht rechtzeitiger** Mitteilung der Beweisurkunden an den Beklagten ist auf dessen **Rüge** hin (i.d.R.) der Rechtsstreit auf Antrag des Klägers zu vertagen oder aber (ausnahmsweise) die Klage nach § 597 Abs. 2 ZPO abzuweisen.[10] Ohne **Rüge** des anwesenden Beklagten wird der Mangel geheilt (§ 295 ZPO; bei Anerkenntnis vgl. § 592 Rn. 6),[11] wobei jedoch § 595 Abs. 3 ZPO weiterhin zu beachten bleibt. Ist der **Beklagte säumig**, darf ein Versäumnisurteil gegen ihn nicht ergehen (siehe zur Säumnis des Beklagten im Urkundenprozess auch § 596 Rn. 2, § 597 Rn. 2); stattdessen ist der Rechtsstreit auf Antrag des Klägers zu vertagen, wenn die Urkundenmitteilung rechtzeitig vor dem neu anzuberaumenden Termin zu erwarten ist; andernfalls ist die Klage als im Urkundenprozess unstatthaft abzuweisen (§ 597 Abs. 2 ZPO). Dem Kläger bleibt es jedoch in allen Fällen unbenommen, ins ordentliche Verfahren überzugehen (§ 596 ZPO), worauf ihn das Gericht vor allem bei drohender Klageabweisung nach § 597 Abs. 2 ZPO **hinzuweisen** hat (§ 139 ZPO).[12]

3

§ 594
(weggefallen)

§ 595
Keine Widerklage; Beweismittel

(1) Widerklagen sind nicht statthaft.

(2) Als Beweismittel sind bezüglich der Echtheit oder Unechtheit einer Urkunde sowie bezüglich anderer als der im § 592 erwähnten Tatsachen nur Urkunden und Antrag auf Parteivernehmung zulässig.

(3) Der Urkundenbeweis kann nur durch Vorlegung der Urkunden angetreten werden.

Inhalt:

	Rn.		Rn.
A. Ausschluss von Widerklagen, Abs. 1	1	C. Beweisantritt, Abs. 3	3
B. Beweismittelbeschränkung, Abs. 2	2		

A. Ausschluss von Widerklagen, Abs. 1

§ 595 Abs. 1 ZPO schließt **Widerklagen** im Urkundenprozess (nicht aber im Nachverfahren) **generell** aus; wird eine solche dennoch erhoben, ist sie als im Urkundenprozess unstatthaft abzuweisen (§§ 595 Abs. 1, 597 Abs. 2 ZPO), sofern nicht der Widerkläger nach § 596 ZPO Abstand nimmt (dann Trennung entsprechend § 145 Abs. 2 ZPO möglich; danach ist § 33 ZPO aber nicht mehr anwendbar).[1] Gegenüber einer im **ordentlichen Verfahren** erhobenen Klage kann ohne Weiteres **Widerklage im Urkundenprozess** erhoben werden; § 595 Abs. 1 ZPO steht dem nicht entgegen, da er die (Urkunden-)Widerklage nur gegenüber einer im Urkundenprozess erhobenen Klage ausschließt.[2] Ebenfalls **zulässig** bleiben nach Maßgabe des § 595

1

---

8 Musielak/Voit-*Voit*, ZPO, § 593 Rn. 5; Zöller-*Greger*, ZPO, § 593 Rn. 9.
9 Baumbach/Lauterbach/Albers/Hartmann, ZPO, § 593 Rn. 5; Stein/Jonas-*Berger*, ZPO, § 593 Rn. 6; Zöller-*Greger*, ZPO, § 593 Rn. 9, 13.
10 Stein/Jonas-*Berger*, ZPO, § 593 Rn. 11; Wieczorek/Schütze-*Olzen*, ZPO, § 593 Rn. 13.
11 Thomas/Putzo-*Reichold*, ZPO, § 593 Rn. 4; Zöller-*Greger*, ZPO, § 593 Rn. 11.
12 Stein/Jonas-*Berger*, ZPO, § 593 Rn. 10; Wieczorek/Schütze-*Olzen*, ZPO, § 593 Rn. 13; Zöller-*Greger*, ZPO, § 593 Rn. 10, § 597 Rn. 9.

Zu § 595:
1 Stein/Jonas-*Berger*, ZPO, § 595 Rn. 1; Zöller-*Greger*, ZPO, § 595 Rn. 1; für ein uneingeschränktes Wahlrecht zwischen § 597 Abs. 2 ZPO und § 145 Abs. 2 ZPO MK-*Braun*, ZPO, § 595 Rn. 1; Wieczorek/Schütze-*Olzen*, ZPO, § 595 Rn. 8.
2 BGH, NJW 2002, 751 (752f.); Baumbach/Lauterbach/Albers/Hartmann, ZPO, § 595 Rn. 2; MK-*Braun*, ZPO, § 595 Rn. 1; Zöller-*Greger*, ZPO, § 595 Rn. 1f.; für die Statthaftigkeit einer Urkundenwiderklage auch im Urkundenprozess dagegen Stein/Jonas-*Berger*, ZPO, § 595 Rn. 1; Wieczorek/Schütze-*Olzen*, ZPO, § 595 Rn. 4.

Abs. 2, 3 ZPO[3] die **Aufrechnung**[4] (siehe hierzu § 597 Rn. 3, § 598 Rn. 2) sowie **Inzident(gegen)anträge** gemäß der §§ 600 Abs. 2, 302 Abs. 4 Satz 3 und 4, 717 Abs. 2 BGB, bei denen es sich nicht um eine Widerklage handelt.[5]

B. Beweismittelbeschränkung, Abs. 2

2   Bezüglich **anderer** als der in § 592 Satz 1 ZPO genannten Tatsachen (zum Beweis der allgemeinen Prozessvoraussetzungen und der anspruchsbegründenden Tatsachen siehe § 592 Rn. 6 ff.) sowie der **Echtheit oder Unechtheit einer Urkunde** (§§ 437 ff. ZPO) sind – soweit beweisbedürftig[6] – im Urkundenverfahren lediglich der **Urkundenbeweis** (§§ 415 ff. ZPO) und der diesem gegenüber subsidiäre[7] **Antrag auf Parteivernehmung** (§§ 445, 447 ZPO; nicht: § 448 ZPO) zugelassen. **Schriftvergleichung** (§ 441 ZPO) ist Beweis durch Augenschein und damit wie der Zeugen- und Sachverständigenbeweis nicht statthaft.[8] Die verfahrensgegenständlichen Urkunden unterliegen auch hinsichtlich ihrer Echtheit der **freien richterlichen Beweiswürdigung**, im Rahmen derer **Indizien** einbezogen werden können, die sich aus der Urkunde selbst ergeben (siehe hierzu sowie zum unzulässigen Ersatzbeweis § 592 Rn. 8 f.; zum Bestreiten der Echtheit einer Urkunde im Nachverfahren siehe § 600 Rn. 3 a. E.). § 595 Abs. 2 ZPO erfasst vor allem materiell-rechtliche **Einwendungen und Einreden des Beklagten** gegen die urkundlich liquide Klageforderung und das Führen des **Entlastungsbeweises** etwa nach § 280 Abs. 1 Satz 2 BGB, aber auch entsprechenden **Gegenvortrag der Klagepartei**, deren Klage bei hierfür fehlenden zulässigen Beweismitteln nach § 597 Abs. 2 ZPO abzuweisen ist (es fehlt dann nämlich an einer **besonderen Prozessvoraussetzung** des Urkundenverfahrens, siehe § 597 Rn. 3),[9] sofern sie nicht nach § 596 ZPO Abstand vom Urkundenprozess nimmt. Will der Beklagte auf **andere** als die nach § 595 Abs. 2 ZPO zulässigen Beweismittel zurückgreifen, muss er dem Klageanspruch im Urkundenprozess **widersprechen** (§ 599 Abs. 1 ZPO) und den Beweis im Nachverfahren führen (zu Einwendungen, die der Beklagte nicht mit den Mitteln des § 595 Abs. 2 ZPO beweisen kann, siehe §§ 598 f. ZPO; zu den Konsequenzen fehlender Schlüssigkeit des Klägervortrags siehe § 597 Rn. 1; zur Bindungswirkung im Nachverfahren siehe § 600 Rn. 3).

C. Beweisantritt, Abs. 3

3   Nach § 595 Abs. 3 ZPO kann der Urkundenbeweis allein durch **Vorlegung der Urkunden** in mündlicher Verhandlung angetreten werden (vgl. §§ 420, 434 ZPO). Einer **Übergabe** bedarf es aber nicht; auch spielt es für den Beweisantritt keine Rolle, ob die Urkunde dem Beklagten nach § 593 Abs. 2 ZPO (ordnungsgemäß) mitgeteilt worden ist (siehe § 593 Rn. 2 a. E.).[10] Beweisantritte nach den §§ 421 ff., 428, 432 ZPO sind **unstatthaft**. Ausgeschlossen ist es daher, Beweis durch den Antrag zu führen, Akten eines anderen Gerichts bzw. einer öffentlichen Behörde beizuziehen, was selbst dann gilt, wenn sie ihren Sitz am selben Ort wie das Prozessgericht haben.[11] **Zulässig** ist es hingegen, sich auf Urkunden in **Akten des Gerichts** – nicht notwendig desselben Spruchkörpers – **in anderer Sache** oder in **fremden Akten**, die diesem

---

3   Stein/Jonas-*Berger*, ZPO, § 595 Rn. 15; Wieczorek/Schütze-*Olzen*, ZPO, § 595 Rn. 10; Zöller-*Greger*, ZPO, § 595 Rn. 3; enger in Bezug auf Gegenanträge Baumbach/Lauterbach/Albers/Hartmann, ZPO, § 595 Rn. 2; MK-*Braun*, ZPO, § 595 Rn. 1; Thomas/Putzo-*Reichold*, ZPO, § 595 Rn. 1: Gegenantrag muss gemäß § 592 ZPO zum Urkundenprozess geeignet sein.
4   Vgl. BGH, NJW 1986, 2767 = MDR 1986, 580; BGH, NJW 1982, 1536 = BB 1981, 637.
5   Baumbach/Lauterbach/Albers/Hartmann, ZPO, § 595 Rn. 2; Musielak/Voit-*Voit*, ZPO, § 595 Rn. 2; Zöller-*Greger*, ZPO, § 595 Rn. 3; a. A. Stein/Jonas-*Berger*, ZPO, § 595 Rn. 1, § 600 Rn. 39: Widerklage.
6   Bezüglich der Echtheit der Urkunde ist ein substantiiertes (qualifiziertes) Bestreiten erforderlich, vgl. Musielak/Voit-*Voit*, ZPO, § 595 Rn. 5; Stein/Jonas-*Berger*, ZPO, § 595 Rn. 7 a. E.; Wieczorek/Schütze-*Olzen*, ZPO, § 595 Rn. 27.
7   Stein/Jonas-*Berger*, ZPO, § 595 Rn. 9; Wieczorek/Schütze-*Olzen*, ZPO, § 595 Rn. 36 a. E.
8   Stein/Jonas-*Berger*, ZPO, § 595 Rn. 3; Zöller-*Greger*, ZPO, § 595 Rn. 7; a. A. MK-*Braun*, ZPO, § 595 Rn. 6; Wieczorek/Schütze-*Olzen*, ZPO, § 595 Rn. 26.
9   BGH, NJW 1986, 2767 = MDR 1986, 580; BGH, NJW 1985, 2953 = MDR 1986, 304; BGH, NJW 1982, 1536 = BB 1981, 637; vgl. auch Zöller-*Greger*, ZPO, § 595 Rn. 6, § 597 Rn. 1a, 4, § 598 Rn. 5 f.
10 Baumbach/Lauterbach/Albers/Hartmann, ZPO, § 595 Rn. 5; Wieczorek/Schütze-*Olzen*, ZPO, § 595 Rn. 28, 33.
11 BGH, NJW 1994, 3295 (3296) = JZ 1995, 467 (469); OLG München, NJW 1953, 1835; Stein/Jonas-*Berger*, ZPO, § 595 Rn. 6; Wieczorek/Schütze-*Olzen*, ZPO, § 595 Rn. 28 f.; Zöller-*Greger*, ZPO, § 595 Rn. 9.

bereits vorliegen, zu beziehen.¹² Für in **fremder Sprache** abgefasste Urkunden gilt § 142 Abs. 3 ZPO. Zur Anwendbarkeit des § 595 Abs. 2, 3 ZPO auf Beweiserhebungen im Rahmen einer Kostenentscheidung siehe § 599 Rn. 4.

§ 596
Abstehen vom Urkundenprozess

Der Kläger kann, ohne dass es der Einwilligung des Beklagten bedarf, bis zum Schluss der mündlichen Verhandlung von dem Urkundenprozess in der Weise abstehen, dass der Rechtsstreit im ordentlichen Verfahren anhängig bleibt.

Inhalt:

	Rn.		Rn.
A. Die Abstandnahme in erster Instanz	1	C. Kostenrechtliche Folgen	4
B. Die Abstandnahme in der Berufungsinstanz	3		

A. Die Abstandnahme in erster Instanz

Bei der **bis zum Schluss der mündlichen Verhandlung** abzugebenden **Erklärung des Klägers**, 1 die in erster Instanz (siehe zur Berufungs- bzw. Revisionsinstanz Rn. 3) der Einwilligung des Beklagten nicht bedarf (auch nicht nach Einspruch gegen ein Versäumnisurteil¹), handelt es sich um eine **Prozesshandlung**; sie muss zur Vermeidung von Missverständnissen **eindeutig** sein und ist daher nicht ohne Weiteres im Dulden unzulässiger Beweiserhebungen oder im Stellen eines Beweisantrags auf Zeugenvernehmung zu sehen.² Darüber hinaus ist die Erklärung **bedingungsfeindlich** und **weder anfechtbar noch widerruflich**, weshalb der Kläger den Urkundenprozess nicht wieder aufnehmen kann; ein „hilfsweises" Abstehen für den Fall, dass die Klage im Urkundenprozess unstatthaft ist, wird dem nicht gerecht und ist daher **unwirksam**, sodass sie im Urkundenverfahren anhängig bleibt.³ Die Erklärung kann mit einer Klageänderung verbunden werden (§§ 263, 264 ZPO).⁴ Sie kann sich auch nur auf einen selbstständigen (teilurteilsfähigen) **Teil des Streitgegenstands**⁵ bzw. auf einen von mehreren **prozessualen Ansprüchen** beschränken, was dann in der Berufungsinstanz zu einer Trennung der Verfahren (entsprechend) § 145 Abs. 1 ZPO führt; nur der abgetrennte Teil ist dann im ordentlichen Verfahren zu verhandeln.⁶ Ohne Bedeutung ist es für die Abstandnahme, ob der Urkundenprozess **überhaupt statthaft** gewesen ist;⁷ da § 596 ZPO keine bestimmte Form vor-

---

12 BGH, NJW 2008, 523, Rn. 14 = BauR 2008, 392 (393); BGH, NJW 1998, 2280 (2281) = BauR 1998, 634 (636f.); MK-*Braun*, ZPO, § 595 Rn. 8; Stein/Jonas-*Berger*, ZPO, § 595 Rn. 6; Thomas/Putzo-*Reichold*, ZPO, § 595 Rn. 3; Zöller-*Greger*, ZPO, § 595 Rn. 9; offengelassen von BGH, NJW 1994, 3295 (3296) = JZ 1995, 467 (469).

Zu § 596:
1 Vgl. Baumbach/Lauterbach/Albers/Hartmann, ZPO, § 596 Rn. 6f. – „Einwilligung des Beklagten", „Versäumnisurteil"; Musielak/Voit-*Voit*, ZPO, § 596 Rn. 6; Stein/Jonas-*Berger*, ZPO, § 596 Rn. 5; Zöller-*Greger*, ZPO, § 596 Rn. 3; a.A. MK-*Braun*, ZPO, § 596 Rn. 3 a.E.
2 Stein/Jonas-*Berger*, ZPO, § 596 Rn. 3, 5; Wieczorek/Schütze-*Olzen*, ZPO, § 596 Rn. 2f., 5; Zöller-*Greger*, ZPO, § 596 Rn. 1.
3 BGH, MDR 2012, 1184, Rn. 30; BGH, NJW 2011, 2796, Rn. 17 = MDR 2011, 936; OLG Jena v. 06.01.1999, 2 U 120/98, juris, Rn. 48; Stein/Jonas-*Berger*, ZPO, § 596 Rn. 3; Wieczorek/Schütze-*Olzen*, ZPO, § 596 Rn. 2; Zöller-*Greger*, ZPO, § 596 Rn. 1, 7.
4 Stein/Jonas-*Berger*, ZPO, § 596 Rn. 1; Wieczorek/Schütze-*Olzen*, ZPO, § 596 Rn. 1.
5 OLG Köln, VersR 1993, 901 (902); Baumbach/Lauterbach/Albers/Hartmann, ZPO, § 596 Rn. 3; Musielak/Voit-*Voit*, ZPO, § 596 Rn. 4; MK-*Braun*, ZPO, § 596 Rn. 5; Stein/Jonas-*Berger*, ZPO, § 596 Rn. 13; Thomas/Putzo-*Reichold*, ZPO, § 596 Rn. 1; Wieczorek/Schütze-*Olzen*, ZPO, § 596 Rn. 7; a.A. OLG Karlsruhe v. 14.11.1997, 10 U 153/97, juris, Rn. 3; Zöller-*Greger*, ZPO, § 596 Rn. 2.
6 BGH, NJW 2003, 2386 (2386f.) = MDR 2003, 888 (889); Baumbach/Lauterbach/Albers/Hartmann, ZPO, § 596 Rn. 3; Musielak/Voit-*Voit*, ZPO, § 596 Rn. 4; Stein/Jonas-*Berger*, ZPO, § 596 Rn. 3: Gericht muss in diesem Fall sogar die Verhandlung trennen; Thomas/Putzo-*Reichold*, ZPO, § 596 Rn. 1; für eine automatische Verfahrenstrennung bei teilweiser Abstandnahme indes MK-*Braun*, ZPO, § 596 Rn. 5; Wieczorek/Schütze-*Olzen*, ZPO, § 596 Rn. 7; im Ergebnis auch OLG Köln, VersR 1993, 901 (902). Davon abweichend fordern OLG Karlsruhe v. 14.11.1997, 10 U 153/97, juris, Rn. 3 und Zöller-*Greger*, ZPO, § 596 Rn. 2 zunächst die Trennung des Verfahrens nach § 145 Abs. 1 ZPO und lassen erst dann die Abstandnahme zu.
7 BGH, NJW 2012, 2662 (2663), Rn. 23; Musielak/Voit-*Voit*, ZPO, § 596 Rn. 2; Thomas/Putzo-*Reichold*, ZPO, § 596 Rn. 1.

schreibt, muss diese auch nicht zwingend in mündlicher Verhandlung erklärt werden, sondern kann schon vorher in einem zuzustellenden (bestimmenden) **Schriftsatz** enthalten sein.[8] Nimmt die Klagepartei erst **nach Schluss der mündlichen Verhandlung** vom Urkundenprozess Abstand, so ist diese nach **§ 156 Abs. 2 Nr. 1 ZPO** wiederzueröffnen, wenn das Gericht entgegen § 139 ZPO nicht auf die Unstatthaftigkeit des Urkundenprozesses **hingewiesen** hat, obgleich der Kläger offenkundig davon ausgegangen ist, einen ihm obliegenden Beweis durch die vorgelegten Urkunden führen zu können.[9] **Praxishinweis**: Zu Beweiszwecken ist die Abstandnahmeerklärung in das **Sitzungsprotokoll** und/oder in den **Tatbestand des Urteils** aufzunehmen (vgl. §§ 165, 314 ZPO).[10] Zum umgekehrten Fall des Übergangs vom ordentlichen in den Urkundenprozess siehe § 593 Rn. 1; zur Abstandnahme vom Wechselprozess und zum Übergang in das ordentliche Verfahren sowie zum Übergang vom gewöhnlichen Urkundenprozess in den Wechselprozess siehe § 602 Rn. 3.

2 Bei **fortdauernder Rechtshängigkeit** des Anspruchs führt das Abstehen vom Urkundenprozess zu einem Wechsel in der Form des geforderten Rechtsschutzes. Der Rechtsstreit wird nunmehr im **ordentlichen Verfahren** ohne die zuvor geltenden Beschränkungen fortgeführt;[11] bereits vorgenommene **Prozesshandlungen** und ergangene (Zwischen-)**Entscheidungen** bleiben wirksam, (insbesondere durch Beweisaufnahme) gewonnene **Verfahrensergebnisse** verwertbar.[12] Bei Anwesenheit des Beklagten kann unmittelbar im selben Termin **weiterverhandelt** werden (siehe zum unmittelbaren Weiterverhandeln nach Übergang in das Nachverfahren § 600 Rn. 1). Macht jedoch der Kläger erstmals in mündlicher Verhandlung von seinem durch § 596 ZPO eingeräumten Recht Gebrauch und hat die beklagte Partei auch mangels vorheriger schriftlicher Ankündigung **noch nicht zur Sache vorgetragen** (etwa weil ohnehin keine zulässigen Beweismittel zur Verfügung standen), muss ihr das Gericht durch **Vertagung** oder **Schriftsatznachlass** ausreichend Gelegenheit zum Vorbringen von Einwendungen geben, selbst wenn bereits zur Sache verhandelt wurde.[13] Gleiches gilt bei **neuem Vortrag** bzw. **neuen Beweismitteln** des Klägers.[14] Tritt der Beklagte nach erfolgter Abstandnahme gegen die nunmehr im ordentlichen Verfahren verfolgte Klageforderung (erstmals) Beweis an, darf dieser **nicht als verspätet** zurückgewiesen werden; vielmehr muss zum Schutze seines Anspruchs auf rechtliches Gehör vertagt werden, um so den Weg zu einer ordnungsgemäßen Beweisaufnahme mit allen jetzt zulässigen Beweismitteln zu bereiten. Im Übrigen kann dem Beklagten auch nicht entgegengehalten werden, die streitige Behauptung ohne jeden Beweisantritt (z.B. Zeugenbeweis) schon zu einem früheren Zeitpunkt vorgebracht zu haben, da es im Urkundenverfahren nicht der Bezeichnung solcher Beweismittel bedarf, die erst in einem eventuellen Nachverfahren prozessual von Bedeutung sind.[15] Bei **Säumnis der beklagten Partei** kommt der Erlass eines Versäumnisurteils nur dann in Betracht, wenn ihr die Abstandnahme im Vorfeld des Termins durch zuzustellenden **Schriftsatz** (§ 270 Satz 1 ZPO) **rechtzeitig mitgeteilt** worden war (§ 335 Abs. 1 Nr. 3 ZPO).[16] Andernfalls ist zu **vertagen** und der Beklagte – ggf. unter Beifügung der Abstandnahmeerklärung sowie unter Wahrung der Frist des § 217 ZPO – **neu zu laden**; die Einlassungsfrist (§ 274 Abs. 3 ZPO) spielt keine Rolle, sofern sie nur bei der vorausgegangenen Ladung gewahrt wurde (siehe zur Säumnis des Beklagten im Urkundenprozess auch § 593 Rn. 3, § 597 Rn. 2).[17]

---

8 OLG Naumburg v. 31.05.1999, 9 W 1/99, juris, Rn. 7; MK-*Braun*, ZPO, § 596 Rn. 2; Stein/Jonas-*Berger*, ZPO, § 596 Rn. 4; Wieczorek/Schütze-*Olzen*, ZPO, § 596 Rn. 4; Zöller-*Greger*, ZPO, § 596 Rn. 1; a.A. OLG Köln, BeckRS 1994, 31146729, I.; OLG Köln, VersR 1993, 901 (902): Erklärung ist in mündlicher Verhandlung abzugeben, um wirksam zu werden; eine schriftsätzliche Erklärung ist nur als Ankündigung zu werten, sodass auch ihr Widerruf bis zur mündlichen Verhandlung möglich bleibt; Baumbach/Lauterbach/Albers/Hartmann, ZPO, § 596 Rn. 6: Schriftliche Erklärung ist nur im schriftlichen Verfahren und im Verfahren nach Aktenlage zulässig.
9 OLG Koblenz, NJW 2016, 1183 (1184), Rn. 22f.
10 Vgl. auch Wieczorek/Schütze-*Olzen*, ZPO, § 596 Rn. 2.
11 BGH, NJW 2012, 2662, Rn. 12; BGH, NJW 2011, 2796, Rn. 17 = MDR 2011, 936.
12 Baumbach/Lauterbach/Albers/Hartmann, ZPO, § 596 Rn. 10; Musielak/Voit-*Voit*, ZPO, § 596 Rn. 9; Zöller-*Greger*, ZPO, § 596 Rn. 8.
13 OLG Hamm, NJW 1974, 1515 = MDR 1974, 939.
14 Baumbach/Lauterbach/Albers/Hartmann, ZPO, § 596 Rn. 8; Zöller-*Greger*, ZPO, § 596 Rn. 9.
15 SächsVerfGH, NJW 1998, 3266 (3267).
16 Baumbach/Lauterbach/Albers/Hartmann, ZPO, § 596 Rn. 9; Stein/Jonas-*Berger*, ZPO, § 596 Rn. 15; Zöller-*Greger*, ZPO, § 596 Rn. 3, 9.
17 Stein/Jonas-*Berger*, ZPO, § 596 Rn. 15; Zöller-*Greger*, ZPO, § 596 Rn. 9.

B. Die Abstandnahme in der Berufungsinstanz

In der **Berufungsinstanz** behandelt der **BGH** das Abstehen vom Urkundenprozess wie eine **Klageänderung**,[18] die zulässig ist, wenn der Beklagte **einwilligt** oder das Gericht sie für **sachdienlich** erachtet (**§§ 263, 533 Nr. 1 ZPO**), was nicht daran scheitern darf, dass der beklagten Partei durch die Zulassung eine Tatsacheninstanz verloren geht. **Offengelassen** hat der BGH derweil, ob für ein Abstehen vom Urkundenprozess im Berufungsverfahren **zusätzlich** die Voraussetzungen der **§§ 533 Nr. 2, 529 ZPO** erfüllt sein müssen,[19] da dies in den bislang ergangenen Entscheidungen stets der Fall war. Bei der Prüfung der **Sachdienlichkeit** hat das Berufungsgericht zu berücksichtigen, dass diese auch nicht mit der Begründung verneint werden kann, dass die Überführung eines Urkundenprozesses in ein ordentliches Verfahren in der Berufungsinstanz regelmäßig dazu führt, dass der gesamte Streitstoff und damit auch Teile der ansonsten der Prüfung im Nachverfahren vorbehalten bleiben würden, zum Gegenstand des Berufungsverfahrens gemacht werden können. Weiter hat es nach der Rechtsprechung des BGH zu beachten, dass mit dem zulässigen Rechtsmittel der **gesamte aus den Akten ersichtliche Streitstoff des ersten Rechtszugs** in die Berufungsinstanz gelangt. Das Berufungsgericht darf daher auch schriftsätzlich angekündigtes, entscheidungserhebliches Parteivorbringen berücksichtigen, das von dem erstinstanzlichen Gericht für unerheblich erachtet worden ist, selbst wenn es nicht in den Tatbestand des Urteils aufgenommen wurde. Bejaht das Berufungsgericht die Sachdienlichkeit, so ist das Vorbringen der Parteien, das in diesem Fall den Beschränkungen des Urkundenverfahrens nicht mehr unterliegt, **entscheidungserheblich**.[20] Ein noch in erster Instanz geführtes Nachverfahren wird durch die wirksame Abstandnahme in der Berufungsinstanz **gegenstandslos**.[21] Nur bei entsprechender **Antragstellung** darf das Berufungsgericht die Sache wegen des nunmehr durchzuführenden ordentlichen Verfahrens an das Ausgangsgericht **zurückverweisen** (§ 538 Abs. 2 Satz 1 Nr. 5 ZPO analog; siehe hierzu auch § 600 Rn. 2);[22] ohne einen solchen Parteiantrag muss es selbst den gesamten Streitstoff erledigen und damit über Prozessstoff verhandeln und entscheiden, der erstinstanzlich aufgrund der Beschränkungen des Urkundenverfahrens nicht entscheidungserheblich war (s.o.).[23] Bei **fehlender Sachdienlichkeit** indes bleibt der Prozess vor dem Berufungsgericht im Urkundenverfahren anhängig.[24] In der **Revisionsinstanz** ist kein Raum mehr für ein Abstehen i.S.d. § 596 ZPO.[25]

C. Kostenrechtliche Folgen

Die gerichtliche **Kostenentscheidung** wird von der Abstandnahme (kein Fall des § 96 ZPO) nicht berührt; sie ergeht **einheitlich** nach allgemeinen Vorschriften.[26] Wird schon der Urkundenprozess von **beiden Parteien** in der Hauptsache (also insgesamt[27]) für **erledigt** erklärt, hat das Gericht – sofern nicht der Kläger noch zulässigerweise Abstand nimmt – im Urkundenverfahren über die Kosten durch **Vorbehaltskostenbeschluss** (§ 91a Abs. 1 ZPO) zu entscheiden, der zum Gegenstand eines Kosten-Nachverfahrens gemacht werden kann.[28] Zur Kostenentscheidung des Vorbehaltsurteils (auch im Falle eines Anerkenntnisses) sowie zur unzulässigen Kostenentscheidung unter Vorbehalt siehe § 599 Rn. 2, 4. Demgegenüber führt die **einseitige**

---

18 Anders insoweit Musielak/Voit-*Voit*, ZPO, § 596 Rn. 7.
19 Verneinend Musielak/Voit-*Voit*, ZPO, § 596 Rn. 7; Stein/Jonas-*Berger*, ZPO, § 596 Rn. 11; bejahend Thomas/Putzo-*Reichold*, ZPO, § 596 Rn. 2; Wieczorek/Schütze-*Olzen*, ZPO, § 596 Rn. 9.
20 BGH v. 24.01.2014, V ZR 36/13, juris, Rn. 5ff., 12, 15ff.; BGH, NJW 2012, 2662, Rn. 14ff. = MDR 2012, 986 (987), Rn. 14ff.; BGH, MDR 2012, 1184, Rn. 16, 29f.; BGH, NJW 2011, 2796, Rn. 24ff., 38f. = MDR 2011, 936 mit zahlreichen Nachweisen zu den vertretenen Ansichten in den Rn. 18ff.; gegen die Möglichkeit einer Abstandnahme in der Berufungsinstanz Zöller-*Greger*, ZPO, § 596 Rn. 4.
21 Stein/Jonas-*Berger*, ZPO, § 596 Rn. 10; Thomas/Putzo-*Reichold*, ZPO, § 596 Rn. 4.
22 Anders insoweit Thomas/Putzo-*Reichold*, ZPO, § 596 Rn. 4 a.E.; Wieczorek/Schütze-*Olzen*, ZPO, § 596 Rn. 10.
23 BGH, NJW 2011, 2796 (2798), Rn. 31 = MDR 2011, 936 (937f.); Musielak/Voit-*Voit*, ZPO, § 596 Rn. 7; Stein/Jonas-*Berger*, ZPO, § 596 Rn. 11.
24 OLG Frankfurt a.M., MDR 1988, 326 (327); Baumbach/Lauterbach/Albers/Hartmann, ZPO, § 596 Rn. 4; Thomas/Putzo-*Reichold*, ZPO, § 596 Rn. 2.
25 MK-*Braun*, ZPO, § 596 Rn. 3; Thomas/Putzo-*Reichold*, ZPO, § 596 Rn. 3; Zöller-*Greger*, ZPO, § 596 Rn. 4; a.A. Wieczorek/Schütze-*Olzen*, ZPO, § 596 Rn. 13.
26 Thomas/Putzo-*Reichold*, ZPO, § 596 Rn. 4; Zöller-*Greger*, ZPO, § 596 Rn. 7.
27 Unzulässig ist eine nur auf die Verfolgung des Urkundenprozess beschränkte Erledigungserklärung, vgl. Stein/Jonas-*Berger*, ZPO, § 596 Rn. 6; Wieczorek/Schütze-*Olzen*, ZPO, § 596 Rn. 24.
28 Stein/Jonas-*Berger*, ZPO, § 596 Rn. 6; Zöller-*Greger*, ZPO, § 596 Rn. 12; enger Wieczorek/Schütze-*Olzen*, ZPO, § 596 Rn. 24: Kostenentscheidung unter Vorbehalt dürfte nur dann zulässig sein, wenn der Beklagtenseite die Kosten auferlegt werden.

Erledigungserklärung im Urkundenprozess bei begründetem Anspruch und ohne Abstandnahme zu einem **Vorbehaltserledigungsurteil**, andernfalls zur Abweisung des Erledigungsantrags als in der gewählten Prozessart unstatthaft (§ 597 Abs. 2 ZPO).[29] Der Urkundenprozess und das ordentliche Verfahren, das nach Abstandnahme anhängig bleibt, stellen **verschiedene Angelegenheiten** nur i.S.d. § 17 Nr. 5 RVG dar, sodass jeweils Gebühren nach Nr. 3100 ff. VV-RVG anfallen; beachte aber Nr. 3100 Abs. 2 VV-RVG.[30] Für die **Gerichtsgebühren erster Instanz** gilt § 35 GKG i.V.m. Nr. 1210 KV-GKG, für das **Berufungsverfahren** Nr. 1220 KV-GKG (siehe auch § 600 Rn. 6).

§ 597
Klageabweisung

(1) Insoweit der in der Klage geltend gemachte Anspruch an sich oder infolge einer Einrede des Beklagten als unbegründet sich darstellt, ist der Kläger mit dem Anspruch abzuweisen.

(2) Ist der Urkundenprozess unstatthaft, ist insbesondere ein dem Kläger obliegender Beweis nicht mit den im Urkundenprozess zulässigen Beweismitteln angetreten oder mit solchen Beweismitteln nicht vollständig geführt, so wird die Klage als in der gewählten Prozessart unstatthaft abgewiesen, selbst wenn in dem Termin zur mündlichen Verhandlung der Beklagte nicht erschienen ist oder der Klage nur auf Grund von Einwendungen widersprochen hat, die rechtlich unbegründet oder im Urkundenprozess unstatthaft sind.

Inhalt:

	Rn.		Rn.
A. Unbegründetheit der Klage, Abs. 1	1	C. Fehlen einer allgemeinen Prozessvoraussetzung	6
B. Fehlen einer besonderen Prozessvoraussetzung, Abs. 2	2		

A. Unbegründetheit der Klage, Abs. 1

1 Rechtfertigt der klägerische Vortrag schon nicht den geltend gemachten Anspruch, fehlt es also an dessen **Schlüssigkeit**, so erweist sich die Klage auch bei **Säumnis des Beklagten** (siehe aber Rn. 2) als unbegründet und ist durch **Endurteil** abzuweisen (bei teilweise unbegründeter Klage kommt ein **Teilurteil** in Betracht):

Die Klage wird abgewiesen.

Die **Kostenentscheidung** richtet sich nach den §§ 91 ff. ZPO, die Entscheidung über die **vorläufige Vollstreckbarkeit** nach den §§ 708 Nr. 4, 711 ff. ZPO. Sachabweisung auf Antrag des Beklagten auch bei **Verzicht** (§ 306 ZPO)[1] oder **Säumnis des Klägers** (§§ 330, 333 ZPO: durch Versäumnisurteil), selbst wenn die Klage überdies im Urkundenprozess unstatthaft sein sollte (zur Säumnis des Klägers ist eine solche Klage auch unzulässig siehe Rn. 6).[2] Gleiches gilt, wenn sich der Beklagte gegen eine urkundlich liquide Klageforderung erfolgreich und unbedingt (bei Eventualaufrechnung siehe Rn. 3) mit materiell-rechtlichen Einwendungen bzw. Einreden verteidigt hat, die jeweils maßgeblichen Tatsachen – soweit streitig – also auf zulässige Weise bewiesen hat (§ 595 Abs. 2, 3 ZPO). Erweist sich die Klage aufgrund eines Sachverhalts, der eine **Beweisaufnahme nicht erfordert** (ansonsten siehe Rn. 3), als **unbegründet**, so ist sie auch dann endgültig durch Sachurteil abzuweisen, wenn der **Urkundenprozess schon nicht statthaft** i.S.d. § 597 Abs. 2 ZPO ist, da die besonderen Prozessvoraussetzungen des Urkundenverfahrens den Kläger nicht vor einer Klagabweisung schützen sollen, wenn der Rechtsstreit zur Ent-

---

29 Stein/Jonas-*Berger*, ZPO, § 596 Rn. 7 ff.; Wieczorek/Schütze-*Olzen*, ZPO, § 596 Rn. 25; Zöller-*Greger*, ZPO, § 596 Rn. 12; a.A. Baumbach/Lauterbach/Albers/Hartmann, ZPO, § 599 Rn. 7; Musielak/Voit-*Voit*, ZPO, § 595 Rn. 7, § 596 Rn. 3: einseitige Erledigungserklärung macht den Urkundenprozess wegen nunmehr begehrter Feststellung unstatthaft.
30 Zöller-*Greger*, ZPO, § 596 Rn. 13.

Zu § 597:
1 MK-*Braun*, ZPO, § 597 Rn. 14; Stein/Jonas-*Berger*, ZPO, § 597 Rn. 7; Thomas/Putzo-*Reichold*, ZPO, § 597 Rn. 4.
2 MK-*Braun*, ZPO, § 597 Rn. 12; Stein/Jonas-*Berger*, ZPO, § 597 Rn. 6; a.A. Baumbach/Lauterbach/Albers/Hartmann, ZPO, § 597 Rn. 5: Sachabweisende Versäumnisentscheidung nur bei Statthaftigkeit des Urkundenprozesses, andernfalls Prozessabweisung; so wohl auch Thomas/Putzo-*Reichold*, ZPO, § 597 Rn. 2, 4.

scheidung reif ist.³ Gleiches gilt für die **Berufung** nach erstinstanzlicher Klageabweisung als im Urkundenprozess unstatthaft.⁴ **Praxishinweis**: Nicht zu der nach § 597 Abs. 1 ZPO zu prüfenden Schlüssigkeit gehört die Darlegung, dass eine dem Klageanspruch zugrunde liegende, durch Urkunden belegte Vereinbarung auch **wirksam entstanden** ist; vielmehr ist zur Bejahung der Schlüssigkeit die Behauptung derjenigen Tatsachen ausreichend, die geeignet sind, das geltend gemachte Recht als in der Person des Klägers entstanden erscheinen zu lassen. Etwas anderes gilt allerdings dann, wenn die Klagepartei zugleich Tatsachen vorträgt, die aus einem **von Amts wegen** zu beachtenden Grund zur Unschlüssigkeit des Anspruchs führen. Dies hat das Gericht schon bei der Entscheidung im Urkundenprozess zu prüfen, da hiervon abhängt, ob die Klage abzuweisen ist oder ob Vorbehaltsurteil ergehen kann.⁵

B. Fehlen einer besonderen Prozessvoraussetzung, Abs. 2

Fehlt es trotz schlüssiger Klage an einer **besonderen Prozessvoraussetzung** des Urkundenverfahrens (siehe zur Statthaftigkeit des Urkundenprozesses und zum Fall des Anerkenntnisses § 592 Rn. 4 ff., zum erforderlichen Beweisantritt durch den Kläger und zur gebotenen Beweisführung mittels Urkunden bzw. – soweit zugelassen – Parteivernehmung § 592 Rn. 7 ff., § 595 Rn. 2 f.), greift § 597 Abs. 2 ZPO, und zwar auch bei **Säumnis des Beklagten** (§ 597 Abs. 2 ZPO a.E.):   2

Die Klage wird als im Urkundenprozess unstatthaft abgewiesen.

Für die **Kostenentscheidung** gelten wiederum die §§ 91 ff. ZPO, für die Entscheidung über die vorläufige Vollstreckbarkeit die §§ 708 Nr. 4, 711 ff. ZPO. Ist der **Beklagte säumig**, unterliegen die Eignung des geltend gemachten Anspruchs für das Urkundenverfahren und der Beleg anspruchsbegründender Tatsachenbehauptungen gleichwohl den vom Amts wegen zu prüfenden Anforderungen des § 592 ZPO, sodass vom Gericht zu prüfen ist, ob die klägerseits mitgeteilten Urkundenabschriften den im Urkundenverfahren statthaften Klageanspruch rechtfertigen. Denn die Rechtsfolgen des **§ 331 Abs. 1 Satz 1 ZPO** erstrecken sich insoweit nur auf die **Echtheit der Urkunden** sowie auf die **Übereinstimmung** der ordnungsgemäß mitgeteilten Abschriften (§ 593 Abs. 2 Satz 1 ZPO, siehe dort Rn. 2 f. und unten Rn. 4) mit dem jeweiligen Original, weshalb es keiner Vorlage der Urschriften im Termin bedarf; die nicht urkundlich belegten Tatsachen gelten dagegen im Urkundenprozess bei Säumnis des Beklagten **nicht als zugestanden**. Genügt die zulässige und schlüssige Klage auch den Anforderungen des § 592 ZPO, ergeht mangels Widerspruchs **Versäumnisurteil ohne Vorbehalt** (siehe § 599 Rn. 5), **fehlt** es dagegen an den besonderen Voraussetzungen des § 592 ZPO, so ist nach § 597 Abs. 2 ZPO zu verfahren (siehe zur Säumnis des Beklagten im Urkundenprozess auch § 593 Rn. 3, § 596 Rn. 2).⁶

Rechtfertigt das klägerische Vorbringen den geltend gemachten Anspruch und bestreitet der Beklagte eine anspruchsbegründende Tatsachenbehauptung oder trägt eine bestrittene Einwendung vor, so ist die Klage unmittelbar als im Urkundenprozess unstatthaft abzuweisen, wenn es von vornherein an einer **besonderen Prozessvoraussetzung** des Urkundenverfahrens mangelt. In diesem Fall ist **kein Beweis** zu erheben, selbst wenn die Einwendungen des Beklagten erheblich sein und den Anforderungen des § 595 Abs. 2, 3 ZPO genügen sollten.⁷ Konnte der Beklagte seine Einreden bzw. Einwendungen gegen eine **urkundlich liquide Klageforderung** mit den im Urkundenverfahren statthaften Mitteln beweisen oder stehen sie außer Streit, **rechnet** er also beispielsweise unbedingt mit einer unstreitigen oder auf zulässige Weise bewiesenen Gegenforderung **auf**, so ist die Klage auch dann nach § 597 Abs. 2 ZPO abzuweisen, wenn die Klägerseite den Beweis für ihre schlüssigen **Gegeneinwendungen** (z.B. das zwischenzeitliche Erlöschen der Gegenforderung) nicht durch Urkunden oder Antrag auf Parteivernehmung zu führen vermag (siehe § 595 Rn. 2). Der Kläger selbst kann somit eine Abweisung nach § 597 Abs. 1 ZPO vermeiden, indem er den Anforderungen des § 595 Abs. 2 ZPO genügenden Einwendungen des Beklagten in irgendeiner Form (und sei es ohne Beweis-   3

---

3 BGH, NJW 1982, 523 (524) = MDR 1982, 297 (298); BGH v. 07.12.1981, II ZR 43/81, juris, Rn. 21; BGH, MDR 1976, 561; OLG Jena v. 06.01.1999, 2 U 120/98, juris, Rn. 36; Thomas/Putzo-*Reichold*, ZPO, § 597 Rn. 6; Zöller-*Greger*, ZPO, § 597 Rn. 6.
4 OLG Celle, MDR 2014, 1228 = BauR 2014, 1048; Zöller-*Greger*, ZPO, § 597 Rn. 6; a.A. Stein/Jonas-*Berger*, ZPO, § 597 Rn. 21.
5 So explizit BGH, NJW 1991, 1117 = MDR 1991, 423; vgl. auch Zöller-*Greger*, ZPO, § 597 Rn. 1a a.E.
6 BGH, NJW 2015, 475 (476), Rn. 14 = MDR 2015, 15 (16), Rn. 14; BGHZ 62, 286 (290); MK-*Braun*, ZPO, § 597 Rn. 7 f.; Stein/Jonas-*Berger*, ZPO, § 592 Rn. 18, § 597 Rn. 14; Thomas/Putzo-*Reichold*, ZPO, § 592 Rn. 6; Zöller-*Greger*, ZPO, § 597 Rn. 9 f., § 599 Rn. 6.
7 Thomas/Putzo-*Reichold*, ZPO, § 597 Rn. 2, 7; Zöller-*Greger*, ZPO, § 597 Rn. 6 a.E.

antritt) **widerspricht**.[8] Da er jedoch durch rechtzeitiges Abstehen vom Urkundenprozess (§ 596 ZPO) auch die Abweisung nach § 597 Abs. 2 ZPO vermeiden kann, ist das Gericht gehalten, den Kläger auf diese Möglichkeit hinzuweisen (siehe auch § 596 Rn. 1).[9] Bei einer **Eventualaufrechnung** gegen eine urkundlich liquide Klageforderung, bei der zwar die Aufrechnungsforderung, nicht aber die beklagtenseits primär geltend gemachten Einwendungen mit den im Urkundenverfahren zulässigen Beweismitteln bewiesen sind, ist ebenfalls auf § 597 Abs. 2 ZPO zurückzugreifen: Hier darf die Hilfsaufrechnung nicht zu einer der Rechtskraft fähigen Sachabweisung und damit zum Verlust der Aufrechnungsforderung führen, wenn nicht alle anderen Einwendungen des Beklagten im Urkundenprozess abschließend erledigt werden können. Durch die Abweisung der Klage nach § 597 Abs. 2 ZPO wird einerseits berücksichtigt, dass der Beklagte mit den Beweismitteln des Urkundenverfahrens dargetan hat, dass ihm ein aufrechenbarer Anspruch zusteht; andererseits tritt der Verbrauch der Aufrechnungsforderung nicht schon vor der Entscheidung über seine anderweitigen Einwendungen gegen die Klageforderung ein, zumal der Kläger seinerseits die Abweisung der Klage durch Abstandnahme vom Urkundenprozess (§ 596 ZPO) vermeiden kann.[10] Anwendung findet **§ 597 Abs. 2 ZPO** schließlich auch dann, wenn der Beklagte **hilfsweise** mit einer unstreitigen bzw. von ihm auf zulässige Weise bewiesenen Forderung gegen eine nicht durch Urkunden bewiesene (schlüssige) Klageforderung aufgerechnet hat (siehe zur Aufrechnung auch § 595 Rn. 1, § 598 Rn. 2).[11]

4 Zur Abweisung der Klage nach **§ 597 Abs. 2 ZPO** kommt es zudem in folgenden Fällen: bei einem **Mangel** der zum Beweis anspruchsbegründender Tatsachen vorgelegten **Urkunde** (etwa Unechtheit), sofern diese lediglich ein Beweismittel darstellt (bringt der Mangel den Anspruch allerdings selbst zu Fall, so ist nach § 597 Abs. 1 ZPO zu verfahren);[12] bei einer entsprechenden **Vereinbarung**, nicht im Wege des Urkundenprozesses zu klagen, wenn die Einrede erhoben wird (siehe § 592 Rn. 2); bei **unzulässigen Beweiserhebungen** im erstinstanzlichen Urkundenverfahren nach Entscheidung des Berufungsgerichts (siehe § 592 Rn. 9 a.E.); u.U. bei nicht (ordnungsgemäß) erfolgter oder nicht rechtzeitiger **Mitteilung der Beweisurkunden** an den Beklagten (siehe § 593 Rn. 3); bei einer im Urkundenprozess erhobenen **Widerklage** (siehe § 595 Rn. 1); u.U. bei **einseitiger Erledigungserklärung** im Urkundenprozess (siehe § 596 Rn. 4).

5 Die (endgültige) rechtskräftige **Abweisung nach § 597 Abs. 1 ZPO** hat zur Folge, dass der Anspruch weder im ordentlichen Klageverfahren noch in einem neuerlichen Urkundenprozess eingeklagt werden kann.[13] Derweil führt die **Abweisung nach § 597 Abs. 2 ZPO** nur dazu, dass ein neuer Urkundenprozess mit gleichem Streitgegenstand nicht mehr geführt werden kann; möglich bleibt nur noch die Geltendmachung im ordentlichen Verfahren. Erfolgte die Abweisung wegen eines **Beweismangels**, scheidet lediglich ein neues Urkundenverfahren mit denselben Beweismitteln aus.[14]

C. Fehlen einer allgemeinen Prozessvoraussetzung

6 Bei Fehlen einer allgemeinen Prozessvoraussetzung (siehe nur § 592 Rn. 6), ergeht **Prozessurteil** und zwar auch dann, wenn zusätzlich eine besondere Prozessvoraussetzung des Urkundenverfahrens fehlt oder die Klage überdies unbegründet ist:

Die Klage wird als unzulässig abgewiesen.

Dem Nachverfahren kann die Entscheidung insoweit nicht überlassen werden.[15] Für die **Kostenentscheidung** gelten die §§ 91 ff. ZPO, für die Entscheidung über die **vorläufige Vollstreckbarkeit** auch hier die §§ 708 Nr. 4, 711 ff. ZPO. Bei **Säumnis des Klägers** ist die Klage gleichermaßen durch kontradiktorisches Urteil (also nicht durch Versäumnisurteil) als unzulässig abzuweisen (zur Säumnis des Klägers bei unschlüssiger Klage siehe Rn. 1).[16]

---

8 BGH, NJW 1986, 2767 = MDR 1986, 580; MK-*Braun*, ZPO, § 597 Rn. 5f.; Stein/Jonas-*Berger*, ZPO, § 597 Rn. 5, § 598 Rn. 4, 6; Zöller-*Greger*, ZPO, § 597 Rn. 1a, § 598 Rn. 6.
9 OLG Koblenz, NJW 2016, 1183 (1184), Rn. 22f.; vgl. auch Zöller-*Greger*, ZPO, § 597 Rn. 1a.
10 So explizit BGH, NJW 1982, 1536 = BB 1981, 637; MK-*Braun*, ZPO, § 597 Rn. 6; Stein/Jonas-*Berger*, ZPO, § 597 Rn. 5, § 598 Rn. 8; Zöller-*Greger*, ZPO, § 598 Rn. 6.
11 Stein/Jonas-*Berger*, ZPO, § 598 Rn. 7; Zöller-*Greger*, ZPO, § 598 Rn. 6.
12 Zöller-*Greger*, ZPO, § 597 Rn. 1a.
13 Stein/Jonas-*Berger*, ZPO, § 597 Rn. 18; Zöller-*Greger*, ZPO, § 597 Rn. 3.
14 Baumbach/Lauterbach/Albers/Hartmann, ZPO, § 597 Rn. 9; Stein/Jonas-*Berger*, ZPO, § 597 Rn. 19; Thomas/Putzo-*Reichold*, ZPO, § 597 Rn. 3.
15 BGH, NJW 1986, 2765 = MDR 1986, 130.
16 Stein/Jonas-*Berger*, ZPO, § 597 Rn. 16; Zöller-*Herget*, ZPO, § 330 Rn. 7; a.A. MK-*Braun*, ZPO, § 597 Rn. 12.

§ 598
Zurückweisung von Einwendungen

Einwendungen des Beklagten sind, wenn der dem Beklagten obliegende Beweis nicht mit den im Urkundenprozess zulässigen Beweismitteln angetreten oder mit solchen Beweismitteln nicht vollständig geführt ist, als im Urkundenprozess unstatthaft zurückzuweisen.

Erhobene und schlüssige materiell-rechtliche **Einwendungen** im weiteren Sinne bzw. **Beweiseinreden**[1] des Beklagten (für prozesshindernde Einreden siehe aber § 592 Rn. 6) müssen, wenn der erforderliche Beweis nicht mit den im Urkundenverfahren statthaften Beweismitteln angetreten (siehe § 595 Rn. 2 f.) oder mit solchen nicht vollständig geführt ist, in den **Gründen** des Vorbehaltsurteils als im Urkundenprozess unstatthaft zurückgewiesen werden, können aber im **Nachverfahren** (§ 600 ZPO) erneut geltend gemacht werden.[2] **Rechtlich unerhebliche** (weil unschlüssige bzw. unsubstantiierte) Einwendungen sind zwar ebenfalls in den Gründen des Vorbehaltsurteils – für das Nachverfahren allerdings bindend – zurückzuweisen, werden jedoch von § 598 ZPO ebenso wenig erfasst wie erst gar **nicht erhobene** (zur jeweiligen Bindungswirkung im Nachverfahren siehe § 600 Rn. 3) oder aber **durchgreifende Einwendungen** des Beklagten, welche die Abweisung der Klage gemäß § 597 Abs. 1 ZPO zur Folge haben (siehe dort Rn. 1).[3]   1

Auch die **Aufrechnung** des Beklagten gegen eine liquide Forderung des Klägers (siehe zur Aufrechnung auch § 595 Rn. 1, § 597 Rn. 3) stellt eine Einwendung i.S.d. Vorschrift dar und ist, wenn sie nicht mit den im Urkundenprozess zulässigen Mitteln bewiesen wird, in den Gründen des Vorbehaltsurteils als unstatthaft zurückzuweisen (andernfalls bzw. bei unstreitiger Gegenforderung ist die Klage aufgrund erfolgreicher Aufrechnung gemäß § 597 Abs. 1 ZPO mit der Wirkung des **§ 322 Abs. 2 ZPO** abzuweisen, siehe § 597 Rn. 1, 3); das gilt selbst dann, wenn sich der Aufrechnungseinwand schon den klägerseits vorgelegten Urkunden entnehmen lässt.[4] Ein Vorgehen über die **§§ 145 Abs. 3, 302 ZPO** ist in diesem Fall ausgeschlossen; **anders** u.U., wenn bei unstreitiger Klageforderung hinsichtlich der Gegenforderung im Urkundenprozess zulässiger Beweis angetreten wird.[5]   2

§ 599
Vorbehaltsurteil

(1) Dem Beklagten, welcher dem geltend gemachten Anspruch widersprochen hat, ist in allen Fällen, in denen er verurteilt wird, die Ausführung seiner Rechte vorzubehalten.

(2) Enthält das Urteil keinen Vorbehalt, so kann die Ergänzung des Urteils nach der Vorschrift des § 321 beantragt werden.

(3) Das Urteil, das unter Vorbehalt der Rechte ergeht, ist für die Rechtsmittel und die Zwangsvollstreckung als Endurteil anzusehen.

Inhalt:

	Rn.		Rn.
A. Verurteilung unter Vorbehalt	1	III. Insbesondere: Anerkenntnis-Vorbehaltsurteil	4
I. Erläuterungen und Prozessuales	1	**B. Verurteilung ohne Vorbehalt**	5
II. Zwangsvollstreckung aus dem Vorbehaltsurteil	3		

A. Verurteilung unter Vorbehalt
I. Erläuterungen und Prozessuales

Eine Verurteilung unter Vorbehalt der Rechte im Nachverfahren (§§ 599 Abs. 1, 600 ZPO) erfolgt dann, wenn sich der Klageanspruch als begründet erweist, neben den allgemeinen auch die besonderen Prozessvoraussetzungen des Urkundenverfahrens (siehe § 592 Rn. 4 ff., § 593   1

---

1 Stein/Jonas-*Berger*, ZPO, § 598 Rn. 2; Thomas/Putzo-*Reichold*, ZPO, § 598 Rn. 1.
2 Stein/Jonas-*Berger*, ZPO, § 598 Rn. 1; Zöller-*Greger*, ZPO, § 598 Rn. 1, 5 a.E., § 600 Rn. 11, 15.
3 Zöller-*Greger*, ZPO, § 598 Rn. 3.
4 Vgl. BGH, MDR 1972, 41 (42) = NJW 1971, 2226 (insb. Leitsatz nach juris).
5 OLG Celle, NJW 1974, 1473; Stein/Jonas-*Berger*, ZPO, § 598 Rn. 4; Thomas/Putzo-*Reichold*, ZPO, § 598 Rn. 2, 4; Zöller-*Greger*, ZPO, § 598 Rn. 5; a.A. Baumbach/Lauterbach/Albers/Hartmann, ZPO, § 598 Rn. 2; MK-*Braun*, ZPO, § 598 Rn. 3.

Rn. 1, § 595 Rn. 2) gegeben sind und der Beklagte **in mündlicher Verhandlung** (schriftlicher Widerspruch ist nur im schriftlichen Verfahren und im Falle einer Aktenlageentscheidung zulässig[1]) dem geltend gemachten Anspruch „in irgendeiner Weise"[2] **widersprochen** hat (zur Bindungswirkung im Nachverfahren siehe § 600 Rn. 3).[3] **Widerspruch** meint dabei jede Verteidigung gegen eine bedingungslose Verurteilung, jede Verneinung der Begründetheit der Klageforderung, und sei es nur im Wege einer Zug-um-Zug-Einrede. **Weder** ein **Antrag** der beklagten Partei auf den Vorbehalt **noch** eine **ausdrückliche Erklärung** des Widerspruchs sind somit erforderlich.[4] Da der Vorbehalt selbst im Falle eines unberechtigten Widerspruchs aufzunehmen ist, bedarf letzterer auch keiner Begründung; soweit eine solche erfolgt, ist sie vom Gericht inhaltlich nicht zu prüfen.[5] Der einmal erklärte Widerspruch kann später wieder **zurückgenommen** werden.[6]

2 Im Rubrum ist das Urteil als „**Vorbehaltsurteil**" bzw. „**Urkunden-Vorbehaltsurteil**" zu bezeichnen. Grundsätzlich ist der Vorbehalt in allgemeiner Form in der **Urteilsformel** – und zwar nur bei Verurteilung des Beklagten, nie bei Klageabweisung[7] – **nach** der Kostenentscheidung (§§ 91 ff. ZPO; zur Kostenentscheidung bei Abstandnahme vom Urkundenprozess und übereinstimmender Erledigungserklärung siehe § 596 Rn. 4; zur Kostenentscheidung bei Anerkenntnis und zur unzulässigen Kostenentscheidung unter Vorbehalt siehe unten Rn. 4) und der Erklärung der vorläufigen Vollstreckbarkeit (§§ 708 Nr. 4, 711 ff. ZPO) auszusprechen:

Dem Beklagten wird die Ausführung seiner Rechte vorbehalten.

Alternativ kann es heißen:

Dem Beklagten bleibt die Ausführung seiner Rechte im Nachverfahren vorbehalten.

Die Aufnahme des Vorbehalts nur in den **Entscheidungsgründen** wird allerdings als zulässig erachtet, sodass es insoweit keiner Berichtigung des Urteils (§ 319 ZPO) bedarf.[8] Enthält dieses irrtümlicherweise gar keinen Vorbehalt, kann **Ergänzung** gemäß der §§ 599 Abs. 2, 321 ZPO beantragt werden; alternativ steht es der beklagten Partei offen, das Fehlen des Vorbehalts im Wege des statthaften **Rechtsmittels** (vgl. § 599 Abs. 3 ZPO) geltend zu machen.[9] Das Vorbehaltsurteil kann bei gegebener Entscheidungsreife auch erstmals in der **Revisionsinstanz** ergehen.[10] Die **Rechtskraft** eines ohne Vorbehalt erlassenen Urteils schließt allerdings „jede Nachklage aus",[11] wohingegen das Nachverfahren seinerseits **nicht** dazu geeignet ist, einen unberechtigten Vorbehalt zu beseitigen; hierzu bedarf es vielmehr der Einlegung eines Rechtsmittels durch den Kläger (siehe auch Rn. 4 und § 600 Rn. 3). Hat dieser eine Verurteilung ohne Vorbehalt beantragt, erfolgt bei Aufnahme eines solchen **keine Teilabweisung** der Klage.[12]

II. Zwangsvollstreckung aus dem Vorbehaltsurteil

3 Für die Zwangsvollstreckung ist das Vorbehaltsurteil als **Endurteil** anzusehen (§§ 599 Abs. 3, 704, 708 Nr. 4, 711 ff., 719 Abs. 1, 2 ZPO). Ein zunächst vorläufig vollstreckbares Vorbehaltsurteil ist der **äußeren Rechtskraft** fähig und wird durch deren Eintritt endgültig vollstreckbar (§ 704 ZPO), auch wenn es im Hinblick auf eine mögliche Aufhebung im Nachverfahren u. U. **auflösend bedingt** ist; das Nachverfahren selbst stellt kein Rechtsmittel dar, sodass mit Eintritt der formellen Rechtskraft auch die **Abwendungsbefugnis entfällt**. Wird der Rechtsstreit nach Verkündung des Vorbehaltsurteils fortgesetzt, kommt jedoch eine **einstweilige Einstellung der Zwangsvollstreckung** nach § 707 Abs. 1 ZPO aus dem (u. U. formell rechtskräftigen) Vorbe-

---

1 OLG Naumburg, MDR 1994, 1246; Baumbach/Lauterbach/Albers/Hartmann, ZPO, § 599 Rn. 4; Stein/Jonas-*Berger*, ZPO, § 599 Rn. 5.
2 Zöller-*Greger*, ZPO, § 599 Rn. 1.
3 Thomas/Putzo-*Reichold*, ZPO, § 599 Rn. 3.
4 Stein/Jonas-*Berger*, ZPO, § 599 Rn. 5, 7; Thomas/Putzo-*Reichold*, ZPO, § 599 Rn. 4; Zöller-*Greger*, ZPO, § 599 Rn. 1, 5.
5 Baumbach/Lauterbach/Albers/Hartmann, ZPO, § 599 Rn. 4; Thomas/Putzo-*Reichold*, ZPO, § 599 Rn. 4; Zöller-*Greger*, ZPO, § 599 Rn. 5.
6 Baumbach/Lauterbach/Albers/Hartmann, ZPO, § 599 Rn. 4; Zöller-*Greger*, ZPO, § 599 Rn. 5.
7 BGH, NJW 1982, 1536 (1537) = BB 1981, 637 (638); Zöller-*Greger*, ZPO, § 599 Rn. 4.
8 MK-*Braun*, ZPO, § 599 Rn. 6; Zöller-*Greger*, ZPO, § 599 Rn. 2; a. A. Baumbach/Lauterbach/Albers/Hartmann, ZPO, § 599 Rn. 7; Stein/Jonas-*Berger*, ZPO, § 599 Rn. 7: Vorbehalt nur in den Urteilsgründen ist unwirksam, sodass es einer Urteilsergänzung (§§ 599 Abs. 2, 321 ZPO) bedarf; für eine Berichtigung gemäß § 319 ZPO Musielak/Voit-*Voit*, ZPO, § 599 Rn. 10.
9 OLG Hamm, BB 1992, 236; Thomas/Putzo-*Reichold*, ZPO, § 599 Rn. 6; Zöller-*Greger*, ZPO, § 599 Rn. 2, 13.
10 BGH v. 29.06.1999, XI ZR 304/98, juris, Rn. 24; Stein/Jonas-*Berger*, ZPO, § 599 Rn. 7 f.
11 Stein/Jonas-*Berger*, ZPO, § 599 Rn. 7.
12 Zöller-*Greger*, ZPO, § 599 Rn. 3.

haltsurteil in Betracht (zum Risiko einer möglichen Schadensersatzpflicht siehe § 600 Rn. 4).[13] Im Übrigen **endet** dessen Vollstreckbarkeit bei einer Aufhebung bzw. Abänderung in höherer Instanz oder im Nachverfahren (§§ 717 Abs. 1, 775 Nr. 1, 776 Satz 1 ZPO).[14] Eintritt **materieller Rechtskraft** nur dann, wenn das Vorbehaltsurteil im Nachverfahren rechtskräftig bestätigt wird.[15]

III. Insbesondere: Anerkenntnis-Vorbehaltsurteil

Anerkennt der Beklagte die Klageforderung im Urkundenprozess **vorbehaltlos**, so hat er die- 4
ser nicht widersprochen (siehe Rn. 5); eine **Beschränkung des Vorbehalts auf den Kostenausspruch** ist dann – namentlich im Falle eines Anerkenntnisses unter Verwahrung gegen die Kostenlast (§ 93 ZPO) – wegen § 308 Abs. 2 ZPO nicht zulässig (siehe zum Anerkenntnis im Urkundenverfahren auch § 592 Rn. 6).[16] **Praxishinweis:** Im beschriebenen Fall hat ein **Teil-Anerkenntnisurteil** über die Klageforderung zu ergehen; im Schlussurteil ist dann (ggf. nach einer Beweisaufnahme im Urkundenprozess, die insoweit **keiner Beweismittelbeschränkung** unterliegt[17]) isoliert über die Kosten des Rechtsstreits vorbehaltlos zu entscheiden.[18] Will hingegen die beklagte Partei der Klageforderung grundsätzlich entgegentreten, erkennt sie diese aber unter Vorbehalt ihrer Rechte im Nachverfahren (nur) für den Urkundenprozess an, so kann ein **Anerkenntnis-Vorbehaltsurteil** in der Hauptsache und in den Kosten (§ 93 ZPO ist insoweit nicht anwendbar, vielmehr hat stets der Beklagte die Kosten zu tragen) ergehen,[19] das im **Rubrum** als solches zu bezeichnen ist. Keine Abwendungsbefugnis des Beklagten, da für das Anerkenntnis-Vorbehaltsurteil **§ 708 Nr. 1 Alt. 1 ZPO** gilt (siehe zur Zwangsvollstreckung aus dem Vorbehaltsurteil Rn. 3; zur Bindungswirkung im Nachverfahren und zu den gebührenrechtlichen Auswirkungen siehe § 600 Rn. 3, 6).[20] **Praxishinweis**: Der Kläger, der einen solchen Vorbehalt für unberechtigt hält, muss das statthafte Rechtsmittel (§ 599 Abs. 3 ZPO) gegen das (Anerkenntnis-)Vorbehaltsurteil einlegen; denn im Nachverfahren kann er nicht mehr einwenden, dass dem Beklagten die Ausführung seiner Rechte zu Unrecht vorbehalten worden sei (siehe auch Rn. 2 und § 600 Rn. 3).[21] Das **Endurteil**, mit dem das im Urkundenverfahren ergangene Anerkenntnis-Vorbehaltsurteil für vorbehaltlos erklärt wird, kann **nicht** mit der **Kostenbeschwerde** nach § 99 Abs. 2 Satz 1 ZPO angefochten werden.[22]

B. Verurteilung ohne Vorbehalt

Liegen die allgemeinen Prozessvoraussetzungen vor und **anerkennt** der Beklagte im Urkun- 5
denverfahren (ganz oder teilweise) den Klageanspruch **vorbehaltlos** (§ 307 ZPO), so ist er **ohne Vorbehalt** zu verurteilen (siehe auch Rn. 4 sowie § 592 Rn. 6); für die Vollstreckbarkeitsentscheidung gilt dann **§ 708 Nr. 1 Alt. 1 ZPO**. Ist im Urkundenprozess ein rechtskräftiges Anerkenntnisurteil ohne Vorbehalt erlassen worden, kommt dessen Aufhebung im Nachverfahren nicht mehr in Betracht (siehe Rn. 2).[23] Liegen sowohl die allgemeinen als auch die besonderen Prozessvoraussetzungen des Urkundenverfahrens vor und darüber hinaus **Säumnis des Beklagten** (§§ 331, 333 ZPO), kann bei Schlüssigkeit der Klage auf Antrag der Klagepartei ein vorbehaltloses „**Urkunden-Versäumnisurteil**" ergehen (also gerade kein Versäum-

---

13 BGH, NJW 1978, 43 = BB 1977, 1571 (1572); für einen zurückhaltenden Gebrauch der Einstellungsmöglichkeit nach § 707 Abs. 1 ZPO Musielak/Voit-*Voit*, ZPO, § 599 Rn. 13; MK-*Braun*, ZPO, § 599 Rn. 8; Stein/Jonas-*Berger*, ZPO, § 599 Rn. 10.
14 Stein/Jonas-*Berger*, ZPO, § 599 Rn. 11; Wieczorek/Schütze-*Olzen*, ZPO, § 599 Rn. 22.
15 Stein/Jonas-*Berger*, ZPO, § 599 Rn. 9 a.E.; Zöller-*Greger*, ZPO, § 599 Rn. 19.
16 Musielak/Voit-*Voit*, ZPO, § 595 Rn. 7, § 599 Rn. 7; Thomas/Putzo-*Reichold*, ZPO, § 599 Rn. 5 a.E.; Wieczorek/Schütze-*Olzen*, ZPO, § 595 Rn. 19; Zöller-*Greger*, ZPO, § 599 Rn. 7; a.A. MK-*Braun*, ZPO, § 599 Rn. 4 a.E.; Stein/Jonas-*Berger*, ZPO, § 595 Rn. 14, § 599 Rn. 3.
17 Baumbach/Lauterbach/Albers/Hartmann, ZPO, § 595 Rn. 4; Musielak/Voit-*Voit*, ZPO, § 595 Rn. 7, § 599 Rn. 7; Wieczorek/Schütze-*Olzen*, ZPO, § 595 Rn. 19; Zöller-*Greger*, ZPO, § 599 Rn. 7; a.A. MK-*Braun*, ZPO, § 599 Rn. 4 a.E.; Stein/Jonas-*Berger*, ZPO, § 595 Rn. 14, § 599 Rn. 3.
18 Zöller-*Greger*, ZPO, § 599 Rn. 7; a.A. Musielak/Voit-*Voit*, ZPO, § 599 Rn. 7.
19 OLG Brandenburg, NJW-RR 2002, 1294 = MDR 2002, 780; OLG München, MDR 1963, 603; LG Aachen, NJW-RR 1986, 359 (360); Musielak/Voit-*Voit*, ZPO, § 599 Rn. 6; MK-*Braun*, ZPO, § 599 Rn. 4; Stein/Jonas-*Berger*, ZPO, § 599 Rn. 4; Zöller-*Greger*, ZPO, § 599 Rn. 8 f.; a.A. LG Hannover, NJW-RR 1987, 384; offengelassen von BGH, NJW-RR 1992, 254 (256); OLG Düsseldorf, NJW-RR 1999, 68 (69).
20 OLG Koblenz, NJW-RR 1991, 512; Musielak/Voit-*Voit*, ZPO, § 599 Rn. 13; Zöller-*Herget*, ZPO, § 711 Rn. 3.
21 BGH, NJW-RR 1992, 254 (256); BGH, NJW 1962, 446 = BB 1962, 108; Stein/Jonas-*Berger*, ZPO, § 599 Rn. 8 f., § 600 Rn. 25 a.E.
22 OLG Naumburg, NJW-RR 1997, 893 (894).
23 OLG Karlsruhe, MDR 1991, 991.

nis-Vorbehaltsurteil, selbst wenn der Kläger ein solches beantragt, siehe auch § 597 Rn. 2 a.E.), für das **§ 708 Nr. 2 ZPO** gilt. Ein solches kann auch dann erlassen werden, wenn der Beklagte in einer **früheren mündlichen Verhandlung** dem geltend gemachten Anspruch bereits widersprochen haben sollte.[24] Das Vorstehende gilt gleichermaßen für die **Berufungsinstanz**.[25]

§ 600
Nachverfahren

(1) Wird dem Beklagten die Ausführung seiner Rechte vorbehalten, so bleibt der Rechtsstreit im ordentlichen Verfahren anhängig.
(2) Soweit sich in diesem Verfahren ergibt, dass der Anspruch des Klägers unbegründet war, gelten die Vorschriften des § 302 Abs. 4 Satz 2 bis 4.
(3) Erscheint in diesem Verfahren eine Partei nicht, so sind die Vorschriften über das Versäumnisurteil entsprechend anzuwenden.

Inhalt:

	Rn.		Rn.
A. Allgemeines, Erläuterungen und Prozessuales...............	1	B. Die gerichtliche Entscheidung im Nachverfahren................	4

A. Allgemeines, Erläuterungen und Prozessuales

1   Mit dem Nachverfahren wird bei unveränderter **Rechtshängigkeit** der Streitsache (§ 261 Abs. 3 Nr. 1 ZPO) das vormalige Urkundenverfahren ohne Neueintragung[1] als einheitlicher, nunmehr im **ordentlichen Verfahren** geführter Prozess fortgesetzt (§ 600 Abs. 1 ZPO).[2] **Parteirolle**, **Streitgegenstand** und **Streitwert** ändern sich nicht.[3] Das Nachverfahren beginnt mit dem Erlass des insoweit auflösend bedingten Vorbehaltsurteils (§ 600 Abs. 1 ZPO) und wird fortgesetzt, wenn eine Partei dies **beantragt**;[4] schon unmittelbar nach Verkündung des Vorbehaltsurteils kann im Nachverfahren mündlich **weiterverhandelt** werden, es sei denn, es wurde ein neuer Verkündigungstermin anberaumt (siehe zum unmittelbaren Weiterverhandeln in der ordentlichen Verfahren nach Abstandnahme vom Urkundenprozess § 596 Rn. 2).[5] Dementsprechend setzt das Nachverfahren auch **nicht** die Rechtskraft des Vorbehaltsurteils voraus (siehe Rn. 5);[6] seine **Aussetzung** bis zur rechtskräftigen Entscheidung im Urkundenprozess verstößt vielmehr gegen Sinn und Zweck dieser Verfahrensart und ist daher unzulässig (siehe auch § 592 Rn. 1).[7] Allerdings werden die **„bestehenden Prozesslagen übernommen"**,[8] sodass be-

---

24 Baumbach/Lauterbach/Albers/Hartmann, ZPO, § 599 Rn. 5; Thomas/Putzo-*Reichold*, ZPO, § 599 Rn. 2; Wieczorek/Schütze-*Olzen*, ZPO, § 599 Rn. 11 f.; Zöller-*Greger*, ZPO, § 599 Rn. 6; a. A. OLG Naumburg, NJW-RR 1995, 1087 = MDR 1994, 1246: Auch bei einem Widerspruch in einem früheren Termin spricht zumindest eine Vermutung dafür, dass der Beklagte mit seinen Rechten nicht endgültig ausgeschlossen sein, sondern sich die Chance der Geltendmachung von Einwänden im Nachverfahren erhalten will; Stein/Jonas-*Berger*, ZPO, § 599 Rn. 2, 6: Ausreichend, wenn der Widerspruch in einer früheren mündlichen Verhandlung erklärt wurde, sodass nur ein Versäumnis-Vorbehaltsurteil erlassen werden darf; ebenso Musielak/Voit-*Voit*, ZPO, § 599 Rn. 4; MK-*Braun*, ZPO, § 599 Rn. 3.
25 Stein/Jonas-*Berger*, ZPO, § 599 Rn. 2.

Zu § 600:
1 Zöller-*Greger*, ZPO, § 600 Rn. 8.
2 BGH, NJW 1960, 100.
3 Thomas/Putzo-*Reichold*, ZPO, § 600 Rn. 1; Zöller-*Greger*, ZPO, § 600 Rn. 3, 7.
4 BGH, NJW 1983, 1111 = BB 1983, 401; OLG Frankfurt a.M., NJW-RR 1990, 574 = MDR 1990, 256 (zur Verwirkung des Antragsrechts); Musielak/Voit-*Voit*, ZPO, § 600 Rn. 1; Stein/Jonas-*Berger*, ZPO, § 600 Rn. 13 f.; Thomas/Putzo-*Reichold*, ZPO, § 600 Rn. 1; a. A. Zöller-*Greger*, ZPO, § 600 Rn. 8: Verfahren wird von Amts wegen fortgesetzt; ebenso Baumbach/Lauterbach/Albers/Hartmann, ZPO, § 600 Rn. 1; MK-*Braun*, ZPO, § 600 Rn. 4; Wieczorek/Schütze-*Olzen*, ZPO, § 600 Rn. 5 ff.
5 BGH, NJW 1973, 467 = MDR 1973, 312; Stein/Jonas-*Berger*, ZPO, § 600 Rn. 34; einschränkend Zöller-*Greger*, ZPO, § 600 Rn. 8: nur mit Einverständnis beider Parteien.
6 BGH, NJW 1973, 467 = MDR 1973, 312; Zöller-*Greger*, ZPO, § 600 Rn. 24; einschränkend Stein/Jonas-*Berger*, ZPO, § 600 Rn. 11 ff.
7 Vgl. BGH, NJW 1973, 467 (468) = MDR 1973, 312.
8 Zöller-*Greger*, ZPO, § 600 Rn. 4.

reits vollzogene **Prozesshandlungen** ihre Wirksamkeit im Nachverfahren nicht einbüßen (insbesondere Beweisaufnahmen müssen also nicht wiederholt werden, ein Geständnis von Tatsachen oder die Anerkennung der Echtheit einer Urkunde wirken fort). Hat jedoch der Beklagte infolge rügelosen Einlassens die gerichtliche Zuständigkeit nach § 39 ZPO begründet oder Rügen gemäß **§ 269 Abs. 6 ZPO** bzw. **§ 1032 Abs. 1 ZPO** (siehe auch § 592 Rn. 3, 6) für das Urkundenverfahren endgültig verloren (**§§ 282 Abs. 3, 296 Abs. 3 ZPO**), leben diese im Nachverfahren nicht wieder auf. Gleiches gilt für Verfahrensrügen i.S.d. **§ 295 ZPO**.[9] Derweil ist die Wirkung noch im Urkundenprozess gesetzter Fristen nach den **§§ 273, 275-277 ZPO** auf diesen beschränkt.[10]

Die örtliche und sachliche **Zuständigkeit** des mit dem Vorbehaltsverfahren befassten Gerichts ändert sich auch im Nachverfahren nicht (vgl. § 261 Abs. 3 Nr. 2 ZPO).[11] Nach Ansicht des **BGH** ist jedoch grundsätzlich das **Berufungsgericht** zur Verhandlung und Entscheidung des Nachverfahrens zuständig, wenn die erste Instanz die Klage abgewiesen oder vorbehaltlos verurteilt hat und das **Vorbehaltsurteil erst auf Rechtsmittel** – und sei es in der Revisionsinstanz – ergeht. Eine fortbestehende Anhängigkeit des Nachverfahrens in erster Instanz komme in diesem Fall nicht in Betracht; der Rechtsstreit sei durch die Berufung gegen das klageabweisende Urteil vollständig in der Berufungsinstanz angefallen, das gemäß § 538 Abs. 1 ZPO regelmäßig in der Sache selbst zu entscheiden habe. Ob auf einen entsprechenden Antrag hin eine **Zurückverweisung** an die erste Instanz in analoger Anwendung des § 538 Abs. 2 Satz 1 Nr. 5 ZPO nach pflichtgemäßem Ermessen des Berufungsgerichts erfolgen darf oder sogar erforderlich ist und ob der BGH selbst die Entscheidung darüber anstelle des Berufungsgerichts treffen kann, hat er hingegen (zuletzt) offengelassen (siehe auch § 596 Rn. 3).[12] 2

Im Nachverfahren stehen den Parteien ohne die Beschränkungen des Urkundenprozesses **alle** im ordentlichen Klageverfahren zulässigen Beweismittel zur Verfügung. Auch der Kläger ist berechtigt, hinsichtlich des nunmehrigen Vortrags des Beklagten auf neue Angriffs- und Verteidigungsmittel zurückzugreifen, selbst wenn er dies schon im Urkundenverfahren hätte tun können; eine **Klageänderung** bzw. **-erweiterung** ist im Nachverfahren nach allgemeinen Regeln zulässig.[13] Nach der Rechtsprechung des **BGH** entfaltet das im Urkundenprozess ergangene **Vorbehaltsurteil** (ebenso das **Anerkenntnis-Vorbehaltsurteil**,[14] siehe § 599 Rn. 4) jedoch insoweit **Bindungswirkung** für das (erstinstanzliche) **Nachverfahren** und die diesbezüglichen **Rechtsmittelinstanzen**, als es nicht auf den eigentümlichen Beschränkungen des Beweismittel beruht. Ausgehend davon sind die Teile des Streitverhältnisses, die im Vorbehaltsurteil beschieden werden mussten, damit es überhaupt ergehen konnte, im Nachverfahren als endgültig beschieden dem Streit entzogen. Die **Bindungswirkung** des Vorverfahrens erstreckt sich danach vor allem auf die **allgemeinen Prozessvoraussetzungen**,[15] auf die **Zulässigkeit der Klage** im Urkundenprozess,[16] die **Schlüssigkeit der Klage**, soweit das klägerische Vorbringen im Urkundenprozess reichte,[17] die **Berechtigung** des aufgenommenen **Vorbehalts** (siehe auch § 599 Rn. 2, 4),[18] auf das Vorbehaltsurteil als unbegründet zurückgewiesene **Einwendungen des Beklagten** (siehe § 598 ZPO),[19] allerdings auch hier nur insoweit, als dessen Verteidigungsvorbringen im Vorverfahren reichte. Denn nach § 599 Abs. 1 ZPO liegt es im Urkundenprozess in der Hand des Beklagten, ob er der Klageforderung **ohne Begründung widerspricht**, nur einzelne Einwendungen erhebt oder sich vollumfänglich verteidigt. Soweit er dabei sachliche Einwendungen unterlässt, sind diese nicht Gegenstand des Vorbehaltsurteils und daher auch nicht durch dessen Bindungswirkung im Nachverfahren ausgeschlossen.[20] 3

---

9 Baumbach/Lauterbach/Albers/Hartmann, ZPO, § 600 Rn. 4 f.; MK-*Braun*, ZPO, § 600 Rn. 7, 9; Stein/Jonas-*Berger*, ZPO, § 600 Rn. 17 f.; Thomas/Putzo-*Reichold*, ZPO, § 600 Rn. 1.
10 MK-*Braun*, ZPO, § 600 Rn. 8; Stein/Jonas-*Berger*, ZPO, § 600 Rn. 19.
11 Musielak/Voit-*Voit*, ZPO, § 600 Rn. 6; Stein/Jonas-*Berger*, ZPO, § 600 Rn. 30.
12 BGH, NJW 2005, 2701 (2702 f.) = WuM 2005, 526 (528) mit zahlreichen Nachweisen zu den vertretenen Auffassungen; vgl. aber noch BGH, NJW-RR 1988, 61 (63) = MDR 1988, 227. Zur Problematik auch Wieczorek/Schütze-*Olzen*, ZPO, § 600 Rn. 10 ff.
13 BGHZ 17, 31 (34 ff.); Stein/Jonas-*Berger*, ZPO, § 600 Rn. 32; Zöller-*Greger*, ZPO, § 600 Rn. 11, 21.
14 OLG Düsseldorf, NJW-RR 1999, 68 (69 f.); zustimmend Thomas/Putzo-*Reichold*, ZPO, § 600 Rn. 4; Zöller-*Greger*, ZPO, § 600 Rn. 16a.
15 BGH, NJW 1993, 668 = MDR 1993, 475.
16 BGH, NJW 1973, 467 (468).
17 BGH, NJW-RR 2004, 1545 (1546) = VersR 2004, 1029 (1030); BGH, NJW 2004, 1159 (1160) = MDR 2004, 825; BGH, NJW 1991, 1117 = MDR 1991, 423.
18 BGH, NJW-RR 1992, 254 (256); BGH, NJW 1962, 446 = BB 1962, 108; Stein/Jonas-*Berger*, ZPO, § 600 Rn. 25 a.E.
19 BGH, NJW 1973, 467 (468) = MDR 1973, 312; BGH, NJW 1960, 576.
20 So explizit BGH, NJW-RR 2004, 1545 (1546) = VersR 2004, 1029 (1030); BGH, NJW 1993, 668 = MDR 1993, 475.

Aus diesem Grund kann der Beklagte nach der Rechtsprechung des BGH im Vorbehaltsurteil bejahte Anspruchsvoraussetzungen, zu denen er sich im Vorverfahren **nicht geäußert** hat, noch im Nachverfahren **bestreiten** (auch wenn das Vorbehaltsurteil die nunmehr bestrittene Anspruchsvoraussetzung ausdrücklich bejaht), **neue Tatsachen** bzw. **Beweisangebote** vortragen und **neue Angriffs- und Verteidigungsmittel** geltend machen, ohne dass diese als verspätet zurückgewiesen werden dürfen (die Zurückweisung als verspätet im Nachverfahren beurteilt sich ausschließlich nach diesem[21]). Keine Rolle spielt es hierbei, ob die neu vorgetragenen Tatsachen **vor oder nach** Erlass des Vorbehaltsurteils eingetreten sind, und ob der Beklagte sie im Urkundenverfahren mit den dort zulässigen Beweismitteln **hätte beweisen können**. Gleiches gilt für die Frage, ob die Klagepartei, wenn der Beklagte die Tatsachen bereits im Urkundenverfahren vorgebracht hätte, den Beweis für ihre Behauptungen im Urkundenverfahren hätte erbringen können.[22] Deshalb ist es auch unschädlich, dass der Beklagte etwa die **Einrede der Verjährung** schon im Urkundenprozess hätte erheben und mit den dort zulässigen Beweismitteln beweisen können; die Bindungswirkung des Vorbehaltsurteils schließt die erstmals im Nachverfahren erhobene Einrede der Verjährung nicht aus.[23] Schließlich kann der Beklagte, selbst wenn er die **Echtheit seiner Unterschrift** und damit die **Echtheit der Urkunde** im Urkundenprozess nicht bestritten hat, dies im Nachverfahren wirksam nachholen, da im Urkundenverfahren für das Gericht noch kein Grund ersichtlich war, die Echtheit der Unterschrift zu prüfen. Entsprechend gilt dann, wenn das Gericht im Vorverfahren deshalb die Echtheit der Unterschrift nicht geprüft hat, weil es das Bestreiten des Beklagten als unsubstantiiert und die Echtheit der Unterschrift daher als zugestanden erachtet hat.[24] **Praxishinweis:** Die ansonsten zu berücksichtigende Bindungswirkung des Vorbehaltsurteils kann der Beklagte allein dadurch beseitigen, dass er **Rechtsmittel** (vgl. § 599 Abs. 3 ZPO) gegen dieses einlegt.[25]

B. Die gerichtliche Entscheidung im Nachverfahren

4   Erweisen sich die beklagtenseits erhobenen Einwendungen im Nachverfahren als unbegründet, die Klage also als begründet, entfällt im so zu bezeichnenden **„Schlussurteil"** der Vorbehalt:

Das Vorbehaltsurteil vom ... wird unter Wegfall des Vorbehalts aufrechterhalten.

Alternativ kann es heißen:

Das Vorbehaltsurteil vom ... wird für vorbehaltlos erklärt.

Das gilt auch bei **Säumnis des Beklagten** im Nachverfahren (vgl. §§ 600 Abs. 3, 331, 333 ZPO), dem so oder so (jedoch nur klarstellend) auch die **weiteren Kosten des Rechtsstreits** aufzuerlegen sind; ist das Vorbehaltsurteil noch nicht rechtskräftig, ist über die gesamte Kosten des einheitlichen (Urkunden-/Nach-)Verfahrens zu entscheiden (§§ 91 ff. ZPO).[26] Für die **vorläufige Vollstreckbarkeit** gelten die §§ 708 Nr. 5, 711 ff. ZPO (bei Versäumnisurteil § 708 Nr. 2 ZPO). Durchgreifende Einwendungen des Beklagten führen dagegen zur **Unbegründetheit der Klage** und damit zur Aufhebung des Vorbehaltsurteils sowie zur Abweisung der Klage:

Das Vorbehaltsurteil vom ... wird aufgehoben. Die Klage wird abgewiesen.

Über die gesamten **Kosten** des einheitlichen Verfahrens ist in diesem Fall „anderweit zu entscheiden" (§§ 600 Abs. 2, 302 Abs. 4 Satz 2, 91 ff. ZPO), wobei eine analoge Anwendung des § 97 Abs. 2 ZPO nicht ausgeschlossen ist.[27] Die **vorläufige Vollstreckbarkeit** des Schlussurteils richtet sich nach allgemeinen Regeln (§§ 708 Nr. 11, 711 ZPO bzw. § 709 Satz 1, 2 ZPO); zu den Auswirkungen auf die Vollstreckbarkeit des Vorbehaltsurteils siehe § 599 Rn. 3. Das Vorstehende gilt – unabhängig von der Rechtskraft des Vorbehaltsurteils (siehe Rn. 1, 5)[28] – auf Antrag des Beklagten auch bei **Säumnis des Klägers** im Nachverfahren für das nunmehr zu erlassende (echte) Versäumnisurteil (§§ 600 Abs. 3, 330, 333 ZPO). Die **§§ 331a, 251a ZPO** sind

---

21 Zöller-*Greger*, ZPO, § 600 Rn. 18.
22 Zum Ganzen BGH, NJW 2004, 1159 (1160) = MDR 2004, 825; BGH, NJW 1993, 668 = MDR 1993, 475; BGH, NJW-RR 1989, 802 (803); BGH, NJW 1988, 1468; BGH, NJW 1982, 183 (184) = MDR 1982, 209; BGH, NJW 1960, 100 = BB 1959, 1270; zustimmend Thomas/Putzo-*Reichold*, ZPO, § 598 Rn. 3, § 600 Rn. 6; zur Kritik an der Rechtsprechung des BGH Stein/Jonas-*Berger*, ZPO, § 600 Rn. 26 f.; Zöller-*Greger*, ZPO, § 600 Rn. 20.
23 BGH, NJW 2004, 1159 (1160) = MDR 2004, 825; BGH, NJW-RR 1992, 254 (256).
24 BGH, NJW 2004, 1159 (1160) = MDR 2004, 825; BGH, NJW 1982, 183 = MDR 1982, 209.
25 Vgl. BGH v. 09.02.1994, XII ZR 206/92, juris, Rn. 10; BGH, NJW-RR 1992, 254 (256).
26 Stein/Jonas-*Berger*, ZPO, § 600 Rn. 37; Zöller-*Greger*, ZPO, § 600 Rn. 22, 25.
27 Stein/Jonas-*Berger*, ZPO, § 600 Rn. 45; Zöller-*Greger*, ZPO, § 600 Rn. 23.
28 Zöller-*Greger*, ZPO, § 600 Rn. 30; a.A. Stein/Jonas-*Berger*, ZPO, § 600 Rn. 42.

anwendbar.²⁹ Im Falle der Klageabweisung ist die klagende Partei zum **Ersatz des Schadens** verpflichtet, der dem Beklagten durch die Vollstreckung des Vorbehaltsurteils oder durch eine zur Abwendung der Zwangsvollstreckung gemachte Leistung entstanden ist (**§§ 600 Abs. 2, 302 Abs. 4 Satz 3, 4 ZPO**).³⁰ Ergibt das Nachverfahren hingegen, dass die Klage nur **teilweise begründet** ist, wird das Vorbehaltsurteil nur beschränkt für vorbehaltlos erklärt. Im Tenor heißt es dann z. B.:

> Das Vorbehaltsurteil vom ... wird mit der Maßgabe für vorbehaltlos erklärt, dass der Beklagte verurteilt wird, an den Kläger ... € zu zahlen. Im Übrigen wird das Vorbehaltsurteil aufgehoben und die Klage abgewiesen.

Die **Rechtsmittelverfahren** im Urkundenprozess und im Nachverfahren können zeitgleich laufen, wobei die Entscheidung dort ergeht, wo dies zuerst ohne Mangel möglich ist (sprich im Urkunden- oder im Nachverfahren).³¹ Das Nachverfahren erledigt sich (§ 91a ZPO), wenn das **Rechtsmittelgericht im Urkundenverfahren** durch rechtskräftiges End- oder Versäumnisurteil unter Aufhebung des Vorbehaltsurteils die Klage abweist oder den Beklagten nunmehr (rechtskräftig) ohne Vorbehalt verurteilt. Mit rechtskräftiger Klageabweisung bzw. vorbehaltloser Verurteilung im Urkundenprozess zweiter Instanz erledigt sich daher auch ein schon eingelegtes, nunmehr aber unzulässig gewordenes Rechtsmittel gegen das im Nachverfahren erlassene Urteil (§ 91a ZPO).³² Hebt hingegen das **Ausgangs- bzw. Rechtsmittelgericht im Nachverfahren** ohne Rücksicht auf die Besonderheiten des Urkundenprozesses das Vorbehaltsurteil auf und weist die Klage rechtskräftig durch End- oder Versäumnisurteil ab, ist damit der Rechtsstreit beendet, ein etwaiges Rechtsmittel betreffend das Vorbehaltsurteil wird unzulässig, da es gegenstandslos geworden ist.³³ Wird das Vorbehaltsurteil vom Ausgangs- oder Rechtsmittelgericht im Nachverfahren für vorbehaltlos erklärt, so ist diese Entscheidung, auch wenn sie bereits formell in Rechtskraft erwachsen ist, vom Bestand des Vorbehaltsurteils abhängig, sprich auflösend bedingt; der Bestand des formell rechtskräftigen Urteils im Nachverfahren hängt also davon ab, dass auch das Vorbehaltsurteil selbst rechtskräftig wird.³⁴

Für die **Gerichtsgebühren** (Nr. 1210 KV-GKG) bilden Urkunden-, Wechsel- bzw. Scheckprozess und Nachverfahren eine Einheit (§ 35 GKG); **keine Urteilsgebühren**.³⁵ Ein **Anerkenntnis-Vorbehaltsurteil** (siehe § 599 Rn. 4) löst die Gebührenermäßigung nach Nr. 1211 Nr. 2 KV-GKG aus.³⁶ Hinsichtlich der **Anwaltskosten** handelt es sich indes um **verschiedene Angelegenheiten** i. S. d. § 17 Nr. 5 RVG, in denen jeweils die Gebühren nach Nr. 3100 ff. VV-RVG anfallen; beachte aber Nr. 3100 Abs. 2 VV-RVG (siehe auch § 596 Rn. 4).³⁷ Wurde **Prozesskostenhilfe** für das Urkundenverfahren bewilligt, erstreckt sich diese auch auf das Nachverfahren.³⁸

§ 601
(weggefallen)

---

29 Näher Musielak/Voit-*Voit*, ZPO, § 600 Rn. 14; Stein/Jonas-*Berger*, ZPO, § 600 Rn. 41, 44; Zöller-*Greger*, ZPO, § 600 Rn. 33.
30 Näher Stein/Jonas-*Berger*, ZPO, § 600 Rn. 39.
31 BGH, NJW 1973, 467 = MDR 1973, 312; Zöller-*Greger*, ZPO, § 600 Rn. 24; für einen prinzipiellen Vorrang des durch die Berufung gegen das Vorbehaltsurteil eingeleiteten Vorverfahrens Stein/Jonas-*Berger*, ZPO, § 600 Rn. 11 ff.
32 Thomas/Putzo-*Reichold*, ZPO, § 600 Rn. 9; Zöller-*Greger*, ZPO, § 600 Rn. 25 f.
33 BGH, NJW 1973, 467 (468); Thomas/Putzo-*Reichold*, ZPO, § 600 Rn. 9; Zöller-*Greger*, ZPO, § 600 Rn. 27.
34 BGH, NJW 1973, 467 (468); a.A. insoweit Zöller-*Greger*, ZPO, § 600 Rn. 25.
35 MK-*Braun*, ZPO, § 596 Rn. 8; Wieczorek/Schütze-*Olzen*, ZPO, Vorbem. § 592 Rn. 15.
36 OLG Hamburg v. 08.06.2004, 8 W 107/04, juris, Rn. 2 ff.; Zöller-*Greger*, ZPO, Vorbem. § 592 Rn. 8.
37 Zöller-*Greger*, ZPO, Vorbem. § 592 Rn. 8.
38 Wieczorek/Schütze-*Olzen*, ZPO, Vorbem. § 592 Rn. 15 a. E.; Zöller-*Greger*, ZPO, § 600 Rn. 6.

§ 602
Wechselprozess

Werden im Urkundenprozess Ansprüche aus Wechseln im Sinne des Wechselgesetzes geltend gemacht (Wechselprozess), so sind die nachfolgenden besonderen Vorschriften anzuwenden.

Inhalt:
	Rn.		Rn.
A. Allgemeines und Prozessuales	1	B. Erläuterungen und Prozessuales	2

A. Allgemeines und Prozessuales

1 Der Grund dafür, dass wechsel- und scheckrechtliche Ansprüche in einem **beschleunigten und vereinfachten Verfahren** rasch durchgesetzt werden können, ist nach dem BGH darin zu sehen, dass im Geschäftsverkehr Wechsel und Scheck den Zahlungsmitteln weitgehend gleichgestellt werden. Mit anderen Worten: Die Option eines Wechsel- oder Scheckprozesses „ist gerade einer der Hauptvorteile, die ein Wechsel oder Scheck bietet".[1] Wechsel- und Scheckprozess stellen **Unterfälle des Urkundenprozesses** dar, sodass insbesondere § 592 ZPO (siehe aber Rn. 2) Anwendung findet (zu beachten sind jedoch hinsichtlich des „Protests" Art. 44 Abs. 1 WG sowie allgemein die **Beweiserleichterungen** gemäß § 605 ZPO). Auch im Übrigen gelten die Vorschriften des Urkundenverfahrens für den Wechselprozess, allerdings mit folgenden **Besonderheiten**: Die Klage muss die **Erklärung** enthalten, dass im Wechselprozess geklagt werde (§ 604 Abs. 1 ZPO); besondere Vorschriften zur **örtlichen Zuständigkeit** enthält § 603 ZPO. Wechsel- und Scheckansprüche, die im Rahmen eines **Arbeitsverhältnisses** entstanden sind, fallen – auch für das Nachverfahren – in die Zuständigkeit der ordentlichen Gerichte (siehe auch § 592 Rn. 1 a.E.).[2] **Besondere Ladungsfristen** und **Beweisvorschriften** sehen die §§ 604 Abs. 2 und 3, 605 ZPO vor; bei einem Antrag auf **Terminsverlegung** ist § 227 Abs. 3 Satz 2 Nr. 4 ZPO zu beachten. In Wechsel- und Scheckprozessen (nicht aber im Nachverfahren) entscheidet der **Vorsitzende der KfH** allein (§ 349 Abs. 2 Nr. 8 ZPO i.V.m. §§ 94, 95 Abs. 1 Nr. 2 u. 3, 96, 98 Abs. 1 Satz 1 GVG). **Urteilsformel**: wegen Art. 39 Abs. 1 WG Verurteilung zur Zahlung gegen „Aushändigung des quittierten Wechsels", selbst wenn die beklagte Partei das Zurückbehaltungsrecht gar nicht geltend gemacht hat (bei Fehlen des Zusatzes ist das Urteil entsprechend auszulegen).[3] Zur Schiedsklausel im Wechselprozess siehe § 592 Rn. 3.

B. Erläuterungen und Prozessuales

2 Nur Ansprüche aus **Wechseln** i.S.d. Wechselgesetzes (also **nicht nur** auf Geldzahlung gerichtete Ansprüche) können tauglicher **Streitgegenstand** des Verfahrens sein, **insbesondere** solche nach Art. 8, 28, 32, 48 ff., 64 Abs. 3,[4] 66, 68 Abs. 1 Satz 2,[5] 78, 89 Abs. 1 Satz 1 und 90 Abs. 1 Satz 2 WG, auch wenn sie vom **materiell berechtigten** Zessionar oder Pfändungspfandgläubiger geltend gemacht werden. Schließlich kann im Wechselprozess gegen Personen geklagt werden, die **kraft Gesetzes** aus dem Wechsel haften (Erben des Wechselzeichners gemäß § 1967 Abs. 1 BGB, Gesellschafter, Komplementär bzw. Kommanditist gemäß §§ 128 Satz 1, 161 Abs. 2, 171 Abs. 1 Hs. 1 HGB, Erwerber des Handelsgeschäfts gemäß § 25 HGB, Ehegatte gemäß § 1437 Abs. 2 Satz 1 BGB, etc.).[6] **Unstatthaft** ist der Wechselprozess dagegen für Ansprüche aus Art. 16 Abs. 2,[7] 45 Abs. 6, 50 Abs. 1 und 55 Abs. 4 WG;[8] diese sowie generell nicht wechselrechtliche Klaggründe können auch **nicht hilfsweise** zum Gegenstand eines Wechselprozesses gemacht werden (siehe Rn. 3).[9]

---

1 BGH, NJW 2006, 779 (780), Rn. 18 = BauR 2006, 1020 (1022).
2 OLG Hamm, NJW 1980, 1399; Baumbach/Lauterbach/Albers/Hartmann, ZPO, § 602 Rn. 5; Thomas/Putzo-*Reichold*, ZPO, § 602 Rn. 5; Wieczorek/Schütze-*Olzen*, ZPO, § 603 Rn. 2; a.A. OLG München, NJW 1966, 1418; Musielak/Voit-*Voit*, ZPO, § 603 Rn. 2, § 605a Rn. 2; MK-*Braun*, ZPO, § 603 Rn. 3.
3 Vgl. Musielak/Voit-*Voit*, ZPO, § 602 Rn. 8; Zöller-*Greger*, ZPO, § 602 Rn. 12; a.A. Baumbach/Lauterbach/Albers/Hartmann, ZPO, § 602 Rn. 6.
4 Anders Musielak/Voit-*Voit*, ZPO, § 602 Rn. 4.
5 Anders Musielak/Voit-*Voit*, ZPO, § 602 Rn. 4.
6 Weitere Beispiele bei Thomas/Putzo-*Reichold*, ZPO, § 602 Rn. 3; Stein/Jonas-*Berger*, ZPO, § 602 Rn. 2 ff., 6; Zöller-*Greger*, ZPO, § 602 Rn. 2 ff.
7 Insoweit a.A. Baumbach/Lauterbach/Albers/Hartmann, ZPO, § 602 Rn. 2.
8 MK-*Braun*, ZPO, § 602 Rn. 5; Thomas/Putzo-*Reichold*, ZPO, § 602 Rn. 4; Stein/Jonas-*Berger*, ZPO, § 602 Rn. 5; Zöller-*Greger*, ZPO, § 602 Rn. 5.
9 BGH, NJW 1982, 523 (524) = MDR 1982, 297 (298); BGHZ 53, 11 (17).

Bei Vorliegen der Voraussetzungen des Wechselprozesses steht es dem Kläger frei, im Wechselprozess, im gewöhnlichen Urkundenverfahren oder aber im ordentlichen Verfahren zu klagen. Auch ist es zulässig, dass der Kläger vom Wechselprozess Abstand nimmt und in das ordentliche Klageverfahren wechselt (§ 596 ZPO; zum umgekehrten Fall des Übergangs vom ordentlichen Verfahren in den Wechselprozess siehe § 593 Rn. 1); ebenso kann er vom Wechselprozess in einen gewöhnlichen Urkundenprozess (bzw. umgekehrt) übergehen,[10] **nicht** aber in beiden Verfahrensarten **nebeneinander** klagen (siehe aber Rn. 4). Denn schon allein die Besonderheiten des Wechselprozesses (insb. §§ 603, 604 Abs. 2, 3 ZPO) hindern den Kläger daran, ohne entsprechende Abstandnahme von diesem neben Wechselansprüchen (auch nur hilfsweise) noch solche Ansprüche einzuklagen, für die allein der Urkundenprozess statthaft ist. Denn nur dort und im ordentlichen Klageverfahren ist es nach dem BGH möglich, „gleichzeitig wechselrechtliche und andere aus derselben Urkunde hergeleitete Ansprüche" geltend zu machen. **Unzulässig** ist es demnach, einen Anspruch **primär im Wechselprozess und hilfsweise im gewöhnlichen Urkundenprozess** zu verfolgen; da überdies eine nur hilfsweise erklärte Abstandnahme vom Wechselprozess unwirksam ist (siehe § 596 Rn. 1), bleibt der Rechtsstreit dort anhängig, sodass über andere als wechselrechtliche Ansprüche nicht sachlich entschieden werden kann.[11] Die Klage ist dann, soweit mit ihr Wechselansprüche verfolgt werden, als unbegründet, soweit sie dagegen (hilfsweise) auf andere als wechselrechtliche Ansprüche gestützt wird, als im Wechselprozess unstatthaft abzuweisen. Die **rechtskräftige** Entscheidung des Wechselprozesses steht der Geltendmachung anderer als wechselrechtlicher Ansprüche aus den vorgelegten Urkunden nicht entgegen; da im Wechselprozess nicht gleichzeitig andere Ansprüche verfolgt werden können, schließt das auch eine weitergehende **Rechtskraftwirkung** des Urteils in diesem Verfahren aus.[12] Der Übergang vom Wechsel- in den gewöhnlichen Urkundenprozess ist auch noch in der **Berufungsinstanz** ohne Weiteres möglich und stellt **auch hier keine Klageänderung** dar.[13]

Der Anspruch aus dem Wechsel kann nicht **gleichzeitig** zum Gegenstand eines ordentlichen Verfahrens und eines Wechselprozesses gemacht werden (siehe Rn. 3 sowie für den Urkundenprozess § 592 Rn. 1). Es ist aber zulässig, im ordentlichen Klageverfahren nur den Anspruch aus dem **Grundgeschäft** und parallel dazu in einem Wechselprozess den Anspruch aus dem Wechsel geltend zu machen, da der Wechsel ein selbstständig verpflichtendes, vom Bestand des Grundgeschäfts unabhängiges Zahlungsversprechen enthält. Die Klage aus dem Grundgeschäft hindert also nicht die Klage aus dem Wechsel über den Anspruch aus dem Geschäft, wie auch die **Rechtskraft** des ersten dem zweiten Prozess nicht entgegensteht. Dies gilt auch für eine Klage aus dem **Scheck**.[14] Eine beklagtenseits im ordentlichen Klageverfahren erklärte **(Hilfs-)Aufrechnung** mit einem Wechselanspruch bleibt selbst dann zulässig, wenn über diesen schon in einem rechtskräftigen Wechsel-Vorbehaltsurteil entschieden wurde und das Wechsel-Nachverfahren noch anhängig ist, da eine Aufrechnung die Forderung selbst nicht rechtshängig macht.[15]

§ 603
Gerichtsstand

(1) Wechselklagen können sowohl bei dem Gericht des Zahlungsortes als bei dem Gericht angestellt werden, bei dem der Beklagte seinen allgemeinen Gerichtsstand hat.
(2) Wenn mehrere Wechselverpflichtete gemeinschaftlich verklagt werden, so ist außer dem Gericht des Zahlungsortes jedes Gericht zuständig, bei dem einer der Beklagten seinen allgemeinen Gerichtsstand hat.

---

10 BGH, NJW 1993, 3135 = MDR 1994, 723; BGHZ 53, 11 (17); Musielak/Voit-*Voit*, ZPO, § 602 Rn. 7, § 604 Rn. 3; MK-*Braun*, ZPO, § 602 Rn. 7; Wieczorek/Schütze-*Olzen*, ZPO, § 602 Rn. 10.
11 So explizit BGH, NJW 1982, 2258 = MDR 1982, 992; BGH, NJW 1982, 523 (524) = MDR 1982, 297 (298); BGHZ 53, 11 (17).
12 So explizit BGH, NJW 1982, 523 (524) = MDR 1982, 297 (298).
13 BGH, NJW 1993, 3135 = MDR 1994, 723; Wieczorek/Schütze-*Olzen*, ZPO, § 596 Rn. 21; zweifelnd MK-*Braun*, ZPO, § 596 Rn. 4.
14 So explizit OLG Karlsruhe, NJW 1960, 1955: „Ob die Identität des Streitgegenstandes auch in einem Nachverfahren [...] zu verneinen ist, mag allerdings zweifelhaft sein"; die fehlende Identität des Streitgegenstands bejaht auch in diesem Fall Zöller-*Greger*, ZPO, § 602 Rn. 7.
15 BGH, NJW 1977, 1687; Stein/Jonas-*Berger*, ZPO, § 593 Rn. 15.

1 Hinsichtlich der **örtlichen und internationalen Zuständigkeit** begründet § 603 Abs. 1 ZPO für die Wechselklage und das sich ggf. anschließende Nachverfahren einen **weiteren (Wahl-)Gerichtsstand des Zahlungsortes** (vgl. Art. 1 Nr. 5, 2 Abs. 3, 75 Nr. 4 WG bzw. Art. 1 Nr. 4, 2 Abs. 2 ScheckG), der allerdings – sofern wirksam begründet – bei fortbestehender Rechtshängigkeit auch nach Übergang ins ordentliche Verfahren bestehen bleibt. Die Vorschrift findet **keine Anwendung**, wenn der Wechselanspruch von Anfang an im gewöhnlichen Urkundenprozess oder gar im ordentlichen Klageverfahren geltend gemacht wird.[1]

2 Abweichend von § 36 Abs. 1 Nr. 3 ZPO ist bei **verbundenen Wechselklagen** außer dem Gericht des Zahlungsortes jedes Gericht zuständig, bei dem einer der Beklagten seinen allgemeinen Gerichtsstand hat (§ 603 Abs. 2 ZPO). Die bis zum Schluss der mündlichen Verhandlung erfolgte Zustellung der Klage an diesen begründet dann die Zuständigkeit des Gerichts auch für die anderen Wechselverpflichteten, selbst wenn einer von ihnen seinen Wohnsitz im **Ausland** hat.[2] **Rücknahme der Klage** gegenüber dem Beklagten, dessen Gerichtsstand die Zuständigkeit des Gerichts begründet hat, ist zwar ohne Auswirkungen auf diese möglich (§ 261 Abs. 3 Nr. 2 ZPO), kann aber mit Blick auf die zuständigkeitsbegründende Wirkung – ebenso wie in anderen denkbaren Fällen des Missbrauchs – die **Arglisteinrede** rechtfertigen.[3]

§ 604
Klageinhalt; Ladungsfrist

(1) Die Klage muss die Erklärung enthalten, dass im Wechselprozess geklagt werde.

(2) ¹Die Ladungsfrist beträgt mindestens 24 Stunden, wenn die Ladung an dem Ort, der Sitz des Prozessgerichts ist, zugestellt wird. ²In Anwaltsprozessen beträgt sie mindestens drei Tage, wenn die Ladung an einem anderen Ort zugestellt wird, der im Bezirk des Prozessgerichts liegt oder von dem ein Teil zu dessen Bezirk gehört.

(3) In den höheren Instanzen beträgt die Ladungsfrist mindestens 24 Stunden, wenn die Zustellung der Berufungs- oder Revisionsschrift oder der Ladung an dem Ort erfolgt, der Sitz des höheren Gerichts ist; mindestens drei Tage, wenn die Zustellung an einem anderen Ort erfolgt, der ganz oder zum Teil in dem Landgerichtsbezirk liegt, in dem das höhere Gericht seinen Sitz hat; mindestens eine Woche, wenn die Zustellung sonst im Inland erfolgt.

1 Der **Klageschrift** muss der **eindeutige Wille** zu entnehmen sein, dass im Wechselprozess geklagt werden soll (für den Fall der nachträglichen Erklärung siehe § 593 Rn. 1); ausreichend ist z.B. schon die Bezeichnung als **„Wechselklage"**. Auch für den **Scheckprozess** genügt es, wenn sich der Klageschrift – trotz etwaiger Bezeichnung als Wechselklage – unmissverständlich entnehmen lässt, dass im Scheckverfahren geklagt werden soll.[1] Für das **Wechsel- und Scheckmahnverfahren** beachte § **703a ZPO**. Vgl. im Übrigen § 593 Rn. 1 ff.

2 Die gegenüber § 217 ZPO **verkürzten Ladungsfristen** nach § 604 Abs. 2, 3 ZPO bewirken – nur für die dort geregelten Fälle – eine **zusätzliche Beschleunigung** im Vergleich zum gewöhnlichen Urkundenprozess. Eine nochmalige Verkürzung über § **226 ZPO** ist möglich.[2]

§ 605
Beweisvorschriften

(1) Soweit es zur Erhaltung des wechselmäßigen Anspruchs der rechtzeitigen Protesterhebung nicht bedarf, ist als Beweismittel bezüglich der Vorlegung des Wechsels der Antrag auf Parteivernehmung zulässig.

(2) Zur Berücksichtigung einer Nebenforderung genügt, dass sie glaubhaft gemacht ist.

---

1 MK-*Braun*, ZPO, § 603 Rn. 1; Stein/Jonas-*Berger*, ZPO, § 596 Rn. 17, § 603 Rn. 1 ff.; Zöller-*Greger*, ZPO, § 603 Rn. 1 ff.
2 Stein/Jonas-*Berger*, ZPO, § 603 Rn. 5; Zöller-*Greger*, ZPO, § 603 Rn. 5.
3 Baumbach/Lauterbach/Albers/Hartmann, ZPO, § 603 Rn. 4; MK-*Braun*, ZPO, § 603 Rn. 2; Stein/Jonas-*Berger*, ZPO, § 603 Rn. 5; Zöller-*Greger*, ZPO, § 603 Rn. 7.

Zu § 604:
1 Stein/Jonas-*Berger*, ZPO, § 604 Rn. 1; Zöller-*Greger*, ZPO, § 604 Rn. 1.
2 Stein/Jonas-*Berger*, ZPO, § 604 Rn. 4; Thomas/Putzo-*Reichold*, ZPO, § 604 Rn. 3; Zöller-*Greger*, ZPO, § 604 Rn. 2.

Im Anwendungsbereich der **Art. 46, 53 Abs. 1 WG** ist entgegen § 592 Satz 1 ZPO als Beweismittel bezüglich der Vorlegung des Wechsels – also auch soweit es sich um eine zur Begründung des Anspruchs erforderliche Tatsache handelt – der **Antrag auf Parteivernehmung** zulässig (Abs. 1). Bei **Säumnis des Beklagten** bedarf es insoweit keiner Beweiserhebung.[1] **1**

Bei **Nebenforderungen** (Art. 48f., 52 Abs. 2 WG) ist bloße **Glaubhaftmachung** (§ 294 ZPO) der **2**
zur Begründung des Anspruchs erforderlichen Tatsachen bzw. der Einwendungen des Beklagten gegen die Nebenforderungen ausreichend (Abs. 2). Führen des **Vollbeweises** mit den im Urkundenverfahren zulässigen Beweismitteln bleibt möglich.[2]

§ 605a
Scheckprozess

Werden im Urkundenprozess Ansprüche aus Schecks im Sinne des Scheckgesetzes geltend gemacht (Scheckprozess), so sind die §§ 602 bis 605 entsprechend anzuwenden.

Für den Scheckprozess gelten **ohne Besonderheiten** die Ausführungen zum Wechselprozess **1**
(§§ 602 ff. ZPO). Es findet auch im Scheckprozess kein **Schlichtungsverfahren** vor einer durch die Landesjustizverwaltung eingerichteten oder anerkannten Gütestelle statt, wenngleich § 15a Abs. 2 Satz 1 Nr. 4 EGZPO den Scheckprozess nicht ausdrücklich erwähnt (siehe § 592 Rn. 1 a.E.).[1]

---

1 Thomas/Putzo-*Reichold*, ZPO, § 605 Rn. 1; Zöller-*Greger*, ZPO, § 605 Rn. 1.
2 Baumbach/Lauterbach/Albers/Hartmann, ZPO, § 605 Rn. 3; Stein/Jonas-*Berger*, ZPO, § 605 Rn. 4; Zöller-*Greger*, ZPO, § 605 Rn. 2.

Zu § 605a:
1 Ebenso Baumbach/Lauterbach/Albers/Hartmann, ZPO, § 605a Rn. 1; vgl. auch BT-Drucks. 14/980, S. 7.

BUCH 6
(weggefallen)

§§ 606 bis 687
(weggefallen)

BUCH 6
(weggefallen)

BUCH 7
Mahnverfahren

Vorbemerkungen zu §§ 688–703d ZPO

Das gerichtliche Mahnverfahren ist ein streng formalisiertes Verfahren, das in zunehmendem Maße der automatisierten Bearbeitung unterliegt. Es ist eine schnelle und kostengünstige Möglichkeit, sich für eine Geldforderung einen **Vollstreckungstitel** zu verschaffen. Der Gläubiger der Forderung muss im Gegensatz zu einem Klagverfahren keine Anspruchsbegründung fertigen. Eine Schlüssigkeitsprüfung durch das Gericht ist nicht vorgesehen. Wenn mit einem **Widerspruch** des Schuldners zu rechnen ist, bietet das Mahnverfahren gegenüber der Klage keine Vorteile. In diesem Fall führt ein dem Klageverfahren vorgeschaltetes Mahnverfahren zu einer unnötigen **zeitlichen Verzögerung**. Ist es gegebenenfalls nach Landesrecht für die Zulässigkeit einer Klage erforderlich, einen Einigungsversuchen vor einer Gütestelle zu unternehmen, so kann ein solcher Versuch entbehrlich werden, wenn der Anspruch bereits im Mahnverfahren geltend gemacht wurde, § 15a Abs. 2 Satz 1 Nr. 5 EGZPO.

Mit der Stellung des Mahnbescheids wird die Sache **anhängig**. Die **Rechtshängigkeit** tritt allerdings – **zurückbezogen** auf die Zustellung des Mahnbescheids – erst dann ein, wenn nach Widerspruch des Antragsgegners die Sache alsbald ins Streitverfahren abgegeben wird, § 696 Abs. 3 ZPO, andernfalls im Zeitpunkt des Akteneingangs beim Streitgericht, § 696 Abs. 1 Satz 4 ZPO oder wenn der Vollstreckungsbescheid erlassen wird, § 700 Abs. 2 ZPO.

Das Mahnverfahren kann genutzt werden, um eine **Verjährungshemmung** zu erreichen, § 204 Abs. 1 Nr. 3 BGB.[1] Gemäß § 167 ZPO tritt die **Hemmungswirkung** bereits mit dem Eingang des Mahnbescheidsantrags bei Gericht ein, wenn die Zustellung des Mahnbescheids demnächst erfolgt. Dies ist der Fall, wenn sie sich um nicht mehr als einen Monat verzögert.[2] Nach § 701 ZPO verliert der Mahnbescheid allerdings seine Wirkung, wenn nicht innerhalb von sechs Monaten seit der Zustellung der Erlass eines Vollstreckungsbescheids beantragt wird.

Die **allgemeinen Verfahrensvorschriften** der §§ 1–252 ZPO sind grundsätzlich anzuwenden. Dies gilt jedenfalls insoweit, als sich mit dem Mahnverfahren vertragen und keine Sonderregelungen bestehen. Zu beachten ist, dass **im automatisierten Mahnverfahren** (nicht für den Widerspruch gegen einen Mahnbescheid) die vom Bundesministerium der Justiz und für Verbraucherschutz zur Verfügung gestellten **Vordrucke** zu verwenden sind. Diese können z.B. im Bürohandel erworben werden; sind im weiteren Verlauf weitere Formulare notwendig, werden diese vom Gericht gestellt (siehe hierzu auch § 703c ZPO). Richtet sich der mit dem Mahnbescheid verfolgte Anspruch gegen mehrere Schuldner, ist für jeden ein selbständiger Vordruck mit Hinweis auf den oder die anderen Gesamtschuldner auszufüllen. Findet nach Erlass des Mahnbescheids ein Gläubigerwechsel statt, muss der neue Gläubiger seinerseits erst einen Mahnbescheid erwirken, bevor er Antrag auf Vollstreckungsbescheid stellen kann, da letzterer „auf der Grundlage des Mahnbescheids" ergeht.[3] Die Vorschriften über die **Antrags- und Anspruchsänderung** (§§ 263, 264 ZPO) gelten nicht. Für einen neuen Anspruch oder einen bisher nicht geltend gemachten Anspruchsteil muss daher immer ein neuer Mahnbescheid beantragt werden. Geht das Mahnverfahren nach Widerspruch allerdings in das streitige Verfahren über, sind Antrags- und Anspruchsänderung möglich.

Sonderregelungen zu §§ 688ff. ZPO sehen § 46a ArbGG für Geldansprüche sowie § 182a SGG für Ansprüche auf Zahlung von Beiträgen zur privaten Pflegeversicherung vor. Auf Ansprüche aus WEG-Sachen finden aufgrund deren Zuweisung zur ZPO nunmehr die Vorschriften über das Mahnverfahren grundsätzlich Anwendung. Lediglich § 43 Nr. 6 WEG sieht eine vorrangige Anwendung zu § 689 Abs. 2 ZPO vor.[4] In Familienstreitsachen gelten gemäß § 112 FamFG die Vorschriften über das Mahnverfahren entsprechend, § 113 Abs. 2 FamFG.[5]

Nach Nr. 1100 KV-GKG werden für das Verfahren auf Erlass eines Mahnbescheids vom **Gericht 0,5 Kosten** erhoben, diese betragen mindestens 32 Euro. Die Kosten werden mit Einrei-

---

1 Vgl. BGH, NJW 2009, 56 = MDR 2009, 215.
2 BGH, NJW-RR 2006, 1436 (1436f.), Rn. 17 = IBRRS 2006, 1778 (1779), Rn. 20.
3 Zöller-*Vollkommer*, ZPO, Vor § 688 Rn. 8.
4 Vgl. Spielbauer/Then-*Then*, WEG, § 43 Rn. 34.
5 Vgl. Bahrenfuss-*Blank*, FamFG, § 113 Rn. 10.

chung des Antrags fällig, § 6 GKG. Nach § 12 Abs. 3 Satz 1 GKG soll der Mahnbescheid erst nach Zahlung der dafür vorgesehenen Kosten erlassen werden.[6] Eine Rücknahme des Antrags vermindert die mit Einreichung des Antrags entstandene und vom Antragsteller geschuldete Gebühr nicht. Der Antrag auf Erlass eines Vollstreckungsbescheides ist sodann kostenfrei.

7 Rechtsanwälte erhalten für die Vertretung im Verfahren auf Erlass eines Mahnbescheids eine 1,0 Verfahrensgebühr, die auf die **Verfahrensgebühr** eines nachfolgenden Rechtsstreits anzurechnen ist, Nr. 3305 VV-RVG. Im Verfahren auf Erlass eines Vollstreckungsbescheides erhält der Rechtsanwalt eine 0,5 Verfahrensgebühr, Nr. 3308 VV-RVG. Die Gebühr für den Vollstreckungsbescheid Nr. 3308 VV-RVG wird mangels einer entsprechenden Vorschrift nicht auf das nachfolgende Streitverfahren angerechnet.

§ 688
Zulässigkeit

(1) Wegen eines Anspruchs, der die Zahlung einer bestimmten Geldsumme in Euro zum Gegenstand hat, ist auf Antrag des Antragstellers ein Mahnbescheid zu erlassen.

(2) Das Mahnverfahren findet nicht statt:
1. für Ansprüche eines Unternehmers aus einem Vertrag gemäß den §§ 491 bis 508 des Bürgerlichen Gesetzbuchs, wenn der gemäß § 492 Abs. 2 des Bürgerlichen Gesetzbuchs anzugebende effektive Jahreszins den bei Vertragsschluss geltenden Basiszinssatz nach § 247 des Bürgerlichen Gesetzbuchs um mehr als zwölf Prozentpunkte übersteigt;
2. wenn die Geltendmachung des Anspruchs von einer noch nicht erbrachten Gegenleistung abhängig ist;
3. wenn die Zustellung des Mahnbescheids durch öffentliche Bekanntmachung erfolgen müsste.

(3) Müsste der Mahnbescheid im Ausland zugestellt werden, so findet das Mahnverfahren nur insoweit statt, als das Anerkennungs- und Vollstreckungsausführungsgesetz in der Fassung der Bekanntmachung vom 30. November 2015 (BGBl. I S. 2146) und das Auslandsunterhaltsgesetz vom 23. Mai 2011 (BGBl. I S. 898), das zuletzt durch Artikel 5 des Gesetzes vom 20. November 2015 (BGBl. I S. 2018) geändert worden ist, dies vorsehen oder die Zustellung in einem Mitgliedstaat der Europäischen Union erfolgen soll.

(4) [1]Die Vorschriften der Verordnung (EG) Nr. 1896/2006 des Europäischen Parlaments und des Rates vom 12. Dezember 2006 zur Einführung eines Europäischen Mahnverfahrens (ABl. L 399 vom 30.12.2006, S. 1; L 46 vom 21.2.2008, S. 52; L 333 vom 11.12.2008, S. 17), die zuletzt durch die Verordnung (EU) 2015/2421 (ABl. L 341 vom 24.12.2015, S. 1) geändert worden ist, bleiben unberührt. [2]Für die Durchführung gelten die §§ 1087 bis 1096.

Inhalt:

	Rn.		Rn.
A. Voraussetzungen der Zulässigkeit	1	I. Ausschluss des Mahnverfahrens	3
I. Allgemeine Prozessvoraussetzungen	1	II. Besonderheiten bei Auslandsbeteiligung	6
II. Fällige und durchsetzbare Geldforderung	2	C. Rechtsfolgen der Unzulässigkeit	8
B. Weitere Erläuterungen	3		

A. Voraussetzungen der Zulässigkeit
I. Allgemeine Prozessvoraussetzungen

1 Auch im Mahnverfahren müssen die **allgemeinen Prozessvoraussetzungen** als Zulässigkeitsvoraussetzungen vorliegen, vgl. Vorbem. zu §§ 688–703d Rn. 3. Es muss also insbesondere der Rechtsweg zu den ordentlichen Gerichten gegeben sein, die Zuständigkeit des angerufenen Gerichts bestehen, die Partei- und Prozessfähigkeit sowie gegebenenfalls die ordnungsgemäße gesetzliche Vertretung und die Prozessführungsbefugnis vorliegen.

II. Fällige und durchsetzbare Geldforderung

2 Es muss die Zahlung einer bestimmten **Geldsumme in Euro** begehrt werden. Eine Streitwertgrenze gibt es nicht. Geldforderungen in ausländischer Währung dürfen grundsätzlich nicht im Wege des Mahnbescheids geltend gemacht werden. Ausgenommen hiervon sind die Fälle, in denen die Zustellung des Mahnbescheids in einem Vertrags- oder Mitgliedstaats nach dem

---

6 Vor dem Arbeitsgericht ist das Verfahren auf Erlass eines Mahnbescheids gebührenfrei; nach Nr. 8100 KV-GKG entsteht eine Kostentragungspflicht in Höhe von 0,4 Gebühren für das Verfahren auf Erlass eines Vollstreckungsbescheides.

AVAG (Anerkennungs- und Vollstreckungsausführungsgesetz vom 19.02.2001) zu erfolgen hat. In diesen Fällen kann der Mahnbescheidsantrag auch auf eine Fremdwährung lauten,[1] wobei eine Umrechnung nach § 244 Abs. 1 BGB erfolgt.[2] Der mit dem Mahnbescheidsantrag geltend gemachte Anspruch muss **fällig, unbedingt** und **nicht von einer Gegenleistung abhängig** sein. Es muss sich folglich um einen einseitig voll durchsetzbaren Anspruch handeln. Hinsichtlich der Fälligkeit ist es ausreichend, wenn diese innerhalb der Widerspruchsfrist eintritt.

B. Weitere Erläuterungen
I. Ausschluss des Mahnverfahrens

Ausgeschlossen von der Geltendmachung im Mahnverfahren sind nach Abs. 2 Nr. 1 Ansprüche des Unternehmers aus Verbraucherdarlehensverträgen, Immobiliendarlehensverträgen und Finanzierungshilfen (sofern nicht die Ausnahme des § 506 Abs. 4 BGB greift), wenn der gemäß § 492 Abs. 2 BGB anzugebende effektive Jahreszins den bei Vertragsabschluss geltenden Basiszinssatz nach § 247 BGB um mehr als zwölf Prozentpunkte übersteigt. Bei solchen **hochverzinslichen Verbraucherkrediten** ist das Mahnverfahren folglich ausgeschlossen. 3

Die Geltendmachung des Anspruchs darf nach Abs. 2 Nr. 2 nicht von einer noch **nicht erbrachten Gegenleistung** abhängen. Der Anspruch des Antragstellers darf also nicht von einer Gegenleistung abhängen, die er vor Fälligkeit oder Zug um Zug gegen Erfüllung des Anspruchs zu erbringen hat. Der Antragsteller muss daher im Antrag auf Erlass des Mahnbescheids erklären, dass der Anspruch nicht von einer Gegenleistung abhängt, oder, dass er zwar von einer Gegenleistung abhängt, diese aber bereits erbracht ist, § 690 Abs. 1 Nr. 4 ZPO. Im Mahnverfahren wird jedoch nur geprüft, ob der Antrag die geforderte Erklärung enthält, nicht auch ob die Voraussetzungen tatsächlich gegeben sind. 4

Wäre die **öffentliche Zustellung** des Mahnbescheids nach §§ 185–188 ZPO erforderlich, ist das Verfahren auf Erlass eines Mahnbescheides nach Abs. 2 Nr. 3 ausgeschlossen. In diesen Fällen ist auf das reguläre Klagverfahren zurückzugreifen. Eine analoge Anwendung des § 696 ZPO, also eine Abgabe an das gemäß § 690 Abs. 1 Nr. 5 ZPO angegebene Streitgericht darf nicht erfolgen.[3] 5

II. Besonderheiten bei Auslandsbeteiligung

Nach **Abs. 3** ist das Mahnverfahren grundsätzlich nicht zulässig, sofern eine Zustellung im Ausland erfolgen müsste. Eine Ausnahme findet nur statt, wenn das Land, in dem die Zustellung erfolgt, Vertragsstaat i.S.d. AVAG ist und zudem das Mahnverfahren als zulässig vereinbart worden ist, § 32 AVAG. Mit Wirkung vom 17.06.2017 wurde der Absatz redaktionell neu gefasst, ohne dass sich hierbei Änderungen der Rechtslage ergäben. Ebenso wurde hier klarstellend[4] statuiert, dass das deutsche Mahnverfahren auch dann möglich ist, wenn die Zustellung in einem EU-Mitgliedstaat erfolgt. Bei Unterhaltsansprüchen ist § 75 AUG zu berücksichtigen.[5] Die Widerspruchsfrist beträgt in diesem Fall nicht zwei Wochen (§ 692 Abs. 1 Nr. 3 ZPO), sondern einen Monat (§ 32 Abs. 3 AVG bzw. § 75 Abs. 3 AUG). 6

Abs. 4 weist klarstellend darauf hin, dass bei Vorliegen einer grenzüberschreitenden Rechtssache auf das alternativ und fakultativ zur Verfügung stehende Europäische Mahnverfahren zurückgegriffen werden kann. 7

C. Rechtsfolgen der Unzulässigkeit

Fehlt es an einer der besonderen Voraussetzungen des § 688 ZPO, wird der Mahnantrag **zurückgewiesen**, § 691 Abs. 1 Nr. 1 ZPO. Ein dennoch erlassener Mahnbescheid ist wirksam, gegen ihn ist der Widerspruch nach § 694 ZPO möglich. Auf der Grundlage eines verfahrensfehlerhaften Mahnbescheids darf **kein Vollstreckungsbescheid** ergehen. 8

§ 689
Zuständigkeit; maschinelle Bearbeitung

(1) ¹Das Mahnverfahren wird von den Amtsgerichten durchgeführt. ²Eine maschinelle Bearbeitung ist zulässig. ³Bei dieser Bearbeitung sollen Eingänge spätestens an dem Arbeitstag erledigt sein, der dem Tag des Eingangs folgt. ⁴Die Akten können elektronisch geführt werden (§ 298a).

---
1 Musielak/Voit-*Voit*, ZPO, § 688 Rn. 6; Zöller-*Vollkommer*, ZPO, § 688 Rn. 2.
2 Vgl. *Schmidt*, NJW 1989, 65.
3 BGH, NJW 2004, 2453 = FamRZ 2004, 1486; Thomas/Putzo-*Hüßtege*, ZPO, § 688 Rn. 5; a.A. Zöller-*Vollkommer*, ZPO, § 688 Rn. 8.
4 BT-Drucks. 18/10714, S. 19.
5 *Eichel*, FamRZ 2011, 1441.

(2) ¹Ausschließlich zuständig ist das Amtsgericht, bei dem der Antragsteller seinen allgemeinen Gerichtsstand hat. ²Hat der Antragsteller im Inland keinen allgemeinen Gerichtsstand, so ist das Amtsgericht Wedding in Berlin ausschließlich zuständig. ³Sätze 1 und 2 gelten auch, soweit in anderen Vorschriften eine andere ausschließliche Zuständigkeit bestimmt ist.

(3) ¹Die Landesregierungen werden ermächtigt, durch Rechtsverordnung Mahnverfahren einem Amtsgericht für die Bezirke mehrerer Amtsgerichte zuzuweisen, wenn dies ihrer schnelleren und rationelleren Erledigung dient. ²Die Zuweisung kann auf Mahnverfahren beschränkt werden, die maschinell bearbeitet werden. ³Die Landesregierungen können die Ermächtigung durch Rechtsverordnung auf die Landesjustizverwaltungen übertragen. ⁴Mehrere Länder können die Zuständigkeit eines Amtsgerichts über die Landesgrenzen hinaus vereinbaren.

Inhalt:

	Rn.		Rn.
A. Zuständigkeit	1	B. Konzentrierte Zuständigkeit bei maschineller Bearbeitung	4
I. Sachlich	1		
II. Örtlich	2	C. Internationale Zuständigkeit	5
III. Funktionell	3		

A. Zuständigkeit
I. Sachlich

1 § 689 ZPO konzentriert die **sachliche Zuständigkeit** für Mahnverfahren ausschließlich auf das Amtsgericht, die Höhe der geltend gemachten Forderung ist nicht maßgeblich. Im Bereich der Arbeitsgerichtsbarkeit ist das Arbeitsgericht zuständig, § 46a Abs. 2 ArbGG.

II. Örtlich

2 Die **örtliche Zuständigkeit** liegt am allgemeinen Gerichtsstand des Schuldners. Bei Fehlen eines inländischen allgemeinen Gerichtsstands ist die Zuständigkeit des Amtsgerichts Berlin-Wedding festgelegt, es ist aber auch § 703d ZPO zu beachten (internationale Zuständigkeit). Gemäß § 43 Nr. 6 WEG ist das Amtsgericht, in dessen Bezirk das Grundstück liegt, ausschließlich zuständig, wenn die Gemeinschaft der Wohnungseigentümer Antragstellerin ist.

III. Funktionell

3 **Funktionell** ist der Rechtspfleger zuständig. Erst ein eventuell nachfolgendes Streitverfahren ist dem Richter vorbehalten, § 20 Abs. 1 Nr. 1 RPflG. Die Landesregierungen sind aber durch § 36b Abs. 1 Satz 1 Nr. 2 RPflG ermächtigt, das Mahnverfahren in weiten Teilen auf die Urkundsbeamten der Geschäftsstelle zu übertragen.

B. Konzentrierte Zuständigkeit bei maschineller Bearbeitung

4 Um die große Zahl von Mahnanträgen schneller und rationeller bearbeiten zu können, ist auch eine **maschinelle Bearbeitung** zulässig, siehe im Einzelnen § 703b ZPO und § 703c ZPO. Um die Rationalisierung zu steigern, kann die Zuständigkeit nach Abs. 3 bei bestimmten Amtsgerichten konzentriert werden und zwar auch über Ländergrenzen hinweg. Von der Ermächtigung nach Abs. 3 haben alle Bundesländer Gebrauch gemacht und zentrale Abteilungen bei bestimmten Amtsgerichten eingerichtet. Antragsteller mit Gerichtsstand in einem der Bundesländer müssen den Erlass eines Mahnbescheides bei folgenden Gerichten beantragen:

Baden-Württemberg	AG Stuttgart
Bayern	AG Coburg
Berlin	AG Wedding
Brandenburg	AG Wedding
Bremen	AG Bremen
Hamburg	AG Hamburg-Mitte
Hessen	AG Hünfeld
Niedersachsen	AG Uelzen
Nordrhein-Westfalen	
OLG-Bezirk Hamm, Düsseldorf	AG Hagen
OLG-Bezirk Köln	AG Euskirchen
Mecklenburg-Vorpommern	AG Hamburg-Mitte
Rheinland-Pfalz, Saarland	AG Mayen
Sachsen, Sachsen-Anhalt, Thüringen	AG Aschersleben, Zweigstelle Staßfurt
Schleswig-Holstein	AG Schleswig

C. Internationale Zuständigkeit
Die internationale, sachliche oder örtliche Zuständigkeit ist von Amts wegen zu prüfen (vgl. 5
Vorbem. zu §§ 1–37 Rn. 2, 4 f.), maßgeblich ist der Zeitpunkt der Antragstellung. Die Prüfung kann im Allgemeinen nur anhand der Angaben im Mahnbescheidsantrag erfolgen. Fehlt es an der Zuständigkeit, ist der Mahnantrag zurückzuweisen. Vorher ist der Antragsteller **auf die fehlende Zuständigkeit hinzuweisen** und es ist ihm Gelegenheit zu geben, seinen Antrag umzustellen. Der Antrag kann dann ohne förmliche Verweisung (also nicht i.S.d. § 281 ZPO) an das nunmehr benannte Amtsgericht **abgegeben werden**. Dies gilt auch für eine Abgabe an das Arbeitsgericht. Erklärt sich das Empfangsgericht für unzuständig, kann das zuständige Gericht in entsprechender Anwendung des § 36 Abs. 1 Nr. 6 ZPO bestimmt werden. Ergeht unter Verkennung der fehlenden Zuständigkeit ein Mahnbescheid, darf auf dessen Grundlage kein Vollstreckungsbescheid erlassen werden. Gegen einen vom **unzuständigen Gericht erlassenen Mahnbescheid** steht dem Antragsgegner nur der **Widerspruch** zu. Nach Erlass eines Mahnbescheides durch das unzuständige Gericht ist eine Verweisung an das zuständige Gericht, damit dieses den Vollstreckungsbescheid erlässt, ausgeschlossen, da ein Vollstreckungsbescheid nur auf der Grundlage eines wirksamen Mahnbescheids ergehen darf.

§ 690
Mahnantrag
[Fassung bis 31. 12. 2017]

(1) Der Antrag muss auf den Erlass eines Mahnbescheids gerichtet sein und enthalten:
1. die Bezeichnung der Parteien, ihrer gesetzlichen Vertreter und der Prozessbevollmächtigten;
2. die Bezeichnung des Gerichts, bei dem der Antrag gestellt wird;
3. die Bezeichnung des Anspruchs unter bestimmter Angabe der verlangten Leistung; Haupt- und Nebenforderungen sind gesondert und einzeln zu bezeichnen, Ansprüche aus Verträgen gemäß den §§ 491 bis 508 des Bürgerlichen Gesetzbuchs, auch unter Angabe des Datums des Vertragsabschlusses und des gemäß § 492 Abs. 2 des Bürgerlichen Gesetzbuchs anzugebenden effektiven Jahreszinses;
4. die Erklärung, dass der Anspruch nicht von einer Gegenleistung abhängt oder dass die Gegenleistung erbracht ist;
5. die Bezeichnung des Gerichts, das für ein streitiges Verfahren zuständig ist.
(2) Der Antrag bedarf der handschriftlichen Unterzeichnung.
(3) [1]Der Antrag kann in einer nur maschinell lesbaren Form übermittelt werden, wenn diese dem Gericht für seine maschinelle Bearbeitung geeignet erscheint. [2]Wird der Antrag von einem Rechtsanwalt oder einer registrierten Person nach § 10 Abs. 1 Satz 1 Nr. 1 des Rechtsdienstleistungsgesetzes gestellt, ist nur diese Form der Antragstellung zulässig. [3]Der handschriftlichen Unterzeichnung bedarf es nicht, wenn in anderer Weise gewährleistet ist, dass der Antrag nicht ohne den Willen des Antragstellers übermittelt wird.

§ 690
Mahnantrag
[Fassung ab 01. 01. 2018]

(1) Der Antrag muss auf den Erlass eines Mahnbescheids gerichtet sein und enthalten:
1. die Bezeichnung der Parteien, ihrer gesetzlichen Vertreter und der Prozessbevollmächtigten;
2. die Bezeichnung des Gerichts, bei dem der Antrag gestellt wird;
3. die Bezeichnung des Anspruchs unter bestimmter Angabe der verlangten Leistung; Haupt- und Nebenforderungen sind gesondert und einzeln zu bezeichnen, Ansprüche aus Verträgen gemäß den §§ 491 bis 508 des Bürgerlichen Gesetzbuchs, auch unter Angabe des Datums des Vertragsabschlusses und des gemäß § 492 Abs. 2 des Bürgerlichen Gesetzbuchs anzugebenden effektiven Jahreszinses;
4. die Erklärung, dass der Anspruch nicht von einer Gegenleistung abhängt oder dass die Gegenleistung erbracht ist;
5. die Bezeichnung des Gerichts, das für ein streitiges Verfahren zuständig ist.
(2) Der Antrag bedarf der handschriftlichen Unterzeichnung.
(3) [1]Der Antrag kann in einer nur maschinell lesbaren Form übermittelt werden, wenn diese dem Gericht für seine maschinelle Bearbeitung geeignet erscheint. [2]Wird der Antrag von einem Rechtsanwalt oder einer registrierten Person nach § 10 Abs. 1 Satz 1 Nr. 1 des Rechtsdienstleistungsgesetzes gestellt, ist nur diese Form der Antragstellung zulässig. [3]Der Antrag

kann unter Nutzung des elektronischen Identitätsnachweises nach § 18 des Personalausweisgesetzes oder § 78 Absatz 5 des Aufenthaltsgesetzes gestellt werden. ⁴Der handschriftlichen Unterzeichnung bedarf es nicht, wenn in anderer Weise gewährleistet ist, dass der Antrag nicht ohne den Willen des Antragstellers übermittelt wird.

1 Der Antrag auf Erlass eines Mahnbescheides ist eine Prozesshandlung. Es müssen daher die **allgemeinen Prozesshandlungsvoraussetzungen** erfüllt sein. § 690 ZPO verlangt Angaben, die über die bei einer Klageerhebung notwendigen Angaben hinausgehen.

2 Durch das RDG wird seit dem 01.12.2008 für Rechtsanwälte und registrierte Personen nach § 10 Abs. 1 Satz 1 Nr. 1 RDG ein Zwang zur Beantragung in nur **maschinell lesbarer Form** angeordnet. § 690 Abs. 3 Satz 2 ZPO ist allerdings nach § 46a Abs. 1 Satz 2 ArbGG nicht auf das arbeitsgerichtliche Mahnverfahren anzuwenden.

§ 691
Zurückweisung des Mahnantrags

(1) ¹Der Antrag wird zurückgewiesen:
1. wenn er den Vorschriften der §§ 688, 689, 690, 703c Abs. 2 nicht entspricht;
2. wenn der Mahnbescheid nur wegen eines Teiles des Anspruchs nicht erlassen werden kann.

²Vor der Zurückweisung ist der Antragsteller zu hören.
(2) Sollte durch die Zustellung des Mahnbescheids eine Frist gewahrt werden oder die Verjährung neu beginnen oder nach § 204 des Bürgerlichen Gesetzbuchs gehemmt werden, so tritt die Wirkung mit der Einreichung oder Anbringung des Antrags auf Erlass des Mahnbescheids ein, wenn innerhalb eines Monats seit der Zustellung der Zurückweisung des Antrags Klage eingereicht und diese demnächst zugestellt wird.
(3) ¹Gegen die Zurückweisung findet die sofortige Beschwerde statt, wenn der Antrag in einer nur maschinell lesbaren Form übermittelt und mit der Begründung zurückgewiesen worden ist, dass diese Form dem Gericht für seine maschinelle Bearbeitung nicht geeignet erscheine. ²Im Übrigen sind Entscheidungen nach Absatz 1 unanfechtbar.

Inhalt:

	Rn.		Rn.
A. Allgemeines und Prüfungsumfang	1	B. Verfahren bei Zurückweisung	3

A. Allgemeines und Prüfungsumfang

1 § 691 Abs. 1 ZPO nennt die Gründe, unter welchen der Antrag auf Erlass eines Mahnbescheides zurückgewiesen werden kann. Die Schlüssigkeit des Antrags ist hier nicht aufgeführt.[1] Der Antrag auf Erlass eines Mahnbescheides kann **nur insgesamt zulässig oder unzulässig** sein. Er ist daher entweder in beantragter Form zu erlassen oder insgesamt zurückzuweisen. Eine **teilweise Unzulässigkeit** führt zur Zurückweisung des gesamten Mahnantrags, § 691 Abs. 1 Satz 1 Nr. 2 ZPO.

2 Die Zulässigkeitsvoraussetzungen des Mahnverfahrens, also die Vorschriften der §§ 688, 689, 690, 703c Abs. 2 ZPO sind **von Amts wegen** zu prüfen. Ebenso die allgemeinen Prozessvoraussetzungen. Die Prüfung beschränkt sich jedoch auf die sich aus dem Mahnantrag ergebenden Informationen. Unvollständige oder offensichtlich unrichtige Angaben dürfen nicht von Amts wegen berichtigt werden.[2] Hinsichtlich der im Antrag auf Erlass eines Mahnbescheids geltend gemachten Verfahrenskosten ist der Rechtspfleger zur Prüfung verpflichtet. Sind die Verfahrenskosten vom Antragsteller unrichtig berechnet, wird der Antrag nicht zurückgewiesen, vielmehr werden vom Rechtspfleger die Kosten in entstandener Höhe festgesetzt.[3]

B. Verfahren bei Zurückweisung

3 **Vor einer Zurückweisung ist dem Antragsteller Gehör** zu gewähren, § 691 Abs. 1 Satz 2 ZPO. Ihm ist die Beanstandung mitzuteilen. Wird diese Beanstandung vom Antragsteller nicht oder nicht vollständig behoben, so kann der Antrag vom Mahngericht zurückgewiesen werden,

---
1 BGH, NJW 1981, 875 = JurBüro 1981, 533; Thomas/Putzo-*Hüßtege*, ZPO, § 690 Rn. 3.
2 Musielak/Voit-*Voit*, ZPO, § 691 Rn. 2.
3 Zöller-*Vollkommer*, ZPO, § 691 Rn. 1c.

§ 691 Abs. 1 ZPO. Der Zurückweisung steht die Rücknahme des Mahnantrages gleich.[4] Die Zurückweisung des Antrags auf Erlass eines Mahnbescheids erfolgt durch zu begründenden **Beschluss**, wenn das Mahnverfahren unzulässig ist. Hierbei sind dem Antragsteller nach § 91 ZPO die Kosten des Verfahrens aufzuerlegen. Der Zurückweisungsbeschluss ist dem Antragsteller zuzustellen, § 329 Abs. 2 Satz 2 ZPO. Die Zustellung des Zurückweisungsbeschlusses setzt die Monatsfrist zur Klageerhebung nach § 691 Abs. 2 ZPO in Lauf. Der Antragsgegner erhält hiervon keine Kenntnis, da ihm der Beschluss nicht mitzuteilen ist.

Soweit der Mahnantrag der **Fristwahrung** diente, gewährt Abs. 2 einen Schutz vor Nachteilen. Dem Antragsteller soll durch die Wahl des Mahnverfahrens – statt eines sofortigen Klagverfahrens – keine Nachteile entstehen, wenn sich im Mahnverfahren die Unzulässigkeit des Mahnantrages herausstellt. Erhebt der Antragsteller innerhalb eines Monats nach Zustellung der Zurückweisung des Mahnantrages Klage und wird die Klage demnächst i.S.d. § 167 ZPO zugestellt, wird die Wirkung der Klageerhebung (Fristwahrung und Verjährungshemmung) auf den Zeitpunkt der Antragseinreichung zurückbezogen.[5] Wird ein Zulässigkeitsmangel im Mahnverfahren (vor Zurückweisung) behoben und findet nach der berichtigte Mahnbescheid zugestellt, ist die Frist des Abs. 2 im Rahmen des § 167 ZPO entsprechend anzuwenden. Die im Zeitpunkt der Antragseinreichung zunächst bestehende Unzulässigkeit des Antrags steht der Hemmung der Verjährung nicht entgegen.[6]

4

Wird der in nur **maschinell lesbarer Form** gestellte Antrag mit der Begründung zurückgewiesen, diese Form erscheine dem Gericht zur Bearbeitung nicht geeignet, ist nach Abs. 3 Satz 1 die sofortige Beschwerde statthaft. Der Rechtspfleger kann der Beschwerde abhelfen. Über die Beschwerde gegen die Entscheidung des Rechtspflegers entscheidet in der Regel der Einzelrichter der Beschwerdekammer des Landgerichts, § 11 Abs. 1 RPflG i.V.m. §§ 567, 568 Abs. 1 ZPO. Der Antragsgegner ist am Beschwerdeverfahren nicht zu beteiligen.

5

Für **andere Fälle der Zurückweisung** findet die sofortige Erinnerung statt, § 11 Abs. 2 RPflG. Hilft der Rechtspfleger nicht ab, legt er dem Richter vor, § 11 Abs. 3 RPflG. Erst der Beschluss des Richters ist unanfechtbar.

6

§ 692
Mahnbescheid

(1) Der Mahnbescheid enthält:
1. die in § 690 Abs. 1 Nr. 1 bis 5 bezeichneten Erfordernisse des Antrags;
2. den Hinweis, dass das Gericht nicht geprüft hat, ob dem Antragsteller der geltend gemachte Anspruch zusteht;
3. die Aufforderung, innerhalb von zwei Wochen seit der Zustellung des Mahnbescheids, soweit der geltend gemachte Anspruch als begründet angesehen wird, die behauptete Schuld nebst den geforderten Zinsen und der dem Betrag nach bezeichneten Kosten zu begleichen oder dem Gericht mitzuteilen, ob und in welchem Umfang dem geltend gemachten Anspruch widersprochen wird;
4. den Hinweis, dass ein dem Mahnbescheid entsprechender Vollstreckungsbescheid ergehen kann, aus dem der Antragsteller die Zwangsvollstreckung betreiben kann, falls der Antragsgegner nicht bis zum Fristablauf Widerspruch erhoben hat;
5. für den Fall, dass Formulare eingeführt sind, den Hinweis, dass der Widerspruch mit einem Formular der beigefügten Art erhoben werden soll, das auch bei jedem Amtsgericht erhältlich ist;
6. für den Fall des Widerspruchs die Ankündigung, an welches Gericht die Sache abgegeben wird, mit dem Hinweis, dass diesem Gericht die Prüfung seiner Zuständigkeit vorbehalten bleibt.

(2) An Stelle einer handschriftlichen Unterzeichnung genügt ein entsprechender Stempelabdruck oder eine elektronische Signatur.

Inhalt:

	Rn.		Rn.
A. Voraussetzungen für den Erlass des Mahnbescheides	1	I. Inhalt des Mahnbescheides	3
		II. Widerspruchsfrist	5
B. Erläuterungen	3	**C. Kosten und Gebühren**	6

---

4 Zöller-*Vollkommer*, ZPO, § 691 Rn. 7.
5 BGH, NJW 1999, 3717 = MDR 1999, 1460.
6 BGH, NJW 1999, 3717 = MDR 1999, 1460.

A. Voraussetzungen für den Erlass des Mahnbescheides

1 Der Mahnbescheid ist ein im **schriftlichen Verfahren** ergehender **Beschluss** (§ 329 ZPO). Auch bei maschineller Erstellung hat der Mahnbescheid die Rechtsnatur eines Beschlusses. Er ergeht ohne Prüfung in der Sache. Der **Mahnbescheid wird erlassen**, wenn der **Antrag in vollem Umfang zulässig** ist. Der Antrag darf also insbesondere nicht nach § 691 ZPO zurückzuweisen oder nach § 689 ZPO an ein anderes Gericht weiterzuleiten sein. Der Antragsgegner wird vor Erlass nicht angehört, § 702 Abs. 2 ZPO.

2 Nach § 12 Abs. 3 GKG sollen die **Gerichtskosten vorweg entrichtet** sein. Deren Höhe richtet sich nach Nr. 1100 KV-GKG. Wird der Mahnbescheid maschinell erstellt, ist die Zahlung der Gerichtskosten gemäß § 23 Abs. 3 Satz 2 GKG erst vor Erlass des Vollstreckungsbescheids erforderlich. Nach § 14 Nr. 1 GKG befreit die bewilligte Prozesskostenhilfe den Antragsteller von der Vorschusspflicht. Gleiches gilt für die Verfahrenskostenhilfe.

B. Erläuterungen
I. Inhalt des Mahnbescheides

3 In den Mahnbescheid werden die in § 690 Abs. 1 Nr. 1–5 ZPO bezeichneten Angaben und der Hinweis, dass das Gericht die Forderung sachlich nicht geprüft hat, aufgenommen. Daneben wird aufgefordert, die Schuld zu bezahlen oder Widerspruch einzulegen. Im Mahnbescheidsantrag kann das Setzen einer Nachfrist liegen.[1] Ist nach materiellem Recht hingegen eine Ablehnungsandrohung gefordert, genügt ein Mahnbescheid nicht. Auch das Gericht, an das die Sache nach einem eventuellen Widerspruch abzugeben ist, ist anzugeben.

4 Nach **Abs. 2** ist eine handschriftliche Unterzeichnung des Mahnbescheids entbehrlich. Ein Faksimile und bei maschineller Bearbeitung ein Gerichtssiegel nach § 703b Abs. 1 ZPO sind ausreichend. Auch die einfache elektronische Signatur ist genügend.[2]

II. Widerspruchsfrist

5 Die **Widerspruchsfrist** beträgt regelmäßig zwei Wochen, bei **Auslandszustellung** in AVAG-Staaten nach § 32 Abs. 3 AVAG einen Monat, bei Zustellung in einem EU-Staat nach Art. 16 EuMahnVO 30 Tage (Einspruch gegen den Europäischen Zahlungsbefehl). Für den Widerspruch ist ein Formular eingeführt worden, dessen Benutzung jedoch nicht verpflichtend ist, vgl. § 703c Rn. 2.

C. Kosten und Gebühren

6 Im Mahnbescheid müssen nach Abs. 1 Nr. 3 die Kosten des Verfahrens dem Betrag nach angegeben werden. Diese sind Gerichtskosten (Nr. 1100 KV-GKG), Zustellungsauslagen und Gebühren nach §§ 2, 13 RVG, Nr. 3305 VV-RVG (vgl. auch Vorbem. zu §§ 688–703d Rn. 6, 7). Die Kostenfestsetzung kann bei Fehlern durch sofortige Kostenbeschwerde und bei einer Beschwer von 50,00 € oder einem geringeren Betrag durch befristete Kostenerinnerung angegriffen werden. Wendet sich der Antragsgegner gegen die Kostengrundentscheidung, muss er Widerspruch einlegen.

§ 693
Zustellung des Mahnbescheids

(1) Der Mahnbescheid wird dem Antragsgegner zugestellt.
(2) Die Geschäftsstelle setzt den Antragsteller von der Zustellung des Mahnbescheids in Kenntnis.

1 Ohne Zustellung entfaltet der Mahnbescheid keine Wirkungen und kann nicht Grundlage eines Vollstreckungsbescheids sein. Die **Zustellung erfolgt von Amts wegen**, § 166 ZPO. Eine fehlerhafte Zustellung ist von Amts wegen zu wiederholen, wenn nicht feststeht, dass der Antragsgegner den Mahnbescheid erhalten hat und damit eine Heilung nach § 189 ZPO gegeben ist. Eine (erneute) Zustellung des Mahnbescheids ist auch dann erforderlich, wenn sich ein Mangel der Zustellung erst bei Erlass des Vollstreckungsbescheides zeigt. Der Antragsteller wird formlos von der erfolgten Zustellung unterrichtet. Ihm ist der Zeitpunkt der Zustellung mitzuteilen. Anhand dieser Mitteilung kann der Antragsteller die Dauer der Widerspruchsfrist feststellen und den Zeitpunkt ermitteln, ab dem ein Antrag auf Erlass eines Vollstreckungsbe

---

1 BGH, NJW-RR 1986, 1346 = JurBüro 1986, 1823.
2 Zöller-*Vollkommer*, ZPO, § 692 Rn. 1.

scheids gestellt werden kann, § 699 Abs. 1 Satz 2 ZPO. Die Mitteilung des Zeitpunkts der Zustellung ist aber auch für die Berechnung der Frist des § 700 Satz 1 ZPO notwendig, also zur Ermittlung des Zeitpunktes, bis wann ein Vollstreckungsbescheid beantragt sein muss, bevor der Mahnbescheid seine Wirkung verliert.

Die Fristwahrung richtet sich nach § 167 ZPO. Mit der Zustellung des Mahnbescheids tritt die **Hemmung der Verjährung** gemäß § 204 Abs. 1 Nr. 3 BGB ein. Diese **Hemmung endet** bei Nichtbetreiben des Verfahrens nach Ablauf von sechs Monaten, §§ 204 Abs. 2 Satz 1 und 2, 209 BGB. Maßgeblich für den Beginn der 6-Monats-Frist ist die letzte Verfahrenshandlung.[1]   2

§ 694
Widerspruch gegen den Mahnbescheid

(1) Der Antragsgegner kann gegen den Anspruch oder einen Teil des Anspruchs bei dem Gericht, das den Mahnbescheid erlassen hat, schriftlich Widerspruch erheben, solange der Vollstreckungsbescheid nicht verfügt ist.

(2) [1]**Ein verspäteter Widerspruch wird als Einspruch behandelt.** [2]**Dies ist dem Antragsgegner, der den Widerspruch erhoben hat, mitzuteilen.**

Inhalt:
	Rn.		Rn.
A. Allgemeines	1	II. Teilwiderspruch	6
B. Erläuterungen	2	C. Rechtsfolgen	7
I. Formelle Voraussetzungen	2		

A. Allgemeines

Der Widerspruch ist der **einzige Rechtsbehelf gegen den Mahnbescheid**.[1] Richtet sich der Mahnbescheid gegen mehrere Anspruchsgegner, so muss jeder für sich Widerspruch einlegen. Lediglich im Falle einer notwenigen Streitgenossenschaft (§ 62 ZPO) wirkt der Widerspruch eines Streitgenossen für die anderen.   1

B. Erläuterungen
I. Formelle Voraussetzungen

Nach Abs. 1 ist der Widerspruch **schriftlich** bei dem Gericht einzulegen, das den Mahnbescheid erlassen hat. Die Benutzung der eingeführten Vordrucke ist nicht zwingend, vgl. § 692 Rn. 4. Der erkennbare Wille zu widersprechen ist entscheidend, der Widerspruch unterliegt deshalb der **Auslegung und auch der Umdeutung**, so ist beispielsweise ein als „Einspruch" bezeichneter Rechtsbehelf entsprechend in einen Widerspruch umzudeuten. Eine **Unterschrift** ist wegen der strittigen Rechtslage stets zu empfehlen, aber wohl dann nicht zwingend erforderlich, wenn kein ernsthafter Zweifel daran besteht, dass der Widerspruch vom Antragsgegner eingelegt wurde.[2]   2

Der Widerspruch kann auch durch **Telefax, Telegramm, Telebrief und Fernschreiber** (vgl. § 129 ZPO) wirksam erhoben werden. Auch eine Übermittlung in **elektronischer Form** nach § 130a ZPO ist möglich. **Mündlich** kann er nur gemäß § 702 ZPO gegenüber dem Urkundsbeamten der Geschäftsstelle erklärt werden. Diese Erklärung kann auch vor einem jedem Amtsgericht abgegeben werden, §§ 129a, 702 ZPO. Nach § 703 ZPO hat ein **Bevollmächtigter** seine Bevollmächtigung zu versichern, wenn er den Widerspruch einlegt, ein Vollmachtsnachweis ist nicht erforderlich.   3

Nach § 692 Abs. 1 Nr. 3 ZPO beträgt die **Widerspruchsfrist** zwei Wochen, vgl. aber § 692 Rn. 4. Die Frist des § 692 Abs. 1 Nr. 3 ZPO ist allerdings keine Ausschlussfrist. Auch nach Ablauf der zwei Wochen kann noch Widerspruch erhoben werden. Eine zeitliche Schranke stellt nur die Verfügung des Vollstreckungsbescheids dar. Dieser darf nicht vor Ablauf der in § 692 Abs. 1 Nr. 3 ZPO angegebene Frist von zwei Wochen erlassen werden. Der Widerspruch ist allerdings nicht mehr statthaft, wenn der Vollstreckungsbescheid bereits verfügt wurde und vom Ge-   4

---

1 Zöller-*Vollkommer*, ZPO, § 693 Rn. 3c m.w.N.

Zu § 694:
1 Zöller-*Vollkommer*, ZPO, § 694 Rn. 1; Thomas/Putzo-*Hüßtege*, ZPO, § 694 Rn. 1.
2 Zöller-*Vollkommer*, ZPO, § 694 Rn. 2; a.A. aber insofern LG Hamburg, NJW 1986, 1998 = VersR 1987, 310; LG München II, NJW 1987, 1340 = MDR 1987, 504.

schäftsstellenbeamten in den Geschäftsgang gegeben wurde.[3] Bei maschineller Bearbeitung ist der Zeitpunkt maßgebend, an dem die Eingabe hinsichtlich des Vollstreckungsbescheids abgeschlossen ist.[4] Ein nach diesem Zeitpunkt eingegangener Widerspruch ist als Einspruch zu behandeln, wobei allerdings zu beachten ist, dass er den Anforderungen, die an einen Einspruch zu stellen sind genügt, vgl. § 700 ZPO. Wird ein Vollstreckungsbescheid erlassen, obwohl bereits ein Widerspruch erhoben wurde, ist dieser in entsprechender Anwendung des Abs. 2 als Einspruch zu werten.[5]

5 **Abschriften** müssen nach § 695 ZPO nicht beigefügt werden. Nach § 696 Abs. 1 ZPO kann bereits mit dem Widerspruch der Antrag auf Durchführung des streitigen Verfahrens verbunden werden.

II. Teilwiderspruch

6 Es ist möglich, den **Widerspruch auf einen Teil des Mahnbescheids zu beschränken**, insbesondere auch auf Nebenforderungen oder Zinsen.[6] Der Antragsgegner kann sich mit seinem Widerspruch auch unter Anerkennung des geltend gemachten Anspruchs nur gegen die Kosten wenden und geltend machen, keinen Anlass zur Durchführung des Mahnverfahrens gegeben zu haben.[7] Wird aus dem Widerspruch nicht ersichtlich, gegen welchen Teil des Mahnbescheids er sich richtet, muss er bis zur Klarstellung als uneingeschränkt eingelegt behandelt werden.[8] Da der Antragsgegner vor Verfügung eines Teilvollstreckungsbescheides einen beschränkt auf die Kosten eingelegten Widerspruch noch auf die Hauptforderung erweitern könnte, ist in der Regel in einem Beschränkten Widerspruch noch kein Anerkenntnis hinsichtlich der Hauptforderung i.S.d. § 212 Abs. 1 Nr. 1 BGB zu sehen.[9]

C. Rechtsfolgen

7 Der zulässige – also vor Erteilung eines Vollstreckungsbescheids – eingelegte Widerspruch hat zur Folge, dass ein Vollstreckungsbescheid nicht mehr ergehen darf. Es muss nun entweder vom Antragsteller oder aber vom Antragsgegner Antrag nach § 696 Abs. 1 ZPO, also Antrag auf Durchführung des streitigen Verfahrens gestellt werden. Wird von keiner Partei ein solcher Antrag auf gestellt, tritt Stillstand des Verfahrens ein.

§ 695
Mitteilung des Widerspruchs; Abschriften

¹Das Gericht hat den Antragsteller von dem Widerspruch und dem Zeitpunkt seiner Erhebung in Kenntnis zu setzen. ²Wird das Mahnverfahren nicht maschinell bearbeitet, so soll der Antragsgegner die erforderliche Zahl von Abschriften mit dem Widerspruch einreichen.

1 Die Geschäftsstelle des Mahngerichts ist dafür zuständig, den Antragsteller von dem Eingang des Widerspruchs des Antragsgegners zu verständigen. Die **schriftliche Mitteilung** umfasst den Zeitpunkt, den Umfang und bei mehreren Antragsgegnern auch die Person, die Widerspruch eingelegt hat.

2 **Unterbleibt ein streitiges Verfahren**, verbleibt das Verfahren beim Mahngericht. Die Mitteilung ist dann die letzte Prozesshandlung des Gerichts i.S.d. § 204 Abs. 2 Satz 2 BGB. Maßgeblich ist der Zugang beim Antragsteller.[1] Die 6-Monats-Frist für den Wegfall der Verjährungshemmung ab Zugang der Mitteilung an den Antragsteller beginnt zu laufen.[2] Auch sonstige **materiell-rechtliche Wirkungen**, die an die Erhebung des Widerspruchs anknüpfen, treten zu diesem Zeitpunkt ein.

3 Nach **Satz 2** soll der Antragsgegner bei nicht maschineller Bearbeitung des Mahnverfahrens die erforderlichen Abschriften mit dem Widerspruch einreichen. Deren Vorlage stellt jedoch keine Wirksamkeitsvoraussetzung für die Einlegung des Widerspruchs dar.

---

3 BGH, NJW 1982, 888 = Rpfleger 1982, 153; Zöller-*Vollkommer*, ZPO, § 694 Rn. 6; Thomas/Putzo-*Hüßtege*, ZPO, § 694 Rn. 3.
4 Musielak/Voit-*Voit*, ZPO, § 694 Rn. 3.
5 BGH, NJW 1983, 633 = Rpfleger 1983, 76.
6 Thomas/Putzo-*Hüßtege*, ZPO, § 694 Rn. 5.
7 BGH, NJW 2005, 512 = FamRZ 2005, 197.
8 BGH, NJW 1983, 633 = Rpfleger 1983, 76.
9 Musielak/Voit-*Voit*, ZPO, § 694 Rn. 4.

Zu § 695:
1 BGH, NJW-RR 1998, 954 = BauR 1998, 613.
2 BGH, NJW-RR 1998, 954 = BauR 1998, 613.

§ 696
Verfahren nach Widerspruch

(1) ¹Wird rechtzeitig Widerspruch erhoben und beantragt eine Partei die Durchführung des streitigen Verfahrens, so gibt das Gericht, das den Mahnbescheid erlassen hat, den Rechtsstreit von Amts wegen an das Gericht ab, das in dem Mahnbescheid gemäß § 692 Abs. 1 Nr. 1 bezeichnet worden ist, wenn die Parteien übereinstimmend die Abgabe an ein anderes Gericht verlangen, an dieses. ²Der Antrag kann in den Antrag auf Erlass des Mahnbescheids aufgenommen werden. ³Die Abgabe ist den Parteien mitzuteilen; sie ist nicht anfechtbar. ⁴Mit Eingang der Akten bei dem Gericht, an das er abgegeben wird, gilt der Rechtsstreit als dort anhängig. ⁵§ 281 Abs. 3 Satz 1 gilt entsprechend.

(2) ¹Ist das Mahnverfahren maschinell bearbeitet worden, so tritt, sofern die Akte nicht elektronisch übermittelt wird, an die Stelle der Akten ein maschinell erstellter Aktenausdruck. ²Für diesen gelten die Vorschriften über die Beweiskraft öffentlicher Urkunden entsprechend. ³§ 298 findet keine Anwendung.

(3) Die Streitsache gilt als mit Zustellung des Mahnbescheids rechtshängig geworden, wenn sie alsbald nach der Erhebung des Widerspruchs abgegeben wird.

(4) ¹Der Antrag auf Durchführung des streitigen Verfahrens kann bis zum Beginn der mündlichen Verhandlung des Antragsgegners zur Hauptsache zurückgenommen werden. ²Die Zurücknahme kann vor der Geschäftsstelle zu Protokoll erklärt werden. ³Mit der Zurücknahme ist die Streitsache als nicht rechtshängig geworden anzusehen.

(5) Das Gericht, an das der Rechtsstreit abgegeben ist, ist hierdurch in seiner Zuständigkeit nicht gebunden.

Inhalt:

	Rn.		Rn.
A. Einleitung des streitigen Verfahrens	1	I. Abgabe und Zuständigkeit	5
I. Durch Antrag	1	II. Abgabeverfügung	7
II. Von Amts wegen nach bereits erlassenem Vollstreckungsbescheid	3	III. Rechtshängigkeit	8
		C. Rücknahme	9
III. Stillstand des Verfahrens	4	I. Zeitpunkt	9
B. Verfahren	5	II. Rücknahme-/Erledigterklärung	11

A. Einleitung des streitigen Verfahrens
I. Durch Antrag

Folge des rechtzeitig eingelegten Widerspruchs ist, dass kein Vollstreckungsbescheid mehr erlassen werden darf. Der Widerspruch leitet aber ohne ausdrücklichen Antrag **nicht automatisch ins streitige Verfahren** über. Dieser Antrag kann sowohl vom Antragsteller als auch vom Antragsgegner gestellt werden. Er kann vom Antragsteller **vorsorglich** mit der Stellung des Mahnbescheids[1] aber auch vom Antragsgegner **gemeinsam mit der Widerspruchseinlegung** gestellt werden. Eine Erledigungserklärung stellt keinen solchen Antrag dar.[2] Ein Antrag auf **Bewilligung von Prozesskostenhilfe** für ein streitiges Verfahren kann hingegen ausreichen.[3] 1

Der **Antrag** auf Durchführung des streitigen Verfahrens kann schriftlich gestellt oder gegenüber dem Urkundsbeamten der Geschäftsstelle erklärt werden, §§ 129a, 702 ZPO. Ein Bevollmächtigter hat seine Bevollmächtigung nicht nachzuweisen, sondern nur zu versichern, § 703 ZPO. 2

II. Von Amts wegen nach bereits erlassenem Vollstreckungsbescheid

Ist ein **Vollstreckungsbescheid bereits verfügt**, ist das Verfahren nach § 700 Abs. 3 Satz 1 ZPO von Amts wegen abzugeben, da der Widerspruch dann als Einspruch zu werten ist. 3

III. Stillstand des Verfahrens

Beantragt keine Partei Durchführung des streitigen Verfahrens, tritt Verfahrensstillstand ein. Sechs Monate nach der letzten Verfahrenshandlung entfällt die verjährungshemmende Wirkung, § 204 Abs. 2 Satz 2 BGB. 4

---

1 BGH, MDR 2010, 585; Zöller-*Vollkommer*, ZPO, § 696 Rn. 1.
2 *Liebheit*, NJW 2000, 2235 ff.; Thomas/Putzo-*Hüßtege*, ZPO, § 696 Rn. 3.
3 Thomas/Putzo-*Hüßtege*, ZPO, § 696 Rn. 3.

B. Verfahren
I. Abgabe und Zuständigkeit

5 Auf den Streitantrag hin wird der Rechtsstreit an das im Mahnbescheid bezeichnete Gericht ohne Prüfung seiner Zuständigkeit von Amts wegen abgegeben, Abs. 1 Satz 1. Die **Zuständigkeitsprüfung** erfolgt erst durch das Empfangsgericht. Durch die Amtsabgabe nach Abs. 1 Satz 1 ist das Empfangsgericht anders als bei einer Verweisung nach § 281 ZPO nicht gebunden. Verlangen sowohl Antragsteller wie auch Antragsgegner übereinstimmend die Abgabe an ein **anderes als das im Mahnbescheid bezeichnete Gericht** wird an dieses abgegeben, Abs. 1 Satz 1 a.E. Der Antrag kann nur gestellt werden, bevor die Abgabe vollzogen wurde.[4] Eine Prorogation ist unter den Voraussetzungen der §§ 38ff. ZPO bis zum Eintritt der Rechtshängigkeit zulässig und möglich.[5]

6 Hat sich der **Wert der Hauptsache** nach Zustellung des Mahnbescheids auf einen Betrag von unter 5.000,00 € **ermäßigt** und dadurch die sachliche Zuständigkeit geändert, so wird auf einseitigen Antrag des Mahnantragstellers die Sache nicht an das im Mahnantrag bezeichnete Landgericht, sondern an das nunmehr zuständige Amtsgericht abgegeben. Reduziert sich der Hauptsachewert erst nach Eintritt der Rechtshängigkeit unter die Wertgrenze des § 23 Nr. 1 GVG, so bleibt es bei der Zuständigkeit des Landgerichts.

II. Abgabeverfügung

7 Gemäß Abs. 1 Satz 3 wird die Abgabe den Parteien formlos mitgeteilt. Die Abgabeverfügung ist nach Abs. 1 Satz 3 Hs. 2 **unanfechtbar** und kann auch nicht mit der Erinnerung (§ 11 Abs. 2; § 36b Abs. 3 RPflG) angegriffen werden. Die Ablehnung des Antrags auf Durchführung des streitigen Verfahrens kann jedoch mit der sofortigen Beschwerde angegriffen werden (§ 11 Abs. 1 RPflG).

III. Rechtshängigkeit

8 Das Mahnverfahren als solches begründet noch keine Rechtshängigkeit. Nach Abs. 3 gilt die Streitsache **rückwirkend** als **mit Zustellung des Mahnbescheids rechtshängig** geworden, wenn sie alsbald nach Erhebung des Widerspruchs abgegeben wird. „Alsbald" ist wie „demnächst" in § 167 ZPO zu verstehen.[6] Nach ständiger Rechtsprechung steht hier eine Zeitspanne von 14 Tagen zur Verfügung.[7] Eine Rückbeziehung der Rechtshängigkeit scheidet bei verzögerter Abgabe aus. Maßgebend für den Eintritt der Rechtshängigkeit ist dann der Zeitpunkt nach Abs. 1 Satz 4 also mit vollzogener Abgabe. Die Verjährung bleibt jedoch gehemmt.[8]

C. Rücknahme
I. Zeitpunkt

9 Sowohl Antragsteller als auch Antragsgegner können den Antrag auf Durchführung des streitigen Verfahrens **zurücknehmen**. Diese Rücknahme ist von der Rücknahme des Mahnantrages und des Widerspruchs zu unterscheiden. § 296 Abs. 3 ZPO ist nicht entsprechend anzuwenden.[9] Die Interessen der jeweiligen Gegners werden ausreichend geschützt, da er auch jetzt noch einen eigenen Antrag nach § 696 Abs. 1 ZPO auf Durchführung des streitigen Verfahrens stellen kann.

10 **Nach Einlassung der Gegenpartei zur Hauptsache** kann der Antrag auf Durchführung des streitigen Verfahrens **nur noch mit Zustimmung** der Gegenpartei zurückgenommen werden. Eine solche Rücknahme des Antrags auf Durchführung des streitigen Verfahrens schließt die Rücknahme des Mahnantrags bzw. die Rücknahme des Widerspruchs gegen den Mahnbescheid nicht ein. Das Verfahren wird vielmehr in das Mahnverfahren zurückversetzt. Daher kann ein Vollstreckungsbescheid nicht ergehen, sofern nicht zugleich der Widerspruch gegen den Mahnbescheid zurückgenommen wurde. Die Konsequenz ist ein **Stillstand des Verfahrens**, bis erneut die Durchführung des streitigen Verfahrens beantragt wird.

II. Rücknahme-/Erledigterklärung

11 Die **Rücknahme** des Antrags auf Durchführung des streitigen Verfahrens kann schriftlich oder vor der Geschäftsstelle zu Protokoll eines jeden Amtsgerichts (§ 129a ZPO) erklärt werden.

---

4 BayObLG, NJW-RR 1994, 891 = MDR 1994, 94.
5 BayObLG, NJW-RR 1995, 636 = MDR 1995, 312.
6 BGHZ 103, 28 = NJW 1988, 1982; Zöller-*Vollkommer*, ZPO, § 696 Rn. 6.
7 BGHZ 175, 360 = NJW 2008, 167.
8 Thomas/Putzo-*Hüßtege*, ZPO, § 696 Rn. 13.
9 Thomas/Putzo-*Hüßtege*, ZPO, § 696 Rn. 14.

Wegen § 78 Abs. 5 ZPO besteht für diese Erklärung auch vor dem Landgericht kein Anwaltszwang. § 702 ZPO und § 703 ZPO sind nicht anwendbar, da das Mahnverfahren mit Abgabe endete. Die Rücknahme kann auf einen Teil des Antrags auf Durchführung des streitigen Verfahrens beschränkt werden.

In einer **Erledigterklärung** vor Einlassung zur Hauptsache kann nicht ohne weiteres eine Rücknahme des Antrags auf Durchführung des streitigen Verfahrens gesehen werden, denn die Kostenfolgen können unterschiedlich sein. Deshalb kann auch die einseitige Erledigungserklärung nicht ohne weiteres als Rücknahme des Streitantrags verstanden werden, was nicht ausschließt, dass sie im Einzelfall in dieser Weise ausgelegt werden kann. 12

§ 697
Einleitung des Streitverfahrens

(1) ¹Die Geschäftsstelle des Gerichts, an das die Streitsache abgegeben wird, hat dem Antragsteller unverzüglich aufzugeben, seinen Anspruch binnen zwei Wochen in einer der Klageschrift entsprechenden Form zu begründen. ²§ 270 Satz 2 gilt entsprechend.

(2) ¹Bei Eingang der Anspruchsbegründung ist wie nach Eingang einer Klage weiter zu verfahren. ²Zur schriftlichen Klageerwiderung im Vorverfahren nach § 276 kann auch eine mit der Zustellung der Anspruchsbegründung beginnende Frist gesetzt werden.

(3) ¹Geht die Anspruchsbegründung nicht rechtzeitig ein, so wird bis zu ihrem Eingang Termin zur mündlichen Verhandlung nur auf Antrag des Antragsgegners bestimmt. ²Mit der Terminsbestimmung setzt der Vorsitzende dem Antragsteller eine Frist zur Begründung des Anspruchs; § 296 Abs. 1, 4 gilt entsprechend.

(4) ¹Der Antragsgegner kann den Widerspruch bis zum Beginn seiner mündlichen Verhandlung zur Hauptsache zurücknehmen, jedoch nicht nach Erlass eines Versäumnisurteils gegen ihn. ²Die Zurücknahme kann zu Protokoll der Geschäftsstelle erklärt werden.

(5) ¹Zur Herstellung eines Urteils in abgekürzter Form nach § 313b Absatz 2, § 317 Absatz 5 kann der Mahnbescheid an Stelle der Klageschrift benutzt werden. ²Ist das Mahnverfahren maschinell bearbeitet worden, so tritt an die Stelle der Klageschrift der maschinell erstellte Aktenausdruck.

Inhalt:

	Rn.		Rn.
A. Allgemeines	1	III. Rücknahme des Widerspruchs	7
B. Erläuterungen	2	IV. Abgekürztes Urteil	9
I. Anspruchsbegründung	2	**C. Kosten und Gebühren**	10
II. Weiteres Verfahren	5		

A. Allgemeines

§ 697 ZPO regelt die Einleitung und den Fortgang des **streitigen Verfahrens** nach Widerspruch des Antragsgegners und Abgabe an das zuständige Gericht nach § 696 Abs. 1 ZPO. Zu beachten sind **Sonderregeln** in § 46a Abs. 4 ArbGG und § 182a Abs. 1 Satz 2 SGG. 1

B. Erläuterungen
I. Anspruchsbegründung

Nach Abs. 1 Satz 1 wird der Antragsteller unverzüglich durch die Geschäftsstelle des Streitgerichts aufgefordert innerhalb von zwei Wochen (Fristberechnung erfolgt wegen Abs. 1 Satz 2 nach § 270 Satz 2 ZPO entsprechend) eine **Begründung** für den geltend gemachten Anspruch einzureichen. Diese Begründung muss den Anforderungen einer Klageschrift (§ 253 Abs. 2–5 ZPO) genügen.[1] Erklärung zu Protokoll sind nach den allgemeinen Vorschriften (§§ 129a, 496 ZPO) zulässig. Eine Prüfung des Anspruches vor Aufforderung erfolgt durch den Urkundsbeamten der Geschäftsstelle nicht. **Klageänderung oder -erweiterung** sind möglich. Ob eine **Zustellung der Aufforderung** an Antragsteller oder Prozessbevollmächtigten notwendig ist, wird mehr und mehr bestritten, ist aber zu bejahen.[2] 2

Wird die **zweiwöchige Frist versäumt**, kommt eine Zurückweisung nach § 296 Abs. 2 ZPO nicht in Betracht.[3] Vielmehr kommt es außer im Falle des Abs. 3 nicht zu einer Terminsbestim- 3

---

1 Thomas/Putzo-*Hüßtege*, ZPO, § 697 Rn. 2.
2 Siehe Musielak/Voit-*Voit*, ZPO, § 697 Rn. 2 m.w.N.
3 OLG Nürnberg, NJW-RR 2000, 445 = MDR 1999, 1151.

mung und damit zum **Ruhen des Verfahrens**. Dieses bedeutet, dass die verjährungshemmende Wirkung nach sechs Monaten nach Zugang der Aufforderung wegfällt.

4 Fraglich ist, wie der Rechtsanwalt vorzugehen hat, wenn der Antragssteller bereits im Mahnantrag eine Begründung vorgetragen hat, das Verfahren nun aber (vor dem Landgericht) ein **Anwaltsprozess** ist. Grundsätzlich ist eine erneute Begründung nicht mehr erforderlich, wenn der Mahnantrag eine solche bereits enthält. Ob bei Wechsel in einen Anwaltsprozess eine reine Verweisung auf die vom Antragssteller selbst vorgetragene Begründung ausreichend ist, oder ob eine neuerliche Begründung durch den Rechtsanwalt zu erfolgen hat, ist selbst in der Rechtsprechung umstritten.[4] Richtigerweise sollte sich der Rechtsanwalt hier an die Praxis des Gerichts halten. Erfolgt eine Aufforderung nach Abs. 1 ist deutlich, dass eine eigene Begründung zu erfolgen hat, unterbleibt eine solche, dürfte der Verweis auf die bereits vorgetragenen Gründe genügen.

II. Weiteres Verfahren

5 Nachdem die Begründung bei Gericht eingegangen bzw. entbehrlich (vgl. Rn. 4) ist, wird nach den allgemeinen Regeln einer Klage (§§ 271 ff. ZPO) fortgefahren. Das bedeutet: Früher erster Termin oder schriftliches Vorverfahren mit Zustellung der Begründung an den Antragsgegner und dem Hinweis, dass die Verteidigungsbereitschaft nach § 276 ZPO nicht durch den Widerspruch ersetzt wurde und innerhalb der Notfrist angezeigt werden muss und Bestimmung der Klageerwiderungsfrist. Hierfür gilt das zu den entsprechenden Normen Gesagte.

6 **Abs. 3** bestimmt, dass eine Terminsbestimmung grundsätzlich unterbleibt, wenn die Anspruchsbegründung nicht innerhalb der zweiwöchigen Frist bei Gericht eingeht, es tritt dann Verfahrensstillstand ein (inklusive Ende einer Verjährungshemmung nach sechs Monaten, siehe Rn. 4). Etwas anderes gilt nach Abs. 3 dann, wenn der **Antragsgegner eine Terminsbestimmung beantragt**. Ist dies der Fall, wird dem Antragssteller eine erneute Frist (wohl nicht unter zwei Wochen)[5] zur Begründung aufgegeben. Wird diese Frist versäumt ist entgegen der Versäumung der Frist nach Abs. 1 eine Präklusion nach § 296 Abs. 1, 4 ZPO möglich und es erfolgt Abweisung als unzulässig.[6]

III. Rücknahme des Widerspruchs

7 Abs. 4 regelt die **Rücknahme des Widerspruchs** durch den Antragsgegner. Dies ist bis zur mündlichen Verhandlung jederzeit schriftlich oder zu Protokoll ohne Anwaltszwang (§ 78 Abs. 3 ZPO; selbst wenn Rücknahme vor dem ersten Verhandlungsakt in der mündlichen Verhandlung erfolgt)[7] möglich. Ist bereits ein Versäumnisurteil nach § 331 ZPO ergangen, ist dies jedoch nicht mehr möglich. Ob dies nach einer Klageerweiterung noch möglich ist, ist in der Rechtsprechung umstritten.[8]

8 Das Gericht teilt einen wirksamen Widerspruch dem Antragssteller mit, damit entfällt die Rechtshängigkeit. Der Mahnbescheid ist dann nach wie vor wirksam und es kann Antrag auf Erteilung eines Vollstreckungsbescheids ergehen. Nach Abgabe wird dieser vom Streitgericht erteilt (§ 699 Abs. 1 Satz 3 ZPO).

IV. Abgekürztes Urteil

9 Nach Abs. 5 können Versäumnis-, Anerkenntnis- oder Verzichtsurteile im streitigen Verfahren in der abgekürzten Form des §§ 313b Abs. 2, 317 Abs. 5 ZPO auf den Mahnbescheid bzw. den maschinell erstellten Aktenausdruck anstelle der Klageschrift gesetzt werden.

C. Kosten und Gebühren

10 Gerichtskosten entstehen im streitigen Verfahren nach Nr. 1210 ff. KV-GKG. Für die Fristsetzungen und ein Versäumnis-, Anerkenntnis- oder Verzichtsurteil werden keine Kosten erhoben.[9] Bei Rücknahme des Widerspruches ermäßigen sich die Kosten (Nr. 1211 KV-GKG). Für den Anwalt entsteht eine 1,3 Verfahrensgebühr nach den allgemeinen Vorschriften.

---

4 Den Streit und die Rechtsprechung darstellend: Musielak/Voit-*Voit*, ZPO, § 697 Rn. 3 m.w.N.
5 Thomas/Putzo-*Hüßtege*, ZPO, § 697 Rn. 7.
6 So die h.M. in der Rechtsprechung, z.B. LG Gießen, NJW-RR 1995, 62; in der Literatur sprechen sich Stimmen hingegen teilweise für die Abweisung als unbegründet aus, z.B. Musielak/Voit-*Voit*, ZPO, § 697 Rn. 6.
7 Zöller-*Vollkommer*, ZPO, § 697 Rn. 11.
8 Dafür LG Gießen, MDR 2004, 113; dagegen LG Hannover, JurBüro 1984, 297.
9 Musielak/Voit-*Voit*, ZPO, § 697 Rn. 11.

§ 698
Abgabe des Verfahrens am selben Gericht

Die Vorschriften über die Abgabe des Verfahrens gelten sinngemäß, wenn Mahnverfahren und streitiges Verfahren bei demselben Gericht durchgeführt werden.

Meist fallen Mahn- und Streitgericht auseinander. Das **Abgabeverfahren** vollzieht sich daher meist nach § 696 ZPO. § 698 ZPO regelt das Verfahren, wenn Mahn- und Streitverfahren bei demselben Gericht durchgeführt werden und ordnet die sinngemäße Anwendung der Vorschriften über die Abgabe des Verfahrens (§§ 695–697 ZPO) an.   1

Nach Widerspruch und Streitantrag erfolgt die Abgabe bei Zuständigkeit desselben Gerichts dadurch, dass der Rechtspfleger das Verfahren an die jeweilige Prozessabteilung des Gerichts abgibt.   2

§ 699
Vollstreckungsbescheid
[Fassung bis 31.12.2017]

(1) ¹Auf der Grundlage des Mahnbescheids erlässt das Gericht auf Antrag einen Vollstreckungsbescheid, wenn der Antragsgegner nicht rechtzeitig Widerspruch erhoben hat. ²Der Antrag kann nicht vor Ablauf der Widerspruchsfrist gestellt werden; er hat die Erklärung zu enthalten, ob und welche Zahlungen auf den Mahnbescheid geleistet worden sind; § 690 Abs. 3 Satz 1 und 3 gilt entsprechend. ³Ist der Rechtsstreit bereits an ein anderes Gericht abgegeben, so erlässt dieses den Vollstreckungsbescheid.

(2) Soweit das Mahnverfahren nicht maschinell bearbeitet wird, kann der Vollstreckungsbescheid auf den Mahnbescheid gesetzt werden.

(3) ¹In den Vollstreckungsbescheid sind die bisher entstandenen Kosten des Verfahrens aufzunehmen. ²Der Antragsteller braucht die Kosten nur zu berechnen, wenn das Mahnverfahren nicht maschinell bearbeitet wird; im Übrigen genügen die zur maschinellen Berechnung erforderlichen Angaben.

(4) ¹Der Vollstreckungsbescheid wird dem Antragsgegner von Amts wegen zugestellt, wenn nicht der Antragsteller die Übermittlung an sich zur Zustellung im Parteibetrieb beantragt hat. ²In diesen Fällen wird der Vollstreckungsbescheid dem Antragsteller zur Zustellung übermittelt; die Geschäftsstelle des Gerichts vermittelt diese Zustellung nicht. ³Bewilligt das mit dem Mahnverfahren befasste Gericht die öffentliche Zustellung, so wird die Benachrichtigung nach § 186 Abs. 2 Satz 2 und 3 an die Gerichtstafel des Gerichts angeheftet oder in das Informationssystem des Gerichts eingestellt, das in dem Mahnbescheid gemäß § 692 Abs. 1 Nr. 1 bezeichnet worden ist.

(5) Die Belehrung gemäß § 232 ist dem Antragsgegner zusammen mit der Zustellung des Vollstreckungsbescheids schriftlich mitzuteilen.

§ 699
Vollstreckungsbescheid
[Fassung ab 01.01.2018]

(1) ¹Auf der Grundlage des Mahnbescheids erlässt das Gericht auf Antrag einen Vollstreckungsbescheid, wenn der Antragsgegner nicht rechtzeitig Widerspruch erhoben hat. ²Der Antrag kann nicht vor Ablauf der Widerspruchsfrist gestellt werden; er hat die Erklärung zu enthalten, ob und welche Zahlungen auf den Mahnbescheid geleistet worden sind; § 690 Abs. 3 gilt entsprechend. ³Ist der Rechtsstreit bereits an ein anderes Gericht abgegeben, so erlässt dieses den Vollstreckungsbescheid.

(2) Soweit das Mahnverfahren nicht maschinell bearbeitet wird, kann der Vollstreckungsbescheid auf den Mahnbescheid gesetzt werden.

(3) ¹In den Vollstreckungsbescheid sind die bisher entstandenen Kosten des Verfahrens aufzunehmen. ²Der Antragsteller braucht die Kosten nur zu berechnen, wenn das Mahnverfahren nicht maschinell bearbeitet wird; im Übrigen genügen die zur maschinellen Berechnung erforderlichen Angaben.

(4) ¹Der Vollstreckungsbescheid wird dem Antragsgegner von Amts wegen zugestellt, wenn nicht der Antragsteller die Übermittlung an sich zur Zustellung im Parteibetrieb beantragt hat. ²In diesen Fällen wird der Vollstreckungsbescheid dem Antragsteller zur Zustellung übermittelt; die Geschäftsstelle des Gerichts vermittelt diese Zustellung nicht. ³Bewilligt das mit dem Mahnverfahren befasste Gericht die öffentliche Zustellung, so wird die Benachrich-

tigung nach § 186 Abs. 2 Satz 2 und 3 an die Gerichtstafel des Gerichts angeheftet oder in das Informationssystem des Gerichts eingestellt, das in dem Mahnbescheid gemäß § 692 Abs. 1 Nr. 1 bezeichnet worden ist.

(5) Die Belehrung gemäß § 232 ist dem Antragsgegner zusammen mit der Zustellung des Vollstreckungsbescheids schriftlich mitzuteilen.

Inhalt:

	Rn.		Rn.
A. Allgemeines	1	2. Formularzwang und Inhalt	4
B. Erläuterungen	3	3. Zurückweisung	6
I. Antrag	3	II. Erlass und Wirkungen	7
1. Zeitpunkt und Person des Antragstellers	3	III. Kostenentscheidung	8
		IV. Zustellung	10

A. Allgemeines

1 Beim Vollstreckungsbescheid handelt es sich um einen **Vollstreckungstitel**, § 794 Abs. 1 Nr. 4 ZPO. Der Vollstreckungsbescheid steht einem für vorläufig vollstreckbar erklärtem Versäumnisurteil gleich, § 700 Abs. 1 ZPO.

2 Ein Vollstreckungsbescheid kann nur erlassen werden, wenn kein Widerspruch erhoben wurde. Auch ein verspäteter **Widerspruch** hindert den Erlass eines Vollstreckungsbescheids.[1] Bei einem **Teilwiderspruch** ist eine Antragsbeschränkung erforderlich.[2]

B. Erläuterungen
I. Antrag
1. Zeitpunkt und Person des Antragstellers

3 Der Antrag auf Erlass des Vollstreckungsbescheids kann erst dann gestellt werden, wenn die **Widerspruchsfrist** nach Zustellung des Mahnbescheids **verstrichen** ist, §§ 692 Abs. 1 Nr. 3, 694 ZPO. Maßgeblich für die Frage ob ein Antrag zu früh gestellt ist, ist der Eingang des Antrags auf Erlass eines Vollstreckungsbescheides bei Gericht. Der Antrag auf Erlass des Vollstreckungsbescheids kann **nur vom Antragsteller oder dessen Rechtsnachfolger** gestellt werden.[3] Weiter zu beachten ist die 6-Monats-Frist des § 701 Satz 1 ZPO. Hiernach muss dann, wenn kein Widerspruch erhoben wurde, innerhalb von sechs Monaten nach Zustellung des Mahnbescheids Antrag auf Erlass eines Vollstreckungsbescheids gestellt werden, ansonsten entfällt die Wirkung des Mahnbescheids. Der Antrag auf Erlass eines Vollstreckungsbescheids wird dem Antragsgegner nicht mitgeteilt, § 702 Abs. 2 ZPO.

2. Formularzwang und Inhalt

4 Es besteht **Formularzwang** nach § 703c Abs. 2 ZPO. Der Antragsteller kann das Formular selbst ausfüllen, insoweit besteht **kein Anwaltszwang**. Bedient sich der Antragsteller eines Bevollmächtigten, hat dieser seine Bevollmächtigung zu versichern, § 703 ZPO. Der Antragsteller kann den Antrag aber auch nach § 702 ZPO vor dem Urkundsbeamten der Geschäftsstelle stellen.

5 Der Antrag auf Erlass eines Vollstreckungsbescheids muss Angaben dazu enthalten, welche **Zahlungen** der Schuldner auf den mit dem Mahnbescheid verfolgten Anspruch geleistet hat. Hierbei sind auch solche Zahlungen anzugeben, die vor Erlass oder Zustellung des Mahnbescheids auf den Anspruch erfolgt sind.[4] Erfolgte Zahlungen sind vom Gericht zu berücksichtigen. Der Vollstreckungsbescheid darf dann nur über einen Teilbetrag erlassen werden. Im Vollstreckungsbescheid nicht berücksichtigte Zahlungen sind vom Antragsgegner mit dem **Einspruch** geltend zu machen.[5]

3. Zurückweisung

6 Ist der Antrag auf Erlass eines Vollstreckungsbescheids unwirksam, nicht innerhalb der Fristen, nicht entsprechend der inhaltlichen Anforderungen oder unter Missachtung einer der sonstigen Voraussetzungen gestellt, ist er durch **Beschluss** des Rechtspflegers gemäß § 702 Abs. 2 ZPO **zurückzuweisen**. Dies führt zum **Wegfall der Wirkungen des Mahnbescheids**. Dem Antragsteller ist allerdings zuvor rechtliches Gehör zu gewähren. Gegen die zurückwei-

---

[1] OLG München, MDR 1983, 675 = OLGZ 1983, 324 (325); Musielak/Voit-*Voit*, ZPO, § 699 Rn. 5.
[2] Musielak/Voit-*Voit*, ZPO, § 699 Rn. 9.
[3] Musielak/Voit-*Voit*, ZPO, § 699 Rn. 2.
[4] Thomas/Putzo-*Hüßtege*, ZPO, § 699 Rn. 5.
[5] LG Kiel, JurBüro 1979, 1386; Zöller-*Vollkommer*, ZPO, § 699 Rn. 4.

sende Entscheidung des Rechtspflegers ist die **sofortige Beschwerde** nach § 11 Abs. 1 RPflG i.V.m. § 567 Abs. 1 Nr. 2 ZPO statthaft. Der Zurückweisungsbeschluss muss daher nach § 329 Abs. 3 ZPO dem Antragsteller **zugestellt** werden. Auch wenn der Antrag **hinsichtlich der Kosten** teilweise zurückgewiesen wird, ist eine Zustellung nach § 329 Abs. 3 ZPO erforderlich. Die **Rechtsmittel** hiergegen sind die sofortige Beschwerde, die befristete Rechtspflegererinnerung oder bei Entscheidung durch den Urkundsbeamten die befristete Erinnerung nach § 573 Abs. 1 ZPO.[6]

II. Erlass und Wirkungen

Sind die **Voraussetzungen erfüllt**, ergeht ein Vollstreckungsbescheid. In seinem Umfang (beispielsweise nach Mitteilung erfolgter Zahlungen oder eines Teilwiderspruchs) kann der Vollstreckungsbescheid hinter dem Mahnbescheid zurückbleiben, jedoch – mit Ausnahme der Kosten und Zinsen – **nicht über diesen hinausgehen**. Wird der Vollstreckungsbescheid nicht im Wege maschineller Bearbeitung erlassen, ist konstitutive Voraussetzung die **Unterschrift**, § 703b Abs. 1 ZPO. Ist sie unterblieben, kann sie grundsätzlich nachgeholt werden, es sei denn, es ist zwischenzeitlich Widerspruch gegen den Mahnbescheid eingelegt worden, § 694 Abs. 1 ZPO.[7] Das Rechtsmittel gegen einen Vollstreckungsbescheid ist der **Einspruch**. Dies gilt auch, soweit der Vollstreckungsbescheid nur teilweise erlassen wurde. Ein übersehener Widerspruch wie auch ein Widerspruch, der erst nach Erlass des Vollstreckungsbescheids und dessen Hinausgabe in den Geschäftsgang bei Gericht eingeht, wird als Einspruch behandelt.[8]

7

III. Kostenentscheidung

Nach Abs. 3 wird im Vollstreckungsbescheid auch über die Kosten des Verfahrens und deren Höhe mitentschieden. Die Aufnahme der Kosten stellt gleichzeitig eine **Kostenentscheidung und Kostenfestsetzung** dar.[9] Nach herrschender Meinung schließt sie eine Kostenentscheidung nach § 104 ZPO aus.[10] Es sind alle bis zum Erlass des Vollstreckungsbescheids entstandenen Kosten aufzunehmen. Gegen die Kostenfestsetzung finden die nach § 104 Abs. 3 Satz 1 ZPO vorgesehenen **Rechtsbehelfe** statt. Dies sind die **sofortige Beschwerde** oder die **sofortige Erinnerung**.

8

Der Antragsteller des Vollstreckungsbescheids ist nach § 22 Abs. 1 GKG subsidiärer Kostenschuldner.

9

IV. Zustellung

Nach Abs. 4 Satz 1 Hs. 1 wird der Vollstreckungsbescheid **von Amts wegen zugestellt**. Zuständig hierfür ist die Geschäftsstelle des Gerichts, das den Vollstreckungsbescheid erlassen hat. Nach Abs. 4 Satz 1 Hs. 2 kann der Antragsteller aber auch einen Antrag auf Übergabe des Vollstreckungsbescheids an ihn zur **Zustellung im Parteibetrieb** stellen. Wurde von Amts wegen zugestellt, wird dem Antragsteller eine solstreckbare Ausfertigung des Vollstreckungsbescheids übersandt, §§ 795, 724 ZPO. Auf der vollstreckbaren Ausfertigung wird das Datum der Zustellung bescheinigt.

10

§ 700
Einspruch gegen den Vollstreckungsbescheid

(1) Der Vollstreckungsbescheid steht einem für vorläufig vollstreckbar erklärten Versäumnisurteil gleich.

(2) Die Streitsache gilt als mit der Zustellung des Mahnbescheids rechtshängig geworden.

(3) ¹Wird Einspruch eingelegt, so gibt das Gericht, das den Vollstreckungsbescheid erlassen hat, den Rechtsstreit von Amts wegen an das Gericht ab, das in dem Mahnbescheid gemäß § 692 Abs. 1 Nr. 1 bezeichnet worden ist, wenn die Parteien übereinstimmend die Abgabe an ein anderes Gericht verlangen, an dieses. ²§ 696 Abs. 1 Satz 3 bis 5, Abs. 2, 5, § 697 Abs. 1, 4, § 698 gelten entsprechend. ³§ 340 Abs. 3 ist nicht anzuwenden.

(4) ¹Bei Eingang der Anspruchsbegründung ist wie nach Eingang einer Klage weiter zu verfahren, wenn der Einspruch nicht als unzulässig verworfen wird. ²§ 276 Abs. 1 Satz 1, 3, Abs. 2 ist nicht anzuwenden.

---

6 Musielak/Voit-*Voit*, ZPO, § 699 Rn. 5f.
7 OLG München, MDR 1983, 675 = OLGZ 1983, 324 (325).
8 Zöller-*Vollkommer*, ZPO, § 699 Rn. 14.
9 Thomas/Putzo-*Hüßtege*, ZPO, § 699 Rn. 17.
10 KG Berlin, Rpfleger 1995, 424 = JurBüro 1995, 428; Thomas/Putzo-*Hüßtege*, ZPO, § 699 Rn. 17.

(5) Geht die Anspruchsbegründung innerhalb der von der Geschäftsstelle gesetzten Frist nicht ein und wird der Einspruch auch nicht als unzulässig verworfen, bestimmt der Vorsitzende unverzüglich Termin; § 697 Abs. 3 Satz 2 gilt entsprechend.

(6) Der Einspruch darf nach § 345 nur verworfen werden, soweit die Voraussetzungen des § 331 Abs. 1, 2 erster Halbsatz für ein Versäumnisurteil vorliegen; soweit die Voraussetzungen nicht vorliegen, wird der Vollstreckungsbescheid aufgehoben.

Inhalt:

	Rn.		Rn.
A. Allgemeines	1	2. Formelle Voraussetzungen	6
B. Erläuterungen	2	3. Rücknahme des Einspruches	8
I. Wirkungen des Vollstreckungsbescheides	2	III. Einspruchsverfahren	9
II. Einlegung des Einspruchs	4	1. Abgabe an das zuständige Gericht	9
1. Statthaftigkeit	4	2. Einspruchsprüfung	11
		C. Kosten und Gebühren	16

A. Allgemeines

1 § 700 ZPO bestimmt die **Wirkungen des Vollstreckungsbescheides** nach § 699 ZPO sowie das weitere Verfahren, soweit gegen ihn Widerspruch (als statthafter Rechtsbehelf) eingelegt wurde. Das Widerspruchsverfahren dient der Prüfung des im Mahnverfahrens geltend gemachten Anspruches. Er steht insofern dem Einspruch gegen den Mahnbescheid gleich und ist auch dann durchzuführen, wenn der Schuldner die Einspruchsfrist schuldhaft versäumt hat.[1] §§ 46a Abs. 3, 59 Satz 3 ArbGG sind in arbeitsgerichtlichen Streitigkeiten zu beachten.

B. Erläuterungen
I. Wirkungen des Vollstreckungsbescheides

2 Der nach § 699 ZPO ergangene Vollstreckungsbescheid steht einem **vorläufig vollstreckbaren Versäumnisurteil** gleich (Abs. 1). Dies bedeutet er kann ohne Sicherheitsleistung vollstreckt werden (§ 794 Abs. 1 Nr. 4 ZPO), auch eine Vollstreckungsklausel ist im Normalfall nicht erforderlich.[2] §§ 719, 707, 775 Nr. 2 ZPO sind anwendbar, insofern dürfte im Normalfall die Zwangsvollstreckung einstweilen eingestellt werden, wenn Einspruch eingelegt wird.[3]

3 Mit Erlass des Vollstreckungsbescheides wird die Sache rückwirkend mit Zustellung des Mahnbescheides rechtshängig (Abs. 2).

II. Einlegung des Einspruchs
1. Statthaftigkeit

4 Gegen den Vollstreckungsbescheid nach § 699 ZPO ist der Einspruch der **einzige statthafte Rechtsbehelf** (Abs. 1), die Erinnerung ist nach § 11 Abs. 3 Satz 2 RPflG ausgeschlossen. Mit ihm können Einwendungen gegen die geltend gemachte Forderung selbst aber auch bezüglich des Verfahrens geltend gemacht werden. Ein (teilweiser) Verzicht auf den Einspruch ist wegen § 346 ZPO möglich.

5 Nicht der Einspruch, sondern die sofortige Beschwerde bzw. sofortige Erinnerung steht offen gegen die Kostenfestsetzung im Vollstreckungsbescheid.

2. Formelle Voraussetzungen

6 Der Einspruch muss innerhalb einer **Notfrist von zwei Wochen** eingelegt werden (§ 339 Abs. 1 ZPO). Fristbeginn ist die Zustellung des Vollstreckungsbescheides nach § 699 ZPO (§ 399 Abs. 1 ZPO). Ein Einspruch vor Zustellung ist möglich.[4] Für die Auslandszustellung oder Zustellung mittels öffentlicher Bekanntmachung, siehe § 339 Abs. 2 ZPO.

7 Der Einspruch muss **schriftlich** (aber nicht begründet) beim Gericht (beachte § 702 ZPO), das den Vollstreckungsbescheid erlassen hat, eingelegt werden. Es gilt insofern § 340 ZPO. Es herrscht kein Formularzwang. Eine Unterschrift ist erforderlich,[5] außer es handelt sich um andere anerkannte Einreichungsmethoden, insbesondere per Fax. Anwaltszwang herrscht auch vor dem LG nicht, da der Einspruch noch zum Mahnverfahren gehört.[6]

---

1 Musielak/Voit-*Voit*, ZPO, § 700 Rn. 1.
2 Außer bei Rechtsnachfolge und Auslandsvollstreckung, BeckOK-*Dörndorfer*, ZPO, § 700 Rn. 1.
3 BeckOK-*Dörndorfer*, ZPO, § 700 Rn. 2.
4 Musielak/Voit-*Voit*, ZPO, § 700 Rn. 5.
5 BGH, NJW 1987, 2588 = Rpfleger 1987, 422; a.A. LG Heidelberg, NJW-RR 1987, 1213 (1214); Musielak/Voit-*Voit*, ZPO, § 700 Rn. 4.
6 BeckOK-*Dörndorfer*, ZPO, § 700 Rn. 5.

3. Rücknahme des Einspruches
Der Einspruch kann nach § 346 ZPO zurückgenommen werden, nach Verhandlung über den Einspruch aber nur noch mit Zustimmung des Antragsgegners (Abs. 4, Abs. 3 Satz 2, § 697 Abs. 1 Satz 1 ZPO). Sodann ist nach §§ 346, 516 Abs. 3 ZPO zu verfahren.

Das Gericht hat sodann wie folgt zu tenorieren:
1. *Der Einspruch gegen den Vollstreckungsbescheid [genaue Bezeichnung] wird für verlustig erklärt.*
2. *Der Einspruchsführer hat die Kosten des Rechtsstreits zu tragen.*

III. Einspruchsverfahren

1. Abgabe an das zuständige Gericht
Wurde der Einspruch eingelegt, wird das Verfahren vom Gericht, das den Vollstreckungsbescheid erlassen hat, von Amts wegen an das zuständige Gericht **abgegeben**. (Abs. 3 Satz 1). Die Zuständigkeit richtet sich nach der Benennung im Mahnbescheid (§ 692 Abs. 1 Nr. 6 ZPO) oder nach dem übereinstimmenden Parteiwillen (Abs. 3 Satz 1 Hs. 2). Dies wird den Parteien mitgeteilt (Abs. 3 Satz 2, § 696 Abs. 1 Satz 3 ZPO). Die Verweisung ist nicht bindend (Abs. 3 Satz 2, § 969 Abs. 5 ZPO) und ist nicht anfechtbar, wird aber mitgeteilt (Abs. 3 Satz 2, § 969 Abs. 1 Satz 3 ZPO). Mit Eingang ist die Sache dort rechtshängig (Abs. 3 Satz 2, § 969 Abs. 1 Satz 4, Abs. 2 ZPO). Unterbleibt eine Abgabe gerät das Verfahren in Stillstand mit der Folge, dass die Hemmung der Verjährung nach § 204 Abs. 2 BGB wieder beendet werden kann.

Die Abgabe erfolgt zunächst ohne Prüfung des Einspruchs. Eine Prüfung erfolgt sodann durch das Gericht, an das abgegeben wird.

2. Einspruchsprüfung
Nach der Verweisung prüft das insofern zuständige Gericht die **Zulässigkeit des Einspruches**. Hierfür gilt § 341 ZPO. Rechtsmittel gegen ein ablehnendes Prozessurteil ist die Berufung.[7]

Ist der Einspruch zulässig, wird dem Antragsteller (des Mahnbescheides) der Einspruch mit der Bestimmung einer **Begründungsfrist** von (mindestens) zwei Wochen zugestellt (§ 340a ZPO, Abs. 3 Satz 2, § 697 Abs. 1 ZPO). Soweit der Antragsteller diese Begründung einreicht, wird der Einspruch wie eine Klage behandelt (Abs. 4). Dies bedeutet, dass die normalen Prozessabläufe (früher erster Termin zu mündlichen Verhandlung bzw. schriftliches Vorverfahren, mündliche Verhandlung, Endurteil) zu laufen beginnen. § 331 Abs. 3 ZPO ist wegen Abs. 4 Satz 2 nicht anwendbar.[8]

Soweit eine Anspruchsbegründung eines zulässigen Einspruches nicht eingeht, wird von Amts wegen ein **Termin zur mündlichen Verhandlung** bestimmt (Abs. 5). Bei **Säumnis des Einsprechenden** kann, wenn die Voraussetzungen des § 331 Abs. 1, 2 ZPO (insbesondere Schlüssigkeit, welche dann zum ersten Mal zu prüfen ist)[9] vorliegen, ein **technisch zweites Versäumnisurteil** nach § 345 ZPO ergehen (Abs. 6), daneben kommt auch eine Verwerfung durch Endurteil in Frage.[10] Der **Tenor** des zweiten Versäumnisurteils lautet:

Der Einspruch des Beklagten gegen den Vollstreckungsbescheid des Amtsgerichts [Ort] vom [genaue Bezeichnung mit Aktenzeichen] wird verworfen.

Reicht der Gläubiger des Mahnbescheides auch innerhalb der erneut gesetzten Frist (Abs. 5, § 697 Abs. 3 Satz 2 ZPO) keine Anspruchsbegründung ein, kann Präklusion eintreten (§ 296 Abs. 1, 4 ZPO).

Liegen die Voraussetzungen für den Erlass eines Versäumnisurteils nicht vor (§ 345 ZPO), fehlt es insbesondere an der Schlüssigkeit, ist die Klage abzuweisen. Der **Tenor** lautet sodann:

Der Vollstreckungsbescheid des Amtsgerichts [Ort] vom [genaue Bezeichnung mit Aktenzeichen] wird aufgehoben und die Klage abgewiesen.

Ansonsten ergeht Endurteil, das den Vollstreckungsbescheid entweder aufhebt oder den Einspruch abweist. Der **Tenor** lautet:

Der Vollstreckungsbescheid des Amtsgerichts [Ort] vom [genaue Bezeichnung mit Aktenzeichen] wird aufrechterhalten.

Gegen das Endurteil ist die Berufung (§ 511 ZPO) statthaft.

---

7 Musielak/Voit-*Voit*, ZPO, § 700 Rn. 7.
8 Rechtsmittel gegen ein solches ist die Berufung, OLG Dresden, MDR 2008, 165 = NJOZ 2007, 5348.
9 Vgl. BGH, NJW 1999, 2599 = MDR 1990, 1017.
10 BGH, NJW 1995, 1561 = MDR 1995, 629.

C. Kosten und Gebühren

16 Gerichtskosten werden mit Eingang beim zuständigen Gericht nach Nr. 1210 KV-GKG fällig, weiter eine Anrechnung nach Nr. 1100 KV-GKG. Der Rechtsanwalt des Schuldners kann eine 1,3 Verfahrensgebühr aus Nr. 3100 VV-RVG geltend machen.

§ 701
Wegfall der Wirkung des Mahnbescheids

¹**Ist Widerspruch nicht erhoben und beantragt der Antragsteller den Erlass des Vollstreckungsbescheids nicht binnen einer sechsmonatigen Frist, die mit der Zustellung des Mahnbescheids beginnt, so fällt die Wirkung des Mahnbescheids weg.** ²**Dasselbe gilt, wenn der Vollstreckungsbescheid rechtzeitig beantragt ist, der Antrag aber zurückgewiesen wird.**

1 § 701 Satz 1 ZPO regelt den Wegfall der Wirkung des Mahnbescheids, wenn nicht binnen einer sechsmonatigen Frist der Erlass eines Mahnbescheids beantragt wird. Bei dieser sechsmonatigen Frist handelt es sich um eine **Ausschlussfrist**. Sie **beginnt** mit der wirksamen Zustellung des Mahnbescheids, nicht erst mit der Benachrichtigung des Antragstellers über die Zustellung nach § 693 Abs. 2 ZPO. Konnte **nicht wirksam zugestellt** werden, so kann auch ein fehlgeschlagener Zustellungsversuch noch nach sechs Monaten wiederholt werden.¹ Wird **Widerspruch** gegen den zugestellten Mahnbescheid **eingelegt**, so wird der weitere Ablauf der Frist gehemmt.² Wird ein solcher Widerspruch zurückgenommen, läuft der Rest der Frist weiter.

2 Nach dem Wortlaut des **Satz 2** entfällt die Wirkung des Mahnbescheids, wenn ein Antrag auf Erlass eines Vollstreckungsbescheids innerhalb der Frist gestellt, aber vom Gericht zurückgewiesen wurde. Zu beachten hierbei ist aber, dass nur die **endgültige Zurückweisung** die Folgen des § 701 ZPO auslösen kann. Die Zurückweisung des Antrags unterliegt der sofortigen Beschwerde nach § 11 Abs. 1 RPflG oder bei Zurückweisung durch den Urkundsbeamten der Geschäftsstelle der Erinnerung nach § 573 Abs. 1 ZPO. Satz 2 ist damit auf rechtskräftige erst- und letztinstanzliche Zurückweisungsbeschlüsse anwendbar.³

3 Sind die Voraussetzungen des § 701 ZPO gegeben, verliert der Mahnbescheid seine Wirkungen. Der Antragsteller müsste einen neuen Mahnbescheid beantragen oder Klage erheben. Für die Verjährung gilt § 204 Abs. 2 BGB.⁴

§ 702
Form von Anträgen und Erklärungen

(1) ¹Im Mahnverfahren können die Anträge und Erklärungen vor dem Urkundsbeamten der Geschäftsstelle abgegeben werden. ²Soweit Formulare eingeführt sind, werden diese ausgefüllt; der Urkundsbeamte vermerkt unter Angabe des Gerichts und des Datums, dass den Antrag oder die Erklärung aufgenommen hat. ³Auch soweit Formulare nicht eingeführt sind, ist für den Antrag auf Erlass eines Mahnbescheids oder eines Vollstreckungsbescheids bei dem für das Mahnverfahren zuständigen Gericht die Aufnahme eines Protokolls nicht erforderlich.

(2) Der Antrag auf Erlass eines Mahnbescheids oder eines Vollstreckungsbescheids wird dem Antragsgegner nicht mitgeteilt.

1 § 702 ZPO bezieht sich allein auf **Erklärungen im Mahnverfahren**. Die Regelung ist auf **alle Anträge und Erklärungen** im Mahnverfahren anwendbar. Die Erklärung der Rücknahme des Widerspruchs, des Einspruchs oder des Antrags auf Durchführung des streitigen Verfahrens kann gegenüber dem Urkundsbeamten der Geschäftsstelle erklärt werden, obwohl das Mahnverfahren mit Abgabe der Sache zur Durchführung des streitigen Verfahrens endet, §§ 696 Abs. 4 Satz 2, 697 Abs. 4 Satz 2, 700 Abs. 3 Satz 2 ZPO. Dies kann relevant sein, wenn durch Abgabe an ein Landgericht an sich eine Vertretung durch einen Rechtsanwalt erforderlich wäre.

---

1 Zöller-*Vollkommer*, ZPO, § 701 Rn. 1.
2 OLG Nürnberg, NJW-RR 2013, 1337 = MDR 2013, 871; Zöller-*Vollkommer*, ZPO, § 701 Rn. 4.
3 KG Berlin, NJW 2009, 3247 = JurBüro 2009, 547; Zöller-*Vollkommer*, ZPO, § 701 Rn. 3.
4 Vgl. *Ebert*, NJW 2003, 732 (733).

Der **Urkundsbeamte** nimmt die Erklärung entgegen und vermerkt im Akt mit Angabe des 2
Datums, dass die betreffende Erklärung abgegeben wurde. Ein Protokoll wird nicht aufgenommen, § 129a ZPO.[1] Möglich ist das bei der Geschäftsstelle des für das Mahnverfahren zuständigen oder eines anderen Amtsgerichts, § 129a Abs. 1 ZPO. Im letzteren Fall wird die Erklärung erst mit Eingang beim zuständigen Amtsgericht wirksam, § 129a Abs. 2 ZPO.

Die Anträge auf Erlass eines Mahnbescheids und eines Vollstreckungsbescheids werden dem 3
Antragsgegner **nicht mitgeteilt**. Erst nach Erlass des Bescheides erhält er durch Zustellung Kenntnis. Auch von einer eventuellen Zurückweisung erhält er keine Nachricht. Das rechtliche Gehör wird durch die Möglichkeiten des Widerspruchs und Einspruchs gewahrt.

§ 703
Kein Nachweis der Vollmacht

[1]Im Mahnverfahren bedarf es des Nachweises einer Vollmacht nicht. [2]Wer als Bevollmächtigter einen Antrag einreicht oder einen Rechtsbehelf einlegt, hat seine ordnungsgemäße Bevollmächtigung zu versichern.

Mit § 703 ZPO wird lediglich der **Nachweis der Vollmacht**, jedoch nicht diese selbst für ent- 1
behrlich erklärt. Die Bevollmächtigung wird selbst auf Rüge hin nicht geprüft. Fehlt die Vollmacht und wird auch nicht genehmigt, sind die Prozesshandlungen **unwirksam**. Zu beachten ist jedoch, dass Zustellungen an den Bevollmächtigten wirksam sind, auch wenn es an einer wirksamen Bevollmächtigung fehlt.

§ 703 Satz 1 ZPO betrifft alle Anträge und Erklärungen im Mahnverfahren. Die Regelung ist 2
nur während des Mahnverfahrens anwendbar. Endet das Mahnverfahren mit Eingang der Sache bei dem für die Durchführung des **streitigen Verfahrens** zuständigen Gericht, ist die ordnungsgemäße Bevollmächtigung nach **§ 88 ZPO** zu prüfen. Das Gleiche gilt für das folgende **Zwangsvollstreckungsverfahren** im Falle des nicht erfolgten Widerspruchs (§§ 81, 80 ZPO).[1]

Satz 2 verlangt für die Antragstellung und die Erhebung von Rechtsbehelfen eine Versiche- 3
rung der Bevollmächtigten. Soweit Vordrucke verwendet werden, erfolgt die Versicherung auf dem Vordruck. Bei nicht maschineller Bearbeitung kann an Stelle der Versicherung nach Satz 2 auch eine schriftliche Vollmacht eingereicht werden.

§ 703a
Urkunden-, Wechsel- und Scheckmahnverfahren

(1) Ist der Antrag des Antragstellers auf den Erlass eines Urkunden-, Wechsel- oder Scheckmahnbescheids gerichtet, so wird der Mahnbescheid als Urkunden-, Wechsel- oder Scheckmahnbescheid bezeichnet.

(2) [1]Für das Urkunden-, Wechsel- und Scheckmahnverfahren gelten folgende besondere Vorschriften:

1. die Bezeichnung als Urkunden-, Wechsel- oder Scheckmahnbescheid hat die Wirkung, dass die Streitsache, wenn rechtzeitig Widerspruch erhoben wird, im Urkunden-, Wechsel- oder Scheckprozess anhängig wird;

2. die Urkunden sollen in dem Antrag auf Erlass des Mahnbescheids und in dem Mahnbescheid bezeichnet werden; ist die Sache an das Streitgericht abzugeben, so müssen die Urkunden in Urschrift oder in Abschrift der Anspruchsbegründung beigefügt werden;

3. im Mahnverfahren ist nicht zu prüfen, ob die gewählte Prozessart statthaft ist;

4. beschränkt sich der Widerspruch auf den Antrag, dem Beklagten die Ausführung seiner Rechte vorzubehalten, so ist der Vollstreckungsbescheid unter diesem Vorbehalt zu erlassen. [2]Auf das weitere Verfahren ist die Vorschrift des § 600 entsprechend anzuwenden.

---

1 Thomas/Putzo-*Hüßtege*, ZPO, § 702 Rn. 2.

Zu § 703:
1 Musielak/Voit-*Voit*, ZPO, § 703 Rn. 3.

1 Wählt der Antragsteller eine der genannten Verfahrensarten, so muss er dies bereits im Antragsvordruck an entsprechend vorgesehener Stelle vermerken. Die **Beifügung der Unterlagen** zum Mahnbescheidsantrag ist **nicht erforderlich**. Erst wenn sich nach Widerspruch ein Streitverfahren anschließt, sind diese Urkunden der Anspruchsbegründung beizufügen. Für einen Antrag auf Erlass eines Vollstreckungsbescheides nach ergangenem Mahnbescheid sind die Unterlagen nicht erforderlich.

2 Es gelten für diese Verfahren grundsätzlich die **allgemeinen Vorschriften**, § 703a ZPO modifiziert diese teilweise. Ein Abstehen nach § 596 ZPO mit Übergang in das gewöhnliche Mahnverfahren ist zulässig.

§ 703b
Sonderregelungen für maschinelle Bearbeitung

(1) Bei maschineller Bearbeitung werden Beschlüsse, Verfügungen, Ausfertigungen und Vollstreckungsklauseln mit dem Gerichtssiegel versehen; einer Unterschrift bedarf es nicht.

(2) Das Bundesministerium der Justiz und für Verbraucherschutz wird ermächtigt, durch Rechtsverordnung mit Zustimmung des Bundesrates den Verfahrensablauf zu regeln, soweit dies für eine einheitliche maschinelle Bearbeitung der Mahnverfahren erforderlich ist (Verfahrensablaufplan).

1 Das **Gerichtssiegel**, mit dem die Beschlüsse, Verfügungen und Ausfertigungen versehen werden, kann aufgestempelt werden, es kann aber auch bereits eingedruckt sein. Von der Ermächtigung nach Abs. 2 ist kein Gebrauch gemacht worden.

§ 703c
Formulare; Einführung der maschinellen Bearbeitung

(1) ¹Das Bundesministerium der Justiz und für Verbraucherschutz wird ermächtigt, durch Rechtsverordnung mit Zustimmung des Bundesrates zur Vereinfachung des Mahnverfahrens und zum Schutze der in Anspruch genommenen Partei Formulare einzuführen. ²Für

1. Mahnverfahren bei Gerichten, die die Verfahren maschinell bearbeiten,
2. Mahnverfahren bei Gerichten, die die Verfahren nicht maschinell bearbeiten,
3. Mahnverfahren, in denen der Mahnbescheid im Ausland zuzustellen ist,
4. Mahnverfahren, in denen der Mahnbescheid nach Artikel 32 des Zusatzabkommens zum NATO-Truppenstatut vom 3. August 1959 (BGBl. 1961 II S. 1183, 1218) zuzustellen ist,

können unterschiedliche Formulare eingeführt werden.

(2) Soweit nach Absatz 1 Formulare für Anträge und Erklärungen der Parteien eingeführt sind, müssen sich die Parteien ihrer bedienen.

(3) Die Landesregierungen bestimmen durch Rechtsverordnung den Zeitpunkt, in dem bei einem Amtsgericht die maschinelle Bearbeitung der Mahnverfahren eingeführt wird; sie können die Ermächtigung durch Rechtsverordnung auf die Landesjustizverwaltungen übertragen.

1 Nach § 703c ZPO besteht für das Mahnverfahren die Verpflichtung, die vom Bundesministerium der Justiz und für Verbraucherschutz **eingeführten Vordrucke** zu verwenden. Für die maschinelle Bearbeitung von Mahnverfahren sind derzeit Vordrucke eingeführt, gleiches gilt für den Antrag auf Erlass des Mahn- bzw. Vollstreckungsbescheids, für den Widerspruch gegen den Mahnbescheid sowie für den Antrag auf Neuzustellung des Mahn- und Vollstreckungsbescheids. Diese können im Bürohandel erworben werden. Sind im weiteren Verfahren weitere Formulare zu verwenden, werden diese vom Gericht zur Verfügung gestellt.

2 Die Verwendung des für den Widerspruch vorgesehenen Vordrucks ist nicht verpflichtend, da die Sollvorschrift des § 692 Abs. 1 Nr. 5 ZPO insoweit vorgeht. Für den Einspruch gegen den Vollstreckungsbescheid nach § 700 ZPO und auch die Rechtsbehelfe sind Formulare bisher nicht eingeführt.

§ 703d
Antragsgegner ohne allgemeinen inländischen Gerichtsstand

(1) Hat der Antragsgegner keinen allgemeinen Gerichtsstand im Inland, so gelten die nachfolgenden besonderen Vorschriften.

(2) ¹Zuständig für das Mahnverfahren ist das Amtsgericht, das für das streitige Verfahren zuständig sein würde, wenn die Amtsgerichte im ersten Rechtszug sachlich unbeschränkt zuständig wären. ²§ 689 Abs. 3 gilt entsprechend.

Die Norm regelt die **örtliche Zuständigkeit** in den Fällen, in denen der **Antragsgegner keinen** 1
allgemeinen Gerichtsstand im Inland hat. In Abweichung von § 689 Abs. 2 ZPO wird als örtlich zuständiges Mahngericht dasjenige Amtsgericht bestimmt, das für das streitige Verfahren zuständig wäre, wenn das Amtsgericht im ersten Rechtszug sachlich unbeschränkt zuständig wäre.[1] Hat der Antragsgegner **keinen allgemeinen aber einen besonderen Gerichtsstand** im Inland, wird als örtlich zuständiges Mahngericht dasjenige AG bestimmt, vor dem bei unterstellter sachlicher Zuständigkeit ein späteres streitige Verfahren seinen Fortgang nimmt. Bei mehreren Gerichtsständen gilt § 35 ZPO. Zu beachten ist, dass die Bestimmung der Zuständigkeit des Mahngerichts i.S.d. § 696 Abs. 1 ZPO durch die Errichtung zentraler Mahngerichte gemäß § 689 Abs. 3 ZPO modifiziert wird. Sind solche Gerichte eingerichtet, treten diese an die Stelle der zu ihrem Bezirk zugehörigen Gerichte, deren Zuständigkeit als Mahngericht an sich durch einen besonderen Gerichtsstand i.S.d. § 703d ZPO begründet worden wäre.[2] Voraussetzung für die Anwendbarkeit ist aber die **internationale Zuständigkeit der deutschen Gerichte**. Diese Zuständigkeit regeln die EuGVVO, das LugÜ oder autonomes Recht. Findet die EuGVVO Anwendung (vgl. Art. 1 EuGVVO), verdrängen deren Vorschriften die ZPO. Dies bedeutet, dass Vorschriften der ZPO, die einen besonderen Gerichtsstand begründen, keine Anwendung finden (z.B. § 23 ZPO gem. Art. 5 Abs. 2 EuGVVO), aber auch, dass Gerichtsstände begründet werden, die die ZPO nicht vorsieht (Art. 8 EuGVVO). Ist die EuGVVO nicht anzuwenden, jedoch das AVAG, sind die besonderen Gerichtsstände nach der ZPO zu bestimmen. In diesem Fall gilt z.B. auch § 23 ZPO.

Die **Zustellung** des Mahnbescheids muss entweder im Inland oder im Ausland gemäß § 688 2
Abs. 3 ZPO möglich sein. Müsste der Mahnbescheid öffentlich zugestellt werden, ist das Mahnverfahren unzulässig. Im Mahnbescheidsantrag ist das **zuständige Prozessgericht zu bezeichnen**, das dem Mahngericht entspricht, sofern nicht das örtliche Landgericht sachlich zuständig ist. In diesem Fall ist das für das Mahngericht übergeordnete Landgericht als Streitgericht anzugeben, an welches das streitige Verfahren i.S.d. § 696 Abs. 1 ZPO auf Antrag abgegeben wird.

---

[1] Im Rahmen seines Anwendungsbereichs ist § 703d ZPO *lex specialis* zu § 689 Abs. 2 ZPO, vgl. BGH, NJW 1995, 3317 = MDR 1996, 306.
[2] BGH, NJW 1993, 2752 = Rpfleger 1994, 30.

BUCH 8
Zwangsvollstreckung

ABSCHNITT 1
Allgemeine Vorschriften

§ 704
Vollstreckbare Endurteile

Die Zwangsvollstreckung findet statt aus Endurteilen, die rechtskräftig oder für vorläufig vollstreckbar erklärt sind.

Inhalt:

	Rn.		Rn.
A. Zwangsvollstreckung	1	D. Vorläufige Vollstreckbarkeit	4
B. Endurteile	2	E. Vollstreckbarkeit	5
C. Rechtskraft	3		

A. Zwangsvollstreckung

Die Zwangsvollstreckung ist die Stufe nach dem Erkenntnisverfahren. Sie ist ein Verfahren zur **Durchsetzung** oder **Sicherung** privatrechtlicher Ansprüche. Das Zwangsmonopol hat der Staat.[1]

1

B. Endurteile

Die Norm geht davon aus, dass ein erlassenes **Endurteil** vorliegt. Dabei sind Endurteile i.S.d. § 704 ZPO die im Gesetz bezeichneten Endurteile, die erlassen werden, wenn der Rechtsstreit zur Entscheidung reif ist (§ 300 ZPO). Daneben sind Teilurteile (§ 301 ZPO), Verzichtsurteile (§ 306 ZPO), Anerkenntnisurteile (§ 307 ZPO), aufgrund gesetzlicher Anordnung Vorbehaltsurteile (§§ 302 Abs. 3, 599 Abs. 3 ZPO) und zudem Versäumnisurteile (§§ 330 ff. ZPO)[2] als Endurteile anzusehen. Die Vorschrift gilt jedoch nur für inländische Urteile.[3]

2

C. Rechtskraft

Gemeint ist die **formelle** Rechtskraft (§ 305 ZPO). Die materielle Rechtskraft spielt in der Bewertung, ob ein Endurteil vollstreckbar ist, keine Rolle.

3

D. Vorläufige Vollstreckbarkeit

Die **vorläufige Vollstreckbarkeit** liegt nur vor, wenn dies in der **Urteilsformel** ausdrücklich enthalten ist. Grundsätzlich sind alle Urteile für vorläufig vollstreckbar zu erklären (§§ 708 ff. ZPO). Nur wenn sich die vorläufige Vollstreckbarkeit aus der Entscheidung heraus ergibt, ist eine Tenorierung der vorläufigen Vollstreckbarkeit nicht notwendig. Bei Urteilen in Arrestverfahren und einstweiligen Verfügungsverfahren bedarf es keiner Vollstreckbarkeitserklärung, da in den genannten Verfahren die sofortige Vollstreckung das Ziel ist.[4] Urteile des Arbeitsgerichts sind aufgrund einer gesetzlichen Anordnung vorläufig vollstreckbar (§ 62 Abs. 1 Satz 1 ArbGG). In Sachen nach dem FamFG sind Beschlüsse mit Wirksamwerden vollstreckbar (§§ 86 Abs. 2, 120 Satz 1 FamFG). Die Einzelheiten der vorläufigen Vollstreckbarkeit sind in den §§ 708 ff. ZPO geregelt.

4

E. Vollstreckbarkeit

Das Urteil muss nach der Urteilsformel vollstreckbar sein. Dabei sind Urteile nur vollstreckbar, wenn diese auf eine **Leistung** gerichtet sind. Feststellungsurteile oder klageabweisende Ur-

5

---

1 BVerfG, NJW 1983, 559, Rn. 2b.
2 BGH, VersR 1974, 1099.
3 MK-*Götz*, ZPO, § 704 Rn. 3.
4 MK-*Götz*, ZPO, § 704 Rn. 15.

teile sind in der Hauptsache nicht vollstreckungsfähig. Bei ihnen ist nur die Kostenentscheidung vollstreckungsfähig. Es ist aber zu beachten, dass erst der Kostenfestsetzungsbeschluss der Titel für die Zwangsvollstreckung ist und nicht die Kostengrundentscheidung im Urteil.

6 Ist in der **Tenorierung** eine unmögliche Leistung enthalten, darf daraus nicht die Vollstreckung betrieben werden, da das Urteil nicht vollstreckungsfähig ist.[5] Der Schuldner muss die Vollstreckungsabwehrklage erheben (§ 767 ZPO), wenn er sich gegen die Vollstreckung wehren will. Ansonsten wird die Vollstreckung fort- und durchgeführt, da keine automatische Einstellung vorgesehen ist. Das Vollstreckungsorgan führt keine materiell-rechtliche Prüfung durch. Aus dem Urteilstenor muss für jeden Außenstehenden klar sein, welche Leistung von dem Schuldner verlangt wird, er selbst muss also hinreichend bestimmt sein.[6] Tatbestand und Entscheidungsgründe dürfen zur Auslegung des Tenors ergänzend herangezogen werden.[7] Urkunden sind nur dann ergänzend zu beachten, wenn sie Bestandteil des Urteils sind,[8] nicht aber wenn auf sie Bezug genommen wird.[9] Gleichzeitig ist für den Umfang der Zwangsvollstreckung allein der titulierte Anspruch, nicht mehr der geltend gemachte Anspruch, maßgeblich. Der Tenor darf jedoch nach allgemeinen Regeln **ausgelegt** werden. So kann beispielsweise eine Zahlungsklage bereits dann vollstreckbar sein, wenn sich der Betrag zweifelsfrei und einfach berechnen lassen kann.[10] Der Tenor muss allerdings so bestimmt sein, dass für Außenstehende der Inhalt ebenfalls eindeutig oder zumindest eindeutig auslegbar ist.

7 Problematisch sind oft Herausgabetitel bei beweglichen Sachen. Aus ihnen müssen sich die herauszugebenden Gegenstände **zweifelsfrei** identifizieren lassen. Ansonsten kann aus ihnen keine Zwangsvollstreckung stattfinden. Der Gerichtsvollzieher muss anhand des Tenors ermitteln können, welche Gegenstände ohne Zweifel gemeint sein müssen.

§ 705
Formelle Rechtskraft

[1]**Die Rechtskraft der Urteile tritt vor Ablauf der für die Einlegung des zulässigen Rechtsmittels oder des zulässigen Einspruchs bestimmten Frist nicht ein.** [2]**Der Eintritt der Rechtskraft wird durch rechtzeitige Einlegung des Rechtsmittels oder des Einspruchs gehemmt.**

Inhalt:

	Rn.		Rn.
A. Allgemeines	1	II. Ablauf der Rechtsmittelfrist	3
B. Erläuterungen	2	III. Einlegung des Rechtsmittels	4
I. Urteil	2	IV. Hemmung der Rechtskraft	6

A. Allgemeines

1 Für die Zwangsvollstreckung ist allein die **formelle** Rechtskraft maßgeblich (§ 704 ZPO). Die formelle Rechtskraft ist Voraussetzung für die materielle Rechtskraft (§ 322 ZPO). Mit formeller Rechtskraft ist die **Unangreifbarkeit** der Entscheidung mit ordentlichen oder befristeten Rechtsmitteln gemeint (siehe § 19 Abs. 1 EGZPO).[1]

B. Erläuterungen
I. Urteil

2 Die Urteile i.S.d. Norm sind **Endurteile** gemäß § 300 ZPO. Darunter fallen auch Zwischenurteile (§§ 280, 304 ZPO)[2] und Vorbehaltsurteile.[3] **Nicht** von der Norm erfasst sind Zwischenurteile nach § 303 ZPO.[4] Bei **Vollstreckungsbescheiden** ist zu beachten, dass sie Versäumnisurteilen gleich gestellt und damit ebenfalls der formellen Rechtskraft fähig sind.[5] Auch

---

5 BGH, NJW-RR 1992, 450, II = FamRZ 1992, 535, II.
6 BGH, NJW 2006, 695 (696), Rn. 11 = FamRZ 165, 223, Rn. 11.
7 BGH, NJW 1961, 917 = MDR 1961, 394.
8 BGH, NJW 1986, 192.
9 OLG Köln, NJW-RR 2003, 375 (376) = RNotZ 2003, 182.
10 Vgl. BGH, NJW 1983, 2262 = Rpfleger 1983, 408.

Zu § 705:
1 Zöller-*Stöber*, ZPO, § 705 Rn. 1, 3.
2 Vgl. BGH, NJW-RR 2006, 913 = FamRZ 2006, 777.
3 BGH, NJW 1978, 43 = MDR 1978, 221.
4 Thomas/Putzo-*Reichold*, ZPO, § 303 Rn. 7.
5 Zöller-*Stöber*, ZPO, § 705 Rn. 1.

rechtskraftfähige Beschlüsse sind von dem Begriff Urteil erfasst.[6] Bei Geltung des FamFG ist § 45 FamFG zu beachten.

II. Ablauf der Rechtsmittelfrist

Für die Annahme der formellen Rechtskraft bedarf es nach dem Wortlaut der Norm des **Ablaufs der Rechtsmittel- oder Rechtsbehelfsfrist**. Es sind nicht die außerordentlichen Rechtsmittel wie das Wiederaufnahmeverfahren, die Wiedereinsetzung in den vorigen Stand, die Gehörsrüge nach § 321a ZPO oder die Verfassungsbeschwerde gemeint.[7] Bei einer erfolgreichen Wiederaufnahme, Wiedereinsetzung oder Gehörsrüge fällt die Rechtskraft jedoch rückwirkend weg. **Beginn** der Rechtsmittel- und Rechtsbehelfsfrist ist die Zustellung nach § 166 Abs. 2 ZPO. Das **Ende** hängt vom Rechtsmittel ab. Die Berufungs- und die Revisionsfrist gegen Urteile beträgt einen Monat (§§ 517, 548 ZPO). Zwei Wochen beträgt die Rechtsbehelfsfrist gegen Versäumnisurteile (§ 339 Abs. 1 ZPO) und Vollstreckungsbescheide (§§ 700 Abs. 1, 339 Abs. 1 ZPO) sowie die Rechtsmittelfrist bei Einlegung einer sofortigen Beschwerde (§ 569 Abs. 1 ZPO).

III. Einlegung des Rechtsmittels

Die formelle Rechtskraft tritt bei Urteilen **mit Verkündung** ein, wenn gegen sie kein ordentlicher Rechtsbehelf statthaft ist.[8] Es handelt sich dabei um wenige Urteile, wie die Revisionsurteile des BGH, die Berufungsurteile der LG und der OLG nach § 542 Abs. 2 ZPO und Kostenentscheidungen (§§ 99 Abs. 2, 567 Abs. 2 ZPO). Maßgeblich für die Beurteilung, ob ein Rechtsmittel oder ein Rechtsbehelf für die Bestimmung der Rechtskraft von Bedeutung ist, ist allein die Statthaftigkeit des Rechtsmittels oder des Rechtsbehelfs, nicht dessen Zulässigkeit. Ist ein Rechtsmittel oder Rechtsbehelf statthaft, ist der Ablauf der in der Norm bezeichneten Frist abzuwarten, um die formelle Rechtskraft zu erreichen.

Das Rechtsmittel muss **statthaft** sein und **form- und fristgerecht** beim gesetzlich bezeichneten Gericht eingelegt werden. Welches Rechtsmittel statthaft ist, gibt die Bezeichnung der Entscheidung vor.

IV. Hemmung der Rechtskraft

Die form- und fristgerechte Einlegung des Rechtsmittels bei dem zuständigen Gericht **hemmt den Eintritt der Rechtskraft**. Die Hemmung endet mit Rücknahme des Rechtsmittels (§ 516 Abs. 2, 3 ZPO), mit unangreifbarer Entscheidung über das Rechtsmittel wie Zurückweisung oder Verwerfung durch das Rechtsmittelgericht. Die Hemmung umfasst das gesamte Urteil, unabhängig davon, ob die rechtsmitteleinlegende Partei teilweise gar nicht beschwert ist.[9] In diesen Fällen kommt aber die **Teilrechtskraft** des Urteils in Betracht: Für die übrige Beschwer des Rechtsmittelklägers, soweit er explizit auf Rechtsmittel diesbezüglich verzichtet hat, so dass eine Erweiterung des Rechtsmittels nicht mehr möglich ist, für den Rechtsmittelbeklagten soweit er sich nicht innerhalb der Rechtsmittelfrist dem Rechtsmittel anschließt.[10]

§ 706
Rechtskraft- und Notfristzeugnis

(1) Zeugnisse über die Rechtskraft der Urteile sind auf Grund der Prozessakten von der Geschäftsstelle des Gerichts des ersten Rechtszuges und, solange der Rechtsstreit in einem höheren Rechtszug anhängig ist, von der Geschäftsstelle des Gerichts dieses Rechtszuges zu erteilen.

(2) ¹Soweit die Erteilung des Zeugnisses davon abhängt, dass gegen das Urteil ein Rechtsmittel nicht eingelegt ist, holt die Geschäftsstelle des Gerichts des ersten Rechtszuges bei der Geschäftsstelle des für das Rechtsmittel zuständigen Gerichts eine Mitteilung in Textform ein, dass bis zum Ablauf der Notfrist eine Rechtsmittelschrift nicht eingereicht sei. ²Einer Mitteilung durch die Geschäftsstelle des Revisionsgerichts, dass ein Antrag auf Zulassung der Revision nach § 566 nicht eingereicht sei, bedarf es nicht.

---

6 Stein/Jonas-*Münzberg*, ZPO, § 705 Rn. 2.
7 BVerfG, NJW 1996, 1736; Zöller-*Stöber*, ZPO, § 705 Rn. 1.
8 Thomas/Putzo-*Seiler*, ZPO, § 705 Rn. 6.
9 BGH, NJW 1992, 2296 = VersR 1992, 1110.
10 MK-*Götz*, ZPO, § 705 Rn. 11 f.

Inhalt:

	Rn.		Rn.
A. Allgemeines	1	III. Notfristzeugnis, Abs. 2	6
B. Erläuterungen	2	IV. Rechtsbehelfe	8
I. Rechtskraftzeugnis, Abs. 1	2	C. Kosten und Gebühren	11
II. Zuständigkeit	5		

A. Allgemeines

1 Das Zeugnis über die formelle Rechtskraft (Abs. 1) darf nur von den Prozessbeteiligten, damit von den Parteien oder Streithelfern **beantragt** werden.[1] Es wird grundsätzlich nur auf Antrag erteilt. Bei Ehe- und Kindschaftssachen muss **kein Antrag** auf Erteilung gestellt werden. Dies erfolgt von Amts wegen (§ 46 FamFG).

B. Erläuterungen
I. Rechtskraftzeugnis, Abs. 1

2 Das Rechtskraftzeugnis ist der Nachweis für die eingetretene formelle Rechtskraft (§ 418 Abs. 1 ZPO). Es ist kein Nachweis für die materielle Rechtskraft. Das Rechtskraftzeugnis besitzt die Beweiskraft einer öffentlichen Urkunde (§ 418 ZPO).[2] Der Antrag auf Erteilung des Rechtskraftzeugnisses bedarf keines Rechtsschutzbedürfnisses. Er kann jederzeit ohne besondere Begründung durch einen Prozessbeteiligten gestellt werden.

3 Den inhaltlichen Prüfungsmaßstab gibt § 705 ZPO vor. Es ist zu prüfen, ob ein Urteil vorliegt, das bereits mit Verkündung der Entscheidung rechtskräftig wird oder ob ein Urteil vorliegt, gegen das kein Rechtsmittel oder Rechtsbehelf innerhalb der gesetzlich vorgegebenen Frist eingelegt wurde. Erst danach ist das Rechtskraftzeugnis zu erteilen. Droht dem Antrag die Zurückweisung, besteht eine Hinweispflicht nach § 139 ZPO.[3]

4 Die Bestätigung der Rechtskraft kann auf der ausgefertigten Entscheidung oder separat erfolgen.[4] Soweit das Urteil teilrechtskräftig ist (siehe § 705 Rn. 14), kommt auch eine teilweise Bestätigung in Frage.

II. Zuständigkeit

5 Für die Erteilung ist **das erstinstanzlich entscheidende Gericht**, dort der **Urkundsbeamte** in der Geschäftsstelle zuständig, solange kein Rechtsmittel eingelegt ist. Nach Einlegung des Rechtsmittels ist das Rechtsmittelgericht bis zur Rückgabe der Akten im ordnungsgemäßen Geschäftsgang an das erstinstanzliche Gericht zuständig.[5] Dabei hat ein Antrag auf Bewilligung von **Prozesskostenhilfe** beim Rechtsmittelgericht nicht die Folge, dass das Rechtsmittelgericht zuständig wird. Es verbleibt bei der Zuständigkeit des erstinstanzlich entscheidenden Gerichts.[6]

III. Notfristzeugnis, Abs. 2

6 Abs. 2 regelt den internen Ablauf zwischen den Gerichten bei Erteilung des Notfristzeugnisses, das Voraussetzung für die Erteilung des Rechtskraftzeugnisses ist, soweit Rechtsbehelfe statthaft sind. Das erstinstanzliche Gericht muss sich von dem Rechtsmittelgericht bestätigen lassen, dass bis zum Ablauf der Rechtsmittelfrist als Notfrist kein Rechtsmittel bei ihm eingegangen ist. Erst anschließend kann das Rechtskraftzeugnis erteilt werden. Die Textform genügt bei der Mitteilung (§ 126b BGB).

7 Gegen die Erteilung des Notfristzeugnisses kann nicht vorgegangen werden, da es nur den internen Geschäftsgang zweier Gerichte betrifft.[7] Eine **Außenwirkung** ist mit der Erteilung des Notfristzeugnisses **nicht** verbunden.

IV. Rechtsbehelfe

8 Gegen die Erteilung des Zeugnisses nach Abs. 1 oder gegen die Entscheidung, die einen Antrag nach Abs. 1 zurückweist, ist der Rechtsbehelf der Erinnerung nach § 573 Abs. 2 ZPO statthaft. Hat das Gericht die Erinnerung gegen eine Entscheidung, die einen Antrag nach Abs. 1 zurückwies, zurückgewiesen, ist die sofortige Beschwerde statthaft (§ 573 Abs. 2 ZPO). Wird

---

1 BGH, NJW 1960, 671 = FamRZ 1960, 132.
2 MK-*Götz*, ZPO, § 706 Rn. 1.
3 Stein/Jonas-*Münzberg*, ZPO, § 706 Rn. 5.
4 MK-*Götz*, ZPO, § 706 Rn. 5.
5 BGH, Rpfleger 1956, 97 = JR 1956, 345.
6 Zöller-*Stöber*, ZPO, § 706 Rn. 4.
7 BGH, DNotZ 2011, 53, Rn. 1 = NJOZ 2010, 761, Rn. 1.

hingegen durch das Gericht die Erinnerung zurückgewiesen, die sich gegen ein erteiltes Rechtskraftzeugnis richtete, besteht keine Möglichkeit, diese Entscheidung anzugreifen.[8]
Korrigiert das Gericht seine Entscheidung, indem es einem zunächst zurückgewiesenen Antrag nach Abs. 1 doch entspricht, sind kein Rechtsbehelf und kein Rechtsmittel gegeben. 9
Die Statthaftigkeit der Rechtsbeschwerde richtet sich nach § 574 Abs. 1 Satz 1 Nr. 2 ZPO. 10

C. Kosten und Gebühren

Gerichtskosten sind für die Erteilung des Rechtskraftzeugnisses nicht vorgesehen. Der Antrag eines Rechtsanwalts auf Erteilung des Rechtskraftzeugnisses gehört zum Rechtszug (§ 19 Abs. 1 Nr. 9 RVG). Eine separate Vergütung ist nicht vorgesehen. 11

§ 707
Einstweilige Einstellung der Zwangsvollstreckung

(1) ¹Wird die Wiedereinsetzung in den vorigen Stand oder eine Wiederaufnahme des Verfahrens beantragt oder die Rüge nach § 321a erhoben oder wird der Rechtsstreit nach der Verkündung eines Vorbehaltsurteils fortgesetzt, so kann das Gericht auf Antrag anordnen, dass die Zwangsvollstreckung gegen oder ohne Sicherheitsleistung einstweilen eingestellt werde oder nur gegen Sicherheitsleistung stattfinde und dass die Vollstreckungsmaßregeln gegen Sicherheitsleistung aufzuheben seien. ²Die Einstellung der Zwangsvollstreckung ohne Sicherheitsleistung ist nur zulässig, wenn glaubhaft gemacht wird, dass der Schuldner zur Sicherheitsleistung nicht in der Lage ist und die Vollstreckung einen nicht zu ersetzenden Nachteil bringen würde.

(2) ¹Die Entscheidung ergeht durch Beschluss. ²Eine Anfechtung des Beschlusses findet nicht statt.

Inhalt:

	Rn.		Rn.
A. Allgemeines	1	III. Verfahren	5
B. Erläuterungen	2	IV. Entscheidungsinhalt	6
I. Antragsvoraussetzung	2	V. Anfechtbarkeit	9
II. Ermessensentscheidung	3	C. Kosten und Gebühren	10

A. Allgemeines

Außer in den genannten Fällen ist die Norm aufgrund einer Verweisung in der Berufung (§ 719 ZPO), nach einem Einspruch (§ 700 ZPO), im Arrestverfahren (§ 924 Abs. 3 ZPO) sowie Abs. 1 Satz 1 und Abs. 2 im Verfahren der einstweiligen Verfügung (§ 936 ZPO), jeweils nach Widerspruchseinlegung anwendbar. Ebenfalls nach § 707 ZPO zu verfahren ist bei der Rüge nach § 321a ZPO.[1] Bei Aufhebungsanträgen im Arrestverfahren oder im Verfahren der einstweiligen Anordnung ist die Norm analog anzuwenden.[2] **Nicht** anzuwenden ist die Vorschrift auf Abänderungsverfahren (§ 769 Abs. 4 ZPO) oder bei Unterlassungsverfügungen im Rahmen einer einstweiligen Verfügung.[3] 1

B. Erläuterungen
I. Antragsvoraussetzungen

Die Entscheidung ergeht nicht von Amts wegen, sondern nur **auf Antrag**, der insofern die Einstellung der Zwangsvollstreckung explizit und bestimmt verlangen muss. Zuständig ist das Gericht, das über die Hauptsache bzw. das Rechtsmittel zu entscheiden hat,[4] nach Einlegung eines Rechtsmittels also das Rechtsmittelgericht.[5] Der Antrag ist unzulässig, wenn unter keinen Umständen die Zwangsvollstreckung stattfinden kann. Der Antrag ist doch zulässig, wenn der Schuldner zur Abwendung der Zwangsvollstreckung gezahlt hat und das Geld dem Gläubiger überwiesen oder ausgezahlt wurde.[6] 2

---

8 OLG Bamberg, FamRZ 1983, 519.

Zu § 707:
1 MK-*Götz*, ZPO, § 707 Rn. 2.
2 OLG Zweibrücken, NJW 1968, 112 = OLGZ 1968, 45; OLG Frankfurt a.M., MDR 1997, 393 = InVo 1997, 108, Rn. 2.
3 OLG Frankfurt a.M., MDR 1997, 393, Rn. 3 ff. = InVo 1997, 108, Rn. 2.
4 OLG Karlsruhe, MDR 1988, 975.
5 OLG Hamm, FamRZ 1985, 306.
6 OLG München, MDR 1985, 1034 = JurBüro 1985, 1730.

II. Ermessensentscheidung

3 Das Gericht entscheidet nach **pflichtgemäßem Ermessen** („kann"). Der gesetzliche Vorrang des Gläubigers vor dem Schuldner ist im Rahmen der Entscheidung zu berücksichtigen.[7] Es sind die Erfolgsaussichten des Hauptsacheverfahrens maßgebend.[8] Eine vorweggenommene Beweiswürdigung ist im Rahmen einer summarischen Prüfung zulässig.[9] Wenngleich alleine die Statthaftigkeit und nicht die Zulässigkeit des Rechtsbehelfs genügt, wird eine Einstellung in der Praxis bei unzulässigem Rechtsbehelf nicht erfolgen, da keinerlei Erfolgsaussichten gegeben sind.[10]

4 Der Schuldner muss weiter auch ein **Rechtsschutzbedürfnis** besitzen. Dieses beginnt allerdings bereits mit Vorliegen eines vollstreckbaren Titels und endet erst mit Beendigung der Zwangsvollstreckung. Sollte der Schuldner den Schutz der §§ 709–714 ZPO genießen, kommt eine Einstellung nach der Norm nur ausnahmsweise in Frage.[11]

III. Verfahren

5 Nach Eingang des Antrags prüft das Gericht die **Erfolgsaussichten** des Hauptsacheantrags. Hierfür muss durch den Schuldner detailliert vorgetragen werden.[12] Der Kläger ist im Normalfall **anzuhören**. Es ist durch das Gericht durch begründeten[13] Beschluss zu entscheiden. Der einstellende Beschluss hebt die Vollstreckbarkeit einstweilig auf. Das Gericht entscheidet über den Antrag im pflichtgemäßen Ermessen. In die Abwägung sind insbesondere die Erfolgsaussichten des Rechtsmittels und die drohenden wirtschaftlichen Schäden für den Gläubiger einzustellen. Die Interessensabwägung kann sich auch auf die Art und Weise der Entscheidung auswirken (siehe Rn. 6ff.).

IV. Entscheidungsinhalt

6 Eine Einstellung ist im Regelfall nur **gegen eine Sicherheitsleistung** (§ 108 ZPO) des Schuldners anzuordnen. Die Sicherheitsleistung umfasst die Hauptsache, die Zinsen und die Kosten. Eine Einstellung **ohne Sicherheitsleistung** ist in Ausnahmefällen denkbar. Dabei müssen die gesetzlichen Voraussetzungen vollständig vorliegen. Die Erbringung der Sicherheitsleistung muss dem Schuldner unmöglich sein. Dabei muss der Schuldner glaubhaft machen, dass er keine Sicherheitsleistung nach § 108 ZPO erbringen kann. Nur die Mitteilung des Kreditinstituts, dass eine Bürgschaft nicht gestellt wird, genügt somit nicht, da weitere Sicherheitsleistungen nach § 108 ZPO zur Verfügung stehen.[14]

7 Weiter muss die Zwangsvollstreckung dem Schuldner einen **nicht zu ersetzenden Nachteil** bringen. Es ist durch das Gericht sorgfältig abzuwägen. Die mit einer Zwangsvollstreckung drohenden allgemeinen Nachteile, wie die Kreditgefährdung oder Rufschädigungen reichen nicht aus, um die Einstellung anzuordnen.[15] Der Gesetzgeber hat den Interessen des Gläubigers, der einen Titel erwirkt hat, grundsätzlich einen Vorrang vor den Interessen des Schuldners eingeräumt.

8 Die Einstellung enthält regelmäßig eine **Frist**. Ist keine Frist genannt, ist der Beschluss über die Einstellung bis zur Entscheidung in der Hauptsache wirksam. Der Drittschuldner darf während der Wirksamkeit des Beschlusses nicht an den Gläubiger leisten.[16]

V. Anfechtbarkeit

9 Die Entscheidung ist **unanfechtbar** (Abs. 2 Satz 2). Die Norm ist bei Verweisungen auf § 707 ZPO ebenfalls anwendbar. Bei anderen gesetzlich vorgesehenen Fällen der einstweiligen Einstellung ist Abs. 2 Satz 2 analog anwendbar (§ 732 Abs. 2;[17] § 769 ZPO).[18] Auch ohne Möglichkeit der Anfechtbarkeit kann das Gericht bei Änderungen der Tatsachen eine **Abänderung** der Entscheidung treffen. Dazu ist ein Antrag notwendig,[19] der neue Tatsachen enthält. Auf Grund

---

7 BGH, WuW 1997, 162.
8 Vgl. BGH, NJW-RR 2002, 1090 = FamRZ 2003, 372.
9 OLG Zweibrücken, FamRZ 2002, 556 = FUR 2002, 165 (166); OLG Bremen, MDR 2008, 1065.
10 BGHZ 8, 47 = NJW 1953, 179.
11 Siehe hierzu MK-Götz, ZPO, § 707 Rn. 9.
12 OLG Bremen, MDR 2008, 1065.
13 OLG Köln, NJW-RR 2001, 647 = FamRZ 2000, 414.
14 OLG Hamm, FamRZ 1996, 113.
15 BGH, NJW 2000, 3008 (3009), Rn. 1 = InVo 2000, 349, Rn. 1.
16 MK-Götz, ZPO, § 707 Rn. 20.
17 OLG Köln, Rpfleger 1996, 324.
18 BGH, NJW 2004, 2224 = MDR 2004, 1137.
19 OLG Hamm, FamRZ 1985, 306.

der zum Zeitpunkt der Erstentscheidung bekannten Tatsachen, darf nicht wiederholt geprüft werden. Solch ein Antrag ist unzulässig.[20]

C. Kosten und Gebühren

Gerichtskosten fallen mangels gesetzlicher Regelung nicht an. 10

Bei dem Prozessbevollmächtigten gehört der Antrag zum Rechtszug (§ 19 Abs. 1 Nr. 11 RVG), falls keine mündliche Verhandlung stattfindet. Findet eine mündliche Verhandlung aufgrund des Antrags auf Einstellung der Zwangsvollstreckung statt, entsteht eine 0,5-Verfahrensgebühr (Nr. 3328 VV-RVG) und eine 0,5-Terminsgebühr (Nr. 3332 VV-RVG). Wenn der Anwalt nicht Prozessbevollmächtigter ist, erhält er für den Antrag die Gebühr nach Nr. 3328 VV-RVG analog. 11

§ 708
Vorläufige Vollstreckbarkeit ohne Sicherheitsleistung

Für vorläufig vollstreckbar ohne Sicherheitsleistung sind zu erklären:
1. Urteile, die auf Grund eines Anerkenntnisses oder eines Verzichts ergehen;
2. Versäumnisurteile und Urteile nach Lage der Akten gegen die säumige Partei gemäß § 331a;
3. Urteile, durch die gemäß § 341 der Einspruch als unzulässig verworfen wird;
4. Urteile, die im Urkunden-, Wechsel- oder Scheckprozess erlassen werden;
5. Urteile, die ein Vorbehaltsurteil, das im Urkunden-, Wechsel- oder Scheckprozess erlassen wurde, für vorbehaltlos erklären;
6. Urteile, durch die Arreste oder einstweilige Verfügungen abgelehnt oder aufgehoben werden;
7. Urteile in Streitigkeiten zwischen dem Vermieter und dem Mieter oder Untermieter von Wohnräumen oder anderen Räumen oder zwischen dem Mieter und dem Untermieter solcher Räume wegen Überlassung, Benutzung oder Räumung, wegen Fortsetzung des Mietverhältnisses über Wohnraum auf Grund der §§ 574 bis 574b des Bürgerlichen Gesetzbuchs sowie wegen Zurückhaltung der von dem Mieter oder dem Untermieter in die Mieträume eingebrachten Sachen;
8. Urteile, die die Verpflichtung aussprechen, Unterhalt, Renten wegen Entziehung einer Unterhaltsforderung oder Renten wegen einer Verletzung des Körpers oder der Gesundheit zu entrichten, soweit sich die Verpflichtung auf die Zeit nach der Klageerhebung und auf das ihr vorausgehende letzte Vierteljahr bezieht;
9. Urteile nach §§ 861, 862 des Bürgerlichen Gesetzbuchs auf Wiedereinräumung des Besitzes oder auf Beseitigung oder Unterlassung einer Besitzstörung;
10. Berufungsurteile in vermögensrechtlichen Streitigkeiten. Wird die Berufung durch Urteil oder Beschluss gemäß § 522 Absatz 2 zurückgewiesen, ist auszusprechen, dass das angefochtene Urteil ohne Sicherheitsleistung vorläufig vollstreckbar ist;
11. andere Urteile in vermögensrechtlichen Streitigkeiten, wenn der Gegenstand der Verurteilung in der Hauptsache 1 250 Euro nicht übersteigt oder wenn nur die Entscheidung über die Kosten vollstreckbar ist und eine Vollstreckung im Wert von nicht mehr als 1 500 Euro ermöglicht.

Inhalt:

	Rn.		Rn.
A. Allgemeines	1	II. Zwangsvollstreckung ohne Rechtskraft	3
B. Erläuterungen	2	III. Einzelne Punkte	4
I. Abwendungsbefugnis des Schuldners	2	C. Sonstiges	5

A. Allgemeines

Der Gesetzgeber hat in den in der Norm abschließend aufgezählten Fällen einer erstinstanzlichen Entscheidung bestimmt, dass die Erklärung der vorläufigen Vollstreckbarkeit des Urteils (§ 704 ZPO) **ohne Sicherheitsleistung** zu geschehen hat, nämlich in den Fällen des § 708 Nr. 1–3 ZPO (z.B.: Anerkenntnisurteile; Versäumnisurteile; Einspruchsverwerfungsurteile). Es wird dem Interesse des Gläubigers an einer schnellen Vollstreckung entsprochen. Schließlich, 1

---

[20] MK-*Götz*, ZPO, § 707 Rn. 22.

so die Wertung des Gesetzgebers, hat der Gläubiger ein erstinstanzliches Urteil erstritten, auch wenn dieses Urteil noch nicht rechtskräftig sein sollte. Dem Schutz des Schuldners dient sodann jedoch die Abwendungsbefugnis nach § 711 ZPO sowie ein eventueller Schadensersatzanspruch nach § 717 Abs. 2 ZPO. Der **Vollstreckungstenor** lautet:

Das Urteil ist vorläufig vollstreckbar.

B. Erläuterungen
I. Abwendungsbefugnis des Schuldners

2   Bei den in den Nr. 4–11 aufgezählten Urteilen besteht eine Abwendungsbefugnis des Schuldners (§ 711 ZPO; siehe zu Einzelheiten die Kommentierung dort). Kurz dargestellt darf der Schuldner in den in Nr. 4–11 aufgezählten Urteilsfällen, die Vollstreckung durch den Gläubiger abwenden, wenn er Sicherheit leistet. Die zu vollstreckende Summe darf den Betrag von 1.250,00 € oder bei einer Entscheidung nur über die Kosten den Betrag von 1.500,00 € nicht übersteigen, vgl. § 708 Nr. 11, 711 ZPO. Die Höhe der zu leistenden Sicherheit wird durch das Gericht bestimmt, die Art ergibt sich aus § 108 ZPO. Der **Vollstreckungstenor** lautet:

Das Urteil ist vorläufig vollstreckbar. Der Kläger/Beklagte kann die Vollstreckung durch Sicherheitsleistung in Höhe von 110 % des durch das Urteil vollstreckbaren Betrages abwenden, wenn nicht der Beklagte/Kläger zuvor in selber Höhe Sicherheit leistet.

Die Abwendungsbefugnis im Vollstreckungstenor entfällt, wenn die Voraussetzungen für ein Rechtsmittel gegen das Urteil unzweifelhaft nicht vorliegen (vgl. hierzu die Ausführungen unter § 713 ZPO).

II. Zwangsvollstreckung ohne Rechtskraft

3   Der Gläubiger darf aufgrund der Norm ohne Hinterlegung einer Sicherheitsleistung die Zwangsvollstreckung gegen den verurteilten Schuldner betreiben, ohne die Rechtskraft des Urteils abwarten zu müssen. Diese Wertung des Gesetzgebers in den abschließend aufgezählten Fällen ist zu akzeptieren. Ein Vorgehen hiergegen ist nicht zulässig.

III. Einzelne Punkte

4   Die gesetzliche Regelung ist sehr ausführlich. Die dort eindeutig bezeichneten Urteile sind ohne Sicherheitsleistung vorläufig vollstreckbar. Urteile, die nicht unter diese Norm fallen, sind nicht ohne Sicherheitsleistung vorläufig vollstreckbar.

C. Sonstiges

5   Für den Gläubiger ist die für ihn günstige Norm anzuwenden.[1] Greift die Norm nur für einen Teil des gerichtlich gemachten Anspruchs, ist dies im Tenor deutlich auszusprechen. Eine Leistung des Schuldners zur Abwendung der Zwangsvollstreckung oder die erfolgreiche Vollstreckung hat keine Erfüllungswirkung.[2] In Arbeitsgerichtssachen ist § 708 ZPO entsprechend nur für Versäumnisurteile des Bundesarbeitsgerichts anzuwenden (sodann § 708 Nr. 2 ZPO), da ansonsten die vorläufige Vollstreckbarkeit aus dem Gesetz (§§ 62 Abs. 1 Satz 1, 64 Abs. 7 ArbGG) folgt.[3]

§ 709
Vorläufige Vollstreckbarkeit gegen Sicherheitsleistung

[1]Andere Urteile sind gegen eine der Höhe nach zu bestimmende Sicherheit für vorläufig vollstreckbar zu erklären. [2]Soweit wegen einer Geldforderung zu vollstrecken ist, genügt es, **wenn die Höhe der Sicherheitsleistung in einem bestimmten Verhältnis zur Höhe des jeweils zu vollstreckenden Betrages angegeben wird.** [3]Handelt es sich um ein Urteil, das ein Versäumnisurteil aufrechterhält, so ist auszusprechen, dass die Vollstreckung aus dem Versäumnisurteil nur gegen Leistung der Sicherheit fortgesetzt werden darf.

---

1 OLG Koblenz, NJW-RR 1991, 512.
2 BGH, NJW 1983, 1111 (1111 f.), Rn. 3 = ZIP 1983, 278, Rn. 3.
3 MK-Götz, ZPO, § 707 Rn. 22.

Inhalt:

	Rn.		Rn.
A. Allgemeines	1	III. Andere Forderung	4
B. Erläuterungen	2	IV. Aufrechterhalten eines	
I. Sicherheit	2	Versäumnisurteils	5
II. Geldforderung	3	C. Kosten und Gebühren	6

A. Allgemeines

Die Norm bezieht sich auf § 708 ZPO. Unterfällt das Urteil nicht der abschließenden Aufzählung des § 708 ZPO, greift § 709 ZPO. Nur wenn § 708 ZPO nicht anwendbar ist, darf nach § 709 ZPO vorgegangen werden. Dies gilt immer, da die Norm eindeutig von anderen Urteilen spricht, damit alle anderen als die in § 708 ZPO Genannten erfasst. 1

B. Erläuterungen
I. Sicherheit

Das Gericht hat **von Amts wegen** die vorläufige Vollstreckbarkeit gegen eine Sicherheitsleistung anzuordnen. Die Sicherheit ist durch das Gericht im Urteilstenor der Höhe nach zu bestimmen. Sie ist durch den Gläubiger nach § 108 ZPO zu stellen. Die Art der Sicherheit darf der Gläubiger somit nach § 108 ZPO auswählen. Eine spätere Festsetzung oder Abänderung durch Beschluss ist grundsätzlich möglich. Die Bewirkung der Sicherheitsleistung ist durch den Schuldner nachzuweisen bevor er mit der Vollstreckung beginnt (§ 751 Abs. 2 ZPO). Dem Schuldner steht, soweit das Urteil später geändert oder aufgehoben wird, Auszahlung des Hinterlegungsbetrages, an dem er ein Pfandrecht nach § 233 BGB besitzt zu. Wenn, wie in der Praxis üblich, Sicherheit durch eine Bürgschaft geleistet wird, kann der Schuldner den Bürgen in Anspruch nehmen. 2

II. Geldforderung

Bei einer Geldforderung ist es ausreichend, wenn im Tenor ein **bestimmtes Verhältnis** zum Hauptsachebetrag als Sicherheitsleistung angegeben wird. Dabei ist ein Aufschlag von bis zu 20 %[1] wohl angemessen („…in Höhe von 120 % der Hauptsache …"), weil dadurch noch entstehende Kosten und weitere Risiken des Schuldners mit abgedeckt werden sollen. Der Aufschlag ist natürlich nicht auf den Euro und den Eurocent genau bemessen, sondern, wie erwähnt, nur zu schätzen und in relativer Höhe anzugeben. Der **Vollstreckungstenor** lautet in diesem Fall: 3

Das Urteil ist gegen Sicherheitsleistung in Höhe von 110 % des jeweils zu vollstreckenden Betrages vorläufig vollstreckbar.

III. Andere Forderung

Bei anderen Forderungen ist der **Schutzzweck der Norm** als Maßstab zu beachten. Der Schuldner soll bei einer im Nachhinein ungerechtfertigten Vollstreckung geschützt werden. Sein Schadensersatzanspruch (§ 717 Abs. 2 ZPO) soll durch die Sicherheit soweit wie möglich gesichert sein. Hieran, nicht am Streitwert ist die Höhe der Sicherheit zu bemessen. Der Vollstreckungstenor lautet: 4

Das Urteil ist gegen Sicherheitsleistung in Höhe von [Betrag] € vorläufig vollstreckbar.

IV. Aufrechterhalten eines Versäumnisurteils

Wird durch ein streitiges Urteil ein vorher ergangenes Versäumnisurteil aufrechterhalten, darf die Vollstreckung nur gegen Sicherheitsleistung durchgeführt werden. Das Urteil ist so zu werten, als sei das Versäumnisurteil nicht ergangen. Das Versäumnisurteil unterfällt hingegen § 708 ZPO und ist ohne Sicherheitsleistung vorläufig vollstreckbar (§ 708 Nr. 2 ZPO). Das Gleiche gilt bei einem Versäumnisurteil, das ein Versäumnisurteil bestätigt. 5

C. Kosten und Gebühren

Für die Sicherheitenstellung kann der Anwalt keine eigene Gebühr verlangen. Diese Tätigkeit ist im Rechtszug mitabgegolten. Für die Beschaffung der Sicherheit kann der Anwalt hingegen nach einer Ansicht eine Verfahrensgebühr aus Nr. 2300 VV-RVG verlangen.[2] Nach einer an- 6

---

[1] OLG Celle, NJW 2003, 73 = InVo 2003, 238, teilweise wird ein Aufschlag von 10 % für ausreichend gehalten, siehe hierfür die Ausführungen im o. a. Urteil in Rn. 6.
[2] Schneider-*Wolf*, RVG, § 3 Rn. 138 f.

deren Ansicht fällt eine Gebühr für eine Vollstreckungstätigkeit nach Nr. 3309 VV-RVG an.[3] Richtigerweise muss Nr. 2300 VV-RVG greifen, da die Beschaffung der Sicherheit nicht zur Vollstreckung gehört, sondern beispielsweise Verhandlungen mit Bürgen oder Darlehensgebern bei Geldsicherheiten einen eigenen Auftrag des Mandanten erfordert. Es ist praxisfremd, bei der Beschaffung einer Sicherheit von einer Vollstreckungstätigkeit auszugehen. Die Vollstreckungstätigkeit richtet sich gegen den Schuldner. Die Beschaffung der Sicherheit ist hingegen nicht von der Vollstreckungstätigkeit erfasst. Gleichwohl ist zu beachten, dass die Rechtsprechung die andere Ansicht vertritt.

§ 710
Ausnahmen von der Sicherheitsleistung des Gläubigers

Kann der Gläubiger die Sicherheit nach § 709 nicht oder nur unter erheblichen Schwierigkeiten leisten, so ist das Urteil auf Antrag auch ohne Sicherheitsleistung für vorläufig vollstreckbar zu erklären, wenn die Aussetzung der Vollstreckung dem Gläubiger einen schwer zu ersetzenden oder schwer abzusehenden Nachteil bringen würde oder aus einem sonstigen Grund für den Gläubiger unbillig wäre, insbesondere weil er die Leistung für seine Lebenshaltung oder seine Erwerbstätigkeit dringend benötigt.

Inhalt:

	Rn.		Rn.
A. Allgemeines	1	II. Unbilligkeit des Wartens	3
B. Erläuterungen	2	III. Dringende Notwendigkeit für Lebenshaltung oder Erwerbstätigkeit	5
I. Leistung unmöglich oder erheblich erschwert	2	IV. Tenor und Rechtsmittel	6

A. Allgemeines

1 Die Norm greift nur bei Sicherheitsanordnungen im Tenor nach § 709 ZPO. Der Gläubiger muss für die Ausnahmevorschrift **vor Schluss der mündlichen Verhandlung** (§ 714 Abs. 1 ZPO) einen entsprechenden Antrag stellen und glaubhaft machen (§ 714 Abs. 2 ZPO). Eine Antragstellung nach Schluss der mündlichen Verhandlung ist nicht gestattet. Um den Ausspruch nach § 710 ZPO zu erhalten, müssen zwei Voraussetzungen **kumulativ** vorliegen: Zum einen muss die Leistung für den Gläubiger nicht oder nur unter erheblichen Schwierigkeiten möglich sein, zum anderen muss die Aussetzung der Vollstreckung für ihn unbillig sein.

B. Erläuterungen
I. Leistung unmöglich oder erheblich erschwert

2 Die Sicherheitsleistung des Gläubigers muss für ihn unmöglich oder nur unter erheblichen Schwierigkeiten realisierbar sein. **Erhebliche Schwierigkeiten** liegen zum Beispiel vor, wenn ein Darlehen für die Sicherheitsleistung den Gläubiger in seiner Bewegungsfreiheit lähmen würde.[1] Es ist immer der **Einzelfall** zu betrachten, wann eine Leistung unmöglich ist oder insbesondere erheblich erschwert.

II. Unbilligkeit des Wartens

3 Zudem muss das Abwarten des Gläubigers bis zur Rechtskraft **unbillig** sein. In der Norm sind nicht abschließende („...aus einem sonstigen Grund für den Gläubiger unbillig wäre, ...") Beispiele genannt. Dabei nennt die Norm zwei Unterpunkte der Unbilligkeit. Unbillig ist das Warten insbesondere, wenn die Aussetzung der Vollstreckung dem Gläubiger einen schwer zu ersetzenden oder schwer absehbaren Nachteil bringen würde. Ein **schwer zu ersetzender Nachteil** liegt vor, wenn dem Gläubiger infolge eines Umstandes, dass er aus dem Titel nicht vorgehen kann, ein materieller oder immaterieller Schaden entsteht, der nachträglich nicht vollständig wiedergutgemacht werden kann.[2] Die Voraussetzung ist gegeben, wenn die Vollstreckung nach einem Zuwarten aussichtslos oder höchst zweifelhaft erscheint. Die drohende Übersiedlung ins Ausland oder ein Vermögensverfall sind Beispiele dafür. Es ist allerdings immer der Einzelfall zu prüfen. Der Gläubiger hat die Unbilligkeit des Wartens glaubhaft zu ma-

---

3 Vgl. OLG München, NJW-RR 2000, 517 = Rpfleger 2000, 117.

Zu § 710:
1 MK-*Götz*, ZPO, § 710 Rn. 4.
2 MK-*Götz*, ZPO, § 710 Rn. 6.

chen. **Schwer abzusehen ist ein Nachteil**, wenn eine spätere Geltendmachung durch den Gläubiger aus tatsächlichen oder rechtlichen Gründen auf erhebliche Schwierigkeiten stoßen könnte.³

Das Warten ist allgemein unbillig für den Gläubiger, wenn nach Prüfung des Einzelfalls ein Sachverhalt gegeben ist, der einem schwer zu ersetzenden Nachteil oder einem schwer abzusehenden Nachteil entsprechen würde. Die zwei genannten Beispielsfälle sind der Maßstab für die Prüfung der Unbilligkeit des Wartens in sonstigen Fällen. § 752 ZPO ist zu beachten. 4

III. Dringende Notwendigkeit für Lebenshaltung oder Erwerbstätigkeit

Auch in diesem Punkt ist eine **Einzelfallprüfung** zwingend durchzuführen. Wenn die Lebenshaltung (z.B. Unterhalt) oder die Erwerbstätigkeit betroffen ist, ist die Notwendigkeit zu prüfen. Bei der Erwerbstätigkeit kann es um Ansprüche aus Werk- oder Dienstverträgen gehen, die bei nicht umgehender Vollstreckung die Existenz des Betriebs gefährden würden. Die **Existenzgefährdung** ist nicht nur ab einer gewissen Summe der Forderung anzunehmen. Vielmehr muss im Einzelfall geprüft werden, ob die Vollstreckung der konkret erstrittenen Forderung für den konkreten Betrieb eine existenzielle Grundlage ist. 5

IV. Tenor und Rechtsmittel

Wird die Sicherheitsleistung nach Antrag durch das Gericht weggelassen, wurde dem Antrag stattgegeben. Ordnet das Gericht die Sicherheitsleistung an, ist der Antrag nicht erfolgreich gewesen. Wird der Antrag versehentlich übersehen, sind die §§ 716, 321 ZPO entsprechend anwendbar. Eine separate Anfechtung findet nicht statt. Es kann nur gemeinsam mit dem Urteil mit einem Rechtsmittel angegriffen werden. 6

§ 711
Abwendungsbefugnis

¹In den Fällen des § 708 Nr. 4 bis 11 hat das Gericht auszusprechen, dass der Schuldner die Vollstreckung durch Sicherheitsleistung oder Hinterlegung abwenden darf, wenn nicht der Gläubiger vor der Vollstreckung Sicherheit leistet. ²§ 709 Satz 2 gilt entsprechend, für den Schuldner jedoch mit der Maßgabe, dass Sicherheit in einem bestimmten Verhältnis zur Höhe des auf Grund des Urteils vollstreckbaren Betrages zu leisten ist. ³Für den Gläubiger gilt § 710 entsprechend.

Inhalt:

	Rn.		Rn.
A. Allgemeines	1	1. Tenorierung der Abwendungsbefugnis	5
B. Erläuterungen	2	2. Höhe der Sicherheit	6
I. Abwendungsbefugnis	2	II. Anwendbarkeit des § 710 ZPO	7

A. Allgemeines

Nur in den Fällen des § 708 Nr. 4–11 ZPO kommt eine Abwendungsbefugnis des Schuldners in Frage. Damit ist im **Umkehrschluss** durch das Gesetz festgelegt, dass in den Fällen des § 708 Nr. 1–3 ZPO eine Abwendungsbefugnis des Schuldners nach der Norm nicht ausgesprochen werden darf. Dies ist nur folgerichtig, wenn die § 708 Nr. 1–3 ZPO betrachtet werden. Dort erkennt der Schuldner entweder freiwillig an oder der Gläubiger verzichtet freiwillig (§ 708 Nr. 1 ZPO). Zudem sind **Versäumnisurteile** betroffen, also wenn eine Partei nicht schutzbedürftig ist, weil sie nicht fristgerecht reagiert hat oder bewusst nicht verhandelt hat (§ 708 Nr. 2 ZPO). Außerdem gilt § 711 ZPO zu Gunsten des Schuldners nicht, wenn er einen nicht form- oder fristgerechten Einspruch gegen ein Versäumnisurteil eingelegt hat (§ 708 Nr. 3 ZPO). 1

B. Erläuterungen
I. Abwendungsbefugnis

Der **Schuldner** erhält durch die Norm im ersten Schritt eine **Abwendungsbefugnis** bei nicht rechtskräftigen und nach § 708 Nr. 4–11 ZPO vorläufig vollstreckbar erklärten Urteilen. Er hat die Möglichkeit durch eine Sicherheitsleistung oder Hinterlegung der herauszugebenden 2

---

3 MK-Götz, ZPO, § 710 Rn. 6.

Sache[1] die Vollstreckung aus dem noch nicht rechtskräftigen Urteil abzuwenden. Die Art der Sicherheitsleistung ist in § 108 ZPO vorgegeben. Gleichzeitig darf der **Gläubiger** allerdings durch eine **Sicherheitsleistung** dafür Sorge tragen, dass die Zwangsvollstreckung doch weiterbetrieben werden darf. Die Sicherheitsleistung durch den Gläubiger muss vor der Zwangsvollstreckung erbracht werden.

3 Damit sind verschiedene Fälle vor der Zwangsvollstreckung aus einem nach § 708 Nr. 4–11 ZPO vorläufig vollstreckbar erklärten Urteil zu unterscheiden:
– Erbringt nur der Schuldner eine Sicherheitsleistung in der tenorierten Höhe, findet aus dem Urteil keine Zwangsvollstreckung statt.
– Wird keine Sicherheit geleistet, darf die Zwangsvollstreckung aus dem vorläufig vollstreckbaren Urteil durchgeführt werden. Es gilt § 720 ZPO.
– Leistet der Schuldner Sicherheit, allerdings auch der Gläubiger in der tenorierten Höhe, darf die Zwangsvollstreckung durchgeführt werden. § 720 ZPO greift nicht.

4 Insgesamt ist festzuhalten, dass die Norm den Schuldner nicht zu schützen vermag, da der Gläubiger bei entsprechender vorgegebener Sicherheitsleistung nach § 108 ZPO immer die Zwangsvollstreckung betreiben kann. Der Gläubiger hat es damit unabhängig vom Verhalten des Schuldners in der Hand, ob er die Zwangsvollstreckung, ggf. mit Erbringung der Sicherheitsleistung durchführt oder darauf verzichtet, solange der Titel nur vorläufig vollstreckbar ist.

1. Tenorierung der Abwendungsbefugnis

5 Die Tenorierung der Abwendungsbefugnis ist **von Amts wegen** auszusprechen. Das Gleiche gilt für die zu Sicherheitsleistung des Gläubigers, wenn dieser die Zwangsvollstreckung betreiben will. Zur Tenor-Formulierung, vgl. § 708 Rn. 2.

2. Höhe der Sicherheit

6 Sowohl für den Schuldner als auch für den Gläubiger gilt, dass der jeweilige mögliche **Schaden** der anderen Partei ausgeglichen werden muss. Die Höhe wird nach § 709 Satz 2 ZPO durch eine **relative Größe** bestimmt. Es ist üblicherweise von 110 % bis 120 % des zu vollstreckenden Betrags aus dem Titel auszugehen.

II. Anwendbarkeit des § 710 ZPO

7 Die Anwendbarkeit des § 710 ZPO spricht Satz 3 der Norm aus. Das bedeutet, dass der Gläubiger ggf. bei Vorliegen der Voraussetzungen des § 710 ZPO keine Sicherheit leisten muss (siehe dort), selbst wenn § 711 ZPO dies vorsieht. Satz 3 schützt den Gläubiger in den eng genannten Fällen des § 710 ZPO.

§ 712
Schutzantrag des Schuldners

(1) ¹Würde die Vollstreckung dem Schuldner einen nicht zu ersetzenden Nachteil bringen, so hat ihm das Gericht auf Antrag zu gestatten, die Vollstreckung durch Sicherheitsleistung oder Hinterlegung ohne Rücksicht auf eine Sicherheitsleistung des Gläubigers abzuwenden; § 709 Satz 2 gilt in den Fällen des § 709 Satz 1 entsprechend. ²Ist der Schuldner dazu nicht in der Lage, so ist das Urteil nicht für vorläufig vollstreckbar zu erklären oder die Vollstreckung auf die in § 720a Abs. 1, 2 bezeichneten Maßregeln zu beschränken.

(2) ¹Dem Antrag des Schuldners ist nicht zu entsprechen, wenn ein überwiegendes Interesse des Gläubigers entgegensteht. ²In den Fällen des § 708 kann das Gericht anordnen, dass das Urteil nur gegen Sicherheitsleistung vorläufig vollstreckbar ist.

Inhalt:

	Rn.		Rn.
A. Allgemeines	1	III. Überwiegendes Interesse des Gläubigers	5
B. Erläuterungen	3	IV. Keine Sicherheit	6
I. Nicht zu ersetzender Nachteil	3	V. Konkurrenzen	7
II. Sicherheitsleistungen des Schuldners	4		

---

1 MK-*Götz*, ZPO, § 710 Rn. 5.

A. Allgemeines

Für den Schuldner eröffnet die Norm die Möglichkeit durch einen Antrag die Vollstreckung durch eine **Sicherheitsleistung** abzuwenden. Die Norm greift nur, wenn nicht vorher bereits im Tenor dem Schuldner eine Abwendungsmöglichkeit zugestanden wurde. Der Schuldner muss für die Anwendung der Norm einen Antrag bei Gericht stellen. § 712 ZPO gilt im Arbeitsgerichtsprozess nicht, vielmehr gilt hier § 62 Abs. 1 Satz 2 ArbGG. 1

Der Antrag ist bis zum **Schluss der mündlichen Verhandlung** (§ 714 Abs. 1 ZPO) zu stellen. Die Voraussetzungen sind **glaubhaft** zu machen (§ 714 Abs. 2 ZPO). Es ist im Tenor des Urteils zu entscheiden. Findet dort keine Entscheidung statt, ist eine Berichtigung zu beantragen (§§ 716, 321 ZPO). 2

B. Erläuterungen

I. Nicht zu ersetzender Nachteil

Der Schuldnerschutzantrag stellt eine **Ausnahme** in den Zwangsvollstreckungsvorschriften zu Gunsten des Schuldners dar. Wie die vorherigen Normen zeigen, dienen die Vorschriften über die vorläufige Vollstreckung zumeist dazu, den Gläubiger zu schützen. Die ZPO entscheidet sich dafür, dem Gläubiger die Vollstreckung zu erleichtern, dabei, soweit aus Sicht des Gesetzgebers vertretbar, den Schuldnerinteressen beispielsweise durch Sicherheitsleistungen des Gläubigers gerecht zu werden. Dem Schuldner muss materiell-rechtlich ein **nicht zu ersetzender Nachteil** drohen. Das bedeutet, dass die **Existenz** des Schuldners in Frage stehen muss, wenn die Zwangsvollstreckung aus einem vorläufig vollstreckbaren Urteil durchgeführt werden würde. Mit anderen Worten droht der nicht zu ersetzende Nachteil, wenn durch die Vollstreckung ein Schaden eintritt, der nachträglich nicht wiedergutgemacht werden kann. 3

II. Sicherheitsleistungen des Schuldners

Im Regelfall ist die Anordnung nur gegen eine Sicherheitsleistung des Schuldners auszusprechen. Dabei ist immer noch zu beachten, dass die Anordnung zu Gunsten des Schuldners eine Ausnahme darstellt. Wird aber die Anordnung ausgesprochen, darf wiederum im Regelfall die Anordnung nur gegen eine Sicherheitsleistung erfolgen. Nur im Ausnahmefall ist dem Antrag des Schuldners ohne Sicherheitsleistung stattzugeben, nämlich wenn der Schuldner nicht in der Lage ist eine Sicherheit zu stellen. Das bedeutet, dass der Schuldner vermögenslos und kreditunwürdig sein muss.[1] 4

III. Überwiegendes Interesse des Gläubigers

Droht dem Schuldner und Antragsteller ein bei durchgeführter Vollstreckung nicht zu ersetzender Nachteil (erste Stufe der Prüfung), hat das Gericht von Amts wegen zu prüfen, ob der Gläubiger nicht ein überwiegendes Interesse an der sofortigen Vollstreckung hat. Dieses überwiegende Interesse ist durch den Gläubiger **glaubhaft** zu machen (§ 714 Abs. 2 ZPO). 5

IV. Keine Sicherheit

Kann der Schuldner keine Sicherheit leisten, darf der Gläubiger in den Grenzen des § 720 ZPO vollstrecken. 6

V. Konkurrenzen

Hat der Schuldner den Antrag nach § 712 ZPO, der Gläubiger den nach § 710 ZPO gestellt und liegen die Voraussetzungen beider Normen vor, hat das Gericht eine Abwägung i.S.d. § 712 Abs. 2 Satz 1 ZPO anzustellen.[2] Soweit diese zugunsten des Gläubigers ausfällt, ist nach § 712 ZPO zu entscheiden. Jedoch kann selbst dann daneben dem Gläubiger nach § 710 ZPO entsprochen werden. Lediglich im Falle des § 712 Abs. 1 Satz 2 Alt. 1 ZPO muss der Gläubigerantrag zurückgewiesen werden. 7

§ 713
Unterbleiben von Schuldnerschutzanordnungen

Die in den §§ 711, 712 zugunsten des Schuldners zugelassenen Anordnungen sollen nicht ergehen, wenn die Voraussetzungen, unter denen ein Rechtsmittel gegen das Urteil stattfindet, unzweifelhaft nicht vorliegen.

Inhalt:

	Rn.		Rn.
A. Voraussetzung	1	C. Entscheidung	3
B. Verfahren bei Rechtskraft	2		

---

1 Thomas/Putzo-*Seiler*, ZPO, § 712 Rn. 8.
2 Thomas/Putzo-*Seiler*, ZPO, § 712 Rn. 9.

A. Voraussetzung

1 Ein Rechtsmittel gegen ein Urteil ist unzweifelhaft nicht gegeben, wenn ein Rechtsmittel unzulässig ist. Die Norm greift nicht, wenn ein Rechtsmittel unbegründet sein könnte, aber zulässig ist. **Unzweifelhaft** bedeutet, dass das Gericht keine **vernünftigen** Zweifel haben darf. Dabei ist zweifellos kein Rechtsmittel zulässig, wenn die Berufungssumme nicht erreicht ist (§ 511 Abs. 2 Nr. 1 ZPO) oder wenn die die Berufung nicht zugelassen wurde (§ 511 Abs. 2 Nr. 2 ZPO). Das Erreichen der Berufungssumme ist bei bezifferten Ansprüchen ohne weiteres erkennbar. Ist die Berufungssumme nach § 3 ZPO zu bemessen, da kein bezifferter Anspruch gegeben ist, könnten Zweifel vorhanden sein. Dann greift die Norm nicht.

B. Rechtskraft

2 Die Norm ist nicht anzuwenden, wenn ein Urteil rechtskräftig ist. Dann ist ein Rechtsmittel nicht statthaft.

C. Entscheidung

3 Die Entscheidung ergeht **von Amts wegen**.

§ 714
Anträge zur vorläufigen Vollstreckbarkeit

(1) Anträge nach den §§ 710, 711 Satz 3, § 712 sind vor Schluss der mündlichen Verhandlung zu stellen, auf die das Urteil ergeht.

(2) Die tatsächlichen Voraussetzungen sind glaubhaft zu machen.

Inhalt:

	Rn.		Rn.
A. Allgemeines	1	II. Berufungsinstanz	4
B. Erläuterungen	3	III. Glaubhaftmachung	5
I. Entscheidung	3		

A. Allgemeines

1 Die Vollstreckungsschutzanträge sind sowohl vom Gläubiger als auch vom Schuldner **vor Schluss der mündlichen Verhandlung** zu stellen. Die Antragstellung erfolgt in der Form des § 297 ZPO.

2 Im **Arbeitsgerichtsprozess** ist § 714 ZPO auf § 62 Abs. 1 Satz 2 ArbGG anwendbar.[1]

B. Erläuterungen
I. Entscheidung

3 Bei **Stattgabe** wird der Schuldnerschutz oder der Gläubigerschutz in den Tenor aufgenommen. Eine **Abweisung** wird nicht tenoriert, sondern ist in den Urteilsgründen festgehalten. Ergeht keine Entscheidung, kann sie analog §§ 716, 321 ZPO nachgeholt werden.[2]

II. Berufungsinstanz

4 Die Obergerichte sind sich **nicht einig**, ob der Antrag auch in der zweiten Instanz gestellt werden darf, so dass das Berufungsgericht nach § 718 Abs. 1 ZPO mit Teilurteil vorab entscheiden kann.[3]

III. Glaubhaftmachung

5 Die Mittel der Glaubhaftmachung sind in § 294 ZPO genannt. Abs. 2 fordert die Glaubhaftmachung des Antrags des Schuldners und des Gläubigers. Die Glaubhaftmachung ist nur dann erforderlich, wenn die Tatsachen **streitig** sind.[4]

---

1 Stein/Jonas-*Münzberg*, ZPO, § 714 Rn. 10.
2 OLG Saarbrücken, JurBüro 1985, 1579.
3 Dafür: OLG Stuttgart, MDR 1998, 858; OLG Koblenz, NJW-RR 1989, 1024; OLG Hamm, NJW-RR 1987, 252 = OLGZ 1987, 89; dagegen: KG Berlin, MDR 2000, 478; OLG Hamburg, MDR 1994, 1246; OLG Karlsruhe, NJW-RR 1989, 1470 = FamRZ 1989, 774; OLG Köln, OLGZ 1979, 113 = JurBüro 1979, 446.
4 MK-*Götz*, ZPO, § 714 Rn. 4.

§ 715
Rückgabe der Sicherheit

(1) ¹Das Gericht, das eine Sicherheitsleistung des Gläubigers angeordnet oder zugelassen hat, ordnet auf Antrag die Rückgabe der Sicherheit an, wenn ein Zeugnis über die Rechtskraft des für vorläufig vollstreckbar erklärten Urteils vorgelegt wird. ²Ist die Sicherheit durch eine Bürgschaft bewirkt worden, so ordnet das Gericht das Erlöschen der Bürgschaft an.
(2) § 109 Abs. 3 gilt entsprechend.

Inhalt:

	Rn.		Rn.
A. Allgemeines	1	C. Rechtsbehelfe	4
B. Erläuterungen	3	D. Kosten und Gebühren	5

A. Allgemeines

Nur für den Fall, dass ein für vorläufig vollstreckbar erklärtes Urteil **rechtskräftig** wird, ordnet das Gericht auf Antrag des Gläubigers die Rückgabe der Sicherheit an. Dies gilt nur, wenn vorher das Gericht die Sicherheitsleistung des Gläubigers angeordnet hatte. Eines Verfahrens nach § 109 ZPO bedarf es nicht. Die Norm stellt insoweit eine **Spezialnorm** im Vergleich zu § 109 ZPO dar. Sie hat im Vergleich zu § 109 ZPO einfachere Voraussetzungen. Die Norm gilt nach dem eindeutigen Wortlaut nicht für die durch Gericht angeordnete Sicherheitsleistung des Schuldners. *1*

Die **Entscheidung des Gerichts** ergeht nur, wenn das vorläufig vollstreckbare Urteil rechtskräftig wird und ein Rechtskraftzeugnis durch den Gläubiger vorgelegt wird. Die Norm gilt nur in den genannten Fällen, nicht im Fall des Vorliegens von Vergleichen oder Klagerücknahmen etc., da das Rechtskraftzeugnis verlangt wird und nur für den Fall des Vorliegens eines Rechtskraftzeugnisses die Vereinfachung der Norm greifen soll. In den genannten Fällen verbleibt es beim Verfahren nach § 109 ZPO. *2*

B. Erläuterungen

Zuständig ist das Gericht, das zuvor die Sicherheitsleistung angeordnet hatte, dort der Rechtspfleger (§ 20 Abs. 1 Nr. 3 RPflG). Der Antrag erfordert **keinen Anwaltszwang**. Besteht auf der Gegenseite Gesamtschuldnerschaft muss gegen jeden einzelnen Gesamtschuldner ein Zeugnis nach § 706 ZPO vorgelegt werden.¹ *3*

C. Rechtsbehelfe

Ordnet das Gericht die Rückgabe der Sicherheitsleistung an, ist die befristete Erinnerung seitens des Schuldners nach § 11 Abs. 2 Satz 1 RPflG statthaft.² Wird der Antrag des Gläubigers **abgelehnt**, ist die **sofortige Beschwerde** statthaft (§ 11 Abs. 1 RPflG; § 567 Abs. 1 Nr. 2 ZPO). *4*

D. Kosten und Gebühren

Gerichtskosten fallen keine an. Es bedarf keiner Kostenentscheidung, da die Kosten zur Zwangsvollstreckung gehören. Die Tätigkeit des bereits im ersten Rechtszug vertretenden Anwalts ist durch die Gebühren Nr. 3100 ff. VV-RVG abgegolten (§ 19 Abs. 1 Nr. 7 RVG). War der Anwalt nur für den Antrag auf Rückgabe der Sicherheit tätig, greift Nr. 3403 VV-RVG. *5*

§ 716
Ergänzung des Urteils

Ist über die vorläufige Vollstreckbarkeit nicht entschieden, so sind wegen Ergänzung des Urteils die Vorschriften des § 321 anzuwenden.

Inhalt:

	Rn.		Rn.
A. Allgemeines	1	C. Kosten und Gebühren	5
B. Erläuterungen	3		

---

1 OLG München, SeuffA 70, Nr. 97.
2 OLG Karlsruhe, Rpfleger 1996, 73.

A. Allgemeines

1 Dem Wortlaut nach greift die Norm nur dann, wenn über die vorläufige Vollstreckbarkeit nicht entschieden wurde. Die Norm greift unmittelbar somit nur, wenn im Tenor über die vorläufige Vollstreckbarkeit nichts enthalten ist.

2 Ist im Urteil eine Entscheidung über die vorläufige Vollstreckbarkeit getroffen worden, fehlt es aber an anderen notwendigen Ergänzungen der Entscheidung über die vorläufige Vollstreckbarkeit, muss geprüft werden, ob die Norm analog Anwendung finden kann. Wenn das Gericht versehentlich eine Vollstreckbarkeitsentscheidung unterlässt, findet die Norm **analoge Anwendung**, wie bei einer fehlenden Entscheidung über die Höhe der Sicherheitsleistung,[1] einer fehlenden Entscheidung über die Abwendungsbefugnis des Schuldners nach § 711 ZPO,[2] der einer fehlenden Entscheidung über einen Schutzantrag nach §§ 710, 711 Satz 3, 712 ZPO.[3] Eine **analoge Anwendung ist ausgeschlossen**, wenn eine vollständige Entscheidung über die Vollstreckbarkeit vorliegt, diese aber fehlerhaft ist, bspw. wenn die Sicherheitsleistung zu niedrig bemessen wurde.[4]

B. Erläuterungen

3 Bezüglich des Verfahrens findet § 321 ZPO Anwendung. Es ist darauf zu achten, dass der Antrag innerhalb von **zwei Wochen nach Zustellung** des Urteils gestellt wird (§ 321 Abs. 2 ZPO). Abweichend davon beginnt die Frist bei einer zunächst erforderlichen Tatbestandsberichtigung ab der Zustellung des Beschlusses über die Berichtigung.[5] Ist die Frist abgelaufen (§ 321 Abs. 2 ZPO), kann nur noch im Rechtsmittelverfahren eine Änderung oder Ergänzung beantragt werden. Dabei ist zu beachten, dass die Vollstreckbarkeitsentscheidung des Berufungsgerichts nicht im Rechtsmittelverfahren geändert oder ergänzt werden kann (§ 718 Abs. 2 ZPO).

4 Die Entscheidung erfolgt **nach durchgeführter mündlicher Verhandlung** in Form eines Ergänzungsurteils. Sind Entscheidungen nach §§ 708, 709, 711 ZPO nicht getroffen, obwohl von Amts wegen geboten, ist ein Schutzantrag im Ergänzungsverfahren möglich.[6]

C. Kosten und Gebühren

5 Es entstehen keine Gerichtskosten. Der Antrag gehört zum ersten Rechtszug. Damit ist die Tätigkeit mit den Gebühren Nr. 3100 ff. VV-RVG abgegolten. Ist der Anwalt nur für den Antrag nach § 716 ZPO beauftragt, greift Nr. 3403 VV-RVG.

§ 717
Wirkungen eines aufhebenden oder abändernden Urteils

(1) Die vorläufige Vollstreckbarkeit tritt mit der Verkündung eines Urteils, das die Entscheidung in der Hauptsache oder die Vollstreckbarkeitserklärung aufhebt oder abändert, insoweit außer Kraft, als die Aufhebung oder Abänderung ergeht.

(2) [1]Wird ein für vorläufig vollstreckbar erklärtes Urteil aufgehoben oder abgeändert, so ist der Kläger zum Ersatz des Schadens verpflichtet, der dem Beklagten durch die Vollstreckung des Urteils oder durch eine zur Abwendung der Vollstreckung gemachte Leistung entstanden ist. [2]Der Beklagte kann den Anspruch auf Schadensersatz in dem anhängigen Rechtsstreit geltend machen; wird der Anspruch geltend gemacht, so ist er als zur Zeit der Zahlung oder Leistung rechtshängig geworden anzusehen.

(3) [1]Die Vorschriften des Absatzes 2 sind auf die im § 708 Nr. 10 bezeichneten Berufungsurteile, mit Ausnahme der Versäumnisurteile, nicht anzuwenden. [2]Soweit ein solches Urteil aufgehoben oder abgeändert wird, ist der Kläger auf Antrag des Beklagten zur Erstattung des von diesem auf Grund des Urteils Gezahlten oder Geleisteten zu verurteilen. [3]Die Erstattungspflicht des Klägers bestimmt sich nach den Vorschriften über die Herausgabe einer ungerechtfertigten Bereicherung. [4]Wird der Antrag gestellt, so ist der Anspruch auf Erstattung als zur Zeit der Zahlung oder Leistung rechtshängig geworden anzusehen; die mit der Rechtshängigkeit nach den Vorschriften des bürgerlichen Rechts verbundenen Wirkungen treten mit der Zahlung oder Leistung auch dann ein, wenn der Antrag nicht gestellt wird.

---

1 Zöller-*Herget*, ZPO, § 716 Rn. 1.
2 BGH, LM § 711 Nr. 1.
3 Musielak/Voit-*Lackmann*, ZPO, § 716 Rn. 1.
4 OLG Rostock, NJW-RR 2009, 498 (498 f.).
5 BGH, NJW 1982, 1821 = JurBüro 1982, 708.
6 OLG Frankfurt a.M., FamRZ 1990, 539.

Inhalt:

	Rn.		Rn.
A. Allgemeines	1	II. Schadensersatz, Abs. 2	4
B. Erläuterungen	2	III. Ungerechtfertigte Bereicherung, Abs. 3	6
I. Aufhebung und Änderung der vorläufigen Vollstreckbarkeit, Abs. 1	2		

A. Allgemeines

Die Norm greift bei **Rüge-, Einspruchs- und Rechtsmittelverfahren**.[1] 1

B. Erläuterungen
I. Aufhebung und Änderung der vorläufigen Vollstreckbarkeit, Abs. 1

Sie bestimmt, dass die Aufhebung und Abänderung der vorläufigen Vollstreckbarkeit nach dem Gesetz ohne weitere Anordnung erfolgt. Daher muss das entscheidende Gericht nicht zusätzlich über die vorläufige Vollstreckbarkeit entscheiden. Die Folge einer Entscheidung ergibt sich aus dem Gesetz. Zu beachten ist weiter die Anwendung auf Vollstreckungsbescheide über § 700 Abs. 1 ZPO. 2

Die Aufhebung oder Änderung der vorläufigen Vollstreckbarkeit richtet sich nicht nach der Rechtskraft der aufhebenden oder ändernden Entscheidung des Gerichts, sondern tritt bereits mit der Verkündung ein. Die Zwangsvollstreckung ist **ab dem Zeitpunkt der Verkündung** des aufhebenden oder ändernden Urteils unzulässig.[2] Die Unzulässigkeit erstreckt sich auf alle aufgehobenen oder geänderten Teile der Entscheidung, so dass bei Teilabänderung auch eine teilweise Unzulässigkeit in Frage kommt. 3

II. Schadensersatz, Abs. 2

Die Norm bestimmt, dass derjenige Gläubiger, der aus einem nicht rechtskräftigen Titel vollstreckt, einen dem Schuldner daraus entstehenden Schaden zu ersetzen hat, wenn der Titel im Laufe des Verfahrens keinen Bestand haben sollte. Auf ein rechtswidriges und schuldhaftes Verhalten des Gläubigers kommt es nicht an, es handelt sich vielmehr um eine Gefährdungshaftung.[3] Der Inhalt des Schadensersatzes bestimmt sich nach §§ 249 ff. BGB. Auch § 254 BGB kann Anwendung finden. Der **Grund für die Haftung** liegt darin, dass der Gläubiger bewusst aus einem nicht rechtskräftigen Urteil vollstreckt, somit ihm ebenfalls bewusst ist, dass die Entscheidung geändert werden kann und nicht endgültig ist. 4

Der **Anspruch entsteht** mit Erlass der abändernden oder aufhebenden Entscheidung der Grundentscheidung[4] unabhängig von der Begründung, wenn vollstreckt wurde oder zumindest ein konkreter Vollstreckungsdruck gedroht hat[5] und dadurch adäquat kausal ein Schaden beim Schuldner eingetreten ist.[6] Er ist ab Erlass auch durchsetzbar.[7] Ende der Durchsetzbarkeit ist die Aufhebung oder Änderung der aufgehobenen oder geänderten Entscheidung. Kommt es zu solchen Fall nur zu einer vorherigen Vollstreckung des Schadensersatzanspruches, hat wiederum der Gläubiger einen Anspruch nach Abs. 2. Für den Anspruch ist es ausreichend, wenn der Schuldner die angeordnete Sicherheitsleistung erbracht hat.[8] Ersatzfähig sind außerdem unter anderen Aufwendungen zur Beschaffung einer Sicherheit, entgangener Gewinn wegen Verwertung einer Sache im Vollstreckungsverfahren, psychische Folgen der Vollstreckung und Prozess- bzw. Vollstreckungskosten.[9] Der Anspruch ist in einem separaten Verfahren geltend zu machen. Anspruchsberechtigt ist neben dem ursprünglichen Schuldner auch jeder andere, gegen den vollstreckt wurde.[10] Alternativ kann der Anspruch auch im laufenden Verfahren, auch in der Revisionsinstanz[11] mit einem eigenen Antrag bis zum Schluss der mündlichen Verhandlung geltend gemacht werden. Sollte für den Antrag, wie 5

---

1 Nicht bei einem Zwischenurteil des Berufungsgerichts nach § 304 ZPO.
2 MK-*Götz*, ZPO, § 717 Rn. 1.
3 BGH, NJW 1983, 232, Rn. 2 = JurBüro 1983, 222 (223), Rn. 2.
4 MK-*Götz*, ZPO, § 717 Rn. 14; eine Teilabänderung bewirkt eine teilweise Schadensersatzpflicht.
5 BGH, NJW-RR 2011, 338 (338 f.) = GRUR 2011, 364 (364 f.).
6 Darunter fallen jedoch nicht Kredit- oder Imageschäden aufgrund des Bekanntwerdens, BGH, NJW 1983, 232 = JurBüro 1983, 222.
7 BGH, NJW-RR 2009, 407 (408), Rn. 10 = MDR 2009, 290, Rn. 10.
8 BGH, NJW-RR 2011, 338 (338 f.) = MDR GRUR 2011, 364 (364 ff.).
9 Musielak/Voit-*Lackmann*, ZPO, § 716 Rn. 12 m.w.N.
10 BGH, NJW 1962, 806 (807) = MDR 1962, 391.
11 BGH, NJW 2013, 161 (165), Rn. 60 = MDR 2013, 37 (40), Rn. 60.

zu erwarten, ein neuer Tatsachenvortrag notwendig sein, wird der Antrag in der Revisions- und Rechtsbeschwerdeinstanz zurückgewiesen.[12]

III. Ungerechtfertigte Bereicherung, Abs. 3

6 Wird ein **Berufungsurteil aufgehoben** oder abgeändert, existiert kein Anspruch auf Schadensersatz, sondern nur ein bereicherungsrechtlicher Anspruch. Die Norm ist eine Rechtsfolgenverweisung. Es gilt § 818 ZPO, ohne Abs. 3, da Abs. 4 von der Zahlung an greift. Andere Schadensersatzansprüche in Fällen des Abs. 3 sind bis auf § 826 BGB ausgeschlossen.[13]

§ 718
Vorabentscheidung über vorläufige Vollstreckbarkeit

(1) In der Berufungsinstanz ist über die vorläufige Vollstreckbarkeit auf Antrag vorab zu verhandeln und zu entscheiden.

(2) Eine Anfechtung der in der Berufungsinstanz über die vorläufige Vollstreckbarkeit erlassenen Entscheidung findet nicht statt.

Inhalt:
	Rn.		Rn.
A. Allgemeines	1	C. Kosten und Gebühren	3
B. Erläuterungen	2		

A. Allgemeines

1 Das **Berufungsgericht** hat **auf Antrag** die Entscheidung über die vorläufige Vollstreckbarkeit vollständig zu prüfen und vorab neu zu entscheiden. Naturgemäß gilt die Vorabentscheidung bis zum Erlass des Berufungsurteils, da dort eine Entscheidung über die Sache durch das Berufungsgericht getroffen wird. Damit wird auch eine Entscheidung über die vorläufige Vollstreckbarkeit getroffen. Dabei hat das Gericht nur den Inhalt der erstinstanzlichen Entscheidung zu Grunde zu legen. Das Gericht darf nicht auf die Erfolgsaussichten der Berufung abstellen. Ist ein in erster Instanz zu stellender Antrag nicht gestellt worden (§§ 710, 711 Satz 3, 712 ZPO), kann dieser nicht im Rahmen einer Vorabentscheidung gestellt werden. Das Gericht kann die Abänderung einer Entscheidung über die vorläufige Vollstreckbarkeit durchführen, wenn eine von Amts wegen oder beantragte Entscheidung (§§ 710, 711 Satz 3, 712 ZPO) erstinstanzlich nicht getroffen wurde sowie eine Ermäßigung oder Erhöhung der Sicherheitsleistung notwendig ist.[1] Für eine Entscheidung über die vorläufige Vollstreckbarkeit ist eine **zulässige Berufung** erforderliche Voraussetzung. Beide Parteien dürfen im Berufungsverfahren den Antrag auf Abänderung der vorläufigen Vollstreckbarkeit stellen.

B. Erläuterungen

2 Die Vorabentscheidung des Berufungsgerichts ist **nicht anfechtbar**. Es ist durch Teilurteil[2] zu entscheiden, nach Durchführung einer mündlichen Verhandlung.[3] Sachvortrag, der erstinstanzlich hätte gemacht werden können, ist nicht gestattet.[4] Nachträgliche Entwicklungen können noch berücksichtigt werden.[5] Es ergeht keine Kostenentscheidung und keine Entscheidung über die vorläufige Vollstreckbarkeit.[6]

C. Kosten und Gebühren

3 Gerichtskosten fallen keine an. Die Anwaltstätigkeit gehört zum ersten Rechtszug (§ 19 Abs. 1 Nr. 11 RVG). Findet eine gesonderte mündliche Verhandlung statt, entsteht eine 0,5 Verfahrensgebühr nach Nr. 3328 VV-RVG.

---

12 BGH, NJW 2013, 161 = MDR 2013, 37.
13 MK-*Götz*, ZPO, § 717 Rn. 28.

Zu § 718:
1 OLG Koblenz, Rpfleger 2004, 509 = MDR 2004, 835.
2 OLG Koblenz, OLGZ 1990, 229 = JurBüro 1990, 396.
3 OLG Koblenz, OLGZ 1990, 229 = JurBüro 1990, 396.
4 OLG Düsseldorf, GRUR-RR 2012, 304 (305).
5 OLG Düsseldorf, GRUR-RR 2012, 304 (305).
6 MK-*Götz*, ZPO, § 710 Rn. 4.

§ 719
Einstweilige Einstellung bei Rechtsmittel und Einspruch

(1) ¹Wird gegen ein für vorläufig vollstreckbar erklärtes Urteil der Einspruch oder die Berufung eingelegt, so gelten die Vorschriften des § 707 entsprechend. ²Die Zwangsvollstreckung aus einem Versäumnisurteil darf nur gegen Sicherheitsleistung eingestellt werden, es sei denn, dass das Versäumnisurteil nicht in gesetzlicher Weise ergangen ist oder die säumige Partei glaubhaft macht, dass ihre Säumnis unverschuldet war.

(2) ¹Wird Revision gegen ein für vorläufig vollstreckbar erklärtes Urteil eingelegt, so ordnet das Revisionsgericht auf Antrag an, dass die Zwangsvollstreckung einstweilen eingestellt wird, wenn die Vollstreckung dem Schuldner einen nicht zu ersetzenden Nachteil bringen würde und nicht ein überwiegendes Interesse des Gläubigers entgegensteht. ²Die Parteien haben die tatsächlichen Voraussetzungen glaubhaft zu machen.

(3) Die Entscheidung ergeht durch Beschluss.

Inhalt:

	Rn.		Rn.
A. Allgemeines	1	II. Entscheidung	4
B. Erläuterungen	3	III. Revision	5
I. Erstinstanzlicher Antrag	3		

A. Allgemeines

Wenn gegen ein **vorläufig vollstreckbar erklärtes Urteil** Berufung oder Einspruch eingelegt wird, kann der Schuldner einen Antrag nach § 707 ZPO stellen. Die Berufung und der Einspruch müssen dabei statthaft, nicht zwangsläufig zulässig sein. Ein **Einspruch** ist statthaft gegen ein Versäumnisurteil oder gegen einen Vollstreckungsbescheid. Die Norm greift auch bei einer Berufung gegen ein Urteil, das einen Arrest oder eine einstweilige Verfügung nach einer mündlichen Verhandlung erlässt oder bestätigt.[1] Zwar wird solch ein Urteil, wie die Norm es fordert, für vorläufig vollstreckbar erklärt. Allerdings ist diese Art von Urteil von Gesetzes wegen vorläufig vollstreckbar, so dass der Rechtsschutz über die Norm möglich sein muss. Im Regelfall darf die Zwangsvollstreckung aus einem Versäumnisurteil nur gegen eine **Sicherheitsleistung** (§ 108 ZPO) eingestellt werden. Es gibt davon **zwei Ausnahmen**: Zum einen darf eine Sicherheitsleistung nicht verlangt werden, wenn die gesetzlichen Voraussetzungen für ein Versäumnisurteil nicht vorgelegen haben. Zum anderen darf eine Sicherheitsleistung ebenfalls nicht verlangt werden, wenn der Schuldner glaubhaft macht (§ 294 ZPO), dass die Säumnis unverschuldet war.   1

Die Norm ist auch bei einer Nichtzulassungsbeschwerde in der Revisionsinstanz anwendbar. Die Berufung/Nichtzulassungsbeschwerde muss statthaft und die Nichtzulassungsbeschwerde von einem beim BGH zugelassenen Anwalt eingelegt worden sein.[2] Die Zulässigkeit der genannten Rechtsmittel ist nicht erforderlich. Ein Antrag auf Bewilligung von Prozesskostenhilfe genügt nicht.[3]   2

B. Erläuterungen
I. Erstinstanzlicher Antrag

Auch wenn in erster Instanz kein Antrag nach § 712 ZPO gestellt wurde, ist der Antrag nach § 719 ZPO zulässig.[4] Für die hiesige Auslegung spricht, dass für die Gegenmeinung keine gesetzliche Grundlage existiert. Während für eine parallele Anwendbarkeit der §§ 712, 719 ZPO die gesetzliche Einordnung spricht.   3

II. Entscheidung

§ 707 ZPO gilt uneingeschränkt, mit der Wertung des Abs. 1 Satz 2 bei Versäumnisurteilen. Dabei ist eine Abwägung zwischen den Interessen des Gläubigers und des Schuldners durchzuführen. Im Zweifel sind die Interessen des Gläubigers vorrangig, da er nach gesetzlicher Wertung schutzwürdiger ist als der Schuldner, siehe § 707 Rn. 9. Das Gericht hat dabei insbesondere die **Erfolgsaussichten** für eine Entscheidung nach der Norm zu bewerten und in die Abwägung einzubeziehen.   4

---

1 MK-*Götz*, ZPO, § 719 Rn. 4; allgemein Keller-*Keller*, Handbuch Zwangsvollstreckungsrecht, Kap. 1 Rn. 640.
2 BGH, NJW-RR 2004, 936 = WPM 2004, 2370.
3 OLG Düsseldorf, JMBlNRW 1970, 236.
4 Streitig; Zulässigkeit bejahend: OLG Hamburg, GRUR-RR 2013, 408 = MDR 2013, 674; Zulässigkeit verneinend: OLG Frankfurt a.M., NJOZ 2012, 1209 (1209 f.).

III. Revision

5 Ist Revision eingelegt, gilt Abs. 2. Dabei ist als Voraussetzung zu berücksichtigen, dass der Schuldner einen nicht zu ersetzenden Nachteil durch die Zwangsvollstreckung erleidet. Damit sind die sowieso nicht niedrigen Hürden für eine Entscheidung zu Gunsten des Schuldners in der Revisionsinstanz noch höher als in der Berufungsinstanz. Es muss wegen dauernder Zahlungsunfähigkeit des Gläubigers eine **Rückzahlung der Vollstreckungssumme** nicht möglich sein.[5] Die Zulässigkeit des Antrags ist diesmal davon abhängig, ob in der Berufungsinstanz ein Antrag nach § 712 ZPO gestellt wurde.[6] Wurde dieser versäumt, ist der Antrag nach der Norm in der Revisionsinstanz unzulässig.

§ 720
Hinterlegung bei Abwendung der Vollstreckung

Darf der Schuldner nach § 711 Satz 1, § 712 Abs. 1 Satz 1 die Vollstreckung durch Sicherheitsleistung oder Hinterlegung abwenden, so ist gepfändetes Geld oder der Erlös gepfändeter Gegenstände zu hinterlegen.

Inhalt:
	Rn.		Rn.
A. Hinterlegung	1	B. Sicherheitsleistung	2

A. Hinterlegung

1 Wenn § 711 Satz 1 oder § 712 Abs. 1 Satz 1 ZPO greift und keine Sicherheitsleistung durch den Schuldner erfolgt, darf gepfändetes Geld oder der Erlös von gepfändeten Gegenständen nach erfolgter Verwertung nicht an den Gläubiger ausgezahlt werden. Das Geld ist zu hinterlegen, um den Schuldner zu schützen. Ein Pfändungspfandrecht am verwerteten Gegenstand setzt sich am Erlös fort.

B. Sicherheitsleistung

2 Die Norm ist anwendbar, wenn der Schuldner keine Sicherheitsleistung erbringt. Macht der Gläubiger von seiner Befugnis Gebrauch, Sicherheit zu leisten, um die Abwendungsbefugnis des Schuldners auszuräumen, greift die Norm nicht ein.[1] Dann ist der Schuldner durch die Sicherheitsleistung ausreichend geschützt und nicht auf die Hinterlegung des gepfändeten Geldes oder des Erlöses angewiesen. Bei der Forderungspfändung greift § 839 ZPO.

§ 720a
Sicherungsvollstreckung

(1) ¹Aus einem nur gegen Sicherheit vorläufig vollstreckbaren Urteil, durch das der Schuldner zur Leistung von Geld verurteilt worden ist, darf der Gläubiger ohne Sicherheitsleistung die Zwangsvollstreckung insoweit betreiben, als

a) bewegliches Vermögen gepfändet wird,

b) im Wege der Zwangsvollstreckung in das unbewegliche Vermögen eine Sicherungshypothek oder Schiffshypothek eingetragen wird.

²Der Gläubiger kann sich aus dem belasteten Gegenstand nur nach Leistung der Sicherheit befriedigen.

(2) Für die Zwangsvollstreckung in das bewegliche Vermögen gilt § 930 Abs. 2, 3 entsprechend.

(3) Der Schuldner ist befugt, die Zwangsvollstreckung nach Absatz 1 durch Leistung einer Sicherheit in Höhe des Hauptanspruchs abzuwenden, wegen dessen der Gläubiger vollstrecken kann, wenn nicht der Gläubiger vorher die ihm obliegende Sicherheit geleistet hat.

---

5 BGH, NJW-RR 2007, 1138 = FamRZ 2007, 554.
6 BGH, NJW 1983, 455 = JurBüro 1982, 1495.

Zu § 720:
1 BGHZ 12, 92 = NJW 1954, 558.

Inhalt:

	Rn.		Rn.
A. Allgemeines	1	II. Abwendung durch den Schuldner	5
B. Erläuterungen	3	III. Maßnahmen	6
I. Sicherung der Ansprüche	3	C. Kosten und Gebühren	7

A. Allgemeines

Im Gegensatz zum § 720 ZPO gilt die Norm **zu Gunsten des Gläubigers**. Sie ist in seinem Interesse gestaltet, weil sie ihm erlaubt mit Rangwahrung schon vor der Erbringung einer Sicherheitsleistung zu vollstrecken. Nur wenn ein vorläufig vollstreckbares Urteil gegen Sicherheitsleistung vorliegt, greift die Norm zum Schutz des Gläubigers (§§ 709, 712 Abs. 2 Satz 2 ZPO). Darf die Zwangsvollstreckung aus dem Urteil durch Sicherheitsleistung des Schuldners abgewendet werden und wird die Sicherheitsleistung durch den Schuldner erbracht (§ 711 Satz 1 ZPO), ist die Norm nicht anwendbar, da der Gläubiger durch die Sicherheitsleistung ausreichend geschützt ist.[1]   1

Das vorläufig vollstreckbare Urteil muss auf **Zahlung eines Geldbetrags** lauten. Die Norm gilt auch über § 795 Satz 2 ZPO für Kostenfestsetzungsbeschlüsse.   2

B. Erläuterungen
I. Sicherung der Ansprüche

Der Gläubiger darf nach der Norm auch ohne eine Sicherheitsleistung erbringen zu müssen, seine Ansprüche sichern. Dabei darf er in bewegliches Vermögen pfänden oder eine Sicherungshypothek eintragen lassen. Dabei handelt es sich beim beweglichen Vermögen um körperliche Sachen (§§ 808 ff. ZPO), Forderungen und andere Vermögensrechte (§§ 828 ff. ZPO). Weitere Sicherungsmöglichkeiten sind nach dem Wortlaut der Norm nicht vorgesehen. Auch eine Vorpfändung (§ 845 ZPO) ist zulässig.[2] § 750 Abs. 3 ZPO ist zu beachten. Die 2-Wochen-Frist muss nach Zustellung abgelaufen sein. Die Sicherung erfolgt bei einer Forderung **durch einen Pfändungsbeschluss**. Der Überweisungsbeschluss gehört nicht dazu.   3

Zulässig ist auch eine **Vorpfändung** (§ 845 ZPO).[3]   4

II. Abwendung durch den Schuldner

Der Schuldner darf die Sicherungsvollstreckung durch eine Sicherheitsleistung trotz fehlender Abwendungsbefugnis im Tenor nach dem Gesetz abwenden, Abs. 3. Dabei ist nach dem klaren Gesetzeswortlaut nur von Hauptforderung ohne Kosten und Zinsen als Wert der Sicherheitsleistung auszugehen. Wenn der Schuldner die Sicherheitsleistung erbringt, bleibt dem Gläubiger die Möglichkeit die Vollstreckung durchzuführen, indem er die Sicherheit gemäß § 709 ZPO oder § 712 Abs. 2 Satz 2 ZPO leistet. In diesem Fall darf der Gläubiger ohne die Beschränkung nach Abs. 1 vollstrecken, da der Schuldner dann wiederum ausreichend durch die Sicherheitsleistung des Gläubigers geschützt ist. Es bedarf des Schutzes nach Abs. 1 nicht mehr.   5

III. Maßnahmen

Die Norm verweist auf § 930 Abs. 2, 3 ZPO. Es erfolgt nur eine Pfändung. Eine Verwertung und Überweisung ist nicht gestattet. Ein **Geldbetrag** ist zu **hinterlegen**. Ansonsten darf eine **Sicherungshypothek** in ein Grundstück oder in ein Schiff eintragen werden. Zwangsversteigerungen oder Zwangsverwaltungen sind nicht gestattet, sondern nur die Absicherung durch die Eintragung der Sicherungshypothek, die der Rangwahrung dient. Bringt die Vollstreckung nach der Norm nichts ein, darf die Abgabe der **Vermögensauskunft** verlangt werden.[4]   6

C. Kosten und Gebühren

Der beschränkte Auftrag wird mit der Gebühr nach Nr. 3309 VV-RVG vergütet. Ansonsten gilt, dass die Sicherungsvollstreckung und die anschließende Befriedigung nach Beibringung der Sicherheit eine Angelegenheit darstellen.   7

---

1 LG Heidelberg, MDR 1993, 272; Zöller-*Herget/Stöber*, ZPO, § 720a Rn. 2.
2 BGH, NJW 1985, 863 = MDR 1985, 404.
3 BGH, NJW 1985, 863 = MDR 1985, 404.
4 BGH, NJW-RR 2007, 416 = FamRZ 2007, 210, str.

§ 721
Räumungsfrist

(1) ¹Wird auf Räumung von Wohnraum erkannt, so kann das Gericht auf Antrag oder von Amts wegen dem Schuldner eine den Umständen nach angemessene Räumungsfrist gewähren. ²Der Antrag ist vor dem Schluss der mündlichen Verhandlung zu stellen, auf die das Urteil ergeht. ³Ist der Antrag bei der Entscheidung übergangen, so gilt § 321; bis zur Entscheidung kann das Gericht auf Antrag die Zwangsvollstreckung wegen des Räumungsanspruchs einstweilen einstellen.

(2) ¹Ist auf künftige Räumung erkannt und über eine Räumungsfrist noch nicht entschieden, so kann dem Schuldner eine den Umständen nach angemessene Räumungsfrist gewährt werden, wenn er spätestens zwei Wochen vor dem Tage, an dem nach dem Urteil zu räumen ist, einen Antrag stellt. ²§§ 233 bis 238 gelten sinngemäß.

(3) ¹Die Räumungsfrist kann auf Antrag verlängert oder verkürzt werden. ²Der Antrag auf Verlängerung ist spätestens zwei Wochen vor Ablauf der Räumungsfrist zu stellen. ³§§ 233 bis 238 gelten sinngemäß.

(4) ¹Über Anträge nach den Absätzen 2 oder 3 entscheidet das Gericht erster Instanz, solange die Sache in der Berufungsinstanz anhängig ist, das Berufungsgericht. ²Die Entscheidung ergeht durch Beschluss. ³Vor der Entscheidung ist der Gegner zu hören. ⁴Das Gericht ist befugt, die im § 732 Abs. 2 bezeichneten Anordnungen zu erlassen.

(5) ¹Die Räumungsfrist darf insgesamt nicht mehr als ein Jahr betragen. ²Die Jahresfrist rechnet vom Tage der Rechtskraft des Urteils oder, wenn nach einem Urteil auf künftige Räumung an einem späteren Tage zu räumen ist, von diesem Tage an.

(6) Die sofortige Beschwerde findet statt
1. gegen Urteile, durch die auf Räumung von Wohnraum erkannt ist, wenn sich das Rechtsmittel lediglich gegen die Versagung, Gewährung oder Bemessung einer Räumungsfrist richtet;
2. gegen Beschlüsse über Anträge nach den Absätzen 2 oder 3.

(7) ¹Die Absätze 1 bis 6 gelten nicht für Mietverhältnisse über Wohnraum im Sinne des § 549 Abs. 2 Nr. 3 sowie in den Fällen des § 575 des Bürgerlichen Gesetzbuchs. ²Endet ein Mietverhältnis im Sinne des § 575 des Bürgerlichen Gesetzbuchs durch außerordentliche Kündigung, kann eine Räumungsfrist höchstens bis zum vertraglich bestimmten Zeitpunkt der Beendigung gewährt werden.

Inhalt:

	Rn.		Rn.
A. Allgemeines	1	IV. Fristen	5
B. Erläuterungen	2	V. Entscheidungsform	6
I. Verfahren	2	VI. Wirkungen	7
II. Maßstab	3	VII. Rechtsbehelfe	8
III. Zuständigkeit	4	C. Kosten und Gebühren	9

A. Allgemeines

1 Die Norm dient dem **Schutz des Mieters**. Es ist entscheidend, dass das Urteil auf Räumung von Wohnraum lautet. Welcher Rechtsgrund existiert und welche Anspruchsgrundlage angewandt wurde, ist nach dem Wortlaut nicht erheblich. Die Norm **gilt nicht** für Wohnraum i.S.d. §§ 549 Abs. 2 Nr. 3, 575 BGB (§ 721 Abs. 7 ZPO). Nur bei einer außerordentlichen Kündigung eines Mietverhältnisses gemäß § 575 BGB kann noch eine Räumungsfrist bestimmt werden, die aber nicht über das vertraglich vereinbarte Ende des Mietverhältnisses nach § 575 BGB hinausgehen darf. Ebenfalls keine Anwendung findet § 721 ZPO auf Räumungstitel aus § 209 FamFG (§ 49 FamFG) und einstweiligen Verfügungen nach § 940a ZPO.¹ Wird Wohnraum auch gewerblich genutzt, findet § 721 ZPO unabhängig von der Gewichtung auf den kompletten Raum Anwendung, wenn eine Teilung aus wirtschaftlicher Sicht nicht erfolgen kann, ansonsten findet § 721 ZPO teilweise Anwendung auf den Wohnraum.²

---

1 Musielak/Voit-*Lackmann*, ZPO, § 721 Rn. 2.
2 Musielak/Voit-*Lackmann*, ZPO, § 721 Rn. 3 m.w.N.

B. Erläuterungen
I. Verfahren

Die zur Räumung verurteilte Partei kann einen **Antrag** stellen. Gleichwohl kann das Gericht auch ohne Antrag **von Amts wegen** entscheiden. Dies gilt nur für die erstmalige Entscheidung nach Abs. 1. Für Verlängerungen nach Abs. 2 und 3 ist ein Antrag notwendige Voraussetzung. Eine Entscheidung von Amts wegen ist nicht gestattet.

II. Maßstab

Das Gericht hat zwischen den **Interessen der Parteien** abzuwägen. Dabei hat das Gericht beim Schuldner die Wohnungssituation, persönliche Lage, wie Schwangerschaft, Krankheit, Alter, Zahl der Kinder zu berücksichtigen. Beim Gläubiger kommt es darauf an, wann die Kündigung ausgesprochen wurde und wie sich der Schuldner verhält, also ob er sich beispielsweise um eine Ersatzraumbeschaffung bemüht. Maßgebend für die Entscheidung ist die Möglichkeit einer **Ersatzraumbeschaffung**, da in jedem Falle Obdachlosigkeit verhindert werden soll. Ist eine Ersatzraumbeschaffung für den Schuldner trotz ernsthaften Bemühens nicht möglich, kommt eine Räumung ohne Räumungsfrist nur in Extremsituationen in Frage. Dagegen dürfte der nicht ernsthafte Beschaffungsversuch die Entscheidung zu Gunsten des Schuldners ausfallen lassen.

III. Zuständigkeit

Es entscheidet das **erstinstanzliche Gericht**, Abs. 1. Ist das Verfahren in der Berufungsinstanz anhängig, ist dieses zuständig. Eine Entscheidung nach Abs. 1 darf auch das Revisionsgericht erlassen. In Fällen der Abs. 2 und 3 entscheiden das Erstgericht oder das Berufungsgericht. Das Revisionsgericht entscheidet in den genannten Fällen nicht.[3]

IV. Fristen

Die Fristen sind in der Weise zu berechnen, dass der letzte Tag in die zwei Wochen einzuberechnen ist. Die §§ 233–238 ZPO gelten sinngemäß. Die dem Mieter zu gewährende Räumungsfrist beträgt insgesamt, einschließlich etwaiger Verlängerungen **höchstens ein Jahr**. Diese Frist wiederum berechnet sich ab dem Tag der Rechtskraft des Räumungsurteils oder ab dem im Urteil bezeichneten Tag, an dem die Räumung spätestens erfolgen muss.

V. Entscheidungsform

Das Gericht entscheidet nach Abs. 1 **durch Urteil nach mündlicher Verhandlung**. Bei Entscheidungen nach Abs. 2 und 3 muss keine mündliche Verhandlung stattfinden (§ 128 Abs. 4 ZPO). Es wird durch Beschluss entschieden.

VI. Wirkungen

Wird eine Räumungsfrist bestimmt, handelt es sich um eine besondere Vollstreckungsvoraussetzung, die zu beachten ist. Sie hemmt die Vollstreckung zeitweise. Einfluss auf ein beendetes Mietverhältnis hat sie nicht.

VII. Rechtsbehelfe

Die erstinstanzliche Entscheidung kann zur Gänze mit der Berufung angefochten werden. Nur die Entscheidung über die Frist kann mit der sofortigen Beschwerde angefochten werden. Beschlüsse können allgemein mit der sofortigen Beschwerde angegriffen werden. Einstweilige Regelungen sind möglich (Abs. 4 Satz 1 i. V. m. § 732 Abs. 2 ZPO).

C. Kosten und Gebühren

Erstinstanzlich werden keine Gerichtskosten erhoben. In der Beschwerdeinstanz gilt Nr. 2121 KV-GKG. Die Tätigkeit des Anwalts gehört zum ersten Rechtszug (§ 19 Abs. 1 RVG). Bei einem isolierten Verfahren gilt Nr. 3334 VV-RVG. Bei einer mündlichen Verhandlung fällt die Terminsgebühr an.

§ 722
Vollstreckbarkeit ausländischer Urteile

(1) Aus dem Urteil eines ausländischen Gerichts findet die Zwangsvollstreckung nur statt, wenn ihre Zulässigkeit durch ein Vollstreckungsurteil ausgesprochen ist.

---

3 BGH, WuM 2010, 322.

(2) Für die Klage auf Erlass des Urteils ist das Amtsgericht oder Landgericht, bei dem der Schuldner seinen allgemeinen Gerichtsstand hat, und sonst das Amtsgericht oder Landgericht zuständig, bei dem nach § 23 gegen den Schuldner Klage erhoben werden kann.

Inhalt:

	Rn.		Rn.
A. Allgemeines	1	III. Zuständigkeit	4
B. Erläuterungen	2	IV. Sonstiges	5
I. Ausländisches Urteil	2	C. Kosten und Gebühren	7
II. Vollstreckbares Urteil	3		

A. Allgemeines

1 Da zwischen den einzelnen Staaten und Deutschland oft bi- oder multilaterale Verträge vorliegen, zudem die EG-Verordnungen existieren, gilt die Norm nur für Urteile aus asiatischen Ländern, den osteuropäischen Ländern, die nicht in der EU sind, aus Kanada, aus den U.S.A., aus Südafrika und soweit keine Übereinkommen über Unterhaltstitel gemäß UNUÜ vorhanden sind.

B. Erläuterungen
I. Ausländisches Urteil

2 Der Begriff „ausländisches Urteil" ist **weit auszulegen**[1] und gilt auch für Kostenfestsetzungen.[2] Sie gilt nicht für Vergleiche und sonstige Urkunden, die vollstreckbar sind, da ein Verweis auf § 795 ZPO fehlt. Jedoch regelt § 722 ZPO nur die Vollstreckbarerklärung der Urteile, sonstige Anerkennungen sind über § 328 ZPO zu lösen.

II. Vollstreckbares Urteil

3 Das Urteil muss einen vollstreckbaren Inhalt haben. Es muss daher hinreichend bestimmt (§ 704 ZPO) und rechtskräftig sein (§ 723 ZPO).

III. Zuständigkeit

4 Die örtliche Zuständigkeit richtet sich nach dem allgemeinen Gerichtsstand des Schuldners. Ansonsten gilt § 23 ZPO. Die sachliche Zuständigkeit richtet sich nach dem Streitwert. Ansonsten ist bei Familiensachen das Familiengericht zuständig.[3]

IV. Sonstiges

5 Es handelt sich um ein **Erkenntnisverfahren**, nicht um ein Vollstreckungsverfahren.[4] Der Antrag ist begründet, wenn der Gläubiger des ausländischen Verfahrens gegen den dortigen Schuldner oder seinen Rechtsnachfolger vorgeht und ein Urteil wie oben beschrieben vorliegt. Dabei kann der Schuldner nach der Entscheidung des ausländischen Gerichts entstandene Einwendungen vorbringen.[5] Vorherige Einwendungen sind nicht zu beachten, da sie bereits verbraucht sind. In der **Entscheidung** ist der konkrete Titel wiederzugeben und dieser Titel für in der Bundesrepublik Deutschland vollstreckbar zu erklären.

6 Besondere Rechtsbehelfe sind im Rahmen des § 722 ZPO nicht vorgesehen.

C. Kosten und Gebühren

7 Die Gerichtskosten richten sich nach dem Hauptabschnitt 5 von Teil 1 KV-GKG. Der Anwalt erhält die Gebühren gemäß Nr. 3100 ff. VV-RVG.

§ 723
Vollstreckungsurteil

(1) Das Vollstreckungsurteil ist ohne Prüfung der Gesetzmäßigkeit der Entscheidung zu erlassen.

(2) [1]Das Vollstreckungsurteil ist erst zu erlassen, wenn das Urteil des ausländischen Gerichts nach dem für dieses Gericht geltenden Recht die Rechtskraft erlangt hat. [2]Es ist nicht zu erlassen, wenn die Anerkennung des Urteils nach § 328 ausgeschlossen ist.

---

1 Zöller-*Geimer*, ZPO, § 722 Rn. 8 ff.
2 Zöller-*Geimer*, ZPO, § 722 Rn. 10.
3 BGH, NJW 1983, 2775 = FamRZ 1983, 1008.
4 BGH, NJW 1992, 3096 (3097) = MDR 1992, 1181 (1182).
5 BGH, NJW 1980, 528 (529) = WM 1979, 873.

Inhalt:

	Rn.		Rn.
A. Prüfungsmaßstab	1	C. Anerkennung ausländischer Urteile	3
B. Rechtskraft	2		

A. Prüfungsmaßstab

Die Norm knüpft an § 722 Abs. 1 ZPO an. Eine materiell-rechtliche Überprüfung des ausländischen Urteils findet **nicht** statt. Das deutsche Gericht darf nicht prüfen, ob alle Tatsachen verwertet wurden und das ausländische Recht zutreffend angewendet wurde. Es ist lediglich zu prüfen, ob ein rechtskräftiges Urteil nach ausländischem Recht vorliegt. 1

B. Rechtskraft

Die Norm gibt vor, dass das ausländische Urteil rechtskräftig sein muss. Die Rechtskraft des ausländischen Urteils ist nach dem ausländischen Recht zu beurteilen. Maßstab ist die formelle Rechtskraft nach dem deutschen Recht.[1] Die Entscheidung muss nach dieser Vorgabe **unanfechtbar** sein oder einen **ähnlich sicheren Status** erlangt haben, ansonsten ist ein Vollstreckungsurteil nach deutschem Recht nicht zu erlassen. 2

C. Anerkennung ausländischer Urteile

Für ausländische Urteile muss eine Prüfung nach § 328 ZPO erfolgen. Die Anerkennung des ausländischen Urteils nach § 328 ZPO ist die weitere und letzte Voraussetzung für den Erlass des Vollstreckungsurteils. Die Voraussetzung ist **von Amts wegen** zu prüfen. Die Anerkennung nach § 328 ZPO ist ein vorgeschaltetes Verfahren. 3

§ 724
Vollstreckbare Ausfertigung

(1) Die Zwangsvollstreckung wird auf Grund einer mit der Vollstreckungsklausel versehenen Ausfertigung des Urteils (vollstreckbare Ausfertigung) durchgeführt.

(2) Die vollstreckbare Ausfertigung wird von dem Urkundsbeamten der Geschäftsstelle des Gerichts des ersten Rechtszuges und, wenn der Rechtsstreit bei einem höheren Gericht anhängig ist, von dem Urkundsbeamten der Geschäftsstelle dieses Gerichts erteilt.

Inhalt:

	Rn.		Rn.
A. Allgemeines	1	III. Mehrere Parteien	4
B. Erläuterungen	2	IV. Zuständigkeit	5
I. Titel	2	V. Rechtsbehelfe	6
II. Verfahren	3	C. Kosten und Gebühren	7

A. Allgemein

Die Ausfertigung des Urteils wird mit einer Vollstreckungsklausel versehen, um die Vollstreckung vorzubereiten. Die Klauselerteilung ist noch **kein Akt der Zwangsvollstreckung** allerdings eine Voraussetzung für sie. Das Vollstreckungsorgan ist an die Klausel gebunden und darf deren Erteilung auf ihre Rechtmäßigkeit nicht prüfen. Die Bestimmtheit des Titels und die generelle Vollstreckbarkeit dürfen allerdings geprüft werden.[1] 1

B. Erläuterungen
I. Titel

Es bedarf für jede Vollstreckung eines Titels nach der ZPO einer Vollstreckungsklausel. Auch für Vollstreckungen aus anderen Gesetzen wird eine solche benötigt, es sei denn, es existieren insoweit Sondervorschriften. Teilweise sind qualifizierte Klauseln notwendig, die Erteilung dieser sind in den §§ 726 ff. ZPO geregelt. § 724 ZPO findet Anwendung, wenn eine Umschreibung nicht erforderlich ist und keine weiteren Vollstreckungsbedingungen in der Entscheidung bestimmt sind. Das gilt lediglich **nicht** für Arrestentscheidungen und Entscheidungen in Verfahren der einstweiligen Verfügung. Außerdem gilt die Norm nicht für die Vollstreckung aus einem Vollstreckungsbescheid. 2

---

1 Zöller-*Geimer*, ZPO, § 723 Rn. 2.

Zu § 724:
1 Z.B. BGH, NJW-RR 2006, 217 = FamRZ 2005, 2066.

II. Verfahren

3 Die **Klausel** wird nur **auf Antrag** erteilt. Es besteht kein Anwaltszwang (§ 78 Abs. 3 ZPO). Der Gläubiger ist der Antragsberechtigte, bei Mitgläubigern (§ 432 BGB) sind alle berechtigt. Der Titel muss nach den äußeren Gegebenheiten wirksam sein. Ob der Titel inhaltlich zutreffend ist, wird nicht geprüft. Entscheidend ist die Vollstreckungsreife des Titels, es muss also entweder eine rechtskräftige oder für vorläufig vollstreckbar erklärte Entscheidung vorliegen.

III. Mehrere Parteien

4 Sind **Gesamthandsgläubiger** vorhanden, darf nur eine vollstreckbare Ausfertigung vorhanden sein.[2] Bei **Gesamtgläubigerschaft** (§ 428 BGB) darf jedem Gläubiger eine vollstreckbare Ausfertigung über den gesamten Inhalt erteilt werden.[3] Liegt eine **gesamtschuldnerische Verurteilung** vor, darf eine vollstreckbare Ausfertigung gegen jeden Schuldner erteilt werden.[4]

IV. Zuständigkeit

5 Der Urkundsbeamte in der Geschäftsstelle des Gerichts, bei dem die Sache verhandelt wird, ist zuständig. Rechtliches Gehör wird dem Schuldner nicht gewährt.

V. Rechtsbehelfe

6 Der Gläubiger kann bei Verweigerung der Erteilung durch begründeten Beschluss gegen diesen die befristete Erinnerung einlegen, wenn der Urkundsbeamte entschieden hat (§ 573 Abs. 1 ZPO). Hat der Rechtspfleger entschieden, ist die sofortige Beschwerde einzulegen (§ 11 Abs. 1 RPflG, § 567 ZPO). Gegen die Entscheidung des Notars ist die Beschwerde statthaft (§ 54 BeurkG). Der Schuldner kann die Klauselerinnerung geltend machen (§ 732 ZPO).

C. Kosten und Gebühren

7 Gerichtskosten fallen nicht an. Die Tätigkeit gehört für den Rechtsanwalt zum ersten Rechtszug (§ 19 Abs. 1 Nr. 9 RVG). Ist der Anwalt nur mit der Vollstreckung beauftragt, erhält er die Verfahrensgebühr für die Vollstreckungsmaßnahme (§ 18 Abs. 1 Nr. 1 RVG).

§ 725
Vollstreckungsklausel

Die Vollstreckungsklausel:

„Vorstehende Ausfertigung wird dem usw. (Bezeichnung der Partei) zum Zwecke der Zwangsvollstreckung erteilt"

ist der Ausfertigung des Urteils am Schluss beizufügen, von dem Urkundsbeamten der Geschäftsstelle zu unterschreiben und mit dem Gerichtssiegel zu versehen.

Inhalt:

	Rn.		Rn.
A. Allgemeines	1	II. Inhalt der Klausel	3
B. Erläuterungen	2	III. Weitere Voraussetzungen	4
I. Ausfertigung	2		

A. Allgemeines

1 Die Klausel dient zum Zwecke der Zwangsvollstreckung. Die Klausel muss auf einer Ausfertigung, also auf einer amtlich beglaubigten, unterschriebenen und gesiegelten Abschrift der Urschrift (§ 49 Abs. 1, 2 BeurkG) enthalten sein.

B. Erläuterungen
I. Ausfertigung

2 Eine Ausfertigung des Urteils ist die die Urschrift richtig wiedergebende beglaubigte Abschrift der Urschrift (§ 49 Abs. 2 BeurkG), welche dazu bestimmt ist, die Urschrift im Rechtsverkehr zu vertreten (§ 47 BeurkG).[1]

---

2 Zöller-*Stöber*, ZPO, § 724 Rn. 3a.
3 OLG Köln, OLGZ 1991, 72 (73f.) = MDR 1989, 1111 (1111f.).
4 MK-*Wolfsteiner*, ZPO, § 724 Rn. 24; a.A. Thomas/Putzo-*Seiler*, ZPO, § 724 Rn. 11.

Zu § 725:
1 MK-*Wolfsteiner*, ZPO, § 725 Rn. 2.

II. Inhalt der Klausel
Die Klausel muss nicht wortgleich und nicht zwingend am Schluss des Urteils enthalten sein. Für den Schuldner muss klar sein, dass ihm die Zwangsvollstreckung droht. Eine **Teilklausel** kann erteilt werden, für unterschiedliche Leistungen unterschiedliche Bedingungen bestimmt wurden oder wenn mehrere Schuldner zu unterschiedlichen Leistungen verurteilt wurden.

III. Weitere Voraussetzungen
Außer der Klausel muss die Ausfertigung die Unterschrift des Urkundsbeamten der Geschäftsstelle enthalten und mit einem Gerichtssiegel versehen sein.

§ 726
Vollstreckbare Ausfertigung bei bedingten Leistungen

(1) Von Urteilen, deren Vollstreckung nach ihrem Inhalt von dem durch den Gläubiger zu beweisenden Eintritt einer anderen Tatsache als einer dem Gläubiger obliegenden Sicherheitsleistung abhängt, darf eine vollstreckbare Ausfertigung nur erteilt werden, wenn der Beweis durch öffentliche oder öffentlich beglaubigte Urkunden geführt wird.

(2) Hängt die Vollstreckung von einer Zug um Zug zu bewirkenden Leistung des Gläubigers an den Schuldner ab, so ist der Beweis, dass der Schuldner befriedigt oder im Verzug der Annahme ist, nur dann erforderlich, wenn die dem Schuldner obliegende Leistung in der Abgabe einer Willenserklärung besteht.

Inhalt:
A. Allgemeines	1	II. Urkunden	4
B. Erläuterungen	2	III. Zuständigkeit und Verfahren	5
I. Ausnahmen	3	C. Rechtsbehelfe	6

A. Allgemeines
Die Norm beinhaltet die Voraussetzungen zur Erteilung einer qualifizierten Klausel. Sie sind weitergehend als bei einer einfachen Klausel (§ 724 ZPO). Die Norm gilt für Urteile und andere Titel (§ 795 ZPO).

B. Erläuterungen
Es müssen die Voraussetzungen des § 724 ZPO vorliegen. Für die Anwendung des § 726 ZPO ist maßgebend, dass die Vollstreckung von Bedingungen abhängig ist. Damit sind auch **aufschiebende Bedingungen** gemeint, nicht aber auflösende.[1] Beispiele für den Eintritt einer Tatsache sind die Kündigung oder die Rechtskraft der Scheidung. Verfallklauseln gehören nicht dazu.

I. Ausnahmen
Ausnahmen von der qualifizierten Klausel sind gegeben bei der **Bedingung einer Sicherheitsleistung** und bei der **Verurteilung Zug um Zug**. Die Prüfung der Erbringung der Sicherheitsleistung obliegt dem Vollstreckungsorgan (§ 751 Abs. 2 ZPO), weswegen eine Prüfung nach der Norm nicht erforderlich ist. Bei Zug um Zug Verurteilungen ist der Grund für die Ausnahme ähnlich. Das Vollstreckungsorgan hat nach § 756 ZPO das Vorliegen der Voraussetzung zu prüfen. Einer Prüfung nach der Norm bedarf es nicht. Die Zug um Zug Verurteilung ist rein vollstreckungsrechtlich zu verstehen, also wie es sich aus dem Tenor des Urteils ergibt.[2] Ob inhaltlich eine Zug um Zug Leistung vorliegt oder auf eine Zug um Zug Leistung hätte entschieden werden dürfen, ist unerheblich. Zu den letzteren gehören auch die Verurteilungen auf Leistung nach Empfang der Gegenleistung gemäß § 274 Abs. 2 BGB (§ 322 Abs. 2, 3 ZPO).

II. Urkunden
Der Beweis für den Eintritt der Bedingung kann nur durch öffentliche (§§ 415 ff. ZPO) oder öffentlich beglaubigte Urkunden (§ 129 BGB) geführt werden. Ein Beweis ist **entbehrlich**, wenn der Eintritt der Bedingung offenkundig ist (§ 727 Abs. 2 ZPO analog), wenn der Schuldner den Eintritt zugesteht und keine Prüfung von Amts wegen vorgenommen werden muss oder der Schuldner im Titel auf diesen Nachweis verzichtet hat.[3]

---

1 BGH, NJW 1999, 954 (954 f.) = WM 1999, 610 (610 f.).
2 BGH, NJW 2008, 3144 (3145), Rn. 13 = MDR 2008, 1182 (1183), Rn. 13.
3 Musielak/Voit-*Lackmann*, ZPO, § 726 Rn. 5.

III. Zuständigkeit und Verfahren

5 Sachlich zuständig für die Entscheidung ist der Rechtspfleger (§ 20 Abs. 1 Nr. 12 RPflG) oder ausnahmsweise der Notar (§ 797 Abs. 2 Satz 1 ZPO). Handelt stattdessen der Urkundenbeamte der Geschäftsstelle ist die Klausel nichtig.[4] Für die Antragspflicht und die örtliche Zuständigkeit gilt das zu § 724 ZPO Gesagte. Ob der Schuldner vor der Entscheidung angehört wird, steht nach § 730 ZPO im pflichtgemäßen Ermessen des Rechtspflegers.

C. Rechtsbehelfe

6 Gegen eine ablehnende Entscheidung steht dem Gläubiger die sofortige Beschwerde zu (§ 11 Abs. 1 RPflG, § 567 Abs. 1 Nr. 1 ZPO). Bei fehlenden Urkunden, kann Klage nach § 731 ZPO erhoben werden. Der Schuldner kann je nach behauptetem Fehler die Rechtsbehelfe § 732 ZPO oder § 768 ZPO geltend machen.

§ 727
Vollstreckbare Ausfertigung für und gegen Rechtsnachfolger

(1) Eine vollstreckbare Ausfertigung kann für den Rechtsnachfolger des in dem Urteil bezeichneten Gläubigers sowie gegen denjenigen Rechtsnachfolger des in dem Urteil bezeichneten Schuldners und denjenigen Besitzer der in Streit befangenen Sache, gegen die das Urteil nach § 325 wirksam ist, erteilt werden, sofern die Rechtsnachfolge oder das Besitzverhältnis bei dem Gericht offenkundig ist oder durch öffentliche oder öffentlich beglaubigte Urkunden nachgewiesen wird.

(2) Ist die Rechtsnachfolge oder das Besitzverhältnis bei dem Gericht offenkundig, so ist dies in der Vollstreckungsklausel zu erwähnen.

Inhalt:

	Rn.		Rn.
A. Allgemeines	1	II. Zeitpunkt der Änderung	4
B. Erläuterungen	2	III. Einzelfälle der Rechtsnachfolge	5
I. Kein Erfordernis einer titelumschreibenden Klausel	2	IV. Verfahren	6
		V. Sonstiges	7

A. Allgemeines

1 Die titelumschreibende Klausel ist notwendig, wenn entweder auf Gläubigerseite oder auf Seiten des Schuldners ein **Wechsel in der Person** stattfindet. Der Titel muss den Schuldner und den Gläubiger namentlich bezeichnen (§ 750 Abs. 1 ZPO), ansonsten ist eine Zwangsvollstreckung nicht möglich. Ändert sich nun auf einer Seite die Person, muss der Titel diese neue Person konkret bezeichnen, damit die Zwangsvollstreckung stattfinden kann. Nur bei einer konkreten Benennung der neuen Person darf das Zwangsvollstreckungsorgan tätig werden. Die titelumschreibende Klausel ist auch erforderlich, wenn anstelle der ursprünglichen Partei eine Partei kraft Amtes getreten ist. Da die Norm diesen Fall nicht enthält, ist die Norm analog anwendbar.[1] Die Norm ist auf Urteile anwendbar. Über § 795 ZPO ist sie auch auf die anderen Titel in der ZPO anwendbar.[2]

B. Erläuterungen
I. Kein Erfordernis einer titelumschreibenden Klausel

2 Eine Anwendung des § 727 ZPO ist **ausgeschlossen**, wenn die Bezeichnung des Schuldners oder des Gläubigers sich lediglich ändert, aber die Person identisch bleibt, wie bei dem Übergang einer Vor-GmbH in eine GmbH, der Änderung des Namens oder der Firma,[3] bei dem Wechsel des gesetzlichen Vertreters,[4] bei einem Formwechsel nach §§ 190ff., 238ff. UmwG,[5] bei der Änderung der Haftungsform einer Personengesellschaft,[6] oder bei der Zuordnung der

---

4 So die h.M., siehe nur OLG Hamm, Rpfleger 2011, 621 = FGPrax 2011, 222; OLG Dresden, MDR 2010, 1491 (1492) = IBRRS 2010, 3763 (3764).

Zu § 727:
1 Musielak/Voit-*Lackmann*, ZPO, § 727 Rn. 1.
2 Musielak/Voit-*Lackmann*, ZPO, § 727 Rn. 1.
3 BGH, NJW-RR 2011, 1335 = NZG 2011, 1073.
4 Musielak/Voit-*Lackmann*, ZPO, § 727 Rn. 1.
5 MK-*Wolfsteiner*, ZPO, § 727 Rn. 26.
6 Musielak/Voit-*Lackmann*, ZPO, § 727 Rn. 1.

titulierten Forderung einer Bank auf die Zweigniederlassung.[7] In solchen Fällen bedarf es lediglich eines klarstellenden Zusatzes, aber nicht einer titelumschreibenden Klausel.[8]
Kein Fall der Titelumschreibung liegt wegen § 129 Abs. 4 HGB vor, wenn ein Titel gegen eine Personenhandelsgesellschaft vorliegt, aber gegen die Gesellschafter vorgegangen werden soll. In diesem Fall ist eine Klage gegen die Gesellschafter erforderlich.[9]

3

II. Zeitpunkt der Änderung
Die Änderung des Titels ist notwendig, wenn die Änderung der Rechts- und Sachlage **nach Rechtshängigkeit** eingetreten ist. Ist bei dem Titel keine Rechtshängigkeit möglich, ist der **Zeitpunkt der Schaffung des Titels** maßgeblich für die Frage, ob eine Titelumschreibung möglich ist.[10]

4

III. Einzelfälle der Rechtsnachfolge
Auf Seiten des Schuldners liegt eine Rechtsnachfolge bei einer Erbschaft vor.[11] Die Rechtsnachfolge **auf Seiten des Gläubigers** ist gegeben bei Erbschaft, Abtretung der Forderung, Überweisung einer gepfändeten Forderung, gesetzlichem Forderungsübergang, verschmolzene oder durch Vermögensübertragung umgewandelte Kapitalgesellschaften.[12]

5

IV. Verfahren
Es muss ein einfacher Titel nach § 724 ZPO vorliegen. Die **Umstände** sind durch öffentliche oder öffentlich beglaubigte Unterlagen nachzuweisen. Nur bei Offenkundigkeit ist ein Nachweis nicht erforderlich. Ob ein Geständnis des Schuldners ausreichend ist, ist streitig.[13] Der **Rechtspfleger** ist für die Entscheidung zuständig. Er hört den Schuldner nur nach pflichtgemäßem Ermessen an (§ 730 ZPO). Eine Verpflichtung zur Anhörung besteht ausdrücklich nicht.

6

V. Sonstiges
Ist eine **Titelumschreibung** möglich und zulässig, darf keine neue Klage erhoben werden. Die Rechtskraft steht dem entgegen (§ 325 ZPO). Zudem kann das Rechtsschutzinteresse fehlen. Hier ist der Einzelfall nach den allgemeinen Grundsätzen zu prüfen.

7

§ 728
Vollstreckbare Ausfertigung bei Nacherbe oder Testamentsvollstrecker

(1) Ist gegenüber dem Vorerben ein nach § 326 dem Nacherben gegenüber wirksames Urteil ergangen, so sind auf die Erteilung einer vollstreckbaren Ausfertigung für und gegen den Nacherben die Vorschriften des § 727 entsprechend anzuwenden.

(2) ¹Das Gleiche gilt, wenn gegenüber einem Testamentsvollstrecker ein nach § 327 dem Erben gegenüber wirksames Urteil ergangen ist, für die Erteilung einer vollstreckbaren Ausfertigung für und gegen den Erben. ²Eine vollstreckbare Ausfertigung kann gegen den Erben erteilt werden, auch wenn die Verwaltung des Testamentsvollstreckers noch besteht.

Inhalt:

	Rn.		Rn.
A. Nacherbe	1	C. Zuständigkeit	3
B. Testamentsvollstrecker	2		

A. Nacherbe
Die Norm erklärt § 727 ZPO für anwendbar, wenn ein Urteil gegen den Vorerben ergangen ist und dieses Urteil gegen den Nacherben gemäß § 326 ZPO wirksam ist. Die Nacherbschaft muss **tatsächlich eingetreten** sein. Es bedarf des Erbscheins des Nacherben als Nachweis. Der

1

---

7 OLG Hamm, Rpfleger 2001, 190 = InVo 2001, 140.
8 Thomas/Putzo-*Seiler*, ZPO, § 727 Rn. 4.
9 OLG Frankfurt a.M., Rpfleger 1982, 153 = JurBüro 1982, 458.
10 BGH, NJW 1993, 1396 = MDR 1993, 473.
11 Musielak/Voit-*Lackmann*, ZPO, § 727 Rn. 3.
12 Musielak/Voit-*Lackmann*, ZPO, § 727 Rn. 3.
13 Zustimmend: Zöller-*Stöber*, ZPO, § 727 Rn. 20; ablehnend: OLG Hamburg, Rpfleger 1997, 536 = FamRZ 1997, 1489.

Erbschein des Vorerben mit der Sterbeurkunde des Vorerben genügt nicht den Anforderungen an einen Nachweis.¹ Die Klauselumschreibung ist für das Vollstreckungsorgan **bindend**.

B. Testamentsvollstrecker

2 § 727 ZPO ist ebenfalls anwendbar, wenn ein Urteil gegen den Testamentsvollstrecker ergangen ist und das Urteil nach § 327 ZPO gegenüber dem Erben wirksam ist. Die vollstreckbare Ausfertigung gegen den Erben ist zu erteilen, wenn eine solche **beantragt** wird und die Testamentsvollstreckung weiter besteht. Die Voraussetzungen des § 327 ZPO sind durch öffentliche Urkunden oder öffentlich beglaubigte Urkunden zu belegen. Die Klauselumschreibung ist für das Vollstreckungsorgan bindend.

C. Zuständigkeit

3 Zur Entscheidung ist der **Rechtspfleger** zuständig (§ 20 Abs. 1 Nr. 12 RPflG).

§ 729
Vollstreckbare Ausfertigung gegen Vermögens- und Firmenübernehmer

(1) Hat jemand das Vermögen eines anderen durch Vertrag mit diesem nach der rechtskräftigen Feststellung einer Schuld des anderen übernommen, so sind auf die Erteilung einer vollstreckbaren Ausfertigung des Urteils gegen den Übernehmer die Vorschriften des § 727 entsprechend anzuwenden.

(2) Das Gleiche gilt für die Erteilung einer vollstreckbaren Ausfertigung gegen denjenigen, der ein unter Lebenden erworbenes Handelsgeschäft unter der bisherigen Firma fortführt, in Ansehung der Verbindlichkeiten, für die er nach § 25 Abs. 1 Satz 1, Abs. 2 des Handelsgesetzbuchs haftet, sofern sie vor dem Erwerb des Geschäfts gegen den früheren Inhaber rechtskräftig festgestellt worden sind.

Inhalt:

	Rn.		Rn.
A. Anwendungsfälle	1	I. Rechtskraft	3
I. Vermögensübernahme	1	II. Geltungskraft	4
II. Firmenübernahme	2	III. Zuständigkeit und Verfahren	5
B. Erläuterungen	3		

A. Anwendungsfälle
I. Vermögensübernahme

1 Eine Vermögensübernahme liegt im Fall des § 419 BGB vor. § 419 BGB ist seit 01.01.1999 aufgehoben, so dass Abs. 1 **keine große Bedeutung** mehr hat. Die Norm hat allerdings Bedeutung im Fall des **Erbschaftskaufs** (§ 2384 BGB), da eine **analoge Anwendung** der Vorschrift in diesem Fall anzunehmen ist.¹

II. Firmenübernahme

2 Abs. 2 ist **praxisrelevanter**. Im Falle des § 25 Abs. 1 Satz 1, Abs. 2 HGB ist § 727 ZPO anzuwenden. Eine analoge Anwendung der Norm auf ähnliche Sachverhalte, wie den Eintritt eines Gesellschafters in ein Einzelunternehmen mit der Folge der Entstehung einer OHG oder KG (§ 26 HGB), wie die Erbenhaftung (§ 27 HGB) oder wie den Gesellschaftseintritt (§ 130 HGB) wird durch die Rechtsprechung **abgelehnt**.²

B. Erläuterungen
I. Rechtskraft

3 Die Norm greift nur, wenn nach Rechtskraft eine Vermögensübernahme oder der Erwerb eines Handelsgeschäfts vorliegt. Erfolgt die Übernahme, der Erbschaftskauf (analoge Anwendung) oder der Erwerb des Handelsgeschäfts vor Rechtskraft der Entscheidung, muss eine neue Leistungsklage erhoben werden.³

---

1 BGHZ 84, 196 = NJW 1982, 2499.

Zu § 729:
1 Zöller-*Stöber*, ZPO, § 729 Rn. 13.
2 OLG Köln, NJW-RR 1994, 1118 = WiB 1994, 923. bejahend hingegen: Zöller-*Stöber*, ZPO, § 729 Rn. 13.
3 Zöller-*Stöber*, ZPO, § 729 Rn. 7.

II. Geltungsbereich

Die Norm gilt für Urteile (§ 704 ZPO) und für die anderen Titel in der ZPO (§ 795 ZPO). Sind die Titel nicht rechtskraftfähig, ist der maßgebliche Zeitpunkt für die Bestimmung der Anwendbarkeit die Erstellung des Titels.[4] 4

III. Zuständigkeit und Verfahren

Für die Entscheidung ist der **Rechtspfleger** zuständig. Der Nachweis muss durch öffentliche oder öffentlich beglaubigte Urkunden geführt werden. 5

§ 730
Anhörung des Schuldners

In den Fällen des § 726 Abs. 1 und der §§ 727 bis 729 kann der Schuldner vor der Erteilung der vollstreckbaren Ausfertigung gehört werden.

Inhalt:

	Rn.		Rn.
A. Allgemeines	1	II. Zurückweisung des Antrags	3
B. Erläuterungen	2	III. Rechtsbehelfe des Schuldners	4
I. Erteilung der Klausel	2		

A. Allgemeines

Bei der Erteilung der einfachen Klausel nach § 724 ZPO darf der **Schuldner nicht angehört** werden, da § 724 ZPO in der Norm nicht erwähnt ist. Nur in den in der Vorschrift aufgelisteten Fällen darf der Schuldner angehört werden. Dies steht im pflichtgemäßen Ermessen des Rechtspflegers. Die Norm dient in erster Linie dem Interesse des Gläubigers an einer **zügigen Zwangsvollstreckung**. Ein Schuldner, auf den der Titel umgeschrieben werden soll, ist im Regelfall anzuhören, da dieser eher schutzbedürftig ist als ein Schuldner, gegen den ein Prozess vorher bereits lief und er die Möglichkeit hatte, sich zu verteidigen und Einwendungen vorzubringen. Die Anhörung ist geboten, wenn ohne Rückgabe der bereits vorliegenden Ausfertigung eine neue Ausfertigung erteilt werden soll.[1] 1

B. Erläuterungen
I. Erteilung der Klausel

Dem Antrag auf Erteilung der Klausel wird durch die Erteilung derselben entsprochen. Eines gesonderten Beschlusses bedarf es nicht. 2

II. Zurückweisung des Antrags

Wird der Antrag auf Erteilung der Klausel zurück gewiesen, muss dies durch einen **begründeten Beschluss mit Rechtsbehelfsbelehrung** erfolgen (§ 232 ZPO). Es erfolgt eine Zustellung nur an den Gläubiger. 3

III. Vorgehen des Schuldners

Ist der Schuldner nicht angehört worden, kann er nach § 732 ZPO vorgehen. Ist er angehört worden und hat der Schuldner der Erteilung widersprochen, muss die Erteilung durch Beschluss erfolgen. Das Gleiche gilt, wenn die Klausel nicht erteilt wird und der Schuldner zuvor nicht widersprochen hatte. 4

Eine Zustellung der stattgebenden Entscheidung an den Schuldner ist mangels Frist zur Einlegung eines Rechtsbehelfs nicht erforderlich. An den Antragsteller ist zuzustellen, da sein Rechtsbehelf im Gegensatz zum Rechtsbehelf des Schuldners befristet ist (§§ 573, 567 ZPO, § 54 Abs. 2 Satz 1 BeurkG, § 63 FamFG). 5

---

4 Zöller-*Stöber*, ZPO, § 729 Rn. 4.

Zu § 730:
1 Musielak/Voit-*Lackmann*, ZPO, § 730 Rn. 2.

§ 731
Klage auf Erteilung der Vollstreckungsklausel

Kann der nach dem § 726 Abs. 1 und den §§ 727 bis 729 erforderliche Nachweis durch öffentliche oder öffentlich beglaubigte Urkunden nicht geführt werden, so hat der Gläubiger bei dem Prozessgericht des ersten Rechtszuges aus dem Urteil auf Erteilung der Vollstreckungsklausel Klage zu erheben.

Inhalt:

	Rn.		Rn.
A. Allgemeines	1	III. Materiell-Rechtliches	6
B. Erläuterungen	4	IV. Streitwert	7
I. Feststellungsinteresse	4	V. Weiteres Verfahren	8
II. Rechtsschutzinteresse	5	C. Kosten und Gebühren	9

A. Allgemeines

1 Die Norm gilt für Urteile (§ 704 ZPO) und sonstige Titel (§ 795 ZPO). Sie greift **nicht** bei der **einfachen Klausel** (§ 724 ZPO). Diese ist ausdrücklich nicht erwähnt. Die Klage ist unzulässig, wenn ein Rechtsstreit zwischen dem Gläubiger und Schuldner noch anhängig ist (§ 261 Abs. 3 Nr. 1 ZPO).

2 Die Klage ist eine **Feststellungsklage**, um feststellen zu lassen, dass die Vollstreckungsklausel zu erteilen ist.[1] Sie ist kein ausschließlicher Rechtsbehelf.[2]

3 Nach § 802 ZPO ist das Prozessgericht erster Instanz örtlich und sachlich[3] ausschließlich zuständig. Hat das Familiengericht die Entscheidung getroffen, ist dieses zuständig,[4] bei der erstinstanzlichen Entscheidung durch die Kammer für Handelssachen diese.[5]

B. Erläuterungen
I. Feststellungsinteresse

4 Die Norm setzt das nötige Feststellungsinteresse fest. Nur wenn der erforderliche Nachweis für eine qualifizierte Klausel nicht durch öffentliche oder öffentlich beglaubigte Urkunden geführt werden kann, ist die Klage zulässig. Dann liegt auch das durch die Norm ausdrücklich vorgegebene Feststellungsinteresse vor, ein weiteres Feststellungsinteresse ist nicht nachzuweisen.

II. Rechtsschutzinteresse

5 Das Rechtsschutzinteresse ist gegeben, wenn die Erteilung der Klausel zumindest beantragt und zudem abschlägig beschieden wurde (str.). Es fehlt, wenn die öffentlichen Urkunden auf einem einfacheren Weg, wie über ein Akteneinsichtsrecht eingeholt werden können.[6] Dabei sind die Normen § 792 ZPO, § 13 FamFG, § 9 Abs. 4 HGB oder § 12 Abs. 2 GBO zu beachten, die gerade das genannte Akteneinsichtsrecht zugestehen. Von diesem Recht muss Gebrauch gemacht werden.

III. Materiell-Rechtliches

6 Die Klage ist ein **Erkenntnisverfahren**. Es gelten die üblichen Beweisvorgaben. Es gelten die Strengbeweismittel aus der ZPO. Der Beklagte darf im Rahmen der Vorgaben des § 767 Abs. 2 ZPO Einwendungen geltend machen.[7] Sie sind nur bei Geltendmachung durch das Gericht zu prüfen, nicht von Amts wegen ohne Geltendmachung.[8] Das Urteil ist bei einer stattgebenden Entscheidung für vorläufig vollstreckbar mit Abwendungsbefugnis für den Schuldner zu erklären. Der Tenor in der Hauptsache lautet:

Die Vollstreckungsklausel zu dem Urteil des [Gericht, Az.] vom [Datum] ist für den Kläger zur Vollstreckung gegen den Beklagten zu erteilen.[9]

---

1 BGHZ 72, 23 = NJW 1978, 1975.
2 Musielak/Voit-*Lackmann*, ZPO, § 731 Rn. 2.
3 Musielak/Voit-*Lackmann*, ZPO, § 731 Rn. 3.
4 OLG Stuttgart, Rpfleger 1979, 145 = JurBüro 1979, 773.
5 Stein/Jonas-*Münzberg*, ZPO, § 731 Rn. 11.
6 OLG Schleswig, OLGRspr. 16, 323.
7 Zöller-*Stöber*, ZPO, § 731 Rn. 4.
8 Musielak/Voit-*Lackmann*, ZPO, § 731 Rn. 7.
9 Musielak/Voit-*Lackmann*, ZPO, § 731 Rn. 8.

IV. Streitwert
Der Streitwert ist der volle Klageanspruch.[11]   7

V. Weiteres Verfahren
Da es sich bei der Klage um eine Feststellungsklage handelt, ist der Tenor noch umzusetzen.   8
Die Klausel muss erteilt werden. Hierfür ist wiederum der Urkundsbeamte in der Geschäftsstelle zuständig (str.).[12]

C. Kosten und Gebühren
Die Gerichtskosten richten sich nach dem Prozessverfahren der ersten Instanz (Nr. 1210, 1211   9
KV-GKG). Die Anwaltsgebühren werden nach Nr. 3100 ff. VV-RVG bestimmt (§ 19 Abs. 1 Nr. 13 RVG).

§ 732
Erinnerung gegen Erteilung der Vollstreckungsklausel

(1) [1]Über Einwendungen des Schuldners, welche die Zulässigkeit der Vollstreckungsklausel betreffen, entscheidet das Gericht, von dessen Geschäftsstelle die Vollstreckungsklausel erteilt ist. [2]Die Entscheidung ergeht durch Beschluss.

(2) Das Gericht kann vor der Entscheidung eine einstweilige Anordnung erlassen; es kann insbesondere anordnen, dass die Zwangsvollstreckung gegen oder ohne Sicherheitsleistung einstweilen einzustellen oder nur gegen Sicherheitsleistung fortzusetzen sei.

Inhalt:

	Rn.		Rn.
A. Allgemeines	1	IV. Rechtsbehelf	7
B. Erläuterungen	2	V. Abgrenzung	8
I. Zuständigkeit	2	VI. Einstweilige Anordnung	9
II. Verfahren	4	C. Kosten und Gebühren	10
III. Begründetheit	5		

A. Allgemeines
Die Norm gestattet es dem Schuldner, die Erteilung der Vollstreckungsklausel gerichtlich anzufechten. Dabei werden lediglich die **formellen Voraussetzungen** für die Erteilung der Klausel geprüft.   1

B. Erläuterungen
I. Zuständigkeit
Der Urkundsbeamte oder der Rechtspfleger können abhelfen.[1] Helfen die genannten Personen   2
nicht ab, entscheidet das Gericht, die Kammer oder der Einzelrichter. Es entscheidet nach der Vorgabe in der Norm ausschließlich das Gericht, dessen Urkundsbeamte die Vollstreckungsklausel erteilt hat. Nach der Rechtsprechung ist auch das Vollstreckungsgericht zuständig.[2]

Hat der Rechtpfleger die Vollstreckungsklausel erteilt, ist die **Erinnerung** ebenfalls die statthafte Vorgehensweise für den Schuldner, wenn er die fehlenden Voraussetzungen für die Erteilung der Vollstreckungsklausel geltend machen will (§§ 20 Abs. 1 Nr. 12, 13, § 11 Abs. 1 RPflG). In diesem Fall ist ebenfalls wie beim Urkundsbeamten das Gericht zuständig, dessen Rechtspfleger die Vollstreckungsklausel erteilt hat. Bei **Titeln**, die durch ein Familiengericht geschaffen wurden, ist das Familiengericht zur Entscheidung zuständig.[3] Bei **Erteilung durch einen Notar** ist das Amtsgericht zuständig, in dessen Bezirk der Notar seinen Sitz hat (§ 797 Abs. 3 ZPO).   3

---

10 Musielak/Voit-*Lackmann*, ZPO, § 731 Rn. 8.
11 Zöller-*Stöber*, ZPO, § 731 Rn. 6; Thomas/Putzo-*Seiler*, ZPO, § 731 Rn. 8; Rechtspfleger zuständig: Musielak/Voit-*Lackmann*, ZPO, § 731 Rn. 8.

Zu § 732:
1 OLG Koblenz, FamRZ 2003, 108 = InVo 2002, 510.
2 OLG Stuttgart, Rpfleger 1997, 521 = Die Justiz 1997, 447.
3 OLG Naumburg, FamRZ 2003, 695 = NJOZ 2003, 343.

II. Verfahren

4 Die Erinnerung ist **ohne Frist** zulässig. Die Einlegung erfolgt **schriftlich** oder zu **Protokoll der Geschäftsstelle**. Es besteht **kein Anwaltszwang** (§ 78 Abs. 3 ZPO). Ist die Klausel noch nicht erteilt oder die Zwangsvollstreckung vollständig abgeschlossen, fehlt es an einem Rechtsschutzbedürfnis für die Erinnerung.[4] Liegt ein rechtskräftiges Urteil vor, nach dem die Klausel zu erteilen ist (§ 731 ZPO), ist die Erinnerung unzulässig. Der **Gläubiger** ist im Verfahren **anzuhören**. Die Entscheidung ergeht durch Beschluss. Sie beinhaltet auch eine Kostenentscheidung. Eine Erstattungsfähigkeit der Kosten ist ausgeschlossen.[5]

III. Begründetheit

5 Die Erinnerung ist begründet, wenn die Klausel aus formellen Gründen nicht hätte erteilt werden dürfen, weil die Voraussetzungen der einzelnen Vorschriften (§§ 724, 726–729, 738, 742, 744, 744a, 745, 749 ZPO) nicht gegeben sind.

6 Als **Beispiele** können angeführt werden die fehlende Bestimmtheit des Titels, die Nichterkennbarkeit des Gläubigers[6] und allgemein die Unwirksamkeit aus sonstigen formellen Gründen. Eine Unwirksamkeit aus materiellen Gründen und außerhalb des Prüfungskatalogs der jeweiligen Normen liegenden Umständen kann mit der Erinnerung nicht geltend gemacht werden.[7] Maßgebender **Zeitpunkt** für die Entscheidung des Gerichts ist der Entscheidungszeitpunkt über die Erinnerung.[8]

IV. Rechtsbehelf

7 Die unterlegene Partei darf die sofortige Beschwerde einlegen, soweit nicht das Landgericht als Berufungsgericht oder das Oberlandesgericht die Entscheidung getroffen hat (§ 567 ZPO). Die Rechtsbeschwerde ist nur statthaft, wenn sie zugelassen wurde (§ 574 ZPO).

V. Abgrenzung

8 Die Norm gilt, wenn die Erteilung der Vollstreckungsklausel angegriffen wird. Es gilt § 766 ZPO, wenn die Erteilung der Klausel an sich nicht angegriffen wird, sondern Fehler des Vollstreckungsorgans der gerichtlichen Prüfung unterzogen werden sollen. Soll die fehlende Bestimmtheit des Titels geltend gemacht werden, kann dies durch beide Rechtsbehelfe geschehen.[9]

VI. Einstweilige Anordnung

9 Es gilt das zu § 707 ZPO Geschriebene. Die einstweilige Anordnung ist mit Rechtsmitteln nicht angreifbar. Hat der Rechtspfleger über die einstweilige Einstellung entschieden und die Zwangsvollstreckung einstweilen eingestellt, muss ein Richter nach § 11 RPflG nach Einlegung einer Erinnerung darüber befinden.[10]

C. Kosten und Gebühren

10 Gerichtskosten werden nicht erhoben. Die Erinnerung ist für den Anwalt eine besondere Angelegenheit (§ 18 Abs. 1 Nr. 4 RVG). Es fallen die Verfahrensgebühren nach Nr. 3309 VV-RVG an. Eine Terminsgebühr nach Nr. 3310 VV-RVG ist möglich. Der **Gegenstandswert** ist nach § 25 RVG zu bestimmen.

§ 733
Weitere vollstreckbare Ausfertigung

(1) Vor der Erteilung einer weiteren vollstreckbaren Ausfertigung kann der Schuldner gehört werden, sofern nicht die zuerst erteilte Ausfertigung zurückgegeben wird.

(2) Die Geschäftsstelle hat von der Erteilung der weiteren Ausfertigung den Gegner in Kenntnis zu setzen.

(3) Die weitere Ausfertigung ist als solche ausdrücklich zu bezeichnen.

---

4 Vgl. BGH v. 24.07.2008, VII ZB 7/08, juris, Rn. 10.
5 OLG Hamburg, JurBüro 1995, 547.
6 Vgl. BGH, NJW 2010, 2041 (2042), Rn. 18 = Rpfleger 2010, 414, Rn. 18.
7 Zur Geltendmachung der Unwirksamkeit von AGBs: BGH, NJW 2009, 1887 = MDR 2009, 890.
8 KG Berlin, NJW-RR 1987, 3 (4); a.A. MK-*Wolfsteiner*, ZPO, § 732 Rn. 4.
9 OLG Hamm, MDR 2010, 1086.
10 OLG Köln, Rpfleger 1996, 324 = NJOZ 2010, 2692.

Inhalt:

	Rn.		Rn.
A. Allgemeines	1	III. Gründe für die Erteilung	4
B. Erläuterungen	2	IV. Rechtsbehelfe	6
I. Zuständigkeit	2	C. Kosten und Gebühren	7
II. Verfahren	3		

A. Allgemeines

Die weitere Ausfertigung kann nur dann erteilt werden, wenn zuvor bereits mindestens eine vollstreckbare Ausfertigung zum Zwecke der Zwangsvollstreckung an den Gläubiger erteilt wurde. Unabhängig von der Norm darf ein Mitgläubiger einer **Gesamthandsgläubigerschaft** die Erteilung der Vollstreckungsklausel zu seinen Händen über die gesamte Leistung verlangen, wenn die Leistung unteilbar ist (§ 432 BGB).[1] Bei **Gesamtgläubigerschaft** muss jedem Gläubiger ebenfalls auf Antrag eine Vollstreckungsklausel erteilt werden.[2] Eine weitere Ausfertigung i.S.d. Norm liegt nicht vor, wenn die ursprünglich erteilte erste vollstreckbare Ausfertigung zurückgegeben wird (Abs. 1 Hs. 2). 1

B. Erläuterungen
I. Zuständigkeit

§ 724 Abs. 2 ZPO gilt für die örtliche **Zuständigkeit**.[3] Funktionell zuständig für die Erteilung ist der Rechtspfleger. Der Urkundsbeamte ist nur dann zuständig, wenn ihm die Aufgabe durch ein Landesgesetz übertragen ist. 2

II. Verfahren

Der Antrag ist **formlos** zulässig. Ein Anwaltszwang besteht nicht (§ 78 Abs. 3 ZPO). Der Rechtspfleger oder der Urkundsbeamte muss den Gegner, also den Schuldner, in Kenntnis der Erteilung weiterer Ausfertigung setzen. Er muss ihn vorher nicht anhören. Die Anhörung liegt im pflichtgemäßen Ermessen des Rechtspflegers/Urkundsbeamten. Sie ist in der Regel durchzuführen.[4] Die stattgebende Entscheidung ist die Erteilung der weiteren vollstreckbaren Ausfertigung an den Gläubiger. Hat der Schuldner im Rahmen seiner Anhörung widersprochen, ist durch einen zu begründenden Beschluss neben der Erteilung der vollstreckbaren Ausfertigung zu entscheiden. Wird dem Antrag nicht stattgegeben, ist durch einen zu begründenden Beschluss zu entscheiden. 3

III. Gründe für Erteilung

Die Norm setzt zunächst voraus, dass die Voraussetzungen für die Erteilung der vollstreckbaren Ausfertigung nach § 724 ZPO vorliegen. Die weitere Ausfertigung ist zu erteilen, wenn der Gläubiger ein berechtigtes Interesse an der Erteilung hat und weit überwiegende Interessen des Schuldners der Erteilung nicht entgegenstehen.[5] 4

Der wichtigste Grund in der **Praxis** ist die angestrebte Vollstreckung an mehreren Orten oder nach mehreren Arten. Ansonsten liegt ein berechtigtes Interesse für die Erteilung vor, wenn die erste Ausfertigung verloren wurde,[6] die erste Ausfertigung versehentlich an den Schuldner zurückgegeben wurde, obwohl noch keine vollständige Erfüllung vorliegt,[7] wenn unklar ist, ob der Gläubiger tatsächlich die in den Akten vorliegende vollstreckbare Ausfertigung erhalten hat[8] oder der Gläubiger den Nichterhalt geltend macht.[9] **Weit überwiegende Interessen** des Schuldners können angenommen werden und damit die Erteilung einer weiteren vollstreckbaren Ausfertigung ausgeschlossen sein, wenn konkrete Annahmen es rechtfertigen, dass eine doppelte Inanspruchnahme zu befürchten ist.[10] Dies ist beispielsweise der Fall, wenn der Rechts- 5

---

1 Musielak/Voit-*Lackmann*, ZPO, § 733 Rn. 3.
2 OLG Köln, OLGZ 1991, 72 (74) = Rpfleger 1990, 82 (83).
3 BGH, NJW-RR 2006, 1575 = FamRZ 2006, 1371.
4 OLG Celle, MDR 2009, 827 = OLGReport Celle 2009, 357.
5 OLG Koblenz, NJW-RR 2013, 1019 = MDR 2013, 876; OLG Celle, MDR 2009, 827 (827 f.) = OLGR 2009, 357 (357 f.).
6 OLG Koblenz, NJW-RR 2013, 1019 = MDR 2013, 876.
7 OLG Düsseldorf, Rpfleger 2013, 283 = MDR 2013, 427.
8 OLG Zweibrücken, JurBüro 1989, 869.
9 OLG München, DGVZ 2012, 209 = FamRZ 2013, 485.
10 OLG Koblenz, NJW-RR 2013, 1019 = MDR 2013, 876.

nachfolger des Gläubigers eine weitere vollstreckbare Ausfertigung beantragt und der ehemalige Gläubiger sich weigert, die erste vollstreckbare Ausfertigung zurückzugeben.[11]

IV. Rechtsbehelfe

6 Der **Schuldner** kann die stattgebende Entscheidung nach § 732 ZPO mit der Klauselerinnerung angreifen. Der **Gläubiger** hat bei einer ablehnenden Entscheidung die Möglichkeit der sofortigen Beschwerde (§ 567 ZPO, § 11 Abs. 1 RPflG). Sind nur Fragen streitig, die die Erteilung einer weiteren vollstreckbaren Ausfertigung betreffen, ist ein Rechtsbehelf insoweit ausgeschlossen.[12] Die Möglichkeit des Vorgehens nach der Norm schließt eine neue Klage aus. Diese ist unzulässig.

C. Kosten und Gebühren

7 Es fallen Gerichtskosten mit Vorschusspflicht nach § 12 Abs. 6 GKG an (Nr. 2110 KV-GKG). Der Anwalt kann eine Gebühr gemäß Nr. 3309 VV-RVG abrechnen, da es sich bei dem Verfahren um eine besondere Angelegenheit handelt (§ 18 Abs. 1 Nr. 5 RVG).

§ 734
Vermerk über Ausfertigungserteilung auf der Urteilsurschrift

[1]Vor der Aushändigung einer vollstreckbaren Ausfertigung ist auf der Urschrift des Urteils zu vermerken, für welche Partei und zu welcher Zeit die Ausfertigung erteilt ist. [2]Werden die Prozessakten elektronisch geführt, so ist der Vermerk in einem gesonderten elektronischen Dokument festzuhalten. [3]Das Dokument ist mit dem Urteil untrennbar zu verbinden.

1 Die Norm dient dazu, nachvollziehen zu können, ob die erste Erteilung beantragt ist oder eine weitere Erteilung im Raum steht (§ 733 ZPO). Sie dient dem Schutz des Schuldners, indem sie sichert, dass § 733 ZPO bei Erteilung von weiteren vollstreckbaren Ausfertigungen nicht umgangen werden kann. Der Vermerk erfolgt **in den Akten der ersten Instanz**, unabhängig davon, wer die Klausel erteilt hat.[1]

§ 735
Zwangsvollstreckung gegen nicht rechtsfähigen Verein

Zur Zwangsvollstreckung in das Vermögen eines nicht rechtsfähigen Vereins genügt ein gegen den Verein ergangenes Urteil.

1 Die Vorschrift ist notwendig, da sonst gegen den nichtrechtsfähigen Verein keine Vollstreckung durchgeführt werden könnte, sondern nur gegen die einzelnen Mitglieder. Sie knüpft an § 50 Abs. 2 ZPO an, der vorgibt, dass der nicht rechtsfähige Verein klagen und verklagt werden kann.

2 Die Norm gilt für Urteile (§ 704 ZPO). Sie gilt aber über § 795 ZPO auch für andere Titel nach § 794 Abs. 1 ZPO. Eine analoge Anwendung der Norm findet statt bei Gründungs- und Vorgesellschaften.[1] Die Titel müssen sich gegen den nicht rechtsfähigen Verein selbst richten. Ist das Urteil auf den Verein beschränkt, ist eine Vollstreckung gegen die Mitglieder des Vereins ausgeschlossen.[2] Die Zwangsvollstreckung findet somit nur in das Vereinsvermögen, einschließlich Grundstücksrechte statt.[3] Wird der nichtrechtsfähige Verein im Laufe des Vollstreckungsverfahrens rechtsfähig, ist eine Titelumschreibung nicht notwendig.[4] Es liegt Personen-

---

11 OLG Frankfurt a.M., NJW-RR 1988, 512; KG Berlin, FamRZ 1985, 627; a.A. OLG Stuttgart, Rpfleger 1980, 304 = MDR 1990, 162.
12 Musielak/Voit-*Lackmann*, ZPO, § 733 Rn. 9.

Zu § 734:
1 Zöller-*Stöber*, ZPO, § 734 Rn. 1f.

Zu § 735:
1 MK-*Heßler*, ZPO, § 735 Rn. 6.
2 RGZ 143, 212.
3 MK-*Heßler*, ZPO, § 735 Rn. 10.
4 BGH, WM 1978, 115.

identität vor. Unter das **Vereinsvermögen** zählen alle dem Vereinszweck gewidmeten Vermögensgegenstände, inklusive der Beitragsforderungen.[5]

§ 736
Zwangsvollstreckung gegen BGB-Gesellschaft

Zur Zwangsvollstreckung in das Gesellschaftsvermögen einer nach § 705 des Bürgerlichen Gesetzbuchs eingegangenen Gesellschaft ist ein gegen alle Gesellschafter ergangenes Urteil erforderlich.

Die Vorschrift gibt vor, dass ein Urteil gegen alle im **Zeitpunkt der Vollstreckung** vorhandenen Gesellschafter gegeben sein muss, damit eine Zwangsvollstreckung in das gesamthänderisch gebundene Gesellschaftsvermögen erfolgen darf. Diese Voraussetzung liegt bereits dann vor, wenn die parteifähige BGB-Gesellschaft verurteilt wurde.[1] Die Zwangsvollstreckung gegen die Gesellschaft kann auch betrieben werden, wenn ein Titel gegen alle Gesellschafter vorliegt, die im Zeitpunkt der Zwangsvollstreckung Gesellschafter sind (§§ 736, 750 Abs. 1 ZPO). Aus den genannten Titeln ist die Zwangsvollstreckung gegen die Gesellschaft möglich.[2] Gleichzeitig kann aber auch gegen die einzelnen Gesellschafter vollstreckt werden. Soweit der Gläubiger **Titel nur gegen einzelne Gesellschafter** besitzt, kann er in ihr Privatvermögen vollstrecken. Zu jenem gehört sodann ihr Anteil am Gesellschaftsvermögen.[3] Ein vor der Vollstreckung neu eingetretener Gläubiger haftet im selben Maße.[4] 1

Die Norm **gilt** für Urteile (§ 704 ZPO) und die anderen Titel nach § 794 Abs. 1 ZPO (§ 795 ZPO). Die Norm **gilt nicht**, wenn keine Außen-GbR vorliegt, sondern nur eine Innen-GbR oder eine stille Gesellschaft.[5] Bei Gründungs- und Vorgesellschaften greift § 735 ZPO, nicht § 736 ZPO (siehe dort). Für die OHG und KG gilt § 124 Abs. 2 HGB i.V.m. § 161 Abs. 2 HGB. 2

§ 737
Zwangsvollstreckung bei Vermögens- oder Erbschaftsnießbrauch

(1) Bei dem Nießbrauch an einem Vermögen ist wegen der vor der Bestellung des Nießbrauchs entstandenen Verbindlichkeiten des Bestellers die Zwangsvollstreckung in die dem Nießbrauch unterliegenden Gegenstände ohne Rücksicht auf den Nießbrauch zulässig, wenn der Besteller zu der Leistung und der Nießbraucher zur Duldung der Zwangsvollstreckung verurteilt ist.
(2) Das Gleiche gilt bei dem Nießbrauch an einer Erbschaft für die Nachlassverbindlichkeiten.

Die Vorschrift knüpft an § 1086 Satz 1 BGB an. Sie ist anwendbar, wenn ein Nießbrauch an einem Vermögen gegeben ist, nicht bei einem Nießbrauch an einzelnen Gegenständen oder Rechten. Die Norm gilt für Urteile (§ 704 ZPO) und die Vollstreckungstitel nach § 794 Abs. 1 (§ 795 ZPO). Abs. 2 greift den Nießbrauch an einer Erbschaft auf (§ 1089 BGB) und verweist auf Abs. 1. Erforderlich für die Zwangsvollstreckung nach der Norm sind ein Leistungstitel gegen den Besteller und ein Duldungstitel gegen den Nießbraucher. Die Norm greift nach ihrem eindeutigen Wortlaut nur, wenn die Verbindlichkeiten des Bestellers vor der Bestellung des Nießbrauchs entstanden sind. Entstanden meint nicht die Fälligkeit oder das Entstehen der Forderung, sondern das Entstehen des Rechtsgrunds des Anspruchs.[1] 1

Liegt Rechtshängigkeit des Anspruchs bei Bestellung des Nießbrauchs vor, greift § 737 ZPO nur, wenn und soweit keine Rechtsnachfolge gegeben ist, die eine Titelumschreibung zur 2

---

5 MK-*Heßler*, ZPO, § 735 Rn. 10.

Zu § 736:
1 BGH, NJW 2001, 1056 (1059) = Rpfleger 2001, 246 (250).
2 BGH, NJW 2011, 2048 = NZG 2011, 662.
3 Musielak/Voit-*Lackmann*, ZPO, § 736 Rn. 4.
4 BGH, NJW 2003, 1803 = MDR 2003, 756.
5 MK-*Heßler*, ZPO, § 736 Rn. 5.

Zu § 737:
1 MK-*Heßler*, ZPO, § 737 Rn. 9.

Folge haben kann (§ 727 ZPO).² Wird der Nießbrauch hingegen nach Rechtskraft des Titels bestellt, ist § 738 ZPO anwendbar. Bei der **Zwangsversteigerung** einer Immobilie bedarf es keines Duldungstitels gegen den Nießbrauchsberechtigten, da das Nutzungsrecht des Nießbrauchsberechtigten nicht beeinträchtigt wird. Das gilt nicht für die Zwangsverwaltung der Immobilie.³ Liegt **kein Duldungstitel** gegen den Nießbraucher vor und wird gleichwohl durch den Gläubiger die Zwangsvollstreckung betrieben, hat der Nießbraucher die Möglichkeit, nach § 809 ZPO zu widersprechen, wenn er Gewahrsamsinhaber ist. Auf jeden Fall darf er gemäß § 766 ZPO die Erinnerung einlegen. Der Besteller hat keine Möglichkeit gegen die Zwangsvollstreckung wegen des fehlenden Duldungstitels vorzugehen. Die Erinnerung ist für ihn ausgeschlossen.⁴

3   Materielle Einwendungen kann der Nießbraucher im Rahmen einer Drittwiderspruchsklage (§ 771 ZPO) vorbringen. Die Klage ist abzuweisen, wenn er materiell-rechtlich nach § 1086 Satz 1 BGB zur Duldung verpflichtet ist.⁵

§ 738
Vollstreckbare Ausfertigung gegen Nießbraucher

(1) Ist die Bestellung des Nießbrauchs an einem Vermögen nach der rechtskräftigen Feststellung einer Schuld des Bestellers erfolgt, so sind auf die Erteilung einer in Ansehung der dem Nießbrauch unterliegenden Gegenstände vollstreckbaren Ausfertigung des Urteils gegen den Nießbraucher die Vorschriften der §§ 727, 730 bis 732 entsprechend anzuwenden.

(2) Das Gleiche gilt bei dem Nießbrauch an einer Erbschaft für die Erteilung einer vollstreckbaren Ausfertigung des gegen den Erblasser ergangenen Urteils.

1   Die Vorschrift knüpft an § 737 ZPO an und ergänzt diesen für den Fall, dass die Bestellung des Nießbrauchs an einem Vermögen nach der Rechtskraft der Entscheidung gegen den Besteller erfolgt. Die Norm dient der Vereinfachung, wenn die Schuld des Bestellers erst nach Bestellung des Nießbrauchs in rechtskräftiger Form erfolgt ist. In diesem Fall ist ein Vorgehen nach § 737 ZPO nicht erforderlich, sondern der einfache Weg des § 738 ZPO zu gehen. Eines Duldungstitels, wie nach § 737 ZPO erforderlich, bedarf es nicht.

2   Für die Erteilung der Klausel ist der **Rechtspfleger** zuständig (§ 20 Abs. 1 Nr. 12 RPflG).

§ 739
Gewahrsamsvermutung bei Zwangsvollstreckung gegen Ehegatten und Lebenspartner

(1) Wird zugunsten der Gläubiger eines Ehemannes oder der Gläubiger einer Ehefrau gemäß § 1362 des Bürgerlichen Gesetzbuchs vermutet, dass der Schuldner Eigentümer beweglicher Sachen ist, so gilt, unbeschadet der Rechte Dritter, für die Durchführung der Zwangsvollstreckung nur der Schuldner als Gewahrsamsinhaber und Besitzer.

(2) Absatz 1 gilt entsprechend für die Vermutung des § 8 Abs. 1 des Lebenspartnerschaftsgesetzes zugunsten der Gläubiger eines der Lebenspartner.

Inhalt:

	Rn.		Rn.
A. Allgemeines	1	II. Nicht betroffene Gegenstände	3
B. Erläuterungen	2	III. Unwiderlegbare Vermutung	4
I. Nichteheliche Lebensgemeinschaft	2	C. Rechtsbehelfe	5

A. Allgemeines

1   Die Norm knüpft an § 1362 BGB und an § 8 Abs. 1 LPartG an. Sie schützt den Gläubiger in der Zwangsvollstreckung, da die Eigentumsverhältnisse in der Ehe oder in der Lebenspartnerschaft selten eindeutig sind. Die Norm gilt nur für die Herausgabeansprüche und für die

---

2 Stein/Jonas-*Münzberg*, ZPO, § 737 Rn. 4.
3 BGH, NJW 2003, 2162 (2164) = Rpfleger 2003, 454 (456).
4 MK-*Heßler*, ZPO, § 737 Rn. 16.
5 Stein/Jonas-*Münzberg*, ZPO, § 737 Rn. 7.

Zwangsvollstreckung in bewegliche Sachen (§§ 803 ff. ZPO), da sie an den Gewahrsam anknüpft. Zudem gilt sie für die Lieferung vertretbarer Sachen (§§ 883, 884 ZPO).

B. Erläuterungen
I. Nichteheliche Lebensgemeinschaft
Eine analoge Anwendung auf die nichteheliche Lebensgemeinschaft ist ausgeschlossen.[1] 2

II. Nicht betroffene Gegenstände
Nach § 1362 Abs. 2 BGB, § 8 Abs. 2 LPartG sind persönliche Gegenstände, wie Schmuck, Kleidung und persönliche Arbeitsgeräte (aber nicht Haushaltsgeräte) oder Gegenstände, die dem Erwerbsgeschäft zugehörig sind und dem Erwerb dienen, nicht betroffen. Die dem Erwerbsgeschäft zugehörigen Gegenstände müssen erkennbar diesem Geschäft zugeordnet werden können und getrennt vom häuslichen Gewahrsam sein.[2] Zudem sind Gegenstände nicht betroffen, wenn die Eheleute nicht nur vorübergehend äußerlich erkennbar getrennt leben[3] und die Gegenstände sich im Besitz des anderen Ehegatten, also nicht im Besitz des Schuldners befinden (§ 1362 Abs. 1 Satz 2 BGB, § 8 Abs. 1 Satz 2 LPartG). 3

III. Unwiderlegbare Vermutung
Grundsätzlich ist die Norm nicht widerlegbar, wenn § 1362 BGB, § 8 Abs. 1 LPartG greifen.[4] Selbst wenn ein Ehevertrag mit Gütertrennung vorgelegt wird, kann die Vermutung nicht widerlegt werden.[5] 4

C. Rechtsbehelfe
Vollstreckt der Gerichtsvollzieher trotz Anwendbarkeit des § 739 ZPO nicht, kann der Gläubiger die Erinnerung nach § 766 Abs. 2 ZPO einlegen. Der andere Ehegatte muss nach § 771 ZPO vorgehen und sein Eigentum in diesem Verfahren beweisen. Nur dann kann er die Zwangsvollstreckung verhindern. Ansonsten greift die unwiderlegbare Vermutung der Norm (siehe Rn. 4) in Verbindung mit § 1362 Abs. 1 BGB, § 8 Abs. 1 LPartG. 5

§ 740
Zwangsvollstreckung in das Gesamtgut

(1) Leben die Ehegatten oder Lebenspartner in Gütergemeinschaft und verwaltet einer von ihnen das Gesamtgut allein, so ist zur Zwangsvollstreckung in das Gesamtgut ein Urteil gegen diesen Ehegatten oder Lebenspartner erforderlich und genügend.

(2) Verwalten die Ehegatten oder Lebenspartner das Gesamtgut gemeinschaftlich, so ist die Zwangsvollstreckung in das Gesamtgut nur zulässig, wenn beide Ehegatten oder Lebenspartner zur Leistung verurteilt sind.

Inhalt:
	Rn.		Rn.
A. Anwendbarkeit	1	III. Verwaltung des Gesamtguts	4
B. Erläuterungen	2	IV. Zeitpunkt	6
I. Gütergemeinschaft	2	C. Rechtsbehelfe	7
II. Gesamtgut	3		

A. Anwendbarkeit
Die Norm greift bei Urteilen (§ 704 ZPO). Zudem greift die Vorschrift bei den anderen in § 794 Abs. 1 ZPO aufgelisteten Titeln in der ZPO (§ 795 ZPO). Die Norm gilt für **alle Vollstreckungsarten**. 1

B. Erläuterungen
I. Gütergemeinschaft
Die Vorschrift ist nur anwendbar, wenn die Ehegatten oder Lebenspartner mit einem notariellen Vertrag eine Gütergemeinschaft vereinbart haben. 2

---

1 BGH, NJW 2007, 992 = Rpfleger 2007, 211.
2 Zöller-*Stöber*, ZPO, § 739 Rn. 6.
3 LG Münster, DGVZ 1978, 12.
4 Zöller-*Stöber*, ZPO, § 739 Rn. 7.
5 OLG Düsseldorf, DGVZ 1981, 114 = ZIP 1981, 538.

II. Gesamtgut

3 Einen Teil der Gütergemeinschaft bildet das sogenannte Gesamtgut (§§ 1416, 1419 BGB). Nur für das Gesamtgut ist die Norm anwendbar. Für das **Vorbehaltsgut** (§ 1418 BGB) und das Sondergut (§ 1417 BGB) gelten die allgemeinen Regelungen der Zwangsvollstreckung. Die Vorschrift greift insoweit nicht.

III. Verwaltung des Gesamtguts

4 Verwaltet ein Ehegatte oder Lebenspartner das Gesamtgut allein (Abs. 1), ist für eine Zwangsvollstreckung in das Gesamtgut ein Leistungsurteil gegen diesen Ehegatten oder Lebenspartner erforderlich aber auch ausreichend. Eine andere Form eines Titels ist nicht ausreichend.[1] Ein Titel gegen den anderen Ehegatten oder Lebenspartner ist nicht ausreichend (Ausnahme: § 741 ZPO).[2] Liegt eine **gemeinschaftliche Verwaltung** des Gesamtguts vor (Abs. 2), muss ein Leistungsurteil gegen beide Ehegatten vorliegen. Die Titel können in getrennten Verfahren erwirkt worden sein.[3] Allerdings ist es für die Anwendung des Abs. 2 erforderlich, dass beide Titel aufgrund des identischen Schuldgrunds erwirkt wurden.[4]

5 Ein Titel gegen einen Ehegatten oder Lebenspartner ist bei gemeinschaftlicher Verwaltung **nicht** ausreichend.[5]

IV. Zeitpunkt

6 Maßgeblicher Zeitpunkt ist der der Vollstreckung. Dann müssen die Voraussetzungen der Norm vorliegen. Der Gerichtsvollzieher muss zunächst von dem gesetzlichen Regelfall der Zugewinngemeinschaft ausgehen. Weisen die betroffenen Ehegatten oder Lebenspartner nach, dass eine Gütergemeinschaft vorliegt, muss das Vollstreckungsorgan von einer gemeinschaftlichen Verwaltung des Gesamtguts als gesetzlicher Regelfall ausgehen.[6] Anschließend wird **vermutet**, dass die Gegenstände zum Gesamtgut gehören.[7]

C. Rechtsbehelfe

7 Der Gläubiger hat die Möglichkeit, die **Vollstreckungserinnerung** einzulegen, wenn der Gerichtsvollzieher die Zwangsvollstreckung ablehnt, obwohl gegen den schuldenden und alleinverwaltenden Ehegatten der Titel vorliegt. **Jeder Ehegatte oder Lebenspartner** kann nach § 766 ZPO vorgehen, wenn der Titel, wie von der Norm vorausgesetzt nicht gegeben ist. Wenn gegen den anderen Ehegatten oder Lebenspartner ohne den in der Norm vorgeschriebenen Titel die Zwangsvollstreckung betrieben wird, kann der **andere Ehegatte oder Lebenspartner** die **Drittwiderspruchsklage** erheben (§ 771 ZPO). Die Klage kann nur zum Erfolg führen, wenn der vollstreckbare Anspruch keine Gesamtgutverbindlichkeit ist.[8]

§ 741
Zwangsvollstreckung in das Gesamtgut bei Erwerbsgeschäft

Betreibt ein Ehegatte oder Lebenspartner, der in Gütergemeinschaft lebt und das Gesamtgut nicht oder nicht allein verwaltet, selbständig ein Erwerbsgeschäft, so ist zur Zwangsvollstreckung in das Gesamtgut ein gegen ihn ergangenes Urteil genügend, es sei denn, dass zur Zeit des Eintritts der Rechtshängigkeit der Einspruch des anderen Ehegatten oder Lebenspartners gegen den Betrieb des Erwerbsgeschäfts oder der Widerruf seiner Einwilligung zu dem Betrieb im Güterrechtsregister eingetragen war.

Inhalt:

	Rn.		Rn.
A. Allgemeines	1	III. Titel	4
B. Erläuterungen	2	IV. Vollstreckung	5
I. Erwerbsgeschäft	2	**C. Rechtsbehelfe**	6
II. Güterrechtsregister	3		

---

1 Für den Duldungstitel: Zöller-*Stöber*, ZPO, § 740 Rn. 3; str..
2 Zöller-*Stöber*, ZPO, § 740 Rn. 7.
3 BGH, FamRZ 1975, 405.
4 OLG Zweibrücken, FGPrax 2009, 107.
5 Zöller-*Stöber*, ZPO, § 740 Rn. 9.
6 BayObLG, NJW-RR 1996, 80 (80f.) = FamRZ 1996, 113.
7 Zöller-*Stöber*, ZPO, § 740 Rn. 5.
8 MK-*Heßler*, ZPO, § 740 Rn. 44.

Vollstreckbare Ausfertigung bei Gütergemeinschaft während des Rechtsstreits § 742 ZPO

A. Allgemeines

Die Norm gilt nur bei einer **bestehenden Gütergemeinschaft**. Der das Gesamtgut verwaltende Ehegatte oder Lebenspartner muss das Erwerbsgeschäft betreiben oder beide Ehegatten bzw. Lebenspartner, die das Erwerbsgeschäft betreiben, verwalten das Gesamtgut.

B. Erläuterungen

I. Erwerbsgeschäft

Erwerbsgeschäft ist jede auf Wiederholung angelegte, der Erzielung von Einkünften dienende wirtschaftliche Tätigkeit.[1] Das Erwerbsgeschäft wird selbstständig betrieben, wenn der Ehegatte oder Lebenspartner es im eigenen Namen führt oder für sich durch andere führen lässt.[2] Die Tätigkeit kann **gewerblich, handelsgewerblich, künstlerisch, landwirtschaftlich, freiberuflich oder wissenschaftlich** sein.[3]

II. Güterrechtsregister

Der Inhalt des Güterrechtsregisters (§ 1412 BGB) ist maßgeblich zum Zeitpunkt der Rechtshängigkeit der Klage (§ 261 Abs. 1, 2 ZPO) oder bei anderen vorher nicht rechtshängig gewordenen Titeln zum Zeitpunkt der Errichtung. Ein dort zu dem genannten Zeitpunkt eingetragener Einspruch oder der Widerruf der Einwilligung hat zur Folge, dass die Norm nicht anwendbar ist.

III. Titel

Es muss ein **Leistungstitel** gegen den das Erwerbsgeschäft betreibenden Ehegatten oder Lebenspartner vorliegen. Ein anderer Titel ist nicht ausreichend. Eine Beschränkung auf die betrieblichen Schulden ist nicht Voraussetzung der Norm.[4]

IV. Vollstreckung

Der Gläubiger muss im Vollstreckungsverfahren die vorliegende Gütergemeinschaft und das Betreiben des Erwerbsgeschäfts nachweisen.

C. Rechtsbehelfe

Der Ehegatte oder Lebenspartner kann mit einer **Vollstreckungserinnerung** geltend machen, dass kein selbstständiges Erwerbsgeschäft vorliegt.[5] Der Ehegatte oder Lebenspartner, der das Gesamtgut allein- oder mitverwaltet, kann die Eintragung des Einspruchs oder den Widerruf der Einwilligung mit der **Erinnerung** geltend machen **oder** die **Widerspruchsklage** nach § 774 ZPO erheben.

1

2

3

4

5

6

§ 742

Vollstreckbare Ausfertigung bei Gütergemeinschaft während des Rechtsstreits

Ist die Gütergemeinschaft erst eingetreten, nachdem ein von einem Ehegatten oder Lebenspartner oder gegen einen Ehegatten oder Lebenspartner geführter Rechtsstreit rechtshängig geworden ist, und verwaltet dieser Ehegatte oder Lebenspartner das Gesamtgut nicht oder nicht allein, so sind auf die Erteilung einer in Ansehung des Gesamtgutes vollstreckbaren Ausfertigung des Urteils für oder gegen den anderen Ehegatten oder Lebenspartner die Vorschriften der §§ 727, 730 bis 732 entsprechend anzuwenden.

Inhalt:

A. Titelumschreibung .... 1 C. Rechtsbehelfe 4
B. Gütergemeinschaft 2

A. Titelumschreibung

Die Norm macht eine notwendige Titelumschreibung möglich. Der Gläubiger benötigt einen umgeschriebenen Titel, um die Zwangsvollstreckung in das Gesamtgut der Eheleute oder Lebenspartner betreiben zu können. Ansonsten können die Eheleute die Zwangsvollstreckungsvorschrift des § 740 ZPO umgehen.

1

---

1 BGHZ 83, 76 = NJW 1982, 1810.
2 RGZ 127, 110.
3 Musielak/Voit-*Lackmann*, ZPO, § 741 Rn. 3.
4 BayObLG, NJW-RR 1996, 80 = FamRZ 1996, 113.
5 MK-*Heßler*, ZPO, § 741 Rn. 18.

B. Gütergemeinschaft

2 Die Gütergemeinschaft muss **nach dem Eintritt der Rechtshängigkeit** (§ 261 Abs. 2, 3 ZPO) eingetreten sein, damit die Norm anwendbar ist. Dabei ist auf die Wirksamkeit der Vereinbarung über die Gütergemeinschaft abzustellen. Bei anderen Titeln als einem Urteil (§ 704 ZPO), also einem Titel nach § 794 Abs. 1 ZPO (§ 795 ZPO) ist auf den Errichtungszeitpunkt Bezug zu nehmen.[1]

3 Die Norm ist analog anwendbar, wenn nach Rechtshängigkeit (§ 261 Abs. 2, 3 ZPO) die Berechtigung zur Gesamtgutverwaltung wechselt, die Notverwaltungsbefugnis endet oder die Einwilligung zu dem selbstständigen Betrieb des Erwerbsgeschäfts widerrufen wird.[2]

C. Rechtsbehelfe

4 Der **Gläubiger** kann gemäß § 11 Abs. 1 RPflG die sofortige Beschwerde nach § 567 ZPO einlegen. Er kann auch die Klage nach § 731 ZPO erheben. Der **Schuldner** hat die Möglichkeit nach § 732 ZPO vorzugehen. Behauptet der Schuldner die Unwirksamkeit der Vereinbarung der Gütergemeinschaft, den Nichteintritt einer für die Wirksamkeit vereinbarten Bedingung sowie das Betreffen des Verfahrens des Rechtsguts, muss er die Klauselgegenklage nach § 768 ZPO erheben. Der **Ehegatte oder Lebenspartner** kann nach § 771 ZPO die Drittwiderspruchsklage erheben, wenn er einwenden will, dass durch den Gläubiger in sein Sonder- oder Vorbehaltsgut des verwaltenden Ehegatten oder Lebenspartners vollstreckt wird.

§ 743
Beendete Gütergemeinschaft

Nach der Beendigung der Gütergemeinschaft ist vor der Auseinandersetzung die Zwangsvollstreckung in das Gesamtgut nur zulässig, wenn
1. **beide Ehegatten oder Lebenspartner zu der Leistung verurteilt sind oder**
2. **der eine Ehegatte oder Lebenspartner zu der Leistung verurteilt ist und der andere zur Duldung der Zwangsvollstreckung.**

Inhalt:

	Rn.		Rn.
A. Allgemeines	1	II. Auseinandersetzung	3
B. Erläuterungen	2	C. Rechtsbehelfe	4
I. Titel	2		

A. Allgemeines

1 Die Gütergemeinschaft wird durch Tod (§ 1483 BGB), Auflösung der Ehe oder Lebenspartnerschaft, Ehevertrag (§ 1408 BGB) oder durch Aufhebungsurteil (§§ 1449, 1470 BGB) beendet.

B. Erläuterungen
I. Titel

2 Es bedarf anknüpfend an § 740 Abs. 2 ZPO **zwei Leistungstitel** gegen beide Ehegatten **oder einen Leistungstitel** gegen einen Ehegatten oder Lebenspartner **und einen Duldungstitel** gegen den anderen Ehegatten oder Lebenspartner.[1] Wie bei § 740 ZPO können die Titel in getrennten Verfahren erwirkt worden sein, nur der Schuldgrund muss identisch sein.[2] Der Titel ist ein Urteil nach § 704 ZPO, aber auch Titel nach § 794 Abs. 1 ZPO (§ 795 ZPO).

II. Auseinandersetzung

3 Bis zur Auseinandersetzung (§§ 1475 Abs. 3, 1477 BGB) ist die Zwangsvollstreckung in das Gesamtgut zulässig. § 786 ZPO ist bei einer Haftungsbeschränkung zu beachten.

---

1 Zöller-*Stöber*, ZPO, § 742 Rn. 2.
2 MK-*Heßler*, ZPO, § 742 Rn. 6.

Zu § 743:
1 RGZ 89, 360.
2 RGZ 89, 360.

C. Rechtsbehelfe

Die Ehegatten oder Lebenspartner können nach § 766 ZPO die **Vollstreckungserinnerung** einlegen, wenn kein Titel vorliegt. Der Ehegatte, gegen den kein Titel vorliegt, kann das Fehlen des Titels nach § 771 ZPO mit der **Drittwiderspruchsklage** angreifen.[3] Ebenfalls nach § 771 ZPO kann vorgegangen werden, wenn in das Vorbehalts- oder Sondergut vollstreckt wird.[4] Die Drittwiderspruchsklage bleibt ohne Erfolg, wenn eine Duldungspflicht des klagenden Ehegatten oder Lebenspartners besteht.[5]

4

§ 744
Vollstreckbare Ausfertigung bei beendeter Gütergemeinschaft

Ist die Beendigung der Gütergemeinschaft nach der Beendigung eines Rechtsstreits des Ehegatten oder Lebenspartners eingetreten, der das Gesamtgut allein verwaltet, so sind auf die Erteilung einer in Ansehung des Gesamtgutes vollstreckbaren Ausfertigung des Urteils gegen den anderen Ehegatten oder Lebenspartner die Vorschriften der §§ 727, 730 bis 732 entsprechend anzuwenden.

Inhalt:

	Rn.		Rn.
A. Allgemeines	1	II. Anwendbarkeit und Zeitpunkt	3
B. Erläuterungen	2	C. Rechtsbehelfe	4
I. Rechtskraft	2		

A. Allgemeines

Die Norm erleichtert die Zwangsvollstreckung bei Beendigung der Gütergemeinschaft. Ohne die Norm wären zwei Titel gegen die Ehegatten oder Lebenspartner erforderlich, nämlich zusätzlich zu dem bereits vorliegenden nach § 743 ZPO ein Leistungsurteil oder ein Duldungsurteil. Die Vorschrift ermöglicht eine **Titelumschreibung**, die das Zwangsvollstreckungsverfahren aufrechterhalten, ohne neue Titel einzufordern. Dabei ist die Zwangsvollstreckung nur in das Gesamtgut zulässig.

1

B. Erläuterungen
I. Rechtskraft

Die Beendigung der **Gütergemeinschaft** muss **nach der Rechtskraft des Rechtsstreits** eintreten. Bei anderen Titeln als einem rechtskraftfähigen Urteil kommt es auf die Erstellung des Titels an.[1]

2

II. Anwendbarkeit und Zeitpunkt

Die Norm ist anwendbar auf Urteile (§ 704 ZPO) und die Titel nach § 794 Abs. 1 ZPO (§ 795 ZPO). Endet die Gütergemeinschaft vor Rechtskraft der Entscheidung, greift die Norm nicht, sondern § 743 ZPO. Der Leistungstitel muss gegen den allein verwaltenden Ehegatten oder Lebenspartner gerichtet sein (§ 740 Abs. 1 ZPO).

3

C. Rechtsbehelfe

Der Gläubiger kann nach §§ 567, 731 ZPO Rechtsbehelfe einlegen. Die Ehegatten oder Lebenspartner haben die Möglichkeit gemäß §§ 732, 768 ZPO vorzugehen.

4

---

3 Zöller-*Stöber*, ZPO, § 743 Rn. 5.
4 RGZ 89, 360.
5 Zöller-*Stöber*, ZPO, § 743 Rn. 5.

Zu § 744:
1 Zöller-*Stöber*, ZPO, § 744 Rn. 3.

§ 744a
Zwangsvollstreckung bei Eigentums- und Vermögensgemeinschaft

Leben die Ehegatten gemäß Artikel 234 § 4 Abs. 2 des Einführungsgesetzes zum Bürgerlichen Gesetzbuch im Güterstand der Eigentums- und Vermögensgemeinschaft, sind für die Zwangsvollstreckung in Gegenstände des gemeinschaftlichen Eigentums und Vermögens die §§ 740 bis 744, 774 und 860 entsprechend anzuwenden.

1   Die Norm ordnet die entsprechende Anwendung der §§ 740–744, 774 und 860 ZPO an, wenn die Ehegatten oder Lebenspartner im Güterstand der Eigentums- und Vermögensgemeinschaft leben. Die Eigentums- und Vermögensgemeinschaft existierte in der ehemaligen DDR als eine Form des Güterrechts.

§ 745
Zwangsvollstreckung bei fortgesetzter Gütergemeinschaft

(1) Im Falle der fortgesetzten Gütergemeinschaft ist zur Zwangsvollstreckung in das Gesamtgut ein gegen den überlebenden Ehegatten oder Lebenspartner ergangenes Urteil erforderlich und genügend.
(2) Nach der Beendigung der fortgesetzten Gütergemeinschaft gelten die §§ 743 und 744 mit der Maßgabe, dass
1. an die Stelle desjenigen Ehegatten oder Lebenspartners, der das Gesamtgut allein verwaltet, der überlebende Ehegatte oder Lebenspartner tritt und
2. an die Stelle des anderen Ehegatten oder Lebenspartners die anteilsberechtigten Abkömmlinge treten.

1   Die fortgesetzte Gütergemeinschaft muss bei Ehe- oder Lebenspartnerschaftsverträgen, die nach dem 30.06.1958 geschlossen wurden, ausdrücklich angeordnet sein. Sie ist mit den gemeinsamen Abkömmlingen zulässig (§ 1483 BGB). Der überlebende Ehegatte oder Lebenspartner verwaltet das Gesamtgut dabei allein (§ 1487 Abs. 1 BGB). Die praktische Bedeutung ist aufgrund der Vorgabe des Datums gering.

§ 746
(weggefallen)

§ 747
Zwangsvollstreckung in ungeteilten Nachlass

Zur Zwangsvollstreckung in einen Nachlass ist, wenn mehrere Erben vorhanden sind, bis zur Teilung ein gegen alle Erben ergangenes Urteil erforderlich.

1   Die Norm gilt für Urteile (§ 704 ZPO) und für die anderen in § 794 ZPO genannten Titel (§ 795 Abs. 1 ZPO). Die Vorschrift greift im Regelfall frühestens mit Ablauf der Ausschlagungsfrist, zuvor nur bei Annahme der Erbschaft (§§ 1958, 1943 f. BGB, § 778 Abs. 2 ZPO).
2   Vor der Auseinandersetzung des Nachlasses ist ein Titel gegen alle Erben einer Erbengemeinschaft, die eine Gesamthandgemeinschaft ist (§§ 2032 Abs. 1, 2033 Abs. 2, 2040 Abs. 1, 2059 Abs. 2 BGB), erforderlich. Nach der Teilung des Nachlasses ist die Norm nicht mehr anwendbar. Danach kann aufgrund von Titeln gegen einzelne Miterben in deren Vermögen die Vollstreckung durchgeführt werden.
3   Wie bei der BGB-Gesellschaft (§ 736 ZPO) ist es ausreichend, wenn im Titel die **Erbengemeinschaft** bezeichnet wird.
4   Jeder Miterbe kann mit einer **Vollstreckungserinnerung** (§ 766 ZPO) das Fehlen eines Titels geltend machen. Der betroffene Miterbe kann mit einer **Drittwiderspruchsklage** (§ 771 ZPO) vorgehen. Diese ist allerdings unbegründet, wenn er materiell-rechtlich tatsächlich haften muss.

§ 748
Zwangsvollstreckung bei Testamentsvollstrecker

(1) Unterliegt ein Nachlass der Verwaltung eines Testamentsvollstreckers, so ist zur Zwangsvollstreckung in den Nachlass ein gegen den Testamentsvollstrecker ergangenes Urteil erforderlich und genügend.

(2) Steht dem Testamentsvollstrecker nur die Verwaltung einzelner Nachlassgegenstände zu, so ist die Zwangsvollstreckung in diese Gegenstände nur zulässig, wenn der Erbe zu der Leistung, der Testamentsvollstrecker zur Duldung der Zwangsvollstreckung verurteilt ist.

(3) Zur Zwangsvollstreckung wegen eines Pflichtteilanspruchs ist im Falle des Absatzes 1 wie im Falle des Absatzes 2 ein sowohl gegen den Erben als gegen den Testamentsvollstrecker ergangenes Urteil erforderlich.

Inhalt:

	Rn.		Rn.
A. Allgemeines	1	2. Verwaltung einzelner Gegenstände	4
B. Erläuterungen	2	II. Pflichtteilsanspruch	5
I. Umfang der Testamentsvollstreckung	2	III. Erbe als Gewahrsamsinhaber	6
1. Testamentsvollstreckung des gesamten Nachlasses	3	**C. Rechtsbehelfe**	7

A. Allgemeines

Die Norm gilt für Urteile (§ 704 ZPO) und für die anderen Titel der ZPO nach § 794 Abs. 1 ZPO (§ 795 ZPO). Liegt keine Testamentsvollstreckung vor, findet die Norm keine Anwendung. Ebenfalls findet die Norm insoweit keine Anwendung, wenn einzelne Gegenstände durch den Erblasser ausdrücklich aus der Testamentsvollstreckung ausgenommen sind. In diesem Fall genügt ein Titel gegen den Erben.[1] Bei Miterben greift § 747 ZPO. § 748 ZPO gilt nur für die Vollstreckung von Nachlassforderungen, nicht in das persönliche Vermögen des Erben.

B. Erläuterungen
I. Umfang der Testamentsvollstreckung

Die Norm unterscheidet zwischen der Testamentsvollstreckung **des gesamten Nachlasses** und der Testamentsvollstreckung in Form der **Verwaltung einzelner Gegenstände**. Im Fall der Var. 1 greift Abs. 1, im Fall der Var. 2 greift Abs. 2.

1. Testamentsvollstreckung des gesamten Nachlasses

Es genügt im Fall der Testamentsvollstreckung des gesamten Nachlasses (§ 2205 BGB) ein Titel gegen den Testamentsvollstrecker. Dabei ist ein Duldungstitel gegen den Testamentsvollstrecker ausreichend, wenn ein Titel gegen den Erben vorliegt (§ 2213 Abs. 3 BGB).[2] Existieren mehrere Testamentsvollstrecker, sind Titel gegen alle notwendig.[3] Ein Titel gegen den Erben oder die Erben ist nicht erforderlich, um die Zwangsvollstreckung zu betreiben.

2. Verwaltung einzelner Gegenstände

Es bedarf in dem Fall einer Verwaltung einzelner Gegenstände das Vorliegen zweier Titel. Es muss ein Leistungstitel gegen den Erben vorliegen, zudem ein Duldungstitel gegen den Testamentsvollstrecker. Fehlt ein Titel, ist die Zwangsvollstreckung nicht durchzuführen.

II. Pflichtteilsanspruch

Macht der Gläubiger einen Pflichtteilsanspruch geltend, muss er sowohl gegen den Erben als auch gegen den Testamentsvollstrecker über einen Titel verfügen. Die Art der Testamentsvollstreckung ist dabei gleichgültig. Es bedarf dabei eines Leistungstitels gegen den Erben und eines Duldungstitels gegen den Testamentsvollstrecker, letzteres auch dann, wenn der Erbe den Anspruch anerkannt hat, weil der Testamentsvollstrecker an diese Anerkennung nicht gebunden ist.[4]

---

1 Zöller-*Stöber*, ZPO, § 748 Rn. 4.
2 Zöller-*Stöber*, ZPO, § 748 Rn. 3.
3 Musielak/Voit-*Lackmann*, ZPO, § 748 Rn. 4.
4 OLG Celle, MDR 1967, 46.

III. Erbe als Gewahrsamsinhaber

6   Ist der Erbe der Gewahrsamsinhaber, kann er nicht nach § 809 ZPO vorgehen und der Pfändung widersprechen (str.).[5]

C. Rechtsbehelfe

7   Fehlt ein Titel für die Zwangsvollstreckung, können sowohl der Erbe als auch der Testamentsvollstrecker die Erinnerung nach § 766 ZPO einlegen.[6] Die betroffene Person (Erbe oder Testamentsvollstrecker) kann auch eine Drittwiderspruchsklage nach § 771 ZPO erheben, wenn ein Titel fehlt. Für den Erben gilt dies nur in den Fällen des Abs. 2 und Abs. 3. Die Klage hat keine Aussicht auf Erfolg, wenn materiell-rechtlich eine Haftung besteht.

§ 749
Vollstreckbare Ausfertigung für und gegen Testamentsvollstrecker

¹Auf die Erteilung einer vollstreckbaren Ausfertigung eines für oder gegen den Erblasser ergangenen Urteils für oder gegen den Testamentsvollstrecker sind die Vorschriften der §§ 727, 730 bis 732 entsprechend anzuwenden. ²Auf Grund einer solchen Ausfertigung ist die Zwangsvollstreckung nur in die der Verwaltung des Testamentsvollstreckers unterliegenden Nachlassgegenstände zulässig.

1   Die Norm erklärt die §§ 727, 730–732 ZPO für entsprechend anwendbar. Sie gilt für Urteile (§ 704 ZPO) und die anderen Titel in der ZPO nach § 794 Abs. 1 ZPO (§ 795 ZPO). Zweck der Norm ist es, eine Titelumschreibung zu ermöglichen, wenn diese notwendig ist, um eine Zwangsvollstreckung durchzuführen.

2   **Voraussetzung für die Anwendbarkeit** der Vorschrift ist, dass ein Titel gegen den Erblasser vorliegt und eine Zwangsvollstreckung angeordnet wurde, bei der der Testamentsvollstrecker zumindest über einzelne Gegenstände die Verwaltung ausübt. Zudem muss der Testamentsvollstrecker sein Amt angenommen haben (§§ 2213, 2202 BGB). Es ist darauf zu achten, dass die Zwangsvollstreckung nur in die Gegenstände zulässig ist, die der Verwaltung des Testamentsvollstreckers unterliegen.

3   Als **Rechtsbehelf** kann der Gläubiger bei einer negativen Entscheidung die sofortige Beschwerde einlegen (§ 567 ZPO, § 11 Abs. 1 RPflG). Der Schuldner kann bei einer für ihn negativen Entscheidung die Klauselerinnerung einlegen (§ 732 ZPO). Für den Testamentsvollstrecker gilt dies entsprechend. Für ihn hängt die Möglichkeit des statthaften Rechtsbehelfs mit seiner Stellung als Gläubiger oder Schuldner zusammen. Materiell-rechtliche Einwendungen können der Schuldner nach § 768 ZPO und der Gläubiger nach § 731 ZPO geltend machen. Der Testamentsvollstrecker kann außerdem die Einrede des § 2014 BGB gemäß § 782 ZPO geltend machen.¹

§ 750
Voraussetzungen der Zwangsvollstreckung

(1) ¹Die Zwangsvollstreckung darf nur beginnen, wenn die Personen, für und gegen die sie stattfinden soll, in dem Urteil oder in der ihm beigefügten Vollstreckungsklausel namentlich bezeichnet sind und das Urteil bereits zugestellt ist oder gleichzeitig zugestellt wird. ²Eine Zustellung durch den Gläubiger genügt; in diesem Fall braucht die Ausfertigung des Urteils Tatbestand und Entscheidungsgründe nicht zu enthalten.

(2) Handelt es sich um die Vollstreckung eines Urteils, dessen vollstreckbare Ausfertigung nach § 726 Abs. 1 erteilt worden ist, oder soll ein Urteil, das nach den §§ 727 bis 729, 738, 742, 744, dem § 745 Abs. 2 und dem § 749 für oder gegen eine der dort bezeichneten Personen wirksam ist, für oder gegen eine dieser Personen vollstreckt werden, so muss außer dem zu vollstreckenden Urteil auch die ihm beigefügte Vollstreckungsklausel und, sofern die Vollstreckungsklausel auf Grund öffentlicher oder öffentlich beglaubigter Urkunden erteilt

---

5   Zöller-*Stöber*, ZPO, § 748 Rn. 3.
6   Für den Erben: *Zöller*, ZPO, § 748 Rn. 10; a.A. MK-*Heßler*, ZPO, § 748 Rn. 30.

Zu § 749:
1   Zöller-*Stöber*, ZPO, § 749 Rn. 9.

ist, auch eine Abschrift dieser Urkunden vor Beginn der Zwangsvollstreckung zugestellt sein oder gleichzeitig mit ihrem Beginn zugestellt werden.

(3) Eine Zwangsvollstreckung nach § 720a darf nur beginnen, wenn das Urteil und die Vollstreckungsklausel mindestens zwei Wochen vorher zugestellt sind.

Inhalt:

A. Allgemeines	1	II. Zustellung		4
B. Erläuterungen	2	C. Rechtsbehelfe		8
I. Titel	2	D. Gebühren		9

A. Allgemeines

Die Vorschrift findet Anwendung auf Urteile (§ 704 ZPO). Über § 795 ZPO ist die Norm auch auf die anderen Titel in der ZPO anwendbar (§ 794 Abs. 1 ZPO).[1] Sie richtet sich grundsätzlich an die Vollstreckungsorgane, die die Zwangsvollstreckung nur dann beginnen dürfen, wenn die genannten Voraussetzungen vorliegen. Vor Beantragung von Vollstreckungsmaßnahmen sollten jedoch die Voraussetzungen durch den Gläubiger oder seinen Vertreter geprüft werden.   1

B. Erläuterungen

I. Titel

Es muss ein **vollstreckungsfähiger Titel** vorliegen. Dieser muss den Gläubiger und den Schuldner namentlich bezeichnen. Namentlich bedeutet, dass das Vollstreckungsorgan die Bezeichnungen prüfen kann. Gegen Personen, die namentlich nicht erwähnt sind, darf keine Zwangsvollstreckung durchgeführt werden, selbst wenn diese nach materiell-rechtlichen Gesichtspunkten der richtige Schuldner oder der richtige Gläubiger sein sollten.[2] Die materiell-rechtliche Rechtslage ist ohne Bedeutung für die formalisierte Zwangsvollstreckung. Das Vollstreckungsorgan fungiert auch nicht als Ermittlungsorgan, so dass die entsprechende Individualisierung durch den Gläubiger sichergestellt sein muss.   2

Jedoch ist es zulässig, die Ermittlung des bezeichneten Schuldners durch Auslegung zu ermitteln. Insofern dürfen aber nur die im Titel enthaltenen Umstände einbezogen werden, wobei das Prozessgericht auch außerhalb des Titels liegende Umstände berücksichtigen darf, soweit es diese im Erkenntnisverfahren gewonnen hat.[3] Deshalb sind z.B. Schreibfehler, falsche Berufsbezeichnung oder falsche Geschlechtsbezeichnung irrelevant.[4] Zu beachten ist, dass ein gesetzlicher Vertreter nach der Vorschrift nicht genannt sein muss, allerdings die Zustellung an diesen zu veranlassen ist.[5] **Sammelbezeichnungen** sind nur begrenzt zulässig.[6] Nur wenn die von der Sammelbezeichnung wie Erbengemeinschaft erfassten einzelnen Personen zweifelsfrei identifiziert werden können und eine Änderung des Kreises der Vollstreckungsbeteiligten bis zum Beginn der Zwangsvollstreckung ausgeschlossen ist, sind Sammelbezeichnungen zulässig.[7] Die Wohnungseigentümergemeinschaft als Partei ist zulässig (§ 10 Abs. 6 WEG).[8] Nicht zulässig sind hingegen Titel „gegen Unbekannt", wie sie teilweise bei Hausbesetzungen üblich waren.[9]   3

II. Zustellung

Der Titel **muss** an den Schuldner oder gegebenenfalls seinen gesetzlichen Vertreter oder Betreuer zugestellt worden sein oder muss gleichzeitig mit Beginn der Zwangsvollstreckung zugestellt werden. Dies muss das Vollstreckungsorgan eigenständig prüfen.[10] Urteile und Beschlüsse werden **von Amts wegen** zugestellt (§§ 317 Abs. 1, 329 Abs. 3 ZPO), andere Titel sind im Parteibetrieb zuzustellen. Eine **Ausnahme** vom Erfordernis der Zustellung liegt bei Arrestbeschlüssen und einstweiligen Verfügungen vor. Die Zwangsvollstreckung ist nach §§ 929 Abs. 3 Satz 1, 936 ZPO vor der Zustellung zulässig.   4

Ein **Fehler** in der Zustellung führt nicht zur Nichtigkeit der Zwangsvollstreckung, sondern zur Anfechtbarkeit der Vollstreckungsakte. Eine nachträgliche Zustellung heilt die Mängel.[11]   5

---

1 Für Vollstreckungen im Rahmen des FamFG richtet sich die Zulässigkeit nach § 87 Abs. 2 FamFG.
2 BGH, IBRRS 2008, 4731, Rn. 10 ff.
3 BGH, NJW 2010, 2137, Rn. 12 = MDR 2010, 231, Rn. 12.
4 Musielak/Voit-*Lackmann*, ZPO, § 750 Rn. 10 m.w.N.
5 OLG Frankfurt a.M., Rpfleger 1976, 27 = Rpfleger 1976, 27.
6 Zöller-*Stöber*, ZPO, § 750 Rn. 4.
7 BGH, NJW 1977, 1686 = MDR 1977, 915.
8 BGH, NJW 2005, 2065 = Rpfleger 2005, 521.
9 Zu dieser Problematik Musielak/Voit-*Lackmann*, ZPO, § 750 Rn. 8.
10 OLG Frankfurt a.M., Rpfleger 1973, 323.
11 BGH, NJW 1976, 851 = Rpfleger 1976, 177.

6 Nach Abs. 2 muss die **qualifizierte Klausel** zugestellt werden. Dem hinzuzufügen sind die beglaubigten[12] Abschriften der zugrundeliegenden Urkunden.

7 Nach Abs. 3 darf eine **Sicherungsvollstreckung** nach § 720a ZPO erst zwei Wochen nach Zustellung des Titels beginnen. Auch hier muss eine Zustellung der Klausel allerdings nur in den Fällen des Abs. 2 geschehen.[13]

C. Rechtsbehelfe

8 Soweit der Schuldner auch durch Auslegung nicht klar bestimmt werden kann, muss eine Berichtigung nach § 319 ZPO verlangt werden. Anderenfalls muss auf Erlass einer klarstellenden Vollstreckungsklausel nach §§ 727, 731, 735 ZPO analog geklagt werden.[14]

D. Gebühren

9 Die Tätigkeit des Anwalts ist mit der Gebühr der Nr. 3100 VV-RVG (§ 19 Abs. 1 Nr. 16 RVG) abgegolten. Ist er nur in der Vollstreckung tätig, greift Nr. 3309 VV-RVG (§ 18 Abs. 1 Nr. 1 RVG).

§ 751
Bedingungen für Vollstreckungsbeginn

(1) Ist die Geltendmachung des Anspruchs von dem Eintritt eines Kalendertages abhängig, so darf die Zwangsvollstreckung nur beginnen, wenn der Kalendertag abgelaufen ist.

(2) Hängt die Vollstreckung von einer dem Gläubiger obliegenden Sicherheitsleistung ab, so darf mit der Zwangsvollstreckung nur begonnen oder sie nur fortgesetzt werden, wenn die Sicherheitsleistung durch eine öffentliche oder öffentlich beglaubigte Urkunde nachgewiesen und eine Abschrift dieser Urkunde bereits zugestellt ist oder gleichzeitig zugestellt wird.

1 Das Vollstreckungsorgan hat **von Amts wegen** den Ablauf der Frist für den Vollstreckungsbeginn zu prüfen. Es muss auch von Amts wegen prüfen, ob die vom Gläubiger laut Titel zu erbringende Sicherheitsleistung geleistet wurde. Die Erbringung muss durch öffentliche Urkunden oder öffentlich beglaubigte Urkunden nachgewiesen werden. Diese müssen vor Beginn der Vollstreckung zugestellt werden. Ein Nachweis ist nicht entbehrlich, wenn stattdessen das Rechtskraftzeugnis nach § 706 ZPO vorgelegt wird oder es sich nur um die Sicherungsvollstreckung nach § 720a ZPO handelt.[1]

2 An die **Festsetzungen des Prozessgerichts** bezüglich der Bedingungen, der Höhe und gegebenenfalls Art der Sicherheit ist das Vollstreckungsorgan gebunden.

§ 752
Sicherheitsleistung bei Teilvollstreckung

[1]Vollstreckt der Gläubiger im Fall des § 751 Abs. 2 nur wegen eines Teilbetrages, so bemisst sich die Höhe der Sicherheitsleistung nach dem Verhältnis des Teilbetrages zum Gesamtbetrag. [2]Darf der Schuldner in den Fällen des § 709 die Vollstreckung gemäß § 712 Abs. 1 Satz 1 abwenden, so gilt für ihn Satz 1 entsprechend.

1 Die Vorschrift ist wegen § 709 Satz 2 ZPO ohne größerer Bedeutung. Es ist die Quote zu bestimmen, in welcher Höhe die Vollstreckung durchgeführt werden soll. Entsprechend ist eine Sicherheit zu leisten. Die Norm gilt für Gläubiger und Schuldner (Satz 2).

---

12 So MK-*Heßler*, ZPO, § 750 Rn. 73.
13 BGH, NJOZ 2005, 3304 = Rpfleger 2005, 547.
14 OLG Frankfurt a.M., Rpfleger 1973, 64 = JurBüro 1973, 561.

Zu § 751:
1 Musielak/Voit-*Lackmann*, ZPO, § 751 Rn. 6.

§ 753
Vollstreckung durch Gerichtsvollzieher; Verordnungsermächtigung
[Fassung bis 31.12.2017]

(1) Die Zwangsvollstreckung wird, soweit sie nicht den Gerichten zugewiesen ist, durch Gerichtsvollzieher durchgeführt, die sie im Auftrag des Gläubigers zu bewirken haben.

(2) ¹Der Gläubiger kann wegen Erteilung des Auftrags zur Zwangsvollstreckung die Mitwirkung der Geschäftsstelle in Anspruch nehmen. ²Der von der Geschäftsstelle beauftragte Gerichtsvollzieher gilt als von dem Gläubiger beauftragt.

(3) ¹Das Bundesministerium der Justiz und für Verbraucherschutz wird ermächtigt, durch Rechtsverordnung mit Zustimmung des Bundesrates verbindliche Formulare für den Auftrag einzuführen. ²Für elektronisch eingereichte Aufträge können besondere Formulare vorgesehen werden.

(4) § 130a Absatz 1 und 2 gilt für die elektronische Einreichung von Aufträgen beim Gerichtsvollzieher entsprechend.

§ 753
Vollstreckung durch Gerichtsvollzieher; Verordnungsermächtigung
[Fassung ab 01.01.2018]

(1) Die Zwangsvollstreckung wird, soweit sie nicht den Gerichten zugewiesen ist, durch Gerichtsvollzieher durchgeführt, die sie im Auftrag des Gläubigers zu bewirken haben.

(2) ¹Der Gläubiger kann wegen Erteilung des Auftrags zur Zwangsvollstreckung die Mitwirkung der Geschäftsstelle in Anspruch nehmen. ²Der von der Geschäftsstelle beauftragte Gerichtsvollzieher gilt als von dem Gläubiger beauftragt.

(3) ¹Das Bundesministerium der Justiz und für Verbraucherschutz wird ermächtigt, durch Rechtsverordnung mit Zustimmung des Bundesrates verbindliche Formulare für den Auftrag einzuführen. ²Für elektronisch eingereichte Aufträge können besondere Formulare vorgesehen werden.

(4) Schriftlich einzureichende Anträge und Erklärungen der Parteien sowie schriftlich einzureichende Auskünfte, Aussagen, Gutachten, Übersetzungen und Erklärungen Dritter können nach Maßgabe des folgenden Absatzes als elektronisches Dokument beim Gerichtsvollzieher eingereicht werden.

(5) ¹Das elektronische Dokument muss für die Bearbeitung durch den Gerichtsvollzieher geeignet sein. ²Zur Festlegung der für die Übermittlung und Bearbeitung geeigneten technischen Rahmenbedingungen gilt § 130a Absatz 2 Satz 2. ³Im Übrigen gelten § 130a Absatz 3 bis 6 und § 174 Absatz 3 und 4 entsprechend.

§ 753
Vollstreckung durch Gerichtsvollzieher; Verordnungsermächtigung
[Fassung ab 01.01.2022]

(1) Die Zwangsvollstreckung wird, soweit sie nicht den Gerichten zugewiesen ist, durch Gerichtsvollzieher durchgeführt, die sie im Auftrag des Gläubigers zu bewirken haben.

(2) ¹Der Gläubiger kann wegen Erteilung des Auftrags zur Zwangsvollstreckung die Mitwirkung der Geschäftsstelle in Anspruch nehmen. ²Der von der Geschäftsstelle beauftragte Gerichtsvollzieher gilt als von dem Gläubiger beauftragt.

(3) ¹Das Bundesministerium der Justiz und für Verbraucherschutz wird ermächtigt, durch Rechtsverordnung mit Zustimmung des Bundesrates verbindliche Formulare für den Auftrag einzuführen. ²Für elektronisch eingereichte Aufträge können besondere Formulare vorgesehen werden.

(4) Schriftlich einzureichende Anträge und Erklärungen der Parteien sowie schriftlich einzureichende Auskünfte, Aussagen, Gutachten, Übersetzungen und Erklärungen Dritte können nach Maßgabe der folgenden Absätze als elektronisches Dokument beim Gerichtsvollzieher eingereicht werden.

(5) ¹Das elektronische Dokument muss für die Bearbeitung durch den Gerichtsvollzieher geeignet sein. ²Zur Festlegung der für die Übermittlung und Bearbeitung geeigneten technischen Rahmenbedingungen gilt § 130a Absatz 2 Satz 2. ³Im Übrigen gelten § 130a Absatz 3 bis 6 und § 174 Absatz 3 und 4 entsprechend.

(6) § 130d gilt entsprechend.

Inhalt:

	Rn.		Rn.
A. Vollstreckungsorgane............	1	C. Geschäftsstelle...............	3
B. Antrag des Gläubigers...........	2		

A. Vollstreckungsorgane

1 Der Gerichtsvollzieher ist das regelmäßig tätige Vollstreckungsorgan. Auch das Vollstreckungsgericht stellt ein Vollstreckungsorgan dar.

B. Antrag des Gläubigers

2 Der Gerichtsvollzieher agiert nur nach einem Antrag des Gläubigers. Seit dem 01.04.2016 ist hierfür zwingend das Antragsformular nach der GVFV, aufgrund von Abs. 3, zu verwenden. Diese finden sich unter: www.justiz.de. Zu Ausfüllhinweisen siehe die Ausführungen zu den §§ 802a ff. ZPO. **Antragsberechtigt** ist der Gläubiger selbst bzw. bei Gläubigermehrheit alle gemeinsam oder sein Vertreter. §§ 81, 88 ZPO gilt; wenn sich die Bevollmächtigung nicht aus dem Titel ergibt, ist eine Vollmacht nach § 80 ZPO einzureichen. Eine spätere Einschränkung oder Rücknahme des Antrages durch den Gläubiger ist möglich. § 40 GVO ist zu beachten.

C. Geschäftsstelle

3 Üblicherweise wird die Zwangsvollstreckung durch den Gerichtsvollzieher in der Form eingeleitet, dass der Antrag auf Zwangsvollstreckung in der **Geschäftsstelle** eingereicht wird. Die Geschäftsstelle verteilt dann die Anträge nach internen Zuständigkeitsregelungen.

§ 754
Vollstreckungsauftrag und vollstreckbare Ausfertigung

(1) Durch den Vollstreckungsauftrag und die Übergabe der vollstreckbaren Ausfertigung wird der Gerichtsvollzieher ermächtigt, Leistungen des Schuldners entgegenzunehmen und diese zu quittieren sowie mit Wirkung für den Gläubiger Zahlungsvereinbarungen nach Maßgabe des § 802b zu treffen.

(2) ¹Dem Schuldner und Dritten gegenüber wird der Gerichtsvollzieher zur Vornahme der Zwangsvollstreckung und der in Absatz 1 bezeichneten Handlungen durch den Besitz der vollstreckbaren Ausfertigung ermächtigt. ²Der Mangel oder die Beschränkung des Auftrags kann diesen Personen gegenüber von dem Gläubiger nicht geltend gemacht werden.

Inhalt:

	Rn.		Rn.
A. Allgemeines....................	1	II. Verhältnis zum Schuldner und	
B. Erläuterungen................	2	zu Dritten....................	4
I. Empfang von Leistungen.........	2	C. Rechtsbehelfe................	5
		D. Anwaltsgebühren.............	6

A. Allgemeines

1 Die Norm gilt ausschließlich für Gerichtsvollzieher. Sie gilt nicht für andere Vollstreckungsorgane. Abs. 1 beschreibt das Verhältnis zwischen Gerichtsvollzieher und dem Gläubiger. Abs. 2 ermächtigt den Gerichtsvollzieher gegenüber Schuldner und Dritten Maßnahmen zu ergreifen. Sowohl Abs. 1 als auch Abs. 2 setzt einen wirksamen Vollstreckungsauftrag des Gläubigers (oder seines Vertreters) voraus, für den wiederum die allgemeinen Vollstreckungsvoraussetzungen vorliegen müssen.

B. Erläuterungen
I. Empfang von Leistungen

2 Nach Abs. 1 darf der Gerichtsvollzieher freiwillige Leistungen des Schuldners entgegen nehmen (nicht freiwillige hat er dagegen nach § 106 Nr. 1 GVGA zurückweisen). Er darf die empfangene Leistung quittieren. Es fallen auch Teilleistungen darunter (§ 757 Abs. 1 ZPO, § 106 Nr. 1 GVGA). **Freiwillig** ist eine Leistung, wenn sie bedingungs- und vorbehaltlos geleistet wird. Deshalb können dies selbst Leistungen sein, die gerade zur Abwendung der Zwangsvollstreckung geleistet werden (str.).[1]

---

[1] Musielak/Voit-*Lackmann*, ZPO, § 754 Rn. 3 m.w.N.

Der Gerichtsvollzieher darf keine anderen Maßnahmen für den Gläubiger ergreifen. Er darf keine Ersatzleistungen, wie Schecks annehmen, keine Ratenzahlung oder Stundung vereinbaren. Dies ist nur denkbar, wenn der Gläubiger zustimmt (siehe aber § 141 Abs. 2 GVGA). Gleiches gilt für Leistungen Dritter für den Schuldner. Eine Entgegennahme einer freiwilligen Leistung erfolgt hoheitlich und nicht in Vertretereigenschaft des Gerichtsvollziehers.[2] Deswegen kann die Entgegennahme auch gegen den Willen des Gläubigers geschehen.[3]

II. Verhältnis zum Schuldner und zu Dritten

Nach Abs. 2 darf der Gerichtsvollzieher alle geeigneten Maßnahmen gegen den Schuldner und gegen Dritte ergreifen, die erforderlich sind, um den Titel zu vollstrecken. Dabei ist es diesen nicht möglich, Mängel des Auftrages geltend zu machen (Satz 2). Die Legitimation gilt so lange fort, wie der Gerichtsvollzieher im Besitz der vollstreckbaren Ausfertigung ist (Satz 1). Abs. 2 verweist auf Abs. 1, so dass auch die Entgegennahme von freiwilligen Leistungen gestattet ist.

C. Rechtsbehelfe

Weil für die Legitimierung von Vollstreckungshandlungen der Besitz und das Vorzeigen der vollstreckbaren Ausfertigung zwingend erforderlich ist, kann der Schuldner bei Fehlen gegen die Vollstreckung die Erinnerung (§ 766 ZPO) einlegen. Fehlt die vollstreckbare Ausfertigung gänzlich, ist die Vollstreckung unwirksam (§ 44 VwVfG analog), wird sie lediglich nicht vorgezeigt, kommt Heilung in Betracht.[4]

D. Anwaltsgebühren
Es gilt Nr. 3309 VV-RVG.

§ 754a
Vereinfachter Vollstreckungsauftrag bei Vollstreckungsbescheiden
[Fassung bis 31.12.2017]

(1) ¹Im Fall eines elektronisch eingereichten Auftrags zur Zwangsvollstreckung aus einem Vollstreckungsbescheid, der einer Vollstreckungsklausel nicht bedarf, ist bei der Zwangsvollstreckung wegen Geldforderungen die Übermittlung der Ausfertigung des Vollstreckungsbescheides entbehrlich, wenn
1. die sich aus dem Vollstreckungsbescheid ergebende fällige Geldforderung einschließlich titulierter Nebenforderungen und Kosten nicht mehr als 5 000 Euro beträgt; Kosten der Zwangsvollstreckung sind bei der Berechnung der Forderungshöhe nur zu berücksichtigen, wenn sie allein Gegenstand des Vollstreckungsauftrags sind;
2. die Vorlage anderer Urkunden als der Ausfertigung des Vollstreckungsbescheides nicht vorgeschrieben ist;
3. der Gläubiger dem Auftrag eine Abschrift des Vollstreckungsbescheides nebst Zustellungsbescheinigung als elektronisches Dokument beifügt und
4. der Gläubiger versichert, dass ihm eine Ausfertigung des Vollstreckungsbescheides und eine Zustellungsbescheinigung vorliegen und die Forderung in Höhe des Vollstreckungsauftrags noch besteht.

²Sollen Kosten der Zwangsvollstreckung vollstreckt werden, sind dem Auftrag zusätzlich zu den in Satz 1 Nummer 3 genannten Dokumenten eine nachprüfbare Aufstellung der Kosten und entsprechende Belege als elektronisches Dokument beizufügen.

(2) Hat der Gerichtsvollzieher Zweifel an dem Vorliegen einer Ausfertigung des Vollstreckungsbescheides oder der übrigen Vollstreckungsvoraussetzungen, teilt er dies dem Gläubiger mit und führt die Zwangsvollstreckung erst durch, nachdem der Gläubiger die Ausfertigung des Vollstreckungsbescheides übermittelt oder die übrigen Vollstreckungsvoraussetzungen nachgewiesen hat.

(3) § 130a Absatz 2 bleibt unberührt.

---

2 BGH, NJW 2011, 2149 (2150) = Rpfleger 2011, 334 (335).
3 OLG Frankfurt a.M., NJW 1963, 773 (774).
4 Musielak/Voit-*Lackmann*, ZPO, § 754 Rn. 12.

§ 754a
Vereinfachter Vollstreckungsauftrag bei Vollstreckungsbescheiden
[Fassung ab 01.01.2018]

(1) ¹Im Fall eines elektronisch eingereichten Auftrags zur Zwangsvollstreckung aus einem Vollstreckungsbescheid, der einer Vollstreckungsklausel nicht bedarf, ist bei der Zwangsvollstreckung wegen Geldforderungen die Übermittlung der Ausfertigung des Vollstreckungsbescheides entbehrlich, wenn

1. die sich aus dem Vollstreckungsbescheid ergebende fällige Geldforderung einschließlich titulierter Nebenforderungen und Kosten nicht mehr als 5 000 Euro beträgt; Kosten der Zwangsvollstreckung sind bei der Berechnung der Forderungshöhe nur zu berücksichtigen, wenn sie allein Gegenstand des Vollstreckungsauftrags sind;
2. die Vorlage anderer Urkunden als der Ausfertigung des Vollstreckungsbescheides nicht vorgeschrieben ist;
3. der Gläubiger dem Auftrag eine Abschrift des Vollstreckungsbescheides nebst Zustellungsbescheinigung als elektronisches Dokument beifügt und
4. der Gläubiger versichert, dass ihm eine Ausfertigung des Vollstreckungsbescheides und eine Zustellungsbescheinigung vorliegen und die Forderung in Höhe des Vollstreckungsauftrags noch besteht.

²Sollen Kosten der Zwangsvollstreckung vollstreckt werden, sind dem Auftrag zusätzlich zu den in Satz 1 Nummer 3 genannten Dokumenten eine nachprüfbare Aufstellung der Kosten und entsprechende Belege als elektronisches Dokument beizufügen.

(2) Hat der Gerichtsvollzieher Zweifel an dem Vorliegen einer Ausfertigung des Vollstreckungsbescheides oder der übrigen Vollstreckungsvoraussetzungen, teilt er dies dem Gläubiger mit und führt die Zwangsvollstreckung erst durch, nachdem der Gläubiger die Ausfertigung des Vollstreckungsbescheides übermittelt oder die übrigen Vollstreckungsvoraussetzungen nachgewiesen hat.

(3) (weggefallen)

Inhalt:

	Rn.		Rn.
A. Allgemeines	1	I. Beschränkung durch das Gericht	5
B. Erläuterungen	3	II. Sonstiges	6

A. Allgemeines

1 § 754a ZPO wurde mit Wirkung zum 26.11.2016 eingefügt.[1] Die Norm übernimmt vollständig den Regelungsgehalt, den § 829a ZPO für Pfändung und Überweisung einer Geldforderung aufstellt, für den Vollstreckungsauftrag, um auch für diesen eine Vereinfachung durch die digitalisierte Einreichung zu ermöglichen.[2]

2 § 754a ZPO regelt die **vereinfachte elektronische Übermittlung** eines Antrags zur Zwangsvollstreckung aus einem Vollstreckungsbescheid. Das BMJV hat nach § 753 Abs. 3 Satz 2 ZPO Formulare für die elektronische Übermittlung geschaffen. Da die vollstreckbare Ausfertigung und weitere Urkunden jedoch zumeist lediglich in Papierform vorliegen dürften, darf bezweifelt werden, dass ohne den Verzicht auf die Übersendung ein Ressourcengewinn tatsächlich erreicht werden würde.[3] Insofern kann darauf, soweit die Voraussetzungen von Abs. 1 vorliegen, verzichtet werden. Die elektronische Übersendung ist jedoch nicht verbindlich, insofern kann immer auf das in § 754 ZPO beschriebene Verfahren zurückgegriffen werden.

B. Erläuterungen

3 Voraussetzung für die Möglichkeit der vereinfachten Übersendung ist das Vorliegen einer Zwangsvollstreckung aus einem **Vollstreckungsbescheid, der keiner Vollstreckungsklausel bedarf** (§ 796 Abs. 1). Weiter darf der geltend gemachte Betrag inklusive Zinsen, Kosten sowie sonstige Nebenforderungen 5.000,00 € nicht übersteigen und nicht die Vorlage von Urkunden erforderlich sein. Die Vorlage des Vollstreckungsbescheids (Abschrift genügt, § 131 Abs. 1 ZPO)[4] und seine Zustellbescheinigung ist dagegen nicht entbehrlich, sondern muss als elektronisches Dokument (z.B. eingescanntes PDF) beigefügt werden, dem eine Versicherung beizufügen ist, dass diese auch tatsächlich vorliegen (Abs. 1 Nr. 3 und 4).

---

1 BGBl I, S. 2591.
2 BT-Drucks. 18/7560, S. 35.
3 BT-Drucks. 18/7560, S. 35.
4 Thomas/Putzo-*Seiler*, ZPO, § 829a Rn. 2.

Sollen bisher angefallene **Kosten und Nebenforderungen** mit geltend gemacht werden, sind zusätzlich eine Kostenaufstellung und eventuell Dokumente ebenfalls als elektronisches Dokument beizufügen, aus denen sich die Kostenaufstellung so genau und unstreitig ergibt, dass das Vollstreckungsgericht seine Prüfung gemäß § 788 Abs. 1 Satz 1 ZPO ausführen kann.[5] 4

I. Beschränkung durch das Gericht

Nach Abs. 2 kann das Gericht, soweit sich aus den übersendeten Dokumenten die Zulässigkeit der Zwangsvollstreckung in irgendeiner Form nicht rechtssicher ergibt, die Übersendung in der bisher üblichen Form verlangen. Dies wird dem Gläubiger durch den Rechtspfleger mitgeteilt.[6] Solche Zweifel können sich zum Beispiel aus der Unleserlichkeit der übermittelten Ausfertigung ergeben oder auch daraus, dass es bezüglich der Forderungsbeträge in Vollstreckungsauftrag und Ausfertigung zu Differenzen kommt.[7] 5

II. Sonstiges

Nach Abs. 3 bleibt § 130a Abs. 2 ZPO unberührt, insofern müssen die Landesregierungen für ihre eigene Gerichtsorganisation Verordnungen zur Zulässigkeit der elektronischen Gerichtsorganisation erlassen. Ein Überblick für die einzelnen Länder gibt es unter http://www.justiz.de/elektronischer_rechtsverkehr/index.php. 6

§ 755
Ermittlung des Aufenthaltsorts des Schuldners

(1) ¹**Ist der Wohnsitz oder gewöhnliche Aufenthaltsort des Schuldners nicht bekannt, darf der Gerichtsvollzieher auf Grund des Vollstreckungsauftrags und der Übergabe der vollstreckbaren Ausfertigung zur Ermittlung des Aufenthaltsorts des Schuldners bei der Meldebehörde die gegenwärtigen Anschriften sowie Angaben zur Haupt- und Nebenwohnung des Schuldners erheben.** ²Der Gerichtsvollzieher darf auch beauftragt werden, die gegenwärtigen Anschriften, den Ort der Hauptniederlassung oder den Sitz des Schuldners zu erheben
1. durch Einsicht in das Handels-, Genossenschafts-, Partnerschafts-, Unternehmens- oder Vereinsregister oder
2. durch Einholung einer Auskunft bei den nach Landesrecht für die Durchführung der Aufgaben nach § 14 Absatz 1 der Gewerbeordnung zuständigen Behörden.

(2) ¹**Soweit der Aufenthaltsort des Schuldners nach Absatz 1 nicht zu ermitteln ist, darf der Gerichtsvollzieher**
1. zunächst beim Ausländerzentralregister die Angaben zur aktenführenden Ausländerbehörde sowie zum Zuzug oder Fortzug des Schuldners und anschließend bei der gemäß der Auskunft aus dem Ausländerzentralregister aktenführenden Ausländerbehörde den Aufenthaltsort des Schuldners,
2. bei den Trägern der gesetzlichen Rentenversicherung die dort bekannte derzeitige Anschrift, den derzeitigen oder zukünftigen Aufenthaltsort des Schuldners sowie
3. bei dem Kraftfahrt-Bundesamt die Halterdaten nach § 33 Abs. 1 Satz 1 Nr. 2 des Straßenverkehrsgesetzes

erheben. ²Ist der Schuldner Unionsbürger, darf der Gerichtsvollzieher die Daten nach Satz 1 Nummer 1 nur erheben, wenn ihm tatsächliche Anhaltspunkte für die Vermutung der Feststellung des Nichtbestehens oder des Verlusts des Freizügigkeitsrechts vorliegen. ³Eine Übermittlung der Daten nach Satz 1 Nummer 1 an den Gerichtsvollzieher ist ausgeschlossen, wenn der Schuldner Unionsbürger ist, für den eine Feststellung des Nichtbestehens oder des Verlusts des Freizügigkeitsrechts nicht vorliegt.

(3) Nach Absatz 1 oder Absatz 2 erhobene Daten, die innerhalb der letzten drei Monate bei dem Gerichtsvollzieher eingegangen sind, darf dieser auch in einem Zwangsvollstreckungsverfahren eines weiteren Gläubigers gegen denselben Schuldner nutzen, wenn die Voraussetzungen für die Datenerhebung auch bei diesem Gläubiger vorliegen.

---

5 BeckOK-*Utermark/Fleck*, ZPO, § 829a Rn. 4.
6 Thomas/Putzo-*Seiler*, ZPO, § 829a Rn. 3.
7 BT-Drucks. 18/7560, S. 35.

Inhalt:

		Rn.			Rn.
A.	Ermächtigung	1	D.	Weitergabe der Daten	5
B.	Reihenfolge	2	E.	Rechtsbehelfe	6
C.	Auskunftsquellen	3	F.	Kosten und Gebühren	7

A. Ermächtigung

1 Der Gerichtsvollzieher darf den Aufenthaltsort des Schuldners nach der Vorschrift ermitteln und sich dabei verschiedener konkret genannter Auskunftsquellen bedienen. Die Zuständigkeit richtet sich nach § 17 Abs. 1 Satz 1 GVO. Er handelt dabei nur auf Antrag, nicht von Amts wegen.[1] Ein isolierter Antrag auf Ermittlung ist nicht zulässig, er darf nur im Rahmen eines (zulässigen) Zwangsvollstreckungsauftrages erfolgen.[2] Die Vorschrift räumt dem Gerichtsvollzieher **kein Ermessen** ein.[3]

B. Reihenfolge

2 Zunächst muss der Gerichtsvollzieher nach Abs. 1 vorgehen. Gelingt ihm die Ermittlung nach Abs. 1 nicht, darf er nach Abs. 2 vorgehen, zuvor nicht.

C. Auskunftsquellen

3 Nach Abs. 1 ergeben sich folgende Möglichkeiten der Auskunft: Der Gerichtsvollzieher kann bei der **Meldebehörde** die Anschriften zu Erst- und gegebenenfalls Zweitwohnung erfragen. Neu eingeführt ist mit Wirkung zum 26.11.2016[4] die Möglichkeit nach Satz 2, die gegenwärtige Anschrift, die Hauptniederlassung oder den Sitz des Schuldners durch Einsicht in die genannten **Register** oder durch Auskunft der für den Vollzug von § 14 Abs. 1 GewO zuständigen Landesbehörden, deren Daten nach § 14 Abs. 5 GewO veröffentlicht werden, in Erfahrung zu bringen. Dadurch wird die bisher unklare Gesetzeslage beseitigt, inwiefern die Anschrift oder der Sitz von juristischen Personen, Kaufleuten oder sonstigen Gewerbetreibenden zu bewerkstelligen sei.[5] Faktisch wurde damit jedoch nur eine Rechtsgrundlage geschaffen, da alle genannten Register bereits jetzt öffentlich zugänglich sind.[6] Jedoch wird der Gerichtsvollzieher nur auf Antrag tätig, so dass ein weiteres Auskunftsersuchen nach Abs. 1 Satz 2 explizit beantragt werden muss.

4 Abs. 2 erlaubt im Falle des Misserfolgs einer Aufenthaltsermittlung des Schuldners, Auskunft beim **Ausländerzentralregister**, den gesetzlichen Rentenversicherungen oder dem **Kraftfahrtbundesamt** zu erfragen. Für Unionsbürger gilt dies jedoch nur dann, wenn Anhaltspunkte nahe legen, dass ihnen das Freizügigkeitsrecht entzogen wurde, was höchst selten der Fall sein dürfte. Die bis zum 26.11.2016 bestehende Forderungsuntergrenze von 500,00 € für die Auskunft nach Abs. 2 Satz 1 Nr. 2 und 3 wurde beseitigt. Insofern ist die Auskunft jetzt auch bei **Bagatellforderungen** möglich. Dies soll die Menge an Anträgen auf Erlass von Haftbefehlen verkleinern, die für Gläubiger von Bagatellforderungen bisher die einzige Form war, auf eine wahrheitswidrige Selbstauskunft des Schuldners zu reagieren.[7]

D. Weitergabe der Daten

5 Ebenfalls neu eingefügt wurde Abs. 3, der dem Gerichtsvollzieher erlaubt, Daten, die im Rahmen dieser Norm innerhalb der letzten drei Monate beim Gerichtsvollzieher eingegangen sind, weiteren Gläubigern zur Verfügung zu stellen, soweit diese die Voraussetzungen ebenso erfüllen, was früher durchaus strittig war. Eine dreimonatige Vorhaltepflicht der Daten oder die Einschränkung des Auskunftsrechts des Gerichtsvollziehers sind damit jedoch nicht verbunden, es handelt sich alleine um eine Befugnis des Gerichtsvollziehers.[8]

E. Rechtsbehelfe

6 Bei Weigerung des Gerichtsvollziehers ist die **Erinnerung** (§ 766 ZPO) durch den Gläubiger statthaft.

---

1 Vgl. BT-Drucks. 16/10069, S. 23 f.
2 *Büttner*, DGVZ 2014, 188 ff.
3 BT-Drucks. 16/10069, S. 23.
4 BGBl. 2016 I, S. 2591.
5 BT-Drucks. 18/7560, S. 36.
6 Dies hat auch der Gesetzgeber gesehen: BT-Drucks. 18/7560, S. 36.
7 BT-Drucks. 18/9698, S. 24 f.
8 BT-Drucks. 18/7560, S. 37.

F. Kosten und Gebühren
Der Gerichtsvollzieher erhält für jede eingeholte Auskunft 10,00 € (§ 10 Abs. 2 Satz 3 GvKostG). 7
Der Antrag löst keine neue Rechtsanwaltsgebühr aus. Er ist mit der Gebühr nach Nr. 3309 VV-RVG abgegolten.

§ 756
Zwangsvollstreckung bei Leistung Zug um Zug

(1) Hängt die Vollstreckung von einer Zug um Zug zu bewirkenden Leistung des Gläubigers an den Schuldner ab, so darf der Gerichtsvollzieher die Zwangsvollstreckung nicht beginnen, bevor er dem Schuldner die diesem gebührende Leistung in einer den Verzug der Annahme begründenden Weise angeboten hat, sofern nicht der Beweis, dass der Schuldner befriedigt oder im Verzug der Annahme ist, durch öffentliche oder öffentlich beglaubigte Urkunden geführt wird und eine Abschrift dieser Urkunden bereits zugestellt ist oder gleichzeitig zugestellt wird.

(2) Der Gerichtsvollzieher darf mit der Zwangsvollstreckung beginnen, wenn der Schuldner auf das wörtliche Angebot des Gerichtsvollziehers erklärt, dass er die Leistung nicht annehmen werde.

Inhalt:

	Rn.		Rn.
A. Allgemeines	1	III. Erfolgte Befriedigung	5
B. Erläuterungen	2	IV. Nachweis	6
I. Hauptsache	2	C. Rechtsbehelfe	7
II. Annahmeverzug	3		

A. Allgemeines
Die Norm greift nach ihrem eindeutigen Inhalt nur bei einem Gerichtsvollzieher als Vollstreckungsorgan. Für die anderen Vollstreckungsorgane gilt § 765 ZPO. Eine Vollstreckung darf dieser bei einer Zug-um-Zug-Leistung demnach nur vornehmen, wenn der Gläubiger den Schuldner befriedigt hat oder sich dieser im Annahmeverzug befindet. Der Gerichtsvollzieher ist dabei an den Ausspruch im Tenor gebunden, selbst wenn dieser die Zug-um-Zug-Leistung falsch ausgesprochen hat.[1] Ein **Verstoß** gegen § 756 ZPO macht die Vollstreckung nur anfechtbar, aber nicht unwirksam.[2] 1

B. Erläuterungen
I. Hauptsache
Die Zug-um-Zug-Leistung betrifft nur die Hauptsache. Der Kostenausspruch ist davon nicht betroffen.[3] 2

II. Annahmeverzug
Der Schuldner muss sich nach den allgemeinen Regeln (§§ 293 ff. BGB) im Annahmeverzug befinden. Der Gerichtsvollzieher darf mit der Zwangsvollstreckung beginnen, wenn er dem Schuldner ein wörtliches Angebot unterbreitet und der Schuldner erklärt, dass er die Leistung nicht annimmt. Die Prüfung, ob die angebotene Leistung der geschuldeten entspricht, hat der Gerichtsvollzieher selbst (eventuell mit Hilfe von Sachverständigen) festzustellen.[4] Ermessen steht ihm dabei nicht zu. 3

Wann der Annahmeverzug eingetreten ist, ist irrelevant, so dass auch ein Annahmeverzug vor dem Urteil für die Voraussetzungen des § 756 ZPO genügt, solange er bei Vollstreckung noch besteht. Hierfür ist der Gläubiger beweispflichtig (siehe hierfür Rn. 6). 4

III. Erfolgte Befriedigung
Dem Annahmeverzug steht es gleich, wenn dem Gerichtsvollzieher die Befriedigung des Schuldners entsprechend der Verurteilung nachgewiesen wurde. 5

IV. Nachweis
Der Nachweis des Annahmeverzugs oder der erfolgten Befriedigung des Schuldners muss durch eine **öffentliche oder öffentlich beglaubigte Urkunde** erfolgen. Hierunter fällt auch die 6

---
1 Siehe hierzu Musielak/Voit-*Lackmann*, ZPO, § 756 Rn. 2.
2 Musielak/Voit-*Lackmann*, ZPO, § 756 Rn. 12.
3 Vgl. Zöller-*Stöber*, ZPO, § 756 Rn. 5.
4 OLG Celle, NJW-RR 2000, 828 = InVo 2000, 56.

notarielle Mitteilung des Scheiterns einer geplanten Auflassung.[5] Ist ein solcher Nachweis nicht zu führen, muss auf Feststellung der jeweiligen Tatsache geklagt werden, eine Vollstreckung ist aber in jedem Falle nicht möglich.

C. Rechtsbehelfe

7 Erinnerung gemäß § 766 ZPO sowohl für den Schuldner als auch den Gläubiger.

§ 757
Übergabe des Titels und Quittung

(1) Der Gerichtsvollzieher hat nach Empfang der Leistungen dem Schuldner die vollstreckbare Ausfertigung nebst einer Quittung auszuliefern, bei teilweiser Leistung diese auf der vollstreckbaren Ausfertigung zu vermerken und dem Schuldner Quittung zu erteilen.

(2) Das Recht des Schuldners, nachträglich eine Quittung des Gläubigers selbst zu fordern, wird durch diese Vorschriften nicht berührt.

Inhalt:
	Rn.		Rn.
A. Übergabe	1	C. Quittung	3
B. Teilleistung	2	D. Rechtsbehelfe	4

A. Übergabe

1 Der Gerichtsvollzieher (§ 757 ZPO gilt nicht für andere Vollstreckungsorgane) muss den Titel tatsächlich an den Schuldner aushändigen, wenn der Schuldner die Leistung vollständig erbracht hat. Dies dient dem Schutz des Schuldners vor nochmaliger Vollstreckung. § 757 ZPO findet Anwendung, egal welche Leistung geschuldet wird, nicht nur bei Vollstreckung wegen Geldforderungen. Dazu muss der Gerichtsvollzieher die Leistung quittieren. Eine **vollständige Leistung** liegt dann vor, wenn der Schuldner die geschuldete Leistung bedingungs- und vorbehaltlos (also freiwillig i. S. d. § 754 ZPO) erbringt, so dass Erfüllungswirkung eintritt. Deshalb kann auch die Leistung eines Dritten genügen, wenn nach materiellem Recht Erfüllung vorliegt.

B. Teilleistung

2 Die Erbringung einer Teilleistung ist auf dem Titel **zu vermerken**. Für sie gelten die in Rn. 1 genannten Grundsätze ebenfalls. Die Übergabe des Titels scheidet hier aber wegen fehlender Erfüllung aus.

C. Quittung

3 Der Schuldner kann gegen den Gläubiger, unabhängig von dieser Norm, unmittelbar einen Anspruch auf Erteilung einer Quittung haben. Ob dies der Fall ist, entscheidet sich nach dem materiellen Recht (§ 368 BGB).

D. Rechtsbehelfe

4 Rechtsbehelfe gegen eine unrechtmäßige Aushändigung des Titels gibt es nicht, dem Gläubiger bleibt nur die Beantragung einer neuen Ausfertigung[1] Wurde der Titel unrechtmäßigerweise nicht an den Schuldner herausgegeben, kann der Schuldner Vollstreckungsabwehrklage nach § 767 ZPO erheben. In diesem Verfahren kann er einen Herausgabeanspruch auf den Titel nach § 371 BGB analog geltend machen.[2]

---

5 Zöller-*Stöber*, ZPO, § 756 Rn. 11.

Zu § 757:
1 Musielak/Voit-*Lackmann*, ZPO, § 757 Rn. 10.
2 BGH, NJW 1994, 3225 = Rpfleger 1995, 119.

§ 758
Durchsuchung; Gewaltanwendung

(1) Der Gerichtsvollzieher ist befugt, die Wohnung und die Behältnisse des Schuldners zu durchsuchen, soweit der Zweck der Vollstreckung dies erfordert.
(2) Er ist befugt, die verschlossenen Haustüren, Zimmertüren und Behältnisse öffnen zu lassen.
(3) Er ist, wenn er Widerstand findet, zur Anwendung von Gewalt befugt und kann zu diesem Zweck die Unterstützung der polizeilichen Vollzugsorgane nachsuchen.

Inhalt:

	Rn.		Rn.
A. Allgemeines	1	IV. Behältnis	5
B. Begriffsbestimmungen	2	V. Öffnung	6
I. Wohnung	2	VI. Gewalt	7
II. Durchsuchung	3	**C. Kosten**	8
III. Mehrere Wohnungsinhaber	4		

A. Allgemeines

Die Norm wendet sich an den Gerichtsvollzieher als Vollstreckungsorgan. Sie ermächtigt ihn, Wohnung und Behältnisse zu **durchsuchen**. Abs. 3 erlaubt ihm Zwangsanwendung. Verstöße machen die Vollstreckung zwar nicht nichtig, wohl hindern sie aber die Entstehung eines Pfandrechts (Rechtsbehelf ist § 766 ZPO). Nach Abs. 1 Hs. 2 sind Zwangsmaßnahmen jedoch nur dann zulässig, wenn dies der Zweck der Vollstreckung es erfordert. Dazu gehört zum einen, dass eine Zwangsvollstreckung ansonsten nicht erfolgreich wäre und der Schuldner sich nicht freiwillig der Zwangsvollstreckung unterwirft. Deswegen sind gewaltsame Öffnungen auch möglichst ohne Beschädigung durchzuführen. Zu beachten ist weiter § 758a ZPO. 1

B. Begriffsbestimmungen
I. Wohnung

Als Wohnung ist jeder Raum zu verstehen, der zu **Wohn- und Geschäftszwecken dient**.[1] Ebenso gelten i.S.d. Norm als Wohnungen: Nebenräume, wie Garagen,[2] Keller, Abstellkammer,[3] sowie sonstiges befriedetes Besitztum,[4] z.B. Wohnwagen und Hotelzimmer.[5] **Keine** Wohnung i.S.d. Norm sind Autos und leerstehende Gebäude.[6] 2

II. Durchsuchung

Durchsuchung ist das **ziel- und zweckgerichtete Suchen staatlicher Organe** nach Personen oder Sachen oder zur Ermittlung eines Sachverhalts, um etwas aufzuspüren, was der Inhaber der Wohnung von sich aus nicht offen legen oder herausgeben will.[7] 3

III. Mehrere Wohnungsinhaber

Sind mehrere Wohnungsinhaber vorhanden, darf der Gerichtsvollzieher die Wohnung durchsuchen, wenn einer der Wohnungsinhaber der Schuldner ist.[8] Des Weiteren genügt es, wenn der Schuldner wahrscheinlich Gewahrsam an Gegenständen hat, die sich in Räumen Dritter befinden, um auch Wohnung Dritter zu betreten.[9] 4

IV. Behältnis

Behältnis ist ein zur Verwahrung und Sicherung von Sachen geeigneter und dienender Raum, der nicht dazu bestimmt ist, von Menschen betreten zu werden.[10] Die alleinige Durchsuchung eines Behältnisses bedarf keines Durchsuchungsbeschlusses. Befindet sich das Behältnis in Mit- oder Alleinbesitz eines Dritten, darf keine Durchsuchung stattfinden.[11] 5

---

1 MK-*Heßler*, ZPO, § 758 Rn. 4.
2 BGH, NJW-RR 2009, 1393 = MDR 2009, 1181.
3 Musielak/Voit-*Lackmann*, ZPO, § 758 Rn. 2.
4 Zöller-*Stöber*, ZPO, § 758 Rn. 4.
5 MK-*Heßler*, ZPO, § 758 Rn. 5.
6 Musielak/Voit-*Lackmann*, ZPO, § 758 Rn. 2.
7 BVerfGE 51, 97 = NJW 1979, 1539.
8 Stein/Jonas-*Münzberg*, ZPO, § 758 Rn. 4.
9 Musielak/Voit-*Lackmann*, ZPO, § 758 Rn. 5 m.w.N.
10 MK-*Heßler*, ZPO, § 758 Rn. 3.
11 OLG Oldenburg, DGVZ 1990, 136.

V. Öffnung

6 Das Behältnis oder die Wohnung dürfen gehöffnet werden (Abs. 2). Dabei muss der Gerichtsvollzieher möglichst Fachleute hinzuziehen.[12]

VI. Gewalt

7 Es steht im Ermessen des Gerichtsvollziehers, ob er bei Bedarf Gewalt anwendet oder die polizeilichen Vollzugsorgane hinzuzieht. In den meisten Fällen wird die Hilfe der Polizei notwendig sein. Zur Anwendung genügt bereits die gerechtfertigte Annahme, die Vollstreckung ließe sich ohne Gewalt nicht durchsetzen.

C. Kosten

8 Der Gerichtsvollzieher erhebt keine Kosten, nur Auslagen nach Nr. 704 KV-GvKostG.

§ 758a
Richterliche Durchsuchungsanordnung; Vollstreckung zur Unzeit

(1) ¹Die Wohnung des Schuldners darf ohne dessen Einwilligung nur auf Grund einer Anordnung des Richters bei dem Amtsgericht durchsucht werden, in dessen Bezirk die Durchsuchung erfolgen soll. ²Dies gilt nicht, wenn die Einholung der Anordnung den Erfolg der Durchsuchung gefährden würde.

(2) Auf die Vollstreckung eines Titels auf Räumung oder Herausgabe von Räumen und auf die Vollstreckung eines Haftbefehls nach § 802g ist Absatz 1 nicht anzuwenden.

(3) ¹Willigt der Schuldner in die Durchsuchung ein oder ist eine Anordnung gegen ihn nach Absatz 1 Satz 1 ergangen oder nach Absatz 1 Satz 2 entbehrlich, so haben Personen, die Mitgewahrsam an der Wohnung des Schuldners haben, die Durchsuchung zu dulden. ²Unbillige Härten gegenüber Mitgewahrsamsinhabern sind zu vermeiden.

(4) ¹Der Gerichtsvollzieher nimmt eine Vollstreckungshandlung zur Nachtzeit und an Sonn- und Feiertagen nicht vor, wenn dies für den Schuldner und die Mitgewahrsamsinhaber eine unbillige Härte darstellt oder der zu erwartende Erfolg in einem Missverhältnis zu dem Eingriff steht, in Wohnungen nur auf Grund einer besonderen Anordnung des Richters bei dem Amtsgericht. ²Die Nachtzeit umfasst die Stunden von 21 bis 6 Uhr.

(5) Die Anordnung nach Absatz 1 ist bei der Zwangsvollstreckung vorzuzeigen.

(6) ¹Das Bundesministerium der Justiz und für Verbraucherschutz wird ermächtigt, durch Rechtsverordnung mit Zustimmung des Bundesrates Formulare für den Antrag auf Erlass einer richterlichen Durchsuchungsanordnung nach Absatz 1 einzuführen. ²Soweit nach Satz 1 Formulare eingeführt sind, muss sich der Antragsteller ihrer bedienen. ³Für Verfahren bei Gerichten, die die Verfahren elektronisch bearbeiten, und für Verfahren bei Gerichten, die die Verfahren nicht elektronisch bearbeiten, können unterschiedliche Formulare eingeführt werden.

Inhalt:

	Rn.		Rn.
A. Allgemeines	1	III. Gefahr im Verzug	7
B. Begriffsbestimmung	2	D. Weitere Erläuterungen	8
I. Wohnung	2	I. Antrag	8
II. Einwilligung des Schuldners	4	II. Beschluss	9
C. Sonderfälle	5	III. Nachtzeit, Sonn- und Feiertage	10
I. Mitbewohner	5	E. Rechtsbehelfe	11
II. Durchsuchung bei Dritten	6	F. Kosten und Gebühren	12

A. Allgemeines

1 § 758a ZPO gibt vor, wann eine richterliche Anordnung für die in § 758 ZPO genannten Zwangsmaßnahmen notwendig ist. Eine Verordnung nach Abs. 6 ist ergangen, insofern besteht **Formularzwang**.[1] Nach Abs. 2 ist § 758a ZPO auf bestimmte Titel nicht anzuwenden, so dass hier eine Vollstreckung auch ohne richterliche Entscheidung möglich ist, allerdings nur soweit die Vollstreckung auch lediglich diesem Ziel dient (insofern ist eine bei Gelegenheit

---

12 BGH, NJW 1957, 544 = DGVZ 1957, 91.

Zu § 758a:
1 Verordnung über Formulare für die Zwangsvollstreckung.

erfolgende Durchsuchung einer Wohnung nach Gegenständen nicht zulässig). Befindet sich der Gerichtsvollzieher nach § 758a ZPO rechtmäßig in der Schuldnerwohnung kann er auch für andere Gläubiger vollstrecken, selbst wenn die Anordnung nicht für diese ergangen ist.[2]

B. Begriffsbestimmung
I. Wohnung

Zum Begriff der Wohnung siehe die Ausführungen bei § 758 Rn. 2.   2

Bereits für den Zutritt wird die Anordnung benötigt, wenn der Schuldner den Zutritt verweigert oder die Tür verschlossen bleibt. Der Zutritt steht schließlich mit der Durchsuchung in unmittelbarem Zusammenhang.[3] **Nicht anzuwenden** ist § 758a ZPO für den Fall eines reinen Betretens und Besichtigens, sowie dann, wenn lediglich offen herumliegende (also nichtverwahrte) Sachen gepfändet werden sollen, selbst wenn der Schuldner dem widerspricht.[4]   3

II. Einwilligung des Schuldners

Willigt der Schuldner ausdrücklich und vorbehaltlos ein, wird keine Anordnung benötigt (Abs. 1 Satz 1). Lediglich Hinnahme oder die grundsätzliche Zugänglichkeit für die Öffentlichkeit (v.a. bei Geschäftsräumen) genügt nicht.[5] Eine Einwilligung kann auch von mitwohnenden Familienangehörigen und bevollmächtigtem Personal erklärt werden.[6] Die Einwilligung ist jederzeit **widerrufbar**.[7]   4

C. Sonderfälle
I. Mitbewohner

Die Mitbewohner (also Mitgewahrsamsinhaber an der Wohnung) eines Schuldners müssen die Durchsuchung nach Abs. 3 dulden, wenn gegen den Schuldner eine Durchsuchungsanordnung vorliegt. Die Verfassungsgemäßheit der Norm ist umstritten.[8] Für diese sind unbillige Härten zu vermeiden (Abs. 3 Satz 2). Diese können schneller eintreten als für den Schuldner und sind deshalb bereits anzunehmen, wenn die Durchsuchung für den Mitbewohner zur Unzeit kommt.[9]   5

II. Durchsuchung bei Dritten

Durchsuchungen bei Dritten sind grundsätzlich zulässig. Dies kommt in Frage, wenn der Gerichtsvollzieher weiß, dass sich pfändbare Gegenstände des Schuldners in einer schuldnerfremden Wohnung befinden. Gegen den Dritten benötigt der Gerichtsvollzieher für eine Durchsuchung eine Durchsuchungsanordnung gegen diesen. Ob eine Durchsuchungsanordnung entbehrlich ist, wenn der Dritte mit dem Schuldner eine Vollstreckungsvereitelung begeht, ist strittig, wegen Art. 13 GG aber im Zweifel abzulehnen.[10]   6

III. Gefahr im Verzug

Bei Gefahr im Verzug bedarf es keiner Durchsuchungsanordnung (Abs. 1 Satz 2). Ob Gefahr im Verzug vorliegt, muss der Gerichtsvollzieher **eigenständig prüfen**. Ein Ermessen wird ihm deshalb jedoch nicht eingeräumt. Gefahr im Verzug liegt beispielsweise vor, wenn ein Umzug unmittelbar bevorsteht.[11]   7

D. Weitere Erläuterungen
I. Antrag

Der Gläubiger **muss** einen Antrag beim Amtsgericht, in dessen Bezirk die Durchsuchung stattfinden soll, stellen. Dabei hat er das amtliche Formular zu benutzen (siehe Fn. 1). Es besteht kein Anwaltszwang. Der Gerichtsvollzieher darf den Antrag nicht stellen. Der Richter entscheidet über den Antrag. Er prüft, ob die allgemeinen Vollstreckungsvoraussetzungen vorlie-   8

---

2 BVerfG, NJW 1987, 2499 = MDR 1987, 903.
3 VG Köln, NJW 1977, 825.
4 BFH, NJW 1989, 855 = KKZ 1989, 51.
5 LG Wuppertal, DGVZ 1980, 11.
6 BT-Drucks. 13/341, S. 16.
7 Zöller-*Stöber*, ZPO, § 758a Rn. 14.
8 Musielak/Voit-*Lackmann*, ZPO, § 758a Rn. 5f.
9 Z.B. wegen starker Erkrankung oder eines wichtigen Besuchs, Musielak/Voit-*Lackmann*, ZPO, § 758a Rn. 5.
10 Musielak/Voit-*Lackmann*, ZPO, § 758a Rn. 7.
11 OLG Karlsruhe, DGVZ 1992, 41.

gen (Titel, Klausel, Zustellung). Er prüft nicht, ob der Titel inhaltlich zutreffend ist, jedoch, ob er vollstreckbar ist.

II. Beschluss

9 Der Richter entscheidet durch Beschluss, gegen den sofortige Beschwerde eingelegt werden darf (§ 793 ZPO). Er hat den Grundsatz der Verhältnismäßigkeit anzuwenden. Eine Anordnung rein wegen Bagatellforderungen ist dennoch nicht per se unzulässig.[12] Der Schuldner ist **anzuhören**, es sei denn, der Vollstreckungserfolg wäre hierdurch gefährdet.[13] Der Antrag ist wegen fehlenden **Rechtsschutzbedürfnisses** abzulehnen, wenn eine Verweigerung des Schuldners noch gar nicht erklärt wurde, es sei denn, er wurde mehrfach nicht angetroffen.[14] Möglich ist es aber auch, darzulegen, weshalb eine Verweigerung höchstwahrscheinlich erfolgen wird.[15]

III. Nachtzeit, Sonn- und Feiertage

10 In den genannten Zeiträumen darf eine Durchsuchung einer Wohnung nur stattfinden, wenn es eine gesonderte Anordnung des Richters gibt. Der Gerichtsvollzieher muss die Voraussetzungen des Abs. 4 prüfen.

E. Rechtsbehelfe

11 Rechtsbehelf gegen die Anordnung (auch die nach Abs. 4) ist die sofortige Beschwerde nach § 793 ZPO. Nach Durchsuchung nur, wenn weitere Durchsuchungen oder weitere Durchsuchungsanordnungen drohen.[16] Für Dritte bei erfolgter Anhörung § 793 ZPO, ansonsten § 766 ZPO. Bei Ablehnung des Gläubigerantrages ist ebenso sofortige Beschwerde nach § 766 ZPO einzulegen.

F. Kosten und Gebühren

12 Der Gerichtsvollzieher macht Auslagen nach Nr. 704 KV-GvKostG geltend. Bei Vollstreckungen zur Unzeit verdoppeln sich die Gebühren (§ 11 GvKostG). Die Tätigkeit des Anwalts ist mit der Gebühr der Nr. 3309 VV-RVG abgegolten (§§ 18 Abs. 1 Nr. 1, 19 Abs. 2 Nr. 1 RVG).

§ 759
Zuziehung von Zeugen

Wird bei einer Vollstreckungshandlung Widerstand geleistet oder ist bei einer in der Wohnung des Schuldners vorzunehmenden Vollstreckungshandlung weder der Schuldner noch ein erwachsener Familienangehöriger, eine in der Familie beschäftigte Person oder ein erwachsener ständiger Mitbewohner anwesend, so hat der Gerichtsvollzieher zwei erwachsene Personen oder einen Gemeinde- oder Polizeibeamten als Zeugen zuzuziehen.

1 Liegen die Voraussetzungen der Norm vor, muss der Gerichtsvollzieher Zeugen bei der Vollstreckungshandlung zwingend hinzuziehen. Er hat kein Ermessen. Bei den geeigneten Zeugen handelt es sich um entweder zwei erwachsene Personen oder um einen Gemeinde- oder Polizeibeamten. Bei Verstößen stehen keine Rechtsbehelfe offen.

§ 760
Akteneinsicht; Aktenabschrift

[1]Jeder Person, die bei dem Vollstreckungsverfahren beteiligt ist, muss auf Begehren Einsicht der Akten des Gerichtsvollziehers gestattet und Abschrift einzelner Aktenstücke erteilt werden. [2]Werden die Akten des Gerichtsvollziehers elektronisch geführt, erfolgt die Gewährung von Akteneinsicht durch Erteilung von Ausdrucken, durch Übermittlung von elektronischen Dokumenten oder durch Wiedergabe auf einem Bildschirm; dies gilt auch für die nach § 885a Absatz 2 Satz 2 elektronisch gespeicherten Dateien.

---

12 OLG Düsseldorf, NJW 1980, 1171; hierzu auch Keller-*Keller*, Handbuch Zwangsvollstreckungsrecht, Kap. 1 Rn. 25.
13 Musielak/Voit-*Lackmann*, ZPO, § 758a Rn. 14 m.w.N.
14 Musielak/Voit-*Lackmann*, ZPO, § 758a Rn. 12.
15 MK-*Heßler*, ZPO, § 758a Rn. 50 m.w.N.
16 LG Bad Kreuznach, DGVZ 1989, 139.

Die Einsicht in die Akten wird **auf Antrag** gewährt. 1

Es dürfen Gläubiger, Schuldner oder sonstige beteiligte Dritte Akteneinsicht erhalten. Die körperliche Versendung kann nicht verlangt werden,[1] es ist allein die Akteneinsicht ist vor Ort unter der Überwachung des Gerichtsvollziehers zu gewähren. Als **Rechtsbehelf** steht § 766 ZPO zur Verfügung. 2

Auslagen werden gemäß Nr. 700 KV-GvKostG erhoben. 3

§ 761
(weggefallen)

§ 762
Protokoll über Vollstreckungshandlungen

(1) Der Gerichtsvollzieher hat über jede Vollstreckungshandlung ein Protokoll aufzunehmen.

(2) Das Protokoll muss enthalten:
1. Ort und Zeit der Aufnahme;
2. den Gegenstand der Vollstreckungshandlung unter kurzer Erwähnung der wesentlichen Vorgänge;
3. die Namen der Personen, mit denen verhandelt ist;
4. die Unterschrift dieser Personen und den Vermerk, dass die Unterzeichnung nach Vorlesung oder Vorlegung zur Durchsicht und nach Genehmigung erfolgt sei;
5. die Unterschrift des Gerichtsvollziehers.

(3) Hat einem der unter Nummer 4 bezeichneten Erfordernisse nicht genügt werden können, so ist der Grund anzugeben.

Abs. 2 gibt die einzelnen Erfordernisse an das Protokoll vor. Dabei wird Abs. 2 ergänzt durch das GVGA. Das Protokoll ist eine **öffentliche Urkunde** nach § 415 ZPO,[1] mit der entsprechenden Beweiskraft (§ 418 ZPO). **Fehler** werden nach § 164 Abs. 1 ZPO berichtigt.[2] § 766 ZPO greift nur bei Fehlen eines Protokolls ein.[3] 1

Kosten werden durch den Gerichtsvollzieher nicht erhoben. Nur ein Zeitzuschlag nach Nr. 500 KV-GvKostG kann in Frage kommen. 2

§ 763
Aufforderungen und Mitteilungen

(1) Die Aufforderungen und sonstigen Mitteilungen, die zu den Vollstreckungshandlungen gehören, sind von dem Gerichtsvollzieher mündlich zu erlassen und vollständig in das Protokoll aufzunehmen.

(2) [1]Kann dies mündlich nicht ausgeführt werden, so hat der Gerichtsvollzieher eine Abschrift des Protokolls zuzustellen oder durch die Post zu übersenden. [2]Es muss im Protokoll vermerkt werden, dass diese Vorschrift befolgt ist. [3]Eine öffentliche Zustellung findet nicht statt.

Die Vorschrift gibt vor, wie Aufforderungen und Mitteilungen des Gerichtsvollziehers erfolgen dürfen, nämlich **mündlich**. Wird die Aufforderung oder Mitteilung nicht mündlich erteilt, ist das **Protokoll** mit der Aufforderung und Mitteilung an den Betreffenden zuzustellen oder per Post zu übersenden. Die öffentliche Zustellung ist nicht gestattet. 1

---

1 Vgl. Zöller-*Stöber*, ZPO, § 760 Rn. 1.

Zu § 762:
1 Vgl. OLG Frankfurt a.M., Rpfleger 1977, 14, Rn. 10 = JurBüro 1977, 730, Rn. 10.
2 LG Frankenthal, DGVZ 1985, 88 (89 f.).
3 Musielak/Voit-*Lackmann*, ZPO, § 762 Rn. 7.

§ 764
Vollstreckungsgericht

(1) Die den Gerichten zugewiesene Anordnung von Vollstreckungshandlungen und Mitwirkung bei solchen gehört zur Zuständigkeit der Amtsgerichte als Vollstreckungsgerichte.

(2) Als Vollstreckungsgericht ist, sofern nicht das Gesetz ein anderes Amtsgericht bezeichnet, das Amtsgericht anzusehen, in dessen Bezirk das Vollstreckungsverfahren stattfinden soll oder stattgefunden hat.

(3) Die Entscheidungen des Vollstreckungsgerichts ergehen durch Beschluss.

Inhalt:
	Rn.		Rn.
A. Sachliche Zuständigkeit	1	C. Entscheidung	3
B. Örtliche Zuständigkeit	2	D. Folgen von Verstößen	4

A. Sachliche Zuständigkeit

1 Das Amtsgericht ist sachlich zuständig. Dies gilt auch, wenn ein Familiengericht eine Entscheidung getroffen hat. Nach Eröffnung des Insolvenzverfahrens ist das Insolvenzgericht zuständig.[1]

B. Örtliche Zuständigkeit

2 Jede einzelne Vollstreckungshandlung muss betrachtet werden, um die jeweilige örtliche Zuständigkeit zu bestimmen, die ausschließlich ist (§ 802 ZPO).[2]

C. Entscheidung

3 Die Entscheidungen ergehen durch Beschluss (Abs. 3). Eine mündliche Verhandlung ist nicht zwingend (Abs. 3 i.V.m. § 128 Abs. 4 ZPO).

D. Folgen von Verstößen

4 Funktionelle Unzuständigkeit hat nach § 44 VwVfG analog die Unwirksamkeit zur Folge.[3] Sachliche und örtliche Zuständigkeit kann wegen §§ 513 Abs. 2, 545 Abs. 2, 571 Abs. 2 Satz 2 ZPO auch mit Vollstreckungsrechtsbehelfen nicht gerügt werden.[4]

§ 765
Vollstreckungsgerichtliche Anordnungen bei Leistung Zug und Zug

Hängt die Vollstreckung von einer Zug um Zug zu bewirkenden Leistung des Gläubigers an den Schuldner ab, so darf das Vollstreckungsgericht eine Vollstreckungsmaßregel nur anordnen, wenn

1. der Beweis, dass der Schuldner befriedigt oder im Verzug der Annahme ist, durch öffentliche oder öffentlich beglaubigte Urkunden geführt wird und eine Abschrift dieser Urkunden bereits zugestellt ist; der Zustellung bedarf es nicht, wenn bereits der Gerichtsvollzieher die Zwangsvollstreckung nach § 756 Abs. 1 begonnen hatte und der Beweis durch das Protokoll des Gerichtsvollziehers geführt wird; oder

2. der Gerichtsvollzieher eine Vollstreckungsmaßnahme nach § 756 Abs. 2 durchgeführt hat und diese durch das Protokoll des Gerichtsvollziehers nachgewiesen ist.

1 Die Norm richtet sich nach § 756 ZPO (dort für Gerichtsvollzieher) und gilt für das Vollstreckungsgericht. Sie entspricht auch inhaltlich weitgehend § 756 ZPO.

---

1 Vgl. OLG Köln, NZI 2000, 590 = Rpfleger 2001, 92.
2 Vgl. MK-*Heßler*, ZPO, § 764 Rn. 27.
3 MK-*Heßler*, ZPO, § 764 Rn. 7.
4 Musielak/Voit-*Lackmann*, ZPO, § 764 Rn. 7.

§ 765a
Vollstreckungsschutz

(1) ¹Auf Antrag des Schuldners kann das Vollstreckungsgericht eine Maßnahme der Zwangsvollstreckung ganz oder teilweise aufheben, untersagen oder einstweilen einstellen, wenn die Maßnahme unter voller Würdigung des Schutzbedürfnisses des Gläubigers wegen ganz besonderer Umstände eine Härte bedeutet, die mit den guten Sitten nicht vereinbar ist. ²Es ist befugt, die in § 732 Abs. 2 bezeichneten Anordnungen zu erlassen. ³Betrifft die Maßnahme ein Tier, so hat das Vollstreckungsgericht bei der von ihm vorzunehmenden Abwägung die Verantwortung des Menschen für das Tier zu berücksichtigen.

(2) Eine Maßnahme zur Erwirkung der Herausgabe von Sachen kann der Gerichtsvollzieher bis zur Entscheidung des Vollstreckungsgerichts, jedoch nicht länger als eine Woche, aufschieben, wenn ihm die Voraussetzungen des Absatzes 1 Satz 1 glaubhaft gemacht werden und dem Schuldner die rechtzeitige Anrufung des Vollstreckungsgerichts nicht möglich war.

(3) In Räumungssachen ist der Antrag nach Absatz 1 spätestens zwei Wochen vor dem festgesetzten Räumungstermin zu stellen, es sei denn, dass die Gründe, auf denen der Antrag beruht, erst nach diesem Zeitpunkt entstanden sind oder der Schuldner ohne sein Verschulden an einer rechtzeitigen Antragstellung gehindert war.

(4) Das Vollstreckungsgericht hebt seinen Beschluss auf Antrag auf oder ändert ihn, wenn dies mit Rücksicht auf eine Änderung der Sachlage geboten ist.

(5) Die Aufhebung von Vollstreckungsmaßregeln erfolgt in den Fällen des Absatzes 1 Satz 1 und des Absatzes 4 erst nach Rechtskraft des Beschlusses.

Inhalt:

	Rn.		Rn.
A. Allgemeines	1	IV. Verfahren	12
B. Erläuterungen	3	V. Entscheidung	13
I. Befugnisse des Gerichtsvollziehers	6	VI. Abänderung	14
II. Frist in Räumungssachen	8	C. Rechtsbehelfe	15
III. Anwendungsbereich	10	D. Kosten und Gebühren	16

A. Allgemeines

Abs. 1 gibt dem Schuldner die Möglichkeit eine Zwangsvollstreckungsmaßnahme gleich welcher Art wegen einer dem GG widersprechenden Härte (zumindest eine Zeit lang) einstellen zu lassen. Ob die Zwangsvollstreckungsmaßnahme ganz oder teilweise aufzuheben, zu untersagen oder einstweilen einzustellen ist, entscheidet das Gericht. Ein Verzicht auf § 765a ZPO durch den Schuldner ist nicht möglich. 1

Die Norm ist wegen ihres Ausnahmecharakters **eng auszulegen** und insbesondere wegen eines weitgehenden Pfändungsschutzes in den §§ 850a ff. ZPO und §§ 721, 794a ZPO in der Praxis selten anzunehmen.[1] Im Verfahren nach § 765a ZPO dürfen nur die dort vorgesehenen Gründe vorgebracht werden, für andere Einwendungen gelten die entsprechenden Rechtsbehelfe wie z.B. § 766 ZPO. Ein Rechtsschutzbedürfnis kann fehlen, wenn die einstweilige Anordnung wie beispielsweise bei §§ 707, 719 ZPO auch beim Prozessgericht beantragt werden kann.[2] Es fehlt nicht, wenn die Zwangsvollstreckung noch nicht begonnen hat, aber droht. 2

B. Erläuterungen

Nach Abs. 1 kann eine Zwangsvollstreckungsmaßnahme zumindest einstweilen eingestellt werden, wenn die genannten Voraussetzungen gegeben sind. Der Rechtsfolgenausspruch betrifft immer nur bestimmte Maßnahmen der Zwangsvollstreckung, nicht die Zwangsvollstreckung im Allgemeinen, selbst wenn auch für diese die Voraussetzungen gegeben sein sollten.[3] 3

Zunächst müssen ganz besondere Umstände vorliegen. Dies bedeutet, dass gesetzlich bereits normierte Fälle **nicht** berücksichtigt werden dürfen. Dies sind also die Nachteile die naturgemäß mit einer Zwangsvollstreckung einhergehen. Weitere Voraussetzung ist das Vorliegen einer **sittenwidrigen Härte**. Eine unbillige Härte genügt nach dem Gesetzeswortlaut nicht. Die notwendige sittenwidrige Härte ist gegeben, wenn die Zwangsvollstreckungsmaßnahme zu einem ganz untragbaren Ergebnis führen würde.[4] Maßstab hierfür sind insbesondere Grund- 4

---

1 Thomas/Putzo-*Seiler*, ZPO, § 765a Rn. 2; siehe ferner die hiesige Rn. 10 ff.
2 H.M. MK-*Heßler*, ZPO, § 765a Rn. 75 m.w.N.
3 OLG Köln, NJW 1994, 1743.
4 BGHZ 44, 138 (139) = NJW 1965, 2107 (2108).

rechte des Schuldners und andere grundgesetzliche Wertentscheidungen.[5] Dies können die Menschenwürde, die Freiheit der Persönlichkeit,[6] das Recht auf Leben und körperliche Unversehrtheit, der Verhältnismäßigkeitsgrundsatz[7] und die Eigentumsgarantie[8] sein. Einer der wichtigsten **Annahmefälle** einer sittenwidrigen Härte ist die Selbstmordgefährdung des Schuldners.[9] Auch eine Unverhältnismäßigkeit zwischen Nutzen und Schaden können eine Sittenwidrigkeit nahe legen.[10]

5 Das Gericht hat vor der Entscheidung immer eine **Interessenabwägung** durchzuführen, da der Gläubiger in allen Fällen zunächst ein Vollstreckungsinteresse hat. Wenngleich Verschulden im Rahmen des § 765a ZPO keine Rolle spielt, kann dies auch hier einfließen. Belange Dritter sind irrelevant. In der Interessensabwägung sind Nutzen und Schaden gegeneinander aufzuwiegen, wobei nur wenn der Schaden für den Schuldner erheblich größer ist, eine Entscheidung i.S.d. Abs. 1 fallen kann.[11] Bei **Tieren** ist Abs. 1 Satz 3 zu beachten. Geschützt ist insofern der Tierschutz (siehe § 1 Satz 1 TierSchG), nicht jedoch eine emotionale Verbindung zwischen Halter und Tier.[12]

I. Befugnisse des Gerichtsvollziehers

6 Der Gerichtsvollzieher kann nach Abs. 2 einen **Vollstreckungsaufschub** von höchstens einer Woche anordnen, damit der Schuldner einen Antrag nach Abs. 1 stellen kann, wenn dieser nicht rechtzeitig käme. Ihm sind die Voraussetzungen des Abs. 1 und die Tatsache, dass nicht rechtzeitig der Antrag nach Abs. 1 gestellt werden konnte, glaubhaft zu machen. Der Aufschub dient allein dazu, dass der Schuldner einen Antrag nach Abs. 1 stellen kann. Ist der Antrag bereits gestellt, besteht kein Raum für einen Aufschub.[13]

7 Erwirkt der Schuldner innerhalb der Aufschubfrist keinen Beschluss nach Abs. 1, ist die Vollstreckung fortzusetzen. Der Gerichtsvollzieher hat auf die Fortsetzung hinzuweisen.

II. Frist in Räumungssachen

8 Ist eine Räumung tituliert, muss der Antrag nach Abs. 1 spätestens zwei Wochen vor dem Räumungstermin bei Gericht eingegangen sein (Abs. 3). Ansonsten ist der Antrag nach Abs. 1 unzulässig.

9 Hiervon gibt es zwei **Ausnahmen**. Die erste liegt vor, wenn die Gründe, auf die der Antrag beruht, nach dem in Abs. 3 beschriebenen Zeitpunkt entstanden sind. Die zweite ist gegeben, wenn der Schuldner ohne sein Verschulden an einer rechtzeitigen Antragstellung gehindert war. Hier sind die Maßstäbe des § 233 ZPO anzuwenden.

III. Anwendungsbereich

10 Wie bereits erwähnt, ist Abs. 1 nur in Fällen anzuwenden, wenn keine andere gesetzliche Vorschrift zu Gunsten des Schuldners greift. Der Anwendungsbereich des Abs. 1 ist daher eingeschränkt. Bei einer Zwangsvollstreckung von Geldforderungen in bewegliche Sachen sind bereits die §§ 803, 811f., 817a ZPO zum Schutz des Schuldners vorhanden. Abs. 1 ist dann nicht anwendbar. Das Gleiche gilt bei den meisten Forderungspfändungen, da die §§ 850ff. ZPO, § 54 SGB I den Schuldner schützen. Nur wenn die §§ 850ff. ZPO nicht greifen, könnte Abs. 1 Anwendung finden. Dabei ist aber die Entscheidung des Gesetzgebers zu berücksichtigen, dass dieser nur bestimmte Forderungen schützt, insofern ist die praktische Wirkung des § 765a ZPO in diesen Fällen gering.

11 Bei **Wohnraum** sind die §§ 721, 794a ZPO **vorrangig**. Abs. 1 greift nur ausnahmsweise und kann neben dem Antrag nach § 721 ZPO gestellt werden. Bei anderen Räumen als Wohnraum greift Abs. 1, da hier keine Schuldnerschutzvorschriften bestehen. Die Immobiliarvollstreckung ist ein weiterer Anwendungsbereich des Abs. 1. Die Zwangsversteigerung ist demnach nicht fortzuführen, wenn sie ohne Zweifel zu einer nicht einmal teilweisen Befriedigung des Gläubigers führen würde und bei objektiver Betrachtung mutwillig oder böswillig erscheint.[14]

---

5 BVerfG, NZM 2005, 657 = FamRZ 2005, 1972.
6 Musielak/Voit-*Lackmann*, ZPO, § 765a Rn. 5.
7 BVerfGE 52, 214 = NJW 1979, 2607.
8 BVerfGE 49, 220 (220ff.) = NJW 1979, 534 (534f.).
9 BVerfG, NJW 1994, 1719 = Rpfleger 1994, 470.
10 OLG Düsseldorf, Rpfleger 1989, 470.
11 Zöller-*Stöber*, ZPO, § 765a Rn. 6.
12 Musielak/Voit-*Lackmann*, ZPO, § 765a Rn. 12.
13 Zöller-*Stöber*, ZPO, § 765a Rn. 28.
14 OLG Koblenz, Rpfleger 1986, 25 = MDR 1886, 65.

IV. Verfahren

Ausschließlich zuständig ist das **Vollstreckungsgericht** (§ 802 ZPO). Es wird nur auf **Antrag** des Schuldners tätig. Eine Frist bis auf die des Abs. 3 existiert nicht. Er kann auch erstmals in der zulässigen Beschwerdeinstanz gestellt werden,[15] nicht jedoch in der Rechtsbeschwerdeinstanz.[16] Das Gericht entscheidet durch **Beschluss**. Eine Kostenentscheidung ist nicht erforderlich (§ 788 ZPO). 12

V. Entscheidung

Die Art der Entscheidung ist in Abs. 1 genannt. In Frage kommen insofern ganz oder teilweise Aufhebung, Untersagung oder einstweilige Einstellung der Vollstreckungsmaßnahme. Nicht umfasst ist die Rückgängigmachung bereits abgeschlossener Zwangsvollstreckungsmaßnahmen.[17] Vollstreckungsmaßregeln dürfen erst nach Rechtskraft des Beschlusses nach Abs. 1 aufgehoben werden (Abs. 5). 13

VI. Abänderung

Nach Abs. 4 ist eine Abänderung auf Antrag einer der Beteiligten zu prüfen und darüber zu entscheiden. Es entscheidet der Rechtspfleger (§ 20 Abs. 1 Nr. 17 RPflG). 14

C. Rechtsbehelfe

Gegen die Entscheidung ist die sofortige Beschwerde (§ 793 ZPO) statthaft. Gegen die Gewährung des Aufschubes durch den Gerichtsvollzieher nach Abs. 2 ist die Erinnerung nach § 766 ZPO statthaft, jedoch nur innerhalb der Wochenfrist. 15

D. Kosten und Gebühren

Es werden Gerichtskosten in Höhe von 20,00 € erhoben (Nr. 2112 KV-GKG). Im Beschwerdeverfahren ist Nr. 2121 KV-GKG maßgeblich. Bei Verwerfung oder Zurückweisung fallen Kosten von 30,00 € an. Nach Ermessen kann das Gericht bestimmen, dass keine Gerichtskosten anfallen oder diese ermäßigt werden, wenn das Rechtsmittel nur zum Teil nicht erfolgreich war. 16

Der Anwalt erhält für jedes Verfahren die Gebühr nach Nr. 3309 VV-RVG (§ 18 Abs. 1 Nr. 6 RVG). 17

§ 766
Erinnerung gegen Art und Weise der Zwangsvollstreckung

(1) ¹Über Anträge, Einwendungen und Erinnerungen, welche die Art und Weise der Zwangsvollstreckung oder das vom Gerichtsvollzieher bei ihr zu beobachtende Verfahren betreffen, entscheidet das Vollstreckungsgericht. ²Es ist befugt, die im § 732 Abs. 2 bezeichneten Anordnungen zu erlassen.

(2) Dem Vollstreckungsgericht steht auch die Entscheidung zu, wenn ein Gerichtsvollzieher sich weigert, einen Vollstreckungsauftrag zu übernehmen oder eine Vollstreckungshandlung dem Auftrag gemäß auszuführen, oder wenn wegen der von dem Gerichtsvollzieher in Ansatz gebrachten Kosten Erinnerungen erhoben werden.

Inhalt:

	Rn.		Rn.
A. Allgemeines	1	IV. Begründetheit	10
B. Erläuterungen	5	V. Tenor	11
I. Zuständigkeit	5	C. Rechtsbehelfe	14
II. Zulässigkeit	6	D. Kosten und Gebühren	15
III. Verfahren	8		

A. Allgemeines

Der Rechtsbehelf der Erinnerung dient dazu, die Art und Weise, also das **Verfahren** der Zwangsvollstreckung anzugreifen. Er greift nur dann, wenn **Verfahrensvorschriften verletzt** sind. Auch der Gläubiger kann gegen eine Entscheidung des Gerichtsvollziehers vorgehen, die Zwangsvollstreckung nicht auftragsgemäß auszuführen (Abs. 2; die Kostenentscheidung kann auch vom Schuldner angegriffen werden). Auch Dritte können unter Umständen erinne- 1

---

15 BVerfG, NJW 2007, 2910, Rn. 11 ff. = FamRZ 2007, 1717, Rn. 11 ff.
16 BGH, NZI 2008, 95 = Rpfleger 2008, 152.
17 MK-*Heßler*, ZPO, § 765a Rn. 89.

rungsbefugt sein. Die Vollstreckungserinnerung nach § 766 ZPO ist einzulegen, wenn eine **Vollstreckungsmaßnahme** vorliegt. Die Norm gilt für alle Arten der Zwangsvollstreckung.

2 Sind materiell-rechtliche Einwendungen vorhanden, ist die Vollstreckungsabwehrklage nach § 767 ZPO zu erheben. Wurde die Gegenseite angehört, liegt eine **Entscheidung** vor, die nach § 793 ZPO mit der sofortigen Beschwerde anzugreifen ist.[1] Die gleiche Beurteilung ergibt sich, soweit der Rechtspfleger anstelle des Richters tätig wurde.[2] Die Dienstaufsichtsbeschwerde gegen den Gerichtsvollzieher ist zumeist neben § 766 ZPO möglich, führt aber lediglich zu dienstrechtlichen Konsequenzen, nicht zur Aufhebung eventueller Vollstreckungsmaßnahmen.

3 Bei **außerhalb der Zwangsvollstreckung** anzugreifenden Handlungen des Gerichtsvollziehers (z.B. bei der Zustellung) findet § 23 Abs. 1 EGGVG Anwendung.[3] Gegen Handlungen des Grundbuchamts ist nur § 71 GBO statthaft. Eine Entscheidung über einen Pfändungs- und Überweisungsbeschluss, der vom Rechtspfleger erlassen wird, wird nach § 11 Abs. 1 RPflG mit § 793 ZPO angegriffen.[4] § 793 ZPO ist auch der statthafte Rechtsbehelf gegen Haftbefehle.[5]

4 Vollstreckungshindernde Vereinbarungen zwischen Gläubiger und Schuldner sind vom Schuldner nicht über § 766 ZPO, sondern § 767 ZPO analog geltend zu machen.[6] Ist § 766 ZPO statthaft, schließt dies die Einlegung weiterer Rechtsbehelfe nicht aus.[7]

B. Erläuterungen
I. Zuständigkeit

5 Ausschließlich (§ 802 ZPO) zuständig ist das **Vollstreckungsgericht** (Abs. 1 Satz 1 i.V.m. § 764 Abs. 2 ZPO), dort der Richter (§ 20 Abs. 1 Nr. 17 Satz 2 RPflG).

II. Zulässigkeit

6 Die Erinnerung ist nur statthaft, soweit Vollstreckungsmaßnahmen (oder im Falle des Abs. 2 ein Unterlassen oder die Kostenentscheidung des Gerichtsvollziehers) angegriffen werden. Dies sind immer Handlungen oder Unterlassungen des Gerichtsvollziehers (soweit er nicht ausnahmsweise nicht als Vollstreckungsorgan tätig wurde, siehe Rn. 3). Bei **Maßnahmen eines Gerichts** ist genau zu unterscheiden, ob eine Vollstreckungsmaßnahme (dann § 766 ZPO) oder eine Entscheidung (dann § 793 ZPO) vorliegt. Eine Entscheidung liegt vor, wenn aufgrund des beiderseitigen Parteivorbringens, eine rechtliche Entscheidung getroffen wurde, die Parteien also gehört wurden bzw. ihnen die Möglichkeit gegeben wurde.[8] Eine Maßnahme ist dagegen anzunehmen, wenn einem Antrag des Gläubigers ohne Anhörung des Schuldners entsprochen wird.

7 Der Erinnerungsführer muss ein **Rechtsschutzinteresse** nachweisen. Dies ist allerdings ab dem Zeitpunkt des unmittelbaren Bevorstehens der Zwangsvollstreckung bis zur Beendigung zu bejahen. Der Erinnerungsführer muss zudem die **Verletzung eigener Rechte** geltend machen (insofern also beschwert sein). Dies ist bei Gläubiger und Schuldner zumeist unproblematisch gegeben. Will ein Dritter die Erinnerung einlegen, muss er jedoch die Verletzung solcher Normen geltend machen, die gerade ihn schützen sollen. Das können sein: §§ 809, 811 Abs. 1 Nr. 1, 2, 3, 5, 12, 812, 810, 865 Abs. 2, 804 Abs. 3 ZPO.[9] Erinnerungsbefugt ist auch der Insolvenzverwalter.

III. Verfahren

8 Die Erinnerung ist nicht an eine **Frist** gebunden, soweit sich die Einlegung nicht aufgrund der Verspätung als rechtsmissbräuchlich herausstellt.[10] Sie ist schriftlich oder zu Protokoll einzureichen (§ 569 Abs. 2, 3 ZPO analog). Ein **Anwaltszwang** besteht nicht (§§ 569 Abs. 3, 78 Abs. 3 ZPO). Ein bestimmter Antrag i.S.d. § 253 Abs. 2 Nr. 2 ZPO muss nicht vorliegen. Es muss einzig ersichtlich sein, gegen welche Maßnahmen oder welches Unterlassen die Erinnerung gerichtet ist.[11]

---

1 BGH, NJW 2011, 525 = FamRZ 2010, 2069.
2 Vgl. Thomas/Putzo-*Seiler*, ZPO, § 766 Rn. 2.
3 OLG Hamm, Rpfleger 2011, 93 = FamRZ 2011, 322.
4 OLG Koblenz, NJW-RR 1986, 679.
5 LG Münster, MDR 1999, 890 = Rpfleger 1999, 405.
6 So BGH, NJW 2002, 1788 = MDR 2002, 968; a.A. in der Literatur z.B. Musielak/Voit-*Lackmann*, ZPO, § 766 Rn. 7.
7 Musielak/Voit-*Lackmann*, ZPO, § 766 Rn. 9 m.w.N.
8 BGH, NJW 2011, 525 (526) = FamRZ 2010, 2069.
9 Musielak/Voit-*Lackmann*, ZPO, § 766 Rn. 19.
10 Diesbezüglich ist die Rechtsprechung aber zurückhaltend, so sei auch eine drei Monate nach der Maßnahme eingelegte Erinnerung nicht per se rechtsmissbräuchlich, BGH, WM 2013, 1225.
11 Musielak/Voit-*Lackmann*, ZPO, § 766 Rn. 16 m.w.N.

Die Verletzung materiellen Rechts darf durch das Gericht nicht geprüft werden.[12] Das Vollstreckungsgericht kann eine mündliche Verhandlung durchführen (§§ 764 Abs. 3, 128 Abs. 4 ZPO), ggf. ist eine Beweisaufnahme erforderlich. **Einstweilige Anordnungen** sind möglich (Abs. 1 Satz 2, § 732 Abs. 2 ZPO). Das Gericht entscheidet durch Beschluss. Er ist der formellen Rechtskraft immer fähig, der materiellen soweit die Entscheidung inhaltlich einer materiellen Rechtskraft fähig ist.[13]

IV. Begründetheit

Maßgebend, ob die Erinnerung begründet ist, ist der **Zeitpunkt der Entscheidung**.[14] Insofern kann auch noch Heilung innerhalb des Erinnerungsverfahrens eintreten. Dann sollte der Antrag für erledigt erklärt werden. Sie ist inhaltlich begründet, wenn die Zwangsvollstreckungsmaßnahme zulässig wäre (bei einer Erinnerung des Gläubigers) oder wenn der Zwangsvollstreckungsmaßnahme Verfahrensvorschriften entgegenstehen, die dem Schutz des Schuldners oder Dritten dienen sollen[15] (bei einer Erinnerung des Schuldners oder eines Dritten).

V. Tenor

Bei Unzulässigkeit wird die Erinnerung verworfen (zur jeweiligen Kostenentscheidung siehe Rn. 13). Der Tenor lautet:

Die Erinnerung vom [Datum] wird verworfen.

Der Erinnerungsführer hat die Kosten des Verfahrens zu tragen.

Bei Unbegründetheit der Erinnerung lautet der Tenor auf Zurückweisung:

Die Erinnerung vom [Datum] wird zurückgewiesen.

Der Erinnerungsführer hat die Kosten des Verfahrens zu tragen.

Ist die **Erinnerung des Schuldners** begründet, ist die Zwangsvollstreckung für unzulässig zu erklären. Dies kann auch teilweise geschehen. Eventuelle bereits ausgeführte Zwangsvollstreckungsmaßnahmen sind aufzuheben, soweit das Gericht selbst Vollstreckungsorgan war (insbesondere beim Pfändungsbeschluss). Der Tenor lautet beispielsweise:

Auf die Erinnerung vom [Datum] wird die Vollstreckung in [genaue Bezeichnung der Vollstreckungsmaßnahme] zum Aktenzeichen [Angabe des Gerichtsvollzieher-Aktenzeichens] für unzulässig erklärt.

Ist die **Erinnerung des Gläubigers** begründet, ist der Gerichtsvollzieher anzuweisen, eine bestimmte Zwangsvollstreckungsmaßnahme durchzuführen. Der Tenor lautet beispielsweise:

Auf die Erinnerung vom [Datum] wird der zuständige Gerichtsvollzieher angewiesen, [genaue Bezeichnung der durchzuführenden Vollstreckungsmaßnahme, z. B.: „die Räumung des Anwesens Musterstraße 1, 66666 Musterhausen, auf der Grundlage des Urteils des Amtsgerichts Musterhausen vom 05.01.2017"] zum Aktenzeichen [Angabe des Gerichtsvollzieher-Aktenzeichens] bis zum [ggf. Fristsetzung] durchzuführen.

Eine **Kostenentscheidung** ist nach den allgemeinen Regeln zu treffen (§§ 91 ff. ZPO).[16] Die unterlegene Partei trägt diese regelmäßig, niemals der Gerichtsvollzieher.[17]

C. Rechtsbehelfe

Als Rechtsmittel gegen die Vollstreckungserinnerung steht die **sofortige Beschwerde** zur Verfügung (§ 793 ZPO).

D. Kosten und Gebühren

Gerichtskosten fallen nicht an, nur Auslagen werden ggf. geltend gemacht. Der vom Gläubiger beauftragte Anwalt erhält keine zusätzliche Gebühr (§§ 18 Abs. 1 Nr. 1, 19 Abs. 2 Nr. 2 RVG). Der Anwalt erhält in diesem Fall die 0,3 Gebühr (§ 15 Abs. 6 RVG). Der vom Schuldner oder einem Dritten beauftragte Anwalt erhält eine 0,5 Gebühr aus Nr. 3500 VV-RVG.

---

12 BGH, NZM 2009, 877 = DGVZ 2009, 203.
13 Vgl. Thomas/Putzo-*Seiler*, ZPO, § 766 Rn. 9.
14 BGH, NZJ 2013, 539.
15 Die Beschwer eines Dritten kann aber durch den Schuldner nicht geltend gemacht werden, BGH, NJW 2013, 2287, Rn. 13 = Rpfleger 2013, 554, Rn. 13.
16 BGH, NJW-RR 1989, 125 = Rpfleger 1989, 79.
17 BGH, NJW 2004, 2979 = Rpfleger 2004, 575.

§ 767
Vollstreckungsabwehrklage

(1) Einwendungen, die den durch das Urteil festgestellten Anspruch selbst betreffen, sind von dem Schuldner im Wege der Klage bei dem Prozessgericht des ersten Rechtszuges geltend zu machen.

(2) Sie sind nur insoweit zulässig, als die Gründe, auf denen sie beruhen, erst nach dem Schluss der mündlichen Verhandlung, in der Einwendungen nach den Vorschriften dieses Gesetzes spätestens hätten geltend gemacht werden müssen, entstanden sind und durch Einspruch nicht mehr geltend gemacht werden können.

(3) Der Schuldner muss in der von ihm zu erhebenden Klage alle Einwendungen geltend machen, die er zur Zeit der Erhebung der Klage geltend zu machen imstande war.

Inhalt:

	Rn.		Rn.
A. Allgemeines	1	V. Begründetheit	7
B. Erläuterungen	2	VI. Präklusion	8
I. Titel	2	VII. Präklusion bei neuer Vollstreckungs-	
II. Zuständigkeit	3	abwehrklage	10
III. Zulässigkeit	4	C. Kosten und Gebühren	11
IV. Verfahren	5		

A. Allgemeines

1 Im Gegensatz zu § 766 ZPO können mit der Vollstreckungsabwehrklage (nur) **materiell-rechtliche Einwendungen** gegen den titulierten Anspruch geltend gemacht werden. Verfahrensfehler müssen in der Erinnerung nach § 766 ZPO vorgebracht werden. Die Vollstreckungsabwehrklage ist in diesen Fällen unzulässig. Einwendungen, die der Kläger geltend machen kann, sind grundsätzlich nur rechtsvernichtende oder rechtshemmende Einwendungen.[1] Dazu gehören insbesondere Abtretungen, die Nichtigkeit von AGB, Anfechtung, Eintritt einer auflösenden Bedingung, fehlende Fälligkeit, Insolvenz, Minderung oder Zurückbehaltungsrechte.[2] Nicht geltend machbar sind dagegen spätere Rechtsprechungsänderungen (außer einer Nichtigerklärung einer Norm durch das BVerfG) oder Änderungen der Verkehrssitte.[3]

B. Erläuterungen
I. Titel

2 Die Norm betrifft nur **Leistungsurteile**, da nur diese einen vollstreckungsfähigen Inhalt haben. § 795 Satz 1 ZPO ordnet die Anwendbarkeit auf andere Titel als Urteile (§ 704 ZPO) an (§ 794 ZPO).

II. Zuständigkeit

3 Das **Prozessgericht erster Instanz** des titulierten Anspruchs ist für die Entscheidung ausschließlich (§ 802 ZPO) zuständig. In Familiensachen ist dies das Familiengericht, in Arbeitssachen das Arbeitsgericht.

III. Zulässigkeit

4 Der Kläger muss ein **Rechtsschutzbedürfnis** nachweisen. Dies ist im Falle des § 767 ZPO allerdings nur sehr selten nicht möglich: Es wird bereits vor Erteilung der Klausel bejaht[4] und endet erst mit vollständigem Ende der Zwangsvollstreckung. Geschieht dies nach Rechtshängigkeit der Klage nach § 767 ZPO, kann zur Bereicherungsklage übergangen werden.[5] Ist eine Erinnerung gegen den Titel möglich, fehlt das Rechtsschutzbedürfnis für die Klage aus § 767 ZPO.[6]

IV. Verfahren

5 Es ist ein Antrag zu stellen, der die Zwangsvollstreckung für unzulässig erklären soll. **Beweispflichtig** ist der Kläger, ausnahmsweise der Beklagte.[7] Das Gericht kann **vorläufige Maßnahmen** nach § 769 ZPO anordnen.

---

1 BGH, NJW 2015, 955 (958), Rn. 39 = NZBau 2015, 84 (87), Rn. 39.
2 Aus Musielak/Voit-*Lackmann*, ZPO, § 767 Rn. 23 ff. m.w.N., der wohl annähernd alle denkbaren Ansprüche auflistet.
3 Musielak/Voit-*Lackmann*, ZPO, § 767 Rn. 28 ff. m.w.N.
4 RGZ 134, 156 (162).
5 Musielak/Voit-*Lackmann*, ZPO, § 767 Rn. 20.
6 BGH, NJW-RR 1987, 1149 = MDR 1988, 136.
7 OLG Düsseldorf, NJW-RR 1997, 444.

Ist die Klage zulässig und begründet, wird durch ein für vorläufig vollstreckbar erklärtes Urteil (§ 775 Nr. 1 ZPO) die Vollstreckbarkeit aus dem ursprünglichen Titel beseitigt. Ist die Klage unzulässig oder unbegründet, darf aus dem Titel weiter vollstreckt werden.   6

V. Begründetheit
Der Antrag des Klägers ist begründet, soweit ihm eine Einwendung gegen den titulierten Anspruch zusteht. Zu beachten ist die Präklusion der Einwendungen nach Abs. 2 und 3.   7

VI. Präklusion
Abs. 2 regelt eine Präklusion von Einwendungen. Liegen die Voraussetzungen des Abs. 2 nicht vor, ist deren Geltendmachung unzulässig, die Klage aus § 767 ZPO unbegründet. Abs. 2 greift bei Prozessvergleichen,[8] Kostenfestsetzungsbeschlüssen[9] und vollstreckbaren Urkunden nach § 794 Abs. 1 Nr. 5 ZPO (§ 797 Abs. 4 ZPO) nicht ein.   8

Die Präklusion nach Abs. 2 liegt vor, wenn die Einwendung erst nach dem Schluss der mündlichen Verhandlung im Erkenntnisverfahren entstanden ist. Das bedeutet, dass objektiv die Möglichkeit bestanden haben muss, die Einwendung im Erkenntnisverfahren geltend zu machen. Bei **Gestaltungsrechten** (Aufrechnung, Anfechtung, Rücktritt etc.) kommt es darauf an, wann die Möglichkeit der Ausübung bestand.[10]   9

VII. Präklusion bei neuer Vollstreckungsabwehrklage
Eine neue Vollstreckungsabwehrklage ist nur denkbar, wenn in der vorhergehenden der gesamte Vortrag erfolgt ist. Einwendungen, die mit der ersten Klage hätten geltend gemacht werden können, sind als Begründung in der zweiten Klage ausgeschlossen (Abs. 3).   10

C. Kosten und Gebühren
Es fallen Gerichtskosten nach Nr. 1210, 1211 KV-GKG an. Der Anwalt kann Gebühren gemäß Nr. 3100 ff. VV-RVG geltend machen.   11

§ 768
Klage gegen Vollstreckungsklausel

Die Vorschriften des § 767 Abs. 1, 3 gelten entsprechend, wenn in den Fällen des § 726 Abs. 1, der §§ 727 bis 729, 738, 742, 744, des § 745 Abs. 2 und des § 749 der Schuldner den bei der Erteilung der Vollstreckungsklausel als bewiesen angenommenen Eintritt der Voraussetzung für die Erteilung der Vollstreckungsklausel bestreitet, unbeschadet der Befugnis des Schuldners, in diesen Fällen Einwendungen gegen die Zulässigkeit der Vollstreckungsklausel nach § 732 zu erheben.

Inhalt:

	Rn.		Rn.
A. Allgemeines	1	II. Begründetheit	6
B. Erläuterungen	3	III. Tenor	7
I. Zuständigkeit, Verfahren	3	C. Kosten und Gebühren	8

A. Allgemeines
Ist eine qualifizierte Vollstreckungsklausel nach den genannten Vorschriften erteilt worden, kann der Schuldner seine materiell-rechtlichen Einwendungen im Wege einer Klage nach § 768 ZPO vorbringen. Die Norm bildet das Gegenstück zu § 731 ZPO. Die Norm stellt klar, dass der Schuldner auch über § 732 ZPO vorgehen kann. Allerdings greift § 732 ZPO nur, wenn der Schuldner formelle Einwendungen vorbringt. Es besteht insofern aber ein Wahlrecht, auch kann die Klage nach § 768 ZPO noch nach erfolgloser Klauselerinnerung beschritten werden.[1]   1

Mit dem Rechtsbehelf nach § 768 ZPO kann lediglich die Unzulässigkeit der Zwangsvollstreckung aus der erteilten Klausel geltend machen, weil die Voraussetzungen für die Erteilung   2

---

8 BGH, NJW-RR 1987, 1022 = FamRZ 1987, 804.
9 BGHZ 3, 381 = NJW 1952, 144.
10 BGHZ 163, 339 = NJW 2005, 2926.

Zu § 768:
1 RGZ 50, 372 (374 ff.).

nicht gegeben waren. Einwendungen gegen den titulierten Anspruch über § 768 ZPO sind ausgeschlossen. Dafür greift § 767 ZPO.

B. Erläuterungen
I. Zuständigkeit, Verfahren

3 Ausschließlich zuständig ist das **Prozessgericht** des ersten Rechtszugs (§ 802 ZPO), ggf. das Familiengericht.[2] Einstweilige Anordnungen sind möglich (siehe § 769 ZPO).

4 Ist ein Verfahren nach § 731 ZPO bereits i.d.S. rechtskräftig abgeschlossen, dass festgestellt wurde, dass die qualifizierte Klausel zwingend zu erteilen ist, und werden nicht neue Tatsachen im Wege des § 768 ZPO vorgebracht, ist die Klage unzulässig. Ein **Rechtsschutzbedürfnis** muss vorliegen, es muss also die Klausel schon erteilt worden und die Vollstreckung noch nicht endgültig beendet sein.

5 Wer die **Beweislast** zu tragen hat, ist strittig. Die neuere Rechtsprechung geht wohl dahin, diese dem Gläubiger (also dem Beklagten) aufzubürden, weil dieser auch für die Erteilung der Klausel beweispflichtig wäre.[3]

II. Begründetheit

6 Die Klage ist begründet, wenn im **Zeitpunkt des Schlusses der mündlichen Verhandlung** eine materielle Tatsache für die Erteilung fehlt. Sie ist unbegründet, soweit die Tatsachen (eventuell sogar erstmalig) vorliegen.

III. Tenor

7 Der Tenor kann lauten:

Die vom [Gericht, Notar] am [Datum] erteilte vollstreckbare Ausfertigung zum [Titel] und die Zwangsvollstreckung aus ihr werden für unzulässig erklärt."

C. Kosten und Gebühren

8 Die Gerichtskosten bestimmen sich nach Nr. 1210, 1211 KV-GKG. Die Anwaltsgebühren richten sich nach Nr. 3100 ff. VV-RVG.

§ 769
Einstweilige Anordnungen

(1) [1]**Das Prozessgericht kann auf Antrag anordnen, dass bis zum Erlass des Urteils über die in den §§ 767, 768 bezeichneten Einwendungen die Zwangsvollstreckung gegen oder ohne Sicherheitsleistung eingestellt oder nur gegen Sicherheitsleistung fortgesetzt werde und dass Vollstreckungsmaßregeln gegen Sicherheitsleistung aufzuheben seien.** [2]**Es setzt eine Sicherheitsleistung für die Einstellung der Zwangsvollstreckung nicht fest, wenn der Schuldner zur Sicherheitsleistung nicht in der Lage ist und die Rechtsverfolgung durch ihn hinreichende Aussicht auf Erfolg bietet.** [3]**Die tatsächlichen Behauptungen, die den Antrag begründen, sind glaubhaft zu machen.**

(2) [1]**In dringenden Fällen kann das Vollstreckungsgericht eine solche Anordnung erlassen, unter Bestimmung einer Frist, innerhalb der die Entscheidung des Prozessgerichts beizubringen sei.** [2]**Nach fruchtlosem Ablauf der Frist wird die Zwangsvollstreckung fortgesetzt.**

(3) Die Entscheidung über diese Anträge ergeht durch Beschluss.

(4) Im Fall der Anhängigkeit einer auf Herabsetzung gerichteten Abänderungsklage gelten die Absätze 1 bis 3 entsprechend.

Inhalt:

	Rn.		Rn.
A. Allgemeines	1	III. Anfechtbarkeit	5
B. Erläuterungen	2	C. Kosten und Gebühren	6
I. Zuständigkeit, Verfahren	2		
II. Entscheidung des Vollstreckungsgerichts	4		

---

2 OLG Düsseldorf, FamRZ 1978, 427.
3 OLG Köln, NJW-RR 1994, 893 (894) = JurBüro 1994, 611 (612); eine Streitübersicht m.w.N. findet sich in Musielak/Voit-*Lackmann*, ZPO, § 768 Rn. 8.

A. Allgemeines

Die Norm greift im Gegensatz zu §§ 707, 719 ZPO nur dann, wenn die Gründe für die Verteidigung des Schuldners nachträglich entstanden sind oder Dritte sich gegen die Zwangsvollstreckung wehren. § 769 ZPO ist anwendbar auf §§ 767, 768 Satz 1 ZPO sowie auf § 323 ZPO entsprechend (Abs. 4). Weiterhin ist sie anwendbar auf §§ 771–774, 785 f., 805 Abs. 4 ZPO und § 242 FamFG, weil diese jeweils auf sie verweisen. 1

B. Erläuterungen
I. Zuständigkeit, Verfahren

§ 802 ZPO ist nicht anwendbar. Es ist das **Prozessgericht** (nicht Prozessgericht erster Instanz) zuständig. Dies kann auch das Rechtsmittelgericht sein. Mündliche Verhandlung ist freigestellt (Abs. 3 i. V. m. § 128 Abs. 4 ZPO). 2

Bei einem Antrag des Schuldners gilt der in § 707 ZPO beschriebene Maßstab. Greift ein Dritter die Zwangsvollstreckung an, sind die Interessen des Gläubigers als nicht so hoch zu bewerten wie bei einem Angriff des Schuldners. Schließlich hatte der Dritte im Erkenntnisverfahren keine Möglichkeit gegen den Titel vorzugehen. Die Entscheidung ergeht durch Beschluss. Er muss inhaltlich § 707 ZPO entsprechen. Die Entscheidung des Prozessgerichts wird **sofort wirksam**. 3

II. Entscheidung des Vollstreckungsgerichts

Abs. 2 gibt in dringenden Fällen vor, dass das Vollstreckungsgericht, dort der Rechtspfleger (§ 20 Abs. 1 Nr. 17 RPflG) unter den genannten Voraussetzungen eine Entscheidung treffen darf. Ein dringender Fall liegt vor, wenn eine Entscheidung des eigentlich zuständigen Prozessgerichts nicht mehr rechtzeitig eingeholt werden könnte. Es ist eine Frist festzusetzen, innerhalb der das Prozessgericht zu entscheiden hat. 4

III. Anfechtbarkeit

Die Entscheidung ist nicht anfechtbar. 5

C. Kosten und Gebühren

Es werden keine Gerichtskosten fällig. 6

Der Anwalt wird mit den Gebühren nach Nr. 3100 ff. VV-RVG abgegolten (§ 19 Abs. 1 Nr. 11 RVG). Findet eine mündliche Verhandlung statt, fallen Gebühren nach Nr. 3328 VV-RVG (0,5 Verfahrensgebühr) und die Terminsgebühr nach Nr. 3332 VV-RVG an. 7

§ 770
Einstweilige Anordnungen im Urteil

¹**Das Prozessgericht kann in dem Urteil, durch das über die Einwendungen entschieden wird, die in dem vorstehenden Paragraphen bezeichneten Anordnungen erlassen oder die bereits erlassenen Anordnungen aufheben, abändern oder bestätigen.** ²**Für die Anfechtung einer solchen Entscheidung gelten die Vorschriften des § 718 entsprechend.**

Die Norm gibt dem Prozessgericht **von Amts wegen** die Möglichkeit, einstweilige Anordnungen nach pflichtgemäßem Ermessen bereits im Urteil zu erlassen und damit Anordnungen zu erlassen, aufzuheben, abzuändern oder zu bestätigen. 1

Es fallen keine Gerichtskosten an. Die Anwaltsgebühren sind mit Nr. 3100 ff. VV-RVG abgegolten. 2

§ 771
Drittwiderspruchsklage

(1) Behauptet ein Dritter, dass ihm an dem Gegenstand der Zwangsvollstreckung ein die Veräußerung hinderndes Recht zustehe, so ist der Widerspruch gegen die Zwangsvollstreckung im Wege der Klage bei dem Gericht geltend zu machen, in dessen Bezirk die Zwangsvollstreckung erfolgt.
(2) Wird die Klage gegen den Gläubiger und den Schuldner gerichtet, so sind diese als Streitgenossen anzusehen.
(3) ¹Auf die Einstellung der Zwangsvollstreckung und die Aufhebung der bereits getroffenen Vollstreckungsmaßregeln sind die Vorschriften der §§ 769, 770 entsprechend anzuwenden.
²Die Aufhebung einer Vollstreckungsmaßregel ist auch ohne Sicherheitsleistung zulässig.

Inhalt:

	Rn.		Rn.
A. Allgemeines	1	II. Materiell-rechtlich	5
B. Erläuterungen	2	C. Kosten und Gebühren	6
I. Zuständigkeit, Zulässigkeit, Verfahren und Begründetheit	2		

A. Allgemeines

1 Die Norm findet auf jede Vollstreckungsart Anwendung. Sie dient dazu, Dritten eine materiell-rechtliche Rechtsposition durchzusetzen, die durch die Vollstreckung beim Schuldner in Gefahr geraten könnte. Schließlich prüft das Vollstreckungsorgan in der Vollstreckung nicht die materiell-rechtlichen Verhältnisse.

B. Erläuterungen
I. Zuständigkeit, Zulässigkeit, Verfahren und Begründetheit

2 **Örtlich** zuständig ist das Gericht, in dessen Bezirk die Zwangsvollstreckung erfolgt (Abs. 1). Die **sachliche** Zuständigkeit richtet sich nach den allgemeinen Vorschriften des GVG.[1] Die Zuständigkeit ist ausschließlich (§ 802 ZPO).

3 Es muss durch den Dritten **beantragt** werden die Zwangsvollstreckung in einen bestimmten Gegenstand für unzulässig zu erklären. Ein **Rechtsschutzbedürfnis** muss vorliegen. Dieses liegt ab der ersten Vollstreckungsmaßnahme (Pfändung bei Gegenständen), unabhängig von der Wirksamkeit;[2] Erlass des Pfändungsbeschlusses bei Forderungen) bis zur vollständigen Beendigung vor.[3] Die Klage ist **begründet**, wenn das geltend gemachte Recht ein „die Veräußerung hinderndes Recht" darstellt (siehe hierzu Rn. 7), es tatsächlich besteht und der Beklagte keine eigenen Einwendungen gegen das Recht geltend machen kann.[4]

4 Die Entscheidung des Gerichts lautet:
Die Zwangsvollstreckung aus dem [Titel] in [genaue Bezeichnung des Gegenstands] wird für unzulässig erklärt.[5]

II. Materiell-rechtlich

5 Der Kläger (der Dritte) muss im Rahmen des Prozesses **darlegen und nachweisen**, dass ihm ein Recht zusteht, das die „Veräußerung" hindert.[6] Mit Erfolg können die Rechte geltend gemacht werden durch den Eigentümer[7] (auch Mit-,[8] Gesamthands-[9] oder Bruchteilseigentümer),[10] den Vorbehaltseigentümer,[11] den Vorbehaltsverkäufer,[12] den Sicherungseigentümer,[13] den Sicherungsgeber,[14] den Forderungsinhaber, den Sicherungsabtretenden, den Besitzer einer beweglichen Sache[15] sowie den schuldrechtlich Herausgabeberechtigten.[16] Der Beklagte kann sich insbesondere mit Verweis auf § 9 AnfG erfolgreich gegen die Klage verteidigen.

C. Kosten und Gebühren

6 Die Gerichtskosten werden nach den allgemeinen Vorschriften (Nr. 1210, 1211 KV-GKG) berechnet. Die Anwaltsgebühren werden ebenfalls aus den allgemeinen Vorschriften (Nr. 3100 ff. VV-RVG) berechnet.

---

1 OLG Stuttgart, MDR 2009, 1310.
2 BGH, WM 1981, 648 (649).
3 Vgl. hierzu BGHZ 72, 334 = NJW 1979, 373.
4 Musielak/Voit-*Lackmann*, ZPO, § 771 Rn. 11 ff.
5 Musielak/Voit-*Lackmann*, ZPO, § 771 Rn. 35.
6 BGH, NJW 1979, 42 = WPM 1978, 1272.
7 Musielak/Voit-*Lackmann*, ZPO, § 771 Rn. 15.
8 BGH, FamRZ 1972, 363 = MDR 1973, 124.
9 Zöller-*Herget*, ZPO, § 771 Rn. 14.
10 MK-*Schmidt/Brinkmann*, ZPO, § 771 Rn. 19.
11 BGHZ 54, 214 = NJW 1970, 1733.
12 BGHZ 55, 20 = NJW 1971, 799 (799 f.).
13 BGH, NJW 1981, 1835 = MDR 1981, 840.
14 BGHZ 72, 141 = NJW 1978, 1859.
15 BGH, NJW 1951, 837 (837 f.); str.
16 MK-*Schmidt/Brinkmann*, ZPO, § 771 Rn. 40.

§ 772
Drittwiderspruchsklage bei Veräußerungsverbot

¹Solange ein Veräußerungsverbot der in den §§ 135, 136 des Bürgerlichen Gesetzbuchs bezeichneten Art besteht, soll der Gegenstand, auf den es sich bezieht, wegen eines persönlichen Anspruchs oder auf Grund eines infolge des Verbots unwirksamen Rechts nicht im Wege der Zwangsvollstreckung veräußert oder überwiesen werden. ²Auf Grund des Veräußerungsverbots kann nach Maßgabe des § 771 Widerspruch erhoben werden.

Maßgebend für die Anwendung ist, **ob** ein Veräußerungsverbot gemäß §§ 135, 136 BGB existiert. **Rechtsbehelf** für den Schuldner ist die Erinnerung (§ 766 ZPO) oder die sofortige Beschwerde (§ 793 ZPO), für den Gläubiger § 766 ZPO oder nach entsprechendem Urteil, § 767 ZPO. Für Dritte bestehen die Rechtsbehelfe des Schuldners sowieso, zusätzlich die des § 771 ZPO (§ 772 Satz 2 ZPO). 1

Die Norm soll verhindern, dass ein Veräußerungsverbot in der Zwangsvollstreckung, wobei dies nur für die Mobiliar- und Immobiliarzwangsvollstreckung gilt, dazu führt, dass der Gegenstand versteigert wird, obwohl keine Aussichten auf eine Verwertung mit einem ordentlichen Erlös bestehen. Die Norm ordnet noch an, dass § 771 ZPO Anwendung findet, wenn der Dritte gegen die Vollstreckungsmaßnahme vorgehen will. 2

§ 773
Drittwiderspruchsklage des Nacherben

¹Ein Gegenstand, der zu einer Vorerbschaft gehört, soll nicht im Wege der Zwangsvollstreckung veräußert oder überwiesen werden, wenn die Veräußerung oder die Überweisung im Falle des Eintritts der Nacherbfolge nach § 2115 des Bürgerlichen Gesetzbuchs dem Nacherben gegenüber unwirksam ist. ²Der Nacherbe kann nach Maßgabe des § 771 Widerspruch erheben.

Der Nacherbe hat durch die Norm das Recht, gegen eine Zwangsvollstreckungsmaßnahme vorzugehen, wenn die Voraussetzungen des Satz 1 vorliegen. Insofern verweist § 773 ZPO auf den Widerspruch nach § 771 ZPO. Daneben besteht auch die Möglichkeit der §§ 766, 793 ZPO. Dies steht grundsätzlich auch dem Dritten zu. 1

§ 774
Drittwiderspruchsklage des Ehegatten oder Lebenspartners

Findet nach § 741 die Zwangsvollstreckung in das Gesamtgut statt, so kann ein Ehegatte oder Lebenspartner nach Maßgabe des § 771 Widerspruch erheben, wenn das gegen den anderen Ehegatten oder Lebenspartner ergangene Urteil in Ansehung des Gesamtgutes ihm gegenüber unwirksam ist.

Inhalt:
	Rn.		Rn.
A. Allgemeines	1	C. Kosten und Gebühren	4
B. Erläuterungen	3		

A. Allgemeines

§ 774 ZPO regelt die Drittwiderspruchsklage, wenn in das Gesamtgut des Ehegatten oder Lebenspartners nach § 741 ZPO vollstreckt wurde. Dabei regelt die Norm lediglich die Voraussetzung für die Anwendbarkeit von § 771 ZPO, während sich die Klage sodann nach dieser Norm richtet. 1

Neben § 771 ZPO kommt der **Rechtsbehelf** des § 766 ZPO nur dann in Betracht, wenn die Zwangsvollstreckung bereits verfahrensrechtlich nicht zulässig war. Das ist der Fall, wenn die Voraussetzung des § 741 ZPO nicht vorlag, also, wenn zur Zeit des Eintritts der Rechtshängigkeit Einspruch gegen den Betrieb des Erwerbsgeschäfts oder der Widerruf gegen seine Einwilligung zum Betrieb eines Erwerbsgeschäfts im Güterrechtsregister eingetragen war.[1] 2

---

1 Musielak/Voit-*Lackmann*, ZPO, § 774 Rn. 2.

B. Erläuterungen

3 Es muss in eine bestehende Gütergemeinschaft nach § 741 ZPO vollstreckt worden sein (siehe hierfür die entsprechende Ausführungen zu § 741 ZPO). Eine Drittwiderspruchsklage kommt sodann in Betracht, wenn das ergangene Urteil ihm gegenüber unwirksam ist. Das ist der Fall, wenn das Gesamtgut nicht i.S.d. § 741 ZPO haftet, außerdem soweit keine Geschäftsverbindlichkeit vorliegt, der Ehegatte oder Lebenspartner keine Kenntnis vom Geschäftsbetrieb hatte oder Einspruch/Widerruf eingetragen waren.[2] Soweit nicht nach § 741 ZPO vollstreckt wurde, kann der Ehegatte oder Lebenspartner dagegen direkt nach § 771 ZPO klagen.[3]

C. Kosten und Gebühren

4 Die Gerichtskosten richten sich nach Nr. 1210, 1211 KV-GKG. Die Anwaltsgebühren bestimmen sich nach Nr. 3100 ff. VV-RVG.

§ 775
Einstellung oder Beschränkung der Zwangsvollstreckung

Die Zwangsvollstreckung ist einzustellen oder zu beschränken:
1. wenn die Ausfertigung einer vollstreckbaren Entscheidung vorgelegt wird, aus der sich ergibt, dass das zu vollstreckende Urteil oder seine vorläufige Vollstreckbarkeit aufgehoben oder dass die Zwangsvollstreckung für unzulässig erklärt oder ihre Einstellung angeordnet ist;
2. wenn die Ausfertigung einer gerichtlichen Entscheidung vorgelegt wird, aus der sich ergibt, dass die einstweilige Einstellung der Vollstreckung oder einer Vollstreckungsmaßregel angeordnet ist oder dass die Vollstreckung nur gegen Sicherheitsleistung fortgesetzt werden darf;
3. wenn eine öffentliche Urkunde vorgelegt wird, aus der sich ergibt, dass die zur Abwendung der Vollstreckung erforderliche Sicherheitsleistung oder Hinterlegung erfolgt ist;
4. wenn eine öffentliche Urkunde oder eine von dem Gläubiger ausgestellte Privaturkunde vorgelegt wird, aus der sich ergibt, dass der Gläubiger nach Erlass des zu vollstreckenden Urteils befriedigt ist oder Stundung bewilligt hat;
5. wenn der Einzahlungs- oder Überweisungsnachweis einer Bank oder Sparkasse vorgelegt wird, aus dem sich ergibt, dass der zur Befriedigung des Gläubigers erforderliche Betrag zur Auszahlung an den Gläubiger oder auf dessen Konto eingezahlt oder überwiesen worden ist.

Inhalt:

	Rn.		Rn.
A. **Allgemeines**	1	2. Sicherheitsleistung	4
B. **Erläuterungen**	2	3. Befriedigung, Stundung	5
I. Einstellungs- oder Beschränkungsgründe	2	4. Zahlung	6
		II. Rechtsfolge	7
1. Aufhebung nach Gerichtsentscheidungen	2	III. Zuständigkeit	8
		C. **Rechtsbehelfe**	9

A. Allgemeines

1 § 775 enthält die Voraussetzungen für eine Einstellung oder Beschränkung von Zwangsvollstreckungsmaßnahmen. Die Aufzählung ist abschließend.[1] Für die Art der Aufhebung oder Beschränkung gilt § 776 ZPO. Die Norm gilt für alle Zwangsvollstreckungsmaßnahmen. Nur bei einer Entscheidung, nach der eine Willenserklärung abgegeben wird (§ 894 ZPO) gibt es nichts zu vollstrecken. Daher greift die Norm bei § 894 ZPO nicht.

B. Erläuterungen
I. Einstellungs- oder Beschränkungsgründe
1. Aufhebung nach Gerichtsentscheidungen

2 Nach **Nr. 1** kann eine solche Anordnung ergehen, wenn eine Gerichtsentscheidung vorgelegt wird, die vollstreckbar ist und die Einstellung der Zwangsvollstreckung selbst anordnet, sie für

---

2 Zöller-*Herget*, ZPO, § 774 Rn. 1.
3 MK-*Schmidt/Brinkmann*, ZPO, § 774 Rn. 3.

Zu § 775:
1 BGH, NJW 2008, 3640 (3641), Rn. 10 = DGVZ 2009, 39, Rn. 10.

unzulässig erklärt oder das zu vollstreckende Urteil aufgehoben wird. Vorgelegt werden muss die Ausfertigung selbst, keine beglaubigte Abschrift. Diese sind im Normalfall wegen § 717 Abs. 1 ZPO auch sofort wirksam. Ausreichend ist auch ein außergerichtlicher Vergleich, der gerichtlich für wirksam erklärt wurde.[2] Nicht jedoch ein reiner Prozessvergleich.[3]

Nr. 2 stellt darauf ab, dass eine Entscheidung vorliegt, die die einstweilige Anordnung einer Zwangsvollstreckungsmaßregel anordnet oder anordnet, dass die Vollstreckung nur gegen Sicherheitsleistung fortgesetzt werden darf.

2. Sicherheitsleistung

Nr. 3 gibt vor, dass die Zwangsvollstreckung dann einzustellen oder zu beschränken ist, wenn eine angeordnete Sicherheitsleistung geleistet wird. Dies ist durch eine öffentliche Urkunde i. S. d. § 415 ZPO (keine öffentlich beglaubigte Urkunde) unmittelbar nachzuweisen.

3. Befriedigung, Stundung

Nr. 4 ordnet an, dass die Zwangsvollstreckung einzustellen oder zu beschränken ist, wenn der Gläubiger befriedigt ist oder die Forderung gestundet ist. Dies betrifft allerdings nur den Teil, der dadurch tatsächlich erloschen ist (bei Teilerfüllung). **Nachweis** muss mit einer öffentlichen (§ 415 ZPO) oder einer privaten, vom Gläubiger ausgestellten Originalurkunde geführt werden.[4]

4. Zahlung

Die Zwangsvollstreckung ist nach **Nr. 5** ebenfalls einzustellen oder zu beschränken, wenn der Schuldner seine Zahlung durch eine Bank- oder Sparkassenquittung nachweisen kann. Dies können alle denkbaren Quittungen von Kreditinstituten sein, aus denen sich ergibt, dass der Auftrag ausgeführt werden wird.

II. Rechtsfolge

Die Rechtsfolgen sind in § 775 ZPO genannt (Einstellung als Nichtfortsetzung der Vollstreckungsmaßnahmen; Beschränkung als Fortführung lediglich mancher Maßnahmen) und werden in § 776 ZPO konkretisiert. Wird eine neuerliche, abändernde Entscheidung in den Fällen der Nr. 1 oder 2 vorgelegt, ist das Zwangsvollstreckungsverfahren fortzuführen. Falls der Gläubiger die Voraussetzungen der Nr. 4 oder 5 bestreitet, muss mit der Vollstreckung fortgefahren werden, dem Schuldner bleibt dann nur § 767 ZPO.[5] Alle Fortsetzungen finden nur auf Antrag des Gläubigers statt.

III. Zuständigkeit

Zuständig für die Einstellung oder Beschränkung ist das konkret mit der Sache beschäftigte Vollstreckungsorgan, das von Amts wegen tätig wird.

C. Rechtsbehelfe

Wird die Vollstreckung entgegen § 775 ZPO weitergeführt, kann der Schuldner Erinnerung (§ 766 ZPO) einlegen bzw. sofortige Beschwerde (§ 793 ZPO) bei Entscheidungen. Für die Einstellung gilt das Gleiche.

§ 776
Aufhebung von Vollstreckungsmaßregeln

¹In den Fällen des § 775 Nr. 1, 3 sind zugleich die bereits getroffenen Vollstreckungsmaßregeln aufzuheben. ²In den Fällen der Nummern 4, 5 bleiben diese Maßregeln einstweilen bestehen; dasselbe gilt in den Fällen der Nummer 2, sofern nicht durch die Entscheidung auch die Aufhebung der bisherigen Vollstreckungshandlungen angeordnet ist.

Die Norm gibt an, wie die Aufhebung der Vollstreckungsmaßregeln nach einer Einstellung oder Beschränkung durchzuführen ist. Ob einzustellen ist, oder diese einstweilen bestehen, richten sich nach dem Grund der Entscheidung nach § 775 ZPO.

---

2 KG Berlin, NJW-RR 2000, 1523 = InVo 1999, 316.
3 Vgl. BGH, NJOZ 2012, 462, Rn. 14 = JurBüro 2011, 663, Rn. 14.
4 Musielak/Voit-*Lackmann*, ZPO, § 775 Rn. 8 m.w.N.
5 BGH, NJW-RR 2016, 317 = WM 2016, 83.

2 **Aufhebung** bedeutet die Aufhebung der Rechtswirkungen der Maßnahmen, so dass Verstrickung und Pfandrecht erlöschen.[1] Dies tritt mit der Einstellungsentscheidung ein, Rechtskraft ist nicht erforderlich.[2] Je nach Art und Weise der Vollstreckung kommen verschiedene Maßnahmen (jeweils durch das tätig gewordene Vollstreckungsorgan) hierfür in Frage: Entfernung des Pfandsiegels durch Gerichtsvollzieher oder Erlaubnis der Selbstvornahme durch den Schuldner, Aufhebung der Maßregeln durch Beschluss, eventuell auch Aufhebung des Pfändungs- und Überweisungsbeschlusses.[3]

3 Soweit § 776 ZPO anordnet, dass Vollstreckungsmaßregeln **einstweilen fortbestehen** sollen, bleiben dagegen Verstrickung und Pfandrecht erhalten. Eine Verwertung ist aber ausgeschlossen. Das einstweilige Fortbestehen verhindert nicht die spätere Aufhebung i.S.v. Rn. 2.

§ 777
Erinnerung bei genügender Sicherung des Gläubigers

[1]Hat der Gläubiger eine bewegliche Sache des Schuldners im Besitz, in Ansehung deren ihm ein Pfandrecht oder ein Zurückbehaltungsrecht für seine Forderung zusteht, so kann der Schuldner der Zwangsvollstreckung in sein übriges Vermögen nach § 766 widersprechen, soweit die Forderung durch den Wert der Sache gedeckt ist. [2]Steht dem Gläubiger ein solches Recht in Ansehung der Sache auch für eine andere Forderung zu, so ist der Widerspruch nur zulässig, wenn auch diese Forderung durch den Wert der Sache gedeckt ist.

1 § 777 ZPO regelt, dass im Falle des Besitzes des Gläubigers an Schuldnersachen, die dem Wert der geschuldeten Leistung entsprechen, der Schuldner die Möglichkeit besitzt, der Vollstreckung durch Einlegung der Erinnerung (§ 766 ZPO) zu widersprechen. § 777 ZPO gilt für Zwangsvollstreckungen wegen Geldforderungen (§§ 803-882a ZPO).[1] Der Widerspruch muss vom Schuldner eingelegt werden, ein Tätigwerden von Amts wegen ist nicht vorgesehen. Das **Verfahren** richtet sich sodann nach § 766 ZPO, wobei andere Rechtsbehelfe selbstverständlich nicht ausgeschlossen sind.

2 **Voraussetzung** hierfür ist, dass der Gläubiger eine bewegliche Sache, deren (Mit-) Eigentümer der Schuldner ist, im Besitz hat. Eine analoge Anwendung auf Forderungen ist nur dann anzunehmen, wenn deren Geltendmachung keinerlei Risiken unterliegt.[2] Weiter muss der Gläubiger ein (gesetzliches oder vertragliches) Pfand- oder Zurückbehaltungsrecht bezüglich des Gegenstandes besitzen. Der Gläubiger muss **im Besitz der Sache** sein, wobei die Art des Besitzes unerheblich ist, solange nur der Schuldner ausgeschlossen ist.[3]

3 Der **Wert der Sache** muss mindestens der gesamten zugrundeliegenden Forderung (inklusive Kosten und Zinsen) entsprechen. Jedoch ist auch ein Teilwiderspruch bei teilweiser Deckung möglich.[4] Nach Satz 2 aber nur, soweit auch weitere Forderungen gesichert sind.

§ 778
Zwangsvollstreckung vor Erbschaftsannahme

(1) Solange der Erbe die Erbschaft nicht angenommen hat, ist eine Zwangsvollstreckung wegen eines Anspruchs, der sich gegen den Nachlass richtet, nur in den Nachlass zulässig.

(2) Wegen eigener Verbindlichkeiten des Erben ist eine Zwangsvollstreckung in den Nachlass vor der Annahme der Erbschaft nicht zulässig.

---

1 Dieses kann auch nicht wiederaufleben, sondern muss durch neuerliche Pfändung erneut entstehen.
2 Zöller-*Stöber*, ZPO, § 776 Rn. 1.
3 Musielak/Voit-*Lackmann*, ZPO, § 776 Rn. 2.

Zu § 777:
1 MK-*Schmidt/Brinkmann*, ZPO, § 777 Rn. 2.
2 Z.B. für Staatsanleihen, Mietkautionen, hinterlegte Beträge, wenn der Herausgabeanspruch unabhängig vom Schuldnerverhalten besteht, Musielak/Voit-*Lackmann*, ZPO, § 777 Rn. 2 m.w.N.
3 MK-*Schmidt/Brinkmann*, ZPO, § 777 Rn. 13.
4 Musielak/Voit-*Lackmann*, ZPO, § 777 Rn. 5.

Durch die Norm wird der Erbe und die Erbmasse bis zur Annahme der Erbschaft geschützt. 1
Die **Annahme** erfolgt entweder durch Erklärung des Erben oder durch konkludentes Handeln oder durch Verstreichenlassen der Ausschlagungsfrist gemäß §§ 1943 ff. BGB. Für den Begriff der Nachlassverbindlichkeiten siehe § 1967 Abs. 2 BGB. **Bis zur Annahme** der Erbschaft darf die Zwangsvollstreckung wegen eines Anspruchs gegen den Nachlass nur in den Nachlass, nicht aber in das Vermögen des Erben erfolgen. Ausgenommen hiervon sind Maßnahmen, die vor dem Tod des Schuldners begonnen haben, siehe hierfür § 779 ZPO. Ebenfalls bis zur Annahme der Erbschaft darf die Zwangsvollstreckung wegen eines Anspruchs gegen den Erben nur in das Vermögen des Erben erfolgen. Der Nachlass bleibt außen vor.

Bei **Miterbschaft** ist die Voraussetzung des Abs. 1 für jeden einzelnen zu prüfen, seinem 2
Schutz unterliegt nur der insoweit noch umfasste Erbe.

Verstöße können mit den **Rechtsbehelfen** des § 793 und § 766 ZPO und auch gegebenenfalls 3
nach § 771 ZPO angegriffen werden.[1]

§ 779
Fortsetzung der Zwangsvollstreckung nach dem Tod des Schuldners

(1) Eine Zwangsvollstreckung, die zur Zeit des Todes des Schuldners gegen ihn bereits begonnen hatte, wird in seinen Nachlass fortgesetzt.

(2) ¹Ist bei einer Vollstreckungshandlung die Zuziehung des Schuldners nötig, so hat, wenn die Erbschaft noch nicht angenommen oder wenn der Erbe unbekannt oder es ungewiss ist, ob er die Erbschaft angenommen hat, das Vollstreckungsgericht auf Antrag des Gläubigers dem Erben einen einstweiligen besonderen Vertreter zu bestellen. ²Die Bestellung hat zu unterbleiben, wenn ein Nachlasspfleger bestellt ist oder wenn die Verwaltung des Nachlasses einem Testamentsvollstrecker zusteht.

Inhalt:

	Rn.		Rn.
A. Allgemeines	1	II. Rechtsbehelfe	4
B. Weitere Erläuterungen	2	C. Kosten und Gebühren	5
I. Vertreter	3		

A. Allgemeines

Hat die Zwangsvollstreckung vor dem Tod des Erblassers begonnen (relevanter **Zeitpunkt**), ist 1
die Norm anwendbar, ansonsten ist § 778 ZPO einschlägig. Eine Titelumschreibung ist im Falle des § 779 ZPO nicht nötig. § 779 ZPO findet auf alle Vollstreckungsarten mit Ausnahme der zur Erzwingung unvertretbarer Handlungen und Unterlassungen Anwendung.[1] Beginn der Vollstreckung meint, dass mindestens eine Vollstreckungshandlung bereits erfolgt ist.[2]

B. Weitere Erläuterungen

Es ist die begonnene Zwangsvollstreckung aus einem Titel maßgeblich. Soll die Zwangsvoll- 2
streckung aus einem anderen Titel beginnen, greift § 779 ZPO nicht. Es ist nicht nur die konkrete Zwangsvollstreckungsmaßnahme weiter zu betreiben, sondern darf auch eine neue Maßnahme aus dem Titel eingeleitet werden. Schließlich stellt Abs. 1 auf die gesamte Zwangsvollstreckung ab und nicht nur auf die Maßnahme.

I. Vertreter

Das Vollstreckungsgericht muss einen Vertreter bestellen, wenn die Voraussetzungen des 3
Abs. 2 vorliegen.

II. Rechtsbehelfe

Verstöße gegen § 779 ZPO können mit Erinnerung und sofortiger Beschwerde geltend ge- 4
macht werden. Rechtsbehelf gegen die Weigerung der Vertreterbestellung ist die sofortige Beschwerde.

---

1 Zöller-*Stöber*, ZPO, § 778 Rn. 5.

Zu § 779:
1 OLG Hamm, MDR 1986, 156 = WRP 1985, 573.
2 BGH, NJW 2008, 3363, Rn. 5 = FamRZ 2008, 1613, Rn. 5.

C. Kosten und Gebühren

5 Im Falle des Abs. 2 entstehen keine Gerichtskosten.
6 Der Anwalt ist mit den Gebühren nach Nr. 3100 ff. VV-RVG abgegolten (§ 19 Abs. 1 Nr. 3 RVG). Der Vollstreckungsanwalt ist mit den Gebühren nach Nr. 3309 VV-RVG abgegolten (§ 18 Abs. 1 Nr. 1 RVG).

§ 780
Vorbehalt der beschränkten Erbenhaftung

(1) Der als Erbe des Schuldners verurteilte Beklagte kann die Beschränkung seiner Haftung nur geltend machen, wenn sie ihm im Urteil vorbehalten ist.
(2) Der Vorbehalt ist nicht erforderlich, wenn der Fiskus als gesetzlicher Erbe verurteilt wird oder wenn das Urteil über eine Nachlassverbindlichkeit gegen einen Nachlassverwalter oder einen anderen Nachlasspfleger oder gegen einen Testamentsvollstrecker, dem die Verwaltung des Nachlasses zusteht, erlassen wird.

1 § 780 ZPO statuiert, dass sich ein Erbe, der grundsätzlich berechtigt ist, seine Haftung auf den Nachlass zu beschränken, auf eine solche beschränkte Erbenhaftung in der Zwangsvollstreckung nur berufen kann, wenn sie im Urteil vorbehalten ist, er sie also im Rechtsstreit selbst geltend gemacht hat. Wird die Beschränkung tenoriert, steht dem Erben die Vollstreckungsabwehrklage (§§ 785, 767 ZPO) zu, wenn doch in sein privates Vermögen vollstreckt wird.
2 Die Vorschrift **gilt für alle Erben**, die materiell-rechtlich zu einer Haftungsbeschränkung fähig sind. Eine geltend gemachte Haftungsbeschränkung hat die üblichen materiell-rechtlichen Folgen bezüglich der Haftung für Nachlassverbindlichkeiten.
3 Der **Vorbehalt** ist nicht erforderlich, wenn der Vorbehalt sowieso kraft Gesetzes gegeben ist (Abs. 2). Weiter ist er entbehrlich, wenn sich der geltend gemachte Anspruch eindeutig nur auf einen Nachlassgegenstand bezieht oder das Gericht von selbst über die Haftungsbeschränkung entscheidet.[1]
4 Der Vorbehalt muss **als Einrede** bis zum **Schluss der letzten mündlichen Verhandlung** geltend gemacht werden.

§ 781
Beschränkte Erbenhaftung in der Zwangsvollstreckung

Bei der Zwangsvollstreckung gegen den Erben des Schuldners bleibt die Beschränkung der Haftung unberücksichtigt, bis auf Grund derselben gegen die Zwangsvollstreckung von dem Erben Einwendungen erhoben werden.

1 Die Norm schützt den Gläubiger im Zwangsvollstreckungsverfahren. Die Beschränkung der Erbenhaftung bleibt hierin unberücksichtigt, das Verfahren wird also weiterbetrieben, bis der Schuldner gemäß §§ 767, 785 ZPO vorgeht. Falls die Erbenhaftung zwischen Schuldner und Gläubiger **unstreitig oder offensichtlich** ist, ist sie allerdings bereits von Anfang an beachtlich.[1]
2 Zum Verfahren siehe § 785 ZPO.

§ 782
Einreden des Erben gegen Nachlassgläubiger

[1]Der Erbe kann auf Grund der ihm nach den §§ 2014, 2015 des Bürgerlichen Gesetzbuchs zustehenden Einreden nur verlangen, dass die Zwangsvollstreckung für die Dauer der dort bestimmten Fristen auf solche Maßregeln beschränkt wird, die zur Vollziehung eines Arrestes zulässig sind. [2]Wird vor dem Ablauf der Frist die Eröffnung des Nachlassinsolvenzverfahrens beantragt, so ist auf Antrag die Beschränkung der Zwangsvollstreckung auch nach dem Ablauf der Frist aufrechtzuerhalten, bis über die Eröffnung des Insolvenzverfahrens rechtskräftig entschieden ist.

---

1 Musielak/Voit-*Lackmann*, ZPO, § 780 Rn. 5.

Zu § 781:
1 OLG Schleswig, SchlHA 1958, 338.

Die Norm dient zur vollstreckungsrechtlichen Umsetzung der §§ 2014, 2015 BGB. Die Einreden sind nach §§ 767, 785 ZPO geltend zu machen. Nach Ablauf der Frist des § 785 ZPO ist die Vollstreckung ohne Beschränkung zulässig. Soweit die Voraussetzungen vorliegen, sind die Maßregeln auf die Arrestvollziehungsmaßnahmen (§§ 930 ff. ZPO) anzuwenden. Damit kommt nur noch in Betracht: Pfändung beweglicher Sachen und Forderungen sowie die Eintragung einer Sicherungshypothek.

Zum Verfahren siehe § 785 ZPO. 2

§ 783
Einreden des Erben gegen persönliche Gläubiger

In Ansehung der Nachlassgegenstände kann der Erbe die Beschränkung der Zwangsvollstreckung nach § 782 auch gegenüber den Gläubigern verlangen, die nicht Nachlassgläubiger sind, es sei denn, dass er für die Nachlassverbindlichkeiten unbeschränkt haftet.

Die Norm gibt dem Erben die Möglichkeit die Einreden nach §§ 2014, 2015 BGB auch im Rahmen einer Klage nach §§ 767, 785 ZPO gegen seinen persönlichen Gläubiger geltend zu machen. Dies ist nur möglich, soweit die Voraussetzungen des § 782 ZPO noch vorliegen.[1] 1

Zum Verfahren siehe § 785 ZPO. 2

§ 784
Zwangsvollstreckung bei Nachlassverwaltung und -insolvenzverfahren

(1) Ist eine Nachlassverwaltung angeordnet oder das Nachlassinsolvenzverfahren eröffnet, so kann der Erbe verlangen, dass Maßregeln der Zwangsvollstreckung, die zugunsten eines Nachlassgläubigers in sein nicht zum Nachlass gehörendes Vermögen erfolgt sind, aufgehoben werden, es sei denn, dass er für die Nachlassverbindlichkeiten unbeschränkt haftet.
(2) Im Falle der Nachlassverwaltung steht dem Nachlassverwalter das gleiche Recht gegenüber Maßregeln der Zwangsvollstreckung zu, die zugunsten eines anderen Gläubigers als eines Nachlassgläubigers in den Nachlass erfolgt sind.

Die Norm orientiert sich in zwangsvollstreckungsrechtlicher Hinsicht an § 1975 BGB. Sie greift, wenn die Zwangsvollstreckung begonnen hat und nicht beendet ist. Vor der Vollstreckung ist § 781 ZPO anwendbar. 1

Abs. 1 gilt für Vollstreckungen in das **persönliche Erbenvermögen** wegen einer Nachlassverbindlichkeit, die wegen der Anordnung einer Nachlassverwaltung oder wegen Eröffnung des Nachlassinsolvenzverfahrens endgültig haftungsbeschränkt ist. Abs. 2 erstreckt die Klagebefugnis auf Nachlassverwalter, im Falle der Nachlassinsolvenz gilt § 321 InsO, auch der **Insolvenzverwalter** ist klagebefugt. 2

Zum Verfahren siehe § 785 ZPO. 3

§ 785
Vollstreckungsabwehrklage des Erben

Die auf Grund der §§ 781 bis 784 erhobenen Einwendungen werden nach den Vorschriften der §§ 767, 769, 770 erledigt.

Inhalt:

	Rn.		Rn.
A. Allgemeines	1	II. Verfahren	3
B. Erläuterungen	2	C. Kosten und Gebühren	4
I. Zuständigkeit	2		

A. Allgemeines

Will der Erbe die Einwendungen nach §§ 781–784 ZPO geltend machen, muss er eine Vollstreckungsabwehrklage nach § 767 ZPO erheben, auf die die Norm insofern verweist. § 786 ZPO ist zu beachten bei beschränkter Haftung. 1

---

1 Musielak/Voit-*Lackmann*, ZPO, § 783 Rn. 2.

B. Erläuterungen
I. Zuständigkeit
2 Nach § 767 ZPO ist das Prozessgericht erster Instanz zuständig.

II. Verfahren
3 Nach der Norm sind einstweilige Anordnungen nach §§ 769, 770 ZPO möglich. In der Hauptsache sind die Präklusionsvorschriften des § 767 Abs. 2 und 3 ZPO zu beachten.

C. Kosten und Gebühren
4 Die Gerichtskosten richten sich nach den allgemeinen Vorschriften (Nr. 1210, 1211 KV-GKG). Die Anwaltsgebühren ergeben sich aus Nr. 3100ff. VV-RVG.

§ 786
Vollstreckungsabwehrklage bei beschränkter Haftung

(1) Die Vorschriften des § 780 Abs. 1 und der §§ 781 bis 785 sind auf die nach § 1489 des Bürgerlichen Gesetzbuchs eintretende beschränkte Haftung, die Vorschriften des § 780 Abs. 1 und der §§ 781, 785 sind auf die nach den §§ 1480, 1504, 1629a, 2187 des Bürgerlichen Gesetzbuchs eintretende beschränkte Haftung entsprechend anzuwenden.

(2) Bei der Zwangsvollstreckung aus Urteilen, die bis zum Inkrafttreten des Minderjährigenhaftungsbeschränkungsgesetzes vom 25. August 1998 (BGBl. I S. 2487) am 1. Juli 1999 ergangen sind, kann die Haftungsbeschränkung nach § 1629a des Bürgerlichen Gesetzbuchs auch dann geltend gemacht werden, wenn sie nicht gemäß § 780 Abs. 1 dieses Gesetzes im Urteil vorbehalten ist.

1 Die Norm erweitert den Anwendungsbereich des § 785 ZPO in den angegebenen Fällen. Sie gilt für alle Vollstreckungsarten. Das Verfahren entspricht dem zu § 785 ZPO.

2 Die Gerichtskosten richten sich nach Nr. 1210, 1211 KV-GKG. Der Anwalt berechnet seine Gebühren nach Nr. 3100ff. VV-RVG.

§ 786a
See- und binnenschifffahrtsrechtliche Haftungsbeschränkung

(1) Die Vorschriften des § 780 Abs. 1 und des § 781 sind auf die nach § 611 Absatz 1 oder 3, §§ 612 bis 616 des Handelsgesetzbuchs oder nach den §§ 4 bis 5m des Binnenschifffahrtsgesetzes eintretende beschränkte Haftung entsprechend anzuwenden.

(2) Ist das Urteil nach § 305a unter Vorbehalt ergangen, so gelten für die Zwangsvollstreckung die folgenden Vorschriften:

1. Wird die Eröffnung eines Seerechtlichen oder eines Binnenschifffahrtsrechtlichen Verteilungsverfahrens nach der Schifffahrtsrechtlichen Verteilungsordnung beantragt, an dem der Gläubiger mit dem Anspruch teilnimmt, so entscheidet das Gericht nach § 5 der Schifffahrtsrechtlichen Verteilungsordnung über die Einstellung der Zwangsvollstreckung; nach Eröffnung des Seerechtlichen Verteilungsverfahrens sind die Vorschriften des § 8 Abs. 4 und 5 der Schifffahrtsrechtlichen Verteilungsordnung, nach Eröffnung des Binnenschifffahrtsrechtlichen Verteilungsverfahrens die Vorschriften des § 8 Abs. 4 und 5 in Verbindung mit § 41 der Schifffahrtsrechtlichen Verteilungsordnung anzuwenden.

2. ¹Ist nach Artikel 11 des Haftungsbeschränkungsübereinkommens (§ 611 Absatz 1 Satz 1 des Handelsgesetzbuchs) von dem Schuldner oder für ihn ein Fonds in einem anderen Vertragsstaat des Übereinkommens errichtet worden, so sind, sofern der Gläubiger den Anspruch gegen den Fonds geltend gemacht hat, die Vorschriften des § 50 der Schifffahrtsrechtlichen Verteilungsordnung anzuwenden. ²Hat der Gläubiger den Anspruch nicht gegen den Fonds geltend gemacht oder sind die Voraussetzungen des § 50 Abs. 2 der Schifffahrtsrechtlichen Verteilungsordnung nicht gegeben, so werden Einwendungen, die auf Grund des Rechts auf Beschränkung der Haftung erhoben werden, nach den Vorschriften der §§ 767, 769, 770 erledigt; das Gleiche gilt, wenn der Fonds in dem anderen Vertragsstaat erst bei Geltendmachung des Rechts auf Beschränkung der Haftung errichtet wird.

3. ¹Ist von dem Schuldner oder für diesen ein Fonds in einem anderen Vertragsstaat des Straßburger Übereinkommens über die Beschränkung der Haftung in der Binnenschifffahrt-CLNI (BGBl. 1988 II S. 1643) errichtet worden, so ist, sofern der Gläubiger den An-

spruch gegen den Fonds geltend gemacht hat, § 52 der Schifffahrtsrechtlichen Verteilungsordnung anzuwenden. ²Hat der Gläubiger den Anspruch nicht gegen den Fonds geltend gemacht oder sind die Voraussetzungen des § 52 Abs. 3 der Schifffahrtsrechtlichen Verteilungsordnung nicht gegeben, so werden Einwendungen, die auf Grund des Rechts auf Beschränkung der Haftung nach den §§ 4 bis 5m des Binnenschifffahrtsgesetzes erhoben werden, nach den Vorschriften der §§ 767, 769, 770 erledigt; das Gleiche gilt, wenn der Fonds in dem anderen Vertragsstaat erst bei Geltendmachung des Rechts auf Beschränkung der Haftung errichtet wird.

(3) Ist das Urteil eines ausländischen Gerichts unter dem Vorbehalt ergangen, dass der Beklagte das Recht auf Beschränkung der Haftung geltend machen kann, wenn ein Fonds nach Artikel 11 des Haftungsbeschränkungsübereinkommens oder nach Artikel 11 des Straßburger Übereinkommens über die Beschränkung der Haftung in der Binnenschifffahrt errichtet worden ist oder bei Geltendmachung des Rechts auf Beschränkung der Haftung errichtet wird, so gelten für die Zwangsvollstreckung wegen des durch das Urteil festgestellten Anspruchs die Vorschriften des Absatzes 2 entsprechend.

Die Norm setzt die materiell-rechtlichen Vorschriften der §§ 612–616 HGB und §§ 4–5 m BinnSchG in der Zwangsvollstreckung um. 1

Der Vorbehalt muss nach § 305a ZPO im Urteil enthalten sein. §§ 781, 785 ZPO greifen. Abs. 3 setzt ein ausländisches Urteil voraus, das in Deutschland vollstreckt wird. **Zuständig** für die Entscheidung ist das Gericht, das das Urteil in Deutschland für vollstreckbar erklärt hat.[1] 2

Die Gerichtskosten richten sich nach Nr. 1210, 1211 KV-GKG. Die Anwaltsgebühren ergeben sich aus Nr. 3100 ff. VV-RVG. 3

§ 787
Zwangsvollstreckung bei herrenlosem Grundstück oder Schiff

(1) Soll durch die Zwangsvollstreckung ein Recht an einem Grundstück, das von dem bisherigen Eigentümer nach § 928 des Bürgerlichen Gesetzbuchs aufgegeben und von dem Aneignungsberechtigten noch nicht erworben worden ist, geltend gemacht werden, so hat das Vollstreckungsgericht auf Antrag einen Vertreter zu bestellen, dem bis zur Eintragung eines neuen Eigentümers die Wahrnehmung der sich aus dem Eigentum ergebenden Rechte und Verpflichtungen im Zwangsvollstreckungsverfahren obliegt.

(2) Absatz 1 gilt entsprechend, wenn durch die Zwangsvollstreckung ein Recht an einem eingetragenen Schiff oder Schiffsbauwerk geltend gemacht werden soll, das von dem bisherigen Eigentümer nach § 7 des Gesetzes über Rechte an eingetragenen Schiffen und Schiffsbauwerken vom 15. November 1940 (RGBl. I S. 1499) aufgegeben und von dem Aneignungsberechtigten noch nicht erworben worden ist.

Das Vollstreckungsgericht (§ 764 Abs. 2 ZPO) benennt bei herrenlosen Grundstücken oder Schiffen auf Antrag des Gläubigers einen Vertreter. 1

Gerichtskosten werden hierfür nicht erhoben. Die Tätigkeit des Anwalts ist durch die Gebühr nach Nr. 3100 ff. VV-RVG abgegolten (§ 19 Abs. 1 Nr. 3 RVG). Der Vollstreckungsanwalt erhält die Gebühr nach Nr. 3309 VV-RVG (§ 18 Abs. 1 Nr. 1 RVG). 2

§ 788
Kosten der Zwangsvollstreckung

(1) ¹Die Kosten der Zwangsvollstreckung fallen, soweit sie notwendig waren (§ 91), dem Schuldner zur Last; sie sind zugleich mit dem zur Zwangsvollstreckung stehenden Anspruch beizutreiben. ²Als Kosten der Zwangsvollstreckung gelten auch die Kosten der Ausfertigung und der Zustellung des Urteils. ³Soweit mehrere Schuldner als Gesamtschuldner verurteilt worden sind, haften sie auch für die Kosten der Zwangsvollstreckung als Gesamtschuldner; § 100 Abs. 3 und 4 gilt entsprechend.

(2) ¹Auf Antrag setzt das Vollstreckungsgericht, bei dem zum Zeitpunkt der Antragstellung eine Vollstreckungshandlung anhängig ist, und nach Beendigung der Zwangsvollstreckung

---
1 Vgl. Zöller-*Stöber*, ZPO, § 786a Rn. 5.

das Gericht, in dessen Bezirk die letzte Vollstreckungshandlung erfolgt ist, die Kosten gemäß § 103 Abs. 2, den §§ 104, 107 fest. ²Im Falle einer Vollstreckung nach den Vorschriften der §§ 887, 888 und 890 entscheidet das Prozessgericht des ersten Rechtszuges.
(3) Die Kosten der Zwangsvollstreckung sind dem Schuldner zu erstatten, wenn das Urteil, aus dem die Zwangsvollstreckung erfolgt ist, aufgehoben wird.
(4) Die Kosten eines Verfahrens nach den §§ 765a, 811a, 811b, 829, 850k, 850l, 851a und 851b kann das Gericht ganz oder teilweise dem Gläubiger auferlegen, wenn dies aus besonderen, in dem Verhalten des Gläubigers liegenden Gründen der Billigkeit entspricht.

Inhalt:

	Rn.		Rn.
A. Allgemeines	1	III. Rechtsbehelfe	6
B. Erläuterungen	2	IV. Titelaufhebung	7
I. Begriff	2	V. Billigkeitsentscheidung	9
II. Verfahren	4		

A. Allgemeines

1   Abs. 1 enthält den Grundsatz, dass der Schuldner die Kosten der Zwangsvollstreckung nach dem Gesetz zu tragen hat. Sind mehrere Schuldner vorhanden haften sie als Gesamtschuldner (Abs. 1 Satz 3), wenn sie im zugrundeliegenden Titel gesamtschuldnerisch verurteilt wurden. Die Norm gilt für alle Arten der Zwangsvollstreckung. **Kosten**, die nicht unter § 788 ZPO fallen (z. B. weil sie nicht notwendig sind, siehe Rn. 2 f.), sind vom Gläubiger zu tragen.

B. Erläuterungen
I. Begriff

2   Nur die notwendigen **Kosten** werden ersetzt. Unter diesen Begriff fallen unmittelbar zur Vorbereitung oder Durchführung der Zwangsvollstreckung angefallenen Kosten.[1] Zur **Vorbereitung einer Zwangsvollstreckung** sind notwendige Kosten unter anderem die Kosten für die Ermittlung des Aufenthalts des Schuldners, die Kosten für die Beschaffung erforderlicher Urkunden nach §§ 726 f. ZPO, nicht aber die Kosten für eine Bankbürgschaft im Rahmen der Sicherheitenstellung.[2] Zur **Durchführung** notwendige Kosten sind unter anderem die Kosten für einen Anwalt, die Kosten für den Gerichtsvollzieher sowie die Kosten einer Einziehungsklage gegen den Drittschuldner.[3] Die Kosten sind nicht notwendig und damit nicht erstattungsfähig, wenn eine **freiwillige Zahlung**, die gerade im bargeldlosen Verkehr einige Tage in Anspruch nehmen kann, nicht abgewartet wird und die Zwangsvollstreckung sofort beginnt.[4]

3   Die Kosten müssen i. Ü. auch insofern notwendig sein, als die Vornahme der kostenauslösenden Handlung zum Zeitpunkt der Vornahme objektiv für erforderlich gehalten werden durfte.[5] Deshalb sind aussichtslose Maßnahmen oder eine Zwangsvollstreckungsmaßnahme vor dem Abwarten einer eventuellen freiwilligen Leistung innerhalb einer Frist nicht notwendig.[6] Rechtsanwalts- und Inkassofirmengebühren sind jedoch klassischerweise als notwendige einzustufen.

II. Verfahren

4   Die Kosten der Zwangsvollstreckung werden **durch den Gerichtsvollzieher** miteingetrieben, einer besonderen Festsetzung bedarf es nicht. Das Vollstreckungsorgan prüft eigenständig, ob die Kosten entstanden sind (Glaubhaftmachung § 294 ZPO) und zudem als notwendig eingestuft werden können.

5   Auf Antrag findet ein **Kostenfestsetzungsverfahren** nach Abs. 2 statt. Zuständig ist der Rechtspfleger des Vollstreckungsgerichts (§ 764 ZPO, § 21 RPflG). Bei mehreren Vollstreckungsver-

---

1 BGH, NJW 2014, 2508, Rn. 8 = MDR 2014, 1109, Rn. 8; OLG München, NJW-RR 2000, 517 (518) = Rpfleger 2000, 117.
2 BGH, NJW-RR 2006, 1001 (1002) = FamRZ 2006, 480; OLG München, NJW-RR 2000, 517 = MDR 1999, 1525; OLG Hamburg, MDR 1999, 188; a.A. OLG Hamburg, MDR 1997, 788; OLG Karlsruhe, NJW-RR 1987, 128 = OLGZ 1987, 255.
3 BGH, NJW 2006, 1141, Rn. 8 f. = DGVZ 2006, 131, Rn. 8 f.
4 OLG Karlsruhe, JurBüro 1990, 260.
5 BGH, NJW 2012, 3789 (3790), Rn. 11 = Rpfleger 2013, 102, Rn. 11.
6 Ausführlich mit jeweiligen Beispielen aus der Praxis und Nachweisen aus der Rechtsprechung: Musielak/Voit-*Lackmann*, ZPO, § 788 Rn. 8 ff.

fahren, hat der Gläubiger die Wahl zwischen, den jeweils zuständigen Gerichten; er kann auch die Festsetzung aller Kosten bei einem der Gerichte beantragen.[7]

III. Rechtsbehelfe

Sowohl der Gläubiger als auch der Schuldner können gegen den Ansatz des Vollstreckungsorgans die **Erinnerung** nach § 766 ZPO einlegen. Ist der Schuldner vorher angehört worden und hat der Rechtspfleger die Kosten angesetzt, kann der Schuldner die sofortige Beschwerde (§ 793 ZPO) einlegen. Wird der Kostenansatz abgelehnt, kann der Gläubiger ebenfalls die sofortige Beschwerde (§ 793 ZPO) einlegen.

6

IV. Titelaufhebung

Abs. 3 gibt vor, dass dem Schuldner die ihm entstandenen Kosten durch den Gläubiger zu erstatten sind, wenn der Titel aufgehoben wird. In welcher Form der Titel aufgehoben wird, ist ohne Bedeutung. Der Schuldner kann gegen den Gläubiger die beigetriebenen und freiwillig gezahlten Kosten geltend machen. Weitere Kosten werden nicht erfasst.[8]

7

Die Norm ist lediglich eine **Anspruchsgrundlage**, so dass der Schuldner für die Durchsetzung einen Titel benötigt. Dabei kann er die Kosten ggf. als Prozesskosten im Kostenfestsetzungsverfahren geltend machen[9] (§§ 91 ff. ZPO) oder im Verfahren nach Abs. 2 einbringen.[10]

8

V. Billigkeitsentscheidung

Nach Abs. 4 muss der Rechtspfleger in besonderen Situationen und in der Norm aufgelisteten Verfahren dem Gläubiger die Kosten auferlegen, wenn dies der Billigkeit entspricht. Die Norm ist eine **Ausnahmevorschrift** und daher nicht analogiefähig. Die Kostenauferlegung entspricht im Allgemeinen der Billigkeit, wenn der Gläubiger trotz der bekannten Aussichtslosigkeit der Maßnahme an dieser festhält.[11] **Rechtsbehelf** gegen die Entscheidung ist die sofortige Beschwerde (§ 793 ZPO).

9

§ 789
Einschreiten von Behörden

Wird zum Zwecke der Vollstreckung das Einschreiten einer Behörde erforderlich, so hat das Gericht die Behörde um ihr Einschreiten zu ersuchen.

§ 789 ZPO regelt die **Amtshilfe** in der Zwangsvollstreckung, wenn dieses notwendig ist. Zuständig hierfür ist, wenn Gläubiger oder Gerichtsvollzieher kein eigenes Antragsrecht haben,[1] das befasste Gericht. Das Gericht beantragt dies selbst, wenn es mit der Vollstreckung betraut ist, ansonsten können auch Gläubiger oder Gerichtsvollzieher den Antrag bei Gericht stellen. Gegen die Ablehnung des Antrages steht die **sofortige Beschwerde** offen.[2]

1

Gerichtskosten werden nicht erhoben. Die Anwaltstätigkeit ist mit Nr. 3309 VV-RVG abgegolten.

2

§ 790
(aufgehoben)

§ 791
(weggefallen)

---

7 Musielak/Voit-*Lackmann*, ZPO, § 788 Rn. 22.
8 Musielak/Voit-*Lackmann*, ZPO, § 788 Rn. 24.
9 BGH, NJW-RR 2006, 1001 (1002), Rn. 14 ff. = FamRZ 2006, 480 (481), Rn. 14 ff.
10 OLG Düsseldorf, Rpfleger 1996, 297 = JurBüro 1996, 610.
11 Zöller-*Stöber*, ZPO, § 788 Rn. 26.

Zu § 789:
1 MK-*Schmidt/Brinkmann*, ZPO, § 789 Rn. 3 m.w.N.
2 MK-*Schmidt/Brinkmann*, ZPO, § 789 Rn. 5.

§ 792
Erteilung von Urkunden an Gläubiger

Bedarf der Gläubiger zum Zwecke der Zwangsvollstreckung eines Erbscheins oder einer anderen Urkunde, die dem Schuldner auf Antrag von einer Behörde, einem Beamten oder einem Notar zu erteilen ist, so kann er die Erteilung an Stelle des Schuldners verlangen.

1 § 792 ZPO gibt dem Gläubiger die Möglichkeit einen Erbschein oder eine andere Urkunde, die er zur Zwangsvollstreckung benötigt, selbst zu beantragen, wenn das entsprechende Antragsrecht sonst eigentlich nur beim Schuldner liegt. Es dient damit der Erleichterung der Zwangsvollstreckung für den Gläubiger. Eine **Urkunde** wird dann benötigt, wenn sie die Vorbereitung oder Durchsetzung der Zwangsvollstreckung zumindest fördert.[1] In Betracht kommen insofern alle Urkunden, insbesondere aber Erbscheine und Zeugnisse wie z.B. i.S.d. § 1507 BGB oder § 2368 BGB.

2 Für die Erteilung ist ein **Antrag des Gläubigers** je nach der entsprechenden Verfahrensvorschrift notwendig. Soweit Erklärungen des Schuldners notwendig sind, kann der Gläubiger diese an seiner statt abgeben.[2] Er muss allerdings auch die notwendigen Mitwirkungshandlungen durchführen, wenn diese zur Erteilung notwendig sind. Mit dem Antrag ist der entsprechende Vollstreckungstitel nachzuweisen, ohne den eine Erteilung unzulässig ist, jedoch ist die Vorlage der vollstreckbaren Ausfertigung nicht notwendig. Die Zulässigkeit der einzelnen Vollstreckungshandlung wird durch die für die Erteilung zuständige Stelle nicht geprüft.[3]

3 Das für eine Erteilung notwendige **Rechtsschutzinteresse** fehlt, wenn die Urkunde auf einfacherem Wege erlangt werden können. In Betracht kommen insbesondere § 12 GBO, § 13 FamFG oder § 9 Abs. 2 HGB.

4 Das sonstige Verfahren zur Erteilung und die Rechtsbehelfe gegen die Ablehnung seines Antrages ergeben sich aus der jeweiligen speziellen Verfahrensvorschriften, so als hätte der Schuldner den Antrag gestellt.

5 Die Gerichtskosten ergeben sich aus Nr. 1220 KV-GNotKG für den Antrag auf Erteilung eines Erbscheins. Die Anwaltsgebühren richten sich nach Nr. 3100 VV-RVG bzw. Nr. 3101 Nr. 3 VV-RVG.

§ 793
Sofortige Beschwerde

Gegen Entscheidungen, die im Zwangsvollstreckungsverfahren ohne mündliche Verhandlung ergehen können, findet sofortige Beschwerde statt.

Inhalt:

	Rn.		Rn.
A. Allgemeines	1	II. Zuständigkeit und Verfahren	4
B. Erläuterungen	2	C. Rechtsbehelfe	5
I. Antragsbefugnis	3	D. Kosten und Gebühren	6

A. Allgemeines

1 § 793 ZPO bestimmt die Statthaftigkeit des Rechtsbehelfs der sofortigen Beschwerde im Zwangsvollstreckungsverfahren. § 793 ZPO ist nicht anwendbar, soweit die Rechtsmittel spezialgesetzlich geregelt sind (so bei § 71 GBO und §§ 95–104 ZVG). Auch kann die sofortige Beschwerde spezialgesetzlich ausgeschlossen sein (§ 707 Abs. 2 Satz 2 ZPO). Bei Vollstreckungen wegen Familiensachen kann über § 793 ZPO angegriffen werden, soweit die Voraussetzungen des § 95 Abs. 1 FamFG vorliegen, ansonsten gilt § 87 Abs. 4 FamFG.[1] § 793 ZPO gilt auch für Entscheidungen des Rechtspflegers (§ 11 Abs. 1 RPflG).

---

1 MK-*Schmidt/Brinkmann*, ZPO, § 792 Rn. 4.
2 Thomas/Putzo-*Seiler*, ZPO, § 794 Rn. 4.
3 OLG München, NJW 2014, 3254 = FamRZ 2015, 962.

Zu § 793:
1 Musielak/Voit-*Lackmann*, ZPO, § 793 Rn. 1.

B. Erläuterungen

Es muss eine Entscheidung, die im Zwangsvollstreckungsverfahren ergangen ist, vorliegen. Dies sind Beschlüsse, nicht jedoch Urteile (wegen der freigestellten mündlichen Verhandlung), Entscheidungen, die selbst Vollstreckungsmaßnahmen sind, sowie Entscheidungen, die keine Interessensabwägung oder keine mündliche Verhandlung vorsehen.[2] Diese müssen **nach Beginn der Zwangsvollstreckung** ergehen weshalb vorbereitende Entscheidungen (z.b. bezüglich eines Rechtskraftattestes) noch nicht unter § 793 ZPO fallen. Weiter muss das Verfahren eine mündliche Verhandlung freistellen. Ob eine solche stattfindet oder nicht, ist sodann ohne Bedeutung. 2

I. Antragsbefugnis

Antragsbefugt sind Gläubiger, Schuldner, aber auch beschwerte Dritte, inklusive des Gerichtsvollziehers, soweit seine Gebührenforderung betroffen ist.[3] Ein Rechtsschutzbedürfnis ist nachzuweisen, der Antragsteller muss also schon und noch beschwert sein. 3

II. Zuständigkeit und Verfahren

Die Zuständigkeit ergibt sich aus §§ 72, 119 GVG. Die Entscheidung ergeht durch Beschluss. Das Verfahren richtet sich nach §§ 567–572 ZPO. 4

C. Rechtsbehelfe

Der Rechtsbehelf ist die Rechtsbeschwerde nach § 574 ZPO, soweit sie zugelassen wurde. Andere außerordentliche Rechtsmittel kommen nicht in Betracht.[4] § 321a ZPO ist jedoch möglich. 5

D. Kosten und Gebühren

Es greift Nr. 2121 KV-GKG für die Gerichtskosten, im Verteilungsverfahren Nr. 2120 KV-GKG. Nr. 3500 VV-RVG gilt für die Anwaltsgebühren. 6

§ 794
Weitere Vollstreckungstitel

(1) Die Zwangsvollstreckung findet ferner statt:
1. aus Vergleichen, die zwischen den Parteien oder zwischen einer Partei und einem Dritten zur Beilegung des Rechtsstreits seinem ganzen Umfang nach oder in Betreff eines Teiles des Streitgegenstandes vor einem deutschen Gericht oder vor einer durch die Landesjustizverwaltung eingerichteten oder anerkannten Gütestelle abgeschlossen sind, sowie aus Vergleichen, die gemäß § 118 Abs. 1 Satz 3 oder § 492 Abs. 3 zu richterlichem Protokoll genommen sind;
2. aus Kostenfestsetzungsbeschlüssen;
2a. (weggefallen)
2b. (weggefallen)
3. aus Entscheidungen, gegen die das Rechtsmittel der Beschwerde stattfindet;
3a. (weggefallen)
4. aus Vollstreckungsbescheiden;
4a. aus Entscheidungen, die Schiedssprüche für vollstreckbar erklären, sofern die Entscheidungen rechtskräftig oder für vorläufig vollstreckbar erklärt sind;
4b. aus Beschlüssen nach § 796b oder § 796c;
5. aus Urkunden, die von einem deutschen Gericht oder von einem deutschen Notar innerhalb der Grenzen seiner Amtsbefugnisse in der vorgeschriebenen Form aufgenommen sind, sofern die Urkunde über einen Anspruch errichtet ist, der einer vergleichsweisen Regelung zugänglich, nicht auf Abgabe einer Willenserklärung gerichtet ist und nicht den Bestand eines Mietverhältnisses über Wohnraum betrifft, und der Schuldner sich in der Urkunde wegen des zu bezeichnenden Anspruchs der sofortigen Zwangsvollstreckung unterworfen hat;
6. aus für vollstreckbar erklärten Europäischen Zahlungsbefehlen nach der Verordnung (EG) Nr. 1896/2006;

---

2 Thomas/Putzo-*Seiler*, ZPO, § 793 Rn. 3: Gegen diese bleibt die Erinnerung nach § 766 ZPO.
3 Musielak/Voit-*Lackmann*, ZPO, § 793 Rn. 4.
4 *Gaul*, DGVZ 2005, 113 (116 f.); ausgenommen die Verfassungsbeschwerde.

7. aus Titeln, die in einem anderen Mitgliedstaat der Europäischen Union nach der Verordnung (EG) Nr. 805/2004 des Europäischen Parlaments und des Rates vom 21. April 2004 zur Einführung eines Europäischen Vollstreckungstitels für unbestrittene Forderungen als Europäische Vollstreckungstitel bestätigt worden sind;
8. aus Titeln, die in einem anderen Mitgliedstaat der Europäischen Union im Verfahren nach der Verordnung (EG) Nr. 861/2007 des Europäischen Parlaments und des Rates vom 11. Juli 2007 zur Einführung eines europäischen Verfahrens für geringfügige Forderungen (ABl. L 199 vom 31.7.2007, S. 1; L 141 v0m 5.6.2015, S. 118), die zuletzt durch die Verordnung (EU) 2015/2421 (ABl. L 341 vom 24.12.2015, S. 1) geändert worden ist, ergangen sind;
9. aus Titeln eines anderen Mitgliedstaats der Europäischen Union, die nach der Verordnung (EU) Nr. 1215/2012 des Europäischen Parlaments und des Rates vom 12. Dezember 2012 über die gerichtliche Zuständigkeit und die Anerkennung und Vollstreckung von Entscheidungen in Zivil- und Handelssachen zu vollstrecken sind.

(2) Soweit nach den Vorschriften der §§ 737, 743, des § 745 Abs. 2 und des § 748 Abs. 2 die Verurteilung eines Beteiligten zur Duldung der Zwangsvollstreckung erforderlich ist, wird sie dadurch ersetzt, dass der Beteiligte in einer nach Absatz 1 Nr. 5 aufgenommenen Urkunde die sofortige Zwangsvollstreckung in die seinem Recht unterworfenen Gegenstände bewilligt.

Inhalt:

	Rn.		Rn.
A. Allgemeines	1	II. Zusätzlicher Duldungstitel	10
B. Erläuterungen	2	III. Weitere Titel außerhalb der ZPO	11
I. Einzelne Titel	2		

A. Allgemeines

1 Die Norm sorgt dafür, dass auch aus anderen Urkunden als aus einem Urteil (§ 704 ZPO) vollstreckt werden darf. Ohne diese Vorschrift wäre dies unzulässig. Insofern gelten die gesamten §§ 704–793 ZPO auch für die angeführten Urkunden. Die Aufzählung ist **abschließend**. Weitere Urkunden, aus denen die Zwangsvollstreckung gestattet sein könnte, existieren in der ZPO nicht (für Titel außerhalb der ZPO siehe Rn. 11).

B. Erläuterungen
I. Einzelne Titel

2 Nach Abs. 1 Nr. 1 kann aus einem zwischen allen (im Falle des § 62 ZPO) Beteiligten geschlossenen, wirksamen **Prozessvergleich** (nicht außergerichtlicher Vergleich) vollstreckt werden, soweit dieser einen vollstreckbaren Inhalt hat und nicht ordnungsgemäß widerrufen wurde. Es genügt insofern ein anhängiger Rechtsstreit vor einem deutschen Gericht, unabhängig von tatsächlicher Statthaftigkeit oder Zulässigkeit.[1] Für Vergleiche in FamFG-Sachen ist § 86 FamFG zu beachten. Der Vergleich muss den Rechtsstreit zwingend (vgl. den Wortlaut) zumindest bezüglich des enthaltenen Streitgegenstandes beenden. Gleichgestellt sind Vergleiche vor landesrechtlich zugelassenen Gütestellen.

3 Vollstreckt werden kann weiter aus **Kostenfestsetzungsbeschlüssen** i.S.d. §§ 103 ff. ZPO (Abs. 1 Nr. 2), allerdings nur bezüglich der Kosten. §§ 750 Abs. 1 Satz 1, 798 ZPO und eventuell § 795a ZPO sind zu beachten.

4 Auch aus **beschwerdefähigen Entscheidungen** darf vollstreckt werden (Abs. 1 Nr. 3), unabhängig von der konkreten Zulässigkeit im Einzelfall.

5 Abs. 1 Nr. 4 ist wegen § 700 ZPO rein deklaratorisch.[2]

6 **Schiedssprüche** nach §§ 1052 ff. ZPO sind nach Abs. 1 Nr. 4a vollstreckbar, soweit die Voraussetzungen des § 1060 ZPO vorliegen.

7 **Anwaltsvergleiche**, die nach § 796b ZPO oder § 796c ZPO für vollstreckbar erklärt worden sind, sind vollstreckbar (Abs. 1 Nr. 4b).

8 Nach Abs. 1 Nr. 5 sind Urkunden, die vor einem deutschen Gericht oder einem deutschen Notar wirksam nach dem BeurkG errichtet wurden und in denen sich der Schuldner einem Anspruch unterwirft, der einer vergleichsweisen Regelung zugänglich ist und nicht auf Ab-

---

1 Musielak/Voit-*Lackmann*, ZPO, § 794 Rn. 4; allgemein Keller-*Rellermeyer*, Handbuch Zwangsvollstreckungsrecht, Kap. 1 Rn. 122 ff.
2 Musielak/Voit-*Lackmann*, ZPO, § 794 Rn. 46.

gabe einer Willenserklärung oder den Bestand eines Wohnraummietverhältnisses gerichtet ist, vollstreckbar.

Aus Europäischen Zahlungsbefehlen (Abs. 1 Nr. 6), bestätigten europäischen Vollstreckungstiteln (Abs. 1 Nr. 7), Entscheidungen nach dem europäischen Verfahren für geringfügige Forderungen (Abs. 1 Nr. 8) und nach der EuGVVO vollstreckbare Forderungen (Abs. 1 Nr. 9) darf ebenso vollstreckt werden. 9

II. Zusätzlicher Duldungstitel

Ist in den in Abs. 2 genannten Fällen ein zusätzlicher Duldungstitel erforderlich, ist dieser nach Abs. 1 Nr. 5 dadurch ersetzbar, dass eine Unterwerfungserklärung vorliegt.[3] 10

III. Weitere Titel außerhalb der ZPO

Aus folgenden außerhalb der ZPO angesiedelten weiteren Titeln kann unter anderem die Zwangsvollstreckung betrieben werden:[4] 11

- Entscheidungen und Vergleiche des Arbeitsgerichts, §§ 46, 62 ArbGG;
- Entscheidungen der Familien- und Freiwilligen Gerichtsbarkeit; §§ 95f., 120 FamFG;
- Urkunde des Jugendamtes über Zahlung von Unterhalt; §§ 59, 60 SGB VIII;
- Festsetzungsbeschluss nach § 11 Abs. 1 RVG über Rechtsanwaltsgebühren (§ 11 Abs. 2 Satz 3 RVG); ein von der Geschäftsstelle eines Verwaltungsgerichts erlassener Beschluss nach § 11 RVG ist nicht von der Verwaltungsgerichtsbarkeit zu vollstrecken, sondern nach den zivilprozessualen Vorschriften;
- Auszug aus der Insolvenztabelle (§ 201 Abs. 2 InsO);
- Insolvenzplan (§ 257 Abs. 1, 2 InsO);
- Schuldenbereinigungsplan nach § 308 InsO (§ 308 Abs. 1 Satz 2 InsO i.V.m. § 794 Abs. 1 Nr. 1 ZPO);
- Beschlüsse und Vergleiche der Landwirtschaftsgerichte (§ 9 LwVG i.V.m. §§ 95f., 120 FamFG);
- Öffentlich-rechtliche Titel können ebenfalls ganz oder teilweise nach der ZPO vollstreckt werden; z.B. nach dem VwVG, §§ 249ff. AO, § 167 Abs. 1 VwGO. § 66 Abs. 4 SGB X erlaubt Sozialversicherungsträgern die Wahl der Vollstreckung nach VwVG oder ZPO;
- Vermögensrechtliche Entscheidungen im Strafverfahren; §§ 406, 406b StPO;
- Zuschlagsbeschluss im Zwangsversteigerungsverfahren; §§ 93, 132 ZVG.

§ 794a
Zwangsvollstreckung aus Räumungsvergleich

(1) ¹Hat sich der Schuldner in einem Vergleich, aus dem die Zwangsvollstreckung stattfindet, zur Räumung von Wohnraum verpflichtet, so kann ihm das Amtsgericht, in dessen Bezirk der Wohnraum belegen ist, auf Antrag eine den Umständen nach angemessene Räumungsfrist bewilligen. ²Der Antrag ist spätestens zwei Wochen vor dem Tag, an dem nach dem Vergleich zu räumen ist, zu stellen; §§ 233 bis 238 gelten sinngemäß. ³Die Entscheidung ergeht durch Beschluss. ⁴Vor der Entscheidung ist der Gläubiger zu hören. ⁵Das Gericht ist befugt, die in § 732 Abs. 2 bezeichneten Anordnungen zu erlassen.

(2) ¹Die Räumungsfrist kann auf Antrag verlängert oder verkürzt werden. ²Absatz 1 Satz 2 bis 5 gilt entsprechend.

(3) ¹Die Räumungsfrist darf insgesamt nicht mehr als ein Jahr, gerechnet vom Tag des Abschlusses des Vergleichs, betragen. ²Ist nach dem Vergleich an einem späteren Tag zu räumen, so rechnet die Frist von diesem Tag an.

(4) Gegen die Entscheidung des Amtsgerichts findet die sofortige Beschwerde statt.

(5) ¹Die Absätze 1 bis 4 gelten nicht für Mietverhältnisse über Wohnraum im Sinne des § 549 Abs. 2 Nr. 3 sowie in den Fällen des § 575 des Bürgerlichen Gesetzbuchs. ²Endet ein Mietverhältnis im Sinne des § 575 des Bürgerlichen Gesetzbuchs durch außerordentliche Kündigung, kann eine Räumungsfrist höchstens bis zum vertraglich bestimmten Zeitpunkt der Beendigung gewährt werden.

---

3 Ausführlich hierzu Thomas/Putzo-*Seiler*, ZPO, § 794 Rn. 52ff.
4 Nach Musielak/Voit-*Lackmann*, ZPO, § 794 Rn. 49.

ZPO § 795 Zwangsvollstreckung, Allgemeine Vorschriften

Inhalt:

	Rn.		Rn.
A. Allgemeines	1	III. Entscheidung	4
B. Erläuterungen	2	IV. Verlängerung oder Verkürzung der Frist	5
I. Antrag	2		
II. Zuständigkeit	3	C. Rechtsbehelfe	6

A. Allgemeines

1 § 794a ZPO ermöglicht die Bestimmung einer Räumungsfrist, soweit sich der Schuldner im Rahmen eines Vergleichs zur Räumung von Wohnraum verpflichtet hat. Die Norm gilt für Prozessvergleiche und Anwaltsvergleiche (§§ 796a, 796c ZPO). Für Räumungsurteile greift § 721 ZPO. Für andere Vergleiche, insbesondere außergerichtliche, gilt die Norm nicht. Der **Begriff Wohnraum** umfasst alle tatsächlich bewohnten Räume, sowie dauerhafte als Wohnung dienende Räumlichkeiten, wie Zelt, Wohnwagen, Frauenhaus, und bei Mischbenutzung (Wohn- und Geschäftsräume) je nach Möglichkeit der Teilbarkeit der Einheiten, der selbstständige der Bewohnung dienende Teil oder die gesamte untrennbare Einheit.[1] Zu beachten ist jedoch die Ausnahme des § 794a Abs. 5 ZPO.

B. Erläuterungen
I. Antrag

2 Der Antrag des Räumungsschuldners muss fristgerecht, zwei Wochen vor der Räumung gestellt werden. Wiedereinsetzung ist möglich. Der Schuldner kann auf die Anwendung der Norm verzichten. Dann greift § 765a ZPO.

II. Zuständigkeit

3 **Ausschließlich** zuständig ist das Amtsgericht, in dessen Bezirk der Wohnraum gelegen ist (Abs. 1 Satz 1, § 802 ZPO).

III. Entscheidung

4 Die Entscheidung erfolgt durch den Richter als Prozess- und nicht Vollstreckungsgericht durch Beschluss.[2] Die Parteien sind anzuhören. Anordnungen nach § 732 Abs. 2 ZPO sind möglich. Die Entscheidung ist nach **pflichtgemäßem Ermessen** zu fällen. Dabei sind beide Interessen zu berücksichtigen, insbesondere die Tatsache, dass der Schuldner aufgrund einer Vereinbarung, also aufgrund einer freiwilligen Verpflichtung seinen Auszug zu einem bestimmten Termin zugesichert hat. Soweit also bereits eine Räumungsfrist im Vergleich gewährt wurde, ist der Schuldner deutlich weniger schutzwürdig, wenn nicht Obdachlosigkeit droht; siehe hierzu auch § 721 Rn. 3. Abs. 3 beschränkt das Ermessen bezüglich der Länge der Frist.

IV. Verlängerung oder Verkürzung der Frist

5 Nach Abs. 2 kann eine gewährte Frist auf Antrag verlängert werden. Eine Verkürzung ist nur dann zulässig, wenn es sich um eine gerichtlich bestimmte Frist handelt.[3]

C. Rechtsbehelfe

6 Rechtsbehelf gegen die Entscheidung ist die sofortige Beschwerde nach § 567 Abs. 1 Nr. 1 ZPO (Abs. 4).

§ 795
Anwendung der allgemeinen Vorschriften auf die weiteren Vollstreckungstitel

[1]Auf die Zwangsvollstreckung aus den in § 794 erwähnten Schuldtiteln sind die Vorschriften der §§ 724 bis 793 entsprechend anzuwenden, soweit nicht in den §§ 795a bis 800, 1079 bis 1086, 1093 bis 1096 und 1107 bis 1117 abweichende Vorschriften enthalten sind. [2]Auf die Zwangsvollstreckung aus den in § 794 Abs. 1 Nr. 2 erwähnten Schuldtiteln ist § 720a entsprechend anzuwenden, wenn die Schuldtitel auf Urteilen beruhen, die nur gegen Sicherheitsleistung vorläufig vollstreckbar sind. [3]Die Vorschriften der in § 794 Absatz 1 Nummer 6 bis 9 genannten Verordnungen bleiben unberührt.

---

1 Thomas/Putzo-*Seiler*, ZPO, § 721 Rn. 1.
2 LG Hildesheim, MDR 1968, 55.
3 Nicht eine aus dem Vergleich selbst, vgl. LG München I, ZMR 2014, 991, Rn. 2 = ZMR 2014, 991, Rn. 2.

Die Norm gibt an, dass die Vorschriften der §§ 724–793 ZPO nicht nur für Urteile anwendbar sind, sondern auch für die in § 794 ZPO erwähnten Titel. Dabei sind die abweichenden Normen zu beachten, die konkret benannt sind. 1

§ 795a
Zwangsvollstreckung aus Kostenfestsetzungsbeschluss

Die Zwangsvollstreckung aus einem Kostenfestsetzungsbeschluss, der nach § 105 auf das Urteil gesetzt ist, erfolgt auf Grund einer vollstreckbaren Ausfertigung des Urteils; einer besonderen Vollstreckungsklausel für den Festsetzungsbeschluss bedarf es nicht.

Die Norm gibt an, dass Kostenfestsetzungsbeschlüsse keiner besonderen vollstreckbaren Ausfertigung für die Zwangsvollstreckung bedürfen, wenn der Kostenfestsetzungsbeschluss nach § 105 ZPO auf das Urteil gesetzt ist. 1

§ 795b
Vollstreckbarerklärung des gerichtlichen Vergleichs

Bei Vergleichen, die vor einem deutschen Gericht geschlossen sind (§ 794 Abs. 1 Nr. 1) und deren Wirksamkeit ausschließlich vom Eintritt einer sich aus der Verfahrensakte ergebenden Tatsache abhängig ist, wird die Vollstreckungsklausel von dem Urkundsbeamten der Geschäftsstelle des Gerichts des ersten Rechtszugs und, wenn der Rechtsstreit bei einem höheren Gericht anhängig ist, von dem Urkundsbeamten der Geschäftsstelle dieses Gerichts erteilt.

Die Norm erklärt den Urkundsbeamten der Geschäftsstelle für die Erteilung der Vollstreckungsklausel für zuständig, wenn ein vor einem deutschen Gericht (nicht nur Gütestelle; dann § 797a ZPO) geschlossener Vergleich vorliegt (§ 794 Abs. 1 Nr. 1 ZPO) und die Wirksamkeit ausschließlich vom Eintritt einer sich aus der Verfahrensakte ergebenden Tatsache abhängig ist. Sind noch weitere außerhalb der Akte liegende Tatsachen maßgeblich, ist der Rechtspfleger zuständig. 1

Die wichtigsten Fälle sind Widerrufsvergleiche und Vergleiche für den Fall einer Scheidung.[1] 2
Handelt der Rechtspfleger berührt dies die Wirksamkeit nicht (§ 8 Abs. 5 RPflG). 3

§ 796
Zwangsvollstreckung aus Vollstreckungsbescheiden

(1) Vollstreckungsbescheide bedürfen der Vollstreckungsklausel nur, wenn die Zwangsvollstreckung für einen anderen als den in dem Bescheid bezeichneten Gläubiger oder gegen einen anderen als den in dem Bescheid bezeichneten Schuldner erfolgen soll.

(2) Einwendungen, die den Anspruch selbst betreffen, sind nur insoweit zulässig, als die Gründe, auf denen sie beruhen, nach Zustellung des Vollstreckungsbescheids entstanden sind und durch Einspruch nicht mehr geltend gemacht werden können.

(3) Für Klagen auf Erteilung der Vollstreckungsklausel sowie für Klagen, durch welche die den Anspruch selbst betreffenden Einwendungen geltend gemacht werden oder der bei der Erteilung der Vollstreckungsklausel als bewiesen angenommene Eintritt der Voraussetzung für die Erteilung der Vollstreckungsklausel bestritten wird, ist das Gericht zuständig, das für eine Entscheidung im Streitverfahren zuständig gewesen wäre.

Inhalt:

	Rn.		Rn.
A. Entbehrlichkeit einer Vollstreckungsklausel.	1	C. Zuständigkeit	3
B. Präklusion.	2	D. Kosten und Gebühren	4

---

[1] Musielak/Voit-*Lackmann*, ZPO, § 795b Rn. 2.

A. Vollstreckungsklausel

1 Die Vollstreckungsklausel ist bei Vollstreckungsbescheiden nur im Ausnahmefall für die Zwangsvollstreckung notwendig, nämlich wenn eine Titelumschreibung erforderlich ist (§§ 727–729, 738, 742, 744a, 745, 749 ZPO).

B. Präklusion

2 Maßgebend für die Frage der Präklusion ist der Ablauf der Einspruchsfrist gegen den Vollstreckungsbescheid. Inhaltlich müssen die Einwendungen bis zum Ablauf der genannten Frist vorgebracht werden.

C. Zuständigkeit

3 Zuständig ist das Gericht, das für eine Entscheidung im Streitverfahren zuständig wäre. Damit gelten die allgemeinen Zuständigkeitsregeln.

D. Kosten, Gebühren

4 Die Gerichtskosten richten sich nach Nr. 1210, 1211 KV-GKG. Die Anwaltsgebühren ergeben sich aus Nr. 3100 ff. VV-RVG (§ 19 Abs. 1 Nr. 13 RVG) oder aus Nr. 3309 VV-RVG.

§ 796a
Voraussetzungen für die Vollstreckbarerklärung des Anwaltsvergleichs

(1) Ein von Rechtsanwälten im Namen und mit Vollmacht der von ihnen vertretenen Parteien abgeschlossener Vergleich wird auf Antrag einer Partei für vollstreckbar erklärt, wenn sich der Schuldner darin der sofortigen Zwangsvollstreckung unterworfen hat und der Vergleich unter Angabe des Tages seines Zustandekommens bei einem Amtsgericht niedergelegt ist, bei dem eine der Parteien zur Zeit des Vergleichsabschlusses ihren allgemeinen Gerichtsstand hat.

(2) Absatz 1 gilt nicht, wenn der Vergleich auf die Abgabe einer Willenserklärung gerichtet ist oder den Bestand eines Mietverhältnisses über Wohnraum betrifft.

(3) Die Vollstreckbarerklärung ist abzulehnen, wenn der Vergleich unwirksam ist oder seine Anerkennung gegen die öffentliche Ordnung verstoßen würde.

Inhalt:

	Rn.		Rn.
A. Erläuterungen	1	C. Ablehnung	3
B. Nichtanwendung	2	D. Kosten und Gebühren	4

A. Erläuterungen

1 Der außergerichtliche Anwaltsvergleich (§ 779 BGB), der die Voraussetzungen nach Abs. 1 erfüllt, ist auf formlosen **Antrag** einer Vertragspartei für vollstreckbar zu erklären. § 796a ZPO gilt auch für Arbeitsstreitsachen und Mediationen.[1] Er muss in jedem Falle schriftlich erfolgen, soweit nicht das Gesetz eine schärfere Form vorschreibt.[2] Der Schuldner muss sich im Vergleich **explizit** der sofortigen Zwangsvollstreckung des verglichenen Anspruches unterworfen haben. Der Vergleich muss beim nach Abs. 1 zuständigen Gericht im Original oder in notarieller Ausfertigung niedergelegt werden.[3] Die **Zuständigkeit** für die Vollstreckbarerklärung richtet sich nach § 796b ZPO (gerichtlich) oder § 796c ZPO (durch den Notar).

B. Nichtanwendung

2 Der Antrag kann nicht gestellt werden, wenn der Vergleich auf Abgabe einer Willenserklärung gerichtet ist oder die Beendigung eines Mietverhältnisses über Wohnraum betrifft.[4] Betrifft das Mietverhältnis, das beendet werden soll, sowohl Wohn- als auch Geschäftsräume, kommt es auf den Schwerpunkt an.[5]

---

1 Thomas/Putzo-*Seiler*, ZPO, § 796a Rn. 1.
2 Thomas/Putzo-*Seiler*, ZPO, § 796a Rn. 4.
3 Thomas/Putzo-*Seiler*, ZPO, § 796a Rn. 7.
4 ;usielak/Voit-*Voit*, ZPO, § 794a Rn. 7. Vgl. Musielak/Voit-*Lackmann*, ZPO § 794 Rn. 32, sowie Spielbauer/Schneider-*Kern*, Mietrecht, § 35 Rn. 58 ff.; dahingehend, dass alle Räume, die zu Wohnzwecken dienen, nach § 796a Abs. 2 ZPO von Beendigungsvergleichen ausgeschlossen sind.
5 OLG Karlsruhe, NJW-RR 1988, 401.

C. Ablehnung

Die Erklärung ist nicht zu erteilen, wenn ein unwirksamer Vergleich vorliegt (z.B. wegen Verstoß gegen § 134 BGB) oder ein Verstoß gegen die öffentliche Ordnung (*ordre public*) vorliegen würde.   3

D. Kosten und Gebühren

Die Gerichtskosten ergeben sich aus Nr. 2118 KV-GKG (60,00 €). Die Anwaltsgebühren richten sich nach Nr. 3100 ff. VV-RVG.   4

§ 796b
Vollstreckbarerklärung durch das Prozessgericht

(1) Für die Vollstreckbarerklärung nach § 796a Abs. 1 ist das Gericht als Prozessgericht zuständig, das für die gerichtliche Geltendmachung des zu vollstreckenden Anspruchs zuständig wäre.

(2) ¹Vor der Entscheidung über den Antrag auf Vollstreckbarerklärung ist der Gegner zu hören. ²Die Entscheidung ergeht durch Beschluss. ³Eine Anfechtung findet nicht statt.

Inhalt:

	Rn.		Rn.
A. Zuständigkeit	1	C. Rechtsbehelfe	3
B. Verfahren	2	D. Kosten und Gebühren	4

A. Zuständigkeit

Die Zuständigkeit für den Beschluss, der die Vollstreckbarkeit eines Anwaltsvergleiches i.S.d. § 796a Abs. 1 ZPO anordnet, richtet sich nach § 796b Abs. 1 ZPO. Zuständig ist insofern das Gericht, das für die Geltendmachung des zu vollstreckenden Anspruchs zuständig wäre. Dies richtet sich nach den allgemeinen Zuständigkeitsvoraussetzungen der ZPO und des GVG. § 35 ZPO ist bei mehreren Gerichtsständen entsprechend anwendbar. Auch eine Vereinbarung (selbst erst im Vergleich) über den Gerichtsstand nach §§ 38 ff. ZPO ist zulässig.   1

B. Verfahren

Das Gericht wird nur auf schriftlichen Antrag tätig, es gelten die allgemeinen Prozessvoraussetzungen. Der Gegner ist immer zu hören, mündliche Verhandlung ist dagegen fakultativ (§ 128 Abs. 4 ZPO). Eine Ausnahme ist nicht gestattet. Es wird immer durch Beschluss entschieden.   2

C. Rechtsbehelfe

Der Beschluss selbst kann nicht angefochten werden. Die Zwangsvollstreckung selbst ist aber natürlich noch immer den allgemeinen Rechtsbehelfen geöffnet.   3

D. Kosten und Gebühren

Das Gericht macht Kosten nach Nr. 2118 KV-GKG geltend. Der Rechtsanwalt erhält die Gebühr aus Nr. 3100 VV-RVG.   4

§ 796c
Vollstreckbarerklärung durch einen Notar

(1) ¹Mit Zustimmung der Parteien kann ein Vergleich ferner von einem Notar, der seinen Amtssitz im Bezirk eines nach § 796a Abs. 1 zuständigen Gerichts hat, in Verwahrung genommen und für vollstreckbar erklärt werden. ²Die §§ 796a und 796b gelten entsprechend.

(2) ¹Lehnt der Notar die Vollstreckbarerklärung ab, ist dies zu begründen. ²Die Ablehnung durch den Notar kann mit dem Antrag auf gerichtliche Entscheidung bei dem nach § 796b Abs. 1 zuständigen Gericht angefochten werden.

Inhalt:

	Rn.		Rn.
A. Erklärung durch Notar	1	C. Kosten und Gebühren	5
B. Ablehnung durch Notar	3		

A. Erklärung durch Notar

1 Wenn beide Parteien (auch nachträglich möglich) zustimmen, darf der Notar einen bei ihm verwahrten Vergleich für vollstreckbar erklären. Die Norm gibt dem Notar damit die Befugnis über die Vollstreckbarkeit eines Anwaltsvergleichs zu entscheiden. **Zuständig** ist der Notar, der seinen Amtssitz im Bezirk eines nach § 796 Abs. 1 ZPO zuständigen Gerichts hat. Eine anderslautende Vereinbarung ist nicht möglich.[1] Die Niederlegung und Vollstreckbarerklärung muss beim selben Notar erfolgen.[2] Die Erklärung durch Notar dürfte im Normalfall die kostengünstigere Alternative zu § 796b ZPO sein.

2 Eine **gerichtliche Entscheidung** ist nicht notwendig. Der Notar entscheidet anstelle des Gerichts. Er entscheidet durch Beschluss, der zuzustellen ist, weil Abs. 1 Satz 2 auf die entsprechenden vorhergehenden Normen verweist.

B. Ablehnung durch Notar

3 Lehnt der Notar die Vollstreckbarerklärung ab, muss er diese Entscheidung **begründen**. Diese Ablehnung kann der Gläubiger damit anfechten, indem er einen Antrag auf gerichtliche Entscheidung stellt.

4 Erklärt der Notar den Vergleich für vollstreckbar, ist die Entscheidung nicht anfechtbar. Schließlich haben beide Parteien zuvor der Entscheidung durch den Notar zugestimmt. Da dies freiwillig geschieht, bedarf es keiner Anfechtung einer Vollstreckbarerklärung. Zuvor hatten beide Parteien die Gelegenheit die Entscheidung durch den Notar abzulehnen, indem sie einer Entscheidung nicht zustimmen.

C. Kosten und Gebühren

5 Der Notar erhebt bei einem Verfahren über die Vollstreckbarerklärung die Kosten aus Nr. 23800 VV GNotKG. Erteilt der Notar eine vollstreckbare Ausfertigung, erhebt er die Kosten aus Nr. 23803 GNotKG-VV. Der Anwalt erhält die Gebühren aus Nr. 3100ff. VV-RVG.

§ 797
Verfahren bei vollstreckbaren Urkunden

(1) Die vollstreckbare Ausfertigung gerichtlicher Urkunden wird von dem Urkundsbeamten der Geschäftsstelle des Gerichts erteilt, das die Urkunde verwahrt.

(2) ¹Die vollstreckbare Ausfertigung notarieller Urkunden wird von dem Notar erteilt, der die Urkunde verwahrt. ²Befindet sich die Urkunde in der Verwahrung einer Behörde, so hat diese die vollstreckbare Ausfertigung zu erteilen.

(3) ¹Die Entscheidung über Einwendungen, welche die Zulässigkeit der Vollstreckungsklausel und die Zulässigkeit der Erteilung einer weiteren vollstreckbaren Ausfertigung betreffen, wird bei gerichtlichen Urkunden von dem die Urkunde verwahrenden Gericht, bei notariellen Urkunden von dem Amtsgericht getroffen, in dessen Bezirk der die Urkunde verwahrende Notar oder die verwahrende Behörde den Amtssitz hat. ²Die Entscheidung über die Erteilung einer weiteren vollstreckbaren Ausfertigung wird bei gerichtlichen Urkunden von dem die Urkunde verwahrenden Gericht getroffen, bei einer notariellen Urkunde von dem die Urkunde verwahrenden Notar oder, wenn die Urkunde von einer Behörde verwahrt wird, von dem Amtsgericht, in dessen Bezirk diese Behörde ihren Amtssitz hat.

(4) Auf die Geltendmachung von Einwendungen, die den Anspruch selbst betreffen, ist die beschränkende Vorschrift des § 767 Abs. 2 nicht anzuwenden.

(5) Für Klagen auf Erteilung der Vollstreckungsklausel sowie für Klagen, durch welche die den Anspruch selbst betreffenden Einwendungen geltend gemacht werden oder der bei der Erteilung der Vollstreckungsklausel als bewiesen angenommene Eintritt der Voraussetzung für die Erteilung der Vollstreckungsklausel bestritten wird, ist das Gericht, bei dem der Schuldner im Inland seinen allgemeinen Gerichtsstand hat, und sonst das Gericht zuständig, bei dem nach § 23 gegen den Schuldner Klage erhoben werden kann.

(6) Auf Beschlüsse nach § 796c sind die Absätze 2 bis 5 entsprechend anzuwenden.

---

[1] Musielak/Voit-*Voit*, ZPO, § 796c Rn. 3.
[2] MK-*Wolfsteiner*, ZPO, § 796c Rn. 2f.

Inhalt:

	Rn.		Rn.
A. Allgemeines	1	III. Erteilung von weiteren Ausfertigungen	4
B. Erläuterungen	2	C. Rechtsbehelfe	5
I. Zuständigkeit des Urkundsbeamten der Geschäftsstelle	2	D. Kosten und Gebühren	6
II. Zuständigkeit des Notars oder der Behörde	3		

A. Allgemeines

Die Norm regelt die Zuständigkeit bei der Erteilung der vollstreckbaren Ausfertigung einer Urkunde. Diese richtet sich grundsätzlich nach dem Ort der Verwahrung und ist ausschließlich (§ 802 ZPO). Die Voraussetzung zur Erteilung einer vollstreckbaren Ausfertigung richtet sich nach den §§ 724 ff. ZPO zusätzlich nach § 794 Abs. 1 Nr. 5 ZPO. Diese Voraussetzungen sind ebenso wie eventuelle Vollstreckungsvoraussetzungen zu prüfen, nicht jedoch die materiellrechtlichen Grundlagen.[1] 1

B. Erläuterungen
I. Zuständigkeit des Urkundsbeamten der Geschäftsstelle

Befindet sich die Urkunde bei Gericht ist der Urkundsbeamte der Geschäftsstelle dieses Gerichts für die Erteilung zuständig. 2

II. Zuständigkeit des Notars oder der Behörde

Bei einer im Notariat verwahrten Urkunde ist dieser Notar zuständig für die Erteilung der vollstreckbaren Ausfertigung. Gleiches gilt, wenn ein Anwaltsvergleich nach § 796c ZPO durch einen Notar für vollstreckbar erklärt wurde (Abs. 6). 3

III. Erteilung von weiteren Ausfertigungen

Nach Abs. 3 Satz 2 gilt die Zuständigkeitsverteilung auch für die Erteilung weiterer Ausfertigungen. 4

C. Rechtsbehelfe

Für den **Gläubiger** ist die Beschwerde nach § 54 BeurkG möglich. Eine Klage auf Erteilung (§ 731 ZPO) ist denkbar, wobei Abs. 5 eine Zuständigkeitsverteilung festlegt. Rechtsbehelfe des **Schuldners** sind die §§ 732, 767, 768 ZPO. Die Zuständigkeit für die Klage nach § 732 ZPO richtet sich nach Abs. 3, für die nach § 767 ZPO nach Abs. 5. 5

D. Kosten und Gebühren

Die Erteilung der Vollstreckungsklausel löst keine Gerichtskosten aus. Für Klagen nach den § 797 ZPO gelten die allgemeinen Prozesskostenregelungen. Der Antrag auf Erteilung der Vollstreckungsklausel gehört zum Rechtszug (§ 19 Abs. 1 Nr. 13 RVG). Wird der Anwalt nur zur Vollstreckung tätig, erhält er die Gebühr aus Nr. 3309 VV-RVG. 6

§ 797a
Verfahren bei Gütestellenvergleichen

(1) Bei Vergleichen, die vor Gütestellen der im § 794 Abs. 1 Nr. 1 bezeichneten Art geschlossen sind, wird die Vollstreckungsklausel von dem Urkundsbeamten der Geschäftsstelle desjenigen Amtsgerichts erteilt, in dessen Bezirk die Gütestelle ihren Sitz hat.

(2) Über Einwendungen, welche die Zulässigkeit der Vollstreckungsklausel betreffen, entscheidet das im Absatz 1 bezeichnete Gericht.

(3) § 797 Abs. 5 gilt entsprechend.

(4) [1]Die Landesjustizverwaltung kann Vorsteher von Gütestellen ermächtigen, die Vollstreckungsklausel für Vergleiche zu erteilen, die vor der Gütestelle geschlossen sind. [2]Die Ermächtigung erstreckt sich nicht auf die Fälle des § 726 Abs. 1, der §§ 727 bis 729 und des § 733. [3]Über Einwendungen, welche die Zulässigkeit der Vollstreckungsklausel betreffen, entscheidet das im Absatz 1 bezeichnete Gericht.

---

1 Hierfür ist ein Vorgehen nach § 766 ZPO notwendig: Musielak/Voit-*Lackmann*, ZPO, § 797 Rn. 4.

1 Wird ein Vergleich vor einer Gütestelle geschlossen, ist die Vollstreckungsklausel von dem Urkundsbeamten der Geschäftsstelle des Amtsgerichts zu erteilen, in dessen Bezirk die Gütestelle ihren Sitz hat. Dies kann auch einer anderen Stelle übertragen werden, soweit eine entsprechende landesrechtliche Ermächtigung nach Abs. 4 vorliegt. Für qualifizierte Klauseln (§§ 726 Abs. 1, 727–729 ZPO) ist der Rechtspfleger zuständig (§ 20 Abs. 1 Nr. 12, 13 RPflG).

2 § 797a ZPO wird entsprechend angewendet, wenn ein Vergleich vor **Einigungsstellen** i.S.d. § 15 UWG geschlossen wurde.[1]

3 **Rechtsbehelfe** sind §§ 567, 573, 731 ZPO für den Gläubiger und §§ 732, 768 ZPO für den Schuldner.[2] Zuständig ist das Amtsgericht, in dessen Bezirk die Gütestelle ihren Sitz hat (Abs. 2 i.V.m. Abs. 1). Für Klagen nach §§ 731, 767, 768 ZPO gilt § 797 Abs. 5 ZPO.[3]

4 Kosten werden für die Ausfertigung der Vollstreckungsklausel nicht erhoben. Für Gerichtskosten für Klagen nach Abs. 3 gilt Nr. 1210 KV-GKG. Die **Rechtsanwaltsgebühren** für das Güteverfahren richten sich nach Nr. 2303 VV-RVG. Eine Klage nach Abs. 3 ist eine eigene Angelegenheit (§ 17 Nr. 7 RVG).

§ 798
Wartefrist

Aus einem Kostenfestsetzungsbeschluss, der nicht auf das Urteil gesetzt ist, aus Beschlüssen nach § 794 Abs. 1 Nr. 4b sowie aus den nach § 794 Abs. 1 Nr. 5 aufgenommenen Urkunden darf die Zwangsvollstreckung nur beginnen, wenn der Schuldtitel mindestens zwei Wochen vorher zugestellt ist.

1 § 798 ZPO bestimmt, dass für Kostenfestsetzungsbeschlüsse, die nicht auf das Urteil gesetzt sind, oder Beschlüsse nach §§ 794 Abs. 1 Nr. 4b, 5 ZPO eine Zwangsvollstreckung erst nach Ablauf einer zweiwöchigen Wartefrist beginnen darf. Dies gibt dem Schuldner die Gelegenheit freiwillig zu leisten.

2 **Fristbeginn** ist die ordnungsgemäße Zustellung nach den allgemeinen Vorschriften. Macht der Schuldner innerhalb von zwei Wochen (§ 222 Abs. 1 ZPO, §§ 187, 188 BGB) keinen Gebrauch von dieser Möglichkeit, darf die Zwangsvollstreckung durchgeführt werden. Fristverlängerung ist zulässig, eine Verkürzung wohl unzulässig.[1]

3 Eine **verfrühte Vollstreckung** ist zwar mit § 766 ZPO bzw. § 793 ZPO angreifbar, jedoch wird die Vollstreckung geheilt, wenn zum Zeitpunkt der Entscheidung die Wartefrist abgelaufen ist, was beinahe immer der Fall sein dürfte.[2]

§ 798a
(aufgehoben)

§ 799
Vollstreckbare Urkunde bei Rechtsnachfolge

Hat sich der Eigentümer eines mit einer Hypothek, einer Grundschuld oder einer Rentenschuld belasteten Grundstücks in einer nach § 794 Abs. 1 Nr. 5 aufgenommenen Urkunde der sofortigen Zwangsvollstreckung unterworfen und ist dem Rechtsnachfolger des Gläubigers eine vollstreckbare Ausfertigung erteilt, so ist die Zustellung der die Rechtsnachfolge nachweisenden öffentlichen oder öffentlich beglaubigten Urkunde nicht erforderlich, wenn der Rechtsnachfolger als Gläubiger im Grundbuch eingetragen ist.

1 Die Norm erklärt die Zustellung der die Rechtsnachfolge belegenden Urkunde (nicht der Vollstreckungsklausel) bei Grundpfandrechten entgegen § 750 Abs. 2 ZPO für entbehrlich und vereinfacht das Verfahren. Die **Zustellung** der Eintragungsanordnung selbst an den Schuldner erfolgt durch das Grundbuchamt wegen § 55 GBO.

---

1 Thomas/Putzo-*Seiler*, ZPO, § 797a Rn. 1.
2 Musielak/Voit-*Lackmann*, ZPO, § 797a Rn. 4.
3 Musielak/Voit-*Lackmann*, ZPO, § 797a Rn. 4.

Zu § 798:
1 Musielak/Voit-*Lackmann*, ZPO, § 798 Rn. 3. m.w.N.
2 OLG Hamm, NJW 1974, 1516 = Rpfleger 1974, 204.

§ 799a
Schadensersatzpflicht bei der Vollstreckung aus Urkunden durch andere Gläubiger

¹Hat sich der Eigentümer eines Grundstücks in Ansehung einer Hypothek oder Grundschuld in einer Urkunde nach § 794 Abs. 1 Nr. 5 der sofortigen Zwangsvollstreckung in das Grundstück unterworfen und betreibt ein anderer als der in der Urkunde bezeichnete Gläubiger die Vollstreckung, so ist dieser, soweit die Vollstreckung aus der Urkunde für unzulässig erklärt wird, dem Schuldner zum Ersatz des Schadens verpflichtet, der diesem durch die Vollstreckung aus der Urkunde oder durch eine zur Abwendung der Vollstreckung erbrachte Leistung entsteht. ²Satz 1 gilt entsprechend, wenn sich der Schuldner wegen der Forderungen, zu deren Sicherung das Grundpfandrecht bestellt worden ist, oder wegen der Forderung aus einem demselben Zweck dienenden Schuldanerkenntnis der sofortigen Vollstreckung in sein Vermögen unterworfen hat.

Inhalt:

	Rn.		Rn.
A. Allgemeines	1	II. Zwangsvollstreckung	3
B. Erläuterungen	2	III. Unzulässige Zwangsvollstreckung	4
I. Urkunde	2		

A. Allgemeines

§ 799a ZPO ist materielle Anspruchsnorm, die den Schuldner schützt, indem sie ihm bei einer materiell unberechtigten Vollstreckung durch den Rechtsnachfolger eines Grundpfandrechtsgläubigers einen Schadensersatzanspruch zubilligt. Dieser umfasst alle adäquaten und kausalen Schäden. **Besondere Verfahrensvorschriften** werden nicht statuiert. 1

B. Erläuterungen
I. Urkunde

Der Schuldner muss sich in einer notariellen Urkunde der sofortigen Zwangsvollstreckung aus einer Grundschuld oder einer Hypothek unterworfen haben. 2

II. Zwangsvollstreckung

Die Norm greift, wenn ein Dritter als in der Urkunde nicht bezeichneter Gläubiger, also insbesondere nach Abtretung der durch die Grundschuld gesicherten Forderung der Abtretungsempfänger, die Zwangsvollstreckung aus der Urkunde gegen den Schuldner betreibt, ohne dass es zu einer Titelumschreibung nach § 727 ZPO gekommen ist. 3

III. Unzulässige Zwangsvollstreckung

Wird die Zwangsvollstreckung durch ein Gericht für unzulässig erklärt (i.R.v. §§ 732, 768, 767 ZPO), macht sich der Dritte schadenersatzpflichtig. Die Zwangsvollstreckung wird dann für unzulässig erklärt, wenn bspw. der Schuldner seinen Verpflichtungen vollumfänglich nachgekommen ist. Das Urteil muss nicht rechtskräftig sein.[1] 4

§ 800
Vollstreckbare Urkunde gegen den jeweiligen Grundstückseigentümer

(1) ¹Der Eigentümer kann sich in einer nach § 794 Abs. 1 Nr. 5 aufgenommenen Urkunde in Ansehung einer Hypothek, einer Grundschuld oder einer Rentenschuld der sofortigen Zwangsvollstreckung in der Weise unterwerfen, dass die Zwangsvollstreckung aus der Urkunde gegen den jeweiligen Eigentümer des Grundstücks zulässig sein soll. ²Die Unterwerfung bedarf in diesem Fall der Eintragung in das Grundbuch.
(2) Bei der Zwangsvollstreckung gegen einen späteren Eigentümer, der im Grundbuch eingetragen ist, bedarf es nicht der Zustellung der den Erwerb des Eigentums nachweisenden öffentlichen oder öffentlich beglaubigten Urkunde.
(3) Ist die sofortige Zwangsvollstreckung gegen den jeweiligen Eigentümer zulässig, so ist für die im § 797 Abs. 5 bezeichneten Klagen das Gericht zuständig, in dessen Bezirk das Grundstück belegen ist.

---

1 *Vollkommer*, ZIP 2008, 2060 (2062f.).

1 Die Norm beinhaltet, dass der Eigentümer eines Grundstücks durch eine Eintragung in das Grundbuch bewirken kann, dass die Zwangsvollstreckung aufgrund einer notariellen Urkunde und aufgrund einer Grundschuld oder Hypothek auch gegen die Rechtsnachfolger durchgeführt werden kann. Sie gilt nur für die Unterwerfung unter vollstreckbare Urkunden, nicht für andere Titel und weiter nur für Forderungen aus Hypotheken, Grund- oder Rentenschulden.

2 Eine **Unterwerfungserklärung** i.S.d. Abs. 1 ist eine eindeutige und ausdrückliche Erklärung bezüglich der Unterwerfung des Grundstückes unter die Zwangsvollstreckung auch bezüglich neuer Eigentümer.[1] Vertretung ist möglich, nicht aber die spätere Genehmigung der Erklärung eines Nichtberechtigten.[2] Die Erklärung muss explizit in das **Grundbuch** eingetragen werden, ansonsten bleibt sie ohne Wirkung.[3] **Spätere Erweiterungen** müssen durch zusätzliche Unterwerfungserklärungen erklärt und eingetragen werden.

3 **Abs. 2** vereinfacht das Verfahren, indem die Zustellung der den Erwerb des Eigentums nachweisenden Urkunde nicht erforderlich ist. Gegen den neuen Eigentümer muss eine entsprechende vollstreckbare Ausfertigung erteilt und zugestellt worden sein.

4 **Zuständig** ist das Gericht, in dessen Bezirk das Grundstück belegen ist, wenn Rechte nach § 797 Abs. 5 ZPO geltend gemacht werden sollen.

§ 800a
Vollstreckbare Urkunde bei Schiffshypothek

(1) Die Vorschriften der §§ 799, 800 gelten für eingetragene Schiffe und Schiffsbauwerke, die mit einer Schiffshypothek belastet sind, entsprechend.

(2) Ist die sofortige Zwangsvollstreckung gegen den jeweiligen Eigentümer zulässig, so ist für die im § 797 Abs. 5 bezeichneten Klagen das Gericht zuständig, in dessen Bezirk das Register für das Schiff oder das Schiffsbauwerk geführt wird.

1 Die Norm verweist auf die §§ 799, 800 ZPO und § 797 Abs. 5 ZPO, wenn eine Schiffshypothek vorliegt. **Zuständig** ist entgegen § 797 Abs. 5 ZPO das Gericht, in dessen Bezirk das Register für das Schiff geführt wird.

§ 801
Landesrechtliche Vollstreckungstitel

(1) Die Landesgesetzgebung ist nicht gehindert, auf Grund anderer als der in den §§ 704, 794 bezeichneten Schuldtitel die gerichtliche Zwangsvollstreckung zuzulassen und insoweit von diesem Gesetz abweichende Vorschriften über die Zwangsvollstreckung zu treffen.

(2) Aus landesrechtlichen Schuldtiteln i.S.d. Absatzes 1 kann im gesamten Bundesgebiet vollstreckt werden.

1 Die Norm stellt klar, dass auch aus landesrechtlich geschaffenen Titeln die Zwangsvollstreckung im gesamten Bundesgebiet und nicht nur im betreffenden Bundesland durchgeführt werden darf. Dies betrifft vor allem Entscheidungen nach landesrechtlichen Schiedsordnungen.

§ 802
Ausschließlichkeit der Gerichtsstände

Die in diesem Buche angeordneten Gerichtsstände sind ausschließliche.

1 Die Norm gibt unmissverständlich vor, dass alle im 8. Buch angeordneten Gerichtsstände ausschließliche sind (vgl. auch Vorbem. zu §§ 1–37 Rn. 12). Die Norm gilt für die sachliche und die örtliche Zuständigkeit (vgl. auch Vorbem. zu §§ 1–37 Rn. 2 ff.). Bestimmt eine Norm im 8. Buch nur die örtliche Zuständigkeit, gilt § 802 ZPO nur für diese. Die sachliche Zuständigkeit richtet sich dann nach den allgemeinen Vorschriften des GVG, wobei § 802 ZPO keine Anwendung findet.

---

1 BGH, NJW 1991, 228 (229) = MDR 1991, 331.
2 Musielak/Voit-*Lackmann*, ZPO, § 800 Rn. 3 m.w.N.
3 Vgl. BGH, Rpfleger 2004, 718 = MDR 2005, 113.

ABSCHNITT 2
Zwangsvollstreckung wegen Geldforderungen

Titel 1
Allgemeine Vorschriften

§ 802a
Grundsätze der Vollstreckung; Regelbefugnisse des Gerichtsvollziehers

(1) Der Gerichtsvollzieher wirkt auf eine zügige, vollständige und Kosten sparende Beitreibung von Geldforderungen hin.

(2) ¹Auf Grund eines entsprechenden Vollstreckungsauftrags und der Übergabe der vollstreckbaren Ausfertigung ist der Gerichtsvollzieher unbeschadet weiterer Zuständigkeiten befugt,
1. eine gütliche Erledigung der Sache (§ 802b) zu versuchen,
2. eine Vermögensauskunft des Schuldners (§ 802c) einzuholen,
3. Auskünfte Dritter über das Vermögen des Schuldners (§ 802l) einzuholen,
4. die Pfändung und Verwertung körperlicher Sachen zu betreiben,
5. eine Vorpfändung (§ 845) durchzuführen; hierfür bedarf es nicht der vorherigen Erteilung einer vollstreckbaren Ausfertigung und der Zustellung des Schuldtitels.

²Die Maßnahmen sind in dem Vollstreckungsauftrag zu bezeichnen, die Maßnahme nach Satz 1 Nr. 1 jedoch nur dann, wenn sich der Auftrag hierauf beschränkt.

Inhalt:

	Rn.		Rn.
A. Allgemeines	1	II. Regelbefugnisse des Gerichts-	
B. Erläuterungen	2	vollziehers	4
I. Antrag des Gläubigers	2	C. Gebühren	5

A. Allgemeines

§ 802a Abs. 1 ZPO stellt den **Grundsatz der effektiven Zwangsvollstreckung** nunmehr den folgenden Vorschriften voraus. Rechtsfolgen ergeben sich aus dieser Vorschrift jedoch nicht, er ist lediglich **Programmsatz**. Nichts desto trotz hat sich der Gerichtsvollzieher bei der Ausübung seines Ermessens an den Grundsätzen der **Beschleunigung und Effektivität** zu messen. Abs. 2 enthält sodann Regelbeispiele für Handlungen des Gerichtsvollziehers, welche durch den Antrag des Gläubigers in Gang gesetzt werden. Der Gläubiger besitzt damit weiterhin die Regie über den Zwangsvollstreckungsprozess, der Gerichtsvollzieher ist an den Antrag des Gläubigers gebunden. 1

B. Erläuterungen
I. Antrag des Gläubigers

Um den Gerichtsvollzieher zu einer Handlung anzuweisen, ist ein konkreter, die gewünschten Handlungen in richtiger Reihenfolge bezeichnender Antrag des Gläubigers unter Vorlage der vollstreckbaren Ausfertigung i.S.d. § 750 ZPO notwendig. Mit dem Antrag setzt der Gläubiger damit nicht nur die Vollstreckung allgemein in Kraft, sondern er legt auch die durchzuführenden Maßnahmen sowie deren Reihenfolge fest. Möglich ist es, einen **kombinierten Pfändungsantrag** zu stellen, mit dem bei erfolgloser Pfändung automatisch die Einholung der Vermögensauskunft in Gang gesetzt wird.[1] Ein **verbindliches, einheitliches Formular** hat das BMJV mittlerweile bereitgestellt, dieses ist ab dem 01.04.2016 zwingend zu verwenden.[2] 2

Bezüglich des Inhaltes des Antrages ist der Gläubiger grundsätzlich frei, einzelne Handlungen des Gerichtsvollziehers auszuschließen (z.B. Ausschluss der Wohnungsöffnung).[3] Auch eine **nachträgliche Änderung** des Antrages ist möglich.[4] 3

---
1 AG Nürnberg, DGVZ 2013, 217.
2 http://www.bmjv.de/SharedDocs/Downloads/DE/Formulare/Vollstreckungsauftrag_an_Gerichtsvollzieher.pdf?__blob=publicationFile&v=2.
3 LG Neubrandenburg, DGVZ 2012, 143 = JurBüro 2012, 385.
4 Musielak/Voit-*Voit*, ZPO, § 802a Rn. 5.

II. Regelbefugnisse des Gerichtsvollziehers

4 Abs. 2 Satz 1 ermächtigt den Gerichtsvollzieher zu üblichen Zwangsvollstreckungsmaßnahmen. Der Katalog ist nicht abschließend. Grundsätzlich ist der Gerichtsvollzieher verpflichtet, auf eine gütliche Einigung hinzuwirken. Der Antrag kann nach Abs. 2 Satz 2 darauf beschränkt werden, ein Ausschluss der gütlichen Einigung im Antrag des Gläubigers ist dagegen nicht möglich.

C. Gebühren

5 Für den Antrag auf Vollstreckung kann der Rechtsanwalt eine 0,3 Verfahrensgebühr nach Nr. 3309 VV-RVG geltend machen.

§ 802b
Gütliche Erledigung; Vollstreckungsaufschub bei Zahlungsvereinbarung

(1) Der Gerichtsvollzieher soll in jeder Lage des Verfahrens auf eine gütliche Erledigung bedacht sein.

(2) ¹Hat der Gläubiger eine Zahlungsvereinbarung nicht ausgeschlossen, so kann der Gerichtsvollzieher dem Schuldner eine Zahlungsfrist einräumen oder eine Tilgung durch Teilleistungen (Ratenzahlung) gestatten, sofern der Schuldner glaubhaft darlegt, die nach Höhe und Zeitpunkt festzusetzenden Zahlungen erbringen zu können. ²Soweit ein Zahlungsplan nach Satz 1 festgesetzt wird, ist die Vollstreckung aufgeschoben. ³Die Tilgung soll binnen zwölf Monaten abgeschlossen sein.

(3) ¹Der Gerichtsvollzieher unterrichtet den Gläubiger unverzüglich über den gemäß Absatz 2 festgesetzten Zahlungsplan und den Vollstreckungsaufschub. ²Widerspricht der Gläubiger unverzüglich, so wird der Zahlungsplan mit der Unterrichtung des Schuldners hinfällig; zugleich endet der Vollstreckungsaufschub. ³Dieselben Wirkungen treten ein, wenn der Schuldner mit einer festgesetzten Zahlung ganz oder teilweise länger als zwei Wochen in Rückstand gerät.

Inhalt:

	Rn.		Rn.
A. Allgemeines	1	II. Inhalt und Umfang einer Zahlungsvereinbarung	4
B. Erläuterungen	2	III. Rechtsfolgen einer Zahlungsvereinbarung	6
I. Voraussetzungen zum Abschluss einer Zahlungsvereinbarung	2	C. Rechtsmittel	8

A. Allgemeines

1 § 802b Abs. 1 ZPO wiederholt den **Grundsatz der gütlichen Einigung** zu jeder Zeit des Verfahrens, der allerdings wie bereits bei § 802a ZPO keine unmittelbaren Rechtsfolgen auslöst.[1] § 802b ZPO eröffnet dem Gerichtsvollzieher grundsätzlich die Möglichkeit, im Rahmen seines Ermessens und im Zuge einer einvernehmlichen Einigung den Abschluss einer Zahlungsvereinbarung mit dem Schuldner, soweit dies durch den Gläubiger nicht ausgeschlossen wurde.

B. Erläuterungen
I. Voraussetzungen zum Abschluss einer Zahlungsvereinbarung

2 Der Gläubiger kann und muss, da das **Einverständnis grundsätzlich vermutet wird**,[2] den Abschluss einer Zahlungsvereinbarung ausschließen oder Bedingungen für die Ausgestaltung des Zahlungsplans stellen. Im amtlichen Vordruck des BMJV können hierfür unter Ziffer E bestimmte Konditionen ausgewählt werden. Soll eine Zahlungsvereinbarung nicht vereinbart werden, muss dies **explizit** unter Ziffer F kundgetan werden. Sodann gegen den Willen des Gläubigers geschlossene Vereinbarungen sind **unwirksam**.

3 Notwendig ist weiter die **Zahlungsfähigkeit und -bereitschaft** des Schuldners. Dies wird durch den Gerichtsvollzieher festgestellt, wobei er vom Schuldner die Vorlage entsprechender Beweise verlangen kann.[3]

---

[1] Thomas/Putzo-*Seiler*, ZPO, § 802b Rn. 1.
[2] MK-*Wagner*, ZPO, § 802b Rn. 10.
[3] Thomas/Putzo-*Seiler*, ZPO, § 802b Rn. 3.

II. Inhalt und Umfang einer Zahlungsvereinbarung

Der Gerichtsvollzieher erstellt sodann einen schriftlichen Zahlungsplan, nach dem dann die Zahlungsvereinbarung zwischen Gläubiger und Schuldner zustande kommt, wobei der Gerichtsvollzieher die Befugnis zum Abschluss der Vereinbarung nach § 754 Abs. 1 ZPO besitzt. Im Zahlungsplan wird die Höhe, die Art und die Fälligkeit der Zahlungen detailliert festgelegt (bei Ratenzahlungen auch die Ausgestaltung der Raten). Die Tilgung der Forderung nach dem Zahlungsplan soll nach Abs. 2 Satz 2 **innerhalb von zwölf Monaten** abgeschlossen sein. Eine längere Zahlungsfrist liegt allerdings im pflichtgemäßen Ermessen des Gerichtsvollziehers, wobei die Interessen der Parteien, insbesondere auf eine zügige Tilgung, zu berücksichtigen sind.[4]

Eine **Zahlungsvereinbarung** kann grundsätzlich auch mit der Bestellung von Sicherheiten für den Schuldner oder den Gläubiger kombiniert werden. Dies birgt jedoch zusätzliche Probleme hinsichtlich der Stellung des Gerichtsvollziehers.[5]

III. Rechtsfolgen einer Zahlungsvereinbarung

Ist eine Zahlungsvereinbarung geschlossen, so hat der Gerichtsvollzieher den Gläubiger hierüber unverzüglich i.S.d. § 121 Abs. 1 Satz 1 BGB zu informieren. Dies kann formlos geschehen.[6]

Die Zahlungsvereinbarung stellt einen **schuldrechtlichen Vertrag** zwischen Gläubiger und Schuldner dar, welcher nach Abs. 2 Satz 2 die Vollstreckung für die Zeit des Zahlungsplanes mit sofortiger Wirkung aufschiebt. Auch bereits erfolgte Vollstreckungsmaßnahmen sind einzustellen und deren Fortführung auf den Zeitpunkt nach der Tilgungsfrist zu verschieben.[7] Der Vollstreckungsaufschub endet nach Abs. 3 Satz 2 entweder mit **Widerspruch des Gläubigers** (siehe hierzu Rn. 8) oder nach Satz 3 bei **Zahlungsrückstand des Schuldners** von mehr als zwei Wochen. Der Zahlungsrückstand tritt automatisch verschuldensunabhängig ein und lässt den Vollstreckungsaufschub ohne weitere Erklärungen insbesondere des Gläubigers hinfällig werden. Jedoch sollte der Zahlungsrückstand durch den Gläubiger gerügt werden und verspätete Zahlungen bzw. Teilzahlungen nicht angenommen werden, da ansonsten möglicherweise Treu und Glauben der Fortsetzung der Vollstreckung entgegenstehen könnten.[8]

C. Rechtsmittel

Der Gläubiger kann, soweit er den Abschluss einer Zahlungsvereinbarung nicht bereits im Vorfeld ausgeschlossen hat, auch nach Abschluss der konkreten Ausformung der Vereinbarung durch formlose Mitteilung an den Gerichtsvollzieher **widersprechen**. Dies muss unverzüglich nach der Mitteilung durch den Gerichtsvollzieher erfolgen. Eine genaue Frist ist durch das Gesetz nicht bestimmt, zumeist wird eine Frist von einer Woche bzw. bei anwaltlicher Vertretung von zehn Tagen angenommen.[9] Der Gläubiger kann weiterhin die **Zustimmung** zu einer abgeschlossenen Zahlungsvereinbarung **nachträglich erklären**.

Gläubiger und Schuldner besitzen beide die Möglichkeit der Erinnerung nach § 766 ZPO bzw. anschließend der sofortigen Beschwerden nach § 793 ZPO.

§ 802c
Vermögensauskunft des Schuldners

(1) ¹Der Schuldner ist verpflichtet, zum Zwecke der Vollstreckung einer Geldforderung auf Verlangen des Gerichtsvollziehers Auskunft über sein Vermögen nach Maßgabe der folgenden Vorschriften zu erteilen sowie seinen Geburtsnamen, sein Geburtsdatum und seinen Geburtsort anzugeben. ²Handelt es sich bei dem Vollstreckungsschuldner um eine juristische Person oder um eine Personenvereinigung, so hat er seine Firma, die Nummer des Registerblatts im Handelsregister und seinen Sitz anzugeben.

(2) ¹Zur Auskunftserteilung hat der Schuldner alle ihm gehörenden Vermögensgegenstände anzugeben. ²Bei Forderungen sind Grund und Beweismittel zu bezeichnen. ³Ferner sind anzugeben:

---

4 Zöller-*Stöber*, ZPO, § 802b Rn. 10.
5 Siehe hierzu *Hergenröder*, DGVZ 2012, 129 ff.
6 Widersprechend MK-*Wagner*, ZPO, § 802b Rn. 18, der Schriftform verlangt.
7 Zöller-*Stöber*, ZPO, § 802b Rn. 13.
8 So zumindest Musielak/Voit-*Voit*, ZPO, § 802b Rn. 19.
9 *Mroß*, KKZ 2011, 121 (122).

1. die entgeltlichen Veräußerungen des Schuldners an eine nahestehende Person (§ 138 der Insolvenzordnung), die dieser in den letzten zwei Jahren vor dem Termin nach § 802f Abs. 1 und bis zur Abgabe der Vermögensauskunft vorgenommen hat;
2. die unentgeltlichen Leistungen des Schuldners, die dieser in den letzten vier Jahren vor dem Termin nach § 802f Abs. 1 und bis zur Abgabe der Vermögensauskunft vorgenommen hat, sofern sie sich nicht auf gebräuchliche Gelegenheitsgeschenke geringen Wertes richteten.

[4]Sachen, die nach § 811 Abs. 1 Nr. 1 und 2 der Pfändung offensichtlich nicht unterworfen sind, brauchen nicht angegeben zu werden, es sei denn, dass eine Austauschpfändung in Betracht kommt.

(3) [1]Der Schuldner hat zu Protokoll an Eides statt zu versichern, dass er die Angaben nach den Absätzen 1 und 2 nach bestem Wissen und Gewissen richtig und vollständig gemacht habe. [2]Die Vorschriften der §§ 478 bis 480, 483 gelten entsprechend.

Inhalt:

	Rn.		Rn.
A. Allgemeines	1	II. Eidesstattliche Versicherung	5
B. Erläuterungen	2	C. Rechtsmittel	6
I. Inhalt der Vermögensauskunft	2	D. Kosten und Gebühren	8

A. Allgemeines

1 § 802c ZPO regelt die Abgabe einer Vermögensauskunft durch einen Schuldner, deren Verfahren sodann in den §§ 802f–802j ZPO festgelegt wird. Im Gegensatz zur früheren Rechtslage ist durch das Gesetz eine erfolglose Befriedigung des Gläubigers nicht mehr erforderlich bevor eine Vermögensauskunft eingeholt werden kann, die Einholung einer Vermögensauskunft nach erfolglosem Pfändungsversuch ist jedoch weiterhin in § 807 ZPO enthalten.[1] Damit eine Vermögensauskunft eingeholt werden kann, muss dies durch den Gläubiger bereits im **zulässigen Vollstreckungsauftrag** an den Gerichtsvollzieher eindeutig beantragt werden, dem die vollstreckbare Ausfertigung des Titels beizufügen ist. Eine nachträgliche Ergänzung des Antrags ist jedoch möglich, ebenso die Beschränkung auf bestimmte Vermögenswerte.[2]

B. Erläuterungen
I. Inhalt der Vermögensauskunft

2 Nach Abs. 1 Satz 1 hat der Schuldner grundsätzlich seinen Geburtsnamen, -datum und -ort anzugeben. Eine Vertretung des Schuldners insbesondere auch durch Rechtsanwälte ist nicht zulässig.[3] Soweit der Schuldner prozessunfähig ist, wird er durch seine gesetzlichen Vertreter vertreten, § 51 ZPO. Soweit es sich um juristische Personen oder Personenvereinigungen handelt, sind Firma, Nummer des Registerblatts im Handelsregister sowie der Sitz durch das vertretungsberechtigte Organ nach § 51 ZPO anzugeben.[4]

3 Abs. 2 bestimmt den Umfang der zu erteilenden Auskunft. Grundsätzlich ist dabei das gesamte gegenwärtige Vermögen, nicht jedoch mögliche Erwerbserwartungen in der Zukunft, anzugeben.[5] Davon umfasst sind auch bereits gepfändete oder sicherungsübereignete[6] ebenso wie unter Eigentumsvorbehalt erworbene Gegenstände.[7]

4 Die Vermögenswerte sind so **detailliert anzugeben**, dass eine Pfändung möglich ist, dies bedeutet bei beweglichen Gegenständen u.U. auch den Aufbewahrungsort, bei Forderungen insbesondere Grund und Höhe.[8]

II. Eidesstattliche Versicherung

5 Nach Abs. 3 hat der Schuldner die Richtigkeit der Vermögensauskunft eidesstattlich zu versichern. Durch die Verweisung in Satz 2 wird klargestellt, dass die Versicherung durch den Schuldner **höchstpersönlich** und nach angemessener Belehrung insbesondere im Hinblick auf

---

1 Zöller-*Stöber*, ZPO, § 802c Rn. 2; je nach Art der Abnahme ist deshalb im Vordruck des BMJV zwischen Ziffer G1 und G2 zu unterscheiden.
2 Zöller-*Stöber*, ZPO, § 802c Rn. 3.
3 Musielak/Voit-*Voit*, ZPO, § 802c Rn. 3.
4 Ausführlich zu den einzelnen Abgabepflichten in den unterschiedlichen Konstellationen vgl. Zöller-*Stöber*, ZPO, § 802c Rn. 6 ff.
5 BGH, NJW-RR 2011, 851 (852), Rn. 11 = Rpfleger 2011, 450, Rn. 11.
6 BT-Drucks. 16/10069, S. 35.
7 BGHSt 15, 128 = NJW 1960, 2200.
8 Vgl. BGH, NJW 2004, 2452 (2453) = MDR 2004, 1259.

die strafrechtlichen Folgen des § 156 StGB und den korrekten Inhalt der Anforderungen des Abs. 2 abzugeben ist.

C. Rechtsmittel

Der Gläubiger kann, wenn konkrete Anhaltspunkte darauf hindeuten, dass die Vermögensauskunft des Schuldners unvollständig oder uneindeutig ist auch mehrmals **Nachbesserung** der bereits erteilten Vermögensauskunft sowie die nochmalige Abgabe einer Vermögensauskunft verlangen.[9] Der Fall der Nachbesserung ist von der Abgabe einer erneuten Vermögensauskunft nach § 802d ZPO zu unterscheiden. Möglich ist weiterhin ein Antrag auf einstweilige Anordnung zur Sicherung der Rechte des Schuldners.[10]   6

Gegen die Verpflichtung der Abgabe kann der Verpflichtete (selbst wenn er die Versicherung nur für den Dritten abgibt, z.B. bei gesetzlicher Vertretung) mit der Erinnerung (§ 766 ZPO) vorgehen.[11]   7

D. Kosten und Gebühren

Es entstehen für die Tätigkeit des Gerichtsvollziehers Kosten i.H.v. 33,00 € nach Nr. 260 KV-GvKostG.   8

Der Rechtsanwalt erhält die Gebühr nach Nr. 3309 VV-RVG, bei einer Teilnahme an einem Termin zur Vermögensauskunft zusätzlich die Terminsgebühr der Nr. 3310 VV-RVG. Der Gegenstandswert ermittelt sich nach den titulierten Forderungen, einschließlich Nebenforderungen. Dabei beträgt er höchstens 2.000,00 € (§ 25 Abs. 1 Nr. 4 RVG).   9

§ 802d
Erneute Vermögensauskunft

(1) ¹Ein Schuldner, der die Vermögensauskunft nach § 802c dieses Gesetzes oder nach § 284 der Abgabenordnung innerhalb der letzten zwei Jahre abgegeben hat, ist zur erneuten Abgabe nur verpflichtet, wenn ein Gläubiger Tatsachen glaubhaft macht, die auf eine wesentliche Veränderung der Vermögensverhältnisse des Schuldners schließen lassen. ²Andernfalls leitet der Gerichtsvollzieher dem Gläubiger einen Ausdruck des letzten abgegebenen Vermögensverzeichnisses zu; ein Verzicht des Gläubigers auf die Zuleitung ist unbeachtlich. ³Der Gläubiger darf die erlangten Daten nur zu Vollstreckungszwecken nutzen und hat die Daten nach Zweckerreichung zu löschen; hierauf ist er vom Gerichtsvollzieher hinzuweisen. ⁴Von der Zuleitung eines Ausdrucks nach Satz 2 setzt der Gerichtsvollzieher den Schuldner in Kenntnis und belehrt ihn über die Möglichkeit der Eintragung in das Schuldnerverzeichnis (§ 882c).

(2) Anstelle der Zuleitung eines Ausdrucks kann dem Gläubiger auf Antrag das Vermögensverzeichnis als elektronisches Dokument übermittelt werden, wenn dieses mit einer qualifizierten elektronischen Signatur versehen und gegen unbefugte Kenntnisnahme geschützt ist.

Inhalt:

	Rn.		Rn.
A. Allgemeines	1	II. Ausnahmen von der Sperrfrist	3
B. Erläuterungen	2	C. Rechtsbehelfe, Kosten und Gebühren	7
I. Verfahren bei bestehender Sperrfrist	2		

A. Allgemeines

§ 802d ZPO regelt die **erneute Abgabe** einer Vermögensauskunft nach einer bereits vollständig erteilten Auskunft. Zum Schutz des Schuldners wird hierfür eine **Sperrfrist von zwei Jahren** festgelegt, um ständige neuerliche Auskunftsverpflichtungen zu verhindern. Die Sperrfrist liegt nicht im Ermessen des Gerichtsvollziehers. Zur Fristberechnung siehe § 222 ZPO, Fristbeginn ist die Abgabe der eidesstattlichen Versicherung,[1] Stichtag zur Ermittlung, ob die Sperrfrist abgelaufen ist, ist die Verfahrenseinleitung, also die Prüfung des Gerichtsvollziehers auf Antrag des Gläubigers.[2] Die bereits erfolgte Auskunft muss nach dem Gedanken von   1

---

9 LG Stuttgart, DGVZ 2007, 126.
10 Thomas/Putzo-*Seiler*, ZPO, § 802d Rn. 32.
11 BGH, NJW-RR 2012, 460 = Rpfleger 2012, 324.

Zu § 802d:
1 Thomas/Putzo-*Seiler*, ZPO, § 802d Rn. 1.
2 Thomas/Putzo-*Seiler*, ZPO, § 802d Rn. 2.

Abs. 1 Satz 2 nicht zwingend gegenüber demselben Gläubiger oder im selben Verfahren erfolgt sein, um die Sperrwirkung auszulösen.

B. Erläuterungen
I. Verfahren bei bestehender Sperrfrist

2 Soweit die Sperrfrist noch besteht, besteht grundsätzlich kein Anspruch des Gläubigers auf Abgabe der Vermögensauskunft. Vielmehr wird an den Gläubiger eine Abschrift der letzten Vermögensauskunft übermittelt. Der Gerichtsvollzieher hat dies von Amts wegen und nicht erst auf einen speziellen Antrag des Gläubigers zu erfüllen.[2] Ein diesbezüglicher Verzicht des Gläubigers ist nach nunmehr ausdrücklichem Willen des Gesetzgebers unbeachtlich (Satz 2 Hs. 2). Hierfür stellt Abs. 1 Satz 3 sowie Abs. 2 speziell für elektronische Übermittlungen (insbesondere E-Mail) besondere datenschutzrechtliche Voraussetzungen. Gemäß Abs. 1 Satz 4 muss der Gerichtsvollzieher den Schuldner von der Übermittlung in Kenntnis setzen und über die Möglichkeit der erneuten Eintragung in das Schuldnerverzeichnis informieren.

II. Ausnahmen von der Sperrfrist

3 Die **erneute** Abgabe einer Vermögensauskunft vor Ablauf der Sperrfrist wird jedoch in Abweichung des Grundsatzes der zweijährigen Sperrfrist zugelassen, soweit der Gläubiger Tatsachen glaubhaft machen kann, dass sich die Vermögensverhältnisse des Schuldners wesentlich verändert haben, Abs. 1 Satz 1. Als wesentlich kann eine **Vermögensveränderung** dann bewertet werden, wenn dargelegt werden kann, dass weitere Gegenstände oder Vermögen vorliegt, auf welches ohne neuerliche Auskunft nicht zugegriffen werden kann.[3] Insofern ist die (von Amts wegen anzuwendende) allgemeine Lebenserfahrung relevant.[4]

4 Anhaltspunkte, dass eine **wesentliche Veränderung** der Vermögensverhältnisse vorliegt, sind insbesondere Veränderungen im angestellten Arbeitsverhältnis,[5] Veränderungen in Bezug auf selbstständige Tätigkeiten,[6] durch den Schuldner erfolgte Teilzahlungen, die nicht zu erwarten waren[7] oder bei auffälliger Verbesserung des Lebensstandards, z.B. durch Anmietung einer Wohnung nach vorheriger Einkommenslosigkeit.[8] Greift die Ausnahme des Abs. 1 Satz 1, ist dem Schuldner unter erneuter Prüfung der örtlichen Zuständigkeit des Gerichtsvollziehers eine Stellungnahmefrist einzuräumen und danach ein Termin zu bestimmen.[9]

5 **Glaubhaft machen** bedeutet in Anwendung des § 294 ZPO eine über die reine Vermutung herausgehende Darlegung von Tatsachen, die nach allgemeiner Lebenserfahrung zu einer Veränderung führen (können).[10]

6 Die erneute Vermögensauskunft ist vom **Nachbesserungsverfahren**, das Anwendung findet, soweit eine Vermögensauskunft unvollständig oder anderweitig fehlerhaft ist, zu unterscheiden, das lediglich die Fortsetzung des bisherigen Verfahrens darstellt (Zum Nachbesserungsverfahren, siehe § 802c Rn. 5).

C. Rechtsbehelfe, Kosten und Gebühren

7 Sowohl Schuldner als auch Gläubiger steht die Erinnerung (§ 766 ZPO) gegen Entscheidungen im Rahmen von § 802d ZPO offen.

8 Die Kosten des Gerichtsvollziehers für eine erneute Abnahme der Vermögensauskunft richten sich nach Nr. 260 KV-GvKostG (33,00 €).

9 Der Rechtsanwalt kann für seinen Antrag auf erneute Abgabe der Vermögensauskunft eine Gebühr nach Nr. 3309 VV-RVG verlangen (§ 18 Abs. 1 Nr. 16 RVG).

---

2 AG Heidelberg, DGVZ 2013, 166.
3 Musielak/Voit-*Voit*, ZPO, § 802d Rn. 8f.
4 BGH, NJW-RR 2007, 1007, Rn. 6 = Rpfleger 2007, 406, Rn. 6.
5 LG Aschaffenburg, MDR 1971, 497; wobei eine nur geringfügige Nebentätigkeit wohl unwesentlich sein dürfte, LG Schweinfurt, DGVZ 2002, 155.
6 LG Dresden, JurBüro 2010, 663.
7 AG Ludwigsburg, DGVZ 2001, 31.
8 LG Wiesbaden, DGVZ 2007, 189.
9 Musielak/Voit-*Voit*, ZPO, § 802d Rn. 12.
10 BGH, NJW-RR 2007, 1007 = Rpfleger 2007, 406.

§ 802e
Zuständigkeit

(1) Für die Abnahme der Vermögensauskunft und der eidesstattlichen Versicherung ist der Gerichtsvollzieher bei dem Amtsgericht zuständig, in dessen Bezirk der Schuldner im Zeitpunkt der Auftragserteilung seinen Wohnsitz oder in Ermangelung eines solchen seinen Aufenthaltsort hat.

(2) Ist der angegangene Gerichtsvollzieher nicht zuständig, so leitet er die Sache auf Antrag des Gläubigers an den zuständigen Gerichtsvollzieher weiter.

Inhalt:

	Rn.		Rn.
A. Sachliche und funktionelle Zuständigkeit	1	C. Rechtsfolgen der Abnahme durch einen unzuständigen Gerichtsvollzieher	4
B. Verfahren bei Unzuständigkeit	3	D. Rechtsmittel	5

A. Sachliche und funktionelle Zuständigkeit

§ 802e ZPO regelt die sachliche und örtliche Zuständigkeit zur Abnahme der Vermögensauskunft,[1] die von Amts wegen durch den Gerichtsvollzieher zu prüfen ist. Sachlich zuständig für die Abnahme ist der Gerichtsvollzieher des örtlich zuständigen Amtsgerichts. Die **örtliche Zuständigkeit** bestimmt sich nach dem Bezirk, in dem der Schuldner seinen Wohnsitz[2] in Ermangelung eines solchen seinen Aufenthaltsort hat bzw. in dem eine juristische Person ihren Sitz hat. **Zeitlich relevant** für die Bestimmung der Zuständigkeit ist der Eingang des Antrages des Gläubigers beim Gerichtsvollzieher, spätere Wechsel des Wohn-, Aufenthalts- oder Sitzortes ändern hieran nichts.[3]

1

Soweit der Schuldner einen **ausländischen Wohnsitz** hat oder die juristische Person ihren **Sitz im Ausland** hat, bestimmt sich die Zuständigkeit ebenso nach § 802e ZPO. Die EuGVVO findet keine Anwendung.[4] In Ermangelung eines Wohnsitzes ist auf den Aufenthaltsort des ausländischen Schuldners abzustellen, wobei schon die kurzfristige Anwesenheit ausreicht.[5]

2

B. Verfahren bei Unzuständigkeit

Kommt der Gerichtsvollzieher zum Ergebnis, dass er unzuständig ist, leitet er den Antrag an den zuständigen Gerichtsvollzieher weiter. Dies geschieht nach Abs. 2 jedoch **nur auf Antrag des Gläubigers**. Wurde ein solcher nicht gestellt, wird der Antrag durch den Gerichtsvollzieher abgelehnt. Deshalb sollte dieser Antrag immer mitgestellt werden. Im Vordruck des BMJV (der Link ist zu finden in § 802a Rn. 2), kann dies unter Ziffer P5 geschehen.

3

C. Rechtsfolgen der Abnahme durch einen unzuständigen Gerichtsvollzieher

Nimmt ein eigentlich unzuständiger Gerichtsvollzieher auf Antrag die Vermögensauskunft ab, wird die Wirksamkeit der Auskunft und der eidesstattlichen Versicherung dadurch nicht berührt.[6]

4

D. Rechtsmittel

Die Möglichkeit einer sofortigen Beschwerde aufgrund der geltend gemachten Unzuständigkeit ist nicht möglich, bis zur Abgabe der eidesstattlichen Versicherung kann jedoch an die Unzuständigkeit gemäß § 766 ZPO **erinnert werden**.[7]

5

---

1 Nicht aber die Übermittlung einer bereits abgenommenen Auskunft nach § 802d Abs. 1 Satz 2 ZPO, Musielak/Voit-*Voit*, ZPO, § 802e Rn. 1.
2 Zur Bestimmung ist auf die allgemeinen Vorschriften der §§ 7 ff. BGB zurückzugreifen; bei Vorliegen mehrerer Wohnsitze kann der Gläubiger zwischen diesen gemäß § 35 ZPO wählen.
3 BayObLG, Rpfleger 1994, 471 = BayObLGZ 1994, 112.
4 BGH, NJW 2008, 3288 (3289), Rn. 13 f. = FamRZ 2008, 2022, Rn. 13 f.
5 BGH, NJW 2008, 3288 (3289), Rn. 14 = FamRZ 2008, 2022, Rn. 14.
6 MK-*Wagner*, ZPO, § 802e Rn. 3.
7 Musielak/Voit-*Voit*, ZPO, § 802e Rn. 4.

§ 802f
Verfahren zur Abnahme der Vermögensauskunft

(1) ¹Zur Abnahme der Vermögensauskunft setzt der Gerichtsvollzieher dem Schuldner für die Begleichung der Forderung eine Frist von zwei Wochen. ²Zugleich bestimmt er für den Fall, dass die Forderung nach Fristablauf nicht vollständig beglichen ist, einen Termin zur Abgabe der Vermögensauskunft alsbald nach Fristablauf und lädt den Schuldner zu diesem Termin in seine Geschäftsräume. ³Der Schuldner hat die zur Abgabe der Vermögensauskunft erforderlichen Unterlagen im Termin beizubringen. ⁴Der Fristsetzung nach Satz 1 bedarf es nicht, wenn der Gerichtsvollzieher den Schuldner bereits zuvor zur Zahlung aufgefordert hat und seit dieser Aufforderung zwei Wochen verstrichen sind, ohne dass die Aufforderung Erfolg hatte.

(2) ¹Abweichend von Absatz 1 kann der Gerichtsvollzieher bestimmen, dass die Abgabe der Vermögensauskunft in der Wohnung des Schuldners stattfindet. ²Der Schuldner kann dieser Bestimmung binnen einer Woche gegenüber dem Gerichtsvollzieher widersprechen. ³Andernfalls gilt der Termin als pflichtwidrig versäumt, wenn der Schuldner in diesem Termin aus Gründen, die er zu vertreten hat, die Vermögensauskunft nicht abgibt.

(3) ¹Mit der Terminsladung ist der Schuldner über die nach § 802c Abs. 2 erforderlichen Angaben zu belehren. ²Der Schuldner ist über seine Rechte und Pflichten nach den Absätzen 1 und 2, über die Folgen einer unentschuldigten Terminssäumnis oder einer Verletzung seiner Auskunftspflichten sowie über die Möglichkeit der Einholung von Auskünften Dritter nach § 802l und der Eintragung in das Schuldnerverzeichnis bei Abgabe der Vermögensauskunft nach § 882c zu belehren.

(4) ¹Zahlungsaufforderungen, Ladungen, Bestimmungen und Belehrungen nach den Absätzen 1 bis 3 sind dem Schuldner zuzustellen, auch wenn dieser einen Prozessbevollmächtigten bestellt hat; einer Mitteilung an den Prozessbevollmächtigten bedarf es nicht. ²Dem Gläubiger ist die Terminbestimmung nach Maßgabe des § 357 Abs. 2 mitzuteilen.

(5) ¹Der Gerichtsvollzieher errichtet in einem elektronischen Dokument eine Aufstellung mit den nach § 802c Absatz 1 und 2 erforderlichen Angaben (Vermögensverzeichnis). ²Diese Angaben sind dem Schuldner vor Abgabe der Versicherung nach § 802c Abs. 3 vorzulesen oder zur Durchsicht auf einem Bildschirm wiederzugeben. ³Dem Schuldner ist auf Verlangen ein Ausdruck zu erteilen.

(6) ¹Der Gerichtsvollzieher hinterlegt das Vermögensverzeichnis bei dem zentralen Vollstreckungsgericht nach § 802k Abs. 1 und leitet dem Gläubiger unverzüglich einen Ausdruck zu. ²Der Ausdruck muss den Vermerk enthalten, dass er mit dem Inhalt des Vermögensverzeichnisses übereinstimmt; § 802d Abs. 1 Satz 3 und Abs. 2 gilt entsprechend.

Inhalt:

	Rn.		Rn.
A. Allgemeines	1	II. Verfahren der Abnahme	5
B. Erläuterungen	2	C. Rechtsmittel	7
I. Einleitung der Abnahme	2		

A. Allgemeines

1 § 802f ZPO regelt das Verfahren bei der Abgabe der Vermögensauskunft nach § 802c ZPO.

B. Erläuterungen
I. Einleitung der Abnahme

2 Aufgrund des Grundsatzes der gütlichen Einigung soll dem Schuldner jedoch vor Abgabe der Vermögensauskunft die **Möglichkeit** gegeben werden, die Verpflichtung zur Abgabe durch **Begleichung der Schuld** innerhalb einer zweiwöchigen Frist ab Zugang der Fristsetzung beim Schuldner abzuwenden.[1] Eine zu kurze Fristsetzung bzw. die Fortführung des Verfahrens vor Ablauf der zweiwöchigen Frist hat zur Folge, dass das Nichterscheinen des Schuldners nicht verschuldet ist, von dem Setzen der Frist kann jedoch im Falle des § 807 ZPO abgesehen werden, sowie wohl dann, wenn aufgrund der Höhe der Forderungen eine Begleichung durch den Schuldner ausgeschlossen erscheint.[2] Mit der Fristsetzung wird nach Abs. 1 Satz 2 durch den Gerichtsvollzieher gleichzeitig ein Termin zur Abgabe der Auskunft für den Fall der Nichtbegleichung durch den Schuldner festgelegt. Die Zustellung erfolgt an den Schuldner persönlich nicht an den Prozessvertreter, die an den Gläubiger formlos. Nach dem im November 2016

---
1 Die Berechnung richtet sich nach § 222 ZPO i.V.m. §§ 187f. BGB.
2 MK-*Wagner*, ZPO, § 802f Rn. 4.

neu eingefügten Satz 5 bedarf es einer vorherigen Fristsetzung nicht, wenn der Gerichtsvollzieher den Schuldner bereits zur Zahlung aufgefordert hat und seit dieser Aufforderung wiederum zwei Wochen ohne Zahlungserfolg verstrichen sind.

Die Abgabe der Vermögensauskunft hat nach Abs. 1 Satz 2 grundsätzlich in den Geschäftsräumen des Gerichtsvollziehers stattzufinden. Gemäß Abs. 2 kann der Gerichtsvollzieher jedoch bestimmen, dass der Termin in der Wohnung (bei juristischen Personen in den Geschäftsräumen) stattfindet. Dieser Entscheidung kann der Schuldner bzw. sein gesetzlicher Vertreter innerhalb einer Woche formlos und ohne Angabe von Gründen widersprechen.[3] Ist ein Widerspruch erfolgt, ist der Schuldner zu einem neuen Termin in den Geschäftsräumen des Gerichtsvollziehers zu laden. Erfolgt der Widerspruch nicht oder zu spät und wird dem Gerichtsvollzieher dennoch der Zugang verwehrt,[4] gilt der Termin als pflichtwidrig versäumt. Der Gläubiger sowie sein Prozessvertreter haben das Recht, am Termin teilzunehmen und Fragen an den Schuldner zu richten, soweit die Vermögensauskunft in der Wohnung des Schuldners stattfindet, erstreckt sich seine (stillschweigende) Zustimmung zum Zutritt auch auf diese.[5] Der Schuldner kann einen Prozessvertreter teilnehmen lassen, kann durch ihn aber nicht vertreten werden. 3

Abs. 3 bestimmt die **Belehrungspflicht** des Gerichtsvollziehers. Diese erfolgt in der Praxis durch **vorgefertigte Formulare**, die umfassend über die notwendigen Angaben bezüglich der Vermögensauskunft, des Ablaufs der Abnahme, und den Folgen eines unentschuldigten Fehlens oder fehlerhaften Abgabe,[6] die Möglichkeit des § 802l ZPO sowie des § 882c Abs. 1 Nr. 2, 3 ZPO.[7] Im Falle der Abnahme in der Wohnung des Schuldners muss er weiter über seine Widerspruchsmöglichkeit informiert werden. 4

II. Verfahren der Abnahme

Das Verfahren ist **nicht öffentlich**. Der Gerichtsvollzieher erstellt ein elektronisches Dokument, das die Angaben des Schuldners i.S.d. § 802 Abs. 1, 2 ZPO enthält. Um dieses erstellen zu können, sind durch den Schuldner alle notwendigen Unterlagen bereitzuhalten.[8] Nach der Erstellung ist die Auskunft dem Schuldner vorzulesen oder zur Durchsicht auf dem Bildschirm bereitzustellen bevor der Schuldner das Verzeichnis genehmigt. Verweigert der Schuldner die Genehmigung kommt dem Protokoll keine Beweiskraft zu, die Vollstreckungshandlung bleibt aber wirksam, weshalb die Angaben im Verzeichnis genutzt werden können.[9] Sodann hat der Schuldner die Richtigkeit und Vollständigkeit mittels Versicherung an Eides statt nach § 802c Abs. 3 ZPO zu versichern. Dies erfolgt ohne Unterschrift, was an der Strafbarkeit einer falschen eidesstattlichen Versicherung nichts ändert.[10] 5

Ist die Auskunft erfolgt, übergibt der Gerichtsvollzieher dem Schuldner auf Verlangen einen Ausdruck oder übersendet ihm den Ausdruck später. Nach Abs. 6 Satz 1 hat der Gerichtsvollzieher das Verzeichnis beim nach § 802k Abs. 1 ZPO zuständigen zentralen Vollstreckungsgericht zu hinterlegen.[11] Zusätzlich leitet er einen Ausdruck an den Gläubiger weiter. Die datenschutzrechtlichen Bestimmungen des § 802d Abs. 2 Satz 3, Abs. 3 ZPO gelten hierfür entsprechend. 6

C. Rechtsmittel

Dem Schuldner steht die Erinnerung nach § 766 ZPO offen, falls er die Verpflichtung zur Abgabe allgemein oder aufgrund von § 802d ZPO bestreitet.[12] Ebenso kann der Gläubiger die Erinnerung geltend machen, wenn der Gerichtsvollzieher die Abnahme der Auskunft ablehnt. 7

---

3 MK-*Wagner*, ZPO, § 802f Rn. 8.
4 Die Verwehrung des Zutritts als solches bleibt dem Schuldner unbenommen, der Gerichtsvollzieher darf die Wohnung dann nicht gegen dessen Willen betreten.
5 Verweigerung des Zutritts führt ebenso zum Versäumnis des Termins, Zöller-*Stöber*, ZPO, § 802f Rn. 10.
6 Diese sind Eintragung in das Schuldnerverzeichnis sowie Erlass eines Haftbefehls.
7 Thomas/Putzo-*Seiler*, ZPO, § 802f Rn. 4.
8 Darauf wird er in der Belehrung hingewiesen; ein Verstoß stellt eine Verletzung der Auskunftspflicht des Schuldners dar.
9 MK-*Wagner*, ZPO, § 802f Rn. 18.
10 MK-*Wagner*, ZPO, § 802f Rn. 16 m.w.N.
11 Hinterlegt wird allerdings nur das Vermögensverzeichnis, nicht das Protokoll.
12 Thomas/Putzo-*Seiler*, ZPO, § 802f Rn. 16.

§ 802g
Erzwingungshaft

(1) ¹Auf Antrag des Gläubigers erlässt das Gericht gegen den Schuldner, der dem Termin zur Abgabe der Vermögensauskunft unentschuldigt fernbleibt oder die Abgabe der Vermögensauskunft gemäß § 802c ohne Grund verweigert, zur Erzwingung der Abgabe einen Haftbefehl. ²In dem Haftbefehl sind der Gläubiger, der Schuldner und der Grund der Verhaftung zu bezeichnen. ³Einer Zustellung des Haftbefehls vor seiner Vollziehung bedarf es nicht.

(2) ¹Die Verhaftung des Schuldners erfolgt durch einen Gerichtsvollzieher. ²Der Gerichtsvollzieher händigt dem Schuldner von Amts wegen bei der Verhaftung eine beglaubigte Abschrift des Haftbefehls aus.

Inhalt:

	Rn.		Rn.
A. Allgemeines	1	II. Unentschuldigtes Fernbleiben oder grundlose Verweigerung	5
B. Erläuterungen	2	III. Verfahren	6
I. Antrag	2	C. Rechtsmittel	7

A. Allgemeines

1   § 802g ZPO regelt, unter welchen Bedingungen der **Erlass eines Haftbefehls** gegen einen Schuldner zulässig ist, um die Abgabe einer vollständigen und korrekten Vermögensauskunft nach § 802c ZPO zu erzwingen. Die Norm ist verfassungskonform, teilweise wird jedoch die Zulässigkeit eines Haftbefehles bei offensichtlicher Vermögenslosigkeit des Schuldners verneint.[1] Dagegen steht der Verhältnismäßigkeit nicht entgegen, dass es sich bei dem geschuldeten Betrag nur um eine geringe Forderung handelt.[2]

B. Erläuterungen
I. Antrag

2   Ein Haftbefehl kann nur dann erlassen werden, wenn der Gläubiger dies beantragt hat. Dies kann **bereits mit dem Antrag auf Einholung der Vermögensauskunft verknüpft werden** und trägt zur Beschleunigung bei. Im amtlichen Vordruck des BMJV (der Link ist zu finden in § 802a Rn. 2) kann hierfür unter Ziffer H die Option

Bleibt der Schuldner dem Termin zur Abgabe der Vermögensauskunft unentschuldigt fern oder weigert er sich ohne Grund, die Vermögensauskunft zu erteilen, beantrage ich den Erlass eines Haftbefehls nach § 802g Abs. 1 ZPO.

Die Gerichtsvollzieherin/den Gerichtsvollzieher bitte ich, den Antrag an das zuständige Amtsgericht weiterzuleiten und dieses zu ersuchen, nach Erlass des Haftbefehls diesen an [wahlweise Gläubiger und oder Gläubigervertreter] zu übersenden.

Dem Gläubiger steht es zur Wahl die Verhaftung aufgrund des übersendeten Haftbefehls später isoliert (auch nur gegenüber dem Gerichtsvollzieher) zu beantragen, indem er unter Ziffer I die Option

Verhaftung des Schuldners (§ 802g Abs. 2 ZPO)

unter Bezugnahme und Übersendung des Haftbefehls auswählt, oder den Antrag auf Erlass des Haftbefehls mit einem Antrag auf anschließende Verhaftung kombiniert, indem er unter Ziffern H zusätzlich die Option

die zuständige Gerichtsvollzieherin/den zuständigen Gerichtsvollzieher weiterzuleiten. Gegenüber der Gerichtsvollzieherin/dem Gerichtsvollzieher stelle ich den Antrag auf Verhaftung des Schuldners.

auswählt.

3   Der Schuldner muss zur Abgabe der Vermögensauskunft verpflichtet sein, folglich müssen die allgemeinen Vollstreckungsvoraussetzungen vorgelegen haben. Dies ist vom Vollstreckungsgericht von Amts wegen zu prüfen.[3] Sollte der Schuldner in einem anderen Verfahren mittlerweile eine Vermögensauskunft abgegeben haben, ist seine Pflicht ebenso erfüllt.[4]

4   Die **Haftfähigkeit** des Schuldners ist keine Voraussetzung für den Erlass des Haftbefehls, dies ist vielmehr nur im Rahmen von § 802h Abs. 2 ZPO für den Vollzug des Haftbefehls relevant.

---

1 Dies gilt aber sowieso in jedem Falle nicht, wenn darüber erst durch die Vermögensauskunft Sicherheit herrscht, BVerfG, NJW 1983, 559.
2 BVerfG, NJW 1983, 559.
3 BGH, NJW 2008, 3504 (3505), Rn. 20 = MDR 2009, 227 (228), Rn. 20.
4 BeckOK-*Utermark/Fleck*, ZPO, § 802g Rn. 4.

II. Unentschuldigtes Fernbleiben oder grundlose Verweigerung

Besteht die Pflicht zur Vermögensauskunft jedoch (noch), kann ein Haftbefehl erlassen werden, wenn der Schuldner dem Abgabetermin **unentschuldigt fernbleibt** oder die **Auskunft ohne Grund verweigert**. Vorgebrachte Gründe, die die Nichtabgabe durch den Schuldner trotz Verpflichtung und ordnungsgemäßer Ladung entschuldigen, müssen nach § 294 ZPO glaubhaft gemacht werden. Das Fernbleiben des Schuldners ist entschuldigt, soweit er daran schuldlos nicht teilnehmen konnte[5] oder den Termin schuldlos nicht kannte.[6] Dem unentschuldigten Fernbleiben steht es gleich, wenn der Schuldner eine Auskunftserstellung ohne hinreichende Gründe nicht oder nicht vollständig abgibt.[7]   5

III. Verfahren

Das zuständige Amtsgericht erlässt, falls die oben genannten Voraussetzungen vorliegen, den Haftbefehl. Rechtliches Gehör muss dem Schuldner nicht gewährt werden. Im Haftbefehl sind Schuldner,[8] Gläubiger und der Grund der Verhaftung,[9] zu nennen.   6

C. Rechtsmittel

Entscheidungen des Gerichts im Rahmen von § 802g ZPO sind mit der sofortigen Beschwerde (§ 793 ZPO) anzugreifen.[10] Dabei werden nur Einwendungen gegen die Voraussetzungen des § 802g ZPO selbst, nicht aber die zugrundeliegende Forderung, geprüft.   7

§ 802h
Unzulässigkeit der Haftvollstreckung

(1) Die Vollziehung des Haftbefehls ist unstatthaft, wenn seit dem Tag, an dem der Haftbefehl erlassen wurde, zwei Jahre vergangen sind.

(2) Gegen einen Schuldner, dessen Gesundheit durch die Vollstreckung der Haft einer nahen und erheblichen Gefahr ausgesetzt würde, darf, solange dieser Zustand dauert, die Haft nicht vollstreckt werden.

Inhalt:

	Rn.		Rn.
A. Allgemeines	1	2. Aussetzung der Haft aufgrund von Gesundheitsgefährdung	3
B. Erläuterungen	2	II. Rechtsmittel	4
I. Gründe der Unzulässigkeit	2		
1. Verbrauch des Haftbefehls aufgrund von Zeitablauf	2		

A. Allgemeines

§ 802h ZPO regelt unter welchen Voraussetzungen die Vollstreckung eines Haftbefehls nach § 802g ZPO unzulässig ist. Die ehemaligen §§ 904, 905, 910 ZPO a.F. sind insofern nicht mehr vorhanden.[1] Insbesondere im Insolvenzverfahren können sich jedoch weitere Ausschlussgründe ergeben, die nicht in § 802h ZPO genannt sind.[2]   1

---

5 In Betracht kommt schwere, die Teilnahme (evtl. auch in seiner Wohnung oder im Krankenhaus) ausschließende Krankheit, OLG Jena, Rpfleger 1997, 446 = InVo 2000, 167; die Abwesenheit aufgrund von Reisen entschuldigt dagegen nur, wenn die Unterbrechung unzumutbar wäre, siehe hierzu die Rechtsprechungsübersicht bei Musielak/Voit-*Voit*, ZPO, § 802g Rn. 2.
6 OLG Frankfurt a.M., Rpfleger 1975, 67.
7 Vgl. LG Berlin, JurBüro 2008, 326 = DGVZ 2008, 106.
8 Bei Prozessunfähigen und juristischen Personen ist der gesetzliche Vertreter anzugeben, der zur Abgabe verpflichtet ist.
9 Also die exakte Beschreibung der Pflichtverletzung des Schuldners, wobei die floskelhafte Umschreibung nicht ausreicht.
10 Vgl. OLG Jena, NJW-RR 2002, 626 (627) = InVo 2002, 148.

Zu § 802h:
1 Für Mitglieder des Bundestages ist insofern Art. 46 Abs. 3, Abs. 4 GG, für Mitglieder des Landtages die entsprechenden Vorschriften der Landesverfassungen direkt heranzuziehen; für Mitglieder von Schiffsmannschaften wird eine gesetzliche Regelung für überflüssig erachtet, gleiches gilt für die Benachrichtigungspflicht des § 910 ZPO a.F., MK-*Wagner*, ZPO, § 802h Rn. 2; BT-Drucks. 16/10069, S. 28.
2 Siehe hierzu Musielak/Voit-*Voit*, ZPO, § 802h Rn. 1.

B. Erläuterungen
I. Gründe der Unzulässigkeit
1. Verbrauch des Haftbefehls aufgrund von Zeitablauf

2 Nach Abs. 1 ist der Vollzug eines Haftbefehls ausgeschlossen, wenn seit dem Erlass desselben **mehr als zwei Jahre vergangen** sind. Die Frist berechnet sich nach § 222 ZPO mit dem Erlass des Haftbefehls als Fristbeginn.[3] Dieser Fristablauf ist vom Gerichtsvollzieher von Amts wegen zu beachten. Entscheidend ist, zu welchem Zeitpunkt der Antrag des Gläubigers auf Vollziehung beim Gerichtsvollzieher eingegangen ist: Geschah dies vor Fristablauf, ist eine spätere Verhaftung noch möglich, nur wenn der Antrag nach Fristablauf eingegangen ist, ist ein Vollzug nicht mehr möglich.[4] Die 2-Jahres-Frist gilt auch für Haftbefehle, die nach § 901 ZPO a.F. erlassen wurden.[5] Mit Ablauf der Frist ist jede Verhaftung des Schuldners mit Berufung auf den Haftbefehl unzulässig.

2. Aussetzung der Haft aufgrund von Gesundheitsgefährdung

3 Abs. 2 bestimmt, dass bei einer nahen und erheblichen **Gesundheitsgefährdung** für den Schuldner, die Haft auszusetzen ist. Eine solche ist gegebenenfalls durch ein durch den Schuldner vorzulegendes und zu bezahlendes Gutachten nachzuweisen, wobei ein amtsärztliches Attest nur in Ausnahmefällen notwendig ist.[6] § 802 Abs. 2 ZPO ist nur bei Erkrankungen des Schuldners selbst einschlägig, eventuelle Gesundheitsgefährdungen Dritter (z.B. Kinder) oder Haustieren, rechtfertigt einen Aufschub des Haftbefehls nicht.[7] Für das Vorliegen einer psychischen oder physischen Gesundheitsgefährdung ist ein strenger Maßstab anzulegen. Liegt eine solche Gefahr vor, ist jede Verhaftung des Schuldners unzulässig,[8] wobei die Haftanordnung nach § 802g ZPO möglich und die Pflicht zu Abgabe nach § 802c ZPO bestehen bleibt.[9] Tritt die Gesundheitsgefahr nach Haftantritt auf, ist diese **bis zur Genesung zu unterbrechen.**

II. Rechtsmittel

4 Gegen die Entscheidung des Gerichtsvollziehers nach § 802h ZPO steht für Schuldner und Gläubiger gleichermaßen das Rechtsmittel der Erinnerung nach § 766 ZPO offen. Das Vollstreckungsgericht hat sodann die Entscheidung des Gerichtsvollziehers umfassend zu prüfen und kann sich nicht nur auf die Prüfung von Ermessensfehlern beschränken.[10]

§ 802i
Vermögensauskunft des verhafteten Schuldners

(1) ¹Der verhaftete Schuldner kann zu jeder Zeit bei dem Gerichtsvollzieher des Amtsgerichts des Haftortes verlangen, ihm die Vermögensauskunft abzunehmen. ²Dem Verlangen ist unverzüglich stattzugeben; § 802f Abs. 5 gilt entsprechend. ³Dem Gläubiger wird die Teilnahme ermöglicht, wenn er dies beantragt hat und seine Teilnahme nicht zu einer Verzögerung der Abnahme führt.

(2) ¹Nach Abgabe der Vermögensauskunft wird der Schuldner aus der Haft entlassen. ²§ 802f Abs. 5 und 6 gilt entsprechend.

(3) ¹Kann der Schuldner vollständige Angaben nicht machen, weil er die erforderlichen Unterlagen nicht bei sich hat, so kann der Gerichtsvollzieher einen neuen Termin bestimmen und die Vollziehung des Haftbefehls bis zu diesem Termin aussetzen. ²§ 802f gilt entsprechend; der Setzung einer Zahlungsfrist bedarf es nicht.

Inhalt:

	Rn.		Rn.
A. Allgemeines	1	II. Verfahren der Abgabe	4
B. Erläuterungen	2	III. Entlassung des Schuldners	5
I. Jederzeitige Abgabe der Vermögensauskunft	2	C. Rechtsmittel	6

---

3 Dazu kann das Datum des Erlasses herangezogen werden.
4 BGH, NJW 2006, 1290 (1291), Rn. 13 = InVO 2006, 292 (293), Rn. 13.
5 AG Mannheim, DGVZ 2013, 137.
6 LG Saarbrücken, DGVZ 2010, 16.
7 Notwendig kann aber die Einschaltung einer Schutzinstanz durch den Gerichtsvollzieher sein, Thomas/Putzo-*Seiler*, ZPO, § 802g Rn. 4.
8 So bereits die Verhaftung zur Vorführung, OLG Bamberg, DGVZ 1990, 39.
9 Thomas/Putzo-*Seiler*, ZPO, § 802h Rn. 5.
10 OLG Köln, DGVZ 1995, 7 = JurBüro 1995, 218 (str.).

A. Allgemeines

§ 802i ZPO regelt die Abgabe der Vermögensauskunft eines **verhafteten** und über den Wortlaut hinaus auch die eines **zu verhaftenden Schuldners**.[1] Bezüglich der Erstellung der Vermögensauskunft wird auf die allgemeinen Vorschriften der § 802f Abs. 5, 6 ZPO verwiesen. Abweichungen ergeben sich bezüglich Ort und Termin der Abgabe.

B. Erläuterungen

I. Jederzeitige Abgabe der Vermögensauskunft

Im Gegensatz zur Regelabgabe nach § 802f ZPO wird der Schuldner im Falle des § 802i ZPO zeitlich privilegiert. So kann er zu jeder Zeit verlangen, dass ihm die Auskunft abgenommen wird. Dies bedeutet **Abnahme ohne Verzug**, was in Einzelfällen zu zulässigen Wartezeiten von einigen Stunden führen kann.[2] Ist eine Abnahme für längere Zeit nicht möglich, ist eine Haftunterbrechung und die Bestimmung eines neuen Termins nach Abs. 3 notwendig.[3] Das Gesuch des Schuldners kann formlos gegenüber dem Gerichtsvollzieher des Amtsgerichts, in dessen Bezirk die JVA liegt, beantragt werden.

Der **Gläubiger** hat grundsätzlich das Recht, aufgrund eines entsprechenden (auch schon bei Auftragserteilung möglichen) Antrags an der Abgabe teilzunehmen, allerdings nur, wenn die Abnahme auch dann ohne Verzögerung möglich ist.[4] Eine sofortige Benachrichtigung ist deshalb notwendig, selbst wenn der Gläubiger nicht am Ort der JVA wohnhaft ist. Unterbleibt diese Benachrichtigung, sind die Amtspflichten des Gerichtsvollziehers verletzt,[5] eine Wiederholung des Termins scheidet jedoch aus.[6]

II. Verfahren der Abgabe

Das Vermögensverzeichnis wird vollständig gemäß den Vorschriften von § 802f Abs. 5, 6 ZPO erstellt. Ist der Schuldner **mehreren Gläubigern** zur Abgabe der Vermögensauskunft verpflichtet, reicht nach strittiger Auffassung die einmalige Abgabe auch in einem anderen Verfahren, um den Haftgrund entfallen zu lassen.[7] Aufgrund der besonderen Situation der Inhaftierung bestimmt Abs. 3 das Vorgehen, soweit dem Schuldner in der JVA nicht die erforderlichen Unterlagen zur Erteilung der Auskunft zur Verfügung stehen. Sodann steht es im Ermessen des Gerichtsvollziehers die Vollziehung des Haftbefehls auszusetzen. Entscheidend ist jedoch, dass die Unterlagen beschafft werden, soweit dies also auch durch Lieferung in die JVA möglich ist, kann auf eine Aussetzung bis zur endgültigen Erteilung verzichtet werden. In jedem Falle setzt der Gerichtsvollzieher einen baldmöglichen Termin zur Abgabe.[8] Kann das Vermögensverzeichnis zu diesem Termin nicht vollständig erstellt werden, ist eine erneute Inhaftierung aufgrund des bereits bestehenden Haftbefehls zulässig.[9]

III. Entlassung des Schuldners

Ist das Vermögensverzeichnis vollständig erstellt, ist der Schuldner nach Abs. 2 **aus der Haft zu entlassen**. Dies ist durch den zuständigen Gerichtsvollzieher von Amts wegen sofort zu veranlassen. Der Gläubiger ist davon zu unterrichten.[10]

C. Rechtsmittel

Gegen Maßnahmen des Gerichtsvollziehers im Rahmen des § 802i ZPO steht die Erinnerung nach § 766 ZPO offen.

---

1 Vgl. AG Hildesheim, DGVZ 2005, 30.
2 So ist eine Abnahme in der Nacht nicht notwendig, auch kann die Heranziehung eines Dolmetschers die Abnahme verzögern, Musielak/Voit-*Voit*, ZPO, § 802i Rn. 4.
3 Musielak/Voit-*Voit*, ZPO, § 802i Rn. 4.
4 Eine gewisse Verzögerung ist jedoch in Abwägung des Einzelfalles zumutbar; so beispielsweise zur Verzögerung von höchstens einer Stunde, LG Oldenburg, DGVZ 2003, 156 = InVo 2004, 121.
5 BGHZ 7, 287 = NJW 1953, 261 (262).
6 Vgl. Musielak/Voit-*Voit*, ZPO, § 802i Rn. 5.
7 Bejahend LG Berlin, Rpfleger 1977, 35; dagegen verneinend LG Arnsberg, DGVZ 1994, 6 = Rpfleger 1994, 76.
8 Auf die Einhaltung der 2-Wochen-Frist des § 802f Abs. 1 ZPO kann verzichtet werden, der Termin soll binnen eines Tages angesetzt werden, Zöller-*Stöber*, ZPO, § 802i Rn. 8.
9 LG München II, DGVZ 1968, 137 f.
10 Thomas/Putzo-*Seiler*, ZPO, § 802i Rn. 7.

§ 802j
Dauer der Haft; erneute Haft

(1) ¹Die Haft darf die Dauer von sechs Monaten nicht übersteigen. ²Nach Ablauf der sechs Monate wird der Schuldner von Amts wegen aus der Haft entlassen.

(2) Gegen den Schuldner, der ohne sein Zutun auf Antrag des Gläubigers aus der Haft entlassen ist, findet auf Antrag desselben Gläubigers eine Erneuerung der Haft nicht statt.

(3) Ein Schuldner, gegen den wegen Verweigerung der Abgabe der Vermögensauskunft eine Haft von sechs Monaten vollstreckt ist, kann innerhalb der folgenden zwei Jahre auch auf Antrag eines anderen Gläubigers nur unter den Voraussetzungen des § 802d von neuem zur Abgabe einer solchen Vermögensauskunft durch Haft angehalten werden.

Inhalt:

	Rn.		Rn.
A. Dauer der Haft und frühere Entlassung	1	B. Erneute Haft	2
		C. Rechtsmittel	3

A. Dauer der Haft und frühere Entlassung

1 Die **Höchstdauer** der Beugehaft nach § 802g ZPO beträgt gemäß Abs. 1 maximal sechs Monate. Nach dieser Zeit ist der Gläubiger von Amts wegen aus der Haft zu entlassen, selbst wenn er die Vermögensauskunft nicht oder nicht vollständig abgegeben hat.[1] Gemäß Abs. 2 ist die **erneute Inhaftierung** unzulässig, wenn der Schuldner aufgrund eines entsprechenden Antrags des Gläubigers ohne sein Zutun entlassen wurde.[2] Zulässig ist hingegen die erneute Inhaftierung aufgrund eines anderen Haftbefehls bezüglich einer anderen Forderung durch denselben oder einen anderen Gläubiger, wobei für jedes Verfahren die Höchstgrenze der sechs Monate einzeln zu laufen beginnt.[3]

B. Erneute Haft

2 Abs. 3 greift, wenn der Schuldner die Gesamtzeit der sechs Monate inhaftiert war. In dieser Zeit ist die Ausstellung und Vollstreckung eines weiteren Haftbefehls unzulässig, wobei das Verfahren zur Abgabe der Vermögensabgabe schon vorher durchgeführt werden kann.[4] Eine erneute Haft ist nur unter den Voraussetzungen des § 802d ZPO möglich.

C. Rechtsmittel

3 Dem Schuldner steht die Erinnerung nach § 766 ZPO offen, um einen Verstoß gegen Abs. 3 geltend zu machen. Gegen den Erlass bzw. die die Verweigerung des Erlasses eines Haftbefehls unter Zugrundelegung von § 802j ZPO ist eine sofortige Beschwerde einschlägig.

§ 802k
Zentrale Verwaltung der Vermögensverzeichnisse

(1) ¹Nach § 802f Abs. 6 dieses Gesetzes oder nach § 284 Abs. 7 Satz 4 der Abgabenordnung zu hinterlegende Vermögensverzeichnisse werden landesweit von einem zentralen Vollstreckungsgericht in elektronischer Form verwaltet. ²Die Vermögensverzeichnisse können über eine zentrale und länderübergreifende Abfrage im Internet eingesehen und abgerufen werden. ³Gleiches gilt für Vermögensverzeichnisse, die auf Grund einer § 284 Abs. 1 bis 7 der Abgabenordnung gleichwertigen bundesgesetzlichen oder landesgesetzlichen Regelung errichtet wurden, soweit diese Regelung die Hinterlegung anordnet. ⁴Ein Vermögensverzeichnis nach Satz 1 oder Satz 2 ist nach Ablauf von zwei Jahren seit Abgabe der Auskunft oder bei Eingang eines neuen Vermögensverzeichnisses zu löschen.

(2) ¹Die Gerichtsvollzieher können die von den zentralen Vollstreckungsgerichten nach Absatz 1 verwalteten Vermögensverzeichnisse zu Vollstreckungszwecken abrufen. ²Den Gerichtsvollziehern stehen Vollstreckungsbehörden gleich, die

---

1 Musielak/Voit-*Voit*, ZPO, § 802j Rn. 1.
2 Ohne sein Zutun bedeutet aber, dass der Schuldner den Gläubiger nicht durch eigenes Handeln zu diesem Antrag gebracht haben darf (so z.B. Zusagen von Ratenzahlungen im Entlassungsfall), AG Düsseldorf, MDR 1956, 494.
3 OLG Celle, DGVZ 1999, 73 = InVo 2000, 29.
4 BeckOK-*Utermark/Fleck*, ZPO, § 802j Rn. 8 ff.

1. Vermögensauskünfte nach § 284 der Abgabenordnung verlangen können,
2. durch Bundesgesetz oder durch Landesgesetz dazu befugt sind, vom Schuldner Auskunft über sein Vermögen zu verlangen, wenn diese Auskunftsbefugnis durch die Errichtung eines nach Absatz 1 zu hinterlegenden Vermögensverzeichnisses ausgeschlossen wird, oder
3. durch Bundesgesetz oder durch Landesgesetz dazu befugt sind, vom Schuldner die Abgabe einer Vermögensauskunft nach § 802c gegenüber dem Gerichtsvollzieher zu verlangen.

[3]Zur Einsicht befugt sind ferner Vollstreckungsgerichte, Insolvenzgerichte und Registergerichte sowie Strafverfolgungsbehörden, soweit dies zur Erfüllung der ihnen obliegenden Aufgaben erforderlich ist.

(3) [1]Die Landesregierungen bestimmen durch Rechtsverordnung, welches Gericht die Aufgaben des zentralen Vollstreckungsgerichts nach Absatz 1 wahrzunehmen hat. [2]Sie können diese Befugnis auf die Landesjustizverwaltungen übertragen. [3]Das zentrale Vollstreckungsgericht nach Absatz 1 kann andere Stellen mit der Datenverarbeitung beauftragen; die jeweiligen datenschutzrechtlichen Bestimmungen über die Verarbeitung personenbezogener Daten im Auftrag sind anzuwenden.

(4) [1]Das Bundesministerium der Justiz und für Verbraucherschutz wird ermächtigt, durch Rechtsverordnung mit Zustimmung des Bundesrates die Einzelheiten des Inhalts, der Form, Aufnahme, Übermittlung, Verwaltung und Löschung der Vermögensverzeichnisse nach § 802f Abs. 5 dieses Gesetzes und nach § 284 Abs. 7 der Abgabenordnung oder gleichwertigen Regelungen im Sinne von Absatz 1 Satz 2 sowie der Einsichtnahme, insbesondere durch ein automatisiertes Abrufverfahren, zu regeln. [2]Die Rechtsverordnung hat geeignete Regelungen zur Sicherung des Datenschutzes und der Datensicherheit vorzusehen. [3]Insbesondere ist sicherzustellen, dass die Vermögensverzeichnisse
1. bei der Übermittlung an das zentrale Vollstreckungsgericht nach Absatz 1 sowie bei der Weitergabe an die anderen Stellen nach Absatz 3 Satz 3 gegen unbefugte Kenntnisnahme geschützt sind,
2. unversehrt und vollständig wiedergegeben werden,
3. jederzeit ihrem Ursprung nach zugeordnet werden können und
4. nur von registrierten Nutzern abgerufen werden können und jeder Abrufvorgang protokolliert wird.

Inhalt:

	Rn.		Rn.
A. Allgemeines	1	C. Zugriffsberechtigung auf die	
B. Löschung der Daten	2	Vermögensverzeichnisse	3

A. Allgemeines

§ 802k ZPO regelt die Verwaltung der nach § 802f Abs. 6 ZPO und § 284 Abs. 7 Satz 4 AO zu hinterlegenden **Vermögensverzeichnisse**. Zu unterscheiden ist die Norm von der Verwaltung des **Schuldnerverzeichnisses** nach § 882b ZPO. Die Vermögensverzeichnisse werden im Vergleich zur alten Rechtslage bei einem einzigen landesweiten Vollstreckungsgericht verwaltet.[1] Für die Abfrage der Daten steht nach vorheriger Registrierung für die zuständigen Stellen und Personen (siehe hierzu Rn. 4) ein bundesweites Portal zur Verfügung.[2] Einzelheiten der Ausgestaltung werden gemäß Abs. 4 durch die Vermögensverzeichnisverordnung (VermVV)[3] bestimmt. Eine Auslagerung der technischen Verwaltung an private Dienstleister ist grundsätzlich zulässig, bei dadurch auftretenden Schäden, insbesondere Datenklau, ist das zuständige Vollstreckungsgericht der richtige Beklagte in einem Amtshaftungsprozess.[4]

1

B. Löschung der Daten

Nach Abs. 1 Satz 4 ist das gespeicherte Vermögensverzeichnis zwei Jahre nach Abgabe (vgl. § 802d ZPO) bzw. bei Abgabe einer erneuten Vermögensauskunft (vgl. § 6 VermVV) vor Ablauf dieser Frist von Amts wegen zu löschen. Eine Löschung vor Ablauf der Frist ist ansonsten

2

---

1 Eine Übersicht der jeweils zuständigen Vollstreckungsgerichte findet sich unter: http://www.justiz.de/onlinedienste/vollstreckungsverzeichnis/zwtxt_zenvg/Die_Zentralen_Vollstreckungsgerichte_-der_L_nder.pdf;jsessionid=E0649DA7415925EEC26668D3640D9210.
2 Das Vollstreckungsportal ist zu finden unter: https://www.vollstreckungsportal.de/auskunft/allg/willkommen.jsf.
3 BGBl I 2012, S. 1663.
4 Musielak/Voit-*Voit*, ZPO, § 802k Rn. 8.

aber nicht durchzuführen, selbst wenn der der Schuldner den Gläubiger inzwischen voll befriedigt hat.[5]

C. Zugriffsberechtigung auf die Vermögensverzeichnisse

3 Abs. 2 legt abschließend fest, wer und unter welchen Voraussetzungen Zugriff auf die Vermögensverzeichnisse mithilfe des Internetportals hat. Dies hat kaum praktische Relevanz, da eine Privatperson, insbesondere also Gläubiger grundsätzlich kein Recht auf Einsicht besitzen. Gläubiger können im Einzelfall die **Übersendung einer Abschrift** des Vermögensverzeichnisses des entsprechenden Schuldners entsprechend den Vorschriften der §§ 802f Abs. 6, 802d Abs. 1 Satz 2 ZPO verlangen.[6]

§ 802l
Auskunftsrechte des Gerichtsvollziehers

(1) [1]Kommt der Schuldner seiner Pflicht zur Abgabe der Vermögensauskunft nicht nach oder ist bei einer Vollstreckung in die dort aufgeführten Vermögensgegenstände eine vollständige Befriedigung des Gläubigers voraussichtlich nicht zu erwarten, so darf der Gerichtsvollzieher

1. bei den Trägern der gesetzlichen Rentenversicherung den Namen, die Vornamen oder die Firma sowie die Anschriften der derzeitigen Arbeitgeber eines versicherungspflichtigen Beschäftigungsverhältnisses des Schuldners erheben;
2. das Bundeszentralamt für Steuern ersuchen, bei den Kreditinstituten die in § 93b Abs. 1 der Abgabenordnung bezeichneten Daten abzurufen (§ 93 Abs. 8 Abgabenordnung);
3. beim Kraftfahrt-Bundesamt die Fahrzeug- und Halterdaten nach § 33 Abs. 1 des Straßenverkehrsgesetzes zu einem Fahrzeug, als dessen Halter der Schuldner eingetragen ist, erheben.

[2]Die Erhebung oder das Ersuchen ist nur zulässig, soweit dies zur Vollstreckung erforderlich ist.

(2) [1]Daten, die für die Zwecke der Vollstreckung nicht erforderlich sind, hat der Gerichtsvollzieher unverzüglich zu löschen oder zu sperren. [2]Die Löschung ist zu protokollieren.

(3) [1]Über das Ergebnis einer Erhebung oder eines Ersuchens nach Absatz 1 setzt der Gerichtsvollzieher den Gläubiger unter Beachtung des Absatzes 2 unverzüglich und den Schuldner innerhalb von vier Wochen nach Erhalt in Kenntnis. [2]§ 802d Abs. 1 Satz 3 und Abs. 2 gilt entsprechend.

(4) [1]Nach Absatz 1 Satz 1 erhobene Daten, die innerhalb der letzten drei Monate bei dem Gerichtsvollzieher eingegangen sind, darf dieser auch einem weiteren Gläubiger übermitteln, wenn die Voraussetzungen für die Datenerhebung auch bei diesem Gläubiger vorliegen. [2]Der Gerichtsvollzieher hat dem weiteren Gläubiger die Tatsache, dass die Daten in einem anderen Verfahren erhoben wurden, und den Zeitpunkt ihres Eingangs bei ihm mitzuteilen. [3]Eine erneute Auskunft ist auf Antrag des weiteren Gläubigers einzuholen, wenn Anhaltspunkte dafür vorliegen, dass seit dem Eingang der Auskunft eine Änderung der Vermögensverhältnisse, über die nach Absatz 1 Satz 1 Auskunft eingeholt wurde, eingetreten ist.

(5) Übermittelt der Gerichtsvollzieher Daten nach Absatz 4 Satz 1 an einen weiteren Gläubiger, so hat er den Schuldner davon innerhalb von vier Wochen nach der Übermittlung in Kenntnis zu setzen; § 802d Absatz 1 Satz 3 und Absatz 2 gilt entsprechend.

Inhalt:
	Rn.		Rn.
A. Voraussetzungen zur Einholung von Drittauskünften	1	B. Kosten und Gebühren	4

A. Voraussetzungen zur Einholung von Drittauskünften

1 § 802l ZPO regelt die **praktisch sehr relevanten** Befugniserweiterungen des Gerichtsvollziehers, der unter bestimmten Voraussetzungen Auskünfte über die Vermögenssituation des Schuldners auch bei Dritten erfragen kann. Selbstverständlich müssen dafür die allgemeinen Voraussetzungen der Zwangsvollstreckung vorliegen. Unabhängig von den weiteren Voraussetzungen des § 802l ZPO holt der Gerichtsvollzieher **Drittauskünfte** nur dann ein, wenn dies zur Vollstreckung erforderlich ist (Abs. 1 Satz 2) und der Gläubiger dies in seinem Auftrag an

---

5 BT-Drucks. 16/10069, S. 29
6 Thomas/Putzo-*Seiler*, ZPO, § 802l Rn. 7.

den Gerichtsvollzieher beantragt hat. Auf die Höhe der Forderung kommt es seit November 2016 nicht mehr an.[1] Im amtlichen Vordruck des BMJV (der Link hierzu ist zu finden bei der Kommentierung zu § 802a ZPO, dort Fn. 2) kann dies unter Ziffer M
Einholung von Auskünften Dritter (§ 802l ZPO)
jeweils für die einzelnen zulässigen Stellen beantragen. Grundsätzlich kontrovers diskutiert wird die Frage, ob das Drittauskunftsersuchen isoliert oder nur zusammen mit einem Antrag auf die Vermögensauskunft gestellt werden kann,[2] letztlich wird der Einholung von Drittauskünften aber immer der Antrag auf Abnahme der Vermögensauskunft vorausgehen.

Zusätzlich wird eine Auskunft bei einem Dritten nur dann eingeholt, wenn eine der beiden Alternativen des Abs. 1 erfüllt sind. In Betracht kommt zuallererst, dass der Schuldner der Pflicht zur Abgabe der Vermögensauskunft schuldhaft nicht oder nicht vollständig nachgekommen ist. Des Weiteren ist eine Drittauskunft auch dann möglich, wenn eine die Vermögensauskunft zwar erteilt wurde, aus dieser aber keine vollständige Befriedigung des Gläubigers zu erwarten ist, was durch eine Gesamtbetrachtung der Forderung und der Vermögensauskunft durch den Gerichtsvollzieher zu ermitteln ist.[3] Eine Drittauskunft ist nur zulässig, wenn dies für die Vollstreckung erforderlich i.S.d. Grundsatzes der Verhältnismäßigkeit ist, Abs. 1 Satz 2. 2

Nach Abs. 4 dürfen Daten, die nach dieser Norm erlangt wurden, auch anderen Gläubigern zur Verfügung gestellt werden. Die Vorschrift ist an § 802d ZPO angelegt, insofern gilt das hierzu Gesagte. 3

B. Kosten und Gebühren

Der Gerichtsvollzieher macht Kosten nach Nr. 440 KV-GvKostG (13,00 €) für jede Auskunft geltend (§ 10 Abs. 3 Satz 2 GvKostG). 4

Der Rechtsanwalt erhält die Gebühr aus Nr. 3309 VV-RVG. Der Streitwert richtet sich nach der titulierten Forderung einschließlich Nebenforderungen (§ 25 Abs. 1 Nr. 1 RVG). 5

Titel 2
Zwangsvollstreckung in das bewegliche Vermögen

Untertitel 1
Allgemeine Vorschriften

§ 803
Pfändung

(1) ¹Die Zwangsvollstreckung in das bewegliche Vermögen erfolgt durch Pfändung. ²Sie darf nicht weiter ausgedehnt werden, als es zur Befriedigung des Gläubigers und zur Deckung der Kosten der Zwangsvollstreckung erforderlich ist.
(2) Die Pfändung hat zu unterbleiben, wenn sich von der Verwertung der zu pfändenden Gegenstände ein Überschuss über die Kosten der Zwangsvollstreckung nicht erwarten lässt.

Inhalt:

	Rn.		Rn.
A. Allgemeines	1	II. Pfändungsverbote	5
B. Erläuterungen	2	C. Rechtsbehelfe	7
I. Wirkungen der Pfändung	2		

A. Allgemeines

§ 803 ZPO bestimmt, dass die Zwangsvollstreckung wegen Geldforderungen in das bewegliche Vermögen durch **Pfändung** erfolgt, ohne diese weiter zu definieren. Unter ihr ist die Beschlagnahmung des jeweiligen Gegenstandes durch einen staatlichen Hoheitsakt zu verste- 1

---

1 Siehe hierzu auch die Hinweise zum Ausfüllen in Anlage 2 des Vordrucks; das ist die Gesamtsumme aller Forderungen, Kosten der Zwangsvollstreckung und Nebenforderungen können nur dann berücksichtigt werden, wenn sie allein Gegenstand der Vollstreckung sind.
2 Vgl. hierzu die umfassende Darstellung der unterschiedlichen Ansichten und ihrer Wirkung in BeckOK-*Utermark/Fleck*, ZPO, § 802l Rn. 7e.
3 Zöller-*Stöber*, ZPO, § 802l Rn. 4.

hen, die vom zuständigen Gerichtsvollzieher vorgenommen wird.[1] Dies erfolgt je nach Beschaffenheit der Gegenstände entweder durch **Inbesitznahme** durch den Gerichtsvollzieher oder durch **Anbringen des Pfandsiegels**,[2] für Rechte durch das Vollstreckungsgericht nach den §§ 828 f. ZPO.

B. Erläuterungen
I. Wirkungen der Pfändung

2 Eine Pfändung führt zur **Verstrickung** des Gegenstandes. Damit ist er der Verfügungsmacht des Gläubigers entzogen,[3] wobei Verstöße nach §§ 133, 136, 288 StGB strafbewährt sind. Diese Wirkungen treten nur ein, soweit die Pfändung wirksam ist. Eine Unwirksamkeit tritt jedoch nur bei schwerwiegenden Mängeln des Vollstreckungsverfahrens ein.[4] Soweit die Pfändung deshalb unwirksam ist, muss sie neu vorgenommen werden.

3 Die Verstrickung endet, soweit der Gegenstand der Pfändung verwertet wurde,[5] mit Aufhebung der Pfändung durch das Vollstreckungsorgan, Rückgabe der Sache oder Entfernung des Siegels, durch Freigabe des Gläubigers, Untergang der Sache oder einer Verarbeitung nach § 950 BGB.[6] Auch der gutgläubige Erwerb eines Dritten nach § 936 BGB führt zur Entstrickung.[7]

4 Durch eine wirksame Verstrickung entsteht weiter auch das **Pfändungspfandrecht** nach § 804 Abs. 1 ZPO.

II. Pfändungsverbote

5 § 803 Abs. 1 Satz 2 ZPO verbietet die sogenannte **Überpfändung** von Sachen und Rechten, also dann wenn der durch den Gerichtsvollzieher *ex ante* geschätzte Erlös die ursprünglichen Forderungen übersteigt, wobei auch mehrere Titel addiert werden können.[8] Ein Verstoß gegen das Verbot der Überpfändung führt nicht zur Unwirksamkeit und Entstrickung des Gegenstandes oder Rechts, vielmehr muss sich der Schuldner an das Vollstreckungsgericht wenden und eine objektive Überpfändung nachweisen.[9] Eine Ausnahme von § 803 Abs. 1 Satz 2 ZPO gilt dann, wenn nur ein **einziger Gegenstand** gepfändet werden kann, dessen Einzelwert aber die Forderung deutlich übersteigt; dieser darf gepfändet werden.[10]

6 Nach Abs. 2 hat eine Zwangsvollstreckung zu unterbleiben, wenn die Kosten der Verwertung, inklusive Lagerung und Transport,[11] den Erlös der Verwertung überschreiten würde. Sobald aber ein Gewinn, so gering er auch sein möge, in Aussicht steht, ist die Anwendung von Abs. 2 ausgeschlossen.

C. Rechtsbehelfe

7 Für den Schuldner steht bei Verstößen gegen § 803 Abs. 1 Satz 2, Abs. 2 ZPO die Erinnerung nach § 766 ZPO oder die sofortige Beschwerde nach § 793 ZPO offen. Bei Verstößen stehen dem Schuldner möglicherweise weiterhin Schadensersatzansprüche gegen den Schuldner nach § 823 Abs. 2 BGB oder Amtshaftungsansprüche nach § 839 BGB i. V. m. Art. 34 GG gegen den Gerichtsvollzieher in Betracht.[12]

§ 804
Pfändungspfandrecht

(1) Durch die Pfändung erwirbt der Gläubiger ein Pfandrecht an dem gepfändeten Gegenstande.

(2) Das Pfandrecht gewährt dem Gläubiger im Verhältnis zu anderen Gläubigern dieselben Rechte wie ein durch Vertrag erworbenes Faustpfandrecht; es geht Pfand- und Vorzugsrech-

---

1 Thomas/Putzo-*Seiler*, ZPO, § 803 Rn. 1.
2 Für Tiere gelten die Sachregeln entsprechend, § 90a Satz 3 BGB.
3 Vgl. insbesondere §§ 135 f. BGB.
4 BGH, NJW-RR 2012, 1146 (1147 f.) = Rpfleger 2012, 321 (322); so z.B. das Fehlen eines vollstreckungsfähigen Titels oder die fehlende Zustellung des Beschlusses an den Drittschuldner, Thomas/Putzo-*Seiler*, ZPO, § 803 Rn. 10.
5 Allerdings tritt die Verstrickung dann zumeist für den Erlös ein, § 819 ZPO.
6 MK-*Gruber*, ZPO, § 803 Rn. 40 ff.
7 Thomas/Putzo-*Seiler*, ZPO, § 803 Rn. 11.
8 Thomas/Putzo-*Seiler*, ZPO, § 803 Rn. 14 ff.
9 BeckOK-*Utermark/Fleck*, ZPO, § 803 Rn. 18.
10 OLG Celle, DGVZ 1951, 137.
11 LG Berlin, MDR 1983, 501.
12 Musielak/Voit-*Becker*, ZPO, § 803 Rn. 16.

ten vor, die für den Fall eines Insolvenzverfahrens den Faustpfandrechten nicht gleichgestellt sind.
(3) Das durch eine frühere Pfändung begründete Pfandrecht geht demjenigen vor, das durch eine spätere Pfändung begründet wird.

Inhalt:

	Rn.		Rn.
A. Entstehen und Erlöschen des Pfandrechts	1	B. Rechtsfolgen des Pfandrechts	3

A. Entstehen und Erlöschen des Pfandrechts

§ 804 ZPO spricht dem Gläubiger, aufgrund dessen Titel ein Gegenstand gepfändet wurde ein **Pfandrecht** zu. Bezüglich der Rechtsnatur des Pfändungspfandrechts besteht insofern Uneinigkeit darüber, ob für die Entstehung eben jenes lediglich die Verstrickung vorliegen muss (öffentliche Theorie; Zum Begriff der Verstrickung vgl. § 803 Rn. 2.) oder ob zusätzlich aufgrund des privatrechtlichen Charakters des Pfandrechts auch Voraussetzungen der §§ 1204 ff. BGB entsprechend vorliegend müssen (gemischt privat-öffentlich-rechtliche Theorie).[1] In der Praxis hat dies jedoch kaum Relevanz, da beide Ergebnisse zumeist zum gleichen Ergebnis insbesondere bezüglich der Rechtsfolgen führen. Unterschiede ergeben sich jedoch bei der Insolvenz des Schuldners, da die Privilegierung des Pfandgläubigers nach den §§ 166–173 InsO nur entsteht, wenn er das Pfandrecht bereits länger als einen Monat besitzt, §§ 88 f. InsO. Hier kann es nach der rein auf die Verstrickung abstellenden, öffentlichen Theorie schon früher zu einem Entstehen des Pfandrechts kommen als nach der gemischt privat-öffentlich-rechtlichen Theorie. Soweit ein unterschiedliches Ergebnis in Anwendung zusätzlicher Kriterien droht, ist wohl der gemischten Theorie zu folgen.[2]   1

Zur Entstehung ist damit in jedem Falle die **Verstrickung** notwendig, wohl zusätzlich auch noch die in Rn. 1 genannten Voraussetzungen der §§ 1204 ff. BGB, insbesondere muss sich der Gegenstand im Eigentum des Schuldners befinden. Eine spätere Heilung von Verfahrensfehlern und damit die nachträgliche Entstehung des Pfandrechts ist möglich.[3] Das Pfändungspfandrecht kann neben weiteren Pfandrechten desselben Gläubigers bestehen und erstreckt sich auch auf den Ersatz, v.a. den Verwertungserlös. Es **erlischt**, soweit die Verstrickung am Gegenstand oder die ursächliche Forderung nicht mehr besteht, durch gutgläubigen Erwerb der Pfandsache durch einen Dritten oder durch Aufgabe des Pfandrechts durch den Gläubiger.[4]   2

B. Rechtsfolgen des Pfandrechts

Die Rechtsfolge des Pfändungspfandrechts ist in Abs. 2 geregelt, der dem Gläubiger die **Rechte nach §§ 1204 ff. BGB** zuspricht, insbesondere also den mittelbaren Besitzeinräumungsanspruch § 985 BGB, Besitzschutzrechte nach §§ 859 ff. BGB sowie einen Schadensersatzanspruch bei Verletzung des Pfandrechts nach § 823 Abs. 1 BGB.[5] Im Insolvenzverfahren ist der Pfandgläubiger privilegiert, §§ 50 Abs. 1, 88 InsO.   3

Abs. 2 Hs. 2 und Abs. 3 regeln die in der Praxis recht relevante **Vorrangfrage** einzelner Pfandrechte. Grundsätzlich gehen die Pfandrechte vor, die früher entstanden sind,[6] unabhängig davon, ob sie aufgrund einer Pfändung oder durch Vertrag entstanden sind.[7] Entstehen Pfändungspfandrechte gleichzeitig, weil der Gerichtsvollzieher mehrere Titel gegen denselben Schuldner gemäß § 168 Nr. 1 GVGA gleichzeitig vollzieht, sind die Pfandrechte jeweils gleichrangig. Immer **Vorrang** hat das Pfändungspfandrecht gegenüber den Pfand- und Vorzugsrechten, die für den Fall der Insolvenz nach §§ 50 f. InsO nicht mit den Faustpfandrechten gleichgestellt sind, insbesondere den Rechten aus § 273 BGB.[8]   4

---

1 V.a. Bestehen der Forderung, Eigentum des Schuldners, Einhaltung der Vollstreckungsvorschriften (insofern weiter als die Einhaltung zum Entstehen der Verstrickung), Thomas/Putzo-*Seiler*, ZPO, § 804 Rn. 2.
2 So z.B. MK-*Gruber*, ZPO, § 804 Rn. 11 ff.
3 Thomas/Putzo-*Seiler*, ZPO, § 804 Rn. 7.
4 Thomas/Putzo-*Seiler*, ZPO, § 804 Rn. 8.
5 MK-*Gruber*, ZPO, § 804 Rn. 29.
6 Insofern ist kann auch hier entscheidend sein, welcher Entstehungstheorie gefolgt wird, da sich der Zeitpunkt der Entstehung teilweise unterscheiden kann.
7 Thomas/Putzo-*Seiler*, ZPO, § 804 Rn. 11.
8 MK-*Gruber*, ZPO, § 804 Rn. 38 m.w.N.

§ 805
Klage auf vorzugsweise Befriedigung

(1) Der Pfändung einer Sache kann ein Dritter, der sich nicht im Besitz der Sache befindet, auf Grund eines Pfand- oder Vorzugsrechts nicht widersprechen; er kann jedoch seinen Anspruch auf vorzugsweise Befriedigung aus dem Erlös im Wege der Klage geltend machen, ohne Rücksicht darauf, ob seine Forderung fällig ist oder nicht.

(2) Die Klage ist bei dem Vollstreckungsgericht und, wenn der Streitgegenstand zur Zuständigkeit der Amtsgerichte nicht gehört, bei dem Landgericht zu erheben, in dessen Bezirk das Vollstreckungsgericht seinen Sitz hat.

(3) Wird die Klage gegen den Gläubiger und den Schuldner gerichtet, so sind diese als Streitgenossen anzusehen.

(4) [1]Wird der Anspruch glaubhaft gemacht, so hat das Gericht die Hinterlegung des Erlöses anzuordnen. [2]Die Vorschriften der §§ 769, 770 sind hierbei entsprechend anzuwenden.

Inhalt:

	Rn.		Rn.
A. Allgemeines	1	II. Begründetheit der Klage und Urteil	4
B. Erläuterungen	2	C. Kosten und Gebühren	6
I. Antrag beim zuständigen Gericht	2		

A. Allgemeines

1   Die Klage nach § 805 ZPO stellt eine prozessuale Gestaltungsklage dar, mit welcher ein Gläubiger, der nicht im Besitz einer gepfändeten Sache ist (§ 805 ZPO ist auch ausschließlich auf die Mobiliarzwangsvollstreckung anwendbar) ist, seine Vorrangbefriedigung geltend machen kann, soweit er ein Pfand- oder Vorzugsrecht insbesondere die des bürgerlichen Rechts und die nach § 51 InsO mit besserem oder gleichem Rang besitzt (siehe zum Vorrang mancher Rechte § 804 Rn. 4). Ziel der Gestaltungsklage kann nach Abs. 1 nicht die Verhinderung der Pfändung oder der Verwertung des Gegenstandes sein, wohl aber die **vorrangige Befriedigung** aus dem erzielten **Reinerlös**. Im Unterschied zu § 771 ZPO wird damit nicht die Unwirksamkeit der Zwangsvollstreckung festgestellt, sondern lediglich das Rangverhältnis der Pfandrechte.

B. Voraussetzungen
I. Antrag beim zuständigen Gericht

2   Notwendig ist zuallererst ein Antrag beim nach § 805 Abs. 2 ZPO zuständigen Gericht. Die sachliche Zuständigkeit richtet sich dabei nach §§ 23, 71 GVG, die örtliche nach § 764 ZPO. Zeitlich kann der Antrag nach der Pfändung und vor Auszahlung des Erlöses gestellt werden, wobei es auf die Wirksamkeit der Vollstreckung nicht ankommt, sondern die rein mögliche Gefährdung des Pfand- oder Vorzugsrechts genügt.[1] Die Zuständigkeit des Gerichts ist nach § 802 ZPO **ausschließlich**. Im Antrag ist der gepfändete Gegenstand, der begehrte Nennbetrag am Erlös, der die Forderung, die Zinsen bis zur Auszahlung und die Vollstreckungskosten erfasst, und der Gläubiger, demgegenüber ein vorrangiges Recht geltend gemacht wird und demnach insofern Beklagter ist, genau zu bezeichnen:[2]

Es wird beantragt:

Der Kläger wird am Reinerlös der Verwertung des am tt.mm.jjjj gepfändeten [Bezeichnung des Gegenstands] gegenüber dem [Name des anderen Gläubigers] bis zum Betrag von [Betrag] vorrangig befriedigt.

3   Ebenso kann eine **einstweilige Anordnung** nach Abs. 4 beim selben Gericht beantragt werden, wenn das Bestehen des Anspruches also Bestehen des Rechts und des Vorrangs glaubhaft gemacht werden können.

Es wird beantragt:

Bis zu einer endgültigen Entscheidung wird der erzielte Erlös aus der Verwertung gemäß § 805 Abs. 4 ZPO hinterlegt.

Gemäß § 805 Abs. 4 Satz 2 i.V.m. § 769 Abs. 2 ZPO ist in dringenden Fällen auch ein Antrag an das Vollstreckungsgericht zulässig.

---

[1] Ansonsten ist ein Rechtsschutzbedürfnis zu verneinen, vgl. Thomas/Putzo-*Seiler*, ZPO, § 805 Rn. 7.
[2] Thomas/Putzo-*Seiler*, ZPO, § 805 Rn. 5.

II. Begründetheit der Klage und Urteil

Die Klage ist begründet soweit das Pfand- oder Vorzugsrecht besteht aber nicht eingeräumt wird. Die Beweislast für die geltend gemachten Tatsachen trägt der Kläger. Gemäß Abs. 3 können Schuldner sowie weitere Gläubiger im gleichen Verfahren einfache Streitgenossen sein,[3] soweit die Klage gegen beide gerichtet wird. Dies ist dann erforderlich, wenn der Schuldner der vorrangigen Befriedigung des Klägers widerspricht. Sodann ist der Antrag insoweit auch auf eine Duldung des Schuldners zu erweitern.[4]

4

Das Urteil ist nach §§ 708–714 ZPO für vorläufig vollstreckbar zu erklären und wird durch den Gerichtsvollzieher vollzogen.[5] Gegen das Urteil steht das Rechtsmittel der Berufung nach § 511 ZPO offen.

5

C. Kosten und Gebühren

Die Kostenpflicht bestimmt sich nach §§ 91 ff. ZPO. Der Rechtsanwalt kann die Gebühren der Nr. 3100 ff. VV-RVG geltend machen, der Streitwert richtet sich gemäß § 6 Satz 2 RVG nach der niedrigeren vollstreckbaren Forderung bzw. dem Wert des Pfandgegenstandes, falls dieser noch niedriger ist. Soweit im Rahmen des einstweiligen Rechtsschutzes eine mündliche Verhandlung stattfindet kann die Gebühr der Nr. 3328 VV-RVG geltend gemacht werden.

6

§ 806
Keine Gewährleistung bei Pfandveräußerung

Wird ein Gegenstand auf Grund der Pfändung veräußert, so steht dem Erwerber wegen eines Mangels im Recht oder wegen eines Mangels der veräußerten Sache ein Anspruch auf Gewährleistung nicht zu.

§ 806 ZPO schließt einen Anspruch des Erwerbers aus §§ 434 f. BGB einer gepfändeten Sache oder eines gepfändeten Rechts aus, soweit diese verwertet wurde.[1] Dies gilt selbst dann, wenn der Mangel arglistig verschwiegen wurde.[2] Möglich sind jedoch Amtshaftungsansprüche gegen den Gerichtsvollzieher nach § 839 BGB i.V.m. Art. 34 GG.

1

§ 806a
Mitteilungen und Befragung durch den Gerichtsvollzieher

(1) Erhält der Gerichtsvollzieher anlässlich der Zwangsvollstreckung durch Befragung des Schuldners oder durch Einsicht in Dokumente Kenntnis von Geldforderungen des Schuldners gegen Dritte und konnte eine Pfändung nicht bewirkt werden oder wird eine bewirkte Pfändung voraussichtlich nicht zur vollständigen Befriedigung des Gläubigers führen, so teilt er Namen und Anschriften der Drittschuldner sowie den Grund der Forderungen und für diese bestehende Sicherheiten dem Gläubiger mit.

(2) ¹Trifft der Gerichtsvollzieher den Schuldner in der Wohnung nicht an und konnte eine Pfändung nicht bewirkt werden oder wird eine bewirkte Pfändung voraussichtlich nicht zur vollständigen Befriedigung des Gläubigers führen, so kann der Gerichtsvollzieher die zum Hausstand des Schuldners gehörenden erwachsenen Personen nach dem Arbeitgeber des Schuldners befragen. ²Diese sind zu einer Auskunft nicht verpflichtet und vom Gerichtsvollzieher auf die Freiwilligkeit ihrer Angaben hinzuweisen. ³Seine Erkenntnisse teilt der Gerichtsvollzieher dem Gläubiger mit.

---

3 Insofern gilt § 59 ZPO, vgl. BeckOK-*Utermark/Fleck*, ZPO, § 805 Rn. 18.
4 MK-*Gruber*, ZPO, § 804 Rn. 31 m.w.N.
5 Thomas/Putzo-*Seiler*, ZPO, § 805 Rn. 14.

Zu § 806:
1 Verwertung umfasst insbesondere die §§ 814, 817a Abs. 3 Satz 2, 820 f., 825, 844, 857 ZPO, Thomas/Putzo-*Seiler*, ZPO, § 806 Rn. 1; strittig und wohl verneint wird die Anwendung von § 806 bei einem freihändigen Verkauf durch Vermittlung privater Personen und bei einer Versteigerung auf einer privaten Versteigerungsplattform, MK-*Gruber*, ZPO, § 806 Rn. 3 f. m.w.N.
2 MK-*Gruber*, ZPO, § 806 Rn. 6.

Inhalt:

	Rn.		Rn.
A. Allgemeines	1	II. Ermittlung des Arbeitgebers des Schuldners	3
B. Erläuterungen	2	III. Mitteilung an den Gläubiger	4
I. Ermittlung von Drittschuldnern	2		

A. Allgemeines

1 § 806a ZPO gibt dem Gerichtsvollzieher die **Befugnis**, wohl aber nicht die Pflicht (str.), unter den genannten Voraussetzungen weitere Nachforschungen bezüglich möglicher pfändbarer Forderungen anzustellen und diese dem Gläubiger mitzuteilen. § 806a ZPO findet nur bei zulässigen Vollstreckungen wegen Geldforderungen Anwendung.

B. Erläuterungen
I. Ermittlung von Drittschuldnern

2 Konnte die Pfändung gemäß Abs. 1 nicht bewirkt werden oder wird sie voraussichtlich (insofern weiter als § 807 Abs. 1 ZPO) nicht zur Befriedigung des Gläubigers führen, und hat der Gerichtsvollzieher zumindest hinreichend wahrscheinliche Kenntnis[1] von Geldforderungen des Gläubigers gegen Dritte aufgrund dessen Aussage oder durch Einsicht in Schriftstücke, hat er ein **Befragungs- und Ausforschungsrecht**. § 806a ZPO begründet allerdings kein eigenes Durchsuchungsrecht des Gerichtsvollziehers[2] oder eine Mithilfepflicht (insbesondere Auskunftspflicht)[3] des Schuldners, vielmehr kommt es nur darauf an, welche Schriftstücke der Gerichtsvollzieher bei der Durchsuchung vorfindet. Sagt der Schuldner jedoch aus, muss es vollständig und wahrheitsgemäß sein, ansonsten kann er sich schadensersatzpflichtig machen.[4]

II. Ermittlung des Arbeitgebers des Schuldners

3 Nach Abs. 2 kann der Gerichtsvollzieher, soweit er den Schuldner in der von ihm bewohnten Wohnung nicht angetroffen hat, oder eine Pfändung zwar bewirkt wurde aber voraussichtlich nicht zur Befriedigung ausreichen wird, Nachforschungen bezüglich des Arbeitsverhältnisses des Schuldners anstellen. Dieses Recht kann gegenüber den erwachsenen Angehörigen des Hausstandes ausgeübt werden, wobei erwachsen in diesem Fall lediglich als geistig reif genug, die Tragweite der Erklärung und ihre Freiwilligkeit zu erkennen, zu verstehen ist.[5] Hausstandsangehörige sind dieselbe Personengruppe wie die in § 178 Abs. 1 Nr. 1 ZPO (vgl. § 178 Rn. 5 ff. Die Beantwortung der Frage ist freiwillig, der Gerichtsvollzieher hat sicherzustellen, dass er auf die Freiwilligkeit vor der Beantwortung hinweisen kann.[6]

III. Mitteilung an den Gläubiger

4 Hat der Gerichtsvollzieher Informationen nach Abs. 1 oder Abs. 2 erhalten, leitet er diese an den Gläubiger weiter. Hier ist umstritten, inwieweit eine Pflicht oder lediglich eine **Befugnis des Gerichtsvollziehers** statuiert wird.[7] Er teilt dem Gläubiger all das mit, was für die Zwangsvollstreckung relevant ist, im Falle des Abs. 1 also die entsprechenden Schuldner, Höhe der Forderungen und eventuelle Sicherungsrechte (Unterlagen jedoch nur bei Zustimmung des Schuldners), im Falle des Abs. 2 all das was für eine Pfändung nach § 850 ZPO notwendigerweise zu wissen ist.[8] Die Übersendung ist gemäß §§ 762 f. ZPO zu protokollieren,[9] eine Abschrift den Schuldner ist im Falle des Abs. 1 nicht notwendig, im Falle des Abs. 2 wegen § 763 ZPO dagegen schon.[10]

5 Die **Weitergabe von Informationen**, die der Gerichtsvollzieher nicht rechtmäßig, nur zufällig und nicht im Rahmen der Vollstreckung oder von einer unzulässigen Personengruppe[11] nach Abs. 2 erlangt hat, ist zwar grundsätzlich untersagt, jedoch fehlt einer Erinnerung nach § 766

---

1 Vgl. Zöller-*Stöber*, ZPO, § 807 Rn. 8.
2 AG Altötting, DGVZ 1997, 91.
3 Zöller-*Stöber*, ZPO, § 807 Rn. 6.
4 BeckOK-*Utermark/Fleck*, ZPO, § 806a Rn. 20.
5 Teilweise wird allerdings Volljährigkeit verlangt, so z.B. Zöller-*Stöber*, ZPO, § 807 Rn. 12 i. V. m. § 759 Rn. 3.
6 Thomas/Putzo-*Seiler*, ZPO, § 806a Rn. 8.
7 Siehe hierzu Thomas/Putzo-*Seiler*, ZPO, § 806a Rn. 5; letztlich hat der Streit aber kaum praktische Bedeutung.
8 Thomas/Putzo-*Seiler*, ZPO, § 806a Rn. 5, 9.
9 LG Koblenz, DGVZ 1998, 43 = Rpfleger 1998, 211.
10 Thomas/Putzo-*Seiler*, ZPO, § 806a Rn. 5, 9 m.w.N.
11 Darunter fällt auch die Unterlassung, auf die Freiwilligkeit hinzuweisen.

ZPO im Normalfall das Rechtsschutzbedürfnis, die Zwangsvollstreckung aufgrund dieser Informationen ist ebenso nicht ohne weiteres rechtswidrig.[12]

§ 806b
(aufgehoben)

§ 807
Abnahme der Vermögensauskunft nach Pfändungsversuch

(1) [1]Hat der Gläubiger die Vornahme der Pfändung beim Schuldner beantragt und
1. hat der Schuldner die Durchsuchung (§ 758) verweigert oder
2. ergibt der Pfändungsversuch, dass eine Pfändung voraussichtlich nicht zu einer vollständigen Befriedigung des Gläubigers führen wird,

so kann der Gerichtsvollzieher dem Schuldner die Vermögensauskunft auf Antrag des Gläubigers abweichend von § 802f sofort abnehmen. [2]§ 802f Abs. 5 und 6 findet Anwendung.

(2) [1]Der Schuldner kann einer sofortigen Abnahme widersprechen. [2]In diesem Fall verfährt der Gerichtsvollzieher nach § 802f; der Setzung einer Zahlungsfrist bedarf es nicht.

Inhalt:

	Rn.		Rn.
A. Allgemeines	1	C. Kosten und Gebühren	5
B. Voraussetzungen zur sofortigen Abnahme	2		

A. Allgemeines

§ 807 ZPO eröffnet die Möglichkeit die Abnahme der Vermögensauskunft beim Schuldner ohne die 2-Wochen-Frist des § 802f Abs. 1 ZPO. Der Schuldner (nicht jedoch der Gläubiger) kann dieser Abnahme nach Abs. 2 jedoch **widersprechen**,[1] womit der Gerichtsvollzieher entsprechend des § 807 ZPO einen Termin zur Abgabe der Vermögensauskunft bestimmt, dem allerdings nicht die Zahlungsfrist von zwei Wochen vorausgehen muss. § 807 ZPO gilt nur für vollstreckbare Titel wegen **Geldforderungen**, deren Zwangsvollstreckung nach den allgemeinen Vorschriften (wie z. B. § 802d ZPO) zulässig ist. Die Erstellung und Übermittlung des Vermögensverzeichnisses richtet sich nach den allgemeinen Vorschriften des § 802f Abs. 5 und 6 ZPO.   1

B. Voraussetzungen zur sofortigen Abnahme

Das Verfahren nach § 807 ZPO findet nur Anwendung soweit dies durch den Gläubiger beantrag wurde. Im Vordruck des BMJV (der Link ist zu finden in § 802a Rn. 2) kann dies unter der Ziffer G „Abnahme der Vermögensauskunft" die Option G2   2

nach den §§ 802c, 807 ZPO (nach vorherigem Pfändungsversuch)

ausgewählt werden. Zu beachten ist jedoch, dass wie oben dargestellt danach kein Widerspruchsrecht für den Gläubiger mehr besteht. Ist es für den Gläubiger also relevant, dem Termin beizuwohnen, sollte im Zweifel die Abnahme mit der zweiwöchigen Vorfrist gewählt werden.

Nach Abs. 1 ist das Verfahren nach § 807 ZPO **zulässig**, wenn der Schuldner die Durchsuchung der Wohnung i.S.d. § 758 ZPO verweigert. Dies gilt auch, wenn eine vom Schuldner explizit bevollmächtigte Person den Zutritt verweigerte,[2] nicht jedoch grundsätzlich bei Familienangehörigen[3] oder Mitbewohnern.[4] Die Verweigerung muss dabei nicht den Zutritt zur gesamten Wohnung umfassen, es genügt bereits die Verweigerung einzelne Bereiche, die für die Vollstreckung relevant wären.[5] Nach Abs. 2 ist eine sofortige Abnahme auch dann möglich,   3

---

12 BeckOK-*Utermark/Fleck*, ZPO, § 806a Rn. 18.

Zu § 807:
1 Thomas/Putzo-*Seiler*, ZPO, § 807 Rn. 3.
2 LG Aachen, DGVZ 2001, 61.
3 LG Essen, DGVZ 2002, 92.
4 MK-*Eickmann*, ZPO, § 807 Rn. 18.
5 MK-*Eickmann*, ZPO, § 807 Rn. 18.

wenn die Pfändung nicht zur Deckung der Forderung ausreichend wäre. Dafür ausschlaggebend ist die Betrachtung des Gerichtsvollziehers unter Zugrundelegung des Einzelfalles und der vorliegenden Situation. Dabei sind maßgebend das Alter des Schuldners, seine Einkommens- und Vermögenslage, die Wohnverhältnisse sowie die Höhe der Schuld.[6] Existieren mehrere Wohnsitze, genügt ein Versuch am Hauptwohnsitz.[7] Wenn der Schuldner einen Wohnsitz und ein Geschäftslokal hat, muss in beiden Orten vollstreckt werden.[8]

4 Ein besonderes Rechtsschutzbedürfnis ist durch den Gläubiger grundsätzlich nicht nachzuweisen, jedoch kann der Schuldner geltend machen, dass dies in besonderen Konstellationen nicht gegeben ist.[9] Dies ist insbesondere der Fall, wenn der Gläubiger die Vermögenssituation bereits kennt,[10] dem Gläubiger einzelne Vermögensgegenstände bekannt sind, die gepfändet werden könnten[11] oder der Arbeitgeber bekannt ist und somit eine Lohnpfändung möglich wäre.[12]

C. Kosten und Gebühren

5 Der Gerichtsvollzieher macht Kosten nach Nr. 260 KV-GvKostG geltend (33,00 €). Der Vertreter des Gläubigers kann eine 0,3 Verfahrensgebühr aus Nr. 3309 VV-RVG geltend machen bzw. falls er am Termin teilnimmt aus Nr. 3310 VV-RVG, wobei der Gegenstandswert sich nach dem geschuldeten Betrag, maximal 2.000,00 €, § 25 Abs. 1 Nr. 4 RVG, bestimmt.[13]

Untertitel 2
Zwangsvollstreckung in körperliche Sachen

§ 808
Pfändung beim Schuldner

(1) Die Pfändung der im Gewahrsam des Schuldners befindlichen körperlichen Sachen wird dadurch bewirkt, dass der Gerichtsvollzieher sie in Besitz nimmt.

(2) ¹Andere Sachen als Geld, Kostbarkeiten und Wertpapiere sind im Gewahrsam des Schuldners zu belassen, sofern nicht hierdurch die Befriedigung des Gläubigers gefährdet wird. ²Werden die Sachen im Gewahrsam des Schuldners belassen, so ist die Wirksamkeit der Pfändung dadurch bedingt, dass durch Anlegung von Siegeln oder auf sonstige Weise die Pfändung ersichtlich gemacht ist.

(3) Der Gerichtsvollzieher hat den Schuldner von der erfolgten Pfändung in Kenntnis zu setzen.

Inhalt:

	Rn.		Rn.
A. Allgemeines	1	III. Wirkungen der Pfändung	6
B. Erläuterungen	2	C. Rechtsbehelfe, Kosten und	
I. Voraussetzungen der Pfändung	2	Gebühren	8
II. Durchführung der Pfändung	4		

A. Allgemeines

1 Die §§ 808 ff. ZPO regeln die Zwangsvollstreckung aufgrund von Geldforderungen in bewegliche Sachen. Sie erfolgt durch Pfändung der Gegenstände. § 808 ZPO hat grundsätzlich nur **geringe praktische Bedeutung**, weil sie sich zumeist als aussichtslos darstellt.[1]

B. Erläuterungen
I. Voraussetzungen der Pfändung

2 § 808 ZPO findet Anwendung auf **körperliche Sachen**. Körperliche Gegenstände sind bewegliche Sachen i.S.d. § 90 BGB, mit Ausnahme von Tieren i.R.d. § 811c ZPO, und denjenigen

---

6 BeckOK-*Utermark/Fleck*, ZPO, § 807 Rn. 5; Musielak/Voit-*Becker*, ZPO, § 802 Rn. 4.
7 OLG Frankfurt a.M., Rpfleger 1977, 145 = JurBüro 1977, 857.
8 OLG Köln, Rpfleger 1975, 441 = JurBüro 1976, 658.
9 MK-*Eickmann*, ZPO, § 807 Rn. 20 f.
10 BVerfG, NJW 1983, 559.
11 MK-*Eickmann*, ZPO, § 807 Rn. 22.
12 MK-*Eickmann*, ZPO, § 807 Rn. 22.
13 Musielak/Voit-*Becker*, ZPO, § 807 Rn. 13 f.

Zu § 808:
1 So auch Thomas/Putzo-*Seiler*, ZPO, § 808 Rn. 1.

Gegenständen, die gemäß § 865 ZPO der Immobiliarvollstreckung unterfallen. Aus Abs. 2 lässt sich ableiten, dass auch Urkunden, wie zum Beispiel Wertpapiere, einer Pfändung nach § 808 ZPO unterliegen.

Weiter muss sich der Gegenstand im **Gewahrsam** des Schuldners befinden. Die Norm verzichtet insofern auf die Prüfung der tatsächlichen Eigentumsverhältnisse, es sei denn das Vorhandensein eines Dritteigentums ist für den Gerichtsvollzieher offensichtlich.[2] Gewahrsam bedeutet die nach außen sichtbare Innehaben der tatsächlichen Sachherrschaft, also zumeist gleichbedeutend mit dem unmittelbaren Besitz der §§ 854 ff. BGB.[3] Die Sachen am Körper, in der Kleidung, in den Taschen des Schuldners hat er im alleinigen Gewahrsam. Dies gilt auch für Sachen, die sich in seiner (ggf. angemieteten) Wohnung befinden. Bei Geschäftsräumen hat der Schuldner Gewahrsam über die zum Geschäft gehörenden Sachen. Der Inhalt eines Bankschließfachs steht dem Kunden zu. Er liegt dagegen nicht vor beim mittelbaren Besitz i.S.d. § 868 BGB oder bei Ausübung einer Besitzdienerschaft i.S.d. § 855 BGB. Weiter muss der Schuldner den Gegenstand im alleinigen Besitz haben, steht er (offensichtlich) nur im Mitbesitz des Schuldners so ist die Herausgabezustimmung des Dritten nach § 809 ZPO notwendig.[4]

II. Durchführung der Pfändung

Die Pfändung erfolgt nach Abs. 1 grundsätzlich durch **Inbesitznahme** (Ausübung der tatsächlichen Sachherrschaft) der Sache nach einem Pfändungsausspruch durch den Gerichtsvollzieher und ihre **Wegschaffung** oder im Falle des Abs. 2 durch die **Anbringung eines Pfandsiegels** oder auf andere Weise. Entscheidend ist, dass die Kenntlichmachung für jeden erkennbar und haltbar an der Sache angebracht ist, also bei Betrachten der Pfandsache direkt auffällt.[5]

Die **Wegschaffung** ist nach Abs. 2 Satz 1 die Ausnahme und findet nur dann Anwendung, wenn eine Pfändung von Geld, Kostbarkeiten[6] und Wertpapieren ohne die Befriedigung des Gläubigers gefährdet ist, was dann durch den Gerichtsvollzieher vermutet werden kann, wenn Veräußerung, Wertminderung oder Verderb droht. Der Vorgang der Wegnahme ist gemäß § 762 ZPO zu protokollieren und der Schuldner gemäß Abs. 3 zu informieren. Beides ist jedoch nicht Wirksamkeitsvoraussetzung.[7] Die Pflicht zur Benachrichtigung eines Dritten (v. a. des möglichen Eigentümers) besteht im Regelfall nicht und ist Sache des Schuldners.

III. Wirkungen der Pfändung

Eine nach § 808 ZPO erfolgte wirksame Pfändung **verstrickt die Pfandsache** und lässt ein **Pfändungspfandrecht** des Gläubigers entstehen. Der Gerichtsvollzieher, der die Sache in Besitz nimmt, wird im Falle des Abs. 1 Besitzmittler für den Gläubiger, im Falle des Abs. 2 mittelt der Schuldner dem Gerichtsvollzieher in erster und dem Gläubiger in zweiter Stufe den Besitz.[8]

Soweit der Gerichtsvollzieher entgegen Abs. 2 eine Sache beim Schuldner belässt, ist die Pfändung unwirksam. Wirksam – aber nach § 771 ZPO anfechtbar – ist sie, soweit Sachen Dritter beim Schuldner gepfändet werden.[9]

C. Rechtsbehelfe, Kosten und Gebühren

Rechtsbehelfe für Schuldner, Gläubiger und Dritte ist die Erinnerung nach § 766 ZPO, für den Dritten zusätzlich gegebenenfalls § 771 ZPO. Nichtig ist eine Pfändung grundsätzlich, soweit wesentliche Verfahrensvorschriften missachtet werden, ansonsten ist sie lediglich anfechtbar.[10]

Der Gerichtsvollzieher macht Kosten nach Nr. 205 KV-GvKostG (26,00 € zuzüglich Zeitpauschale) geltend. Der Rechtsanwalt hat Anspruch auf die Verfahrensgebühr nach Nr. 3309 VV-RVG. Findet ein Termin statt, steht ihm auch die Terminsgebühr nach Nr. 3310 VV-RVG zu.

---

2 Allg. Meinung, z.B. BGH, WM 2008, 2302 = IBRRS 2008, 3414.
3 Darstellend zur Unterscheidung in Einzelfällen LG Frankfurt a.M., NJW-RR 1988, 1215 (1215f.) = DGVZ 1989, 61; generell gleichsetzend Musielak/Voit-*Becker*, ZPO, § 808 Rn. 4.
4 Eine Ausnahme gilt durch die Fiktion des § 739 ZPO i.V.m. § 1362 BGB für Ehepaare bzw. i.V.m. § 8 Abs. 1 LPartG für Lebenspartnerschaften.
5 LG Frankfurt a.M., DGVZ 1990, 59; die unberechtigte Entfernung oder das Abfallen der Kennzeichnung ändert nichts an der Wirksamkeit der Pfändung, vielmehr wird das Zeichen durch den Gerichtsvollzieher erneuert, Thomas/Putzo-*Seiler*, ZPO, § 808 Rn. 14.
6 Liegt vor, soweit der Wert einer Sache im Vergleich zum Umfang auffallend groß ist: BGH, NJW 1953, 902.
7 MK-*Gruber*, ZPO, § 808 Rn. 41f. m.w.N.
8 BeckOK-*Utermark/Fleck*, ZPO, § 808 Rn. 30f. m.w.N.
9 Thomas/Putzo-*Seiler*, ZPO, § 808 Rn. 16f.
10 BeckOK-*Utermark/Fleck*, ZPO, § 808 Rn. 34 m.w.N.

§ 809
Pfändung beim Gläubiger oder bei Dritten

Die vorstehenden Vorschriften sind auf die Pfändung von Sachen, die sich im Gewahrsam des Gläubigers oder eines zur Herausgabe bereiten Dritten befinden, entsprechend anzuwenden.

1 § 809 erweitert den **Anwendungsbereich** des § 808 ZPO auf Pfändungen von Sachen, an denen der Gläubiger Gewahrsam hat oder die sich in (zumindest auch Mit-)Gewahrsam eines herausgabewilligen Dritten befinden. Insofern ist die Pfändung in solchen Fällen nach § 808 ZPO durchzuführen. Im Rahmen des § 809 ZPO ist im Gegensatz zu § 808 ZPO das Eigentum des Schuldner Pfändungsvoraussetzung und durch den Gerichtsvollzieher zu prüfen. Verstöße gegen § 809 ZPO machen die Pfändung durch den Dritten jedoch nur **anfechtbar**,[1] dem Gläubiger steht bei unterlassener Pfändung § 766 ZPO offen.

2 Nach der ersten Alternative ist § 809 ZPO anwendbar, soweit der **Gläubiger selbst Gewahrsam** hat, unabhängig von der Art der Erlangung eben jenes.[2] Ob trotz des insofern eindeutigen Gesetzeswortlauts eine **Herausgabebereitschaft** des Gläubigers notwendig ist, ist höchst strittig, wohl kann angenommen werden, dass zumindest der Widerspruch gegen die Pfändung durch den Gläubiger eine solche ausschließt.[3]

3 Weiter können auch Sachen im **Gewahrsam eines Dritten**, also derjenige der weder Schuldner noch vollstreckender Gläubiger ist oder als gesetzlicher Vertreter bzw. Organ für eine dieser Personen Gewahrsam innehat, gepfändet werden.[4] Weiter kann auch der Gerichtsvollzieher Dritter sein, soweit er Pfändungssachen verwahrt.[5] Kein Drittgewahrsam liegt vor, wenn lediglich **Scheingewahrsam** vorliegt, um die Vollstreckung zu verhindern, dann ist nach § 808 ZPO zu verfahren.[6] Im Gegensatz zum Gläubiger ist bei einem Dritten immer eine vorbehaltslose[7] Erklärung der Herausgabebereitschaft notwendig, die allerdings auch konkludent erfolgen kann.

4 Die Kosten entsprechen denen des § 808 ZPO.

§ 810
Pfändung ungetrennter Früchte

(1) ¹Früchte, die von dem Boden noch nicht getrennt sind, können gepfändet werden, solange nicht ihre Beschlagnahme im Wege der Zwangsvollstreckung in das unbewegliche Vermögen erfolgt ist. ²Die Pfändung darf nicht früher als einen Monat vor der gewöhnlichen Zeit der Reife erfolgen.

(2) Ein Gläubiger, der ein Recht auf Befriedigung aus dem Grundstück hat, kann der Pfändung nach Maßgabe des § 771 widersprechen, sofern nicht die Pfändung für einen im Falle der Zwangsvollstreckung in das Grundstück vorgehenden Anspruch erfolgt ist.

Inhalt:

	Rn.		Rn.
A. Allgemeines	1	II. Vorrang der Realgläubiger und	
B. Erläuterungen	2	sonstige Rechtsbehelfe	4
I. Voraussetzungen und Ablauf	2		

A. Allgemeines

1 § 810 ZPO ist eine Sondervorschrift, die Ausnahmen von §§ 93 f. BGB bzw. § 864 ZPO macht, indem sie die Pfändung von **mit dem Boden noch verbundenen Früchten** möglich macht, die ansonsten eigentlich der Immobiliarzwangsvollstreckung unterliegen. Notwendig ist selbstverständlich dennoch, wenngleich nicht explizit genannt, dass sich die Früchte im Gewahrsam

---

1 RG, JW 1931, 2127.
2 MK-*Gruber*, ZPO, § 809 Rn. 3 m.w.N.; der Begriff des Gewahrsams ist insofern identisch mit dem des § 808 ZPO.
3 MK-*Gruber*, ZPO, § 809 Rn. 4.
4 Vgl. Thomas/Putzo-*Seiler*, ZPO, § 809 Rn. 2.
5 MK-*Gruber*, ZPO, § 809 Rn. 5.
6 MK-*Gruber*, ZPO, § 809 Rn. 6.
7 Zulässig ist jedoch die Beschränkung auf bestimmte Pfändungen, vgl. Zöller-*Stöber*, ZPO, § 809 Rn. 6.

des Schuldners oder nach § 809 ZPO im Gewahrsam eines Dritten befinden. Zu beachten ist weiter § 813 Abs. 3 ZPO.

B. Erläuterungen
I. Voraussetzungen und Ablauf

Die Vorschrift findet Anwendung auf **Sachfrüchte**, die periodisch geerntet werden (Obst, Gemüse, Getreide)[1] und mit dem Grundstück verbunden sind. Die ortsübliche (nicht tatsächliche)[2] **Reife** darf jedoch nicht länger als einen Monat in der Zukunft liegen (Berechnung nach § 222 ZPO). Des Weiteren dürfen die Früchte nicht bereits einer Immobiliarzwangsvollstreckung unterliegen, insbesondere also darf das zugehörige Grundstück noch nicht im Ganzen beschlagnahmt worden sein. Ist das Grundstück **verpfändet** oder mit einem **Nießbrauch** belastet, findet § 809 Alt. 1 ZPO Anwendung.[3] Unpfändbar sind Früchte auch dann, wenn sie nach einer Pfändung unpfändbar i.S.d. § 811 Nr. 2–4 ZPO werden würden.

Die Vornahme der Pfändung erfolgt nach §§ 808, 809 ZPO, wobei die Wegschaffung vor der Reife ausscheidet.[4] Die Rechtsfolgen entsprechen der normalen Pfändung, also Entstehen der **Verstrickung**. Das Pfandrecht setzt sich grundsätzlich auch an den getrennten Früchten fort, erlischt aber bei Verarbeitung (siehe hierzu § 803 Fn. 5). Ein Verstoß gegen § 810 ZPO macht die Pfändung anfechtbar (insbesondere bei verfrühten Pfändungen). Zur Verwertung siehe § 824 ZPO.

II. Vorrang der Realgläubiger und sonstige Rechtsbehelfe

Steht einem Dritten ein Recht auf Befriedigung aus dem Grundstück i.S.d. § 10 ZVG zu, ist er nach Abs. 2 **vorrangiger Realgläubiger**, soweit sein Anspruch dem des pfändenden Gläubigers im Rang nach § 10 ZVG vorgeht. Zu beachten ist allerdings § 21 Abs. 3 ZVG, wonach das Widerspruchsrecht ausgeschlossen ist, soweit eine Pfändung gegen den Pächter vorgenommen wurde. Soweit ein solches Recht besteht, kann der Dritte dies in einer **Drittwiderspruchsklage** nach § 771 ZPO geltend machen, die auch nach der Ernte noch erfolgen kann. Der Erfolg der Klage führt zur Unwirksamkeit der Pfändung. Davon unberührt bleibt die Möglichkeit der Klage auf vorzugsweise Befriedigung nach § 805 ZPO und der Erinnerung bei sonstigen Verstößen, § 766 ZPO.

§ 811
Unpfändbare Sachen

(1) Folgende Sachen sind der Pfändung nicht unterworfen:

1. die dem persönlichen Gebrauch oder dem Haushalt dienenden Sachen, insbesondere Kleidungsstücke, Wäsche, Betten, Haus- und Küchengerät, soweit der Schuldner ihrer zu einer seiner Berufstätigkeit und seiner Verschuldung angemessenen, bescheidenen Lebens- und Haushaltsführung bedarf; ferner Gartenhäuser, Wohnlauben und ähnliche Wohnzwecken dienende Einrichtungen, die der Zwangsvollstreckung in das bewegliche Vermögen unterliegen und deren der Schuldner oder seine Familie zur ständigen Unterkunft bedarf;

2. die für den Schuldner, seine Familie und seine Hausangehörigen, die ihm im Haushalt helfen, auf vier Wochen erforderlichen Nahrungs-, Feuerungs- und Beleuchtungsmittel oder, soweit für diesen Zeitraum solche Vorräte nicht vorhanden und ihre Beschaffung auf anderem Wege nicht gesichert ist, der zur Beschaffung erforderliche Geldbetrag;

3. Kleintiere in beschränkter Zahl sowie eine Milchkuh oder nach Wahl des Schuldners statt einer solchen insgesamt zwei Schweine, Ziegen oder Schafe, wenn diese Tiere für die Ernährung des Schuldners, seiner Familie oder Hausangehörigen, die ihm im Haushalt, in der Landwirtschaft oder im Gewerbe helfen, erforderlich sind; ferner die zur Fütterung und zur Streu auf vier Wochen erforderlichen Vorräte oder, soweit solche Vorräte nicht vorhanden sind und ihre Beschaffung für diesen Zeitraum auf anderem Wege nicht gesichert ist, der zu ihrer Beschaffung erforderliche Geldbetrag;

4. bei Personen, die Landwirtschaft betreiben, das zum Wirtschaftsbetrieb erforderliche Gerät und Vieh nebst dem nötigen Dünger sowie die landwirtschaftlichen Erzeugnisse, soweit sie zur Sicherung des Unterhalts des Schuldner, seiner Familie und seiner Arbeit-

---

1 Musielak/Voit-*Becker*, ZPO, § 810 Rn. 2.
2 RGZ 42, 382 f.
3 Zöller-*Stöber*, ZPO, § 809 Rn. 5.
4 Stattdessen wird per Siegel oder auf andere Weise, z.B. Schild auf die Pfändung aufmerksam gemacht.

nehmer oder zur Fortführung der Wirtschaft bis zur nächsten Ernte gleicher oder ähnlicher Erzeugnisse erforderlich sind;
4a. bei Arbeitnehmern in landwirtschaftlichen Betrieben die ihnen als Vergütung gelieferten Naturalien, soweit der Schuldner ihrer zu seinem und seiner Familie Unterhalt bedarf;
5. bei Personen, die aus ihrer körperlichen oder geistigen Arbeit oder sonstigen persönlichen Leistungen ihren Erwerb ziehen, die zur Fortsetzung dieser Erwerbstätigkeit erforderlichen Gegenstände;
6. bei den Witwen und minderjährigen Erben der unter Nummer 5 bezeichneten Personen, wenn sie die Erwerbstätigkeit für ihre Rechnung durch einen Stellvertreter fortführen, die zur Fortführung dieser Erwerbstätigkeit erforderlichen Gegenstände;
7. Dienstkleidungsstücke sowie Dienstausrüstungsgegenstände, soweit sie zum Gebrauch des Schuldners bestimmt sind, sowie bei Beamten, Geistlichen, Rechtsanwälten, Notaren, Ärzten und Hebammen die zur Ausübung des Berufes erforderlichen Gegenstände einschließlich angemessener Kleidung;
8. bei Personen, die wiederkehrende Einkünfte der in den §§ 850 bis 850b dieses Gesetzes oder der in § 54 Abs. 3 bis 5 des Ersten Buches Sozialgesetzbuch bezeichneten Art oder laufende Kindergeldleistungen beziehen, ein Geldbetrag, der dem der Pfändung nicht unterworfenen Teil der Einkünfte für die Zeit von der Pfändung bis zu dem nächsten Zahlungstermin entspricht;
9. die zum Betrieb einer Apotheke unentbehrlichen Geräte, Gefäße und Waren;
10. die Bücher, die zum Gebrauch des Schuldners und seiner Familie in der Kirche oder Schule oder einer sonstigen Unterrichtsanstalt oder bei der häuslichen Andacht bestimmt sind;
11. die in Gebrauch genommenen Haushaltungs- und Geschäftsbücher, die Familienpapiere sowie die Trauringe, Orden und Ehrenzeichen;
12. künstliche Gliedmaßen, Brillen und andere wegen körperlicher Gebrechen notwendige Hilfsmittel, soweit diese Gegenstände zum Gebrauch des Schuldners und seiner Familie bestimmt sind;
13. die zur unmittelbaren Verwendung für die Bestattung bestimmten Gegenstände.
(2) ¹Eine in Absatz 1 Nr. 1, 4, 5 bis 7 bezeichnete Sache kann gepfändet werden, wenn der Verkäufer wegen einer durch Eigentumsvorbehalt gesicherten Geldforderung aus ihrem Verkauf vollstreckt. ²Die Vereinbarung des Eigentumsvorbehaltes ist durch Urkunden nachzuweisen.

Inhalt:

	Rn.		Rn.
A. Allgemeines...................	1	C. Rechtsbehelfe...................	17
B. Erläuterungen...................	3		

A. Allgemeines

1 § 811 ZPO nimmt einige Gegenstände aus der Pfändung heraus, um den Schuldner vor einer **Kahlpfändung** zu bewahren. Sie ist grundsätzlich eng auszulegen,[1] unterliegt jedoch dem Wandel der Zeit, weshalb die ältere Rechtsprechung nicht einfach unkritisch übernommen werden kann.[2] Von Bedeutung ist, dass § 811 ZPO nicht auf die Eigentums-, sondern die **Besitzlage** abstellt, insofern ist der reine Besitz zur Unpfändbarkeit ausreichend. § 811 ZPO ist vom Gerichtsvollzieher von Amts wegen zu beachten. Die schuldnerschützenden Vorschriften des § 811 ZPO „stehen grundsätzlich nicht zu seiner Disposition",[3] er kann damit nicht auf seine Rechte verzichten (§ 134 BGB). Verstöße gegen § 811 ZPO machen die Pfändung anfechtbar jedoch nicht unwirksam. Über den Katalog des § 811 ZPO hinaus, sind Gegenstände auch dann unpfändbar, soweit die Veräußerung desselben Gegenstandes gesetzlich untersagt ist.[4]

2 Anwendbar ist § 811 ZPO bei Zwangsvollstreckungen wegen Geldforderungen in bewegliche Sachen (§ 808 ZPO), aber auch für Vollstreckungen von Ansprüchen auf Arrest (§ 930 ZPO) und einer Anschlusspfändung (§ 826 ZPO) oder einer einstweiligen Verfügung.[5] Zeitlich relevant für die Bewertung nach § 811 ZPO ist der **Zeitpunkt der Pfändung** selbst. Wird die Sache

---
1 Vgl. Thomas/Putzo-*Seiler*, ZPO, § 811 Rn. 1; ein weitergehender Schutz wird allerdings teilweise von §§ 765a, 813 ZPO garantiert.
2 Insbesondere zu Abs. 1 Nr. 1, BeckOK-*Utermark/Fleck*, ZPO, § 811 Rn. 1.
3 BGH, NJW 1998, 1058 = Rpfleger 1998, 206 (207).
4 MK-*Gruber*, ZPO, § 811 Rn. 51 m.w.N.
5 BeckOK-*Utermark/Fleck*, ZPO, § 811 Rn. 2.

erst nach der Entscheidung pfändbar, wird die bereits erfolgte Pfändung geheilt und eine erstmalige Pfändung kann durch Erinnerung (§ 766 ZPO) geltend gemacht werden.[6] Wird eine Sache dagegen nach der Pfändung unpfändbar, ist dies irrelevant.[7]

B. Erläuterungen

Abs. 1 Nr. 1 schützt alle Gegenstände des persönlichen Gebrauchs und des bestehenden Haushalts, mithin alle mit dem Schuldner zusammenlebenden Personen, die von ihm abhängig sind. Anhaltspunkte gibt die nichtabschließende Aufzählung in Nr. 1. Auch Ersatzteile sind unpfändbar, insbesondere bei Kleidung. Bewertungsmaßstab ist ein **angemessener, bescheidener Lebensstandard**, welcher sich nach dem Einzelfall bestimmt[8] und zwischen der Wertung des § 27 Abs. 1 SGB XII und einem standesgemäßen Haushalt liegt.[9] 3

Grundsätzlich von einer Pfändbatkeit ausgegangen werden kann deshalb z.B. bei einem Anrufbeantworter,[10] einer Stereoanlage,[11] Tiefkühlgeräten,[12] CD-Playern,[13] DVD-Playern,[14] einem Fotoapparat,[15] einer Spielkonsole,[16] oder Geschirrspülmaschinen.[17] Unpfändbar ist dagegen zum Beispiel der Küchenherd, ein angemessenes Mobiltelefon, ein Rundfunkgerät, ein Staubsauber bei vorhandenem Teppichboden oder ein Bügeleisen.[18] In der neueren Entwicklung zeigt sich, dass auch ein internetfähiger Computer bzw. Laptop[19] und eine Waschmaschine[20] als unpfändbar angesehen werden. Ebenso nach Abs. 1 Nr. 1 unpfändbar sind zu Wohnzwecken dienende Einrichtungen, soweit es sich um der Mobiliarvollstreckung unterfallende Sachen handelt. Da der angemessene Lebensstandard nur auf den ersten Halbsatz Anwendung findet spielt die Größe und Ausstattung keine Rolle, möglich bleibt aber eine Austauschpfändung nach § 811a ZPO.[21] Notwendig ist aber in jedem Falle, dass es als ständige Unterkunft (zumindest als Zweitwohnsitz) genutzt wird.

Nr. 2 schützt den Schuldner, seine Familie und Haushaltshelfer, welche im Haushalt selbst leben vor der Pfändung der erforderlichen **Nahrungs-, Feuerungs- und Beleuchtungsmittel** für einen Zeitraum von vier Wochen bzw. falls nicht vorhanden den erforderlichen Geldbetrag, der sich allerdings reduzieren kann, soweit eine Lohnzahlung innerhalb dieses Zeitraumes zu erwarten ist.[22] 4

Nr. 3 richtet sich nicht nur an Landwirte, sondern auch an andere Selbstversorger, ist aber praktisch nicht bedeutsam.[23] 5

Nr. 4 nehmen die genannten Gegenstände und Tiere aus, soweit die Landwirtschaft **nichtgewerblich** (da die gewerbliche Ausübung von Nr. 5 geschützt ist), sondern lediglich unterhaltssichernd betrieben wird. Umfasst werden u.a. auch Vieh- und Fischzucht, Forstwirtschaft, Baumschulen, Frucht- und Weinanbau sowie Imkereien.[24] Abgrenzungsprobleme bereitet teilweise die Abgrenzung zu den gewerblichen nichtgeschützten Betrieben (z.B. Legehennenfarm).[25] Vom Schutz umfasst sind allerdings nur die zum **ordnungsgemäßen Betrieb** notwendigen Gegenstände und Tiere. Weiter geschützt sind auch landwirtschaftliche Erzeugnisse (nur die unmittelbaren Früchte i.S.d. § 99 Abs. 1 Alt. 1 BGB), die zur Sicherung des Unterhalts des Schuldners, seiner Familie, seiner Arbeitnehmer oder bis zur Fortführung bis zur nächsten Ernte erforderlich sind. **Nr. 4a** schützt die Arbeitnehmer eines solchen Betriebs, soweit dieser Naturalien als Vergütung erhält und diese für seinen bzw. den Unterhalt seiner Familie benötigt. 6

---

6 Maßgebend ist insoweit der Zeitpunkt der Entscheidung, vgl. *Brock*, DGVZ 1997, 65.
7 LG Bochum, DGVZ 1980, 37; einschränkend: LG Stuttgart, DGVZ 2005, 42.
8 BGH, NJW-RR 2004, 789 (790 f.) = InVo 2004, 285 (286 f.); zum Katalog des § 811 ZPO vgl. auch Keller-*Keller*, Handbuch Zwangsvollstreckungsrecht, Kap. 2 Rn. 293 ff.
9 Vgl. Musielak/Voit-*Becker*, ZPO, § 811 Rn. 11.
10 *Schmittmann*, DGVZ 1994, 49.
11 LG Duisburg, MDR 1986, 682.
12 LG Kiel, DGVZ 1978, 115.
13 VGH Mannheim, NJW 1995, 2804.
14 LG Hannover, DGVZ 1990, 60 (Videorecorder).
15 AG Heidelberg, DGVZ 2015, 59.
16 AG Heidelberg, DGVZ 2015, 59.
17 *Bohn*, DGVZ 1973, 167 f.
18 MK-*Gruber*, ZPO, § 811 Rn. 61.
19 VG Gießen, NJW 2011, 3179; AG Wuppertal, DGVZ 2008, 163.
20 LG Berlin, NJW-RR 1992, 1038 (1038 f.).
21 MK-*Gruber*, ZPO, § 811 Rn. 27 m.w.N.
22 Zöller-*Stöber*, ZPO, § 811 Rn. 17.
23 Thomas/Putzo-*Seiler*, ZPO, § 811 Rn. 11.
24 BeckOK-*Utermark/Fleck*, ZPO, § 811 Rn. 15 m.w.N.
25 Zur Abgrenzung MK-*Gruber*, ZPO, § 811 Rn. 30 m.w.N.

7   **Nr. 5** schützt natürliche Personen vor einem erzwungenen Ende ihrer **Erwerbstätigkeit** aufgrund der Pfändung dafür erforderlicher Gegenstände. Da Nr. 5 auch dem Schutz der Familienangehörigen dient, sind auch Sachen, die der Ehepartner des Schuldners für seine Erwerbstätigkeit benötigt, unpfändbar.[26] Unerheblich ist, ob die Tätigkeit haupt- oder nebenberuflich erfolgt.[27] Dieser Normzweck ist zur Bestimmung der unpfändbaren Gegenstände heranzuziehen, da sich Nr. 5 noch mehr als Nr. 1 als einzelfallbezogenes Pfändungsverbot darstellt, deren Ausprägungen unübersichtlich und uneinheitlich sind.[28]

Arbeitnehmer sind von Nr. 5 immer geschützt, bei **selbstständigen Erwerbstätigkeiten** ist zu differenzieren: Nicht anwendbar ist Nr. 5, soweit die Ausnutzung von Sach- und Geldmitteln und gegebenenfalls fremder Arbeitskraft die Leistung des Schuldners übersteigt (er folglich kapitalistisch handelt).[29] Vom Schutz umfasst sind Freiberufler (ausgeschlossen der Berufsgruppen, die von Nr. 7 umfasst sind)[30] und Künstler[31] sowie Handwerker[32] und sonstige Gewerbetreibende, mit der Einschränkung der kapitalistischen Arbeitsweise. Ebenso Personen in der Berufsvorbereitung, also Schüler, Studenten und Referendare.[33] Kaufleute unterfallen dem Schutz eher selten, da sie zumeist eine kapitalistische Arbeitsweise an den Tag legen.[34] Dass eine Person kurzzeitig keine Tätigkeit ausübt ist unschädlich, soweit mit einer erneuten Aufnahme zu rechnen ist.[35] Soweit der Schuldner einer geschützten Personengruppe zuzuordnen ist, sind ihm die **erforderlichen Gegenstände** zu belassen, die er, der Ehepartner und oder notwendige Mitarbeiter für die Ausübung benötigen. Erforderlich sind alle unmittelbar benötigten Gegenstände aber auch die Mittel, ohne die eine Ausübung zwar noch möglich wäre, aber wesentlich erschwert würde.[36] Insofern ist die individuelle Lage des Schuldners zu betrachten.[37]

8   Soweit für eine Person der Schutz der **Nr. 6** bestanden hat, erstreckt sich dieser nach Nr. 6 auch auf die Witwe (trotz der fehlenden gesetzlichen Ausführung selbstverständlich auch den Witwer) und die minderjährigen Erben soweit sie die Erwerbstätigkeit nicht selbst (denn dann unterliegen sie selbst dem Schutz der Nr. 5), sondern durch einen Stellvertreter auf ihre Rechnung ausführen lassen. Der Schutz ist sodann derselbe wie in Nr. 5.

9   **Nr. 7** ist eine Spezialregelung für die genannten Berufsgruppen. Dienst meint hier die Beschäftigung im öffentlichen Dienst, folglich Beamte. Zusätzlich unterfallen auch Richter, Patentanwälte, Schiedsmänner, Zahn- u. Tierärzte dem Schutz der Nr. 7.[38] Geschützte Gegenstände bestimmen sich nach der Einzelfallbetrachtung i.S.d. Nr. 5.[39] Entscheidender Unterschied der Nr. 7 zur Nr. 5 ist die Regelung des § 811a Abs. 1 ZPO, die nach der Nr. 7 geschützten Sachen im Gegensatz zu denen des Nr. 5 nicht der Austauschpfändung unterliegen.

10 **Nr. 8** soll die Vorschriften der §§ 850 ff. ZPO ergänzen, weil es den nach diesen Vorschriften unpfändbaren Teil der Lohn- oder Gehaltzahlungen schützt, nachdem diese ausgezahlt wurde. Geschützt wird nur das Bargeld, da Bankguthaben über § 850k ZPO geschützt werden. Berechtigte und unpfändbare Teile der Einkünfte bestimmen sich nach den §§ 850 ff. ZPO. Der Gerichtsvollzieher hat den Betrag zu belassen, der bis zum nächsten Zahlungstermin anfällt.[40] Dasselbe gilt für Bezieher von Sozialleistungen, der § 54 Abs. 3–5 SGB I sowie Kindergeldzahlungen.[41] Ist es dem Gerichtsvollzieher nicht möglich den unpfändbaren Betrag zu bestimmten, so muss er den Betrag dennoch grundsätzlich pfänden, die Ablieferung an den Gläubiger aber aufschieben.[42]

---

26 BGH, NJW-RR 2010, 642 = DGVZ 2010, 77.
27 AG Itzehoe, DGVZ 1996, 44.
28 MK-*Gruber*, ZPO, § 811 Rn. 34.
29 Das schließt aber nicht jede Nutzung von Sach-/Kapital- oder Arbeitsleistungsmitteln eine Anwendung aus, Zöller-*Stöber*, ZPO, § 811 Rn. 25 m.w.N.; grundsätzlich kann auch ein großer persönlicher Diensteinsatz nicht ausreichen, wenn letztlich doch die Sachleistung im Mittelpunkt steht.
30 Thomas/Putzo-*Seiler*, ZPO, § 811 Rn. 20.
31 Thomas/Putzo-*Seiler*, ZPO, § 811 Rn. 20.
32 LG Hamburg, DGVZ 1984, 26.
33 Musielak/Voit-*Becker*, ZPO, § 811 Rn. 17a.
34 Siehe hierzu insbesondere – auch zu den Ausnahmen – Thomas/Putzo-*Seiler*, ZPO, § 811 Rn. 22.
35 Anerkannt z.B. für Krankheit.
36 Z.B. ein Pkw, wenn die Nutzung der öffentlichen Verkehrsmittel zeitlich oder körperlich deutlich aufwendiger wäre, BGH, FamRZ 2004, 870 = JurBüro 2004, 444.
37 Beispielhafte Aufzählung in Thomas/Putzo-*Seiler*, ZPO, § 811 Rn. 28f.
38 Musielak/Voit-*Becker*, ZPO, § 811 Rn. 22.
39 Auch hierfür eine beispielhafte Aufzählung in Thomas/Putzo-*Seiler*, ZPO, § 811 Rn. 31.
40 Vgl. LG Karlsruhe, DGVZ 1988, 43.
41 Keller-*Steder*, Handbuch Zwangsvollstreckungsrecht, Kap. 3 Rn. 1037 ff.
42 BeckOK-*Utermark/Fleck*, ZPO, § 811 Rn. 23.

Nr. 9 gilt für Betreiber einer **Apotheke**, unabhängig davon ob es sich um eine natürliche oder juristische Person handelt. Da nur unentbehrliche Gegenstände geschützt sind, ist der Schutz weniger stark als der der Nr. 5, so können zum Beispiel **Warenvorräte** gepfändet werden, nur nicht die direkt verkaufsbereiten Waren.[43] Eine Überschneidung mit Nr. 5 ist aber dennoch möglich.

Nr. 10 schützt Bücher, die der Schuldner oder seine Familie in einer Kirche, Schule bzw. Unterrichtsanstalt oder während einer häuslichen Andacht benutzen. Entscheidend ist die Zweckbestimmung, nicht die tatsächliche Erforderlichkeit.[44] Unter den Begriff der Kirche fallen alle nicht verbotenen Religionsgemeinschaften i.S.d. Art. 4 GG. Unterrichtsanstalten sind insbesondere Universitäten, Fachhoch- und Berufsschulen oder eine Volkshochschule egal ob staatlich oder privat.[45] Eine analoge Anwendung auf insbesondere religiöse Gegenstände (z.B. ein Kruzifix) wird diskutiert ist aber unzulässig.[46]

Nr. 11 soll die **höchstpersönlichen Gegenstände** des Schuldners schützen. Haushalts- und Geschäftsbücher umfassen alle Aufzeichnungen, die der Schuldner für seine wirtschaftliche Betätigung benötigt, so z.B. auch Quittungen und Verträge. Familienpapiere, insbesondere also standesamtliche Urkunden, aber auch private Fotos oder Fotoalben sind geschützt. Ausnahme sind dagegen Fotos und Gemälde, die einen eigenen Vermögenswert und keine höchstpersönlichen Gegenstände darstellen, wie z.B. eine Ahnengalerie.[47] Ebenso umfasst Nr. 11 Trauringe unabhängig vom Bestand der Ehe, allerdings keine Verlobungsringe.[48] Der Schutz von Ordens- und Ehrenzeichen umfasst nur staatliche (in- und ausländische) Auszeichnungen und geht regelmäßig über den Tod des Geehrten hinaus.[49]

Durch **Nr. 12** werden Gegenstände umfasst, die dem Ausgleich einer Behinderung tatsächlich dienen. Umfasst sind hiervon insbesondere Rollstühle und Sehhilfen, aber im individuellen Fall auch PKWs[50] oder Drehsessel.[51] Die Unpfändbarkeit der alten Hilfe, soweit eine Erneuerung stattgefunden hat.[52]

Nr. 13 schützt all die Gegenstände, die unmittelbar für die Bestattung eines Familienangehörigen des Schuldners notwendig sind. Dazu gehören zum Beispiel der Sarg, sowie ein Leichenhemd.[53] Dies gilt allerdings nicht für Kerzen und einen Grabstein, die nur der Erinnerung und nicht der Bestattung dienen.[54] Ein weitergehendes Pfändungsverbot aus Pietätsgründen wird teilweise diskutiert, ist aber nicht anzunehmen.[55]

Abs. 2 privilegiert den **Vorbehaltsverkäufer** (nicht aber andere Leistende unter Eigentumsvorbehalt, wie z.B. beim Leasing)[56] in Bezug auf die Gegenstände des Abs. 1 Nr. 1, 4, 5, 6 und 7 insofern als Gegenstände, die eigentlich unter den Pfändungsschutz fallen, für ihn gepfändet werden dürfen, allerdings nur bezüglich einer Vollstreckung wegen der Geldforderung und nur in die Gegenstände, die durch den Eigentumsvorbehalt gesichert ist. Mit Begleichung des Kaufpreises entfällt die Privilegierung. Die Privilegierung gilt für den einfachen und weitergeleiteten, nicht aber für einen erweiterten Eigentumsvorbehalt.[57] Satz 2 regelt die Beweispflicht des Gläubigers. Eine Konkretisierung dieser Pflicht findet sich in § 73 GVGA, wonach auch z.B. ein Kaufvertrag ausreichend ist. Ebenso kann wohl ein Zugeständnis des Schuldners als ausreichend anerkannt werden.[58] Von Abs. 2 bleibt der Herausgabeanspruch des § 985 BGB unberührt.

C. Rechtsbehelfe

Sowohl für Gläubiger als auch für Schuldner steht die Erinnerung nach § 766 ZPO offen. Dies gilt auch für Familienangehörige des Schuldners, soweit sie ebenso von § 766 ZPO geschützt sind.

---

43 *Noack*, DB 1977, 195.
44 AG Bremen, DGVZ 1984, 157.
45 Thomas/Putzo-*Seiler*, ZPO, § 811 Rn. 34.
46 AG Hannover, DGVZ 1987, 31.
47 MK-*Gruber*, ZPO, § 811 Rn. 47.
48 Vgl. hierzu AG Berlin-Schöneberg, DGVZ 2012, 227.
49 MK-*Gruber*, ZPO, § 811 Rn. 47 m.w.N.
50 BGH, FamRZ 2004, 870 = JurBüro 2004, 444.
51 LG Kiel, SchlHA 1984, 75.
52 OLG Hamm, DGVZ 1961, 186.
53 OLG Köln, JurBüro 1991, 1703 = DGVZ 1992, 116.
54 BGH, NJW-RR 2006, 570 (571), Rn. 10 = DGVZ 2006, 46, Rn. 10.
55 MK-*Gruber*, ZPO, § 811 Rn. 50 m.w.N.
56 Musielak/Voit-*Becker*, ZPO, § 811 Rn. 29.
57 BT-Drucks. 13/341, S. 24 f.
58 MK-*Gruber*, ZPO, § 811 Rn. 57.

§ 811a
Austauschpfändung

(1) Die Pfändung einer nach § 811 Abs. 1 Nr. 1, 5 und 6 unpfändbaren Sache kann zugelassen werden, wenn der Gläubiger dem Schuldner vor der Wegnahme der Sache ein Ersatzstück, das dem geschützten Verwendungszweck genügt, oder den zur Beschaffung eines solchen Ersatzstückes erforderlichen Geldbetrag überlässt; ist dem Gläubiger die rechtzeitige Ersatzbeschaffung nicht möglich oder nicht zuzumuten, so kann die Pfändung mit der Maßgabe zugelassen werden, dass dem Schuldner der zur Ersatzbeschaffung erforderliche Geldbetrag aus dem Vollstreckungserlös überlassen wird (Austauschpfändung).

(2) [1]Über die Zulässigkeit der Austauschpfändung entscheidet das Vollstreckungsgericht auf Antrag des Gläubigers durch Beschluss. [2]Das Gericht soll die Austauschpfändung nur zulassen, wenn sie nach Lage der Verhältnisse angemessen ist, insbesondere wenn zu erwarten ist, dass der Vollstreckungserlös den Wert des Ersatzstückes erheblich übersteigen werde. [3]Das Gericht setzt den Wert eines vom Gläubiger angebotenen Ersatzstückes oder den zur Ersatzbeschaffung erforderlichen Betrag fest. [4]Bei der Austauschpfändung nach Absatz 1 Halbsatz 1 ist der festgesetzte Betrag dem Gläubiger aus dem Vollstreckungserlös zu erstatten; er gehört zu den Kosten der Zwangsvollstreckung.

(3) Der dem Schuldner überlassene Geldbetrag ist unpfändbar.

(4) Bei der Austauschpfändung nach Absatz 1 Halbsatz 2 ist die Wegnahme der gepfändeten Sache erst nach Rechtskraft des Zulassungsbeschlusses zulässig.

Inhalt:

	Rn.		Rn.
A. Allgemeines	1	II. Verfahren	4
B. Erläuterungen	2	C. Rechtsbehelfe, Kosten und Gebühren	7
I. Voraussetzungen der Austauschpfändung	2		

A. Allgemeines

1 § 811a ZPO regelt die Austauschpfändung, die in Abs. 1 legal definiert wird. Nach dem klaren Wortlaut des Abs. 1 ist die Vorschrift nur anwendbar auf die Gegenstände, die unter § 811 Abs. 1 Nr. 1, 5 und 6 ZPO fallen. Eine **weitergehende Anwendbarkeit** wird abgelehnt,[1] aber in der Rechtsprechung teilweise doch durchbrochen.[2] Soweit eine Sache neben den oben genannten Pfändungsverboten noch unter ein oder mehrere andere Pfändungsverbot(e) fällt, ist die Sache im Gesamten unpfändbar und unterliegt auch nicht der Austauschpfändung.

B. Erläuterungen
I. Voraussetzungen der Austauschpfändung

2 Der Gläubiger muss dem Schuldner vor der Wegnahme **ein Ersatzstück übereignen** i.S.d. § 929 BGB,[3] welches dem geschützten Verwendungszweck des jeweiligen Pfändungsverbots unterfällt, auch wenn es eine deutlich unterschiedliche Qualität aufweist.[4] Notwendig ist weiter eine vergleichbare Haltbarkeit und Lebensdauer zwischen den beiden Gegenständen.[5] Alternativ kann der Gläubiger dem Schuldner auch einen **Geldbetrag** zur Beschaffung des Ersatzstückes überlassen. Dieser Betrag umfasst auch sonstige Kosten, z.B. Lieferkosten, und wird vom Vollstreckungsgericht nach Abs. 2 Satz 3 festgesetzt[6] und ist nach Abs. 3 unpfändbar. Sowohl Geldbetrag als auch das Ersatzstück müssen grundsätzlich vor der Wegnahme überlassen werden, eine Ausnahme ist nach Abs. 1 Hs. 2 nur dann möglich, wenn eine vorherige Ersatzbeschaffung nicht möglich oder nicht zumutbar ist. Dann ist der Schuldner aber anteilig am Verwertungserlös zu befriedigen (beachte auch hier die Unpfändbarkeit des Geldbetrages nach Abs. 3).

3 Nach Abs. 2 Satz 2 muss die Austauschpfändung nach Ansicht des entscheidenden Gerichts (siehe dazu Rn. 5) unter Abwägung des Einzelfalles und des Schuldner- bzw. Gläubigerinter-

---

1 Thomas/Putzo-*Seiler*, ZPO, § 811a Rn. 1.
2 OLG Köln, NJW-RR 1986, 488 = DGVZ 1986, 13.
3 MK-*Gruber*, ZPO, § 811a Rn. 5.
4 So z.B. der Ersatz einer Luxusuhr durch eine einfache aber funktionierende Uhr, vgl. OLG München, OLGZ 1983, 325 = JurBüro 1983, 1418.
5 Insbesondere relevant für die Austauschpfändung von PKWs mit unterschiedlicher Laufleistung, vgl. BGH, NJW-RR 2011, 1366 (1367), Rn. 13f. = DGVZ 2011, 184, Rn. 13f.
6 Musielak/Voit-*Becker*, ZPO, § 811a Rn. 3.

esses auch **angemessen** sein. Insbesondere (aber nicht ausschließlich)[7] ist auf die Differenz zwischen dem Verwertungserlös und dem Wert des Ersatzstückes bzw. des überlassenen Geldbetrages abzustellen. Ab wann eine Differenz als erheblich überschreitend angesehen werden kann, ist einzelfallabhängig.[8] Unwichtig ist dagegen die Höhe der Gesamtforderung.[9]

II. Verfahren

Die Austauschpfändung findet nur statt, soweit der Gläubiger dies beim nach § 764 ZPO zuständigen Vollstreckungsgericht (die dortige Zuständigkeit liegt beim Rechtspfleger, § 20 Nr. 17 RPflG) schriftlich oder zu Protokoll der Geschäftsstelle beantragt. Eindeutig zu bezeichnen ist dabei das Pfändungsstück. Die Anträge unterscheiden sich je nach Art der Austauschpfändung: 4

Hiermit wird beantragt:
Aufgrund des [vollstreckbaren Titels] vom [Datum] soll beim [Schuldner] der [Gegenstand] nach § 811a Abs. 1 Hs. 1 Alt. 1 ZPO in Austausch gegen den Austauschgegenstand mit einem Wert von [Betrag] gepfändet werden.

bzw.
Hiermit wird beantragt:
Aufgrund des [vollstreckbaren Titels] vom [Datum] soll beim [Schuldner] der [Gegenstand] nach § 811a Abs. 1 Hs. 1 Alt. 2 ZPO in Austausch gegen einen Austauschbetrag in Höhe von [Betrag] gepfändet werden.

bzw.
Hiermit wird beantragt:
Aufgrund des [vollstreckbaren Titels] vom [Datum], soll beim [Schuldner] der [Gegenstand] nach § 811a Abs. 1 Hs. 2 ZPO gepfändet werden. Der Schuldner wird dafür nach der Verwertung anteilig am Erlös beteiligt.

In der Begründung ist sodann auszuführen, dass die allgemeinen Vollstreckungsvoraussetzungen sowie die speziellen des § 811a ZPO, insbesondere also die Angemessenheit, vorliegen. Eine mündliche Verhandlung kann erfolgen, nicht abdingbar ist die Anhörung des Schuldners.

Das Vollstreckungsgericht entscheidet durch **Beschluss**. Der positive Beschluss nach Abs. 2 macht die bezeichnete Sache pfändbar, nachdem in den Fällen der ersten beiden Alternativen der Gegenstand oder der Geldbetrag dem Schuldner überlassen wurde und das außer im Falle des Abs. 1 Hs. 2 vor Rechtskraft des Beschlusses nach § 705 Abs. 4 ZPO.[10] Auch die Bestimmung nur einer bestimmten **Gattung** des Ersatzgegenstandes ist zulässig.[11] Zustellung hat an den Beschwerten zu erfolgen. 5

Der Gläubiger hat den **Ersatzgegenstand ohne Mängel** i.S.d. §§ 434, 435 BGB zu übereignen. Ist die Sache mangelhaft stehen dem Schuldner die Rechte nach § 437 BGB analog zu. Insbesondere stehen ihm die Rechte auf Nachlieferung und die Minderung zu, auch ein Rücktrittsrecht wird analog angewendet, mit dem die Rückzahlung des Betrages i.S.d. § 811a Abs. 2 Satz 4 ZPO nicht aber die Rückerlangung der gepfändeten Sache erreicht wird.[12] Zusätzlich stehen ihm eventuell Ansprüche aus § 280 Abs. 1 BGB zu. 6

C. Rechtsbehelfe, Kosten und Gebühren

Gegen den Beschluss nach Abs. 2 ohne mündliche Verhandlung ist die sofortige Beschwerde nach § 793 ZPO sowohl für Schuldner als auch Gläubiger einschlägig. Daneben steht die Erinnerung nach § 766 ZPO bezüglich der Anhörung des Schuldners offen.[13] 7

Gerichtsvollzieherkosten entstehen wie bei einer normalen Pfändung (siehe § 808 ZPO), nicht extra berechnet wird die Auslieferung des Austauschgegenstandes.[14] Die Kosten der Austauschpfändung sind Kosten i.S.d. § 788 ZPO, es werden keine zusätzlichen Gerichtskosten berechnet. Die Rechtsanwaltsgebühren richten sich nach § 18 Abs. 1 Nr. 7 RVG i.V. m. § 25 Abs. 1 RVG.[15] 8

---
7 So kann das Gläubigerinteresse trotz einer hohen Erlösdifferenz dennoch dem des Schuldners unterliegen.
8 Ablehnend für eine erwartete Differenz von höchstens 250,00 DM, vgl. LG Mainz, NJW-RR 1988, 1150.
9 Thomas/Putzo-*Seiler*, ZPO, § 811a Rn. 2.
10 Thomas/Putzo-*Seiler*, ZPO, § 811a Rn. 5.
11 MK-*Gruber*, ZPO, § 811a Rn. 10.
12 MK-*Gruber*, ZPO, § 811a Rn. 14 m.w.N.
13 MK-*Gruber*, ZPO, § 811a Rn. 15.
14 MK-*Gruber*, ZPO, § 811a Rn. 17 m.w.N.
15 Gerold/Schmidt-*Müller-Rabe*, RVG, VV 3309 Rn. 170.

§ 811b
Vorläufige Austauschpfändung

(1) ¹Ohne vorgängige Entscheidung des Gerichts ist eine vorläufige Austauschpfändung zulässig, wenn eine Zulassung durch das Gericht zu erwarten ist. ²Der Gerichtsvollzieher soll die Austauschpfändung nur vornehmen, wenn zu erwarten ist, dass der Vollstreckungserlös den Wert des Ersatzstückes erheblich übersteigen wird.

(2) Die Pfändung ist aufzuheben, wenn der Gläubiger nicht binnen einer Frist von zwei Wochen nach Benachrichtigung von der Pfändung einen Antrag nach § 811a Abs. 2 bei dem Vollstreckungsgericht gestellt hat oder wenn ein solcher Antrag rechtskräftig zurückgewiesen ist.

(3) Bei der Benachrichtigung ist dem Gläubiger unter Hinweis auf die Antragsfrist und die Folgen ihrer Versäumung mitzuteilen, dass die Pfändung als Austauschpfändung erfolgt ist.

(4) ¹Die Übergabe des Ersatzstückes oder des zu seiner Beschaffung erforderlichen Geldbetrages an den Schuldner und die Fortsetzung der Zwangsvollstreckung erfolgen erst nach Erlass des Beschlusses gemäß § 811a Abs. 2 auf Anweisung des Gläubigers. ²§ 811a Abs. 4 gilt entsprechend.

1 § 811b ZPO soll dem Gerichtsvollzieher die Möglichkeit eröffnen, eine dem § 811a ZPO unterfallende Sache **bis zu einer Entscheidung** nach § 811a Abs. 2 ZPO durch Pfändung zu sichern. Der Gerichtsvollzieher kann grundsätzlich tätig werden, wenn eine positive Entscheidung des Vollstreckungsgerichts und eine erhebliche Differenz zwischen Wert des Pfändungsgegenstandes und des Ersatzstückes zu erwarten ist. Die Pfändung erfolgt durch Anbringung des Siegels, eine Wegbringung unterbleibt (§ 75 Satz 2 GVGA). Danach ist der Gläubiger unter Beachtung des Abs. 3 zu benachrichtigen, womit die Frist nach § 811b Abs. 2 ZPO zu laufen beginnt.[1] Stellt der Gläubiger innerhalb der zwei Wochen nach Benachrichtigung keinen Antrag i.S.d. § 811a Abs. 2 ZPO oder wird der Antrag abgewiesen, gilt § 811b Abs. 2 ZPO. Dies gilt selbst bei Verstoß gegen § 811b Abs. 3 ZPO,[2] auch die Anwendung des § 233 ZPO ist nicht möglich.

2 Abs. 4 regelt, dass der Gerichtsvollzieher den Ersatzgegenstand oder den Geldbetrag nach § 811a Abs. 1 ZPO nach dem Erlass des Beschlusses nach § 811a Abs. 2 ZPO auszuliefern hat. Für die Wegschaffung gilt § 811a Abs. 4 ZPO. Bezüglich Rechtsbehelfen und Kosten siehe § 811a Rn. 8.

§ 811c
Unpfändbarkeit von Haustieren

(1) Tiere, die im häuslichen Bereich und nicht zu Erwerbszwecken gehalten werden, sind der Pfändung nicht unterworfen.

(2) Auf Antrag des Gläubigers lässt das Vollstreckungsgericht eine Pfändung wegen des hohen Wertes des Tieres zu, wenn die Unpfändbarkeit für den Gläubiger eine Härte bedeuten würde, die auch unter Würdigung der Belange des Tierschutzes und der berechtigten Interessen des Schuldners nicht zu rechtfertigen ist.

Inhalt:

	Rn.		Rn.
A. Unpfändbarkeit von Haustieren	1	C. Rechtsbehelfe, Kosten und Gebühren	5
B. Ausnahme von der Unpfändbarkeit	3		

A. Unpfändbarkeit von Haustieren

1 § 811c ZPO schützt die hohe emotionale Verbindung von Schuldnern zu Haustieren und nimmt diese deshalb grundsätzlich unabhängig vom Wert von der Pfändung aus. Aufgrund des Schutzzweckes sind lediglich temporär betreute[1] ebenso wie Hilfstiere, zum Beispiel Blindenhunde (Unpfändbarkeit ergibt sich hier aus § 811 Nr. 12 ZPO), von der Pfändung ausgenommen. Der Begriff Haustiere ist allerdings insofern irreführend als nicht nur die umgangs-

---

1 Zustellung dürfte der Normalfall sein, ansonsten gilt § 270 Satz 2 ZPO.
2 MK-*Gruber*, ZPO, § 811b Rn. 6; dann hat der Schuldner aber gegebenenfalls Amtshaftungsansprüche, *Brock*, DGVZ 1997, 65 (67).

Zu § 811c:
1 MK-*Gruber*, ZPO, § 811c Rn. 2 m.w.N.

sprachlich als Haustiere bezeichneten Tiere geschützt werden, sondern beispielsweise auch Stalltiere. Vielmehr ist darauf abzustellen, ob eine räumliche und emotionale Nähe zwischen Tier und Halter vorliegt und das Tier zumindest hauptsächlich im häuslichen Bereich des Schuldners lebt.[2]

Explizit ausgenommen sind gewerblich genutzte Tiere. Damit gemeint sind Tiere, die zumindest hauptsächlich einem Erwerbzweck dienen, gleich ob durch Veräußerung, Zurschaustellung oder ähnlichem. Gewerblich genutzte Tiere können jedoch nach § 811 Abs. 1 Nr. 3-5 ZPO von der Pfändung ausgenommen sein.

B. Ausnahme von der Unpfändbarkeit

Abs. 2 postuliert eine Ausnahme von der Unpfändbarkeit für Tiere nach Abs. 1, die einen **hohen materiellen Wert** haben.[3] Ist dies der Fall hat zusätzlich eine **Interessenabwägung** zwischen den in Abs. 2 genannten Interessen zu erfolgen, für den Schuldner insbesondere die emotionale Bedeutung des Tieres sowie i.S.d. Tierschutzes die nachträgliche Behandlung des Tieres bei Pfändung. Und im Zweifel ist nicht zu pfänden.[4] Die Pfändung muss vom Gläubiger unter Zugrundelegung der Tatsachen beim zuständigen Vollstreckungsgericht beantragt werden:

Es wird beantragt:

Die Pfändung des [Tieres] im Eigentum des [Schuldner] ist nach § 811c Abs. 2 ZPO zuzulassen.

Sodann entscheidet der Rechtspfleger durch Beschluss (§ 20 Nr. 17 RPflG) nach Anhörung des Schuldners. Im Falle einer positiven Entscheidung wird das Tier pfändbar, ansonsten bleibt es bei der Unpfändbarkeit.

C. Rechtsbehelfe, Kosten und Gebühren

Die Beteiligten können die Entscheidung nach Abs. 2 mit der sofortigen Beschwerde gemäß § 793 ZPO i.V.m. § 11 Abs. 1 RPflG angreifen. Der Schuldner kann eine unterlassene Anhörung mit der Erinnerung nach § 766 ZPO angreifen.

Für den tätigen Rechtsanwalt und das Gericht werden keine Gebühren und Kosten fällig. Eine eventuelle Pfändung nach Abs. 2 hat die normalen Kosten des Gerichtsvollziehers (siehe § 808 ZPO) zur Folge.

§ 811d
Vorwegpfändung

(1) ¹Ist zu erwarten, dass eine Sache demnächst pfändbar wird, so kann sie gepfändet werden, ist aber im Gewahrsam des Schuldners zu belassen. ²Die Vollstreckung darf erst fortgesetzt werden, wenn die Sache pfändbar geworden ist.
(2) Die Pfändung ist aufzuheben, wenn die Sache nicht binnen eines Jahres pfändbar geworden ist.

Soweit Sachen nach §§ 811ff. ZPO oder anderen Vorschriften (siehe hierzu § 811 Rn. 4) unpfändbar sind, können sie vom Gerichtsvollzieher nach § 811d ZPO vorweg gepfändet, aber im Gewahrsam des Schuldners belassen werden, wenn der Gerichtsvollzieher mit hinreichender Wahrscheinlichkeit davon ausgehen kann, dass sie **demnächst pfändbar** werden.[1] Dies muss in der Gesamtschau des Einzelfalles innerhalb eines Jahres, Abs. 2, in Aussicht stehen. Wegnahme darf erst erfolgen, wenn die Sache endgültig pfändbar geworden ist. Die Voraussetzungen des Abs. 1 sowie des Abs. 2 werden vom Gerichtsvollzieher selbstständig geprüft.

Erinnerung nach § 766 ZPO ist für Gläubiger, Schuldner sowie eventuell betroffene Dritte möglich.

---

2 BR-Drucks. 380/89, S. 12; was auch bei Campern oder dem Garten, nicht aber bei Unterbringung auf dem Grundstück eines Dritten oder in einem Zweitwohnsitz der Fall ist, MK-*Gruber*, ZPO, § 811c Rn. 3 m.w.N.
3 Anzunehmen ist wohl in jedem Falle deutlich mehr als 500,00 €, so z.B. wertvolle Turnierpferde, MK-*Gruber*, ZPO, § 811c Rn. 6 m.w.N.
4 Musielak/Voit-*Becker*, ZPO, § 811c Rn. 3.

Zu § 811d:
1 So zum Beispiel, wenn eine Neuanschaffung geplant ist, Musielak/Voit-*Becker*, ZPO, § 811d Rn. 2.

§ 812
Pfändung von Hausrat

Gegenstände, die zum gewöhnlichen Hausrat gehören und im Haushalt des Schuldners gebraucht werden, sollen nicht gepfändet werden, wenn ohne weiteres ersichtlich ist, dass durch ihre Verwertung nur ein Erlös erzielt werden würde, der zu dem Wert außer allem Verhältnis steht.

1 § 812 ZPO nimmt Gegenstände aus, die typischerweise bei normaler Lebensführung benutzt werden und die grundsätzlich nicht unter § 811 Abs. 1 Nr. 1 ZPO fallen, weil sie für die von dieser Vorschrift vorausgesetzte geringe Qualität der Lebensführung nicht benötigt werden. Da solche Gegenstände zumeist dennoch wichtig für den Schuldner sind, aber teilweise kaum materiellen Wert besitzen, darf der Gerichtsvollzieher (trotz der insofern missverständlichen Gesetzesformulierung) die Sache nicht pfänden, wenn zwischen Interesse des Gläubigers und materiellem Wert ein auffälliges Missverhältnis besteht.[1]

2 § 812 ZPO verhindert jedoch nicht den Erwerb eines gesetzlichen Pfandrechts, insbesondere des Vermieters.[2] Die Rechtsbehelfe zu § 812 ZPO entsprechen dem des § 811 ZPO (vgl. § 811 Rn. 16).

§ 813
Schätzung

(1) [1]Die gepfändeten Sachen sollen bei der Pfändung auf ihren gewöhnlichen Verkaufswert geschätzt werden. [2]Die Schätzung des Wertes von Kostbarkeiten soll einem Sachverständigen übertragen werden. [3]In anderen Fällen kann das Vollstreckungsgericht auf Antrag des Gläubigers oder des Schuldners die Schätzung durch einen Sachverständigen anordnen.

(2) [1]Ist die Schätzung des Wertes bei der Pfändung nicht möglich, so soll sie unverzüglich nachgeholt und ihr Ergebnis nachträglich in dem Pfändungsprotokoll vermerkt werden. [2]Werden die Akten des Gerichtsvollziehers elektronisch geführt, so ist das Ergebnis der Schätzung in einem gesonderten elektronischen Dokument zu vermerken. [3]Das Dokument ist mit dem Pfändungsprotokoll untrennbar zu verbinden.

(3) Zur Pfändung von Früchten, die von dem Boden noch nicht getrennt sind, und zur Pfändung von Gegenständen der in § 811 Abs. 1 Nr. 4 bezeichneten Art bei Personen, die Landwirtschaft betreiben, soll ein landwirtschaftlicher Sachverständiger zugezogen werden, sofern anzunehmen ist, dass der Wert der zu pfändenden Gegenstände den Betrag von 500 Euro übersteigt.

(4) Die Landesjustizverwaltung kann bestimmen, dass auch in anderen Fällen ein Sachverständiger zugezogen werden soll.

Inhalt:

	Rn.		Rn.
A. Schätzung	1	B. Rechtsbehelfe, Kosten und Gebühren	2

A. Schätzung

1 § 813 ZPO bestimmt, dass Pfandsachen, die der Verwertung nach §§ 814 ff. ZPO unterliegen, bei ihrer Pfändung oder nach Abs. 2 unverzüglich i.S.d. § 121 Abs. 1 Satz 1 BGB auf ihren **gewöhnlichen Verkaufswert** geschätzt werden sollen. Dieser stellt den Preis dar, der bei einem freien Verkauf durchschnittlich zu erwarten ist. Die Schätzung findet durch den Gerichtsvollzieher statt, es sei denn der Gerichtsvollzieher schätzt die Sache für eine i.S.d. Abs. 1 Satz 2 oder des Abs. 3 (Einschätzung der Wertgrenze erfolgt ebenfalls durch den Gerichtsvollzieher),[1] woran dann die Heranziehung eines verbindlich werdenden Gutachtens eines Sachverständigen anschließt. Die Schätzung soll die Einhaltung der gesetzlichen Pfändungsbeschränkungen sowie des § 817a ZPO dienen. Die Kompetenznorm des Abs. 4 hat bisher in § 102 Abs. 3 GVGA Niederschlag gefunden.

---

1 LG Hannover, DGVZ 1990, 60.
2 LG Köln, MDR 1964, 599 = ZMR 1964, 364.

Zu § 813:
1 OLG Köln, Rpfleger 1998, 352 = InVO 1998, 260.

B. Rechtsbehelfe, Kosten und Gebühren

Ein **Sachverständigengutachten** kann nach Abs. 1 Satz 3 auch auf Antrag des Gläubigers oder Schuldners beim Vollstreckungsgericht (zuständig ist der Rechtspfleger, § 20 Nr. 17 RPflG) eingeholt werden:

Hiermit wird beantragt:
Der Wert des am [Datum] beim [Schuldner] gepfändeten [Gegenstand] soll nach § 813 Abs. 1 Satz 3 ZPO von einem Sachverständigen geschätzt werden.

In der Begründung ist darzulegen, warum eine Schätzung verlangt wird. Dies ist insbesondere dann der Fall, wenn Gläubiger oder Schuldner die Schätzung für falsch halten, insofern muss das Verfahren nach Abs. 1 Satz 3 angestrebt werden, die Erinnerung ist hier nicht einschlägig.[2] Erst der darauffolgende Beschluss stellt die Erlaubnis für den Gerichtsvollzieher dar, den Sachverständigen zu beauftragen, soweit nicht Sachen i.S.d. Abs. 1 Satz 2 oder Abs. 3 vorliegen.[3] Gegen diese Entscheidung ist die sofortige Beschwerde (§ 11 Abs. 1 RPflG, § 793 ZPO) statthaft. Sonstige Handlungen können wie immer mit der Erinnerung nach § 766 ZPO angegriffen werden.

Zusätzliche Kosten durch die Schätzung des Gerichtsvollziehers entstehen nicht. Soweit ein Sachverständiger hinzugezogen wird, sind die entsprechenden Auslagen voll erstattungsfähig (Nr. 9005 KV-GKG, Nr. 703 KV-GKG).[4] Der Rechtsanwalt kann keine zusätzlichen Gebühren geltend machen.

§ 813a
(aufgehoben)

§ 813b
(aufgehoben)

§ 814
Öffentliche Versteigerung

(1) Die gepfändeten Sachen sind von dem Gerichtsvollzieher öffentlich zu versteigern; *Kostbarkeiten sind vor der Versteigerung durch einen Sachverständigen abzuschätzen.**

(2) Eine öffentliche Versteigerung kann nach Wahl des Gerichtsvollziehers

1. als Versteigerung vor Ort oder
2. als allgemein zugängliche Versteigerung im Internet über eine Versteigerungsplattform erfolgen.

(3) ¹Die Landesregierungen bestimmen für die Versteigerung im Internet nach Absatz 2 Nummer 2 durch Rechtsverordnung

1. den Zeitpunkt, von dem an die Versteigerung zugelassen ist,
2. die Versteigerungsplattform,
3. die Zulassung zur und den Ausschluss von der Teilnahme an der Versteigerung; soweit die Zulassung zur Teilnahme oder der Ausschluss von einer Versteigerung einen Identitätsnachweis natürlicher Personen vorsieht, ist spätestens ab dem 1. Januar 2013 auch die Nutzung des elektronischen Identitätsnachweises (§ 18 des Personalausweisgesetzes) zu diesem Zweck zu ermöglichen,
4. Beginn, Ende und Abbruch der Versteigerung,
5. die Versteigerungsbedingungen und die sonstigen rechtlichen Folgen der Versteigerung einschließlich der Belehrung der Teilnehmer über den Gewährleistungsausschluss nach § 806,
6. die Anonymisierung der Angaben zur Person des Schuldners vor ihrer Veröffentlichung und die Möglichkeit der Anonymisierung der Daten der Bieter,
7. das sonstige zu beachtende besondere Verfahren.

---

2 MK-*Gruber*, ZPO, § 813 Rn. 14 m.w.N.
3 LG Konstanz, DGVZ 1994, 140.
4 MK-*Gruber*, ZPO, § 813 Rn. 13.

Zu § 814:
* § 814 Abs. 1 Hs. 2 gemäß Art. 5 Nr. 1 des Gesetzes vom 20. Aug. 1953 (BGBl. I S. 952) außer Kraft, soweit er sich nicht auf das Verwaltungszwangsverfahren bezieht.

²Sie können die Ermächtigung durch Rechtsverordnung auf die Landesjustizverwaltungen übertragen.

Inhalt:

	Rn.		Rn.
A. Allgemeines	1	C. Rechtsbehelfe, Kosten und	
B. Erläuterungen	2	Gebühren	4

A. Allgemeines

1   § 814 ZPO stellt eine mögliche, allerdings die normale (vgl. §§ 815, 821 ZPO) Verwertungsart der nach den vorhergehenden Vorschriften gepfändeten Sachen dar, die ohne vorherigen Antrag erfolgt. Dem Gerichtsvollzieher obliegt die Auswahl, welche Art der Versteigerung betrieben wird. Bei der Auswahl, insbesondere die zwischen Abs. 2 Nr. 1 und Nr. 2, hat er grundsätzlich die auswählen, bei welcher ein höherer Erlös zu erwarten ist.¹ Zu beachten ist in diesem Zusammenhang auch § 825 ZPO.

B. Erläuterungen

2   Voraussetzung für die Versteigerung ist eine zulässige Zwangsvollstreckung, sowie die wirksame Verstrickung aufgrund der Pfändung der beweglichen Sache. Es dürfen **keine Verwertungsverbote** (§§ 707, 719, 772f., 775 Nr. 2, 4 und 5, 776, 769, 765a, 813a, 813b ZPO oder in anderen Vorschriften) bestehen. Soweit zeitgleich ein Insolvenzverfahren eröffnet wurde, ist die Sache nur verwertbar, soweit der Gläubiger an ihr das Recht des § 173 InsO hat, außer der Insolvenzverwalter besitzt die Sache unmittelbar (siehe § 166 Abs. 1 InsO).²

3   Der Gerichtsvollzieher versteigert die Sache entweder **öffentlich** (d.h. die Möglichkeit eines freien Zugangs für Jedermann; weitere Regelungen in §§ 816ff. ZPO) oder nach Landesverordnung im **Internet**.³ Internetversteigerungen finden unter *www.justiz-auktion.de* statt. Ein Verstoß gegen das Öffentlichkeitsprinzip macht die Versteigerung und den Eigentumsübergang unwirksam.⁴

C. Rechtsbehelfe, Kosten und Gebühren

4   Als Rechtsbehelf kommt die Erinnerung nach § 766 ZPO in Betracht. Dies ist dann sinnvoll, wenn entweder die fehlende Öffentlichkeit der Versteigerung nach Abs. 1 und damit der Eigentumsübergang angegriffen werden soll oder die Wahl der Art der Versteigerung durch den Gerichtsvollzieher für falsch gehalten wird.

5   Der Gerichtsvollzieher kann Gebühren nach Nr. 300 KV-GvKostG (52,00 € zuzüglich Zeitzuschlage) geltend machen. Die Bekanntmachungskosten fallen unter die erstattungsfähigen Auslagen nach Nr. 702 KV-GvKostG.

---

1   MK-*Gruber*, ZPO, § 814 Rn. 2.
2   MK-*Gruber*, ZPO, § 814 Rn. 6 m.w.N.
3   Baden-Württemberg (InternetversteigerungsVO v. 03.05.2010, GBl. 2010, S. 412); Bayern (BayIntVerstVO vom 25.11.2009, GVBl. 2009, S. 619, zuletzt geändert durch § 1 ÄndVO v. 29.10.2015, GVBl S. 405); Berlin (InternetversteigerungsVO v. 14.08.2012, GVBl. S. 261, zuletzt geändert durch Art. 1 Erste ÄndVO v. 17.07.2015, GVBl. S. 314); Brandenburg (IntVerstV v. 08.02.2011, GVBl. II 2011, Nr. 10, zuletzt geändert durch Art. 1 Erste ÄndVO v. 14.09.2015, GVBl. II, Nr. 44); Bremen (Verordnung über die Versteigerung im Internet gemäß § 814 Abs. 3 ZPO und § 979 Abs. 1b BGB v. 21.04.2010, Brem. GBl. 2010, S. 339); Hamburg (Internetversteigerungsverordnung v. 06.04.2010, HmbGVBl. 2010, S. 2540, zuletzt geändert durch Verordnung v. 16.06.2015, HmbGVBL. 2015, S. 119); Hessen (Verordnung über die Internetversteigerung in der Zwangsvollstreckung v. 10.06.2010, GVBl. I 2010, S. 172, zuletzt geändert durch Art. 4 Achte VO zur Verlängerung der Geltungsdauer und Änd. befristeter Rechtsvorschriften im Geschäftsbereich des MdJ v. 26.06.2015 (GVBl. S. 293); Mecklenburg-Vorpommern (IntVerstVO MV v. 06.10.2010, GVOBl. MV 2010, 603); Niedersachen (Internetversteigerungsverordnung-NIntVerstVO v. 01.04.2013, Nds. GVBl. S. 109); Nordrhein-Westfalen (IntVerstVO v. 22.09.2009, GV NRW 2009, 508); Rheinland-Pfalz (IntVerstLVO v. 26.06.2010, GVBl. 2010, S. 198); Saarland (Internetversteigerungsverordnung v. 17.01.2011 Amtsblatt I 2011, S. 16); Sachsen (SächsIntVerstVO vom 14.03.2010, SächsGVBl. 2010, S. 94); Sachsen-Anhalt (Internetversteigerungsverordnung v. 03.02.2010, GVBl. LSA 2010, 36, zuletzt geändert durch § 1 ÄndVO v. 17.03.2015, GVBl. LSA S. 84); Schleswig-Holstein (Internetversteigerungsverordnung-IVVO v. 17.10.2012, GVOBl. Schl.-H. S. 706, GS Schl.-H. II, Gl.Nr. B 310-4, zuletzt geändert durch ÄndVO v. 13.10.2015, GVOBl. Schl.-H. S. 367) und Thüringen (ThürIntVerstVO v. 22.09.2010, GVBl. 2010, S. 323).
4   Allgemeine Meinung, so z.B. Thomas/Putzo-*Seiler*, ZPO, § 815 Rn. 5.

§ 815
Gepfändetes Geld

(1) Gepfändetes Geld ist dem Gläubiger abzuliefern.

(2) ¹Wird dem Gerichtsvollzieher glaubhaft gemacht, dass an gepfändetem Geld ein die Veräußerung hinderndes Recht eines Dritten bestehe, so ist das Geld zu hinterlegen. ²Die Zwangsvollstreckung ist fortzusetzen, wenn nicht binnen einer Frist von zwei Wochen seit dem Tag der Pfändung eine Entscheidung des nach § 771 Abs. 1 zuständigen Gerichts über die Einstellung der Zwangsvollstreckung beigebracht wird.

(3) Die Wegnahme des Geldes durch den Gerichtsvollzieher gilt als Zahlung von Seiten des Schuldners, sofern nicht nach Absatz 2 oder nach § 720 die Hinterlegung zu erfolgen hat.

Inhalt:

	Rn.		Rn.
A. Allgemeines	1	C. Rechtsbehelfe, Kosten und	
B. Erläuterungen	2	Gebühren	5

A. Allgemeines

§ 814 ZPO regelt die Verwertung von gepfändetem und verstricktem (also nicht freiwillig an den Gerichtsvollzieher gezahltem)[1] Geld. Geld sind die geltenden Euro-Währungszeichen[2] sowie andere deutsche Zeichen mit Geldwert, wie z. B. Briefmarken.[3] Für ausländische Währungen gilt § 821 ZPO. Eine Vertretung des Gläubigers ist nach den allgemeinen Vorschriften möglich, wobei aber eine Originalempfangsvollmacht vorzulegen ist.[4]   1

B. Erläuterungen

Entscheidendes Tatbestandsmerkmal des § 815 ZPO ist die **Ablieferung** des Geldes durch den Gerichtsvollzieher. Dies kann durch tatsächliche Übergabe aber auch auf anderem Wege, insbesondere durch Überweisung geschehen. Der stattliche Hoheitsakt,[5] auf den die §§ 929 ff. BGB nicht anwendbar sind,[6] bewirkt die Eigentumsübertragung des Geldes und beendet die Zwangsvollstreckung.[7]   2

Aufgrund dieser Beendigung der Zwangsvollstreckung nach Ablieferung, schützt Abs. 2 einen Dritten, der ein die Veräußerung hinderndes Recht i. S. d. § 771 ZPO geltend macht, da diesem die Möglichkeit der **Drittwiderspruchsklage** nach § 771 ZPO möglich gemacht werden soll. Die Vorschrift findet auch Anwendung auf die Klagen nach §§ 781, 786, 805 ZPO, strittig ist das für die Anwendung auf §§ 883 f., 897 ZPO.[8] Das hindernde Recht muss durch den Dritten oder einen Vertreter gegenüber dem Gerichtsvollzieher glaubhaft i. S. d. § 294 ZPO vor Ablieferung gemacht werden. Wird hinterlegt, muss der Dritte innerhalb von zwei Wochen (die Fristberechnung richtet sich nach § 222 ZPO) einen Einstellungsbeschluss nach § 771 Abs. 3 ZPO vorlegen. Dieser ist deshalb zum frühest möglichen Zeitpunkt zu beantragen: 3

> *Hiermit wird beantragt:*
>
> *Es wird nach § 771 ZPO festgestellt, dass [der Kläger] bezüglich des am [Datum] gepfändeten [Geld/Wertzeichen im Wert von … €] ein die Veräußerung hinderndes Recht nach [Normangabe] zusteht. Eine einstweilige Anordnung nach §§ 771 Abs. 3, 769 ZPO wird beantragt.*

Ist die Entscheidung negativ oder nicht vorgelegt, ist mit der Ablieferung fortzufahren. Bei letztlich positivem Abschluss der Drittwiderspruchsklage ist das Geld bis dahin hinterlegt zu lassen und schließlich an den Dritten herauszugeben.

---

1 Bei freiwilliger Zahlung ist der Gerichtsvollzieher vielmehr als Bote des Schuldners anzusehen; zu beachten ist jedoch, dass der Gefahrenübergang nach Abs. 3 auch in einer solchen privatrechtlichen Situation anzuwenden ist, vgl. BGH, NJW 2009, 1085 (1086), Rn. 9 ff. = FamRZ 2009, 686, Rn. 9 ff.
2 Nicht jedoch, wenn sie Kostbarkeiten i. S. d. §§ 808 Abs. 2, 814 Abs. 1 ZPO darstellen; diese sind nach § 814 ZPO zu verwerten.
3 BGHZ 164, 286 = NJW 2006, 54.
4 LG Bremen, DGVZ 2002, 168; nicht ausreichend ist dagegen eine beglaubigte Abschrift, LG Bielefeld, DGVZ 1993, 28.
5 Zöller-*Stöber*, ZPO, § 815 Rn. 1.
6 Insbesondere also die Frage des gutgläubigen Erwerbs, LG Braunschweig, DGVZ 1977, 22; BeckOK-*Utermark/Fleck*, ZPO, § 815 Rn. 3.
7 OLG Köln, OLGZ 1974 306 (307) = MDR 1975, 149.
8 Siehe hierzu Musielak/Voit-*Becker*, ZPO, § 815 Rn. 3 m. w. N.

4 Abs. 3 regelt den **Gefahrenübergang** im Rahmen der Ablieferung, so dass der Schuldner ab der Wegnahme von seiner Pflicht frei wird, selbst wenn nicht an den Gläubiger abgeliefert wird und dieser folglich kein Eigentum erwirbt.

C. Rechtsbehelfe, Kosten und Gebühren

5 Von großer Bedeutung ist für einen Dritten insofern die Klage nach Abs. 2 i. V. m. § 771 ZPO. Zusätzlich hat er genauso wie Gläubiger und Schuldner die Möglichkeit bis zur Ablieferung nach § 766 ZPO vorzugehen.

6 Der Gerichtsvollzieher macht Kosten nach Nr. 205 KV-GvKostG (26,00 €) zuzüglich Zeitzuschlag geltend. Soweit es sich um eine Zahlung des Schuldners handelt (Abs. 3) wird die Kostenpauschale der Nr. 430 KV-GvKostG (4,00 €) fällig.

§ 816
Zeit und Ort der Versteigerung

(1) Die Versteigerung der gepfändeten Sachen darf nicht vor Ablauf einer Woche seit dem Tag der Pfändung geschehen, sofern nicht der Gläubiger und der Schuldner über eine frühere Versteigerung sich einigen oder diese erforderlich ist, um die Gefahr einer beträchtlichen Wertverringerung der zu versteigernden Sache abzuwenden oder um unverhältnismäßige Kosten einer längeren Aufbewahrung zu vermeiden.

(2) Die Versteigerung erfolgt in der Gemeinde, in der die Pfändung geschehen ist, oder an einem anderen Ort im Bezirk des Vollstreckungsgerichts, sofern nicht der Gläubiger und der Schuldner über einen dritten Ort sich einigen.

(3) Zeit und Ort der Versteigerung sind unter allgemeiner Bezeichnung der zu versteigernden Sachen öffentlich bekannt zu machen.

(4) Bei der Versteigerung gilt die Vorschrift des § 1239 Absatz 1 Satz 1 des Bürgerlichen Gesetzbuchs entsprechend; bei der Versteigerung vor Ort ist auch § 1239 Absatz 2 des Bürgerlichen Gesetzbuchs entsprechend anzuwenden.

(5) Die Absätze 2 und 3 gelten nicht bei einer Versteigerung im Internet.

Inhalt:
	Rn.		Rn.
A. Anforderung an die Versteigerung	1	B. Rechtsfolgen von Verstößen und Rechtsbehelfe	2

A. Anforderungen an die Versteigerung

1 § 816 ZPO dient der Konkretisierung der Ausgestaltung der Versteigerung nach § 814 ZPO, beachte für die Internetversteigerung Abs. 5. § 816 Abs. 1 ZPO verlangt die Einhaltung einer einwöchigen Frist (§ 222 ZPO) nach Pfändung, wobei bei Pfändungen nach § 826 ZPO die Frist für jeden Gläubiger einzeln zu laufen beginnt. Gläubiger und Schuldner können eine kürzere Frist allerdings vereinbaren bzw. die Versteigerung ebenso aufschieben.[1] Ebenso möglich ist die frühere Versteigerung, wenn erhebliche Wertminderung droht, zum Beispiel bei verderblichen Sachen, bzw. bei unverhältnismäßig hohen Lagerkosten. Abs. 2 regelt den Ort der Versteigerung, der vom Gerichtsvollzieher nach pflichtgemäßem Ermessen nach der Geeignetheit auszuwählen ist. Nicht zulässig ist die Versteigerung in der Schuldnerwohnung, soweit dieser seine Einwilligung nicht erteilt hat.[2] Abs. 3 bestimmt die Art und Weise sowie der Zeitpunkt der Benachrichtigung über die Versteigerung, welche(r) vom Gerichtsvollzieher grundsätzlich selbst bestimmt werden kann, allerdings muss die Benachrichtigung **rechtzeitig** und **öffentlich** (§ 93 GVGA) erfolgen. Gläubiger und Schuldner sind speziell zu benachrichtigen (§ 92 Abs. 4 GVGA), jedoch kann dies unterbleiben, wenn der Aufenthaltsort nicht zu ermitteln ist.[3] Abs. 4 dehnt die Vorschrift des § 1239 BGB auf die Versteigerung nach § 814 ZPO aus, wobei Abs. 2 nur auf die Versteigerung nach § 814 Abs. 2 Nr. 1 ZPO Anwendung findet.

B. Rechtsfolgen von Verstößen und Rechtsbehelfe

2 **Verstöße** gegen die Abs. 1, 2 und 3 machen die Pfändung **nicht unwirksam**, aber im Wege der Erinnerung (§ 766 ZPO) rügefähig.[4] Soweit der Verstoß gegen Abs. 3 aber derart schwerwie-

---

1 Höchstdauer ist im Normalfall allerdings ein Monat, Musielak/Voit-*Becker*, ZPO, § 816 Rn. 2.
2 OLG Hamm, NJW 1985, 75 = Rpfleger 1984, 324.
3 LG Essen, DGVZ 1973, 57 = MDR 1973, 414.
4 Zöller-*Stöber*, ZPO, § 816 Rn. 7.

gend ist, dass eine öffentliche Bekanntmachung als gänzlich unterblieben angesehen werden muss, ist im Lichte des § 814 ZPO die Versteigerung unwirksam.[5] Gleiches gilt für einen Verstoß gegen Abs. 4 bzw. § 450 BGB (beachte aber § 451 Abs. 1 BGB). Eine unwirksame Versteigerung verhindert den Eigentumserwerb. Bei Verstößen können auch Amtshaftungsansprüche nach § 839 Abs. 1 BGB i.V.m. Art. 34 GG in Betracht kommen.

§ 817
Zuschlag und Ablieferung

(1) ¹Bei der Versteigerung vor Ort soll dem Zuschlag an den Meistbietenden ein dreimaliger Aufruf vorausgehen. ²Bei einer Versteigerung im Internet ist der Zuschlag der Person erteilt, die am Ende der Versteigerung das höchste, wenigstens das nach § 817a Absatz 1 Satz 1 zu erreichende Mindestgebot abgegeben hat; sie ist von dem Zuschlag zu benachrichtigen. ³§ 156 des Bürgerlichen Gesetzbuchs gilt entsprechend.

(2) Die zugeschlagene Sache darf nur abgeliefert werden, wenn das Kaufgeld gezahlt worden ist oder bei Ablieferung gezahlt wird.

(3) ¹Hat der Meistbietende nicht zu der in den Versteigerungsbedingungen bestimmten Zeit oder in Ermangelung einer solchen Bestimmung nicht vor dem Schluss des Versteigerungstermins die Ablieferung gegen Zahlung des Kaufgeldes verlangt, so wird die Sache anderweit versteigert. ²Der Meistbietende wird zu einem weiteren Gebot nicht zugelassen; er haftet für den Ausfall, auf den Mehrerlös hat er keinen Anspruch.

(4) ¹Wird der Zuschlag dem Gläubiger erteilt, so ist dieser von der Verpflichtung zur baren Zahlung so weit befreit, als der Erlös nach Abzug der Kosten der Zwangsvollstreckung zu seiner Befriedigung zu verwenden ist, sofern nicht dem Schuldner nachgelassen ist, durch Sicherheitsleistung oder durch Hinterlegung die Vollstreckung abzuwenden. ²Soweit der Gläubiger von der Verpflichtung zur baren Zahlung befreit ist, gilt der Betrag als von dem Schuldner an den Gläubiger gezahlt.

§ 817 ZPO postuliert **Verfahrensvorschriften** bezüglich der Versteigerung nach § 814 ZPO.[1] Praktisch relevant ist die Vorschrift allerdings kaum. So begründet ein Verstoß keine Unwirksamkeit des Eigentumsübergangs.[2] Die Erinnerung nach § 766 ZPO steht zwar grundsätzlich offen, dürfte aber nach dem Zuschlag zumeist unzulässig sein, da damit die Zwangsvollstreckung beendet wird.[3] Lediglich Amtshaftungsansprüche nach § 839 BGB i.V.m. Art. 34 GG gegen den Gerichtsvollzieher kommen in Betracht.

1

§ 817a
Mindestgebot

(1) Der Zuschlag darf nur auf ein Gebot erteilt werden, das mindestens die Hälfte des gewöhnlichen Verkaufswertes der Sache erreicht (Mindestgebot). Der gewöhnliche Verkaufswert und das Mindestgebot sollen bei dem Ausbieten bekannt gegeben werden.

(2) Wird der Zuschlag nicht erteilt, weil ein das Mindestgebot erreichendes Gebot nicht abgegeben ist, so bleibt das Pfandrecht des Gläubigers bestehen. Er kann jederzeit die Anberaumung eines neuen Versteigerungstermins oder die Anordnung anderweitiger Verwertung der gepfändeten Sache nach § 825 beantragen. Wird die anderweitige Verwertung angeordnet, so gilt Absatz 1 entsprechend.

(3) Gold- und Silbersachen dürfen auch nicht unter ihrem Gold- oder Silberwert zugeschlagen werden. Wird ein den Zuschlag gestattendes Gebot nicht abgegeben, so kann der Gerichtsvollzieher den Verkauf aus freier Hand zu dem Preise bewirken, der den Gold- oder Silberwert erreicht, jedoch nicht unter der Hälfte des gewöhnlichen Verkaufswertes.

---

5 Thomas/Putzo-*Seiler*, ZPO, § 816 Rn. 5.

Zu § 817:
1 Zu den einzelnen Ausprägungen siehe z.B. MK-*Gruber*, ZPO, § 817 Rn. 2–26.
2 Thomas/Putzo-*Seiler*, ZPO, § 817 Rn. 14.
3 Anderes gilt nur für die Erinnerung bezüglich der Verteilung des Erlöses, die bis zur Ablieferung möglich ist, MK-*Gruber*, ZPO, § 817 Rn. 27 m.w.N.

ZPO § 818 Zwangsvollstreckung in körperliche Sachen

1   Es gilt das zu § 817 ZPO Gesagte. Verstöße machen die Versteigerung die den Eigentumsübergang nicht unwirksam, begründen aber Amtshaftungsansprüche. Bis zum Eigentumsübergang durch Zuschlag ist die Erinnerung nach § 766 ZPO zulässig.

§ 818
Einstellung der Versteigerung

Die Versteigerung wird eingestellt, sobald der Erlös zur Befriedigung des Gläubigers und zur Deckung der Kosten der Zwangsvollstreckung hinreicht.

1   Nach § 818 ZPO (i. V. m. § 95 Abs. 13 GVGA) ist die Versteigerung einzustellen, wenn bei einer **Verwertung mehrerer Pfandsachen** der Erlös bereits die zugrundeliegende Forderung und die angefallenen Vollstreckungskosten deckt. Im Falle einer Anschlusspfändung (§ 826 ZPO) sind auch die Ansprüche der übrigen Gläubiger zu befriedigen.[1] Demgegenüber ist sind Ansprüche nach § 805 ZPO nur zu berücksichtigen, soweit der Schuldner dem zustimmt oder ein rechtskräftiges Urteil oder eine einstweilige Anordnung nach § 805 Abs. 4 ZPO dahingehend vorliegt.[2] Einstellung bedeutet die Einstellung der Versteigerung selbst.

2   Gegen die Entscheidung ist sowohl durch den Schuldner als auch durch den Gläubiger und Dritte eine Erinnerung nach § 766 ZPO statthaft. Zusätzlich kommt ein Amtshaftungsanspruch in Betracht, da ein Verstoß gegen § 818 ZPO einen Eigentumsübergang nicht verhindert. **Besondere Rechtsbehelfe** sind im Rahmen des § 818 ZPO dann einzulegen, wenn die Versteigerung nach § 825 Abs. 2 ZPO durch Dritte durchgeführt werden, denn dann gilt § 818 ZPO grundsätzlich nicht.[3] Dann sollte und kann jedoch beim Vollstreckungsgericht bis zur Versteigerung beantragt werden, dem Auktionator die Weisung zu erteilen, ab einem gewissen Erlös die Versteigerung einzustellen:

> *Hiermit wird beantragt:*
>
> *Dem [Gerichtsvollzieher] sowie dem [Auktionator] wird aufgegeben, die Verwertung der gepfändeten Gegenstände des [Schuldners] durch Versteigerung am [Datum] einzustellen, sobald der Erlös zur Befriedigung des/der [Gläubiger] und der Deckung der Zwangsvollstreckungskosten einen Betrag von [... €] erreicht hat.*

3   Über den Antrag entscheidet das Vollstreckungsgericht unter analoger Anwendung des § 766 ZPO.[4] Wird der Antrag nicht gestellt ist § 818 ZPO auf dritte Versteigerer nicht anwendbar.

§ 819
Wirkung des Erlösempfanges

Die Empfangnahme des Erlöses durch den Gerichtsvollzieher gilt als Zahlung von Seiten des Schuldners, sofern nicht dem Schuldner nachgelassen ist, durch Sicherheitsleistung oder durch Hinterlegung die Vollstreckung abzuwenden.

1   § 819 ZPO ist das Pendant zu § 815 Abs. 3 ZPO, bezieht sich im Gegensatz dazu aber auf den Erlösempfang im Rahmen einer Versteigerung nach § 814 ZPO, zusätzlich analog für § 821 ZPO und § 825 ZPO.[1] Ausgeschlossen ist die Anwendung soweit der Schuldner die Vollstreckung nach § 720 ZPO abwendet. Die Auszahlung wird durch den Gerichtsvollzieher nach der Entnahme seiner Kosten durchgeführt.[2]

2   Bei verweigerter Auszahlung oder falscher Berechnung steht § 766 ZPO offen. Besonderheiten ergeben sich, soweit ein Dritter Eigentümer der verwerteten Sache war, der am Erlös Eigentum erwirbt, dieses allerdings durch Auskehr verliert. Er kann den Anspruch aus § 812 BGB gegenüber dem Gläubiger geltend machen.[3]

---

1 Musielak/Voit-*Becker*, ZPO, § 818 Rn. 2.
2 MK-*Gruber*, ZPO, § 818 Rn. 3.
3 BGH, NJW 2007, 1276 (1277), Rn. 19 = InVo 2007, 241 (242), Rn. 19.
4 MK-*Gruber*, ZPO, § 818 Rn. 5.

Zu § 819:
1 Vgl. Zöller-*Stöber*, ZPO, § 819 Rn. 1.
2 Siehe dazu und zu Einzelfragen der Auskehr Musielak/Voit-*Becker*, ZPO, § 819 Rn. 4.
3 Thomas/Putzo-*Seiler*, ZPO, § 819 Rn. 4 ff.

§ 820
(aufgehoben)

§ 821
Verwertung von Wertpapieren

Gepfändete Wertpapiere sind, wenn sie einen Börsen- oder Marktpreis haben, von dem Gerichtsvollzieher aus freier Hand zum Tageskurs zu verkaufen und, wenn sie einen solchen Preis nicht haben, nach den allgemeinen Bestimmungen zu versteigern.

Inhalt:
	Rn.		Rn.
A. Wertpapier	1	C. Kosten	4
B. Ablauf der Pfändung und der Verwertung	2		

A. Wertpapier

§ 821 ZPO regelt die Verwertung von **Wertpapieren**. Ein Wertpapier ist eine Urkunde, die ein Recht verbrieft, welches der Inhaberschaft am Papieres folgt.[1] Darunter fallen Inhaberpapiere (Recht kann durch Inhaber geltend gemacht werden, der allerdings nicht darauf vermerkt ist, z.B. Überbrachter Scheck i.S.d. § 5 Abs. 2, 3 ScheckG), Inhaberzeichen (i.S.d. § 807 BGB) und Rektapapiere/Namenspapiere (Recht kann nur durch den auf der Urkunde vermerkten Inhaber geltend gemacht werden, z.B. Rektaschecks).[2] Orderpapiere fallen dagegen unter die Spezialregelung des § 831 ZPO. Dagegen wird die Namensaktie trotz der Vorschrift des § 68 AktG ebenfalls nach § 821 ZPO verwertet. Ausgenommen sind jedoch ebenfalls Papiere i.S.d. § 808 BGB und Geschäftsanteile an einer GmbH.[3]   1

B. Ablauf der Pfändung und der Verwertung

Die **Pfändung** erfolgt nach den allgemeinen Vorschriften der §§ 808, 809, 826 ZPO, da § 821 ZPO nur die Verwertung speziell regelt. Bezüglich des Pfändungsvorgangs gibt es allerdings dennoch Besonderheiten: Soweit die Papiere weggeschlossen sind, hat der Gerichtsvollzieher entweder den Schlüssel dazu bzw. im Falle der Verwahrung in einem Sonderdepot den Herausgabeanspruch des Schuldners gegen den Verwahrer zu pfänden; im Falle der Verwaltung in einem Sammeldepot erfolgt die Pfändung dagegen durch das Vollstreckungsgericht nach den §§ 857 Abs. 1, 829 ZPO.[4]   2

Die **Verwertung** erfolgt sodann nach den Sonderregeln des § 821 ZPO, allerdings nur für die Papiere, die einen Börsen- oder Marktpreis besitzen. Dies ist der Fall, soweit ein amtlicher Preis an einer Börse bzw. ein festzustellender Marktpreis an einem Wertpapierhandelsplatz vorliegt.[5] Soweit ein Preis festgestellt wird, ist der Verkauf unverzüglich **durch den Gerichtsvollzieher oder einen Beauftragten**,[6] ohne Beachtung der Frist nach § 816 ZPO durchzuführen („aus freier Hand"). Wertpapiere ohne einen Wert i.S.d. § 821 ZPO sind dagegen nach den allgemeinen Vorschriften der §§ 813 ff. ZPO zu versteigern.[7]   3

C. Kosten

Der Gerichtsvollzieher macht die Kosten aus Nr. 300 KV-GvKostG (52,00 € zuzüglich Zeitzuschlag) geltend.   4

---

[1] Thomas/Putzo-*Seiler*, ZPO, § 821 Rn. 1.
[2] Eine detaillierte Übersicht mit der Zuordnung einzelner Urkunden findet sich in BeckOK-*Utermark/Fleck*, ZPO, § 821 Rn. 2 ff.
[3] OLG Köln, GmbHR 1995, 293 = DB 1994, 1078.
[4] BeckOK-*Utermark/Fleck*, ZPO, § 821 Rn. 7 m.w.N.
[5] Diesen muss der Gerichtsvollzieher unter Zuhilfenahme der üblichen Informationsquellen, z.B. einer Tageszeitung, ausfindig machen.
[6] Teilweise wird für das Tätigwerden eines Dritten ein Beschluss nach § 825 ZPO gefordert, so z.B. Musielak/Voit-*Becker*, ZPO, § 821 Rn. 6.
[7] Zöller-*Stöber*, ZPO, § 821 Rn. 9.

§ 822
Umschreibung von Namenspapieren

Lautet ein Wertpapier auf Namen, so kann der Gerichtsvollzieher durch das Vollstreckungsgericht ermächtigt werden, die Umschreibung auf den Namen des Käufers zu erwirken und die hierzu erforderlichen Erklärungen an Stelle des Schuldners abzugeben.

Inhalt:
	Rn.		Rn.
A. Voraussetzungen und Verfahren	1	B. Rechtsbehelfe, Kosten	3

A. Voraussetzungen und Verfahren

1 § 822 ZPO erlaubt die erleichterte Verwertung von **Namenspapieren**, da sich der Schuldner ansonsten der notwendigen Abtretungserklärung verweigern könnte.

2 Das zuständige Vollstreckungsgericht hat die Ermächtigung zu erteilen, soweit die Voraussetzungen (Erwerb vom Gerichtsvollzieher) vorliegen. Dies geschieht allerdings nur auf Antrag des Schuldners, des Gläubigers oder des Erwerbers:[1]

Es wird beantragt:
Der zuständige Gerichtsvollzieher wird ermächtigt, das am [Datum] von [Erwerber] vom [Gerichtsvollzieher] im freihändigen Verkauf/durch Versteigerung zum Preis von [X €] erworbene [Inhaberpapier; genaue Bezeichnung] gemäß § 822 ZPO vom Namen des [Schuldners] auf den Namen des Antragsstellers umzuschreiben.

Soweit die Ermächtigung durch den Rechtspfleger (§ 20 Nr. 17 RPflG) erfolgt, vollzieht der Gerichtsvollzieher die Umschreibung.[2]

B. Rechtsbehelfe, Kosten

3 Gegen die Entscheidung des Rechtspflegers ist im Falle einer Anhörung die sofortige Beschwerde nach § 793 ZPO, § 11 Abs. 1 RPflG, bei Fehlen einer Anhörung die Erinnerung nach § 766 ZPO statthaft. Die Erinnerung ist auch dann zu erheben, wenn der Gerichtsvollzieher trotz eines positiven Beschlusses die Umschreibung nicht vollzieht.

4 Das Verfahren ist sowohl in Bezug auf das Gericht als auch auf den Gerichtsvollzieher kostenfrei. Der Gerichtsvollzieher kann jedoch Auslagen nach Nr. 705 KV-GvKostG in voller Höhe geltend machen.

§ 823
Außer Kurs gesetzte Inhaberpapiere

Ist ein Inhaberpapier durch Einschreibung auf den Namen oder in anderer Weise außer Kurs gesetzt, so kann der Gerichtsvollzieher durch das Vollstreckungsgericht ermächtigt werden, die Wiederinkurssetzung zu erwirken und die hierzu erforderlichen Erklärungen an Stelle des Schuldners abzugeben.

1 Aufgrund der Regelung des Art. 176 EGBGB ist § 823 ZPO grundsätzlich obsolet und findet nur noch entsprechende Anwendung auf die **Umschreibung von Inhaber- in Namenspapieren** nach § 806 BGB, § 24 Abs. 2 AktG. Das Verfahren, die Rechtsbehelfe sowie die Kosten entsprechen dem § 822 ZPO.

§ 824
Verwertung ungetrennter Früchte

[1]Die Versteigerung gepfändeter, von dem Boden noch nicht getrennter Früchte ist erst nach der Reife zulässig. [2]Sie kann vor oder nach der Trennung der Früchte erfolgen; im letzteren Fall hat der Gerichtsvollzieher die Aberntung bewirken zu lassen.

Inhalt:
	Rn.		Rn.
A. Voraussetzungen	1	C. Rechtsbehelfe, Kosten	4
B. Spätere Immobiliarbeschlagnahme	3		

---

1 Die Antragsberechtigung des Erwerbers wird teilweise bestritten, bejahend aber z.B. Zöller-*Stöber*, ZPO, § 822 Rn. 1.

2 Zu den einzelnen Verfahrensschritten der Umschreibung siehe Musielak/Voit-*Becker*, ZPO, § 822 Rn. 3.

A. Voraussetzungen

§ 824 ZPO regelt die Verwertung von **Früchten**, die nach § 810 ZPO gepfändet wurden aber zum Zeitpunkt der Verwertung noch ungetrennt sind (die Verwertung von bereits getrennten Früchten richtet sich nach den allgemeinen Verwertungsvorschriften für bewegliche Sachen).[1] Die Reife bestimmt sich im Gegensatz zur Reife i.S.d. § 810 ZPO nicht nach der üblichen, sondern nach **der tatsächlichen Reife**.[2] Bestimmt wird diese durch den Gerichtsvollzieher (§ 103 Abs. 1 GVGA). Die Verwertung ist sodann nur nach der Reife zulässig. Verstöße gegen § 824 ZPO machen die Verwertung nicht unwirksam. 1

Dagegen darf die Verwertung **vor** (zumeist durch Versteigerung vor Ort) **oder nach der Trennung vom Boden** (regelmäßig aber nur, soweit dadurch kein Wertverlust droht, also nicht bei z.B. leicht verderblichem Obst)[3] erfolgen. Der Gerichtsvollzieher hat dies unter Berücksichtigung der besten Verwertungsmöglichkeit zu entscheiden (§ 103 Abs. 1 GVGA). Erfolgt die Versteigerung vor Trennung, wird dem Erwerber eine Frist zur Aberntung aufgegeben (§ 103 Abs. 3 Satz 1 GVGA), er wird jedoch bereits schon durch die Ernteerlaubnis Eigentümer.[4] Im Falle der nachträglichen Verwertung, sorgt der Gerichtsvollzieher für die Ernte durch eine zuverlässige Person, sowie die sachgerechte Lagerung (§ 103 Abs. 2 Satz 2–6 GVGA). Durch die Trennung vor Versteigerung erlangt grundsätzlich der Schuldner (bzw. ein anderer nach §§ 954 ff. BGB Berechtigter) das Eigentum an den Früchten, welche allerdings im Falle des Schuldnereigentums bereits verstrickt sind.[5] In diesem Fall können die Früchte sodann nach den allgemeinen Vorschriften versteigert werden. 2

B. Spätere Immobiliarbeschlagnahme

Probleme ergeben sich, wenn das Grundstück mit dessen Boden die Früchte verbunden sind nach deren Pfändung **beschlagnahmt** wird. Hierbei ist zu differenzieren: Vor der Trennung und vor der Ernteerlaubnis ist § 824 ZPO nicht anwendbar, die Zwangsvollstreckung ist nach § 103 Abs. 4 GVGA einzustellen (beachte aber § 21 Abs. 3 ZVG); bei einer Beschlagnahme nach der Gestattung der Aberntung ist jene folgenlos, da bereits ein Eigentumsübergang stattgefunden hat (s.o.), ebenso folgenlos ist die Beschlagnahme soweit die Früchte bereits getrennt wurden (§ 21 Abs. 1 ZVG),[6] es sei denn es handelt sich um ebenfalls beschlagnahmtes Zubehör oder um eine Anordnung der Zwangsverwaltung (§ 148 ZVG).[7] 3

C. Rechtsbehelfe, Kosten

Erscheint eine Verwertung vor Reife aussichtreicher, ist dies nach § 824 ZPO dennoch unzulässig. In Betracht kommt aber ein Antrag nach § 825 ZPO.[8] Erinnerung nach § 766 ZPO steht offen. Schäden aufgrund eines Verstoßes gegen § 824 ZPO können einen Amtshaftungsanspruch auslösen. 4

Zu den Kosten siehe § 814 Rn. 4. Erntekosten eines Dritten fallen unter Nr. 707 KV-GvKostG, die in voller Höhe zu erstatten sind. 5

§ 825
Andere Verwertungsart

(1) ¹Auf Antrag des Gläubigers oder des Schuldners kann der Gerichtsvollzieher eine gepfändete Sache in anderer Weise oder an einem anderen Ort verwerten, als in den vorstehenden Paragraphen bestimmt ist. ²Über die beabsichtigte Verwertung hat der Gerichtsvollzieher den Antragsgegner zu unterrichten. ³Ohne Zustimmung des Antragsgegners darf er die Sache nicht vor Ablauf von zwei Wochen nach Zustellung der Unterrichtung verwerten.

(2) Die Versteigerung einer gepfändeten Sache durch eine andere Person als den Gerichtsvollzieher kann das Vollstreckungsgericht auf Antrag des Gläubigers oder des Schuldners anordnen.

---

1 Musielak/Voit-*Becker*, ZPO, § 824 Rn. 2.
2 MK-*Gruber*, ZPO, § 824 Rn. 3.
3 Saenger-*Kemper*, ZPO, § 824 Rn. 3.
4 Musielak/Voit-*Becker*, ZPO, § 824 Rn. 3.
5 Zöller-*Stöber*, ZPO, § 824 Rn. 4.
6 BeckOK-*Utermark/Fleck*, ZPO, § 824 Rn. 6.
7 Ausführlich Musielak/Voit-*Becker*, ZPO, § 824 Rn. 5.
8 BeckOK-*Utermark/Fleck*, ZPO, § 824 Rn. 1.

ZPO § 825 Zwangsvollstreckung in körperliche Sachen

Inhalt:

	Rn.		Rn.
A. Allgemeines	1	II. Verwertung durch eine andere Person	4
B. Erläuterungen	2	C. Rechtsbehelfe, Kosten und Gebühren	5
I. Verfahren	3		

A. Allgemeines

1 Da der Erlös bei einer der in §§ 814 ff. ZPO genannten Verwertungsarten in Einzelfällen wegen individuellen Besonderheiten der Sache hinter den Möglichkeiten zurückbleiben kann, gibt § 825 ZPO die Möglichkeit den Gegenstand auch anderweitig zu verwerten. **Alternative Verwertungsarten** sind insbesondere eine private Versteigerung im Internet, eine Versteigerung unter anderen Bedingungen, ein freihändiger Verkauf oder die Zuweisung an eine Person. Auch die Versteigerung an einem anderen Ort ist nach Abs. 1 Satz 1 möglich.[1] Nach Abs. 2 kann auch eine andere Person als der Gerichtsvollzieher mit der Verwertung beauftragt werden. Die Vorschrift des § 817a ZPO ist jedoch immer unabdingbar.[2]

B. Erläuterungen

2 Selbstverständlich muss auch bei einer anderen Verwertungsart eine **wirksame Pfändung** einer Sache nach §§ 808 ff. ZPO vorliegen und eine Verwertung zulässig sein. Weiter muss eine anderweitige Verwertung **einen höheren Erlös erwarten lassen**.[3] Eine alternative Verwertung findet nur auf **Antrag** des Gläubigers oder des Schuldners, bei Mehrheit selbiger von mindestens einem,[4] statt. Dieser kann bis zur erfolgten Verwertung beim Gerichtsvollzieher, am besten schriftlich, gestellt werden, wobei die begehrte andere Verwertung zu bezeichnen ist:[5]

Es wird beantragt:

Die am [Datum] gepfändete [genaue Bezeichnung der Sache] wird gemäß § 825 Abs. 1 ZPO durch [genaue Bezeichnung der anderen Verwertung; z.B. freihändiger Verkauf] verwertet.

In der Begründung sollte insofern dargetan werden, inwiefern so ein besseres Erlösergebnis zu erzielen ist.

I. Verfahren

3 Der **Gerichtsvollzieher entscheidet** nach eigenem Ermessen über den Antrag. Er hat den bzw. die Antragsgegner nach Abs. 1 Satz 2 jedoch zu benachrichtigen, falls dem Antrag entsprochen werden soll. Mit Zustellung dieser Mitteilung beginnt die 2-Wochen-Frist (Berechnung nach § 222 ZPO) des Abs. 1 Satz 3, vor deren Ablauf eine anderweitige Verwertung nicht zulässig ist (zulässig ist jedoch bereits die Vorbereitung innerhalb dieser Zeit).[6] Stimmt der Gegner zu, darf vorher verwertet werden. Findet eine anderweitige Verwertung statt, sind die Normen der Verwertung soweit möglich sinngemäß anzuwenden. Der Gerichtsvollzieher verkauft, übereignet und übergibt die Sache dem Erwerber. Für die Auskehr des Erlöses gelten die allgemein Vorschriften.

II. Verwertung durch eine andere Person

4 Nach Abs. 2 kann auch **eine andere Person mit der Verwertung** betraut werden, wobei sich die Verwertung auch hier nicht auf die Versteigerung beschränkt.[7] In Betracht kommen insbesondere die Versteigerung durch ein privates Auktionshaus oder der freihändige Verkauf durch eine fachkundige Person mit entsprechendem Kundenstamm. Die Voraussetzungen entsprechen dem Abs. 1, insbesondere ist auch hier ein **Antrag** erforderlich, der sich an das Vollstreckungsgericht richten muss, in dessen Bezirk die Versteigerung eigentlich stattfinden würde,[8] wobei auch bestimmte Verfahrensbedingungen beantragt werden können:

Es wird beantragt:

Die Verwertung der am [Datum] gepfändeten [genau Bezeichnung der Sache] wird gemäß § 825 Abs. 2 ZPO nicht durch den zuständigen Gerichtsvollzieher, sondern durch

---

1 Siehe ausführlich zu den verschiedenen Möglichkeiten Zöller-*Stöber*, ZPO, § 825 Rn. 3 ff.
2 LG Frankfurt a.M., DGVZ 1993, 112.
3 Dies ist materielle Voraussetzung zur Zulässigkeit, vgl. LG Freiburg, DGVZ 1982, 186.
4 Thomas/Putzo-*Seiler*, ZPO, § 826 Rn. 4.
5 Zöller-*Stöber*, ZPO, § 825 Rn. 6.
6 Thomas/Putzo-*Seiler*, ZPO, § 826 Rn. 10.
7 MK-*Gruber*, ZPO, § 825 Rn. 14.
8 Musielak/Voit-*Becker*, ZPO, § 825 Rn. 5.

[genau Bezeichnung der anderen Person] im Wege der [genau Bezeichnung der Verwertung] verwertet.
Die **Begründung eines solchen Antrags** kann entweder in höheren Erlöschancen oder drohenden Interessenskonflikten des Gerichtsvollziehers bestehen, wofür auch Beweismittel erhoben werden können.[9] Sodann entscheidet der Rechtspfleger nach möglicher mündlicher Verhandlung. Die Verwertung erfolgt dann nach den Vorgaben des BGB, wobei die Vorgaben der ZPO zu beachten sind.[10] Der Vollstreckungsschuldner kann bei der Versteigerung gegen den Dritten einen **Anspruch aus Leistungskondition** geltend machen, wenn dieser den Erlös einbehält.[11]

C. Rechtsbehelfe, Kosten und Gebühren

Gegen Entscheidungen und Tätigkeiten des Gerichtsvollziehers nach Abs. 1 stehen für Schuldner und Gläubiger die Erinnerung (§ 766 ZPO) und sodann die sofortige Beschwerde (§ 793 ZPO) offen. Der Beschluss des Rechtspflegers ist mit der sofortigen Beschwerde (§ 793 ZPO, § 11 Abs. 1 RPflG) angreifbar. 5

Gerichtskosten entstehen keine, der Gerichtsvollzieher macht im Falle des Abs. 1 Kosten nach Nr. 300 KV-GvKostG geltend (52,00 € zuzüglich Zeitzuschlag), im Falle des Abs. 2 nach Nr. 310 (16,00 € zuzüglich Zeitzuschlag), wenn er mitwirkt. Für den Rechtsanwalt ist das Verfahren eine besondere Angelegenheit (§ 18 Abs. 1 Nr. 8 RVG). Soweit insbesondere im Falle des Abs. 2 weitere Kosten entstehen, sind dies Kosten der Zwangsvollstreckung i.S.d. § 788 ZPO. 6

§ 826
Anschlusspfändung

(1) Zur Pfändung bereits gepfändeter Sachen genügt die in das Protokoll aufzunehmende Erklärung des Gerichtsvollziehers, dass er die Sachen für seinen Auftraggeber pfände.
(2) Ist die erste Pfändung durch einen anderen Gerichtsvollzieher bewirkt, so ist diesem eine Abschrift des Protokolls zuzustellen.
(3) Der Schuldner ist von den weiteren Pfändungen in Kenntnis zu setzen.

Inhalt:
	Rn.		Rn.
A. Allgemeines	1	I. Verfahren	3
B. Erläuterungen	2	II. Wirkungen der Anschlusspfändung	4

A. Allgemeines
§ 826 ZPO regelt das Verfahren, wenn eine bereits gepfändete Sache eines Schuldners für einen anderen Gläubiger noch einmal gepfändet werden soll. Zwar ist auch eine Pfändung nach § 808 ZPO möglich, in der Praxis wird jedoch fast ausschließlich nach § 826 ZPO vorgegangen.[1] Rechtsbehelfe und Kosten entsprechen denen des § 808 ZPO. 1

B. Voraussetzungen
Es muss sich um die nach den allgemeinen Vorschriften zulässige Pfändung einer beweglichen Sache wegen einer Geldforderung handeln, die bereits vom selben Schuldner gepfändet wurde.[2] Die Erstpfändung muss wirksam sein, ansonsten muss eine Erstpfändung vorgenommen werden.[3] Erfolgte die Pfändung über § 809 ZPO ist eine erneute Einwilligung des Gewahrsamsinhabers einzuholen, selbst wenn die Sache bereits herausgegeben wurde.[4] 2

---

9 Musielak/Voit-*Becker*, ZPO, § 825 Rn. 5.
10 Insbesondere das Mindestgebot nach § 817a ZPO.
11 BGH, NJW 2013, 2519 = DGVZ 2014, 38.

Zu § 826:
1 Musielak/Voit-*Becker*, ZPO, § 826 Rn. 1.
2 Den Fall der Doppelpfändung, also die Pfändung eines Gegenstandes gegen unterschiedliche Schuldner sind nicht umfasst, vgl. LG Berlin, DGVZ 1962, 140.
3 Sehr strittig, so aber Zöller-*Stöber*, ZPO, § 826 Rn. 3.
4 OLG Düsseldorf, OLGZ 1973, 52.

I. Verfahren

3   Die Anschlusspfändung kann sodann entweder nach § 808 ZPO oder nach dem erleichterten Verfahren des § 826 Abs. 1 ZPO erfolgen. Zweiteres erfolgt durch die Erklärung des Gerichtsvollzieher **im neuen Protokoll**,[5] die Sache erneut zu pfänden. Diese Erklärung muss vom zuständigen, nicht zwangsläufig dem der Erstpfändung, Gerichtsvollzieher nicht gegenüber der Sache oder anderen Personen erklärt werden.[6] Er hat die anderen Gläubiger sowie gegebenenfalls den Gerichtsvollzieher der Erstpfändung zu benachrichtigen, dabei handelt es sich jedoch um reine Ordnungsvorschriften, die die Wirksamkeit der Pfändung nicht betreffen.[7] Eine Benachrichtigung hat jedoch zu erfolgen, wenn ein Dritter gegenüber dem Gerichtsvollzieher ein die **Veräußerung hinderndes Recht** geltend gemacht hat.[8]

II. Wirkungen der Anschlusspfändung

4   Die Anschlusspfändung hat dieselben Wirkungen wie die Pfändung nach §§ 808 ff. ZPO. Deswegen kann auch der Zweitpfändende die Verwertung selbstständig betreiben, §§ 804 Abs. 3, 816 ff., 827 ZPO sind jedoch zu beachten. Der Erstpfändende kann Bereicherungsansprüche geltend machen, wenn seine Pfändung bei der Verwertung übergangen wird.[9]

§ 827
Verfahren bei mehrfacher Pfändung

(1) ¹Auf den Gerichtsvollzieher, von dem die erste Pfändung bewirkt ist, geht der Auftrag des zweiten Gläubigers kraft Gesetzes über, sofern nicht das Vollstreckungsgericht auf Antrag eines beteiligten Gläubigers oder des Schuldners anordnet, dass die Verrichtungen jenes Gerichtsvollziehers von einem anderen zu übernehmen seien. ²Die Versteigerung erfolgt für alle beteiligten Gläubiger.

(2) ¹Ist der Erlös zur Deckung der Forderungen nicht ausreichend und verlangt der Gläubiger, für den die zweite oder eine spätere Pfändung erfolgt ist, ohne Zustimmung der übrigen beteiligten Gläubiger eine andere Verteilung als nach der Reihenfolge der Pfändungen, so hat der Gerichtsvollzieher die Sachlage unter Hinterlegung des Erlöses dem Vollstreckungsgericht anzuzeigen. ²Dieser Anzeige sind die auf das Verfahren sich beziehenden Dokumente beizufügen.

(3) In gleicher Weise ist zu verfahren, wenn die Pfändung für mehrere Gläubiger gleichzeitig bewirkt ist.

Inhalt:

	Rn.		Rn.
A. Allgemeines	1	II. Erlösverteilung	3
B. Erläuterungen	2	C. Rechtsbehelf und Kosten	4
I. Zuständigkeit des Gerichtsvollziehers	2		

A. Allgemeines

1   § 827 ZPO dient der Koordinierung des Zwangsvollstreckungsverfahrens, insbesondere also Verwertung und Erlösauskehr, in den Fällen, in denen dieselbe Sache **von verschiedenen Gerichtsvollziehern** für verschiedene Gläubiger gepfändet wurde. Dies gilt für alle Vollstreckungen wegen Geldforderungen nach der ZPO.[1]

B. Erläuterungen
I. Zuständigkeit des Gerichtsvollziehers

2   Nach Abs. 1 Satz 1 Hs. 1 ist der Gerichtsvollzieher, der die erste Pfändung bewirkt hat, auch für alle anderen Maßnahmen zuständig. Der Übergang erfolgt von Gesetzes wegen[2] und be-

---

5 Zöller-*Stöber*, ZPO, § 826 Rn. 3.
6 MK-*Gruber*, ZPO, § 826 Rn. 6 f. m.w.N.
7 Sie stellen lediglich Amtspflichtverletzungen des Gerichtsvollziehers dar, Musielak/Voit-*Becker*, ZPO, § 826 Rn. 6.
8 BGH, NJW-RR 2008, 338 (339), Rn. 10 ff. = MDR 2007, 1274 (1275), Rn. 10 ff.
9 Zöller-*Stöber*, ZPO, § 826 Rn. 5.

Zu § 827:
1 Musielak/Voit-*Becker*, ZPO, § 827 Rn. 1.
2 Ob deshalb die Kenntnis des ersten Gerichtsvollziehers notwendig ist, ist strittig, vgl. Zöller-*Stöber*, ZPO, § 827 Rn. 2, in der Praxis dürfte eine gegenseitige Benachrichtigung aber wohl immer erfolgen.

wirkt auch einen Übergang der Anträge der Gläubiger.[3] Jedoch kann das für die Erstpfändung zuständige Gericht **auf Antrag eines Gläubigers** oder Schuldners einen anderen Gerichtsvollzieher bestimmen:

Es wird beantragt:
Das weitere Zwangsvollstreckungsverfahren des am [Datum] gepfändeten Gegenstandes wird nach § 827 Abs. 1 Satz 1 Hs. 2 ZPO wegen mehrfacher Pfändung dem [genau zu bezeichnenden Gerichtsvollzieher] überwiesen.

Dem Antrag wird jedoch nur dann entsprochen, wenn **besondere Gründe** für das Begehren vorliegen.[4] Diese muss der Antragssteller darlegen. Das Verfahren entspricht dem des § 825 ZPO. Wird dem Antrag entsprochen, sind die übrigen Gläubiger sowie der Schuldner zu benachrichtigen.

II. Erlösverteilung

Abs. 2 und 3 regeln sodann die Erlösverteilung bei Mehrfachpfändungen und gilt auch für nach § 815 Abs. 1 ZPO gepfändetes Geld. Grundsätzlich entnimmt der Gerichtsvollzieher dem Erlös die Kosten der Verwertung und kehrt den Erlös dann jeweils anteilig an die Gläubiger aus. **Reicht der Erlös nicht aus** ist zu unterscheiden, ob nachrangige oder gleichrangige Pfändung vorliegen. Bei ersterem erfolgt die **Auskehr je nach Rang des Pfändungsrechts** (§ 804 Abs. 3 ZPO)[5] oder nach gemeinsamer Bestimmung der Gläubiger.[6] Widerspricht einer oder mehrere Gläubiger jedoch, so hat der Gerichtsvollzieher den reduzierten Betrag beim Amtsgericht zu hinterlegen, um das Verfahren nach §§ 872 ff. ZPO zu ermöglichen. Das gleiche gilt, wenn **gleichrangige Gläubiger** existieren (das ist insbesondere der Fall wenn die Pfändungen zur selben Zeit beantragt wurden)[7] und der Erlös nicht zur Befriedigung aller ausreicht. 3

C. Rechtsbehelfe und Kosten

Gegen Verstöße gegen Abs. 2 oder 3 ist die Erinnerung (§ 766 ZPO) zulässig. 4

Das Gericht macht für die Anordnung nach Abs. 1 keine Kosten geltend, der Gerichtsvollzieher macht Kosten nach Nr. 205 KV-GvKostG (26,00 € zzgl. Zeitzuschlag) jeweils für jeden Vollstreckungsauftrag geltend. Der Rechtsanwalt des Gläubigers kann keine Gebühren geltend machen, da es sich beim Antrag nach Abs. 1 um Maßnahmen der Vollstreckung handelt (§§ 19 Abs. 1 Nr. 3, 18 Abs. 1 Nr. 1 RVG). 5

Untertitel 3
Zwangsvollstreckung in Forderungen und andere Vermögensrechte

§ 828
Zuständigkeit des Vollstreckungsgerichts

(1) Die gerichtlichen Handlungen, welche die Zwangsvollstreckung in Forderungen und andere Vermögensrechte zum Gegenstand haben, erfolgen durch das Vollstreckungsgericht.

(2) Als Vollstreckungsgericht ist das Amtsgericht, bei dem der Schuldner im Inland seinen allgemeinen Gerichtsstand hat, und sonst das Amtsgericht zuständig, bei dem nach § 23 gegen den Schuldner Klage erhoben werden kann.

(3) [1]Ist das angegangene Gericht nicht zuständig, gibt es die Sache auf Antrag des Gläubigers an das zuständige Gericht ab. [2]Die Abgabe ist nicht bindend.

Inhalt:

	Rn.		Rn.
A. Allgemeines	1	II. Örtliche Zuständigkeit	3
B. Erläuterungen	2	III. Verweisung an das zuständige Gericht	4
I. Sachliche und funktionelle Zuständigkeit	2	IV. Rechtsfolgen der Unzuständigkeit und Rechtsbehelfe	5

---

3 Musielak/Voit-*Becker*, ZPO, § 827 Rn. 2.
4 Zöller-*Stöber*, ZPO, § 827 Rn. 3; eine Vereinbarung aller Gläubiger und des Schuldners ist aber möglich, Musielak/Voit-*Becker*, ZPO, § 827 Rn. 3.
5 Abweichend von § 366 Abs. 2 BGB gilt dies auch bei mehreren Forderungen desselben Gläubigers, MK-*Gruber*, ZPO, § 827 Rn. 5.
6 BeckOK-*Utermark/Fleck*, ZPO, § 827 Rn. 9.
7 LG Hamburg, DGVZ 1982, 45.

A. Allgemeines

1 § 828 ZPO legt die gemäß § 802 ZPO **ausschließliche Zuständigkeit** des Vollstreckungsgerichts für Maßnahmen nach den §§ 829–863 ZPO fest. Im Rahmen der Zwangsvollstreckung in Forderungen und Rechte wird nicht der Gerichtsvollzieher, sondern nur das Vollstreckungsgericht tätig. Dennoch kann der Gerichtsvollzieher daneben für Handlungen zuständig bleiben, wenn die Innehabung des Papiers zur Übertragung und Ausübung des Rechts notwendig ist (§§ 830 Abs. 1, 836 Abs. 3, 831, 847 ZPO).[1] Das Vollstreckungsgericht ist auch zuständig, soweit aufgrund familien-[2] oder arbeitsrechtlicher[3] Entscheidungen vollstreckt wird sowie im Erinnerungsverfahren. Damit ist jedoch auch das Auftragsformular des BMJV an den Gerichtsvollzieher nicht zu verwenden

B. Erläuterungen
I. Sachliche und funktionelle Zuständigkeit

2 **Sachlich zuständig** ist das Amtsgericht, es sei denn es ergibt sich eine speziellere Zuständigkeit. Dies ist gegeben bei einer Pfändung wegen eines Arrestbefehls für das Arrestgericht (§ 930 Abs. 1 Satz 3 ZPO) sowie der Entscheidung über die Pfändbarkeit im Rahmen eines Insolvenzverfahrens nach § 36 Abs. 4 Satz 1 InsO. **Funktionell zuständig** innerhalb des Vollstreckungsgerichts ist der Rechtspfleger gemäß § 20 Abs. 1 Nr. 17 RPflG, der Richter im Falle der Erinnerung.[4]

II. Örtliche Zuständigkeit

3 Die **örtliche Zuständigkeit** richtet sich nach dem allgemeinen Gerichtsstand des Schuldners (§§ 13–19 ZPO). Maßgeblicher Zeitpunkt ist nicht schon die Antragsstellung, sondern der Erlass des Pfändungsbeschlusses.[5] Ein späterer Wohnortwechsel ist sodann jedoch irrelevant.[6] Auf unbekannt Verzogene findet § 16 ZPO Anwendung, dann ist der Antragsstellung ein Auszug des Melderegisters beizufügen.[7] § 9 BGB ist für volljährige Soldaten anzuwenden. Soweit der Schuldner **keinen inländischen Gerichtsstand** hat, kann eine Zwangsvollstreckung dennoch durchgeführt werden, soweit sich das Vermögen im Inland befindet.[8] Die Zuständigkeit ist sodann nach § 23 ZPO nach Wohnsitz des Drittschuldners oder Belegenheit des Sicherungsgegenstandes zu ermitteln. Ergeben sich aus der Sondervorschrift des § 23 Satz 1 und 2 ZPO **mehrere Gerichtsstände**, besteht ein unwiderrufliches Wahlrecht bei der Antragsstellung.[9]

III. Verweisung an das zuständige Gericht

4 Der Antragsteller kann nach Abs. 3 die **Verweisung an das zuständige Gericht** beantragen, soweit das angerufene Gericht sich selbst für unzuständig hält und den Antragsteller nach § 139 ZPO darauf hinweist.[10] Der Schuldner ist dazu nicht zu hören (§ 834 ZPO). Dieser Antrag kann bereits mit dem Pfändungsantrag gestellt werden, ohne dass das eventuell anderweitig zuständige Gericht zu benennen ist, was in jedem Falle dann sinnvoll ist, wenn die Zuständigkeit unklar erscheint und eine Zeitverzögerung vermieden werden soll:

> *Hilfsweise wird beantragt:*
>
> *Sollte sich das Gericht nicht für zuständig nach § 828 ZPO halten, soll der Antrag ohne erneute Anhörung an das zuständige Gericht verwiesen werden.*

Diese Entscheidung ist nicht bindend.

IV. Rechtsfolgen der Unzuständigkeit und Rechtsbehelfe

5 Ein Pfändungsbeschluss, der von einem örtlich oder sachlich unzuständigen Gericht erlassen wurde, ist grundsätzlich wirksam. Nichtig sind Beschlüsse unter Missachtung der funktionellen Zuständigkeit (z.B. bei Tätigwerden des Gerichtsvollziehers).[11] Gegen Entscheidungen steht § 766 ZPO offen.

---

1 MK-*Smid*, ZPO, § 828 Rn. 3 f.; siehe hierzu auch Ziffer K1 des Auftragsformulars des BMJV.
2 BGH, NJW 1979, 1048 = FamRZ 1979, 421.
3 LAG Düsseldorf, Rpfleger 2005, 613 = InVo 2006, 33.
4 BGH, NJW-RR 2005, 1299 = MDR 2005, 1305.
5 OLG München, Rpfleger 2011, 39 = MDR 2010, 1218.
6 OLG München, Rpfleger 1985, 154 = JurBüro 1985, 945.
7 Dies dürfte im Normalfall genügen, vgl. BGH, NJW 2003, 1530 = JurBüro 2003, 442.
8 Vgl. BGH, NJW-RR 2011, 647 = Rpfleger 2011, 223.
9 OLG Zweibrücken, NJW-RR 2000, 929 = InVo 1999, 320.
10 Alternativ kann der Antrag auch zurückgenommen werden; wird der Antragsteller nicht tätig, wird der Antrag zurückgewiesen.
11 Musielak/Voit-*Becker*, ZPO, § 828 Rn. 5.

§ 829
Pfändung einer Geldforderung

(1) ¹Soll eine Geldforderung gepfändet werden, so hat das Gericht dem Drittschuldner zu verbieten, an den Schuldner zu zahlen. ²Zugleich hat das Gericht an den Schuldner das Gebot zu erlassen, sich jeder Verfügung über die Forderung, insbesondere ihrer Einziehung, zu enthalten. ³Die Pfändung mehrerer Geldforderungen gegen verschiedene Drittschuldner soll auf Antrag des Gläubigers durch einheitlichen Beschluss ausgesprochen werden, soweit dies für Zwecke der Vollstreckung geboten erscheint und kein Grund zu der Annahme besteht, dass schutzwürdige Interessen der Drittschuldner entgegenstehen.

(2) ¹Der Gläubiger hat den Beschluss dem Drittschuldner zustellen zu lassen. ²Der Gerichtsvollzieher hat den Beschluss mit einer Abschrift der Zustellungsurkunde dem Schuldner sofort zuzustellen, sofern nicht eine öffentliche Zustellung erforderlich wird. ³An Stelle einer an den Schuldner im Ausland zu bewirkenden Zustellung erfolgt die Zustellung durch Aufgabe zur Post, sofern die Zustellung weder nach der Verordnung (EG) Nr. 1393/2007 noch nach dem Abkommen zwischen der Europäischen Gemeinschaft und dem Königreich Dänemark über die Zustellung gerichtlicher und außergerichtlicher Schriftstücke in Zivil- und Handelssachen vom 19. Oktober 2005 (ABl. L 300 vom 17.11.2005, S. 55; L 120 vom 5.5.2006, S. 23) zu bewirken ist.

(3) Mit der Zustellung des Beschlusses an den Drittschuldner ist die Pfändung als bewirkt anzusehen.

(4) ¹Das Bundesministerium der Justiz und für Verbraucherschutz wird ermächtigt, durch Rechtsverordnung mit Zustimmung des Bundesrates Formulare für den Antrag auf Erlass eines Pfändungs- und Überweisungsbeschlusses einzuführen. ²Soweit nach Satz 1 Formulare eingeführt sind, muss sich der Antragsteller ihrer bedienen. ³Für Verfahren bei Gerichten, die die Verfahren elektronisch bearbeiten, und für Verfahren bei Gerichten, die die Verfahren nicht elektronisch bearbeiten, können unterschiedliche Formulare eingeführt werden.

Inhalt:

	Rn.		Rn.
A. Allgemeines	1	II. Rechtsfolgen und Rechtsbehelfe	6
B. Erläuterungen	3	C. Kosten und Gebühren	7
I. Entscheidung des Vollstreckungsgerichts	4		

A. Allgemeines

§ 828 ZPO regelt die Pfändung von **Geldforderungen**, sowie **Herausgabeansprüchen** (§ 846 ZPO) und darüber hinaus auch **anderen Vermögensrechte** (§ 857 ZPO) und stellt in der Praxis die wohl relevanteste Art der Zwangsvollstreckung dar. Für den Praktiker ist weiter zu beachten, dass gemäß Abs. 4 das vom BMJV zur Verfügung gestellte **Antragsformular zwingend zu verwenden** ist.[1] Gewisse Abweichungen (insbesondere ein Schwarz-Weiß Druck) sind nach § 3 ZVFV jedoch zulässig. Der Antrag muss letztlich eigenhändig vom Gläubiger oder vom Bevollmächtigten, welcher grundsätzlich eine Originalvollmacht beizulegen hat, unterschrieben sein,[2] bezüglich einer **Vollmacht** bei (nicht zwingender) Vertretung durch einen **Rechtsanwalt** gilt § 88 ZPO.   1

Geldforderungen i.S.d. § 829 ZPO sind all die entstandenen Ansprüche auf Zahlung einer Geldsumme unabhängig von ihrem Rechtsgrund oder möglicherweise existierenden Einreden oder Verjährungen bzw. Bedingungen.[3] Sie müssen aber dem Schuldner persönlich zustehen.[4] Möglich ist die wiederholte Pfändung derselben Forderung. Zukünftige Forderungen können nur dann gepfändet werden, wenn sie derart bestimmt sind, dass zumindest der Drittschuldner und der Rechtsgrund erkennbar sind,[5] auch wenn der genaue Zeitpunkt des Entstehens und die Höhe des Anspruches noch ungewiss sein mögen.[6]   2

---

1 Für gewöhnliche Geldforderungen ist dieses zu finden unter: http://www.bmjv.de/. Im Allgemeinen Keller-*Steder*, Handbuch Zwangsvollstreckungsrecht, Kap. 3 Rn. 227 ff.
2 LG Aurich, Rpfleger 1984, 323.
3 Musielak/Voit-*Becker*, ZPO, § 829 Rn. 5a m.w.N.
4 Abgetretene Forderungen sind deshalb grundsätzlich nicht pfändbar, BeckOK-*Utermark/Fleck*, ZPO, § 829 Rn. 15.
5 BGH, NJW 2004, 369 (370), Rn. 3 = FamRZ 2004, 183 (184), Rn. 3.
6 Musielak/Voit-*Becker*, ZPO, § 829 Rn. 6 m.w.N.

B. Erläuterungen

3 Grundsätzlich wird das Vollstreckungsgericht nur auf **Antrag des Gläubigers** nach Vorliegen der allgemeinen Vollstreckungsvoraussetzungen, dem der **Vollstreckungstitel** (§§ 724 ff. ZPO) sowie die **Zustellungsurkunde** (§ 750 ZPO) beizufügen sind, tätig. Es dürfen weiter keine Pfändungsverbote bestehen (speziell zu Untertitel 3 §§ 850, 851 ZPO; allgemein § 775 ZPO). Im Antrag sind die zu pfändenden Forderungen zu bezeichnen. Dies geschieht auf den Vordrucken auf den S. 4 ff. bzw. 5 ff. („Forderung aus Anspruch"). Allgemein sind die Forderungen so detailliert aufzuführen, dass **keine Verwechslungsgefahr mit anderen Forderungen** besteht.[7] Soweit der Drittschuldner und seine Anschrift sowie Rechtsgrund der Forderung bestimmt sind, dürfte das im Allgemeinen vorliegen. Bei Bankguthaben oder Sparkonten reicht die Bezeichnung des Kreditinstituts.[8] Auch der Schuldner muss so klar bezeichnet werden, dass eine **Identifizierung durch den Drittschuldner** möglich ist. Insofern sollte, wenn möglich, immer die Ladungsadresse angegeben werden, wobei auch ohne eine solche eine eindeutige Identifizierung möglich ist.[9]

I. Entscheidung des Vollstreckungsgerichts

4 Der Rechtspfleger prüft den Antrag **formell und materiell**. Der Schuldner darf nicht gehört werden (§ 843 ZPO; Ausnahme hiervon ist jedoch § 850b Abs. 3 ZPO). Sodann ergeht entweder ablehnender Beschluss oder ein Pfändungs- und Überweisungsbeschluss (zumindest in der Praxis immer gemeinsam, siehe hierzu die Ausführungen zu § 835 ZPO), der Schuldner, Gläubiger und Drittschuldner, den vollstreckten Anspruch sowie die gepfändete Forderung genau bezeichnen muss. Ist dies nicht der Fall ist der Beschluss unwirksam,[10] allerdings nur dann wenn eine Verwechslung nicht dennoch ausgeschlossen ist.[11]

5 Der Beschluss ist dem Schuldner zu übersenden bzw. im Falle einer Ablehnung zuzustellen (§ 329 Abs. 3 ZPO). Nach Abs. 2 ist dem Schuldner der Beschluss zusammen mit einer beglaubigten Abschrift der Zustellungsurkunde an den Drittschuldner zuzustellen, unabhängig vom Willen oder Antrag des Gläubigers.[12] Ein Verstoß macht den Beschluss anfechtbar aber nicht unwirksam. Nach Abs. 3 ist der Beschluss jedoch erst dann wirksam, wenn er dem Drittschuldner (oder im Rahmen der Ersatzzustellung)[13] beglaubigt[14] zugestellt wurde, auch werden erst dann die Rechtsfolgen ausgelöst.[15] Grundsätzlich wird im Parteibetrieb zugestellt, sinnvoll ist es jedoch, dies durch Auswahl der Vermittlungsoption jeweils auf S. 1 der Anträge der Geschäftsstelle zu übertragen:

> Zugleich wird beantragt, die Zustellung zu vermitteln.

Davon abgesehen werden sollte nur dann, wenn zusätzlich eine Hilfspfändung nach § 836 Abs. 3 ZPO erfolgen soll, und deshalb eine persönliche Beauftragung des Gerichtsvollziehers sinnvoller erscheint oder wenn die Zustellung an verschiedene Drittschuldner in unterschiedlichen Bezirken erfolgen soll und so ein einzelner Gerichtsvollzieher mit der Zustellung beauftragt werden kann.[16] Sinnvoll ist es zumeist auch die Aufforderung nach § 840 ZPO zu verlangen.

II. Rechtsfolgen und Rechtsbehelfe

6 Ist die Pfändung wirksam, tritt Verstrickung ein und ein **Pfändungspfandrecht** entsteht. Amtshaftungsansprüche können bestehen, wenn der Schuldner gehört wird und der Gläubiger so Ansprüche verliert (z.B. wegen Abtretung) oder wenn er im Rahmen der Ersatzzustellung an den Schuldner zugestellt wird.[17] Die Zustellung durch Aufgabe zur Post ist bei Zustellungen gegenüber eines im Ausland befindlichen Schuldners nur dann zulässig, wenn eine Zustellung nach den maßgeblichen Sekundärrechtsakten nicht in Betracht kommt.

---

7 Das hat aber keine besonders hohe Detailpflicht zur Folge, vgl. BGH, NJW 1983, 886 = MDR 1983, 486: Es muss lediglich klar sein, welche Forderung gemeint ist.
8 MK-*Smid*, ZPO, § 828 Rn. 20.
9 Vgl. OLG Stuttgart, NJW-RR 1994, 1023 = WPM 1993, 2020.
10 OLG Stuttgart, NJW 1994, 3303.
11 Vgl. beispielhaft OLG Köln, NJW-RR 1989, 190 (191) = JurBüro 1989, 276.
12 BeckOK-*Utermark/Fleck*, ZPO, § 829 Rn. 91.
13 Nicht jedoch an den Schuldner selbst, vgl. BAG, NJW 1981, 1399 = MDR 1981, 346.
14 Zu beachten ist aber § 169 Abs. 1 ZPO.
15 Ausnahme ist § 857 Abs. 2 ZPO, wonach die Wirksamkeit mit Zustellung an den Schuldner eintritt.
16 BeckOK-*Utermark/Fleck*, ZPO, § 829 Rn. 84 f.
17 OLG Celle, OLGR 2002, 73.

C. Kosten und Gebühren

Gerichtskosten entstehen nach Nr. 2111 KV-GKG (20,00 €). Der Rechtsanwalt wird über Nr. 3309, 3310 VV-RVG abgegolten.

§ 829a
Vereinfachter Vollstreckungsantrag bei Vollstreckungsbescheiden
[Fassung bis 31. 12. 2017]

(1) ¹Im Fall eines elektronischen Antrags zur Zwangsvollstreckung aus einem Vollstreckungsbescheid, der einer Vollstreckungsklausel nicht bedarf, ist bei Pfändung und Überweisung einer Geldforderung (§§ 829, 835) die Übermittlung der Ausfertigung des Vollstreckungsbescheides entbehrlich, wenn

1. die sich aus dem Vollstreckungsbescheid ergebende fällige Geldforderung einschließlich titulierter Nebenforderungen und Kosten nicht mehr als 5000 Euro beträgt; Kosten der Zwangsvollstreckung sind bei der Berechnung der Forderungshöhe nur zu berücksichtigen, wenn sie allein Gegenstand des Vollstreckungsantrags sind;
2. die Vorlage anderer Urkunden als der Ausfertigung des Vollstreckungsbescheides nicht vorgeschrieben ist;
3. der Gläubiger eine Abschrift des Vollstreckungsbescheides nebst Zustellungsbescheinigung als elektronisches Dokument dem Antrag beifügt und
4. der Gläubiger versichert, dass ihm eine Ausfertigung des Vollstreckungsbescheides und eine Zustellungsbescheinigung vorliegen und die Forderung in Höhe des Vollstreckungsantrags noch besteht.

²Sollen Kosten der Zwangsvollstreckung vollstreckt werden, sind zusätzlich zu den in Satz 1 Nr. 3 genannten Dokumenten eine nachprüfbare Aufstellung der Kosten und entsprechende Belege als elektronisches Dokument dem Antrag beizufügen.

(2) Hat das Gericht an dem Vorliegen einer Ausfertigung des Vollstreckungsbescheides oder der übrigen Vollstreckungsvoraussetzungen Zweifel, teilt es dies dem Gläubiger mit und führt die Zwangsvollstreckung erst durch, nachdem der Gläubiger die Ausfertigung des Vollstreckungsbescheides übermittelt oder die übrigen Vollstreckungsvoraussetzungen nachgewiesen hat.

(3) § 130a Abs. 2 bleibt unberührt.

§ 829a
Vereinfachter Vollstreckungsantrag bei Vollstreckungsbescheiden
[Fassung ab 01. 01. 2018]

(1) ¹Im Fall eines elektronischen Antrags zur Zwangsvollstreckung aus einem Vollstreckungsbescheid, der einer Vollstreckungsklausel nicht bedarf, ist bei Pfändung und Überweisung einer Geldforderung (§§ 829, 835) die Übermittlung der Ausfertigung des Vollstreckungsbescheides entbehrlich, wenn

1. die sich aus dem Vollstreckungsbescheid ergebende fällige Geldforderung einschließlich titulierter Nebenforderungen und Kosten nicht mehr als 5 000 Euro beträgt; Kosten der Zwangsvollstreckung sind bei der Berechnung der Forderungshöhe nur zu berücksichtigen, wenn sie allein Gegenstand des Vollstreckungsantrags sind;
2. die Vorlage anderer Urkunden als der Ausfertigung des Vollstreckungsbescheides nicht vorgeschrieben ist;
3. der Gläubiger eine Abschrift des Vollstreckungsbescheides nebst Zustellungsbescheinigung als elektronisches Dokument dem Antrag beifügt und
4. der Gläubiger versichert, dass ihm eine Ausfertigung des Vollstreckungsbescheides und eine Zustellungsbescheinigung vorliegen und die Forderung in Höhe des Vollstreckungsantrags noch besteht.

²Sollen Kosten der Zwangsvollstreckung vollstreckt werden, sind zusätzlich zu den in Satz 1 Nr. 3 genannten Dokumenten eine nachprüfbare Aufstellung der Kosten und entsprechende Belege als elektronisches Dokument dem Antrag beizufügen.

(2) Hat das Gericht an dem Vorliegen einer Ausfertigung des Vollstreckungsbescheides oder der übrigen Vollstreckungsvoraussetzungen Zweifel, teilt es dies dem Gläubiger mit und führt die Zwangsvollstreckung erst durch, nachdem der Gläubiger die Ausfertigung des Vollstreckungsbescheides übermittelt oder die übrigen Vollstreckungsvoraussetzungen nachgewiesen hat.

(3) (weggefallen)

ZPO § 830 Zwangsvollstreckung in Forderungen u.a. Vermögensrechte

Inhalt:
	Rn.		Rn.
A. Allgemeines	1	I. Beschränkung durch das Gericht	4
B. Erläuterungen	2	II. Sonstiges	5

A. Allgemeines

1 § 829a ZPO regelt die **vereinfachte elektronische Übermittlung** eines Antrags zur Zwangsvollstreckung aus einem Vollstreckungsbescheid. Zwar hat das BMJV nach § 829 Abs. 4 ZPO Formulare für die Übermittlung geschaffen, jedoch nimmt nur ein Bruchteil der Gerichte am elektronischen Gerichts- und Verwaltungspostfach teil.[1] Sie soll durch die Einführung des besonderen elektronischen Anwaltspostfachs verbreiteter und vereinfacht werden. Wird von der elektronischen Übersendung Gebrauch gemacht, sind keine Dokumente in Papierform zu übersenden. Die elektronische Übersendung ist jedoch nicht verbindlich, insofern kann immer auf das in § 829 ZPO beschriebene Verfahren zurückgegriffen werden.

B. Erläuterungen

2 Voraussetzung für die Möglichkeit der Übersendung nach § 829a ZPO ist das Vorliegen einer Zwangsvollstreckung aus einem **Vollstreckungsbescheid, der keiner Vollstreckungsklausel bedarf** (§ 796 Abs. 1). Weiter darf der geltend gemachte Betrag inklusive Zinsen, Kosten sowie sonstige Nebenforderungen 5.000,00 € nicht übersteigen und nicht die Vorlage von Urkunden erforderlich sein. Die Vorlage des Vollstreckungsbescheids (Abschrift genügt, § 131 Abs. 1 ZPO)[2] und seine Zustellbescheinigung ist dagegen nicht entbehrlich, sondern muss als elektronisches Dokument (z.B. eingescanntes pdf-Dokument) beigefügt werden, dem eine Versicherung beizufügen ist, dass diese vorliegen (Abs. 1 Nr. 3 und 4).

3 Sollen bisher angefallene **Kosten und Nebenforderungen** geltend gemacht werden, sind zusätzlich eine Kostenaufstellung und eventuell Dokumente ebenfalls als elektronisches Dokument beizufügen, aus denen sich die Kostenaufstellung so genau und unstreitig ergibt, dass das Vollstreckungsgericht seine Prüfung gemäß § 788 Abs. 1 Satz 1 ZPO ausführen kann.[3]

I. Beschränkung durch das Gericht

4 Nach Abs. 2 kann das Gericht, soweit sich aus den übersendeten Dokumenten die Zulässigkeit der Zwangsvollstreckung in irgendeiner Form nicht rechtssicher ergibt, die Übersendung in der bisher üblichen Form verlangen. Dies wird dem Gläubiger durch den Rechtspfleger mitgeteilt.[4] Solche Zweifel können sich zum Beispiel aus der Unleserlichkeit der übermittelten Ausfertigung ergeben oder auch daraus, dass es bezüglich der Forderungsbeträge in Vollstreckungsauftrag und Ausfertigung zu Differenzen kommt.[5]

II. Sonstiges

5 Nach Abs. 3 bleibt § 130a Abs. 2 ZPO unberührt, insofern müssen die Landesregierungen für ihre eigene Gerichtsorganisation Verordnungen zur Zulässigkeit der elektronischen Gerichtsorganisation erlassen. Einen Überblick für die einzelnen Länder gibt es unter http://www.justiz.de/elektronischer_rechtsverkehr/index.php.

6 Eine Vorschusspflicht bei der Übersendung nach § 829a ZPO besteht nicht (§ 12 Abs. 6 Satz 2 GKG).

§ 830
Pfändung einer Hypothekenforderung

(1) ¹Zur Pfändung einer Forderung, für die eine Hypothek besteht, ist außer dem Pfändungsbeschluss die Übergabe des Hypothekenbriefes an den Gläubiger erforderlich. ²Wird die Übergabe im Wege der Zwangsvollstreckung erwirkt, so gilt sie als erfolgt, wenn der Gerichtsvollzieher den Brief zum Zwecke der Ablieferung an den Gläubiger wegnimmt. ³Ist die Erteilung des Hypothekenbriefes ausgeschlossen, so ist die Eintragung der Pfändung in das Grundbuch erforderlich; die Eintragung erfolgt auf Grund des Pfändungsbeschlusses.

(2) Wird der Pfändungsbeschluss vor der Übergabe des Hypothekenbriefes oder der Eintragung der Pfändung dem Drittschuldner zugestellt, so gilt die Pfändung diesem gegenüber mit der Zustellung als bewirkt.

---

1 Die Übersicht findet sich unter http://www.egvp.de/gerichte/index.php.
2 Thomas/Putzo-*Seiler*, ZPO, § 829a Rn. 2.
3 BeckOK-*Utermark/Fleck*, ZPO, § 829a Rn. 4.
4 Thomas/Putzo-*Seiler*, ZPO, § 829a Rn. 3.
5 Zum insofern identischen § 754a ZPO: BT-Drucks. 18/7560, S. 35.

(3) ¹Diese Vorschriften sind nicht anzuwenden, soweit es sich um die Pfändung der Ansprüche auf die im § 1159 des Bürgerlichen Gesetzbuchs bezeichneten Leistungen handelt. ²Das Gleiche gilt bei einer Sicherungshypothek im Falle des § 1187 des Bürgerlichen Gesetzbuchs von der Pfändung der Hauptforderung.

Inhalt:

	Rn.		Rn.
A. Allgemeines	1	C. Rechtsbehelfe, Kosten und	
B. Durchführung der Pfändung	2	Gebühren	5

A. Allgemeines

§ 830 ZPO regelt spezialgesetzlich die Wirksamkeit einer Forderungspfändung, wenn diese in der Pfändung einer **Hypothek** besteht. Eine Zustellung des Pfändungsbeschlusses an den Drittgläubiger ist hier entgegen § 929 ZPO nicht erforderlich. Bezüglich den Voraussetzungen sowie der Durchführung, Beantragung und Wirkungen gilt das zu § 829 ZPO Gesagte (insbesondere auch, dass eine wirksame Pfändung nur dann eintreten kann, wenn dem Schuldner der Hypothekenanspruch tatsächlich auch persönlich zusteht), wobei sich bezüglich der Bestimmtheit der Pfändungsforderung höhere Ansprüche stellen: Soweit möglich sollte der Grundbucheintrag benannt werden (nach Blatt und Band), sollte dies nicht möglich sein, ist zumindest die Postadresse genau zu bezeichnen.[1] § 830 ZPO gilt nur für **bereits bestehende Hypotheken**,[2] Hypotheken, die der Sicherung bereits gepfändeter Forderungen dienen, werden von der vorherigen Pfändung dieser Forderung nämlich bereits erfasst.[3] Zu beachten ist weiterhin, dass Wertpapierhypotheken nicht nach § 830 ZPO, sondern nach § 831 ZPO gepfändet werden.[4]   1

B. Durchführung der Pfändung

Für die Durchführung der Pfändung ist zwischen Brief- und Buchhypothek zu unterscheiden. Die **Pfändung einer Briefhypothek** wird durch Zustellung des Pfändungsbeschlusses (der nach § 829 ZPO wirksam ist) an den Drittschuldner (wobei dies sowohl der persönliche Drittschuldner als auch der Eigentümer des Grundstückes sind, folglich möglicherweise auch mehrere Personen)[5] und die Übergabe des Hypothekenbriefes an den Gläubiger wirksam (Übergabe an den Gerichtsvollzieher gilt im Lichte des § 754 ZPO als an den Gläubiger übergeben). Der Übergabe an den Gerichtsvollzieher steht die (auch frühere) freiwillige Übergabe[6] oder die zwangsweise Wegnahme (§§ 883, 886 ZPO) gleich. Ist der Gläubiger bereits im erlaubten Besitz des Briefes, genügt die Zustellung des Pfändungsbeschlusses. Ein Anspruch des Gläubigers besteht auch auf Pfändung des Herausgabeanspruches gegenüber einem dritten Besitzer oder im Falle von Teilhypotheken auf Ausstellung von Teilbriefen.[7] Gleiches gilt für die Pfändung des Anspruches auf Neuausstellung eines untergegangenen Briefes.[8]   2

Die **Pfändung einer Buchhypothek** nach Abs. 1 Satz 3 findet Anwendung, soweit ein Hypothekenbrief wegen §§ 1116, 1185 BGB ausgeschlossen ist. Die Eintragung ersetzt nur die Übergabe des Briefes, ansonsten gelten die Voraussetzungen und Wirkungen der Pfändung einer Briefhypothek. Die Eintragung erfolgt auf Antrag des Gläubigers (§§ 13, 30 GBO) bzw. seines Bevollmächtigten (für Rechtsanwalte gilt insofern § 88 Abs. 2 ZPO; eine Vollmacht ist weiter nur dann erforderlich, wenn sich dies nicht bereits aus dem Pfändungsbeschluss ergibt),[9] wobei die Eintragungsbewilligung nach § 19 GBO durch den Pfändungsbeschluss ersetzt wird. Soweit der Schuldner nicht als Hypothekengläubiger eingetragen ist, muss zuvor Berichtigung nach §§ 14, 22, 29 GBO verlangt werden.   3

Grundsätzlich ist die Zustellung des Pfändungsbeschlusses an den bzw. die Drittschuldner (vgl. Rn. 2) für die Wirksamkeit der Pfändung unerheblich. Abs. 2 stellt jedoch klar, dass soweit die Zustellung vor der Übergabe des Hypothekenbriefes bzw. der Eintragung erfolgt, das Verfügungsverbot gegenüber dem Drittschuldner bereits vorher eintritt. Dies gilt jedoch nur soweit die Briefübergabe bzw. Eintragung tatsächlich vorgenommen werden.[10] Die Eintragung bzw. Übergabe sollte dann jedoch schnellstmöglich erfolgen.[11]   4

---

1 BGH, NJW 1975, 980 (981) = Rpfleger 1975, 219 (220).
2 OLG Hamm, NJW 1981, 354 = JurBüro 1980, 1740.
3 OLG Hamm, OLGZ 1981, 19 = Rpfleger 1980, 483.
4 Thomas/Putzo-*Seiler*, ZPO, § 830 Rn. 2b.
5 Thomas/Putzo-*Seiler*, ZPO, § 830 Rn. 4.
6 OLG Düsseldorf, OLGZ 1969, 208 (208 f.) = Rpfleger 1969, 65.
7 Musielak/Voit-*Becker*, ZPO, § 830 Rn. 5 f. m. w. N.
8 OLG Frankfurt a.M., NJW 1962, 640 (640 f.).
9 BeckOK-*Utermark/Fleck*, ZPO, § 830 Rn. 7.
10 BGH, NJW 1994, 3225 (3226) = Rpfleger 1995, 119 (120).
11 Für eine Höchstfrist von einem Monat, vgl. BeckOK-*Utermark/Fleck*, ZPO, § 830 Rn. 17.

C. Rechtsbehelfe, Kosten und Gebühren

5 Es gelten die gleichen Rechtsbehelfe wie bei § 829 ZPO. Gegen Entscheidungen des Grundbuchamtes steht § 71 GBO offen.

6 Für die Pfändung des Briefes durch den Gerichtsvollzieher werden Kosten nach Nr. 221 KV-GvKostG (26,00 €) erhoben (erfolglose Pfändung nach Nr. 604 KV-GvKostG; 15,00 €). Anwaltsgebühren wie in § 829 ZPO.

§ 830a
Pfändung; Schiffshypothekenforderung

(1) Zur Pfändung einer Forderung, für die eine Schiffshypothek besteht, ist die Eintragung der Pfändung in das Schiffsregister oder in das Schiffsbauregister erforderlich; die Eintragung erfolgt auf Grund des Pfändungsbeschlusses.

(2) Wird der Pfändungsbeschluss vor der Eintragung der Pfändung dem Drittschuldner zugestellt, so gilt die Pfändung diesem gegenüber mit der Zustellung als bewirkt.

(3) [1]Diese Vorschriften sind nicht anzuwenden, soweit es sich um die Pfändung der Ansprüche auf die im § 53 des Gesetzes über Rechte an eingetragenen Schiffen und Schiffsbauwerken vom 15. November 1940 (RGBl. I S. 1499) bezeichneten Leistungen handelt. [2]Das Gleiche gilt, wenn bei einer Schiffshypothek für eine Forderung aus einer Schuldverschreibung auf den Inhaber, aus einem Wechsel oder aus einem anderen durch Indossament übertragbaren Papier die Hauptforderung gepfändet wird.

1 Die Pfändung einer **Schiffshypothek** und entsprechend eines **Registerpfandrechts an einem Luftfahrzeug** (§ 99 Abs. 1 LuftFzgG; Registergericht ist das AG Braunschweig) entspricht der einer Buchhypothek. Kosten und Gebühren entstehen gleich § 830 ZPO; das Registergericht macht Kosten nach § 84 KostO geltend.

§ 831
Pfändung indossabler Papiere

Die Pfändung von Forderungen aus Wechseln und anderen Papieren, die durch Indossament übertragen werden können, wird dadurch bewirkt, dass der Gerichtsvollzieher diese Papiere in Besitz nimmt.

Inhalt:

	Rn.		Rn.
A. Allgemeines	1	C. Rechtsbehelfe, Kosten	4
B. Durchführung und Wirkung der Pfändung	3		

A. Allgemeines

1 § 831 ZPO regelt die Pfändung von Forderungen aus Wertpapieren, die durch Indossament übertragen werden.

2 Orderpapiere sind u.a. Wechsel (Art. 11 WG; auch Blankowechsel),[1] Inhaberaktien (§ 10 Abs. 1 AktG), Inhaberschecks (Art. 5 Abs. 2, 3 ScheckG), Hypothekenpfandbriefe. Nicht umfasst sind Rektapapiere (Pfändung nach § 808 ZPO), Namensaktien (§ 68 AktG) oder Postsparbücher.[2]

B. Durchführung und Wirkung der Pfändung

3 Obwohl es grundsätzlich um die Pfändung der zugrundeliegenden Forderung geht, erfolgt eine Pfändung nicht nach § 829 ZPO, sondern nach §§ 808 ff. ZPO, wobei die Verwertung dann wieder nach §§ 835 ff. ZPO und nicht nach §§ 821 ff. ZPO erfolgt.[3] Ein **Pfändungsbeschluss** (und damit Antrag an das Vollstreckungsgericht) ist **nicht erforderlich**. Die Wirkung der Pfändung entspricht denen des § 829 ZPO und entsteht mit Wegnahme.

---

1 MK-*Smid*, ZPO, § 831 Rn. 1 f.
2 MK-*Smid*, ZPO, § 831 Rn. 4 f. m.w.N.
3 Thomas/Putzo-*Seiler*, ZPO, § 831 Rn. 1.

C. Rechtsbehelfe, Kosten

Rechtsbehelf ist § 766 ZPO an das zuständige Vollstreckungsgericht (§ 764 Abs. 2 ZPO bzw. § 828 Abs. 2 ZPO, wenn die Überweisung angegriffen werden soll).[4]   4

Hinsichtlich der Kosten gelten die Ausführungen zu § 808 ZPO entsprechend.   5

§ 832
Pfändungsumfang bei fortlaufenden Bezügen

Das Pfandrecht, das durch die Pfändung einer Gehaltsforderung oder einer ähnlichen in fortlaufenden Bezügen bestehenden Forderung erworben wird, erstreckt sich auch auf die nach der Pfändung fällig werdenden Beträge.

Soweit eine Forderung nach § 829 ZPO wirksam gepfändet wurde, erstreckt sich der Pfändungsbeschluss nicht nur auf die konkrete einmalige Forderung, sondern weiter auch alle folgenden Forderungen. Für den Praktiker bedeutet dies, dass ein einmaliger Pfändungsantrag für die fortgesetzte Pfändung ausreicht. Ein fortlaufender Bezug liegt vor, wenn der Schuldner gegen einen bestimmten bzw. bestimmbaren Drittschuldner aus einem **einheitlichen Rechtsverhältnis** fortlaufend Forderungen besitzt.[1] Explizit gilt das für Gehalt bzw. Lohnzahlungsansprüche. § 832 ZPO ist jedoch auch anwendbar auf wiederkehrende Ansprüche aus z.B. Miet-, Pacht- und Unterhaltsverhältnissen, staatliche Sozialleistungen,[2] oder Ratenzahlungen. Auch Abschlagszahlungen für Ärzte gegen die kassenärztliche Vereinigung fallen unter § 832 ZPO.[3] Eine Beschränkung auf eine einmalige Forderung ist jedoch möglich.   1

Soweit eine Forderung nach § 829 ZPO wirksam gepfändet wurde, erstreckt sich das Pfandrecht nicht nur auf die konkrete einmalige Forderung, sondern weiter auf alle zukünftigen Forderungen, soweit sie **fällig** sind. Ist die Forderung z.B. durch Erfüllung des Drittschuldners erloschen, erlischt das Pfandrecht an der entsprechenden (aber nur an dieser) Rate.[4] Die Beteiligten können eigene Absprachen bezüglich der Verteilung der Ansprüche treffen,[5] nachrangige Gläubiger können durch die Erinnerung (§ 766 ZPO) sodann erreichen, dass das Pfändungsrecht des Primärgläubigers gemäß § 803 Abs. 1 Satz 2 ZPO auf diesen Betrag beschränkt wird.[6] Das Pfandrecht erlischt, wenn die Grundforderung beglichen ist. Wird das zugrundeliegende Rechtsverhältnis beendet, ist die Pfändung hinfällig. Nicht der Fall ist dies bei nur kurzzeitiger Unterbrechung (siehe § 833 Abs. 2 ZPO speziell für Arbeits- und Dienstverhältnisse). Sonderfall ist die Insolvenzeröffnung.[7]   2

§ 833
Pfändungsumfang bei Arbeits- und Diensteinkommen

(1) ¹Durch die Pfändung eines Diensteinkommens wird auch das Einkommen betroffen, das der Schuldner infolge der Versetzung in ein anderes Amt, der Übertragung eines neuen Amtes oder einer Gehaltserhöhung zu beziehen hat. ²Diese Vorschrift ist auf den Fall der Änderung des Dienstherrn nicht anzuwenden.

(2) Endet das Arbeits- oder Dienstverhältnis und begründen Schuldner und Drittschuldner innerhalb von neun Monaten ein solches neu, so erstreckt sich die Pfändung auf die Forderung aus dem neuen Arbeits- oder Dienstverhältnis.

---

4 Musielak/Voit-*Becker*, ZPO, § 831 Rn. 5.

Zu § 832:
1 BGHZ 1984, 371 = NJW 1982, 2193; Drittschuldner und Rechtsverhältnis müssen deshalb im Antrag genau benannt werden.
2 Bezüglich Arbeitslosengeld: BSG, MDR 1989, 187 = SozSich 1989, 21.
3 OLG Nürnberg, JurBüro 2002, 603 = InVo 2003, 78.
4 BGH, DZWIR 2011, 296 (296 ff.).
5 MK-*Smid*, ZPO, § 832 Rn. 12.
6 MK-*Smid*, ZPO, § 832 Rn. 13.
7 Siehe dazu BeckOK-*Utermark/Fleck*, ZPO, § 832 Rn. 7 f.

1 Ergänzend zu § 832 ZPO bleibt nach § 833 Abs. 1 ZPO das Pfandrecht auf das nach § 829 ZPO gepfändete Arbeits- oder Diensteinkommen auch dann bestehen, wenn der Schuldner einen anderen Aufgabenbereich übernimmt (Abs. 1).[1] § 833 ZPO ist jedoch nur dann anwendbar, wenn Arbeitgeber oder Dienstherr (also derjenige, gegen den die Forderung der Zahlung besteht) derselbe bleibt. Bei Umwandlungen ist § 833 ZPO nur dann anwendbar wenn eine Gesamtrechtsnachfolge vorliegt.[2] Auch auf eine Änderung nach § 613a BGB ist § 833 ZPO anwendbar.[3] Nichts desto trotz ist in solchen Fällen um eine gutgläubige Erfüllung eines möglicherweise abweichenden Zahlenden zu verhindern eine erneute Zustellung des Pfändungsbeschluss unter Hinweis auf § 833 ZPO **empfehlenswert**.[4] Verbleibt der Schuldner in seiner Position, wechselt aber der Dienstherr ist ein neuer Pfändungsbeschluss erforderlich (Abs. 1 Satz 2).

2 Bleibt der Arbeitgeber oder Dienstherr derselbe, sind auch Gehaltserhöhungen von der Pfändung umfasst, der Pfändungsbetrag erhöht sich insofern.

3 Abs. 2 stellt klar, dass die Pfändung nicht schon dadurch hinfällig wird, wenn ein Arbeits- oder Dienstverhältnis für einen **Zeitraum von bis zu neun Monaten unterbrochen wird** (Abs. 2; Fristberechnung nach § 222 ZPO i.V.m. § 188 Abs. 2 BGB, wobei auf Beginn und Ende des Arbeitsverhältnisses abzustellen ist).[5] Auch hier muss der alte und neue Arbeitgeber oder Dienstherr identisch sein. Wird das neue Verhältnis innerhalb dieser Zeit wieder aufgenommen gilt der alte Pfändungsbeschluss auch für die dadurch entstehenden Forderungen. Nach Fristablauf ist ein neuer Pfändungsbeschluss erforderlich. Entscheiden ist jedoch, dass die Unterbrechung nicht schon grundsätzlich Ausnahmecharakter hat (z.B. Beurlaubung aus familiären Gründen), sondern vielmehr ein tatsächlich neuer Vertragsschluss erfolgt.[6]

§ 833a
Pfändungsumfang bei Kontoguthaben

Die Pfändung des Guthabens eines Kontos bei einem Kreditinstitut umfasst das am Tag der Zustellung des Pfändungsbeschlusses bei dem Kreditinstitut bestehende Guthaben sowie die Tagesguthaben der auf die Pfändung folgenden Tage.

1 § 833 ZPO erleichtert die Pfändung von **Kontoguthaben** (unabhängig der genauen Bezeichnung alle Konten bei Kreditinstituten)[1] im Vergleich zur alten Rechtslage.[2] Nach der neuen Rechtslage genügt die Pfändung des **Tagesguthabens** am Tage der Zustellung des Pfändungsbeschlusses. Die Pfändung gilt dann auch für alle darauffolgenden Veränderungen (insbesondere Erhöhungen) des Guthabens bis zur Tilgung der Schuld.

§ 834
Keine Anhörung des Schuldners
Vor der Pfändung ist der Schuldner über das Pfändungsgesuch nicht zu hören.

1 Im Verfahren nach §§ 829 ff. ZPO **darf der Schuldner nicht gehört werden**, um eine Vereitelung der Pfändung zwischen Beschluss und Zustellung an den Drittschuldner zu verhindern.

---

1 Der Wortlaut ist insofern missverständlich, dass die Norm auf Beamte und Beschäftigte im öffentlichen Dienst zugeschnitten scheint, was jedoch nicht der Fall ist; „Amt" bedeutet insofern jede Arbeitsstelle und nicht nur das behördliche Amt, vgl. Thomas/Putzo-*Seiler*, ZPO, § 833 Rn. 1. Vgl. sehr ausführlich Keller-*Schrandt*, Handbuch Zwangsvollstreckungsrecht, Kap. 3 Rn. 445 ff., zur Pfändung von Arbeitseinkommen.
2 BeckOK-*Utermark/Fleck*, ZPO, § 833 Rn. 1.
3 LAG Frankfurt a.M., NZA 2000, 615 = MDR 2000, 232; LAG Hamm, DB 1976, 440 = BB 1976, 364.
4 Musielak/Voit-*Becker*, ZPO, § 833 Rn. 2.
5 Für andere fortlaufende Bezüge, ist dies jedoch auch im Rahmen des § 832 ZPO ohne starre Grenze anerkannt, vgl. § 832 Rn. 2; auch für Arbeits- und Dienstverhältnisse kann insbesondere bei kollusivem Zusammenwirken auch eine längere Unterbrechung unschädlich sein, vgl. OLG Hamm, NJW-RR 1993, 1325 (1326).
6 BeckOK-*Utermark/Fleck*, ZPO, § 833 Rn. 2 f.

Zu § 833a:
1 BT-Drucks. 16/7615, S. 16.
2 Eine Darstellung der insofern irrelevanten alten Rechtslage findet sich in Musielak/Voit-*Becker*, ZPO, § 833a Rn. 2.

Diese Norm gilt auch soweit der Gläubiger ein Rechtsmittelverfahren anstrengt[1] oder gleichzeitig ein Überweisungsbeschluss beantragt wird. Ausnahmsweise ist der Schuldner anzuhören, wenn dies gesetzlich vorgesehen ist. Dies ist explizit nur in § 850b Abs. 3 ZPO der Fall. Eine entsprechende Anhörungsbefugnis oder sogar -pflicht bei Billigkeitsentscheidungen (so z.B. § 54 Abs. 2 SGB I) wird diskutiert, ist aber wohl nicht haltbar.[2] Anzuhören ist der Schuldner jedoch, soweit der Gläubiger dies beantragt.[3] Weiter kann eine Anhörung wohl erfolgen, soweit der Zweck, also die wirksame Pfändung, durch Anhörung nicht vereitelt werden kann.[4]

Wird der Schuldner entgegen § 834 ZPO dennoch angehört, bleibt die Pfändung **wirksam**. Verliert der Gläubiger deshalb allerdings in kausaler Weise seine Pfändungsmöglichkeit, kann dies Amtshaftungsansprüche nach § 839 Abs. 1 BGB i.V.m. Art. 34 GG auslösen 2

§ 835
Überweisung einer Geldforderung

(1) Die gepfändete Geldforderung ist dem Gläubiger nach seiner Wahl zur Einziehung oder an Zahlungs statt zum Nennwert zu überweisen.

(2) Im letzteren Fall geht die Forderung auf den Gläubiger mit der Wirkung über, dass er, soweit die Forderung besteht, wegen seiner Forderung an den Schuldner als befriedigt anzusehen ist.

(3) ¹Die Vorschriften des § 829 Abs. 2, 3 sind auf die Überweisung entsprechend anzuwenden. ²Wird ein bei einem Kreditinstitut gepfändetes Guthaben eines Schuldners, der eine natürliche Person ist, dem Gläubiger überwiesen, so darf erst vier Wochen nach der Zustellung des Überweisungsbeschlusses an den Drittschuldner aus dem Guthaben an den Gläubiger geleistet oder der Betrag hinterlegt werden; ist künftiges Guthaben gepfändet worden, ordnet das Vollstreckungsgericht auf Antrag zusätzlich an, dass erst vier Wochen nach der Gutschrift von eingehenden Zahlungen an den Gläubiger geleistet oder der Betrag hinterlegt werden darf.

(4) ¹Wird künftiges Guthaben auf einem Pfändungsschutzkonto im Sinne von § 850k Absatz 7 gepfändet und dem Gläubiger überwiesen, darf der Drittschuldner erst nach Ablauf des nächsten auf die jeweilige Gutschrift von eingehenden Zahlungen folgenden Kalendermonats an den Gläubiger leisten oder den Betrag hinterlegen. ²Das Vollstreckungsgericht kann auf Antrag des Gläubigers eine abweichende Anordnung treffen, wenn die Regelung des Satzes 1 unter voller Würdigung des Schutzbedürfnisses des Schuldners für den Gläubiger eine unzumutbare Härte verursacht.

(5) Wenn nicht wiederkehrend zahlbare Vergütungen eines Schuldners, der eine natürliche Person ist, für persönlich geleistete Arbeiten oder Dienste oder sonstige Einkünfte, die kein Arbeitseinkommen sind, dem Gläubiger überwiesen werden, so darf der Drittschuldner erst vier Wochen nach der Zustellung des Überweisungsbeschlusses an den Gläubiger leisten oder den Betrag hinterlegen.

Inhalt:

	Rn.		Rn.
A. Allgemeines	1	III. Schutz des Schuldners	7
B. Erläuterungen	2	C. Rechtsbehelfe	10
I. Durchführung der Überweisung	2	D. Kosten und Gebühren	12
II. Wirkungen der Überweisung	5		

A. Allgemeines

Nach § 835 ZPO stellt die Überweisung die **gewöhnliche Verwertungsart** einer nach § 829 ZPO bzw. § 831 ZPO gepfändeten Forderung dar, nach §§ 844, 857 Abs. 4, Abs. 5 ZPO besteht allerdings die Möglichkeit einer anderweitigen Verwertung. Eine Überweisung ist in den Fällen der §§ 930, 720a, 772f., 782f. ZPO verboten und macht die Überweisung nichtig.[1] 1

---

[1] OLG Köln, NJW-RR 1988, 1467 = MDR 1988, 683; die Rechtsmittelkosten können dennoch dem Schuldner auferlegt werden, vgl. BGH, NJW-RR 2009, 1384 (1385), Rn. 13 = NZM 2009, 660 (661), Rn. 13.
[2] Musielak/Voit-*Becker*, ZPO, § 834 Rn. 3 m.w.N.
[3] LG Braunschweig Rpfleger 1981, 489.
[4] Musielak/Voit-*Becker*, ZPO, § 834 Rn. 2 m.w.N.

Zu § 835:
[1] Musielak/Voit-*Becker*, ZPO, § 835 Rn. 1.

B. Erläuterungen
I. Durchführung der Überweisung

2 Der Überweisungsbeschluss wird nur auf **Antrag des Gläubigers** und bei Vorliegen eines Pfändungsbeschlusses erlassen, kann jedoch schon mit Erlass des Pfändungsbeschlusses beantragt werden. Sinnvoll ist ein kombinierter Antrag in der Praxis aus zwei Gesichtspunkten: Zum einen sorgt es für eine erhebliche Zeitersparnis, des Weiteren gilt bei einem einheitlichen Pfändungs- und Überweisungsbeschluss auch bezüglich des zweiten das **Anhörungsverbot** des § 834 ZPO, nicht jedoch beim alleinigen Überweisungsantrag. Beantragt werden kann die Überweisung auf S. 1 der zu verwendenden Formulare (zu finden bei der Kommentierung zu § 829 ZPO, dort Fn. 1).² Zuständigkeit richtet sich nach § 828 ZPO. Das Verfahren bis zum Überweisungsbeschluss entspricht im sonstigen dem Erlass des Pfändungsbeschlusses.

3 Die Überweisung kann **entweder zur Einziehung oder an Zahlungs statt** erfolgen. Erstere ist die deutlich häufigere, insbesondere weil sie mit dem Antrag zur Pfändung kombiniert werden kann und weil sie im Gegensatz zur zweiten Möglichkeit nicht die Gefahr einer Zahlungsunfähigkeit des Drittschuldners birgt. Ausgewählt werden, kann dies auf S. 10 bzw. 8 der amtlichen Vordrucke. Der Überweisungsbeschluss ergeht durch das zuständige Vollstreckungsgericht. Die Wirksamkeit des Beschlusses entspricht dem des § 829 ZPO.

4 Der Beschluss wird **wirksam**, wenn er dem Drittschuldner zugestellt wird, Abs. 3 Satz 1. Keine Wirksamkeitsvoraussetzung ist hingegen das Bestehen der geltend gemachten Forderung.³

II. Wirkungen der Überweisung

5 Eine **wirksame Überweisung zur Einziehung** gibt dem Gläubiger das Recht, die entsprechende Forderung, inklusive aller Nebenrechte **in eigenem Namen** geltend zu machen, wenngleich der Schuldner Inhaber der Forderung bleibt. Sie entspricht also der Rechtsstellung des Pfandgläubigers nach Pfandreife.⁴ Die **Wirkung der Überweisung an Zahlungs statt**, entsprechen nach Abs. 2 der einer Abtretung (§§ 398 ff. BGB). Der Gläubiger wird also Inhaber der Forderung. Gegenüber dem Schuldner gilt der Gläubiger damit als befriedigt.

6 Eine wirksame Überweisung bewirkt auch den Übergang der **Nebenrechte** der §§ 401 ff. BGB.⁵ Dies kann in der Praxis höchst relevant sein. Wird beispielsweise der Lohnanspruch des Schuldners gepfändet und überwiesen, so kann der Gläubiger die bisherigen **Lohnabrechnungen** beim Drittschuldner (also beim Arbeitgeber) nach § 402 BGB herausverlangen. Insbesondere für den Familienrechtler stellt sich damit die Möglichkeit, zusätzlich zur Pfändung und Überweisung eines Lohnanspruches des ehemaligen Ehepartners auch die Einkommensangaben bezüglich eines möglicherweise bestehenden Unterhaltsanspruches zu überprüfen.

III. Schutz des Schuldners

7 **Abs. 3 Satz 2** dient dem Schutz des Schuldners, soweit es sich um eine natürliche Person handelt, der für Geldguthaben jeder Art auf einem Konto eines Kreditinstitutes (vgl. hierfür § 833a ZPO) innerhalb von vier Wochen (Fristberechnung nach § 222 ZPO) nach der Zustellung des Beschlusses ein Leistungs- oder Hinterlegungsverbot für den Drittschuldner festlegt; auch eine Aufrechnung dürfte innerhalb dieser Frist nicht möglich sein.⁶ In dieser Zeit soll es dem Schuldner möglich sein, eventuelle Klagen (insbesondere § 850l ZPO) vorzubereiten.⁷ Nach dem zweiten Halbsatz gilt dies ebenso bei der Pfändung von zukünftigen Guthaben, wobei dann das Datum der Gutschrift die Frist in Gang setzt.⁸ Jedoch gilt der Schutz des ersten Halbsatzes nur dann, wenn dies bei zukünftigen Guthaben vom Schuldner beantragt wird. Kommt es dennoch zu einer Auszahlung, hat der Schuldner gegen den Drittschuldner einen Anspruch auf Schadensersatz nach § 823 Abs. 2 BGB.

8 Auch **Abs. 4** dient dem Schutz des Schuldners, dann wenn das Konto ein P-Konto i.S.d. § 850k Abs. 7 ZPO darstellt. Soweit zukünftiges Geldguthaben gepfändet und überwiesen wurde, darf die Leistung oder Hinterlegung erst nach Ablauf des auf die Gutschrift folgenden Kalendermonats erfolgen. Trotz des Zweckes des § 850k ZPO gilt dies für alle Gutschriften.⁹ Jedoch kann der Gläubiger einen Antrag auf Zulassung einer vorherigen Überweisung beim Vollstre-

---

2 Anzukreuzen ist „und Überweisung"; soweit isoliert beantragt wird, ist im Übrigen das Formular nicht zwingend zu verwenden, BR-Drucks. 137/14, S. 28.
3 BeckOK-*Utermark/Fleck*, ZPO, § 835 Rn. 5.
4 MK-*Smid*, ZPO, § 835 Rn. 11.
5 Zusätzlich aber u.a. auch ein Mahnrecht und das Recht einen Insolvenzantrag zu stellen, BeckOK-*Utermark/Fleck*, ZPO, § 835 Rn. 10.
6 Thomas/Putzo-*Seiler*, ZPO, § 835 Rn. 10.
7 MK-*Smid*, ZPO, § 835 Rn. 34.
8 MK-*Smid*, ZPO, § 835 Rn. 38.
9 Musielak/Voit-*Becker*, ZPO, § 835 Rn. 15a.

ckungsgericht beantragen, soweit die Regelung für ihn eine besondere Härte darstellt, wobei das Schuldnerinteresse im Zweifel vorranging ist, eine praktische Anwendung damit unwahrscheinlich ist.[10]

Abs. 5 dient letztlich dem Schutz der genannten Einkünfte (vgl. zur Erläuterung den insoweit gleichlautenden Begriff in § 850i ZPO), um den Rechtsbehelf des § 850i ZPO zu ermöglichen. Die Wirkungen dieser Frist sind die gleichen wie die des Abs. 3. 9

C. Rechtsbehelfe

Gegen Entscheidungen bezüglich des Überweisungsbeschlusses gilt das zu § 829 ZPO Gesagte; gegen eine Entscheidung im Rahmen des § 835 Abs. 3 Satz 2 Hs. 2 ZPO ist die sofortige Beschwerde (§ 793 ZPO) anzustrengen. 10

Zusätzlich dazu hat der Gläubiger, soweit der Drittschuldner trotz Überweisung nicht leistet, die Pflicht, eine **Drittschuldnerklage (auch Einziehungsklage)** zu erheben. Erst diese stellt einen Vollstreckungstitel gegen den Drittschuldner dar.[11] Unterlässt der Schuldner die Titulierung macht er sich schadensersatzpflichtig, § 842 ZPO. Die Klage ist beim Vollstreckungsgericht in eigenem Namen einzureichen, welches für eine Titulierung für den Schuldner gegen den Drittschuldner zuständig wäre. Eine solche Klage ist auch bezüglich zukünftiger Forderungen zulässig, wenn dargelegt werden kann, dass die Leistung nicht erfolgen wird.[12] Ist die Drittschuldnerklage unberechtigt, weil der Drittschuldner seiner Pflicht nach § 840 ZPO nicht nachgekommen ist, kann die Drittschuldnerklage im selben Verfahren auf die Feststellung, dass einen Schadensersatzanspruch nach § 840 Abs. 2 Satz 2 ZPO besteht, umgestellt werden.[13] 11

D. Kosten und Gebühren

Die Gerichtskosten sowie die Rechtsanwaltsgebühren entsprechen denen des § 829 ZPO. Bei einer Drittschuldnerklage sind die Kosten durch den Schuldner zu erstatten, § 788 Abs. 1 ZPO. Umfasst werden alle notwendigen Kosten, auch die einer anwaltlichen Vertretung.[14] 12

§ 836
Wirkung der Überweisung

(1) Die Überweisung ersetzt die förmlichen Erklärungen des Schuldners, von denen nach den Vorschriften des bürgerlichen Rechts die Berechtigung zur Einziehung der Forderung abhängig ist.

(2) Der Überweisungsbeschluss gilt, auch wenn er mit Unrecht erlassen ist, zugunsten des Drittschuldners dem Schuldner gegenüber so lange als rechtsbeständig, bis er aufgehoben wird und die Aufhebung zur Kenntnis des Drittschuldners gelangt.

(3) ¹Der Schuldner ist verpflichtet, dem Gläubiger die zur Geltendmachung der Forderung nötige Auskunft zu erteilen und ihm die über die Forderung vorhandenen Urkunden herauszugeben. ²Erteilt der Schuldner die Auskunft nicht, so ist er auf Antrag des Gläubigers verpflichtet, sie zu Protokoll zu geben und seine Angaben an Eides statt zu versichern. ³Der gemäß § 802e zuständige Gerichtsvollzieher lädt den Schuldner zur Abgabe der Auskunft und eidesstattlichen Versicherung. ⁴Die Vorschriften des § 802f Abs. 4 und der §§ 802g bis 802i, 802j Abs. 1 und 2 gelten entsprechend. ⁵Die Herausgabe der Urkunden kann von dem Gläubiger im Wege der Zwangsvollstreckung erwirkt werden.

Inhalt:
	Rn.		Rn.
A. Allgemeines	1	III. Pflichten des Schuldners	5
B. Erläuterungen	2	C. Rechtsbehelfe, Kosten und	
I. Rechtsfolgen der Überweisung	2	Gebühren	8
II. Schutz des Drittschuldners	4		

---

10 Thomas/Putzo-*Seiler*, ZPO, § 835 Rn. 12c.
11 Wenn jedoch bereits der Schuldner einen solchen besaß, kann dieser nach § 727 ZPO umgeschrieben werden.
12 Siehe hierzu auch BeckOK-*Utermark/Fleck*, ZPO, § 835 Rn. 18.
13 OLG Düsseldorf, NJW-RR 1988, 574.
14 BeckOK-*Utermark/Fleck*, ZPO, § 835 Rn. 27 f. m.w.N.

A. Allgemeines

1 § 836 ZPO regelt die Wirkungen der Verwertung einer gepfändeten Forderung durch Überweisung, die den Normalfall darstellt. Die Norm ist nur anwendbar, soweit der Überweisungsbeschluss an den Drittschuldner zugestellt wurde. Abs. 1 stellt dabei klar, dass der Gläubiger die Berechtigung erhält, die Forderung geltend zu machen. Abs. 2 dient dem Schutz des Drittschuldners vor mehrfacher Inanspruchnahme, Abs. 3 statuiert schließlich Auskunftspflichten des Schuldners.

B. Erläuterungen
I. Rechtsfolgen der Überweisung

2 Nach **Abs. 1** erhält der Gläubiger die Befugnis, die **Forderung in eigenem Namen** (auch klageweise) geltend zu machen und sie einzuziehen oder mit ihr aufzurechnen. Ebenso kann er, soweit gegen den Drittschuldner bereits ein Titel erwirkt wurde, Umschreibung nach § 727 ZPO verlangen.[1] Der Schuldner bleibt jedoch Inhaber der verstrickten Forderung. Abs. 1 stellt klar, dass insoweit das bürgerliche Recht zur Übertragung einer Forderung Formerfordernisse aufstellt, diese durch den Überweisungsbeschluss erfüllt sind.

3 Der Drittschuldner darf aufgrund dieser Situation ab Zustellung befreiend nur noch an den Gläubiger leisten, Leistung an den Schuldner ist ihm verwehrt. Leistet er dennoch an den Schuldner so wirkt dies nur befreiend, wenn der Drittschuldner keine Kenntnis hatte.[2] Eine **Aufrechnung** mit Forderungen gegen den Gläubiger ist grundsätzlich möglich, zu beachten ist aber § 392 BGB. **Einwendungen** können auch dem neuen Gläubiger entgegengehalten werden (§ 404 BGB). Besteht die geltend gemachte Forderung nicht, so steht dem Drittschuldner das Recht aus § 812 Abs. 1 BGB direkt gegen den Gläubiger zu.[3]

II. Schutz des Drittschuldners

4 Abs. 2 dient dem Schutz des Drittschuldners. Auch wenn der Überweisungsbeschluss mit Unrecht erlassen ist, tritt die befreiende Wirkung bei Leistung an den Gläubiger dennoch ein, soweit der Drittschuldner in **gutem Glauben an die Wirksamkeit** war.[4] Nicht davon umfasst sind jedoch Rechtsirrtümer über den Umfang der Pfändung (vgl. § 850c ZPO).[5] Auch bei offensichtlicher Nichtigkeit des Überweisungsbeschlusses kann sich der Drittschuldner auf den Schutz des Abs. 2 nicht berufen.[6] Die Beweislast für das Nichtvorliegen des guten Glaubens des Drittschuldners trägt der Schuldner, weil er die Nichterfüllung geltend macht.[7] Erfüllung kann selbstverständlich nur dann eintreten, wenn die Forderung grundsätzlich dem Schuldner und nicht einem Dritten zustand.[8] Bei eventuellen Mehrfachzahlungen stehen dem Drittschuldner die Rechte des § 812 Abs. 1 BGB zu, nicht jedoch wenn er trotz besserem Wissens zuerst an einen nachrangigen Pfandgläubiger geleistet hat.[9]

III. Pflichten des Schuldners

5 Um dem Gläubiger die effektive Geltendmachung seiner Forderung zu ermöglichen, statuiert **Abs. 3** eine **Auskunfts- und Herausgabepflicht** des Schuldners, die neben die Auskunftspflicht des Drittschuldners (§ 840 ZPO) tritt. Die Auskunftspflicht umfasst alle für den Einzelfall relevanten Informationen, nicht jedoch allgemeine Auskünfte über z.B. das Einkommen oder Auskünfte über Sachverhalte der Verschwiegenheit unterliegen.[10] Eine bereits bestehende Vermögensauskunft nach § 807 ZPO ändert an der Auskunftspflicht nichts. Die Herausgabe erstreckt sich auf alle **Urkunden**, die zur Ermittlung der Höhe, Durchsetzbarkeit etc. erforderlich sind, wobei ein Original nur dann verlangt werden kann, wenn dies im Einzelfall notwendig ist.[11] Schwärzungen der Unterlagen sind nicht zulässig.[12] Bei der Lohnpfändung kann die Kopie der Gehaltsabrechnung verlangt werden. Dies ist in doppeltem Maße praxisrelevant: Der Schuldner hat bei der Lohnpfändung Angaben darüber zu machen, welche Tätigkeiten und welche Arbeitsstunden er im betroffenen Arbeitsverhältnis ausführt, soweit Hinweise vor-

---

1 Thomas/Putzo-*Seiler*, ZPO, § 836 Rn. 3.
2 Thomas/Putzo-*Seiler*, ZPO, § 836 Rn. 5 m.w.N.
3 BGH, NJW 2002, 2871 = FamRZ 2002, 1325.
4 MK-*Smid*, ZPO, § 836 Rn. 4.
5 MK-*Smid*, ZPO, § 836 Rn. 4 m.w.N.
6 BGH, NJW 1993, 735 (736) = MDR 1993, 578 (579).
7 MK-*Smid*, ZPO, § 836 Rn. 6.
8 So auch BGH, NJW 1988, 495 = Rpfleger 1987, 464.
9 OLG München, NJW 1978, 1438 = VersR 1978, 951.
10 OLG Stuttgart, NJW 1994, 2838 (2839) = Rpfleger 1995, 77 (78).
11 BGH, NJW-RR 2013, 766, Rn. 9 = FamRZ 2013, 877, Rn. 9.
12 BGH, NJW 2012, 1223, Rn. 7 (str.).

liegen, dass der Schuldner hierüber unwahr aussagt,[13] sowie die Abrechnungen vorzulegen Dies kann gerade im familienrechtlichen Bereich, soweit auch die Höhe eines Unterhaltsanspruches streitig ist, gewinnbringend verwertet werden. Erstreckt sich der Herausgabeanspruch auf sich erneuernde Urkunden, so sind diese stetig herauszugeben.[14]

Kommt der Schuldner dieser Pflicht nicht nach, so kann der Gläubiger den Anspruch auf Auskunft oder Herausgabe **vollstrecken**, was der Abgabe der Vermögensauskunft entspricht (Satz 3). Auch Erzwingungshaft ist möglich (Satz 4). Vollstreckungstitel ist der Überweisungsbeschluss selbst, soweit dieser die Urkunde bezeichnet.[15] Insofern ist bereits im Antrag auf Überweisung die Herausgabe zu beantragen, um Zeitverlust zu vermeiden. Eine nachträgliche Ergänzung ist aber möglich.[16] 6

Soweit die Unterlagen nicht mehr benötigt werden, sind sie zurückzugeben, notfalls durch den Schuldner im Rahmen der Zwangsvollstreckung, wobei die Aufnahme der Rückgabepflicht im Überweisungsbeschluss den dafür erforderlichen Titel darstellt.[17] Ein Verstoß gegen Abs. 3 löst, soweit dies die (teilweise) Geltendmachung verhindert, einen Schadensersatzanspruch des Gläubigers nach § 280 BGB oder § 283 BGB aus. Ansprüche auf Herausgabe gegen Dritte können nur im Klageweg geltend gemacht werden, da der Überweisungsbeschluss insofern keinen Titel darstellt. Der Anspruch auf Herausgabe gilt als mit der zugrundeliegenden Forderung mitüberwiesen.[18] 7

C. Rechtsbehelfe, Kosten Gebühren

Der Gläubiger kann gegen den Gerichtsvollzieher Herausgabe bereits in dessen Besitz befindlicher Sachen über § 766 ZPO geltend machen. 8

Für eine Vollstreckung nach Abs. 3 Satz 2 und Satz 3 macht der Gerichtsvollzieher Kosten nach Nr. 221 KV-GvKostG (26,00 € zuzüglich Zeitzuschlag für Herausgabe von Urkunden) bzw. Nr. 262 KV-GvKostG (38,00 € für Abnahme der Versicherung) geltend, der Rechtsanwalt kann keine zusätzlichen Gebühren geltend machen. 9

§ 837
Überweisung einer Hypothekenforderung

(1) ¹Zur Überweisung einer gepfändeten Forderung, für die eine Hypothek besteht, genügt die Aushändigung des Überweisungsbeschlusses an den Gläubiger. ²Ist die Erteilung des Hypothekenbriefes ausgeschlossen, so ist zur Überweisung an Zahlungs statt die Eintragung der Überweisung in das Grundbuch erforderlich; die Eintragung erfolgt auf Grund des Überweisungsbeschlusses.

(2) ¹Diese Vorschriften sind nicht anzuwenden, soweit es sich um die Überweisung der Ansprüche auf die im § 1159 des Bürgerlichen Gesetzbuchs bezeichneten Leistungen handelt. ²Das Gleiche gilt bei einer Sicherungshypothek im Falle des § 1187 des Bürgerlichen Gesetzbuchs von der Überweisung der Hauptforderung.

(3) Bei einer Sicherungshypothek der im § 1190 des Bürgerlichen Gesetzbuchs bezeichneten Art kann die Hauptforderung nach den allgemeinen Vorschriften gepfändet und überwiesen werden, wenn der Gläubiger die Überweisung der Forderung ohne die Hypothek an Zahlungs statt beantragt.

Inhalt:

	Rn.		Rn.
A. Allgemeines	1	II. Überweisung einer Sicherungshypothek	4
B. Erläuterungen	2		
I. Anwendungsbereich und Wirksamkeitsvoraussetzungen	2	III. Rechtsfolgen	5

---

13 LG Köln, DGVZ 2002, 186.
14 Für Kontoauszüge: BGH, NJW 2012, 1081 = DGVZ 2012, 95.
15 BGH, NJW-RR 2006, 1576 = FamRZ 2006, 1272.
16 LG Hannover, Rpfleger 1994, 221.
17 MK-*Smid*, ZPO, § 836 Rn. 16 m.w.N.
18 RGZ 21, 360 (364).

A. Allgemeines

1 § 837 ZPO ist die spezielle Norm für die Verwertung einer nach § 830 ZPO gepfändeten Hypothekenforderung. Auch im Falle des § 837 ZPO ist eine wirksame Pfändung Grundvoraussetzung für eine Überweisung (zur Einziehung oder an Zahlungs statt). Da eine solche nach § 830 ZPO erst durch Hypothekenbriefübergabe bzw. durch Eintragung im Grundbuch erfolgt, ist ein **verbundener Pfändungs- und Überweisungsbeschluss im Gegensatz zu §§ 829, 835 ZPO grundsätzlich nicht möglich**.[1] In der Gerichtspraxis ist dies dennoch üblich und ein verbundener Antrag entsprechend dem § 835 ZPO deshalb für den Praktiker auch empfehlenswert. Ergeht nämlich ein verbundener Antrag, so ist der Überweisungsbeschluss nicht nichtig, sondern wird lediglich erst mit Pfändung wirksam.[2] Auch in einem solchen Fall ist der kombinierte Antrag damit der wohl vorzuziehende (siehe hierzu auch die Ausführung in Rn. 2 zu § 835 ZPO).

B. Erläuterungen
I. Anwendungsbereich und Wirksamkeitsvoraussetzungen

2 § 837 ZPO findet Anwendung auf **Briefhypotheken und Buchhypotheken**. Im ersten Fall ist lediglich die Aushändigung des Beschlusses an den Gläubiger nicht jedoch Zustellung an den Schuldner oder Drittschuldner oder eine Eintragung in das Grundbuch notwendig (Abs. 1 Satz 1), allerdings wird nach dem oben Gesagten, die Überweisung erst mit der wirksamen Pfändung wirksam, weshalb in der Praxis auch das Verfahren des § 830 einzuhalten ist. Die Überweisung einer Buchhypothek ist bei Einziehung die Gleiche wie für eine Briefhypothek, im Falle der Überweisung an Zahlungs statt muss dies allerdings in das Grundbuch eingetragen werden. Für die Eintragung gilt § 830 Rn. 11.[3]

3 § 837 ZPO findet auch im Falle des § 857 Abs. 6 ZPO Anwendung. Keine Anwendung findet § 837 ZPO nach Abs. 2 auf Ansprüche aus § 1159 BGB und auf Sicherungshypotheken i.S.d. § 1187 BGB. Deren Verwertung erfolgt nach § 835 ZPO.[4]

II. Überweisung einer Sicherungshypothek

4 Die Überweisung bezüglich Forderungen, für die eine **Sicherungshypothek i.S.d. § 1190 BGB** besteht, kann auf zweierlei Weise erfolgen: Wird die Überweisung zur Einziehung beantragt, entspricht das Verfahren dem der Überweisung einer Buchhypothek. Jedoch kann die zugrundeliegende Forderung nach Abs. 3 bei Überweisung an Zahlungs statt auch isoliert von der Hypothek überwiesen werden, wonach dann das Verfahren des §§ 829, 835 ZPO Anwendung findet.[5]

III. Rechtsfolgen

5 Die Rechtsfolgen entsprechen denen des § 835 ZPO. Der Schuldner bleibt Inhaber der Hypothek, der Gläubiger erlangt jedoch die Möglichkeit die Forderung in eigenem Namen geltend zu machen. Im Falle der Überweisung an Zahlungs statt, kann der Gläubiger im Falle der Briefhypothek zusätzlich Berichtigung des Grundbuches verlangen, im Falle der Buchhypothek steht ihm die Umschreibung offen.[6]

§ 837a
Überweisung einer Schiffshypothekenforderung

(1) ¹Zur Überweisung einer gepfändeten Forderung, für die eine Schiffshypothek besteht, genügt, wenn die Forderung zur Einziehung überwiesen wird, die Aushändigung des Überweisungsbeschlusses an den Gläubiger. ²Zur Überweisung an Zahlungs statt ist die Eintragung der Überweisung in das Schiffsregister oder in das Schiffsbauregister erforderlich; die Eintragung erfolgt auf Grund des Überweisungsbeschlusses.

(2) ¹Diese Vorschriften sind nicht anzuwenden, soweit es sich um die Überweisung der Ansprüche auf die im § 53 des Gesetzes über Rechte an eingetragenen Schiffen und Schiffsbauwerken vom 15. November 1940 (RGBl. I S. 1499) bezeichneten Leistungen handelt. ²Das Gleiche gilt, wenn bei einer Schiffshypothek für eine Forderung aus einer Schuldverschreibung auf den Inhaber, aus einem Wechsel oder aus einem anderen durch Indossament übertragbaren Papier die Hauptforderung überwiesen wird.

---

1 So auch BGH, NJW 1994, 3225 = Rpfleger 1995, 119.
2 BGH, NJW 1994, 3225 (3226) = Rpfleger 1995, 119 (120).
3 Thomas/Putzo-*Seiler*, ZPO, § 837 Rn. 3.
4 MK-*Smid*, ZPO, § 837 Rn. 5.
5 MK-*Smid*, ZPO, § 837 Rn. 6.
6 Musielak/Voit-*Becker*, ZPO, § 837 Rn. 4.

(3) Bei einer Schiffshypothek für einen Höchstbetrag (§ 75 des im Absatz 2 genannten Gesetzes) gilt § 837 Abs. 3 entsprechend.

Die Verwertung einer nach § 830a ZPO gepfändeten Schiffshypothek und Registerrechten an Luftfahrzeugen erfolgt entsprechend der Überweisung einer Buchhypothek. Abs. 2 und 3 entsprechen bzw. verweisen auf die entsprechenden Abs. 2 und 3 des § 837 ZPO.   1

§ 838
Einrede des Schuldners bei Faustpfand

Wird eine durch ein Pfandrecht an einer beweglichen Sache gesicherte Forderung überwiesen, so kann der Schuldner die Herausgabe des Pfandes an den Gläubiger verweigern, bis ihm Sicherheit für die Haftung geleistet wird, die für ihn aus einer Verletzung der dem Gläubiger dem Verpfänder gegenüber obliegenden Verpflichtungen entstehen kann.

§ 838 ZPO dient dem Schutz des Drittschuldners, der dem Schuldner ein **Pfandrecht an einer**   1
beweglichen Sache eingeräumt hat, welches durch Überweisung der Grundforderung an den Gläubiger übergegangen ist. Der Gläubiger hat dann nämlich einen Anspruch nach § 1251 BGB auf Herausgabe der Pfandsache. Macht der Gläubiger diesen geltend, kann der Drittschuldner sodann die **Einwendung** des § 838 ZPO geltend machen und die Herausgabe bis zur Erbringung einer Sicherheitsleistung durch den Gläubiger verweigern.[1] Diese dient der Erfüllung eines möglichen Schadens bei Verletzung der §§ 1214 ff. BGB durch den neuen Pfandgläubiger.
Die **Aufbringung der Sicherheitsleistung** richtet sich nach §§ 232 ff. BGB. Das zuständige Gericht sowohl für die Geltendmachung des Herausgabeanspruches als auch für die Bestimmung der Höhe der Sicherheitsleistung sowie die Rückabwicklung ist das Prozessgericht, nicht das Vollstreckungsgericht. Die Höhe richtet sich nach den möglichen Schäden durch die Verletzung der §§ 1214 BGB durch den neuen Schuldner. Jedoch haftet auch der Schuldner dem Drittschuldner weiter nach § 1251 Abs. 2 Satz 2 BGB.   2

§ 839
Überweisung bei Abwendungsbefugnis

Darf der Schuldner nach § 711 Satz 1, § 712 Abs. 1 Satz 1 die Vollstreckung durch Sicherheitsleistung oder Hinterlegung abwenden, so findet die Überweisung gepfändeter Geldforderungen nur zur Einziehung und nur mit der Wirkung statt, dass der Drittschuldner den Schuldbetrag zu hinterlegen hat.

Soweit im Überweisungsbeschluss aufgenommen ist, dass der Schuldner die Vollstreckung   1
nach §§ 711 Satz 1, 712 Abs. 1 ZPO abwenden darf, regelt § 839 ZPO, dass nur eine **Überweisung zur Einziehung** zulässig ist, die wiederum durch Hinterlegung durch den Drittschuldner geschieht, der damit befreiend geleistet hat. Der Schuldner erlangt sodann die Inhaberschaft der Forderung gegen die Hinterlegungsstelle, der Gläubiger ein Pfändungsrecht nach § 804 ZPO.[1]
Wird eine Überweisung entgegen § 839 ZPO beantragt, wird der Gläubiger darauf hingewiesen. Die Erinnerung (§ 766 ZPO) ist statthaft und muss, wenn bereits die Anordnung nach §§ 711 Satz 1, 712 Abs. 1 ZPO angegriffen werden soll, bereits bei Ausspruch der Anordnung geltend gemacht werden. Die Gerichtskosten entsprechen denen des § 829 ZPO.   2

---

1 Ist die Einrede wirksam erhoben, so kann nur noch ein Urteil zur Herausgabe Zug um Zug ergehen, §§ 274, 298 ZPO, vgl. Zöller-*Stöber*, ZPO, § 838 Rn. 2.

Zu § 839:
1 Thomas/Putzo-*Seiler*, ZPO, § 839 Rn. 1.

§ 840
Erklärungspflicht des Drittschuldners

(1) Auf Verlangen des Gläubigers hat der Drittschuldner binnen zwei Wochen, von der Zustellung des Pfändungsbeschlusses an gerechnet, dem Gläubiger zu erklären:
1. ob und inwieweit er die Forderung als begründet anerkenne und Zahlung zu leisten bereit sei;
2. ob und welche Ansprüche andere Personen an die Forderung machen;
3. ob und wegen welcher Ansprüche die Forderung bereits für andere Gläubiger gepfändet sei;
4. ob innerhalb der letzten zwölf Monate im Hinblick auf das Konto, dessen Guthaben gepfändet worden ist, nach § 850l die Unpfändbarkeit des Guthabens angeordnet worden ist, und
5. ob es sich bei dem Konto, dessen Guthaben gepfändet worden ist, um ein Pfändungsschutzkonto im Sinne von § 850k Abs. 7 handelt.

(2) ¹Die Aufforderung zur Abgabe dieser Erklärungen muss in die Zustellungsurkunde aufgenommen werden. ²Der Drittschuldner haftet dem Gläubiger für den aus der Nichterfüllung seiner Verpflichtung entstehenden Schaden.

(3) ¹Die Erklärungen des Drittschuldners können bei Zustellung des Pfändungsbeschlusses oder innerhalb der im ersten Absatz bestimmten Frist an den Gerichtsvollzieher erfolgen. ²Im ersteren Fall sind sie in die Zustellungsurkunde aufzunehmen und von dem Drittschuldner zu unterschreiben.

Inhalt:

	Rn.		Rn.
A. **Allgemeines**	1	III. Schadensersatzpflicht des Erklärenden	8
B. **Erläuterungen**	3	C. **Rechtsbehelfe, Kosten und Gebühren**	9
I. Voraussetzungen und Verfahren der Erklärungspflicht	3		
II. Inhalt der Erklärung	6		

A. Allgemeines

1 § 840 ZPO dient der zügigen Abwicklung einer Forderungspfändung. Die Erklärung kann auch bei einem kombinierten Pfändungs- und Überweisungsbeschluss angefordert werden, nicht jedoch bei einer Vorpfändung nach § 845 ZPO.[1] Die Auskunftspflicht besteht solange eine wirksame Pfändung vorliegt. § 840 ZPO **durchbricht** gesetzliche bzw. standesrechtliche **Geheimhaltungspflichten**, womit eine Auskunft auch z.B. von Banken, und Sparkassen, aber auch Versicherungen, Ärzten und Rechtsanwälten verlangt werden kann.[2]

2 § 840 ZPO begründet jedoch **keinen durchsetzbaren Anspruch auf Auskunftserteilung**.[3] Soweit der Drittschuldner der Pflicht nicht nachkommt, macht er sich lediglich schadensersatzpflichtig (siehe Rn. 8). Ebenso ist es dann ohne weitere Aufforderung zur Auskunftserteilung möglich, **Leistungsklage** bezüglich der §§ 829, 835 ZPO zu erheben. Das Kostenrisiko dieser Klage liegt sodann wegen Abs. 2 Satz 2 beim insofern auf Schadensersatz haftenden Drittschuldner, da der Gläubiger in einem solchen Fall davon ausgehen darf, die Forderung wäre anerkannt.[4]

B. Erläuterungen
I. Voraussetzungen und Verfahren der Abgabepflicht

3 Voraussetzung für das Entstehen der Erklärungspflicht des Drittschuldners ist ein schon und noch wirksamer, zugestellter Pfändungsbeschluss i.S.d. § 829 ZPO.[5] Des Weiteren muss der Gläubiger die Abgabe der Erklärungen beantragt haben (Abs. 1 Hs. 1). Dies ist am besten bereits in den Antrag auf Pfändung zu integrieren, kann aber auch später geschehen. Die Abnahme erfolgt durch den Gerichtsvollzieher, der Inhalt der Erklärung wird im Falle der Abnahme bei Zustellung des Pfändungsbeschlusses in der Zustellungsurkunde vom Gerichtsvollzieher vermerkt und muss zwingend vom Drittschuldner unterschrieben werden, im Falle der Abgabe innerhalb der 2-Wochen-Frist kann die Zustellung vom Drittschuldner auch direkt

---
1 BGH, NJW 1977, 1199 = Rpfleger 1977, 202; ausreichend jedoch §§ 702a, 930 ZPO.
2 MK-*Smid*, ZPO, § 840 Rn. 18 m.w.N.
3 BGHZ 91, 126 = NJW 1984, 1901.
4 MK-*Smid*, ZPO, § 840 Rn. 23.
5 Die reine Anfechtbarkeit ist irrelevant.

an den Gläubiger geschehen. Möglich sind hier auch Ersatzzustellung (§§ 178 ff. ZPO) nicht jedoch öffentliche oder postalische Zustellung.[6] Alternativ kann die Aufforderung auch nachträglich gestellt werden. Wird hiervon Gebrauch gemacht ist auf den ursprünglichen Pfändungsbeschluss zu verweisen.[7] Eine **Vertretung** sowohl für den Empfang als auch für die Abgabe der Erklärung ist zulässig. Bei Gesamtschuldnern, Bruchteilsschuldnern oder akzessorischen Schuldnern, ist jeder der Schuldner auskunftspflichtig.[8]

Die Erklärung muss innerhalb der 2-Wochen-Frist ab Zustellung des Begehrens (Berechnung nach § 222 ZPO) beim Gläubiger zugegangen oder gegenüber dem Gerichtsvollzieher abgeben worden sein (siehe auch Abs. 3). 4

Wenngleich strittig, steht dem Drittschuldner bezüglich den durch die Auskunft entstehenden Kosten keine Ersatzpflicht gegen Gläubiger oder Schuldner zu.[9] Entsprechende AGBs sind unwirksam.[10] 5

II. Inhalt der Erklärung

Der Inhalt der Erklärungspflicht richtet sich grundsätzlich nach dem **Fragenkatalog des Gläubigers**, der allerdings durch Abs. 1 Nr. 1–3 eingeschränkt wird.[11] Bezüglich Nr. 1 muss der Drittschuldner grundsätzlich nur angeben, ob er die Forderung anerkenne oder nicht, eventuelle Einreden oder Einwendungen müssen nicht angegeben werden.[12] Eine besondere Begründungspflicht oder Auskunftspflicht besteht ebenfalls nicht.[13] Die Erklärung hat auch die grundsätzliche Höhe der Zahlungsbereitschaft zu benennen.[14] Eine positive Auskunft i.S.d. Nr. 1 ist kein Schuldanerkenntnis, es sei denn es ist explizit so auszulegen.[15] Auch nur dann beginnt die Verjährung nach § 212 Abs. 1 BGB neu zu laufen. Nach Nr. 2 und 3 hat der Drittschuldner Name und Anschrift von (zumindest möglicherweise) bestehenden weiteren Drittgläubigern inklusive dem Rechtsgrund ihrer Gläubigereigenschaft zu nennen. Im Falle der Nr. 3 ist zusätzlich der entsprechende Pfändungsbeschluss (nicht jedoch auszuhändigen) und die Höhe der Forderung sowie der bereits erfolgten Zahlungen anzugeben.[16] Nr. 4 und 5 beziehen sich auf Kontopfändungen, und stellen damit spezielle Pflichten von Kreditinstituten dar. 6

Der Drittschuldner hat die Auskunft nach seiner **Kenntnis im Zeitpunkt des Begehrens** zu erteilen. Eine zeitlich weitergehende Auskunftspflicht besteht nur insofern zukünftige Ereignisse die Beantwortung der Fragen zu diesem Zeitpunkt noch nicht abschließend zulässt und soweit der Gläubiger den Schuldner dazu auffordert.[17] Eine Mitteilungspflicht bezüglich Veränderungen nach erfolgter Beantwortung besteht nicht. 7

III. Schadensersatzpflicht des Erklärenden

Soweit der Erklärende die Auskunft trotz Pflicht **nicht, falsch, unvollständig oder nach Ablauf der Frist erteilt**, haftet er nach § 840 Abs. 2 ZPO, u.U. auch nach anderen Anspruchsgrundlagen[18] dem Gläubiger für kausal entstandene Schäden, soweit ihn **Verschulden** trifft.[19] Dieses wird vermutet.[20] Die Ersatzpflicht umfasst insbesondere Prozesskosten, die im Vertrauen auf die Durchsetzbarkeit aufgewendet wurden.[21] Aber auch außergerichtliche Kosten sind abrechenbar, dies gilt insbesondere für Kosten für anwaltliche Vertretung.[22] Soweit wegen der Nichtauskunft an sich erfolgreiche Vollstreckungshandlungen unterlassen wurden, sind auch diese ersatzfähig, soweit der diese nur wegen der fehlenden Auskunft nicht durchführte.[23] 8

---

6 Musielak/Voit-*Becker*, ZPO, § 840 Rn. 3 m.w.N.
7 OLG Köln, OLGR 2001, 390 (391).
8 Zöller-*Stöber*, ZPO, § 840 Rn. 4.
9 Zum Streitstand siehe auch Thomas/Putzo-*Seiler*, ZPO, § 840 Rn. 12.
10 BGH, NJW 1999, 2276 = Rpfleger 1999, 452.
11 MK-*Smid*, ZPO, § 840 Rn. 11.
12 BGH, NJOZ 2013, 1541 = WM 2013, 331.
13 BGHZ 86, 23 = NJW 1983, 687.
14 Urkunden können dagegen nur nach § 836 ZPO verlangt werden.
15 MK-*Smid*, ZPO, § 840 Rn. 19 ff. m.w.N.
16 Thomas/Putzo-*Seiler*, ZPO, § 840 Rn. 6 f.
17 MK-*Smid*, ZPO, § 840 Rn. 16 m.w.N.
18 § 823 Abs. 2 BGB i.V.m. § 840 Abs. 2 Satz 2 ZPO; § 826 BGB; BeckOK-*Utermark/Fleck*, ZPO, § 840 Rn. 22 m.w.N.
19 Thomas/Putzo-*Seiler*, ZPO, § 840 Rn. 17 m.w.N.
20 BGHZ 79, 275 (277 f.) = NJW 1981, 990 (990 f.).
21 Auch für arbeitsgerichtliche Prozesse, vgl. BAG, NJW 1990, 2643 = MDR 1990, 1043.
22 OLG Dresden, NJW-RR 2011, 924 = JurBüro 2011, 156.
23 OLG Düsseldorf, InVo 1996, 184.

C. Rechtsbehelfe, Kosten und Gebühren

9   Soweit die Erklärung nicht abgegeben wurde oder der Anspruch anerkannt wurde, kann eine Leistungsklage ohne Kostenrisiko erhoben werden (siehe Rn. 2 und 6). Die Geltendmachung des Schadensersatzanspruches des § 840 Abs. 2 ZPO erfolgt nicht vor dem Vollstreckungsgericht, sondern vor dem ordentlichen Gericht. Mit der Erinnerung (§ 766 ZPO) kann die Nichtabnahme trotz Fristablaufes gerügt werden, wenn nicht schon Leistungsklage erhoben wird.

10 Kosten des Gerichtsvollziehers für die Zustellung nach Nr. 100 KV-GvKostG (10,00 €; bei Nichterledigung Nr. 600 KV-GvKostG: 3,00 €; Auslagenerstattung nach Nr. 700 KV-GvKostG). Soweit die Aufforderung nach Abs. 1 durch den Rechtsanwalt erfolgt bzw. von einem solchen beantwortet wird, kann Vergütung nach §§ 25, 18 Nr. 3 RVG i.V.m. Nr. 3009 VV-RVG mit einer 0,3 Verfahrensgebühr geltend gemacht werden.[24]

§ 841
Pflicht zur Streitverkündung

Der Gläubiger, der die Forderung einklagt, ist verpflichtet, dem Schuldner gerichtlich den Streit zu verkünden, sofern nicht eine Zustellung im Ausland oder eine öffentliche Zustellung erforderlich wird.

1   § 841 ZPO verpflichtet den Gläubiger bei Klagen aufgrund der Pfändung oder Überweisung auf Leistung, Hinterlegung oder Feststellung der Forderung gegen den Drittschuldner dem Schuldner den Streit zu verkünden. Dies richtet sich nach den §§ 72, 73 ZPO. Ausnahme gilt nach dem zweiten Halbsatz in den Fällen, in denen eine Zustellung im Ausland oder eine öffentliche Zustellung notwendig würde.[1]

2   Ein Verstoß gegen § 841 ZPO begründet eine **Schadensersatzpflicht** des Gläubigers gegenüber dem Schuldner, soweit ihn die Schuld nach § 68 ZPO bei einem verlorenen Prozess trifft.[2]

§ 842
Schadensersatz bei verzögerter Beitreibung

Der Gläubiger, der die Beitreibung einer ihm zur Einziehung überwiesenen Forderung verzögert, haftet dem Schuldner für den daraus entstehenden Schaden.

1   § 842 ZPO eröffnet dem Schuldner einen **Schadensersatzanspruch** gegen den Gläubiger, für den Fall dass er überwiesene Forderungen schuldhaft (§§ 276 ZPO; bei anwaltlicher Vertretung gilt 278 BGB) sachlich nicht vertretbar, unangemessen und vermeidbar verspätet eintreibt. Diese Pflicht trifft ihn allerdings erst nach wirksamer Überweisung, nicht schon nach erfolgter Pfändung.[1] Auch ein Sekundäranspruch gegen den Gläubigeranwalt kommt in Betracht.[2] Die Berechnung des Anspruches erfolgt nach § 249 BGB; eventuelles Mitverschulden (§ 254 BGB) ist denkbar soweit der Schuldner eigene Klagemöglichkeiten unterlassen hat.[3] Für eigene Zahlungsvereinbarungen mit dem Drittschuldner (z.B. Stundung) sollte die Erlaubnis des Vollstreckungsgerichts nach § 844 ZPO eingeholt werden, um § 842 ZPO auszuschließen.[4] Will ein Gläubiger eine überwiesen Forderung nicht geltend machen, muss er, um § 842 ZPO auszuschließen, auf die überwiesene Forderung verzichten (§ 843 ZPO). Beitreibung i.S.d. § 842 ZPO bedeutet außergerichtliche und gerichtliche Geltendmachung, inklusive Zwangsvollstreckung.[5]

---

24 MK-*Smid*, ZPO, § 840 Rn. 38.

Zu § 841:
1 Dies gilt auch im Bereich der EuGVVO oder anderer Abkommen dieser Art, MK-*Smid*, ZPO, § 841 Rn. 2 m.w.N.
2 RGZ 83, 116, 121; eine detaillierte Darstellung, insbesondere bezüglich der Darlegungs- und Beweisregeln findet sich in MK-*Smid*, ZPO, § 841 Rn. 5f. m.w.N.

Zu § 842:
1 MK-*Smid*, ZPO, § 842 Rn. 1.
2 BGH, NJW 1996, 48 = ZIP 1996, 28, insofern kann der Regressanspruch des Schuldners gegen seinen Anwalt gepfändet und überwiesen werden; MK-*Smid*, ZPO, § 842 Rn. 2.
3 LAG Hamm, DB 1988, 1703.
4 Musielak/Voit-*Becker*, ZPO, § 842 Rn. 1.
5 Musielak/Voit-*Becker*, ZPO, § 842 Rn. 1.

§ 843
Verzicht des Pfandgläubigers

¹Der Gläubiger kann auf die durch Pfändung und Überweisung zur Einziehung erworbenen Rechte unbeschadet seines Anspruchs verzichten. ²Die Verzichtleistung erfolgt durch eine dem Schuldner zuzustellende Erklärung. ³Die Erklärung ist auch dem Drittschuldner zuzustellen.

Inhalt:

	Rn.		Rn.
A. Sinn des Verzichts und Durchführung	1	B. Wirksamkeit und Rechtsfolgen	3
		C. Kosten und Gebühren	5

A. Sinn des Verzichts und Durchführung

Nach § 843 ZPO kann der Gläubiger auf seine durch Pfändungs- oder Überweisungsbeschluss (zur Einziehung) entstandenen Rechte verzichten. Dieser Verzicht **beendet die Zwangsvollstreckung**, ohne dass das Vollstreckungsgericht den zugrundeliegenden Beschluss aufheben muss.[1] Der Verzicht ist dann sinnvoll, wenn sich der Gläubiger nicht der Haftung aus § 842 ZPO oder einer möglichen Drittwiderspruchsklage nach § 771 ZPO ausgesetzt sehen will und ist damit je nach Art der gepfändeten oder überwiesenen Forderung sinnvoll. Der Drittschuldner kann, soweit er die Forderung bestreitet nachdem (allerdings auch nicht davor) er den Schuldner zum Verzicht aufgefordert hat, das Nichtbestehen mittels negativer Feststellungsklage feststellen lassen.[2]   1

Die Erklärung ist eine **bedingungsfeindliche Prozesshandlung**.[3] Möglich ist aber auch nur auf die Überweisung, nicht aber auf die Pfändung zu verzichten. Die Verzichtserklärung steht dem Antrag auf Rücknahme des Beschlusses gleich.[4] Der Verzicht ist schriftlich zu erklären und dem Schuldner sowie dem Drittschuldner im Parteibetrieb zuzustellen.[5] Liegt ein Formverstoß vor und will der Schuldner den Verzicht nicht gegen sich gelten lassen, muss er den Verstoß rügen, da ansonsten eine Heilung in Betracht kommt.[6] Eine Rücknahme ist ausgeschlossen, vielmehr muss eine Vollstreckung in dieselbe Forderung noch einmal beantragt werden.[7]   2

B. Wirksamkeit und Rechtsfolgen

Wirksamkeit tritt mit Zustellung an den Schuldner ein, unabhängig, ob dies durch Verzicht oder Rücknahme des Antrages geschieht. Zustellung an den Drittschuldner ist für die Frage der Wirksamkeit irrelevant.   3

Durch den Verzicht erlöschen Verstrickung und Pfandrecht *ex nunc*, es sei denn es wird nur auf die Überweisung verzichtet. Eine Aufhebung des Beschlusses durch das Vollstreckungsgericht ist nur im Falle eines Formverstoßes zwingend, aber zulässig soweit ihm der Zugang der Erklärung nachgewiesen wird.[8] § 843 Satz 1 ZPO stellt klar, dass ein Gläubiger seinen materiellen Anspruch aufgrund des Verzichts jedoch nicht verliert, vielmehr kann er die Vollstreckung in andere (und sogar dieselben) Gegenstände und Forderungen vornehmen. Soweit der Verzicht wirksam ist, rücken die sonstigen Pfandgläubiger im Rang nach oben.[9]   4

C. Kosten und Gebühren

Der Gerichtsvollzieher macht Kosten nach Nr. 100 KV-GvKostG (10,00 €) oder Nr. 101 KV-GvKostG (3,00 €), der Rechtsanwalt Gebühren nach Nr. 3309 VV-RVG geltend. Die Kosten bisher erfolgter Vollstreckungsmaßnahmen sind dann vom Gläubiger zu tragen.[10]   5

---

1 Musielak/Voit-*Becker*, ZPO, § 843 Rn. 3.
2 BGHZ 69, 144 = NJW 1977, 1881.
3 BGH, NJW 1996, 48 (51) = WM 1996, 35 (37).
4 OLG Köln, Rpfleger 1995, 370 = JurBüro 1995, 387.
5 Zwar wird die Formvorschrift teilweise als entbehrlich angesehen, so z.B. BGHZ 86, 337 = NJW 1983, 886 (887); aus Rechtssicherheitsgründen sollte eine solche Zustellung aber dennoch erfolgen oder bei anderweitiger Zustellung die Aufhebung des Beschlusses angestrebt werden, vgl. auch Thomas/Putzo-*Seiler*, ZPO, § 843 Rn. 1, 3.
6 Vgl. BGHZ 86, 337 = NJW 1983, 886 (887).
7 BGH, NJW 2008, 1678, Rn. 9 = DGVZ 2008, 104, Rn. 9.
8 BeckOK-*Utermark/Fleck*, ZPO, § 843 Rn. 9.
9 Thomas/Putzo-*Seiler*, ZPO, § 843 Rn. 3.
10 OLG Köln, JurBüro 1995, 387 = Rpfleger 1995, 370.

§ 844
Andere Verwertungsart

(1) Ist die gepfändete Forderung bedingt oder betagt oder ist ihre Einziehung wegen der Abhängigkeit von einer Gegenleistung oder aus anderen Gründen mit Schwierigkeiten verbunden, so kann das Gericht auf Antrag an Stelle der Überweisung eine andere Art der Verwertung anordnen.

(2) Vor dem Beschluss, durch welchen dem Antrag stattgegeben wird, ist der Gegner zu hören, sofern nicht eine Zustellung im Ausland oder eine öffentliche Zustellung erforderlich wird.

Inhalt:

	Rn.		Rn.
A. Antrag auf andere Verwertung	1	C. Rechtsbehelfe, Kosten und	
B. Verfahren	3	Gebühren	5

A. Antrag auf andere Verwertung

1 § 844 ZPO erlaubt es dem nach § 764 ZPO zum Zeitpunkt der Antragserhebung[1] zuständigen Vollstreckungsgericht, eine **andere Verwertung** der gepfändeten Forderung als die Überweisung zur Einziehung anzuordnen. Dies gilt nicht für die Überweisung an Zahlungs statt.

2 Notwendig für den Ausspruch des § 844 ZPO ist ein schriftlicher oder zu Protokoll gegebener **Antrag des Gläubigers** oder Schuldners vor oder nach Pfändungsbeschluss oder auch nach Überweisungsbeschluss.[2] Dritte sind nicht antragsbefugt. Dagegen kann der Antrag auch von im Rang nachfolgenden Gläubigern gestellt werden.[3]

In der Begründung ist darzulegen, wieso die Überweisung aufgrund der wegen den in Abs. 1 genannten oder anderen Umständen bestehenden Schwierigkeiten eine andere Verwertungsart notwendig ist. Dies ist explizit Fall, wenn sie bedingt oder betagt oder von einer Gegenleistung abhängt, allerdings auch dann, wenn der Drittschuldner zahlungsunfähig ist, Verschwendung droht, oder unwirtschaftlich ist.[4] Des Weiteren dürfte eine Verwertung nach § 844 ZPO der Regelfall für die Verwertung von Rechten nach § 857 ZPO sein. Entscheidend ist immer auf den Einzelfall und die Einzelinteressen der Beteiligten abzustellen.[5]

B. Verfahren

3 Es entscheidet der Rechtspfleger (§ 20 Nr. 17 RPflG) nach pflichtgemäßem Ermessen durch Beschluss (§ 764 Abs. 3 ZPO).[6] Nach Abs. 2 ist der Schuldner (nicht jedoch der Drittschuldner, wobei eine Anhörung stattfinden darf) vor dem Stattgeben (nicht aber vor der Ablehnung) **zwingend anzuhören**. Dies gilt nicht, wenn das eine Zustellung im Ausland oder eine öffentliche Zustellung notwendig macht (siehe § 841 Rn. 1). Ebenfalls anzuhören sind ranghöhere Gläubiger.[7] Der Beschluss muss bei einer Bewilligung Gläubiger, Schuldner und den anderen Pfandgläubigern zugestellt werden,[8] bei der Ablehnung nur an den Gläubiger (§ 329 Abs. 3 ZPO).

4 Welche alternative Verwertungsart beantragt wird bzw. welche Art vom Vollstreckungsgericht angeordnet wird, bestimmt sich grundsätzlich nach der Zweckmäßigkeit des Einzelfalles. Typisch sind Versteigerung, Überweisung an Zahlungs statt zum Schätzwert, freihändiger Verkauf.[9]

C. Rechtsbehelfe, Kosten und Gebühren

5 Gegen die Entscheidung kann jeder Beschwerte die sofortige Beschwerde erheben (§ 11 Abs. 1 RPflG i.V. m. § 793 ZPO). Die Erinnerung (§ 766 ZPO) ist nur bei Unterlassen der Anhörung statthaft.

6 Gerichtskosten werden nicht fällig. Die Anwaltsgebühr ist mit Nr. 3309 VV-RVG abgegolten, das Verfahren nach § 844 ZPO ist insofern keine besondere Angelegenheit.

---

1 Der Antrag nach § 844 ZPO ist ein neues Verfahren.
2 BGH, NJW-RR 2009, 411.
3 MK-*Smid*, ZPO, § 844 Rn. 4.
4 MK-*Smid*, ZPO, § 844 Rn. 2.
5 OLG Stuttgart, Rpfleger 1964, 179 = DGVZ 1964, 182; so darf z.B. ein wertvolles Recht nicht einfach versteigert werden, wenn ein Mindestgebot nicht ermittelt werden kann, da sonst in Bezug auf den Schuldner Verschleuderung droht, vgl. OLG Düsseldorf, Rpfleger 2000, 400 = InVo 2000, 315.
6 Zöller-*Stöber*, ZPO, § 844 Rn. 3f.
7 Zöller-*Stöber*, ZPO, § 844 Rn. 5.
8 Musielak/Voit-*Becker*, ZPO, § 844 Rn. 2.
9 Typische Anwendungsbeispiele in MK-*Smid*, ZPO, § 844 Rn. 10 ff.

§ 845
Vorpfändung

(1) ¹Schon vor der Pfändung kann der Gläubiger auf Grund eines vollstreckbaren Schuldtitels durch den Gerichtsvollzieher dem Drittschuldner und dem Schuldner die Benachrichtigung, dass die Pfändung bevorstehe, zustellen lassen mit der Aufforderung an den Drittschuldner, nicht an den Schuldner zu zahlen, und mit der Aufforderung an den Schuldner, sich jeder Verfügung über die Forderung, insbesondere ihrer Einziehung, zu enthalten. ²Der Gerichtsvollzieher hat die Benachrichtigung mit den Aufforderungen selbst anzufertigen, wenn er von dem Gläubiger hierzu ausdrücklich beauftragt worden ist. ³An Stelle einer an den Schuldner im Ausland zu bewirkenden Zustellung erfolgt die Zustellung durch Aufgabe zur Post, sofern die Zustellung weder nach der Verordnung (EG) Nr. 1393/2007 noch nach dem Abkommen zwischen der Europäischen Gemeinschaft und dem Königreich Dänemark über die Zustellung gerichtlicher und außergerichtlicher Schriftstücke in Zivil- und Handelssachen zu bewirken ist.

(2) ¹Die Benachrichtigung an den Drittschuldner hat die Wirkung eines Arrestes (§ 930), sofern die Pfändung der Forderung innerhalb eines Monats bewirkt wird. ²Die Frist beginnt mit dem Tag, an dem die Benachrichtigung zugestellt ist.

Inhalt:

	Rn.		Rn.
A. Allgemeines	1	III. Wirkung der Vorpfändung	6
B. Erläuterungen	2	C. Rechtsbehelfe, Kosten und	
I. Voraussetzungen der Vorpfändung	2	Gebühren	7
II. Verfahren und Wirksamkeit der Vorpfändung	3		

A. Allgemeines

Der Antrag auf Vorpfändung nach § 845 ZPO kann **in der Praxis höchst sinnvoll** sein, da damit die Zeitverzögerung bis zu einem gerichtlichen Pfändungsbeschluss nach § 829 ZPO, während denen grundsätzlich noch nicht die Wirkungen der Pfändung eintreten, überbrückt wird. Anwendbar ist § 845 ZPO für die Pfändung nach §§ 829, 830, 846 ZPO und § 857 ZPO, weiter auch für die Sicherungsvollstreckung nach § 720a ZPO (die Frist des Abs. 3 ist dabei nicht einzuhalten)[1] nicht jedoch für die nach § 831 ZPO und § 845 ZPO.[2]   1

B. Erläuterungen
I. Voraussetzungen der Vorpfändung

Für eine Vorpfändung muss nach Abs. 1 ein **vollstreckbarer Titel wegen einer Geldforderung** vorliegen (er muss allerdings weder ausgefertigt noch zugestellt sein). Dies können auch Arrestbefehle und einstweilige Verfügungen i. S. d. § 940 ZPO sein.[3]   2

II. Verfahren und Wirksamkeit der Vorpfändung

Für eine Vorpfändung muss der Gläubiger (oder sein Prozessbevollmächtigter, § 80 ZPO) dem Schuldner und dem Drittschuldner eine schriftliche und unterschriebene aber ansonsten formfreie Nachricht (auch durch Telefax möglich)[4] **durch den Gerichtsvollzieher zustellen lassen**. Der Gläubiger kann nach Abs. 1 Satz 2 jedoch auch den Gerichtsvollzieher (mündlich oder schriftlich)[5] sinnvollerweise schon bei dem Auftrag zur Pfändung beauftragen ein insofern von diesem zu erstellenden Schreiben zu verfassen und zuzustellen. Aufzunehmen sind in jedem Fall die Bezeichnung des Titels, der zu pfändenden Forderung, die insofern genauso bestimmt sein muss wie dies für § 829 ZPO notwendig ist,[6] der Hinweis, dass die Pfändung aufgrund des Titels kurz bevorsteht, sowie für Drittschuldner und Schuldner jeweils der Hinweis auf die gesetzlichen Leistungs- bzw. Verfügungsverbote.[7]   3

Die Vorpfändung wird **mit Zustellung** an den Drittschuldner **wirksam** (vgl. insofern § 829 ZPO; die Zustellung an den Schuldner ist insoweit keine Wirksamkeitsvoraussetzung aber für den Gerichtsvollzieher verpflichtend), soweit es sich nicht um ein drittschuldnerloses Recht handelt   4

---

1 BGH, NJW 1985, 863 = MDR 1985, 404.
2 MK-*Smid*, ZPO, § 845 Rn. 2 ff. m. w. N.
3 Thomas/Putzo-*Seiler*, ZPO, § 845 Rn. 2.
4 BeckOK-*Utermark/Fleck*, ZPO, § 845 Rn. 17.
5 Musielak/Voit-*Becker*, ZPO, § 845 Rn. 3.
6 BGH, NJW-RR 2005, 1361 (1362) = Rpfleger 2005, 450.
7 MK-*Smid*, ZPO, § 845 Rn. 10 m. w. N.

(dann Zustellung an den Schuldner, vgl. § 857 Abs. 2 ZPO). Die Zustellung muss nach dem eindeutigen Wortlaut des § 845 Abs. 1 ZPO durch den Gerichtsvollzieher zugestellt werden, eine private Zustellung genügt nicht.[8] Werden Hypothekenforderungen vorgepfändet ist die Briefübergabe bzw. Eintragung im Grundbuch nicht zur Wirksamkeit erforderlich.[9] Abs. 1 Satz 4 regelt die Zustellung an einen ausländisch wohnenden Schuldner.

5 Abs. 2 Satz 1 Hs. 2 stellt klar, dass die **Wirkungen der Vorpfändung nur einen Monat gelten** (Fristberechnung nach § 222 ZPO i.V.m. § 187 Abs. 1 BGB; insofern auflösende Bedingung); bis zum Ablauf muss eine wirksame Pfändung derselben Forderung nach §§ 829, 830 ZPO erfolgen. Gleiches gilt, soweit innerhalb dieser Frist das Insolvenzverfahren eröffnet wird.[10] Wen das Verschulden des Fristversäumnisses trifft ist unerheblich. Jedoch kann eine Vorpfändung erneut beantragt werden.[11]

III. Wirkung der Vorpfändung

6 Eine wirksame Vorpfändung hat die Wirkung einer bedingten Arrestpfändung nach § 930 ZPO.[12] Es treten also Verstrickung und Pfandrecht (§ 829 ZPO) ein, die durch die endgültig bewirkte Vollpfändung erstarken. Diese Wirkungen treten jedoch nicht ein, soweit die geltend gemachte Forderung dem Schuldner gar nicht zusteht.[13] Die Vorpfändung ist dann nichtig.

C. Rechtsbehelfe, Kosten und Gebühren

7 Gläubiger, Schuldner und Drittschuldner können mit der **Erinnerung** (§ 766 ZPO) Mängel im Verfahren geltend machen. Eine Klage gegen eine wegen Fristablauf nach Abs. 2 unwirksame Vorpfändung ist nicht möglich. Die Aufhebung einer Vorpfändung kann ebenso nicht angegriffen werden.[14] Wird das Schreiben nach Abs. 1 dem Schuldner nicht zugestellt und entstehen dadurch Schäden, kommt ein Amtshaftungsanspruch nach § 839 BGB i.V.m. Art. 34 GG in Betracht.

8 **Kosten**, die im Rahmen der Vorpfändung anfallen sind nach §§ 788, 91 ZPO grundsätzlich vom Schuldner zu tragen, da sie insofern notwendige sind. Dies ist jedoch nicht der Fall, wenn dem Schuldner nicht die Möglichkeit einer Zahlung nach Erlass des Titels gegeben wurde oder die Vorpfändung in missbräuchlicher Weise, insbesondere ohne Ersuchen einer Vollpfändung ständig wiederholt wird.[15]

9 Für den Gerichtsvollzieher fallen Kosten nach Nr. 100 KV-GvKostG (10,00 €) bzw. Nr. 101 KV-GvKostG (3,00 €) für die Zustellung an (Auslagen sind nach Nr. 700 KV-GvKostG zu erstatten); zusätzliche Kosten nach Nr. 200 KV-GvKostG (16,00 €). Der Rechtsanwalt, der für den Gläubiger tätig wird, macht Gebühren nach Nr. 3309 VV-RVG mit einer Verfahrensgebühr von 0,3 geltend. Die nachfolgende Vollpfändung ist eine Angelegenheit i.S.d. § 18 Abs. 1 Nr. 1 RVG.

§ 846
Zwangsvollstreckung in Herausgabeansprüche

Die Zwangsvollstreckung in Ansprüche, welche die Herausgabe oder Leistung körperlicher Sachen zum Gegenstand haben, erfolgt nach den §§ 829 bis 845 unter Berücksichtigung der nachstehenden Vorschriften.

1 § 846 ZPO legt fest, dass für die Zwangsvollstreckung in Herausgabeansprüche neben den allgemeinen Vollstreckungsregeln (§§ 829–845 ZPO) die speziellen Normen von § 847 ZPO (bewegliche Sachen), §§ 847a, 848 ZPO (unbewegliche Sachen) und § 849 ZPO (Besondere Regelung für die Verwertung durch Überweisung) gelten. Derartige Ansprüche haben die Besonderheit, dass zwar zuallererst der **Anspruch entweder auf Herausgabe i.S. einer Besitzübertragung oder auf Leistung i.S. einer Übereignung** gepfändet werden soll, jedoch gleichzeitig die Sicherung der noch schuldnerfremden Sache gewährleistet sein muss.

2 **Ansprüche** i.S.d. § 846 ZPO können dinglicher oder schuldrechtlicher Natur sein. Die typischen Anspruchsgrundlagen sind §§ 433 Abs. 1, 556, 581, 604, 607, 645, 667, 681, 695 985,

---

8 OLG Koblenz, DGVZ 1984, 58 = ZIP 1983, 745.
9 Thomas/Putzo-*Seiler*, ZPO, § 845 Rn. 7.
10 MK-*Smid*, ZPO, § 845 Rn. 17 m.w.N.
11 Thomas/Putzo-*Seiler*, ZPO, § 845 Rn. 9.
12 Thomas/Putzo-*Seiler*, ZPO, § 845 Rn. 10.
13 BGH, NJW 1987, 1703 = MDR 1987, 579.
14 OLG Köln, DGVZ 1989, 39 = DGVZ 1989, 39.
15 MK-*Smid*, ZPO, § 845 Rn. 22 m.w.N.

1007, 1254, 1939, 2147 ff. BGB. Zusätzlich ist wohl auch die Abwicklung sicherungsübereigneter Gegenstände ein Anspruch i.S.d. § 846 ZPO.[1] Keine Anwendung findet §§ 846 ff. ZPO auf die Pfändung von Gegenständen, die durch indossable Orderpapiere übertragen werden.[2] Gleiches gilt für unselbstständige Nebenansprüche, wie z.b. die Herausgabe von Urkunden bei Pfändung des zugrundeliegenden Anspruches.[3] Soweit ein Tun oder Unterlassen eines Drittschuldners notwendig ist, kommt eine Pfändung nur nach § 857 ZPO in Betracht.

Die Zwangsvollstreckung nach §§ 846 ff. ZPO wird für das Gericht nach Nr. 2111 KV-GKG (20,00 €) für den Rechtsanwalt nach Nr. 3309 VV-RVG abgegolten. 3

§ 847
Herausgabeanspruch auf eine bewegliche Sache

(1) Bei der Pfändung eines Anspruchs, der eine bewegliche körperliche Sache betrifft, ist anzuordnen, dass die Sache an einen vom Gläubiger zu beauftragenden Gerichtsvollzieher herauszugeben sei.

(2) Auf die Verwertung der Sache sind die Vorschriften über die Verwertung gepfändeter Sachen anzuwenden.

Inhalt:
	Rn.		Rn.
A. Allgemeines	1	II. Wirkung und Verwertung	4
B. Erläuterungen	2	C. Rechtsbehelfe	6
I. Verfahren	2	D. Kosten und Gebühren	8

A. Allgemeines

§ 847 ZPO regelt die Ingewahrsamnahme einer beweglichen körperlichen Sache (§ 808 ZPO), 1 wenn ein Anspruch gepfändet wird, der sie betrifft. § 847 ZPO wird insbesondere für Herausgabeansprüche und Ansprüche auf Übereignung einer Sache Anwendung finden. Die Sache muss allerdings selbstständig verwertbar sein[1] und darf keinem Pfändungsverbot unterliegen (so z.B. § 811 ZPO), wobei sich die Unpfändbarkeit nach dem Schuldner und nicht dem Drittschuldner bemisst.[2] Die Herausgabeanordnung wird vom nach § 828 ZPO zuständigen Vollstreckungsgericht ohne Antrag getroffen.[3] Jedoch kann der Gläubiger auch selbst eine Pfändung mit Herausgabeanordnung nach § 847 ZPO beantragen, soweit er Forderung und Sache genau bezeichnet.[4]

B. Erläuterungen
I. Verfahren

Eine **Ingewahrsamnahme** ist grundsätzlich nur möglich, soweit ein wirksamer Pfändungsbe- 2 schluss nach §§ 829 ff. ZPO vorliegt. In der Praxis wird im Forderungspfändungsbeschluss zumeist die Feststellung enthalten sein, welche Sachen aufgrund des § 847 ZPO herauszugeben sind, allerdings ist dies für die Wirksamkeit des Beschlusses nicht erforderlich, und kann auch nachgeholt werden.[5] Ein vorheriges erfolgloses Herausgabebegehren seitens des Gläubigers ist nicht erforderlich.[6] Eine Herausgabe kann auch nach der Eröffnung des Insolvenzverfahrens angeordnet werden, wenn die Pfändung bereits zuvor erfolgte.[7]

Die Pfändung und ihre Wirksamkeit erfolgen nach den allgemeinen Vorschriften des § 829 3 ZPO. Die Herausgabe der Sache erfolgt dann an den Gerichtsvollzieher, der vom Gläubiger selbst beauftragt werden muss (§§ 754, 757 ZPO). Sinnvoll dürfte es zumeist sein (soweit nicht bereits ein Gerichtsvollzieher im Pfändungsbeschluss benannt wurde), den Gerichtsvollzieher zu beauftragen, der bereits die Zustellung des Pfändungsbeschlusses an den Drittschuldner vorgenommen hat.

---

1 MK-*Smid*, ZPO, § 846 Rn. 3; a.A. Musielak/Voit-*Becker*, ZPO, § 846 Rn. 2.
2 BGH, WM 1980, 870 = MDR 1980, 1016.
3 BeckOK-*Utermark/Fleck*, ZPO, § 846 Rn. 2.

Zu § 847:
1 So z.B. ablehnend für Lohnabrechnungen OLG Zweibrücken, DGVZ 1995, 148.
2 Thomas/Putzo-*Seiler*, ZPO, § 847 Rn. 2.
3 Zöller-*Stöber*, ZPO, § 847 Rn. 2.
4 BeckOK-*Utermark/Fleck*, ZPO, § 847 Rn. 7 f.
5 MK-*Smid*, ZPO, § 847 Rn. 5 m.w.N.
6 BeckOK-*Utermark/Fleck*, ZPO, § 847 Rn. 3 f.
7 Musielak/Voit-*Becker*, ZPO, § 847 Rn. 2 m.w.N.

II. Wirkung und Verwertung

4 Die Pfändung nach § 847 ZPO hat dieselben Wirkungen wie die nach § 829 ZPO. Die Wirkungen des Pfändungsausspruches beziehen sich jedoch nach wie vor **lediglich auf die Forderung selbst**, die Sache wird nicht gepfändet. Der Ausspruch nach § 847 ZPO hat vielmehr zu Folge, dass eine befreiende Leistung des Drittschuldners nur an den Gerichtsvollzieher und nicht an den Gläubiger erfolgen kann. Lediglich die Hinterlegung steht ihm noch als befreiende Leistungsmöglichkeit offen, soweit damit bis zu Ingewahrsamnahme durch den Gerichtsvollzieher Schaden von der Sache abgewendet wird.[8] Soweit der Drittschuldner also die Sache an den Gerichtsvollzieher herausgibt, ist er von seiner Leistungspflicht befreit und es entsteht Verstrickung und Pfandrecht an der Sache, soweit der Drittschuldner bereits Eigentümer der Sache war, ohne dass es eines weiteren expliziten Pfändungsausspruches bedarf.[9] Wird dagegen ein Anspruch auf Übereignung gepfändet, ist die Übereignung an den Schuldner (nicht den Gläubiger) mit der Herausgabe an den Gerichtsvollzieher bewirkt.[10] Soweit eine Pfändung eigentlich nach § 831 ZPO hätte erfolgen müssen und wird sie stattdessen über § 847 ZPO in Gewahrsam genommen und gepfändet, bleiben die Wirkungen dennoch erhalten.[11] Die Herausgabeanordnung nach § 847 ZPO ermächtigt den Gerichtsvollzieher nicht zur zwangsweisen Wegnahme der benannten Sache (vgl. auch § 124 Abs. 1 Satz 1 GVA).

5 Die Forderung wird auch im Falle des § 847 ZPO nach den §§ 814–825 ZPO verwertet, wobei auch hier nur die Überweisung zur Einziehung möglich ist.[12] Auch diese erfolgt nur auf Antrag des Gläubigers.

C. Rechtsbehelfe

6 Für Schuldner und Drittschuldner steht § 766 ZPO offen, für den Schuldner kommt die sofortige Beschwerde nach § 793 ZPO in Betracht. Dritte können Drittwiderspruchsklage nach § 771 ZPO einlegen.

7 Da § 847 ZPO den Gerichtsvollzieher nicht zur zwangsweisen Wegnahme berechtigt, muss der Gläubiger soweit der Drittschuldner der Herausgabepflicht nicht freiwillig nachkommt, die Herausgabe erzwingen. Dies geschieht indem der Gläubiger den Schuldner auf Herausgabe verklagt (§ 124 Abs. 2 GVA), wobei eine Überweisung nicht notwendig ist.[13] Zu beachten ist § 841 ZPO. Die Entscheidung stellt dann den vollstreckbaren Herausgabetitel dar, deren Vollstreckung sich nach den §§ 883ff. ZPO richtet. Klage auf Herausgabe kann auch der Schuldner erheben. Für die Begründetheit ist entscheidend, dass dem Drittschuldner keine Einwendungen gegen die Forderung des Schuldners zustehen.[14] Ebenso kann auf Abgabe der Übereignungserklärung geklagt werden, der Eigentumsübergang findet sodann mit Rechtskraft des Urteils statt (§ 894 ZPO).[15]

D. Kosten und Gebühren

8 Bei freiwilliger Herausgabe macht der Gerichtsvollzieher Kosten nach Nr. 206 KV-GvKostG (16,00 €) geltend. Das Gericht erhebt Kosten nach Nr. 2111 KV-GKG (20,00 €). Für den Rechtsanwalt stellt ein Verfahren nach § 847 ZPO keine besondere Angelegenheit dar (§ 19 Abs. 1 RVG).

§ 847a
Herausgabeanspruch auf ein Schiff

(1) Bei der Pfändung eines Anspruchs, der ein eingetragenes Schiff betrifft, ist anzuordnen, dass das Schiff an einen vom Vollstreckungsgericht zu bestellenden Treuhänder herauszugeben ist.

(2) [1]**Ist der Anspruch auf Übertragung des Eigentums gerichtet, so vertritt der Treuhänder den Schuldner bei der Übertragung des Eigentums.** [2]**Mit dem Übergang des Eigentums auf den Schuldner erlangt der Gläubiger eine Schiffshypothek für seine Forderung.** [3]**Der Treuhänder hat die Eintragung der Schiffshypothek in das Schiffsregister zu bewilligen.**

(3) Die Zwangsvollstreckung in das Schiff wird nach den für die Zwangsvollstreckung in unbewegliche Sachen geltenden Vorschriften bewirkt.

---

8 So z.B. Musielak/Voit-*Becker*, ZPO, § 847 Rn. 3.
9 OLG Frankfurt a.M., NJW 2005, 1961 = InVo 2005, 430.
10 Thomas/Putzo-*Seiler*, ZPO, § 847 Rn. 6.
11 BGH, MDR 1980, 1016 = DB 1980, 1937.
12 Ausführlich MK-*Smid*, ZPO, § 847 Rn. 13ff. m.w.N.
13 Musielak/Voit-*Becker*, ZPO, § 847 Rn. 4 m.w.N.
14 Insofern wie bei § 829 ZPO.
15 Musielak/Voit-*Becker*, ZPO, § 847 Rn. 4 m.w.N.

(4) Die vorstehenden Vorschriften gelten entsprechend, wenn der Anspruch ein Schiffsbauwerk betrifft, das im Schiffsbauregister eingetragen ist oder in dieses Register eingetragen werden kann.

§ 847a ZPO gilt für eingetragene Schiffe und eintragungsfähige Schiffsbauwerke sowie Luftfahrzeuge, die in der Luftfahrzeugrolle eingetragen sind.[1] Die Norm entspricht dem § 848 ZPO, so dass das dort Gesagte auch hier gilt.[2] Herausgabeansprüche für nichteingetragene Schiffe und Luftfahrzeuge werden nach § 847 ZPO gepfändet. 1

§ 848
Herausgabeanspruch auf eine unbewegliche Sache

(1) Bei Pfändung eines Anspruchs, der eine unbewegliche Sache betrifft, ist anzuordnen, dass die Sache an einen auf Antrag des Gläubigers vom Amtsgericht der belegenen Sache zu bestellenden Sequester herauszugeben sei.

(2) [1]Ist der Anspruch auf Übertragung des Eigentums gerichtet, so hat die Auflassung an den Sequester als Vertreter des Schuldners zu erfolgen. [2]Mit dem Übergang des Eigentums auf den Schuldner erlangt der Gläubiger eine Sicherungshypothek für seine Forderung. [3]Der Sequester hat die Eintragung der Sicherungshypothek zu bewilligen.

(3) Die Zwangsvollstreckung in die herausgegebene Sache wird nach den für die Zwangsvollstreckung in unbewegliche Sachen geltenden Vorschriften bewirkt.

Inhalt:

	Rn.		Rn.
A. Allgemeines und Gegenstand der Pfändung	1	II. Wirksamkeit und Wirkungen der Pfändung	5
B. Erläuterungen	3	C. Rechtsbehelfe, Kosten und	
I. Anträge des Gläubigers	3	Gebühren	9

A. Allgemeines und Gegenstand der Pfändung

Für die Pfändung von **Herausgabeansprüchen** oder **Ansprüchen auf Übereignung** von unbeweglichen Sachen gilt § 848 ZPO. § 866 Abs. 3 ZPO ist nicht anzuwenden,[1] § 848 ZPO ist allerdings auch bei einer Arrestvollstreckung nach § 928 ZPO anwendbar.[2] Für die Pfändung nach § 848 ZPO müssen die allgemeinen Voraussetzungen der Zwangsvollstreckung vorliegen. 1

Ebenfalls nach § 848 ZPO pfändbar ist das **Anwartschaftsrecht**.[3] Dies gilt soweit dieses eingetragen wurde, und die Eigentumsumschreibung oder eine Vormerkung vom Schuldner beantragt wurde, nicht jedoch bereits bei Antrag des Drittschuldners.[4] Da der veräußernde Dritte kein Drittschuldner mehr ist, muss der Beschluss dem Schuldner und nicht dem Dritten zugestellt werden.[5] Die Bestellung eines Sequesters ist dann nicht notwendig. Die Pfändung des Anwartschaftsrechts kann und sollte jedoch stets zusammen mit dem Übereignungsanspruch gepfändet werden, da der Antrag auf Umschreibung jederzeit zurückgenommen werden kann und der Gläubiger ansonsten das Prozessrisiko trägt.[6] 2

B. Erläuterungen
I. Anträge des Gläubigers

Wie auch sonst erfolgt eine Pfändung nur auf Antrag des Gläubigers. Da es sich um die Pfändung von Rechten am Immobilien handelt, sollte der Antrag das Grundstück genau mithilfe des Grundbuchs bezeichnen (vgl. § 28 GBO). Ebenso sollte die zu pfändende sowie die zu- 3

---

1 Insofern bedeutet Schiffshypothek sodann Registerpfandrecht, MK-*Smid*, ZPO, § 847a Rn. 3.
2 Der Treuhänder ist insofern Sequester.

Zu § 848:
1 Thomas/Putzo-*Seiler*, ZPO, § 848 Rn. 1.
2 BayObLG, Rpfleger 1985, 58 (58f.) = JurBüro 1985, 950 (950f.).
3 MK-*Smid*, ZPO, § 848 Rn. 9ff.
4 Siehe hierzu Musielak/Voit-*Becker*, ZPO, § 848 Rn. 7.
5 BGHZ 49, 197 = NJW 1968, 493.
6 BayObLG, NJW-RR 1997, 1173 = InvO 1997, 132; OLG Frankfurt a.M., NJW-RR 1997, 1308 = JurBüro 1997, 329.

grundeliegende Forderung bezeichnet werden.[7] Zuständig für den Antrag auf Pfändung ist das Vollstreckungsgericht nach § 828 ZPO, auch die Regelung des § 829 ZPO findet Anwendung.

4   Eine Besonderheit bei der Zuständigkeit ergibt sich aufgrund der **treuhänderischen Sequesterbeteiligung**. Der Sequester wird nach Abs. 1 und 2 bei der Pfändung eines Herausgabeanspruches sowie dem Anspruch auf Eigentumsübertragung als privatrechtlicher **Vertreter des Schuldners** tätig.[8] Auch die Bestellung des Sequesters erfolgt auf Antrag des Gläubigers, wobei er im Antrag eine Person (die nicht Gerichtsvollzieher sein muss) benennen kann, der er die Aufgabe übertragen will.[9] Zuständig für die Benennung ist das Amtsgericht, in dessen Bezirk sich die Immobilie befindet.[10] So können sich bei einer Pfändung nach § 848 ZPO **unterschiedliche Zuständigkeiten**, für Pfändung und Sequesterbestellung ergeben, weshalb dann zwei Anträge zu stellen sind. Sind die Gerichtsstände identisch, können die Anträge jedoch verbunden werden.

II. Wirksamkeit und Wirkungen der Pfändung

5   Die Pfändung nach Abs. 1 erfolgt durch **Übergabe** an den Sequester. Dadurch entsteht jedoch kein Pfandrecht (Sicherungshypothek) des Gläubigers am Grundstück und ist kaum praxisrelevant. Wirksam wird der Pfändungsbeschluss erst durch Zustellung an den Drittschuldner, § 829 ZPO. Die praxisrelevantere Pfändung eines Übereignungsanspruches kann bis zur Eintragung des Eigentumsübergangs im Grundbuch nach Abs. 2 gepfändet werden. Dafür hat der Sequester die Auflassung als Vertreter und im Namen des Schuldners zu beantragen.[11] Die Übereignung erfolgt nach den allgemeinen Vorschriften der §§ 873 Abs. 1, 925 BGB. Auch hier tritt Wirksamkeit des Beschlusses mit Zustellung an den Drittschuldner ein.

6   Nach Abs. 2 Satz 2 erwirbt der Gläubiger bei erfolgter Übereignung an den Schuldner (vertreten durch den Sequester) grundsätzlich eine **Sicherungshypothek** i.S.d. § 1184 BGB am Grundstück. Diese umfasst die zugrundeliegende Forderung sowie die Vollstreckungskosten. Das gilt auch, wenn eigentlich das Anwartschaftsrecht gepfändet wurde, dieses aber mittlerweile erstarkt ist.[12] Ob die Bewilligung des Sequesters nach Satz 3 deklaratorischer oder konstitutiver Natur ist, ist strittig, die Eintragung sollte jedoch so oder so schnellstmöglich angestrebt werden, um den **guten Glauben** des § 892 BGB auszuschließen.[13] Die Sicherungshypothek nach § 848 Abs. 2 Satz 3 ZPO geht Auflassungsvormerkungen vor, steht aber hinter den Sicherungsrechten des historischen Veräußerers.[14] Mehrere Sicherungshypotheken dieses Typs sind chronologisch einzutragen.[15]

7   Nach Abs. 3 erfolgt die **Verwertung der Sicherungshypothek in einem eigenen Verfahren** nach den allgemeinen Regeln der Immobiliarvollstreckung (§§ 866 ff. ZPO). Titel ist dabei der Schuldtitel.[16] Insofern ist hier ein neues Vollstreckungsverfahren zu begehen.

8   Wird das **Anwartschaftsrecht gepfändet**, tritt Verstrickung ein. Der Gläubiger erwirbt ein Pfandrecht und kann sich dem Eintragungsantrag anschließen. Dies ist insofern praxisrelevant, als damit eine Antragsrücknahme des Schuldners verhindert werden kann.[17] Ein Sequester muss nicht beteiligt werden.

C. Rechtsbehelfe, Kosten und Gebühren

9   Die Rechtsbehelfe entsprechen denen des § 847 ZPO. Zusätzlich steht die Beschwerde wegen Grundbuchsachen nach § 71 GBO offen. Verweigert der Drittschuldner eine Herausgabe oder Übereignung, steht dem Gläubiger die Möglichkeit einer Drittschuldnerklage offen (siehe § 835 Rn. 11).

---

7   Zumindest für den Beschluss: BGH, NJW 2007, 3132 = FamRZ 2007, 1008.
8   BGH, NJW-RR 2005, 1283 = Rpfleger 2005, 549.
9   Das Vollstreckungsgericht ist daran nicht gebunden.
10 Sachlich zuständig ist der Rechtspfleger, § 20 Abs. 1 Nr. 17 RPflG.
11 Antragsberechtigt sind insofern Sequester, Eigentümer (§ 13 Abs. 1 Satz 2 GBO) sowie der Notar (§ 15 Abs. 2 GBO).
12 BGHZ 49, 197 = NJW 1968, 493.
13 Siehe zum Meinungsstand MK-*Smid*, ZPO, § 848 Rn. 9; antragsberechtigt ist hier auch der Gläubiger unter Vorlage des Beschlusses.
14 BGH, NJW 1968, 493 = Rpfleger 1968, 83.
15 MK-*Smid*, ZPO, § 848 Rn. 13 f.
16 MK-*Smid*, ZPO, § 848 Rn. 15.
17 Vgl. Musielak/Voit-*Becker*, ZPO, § 848 Rn. 8.

Der Sequester erhält eine Vergütung, welche durch das Vollstreckungsgericht bestimmt wird.[18] Der Gläubiger hat diese Kosten zuerst ersetzen, kann sich diese jedoch nach § 788 ZPO vom Schuldner ersetzen lassen. Die Gerichts- und Rechtsanwaltsgebühren entsprechen denen des § 846 ZPO, siehe insoweit § 846 Rn. 3. 10

§ 849
Keine Überweisung an Zahlungs statt

Eine Überweisung der im § 846 bezeichneten Ansprüche an Zahlungs statt ist unzulässig.

§ 849 ZPO stellt klar, dass die ohnehin nicht praxisrelevante Verwertung durch Überweisung an Zahlungs statt nicht auf Ansprüche, die die Herausgabe oder Leistung körperlicher Sachen zum Gegenstand hat (§§ 846 ff. ZPO), anwendbar ist. Eine Überweisung zur Einziehung ist möglich, nicht jedoch eine andere Verwertungsart nach § 844 ZPO.[1] 1

§ 850
Pfändungsschutz für Arbeitseinkommen

(1) Arbeitseinkommen, das in Geld zahlbar ist, kann nur nach Maßgabe der §§ 850a bis 850i gepfändet werden.

(2) Arbeitseinkommen im Sinne dieser Vorschrift sind die Dienst- und Versorgungsbezüge der Beamten, Arbeits- und Dienstlöhne, Ruhegelder und ähnliche nach dem einstweiligen oder dauernden Ausscheiden aus dem Dienst- oder Arbeitsverhältnis gewährte fortlaufende Einkünfte, ferner Hinterbliebenenbezüge sowie sonstige Vergütungen für Dienstleistungen aller Art, die die Erwerbstätigkeit des Schuldners vollständig oder zu einem wesentlichen Teil in Anspruch nehmen.

(3) Arbeitseinkommen sind auch die folgenden Bezüge, soweit sie in Geld zahlbar sind:
a) Bezüge, die ein Arbeitnehmer zum Ausgleich für Wettbewerbsbeschränkungen für die Zeit nach Beendigung seines Dienstverhältnisses beanspruchen kann;
b) Renten, die auf Grund von Versicherungsverträgen gewährt werden, wenn diese Verträge zur Versorgung des Versicherungsnehmers oder seiner unterhaltsberechtigten Angehörigen eingegangen sind.

(4) Die Pfändung des in Geld zahlbaren Arbeitseinkommens erfasst alle Vergütungen, die dem Schuldner aus der Arbeits- oder Dienstleistung zustehen, ohne Rücksicht auf ihre Benennung oder Berechnungsart.

Inhalt:

	Rn.		Rn.
A. Allgemeines	1	II. Besonderheiten im Vollstreckungs-	
B. Erläuterungen	3	verfahren	6
I. Begriff des Arbeitseinkommens	3	C. Rechtsbehelfe und Rechtsfolgen	7

A. Allgemeines

Die §§ 850a–850i ZPO statuieren Beschränkungen der Zwangsvollstreckung. § 850 ZPO dient insofern als Programmnorm, als diese Normen nur dann Anwendung finden, wenn **Arbeitseinkommen** i.S. dieser Vorschrift vorliegt. Aufgrund der sozialstaatlichen Relevanz sind die Vorschriften nicht abdingbar und gelten bei jeder Zwangsvollstreckung wegen Geldforderungen (§ 803 ZPO), so auch einer Arrestvollziehung. Die Norm ist weit auszulegen. Maßgeblicher Zeitpunkt ist der Zeitpunkt der Pfändung bzw., soweit es sich um zukünftige Forderungen handelt, der der Fälligkeit.[1] 1

Verstößt ein Pfändungsbeschluss gegen die §§ 850 ff. ZPO, ist die Pfändung **dennoch wirksam**, auch entsteht Verstrickung und Pfändungspfandrecht. Sie ist **jedoch anfechtbar**. 2

---

18 Vergütung erfolgt nach Aufwand, § 26 ZwVwV oder nach Zeitaufwand, § 19 ZwVwV, vgl. BGH, NJW-RR 2005, 1283 (1284) = ZIP 2005, 1295 (1296).

Zu § 849:
1 BeckOK-*Utermark/Fleck*, ZPO, § 849 Rn. 3.

Zu § 850:
1 Thomas/Putzo-*Seiler*, ZPO, § 850 Rn. 3 m.w.N.

B. Erläuterungen
I. Begriff des Arbeitseinkommens

3 §§ 850a–850l ZPO gelten nur für **Arbeitseinkommen**. Der weit auszulegende Begriff wird in Abs. 2 definiert. Draus ergibt sich, dass unabhängig von der Bezeichnung der Vergütung (Abs. 4) neben den Vergütungen aus Arbeits- oder Dienstverhältnissen auch einmalige Zahlungen oder Naturalleistungen (siehe § 850e Nr. 3 ZPO), Bezüge aus Nebenberuf und sonstige Vergütungen für persönliche Arbeit oder Dienste, sowie die darauf folgenden Bezüge, wie Zahlungen nach dem EntgeltfortzahlungsG, Urlaubsgeld, Abfindungen, Mutterschutzbezüge, Erfolgsprämien, Schadensersatzansprüche wegen nicht gezahlter Vergütung sowie Streikvergütungen. Hierunter fallen auch Bezüge aufgrund nichtiger Arbeitsverträge, inklusive Schwarzarbeit. Bezüge für Hinterbliebene fallen unter § 850 ZPO. Besonderheiten für Beamte ergeben sich grundsätzlich nicht. Nicht unter den Begriff des Arbeitseinkommens fallen Sozialleistungen oder anderweitige private Zahlungen, insbesondere Trinkgeld. Soweit die Vergütung in bar bezahlt wurde, finden nicht die §§ 850 ff. ZPO, sondern § 811 Nr. 8 ZPO Anwendung.[2]

4 Für die Vergütung von **Dienstleistungen** namentlich von **Selbstständigen oder Freiberuflern** gelten § 850 ZPO nach Abs. 2 Hs. 2 ebenso, soweit es sich um wiederkehrend zahlbare Vergütungen handelt (beachte für nicht wiederkehrend zahlbare Vergütungen § 850i ZPO). Dies gilt jedoch nur dann, wenn der Tätigkeit die wesentliche Erwerbstätigkeit darstellt. Soweit eine Einnahmequelle zwar dem Unterhalt des Schuldners dient, allerdings nicht auf einem Dienst beruht, z.B. bei Mieteinnahme, finden §§ 850 ff. ZPO keine Anwendung.[3]

5 Abs. 3 erweitert den Anwendungsbereich auf Geldzahlungen, die der Entschädigung von Karenzzeiten gelten und Versicherungszahlungen, die die Renten- oder Hinterbliebenenversorgung von Nicht-Selbstständigen ersetzen. Nicht davon umfasst sind Kapitallebensversicherungen.[4]

II. Besonderheiten im Vollstreckungsverfahren

6 Aufgrund der §§ 850 ff. ZPO ergeben sich im Vollstreckungsverfahren, das sich grundsätzlich nach §§ 828 ff. ZPO richtet, einige Besonderheiten. Die Schranken sind von Amts wegen zu berücksichtigen, wobei dem Schuldner grundsätzlich im Rahmen seiner Möglichkeiten die Beweislast für das Vorliegen eines einschränkenden Sachverhalts obliegt. Macht der Gläubiger dagegen eine Schranke-Schranke (z.B. § 850b Abs. 2 ZPO) geltend, trifft ihn diese Pflicht. In der Praxis werden vom Vollstreckungsgericht im Rahmen des § 850c ZPO häufig sogenannte **Blankettbeschlüsse** (für den Begriff siehe § 850c ZPO) erlassen. Dies ist zulässig, auch wenn es zu einer Mehrbelastung des Arbeitgebers führt.

C. Rechtsbehelfe und Rechtsfolgen

7 Die Rechtsbehelfe entsprechen grundsätzlich denen des § 829 ZPO. Zu beachten ist, dass der Schuldner wegen § 834 ZPO bei einem gemeinsamen Pfändungs- und Überweisungsbeschlusses zumeist nicht gehört wird und für ihn in einem solchen Fall deshalb die Erinnerung nach § 766 ZPO die einzige Möglichkeit darstellt, seine Lage darzulegen. Des Weiteren ist **auch der Arbeitgeber** wegen seiner Fürsorgepflicht zur Einlegung von Rechtsmitteln befugt, eventuell sogar verpflichtet.

8 Die Zulässigkeit von Blankettbeschlüssen und die damit hohe zusätzliche Belastung für den Arbeitgeber als Drittschuldner wird als **außerordentlicher Kündigungsgrund** anerkannt. Allerdings hat der Arbeitgeber den Nachweis zu erbringen, dass es deshalb zu starken Behinderungen des Betriebes gekommen ist.

§ 850a
Unpfändbare Bezüge

Unpfändbar sind

1. zur Hälfte die für die Leistung von Mehrarbeitsstunden gezahlten Teile des Arbeitseinkommens;
2. die für die Dauer eines Urlaubs über das Arbeitseinkommen hinaus gewährten Bezüge, Zuwendungen aus Anlass eines besonderen Betriebsereignisses und Treugelder, soweit sie den Rahmen des Üblichen nicht übersteigen;

---

2 MK-*Smid*, ZPO, § 850 Rn. 13.
3 BGH, NJW 2005, 681 = MDR 2005, 650.
4 BFH, NJW 1992, 527 = Rpfleger 1991, 467.

3. Aufwandsentschädigungen, Auslösungsgelder und sonstige soziale Zulagen für auswärtige Beschäftigungen, das Entgelt für selbstgestelltes Arbeitsmaterial, Gefahrenzulagen sowie Schmutz- und Erschwerniszulagen, soweit diese Bezüge den Rahmen des Üblichen nicht übersteigen;
4. Weihnachtsvergütungen bis zum Betrage der Hälfte des monatlichen Arbeitseinkommens, höchstens aber bis zum Betrag von 500 Euro;
5. Geburtsbeihilfen sowie Beihilfen aus Anlass der Eingehung einer Ehe oder Begründung einer Lebenspartnerschaft, sofern die Vollstreckung wegen anderer als der aus Anlass der Geburt, der Eingehung einer Ehe oder der Begründung einer Lebenspartnerschaft entstandenen Ansprüche betrieben wird;
6. Erziehungsgelder, Studienbeihilfen und ähnliche Bezüge;
7. Sterbe- und Gnadenbezüge aus Arbeits- oder Dienstverhältnissen;
8. Blindenzulagen.

Inhalt:
	Rn.		Rn.
A. Allgemeines	1	C. Sonstiges	11
B. Unpfändbare Bezüge	3		

A. Allgemeines

Die §§ 850a–850l ZPO statuieren Beschränkungen der Zwangsvollstreckung. Die Norm findet nur dann Anwendung, wenn **Arbeitseinkommen** i.S.d. § 850 ZPO vorliegt. Aufgrund der sozialstaatlichen Relevanz sind die Vorschriften nicht abdingbar[1] und gelten bei jeder Zwangsvollstreckung wegen Geldforderungen (§ 803 ZPO), so auch bei einer Arrestvollziehung.[2] Maßgeblicher Zeitpunkt ist der Zeitpunkt der Pfändung bzw., soweit es sich um zukünftige Forderungen handelt, der der Fälligkeit.[3] 1

Verstößt ein Pfändungsbeschluss gegen die Norm, ist die Pfändung **dennoch wirksam**, auch entsteht Verstrickung und Pfändungspfandrecht. Sie ist **jedoch anfechtbar**.[4] 2

B. Unpfändbare Bezüge

Nr. 1 bezieht sich auf Überstunden. Diese liegen vor, wenn nach der gewöhnlichen Arbeitszeit im Betrieb oder nach Tarifvertrag eine Mehrarbeit gegeben ist. Die gesetzlichen Arbeitszeiten spielen keine Rolle.[5] Freizeitausgleich ist von Nr. 1 nicht betroffen. Ebenfalls nicht unter Nr. 1 entfällt ein Zusatzentgelt für besondere Leistungen wie Akkordlohn.[6] Dagegen ist die Norm entsprechend anzuwenden, wenn ein Schuldner durch mehrere Nebentätigkeiten mehr als die übliche Arbeitszeit leistet. Bezieht ein Selbständiger Altersrente und arbeitet er noch nebenbei, kann im Rahmen des § 850i ZPO eine Freistellung auf Antrag in Höhe der Hälfte des Mehrverdienstes in Frage kommen.[7] 3

Nr. 2 bezieht sich auf das Urlaubsgeld, also die Urlaubsgratifikation, nicht auf das Urlaubsentgelt oder den Urlaubsanspruch an sich. 4

Nr. 3 betrifft Aufwandsentschädigungen. Diese sind beispielsweise die nach § 46 Abs. 5 BPersVG, § 37 Abs. 6 BetrVG, Auslagenersatz des Provisionsreisenden, Bürogelder des Gemeinderats, „Ein-Euro-Job", die Mehraufwandsentschädigung, Erstattungsansprüche nach § 40 Abs. 1 BetrVG, Kilometergelder für Baustellenfahrten im eigenen Pkw, Mankogelder des Kassenbeamten, Reisevergütungen, Repräsentationskosten-Erstattung, Spesen (Zehrgelder), Tagegelder, Trennungsentschädigung, Umzugskostenvergütung. Aufwandsentschädigungen für unentgeltliche, ehrenamtliche Tätigkeiten zählen ebenfalls hierher, wie z.B. bei Volkszählern, Schöffen und anderen ehrenamtlichen Richtern, bei Mitgliedern staatlicher oder kommunaler Organe bzw. von Ausschüssen usw. in der gewerblichen Wirtschaft[8]. 5

---

1 Das gilt für vertraglichen Ausschluss, RGZ 128, 81; KG Berlin, NJW 1960, 682 = DGVZ 1960, 94; insbesondere auch für umgehende Klauseln, BAG, BB 2009, 1303 = MDR 2009, 891, und für einen sonstigen Verzicht, RGZ 106, 205; Verwirkung ist ausgeschlossen, vgl. Thomas/Putzo-*Seiler*, ZPO, § 850 Rn. 2.
2 Musielak/Voit-*Becker*, ZPO, § 850 Rn. 1.
3 Thomas/Putzo-*Seiler*, ZPO, § 850 Rn. 3 m.w.N.
4 MK-*Smid*, ZPO, § 850 Rn. 17 m.w.N. (str.).
5 Stein/Jonas-*Brehm*, ZPO, § 850a Rn. 8.
6 Musielak/Voit-*Becker*, ZPO, § 850 Rn. 2.
7 BGH, NJW-RR 2014, 1198 = Rpfleger 2014, 686.
8 Beispiele nach Musielak/Voit-*Becker*, ZPO, § 850 Rn. 4.

6 Weihnachtsgeld nach **Nr. 4** sind Zahlungen, die aufgrund eines Anspruchs des Arbeitnehmers erfolgen. Freiwillige Leistungen sind von Nr. 4 nicht erfasst. Die Zahlung soll dazu dienen, Anschaffungen für das Weihnachtsfest zu gestatten. Dabei kann die zeitliche Nähe zum Weihnachtsfest als Indiz für das Vorliegen eines Weihnachtsgeldes gewertet werden.[9]

7 **Nr. 5** erfasst nur Ansprüche gegen den Arbeitgeber, nicht Ansprüche auf Sozialleistungen (§ 54 SGB I).

8 Bei **Nr. 6** ist streng zu trennen zwischen den dort genannten Leistungen, die der Erziehung und Ausbildung dienen sollen und insbesondere Zahlungen aus einem Ausbildungsverhältnis für die erbrachte Tätigkeit, die als Entgelt nach den allgemeinen Maßstäben pfändbar sind.[10]

9 **Nr. 7** erfasst Leistungen, die Hinterbliebenen von Beamten und Arbeitnehmern gezahlt werden.

10 **Nr. 8** gilt nur für Blindenzulagen nach Landesrecht.

C. Sonstiges

11 Entscheidungen bezüglich der (Nicht-)Anwendung von § 850a ZPO kann (auch vom Drittschuldner)[11] mit der Erinnerung nach § 766 ZPO angegriffen werden.

§ 850b
Bedingt pfändbare Bezüge

(1) Unpfändbar sind ferner

1. Renten, die wegen einer Verletzung des Körpers oder der Gesundheit zu entrichten sind;
2. Unterhaltsrenten, die auf gesetzlicher Vorschrift beruhen, sowie die wegen Entziehung einer solchen Forderung zu entrichtenden Renten;
3. fortlaufende Einkünfte, die ein Schuldner aus Stiftungen oder sonst auf Grund der Fürsorge und Freigebigkeit eines Dritten oder auf Grund eines Altenteils oder Auszugsvertrags bezieht;
4. Bezüge aus Witwen-, Waisen-, Hilfs- und Krankenkassen, die ausschließlich oder zu einem wesentlichen Teil zu Unterstützungszwecken gewährt werden, ferner Ansprüche aus Lebensversicherungen, die nur auf den Todesfall des Versicherungsnehmers abgeschlossen sind, wenn die Versicherungssumme 3579 Euro nicht übersteigt.

(2) Diese Bezüge können nach den für Arbeitseinkommen geltenden Vorschriften gepfändet werden, wenn die Vollstreckung in das sonstige bewegliche Vermögen des Schuldners zu einer vollständigen Befriedigung des Gläubigers nicht geführt hat oder voraussichtlich nicht führen wird und wenn nach den Umständen des Falles, insbesondere nach der Art des beizutreibenden Anspruchs und der Höhe der Bezüge, die Pfändung der Billigkeit entspricht.

(3) Das Vollstreckungsgericht soll vor seiner Entscheidung die Beteiligten hören.

Inhalt:

	Rn.		Rn.
A. Allgemeines....................	1	C. Ausnahmen....................	7
B. Erläuterungen..................	2	D. Rechtsbehelfe.................	8

A. Allgemeines

1 Sind und Zweck der Norm ist der Schutz von bestimmten Einkünften, die dem Lebensunterhalt dienen, obwohl sie kein Arbeitseinkommen darstellen.[1]

B. Erläuterungen

2 Grundsätzlich sind die in Abs. 1 genannten Bezüge unpfändbar.

3 **Nr. 1** betrifft Zahlungen aufgrund einer Verletzung des Körpers oder der Gesundheit. Betroffen sind davon fällige und künftige[2] wiederkehrende Leistungen.

---

9 BAG, NZA 2012, 1246 (1247), Rn. 16 = JurBüro 2012, 493 (494), Rn. 16.
10 OLG Braunschweig, NJW 1955, 1599 = MDR 1956, 44.
11 OLG Düsseldorf, VersR 1967, 750.

Zu § 850b:
1 BGH, NZI 2010, 777 = FamRZ 2010, 1659.
2 BGH, NJW 2010, 374, Rn. 11 = MDR 2010, 267, Rn. 11.

Nr. 2 bezieht sich auf gesetzliche Unterhaltszahlungen an den getrennt lebenden (§ 1361 BGB) oder geschiedenen (§§ 1569 ff. BGB) Ehegatten, die der Kinder und sonstigen Verwandten (§§ 1601 ff. BGB) und der Mutter oder des Vaters eines nichtehelichen Kindes gegen den anderen Elternteil (§ 1615l BGB).

Bei Nr. 3 sind nur fortlaufende Bezüge geschützt, nicht hingegen ein einmaliger Bezug.[3]

Von Nr. 4 erfasst werden sowohl privatrechtliche[4] als auch öffentlich-rechtliche[5] wiederkehrende oder einmalige Ansprüche.

C. Ausnahme

Die genannten Bezüge sind nach Einzelfallprüfung[6] durch den Rechtspfleger (§ 20 Nr. 17 RPflG) beim Vollstreckungsgericht[7] (§§ 828, 802 ZPO), ggf. durch den Richter (§ 5 Abs. 1 Nr. 2 RPflG) pfändbar. Dies erfolgt nach einer vergeblichen anderweitigen Vollstreckung und nach einer durchgeführten Billigkeitsabwägung. Dabei muss der Gläubiger darlegen, dass die Voraussetzungen für eine ausnahmsweise durchzuführende Pfändung doch vorliegen.

D. Rechtsbehelfe

Der Gläubiger kann gegen die Ablehnung der Pfändung die sofortige Beschwerde einlegen (§ 793 ZPO). Wurde der Schuldner vor der Entscheidung gehört und wird die Pfändung beschlossen, kann auch er die sofortige Beschwerde einlegen (§ 793 ZPO). Wurde der Schuldner vor der Entscheidung nicht gehört und wird die Pfändung beschlossen, kann er die Erinnerung nach § 766 ZPO einlegen.

Bei Drittschuldnern gilt das zu dem Schuldner Gesagte.

§ 850c
Pfändungsgrenzen für Arbeitseinkommen

(1) ¹Arbeitseinkommen ist unpfändbar, wenn es, je nach dem Zeitraum, für den es gezahlt wird, nicht mehr als

	ab 1. 7. 2017:
930,00 Euro monatlich	1133,80 Euro
217,50 Euro wöchentlich oder	260,93 Euro
43,50 Euro täglich	52,19 Euro

beträgt. ²Gewährt der Schuldner auf Grund einer gesetzlichen Verpflichtung seinem Ehegatten, einem früheren Ehegatten, seinem Lebenspartner, einem früheren Lebenspartner oder einem Verwandten oder nach §§ 1615l, 1615n des Bürgerlichen Gesetzbuchs einem Elternteil Unterhalt, so erhöht sich der Betrag, bis zu dessen Höhe Arbeitseinkommen unpfändbar ist, auf bis zu

	ab 1. 7. 2017:
2060,00 Euro monatlich,	2511,43 Euro
478,50 Euro wöchentlich oder	577,99 Euro
96,50 Euro täglich,	115,59 Euro

und zwar um

	ab 1. 7. 2017:
350,00 Euro monatlich,	426,71 Euro
81,00 Euro wöchentlich oder	98,20 Euro
17,00 Euro täglich	19,64 Euro

für die erste Person, der Unterhalt gewährt wird, und um je

	ab 1. 7. 2017:
195,00 Euro monatlich,	237,73 Euro
45,00 Euro wöchentlich oder	54,71 Euro
9,00 Euro täglich	10,94 Euro

für die zweite bis fünfte Person.

(2) ¹Übersteigt das Arbeitseinkommen den Betrag, bis zu dessen Höhe es je nach der Zahl der Personen, denen der Schuldner Unterhalt gewährt, nach Absatz 1 unpfändbar ist, so ist es hinsichtlich des überschießenden Betrages zu einem Teil unpfändbar, und zwar in Höhe von drei Zehnteln, wenn der Schuldner keiner der in Absatz 1 genannten Personen Unterhalt gewährt, zwei weiteren Zehnteln für die erste Person, der Unterhalt gewährt wird, und je einem weiteren Zehntel für die zweite bis fünfte Person. ²Der Teil des Arbeitseinkommens, der 2851 [ab 1. 7. 2017: 3475,79] Euro monatlich (658 [ab 1. 7. 2017: 799,91] Euro wöchentlich,

---

3 Musielak/Voit-*Becker*, ZPO, § 850b Rn. 5.
4 BGH, NJW-RR 2007, 1510 = DGVZ 2007, 509.
5 BGH, VersR 1988, 181.
6 Vgl. LG Düsseldorf, Rpfleger 1983, 255 = JurBüro 1983, 1575.
7 BGH, NJW 1970, 282 = MDR 1970, 128.

131,58 *[ab 1.7.2017: 159,98]* Euro täglich) übersteigt, bleibt bei der Berechnung des unpfändbaren Betrages unberücksichtigt.

(2a) ¹Die unpfändbaren Beträge nach Absatz 1 und Absatz 2 Satz 2 ändern sich jeweils zum 1. Juli eines jeden zweiten Jahres, erstmalig zum 1. Juli 2003, entsprechend der im Vergleich zum jeweiligen Vorjahreszeitraum sich ergebenden prozentualen Entwicklung des Grundfreibetrages nach § 32a Abs. 1 Nr. 1 des Einkommensteuergesetzes; der Berechnung ist die am 1. Januar des jeweiligen Jahres geltende Fassung des § 32a Abs. 1 Nr. 1 des Einkommensteuergesetzes zu Grunde zu legen. ²Das Bundesministerium der Justiz und für Verbraucherschutz gibt die maßgebenden Beträge rechtzeitig im Bundesgesetzblatt bekannt.

(3) ¹Bei der Berechnung des nach Absatz 2 pfändbaren Teils des Arbeitseinkommens ist das Arbeitseinkommen, gegebenenfalls nach Abzug des nach Absatz 2 Satz 2 pfändbaren Betrages, wie aus der Tabelle ersichtlich, die diesem Gesetz als Anlage beigefügt ist, nach unten abzurunden, und zwar bei Auszahlung für Monate auf einen durch 10 Euro, bei Auszahlung für Wochen auf einen durch 2,50 Euro oder bei Auszahlung für Tage auf einen durch 50 Cent teilbaren Betrag. ²Im Pfändungsbeschluss genügt die Bezugnahme auf die Tabelle.

(4) Hat eine Person, welcher der Schuldner auf Grund gesetzlicher Verpflichtung Unterhalt gewährt, eigene Einkünfte, so kann das Vollstreckungsgericht auf Antrag des Gläubigers nach billigem Ermessen bestimmen, dass diese Person bei der Berechnung des unpfändbaren Teils des Arbeitseinkommens ganz oder teilweise unberücksichtigt bleibt; soll die Person nur teilweise berücksichtigt werden, so ist Absatz 3 Satz 2 nicht anzuwenden.

Inhalt:

	Rn.		Rn.
A. Allgemeines	1	II. Verfahren	4
B. Erläuterungen	2	C. Rechtsbehelfe	5
I. Betragsgrenzen	2		

A. Allgemeines

1   Die Norm bezieht sich auf Arbeitseinkommen wie in § 850 ZPO. Sie soll die Deckung des Existenzminimums sicherstellen. Dies gilt sowohl für den Schuldner als auch für die in der Norm bezeichneten Personen, die ein enges Verhältnis zum Schuldner haben. Das **Nettoeinkommen** ergibt sich nach der Berechnung gemäß § 850e Nr. 1 ZPO. Nachzahlungen werden dem Zeitraum zugeschlagen, für den sie gezahlt werden. Die **Unterhaltspflichten** beziehen sich auf Pflichten betreffend den getrennt lebenden (§ 1361 BGB) oder geschiedenen (§§ 1569 ff. BGB) Ehegatten, gegenüber den Kindern und sonstigen Verwandten (§§ 1601 ff. BGB) und gegenüber der Mutter oder des Vaters eines nichtehelichen Kindes (§ 1615l BGB).

B. Erläuterungen
I. Betragsgrenzen

2   Bei den Grenzen handelt es sich um Pauschalierungen und feste Beträge, die sich jedes zweite Jahr ab dem 01.07.2013 ändern können. Der obige Gesetzestext bezieht sich auf den 01.07.2013. Die aktuellen Pfändungsfreigrenzen sind in der jeweils gültigen Pfändungsfreigrenzenbekanntmachung (Abs. 2a) einzusehen, die im Bundesgesetzblatt veröffentlicht wird.[1] Die ab 01.07.2017 für Monatsauszahlungen geltenden Pfändungsfreigrenzen sind als Anhang 3 am Ende des Kommentars abgedruckt.

3   Die Grenzen beziehen sich auf **Monats-, Wochen oder Tageslohn**. Zudem beziehen sich die Grenzen auf die Anzahl der unterhaltsberechtigten Personen. Ebenfalls ist der Anteil des unpfändbaren Teils bei Mehrverdienst pauschaliert.

II. Verfahren

4   Es genügt für die Bezeichnung des pfändungsfreien Betrags eine Bezugnahme auf die Tabelle, die der Norm als Anlage beigefügt ist.[2] Der Drittschuldner muss regelmäßig den pfändungsfreien Betrag berechnen. Das Vollstreckungsgericht (§ 802 ZPO) kann nach Abs. 4 bestimmen, dass unterhaltsberechtigte Personen, die eigenes Einkommen haben, nicht berücksichtigt werden. Dabei ist eine Einzelfallprüfung durchzuführen[3] und nach billigem Ermessen zu bestimmen.

C. Rechtsbehelfe

5   Ist eine unterhaltsberechtigte Person nicht berücksichtigt worden, steht ihm die Möglichkeit der Erinnerung zur Verfügung (§ 766 ZPO).

---

1 Pfändungsfreigrenzenbekanntmachung 2017, BGBl. I, S. 750.
2 Pfändungsfreigrenzenbekanntmachung 2017, BGBl. I, S. 751 ff.
3 BGH, NZI 2010, 578 = FamRZ 2010, 123.

§ 850d
Pfändbarkeit bei Unterhaltsansprüchen

(1) ¹Wegen der Unterhaltsansprüche, die kraft Gesetzes einem Verwandten, dem Ehegatten, einem früheren Ehegatten, dem Lebenspartner, einem früheren Lebenspartner oder nach §§ 1615l, 1615n des Bürgerlichen Gesetzbuchs einem Elternteil zustehen, sind das Arbeitseinkommen und die in § 850a Nr. 1, 2 und 4 genannten Bezüge ohne die in § 850c bezeichneten Beschränkungen pfändbar. ²Dem Schuldner ist jedoch so viel zu belassen, als er für seinen notwendigen Unterhalt und zur Erfüllung seiner laufenden gesetzlichen Unterhaltspflichten gegenüber den dem Gläubiger vorgehenden Berechtigten oder zur gleichmäßigen Befriedigung der dem Gläubiger gleichstehenden Berechtigten bedarf; von den in § 850a Nr. 1, 2 und 4 genannten Bezügen hat ihm mindestens die Hälfte des nach § 850a unpfändbaren Betrages zu verbleiben. ³Der dem Schuldner hiernach verbleibende Teil seines Arbeitseinkommens darf den Betrag nicht übersteigen, der ihm nach den Vorschriften des § 850c gegenüber nicht bevorrechtigten Gläubigern zu verbleiben hätte. ⁴Für die Pfändung wegen der Rückstände, die länger als ein Jahr vor dem Antrag auf Erlass des Pfändungsbeschlusses fällig geworden sind, gelten die Vorschriften dieses Absatzes insoweit nicht, als nach Lage der Verhältnisse nicht anzunehmen ist, dass der Schuldner sich seiner Zahlungspflicht absichtlich entzogen hat.

(2) Mehrere nach Absatz 1 Berechtigte sind mit ihren Ansprüchen in der Reihenfolge nach § 1609 des Bürgerlichen Gesetzbuchs und § 16 des Lebenspartnerschaftsgesetzes zu berücksichtigen, wobei mehrere gleich nahe Berechtigte untereinander den gleichen Rang haben.

(3) Bei der Vollstreckung wegen der in Absatz 1 bezeichneten Ansprüche sowie wegen der aus Anlass einer Verletzung des Körpers oder der Gesundheit zu zahlenden Renten kann zugleich mit der Pfändung wegen fälliger Ansprüche auch künftig fällig werdendes Arbeitseinkommen wegen der dann jeweils fällig werdenden Ansprüche gepfändet und überwiesen werden.

Inhalt:

	Rn.		Rn.
A. Allgemeines	1	III. Vorratspfändung	9
B. Erläuterungen	2	IV. Verfahren	11
I. Gesetzlicher Unterhalt	2	**C. Rechtsbehelfe**	12
II. Bezüge	5		

A. Allgemeines

Die Norm vereinfacht die Durchsetzung von Unterhaltsansprüchen. Dabei wird dem Unterhaltsgläubiger zunächst zur Seite gestellt, dass § 850c ZPO zu Gunsten des Unterhaltsschuldners nicht greift. *1*

B. Erläuterungen
I. Gesetzlicher Unterhalt

Die Vorschrift greift bei gesetzlichen Unterhaltsverpflichtungen. Beruhen die Unterhaltsverpflichtungen auf einen Vergleich oder einen Vertrag, ändert dies an der Berücksichtigung nach der Norm nichts, wenn der Grund gesetzlich gegeben ist und nur die Höhe vereinbart wurde und dieser den gesetzlich geschuldeten Betrag nicht übersteigt.[1] *2*

Rückstände sind nur für ein Jahr beachtlich. Ansonsten sind sie nicht zu beachten, es sei denn, der Schuldner hat sich seiner Unterhaltspflicht absichtlich entzogen. *3*

Die Reihenfolge der Unterhaltsberechtigten richtet sich nach materiellen Maßstäben (Abs. 2, § 1609 BGB).[2] *4*

II. Bezüge

Erfasst werden von der Norm alle Bezüge nach § 850 ZPO, zudem die in § 850a Nr. 1, 2 ZPO Bezeichneten. *5*

Dem Schuldner muss ein von dem Vollstreckungsgericht konkret zu errechnender Betrag verbleiben.[3] Dieser richtet sich in erster Linie nach dem notwendigen Lebensunterhalt gemäß 3. und 11. Kapitel des SGB XII. Dort nicht enthaltene Leistungen richten sich nach dem tatsächlichen Bedarf. Dies gilt z.B. für die Unterkunft. Zusätzlicher Bedarf ist ggf. nach § 28 Abs. 2 Satz 2 SGB XII festzulegen. Umgangskosten sind ebenfalls zu berücksichtigen.[4] *6*

---

1 BGH, NJW 2013, 239 = FamRZ 2012, 1799.
2 Musielak/Voit-*Becker*, ZPO, § 850d Rn. 13 ff.
3 MK-*Smid*, ZPO, § 850d Rn. 24.
4 BGH, FamRZ 2010, 1798 = WuM 2011, 238.

7 Gesetzliche Unterhaltspflichten des Schuldners sind beachtlich.
8 Auf Antrag kann das Vollstreckungsgericht dem Schuldner mehr belassen als ihm zustünde (§ 850f Abs. 1 ZPO).

III. Vorratspfändung

9 Abs. 3 ermöglicht die Vorratspfändung, wenn ein Rückstand von gesetzlichen Unterhaltszahlungen oder Zahlungen von Renten, die wegen einer Körper- oder Gesundheitsverletzung bezahlt werden, besteht. Insoweit ist die Norm eine Ausnahme von § 751 ZPO. Dabei werden die Rückstände und die künftig fällig werdenden Zahlungen erfasst.

10 Zudem existiert in der Praxis die **Dauerpfändung** bei regelmäßig wiederkehrenden Bezügen, auch wenn die Voraussetzungen einer Vorratspfändung nicht gegeben sein sollten. § 751 ZPO steht dieser Art von Pfändung nicht entgegen.[5]

IV. Verfahren

11 Es entscheidet der Rechtspfleger beim Vollstreckungsgericht (§ 828 ZPO, § 20 Nr. 17 RPflG). Im Antrag muss die Bevorrechtigung genannt sein, ansonsten wird unter Beachtung des § 850c ZPO vollstreckt. Die Reihenfolge mehrerer Unterhaltsgläubiger bestimmt sich nach Abs. 2, ansonsten bei Gleichrangigkeit nach der Reihenfolge der Pfändungen (§ 804 Abs. 3 ZPO).

C. Rechtsbehelfe

12 Hat eine Anhörung stattgefunden, darf der Beschwerte die sofortige Beschwerde einlegen (§ 11 RPflG, § 793 ZPO). Ansonsten gilt, dass der **Gläubiger** die sofortige Beschwerde einlegen kann, wenn ein höherer als von ihm genannter Freibetrag dem Schuldner gewährt wurde. Hatte der Gläubiger keinen Freibetrag genannt, steht ihm die Erinnerung zu (§ 766 ZPO).[6] Der **Schuldner** darf die Erinnerung einlegen, wenn nach seiner Auffassung der Freibetrag zu seinen Ungunsten falsch berechnet wurde (§ 766 ZPO). Der **Drittschuldner** darf ebenso wie Gläubiger und Schuldner die Erinnerung nach § 766 ZPO einlegen, wenn er meint, die Berechnung des Freibetrags sei unrichtig.[7]

§ 850e
Berechnung des pfändbaren Arbeitseinkommens

Für die Berechnung des pfändbaren Arbeitseinkommens gilt Folgendes:

1. ¹Nicht mitzurechnen sind die nach § 850a der Pfändung entzogenen Bezüge, ferner Beträge, die unmittelbar auf Grund steuerrechtlicher oder sozialrechtlicher Vorschriften zur Erfüllung gesetzlicher Verpflichtungen des Schuldners abzuführen sind. ²Diesen Beträgen stehen gleich die auf den Auszahlungszeitraum entfallenden Beträge, die der Schuldner
   a) nach den Vorschriften der Sozialversicherungsgesetze zur Weiterversicherung entrichtet oder
   b) an eine Ersatzkasse oder an ein Unternehmen der privaten Krankenversicherung leistet, soweit sie den Rahmen des Üblichen nicht übersteigen.

2. ¹Mehrere Arbeitseinkommen sind auf Antrag vom Vollstreckungsgericht bei der Pfändung zusammenzurechnen. ²Der unpfändbare Grundbetrag ist in erster Linie dem Arbeitseinkommen zu entnehmen, das die wesentliche Grundlage der Lebenshaltung des Schuldners bildet.

2a. ¹Mit Arbeitseinkommen sind auf Antrag auch Ansprüche auf laufende Geldleistungen nach dem Sozialgesetzbuch zusammenzurechnen, soweit diese der Pfändung unterworfen sind. ²Der unpfändbare Grundbetrag ist, soweit die Pfändung nicht wegen gesetzlicher Unterhaltsansprüche erfolgt, in erster Linie den laufenden Geldleistungen nach dem Sozialgesetzbuch zu entnehmen. ³Ansprüche auf Geldleistungen für Kinder dürfen mit Arbeitseinkommen nur zusammengerechnet werden, soweit sie nach § 76 des Einkommensteuergesetzes oder nach § 54 Abs. 5 des Ersten Buches Sozialgesetzbuch gepfändet werden können.

3. ¹Erhält der Schuldner neben seinem in Geld zahlbaren Einkommen auch Naturalleistungen, so sind Geld- und Naturalleistungen zusammenzurechnen. ²In diesem Fall ist der in Geld zahlbare Betrag insoweit pfändbar, als der nach § 850c unpfändbare Teil des Ge-

---
5 BGH, NJW 2004, 369 = MDR 2004, 413.
6 OLG Koblenz, Rpfleger 1978, 226.
7 BAG, NJW 1961, 1180 = MDR 1961, 799.

samteinkommens durch den Wert der dem Schuldner verbleibenden Naturalleistungen gedeckt ist.

4. ¹Trifft eine Pfändung, eine Abtretung oder eine sonstige Verfügung wegen eines der in § 850d bezeichneten Ansprüche mit einer Pfändung wegen eines sonstigen Anspruchs zusammen, so sind auf die Unterhaltsansprüche zunächst die gemäß § 850d der Pfändung in erweitertem Umfang unterliegenden Teile des Arbeitseinkommens zu verrechnen. ²Die Verrechnung nimmt auf Antrag eines Beteiligten das Vollstreckungsgericht vor. ³Der Drittschuldner kann, solange ihm eine Entscheidung des Vollstreckungsgerichts nicht zugestellt ist, nach dem Inhalt der ihm bekannten Pfändungsbeschlüsse, Abtretungen und sonstigen Verfügungen mit befreiender Wirkung leisten.

Inhalt:

A. Allgemeines 1	II. Mehrere Einkommen 4
B. Erläuterungen 2	III. Mehrere Gläubiger 7
I. Ermittlung des Nettolohns 2	

A. Allgemeines

Die Norm stellt Regeln zur Berechnung des pfändbaren Arbeitseinkommens auf. Dabei geht Nr. 1 davon aus, dass der Nettolohn zu ermitteln ist. Nr. 2 bis Nr. 4 sind bei mehreren Einkommen anzuwenden. *1*

B. Erläuterungen
I. Ermittlung des Nettolohns

Nach der Nettomethode wird das Bruttoeinkommen zunächst um die Bruttobeträge gemäß § 850a ZPO gekürzt. Danach werden Steuern und Sozialabgaben aus dem restlichen Einkommen ermittelt und abgezogen.¹ Damit muss der Drittschuldner aus dem Resteinkommen die fiktiven Steuern und Sozialabgaben ermitteln und abziehen.² Der **Drittschuldner** (= Arbeitgeber) zieht anschließend die Beträge für Lohnsteuer, Solidaritätszuschlag und ggf. Kirchensteuer ungekürzt ab. Die durch den Schuldner gewählte **Lohnsteuerklasse** ist grundsätzlich zu akzeptieren, wenn er diese vor der Pfändung gewählt hat, selbst wenn die Klasse vergleichsweise ungünstig ist.³ Hat der Schuldner die Wahl vor der Pfändung in Gläubigerbenachteiligungsabsicht getroffen, ist seine Wahl unbeachtlich. Trifft der Schuldner nach der Pfändung die Entscheidung, eine für ihn ungünstigere Lohnsteuerklasse zu wählen, ist diese Wahl im Regelfall unbeachtlich. Nur wenn ein rechtfertigender Grund existiert, kann die Wahl akzeptiert werden.⁴ *2*

Gesetzlich zu berücksichtigende **Sozialabgaben** sind die Arbeitnehmerbeiträge für die gesetzliche Kranken-, Pflege-, Unfall-, Arbeitslosen- und Rentenversicherung. Bei Selbständigen ist der fiktive Arbeitnehmeranteil der Zahlungen an ein Versorgungswerk zu berücksichtigen.⁵ Bei einer **privaten Krankenversicherung** sind im Regelfall die Beiträge einschließlich der Krankenhauszusatz- und tageldversicherungen abzugsfähig.⁶ Dabei ist die Angemessenheit zu prüfen. Der Maßstab sind die Leistungen der gesetzlichen Krankenversicherung.⁷ *3*

II. Mehrere Einkommen

Existieren mehrere Einkommen aufgrund mehrerer Verträge von demselben Drittschuldner, ist eine **Zusammenrechnung** durchzuführen.⁸ Wenn der Schuldner mehrere Arbeitgeber hat, so dass mehrere Drittschuldner vorhanden sind, rechnet der Rechtspfleger am Vollstreckungsgericht (§ 20 Nr. 17 RPflG, § 828 ZPO) auf Antrag die Einkommen zusammen, damit gewährleistet ist, dass der Schuldner sein Existenzminimum nicht mehrfach erhält. Ansonsten müsste jeder Drittschuldner das Existenzminimum von sich aus berücksichtigen. Der Antrag kann mit der Pfändung gestellt werden oder danach. Der Beschluss muss die konkreten Angaben für die jeweiligen Drittschuldner enthalten, welche Beträge an den Schuldner auszuzahlen sind.⁹ *4*

---

1 BAG, NJW 2013, 2924 = ZIP 2013, 1984.
2 BAG, NJW 2013, 2924 = ZIP 2013, 1984.
3 BGH, NJW-RR 2006, 569 = DStR 2005, 2096.
4 BGH, NJW-RR 2006, 569 = DStR 2005, 2096.
5 BGH, NJW-RR 2009, 410 = MDR 2008, 1357.
6 LG Berlin, Rpfleger 1962, 217.
7 KG Berlin, Rpfleger 1985, 154.
8 BAG, NZA 1991, 147 = VersR 1991, 1199.
9 MK-*Smid*, ZPO, § 850e Rn. 51.

5 **Nr. 2a** betrifft das Zusammenkommen von Arbeitslohn und Sozialleistungen. Die Norm regelt wie bei Nr. 2, dass dem Schuldner bei Bezug von verschiedenen Einkünften unabhängig von der Quelle der unpfändbare Teil nur in einem Fall verbleibt.

6 **Nr. 3** gibt an, wie zu verfahren ist, wenn der Schuldner als Arbeitslohn (auch) Naturalien erhält.

III. Mehrere Gläubiger

7 **Nr. 4** regelt das Verhältnis von mehreren Gläubigern. Dabei werden die bevorrechtigen Gläubiger und die gewöhnlichen Gläubiger genauso gegenübergestellt wie Abtretungen und bevorrechtigte Pfändungen.

§ 850f
Änderung des unpfändbaren Betrages

(1) Das Vollstreckungsgericht kann dem Schuldner auf Antrag von dem nach den Bestimmungen der §§ 850c, 850d und 850i pfändbaren Teil seines Arbeitseinkommens einen Teil belassen, wenn

a) der Schuldner nachweist, dass bei Anwendung der Pfändungsfreigrenzen entsprechend der Anlage zu diesem Gesetz (zu § 850c) der notwendige Lebensunterhalt im Sinne des Dritten, Vierten und Elften Kapitels des Zwölften Buches Sozialgesetzbuch oder nach Kapitel 3 Abschnitt 2 des Zweiten Buches Sozialgesetzbuch für sich und für die Personen, denen er Unterhalt zu gewähren hat, nicht gedeckt ist,

b) besondere Bedürfnisse des Schuldners aus persönlichen oder beruflichen Gründen oder

c) der besondere Umfang der gesetzlichen Unterhaltspflichten des Schuldners, insbesondere die Zahl der Unterhaltsberechtigten, dies erfordern

und überwiegende Belange des Gläubigers nicht entgegenstehen.

(2) Wird die Zwangsvollstreckung wegen einer Forderung aus einer vorsätzlich begangenen unerlaubten Handlung betrieben, so kann das Vollstreckungsgericht auf Antrag des Gläubigers den pfändbaren Teil des Arbeitseinkommens ohne Rücksicht auf die in § 850c vorgesehenen Beschränkungen bestimmen; dem Schuldner ist jedoch so viel zu belassen, wie er für seinen notwendigen Unterhalt und zur Erfüllung seiner laufenden gesetzlichen Unterhaltspflichten bedarf.

(3) ¹Wird die Zwangsvollstreckung wegen anderer als der in Absatz 2 und in § 850d bezeichneten Forderungen betrieben, so kann das Vollstreckungsgericht in den Fällen, in denen sich das Arbeitseinkommen des Schuldners auf mehr als monatlich 2815 *[ab 1.7.2017: 3435,44]* Euro (wöchentlich 641 *[ab 1.7.2017: 781,11]* Euro, täglich 123,50 *[ab 1.7.2017: 151,05]* Euro) beläuft, über die Beträge hinaus, die nach § 850c pfändbar wären, auf Antrag des Gläubigers die Pfändbarkeit unter Berücksichtigung der Belange des Gläubigers und des Schuldners nach freiem Ermessen festsetzen. ²Dem Schuldner ist jedoch mindestens so viel zu belassen, wie sich bei einem Arbeitseinkommen von monatlich 2815 *[ab 1.7.2017: 3435,44]* Euro (wöchentlich 641 *[ab 1.7.2017: 781,11]* Euro, täglich 123,50 *[ab 1.7.2017: 151,05]* Euro) aus § 850c ergeben würde. ³Die Beträge nach den Sätzen 1 und 2 werden entsprechend der in § 850c Abs. 2a getroffenen Regelung jeweils zum 1. Juli eines jeden zweiten Jahres, erstmalig zum 1. Juli 2003, geändert. ⁴Das Bundesministerium der Justiz und für Verbraucherschutz gibt die maßgebenden Beträge rechtzeitig im Bundesgesetzblatt bekannt.

Inhalt:

	Rn.		Rn.
A. Allgemeines	1	II. Befugnisse des Gläubigers	3
B. Erläuterungen	2	III. Zuständigkeit, Verfahren	4
I. Befugnisse des Schuldners	2	C. Kosten und Gebühren	5

A. Allgemeines

1 Die Norm gibt die Möglichkeit, auf Änderungen und verschiedene Rechtsgrundlagen für die Forderung flexibel zu reagieren und die unpfändbaren Beträge bei Bedarf anzupassen.

B. Erläuterungen
I. Befugnisse des Schuldners

2 Der Schuldner kann nach Abs. 1 eine Erweiterung seines Schutzes beantragen. Dabei ist eine Einzelfallabwägung durchzuführen, wobei überwiegende Interessen des Gläubigers eher selten vorkommen sollten.[1] Der Schuldner muss den **Nachweis** für die Sozialhilfebedürftigkeit er-

---
1 Musielak/Voit-*Becker*, ZPO, § 850f Rn. 3.

bringen.[2] Der Freibetrag orientiert sich nach SGB II und SGB XII.[3] Nach **Abs. 1 Buchst. b** ist zu berücksichtigen, was der Schuldner für seine besonderen Bedürfnisse benötigt. Dabei kann es sich um eine Krankheit[4] oder Invalidität[5] handeln. Ähnliches gilt für **Abs. 1 Buchst. c**. Auch dort können Krankheiten von Unterhaltsberechtigten[6] berücksichtigt werden. Oder wenn die Anzahl der Unterhaltsberechtigten die sowieso zu berücksichtigende Zahl von fünf bei § 850c ZPO übersteigt.

II. Befugnisse des Gläubigers

Der Gläubiger kann nach **Abs. 2** ebenfalls einen Antrag stellen, wenn er Forderungen aus einer vorsätzlich unerlaubten Handlung hat. Insbesondere sind damit die §§ 823 ff. BGB gemeint. Es muss sich aus dem Urteil ergeben, dass eine vorsätzliche unerlaubte Handlung vorliegt. Es ist die Aufgabe des Prozessgerichts, nicht des Vollstreckungsgericht, diese Wertung zu treffen.[7] Das Gericht hat eine **Ermessensentscheidung** zu treffen, die die Interessen beider Parteien berücksichtigt.[8] 3

III. Zuständigkeit, Verfahren

Zuständig ist der Rechtspfleger am Vollstreckungsgericht (§ 20 Nr. 17 RPflG, § 828 ZPO). Das Verfahren wird durch einen Antrag eingeleitet und endet mit einem Beschluss. 4

C. Kosten und Gebühren

Gerichtskosten werden nicht erhoben. Der Schuldnervertreter erhält die Gebühr nach Nr. 3309 VV-RVG. Der Gläubigervertreter wird mit der Gebühr nach Nr. 3309 VV-RVG abgegolten (§ 18 Abs. 1 Nr. 1 RVG). 5

§ 850g
Änderung der Unpfändbarkeitsvoraussetzungen

[1]**Ändern sich die Voraussetzungen für die Bemessung des unpfändbaren Teils des Arbeitseinkommens, so hat das Vollstreckungsgericht auf Antrag des Schuldners oder des Gläubigers den Pfändungsbeschluss entsprechend zu ändern.** [2]**Antragsberechtigt ist auch ein Dritter, dem der Schuldner kraft Gesetzes Unterhalt zu gewähren hat.** [3]**Der Drittschuldner kann nach dem Inhalt des früheren Pfändungsbeschlusses mit befreiender Wirkung leisten, bis ihm der Änderungsbeschluss zugestellt wird.**

Inhalt:

	Rn.		Rn.
A. Allgemeines	1	II. Antrag	3
B. Erläuterungen	2	III. Zuständigkeit	4
I. Änderungsgründe	2	C. Rechtsbehelfe	5

A. Allgemeines

Die Norm ermöglicht eine flexible Anpassung, wenn sich die Voraussetzungen für die Unpfändbarkeitsgrenzen geändert haben. 1

B. Erläuterungen
I. Änderungsgründe

Die Änderung der Verhältnisse wird in den meisten Fällen durch Geburt, Heirat oder Tod eintreten. Ggf. fällt auch ein Kind, das eigenes Einkommen bezieht, als Unterhaltsberechtigter weg. 2

II. Antrag

Den Antrag können der Schuldner, der Gläubiger oder der Unterhaltsberechtigte stellen. 3

---

2 BGH, NJW-RR 2004, 506 (507) = Rpfleger 2004, 297.
3 BGH, NJW-RR 2004, 506 = Rpfleger 2004, 297.
4 LG Krefeld, MDR 1972, 152.
5 BGH, NJW 1982, 1594 = FamRZ 1982, 579.
6 OLG Düsseldorf, FamRZ 1981, 76.
7 BGH, NJW 2005, 1663 = MDR 2005, 1014.
8 LG Darmstadt, InVo 2003, 293 = ZVI 2003, 399.

III. Zuständigkeit

4 Zuständig ist der Rechtspfleger des Gerichts, der den Pfändungsbeschluss erlassen hat (§ 20 Nr. 17 RPflG).[1]

C. Rechtsbehelfe

5 Wurde der Gläubiger oder Schuldner vor der Entscheidung angehört, kann gegen die Entscheidung die sofortige Beschwerde eingelegt werden (§ 11 RPflG, § 793 ZPO). Wurde der Gläubiger oder Schuldner vor der Entscheidung nicht angehört, kann gegen die Maßnahme mit der Erinnerung vorgegangen werden (§ 766 ZPO).

§ 850h
Verschleiertes Arbeitseinkommen

(1) ¹Hat sich der Empfänger der vom Schuldner geleisteten Arbeiten oder Dienste verpflichtet, Leistungen an einen Dritten zu bewirken, die nach Lage der Verhältnisse ganz oder teilweise eine Vergütung für die Leistung des Schuldners darstellen, so kann der Anspruch des Drittberechtigten insoweit auf Grund des Schuldtitels gegen den Schuldner gepfändet werden, wie wenn der Anspruch dem Schuldner zustände. ²Die Pfändung des Vergütungsanspruchs des Schuldners umfasst ohne weiteres den Anspruch des Drittberechtigten. ³Der Pfändungsbeschluss ist dem Drittberechtigten ebenso wie dem Schuldner zuzustellen.

(2) ¹Leistet der Schuldner einem Dritten in einem ständigen Verhältnis Arbeiten oder Dienste, die nach Art und Umfang üblicherweise vergütet werden, unentgeltlich oder gegen eine unverhältnismäßig geringe Vergütung, so gilt im Verhältnis des Gläubigers zu dem Empfänger der Arbeits- und Dienstleistungen eine angemessene Vergütung als geschuldet. ²Bei der Prüfung, ob diese Voraussetzungen vorliegen, sowie bei der Bemessung der Vergütung ist auf alle Umstände des Einzelfalles, insbesondere die Art der Arbeits- und Dienstleistung, die verwandtschaftlichen oder sonstigen Beziehungen zwischen dem Dienstberechtigten und dem Dienstverpflichteten und die wirtschaftliche Leistungsfähigkeit des Dienstberechtigten Rücksicht zu nehmen.

Inhalt:

	Rn.		Rn.
A. Allgemeines	1	C. Rechtsbehelfe	3
B. Zuständigkeit	2		

A. Allgemeines

1 Die Norm dient dazu zu verhindern, dass Schuldner und Drittschuldner sich in der Weise vereinbaren, dass dem Schuldner zustehender Arbeitslohn verschleiert o. ä. wird.

B. Zuständigkeit

2 Zur Entscheidung ist der Rechtspfleger des Vollstreckungsgerichts zuständig (§ 20 Nr. 17 RPflG, § 828 ZPO).

C. Rechtsbehelfe

3 Ein Antrag des Gläubigers, der zurückgewiesen wird, ist mit der sofortigen Beschwerde anfechtbar (§ 793 ZPO). Bei vorheriger Anhörung des Schuldners steht ihm die sofortige Beschwerde ebenfalls zur Verfügung (§ 793 ZPO). Ist der Schuldner vorher nicht angehört worden, kann er die Erinnerung einlegen (§ 766 ZPO). Das Gleiche gilt für den Drittschuldner.

§ 850i
Pfändungsschutz für sonstige Einkünfte

(1) ¹Werden nicht wiederkehrend zahlbare Vergütungen für persönlich geleistete Arbeiten oder Dienste oder sonstige Einkünfte, die kein Arbeitseinkommen sind, gepfändet, so hat das Gericht dem Schuldner auf Antrag während eines angemessenen Zeitraums so viel zu belassen, als ihm nach freier Schätzung des Gerichts verbleiben würde, wenn sein Einkommen aus laufendem Arbeits- oder Dienstlohn bestünde. ²Bei der Entscheidung sind die wirtschaftlichen Verhältnisse des Schuldners, insbesondere seine sonstigen Verdienstmöglichkeiten, frei zu würdigen. ³Der Antrag des Schuldners ist insoweit abzulehnen, als überwiegende Belange des Gläubigers entgegenstehen.

---

1 BGH, Rpfleger 1990, 308.

(2) Die Vorschriften des § 27 des Heimarbeitsgesetzes vom 14. März 1951 (BGBl. I S. 191) bleiben unberührt.

(3) Die Bestimmungen der Versicherungs-, Versorgungs- und sonstigen gesetzlichen Vorschriften über die Pfändung von Ansprüchen bestimmter Art bleiben unberührt.

Inhalt:

	Rn.		Rn.
A. Allgemeines	1	B. Erläuterungen	2

A. Allgemeines

Die Vorschrift des § 850c ZPO greift nur bei Arbeitseinkommen, so dass bei anderen Einkunftsarten eine entsprechende Regelung notwendig ist. Abs. 2 und 3 enthalten Verweise auf spezialgesetzliche Regelungen des Heimarbeitsgesetzes und der §§ 54, 55 SGB I. 1

B. Erläuterungen

Es wird nicht von Amts wegen entschieden, sondern nur auf Antrag des Schuldners oder eines Unterhaltsberechtigten. Zuständig ist der Rechtspfleger beim Vollstreckungsgericht (§ 20 Nr. 17 RPflG, § 828 ZPO). Der Rechtspfleger hat eine Interessenabwägung durchzuführen und den Antrag insoweit zurückzuweisen, als überwiegende Interessen des Gläubigers entgegenstehen. 2

Der Rechtspfleger hat zu prüfen, welche Beträge dem Schuldner verbleiben müssen. Es ist ein Vergleich mit der Norm § 850c ZPO anzustellen. 3

§ 850k
Pfändungsschutzkonto

(1) ¹Wird das Guthaben auf dem Pfändungsschutzkonto des Schuldners bei einem Kreditinstitut gepfändet, kann der Schuldner jeweils bis zum Ende des Kalendermonats über Guthaben in Höhe des monatlichen Freibetrages nach § 850c Abs. 1 Satz 1 in Verbindung mit § 850c Abs. 2a verfügen; insoweit wird es nicht von der Pfändung erfasst. ²Zum Guthaben im Sinne des Satzes 1 gehört auch das Guthaben, das bis zum Ablauf der Frist des § 835 Absatz 4 nicht an den Gläubiger geleistet oder hinterlegt werden darf. ³Soweit der Schuldner in dem jeweiligen Kalendermonat nicht über Guthaben in Höhe des nach Satz 1 pfändungsfreien Betrages verfügt hat, wird dieses Guthaben in dem folgenden Kalendermonat zusätzlich zu dem nach Satz 1 geschützten Guthaben nicht von der Pfändung erfasst. ⁴Die Sätze 1 bis 3 gelten entsprechend, wenn das Guthaben auf einem Girokonto des Schuldners gepfändet ist, das vor Ablauf von vier Wochen seit der Zustellung des Überweisungsbeschlusses an den Drittschuldner in ein Pfändungsschutzkonto umgewandelt wird.

(2) ¹Die Pfändung des Guthabens gilt im Übrigen als mit der Maßgabe ausgesprochen, dass in Erhöhung des Freibetrages nach Absatz 1 folgende Beträge nicht von der Pfändung erfasst sind:
1. die pfändungsfreien Beträge nach § 850c Abs. 1 Satz 2 in Verbindung mit § 850c Abs. 2a Satz 1, wenn
   a) der Schuldner einer oder mehreren Personen aufgrund gesetzlicher Verpflichtung Unterhalt gewährt oder
   b) der Schuldner Geldleistungen nach dem Zweiten oder Zwölften Buch Sozialgesetzbuch für mit ihm in einer Gemeinschaft im Sinne des § 7 Abs. 3 des Zweiten Buches Sozialgesetzbuch oder der §§ 19, 20, 39 Satz 1 oder 43 des Zwölften Buches Sozialgesetzbuch lebende Personen, denen er nicht aufgrund gesetzlicher Vorschriften zum Unterhalt verpflichtet ist, entgegennimmt;
2. einmalige Geldleistungen im Sinne des § 54 Abs. 2 des Ersten Buches Sozialgesetzbuch und Geldleistungen zum Ausgleich des durch einen Körper- oder Gesundheitsschaden bedingten Mehraufwandes im Sinne des § 54 Abs. 3 Nr. 3 des Ersten Buches Sozialgesetzbuch;
3. das Kindergeld oder andere Geldleistungen für Kinder, es sei denn, dass wegen einer Unterhaltsforderung eines Kindes, für das die Leistungen gewährt oder bei dem es berücksichtigt wird, gepfändet wird.

²Für die Beträge nach Satz 1 gilt Absatz 1 Satz 3 entsprechend.

(3) An die Stelle der nach Absatz 1 und Absatz 2 Satz 1 Nr. 1 pfändungsfreien Beträge tritt der vom Vollstreckungsgericht im Pfändungsbeschluss belassene Betrag, wenn das Guthaben wegen der in § 850d bezeichneten Forderungen gepfändet wird.

ZPO § 850k Zwangsvollstreckung in Forderungen u.a. Vermögensrechte

(4) ¹Das Vollstreckungsgericht kann auf Antrag einen von den Absätzen 1, 2 Satz 1 Nr. 1 und Absatz 3 abweichenden pfändungsfreien Betrag festsetzen. ²Die §§ 850a, 850b, 850c, 850d Abs. 1 und 2, die §§ 850e, 850f, 850g und 850i sowie die §§ 851c und 851d dieses Gesetzes sowie § 54 Abs. 2, Abs. 3 Nr. 1, 2 und 3, Abs. 4 und 5 des Ersten Buches Sozialgesetzbuch, § 17 Abs. 1 Satz 2 des Zwölften Buches Sozialgesetzbuch und § 76 des Einkommensteuergesetzes sind entsprechend anzuwenden. ³Im Übrigen ist das Vollstreckungsgericht befugt, die in § 732 Abs. 2 bezeichneten Anordnungen zu erlassen.

(5) ¹Das Kreditinstitut ist dem Schuldner zur Leistung aus dem nach Absatz 1 und 3 nicht von der Pfändung erfassten Guthaben im Rahmen des vertraglich Vereinbarten verpflichtet. ²Dies gilt für die nach Absatz 2 nicht von der Pfändung erfassten Beträge nur insoweit, als der Schuldner durch eine Bescheinigung des Arbeitgebers, der Familienkasse, des Sozialleistungsträgers oder einer geeigneten Person oder Stelle im Sinne von § 305 Abs. 1 Nr. 1 der Insolvenzordnung nachweist, dass das Guthaben nicht von der Pfändung erfasst ist. ³Die Leistung des Kreditinstituts an den Schuldner hat befreiende Wirkung, wenn ihm die Unrichtigkeit einer Bescheinigung nach Satz 2 weder bekannt noch infolge grober Fahrlässigkeit unbekannt ist. ⁴Kann der Schuldner den Nachweis nach Satz 2 nicht führen, so hat das Vollstreckungsgericht auf Antrag die Beträge nach Absatz 2 zu bestimmen. ⁵Die Sätze 1 bis 4 gelten auch für eine Hinterlegung.

(6) ¹Wird einem Pfändungsschutzkonto eine Geldleistung nach dem Sozialgesetzbuch oder Kindergeld gutgeschrieben, darf das Kreditinstitut die Forderung, die durch die Gutschrift entsteht, für die Dauer von 14 Tagen seit der Gutschrift nur mit solchen Forderungen verrechnen und hiergegen nur mit solchen Forderungen aufrechnen, die ihm als Entgelt für die Kontoführung oder aufgrund von Kontoverfügungen des Berechtigten innerhalb dieses Zeitraums zustehen. ²Bis zur Höhe des danach verbleibenden Betrages der Gutschrift ist das Kreditinstitut innerhalb von 14 Tagen seit der Gutschrift nicht berechtigt, die Ausführung von Zahlungsvorgängen wegen fehlender Deckung abzulehnen, wenn der Berechtigte nachweist oder dem Kreditinstitut sonst bekannt ist, dass es sich um die Gutschrift einer Geldleistung nach dem Sozialgesetzbuch oder von Kindergeld handelt. ³Das Entgelt des Kreditinstituts für die Kontoführung kann auch mit Beträgen nach den Absätzen 1 bis 4 verrechnet werden.

(7) ¹In einem der Führung eines Girokontos zugrunde liegenden Vertrag können der Kunde, der eine natürliche Person ist, oder dessen gesetzlicher Vertreter und das Kreditinstitut vereinbaren, dass das Girokonto als Pfändungsschutzkonto geführt wird. ²Der Kunde kann jederzeit verlangen, dass das Kreditinstitut sein Girokonto als Pfändungsschutzkonto führt. ³Ist das Guthaben des Girokontos bereits gepfändet worden, so kann der Schuldner die Führung als Pfändungsschutzkonto zum Beginn des vierten auf seine Erklärung folgenden Geschäftstages verlangen.

(8) ¹Jede Person darf nur ein Pfändungsschutzkonto unterhalten. ²Bei der Abrede hat der Kunde gegenüber dem Kreditinstitut zu versichern, dass er kein weiteres Pfändungsschutzkonto unterhält. ³Das Kreditinstitut darf Auskunfteien mitteilen, dass es für den Kunden ein Pfändungsschutzkonto führt. ⁴Die Auskunfteien dürfen diese Angabe nur verwenden, um Kreditinstituten auf Anfrage zum Zwecke der Überprüfung der Richtigkeit der Versicherung nach Satz 2 Auskunft darüber zu erteilen, ob die betroffene Person ein Pfändungsschutzkonto unterhält. ⁵Die Erhebung, Verarbeitung und Nutzung zu einem anderen als dem in Satz 4 genannten Zweck ist auch mit Einwilligung der betroffenen Person unzulässig.

(9) ¹Unterhält ein Schuldner entgegen Absatz 8 Satz 1 mehrere Girokonten als Pfändungsschutzkonten, ordnet das Vollstreckungsgericht auf Antrag eines Gläubigers an, dass nur das von dem Gläubiger in dem Antrag bezeichnete Girokonto dem Schuldner als Pfändungsschutzkonto verbleibt. ²Der Gläubiger hat die Voraussetzungen nach Satz 1 durch Vorlage entsprechender Erklärungen der Drittschuldner glaubhaft zu machen. ³Eine Anhörung des Schuldners unterbleibt. ⁴Die Entscheidung ist allen Drittschuldnern zuzustellen. ⁵Mit der Zustellung der Entscheidung an diejenigen Kreditinstitute, deren Girokonten nicht zum Pfändungsschutzkonto bestimmt sind, entfallen die Wirkungen nach den Absätzen 1 bis 6.

1 Die Norm vereinfacht die Vorgehensweise. Ein Konto des Schuldners untersteht dem Schutz insoweit, als ein pauschaler Betrag auf dem Konto verbleiben darf.

2 Das Konto ist mit einem Sockelbetrag gegen Zugriffe des Gläubigers im laufenden Monat geschützt. Dabei darf auch ein Freibetrag für den Folgemonat übertragen werden. Schuldet der Schuldner Unterhalt an Dritte, ist der Sockelbetrag zu erhöhen. Anpassungen sind nach Abs. 4 gestattet. Ist der Gläubiger unterhaltsberechtigt und ist die Forderung eine Unterhaltsforderung, besteht kein Schutz nach Abs. 1 und 2. Das Vollstreckungsgericht beschließt in solch einem Fall den notwendigen Selbstbehalt des Schuldners, der ihm verbleiben muss.

§ 850l
Anordnung der Unpfändbarkeit
von Kontoguthaben auf dem Pfändungsschutzkonto

[1]Auf Antrag des Schuldners kann das Vollstreckungsgericht anordnen, dass das Guthaben auf dem Pfändungsschutzkonto für die Dauer von bis zu zwölf Monaten der Pfändung nicht unterworfen ist, wenn der Schuldner nachweist, dass dem Konto in den letzten sechs Monaten vor Antragstellung ganz überwiegend nur unpfändbare Beträge gutgeschrieben worden sind, und er glaubhaft macht, dass auch innerhalb der nächsten zwölf Monate nur ganz überwiegend nicht pfändbare Beträge zu erwarten sind. [2]Die Anordnung kann versagt werden, wenn überwiegende Belange des Gläubigers entgegenstehen. [3]Sie ist auf Antrag eines Gläubigers aufzuheben, wenn ihre Voraussetzungen nicht mehr vorliegen oder die Anordnung den überwiegenden Belangen dieses Gläubigers entgegensteht.

Das Vollstreckungsgericht kann ein Konto nach § 850k ZPO für die Dauer von **maximal zwölf Monaten** von jeglicher Pfändung ausnehmen, wenn die Voraussetzungen dafür vorliegen. Diese sind gegeben, wenn nach pflichtgemäßem Ermessen die gesetzlich vorgegebenen Größen vorliegen. Es ist eine **Einzelfallabwägung** notwendig, da die überwiegenden Belange des Gläubigers nicht entgegenstehen dürfen. Die **Belange des Gläubigers** dürften entgegenstehen, wenn der Gläubiger Ansprüche nach §§ 850b, 850d, 850f Abs. 2 ZPO geltend macht. 1

Ist die **Anordnung der Unpfändbarkeit** ergangen, ist diese wieder aufzuheben, wenn die Voraussetzungen nicht mehr vorliegen oder die überwiegenden Belange des Gläubigers einer Beibehaltung entgegenstehen und der Gläubiger die Aufhebung beantragt. 2

§ 851
Nicht übertragbare Forderungen

(1) Eine Forderung ist in Ermangelung besonderer Vorschriften der Pfändung nur insoweit unterworfen, als sie übertragbar ist.

(2) Eine nach § 399 des Bürgerlichen Gesetzbuchs nicht übertragbare Forderung kann insoweit gepfändet und zur Einziehung überwiesen werden, als der geschuldete Gegenstand der Pfändung unterworfen ist.

Inhalt:

	Rn.		Rn.
A. Allgemeines	1	C. Rechtsfolgen und Rechtsbehelfe	4
B. Umfasste Forderungen	2		

A. Allgemeines

Zusätzlich zu spezialgesetzlichen Vorschriften (z.B. §§ 850ff. ZPO, § 54 SGB I, § 51 StVollzG, § 13 ContStifG) bestimmt § 851 ZPO, dass Forderungen nicht der Pfändung unterworfen sind, wenn sie unübertragbar sind. § 851 ZPO gilt jedoch nur für einen gesetzlichen Ausschluss der Übertragbarkeit, nicht also rechtsgeschäftliche Übertragungsverbote.[1] Auch im Falle einer dispositiven Unübertragbarkeit gilt § 851 ZPO solange als die Übertragbarkeit nicht vereinbart wurde.[2] Wegen § 857 Abs. 1 ZPO gilt § 851 ZPO auch für andere Rechte. § 400 BGB ist das Pendant zu § 851 ZPO und bestimmt, dass eine unpfändbare Forderung nicht abtretbar ist. 1

B. Umfasste Forderungen

Nach **Abs. 1** sind Forderungen bereits dann unpfändbar, wenn sie aufgrund gesetzlicher Vorschriften unübertragbar ist. Dies ist beispielhaft der Fall bei Gesellschafterrechten (§ 717 BGB), dem Urlaubsanspruch[3] oder höchstpersönlichen Dienstleistungen.[4] Pfändbar sind dagegen beispielsweise nichtakzessorische Gestaltungsrechte,[5] Ansprüche gegen die Haftpflichtversicherung[6] sowie Ansprüche auf Vergütung von Ärzten, Steuerberatern und Rechtsanwälten (trotz 2

---

1 Thomas/Putzo-*Seiler*, ZPO, § 851 Rn. 1.
2 Thomas/Putzo-*Seiler*, ZPO, § 851 Rn. 2.
3 Thomas/Putzo-*Seiler*, ZPO, § 851 Rn. 2.
4 BGH, NJW-Spezial 2013, 374 = ZIP 2013, 587.
5 BGH, NJW 2003, 1858 (1859) = MDR 2003, 776.
6 AG Sinzig, NJW-RR 1986, 967.

§ 49b Abs. 4 BRAO).[7] Eine Unpfändbarkeit ergibt sich weiter auch aus § 377 Abs. 1 BGB oder § 41 Abs. 4 AktG.

3 Abs. 2 regelt eine Ausnahme für den Fall, dass der Schuldner mit dem Drittschuldner eine Unübertragbarkeit nach § 399 BGB vereinbart hat, da er sich ansonsten der Pfändung entziehen könnte. Soweit der Gegenstand der Forderung pfändbar ist, kann auch die dazugehörige Forderung gepfändet werden. Abs. 2 gilt auch für die erste Alternative des § 399 BGB, also dann wenn eine Übertragung die Änderung des Leistungspflichtinhalts nach sich ziehen würde. Dies ist besonders im **Familienrecht** relevant: So sind höchstpersönliche familienrechtliche Pflichten i.S.d. §§ 1360, 1360a BGB nicht pfändbar, der Anspruch des § 1361a Abs. 1 BGB wie auch andere Herausgabeansprüche von Gegenständen (soweit sie nicht anderen Pfändungsverboten unterfallen) dagegen schon.[8]

C. Rechtsfolgen und Rechtsbehelfe

4 Die Unpfändbarkeit wird **von Amts wegen** beachtet, ein entgegenstehender Antrag wird zurückgewiesen. Ein Pfändungsbeschluss unter Verstoß gegen § 851 ZPO ist grundsätzlich wirksam aber anfechtbar. Erfolgt eine Pfändung nach Abs. 2, darf nur zur Einziehung nicht an Zahlungs statt überwiesen werden.

5 Gegen die Ablehnung ist die **sofortige Beschwerde** (§ 793 ZPO; §§ 567 ff. ZPO) statthaft. Die rechtswidrige Pfändung kann mit der Erinnerung angegriffen werden. Soweit der Gläubiger gegen den Drittschuldner einen Vollstreckungstitel erlassen lassen will (Einziehungsprozess; § 835 ZPO), kann dieser § 851 ZPO als Einrede geltend machen.[9]

§ 851a
Pfändungsschutz für Landwirte

(1) Die Pfändung von Forderungen, die einem die Landwirtschaft betreibenden Schuldner aus dem Verkauf von landwirtschaftlichen Erzeugnissen zustehen, ist auf seinen Antrag vom Vollstreckungsgericht insoweit aufzuheben, als die Einkünfte zum Unterhalt des Schuldners, seiner Familie und seiner Arbeitnehmer oder zur Aufrechterhaltung einer geordneten Wirtschaftsführung unentbehrlich sind.

(2) Die Pfändung soll unterbleiben, wenn offenkundig ist, dass die Voraussetzungen für die Aufhebung der Zwangsvollstreckung nach Absatz 1 vorliegen.

Inhalt:

	Rn.		Rn.
A. Allgemeines	1	II. Verfahren des Pfändungsschutzes	4
B. Erläuterungen	2	C. Rechtsbehelfe, Kosten und	
I. Voraussetzungen	2	Gebühren	7

A. Allgemeines

1 § 851a ZPO bestimmt einen Pfändungsschutz speziell für Ansprüche von Landwirten aus dem Verkauf von landwirtschaftlichen Erzeugnissen.

B. Erläuterungen
I. Voraussetzungen

2 § 851a ZPO ist auf Schuldner anzuwenden, die als **natürliche oder juristische Person Landwirtschaft betreiben**, was auch dann vorliegt, wenn sie selbst nicht mitarbeiten.[1] Auch nichtgewerbliche Landwirte werden umfasst.[2] Geschützt sind sodann die Ansprüche auf Einkünfte aus dem Verkauf landwirtschaftlicher Erzeugnisse, die der Schuldner produziert hat (nicht bei Weiterkauf).[3] Dazu zählen auch **staatliche Beihilfen**, soweit sie der Ergänzung des Kaufpreises

---

7 Für Rechtsanwälte: BGH, NJW-RR 2004, 54 = NZI 2004, 29; auch die Geheimhaltungspflicht des § 203 Abs. 1 StGB ändert daran nichts, vgl. OLG Stuttgart, NJW 1994, 2838 = Rpfleger 1995, 77, jedoch darf nicht mehr als das zur Durchsetzung der Forderung Notwendige mitgeteilt werden.
8 MK-*Smid*, ZPO, § 851 Rn. 16 m.w.N.
9 OLG Celle, NJW 1962, 1731 = MDR 1962, 830.

Zu § 851a:
1 BeckOK-*Utermark/Fleck*, ZPO, § 851a Rn. 1 f.
2 Musielak/Voit-*Becker*, ZPO, § 851a Rn. 3.
3 Zöller-*Stöber*, ZPO, § 851a Rn. 4.

dienen sollen,[4] nicht jedoch Zuzahlungsansprüche, die vom Verkauf losgekoppelt sind, wie z.B. eine Betriebsprämie nach der Verordnung (EG) 1782/2003.[5] Nicht umfasst ist das aus den Verkäufen erwachsene Kontoguthaben, sondern nur der Anspruch auf die Zahlung selbst.[6]

Die Einnahmen müssen weiter für den **notwendigen** (im Gegensatz zum angemessenen)[7] **Unterhalt** des Schuldners, seiner Familie oder Arbeitnehmer unentbehrlich sein. Gleiches gilt, wenn die Mittel zur **Aufrechterhaltung des Betriebs** (z.B. notwendige Reparaturen oder Kauf von Dünge-, Futtermitteln oder Saatgut) unentbehrlich sind. Beides ist der Fall, wenn andere Mittel nicht zur Verfügung stehen.[8] Diese Voraussetzungen müssen zum Zeitpunkt der Entscheidung über die Unpfändbarkeit schon und noch vorliegen.[9] Eine Abwägung mit den Gläubigerinteressen ist nicht vorgesehen. Die umfassten Forderungen müssen wirksam gepfändet sein („aufzuheben"). 3

II. Verfahren des Pfändungsschutzes

Die Unpfändbarkeit dieser Einkünfte kann sich auf zwei Arten durchsetzen. Nach Abs. 2 **unterbleibt** eine Pfändung bereits durch Abweisung des Gläubigerantrages, wenn die Unpfändbarkeit offensichtlich (§ 291 ZPO) vorliegt. 4

Liegen die Voraussetzungen des Abs. 1 vor, ist dies aber nicht offensichtlich, erfolgt auf Antrag des Schuldners oder seines Bevollmächtigten, der bis zur Beendigung der Zwangsvollstreckung gestellt werden kann,[10] an das Vollstreckungsgericht, das für den Erlass des Pfändungsbeschlusses zuständig ist, der Beschluss des Rechtspflegers zumeist ohne mündliche Verhandlung (§ 764 ZPO): 5

Es wird beantragt:

Der Pfändungsbeschluss [genaue Bezeichnung mit Aktenzeichen und Gericht] vom [Datum] wird aufgehoben.

Einstweilige Anordnung ist nach § 766 Abs. 1 Satz 2 ZPO möglich und zumeist wohl sinnvoll.

In der Begründung ist darzulegen, inwiefern die Voraussetzungen des Abs. 1 bei Antragsstellung schon und noch vorliegen.[11] Eventuell sind entsprechende Anlagen beizufügen. Die Entscheidung wird zugestellt. Wird dem Antrag entsprochen, ist eine Zwangsvollstreckung unzulässig, bereits ergangene Akte sind einzustellen bzw. aufzuheben. 6

C. Rechtsbehelfe, Kosten und Gebühren

Gegen die Entscheidung des Rechtspflegers ist die sofortige Beschwerde (§ 793 ZPO) einschlägig. Für das Gericht entstehen keine Kosten. Für den Rechtsanwalt stellt die Antragsstellung jedes Mal eine besondere Angelegenheit dar (§ 18 Abs. 1 Nr. 6 RVG), Vergütung erfolgt gemäß Nr. 3309 VV-RVG. 7

§ 851b
Pfändungsschutz bei Miet- und Pachtzinsen

(1) [1]Die Pfändung von Miete und Pacht ist auf Antrag des Schuldners vom Vollstreckungsgericht insoweit aufzuheben, als diese Einkünfte für den Schuldner zur laufenden Unterhaltung des Grundstücks, zur Vornahme notwendiger Instandsetzungsarbeiten und zur Befriedigung von Ansprüchen unentbehrlich sind, die bei einer Zwangsvollstreckung in das Grundstück dem Anspruch des Gläubigers nach § 10 des Gesetzes über die Zwangsversteigerung und die Zwangsverwaltung vorgehen würden. [2]Das Gleiche gilt von der Pfändung von Barmitteln und Guthaben, die aus Miet- oder Pachtzahlungen herrühren und zu den in Satz 1 bezeichneten Zwecken unentbehrlich sind.

(2) [1]Wird der Antrag nicht binnen einer Frist von zwei Wochen gestellt, so ist er ohne sachliche Prüfung zurückzuweisen, wenn das Vollstreckungsgericht der Überzeugung ist, dass der Schuldner den Antrag in der Absicht der Verschleppung oder aus grober Nachlässigkeit nicht früher gestellt hat. [2]Die Frist beginnt mit der Pfändung.

---

4 Für Ansprüche aus der EG-Getreidepreisharmonisierung, OLG Schleswig, SchlHA 1969, 122; für die „Bullenprämie" vgl. LG Koblenz, JurBüro 2003, 382.
5 BGH, NJW-RR 2009, 411 = MDR 2009, 106.
6 BeckOK-*Utermark/Fleck*, ZPO, § 851a Rn. 5.
7 Musielak/Voit-*Becker*, ZPO, § 851a Rn. 3.
8 Zöller-*Stöber*, ZPO, § 851a Rn. 5.
9 Thomas/Putzo-*Seiler*, ZPO, § 851a Rn. 3.
10 Thomas/Putzo-*Seiler*, ZPO, § 851a Rn. 7.
11 OLG Köln, JurBüro, 1989, 878.

(3) Anordnungen nach Absatz 1 können mehrmals ergehen und, soweit es nach Lage der Verhältnisse geboten ist, auf Antrag aufgehoben oder abgeändert werden.

(4) ¹Vor den in den Absätzen 1 und 3 bezeichneten Entscheidungen ist, soweit dies ohne erhebliche Verzögerung möglich ist, der Gläubiger zu hören. ²Die für die Entscheidung wesentlichen tatsächlichen Verhältnisse sind glaubhaft zu machen. ³Die Pfändung soll unterbleiben, wenn offenkundig ist, dass die Voraussetzungen für die Aufhebung der Zwangsvollstreckung nach Absatz 1 vorliegen.

Inhalt:

	Rn.		Rn.
A. Allgemeines	1	II. Verfahren des Pfändungsschutzes	4
B. Erläuterungen	2	C. Rechtsbehelfe, Kosten und	
I. Voraussetzungen	2	Gebühren	7

A. Allgemeines

1 § 851b ZPO bestimmt einen Pfändungsschutz für Miet- und Pachteinnahmen,¹ um den Erhalt des Grundstückes sowie der Erfüllung der auf dem Grundstück lastenden Verpflichtungen zu garantieren. Nach Abs. 1 kann ein Antrag nur gestellt werden, um eine Pfändung aufzuheben.

B. Erläuterungen
I. Voraussetzungen

2 Der Pfändungsschutz des § 851b ZPO kommt für Personen in Frage, die eine Grundstückslast tragen und denen die Miete oder Pacht zu Gute kommen, also Grundstücks- oder Wohnungseigentümer, Erbbauberechtigte oder Nießbraucher.² Für Untervermieter findet § 851b ZPO keine Anwendung. § 851b ZPO findet allerdings weiter als § 851a ZPO nicht nur Anwendung auf Forderungen aus dem Miet- oder Pachtverhältnis, sondern auch auf Barmitteln und Guthaben (insbesondere Bankkonten), die aus diesen Verhältnissen herrühren.

3 Die Forderungen oder Mittel müssen unentbehrlich (also nicht durch andere Geldmittel bestreitbar)³ sein, um das **Grundstück zu unterhalten**, worunter z.B. Versicherungen, Müllabfuhr-, Entwässerungs- und Straßenreinigungskosten, aber auch Kosten für eine Hausverwaltung⁴ fallen, oder um **notwendige Instandsetzungsarbeiten** zu betreiben, worunter nur die Arbeiten fallen, die der Werterhaltung und Benutzungsmöglichkeit der Mietsache dienen, weshalb Modernisierungen ausgeschlossen, Rücklagen für zukünftig anfallende Reparaturen aber zulässig sind.⁵ Auch dürfen die Forderungen oder Mittel nicht gepfändet werden, die der Befriedigung von Forderung dienen, die bei einer Zwangsversteigerung dem Anspruch des Gläubigers nach § 10 ZVG vorgehen würden. Dies sind insbesondere die Mittel zur **Befriedigung von Zins- und Tilgungsraten**.⁶

II. Verfahren des Pfändungsschutzes

4 Das Verfahren des Pfändungsschutzes entspricht grundsätzlich dem des § 851a ZPO. Jedoch gilt insofern eine **zweiwöchige Frist** ab Wirksamwerden der Pfändung (§ 222 ZPO). Fristverlängerung und Wiedereinsetzung in den vorigen Stand sind nicht möglich.⁷ Bei Fristversäumung ist der Antrag zwar weiter zulässig, er wird aber ohne sachliche Prüfung zurückgewiesen, wenn das Vollstreckungsgericht überzeugt ist, der Schuldner stelle den Antrag um die Zwangsvollstreckung in die Länge zu ziehen oder das Fristversäumnis ist auf grobe Nachlässigkeit des Schuldners zurückzuführen, was vorliegt, wenn die erforderliche Sorgfalt in einem nicht vertretbaren Maß verletzt wurde.⁸

5 Antrag, Verfahren und Entscheidung entsprechen dem des § 851a ZPO, ebenso das bereits vorzeitige Unterlassen bei **offensichtlicher Unpfändbarkeit**. Bezüglich der Begründung ist die Unentbehrlichkeit der Forderungen oder Mittel durch entsprechende Belege, z.B. Rechnungen für notwendige Leistungen, nachzuweisen. Im Verfahren wird der Gläubiger gehört, soweit dies zu keiner Verzögerung führt, ein mündliches Verfahren muss jedoch nicht durchgeführt

---

1 Vgl. zur Miete: Spielbauer/Schneider-*Kern*, Mietrecht, § 535 Rn. 398 ff.; zur Pacht: *Kern*, Pachtrecht, § 581 Rn. 197 ff.; Keller-*Steder*, Handbuch Zwangsvollstreckungsrecht, Kap. 3 Rn. 119, insbesondere ausführlich zu Steuererstattungsansprüchen, Rn. 120 ff.
2 Musielak/Voit-*Becker*, ZPO, § 851b Rn. 2.
3 KG Berlin, NJW 1969, 1860; Rpfleger 1969, 312.
4 AG Berlin-Schöneberg, JurBüro 2001, 326.
5 Musielak/Voit-*Becker*, ZPO, § 851b Rn. 3.
6 Thomas/Putzo-*Seiler*, ZPO, § 851b Rn. 2a.
7 Musielak/Voit-*Becker*, ZPO, § 851b Rn. 4a.
8 Zöller-*Stöber*, ZPO, § 851c Rn. 5 m.w.N.

werden.⁹ Dies führt jedoch auch nicht zu einer Abwägung mit den Gläubigerinteressen, der Vollstreckungsschutz gilt somit objektiv.¹⁰ Einstweilige Anordnung (§ 732 Abs. 2 ZPO) ist möglich.

Der entscheidende Beschluss enthält zumeist einen Endtermin, ab dem die Pfändung wieder zulässig ist.¹¹ Bestehen die Voraussetzungen dann noch immer, kann nach Abs. 3 der Antrag erneut gestellt werden. 6

C. Rechtsbehelfe, Kosten und Gebühren

Gegen die Entscheidung des Rechtspflegers ist die sofortige Beschwere (§ 793 ZPO) einschlägig. 7

Für das Gericht entstehen keine Kosten. Für den Rechtsanwalt stellt die Antragsstellung jedes Mal eine besondere Angelegenheit dar (§ 18 Abs. 1 Nr. 6 RVG), Vergütung erfolgt gemäß Nr. 3309 VV-RVG. 8

§ 851c
Pfändungsschutz bei Altersrenten

(1) Ansprüche auf Leistungen, die auf Grund von Verträgen gewährt werden, dürfen nur wie Arbeitseinkommen gepfändet werden, wenn
1. **die Leistung in regelmäßigen Zeitabständen lebenslang und nicht vor Vollendung des 60. Lebensjahres oder nur bei Eintritt der Berufsunfähigkeit gewährt wird,**
2. **über die Ansprüche aus dem Vertrag nicht verfügt werden darf,**
3. **die Bestimmung von Dritten mit Ausnahme von Hinterbliebenen als Berechtigte ausgeschlossen ist und**
4. **die Zahlung einer Kapitalleistung, ausgenommen eine Zahlung für den Todesfall, nicht vereinbart wurde.**

(2) ¹Um dem Schuldner den Aufbau einer angemessenen Alterssicherung zu ermöglichen, kann er unter Berücksichtigung der Entwicklung auf dem Kapitalmarkt, des Sterblichkeitsrisikos und der Höhe der Pfändungsfreigrenze, nach seinem Lebensalter gestaffelt, jährlich einen bestimmten Betrag unpfändbar auf der Grundlage eines in Absatz 1 bezeichneten Vertrags bis zu einer Gesamtsumme von 256 000 Euro ansammeln. ²Der Schuldner darf vom 18. bis zum vollendeten 29. Lebensjahr 2 000 Euro, vom 30. bis zum vollendeten 39. Lebensjahr 4 000 Euro, vom 40. bis zum vollendeten 47. Lebensjahr 4 500 Euro, vom 48. bis zum vollendeten 53. Lebensjahr 6 000 Euro, vom 54. bis zum vollendeten 59. Lebensjahr 8 000 Euro und vom 60. bis zum vollendeten 67. Lebensjahr 9 000 Euro jährlich ansammeln. ³Übersteigt der Rückkaufwert der Alterssicherung den unpfändbaren Betrag, sind drei Zehntel des überschießenden Betrags unpfändbar. ⁴Satz 3 gilt nicht für den Teil des Rückkaufwerts, der den dreifachen Wert des in Satz 1 genannten Betrags übersteigt.

(3) § 850e Nr. 2 und 2a gilt entsprechend.

Inhalt:

	Rn.		Rn.
A. Allgemeines	1	II. Umfang	3
B. Erläuterungen	2	III. Verfahren und Rechtsbehelfe	5
I. Voraussetzungen	2		

A. Allgemeines

§ 851c ZPO dient der Sicherung von **privatrechtlichen Altersversorgungsverträgen**, die die Ungleichheit mit dem Pfändungsschutz für Renten und Ansprüche gegen das Versorgungswerk von Freiberuflern beseitigen soll.¹ § 851c ZPO gilt aber nicht, wenn zusätzlich zu einer Rente eine private Altersvorsorge betrieben wird.² Umfasst sind somit Kapitallebensversicherungen, Rentenversicherungen, Bank- und Fondssparpläne.³ 1

---

9 Thomas/Putzo-*Seiler*, ZPO, § 851b Rn. 3.
10 BeckOK-*Utermark/Fleck*, ZPO, § 851b Rn. 18 m.w.N.
11 BeckOK-*Utermark/Fleck*, ZPO, § 851b Rn. 22.

Zu § 851c:
1 Einen Überblick hierüber gibt Musielak/Voit-*Becker*, ZPO, § 851c Rn. 1.
2 LG Bonn, ZVI 2009, 214; a.A. *Tavakoli*, NJW 2008, 3259 (3262); *Stöber*, NJW 2007, 1242 (1244).
3 *Smid*, FPR 2007, 443 (445).

B. Erläuterungen
I. Voraussetzungen

2 Pfändungsschutz tritt ein, wenn die Voraussetzungen des § 851 Abs. 1 ZPO kumulativ zum Zeitpunkt der Pfändung vorliegen.[4] Nach Nr. 1 darf die Leistung erst ab dem 60. Lebensjahr oder bei Berufsunfähigkeit gewährt werden und muss in beiden Alternativen[5] lebenslang bestehen.[6] Nach Nr. 2 muss außerdem eine Verfügung (z. B. Abtretung) unwiderruflich ausgeschlossen sein, insofern darf das Vertragsverhältnis nicht als Kapitalsicherungsmittel gebraucht werden.[7] Nach Nr. 3 ist es außerdem nicht zulässig, Dritte als Bezugsberechtigte zu benennen, soweit es sich nicht um Hinterbliebene (Eltern, Ehegatte, Lebenspartner und Kinder, nicht jedoch der Lebensgefährte)[8] handelt. Letztlich darf nach Nr. 4 kein Kapitalwahlrecht bestehen, es sei denn für den Fall des Todes. Wurde ein solche bereits ausgeübt und kann es nun nicht mehr geschehen, lebt der Pfändungsschutz wieder auf.[9] Soweit ein Kapitalwahlrecht für eine Altersrente besteht, entfällt auch der Pfändungsschutz für die Berufsunfähigkeitsrente, soweit diese gemeinsam vereinbart wurden.[10]

II. Umfang

3 Vom Pfändungsschutz des § 851c ZPO erfasst werden die **Auszahlungen im Versicherungsfall** (Abs. 1) sowie das **Ansparvermögen**, nicht jedoch die Mittel, die zur Einzahlung bestimmt sind,[11] (Abs. 2) umfasst. Die Ansparung darf dabei höchstens 256.000,00 € umfassen und kann gemäß dem in Abs. 2 Satz 2 genannten jährlichen Sparhöchstgrenzen erreicht werden (sog. Annuitäten). Die Ansparbeträge lassen sich wie folgt veranschaulichen:[12]

4

Vollendetes Lebensjahr	Pfandfreies Vorsorgekapital in €	Vollendetes Lebensjahr	Pfandfreies Vorsorgekapital in €
18	2.000	44	86.500
19	4.000	45	91.000
20	6.000	46	95.500
21	8.000	47	100.000
22	10.000	48	106.000
23	12.000	49	112.000
24	14.000	50	118.000
25	16.000	51	124.000
26	18.000	52	130.000
27	20.000	53	136.000
28	22.000	54	144.000
29	24.000	55	152.000
30	28.000	56	160.000
31	32.000	57	168.000
32	36.000	58	176.000
33	40.000	59	184.000
34	44.000	60	193.000

---

4 Eine spätere Umwandlung ist nur für zukünftige Pfändungen relevant, BGH v. 22.07.2015, IV ZR 223/15, juris, Rn. 12.
5 BGH, MDR 2010, 1081 = WM 2010, 1612.
6 Deshalb ist selbst eine zeitlich beschränkte Berufsunfähigkeitsversicherung nicht geschützt, vgl. OLG Hamm, r+s 2010, 160 = ZInsO 2009, 2339; etwas anderes gilt aber, wenn sich an das Auslaufen direkt eine vergleichbar hohe Altersversorgung, die lebenslang gewährt wird, anschließt, vgl. BGH, MDR 2010, 1081 = WM 2010, 1612.
7 Musielak/Voit-*Becker*, ZPO, § 851c Rn. 2.
8 BGH, NZI 2011, 67 = FamRZ 2011, 291.
9 BGH, NZI 2012, 809 = JurBüro 2012, 666.
10 BGH, NZI 2010, 777 = FamRZ 2010, 1659.
11 BGH, ZIP 2011, 1235 = WM 2011, 1180; der Schuldner muss die Beiträge also aus dem nicht gepfändeten Einkommen bestreiten, vgl. LG Lüneburg, NZI 2011, 25.
12 BeckOK-*Utermark/Fleck*, ZPO, § 851c Rn. 11.

Vollendetes Lebensjahr	Pfandfreies Vorsorgekapital in €	Vollendetes Lebensjahr	Pfandfreies Vorsorgekapital in €
35	48.000	61	202.000
36	52.000	62	211.000
37	56.000	63	220.000
38	60.000	64	229.000
39	64.000	65	238.000
40	68.500	66	247.000
41	73.000	67	256.000
42	77.500		
43	82.000		

Bei Lebensversicherungen, deren Rückkaufwert den unpfändbaren Betrag übersteigt, sind drei Zehntel des überschießenden Betrags unpfändbar (Abs. 2 Satz 3), ausgenommen davon sind jedoch alle Teile, die den Wert um das Dreifache übersteigen (Abs. 2 Satz 4), die ohne Beschränkung pfändbar sind.

III. Verfahren und Rechtsbehelfe

§ 851c ZPO ist vom Drittschuldner auch ohne expliziten Ausspruch durch das Vollstreckungsgericht zu beachten.[13] Jedoch kann der Gläubiger wegen der Verweisung auf § 850e Nr. 2 sowie Nr. 2a ZPO durch einen entsprechenden Antrag erreichen, dass mehrere Versicherungsvermögen addiert werden. Erfolgt ein Pfändungsbeschluss **ohne Beachtung des Pfändungsschutzes** ist die Erinnerung (§ 766 ZPO) statthaft. Diese kann vom Schuldner, Drittschuldner aber auch einem betroffenen Unterhaltsberechtigten geltend gemacht werden.[14] Gegen die Ablehnung oder spätere Aufhebung einer Pfändung steht dem Gläubiger die sofortige Beschwerde (§ 793 ZPO) offen.

5

§ 851d
Pfändungsschutz bei steuerlich gefördertem Altersvorsorgevermögen

Monatliche Leistungen in Form einer lebenslangen Rente oder monatlicher Ratenzahlungen im Rahmen eines Auszahlungsplans nach § 1 Abs. 1 Satz 1 Nr. 4 des Altersvorsorgeverträge-Zertifizierungsgesetzes aus steuerlich gefördertem Altersvorsorgevermögen sind wie Arbeitseinkommen pfändbar.

§ 851d ZPO dient der Lückenschließung, die § 850 Abs. 3b ZPO offen lässt, da die Norm für Selbstständige, Freiberufler und Erwerbslose häufig keinen Anwendungsbereich hat.[1] Deswegen erweitert § 851d ZPO den Schutz auf Basisrentenversicherungen („Riesterrente", § 10a EStG) und geförderte Altersvorsorgen („Rürup-Rente", § 10 Abs. 1 Nr. 2 Buchst. b EStG), unabhängig von ihrer Anlageart.[2]

1

Vom Pfändungsschutz werden sodann (weil die Norm auf die Pfändung von Arbeitseinkommen verweist) die **laufenden Leistungen** erfasst bzw. wenn bis zu zwölf Monatsbeiträge zu einem Beitrag zusammengefasst werden.[3] Einmalkapitalauszahlungen und Abfindungen in Form einer Kleinbetragsrente werden deshalb nicht umfasst.[4] Die Ansparphase wird durch § 851d ZPO grundsätzlich nicht geschützt, da die laufenden Beiträge zur Altersversorgung sowie der Zulagenanspruch nach § 97 EStG jedoch nicht pfändbar sind, sind diese nach § 851 Abs. 1 ZPO nicht pfändbar.[5]

2

---

13 BeckOK-*Utermark/Fleck*, ZPO, § 851c Rn. 15.
14 Thomas/Putzo-*Seiler*, ZPO, § 850e Rn. 18.

Zu § 851d:
1 Musielak/Voit-*Becker*, ZPO, § 851d Rn. 1.
2 Musielak/Voit-*Becker*, ZPO, § 851d Rn. 1.
3 Thomas/Putzo-*Seiler*, ZPO, § 851d Rn. 3.
4 BT-Drucks. 16/886, S. 10.
5 Im Detail Musielak/Voit-*Becker*, ZPO, § 851d Rn. 3a m.w.N.

§ 852
Beschränkt pfändbare Forderungen

(1) Der Pflichtteilsanspruch ist der Pfändung nur unterworfen, wenn er durch Vertrag anerkannt oder rechtshängig geworden ist.

(2) Das Gleiche gilt für den nach § 528 des Bürgerlichen Gesetzbuchs dem Schenker zustehenden Anspruch auf Herausgabe des Geschenkes sowie für den Anspruch eines Ehegatten oder Lebenspartners auf den Ausgleich des Zugewinns.

Inhalt:

	Rn.		Rn.
A. Allgemeines	1	C. Rechtsfolgen und Rechtsbehelfe	4
B. Erläuterungen	2		

A. Allgemeines

1 § 852 ZPO statuiert eine **Wahlmöglichkeit** des Schuldners, ob sein Pflichtteilsanspruch, der schenkungsrechtliche Rückgabeanspruch nach § 528 BGB sowie der Anspruch auf Zugewinnausgleich der Pfändung unterworfen sein soll.

B. Erläuterungen

2 Pflichtteilsansprüche (§ 2303 BGB) sind nur dann der Pfändung unterworfen, wenn er durch **Vertrag zwischen dem Erben und dem Vollstreckungsschuldner**, der pflichtteilsberechtigt ist, anerkannt wurde oder **rechtshängig** (§ 261 ZPO) geworden ist.[1] Nach der Judikatur des BGH gibt es jedoch eine gewichtige Einschränkung: So kann der Anspruch bereits vor diesem Zeitpunkt gepfändet und dadurch mit einem Pfandrecht belegt werden, jedoch ist die Verwertung (insbesondere Überweisung) aufgeschoben, bis die Voraussetzungen des Abs. 1 vorliegen.[2] Insofern kann eine **frühere Pfändung praktisch höchst sinnvoll** sein, da dann insbesondere Abtretungen nach der Pfändung bei Eintritt der Voraussetzungen unwirksam werden.[3] Ein Überweisungsbeschluss vor der Erfüllung der Voraussetzungen darf jedoch nicht ergehen.[4] Der Gläubiger hat ein Auskunftsrecht nach § 836 Abs. 3 ZPO analog, um die Voraussetzungen des Abs. 1 zu überprüfen.[5]

3 Nach Abs. 2 gilt Abs. 1 entsprechend auch für den **Herausgabeanspruch des Schenkers** nach § 528 BGB, wobei nur die Voraussetzungen des § 582 BGB vorliegen müssen, ohne dass es auf eine direkte Verwertungsmöglichkeit der Sache selbst ankommt.[6] Auch hier können die Ansprüche bedingt aufschiebend gepfändet werden und sobald die Voraussetzungen des Abs. 1 vorliegen Überweisung beantragt werden. Ebenso ist die Pfändung und Verwertung des **Anspruches auf Zugewinnausgleich** (§ 1378 Abs. 3 BGB) eingeschränkt. Dieser Anspruch ist jedoch wegen der nicht zulässigen Abtretung vor rechtskräftigem Scheidungsurteil (§ 134 BGB) nicht bedingt aufschiebend pfändbar.[7]

C. Rechtsfolgen und Rechtsbehelfe

4 Eine Überweisung trotz dem Nichtvorliegen der Voraussetzungen ist nichtig. Schuldner und Drittschuldner können Verstöße mit der Erinnerung nach § 766 ZPO bzw. der sofortigen Beschwerde nach § 793 ZPO, die auch dem Gläubiger offensteht, überprüfen lassen.

---

1 Für den Vertrag sind die Formerfordernisse nach § 781 BGB einzuhalten, jedoch muss der eindeutige Wille des Pflichtteilsberechtigten klar hervorgehen, vgl. OLG Düsseldorf, FamRZ 2000, 367 = InVo 2000, 62; Rechtshängigkeit liegt erst bei Zustellung der Klageschrift vor, nicht schon bei einem Antrag auf Prozesskostenhilfe; eine Rücknahme der Klage nach Pfändung ist unerheblich, eine Rücknahme vor wirksamer Pfändung dagegen nicht, Musielak/Voit-*Becker*, ZPO, § 852 Rn. 2.
2 Insofern wird eine „aufschiebend bedingte Forderung" gepfändet, BGH, NJW-RR 2009, 997 = FamRZ 2009, 869.
3 BeckOK-*Utermark/Fleck*, ZPO, § 852 Rn. 3; dieser Antrag muss dies dann jedoch entsprechend ausführen.
4 BGH, NJW-RR 2009, 997 (998), Rn. 18 = FamRZ 2009, 869 (870), Rn. 18.
5 BGH, NJW-RR 2009, 997 (899), Rn. 21 = FamRZ 2009, 869 (870), Rn. 18.
6 BGH, NJW 2007, 60 (61 f.), Rn. 16 f. = FamRZ 2007, 277 (279), Rn. 16 f.
7 LG Leipzig v. 05.07.2004, 16 T 2268/04, juris Rn. 17.

§ 853
Mehrfache Pfändung einer Geldforderung

Ist eine Geldforderung für mehrere Gläubiger gepfändet, so ist der Drittschuldner berechtigt und auf Verlangen eines Gläubigers, dem die Forderung überwiesen wurde, verpflichtet, unter Anzeige der Sachlage und unter Aushändigung der ihm zugestellten Beschlüsse an das Amtsgericht, dessen Beschluss ihm zuerst zugestellt ist, den Schuldbetrag zu hinterlegen.

Inhalt:

	Rn.		Rn.
A. Allgemeines und Erläuterungen	1	B. Rechtsfolgen und Rechtsbehelfe	4

A. Allgemeines und Erläuterungen

§ 853 ZPO regelt die Möglichkeit oder auf Verlangen eines Gläubigers die Pflicht des Drittschuldners, eine mehrfach gepfändete Geldforderung zu hinterlegen. **1**

Voraussetzung hierfür ist zuallererst, dass dieselbe Geldforderung für **zwei oder mehr Gläubiger** wirksam gepfändet wurde, wobei auch Sicherungsvollstreckung (§ 720a ZPO) und Arrestpfändung (§ 930 ZPO) genügen.[1] Soweit die Forderung allerdings (teilweise) abgetreten wurde, ist nur noch eine Hinterlegung nach § 372 BGB zulässig.[2] § 853 ZPO statuiert das **Recht** des Drittschuldners zu hinterlegen, verlangt jedoch mindestens einer der Gläubiger, dem die Forderung überwiesen wurde Hinterlegung, ist er hierzu **verpflichtet**. **2**

Zuständige Hinterlegungsstelle ist das Amtsgericht, dessen Pfändungsbeschluss dem Drittschuldner als erstes zugestellt wurde. Der Drittschuldner hat dem Gericht die Hinterlegung inklusive der zugrundeliegenden Forderungen sowie den Pfändungs- und Überweisungsbeschlüssen anzuzeigen. Die Anzeige ist Wirksamkeitsvoraussetzung.[3] **3**

B. Rechtsfolgen und Rechtsbehelfe

Eine wirksame Hinterlegung wirkt für den Gläubiger schuldbefreiend, er verliert endgültig Eigentum an dem Vermögen.[4] Bei **Verweigerung der Annahme** der Hinterlegung ist Rechtsbehelf die sofortige Beschwerde (§ 793 ZPO) durch Drittschuldner oder jeden Gläubiger.[5] Der Drittschuldner hat Bereicherungsansprüche gegen die Gläubiger, soweit er irrtümlich zu viel hinterlegt hat. **4**

§ 854
Mehrfache Pfändung eines Anspruchs auf bewegliche Sachen

(1) ¹Ist ein Anspruch, der eine bewegliche körperliche Sache betrifft, für mehrere Gläubiger gepfändet, so ist der Drittschuldner berechtigt und auf Verlangen eines Gläubigers, dem der Anspruch überwiesen wurde, verpflichtet, die Sache unter Anzeige der Sachlage und unter Aushändigung der ihm zugestellten Beschlüsse dem Gerichtsvollzieher herauszugeben, der nach dem ihm zuerst zugestellten Beschluss zur Empfangnahme der Sache ermächtigt ist. ²Hat der Gläubiger einen solchen Gerichtsvollzieher nicht bezeichnet, so wird dieser auf Antrag des Drittschuldners von dem Amtsgericht des Ortes ernannt, wo die Sache herauszugeben ist.

(2) ¹Ist der Erlös zur Deckung der Forderungen nicht ausreichend und verlangt der Gläubiger, für den die zweite oder eine spätere Pfändung erfolgt ist, ohne Zustimmung der übrigen beteiligten Gläubiger eine andere Verteilung als nach der Reihenfolge der Pfändungen, so hat der Gerichtsvollzieher die Sachlage unter Hinterlegung des Erlöses dem Amtsgericht anzuzeigen, dessen Beschluss dem Drittschuldner zuerst zugestellt ist. ²Dieser Anzeige sind die Dokumente beizufügen, die sich auf das Verfahren beziehen.

(3) In gleicher Weise ist zu verfahren, wenn die Pfändung für mehrere Gläubiger gleichzeitig bewirkt ist.

§ 854 ZPO ist die Parallelvorschrift zu § 853 ZPO **für mehrfach gepfändete Herausgabe- oder Leistungsansprüche einer beweglichen Sache** (§§ 846, 847 ZPO). Grundsätzlich entspricht sie **1**

---

1 Musielak/Voit-*Becker*, ZPO, § 853 Rn. 2.
2 LG Berlin, Rpfleger 1981, 453.
3 LG Berlin, Rpfleger 1981, 453.
4 Musielak/Voit-*Becker*, ZPO, § 853 Rn. 5.
5 Musielak/Voit-*Becker*, ZPO, § 853 Rn. 4.

ihr sowohl für Voraussetzungen als auch Wirkungen mit dem Unterschied, dass an Stelle der Hinterlegung Herausgabe an den Gerichtsvollzieher zu erfolgen hat. Es ist der Gerichtsvollzieher zuständig, der nach § 847 Abs. 1 ZPO durch den zuerst zugestellten Überweisungsbeschluss bezeichnet wurde.[1] In Ermangelung eines solchen, bestimmt das Vollstreckungsgericht am Leistungsort einen Gerichtsvollzieher auf Antrag. Dieser verwertet die Sache nach §§ 814 ff. ZPO und kehrt den Erlös aus. Auf Antrag eines nachrangigen Gläubigers kann eine Hinterlegung angeordnet werden, soweit der Erlös nicht zur Befriedigung aller Gläubiger ausreicht, sodann §§ 872 ff. ZPO (Abs. 2, 3).

2 Rechtsbehelfe entsprechen denen des § 853 ZPO. Der Gerichtsvollzieher macht Kosten nach Nr. 206 KV-GvKostG (16,00 €) geltend. Gerichtskosten entstehen keine. Der Rechtsanwalt des Gläubigers kann keine zusätzlichen Gebühren geltend machen, der des Drittschuldners erhält die 0,3 Verfahrensgebühr der Nr. 3309 VV-RVG.

§ 855
Mehrfache Pfändung eines Anspruchs auf eine unbewegliche Sache

Betrifft der Anspruch eine unbewegliche Sache, so ist der Drittschuldner berechtigt und auf Verlangen eines Gläubigers, dem der Anspruch überwiesen wurde, verpflichtet, die Sache unter Anzeige der Sachlage und unter Aushändigung der ihm zugestellten Beschlüsse an den von dem Amtsgericht der belegenen Sache ernannten oder auf seinen Antrag zu ernennenden Sequester herauszugeben.

1 § 855 ZPO betrifft das Vorgehen bei der mehrfachen Pfändung eines **Anspruches auf eine unbewegliche Sache** (§ 848 ZPO). Voraussetzungen und Wirkungen entsprechen grundsätzlich § 853 ZPO. Der Unterschied liegt jedoch darin, dass Herausgabe und Anzeige an einen Sequester zu erfolgen haben. Dieser wird von dem nach § 848 ZPO zuständigen Amtsgericht (evtl. auf Antrag) benannt (vgl. dazu das Verfahren des § 848 ZPO). Verwertung erfolgt nach § 848 ZPO. Die Rangfolge der Gläubiger bestimmt sich nach dem Zeitpunkt der Pfändung, gleichzeitige Pfändung ergibt Gleichrang.

2 Rechtsbehelfe grundsätzlich wie § 853 ZPO. Ein nachrangiger Gläubiger kann einen Vorrang gemäß § 899 BGB im Rahmen einer Klage geltend machen.[1] Gerichtskosten entstehen keine, für den Rechtsanwalt des Gläubigers sind die Kosten abgegolten, der des Drittschuldners kann Nr. 3309 VV-RVG geltend machen.

§ 855a
Mehrfache Pfändung eines Anspruchs auf ein Schiff

(1) Betrifft der Anspruch ein eingetragenes Schiff, so ist der Drittschuldner berechtigt und auf Verlangen eines Gläubigers, dem der Anspruch überwiesen wurde, verpflichtet, das Schiff unter Anzeige der Sachlage und unter Aushändigung der Beschlüsse dem Treuhänder herauszugeben, der in dem ihm zuerst zugestellten Beschluss bestellt ist.

(2) Absatz 1 gilt sinngemäß, wenn der Anspruch ein Schiffsbauwerk betrifft, das im Schiffsbauregister eingetragen ist oder in dieses Register eingetragen werden kann.

1 § 855a ZPO gilt für Mehrfachpfändungen von Schiffen, eingetragenen Schiffsbauwerken sowie eingetragenen Luftfahrzeugen. Die Regelung entspricht dem des § 855 ZPO.

§ 856
Klage bei mehrfacher Pfändung

(1) Jeder Gläubiger, dem der Anspruch überwiesen wurde, ist berechtigt, gegen den Drittschuldner Klage auf Erfüllung der nach den Vorschriften der §§ 853 bis 855 diesem obliegenden Verpflichtungen zu erheben.

---

1 Bei gleichzeitiger Zustellung besteht Wahlrecht des Drittschuldners, MK-*Smid*, ZPO, § 854 Rn. 3.

Zu § 855:
1 Musielak/Voit-*Becker*, ZPO, § 855 Rn. 2.

(2) Jeder Gläubiger, für den der Anspruch gepfändet ist, kann sich dem Kläger in jeder Lage des Rechtsstreits als Streitgenosse anschließen.
(3) Der Drittschuldner hat bei dem Prozessgericht zu beantragen, dass die Gläubiger, welche die Klage nicht erhoben und dem Kläger sich nicht angeschlossen haben, zum Termin zur mündlichen Verhandlung geladen werden.
(4) Die Entscheidung, die in dem Rechtsstreit über den in der Klage erhobenen Anspruch erlassen wird, ist für und gegen sämtliche Gläubiger wirksam.
(5) Der Drittschuldner kann sich gegenüber einem Gläubiger auf die ihm günstige Entscheidung nicht berufen, wenn der Gläubiger zum Termin zur mündlichen Verhandlung nicht geladen worden ist.

Inhalt:

	Rn.		Rn.
A. Allgemeines	1	C. Rechtsfolgen, Kosten und	
B. Besonderheiten im Prozess	2	Gebühren	4

A. Allgemeines

§ 856 ZPO ist ein spezieller Rechtsbehelf der Gläubiger (nicht jedoch des Schuldners), um den Drittschuldner zu einer Erfüllung nach §§ 853–855a ZPO zu zwingen, falls dieser dies nicht freiwillig macht. Klageberechtigt ist jeder Gläubiger, dem eine Forderung überwiesen wurde (§§ 835, 849 ZPO). Der Drittschuldner kann dem nachrangigen Gläubiger im Rahmen des § 856 ZPO nicht den Einwand des § 804 Abs. 3 ZPO entgegenhalten.[1] Insofern stellt § 856 ZPO eine **bedeutende Klagemöglichkeit für nachrangige Gläubiger** dar. Durch die Erhebung der Klage entsteht dem Gläubiger die Pflicht, dem Schuldner den Streit zu verkünden (§ 841 ZPO). Es ist ein Antrag bei dem Gericht notwendig, das auch für die Klage des Schuldners gegen den Drittschuldner zuständig wäre: 1

Es wird beantragt:
Der [Drittschuldner] des [Überweisungsbeschlusses X vom Datum] wird verurteilt, den/ die [Geldbetrag/Sache] gemäß § 853 ZPO/§ 854 ZPO/§ 855 ZPO/855a ZPO beim [Amtsgericht XY] zu hinterlegen/an den gegebenenfalls zu benennden [Gerichtsvollzieher/Sequester] herauszugeben.

B. Besonderheiten im Prozess

Nach Abs. 2 kann sich jeder Pfändungsgläubiger (insofern nicht nur jeder Überweisungsgläubiger) und auch der Arrestgläubiger (§ 930 Abs. 2 ZPO) dem Kläger als notwendiger Streitgenosse (§ 62 ZPO) anschließen.[2] Dies erfolgt durch Schriftsatz an das Gericht (§ 70 Abs. 1 ZPO) bzw. Erklärung zu Protokoll (§ 496 ZPO) oder Erklärung in der mündlichen Verhandlung (§ 261 Abs. 2 ZPO).[3] Eigene Klagen sind wegen § 261 Abs. 1 Nr. 1 ZPO unzulässig.[4] Schließen sich die übrigen Gläubiger nicht bereits so der Klage an, sind sie von Amts wegen zu laden (Abs. 3), der Drittschuldner hat dem Gericht diese mitzuteilen. Eine Ladung erfolgt nur für die erste mündliche Verhandlung.[5]   2

Der Klage ist stattzugeben, wenn für mindestens zwei der Gläubiger i. S. d. Abs. 1 die Voraussetzungen der §§ 853 ff. ZPO vorliegen, nicht stattzugeben ist ihr soweit der Drittschuldner Einreden gegen die Forderung bzw. ihr Erlöschen geltend machen kann.[6]   3

C. Rechtsfolgen, Kosten und Gebühren

Das Urteil wirkt nach Abs. 4 gegen alle Überweisungs-, Pfändung- und Arrestgläubiger, unabhängig ihres Beitritts bzw. ihrer Beiladung soweit es für sie positiv ist. Bei negativer Entscheidung nur bei Beitritt oder ordnungsgemäßer Ladung (Abs. 5). Soweit sich die Rechtskraft erstreckt, ist das Urteil durch alle Gläubiger vollstreckbar, im Falle der positiven Entscheidung trotz Abwesenheit nach § 727 ZPO analog.[7]   4

Die Gerichtskosten bzw. Rechtsanwaltsgebühren bemessen sich nach den allgemeinen Prozesskostenvorschriften (Nr. 1210 ff. KV-GKG und Nr. 3100 ff. VV-RVG).   5

---

1 BGH, NJW 2001, 2178 (2179) = Rpfleger 2001, 435 (436).
2 Musielak/Voit-*Becker*, ZPO, § 856 Rn. 3.
3 Zöller-*Stöber*, ZPO, § 856 Rn. 1.
4 BeckOK-*Utermark/Fleck*, ZPO, § 856 Rn. 3 m. w. N.
5 Musielak/Voit-*Becker*, ZPO, § 856 Rn. 4.
6 Musielak/Voit-*Becker*, ZPO, § 856 Rn. 5.
7 OLG Saarbrücken, NJW-RR 1990, 1472.

§ 857
Zwangsvollstreckung in andere Vermögensrechte

(1) Für die Zwangsvollstreckung in andere Vermögensrechte, die nicht Gegenstand der Zwangsvollstreckung in das unbewegliche Vermögen sind, gelten die vorstehenden Vorschriften entsprechend.

(2) Ist ein Drittschuldner nicht vorhanden, so ist die Pfändung mit dem Zeitpunkt als bewirkt anzusehen, in welchem dem Schuldner das Gebot, sich jeder Verfügung über das Recht zu enthalten, zugestellt ist.

(3) Ein unveräußerliches Recht ist in Ermangelung besonderer Vorschriften der Pfändung insoweit unterworfen, als die Ausübung einem anderen überlassen werden kann.

(4) ¹Das Gericht kann bei der Zwangsvollstreckung in unveräußerliche Rechte, deren Ausübung einem anderen überlassen werden kann, besondere Anordnungen erlassen. ²Es kann insbesondere bei der Zwangsvollstreckung in Nutzungsrechte eine Verwaltung anordnen; in diesem Fall wird die Pfändung durch Übergabe der zu benutzenden Sache an den Verwalter bewirkt, sofern sie nicht durch Zustellung des Beschlusses bereits vorher bewirkt ist.

(5) Ist die Veräußerung des Rechts selbst zulässig, so kann auch diese Veräußerung von dem Gericht angeordnet werden.

(6) Auf die Zwangsvollstreckung in eine Reallast, eine Grundschuld oder eine Rentenschuld sind die Vorschriften über die Zwangsvollstreckung in eine Forderung, für die eine Hypothek besteht, entsprechend anzuwenden.

(7) Die Vorschrift des § 845 Abs. 1 Satz 2 ist nicht anzuwenden.

Inhalt:

	Rn.		Rn.
A. Allgemeines	1	II. Pfändungsverfahren und Verwertung	5
B. Erläuterungen	2	C. Kosten und Gebühren	7
I. Gegenstand der Pfändung	2		

A. Allgemeines

1 § 857 ZPO regelt die Zwangsvollstreckung für Vermögensrechte, die nicht der Vollstreckung nach § 829, § 846 ZPO oder § 864 ZPO unterliegen. Grundsätzlich gelten die Vorschriften über die Forderungen einer Geldpfändung (§§ 828 ff. ZPO) bezüglich Antrag, Verfahren, Zuständigkeit, Wirksamkeit, Pfändung und Verwertung. Jedoch statuieren die Abs. 2 bis Abs. 7 spezielle Vorschriften, die der Besonderheit der Pfändungsgegenstände geschuldet sind.

B. Erläuterungen
I. Gegenstand der Pfändung

2 Entscheidend für § 857 ZPO ist die Auswahl der betroffenen anderen Vermögensrechte. Dies betrifft eine Vielzahl von Rechten. Allerdings müssen sie aufgrund der systematischen Stellung des § 857 ZPO letztlich Forderungen sein, die **auf eine Geldleistung gerichtet** sind und damit der Befriedigung des Gläubigers dienen können.[1] Insbesondere sind Befugnisse, die zwar wirtschaftliche Interessen, jedoch letztlich keinen Geldleistungsanspruch darstellen, nicht von § 857 ZPO umfasst.[2]

3 **Abs. 3** macht deutlich, dass grundsätzlich auch unveräußerliche Rechte der Pfändung unterworfen sind, soweit die Ausübung einem anderen überlassen werden kann. Dies ist jedoch von höchstpersönlichen Rechten zu unterscheiden, die generell nicht pfändbar sind. Das gilt insbesondere für die dem allgemeinen Persönlichkeitsrecht entspringenden Rechte, so z.B. das Recht am eigenen Bild, selbst wenn dieses kommerzialisiert ist.[3] Nicht von § 857 ZPO umfasst sind nichtselbstständige Nebenrechte (insbesondere Gestaltungsrechte wie die Kündigung, aber auch akzessorische Rechte), weil sie nur zusammen mit der Hauptforderung und gegebenenfalls mithilfe einer Hilfspfändung gepfändet werden können.[4]

4 **Anteilsrechte** und ihre damit verbundenen Forderungen wie die an einer GmbH, an einem Nachlass oder an einer Bruchteilsgemeinschaft (§ 714 BGB) werden nach § 857 ZPO gepfändet (wie z.B. Anspruch auf Beteiligung am Gewinn oder Veräußerungserlös; der Schuldner wird

---

1 Vgl. BGH, NJW 2005, 3353 = GRUR 2005, 969, der das reine Recht an einer Internet-Domain nicht unter § 857 ZPO subsumiert.
2 MK-*Smid*, ZPO, § 857 Rn. 9 m.w.N.
3 Musielak/Voit-*Becker*, ZPO, § 857 Rn. 2a m.w.N.
4 Zöller-*Stöber*, ZPO, § 857 Rn. 3 m.w.N.

allerdings nicht Mitgesellschafter).[5] In Betracht kommen weiter die Pfändung von Ansprüchen aus dem Patentgesetz oder ähnlichen **Immaterialgüterrechten**, insbesondere Urheber- und Lizenzansprüche.[6] Anwartschaftsrechte sind pfändbar, soweit die Sache auf die sie sich beziehen pfändbar ist.[7] Eine Pfändung eines **Anwartschaftsrechts** auf Übereignung eines Grundstückes ist jedoch erst dann pfändbar, wenn es erstarkt ist, also wenn der Antrag auf Eintragung vom Schuldner selbst gestellt wurde oder eine Vormerkung eingetragen ist.[8] Nießbräuche und Nutzungsrechte sind ebenfalls nach § 857 ZPO pfändbar, selbst wenn dies vertraglich ausgeschlossen wurde,[9] Wohnungsrechte und beschränkt persönliche Dienstbarkeiten (§§ 1090, 1091 BGB) sind dagegen im Regelfall nicht pfändbar.[10]

II. Pfändungsverfahren und Verwertung

Wegen Abs. 1 gelten für die Pfändung die §§ 828–856 ZPO entsprechend, insbesondere sind auch **zukünftige Forderungen** pfändbar. Bezüglich der Wirksamkeit des Beschlusses stellt Abs. 2 klar, dass bereits die Zustellung des Verfügungsverbots an den Schuldner ausreicht, soweit kein Drittschuldner (das ist jede rechtlich beteiligte Person, z.B. ein Miteigentümer) existiert.[11] Nach Abs. 4 kann ein unveräußerliches Recht, das in einer Nutzung besteht, insbesondere durch Verwaltung gepfändet werden, dann entsteht die Pfändung durch Übergabe.[12] Der **Verwalter** wird durch das Vollstreckungsgericht bestimmt, welches auch falls nötig weitere Modalitäten festlegt.[13] Nach Abs. 6 ist für Reallasten, Grundschuld oder Rentenschuld, § 830 ZPO anzuwenden.

Auch für die **Verwertung** ist über Abs. 1 auf die §§ 835, 844 ZPO abzustellen. Eine Verwertung durch Überweisung kann nur dann angeordnet werden, wenn dies zur Befriedigung des Gläubigers führen kann. Das kann im Falle einer Einziehung ausgeschlossen sein, weil der Gläubiger nicht in die Rechte des Schuldners eintreten kann, im Falle einer Überweisung an Zahlungs statt nur insoweit das Recht einen zumindest schätzbaren Nennwert hat.[14] Liegen diese Voraussetzungen nicht vor, kommt eine Anordnung nach § 844 ZPO auf Antrag des Gläubigers in Frage, insbesondere kommt nach Abs. 5 eine Veräußerung in Kauf.[15]

C. Kosten und Gebühren

Das Gericht macht Festkosten nach Nr. 2111 KV-GKG (20,00 €) geltend. Der Rechtsanwalt kann Gebühren nach Nr. 3309 VV-RVG bis zur Anordnung der Verwaltung (§ 18 Abs. 1 Nr. 9 RVG) geltend machen; soweit er die Verwaltung ausführt Kosten nach Nr. 3309 VV-RVG (§ 18 Abs. 1 Nr. 9 RVG).

§ 858
Zwangsvollstreckung in Schiffspart

(1) Für die Zwangsvollstreckung in die Schiffspart (§§ 489 ff. des Handelsgesetzbuchs) gilt § 857 mit folgenden Abweichungen.
(2) Als Vollstreckungsgericht ist das Amtsgericht zuständig, bei dem das Register für das Schiff geführt wird.
(3) ¹Die Pfändung bedarf der Eintragung in das Schiffsregister; die Eintragung erfolgt auf Grund des Pfändungsbeschlusses. ²Der Pfändungsbeschluss soll dem Korrespondentreeder zugestellt werden; wird der Beschluss diesem vor der Eintragung zugestellt, so gilt die Pfändung ihm gegenüber mit der Zustellung als bewirkt.
(4) ¹Verwertet wird die gepfändete Schiffspart im Wege der Veräußerung. ²Dem Antrag auf Anordnung der Veräußerung ist ein Auszug aus dem Schiffsregister beizufügen, der alle das Schiff und die Schiffspart betreffenden Eintragungen enthält; der Auszug darf nicht älter als eine Woche sein.

---

5 Thomas/Putzo-*Seiler*, ZPO, § 857 Rn. 2.
6 MK-*Smid*, ZPO, § 857 Rn. 16 m.w.N.
7 Musielak/Voit-*Becker*, ZPO, § 857 Rn. 7 m.w.N.
8 MK-*Smid*, ZPO, § 857 Rn. 28 m.w.N.
9 BGH, NJW 1985, 2827 = Rpfleger 1985, 373.
10 Musielak/Voit-*Becker*, ZPO, § 857 Rn. 15f.
11 Thomas/Putzo-*Seiler*, ZPO, § 857 Rn. 10a; dies richtet sich im Einzelnen nach der jeweilig gepfändeten Forderung, eine Übersicht für die Zustellungs- und Wirksamkeitsvoraussetzungen findet sich je nach Art der gepfändeten Forderung in MK-*Smid*, ZPO, § 857 Rn. 15–45.
12 LG Lübeck, Rpfleger 1993, 360.
13 MK-*Smid*, ZPO, § 857 Rn. 51.
14 BGH, NJW 2005, 3353 (3354) = GRUR 2005, 969 (970).
15 So z.B. insbesondere für Patentrechte, vgl. MK-*Smid*, ZPO, § 857 Rn. 49.

(5) ¹Ergibt der Auszug aus dem Schiffsregister, dass die Schiffspart mit einem Pfandrecht belastet ist, das einem anderen als dem betreibenden Gläubiger zusteht, so ist die Hinterlegung des Erlöses anzuordnen. ²Der Erlös wird in diesem Fall nach den Vorschriften der §§ 873 bis 882 verteilt; Forderungen, für die ein Pfandrecht an der Schiffspart eingetragen ist, sind nach dem Inhalt des Schiffsregisters in den Teilungsplan aufzunehmen.

1 § 858 ZPO regelt die **Zwangsvollstreckung in die Schiffspart** (§§ 489 ff. HGB). Die Regelung ist wenig praxisrelevant.[1] Für sie gelten nach Abs. 1 die Vorschriften des § 857 ZPO entsprechend. Abs. 2–5 treffen abweichende Regelungen.

2 **Zuständig** ist das Amtsgericht, bei dem das Schiffsregister geführt wird (Abs. 2; § 4 Schiffs-RegO), Wirkung der Pfändung tritt außer beim Korrespondentenreeder erst mit Eintragung ein (Abs. 3). Wird das Schiff dennoch veräußert, setzt sich das Pfandrecht am Erlös, inklusive Gewinn, fort. Er kann und sollte jedoch explizit auch gesondert gepfändet werden.[2] Die Verwertung erfolgt nicht durch Überweisung, sondern durch Veräußerung, aber auch durch freihändigen Verkauf oder öffentliche Versteigerung (Abs. 4).[3] Der Erlös ist eventuell ist zu hinterlegen (Abs. 5) und danach nach §§ 873–882 ZPO zu verteilen.

§ 859
Pfändung von Gesamthandanteilen

(1) ¹Der Anteil eines Gesellschafters an dem Gesellschaftsvermögen einer nach § 705 des Bürgerlichen Gesetzbuchs eingegangenen Gesellschaft ist der Pfändung unterworfen. ²Der Anteil eines Gesellschafters an den einzelnen zu dem Gesellschaftsvermögen gehörenden Gegenständen ist der Pfändung nicht unterworfen.

(2) Die gleichen Vorschriften gelten für den Anteil eines Miterben an dem Nachlass und an den einzelnen Nachlassgegenständen.

Inhalt:

A. Allgemeines............................	1	I. Pfändung eines Gesellschaftsanteils.	2
B. Erläuterungen	2	II. Pfändung eines Miterbenanteils	6

A. Allgemeines

1 § 859 ZPO erlaubt die Pfändung von Teilen eines Gesamthandvermögens trotz der Regelung des § 719 Abs. 1 BGB. Abs. 2 erstreckt dies auf den Anteil eines Miterbens.

B. Erläuterungen
I. Pfändung eines Gesellschaftsanteils

2 Nach Abs. 1 ist § 859 ZPO auf die Pfändung eines Anteils an einer **BGB-Gesellschaft** anwendbar, nicht aber auf die einzelnen Gegenstände, die zum Gesellschaftsvermögen gehören. Trotz der Nichterwähnung findet Abs. 1 auch Anwendung auf die Pfändung von Anteilen an **OHG und KG**, Genossenschaften, Partnergesellschaften, EWIV und dem nichtrechtsfähigem Verein.[1]

3 Gepfändet werden dabei die Gesellschafterrechte als Ganzes an der Gesellschaft, nicht die einzelnen Vermögensgegenstände der Gesellschaft (deshalb haben die Gesellschafter weiter die Dispositionsbefugnis über die Vermögensgegenstände),[2] der BGH spricht insofern von der Pfändung des **Wertrechts**, „das die zum Gesellschaftsanteil gehörenden Vermögensrechte repräsentiert."[3] Der Gläubiger rückt damit im Gesamten in die Stellung des Schuldners ein und erhält seine Rechte, insbesondere steht ihm nach Überweisung ein **Gewinnanspruch** (§ 721 BGB) und das **Kündigungsrecht** (§ 725 BGB) zu, allerdings wird er nicht Mitglied der Gesellschaft er hat insbesondere keinerlei dem Mitgliedschaftsstatus entspringenden Auskunftsrechte.[4] Die einzelnen Ansprüche gegen die Gesellschaft können jedoch auch einzeln und iso-

---

1 Die insoweit etwas relevantere Zwangsvollstreckung in ein Schiff oder Schiffsbauwerk nach § 870a ZPO richtet sich nach den Regeln der Immobiliarzwangsvollstreckung.
2 Musielak/Voit-*Becker*, ZPO, § 858 Rn. 2 m.w.N.
3 Thomas/Putzo-*Seiler*, ZPO, § 859 Rn. 1.

Zu § 859:
1 MK-*Smid*, ZPO, § 859 Rn. 25 ff.; Musielak/Voit-*Becker*, ZPO, § 859 Rn. 8 ff. jeweils m.w.N.
2 Zöller-*Stöber*, ZPO, § 859 Rn. 4 m.w.N.
3 BGH, NJW 1986, 1991 (1992) = Rpfleger 1986, 308.
4 MK-*Smid*, ZPO, § 859 Rn. 3 m.w.N.

liert gepfändet werden.[5] In den Fällen von OHG und KG kann der Gläubiger die **Rechte des § 135 HGB** geltend machen, soweit ihm der Anspruch überwiesen wurde.[6] Der Gläubiger kann auch die Auseinandersetzung verlangen, sodann setzt sich das Pfandrecht am Guthaben fort (§ 717 Satz 2 BGB).[7]

Besteht das Gesellschaftsvermögen (zumindest auch) aus **Eigentum an einem Grundstück** wird dennoch nach §§ 859, 857 ZPO gepfändet. Eine Eintragung der Pfändung im Grundbuch scheidet aus, da sich die Pfändung nicht auf die einzelnen Vermögensgegenstände bezieht.[8] 4

Drittschuldner bei einer Pfändung nach Abs. 1 ist die Gesellschaft als Gesamthand, die Zustellung des Pfändungsbeschlusses erfolgt an den Geschäftsführer (bei gemeinsamer Geschäftsführung an einen, § 170 Abs. 3 ZPO).[9] Bei erfolgter Pfändung bleibt der Schuldner Gesellschafter mit allen Rechten, jedoch darf er seine Rechte nicht gegen die Interessen des Gläubigers ausüben. Tut er dies dennoch ist es dem Gläubiger gegenüber unwirksam. Die Verwertung erfolgt durch Überweisung durch Einziehung (§ 835 ZPO), durch der der Gläubiger die oben genannten Rechte in eigenem Namen neben dem Schuldner geltend machen kann. Sodann kann der Gläubiger **Auseinandersetzung** verlangen oder die **Gesellschaft kündigen**. Abwenden können die eigentlich nicht schuldenden Gesellschafter dies durch die Befriedigung des Gläubigers.[10] 5

II. Pfändung eines Miterbenanteils

Abs. 2 erstreckt die Pfändung auch auf den **Miterbenanteil** (§§ 2032, 2033 BGB), nicht jedoch auf die einzelnen Gegenstände des Nachlasses, soweit die Auseinandersetzung noch nicht stattgefunden hat (vgl. § 2033 Abs. 2 BGB), in welche nur vollstreckt werden kann wenn ein Titel gegen alle Erben vorliegt.[11] Eine Pfändung ist auch bei Nachlassverwaltung oder Testamentsvollstreckung zulässig.[12] Eine Pfändung nach Abs. 2 kann nur erfolgen, soweit der Erbfall eingetreten ist (also nicht die Erwartung eines Erbes),[13] jedoch bereits vor Annahme des Erbes durch den Erben, wobei das Ausschlagen des Erbes für den Erben zulässig bleibt und dann nachträglich die Pfändung hinfällig werden lassen kann.[14] 6

Gepfändet werden keine Gegenstände, sondern das Recht des Miterben i.S.d. § 857 ZPO. Der Gläubiger tritt nicht in die Stellung des Miterben ein, jedoch erlangt er die Kompetenz seine Rechte geltend zu machen. Dazu gehören das Recht auch ohne Zustimmung des Schuldners, **Auseinandersetzung** zu verlangen (§ 363 FamFG bzw. § 2042 BGB).[15] Dies kann auch dann verlangt werden, wenn es durch den Erblasser ausgeschlossen wurde.[16] Ebenso umfasst von der Pfändung sind die **Auskunftsrechte** der §§ 2027, 666, 681 BGB.[17] Gehört zum Nachlass ein **Grundstück**, erfolgt die Pfändung weiterhin über § 857 ZPO, jedoch kann und sollte zur Vermeidung eines gutgläubigen Erwerbs eines Dritten der Pfanderwerb durch Grundbuchberichtigung eingetragen werden. Dafür ist nach § 13 Abs. 1 GBO ein schriftlicher Antrag erforderlich, der unter Bezugnahme auf den Pfändungsbeschluss die Unrichtigkeit nachzuweisen hat (§ 22 GBO). Voraussetzung ist, dass die Miterben als Eigentümer eingetragen sind, ist dies nicht der Fall kann der Gläubiger auch hierauf bezogen Berichtigung verlangen.[18] 7

Der Pfändungsbeschluss ist allen Miterben bzw. gegebenenfalls dem Testamentsvollstrecker bzw. Nachlassverwalter als Drittschuldner zuzustellen.[19] Bei einer Nachlasspflegschaft erfolgt Zustellung an den Pfleger und die Drittschuldner.[20] Eine Zustellung an einen Ersatzpfleger (§§ 1911, 1913 BGB) kommt in Betracht, wenn die Miterben (teilweise) unbekannt sind.[21] Bezüglich der sonstigen Wirksamkeitsvoraussetzungen insbesondere der Bestimmtheit des Pfändungsbeschlusses gelten die allgemeinen Voraussetzungen. Die Verwertung des Miterbenanteils erfolgt mittels Überweisung zur Einziehung (§ 835 ZPO), s.o. Die Anordnung einer 8

---

5 Thomas/Putzo-*Seiler*, ZPO, § 859 Rn. 1.
6 Saenger-*Kemper*, ZPO, § 859 Rn. 4.
7 Saenger-*Kemper*, ZPO, § 859 Rn. 3.
8 OLG Zweibrücken, OLGZ 1982, 406.
9 BGH, NJW 1986, 1991 = BGHZ 97, 392; Musielak/Voit-*Becker*, ZPO, § 859 Rn. 3; (str.).
10 Zöller-*Stöber*, ZPO, § 859 Rn. 4.
11 BeckOK-*Utermark/Fleck*, ZPO, § 859 Rn. 17f.
12 Zöller-*Stöber*, ZPO, § 859 Rn. 15 m.w.N.
13 RGZ 67, 425 (428).
14 BeckOK-*Utermark/Fleck*, ZPO, § 859 Rn. 20.
15 MK-*Smid*, ZPO, § 859 Rn. 19 m.w.N.
16 BeckOK-*Utermark/Fleck*, ZPO, § 859 Rn. 36.
17 Thomas/Putzo-*Seiler*, ZPO, § 859 Rn. 9.
18 Zöller-*Stöber*, ZPO, § 859 Rn. 18 m.w.N.
19 Vgl. RGZ 86, 294 (295f.); OLG Frankfurt a.M., Rpfleger 1979, 205.
20 Musielak/Voit-*Becker*, ZPO, § 859 Rn. 20 m.w.N.
21 BeckOK-*Utermark/Fleck*, ZPO, § 859 Rn. 22.

anderen Verwertung (§ 844 ZPO) ist zulässig, aber selten.[22] Der Schuldner bleibt weiterhin Inhaber der Rechte, allerdings sind Verfügungen, die er zum Nachteil des Gläubigers trifft, diesem gegenüber unwirksam.[23] Soweit der Schuldner Verfügungen über einzelne Gegenstände trifft oder die Auseinandersetzung selbstständig betreibt, setzt sich das Pfändungspfandrecht (evtl. am Surrogat) fort.[24] Nach einer eventuellen Versteigerung hat der Gläubiger sodann Anspruch auf den anteiligen Versteigerungserlös (§ 2047 BGB).

§ 860
Pfändung von Gesamtgutanteilen

(1) ¹**Bei dem Güterstand der Gütergemeinschaft ist der Anteil eines Ehegatten oder Lebenspartners an dem Gesamtgut und an den einzelnen dazu gehörenden Gegenständen der Pfändung nicht unterworfen.** ²**Das Gleiche gilt bei der fortgesetzten Gütergemeinschaft von den Anteilen des überlebenden Ehegatten oder Lebenspartners und der Abkömmlinge.**

(2) Nach der Beendigung der Gemeinschaft ist der Anteil an dem Gesamtgut zugunsten der Gläubiger des Anteilsberechtigten der Pfändung unterworfen.

1   Zum Schutz der Gütergemeinschaft (§ 1416 BGB) ist der Anteil eines Ehegatten am Gesamtgut und an den einzelnen dazu gehörenden Gegenständen von der Pfändung ausgeschlossen. Solange die Gütergemeinschaft besteht kann deshalb auch der zukünftige Anteil am Gesamtgut nicht gepfändet und erst recht nicht überwiesen werden.[1] Eine Pfändung ist dann nur nach der Maßgabe der §§ 740 ff. ZPO zulässig. Nach Abs. 2 ist der Anteil nach Beendigung und vor Auseinandersetzung der Gemeinschaft möglich. Drittschuldner sind alle Anteilsberechtigten, an sie ist der Beschluss zuzustellen.[2] Ein Verstoß macht die Pfändung nichtig.

§ 861
(aufgehoben)

§ 862
(aufgehoben)

§ 863
Pfändungsbeschränkungen bei Erbschaftsnutzungen

(1) ¹**Ist der Schuldner als Erbe nach § 2338 des Bürgerlichen Gesetzbuchs durch die Einsetzung eines Nacherben beschränkt, so sind die Nutzungen der Erbschaft der Pfändung nicht unterworfen, soweit sie zur Erfüllung der dem Schuldner seinem Ehegatten, seinem früheren Ehegatten, seinem Lebenspartner, einem früheren Lebenspartner oder seinen Verwandten gegenüber gesetzlich obliegenden Unterhaltspflicht und zur Bestreitung seines standesmäßigen Unterhalts erforderlich sind.** ²**Das Gleiche gilt, wenn der Schuldner nach § 238 des Bürgerlichen Gesetzbuchs durch die Ernennung eines Testamentsvollstreckers beschränkt ist, für seinen Anspruch auf den jährlichen Reinertrag.**

(2) Die Pfändung ist unbeschränkt zulässig, wenn der Anspruch eines Nachlassgläubigers oder ein auch dem Nacherben oder dem Testamentsvollstrecker gegenüber wirksames Recht geltend gemacht wird.

(3) Diese Vorschriften gelten entsprechend, wenn der Anteil eines Abkömmlings an dem Gesamtgut der fortgesetzten Gütergemeinschaft nach § 1513 Abs. 2 des Bürgerlichen Gesetzbuchs einer Beschränkung der im Absatz 1 bezeichneten Art unterliegt.

---

22 Vgl. BeckOK-*Utermark/Fleck*, ZPO, § 859 Rn. 33.
23 BayObLGZ, NJW 1959, 1780 = Rpfleger 1960, 157.
24 BGHZ 52, 99 = NJW 1969, 1347; MK-*Smid*, ZPO, § 859 Rn. 22.

Zu § 860:
 1 OLG München, NJW-RR 2013, 527; (str.).
 2 Thomas/Putzo-*Seiler*, ZPO, § 860 Rn. 2.

§ 863 ZPO beschränkt die Pfändung bei der Erbeinsetzung in guter Absicht nach § 2338 BGB (eventuell durch Einsetzung eines Testamentsvollstreckers) oder dem Anteil an dem Gesamtgut einer fortgesetzten Gütergemeinschaft nach § 1513 Abs. 2 BGB (Abs. 3). Die Pfändung ist dann eingeschränkt als es der Erfüllung einer Unterhaltspflicht für die in Abs. 1 genannten Personen handelt oder als es der Bestreitung eines standesgemäßen, also angemessenen (i.S.d. § 1610 BGB) Lebensstandards notwendig ist.[1] Wird § 863 ZPO verkannt, ist die Erinnerung nach § 766 ZPO statthaft.

Nach Abs. 2 gilt § 863 ZPO nicht für Nachlassgläubiger (§§ 1967 ff. BGB) und in den Fällen des § 362 Abs. 2 ZPO und § 2213 BGB, § 327 ZPO.[2]

Titel 3
Zwangsvollstreckung in das unbewegliche Vermögen
Vorbemerkungen zu §§ 864–871 ZPO

Die §§ 864–871 ZPO regeln die Zwangsvollstreckung in das unbewegliche Vermögen wegen Geldforderungen. Während die Zwangsvollstreckung in das bewegliche Vermögen umfassend geregelt ist, sind die Regelungen der folgenden Vorschriften durch die ZPO nur Grundsätzliche. Wichtige Details sind im Gesetz über die Zwangsversteigerung und die Zwangsverwaltung (ZVG) geregelt, das insofern häufig zusätzlich heranzuziehen ist. Für Sicherungshypotheken (§§ 867 f. ZPO) ist eventuell auch auf die Grundbuchordnung (GBO) zurückzugreifen.

§ 864
Gegenstand der Immobiliarvollstreckung

(1) Der Zwangsvollstreckung in das unbewegliche Vermögen unterliegen außer den Grundstücken die Berechtigungen, für welche die sich auf Grundstücke beziehenden Vorschriften gelten, die im Schiffsregister eingetragenen Schiffe und die Schiffsbauwerke, die im Schiffsbauregister eingetragen sind oder in dieses Register eingetragen werden können.

(2) Die Zwangsvollstreckung in den Bruchteil eines Grundstücks, einer Berechtigung der im Absatz 1 bezeichneten Art oder eines Schiffes oder Schiffsbauwerks ist nur zulässig, wenn der Bruchteil in dem Anteil eines Miteigentümers besteht oder wenn sich der Anspruch des Gläubigers auf ein Recht gründet, mit dem der Bruchteil als solcher belastet ist.

Inhalt:

	Rn.		Rn.
A. Allgemeines	1	C. Vollstreckung in Bruchteile	4
B. Umfasste Gegenstände	2		

A. Allgemeines

§ 864 ZPO bestimmt die Gegenstände, die der Immobiliarvollstreckung unterfallen. Auf die materiellrechtliche Einordnung kommt es für die richtige Art der Zwangsvollstreckung nicht an, Eröffnungsnorm ist insoweit allein § 864 ZPO.[1] Unterfällt ein Gegenstand nicht dem § 864 ZPO, unterliegt er der Pfändung nach § 808 bzw. § 829 ZPO. Erfolgt die Pfändung eines Gegenstandes nicht nach den §§ 864 ff. ZPO, obwohl dies geboten war, ist die Pfändung nichtig, eventuelle Eigentumsübergänge sind ebenfalls unwirksam.[2]

B. Umfasste Gegenstände

Umfasst werden zuallererst **Grundstücke**. Die Frage, ob ein Grundstück vorliegt, bemisst sich nach den §§ 3, 4 GBO und § 890 BGB. Liegen diese Voraussetzungen vor, ist es zusammen mit den wesentlichen Bestandteilen und dem Zubehör (§§ 93, 91 BGB, weiter auch verbundene

---

1 Musielak/Voit-*Becker*, ZPO, § 863 Rn. 1.
2 Musielak/Voit-*Becker*, ZPO, § 863 Rn. 1.

Zu § 864:
1 Musielak/Voit-*Becker*, ZPO, § 864 Rn. 1.
2 BGHZ 104, 298 = NJW 1988, 2789; Einigkeit besteht insoweit bei der Unmöglichkeit eines Eigentumsüberganges, insbesondere die Literatur nimmt dagegen nur eine Anfechtbarkeit der Pfändung an, wenn Zubehör (obwohl geboten) nicht nach §§ 864 ff. ZPO gepfändet wird, so z.B. Musielak/Voit-*Becker*, ZPO, § 864 Rn. 2 m.w.N.

Rechte, § 96 BGB), nicht jedoch mit den Scheinbestandteilen (§ 95 BGB), pfändbar.[3] Nicht relevant für die Bewertung eines Grundstückes i.S.d. § 864 ZPO ist, ob das Grundstück aus einem oder mehreren Flurstücknummern besteht.[4] Die Immobiliarzwangsvollstreckung findet wegen § 865 ZPO weiter Anwendung auf alle Gegenstände eines Grundstückes, auf die sich eine Hypothek nach § 1120 BGB erstreckt.

3 Auch auf sonstige **grundstücksgleiche Rechte**, insbesondere das Erbbaurecht oder Nutzungsrechte wie das Fischereirecht ist § 864 ZPO anwendbar.[5] Keine Anwendung findet die Immobiliarvollstreckung aber auf Grundpfandrechte.[6] Ebenso findet § 863 ZPO Anwendung auf Schiffe und Schiffsbauwerken ebenso wie eingetragene Luftfahrzeuge (Abs. 1 Hs. 2).

C. Vollstreckung in Bruchteile

4 Abs. 2 regelt die **Zwangsvollstreckung in Bruchteile** an Gegenständen bzw. an Rechten des Abs. 1, insbesondere auch in das Wohnungs- und Teilungsrecht. Die erste Alternative stellt klar, dass auch lediglich in den Bruchteil eines Grundstücks oder Rechts i.S.d. Abs. 1 nach den §§ 864 ff. ZPO vollstreckt werden kann. Dies ist der Fall, wenn dieser einen Miteigentümeranteil (§§ 741 ff., 1008 BGB) darstellt und wenn sich dies aus dem Grundbuch (§ 47 GBO) ergibt, unabhängig davon, ob die Belastung bereits vor Eintragung erfolgte.[7] Hiervon nicht umfasst sind Gesamthandsanteile, wie die einer Gesellschaft, Gütergemeinschaft oder Erbengemeinschaft, die nach § 859 ZPO gepfändet werden.[8]

5 Wenngleich eine Teilungsversteigerung des gesamten Grundstücks unzulässig ist, ist es möglich, den **Anspruch auf Aufhebung der Gemeinschaft und Erlösauskehr** zu pfänden und sodann die Zwangsversteigerung des ganzen Grundstückes zu betreiben.[9] Dies kann praktisch höchst sinnvoll sein, da die Versteigerung eines Teils eines Grundstücks selten einen ernsthaften Bieterwettstreit hervorrufen dürfte.[10]

6 Die zweite Alternative nimmt Bezug auf die Situation, in dem in einen Bruchteil vollstreckt wird, der gerade durch die zugrundeliegende Forderung belastet ist, also wenn ein **früherer Miteigentümer nach Belastung Alleineigentümer wurde**.[11] Zu beachten ist dabei, dass ein anfechtbarer (§ 3 AnfG) Erwerb eines Bruchteils es dem Gläugiger erlaubt, die Zwangsvollstreckung so zu betreiben, als sei es nicht zum Erwerb gekommen.[12]

§ 865
Verhältnis zur Mobiliarvollstreckung

(1) Die Zwangsvollstreckung in das unbewegliche Vermögen umfasst auch die Gegenstände, auf die sich bei Grundstücken und Berechtigungen die Hypothek, bei Schiffen oder Schiffsbauwerken die Schiffshypothek erstreckt.

(2) ¹Diese Gegenstände können, soweit sie Zubehör sind, nicht gepfändet werden. ²Im Übrigen unterliegen sie der Zwangsvollstreckung in das bewegliche Vermögen, solange nicht ihre Beschlagnahme im Wege der Zwangsvollstreckung in das unbewegliche Vermögen erfolgt ist.

Inhalt:

	Rn.		Rn.
A. Allgemeines	1	II. Einschränkungen des Vollstreckungs-	
B. Erläuterungen	2	verfahrens	5
I. Umfasste Gegenstände	2	III. Rechtsfolgen eines Verstoßes und Rechtsbehelfe	7

---

3 Thomas/Putzo-*Seiler*, ZPO, § 864 Rn. 2.
4 BeckOK-*Utermark/Fleck*, ZPO, § 864 Rn. 1.
5 Thomas/Putzo-*Seiler*, ZPO, § 864 Rn. 5.
6 Pfändung nach §§ 830, 857 Abs. 6 ZPO, vgl. Musielak/Voit-*Becker*, ZPO, § 864 Rn. 1.
7 Musielak/Voit-*Becker*, ZPO, § 864 Rn. 5 m.w.N.
8 Zöller-*Stöber*, ZPO, § 864 Rn. 6.
9 So beispielhaft: BGHZ 90, 207 = NJW 1984, 1968; ablehnend jedoch MK-*Eickmann*, ZPO, § 864 Rn. 28.
10 So auch MK-*Eickmann*, ZPO, § 864 Rn. 28.
11 Darlegend Musielak/Voit-*Becker*, ZPO, § 864 Rn. 6.
12 Musielak/Voit-*Becker*, ZPO, § 864 Rn. 7.

A. Allgemeines

§ 865 ZPO erstreckt die Immobiliarzwangsvollstreckung der §§ 864 ff. ZPO zusätzlich zu den ihr sowieso unterfallenden wesentlichen Bestandteilen zusätzlich auf die Gegenstände, auf die sich eine Hypothek nach § 1120 BGB erstreckt.[1]

B. Erläuterungen

I. Umfasste Gegenstände

Nach § 1120 BGB erstreckt sich die Hypothek auf **getrennte Erzeugnisse** i.S.d. §§ 99, 100 BGB (ungetrennte Erzeugnisse sind wesentliche Bestandteile und unterfallen demnach bereits nach § 864 ZPO der Immobiliarzwangsvollstreckung) und **sonstige Bestandteile** (§ 94 BGB), es sei denn sie gelangen nach den §§ 954–957 BGB in das Eigentum eines anderen oder es ist eine Enthaftung nach §§ 1121 f. BGB eingetreten.

Zusätzlich unterfällt nach § 1120 BGB auch **Zubehör** (§§ 97, 98 BGB) dem Hypothekenhaftungsverband. Ausgenommen sind Scheinbestandteile (§ 95 BGB). Dieses Zubehör unterfällt der Vollstreckung nach §§ 864 ff. ZPO nur, soweit es im **Eigentum des Schuldners** steht. Früheres Eigentumszubehör des Schuldners unterliegt solange dem Haftungsverband, bis es veräußert und entfernt wurde (Enthaftung nach § 1121 BGB).

Wegen §§ 1123 ff. BGB unterfallen unter der Einschränkung des § 1123 Abs. 2 BGB **Miet- und Pachtforderung** grundsätzlich ebenfalls der Immobiliarzwangsvollstreckung. Gleiches gilt wegen § 1126 BGB für **wiederkehrende Leistungen** sowie **Versicherungsforderungen** (§§ 1127 ff. BGB).

II. Einschränkungen des Vollstreckungsverfahrens

Abs. 2 beschränkt das Vollstreckungsverfahren. Zubehör, das dem Hypothekenhaftungsverband i.S.d. § 1120 BGB bereits und noch unterfällt, darf (auch vom dinglichen Gläubiger oder bei einem unbelasteten Grundstück) nicht gepfändet werden (S. 1).[2] Sie dürfen damit nicht der Zwangsvollstreckung in das bewegliche Vermögen unterliegen.

Die **übrigen Gegenstände** können gepfändet werden, soweit sie noch nicht beschlagnahmt worden sind. Eine Beschlagnahme ist die Anordnung entweder der Zwangsversteigerung oder der Zwangsverwaltung, wobei die Zwangsverwaltung alle Gegenstände i.S.d. § 865 Abs. 1 ZPO umfasst, die Zwangsversteigerung dagegen nicht.[3] Alle vorher gepfändeten Gegenstände werden verstrickt und mit einem Pfandrecht belastet, was auch bestehen bleibt, wenn später das zugehörige Grundstück beschlagnahmt wird. Jedoch dürfen die Sachen bei späterer Beschlagnahmung nicht verwertet werden (§ 772 ZPO i.V.m. § 23 ZVG). Ist die Beschlagnahme des Grundstückes dagegen erfolgt, darf in die übrigen Gegenstände nicht mehr im Wege der Zwangsvollstreckung in das bewegliche Vermögen vollstreckt werden (S. 2).

III. Rechtsfolgen eines Verstoßes und Rechtsbehelfe

Ein **Verstoß** gegen § 865 ZPO macht die Vollstreckung **nichtig**, eine Heilbarkeit scheidet aus.[4] Hierfür sind Gläubiger, Schuldner, Zwangsverwalter sowie Drittbetroffene, insbesondere weitere Hypothekengläubiger zur Erinnerung nach § 766 ZPO befugt, für den Grundpfandgläubiger steht weiter § 771 ZPO offen.[5] Zusätzlich bestehen nach der Verwertung eines Gegenstandes trotz Verstoßes gegen § 865 ZPO Bereicherungsansprüche des Entreicherten.[6]

§ 866
Arten der Vollstreckung

(1) Die Zwangsvollstreckung in ein Grundstück erfolgt durch Eintragung einer Sicherungshypothek für die Forderung, durch Zwangsversteigerung und durch Zwangsverwaltung.

(2) Der Gläubiger kann verlangen, dass eine dieser Maßregeln allein oder neben den übrigen ausgeführt werde.

(3) [1]Eine Sicherungshypothek (Absatz 1) darf nur für einen Betrag von mehr als 750 Euro eingetragen werden; Zinsen bleiben dabei unberücksichtigt, soweit sie als Nebenforderung

---

1 Für die insoweit wenig praxisrelevante Rechtslage bei Schiffen und Luftfahrzeugen siehe MK-*Eickmann*, ZPO, § 865 Rn. 67 ff.
2 Musielak/Voit-*Becker*, ZPO, § 865 Rn. 8 m.w.N.
3 Thomas/Putzo-*Seiler*, ZPO, § 865 Rn. 3.
4 So z.B. OLG München, MDR 1957, 428; (str.).
5 BeckOK-*Utermark/Fleck*, ZPO, § 865 Rn. 19.
6 Zöller-*Stöber*, ZPO, § 865 Rn. 12.

geltend gemacht sind. ²Auf Grund mehrerer demselben Gläubiger zustehender Schuldtitel kann eine einheitliche Sicherungshypothek eingetragen werden.

1 § 866 ZPO erläutert die verschiedenen Arten der Immobiliarzwangsvollstreckung, namentlich **Zwangshypothek** (§§ 867 f. ZPO), **Zwangsversteigerung** und **Zwangsverwaltung** (§ 869 ZPO), wobei letztere für Schiffe und Luftfahrzeuge nicht in Betracht kommt.[1] Sie stehen nach Abs. 2 grundsätzlich **zur Auswahl des Gläubigers** und können auch nebeneinander beantragt werden, was sich in der Praxis häufig als sinnvoll darstellt,[2] insbesondere ist zu empfehlen die Zwangsversteigerung, die letztlich zur Befriedigung führt, zu beantragen und bis zur tatsächlichen Versteigerung eine Zwangsverwaltung zu beantragen, um das Grundstück nicht ohne Einflussmöglichkeit zu belassen.

2 Abs. 3 legt fest, dass die **Sicherungshypothek** nur dann eingetragen werden darf, wenn der zu sichernde Betrag 750,00 € übersteigt, wobei mehrere Titel desselben Gläubigers addiert werden (wird eine Forderung desselben Gläubigers in mehrere Grundstücke wie bei § 867 Abs. 2 ZPO vollstreckt, ist diese jedoch so aufzuteilen, dass für jedes Grundstück, die Grenze des Abs. 3 überschritten ist).[3] Zu dem Grundbetrag des Titels sind Vollstreckungskosten (§ 788 ZPO), sowie die Kosten, die im Kostenfestsetzungsbeschluss festgesetzt wurden, zu addieren.[4] Zinsen dürfen nur dann hinzugerechnet werden, wenn sie als Hauptforderung tituliert sind.[5] Nicht unter die Kosten fallen die Kosten, die für die Eintragung der Zwangshypothek anfallen (die aber nach § 867 Abs. 1 Satz 2 ZPO durch die Hypothek gesichert sind). Soweit die Hauptforderung noch besteht kann jedoch auch für die kapitalisierten Zinsen keine Zwangshypothek eingetragen werden, selbst wenn diese einen Betrag von 750,00 € übersteigen.[6] Ein Verstoß gegen Abs. 3 verhindert das Entstehen der Zwangshypothek, selbst wenn diese eingetragen wurde, dieser Fall dürfte jedoch kaum vorkommen.[7]

§ 867
Zwangshypothek

(1) ¹Die Sicherungshypothek wird auf Antrag des Gläubigers in das Grundbuch eingetragen; die Eintragung ist auf dem vollstreckbaren Titel zu vermerken. ²Mit der Eintragung entsteht die Hypothek. ³Das Grundstück haftet auch für die dem Schuldner zur Last fallenden Kosten der Eintragung.

(2) ¹Sollen mehrere Grundstücke des Schuldners mit der Hypothek belastet werden, so ist der Betrag der Forderung auf die einzelnen Grundstücke zu verteilen. ²Die Größe der Teile bestimmt der Gläubiger; für die Teile gilt § 866 Abs. 3 Satz 1 entsprechend.

(3) Zur Befriedigung aus dem Grundstück durch Zwangsversteigerung genügt der vollstreckbare Titel, auf dem die Eintragung vermerkt ist.

Inhalt:

	Rn.		Rn.
A. Allgemeines	1	III. Wirksamkeit, Wirkung und	
B. Erläuterungen	3	Verwertung	8
I. Vollstreckungsvoraussetzungen	3	**C. Rechtsbehelfe**	10
II. Eintragungsvorgang	6	**D. Kosten und Gebühren**	11

A. Allgemeines

1 § 867 ZPO regelt die Eintragung einer Zwangshypothek bei der Zwangsvollstreckung in das unbewegliche Vermögen wegen einer Geldforderung. Im Gegensatz zu Zwangsversteigerung und Zwangsverwaltung ist diese direkt in der ZPO geregelt. Zu beachten ist, dass eine Zwangshypothek zwar die zugrundeliegende Forderung absichert, eine **Befriedigung ist für den Gläubiger jedoch nicht möglich**. Deshalb dürfte in der Praxis die Zwangsversteigerung (evtl. mit vorgeschalteter Zwangsverwaltung) vorzugswürdig sein. Die Eintragung einer

---

1 BeckOK-*Utermark/Fleck*, ZPO, § 866 Rn. 2.
2 Wegen der unterschiedlichen Reichweite der Erstreckung, so auch Thomas/Putzo-*Seiler*, ZPO, § 866 Rn. 2.
3 BeckOK-*Utermark/Fleck*, ZPO, § 866 Rn. 10.
4 BeckOK-*Utermark/Fleck*, ZPO, § 866 Rn. 6.
5 Thomas/Putzo-*Seiler*, ZPO, § 866 Rn. 5.
6 OLG Schleswig, Rpfleger 1982, 301 (str.).
7 Thomas/Putzo-*Seiler*, ZPO, § 866 Rn. 6.

Zwangshypothek beendet die Zwangsvollstreckung nicht, sondern stellt den Beginn weiterer Vollstreckungsmaßnahmen (Zwangsversteigerung/-verwaltung) dar.[1]

Eine Zwangshypothek kann auch für eingetragene Schiffe und Schiffsbauwerke sowie Luftfahrzeuge eingetragen werden, dies hat jedoch kaum praktische Relevanz. 2

B. Erläuterungen
I. Vollstreckungsvoraussetzungen

Für die Eintragung muss ein **Vollstreckungstitel gegen den Eigentümer** wegen einer fälligen 3 (insofern nicht für laufende)[2] Geldforderung, die 750,00 € übersteigt (§ 866 Abs. 3 Satz 1 ZPO) vorliegen.[3] Dieser ersetzt die Eintragungsbewilligung des Schuldners (§ 19 GBO). Er muss wirksam i.S.d. § 704 ZPO aber nicht rechtskräftig sein, insofern genügen also vorläufig vollstreckbare Titel, soweit der Schuldner nicht nachweisen kann, dass ihm durch die Eintragung vor Rechtskraft ein nicht wiedergutmachbarer Schaden droht. Die einzutragende Summe errechnet sich aus der zugrundeliegenden Forderung, den titulierten Zinsen und Vollstreckungskosten, die insofern glaubhaft gemacht werden müssen.[4] Die Eintragungskosten sind nicht zu titulieren, da sich die Haftung bereits aus Abs. 1 Satz 3 ergibt.[5] Besondere Voraussetzungen, z.B. bei der Sicherungsvollstreckung müssen ebenso erfüllt sein (z.B. § 750 Abs. 3 ZPO). Ebenso hindern allgemeine Vollstreckungshindernisse die Eintragung.[6]

Die Eintragung erfolgt nur auf schriftlichen aber ansonsten formfreien **Antrag** des Gläubigers 4 (Gläubiger ist insofern der Titelgläubiger, nicht der materiell-rechtliche Gläubiger)[7] nach § 13 GBO. Eine Vertretung unter Anzeige einer schriftlichen Vollmacht (§ 80 ZPO; wegen § 81 ZPO nicht notwendig, wenn sich die Bevollmächtigung eines Rechtsanwalts aus dem vollstreckbaren Titel ergibt)[8] insbesondere durch einen Rechtsanwalt ist möglich (dann gilt insofern § 88 Abs. 2 ZPO) aber nicht zwingend.[9] Der Antrag, dem Titel, Zustellungsurkunde, Vollmacht sowie weitere spezielle Vollstreckungsvoraussetzungsnachweise, insbesondere die Urkunden für besondere Kosten beizufügen sind, hat die Höhe der Forderung (die insofern aufzuschlüsseln und nachzuweisen ist) und das Grundstück gemäß § 28 GBO genau zu bezeichnen:

Es wird beantragt:

Für das Grundstück [Bezeichnung mit Bemarkung, Grundbuchblatt und laufende Nummer sowie Flurnummer] wird aufgrund des vollstreckbaren [Bezeichnung des Titels mit Datum, Aktenzeichen und Gericht] für [Gläubiger] eine Sicherungshypothek in Höhe von [X €] eingetragen.

Nach **Abs. 2** ist es auch möglich den Betrag auf mehrere Grundstücke zu verteilen, wenn in- 5 sofern die Voraussetzung des § 866 Abs. 3 Satz 1 ZPO für jedes einzelne erfüllt ist. Gleichzeitig stellt Abs. 2 klar, dass eine Gesamthypothek i.S.d. § 1132 BGB ausgeschlossen ist. Dies gilt ebenso für sich nachträglich ergänzende Miteigentumsteile,[10] nicht jedoch wenn das Grundstück von mehreren Gesamtschuldnern gehalten wird.[11] Die Aufteilung hat im Antrag zu erfolgen.[12]

II. Eintragungsvorgang

Liegen die Voraussetzungen der Zwangsvollstreckung sowie ein wirksamer Antrag vor, wird 6 die Sicherungshypothek durch das Grundbuchamt, das insofern Vollstreckungsorgan ist,[13] in

---

1 BGH, NJW 1995, 2715 = ZIP 1995, 1425.
2 Zöller-*Stöber*, ZPO, § 867 Rn. 2; für die Sicherung insbesondere von Unterhaltsansprüchen kommt dann aber evtl. eine Arresthypothek nach § 932 ZPO in Betracht, vgl. Musielak/Voit-*Becker*, ZPO, § 867 Rn. 3a; soweit Raten geschuldet sind, kann eine Hypothek für den kompletten Restbetrag eingetragen werden, wenn dieser bei Nichtzahlung fällig wird.
3 Das Verfahren bei Verurteilung zur Erteilung einer Hypothek richtet sich demgegenüber nach § 894 ZPO, da hierbei die Abgabe einer Willenserklärung geschuldet ist, vgl. MK-*Eickmann*, ZPO, § 867 Rn. 6.
4 Für die Kosten gilt insofern § 29 Abs. 1 Satz 2 GBO; dies gilt wohl auch für die Vollstreckungskosten, die entweder offensichtlich oder durch öffentliche Urkunden nachzuweisen sind, vgl. OLG Celle, NJW 1972, 1902; krit. Zöller-*Stöber*, ZPO, § 867 Rn. 2.
5 BeckOK-*Utermark/Fleck*, ZPO, § 867 Rn. 5.
6 Ein Überblick findet sich in MK-*Eickmann*, ZPO, § 867 Rn. 15 ff.
7 BGH, NJW 2001, 3627 = MDR 2002, 24.
8 Zöller-*Stöber*, ZPO, § 867 Rn. 3.
9 OLG München, Rpfleger 2012, 619; teilweise wird nur eine Bevollmächtigung von Personen i.S.d. § 10 FamFG für zulässig erachtet, so z.B. *Demharter*, GBO, § 15 Rn. 2.
10 OLG Oldenburg, ZIP 1996, 175 = Rpfleger 1996, 242.
11 BGH, NJW 1961, 1352 = MDR 1961, 673.
12 BGH, NJW 1991, 2022 = Rpfleger 1991, 303.
13 Thomas/Putzo-*Seiler*, ZPO, § 867 Rn. 7.

das Grundbuch eingetragen. Dabei wird vermerkt, dass es sich um eine Zwangshypothek („Zwangssicherungshypothek") handelt und welcher Betrag gesichert wird. Nach Abs. 1 Satz 1 Hs. 2 wird auf dem vollstreckbaren Titel die Eintragung vermerkt, was der schnelleren Befriedigung nach Abs. 3 sowie der Verhinderung einer Mehrfachsicherung dient.

7 Eine Eintragung unterbleibt, wenn **ein vollstreckungsrechtlicher oder grundbuchrechtlicher Mangel** vorliegt. Bei ersterem ergeht eine unanfechtbare Aufklärungsverfügung (§ 139 ZPO), die nicht rangwahrend ist, bei einem Mangel des Antrages bei sonst wirksamen Vollstreckungsvoraussetzungen ergeht eine Zwischenverfügung (§ 18 GBO), die dem Gläubiger rangwahrend die Berichtigung aufgibt.[14]

III. Wirksamkeit, Wirkung und Verwertung

8 Die **Zwangshypothek entsteht mit Eintragung**, soweit die Voraussetzungen vorliegen, ansonsten ist sie trotz Eintragung nicht entstanden und das Grundbuch insofern unrichtig.[15] Die Hypothek kann nur entstehen, wenn der Schuldner Eigentümer des zugrundeliegenden Grundstücks ist, ein Entstehen kraft Rechtsscheins nach § 829 Abs. 1 Satz 1 BGB scheidet aus.[16] Der Rang der Zwangshypothek bestimmt sich nach § 879 BGB.

9 Die **Wirkung** einer Zwangshypothek bestimmt sich nach den Vorschriften des BGB, ergänzend die der ZPO, z.B. § 868 ZPO.[17] Die **Verwertung** kann ausschließlich über § 866 ZPO erfolgen, für die nach Abs. 3 für die Zwangsversteigerung der Vermerk auf dem vollstreckbaren Titel genügt, soweit der Schuldner noch Eigentümer des Grundstücks ist.[18] Ein zusätzlicher dinglicher Duldungstitel ist nicht erforderlich.[19]

C. Rechtsbehelfe

10 Als Rechtsbehelf ist die Erinnerung nach § 71 GBO bzw. § 75 SchiffsRegO statthaft gegen die Eintragung bzw. ihre Ablehnung, um den Vermerk des Widerspruches eintragen zu lassen.[20] Antragsberechtigt ist auch der Ehegatte des Schuldners in einer Gütergemeinschaft.[21] Weiter kommt ein Antrag auf Grundbuchberichtigung (§ 894 BGB) durch Schuldner und Dritte, wenn die Hypothek schon nicht entstanden ist, in Frage.[22]

D. Kosten und Gebühren

11 Die Gerichtskosten der Eintragung berechnen sich nach Nr. 14121 KV GNotKG. Der Rechtsanwalt kann Gebühren nach Nr. 3309 VV-RVG (§ 18 Abs. 1 Nr. 11 RVG) geltend machen.

§ 868
Erwerb der Zwangshypothek durch den Eigentümer

(1) Wird durch eine vollstreckbare Entscheidung die zu vollstreckende Entscheidung oder ihre vorläufige Vollstreckbarkeit aufgehoben oder die Zwangsvollstreckung für unzulässig erklärt oder deren Einstellung angeordnet, so erwirbt der Eigentümer des Grundstücks die Hypothek.

(2) Das Gleiche gilt, wenn durch eine gerichtliche Entscheidung die einstweilige Einstellung der Vollstreckung und zugleich die Aufhebung der erfolgten Vollstreckungsmaßregeln angeordnet wird oder wenn die zur Abwendung der Vollstreckung nachgelassene Sicherheitsleistung oder Hinterlegung erfolgt.

Inhalt:
A. Allgemeines	1	I. Voraussetzung des Erwerbs	2
B. Erläuterungen	2	II. Verfahren nach Übergang	5

---

14 Siehe hierzu mit Verweisen auf die Rechtsprechung BeckOK-*Utermark/Fleck*, ZPO, § 867 Rn. 12 ff.
15 Thomas/Putzo-*Seiler*, ZPO, § 867 Rn. 10 m.w.N.
16 Musielak/Voit-*Becker*, ZPO, § 867 Rn. 7.
17 Thomas/Putzo-*Seiler*, ZPO, § 867 Rn. 11.
18 BGH, NJW-RR 2007, 1247 = FamRZ 2007, 1092.
19 Thomas/Putzo-*Seiler*, ZPO, § 867 Rn. 18.
20 Antrag auf Löschung ist jedoch nur zulässig, wenn gutgläubiger Erwerb ausgeschlossen ist, so BGHZ 64, 194 = NJW 1975, 1282.
21 OLG München, NJW-RR 2011, 668 = FGPrax 2011, 18.
22 Thomas/Putzo-*Seiler*, ZPO, § 867 Rn. 21.

Inhalt:

	Rn.		Rn.
A. Allgemeines	1	I. Voraussetzung des Erwerbs	2
B. Erläuterungen	2	II. Verfahren nach Übergang	5

A. Allgemeines

§ 868 ZPO regelt den Fall, in dem eine Zwangshypothek entsprechend § 867 ZPO eingetragen wurde, der Grund allerdings **nachträglich** weggefallen ist. Im Gegensatz zur Zwangsvollstreckung in das bewegliche Vermögen ist das Vollstreckungsverfahren nicht aufzuheben, sondern die Zwangshypothek geht *ex tunc* auf den Grundstückseigentümer über. § 868 ZPO findet jedoch nur dann Anwendung, wenn eine Zwangshypothek zumindest entstanden ist, d. h. keine anderen Wirksamkeitshindernisse bestehen.

B. Erläuterungen

I. Voraussetzung des Erwerbs

§ 868 ZPO findet Anwendung, soweit eine vollstreckbare Entscheidung den Vollstreckungstitel (oder die vorläufige Vollstreckbarkeit) aufhebt, die Vollstreckung selbst für unzulässig erklärt oder die Einstellung anordnet **(Abs. 1)**. Hierfür erforderlich ist der explizite Ausspruch durch das Gericht, ein Vergleich mit einer Selbstverpflichtung des Gläubigers genügt nicht.[1] Dies gilt auch für die nachträgliche Abänderung der Kostenentscheidung.[2] Aufhebung des Arrestbefehls genügt.[3] Die Eröffnung des Insolvenzverfahrens bewirkt keinen Übergang nach § 868 ZPO (analog), vielmehr wird die Zwangshypothek gegenüber jedermann unwirksam.[4]

Auch bei der Anordnung der **einstweiligen Einstellung** und gleichzeitiger Aufhebung der Vollstreckungsmaßregeln oder bei Leistung der Sicherheitsleistung bzw. Hinterlegung findet § 868 ZPO Anwendung **(Abs. 2)**.

§ 868 ZPO schließt einen Übergang nach §§ 1163 ff. BGB, also nach bürgerlichem Recht nicht aus und findet statt, wenn die zugrundeliegende Forderung nicht besteht oder erloschen ist, der Gläubiger auf sie verzichtet hat oder ein Aufgebot (§§ 1170 f. BGB) vorliegt.[5]

II. Verfahren nach Übergang

Der Übergang der Zwangshypothek erfolgt **kraft Gesetz** mit **Wirksamwerden der Entscheidung** für den zur Zeit der Entscheidung rechtmäßigen Eigentümer des Grundstückes.[6] Der neue Eigentümer der Hypothek kann sodann Berichtigung des Grundbuches unter Vorlage der Ausfertigung der Entscheidung (§ 22 GBO), beim Erwerb nach bürgerlichem Recht zusätzlich mit Bewilligung des Gläubigers (§ 19 GBO) verlangen.[7] Eine Klage nach § 894 BGB steht offen, soweit eine Beweiserhebung notwendig ist.[8] Denkbar ist, dass die Entscheidung, die zu einem Übergang nach § 868 ZPO führt, nachträglich aufgehoben wird. Dann lebt die Zwangshypothek nicht wieder auf, es bleibt vielmehr bei einer Eigentümerhypothek, dem Gläubiger bleibt dann aber die Möglichkeit der Pfändung der Eigentümergrundschuld nach § 857 ZPO.[9]

§ 869
Zwangsversteigerung und Zwangsverwaltung

Die Zwangsversteigerung und die Zwangsverwaltung werden durch ein besonderes Gesetz geregelt.

Nach § 869 ZPO gilt für die Zwangsversteigerung und Zwangsverwaltung das ZVG, das insofern Teil der ZPO ist. Die übrigen Vorschriften der ZPO gelten deshalb auch wenn das ZVG angewandt wird. Landesspezifische Ausführungsgesetze für das ZVG bestehen für

---

1 Diese stellt jedoch eine Einrede dar, vgl. BayObLG, NJW-RR 1999, 506 = Rpfleger 1998, 437.
2 OLG Köln, MDR 2009, 52 = Rpfleger 2009, 78.
3 Zöller-*Stöber*, ZPO, § 868 Rn. 2.
4 BGH, NJW 2006, 1286 = MDR 2006, 1070.
5 MK-*Eickmann*, ZPO, § 868 Rn. 11 ff.
6 BGHZ 179, 146, Rn. 22 = NJW 2009, 847 (848), Rn. 22.
7 Musielak/Voit-*Becker*, ZPO, § 868 Rn. 6.
8 Vgl. Musielak/Voit-*Becker*, ZPO, § 868 Rn. 6.
9 Zöller-*Stöber*, ZPO, § 868 Rn. 3.

Baden-Württemberg[1]
Bayern[2]
Bremen[3]
Hessen[4]
Hamburg[5]
Rheinland-Pfalz[6]
Saarland[7]
Sachsen[8]
Thüringen[9]

§ 870
Grundstücksgleiche Rechte

Auf die Zwangsvollstreckung in eine Berechtigung, für welche die sich auf Grundstücke beziehenden Vorschriften gelten, sind die Vorschriften über die Zwangsvollstreckung in Grundstücke entsprechend anzuwenden.

1 Siehe § 864 Rn. 4.

§ 870a
Zwangsvollstreckung in ein Schiff oder Schiffsbauwerk

(1) ¹Die Zwangsvollstreckung in ein eingetragenes Schiff oder in ein Schiffsbauwerk, das im Schiffsbauregister eingetragen ist oder in dieses Register eingetragen werden kann, erfolgt durch Eintragung einer Schiffshypothek für die Forderung oder durch Zwangsversteigerung. ²Die Anordnung einer Zwangsversteigerung eines Seeschiffs ist unzulässig, wenn sich das Schiff auf der Reise befindet und nicht in einem Hafen liegt.

(2) § 866 Abs. 2, 3, § 867 gelten entsprechend.

(3) ¹Wird durch eine vollstreckbare Entscheidung die zu vollstreckende Entscheidung oder ihre vorläufige Vollstreckbarkeit aufgehoben oder die Zwangsvollstreckung für unzulässig erklärt oder deren Einstellung angeordnet, so erlischt die Schiffshypothek; § 57 Abs. 3 des Gesetzes über Rechte an eingetragenen Schiffen und Schiffsbauwerken vom 15. November 1940 (RGBl. I S. 1499) ist anzuwenden. ²Das Gleiche gilt, wenn durch eine gerichtliche Entscheidung die einstweilige Einstellung der Zwangsvollstreckung und zugleich die Aufhebung der erfolgten Vollstreckungsmaßregeln angeordnet wird oder wenn die zur Abwendung der Vollstreckung nachgelassene Sicherheitsleistung oder Hinterlegung erfolgt.

1 § 870a ZPO dürfte selten praktisch relevant sein. Abs. 1 stellt klar, dass eine Zwangsverwaltung ausgeschlossen ist, ansonsten aber die Zwangsvollstreckung grundsätzlich der in Grundstücke entspricht. Eintragung einer Zwangshypothek erfolgt gemäß §§ 8, 24 SchRG;[1] **Rechtsbehelf** ist die Beschwerde nach § 75 Abs. 1 SchRegO.[2]

---

1 §§ 33 ff. AGGVG BW.
2 Art. 29 ff. BayAGGVG.
3 §§ 5 ff. BremAGZPO.
4 Art. 2 ff. HessAGZPO.
5 §§ 1 ff. HmbAGZVG.
6 §§ 4 ff. AGZVG RP.
7 §§ 41 ff. AGJusG SL.
8 § 51 SächsJG.
9 §§ 1 ff. ThürAGZVG.

Zu § 870a:
1 Zöller-*Stöber*, ZPO, § 872 Rn. 1.
2 BayObLG, Rpfleger 1992, 28.

§ 871
Landesrechtlicher Vorbehalt bei Eisenbahnen

Unberührt bleiben die landesgesetzlichen Vorschriften, nach denen, wenn ein anderer als der Eigentümer einer Eisenbahn oder Kleinbahn den Betrieb der Bahn kraft eigenen Nutzungsrechts ausübt, das Nutzungsrecht und gewisse dem Betriebe gewidmete Gegenstände in Ansehung der Zwangsvollstreckung zum unbeweglichen Vermögen gehören und die Zwangsvollstreckung abweichend von den Vorschriften des Bundesrechts geregelt ist.

§ 871 ZPO beruht auf Art. 112 EGBGB und hat keine praktische Bedeutung. 1

Titel 4
Verteilungsverfahren

§ 872
Voraussetzungen

Das Verteilungsverfahren tritt ein, wenn bei der Zwangsvollstreckung in das bewegliche Vermögen ein Geldbetrag hinterlegt ist, der zur Befriedigung der beteiligten Gläubiger nicht hinreicht.

Inhalt:

A. Allgemeines	1	II. Wirkungen des Verteilungsverfahrens	4
B. Erläuterungen	2		
I. Verfahrensvoraussetzungen	2	C. Rechtsbehelfe, Kosten und Gebühren	5

A. Allgemeines

§ 872 ZPO dient als Eröffnungsnorm über das **Verteilungsverfahren** des vierten Titels. Dieses 1 gerichtliche Verfahren findet statt, soweit bei der Vollstreckung wegen Geldforderungen ein Betrag hinterlegt ist, der zur Befriedigung aller Gläubiger nicht ausreicht. Soweit die Voraussetzungen des § 872 ZPO vorliegen, sind andere Klagen, die der Befriedigung aus dem hinterlegten Betrag dienen, ausgeschlossen.[1] Das Verteilungsverfahren wird bei Vorliegen der Voraussetzungen von Amts wegen ohne Antrag der Gläubiger eingeleitet, deshalb treten auch die Wirkungen mit Vorliegen der Voraussetzungen i.S.d. § 872 ZPO ein.[2]

B. Erläuterungen
I. Verfahrensvoraussetzungen

Die §§ 872 ff. ZPO finden Anwendung, soweit eine Zwangsvollstreckung (eine Überweisung 2 ist nicht notwendig)[3] wegen einer Geldforderung in das bewegliche Vermögen nach den §§ 803–863 ZPO stattgefunden hat. Es müssen **mehrere, mindestens zwei**,[4] **Gläubiger** die Pfändung betrieben haben.[5] Keine Gläubiger i.S.d. § 872 ZPO sind gesetzliche oder vertragliche Pfandgläubiger, denen lediglich der Klageweg über § 805 Abs. 1 oder § 771 ZPO bleibt.

Ein Geldbetrag muss **hinterlegt** worden sein. Davon umfasst sind nur Hinterlegungen nach 3 §§ 827 Abs. 2, 853, 854 Abs. 2, 858 Abs. 5 oder 930 Abs. 2 ZPO, nicht die nach § 372 BGB.[6] Bei gleichzeitiger Hinterlegung nach § 372 BGB ist der Empfänger der Abtretung kein Beteiligter, es wird nur die Summe erfasst, die den Abtretungsbetrag überschreitet.[7] Dieser hinterlegte Geldbetrag darf nicht allen beteiligten Gläubigern, die sich durch Ausscheiden auch reduzieren können, zur Befriedigung ausreichen oder durch Einigung zwischen Gläubigern und Schuldnern verteilt werden. Falls eine der beiden Möglichkeiten eintritt, wird die Auszahlung im vereinfachten Verfahren angeordnet.[8]

---

1 MK-*Eickmann*, ZPO, § 872 Rn. 15.
2 Musielak/Voit-*Becker*, ZPO, § 872 Rn. 7.
3 MK-*Eickmann*, ZPO, § 872 Rn. 2.
4 Bei einer Abtretung der Pfandrechte an einen einzigen Gläubiger ist das Verteilungsverfahren dagegen wiederum ausgeschlossen, vgl. LG Münster, Rpfleger 1995, 78.
5 Ausreichend ist auch Vorpfändung, § 845 ZPO, oder Arrestpfändung, § 930 ZPO, vgl. MK-*Eickmann*, ZPO, § 872 Rn. 4.
6 Vgl. Musielak/Voit-*Becker*, ZPO, § 872 Rn. 3 m.w.N.
7 LG Giessen, NJW 1967, 1138.
8 Zöller-*Stöber*, ZPO, § 872 Rn. 3.

II. Wirkungen des Verteilungsverfahrens

4 Liegen die Voraussetzungen vor, sind andere Klagen auf Auszahlung nicht möglich. Wird die Zwangsvollstreckung durch gerichtlichen Entscheid oder anderweitig vorzeitig beendet, endet auch das Verteilungsverfahren und seine Wirkungen.[9]

C. Rechtsbehelfe, Kosten und Gebühren

5 Rechtsbehelfe sind die sofortige Beschwerde, § 793 ZPO, § 11 RPflG, durch Beteiligte, auch durch Drittschuldner,[10] wenn das Verteilungsgericht trotz Vorliegen der Voraussetzungen die Benachrichtigung nach § 873 ZPO unterlässt oder andere Verfahrensfehler im Verteilungsverfahren geltend gemacht werden (evtl. auch § 766 ZPO im Verteilungserfahren selbst, falls sie vorher nicht gehört wurden). Nach der Einleitung des Verteilungsverfahrens verbleibt das Angreifen der Zwangsvollstreckung selbst durch §§ 766, 767, 771 ZPO nur dem Schuldner und dem Drittschuldner,[11] für die Gläubiger kommt lediglich die Widerspruchsklage nach § 878 ZPO in Betracht, mit der auch sachliche Mängel im Verteilungsverfahren geltend gemacht werden.[12]

6 Das Gericht macht für das Verteilungsverfahren die hälftigen Kosten geltend, Nr. 2117 KV-GKG, im Beschwerdeverfahren Nr. 2120 KV-GKG, im Rechtsbehelfsverfahren Nr. 2122 KV-GKG. Der Rechtsanwalt erhält die 0,4 Gebühr aus Nr. 3333 VV-RVG. Einigungsgebühr nach Nr. 1000 VV-RVG, § 26 Abs. 1 Nr. 1, 2 RVG ist denkbar.[13]

§ 873
Aufforderung des Verteilungsgerichts

Das zuständige Amtsgericht (§§ 827, 853, 854) hat nach Eingang der Anzeige über die Sachlage an jeden der beteiligten Gläubiger die Aufforderung zu erlassen, binnen zwei Wochen eine Berechnung der Forderung an Kapital, Zinsen, Kosten und sonstigen Nebenforderungen einzureichen.

1 Das nach §§ 827, 853, 854 ZPO ausschließlich (§ 802 ZPO) zuständige Amtsgericht als Vollstreckungsgericht (es handelt der Rechtspfleger, § 20 Nr. 17 RPflG) erlässt von Amts wegen eine Aufforderung an die Gläubiger, eine aktuelle Berechnung ihrer Forderungen inklusive Zinsen bis zum Termin[1] zuzüglich Kosten und Nebenforderungen gegen den Schuldner einzureichen. Dies kann schriftlich oder zu Protokoll geschehen, entsprechende Unterlagen sind beizufügen.[2] Die 2-Wochen-Frist (Berechnung nach § 222 ZPO) beginnt mit Zustellung, wobei ein Versäumen nur die Konsequenz des § 874 Abs. 3 ZPO nach sich zieht, die durch Nachholen bis zur Anfertigung auch nachgeholt werden kann, ein Hinweis durch das Gericht auf diese Rechtsfolge ist deshalb auch nicht erforderlich.[3]

§ 874
Teilungsplan

(1) Nach Ablauf der zweiwöchigen Fristen wird von dem Gericht ein Teilungsplan angefertigt.

(2) Der Betrag der Kosten des Verfahrens ist von dem Bestand der Masse vorweg in Abzug zu bringen.

(3) [1]Die Forderung eines Gläubigers, der bis zur Anfertigung des Teilungsplanes der an ihn gerichteten Aufforderung nicht nachgekommen ist, wird nach der Anzeige und deren Unterlagen berechnet. [2]Eine nachträgliche Ergänzung der Forderung findet nicht statt.

Inhalt:
	Rn.		Rn.
A. Allgemeines	1	B. Inhalt des Teilungsplans	2

---

9 MK-*Eickmann*, ZPO, § 872 Rn. 18.
10 MK-*Eickmann*, ZPO, § 872 Rn. 14.
11 Zöller-*Stöber*, ZPO, § 872 Rn. 5.
12 OLG Koblenz, ZIP 1983, 745; Musielak/Voit-*Becker*, ZPO, § 872 Rn. 8.
13 Musielak/Voit-*Becker*, ZPO, § 872 Rn. 10.

Zu § 873:
1 Zöller-*Stöber*, ZPO, § 874 Rn. 2.
2 Zöller-*Stöber*, ZPO, § 874 Rn. 3.
3 MK-*Eickmann*, ZPO, § 873 Rn. 6.

A. Allgemeines

Vor dem Verteilungstermin (§ 875 ZPO) erstellt das Verteilungsgericht ohne mündliche Verhandlung oder Anhörung einen **vorläufigen Teilungsplan**, der die Rangfolge der Pfandrechte festlegt. Dieser kann jedoch im Verteilungsverfahren geändert werden. Ein Teilungsplan kann auch für **fortlaufende Bezüge** erstellt werden. In einem solchen Fall wird er nach § 156 Abs. 2 Satz 2 ZVG erstellt, an den erstplatzierten Gläubiger wird zu jedem Fälligkeits- und damit Hinterlegungszeitraum bis zu seiner gesamten Befriedigung ausgezahlt.[1]

1

B. Inhalt des Teilungsplans

Dem Teilungsplan liegt die hinterlegte Vermögensmasse (evtl. zusätzlich Hinterlegungszinsen) zugrunde, von dem zuvor die Kosten des Verfahrens abgezogen werden (Abs. 2; das sind Gerichtskosten, nicht jedoch Versteigerungskosten, die der Gerichtsvollzieher vor der Hinterlegung entnimmt oder Kosten der Gläubiger i.S.d. § 788 ZPO).[2] In den Plan sind sodann die beteiligten Gläubiger aufzunehmen, das umfasst auch Gläubiger mit eingestellter aber nicht aufgehobener Vollstreckung, Arrestgläubiger und Sicherheitsvollstreckungsgläubiger, soweit ihre Pfändung noch besteht.[3] Durch das Gericht wird nur geprüft, ob die Pfändung wirksam war, nicht jedoch die Rechtmäßigkeit der einzelnen geltend gemachten Forderungen.[4] Hierfür wird auf die nach § 873 ZPO eingereichten **Forderungsübersichten** zurückgegriffen, die inhaltlich nicht überprüft werden. Ist die Frist des § 873 ZPO verpasst, kann eine Einreichung bis zur Anfertigung noch nachträglich geschehen, ansonsten entscheidet das Gericht unter Zugrundelegung der ihm vorliegenden Unterlagen (Abs. 3; dann dürfte die Geltendmachung von zusätzlichen Kosten, wie anwaltlicher Vertretung im Verteilungsverfahren ausgeschlossen sein, da diese dem Gericht nicht bekannt sind).[5]

2

Für den insoweit zu erstellenden Teilungsplan obliegt es dem Gericht, die **Rangfolge der Pfandrechte** gemäß § 804 ZPO festzustellen und entsprechende Platznummern zu verteilen. Hierauf kann bis zum Anfertigen i.S.d. Abs. 1 eingewirkt werden, danach ist eine Rangänderung ausgeschlossen und nur im Verteilungsverfahren zu erreichen, wobei ein Verzicht eines Gläubigers immer möglich ist.[6]

3

§ 875
Terminsbestimmung

(1) [1]Das Gericht hat zur Erklärung über den Teilungsplan sowie zur Ausführung der Verteilung einen Termin zu bestimmen. [2]Der Teilungsplan muss spätestens drei Tage vor dem Termin auf der Geschäftsstelle zur Einsicht der Beteiligten niedergelegt werden.

(2) Die Ladung des Schuldners zu dem Termin ist nicht erforderlich, wenn sie durch Zustellung im Ausland oder durch öffentliche Zustellung erfolgen müsste.

§ 875 ZPO bestimmt, dass das Gericht **von Amts wegen** die im Verteilungsverfahren beteiligten Gläubiger und den Schuldner (Entbehrlichkeit nach Abs. 2) für den Termin nach § 876 ZPO durch Zustellung, mindestens drei Tage vor dem Termin (§ 217 ZPO), zu laden hat. Zusätzlich ist den Beteiligten mitzuteilen, wo der Verteilungsplan spätestens drei Tage vor dem Termin einzusehen ist. Die Terminsbestimmung i.S.d. Abs. 1 Satz 1 ist **unanfechtbar**.[1] Für die Ladung gilt § 231 ZPO. § 875 ZPO ist eine reine Ordnungsvorschrift, Verstöße rechtfertigen höchstens einen Vertagungsantrag.

1

Das sodann durchzuführende **mündliche Verfahren** (§ 876 ZPO) dient entweder der Klärung von Widersprüchen oder der Planung der Ausführung des Plans.[2] Es ist nicht öffentlich.[3] Die Beteiligten können eine Abschrift des Teilungsplans verlangen.[4]

2

---

1 Ausführlich MK-*Eickmann*, ZPO, § 874 Rn. 13.
2 Musielak/Voit-*Becker*, ZPO, § 874 Rn. 3.
3 MK-*Eickmann*, ZPO, § 874 Rn. 2.
4 Vgl. BeckOK-*Utermark/Fleck*, ZPO, § 874 Rn. 8.
5 Zöller-*Stöber*, ZPO, § 874 Rn. 4.
6 MK-*Eickmann*, ZPO, § 874 Rn. 15 ff.

Zu § 875:
1 Zöller-*Stöber*, ZPO, § 875 Rn. 3.
2 Zöller-*Stöber*, ZPO, § 875 Rn. 1.
3 MK-*Eickmann*, ZPO, § 875 Rn. 4.
4 MK-*Eickmann*, ZPO, § 875 Rn. 3.

§ 876
Termin zur Erklärung und Ausführung

[1]Wird in dem Termin ein Widerspruch gegen den Plan nicht erhoben, so ist dieser zur Ausführung zu bringen. [2]Erfolgt ein Widerspruch, so hat sich jeder dabei beteiligte Gläubiger sofort zu erklären. [3]Wird der Widerspruch von den Beteiligten als begründet anerkannt oder kommt anderweit eine Einigung zustande, so ist der Plan demgemäß zu berichtigen. [4]Wenn ein Widerspruch sich nicht erledigt, so wird der Plan insoweit ausgeführt, als er durch den Widerspruch nicht betroffen wird.

Inhalt:

	Rn.		Rn.
A. Allgemeines	1	I. Widerspruch	2
B. Erläuterungen	2	II. Ausführung des Teilungsplans	4

A. Allgemeines

1 Nach der Erstellung des Teilungsplans wird ein **mündliches Verfahren** durchgeführt, dass dazu dient, eventuelle Widersprüche der Gläubiger zu bearbeiten und den Plan gegebenenfalls abzuändern. Zu diesem Termin werden Gläubiger und Schuldner nach § 875 ZPO geladen.

B. Erläuterungen
I. Widerspruch

2 Jeder beteiligte Gläubiger, nicht jedoch der Schuldner,[1] kann **schriftlich vor dem Termin** zu Protokoll (§ 877 Abs. 1 ZPO) oder **im mündlichen Termin** ohne Begründung **Widerspruch** gegen den erstellten Verteilungsplans einlegen, wenn es ihm dabei um die Verbesserung der eigenen Situation geht.[2] Inhalt des Widerspruches sind materiell-rechtliche Einwände gegen den Plan, namentlich gegen die Aufnahme, Höhe oder Besserstellung eines andern Gläubigers oder gegen die Nichtberücksichtigung (eines Teiles) des eigenen Anspruches.[3] Der Widerspruch nach § 876 ZPO ist Voraussetzung, um eine Widerspruchsklage nach § 878 ZPO einzureichen.

3 Ist Widerspruch erhoben, so haben sich die betroffenen, d.h. die möglicherweise schlechterzustellenden Gläubiger **sofort** zu erklären (Satz 2).[4] Der Widerspruch kann sodann entweder durch alle Gläubiger durch Einigung angenommen werden, oder durch mindestens einen beteiligten Gläubiger abgelehnt werden. Bei **Nichtanwesenheit** gilt § 877 Abs. 2 ZPO, eine Einigung ist dann also immer ausgeschlossen. Ein Widerspruch kann jederzeit zurückgenommen werden.[5]

II. Ausführung des Teilungsplans

4 Wird **kein (wirksamer) Widerspruch** eingelegt oder ein solcher zurückgenommen, wird der Teilungsplan ausgeführt, d.h. das Gericht weist die Auszahlung entsprechend an. Dies kann nur durch eine einstweilige Anordnung nach § 572 Abs. 2, 3 ZPO verhindert werden.[6] Wurde Widerspruch erhoben, und ist man sich über diesen **einig** geworden, ist der Teilungsplan gegebenenfalls zu berichtigen und dann auszuführen.

5 Wurde dagegen **Widerspruch** eingelegt und konnte diesem nicht abgeholfen werden, wird er teilweise ausgeführt. Das bedeutet, dass die Auszahlung insofern angeordnet wird, als die Ränge und Beträge unstreitig sind und nicht durch eine frühere Auszahlung gefährdet sind.[7] Ansonsten bleibt der Betrag hinterlegt. Wird eine Widerspruchsklage nicht oder nicht innerhalb der dafür vorgesehenen Frist eingelegt oder Widerspruch später zurückgenommen, wird wie oben dargelegt verfahren. Wird dem Widerspruch im Verfahren nach § 878 ZPO stattgegeben, wird in diesem Urteil entweder eine bestimmte Auszahlung vorgegeben oder die Neuerstellung angeordnet.[8]

---

1 Zöller-*Stöber*, ZPO, § 876 Rn. 4.
2 Zöller-*Stöber*, ZPO, § 876 Rn. 7.
3 Letzteres ist strittig, siehe hierzu MK-*Eickmann*, ZPO, § 876 Rn. 3 m.w.N.
4 Bei Neuaufnahme einer Forderung ist es der Gläubiger, der bisher als Letzter im Verteilungsplan noch zumindest teilweise Befriedigung erfahren würde, MK-*Eickmann*, ZPO, § 876 Rn. 8.
5 Zöller-*Stöber*, ZPO, § 876 Rn. 9.
6 Musielak/Voit-*Becker*, ZPO, § 876 Rn. 8.
7 Beispiele bei MK-*Eickmann*, ZPO, § 876 Rn. 15 ff.
8 Musielak/Voit-*Becker*, ZPO, § 876 Rn. 10.

§ 877
Säumnisfolgen

(1) Gegen einen Gläubiger, der in dem Termin weder erschienen ist noch vor dem Termin bei dem Gericht Widerspruch erhoben hat, wird angenommen, dass er mit der Ausführung des Planes einverstanden sei.

(2) Ist ein in dem Termin nicht erschienener Gläubiger bei dem Widerspruch beteiligt, den ein anderer Gläubiger erhoben hat, so wird angenommen, dass er diesen Widerspruch nicht als begründet anerkenne.

§ 877 ZPO regelt die Rechtsfolgen eines **Nichterscheinens** eines Gläubigers im Termin nach § 876 ZPO. Beide Absätze stellen unwiderlegbare Vermutungen dar.[1] Nach Abs. 1 ist bei einem Gläubiger, der nicht erscheint und auch zuvor nicht schriftlich Widerspruch eingelegt hat,[2] von einer Zustimmung zum Teilungsplan auszugehen. Dies gilt allerdings nur dann, wenn der Plan im Verfahren nicht abgeändert wird.[3] Dem gleichgestellt ist der Gläubiger, der erscheint, sich aber nicht erklärt.[4] 1

Ist ein Gläubiger nicht erschienen und von einem Widerspruch betroffen, so gilt seine Einwilligung als nicht erteilt **(Abs. 2)**, der widersprechende Gläubiger muss innerhalb eines Monats Klage nach § 878 ZPO einreichen. Es wird aber anerkannt, dass der nichterschienene Gläubiger nachträglich zu Protokoll seine Einwilligung erklären kann.[5] Deshalb muss der Widersprechende vor Klageerhebung den Säumigen auch zur Stellungnahme auffordern, da seine Klage ansonsten nicht als veranlasst i.S.d. § 93 ZPO anzusehen ist.[6] 2

§ 878
Widerspruchsklage

(1) [1]Der widersprechende Gläubiger muss ohne vorherige Aufforderung binnen einer Frist von einem Monat, die mit dem Terminstag beginnt, dem Gericht nachweisen, dass er gegen die beteiligten Gläubiger Klage erhoben habe. [2]Nach fruchtlosem Ablauf dieser Frist wird die Ausführung des Planes ohne Rücksicht auf den Widerspruch angeordnet.

(2) Die Befugnis des Gläubigers, der dem Plan widersprochen hat, ein besseres Recht gegen den Gläubiger, der einen Geldbetrag nach dem Plan erhalten hat, im Wege der Klage geltend zu machen, wird durch die Versäumung der Frist und durch die Ausführung des Planes nicht ausgeschlossen.

Inhalt:

	Rn.		Rn.
A. Allgemeines	1	II. Begründetheit der Klage	6
B. Erläuterungen	2	III. Inhalt des Urteils und Rechtsfolgen	9
I. Zulässigkeit der Klage	2	C. Kosten und Gebühren	12

A. Allgemeines

Die Widerspruchsklage nach § 878 ZPO ist eine **prozessuale Gestaltungsklage**.[1] Ziel ist die vorgezogene Befriedigung im Vergleich zum ursprünglichen Teilungsplan, wenn sich über den erhobenen Widerspruch nicht geeinigt wurde. Die Klage ist soweit das genannte Ziel erreicht werden soll zwingend innerhalb der Monatsfrist gegen den beteiligten Gläubiger zu erheben, da ansonsten nach dem ursprünglichen Teilungsplan ausgezahlt wird (Abs. 1 Satz 2). 1

B. Erläuterungen
I. Zulässigkeit der Klage

Die **Frist** zur Erhebung der Klage beginnt mit dem Tage des Termins, der mitgezählt wird oder bei Klageeinreichung aufgrund eines Rechtsmittels mit Zustellung der Entscheidung.[2] Inner- 2

---

1 BeckOK-*Utermark/Fleck*, ZPO, § 877 Rn. 1.
2 MK-*Eickmann*, ZPO, § 877 Rn. 2.
3 BeckOK-*Utermark/Fleck*, ZPO, § 877 Rn. 2.
4 RGZ 125, 133 (137).
5 BeckOK-*Utermark/Fleck*, ZPO, § 877 Rn. 4.
6 OLG München v. 13.07.2010, 20 W 1527/10, juris, Rn. 12.

Zu § 878:
1 BGH, NJW 2001, 2477 (2478) = MDR 2001, 1190 (1192).
2 MK-*Eickmann*, ZPO, § 878 Rn. 9.

halb dieser Zeit muss der Klagende dem nach § 873 ZPO zuständigem Gericht nachweisen, dass eine **zulässige Klageerhebung** i.S.d. § 878 ZPO stattgefunden hat. Dafür notwendig ist der Nachweis über den Eingang der Klage und die Zahlung der Prozessgebühr, allerdings ebenso ausreichend die Einreichung eines Antrags auf Prozesskostenhilfe.[3] Dafür muss der Gläubiger dem Vollstreckungsgericht entweder eine Eingangsbestätigung des Prozessgerichts versehen mit einer Kopie der Klageschrift, die anwaltlich zu beglaubigen ist, zusenden oder soweit sich die Gerichte gleichen das gerichtliche Aktenzeichen der Klage mitteilen.[4] Beides kann auch zu Protokoll gegeben werden. Eine Verlängerung oder Wiedereinsetzung bei Fristversäumung ist nicht möglich.[5] Fristversäumung hindert jedoch grundsätzlich nicht die verspätete Klageeinreichung, jedoch tritt die aufschiebende Wirkung nicht ein, so dass mit der Auszahlung nach dem Verteilungsplan begonnen werden kann. Ist dies der Fall fehlt das Rechtsschutzbedürfnis.[6]

3 Soweit die Klage fristgemäß zulässig erhoben wurde und der Nachweis entsprechend Abs. 1 Satz 1 geführt wurde, hat die Klage bis zur rechtskräftigen Entscheidung **aufschiebende Wirkung** dergestalt, dass die Ausführung des Teilungsplans nur entsprechend § 876 Satz 3 ZPO ausgeführt werden darf.

4 Der Gläubiger, wobei nur derjenige Gläubiger auch **klagebefugt** ist, der bereits einen fristgemäßen Widerspruch eingelegt hat, muss die Klage beim nach § 879 ZPO zuständigen Gericht einreichen. Klagegegner ist der Gläubiger, gegenüber dem der Kläger bessergestellt werden möchte und der dem Widerspruch nicht zugestimmt hat:

> *Es wird beantragt:*
> *Der [Kläger] wird in dem Verteilungsverfahren [Aktenzeichen und Gericht] mit seiner Forderung über [X €] gegenüber der Forderung über [X €] des [Beklagten] vorrangig befriedigt.*[7]

5 Soweit der Klagegrund derselbe ist, können auch mehrere Gläubiger als **Streitgenossen** (§§ 59 ff. ZPO) klagen. Soweit mehrere widersprechende und betroffene Gläubiger existieren, ist zur Wahrung der Frist Klage entweder gegen alle als Streitgenossen (§ 61 ZPO) oder gegen jeden in einer einzelnen Klage zu erheben. Wird nicht gegen alle betroffenen widersprechenden Gläubiger Klage erhoben, entfällt die aufschiebende Wirkung.[8]

II. Begründetheit der Klage

6 Die Klage ist grundsätzlich begründet, wenn der Kläger nachweisen kann, dass ihm im Verhältnis zum Klagegegner ein besseres Rangverhältnis zusteht. Dies ist in der Klagebegründung auszuführen. Relevanter Zeitraum hierfür sind die Tatsachen, die spätestens bis Schluss des Termins nach § 876 ZPO vorlagen.[9] Solche Tatsachen können zum einen darin liegen, dass die Titelforderung des Klagegegners nicht besteht. Hierbei können also **Mängel im Vollstreckungsverfahren** geltend gemacht werden. Ist der Mangel, auf den der Klagegegner Einfluss gehabt hätte, mittlerweile geheilt, kommt es darauf an, ob die Heilung vor der Wirksamkeit der Pfändung des Klägers erfolgte.[10]

7 Der Kläger kann auch die **Einreden**, die dem Schuldner gegenüber dem Gläubiger zustehen würde, geltend machen, nicht jedoch Gestaltungsrechte, echte Einreden und die, die nach § 767 Abs. 2 und 3 ZPO auch für den Schuldner präkludiert wären.[11]

8 Letztlich können dem Gläubiger auch Ansprüche auf ein besseres Rangverhältnis wegen einer **vertraglichen Vereinbarung** mit dem anderen Gläubiger zustehen oder weil dieser seinen Rang durch **unerlaubte Handlungen** erlangt hat.[12] Jedoch ist auch der Beklagte im Verfahren nach § 878 ZPO berechtigt, derartige Einwendungen gegen den Kläger geltend zu machen.[13]

III. Inhalt des Urteils und Rechtsfolgen

9 Der **Inhalt des Urteils** ist in § 880 ZPO festgelegt. Es kann in der Anordnung einer bestimmten Auszahlung oder in der Anordnung der Erstellung eines neuen Teilungsplanes bestehen (siehe hierzu die Ausführung zu § 880 ZPO).

---

3 OLG Hamm, NJW 1965, 825.
4 BGH, MDR 2015, 1036 = Rpfleger 2015, 717.
5 MK-*Eickmann*, ZPO, § 878 Rn. 9.
6 BeckOK-*Utermark/Fleck*, ZPO, § 878 Rn. 6.
7 Vgl. BGH, NJW 2001, 2477 (2478) = MDR 2001, 1190 (1192).
8 MK-*Eickmann*, ZPO, § 878 Rn. 4.
9 So z.B. BGHZ 113, 169 = NJW 1991, 1063.
10 Zöller-*Stöber*, ZPO, § 878 Rn. 11.
11 Zöller-*Stöber*, ZPO, § 878 Rn. 12 teilweise m.w.N.
12 RGZ 71, 424 (426); RG, JW 1902, 170.
13 MK-*Eickmann*, ZPO, § 878 Rn. 27.

Wird die Frist versäumt, steht dem Kläger das geltend gemachte Recht aber eigentlich zu, macht Abs. 2 deutlich, dass **bereicherungsrechtliche Ansprüche** gegen die anderen Gläubiger dennoch geltend gemacht werden können. Im Verfahren der Widerspruchsklage ist, soweit sie schon erhoben ist, auf einen Zahlungsantrag umzustellen (§§ 264 Nr. 3, 261 Abs. 3 Nr. 2 ZPO), der auf einen Bereicherungsanspruch gestützt wird.[14]

Die Möglichkeit einen bereicherungsrechtlichen Anspruch geltend zu machen, besteht sogar dann wenn eine Widerspruchsklage schon gar nicht erhoben wurde.[15] Die Frage der Zulässigkeit und Begründetheit richtet sich nach den allgemeinen Vorschriften, § 879 ZPO ist nicht einschlägig.[16] Keine Bereicherungsklage kann erhoben werden, wenn gegen den widersprechenden Gläubiger ein Versäumnisurteil (§ 881 ZPO) ergangen ist.[17]

C. Kosten und Gebühren

Für das Verfahren des § 878 ZPO fallen die allgemeinen Gerichtskosten an (Nr. 1210 f. KV-GKG). Der Rechtsanwalt kann Gebühren nach Nr. 3100 ff. VV-RVG geltend machen.

§ 879
Zuständigkeit für die Widerspruchsklage

(1) Die Klage ist bei dem Verteilungsgericht und, wenn der Streitgegenstand zur Zuständigkeit der Amtsgerichte nicht gehört, bei dem Landgericht zu erheben, in dessen Bezirk das Verteilungsgericht seinen Sitz hat.

(2) Das Landgericht ist für sämtliche Klagen zuständig, wenn seine Zuständigkeit nach dem Inhalt der erhobenen und in dem Termin nicht zur Erledigung gelangten Widersprüche auch nur bei einer Klage begründet ist, sofern nicht die sämtlichen beteiligten Gläubiger vereinbaren, dass das Verteilungsgericht über alle Widersprüche entscheiden solle.

§ 879 ZPO begründet einen **einheitlichen ausschließlichen** (§ 802 ZPO) Gerichtsstand für die Widerspruchsklage nach § 878 Abs. 1 ZPO und der Fall, dass eine Widerspruchsklage in eine Bereicherungsklage umgewandelt wird (§ 261 Abs. 3 Nr. 2 ZPO, siehe auch § 878 Rn. 11).[1] **Zuständig** ist insoweit das Verteilungsgericht, das nach § 873 ZPO zuständig war, oder das übergeordnete Landgericht. Dieses Gericht bleibt in jedem Falle zuständig, selbst wenn sich im Nachhinein ergibt, dass es eigentlich nicht nach § 873 ZPO Verteilungsgericht war.[2]

Für die sachliche Abgrenzung zwischen Amts- und Landgericht gilt § 23 Nr. 1 GVG. Streitwert ist der Wert, den der Gläubiger bei erfolgreichem Widerspruch mehr erhalten würde, wobei es irrelevant ist, ob es sich um Haupt- oder Nebenforderungen handelt (entgegen § 4 Abs. 1 Hs. 2 ZPO).[3] Soweit deshalb bereits für eine von mehreren Widerspruchsklagen im selben Verteilungsverfahren das Landgericht zuständig ist, ist es für alle anderen ebenso zuständig, es sei denn, die Gläubiger vereinbaren die alleinige Zuständigkeit des Amtsgerichts. Dies kann aus Kostengründen teilweise sinnvoll sein.

Die Zuständigkeit der ordentlichen Gerichte gilt auch für Zwangsvollstreckungen im öffentlichen Recht.[4]

§ 880
Inhalt des Urteils

¹In dem Urteil, durch das über einen erhobenen Widerspruch entschieden wird, ist zugleich zu bestimmen, an welche Gläubiger und in welchen Beträgen der streitige Teil der Masse auszuzahlen sei. ²Wird dies nicht für angemessen erachtet, so ist die Anfertigung eines neuen Planes und ein anderweites Verteilungsverfahren in dem Urteil anzuordnen.

---

14 MK-*Eickmann*, ZPO, § 878 Rn. 30.
15 BGHZ 39, 242 = NJW 1963, 1497.
16 Zöller-*Stöber*, ZPO, § 878 Rn. 16.
17 Zöller-*Stöber*, ZPO, § 881 Rn. 1.

Zu § 879:
1 BGH, NJW 2001, 2477 = MDR 2001, 1190.
2 RGZ 52, 312.
3 MK-*Eickmann*, ZPO, § 879 Rn. 4.
4 RGZ 116, 368 (369).

1 § 880 ZPO regelt den Urteilstenor in der Widerspruchsklage, der insofern für das Verteilungsgericht bindend ist. Wird die Klage durch Prozessurteil, Sachurteil oder Versäumnisurteil (§ 881 ZPO) **abgewiesen**, wird der bisherige Verteilungsplan ausgeführt, selbst wenn dies nicht explizit angeordnet wird.[1] Das Urteil erlangt zwischen den Parteien Rechtskraft auch bezüglich einer Bereicherungsklage, soweit inhaltlich entschieden wurde.[2]

2 Wird der Klage **stattgegeben**, bestimmt das entscheidende Gericht, wie die hinterlegte Summe auszukehren ist **(Satz 1)**. Falls sich die Sachlage schwieriger darstellt, bleibt auch die Möglichkeit, die Erstellung eines neuen Teilungsplanes anzuordnen, wobei gegen diesen nur noch die beteiligten Gläubiger mit der Begründung, er entspräche nicht dem Urteil, Widerspruch einlegen können.[3]

3 Das Urteil wird **mit Rechtskraft vollstreckbar**.[4] Bei sonstiger Erledigung, z.B. Rücknahme, wird der Plan entsprechend Rn. 1 weiter ausgeführt.

§ 881
Versäumnisurteil

Das Versäumnisurteil gegen einen widersprechenden Gläubiger ist dahin zu erlassen, dass der Widerspruch als zurückgenommen anzusehen sei.

1 § 881 ZPO regelt das Versäumnisurteil gegen den Kläger im Rahmen der Widerspruchsklage, für die insoweit grundsätzlich die allgemeinen Regeln der §§ 331–337 ZPO gelten. Lediglich bezüglich § 330 ZPO bestimmt § 881 ZPO, dass der Urteilstenor dahingehend lautet, dass der Widerspruch als zurückgenommen gilt. Deshalb wird dann mit der Auszahlung nach dem ursprünglichen Verteilungsplan begonnen, soweit keine weiteren Widerspruchsklagen anhängig sind. Ein Bereicherungsrechtlicher Anspruch nach § 878 Abs. 2 ZPO scheidet dann aus.[1]

§ 882
Verfahren nach dem Urteil

Auf Grund des erlassenen Urteils wird die Auszahlung oder das anderweite Verteilungsverfahren von dem Verteilungsgericht angeordnet.

1 Das Verteilungsgericht ist an die Entscheidung des Gerichts der Widerspruchsklage **gebunden**. Mit Rechtskraft des Urteils, das im Zweifel der Gläubiger nachzuweisen hat,[1] hat es deshalb die in § 882 ZPO genannten Schritte einzuleiten. Die Auszahlung nach Alt. 1 findet statt, soweit alle erhobenen Widerspruchsklagen (rechtskräftig) zurückgenommen oder abgewiesen wurden (evtl. mithilfe der Fiktion nach § 881 ZPO), oder dem Verteilungsgericht eine Auszahlung durch das entscheidende Gericht aufgegeben wurde. Wird dem Gericht über § 880 Satz 2 ZPO die Erstellung eines neuen Plans aufgegeben, wird bezüglich des wegen § 876 Satz 4 ZPO zurückgehaltenen Betrages ein neues Verteilungsverfahren nach §§ 876 ff. ZPO unter Zugrundelegung der Rechtsausführungen des entscheidenden Gerichts zwischen den beteiligten Gläubigern begonnen.[2]

---

1 MK-*Eickmann*, ZPO, § 880 Rn. 2 f.
2 RGZ 37, 367.
3 Musielak/Voit-*Becker*, ZPO, § 880 Rn. 3.
4 MK-*Eickmann*, ZPO, § 880 Rn. 5 m.w.N.

Zu § 881:
1 Zöller-*Stöber*, ZPO, § 881 Rn. 1; verneinend MK-*Eickmann*, ZPO, § 881 Rn. 3.

Zu § 882:
1 Zöller-*Stöber*, ZPO, § 882 Rn. 1.
2 Ausführlich MK-*Eickmann*, ZPO, § 882 Rn. 8 ff.

Titel 5
Zwangsvollstreckung gegen juristische Personen des öffentlichen Rechts

§ 882a
Zwangsvollstreckung wegen einer Geldforderung

(1) ¹Die Zwangsvollstreckung gegen den Bund oder ein Land wegen einer Geldforderung darf, soweit nicht dingliche Rechte verfolgt werden, erst vier Wochen nach dem Zeitpunkt beginnen, in dem der Gläubiger seine Absicht, die Zwangsvollstreckung zu betreiben, der zur Vertretung des Schuldners berufenen Behörde und, sofern die Zwangsvollstreckung in ein von einer anderen Behörde verwaltetes Vermögen erfolgen soll, auch dem zuständigen Minister der Finanzen angezeigt hat. ²Dem Gläubiger ist auf Verlangen der Empfang der Anzeige zu bescheinigen. ³Soweit in solchen Fällen die Zwangsvollstreckung durch den Gerichtsvollzieher zu erfolgen hat, ist der Gerichtsvollzieher auf Antrag des Gläubigers vom Vollstreckungsgericht zu bestimmen.

(2) ¹Die Zwangsvollstreckung ist unzulässig in Sachen, die für die Erfüllung öffentlicher Aufgaben des Schuldners unentbehrlich sind oder deren Veräußerung ein öffentliches Interesse entgegensteht. ²Darüber, ob die Voraussetzungen des Satzes 1 vorliegen, ist im Streitfall nach § 766 zu entscheiden. ³Vor der Entscheidung ist der zuständige Minister zu hören.

(3) ¹Die Vorschriften der Absätze 1 und 2 sind auf die Zwangsvollstreckung gegen Körperschaften, Anstalten und Stiftungen des öffentlichen Rechtes mit der Maßgabe anzuwenden, dass an die Stelle der Behörde im Sinne des Absatzes 1 die gesetzlichen Vertreter treten. ²Für öffentlich-rechtliche Bank- und Kreditanstalten gelten die Beschränkungen der Absätze 1 und 2 nicht.

(4) (weggefallen)

(5) Der Ankündigung der Zwangsvollstreckung und der Einhaltung einer Wartefrist nach Maßgabe der Absätze 1 und 3 bedarf es nicht, wenn es sich um den Vollzug einer einstweiligen Verfügung handelt.

Inhalt:

A. Allgemeines 1	II. Besonderheiten im Vollstreckungsverfahren 3
B. Erläuterungen 2	C. Rechtsbehelfe, Kosten und Gebühren 6
I. Vollstreckungsgegner 2	

A. Allgemeines

§ 882a ZPO statuiert Besonderheiten des Vollstreckungsverfahrens für die Zwangsvollstreckung gegen bestimmte **juristische Personen des öffentlichen Rechts**. Nach Abs. 1 finden die Einschränkungen nur bei der **Zwangsvollstreckung wegen Geldforderungen** (§§ 803–882 ZPO unter Ausschluss der Verfolgung dinglicher Rechte und dem Vollzug von einstweiligen Anordnungen; allerdings nur bezüglich der Wartefrist, nicht bezüglich der Pfändungsverbote, Abs. 5) Anwendung.[1] Abgesehen von den Sonderregelungen des § 882a ZPO gelten für die Zwangsvollstreckung gegen diese Personen jedoch keine den allgemeinen Vorschriften weitergehenden Einschränkungen.

1

B. Erläuterungen
I. Vollstreckungsgegner

§ 882a ZPO ist anzuwenden bei der Vollstreckung gegen **den Bund oder ein Land** (Abs. 1), **eine Körperschaft, Anstalt oder Stiftung des öffentlichen Rechts** (Abs. 3 Satz 1) und **öffentlich-rechtliches Sondervermögen**.[2] Für Gemeinden und Gemeindeverbände ist § 882a ZPO nicht anzuwenden, vielmehr ist hier auf landesrechtliche Normen Bezug zu nehmen (§ 15 Nr. 3 EG-ZPO). Nach Abs. 3 Satz 2 explizit vom Anwendungsbereich ausgenommen sind öffentlich-rechtliche Bank- und Kreditanstalten, z.B. Sparkassen und Landesbanken. § 882a ZPO gilt wohl auch für ausländische Staaten bzw. ihre juristischen Personen.[3]

2

---

1 MK-*Eickmann*, ZPO, § 882a Rn. 5.
2 MK-*Eickmann*, ZPO, § 882a Rn. 2.
3 KG Berlin, OLGR 2002, 356; str.; siehe hierzu auch BVerfGE 46, 342 = NJW 1978, 485.

II. Besonderheiten im Vollstreckungsverfahren

3 Nach Abs. 1 Satz 1 hat der Gläubiger seine Zwangsvollstreckungsabsicht (außer beim Vollzug einer einstweiligen Anordnung, Abs. 5) **anzeigen**. Erst nach Ablauf der 4-Wochen Frist (§ 222 ZPO) nach Zustellung, für die der Gläubiger beweispflichtig ist, ist die Zwangsvollstreckung zulässig. Es empfiehlt sich insofern **schriftliche Zustellung** gegen Empfangsbestätigung nach Abs. 1 Satz 2.[4] Die Anzeige ist an die vertretende Behörde oder den gesetzlichen Vertreter zu richten[5] und zusätzlich an den Finanzminister des Landes bzw. des Bundes, soweit in das Vermögen vollstreckt wird, das von einer anderen Behörde verwaltet wird. Inhaltlich ist die eindeutige Absicht einer baldigen Zwangsvollstreckung darzutun und auf den Titel explizit Bezug zu nehmen (insbesondere ist darzulegen, dass die Zwangsvollstreckung nach § 751 Abs. 1 ZPO bereits zulässig ist und er zur Zwangsvollstreckung legitimiert ist), dagegen ist die Ankündigung der beabsichtigten Art der Vollstreckung oder Zeit und Ort nicht notwendig.[6] Zusätzlich müssen – insofern weitergehend als der Wortlaut der Norm – auch alle Voraussetzungen, die bei Vollstreckungsbeginn für eine zulässige Vollstreckung notwendig sind (z.B. § 750 Abs. 3 ZPO), auch schon bei der Anzeige erfüllt sein.[7] Ein Verstoß führt jedoch allein zur Anfechtbarkeit der Zwangsvollstreckungsmaßnahme.[8]

4 Die Zwangsvollstreckung in Gegenstände i.S.d. § 808 ZPO ist **ausgeschlossen**, soweit diese für die öffentliche Aufgabenerfüllung unentbehrlich sind oder soweit dem ein besonderes öffentliches Interesse entgegensteht (Abs. 2). Ersteres ist bei Gegenständen des Verwaltungs- und nicht des Finanzvermögens der Fall,[9] wenn ansonsten eine anderweitige Aufgabenerfüllung erheblich erschwert wird.[10] Zweiteres ist insbesondere der Fall für Kunst- und Bibliotheksbestände, Polizei- und Bundeswehrausrüstungen, bei Kirchen alle zum Gottesdienst benötigten Gegenstände.[11]

5 Nach **Abs. 1 Satz 3** ist bei Vollstreckung durch den Gerichtsvollzieher ein solcher vom Vollstreckungsgericht zu bestimmen. Dies geschieht auf Antrag des Gläubigers. Dieser Antrag über den nach § 29 Nr. 17 RPflG der Rechtspfleger entscheidet, kann schon vor Ablauf der Wartefrist erfolgen und sollte deshalb immer schon mit dem Antrag nach § 753 ZPO verbunden werden.[12]

C. Rechtsbehelfe, Kosten und Gebühren

6 Die Erinnerung (§ 766 ZPO) ist zulässig, soweit Verstöße gegen § 882a ZPO geltend gemacht werden oder wenn die Zwangsvollstreckung abgelehnt wird, obwohl die Voraussetzungen eigentlich vorliegen.

7 Gerichtskosten werden auch bei Bestimmung des Gerichtsvollziehers nicht fällig, der Rechtsanwalt wird durch Nr. 3309 VV-RVG abgegolten (keine besondere Angelegenheit, § 19 Abs. 2 Nr. 4 RVG), das Erinnerungsverfahren ist sodann gebührenfrei, es sei denn der Rechtsanwalt wird hierin erstmalig tätig (dann Nr. 3500 VV-RVG mit 0,3 Verfahrensgebühr). Kosten, die dem Gläubiger durch die Frist des Abs. 1 entstehen sind keine notwendigen Kosten i.S.d. § 788 ZPO und sind deshalb nicht erstattungsfähig.[13]

---

4 Auch wenn telefonische Anzeige genügt, vgl. *Schneider*, MDR 1988, 82.
5 Zöller-*Stöber*, ZPO, § 882a Rn. 4.
6 Musielak/Voit-*Becker*, ZPO, § 882a Rn. 3.
7 OLG Frankfurt a.M., Rpfleger 1981, 158.
8 OLG Frankfurt a.M., FoVo 2008, 121.
9 BVerfG, NJW 1983, 2768.
10 MK-*Eickmann*, ZPO, § 882a Rn. 17.
11 MK-*Eickmann*, ZPO, § 882a Rn. 18.
12 So auch Musielak/Voit-*Becker*, ZPO, § 882a Rn. 5.
13 LG Cottbus, DGVZ 2007, 138.

Titel 6
Schuldnerverzeichnis

Vorbemerkungen zu §§ 882b–882h ZPO

Die §§ 882b–882h ZPO wurden durch das Gesetz zur Reform der Sachaufklärung in der Zwangsvollstreckung[1] eingefügt. Im Gegensatz zur früheren Rechtslage werden die örtlichen Schuldnerverzeichnisse schrittweise durch ein zentrales Internetregister ersetzt. Zu beachten ist, dass nach § 39 EGZPO Übergangsregelungen gelten, soweit es sich um Vollstreckungsaufträge von vor dem 31. 12. 2013 handelt.[2] Insbesondere sollten wegen der zeitweisen Fortführung des alten Schuldnerverzeichnisses (Nr. 1–3), dessen Eintragungen allerdings gelöscht werden, soweit eine Person in das neue Schuldnerverzeichnis eingetragen wird, bei Zweifeln über die Zahlungsfähigkeit einer Person immer noch beide Verzeichnisse zu Rate gezogen werden.   1

§ 882b
Inhalt des Schuldnerverzeichnisses

(1) Das zentrale Vollstreckungsgericht nach § 882h Abs. 1 führt ein Verzeichnis (Schuldnerverzeichnis) derjenigen Personen,
1. deren Eintragung der Gerichtsvollzieher nach Maßgabe des § 882c angeordnet hat;
2. deren Eintragung die Vollstreckungsbehörde nach Maßgabe des § 284 Abs. 9 der Abgabenordnung angeordnet hat; einer Eintragungsanordnung nach § 284 Abs. 9 der Abgabenordnung steht die Anordnung der Eintragung in das Schuldnerverzeichnis durch eine Vollstreckungsbehörde gleich, die auf Grund einer gleichwertigen Regelung durch Bundesgesetz oder durch Landesgesetz ergangen ist;
3. deren Eintragung das Insolvenzgericht nach Maßgabe des § 26 Absatz 2 oder des § 303a der Insolvenzordnung angeordnet hat.

(2) Im Schuldnerverzeichnis werden angegeben:
1. Name, Vorname und Geburtsname des Schuldners sowie die Firma und deren Nummer des Registerblatts im Handelsregister,
2. Geburtsdatum und Geburtsort des Schuldners,
3. Wohnsitze des Schuldners oder Sitz des Schuldners,
einschließlich abweichender Personendaten.

(3) Im Schuldnerverzeichnis werden weiter angegeben:
1. Aktenzeichen und Gericht oder Vollstreckungsbehörde der Vollstreckungssache oder des Insolvenzverfahrens,
2. im Fall des Absatzes 1 Nr. 1 das Datum der Eintragungsanordnung und der gemäß § 882c zur Eintragung führende Grund,
3. im Fall des Absatzes 1 Nr. 2 das Datum der Eintragungsanordnung und der gemäß § 284 Abs. 9 der Abgabenordnung oder einer gleichwertigen Regelung im Sinne von Absatz 1 Nr. 2 Hs. 2 zur Eintragung führende Grund,
4. im Fall des Absatzes 1 Nummer 3 das Datum der Eintragungsanordnung sowie die Feststellung, dass ein Antrag auf Eröffnung des Insolvenzverfahrens über das Vermögen des Schuldners mangels Masse gemäß § 26 Absatz 1 Satz 1 der Insolvenzordnung abgewiesen wurde, oder bei einer Eintragung gemäß § 303a der Insolvenzordnung der zur Eintragung führende Grund und das Datum der Entscheidung des Insolvenzgerichts.

Inhalt:

	Rn.		Rn.
A. Allgemeines	1	C. Rechtsfolgen und Rechtsbehelfe	4
B. Eintragungsvoraussetzung und Inhalt	2		

A. Allgemeines

§ 882b ZPO regelt die Erstellung, Aufnahme sowie genauere Ausgestaltung des neuerdings zentral geführten Schuldnerverzeichnisses, das den Geschäftsverkehr vor unredlichen und zahlungsunfähigen Geschäftspartnern schützen soll.[1] Es wird von dem nach § 882h Abs. 1   1

---
1 BGBl. I 2009 I, S. 2258.
2 Sehr übersichtlich dazu Thomas/Putzo-*Seiler*, ZPO, Vor § 882b Rn. 2.

Zu § 882b:
1 BT-Drucks. 16/10069, S. 35.

ZPO jeweils landesweit zuständigen Gericht mit Informationen versorgt. Zu finden ist es unter: https://www.vollstreckungsportal.de/. Zusätzlich heranzuziehen ist die Schuldnerverzeichnisführungsverordnung des BMJ (SchuFV).

B. Eintragungsvoraussetzung und Inhalt

2 Nach **Abs. 1** werden natürliche und juristische Personen[2] in das Schuldnerverzeichnis eingetragen, deren Eintragung nach § 882c ZPO, § 284 Abs. 9 AO oder einer gleichwertigen bundes- oder landesgesetzliche Regelung oder § 26 Abs. 2 InsO angeordnet wurde. Eingetragen wird der Schuldner selbst, nicht dessen Vertreter.[3] Ein Verzicht auf die Eintragung durch Einigung zwischen Gläubiger und Schuldner ist ausgeschlossen.[4] Die Eintragung erfolgt von Amts wegen, nicht auf Antrag des Gläubigers.

3 **Abs. 2 und 3** regeln, welche Informationen in das Verzeichnis aufzunehmen sind. Eine (nachträglich) falsche Bezeichnung im Vollstreckungstitel ist unbeachtlich.[5]

C. Rechtsfolgen und Rechtsbehelfe

4 Die Eintragung selbst ist lediglich durch einen Antrag nach § 23 EGGVG anfechtbar, die Eintragungsanordnung nach § 882c ZPO jedoch auch durch Widerspruch nach § 882d ZPO.[6] Bei einer fehlerhaften Eintragung kommen gegebenenfalls Amtshaftungsansprüche in Betracht.

§ 882c
Eintragungsanordnung
[Fassung bis 31. 10. 2017]

(1) ¹Der zuständige Gerichtsvollzieher ordnet von Amts wegen die Eintragung des Schuldners in das Schuldnerverzeichnis an, wenn

1. der Schuldner seiner Pflicht zur Abgabe der Vermögensauskunft nicht nachgekommen ist;
2. eine Vollstreckung nach dem Inhalt des Vermögensverzeichnisses offensichtlich nicht geeignet wäre, zu einer vollständigen Befriedigung des Gläubigers zu führen, auf dessen Antrag die Vermögensauskunft erteilt oder dem die erteilte Auskunft zugeleitet wurde, oder
3. der Schuldner dem Gerichtsvollzieher nicht innerhalb eines Monats nach Abgabe der Vermögensauskunft oder Bekanntgabe der Zuleitung nach § 802d Absatz 1 Satz 2 die vollständige Befriedigung des Gläubigers nachweist, auf dessen Antrag die Vermögensauskunft erteilt oder dem die erteilte Auskunft zugeleitet wurde. ²Dies gilt nicht, solange ein Zahlungsplan nach § 802b festgesetzt und nicht hinfällig ist.

³Die Anordnung der Eintragung des Schuldners in das Schuldnerverzeichnis ist Teil des Vollstreckungsverfahrens.

(2) ¹Die Eintragungsanordnung soll kurz begründet werden. ²Der Gerichtsvollzieher stellt sie dem Schuldner von Amts wegen zu, soweit sie ihm nicht mündlich bekannt gegeben und in das Protokoll aufgenommen wird (§ 763 Absatz 1). ³Über die Bewilligung der öffentlichen Zustellung entscheidet abweichend von § 186 Absatz 1 Satz 1 der Gerichtsvollzieher.

(3) ¹Die Eintragungsanordnung hat die in § 882b Abs. 2 und 3 genannten Daten zu enthalten. ²Sind dem Gerichtsvollzieher die nach § 882b Abs. 2 Nr. 1 bis 3 im Schuldnerverzeichnis anzugebenden Daten nicht bekannt, holt er Auskünfte bei den in § 755 Abs. 1 und 2 Satz 1 Nr. 1 genannten Stellen ein, um die erforderlichen Daten zu beschaffen.

§ 882c
Eintragungsanordnung
[Fassung ab 01. 11. 2017]

(1) ¹Der zuständige Gerichtsvollzieher ordnet von Amts wegen die Eintragung des Schuldners in das Schuldnerverzeichnis an, wenn

1. der Schuldner seiner Pflicht zur Abgabe der Vermögensauskunft nicht nachgekommen ist;

---

2 Zöller-*Stöber*, ZPO, § 882b Rn. 3.
3 Zöller-*Stöber*, ZPO, § 882b Rn. 3.
4 LG Freiburg, Rpfleger 1987, 187; AG Böblingen, DGVZ 2014, 174.
5 Musielak/Voit-*Voit*, ZPO, § 882b Rn. 5.
6 Thomas/Putzo-*Seiler*, ZPO, § 882b Rn. 3.

2. eine Vollstreckung nach dem Inhalt des Vermögensverzeichnisses offensichtlich nicht geeignet wäre, zu einer vollständigen Befriedigung des Gläubigers zu führen, auf dessen Antrag die Vermögensauskunft erteilt oder dem die erteilte Auskunft zugeleitet wurde, oder

3. der Schuldner dem Gerichtsvollzieher nicht innerhalb eines Monats nach Abgabe der Vermögensauskunft oder Bekanntgabe der Zuleitung nach § 802d Abs. 1 Satz 2 die vollständige Befriedigung des Gläubigers nachweist, auf dessen Antrag die Vermögensauskunft erteilt oder dem die erteilte Auskunft zugeleitet wurde. Dies gilt nicht, solange ein Zahlungsplan nach § 802b festgesetzt und nicht hinfällig ist.

²Die Anordnung der Eintragung des Schuldners in das Schuldnerverzeichnis ist Teil des Vollstreckungsverfahrens.

(2) ¹Die Eintragungsanordnung soll kurz begründet werden. ²Der Gerichtsvollzieher stellt sie dem Schuldner von Amts wegen zu, soweit sie ihm nicht mündlich bekannt gegeben und in das Protokoll aufgenommen wird (§ 763 Absatz 1). ³Über die Bewilligung der öffentlichen Zustellung entscheidet abweichend von § 186 Absatz 1 Satz 1 der Gerichtsvollzieher.

(3) ¹Die Eintragungsanordnung hat die in § 882b Abs. 2 und 3 genannten Daten zu enthalten. ²Sind dem Gerichtsvollzieher die nach § 882b Abs. 2 Nr. 1 bis 3 im Schuldnerverzeichnis anzugebenden Daten nicht bekannt, holt er Auskünfte bei den in § 755 Abs. 1 und 2 Satz 1 Nr. 1 genannten Stellen ein, um die erforderlichen Daten zu beschaffen. ³Hat der Gerichtsvollzieher Anhaltspunkte dafür, dass zugunsten des Schuldners eine Auskunftssperre gemäß § 51 des Bundesmeldegesetzes eingetragen oder ein bedingter Sperrvermerk gemäß § 52 des Bundesmeldegesetzes eingerichtet wurde, hat der Gerichtsvollzieher den Schuldner auf die Möglichkeit eines Vorgehens nach § 882f Absatz 2 hinzuweisen.

Inhalt:

	Rn.		Rn.
A. Allgemeines	1	II. Eintragungsverfahren	5
B. Erläuterungen	2	C. Rechtsbehelfe, Kosten und	
I. Anordnungsvoraussetzungen	2	Gebühren	6

A. Allgemeines

§ 882b ZPO regelt, Voraussetzung und Form der Eintragungsanordnung des Gerichtsvollziehers. Die **abschließenden und alternativen** Voraussetzungen des Abs. 1 stellen insofern auch klar, dass alleinig eine betriebene Zwangsvollstreckung für einen solch weitreichenden Eingriff nicht ausreicht. Vielmehr muss es sich um einen den Geschäftsverkehr besonders beeinträchtigenden und gefährdenden Schuldner handeln. 1

B. Erläuterungen
I. Anordnungsvoraussetzungen

Eine Eintragungsanordnung erfolgt zum einen, wenn der Schuldner der **Pflicht zur Abgabe der Vermögensauskunft** nicht nachgekommen ist, weil er diese ganz oder teilweise verweigert (auch die Verweigerung an Eides statt) hat, zum Termin nicht erschienen ist oder sich die Vermögensauskunft wegen Verstoß gegen § 802f Abs. 1 Satz 3 ZPO nicht ausreichend erstellen kann.[1] Schließt er danach noch eine Zahlungsvereinbarung, kann eine Eintragung dennoch erfolgen.[2] 2

Eine Eintragung erfolgt weiter, wenn der Schuldner im Vermögensverzeichnis entweder keinerlei oder nach der Erfahrung des Gerichtsvollziehers[3] offenkundig nicht genügend Gegenstände vorweisen kann, die zur Befriedigung des Gläubigers (der die Vermögensauskunft beantragt hat oder alle Gläubiger, die innerhalb der Frist des § 802d ZPO einen Antrag auf Vollstreckung stellten)[4] inklusive der Vollstreckungskosten ausreichen. Bei reinen Zweifeln ist eine Anordnung nach § 882c ZPO jedoch unzulässig.[5] 3

Nach **Abs. 1 Nr. 3** wird auch der Schuldner eingetragen, der seine **kompletten** Zahlungspflichten gegenüber dem Gläubiger (zum Begriff siehe Rn. 3) nicht **innerhalb eines Monats nach Abgabe der Vermögensauskunft** oder nach Zuleitung des Vermögensverzeichnisses gemäß § 802d Abs. 1 Satz 2 ZPO erfüllt. Die Erfüllung ist dem Gerichtsvollzieher nachzuweisen (z.B. durch Zahlungsquittung). Wird die Schuld nicht erfüllt oder weist der Schuldner es nicht nach, ergeht Eintragung. Erfolgt die Eintragung nur wegen des unterlassenen Nachweises, kann Lö- 4

---

1 Thomas/Putzo-*Seiler*, ZPO, § 882c Rn. 2.
2 LG Arnsberg, DGVZ 2014, 43.
3 LG Koblenz v. 23.04.2014, 2 T 235/14, juris, Rn. 14.
4 MK-*Eickmann*, ZPO, § 882c Rn. 9.
5 Musielak/Voit-*Voit*, ZPO, § 882c Rn. 3.

schung nach § 882e Abs. 3 Nr. 2 ZPO beantragt werden. Eine Eintragung nach Abs. 1 Nr. 3 kann jedoch verhindert werden, indem ein Zahlungsplan nach § 802b ZPO vereinbart wird. Ein weitestgehend mittelloser Schuldner sollte insofern immer angehalten werden, einen solchen zu vereinbaren, um die Eintragung zu verhindern.

II. Eintragungsverfahren

5   Die Eintragungsanordnung erfolgt **von Amts wegen** an das nach § 882h ZPO zuständige Vollstreckungsgericht.[6] Sie ist schriftlich und unterschrieben zu verfassen oder nach § 763 ZPO zu Protokoll zu geben. Zugestellt werden muss sie, wenn sie dem Schuldner im Falle der Protokollaufnahme nicht mündlich bekannt gegeben wurde. Die Anordnung muss begründet werden, wobei dies durch ein Formblatt erfolgen kann.[7] Enthalten sind nach Abs. 3 die Angaben der § 882b Abs. 2 und 3 ZPO, die gegebenenfalls einzuholen sind. Nach § 882d Abs. 3 ZPO ist der Schuldner über die Widerspruchsmöglichkeit des § 882d ZPO zu belehren.

C. Rechtsbehelfe, Kosten und Gebühren

6   Der Gläubiger kann eine verspätete Eintragungsanordnung mit der Erinnerung nach § 766 ZPO rügen, dem Schuldner steht nur der Widerspruch nach § 882d ZPO zu.

7   Kosten für die Auskunft und Zustellung werden vom Gerichtsvollzieher nicht erhoben, Auslagen sind aber nach Nr. 700 ff. KV-GvKostG zu erstatten.[8]

§ 882d
Vollziehung der Eintragungsanordnung

(1) [1]Gegen die Eintragungsanordnung nach § 882c kann der Schuldner binnen zwei Wochen seit Bekanntgabe Widerspruch beim zuständigen Vollstreckungsgericht einlegen. [2]Der Widerspruch hemmt nicht die Vollziehung. [3]Nach Ablauf der Frist des Satzes 1 übermittelt der Gerichtsvollzieher die Anordnung unverzüglich elektronisch dem zentralen Vollstreckungsgericht nach § 882h Abs. 1. [4]Dieses veranlasst die Eintragung des Schuldners. [5]Wird dem Gerichtsvollzieher vor der Übermittlung der Anordnung nach Satz 3 bekannt, dass die Voraussetzungen für die Eintragung nicht oder nicht mehr vorliegen, hebt er die Anordnung auf und unterrichtet den Schuldner hierüber.

(2) [1]Auf Antrag des Schuldners kann das Vollstreckungsgericht anordnen, dass die Eintragung einstweilen ausgesetzt wird. [2]Das zentrale Vollstreckungsgericht nach § 882h Abs. 1 hat von einer Eintragung abzusehen, wenn ihm die Ausfertigung einer vollstreckbaren Entscheidung vorgelegt wird, aus der sich ergibt, dass die Eintragungsanordnung einstweilen ausgesetzt ist.

(3) [1]Über die Rechtsbehelfe nach den Absätzen 1 und 2 ist der Schuldner mit der Bekanntgabe der Eintragungsanordnung zu belehren. [2]Das Gericht, das über die Rechtsbehelfe entschieden hat, übermittelt seine Entscheidung dem zentralen Vollstreckungsgericht nach § 882h Abs. 1 elektronisch.

Inhalt:

	Rn.		Rn.
A. Allgemeines	1	II. Aufschiebende Wirkung	4
B. Erläuterungen	2	III. Verfahren und Entscheidung	5
I. Einlegung des Widerspruches	2	C. Rechtsbehelfe, Kosten	6

A. Allgemeines

1   § 882d ZPO regelt zum einen den weiteren Verfahrensablauf der Eintragung nach einer Eintragungsanordnung nach § 882c ZPO, zum weiteren den relevanten **Rechtsbehelf gegen eine angeordnete aber noch nicht vollzogene Eintragung** („Widerspruch"), der insofern § 23 EGGVG verdrängt. **Erfolgt kein Widerspruch** oder ist die **2-Wochen-Frist abgelaufen** (Abs. 1 Satz 2), übermittelt der Gerichtsvollzieher die Eintragung elektronisch und unverzüglich (§ 121 BGB) an das nach § 882h ZPO zuständige Vollstreckungsgericht (Abs. 1 Satz 3), das die Eintragung vornimmt.

---

6 Zöller-*Stöber*, ZPO, § 882c Rn. 2.
7 Musielak/Voit-*Voit*, ZPO, § 882c Rn. 6 m.w.N.
8 Zöller-*Stöber*, ZPO, § 882c Rn. 7 m.w.N.

B. Erläuterungen
I. Einlegung des Widerspruchs

Der Schuldner kann beim nach § 764 Abs. 2 ZPO zuständigem Vollstreckungsgericht gegen die Anordnung **Widerspruch** einlegen. Dies hat innerhalb von zwei Wochen (§ 222 ZPO) nach Bekanntgabe, entweder durch Zustellung oder mündliche Bekanntgabe, schriftlich oder zu Protokoll der Geschäftsstelle zu geschehen:

> Hiermit wird [evtl. namens und im Auftrag des Gläubigers] Widerspruch gegen die Eintragungsanordnung in das Schuldnerverzeichnis [vom Datum, evtl. zugestellt am Datum] eingelegt.

In der Begründung ist sodann dazulegen und evtl. zu beweisen, dass kein Eintragungsgrund i.S.d. § 882c Abs. 1 ZPO vorliegt.

Die 2-Wochen-Frist gilt nur bei einer **ordnungsgemäßen Rechtsmittelbelehrung** nach Abs. 3. Fehlt eine solche ist nach § 58 VwGO analog wohl eine Fristverlängerung anzuerkennen, allerdings steht eine explizite Entscheidung für § 882d ZPO noch aus.[1] Geht ein Widerspruch verspätet ein, kann dies jedoch als Antrag auf Wiedereinsetzung in den vorigen Stand ausgelegt werden.[2]

II. Aufschiebende Wirkung

Jedoch ist zu beachten, dass nach Abs. 1 Satz 2 die alleinige Einlegung eines Widerspruchs nicht die Vollziehung der Eintragung hemmt. Deshalb kann und sollte mit dem Widerspruch auch immer der **Antrag auf eine einstweilige Anordnung** (im Übrigen gilt auch für diesen die 2-Wochen-Frist)[3] ergehen:

> Zusätzlich wird beantragt:
>
> Die Vollziehung der Eintragungsanordnung wird gemäß § 882c Abs. 2 ZPO bis zur Entscheidung über den Widerspruch einstweilen ausgesetzt.

Entscheidend für den Erfolg dieses Antrags ist der voraussichtliche Erfolg des Widerspruchs.[4]

III. Verfahren und Entscheidung

Das Vollstreckungsgericht entscheidet in beiden Verfahren durch den Rechtspfleger (§ 20 Abs. 1 Nr. 17 RPflG) durch Beschluss (§ 764 Abs. 3 ZPO) ohne mündliche Verhandlung. Bei Begründetheit des Widerspruches hebt das Gericht die Anordnung auf, ansonsten weißt sie die Anträge zurück. Veränderungen, die bis zur Entscheidung stattgefunden haben (z.B. Bezahlung durch den Schuldner), sind zu berücksichtigen.[5] Eine Übersendung der Entscheidung an das zentrale Vollstreckungsgericht ergeht (§ 882d Abs. 3 Satz 2 ZPO), sicherheitshalber sollte der Schuldner dies aber auch selbst tun. Ist der Widerspruch begründet aber die Eintragung schon vollzogen, wird der Eintrag parallel zu § 802e ZPO gelöscht.

C. Rechtsbehelfe, Kosten

Gegen die Zurückweisung des Widerspruches, steht dem Schuldner die sofortige Beschwerde (§ 793 ZPO) zum Landgericht offen. Gegen die Zurückweisung des Antrages nach Abs. 2 sofortige Erinnerung (§ 11 Abs. 2 Satz 1 RPflG).[6] Das Gericht erhebt keine Kosten.

§ 882e
Löschung

(1) Eine Eintragung im Schuldnerverzeichnis wird nach Ablauf von drei Jahren seit dem Tag der Eintragungsanordnung von dem zentralen Vollstreckungsgericht nach § 882h Abs. 1 gelöscht.

(2) ¹Über Einwendungen gegen die Löschung nach Absatz 1 oder ihre Versagung entscheidet der Urkundsbeamte der Geschäftsstelle. ²Gegen seine Entscheidung findet die Erinnerung nach § 573 statt.

---

1 Entschieden für § 23 EGGVG durch BGH, NJW 1999, 1113; für eine Anwendung: BeckOK-*Utermark/Fleck*, ZPO, § 882d Rn. 4 m.w.N.
2 LG Schwerin, DGVZ 2015, 59.
3 So z.B. MK-*Eickmann*, ZPO, § 882c Rn. 8.
4 MK-*Eickmann*, ZPO, § 882c Rn. 9.
5 Thomas/Putzo-*Seiler*, ZPO, § 882c Rn. 6 m.w.N.
6 Thomas/Putzo-*Seiler*, ZPO, § 882c Rn. 7 m.w.N.

(3) Abweichend von Absatz 1 wird eine Eintragung auf Anordnung des zentralen Vollstreckungsgerichts nach § 882h Abs. 1 gelöscht, wenn diesem
1. die vollständige Befriedigung des Gläubigers nachgewiesen worden ist;
2. das Fehlen oder der Wegfall des Eintragungsgrundes bekannt geworden ist oder
3. die Ausfertigung einer vollstreckbaren Entscheidung vorgelegt wird, aus der sich ergibt, dass die Eintragungsanordnung aufgehoben oder einstweilen ausgesetzt ist.

(4) ¹Wird dem zentralen Vollstreckungsgericht nach § 882h Abs. 1 bekannt, dass der Inhalt einer Eintragung von Beginn an fehlerhaft war, wird die Eintragung durch den Urkundsbeamten der Geschäftsstelle geändert. ²Wird der Schuldner oder ein Dritter durch die Änderung der Eintragung beschwert, findet die Erinnerung nach § 573 statt.

Inhalt:

	Rn.		Rn.
A. Allgemeines	1	III. Berichtigung	6
B. Erläuterungen	2	C. Rechtsbehelfe, Kosten und	
I. Löschung durch Zeitablauf	2	Gebühren	7
II. Löschung vor Zeitablauf	3		

A. Allgemeines

1 § 882e ZPO regelt, unter welchen Voraussetzungen die Eintragung eines Schuldners durch Zeitablauf oder aufgrund einer veränderten Sachlage zu löschen ist. Die Entscheidung und Löschung erfolgt im Falle des Abs. 1 durch den Urkundsbeamten der Geschäftsstelle von Amts wegen. Die Entscheidung nach Abs. 2 trifft der Rechtspfleger. Für Abs. 3 ist zu beachten, dass es für das Vorliegen der Voraussetzungen einer Löschung keine Amtsermittlungspflicht gibt, dem Beschwerten ist somit angeraten die Löschung nach Abs. 3 oder Berichtigung selbst anzuregen.[1]

B. Erläuterungen
I. Löschung durch Zeitablauf

2 Nach Abs. 1 wird eine Eintragung drei Jahre nach Eintragung gelöscht unabhängig davon, ob sich die finanzielle Situation gebessert hat. Dies gilt mittlerweile auch für den Fall einer Eintragung wegen § 882e Abs. 3 ZPO, für den früher eine Frist von fünf Jahren vorgesehen war. Für mehrere Einträge gilt die Frist jeweils gesondert.[2] Die Frist beginnt mit dem Tag der Eintragung und wird nach § 222 ZPO berechnet.

II. Löschung vor Zeitablauf

3 Vor dem Ablauf der 3-Jahres-Frist kann eine Löschung erfolgen, wenn einer der in Abs. 3 abschließend genannten Gründe eintritt. Nach **Nr. 1** ist dies möglich soweit der Schuldner (das Gericht ermittelt nicht von Amts wegen; der Gläubiger ist ohne eine besondere vertragliche Verpflichtung zur Mitteilung nicht verpflichtet)[3] dem Vollstreckungsgericht nachweist (z.B. durch Zahlungsquittung), dass die jeweilige Forderung, die der Eintragung zugrunde liegt, **vollständig beglichen** wurde.

4 Eine Löschung erfolgt nach **Nr. 2** weiter, wenn durch den Schuldner angezeigt wird, dass der **Grund der Eintragung fehlt oder weggefallen** ist. Dies ist insbesondere der Fall wenn dies im Widerspruchsverfahren festgestellt wird und bei Aufhebung von Vollstreckungsmaßregeln nach § 776 ZPO,[4] nicht jedoch bei Abschluss eines nach Eintragung erfolgtem Zahlungsplans.[5]

5 Löschung nach **Nr. 3** ergeht, wenn dem Gericht die vollstreckbare Ausfertigung eines erfolgreichen Widerspruchs oder einer einstweiligen Anordnung der Nichteintragung vorgelegt wird und eine Eintragung schon erfolgt ist. Dies kann auch ein beschwerter Dritter verlangen.[6]

III. Berichtigung

6 Nach **Abs. 4** kann auch eine **Berichtigung** verlangt werden. Dies kann ebenso durch einen Dritten geschehen. Der Eintrag muss von Anfang an fehlerhaft sein, ist also nicht einschlägig, wenn Änderungen im Sachverhalt eintreten. In Betracht kommen insbesondere falsche Namen- oder Adressvermerke.

---

1 BeckOK-*Utermark/Fleck*, ZPO, § 882e Rn. 8: Antrag auf Löschung gibt es insofern nicht, es bleibt bei der Anregung.
2 Zöller-*Stöber*, ZPO, § 882d Rn. 2.
3 Thomas/Putzo-*Seiler*, ZPO, § 882e Rn. 7.
4 Thomas/Putzo-*Seiler*, ZPO, § 882e Rn. 8.
5 LG Karlsruhe, DGVZ 2013, 211.
6 BeckOK-*Utermark/Fleck*, ZPO, § 882e Rn. 6.

C. Rechtsbehelfe, Kosten und Gebühren

Gegen die Entscheidung des Urkundsbeamten im Falle des Abs. 1 ist sowohl der Schuldner als auch der Gläubiger erinnerungsbefugt i.S.d. § 573 ZPO (Abs. 2 Satz 2). Über die Erinnerung entscheidet der Rechtspfleger, seine Entscheidung ist mit sofortiger Beschwerde (§ 573 Abs. 2 i.V.m. § 793 ZPO) angreifbar. Gegen die Entscheidung des Rechtspflegers im Falle des Abs. 3 ist die sofortige Beschwerde nach § 793 ZPO möglich.[7]

Das Gericht erhebt für die Löschung keine Kosten. Das Verfahren ist für den Rechtsanwalt eine besondere Angelegenheit (§ 18 Abs. 1 Nr. 17 RVG), er kann deshalb Gebühren nach Nr. 3309 VV-RVG geltend machen.

§ 882f
Einsicht in das Schuldnerverzeichnis
[Fassung bis 31.10.2017]

(1) ¹Die Einsicht in das Schuldnerverzeichnis ist jedem gestattet, der darlegt, Angaben nach § 882b zu benötigen:
1. für Zwecke der Zwangsvollstreckung;
2. um gesetzliche Pflichten zur Prüfung der wirtschaftlichen Zuverlässigkeit zu erfüllen;
3. um Voraussetzungen für die Gewährung von öffentlichen Leistungen zu prüfen;
4. um wirtschaftliche Nachteile abzuwenden, die daraus entstehen können, dass Schuldner ihren Zahlungsverpflichtungen nicht nachkommen;
5. für Zwecke der Strafverfolgung und der Strafvollstreckung;
6. zur Auskunft über ihn selbst betreffende Eintragungen;
7. für Zwecke der Dienstaufsicht über Justizbedienstete, die mit dem Schuldnerverzeichnis befasst sind.

²Die Informationen dürfen nur für den Zweck verwendet werden, für den sie übermittelt worden sind; sie sind nach Zweckerreichung zu löschen. ³Nichtöffentliche Stellen sind darauf bei der Übermittlung hinzuweisen.

§ 882f
Einsicht in das Schuldnerverzeichnis
[Fassung ab 01.11.2017]

(1) ¹Die Einsicht in das Schuldnerverzeichnis ist jedem gestattet, der darlegt, Angaben nach § 882b zu benötigen:
1. für Zwecke der Zwangsvollstreckung;
2. um gesetzliche Pflichten zur Prüfung der wirtschaftlichen Zuverlässigkeit zu erfüllen;
3. um Voraussetzungen für die Gewährung von öffentlichen Leistungen zu prüfen;
4. um wirtschaftliche Nachteile abzuwenden, die daraus entstehen können, dass Schuldner ihren Zahlungsverpflichtungen nicht nachkommen;
5. für Zwecke der Strafverfolgung und der Strafvollstreckung;
6. zur Auskunft über ihn selbst betreffende Eintragungen;
7. für Zwecke der Dienstaufsicht über Justizbedienstete, die mit dem Schuldnerverzeichnis befasst sind.

²Die Informationen dürfen nur für den Zweck verwendet werden, für den sie übermittelt worden sind; sie sind nach Zweckerreichung zu löschen. ³Nichtöffentliche Stellen sind darauf bei der Übermittlung hinzuweisen.

(2) ¹Das Recht auf Einsichtnahme durch Dritte erstreckt sich nicht auf Angaben nach § 882b Absatz 2 Nummer 3, wenn glaubhaft gemacht wird, dass zugunsten des Schuldners eine Auskunftssperre gemäß § 51 des Bundesmeldegesetzes eingetragen oder ein bedingter Sperrvermerk gemäß § 52 des Bundesmeldegesetzes eingerichtet wurde. ²Der Schuldner hat das Bestehen einer solchen Auskunftssperre oder eines solchen Sperrvermerks gegenüber dem

---

[7] Zöller-*Stöber*, ZPO, § 882d Rn. 5.

Gerichtsvollzieher glaubhaft zu machen. ³Satz 2 gilt entsprechend gegenüber dem zentralen Vollstreckungsgericht, wenn die Eintragungsanordnung an dieses gemäß § 882d Absatz 1 Satz 3 übermittelt worden ist. ⁴Satz 1 ist nicht anzuwenden auf die Einsichtnahme in das Schuldnerverzeichnis durch Gerichte und Behörden für die in Absatz 1 Satz 1 Nummer 2 und 5 bezeichneten Zwecke.

Inhalt:

	Rn.		Rn.
A. Verfahren der Einsichtnahme	1	B. Einsichtsgründe	5

A. Verfahren der Einsichtnahme

1 § 882f ZPO regelt die Berechtigung, das Schuldnerverzeichnis einsehen zu dürfen. Ergänzend sind §§ 5–11 Schuldnerverzeichnisführungsverordnung heranzuziehen. Die Einsichtnahme ist **grundsätzlich jedem gestattet**, der ein berechtigtes Interesse nachweisen kann. Für das neugeschaffene zentrale Schuldnerverzeichnis ist eine einmalige Registrierung notwendig. Diese kann unter https://www.vollstreckungsportal.de/zponf/allg/registrierungAuskunft.jsf beantragt werden. Bei der Registrierung muss ein Grund des § 882f ZPO noch nicht angegeben werden. Sodann erfolgt die postalische Zusendung einer PIN, mit der die Anmeldung abgeschlossen werden kann.

2 Die Einsichtnahme erfolgt über Anmeldung im **Vollstreckungsportal**. Unter dem Reiter „Schuldnerverzeichnis" kann sodann eine kostenpflichtige Abfrage unter Auswahl eines Grundes durchgeführt werden. Im Feld „weitergehende Erläuterung" muss der Grund nach § 882f ZPO dargelegt werden. Dies bedeutet ein schlüssiges Vortragen des zugrundeliegenden Sachverhalts und des geltend gemachten Grundes.¹ Durch die automatische Verarbeitung findet eine vorherige Prüfung aber nicht mehr statt, eine nachträgliche Rechtmäßigkeitsprüfung bleibt aber möglich.² Weiter muss der Schuldner so genau angegeben werden, dass es zu keiner Verwechslung kommen kann.³ Sollte es dennoch zu einer Ablehnung kommen ist kein Rechtsmittel einschlägig, sondern ein Antrag nach § 23 EGGVG auf Auskunft zu stellen.⁴

3 Nach **Satz 2** ist die Nutzung nur zum angegeben Zweck zulässig. Dies bedeutet, dass auch die Nutzung zu einem anderen zulässigen Zweck nach Nr. 1–6 nicht gestattet ist, wenn die Auskunft für einen anderen Grund eingeholt wurde.⁵ Die Daten sind nach Zweckerreichung zu löschen.

4 Kosten für das Vollstreckungsgericht entstehen nicht, der Abdruck ist jedoch kostenpflichtig. Der Rechtsanwalt kann für die Einsichtnahme Gebühren nach Nr. 309 VV-RVG geltend machen, diese bildet mit der späteren Abnahme der Vermögensauskunft eine Angelegenheit.

B. Einsichtsgründe

5 Zulässige Gründe, die eine Einsichtnahme erlauben, sind abschließend geregelt. Nach **Nr. 1**, um eine Zwangsvollstreckung durchzuführen oder bereits zu prüfen, ob eine solche erfolgsversprechend ist. **Nr. 2** ist nur für Behörden einschlägig, die einer gesetzlichen Prüfungspflicht nachkommen (z.B. im Rahmen der GewO).⁶ Gleiches gilt für **Nr. 3**, die insbesondere die Einsichtnahme für Sozialversicherungsträger eröffnet.⁷ **Nr. 4** stellt eine weitgehende Generalklausel dar, die insofern allerdings restriktiv zu handhaben ist, weshalb wohl zumindest der alleinig zukünftige Vertragsschluss nur dann einen Grund zur Einsichtnahme darstellt, wenn über das allgemeine Vertragsrisiko ein besonders großer wirtschaftlicher Schadens droht.⁸ Nach **Nr. 5** ist die Einsichtnahme für die Verfolgung von Straftaten (nicht Ordnungswidrigkeiten) und nach **Nr. 6** für den Schuldner möglich.

---

1 Zöller-*Stöber*, ZPO, § 882f Rn. 2.
2 Thomas/Putzo-*Seiler*, ZPO, § 882f Rn. 1.
3 BeckOK-*Utermark/Fleck*, ZPO, § 882f Rn. 3.
4 Thomas/Putzo-*Seiler*, ZPO, § 882f Rn. 10.
5 Thomas/Putzo-*Seiler*, ZPO, § 882f Rn. 7.
6 Thomas/Putzo-*Seiler*, ZPO, § 882f Rn. 13.
7 Zöller-*Stöber*, ZPO, § 882f Rn. 2.
8 So Musielak/Voit-*Voit*, ZPO, § 882f Rn. 5.

§ 882g
Erteilung von Abdrucken
[Fassung bis 31. 10. 2017]

(1) ¹Aus dem Schuldnerverzeichnis können auf Antrag Abdrucke zum laufenden Bezug erteilt werden, auch durch Übermittlung in einer nur maschinell lesbaren Form. ²Bei der Übermittlung in einer nur maschinell lesbaren Form gelten die von der Landesjustizverwaltung festgelegten Datenübertragungsregeln.

(2) Abdrucke erhalten:
1. Industrie- und Handelskammern sowie Körperschaften des öffentlichen Rechts, in denen Angehörige eines Berufes kraft Gesetzes zusammengeschlossen sind (Kammern),
2. Antragsteller, die Abdrucke zur Errichtung und Führung nichtöffentlicher zentraler Schuldnerverzeichnisse verwenden, oder
3. Antragsteller, deren berechtigtem Interesse durch Einzeleinsicht in die Länderschuldnerverzeichnisse oder durch den Bezug von Listen nach Absatz 5 nicht hinreichend Rechnung getragen werden kann.

(3) ¹Die Abdrucke sind vertraulich zu behandeln und dürfen Dritten nicht zugänglich gemacht werden. ²Nach der Beendigung des laufenden Bezugs sind die Abdrucke unverzüglich zu vernichten; Auskünfte dürfen nicht mehr erteilt werden.

(4) ¹Die Kammern dürfen ihren Mitgliedern oder den Mitgliedern einer anderen Kammer Auskünfte erteilen. ²Andere Bezieher von Abdrucken dürfen Auskünfte erteilen, soweit dies zu ihrer ordnungsgemäßen Tätigkeit gehört. ³Absatz 3 gilt entsprechend. ⁴Die Auskünfte dürfen auch im automatisierten Abrufverfahren erteilt werden, soweit dieses Verfahren unter Berücksichtigung der schutzwürdigen Interessen der Betroffenen und der Geschäftszwecke der zum Abruf berechtigten Stellen angemessen ist.

(5) ¹Die Kammern dürfen die Abdrucke in Listen zusammenfassen oder hiermit Dritte beauftragen; sie haben diese bei der Durchführung des Auftrags zu beaufsichtigen. ²Die Listen dürfen den Mitgliedern von Kammern auf Antrag zum laufenden Bezug überlassen werden. ³Für den Bezug der Listen gelten Absatz 2 Nr. 3 und Absatz 3 entsprechend. ⁴Die Bezieher der Listen dürfen Auskünfte nur jemandem erteilen, dessen Belange sie kraft Gesetzes oder Vertrages wahrzunehmen haben.

(6) ¹Für Abdrucke, Listen und Aufzeichnungen über eine Eintragung im Schuldnerverzeichnis, die auf der Verarbeitung von Abdrucken oder Listen oder auf Auskünften über Eintragungen im Schuldnerverzeichnis beruhen, gilt § 882e Abs. 1 entsprechend. ²Über vorzeitige Löschungen (§ 882e Abs. 3) sind die Bezieher von Abdrucken innerhalb eines Monats zu unterrichten. ³Sie unterrichten unverzüglich die Bezieher von Listen (Absatz 5 Satz 2). ⁴In den auf Grund der Abdrucke und Listen erstellten Aufzeichnungen sind die Eintragungen unverzüglich zu löschen. ⁵Listen sind auch unverzüglich zu vernichten, soweit sie durch neue ersetzt werden.

(7) ¹In den Fällen des Absatzes 2 Nr. 2 und 3 sowie des Absatzes 5 gilt für nichtöffentliche Stellen § 38 des Bundesdatenschutzgesetzes mit der Maßgabe, dass die Aufsichtsbehörde auch die Verarbeitung und Nutzung dieser personenbezogenen Daten in oder aus Akten überwacht. ²Entsprechendes gilt für nichtöffentliche Stellen, die von den in Absatz 2 genannten Stellen Auskünfte erhalten haben.

(8) Das Bundesministerium der Justiz und für Verbraucherschutz wird ermächtigt, durch Rechtsverordnung mit Zustimmung des Bundesrates
1. Vorschriften über den Bezug von Abdrucken nach den Absätzen 1 und 2 und das Bewilligungsverfahren sowie den Bezug von Listen nach Absatz 5 zu erlassen;
2. Einzelheiten der Einrichtung und Ausgestaltung automatisierter Abrufverfahren nach Absatz 4 Satz 4, insbesondere der Protokollierung der Abrufe für Zwecke der Datenschutzkontrolle, zu regeln;
3. die Erteilung und Aufbewahrung von Abdrucken aus dem Schuldnerverzeichnis, die Anfertigung, Verwendung und Weitergabe von Listen, die Mitteilung und den Vollzug von Löschungen und den Ausschluss vom Bezug von Abdrucken und Listen näher zu regeln, um die ordnungsgemäße Behandlung der Mitteilungen, den Schutz vor unbefugter Verwendung und die rechtzeitige Löschung von Eintragungen sicherzustellen;
4. zur Durchsetzung der Vernichtungs- und Löschungspflichten im Fall des Widerrufs der Bewilligung die Verhängung von Zwangsgeldern vorzusehen; das einzelne Zwangsgeld darf den Betrag von 25 000 Euro nicht übersteigen.

§ 882g
Erteilung von Abdrucken
[Fassung ab 01. 11. 2017]

(1) ¹Aus dem Schuldnerverzeichnis können auf Antrag Abdrucke zum laufenden Bezug erteilt werden, auch durch Übermittlung in einer nur maschinell lesbaren Form. ²Bei der Übermittlung in einer nur maschinell lesbaren Form gelten die von der Landesjustizverwaltung festgelegten Datenübertragungsregeln. ³Liegen die Voraussetzungen des § 882f Absatz 2 vor, dürfen Abdrucke insoweit nicht erteilt werden.

(2) Abdrucke erhalten:

1. Industrie- und Handelskammern sowie Körperschaften des öffentlichen Rechts, in denen Angehörige eines Berufes kraft Gesetzes zusammengeschlossen sind (Kammern),
2. Antragsteller, die Abdrucke zur Errichtung und Führung nichtöffentlicher zentraler Schuldnerverzeichnisse verwenden, oder
3. Antragsteller, deren berechtigtem Interesse durch Einzeleinsicht in die Länderschuldnerverzeichnisse oder durch den Bezug von Listen nach Absatz 5 nicht hinreichend Rechnung getragen werden kann.

(3) ¹Die Abdrucke sind vertraulich zu behandeln und dürfen Dritten nicht zugänglich gemacht werden. ²Nach der Beendigung des laufenden Bezugs sind die Abdrucke unverzüglich zu vernichten; Auskünfte dürfen nicht mehr erteilt werden.

(4) ¹Die Kammern dürfen ihren Mitgliedern oder den Mitgliedern einer anderen Kammer Auskünfte erteilen. ²Andere Bezieher von Abdrucken dürfen Auskünfte erteilen, soweit dies zu ihrer ordnungsgemäßen Tätigkeit gehört. ³Absatz 3 gilt entsprechend. ⁴Die Auskünfte dürfen auch im automatisierten Abrufverfahren erteilt werden, soweit dieses Verfahren unter Berücksichtigung der schutzwürdigen Interessen der Betroffenen und der Geschäftszwecke der zum Abruf berechtigten Stellen angemessen ist.

(5) ¹Die Kammern dürfen die Abdrucke in Listen zusammenfassen oder hiermit Dritte beauftragen; sie haben diese bei der Durchführung des Auftrags zu beaufsichtigen. ²Die Listen dürfen den Mitgliedern von Kammern auf Antrag zum laufenden Bezug überlassen werden. ³Für den Bezug der Listen gelten Absatz 2 Nr. 3 und Absatz 3 entsprechend. ⁴Die Bezieher der Listen dürfen Auskünfte nur jemandem erteilen, dessen Belange sie kraft Gesetzes oder Vertrages wahrzunehmen haben.

(6) ¹Für Abdrucke, Listen und Aufzeichnungen über eine Eintragung im Schuldnerverzeichnis, die auf der Verarbeitung von Abdrucken oder Listen oder auf Auskünften über Eintragungen im Schuldnerverzeichnis beruhen, gilt § 882e Abs. 1 entsprechend. ²Über vorzeitige Löschungen (§ 882e Abs. 3) sind die Bezieher von Abdrucken innerhalb eines Monats zu unterrichten. ³Sie unterrichten unverzüglich die Bezieher von Listen (Absatz 5 Satz 2). ⁴In den auf Grund der Abdrucke und Listen erstellten Aufzeichnungen sind die Eintragungen unverzüglich zu löschen. 5Listen sind auch unverzüglich zu vernichten, soweit sie durch neue ersetzt werden.

(7) ¹In den Fällen des Absatzes 2 Nr. 2 und 3 sowie des Absatzes 5 gilt für nichtöffentliche Stellen § 38 des Bundesdatenschutzgesetzes mit der Maßgabe, dass die Aufsichtsbehörde auch die Verarbeitung und Nutzung dieser personenbezogenen Daten in oder aus Akten überwacht.²Entsprechendes gilt für nichtöffentliche Stellen, die von den in Absatz 2 genannten Stellen Auskünfte erhalten haben.

(8) Das Bundesministerium der Justiz und für Verbraucherschutz wird ermächtigt, durch Rechtsverordnung mit Zustimmung des Bundesrates

1. Vorschriften über den Bezug von Abdrucken nach den Absätzen 1 und 2 und das Bewilligungsverfahren sowie den Bezug von Listen nach Absatz 5 zu erlassen;
2. Einzelheiten der Einrichtung und Ausgestaltung automatisierter Abrufverfahren nach Absatz 4 Satz 4, insbesondere der Protokollierung der Abrufe für Zwecke der Datenschutzkontrolle, zu regeln;
3. die Erteilung und Aufbewahrung von Abdrucken aus dem Schuldnerverzeichnis, die Anfertigung, Verwendung und Weitergabe von Listen, die Mitteilung und den Vollzug von Löschungen und den Ausschluss vom Bezug von Abdrucken und Listen näher zu regeln, um die ordnungsgemäße Behandlung der Mitteilungen, den Schutz vor unbefugter Verwendung und die rechtzeitige Löschung von Eintragungen sicherzustellen;
4. zur Durchsetzung der Vernichtungs- und Löschungspflichten im Fall des Widerrufs der Bewilligung die Verhängung von Zwangsgeldern vorzusehen; das einzelne Zwangsgeld darf den Betrag von 25 000 Euro nicht übersteigen.

Inhalt:

	Rn.		Rn.
A. Allgemeines	1	II. Verfahren des Abdruckbezugs	5
B. Erläuterungen	2	III. Schutz der Daten und Auskünfte....	6
I. Bezugsberechtigung	2	**C. Rechtsbehelfe**	8

A. Allgemeines

§ 882g ZPO regelt die Erteilung von Abdrucken aus dem Schuldnerverzeichnis für einen bestimmten Kreis von Institutionen und Personen. Konkretisiert wird dieses Verfahren in der nach Abs. 4 erlassenen Schuldnerverzeichnisabdruckverordnung (SchVAbdrV). Die Norm ist zwar starker Kritik ausgesetzt,[1] mit einer schnellen Änderung ist wohl dennoch nicht zu rechnen. Die Überlassung geschieht zum „laufenden Bezug". Damit sind Anträge zulässig, die eine zeitlich unbegrenzte Beziehung oder zumindest eine periodische Beziehung (nicht aber die einmalige Einsichtnahme) begehren.[2]   1

B. Erläuterungen
I. Bezugsberechtigung

Abs. 2 bestimmt, welche Stellen oder Personen berechtig sind, laufend Abdruck zu erhalten. Dies sind nach **Nr. 1** die **Industrie- und Handelskammern** sowie die **berufsständigen Selbstverwaltungskörperschaften** wie z.b. Ärzte- Apotheker-, Rechtsanwalts- oder Notarkammern.   2

Nr. 2 berechtigt Stellen, die ein **nicht-öffentliches Schuldnerverzeichnis** führen, insbesondere die Schufa. Deren Berechtigung wird nicht geprüft, die Zulässigkeit ihres Begehrens ergibt sich schon aus ihrer Gewerbeberechtigung.[3]   3

Nach **Nr. 3** sind letztlich auch natürliche und juristische Personen zum Bezug berechtigt, die am Erhalt der Abdrucke ein **besonderes Interesse** nachweisen können. Insofern muss sowohl ein Grund nach § 882f ZPO als auch ein Grund nach § 882g ZPO in ihrer Person vorliegen. Soweit dies der Fall ist, besteht ein **Anspruch auf Genehmigung**,[4] dies dürfte allerdings selten vorkommen. Insbesondere ist es Mitgliedern von Kammern (also z.B. Rechtsanwälten) zuzumuten, bei diesen die vorhandenen Abdrucke einzusehen, gleiches gilt, wenn für Personen die Information über kommerzielle Schuldnerverzeichnisse ausreichend sind, selbst wenn dabei zusätzliche Kosten entstehen.[5]   4

II. Verfahren des Abdruckbezugs

Das Verfahren setzt nach Abs. 1 einen **Antrag** (konkretisiert in § 3 SchVAbdrV) einer befugten Stelle oder Person voraus. Das weitere Verfahren richtet sich dann nach §§ 1–6 SchVAbdrV. Es entscheidet der Leiter (Präsident) des zuständigen Vollstreckungsgerichts über die Bewilligung, die für einen Zeitraum zwischen einem Jahr und sechs Jahren erteilt wird. Die Bewilligung kann nach § 7 SchVAbdrV widerrufen oder zurückgenommen werden. Hierfür gelten §§ 48, 49 VwVfG entsprechend, auch ein einstweiliger Ausschluss ist möglich (§ 10 SchVAbdrV). Die Abdrucke werden nach §§ 8, 9 SchVAbdrV übermittelt.   5

III. Schutz der Daten und Auskünfte

Abs. 3 und 7 dienen **dem Schutz der Daten** der Schuldner. Die Daten dürfen deshalb grundsätzlich Dritten nicht zugänglich gemacht werden. Insbesondere dürfen keine Abdrucke der Ausdrucke erstellt werden.[6] Nach der Beendigung des Bezugs (durch Ablauf der Bewilligung, Widerruf oder Rücknahme sowie eigene Kündigung) sind die Abdrucke zu vernichten. Nach Abs. 10 und §§ 14, 15 SchVAbdrV sind alle Abdrucke und Listen nach Ablauf der Frist des § 882e Abs. 1 ZPO selbständig zu löschen. Bei vorzeitigen Löschungen (§ 882e Abs. 2 ZPO) sind die Abdruckbezieher innerhalb eines Monats zu benachrichtigen, welche dann die Listenbezieher unverzüglich (§ 121 BGB) zu benachrichtigen und für die Löschung zu sorgen haben.   6

Abs. 4 erlaubt den Kammern, an eigene Mitglieder oder Mitglieder fremder Kammern **Einzelauskünfte** zu erteilen (§§ 16 ff. SchVAbdrV). Auch ist ihnen eine Zusammenfassung in Listen gestattet (**Abs. 5**, §§ 11 ff. SchVAbdrV), welche sich durch eine Zusammenstellung und ent-   7

---

1 Bemängelt werden sowohl Datenschutz als auch Sinnhaftigkeit der Norm in Zeiten eines über das Internet abrufbaren Schuldnerregisters, so BeckOK-*Utermark/Fleck*, ZPO, § 882g Rn. 1; MK-*Eickmann*, ZPO, § 882g Rn. 1.
2 MK-*Eickmann*, ZPO, § 882g Rn. 2.
3 Musielak/Voit-*Voit*, ZPO, § 882g Rn. 2.
4 OLG Brandenburg, NJOZ 2003, 458 = Rpfleger 2003, 201.
5 So für Kreditinstitute, denen eine Auskunft bei der Schufa ausreicht, vgl. MK-*Eickmann*, ZPO, § 882g Rn. 7.
6 MK-*Eickmann*, ZPO, § 882g Rn. 10.

sprechende Übersicht nach bestimmten Gesichtspunkten auszeichnen. Für sie gelten die Vorschriften über den Datenschutz und die Löschung entsprechend. Andere Bezieher der Abdrucke dürfen **Auskünfte weitergeben**, soweit dies zu ihrer ordnungsgemäßen Geschäftstätigkeit gehört. Dies betrifft insbesondere die Betreiber von kommerziellen Schuldnerauskunftsdatenbanken wie z. B. die Schufa.[7]

C. Rechtsbehelfe

8 Nach § 19 SchVAbdrV sind die Entscheidungen im Rahmen des § 882g ZPO gemäß §§ 23 ff. EGGVG anfechtbar.

§ 882h
Zuständigkeit; Ausgestaltung des Schuldnerverzeichnisses

(1) [1]Das Schuldnerverzeichnis wird für jedes Land von einem zentralen Vollstreckungsgericht geführt. [2]Der Inhalt des Schuldnerverzeichnisses kann über eine zentrale und länderübergreifende Abfrage im Internet eingesehen werden. [3]Die Länder können Einzug und Verteilung der Gebühren sowie weitere Abwicklungsaufgaben im Zusammenhang mit der Abfrage nach Satz 2 auf die zuständige Stelle eines Landes übertragen.

(2) [1]Die Landesregierungen bestimmen durch Rechtsverordnung, welches Gericht die Aufgaben des zentralen Vollstreckungsgerichts nach Absatz 1 wahrzunehmen hat. [2]§ 802k Abs. 3 Satz 2 und 3 gilt entsprechend. [3]Die Führung des Schuldnerverzeichnisses stellt eine Angelegenheit der Justizverwaltung dar.

(3) [1]Das Bundesministerium der Justiz und für Verbraucherschutz wird ermächtigt, durch Rechtsverordnung mit Zustimmung des Bundesrates die Einzelheiten zu Form und Übermittlung der Eintragungsanordnungen nach § 882b Abs. 1 und der Entscheidungen nach § 882d Abs. 3 Satz 2 dieses Gesetzes und § 284 Abs. 10 Satz 2 der Abgabenordnung oder gleichwertigen Regelungen im Sinne von § 882b Abs. 1 Nr. 2 Hs. 2 dieses Gesetzes sowie zum Inhalt des Schuldnerverzeichnisses und zur Ausgestaltung der Einsicht insbesondere durch ein **automatisiertes Abrufverfahren** zu regeln. [2]Die Rechtsverordnung hat geeignete Regelungen zur Sicherung des Datenschutzes und der Datensicherheit vorzusehen. [3]Insbesondere ist sicherzustellen, dass die Daten

1. bei der elektronischen Übermittlung an das zentrale Vollstreckungsgericht nach Absatz 1 sowie bei der Weitergabe an eine andere Stelle nach Absatz 2 Satz 2 gegen unbefugte Kenntnisnahme geschützt sind,
2. unversehrt und vollständig wiedergegeben werden,
3. jederzeit ihrem Ursprung nach zugeordnet werden können und
4. nur von registrierten Nutzern nach Angabe des Verwendungszwecks abgerufen werden können, jeder Abrufvorgang protokolliert wird und Nutzer im Fall des missbräuchlichen Datenabrufs oder einer missbräuchlichen Datenverwendung von der Einsichtnahme ausgeschlossen werden können.

[4]Die Daten der Nutzer dürfen nur für die in Satz 3 Nr. 4 genannten Zwecke verwendet werden.

1 Nach § 882h Abs. 1 ZPO **hat jedes Land ein zentrales Vollstreckungsgericht**, die Abfrage erfolgt aber über **ein bundesweites System** (§ 882f ZPO). Abs. 2 Satz 3 stellt insofern klar, dass es sich bei der Führung des Schuldnerverzeichnisses um **Justizverwaltungsakte**, nicht um Akte der Zwangsvollstreckung handelt. Deshalb sind Entscheidungen grundsätzlich immer mit dem Rechtsbehelf des § 23 EGGVG angreifbar. Abs. 3 enthält die Ermächtigung für das BMJV, Einzelheiten zu regeln. Dies ist mit der Verordnung über die Führung des Schuldnerverzeichnisses (SchuFV) geschehen.

2 Nach Abs. 2 sind die Landesregierungen ermächtigt durch Rechtsverordnung, **das zentrale Vollstreckungsgericht des Landes** zu bestimmen. Dies sind die folgenden:[1]

Baden-Württemberg	AG Karlsruhe
Bayern	AG Hof
Berlin	AG Mitte

---

7 MK-*Eickmann*, ZPO, § 882g Rn. 13.

Zu § 882h:
1 Die Liste ist, auch inklusive der Adressen, einzusehen über: http://www.justiz.de/onlinedienste/vollstreckungsportal/index.php.

Brandenburg	AG Nauen
Bremen	AG Bremerhaven
Hamburg	AG Hamburg
Hessen	AG Hünfeld
Mecklenburg-Vorpommern	AG Neubrandenburg
Niedersachsen	AG Goslar
Nordrhein-Westfalen	AG Hagen
Rheinland-Pfalz	AG Kaiserslautern
Saarland	AG Saarbrücken
Sachsen	AG Zwickau
Sachsen-Anhalt	AG Dessau-Roßlau
Schleswig-Holstein	AG Schleswig
Thüringen	AG Meiningen

ABSCHNITT 3
Zwangsvollstreckung zur Erwirkung der Herausgabe von Sachen und zur Erwirkung von Handlungen oder Unterlassungen

Vorbemerkungen zu §§ 883–898 ZPO

Der 3. Abschnitt regelt die Zwangsvollstreckung bezüglich **Herausgabe und Leistung von Sachen** (§§ 883–886 ZPO), bezüglich vertretbaren (§ 887 ZPO) und unvertretbaren (§§ 888, 889 ZPO) **Handlungen**, bezüglich **Duldung und Unterlassung** (§ 890 ZPO), sowie bezüglich der **Abgabe von Willenserklärungen** (§§ 894–898 ZPO). Die allgemeinen Voraussetzungen der Zwangsvollstreckung und Verfahrensvorschriften (§§ 704–802 ZPO) müssen auch bei den §§ 883–898 ZPO gegeben sein und beachtet werden. Auch für die Vollstreckung nach §§ 883 ff. ZPO besteht Antragspflicht. Insofern kann auf den Vordruck des DGVB verwiesen werden (zu finden unter: https://www.justiz.bayern.de/imperia/md/content/stmj_internet/gerichte/amtsgerichte/obernburgammain/zwangsvollstreckungsauftrag.pdf). 1

§ 883
Herausgabe bestimmter beweglicher Sachen

(1) Hat der Schuldner eine bewegliche Sache oder eine Menge bestimmter beweglicher Sachen herauszugeben, so sind sie von dem Gerichtsvollzieher ihm wegzunehmen und dem Gläubiger zu übergeben.

(2) ¹Wird die herauszugebende Sache nicht vorgefunden, so ist der Schuldner verpflichtet, auf Antrag des Gläubigers zu Protokoll an Eides statt zu versichern, dass er die Sache nicht besitze, auch nicht wisse, wo die Sache sich befinde. ²Der gemäß § 802e zuständige Gerichtsvollzieher lädt den Schuldner zur Abgabe der eidesstattlichen Versicherung. ³Die Vorschriften der §§ 478 bis 480, 483, 802f Abs. 4, §§ 802g bis 802i und 802j Abs. 1 und 2 gelten entsprechend.

(3) Das Gericht kann eine der Sachlage entsprechende Änderung der eidesstattlichen Versicherung beschließen.

Inhalt:

	Rn.		Rn.
A. **Allgemeines**	1	III. Gewahrsam des Schuldners	6
B. **Erläuterungen**	2	C. **Verfahren der Wegnahme**	7
I. Herausgabetitel	2	D. **Abgabe der eidesstattlichen**	
II. Bestimmte bewegliche Sache oder bestimmte Menge beweglicher Sachen	4	Versicherung	8
		E. **Rechtsbehelfe**	10
		F. **Kosten und Gebühren**	11

A. Allgemeines

1 § 883 ZPO regelt das Verfahren bezüglich der Erwirkung der **Herausgabe** einer beweglichen Sache oder einer bestimmten Menge hiervon. Auf die Herausgabe von **Personen**, insbesondere Kinder, ist nicht § 883 ZPO, sondern die §§ 88 ff. FamFG anzuwenden,[1] hingegen ist § 883 ZPO einschlägig, wenn zusätzlich persönliche Gebrauchsgegenstände einer herauszugebenden Person herausgegeben werden sollen.[2]

B. Erläuterungen
I. Herausgabetitel

2 Für die Anwendung des § 883 ZPO muss ein wirksamer vollstreckungsfähiger Titel vorliegen, der gerade auf die Herausgabe einer beweglichen Sache oder einer Menge hiervon (siehe zu diesem Tatbestandsmerkmal Rn. 4 f.) gerichtet ist. Dies muss gegebenenfalls durch **Auslegung** ermittelt werden.[3] Die allgemeinen Titelvoraussetzungen (insbesondere die Bestimmtheit) müssen vorliegen.

3 **Herausgabe** bedeutet die geschuldete Herausgabe der Sache(n) an einen Dritten. Darunter fallen neben dem Anspruch aus § 985 BGB auch die Verurteilung zur Übereignung nach § 929 BGB (siehe § 897 ZPO), für die Verurteilung zur Herausgabe an den Zwangsverwalter und zur Einsicht in Geschäftsunterlagen entsprechend.[4] Sind neben der Übergabe auch **weitere Pflichten** geschuldet (wie z.B. Zurückbringen, Verbringen der Sache an einen Ort zur Übergabe, Lieferung) ist ebenso § 883 ZPO anwendbar, wenn diese Nebenpflicht nicht eine eigenständige Bedeutung hat.[5] § 883 ZPO findet auch Anwendung, wenn eine Auskunftserteilung durch Urkunde geschuldet ist (ohne Urkundennachweis nach § 888 ZPO).[6]

II. Bestimmte bewegliche Sache oder bestimmte Menge beweglicher Sachen

4 § 883 ZPO ist nur anwendbar, wenn es sich um **körperliche Gegenstände** i.S.d. § 90 BGB sowie Tiere (wegen § 90a Satz 3 BGB) handelt. Nur weggenommen werden können Gegenstände, die beweglich sind (ansonsten Vollstreckung nach § 885 ZPO) oder zumindest durch die Wegnahme beweglich werden.

5 Weggenommen werden können einzelne Gegenstände aber auch **Sachgesamtheiten**, insbesondere z.B. Bibliotheksbestände oder Warenladungen, wobei im letzteren Fall besonders auf die Bestimmtheit des Titels zu achten ist.[7] Soweit es sich um die Herausgabe einer bestimmten Menge vertretbarer Sachen handelt, ist § 884 ZPO, der lediglich auf § 883 Abs. 1 ZPO verweist, zu beachten. Die Herausgabe unvertretbarer Sachen richtet sich dagegen nach § 893 ZPO.[8]

III. Gewahrsam des Schuldners

6 Die Sache muss sich in **Gewahrsam des Schuldners** befinden, § 808 Abs. 1 ZPO. Bei (**Mit-)gewahrsam eines Dritten** kann nach § 883 ZPO vollstreckt werden, wenn dieser herausgabebereit ist, ansonsten muss nach § 886 ZPO vorgegangen werden.[9]

C. Verfahren der Wegnahme

7 Die **Wegnahme** erfolgt auf Antrag des Gläubigers durch Ingewahrsamnahme der Sache durch den zuständigen (§ 753 ZPO) Gerichtsvollzieher und sodann Übergabe an den Gläubiger (§ 127 Abs. 1 Satz 1 GVGA). Dabei gelten die Vorschriften der §§ 754–763 ZPO. Bei Wohnungsdurchsuchungen ist eine entsprechende richterliche Anordnung erforderlich (§ 758a ZPO). Mit der Übergabe an den Gläubiger ist die Vollstreckung beendet. Gelangt die Sache später wieder in den Besitz des Schuldners ist deshalb eine neue Klage auf Herausgabe nötig. Solange die Sache bereits dem Schuldner weggenommen, dem Gläubiger aber noch nicht übergeben wurde, ist der Gerichtsvollzieher Besitzmittler des Gläubigers.

---

1 Vgl. Thomas/Putzo-*Seiler*, ZPO, § 883 Rn. 1.
2 BeckOK-*Stürner*, ZPO, § 883 Rn. 3.
3 OLG Hamm, NJW 1974, 653 = Rpfleger 1974, 28.
4 Für den Fall des § 51b GmbHG: OLG Frankfurt a.M., InVo 2003, 445.
5 BGH, NJW 2016, 645 (645 f.), Rn. 12 ff. = DGVZ 2016, 77 (77 f.), Rn. 12 ff.; insofern ist § 883 ZPO nicht nur auf die „Holschuld" anwendbar.
6 OLG Köln, NJW-RR 1988, 1210 (1210 f.) = DGVZ 1988, 41 (41 f.).
7 So ist die Bezeichnung „Herausgabe des Hausrats" nicht ausreichend, Thomas/Putzo-*Seiler*, ZPO, § 883 Rn. 2.
8 Musielak/Voit-*Lackmann*, ZPO, § 883 Rn. 3.
9 BeckOK-*Stürner*, ZPO, § 883 Rn. 9.

D. Abgabe der eidesstattlichen Versicherung

Nach Abs. 2 kann der Schuldner, wenn die herauszugebende Sache nicht in seinem Gewahrsam vorgefunden wird, zur Abgabe einer eidesstattlichen Versicherung verpflichtet sein. Dies gilt nicht, wenn der Verbleibsort der Sache zweifelsfrei feststeht. Die Abnahme geschieht nur auf entsprechenden Antrag des Gläubigers, der deshalb zweckmäßigerweise bereits mit Antrag auf Vollstreckung gestellt werden sollte. Für das Verfahren der Abnahme gelten §§ 802a–802l ZPO. Der Gläubiger kann auch nach der ersten Abgabe die Abgabe einer erneuten Versicherung verlangen, wenn er glaubhaft machen kann (§ 294 ZPO), dass die Sache nach der ersten Abgabe in den Besitz des Schuldners gelangt ist oder er nun um ihren Verbleibsort weiß.[10]   8

Nach Abs. 3 kann der **Wortlaut der eidesstattlichen Versicherung geändert werden**, wenn dies der Sachlage entspricht. Dies ist insbesondere der Fall, wenn der Schuldner zumindest nicht zweifelsfrei ausschließen kann, dass die Sache sich nicht mehr in seinem Besitz befindet (z.B. bei einem Buch, das Teil einer umfangreichen Bibliothek ist).[11] Zuständig ist das Gericht und dort der Rechtspfleger (§ 20 Nr. 17 RPflG).   9

E. Rechtsbehelfe

Der **Schuldner** kann die Erinnerung gegen Maßnahmen des Gerichtsvollziehers, den Wortlaut der eidesstattlichen Versicherung oder die geänderte Fassung der Versicherung einwenden (§ 766 ZPO). Die Erinnerung steht auch dem **Gläubiger** zu. Für **Dritte** gibt es die Möglichkeit der Drittwiderspruchsklage (§ 771 ZPO).   10

F. Kosten und Gebühren

Der **Gerichtsvollzieher** macht nach Nr. 221 KV-GvKostG für die Wegnahme (26,00 €) geltend; nach Nr. 205 KV-GvKostG (26,00 €) für die Pfändung oder im Falle der erfolglosen Pfändung nach Nr. 604 KV-GvKostG (15,00 €); für die Abnahme der Vermögensauskunft nach Nr. 260 KV-GvKostG (33,00 €) oder falls es nicht zur Vermögensauskunft kommt und diese daher nicht abgenommen wird nach Nr. 604 KV-GvKostG (15,00 €) dies gegebenenfalls auch neben der Gebühr für eine erfolglose Pfändung, § 10 Abs. 1 Satz 2 KV-GvKostG. Ansonsten fallen insbesondere Zustellkosten an.   11

Der **Rechtsanwalt** kann für den Wegnahmeauftrag, den Pfändungsauftrag und für das Verfahren auf Abnahme der Vermögensauskunft jeweils die 0,3 Verfahrensgebühr nach Nr. 3309 VV-RVG geltend machen, da es sich um verschiedene Maßnahmen i.S.v. § 18 Abs. 1 Nr. 1 RVG handelt. Der Wert für die Herausgabevollstreckung richtet sich nach dem Wert der herauszugebenden Gegenstände, § 25 Abs. 1 Nr. 2 RVG.   12

§ 884
Leistung einer bestimmten Menge vertretbarer Sachen

Hat der Schuldner eine bestimmte Menge vertretbarer Sachen oder Wertpapiere zu leisten, so gilt die Vorschrift des § 883 Abs. 1 entsprechend.

§ 884 ZPO findet Anwendung, wenn eine **bestimmte Menge vertretbarer Sachen** (§ 91 BGB) oder Wertpapiere (siehe hierzu § 821 Rn. 1), darunter sind auch Aktien in Sammelverwahrung zu verstehen, die allerdings über § 886 ZPO zu pfänden sind,[1] zu leisten sind. **Leistung** bedeutet **Besitzübertragung** oder **Übereignung**.   1

Die Vorschrift verweist alleine auf § 883 Abs. 1 ZPO, weshalb in den in § 884 ZPO genannten Fällen die Abgabe einer eidesstattlichen Versicherung ausgeschlossen ist. Die Ausführungen zu § 883 Abs. 1 ZPO gelten somit auch hier uneingeschränkt. Soweit sich mehr als geschuldet vertretbare Sachen im Gewahrsam des Schuldners befinden, hat der Gerichtsvollzieher ein **Wahlrecht** (§ 243 Abs. 1 BGB, § 360 HGB). Sind sie nicht (ausreichend vorhanden) kann der Schuldner sich die Sachen anderweitig beschaffen und gegen den Schuldner nach § 893 ZPO vorgehen. Die Ermächtigung des Gläubigers nach § 887 Abs. 1 ZPO ist aber wegen seines Abs. 3 ausgeschlossen.[2]   2

---

10 BGH, NJW 2008, 1598 (1599), Rn. 13 = Rpfleger 2008, 435, Rn. 13.
11 MK-*Gruber*, ZPO, § 883 Rn. 34.

Zu § 884:
1 BGHZ 160, 121 (121f.), Rn. 3 = NJW 2004, 3340 (3340f.), Rn. 3.
2 Zöller-*Stöber*, ZPO, § 884 Rn. 2.

§ 885
Herausgabe von Grundstücken oder Schiffen

(1) ¹Hat der Schuldner eine unbewegliche Sache oder ein eingetragenes Schiff oder Schiffsbauwerk herauszugeben, zu überlassen oder zu räumen, so hat der Gerichtsvollzieher den Schuldner aus dem Besitz zu setzen und den Gläubiger in den Besitz einzuweisen. ²Der Gerichtsvollzieher hat den Schuldner aufzufordern, eine Anschrift zum Zweck von Zustellungen oder einen Zustellungsbevollmächtigten zu benennen.

(2) Bewegliche Sachen, die nicht Gegenstand der Zwangsvollstreckung sind, werden von dem Gerichtsvollzieher weggeschafft und dem Schuldner oder, wenn dieser abwesend ist, einem Bevollmächtigten des Schuldners, einem erwachsenen Familienangehörigen, einer in der Familie beschäftigten Person oder einem erwachsenen ständigen Mitbewohner übergeben oder zur Verfügung gestellt.

(3) ¹Ist weder der Schuldner noch eine der bezeichneten Personen anwesend oder wird die Entgegennahme verweigert, hat der Gerichtsvollzieher die in Absatz 2 bezeichneten Sachen auf Kosten des Schuldners in die Pfandkammer zu schaffen oder anderweitig in Verwahrung zu bringen. ²Bewegliche Sachen, an deren Aufbewahrung offensichtlich kein Interesse besteht, sollen unverzüglich vernichtet werden.

(4) ¹Fordert der Schuldner die Sachen nicht binnen einer Frist von einem Monat nach der Räumung ab, veräußert der Gerichtsvollzieher die Sachen und hinterlegt den Erlös. ²Der Gerichtsvollzieher veräußert die Sachen und hinterlegt den Erlös auch dann, wenn der Schuldner die Sachen binnen einer Frist von einem Monat abfordert, ohne binnen einer Frist von zwei Monaten nach der Räumung die Kosten zu zahlen. ³Die §§ 806, 814 und 817 sind entsprechend anzuwenden. ⁴Sachen, die nicht verwertet werden können, sollen vernichtet werden.

(5) Unpfändbare Sachen und solche Sachen, bei denen ein Verwertungserlös nicht zu erwarten ist, sind auf Verlangen des Schuldners jederzeit ohne weiteres herauszugeben.

Inhalt:

	Rn.		Rn.
A. Allgemeines	1	II. Bewegliche Sachen des Schuldners	8
B. Erläuterungen	2	1. Anwendungsbereich	8
I. Vollstreckungstitel	2	2. Durchführung, Abs. 2	11
II. Besitz	4	III. Kostentragung	14
III. Unbewegliche Sache	6	D. Rechtsbehelfe	15
C. Durchführung	7	E. Kosten und Gebühren	16
I. Besitzentziehung und -einweisung in die unbewegliche Sache	7		

A. Allgemeines

1 § 885 ZPO regelt die Zwangsvollstreckung gerichtet auf die **Herausgabe, Überlassung und Räumung von unbeweglichen Sachen** (sowie insofern nicht praxisrelevant von Schiffen und Schiffsbauwerken). Die Abs. 2–5 regeln dazu weiter, wie mit den beweglichen Sachen, die nicht Gegenstand der Vollstreckung nach § 885 ZPO sind, zu verfahren ist, wenn diese von der Vollstreckung betroffen sind. In der Praxis dürfte sich insofern allerdings zumeist ein Umgang mit diesen beweglichen Sachen nach § 885a ZPO („**Berliner Räumung**") als effektiver darstellen. § 885 ZPO findet in der Praxis zumeist bei der Räumung von Wohnraum Anwendung. §§ 721, 794a ZPO sind bezüglich der **Räumungsfrist** zu beachten.

B. Erläuterungen
I. Vollstreckungstitel

2 Da für § 885 ZPO die allgemeinen Vollstreckungsvoraussetzungen vorliegen müssen, muss auch im Rahmen des § 885 ZPO ein wirksamer Vollstreckungstitel nach den allgemeinen Vorschriften (zu beachten ist § 940a ZPO im Rahmen von einstweiligen Verfügungen) bestehen. Dieser muss auf Herausgabe, Überlassung oder Räumung lauten. Dieser liegt dann vor, wenn der Schuldner (eventuell neben weiteren Verpflichtungen) zur **Besitzübertragung** verpflichtet ist.[1] Ein expliziter Räumungsbefehl ist deshalb nicht erforderlich, wenn dies die Auslegung ergibt.[2] Nach § 95 Abs. 1 Nr. 2 FamFG ist § 885 ZPO ist für die **Zuweisung einer Ehewohnung** für die **Zeit des Getrenntlebens** anzuwenden.[3] Gleiches gilt für die Vollstreckung von Ent-

---

1 MK-*Gruber*, ZPO, § 885 Rn. 3.
2 AG Gießen, DGVZ 1991, 126.
3 OLG Saarbrücken, FuR 2005, 574 = InVo 2006, 68.

scheidungen nach dem GewSchG. Hierbei ist zu beachten, dass nach § 96 Abs. 2 FamFG eine mehrfache Räumung aus demselben Titel möglich ist.

Keine Anwendung findet die Norm hingegen, wenn es sich um eine Entscheidung im Rahmen eines Ehewohnungszuweisungsverfahren handelt; hierfür ist ein expliziter Räumungstitel erforderlich, der deshalb eventuell in einem eigenen Verfahren geltend gemacht werden muss.[4]   3

II. Besitz

Notwendig ist ein **Vollstreckungstitel gegen alle Gewahrsamsinhaber**, selbst wenn diesen Gewahrsam nur eingeräumt wird, um die Vollstreckung zu verhindern.[5] Zumeist genügt jedoch ein Titel gegen den Mieter als Besitzer. Liegt dieser vor, dürfen auch Besucher, die Kinder (auch die volljährigen Kinder) des Schuldners und Hausangestellte entfernt werden.[6] Lebt der Schuldner in einer **ehelichen oder nichtehelichen Lebensgemeinschaft**, muss der Titel auch gegen den Ehegatten oder den Lebensgefährten gerichtet sein, soweit diese Mitbesitzer sind, was im Normalfall anzunehmen ist.[7] Dies dürfte bei Ehegatten praktisch immer der Fall sein, bei nichtehelichen Gemeinschaften kommt auch lediglich Besitzdienerschaft in Frage. Im Zweifel sollte also gegen alle bekannten Besitzer ein Titel erwirkt werden. Im Titel können bestimmte Personen auch explizit ausgenommen werden. Ein Titel ist gegen **jeden Mieter** als Besitzer notwendig (so v.a. bei Wohngemeinschaften). Bei einer Untervermietung ist ein Titel gegen den Untermieter notwendig, selbst bei Unkenntnis über die Untervermietung.[8]   4

Kein Titel ist erforderlich gegen Personen, die den Besitz rechtswidrig, also ohne Wissen und Wollen des Vermieters erlangt haben.[9] Insbesondere bei Hausbesetzungen ist strittig wie vorzugehen ist, da dem Gläubiger ein Überblick über die Besitzer kaum möglich ist. Hier ist dem Gläubiger zuzustehen, einen Räumungstitel mit unbestimmter Personenangabe zu erwirken.[10]   5

III. Unbewegliche Sache

Es muss eine **unbewegliche Sache** vorliegen. Dies sind Grundstücke sowie Teile hiervon, insbesondere Wohnungen und andere Räume. Schiffe und Schiffsbauwerke werden umfasst, soweit sie eingetragen oder zumindest eintragungsfähig sind.[11]   6

C. Durchführung
I. Besitzentziehung und -einweisung in die unbewegliche Sache

Die **Durchführung der Vollstreckung** bezüglich der unbeweglichen Sache ist in Abs. 1 geregelt. Sie erfolgt dadurch, dass der Gerichtsvollzieher den Schuldner aus dem Besitz der Sache setzt und den Gläubiger in den Besitz einweist. Welche Maßnahmen hierfür notwendig sind, darf der Gerichtsvollzieher im Falle der Abwesenheit des Gläubigers selbst entscheiden.[12] Häufig wird dies durch Schlüsselwegnahme und sodann -übergabe geschehen. Eine **richterliche Durchsuchungsanordnung** ist im Rahmen des § 885 ZPO nicht erforderlich.[13] Der Gerichtsvollzieher hat den Schuldner aufzufordern, eine zustellungsfähige Anschrift anzugeben (Abs. 1 Satz 2).   7

II. Bewegliche Sachen des Schuldners
1. Anwendungsbereich

Bewegliche Sachen (i.S.d. § 90 BGB) bezüglich derer ebenfalls ein entsprechender Herausgabetitel vorliegt, sind über § 883 ZPO an den Gläubiger zu übergeben.[14] Zumeist dürfte sich der Titel jedoch nur auf die unbewegliche Sache beziehen. Diese Fälle regeln die Abs. 2–5.   8

Tiere fallen wegen § 90a Satz 3 BGB ebenso unter den Begriff der beweglichen Sache i.S.d. § 855 ZPO.[15]   9

Zubehör der unbeweglichen Sachen (§ 97 BGB) verbleibt bei ihr.   10

---

4 So z.B. OLG Stuttgart, FamRZ 2002, 559 = InVo 2002, 297.
5 BGH, NJW 2008, 1959 = DGVZ 2009, 12.
6 BGH, NJW 2004, 3041, Rn. 2 = Rpfleger 2004, 640, Rn. 2.
7 BGH, NJW 2004, 3041, Rn. 2 = Rpfleger 2004, 640, Rn. 2.
8 Thomas/Putzo-*Seiler*, ZPO, § 885 Rn. 9 m.w.N.
9 Thomas/Putzo-*Seiler*, ZPO, § 885 Rn. 8 m.w.N.
10 So *Scherer*, DGVZ 1993, 132 m.w.N.
11 MK-*Gruber*, ZPO, § 885 Rn. 7.
12 Zöller-*Stöber*, ZPO, § 885 Rn. 14.
13 MK-*Gruber*, ZPO, § 885 Rn. 26.
14 *Schilken*, DGVZ 1988, 49 (56).
15 BGH, NJW 2012, 2889 = MDR 2012, 999; früher strittig, ablehnend z.B. OLG Karlsruhe, NJW 1997, 1789, Rn. 2b = MDR 1997, 291, Rn. 2b; ebenso die Literatur, BeckOK-*Stürner*, ZPO, § 855 Rn. 30.

2. Durchführung, Abs. 2

11 Nach Abs. 2 nimmt der Gerichtsvollzieher die beweglichen Sachen soweit möglich weg und schafft sie weg, indem er sie dem Schuldner bzw. bei seiner Abwesenheit einer in Abs. 2 genannten Personengruppe übergibt.[16] Wegschaffen bedeutet, dass die Sachen sich nicht mehr auf dem Grundstück befinden dürfen (insofern aber relevant ist § 885a ZPO). Wie sich aus Abs. 3 ergibt, müssen diese zur Entgegenahme bereit sein. Sind sie es nicht muss nach Abs. 3 verfahren werden, eine erzwungene Annahme kommt nicht in Frage. Ebenfalls unter Abs. 2 fällt die **zweigliedrige Wegschaffung**, also wenn die Sachen zuerst weggenommen werden und später zumeist von einem Dritten (v. a. Umzugsunternehmen) weggeschafft werden.[17] Bezüglich der Wegschaffung ist nicht zwischen verwertbaren und unverwertbaren Sachen zu unterscheiden. Dies wird nur für die Aufbewahrung und Verwertung relevant.

12 Scheitert eine **Übergabe an den Schuldner** (wegen Abwesenheit) oder an einen in Abs. 2 genannten Dritten (wegen Ablehnung) hat der Gerichtsvollzieher die Sachen in Verwahrung zu bringen (Abs. 3). Soweit hieran offensichtlich kein Interesse zu besteht (Unrat, Müll etc.), sollen die Sachen vernichtet werden. Bis zur Vernichtung, kann der Schuldner die Rückgabe jederzeit verlangen (Abs. 5). Dies gilt auch für offensichtlich unpfändbare Sachen.

13 Die übrigen Sachen hat der Schuldner beim Gerichtsvollzieher binnen einer Frist von einem Monat (§ 222 ZPO) herauszuverlangen, ansonsten ist der Gerichtsvollzieher zur Veräußerung befugt. Gleiches gilt, wenn der Schuldner die Sachen zwar herausverlangt, aber nicht abholt, da er selbst für die Abholung verantwortlich ist. Zahlt der Schuldner die Kosten nicht innerhalb von zwei Monaten nach Räumung ist der Gerichtsvollzieher ebenso zur Veräußerung befugt. Fristbeginn ist nach §§ 294–296 BGB analog das Wissen um die Verwahrung.[18] Die Veräußerung richtet sich nach der Verwertung von Pfandsachen (§§ 806, 814, 817 ZPO).

III. Kostentragung

14 Der Schuldner muss die Kosten der Räumung, insbesondere auch der Verwahrung und Vernichtung tragen (§ 788 ZPO). Der Gläubiger ist insofern aber vorschusspflichtig (§ 4 GVKostG). Der Gerichtsvollzieher hat wegen den Kosten gegen den Schuldner ein Zurückbehaltungsrecht gegen den Schuldner (§§ 1000 Satz 1, 993 Abs. 1 Satz 1 BGB).[19]

D. Rechtsbehelfe

15 Rechtsbehelf gegen Maßnahmen oder Unterlassen des Gerichtsvollziehers ist § 766 ZPO. Macht ein Dritter ein Eigentumsrecht an den weggeschafften beweglichen Sachen geltend, ist nicht § 771 ZPO, sondern ebenso § 766 ZPO einschlägig.[20]

E. Kosten und Gebühren

16 Der Gerichtsvollzieher macht Kosten nach Nr. 240 KV-GvKostG geltend (75,00 €). Die Gebühren des Rechtsanwaltes sind über Nr. 3309 VV-RVG abgegolten (§ 18 Abs. 1 Nr. 1 RVG).

§ 885a
Beschränkter Vollstreckungsauftrag

(1) Der Vollstreckungsauftrag kann auf die Maßnahmen nach § 885 Absatz 1 beschränkt werden.

(2) [1]Der Gerichtsvollzieher hat in dem Protokoll (§ 762) die frei ersichtlichen beweglichen Sachen zu dokumentieren, die er bei der Vornahme der Vollstreckungshandlung vorfindet. [2]Er kann bei der Dokumentation Bildaufnahmen in elektronischer Form herstellen.

(3) [1]Der Gläubiger kann bewegliche Sachen, die nicht Gegenstand der Zwangsvollstreckung sind, jederzeit wegschaffen und hat sie zu verwahren. [2]Bewegliche Sachen, an deren Aufbewahrung offensichtlich kein Interesse besteht, kann er jederzeit vernichten. [3]Der Gläubiger hat hinsichtlich der Maßnahmen nach den Sätzen 1 und 2 nur Vorsatz und grobe Fahrlässigkeit zu vertreten.

(4) [1]Fordert der Schuldner die Sachen beim Gläubiger nicht binnen einer Frist von einem Monat nach der Einweisung des Gläubigers in den Besitz ab, kann der Gläubiger die Sachen

---

16 Darunter fallen auch Mitglieder von Wohngemeinschaften, BT-Drucks. 17/10485, S. 30.
17 Ausführlich MK-*Gruber*, ZPO, § 885 Rn. 37.
18 MK-*Gruber*, ZPO, § 885 Rn. 44.
19 MK-*Gruber*, ZPO, § 885 Rn. 58.
20 KG Berlin, NJW-RR 1994, 713 = MDR 1994, 163, das insofern von „jedenfalls auch im Verfahren nach § 766 ZPO" spricht.

verwerten. ²Die §§ 372 bis 380, 382, 383 und 385 des Bürgerlichen Gesetzbuchs sind entsprechend anzuwenden. ³Eine Androhung der Versteigerung findet nicht statt. ⁴Sachen, die nicht verwertet werden können, können vernichtet werden.

(5) Unpfändbare Sachen und solche Sachen, bei denen ein Verwertungserlös nicht zu erwarten ist, sind auf Verlangen des Schuldners jederzeit ohne weiteres herauszugeben.

(6) Mit der Mitteilung des Räumungstermins weist der Gerichtsvollzieher den Gläubiger und den Schuldner auf die Bestimmungen der Absätze 2 bis 5 hin.

(7) Die Kosten nach den Absätzen 3 und 4 gelten als Kosten der Zwangsvollstreckung.

Inhalt:

	Rn.		Rn.
A. Allgemeines	1	1. Verwahrungspflicht	6
B. Erläuterungen	2	2. Verwertung	7
I. Durchführung der Räumung	2	3. Sofortige Herausgabe	8
II. Protokollpflicht des Gerichtsvollziehers	4	C. Kosten	9
III. Rechte und Pflichten des Gläubigers	5	D. Rechtsbehelfe	10

A. Allgemeines

Die Norm dient der **vereinfachten Räumung von Wohnraum** und wurde am 11.03.2013 eingefügt. Sie dient der Umsetzung der bereits vorher praktizierten und in der Rechtsprechung gebilligten „Berliner Räumung". Die Beschränkung der Zwangsvollstreckung nur auf die Wohnung wurde in der Rechtsprechung früher auf die Ausübung des Vermieterpfandrechts gestützt,[1] diese Einschränkung ist in § 885a ZPO nicht mehr vorhanden, so dass die Norm auch bei Fehlen eines Mietvertrages greift. Ein solches Vorgehen anstelle von § 885a ZPO soll jedoch weiterhin möglich sein.[2] 1

B. Erläuterungen
I. Durchführung der Räumung

Notwendig ist ein **Vollstreckungsauftrag**, der sich auf die Außerbesitzsetzung des Schuldners und die Inbesitzsetzung des Gläubigers i.S.d. § 885 Abs. 1 ZPO beschränkt. Insofern gilt § 885 Rn. 7. 2

Die Abs. 2 und 3 regeln die **Besonderheiten bei der Räumung** selbst. 3

II. Protokollpflicht des Gerichtsvollziehers

Der Gerichtsvollzieher hat nach Abs. 2 Satz 1 die vorgefundenen beweglichen Sachen des Schuldners in das Protokoll aufzunehmen. Nach Satz 2 darf er hierfür auch Fotos machen (Augenscheinbeweis i.S.d. § 371 ZPO). Diese können verwertet werden, soweit Uneinigkeit über das (Nicht-)vorhandensein bestimmter Sachen zum Zeitpunkt der Räumung aufkommt. Des Weiteren hat der Gerichtsvollzieher nach Abs. 6 eine **Informationspflicht** gegenüber Schuldner und Gläubiger. 4

III. Rechte und Pflichten des Gläubigers

Im Gegensatz zur Entfernung der beweglichen Sachen, die nicht Gegenstand der Zwangsvollstreckung sind (§ 885 Abs. 2 ZPO), verbleiben diese in der Wohnung. 5

1. Verwahrungspflicht

Der Gläubiger kann die Sachen, die sich damit in seiner Obhut befinden, in der Wohnung belassen oder jederzeit entfernen. Er hat sie dann jedoch selbst oder durch Dritte zu verwahren. Eine Verwahrung kann (i.S. eines Ermessens)[3] unterbleiben, wenn der Schuldner daran offensichtlich kein Interesse hat (siehe hierzu § 885 Rn. 12). In beiden Alternativen entsteht zwischen Gläubiger und Schuldner ein gesetzliches Schuldverhältnis. Dieses kann Schadensersatzansprüche nach § 280 BGB oder §§ 823, 831 BGB nach sich ziehen. Insofern sieht Abs. 3 Satz 3 jedoch eine **Haftungsmilderung** vor, soweit an den Sachen Verschlechterungen oder sogar Untergang auftreten. Die Haftungsmilderung gilt jedoch nur für Pflichtverletzungen des Gläubigers bezüglich Verwahrung und Vernichtung nach Abs. 3, auf andere Pflichtverletzungen, insbesondere auch im Rahmen von Abs. 4, ist sie nicht anwendbar.[4] 6

---

1 BGH, NJW 2006, 848, Rn. 9 = DGVZ 2006, 178, Rn. 9.
2 BT-Drucks. 17/10485, S. 31.
3 BeckOK-*Stürner*, ZPO, § 885a Rn. 7.
4 BeckOK-*Stürner*, ZPO, § 885a Rn. 8.

2. Verwertung

7 Der Gläubiger hat das Recht die Sachen zu **verwerten**, wenn der Schuldner diese nicht innerhalb eines Monats nach der Besitzzuweisung (§ 885 Abs. 1 ZPO) herausverlangt. Die Verwertung erfolgt wegen Abs. 4 Satz 2 nach den §§ 372–380, 383 und 385 BGB. Soweit eine Verwertung nicht möglich ist, können diese **vernichtet** werden. Dies kann der Gläubiger auch selbst tun.[5] Der **Verwertungserlös** ist zu hinterlegen. Der Gläubiger kann hierauf bezüglich etwaiger Forderungen gegen den Schuldner im Wege der Zwangsvollstreckung zugreifen.

3. Sofortige Herausgabe

8 Soweit Sachen des Schuldners einem Pfändungsverbot unterliegen oder kein Verwertungserlös zu erwarten ist, sind diese dem Schuldner nach Geltendmachung von §§ 985, 1007 BGB sofort herauszugeben.

C. Kosten

9 Die Kosten, die wegen Abs. 3 und 4 angefallen sind (z.B. Vernichtung, Lagerung etc.), sind Kosten der Zwangsvollstreckung i.S.d. § 788 ZPO, selbst wenn sie von dieser Norm normalerweise nicht umfasst wären, soweit die Handlung zulässig war (Abs. 7). Die Kosten können in den Hinterlegungsbetrag vollstreckt werden.[6]

D. Rechtsbehelfe

10 Sowohl Gläubiger als auch Schuldner können, soweit der Gerichtsvollzieher seine Informations- oder insbesondere Dokumentationspflicht verletzt, Amtshaftungsansprüche geltend machen. Das Verfahren der Räumung kann über § 766 ZPO (auch durch betroffene Dritte)[7] angegriffen werden. Für den Schuldner können sich Schadensersatzansprüche gegen den Gläubiger, insbesondere bei unrechtmäßiger Vernichtung, ergeben. Dritte können bis zur Verwertung eine **Drittwiderspruchsklage** (§ 771 ZPO) erheben.[8] Danach kommen Ansprüche aus §§ 823, 831 BGB in Frage.

§ 886
Herausgabe bei Gewahrsam eines Dritten

Befindet sich eine herauszugebende Sache im Gewahrsam eines Dritten, so ist dem Gläubiger auf dessen Antrag der Anspruch des Schuldners auf Herausgabe der Sache nach den Vorschriften zu überweisen, welche die Pfändung und Überweisung einer Geldforderung betreffen.

1 § 886 ZPO findet Anwendung, wenn sich die geschuldete Sache (beweglich oder unbeweglich) im **(Mit-)Gewahrsam**[9] eines Dritten befindet, der nicht herausgabebereit ist.[10] Darunter fallen auch die Fälle von **Aktien in Sammelverwahrung**.[11] Ist dies der Fall wird der Herausgabeanspruch des Schuldners gegen den Dritten gepfändet und überwiesen. Dies geschieht nach den Vorschriften der Pfändung und Überweisung einer Geldforderung (insbesondere (§§ 828, 829, 834–836 ZPO)[12] und erfolgt nur auf Antrag des Gläubigers.

2 Gegen den Pfändungs- und Überweisungsbeschluss ist die Erinnerung (§ 766 ZPO), gegen die Ablehnung des Antrages des Gläubigers die sofortige Beschwerde (§ 793 ZPO) statthaft.

3 Gerichtskosten nach Nr. 2111 KV-GKG, Rechtsanwaltsgebühren nach Nr. 3309 VV-RVG.

---

5 BeckOK-*Stürner*, ZPO, § 885a Rn. 10a.
6 Thomas/Putzo-*Seiler*, ZPO, § 885a Rn. 14.
7 Thomas/Putzo-*Seiler*, ZPO, § 885a Rn. 15.
8 Str., siehe BeckOK-*Stürner*, ZPO, § 885a Rn. 13 m.w.N.
9 *Schilken*, DGVZ 1988, 49 (50).
10 Soweit er zur Herausgabe bereit ist findet die Vollstreckung nach § 883 oder § 885 ZPO statt.
11 BGHZ 160, 121 = NJW 2004, 3340.
12 BeckOK-*Stürner*, ZPO, § 886 Rn. 2.

§ 887
Vertretbare Handlungen

(1) Erfüllt der Schuldner die Verpflichtung nicht, eine Handlung vorzunehmen, deren Vornahme durch einen Dritten erfolgen kann, so ist der Gläubiger von dem Prozessgericht des ersten Rechtszuges auf Antrag zu ermächtigen, auf Kosten des Schuldners die Handlung vornehmen zu lassen.

(2) Der Gläubiger kann zugleich beantragen, den Schuldner zur Vorauszahlung der Kosten zu verurteilen, die durch die Vornahme der Handlung entstehen werden, unbeschadet des Rechts auf eine Nachforderung, wenn die Vornahme der Handlung einen größeren Kostenaufwand verursacht.

(3) Auf die Zwangsvollstreckung zur Erwirkung der Herausgabe oder Leistung von Sachen sind die vorstehenden Vorschriften nicht anzuwenden.

Inhalt:

	Rn.		Rn.
A. Allgemeines und Abgrenzung	1	I. Zuständigkeit	6
B. Erläuterungen	3	II. Verfahrensvorschriften	7
I. Vertretbare Handlung	3	III. Kostentragung und Vorauszahlung	8
II. Antrag des Gläubigers	4	IV. Vornahme der Handlung	10
III. Nichtvornahme der Handlung	5	D. Rechtskraft und Rechtsbehelfe	11
C. Verfahren	6	E. Kosten und Gebühren	13

A. Allgemeines und Abgrenzung

§ 887 ZPO regelt die Vollstreckung, wenn der Titel auf die Vornahme einer **vertretbaren Handlung**, also einer solchen, die durch Dritte vornehmbar ist, gerichtet ist. Diese erfolgt durch Ermächtigung des Prozessgerichts des ersten Rechtszuges, wonach die Handlung auf Kosten des Schuldners vorzunehmen ist. Insbesondere sind hiervon **Dienst- und Werkleistungen** umfasst. § 887 ZPO ist **subsidiär** zu den §§ 883–886 ZPO, wenn es um Herausgabe von Sachen oder Leistungen geht (Abs. 3). Selbst wenn die Herausgabepflicht andere Leistungspflichten, z.B. die Lieferung, umfasst, ist § 887 ZPO nicht auf diese anwendbar, wenn sie nur eine untergeordnete Rolle spielt.[1] Das gleiche gilt im Verhältnis zu § 888 ZPO, wenn ein Dritter die Vornahme einer solchen Handlung des Schuldners zu dulden hat oder mitwirken muss und dazu nicht bereit ist.[2] 1

Soweit es um **Handlungen geht, die fortlaufend vorgenommen werden müssen**,[3] und damit zumeist im Leistungstitel eine Unterlassungspflicht enthalten sein dürfte, den Erfolg nicht wieder zunichte zu machen kann, der Gläubiger nach seiner Wahl auch über § 890 ZPO vollstrecken.[4] 2

B. Erläuterungen
I. Vertretbare Handlung

Der entsprechende Titel muss auf die Vornahme einer **vertretbaren Handlung** gerichtet sein.[5] Insofern darf er nicht auf die Abgabe einer Willenserklärung, die Zahlung von Geld oder auf die Herausgabe von Sachen gerichtet sein (siehe auch oben). Die entsprechende Handlung muss also durch Dritte durchführbar sein. Dies ist jedoch dann nicht der Fall, wenn die geschuldete Leistung aufgrund der Bestimmungen des Vertrages gerade durch den Schuldner durchgeführt werden soll, hier ist Vollstreckung nach § 888 ZPO notwendig.[6] Im Bereich des **Werkvertrages** kommen für eine solche Vollstreckung Herstellung oder Ausbesserung[7] bzw. Reparatur eines Werkes in Frage. Auch umfasst ist die Beseitigung.[8] Auch umfasst ist die **Freistellung** einer Verbindlichkeit unabhängig von ihrer Fälligkeit.[9] Wichtigste Fälle im **Mietrecht** sind die Beseitigung von Feuchtigkeit oder eine entsprechende Durchführung von Be- 3

---

1 BGH, NJW 2016, 645 (645f.), Rn. 12ff. = DGVZ 2016, 77 (77f.), Rn. 12ff.
2 Thomas/Putzo-*Seiler*, ZPO, § 887 Rn. 1a.
3 Für den Fall der Beheizung einer Wohnung: LG Koblenz, NJW-RR 1986, 506 (506f.).
4 So LG Koblenz, NJW-RR 1986, 506 (506f.), str.
5 Auch hier gilt das Prinzip eines hinreichend bestimmten Titels, siehe hierzu BeckOK-*Stürner*, ZPO, § 887 Rn. 5f. m.w.N.
6 BeckOK-*Stürner*, ZPO, § 887 Rn. 7.
7 BGH, NJW 1993, 1394 = WPM 993, 394.
8 OLG Köln, DGVZ 1992, 170.
9 Thomas/Putzo-*Seiler*, ZPO, § 887 Rn. 2b m.w.N.

heizung oder Lüftung[10] sowie die Beseitigung von Gegenständen.[11] In Betracht kommt weiter die **Erstellung von Abrechnungen**, soweit aufgrund von zugänglichen Unterlagen dies für Dritte möglich ist. Auch die **Stellung einer Sicherheit** zum Beispiel durch Bürgschaft ist über § 887 ZPO zu vollstrecken.[12]

II. Antrag des Gläubigers

4 Der Gläubiger muss die Ermächtigung schriftlich oder in der mündlichen Verhandlung **beantragen**. Sie muss als Prozesshandlung wirksam sein (§ 78 ZPO) und die allgemeinen Vollstreckungsvoraussetzungen müssen gegeben sein. Stellt der Gläubiger den Antrag von einer Vollziehung nach § 888 ZPO in die nach § 887 ZPO um, liegt eine ohne weiteres zulässige Klageerweiterung vor.[13]

III. Nichtvornahme der Handlung

5 Die Handlung darf vom Schuldner **nicht erfüllungsgemäß vorgenommen** worden sein, obwohl es ihm objektiv möglich war.[14]

C. Verfahren
I. Zuständigkeit

6 Ausschließlich (§ 802 ZPO) **zuständig** ist das Prozessgericht des ersten Rechtszuges, das insofern Vollstreckungsorgan ist. Daran ändert sich auch nichts, wenn sich der Rechtsstreit bereits in einer höheren Instanz befindet.[15] Dies kann auch das Arbeits- oder Familiengericht sein. Bei **Auslandsbezug** ist das deutsche Gericht zuständig, soweit sich die Vollstreckungsmaßnahmen nur auf das Inland beschränken.[16] Stammt der Titel aus dem Ausland, ist der Vorsitzende der Zivilkammer des Landgerichts zuständig, das den Titel für vollstreckbar erklärt hat.[17]

II. Verfahrensvorschriften

7 Zu beachten ist § 891 ZPO, der Verfahrensvorschriften aufstellt. Dem Schuldner ist also **Gehör** zu gewähren, die Entscheidung ergeht durch **Beschluss**. Zustellung des Beschlusses erfolgt nach § 329 Abs. 3 ZPO.

III. Kostentragung und Vorauszahlung

8 Die **Ersatzvornahme** geschieht auf Kosten des Schuldners. Nimmt der Gläubiger nach Ermächtigung die geschuldete Handlung vor, kann der Gläubiger die dafür angefallenen Kosten, ohne einen eigenen Titel hierfür zu benötigen, über § 788 ZPO betreiben.[18] Entscheidend sind Notwendigkeit und Angemessenheit der Kosten.[19]

9 Abs. 2 gibt dem Gläubiger jedoch die Möglichkeit, die Kosten bereits als **Vorauszahlung** vom Schuldner zu verlangen. Nötig ist hierfür ein entsprechender **Antrag** zusammen mit oder nach dem Stellen des Antrages nach Abs. 1. Die voraussichtlichen Kosten hat der Gläubiger substantiiert darzulegen. Das Gericht bestimmt sodann die Höhe nach eigenem Ermessen durch Beschluss. Der Betrag ist an den Gläubiger auszuzahlen, selbst wenn dieser die Zahlung seinerseits weitergeben muss. Der Schuldner kann mit Gegenforderungen gegen den Gläubiger aufrechnen, allerdings nur insoweit diese unstritig sind.[20] Die Entscheidung wird nach §§ 794 Nr. 3, 803 ff. ZPO vollstreckt.[21] Soweit der Schuldner eine **Selbstvornahme vor einer Ermächtigung nach Abs. 1** vorgenommen hat, kommt eine Kostenerstattung nach Abs. 2 nicht mehr in Frage.[22] Da der Schuldner aber dennoch verpflichtet ist, die Kosten zu übernehmen, kann der Gläubiger diese Kosten in einer eigenen Zahlungsklage verfolgen und sodann nach §§ 803 ff. ZPO vollstrecken.

---

10 OLG Köln, MDR 1995, 95 m.w.N.
11 Thomas/Putzo-*Seiler*, ZPO, § 887 Rn. 2c m.w.N.
12 Zöller-*Stöber*, ZPO, § 887 Rn. 3 m.w.N.
13 OLG Köln, OLGR 2009, 675, Rn. 20; BeckOK-*Stürner*, ZPO, § 887 Rn. 9.
14 Thomas/Putzo-*Seiler*, ZPO, § 887 Rn. 4.
15 BGH, NJW 2002, 754 (754 f.) = InVo 2002, 161 (161 f.).
16 BeckOK-*Stürner*, ZPO, § 887 Rn. 14 m.w.N.
17 BeckOK-*Stürner*, ZPO, § 887 Rn. 15.
18 BeckOK-*Stürner*, ZPO, § 887 Rn. 26.
19 OLG Zweibrücken, Rpfleger 1995, 172 = JurBüro 1995, 362.
20 OLG Rostock, OLGR 2009, 511 = JurBüro 2009, 162.
21 Thomas/Putzo-*Seiler*, ZPO, § 887 Rn. 9.
22 BGH, NJW-RR 2007, 213 (214), Rn. 18 = DGVZ 2006, 197 (198), Rn. 18.

IV. Vornahme der Handlung

Die Vornahme der Handlung geschieht nach **Wahl des Gläubigers**. Dieser kann die Handlung also **selbst** vornehmen oder **durch andere** vornehmen lassen. Der Schuldner kann seine Leistung jedoch weiterhin noch erbringen.[23] Der Schuldner hat eine **Duldungspflicht** bezüglich der notwendigen Maßnahmen der Ersatzvornahme. Diese Pflicht kann über § 892 ZPO vollstreckt werden.[24]

10

D. Rechtskraft und Rechtsbehelfe

Rechtskraft der Ermächtigung tritt über § 793 ZPO ein und steht damit einem erneuten Antrag ohne geänderten Sachverhalt entgegen.[25]

11

Rechtsbehelf gegen die Beschlüsse nach Abs. 1 und 2 ist die sofortige Beschwerde (§ 793 ZPO). Gegen das eventuelle Vorgehen des Gerichtsvollziehers kommt § 766 ZPO in Frage. Behauptet der Schuldner, seine Leistung sei nachträglich erfüllt oder es wären andere Erlöschensgründe (Aufrechnung, Erlass, Verzicht etc.) nachträglich entstanden, muss er dies im Rahmen der **Vollstreckungsabwehrklage** (§ 766 ZPO) geltend machen. Soweit diese bereits im Verfahren selbst vorliegen, kann der Schuldner diese jedoch auch bereits hierin geltend machen.[26]

12

E. Kosten und Gebühren

Gerichtskosten entstehen nach Nr. 2111 KV-PGKG. Der Rechtsanwalt kann Gebühren nach Nr. 3309 VV-RVG und eventuell Nr. 3310 VV-RVG geltend machen Der Wert bestimmt sich nach § 25 Abs. 1 Nr. 3 RVG.[27]

13

§ 888
Nicht vertretbare Handlungen

(1) ¹Kann eine Handlung durch einen Dritten nicht vorgenommen werden, so ist, wenn sie ausschließlich von dem Willen des Schuldners abhängt, auf Antrag von dem Prozessgericht des ersten Rechtszuges zu erkennen, dass der Schuldner zur Vornahme der Handlung durch Zwangsgeld und für den Fall, dass dieses nicht beigetrieben werden kann, durch Zwangshaft oder durch Zwangshaft anzuhalten sei. ²Das einzelne Zwangsgeld darf den Betrag von 25 000 Euro nicht übersteigen. ³Für die Zwangshaft gelten die Vorschriften des Zweiten Abschnitts über die Haft entsprechend.

(2) Eine Androhung der Zwangsmittel findet nicht statt.

(3) Diese Vorschriften kommen im Falle der Verurteilung zur Leistung von Diensten aus einem Dienstvertrag nicht zur Anwendung.

Inhalt:

	Rn.		Rn.
A. Allgemeines	1	I. Zuständigkeit	7
B. Erläuterungen	2	II. Verfahrensvorschriften	8
I. Nicht vertretbare Handlungen	2	III. Inhalt des Beschlusses	9
II. Willensabhängigkeit	3	D. Rechtsbehelfe	10
III. Kein Vorliegen des Abs. 3	4	E. Kosten und Gebühren	11
IV. Antrag des Gläubigers	5	F. Durchführung der Zwangsvoll-	
V. Nichtvornahme der Handlung	6	streckung	12
C. Verfahren	7		

A. Allgemeines

Im Gegensatz zu § 887 ZPO regelt § 888 ZPO die Vollstreckung, soweit die titulierte Handlung durch einen Dritten nicht vorgenommen werden kann oder darf (dazu zählt auch die vertragliche vereinbarte höchstpersönliche Schuld). Dafür ist notwendig, dass die Handlung ausschließlich vom Willen des Schuldners abhängt. Für Sachen im Rahmen des FamFG gilt § 888 ZPO über § 95 Abs. 4 FamFG auch neben § 887 ZPO. Jedoch erfolgt die Vollstreckung von Herausgabeansprüchen von Sachen oder Urkunden dennoch nicht nach § 888 ZPO, sondern nach § 883 ZPO. Die Abgabe von Willenserklärungen ist darüber hinaus im spezielleren § 894 ZPO geregelt.

1

---

23 BGH, NJW 1995, 3189 = MDR 1995, 1060.
24 Thomas/Putzo-*Seiler*, ZPO, § 887 Rn. 12.
25 Thomas/Putzo-*Seiler*, ZPO, § 887 Rn. 10b m.w.N.
26 BGH, NJW 1995, 3189 = MDR 1995, 1060.
27 Siehe hierzu MK-*Gruber*, ZPO, § 887 Rn. 43.

B. Erläuterungen
I. Nicht vertretbare Handlung

2   Der Titel, der insoweit genau bestimmt sein muss, muss auf die **Vornahme einer nicht vertretbaren Handlung** gerichtet sein. Eine solche liegt vor, wenn der Erfolg durch einen Dritten nicht genauso (wirtschaftlich oder rechtlich)[1] herbeigeführt werden darf oder kann. Dies kann die **Auskunftserteilung** sein, soweit sie nur durch den Schuldner erteilt werden kann.[2] Ein weiterer Fall, in dem über § 888 ZPO vollstreckt werden muss, ist die geschuldete **Rechnungsstellung** oder Erstellung eines **Nachlassverzeichnisses**.[3] Im **Werkrecht** ist zumeist § 887 ZPO einschlägig. Etwas anderes gilt, wenn das Werk gerade von dem Schuldner hergestellt werden soll, was insbesondere bei **künstlerischen und wissenschaftlichen Arbeiten** der Fall ist. Auch der geschuldete Druck einer **Gegendarstellung** oder eine andere Art des **Widerrufs** wird über § 888 ZPO vollstreckt.[4] Im **Arbeitsrecht** kommt insbesondere die Vollstreckung auf Erteilung eines Zeugnisses in Betracht. Ansonsten ist wegen § 888 Abs. 3 ZPO die Vollstreckung zumeist nicht gegeben. Im **Mietrecht** sind all die Handlungen über § 888 ZPO zu vollstrecken, die nur der Mieter vornehmen kann, weil er den Zutritt zur Mietsache verwehren darf. Andersherum die Pflichten des Vermieters, die nur er (eventuell wegen der zu verwenden Informationen) erfüllen kann (z.B. Erstellung der Nebenkostenabrechnung).[5]

II. Willensabhängigkeit

3   Nach Abs. 1 muss die geschuldete Handlung **alleine vom Willen des Schuldners abhängig** sein. Deswegen ist § 888 ZPO nicht anwendbar, soweit die Handlung (auch) vom Willen eines Dritten abhängt, wofür der Schuldner beweispflichtig ist.[6] Er ist aber im Rahmen des § 888 ZPO dazu verpflichtet und kann im Rahmen des Zwanges dazu gebracht werden, zu versuchen, die Mitwirkung anderer Personen zu erreichen (notfalls per Klage), wenn ihm das möglich ist.[7]

III. Kein Vorliegen des Abs. 3

4   Nach Abs. 3 ist die Anwendung auch dann ausgeschlossen, wenn es sich um die Leistung zu Diensten aus einem **Dienstvertrag** handelt. Dem stehen Ansprüche auf Handlungen aus **Geschäftsbesorgungsverträgen** (§§ 675 ff. BGB) und aus **Auftragsverhältnissen** (§§ 662 ff. BGB) gleich.[8] Entsprechende Anwendung findet Abs. 3 auf den Abschluss eines **Erbvertrages**.[9] Im Familienrecht ist die Anwendung über § 120 Abs. 3 FamFG zu beachten.

IV. Antrag des Gläubigers

5   Auch im Rahmen des § 887 ZPO ist ein **Antrag** des Gläubigers notwendig und müssen die allgemeinen Vollstreckungsvoraussetzungen vorliegen. Siehe hierzu das zu § 887 ZPO Gesagte (dort Rn. 10). Die geforderte Handlung muss (zumindest bestimmbar) benannt werden, ein bestimmtes Zwangsmittel muss dagegen nicht gefordert werden, wenngleich dies in der Praxis üblich ist.

V. Nichtvornahme der Handlung

6   Die geschuldete Handlung darf durch den Schuldner **nicht vorgenommen** worden sein, obwohl es ihm möglich wäre. Die Unmöglichkeit der zu erbringenden Leistung kann im Rahmen des § 888 ZPO geltend gemacht werden (zusätzlich zur Vollstreckungsabwehrklage, siehe unten Rn. 10 oder zur Klage nach § 893 ZPO).[10] Gleiches gilt für den Einwand der Erfüllung.[11]

C. Verfahren
I. Zuständigkeit

7   Zur Zuständigkeit siehe § 887 Rn. 13 f. Zwang ist auch (im Inland) möglich, wenn die geschuldete Handlung im Ausland vorzunehmen ist.

---

1   Musielak/Voit-*Lackmann*, ZPO, § 888 Rn. 4.
2   Vgl. BGH, WM 2014, 630 = MDR 2014, 617.
3   OLG Nürnberg, FamRZ 2010, 584 = MDR 2009, 1309.
4   Thomas/Putzo-*Seiler*, ZPO, § 888 Rn. 2 m.w.N.
5   BGH, NJW 2006, 2706 = MDR 2007, 81.
6   Thomas/Putzo-*Seiler*, ZPO, § 888 Rn. 3.
7   BGH, NJW-RR 2009, 443 (444), Rn. 14 = DGVZ 2009, 98 (99), Rn. 14.
8   Thomas/Putzo-*Seiler*, ZPO, § 888 Rn. 4.
9   OLG Frankfurt a.M., Rpfleger 1980, 117, Rn. 16.
10 H.M., so z.B. ausführlich und m.w.N. Musielak/Voit-*Lackmann*, ZPO, § 888 Rn. 9.
11 Musielak/Voit-*Lackmann*, ZPO, § 888 Rn. 8 m.w.N.

II. Verfahrensvorschriften

Siehe zu den Verfahrensvorschriften § 887 Rn. 6 ff. Eine Androhung der Zwangsmittel findet nicht statt (Abs. 2). 8

III. Inhalt des Beschlusses

Der Beschluss des Gerichts hat die geschuldete Leistung sowie das **Zwangsmittel** bestimmt zu bezeichnen. Dabei wird die Höhe des Zwangsgelds (Höchstbetrag 25.000,00 €; Abs. 1 Satz 2) oder die Länge der Zwangshaft (Höchstdauer 6 Monate; Abs. 1 Satz 3 i.V.m. § 802j Abs. 1 ZPO) durch das Gericht nach **Ermessen** festgelegt, wobei der Verhältnismäßigkeitsgrundsatz gewahrt sein muss.[12] Die Zwangsmittel sind **nicht nebeneinander** anwendbar. **Zwangshaft** darf angewendet werden, wenn die Beitreibung des Zwangsgelds ausgeschlossen erscheint. Ein Wechsel der Zwangsmittel, insbesondere bei weiterer Nichtvornahme ist möglich. 9

D. Rechtsbehelfe

Gegen den Beschluss sowie die Haftanordnung steht die sofortige Beschwerde (§ 793 ZPO) offen, die nach § 570 Abs. 1 ZPO aufschiebende Wirkung entfaltet (vgl. § 570 Rn. 2).[13] Gegen den Gerichtsvollzieher ist die Erinnerung (§ 766 ZPO) möglich. Möglich ist die Vollstreckungsabwehrklage (§ 767 ZPO), wenn der Schuldner eine Erfüllung nach Rechtskraft geltend macht. 10

E. Kosten und Gebühren

Gerichtskosten nach Nr. 2111 KV-GVG. Rechtsanwaltsgebühren nach § 25 Abs. 1 Nr. 3 RVG in Höhe des Wertes der Hauptsache. Kosten, die dem Gläubiger wegen der Zwangsvollstreckung entstehen kann er über § 788 ZPO geltend machen. 11

F. Durchführung der Zwangsvollstreckung

Die **Vollstreckung der Zwangsmittel** aus dem Beschluss erfolgt nur auf Antrag des Gläubigers. Dabei ist der Zwangsmittelbeschluss ein Titel i.S.d. § 794 Abs. 1 Nr. 3 ZPO. Die Durchsetzung des Zwangsgeldes erfolgt nach den Regeln der Zwangsvollstreckung wegen Geldforderungen (§§ 803 ff. ZPO). Es steht der Staatskasse zu. Die Zwangshaft wird nach den §§ 802g–802j ZPO vollstreckt. Dabei ist die Haftanordnung bereits der Haftbefehl.[14] 12

§ 888a
Keine Handlungsvollstreckung bei Entschädigungspflicht

Ist im Falle des § 510b der Beklagte zur Zahlung einer Entschädigung verurteilt, so ist die Zwangsvollstreckung auf Grund der Vorschriften der §§ 887, 888 ausgeschlossen.

Nach § 510b ZPO kann der Schuldner zur Zahlung einer Entschädigung verurteilt werden, wenn er die im Urteil bezeichnete Handlung nicht innerhalb einer bestimmten Frist vornimmt. Die Zwangsvollstreckung bezüglich der Handlung nach den §§ 887, 888 ZPO und darüber hinaus auch für § 889 ZPO[1] ist sodann ausgeschlossen. Findet sie dennoch statt, steht dem Schuldner die sofortige Beschwerde nach § 793 ZPO offen. 1

§ 889
Eidesstattliche Versicherung nach bürgerlichem Recht

(1) ¹Ist der Schuldner auf Grund der Vorschriften des bürgerlichen Rechts zur Abgabe einer eidesstattlichen Versicherung verurteilt, so wird die Versicherung vor dem Amtsgericht als Vollstreckungsgericht abgegeben, in dessen Bezirk der Schuldner im Inland seinen Wohnsitz oder in Ermangelung eines solchen seinen Aufenthaltsort hat, sonst vor dem Amtsgericht als Vollstreckungsgericht, in dessen Bezirk das Prozessgericht des ersten Rechtszuges seinen Sitz hat. ²Die Vorschriften der §§ 478 bis 480, 483 gelten entsprechend.
(2) Erscheint der Schuldner in dem zur Abgabe der eidesstattlichen Versicherung bestimmten Termin nicht oder weigert er die Abgabe der eidesstattlichen Versicherung, so verfährt das Vollstreckungsgericht nach § 888.

---

12 OLG Brandenburg, FamRZ 2007, 63, Rn. 3 = InVo 2007, 207, Rn. 3.
13 BGH, NJW 2011, 3791 = FamRZ 2012, 126.
14 *Cirullies*, NJW 2013, 203 (205).

Zu § 888a:
1 MK-*Gruber*, ZPO, § 888a Rn. 1.

Inhalt:

	Rn.		Rn.
A. Allgemeines	1	III. Inhalt	5
B. Erläuterungen	2	C. Zwangsvollstreckung bei Nicht-	
I. Zuständigkeit	3	erscheinen oder Verweigerung	6
II. Antrag des Gläubigers	4		

A. Allgemeines

1 Wurde der Schuldner nach materiellem, bürgerlichem Recht zur Abgabe einer eidesstattlichen Versicherung verurteilt, findet § 889 ZPO als Sondervorschrift zu § 888 ZPO Anwendung. Wurde der Schuldner nicht verurteilt, sondern gibt er die Erklärung freiwillig ab, richtet sich das Verfahren dagegen nach §§ 361, 310 Nr. 1, 413 FamFG.[1]

B. Erläuterungen

2 Verpflichtungen zur Abgabe einer eidesstattlichen Versicherung aus dem bürgerlichen Recht können sich insbesondere aus den §§ 259, 260, 2028, 2057 BGB ergeben.

I. Zuständigkeit

3 Ausschließlich (§ 802 ZPO) zuständig für die Abnahme ist das Vollstreckungsgericht i.S.d. § 764 Abs. 1 ZPO, **örtliche Zuständigkeit** entspricht dem § 802e ZPO (siehe dort Rn. 1 f.), dort der Rechtspfleger (§ 20 Nr. 17 RPflG).

II. Antrag des Gläubigers

4 Die Einleitung des Verfahrens (§§ 217–220 ZPO) geschieht nur auf **Antrag** des Gläubigers bei Gericht. Ob die Zwangsvollstreckungsvoraussetzungen bereits im Falle des Abs. 1 oder erst im Falle des Abs. 2 vorliegen müssen ist strittig, wird durch die Rechtsprechung aber bejaht.[2]

III. Inhalt

5 Der **Inhalt der eidesstattlichen Versicherung** richtet sich nach dem Urteilstenor. Eine Änderung entsprechend § 261 BGB ist aber möglich.[3] Eine Aufforderung zur Nachbesserung ist möglich, wenn nötig.[4] §§ 478–480 ZPO finden Anwendung.

C. Zwangsvollstreckung bei Nichterscheinen oder Verweigerung

6 Erscheint der Schuldner unentschuldigt zum festgesetzten Termin nicht oder verweigert er die eidesstattliche Versicherung ungerechtfertigt,[5] wird, wenn ein entsprechender Antrag des Gläubigers vorliegt,[6] die Zwangsvollstreckung nach § 888 ZPO eingeleitet.[7] Insofern gelten die dort gemachten Ausführungen. § 902 ZPO findet Anwendung auf einen verhafteten Schuldner.

§ 890
Erzwingung von Unterlassungen und Duldungen

(1) ¹Handelt der Schuldner der Verpflichtung zuwider, eine Handlung zu unterlassen oder die Vornahme einer Handlung zu dulden, so ist er wegen einer jeden Zuwiderhandlung auf Antrag des Gläubigers von dem Prozessgericht des ersten Rechtszuges zu einem Ordnungsgeld und für den Fall, dass dieses nicht beigetrieben werden kann, zur Ordnungshaft oder zur Ordnungshaft bis zu sechs Monaten zu verurteilen. ²Das einzelne Ordnungsgeld darf den Betrag von 250 000 Euro, die Ordnungshaft insgesamt zwei Jahre nicht übersteigen.

(2) Der Verurteilung muss eine entsprechende Androhung vorausgehen, die, wenn sie in dem die Verpflichtung aussprechenden Urteil nicht enthalten ist, auf Antrag von dem Prozessgericht des ersten Rechtszuges erlassen wird.

---

1 BeckOK-*Stürner*, ZPO, § 889, vor Rn. 1 ff.
2 OLG Frankfurt a.M., FamRZ 2004, 129 = FuR 2004, 383; dagegen nur für Abs. 2 Zöller-*Stöber*, ZPO, § 889 Rn. 3.
3 BGH, NJW-RR 2005, 221, Rn. 2 = MDR 2004, 1444, Rn. 2.
4 Siehe BeckOK-*Stürner*, ZPO, § 889 Rn. 4.
5 Auch die mögliche Selbstbezichtigung mit einer Straftat lässt die Pflicht zur Abgabe nicht entfallen, MK-*Gruber*, ZPO, § 889 Rn. 9 m.w.N.
6 Dieser kann im Termin aber auch danach gestellt werden, MK-*Gruber*, ZPO, § 889 Rn. 10.
7 Spätestens hier müssen dann die allgemeinen Vollstreckungsvoraussetzungen vorliegen.

(3) Auch kann der Schuldner auf Antrag des Gläubigers zur Bestellung einer Sicherheit für den durch fernere Zuwiderhandlungen entstehenden Schaden auf bestimmte Zeit verurteilt werden.

Inhalt:

	Rn.		Rn.
A. Allgemeines	1	I. Zuständigkeit und Verfahrens-	
B. Erläuterungen	2	vorschriften	8
I. Pflicht zur Unterlassung oder		II. Inhalt des Beschlusses	9
Duldung	2	III. Bestellung einer Sicherheit	10
II. Verstoß des Schuldners	4	**D. Kosten und Gebühren**	11
III. Verschulden	5	**E. Durchführung der Vollstreckung**	12
IV. Androhung der Ordnungsmittel	6	**F. Beseitigung der Anordnung**	13
V. Antrag des Gläubigers	7	**G. Rechtsbehelfe**	14
C. Verfahren	8		

A. Allgemeines

§ 890 ZPO dient der **Zwangsvollstreckung zur Erwirkung eines Unterlassens oder Duldung** 1 **des Schuldners**. Diese Verpflichtung muss sich aus dem Titel eindeutig ergeben, insbesondere sind die genauen Handlungen, die unterlassen oder geduldet werden sollen, aufzuführen.[1] Wegen § 96 Abs. 1 FamFG ist auch der Anspruch aus § 1 GewSchG nach § 890 ZPO zu vollstrecken. Ein gleichzeitig stattfindendes Strafverfahren oder eine Vertragsstrafe hindert die Verhängung eines Ordnungsmittels nicht.[2] Eine verhängte Kriminalstrafe ist aber bei der Höhe zu berücksichtigen.[3] § 890 ZPO findet vor allem Anwendung im Bereich der **Besitz- und Eigentumsstörungen** (§§ 906, 1004, 1227 BGB), der **Verwendung unwirksamer AGB-Klauseln**, **Wettbewerbsverstößen** und falschen Tatsachenbehauptungen.[4]

B. Erläuterungen
I. Pflicht zur Unterlassung oder Duldung

Der Begriff **Unterlassung** bedeutet ein Verhalten, das den Nichteintritt oder die Beseitigung 2 eines wie auch immer gearteten Zustandes zur Folge hat.[5] Dies kann insofern als Pflicht zur Untätigkeit i.S. eines den Kausalverlauf nicht beeinflussenden Verhaltens aber auch als Pflicht zum aktiven Tätigwerden, wenn er durch sein Nichtstun einen bestimmten Sachverhalt aufrechterhält und diesen so ausnutzt oder Dritte den Verstoß begehen, darstellen.[6] Zweiteres ist immer dann anzunehmen, wenn der Schuldner grundsätzlich zur zukünftigen Unterlassung verpflichtet wäre, den so zu verhindernden Zustand aber schon herbeiführt. Dann trifft ihn eine Pflicht zur Unterlassung durch aktives Tun. Die Unterscheidung der zweiten Alternative zu Vollstreckung nach §§ 887 f. ZPO richtet sich danach, ob der Titel bereits auf aktive Beseitigung (dann §§ 887 f. ZPO) oder auf Unterlassung bezüglich einer bereits eingetretenen Veränderung lautet.

Die **Duldung** bedeutet als Unterform der Unterlassung, die Vornahme einer Handlung eines 3 Anderen nicht zu behindern. Bezüglich dieser Pflicht ist auch § 892 ZPO zu beachten.[7]

II. Verstoß des Schuldners

Der Schuldner muss gegen die Verpflichtung aus dem Titel nach Androhung der Zwangsmittel 4 (siehe hierzu Rn. 6) bei noch wirksamem Titel[8] **verstoßen** haben. Das sind allerdings nicht nur die, die explizit im Titel aufgeführt sind, sondern auch die, die nach der Verkehrsauffassung **gleichwertig** sind.[9] Sie müssen allerdings im Erkenntnisverfahren geprüft und in die Verurteilung mit einbezogen worden sein.[10] Ein **Schadenseintritt** ist für die Anwendung des § 890 ZPO nicht erforderlich.[11] Eine **versuchte Zuwiderhandlung** ist dann als Verstoß zu sehen, wenn die-

---
1 Es muss insofern Erkennbarkeit und Verständlichkeit für Dritte gegeben sein, z.B. OLG Zweibrücken, NJW-RR 1987, 1526 m.w.N. = MDR 1987, 1032.
2 BGH, NJW 1998, 1138 (1139), Rn. 1 m.w.N. = MDR 1998, 489, Rn. 1; OLG Schleswig, NJW 2006, 3578 = FamRZ 2007, 300.
3 OLG Schleswig, NJW 2006, 3578 = FamRZ 2007, 300.
4 Musielak/Voit-*Lackmann*, ZPO, § 890 Rn. 3.
5 Thomas/Putzo-*Seiler*, ZPO, § 890 Rn. 2a.
6 BGH, NJW-RR 2003, 1235 (1236), Rn. 3 = MDR 2003, 985 (986), Rn. 3.
7 MK-*Gruber*, ZPO, § 890 Rn. 5.
8 Insofern müssen die allgemeinen Vollstreckungsvoraussetzungen vorliegen.
9 So auch Musielak/Voit-*Lackmann*, ZPO, § 890 Rn. 4.
10 BGH, NJW 2014, 2870, Rn. 12 = MDR 2014, 737, Rn. 12.
11 Thomas/Putzo-*Seiler*, ZPO, § 890 Rn. 11.

ses nach dem Titel und der Androhung auch (siehe hierzu Rn. 6) zwangsbewährt ist.[12] Der Verstoß muss durch den Schuldner selbst oder zurechenbar durch Dritte geschehen sein. Bei juristischen Personen muss dies ein gesetzlicher Vertreter sein, nur Angestellte oder Beauftragte genügen nicht.[13]

III. Verschulden

5 Der Schuldner muss den Verstoß **schuldhaft**, also vorsätzlich oder fahrlässig[14] begangen haben. Weiter sind auch Schuldfähigkeit und Zurechnungsfähigkeit zu fordern.[15] Es ist ein Anscheinsbeweis hierzu nötig.[16] Ein Verstoß gegen mehrere Unterlassungstitel durch eine Handlung ist möglich und führt zu mehreren Ordnungsmitteln. **Anwaltsberatung** alleine bedeutet nicht automatisch ein fehlendes Verschulden. Die Grundsätze des Verbotsirrtums können im Rahmen des § 890 ZPO angewandt werden.[17] Soweit die **Zuwiderhandlung von Dritten begangen** wurde, ist zu fragen, ob das Verschulden des Schuldners in der fehlenden Überwachung oder Präventionsüberwachung liegt. § 275 BGB findet keine Anwendung.[18]

IV. Androhung der Ordnungsmittel

6 Die Zwangsmittel müssen vor der Vornahme **angedroht** werden. Dies geschieht häufig im Urteil (insofern ist ein bereits vor Urteil zu stellender Antrag ratsam) oder danach durch Beschluss (aber nur auf Antrag des Gläubigers). Auch in einer einstweiligen Verfügung kann eine Androhung enthalten sein. Die Androhung in einem Vergleich genügt nicht, kann jedoch bei Titulierung damit versehen werden.[19] Die **Art** des angedrohten Ordnungsmittels (wobei **kumulative Drohung** möglich ist) sowie die Höhe sind anzugeben. Der Schuldner muss Kenntnis oder fahrlässige Unkenntnis von der Androhung haben.[20]

V. Antrag des Gläubigers

7 Der Gläubiger muss die Verhängung eines Ordnungsmittels **beantragen**. Dabei muss jedoch kein bestimmtes bezeichnet werden. Anwaltszwang richtet sich nach dem ursprünglichen Prozess.[21]

C. Verfahren
I. Zuständigkeit und Verfahrensvorschriften

8 Zur Zuständigkeit siehe § 887 Rn. 6. Zwang ist auch (im Inland) möglich, wenn die geschuldete Handlung im Ausland vorzunehmen ist. Für die Verfahrensvorschriften siehe § 887 Rn. 7. Der Gläubiger ist bezüglich der Voraussetzungen, insbesondere auch des Verstoßes und des Verschuldens **beweispflichtig**.

II. Inhalt des Beschlusses

9 Der Beschluss, der das Ordnungsmittel festsetzt ist in jedem Fall zu begründen.[22] Das Ordnungsmittel darf sich nur in den Grenzen der Androhung halten. Die **Höhe des Ordnungsgelds** liegt zwischen 5,00 € (Art. 6 Abs. 1 Satz 1 EGStGB) und 250.000,00 € (Abs. 1 Satz 1). Die Höchstgrenze gilt für jede Zuwiderhandlung einzeln, so dass mehrmals ein Ordnungsgeld von 250.000,00 € verhängt werden kann. Die **Länge der Ordnungshaft** liegt zwischen einem Tag (Art. 6 Abs. 2 Satz 1 EGStGB) und sechs Monaten pro Zuwiderhandlung (Abs. 1 Satz 1), höchstens zwei Jahre bei mehreren Verstößen (Abs. 1 Satz 2). Ein Ordnungsgeld wird in eine solche von Amts wegen umgewandelt, wenn es nicht einbringbar ist (Art. 8 Abs. 1 EGStGB).

III. Bestellung einer Sicherheit

10 Nach Abs. 3 kann der Gläubiger auch beantragen, dass der Schuldner anstelle des Ordnungsgeldes einen Betrag zu hinterlegen hat, mit der ein eventueller Schadensersatzanspruch abgegolten werden könnte. Siehe hierzu §§ 108 f. ZPO.

---

12 OLG Köln, JurBüro 1993, 627.
13 Thomas/Putzo-*Seiler*, ZPO, § 890 Rn. 12 m.w.N.
14 OLG Stuttgart, MDR 1958, 523.
15 Thomas/Putzo-*Seiler*, ZPO, § 890 Rn. 15 m.w.N.
16 BVerfG, NJW 1991, 3139 = MDR 1992, 190.
17 OLG Stuttgart, NJOZ 2001, 1222 (1223 ff.) = InVo 2001, 382 (382 ff.).
18 BVerfG, NJW-RR 2007, 860, Rn. 11 = InVo 2007, 414, Rn. 11.
19 BGH, WM 2012, 1489 = MDR 2012, 1060; Thomas/Putzo-*Seiler*, ZPO, § 890 Rn. 18 m.w.N.
20 Thomas/Putzo-*Seiler*, ZPO, § 890 Rn. 21.
21 Musielak/Voit-*Lackmann*, ZPO, § 890 Rn. 8.
22 Musielak/Voit-*Lackmann*, ZPO, § 890 Rn. 11.

D. Kosten und Gebühren

§ 25 RVG im Wert der Hauptsache. Kosten der Vollstreckung werden über § 788 ZPO abgegolten. 11

E. Durchführung der Vollstreckung

Die Vollstreckung der Ordnungsmittel richtet sich nach § 1 Abs. 1 Nr. 3 JBeitrO (durch den Rechtspfleger) bei Ordnungsgeld und nach der StrVollstrO im Falle der Ordnungshaft. Zu beachten ist die zweijährige Verjährungsfrist nach Art. 9 EGStGB. Für das Ordnungsgeld ist die Zulässigkeit von Zahlungsfristen und Teilzahlungen nach Art. 7 EGStGB zu beachten. Bei Prozessunfähigen wird gegen den gesetzlichen Vertreter vollstreckt. 12

F. Beseitigung der Anordnung

Wird nach dem Erlass des Ordnungsmittelbeschlusses der zugrundeliegende Titel aufgehoben oder wird die Zwangsvollstreckung für unzulässig erklärt, so ist bezüglich des Ordnungsmittelbeschlusses § 776 ZPO anzuwenden. Dies gilt auch dann, wenn der Ordnungsmittelbeschluss Rechtskraft erlangt hat oder das Ordnungsgeld gezahlt wurde.[23] Damit wird der Ordnungsmittelbeschluss entweder aufgehoben oder seine Vollziehung eingestellt (nach Maßgabe des § 776 ZPO). Dies geschieht durch das Prozessgericht (Rn. 8) oder das Rechtsmittelgericht, wenn dieses den Titel aufhebt.[24] 13

G. Rechtsbehelfe

Gegen die Androhung von Ordnungsmitteln kann die sofortige Beschwerde (§ 793 ZPO) eingelegt werden, um die Höhe oder Länge zu verändern oder die Nichtverhängung bzw. Verhängung anzuregen. § 570 Abs. 1 ZPO gilt. 14

Ist jedoch wie häufig in der Praxis die Androhung bereits im Urteil enthalten, kann dieses nur mit dem Urteil zusammen nach den für dieses Urteil statthaften Rechtsmitteln (insbesondere Berufung oder Revision) angefochten werden.[25] 15

Gegen die Durchführung selbst ist die Erinnerung (§ 766 ZPO; bei Ordnungsgeld i.V.m. § 6 Abs. 1 Nr. 1 JBeitrO) statthaft.[26] Gegen die daraufhin ergangene Entscheidung sofortige Beschwerde (§ 793 ZPO).[27] § 767 ZPO kann ebenso Anwendung finden. 16

§ 891
Verfahren; Anhörung des Schuldners; Kostenentscheidung

¹Die nach den §§ 887 bis 890 zu erlassenden Entscheidungen ergehen durch Beschluss. ²Vor der Entscheidung ist der Schuldner zu hören. ³Für die Kostenentscheidung gelten die §§ 91 bis 93, 95 bis 100, 106, 107 entsprechend.

Für die §§ 887–890 ZPO regelt § 891 ZPO das Verfahren. Wegen der Gesamtverweisung gilt dies auch für § 889 Abs. 2 ZPO nicht jedoch für § 889 Abs. 1 ZPO da hier keine Entscheidung vorliegt.[1] 1

Für das Verfahren gilt insofern: 2

– eine **mündliche Verhandlung** ist fakultativ,
– der Schuldner ist **zwingend zu hören**,[2]
– die Entscheidung ergeht immer (also auch im Falle einer mündlichen Verhandlung) durch **Beschluss** (§ 329 ZPO),
– **Anwaltszwang** richtet sich nach § 78 ZPO,
– die **Kostenentscheidung** richtet sich nach den §§ 91–93, 95, 100, 106, 107 ZPO.

---

23 Zöller-*Stöber*, ZPO, § 890 Rn. 25.
24 Vgl. OLG Frankfurt a.M., NJW 1982, 1056 = JurBüro 1982, 465.
25 Musielak/Voit-*Lackmann*, ZPO, § 890 Rn. 20.
26 Thomas/Putzo-*Seiler*, ZPO, § 890 Rn. 41.
27 OLG Karlsruhe, NJW-RR 1997, 1567.

Zu § 891:
1 MK-*Gruber*, ZPO, § 891 Rn. 2.
2 In der Verhandlung oder schriftlich/zu Protokoll, falls diese nicht stattfindet, oder durch Erklärung seines Prozessbevollmächtigten.

3 Bezüglich der Kostenentscheidung ist durch die Verweisung klargestellt, dass die Kosten sich nach dem Grade des Obsiegens bzw. Unterliegens richten. Ein (zumindest) Teilunterliegen kann aber schon dann angenommen werden, wenn das Gericht das Ordnungsgeld unter dem vom Gläubiger beantragten Betrag festsetzt. Um diesem Kostenrisiko zu entgehen, sollte deshalb keine Ausführung zur Höhe des Ordnungsgeldes erfolgen.[3]

§ 892
Widerstand des Schuldners

Leistet der Schuldner Widerstand gegen die Vornahme einer Handlung, die er nach den Vorschriften der §§ 887, 890 zu dulden hat, so kann der Gläubiger zur Beseitigung des Widerstandes einen Gerichtsvollzieher zuziehen, der nach den Vorschriften des § 758 Abs. 3 und des § 759 zu verfahren hat.

1 § 892 ZPO ist neben § 890 ZPO die zweite Möglichkeit des Gläubigers, einen **Widerstand des Schuldners** zu überwinden. § 892 ZPO verweist insofern auf die Hilfe des Gerichtsvollziehers. Die Norm findet Anwendung im Falle der **Ersatzvornahme** nach § 887 ZPO sowie der **Duldungsvollstreckung** nach § 890 ZPO.

2 Es ist ein **Widerstand** des Schuldners nötig. Widerstand bedeutet das auf Verhinderung eines bestimmten Erfolges gerichtete **vorsätzliche** Verhalten (Tun oder Unterlassen, dabei insbesondere das Verwehren von Zutritt), das mehr ist als das bloße Zuwiderhandeln.[1] Ausreichend ist insofern eine Behauptung, dass im konkreten Fall **Widerstand zu erwarten** ist, eine bereits erfolgte Widerstandshandlung ist nicht erforderlich; allerdings trägt der Gläubiger das Kostenrisiko des § 788 ZPO.[2]

3 Der Schuldner hat sodann den Gerichtsvollzieher zuzuziehen. Dies geschieht direkt ohne Einschaltung des Gerichts. Der Gerichtsvollzieher hat das Vorliegen der Vollstreckungsvoraussetzungen zu prüfen[3] und sodann nach §§ 758 Abs. 2, 759 ZPO zu verfahren.

4 Statthafter **Rechtsbehelf** ist die Erinnerung nach § 766 ZPO.

5 Der Gerichtsvollzieher verlangt eine Kostenpauschale nach Nr. 250 KV-GvKostG (52,00 €).

§ 892a
(weggefallen)

§ 893
Klage auf Leistung des Interesses

(1) Durch die Vorschriften dieses Abschnitts wird das Recht des Gläubigers nicht berührt, die Leistung des Interesses zu verlangen.

(2) Den Anspruch auf Leistung des Interesses hat der Gläubiger im Wege der Klage bei dem Prozessgericht des ersten Rechtszuges geltend zu machen.

1 § 893 ZPO stellt klar, dass der Gläubiger auch bei Durchführung der Vollstreckung nach §§ 883–892 ZPO (nicht § 894 ZPO) **Schadensersatz** verlangen kann. § 893 ZPO ist allerdings **keine eigene Anspruchsgrundlage**. Die Frage der Begründetheit der Klage richtet sich nach dem geltend gemachten materiellen Recht.

2 Das eingeleitete Verfahren ist eine Schadensersatzklage als Klage erster Instanz (vgl. Abs. 2). Insofern müssen die allgemeinen Prozessvoraussetzungen vorliegen. Der Gerichtsstand ist ausschließlich (§ 802 ZPO). In Familiensachen ist das Familiengericht zuständig.[1] Der Gläubiger muss ein Rechtsschutzbedürfnis nachweisen, das allerdings bereits vor dem ersten Vollstreckungsversuch vorliegt.[2]

---

3 MK-*Gruber*, ZPO, § 891 Rn. 5 m.w.N.

Zu § 892:
1 *Brackhan*, DGVZ 1992, 145.
2 MK-*Gruber*, ZPO, § 892 Rn. 3 m.w.N.
3 Thomas/Putzo-*Seiler*, ZPO, § 892 Rn. 2.

Zu § 893:
1 OLG Zweibrücken, FamRZ 2006, 431 = NJOZ 2005, 4726.
2 Zöller-*Stöber*, ZPO, § 893 Rn. 3 m.w.N.

§ 894
Fiktion der Abgabe einer Willenserklärung

¹Ist der Schuldner zur Abgabe einer Willenserklärung verurteilt, so gilt die Erklärung als abgegeben, sobald das Urteil die Rechtskraft erlangt hat. ²Ist die Willenserklärung von einer Gegenleistung abhängig gemacht, so tritt diese Wirkung ein, sobald nach den Vorschriften der §§ 726, 730 eine vollstreckbare Ausfertigung des rechtskräftigen Urteils erteilt ist.

Inhalt:

	Rn.		Rn.
A. Allgemeines	1	III. Abhängigkeit von einer Gegenleistung	5
B. Erläuterungen	2	C. Wirkung	6
I. Anspruch auf Abgabe einer Willenserklärung	2	D. Rechtsbehelfe	7
II. Rechtsnatur der Entscheidung	4	E. Kosten und Gebühren	8

A. Allgemeines

§ 894 ZPO regelt die zwangsweise Durchsetzung, wenn die begehrte Handlung eine Willenserklärung ist. Im Gegensatz zu § 888 ZPO, der die Durchsetzung nicht vertretbarer Handlungen mittels Zwang vorsieht, fingiert § 894 ZPO speziell für die Abgabe einer Willenserklärung die gewünschte Abgabe. Wenngleich § 894 ZPO eine gesetzliche Fiktion herbeiführt, handelt es sich um ein Leistungs- nicht um ein Gestaltungsurteil.[1]   1

B. Erläuterungen
I. Anspruch auf Abgabe einer Willenserklärung

§ 894 ZPO ist anwendbar, wenn der Anspruch, der gerichtlich geltend gemacht wird, auf **Abgabe einer Willenserklärung** gerichtet ist. Damit ist jede rechtsgeschäftliche Erklärung, unabhängig davon wem gegenüber sie abzugeben ist (insbesondere Angebot oder Annahme eines Vertrages, Übereignungen, Zustimmung zur Änderung des Grundbuches), nach materiellem Recht gemeint, weiterhin findet § 894 ZPO auch entsprechende Anwendung auf **rechtsgeschäftliche Handlungen**.[2] **Nicht unter die Fiktion** fallen tatsächliche Erklärungen wie der Widerruf ehrverletzender Behauptung. Diese müssen nach § 888 ZPO vollstreckt werden.[3] Um die Fiktion herbeiführen zu können, muss der Inhalt der Willenserklärung einen fest bestimmten Inhalt haben.[4] Der Inhalt kann allerdings auch durch **Auslegung** insbesondere unter Heranziehung der Entscheidungsgründe und des Urteilstatbestandes ermittelt werden.[5] Fehlt ein solch bestimmter oder doch bestimmbarer Inhalt, kann keine Heilung im Verfahren nach § 888 ZPO eintreten, weil dieser durch die Spezialregelung des § 894 ZPO gesperrt ist.[6] Hier wäre nur erneute Klageerhebung möglich.   2

Ist die Willenserklärung an eine bestimmte **Form** gebunden, so wird diese durch § 894 ZPO ebenso fingiert, so dass eine weitergehende Beurkundung etc. nicht mehr nötig ist.[7] .Auch eine eventuelle fehlende volle Geschäftsfähigkeit spielt keine Rolle.   3

II. Rechtsnatur der Entscheidung

Die Norm findet Anwendung, wenn ein **Urteil** vorliegt. Dieses muss **formell rechtskräftig** i.S.d. § 705 ZPO sein, um die Fiktion auszulösen. Werden **ausländische Urteile** für vollstreckbar erklärt (§ 722 ZPO), ist § 894 ZPO auf sie anwendbar, gleiches gilt für Schiedsurteile (§§ 1060 Abs. 1, 794 Abs. 1 Nr. 4a ZPO).[8] § 894 ZPO findet allerdings weiter als der Wortlaut auch Anwendung auf **rechtskräftige Beschlüsse**.[9] Strittig ist die Anwendung auf **einstweilige Verfügungen** zur Abgabe einer Willenserklärung. Hier sind sich selbst die Oberlandesgerichte nicht einig, da durch § 894 ZPO zumeist endgültige Verhältnisse geschaffen werden.[10] Die   4

---

1 Thomas/Putzo-*Seiler*, ZPO, § 894 Rn. 1.
2 MK-*Gruber*, ZPO, § 894 Rn. 7 f.
3 OLG Zweibrücken, NJW 1991, 304 = JurBüro 1990, 1367.
4 Es wird eine Bestimmtheit i.S.d. § 253 Abs. 2 Nr. 2 ZPO gefordert, BGH, NJW 2011, 3161 = FamRZ 2011, 1290.
5 BGH, NJW 2011, 3161 (3162), Rn. 7 = FamRZ 2011, 1290 (1291), Rn. 7.
6 BGH, NJW 2011, 3161 (3162), Rn. 9 = FamRZ 2011, 1290 (1291), Rn. 9.
7 BeckOK-*Stürner*, ZPO, § 894 Rn. 7 m.w.N.
8 BeckOK-*Stürner*, ZPO, § 894 Rn. 2.
9 Musielak/Voit-*Lackmann*, ZPO, § 894 Rn. 7.
10 Deshalb gegen eine Anwendung: OLG Hamburg, NJW-RR 1991, 382 = MDR 1990, 1022; für eine Anwendung, wenn das Interesse des Schuldners geringer wiegt: OLG Köln, NJW-RR 1997, 59 (60).

h.M. hält die Anwendbarkeit für gerechtfertigt, soweit dies zumindest in der Abwägung beachtet wird.[11]

III. Abhängigkeit von einer Gegenleistung

5 Ist die Abgabe von einer **Gegenleistung** abhängig, ist nach Satz 2 zu verfahren.

C. Wirkung

6 Mit Eintritt der formellen Rechtskraft gilt die Willenserklärung als abgegeben. Damit werden die allgemeinen Rechtsfolgen des materiellen Rechts herbeigeführt, so z.B. auch eine eventuelle Rückwirkung.[12] Ersetzt wird allerdings nur die Abgabe der Willenserklärung, Zugang und andere Wirksamkeitsvoraussetzungen richten sich nach den allgemeinen materiell-rechtlichen Vorschriften. Auch eventuelle weitere Handlungen wie Eintragungen in das Grundbuch müssen selbstständig vorgenommen werden, eventuell unter weiteren Zwangsvollstreckungen gegen den Schuldner. Die Wirkung tritt zum **Zeitpunkt** der formellen Rechtskraft ein bzw. falls die Abgabe von einer Gegenleistung abhängig ist, nach Satz 2.

D. Rechtsbehelfe

7 Gegen die Fiktion besteht kein Rechtsbehelf. Ebenso ist die Erinnerung nicht statthaft, da keine Vollstreckungsorgane tätig werden. Die einzige Möglichkeit besteht damit im Angreifen des Urteils selbst oder die Verhinderung seiner Rechtskraft.

E. Kosten und Gebühren

8 Die Kosten und Gebühren richten sich nach den allgemeinen Vorschriften einer Leistungsklage.

§ 895
Willenserklärung zwecks Eintragung bei vorläufig vollstreckbarem Urteil

[1]Ist durch ein vorläufig vollstreckbares Urteil der Schuldner zur Abgabe einer Willenserklärung verurteilt, auf Grund deren eine Eintragung in das Grundbuch, das Schiffsregister oder das Schiffsbauregister erfolgen soll, so gilt die Eintragung einer Vormerkung oder eines Widerspruchs als bewilligt. [2]Die Vormerkung oder der Widerspruch erlischt, wenn das Urteil durch eine vollstreckbare Entscheidung aufgehoben wird.

1 § 895 ZPO erweitert den Anwendungsbereich des § 894 ZPO. Soweit ein **vorläufig vollstreckbares Urteil** (§§ 708, 709, 534, 560 ZPO) vorliegt, wobei hier eine Anwendung auf Vergleich und andere Titel ausscheidet, durch welches der Schuldner verurteilt wurde, eine Willenserklärung abzugeben, wegen der eine Eintragung in das Grundbuch oder Schiffs(bau)register erfolgen soll (insbesondere Auflassung, Grundschuld, Hypothek etc.), gilt die Eintragung als bewilligt. Die Eintragung erfolgt nur auf **Antrag** des Gläubigers bei der entsprechenden Stelle, eine Ausfertigung des Urteils, nicht aber der vollstreckbaren Ausfertigung, durch den Schuldner und den Nachweis einer eventuell zu leistenden Sicherheit muss dabei vorgelegt werden.[1] Die **Fiktion** gilt nach Satz 2 solange bis Urteil durch eine vollstreckbare Entscheidung aufgehoben wird. Insofern erlöschen die eingetragenen Rechte von selbst. Die Berichtigung des Grundbuchs oder Löschung im Grundbuchmuss allerdings durch den Schuldner beantragt werden.[2]

§ 896
Erteilung von Urkunden an Gläubiger

Soll auf Grund eines Urteils, das eine Willenserklärung des Schuldners ersetzt, eine Eintragung in ein öffentliches Buch oder Register vorgenommen werden, so kann der Gläubiger an Stelle des Schuldners die Erteilung der im § 792 bezeichneten Urkunden verlangen, soweit er dieser Urkunden zur Herbeiführung der Eintragung bedarf.

---

11 Stein/Jonas-*Grunsky*, ZPO, Vor § 935 Rn. 50.
12 BAG, NZA 2013, 804 (807), Rn. 23.

Zu § 895:
1 Zöller-*Stöber*, ZPO, § 895 Rn. 1.
2 BeckOK-*Stürner*, ZPO, § 895 Rn. 2.

Im Falle der §§ 894, 895 ZPO, in denen eine Willenserklärung des Schuldners fingiert wird, kann für die Eintragung in ein öffentliches Buch oder Register (insbesondere Grundbuch, Handelsregister, Genossenschaftsregister) zusätzlich noch eine Urkunde i.S.d. § 792 ZPO notwendig sein.[1] Dies ist insbesondere der Fall, wenn der Schuldner nicht als Berechtigter eingetragen ist.[2] Der Gläubiger erhält durch § 896 ZPO einen **Anspruch** auf Erteilung gegen die in § 792 ZPO genannten Stellen. Ein Anspruch gegen den Schuldner besteht hingegen nicht.[3]

§ 897
Übereignung; Verschaffung von Grundpfandrechten

(1) Ist der Schuldner zur Übertragung des Eigentums oder zur Bestellung eines Rechts an einer beweglichen Sache verurteilt, so gilt die Übergabe der Sache als erfolgt, wenn der Gerichtsvollzieher die Sache zum Zwecke der Ablieferung an den Gläubiger wegnimmt.

(2) Das Gleiche gilt, wenn der Schuldner zur Bestellung einer Hypothek, Grundschuld oder Rentenschuld oder zur Abtretung oder Belastung einer Hypothekenforderung, Grundschuld oder Rentenschuld verurteilt ist, für die Übergabe des Hypotheken-, Grundschuld- oder Rentenschuldbriefs.

Die Übertragung von Eigentum oder die Bestellung eines Rechts (Pfandrecht/Nießbrauch) benötigt jeweils Einigung und Übergabe. Da durch § 894 ZPO nur die entsprechende Erklärung des Schuldners fingiert wird, wird über § 897 Abs. 1 ZPO auch die **Übergabe fingiert**. Wird dem Schuldner die Sache vom Gerichtsvollzieher nach den §§ 883, 884 ZPO weggenommen, tritt bereits damit die Übergabe ein (nicht erst mit Übergabe an den Gläubiger). Abs. 2 erweitert die Fiktion auf die Übergabe des Hypotheken-, Grundschuld-, oder Rentenschuldbriefs. Nicht nötig ist die Fiktion, wenn der Schuldner zur Einwilligung in die Aushändigung des Briefes nach § 1117 Abs. 2 BGB verurteilt wurde.[1]

§ 898
Gutgläubiger Erwerb

Auf einen Erwerb, der sich nach den §§ 894, 897 vollzieht, sind die Vorschriften des bürgerlichen Rechts zugunsten derjenigen, die Rechte von einem Nichtberechtigten herleiten, anzuwenden.

Soweit sich wegen der Fiktionen der §§ 894, 897 ZPO ein Erwerb vollzieht finden die Gutglaubensvorschriften des materiellen Rechts Anwendung. § 898 ZPO findet analoge Anwendung auf § 895 ZPO.[1] Maßgeblicher Zeitpunkt in dem ein guter Glaube vorliegen muss, ist die Vollendung des Rechtserwerbs.[2] Der gute Glaube muss beim Gläubiger vorliegen, auf den Gerichtsvollzieher kommt es auch im Hinblick auf § 166 BGB nicht an.[3]
Die anwendbaren Vorschriften sind §§ 892, 893, 932–936, 1244 BGB sowie §§ 366, 367 HGB.

ABSCHNITT 4
(weggefallen)

§§ 899 bis 915h
(weggefallen)

---

1 Der Bedarf ist insofern Tatbestandsvoraussetzung.
2 MK-*Gruber*, ZPO, § 896 Rn. 3.
3 Vgl. Zöller-*Stöber*, ZPO, § 897 Rn. 1.

Zu § 897:
1 Zöller-*Stöber*, ZPO, § 897 Rn. 2.

Zu 898:
1 Musielak/Voit-*Lackmann*, ZPO, § 898 Rn. 1.
2 Zöller-*Vollkommer*, ZPO, § 898 Rn. 1.
3 MK-*Gruber*, ZPO, § 898 Rn. 5 m.w.N.

ABSCHNITT 5
Arrest und einstweilige Verfügung

Vorbemerkungen zu §§ 916–945b ZPO

1 Die §§ 916–945b ZPO dienen der **vorläufigen, zwangsweisen Sicherung von Ansprüchen** im Zwangsvollstreckungsrecht. Das Verfahren stellt deshalb ein eigenes dar, zusätzlich zu dem über den eigentlichen Anspruch.[1] Beide Verfahren nebeneinander sind zulässig.

2 Der **Arrest** dient der Sicherung der Zwangsvollstreckung in das bewegliche oder unbewegliche Vermögen wegen einer Geldforderung, wobei das Verfahren als summarisches Erkenntnisverfahren[2] in den §§ 916–927 ZPO geregelt ist. Die Entscheidung stellt für den Gläubiger einen Titel dar, aufgrund dessen der Arrest nach den §§ 928–934 ZPO vollzogen wird.[3]

3 Dagegen dient die **einstweilige Verfügung** der vorläufigen Regelung von Rechtsverhältnissen (§ 940 ZPO) oder der Sicherung von Individualansprüchen, z.B. auf Herausgabe (§ 935 ZPO). Leistungsverfügungen, die also bereits zu einer Befriedigung führen, werden in Ausnahmefällen zugelassen (siehe hierzu § 940 Rn. 1).

4 Beide Sicherungsarten stehen grundsätzlich in einem Exklusivitätsverhältnis zueinander. Ein Wahlrecht oder einen kumulative Anwendung kann nur in Ausnahmefällen bejaht werden (siehe hierzu § 916 Rn. 2). In der Rechtsmittelinstanz kann jedoch auch die andere Sicherungsart im Rahmen einer sachdienlichen Klageänderung begehrt werden.[4]

§ 916
Arrestanspruch

(1) Der Arrest findet zur Sicherung der Zwangsvollstreckung in das bewegliche oder unbewegliche Vermögen wegen einer Geldforderung oder wegen eines Anspruchs statt, der in eine Geldforderung übergehen kann.

(2) Die Zulässigkeit des Arrestes wird nicht dadurch ausgeschlossen, dass der Anspruch betagt oder bedingt ist, es sei denn, dass der bedingte Anspruch wegen der entfernten Möglichkeit des Eintritts der Bedingung einen gegenwärtigen Vermögenswert nicht hat.

Inhalt:

	Rn.		Rn.
A. Allgemeines	1	C. Arrest in Rechtsbereichen	5
B. Arrestanspruch	2		

A. Allgemeines

1 § 916 ZPO legt den Anwendungsbereich des Arrestes im Rahmen der Zwangsvollstreckung fest. Dieser dient der Sicherung der Zwangsvollstreckung, soll also nicht der vorläufigen Befriedigung, sondern vielmehr dem Erhalt der Voraussetzungen dienen, die für eine spätere, erfolgreiche Zwangsvollstreckung vorliegen müssen.[1] Generell muss der Arrestantrag zulässig (allgemeine Prozessvoraussetzungen, § 253 ZPO, und Rechtsschutzbedürfnis, es dürfen also keine anderweitigen Sicherheiten bestehen) und begründet (Glaubhaftmachung, § 920 Abs. 2 ZPO, von Arrestanspruch und -grund, §§ 917, 918 ZPO) sein.[2] Die zugrundeliegende Forderung muss bestimmt bzw. bestimmbar bezeichnet werden und darf nicht ausgetauscht werden.[3]

B. Arrestanspruch

2 Nach **Abs. 1** finden die §§ 916 ff. ZPO Anwendung, soweit es sich um die Sicherung der Zwangsvollstreckung wegen einer **Geldforderung**, also die nach den §§ 802a–882h ZPO, sowie wegen **Ansprüchen, die in Geldforderungen übergehen können**, handelt. Dies sind An-

---

1 Deshalb bewirkt eine Entscheidung auch keine Rechtskraftwirkung bezüglich des Anspruches, Thomas/Putzo-*Seiler*, ZPO, Vorbemerkung zu § 916 Rn. 2.
2 Deshalb sind die allgemeinen Vorschriften des Erkenntnisverfahrens anwendbar, Zöller-*Vollkommer*, ZPO, Vorbemerkung zu §§ 916–945 Rn. 3.
3 Thomas/Putzo-*Seiler*, ZPO, Vorbemerkung zu § 916 Rn. 5.
4 OLG Düsseldorf, NJW 1991, 2028 = FamRZ 1991, 351.

Zu § 916:
1 Ausführlich MK-*Drescher*, ZPO, § 916 Rn. 1 f.
2 Ausführlich Berger-*Berger*, Einstweiliger Rechtsschutz im Zivilrecht, Kap. 3 Rn. 2 ff.; Thomas/Putzo-*Seiler*, ZPO, § 916 Rn. 1 ff.
3 BFH, ZIP 1983, 853 = DB 1983, 1854.

sprüche, die bei Verletzung in einen Sekundäranspruch, der aus einem Geldanspruch, z.B. in Form des Schadensersatzes besteht, übergehen können. Dann besteht aber häufig grundsätzlich eine faktische Wahlmöglichkeit, ob der Gläubiger die Sicherung des ersten Anspruches im Rahmen der einstweiligen Verfügung oder die Sicherung des Sekundäranspruchs im Rahmen des Arrests betreibt.[4]

Abs. 2 stellt klar, dass **betagte Ansprüche**, also Ansprüche, deren Fälligkeit von einem kalendermäßig bestimmten Tag oder einer Kündigung abhängen, ebenfalls im Rahmen des Arrestverfahrens gesichert werden können. Gleiches gilt für **bedingte Ansprüche**, wobei unerheblich ist, ob es sich um eine auflösende oder aufschiebende Bedingung handelt. Bedingte Ansprüche müssen jedoch einen **Vermögenswert** besitzen. Dies bedeutet, dass die Wahrscheinlichkeit ihrer Fälligkeit besteht, also das begründende Ereignis wahrscheinlich eintreten bzw. das auflösende Ereignis wahrscheinlich nicht eintreten wird.[5] Aufgrund des Wortlautes des Abs. 2 ist hierfür der Schuldner beweispflichtig, dem Gläubiger sollte angeraten sein, keinerlei Unsicherheiten vorzutragen. 3

Auch **künftige Ansprüche**, also Ansprüche, die davon abhängen, dass noch nicht bestehende Voraussetzungen eintreten,[6] unterliegen der Arrestsicherung, wenn sie bereits mittels einer Feststellungsklage (§ 256 ZPO) einklagbar sind.[7] Dies betrifft insbesondere jede Art von Unterhaltsansprüchen.[8] 4

C. Arrest in anderen Rechtsbereichen

Sieht ein Rechtsbereich eigene vorläufige Sicherungsverfahren vor, so ist die Anwendung der §§ 916 ff. ZPO nur möglich, wenn dies dort vorgesehen ist. Im Einzelnen ergibt sich dadurch folgendes:[9] Im **Familienrecht** sind §§ 916 ff. ZPO zur Sicherung von Geldforderungen, insbesondere Unterhaltsforderungen und Zugewinnausgleich, nach § 119 Abs. 2 FamFG anwendbar. Im **Arbeitsrecht** gilt dasselbe, § 62 Abs. 2 Satz 1 ArbGG. Nicht anwendbar sind §§ 916 ff. ZPO dagegen vor **Verwaltungsgerichten** (§ 123 VwGO) und vor den **Finanzgerichten** (§ 114 FGO). 5

§ 917
Arrestgrund bei dinglichem Arrest

(1) Der dingliche Arrest findet statt, wenn zu besorgen ist, dass ohne dessen Verhängung die Vollstreckung des Urteils vereitelt oder wesentlich erschwert werden würde.

(2) ¹Als ein zureichender Arrestgrund ist es anzusehen, wenn das Urteil im Ausland vollstreckt werden müsste und die Gegenseitigkeit nicht verbürgt ist. ²Eines Arrestgrundes bedarf es nicht, wenn der Arrest nur zur Sicherung der Zwangsvollstreckung in ein Schiff stattfindet.

Inhalt:

	Rn.		Rn.
A. Allgemeines	1	II. Auslandsvollstreckung und Vollstreckung in ein Schiff	5
B. Voraussetzungen	2		
I. Vereitelung oder wesentliche Erschwerung der Vollstreckung	2	C. Praxisrelevante Fälle im Familienrecht	8

A. Allgemeines

Da der Erlass eines Arrests, sei es dinglicher oder persönlicher Natur, zusätzlich zum Arrestanspruch jeweils auch einen Arrestgrund voraussetzt, sind diese in §§ 917, 918 ZPO geregelt. § 917 ZPO regelt diesen für den dinglichen Arrest. Der Arrestgrund ist eine Frage der Begründetheit des Arrestgesuches.[1] Während Abs. 1 den allgemeinen dinglichen Arrestgrund nennt, 1

---

4 MK-*Drescher*, ZPO, § 916 Rn. 4.
5 Zöller-*Vollkommer*, ZPO, § 916 Rn. 7.
6 *Meller-Hannich*, ZZP 2002, 161 (163).
7 Weitere Voraussetzungen sind nach der Rechtsprechung nicht zu fordern, Zöller-*Vollkommer*, ZPO, § 916 Rn. 8, mit umfangreichen weiteren Nachweisen.
8 Thomas/Putzo-*Seiler*, ZPO, § 916 Rn. 5 m.w.N.
9 Übersicht aus MK-*Drescher*, ZPO, § 916 Rn. 11.

Zu § 917:
1 OLG Frankfurt a.M., NJW 2002, 903 = ZIP 2002, 303; deshalb lassen auch anderweitig ausreichende dingliche Sicherungen nicht bereits das Rechtsschutzbedürfnis, sondern den Arrestgrund entfallen, BGH, NJW 1972, 1044 (1045) = MDR 1972, 592.

ist Abs. 2 eine Sondervorschrift für die Auslandsvollstreckung. Diese Gründe müssen glaubhaft gemacht werden (§ 920 Abs. 2 ZPO). § 917 ZPO kann auch im Rahmen der einstweiligen Anordnung angewendet werden (§§ 935, 940 ZPO).

B. Voraussetzungen
I. Vereitelung oder wesentliche Erschwerung der Vollstreckung

2   Der zentrale Grund für den Erlass eines dinglichen Arrests ist die **konkrete Gefahr einer wesentlichen Erschwerung oder Vereitelung der Vollstreckung** aus Sicht eines verständigen Dritten.[2] Dies ist unabhängig vom Verschulden oder rechtswidrigen Verhalten des Schuldners möglich.[3] Dies bedeutet, dass Tatsachen vorzutragen sind, die erkennen lassen, dass eine **relevante Verringerung des Schuldnervermögens** unmittelbar bevorsteht.[4] Dies wird für folgende Fallgruppen angenommen:

3   Bevorstehende **Vereitelungen** durch den Schuldner, wie beispielsweise Verschleuderung, eventuell auch versuchte **Verschleierung**, wie z.B. ständiger Wohnsitzwechsel.[5] Rein vertragswidriges Verhalten, wie z.b. das fälschliche Bestreiten des Anspruches, genügt alleine für sich noch nicht, vielmehr muss zusätzlich noch eine tatsächliche Gefährdung bestehen.[6] Gleiches gilt für Straftaten des Schuldners.[7] **Handlungen Dritter** (z.B. Streikmaßnahmen bei Vollstreckung gegen den Betrieb) oder sogar **Naturereignisse** (z.B. Überschwemmung) können ausreichen, wenn hierdurch eine Vermögensminderung zu befürchten ist.[8]

4   Soweit die Vermögensmaße anderweitig und dem Arrest qualitativ gleichartig gesichert ist, ist ein Arrest ausgeschlossen. Dies ist aber nur dann der Fall, wenn sich diese Sicherung auch tatsächlich genauso effektiv darstellt.[9] Das ist insbesondere der Fall, wenn der Gläubiger dingliche Sicherheiten, wie z.B. Eigentumsvorbehalte besitzt.[10] Auch das das Verfügungsgebot im Insolvenzverfahren wird einen Arrest ausschließen.[11] Sobald der Gläubiger im Besitz eines Titels ist, der ohne Sicherheitsleistung vollstreckbar ist, dürfte ein Arrest ausgeschlossen sein.[12]

II. Auslandsvollstreckung und Vollstreckung in ein Schiff

5   Nach Abs. 2 Satz 1 ist der dingliche Arrest selbst **ohne Nachweis einer konkreten Gefährdung**[13] zulässig, wenn die Vollstreckung im Ausland erfolgen muss und die Gegenseitigkeit i.S.d. § 328 Abs. 1 Nr. 5 ZPO nicht verbürgt ist. Insofern ist nur darauf abzustellen, wo das relevante Vermögen des Schuldners zum Zeitpunkt der versuchten Vollstreckung liegt, sein Aufenthaltsort oder der Ort des zusprechenden Gerichts sind irrelevant.[14] Die Durchführung des Arrests richtet sich allerdings ausschließlich nach dem Recht des Staates, in dem das Vermögen liegt.[15] Abs. 2 kann auch neben Abs. 1 angewandt werden.[16] Falls Abs. 2 nicht anwendbar ist, weil z.B. die Gegenseitigkeit sehr wohl verbürgt ist, bleibt der Rückgriff auf Abs. 1 selbstverständlich auch weiter möglich.[17]

6   Abs. 2 Satz 2 erweitert die unwiderlegbare Vermutung auf eine Vollstreckung, die ausschließlich in ein Schiff stattfindet. Dies ist aber nicht praxisrelevant.[18]

7   Die unwiderlegbare Vermutung des Abs. 2 bezieht sich allerdings nur auf die Gefährdung des Schuldners, nicht auf das Nichtvorliegen einer anderweitigen Sicherung. Dies dürfte zwar häufig zusammenfallen, jedoch ist das Nichtvorliegen anderer Sicherungen (siehe Rn. 4) dennoch darzulegen.

---

2 BGH, NJW 1988, 3268 (3270) = WM 1988, 1352 (1354).
3 Thomas/Putzo-*Seiler*, ZPO, § 916 Rn. 1.
4 BGH, NJW 1996, 321 (324).
5 Musielak/Voit-*Huber*, ZPO, § 917 Rn. 3 m.w.N.
6 BGH, VersR 1975, 764; OLG Saarbrücken, NJW-RR 1999, 143.
7 MK-*Drescher*, ZPO, § 917 Rn. 10.
8 MK-*Drescher*, ZPO, § 917 Rn. 11 m.w.N.
9 Siehe hierzu auch MK-*Drescher*, ZPO, § 917 Rn. 16.
10 Vgl. BGH, NJW 2007, 2485 (2487) = FamRZ 2007, 1091 (1094).
11 Musielak/Voit-*Huber*, ZPO, § 917 Rn. 4.
12 Dagegen nicht, wenn dieser nur gegen Sicherheitsleistung vollstreckbar ist und der Gläubiger diese nicht leisten kann, vgl. dazu Zöller-*Vollkommer*, ZPO, § 917 Rn. 12f.
13 Insofern enthält Abs. 2 eine unwiderlegbare Vermutung der Gefährdung, Musielak/Voit-*Huber*, ZPO, § 917 Rn. 5.
14 MK-*Drescher*, ZPO, § 917 Rn. 13.
15 OLG Karlsruhe, OLGZ 1973, 58 (60).
16 OLG Karlsruhe, OLGZ 1973, 58 (60).
17 So auch OLG Dresden, NJW-RR 2007, 659 = FamRZ 2007 1029.
18 Ein Überblick findet sich in Musielak/Voit-*Huber*, ZPO, § 917 Rn. 7af.

C. Praxisrelevante Fälle im Familienrecht

Im Familienrecht ergibt sich bezüglich der Glaubhaftmachung der Vollstreckungsgefährdung Folgendes:[19] Arreste für Unterhaltsansprüche sind nur dann zulässig, wenn glaubhaft gemacht wird, dass der Schuldner seiner Pflicht nicht nachkommen wird, wofür besondere Umstände nachzuweisen sind.[20] Im Zugewinnausgleich reicht dagegen schon die Erteilung von massiv falschen Auskünften.[21]

8

§ 918
Arrestgrund bei persönlichem Arrest

Der persönliche Sicherheitsarrest findet nur statt, wenn er erforderlich ist, um die gefährdete Zwangsvollstreckung in das Vermögen des Schuldners zu sichern.

Inhalt:

	Rn.		Rn.
A. Allgemeines	1	B. Voraussetzungen zum Erlass des persönlichen Arrests	3

A. Allgemeines

§ 918 ZPO regelt den Arrestgrund für den persönlichen Arrest. Aufgrund der Subsidiaritätsklausel, die Ausdruck der Verhältnismäßigkeit dieser freiheitsbeschränkenden Maßnahme ist,[1] findet der persönliche Arrest in der Praxis nur selten Anwendung. Insbesondere für Bagatellbeträge dürfte § 918 ZPO ausscheiden. Im Normalfall genügt der dingliche Arrest zu Sicherung der Zwangsvollstreckung. Auch der Grund des § 918 ZPO ist glaubhaft zu machen. Die Staatsangehörigkeit des Schuldners spielt bei § 918 ZPO keine Rolle.[3]

1

Das Verfahren zum Erlass einer Arrestanordnung gleicht dem zur Anordnung des dinglichen Arrests, allerdings ist der Erlass eines persönlichen Arrests explizit zu beantragen.[4] Vollziehung richtet sich nach § 933 ZPO.

2

B. Voraussetzungen zum Erlass des persönlichen Arrests

Für die Anwendung des § 918 ZPO müssen zuallererst die Voraussetzungen des § 917 ZPO erfüllt sein, also Gefährdung der Vollstreckung sowie keine anderweitige Sicherungsmöglichkeit.

3

Der persönliche Arrest ist allerdings **doppelt subsidiär**. Er darf nur durchgeführt werden, wenn er erforderlich ist, um die gefährdete Zwangsvollstreckung zu sichern. Das ist zum einen ausgeschlossen, wenn der Schuldner eindeutig vermögenslos ist, weshalb das Vorliegen von Vermögen zuallererst darzulegen ist.[5] Sinn des persönlichen Arrests soll es sein, die Beiseiteschaffung von Vermögen zu verhindern, die nicht durch dinglichen Arrest erreicht werden kann. Deshalb ist der persönliche Arrest insbesondere in den Fällen statthaft, in denen zwar nachweislich Vermögen vorhanden ist, der genaue Verbleib aber unklar ist.[6] Auch die Verpflichtung zur Abgabe der eidesstattlichen Versicherung kann der Schuldner, falls erforderlich, mithilfe des persönlichen Arrests durchsetzen.[7]

4

Keine Anwendung findet § 918 ZPO um den Schuldner zum Tätigwerden zu bewegen, also insbesondere nicht um die Herbeischaffung von Vermögen zu veranlassen.[8]

5

---

19 Zöller-*Vollkommer*, ZPO, § 917 Rn. 8.
20 OLG Köln, FamRZ 1983, 1259.
21 OLG Frankfurt a.M., FamRZ 1996, 749.

Zu § 918:
1 Verhältnismäßigkeit muss dabei sowohl bei Anordnung als auch Auswahl der Art des persönlichen Arrests vorliegen, BeckOK-*Mayer*, ZPO, § 918 Rn. 4.
2 So z.B. *Brox/Walker*, Zwangsvollstreckungsrecht, Rn. 1503.
3 Siehe auch MK-*Drescher*, ZPO, § 918 Rn. 5.
4 Zöller-*Vollkommer*, ZPO, § 918 Rn. 2.
5 MK-*Drescher*, ZPO, § 918 Rn. 2.
6 OLG Karlsruhe, NJW-RR 1997, 450 = FamRZ 1996, 1429.
7 OLG München, NJW-RR 1988, 382 = DGVZ 1988, 73.
8 LG Frankfurt a.M., NJW 1960, 2006.

§ 919
Arrestgericht

Für die Anordnung des Arrestes ist sowohl das Gericht der Hauptsache als das Amtsgericht zuständig, in dessen Bezirk der mit Arrest zu belegende Gegenstand oder die in ihrer persönlichen Freiheit zu beschränkende Person sich befindet.

Inhalt:

	Rn.		Rn.
A. Allgemeines	1	II. Amtsgericht des Ortes des Befindens	
B. Zuständigkeit	4	der Sache oder des Schuldners	6
I. Gericht der Hauptsache	4		

A. Allgemeines

1 § 919 ZPO regelt den insoweit ausschließlichen (§ 802 ZPO) sachlichen und örtlichen Gerichtsstand für die Anordnung des Arrests. Dies können (müssen aber nicht) zwei unterschiedliche Gerichtsstände sein. Für die zweite Alternative ist ausschließlich das Amtsgericht zuständig, für das zweite kann sich eine Zuständigkeit entweder des Amts- oder des Landgerichts ergeben. Der Antragssteller hat insofern eine **Wahlmöglichkeit** zwischen den beiden Gerichtsständen, § 35 ZPO. Eine Verweisung nach § 17a GVG ist möglich.

2 Das Gericht das mit der Arrestanordnung befasst wurde, ist auch für das **Widerspruchs- und Aufhebungsverfahren** der §§ 925–927 ZPO zuständig. Für die Arrestvollziehung ist dagegen das Vollstreckungsgericht i.S.d. § 764 ZPO zuständig.[1]

3 § 919 ZPO gilt auch für die **internationale Zuständigkeit**.[2] Strittig ist insoweit allerdings, ob das Hauptsachegericht im Geltungsbereich der EuGVVO nach nationalen Grundsätzen bestimmt werden kann.[3] Insofern ist es anzuraten in Arrestfällen im Geltungsbereich der EuGVVO das insofern ebenso zur Wahl stehende Amtsgericht, in dessen Bezirk der mit Arrest zu belegende Gegenstand oder die in ihrer persönlichen Freiheit zu beschränkende Person sich befindet (siehe hierzu Rn. 6) mit der Sache zu betrauen, da dieses unfraglich auch in internationalen Sachverhalten zuständig ist.[4]

B. Zuständigkeit
I. Gericht der Hauptsache

4 Zuständig kann zum einem das **Gericht der Hauptsache** sein. Hierfür ist zu unterscheiden, ob die Hauptsache bereits bei einem Gericht anhängig ist oder nicht.[5] Bei ersterem ist eben jenes Gericht auch für die Anordnung zuständig (§ 843 ZPO), unabhängig davon, ob die Zuständigkeit fälschlich angenommen wurde. Ist die Hauptsache noch nicht anhängig, ist das Gericht zuständig, dass grundsätzlich für die Hauptsache zuständig wäre.[6] Unter Hauptsache ist dabei das streitige Rechtsverhältnis zu verstehen, aus dem sich der Anspruch ergibt, weswegen der Arrestanspruch geltend gemacht wird.[7] Im Familienrecht bleibt das Familiengericht für den Arrest zuständig (§ 119 Abs. 2 FamFG).[8]

5 Das **Berufungsgericht** wird ab Einlegung der Berufung oder Revision zuständig. Bis dahin bleibt das erstinstanzliche Gericht zuständig.[9] Im Falle eines Grundurteils (§ 304 ZPO) aber auch bei Zwischen- (§ 280 Abs. 2 ZPO) und Vorbehaltsurteil (§ 302 ZPO), das angegriffen wird, können beide Gerichte befasst werden.[10]

II. Amtsgericht des Ortes des Befindens der Sache oder des Schuldners

6 Allerdings kann der Gläubiger auch das Gericht mit dem Arrestausspruch anrufen, in dessen Bezirk sich die mit dem Arrest zu belegende Sache oder die mit persönlichem Arrest zu bele-

---

1 MK-*Drescher*, ZPO, § 919 Rn. 1.
2 OLG Karlsruhe, MDR 2002, 231 = VersR 2002, 463; Berger-*Berger*, Einstweiliger Rechtsschutz im Zivilrecht, Kap. 3 Rn. 27.
3 Siehe hierzu Musielak/Voit-*Huber*, ZPO, § 919 Rn. 2.
4 Wegen Art. 31 EuGVVO, siehe hierzu Thomas/Putzo-*Seiler*, ZPO, § 919 Rn. 6.
5 Klageeinreichung genügt, ebenso der Antrag auf Prozesskostenhilfe, MK-*Drescher*, ZPO, § 919 Rn. 7.
6 Thomas/Putzo-*Seiler*, ZPO, § 919 Rn. 2.
7 Vgl. Zöller-*Vollkommer*, ZPO, § 819 Rn. 3.
8 Die Möglichkeit der Alt. 2 bleibt allerdings auch hier erhalten, OLG Frankfurt a.M., NJW-RR 1988, 1350 = FamRZ 1988, 184.
9 OLG Schleswig, NJW-RR 1992, 317.
10 Zöller-*Vollkommer*, ZPO, § 819 Rn. 7.

gende Person befindet. Die Arrestanordnung dieses Gerichts bezieht sich aber sodann auch auf weitere Gegenstände außerhalb seines Bezirks.[11] Insofern hat der Gläubiger die Wahl nach § 35 ZPO.

§ 920
Arrestgesuch

(1) Das Gesuch soll die Bezeichnung des Anspruchs unter Angabe des Geldbetrages oder des Geldwertes sowie die Bezeichnung des Arrestgrundes enthalten.
(2) Der Anspruch und der Arrestgrund sind glaubhaft zu machen.
(3) Das Gesuch kann vor der Geschäftsstelle zu Protokoll erklärt werden.

Inhalt:

	Rn.		Rn.
A. Allgemeines	1	II. Glaubhaftmachung von Anspruch und Grund	4
B. Erläuterungen	2	III. Form des Antrags	6
I. Inhalt des Antrages	2	IV. Wirkungen	7

A. Allgemeines

§ 920 ZPO regelt **Inhalt** (Abs. 1), **Form** (Abs. 3) sowie das **Ausmaß der Beweispflicht** (Abs. 2) des Arrestantrages des Gläubigers, der zur Einleitung des Arrestverfahrens zwingend notwendig ist. Dass § 920 Abs. 1 ZPO nach seinem Wortlaut nur eine Soll-Vorschrift ist, ändert nichts daran, dass diese zwingend zu beachten ist, sondern macht nur deutlich dass eine spätere Ergänzung möglich bleibt.[1] Anwaltszwang besteht nicht (§ 78 Abs. 3 Alt. 2 ZPO). 1

B. Erläuterungen
I. Inhalt des Antrages

Der Inhalt des Antrages entspricht grundsätzlich dem einer Klageschrift (§ 253 ZPO). Zu benennen sind Antragssteller[2] und -gegner, so dass sich die Identität zweifelsfrei feststellen lässt, am besten also mit ladungsfähiger Anschrift.[3] Des Weiteren ist der Arrestanspruch i.S.d. § 916 ZPO mit seiner Höhe in Euro anzugeben. Der Arrestgrund, also die die §§ 917, 918 ZPO beweisenden Tatsachen müssen unter eindeutiger Nennung des begehrten Arrests in der Begründung enthalten sein:[4] 2

> Es wird beantragt (eventuell wegen Dringlichkeit ohne mündliche Verhandlung und durch den Vorsitzenden allein): Zur Sicherung der Forderung des Antragstellers gegen den Antragsgegner in Höhe von [X €] nebst Zinsen hieraus in Höhe von [X] Prozentpunkten über dem Basiszinssatz p.a. seit [Datum] wird der dingliche Arrest in das Vermögen des Antragsgegners angeordnet.

Soweit das Amtsgericht zu der belegenden Sache angerufen wird, muss auch der insofern gerichtsstandsbegründende Gegenstand angegeben werden.[5]

Auf **Mängel** ist vor der Ablehnung durch das Gericht hinzuweisen (§ 139 ZPO). Erst danach kommt eine Zurückweisung in Betracht.[6] 3

II. Glaubhaftmachung von Anspruch und Grund

Abs. 2 stellt klar, dass die Tatsachen, denen der **Arrestanspruch** (§ 916 ZPO) sowie der **Arrestgrund** (§§ 917, 918 ZPO) darüber hinaus auch die **Prozessvoraussetzungen** zugrunde liegen, vom Antragsteller lediglich **glaubhaft gemacht** werden müssen. Dafür gilt § 294 ZPO. Vollbeweise dürfen jedoch gleichsam verwendet werden, wenn diese bereits bei mündlicher Verhandlung mitgebracht werden.[7] Für die Bejahung von § 920 Abs. 2 ZPO müssen Tatsachen 4

---

11 Zöller-*Vollkommer*, ZPO, § 819 Rn. 10.

Zu § 920:
1 MK-*Drescher*, ZPO, § 920 Rn. 1 m.w.N.
2 OLG Frankfurt a.M., NJW 1992, 1178 = MDR 1992, 610.
3 MK-*Drescher*, ZPO, § 920 Rn. 3.
4 Vgl. Zöller-*Vollkommer*, ZPO, § 920 Rn. 1f.
5 Zöller-*Vollkommer*, ZPO, § 920 Rn. 4.
6 MK-*Drescher*, ZPO, § 920 Rn. 7.
7 OLG Köln, NJW 1982, 390 = MDR 1981, 765; Zöller-*Vollkommer*, ZPO. § 920 Rn. 9.

vorgetragen werden, die eine erfolgreiche Verfolgung i.S.d. § 916 ZPO sowie die drohende Rechtsverhinderung i.S.d. §§ 917, 918 ZPO wahrscheinlich machen.[8]

5 Klassische Mittel der Glaubhaftmachung sind Verweise auf die Akten oder Urteile des Hauptsacheverfahrens oder eidesstattliche bzw. anwaltliche Versicherungen.[9]

III. Form des Antrags

6 Der Antrag kann schriftlich oder zu Protokoll der Geschäftsstelle gegeben werden. Eine Verbindung mit einem Antrag auf Forderungspfändung ist zulässig, dies stellt aber zwei einzelne Anträge dar.[10]

IV. Wirkungen

7 Mit Eingang bei Gericht und der damit verbundenen Rechtshängigkeit[11] entstehen folgende Wirkungen: Einrede und Zuständigkeitsbegründung nach § 261 Abs. 3 ZPO, **Verjährungshemmung des Hauptanspruches** nach § 204 Abs. 1 Nr. 9 BGB,[12] beachte auch § 167 ZPO. Der Gläubiger kann diese rückwirkende Wirkung, soweit nicht schon der Antrag dem Schuldner zugestellt wurde, auch dadurch erreichen, dass er den Arrestbefehl innerhalb der Monatsfrist des § 929 Abs. 2 ZPO dem Schuldner selbst zustellt.[13] Für das Ende der Hemmung gilt § 204 Abs. 2 BGB.

8 Trotz Anhängigkeit ist eine Rücknahme bis zum Abschluss des (Rechtsmittel-)verfahrens auch ohne Zustimmung des Schuldners zulässig.[14] Einer erneuten Einreichung steht darauf folgend allerdings nichts im Wege. Die Kostenentscheidung ergeht nach § 269 Abs. 3 ZPO entsprechend.[15]

§ 921
Entscheidung über das Arrestgesuch

¹Das Gericht kann, auch wenn der Anspruch oder der Arrestgrund nicht glaubhaft gemacht ist, den Arrest anordnen, sofern wegen der dem Gegner drohenden Nachteile Sicherheit geleistet wird. ²Es kann die Anordnung des Arrestes von einer Sicherheitsleistung abhängig machen, selbst wenn der Anspruch und der Arrestgrund glaubhaft gemacht sind.

Inhalt:

	Rn.		Rn.
A. Allgemeines	1	2. Trotz ausreichender Glaubhaftmachung	4
B. Erläuterungen	2	II. Verfahren der Anordnung	6
I. Anordnung einer Sicherheitsleistung	2	C. Rechtsbehelfe	10
1. Bei fehlender Glaubhaftmachung	2		

A. Allgemeines

1 § 921 ZPO ist eine Befugnisnorm für das Arrestgericht. Es kann aufgrund dieser Vorschrift trotz fehlender Glaubhaftmachung i.S.d. § 920 Abs. 2 ZPO den Arrest anordnen, wenn der Gläubiger eine entsprechende Sicherheitsleistung aufbringt. Ebenso kann das Gericht trotz einer ausreichenden Glaubhaftmachung die Anordnung des Arrests von der Erbringung einer Sicherheitsleistung abhängig machen.

B. Erläuterungen
I. Anordnung einer Sicherheitsleistung
1. Bei fehlender Glaubhaftmachung

2 § 921 Satz 1 ZPO gilt für den Fall, dass es dem Gläubiger **nicht gelingt, den Arrestanspruch oder -grund oder sogar beides**[1] i.S.d. § 921 ZPO glaubhaft zu machen. Jedoch darf § 921 ZPO

---

8 MK-*Drescher*, ZPO, § 920 Rn. 15 ff.
9 Diese sollten für die höhere Glaubwürdigkeit zu Protokoll erklärt werden, Zöller-*Vollkommer*, ZPO, § 920 Rn. 10.
10 Zöller-*Vollkommer*, ZPO, § 920 Rn. 5.
11 Allgemeine Meinung, so z.B. OLG Düsseldorf, NJW 1981, 2824 = MDR 1982, 59.
12 Nicht jedoch eventuelle Schadensersatzansprüche, siehe hierzu auch MK-*Drescher*, ZPO, § 920 Rn. 9.
13 Zöller-*Vollkommer*, ZPO, § 920 Rn. 12.
14 MK-*Drescher*, ZPO, § 920 Rn. 11.
15 BGH, NJW-RR 1995, 495 = MDR 1995, 641.

Zu § 921:
1 Musielak/Voit-*Huber*, ZPO, § 921 Rn. 7.

in der Praxis **nicht als Ersatz des Tatsachenvortrages** genutzt werden, die Sicherheitsleistung ersetzt nur den Grad der Glaubhaftmachung, nicht jedoch den Tatsachenvortrag selbst.[2] So ist § 921 ZPO nur dann anwendbar, wenn das Gericht zumindest eine gewisse Erfolgsaussicht des Hauptantrages sieht, diese aber unter der Schwelle des § 920 Abs. 2 ZPO liegt.[3] Ausgeschlossen ist eine Anwendung von § 921 Satz 1 ZPO in jedem Fall, wenn Arrestanspruch oder -grund unfraglich nicht vorliegen.[4] Insofern hat der Rechtsanwalt die Tatsachen, aus denen sich Anspruch und Grund ergeben, immer zu bezeichnen. Auch bei unsicherer Rechtslage, insbesondere im Wettbewerbsrecht, kann eine Sicherheitsleistung nach Satz 1 verlangt werden.[5]

Ob von § 921 Satz 1 ZPO Gebrauch gemacht wird, liegt im Ermessen des Gerichts, das dabei insbesondere die Wahrscheinlichkeit des Ausgangs der Hauptsache und dem Grad der Bedrohung der effektiven Zwangsvollstreckung für den Gläubiger anzulegen hat.[6]

2. Trotz ausreichender Glaubhaftmachung

Nach § 921 Satz 2 ZPO kann das Gericht jedoch, **auch wenn der Gläubiger sowohl Arrestanspruch als auch -grund glaubhaft gemacht hat**, eine Sicherheitsleistung des Gläubigers verlangen.[7] Davon wird insbesondere Gebrauch gemacht, wenn sich die Vermögensverhältnisse des Gläubigers dergestalt als unsicher erweisen, dass die Geltendmachung des Anspruches aus § 945 ZPO unsicher erscheint.

Dem Gericht ist es im Falle des Satzes 2 selbst überlassen, ob es den Arrestausspruch erst nach Leistung der Sicherheit ausspricht, nur die Vollziehung des Arrests bis zur Leistung aussetzt oder den Arrest für aufhebbar (§ 927 ZPO) erklärt, wenn nicht innerhalb einer bestimmten Frist Sicherheit geleistet wird.[8] In der Praxis ist es üblich, lediglich die Vollziehung des Arrests aufzuschieben.

II. Verfahren der Anordnung

Ob eine Anordnung nach § 921 ZPO ergeht, steht im **freien Ermessen des Gerichts**. Dies gilt auch für die Art und die Höhe der Sicherheit (§ 108 ZPO). Jedoch ist **in der Praxis** als Gläubigervertreter zu empfehlen, dass soweit davon ausgegangen wird, dass eine Sicherheitsleistung verlangt wird, bereits vor der Anordnung, Stellung hierzu, insbesondere zur notwendigen Höhe, zu nehmen. So kann eine möglicherweise überhöhte Sicherheitsleistung verhindert werden.[9] Grundsätzlich kann muss allerdings nicht deshalb bereits bei Antragstellung die Bereitschaft erklärt werden, eine Sicherheitsleistung zu erbringen. Das Gericht muss dem jedoch nicht folgen.

Die Entscheidung, dass eine Sicherheitsleistung zu leisten ist, ergeht durch Beschluss. Dieser wird nur dem Gläubiger zugestellt (§ 922 Abs. 3 ZPO). Für die Leistung der Sicherheit ist insofern die Frist des § 929 Abs. 2 ZPO einschlägig, wenn keine eigene bestimmt wurde, auch danach ist die Leistung jedoch noch zulässig, soweit nicht Antrag nach § 927 ZPO gestellt wird.[10] Wird die Sicherheitsleistung nach Arrestanordnung durch das Gericht verlangt, wird eine eigene Frist bestimmt.[11]

Ob eine **mündliche Verhandlung** stattfindet oder nicht, steht im Ermessen des Gerichts.[12] Jedoch dürfte das Ermessen wegen Art. 103 Abs. 1 GG insofern eingeschränkt sein, als eine mündliche Verhandlung nur dann nicht erfolgen sollte, wenn dies die Arrestwirkung bedroht, und insbesondere dann erfolgen, wenn eine schwierige, aufklärungsbedürftige Sachlage besteht.[13] Streitig ist dabei allerdings, ob ein *„Arrestgesuch nur für den Fall einer Entscheidung ohne mündliche Verhandlung"* zulässig ist.[14]

In der Praxis bewährt sich dagegen folgendes Vorgehen: Es sollte ein Arrestersuchen mit Antrag auf Entscheidung ohne mündliche Verhandlung gestellt werden verbunden mit der Aufforderung bei Beabsichtigung der Durchführung eines mündlichen Verfahrens, eine vorherige

---

2 OLG Frankfurt a.M., Rpfleger 1995, 469 = JurBüro 1995, 490.
3 MK-*Drescher*, ZPO, § 921 Rn. 2 m.w.N.
4 MK-*Drescher*, ZPO, § 921 Rn. 2.
5 KG Berlin, WRP 1995, 24.
6 BeckOK-*Mayer*, ZPO, § 921 Rn. 1.
7 Dies geschieht auch erst nach der Sicherheitsleistung durch eigenen Beschluss, Zöller-*Vollkommer*, ZPO, § 921 Rn. 3.
8 Zöller-*Vollkommer*, ZPO, § 921 Rn. 3f.
9 BeckOK-*Mayer*, ZPO, § 921 Rn. 7.
10 MK-*Drescher*, ZPO, § 921 Rn. 5.
11 BeckOK-*Mayer*, ZPO, § 921 Rn. 6.
12 Musielak/Voit-*Huber*, ZPO, § 921 Rn. 2.
13 Musielak/Voit-*Huber*, ZPO, § 921 Rn. 2f.
14 Ein Überblick findet sich in Musielak/Voit-*Huber*, ZPO, § 921 Rn. 4.

Mitteilung an den Gläubiger zu verfassen und dann gegebenenfalls die Antragsrücknahme zu erklären.[15]

C. Rechtsbehelfe

10 Soweit der Gläubiger nicht von sich aus die Leistung einer Sicherheit angeboten hat,[16] steht im Falle des Ausspruches des § 921 ZPO die sofortige Beschwerde (§ 567 ZPO) offen.[17] Dem Schuldner steht Widerspruch (§ 924 ZPO) oder im Falle einer mündlichen Verhandlung die Berufung (§ 511 ZPO) gegen das dann ergehende Urteil zu. Rechtsbehelfe sind nicht mehr möglich, soweit das Arrestverfahren rechtskräftig abgeschlossen ist.[18] § 710 ZPO findet keine Anwendung.[19]

§ 922
Arresturteil und Arrestbeschluss

(1) ¹Die Entscheidung über das Gesuch ergeht im Falle einer mündlichen Verhandlung durch Endurteil, andernfalls durch Beschluss. ²Die Entscheidung, durch die der Arrest angeordnet wird, ist zu begründen, wenn sie im Ausland geltend gemacht werden soll.

(2) Den Beschluss, durch den ein Arrest angeordnet wird, hat die Partei, die den Arrest erwirkt hat, zustellen zu lassen.

(3) Der Beschluss, durch den das Arrestgesuch zurückgewiesen oder vorherige Sicherheitsleistung für erforderlich erklärt wird, ist dem Gegner nicht mitzuteilen.

Inhalt:

	Rn.		Rn.
A. Allgemeines	1	III. Zustellung des Beschlusses	9
B. Erläuterungen	3	C. Rechtsbehelfe	11
I. Notwendigkeit und Ablauf der mündlichen Verhandlung	3	D. Rechtskraft des Arrestbeschlusses	15
II. Inhalt, Form und Begründung der Anordnung oder der Zurückweisung	5	E. Kosten und Gebühren	16

A. Allgemeines

1 § 922 ZPO regelt das **gerichtliche Verfahren** des Erlasses einer Arrestanordnung sowie die Zustellung der Anordnung. Sie ergeht durch Endurteil im Falle einer fakultativen (§ 182 Abs. 4 ZPO) mündlichen Verhandlung, anderenfalls durch Beschluss.

2 Die allgemeinen und speziellen formellen Prozessvoraussetzungen müssen erfüllt sein (§§ 253, 920 ZPO; Zuständigkeit des Gerichts, gegebenenfalls Prozessfähigkeit und Vollmachten). Der Antrag ist begründet, wenn Arrestgrund und -anspruch i.S.d. § 920 Abs. 2 ZPO glaubhaft gemacht wurden (ansonsten eventuell § 921 ZPO).

B. Erläuterungen
I. Notwendigkeit und Ablauf der mündlichen Verhandlung

3 Nach Abs. 1 Satz 1 kann die Entscheidung über den Arrest nach einer mündlichen Verhandlung, allerdings auch ohne sie erfolgen. Dies steht grundsätzlich im **pflichtgemäßen Ermessen** des Gerichts.[1] Wegen Art. 103 Abs. 1 GG ist sie aber nur dann entbehrlich, wenn sie den Zweck des Arrests gefährdet.[2] Dies ist insbesondere der Fall, wenn nur durch die Überraschung des Schuldners, kurzfristige Vermögensverschiebungen verhindert werden können[3] oder wenn eine schnelle Entscheidung notwendig ist. An eine etwaige Anregung der Entscheidung ohne mündliche Verhandlung durch den Gläubiger(-vertreter) ist das Gericht nicht gebunden, die Bedingung des Antrages nur für den Fall der Entscheidung ohne mündliche Verhandlung ist unwirksam und kann nicht als bedingte Rücknahmeerklärung ausgelegt wer-

---

15 So im Ergebnis auch Musielak/Voit-*Huber*, ZPO, § 921 Rn. 4.
16 Zöller-*Vollkommer*, ZPO, § 921 Rn. 6 m.w.N.
17 Die Bedingung der Sicherheitsleistung ist insofern teilweise Zurückweisung des Arrestantrages, Musielak/Voit-*Huber*, ZPO, § 922 Rn. 5, 10.
18 Zöller-*Vollkommer*, ZPO, § 921 Rn. 6.
19 OLG Köln, MDR 1989, 920.

Zu § 922:
1 LG Zweibrücken, NJW-RR 1987, 1199.
2 Zöller-*Vollkommer*, ZPO, § 922 Rn. 1.
3 Vgl. MK-*Drescher*, ZPO, § 922 Rn. 2.

den (siehe als Empfehlung für die Vorgehensweise in derartigen Fällen § 921 Rn. 8 f.).[4] Dem Schuldner ist die Einreichung einer **Schutzschrift** jedoch möglich, diese ist sodann auch in jedem Falle zur Kenntnis zu nehmen.[5]

Findet eine **mündliche Verhandlung** statt, so richtet sich der Ablauf grundsätzlich nach den allgemeinen Vorschriften. Deshalb gilt insbesondere auch die Ladungsfrist des § 217 ZPO (abkürzbar nur nach § 226 ZPO),[6] weiter auch die allgemeinen Säumnisvorschriften. Nicht anwendbar ist dagegen § 275 Abs. 3 ZPO.[7] Es findet grundsätzlich nur ein Termin statt.

II. Inhalt, Form und Begründung der Anordnung oder der Zurückweisung

Die Anordnung des Arrests bzw. ihre Ablehnung ergeht im Falle einer mündlichen Verhandlung durch **Endurteil**, das nach den allgemeinen Vorschriften erstellt wird (Rubrum, Tenor, Entscheidungsgründe) bzw. evtl. durch Versäumnisurteil (§§ 330, 331 ZPO).[8] Das Gericht hat bei positiver Entscheidung Art des Arrests, die zu sichernde Forderung sowie die Lösungssumme (§ 923 ZPO) anzugeben. Dies ist für die Wirksamkeit erforderlich.[9]

Soweit auf eine mündliche Verhandlung verzichtet wird, erfolgt die **Entscheidung durch Beschluss**. Auch hier sind grundsätzlich ein Rubrum und ein Tenor notwendig, die im Falle einer Anordnung ebenso die oben genannten Elemente enthalten muss.

Das Endurteil erfordert immer eine **Begründung**. Bei einem Beschluss ist in dreierlei Hinsicht zu unterscheiden: Eine positive Arrestanordnung ist grundsätzlich nicht zu begründen.[10] Eine Begründung ist jedoch notwendig, wenn der Arrest im Ausland vollzogen werden soll (§ 922 Abs. 1 Satz 2 ZPO), wobei diese auch nachträglich ergänzt werden kann (§ 30 Abs. 4 AVAG). Die Ablehnung des Arrestbegehrens ist immer zu begründen.[11] Die Anforderungen an die Begründung richten sich nach der Durchschaubarkeit der Sach- und Rechtslage, gegebenenfalls ist nach § 313b Abs. 2 ZPO auch lediglich auf die Antragsschrift zu verweisen.[12]

Das positive Endurteil oder der positive Beschluss sind wegen § 794 Abs. 1 Nr. 3 ZPO auch ohne expliziten Ausspruch **sofort vollstreckbar**. Eine **Kostenentscheidung** erfolgt nach §§ 91 ff. ZPO, eventuell wird nach § 321 ZPO (ohne Auswirkung der enthaltenen Frist) ergänzt.[13]

III. Zustellung des Beschlusses

Auch bei der Zustellung ist zu unterscheiden: Der den **Arrest aussprechende Beschluss** ist nach § 922 Abs. 2 i. V. m. § 329 Abs. 2 ZPO von Amts wegen nur dem Gläubiger in beglaubigter Abschrift zuzustellen. Dieser hat diesen sodann als Ausfertigung oder beglaubigte Abschrift inklusive aller Anlagen durch den Gerichtsvollzieher an den Schuldner (bzw. seinen Prozessbevollmächtigten im Arrestverfahren nach § 172 ZPO)[14] zuzustellen (vgl. § 172 Rn. 9).[15] §§ 183 ff. ZPO finden eventuell uneingeschränkt Anwendung.

Die **Zurückweisung des Antrages durch Beschluss** ist wegen § 329 Abs. 3 ZPO dem Antragsteller von Amts wegen förmlich zuzustellen. Nach § 922 Abs. 3 ZPO ist dem Gegner nicht zuzustellen, eine förmliche Zustellung hat jedoch zu erfolgen, wenn dieser eine Schutzschrift i. S. d. § 945a ZPO eingereicht hatte.[16]

C. Rechtsbehelfe

Gegen ein **Endurteil** egal ob den Arrest aussprechend oder zurückweisend ist die **Berufung** das statthafte Rechtsmittel. Bei einem **Versäumnisurteil** **Einspruch**. Diese richten sich nach den hierfür jeweils geltenden allgemeinen Vorschriften.[17]

Gegen einen **ablehnenden Beschluss** kann der Antragssteller die sofortige Beschwerde (§ 567 ZPO; in Familiensachen Beschwerde nach § 58 FamFG[18]) geltend machen, wobei die Beru-

---

4 MK-*Drescher*, ZPO, § 922 Rn. 3 m. w. N.
5 BeckOK-*Mayer*, ZPO, § 922 Rn. 1.
6 BeckOK-*Mayer*, ZPO, § 922 Rn. 6.
7 Thomas/Putzo-*Seiler*, ZPO, § 922 Rn. 2.
8 Musielak/Voit-*Huber*, ZPO, § 922 Rn. 3.
9 Ein beispielhafter Tenor ist zu finden bei Thomas/Putzo-*Seiler*, ZPO, § 922 Rn. 4.
10 Dies selbst dann, wenn eine Schutzschrift eingereicht wurde, OLG Köln, MDR 1998, 432.
11 MK-*Drescher*, ZPO, § 922 Rn. 10.
12 Musielak/Voit-*Huber*, ZPO, § 922 Rn. 3.
13 MK-*Drescher*, ZPO, § 922 Rn. 7.
14 Siehe für Einzelfragen der Zustellungspflicht nach § 172 ZPO MK-*Drescher*, ZPO, § 922 Rn. 12.
15 MK-*Drescher*, ZPO, § 922 Rn. 11.
16 Zöller-*Vollkommer*, ZPO, § 922 Rn. 12.
17 Thomas/Putzo-*Seiler*, ZPO, § 922 Rn. 6.
18 OLG München, FamRZ 2011, 746 = NJOZ 2011, 1411; OLG Karlsruhe, FamRZ 2011, 234 = FuR 2010, 705.

fungssumme des § 511 Abs. 2 ZPO erreicht sein muss.[19] Jedoch kann das Arrestgericht dem Beschluss abhelfen (§ 572 Abs. 1 ZPO).[20] Eine Berufung findet nicht statt, wenn das OLG als Berufungsgericht der Hauptsache den Arrest ablehnt (§ 567 Abs. 1 ZPO). Die Ablehnung der Beschwerde ist nicht angreifbar.[21] Revision findet nicht statt (§ 542 Abs. 1 Satz 1 ZPO).

13   Gegen einen den **Arrest aussprechenden Beschluss** steht für den Schuldner nur der Widerspruch nach § 924 ZPO offen.

14   Wird der Arrest nur gegen Leistung einer Sicherheit gewährt, steht dem Gläubiger die sofortige Beschwerde offen (§ 567 ZPO; zu § 511 Abs. 2 ZPO siehe Rn. 11).

D. Rechtskraft des Arrestbeschlusses

15   Ein Arrestbeschluss kann wegen der unbefristeten Möglichkeit des Widerspruchs nicht in formeller Rechtskraft erwachsen. Dennoch besteht grundsätzlich die Möglichkeit, dass den Entscheidungen materielle Rechtskraft zukommt. Ein erneuter Antrag kann deshalb unzulässig sein. Ein **erneuter Antrag** ist aber zumindest in den folgenden Konstellationen zulässig:[22] Wenn die Glaubhaftmachung mit anderen Mitteln nun gelänge, neue Tatsachen zur Begründung vorgetragen werden oder der Arrest innerhalb der Frist des § 929 Abs. 2 ZPO nicht vollzogen wurde.

E. Kosten und Gebühren

16   Die Gerichtskosten richten sich nach Nr. 1410, 1411 KV-GKG (1,5 Gebühr). Wird durch Urteil entschieden oder ergeht ein Beschluss nach § 91a ZPO oder § 269 Abs. 3 Satz 3 ZPO, erhöht sich die Gebühr nach Nr. 1412 KV-GKG auf eine 3,0 Gebühr. Wenn die Voraussetzungen der Nr. 1411 KV-GKG gegeben sind, vermindert sich die Gebühr auf eine 1,0 Gebühr. Die Rechtsanwaltsgebühren richten sich im Anordnungsverfahren nach den §§ 16 Nr. 5, 17 Nr. 4 RVG, Nr. 3100 ff. VV-RVG. Es können alle Gebühren entstehen. Die erstinstanzlichen Verfahren über den Arrest (Antrag auf Anordnung, Abänderung oder Aufhebung) sind in Bezug auf die Hauptsache verschiedene Angelegenheiten. Jedes einzelne Verfahren ist aber nach § 16 Nr. 5 RVG vom Verfahren über den Antrag bis zur Aufhebung dieselbe Angelegenheit.

17   Wenn das Berufungsgericht als Gericht der Hauptsache anzusehen ist, sind die Sonderregelungen der Vorbemerkung 3.2 Abs. 2 Satz 1 VV-RVG zu beachten.

§ 923
Abwendungsbefugnis

In dem Arrestbefehl ist ein Geldbetrag festzustellen, durch dessen Hinterlegung die Vollziehung des Arrestes gehemmt und der Schuldner zu dem Antrag auf Aufhebung des vollzogenen Arrestes berechtigt wird.

1   § 923 ZPO regelt die Pflicht des Arrestgerichts, im Arrestbefehl die sogenannte **Lösungssumme** zu bestimmen, durch deren Hinterlegung der Schuldner die Vollziehung hemmen oder bei bereits vollzogenem Arrest eine Aufhebung nach § 934 Abs. 1 ZPO verlangen kann. Die Pflicht zur Festsetzung besteht von Amts wegen, bei Fehlen bleibt der Beschluss aber grundsätzlich wirksam und kann mittels Antrag nach § 321 ZPO oder im Rechtsmittelverfahren ergänzt werden.[1]

2   § 923 ZPO sieht nach seinem Wortlaut nur die Hinterlegung einer Geldsumme vor, jedoch ist es dem Gericht unbenommen nach § 108 ZPO eine andere Art (nicht aber andere Höhe) der prozessualen Sicherheit festzulegen.[2] Der Gläubiger kann die Art der Sicherheit nicht ablehnen.[3]

3   Die **Höhe des Betrages** richtet sich nach der Höhe der Hauptsacheforderung des Gläubigers. Soweit der Gläubiger dies in seinem Hauptsacheantrag beantragt hat, werden dem Zinsen,

---

[19] LG Kiel, NJW-RR 2012, 1211 = SchlHA 2013, 210; allerdings höchst strittig, siehe hierzu die Erläuterung in Musielak/Voit-*Huber*, ZPO, § 922 Rn. 10.
[20] OLG Hamburg, MDR 2013, 1122 = 2013, 843.
[21] Vgl. BGH, MDR 2003, 529 = GRUR 2003, 548.
[22] Übersicht aus Musielak/Voit-*Huber*, ZPO, § 922 Rn. 11 teilweise m.w.N.

Zu § 923:
[1] OLG Hamburg, NJW 1958, 1145 = MDR 1958, 612.
[2] Zöller-*Vollkommer*, ZPO, § 922 Rn. 1.
[3] Insbesondere bei Leistung eines Dritten, MK-*Drescher*, ZPO, § 922 Rn. 3 m.w.N.

ebenforderungen und die Hauptsachekosten als Kostenpauschale einbezogen.[4] Der Wert eventuell gepfändeter oder durch den Arrest belegter Gegenstände wird hiervon nicht abgezogen.[5]

Die Hinterlegung erfolgt nach den Vorschriften der Hinterlegungsanordnung, der Gläubiger erlangt ein **gesetzliches Pfandrecht** nach § 233 BGB gegen den Staat, der Eigentümer wird. Bis zur Aufhebung können nur Schuldner und Gläubiger gemeinsam den Betrag zurückfordern; bei Aufhebung des Arrests der Schuldner alleine.[6]   *4*

Soweit der Schuldner die Sicherheitsleistung vor der Arrestvollziehung nachweist, ist der Vollzug gehemmt. Der Nachweis muss mittels öffentlicher Urkunde geschehen.[7] Ebenso ist es möglich, dass der Schuldner dem Gerichtsvollzieher die Summe übergibt (inklusive der Gebühren und Auslagen).[8] Famit treten die Wirkungen ebenso ein, da der Gerichtsvollzieher diese zu hinterlegen hat. Soweit der Arrest bereits vollzogen ist, so kann der Schuldner nach Hinterlegung den Antrag auf Aufhebung nach § 934 ZPO stellen.   *5*

§ 924
Widerspruch

(1) Gegen den Beschluss, durch den ein Arrest angeordnet wird, findet Widerspruch statt.

(2) ¹Die widersprechende Partei hat in dem Widerspruch die Gründe darzulegen, die sie für die Aufhebung des Arrestes geltend machen will. ²Das Gericht hat Termin zur mündlichen Verhandlung von Amts wegen zu bestimmen. ³Ist das Arrestgericht ein Amtsgericht, so ist der Widerspruch unter Angabe der Gründe, die für die Aufhebung des Arrestes geltend gemacht werden sollen, schriftlich oder zum Protokoll der Geschäftsstelle zu erheben.

(3) ¹Durch Erhebung des Widerspruchs wird die Vollziehung des Arrestes nicht gehemmt. ²Das Gericht kann aber eine einstweilige Anordnung nach § 707 treffen; § 707 Abs. 1 Satz 2 ist nicht anzuwenden.

Inhalt:

	Rn.		Rn.
A. Allgemeines	1	II. Widerspruchsverfahren	5
B. Erläuterungen	3	III. Auswirkung auf die Arrestvollziehung und einstweilige Anordnung	8
I. Zuständigkeit und Zulässigkeit des Widerspruches	3	C. Kosten und Gebühren	9

A. Allgemeines

§ 924 ZPO regelt den Rechtsbehelf, der gegen einen Beschluss i.S.d. § 922 Abs. 1 ZPO, der den Arrest ausspricht, statthaft ist. Wird das Arrestgesuch wegen einer mündlichen Verhandlung durch Endurteil entschieden, ist § 924 ZPO nicht anwendbar, vielmehr kommt hier Berufung nach § 511 ZPO in Frage; ebenso ist § 924 ZPO bei einem das Arrestgesuch abweisenden Beschluss nicht einschlägig (siehe hierzu § 922 Rn. 11, 12). Der Widerspruch zielt auf die **Durchführung einer mündlichen Verhandlung** noch beim aussprechenden Arrestgericht und nicht erst beim Instanzgericht. Legt der Gläubiger einen Rechtsbehelf, der Schuldner einen eigenen ein, finden beide Verfahren statt.[1]   *1*

Soweit dem Schuldner mehrere Rechtsbehelfe zustehen, hat er grundsätzlich ein Wahlrecht, ob er Widerspruch nach § 924 ZPO einlegt oder einen anderen Rechtsbehelf geltend macht.[2] Es ergeben sich insofern Unterschiede in der Wirkung, da der Widerspruch *ex tunc* wirkt, und in der Kostenfolge, da bei erfolgreichem Widerspruch die gesamten Kosten von der unterlegenen Partei zu tragen sind.[3] Hat der Schuldner einen andere Rechtsbehelf geltend gemacht, kann er einen weiteren nur dann einlegen, soweit dem Arrest nicht abgeholfen wurde und er andere Gründe im zweiten Verfahren vorbringt.[4] Vor einer Entscheidung eines vorher eingelegten Rechtsbehelfs fehlt dem Schuldner das Rechtsschutzbedürfnis.[5]   *2*

---

4 OLG München, MDR 1957, 238; Zöller-*Vollkommer*, ZPO, § 922 Rn. 1.
5 MK-*Drescher*, ZPO, § 922 Rn. 2 m.w.N.
6 Zöller-*Vollkommer*, ZPO, § 922 Rn. 4.
7 Zöller-*Vollkommer*, ZPO, § 922 Rn. 2.
8 MK-*Drescher*, ZPO, § 922 Rn. 5.

Zu § 924:
1 MK-*Drescher*, ZPO, § 924 Rn. 6.
2 So auch MK-*Drescher*, ZPO, § 924 Rn. 3 m.w.N.
3 MK-*Drescher*, ZPO, § 924 Rn. 3.
4 MK-*Drescher*, ZPO, § 924 Rn. 4 m.w.N.
5 OLG Düsseldorf, NJW 1955, 1844.

B. Erläuterungen
I. Zuständigkeit und Zulässigkeit des Widerspruches

3   Örtlich und sachlich (ausschließlich) zuständig ist das Arrestgericht, das für den Erlass des angegriffenen Beschlusses ursprünglich zuständig war.[6] Hält sich das Gericht erst nun für unzuständig, wird die Rechtssache unter Aufrechterhaltung des Arrestbefehls an das zuständige Gericht verwiesen (§ 281 ZPO analog).[7]

4   Der Widerspruch ist zulässig, soweit die allgemeinen Prozessvoraussetzungen vorliegen. Eine **Frist** besteht insofern nicht; er ist solange zulässig, solange die Arrestanordnung besteht, nur ausnahmsweise kann eine **Verwirkung** eintreten, wenn der Schuldner durch sein Verhalten eindeutig macht, dass er einen Widerspruch nicht erheben wolle.[8] Möglich ist auch ein **Verzicht** auf die Einlegung, soweit sich dies unzweifelhaft aus der Verzichtserklärung ergibt, dann ist ein Widerspruch unzulässig.[9] Eine **Rücknahme** hindert die erneute Einlegung allerdings nicht, wenn nicht ausnahmsweise Verwirkung (s.o.) eingetreten ist.[10]

II. Widerspruchsverfahren

5   Der Widerspruch kann vom Schuldner oder seinem Rechtsnachfolger oder seinem Insolvenzverwalter eingelegt werden. Dritten ist der Rechtsbehelf verwehrt.[11] Der Antrag kann schriftlich oder zu Protokoll beim Amtsgericht eingegeben werden, vor dem Landgericht besteht Anwaltszwang (§ 78 ZPO). Widerspruch kann gegen den gesamten Beschluss, allerdings auch isoliert gegen die Kostenentscheidung (**„Kostenwiderspruch"**) gerichtet werden.[12] Ein Kostenwiderspruch ist zumeist als Verzicht auf einen Widerspruch in der Sache zu verstehen.[13] Auch die Berufung auf veränderte Umstände ist möglich.[14]

6   Im Antrag sind die **Gründe** darzulegen (Abs. 2 Satz 1), allerdings führt ein Verstoß nicht zur Unzulässigkeit, vielmehr ist kann der Antrag auch später noch (ohne Klageänderung zu sein) unter Beachtung von §§ 296 Abs. 2, 282 Abs. 2 ZPO ergänzt werden.[15]

7   Ist der Widerspruch zulässig, hat das Gericht **unverzüglich** (allerdings gilt § 217 ZPO) einen Termin für die mündliche Verhandlung zu bestimmen, in dem über die Rechtmäßigkeit des Arrestbeschlusses nach § 925 ZPO entschieden wird (Abs. 2 Satz 2), im Falle eines Verfahrens vor dem Landgericht die Parteien eventuell zur Bestellung eines Anwalts aufzufordern.

III. Auswirkung auf die Arrestvollziehung und einstweilige Anordnung

8   Nach Abs. 3 Satz 1 hat auch die Einlegung des Widerspruches **keine aufschiebende Wirkung** bezüglich der Vollziehung des Arrests. Dies gilt auch für die Kostenfestsetzung.[16] Deshalb gibt Abs. 3 Satz 2 dem Gericht die Möglichkeit **einstweilige Anordnungen** nach § 707 ZPO zu treffen. Dies ist allerdings nur dann möglich, wenn der Sinn und Zweck des Arrestes als einstweilige Schutzmaßnahme nicht gefährdet wird, zumal der Schuldner insbesondere über § 921 ZPO und die Festsetzung einer Lösungssumme ausreichend geschützt ist. Deshalb dürfte ein Antrag auf einstweilige Anordnung in der Praxis nur selten Erfolg haben.[17]

C. Kosten und Gebühren

9   Die Kosten nach Nr. 1410 KV-GKG erhöhen sich auf eine 3,0 Gebühr, wenn durch ein Urteil entschieden wird oder ein Beschluss nach § 91a ZPO oder § 269 Abs. 3 Satz 3 ZPO ergeht, Nr. 1412 KV-GKG. Für den Rechtsanwalt entstehen die Regelgebühren nach Teil 3 Abschnitt 1 VV-RVG (siehe hierzu auch § 922 Rn. 14 f.).

---

[6] Deshalb bleibt das erstinstanzliche Gericht zuständig, wenn bereits das Beschwerdegericht den Arrestbeschluss ausgesprochen hat, KG Berlin, NJW-RR 2008, 520 = WRP 2008, 253.
[7] OLG Hamm, OLGZ 1989, 338 (340).
[8] Erläuternd und mit Verweis auf die Rechtsprechung, MK-*Drescher*, ZPO, § 924 Rn. 11.
[9] MK-*Drescher*, ZPO, § 924 Rn. 12.
[10] OLG München, NJW-RR 1998, 936 = MDR 1997, 1067; OLG Koblenz, MDR 1996, 425.
[11] Zöller-*Stöber*, ZPO, § 924 Rn. 4.
[12] BGH, NJW 1986, 1815 = MDR 1985, 467; einzulegen, wenn die Voraussetzungen für einen Arrest bei Beschluss nicht, jetzt aber schon gegeben sind, Musielak/Voit-*Huber*, ZPO, § 924 Rn. 8.
[13] BGH, NJW-RR 2003, 1293 = MDR 2003, 955 (956).
[14] Musielak/Voit-*Huber*, ZPO, § 924 Rn. 8.
[15] Musielak/Voit-*Huber*, ZPO, § 924 Rn. 8.
[16] Musielak/Voit-*Huber*, ZPO, § 924 Rn. 10.
[17] So auch MK-*Drescher*, ZPO, § 924 Rn. 15.

§ 925
Entscheidung nach Widerspruch

(1) Wird Widerspruch erhoben, so ist über die Rechtmäßigkeit des Arrestes durch Endurteil zu entscheiden.

(2) Das Gericht kann den Arrest ganz oder teilweise bestätigen, abändern oder aufheben, auch die Bestätigung, Abänderung oder Aufhebung von einer Sicherheitsleistung abhängig machen.

Inhalt:

	Rn.		Rn.
A. Allgemeines	1	II. Form, Inhalt und Rechtswirkungen der Entscheidung	5
B. Erläuterungen	2	C. Rechtsmittel, Kosten und Gebühren	7
I. Widerspruchsverfahren	2		

A. Allgemeines

§ 925 ZPO regelt die Entscheidung des Gerichts, wenn gemäß § 924 ZPO Widerspruch gegen den Arrestbeschluss eingelegt wurde. Da durch diesen nach § 924 Abs. 2 Satz 2 ZPO eine mündliche Verhandlung obligatorisch stattfindet entscheidet das Gericht durch **Endurteil**. Der Erlass eines Versäumnisurteils (§§ 330 ff. ZPO) ist möglich. *1*

B. Erläuterungen
I. Widerspruchsverfahren

Das Widerspruchsverfahren entspricht dem Ablauf der mündlichen Verhandlung i.S.d. § 922 ZPO. Gegenstand des Verfahrens und der Entscheidung ist einzig die **Rechtmäßigkeit des ergangenen Arrestbeschlusses**, andere Streitgegenstände sind nicht zu behandeln.[1] Die Rechtmäßigkeit bestimmt sich nach den allgemeinen Vorschriften zum Zeitpunkt des Schlusses der mündlichen Verhandlung. Das befasste Gericht hat also alle Voraussetzungen des Arrests gesondert und erneut zu prüfen.[2] *2*

Insbesondere kann der **Schuldner** im Widerspruchsverfahren auch neue, nach dem Ausspruch des Arrestbeschlusses entstandene Tatsachen vortragen, nach denen ein Arrest nicht mehr gerechtfertigt ist. Auch die Beweisführung, die der Arrestanordnung zugrunde liegt kann angegriffen, eigene Einwendungen vorgetragen werden.[3] Auch kann er sich lediglich gegen den Kostenausspruch wehren (sogenannter „Kostenwiderspruch"), dann ist die mündliche Verhandlung allerdings fakultativ (§ 128 Abs. 3 ZPO). *3*

Auch dem **Gläubiger** ist es selbstverständlich nicht genommen, im Widerspruchsverfahren neue Tatsachen vorzutragen oder seine bisherige Glaubhaftmachung nachzubessern.[4] Bezüglich Arrestanspruch und -grund gilt Folgendes: Während der Arrestgrund (§§ 917, 918 ZPO) im Widerspruchsverfahren ausgetauscht werden kann,[5] darf der zugrundeliegende Arrestanspruch (§ 916 ZPO) nicht geändert werden, selbst wenn zwischen den beiden Ansprüchen ein enger wirtschaftlicher Zusammenhang besteht.[6] Wird der alte Arrest unter Zugrundelegung eines neuen Arrestgrundes oder einer neuen Glaubhaftmachung als zulässig betrachtet, wird der alte Arrestanspruch gleichsam bestätigt (Abs. 2; siehe für die Tenorierung Rn. 6) und nicht neu erlassen. Ist der Widerspruch eindeutig begründet, sollte der Gläubiger die Hauptsache für erledigt erklären. *4*

II. Form, Inhalt und Rechtswirkungen der Entscheidung

Das Urteil im Widerspruchsverfahren ergeht nach § 925 Abs. 1 ZPO durch **Endurteil**, wenn der Widerspruch nicht bereits unzulässig ist (dann gilt § 341 ZPO). Gleichzeitig ergeht die **Kostenentscheidung** von Amts wegen (§§ 91 ff. ZPO) nach den allgemeinen Kostentragungsgrundsätzen. Hat der Schuldner im Widerspruchsverfahren Erfolg, so hat der Gläubiger die Kosten des gesamten Verfahrens zu tragen, auch wenn der Widerspruch nur aufgrund geänderter Umstände Erfolg hatte.[7] Bei Abänderung der Anordnung gilt § 92 ZPO, bei Bestätigung trägt der Schuldner die Kostenlast. *5*

---

1 Siehe auch MK-*Drescher*, ZPO, § 925 Rn. 2.
2 BFH, NJW 2004, 2183 (2184) = NWB 2005, 4272 (4273).
3 Zöller-*Vollkommer*, ZPO, § 925 Rn. 3.
4 Zöller-*Vollkommer*, ZPO, § 925 Rn. 4.
5 Allgemeine Meinung, so z.B. Musielak/Voit-*Huber*, ZPO, § 925 Rn. 2.
6 OLG Frankfurt a.M., NJW-RR 1988, 319; in diesem Fall bleibt nur die Antragsänderung nach §§ 263 ff. ZPO, Zöller-*Vollkommer*, ZPO, § 925 Rn. 4.
7 OLG Koblenz, JurBüro 1990, 107.

6 Das Endurteil kann nach § 925 Abs. 2 ZPO auf Bestätigung, Abänderung oder Aufhebung lauten. Dies gilt ebenso bezüglich der Anordnung einer Sicherheitsleistung. Der Arrestbefehl wird **bestätigt**, wenn Arrestgrund und -anspruch glaubhaft gemacht wurden unabhängig davon, ob diese von denen im ersten Verfahren abweichen. Die Bestätigung ist sofort vollstreckbar, weil sie wie die ursprüngliche Arrestanordnung wirkt.[8] Das Gericht kann die Arrestanordnung jedoch auch in Gänze oder teilweise **aufheben** (in Verbindung mit der Zurückweisung des Arrestantrages) **oder abändern** oder die Anordnung der Sicherheitsleistung modifizieren. Mit Ausspruch nicht mit Rechtskraft der Aufhebung entfallen die Wirkungen des Arrestbeschlusses,[9] sodass dem Schuldner dann sofort die Anträge nach §§ 775, 766, 767 ZPO offen stehen, eventuelle Sicherungsmittel zu löschen sind bzw. die Sicherungshypothek dem Eigentümer zufällt.[10] Abänderungen des Arrestbeschlusses, die Aufhebung oder die Anordnung von geänderten Sicherheitsleistungen werden von Amts wegen für sofort vollstreckbar erklärt (§ 708 Nr. 6 ZPO).

C. Rechtsmittel, Kosten und Gebühren

7 Rechtsmittel ist grundsätzlich die **Berufung** nach den allgemeinen Vorschriften, Einspruch gegen ein Versäumnisurteil (§ 388 ZPO), sofortige Beschwerde (§ 99 Abs. 2 ZPO) im Falle des ausschließlichen Kostenwiderspruchs.[11] § 542 Abs. 2 ZPO ist zu beachten.

8 Auch in der Berufungsinstanz können neue Tatsachen noch vorgebracht werden.[12] Ein Antrag auf Vollziehung des Urteils nach §§ 707, 719 ZPO durch den im Widerspruchsverfahren unterlegenen Gläubiger ist nicht möglich.[13]

9 Zusätzliche Gerichtskosten für das Widerspruchsverfahren entstehen nicht, die Kosten sind mit denen des Anordnungsverfahrens abgegolten. Für den Rechtsanwalt stellt das Verfahren keine besondere Angelegenheit dar (§ 16 Nr. 5 RVG). Bei mündlicher Verhandlung fällt eine 1,2 Terminsgebühr an (Nr. 3104 VV-RVG).

§ 926
Anordnung der Klageerhebung

(1) Ist die Hauptsache nicht anhängig, so hat das Arrestgericht auf Antrag ohne mündliche Verhandlung anzuordnen, dass die Partei, die den Arrestbefehl erwirkt hat, binnen einer zu bestimmenden Frist Klage zu erheben habe.

(2) Wird dieser Anordnung nicht Folge geleistet, so ist auf Antrag die Aufhebung des Arrestes durch Endurteil auszusprechen.

Inhalt:

	Rn.		Rn.
A. Allgemeines	1	III. Klageerhebung in der Hauptsache	9
B. Erläuterungen	5	IV. Antrag auf Aufhebung	10
I. Verfahren der Fristanordnung	5	C. Kosten und Gebühren	14
II. Rechtsmittel	8		

A. Allgemeines

1 § 926 ZPO dient dem Schutz des Schuldners, wenn Arrest gegen ihn angeordnet, die Hauptsache aber vom Gläubiger noch nicht anhängig gemacht wurde. In diesen Fällen hat der Gläubiger wegen der erlangten Sicherheit häufig kein großes Interesse die Hauptsache zügig anhängig zu machen (insbesondere wegen der Verschärfung der Beweisführungspflicht) und einen Titel für die zu sichernde Forderung zu erlangen. Deshalb kann das Arrestgericht auf Antrag des Schuldners, die Aufhebung des Arrests aussprechen, wenn der Gläubiger nicht innerhalb einer vom Gericht bestimmten Frist Hauptsacheklage erhoben hat. § 926 ZPO gilt ebenso für Arrestanordnungen im Rahmen von einstweiligen Verfügungen.[1]

---

8 MK-*Drescher*, ZPO, § 925 Rn. 10.
9 So z.B. OLG Düsseldorf, NJW-RR 1987, 512 = MDR 1987, 506.
10 Zöller-*Vollkommer*, ZPO, § 925 Rn. 10 m.w.N.
11 OLG Brandenburg, NJW-RR 2000, 1668 = MDR 1999, 504.
12 Musielak/Voit-*Huber*, ZPO, § 925 Rn. 10.
13 OLG Köln, MDR 2003, 352 = NJOZ 2003, 456; OLG Düsseldorf, NJW-RR 2002, 138; wenngleich str.

Zu § 926:
1 MK-*Drescher*, ZPO, § 926 Rn. 2.

Die **Frist** wird nach pflichtgemäßem Ermessen festgesetzt, in der Praxis dürfte die Frist je nach Lage des Einzelfalles zwischen zwei und vier Wochen liegen.

§ 926 ZPO ist nicht exklusiv. Daneben sind auch andere Rechtsmittel, insbesondere die negative Feststellungsklage in Bezug auf die Hauptsacheklage, zulässig. Jedoch liegt bei dieser das Kostenrisiko beim Schuldner.[2] Der Weg über § 926 ZPO dürfte insoweit der vorzugswürdigere sein. § 926 ZPO ist jedoch nicht anwendbar, wenn der Schuldner die Arrestanordnung selbst angreifen will.[3] Wenngleich die nicht fristgerechte Klageerhebung auch in anderen Verfahren geltend gemacht werden kann, ist es für den Schuldner vorzugswürdig das Verfahren nach § 926 Abs. 2 ZPO zu bestreiten, da hierbei der Schadensersatzanspruch des § 945 ZPO gegen den Gläubiger entstehen kann.

Auf den Antrag des § 926 ZPO kann der Schuldner **verzichten**. Dies kann explizit geschehen,[4] teilweise wird auch, wenn lediglich Kostenwiderspruch erhoben wird, ein konkludenter Verzicht auf das Recht nach § 926 ZPO gesehen, dies dürfte aber nicht der Fall sein. Ein Verzicht des Gläubigers, die Rechte aus dem Arrestbefehl geltend zu machen, hindert einen Antrag nach § 926 ZPO nicht.[5]

B. Erläuterungen
I. Verfahren der Fristanordnung

Die Frist i.S.d. Abs. 1 wird niemals von Amts wegen angeordnet, vielmehr ist ein darauf gerichteter **Antrag des Schuldners** bei dem Gericht notwendig, das den Arrest angeordnet hat, unabhängig davon in welcher Instanz sich das Verfahren momentan befindet:[6]

Es wird beantragt:

Dem Arrestgläubiger wird gemäß § 926 Abs. 1 ZPO eine Frist aufgegeben, innerhalb derer er die durch den [Arrest; genaue Arrestbezeichnung] gesicherte Forderung in Höhe von [Wert der gesicherten Forderung] klageweise geltend machen muss.

Der Antrag ist schriftlich oder zu Protokoll der Geschäftsstelle einzureichen. Anwaltszwang besteht nicht.

Nach Eingang des Antrages wird er auf seine **formelle Zulässigkeit** geprüft. Diese sind kumulativ das Vorliegen der allgemeinen Prozessvoraussetzungen, ein bestehender Arrestbefehl und die fehlende Rechtshängigkeit der Hauptsache.[7] Die Anhörung des Gläubigers dürfte insbesondere in Bezug auf die letzte Voraussetzung zweckmäßig sein und häufig erfolgen, für die Wirksamkeit aber wohl nicht erforderlich ist.[8] Eine materielle Prüfung findet nicht statt, bei Vorliegen der genannten Voraussetzungen, ergeht der Beschluss, der die Frist anordnet, unabhängig von der Erfolgsaussicht der Hauptsache.[9]

Die Anordnung der Fristsetzung geschieht durch den Rechtspfleger (§ 20 Nr. 14 RPflG) durch **Beschluss**. Er wird der unterlegenen Partei **zugestellt** (§ 329 Abs. 3 oder Abs. 2 Satz 2 ZPO). Wird die Hauptsache nach dem Einreichen des Antrages und noch vor Entscheidung über den Antrag rechtshängig gemacht, sollte der Schuldner den Antrag für erledigt erklären.

II. Rechtsmittel

Dem Schuldner steht gegen die Ablehnung oder die Bestimmung einer zu langen Frist die sofortige Beschwerde zu (§ 11 Abs. 1 RPflG i.V.m. § 567 Abs. 1 Nr. 2 ZPO).[10] Auch dem Gläubiger steht die Erinnerung innerhalb von zwei Wochen zu (§ 11 Abs. 2 Satz 1 RPflG). Die auf die Erinnerung ergangene Entscheidung ist unanfechtbar.[11]

III. Klageerhebung in der Hauptsache

Wird dem Arrestgläubiger eine Frist aufgegeben, so hat er innerhalb dieser Hauptsacheklage zu erheben. Dies ist normalerweise die **Leistungsklage**, eine Feststellungsklage für zukünftige

---

2 Vgl. BGH, NJW 1986, 1815 = MDR 1985, 467.
3 Musielak/Voit-*Huber*, ZPO, § 926 Rn. 3.
4 MK-*Drescher*, ZPO, § 926 Rn. 8.
5 OLG Frankfurt a.M., NJW 1972, 1330 = MDR 1972, 616; ausführlich zum Rechtsschutzbedürfnis des Schuldners BeckOK-*Mayer*, ZPO, § 926 Rn. 4 ff.
6 Zöller-*Vollkommer*, ZPO, § 926 Rn. 6; eine Ausnahme nur wenn eine einstweilige Verfügung nach § 942 Abs. 1 ZPO erlassen wurde, dann ist das Gericht aus § 937 Abs. 1 ZPO zuständig, OLG Schleswig, NJW-RR 1997, 829 = Rpfleger 1997, 316.
7 MK-*Drescher*, ZPO, § 926 Rn. 6.
8 Thomas/Putzo-*Seiler*, ZPO, § 926 Rn. 4; a.A. Musielak/Voit-*Huber*, ZPO, § 926 Rn. 10.
9 OLG Köln, Rpfleger 1981, 26 = ZIP 1980, 1032.
10 Musielak/Voit-*Huber*, ZPO, § 926 Rn. 12.
11 OLG Stuttgart, Rpfleger 2008, 475 = Die Justiz 2009, 7.

Ansprüche kann aber ebenso ausreichend sein.[12] Der Gegenstand der Klage muss die durch den Arrest **gesicherte Forderung** sein. Ausreichend für die fristgemäße Erhebung ist ein Antrag auf Prozesskostenhilfe, aber nur soweit diese später bewilligt wird.[13] Erhebung vor Schiedsgerichten und ausländischen Gerichten genügt, soweit diese zuständig sind und die Entscheidung in Deutschland anerkannt wird.[14] Die Klage muss zulässig und geeignet sein eine Sachentscheidung herbeizuführen.[15] § 167 und § 231 Abs. 2 ZPO gelten auch hier.

IV. Antrag auf Aufhebung

10 Wird in der Hauptsache keine Klage innerhalb der Frist erhoben und ist der Arrest bzw. die einstweilige Verfügung noch wirksam, kann der Schuldner nach § 926 Abs. 2 ZPO einen Antrag auf Aufhebung des Arrestbefehls schriftlich oder zu Protokoll bei dem Gericht stellen, das auch für die Anordnung der Frist zuständig war (beachte § 78 Abs. 1 ZPO):

Es wird beantragt:

Der/Das [genau bezeichneter Arrestbeschluss/genau bezeichnetes Arresturteil] gegen [Arrestgläubiger] wird gemäß § 926 Abs. 2 ZPO aufgehoben.

11 Das Verfahren des § 926 Abs. 2 ZPO ist ein Urteilsverfahren in dem der Schuldner als Kläger auftritt. Säumnisurteil (§§ 330 ff. ZPO) kann ergehen. Der **Antrag ist begründet**, wenn die Hauptsacheklage bis zum Schluss der mündlichen Verhandlung nicht erhoben wurde, unzulässig ist oder zurückgenommen wurde. Es gelten die allgemeinen Beweislastregeln.[16]

12 Die Entscheidung ergeht durch Endurteil. Ist der **Antrag begründet** wird der Arrest rückwirkend aufgehoben und das Arrestgesuch abgewiesen.[17] Anderenfalls wird der Antrag des Schuldners **zurückgewiesen**. Im ersten Fall hat der Gläubiger die gesamten Prozesskosten zu tragen, im zweiten Fall der Schuldner lediglich die Kosten für den Aufhebungsprozess. Bei Erledigterklärung gilt § 91a ZPO.[18] Das stattgebende Urteil wird nach § 708 Nr. 6 ZPO für vorläufig vollstreckbar erklärt, das zurückweisende entweder nach § 708 Nr. 11 ZPO oder § 709 Satz 1 ZPO.[19]

13 Gegen das Urteil ist nur die Berufung als **Rechtsmittel** statthaft (vgl. § 542 Abs. 2 ZPO) bzw. im Falle eines Versäumnisurteils der Einspruch (§ 338 ZPO).

C. Kosten und Gebühren

14 Es entstehen keine weiteren Gerichtskosten, § 1 GKG. Der Antrag gehört gebührenrechtlich zum Anordnungsverfahren, es entstehen daher keine weiteren Rechtsanwaltsgebühren. Wird der Vertreter des Schuldners erstmals tätig, erhält er jedoch die Regelgebühren nach Teil 3 Abschnitt 1 VV-RVG.

§ 927
Aufhebung wegen veränderter Umstände

(1) Auch nach der Bestätigung des Arrestes kann wegen veränderter Umstände, insbesondere wegen Erledigung des Arrestgrundes oder auf Grund des Erbietens zur Sicherheitsleistung die Aufhebung des Arrestes beantragt werden.

(2) Die Entscheidung ist durch Endurteil zu erlassen; sie ergeht durch das Gericht, das den Arrest angeordnet hat, und wenn die Hauptsache anhängig ist, durch das Gericht der Hauptsache.

Inhalt:

	Rn.		Rn.
A. Allgemeines	1	II. Kostentragung und Vollstreckbarkeit	9
B. Erläuterungen	3	C. Kosten und Gebühren	11
I. Verfahren und Entscheidung	7		

---

12 Musielak/Voit-*Huber*, ZPO, § 926 Rn.
13 OLG Frankfurt a.M., MDR 1989, 272.
14 MK-*Drescher*, ZPO, § 926 Rn. 12 m.w.N.
15 Deswegen z.B. keine nachträgliche Rücknahme oder Erledigungserklärung, MK-*Drescher*, ZPO, § 926 Rn. 16 m.w.N.
16 Siehe Musielak/Voit-*Huber*, ZPO, § 926 Rn. 20.
17 Musielak/Voit-*Huber*, ZPO, § 926 Rn. 22.
18 Siehe für die Kostenlast ausführlich MK-*Drescher*, ZPO, § 926 Rn. 22.
19 MK-*Drescher*, ZPO, § 926 Rn. 22.

A. Allgemeines

§ 927 ZPO gibt dem Schuldner die Möglichkeit auch nach Anordnung des Arrests (unabhängig ob durch Beschluss oder Urteil) Aufhebung des Arrests gerichtlich zu erreichen, soweit sich die Umstände i.S.d. Abs. 1 geändert haben. Im Rahmen des § 927 ZPO wird die Anordnung des Arrests nicht geprüft, lediglich die **Rechtmäßigkeit der Fortführung** des Arrestes ist Gegenstand des Verfahrens. § 927 ZPO geht §§ 767, 323 ZPO vor.[1]

Während das **Anordnungsverfahren** (§ 922 ZPO) oder das **Widerspruchsverfahren** (§ 924 ZPO) die ursprüngliche Rechtmäßigkeit der Anordnung betreffen, ist § 927 ZPO dann einschlägig, wenn sich die Umstände seit der Rechtskräftigkeit der Entscheidung geändert haben.[2] Jedoch sind solche Veränderungen auch schon in den beiden oben genannten Verfahren vorbringbar. Grundsätzlich besteht also zwischen den oben genannten Rechtsbehelfen und dem nach § 927 ZPO ein **Wahlrecht**, jedoch fehlt es, soweit Widerspruch oder Berufung eingelegt sind, dem Antrag nach § 927 ZPO am Rechtsschutzbedürfnis.[3] Weiter müssen wenn Aufhebung nach § 927 ZPO begehrt wird, Änderungen geltend gemacht werden, über die nicht bereits in einem früheren Rechtsbehelfsverfahren rechtskräftig entschieden wurde.[4] Antrag nach § 926 Abs. 1 ZPO ist neben § 927 ZPO möglich.[5]

B. Erläuterungen

Nach § 927 Abs. 1 ZPO ist ein Antrag auf Aufhebung nur dann möglich, soweit veränderte (und eben nicht ursprünglich falsch angenommene) Umstände glaubhaft gemacht werden.[6] Die Beispiele in Abs. 1 sind insofern nicht abschließend, stellen aber die häufigsten Aufhebungsgründe dar. Diese können sowohl den Arrestanspruch als auch den Arrestgrund betreffen. Ein **Arrestanspruch kann nachträglich entfallen**, wenn beispielsweise die gesicherte Forderung erfüllt wurde, eine Einrede nun erst besteht oder die Hauptsache (rechtskräftig) abgewiesen wurde.[7] Der **Arrestgrund entfällt** insbesondere, wenn die Hauptsache in Form der Leistungsklage rechtskräftig wird,[8] da das erlangte Pfandrecht dann seinen Rang für die Zwangsvollstreckung behält.[9] Ebenso entfällt der Arrestgrund bei Verstreichenlassen der Fristen des § 929 Abs. 2 ZPO oder des § 926 Abs. 1 ZPO.[10] Leistet der Gläubiger die nach §§ 921 Abs. 2, 925 Abs. 2 ZPO angeordnete Sicherheitsleistung nicht (fristgerecht), entfällt der Arrestgrund ebenso nachträglich.[11]

Abs. 1 erwähnt ausdrücklich, dass auch das **Erbieten einer Sicherheitsleistung** durch den Schuldner als veränderter Umstand gesehen wird, der die Aufhebung des Arrestes begründet. Im Antrag ist hierfür kein genau bezeichneter Betrag notwendig, vielmehr genügt hierfür das unzweifelhafte Erbieten. Festgesetzt wird die Summe sodann durch das Gericht nach § 108 ZPO.[12] Insofern besteht für den Gläubiger ein Wahlrecht, dieses Angebot anzunehmen. Tut er dies, wird der Arrest nach Leistung der Sicherheit aufgehoben, lehnt er es ab, wird der Arrest bereits aufgrund des Erbietens aufgehoben.[13]

Eine Aufhebung nach § 927 ZPO setzt einen **Antrag des Schuldners** oder seines Rechtsnachfolgers voraus. Dieser ist beim ausschließlich zuständigen Gericht schriftlich oder zu Protokoll zu stellen. Dieses ist nach Abs. 2 das Gericht, bei welchem die Hauptsache anhängig ist (so auch eventuell das Familien- oder Arbeitsgericht), das gilt auch für das Berufungsgericht,[14] allerdings ist das erstinstanzliche Gericht zuständig, soweit sich die Hauptsache im Revisionsverfahren befindet.

Es wird beantragt:

Der durch Beschluss/Urteil vom [Datum] des [Gericht] angeordnete Arrest gegen den [Schuldner] wird gemäß § 927 Abs. 1 ZPO aufgehoben.

---

1 MK-*Drescher*, ZPO, § 927 Rn. 2.
2 Zöller-*Vollkommer*, ZPO, § 927 Rn. 2.
3 Nachträgliche Erhebung von Berufung oder Widerspruch lässt das Rechtsschutzbedürfnis nachträglich entfallen, OLG Düsseldorf, NJW-RR 1988, 188 = JurBüro 1987, 1571.
4 Musielak/Voit-*Huber*, ZPO, § 927 Rn. 2.
5 Musielak/Voit-*Huber*, ZPO, § 927 Rn. 3.
6 Glaubhaftmachung genügt, OLG Frankfurt a.M., NJW-RR 2000, 1236.
7 Zöller-*Vollkommer*, ZPO, § 927 Rn. 5 m.w.N.
8 Ein vorläufig vollstreckbares Leistungsurteil ist nicht ausreichend.
9 OLG Hamm, OLGZ 1988, 321; Zöller-*Vollkommer*, ZPO, § 927 Rn. 6.
10 MK-*Drescher*, ZPO, § 927 Rn. 5 m.w.N.
11 OLG Frankfurt a.M., WRP 1980, 423 = OLGZ 1980, 258.
12 Zöller-*Vollkommer*, ZPO, § 927 Rn. 8.
13 Musielak/Voit-*Huber*, ZPO, § 927 Rn. 8.
14 MK-*Drescher*, ZPO, § 927 Rn. 9 m.w.N.

6 Zusätzlich zur Konkurrenz zu anderen Rechtsbehelfen (siehe oben) ist der Antrag nur dann zulässig, soweit dem Schuldner tatsächlich noch Nachteile aus der Arrestanordnung drohen, was insbesondere bei Verzicht des Gläubigers auf die Arrestvollziehung nicht der Fall ist.[15]

I. Verfahren und Entscheidung

7 Das Verfahren entspricht grundsätzlich dem des § 926 ZPO. Entschieden wird durch **Endurteil nach mündlicher Verhandlung**. **Klagerücknahme** ist entsprechend § 269 Abs. 3 Satz 3 ZPO jederzeit und ohne Zustimmung des Gläubigers möglich.[16] Einstweilige Anordnungen können vom Gericht entsprechend § 924 Abs. 3 Satz 2 ZPO ausgesprochen werden.[17] Versäumnisurteil (§ 330 ZPO) ist möglich.

8 Ist der Antrag erfolgreich, wird die Arrestanordnung aufgehoben und das Gesuch des Gläubigers zurückgewiesen. Die Aufhebung des Arrests geschieht *ex nunc*.[18] Ist der Antrag unzulässig oder unbegründet, wird er zurückgewiesen.

II. Kostentragung und Vollstreckbarkeit

9 Die Kostentragung richtet sich nach §§ 91 ff. ZPO. Ist der Antrag erfolgreich hat der Gläubiger die Kosten des Aufhebungsverfahrens zu tragen.[19] Dies gilt selbst dann, wenn der Aufhebungsgrund durch den Schuldner herbeigeführt wurde. Wegen dieser weitgehenden Kostentragungspflicht wird von der Rechtsprechung verlangt, dass vor dem Antrag nach § 927 ZPO der Schuldner dem Gläubiger die Voraussetzungen des § 927 ZPO darlegt und ihm so die **Möglichkeit zum Verzicht auf die Vollziehung** der Anordnung gibt.[20] Für den Gläubiger ist im Verfahren auch ein Anerkenntnis nach § 93 ZPO grundsätzlich empfehlenswert, wenn der Antrag begründet erscheint.[21] Abweisung des Antrages führt zur Kostentragungspflicht des Schuldners.

10 Die Aufhebung des Arrestes wird wegen § 807 Nr. 6 ZPO von Amts wegen für vorläufig vollstreckbar erklärt. Damit ist ein weiterer Vollzug unzulässig. Aufhebung von bisherigen Maßnahmen ergeht erst nach Rechtskraft.[22] Bei Abweisung des Antrages gilt § 708 Nr. 11 ZPO bzw. § 709 Satz 1 ZPO.

C. Kosten und Gebühren

11 Die Gerichtskosten entsprechen dem des Anordnungsverfahrens (Nr. 1410 ff. KV-GKG), sie werden für dieses Verfahren erneut erhoben. Das Aufhebungsverfahren ist für den Rechtsanwalt dieselbe Angelegenheit (§ 16 Nr. 6 RVG).

§ 928
Vollziehung des Arrestes

Auf die Vollziehung des Arrestes sind die Vorschriften über die Zwangsvollstreckung entsprechend anzuwenden, soweit nicht die nachfolgenden Paragraphen abweichende Vorschriften enthalten.

1 Die §§ 928 ff. ZPO regeln den Vollzug des Arrests, soweit dieser nach den §§ 916 ff. ZPO erlassen wurde. Hierfür gilt grundsätzlich das Vollstreckungsrecht entsprechend, soweit nicht in den §§ 929 ff. ZPO etwas anderes geregelt ist.

2 Das Vollstreckungsrecht wird für die Arrestvollziehung für grundsätzlich anwendbar erklärt. Dies umfasst die Normen über Voraussetzungen, also insbesondere bezüglich dem Titel (§§ 735 ff. ZPO), Umschreibung (§ 727 ZPO) als auch den Vollzug selbst, insbesondere bezüglich Pfändung (§§ 811 ff. ZPO) und den darin enthaltenen Schutzvorschriften (§§ 850 ff. ZPO)

---

15 OLG Frankfurt a.M., NJW 1968, 2112.
16 OLG Frankfurt a.M., OLGR 2006, 266.
17 Musielak/Voit-*Huber*, ZPO, § 927 Rn. 11.
18 OLG Frankfurt a.M., NJW-RR 2011, 1290 (1291).
19 Zu den anerkannten Ausnahmen, in denen die Kostentragung für Anordnungs- und Aufhebungsverfahren nicht getrennt zu behandeln ist siehe Zöller-*Vollkommer*, ZPO, § 927 Rn. 12.
20 So z.B. OLG Frankfurt a.M., OLGR 2001, 147.
21 So auch Musielak/Voit-*Huber*, ZPO, § 927 Rn. 12.
22 Zöller-*Vollkommer*, ZPO, § 927 Rn. 14 m.w.N.

und eidesstattlicher Versicherung (§ 807 ZPO).[1] Ebenso sind die verfahrensrechtlichen Vorschriften und Vorschriften über Rechtsbehelfe (§§ 764 ff. ZPO), nicht jedoch § 767 ZPO,[2] anwendbar. Auch die Kostentragung richtet sich nach § 788 ZPO entsprechend.

Namentlich sind folgende **Abweichungen** geregelt: 3
- § 929 ZPO: Abweichende Vorschriften über die Notwendigkeit einer Vollstreckungsklausel (Abs. 1), abweichende Vollziehungsfrist (Abs. 2), Zulässigkeit der Vollstreckung vor der Zustellung (Abs. 3)
- § 930 ZPO: Besonderheiten bezüglich beweglichem Vermögens
- § 931 ZPO: Besonderheiten bezüglich Schiffen und Schiffsbauwerken
- § 932 ZPO: Besonderheiten bezüglich unbeweglichem Vermögens
- § 933 ZPO: Besonderheiten bezüglich des persönlichen Arrests
- § 934 ZPO: Besondere Aufhebungsgründe der Vollziehung

Zusätzlich ist die Anwendung aller Vorschriften ausgeschlossen, die zur Befriedigung des Gläubigers führen,[3] da dies dem Sinn und Zweck des Arrests nicht entspricht. 4

§ 929
Vollstreckungsklausel; Vollziehungsfrist

(1) Arrestbefehle bedürfen der Vollstreckungsklausel nur, wenn die Vollziehung für einen anderen als den in dem Befehl bezeichneten Gläubiger oder gegen einen anderen als den in dem Befehl bezeichneten Schuldner erfolgen soll.

(2) Die Vollziehung des Arrestbefehls ist unstatthaft, wenn seit dem Tag, an dem der Befehl verkündet oder der Partei, auf deren Gesuch er erging, zugestellt ist, ein Monat verstrichen ist.

(3) [1]**Die Vollziehung ist vor der Zustellung des Arrestbefehls an den Schuldner zulässig.** [2]**Sie ist jedoch ohne Wirkung, wenn die Zustellung nicht innerhalb einer Woche nach der Vollziehung und vor Ablauf der für diese im vorhergehenden Absatz bestimmten Frist erfolgt.**

Inhalt:
	Rn.		Rn.
A. Allgemeines	1	C. Vollziehungsfrist	5
B. Vollstreckungsklausel	2	D. Zustellung	10

A. Allgemeines

§ 929 ZPO dient der **schnellen Vollziehbarkeit** der Arrestbefehle. Insofern regelt die Vorschrift in den Abs. 1 und 3 eine von den allgemeinen Vorschriften zur Vollstreckung abweichende Regelung bezüglich Klausel (entgegen § 724 ZPO) und Zustellung (entgegen §§ 750, 751 ZPO). Abs. 2 dient hingegen dem Schuldnerschutz,[1] weil sie die Vollziehung des Arrests zeitlich begrenzt. 1

B. Vollstreckungsklausel

Ein Arrestbefehl ist aufgrund seiner Zielsetzung **sofort vollstreckbar**, ohne dass es hierzu eines expliziten Ausspruchs durch das entscheidende Gericht oder einer vollstreckbaren Ausfertigung bedarf. Hat das Gericht jedoch dennoch eine Entscheidung über die Vollstreckbarkeit getroffen, insbesondere z.B. die Vollstreckung von der Erbringung einer Sicherheitsleistung abhängig gemacht, so sind die Vollstreckungsgerichte hieran gebunden.[2] 2

Deshalb bestimmt Abs. 1 für die Vollziehung des Arrests, dass im Gegensatz zu § 724 ZPO eine **Vollstreckungsklausel grundsätzlich nicht erforderlich** ist. Eine Ausnahme ist jedoch dann vorgesehen, wenn die Vollziehung für oder gegen einen anderen als den im Befehl Bezeichneten erfolgen soll.[3] Dies ist der Fall in den folgenden Konstellationen: 3
– Vollziehung für den Rechtsnachfolger (§ 727 ZPO),

---
1 MK-*Drescher*, ZPO, § 928 Rn. 3.
2 MK-*Drescher*, ZPO, § 928 Rn. 3.
3 MK-*Drescher*, ZPO, § 928 Rn. 5.

Zu § 929:
1 So bereits BVerfG, NJW 1988, 3141.
2 OLG Karlsruhe, MDR 1983, 677 (678).
3 Die Zuständigkeit für die Erteilung richtet sich in diesen Fällen nach § 919 ZPO.

- Vollziehung für den Nacherben oder Testamentsvollstrecker (§§ 728, 727 ZPO),
- Vollziehung gegen den Vermögens- und Firmenübernehmer (§§ 729, 727 ZPO),
- Vollziehung gegen den Nießbraucher (§§ 738, 727 ZPO),
- Vollziehung gegen nach Rechtshängigkeit eingetretene Gütergemeinschaft (§§ 742, 727 ZPO),
- Vollziehung bei beendeter Gütergemeinschaft (§§ 744, 727 ZPO),
- Vollziehung bei fortgesetzter Gütergemeinschaft (§§ 745, 727 ZPO) sowie
- Vollziehung für und gegen den Testamentsvollstrecker (§§ 749, 727 ZPO).[4]

Ebenso ist eine Klausel notwendig, wenn eine Vollstreckung in einem Mitgliedstaat der EuGVVO vollstreckt werden soll (siehe § 31 AVAG).

4 Die **Vollstreckbarkeit entfällt** jedoch bei einstweiliger Einstellung der Vollziehung aufgrund eines Rechtsbehelfs des Schuldners (§ 707 ZPO im Falle der aussichtsreichen[5] Berufung, §§ 924 Abs. 3 Satz 2, 707 ZPO bei Widerspruch, § 924 ZPO bei Anträgen nach § 926 Abs. 2 ZPO oder § 924 ZPO).[6] Ist der Rechtsbehelf erfolglos, lebt die Vollziehbarkeit wieder auf.

C. Vollziehungsfrist

5 Nach Abs. 2 ist die Vollziehung des dinglichen oder persönlichen Arrests **nur innerhalb eines Monats statthaft**. Hierauf kann nicht durch den Schuldner verzichtet werden. Es handelt sich nicht um eine Notfrist, insofern ist Wiedereinsetzung in den vorigen Stand nicht möglich.[7] Sie kann aber durch Parteivereinbarung verkürzt werden (vgl. § 224 Abs. 1 ZPO), wenngleich das schwer vorstellbar ist.[8] Für die Kosteneintreibung gilt die Frist im Übrigen nicht, diese kann bis zur Aufhebung betrieben werden.

6 Eine einstweilige Einstellung der Zwangsvollstreckung (siehe Rn. 3) **unterbricht** die Frist.[9] Die Bestätigung oder der Neuerlass des Arrestbeschlusses im Rechtsmittelverfahren (egal ob von Schuldner oder Gläubiger angestrengt) lässt die **Frist neu beginnen**, ohne dass es darauf ankommt, ob darin wesentliche Änderungen enthalten sind.[10] Wichtig ist hierbei, dass bei wesentlichen Änderungen des Arrestbeschlusses im Rechtsmittelverfahren, die bereits beantragten Vollstreckungsmaßnahmen erneut beantragt werden müssen.[11] Wann das genau vorliegt, ist umstritten, so z.B. nicht bei Auswechseln der rechtlichen Begründung oder einer Teilaufhebung. Dagegen wird eine erneute Beantragung z.B. bei Neuerlass nach Einstellung oder inhaltlicher Erweiterung der Anordnung verlangt.[12] Letztlich kann es dem Gläubiger nur angeraten werden, die bereits beantragten Vollstreckungsmaßnahmen oder andere Maßnahmen nach einer Rechtsmittelentscheidung noch einmal zu beantragen. Dies ist möglich und sorgt insofern für Rechtssicherheit.

7 **Fristbeginn** ist im Urteilsverfahren die Verkündung des Urteils, im Beschlussverfahren die Zustellung des Beschlusses an den Gläubiger, worunter auch die Aushändigung auf der Geschäftsstelle fällt.[13] Das **Fristende** berechnet sich nach § 222 Abs. 1, 2 ZPO, §§ 187, 188 BGB.

8 Die **Frist ist gewahrt** durch das Beginnen mit der Vollstreckung, das heißt der Gläubiger muss innerhalb des Monats eine Vollstreckungsmaßnahme beantragen, wohingegen der Abschluss der Maßnahme irrelevant ist.[14] Nötig ist eine frist- und antragsgerechte Beantragung beim zuständigen Vollstreckungsorgan.[15] Die Beendigung der fristgemäß beantragten Maßnahmen ist sodann auch nach Fristablauf möglich. **Neue Vollstreckungsmaßnahmen nach Fristablauf** sind auch dann möglich, wenn sie mit den bereits fristgemäß eingeleiteten Maßnahmen eine wirtschaftliche Einheit bilden, nicht jedoch schon deshalb weil die fristgerechte Vollstreckungsmaßnahme erfolglos blieb.[16] Insofern sollte der Gläubiger oder sein Vertreter immer möglichst

---

4 Musielak/Voit-*Huber*, ZPO, § 929 Rn. 1.
5 OLG Frankfurt a.M., ZIP 2013, 2022 = ZInsO 2013, 2162.
6 MK-*Drescher*, ZPO, § 929 Rn. 3.
7 BGH, NJW 1993, 1076 (1079) = MDR 1993, 268 (270).
8 Zöller-*Vollkommer*, ZPO, § 929 Rn. 3.
9 OLG Düsseldorf, OLGZ 1987, 370 = FamRZ 1987, 497; nicht jedoch alleine die Einlegung des Rechtsbehelfs, Musielak/Voit-*Huber*, ZPO, § 929 Rn. 4.
10 OLG Frankfurt a.M., NJW-RR 1986, 64; die h.L. nimmt das hingegen nur bei wesentlichen Änderungen an.
11 Vgl. OLG Hamburg, NJW 2015, 2273 = MDR 2015, 1265.
12 Siehe hierzu BeckOK-*Mayer*, ZPO, § 929 Rn. 14 m.w.N.
13 Musielak/Voit-*Huber*, ZPO, § 929 Rn. 4.
14 BGH, NJW 1991, 496 = WPM 1990, 2089.
15 BGH, NJW 1991, 496 (497) = WPM 1990, 2089 (2090).
16 In der Literatur ist dies allerdings höchst bestritten, da hierin bereits die Erfolglosigkeit einer fristgemäßen Maßnahme ausreichen soll, so z.B. MK-*Drescher*, ZPO, § 929 Rn. 10 m.w.N. aus Literatur und Rechtsprechung.

umfänglich pfänden, um nicht einer Fristversäumnis mit einer Kostentragungspflicht zu unterfallen. Wenn fehlerhafte Vollstreckungsmaßnahmen vor dem Fristablauf eingeleitet und erst danach geheilt werden, ist die Frist dennoch gewahrt.[17]

Ist die **Frist erfolglos abgelaufen**,[18] ist die Beantragung einer Vollstreckungsmaßnahme nicht mehr möglich. Dies gilt auch dann, wenn die innerhalb der Frist versuchte Vollstreckung erfolglos geblieben ist.[19] Der Schuldner kann die Aufhebung verspätet beantragter Maßnahmen über die Rechtsmittel der § 766 ZPO oder § 793 ZPO erreichen. Das ändert allerdings nichts daran, dass der Gläubiger danach einen neuen Arrestbeschluss erwirken kann, soweit die Voraussetzungen noch (bzw. wieder) vorliegen.[20] Den Gläubiger trifft jedoch die Kostenpflicht für das erste Verfahren, wenn er die Frist versäumt, selbst wenn er im Hauptsacheverfahren obsiegt.[21]

9

D. Zustellung

Nach Abs. 3 Satz 1 ist die **Vollziehung des Arrests vor der Zustellung** des zugrundliegenden Beschluss an den Schuldner (in Abweichung von §§ 750, 751 ZPO) zulässig. Andere allgemeine Voraussetzungen (so insbesondere auch die Erbringung von Sicherheitsleistungen) müssen allerdings erfüllt sein.[22]

10

Abs. 3 Satz 2 stellt allerdings klar, dass die **Zustellung** nicht entbehrlich ist, sondern vielmehr innerhalb einer Woche nach Vollziehung und zusätzlich innerhalb der Monatsfrist des Abs. 2 an den Schuldner erfolgen muss (Fristberechnung nach § 222 ZPO). Dies bedeutet im **Urteilsverfahren Amtszustellung**, im **Beschlussverfahren Parteizustellung** (zwingend an den Prozessvertreter, wenn vorhanden, § 172 Abs. 1 ZPO) unter Beifügung aller durch das Gericht angehängten Anlagen.[23] Empfohlen wird hier im Parteibetrieb ein vorformuliertes Empfangsbekenntnis zu verwenden

11

„zum Zwecke der Vollziehung zugestellt am ..."

zu verwenden, um Beweisschwierigkeiten zu vermeiden.[24] Öffentliche Zustellung ist grundsätzlich möglich. Der **Fristbeginn** ist auf die Vollziehung des Arrestbefehls, also auf den erstmaligen (auch erfolglosen) Zugriff auf das Schuldnervermögen, zu legen:[25] Z.B. bewirkte Pfändung, Zustellung an Drittschuldner, Eintragung einer Sicherungshypothek.[26] Heilung nach § 189 ZPO ist möglich.[27] Die Zustellung muss innerhalb der beiden Fristen erfolgt sein.[28] Bei Wiedererlass ist erneute Zustellung nötig.[29] Wird die **Frist versäumt** ist die Vollziehung unwirksam,[30] was der Schuldner mit dem Rechtsbehelf des § 766 ZPO angreifen kann. Jedoch bleiben innerhalb der Frist des Abs. 2 weitere Vollstreckungen möglich.[31]

§ 930
Vollziehung in bewegliches Vermögen und Forderungen

(1) ¹Die Vollziehung des Arrestes in bewegliches Vermögen wird durch Pfändung bewirkt. ²Die Pfändung erfolgt nach denselben Grundsätzen wie jede andere Pfändung und begründet ein Pfandrecht mit den im § 804 bestimmten Wirkungen. ³Für die Pfändung einer Forderung ist das Arrestgericht als Vollstreckungsgericht zuständig.

(2) Gepfändetes Geld und ein im Verteilungsverfahren auf den Gläubiger fallender Betrag des Erlöses werden hinterlegt.

(3) Das Vollstreckungsgericht kann auf Antrag anordnen, dass eine bewegliche körperliche Sache, wenn sie der Gefahr einer beträchtlichen Wertverringerung ausgesetzt ist oder wenn

---

17 MK-*Drescher*, ZPO, § 929 Rn. 11.
18 Die Fristversäumung ist nicht heilbar, OLG Köln, NJW-RR 1987, 575 = WRP 1987, 403.
19 BGH, NJW 1991, 496 = WPM 1990, 2089.
20 MK-*Drescher*, ZPO, § 929 Rn. 13.
21 BGH, NJW-RR 1995, 495 = MDR 1995, 641.
22 OLG München, NJW-RR 1988, 1466.
23 Siehe Musielak/Voit-*Huber*, ZPO, § 929 Rn. 9.
24 Siehe hierzu Musielak/Voit-*Huber*, ZPO, § 929 Rn. 9.
25 MK-*Drescher*, ZPO, § 929 Rn. 18.
26 BeckOK-*Mayer*, ZPO, § 929 Rn. 22.
27 OLG Dresden, NJW-RR 2003, 1721 (1722) = InVo 2004, 71.
28 OLG Hamm, Rpfleger 2016, 407 = FGPrax 2016, 58.
29 OLG Celle, GRUR 1989, 541.
30 BGH, NJW 1999, 3494 = MDR 1999, 1083.
31 MK-*Drescher*, ZPO, § 929 Rn. 19.

ihre Aufbewahrung unverhältnismäßige Kosten verursachen würde, versteigert und der Erlös hinterlegt werde.

(4) Die Vollziehung des Arrestes in ein nicht eingetragenes Seeschiff ist unzulässig, wenn sich das Schiff auf der Reise befindet und nicht in einem Hafen liegt.

Inhalt:

	Rn.		Rn.
A. Allgemeines	1	II. Wirkung und Verwertung	4
B. Erläuterungen	2	III. Umwandlung in Vollstreckungs-	
I. Vollziehung durch Pfändung	2	pfandrecht	7
1. Sachpfändung	2	C. Rechtsmittel	8
2. Forderungspfändung	3	D. Kosten und Gebühren	9

A. Allgemeines

1 § 930 ZPO regelt die Vollziehung des dinglichen Arrests in bewegliches Vermögen und Forderungen. Dies geschieht grundsätzlich durch Pfändung. Da die Arrestvollziehung nur dem einstweiligen Rechtsschutz dient, ist Verwertung außer in den Fällen des Abs. 3 nicht zulässig. Die Verwertung wäre insofern nichtig,[1] die Pfändung wird von dieser Nichtigkeit allerdings nicht berührt.[2] Die Regelung in Abs. 4 ist praktisch nicht relevant. Das Arrestpfandrecht bleibt bis zur Aufhebung (§§ 927, 776 ZPO) wirksam.[3]

B. Erläuterungen
I. Vollziehung durch Pfändung

1. Sachpfändung

2 Nach Abs. 1 gelten die Vorschriften über die **Pfändung von beweglichen Sachen** grundsätzlich entsprechend. Insofern gibt es hier keine Besonderheiten.[4] Einzige Ausnahme ist, dass eine Durchsuchung häufig nach § 758a Abs. 1 Satz 2 ZPO bereits ohne richterliche Durchsuchungsanordnung zulässig ist, das die Gefahr im Verzug zumeist der Arrestgrund ist.

2. Forderungspfändung

3 Für die **Pfändung einer Forderung** (und gleichgestellt Herausgabeansprüche und andere Vermögensrechte)[5] ist im Gegensatz zu § 828 Abs. 2 ZPO das Arrestgericht (§ 919 ZPO) als Vollstreckungsgericht zuständig (Abs. 2 Satz 2). Gemeint ist damit in jedem Falle das Arrestgericht erster Instanz. Der Antrag auf Pfändung, für den die allgemeinen Vorschriften gelten, kann und sollte bereits mit dem Antrag auf Arrestanordnung gestellt werden. In diesem Fall entscheidet der Richter über beide Anträge.[6] Wird der Pfändungsantrag später gestellt entscheidet wie gewohnt der Rechtspfleger.

II. Wirkung und Verwertung

4 Die Wirkungen einer wirksamen Arrestpfändung entsprechen denen des § 804 ZPO, es entsteht **Verstrickung und gesetzliches Pfandrecht** durch Pfändung. Ebenso gilt § 804 Abs. 3 ZPO, selbst wenn die späteren Pfandrechte einem endgültigen Vollstreckungstitel zugrunde liegen. Dem Gläubiger stehen auch eventuelle Auskunftsrechte zu, die er allerdings nicht klageweise durchsetzen kann.[7]

5 Nach § 930 Abs. 2 ZPO ist gepfändetes Geld und ein im Verteilungsverfahren auf den Gläubiger entfallender Betrag des Erlöses zu **hinterlegen**. Im Weiteren gilt dann die Hinterlegungsordnung.

6 Die **Verwertung** i.R.d. § 930 ZPO ist zwar grundsätzlich ausgeschlossen, eine Ausnahme regelt allerdings Abs. 3. Danach kann eine bewegliche Sache versteigert werden, wenn sie der Gefahr einer beträchtlichen Wertverringerung ausgesetzt ist oder wenn ihre Aufbewahrung unverhältnismäßige Kosten verursachen würde. Eine Verwertung findet jedoch lediglich auf Antrag des Schuldners oder Gläubigers, in dessen Begründung der Grund für die Verwertung angegeben werden muss, beim ausschließlich zuständigen Amtsgericht (§§ 847 Abs. 2, 764 Abs. 2, 802 ZPO; nach Belegenheit der Sache) statt:

---

1 BGHZ 121, 98 = NJW 1993, 735.
2 Musielak/Voit-*Huber*, ZPO, § 930 Rn. 3.
3 Musielak/Voit-*Huber*, ZPO, § 930 Rn. 8.
4 Eine Auflistung der häufig relevanten Vorschriften aus dem Pfändungsrecht findet sich in MK-*Drescher*, ZPO, § 930 Rn. 2.
5 Musielak/Voit-*Huber*, ZPO, § 930 Rn. 3.
6 Musielak/Voit-*Huber*, ZPO, § 930 Rn. 3.
7 BGH, NJW 1977, 1199 = MDR 1977, 746.

Es wird beantragt:
Der mit Arrestpfändung vom [Datum] belegte Gegenstand [genaue Bezeichnung] wird gemäß § 930 Abs. 3 ZPO durch Versteigerung verwertet. Die Hinterlegung des Erlöses soll angeordnet werden.
Es entscheidet der Rechtspfleger durch Beschluss ohne mündliche Verhandlung. Die Verwertung einer Sache, deren Herausgabeanspruch gepfändet wurde, kann erst nach (eventueller klageweise zu erzwingenden) Herausgabe an den Gerichtsvollzieher erfolgen.[8] Der Erlös ist sodann zu hinterlegen.

III. Umwandlung in Vollstreckungspfandrecht
Erlangt der Arrestschuldner durch rechtskräftiges Urteil in der Hauptsache einen Vollstreckungstitel, so wandelt sich das Arrestpfandrecht ohne neuerliche Pfändung in ein **Vollpfandrecht** in Höhe der Arrestsumme um.[9] Der Rang bestimmt sich gemäß § 804 Abs. 3 ZPO nach dem Zeitpunkt der Arrestpfändung (siehe oben), es sei denn der Arrest wurde zwischenzeitlich aufgehoben.[10]

C. Rechtsmittel
Gegen die Ablehnung der Pfändung sofortige Beschwerde (§ 793 ZPO bei Ablehnung durch Richter; § 11 Abs. 1 RPflG) durch Gläubiger. Gegen den Gerichtsvollzieher finden die allgemeinen Rechtsmittel statt. Für den Schuldner Erinnerung (§ 766 Abs. 2 ZPO) gegen den Pfändungsbeschluss. § 930 Abs. 1 Satz 3 ZPO gilt auch hier.[11]

D. Kosten und Gebühren
Gerichtskosten richten sich nach Nr. 205 (Sachpfändung) bzw. Nr. 2111 (Forderungspfändung) KV-GKG, dies gilt auch, wenn Pfändungs- und Arrestbeschluss in einem ergehen.[12] Das Verfahren nach Abs. 3 ist gebührenfrei.

Rechtsanwaltsgebühren nach Nr. 3309 VV-RVG (§ 18 Abs. 1 Nr. 2 RVG), das Verfahren nach Abs. 3 löst keine weiteren Gebühren aus.[13]

§ 931
Vollziehung in ein eingetragenes Schiff oder Schiffsbauwerk

(1) Die Vollziehung des Arrestes in ein eingetragenes Schiff oder Schiffsbauwerk wird durch Pfändung nach den Vorschriften über die Pfändung beweglicher Sachen mit folgenden Abweichungen bewirkt.

(2) Die Pfändung begründet ein Pfandrecht an dem gepfändeten Schiff oder Schiffsbauwerk; das Pfandrecht gewährt dem Gläubiger im Verhältnis zu anderen Rechten dieselben Rechte wie eine Schiffshypothek.

(3) Die Pfändung wird auf Antrag des Gläubigers vom Arrestgericht als Vollstreckungsgericht angeordnet; das Gericht hat zugleich das Registergericht um die Eintragung einer Vormerkung zur Sicherung des Arrestpfandrechts in das Schiffsregister oder Schiffsbauregister zu ersuchen; die Vormerkung erlischt, wenn die Vollziehung des Arrestes unstatthaft wird.

(4) Der Gerichtsvollzieher hat bei der Vornahme der Pfändung das Schiff oder Schiffsbauwerk in Bewachung und Verwahrung zu nehmen.

(5) Ist zur Zeit der Arrestvollziehung die Zwangsversteigerung des Schiffes oder Schiffsbauwerks eingeleitet, so gilt die in diesem Verfahren erfolgte Beschlagnahme des Schiffes oder Schiffsbauwerks als erste Pfändung im Sinne des § 826; die Abschrift des Pfändungsprotokolls ist dem Vollstreckungsgericht einzureichen.

(6) ¹Das Arrestpfandrecht wird auf Antrag des Gläubigers in das Schiffsregister oder Schiffsbauregister eingetragen; der nach § 923 festgestellte Geldbetrag ist als der Höchstbetrag zu bezeichnen, für den das Schiff oder Schiffsbauwerk haftet. ²Im Übrigen gelten der § 867 Abs. 1 und 2 und der § 870a Abs. 3 entsprechend, soweit nicht vorstehend etwas anderes bestimmt ist.

---

8 MK-*Drescher*, ZPO, § 930 Rn. 9.
9 MK-*Drescher*, ZPO, § 930 Rn. 10 m.w.N.
10 MK-*Drescher*, ZPO, § 930 Rn. 11.
11 Jedoch ist das Vollstreckungsgericht für Erinnerungen des Schuldners gegen den Gerichtsvollzieher zuständig, Musielak/Voit-*Huber*, ZPO, § 930 Rn. 5.
12 Zöller-*Vollkommer*, ZPO, § 930 Rn. 9.
13 Zöller-*Vollkommer*, ZPO, § 930 Rn. 9.

(7) Die Vollziehung des Arrestes in ein eingetragenes Seeschiff ist unzulässig, wenn sich das Schiff auf der Reise befindet und nicht in einem Hafen liegt.

1 § 931 ZPO regelt die Arrestvollziehung in **eingetragene Schiffe, Schiffsbauwerke oder in eingetragene Luftfahrzeuge**. Dies geschieht, obwohl diese in der allgemeinen Zwangsvollstreckung den Grundstücken gleichgestellt sind, in der Arrestvollziehung mittel Pfändung durch den Gerichtsvollzieher. Eine Eintragung in das Schiffsregister ist nicht notwendig, kann aber zum Schutz vor gutgläubigem Erwerb geschehen.[1] Die Vorschrift ist praktisch nicht relevant.

§ 932
Arresthypothek

(1) [1]Die Vollziehung des Arrestes in ein Grundstück oder in eine Berechtigung, für welche die sich auf Grundstücke beziehenden Vorschriften gelten, erfolgt durch Eintragung einer Sicherungshypothek für die Forderung; der nach § 923 festgestellte Geldbetrag ist als der Höchstbetrag zu bezeichnen, für den das Grundstück oder die Berechtigung haftet. [2]Ein Anspruch nach § 1179a oder § 1179b des Bürgerlichen Gesetzbuchs steht dem Gläubiger oder im Grundbuch eingetragenen Gläubiger der Sicherungshypothek nicht zu.

(2) Im Übrigen gelten die Vorschriften des § 866 Abs. 3 Satz 1, des § 867 Abs. 1 und 2 und des § 868.

(3) Der Antrag auf Eintragung der Hypothek gilt im Sinne des § 929 Abs. 2, 3 als Vollziehung des Arrestbefehls.

Inhalt:

	Rn.		Rn.
A. Allgemeines.................	1	II. Wirkungen und Umwandlung in eine Zwangshypothek............	6
B. Erläuterungen................	2	C. Rechtsbehelfe.................	8
I. Voraussetzungen und Verfahren der Eintragung.................	2	D. Kosten und Gebühren............	9

A. Allgemeines

1 § 932 ZPO regelt die Vollziehung des dinglichen Arrests in ein Grundstück oder eine Berechtigung, für welche die sich auf Grundstücke beziehende Vorschriften gelten (§ 864 ZPO). Dies geschieht ausschließlich durch Eintragung einer **Sicherungshypothek**. Diese darf nur für einen Betrag über 750,00 € eingetragen werden (Abs. 2 i.V.m. § 866 Abs. 3 Satz 1 ZPO). Eine Verwertung ist ausgeschlossen. Bei Aufhebung des Arrestbefehls gilt wegen Abs. 2 § 868 ZPO, ohne dass eine Rechtskraft der aufhebenden Entscheidung notwendig wäre.[1]

B. Erläuterungen
I. Voraussetzungen und Verfahren der Eintragung

2 Die **Voraussetzungen** der Eintragung richten sich wegen Abs. 2 nach § 867 Abs. 1, 2 ZPO. Insbesondere ist deshalb ein Antrag des Arrestgläubigers aufgrund eines Arrestbefehls nötig, der als Ausfertigung beizufügen ist.[2] § 29 GBO ist nicht zu beachten.[3] Insofern wird auf die Ausführungen zu § 867 ZPO verwiesen. Der Höchstbetrag ist der nach § 923 ZPO festgestellte und damit nicht zwangsläufig die zugrundeliegende Forderung.

3 Sodann prüft das Grundbuchamt die allgemeinen Voraussetzungen, sowie die Vollstreckungsvoraussetzungen, insbesondere auch, ob die Frist des § 929 Abs. 2 ZPO eingehalten wurde.[4] Entscheidend ist hierbei der Eingang des Antrages.[5] Die Frist des § 929 Abs. 3 ZPO wird vom Grundbuchamt nicht geprüft, wenngleich die Vollziehung vor Zustellung grundsätzlich möglich ist.[6] Allerdings ist nach Ablauf der Frist das Grundbuch unrichtig und kann vom Eigentümer nach § 22 GBO, § 893 BGB berichtigt werden.

---

1 Zöller-*Vollkommer*, ZPO, § 931 Rn. 2.

Zu § 932:
1 BeckOK-*Mayer*, ZPO, § 932 Rn. 17.
2 BeckOK-*Mayer*, ZPO, § 932 Rn. 2.
3 MK-*Drescher*, ZPO, § 932 Rn. 3.
4 Siehe deshalb zur Doppelfunktion des Grundbuchamtes BeckOK-*Mayer*, ZPO, § 932 Rn. 2 m.w.N.
5 BGHZ 146, 361 = NJW 2001, 1134.
6 H.M., so z.B. BeckOK-*Mayer*, ZPO, § 932 Rn. 11.

Vollstreckungsrechtliche Mängel verhindern die Entstehung einer rangwahrenden Wirkung und verhindern die Entstehung einer Arresthypothek (dann § 22 GBO, § 893 BGB),[7] nach Ablauf der Frist des § 929 Abs. 2 ZPO ohne Nachbesserung wird der Antrag darüber hinaus zurückgewiesen.[8] Rein **grundbuchrechtliche Mängel** können mit einer Verfügung nach § 18 GBO rangwahrend nachgebessert werden. Hierfür gilt dann auch nicht die Frist des § 929 Abs. 2 ZPO.[9]

Mit Eintragung entsteht die Arresthypothek (§ 867 Abs. 1 Satz 2 ZPO). Dies ist insbesondere für ein eventuell späteres Insolvenzverfahren relevant.[10]

II. Wirkungen und Umwandlung in eine Zwangshypothek

Ist die Arresthypothek wirksam eingetragen und wird sie nicht wegen § 929 Abs. 2 ZPO rückwirkend unwirksam, steht der Arrestgläubiger grundsätzlich dem Vollstreckungsgläubiger gleich. Ein Recht auf Verwertung besteht nicht, sehr wohl aber das Recht aus § 1147 BGB.[11]

Erlangt der Arrestschuldner durch rechtskräftiges Urteil in der Hauptsache einen Vollstreckungstitel, so wandelt sich die Arresthypothek nicht automatisch in eine Zwangshypothek um. Vielmehr ist nach §§ 866, 1186 BGB Umschreibung beim Grundbuchamt zu beantragen.[12] Der Rang richtet sich allerdings nach dem Entstehen der Arresthypothek.[13]

C. Rechtsbehelfe

Dem Gläubiger steht Erinnerung nach § 71 Abs. 1 GBO bei Zurückweisung zu. Für den Schuldner eröffnet sich die Möglichkeit des § 71 Abs. 2 GBO.

D. Kosten und Gebühren

Gerichtskosten entsprechen denen des § 867 ZPO. Für den Rechtsanwalt werden bei einem Antrag nach Abs. 3 Gebühren nach Nr. 3309 VV-RVG (§ 18 Abs. 1 Nr. 2 RVG) fällig.

§ 933
Vollziehung des persönlichen Arrestes

¹**Die Vollziehung des persönlichen Sicherheitsarrestes richtet sich, wenn sie durch Haft erfolgt, nach den Vorschriften der §§ 802g, 802h und 802j Abs. 1 und 2 und, wenn sie durch sonstige Beschränkung der persönlichen Freiheit erfolgt, nach den vom Arrestgericht zu treffenden besonderen Anordnungen, für welche die Beschränkungen der Haft maßgebend sind.**
²**In den Haftbefehl ist der nach § 923 festgestellte Geldbetrag aufzunehmen.**

§ 933 ZPO regelt die Vollziehung des persönlichen Arrests. Diese erfolgt durch freiheitsbeschränkende Maßnahmen im Ermessen des Amtsgerichts begrenzt durch das Prinzip der Verhältnismäßigkeit (häufig Beschlagnahmung von Ausweispapieren oder Meldepflicht). Dies wird in der Praxis immer bereits dem Arrestbefehl zu entnehmen sein. Die Vollziehung geschieht dann aufgrund der Mitteilung des Gläubigers an den Gerichtsvollzieher, der den nötigen Geldbetrag vorzuschießen hat (§ 934 Abs. 2 ZPO).

Für den Arrest durch **Haft**, der nur in den seltensten Fällen verhältnismäßig sein dürfte, ist nach den §§ 802g, 802h und 802j Abs. 1 und 2 ZPO zu verfahren. Zusätzlich ist im Haftbefehl die Lösungssumme (§ 923 ZPO) aufzunehmen. Die Verhaftung erfolgt durch den Gerichtsvollzieher. Für **andere Maßnahmen** ordnet das Arrestgericht die entsprechenden Anordnungen an.

Der Gläubiger kann die Art der Vollziehung nicht angreifen, der Schuldner nur, indem er den gesamten Arrestbefehl mit Widerspruch oder Berufung angreift, Maßnahmen des Gerichtsvollziehers unterliegen der Erinnerung (§ 766 ZPO), entscheidet der Richter, gilt § 793 ZPO.¹

Haftkosten sind nach Nr. 9010 KV-GKG zu ersetzen. Der Rechtsvollzieher macht für eine Verhaftung Kosten nach Nr. 270 KV-GvKostG (39,00 €) geltend.

---

7 BayObLG, Rpfleger 1993, 397.
8 MK-*Drescher*, ZPO, § 932 Rn. 4.
9 MK-*Drescher*, ZPO, § 932 Rn. 4 m.w.N.
10 Siehe hierzu Musielak/Voit-*Huber*, ZPO, § 932 Rn. 4.
11 BGH, NJW 1997, 3230 (3233) = MDR 1997, 777 (781).
12 BGH, NJW 1997, 3230 (3233) = MDR 1997, 777 (781).
13 Vgl. MK-*Drescher*, ZPO, § 932 Rn. 13.

Zu § 933:
1 Siehe für die Rechtsbehelfe Musielak/Voit-*Huber*, ZPO, § 933 Rn. 3.

§ 934
Aufhebung der Arrestvollziehung

(1) Wird der in dem Arrestbefehl festgestellte Geldbetrag hinterlegt, so wird der vollzogene Arrest von dem Vollstreckungsgericht aufgehoben.

(2) Das Vollstreckungsgericht kann die Aufhebung des Arrestes auch anordnen, wenn die Fortdauer besondere Aufwendungen erfordert und die Partei, auf deren Gesuch der Arrest verhängt wurde, den nötigen Geldbetrag nicht vorschießt.

(3) Die in diesem Paragraphen erwähnten Entscheidungen ergehen durch Beschluss.

(4) Gegen den Beschluss, durch der Arrest aufgehoben wird, findet sofortige Beschwerde statt.

Inhalt:

	Rn.		Rn.
A. Allgemeines	1	II. Verfahren	3
B. Erläuterungen	2	C. Rechtsbehelfe, Kosten und	
I. Voraussetzungen	2	Gebühren	6

A. Allgemeines

1 Während die §§ 924–927 ZPO die Aufhebung einer Arrestanordnung regeln, regelt § 934 ZPO die **Aufhebung eines bereits vollzogenen Arrests**. Eine Aufhebung nach § 934 ZPO beseitigt deshalb auch nicht den Arrestbefehl,[1] sondern lediglich die zur Durchsetzung ergriffenen Maßnahmen. Deshalb sind neben der Aufhebung nach § 934 ZPO auch Anträge, die die Aufhebung des Arrestbefehls zum Ziel haben, zulässig. Eine Aufhebung nach § 934 ZPO ist in zwei Konstellationen (Abs. 1 und 2) denkbar.

B. Erläuterungen
I. Voraussetzungen

2 Nach Abs. 1 wird die Arrestvollziehung aufgehoben, wenn der im Arrestbefehl festgestellte Geldbetrag durch den Schuldner oder einen Dritten hinterlegt wird (§ 923 ZPO) oder wenn der Arrestgläubiger auf andere Weise gesichert ist.[2] Nach Abs. 2 kann das Vollstreckungsgericht den Arrest aufheben, wenn dieser besondere Aufwendungen erfordert (dies sind insbesondere Lager- und Futterkosten)[3] und der Arrestgläubiger diesen Betrag nicht vorschießt.

II. Verfahren

3 Ausschließlich (§ 802 ZPO) zuständig für die Aufhebung ist das nach § 764 ZPO zuständige Vollstreckungsgericht, bei Pfändung einer Forderung das Arrestgericht (wegen § 930 Abs. 1 Satz 3 ZPO). Im Falle der Aufhebung nach Abs. 1 entscheidet der Rechtspfleger (§ 20 Nr. 15 RPflG), im Falle des Abs. 2 der Richter.[4] Anwaltszwang besteht nicht.[5]

4 Die Aufhebung nach Abs. 2 ergeht von Amts wegen. Stritt ist, ob die Aufhebung nach Abs. 1 ebenso **von Amts wegen oder nur auf Antrag** des Schuldners erfolgt.[6] Jedoch ist es für beide Absätze zu empfehlen, einen entsprechenden Antrag an das Gericht zu stellen oder zu Protokoll zu erklären.

Es wird beantragt:

Die Vollziehung des durch Arrestbefehl vom [Datum] des [Gericht] angeordneten persönlichen/dinglichen Arrests gegen [Schuldner; genaue Bezeichnung] wird gemäß § 934 Abs. 1 bzw. 2 ZPO aufgehoben.

5 Die Entscheidung ergeht durch begründeten Beschluss (Abs. 3; § 329 ZPO), welcher dem Schuldner formlos zugestellt wird (§ 329 Abs. 1 Satz 1 ZPO), dem Gläubiger aber förmlich zuzustellen ist (§ 329 Abs. 3 ZPO). Mündliche Verhandlung ist freigestellt.

---

1 H.M., vgl. bereits RGZ 15, 405 (409).
2 MK-*Drescher*, ZPO, § 934 Rn. 2.
3 Zöller-*Vollkommer*, ZPO, § 935 Rn. 1.
4 Zöller-*Vollkommer*, ZPO, § 935 Rn. 1.
5 MK-*Drescher*, ZPO, § 934 Rn. 3.
6 Für eine Antragsbefugnis bei grundsätzlicher Entscheidung von Amts wegen Zöller-*Vollkommer*, ZPO, § 935 Rn. 1; für einen zwingenden Antrag z.B. Baumbach/Lauterbach/Albers/Hartmann, ZPO, § 934 Rn. 4.

C. Rechtsbehelfe, Kosten und Gebühren

Rechtsbehelf für den Schuldner ist die sofortige Beschwerde nach § 567 ZPO (i.V.m. § 11 Abs. 1 RPflG), für den Gläubiger nach Abs. 4 (i.V.m. § 11 Abs. 1 RPflG) ebenso sofortige Beschwerde.[7]

Gerichtskosten entstehen für die Entscheidung nach Abs. 1 und 2 nicht, für den Rechtsanwalt Vergütung nach Nr. 3309 f. VV-RVG, jedoch nur wenn er erstmalig tätig wird (§ 19 Abs. 2 Nr. 6 RVG).

§ 935
Einstweilige Verfügung bezüglich Streitgegenstand

Einstweilige Verfügungen in Bezug auf den Streitgegenstand sind zulässig, wenn zu besorgen ist, dass durch eine Veränderung des bestehenden Zustandes die Verwirklichung des Rechts einer Partei vereitelt oder wesentlich erschwert werden könnte.

Inhalt:

	Rn.		Rn.
A. Allgemeines	1	II. Typische Anwendungsfälle	12
B. Erläuterungen	4	C. Rechtsbehelfe	24
I. Anordnungsverfahren	7		

A. Allgemeines

§ 935 ZPO regelt den Erlass einer einstweiligen Verfügung, die neben dem Arrestverfahren die zweite Art des einstweiligen Rechtsschutzes darstellt. Ihr Verfahren ist weitestgehend dem des Arrestverfahrens nachempfunden (siehe § 936 ZPO), unterschiedlich ist jedoch der Zweck: Während der Arrest der Sicherung von Geldforderungen dient (siehe § 916 ZPO), werden durch einstweilige Verfügungen Ansprüche auf **Individualleistungen** durch eine vorläufige Regelung abgesichert. Notwendig für den Erlass ist gleich dem Arrest ein hierauf gerichteter Antrag, ein Verfügungsanspruch und ein Verfügungsgrund.

Ob scharf zwischen Sicherungs-, Regelungs- und Leistungsverfügung zu unterscheiden ist, mithin ob § 940 ZPO eine eigene Anspruchsgrundlage darstellt, oder nur ein Unterfall von § 935 ZPO darstellt ist strittig, in der Praxis jedoch irrelevant (siehe hierzu auch § 940 Rn. 1).[1] Ausreichend ist, dass der Antragsteller, die begehrte Verfügung eindeutig benennt und damit klarmacht, welche Sicherung, Regelung oder Leistung er einstweilen begehrt.[2]

Nicht möglich sind einstweilige Verfügungen, wenn das Gesetz nur den Erlass einstweiliger Anordnungen vorsieht. Das ist insbesondere im Familienrecht und in der freiwilligen Gerichtsbarkeit nach dem FamFG der Fall.[3] Gleiches gilt für die einstweilige Einstellung der Zwangsvollstreckung nach der ZPO.

B. Erläuterungen

Ein Anspruch auf Erlass einer einstweiligen Verfügung setzt zuallererst einen sicherbaren **Anspruch** voraus, der in einer Individualleistung besteht (siehe Rn. 1). § 935 ZPO findet deshalb Anwendung bei Ansprüchen auf eine **Handlung, Duldung oder Unterlassung**.[4] Der Anspruch kann jedoch auch betagt, befristet oder bedingt sein und muss noch nicht fällig sein. Ausreichend ist insoweit, dass eine Klage, insbesondere eine Feststellungsklage, diesbezüglich möglich ist.[5]

Weiter muss ein **Verfügungsgrund** vorliegen.[6] Dieser wird durch § 935 ZPO definiert und liegt dann vor, wenn eine Veränderung des bestehenden Zustandes die Verwirklichung des Rechts einer Partei vereitelt oder wesentlich erschwert werden könnte. Typische Fälle sind die drohende dauerhafte Entziehung eines Gegenstandes, dessen Herausgabe geschuldet ist oder die drohende (wiederholte) Vornahme von Handlungen, gegen die ein Unterlassungsanspruch besteht.

Verfügungsanspruch und -grund müssen dargelegt und geltend gemacht werden.

---

7 MK-*Drescher*, ZPO, § 934 Rn. 3.

Zu § 935:
1 Den Streit darstellend: MK-*Drescher*, ZPO, § 935 Rn. 3 ff.
2 Zöller-*Vollkommer*, ZPO, § 935 Rn. 2.
3 Zöller-*Vollkommer*, ZPO, § 935 Rn. 3.
4 Ausführlich Berger-*Boemke*, Einstweiliger Rechtsschutz im Zivilrecht, Kap. 5 Rn. 2 ff.
5 Saenger-*Kemper*, ZPO, § 935 Rn. 12.
6 Berger-*Boemke*, Einstweiliger Rechtsschutz im Zivilrecht, Kap. 3 Rn. 33 ff.

I. Anordnungsverfahren

7 Für das Verfahren bezüglich einer einstweiligen Verfügung sind nach § 936 ZPO die Arrestvorschriften grundsätzlich entsprechend anzuwenden, Abweichungen finden sich in den §§ 937–945 ZPO. Insofern ist zuallererst ein **Antrag** des Antragstellers beim nach § 937 ZPO zuständigen Gericht notwendig, der Antragsgegner und Streitgegenstand individualisierbar genau bezeichnet[7] und den begehrten Inhalt der Verfügung dermaßen umschreibt, dass eine Handlung danach oder eine Unterlassung hiervon real möglich ist,[8] umschreibt:

> Es wird im Wege der einstweiligen Verfügung beantragt (evtl. ohne mündliche Verhandlung):
>
> Dem [Antragsgegner] wird unter Androhung eines vom Gericht festzusetzenden Ordnungsgeldes ersatzweise Ordnungshaft (in den Fällen, in denen eine Unterlassung oder Duldung angeordnet wird) aufgegeben, bis zur Entscheidung in der Hauptsache [genaue Beschreibung der begehrten Handlung/Unterlassung] zu tun/unterlassen.

Sodann sind Verfügungsanspruch und -grund darzulegen.

8 **Begehrte Entscheidung** kann bei einer Sicherungsverfügung die Herausgabe an einen Gerichtsvollzieher, bei einer Regelungsverfügung die vorläufige Regelung, Beschränkung oder Untersagung einer Kompetenz, Handlung oder Äußerung, bei einer Leistungsverfügung die zu bewirkende Leistung bis zu einer bestimmten Höhe oder bis zu einem bestimmten Zeitablauf sein.[9] Die Art der einstweiligen Verfügung ist dabei für das Verfahren irrelevant und sollte auch nicht erörtert werden. Der Streit ist rein wissenschaftlicher Art, hilft allerdings bei der Bestimmung der begehrten Entscheidung. Wegen § 938 ZPO wäre es allerdings auch ausreichend, lediglich das Rechtsschutzziel genau zu bezeichnen, da das Gericht aufgrund dieser Vorschrift, die Maßnahmen selbst bestimmen kann.[10]

9 Das Gericht entscheidet grundsätzlich nach mündlicher Verhandlung, von der aber nach § 937 ZPO abgesehen werden kann (siehe hierzu die entsprechenden Ausführungen zu § 937 ZPO). Ansonsten gilt bezüglich dem Verfahren das zu §§ 921 ff. ZPO Gesagte.

10 Strittig ist sowohl in Literatur als auch Rechtsprechung, ob der Antragsgegner in der mündlichen Verhandlung einen **Widerverfügungsantrag** nach § 33 ZPO analog stellen darf.[11] Die Rechtsprechung ist hierin noch immer uneinig. Deshalb sollte der Antragsteller, wenn er einen eigenen Widerverfügungsantrag stellen will, diesen in einem eigenen Verfahren stellen und sodann beantragen, beide Verfahren nach § 147 ZPO zu verbinden.[12]

11 Entscheidungen über Kosten, Sicherheitsanordnungen und die Streitwertbestimmung entsprechen denen des Arrestverfahrens. Gleiches gilt für die Rechtsbehelfe (§§ 924–927 ZPO).[13]

II. Typische Anwendungsfälle

12 In der Praxis haben sich typische Anwendungsbeispiele von einstweiligen Verfügungen herausgebildet.[14]

13 – **Auskunftsansprüche**, wohingegen aufgrund der Endgültigkeit nach entsprechender Auskunftserteilung und damit einer Vorwegnahme der Hauptsache strenge Anforderungen, v. a. an den Verfügungsgrund und dessen Glaubhaftmachung zu stellen sind.

14 – **Herausgabeansprüche** (insbesondere §§ 985, 812, 863, 667 BGB), die darauf gerichtet sind, die Sache an den Anspruchsteller herauszugeben. Als Verfügungsgrund kommt die Gefährdung der Sache (unzureichende Sorgfalt des unmittelbaren Besitzers) oder Existenzgefährdung des Anspruchstellers (z.B. bei Herausgabe von Arbeitsmitteln) in Betracht.

---

7 So reicht bei Personenmehrheiten die Bezeichnung der Gruppe, eine Nennung aller Personen insbesondere beim Namen ist nicht notwendig, soweit sich die Antragsgegner zumindest insofern identifizieren lassen, dass eine Vollziehung und eine Zustellung gegen sie möglich ist, siehe hierzu zum oft zitierten Problem der Hausbesetzung OLG Köln, NJW 1982, 1888.
8 Vgl. OLG Düsseldorf, MDR 1986, 328.
9 Musielak/Voit-*Huber*, ZPO, § 935 Rn. 8.
10 BeckOK-*Mayer*, ZPO, § 938 Rn. 2.
11 Bejahend: OLG Celle, NJW 1959, 1833; verneinend: OLG Frankfurt a.M., GRUR-RR 2012, 88.
12 So *Dötsch*, MDR 2012, 623 (624).
13 Musielak/Voit-*Huber*, ZPO, § 935 Rn. 9.
14 Vgl. ausführliche Darstellung, insbesondere mit dogmatischer Begründung auch bei MK-*Drescher*, ZPO, § 935 Rn. 25 ff., m.w.N. sowie, hieraus auch exemplarisch die im Folgenden bei Rn. 12 aufgeführten Beispiele, Berger-*Boemke*, Einstweiliger Rechtsschutz im Zivilrecht, Kap. 5 Rn. 60 ff., dort auch mit Mustern, Kap. 5 Rn. 246, z.B. Untersagung der Zahlung auf eine Garantie; Sicherung des Anspruchs auf Räumung einer Bauhandwerkersicherungshypothek; Herausgabe nach verbotener Eigenmacht; Belieferung des Mieters mit Wasser; Abwehr eines Vereinsausschlusses; Unterlassung wettbewerbswidrigen Verhaltens; Anspruch auf Abdruck einer Gegendarstellung; Unterlassung der Verwendung unwirksamer AGB.

- **Mietrechtliche Ansprüche**
  - **Beseitigungsansprüche**, also tatsächliche Beseitigungen, z.B. gesundheitsgefährdender Zustände. Der Verfügungsgrund wird – je nach Intensität des gesundheitsgefährdenden Zustands (hier Einzelfallabwägung) – regelmäßig zu bejahen sein, da das Interesse des Beeinträchtigten schon wegen Art. 2 Abs. 2 GG besonderes Gewicht hat. Die Beseitigung rechtlicher Verhältnisse (z.B. Doppelvermietung), kann regelmäßig nicht im Wege der einstweiligen Verfügung beansprucht werde, hingegen aber kann der Überlassungsanspruch der Mietsache durch Untersagung weiterer Mietvertragsabschlüsse über dieselbe Mietsache gesichert werden.
  - **Kautionsinanspruchnahme** durch den Vermieter, wenn diese unberechtigt ist, kann mit der einstweiligen Verfügung geltend gemacht werden, da nicht die Zahlungsansprüche, sondern das Fehlverhalten des Vermieters abgewehrt werden soll,[15] sodass sich der begehrte Unterlassungsanspruch auf die unberechtigte Inanspruchnahme der Kaution gerichtet ist. Der Verfügungsgrund liegt regelmäßig aufgrund der Unmöglichkeit, im Hauptsacheverfahren seine Rechte durchzusetzen, vor. Die Interessen des Vermieters können zumeist nicht überwiegen, da im Falle der Nichtinanspruchnahme der Kaution die Sicherheit (Kaution) bleibt. Hingegen kommen Fallkonstellationen in Betracht, in denen der Vermieter z.B. auf die Finanzierung einer Neurenovierung und damit Inanspruchnahme der Kaution zwecks existentieller Nachvermietung angewiesen ist. In diesem Fall kann das Vermieterinteresse überwiegen, wenn glaubhaft gemacht ist, dass die Wohnung im übergebenen Zustand nicht weitervermietet werden kann und keine anderen – zumutbaren – finanziellen Möglichkeiten bestehen (unzumutbar z.B. Aufnahme eines Darlehens).
  - **Miete** kann in der Regel nicht im Wege der einstweiligen Verfügung beansprucht werden. Ausnahmsweise aber dann, wenn der Vermieter auf die Mietzahlungen dringend angewiesen ist. Ist das nicht der Fall, bleibt dem Vermieter bei Gefährdung nur die Möglichkeit den Anspruch durch Arrest zu sichern.
  - **Unterlassung rechtswidrigen Gebrauchs** kann unter den materiell-rechtlichen Voraussetzungen des § 541 BGB – nach Abmahnung, die zum Zeitpunkt der gerichtlichen Entscheidung vorliegen muss (also im Falle ohne mündliche Verhandlung zum Zeitpunkt der Antragstellung) – auch mit einstweiliger Verfügung durchgesetzt werden.
  - **Vermieterpfandrecht**, kann unter den materiell-rechtlichen Voraussetzungen des § 562 BGB (nach Entfernung der Gegenstände auf der Grundlage der §§ 1257, 1227, 1004 BGB, da das Vermieterpfandrecht sodann erlischt, § 562a BGB) mit einstweiliger Verfügung beansprucht werden. Eine Interessenabwägung ist vorzunehmen, die wegen des ohnehin gesetzlich zustehenden Selbsthilferechts (§ 562b Abs. 1 Satz 1 BGB) aber regelmäßig zu Gunsten des Vermieters ausgehen wird. Ein Verfügungsgrund liegt dann vor, wenn erste Anhaltspunkte für ein Wegschaffen vorliegen. Der Vermieter muss nicht abwarten, bis die Gegenstände, die dem Vermieterpfandrecht unterliegen bereits weggeschafft sind.
  - **Wiederherstellung/Erhaltung von Versorgungsleistungen** wie Wasser und Wärme. Der Verfügungsgrund ergibt sich regelmäßig spätestens ab dem Zeitpunkt, zu dem die Versorgungsunternehmen die Einstellung der Versorgung angekündigt haben.
  - **Zutrittsrechte** können beispielsweise bei Gemeinschaftsanlagen beansprucht werden. Bei gewährtem und später verwehrtem Zutritt, liegt verbotene Eigenmacht vor; bei Mitbesitz des Vermieters muss aber § 866 BGB beachtet werden.
  - **Persönlichkeitsrechte** (Art. 1, 2 GG) sind der Schutzmöglichkeit einstweiliger Verfügung zugänglich, z.B. ehrverletzende Meinungs- und Tatsachenäußerungen oder die Verwendung von Namens- und Bildrechten. Eine umfassende Interessenabwägung ist vorzunehmen. Gleichzeitig kann die Verletzung von Persönlichkeitsrechten auch zu Unterlassungsansprüchen (Untersagung einer Veröffentlichung in einem Zeitschriftenbeitrag) und Gegendarstellungen (vgl. hierzu auch die Landespressegesetze) führen, die jeweils durch einstweilige Verfügung begehrt werden können. Bei Presseveröffentlichungen gelten keine Besonderheiten, wenngleich hierdurch ein gravierender Eingriff in die Persönlichkeitsrechte besteht, da mit einer Drucklegung in der öffentlichen Meinung zumeist ein Wahrheitsgehalt verbunden ist. Vor diesem Hintergrund kann auch der Widerruf einer Veröffentlichung gefordert werden, wenn dem Rechtsschutzbedürfnis eines solchen Begehrens im Einzelfall nicht eine mögliche Gegendarstellung entgegensteht.
  - **Unterlassungsansprüche** sind generell mittels einstweiliger Verfügung durchsetzbar. Eine Erstbegehungsgefahr, also ohne vorangegangene Verletzung eines Rechts, steht der Wiederholungsgefahr gleich, muss aber im konkreten Einzelfall stets substantiiert mit objektiv greifbaren Umständen (z.B. Vorbereitungshandlungen haben begonnen; Äußerung, jederzeit

---

15 Vgl. LG Wuppertal, NJW-RR 2004, 1309 (1310).

eine Handlung vornehmen zu können) dargelegt und glaubhaft gemacht werden. Im Falle einer bereits erfolgten Verletzung gegen z.B. Persönlichkeitsrechte oder wettbewerbsrechtlichen Handlungen wird eine Wiederholungsgefahr vermutet. Im Rahmen der erforderlichen Glaubhaftmachung sind vergangene Verletzungen darzulegen und glaubhaft zu machen.

C. Rechtsbehelfe

24 Die Rechtsbehelfe gegen eine einstweilige Verfügung entsprechen wegen § 936 ZPO grundsätzlich denen des Arrestverfahrens (siehe insofern die Ausführungen zu § 924 ZPO). Damit kommt in Frage: Widerspruch nach § 924 ZPO oder Berufung nach § 511 ZPO, soweit durch mündliche Verhandlung entschieden wurde. Ebenso steht § 927 ZPO zur Verfügung.

25 In der Praxis wird teilweise auch von einer sogenannten **Abschlusserklärung** Gebrauch gemacht. Darin kann der Schuldner die durch die einstweilige Verfügung geschaffene Regelung als endgültig anerkennen. Zusätzlich muss auf eventuelle Rechtsbehelfe verzichtet werden.

§ 936
Anwendung der Arrestvorschriften

Auf die Anordnung einstweiliger Verfügungen und das weitere Verfahren sind die Vorschriften über die Anordnung von Arresten und über das Arrestverfahren entsprechend anzuwenden, soweit nicht die nachfolgenden Paragraphen abweichende Vorschriften enthalten.

Inhalt:

	Rn.		Rn.
A. Allgemeines	1	C. Nicht anwendbare Vorschriften	3
B. Anwendbare Vorschriften	2		

A. Allgemeines

1 § 936 ZPO regelt, dass im Verfahren über die Anordnung einstweiliger Verfügungen (§ 935 ZPO) und deren Vollzug die Vorschriften über das Arrestverfahren und dessen Vollzug entsprechende Anwendung finden, soweit nicht in den §§ 935, 937–942 ZPO abweichende Vorschriften statuieren.

B. Anwendbare Vorschriften

2 Damit sind insbesondere auch im Verfahren über Anordnung und Vollzug von einstweiligen Verfügungen **anwendbar**: §§ 916 Abs. 2, 920, 921 Satz 2, 922, 924–928, 929 Abs. 1, 2, 3, 930 Abs. 3, 931 Abs. 3, 4, 932 Abs. 3, 933 ZPO.[1]

C. Nicht anwendbare Vorschriften

3 **Nicht anwendbar** sind (zumeist) hingegen: §§ 916 Abs. 1 (wegen §§ 935, 940), 917 Abs. 1 (wegen §§ 935, 940),[2] 918 (wegen §§ 935, 940, 938), 919 (wegen §§ 937, 942), 921 Satz 1, 923 (wegen § 939), 930 Abs. 1, 2, 932 Abs. 1, 2, 934 (wegen § 939) ZPO.[3]

§ 937
Zuständiges Gericht

(1) Für den Erlass einstweiliger Verfügungen ist das Gericht der Hauptsache zuständig.

(2) Die Entscheidung kann in dringenden Fällen sowie dann, wenn der Antrag auf Erlass einer einstweiligen Verfügung zurückzuweisen ist, ohne mündliche Verhandlung ergehen.

Inhalt:

	Rn.		Rn.
A. Allgemeines	1	II. Mündliche Verhandlung	4
B. Erläuterungen	2	C. Rechtsbehelfe	9
I. Zuständigkeit des Hauptsachegerichts	2		

---

1 Zöller-*Vollkommer*, ZPO, § 836 Rn. 2; BeckOK-*Mayer*, ZPO, § 936 Rn. 24; speziell für § 929 Abs. 2 ZPO siehe BeckOK-*Mayer*, ZPO, § 936 Rn. 24.
2 Str. für Abs. 2.
3 Siehe hierzu auch die umfangreiche Übersicht auch m.w.N. in BeckOK-*Mayer*, ZPO, § 936 Rn. 24.

A. Allgemeines

§ 937 Abs. 1 ZPO statuiert für das Verfahren über eine einstweilige Anordnung einen zu § 919 ZPO abweichenden Gerichtsstand, welcher ausschließlich ist (§ 802 ZPO), Abs. 2 regelt abweichend zu § 922 Abs. 1 Satz 1 ZPO die Beschlussfassung des Gerichts. *1*

B. Erläuterungen
I. Zuständigkeit des Hauptsachegerichts

Nach Abs. 1 ist für die Anordnung oder die Ablehnung einer einstweiligen Verfügung das **Hauptsachegericht zuständig**, also das Gericht, das mit dem zugrundeliegenden Rechtsverhältnis befasst ist (zur Problematik noch nicht anhängiger Hauptsachen, siehe § 919 Rn. 3; für die internationale Zuständigkeit siehe § 919 Rn. 3). Dies ist jedoch nicht das Gericht einer negativen Feststellungsklage.[1] Davon abweichend kann allerdings, soweit die Voraussetzungen des § 942 ZPO vorliegen, das Amtsgericht der belegenen Sache zuständig sein. Zu beachten ist auch der abweichende Gerichtsstand nach §§ 12, 14 UWG.[2] *2*

Im Falle der Durchsetzung der Zahlung des Prozesskostenvorschusses im Rahmen einer Unterhaltsklage ist mittlerweile unbestritten das Familiengericht zuständig.[3] *3*

II. Mündliche Verhandlung

Aus Abs. 2 ergibt sich, dass für das Anordnungsverfahren einer einstweiligen Verfügung die **mündliche Verhandlung** der gesetzliche Regelfall ist. Dies ist allerdings nicht der Fall, soweit es sich um einen dringenden Fall handelt oder der Antrag zurückgewiesen wird. *4*

Ein **dringender Fall**, der vom Antragssteller glaubhaft zu machen ist (§ 294 ZPO),[4] liegt vor, soweit das Abwarten eines selbst eiligst anberaumten Termins, den Zweck der einstweiligen Anordnung als Eilrechtsschutz gefährden würde. Für ein „Anordnungsgesuch nur für den Fall einer Entscheidung ohne mündliche Verhandlung" siehe § 921 Rn. 7. Liegt ein dringender Fall vor, muss das Gericht auf die mündliche Verhandlung verzichten, dem Gegner ist allerdings, soweit dies den Zweck nicht gefährdet, die Möglichkeit einer anderweiten Stellungnahme zu geben.[5] *5*

Ebenso kann die Entscheidung ohne mündliche Verhandlung fallen, wenn der Antrag zurückzuweisen ist, also bei **Unzulässigkeit oder Unbegründetheit**. In einem solchen Fall kann das Gericht jedoch ebenso eine mündliche Verhandlung anberaumen, um z.B. die Möglichkeit der Nachbesserung zu geben.[6] *6*

Im Bereich des § 937 ZPO ist es insbesondere in Wettbewerbssachen denkbar, allerdings auch in anderen Verfahren mittlerweile üblich, eine sogenannte **Schutzschrift** beim Gericht einzureichen. Diese wird vorbeugend, also vor dem Antrag des Gläubigers, beim zuständigen Gericht eingereicht. Diese hat zwei Funktionen: Zum einen soll sie Tatsachen vortragen, die verhindern, dass ein dringender Fall i.S.d. Abs. 2 angenommen wird, zum anderen sollen für den Fall, dass dennoch keine mündliche Verhandlung anberaumt wird, bereits die Tatsachen vorgetragen werden, die auf eine Ablehnung des Antrages gerichtet sind. Dieses vorbeugende Verteidigungsmittel ist mittlerweile in § 945a ZPO geregelt und deshalb unfraglich zulässig. *7*

Die Entscheidung, ob ein mündlicher Termin anberaumt wird, ist unanfechtbar.[7] *8*

C. Rechtsbehelfe

Wird ein Antrag gemäß Abs. 2 ohne mündliche Verhandlung zurückgewiesen, steht dem Gläubiger die sofortige Beschwerde nach § 567 Abs. 1 Nr. 2 ZPO offen. Wird dem Antrag nach mündlicher Verhandlung stattgegeben, ist Widerspruch nach §§ 936, 924 ZPO möglich. Dabei liegt eine mündliche Verhandlung auch dann nicht vor, wenn den Parteien, die Möglichkeit einer schriftlichen Stellungnahme gegeben wurde.[8] Gegen Entscheidungen nach mündlicher Verhandlung Berufung nach den allgemeinen Voraussetzungen. *9*

---

1 Höchst strittig, insofern ist aber die geänderte Rechtsprechung zu beachten: OLG Frankfurt a.M., GRUR-RR 2014, 117 = MarkenR 2014, 40; OLG Köln, NJW-RR 2012, 818 (819) = MDR 2012, 1054.
2 BeckOK-*Mayer*, ZPO, § 937 Rn. 3.
3 Musielak/Voit-*Huber*, ZPO, § 937 Rn. 3.
4 Musielak/Voit-*Huber*, ZPO, § 937 Rn. 4.
5 MK-*Drescher*, ZPO, § 937 Rn. 5.
6 Notwendig ist insofern eine ordnungsgemäße Ermessensausübung, KG Berlin, GRUR 1991; 944 (946) = MDR 1991, 1151 (1154).
7 Baumbach/Lauterbach/Albers/Hartmann, ZPO, § 937 Rn. 9.
8 Zöller-*Vollkommer*, ZPO, § 937 Rn. 4.

§ 938
Inhalt der einstweiligen Verfügung

(1) Das Gericht bestimmt nach freiem Ermessen, welche Anordnungen zur Erreichung des Zweckes erforderlich sind.

(2) Die einstweilige Verfügung kann auch in einer Sequestration sowie darin bestehen, dass dem Gegner eine Handlung geboten oder verboten, insbesondere die Veräußerung, Belastung oder Verpfändung eines Grundstücks oder eines eingetragenen Schiffes oder Schiffsbauwerks untersagt wird.

Inhalt:

	Rn.		Rn.
A. Allgemeines	1	C. Rechtsbehelfe, Kosten	6
B. Mögliche Maßnahmen	5		

A. Allgemeines

1 Die Norm bestimmt, dass im Verfahren über die einstweilige Verfügung, im Gegensatz zum Arrest, der nur zwei Sicherungsmittel kennt, das Gericht **nach freiem Ermessen** bestimmen kann, welche Anordnung es anordnet. Damit wird nicht der Grundsatz des § 308 Abs. 1 ZPO durchbrochen: Wird durch den Antragsteller eine bestimmte Maßnahme begehrt, darf das Gericht darüber nicht hinausgehen, jedoch dahinter zurückbleiben (z.B. bezüglich der Höhe des Ordnungsgelds).[1] Auch kann das Gericht eine gleichwertige Maßnahme (die also demselben Zweck dient) anordnen.[2]

2 Die Entscheidung nach freiem Ermessen gilt **für alle Arten der einstweiligen Verfügung**; die Unterscheidung ist in der Praxis sowieso hinfällig (siehe § 935 Rn. 2).

3 Neben dem Rahmen, den der Antrag des Antragstellers vorgibt, ist das Gericht in der Ermessensausübung auch dadurch gebunden, dass die Verfügung zur Erreichung des einstweiligen Sicherungszweckes **erforderlich** sein muss. Sie darf dem Antragsteller deshalb insbesondere nicht mehr zusprechen, als ihm durch ein Obsiegen in der Hauptsache zustehen würde.

4 Weiter darf die einstweilige Verfügung die Entscheidung in der **Hauptsache** nicht vorwegnehmen. Deshalb muss sie entweder zeitlich befristet oder rückgängig machbar sein. Nur in Ausnahmefällen ist eine (partielle) **Befriedigung** in Form der sogenannten **Leistungsverfügung** möglich, wenn die reine Sicherung für den Antragsteller nicht ausreicht, weil er auf die Leistung aufgrund einer drohenden Existenznot angewiesen ist.[3] Dies war früher insbesondere in Unterhaltskonstellationen der Fall; für diese gelten aber mittlerweile die §§ 246 ff. FamFG. Dennoch ist diese Rechtsfigur auf andere (insbesondere widerkehrende) Geldleistungen anwendbar, die der Antragsteller zu seiner Lebensführung dringend benötigt.[4] Die Leistung ist jedoch bezüglich Höhe und Laufzeit auf das notwendige Maß zu reduzieren.[5] Neben Ansprüchen auf Geldleistungen können auch existenziell benötigte Ansprüche (z.B. Wasserbelieferung) oder andere Ansprüche als Leistungsverfügung durchgesetzt werden.[6] Auskunftsansprüche können ebenso nur unter dieser Voraussetzung angeordnet werden, es sei denn, es handelt sich lediglich um einen reinen Nebenanspruch.[7]

B. Mögliche Maßnahmen

5 Abs. 2 nennt mögliche („auch") typische Aussprachen von einstweiligen Verfügungen. Diese sind insofern:
- Sequestration, also eine bis zur Entscheidung angeordnete Verwahrung und gegebenenfalls Verwaltung von Gegenständen ausschließlich durch einen vom Gericht ausgewählten Sequester (nicht zwangsläufig ein Gerichtsvollzieher)[8];
- als Minus der Sequestration die reine Verwahrung durch einen Gerichtsvollzieher;
- Verfügungsverbote, also das Verbot der Aufhebung, Übertragung, Belastung oder Veränderung eines Gegenstandes;

---

[1] So die allgemeine Meinung in der Rechtsprechung, z.B. OLG Hamburg, NJW-RR 2005, 188 = GRUR-RR 2005, 125; teilweise bestritten in der Literatur, z.B. MK-*Drescher*, ZPO, § 938 Rn. 5.
[2] Musielak/Voit-*Huber*, ZPO, § 938 Rn. 5.
[3] MK-*Drescher*, ZPO, § 938 Rn. 8.
[4] Insbesondere also Renten oder Versicherungsleistungen, die dem Lebensunterhalt dienen.
[5] Wohl in Höhe des Existenzminimums, OLG Karlsruhe, NJW 1995, 1908 = FamRZ 1995, 1424.
[6] BeckOK-*Mayer*, ZPO, § 938 Rn. 19f.
[7] BeckOK-*Mayer*, ZPO, § 938 Rn. 22.
[8] Musielak/Voit-*Huber*, ZPO, § 938 Rn. 7.

- sonstige Handlungs-, Duldungs- und insbesondere Unterlassungsgebote, z.B. im Wettbewerbsrecht;
- im Presserecht Anordnung einer baldigen Gegendarstellung[9] nicht jedoch der endgültige Widerruf.

C. Rechtsbehelfe, Kosten

Gegen den Beschluss, einen Sequester einzusetzen sowie dessen Auswahl (in der Anordnung selbst oder durch eigenen Beschluss), steht den Parteien sowie jenem die sofortige Beschwerde (§§ 95, 153 ZVG, § 793 ZPO) zu.[10] Soweit der Sequester ein Gerichtsvollzieher ist, kommt bei Schäden ein Amtshaftungsanspruch in Betracht, ansonsten zivilrechtliche Schadensersatzansprüche.[11] 6

Die Kosten für die Sequestration sowie die Vergütung des Sequesters hat der Antragsteller nach § 934 Abs. 2 ZPO als Vorschuss zu erstatten. Tut er dies nicht, kann der Sequester sein Amt niederlegen.[12] 7

§ 939
Aufhebung gegen Sicherheitsleistung

Nur unter besonderen Umständen kann die Aufhebung einer einstweiligen Verfügung gegen Sicherheitsleistung gestattet werden.

Inhalt:

	Rn.		Rn.
A. Allgemeines	1	B. Besondere Umstände	4

A. Allgemeines

Während beim Arrest nach § 934 Abs. 1 ZPO die Vollziehung bei Hinterlegung einer Sicherheitsleistung immer stattfindet, ist dies bei einstweiligen Verfügungen im Regelfall nicht möglich.[1] Nur wenn besondere Umstände vorliegen, kann die **Aufhebung gegen Sicherheitsleistung** gestattet werden. Eine solche Entscheidung ist normalerweise bereits in der Entscheidung über die einstweilige Anordnung enthalten, kann auch noch im Berufungs- oder Widerspruchsverfahren oder im Verfahren nach § 927 ZPO, nicht jedoch nach Abschluss der Verfahren ergehen.[2] Die Bewertung, ob besondere Umstände vorliegen liegt im **Ermessen** des befassten Gerichts. Dabei ist einzig darauf abzustellen, ob ein besonderer Umstand vorliegt, die Erfolgsaussichten der einstweiligen Verfügung sind dagegen irrelevant. 1

Entscheidend für die Anwendung des § 939 ZPO ist der **Sicherungszweck der einstweiligen Verfügung**. Während der Arrest der Sicherung der Vollstreckung wegen einer Geldforderung dient, die durch Sicherheitsleistung gesichert ist, dient die einstweilige Verfügung, der Sicherung einer geschuldeten Individualleistung (vgl. § 935 ZPO). Dieser Anspruch kann durch das Bewirken einer Sicherheitsleistung nur unzureichend gesichert werden. 2

Bezüglich der Höhe der Sicherheit ist § 108 ZPO anzuwenden. Die Aufhebung geschieht nach den § 775 Nr. 1, 3 ZPO bzw. § 776 ZPO.[3] Ein entsprechendes Urteil wird nach § 708 Nr. 6 ZPO für vorläufig vollstreckbar erklärt. 3

B. Besondere Umstände

Besondere Umstände i.S.d. § 939 ZPO werden nur dann angenommen, wenn der Anspruch des Gläubigers durch die Sicherheitsleistung eine adäquate und vollständige Sicherung erfährt,[4] also grundsätzlich nur dann, wenn die geschuldete Individualleistung hauptsächlich 4

---

9 Siehe für die jeweiligen Fristen je nach Art des Presseorgans BeckOK-*Mayer*, ZPO, § 938 Rn. 27 m.w.N.
10 Musielak/Voit-*Huber*, ZPO, § 938 Rn. 7 m.w.N.
11 Musielak/Voit-*Huber*, ZPO, § 938 Rn. 7.
12 Musielak/Voit-*Huber*, ZPO, § 938 Rn. 7.

Zu § 939:
1 Zu den Gründen für diese rechtspolitische Entscheidung siehe die Ausführungen in MK-*Drescher*, ZPO, § 939 Rn. 1.
2 OLG Köln, NJW 1975, 454 = OLGZ 1975, 197.
3 Musielak/Voit-*Huber*, ZPO, § 939 Rn. 3.
4 KG Berlin, NJW-Spezial 2008, 589 = MDR 2009, 139; OLG Köln, NJW 1975, 454 (455) = OLGZ 1975, 197 (199).

den Vermögensinteressen des Gläubigers dient.[5] Dies wird deshalb beispielsweise angenommen bei einer selbstschuldnerischen Bankbürgschaft, bei Anspruch auf Eintragung einer Vormerkung, auf Einräumung einer Bauhandwerkersicherungshypothek[6] oder dem Verbot dem Vermieterpfandrecht unterfallenden Dingen wegzuschaffen.[7] Ebenso denkbar sind besondere Umstände im Wettbewerbs- und Arbeitsrecht.[8]

5 Höchst strittig ist, ob dem Schuldner zusätzlich auch, ein über das normale Maß der Vollziehung einer einstweiligen Verfügung hinausgehender Schaden drohen muss.[9] Dies dürfte aber nicht der Fall sein.[10]

§ 940
Einstweilige Verfügung zur Regelung eines einstweiligen Zustandes

Einstweilige Verfügungen sind auch zum Zwecke der Regelung eines einstweiligen Zustandes in Bezug auf ein streitiges Rechtsverhältnis zulässig, sofern diese Regelung, insbesondere bei dauernden Rechtsverhältnissen zur Abwendung wesentlicher Nachteile oder zur Verhinderung drohender Gewalt oder aus anderen Gründen nötig erscheint.

Inhalt:
	Rn.		Rn.
A. Allgemeines....................	1	B. Voraussetzungen und Verfahren....	2

A. Allgemeines

1 § 940 ZPO ist keine eigenständige Rechtsgrundlage.[1] § 940 ZPO regelt zusammen mit §§ 935, 938 ZPO den Inhalt von einstweiligen Verfügungen, die der vorläufigen Regelung eines Streitgegenstandes dienen. Sie werden deshalb (im Gegensatz zu den Sicherungsverfügungen i.S.d. § 935 ZPO alleine, die jedoch nicht immer trennscharf abzugrenzen sind) **Regelungsverfügungen** genannt, eine vorläufige Befriedigung ist grundsätzlich denkbar (siehe hierzu § 938 Rn. 4).[2] Auch § 940 ZPO dient alleine dazu, mögliche Ansprüche des Antragstellers bis zum Abschluss des Hauptverfahrens zu sichern.[3] Die allgemeinen Voraussetzungen entsprechen denen des § 935 ZPO, insbesondere bezüglich dem zuständigen Gericht (§ 937 ZPO).

B. Voraussetzungen und Verfahren

2 Voraussetzung für eine einstweilige Verfügung ist ein **streitiges Rechtsverhältnis** zwischen den Parteien. Dieses tritt an die Stelle des Individualanspruches des § 935 ZPO. Der Begriff entspricht grundsätzlich dem des § 256 ZPO. Dies bedeutet grundsätzlich ein auf gewisse Dauer angelegtes, deshalb aber nicht zwangsläufig komplexes Rechtsverhältnis, erweitert ausgelegt allerdings sogar jeder Anspruch.[4] Der Rechtsgrund ist irrelevant, so dass neben vertraglichen Verhältnissen, auch besondere nachbarrechtliche[5] oder gesetzliche Schuldverhältnisse in Frage kommen. Ausreichend ist, dass der Anspruch entstehen könnte, er muss noch nicht entstanden sein.[6] **Streitig** ist das Rechtsverhältnis, wenn es vom Antragsgegner derart bestritten wird, dass die Durchsetzung gefährdet scheint.

3 Es muss weiter ein **Verfügungsgrund** vorliegen. Nach § 940 ZPO liegt dies insbesondere vor, soweit dies zur Abwendung wesentlicher Nachteile, zur Verhinderung drohender Gewalt oder aufgrund anderer Gründe notwendig erscheint. Die einstweilige Regelung muss notwendig

---

5 Vgl. BeckOK-*Mayer*, ZPO, § 939 Rn. 2.
6 KG Berlin, NJW-Spezial 2008, 589 = MDR 2009, 139.
7 Musielak/Voit-*Huber*, ZPO, § 939 Rn. 2.
8 Siehe hierzu MK-*Drescher*, ZPO, § 939 Rn. 2.
9 Zum Streitstand m.w.N. siehe MK-*Drescher*, ZPO, § 939 Rn. 2.
10 Vgl. OLK Köln, NJW 1975, 454 = OLGZ 1975, 197.

Zu § 940:
1 MK-*Drescher*, ZPO, § 940 Rn. 1.
2 Zum praktisch nicht relevanten Meinungsstreit, ob deshalb die Leistungsverfügung ein Unterfall der Regelungsverfügung oder über einen eigenständigen Rechtsschutz darstellt siehe Musielak/Voit-*Huber*, ZPO, § 940 Rn. 1 m.w.N.
3 MK-*Drescher*, ZPO, § 940 Rn. 2.
4 Vgl. Zöller-*Vollkommer*, ZPO, § 940 Rn. 2 m.w.N.
5 Musielak/Voit-*Huber*, ZPO, § 940 Rn. 3.
6 OLG Koblenz, NJW-RR 1986, 1039 = GmbHR 1986, 430.

sein. Ein Verfügungsgrund kann jedoch ausgeschlossen sein, wenn der Antragsteller über eine lange Zeit keine einstweilige Verfügung beantragt hat.[7]

Der mögliche Anspruch bzw. das zugrundeliegende Rechtsverhältnis muss vom Antragsteller schlüssig dargelegt werden und der Antrag muss eine bestimmte **Regelung** zum Ziel haben, wobei diese nicht bezeichnet werden muss, zweckmäßigerweise aber bezeichnet werden sollte.[8] Grundsätzlich gilt hierzu das zu § 935 ZPO Gesagte. Das Verfahren (insbesondere die Interessensabwägung) und Rechtsbehelfe entsprechen dem § 935 ZPO. Der Inhalt der Anordnung richtet sich sodann nach § 938 Abs. 1 ZPO.   4

Über die Sicherung eines Anspruchs und die vorläufige Regelung eines streitigen Rechtsverhältnisses hinaus ist nach der Rechtsprechung auch ausnahmsweise eine (teilweise) Befriedigung durch eine sogenannte Leistungsverfügung möglich, wenn der Antragsteller auf die sofortige Erfüllung so dringend angewiesen ist, dass er das Ergebnis eines ordentlichen Verfahrens nicht abwarten kann, ohne dass ihm hierdurch ein unverhältnismäßig großer oder gar irreparabler Schaden entstünde.[9]   5

§ 940a
Räumung von Wohnraum

(1) Die Räumung von Wohnraum darf durch einstweilige Verfügung nur wegen verbotener Eigenmacht oder bei einer konkreten Gefahr für Leib oder Leben angeordnet werden.

(2) Die Räumung von Wohnraum darf durch einstweilige Verfügung auch gegen einen Dritten angeordnet werden, der im Besitz der Mietsache ist, wenn gegen den Mieter ein vollstreckbarer Räumungstitel vorliegt und der Vermieter vom Besitzerwerb des Dritten erst nach dem Schluss der mündlichen Verhandlung Kenntnis erlangt hat.

(3) Ist Räumungsklage wegen Zahlungsverzugs erhoben, darf die Räumung von Wohnraum durch einstweilige Verfügung auch angeordnet werden, wenn der Beklagte einer Sicherungsanordnung (§ 283a) im Hauptsacheverfahren nicht Folge leistet.

(4) In den Fällen der Absätze 2 und 3 hat das Gericht den Gegner vor Erlass einer Räumungsverfügung anzuhören.

Inhalt:

	Rn.		Rn.
A. **Allgemeines**	1	II. Räumungsverfügungen gegen Dritte	4
B. **Erläuterungen**	2	III. Räumungsverfügungen wegen Zahlungsverzug	6
I. Räumungsverfügungen wegen verbotener Eigenmacht oder bei konkreter Gefahr für Leib und Leben	2	C. **Rechtsbehelfe**	9

A. Allgemeines

§ 940a ZPO (neugefasst mit Wirkung vom 01.05.2013) ist zu beachten, wenn im Verfahren über eine **Wohnraumräumung** eine einstweilige Verfügung erlassen werden soll. Demnach ist der einstweilige Rechtsschutz hier eingeschränkt. § 940a ZPO ist nicht analog auf Geschäfts- und Gewerberäume anzuwenden.[1] Abs. 1–3 statuieren dabei insgesamt vier Möglichkeiten einer Räumung aufgrund einer einstweiligen Verfügung, Abs. 4 bestimmt eine verfahrensrechtliche Anhörungspflicht für die Abs. 2 und 3. Ist eine Räumung nach § 940a ZPO nicht erlaubt, kommt eine solche nur aufgrund eines vorläufig vollstreckbaren Räumungsurteils in Frage.[2] Als Minus umfasst § 940a ZPO auch das Betretungsverbot einer Wohnung.[3]   1

---

7 OLG München, FamRZ 1996, 1411; zum einstweiligen Rechtsschutz im Urheberrecht, aber von einem allgemeinen zivilrechtlichen Grundsatz der „Selbstwiderlegung der Dringlichkeit" sprechend, KG Berlin, NJW-RR 2001, 1202 = IBR 2003, 84.
8 Vgl. Zöller-*Vollkommer*, ZPO, § 940 Rn. 3.
9 OLG Köln, NJW-RR 1995, 546 = VersR 1995, 1464; OLG Köln, NJW-RR 1995, 1088 = FHZivR 41 Nr. 8568 (Ls.).

Zu § 940a:
1 So z.B. KG Berlin, NJW 2013, 3588 = DGVZ 2013, 240; entscheidend ist hierbei die vertraglich getroffene Zweckvereinbarung, nicht die tatsächliche Nutzung, LG Karlsruhe, ZMR 2005, 869.
2 Musielak/Voit-*Huber*, ZPO, § 940a Rn. 2.
3 LG Freiburg, FamRZ 2002, 405.

B. Erläuterungen
I. Räumungsverfügungen wegen verbotener Eigenmacht oder bei konkreter Gefahr für Leib und Leben

2 Nach Abs. 1 kommt eine Räumung aufgrund einer einstweiligen Verfügung in zwei Alternativen in Frage. Nach Alt. 1 ist eine Räumung zulässig, wenn der Besitz durch **verbotene Eigenmacht** erlangt wurde (§ 858 BGB). Schwierigkeiten ergeben sich jedoch, wenn es bei „Hausbesetzern" an der Identifizierbarkeit fehlt.[4] Diese Alternative gilt auch für Besitzstörungen (§§ 861, 862 BGB).[5] Die Voraussetzungen des § 940 ZPO gelten allerdings auch hier.[6]

3 Nach Alt. 2 ist die Räumung zulässig, wenn dem Antragsteller oder auch Dritten (z.B. anderen Mietern)[7] eine **konkrete Gefahr für Leib und Leben** droht. Insbesondere geht es hier also um ernsthafte Bedrohungen und Stalking. Die Gefahr muss sich jedoch gerade daraus ergeben, dass der Antragsgegner Besitzer des Wohnraums ist.[8] Das GewSchG bleibt anwendbar, wenn Verletzungshandlungen bereits stattgefunden haben.[9]

II. Räumungsverfügungen gegen Dritte

4 Abs. 2 erleichtert die Räumung, wenn ein **Dritter (auch)** Besitz an der Mietsache geltend macht. Die eigentlich nicht zulässige Erstreckung eines Vollstreckungstitels auf im Titel nicht genannte Personen wird damit überwunden.[10] Damit sind insbesondere umfasst (nicht)eheliche Lebensgemeinschaften, Wohngemeinschaften und unberechtigte Untervermietung. Voraussetzungen sind hierfür ein zumindest vorläufig vollstreckbarer Räumungstitel gegen den eigentlichen Mieter, den zumindest Mitbesitz einer in diesem Titel nicht genannten Person i.S.d. §§ 854, 866 BGB, keine Kenntnis des Vermieters vom Drittbesitz zum Zeitpunkt des Schluss der mündlichen Verhandlung sowie als ungeschriebenes Tatbestandsmerkmal eine fehlende Besitzberechtigung des Dritten, das den Verfügungsgrund darstellt.[11]

5 Im **Verfahren** zum Erlasse der einstweiligen Verfügung nach Abs. 2 ist der Dritte dann jedoch namentlich zu benennen.[12] Zuständigkeit richtet sich nach § 937 ZPO. Die Unkenntnis des Drittbesitzes ist vom Antragssteller glaubhaft zu machen (§§ 294, 920 Abs. 2, 936 ZPO).[13] Der Dritte wird schriftlich oder mündlich angehört. Soweit die Voraussetzungen vorliegen, wird die Vollstreckbarkeit auf den Dritten erstreckt.

III. Räumungsverfügungen wegen Zahlungsverzug

6 Nach Abs. 3 ist die einstweilige Räumungsverfügung auch dann möglich, wenn eine **Räumungsklage wegen Zahlungsverzug** (§ 543 Abs. 2 Nr. 3 Buchst. a oder b BGB, wobei es keinen Unterschied macht, ob es sich um eine außerordentliche oder ordentliche Kündigung handelt) anhängig ist, eine rechtskräftige Sicherungsanordnung nach § 283a ZPO besteht (deshalb muss die Zahlungsklage wegen § 283a Abs. 1 Satz 1 ZPO mit der Räumungsklage verbunden sein) und dieser nicht innerhalb der Frist i.S.d. § 283 Abs. 2 ZPO nachgekommen wurde.[14]

7 Im **Verfahren** ist das Hauptsachegericht nach § 937 ZPO zuständig. Verfügungsanspruch ist Räumungsanspruch, Verfügungsgrund das Verstreichenlassen der Frist des § 283 Abs. 2 ZPO.[15] Dies ist durch den Antragsteller glaubhaft zu machen. Der Mieter ist schriftlich oder mündlich zu hören. Durch den Erlass einer einstweiligen Verfügung, wird die Hauptsache zumeist vorweggenommen, es handelt sich damit eigentlich um eine Leistungsverfügung.[16]

---

4 Siehe hierzu LG Hannover, NJW 1981, 1455; früher auch bei Wohngemeinschaften, welche aber durch Abs. 2 und 3 gelöst sind.
5 Zöller-*Vollkommer*, ZPO, § 940a Rn. 2.
6 LG Frankfurt a.M., NJW 1980, 1758; a.A. die Literatur, die das Vorliegen verbotener Eigenmacht genügen lassen will, so z.B. Zöller-*Vollkommer*, ZPO, § 940a Rn. 2.
7 LG München I, NJW-RR 2013, 14 (15) = ZMR 2013, 541.
8 LG Freiburg, FamRZ 2002, 405.
9 Musielak/Voit-*Huber*, ZPO, § 940a Rn. 3.
10 Dies war nach der alten Rechtslage jedoch der Fall, siehe hierzu BGH, NJW 2004, 3041 = FamRZ 2004, 1555.
11 Zöller-*Vollkommer*, ZPO, § 840a Rn. 5f.
12 Für den Fall, dass der Name unbekannt ist, stellt sich das Vorgehen und die Rechtslage als noch ungeklärt heraus, siehe hierzu sehr übersichtlich und praxisorientiert Musielak/Voit-*Huber*, ZPO, § 940a Rn. 7.
13 Zöller-*Vollkommer*, ZPO, § 840a Rn. 6.
14 Verschulden ist dabei irrelevant, Zöller-*Vollkommer*, ZPO, § 940a Rn. 8.
15 Strittig ist, ob der Vermieter zusätzlich ein besonderes (existenzsicherndes) Interesse an der baldmöglichsten Zahlung haben muss, ausführlich Zöller-*Vollkommer*, ZPO, § 940a Rn. 9.
16 Zöller-*Vollkommer*, ZPO, § 940a Rn. 9.

Für den Vermieter ist jedoch § 945 ZPO zu beachten, nach dem er bei einer unberechtigten Verfügung Schadensersatz zu leisten hat. Da nach § 283a ZPO nur eine summarische Erfolgsaussichtenprüfung stattfindet, ist das Risiko für den Vermieter relativ hoch, weshalb ein Vorgehen nach § 940a Abs. 3 ZPO genauestens geprüft werden sollte.[17]   8

C. Rechtsbehelfe

Besondere Rechtsbehelfe im Rahmen des § 940a ZPO gibt es nicht, insofern gelten die allgemeinen Regeln. Wird Widerspruch gegen den Räumungsbeschluss eingelegt, sollte jedoch zugleich ein Antrag auf einstweilige Einstellung der Zwangsvollstreckung nach §§ 924 Abs. 3 Satz 2, 707 Abs. 1 Satz 1 ZPO gestellt werden, um die drohende Räumung zumindest bis zur Entscheidung aufzuschieben.[18]   9

§ 941
Ersuchen um Eintragungen im Grundbuch usw.

Hat auf Grund der einstweiligen Verfügung eine Eintragung in das Grundbuch, das Schiffsregister oder das Schiffsbauregister zu erfolgen, so ist das Gericht befugt, das Grundbuchamt oder die Registerbehörde um die Eintragung zu ersuchen.

§ 941 ZPO statuiert die **Befugnis** in Form des freien Ermessens unabhängig vom Begehren des Antragstellers des Vorsitzenden[1] des Gerichts, das über die einstweilige Verfügung erstmalig entschieden hat, eine wie auch immer geartete Eintragung oder Löschung in das Grundbuch, das Schiffsregister, das Schiffsbauregister oder auch das Luftfahrzeugregister von Amts wegen vorzunehmen. Eine Pflicht wird durch § 941 ZPO jedoch nicht statuiert, weshalb kein Rechtsbehelf gegen das Nichtersuchen besteht.[2] Unterbleibt eine Eintragung nach § 941 ZPO kann der Antragsteller eine Eintragung jedoch auch selbst über § 13 GBO verfolgen.   1

Das Gesuch, das Gericht möge nach § 941 ZPO verfahren, sollte immer in den Antrag aufgenommen werden, da in einem solchen Fall das Gericht zumindest informieren muss. Ob die Entscheidung über § 941 ZPO im Tenor erhalten ist, ist unterschiedlich.[3]   2

Durch den Eingang des Gesuchs entstehen folgende **Wirkungen**:[4] Die Frist der §§ 929, 932 Abs. 3 ZPO bleiben gewahrt, die Frist des § 929 Abs. 3 ZPO beginnt zu laufen,[5] wobei das Grundbuchamt den Nachweis der Zustellung nicht verlangen kann.[6] Die Sperre des § 88 InsO gilt ebenso.   3

Rechtsbehelfe gegen das Gericht bestehen nicht (siehe oben). Gegen das Grundbuchamt Beschwerde nach § 71 GBO bzw. den spezialgesetzlichen Vorschriften der anderen Register oder § 58 FamFG. Die Klagebefugnis ergibt sich aus der Stellung des Antragstellers, in dessen Namen die Eintragung erfolgt.[7]   4

Gerichtskosten entstehen für das Ersuchen nach § 941 ZPO nicht, die Eintragung ist dagegen nach den jeweils geltenden Registervorschriften gebührenpflichtig. Der Rechtsanwalt kann Gebühren nur dann geltend machen, wenn er die Eintragung selbst beantragt, für das Anregen des Gerichts nach § 941 ZPO zu verfahren, kann er keine Gebühren geltend machen.[8]   5

---

17 So im Ergebnis auch Musielak/Voit-*Huber*, ZPO, § 940a Rn. 10.
18 So auch Musielak/Voit-*Huber*, ZPO, § 940 Rn. 12.

Zu § 941:
1 Musielak/Voit-*Huber*, ZPO, § 941 Rn. 1.
2 Zöller-*Vollkommer*, ZPO, § 941 Rn. 1
3 Musielak/Voit-*Huber*, ZPO, § 941 Rn. 1.
4 So MK-*Drescher*, ZPO, § 941 Rn. 4, teilweise m.w.N.
5 OLG Koblenz, NJW 1980, 948 (949) = GRUR 1980, 70 (71).
6 KG Berlin, JW 1928, 2466.
7 KG Berlin, JW 1928, 2466.
8 MK-*Drescher*, ZPO, § 941 Rn. 6.

§ 942
Zuständigkeit des Amtsgerichts der belegenen Sache

(1) In dringenden Fällen kann das Amtsgericht, in dessen Bezirk sich der Streitgegenstand befindet, eine einstweilige Verfügung erlassen unter Bestimmung einer Frist, innerhalb der die Ladung des Gegners zur mündlichen Verhandlung über die Rechtmäßigkeit der einstweiligen Verfügung bei dem Gericht der Hauptsache zu beantragen ist.

(2) ¹Die einstweilige Verfügung, auf Grund deren eine Vormerkung oder ein Widerspruch gegen die Richtigkeit des Grundbuchs, des Schiffsregisters oder des Schiffsbauregisters eingetragen werden soll, kann von dem Amtsgericht erlassen werden, in dessen Bezirk das Grundstück belegen ist oder der Heimathafen oder der Heimatort des Schiffes oder der Bauort des Schiffsbauwerks sich befindet, auch wenn der Fall nicht für dringlich erachtet wird; liegt der Heimathafen des Schiffes nicht im Inland, so kann die einstweilige Verfügung vom Amtsgericht in Hamburg erlassen werden. ²Die Bestimmung der im Absatz 1 bezeichneten Frist hat nur auf Antrag des Gegners zu erfolgen.

(3) Nach fruchtlosem Ablauf der Frist hat das Amtsgericht auf Antrag die erlassene Verfügung aufzuheben.

(4) Die in diesem Paragraphen erwähnten Entscheidungen des Amtsgerichts ergehen durch Beschluss.

Inhalt:

	Rn.		Rn.
A. Allgemeines	1	II. Verfahrensbesonderheiten	5
B. Erläuterungen	2	III. Aufhebung der einstweiligen	
I. Zuständigkeit	2	Verfügung	9
1. Dringende Fälle	2	C. Rechtsbehelfe	11
2. Nicht dringende Fälle	4	D. Kosten und Gebühren	12

A. Allgemeines

1 § 942 ZPO begründet eine ausnahmsweise streitwertunabhängige[1] Notzuständigkeit des Amtsgerichts der belegenen Sache neben dem zum Erlass von einstweiligen Verfügungen eigentlich zuständigen Hauptsachegericht in dringenden Fällen. Für einstweilige Verfügungen bezüglich Forderungen, befindet sich dieses am Wohnort des Schuldners bzw. am Ort des Sicherungsgegenstandes, bezüglich Handlungen oder Unterlassungen, gilt der Ort an denen sie vorgenommen werden sollen.[2] Soweit das Hauptsachegericht jedoch auch das Amtsgericht der belegenen Sache ist, ist § 942 ZPO nicht anwendbar.[3] Selbiges gilt, soweit Sonderzuständigkeiten bestehen (insbesondere § 24 UWG).[4] § 924 ZPO ist bereits vor der Rechtshängigkeit der Hauptsache anwendbar.

B. Erläuterungen
I. Zuständigkeit
1. Dringende Fälle

2 Nach Abs. 1 besteht die Notzuständigkeit des Amtsgerichts (nur) in Fällen **besonderer Dringlichkeit**. Diese geht über die allgemeine Dringlichkeit, die lediglich den Verfügungsgrund darstellt, und auch über die in den §§ 937, 944 ZPO erwähnte Dringlichkeit hinaus. Sie liegt nur dann vor, wenn der Antragssteller durch die Anrufung des Hauptgerichts einen nicht hinnehmbaren Rechtsverlust aufgrund der zeitlichen Verzögerung erleiden würde.[5]

3 Aufgrund der heutigen modernen Kommunikationsmittel, die eine zügige Anrufung des Hauptsachegerichts unabhängig des Standortes ermöglichen, ist ein derartiger Fall jedoch **nur noch selten anzunehmen**. Namentlich nur dann, wenn eine einstweilige Verfügung außerhalb der Geschäftszeiten mithilfe eines lediglich am Amtsgericht existierenden Notdienst ersucht werden muss.[6]

2. Nicht dringende Fälle

4 Nach Abs. 2 kann sich eine Zuständigkeit des Amtsgerichts auch in Fällen ergeben, in denen ein dringender Fall nicht vorliegt. Praktisch relevant ist hierbei jedoch lediglich der Fall, in denen eine Vormerkung oder ein Widerspruch gegen die Richtigkeit des Grundbuchs einge-

---

1 Jacobs, NJW 1988, 1365.
2 Musielak/Voit-*Huber*, ZPO, § 942 Rn. 2.
3 Jacobs, NJW 1988, 1365.
4 Musielak/Voit-*Huber*, ZPO, § 942 Rn. 1.
5 Zöller-*Vollkommer*, ZPO, § 942 Rn. 1.
6 Musielak/Voit-*Huber*, ZPO, § 942 Rn. 2.

tragen werden soll. Insofern ist das Amtsgericht zuständig, in dessen Bezirk das Grundstück belegen ist.

II. Verfahrensbesonderheiten

Im Falle des Abs. 1 ist die Dringlichkeit glaubhaft zu machen (§ 294 ZPO). Eine mündliche Verhandlung wird aufgrund der Dringlichkeit in der Praxis nicht stattfinden, wenngleich sie nach § 128 Abs. 4 ZPO freigestellt ist.[7] Die Entscheidung über Dringlichkeit ergeht durch Beschluss (Abs. 4) nach freiem Ermessen.[8] Wird die Dringlichkeit abgelehnt ist eine Rücknahme vorteilhaft, ansonsten wird der Antrag zurückgewiesen. Möglich ist es jedoch, zu beantragen, dass im Falle einer Verneinung der besonderen Dringlichkeit der Antrag an das Hauptsachegericht überwiesen werden solle.[9]

Im Falle des Abs. 2, in denen keine besondere Dringlichkeit vorliegt, entspricht das Verfahren dem des § 937 ZPO (siehe hierzu § 937 Rn. 4 ff.). Auch diese Entscheidung ergeht in jedem Falle durch Beschluss.

Im Falle des Abs. 1 hat das Gericht in jedem Fall, im Falle des Abs. 2 soweit dies durch den Antragsgegner beantragt wurde, was grundsätzlich zu empfehlen ist, in der Entscheidung eine **Frist** zu bestimmen, innerhalb derer die Ladung des Gegners zur mündlichen Verhandlung über die Rechtmäßigkeit der erlassenen einstweiligen Verfügung beim Hauptsachegericht zu beantragen ist. Diese beträgt im Normalfall eine Woche ab Zustellung.[10] Die Frist ist nicht Wirksamkeitsvoraussetzung,[11] aber nachzuholen (§ 321 ZPO). Ist die Frist erfolglos abgelaufen, kann Antrag nach Abs. 3 ergehen (siehe Rn. 9 f.).

Im Verfahren vor dem Hauptsachegericht wird die Rechtmäßigkeit der einstweiligen Verfügung überprüft („Rechtfertigungsverfahren"). Es entspricht dem Widerspruchsverfahren der §§ 924, 925 ZPO.[12] Es ergeht nur auf Antrag, der sowohl von Gläubiger als auch Schuldner gestellt werden kann und damit entweder auf Aufrechterhaltung oder Aufhebung der Verfügung gerichtet ist.[13] Das Gericht prüft die einstweilige Verfügung am Sachstand zum Ende der mündlichen Verhandlung. Den Antrag auf Ladung des Schuldners kann noch bis zum Schluss der mündlichen Verhandlung vor dem Hauptsachegericht gestellt werden, selbst wenn die Frist bereits abgelaufen ist, solange eine Aufhebung nach Abs. 3 noch nicht erfolgt ist.

III. Aufhebung der einstweiligen Verfügung

Ist die Frist zur Ladung des Antragsgegners, die das Amtsgericht bestimmt hat, fruchtlos abgelaufen, kann der Antragsgegner Antrag auf Aufhebung der Verfügung nach Abs. 3 stellen. Aufhebung von Amts wegen erfolgt niemals. Eine mündliche Verhandlung ist freigestellt (§ 128 Abs. 4 ZPO) dürfte aber im Normalfall erfolgen.

Da der Antrag auf Ladung nachgeholt werden kann (siehe Rn. 8), sollte dies möglichst bald nach Fristablauf geschehen. Wird nach Abs. 3 aufgehoben, trifft den Gläubiger die Kostenpflicht.[14]

C. Rechtsbehelfe

Wird die Verfügung nach Abs. 3 aufgehoben, kann ein Schadensersatzanspruch nach § 945 entstehen. Der unterlegenen Partei steht die sofortige Beschwerde (§ 567 Abs. 1 Nr. 1 ZPO für den Gläubiger, Nr. 2 für den Schuldner) offen. Sodann Rechtsbeschwerde nach § 574 Abs. 1 Nr. 2 ZPO.[15]

D. Kosten und Gebühren

Das Verfahren vor dem Amtsgericht der belegenen Sache und das Verfahren vor dem Gericht der Hauptsache werden kostenmäßig als ein Rechtsstreit behandelt, Satz 2 vor Nr. 1410 KV-GKG. Die Kosten für das gegen den Aufhebungsbeschluss nach § 942 Abs. 3 ZPO statthafte Beschwerdeverfahren richtet sich nach Nr. 1812, 1823 KV-GKG. Die Rechtsanwaltsgebühren richten sich nach Teil 3 Abschnitt 1 VV-RVG.

---

7 Musielak/Voit-*Huber*, ZPO, § 942 Rn. 4.
8 Selbst wenn mündliche Verhandlung stattfinden würde, Zöller-*Vollkommer*, ZPO, § 942 Rn. 3.
9 Vgl. OLG Koblenz, NJW 1963, 1460.
10 So auch Musielak/Voit-*Huber*, ZPO, § 942 Rn. 6.
11 OLG München, GRUR 1960, 387 (388) = WRP 1960, 105.
12 Zöller-*Vollkommer*, ZPO, § 942 Rn. 7.
13 Für den Schuldner kann dies sinnvoll sein, wenn klar ist, dass der Gläubiger den Antrag sowieso stellen wird, da dann eine möglichst frühzeitige Aufhebung erreicht werden kann; hat der Schuldner keine negativen Auswirkungen zu befürchten, kann auch ein Abwarten der im Beschluss bestimmten Frist und daraufhin folgender Aufhebungsantrag sinnvoll sein.
14 Zöller-*Vollkommer*, ZPO, § 942 Rn. 5.
15 Zöller-*Vollkommer*, ZPO, § 942 Rn. 6.

§ 943
Gericht der Hauptsache

(1) Als Gericht der Hauptsache im Sinne der Vorschriften dieses Abschnitts ist das Gericht des ersten Rechtszuges und, wenn die Hauptsache in der Berufungsinstanz anhängig ist, das Berufungsgericht anzusehen.

(2) Das Gericht der Hauptsache ist für die nach § 109 zu treffenden Anordnungen ausschließlich zuständig, wenn die Hauptsache anhängig ist oder anhängig gewesen ist.

1 § 943 Abs. 1 ZPO ist **Definitionsnorm** für den Begriff des Gerichts der Hauptsache für die Verfahren nach §§ 919, 927, 937 und 942 ZPO. Für den Begriff siehe § 919 Rn. 4 f.[1]

2 Zusätzlich begründet Abs. 2 eine ausschließliche Zuständigkeit für das Gericht i.S.d. Abs. 1 für Anordnung der Rückgabe einer Sicherheitsleistung nach § 109 ZPO. Diese ist möglich bei §§ 921 Abs. 2, 925 Abs. 2, 927 Abs. 1, 934 und 939 ZPO. Auch die Lösungssumme nach § 923 Abs. 2 ZPO ist hiervon umfasst.[2] Damit ist das Gericht zuständig, bei dem die Hauptsache anhängig ist bzw. nach Beendigung der Rechtshängigkeit das erstinstanzliche Gericht. **Ohne Anhängigkeit** entscheidet das Arrestgericht, ohne dass auf § 943 ZPO zurückzugreifen ist.[3]

3 Für den Rechtsanwalt verbleibt es bei den Gebühren von Nr. 3100 ff. VV-RVG im Gegensatz zu Nr. 3200 VV-RVG, wenn das Berufungsgericht Gericht der Hauptsache i.S.d. § 943 ZPO ist.

§ 944
Entscheidung des Vorsitzenden bei Dringlichkeit

In dringenden Fällen kann der Vorsitzende über die in diesem Abschnitt erwähnten Gesuche, sofern deren Erledigung eine mündliche Verhandlung nicht erfordert, anstatt des Gerichts entscheiden.

1 § 944 ZPO kann Anwendung finden, soweit ein Kollegialgericht für eine Entscheidung im Arrestverfahren oder im einstweiligem Verfügungsverfahren zuständig ist. In einem Fall, in denen eine Entscheidung **dringend** ist und eine **mündliche Verhandlung nicht erforderlich** ist, kann der Vorsitzende allein entscheiden. § 944 ZPO findet hauptsächlich Anwendung bei Verhandlungen vor der **Kammer für Handelssachen**.[1] Die **Rechtsbehelfe** gegen die Entscheidung ändern sich hierdurch jedoch nicht.[2]

2 Trotz der anderslautenden Überschrift muss ein **dringender Fall**, nicht die allgemeine Dringlichkeit, die den Verfügungsgrund darstellt, vorliegen. Auch ist damit nicht dasselbe gemeint wie der dringende Fall, des § 937 Abs. 2 ZPO.[3] Gemeint ist demnach ein Fall, in denen durch die Zeitverzögerung, die das Zusammentreten des Kollegialgerichts entstehen würde, der Zweck des einstweiligen Rechtsschutzes im Arrestverfahren oder im Verfahren über eine einstweilige Verfügung i.d.S. gefährdet wäre, dass ein irreparabler Rechtsverlust eintreten würde.[4] Die Vermutung des § 12 Abs. 2 UWG gilt nicht. Will der Antragsteller eine Alleinentscheidung erreichen, sollte er die Gründe hierfür **glaubhaft machen**.

3 Weiter darf eine mündliche Entscheidung nicht zwingend sein. Dies ist sie bei §§ 924 Abs. 2, 925, 926 Abs. 2 sowie 927 ZPO. Damit kommt eine Anwendung von § 944 ZPO nur in den Verfahren nach §§ 921, 922, 926 Abs. 1, 930 Abs. 1 Satz 3, 934 Abs. 3, 937 Abs. 2, 941, 942 Abs. 4 und 943 Abs. 2 ZPO in Frage.[5]

4 Liegen die Voraussetzungen vor, entscheidet der Vorsitzende durch **Beschluss** allein. Höchst strittig auch innerhalb der Rechtsprechung ist, ob er dabei auch eine negative Entscheidung fällen darf oder lediglich eine positive.[6] Jedoch ist höchst fraglich, inwiefern eine Dringlichkeit gegeben sein kann, wenn einstweiliger Rechtsschutz im Ergebnis nicht gewährt wird.

---

1 Ausführlich hierzu Musielak/Voit-*Huber*, ZPO, § 943 Rn. 3 ff.
2 MK-*Drescher*, ZPO, § 943 Rn. 2.
3 Zöller-*Vollkommer*, ZPO, § 943 Rn. 2.

Zu § 944:
1 Musielak/Voit-*Huber*, ZPO, § 944 Rn. 1.
2 Also Widerspruch durch Schuldner, sofortige Beschwerde durch Gläubiger.
3 Musielak/Voit-*Huber*, ZPO, § 944 Rn. 1.
4 OLG Karlsruhe, NJW-RR 1987, 1206.
5 Zöller-*Vollkommer*, ZPO, § 944 Rn. 2.
6 Bejahend z.B. MK-*Drescher*, ZPO, § 944 Rn. 4 m.w.N.; ablehnend z.B. KG Berlin, MDR 1979, 590.

§ 945
Schadensersatzpflicht

Erweist sich die Anordnung eines Arrestes oder einer einstweiligen Verfügung als von Anfang an ungerechtfertigt oder wird die angeordnete Maßregel auf Grund des § 926 Abs. 2 oder des § 942 Abs. 3 aufgehoben, so ist die Partei, welche die Anordnung erwirkt hat, verpflichtet, dem Gegner den Schaden zu ersetzen, der ihm aus der Vollziehung der angeordneten Maßregel oder dadurch entsteht, dass er Sicherheit leistet, um die Vollziehung abzuwenden oder die Aufhebung der Maßregel zu erwirken.

Inhalt:

	Rn.		Rn.
A. Allgemeines	1	2. Fristablauf	8
B. Erläuterungen	5	II. Umfang des Schadensersatzes	9
I. Schadensersatzpflicht	5	C. Verfahren	12
1. Von Anfang an ungerechtfertigte Anordnung	5		

A. Allgemeines

§ 945 ZPO ist eine materiell-rechtliche Anspruchsnorm für den Schuldner, um den Schaden ersetzt zu bekommen, den der Gläubiger verschuldensunabhängig und unabhängig von der Rechtswidrigkeit dadurch verursacht, dass die Anordnung eines Arrests oder einer einstweiligen Verfügung von Anfang an ungerechtfertigt war oder er nicht innerhalb der Frist des § 926 ZPO oder § 942 ZPO Hauptsacheklage erhoben hat und deshalb der Arrest aufgehoben wird.[1] Zu ersetzen ist sodann der Schaden, der dem Schuldner aus der Vollziehung entsteht oder weil er Sicherheiten zur Abwendung oder Aufhebung von Maßregeln aufwendet. 1

§ 945 ZPO gilt für alle Arten des Arrestes und der einstweiligen Verfügung, also auch bei spezialgesetzlicher Grundlage (z.B. § 12 UWG). Auf die spiegelbildliche Situation, also wenn der Schuldner seinen Antrag auf einstweiligen Rechtsschutz zurücknimmt oder die Vollstreckung eingestellt wird, er aber später obsiegt, ist § 945 ZPO nicht entsprechend anzuwenden.[2] 2

Der Anspruch verjährt in der Regelfrist des § 195 BGB, also innerhalb von drei Jahren. Der Fristbeginn berechnet sich nach § 199 Abs. 1 BGB, wobei die Kenntnis i.S.d. Vorschrift erst anzunehmen ist, soweit die Umstände vorliegen, nach der eine Klage nach § 945 ZPO erfolgversprechend wäre. Im Normalfall dürfte dies das Ende des Rechtsschutzverfahrens oder des Hauptsacheprozesses sein, es sei denn, der Schaden tritt erst danach ein.[3] 3

Noch stets strittig ist, ob § 945 ZPO dann keine Anwendung findet, wenn der Schuldner vor dem Erlass einer einstweiligen Anordnung, den Erlass dadurch abwendet, dass er einen Vergleich schließt oder eine entsprechende Handlung/ein entsprechendes Unterlassen vornimmt.[4] Unfraglich sind solche Schäden aber gegebenenfalls (wenn verschuldet) über §§ 823 ff. BGB zu ersetzen. 4

B. Erläuterungen
I. Schadensersatzpflicht
1. Von Anfang an ungerechtfertigte Anordnung

§ 945 ZPO kennt drei Alternativen, wegen denen ein Anspruch entstehen kann.[5] Dies ist zunächst der Fall, wenn eine Arrestanordnung oder eine Anordnung einer einstweiligen Verfügung sich als **von Anfang an ungerechtfertigt** erwiesen hat. Entscheidender Zeitpunkt zur Feststellung ist der Zeitpunkt der Anordnung, spätere Änderungen sind nicht zu berücksichtigen.[6] Ungerechtfertigt ist, wenn sie zu diesem Zeitpunkt nicht hätte erlassen werden dürfen, weil Anordnungsanspruch oder -grund aus objektiver Sicht nicht gegeben waren. Ungerechtfertigt ist eine Anordnung auch dann, wenn die zugrundeliegende Norm nachträglich vom Bundesverfassungsgericht für nichtig erklärt wurde[7] oder eine Rechtsprechungsänderung her- 5

---

1 Berger-*Becker-Eberhard*, Einstweiliger Rechtsschutz im Zivilrecht, Kap. 10 Rn. 3.
2 BGH, NJW-RR 1995, 495.
3 MK-*Drescher*, ZPO, § 945 Rn. 27 m.w.N.
4 Bejahend OLG Frankfurt a.M., FamRZ 1988, 88; dagegen LG Kiel, MDR 1958, 928; OLG Karlsruhe, OLGZ 1979, 370.
5 Die rein fehlerhafte Glaubhaftmachung ist dabei kein Grund, BGH, NJW-RR 1992, 998 (1001) = MDR 1992, 1048 (1051).
6 Musielak/Voit-*Huber*, ZPO, § 945 Rn. 2.
7 BGH, NJW 1989, 106 = MDR 1988, 936.

beigeführt wurde,[8] es sei denn, der Gläubiger hat bereits in der Hauptsache rechtskräftig obsiegt.[9]

6   Eine unberechtigte Anordnung liegt dagegen nicht vor, wenn gesetzliche Vermutungsregeln greifen (so z.B. § 12 UWG) und diese vom Schuldner vor dem Erlass der Anordnung nicht widerlegt wurden oder wenn lediglich fehlende Prozessvoraussetzungen des Anordnungsverfahrens[10] oder die fehlende Glaubhaftmachung hierin geltend gemacht wurden.[11] Gleiches gilt für das spätere Entfallen eines Anspruches aus materiell-rechtlichen Gründen, z.B. wegen einer Anfechtung.[12]

7   Die **Beweislast** für die Rechtmäßigkeit der Anordnung liegt beim Gläubiger.[13] Das über die Klage entscheidende Gericht ist dabei grundsätzlich an die Rechtskraft der Entscheidung im Hauptsacheverfahren gebunden.[14] Gerade bei Änderung der Rechtslage nach der Anordnung, die den Anspruch auf Erlass einer Anordnung nachträglich ausschließt (siehe Rn. 4), kann der Gläubiger aber nachweisen, dass zum Zeitpunkt der Anordnung eine solche erlassen werden durfte. Da das Hauptsachegericht den Arrestgrund nicht prüft, ist dieser im Rahmen des Verfahrens nach § 945 ZPO immer zu prüfen. Ist die Hauptsacheklage noch nicht rechtskräftig entschieden, entscheidet der Richter im Rahmen der Schadensersatzklage sowieso frei. Eine Bindung an eine Entscheidung im Rechtsmittelverfahren über die einstweilige Anordnung scheidet aufgrund ihrer nur summarischen Prüfung ebenso aus.[15]

2. Fristablauf

8   **Unabhängig von der ursprünglichen Rechtmäßigkeit** der Anordnung entsteht ein Schadensersatzanspruch, wenn sie wegen Nichterhebung der Hauptsacheklage innerhalb der bestimmten Frist nach § 926 Abs. 2 ZPO oder wegen Nichterhebung des Rechtmäßigkeitsverfahrens innerhalb der bestimmten Frist nach § 942 Abs. 3 ZPO aufgehoben wurde. Eine entsprechende Anwendung auf andere Aufhebungen wegen Fristabläufen (z.B. §§ 927, 929 ZPO) ist nicht möglich, andererseits kann der Gläubiger auch nicht geltend machen, die Aufhebung hätte anstelle von § 926 ZPO oder § 942 ZPO auch wegen anderen Normen wie z.B. § 927 ZPO erfolgen können.[16] Die Anordnung muss allerdings auch tatsächlich aufgehoben worden sein, woran das über die Schadensersatzklage entscheidende Gericht gebunden ist.[17]

II. Umfang des Schadensersatzes

9   Der Schadensersatzanspruch aus § 945 ZPO umfasst den unmittelbaren oder mittelbaren **Vollziehungsschaden** nach den §§ 249 ff. BGB. Auch ein Mitverschulden ist zu beachten.[18] Soweit der Gläubiger zur Abwendung oder Aufhebung Sicherheit geleistet hat, ist auch ein dadurch entstandener Schaden zu ersetzen.[19] Auch entgangener Gewinn ist zu ersetzen, was insbesondere bei Unterlassungsverfügungen relevant ist.[20] Ebenso kommt Schmerzensgeld in Betracht, soweit der immaterielle Schaden (wie jeder Schaden) adäquat kausal durch die Anordnung entstanden ist.[21]

10 Nicht zu ersetzen ist dagegen der reine **Anordnungsschaden**. Dies sind Schäden, die aufgrund des Verfahrens oder lediglich aufgrund der Anordnung entstehen, insbesondere Imageschädigungen oder Schäden, die unabhängig vom Vollzug eingetreten sind.[22] Diese Schäden sind jedoch gegebenenfalls nach den §§ 823 ff. BGB zu ersetzen. Kosten, die aufgrund des Verfahrens selbst oder im Rechtsmittelverfahren entstehen, sind ebenso von § 945 ZPO nicht umfasst, diese können nur durch einen Antrag auf Änderung der Kostenentscheidung im Aufhebungs-

---

8 Vgl. OLG Köln, OLGR 2003, 194.
9 BGH, NJW 1989, 106 = MDR 1988, 936.
10 Zöller-*Vollkommer*, ZPO, § 945 Rn. 8.
11 MK-*Drescher*, ZPO, § 945 Rn. 12 m.w.N.
12 BeckOK-*Mayer*, ZPO, § 945 Rn. 14.
13 BGH, NJW-RR 1992, 998 (1001) = MDR 1992, 1048 (1051).
14 BGH, NJW 1988, 3268 = MDR 1989, 59.
15 KG Berlin, NJW-RR 1987, 448 = GRUR 1987, 940; OLG Karlsruhe, NJW 1984, 744 = GRUR 1984, 156.
16 MK-*Drescher*, ZPO, § 945 Rn. 18 m.w.N.; a.A. Zöller-*Vollkommer*, ZPO, § 945 Rn. 12.
17 Zöller-*Vollkommer*, ZPO, § 945 Rn. 12.
18 BGH, NJW 1986, 1107 (1108) = MDR 1986, 386 (388).
19 MK-*Drescher*, ZPO, § 945 Rn. 21.
20 BGH, NJW 2006, 2767 (2768) = MDR 2007, 148 (151).
21 Schuschke/Walker-*Walker*, Vollstreckung und Vorläufiger Rechtsschutz, § 945 Rn. 26.
22 MK-*Drescher*, ZPO, § 945 Rn. 24; dagegen jedoch sehr wohl die Aufwendungen, die zur Minderung des Schadens der zu Unrecht erlassenen Verfügung dienen, z.B. Imagekampagnen, BGH, NJW 1993, 2685 = MDR 1994, 151.

verfahren nach § 927 Abs. 1 ZPO geltend gemacht werden.[23] Schäden, die von § 945 ZPO erfasst werden, können jedoch nicht zusätzlich durch §§ 280 ff. BGB oder §§ 823 ff. BGB geltend gemacht werden.[24]

Die Schadensberechnung richtet sich nach §§ 249 ff. BGB und wird vom Gericht nach § 287 Abs. 1 ZPO nach freier Überzeugung bestimmt. 11

C. Verfahren

Die Klage nach § 945 ZPO ist unabhängig von der Zuständigkeit im Eilverfahren als ordentlicher Zivilprozess zu führen.[25] Insofern sind die Prozessvoraussetzungen und die Zuständigkeiten dem allgemeinen Prozessrecht zu entnehmen. 12

§ 945a
Einreichung von Schutzschriften

(1) [1]Die Landesjustizverwaltung Hessen führt für die Länder ein zentrales, länderübergreifendes elektronisches Register für Schutzschriften (Schutzschriftenregister). [2]Schutzschriften sind vorbeugende Verteidigungsschriftsätze gegen erwartete Anträge auf Arrest oder einstweilige Verfügung.

(2) [1]Eine Schutzschrift gilt als bei allen ordentlichen Gerichten der Länder eingereicht, sobald sie in das Schutzschriftenregister eingestellt ist. [2]Schutzschriften sind sechs Monate nach ihrer Einstellung zu löschen.

(3) [1]Die Gerichte erhalten Zugriff auf das Register über ein automatisiertes Abrufverfahren. [2]Die Verwendung der Daten ist auf das für die Erfüllung der gesetzlichen Aufgaben Erforderliche zu beschränken. [3]Abrufvorgänge sind zu protokollieren.

Inhalt:

	Rn.		Rn.
A. Allgemeines	1	C. Rechtsanwaltsgebühren	9
B. Zweck und Inhalt der Schutzschrift	7		

A. Allgemeines

§ 945a ZPO bezieht sich auf Schutzschriften. Diese sind im Gegensatz zum früheren Streit unfraglich zulässig. Abs. 1 ist Rechtsgrundlage für ein länderübergreifendes elektronisches Schutzschriftenregister, geführt durch die Landesjustizverwaltung Hessen sowie der Definition einer Schutzschrift. Abs. 2 dient der Fiktion der Einreichung der Schrift, sowie ihrer Löschung. Abs. 3 dient der Beschränkung des Zugriffs, der Gerichten vorbehalten ist. 1

Zu beachten ist, dass das bis zum 31.12.2015 durch die EEAR geführte Schutzschriftenregister vom 01.01.2016 an durch ein **neues Schutzschriftenregister** abgelöst wurde. Eine Einreichung ist nur noch über das neue Register möglich. Das neue Schutzschriftenregister findet sich unter: https://schutzschriftenregister.hessen.de/ 2

Die **Einreichung** kann unter https://www.zssr.justiz.de/oder über das elektronische Anwaltspostfach geschehen. Unter diesem Link ist auch die Rücknahme möglich. Siehe unbedingt die Einreichungsbedingungen unter: https://schutzschriftenregister.hessen.de/einreichung/einreichungsbedingungen sowie das Handbuch zum Bedienen des Online Formulars unter: https://schutzschriftenregister.hessen.de/sites/schutzschriftenregister.hessen.de/files/handbuch_zssr_of.pdf 3

Ist eine Schutzschrift im Schutzschriftregister eingestellt, gilt sie gegenüber allen ordentlichen Gerichten der Länder als eingegangen (§ 945a Abs. 2 Satz 1 ZPO). Die Recherchearbeit ist insofern den Gerichten übertragen. Eine Einstellung in das Schutzschriftenregister sollte grundsätzlich immer erfolgen, da es durchaus zu mehreren Gerichtsständen kommen kann und dem vorbeugenden Charakter nur mit der Zugangsfiktion des § 945a Abs. 2 Satz 1 ZPO gedient ist. Jedoch kann es sinnvoll sein, eine Schutzschrift auch zusätzlich schriftlich zu übermitteln, um das Verfahren zu beschleunigen oder die Kenntnisnahme sicherzustellen (siehe hierzu Rn. 5). 4

Die (zusätzliche) Einreichung einer schriftlichen Schutzschrift beim zuständigen Gericht bleibt allerdings weiter möglich,[1] da jedoch dann nicht die Fiktion des § 945a Abs. 2 Satz 1 ZPO gilt, dürfte der elektronische Weg immer gewählt werden. 5

---

23 BGH, NJW 1993, 2685 = MDR 1994, 151.
24 BeckOK-*Mayer*, ZPO, § 945 Rn. 8.
25 Eine Ausnahme bildet die Anordnung eines Schiedsgerichtes, beachte hierzu § 1041 Abs. 4 ZPO.

Zu § 945a:
1 BeckOK-*Mayer*, ZPO, § 945a Rn. 1.

6 Schutzschriften sind nach sechs Monaten zu **löschen** (§ 945a Abs. 2 Satz 2 ZPO), ihre Zugangsfiktion wirkt ab dann also nicht mehr. Insofern kann es nötig sein, eine Schutzschrift erneute einzustellen.

B. Zweck und Inhalt der Schutzschrift

7 Die Schutzschrift ist nach der Definition in § 945a Abs. 1 Satz 2 ZPO ein vorbeugender **Verteidigungsschriftsatz** gegen erwartete Anträge auf Arrest oder einstweilige Verfügung. Sie dient der Verteidigung in Fällen, in denen eben solche Anträge erwartet werden, in denen die Anberaumung einer mündlichen Verhandlung aber eventuell ausgeschlossen oder entbehrlich ist. Sie ist insbesondere im gewerblichen Rechtsschutz und Wettbewerbsrecht üblich (siehe hierzu auch § 937 Rn. 7). Häufig ist auch der Antrag, dass hilfsweise, also bei nicht Zurückweisung, nicht ohne mündliche Verhandlung zu entscheiden sei, enthalten.

8 Die Schutzschrift sollte insofern die (mutmaßlichen) Parteien, sowie einen Antrag auf Zurückweisung des (mutmaßlichen) Antrags enthalten. In der Begründung sind die Gründe anzuführen, die ansonsten in der mündlichen Verhandlung dargelegt werden würden, auszuführen und glaubhaft zu machen. Eine Vorlage findet sich unter: http://www.lto.de/juristen/musterdokumente/zpo/schutzschrift-gegen-einstweilige-verfuegung/

C. Rechtsanwaltsgebühren

9 Der Rechtsanwalt kann für die Erstellung und Einreichung einer Schutzschrift Gebühren nach Nr. 3100 VV-RVG mit 1,3-facher Verfahrensgebühr geltend machen, allerdings nur, wenn es tatsächlich zu einem Antrag auf Erlass einer einstweiligen Verfügung kommt, dann allerdings unabhängig davon, ob es zu einer späteren Rücknahme kommt.[2]

§ 945b
Verordnungsermächtigung

Das Bundesministerium der Justiz und für Verbraucherschutz hat durch Rechtsverordnung mit Zustimmung des Bundesrates die näheren Bestimmungen über die Einrichtung und Führung des Registers, über die Einreichung von Schutzschriften zum Register, über den Abruf von Schutzschriften aus dem Register sowie über die Einzelheiten der Datenübermittlung und -speicherung sowie der Datensicherheit und der Barrierefreiheit zu treffen.

1 § 945b ZPO ist Verordnungsermächtigung für die am 01.01.2016 in Kraft getretene Verordnung über das elektronische Schutzschriftenregister (SRV).[1] **Wichtige zu beachtende Regelungen in der SRV** sind die in § 1 Abs. 2 SRV genannten Form-, sowie die in § 2 und 3 SRV genannten Verfahrensvorschriften.[2] Die Vorschriften der SRV finden sich in Anhang 2.

ABSCHNITT 6
Grenzüberschreitende vorläufige Kontenpfändung

Vorbemerkungen zu §§ 946–959 ZPO

1 Die Neuregelung in §§ 946 ff. ZPO hat ihren Ursprung in der VO (EU) Nr. 655/2014, die seit 18.01.2017 in Kraft ist. Außer in Großbritannien und Dänemark gilt die VO in der gesamten EU. Ziel der VO ist die Möglichkeit, vorläufige Sicherungsmaßnahmen über Konten auch grenzüberschreitend durchzuführen. Dabei bedeutet grenzüberschreitend, dass sich das zu sichernde Guthabenkonto in einem anderen Mitgliedstaat als das mit der Sache befasste Gericht oder als der Wohnsitz des Antragstellers befinden muss.

2 Ein **Anwaltszwang** existiert nicht. Es besteht aber ein **Formularzwang** (Art. 8, 52 Abs. 2 VO [EU] Nr. 655/2014).

---

2 BGH, NJW-RR 2008, 1093 = MDR 2008, 1126; anders noch: BGH, NJW 2003, 1257 = Rpfleger 2003, 322.

Zu § 945b:
1 BGBl. I 2016, S. 2135.
2 *Bacher*, MDR 2015, 1329.

Titel 1
Erlass des Beschlusses zur vorläufigen Kontenpfändung

§ 946
Zuständigkeit

(1) ¹Für den Erlass des Beschlusses zur vorläufigen Kontenpfändung nach der Verordnung (EU) Nr. 655/2014 des Europäischen Parlaments und des Rates vom 15. Mai 2014 zur Einführung eines Verfahrens für einen Europäischen Beschluss zur vorläufigen Kontenpfändung im Hinblick auf die Erleichterung der grenzüberschreitenden Eintreibung von Forderungen in Zivil- und Handelssachen (ABl. L 189 vom 27.6.2014, S. 59) ist das Gericht der Hauptsache zuständig. ²Die §§ 943 und 944 gelten entsprechend.

(2) Hat der Gläubiger bereits eine öffentliche Urkunde (Artikel 4 Nummer 10 der Verordnung (EU) Nr. 655/2014) erwirkt, in der der Schuldner verpflichtet wird, die Forderung zu erfüllen, ist das Gericht zuständig, in dessen Bezirk die Urkunde errichtet worden ist.

Die Vorschrift ergänzt Art. 6 der VO (EU) Nr. 655/2014. Zuständig ist das Gericht der Hauptsache. In der ersten Instanz ist dieses Gericht zuständig. Befindet sich die Angelegenheit in der zweiten Instanz, so entscheidet das zweitinstanzliche Gericht. 1

Bei Vorliegen einer öffentlichen Urkunde ist das Gericht, das die Urkunde errichtet hat, zuständig. 2

§ 947
Verfahren

(1) ¹Der Gläubiger kann sich in dem Verfahren auf Erlass des Beschlusses zur vorläufigen Kontenpfändung aller Beweismittel sowie der Versicherung an Eides statt bedienen. ²Nur eine Beweisaufnahme, die sofort erfolgen kann, ist statthaft.

(2) ¹Das Gericht darf die ihm nach Artikel 14 Absatz 6 der Verordnung (EU) Nr. 655/2014 übermittelten Kontoinformationen für die Zwecke des jeweiligen Verfahrens auf Erlass eines Beschlusses zur vorläufigen Kontenpfändung speichern, übermitteln und nutzen. ²Soweit übermittelte Kontoinformationen für den Erlass des Beschlusses zur vorläufigen Kontenpfändung nicht erforderlich sind, sind sie unverzüglich zu sperren oder zu löschen. ³Die Löschung ist zu protokollieren. ⁴§ 802d Absatz 1 Satz 3 gilt entsprechend.

Die Vorschrift ist die Ergänzung zu Art. 7, 9 VO (EU) Nr. 655/2014. Der Antrag ist **mindestens glaubhaft** zu machen (§ 294 ZPO). Ansonsten ist eine Beweisaufnahme nicht statthaft, soweit sie nicht sofort erfolgen kann. 1

Abs. 2 regelt die Datenspeicherung und außerdem die Sperrung und Löschung nicht benötigter Daten. 2

§ 948
Ersuchen um Einholung von Kontoinformationen

(1) Zuständige Auskunftsbehörde gemäß Artikel 14 der Verordnung (EU) Nr. 655/2014 für die Einholung von Kontoinformationen ist das Bundesamt für Justiz.

(2) Zum Zweck der Einholung von Kontoinformationen nach Artikel 14 der Verordnung (EU) Nr. 655/2014 darf das Bundesamt für Justiz das Bundeszentralamt für Steuern ersuchen, bei den Kreditinstituten die in § 93b Absatz 1 der Abgabenordnung bezeichneten Daten abzurufen (§ 93 Absatz 8 der Abgabenordnung).

(3) ¹Das Bundesamt für Justiz protokolliert die eingehenden Ersuchen um Einholung von Kontoinformationen gemäß Artikel 14 der Verordnung (EU) Nr. 655/2014. ²Zu protokollieren sind ebenfalls die Bezeichnung der ersuchenden Stelle eines anderen Mitgliedstaates der Europäischen Union, der Abruf der in § 93b Absatz 1 der Abgabenordnung bezeichneten Daten und der Zeitpunkt des Eingangs dieser Daten sowie die Weiterleitung der eingegangenen Daten an die ersuchende Stelle. ³Das Bundesamt für Justiz löscht den Inhalt der eingeholten Kontoinformationen unverzüglich nach deren Übermittlung an die ersuchende Stelle; die Löschung ist zu protokollieren.

1 In Deutschland ist nach der Norm das Bundesamt für Justiz die zuständige Auskunftsbehörde nach Art. 14 VO (EU) Nr. 655/2014, um dem Gläubiger die erforderliche Auskunft zu erteilen. Dabei kann das Bundesamt für Justiz vom Bundeszentralamt für Steuern Informationen einholen.

§ 949
Nicht rechtzeitige Einleitung des Hauptsacheverfahrens

(1) Ein im Inland erlassener Beschluss zur vorläufigen Kontenpfändung wird nach Artikel 10 Absatz 2 Unterabsatz 1 der Verordnung (EU) Nr. 655/2014 durch Beschluss widerrufen.

(2) ¹Zuständige Stelle, an die gemäß Artikel 10 Absatz 2 Unterabsatz 3 der Verordnung (EU) Nr. 655/2014 das Widerrufsformblatt zu übermitteln ist, ist das Amtsgericht, in dessen Bezirk das Vollstreckungsverfahren stattfinden soll oder stattgefunden hat. ²Ist ein in einem anderen Mitgliedstaat der Europäischen Union erlassener Beschluss zur vorläufigen Kontenpfändung im Inland zu vollziehen, hat das Amtsgericht nach Satz 1 den Beschluss, durch den das Gericht den Beschluss zur vorläufigen Kontenpfändung widerrufen hat, der Bank im Sinne des Artikels 4 Nummer 2 der Verordnung (EU) Nr. 655/2014 zuzustellen.

1 Die Norm gilt ergänzend zu Art. 10 VO (EU) Nr. 655/2014.

2 Der **Widerruf** des Beschlusses zur vorläufigen Kontenpfändung muss ergehen, wenn die Einleitung der Hauptsache nicht rechtzeitig nachgewiesen wird. Die Frist für den Nachweis beträgt 30 Tage nach Einreichung des Antrags oder 14 Tage ab dem Erlass des Beschlusses. Maßgebend ist der **spätere Zeitpunkt**. Eine **Fristverlängerung** ist möglich.

Titel 2
Vollziehung des Beschlusses zur vorläufigen Kontenpfändung

§ 950
Anwendbare Vorschriften

Auf die Vollziehung des Beschlusses zur vorläufigen Kontenpfändung sind die Vorschriften des Achten Buchs über die Zwangsvollstreckung sowie § 930 Absatz 1 Satz 2 entsprechend anzuwenden, soweit die Verordnung (EU) Nr. 655/2014 und die §§ 951 bis 957 keine abweichenden Vorschriften enthalten.

1 Die Vorschriften der §§ 950–952 ZPO sind die Ergänzung zu Art. 23 ff. VO (EU) Nr. 655/2014. Der ausgeführte Beschluss über die vorläufige Kontopfändung hat die gleiche Wirkung wie ein Arrestpfandrecht (§ 930 Abs. 1 Satz 2 ZPO).

§ 951
Vollziehung von im Inland erlassenen Beschlüssen

(1) ¹Ist ein im Inland erlassener Beschluss zur vorläufigen Kontenpfändung im Inland zu vollziehen, hat der Gläubiger, der seinen Wohnsitz in einem anderen Mitgliedstaat der Europäischen Union hat, den Beschluss der Bank zustellen zu lassen. ²Ist der Beschluss in einem anderen Mitgliedstaat der Europäischen Union zu vollziehen, hat der Gläubiger die Zustellung gemäß Artikel 23 Absatz 3 Unterabsatz 1 der Verordnung (EU) Nr. 655/2014 an die Bank zu veranlassen.

(2) ¹Das Gericht, das den Beschluss erlassen hat, lässt dem Schuldner den Beschluss nach Artikel 28 der Verordnung (EU) Nr. 655/2014 zustellen; diese Zustellung gilt als Zustellung auf Betreiben des Gläubigers (§ 191). ²Eine Übersetzung oder Transliteration, die nach Artikel 28 Absatz 5 in Verbindung mit Artikel 49 Absatz 1 der Verordnung (EU) Nr. 655/2014 erforderlich ist, hat der Gläubiger bereitzustellen.

1 Der Gläubiger ist im Inland für die Zustellung des Beschlusses an die Bank in Form der Parteizustellung zuständig (§§ 191 ff. ZPO). Befindet sich die Bank in einem Mitgliedstaat ist die Zustellung über die dort zuständige Behörde durchzuführen.

2 Die **Zustellung** des Beschlusses erfolgt durch das Gericht. Diese Zustellung gilt nach Abs. 2 Satz 1 Hs. 2 als Parteizustellung.

§ 952
Vollziehung von in einem anderen Mitgliedstaat erlassenen Beschlüssen

(1) Zuständige Stelle ist
1. in den in Artikel 23 Absatz 3, 5 und 6, Artikel 25 Absatz 3 und Artikel 27 Absatz 2 der Verordnung (EU) Nr. 655/2014 bezeichneten Fällen das Amtsgericht, in dessen Bezirk das Vollstreckungsverfahren stattfinden soll oder stattgefunden hat,
2. in den in Artikel 28 Absatz 3 der Verordnung (EU) Nr. 655/2014 bezeichneten Fällen das Amtsgericht, in dessen Bezirk der Schuldner seinen Wohnsitz hat.

(2) Das nach Absatz 1 Nummer 1 zuständige Amtsgericht hat
1. in den in Artikel 23 Absatz 3 der Verordnung (EU) Nr. 655/2014 bezeichneten Fällen der Bank den Beschluss zur vorläufigen Kontenpfändung zuzustellen,
2. in den in Artikel 27 Absatz 2 der Verordnung (EU) Nr. 655/2014 bezeichneten Fällen der Bank die Freigabeerklärung des Gläubigers zuzustellen.

Die Norm regelt die Zuständigkeit (Abs. 1) und die Zustellung an die Bank (Abs. 2) bei Erlass der genannten Beschlüsse.

Titel 3
Rechtsbehelfe

§ 953
Rechtsbehelfe des Gläubigers

(1) Gegen die Ablehnung des Antrags auf Erlass eines Beschlusses zur vorläufigen Kontenpfändung und gegen den Widerruf des Beschlusses zur vorläufigen Kontenpfändung (§ 949 Absatz 1), soweit sie durch das Gericht des ersten Rechtszuges erfolgt sind, findet die sofortige Beschwerde statt.

(2) ¹Die in Artikel 21 Absatz 2 Satz 1 der Verordnung (EU) Nr. 655/2014 bezeichnete Frist von 30 Tagen für die Einlegung des Rechtsbehelfs beginnt mit der Zustellung der Entscheidung an den Gläubiger. ²Dies gilt auch in den Fällen des § 321a Absatz 2 für die Ablehnung des Antrags auf Erlass des Beschlusses durch das Berufungsgericht.

(3) Die sofortige Beschwerde gegen den Widerruf des Beschlusses zur vorläufigen Kontenpfändung ist innerhalb einer Notfrist von einem Monat ab Zustellung einzulegen.

Der Gläubiger kann in den genannten Fällen innerhalb von 30 Tagen **sofortige Beschwerde** einlegen. Es ist zu beachten, dass Abs. 2 **keine Monatsfrist** ist, sondern eine Frist von 30 Tagen. 1

Abweichend von Abs. 2 enthält Abs. 3 **eine Monatsfrist** für die Einlegung der sofortigen Beschwerde, wenn der Beschluss zur vorläufigen Kontenpfändung widerrufen wurde. 2

§ 954
Rechtsbehelfe nach den Artikeln 33 bis 35 der Verordnung (EU) Nr. 655/2014

(1) ¹Über den Rechtsbehelf des Schuldners gegen einen im Inland erlassenen Beschluss zur vorläufigen Kontenpfändung nach Artikel 33 Absatz 1 der Verordnung (EU) Nr. 655/2014 (Widerspruch) entscheidet das Gericht, das den Beschluss erlassen hat. ²Die Entscheidung ergeht durch Beschluss. ³Die Sätze 1 und 2 gelten entsprechend für den Widerspruch des Schuldners gemäß Artikel 33 Absatz 2 der Verordnung (EU) Nr. 655/2014 gegen die Entscheidung nach Artikel 12 der Verordnung (EU) Nr. 655/2014.

(2) ¹Über den Rechtsbehelf des Schuldners wegen Einwendungen gegen die Vollziehung eines Beschlusses zur vorläufigen Kontenpfändung im Inland nach Artikel 34 der Verordnung (EU) Nr. 655/2014 entscheidet das Vollstreckungsgericht (§ 764 Absatz 2). ²Für den Antrag nach Artikel 34 Absatz 1 Buchstabe a der Verordnung (EU) Nr. 655/2014 gelten § 850k Absatz 4 und § 850l entsprechend.

(3) ¹Über Rechtsbehelfe, die nach Artikel 35 Absatz 3 und 4 der Verordnung (EU) Nr. 655/2014 im Vollstreckungsmitgliedstaat eingelegt werden, entscheidet ebenfalls das Vollstre-

ckungsgericht. ²Sofern nach Artikel 35 der Verordnung (EU) Nr. 655/2014 das Gericht zuständig ist, das den Beschluss zur vorläufigen Kontenpfändung erlassen hat, ergeht die Entscheidung durch Beschluss.
(4) ¹Zuständige Stelle ist in den Fällen des Artikels 36 Absatz 5 Unterabsatz 2 der Verordnung (EU) Nr. 655/2014 das Amtsgericht, in dessen Bezirk das Vollstreckungsverfahren stattfinden soll oder stattgefunden hat. ²Dieses hat den Beschluss der Bank zuzustellen.

1 **Abs. 1** ergänzt Art. 33 VO (EU) Nr. 655/2014. Zuständig für den Rechtsbehelf des Schuldners gegen den Erlass des Beschlusses ist das Gericht, das den Beschluss erlassen hat. Art. 36 VO (EU) Nr. 655/2014 regelt das Verfahren.
2 **Abs. 2** ergänzt Art. 34 VO (EU) Nr. 655/2014. Zuständig bei einem Rechtsbehelf, der sich nicht gegen den Erlass des Beschlusses, sondern gegen die Vollziehung des Beschlusses richtet, ist das Vollstreckungsgericht.
3 Für die in **Abs. 3** genannten Rechtsbehelfe ist ebenfalls das Vollstreckungsgericht zuständig.
4 Nach **Abs. 4** ist das Amtsgericht, in dessen Bezirk das Vollstreckungsverfahren stattfinden soll, für die dort genannten Entscheidungen zuständig.

§ 955
Sicherheitsleistung nach Artikel 38 der Verordnung (EU) Nr. 655/2014

¹Für die Entscheidung über Anträge des Schuldners auf Beendigung der Vollstreckung wegen erbrachter Sicherheitsleistung nach Artikel 38 Absatz 1 Buchstabe b der Verordnung (EU) Nr. 655/2014 ist das Vollstreckungsgericht zuständig. ²Die Entscheidung nach Artikel 38 Absatz 1 der Verordnung (EU) Nr. 655/2014 ergeht durch Beschluss.

1 Die Vorschrift gilt ergänzend zu Art. 38 VO (EU) Nr. 655/2014 und erklärt das Vollstreckungsgericht für zuständig, wenn bei erbrachter Sicherheitsleistung die Vollstreckung beendet werden soll.

§ 956
**Rechtsmittel gegen die Entscheidungen
nach § 954 Absatz 1 bis 3 und § 955**

(1) ¹Gegen die Entscheidungen des Vollstreckungsgerichts nach § 954 Absatz 2 und 3 Satz 1 sowie nach § 955 Satz 1 findet die sofortige Beschwerde statt. ²Dies gilt auch für Entscheidungen des Gerichts des ersten Rechtszugs in den Fällen des § 954 Absatz 1 und 3 Satz 2 sowie des § 955 Satz 2.
(2) Die sofortige Beschwerde ist innerhalb einer Notfrist von einem Monat ab Zustellung der Entscheidung einzulegen.

1 Gegen die genannten Entscheidungen ist ergänzend zu Art. 37 VO (EU) Nr. 655/2014 die **sofortige Beschwerde** statthaft. Sie ist innerhalb eines Monats einzulegen.

§ 957
Ausschluss der Rechtsbeschwerde

In Verfahren zur grenzüberschreitenden vorläufigen Kontenpfändung nach der Verordnung (EU) Nr. 655/2014 findet die Rechtsbeschwerde nicht statt.

1 Die Norm stellt klar, dass eine **Rechtsbeschwerde** (§ 574 ff. ZPO) bei einer vorläufigen Kontenpfändung **nicht statthaft** ist.

Titel 4
Schadensersatz; Verordnungsermächtigung

§ 958
Schadensersatz

¹Erweist sich die Anordnung eines Beschlusses zur vorläufigen Kontenpfändung, der im Inland vollzogen worden ist, als von Anfang an ungerechtfertigt, so ist der Gläubiger verpflichtet, dem Schuldner den Schaden zu ersetzen, der ihm aus der Vollziehung des Beschlusses oder dadurch entsteht, dass er Sicherheit leistet, um die Freigabe der vorläufig gepfändeten Gelder oder die Beendigung der Vollstreckung zu erwirken. ²Im Übrigen richtet sich die Haftung des Gläubigers gegenüber dem Schuldner nach Artikel 13 Absatz 1 und 2 der Verordnung (EU) Nr. 655/2014.

Die Norm ergänzt Art. 13 VO (EU) Nr. 655/2014. Die Haftung des Gläubigers bei Vorliegen der Voraussetzungen des Satz 1 ist **verschuldensunabhängig**. Ansonsten ist das Verschulden des Gläubigers immer zu prüfen. 1

§ 959
Verordnungsermächtigung

(1) Die Landesregierungen können die Aufgaben nach Artikel 10 Absatz 2, Artikel 23 Absatz 3, 5 und 6, Artikel 25 Absatz 3, Artikel 27 Absatz 2, Artikel 28 Absatz 3 sowie Artikel 36 Absatz 5 Unterabsatz 2 und 3 der Verordnung (EU) Nr. 655/2014 einem Amtsgericht für die Bezirke mehrerer Amtsgerichte durch Rechtsverordnung zuweisen.
(2) Die Landesregierungen können die Ermächtigung nach Absatz 1 durch Rechtsverordnung einer obersten Landesbehörde übertragen.

Es besteht für die Landesregierungen die Möglichkeit, die in Abs. 1 genannten Aufgaben einem Amtsgericht für mehrere Bezirke zuzuweisen. 1

BUCH 9
(weggefallen)

§§ 960 bis 1024
(weggefallen)

BUCH 10
Schiedsrichterliches Verfahren

Vorbemerkungen zu §§ 1025–1066 ZPO

Inhalt:

	Rn.		Rn.
A. Normzweck	1	D. Problematik bezüglich	
B. Abgrenzungen, Sonderregeln	3	Freihandelsabkommen	9
C. Verfassungsrechtliche Bedenken	7	E. Völkerrecht	10

A. Normzweck

Die Zivilprozessordnung ermöglicht und regelt in ihrem 10. Buch private Gerichtsbarkeit als **Gerichtsbarkeitsalternative**, die im Anwendungsfall gleichzeitig nahezu vollständig staatliche Gerichte verdrängt (Derogation). Vorteile der Schiedsgerichtsbarkeit können besondere Fachkunde der Schiedsrichter, Geheimhaltung, Zeit-[1] und Kostenersparnis, freiere Prozessgestaltung, Vermeidung von Präzedenzentscheidungen, Vorhersehbarkeit,[2] Wahl der Verfahrenssprache und internationale Geltung sein.[3] Die **praktische Bedeutung** der Schiedsgerichtsbarkeit liegt v.a. im Wirtschaftsrecht, dort insbesondere bei grenzüberschreitenden[4] oder komplexen Geschäftsbeziehungen,[5] beispielsweise auch im Gesellschaftsrecht.[6] 1

Der Rechtsstandort Deutschland wird bezweckstermaßen im „internationalen Wettbewerb" der Rechtssysteme gestärkt,[7] wovon insbesondere die heimische Wirtschaft profitiert, der ein anwenderfreundliches, verlässliches, den hiesigen Rechtsteilnehmern geläufiges und zugleich gestaltbares Gerichtssystem eröffnet wird. Die staatliche Gerichtsbarkeit selbst wird einerseits durch die Verlagerung von Streitigkeiten auf Schiedsgerichte entlastet, fürchtet aber andererseits zugleich deren Konkurrenz.[8] 2

B. Abgrenzungen, Sonderregeln

In der **Arbeitsgerichtsbarkeit** gehen §§ 101 ff. ArbGG vor.[9] Bei **Patentstreitigkeiten** ist Art. 35 Übereinkommen v. 19.02.2013 zu beachten. 3

---

1 Zu Eilschiedsrichtern *Horn*, SchiedsVZ 2016, 22 ff.
2 *Pickrahn*, SchiedsVZ 2016, 173.
3 Jew. diff. *Laumen*, MDR 2015, 1276; *Maier-Reimer/Niemeyer*, NJW 2015, 1713 (1719) zum Unternehmenskauf; *Keller/Netzer*, BB 2013, 1347 zum Finanzmarkt-/BankenR; *Schroeder*, KritV 2012, 145 ff.; *Garbe-Emden*, BauR 2012, 1035 ff.; *Gross*, IBR 2012, 438 ff.; *Mankowski*, ZEV 2014, 395 zum ErbR; *Kapellmann*, NZBau 2016, 67 (68) (IV.); *Hök*, NZBau 2011, 385 zum BauR; *Dahm*, ZMGR 2009, 198 zum Medizinrecht; *Berger*, SchiedsVZ 2009, 289 ff.
4 *Pörnbacher/Loos/Baur*, BB 2011, 711; *Lejeune*, ITRB 2008, 116; *Jungk*, BB Beilage 2001, Nr. 6, 4 (WIPO-Domainstreits).
5 Grundlegend *Thümmel*, FS Kaissis, S. 1027 ff.; *Müller*, NZM 2016, 185 (189), 3; *Berger*, AnwBl 2009, 771.
6 Grundlegend *Thümmel*, FS Kaissis, S. 1027 ff.; *Heinrich*, NZG 2016, 1406; *Wicke*, ZGR 2012, 450 (469, 478, 480); *Raeschke-Kessler*, AnwBl 2011, 441.
7 Zu Anstrengungen des BMJV im Jahre 2016: *Wolff*, SchiedsVZ 2016, 293; krit. zum Wettbewerb der Schiedsorte im Hinblick auf eingeschränkte *ordre-public*-Kontrolle im Kartellrecht *Ason*, WuW 2014, 1057; vgl. *Wagner*, ZVglRWiss 2015, 494 f.; vgl. noch OLG München, SchiedsVZ 2015, 40 (Pechstein), erfolgte negative *ordre public* Prüfung (aber BGH v. 07.06.2016, KZR 6/15, juris); *Schockenhoff*, NZG 2015, 409 (zulässige Geheimhaltung von Complianceverstößen); *Duve/Sattler*, AnwBl 2012, 2 zu Zukunftsperspektiven; vgl. v. *Pommern-Peglow*, ZRP 2015, 178.
8 Kann sich aber auch von deren Verfahrensweise *de lege ferenda* inspirieren lassen, so *Raeschke-Kessler*, AnwBl 2015, 822 ff.
9 Zöller-*Geimer*, ZPO, vor § 1025 Rn. 8.

4   Abzugrenzen[10] ist die Schiedsgerichtsbarkeit von der **Mediation oder Schiedsgutachten,**[11] die anders als das Schiedsgericht keine volle Entscheidungsbefugnis mit Rechtskraftwirkung (§ 1055 ZPO) und staatlicher Vollstreckbarkeit (§§ 1060 f. ZPO i. V. m. § 794 Abs. 1 Nr. 4 Buchst. a ZPO) haben.[12] Im Zweifel ist ein Schiedsgutachtenvertrag geschlossen,[13] worauf die §§ 1025 ff. ZPO nicht anwendbar sind.[14] Daneben stehen **Schiedspersonen** und **Gütestellen** (§ 15a EGZPO) sowie Einigungsstellen nach 15 UWG und Schiedsstellen nach § 14 Urh-WahrnG und § 105 VVG, die eine gütliche Einigung bezwecken, also **Schlichtungsstellen** sind.[15] Diese können zwar gem. §§ 794 Abs. 1 Ziff. 1, 797a ZPO zu Vollstreckungstiteln führen, sind aber kein Schiedsverfahren, da sie nicht das staatliche Verfahren ersetzen, sondern diesem lediglich verpflichtet vorgeschaltet sein sollen.[16] Schlichtungsverfahren vor kommunalen Schiedsstellen sind kein schiedsgerichtliches Verfahren.[17]

5   Nicht zu den vom 10. Buch erfassten Schiedsgerichten zählen die **öffentlich-rechtlichen, „unechten" Schiedsgerichte,** die durch Rechtsnorm oder völkerrechtlichen Vertrag eingesetzt sind, wie beispielsweise der Internationale Gerichtshof (IGH) und der Ständige Schiedshof (Permanent Court of Arbitration = PCA), beide in Den Haag.[18] Genauso wenig ist die gesetzlich angeordnete Schiedsgerichtsbarkeit privater Rechtskonflikte erfasst.[19] **Kirchen,** (Sport-)[20] **Vereine,**[21] **Parteien,**[22] **Genossenschaften**[23] und **Verbände**[24] pflegen oft eigene Gerichtsbarkeiten zur Wahrung eigener Autonomie und Wertvorstellungen (§ 1029 Rn. 23). Anders als der Name suggeriert, sind **Verbands- oder Vereinsgerichte** keine Gerichte, sondern in aller Regel Organe der Gesellschaft bzw. Körperschaft.[25] Dies kann dennoch dazu führen, dass der verbandsinterne Weg vor Beschreiten des ordentlichen Rechtswegs ausgeschöpft sein muss.[26] Rein internes Handeln ist bloßes Organhandeln. Auch wenn der ordentliche Rechtsweg eröffnet bleibt[27] oder nicht durch einen neutralen Dritten entschieden wird, liegt kein Schiedsgericht gem. §§ 1025 ff. ZPO vor.[28]

6   Schiedsgerichte können als **ad hoc** oder ständige, **institutionalisierte** Schiedsgerichte auftreten.[29] Im ad hoc Fall regeln die Parteien die verfahrensrechtlichen Rahmenbedingungen selbst in der Schiedsvereinbarung, haben dadurch größte Freiheit und sparen Verwaltungsgebühren der Schiedsinstitution. Die Freiheit fordert Sachkenntnis und zeitliche Ressourcen zur Ausgestaltung. Schiedsinstitution bieten die Verwaltung (nicht Entscheidung) von Schiedsverfahren, geben Schiedsordnungen und Vertrags-Musterklauseln und Schiedsrichter-Kostenregelungen

---

10 Grds. zur Abgrenzung OLG Oldenburg, SchiedsVZ 2006, 223; *Unberath,* NJW 2011, 1320; *Kröll,* SchiedsVZ 2012, 137; *Kröll,* NJW 2009, 1183; vgl. auch Dreyer/Lamm/Müller, RDG, § 2 Rn. 56.
11 BGH, NJW 2001, 3775; OLG München, 26.01.2016, 34 SchH 13/15, juris; OLG Hamburg, IBR 2015, 697; OLG Düsseldorf, BauR 2010, 919; OLG München, MDR 2005, 1186; OLG Stuttgart, Justiz 2002, 410; MK-*Münch,* ZPO, vor § 1025 Rn. 45; ausführlich *Greger/Stubbe,* Schiedsgutachten, 2007, Rn. 11.
12 OLG Brandenburg, NJW-RR 2014, 405.
13 OLG Düsseldorf, EWiR 1998, 1019 mit Anm. *Kröll;* anders aber MK-*Münch,* ZPO, vor § 1025 Rn. 57.
14 MK-*Münch,* ZPO, vor § 1025 Rn. 58; Palandt-*Grüneberg,* BGB, § 317 Rn. 7 ff. jeweils m.w.N.; ausführlich differenzierend Musielak/Voit-*Voit,* ZPO, § 1029 Rn. 17.
15 Baumbach/Lauterbach/Albers/Hartmann, ZPO, vor § 1025 Rn. 11; MK-*Münch,* ZPO, vor § 1025 Rn. 21 ff.
16 BVerfG v. 28.07.2016, 1 BvR 1567/16, juris, 2.b.aa.
17 OLG Rostock, BauR 2014, 1361, Rn. 7.
18 MK-*Münch,* ZPO, vor § 1025 Rn. 2.
19 BGHZ 128, 380, Rn. 11 = ZIP 1995, 678.
20 Zur Sport(schieds)gerichtsbarkeit *Engelbrecht,* AnwBl 2001, 637; v. *Westphalen,* SpuRt 2015, 186 (zu Pechstein); vgl. OLG Koblenz, SpuRt 2015, 29, juris, Rn. 18.
21 BGH, NJOZ 2015, 1104; OLG München, SpuRt 2015, 217, Rn. 9; OLG Frankfurt a.M., SpuRt 2013, 206 (SchiedsG bejahend); OLG Köln v. 16.11.2012, 19 Sch 24/12, juris; OLG Hamm, 27.04.2009, 8 SchH 2/08, juris; ausführlich *Röcken,* MDR 2014, 879.
22 Vgl. OLG Köln, NVwZ 1991, 1116 (1116 f.), I.
23 OLG Köln v. 11.02.2014, 19 Sch 5/14, juris.
24 Zu FIFA und CAS offenlassend OLG Koblenz, SpuRt 2015, 29, II.
25 MK-*Münch,* ZPO, vor § 1025 Rn. 2, vgl. aber dort § 1051 Rn. 18 ff.; Abgrenzungskriterien liefern KG Berlin v. 28.03.2013, 20 SchH 10/12, juris; OLG Köln v. 16.11.2012, 19 Sch 24/12, juris.
26 OLG Koblenz, SpuRt 2015, 29, II.; BAG, NZA-RR 2015, 26, II.2.
27 BGH, NJW 2014, 2226; *Kröll,* NJW 2003, 791 (794).
28 BGH, NJW 2004, 2226 (2226 f.), II.2.b.
29 *Berger,* AnwBl 2009, 771; ausführlich zur Rolle MK-*Münch,* ZPO, vor § 1034 Rn. 71 ff.

heraus und fordern dafür Gebühren (etwa 1–2 % des Streitwerts). Ist ein **Schiedssekretär** involviert, ist dessen Rolle zu klären.[30]

C. Verfassungsrechtliche Bedenken

Verfassungsrechtliche Bedenken gegenüber dem Schiedsgerichtswesen greifen nicht durch.[31] Insbesondere ist die Befürchtung unbegründet, der Justizgewährungsanspruch des Art. 19 Abs. 4 GG werde durch eine „Paralleljustiz" ausgehöhlt.[32] Denn er begründet kein nationales Gerichtsmonopol. Vielmehr erkennt die deutsche Rechtsordnung ausländische Urteile an und diese auch aus Staaten, deren gerichtliches Niveau das deutsche nicht erreicht und auch hinter der Schiedsgerichtsbarkeit zurückbleibt. Der Vorhalt staatlicher Gerichte ist Erfüllung des Justizgewährungsanspruchs, ohne damit einhergehende Justizinanspruchnahmepflicht. Die Eröffnung des Schiedsgerichtswegs ist Ausdruck der **Privatautonomie**.[33] Wie sich bereits in den Grundsätzen des Parteiprozesses niederschlägt, hat der Staat kein eigenes Interesse, die Entscheidung eines bestimmten Falles an sich zu ziehen.[34] Zivile Streitigkeiten können ohnehin ohne staatliche Beteiligung geregelt werden (allenfalls enge Ausnahmen wie z.B. Sorgerecht, Scheidung). Vor staatliche Gericht gebrachte Streite können ohne wesentliche staatliche Einflussmöglichkeit beendet werden (Erledigungserklärung, außergerichtlicher Vergleich). Der Staat stellt v. a. zweierlei sicher: Erstens, dass die Unterwerfung unter ein privates Gericht bei gleichzeitigem **Verzicht auf staatliche Gerichte freiwillig**,[35] also tatsächlich privatautonom erfolgt; zweitens, die **Etablierung eines formalen Mindestniveaus,** insbesondere die Unparteilichkeit des Schiedsrichters,[36] deren Durchsetzung die staatlichen Gerichte notfalls und unabdingbar sicherstellen.[37]

Diesen Anforderungen genügt das Schiedsgerichtswesen, denn die Mindestanforderungen des privaten Verfahrens sind in §§ 1025 ff. ZPO ausreichend kodifiziert, deren Vollzug durch staatliche Gerichte sichergestellt werden kann. Die Verfassungsmäßigkeit gilt selbst für nicht vertragliche Schiedsgerichte nach § 1066 ZPO aufgrund der Weite der Art. 9 Abs. 1 GG und Art. 14 Abs. 1 Satz 2 GG. Im Übrigen sind Art. 6 Abs. 1 EMRK und Art. 47 Abs. 2 EuGRCh eingehalten.[38]

D. Problematik bezüglich Freihandelsabkommen

Verhandlungen bezüglich **Freihandelsabkommen**, etwa TTIP und CETA, führten jüngst zu breiten öffentlichen Diskussionen, insbesondere die Rolle diesbezüglicher Schiedsgerichte.[39] Dem Investorenschutz, der durch die Förderung von Investitionen den Staaten zu Gute kommen soll, steht die faktische Einschränkung staatlicher Gestaltungsspielräume gegenüber.[40]

---

30 Zur Rollenklärung vgl. *Menz*, SchiedsVZ 2015, 210; Stein/Jonas-*Schlosser*, ZPO, § 1042 Rn. 32; vgl. UNCITRAL, PCA Case No. AA 227 (Yukos); Aufhebung: Rechtbank Den Haag v. 20.04.2016, C/09/477160/HA ZA 15-1.
31 Stellv. *Steiner*, SchiedsVZ 2013, 15; Stein/Jonas-*Schlosser*, ZPO, vor § 1025 Rn. 7.
32 *Steiner*, SchiedsVZ 2013, 15.
33 *Steiner*, SchiedsVZ 2013, 15.
34 Zöller-*Geimer*, ZPO, vor § 1025 Rn. 3; krit. allerdings soweit bei Anrufung staatlicher Gerichte zur Überprüfung des Schiedsspruchs die *ordre-public*-Kontrolle (im Kartellrecht) zurückgedrängt wird *Ason*, WuW 2014, 1057; vgl noch OLG München, SchiedsVZ 2015, 40 (Pechstein) mit effektiver staatlicher *ordre public* Prüfung des Schiedsspruchs, dazu *Bleistein/Degenhart*, NJW 2015, 1353; krit. auch *Schockenhoff*, NZG 2015, 409 (zulässige Geheimhaltung von Complianceverstößen). Großzügig entgegen OLG München, SchiedsVZ 2015, 40, aber BGH v. 07.06.2016, KZR 6/15, juris.
35 OLG München, SchiedsVZ 2015, 40 (Pechstein), nachdem Schiedsvereinbarungsannahme missbräuchliche Bedingung für Teilnahme an Sportwettkampf war und damit Schiedsspruch fehlerhaft; v. *Westphalen*, SpuRt 2015, 186; vgl. aber OLG Koblenz, SpuRt 2015, 29, II. Großzügig entgegen OLG München, SchiedsVZ 2015, 40 aber BGH v. 07.06.2016, KZR 6/15, juris, vehemente Kritik dazu *Bunte*, EWiR 2016, 415; *Lambertz*, jM 2016, 316; *Heermann*, NJW 2016, 2224.
36 BT-Drucks. 13/5274, S. 46 – li. Sp.; *Franz/Keune*, VersR 2013, 13; MK-*Münch*, ZPO, § 1042 Rn. 24.
37 *Steiner*, SchiedsVZ 2013, 15; *Geimer*, Schiedsgerichtsbarkeit und Verfassung, S. 161, 170; *Geimer*, ZfRV 1992, 330; *Steinbrück*, Die Unterstützung ausländischer Schiedsverfahren durch staatliche Gerichte, S. 63.
38 Zöller-*Geimer*, ZPO, vor § 1025 Rn. 4.
39 Vgl. zur Diskussion stellv. *Germelmann*, EuZW 2016, 207; *Trappe*, SchiedsVZ 2016, 235; *Gramlich/Conen*, SchiedsVZ 2015, 225; *Engel*, SchiedsVZ 2015, 218; *Prütting*, AnwBl 2015, 546; v. *Frankenberg*, DRiZ 2014, 238; dagegen *Balzer*, DRiZ 2015, 334; *Treier*, EuZW 2015, 334; *Classen*, EuZW 2014, 611; vgl. weiter *Sackmann*, SchiedsVZ 2015, 15; *Aden*, DZWir 2012, 360 – *de lege ferenda* für öffentliche Schiedsverfahren.
40 Vgl. auch *Ason*, WuW 2014, 1057 mangelnden Kartellrechtsschutz kritisierend.

Schiedsrichter, so die Kritik, müssten zudem EU-Recht nicht beachten und hätten auch keine Möglichkeit den EuGH im Wegen eines Vorabentscheidungsverfahrens anzurufen.[41] Ein allseits anerkanntes, transparentes, supranationales Schiedsgericht könnte allen Seiten Rechnung tragen, wäre jedoch erst mittelfristig zu entwickeln.

E. Völkerrecht

10 **Völkerrechtlich** ist Deutschland verpflichtet, Schiedsverträge anzuerkennen, Art. II Abs. 3 UnÜ. Die UNO hat mit der UNCITRAL-Gesetzesvorlage eine Empfehlung ausgesprochen. Dies passt sich in die EuGVVO ein. Zwischenstaatliche Schiedsverfahren sind etabliert.[42]

ABSCHNITT 1
Allgemeine Vorschriften

§ 1025
Anwendungsbereich

(1) Die Vorschriften dieses Buches sind anzuwenden, wenn der Ort des schiedsrichterlichen Verfahrens i. S. d. § 1043 Abs. 1 in Deutschland liegt.

(2) Die Bestimmungen der §§ 1032, 1033 und 1050 sind auch dann anzuwenden, wenn der Ort des schiedsrichterlichen Verfahrens im Ausland liegt oder noch nicht bestimmt ist.

(3) Solange der Ort des schiedsrichterlichen Verfahrens noch nicht bestimmt ist, sind die deutschen Gerichte für die Ausübung der in den §§ 1034, 1035, 1037 und 1038 bezeichneten gerichtlichen Aufgaben zuständig, wenn der Beklagte oder der Kläger seinen Sitz oder seinen gewöhnlichen Aufenthalt in Deutschland hat.

(4) Für die Anerkennung und Vollstreckung ausländischer Schiedssprüche gelten die §§ 1061 bis 1065.

Inhalt:

	Rn.		Rn.
A. Normzweck, Systematik, Abs. 1–4 ...	1	E. Fehlen einer Wahl	7
B. Folgen der Ortswahl, Abs. 1–4	2	F. Spaltung von Schiedsvereinbarung und -verfahren	9
C. Inländischer Schiedsort, Abs. 1	4		
D. Ausländischer Schiedsort, Abs. 2, 4 .	6		

A. Normzweck, Systematik, Abs. 1–4

1 Die Norm regelt den **Anwendungsbereich** des 10. Buchs für alle schiedsrichterlichen Verfahren, gleich ob national oder international, unter Zugrundelegung des **Territorialitätsprinzips**. Die Norm ist Bekenntnis zum Territorialitätsprinzip, nach der es auf den Ort des Schiedsverfahrens ankommt und damit gleichzeitig Abkehr von der Verfahrenstheorie, nach der es für die Nationalität auf das vom Schiedsgericht angewandte Verfahrensrecht ankommt.[1] Da das Territorialprinzip mittlerweile international üblich ist,[2] werden zugleich Kollisionsfragen reduziert.

B. Folgen der Ortswahl, Abs. 1–4

2 Ortswahl bedeutet Wahl des 10. Buches und zugleich Entscheidung darüber, ob ein inländischer oder ausländischer Schiedsspruch angestrebt wird, §§ 1054 Abs. 3, 1061 ZPO, sowie über die Zuständigkeit des staatlichen Gerichts nach § 1062 ZPO.

3 Abzustellen ist auf den gewählten, genauer: erklärten Ort des Verfahrens ab, § 1043 ZPO. Irrelevant sind daher insbesondere: Sitz des Schiedsgerichts, Sitz der Schiedsrichter, der Ort faktischer schiedsrichterlicher Tätigkeit,[3] inhaltliche Bezüge zum Verfahrensgegenstand, das vom Schiedsgericht anzuwendende materielle Recht. Weicht der Ort der faktischen Durchführung

---

[41] OLG Frankfurt a.M., SchiedsVZ 2013, 119 ff., aber § 1050 Rn. 4.
[42] Vgl. das 1. Haager Abkommen v. 18.10.1907; stellv. für EU-Binnenstreits *Vögele/Forster*, IStR 2006, 537.

Zu § 1025:
1 Baumbach/Lauterbach/Albers/Hartmann, ZPO, § 1025 Rn. 2; vgl. MK-*Münch*, ZPO, § 1061 Rn. 7.
2 Vgl. etwa Art. I UnÜ.
3 Baumbach/Lauterbach/Albers/Hartmann, ZPO, § 1025 Rn. 1.

des Schiedsverfahrens vom dafür erklärten Ort ab, stellt sich die Frage, ob diese Ortsabweichung rechtliche Bedeutung haben soll oder nicht. Dies ist im Wege der Auslegung zu klären. Eine konkludente Ortsverlegung i.S.d. §§ 1025, 1043 ZPO kann vorliegen.[4] Fehlt es an einer Bestimmung, bestimmt das Schiedsgericht den Ort, § 1043 Abs. 1 Satz 2 ZPO. **Praktikertipp**: Wird faktisch in einem anderen Land als in der Schiedsvereinbarung geregelt verhandelt, sollte zwischen allen Beteiligten geklärt werden, ob damit rechtliche Konsequenzen i.S.d. § 1025 ZPO einhergehen sollen.

C. Inländischer Schiedsort, Abs. 1

Liegt der Verfahrensort in Deutschland, handelt es sich um ein inländisches Verfahren. Dies gilt auch dann, wenn eine andere Rechtsordnung das Verfahren als ihm und damit nicht dem deutschen Recht zugehörig wertet. Das deutsche Recht gilt damit zwingend, wenngleich § 1042 Abs. 3 ZPO und § 1066 ZPO weitreichende Abweichungen zulassen. Eine generelle Ersetzung des deutschen Rechts ist selbst gewillkürt nicht möglich. Doch kann unter Wahrung der in § 1025 ZPO gesetzten Voraussetzungen ein ausländisches **Verfahrensrecht** gewählt werden (§ 1042 Abs. 3 ZPO). **Praktikertipp**: Soll ausschließlich ausländisches Verfahrensrecht gelten, aber in Deutschland verhandelt werden, kann das gewünschte ausländische Verfahrensrecht mit ausländischer Ortswahl festgelegt und ausdrücklich nur der faktische Verfahrensort in Deutschland genommen werden. 4

Voraussetzung ist, dass das jeweilige ausländische Recht dies zulässt (vgl. Rn. A oben), was bis auf **Missbrauchsfälle** der Fall sein sollte. Zu Gunsten der Verlässlichkeit der gewillkürten Rechtswahl ist von einem Missbrauch zurückhaltend auszugehen. Missbrauch kann etwa dann vorliegen, wenn keine Beziehung zum gewählten ausländischen Schiedsort besteht. In jedem Fall bleibt § 1031 ZPO zu beachten. 5

D. Ausländischer Schiedsort, Abs. 2, 4

Bei Wahl eines ausländischen Schiedsortes überlässt das deutsche Recht die **Verfahrenswahl** dem Parteiwillen oder nötigenfalls dem Schiedsgericht. Allerdings bleiben die Bestimmungen über Klage und einstweiligen Rechtsschutz beim staatlichen Gericht (§§ 1032, 1033 ZPO), staatsgerichtliche Unterstützung (§ 1050 ZPO) sowie Anerkennung und Vollstreckung (§§ 1061–1065 ZPO) anwendbar. Soweit das Vollstreckbarkeitsverfahren Züge eines Erkenntnisverfahrens hat, können dafür auch weitere Normen der ZPO herangezogen werden.[5] Das ausländische Schiedsverfahren führt zu einem ausländischen Schiedsspruch, der in Deutschland nach § 1061 ZPO anerkannt und für vollstreckbar erkannt werden kann. Die Anerkennbarkeit bleibt selbst dann bestehen, wenn nach dem geltenden ausländischen Recht die Geltung deutschen Verfahrensrechts abbedungen wurde.[6] 6

E. Fehlen einer Wahl

Fehlt es an einer ausdrücklichen Rechtswahl (§ 1029 Rn. 31 für Schiedsvereinbarung; § 1051 Rn. 1 für Sachentscheidung; § 1042 Rn. 8 für Schiedsverfahrensrecht) und ist diese auch nicht durch Auslegung zu ermitteln, nimmt die h.M. an, jedenfalls der stillschweigende Parteiwille gehe dahin (Art. 3 Abs. 2 Satz 2 Rom I-VO), dass der (Haupt-)Vertrag, auf den sich die Schiedsvereinbarung bezieht, und die Schiedsvereinbarung einheitlich von derselben Rechtsordnung erfasst werden sollen.[7] Daher ist im Zweifel auf den Hauptvertrag abzustellen. Lässt sich aber auch dem Hauptvertrag weder direkt noch durch Auslegung eine Rechtswahl entnehmen, so will die h.M. auf Art. 4 I–III Rom I-VO zurückgreifen.[8] Kritisch ist dabei, dass der Bezug zur in Frage stehenden Rechtswahl für die Schiedssache unsicherer wird.[9] Soweit möglich, sollte daher dem gesetzgeberischen Willen entsprechend auf das Territorialitätsprinzip zurückgegriffen werden. 7

Fehlt auch eine Ortswahl neben der fehlenden Rechtswahl, kann das Schiedsgericht einen Schiedsort unter pflichtgemäßem Ermessen festlegen, § 1043 Abs. 1 Satz 2 und Satz 3 ZPO. Fehlt auch dies, etwa weil das Schiedsgericht noch nicht konstituiert ist oder es die Ortswahl noch nicht vollzogen hat, so unterstützen die deutschen Gerichte über §§ 1032–1035, 1037, 1038 und 1050 ZPO v.a. bei der Konstituierung des Schiedsgerichts. Dieser Weg ist eröffnet, wenn eine Partei ihren Sitz oder gewöhnlichen Aufenthaltsort in Deutschland hat. Dies ist 8

---

4 Art. I UnÜ, Baumbach/Lauterbach/Albers/Hartmann, ZPO, § 1025 Rn. 2.
5 BGH, NJW-RR 2002, 933, II.1.
6 BT-Drucks. 13/5374, S. 31; Zöller-*Geimer*, ZPO, § 1025 Rn. 8.
7 Vgl. BGH, SchiedsVZ 2011, 46; dazu *Quinke*, SchiedsVZ 2011, 169; Zöller-*Geimer*, ZPO, § 1025 Rn. 10.
8 MK-*Münch*, ZPO, § 1051 Rn. 15; Musielak/Voit-*Voit*, Rn. 18 f.
9 Die h.M. ablehnend Zöller-*Geimer*, ZPO, § 1025 Rn. 11.

Mindestvoraussetzung für die Eröffnung der Geltung des 10. Buches und Eintrittstor zu einem schiedsgerichtlichen Verfahren über den Weg staatsgerichtlicher Hilfe. Diese Eröffnung ist nötig, falls ein Rudiment einer Schiedsklausel bereits den Weg zum staatlichen Gericht verschließt, ohne aber zu einem sofort greifbaren Schiedsverfahren zu führen.

F. Spaltung von Schiedsvereinbarung und -verfahren

9 Möglich ist, die Schiedsvereinbarung der einen, das Schiedsverfahren der anderen Rechtsordnung zu unterwerfen, wie § 1059 Abs. 2 Nr. 1 Buchst. a ZPO einerseits und § 1059 Abs. 2 Nr. 1 Buchst. d ZPO andererseits nahelegen. Außer in besonders bedachten Einzelfällen wird eine einheitliche Anwendung einer Rechtsordnung naheliegender sein. Im Auslegungsfall spricht dies gegen die Annahme einer gewünschten Spaltung.

§ 1026
Umfang gerichtlicher Tätigkeit

Ein Gericht darf in den in den §§ 1025 bis 1061 geregelten Angelegenheiten nur tätig werden, soweit dieses Buch es vorsieht.

1 Die Norm hat **deklaratorischen Charakter.** Sie betont die grds. **Verdrängung staatlicher Gerichtsbarkeit** durch die Schiedsgerichtsbarkeit, sog. **Derogation.** Ausnahmen regelt das 10. Buch ausdrücklich. Mit Gericht ist das staatliche Gericht gemeint.

2 Das Schiedsverfahren läuft vor dem Schiedsgericht, dem das staatliche Gericht allenfalls flankierend zur Wirkung verhelfen soll, vor allem bei Fragen der Konstituierung des Schiedsgerichts sowie der Sicherung und Geltung des Ergebnisses. Ansonsten greift die **Sperrwirkung** des § 1026 ZPO. So bleibt die **bloße Unterstützungsrolle des Staatsgerichts** etwa bei der Bestellung (§§ 1034, 1035 ZPO), Ablehnung (§ 1037 ZPO) oder Entlassung eines Schiedsrichters (§ 1038 ZPO), bei der Feststellung über die Zulässigkeit des schiedsrichterlichen Verfahrens (§ 1032 ZPO) oder bezüglich der Zuständigkeit eines Schiedsgerichts (§ 1040 ZPO), sowie bei vorläufigem Rechtsschutz (§ 1041 ZPO) und bzgl. der Geltung und Wirksamkeit des Schiedsspruchs (§§ 1059 ff. ZPO). Die Sperrwirkung beschränkt sich allerdings auf die durch das 10. Buch **„geregelten Angelegenheiten".** Soweit die §§ 1025 ff. ZPO keine Regelungen treffen, ist das Staatsgericht nicht verdrängt. Eine solche Regelungslücke ist jedoch nur in Ausnahmefällen anzunehmen, da nach dem Telos des 10. Buches das Schiedsverfahrensrecht vollständig geregelt wird.

§ 1027
Verlust des Rügerechts

¹Ist einer Bestimmung dieses Buches, von der die Parteien abweichen können, oder einem vereinbarten Erfordernis des schiedsrichterlichen Verfahrens nicht entsprochen worden, so kann eine Partei, die den Mangel nicht unverzüglich oder innerhalb einer dafür vorgesehenen Frist rügt, diesen später nicht mehr geltend machen. ²Dies gilt nicht, wenn der Partei der Mangel nicht bekannt war.

Inhalt:

	Rn.		Rn.
A. Normzweck	1	D. Kenntnis des Mangels, Satz 2	5
B. Geltungsbereich, Satz 1	2	E. Rechtsfolge, Satz 1	7
C. Rechtzeitigkeit der Rüge, Unverzüglichkeit, Satz 1	3		

A. Normzweck

1 Die Regelung dient der Verfahrensbeschleunigung und -sicherheit.

B. Geltungsbereich, Satz 1

2 Die Norm gilt für inländische Schiedsverfahren, § 1025 Abs. 1 ZPO. Erfasst werden **grds. alle Abweichungen von dispositiven Regelungen.** Unterschiedslos ist, ob das Gericht oder eine Partei, ob eine dispositive gesetzliche oder eine gewillkürte Verfahrensregel betroffen ist.[1] Bei-

---

[1] *Hilgard*, BB 2014, 1929; MK-*Münch*, ZPO, § 1027 Rn. 5.

spiele sind Nichteinhaltung von Regeln bzgl. Verfahrensort und -sprache, Ladungsfristen oder Nichtdurchführung vorgesehener mündlicher Verhandlung.[2] Die Abweichung von nicht dispositiven Regelungen wird von § 1027 ZPO nicht geregelt, sie sind auch ohne Rüge stets beachtlich.[3] Diesbezüglich kommt Heilung in Betracht: bei **Formmängeln** gem. § 1031 Abs. 6 ZPO, bei **Unzuständigkeit** des Schiedsgerichts nach § 1040 Abs. 2 ZPO. Für Fragen **verspäteten Vorbringens** ist § 1046 ZPO zu beachten.

C. Rechtzeitigkeit der Rüge, Unverzüglichkeit, Satz 1

Ist **Frist** bestimmt zur Erhebung von durch § 1027 ZPO erfassten Rügen, ist diese zu wahren – eine Selbstverständlichkeit – die § 1027 ZPO deklaratorisch festhält. Die Fristbestimmung kann bereits die Schiedsvereinbarung oder das Schiedsgericht treffen. 3

Fehlt es an einer geregelten Frist ist der Mangel **unverzüglich** zu rügen. Der RegE bietet eine widersprüchlich anmutende Auslegung an, nach der einerseits im Falle einer mündlichen Verhandlung, die Rüge in der nächsten mündlichen Verhandlung ausreiche,[4] andererseits bei Fehlen einer mündlichen Verhandlung, die Rüge schriftsätzlich sofort zu erfolgen habe. Wenngleich dem teils widerspruchslos gefolgt wird,[5] legt der Wortlaut der Norm ein Verständnis als „ohne prozesswidriges Zögern" näher, entsprechend „schuldhaftem Zögern" nach § 121 Abs. 1 BGB. Dem ist entgegen dem RegE-Wortlaut zu folgen, womit jdf bei offensichtlichen Verstößen eine Verspätung schon darin liegen kann, nicht sofort in der mündlichen Verhandlung zu rügen.[6] Gleichzeitig reicht ein unverzüglicher, nicht nötigenfalls sofortiger Schriftsatz bei fehlender mündlicher Verhandlung. Neben dem Wortlaut legt dies auch die Verwandtschaft zum ModG nahe: *„without undue delay"*. **Praktikertipp**: Wird der Mangel erkannt, soll aber eine Rüge zunächst nur vorbehalten werden, bietet sich eine Erörterung der Frage der Unverzüglichkeit mit dem Gericht an, um sich ggf. eine angemessene und verlässliche Frist setzen zu lassen. 4

D. Kenntnis des Mangels, Satz 2

Nur positive Kenntnis des Mangels kann zum Verlust des Rügerechts führen. Diese Anforderung entschärft die Präklusionsnorm. Grob fahrlässige Unkenntnis reicht nicht.[7] Verschulden bzgl. der Unkenntnis ist irrelevant.[8] Zwar regelt die Norm dogmatisch eine prozessuale Präklusion, doch das Erfordernis der Mangelkenntnis rückt sie faktisch in die Nähe des Verzichts. Die Kenntnis des **Verfahrensvertreters** wird wie in § 85 Abs. 2 ZPO und § 51 Abs. 2 ZPO zugerechnet.[9] § 1027 Satz 2 ZPO geht damit einen anderen Weg als der ansonsten vergleichbare § 296 Abs. 3 ZPO, wonach prozesshindernde Einreden zurückzuweisen sind, wenn sie entgegen § 282 Abs. 3 ZPO nicht rechtzeitig vorgebracht werden. Eine verspätete Rüge wird dort nur berücksichtigt, wenn die Verspätung genügend entschuldigt ist (§§ 296, 296a Rn. 17). Insoweit genügt dort einfaches Verschulden.[10] Wird die Verspätung dort nicht genügend entschuldigt, bleibt sie zwingend unberücksichtigt, ohne dass es auf eine Verzögerung des Rechtsstreits ankommt (§§ 296, 296a Rn. 17). Eine Entschuldigung ist hier dagegen nicht möglich.[11] Es besteht **keine Aufklärungspflicht des Schiedsgerichts** über das Vorliegen eines Mangels oder die Folgen der Nichtrüge.[12] 5

Der Rügewillige hat seine eigene **Unkenntnis zu beweisen**. Diese Beweislastregel ergibt sich aus der negativen Formulierung des Satz 2. Die Entschärfung der Präklusionsnorm wird dadurch wiederum gemindert. Zwar rettet die Unkenntnis, der Beweis eigener Unkenntnis als Beweis über innere Tatsachen ist aber regelmäßig schwierig.[13] Die Genese zum ModG und dieser Regel legt ein Verständnis der Beweislastregel als ausgleichendes Element im Erfassen der Unkenntnis, selbst wenn diese auf grober Fahrlässigkeit beruht, nahe. Vertreten wird, das bewusste „Augen verschließen" ggü. Mängeln über die Grundsätze von Treu und Glauben im Ergebnis der Kenntnis gleich zu stellen.[14] Aufgrund des klaren Wortlautes überzeugt 6

---

2 OLG Naumburg, NJW-RR 2003, 71.
3 *Hilgard*, BB 2014, 1929; MK-*Münch*, ZPO, § 1027 Rn. 5f.
4 Was, wie OLG Stuttgart, NJW-RR 2003, 495 (496) zeigt, unmittelbar der Fall sein kann.
5 Zöller-*Geimer*, ZPO, § 1027 Rn. 3.
6 Vgl. Musielak/Voit-*Voit*, ZPO, § 1027 Rn. 3.
7 MK-*Münch*, ZPO, § 1027 Rn. 12.
8 Baumbach/Lauterbach/Albers/Hartmann, ZPO, § 1027 Rn. 5.
9 Baumbach/Lauterbach/Albers/Hartmann, ZPO, § 1027 Rn. 6.
10 *Baudewin/Wegner*, NJW 2014, 1479 (1480).
11 MK-*Münch*, ZPO, § 1027 Rn. 12.
12 Diff. OLG München, BauR 2014, 322, II.2.b.
13 Instruktiv BGH, NJW 2013, 2182 (2183).
14 Musielak/Voit-*Voit*, ZPO, § 1027 Rn. 4.

dies nur für absolute Ausnahmefälle. In *praxi* besteht für einen solchen Lösungsweg ohnehin selten Bedarf, da dort dieselben Ergebnisse über die „Beweisschiene" erzielt werden (Beweisrecht § 1042 Rn. 18).

E. Rechtsfolge, Satz 1

7   Rechtsfolge ist **Verlust des Rügerechts**, d.h. der Verfahrensmangel kann weder im schiedsgerichtlichen noch in einem etwaigen staatsgerichtlichen, etwa Vollstreckbarerklärungsverfahren,[15] gerügt werden. Wegen des eingeschränkten Geltungsbereichs (Rn. 2) ist § 1027 ZPO keine umfassende Präklusionsvorschrift und nicht mit § 295 ZPO gleichlaufend. Es handelt sich um eine **prozessuale Präklusions**vorschrift, die anderen Präklusionsnormen der ZPO gegenüber genannte Besonderheiten aufweist.

8   Es gibt im Gegensatz u.a. zu § 296 ZPO **keine Entschuldigungsmöglichkeit** für die Verspätung. Sie ist entbehrlich, da, anders als bei § 296 ZPO, erst positive Mangelkenntnis die Norm eröffnet und alle anderen Gesichtspunkte, die bei einer Entschuldigung relevant sein könnten, bereits bei der Unverzüglichkeitsprüfung zum Tragen kommen.

§ 1028
Empfang schriftlicher Mitteilungen bei unbekanntem Aufenthalt

(1) Ist der Aufenthalt einer Partei oder einer zur Entgegennahme berechtigten Person unbekannt, gelten, sofern die Parteien nichts anderes vereinbart haben, schriftliche Mitteilungen an dem Tag als empfangen, an dem sie bei ordnungsgemäßer Übermittlung durch Einschreiben gegen Rückschein oder auf eine andere Weise, welche den Zugang an der letztbekannten Postanschrift oder Niederlassung oder dem letztbekannten gewöhnlichen Aufenthalt des Adressaten belegt, dort hätten empfangen werden können.
(2) Absatz 1 ist auf Mitteilungen in gerichtlichen Verfahren nicht anzuwenden.

1   Zur **Zügigkeit** und **Vereinfachung** des schiedsgerichtlichen Verfahrens kann bei unbekanntem Aufenthalt **auf die letztbekannte Anschrift zurückgegriffen** werden. Diese **Zugangsfiktion** erspart der Partei die öffentliche Zustellung.

2   Der Aufenthalt einer Partei oder einer zur Entgegennahme berechtigten Person muss **unbekannt** sein. Unbekannt ist er erst dann, wenn er sich nicht mit **zumutbarem Aufwand** ermitteln lässt (str.),[1] wobei Zumutbarkeit – wie auch sonst – subjektiv zu werten ist.[2] Nicht überzeugend ist die Gegenansicht, wonach der Aufenthalt dann unbekannt ist, wenn der Absender ihn schlicht nicht kennt.[3] Spricht dafür zwar der Wortlaut,[4] legt bereits das ModG eine subjektive Komponente nahe. Der RegE[5] ist widersprüchlich. Er will zunächst ausdrücklich auch § 1028 ZPO an das ModG angelehnt sehen, legt dann aber – wenige Zeilen später – ausdrücklich nur eine objektive Anknüpfung nahe, um dann wiederum zumutbare Recherchen zu fordern. Im Ergebnis kann wegen des sprichwörtlich „letzten Wortes" des RegE subjektiv zumutbare Recherche gefordert werden.[6] Damit verwandt ist die Frage, ob die Parteien einen **Adressenwechsel mitteilen** müssen, was aber ohne ausdrückliche Regelung dazu nicht anzunehmen ist.[7] Dies ist auch nicht nötig, da über die Unkenntnis ja gerade § 1028 ZPO hilft mit Auswirkung auch auf § 1059 Abs. 2 Nr. 1 Buchst. c Var. 1 ZPO.

3   Nach Sinn und Zweck wird nur die Kenntnis über einen Aufenthalt ausreichend sein, während dessen **Dauer** bekanntermaßen eine sichere Zustellung ohne größeren Aufwand durchführbar ist (str.).[8]

---

15 Stellv. OLG Koblenz, SpuRt 2015, 29, II.; MK-*Münch*, ZPO, § 1027 Rn. 14.

Zu § 1028:
1   Für eine Recherchepflicht, die „zumutbar" sein muss, Musielak/Voit-*Voit*, ZPO, § 1028 Rn. 3, Zöller-*Geimer*, ZPO, § 1028 Rn. 1. Diesbzgl. für eine „starke subjektive Komponente", MK-*Münch*, ZPO, § 1028 Rn. 7; Baumbach/Lauterbach/Albers/Hartmann, ZPO, § 1028 Rn. 2.
2   Diff. MK-*Münch*, ZPO, § 1028 Rn. 8.
3   OLG Dresden, SchiedsVZ 2006, 166.
4   MK-*Münch*, ZPO, § 1028 Rn. 7.
5   BT-Drucks. 13/5274, S. 33.
6   Nach *Lachmann*, Schiedsgerichtspraxis, Rn. 2201 gar „intensive Recherchen".
7   Vgl. aber OLG Dresden, SchiedsVZ 2006, 166; BeckOK-*Wolf/Eslami*, ZPO, § 1059 Rn. 40 (Obliegenheit).
8   Bejahend MK-*Münch*, ZPO, § 1028 Rn. 7; verneinend Musielak/Voit-*Voit*, ZPO, § 1028 Rn. 2.

Ist der Aufenthalt der zur Entgegennahme berechtigten und bestimmten Person unbekannt, aber und nur der **Aufenthalt der Partei** bekannt, ist regelmäßig konkludent vereinbart oder eine Regelung im Zweifel dahingehend auszulegen, dass dann direkt der Partei zugestellt werden kann und nicht auf § 1028 ZPO zurückgegriffen werden muss.[9]   4

ABSCHNITT 2
Schiedsvereinbarung

§ 1029
Begriffsbestimmung

(1) Schiedsvereinbarung ist eine Vereinbarung der Parteien, alle oder einzelne Streitigkeiten, die zwischen ihnen in Bezug auf ein bestimmtes Rechtsverhältnis vertraglicher oder nichtvertraglicher Art entstanden sind oder künftig entstehen, der Entscheidung durch ein Schiedsgericht zu unterwerfen.

(2) Eine Schiedsvereinbarung kann in Form einer selbständigen Vereinbarung (Schiedsabrede) oder in Form einer Klausel in einem Vertrag (Schiedsklausel) geschlossen werden.

Inhalt:

	Rn.		Rn.
A. Normzweck	1	E. Inhaltliche Anforderungen/	
B. Vereinbarung der Parteien	2	Abgrenzungen	19
C. Subjektive Schiedsfähigkeit	5	F. Reichweite	24
D. Nichtigkeit und Beendigung	14	G. Wirkung und Rechtsfolge	28

A. Normzweck

Die Norm definiert und stellt zugleich Anforderungen an den **Inhalt** einer Schiedsvereinbarung (Abs. 1), die in **Form** einer selbstständigen **Schiedsabrede** oder in einen Vertrag aufgenommenen **Schiedsklausel** vorliegen kann (Abs. 2).   1

B. Vereinbarung der Parteien

Bei einem Rechtsstreit ist grds. der staatliche Rechtsweg eröffnet, außer die Parteien haben ausnahmsweise darüber disponiert. Letzteres kann in Form einer ausdrücklichen Abrede (Vereinbarung, Vertrag) vorliegen. Sie kann aber auch aufgrund anderer Umstände zurechenbar sein, etwa aus Satzungen privater Verbände oder Einnahme einer Rechtsposition, die bereits einer Schiedsgerichtsbarkeit unterlag, etwa wegen letztwilliger Verfügungen oder Verträgen zu Gunsten Dritter (Rn. 9, 13). Die Parteivereinbarung muss Ausfluss der **Privatautonomie** sein (Rn. 14).   2

Die Vereinbarung ist, etwas weiter als der Wortlaut aber naturgemäß, die Abrede, einen Rechtsstreit dem Verfahren und der Entscheidung eines Schiedsgerichts zu verantworten unter weitgehendem Verzicht auf den staatlichen Gerichtsweg. Privatautonom wie jeder Vertrag geschlossen, dann aber sich einem formalen Prozedere unterwerfend, hat sie eine **Doppelnatur**, denn sie **fußt auf dem materiellen Recht, betrifft aber das formelle**. Daher geht, insoweit nach wie vor zutreffend, bereits ältere Rechtsprechung dahin, der Schiedsvertrag sei materiellrechtlicher Vertrag.[1] Daher beantworten sich diesbezügliche Fragen, wie etwa zur Anfechtbarkeit, zum Wegfall der Geschäftsgrundlage und Vertretung[2] unmittelbar aus dem BGB (Rn. 14).[3] Im Hinblick auf die Entziehung der staatlichen Gerichtsbarkeit liegt ein Vertrag auf prozessrechtlichem Gebiet vor.[4] Soweit die Bestimmungen von Prozessrecht und materiellem Recht auseinanderfallen, was aufgrund der grds. abweichenden Regelkreise selten der Fall ist, ist die Dichotomie im Einzelfall aufzulösen.   3

---

9 Musielak/Voit-*Voit*, ZPO, § 1028 Rn. 2, a.A. MK-*Münch*, ZPO, § 1028 Rn. 6.

Zu § 1029:
1 BGHZ 23, 198 (200) = NJW 1957, 589 (590), 5.; BGHZ 40, 320 (322) = NJW 1964, 591 (592), I.1.
2 Baumbach/Lauterbach/Albers/Hartmann, ZPO, § 1029 Rn. 10.
3 OLG München v. 11.08.2016, 34 SchH 7/16, II.2.a.
4 Vgl. BGH, NJW 2009, 1962 (1964), II.A.3.b); Baumbach/Lauterbach/Albers/Hartmann, ZPO, § 1029 Rn. 3, 8; Stein/Jonas-*Schlosser*, ZPO, vor § 1025 Rn. 4; Zöller-*Geimer*, ZPO, § 1029 Rn. 1, 15.

4 **Einzelschicksale von Schiedsvereinbarung und Hauptvertrag**: Das Gesetz wählt nun, anders als früher, nicht mehr den Begriff Schiedsvertrag, sondern Schiedsvereinbarung, um ihn vom „Vertrag", womit der Hauptvertrag gemeint ist, abzugrenzen. Die Abgrenzung ist rein sprachlicher Natur. Inhaltlich ist die Schiedsvereinbarung ein Vertrag. Dieser ist – ob im Hauptvertrag loziert oder davon gelöst vereinbart – vom Hauptvertrag unabhängig, vgl. § 1040 Abs. 1 Satz 2 ZPO. Deshalb sind die Schicksale gesondert zu betrachten,[5] wenngleich der eine zur Auslegung des anderen heranzuziehen ist.[6] Die Parteien können die Verträge aber selbstverständlich auch in dem Sinn aneinanderknüpfen, dass die Unwirksamkeit des einen zur Unwirksamkeit des anderen führt. Die getrennte Bewertung hat erhebliche **Konsequenzen**: Ist der Hauptvertrag unwirksam, kann die Schiedsvereinbarung dennoch bestehen und umgekehrt. Allerdings kann der Grund, der zur Unwirksamkeit des Hauptvertrags führte, zugleich wichtiger Grund zur Kündigung des Schiedsvertrags sein.[7] Die getrennte Betrachtungsweise vereinfacht die Rechtsbeurteilung regelmäßig, denn eine Verwebung der materiell-rechtlichen Ebene mit der des „Rechtsweges" wäre misslich, käme doch das Schiedsgericht u.U. zu dem Ergebnis nach einem langen Prozess, ein Vertrag sei unwirksam – und es damit von Anfang an gar nicht zuständig. Bereicherungsansprüche, Haftung aus *culpa in contrahendo* können vom Schiedsgericht behandelt werden (sog. *favor validitatis*),[8] im Zweifel hilft § 1040 Abs. 2 ZPO. § 139 BGB greift nicht. Eine andere Sichtweise verletzte die von Art. II Abs. 3 UNÜ übernommene Verpflichtung. Auch das Kollisionsrecht ist zweigleisig zu betrachten.[9]

C. Subjektive Schiedsfähigkeit

5 **Materiell-rechtliche Anforderungen** und Voraussetzungen der **subjektiven Schiedsfähigkeit** (zur objektiven § 1032 ZPO) sind demnach **Rechtsfähigkeit** oder (anderweitige) Fähigkeit im eigenen Namen Rechte und Pflichten zu begründen (§ 124 HGB), was für die GbR zu bejahen,[10] für das **joint venture** zweifelhaft ist.[11] Der **nichtrechtsfähige Verein** ist aktiv und passiv parteifähig über § 50 Abs. 2 ZPO hinaus. **Geschäftsfähigkeit** ist erforderlich, auch **Prozessfähigkeit** wie beim staatlichen Prozess. Zwar soll ein solcher Prozess gerade nicht geführt werden, doch da die ZPO zunächst in die „Welt des staatlichen Prozesses" leitet, muss die Frage, ob diese wirksam verlassen werden kann, sich noch nach deren Regeln bemessen.

6 Aufgrund der Doppelnatur ist **Stellvertretung** möglich. Fragen der Vertretung richten sich nach materiellem Recht, v.a. §§ 164ff. BGB.[12] § 54 Abs. 2 HGB hindert nicht den Abschluss einer Schiedsvereinbarung, sondern schränkt erst die Prozessführung ein (str.).[13] Für diese Lösung spricht neben dem Wortlaut der Telos, nachdem ansonsten ein Vertrag möglich, aber deren damit verbundene Schiedsklausel unwirksam wäre und somit Schiedsklausel und Vertrag verschiedene Schicksale erleiden würden, was i.d.R. nicht gewollt war.[14] Erst die davon gelöste Frage des Ob eines konkreten Rechtsstreits will § 54 HGB erfassen. Eine Prozessvollmacht befähigt dagegen *per se* nicht zum Abschluss einer Schiedsvereinbarung.[15] Dies ergibt sich schon aus der Natur und Auslegung der Prozessvollmacht, denn sie soll zur Führung eines laufenden Prozesses, ggf. über mehrere Instanzen, bevollmächtigen, aber nicht einen Prozess(-weg) initiativ neu begründen. Wird eine Schiedsvereinbarung in einem laufenden staatlichen Gerichtsverfahren geschlossen, kann § 78 zum Zwang anwaltlicher Vertretung führen, nicht aber, wenn die Parteien außerhalb des Gerichtsverfahrens eine Schiedsvereinbarung treffen.[16] Der **Insolvenzverwalter** hat bei einem Rechtsstreit mit erheblichem Streitwert die Zustimmung des Gläubigerausschusses nach den Maßgaben des § 160 Abs. 1 InsO einzuholen, wenn ein Schiedsvertrag geschlossen werden soll, § 160 Abs. 2 Ziff. 3 InsO. Dies führt gem. § 164 InsO aber nicht zur Unwirksamkeit des Vertrags. § 1822 Nr. 12 BGB regelt, dass ein **Vormund** einen Schiedsvertrag nur bis zum Streitwert von 3.000,00 € abschließen kann. Daneben kann bei Börsentermingeschäften und anderen Geschäften die Möglichkeit, Partei

---

5 OLG München, SchiedsVZ 2012, 159, II.3.b); OLG Hamburg, SchiedsVZ 2013, 180, II.2.a).
6 Zum Schiedsort vgl. § 1025 Rn. 3.
7 Musielak/Voit-*Voit*, ZPO, § 1029 Rn. 13.
8 OLG Hamburg, SchiedsVZ 2013, 180, II.2.b); vgl. Zöller-*Geimer*, ZPO, § 1029 Rn. 1.
9 Zöller-*Geimer*, ZPO, § 1029 Rn. 1.
10 Musielak/Voit-*Voit*, ZPO, § 1029 Rn. 5.
11 OLG Karlsruhe, SchiedsVZ 2015, 145; dazu und ausführlich zu joint ventures *Keilmann/Sattler*, SchiedsVZ 2015, 120; *Quinke*, NZG 2015, 537.
12 MK-*Münch*, ZPO, § 1029 Rn. 20; Zöller-*Geimer*, ZPO, § 1029 Rn. 20; Musielak/Voit-*Voit*, ZPO, § 1029 Rn. 6.
13 *Baumbach/Hopt*, HGB, § 54 Rn. 15; a.A. OLG München, NJW-RR 2009, 417 (418f.); vgl. auch BGH, MDR 2015, 634 zu Gerichtsstandsklauseln bzgl. CISG.
14 Musielak/Voit-*Voit*, ZPO, § 1029 Rn. 6f.
15 Baumbach/Lauterbach/Albers/Hartmann, ZPO, § 1029 Rn. 10.
16 Musielak/Voit-*Voit*, ZPO, § 1029 Rn. 6.

eines Schiedsverfahrens zu sein, eingeschränkt sein.[17] **Vollmachtloses Auftreten** kann durch Einlassung zur Sache des angeblich Vertretenen geheilt werden.[18]

Die Verpflichtung zum Abschluss einer Schiedsvereinbarung, etwa in einem *„letter of intent"* oder anderen **„Vorvertrag"** muss hinreichend bestimmt sein und die Form des § 1031 ZPO wahren, um Wirkung zu entfalten.[19] Eine Erfüllungsklage gem. § 894 ZPO ist nicht möglich. Liegt die **Einigung auf eine Schiedsordnung** vor, ohne dass diese aber, etwa, weil sich kein Schiedsrichter findet, Anwendung findet, so liegt dennoch eine Schiedsvereinbarung vor, wenn klar wurde, dass das staatliche Gericht verdrängt und der Schiedsweg eröffnet sein sollte. Denn dann war der Verweis auf die Schiedsordnung nur nähere Ausgestaltung des „Wie", nicht aber Entscheidung über das „Ob".[20] Schiedsklauseln in **AGB** sind möglich und üblich,[21] vgl. § 1031 Abs. 3 ZPO, müssen sich aber an § 307 BGB und bei Verbraucherverträgen[22] an § 1031 Abs. 5 ZPO messen. 7

Parteimehrheit: Ein Schiedsverfahren kann aus mehr als zwei Parteien bestehen, auch wenn das Gesetz sprachlich von zwei Parteien ausgeht, vgl. etwa § 1035 ZPO, wenn es von der „einen" und der „anderen" Partei spricht. 8

Dritte und Rechtsnachfolger, ob Erben,[23] (andere) Gesamtrechtsnachfolger, Testamentsvollstrecker,[24] Zessionare[25] werden von einer Schiedsvereinbarung erfasst, wenn diese nichts anderes vorsieht. Auch bei Schuld-[26] und Vertragsübernahme,[27] beim Vertrag zu Gunsten Dritter gem. § 328 BGB[28] und dem Eintritt in einen Mietvertrag nach § 566 BGB[29] erstreckt sich die Schiedsvereinbarung auch auf den neuen Vertragspartner. Dasselbe gilt für die Vorgesellschafter der GmbH,[30] die Empfänger eines Gesellschaftsanteils (der Beitritt ist keine Rechtsnachfolge, führt i.d.R. aber auch zur Schiedsübernahme), etwa bei einer Personenhandelsgesellschaft,[31] wie auch über § 248 Abs. 1 Satz 1 AktG.[32] Auch auf die Gesellschafter der OHG[33] erstreckt sich die Schiedsvereinbarung, die Kommanditisten einer KG,[34] sowie die Mitglieder der GbR, selbst die ausgeschiedenen.[35] Entsprechendes gilt für die AktG.[36] Dasselbe gilt für den Insolvenzverwalter,[37] da die Schiedsvereinbarung weder gegenseitiger Vertrag gem. § 103 InsO ist, noch ein Auftrag, der gem. § 115 InsO durch Insolvenzeröffnung erlosch. Ansprüche 9

---

17 Musielak/Voit-*Voit*, ZPO, § 1029 Rn. 5 m.w.N.
18 Zöller-*Geimer*, ZPO, § 1029 Rn. 20; Musielak/Voit-*Voit*, ZPO, § 1029 Rn. 6.
19 OLG Oldenburg, IBR 2015, 582, II.2.b.bb).
20 Vgl. MK-*Münch*, ZPO, vor § 1034 Rn. 72, Vereinbarung einer Schiedsordnung ist nicht Schiedsrichterverpflichtung, ebenso im Ergebnis Zöller-*Geimer*, ZPO, § 1029 Rn. 2; vgl. auch OLG Oldenburg, IBR 2015, 582, II.2.b.bb).
21 Vgl. zu Unternehmenskaufverträgen *Maier-Reimer/Niemeyer*, NJW 2015, 1713 (1719); zur Aktiengesellschaft ausführlich *Habersack/Wasserbäch*, AG 2016, 4f.; OLG München v. 15.09.2010, 20 U 2515/10, juris, II.3.
22 Zur Schlichtung bei Verbrauchersachen *Engel*, NJW 2015, 1633. Zur zwingenden Prüfung der Vollstreckungsvoraussetzungen bei einem Schiedsspruch gegen einen Verbraucher EuGH, NJW 2010, 47 = SchiedsVZ 2010, 110; *Wolf*, NJW 2015, 1656 (1660).
23 Abgrenzend von reinem Erbschaftsstreit bereits BGH, BB 1971, 369.
24 Schon BGH, MDR 1979, 917; Musielak/Voit-*Voit*, ZPO, § 1029 Rn. 8.
25 BGH, NZG 1998, 63; BGHZ 77, 35 = NJW 1980, 2022, I.1.; OLG Frankfurt a.M. v. 07.09.2009, 26 Sch 13/09, juris, II.
26 BGH, NJW 1979, 1166; Stein/Jonas-*Schlosser*, ZPO, § 1029 Rn. 94.
27 BGH, NJW 2000, 2346.
28 *Lachmann*, Schiedsgerichtspraxis, Rn. 502; Musielak/Voit-*Voit*, ZPO, § 1029 Rn. 8; Zöller-*Geimer*, ZPO, § 1029 Rn. 15.
29 BGH, NJW 2000, 2346; Schmidt-Futterer-*Streyl*, Mietrecht, § 566 Rn. 97; Blank/Börstinghaus-*Blank*, Miete, § 566 Rn. 89.
30 Zöller-*Geimer*, ZPO, § 1029 Rn. 65; *Müller/Keilmann*, SchiedsVZ 2007, 113 (116).
31 Musielak/Voit-*Voit*, ZPO, § 1029 Rn. 8.
32 *Nolting*, GmbHR 2011, 1017.
33 *Schwab/Walter*, Schiedsgerichtsbarkeit, Kap. 7 Rn. 35; MK-*Münch*, ZPO, § 1029 Rn. 51; Zöller-*Geimer*, ZPO, § 1029 Rn. 71.
34 Musielak/Voit-*Voit*, ZPO, § 1029 Rn. 6; vgl. aber Zöller-*Geimer*, ZPO, § 1029 Rn. 71 mit Streitstand.
35 OLG Koblenz, DB 2008, 1264; Zöller-*Geimer*, ZPO, § 1029 Rn. 74.
36 *Habersack/Wasserbäch*, AG 2016, 2 (13).
37 BGH, NZI 2013, 934; BGH, SchiedsVZ 2011, 281; BGH, NJW 2009, 1747 = SchiedsVZ 2009, 176, II.2.a.bb); *Dahl/Schmitz*, NZI 2013, 1059; zur AG ausführlich *Habersack/Wasserbäch*, AG 2016, 2 (14).

aus dem Insolvenzverwalter eigenem Recht richten sich eben deshalb nicht nach der Schiedsvereinbarung des Gemeinschuldners.[38] Anderes gilt bei befreiender Schuldübernahme.[39]

10 Die **Insolvenz** berührt das Schiedsverfahren in mehrfacher Hinsicht (§ 1029 Rn. 6; 15; § 1030 Rn. 9; § 1060 Rn. 2; 7).[40]

11 Streitig ist v.a. die Haftung des **Vertreters ohne Vertretungsmacht**,[41] auf den sich die Schiedsvereinbarung – anders als beim gem. § 95 Abs. 3 HGB in Anspruch genommenen Makler[42] – nicht erstreckt. Die Schuld des **Bürgen**[43] und die des **Garanten** ist eigene Schuld. Konsequent hat diese insofern ein eigenes Schicksal, als die Schiedsklausel des Hauptvertrags dafür nicht gilt. Freilich kann eine „eigene" Schiedsklausel, etwa im Bürgschaftsvertrag selbst, getroffen sein, die auch in einem Hinweis auf die im Hauptvertrag bestehen kann.[44]

12 Die bloße Verbindung von juristisch selbstständigen Unternehmen in einem **Konzern** reicht nicht dafür aus, dass sich die Schiedsvereinbarung des einen Unternehmens ohne gesonderte Abrede auch auf den anderen auswirkt.[45] Zwar geht der praktische Usus dahin, er wird rechtlich aber erst durch die Möglichkeit rügeloser Einlassung verwirklicht. Die Praxis v.a. in internationalen Schiedsverfahren setzt sich jedoch darüber pragmatisch mit dem Hinweis auf die faktischen Abhängig- und Durchgriffsmöglichkeiten hinweg, der *„group of companies doctrine"* („Konzerntheorie") folgend.[46]

13 Durch Vereinbarung mit allen Beteiligten können auch – selbst **im laufenden Verfahren** – noch andere Dritte am Verfahren beteiligt werden.[47] Die Verfahrensförderungspflicht kann es gebieten, Dritte in den Streit aufzunehmen, wenn der Streit sachgerecht nur unter deren Beteiligung entschieden werden kann.[48] Notwendig kann die Beteiligung eines Dritten sein, wenn aus materiell-rechtlichen Gründen eine gemeinsame Klage auf Aktiv- oder Passivseite erforderlich ist, wenn notwendige Streitgenossenschaft wegen Rechtskrafterstreckung vorliegt, da anderenfalls eine Rechtskraftkollision droht. Die Anfechtung von Beschlüssen der Kapitalgesellschaft ist im Schiedsverfahren nur möglich, wenn die Gesellschafter ihre Rechte dort geltend machen konnten, anderenfalls kann sich die Rechtskraft nicht gem. § 248 Abs. 1 Satz 1 AktG, § 249 Abs. 1 Satz 1 AktG auf diese erstrecken.[49] Regelmäßig sehen Schiedsvereinbarungen **Öffnungsklauseln** für den Einbezug Dritter vor. Die **nachträgliche Beteiligung** Dritter wirft oft Probleme auf, etwa im Hinblick auf das Verfahren zur Besetzung des Schiedsgerichts, ob dieses der Erweiterung zustimmen muss, inwieweit das bisherige Verfahren und der Schiedsspruch die Dritten bindet. Sie sind zu bedenken und am besten frühzeitig vertraglich zu klären, was freilich im schon vorliegenden Streitfall nicht unproblematisch ist – und letztlich zur Undurchführbarkeit des Schiedsverfahrens führen kann (vgl. Rn. 15).

D. Nichtigkeit und Beendigung

14 **Unwirksam** und **nichtig** ist eine Vereinbarung dann, wenn die Unterwerfung unter die Schiedsgerichtsbarkeit **unfreiwillig** war, etwa, wenn zur Unterzeichnung genötigt wurde, § 138 BGB. Auch sonst gelten die allgemeinen Regeln der §§ 119 ff., 123 BGB für Fälle des Irrtums, der Drohung und arglistigen Täuschung. Für letztwillige Verfügungen ist die Ausnahme des § 1066 ZPO von der Freiwilligkeit zu beachten. Das Aufhebungsverfahren ist in § 1059 ZPO geregelt. Daneben kann die Schiedsvereinbarung auch unwirksam sein, weil sie mangels zweier sich deckender Willenserklärungen nach allg. Grundsätzen des BGB nicht geschlossen wurde, was insbesondere bei verschiedensprachigen Verträgen nicht ohne Weiteres offensichtlich ist. Das Gericht kann, wenn ein Abschluss vorlag, dieser aber unwirksam war, immerhin für die Kostenentscheidung zuständig sein, § 1057 ZPO.[50]

---

38 BGH, SchiedsVZ 2011, 281.
39 Zöller-*Geimer*, ZPO, § 1029 Rn. 63; *Müller/Keilmann*, SchiedsVZ 2007, 113 (114).
40 *Longrée/Gantenbrink*, SchiedsVZ 2014, 21; *Poelzig*, ZZPInt 2009, 393.
41 Für eine Geltung der Schiedsvereinbarung Musielak/Voit-*Voit*, ZPO, § 1029 Rn. 8, MK-*Münch*, ZPO, § 1029 Rn. 53; dagegen zu Recht die h.M., ausführlich *Lachmann*, Schiedsgerichtspraxis, Rn. 529; Zöller-*Geimer*, ZPO, § 1029 Rn. 64, 73 m.w.N.
42 Schon BGHZ 68, 356 = NJW 1977, 1397.
43 OLG Frankfurt a.M., IBR 2015, 48; zur Bürgenhaftung bzgl. Schiedsgutachten *Lembcke*, NZBau 2009, 421.
44 OLG Frankfurt a.M., IBR 2015, 48.
45 Musielak/Voit-*Voit*, ZPO, § 1029 Rn. 8; Zöller-*Geimer*, ZPO, § 1029 Rn. 72; *Lachmann*, Schiedsgerichtspraxis, Rn. 509; zu Streitigkeiten innerhalb von *joint ventures* vgl. *Quinke*, NZG 2015, 537.
46 Zöller-*Geimer*, ZPO, § 1029 Rn. 72; MK-*Münch*, ZPO, § 1029 Rn. 53 m.w.N.
47 Musielak/Voit-*Voit*, ZPO, § 1029 Rn. 9.
48 Musielak/Voit-*Voit*, ZPO, § 1029 Rn. 9.
49 Musielak/Voit-*Voit*, ZPO, § 1029 Rn. 12.
50 Vgl. schon BGH, NJW 1973, 191.

Gem. § 323 BGB analog ist bis zur Anrufung des Schiedsgerichts von der Vereinbarung der **Rücktritt** zur **Beendigung** möglich, danach kann nur noch aus wichtigem Grund die **Kündigung** erfolgen. Letzterer liegt insbesondere dann vor, wenn einer Partei der Prozess nicht mehr zuzumuten,[51] er schlicht nicht durchführbar[52] ist oder eine Partei ihn nicht hinreichend fördert,[53] etwa bei Verarmung einer Partei, die die Prozesskosten nicht aufbringen kann oder nicht aufbringt.[54] Der Nichtbeitritt eines notwendigen Dritten (Rn. 9) kann zur Undurchführbarkeit des Verfahrens führen.[55] Die Eröffnung des **Insolvenzverfahrens** hat auf die Schiedsvereinbarung keinen Einfluss, bindet sie doch den Insolvenzverwalter (Rn. 9). Dies ist konsequent, haben sich die Parteien nicht nur freiwillig in das Schiedsverfahren begeben, sondern auch das staatliche Verfahren verlassen. Ist der gewählte Weg nicht gangbar, eröffnet sich als Rückfalllösung der staatliche wieder. Auch ein **Aufhebungsvertrag**, eine **auflösende Bedingung** (Rn. 19.) oder eine **Befristung** können den Schiedsvertrag beenden. Fällt der Träger der Schiedsgerichtsorganisation weg, endet das Verfahren grds. nicht, sondern wird an die neuen Gegebenheiten angepasst (str.).[56] Abgeschlossene Schiedsverfahren berühren nicht die Reichweite der Schiedsvereinbarung, sie wird nicht „verbraucht".[57]

15

Für den Fall unwirksamer Schiedsvereinbarung kann **vorsorgliche Zuständigkeitsvereinbarung** getroffen werden. Dies ist ratsam, denn einerseits schlägt die Unwirksamkeit der Schiedsvereinbarung nicht zwingend auf die Zuständigkeitsvereinbarung durch,[58] andererseits ist eine Umdeutung einer fehlerhaften Schiedsvereinbarung in eine wirksame Zuständigkeitsvereinbarung problematisch.[59] **Praktikertipp**: Neben der Schiedsvereinbarung sollte – vorsorglich für den Fall ihrer Unwirksamkeit – eine Zuständigkeitsvereinbarung getroffen werden.

16

Zwei **Verfahren** vor dem staatlichen Gericht stehen zur Klärung der Gültigkeit der Schiedsvereinbarung zur Verfügung und zwar erstens Klage aus dem Hauptvertrag und Rüge gem. § 1032 Abs. 1 ZPO und zweitens bis zur Bildung des Schiedsgerichts gem. § 1032 Abs. 2 ZPO. Diese Wege können durch vertragliche Vereinbarung nicht beschnitten werden.[60] Das Schiedsgericht kann gem. § 1040 Abs. 1 Satz 1 ZPO über die Frage der Gültigkeit entscheiden.

17

Willens- und Vollmachtsmängel gem. § 1059 Abs. 1 Nr. 1 Buchst. a ZPO können so lange geltend gemacht werden, bis der Schiedsspruch rechtskräftig für vollstreckbar erklärt wurde, § 1059 Abs. 3 ZPO. Liegt der **Anfechtungsgrund** in persönlichen Eigenschaften des Schiedsrichters, stellen §§ 1036 f. ZPO Ausnahmeregelungen von diesem Grundsatz dar, weshalb diese Gründe nur bis zum Beginn des Schiedsverfahrens greifen.[61] Ein Ausschluss der Anfechtung der Schiedsvereinbarung nach Einlassung zur Hauptsache ist nicht ausgeschlossen. Zwar spricht für einen Ausschluss, dass es nicht in der Hand der anfechtungsberechtigten Partei liegen soll, ihr Anfechtungsrecht taktisch zu nutzen oder auch nicht. § 121 BGB fordert jedoch ohnehin eine unverzügliche Anfechtung. Es besteht damit kein Bedürfnis über § 1027 ZPO die Lösung zu suchen.[62] Im Fall der Drohung gem. § 123 BGB kann die Anfechtung so lange nicht gefordert werden, wie die Drohung wirkt.

18

E. Inhaltliche Anforderungen/Abgrenzungen

Ungeachtet der Benennung liegt eine Schiedsvereinbarung nur vor, wenn eine **Rechtsstreitigkeit** unter Ausschluss staatlichen Rechtswegs (Derogation) gelöst werden soll.[63] Die **Schlichtungsvereinbarung** schiebt dagegen den staatlichen Rechtsweg nur auf.[64] Keine Schiedsvereinbarung, sondern i.d.R. nur ein **Schiedsgutachtervertrag** ist gegeben, wenn nur Tatsachenfragen zu klären sind,[65] aber i.d.R. auch, wenn nur **Teilaspekte** erfasst werden, dann unabhängig davon, ob Rechts- oder Tatsachenfragen überantwortet werden. Etwas anderes

19

---

51 Zöller-*Geimer*, ZPO, § 1029 Rn. 97.
52 Musielak/Voit-*Voit*, ZPO, § 1029 Rn. 12.
53 Musielak/Voit-*Voit*, ZPO, § 1029 Rn. 12.
54 St. Rspr., vgl. nur BGHZ 102, 199 = MDR 1988, 386, I.2.b); BGH, NJW 1999, 647; SchiedsG Hamburg v. 05.09.2009, o.Az.
55 MK-*Münch*, ZPO, § 1029 Rn. 67.
56 Ebenso Zöller-*Geimer*, ZPO, § 1029 Rn. 101; a.A. BGH, NJW 1994, 1008 (DDR-Schiedsgericht).
57 BGH, SchiedsVZ 2009, 122 (126), II.2.b.cc).
58 Schon BGH, NJW-RR 1987, 227; *Geimer*, Internationales Zivilprozessrecht, Rn. 1790.
59 BGH, NJW 2007, 789; Reithmann/Martiny-*Hausmann*, Internationales Vertragsrecht, Rn. 3225.
60 Musielak/Voit-*Voit*, ZPO, § 1040 Rn. 2.
61 Schon BGHZ 17, 7 = NJW 1955, 709.
62 Anders Musielak/Voit-*Voit*, ZPO, § 1029 Rn. 11; MK-*Münch*, ZPO, § 1029 Rn. 11.
63 Zu Abgrenzungs- und Auslegungsfragen, vgl. Musielak/Voit-*Voit*, ZPO, § 1029 Rn. 7.
64 OLG Frankfurt a.M., ZIP 2014, 1097, II.; OLG Frankfurt a.M. v. 08.02.2013, 26 SchH 4/12, juris, Rn. 18.
65 OLG München, SchiedsVZ 2016, 165, 166, II.2.b. = NJW 2016, 1964.

kann gelten, wenn die Parteien davon ausgehen, dass dieser Teilaspekt den gesamten Rechtsstreit erledigt.[66] Wie bei der Schlichtungsvereinbarung bleibt beim Schiedsgutachtervertrag der staatliche Rechtsweg eröffnet,[67] das Gericht ist aber gem. §§ 317 ff. ZPO gebunden.[68] Der weite Wortlaut „alle oder einzelne Streitigkeiten" ließe andere Interpretationen zu. Telos, Systematik und Voraussetzung der Ersetzung des staatlichen Rechtsweges zielen aber auf eine Klärung von Rechtsstreitigkeiten. Daher liegt auch keine Schiedsvereinbarung vor, wenn das Schiedsergebnis jenseits des § 1059 ZPO von staatlichen Gerichten überprüft werden kann. Allerdings können Vereinbarungen über die Entscheidung von Teilen eines Streits dem Schiedsgericht überantwortet werden, etwa zum Anspruchsgrund. Es ist daher möglich im Wege einer Stufenklage die eine Stufe dem einen (Schieds-)Gericht, die andere dem anderen zu verantworten, solange parallele oder überschneidende Befassung ausgeschlossen ist.[69] Nur so ist Aufgabenteilung zwischen staatlichem und Schiedsgericht möglich.[70] Im Zweifelsfall ist zu ermitteln, was gewollt war und nicht vorschnell eine unwirksame Klausel anzunehmen.[71]

20 Eine **bedingte Unterwerfung** unter den Schiedsspruch ist möglich. Etwa fristgebundenes Zustimmungserfordernis (oder ausbleibende Ablehnung) des Schiedsspruchs mit Wiedereröffnung des staatlichen Rechtswegs bei Nicht-Zustimmung (oder Ablehnung).[72] Wirksam ist auch aufschiebende Bedingung oder **Wahlrecht**, nachdem beide oder gar nur eine Partei wählen kann, ob der Rechtsstreit vor einem Schiedsgericht oder einem staatlichen Gericht auszutragen ist. Stets muss klar sein, dass im Falle der Einschaltung des Schiedsgerichts das staatliche verdrängt wird. Ein solches Wahlrecht ist selbst in AGB möglich, allerdings wegen § 307 BGB nur, wenn der Verwender erklärt, er werde die Wahl vorprozessual nach Aufforderung binnen bestimmter Frist ausüben.[73] **Praktikertipp**: Hat nur die eine Partei das Wahlrecht, empfiehlt es sich für die andere Partei, um nicht in die Gefahr der Rüge nach § 1032 Abs. 1 ZPO zu geraten, der einen gem. § 264 Abs. 2 BGB analog eine Frist zur Ausübung der Wahl zu setzen.

21 Wird das einseitige Wahlrecht trotz Fristsetzung nicht ausgeübt, fällt es nicht an die andere Partei gem. § 264 Abs. 2 BGB analog, sondern der staatliche Rechtsweg ist unwiderkehrbar eröffnet.[74] **Praktikertipp**: In der Schiedsvereinbarung sollte ausdrücklich erklärt werden, dass eine abschließende schiedsrichterliche Erledigung gewollt ist. Dies gilt auch bei Bezugnahme auf eine entsprechende Schiedsgerichtsordnung, da sonst unklar bleiben kann, ob dieser Verweis nur das Verfahren oder auch die Bedeutung des Ergebnisses meint. **Formulierungsbeispiel**: Zur endgültigen Beilegung des Rechtsstreits zwischen den Vertragsparteien (aus dem Vertrag X) findet die Schiedsordnung Y Anwendung.

22 Die Vereinbarung muss sich auf ein **bestimmtes Rechtsverhältnis** beziehen und damit zugleich den Streitgegenstand und die Zuständigkeit des Schiedsgerichts konkretisieren.[75] Während das Rechtsverhältnis bestimmt oder bestimmbar sein muss, braucht (noch) kein konkreter Rechtsstreit vorliegen, denn die Vereinbarung soll gerade auch für zukünftige noch ungewisse Streitigkeiten Vorkehrung treffen. Auch bei einem bereits laufenden staatlichen Gerichtsverfahren ist eine „nachträgliche" Schiedsvereinbarung möglich. § 1032 ZPO erfasst diese Konstellation nicht direkt. Der Streit kann aber – wie jeder andere auch – durch übereinstimmende Erledigterklärung oder (einvernehmliche) Klagerücknahme der staatlichen Gerichtsbarkeit wieder entzogen werden. Ist die Rechtsstreitigkeit weggefallen, etwa durch Nichtbestreiten oder Anerkenntnis im staatlichen Rechtsverfahren, kann dennoch die Schiedseinrede nach § 1032 ZPO erhoben werden. Dies stellt keinen Rechtsmissbrauch dar,[76] bleibt doch neben dem materiellrechtlichen Nachgeben Raum für einen Verweis auf den vereinbarten Weg, der auch Kostenfolgen etc. nach sich ziehen kann und daher inhaltliche Relevanz hat. Die Klausel aber, bei schwieriger Rechtsfrage solle das Schiedsgericht das Verfahren zur Überantwortung an das staatliche Gericht beenden, ist zuletzt aus Rechtssicherheitsgründen sehr zweifelhaft.[77]

23 **Keine Schiedsvereinbarung** liegt vor, wenn sich nicht unter ein Schiedsgericht unterworfen wird, sondern etwa ein **Vereinsorgan** oder eine **Gesellschafterversammlung** zuständig sein soll. Davon abzugrenzen ist der Fall, dass das Schiedsgericht über Fragen eines Vereins oder

---

66 Vgl. Zöller-*Geimer*, ZPO, § 1029 Rn. 3.
67 Schon BGH, WM 1982, 543, II.1.
68 BGH, NJW-RR 1988, 506.
69 BGH, NJW-RR 2008, 659 f.
70 BGH, ZZP 73, 403; BGH, SchiedsVZ 2008, 40 (41), Rn. 12.
71 Zöller-*Geimer*, ZPO, § 1029 Rn. 29; *Kröll*, Schieds VZ 2008, 62 (63).
72 BGH, SchiedsVZ 2007, 160 (162), II.2.a.; LSG Stuttgart v. 18.11.2015, L 5 KR 2883/13, juris.
73 BGH, NJW 1999, 282.
74 Musielak/Voit-*Voit*, ZPO, § 1029 Rn. 21.
75 Zöller-*Geimer*, ZPO, § 1029 Rn. 26.
76 Zöller-*Geimer*, ZPO, § 1029 Rn. 27a.
77 Zöller-*Geimer*, ZPO, § 1051 Rn. 17.

einer Gesellschaft urteilen soll, da dann das Schiedsgericht als solches tätig ist und der Verein und ggf. dessen Organe Gegenstand/Objekt des Verfahrens sind, aber nicht Organ/Subjekt des Verfahrens.[78] Ob ein Vereinsorgan o.ä. angerufen ist, ist u.a. danach auszulegen, ob der staatliche Rechtsweg verdrängt werden soll (Vorbem. zu § 1025 Rn. 5). **Keine Unterwerfung** unter die Schiedsgerichtsbarkeit liegt vor, wenn nur der staatliche Rechtsweg ausgeschlossen werden soll, dies führt allenfalls zu einer Naturalobligation.[79]

F. Reichweite

Die **Reichweite** bestimmt sich nach dem Schiedsvereinbarungsstatut und unter Auslegung der Schiedsvereinbarung.[80] Direkt gesetzlich geregelt ist die Erfassung der Verfahrenskosten, § 1057 ZPO. Ansonsten ist im Zweifel auszulegen. Und zwar weit, da eine weite Auslegung meist der Intention der Parteien entspricht,[81] da ansonsten Nebeneinander von staatlicher und Schiedsgerichtsbarkeit droht.[82] Zu weit (alle gegenwärtigen und zukünftigen Ansprüche) darf die Klausel aufgrund des Justizgewährungsanspruchs jedoch nicht sein.[83] Die **Auslegung** ergibt, die Abrede, ein Schiedsgericht solle über Meinungsverschiedenheiten oder Streitigkeiten aus einem Vertrag entscheiden, dahin zu verstehen, das Schiedsgericht habe auch darüber zu entscheiden, ob der Vertrag wirksam ist und welche Folgen gegebenenfalls seine Unwirksamkeit hat.[84] Etwas anderes gilt bei der Kündigung, wenn diese dahingehend auszulegen ist, dass auch die Zuständigkeit des Schiedsgerichts enden sollte.[85] Der nach altem Recht mögliche Weg über die **Kompetenz-Kompetenz**-Klausel, nach der das Schiedsgericht sich auch bei Kündigungsfällen selbst die Kompetenz letztgültig verleihen konnte, ist nunmehr trotz § 1042 ZPO schwer gangbar.[86] Die Unwirksamkeit solcher Klausel führt nicht nach § 139 BGB zur Unwirksamkeit der Schiedsvereinbarung.[87] Nicht umfasst ist die Klage auf Mitwirkung der Partei bei der **Schiedsrichterernennung**.[88]

24

Auch Streitigkeiten über das **Zustandekommen** des Hauptvertrags,[89] **nachträgliche Ergänzungen und Änderungen**, **Vergleiche** und **Nebenabreden** sind erfasst,[90] wie auch **Zurückbehaltungsrechte** und andere **Einreden** i.d.R.[91] (zur **Aufrechnung** Rn. 27). Beispielsweise bezieht die Schiedsklausel in einem **Prozessfinanzierungsvertrag** weiter das Darlehen ein, das der Prozessfinanzierer für die Klage zur Verfügung stellte,[92] wenn sie in einem **Rahmenvertrag** die Einzelleistungen erfasst.[93] Auch Klauseln in **Gesellschaftsverträgen** von Personengesellschaften und Satzungen von Kapitalgesellschaften sind grds. weit auszulegen.[94] Ob sich eine Schiedsvereinbarung auch auf **Wechsel**- und Scheckansprüche erstreckt, ist im Einzelfall zu klären, tendenziell spricht mehr dafür als dagegen (str.).[95] Eine **lose Beziehung reicht nicht**, etwa nur die Gleichartigkeit oder selbst rechtliche oder wirtschaftliche Verknüpfung von Verträgen zwischen denselben Vertragspartnern, um die Schiedsklausel des einen auf die anderen Verträge zu erstrecken.

25

---

78 Zöller-*Geimer*, ZPO, § 1029 Rn. 7; zur Abgrenzung von der Tätigkeit von Vereinsorganen BGH, NJW 2014, 2226; Stein/Jonas-*Schlosser*, ZPO, vor § 1025 Rn. 11.
79 Zöller-*Geimer*, ZPO, § 1029 Rn. 9.
80 BGHZ 40, 320 = NJW 64, 591; Zöller-*Geimer*, ZPO, § 1029 Rn. 77; *Lachmann*, Schiedsgerichtspraxis, Rn. 472.
81 OLG München, NJW 2005, 832; Musielak/Voit-*Voit*, ZPO, § 1029 Rn. 23; *Lachmann*, Schiedsgerichtspraxis, Rn. 472.
82 Vgl. *Triebel/Coenen*, BB Beilage 2003, Nr. 5, 2.
83 LG Mönchengladbach v. 01.10.2014, 6 O 18/13, juris, II. – FIFA-Vermittlungsvertrag.
84 Schon BGHZ 53, 315 = NJW 1970, 1046.
85 OLG München, OLGR 2006, 869.
86 BGHZ 202, 168 = BGH, NJW 2014, 3655 = SchiedsVZ 2014, 303, II.2.a); *Geimer*, Internationales Zivilprozessrecht, Rn. 3826.
87 BGHZ 202, 168 = BGH, NJW 2014, 3655 = SchiedsVZ 2014, 303, II.2.a); OLG München v. 26.01.2016, 34 SchH 13/15, juris, II.3).
88 Zöller-*Geimer*, ZPO, § 1029 Rn. 83; Musielak/Voit-*Voit*, ZPO, § 1029 Rn. 23; zum alten Recht LG Gießen, NJW-RR 1996, 500.
89 BGHZ 53, 315 = NJW 1970, 1046.
90 *Geimer*, Internationales Zivilprozessrecht, Rn. 1719; Zöller-*Geimer*, ZPO, § 1029 Rn. 81.
91 Musielak/Voit-*Voit*, ZPO, § 1029 Rn. 23; *Lachmann*, Schiedsgerichtspraxis, Rn. 500.
92 Zöller-*Geimer*, ZPO, § 1029 Rn. 79.
93 Zöller-*Geimer*, ZPO, § 1029 Rn. 81.
94 OLG München, NJW 2005, 832; diff. *Kiethe*, NZG 2005, 881; zu Anforderungen im Gesellschaftsrecht BGH, NJW 2015, 3234; vgl. *Böttcher/Fischer*, NZG 2011, 601.
95 Dafür: Zöller-*Geimer*, ZPO, § 1029 Rn. 82; dagegen: *Lachmann*, Schiedsgerichtspraxis, Rn. 492; *Schütze*, Schiedsrecht, Rn. 251; vermittelnd: Musielak/Voit-*Voit*, ZPO, § 1029 Rn. 23.

26 Selbst mit der Vertragsverletzung zusammenhängende Ansprüche aus **Delikt** sind einbezogen.[96] Zusammenhanglose oder nur gelegentlich des Vertrags erfolgte Delikte dagegen nicht.[97] Erfasst sind **bereicherungsrechtliche** Ansprüche.[98]

27 Die **Aufrechnung** ist differenziert zu betrachten und kann in **dreierlei Grundkonstellationen** Probleme aufwerfen. Diese lassen sich **durch Auslegung der Schiedsabrede(n) lösen:** Var. 1: Es soll in einem **schiedsgerichtlichen Verfahren** eine Forderung mittels der Einwendung der Aufrechnung zum Gegenstand des Schiedsverfahrens gemacht werden, die für sich vom Schiedsverfahren nicht erfasst wird. Var. 2: Es wird umgekehrt in einem **staatsgerichtlichen Prozess** mit einer schiedsabredebehafteten Forderung die Aufrechnung erklärt. Var. 3: Es soll vor einem Schiedsgericht mit einer Forderung aufgerechnet werden, die eine Schiedsabrede einem **anderen Schiedsgericht** zuweist. Die Lösung ist jeweils streitig.[99] Die Schiedsabrede enthält *per se* weder ein grundsätzliches Verbot, mit der von ihr erfassten Forderung, noch diese gegenüber anderen Forderungen aufzurechnen. Materiell-rechtlich ist die Aufrechnung daher möglich, wie sich letztlich aus Art. 17 Rom I–VO und Anh. I Art. 6 EuGVVO ergibt.[100] Die wohl h.M. geht dahin, die Schiedsabrede dahin auszulegen, auch eine materiell-rechtlich wirksame Aufrechnung prozess-rechtlich nicht zu beachten.[101] Manche wollen dabei dem Schiedsgericht weitreichenden Beurteilungsspielraum überlassen, ob dieses selbst über die Aufrechnung entscheiden will.[102] Richtigerweise ist diese Auslegungsfrage nicht pauschal oder mit dogmatischer Allgemeingültigkeit beantwortbar. In Konstellation vor dem Schiedsgericht **(Var. 1)**, ist etwa zu beachten, dass dieses oft bewusst zur Beschleunigung gewählt ist. Gibt es Hinweise darauf, dass die Aufrechnung *gegen* die „Schiedsforderung" verzögern soll, ist die Schiedsabrede dahin auszulegen, die Aufrechnung aus Beschleunigungsgründen nicht zu beachten. Umgekehrt gilt, eine Aufrechnung mit unstreitigen, rechtskräftig festgestellten oder sonst einfach zu beurteilenden Forderungen prozessrechtlich zu beachten. Je nachdem wird das Gericht umfassend entscheiden oder die Aufrechnung ignorieren – in jedem Fall aber vorbehaltlos entscheiden.[103] Welchen Weg es gegangen ist, kann durch Auslegung ermittelt werden.[104] Die Aufrechnung kann dann als Einwand gegen die Vollstreckbarerklärung vorgebracht werden, §§ 1060 f. ZPO.[105] In **Var. 2** und **Var. 3** gilt konsequenterweise: Wird vor einem Staats- oder „anderen" Schiedsgericht die Aufrechnung mit einer schiedsabrede-behafteten Forderung erklärt, geht die Schiedsabrede grds. dahin, dass diese Forderung nur Gegenstand des gewählten Schiedsgerichts sein soll.[106] Das Staatsgericht wird dann die Entscheidung über die Gegenforderung nach § 148 ZPO aussetzen unter Fristbestimmung zur Schiedsklageerhebung. Alternativ kann ein Vorbehaltsurteil nach § 302 ZPO erlassen werden, das wieder vom Staatsgericht aufzuheben ist, soweit das Schiedsgericht die Aufrechnungsforderung festgestellt hat.[107] Welcher Variante der Vorzug zu geben ist, ist wiederum Sache der Auslegung der Schiedsabrede unter Berücksichtigung des Prozessstoffes und -stadiums. Das „andere" Schiedsgericht **(Var. 3)** handelt entsprechend. Ist die Forderung aber einfach zu beurteilen, ist diese Aufrechnung beachtlich.[108] Sind bei der Variante der „kollidierenden" die Schiedsgerichte diese oder die zu entscheidenden Forderungen eng verwandt, ist ein Auseinanderfallen also eher zufällig, spricht viel dafür, ein Schiedsgericht über alles entscheiden zu lassen. Anders, wenn bewusst verschiedene Schiedsgerichte gewählt sind, weil z.B. unterschiedliches Spezialwissen der Schiedsgerichte gefragt ist.

---

96 BGHZ 102, 199 = NJW 1988, 1215 zu Vertragsverletzung, die § 266 StGB erfüllt; OLG München, SchiedsVZ 2014, 262.
97 Zöller-*Geimer*, ZPO, § 1029 Rn. 80.
98 Zöller-*Geimer*, ZPO, § 1029 Rn. 80.
99 Streitstand bei Zöller-*Geimer*, ZPO, § 1029 Rn. 84; Baumbach/Lauterbach/Albers/Hartmann, ZPO, § 1029 Rn. 22.
100 Zur näheren Herleitung vgl. Zöller-*Geimer*, ZPO, § 1029 Rn. 84 m.w.N.
101 Zöller-*Geimer*, ZPO, § 1029 Rn. 84; dagegen Baumbach/Lauterbach/Albers/Hartmann, ZPO, § 1029 Rn. 22 jew. m.w.N.
102 MK-*Münch*, ZPO, § 1029 Rn. 22.
103 Musielak/Voit-*Voit*, ZPO, § 1042 Rn. 19; Baumbach/Lauterbach/Albers/Hartmann, ZPO, § 1029 Rn. 22.
104 BGH, NJW-RR 2016, 1467, beck.
105 Vgl. BGH, SchiedsVZ 2008, 148 (150), III., IV.; BGH, NJW 1990, 3211; Zöller-*Geimer*, ZPO, § 1029 Rn. 88; Musielak/Voit-*Voit*, ZPO, § 1060 Rn. 12.
106 BGH, SchiedsVZ 2010, 330, II.3.; OLG Köln, SchiedsVZ 2014, 203, II.2.e.
107 Baumbach/Lauterbach/Albers/Hartmann, ZPO, § 1029 Rn. 22.
108 BGH, WM 1976, 1333; Staudinger-*Olzen/Looschelders*, BGB, § 242 Rn. 709.

G. Wirkung und Rechtsfolge

Prozessual kann die Schiedsvereinbarung als prozesshindernde Einrede eine Klage vor dem ordentlichen Gericht zur Abweisung als unzulässig bringen (ohne aber wegen § 1033 ZPO einstweiligen staatlichen Rechtsschutz auszuschließen). Zugleich eröffnet sie den Weg zum Schiedsgericht. **Materiell** folgt aus der Schiedsvereinbarung eine umfassende Pflicht zur **Förderung** des Schiedsverfahrens, zur Unterlassung alles dem Abträglichen (sog. **Loyalitätspflicht**) nach Treu und Glauben.[109] Dies beinhaltet die Pflicht, **Vorschüsse** an das Gericht zu leisten, wie beim Staatsprozess vollständig und wahrheitsgemäß **vorzutragen**, keine vollendeten Fakten zu schaffen und sich auf die **aktuelle Schiedsordnungsfassung** der Schiedsinstitution einzulassen.[110] *Per se* besteht keine Pflicht zur **Vertraulichkeit**, sie kann aber im Hauptvertrag oder der Schiedsabrede begründet werden.[111]   28

Uneinigkeit besteht darüber, ob die Pflichterfüllung **einklagbar** ist.[112] Insbesondere mutwillige Verfahrensverzögerungen könnten zu Schadensersatzansprüchen führen.[113] Gegen eine Klagemöglichkeit spreche, dass das Schiedsgericht Konsequenzen ziehen könne.[114] Den Befürwortern reicht dies nicht, allerdings fordern sie ein Rechtsschutzbedürfnis, es dürfe kein leichterer prozessualer Weg zur Durchsetzung möglich sein.[115] Die Ansichten nähern sich damit an. Es kommt schon aus prozessökonomischer Sicht richtigerweise darauf an, wie schwer der Verstoß ist und ob dafür ausreichende Konsequenzen zur Verfügung stehen. Letztere können prozessualer Natur sein oder in der Kündigungs- oder Rücktrittsmöglichkeit nach § 323 BGB.   29

Der **Auslandsbezug** kann auf drei Ebenen eine Rolle spielen: Im Hinblick auf das anzuwendende Recht, namentlich bezüglich des Hauptvertrags (§ 1051 Rn. 1), der Schiedsvereinbarung sowie des vom Schiedsgericht anzuwendenden prozessualen Rechts (§ 1042 Rn. 8). Nach h.M. gelten für die Schiedsvereinbarung die Regeln des IPR,[116] andere wollen eigene Normen des internationalen Prozessrechts gelten lassen.[117] Kollisionsnormen bestehen im deutschen Recht nicht.   30

Bezüglich der **Rechtswahl** besteht Einigkeit, dass das Recht, nach dem sich die Schiedsvereinbarung messen lassen muss, **frei wählbar** ist, was § 1059 Abs. 2 Nr. 1 Buchst. a ZPO voraussetzt. Die **Form** richtet sich nach § 1031 ZPO und § 11 EGBGB, so richtigerweise die h.M.[118] Um keine beliebige Rechtswahl zuzulassen, kann ein **Bezug zum Land** dessen Rechtsordnung gewählt wird, gefordert sein (str.).[119] Die Anforderungen daran sollen jedenfalls gering sein, auch ist die Auslegung teils schwierig, es soll ein Bezug im Hauptvertrag oder auch der Sitz des Schiedsrichters reichen.[120] Selbst diese Anforderung ist überhöht und bloßes Rudiment. Es kann gute Gründe geben, das Recht eines neutralen „Drittstaates" zu wählen (§ 1025 Rn. 18). Ohnehin geht die Tendenz zur Schaffung allgemeiner, von nationalen Rechtsordnungen losgelöster Schiedsverfahren (§ 1060 Rn. 2).[121] Fehlt es an einer Rechtswahl (§ 1025 Rn. 7), ist das Recht zu wählen, zu dem der engste Bezug besteht[122] gem. Art. 3 EGBGB i.V.m. VO (EG) 864/2007 bzw. ebd. 593/2008. Diesen zu ermitteln ist oft problematisch, etwa bei mehrere Länder gestuften Wertschöpfungs- und/oder Verwaltungsketten. Die ausdrückliche Rechtswahl für den **Hauptvertrag** ist nicht ohne Weiteres zugleich stillschweigende Rechtswahl für die Schiedsvereinbarung, kann aber im Wege der Auslegung zu einem solchen Verständnis führen (str.).[123] Demgegenüber stärkere Indizwirkung hat die Wahl des Schiedsortes (§ 1025   31

---

109 Schon BGH, NJW 1988, 1215; BGHZ 23, 198 (200f.) = NJW 1963, 243; MK-*Münch*, ZPO, § 1029 Rn. 117.
110 MK-*Münch*, ZPO, § 1029 Rn. 117, Musielak/Voit-*Voit*, ZPO, § 1029 Rn. 27 jeweils m.w.N.
111 Vgl. *Baumert*, Beweis im Schiedsverfahren, § 9, S. 207ff.
112 Dafür: Musielak/Voit-*Voit*, ZPO, § 1029 Rn. 26; dagegen: *Schwab/Walter*, Schiedsgerichtsbarkeit, Kap 7 Rn. 20; Baumbach/Lauterbach/Albers/Hartmann, ZPO, § 1029 Rn. 19; MK-*Münch*, ZPO, § 1029 Rn. 119, will dagegen differenzieren, verschweigt jedoch Kriterien.
113 Musielak/Voit-*Voit*, ZPO, § 1029 Rn. 26.
114 Musielak/Voit-*Voit*, ZPO, § 1029 Rn. 26.
115 Baumbach/Lauterbach/Albers/Hartmann, ZPO, § 1029 Rn. 19.
116 BGH, SchiedsVZ 2011, 157, II.1.b.bb.2); bereits BGHZ 40, 320 (323) = MDR 1964, 317.
117 Zöller-*Geimer*, ZPO, § 1029 Rn. 107, stimmig mit dem dortigen Prozessvertragsverständnis.
118 Musielak/Voit-*Voit*, ZPO, § 1029 Rn. 28; Baumbach/Lauterbach/Albers/Hartmann, ZPO, § 1029 Rn. 11.
119 Musielak/Voit-*Voit*, ZPO, § 1029 Rn. 28, a.A. *Lachmann*, Schiedsgerichtspraxis, Rn. 268.
120 Musielak/Voit-*Voit*, ZPO, § 1029 Rn. 28.
121 *Trittmann*, SchiedsVZ 2016, 7 ff.
122 Baumbach/Lauterbach/Albers/Hartmann, ZPO, § 1029 Rn. 11.
123 So h.M., BGHZ 40, 320 (323) = NJW 1964, 591, I.1. zum alten Recht; Musielak/Voit-*Voit*, ZPO, § 1029 Rn. 28; a.A. *Schlosser*, Recht der internationalen privaten Schiedsgerichtsbarkeit, Rn. 3724.

ZPO).[124] Ist dieser noch nicht bestimmt, bleibt es (zunächst) bei der Frage nach der nächsten Verbindung.[125] Bei der Aufrechnung gelten diese Grundsätze entsprechend. Bei sog. „dreidimensionalen rahmenartigen Konstruktionen", ein vom Bundesgerichtshof geprägter Begriff, ist zunächst zu klären, welches Recht bzgl. der Einbeziehung in die Schiedsvereinbarung gilt.[126]

§ 1030
Schiedsfähigkeit

(1) ¹Jeder vermögensrechtliche Anspruch kann Gegenstand einer Schiedsvereinbarung sein. ²Eine Schiedsvereinbarung über nichtvermögensrechtliche Ansprüche hat insoweit rechtliche Wirkung, als die Parteien berechtigt sind, über den Gegenstand des Streites einen Vergleich zu schließen.

(2) ¹Eine Schiedsvereinbarung über Rechtsstreitigkeiten, die den Bestand eines Mietverhältnisses über Wohnraum im Inland betreffen, ist unwirksam. ²Dies gilt nicht, soweit es sich um Wohnraum der in § 549 Abs. 2 Nr. 1 bis 3 des Bürgerlichen Gesetzbuchs bestimmten Art handelt.

(3) Gesetzliche Vorschriften außerhalb dieses Buches, nach denen Streitigkeiten einem schiedsrichterlichen Verfahren nicht oder nur unter bestimmten Voraussetzungen unterworfen werden dürfen, bleiben unberührt.

Inhalt:

	Rn.		Rn.
A. Normzweck/verfassungsrechtliche Bedenken/Geltungsbereich	1	D. Beschränkungen	7
B. Vermögensrechtliche Ansprüche	4	I. Wohnraummietverträge, Abs. 2	7
C. Nichtvermögensrechtliche Ansprüche	6	II. Weitere Beschränkungen, Abs. 3	8

A. Normzweck/verfassungsrechtliche Bedenken/Geltungsbereich

1 Die Norm regelt, welche Gegenstände der Schiedsgerichtsbarkeit unterzogen werden können (**objektive Schiedsfähigkeit**). Sie sieht eine – auch im Verhältnis zur alten Fassung noch gesteigerte und gesetzgeberisch bezweckte[1] – breite Anwendbarkeit vor. Zwar werden sprachlich nur einzelne Rechtsbereiche für die Schiedsgerichtsbarkeit eröffnet, doch sind diese weitreichend. Der Gesetzgeber behält sich ein Entscheidungsmonopol nur ausnahmsweise für einen gezielten Rechtsgutschutz vor.[2] Der Geltungsbereich wird einmal nach dem materiellen Inhalt der Streitigkeit bestimmt (vermögensrechtlicher Anspruch) und einmal über eine formale Entsprechungsklausel („vergleichsfähige Ansprüche").

2 Die gegen den erstgenannten Bereich, soweit er nunmehr auch nicht vergleichsfähige Ansprüche erfasst, vorgebrachten **verfassungsrechtlichen Bedenken** können noch zurückgestellt werden, da ihnen im Wege der verfassungskonformen Auslegung begegnet werden kann.[3] Die Bedenken gehen dahin, dass ein Legitimationsdefizit vorläge, Art. 92 GG sei verletzt, da zwar begründbar sei, den Vergleich durch einen Entscheid eines frei gewählten Organs zu ersetzen, aber nicht, den nicht-vergleichsfähigen Anspruch, da dieser der staatlichen Gerichtsbarkeit zu unterliegen habe.[4] Der Gesetzgeber wählte diese Ausdehnung gegenüber der a.F. bewusst, schweizerischem Vorbild folgend.

3 Der **Geltungsbereich** ist gem. § 1025 ZPO auf deutsche Schiedsorte beschränkt.

B. Vermögensrechtliche Ansprüche

4 **Vermögensrechtliche Ansprüche** sind auf einem vermögensrechtlichen Rechtsverhältnis basierende Ansprüche sowie auf Geld, Geldwertes (Sachen oder Rechte) zielende.[5] Der Begriff ist weit auszulegen.[6] Seit der Reform ist für diese Ansprüche **keine Vergleichsfähigkeit mehr**

---

124 So im Ergebnis wohl auch Zöller-*Geimer*, ZPO, § 1029 Rn. 118; Musielak/Voit-*Voit*, ZPO, § 1029 Rn. 28.
125 Musielak/Voit-*Voit*, ZPO, § 1029 Rn. 28.
126 BGH, SchiedsVZ 2014, 151, II.2.a.

Zu § 1030:
1 BT-Drucks. 13/5274, S. 1.
2 BT-Drucks. 13/5274, S. 34; BGHZ 160, 127 (133f.) = NJW 2004, 2898 (2899f.), II.3.b.aa).
3 Musielak/Voit-*Voit*, ZPO, § 1030 Rn. 1.
4 Nachw. zum Streitstand bei Musielak/Voit-*Voit*, ZPO, § 1030 Rn. 1.
5 BeckOK-*Wolf/Eslami*, ZPO, § 1030 Rn. 4.
6 BGH, NJW 2004, 2898; Baumbach/Lauterbach/Albers/Hartmann, ZPO, § 1030 Rn. 1.

gefordert. Ehegatten-**Unterhalt** ist erfasst,[7] streitig ist Kindschaftsunterhalt, außer dieser ist vom Elternteil im eigenen Namen geltend gemacht (dann jedenfalls erfasst).[8] § 311b BGB, § 89 HGB, §§ 9b, 43 GmbHG[9] oder §§ 50, 302 Abs. 2 AktG hindern die Schiedsfähigkeit nicht. Ebenso wenig hindert die Existenz von Spezialgerichten die Schiedsfähigkeit, was insbesondere für Patent-, Geschmacksmuster-, Markensachen relevant ist.[10] Bspw. kann in Fällen, in denen das Schiedsgericht nicht entscheiden kann, etwa ein Patent für nichtig erklären, bzgl. Nichtigerklärung eines Patents die unterliegende Partei zur Löschungsbeantragung verpflichtet werden.[11] Per Schiedsabrede kann aber nicht ein unstatthaftes Spruchverfahren (SpruchG) vor dem zuständigen Gericht zur Durchführung gebracht werden.[12]

Öffentlich-rechtliche Ansprüche sind schiedsfähig, wenn über sie ein Vertrag geschlossen werden darf,[13] sowie wenn die Schiedsfähigkeit ausdrücklich kodifiziert ist, wie etwa in §§ 30 Abs. 2, 38a VermG. Deshalb sind vermögensrechtliche Ansprüche gegen Staaten oder andere öffentlich-rechtliche Institutionen grds. schiedsfähig.[14]

C. Nichtvermögensrechtliche Ansprüche

Nichtvermögensrechtliche Ansprüche sind nur insoweit schiedsfähig, als sie **vergleichsfähig** sind, wenn also die Parteien über ihn verfahrens- und materiellrechtlich verfügen können (obj. und subj. Vergleichsbefugnis), etwa nach § 36 FamFG. Nicht aber in Ehe- und Kindschaftssachen (§§ 121, 169 FamFG).[15]

D. Beschränkungen
I. Wohnraummietverträge, Abs. 2

Dem vom Gesetzgeber als sozial schwächer erachteten Mieter soll im Inland die Staatsgerichtsbarkeit grds. nicht genommen werden können. Die Norm führt den Gedanken des **§ 29a ZPO** fort, der das Gericht, in dessen Bereich der Wohnraum liegt, für unabdingbar zuständig macht. Es muss eine Mietstreitigkeit über Wohnraum vorliegen, die nicht unter § 549 Abs. 2 Nr. 1–3 BGB fällt. Nur inländischer Wohnraum ist erfasst, da im Ausland die dortige Rechtsordnung greift. Bei mehrteiligen Verträgen kommt es auf den Schwerpunkt an.[16] Die Norm spricht von Rechtsstreitigkeiten, sie schließt demnach Schiedsgutachten nicht aus.[17] § 1025a ZPO ist enger als § 29a ZPO gefasst, denn er betrifft nur den **Bestand** des Mietverhältnisses, also v.a. die Kündigung. Er reicht als mittelbarer Gegenstand des Rechtsstreits, etwa als Vorfrage bei einer Räumungsklage. Minderung, Schadensersatz-, Schönheitsreparatur- und Betriebskostenfragen können von einer Schiedsklausel erfasst werden.[18] **Rechtsfolge** ist die Unwirksamkeit der Schiedsabrede bzw. -klausel, der Mietvertrag bleibt dagegen wirksam (wozu § 139 BGB teleologisch zu reduzieren ist).[19]

II. Weitere Beschränkungen, Abs. 3

Ist nach der Reform theoretisch zu differenzieren, ob bereits Schiedsunfähigkeit wegen Vergleichsunfähigkeit (v.a. Familiensachen, siehe Rn. 4, 6) nach Abs. 1 vorliegt oder gem. Abs. 3 **Beschränkungen** vorliegen,[20] ist dies von wenig praktischer Relevanz. Neben der hier direkt in Abs. 2 niedergelegten **Einschränkung** für das Mietrecht gelten auch im **Arbeitsrecht**[21] (§§ 101 ff. ArbGG) Besonderheiten bei **Patentstreitigkeiten** (Art. 35 Übk v. 19.02.2013 über das Einheitl. Patentgericht). Jedenfalls Nichtigerklärung, Rücknahmen und Zwangslizenzen sind nach noch h.M. nicht schiedsfähig.[22] Bei **gesellschaftsrechtlichen Ansprüchen** (grds. auch Kom-

---

7 BGHZ 99, 143 (149f.); OLG München, FamRZ 2012, 1962, II.2.b.1); DNotI-Report 2005, 169 (170); *Schumacher*, FamRZ 2004, 1677 ff.; *Huber*, SchiedsVZ 2004, 280 (281).
8 OLG München, FamRZ 2012, 1962, II.2.b.1.
9 OLG Frankfurt a.M., BB 2004, 908 (Stammeinlage).
10 BGH, NJW 1996, 1753 (1754), II.1; Zöller-*Geimer*, ZPO, § 1030 Rn. 14; Baumbach/Lauterbach/Albers/Hartmann, ZPO, § 1030 Rn. 4; BT-Drucks. 13/5274, S. 34 f.
11 Vgl. BeckOK-*Wolf/Eslami*, ZPO, § 1030 Rn. 4; Saenger-*Saenger*, ZPO, § 1030 Rn. 3.
12 OLG München, AG 2015, 277 (278), II.B.2.b.
13 BT-Drucks. 13/5274, S. 35; vgl. Baumbach/Lauterbach/Albers/Hartmann, ZPO, § 1030 Rn. 1, 3.
14 Zur politischen Diskussion wegen Freihandelsabkommen Vorbem. zu § 1025 Rn. 9.
15 BGHZ 132, 278 = NJW 1996, 1753, II.4.; OLG München, FamRZ 2012, 1962, II.2.b.1.
16 *Kröll*, SchiedsVZ 2010, 217.
17 Vgl. MK-*Münch*, ZPO, § 1030 Rn. 26; Baumbach/Lauterbach/Albers/Hartmann, ZPO, § 1030 Rn. 10.
18 MK-*Münch*, ZPO, § 1030 Rn. 25–29.
19 Jauernig-*Jauernig*, BGB, § 139 Rn. 14; MK-*Busche*, BGB, § 139 Rn. 22; MK-*Münch*, ZPO, § 1030 Rn. 25.
20 Vgl. MK-*Münch*, ZPO, § 1030 Rn. 31.
21 BAG, NZA 1998, 220.
22 Musielak/Voit-*Voit*, ZPO, § 1030 Rn. 3.

manditgesellschaften – Schiedsfähigkeit III[23]) ist zu differenzieren.[24] Sie sind dann schiedsfähig, gleich ob Anfechtungs-, Auflösungs- oder Nichtigkeitsfragen betreffend, wenn das Verfahren einem staatsgerichtlichen Verfahren v.a. im Prozedere gleich kommt (Grundsätze des **Beschlussmängelstreits**).[25] Außerhalb von Beschlussmängelstreitigkeiten gelten diese Anforderungen nicht,[26] so nicht bei Feststellungsklagen zur Auslegung des Gesellschaftsvertrags[27] oder wegen Zahlungsansprüchen ausgeschiedener Gesellschafter.[28] **Drittwirkung** hindert die Schiedsfähigkeit, wenn ein Schiedsspruch nicht nach §§ 1054, 1055 ZPO für und gegen Dritte wirken kann. Alle Gesellschafter müssen daher der Schiedsabrede unterworfen sein und die Beteiligungsrechte der betroffenen Gesellschafter gewahrt sein.[29] Erbauseinandersetzungen die Gesellschaft betreffend,[30] Auskunfts- und Einsichtsrechte nach §§ 51a f. GmbHG[31] und die Leistung der Stammeinlage betreffend sind insofern schiedsfähig. **Ebenfalls schiedsfähig** sind **Kartellsachen**[32] ebenso wie Fragen des gewerblichen Rechtsschutzes[33] und **Urheberrechts**,[34] Persönlichkeitsrechtsverletzungen,[35] Streitigkeiten über **Vereinsausschlüsse**, wenn das Personenrecht betroffen ist (s.a. § 1066 ZPO)[36] und **Erbfälle** (ohne nachlassrechtliche Rechtssorgeverfahren, da diese nicht vermögensrechtlich sind).[37]

9 **Nicht schiedsfähig** ist dagegen die **Insolvenz**anfechtung,[38] für Forderungen der Insolvenzgläubiger gelten die §§ 87, 174 ff. ZPO auch im Schiedsverfahren.[39] Der Gläubiger muss dann seine Forderung zunächst zur Tabelle anmelden, nur im Bestreitensfall ist das Schiedsgericht anzurufen.[40] Der Verwalter kann zudem im eröffneten Verfahren Schiedsabreden treffen und Insolvenzverträge abschließen, was sich zur Beschleunigung anbietet.[41] Laufende Schiedsverfahren werden durch die Eröffnung des Insolvenzverfahrens nicht unterbrochen.[42] Gem. § 37h WpHG können Schiedsvereinbarungen bei **Börsengeschäften** vor Streitbeginn nur von Kaufleuten und juristischen Personen des öffentlichen Rechts geschlossen werden. Zuständigkeitsbegründung durch rügeloses Verhandeln ist aber für alle Personen möglich, denn dann hat der Streit bereits begonnen und die Schiedsfähigkeit ist nur subjektiv eingeschränkt.[43] Für den Verbraucher[44] ist dabei Art. V Abs. 1a UNÜ relevant.

---

23 BGH v. 6.4.2017, I ZB 23/16 (beck)
24 Vgl. *Ebbing*, NZG 1998, 281; *Hauschild/Böttcher*, DNotZ 2012, 577; *Weidmann*, DStR 2014, 1500; zur gleichzeitigen Berührung von gesellschafts- wie handelsrechtlichen Fragen *Quinke*, NZG 2015, 537 (*joint ventures*).
25 BGHZ 180, 221 = NJW 2009, 1962 – Schiedsfähigkeit II; BGHZ 132, 278 = NJW 2009, 1962 – Schiedsfähigkeit I; dazu *Böttcher/Fischer*, NZG 2011, 601 (GmbH); *Borris*, NZG 2010, 481; *Böttcher/Helle*, NZG 2009, 700; *Ebbing*, NZG 1998, 281.
26 OLG München, NZG 2014, 1351; zur Übertragbarkeit auf die AG ausführlich *Habersack/Wasserbäch*, AG 2016, 2 (9).
27 BGH, NJW 2015, 3234.
28 OLG Köln, SchiedsVZ 2013, 339, II.2.b.; *Gildemeister*, GWR 2014, 36.
29 Musielak/Voit-*Voit*, ZPO, § 1030 Rn. 2.
30 BGH, NJW 1979, 2567.
31 Zur Wirkung im Verhältnis GmbGH und Gesellschaftern DIS-SchiedsG Hamburg v. 16.10.2007, DIS-SV-B-435/04.
32 Vgl. BGH v. 07.06.2016, KZR 6/15, juris (Pechstein); diff. *Wagner*, ZVglRWiss 2015, 494 ff.; *Schmidt*, BB 2006, 1397 ff.; ausführlich *Eilmansberger*, SchiedsVZ 2006, 5 ff.; *Hermanns/Brück*, SchiedsVZ 2004, 137 ff.; *Sachs*, SchiedsVZ 2004, 123.
33 *Schallnau/Feldges*, GRUR Int. 2017, 21 ff.; *Ruess*, SchiedsVZ 2010, 23; zum „neuen" Medienschiedsgericht in Sachsen: *Libor*, AfP 2016, 238.
34 *Schallnau/Feldges*, GRUR Int. 2017, 21 ff.; *Flechsig/Hendricks*, ZUM 2000, 721.
35 Vgl. BGH, NJW 1996, 999; MK-*Münch*, ZPO, § 1030 Rn. 20.
36 MK-*Münch*, ZPO, § 1030 Rn. 20.
37 *Mankowski*, ZEV 2014, 395.
38 Baumbach/Lauterbach/Albers/Hartmann, ZPO, § 1030 Rn. 5; vgl. ausführlich *Heidbrink*, SchiedsVZ 2009, 258.
39 Uhlenbruck-*Mock*, InsO, § 87 Rn. 26.
40 Uhlenbruck-*Mock*, InsO, § 87 Rn. 26, § 180 Rn. 15 f.
41 Uhlenbruck-*Mock*, InsO, § 87 Rn. 27.
42 Bereits RGZ 62, 24; BGH v. 21.11.1966, VII ZR 174/65, juris. Zu weiteren Besonderheiten vgl. Uhlenbruck-*Mock*, InsO, § 85 Rn. 72–76; *Nacimiento/Bähr*, NJOZ 2009, 4782; *Thomas/Dahl*, NZI 2012, 534; *Keller/Flecke-Giammarco*, NZI 2012, 529.
43 Musielak/Voit-*Voit*, ZPO, § 1030 Rn. 3.
44 Zur zwingenden Prüfung der Vollstreckungsvoraussetzungen bei einem Schiedsspruch gegen einen Verbraucher EuGH, NJW 2010, 47 = SchiedsVZ 2010, 110; zur Schlichtung bei Verbrauchersachen *Engel*, NJW 2015, 1633 ff.; krit. zu Schiedssachen mit Verbraucherbeteiligung *Wolf*, NJW 2015, 1656 (1660).

§ 1031
Form der Schiedsvereinbarung

(1) Die Schiedsvereinbarung muss entweder in einem von den Parteien unterzeichneten Dokument oder in zwischen ihnen gewechselten Schreiben, Fernkopien, Telegrammen oder anderen Formen der Nachrichtenübermittlung, die einen Nachweis der Vereinbarung sicherstellen, enthalten sein.

(2) Die Form des Absatzes 1 gilt auch dann als erfüllt, wenn die Schiedsvereinbarung in einem von der einen Partei der anderen Partei oder von einem Dritten beiden Parteien übermittelten Dokument enthalten ist und der Inhalt des Dokuments im Falle eines nicht rechtzeitig erfolgten Widerspruchs nach der Verkehrssitte als Vertragsinhalt angesehen wird.

(3) Nimmt ein den Formerfordernissen des Absatzes 1 oder 2 entsprechender Vertrag auf ein Dokument Bezug, das eine Schiedsklausel enthält, so begründet dies eine Schiedsvereinbarung, wenn die Bezugnahme dergestalt ist, dass sie diese Klausel zu einem Bestandteil des Vertrages macht.

(4) (weggefallen)

(5) ¹Schiedsvereinbarungen, an denen ein Verbraucher beteiligt ist, müssen in einer von den Parteien eigenhändig unterzeichneten Urkunde enthalten sein. ²Die schriftliche Form nach Satz 1 kann durch die elektronische Form nach § 126a des Bürgerlichen Gesetzbuchs ersetzt werden. ³Andere Vereinbarungen als solche, die sich auf das schiedsrichterliche Verfahren beziehen, darf die Urkunde oder das elektronische Dokument nicht enthalten; dies gilt nicht bei notarieller Beurkundung.

(6) Der Mangel der Form wird durch die Einlassung auf die schiedsgerichtliche Verhandlung zur Hauptsache geheilt.

Inhalt:

	Rn.		Rn.
A. Normzweck, Systematik	1	II. Übermitteltes Dokument ohne Widerspruch/stillschweigende Zustimmung, Abs. 2	7
B. Geltungsbereich	2		
C. Formalia der Schiedsvereinbarung	5		
I. Singuläres, unterzeichnetes Dokument oder Schriftwechsel, Abs. 1 Var. 1 und 2	6	III. Bezugnahme auf Schiedsklauseldokument Abs. 3	8
		D. Verbraucherbeteiligung	9
		E. Heilung durch rügelose Einlassung	12

A. Normzweck, Systematik

Der schiedsfreundliche Gesetzgeber sieht viele Möglichkeiten zum Abschluss einer Schiedsvereinbarung vor, öffnet die Pforten für die Schiedsgerichte weit und entlastet damit Staatsgerichte – jedenfalls für den geschäftlichen Verkehr. Letztlich reicht im geschäftlichen Verkehr ein schriftlicher Nachweis einer Schiedsvereinbarung. Der Verbraucherschutz wird zugleich in Abs. 5 stark verankert. Zuletzt bleibt stets die rügelose Einlassung als Heilungsmöglichkeit (Abs. 6). 1

B. Geltungsbereich

Die Norm gilt auch für entstandene Streitigkeiten. Sie greift bei inländischem **Schiedsort** (§ 1025 ZPO), kann aber auch darüber hinaus gelten,[1] etwa bei Anwendbarkeit der UNÜ.[2] Sie erfasst eine **Vollmacht** zum Abschluss einer Schiedsvereinbarung nur, wenn sie unwiderruflich ist (§ 167 Abs. 2 BGB). Nicht erfasst sind dagegen **Schiedsgutachtenverträge**,[3] **Aufhebungen von Schiedsvereinbarungen**, da diese wieder in den Schutzbereich staatlicher Gerichte zurückführen, **Abreden zum Verfahren**, also zum bloßen „Wie" des Schiedsverfahrens,[4] und **Satzungen** sowie **letztwillige Verfügungen**. 2

Rechtsnachfolger werden von einer formwirksam geschlossenen Schiedsvereinbarung erfasst, selbst wenn der Übertragungsakt (z.B. Abtretung) nicht § 1031 ZPO entsprach.[5] Für andere **Dritte** gilt § 1031 ZPO. Nicht schutzwürdig sind sie, wenn sie rein vorteilhaft eine „Schieds- 3

---

1 Kröll, SchiedsVZ 2006, 146; Baumbach/Lauterbach/Albers/Hartmann, ZPO, § 1031 Rn. 2.
2 BGH, NJW 2005, 3499.
3 Stellvertretend für alle Wieczorek/Schütze-*Schütze*, ZPO, § 1031 Rn. 4; Musielak/Voit-*Voit*, ZPO, § 1031 Rn. 2.
4 Musielak/Voit-*Voit*, ZPO, § 1031 Rn. 2.
5 Zöller-*Geimer*, ZPO, § 1031 Rn. 17; Musielak/Voit-*Voit*, ZPO, § 1031 Rn. 3.

Dietrich

option" erhalten, also die Möglichkeit vor dem Schiedsgericht zu streiten, ohne aber vorab den Weg zum staatlichen Gericht zu verlieren.[6]

4 Anderweitige **höhere Formanforderungen**, etwa notarielle, schlagen aufgrund der Unabhängigkeit der Schiedsvereinbarung – gleich ob als Schiedsklausel, getrennte Schiedsabrede oder Bezugnahme – wegen § 1040 Abs. 1 Satz 2 ZPO nicht auf die Schiedsvereinbarung durch.[7]

C. Formalia der Schiedsvereinbarung

5 Ob eine Klausel oder ein Schriftstück eine Schiedsvereinbarung darstellen soll, ist bereits Frage der Auslegung. Der Begriff Schiedsvereinbarung oder Schiedsklausel braucht nicht verwandt zu sein, allerdings reicht eine bloße Absichtserklärung nicht ohne Weiteres aus.[8] Der Gesetzgeber legt mehrere Varianten des formalen Abschlusses einer Schiedsvereinbarung in den Abs. 1–3 dar.

I. Singuläres, unterzeichnetes Dokument oder Schriftwechsel, Abs. 1 Var. 1 und 2

6 Die Schiedsvereinbarung kann **in einem Dokument** von den Parteien oder deren Vertretern durch Unterzeichnung geschlossen werden (Var. 1). Möglich ist auch die Unterzeichnung auf dem Exemplar des Geschäftspartners, wobei der Abschluss erst vorliegt, wenn jedem das vom anderen unterschriebene Exemplar zugegangen ist.[9] Die Unterschriften sind eigenhändig oder mit gerichtlich bzw. notariell beglaubigten Handzeichen zu signieren. Unschädlich ist es, wenn das Dokument neben der Vereinbarung noch weiteres, etwa den Hauptvertrag oder andere Nebenabreden enthält (Umkehrschluss aus Abs. 4 Satz 2). Ebenso kann die Abrede in einem **Schriftwechsel** geschlossen werden, wobei Telefaxe, Emails etc. erfasst werden (Var. 2). Zwischen den Parteien ist nach teleologischer Reduktion ein Schriftwechsel auch dann gewechselt, wenn der Wechsel über einen Dritten, etwa eine Schiedsinstitution, geführt wurde.[10] Bei einem zeitlich befristeten Vertrag, der dann formlos verlängert wurde, muss bereits die seinerzeit formwirksam geschlossene Schiedsabrede dahin gehen, auch im Verlängerungsfall zu gelten, was ggf. durch Auslegung zu ermitteln ist.[11] Bzgl. Verbrauchern siehe Rn. 9 ff.

II. Übermitteltes Dokument ohne Widerspruch/stillschweigende Zustimmung, Abs. 2

7 Abs. 2 schafft eine Erleichterung gegenüber **Art. II UNÜ**. Danach reichen „halbe Schriftform" und damit auch kaufmännisches Bestätigungsschreiben, einseitige Zusendung eines Vertragstextes, einseitige schriftliche Bestätigung einer mündlichen Abrede oder konkludentes Handeln nicht aus.[12] Die Erfüllung von Abs. 2 und 3 richtet sich nach materiellem Recht und nicht nach Abs. 1.[13] Die Klausel bezweckt eine reibungslose Eingliederung in das Geschäftsleben nach der **Verkehrssitte**, der sich die Formvorschriften anpassen statt umgekehrt. Abs. 2 fordert ein **Dokument** als Schiedsabredeangebot, verzichtet aber auf die ausdrückliche Annahme, wenn dies verkehrsüblich ist und erfasst damit Gestaltungen wie das **kaufmännische Bestätigungsschreiben**. Als Dokument reicht jedes in Abs. 1 genannte aus. Es ist – jedenfalls nach der Norm, anders möglicherweise nach der Verkehrssitte – nicht erforderlich, dass die Parteien sich bereits mündlich geeinigt haben. Auch die **einseitige Einführung** der Schiedsklausel kann reichen. Denn auf Schiedsbindung muss ein Kaufmann gefasst sein.[14] Die Schiedsklausel in einer Rechnung reicht noch nicht,[15] eine Schlussnote des Maklers soll aber reichen können.[16] Welche Voraussetzungen an die Rechtzeitigkeit des Widerspruchs zu knüpfen sind, bemisst sich ebenfalls nach der Verkehrssitte. Bzgl. Verbrauchern siehe Rn. 9 ff.

III. Bezugnahme auf Schiedsklauseldokument, Abs. 3

8 Ausreichend ist, wenn eine Vertragsklausel ein Dokument mit Schiedsklausel zum Bestandteil des Vertrags macht. Der Verweis auf **AGB**, die Schiedsklauseln enthalten, reicht aus, ebenso

---

6 Musielak/Voit-*Voit*, ZPO, § 1031 Rn. 3.
7 H.M., statt aller BGHZ 202, 168 = NJW 2014, 3655 = SchiedsVZ 2014, 303, II.3.; Baumbach/Lauterbach/Albers/Hartmann, ZPO, § 1031 Rn. 10; Zöller-*Geimer*, ZPO, § 1031 Rn. 47; ausführlich *Hilgard/Haubner*, BB 2014, 970 ff.; *Hager/Müller-Teckhof*, NJW 2015, 1857 (1858).
8 OLG Köln, MDR 2006, 201.
9 Aber *Schick*, AG 2011, 316.
10 Musielak/Voit-*Voit*, ZPO, § 1031 Rn. 4; vgl. OLG Hamburg v. 11.10.2016, 6 Sch 12/16, juris.
11 Musielak/Voit-*Voit*, ZPO, § 1031 Rn. 4.
12 BGH, SchiedsVZ 2011, 46.
13 OLG Düsseldorf, IHR 2015, 18, II.2.b.
14 MK-*Münch*, ZPO, § 1030 Rn. 36.
15 BGH, NJW 2005, 3499.
16 Baumbach/Lauterbach/Albers/Hartmann, ZPO, § 1030 Rn. 5; *Kröll*, SchiedsVZ 2007, 146.

wie entsprechende Inkorporationen von Markt- und Börsenordnungen.[17] Die Bezugnahme braucht nicht gesondert auf die Schiedsvereinbarung hinweisen.[18] Unter den Voraussetzungen des Abs. 2, der Abs. 1 soweit verdrängt,[19] reicht auch die widerspruchlose Hinnahme eines Schriftstücks aus, das auf ein Dokument verweist, das wiederum eine Schiedsklausel enthält. Der Formerfordernisse regelnde § 1031 ZPO verdrängt nicht die Inhaltskontrolle der §§ 305 ff. **BGB**.[20] Es greift daher z.B. die Bestimmung über überraschende Klauseln. Unangemessen ist die Schiedsvereinbarung nicht *per se*, da der Schiedsweg vom Gesetzgeber als dem staatlichen Gerichtsweg gleichrangig angesehen wird.[21] Bzgl. Verbrauchern siehe Rn. 9 ff.

D. Verbraucherbeteiligung

Normzweck, Systematik, Genese: Der Verbraucherschutz bzgl. der Schiedsgerichtsbarkeit findet im Wesentlichen nur (noch) in dieser Norm Niederschlag.[22] Er bleibt hier hinter dem Niveau bei staatlichen Gerichten zurück. Der Gesetzgeber hat sich dagegen entschieden weitreichende Verbraucherthemen unabdingbar der staatlichen Gerichtsbarkeit zuzuweisen, mit der Ausnahme der Wohnraummiete (§ 1030 Abs. 2 ZPO). § 1025 Abs. 2 ZPO a.F. ist gestrichen, nach dem eine Schiedsvereinbarung nichtig war, wenn eine Partei die andere Partei kraft wirtschaftlicher oder sozialer Überlegenheit zur Schiedsvereinbarung brachte. Insofern bleiben noch der hohe Anforderungen stellende § 138 BGB und der nur zu einer anderen Schiedsrichterzusammensetzung führende § 1035 Abs. 2 ZPO. Das ModG ist gem. Art. 1 Abs. 1 auf internationale Handelsstreitigkeiten begrenzt und befasst sich daher mit Verbraucherschutz nicht. Der EuGH geht im Verbraucherschutz zunehmend weit.[23] § 37h WpHG hindert Schiedsvereinbarungen für Verbraucher gänzlich.[24]

9

Verbraucher: Mangels eigener Definition ist auf § 13 BGB und Art. 15 EuGVVO zurückzugreifen.[25] Nur natürliche Personen können Verbraucher sein. Bei Personenmehrheiten, die nicht jurist. Person sind, ist auf die Mitglieder abzustellen. Jurist. Personen und Handelsgesellschaften sind abgesehen von der GbR nie Verbraucher. Existenzgründer sind nicht mehr Verbraucher,[26] maßgeblich ist der Zeitpunkt des Abschlusses der Schiedsvereinbarung.[27] Verbraucher sind Taxifahrer,[28] Kommanditisten generell,[29] GmbH-Geschäftsführer und AG-Vorstände bzgl. ihres Anstellungsvertrags,[30] zu differenzieren beim Sportler ggü. dem Sportverband.[31] Auch Selbstständige und Gewerbetreibende können Verbraucher sein, wenn die streitbezogene Tätigkeit außerhalb ihrer gewerblichen bzw. beruflichen war. Die Verwaltung eigenen Vermögens ist i.d.R. Verbrauchertätigkeit.[32]

10

---

17 BeckOK-*Wolf/Eslami*, ZPO, § 1031 Rn. 15; Musielak/Voit-*Voit*, ZPO, § 1031 Rn. 6; MK-*Münch*, ZPO, § 1031 Rn. 40.
18 BeckOK-*Wolf/Eslami*, ZPO, § 1031 Rn. 15; Musielak/Voit-*Voit*, ZPO, § 1031 Rn. 6; Zöller-*Geimer*, ZPO, § 1031 Rn. 9. *Hanefeld/Wittinghofer*, SchiedsVZ 2005, 217 (219).
19 OLG Düsseldorf, IHR 2015, 18, II.2.b.
20 *Haas/Hauptmann*, SchiedsVZ 2004, 175 (178, 180); vgl. KG v. 13.06.2016, 20 SchH 1/16, juris.
21 BGH, SchiedsVZ 2007, 163 (164), II.2.a); BGH, SchiedsVZ 2005, 95 (97), I.4.; Musielak/Voit-*Voit*, ZPO, § 1031 Rn. 6.
22 BeckOK-*Wolf/Eslami*, ZPO, § 1031 Rn. 19; krit. MK-*Münch*, ZPO, § 1030 Rn. 4.
23 Musielak/Voit-*Voit*, ZPO, § 1031 Rn. 8.
24 Vgl. *Schick*, AG 2011, 316.
25 *Schwab/Walter*, Schiedsgerichtsbarkeit, Kap 5 Rn. 16; Zöller-*Geimer*, ZPO, § 1031 Rn. 34 (nur auf § 13 BGB).
26 BGH, SchiedsVZ 2005, 157; OLG Köln v. 24.02.2011, 7 U 188/09, juris, II.c); Zöller-*Geimer*, ZPO, § 1031 Rn. 34; Musielak/Voit-*Voit*, ZPO, § 1031 Rn. 9; *Bülow*, WM 2011, 1349 (zur Beweislast).
27 Reithmann/Martiny-*Hausmann*, Internationales Vertragsrecht, Rn. 6721.
28 OLG München v. 26.08.2015, 34 SchH 2/14, juris, II.3.b.
29 Ausführlich *Rüppell*, BB 2014, 1091 (1092 ff.), v.a. zur Publikums-KG.
30 OLG Hamm, MDR 2007, 1438 (1438 f.) bzgl. Vorstand; Musielak/Voit-*Voit*, ZPO, § 1031 Rn. 9, zu Vorstandshaftung und Schiedsverfahren *Bayer*, NJW 2014, 2546 (2550); Reform der Organhaftung?, Gutachten zum 70. DJT 2014; *Bauer/Arnold/Kramer*, AG 2014, 677; *Leuering*, NJW 2014, 657; a.A. *Herresthal*, ZIP 2014, 345; *Scholz/Weiß*, AG 2015, 523; zur zugleich fraglichen Europarechtswidrigkeit § 1059 Rn. 12. Vgl. zu D&O-Versicherungen und Schiedsverfahren *Werner*, VersR 2015, 1084.
31 *Haas/Hauptmann*, SchiedsVZ 2004, 175 (178, 180).
32 OLG Düsseldorf, MDR 2010, 858 bzgl. Vermieter; vgl. aber OLG Frankfurt a.M. v. 08.02.2013, 26 SchH 4/12, juris, II.

11 **Schriftform** gem. § 126 BGB oder elektron. Form gem. § 126a BGB ist einzuhalten.[33] Schriftwechsel reicht nicht aus.[34] Ebensowenig bloßer Hinweis auf **AGB**.[35] Anders, wenn der Hinweis an sich bereits deutlich macht, dass eine Schiedsvereinbarung inkorporiert werden soll.[36] Auch der Nichtverbraucher soll sich auf die Formunwirksamkeit **berufen** können und dies selbst dann, wenn der Verbraucher die Klausel stellte.[37] **Eigenhändigkeit**: Die Unterschrift des Vertreters ist möglich, auch beim Verbraucher.[38] Selbst eine Blankounterschrift reicht aus (h.M.).[39] **Gesonderte Vereinbarung:** Die Schiedsvereinbarung soll nicht in einem Klauselwerk versteckt werden können. Daher ist neben Verweisungen und Schriftwechseln auch schädlich, wenn die Vereinbarung in einem Dokument erfolgt, dort aber noch weitere Vereinbarungen getroffen werden. Die Schiedsvereinbarung muss aber nicht auf gesondertem Blatt stehen. Daher reicht es, wenn sie deutlich vom Hauptvertrag abgesetzt und gesondert unterzeichnet ist.[40] Anderes gilt bei notarieller Beurkundung. Die wirksam getroffene Schiedsvereinbarung kann später **geändert** werden, was formbedürftig ist gem. **Abs. 5**, es sei denn, die Parteien ändern den unterschriebenen Text selber einvernehmlich.[41] **Aufhebungen** der Schiedsvereinbarung sind formlos möglich, da dies den Weg zurück zur staatlichen Gerichtsbarkeit bedeutet.[42] Teilaufhebungen sind Aufhebungen, nicht einschränkende Änderungen. Bei **notarieller Beurkundung** gelten die Formerfordernisse des Abs. V nicht, da wegen § 17 BeurkG der Notar zu belehren hat, was ausreichenden Schutz bietet.

E. Heilung durch rügelose Einlassung

12 Durch rügelose Einlassung können Formmängel im Verbraucher- oder Unternehmergeschäft in der Hauptsache geheilt werden, wobei §§ 1040 und 1044 ZPO zu beachten sind. Nachdem gem. § 1044 Abs. 2 ZPO der Schiedskläger auf die Schiedsvereinbarung hingewiesen hat, hat der Schiedsbeklagte mit der **Klagebeantwortung** zu rügen.[43] Eine spätere Rüge ist verspätet. Die Rüge hat **ausdrücklich den Formmangel** zu rügen. Als Rüge reicht die rein vorsorgliche Einlassung unter Berufung auf den Formmangel. Ansonsten ist jede Äußerung zur Sache Einlassung, allerdings nicht schon die bloße Mitwirkung bei der Schiedsrichterernennung.[44] Die Einlassung wirkt, gleich ob die Partei den Formmangel oder die rechtlichen Folgen der Einlassung kennt.[45] **Treuwidrig** und damit die Rüge unbeachtlich ist es, wenn eine Partei im Vorfeld beharrlich auf die Schiedsvereinbarung verweist und im Schiedsverfahren dann einen Formmangel rügt.[46] **Rechtsfolge und Reichweite:** Die rügelose Einlassung führt zur Heilung *ex tunc*.[47] Sie wirkt nur in Bezug auf das laufende Verfahren und heilt nicht den Formmangel der Schiedsvereinbarung *per se*, also nicht auch für andere Verfahren.[48] Selbst bei Klagerücknahme und Neuklage kann erneut wirksam gerügt werden.

13 Andersherum stellt es keine **konkludente Aufhebung der Schiedsvereinbarung** dar, wenn bei vorhandener Schiedsklausel einvernehmlich das staatliche Gericht angerufen wird.[49]

---

33 BeckOK-*Wolf/Eslami*, ZPO, § 1031 Rn. 21.
34 Zöller-*Geimer*, ZPO, § 1031 Rn. 36; Musielak/Voit-*Voit*, ZPO, § 1031 Rn. 10.
35 BeckOK-*Wolf/Eslami*, ZPO, § 1031 Rn. 21; Musielak/Voit-*Voit*, ZPO, § 1031 Rn. 10; MK-*Münch*, ZPO, § 1031 Rn. 59.
36 Zu Recht Zöller-*Geimer*, ZPO, § 1031 Rn. 37.
37 OLG Hamm, NZBau 2007, 311 = MDR 2006, 1165.
38 Zöller-*Geimer*, ZPO, § 1031 Rn. 36; *Lachmann*, SchiedsVZ 2003, 28 (33).
39 MK-*Münch*, ZPO, § 1031 Rn. 55; Stein/Jonas-*Schlosser*, ZPO, § 1031 Rn. 24; zurückhaltend Musielak/Voit-*Voit*, ZPO, § 1031 Rn. 10.
40 Zöller-*Geimer*, ZPO, § 1031 Rn. 36; MK-*Münch*, ZPO, § 1031 Rn. 59; Musielak/Voit-*Voit*, ZPO, § 1031 Rn. 11.
41 Musielak/Voit-*Voit*, ZPO, § 1031 Rn. 12.
42 Wieczorek/Schütze-*Schütze*, ZPO, § 1031 Rn. 16; Musielak/Voit-*Voit*, ZPO, § 1031 Rn. 12.
43 BayObLGZ 2002, 392 (396) = RIW 2003, 383; Zöller-*Geimer*, ZPO, § 1031 Rn. 43.
44 BGH, NJW-RR 1987, 1194 (1195 a.E.).
45 OLG München, MDR 2005, 1186 (1187); Musielak/Voit-*Voit*, ZPO, § 1031 Rn. 13; Zöller-*Geimer*, ZPO, § 1031 Rn. 42 m.w.N.
46 BGH v. 16.3.2017, I ZB 49/16 (Vollstreckbarerklärungsverfahren); schon BGH, NJW-RR 1987, 1194 (1195).
47 Musielak/Voit-*Voit*, ZPO, § 1031 Rn. 13; BeckOK-*Wolf/Eslami*, ZPO, § 1031 Rn. 27.
48 BGH, MDR 1963, 381, III.3.; Zöller-*Geimer*, ZPO, § 1031 Rn. 40; Musielak/Voit-*Voit*, ZPO, § 1031 Rn. 14.
49 BGH, NJW 2017, 892.

§ 1032
Schiedsvereinbarung und Klage vor Gericht

(1) Wird vor einem Gericht Klage in einer Angelegenheit erhoben, die Gegenstand einer Schiedsvereinbarung ist, so hat das Gericht die Klage als unzulässig abzuweisen, sofern der Beklagte dies vor Beginn der mündlichen Verhandlung zur Hauptsache rügt, es sei denn, das Gericht stellt fest, dass die Schiedsvereinbarung nichtig, unwirksam oder undurchführbar ist.

(2) Bei Gericht kann bis zur Bildung des Schiedsgerichts Antrag auf Feststellung der Zulässigkeit oder Unzulässigkeit eines schiedsrichterlichen Verfahrens gestellt werden.

(3) Ist ein Verfahren im Sinne des Absatzes 1 oder 2 anhängig, kann ein schiedsrichterliches Verfahren gleichwohl eingeleitet oder fortgesetzt werden und ein Schiedsspruch ergehen.

Inhalt:

	Rn.		Rn.
A. Normzweck, Systematik, Genese ...	1	4. Präklusion..................	13
B. Schiedseinrede, Abs. 1 und 2.......	4	5. Schiedsgerichtliche Erledigung ...	14
I. Voraussetzungen	4	III. Rechtsfolgen.....................	15
II. Reichweite und Grenzen...........	7	IV. Staatsgerichtliche Zulässigkeits-	
1. Reichweite	7	kontrolle, Abs. 2..................	18
2. Mängel der Schiedsvereinbarung	10	C. Parallelität der Verfahren, Abs. 3 ...	25
3. Arglisteinwand	11		

A. Normzweck, Systematik, Genese

Die Norm stellt die **prozedurale Weiche** zwischen schiedsrichterlichem und staatsgerichtlichem Verfahren. Hat das Schiedsgericht die Verhandlungs- und Entscheidungskompetenz, ist sie zugleich dem staatlichen Gericht genommen. Diese Kompetenz beruht in erster Linie auf der Schiedsvereinbarung. Ob aber das Schiedsgericht diese Kompetenz hat, kann im Zweifelsfall nur ein staatliches Gericht entscheiden. Das Schiedsgericht hat **Kompetenz-Kompetenz**, aber keine letztgültige.[1] Die Norm sucht Wege, früh, verzögerungsfrei und unter Interessenaustarierung diesbezügliche Klärung zu schaffen.[2] Allerdings nur auf **Antrag**.[3]   1

Die berechtigte Schiedseinrede blockiert ein staatliches Gerichtsverfahren, umgekehrt blockiert die staatliche Überprüfung der Zuständigkeit des Schiedsgerichts nicht das Schiedsverfahren (zur Beschleunigung). Während das ModG auch andere Konstruktionen ermöglicht hätte, etwa Aussetzung oder Verweisung, wählt der Gesetzgeber den Weg, dem schiedsvereinbarungstreuen Beklagten eine **präklusionsbedroht Einrede** als Zulässigkeitsvoraussetzung an die Hand zu geben.[4] Es gibt drei Möglichkeiten, um zur Zuständigkeitsüberprüfung zu kommen, durch Einrede nach Abs. 1, im gesonderten Feststellungsverfahren nach Abs. 2 sowie auf Antrag nach § 1040 Abs. 3 Satz 2 ZPO.   2

Die Norm ist unter Anpassungen aus dem **ModG** abgeleitet.[5] Die Exklusivkompetenz der Schiedsgerichte findet in Art. 8 Abs. 1 ModG und der Kontrollantrag des Abs. 3 in Art. 8 Abs. 2 ModG Niederschlag. Lediglich Abs. 2 findet keine direkte Entsprechung.[6] Parallelen finden sich in Art. II Abs. 3 UNÜ bzgl. Abs. 1 sowie Art. V Abs. 3 Hs. 1 EuÜ bzgl. Abs. 3.   3

B. Schiedseinrede, Abs. 1 und 2
I. Voraussetzungen

Abs. 1 geht aus § 1027 ZPO a.F. hervor. **Klageerhebung** ist die erste Voraussetzung.[7] Denn sie und damit Rechtshängigkeit schaffen die Notwendigkeit der **Einrede** als Möglichkeit, ein vor das staatliche Gericht gebrachtes Verfahren diesem wieder zu nehmen. Das Vorliegen einer Schiedsvereinbarung hindert also nicht ein staatliches Verfahren von Anfang an, sondern schafft nur die Möglichkeit, es bereits unmittelbar nach Beginn zu beenden. Denn die Schiedsvereinbarung schafft die Möglichkeit, das Schiedsgericht anzurufen, lässt aber den Weg zum   4

---

1 OLG Düsseldorf, RdTW 2015, 131; Zöller-*Geimer*, ZPO, § 1032 Rn. 22; *Nagel/Gottwald*, Internationales Zivilprozessrecht, § 18 Rn. 14; *Geimer*, Internationales Zivilprozessrecht, Rn. 3826; zur Kompetenz-Kompetenz Klausel § 1029 Rn. 24.
2 MK-*Münch*, ZPO, § 1032 Rn. 1, 3.
3 Krit. de lege ferenda vgl. *Wolff*, SchiedsVZ 2015, 280 ff.
4 MK-*Münch*, ZPO, § 1032 Rn. 1 f. auch zur Normgenese; vgl. BT-Drucks. 13/5274, S. 38 – li. Sp. 2.
5 MK-*Münch*, ZPO, § 1032 Rn. 1.
6 *Schroeter*, SchiedsVZ 2004, 288.
7 OLG München v. 26.08.2015, 34 SchH 2/14, juris.

staatlichen Gericht zugleich offen. Die Schiedsvereinbarung muss auch gerade **diesen Streitinhalt** des rechtshängigen Gegenstands erfassen.[8]

5 Nicht notwendig ist dagegen, dass bereits das Schiedsverfahren angestrengt ist.[9] Unbeachtlich ist der Schiedsort, ob die Schiedsvereinbarung beidseitig vereinbart (§ 1029 Abs. 1 ZPO) oder einseitig eingebracht (§ 1066 ZPO) wurde.[10] **Schlichtungsvereinbarungen,**[11] Mediationsklauseln[12] und **verbandsinterne** Schiedsverfahren[13] sind analog umfasst – **Schiedsvorverträge**[14] und **Schiedsgutachtenverträge**[15] dagegen nicht.

6 Prozessual trägt der Einredeerheber die **Beweislast** der Voraussetzungen des Abs. 1 Hs. 1, die des Hs. 2 (ab „es sei denn, das Gericht stellt fest ..."") der Einredegegner.[16] **Formvorschriften** bestehen nicht.[17]

II. Reichweite und Grenzen

1. Reichweite

7 Der zweite Halbsatz schränkt ein. Die Trias „nichtig", „unwirksam", „undurchführbar" gehen weniger auf dogmatisch eigenständige Momente, sondern eine enge Übersetzung des ModG zurück. Nicht nur wenn, sondern auch nur **soweit** der anhängige Streit von einer Schiedseinrede erfasst ist, greift die Norm, um nicht staatliche Gerichtsbarkeit zu beenden, wo keine andere eröffnet ist. Ansonsten, und ggf. auch unter **Aufspaltung** und teilweiser Fortsetzung des Verfahrens, bleibt das Verfahren beim staatlichen Gericht. **Einstweiliger Rechtsschutz** ist nicht erfasst (§§ 916 ff. ZPO). § 1033 ZPO legt ausdrücklich die gleichwertige Parallelität von staatlicher und schiedsgerichtlicher Zuständigkeit fest. Systematik und Telos der § 1033 ZPO und § 1050 ZPO erstrecken dies auf das selbstständige **Beweisverfahren**, selbst wenn es ausdrücklich dem Schiedsgericht zugewiesen ist.[18]

8 Gegenüber der **Aufrechnung** (§ 1029 Rn. 27) mit einer schiedsgebundenen Gegenforderung ist die Schiedseinrede möglich (näher § 1029 Rn. 16). Da keine diesbezügliche Rechtskraft entsteht, wird ein Zurückbehaltungsrecht nicht erfasst, wobei v.a. hier die Auslegung etwas anderes ergeben kann.[19] **Streitverkündung** ist problematisch. Solange keine Interventionswirkung folgt, besteht kein Bedarf an der Schiedseinrede. Ansonsten aber sollte sie möglich sein.[20] Regelmäßig werden im Wege teleologischer Reduktion **Urkunds-**[21] (§§ 592 ff. ZPO) sowie **Wechsel-**[22] **und Scheckprozesse**[23] (§§ 602 ff. ZPO) ausgenommen, da der Schiedsweg oft zur Beschleunigung gewählt, diese aber in diesen Prozessen nicht nötig ist. Die **Vollstreckungsabwehrklage** (§ 767 ZPO) ist dagegen i.d.R. erfasst.[24] **Ausländische** staatliche Gerichtsentscheidungen rein zur Wirksamkeit der Schiedsvereinbarung bzw. der Variante des § 1066 ZPO sind keine Sachentscheidungen.[25] Anders, wenn diese Entscheidung in ein Feststellungsverfahren gebettet wird.[26]

9 **Verbrauch** der Schiedseinrede findet nicht statt.[27] Eine **Rücknahme** der Schiedseinrede ist einseitig möglich in der Frist des § 269 Abs. 1 ZPO, der § 1032 Abs. 1 ZPO gleich steht.[28] Der Umstand, sich einvernehmlich nicht auf die Schiedseinrede zu berufen, bedeutet **keine konkludente Aufhebung** der Schiedsvereinbarung.[29]

---

8 BGH, NJW-RR 2011, 1188 (1190); MK-*Münch*, ZPO, § 1032 Rn. 4.
9 OLG Frankfurt a.M., SchiedsVZ 2015, 47, II.A.
10 MK-*Münch*, ZPO, § 1032 Rn. 4.
11 BGH, NJW-RR 2009, 637, II.2.; MK-*Münch*, ZPO, § 1032 Rn. 4; a.A. BeckOK-*Wolf/Eslami*, ZPO, § 1032 Rn. 14; Zöller-*Geimer*, ZPO, § 1032 Rn. 11.
12 OLG Saarbrücken, ZVertriebsR 2016, 39.
13 MK-*Münch*, ZPO, § 1032 Rn. 4.
14 OLG Düsseldorf, SchiedsVZ 2004, 262 (264), II.1.; Zöller-*Geimer*, ZPO, § 1029 Rn. 2.
15 BGH, NJW 1982, 1878, II.1.; BGHZ 6, 335; OLG Brandenburg, NJW-RR 2014, 405, II.; Musielak/Voit-*Voit*, ZPO, § 1032 Rn. 2; BeckOK-*Wolf/Eslami*, ZPO, § 1032 Rn. 14.
16 MK-*Münch*, ZPO, § 1032 Rn. 6.
17 BGH, NJW-RR 2009, 790 (792 a.E.); OLG Düsseldorf, IHR 2015, 18, II.2.c.cc.
18 MK-*Münch*, ZPO, § 1032 Rn. 12.
19 MK-*Münch*, ZPO, § 1032 Rn. 15.
20 MK-*Münch*, ZPO, § 1032 Rn. 13, a.A. Zöller-*Geimer*, ZPO, § 1032 Rn. 18.
21 BGHZ 165, 376 (380), II.2.b. = NJW 2006, 779 = SchiedsVZ 2006, 101.
22 BGHZ 165, 376 (380), II.2.a. = NJW 2006, 779 = SchiedsVZ 2006, 101.
23 MK-*Münch*, ZPO, § 1032 Rn. 11.
24 MK-*Münch*, ZPO, § 1032 Rn. 11.
25 OLG München, SpuRt 2003, 199 = IPRspr 2002, 223; *Geimer*, Internationales Zivilprozessrecht, Rn. 3891, 3942; Zöller-*Geimer*, ZPO, § 1032 Rn. 28.
26 *Geimer*, FS Kaissis, S. 287 und 302; Zöller-*Geimer*, ZPO, § 1032 Rn. 28.
27 BGH, SchiedsVZ 2009, 122 (126), II.2.b.cc.
28 Stein/Jonas-*Schlosser*, ZPO, § 1032 Rn. 32.
29 BGH, NJW 2017, 892.

2. Mängel der Schiedsvereinbarung

Ungültigkeit kann prozessual oder materiell begründet sein.[30] Schwebende Unwirksamkeit ist, entgegen anderer Ansichten, nicht ausreichend, da der Normzweck dahin geht, in erster Linie Klarheit zu schaffen, die dann aber verhindert würde.[31] **Undurchführbar** ist ein Schiedsverfahren, wenn der Zweck bereits erreicht ist oder nicht erreicht werden kann; etwa die notwendige Streitgenossenschaft gescheitert ist, ein unersetzbarer Schiedsrichter benannt wurde, aber ausfällt, oder das einzig mögliche Schiedsgericht sich für unzuständig erklärt hat und auch durch Auslegung keine Abhilfe gefunden werden kann.[32] Die Fehlbestellung der Schiedsrichter fällt nicht darunter, ebensowenig i.d.R. unerreichbare Qualifikationsanforderungen an diese.[33] Da die Undurchführbarkeit aus sich heraus besteht, ist eine darauf gestützte Kündigung unnötig.[34] Hat sich das angerufene Schiedsgericht für unzuständig erklärt, ist die Schiedsvereinbarung dennoch gültig, aber das Schiedsverfahren unmöglich und der Weg zum Staatsgericht eröffnet (worden).[35]

10

3. Arglisteinwand

Die Einrede bleibt **unbeachtlich**, wenn der Beklagte vorher die Zuständigkeit des Schiedsgerichts im Schiedsverfahren abgestritten hat (*dolo agit*), er sich also erkennbar aus dem einen wie aus dem anderen Verfahren ziehen will, um insg. der Rechtsverfolgung zu entgehen.[36] Umgekehrt gilt dasselbe (siehe § 1059 Rn. 4). Widersprüchlich und treuwidrig ist auch, nach Führen intensiver Vergleichsverhandlungen festzustellen, dass für ein Mediationsverfahren keine Grundlagen bestehen, sich aber dennoch darauf berufen, dieses sei vorrangig.[37]

11

Dagegen liegt **keine Arglist** oder Widersprüchlichkeit vor, wenn der Durchführung des selbstständigen Beweisverfahrens zugestimmt wurde, im Hauptsacheverfahren dann die Schiedseinrede erhoben wird.[38] Ebensowenig, wenn neben der Schiedseinrede Widerklage erhoben oder „andere" Verteidigung vorgebracht wird bis zur Verzögerungstaktik. Letzterer ist im Schiedsverfahren zu begegnen, das ja nach Abs. 3 ungehindert betrieben werden kann.

12

4. Präklusion

Der Weg zum Schiedsgericht ist auch bei vorliegender Schiedsvereinbarung nicht zwingend, daher ist das Rügerecht verzichtbar. Der Bundesgerichtshof sieht zu Recht eine *lex specialis* zu §§ 282 Abs. 3, 296 Abs. 3 ZPO (h.M.),[39] wofür trotz widersprüchlicher Normgenese die Parallele zu § 39 ZPO spricht. Die Parteien können die Entbehrlichkeit der Rüge nicht beschließen.[40] Die Rüge unmittelbar vor der mündlichen Verhandlung zur Hauptsache reicht aus, wenn dem Beklagten eine Klageerwiderungsfrist gesetzt wurde – in Abs. 1 zeigt sich die Abweichung von § 282 Abs. 3 Satz 2 ZPO.[41] Da das selbstständige Beweisverfahren noch nicht die Hauptsache ist, ist die dortige Einlassung unschädlich und die Schiedseinrede bis zur Einlassung zur Hauptsache möglich, da auch kein widersprüchliches Handeln vorliegt.[42] Im Unterlassen der Rüge kann im Zusammenspiel mit der Klagerhebung vor das staatlichen Gericht die konkludente Aufhebung der Schiedsvereinbarung liegen. Daran sind aber hohe Anforderungen zu stellen.[43] Ohnehin kann nur der konkrete Streitgegenstand betroffen sein. Die Aufhebung ist dann entscheidend, wenn ohne rechtskräftige Entscheidung, etwa Klagerücknahme, die Sache erneut vor das staatliche Gericht gelangt und nun die Rüge erhoben wird oder die Sache (nun doch) vor das Schiedsgericht gebracht wird.

13

---

30 MK-*Münch*, ZPO, § 1032 Rn. 8.
31 Streitstand bei MK-*Münch*, ZPO, § 1032 Rn. 8.
32 Beispiel nach MK-*Münch*, ZPO, § 1032 Rn. 8.
33 § 1035 Rn. 4; OLG München, WM 2015, 949, II.2.
34 Zu Recht MK-*Münch*, ZPO, § 1032 Rn. 8; vgl. aber OLG München, NJOZ 2011, 413 (417), II.D.2.b).
35 OLG Oldenburg, SchiedsVZ 2006, 223.
36 BGH, NJW 2011, 2976 (2977), Rn. 10; OLG Stuttgart, NJOZ 2006, 2836 (2840), II.2.c).
37 OLG Saarbrücken, ZVertriebsR 2016, 39.
38 OLG Brandenburg, MDR 2011, 941, II.2.
39 BGHZ 147, 394 (396f.) = NJW 2001, 2176, II.1.a); Zöller-*Geimer*, ZPO, § 1032 Rn. 1; Musielak/Voit-*Voit*, ZPO, § 1032 Rn. 7; *Huber*, SchiedsVZ 2003, 73; a.A. MK-*Münch*, ZPO, § 1032 Rn. 16; *Schwab/Walter*, Schiedsgerichtsbarkeit, Kap. 7 Rn. 1.
40 MK-*Münch*, ZPO, § 1032 Rn. 2; Zöller-*Geimer*, ZPO, § 1032 Rn. 2; Musielak/Voit-*Voit*, ZPO, § 1032 Rn. 7.
41 Musielak/Voit-*Voit*, ZPO, § 1032 Rn. 7.
42 OLG Brandenburg, MDR 2011, 941, II.3.; Musielak/Voit-*Voit*, ZPO, § 1032 Rn. 7.
43 Musielak/Voit-*Voit*, ZPO, § 1032 Rn. 7; weniger streng Zöller-*Geimer*, ZPO, § 1032 Rn. 5; zurückhaltend MK-*Münch*, ZPO, § 1032 Rn. 17.

5. Schiedsgerichtliche Erledigung

14 Eine Schiedsabrede entfällt, insoweit das Schiedsgericht seine Tätigkeit beendet und dabei die Schiedsvereinbarung voll und rechtskräftig ausgeschöpft hat (aber § 1029 Rn. 15).[44] Die Schiedseinrede wird obsolet wegen des Einwands der Rechtskraft des Schiedsspruches, auch wenn dieser falsch ist.[45] Dies gilt genauso für den Schiedsspruch mit vereinbartem Wortlaut. Entfällt die Rechtskraft durch Aufhebung des Schiedsspruches durch das staatliche Gericht (§ 1059 ZPO), so ist die Schiedseinrede insofern nicht mehr gehindert. Wegen Abs. 1 Hs. 2 ist sie aber nur möglich, wenn das Schiedsverfahren möglich ist, was bei Aufhebung gem. § 1059 Abs. 2 Nr. 1 Buchst. a, c ZPO nicht der Fall ist.[46]

III. Rechtsfolgen

15 Auf **wirksame Schiedseinrede** hat das staatliche Gericht die dortige Klage **als unzulässig abzuweisen**.[47] Den Verfahrensstand vor dem Schiedsgericht berührt das nicht. Es beendet nur die (drohende) Parallelität der Verfahren. Ein Schiedsverfahren braucht noch nicht eingeleitet zu sein.[48] Dass in letzterem Fall kein Verfahren besteht, bedeutet nicht mangelnden Rechtsschutz, denn jede Seite kann jederzeit ein Verfahren vor dem Schiedsgericht anstrengen. **Verweisung** (§ 281 ZPO bzw. § 17a GVG analog) oder **Aussetzung** (§ 148 ZPO analog) sind keine statthaften Alternativen. Die Schiedseinrede soll klare Weichenstellung sein, die Entscheidung über ihre Erhebung wohlüberlegt. Nicht passend ist freilich auch die Sachabweisung aus materiellem Grund.[49] Das **Prozessurteil** stellt die Schiedsbindung negativ für die staatliche Zuständigkeit und zugleich positiv für die schiedsgerichtliche rechtskräftig fest.[50]

16 Bei **unbegründeter Schiedseinrede** kann das Gericht entweder in der Sache entscheiden und die Zulässigkeit unter Ablehnung der Schiedseinrede im Endurteil begründen oder es kann durch Zwischenurteil (§ 280 ZPO) die Zulässigkeitsfrage vorher abschichten.[51]

17 Eine **gerichtliche Überprüfung** der erhobenen Schiedseinrede ist in **Berufung** und **Revision** voll möglich, da §§ 513 Abs. 2, 545 Abs. 2 ZPO nicht greifen.[52]

IV. Staatsgerichtliche Zulässigkeitskontrolle, Abs. 2

18 Das staatliche Gericht befindet auf Antrag einer der Parteien über die (Un-)Zulässigkeit des Schiedsverfahrens. Geprüft wird die Wirksamkeit der Schiedsabrede und ob diese den konkreten Streitgegenstand erfasst. Geprüft wird nur die Zulässigkeit des Verfahrens an sich, nicht in seiner konkreten, i.d.R. noch ausstehenden Ausgestaltung, auch wenn bereits jetzt rechtsstaatliche Zweifel bestehen.[53] Die Norm findet keine analoge Anwendung auf die Schiedsrichterablehnung.[54]

19 Der Antrag muss **vor Bildung des Schiedsgerichts** gestellt werden. Maßgeblich ist der Eingang des Antrags beim staatlichen Gericht.[55] Die Bildung des Schiedsgerichts ist erfolgt, wenn alle Schiedsrichter gem. § 1035 ZPO bestellt sind.[56] **Nach Bildung des Schiedsgerichts** hat dieses über Zulässigkeitsfragen selbst zu entscheiden.[57] Daher spielen z.B. Gründe einen Schiedsrichter abzulehnen (§ 1036 ZPO) keine Rolle. Denn die Frage der Ablehnung kann das Schiedsgericht bereits selbst beurteilen, § 1037 Abs. 2 ZPO und § 1040 ZPO. Nach § 1040 Abs. 3 Satz 1 ZPO entscheidet das Gericht i.d.R. durch einen Zwischenentscheid. Gegen diesen kann vor dem Oberlandesgericht vorgegangen werden, § 1040 Abs. 3 ZPO, § 1062 Abs. 1 Nr. 2 ZPO (siehe § 1040 Rn.13). Erlässt das Schiedsgericht keinen Zwischenentscheid, woge-

---

44 BGH, NJW-RR 2009, 790 (792 a. E.); OLG Karlsruhe, SchiedsVZ 2008, 311 = WM 2008, 1856; MK-*Münch*, ZPO, § 1032 Rn. 18.
45 OLG Köln, GWR 2015, 385.
46 MK-*Münch*, ZPO, § 1032 Rn. 18.
47 MK-*Münch*, ZPO, § 1032 Rn. 19; LSG Stuttgart v. 18.11 2015, L 5 KR 2883/13, juris.
48 MK-*Münch*, ZPO, § 1032 Rn. 19.
49 MK-*Münch*, ZPO, § 1032 Rn. 20.
50 OLG Stuttgart v. 15.11.2007, 1 SchH 4/07, juris, B.I.2.a. und II.1.; MK-*Münch*, ZPO, § 1032 Rn. 21.
51 BGH, NJW-RR 1986, 61 (62), III.; Zöller-*Geimer*, ZPO, § 1032 Rn. 15; Baumbach/Lauterbach/Hartmann, ZPO, § 1032 Rn. 7; Musielak/Voit-*Voit*, ZPO, § 1032 Rn. 9; *Huber*, SchiedsVZ 2003, 73 (74), II.3.b); MK-*Münch*, ZPO, § 1032 Rn. 21.
52 OLG Stuttgart, IHR 2007, 72, II.1.; MK-*Münch*, ZPO, § 1032 Rn. 21.
53 OLG Dresden, BB 2001, 18 (19), 1.; Musielak/Voit-*Voit*, ZPO, § 1032 Rn. 10.
54 OLG Hamburg, IBRRS 2015, 2916.
55 BGH, SchiedsVZ 2011, 281 (282), Rn. 10; MK-*Münch*, ZPO, § 1032 Rn. 27 f.; Musielak/Voit-*Voit*, ZPO, § 1032 Rn. 11.
56 OLG Frankfurt a.M. v. 07.02.2012, 26 SchH 18/11, juris, II.A.; MK-*Münch*, ZPO, § 1032 Rn. 22; Musielak/Voit-*Voit*, ZPO, § 1032 Rn. 10.
57 MK-*Münch*, ZPO, § 1032 Rn. 27.

gen es keine ausdrückliche Handhabe gibt, so ist der Antrag auf Feststellung der Unzulässigkeit des Schiedsverfahrens auch nicht ausnahmsweise nach Bildung des Schiedsgerichts zulässig (str.).[58] Zwar drohen Rechtsschutzlücken, doch ist der Wortlaut eindeutig, zudem kann das Schiedsgericht nicht durch das staatliche gezwungen werden.[59]

Der Antrag selbst bleibt auch nach Konstituierung des Schiedsgerichts **statthaft**, arg. Abs. 3. Ein zuvor gestellter Antrag bleibt zulässig.[60] Das Verfahren gem. Abs. 2 und das schiedsrichtliche laufen dann parallel (siehe Rn. 25).[61] Im Anwendungsbereich des **EuÜ** ist allerdings Art. VI Abs. 3 EuÜ zu beachten. Danach ist das Verfahren über die Zulässigkeit des Schiedsverfahrens grds. – nach *priva facie* Beurteilung des Bestehens einer Schiedsvereinbarung – bis zum Erlass des Schiedsspruches auszusetzen, wenn der Aussetzung kein wichtiger Grund entgegensteht.[62] Das Schiedsgericht kann sein Verfahren jedoch bis zur staatsgerichtlichen Klärung aussetzen oder weiterverhandeln (siehe Rn. 25).[63] Im Anwendungsbereich des **EuÜ** ist allerdings Art. VI Abs. 3 EuÜ zu beachten. Danach ist das Verfahren über die Zulässigkeit des Schiedsverfahrens grds. – nach *prima facie* Beurteilung des Bestehens einer Schiedsvereinbarung – bis zum Erlass des Schiedsspruches auszusetzen, wenn der Aussetzung kein wichtiger Grund entgegensteht.[64]

20

Nur bzgl. des **konkreten Streitgegenstandes** hindert die Bildung des Schiedsgerichts einen Antrag zum staatlichen Gericht. Auch § 1040 ZPO ändert daran nichts. Denn ansonsten müsste derjenige, der das Schiedsgericht für unzuständig hält, es selbst anrufen. Der Antrag gem. Abs. 2 kann daher auch bei einem laufenden Schiedsstreit bzgl. einer drohenden Klageänderung, Widerklage oder Klagerweiterung vor dem staatlichen Gericht gestellt werden.

21

Wer schiedsverfahrensbetroffen sein kann, ist **antragsbefugt**.[65] Das Verfahren wird vor dem **Oberlandesgericht** betrieben. Dieses und der Ort ergeben sich bei inländischen Verfahren nach § 1062 Abs. 1 Nr. 2 Var. 1 ZPO i.V.m. § 1025 Abs. 1 ZPO, d.h. Vereinbarung oder Schiedsgerichtsort. Der Antrag kann auch gestellt werden, wenn der **Schiedsort im Ausland** liegt.[66] Bei ausländischem oder noch unbestimmtem Schiedsort ergibt sich das Oberlandesgericht gem. § 1062 Abs. 3 Var. 2 ZPO i.V.m. § 1025 Abs. 2 ZPO, d.h Wohnsitz des Gegners bzgl. der belegenen Sache.

22

Das Oberlandesgericht entscheidet durch **Beschluss**, § 1063 Abs. 1 ZPO. Als **Rechtsmittel** ist die Rechtsbeschwerde zum Bundesgerichtshof selten statthaft, § 1065 Abs. 1 Satz 1, Abs. 2 ZPO i.V.m. § 546 ZPO. Der **Antrag** hemmt nicht die Verjährung,[67] da er keiner „echten" Klagerhebung gleichsteht, vgl. § 204 Abs. 1 Nr. 11 BGB.

23

Gem. Nr. 1621 KV-GKG fällt eine 2,0 **Gebühr**, bei Rücknahme nur 1,0 an (Nr. 1627 KV-GKG). Anwaltsgebühren erfolgen gem. Nr. 3100 VV-RVG, ggf. Nr. 3104 VV-RVG. Trotz des Verfahrens vor dem Oberlandesgericht gilt nicht Nr. 3200 VV-RVG.[68] Der Streitwert richtet sich nach dem Feststellungsinteresse, 1/3 des Hauptsachewerts hielt der Bundesgerichtshof für angemessen.[69]

24

C. Parallelität der Verfahren, Abs. 3

Um **Verzögerungstaktik** Einhalt zu gebieten, stellt Abs. 3 klar, dass ein staatliches Verfahren das schiedsgerichtliche nicht hindert. Es kann begonnen, fortgeführt und inkl. Schiedsspruch voll beendet werden. Unbegründete Einwendungen hindern das Verfahren rechtlich nicht.[70] Risiko der Parallelität sind **divergierende Entscheidungen** des staatlichen und des Schiedsgerichts. Dann gilt **Vorrang des Staatsgerichts**.[71] Entscheidet nach dem Schiedsspruch das

25

---

58 Für eine Ausnahme Musielak/Voit-*Voit*, ZPO, § 1032 Rn. 11. Dagegen wie hier: *Spohnheimer*, FS Käfer, S. 357 (364 f.) – maßgeblich sei Kenntnis der Parteien von der Bildung des Schiedsgerichts; *Schroeter*, SchiedsVZ 2004, 288 (291), II.2.
59 Zöller-*Geimer*, ZPO, § 1032 Rn. 25.
60 BGH, SchiedsVZ 2011, 281 (282), II.2.b.
61 Stellv. BGH, MDR 2011, 1002, II.2.b); *Dahl/Thomas*, NZI 2012, 534; Zöller-*Geimer*, ZPO, § 1032 Rn. 25; BT-Drucks. 13/5274, S. 26, 44.
62 OLG München v. 24.11.2016, 34 SchH 5/16, juris.
63 Zöller-*Geimer*, ZPO, § 1032 Rn. 25 f.
64 OLG München v. 24.11.2016, 34 SchH 5/16, beck.
65 OLG Saarbrücken, SchiedsVZ 2008, 313 (315), II.1.c).
66 Musielak/Voit-*Voit*, ZPO, § 1032 Rn. 10; einschr. *Spohnheimer*, FS Käfer, S. 357 (385).
67 Musielak/Voit-*Voit*, ZPO, § 1032 Rn. 13; MK-*Münch*, ZPO, § 1032 Rn. 29; *Mecklenbrauck*, SchiedsVZ 2003, 186 (187 a.E.); *Schroeter*, SchiedsVZ 2004, 288 (293), III.2.b).
68 MK-*Münch*, ZPO, § 1032 Rn. 30.
69 BGH, HmbSchRZ 2009, 5 (6), II.4.
70 MK-*Münch*, ZPO, § 1032 Rn. 31 f.; Musielak/Voit-*Voit*, ZPO, § 1032 Rn. 15.
71 BGH, SchiedsVZ 2011, 281 (282), II.2.b); BT-Drucks. 13/5274, S. 26, 44.

Staatsgericht auf schiedsgerichtliche Unzulässigkeit, wird der Schiedsspruch nichtig, was laut Bundesgerichtshof zur Rechtsklarheit im Verfahren auf Aufhebung oder Vollstreckbarerklärung noch festzustellen ist (str.).[72] Das Schiedsgericht hat freies **Ermessen**, ob es das Schiedsverfahren **aussetzt**, ruhen lässt oder fortführt (Abs. 3: „kann"). Ermessenskriterien sind v. a. Interesse an zügigem Verfahrensfortgang, gemessen an der Hauptsache, und Erfolgsaussichten des staatlichen Verfahrens. Erzwingen kann das staatliche Gericht bis zu seiner Entscheidung eine Aussetzung nicht.[73]

26 **Einstweiliger staatlicher Rechtsschutz** ist ausgeschlossen, er widerspräche Abs. 3.[74] Selbst bei eklatanten Fällen, etwa sehr starken Zweifeln an der Zulässigkeit bei gleichzeitig unumkehrbaren drohenden Folgen des Schiedsspruchs, etwa schnelle Anerkennung und Vollstreckung im Ausland, gilt nichts anderes.[75]

§ 1033
Schiedsvereinbarung und einstweilige gerichtliche Maßnahmen

Eine Schiedsvereinbarung schließt nicht aus, dass ein Gericht vor oder nach Beginn des schiedsrichterlichen Verfahrens auf Antrag einer Partei eine vorläufige oder sichernde Maßnahme in Bezug auf den Streitgegenstand des schiedsrichterlichen Verfahrens anordnet.

Inhalt:

	Rn.		Rn.
A. Normzweck, Systematik	1	C. Kosten	5
B. Reichweite, Zuständigkeit, internationale Fragen	2		

A. Normzweck, Systematik

1 Der Gesetzgeber behält die bewährte Möglichkeit bei, auch bei von einer Schiedsvereinbarung umfassten Gegenständen **stets staatlichen einstweiligen Rechtsschutz** zu gewähren. Die Norm steht im Zusammenhang mit §§ 1041, 1032 Abs. 1 ZPO. Denn obwohl § 1041 ZPO auch dem Schiedsgericht Maßnahmen des einstweiligen Rechtsschutzes an die Hand gibt, soll die **parallele, gleichrangige Zuständigkeit des staatlichen Gerichts** bestehen. § 1033 ZPO stellt klar, dass § 1032 ZPO (Schiedseinrede) insoweit nicht greift. Die Norm greift „vor oder nach Beginn" des schiedsrichterlichen Verfahrens, das gem. § 1056 ZPO mit dem endgültigen Schiedsspruch beendet ist. Danach bestehen jedenfalls erhebliche Einschränkungen, denn der einstw. Rechtsschutz verliert seine Zielrichtung.[1] Unausgesprochen systemimmanent ist, dass das Vorliegen einer Schiedsvereinbarung für die Hauptsache nicht die Dringlichkeit einer Entscheidung durch das staatliche Gericht im einstweiligen Rechtsschutz entfallen lässt.[2] Ebenso wenig stellt die Schiedsabrede einen konkludenten Verzicht auf einstweiligen Rechtsschutz dar,[3] selbst wenn diese Regelungen zum einstweiligen Rechtsschutz enthält.[4] Es sei denn § 1033 ZPO wurde gezielt wirksam ausgeschlossen.[5] **Konkurrenzfragen von staatlichem und Schiedsgericht** soll § 1041 Abs. 2 ZPO lösen.[6] Im Nachgang kann noch über das Rechtsschutzinteresse oder die Notwendigkeit der Vollziehung korrigiert werden.

---

72 BGH, SchiedsVZ 2014, 200 (201); *Kröll*, NJW 2015, 833; nunmehr auch Thomas/Putzo-*Reichold*, ZPO, § 1032 Rn. 5; a. A. – Nichtigkeit *per se*: *König*, SchiedsVZ 2012, 129 (133); Musielak/Voit-*Voit*, ZPO, § 1032 Rn. 15; vgl. § 1059 Rn. 16.
73 Zöller-*Geimer*, ZPO, § 1032 Rn. 26; *Schwab/Walter*, Schiedsgerichtsbarkeit, Kap. 7 Rn. 19; BeckOK-*Wolf/Eslami*, ZPO, § 1032 Rn. 47.
74 *Schroeter*, SchiedsVZ 2004, 288 (296 a. E.); MK-*Münch*, ZPO, § 1032 Rn. 34; Zöller-*Geimer*, ZPO, § 1032 Rn. 26; Musielak/Voit-*Voit*, ZPO, § 1032 Rn. 15.
75 Stein/Jonas-*Schlosser*, ZPO, § 1032 Rn. 44 und § 1026 Rn. 1; *Schroeter*, SchiedsVZ 2004, 288 (296); a. A. Musielak/Voit-*Voit*, ZPO, § 1032 Rn. 15.

Zu § 1033:
1 OLG Frankfurt a. M., SpuRt 2013, 206, II.; LG Braunschweig, SchiedsVZ 2015, 292.
2 OLG Brandenburg, MDR 2011, 941; Zöller-*Geimer*, ZPO, § 1033 Rn. 2.
3 MK-*Münch*, ZPO, § 1032 Rn. 18, Zöller-*Geimer*, ZPO, § 1032 Rn. 2 („abwegig").
4 OLG Frankfurt a. M., SpuRt 2013, 206, II.; Keller-*Kellendorfer*, Zwangsvollstreckungsrecht, Kap. 8 Rn. 10.
5 Stein/Jonas-*Grunsky*, ZPO, vor § 916 Rn. 31; Keller-*Kellendorfer*, Zwangsvollstreckungsrecht, Kap. 8 Rn. 10.
6 BT-Drucks. 13/5274, S. 39; vgl. zur Zuständigkeitsabgrenzung MK-*Drescher*, ZPO, vor §§ 916 ff. Rn. 17; zum Energierecht *Conrad/Gussone*, EnWZ 2013, 304.

B. Reichweite, Zuständigkeit, internationale Fragen

Neben Arrest und einstweiliger Verfügung gelten als „vorläufige oder sichernde Maßnahme" auch das **Selbstständige Beweisverfahren** (§§ 485 ff. ZPO)[7] und das **Schiedsgutachten**.[8] Alle nach der ZPO zulässigen Eilmaßnahmen sind erfasst,[9] auch wenn die Beweismaßnahmen sich in erster Linie „nur" auf Tatsachen, aber nicht den Streit insgesamt beziehen.[10] 2

Bei **ausländischem Schiedsort** können auch ausländische Maßnahmen einstweiligen Rechtsschutzes erfasst sein, etwa eine „angelsächsische" *worldwide freezing order* (früher *mareva injunction*) oder die „französische" *référé provision*.[11] 3

Die **Zuständigkeit** des staatlichen Gerichts ergibt sich nach allg. Grundsätzen.[12] Es ist nicht etwa das Gericht des Schiedsortes[13] oder über § 1062 Abs. 1 Nr. 4 ZPO das Oberlandesgericht. Die Vereinbarung eines inländischen Schiedsorts ist noch nicht konkludente Zuständigkeitsvereinbarung bzgl. inländischer staatlicher Gerichte für einstw. Rechtsschutz. Diese ergibt sich insbesondere nicht nach Art. 2 ff. VO (EG) 44/2001 oder §§ 12 ff. ZPO.[14] Dasselbe gilt umgekehrt. Ein ausländischer Schiedsort nimmt nicht *per se* den inländischen Gerichten die Zuständigkeit für einstw. Rechtsschutz.[15] § 1025 Abs. 2 ZPO und § 1033 ZPO können inländische (gem. §§ 919, 937, 942 ZPO) oder ausländische Zuständigkeit weder nehmen oder geben. Gewillkürt ist dies freilich möglich. Im Anwendungsbereich der EuGVVO und des LugÜ sind **Unterlassungsverfügungen zum Schutz der Zuständigkeit des Schiedsgerichts** unzulässig.[16] Außerhalb der EuGVVO ist bei Durchführungsanordnungen bzw. **Prozessführungsverboten** zum Schutz inländischer Schiedsverfahren zu differenzieren.[17] 4

C. Kosten

Prozesskostensicherheit muss nicht geleistet werden, § 110 ZPO. Dies widerspräche der Eilbedürftigkeit und gilt selbst bei mündlicher Verhandlung.[18] Für Kosten und Gebühren gelten keine Besonderheiten. Gerichtskosten ergeben sich nach KV 1410 ff., Anwaltsgebühren nach Nr. 3100 VV-RVG (1,3) und Nr. 3104 VV-RVG (1,2). Das Verfahren ist eine besondere Angelegenheit gem. § 17 Nr. 4 RVG, Der Streitwert bestimmt sich nach dem Interesse, § 53 Abs. 1 Nr. 1 GKG i.V.m. § 3 ZPO. 1/3 der Hauptsache ist wie bei der Schiedseinrede i.d.R. angemessen.[19] 5

ABSCHNITT 3
Bildung des Schiedsgerichts

§ 1034
Zusammensetzung des Schiedsgerichts

(1) ¹Die Parteien können die Anzahl der Schiedsrichter vereinbaren. ²Fehlt eine solche Vereinbarung, so ist die Zahl der Schiedsrichter drei.

(2) ¹Gibt die Schiedsvereinbarung einer Partei bei der Zusammensetzung des Schiedsgerichts ein Übergewicht, das die andere Partei benachteiligt, so kann diese Partei bei Gericht beantragen, den oder die Schiedsrichter abweichend von der erfolgten Ernennung oder der vereinbarten Ernennungsregelung zu bestellen. ²Der Antrag ist spätestens bis zum Ablauf

---

7 OLG Brandenburg, MDR 2011, 941; Zöller-*Geimer*, ZPO, § 1033 Rn. 3; MK-*Münch*, ZPO, § 1033 Rn. 7.
8 Zöller-*Geimer*, ZPO, § 1033 Rn. 3.
9 Zöller-*Geimer*, ZPO, § 1033 Rn. 7.
10 MK-*Münch*, ZPO, § 1033 Rn. 7.
11 *Steinbrück*, Unterstützung ausländischer Schiedsverfahren durch staatliche Gerichte, S. 432; offenlassend Zöller-*Geimer*, ZPO, § 1033 Rn. 7; näher *Boog*, Die Durchsetzung einstweiliger Maßnahmen in internationalen Schiedsverfahren, Rn. 17 ff., 101, 924.
12 So MK-*Drescher*, ZPO, § 919 Rn. 5; Musielak/Voit-*Huber*, ZPO, § 943 Rn. 2; *Landbrecht*, SchiedsVZ 2013, 241.
13 So aber OLG Hamburg, NJW 1997, 749; Zöller-*Vollkommer*, ZPO, § 919 Rn. 3.
14 Vgl. *Landbrecht*, SchiedsVZ 2013, 241.
15 Zöller-*Geimer*, ZPO, § 1033 Rn. 4.
16 Zöller-*Geimer*, ZPO, § 1033 Rn. 9; *Geimer/Schütze*, Europäisches Zivilverfahrensrecht, Art. 1 Rn. 161 m.w.N. auch zu abweichenden Ansichten.
17 Zöller-*Geimer*, ZPO, § 1033 Rn. 9.
18 OLG München, SpuRt 2001, 64, Rn. 85; Zöller-*Geimer*, ZPO, § 1033 Rn. 5.
19 Vgl. BGH, HmbSchRZ 2009, 5 (6), II.4.; MK-*Münch*, ZPO, § 1033 Rn. 30.

von zwei Wochen, nachdem der Partei die Zusammensetzung des Schiedsgerichts bekannt geworden ist, zu stellen. ³§ 1032 Abs. 3 gilt entsprechend.

Inhalt:

	Rn.		Rn.
A. Normzweck, Systematik, Genese	1	C. Benachteiligendes Partei-	
B. Richteranzahl, Abs. 1	3	übergewicht, Abs. 2	5
		D. Rechtsfolge	6

A. Normzweck, Systematik, Genese

1 Die Parteien bestimmen kraft **Parteiautonomie** Anzahl und Person(en) der Schiedsrichter. Art. 101 Abs. 1 GG, das Recht auf den gesetzlichen Richter, tritt hinter die Parteiautonomie zurück, vgl. bereits Art. 10 ModG. Für den Fall, dass die Schiedsvereinbarung keine Aussage zur Zusammensetzung des Spruchkörpers trifft, bestimmt Abs. 1 als **hilfsweisen Regelfall eine Dreierbesetzung**.¹ Abs. 1 übernimmt Art. 10 ModG in Abkehr von § 1028 ZPO a.F., der die Zweierbesetzung als Regelfall vorsah, womit Pattsituationen drohten bis zur Folge des § 1033 Nr. 2 ZPO a.F. – Außerkrafttreten des Schiedsvertrags bei Stimmengleichheit. Zugleich wird so das in Weg und Ergebnis ausgleichende Ernennungsverfahren des § 1035 Abs. 2 Satz 2 ZPO indirekt ermöglicht.

2 Will Abs. 1 v.a. „Geburtshilfe" für das Schiedsgericht leisten, zielt Abs. 2 auf **Balance zwischen den Parteien** bzgl. der konkreten Schiedsrichter-Person.² Ein die eine Partei benachteiligendes **Übergewicht** der anderen Partei gleicht auf Antrag ein staatliches, also neutral bestelltes Gericht gem. § 1062 Abs. 1 Nr. 1 ZPO aus, indem es neue Schiedsrichter bestellt. Während § 1042 Abs. 1 Satz 1 ZPO auf formales Gleichgewicht der Parteien im laufenden Verfahren zielt, betrifft § 1034 Abs. 2 ZPO das Vorfeld.³ Hier stand § 1025 Abs. 2 ZPO a.F. Pate, während das ModG keine Entsprechung kennt.⁴ Die Korrektur ist milderes Mittel als eine Unwirksamkeit der Schiedsvereinbarung⁵ (zum Abstimmungsverfahren § 1052 Rn. 4).

B. Richteranzahl, Abs. 1

3 Die Wahl der Schiedsrichteranzahl unterliegt unbeschränkt der Parteiautonomie (Satz 1). Erst hilfsweise und nicht i.S. einer Empfehlung oder Richtlinie⁶ füllt der Gesetzgeber eine mögliche Lücke, falls die Festlegung der Richteranzahl fehlt, indem er dann ein Dreiergremium vorsieht. Die Dreierbesetzung dürfte auch bei gewillkürter Bestimmung der Regelfall sein, wenngleich v.a. aus Kostengründen auch eine Einerbesetzung häufig ist.

4 Die Anzahl ist nicht nur **frei bestimmbar** bis zur Praktikabilitätsgrenze, sie kann auch flexibel bestimmbar sein, etwa sich nach der Parteianzahl, dem Streitwert o.ä. richten,⁷ solange die Regelung **klar** ist.⁸ Abzugrenzen ist von der Bestimmung der konkreten Schiedsrichter-Person, diese richtet sich nach § 1035 ZPO (vgl. § 1035 Rn. 3). Konkrete Schiedsrichter-Personen können, müssen aber nicht in der Schiedsvereinbarung benannt sein.⁹

C. Benachteiligendes Parteiübergewicht, Abs. 2

5 Einem **strukturellen Ungleichgewicht in der Schiedsrichterbestimmung** soll Abs. 2 als Substitut gesetzlicher Bestimmung (Art. 101 Abs. 1 GG) begegnen. Da jedes Übergewicht zumindest formal benachteiligend ist, kommt dem Merkmal „benachteiligend" keine eigenständige Bedeutung zu (sprachl. Pleonasmus).¹⁰ Ein **benachteiligendes Übergewicht** liegt dann vor, wenn eine Partei mehr Einfluss auf die Schiedsrichterauswahl hat als die andere. Auch geringfügige Benachteiligungen reichen.¹¹ Wie bei der Besorgnis der Befangenheit kommt es nicht auf eine tatsächliche Benachteiligung an, auch braucht kein Benachteiligungswille vorliegen.

---

1 Vgl. KG Berlin, NJW 2008, 2719.
2 Weshalb die systematische Klammerung in einem Paragraph kritisiert wird, MK-*Münch*, ZPO, § 1034 Rn. 5.
3 MK-*Münch*, ZPO, § 1034 Rn. 2.
4 MK-*Münch*, ZPO, § 1034 Rn. 2.
5 BGH, SchiedsVZ 2007, 163; Zöller-*Geimer*, ZPO, § 1034 Rn. 13; ausführlich MK-*Münch*, ZPO, § 1034 Rn. 12f.
6 Zum „subtilen Tonfall" und Normgenese vgl. MK-*Münch*, ZPO, § 1034 Rn. 3.
7 MK-*Münch*, ZPO, § 1034 Rn. 4; zur Interessenabwägung KG Berlin, NJW 2008, 2719, II.1.b).
8 MK-*Münch*, ZPO, § 1034 Rn. 4.
9 MK-*Münch*, ZPO, § 1034 Rn. 5.
10 So MK-*Münch*, ZPO, § 1034 Rn. 6, der aber in Rn. 9f. und 11 eigenständig überschriebene Abschnitte bildet.
11 MK-*Münch*, ZPO, § 1034 Rn. 10 m.w.N.

Besorgnis unausgeglichenen Verfahrens oder Ergebnisses aufgrund konkreter objektiver Umstände reicht.[12] Diese ist **erfüllt**, wenn eine Partei alle oder mehr Schiedsrichter als die andere wählen kann.[13] Weiter, wenn der Verband, in dem eine Partei Mitglied ist, die Schiedsrichter stellt.[14] Nicht aber, wenn die AGB der einen Partei die Richter festlegen, etwa weil bereits die potentielle Vielzahl der „Beauftragungen" durch den Verwender ein Näheverhältnis schaffen könnte (str.).[15] Selbst begründete Bedenken gehören zu § 1036 ZPO und nicht Abs. 2. Es kann aber eine unangemessene Benachteiligung nach AGB-Recht vorliegen, wenn die andere Seite keinerlei Einfluss auf die Besetzung hat, was aber nicht zur Unwirksamkeit, sondern gerichtlicher Korrektur führt.[16] Schiedsrichterlisten sind unbeachtlich, wenn genug Auswahlspielraum bleibt.[17] Eine Partei wird selbst dann i.S.d. Norm benachteiligt, wenn dies auf ihrem **säumigen Verhalten** beruht.[18] Die Säumnis soll nicht zu einem unfairen Verfahren führen. Das Recht auf Gleichgewicht ist vor Verfahrensbeginn nicht **disponibel**.[19] Anderweitige strukturelle Schieflagen werden **nicht erfasst**, etwa aufgrund einer Ortswahl oder Verfahrensgestaltung, dazu gelten § 1043 Abs. 1 ZPO bzw. § 1042 Abs. 3 ZPO.[20] Auch Fälle individuellen Misstrauens sind nicht hier, sondern gem. §§ 1037, 1039 ZPO zu behandeln, die insofern dem Befangenheitsrecht bei staatlichen Gerichten entsprechen. Auch in ihren Grenzen zeigt die Norm ihre Parallele zu Art. 101 Abs. 1 GG.

D. Rechtsfolge

Liegt benachteiligendes Übergewicht vor, besteht ein **präklusionsbedrohtes Antragsrecht**, binnen zwei Wochen nach Kenntnis der Schiedsgerichtsbesetzung beim staatlichen Gericht auf andere Besetzung zu dringen. Antragsbefugt ist nur die benachteiligte Partei. Die Schiedsvereinbarung bleibt gültig.[21] Die **Frist** läuft ab Kenntnis aller Schiedsrichter, erst dann ist die Zusammensetzung des Gerichts bekannt. Dauer und Berechnung entsprechen § 1037 Abs. 2 Satz 1 ZPO (Schiedsrichterablehnung). Eine frühere Antragsstellung ist unschädlich, vor Verfahrenseinleitung fehlt noch das Rechtsschutzbedürfnis. Die Frist ist nach §§ 224, 225 ZPO auf Antrag, nicht durch Vereinbarung änderbar.[22] Wiedereinsetzung ist unmöglich (str.),[23] da kein Fall der in § 233 ZPO abschließend aufgezählten Fälle vorliegt (§ 233 Rn. 3). Bei Verspätung bleibt nur der Weg über § 1036 ZPO. Andersgelagerte Rechtsfolge kann zudem sein, dass ein angerufenes „Gericht", welches nicht paritätisch bestimmt war, nicht Schiedsgericht ist, ein etwaiger Spruch also keinen Schiedsspruch darstellt.[24]

6

Auf den Antrag folgt das **staatliche Verfahren**. Ist der Antrag zulässig, insbesondere fristgerecht und begründet, richtet sich das Ernennungsverfahren im Wesentlichen nach § 1035 Abs. 3 ZPO. Es muss die vorherige Schiedsrichterwahl und selbst Anzahl nicht beachten, kann und sollte dies aber, etwa um nicht korrigierend unter dem Gebot der Unparteilichkeit – bei der Richterauswahl leiten zu lassen, etwa im Hinblick auf die fachliche Eignung.[25] So kann meist dem Parteiinteresse bestmöglich gedient werden.

7

Der Verweis in **Abs. 2 Satz 3** auf § 1032 Abs. 3 ZPO verhindert **Verzögerung(-staktik)** durch eine mögliche Parallelität der staatlichen Überprüfung und Ernennung und des Schiedsgerichtsverfahrens (siehe § 1032 Rn. 25).

8

---

12 MK-*Münch*, ZPO, § 1034 Rn. 11; Musielak/Voit-*Voit*, ZPO, § 1034 Rn. 4.
13 MK-*Münch*, ZPO, § 1034 Rn. 10.
14 BGHZ 51, 255 = NJW 1969, 750; MK-*Münch*, ZPO, § 1034 Rn. 11; Zöller-*Geimer*, ZPO, § 1034 Rn. 11.
15 Aber a.A. MK-*Münch*, ZPO, § 1034 Rn. 10 entgegen OLG Celle, OLGR 2000, 57 (58), vgl. dazu die krit. Anm. *Mankowski*, EWiR 2000, 411 (412); Böckstiegel/Kröll/Nacimiento-*Nacimiento/Abt*, Arbitration in Germany, § 1032 Rn. 17, vgl. BGH v. 07.06.2016, KZR 6/15, juris (Pechstein).
16 OLG Frankfurt a.M., SchiedsVZ 2013, 294, II.; diff. Stein/Jonas-*Schlosser*, ZPO, § 1034 Rn. 12.
17 Zöller-*Geimer*, ZPO, § 1032 Rn. 11; vgl. BGH v. 07.06.2016, KZR 6/15, juris (Pechstein).
18 BGHZ 54, 392 (394 f.) = NJW 1971, 139.
19 Stein/Jonas-*Schlosser*, ZPO, § 1034 Rn. 14.
20 MK-*Münch*, ZPO, § 1034 Rn. 8.
21 MK-*Münch*, ZPO, § 1034 Rn. 12–14; Zöller-*Geimer*, ZPO, § 1034 Rn. 11.
22 MK-*Münch*, ZPO, § 1034 Rn. 15.
23 MK-*Münch*, ZPO, § 1034 Rn. 15 entgegen Stein/Jonas-*Schlosser*, ZPO, § 1034 Rn. 16.
24 BGH v. 20.09.2016, II ZR 25/15, juris.
25 MK-*Münch*, ZPO, § 1034 Rn. 16.

§ 1035
Bestellung der Schiedsrichter

(1) Die Parteien können das Verfahren zur Bestellung des Schiedsrichters oder der Schiedsrichter vereinbaren.

(2) Sofern die Parteien nichts anderes vereinbart haben, ist eine Partei an die durch sie erfolgte Bestellung eines Schiedsrichters gebunden, sobald die andere Partei die Mitteilung über die Bestellung empfangen hat.

(3) ¹Fehlt eine Vereinbarung der Parteien über die Bestellung der Schiedsrichter, wird ein Einzelschiedsrichter, wenn die Parteien sich über seine Bestellung nicht einigen können, auf Antrag einer Partei durch das Gericht bestellt. ²In schiedsrichterlichen Verfahren mit drei Schiedsrichtern bestellt jede Partei einen Schiedsrichter; diese beiden Schiedsrichter bestellen den dritten Schiedsrichter, der als Vorsitzender des Schiedsgerichts tätig wird. ³Hat eine Partei den Schiedsrichter nicht innerhalb eines Monats nach Empfang einer entsprechenden Aufforderung durch die andere Partei bestellt oder können sich die beiden Schiedsrichter nicht binnen eines Monats nach ihrer Bestellung über den dritten Schiedsrichter einigen, so ist der Schiedsrichter auf Antrag einer Partei durch das Gericht zu bestellen.

(4) Haben die Parteien ein Verfahren für die Bestellung vereinbart und handelt eine Partei nicht entsprechend diesem Verfahren oder können die Parteien oder die beiden Schiedsrichter eine Einigung entsprechend diesem Verfahren nicht erzielen oder erfüllt ein Dritter eine ihm nach diesem Verfahren übertragene Aufgabe nicht, so kann jede Partei bei Gericht die Anordnung der erforderlichen Maßnahmen beantragen, sofern das vereinbarte Bestellungsverfahren zur Sicherung der Bestellung nichts anderes vorsieht.

(5) ¹Das Gericht hat bei der Bestellung eines Schiedsrichters alle nach der Parteivereinbarung für den Schiedsrichter vorgeschriebenen Voraussetzungen zu berücksichtigen und allen Gesichtspunkten Rechnung zu tragen, die die Bestellung eines unabhängigen und unparteiischen Schiedsrichters sicherstellen. ²Bei der Bestellung eines Einzelschiedsrichters oder eines dritten Schiedsrichters hat das Gericht auch die Zweckmäßigkeit der Bestellung eines Schiedsrichters mit einer anderen Staatsangehörigkeit als derjenigen der Parteien in Erwägung zu ziehen.

Inhalt:

	Rn.		Rn.
A. Normzweck, Systematik, Genese ...	1	II. Bei Scheitern des vereinbarten Weges, Abs. 4	14
B. Vereinbartes Verfahren, Abs. 1–2 ...	2	III. Gerichtliche Entscheidungsmaßgabe, Abs. 5	17
I. Bestellungsverfahren, Abs. 1	2		
II. Bindungswirkung, Abs. 2	8		
C. Gerichtliches Verfahren, Abs. 3–5 ...	11	D. Besonderheiten bei Mehrparteienschiedsgerichten	19
I. Bei fehlender Parteivereinbarung, Abs. 3	11		

A. Normzweck, Systematik, Genese

1 Die Norm will die **schnelle Bestellung des Schiedsgerichts** sichern und Bestellungsmodi für verschiedene Konstellationen regeln. V.a. zwei Varianten gibt es: Entweder die Parteien haben selbst ein Bestellungsverfahren geregelt (Abs. 1–2), dann ist dieses flankierend (Abs. 4). Oder sie haben eine Regelung unterlassen, dann ist ein gerichtliches Verfahren zu konstituieren (Abs. 3). Ist das Gericht danach zur Entscheidung berufen, wird ihm eine Leitlinie zur konkreten Schiedsrichterauswahl an die Hand gegeben (Abs. 5). Die norminhärente Systematik zeigt: Vorrang hat stets die Parteiautonomie, ihr soll das Gericht erst im Notfall beispringen.[1] Denn wie in § 1034 ZPO soll für „Problemfälle" ein milderes Mittel als die Unwirksamkeit der Schiedsvereinbarung helfen.[2] Die Norm geht von zwei Parteien[3] und den verbreiteten Einer- und Dreierschiedsgerichten aus. Auf Schiedsgutachter findet die Norm keine Anwendung.[4] Sie leitet sich aus Art. 11 ModG ab, wurde um dessen Abs. 1 verkürzt und in Abs. 2 um § 1030 ZPO a.F. ergänzt.[5]

---

1 Vgl. MK-*Münch*, ZPO, § 1035 Rn. 2.
2 Vgl. Musielak/Voit-*Voit*, ZPO, § 1035 Rn. 1; Zöller-*Geimer*, ZPO, § 1035 Rn. 1.
3 Zu Mehr-Parteien-Konstellationen Rn. 19.
4 OLG München v. 26.01.2016, 34 SchH 13/15, juris, II.4.
5 Zur Genese MK-*Münch*, ZPO, § 1035 Rn. 1.

B. Vereinbartes Verfahren, Abs. 1–2
I. Bestellungsverfahren, Abs. 1

Das Bestellungsverfahren[6] basiert auf Parteiautonomie. Es lässt größtmögliche Freiräume bis zur Praktikabilitätsgrenze[7] und unterstützt nur auf dem Weg zum gewünschten Ziel. Die Formvorschriften zur Schiedsvereinbarung (§ 1031 ZPO) erfassen die Vereinbarung zur Schiedsrichterbestellung nicht, die **formfrei** möglich ist.[8]

Inhaltlich bestehen keine ausdrücklichen Vorgaben, viele Fallgestaltungen sind möglich. So sind die Parteien in Wahl des **Spruchkörperzuschnitts**, v.a. der Richteranzahl und des Auswahl- und **Bestellungsprozesses**[9] frei. Gleich in welchem Spruchkörperzuschnitt gilt bzgl. des einzelnen Schiedsrichters: Er kann, muss aber nicht namentlich benannt sein. Wichtig ist die **Individualisierung** (z.b. Präsident des Landgerichts [Ort]). Da nur natürliche Personen Schiedsrichter sein können,[10] ist bei einer Bestimmung, dass ein Verein, eine Behörde o.ä. entscheiden solle, im Zweifel der „Vorstand" gemeint – wobei dann wiederum Unsicherheiten bestehen, ob nun der gesamte Vorstand, der Vorstandsvorsitzende oder ein (wie zu bestimmendes?) Vorstandsmitglied.[11] Im Notfall greift das gesetzliche Verfahren. Nicht erforderlich ist, dass der benannte Schiedsrichter um die Benennung weiß und das Amt annimmt.[12] Letzteres erfolgt mit dem Schiedsrichtervertrag.

Besondere **Qualifikationen** braucht der Schiedsrichter nicht.[13] **Mindestvoraussetzung** des gewählten Schiedsrichters ist Geschäftsfähigkeit.[14] In eigener Sache darf der Schiedsrichter selbstverständlich nicht tätig sein.[15] Häufig anzutreffen sind Rechtsanwälte[16] und Richter. Zwar wird in der Praxis oft bei v.a. technischen Fragen der Weg des Schiedsverfahrens mit **Fachpersonen als Schiedsrichtern** eingeschlagen.[17] Gleichwohl empfiehlt sich für ein Schiedsverfahren i.d.R. eine rechtlich versierte Schiedsperson, ggf. flankiert mit einem per Parteivereinbarung vorgegebenen technischen Gutachter. Schiedsrichter mit insg. oder partiell geringer Rechtskenntnis können den Parteien erhebliche Probleme bereiten[18] oder sie müssen per rechtlichem Gutachten ihr Wissen ergänzen, was wiederum problematisch ist (zur Beratungsteilnahme § 1052 Rn. 2; zu jurist. Sachverständigen vgl. § 1049 Rn. 3, zu Kosten § 1054 Rn. 4).[19] Geht es allein um eine Klärung tatsächlicher Fragen, ist ggf. ein Schiedsgutachten vorzugswürdig. Ungeeignete oder unerreichbare Anforderungen führen i.d.R. nicht zur Unwirksamkeit der Klausel oder Undurchführbarkeit des Verfahrens, insbesondere, wenn Abs. 3–5 helfen können.[20] **Praktikertipp**: Ist eine **Dreierbesetzung** gewählt, ist es üblich, praktikabel und zielführend, dass die eine Partei bei der Dreierbesetzung „ihren" gewünschten Schiedsrichterkandidaten **anfragt**. Dies bietet bereits Rechtsfolgen aus: Zunächst liegt darin das Angebot auf Abschluss des **Schiedsrichtervertrages** auch für alle Parteien. Von der anderen Partei ist sie durch die Schiedsvereinbarung und nach Verfahrenseinleitung dazu befugt. Angebotsannahme kann durch den Schiedsrichter konkludent erfolgen, wobei noch Vergütungsfragen[21] etc. zu klären sind.[22] Die benennende Partei ist zur Angebotsannahme für alle Parteien konsequent befugt.[23] Kompliziertere Konstruktionen sind meist unnötig.[24] **Praktikertipp**: Bei der **Einerbesetzung** gestaltet sich der Weg einfacher, wenngleich entweder eine Einigung auf den Schiedsrichter vorzugehen hat oder der Gegner die einseitige Wahl akzeptiert. Wird keine Lö-

---
6 Ausführlich dazu *Schütze*, Schiedsrecht, Rn. 74ff.; *Hantke*, SchiedsVZ 2003, 269 ff.
7 MK-*Münch*, ZPO, § 1035 Rn. 8; Saenger-*Saenger*, ZPO, § 1035 Rn. 3; BeckOK-*Wolf/Eslami*, ZPO, § 1035 Rn. 3.
8 OLG München, OLGR 2007, 681; MK-*Münch*, ZPO, § 1035 Rn. 7, Zöller-*Geimer*, ZPO, § 1035 Rn. 1; *Hilgard*, BB 2015, 456 (457); a.A. Baumbach/Lauterbach/Albers/Hartmann, ZPO, § 1035 Rn. 4.
9 Definitorisch Bestellung und Ernennung abgrenzt MK-*Münch*, ZPO, § 1035 Rn. 10.
10 BeckOK-*Wolf/Eslami*, ZPO, § 1035 Rn. 3; MK-*Münch*, ZPO, § 1035 Rn. 8; Zöller-*Geimer*, ZPO, § 1035 Rn. 7; a.A. *Schwab/Walter*, Schiedsgerichtsbarkeit, Kap. 9 Rn. 1.
11 BeckOK-*Wolf/Eslami*, ZPO, § 1035 Rn. 3; Zöller-*Geimer*, ZPO, § 1035 Rn. 7.
12 MK-*Münch*, ZPO, § 1035 Rn. 11.
13 MK-*Münch*, ZPO, § 1035 Rn. 8; BeckOK-*Wolf/Eslami*, ZPO, § 1035 Rn. 3.
14 BeckOK-*Wolf/Eslami*, ZPO, § 1035 Rn. 3.
15 MK-*Münch*, ZPO, § 1035 Rn. 8; BeckOK-*Wolf/Eslami*, ZPO, § 1035 Rn. 3.
16 *Hanns*, AnwBl 2012, 28 zur Rechtsstellung.
17 Krit. *Ulrich*, Der Bausachverständige, H.1, S. 62.
18 Vgl. z.B. Schweizerisches Bundesgericht, BGE 130 III 125 – kollektive Parteibezeichnung als „german family" mit entsprechender Vollstreckbarkeitsproblematik.
19 Vgl. Stein/Jonas-*Schlosser*, ZPO, § 1042 Rn. 10.
20 OLG München, WM 2015, 949, II.2.
21 Zur Vergütung *Kellerhals/Pfisterer*, FS Kaissis, S. 449 ff.
22 Zur Beendigung durch den Schiedsrichter ausführlich *Altenkirch*, SchiedsVZ 2014, 113.
23 MK-*Münch*, ZPO, § 1035 Rn. 16.
24 MK-*Münch*, ZPO, § 1035 Rn. 16.

sung gefunden, kann es sachnäher sein, statt des Anrufs des Staatsgerichts gem. Abs. 3 Satz 1 die Benennung für diesen Fall zu delegieren oder auf die Dreierbesetzung im Stufenverfahren umzuschwenken. Eine solche vorsorgliche Auffangregel ist bereits in der Schiedsvereinbarung sinnvoll.

5 Für die praktisch häufige Einer- und Dreierbesetzung regelt der Gesetzgeber Weiteres. Wobei er in letzterem Fall die Variante des **Stufenverfahrens beim Dreierschiedsgericht** vorsieht. Dieses regelt, dass beide Seiten zunächst je einen Schiedsrichter wählen (Satz 2 Hs. 1), die Mitteilung gem. Abs. 2 erfolgt und die beiden Schiedsrichter sich dann auf einen dritten Schiedsrichter und damit den Vorsitzenden einigen. Auf beiden Stufen besteht die Möglichkeit hilfsweiser gerichtlicher Bestellung (Satz 3). Solange der dritte Schiedsrichter nicht bestimmt ist, bilden die beiden benannten Schiedsrichter das Schiedsgericht, das zwar das Hauptverfahren nicht führen, aber bereits über Befangenheitsanträge behandeln und mit Zustimmung der Parteien auch einen Schiedsspruch erlassen kann.[25] Entsprechendes gilt, wenn nur der Vorsitzende bestimmt ist, dieser aber noch nicht seine Kammer „bestückt" hat. Insbesondere um gütliche Einigungen zu versuchen unter gleichzeitiger Kostenersparnis und Beschleunigung kann solch ein Beginnen mit noch nicht vollständig besetztem Richtergremium sinnvoll sein.

6 Die konkrete Schiedsrichterbenennung, aber auch die Bestellungsregelung können **delegiert** werden,[26] aus den o. g. Gründen (Rn. 3) sinnvollerweise an eine individualisiert bestimmte Person. Auch für den auswählenden Dritten gelten o. g. Grundsätze wie Geschäftsfähigkeit, Neutralität, keine Selbstbefasstheit.[27]

7 Im **Bestellungsverfahren** besteht **Mitwirkungspflicht**. Abs. 4 lässt für eine Klage diesbezüglich aber das Rechtsschutzbedürfnis entfallen.[28] Anwaltliche **Gebühren** für die Aufforderung der Gegenseite sind Kosten der Schiedsverfahrensvorbereitung. Die gleichzeitige Schaffung der Voraussetzungen des gerichtlichen Bestellungsverfahrens bildet dieselbe Angelegenheit gem. § 16 Nr. 8 RVG.[29]

II. Bindungswirkung, Abs. 2

8 Entsprechend § 130 Abs. 1 BGB ist die Partei an ihre Ernennung gebunden, wenn der anderen Partei die **Mitteilung** über die Bestellung zugeht.[30] **Rechtsfolge** ist die Bindung des Bestellenden. Abs. 2 zielt auf Mehrpersonen-Schiedsgerichte.[31] Die Bindung tritt aber auch bei der Einerbesetzung ein, der Gegner kann dann annehmen oder ablehnen. Abs. 2 hat v.a. klarstellende Wirkung im Dreieck von bestellender Partei, Gegenpartei und Schiedsrichter.[32] Er findet kein Vorbild im ModG, sondern fußt auf 1030 ZPO a.F.[33] **Abweichende Vereinbarungen** zu Tatbestand und Rechtsfolge sind möglich.[34]

9 Die Mitteilung ist formlos möglich und deklaratorisch.[35] Der Schiedsrichter kann vor formaler Ernennungsannahme die Mitteilung an die gegnerische Partei übernehmen, jedoch erkennbar die Partei vertretend, nicht aus eigenem Amt (str.).[36] Misslich wird die Bindungswirkung, wenn eine Partei die Bestellung vorschnell mitteilt, dadurch gebunden ist, aber dann mit dem gewünschten Schiedsrichter keinen Schiedsrichtervertrag zum Abschluss bringt. Die Lösung bringen dann erst §§ 1039, 1038 ZPO analog.[37] Kann oder will ein Schiedsrichter das Amt nicht übernehmen, ist die Bestellung gescheitert.[38] An sie kann die Partei dann nicht mehr gebunden sein.[39]

10 Mit **Empfang ist Zugang** gemeint. Ein vorheriger oder gleichzeitiger Widerruf ist in Anlehnung an § 130 Abs. 1 BGB schädlich,[40] berührt aber nicht die möglichen Rechte des Schiedsrich-

---

25 Zöller-*Geimer*, ZPO, § 1035 Rn. 1.
26 MK-*Münch*, ZPO, § 1035 Rn. 26.
27 BeckOK-*Wolf/Eslami*, ZPO, § 1035 Rn. 3.
28 Zöller-*Geimer*, ZPO, § 1035 Rn. 1a.
29 Näher OLG München v. 03.08.2016, 34 SchH 9/15, juris, II.3).
30 BeckOK-*Wolf/Eslami*, ZPO, § 1035 Rn. 8.
31 MK-*Münch*, ZPO, § 1035 Rn. 21.
32 BeckOK-*Wolf/Eslami*, ZPO, § 1035 Rn. 8; MK-*Münch*, ZPO, § 1035 Rn. 19.
33 BT-Drucks. 13/5274, S. 40; MK-*Münch*, ZPO, § 1035 Rn. 19.
34 Bsp. üblicher Abweichungen MK-*Münch*, ZPO, § 1035 Rn. 23.
35 MK-*Münch*, ZPO, § 1035 Rn. 20.
36 BeckOK-*Wolf/Eslami*, ZPO, § 1035 Rn. 10; MK-*Münch*, ZPO, § 1035 Rn. 20; vgl. OLG München, NJOZ 2011, 413, II.2; Stein/Jonas-*Schlosser*, ZPO, § 1035 Rn. 2.
37 Vgl. OLG Hamm v. 18.09.2003, 17 SchH 7/03, juris, II.2.a); MK-*Münch*, ZPO, § 1035 Rn. 20.
38 Zur Beendigung durch den Schiedsrichter ausführlich *Altenkirch*, SchiedsVZ 2014, 113.
39 BeckOK-*Wolf/Eslami*, ZPO, § 1035 Rn. 8f.; Zöller-*Geimer*, ZPO, § 1035 Rn. 13.
40 BeckOK-*Wolf/Eslami*, ZPO, § 1035 Rn. 8; MK-*Münch*, ZPO, § 1035 Rn. 20.

ters.[41] Anfechtung scheidet aus (str.). Zugang kann fingiert werden, etwa über § 1028 Abs. 1 ZPO und damit ausnahmsweise zu Lasten des Absenders.[42] Abs. 2 regelt nur **einseitige Parteibestellung**. Im **Delegationsfall** gelten insbesondere Abs. 3 und 4 und § 1039 ZPO.[43] Wurde die Bestellung delegiert, kommt es nach § 1035 Abs. 2 ZPO analog auf den Zugang bei einer der Parteien an.[44]

C. Gerichtliches Verfahren, Abs. 3–5
I. Bei fehlender Parteivereinbarung, Abs. 3

Liegt eine Schiedsvereinbarung vor, fehlt aber eine Vereinbarung zur Schiedsgerichtsbildung, stellt Abs. 3 die **Auffangregel**.[45] Sie hat die Einer- und Dreierbesetzung im Blick, dort v.a. das Stufenverfahren (vgl. auch Rn. 3 ff.). Der Gesetzgeber springt der Zweierbesetzung nur indirekt bei. Den komplizierteren Mehrparteienverfahren nimmt er sich nicht an (näher Rn. 19 ff.). Scheitert die Einigung (Hs. 3), greift das Gericht ein. Nicht etwa ist dann die Schiedsvereinbarung wie früher manchmal insg. gescheitert, was aber vereinbart werden kann.[46] Haben die Parteien, etwa aus Kostengründen, die Konstellation der **Einerbesetzung** gewählt (sonst Abs. 3 Satz 2) und scheitert ein Einigungsversuch, kann gerichtliche Bestellung beantragt werden. An die Bemühungen um die Einigung sind keine erhöhten Anforderungen zu stellen.[47] Eine Fristbindung besteht nicht.[48] **Praktikertipp**: Um kein Kostenrisiko einzugehen, sollte der anderen Seite ein namentlicher Vorschlag unterbreitet werden. Wird dieser nicht unmittelbar akzeptiert, kann sogleich geklagt werden. 11

Die **Dreierbesetzung**, v.a. im Stufenverfahren (siehe Rn. 3 ff.), ist der gesetzliche Normalfall und praktisch häufig. Zwar müssen parteiernannte Schiedsrichter auch neutral sein, *in praxi* bietet die Wahl des Dritten Ausgleich. Dies gilt v.a., da er automatisch Vorsitzender ist, anders als nach dem ModG.[49] Wurde das **Zweier-** oder ein mit mehr als drei Personen bestücktes **Mehrpersonenschiedsgerichten** gewählt: Das Zweierschiedsgericht hat sich als unpraktikabel erwiesen, ist normativ nicht mehr vorgesehen und praktisch selten geworden. Der Gesetzgeber sieht daher keine gesonderte Regel vor,[50] wie auch nicht für alle anderen denkbaren Konstellationen. Für andere **Mehrpersonenschiedsgerichte** (zu Mehr*parteien*schiedsgerichten Rn. 19) lässt sich nunmehr[51] am Stufenverfahren orientieren, v.a. bei ungerader Richteranzahl. Bei gerader Anzahl können die zunächst parteilich gewählten Richter sich auf die weiteren einigen oder je gleich viele bestimmen.[52] 12

Für den Antrag besteht eine **Monatsfrist**,[53] die sich nach § 222 ZPO i.V.m. §§ 186 ff. BGB berechnet. Sie ist nicht gewahrt bei Benennung unter Vorbehalt[54] oder bloßer Einigung auf einen neuen Benennungsmodus.[55] Die Frist ist abänderbar.[56] Die Aufforderung zur Bestellung eines Schiedsrichters mit einseitig verkürzter Frist ist wirksam, lediglich die Fristverkürzung nicht.[57] Sie beginnt bei Beisitzern ab Zugang der Bestellungsaufforderung. Beim Vorsitzenden beginnt sie mit wirksamer Bestellung des zweiten Beisitzers, also i.d.R. nach Mitteilung desselben gem. Abs. 2.[58] Für Präklusion oder Wiedereinsetzung besteht kein Bedarf. Nachbenennung bis zur gerichtlichen Bestellung ist möglich (str.),[59] denn die Fristversäumnis bedeutet nicht Ver- 13

---

41 MK-*Münch*, ZPO, § 1035 Rn. 20.
42 MK-*Münch*, ZPO, § 1035 Rn. 20.
43 MK-*Münch*, ZPO, § 1035 Rn. 19.
44 BeckOK-*Wolf/Eslami*, ZPO, § 1035 Rn. 8.
45 OLG Bremen, IBR 2015, 49 mit Anm. *Wittmann*, jurisPR-HaGesR 1/2015, Anm. 3; *Schütt*, jurisPR-IWR 3/2015, Anm. 1.
46 MK-*Münch*, ZPO, § 1035 Rn. 35.
47 Ausführlich MK-*Münch*, ZPO, § 1035 Rn. 37.
48 MK-*Münch*, ZPO, § 1035 Rn. 38.
49 MK-*Münch*, ZPO, § 1035 Rn. 42.
50 MK-*Münch*, ZPO, § 1035 Rn. 40.
51 Fälle nach altem Recht bei MK-*Münch*, ZPO, § 1035 Rn. 40.
52 MK-*Münch*, ZPO, § 1035 Rn. 41.
53 MK-*Münch*, ZPO, § 1035 Rn. 45.
54 OLG Köln, SchiedsVZ 2012, 222 (224), II.2.a) – vorbehaltlich Benennung unter vorrangiger Verteidigung gegen Unzulässigkeit; MK-*Münch*, ZPO, § 1035 Rn. 46.
55 OLG München, MDR 2009, 1354 (1355), II.3. – Einigung der beiden Schiedsrichter auf neuen Modus zur Bestimmung des Vorsitzenden.
56 MK-*Münch*, ZPO, § 1035 Rn. 46.
57 KG Berlin, MDR 2013, 931, II.2.
58 MK-*Münch*, ZPO, § 1035 Rn. 44.
59 Bejahend: KG Berlin, MDR 2013, 931, II.3.; OLG Dresden v. 20.02.2001, 11 SchH 2/00 (DIS), juris; Musielak/Voit-*Voit*, ZPO, § 1035 Rn. 10; Stein/Jonas-*Schlosser*, ZPO, § 1035 Rn. 18; MK-*Münch*, ZPO, § 1035 Rn. 45 mit Streitstand Rn. 46.

wirkung des Benennungsrechts, sondern eröffnet nur den Gerichtsweg. Der Telos steht nicht entgegen, vielmehr wird durch die Nachbenennnung das Ziel erreicht. Benennung ungeeigneten Schiedsrichters ist aus Blockadegründen zwar möglich, so zu Recht die andere Ansicht argumentierend,[60] diese bloße Möglichkeit rechtfertigt aber nicht per se den in der gerichtlichen Benennung liegenden Eingriff in die Privatautonomie (str.).

II. Bei Scheitern des vereinbarten Weges, Abs. 4

14 Liegt erstens eine Parteivereinbarung vor und zweitens eine der aufgezählten „Problemkonstellationen" (Var. 1–3), aber drittens kein vorsorglich oder justament vereinbartes Auffangverfahren (Abs. 4 a.E.), greift Abs. 4.[61] **Var. 1 – Partei handelt nicht gem. Vereinbarung:** Meist liegt dies im Unterlassen der Mitwirkung, etwa der Nichtteilnahme am Einigungsversuch.[62] Denkbar sind auch aktive Verstöße, etwa die wiederholte Benennung abgelehnter Personen. Auf **Schuld** kommt es nicht an. **Var. 2 – Parteien oder Schiedsrichter können sich nicht einigen,** wenn keine Einigung herbeigeführt werden kann, obwohl die Parteien selbst den einen oder alle Schiedsrichter gemeinsam wählen sollen (Var. 2a), oder – typischerweise in der Dreierbesetzung – bereits benannte Schiedsrichter noch weitere hinzuwählen (Var. 2b) sollen. Wenn mehrere Personen eines Lagers sich nicht einigen können, gilt die Regelung analog (str.),[63] wofür eine Fristvorgabe fehlt.[64] **Praktikertipp:** Besteht die Möglichkeit, dass ein Lager einen Schiedsrichter intern zu wählen hat, sollte die Schiedsvereinbarung eine Bestimmung treffen für den Scheiternsfall, z.B. kann auf § 1035 Abs. 4 ZPO nebst Fristsetzung verwiesen werden, wenn nicht sogleich umfassendere Regelungen getroffen werden (Rn. 19). **Var. 3 – Dritter erfüllt Aufgabe nicht,** wenn ein einzubindender Dritter, gleich ob Individualperson oder Institution, untätig bleibt, gleich aus welchem Grund (Tod, Auflösung der Institution, Ablehnung, schlichte Untätigkeit). Aber nur, wenn der Grund beim Dritten liegt. Also nicht, wenn er selbst nicht hinreichend bestimmt ist (Rn. 3) oder die Parteien ihn nicht richtig einbinden (dann Var. 1).

15 **Rechtsfolge und Gerichtsverfahren:** Beide Parteien sind **antragsbefugt.** Auf Antrag ist das Gericht zur **Anordnung der erforderlichen Maßnahmen** ermächtigt. Dies ist nicht weniger als die in Abs. 3 und 5 genannte gerichtliche Bestellung, sondern umfasst diese.[65] **Zuständig** ist das ortsnächste Oberlandesgericht (§ 1062 Abs. 1 Nr. 1 Var. 1 ZPO)[66] oder bei internat. Fällen das am Aufenthaltsort (§ 1062 Abs. 3 ZPO), vorbehaltlich einer anderweitigen Vereinbarung. Um zum **Beschluss** zu gelangen, muss das Gericht **inzidenter über die Wirksamkeit der Schiedsvereinbarung** entscheiden (ohne dass die Entscheidung insoweit in Rechtskraft erwächst).[67] Allerdings beschränkt auf eine **Offensichtlichkeitsprüfung,** denn das Verfahren des Abs. 3 zielt nicht auf die Schiedsvereinbarung.[68] Diese kann durch § 1040 ZPO oder Gegenantrag im gerichtlichen Bestellungsverfahren geprüft werden.[69] Der Gericht entscheidet durch **unanfechtbaren**[70] **Beschluss** (§§ 1063 Abs. 1 Satz 1, 1065 Abs. 1 Satz 2 ZPO). Der **Tenor** lautet auf Ablehnung des Antrags oder auf Benennung bzw. Bestellung des Schiedsrichters, wobei die Terminologie im Tenor (!) keinen Unterschied bedeutet.[71] Das Gericht individualisiert nur eine Person, das Schiedsgericht aber konstituiert sich erst nach Abschluss des noch zu schließenden Schiedsrichtervertrags. Zu diesem Abschluss verpflichtet der Gerichtsspruch die Parteien, nicht aber freilich den Schiedsrichter, mit dem sich das Gericht daher vorab verständigen sollte.[72]

---

60 OLG München, MDR 2006, 1308, II.2.; OLG Koblenz v. 20.02.2003, 2 SchH 1/03 (DIS); juris; BayObLG NJW-RR 2002, 933; OLG Köln v. 09.12.2002, 9 Sch 17/02 (DIS), juris; Baumbach/Lauterbach/Albers/Hartmann, ZPO, § 1035 Rn. 9; Thomas/Putzo-*Reichold*, ZPO, § 1035 Rn. 8; Zöller-*Geimer*, ZPO, § 1035 Rn. 16; *Kröll*, SchiedsVZ 2006, 203 (207).
61 OLG Köln v. 27.10.2014, 19 SchH 17/14, juris.
62 MK-*Münch*, ZPO, § 1035 Rn. 30.
63 Zu Mehrpersonenkonstellationen: Rn. 19.
64 MK-*Münch*, ZPO, § 1035 Rn. 31.
65 MK-*Münch*, ZPO, § 1035 Rn. 33.
66 OLG München, SpuRt 2015, 217.
67 BGH, NJW-RR 2010, 425 (426), II.; *Lachmann*, Schiedsgerichtspraxis, Rn. 918, 928f.; MK-*Münch*, ZPO, § 1035 Rn. 61; Zöller-*Geimer*, ZPO, § 1035 Rn. 18; Musielak/Voit-*Voit*, ZPO, § 1035 Rn. 11 ff.
68 BGH, NJW-RR 2010, 425 (426), II.; MK-*Münch*, ZPO, § 1035 Rn. 49; Zöller-*Geimer*, ZPO, § 1035 Rn. 11f.; Musielak/Voit-*Voit*, ZPO, § 1035 Rn. 11; a.A. OLG Dresden, SchiedsVZ 2009, 69 – intensiv prüfend.
69 Musielak/Voit-*Voit*, ZPO, § 1035 Rn. 11.
70 Krit. de lege ferenda MK-*Münch*, ZPO, § 1035 Rn. 63.
71 MK-*Münch*, ZPO, § 1035 Rn. 59.
72 S.o. zum Bestellungsprozedere; MK-*Münch*, ZPO, § 1035 Rn. 60–62.

Die **Gerichtsgebühr** beträgt 0,5 nach Nr. 1623 KV-GKG, Schieds- und Aushilfeverfahren sind „dieselbe Angelegenheit" für den Anwalt, § 16 Nr. 8 Var. 1 RVG i.V.m. § 15 Abs. 2 Satz 1 RVG. Streit- und Gegenstandswert sind stark einzelfallabhängig, es mag auch hier die Orientierung am verbreiteten 1/3 helfen (§ 1032 Rn. 24 und dortige Nachweise), aber auch an Schwere des Verstoßes oder gerichtlichem Aufwand.[73]

16

III. Gerichtliche Entscheidungsmaßgabe, Abs. 5

Abs. 5 gibt dem Gericht Entscheidungsrichtlinien an die Hand, die in Satz 1 konstitutiv, in Satz 2 deklaratorisch-appellierend sind.[74] Satz 1 gibt zwei gleichrangige Leitlinien vor, die Orientierung am **Parteiwillen** (in den in Rn. 3 dargelegten Grenzen) und die an der **Unabhängigkeit und Unparteilichkeit** (§ 1036 Rn. 2). Der Parteiwille muss sich in **vorgeschriebenen Voraussetzungen**, also bereits in der Schiedsvereinbarung oder später, niedergeschlagen haben. Je präziser die Vorgaben, desto klarer die richterliche Entscheidungsfindung. Vorgaben, etwa im Hinblick auf Alter, Religion, Geschlecht sind ohne *ordre public*-Prüfung, aber in Grenzen des EU-Rechts und zwingenden Diskriminierungsschutz, gerichtlich zu beachten,[75] wie zuletzt der Blick auf Satz 2 ergibt (Nationalität). Unabhängig- und Unparteilichkeit[76] sind als innere Merkmale schwer festzustellen. Obj. Momente einer Besorgnis der Unparteilichkeit sind zu vermeiden. Zudem sollten die potentiellen Schiedsrichter (jedenfalls im Zweifel)[77] und Parteien (immer) dazu befragt werden, auch um Ablehnungsverfahren (§§ 1036 ff. ZPO) zu vermeiden.

17

Im Gegensatz zum konstitutiven Satz 1 hat **Satz 2** nur deklaratorische Bedeutung. Er ist als Abbild des Art. 11 Abs. 1 ModG gemeint.[78] Bei internationalen Streitigkeiten kann die **„neutrale" Staatsangehörigkeit** eines Schiedsrichters ein Vertrauenselement darstellen und ist daher bereits in Schiedsorganisationen und Schiedsvereinbarungen geläufige Praxis (je ein Schiedsrichter aus dem Land einer Partei, der Vorsitzende aus einem Drittland).[79] Im Vordergrund steht dabei aber heute weniger nationale Voreingenommenheit, sondern sicherzustellende Vertrautheit mit fremden Rechtsordnungen und Gepflogenheiten des dortigen bzw. internationalen Wirtschaftsverkehrs (§ 1061 Rn. 3).[80] Bei Inlandsstreitigkeiten macht dies wenig Sinn, außer es ist nach ausl. Recht zu entscheiden.

18

D. Besonderheiten bei Mehrparteienschiedsgerichten

Das Gesetz geht von der üblichen Zwei-Parteien-Konstellation (zu Mehrpersonenschiedsgerichten Rn. 12) aus. Bei mehr als zwei Parteien wird es schwierig, wenn die Schiedsvereinbarung grds. oder für den konkreten Fall keine Regelung trifft. Müssen sich alle auf einen Schiedsrichter einigen, wird die Problematik auf den Einigungsprozess vorverlagert und es fehlt eine Auffanglösung im Scheiternsfall. Soll sich jedes aus mehreren Parteien bestehende „Lager" auf einen gemeinsamen Schiedsrichter einigen, ist nicht nur die Bestimmung der Lager schwierig.[81] Die Formel „je Partei ein Schiedsrichter" führt schnell zu einer zahlenmäßigen Überlegenheit eines Lagers gegenüber dem anderen und scheidet schon deshalb aus.[82] Die Folgevariante, jeder Partei einen Schiedsrichter zu geben und beim zahlenmäßig unterlegenen Lager bis zum Gleichstand „aufzufüllen" (quasi Überhangmandate), bläht den Spruchkörper schnell unpraktikabel auf. Es sind bessere Lösungen denkbar: Nach einem guten Modell des Bundesgerichtshofs[83] wird eine neutrale Person/Institution bestimmt, idealerweise bereits in der **Schiedsvereinbarung**, ggf. auch später. Das weitere Prozedere kann dann vorsehen, dass über diese Person/Institution alles Weitere an Bestimmung zu laufen hat, das Verfahren dort einzuleiten ist, alle Informationen über sie gehen etc.[84] Es handelt sich also um eine Art Delegation, nicht zwingend ohne eigene Mitwirkungsmöglichkeiten aufzugeben. Ein ähnliches

19

---

73 MK-*Münch*, ZPO, § 1035 Rn. 34.
74 MK-*Münch*, ZPO, § 1035 Rn. 50.
75 MK-*Münch*, ZPO, § 1035 Rn. 53 m.w.N.; aber *Prütting*, SchiedsVZ 2011, 233 (235), III.2.
76 Ausführlich *Lotz*, AnwBl 2002, 202 ff.
77 Vgl. Saenger-*Saenger*, ZPO, § 1035 Rn. 15; Thomas/Putzo-*Reichold*, ZPO, § 1035 Rn. 10; Stein/Jonas-*Schlosser*, ZPO, § 1035 Rn. 10; MK-*Münch*, ZPO, § 1035 Rn. 56.
78 BT-Drucks. 13/5274, S. 40; zur gesetzgeberischen Umsetzung MK-*Münch*, ZPO, § 1035 Rn. 57.
79 Vgl. *Schütze*, FS Kaissis, S. 887 ff.; Thomas/Putzo-*Reichold*, ZPO, § 1035 Rn. 10.
80 Stein/Jonas-*Schlosser*, ZPO, § 1035 Rn. 28.
81 MK-*Münch*, ZPO, § 1035 Rn. 75; vgl. auch Rn. 14.
82 MK-*Münch*, ZPO, § 1035 Rn. 68; *Holtzmann/Neuhaus*, A Guide to the UNCITRAL Model Law on International Commercial Arbitration, S. 352; Böckstiegel/Kröll/Nacimiento-*Nacimiento/Abt*, Arbitration in Germany, § 1035 Rn. 38.
83 BGHZ 180, 221 (228 f., 230 f.) = NJW 2009, 1962 = SchiedsVZ 2009, 233 – Schiedsfähigkeit II, II.A.3.c) und II.B.2.a).
84 MK-*Münch*, ZPO, § 1035 Rn. 73.

Modell haben **Schiedsinstitution** bereits implementiert, nachdem die Institution alle Schiedsrichter bestimmt (etwa § 13.2 Abs. 1 Satz 4 f. DIS-SchO; Art. 12 Abs. 8 ICC-SchO), wenn die Parteien keine Einigung finden konnten.

§ 1036
Ablehnung eines Schiedsrichters

(1) ¹Eine Person, der ein Schiedsrichteramt angetragen wird, hat alle Umstände offen zu legen, die Zweifel an ihrer Unparteilichkeit oder Unabhängigkeit wecken können. ²Ein Schiedsrichter ist auch nach seiner Bestellung bis zum Ende des schiedsrichterlichen Verfahrens verpflichtet, solche Umstände den Parteien unverzüglich offen zu legen, wenn er sie ihnen nicht schon vorher mitgeteilt hat.

(2) ¹Ein Schiedsrichter kann nur abgelehnt werden, wenn Umstände vorliegen, die berechtigte Zweifel an seiner Unparteilichkeit oder Unabhängigkeit aufkommen lassen, oder wenn er die zwischen den Parteien vereinbarten Voraussetzungen nicht erfüllt. ²Eine Partei kann einen Schiedsrichter, den sie bestellt oder an dessen Bestellung sie mitgewirkt hat, nur aus Gründen ablehnen, die ihr erst nach der Bestellung bekannt geworden sind.

Inhalt:

	Rn.		Rn.
A. Normzweck, Systematik, Genese	1	C. Ablehnungsgründe, Abs. 2	4
B. Offenlegungspflicht, Abs. 1	2		

A. Normzweck, Systematik, Genese

1 Die Norm soll das hohe Gut der **Neutralität auch für Schiedsrichter** gewährleisten und dies frühzeitig.[1] Die Schiedsgerichtsbarkeit braucht wegen der Unterschiede zum gem. Art. 101 Abs. 1 Satz 2 GG gesetzlich vorgegebenen Richter eine zugeschnittene Lösung.[2] Konsequent ist § 41 ZPO auf Schiedsrichter nicht anwendbar.[3] Auch ist die Interessenlage eine andere als bei der staatlichen Gerichtsbarkeit. So können Parteien nachvollziehbar einen vorbefassten Anwalt oder einen persönlich Bekannten gerade aus dem Moment der Vorbefasstheit oder Bekanntschaft betrauen wollen.[4] Der Schiedsrichter soll „Befangenheitsgründe" frühzeitig und selbstständig mitteilen. Diese Offenbarungspflicht kennt das staatliche Recht nicht. Die Ablehnungsgründe beinhalten die bei gesetzlichen Richtern, gehen aber darüber hinaus.[5] DIS-SchiedsO (§ 18.1) [6] (Art. 11) und IBA-Leitfaden enthalten Sonderregeln, letztere bieten gute Orientierungshilfe als „Checkliste".[7] Art. 12 ModG Abs. 1 wurde in Abs. 1 fast wortgleich übernommen, Art. 12 ModG Abs. 2 wurde wortgleich in Abs. 2 übernommen.

B. Offenlegungspflicht, Abs. 1

2 **Alle Umstände** die Zweifel an der Unparteilichkeit oder Unabhängigkeit wecken können, muss der Schiedsrichter offenlegen. Die sich aus dem ModG ableitenden Begriffe **Unparteilichkeit** und **Unabhängigkeit** meinen Unterschiedliches, gehen aber in dieselbe Richtung.[8] Unparteilichkeit ist die geistig-innere Haltung.[9] Unabhängigkeit ist obj. zu bemessen und kann nur bejaht werden, wenn keinerlei Beziehungen zu einer Partei oder dem Prozessstoff bestehen. Die Offenlegungspflicht geht weiter als die Ablehnungsgründe, die sich nur auf „berechtigte" Zweifel stützen können. Offenzulegen sind v.a. geschäftliche und gesellschaftliche Beziehungen zu einer Partei oder Mitschiedsrichtern, Beziehungen zum Prozessstoff, also v.a. Vorkenntnisse und Vorbefasstheiten und andere Umstände, wie Verpflichtungen oder Rechte, die Zweifel an der Neutralität begründen können. Persönliche Beziehungen sind nicht *per se* zu nennen,[10] bezüglich sozialer Netzwerke gilt – wie stets – die Gesamtbetrachtung.[11] Die

---

1 Bereits BGHZ 51, 255 = WM 1969, 216; BGH, NJW 1976, 109 (110); *Steiner*, SchiedsVZ 2013, 15.
2 OLG Karlsruhe, IBRRS 2006, 2422, II.2.; ausführlich *Hilgard*, BB 2015, 456.
3 OLG Frankfurt a.M. v. 07.04.2006, 26 SchH 1/06, juris, Rn. 16; aber Indizwirkung Rn. 4.
4 Zöller-*Geimer*, ZPO, § 1036 Rn. 5.
5 *Hilgard*, BB 2015, 456; *Steiner*, SchiedsVZ 2013, 15.
6 *Pörnbacher/Baur*, BB 2011, 2627.
7 *Hilgard*, BB 2015, 456 (457).
8 Ausführlich *Lotz*, AnwBl 2002, 202; *Prütting*, AnwBl 2013, 683; *Conrad*, MDR 2015, 1048.
9 BeckOK-*Wolf/Eslami*, ZPO, § 1036 Rn. 3 f.
10 KG Berlin, SchiedsVZ 2010, 225 (227) mit Anm. *Thierau*, IBR 2010, 663; OLG München NJOZ 2014, 1779 mit Anm. *Günther*, IBR 2013, 579; Musielak/Voit-*Voit*, ZPO, § 1036 Rn. 2; a.A. OLG Frankfurt a.M., NJW 2008, 1325 (1326).
11 *Rojahn/Jerger*, NJW 2014, 1147.

Pflicht betrifft grds. die eigene Person, nicht den Mitschiedsrichter.[12] Die Offenbarungspflicht soll wegen Art. 3 GG und des Vergleichs mit den gesetzlichen Richtern **restriktiv** auszulegen sein.[13] Das ist iErg richtig, aber dogmatisch wegen des hohen Gebots der Neutralität zweifelhaft. Zwar ist die Ausgangslage ungleich, doch auch oder gerade bei freier Wahl sollten die Parteien wissen, wen sie gewählt haben. Sie können über Neutralitätszweifel zudem stets hinwegsehen. Allerdings darf nicht über den Umweg der Ablehnung wegen unterlassener Offenbarung eines an sich nicht für die Ablehnung reichenden Umstands, doch die Ablehnung erfolgen, der Umgang mit Vorwürfen dagegen schon (Ablehnungsgründe, Rn. 4). Analog der **„Besorgnis der Befangenheit"** kommt es auf die – ohnehin schwer festzustellende – objektive Beeinträchtigung der Neutralität nicht an. Es reichen Umstände, die Zweifel auch – nur wecken können, auch wenn diese am Ende unbegründet sind. **Abs. 1 Satz 2** stellt klar, dass die Offenbarungspflicht bis zum Ende des schiedsrichterlichen Verfahrens fortdauert.

Die **Haftung des Schiedsrichters** bei Missachtung der Offenlegungspflicht ist streitig. Manche meinen, sie richte sich nach den Grundsätzen der *culpa in contrahendo* bzw. positiven Forderungsverletzung.[14] Die Haftungsprivilegierung des § 839 Abs. 2 BGB greife nicht.[15] Gewichtige Stimmen wollen dagegen Schadensersatzpflichten nur wie bei staatlichen Richtern annehmen, Art. 34 GG.[16] Letzterem ist zuzustimmen, auch aufgrund der gesetzgeberisch gewollten Nähe zum staatlichen Gerichtsverfahren. Der Schaden beinhaltet die Verfahrenskosten und die der Verfahrensverzögerung.[17] Auch die Schiedsorganisation kann haften.[18] 3

C. Ablehnungsgründe, Abs. 2

Die Ablehnungsgründe sind zweigeteilt. In Abs. 2 **Satz 1 Var. 1** werden die in Abs. 1 genannten Punkte genannt, die nun zu **berechtigten Zweifeln** führen müssen.[19] Die Gründe der §§ 41, 42 ZPO sind nicht direkt, auch nicht analog heranzuziehen, haben aber dennoch starke Indizwirkung bezüglich Zweifeln.[20] Ob Ablehnungsgründe bestehen ist objektiv, nicht subjektiv aus der Sicht des Ablehnenden zu bemessen.[21] Ablehnungsgründe können durch Vereinbarung jederzeit erweitert oder beschränkt werden.[22] Unverzichtbar ist aber das Gebot der Neutralität.[23] Grundsätzlich maßgebend für die Frage der Befangenheit ist das Verhältnis zwischen Schiedsrichter und Partei.[24] Daher ist es weder das Fehlen einer Nebentätigkeitsgenehmigung Ablehnungsgrund,[25] noch freundschaftliche oder andere Näheverhältnisse, gleich ob zwischen den Schiedsrichtern, zum Sachverständigen,[26] zu einer Partei oder deren Vertretern.[27] Es liegt in der Natur der Sache, dass spezialisierte Juristen, sei es auf dem Weg der Schiedsgerichtsbarkeit oder anderer Themen in früheren Schiedsverfahren, Fachgremien, Institutionen etc. Kontakt hatten, der auch vertieft sein kann.[28] Die Äußerung von Rechtsansichten,[29] schlechte Protokollführung, rein schriftliche Verfahrensführung (aber ggf. § 1047 Abs. 1 Satz 2 ZPO) oder „eigenwillige" Beweisführung (Beweisrecht § 1042 Rn. 18) ergeben ohne Weiteres keine 4

---

12 OLG München, SchiedsVZ 2013, 334, II.4.b).
13 OLG Bremen, SchiedsVZ 2007, 53 f.; Zöller-*Geimer*, ZPO, § 1036 Rn. 9.
14 Musielak/Voit-*Voit*, ZPO, § 1036 Rn. 3; zur Haftung von Schiedsorganisationen *Risse/Reiser*, NJW 2015, 2839.
15 Musielak/Voit-*Voit*, ZPO, § 1036 Rn. 3.
16 Zöller-*Geimer*, ZPO, § 1036 Rn. 17.
17 Musielak/Voit-*Voit*, ZPO, § 1036 Rn. 3.
18 Ausführlich *Risse/Reiser*, NJW 2015, 2839.
19 Ausführliche Kasuistik bei MK-*Münch*, ZPO, § 1036 Rn. 8 ff.; Zöller-*Geimer*, ZPO, § 1036 Rn. 10 ff.; Musielak/Voit-*Voit*, ZPO, § 1036 Rn. 8; vgl. auch OLG München, SchiedsVZ 2013, 334.
20 OLG München v. 17.11.2016, 34 SchH 13/16, juris; i. Erg. Zöller-*Geimer*, ZPO, § 1036 Rn. 10.
21 OLG München v. 17.11.2016, 34 SchH 13/16, juris.
22 Zöller-*Geimer*, ZPO, § 1036 Rn. 10.
23 Zöller-*Geimer*, ZPO, § 1036 Rn. 6.
24 KG Berlin, SchiedsVZ 2010, 225 (226), 1.
25 OLG Stuttgart, SchiedsVZ 2003, 84, II.2.c.bb).
26 OLG München, SchiedsVZ 2014, 257, II.2.a.2).
27 OLG München, SchiedsVZ 2014, 257 (260) – Nähe zum Sachverständigen; OLG München, IBR 2013, 579, II.2.b.2 ehem. Sozietätsmitglied; KG Berlin, SchiedsVZ 2010, 225 (226) – gemeinsamer Fachanwaltslehrgang, Medizinstammtisch und Duz-Verhältnis; OLG Frankfurt a.M., SchiedsVZ 2008, 96 – Tätigkeit in unterschiedlichen Organen derselben schiedsgerichtlichen Institution; OLG Frankfurt a.M., SchiedsVZ 199, 200 = NJW 2008, 1325 – Verschweigen des Näheverhältnisses zum Parteianwalt.
28 Zöller-*Geimer*, ZPO, § 1036 Rn. 11; *Michaels*, BerdGVR 45 (2012), 175 (183) – zur Soziologie der internationalen Schiedsrichterszene.
29 OLG München, SchiedsVZ 2015, 309 (insbesondere nicht zwingend im Konjunktiv).

Befangenheitsgründe.³⁰ Eine **Verletzung der Offenbarungspflicht** ergibt aus sich keinen berechtigten Zweifel.³¹ Unzulängliche Stellungnahmen zum Ablehnungsgesuch wie **unsachliche Äußerungen** dazu i.d.R. schon.³²

5 Nach Abs. 2 Satz 1 **Var. 2** kann abgelehnt werden, wenn die zwischen den Parteien (nicht unbedingt mit dem Schiedsrichter) **vereinbarten Voraussetzungen** nicht vorliegen. Solche Voraussetzungen können positiv wie negativ definiert sein, etwa abgeschlossenes Jurastudium oder Meisterbrief gefordert oder umgekehrt ein Verwandtschaftsverhältnis oder Mitgliedschaft in einer Zunft eines Mitglieds hinderlich sein. Zur Ablehnung reichen nicht nur Zweifel, sondern das Nichtvorliegen der Voraussetzungen muss feststehen. Allerdings steht damit der Ablehnungsgrund fest, er muss nicht zusätzlich „berechtigt" sein.

6 **Nicht erfasst**, da weder Wortlaut noch Normzweck entsprechend, sind Punkte inhaltlich-qualitativer Fallbearbeitung.³³ Anders kann dies erst sein, wenn die Fallbearbeitung *selektiv* gegen eine Partei qualitativ bedenklich ist und damit zu berechtigten Zweifeln an der Unparteilichkeit führt.³⁴

7 **Satz 2** schränkt bzgl. der an der Bestellung zumindest mitbeteiligten Partei auf Gründe ein, die sie bei Bestellung nicht kannte. **Kenntnis der Partei** vor der Wahl um die Umstände zerstreut Zweifel,³⁵ da sie ja in Kenntnis gewählt hat und diese Wahl kaum parteiisch gegen sich selbst sein dürfte, womit eine Ablehnung nun widersprüchlich wäre. Problematisch wird dies, wenn zu den Vorab-Kenntnissen neue Kenntnisse hinzutreten, die eine andere Wertung rechtfertigen. Zu nach Schiedsspruch bekannt gewordenen Gründen siehe § 1037 Rn. 8. Gleichzeitig wird eine gewisse Parteilichkeit zugunsten der **alleine benennenden Partei** hingenommen werden können, da dann ein Verfahren, etwa das Stufenverfahren beim Dreierschiedsgericht, gewählt sein dürfte, das die andere Partei ebenso behandelt, womit wieder Ausgleich gegeben wäre.³⁶

§ 1037
Ablehnungsverfahren

(1) Die Parteien können vorbehaltlich des Absatzes 3 ein Verfahren für die Ablehnung eines Schiedsrichters vereinbaren.

(2) ¹Fehlt eine solche Vereinbarung, so hat die Partei, die einen Schiedsrichter ablehnen will, innerhalb von zwei Wochen, nachdem ihr die Zusammensetzung des Schiedsgerichts oder ein Umstand im Sinne des § 1036 Abs. 2 bekannt geworden ist, dem Schiedsgericht schriftlich die Ablehnungsgründe darzulegen. ²Tritt der abgelehnte Schiedsrichter von seinem Amt nicht zurück oder stimmt die andere Partei der Ablehnung nicht zu, so entscheidet das Schiedsgericht über die Ablehnung.

(3) Bleibt die Ablehnung nach dem von den Parteien vereinbarten Verfahren oder nach dem in Absatz 2 vorgesehenen Verfahren erfolglos, so kann die ablehnende Partei innerhalb eines Monats, nachdem sie von der Entscheidung, mit der die Ablehnung verweigert wurde, Kenntnis erlangt hat, bei Gericht eine Entscheidung über die Ablehnung beantragen; die Parteien können eine andere Frist vereinbaren. Während ein solcher Antrag anhängig ist, kann das Schiedsgericht einschließlich des abgelehnten Schiedsrichters das schiedsrichterliche Verfahren fortsetzen und einen Schiedsspruch erlassen.

Inhalt:

	Rn.		Rn.
A. Normzweck, Systematik, Genese	1	D. Staatsgerichtliches, subsidiäres Verfahren	7
B. Vereinbartes Ablehnungsverfahren, Abs. 1	3		
C. Gesetzliches Ablehnungsverfahren, Abs. 2	4		

---

30 OLG München v. 17.11.2016, 34 SchH 13/16, juris; OLG München, IBR 2014, 640.
31 OLG München, IBR 2013, 579, II.2.b); KG Berlin, SchiedsVZ 2010, 225 (227), 4.; OLG Frankfurt a.M., SchiedsVZ 2008, 199 = NJW 2008, 1325; Zöller-*Geimer*, ZPO, § 1036 Rn. 9, nur in Ausnahmefällen.
32 OLG München, SchiedsVZ 2014, 45, II.4.; OLG Bremen SchiedsVZ 2007, 53f.
33 Zöller-*Geimer*, ZPO, § 1036 Rn. 14.
34 OLG München v. 17.11.2016, 34 SchH 3/16, juris; Zöller-*Geimer*, ZPO, § 1036 Rn. 14.
35 Vgl. Zöller-*Geimer*, ZPO, § 1036 Rn. 10.
36 Musielak/Voit-*Voit*, ZPO, § 1036 Rn. 7.

A. Normzweck, Systematik, Genese

Die Norm regelt das **Verfahren der Schiedsrichterablehnung** aufgrund der in § 1036 ZPO genannten Ablehnungsgründe. Abs. 1 ermöglicht in Ausfluss der **Parteiautonomie** den Parteien selbst ein Ablehnungsverfahren zu konstituieren. Dies geht aber nicht so weit, eine staatsgerichtliche Überprüfung maßgeblich regeln zu können oder gar zu versagen (Rn. 3). Fehlt es an einer parteilichen Regelung, stellt Abs. 2 ein Ablehnungsverfahren zur Verfügung. Abs. 3 eröffnet die näher ausgestaltete Möglichkeit eines **subsidiären staatsgerichtlichen Verfahrens**, wenn das schiedsgerichtliche Ablehnungsverfahren nach Abs. 1 oder 2 gescheitert ist. Die Norm **verhindert unnötige Verzögerung** des Verfahrens, indem sie (abänderbare) Fristen (Abs. 2 Satz 1, Abs. 3 Satz 1) zur Verfahrenseinleitung vorsieht[1] und zudem Parallelität von schiedsgerichtlichem und staatsgerichtlichem Verfahren zulässt (Abs. 3 Satz 2).[2] Das **Rechtsschutzbedürnis** entfällt nicht grds., wenn inzwischen **Hauptsacheschiedsspruch** erging, weil das Verfahren gem. § 1056 Abs. 3 ZPO teilweise fortdauert und gem. § 1059 Abs. 4 ZPO nochmals aufgenommen werden kann.[3]

Die Regelung leitet sich nahezu wörtlich von Art. 13 **ModG** ab. Abweichend davon können die Parteien gem. Abs. 3 Satz 1 die Frist zur Anrufung des Gerichts vereinbaren. Zudem regelt Art. 13 Abs. 3 Satz 1 ModG direkt die Unanfechtbarkeit der Gerichtsentscheidung, während diese sich bzgl. § 1037 ZPO erst aus der Verbindung mit §§ 1065 Abs. 1 Satz 2, 1062 Abs. 1 Nr. 1 Var. 2 ZPO ergibt.

B. Vereinbartes Ablehnungsverfahren, Abs. 1

Ein Ablehnungsverfahren für Schiedsrichter kann **formlos**, § 1031 ZPO gilt nicht,[4] und **ohne inhaltliche Vorgaben** vereinbart und ausgestaltet werden. Insb. Weg, Zuständigkeit, Form und Frist sind frei wählbar,[5] wie auch, dass ein Dritter[6] entscheiden soll. Regelbar ist auch, dass unmittelbar das Staatsgericht gem. Abs. 3 angerufen wird unter Verzicht auf ein eigenes Verfahren nach Abs. 1 oder 2 (str.).[7] Nicht möglich ist, Abs. 3, also den Weg zum staatlichen Gericht, abzubedingen oder auch nur wesentlich zu verändern, von der Fristdauer abgesehen.[8] Der Telos gebietet, die Fristdauer nicht soweit zu verkürzen, dass der Weg zum Gericht faktisch verunmöglicht wird.[9]

C. Gesetzliches Ablehnungsverfahren, Abs. 2

Ist kein Ablehnungsverfahren vereinbart, greift die gesetzliche Auffangregelung in Abs. 2. Die **Zweiwochenfrist** beginnt ab dem Zeitpunkt, an dem der antragstellenden Partei die Zusammensetzung des Schiedsgerichts, d.h. aller Schiedsrichter oder ein Umstand gem. § 1036 Abs. 2 ZPO bekannt wurde.[10] Ansonsten droht Präklusion.[11] Die Frist gilt selbst vor Zustellung der Schiedsklage.[12] Innerhalb der Frist ist der Antrag **schriftlich** zu **begründen**, elektronische Form genügt, §§ 126 Abs. 3, 126a BGB.[13] Die Gründe müssen neben vorgebrachten Tatsachen deutlich ergeben, dass diese zur Ablehnung führen.[14] Die Partei kann ihre Gründe noch vorbringen, wenn sie sich zunächst auf das Schiedsverfahren eingelassen hat.[15]

Unstreitig erfolgreich erledigt für die ablehnende Partei ist das Verfahren, wenn der Schiedsrichter zurücktritt oder die andere Partei der Ablehnung zustimmt, Satz 2 Hs. 1 Var. 1 und 2.

---

1 BT-Drucks. 13/5274, S. 41.
2 BT-Drucks. 13/5274, S. 42.
3 OLG München, SchiedsVZ 2014, 45, II.3.
4 Zöller-*Geimer*, ZPO, § 1037 Rn. 1; BeckOK-*Wolf/Eslami*, ZPO, § 1037 Rn. 3; MK-*Münch*, ZPO, § 1037 Rn. 5; Stein/Jonas-*Schlosser*, ZPO, § 1037 Rn. 1; Musielak/Voit-*Voit*, ZPO, § 1037 Rn. 2.
5 MK-*Münch*, ZPO, § 1037 Rn. 6; BeckOK-*Wolf/Eslami*, ZPO, § 1037 Rn. 3.
6 MK-*Münch*, ZPO, § 1037 Rn. 6; BeckOK-*Wolf/Eslami*, ZPO, § 1037 Rn. 3; Musielak/Voit-*Voit*, ZPO, § 1037 Rn. 2.
7 OLG Hamburg, SchiedsVZ 2006, 55 (56); BeckOK-*Wolf/Eslami*, ZPO, § 1037 Rn. 2; Musielak/Voit-*Voit*, ZPO, § 1037 Rn. 2; a.A. MK-*Münch*, ZPO, § 1037 Rn. 5, *arg. e* Abs. 1, Abs. 3 Satz 1 Hs.1 und 2 *arg. e contrario*, die Parteien hätten insoweit keine Verfügungsmacht.
8 BeckOK-*Wolf/Eslami*, ZPO, § 1037 Rn. 3; MK-*Münch*, ZPO, § 1037 Rn. 5; Zöller-*Geimer*, ZPO, § 1037 Rn. 1.
9 Im Ergebnis Musielak/Voit-*Voit*, ZPO, § 1037 Rn. 2.
10 OLG Frankfurt a.M., SchiedsVZ 2006, 329, II.; bei mehreren Vorfällen ist auf den ersten abzustellen, offenlassend OLG München, SchiedsVZ 2015, 309.
11 OLG München, SchiedsVZ 2015, 309; OLG München, SchiedsVZ 2014, 257.
12 Vgl. OLG Frankfurt a.M., SchiedsVZ 2006, 329, II.
13 BeckOK-*Wolf/Eslami*, ZPO, § 1037 Rn. 4; MK-*Münch*, ZPO, § 1037 Rn. 9.
14 VG Berlin, SchiedsVZ 2010, 107 (110), II.1.
15 BeckOK-*Wolf/Eslami*, ZPO, § 1037 Rn. 4.

Dann ist ohne weitere Entscheidung des Schiedsgerichts ein neuer Schiedsrichter nach § 1039 ZPO zu bestellen.[16]

6 Ansonsten erfolgt eine **streitige Schiedsgerichtsentscheidung** gem. Satz 2 Hs. 2. Das Gericht prüft Zulässigkeit und Begründetheit und erhebt ggf. Beweis.[17] Es wertet im Hinblick darauf, ob etwaige Zweifel „berechtigt" sind gem. § 1036 Abs. 1 Satz 1 ZPO und prüft die Präklusionsfrage, § 1036 Abs. 1 Satz 1 ZPO.[18] Es entscheidet in **Vollbesetzung**, also einschließlich des abgelehnten Schiedsrichters.[19] Dies hat erhebliche Kritik hervorgerufen, wurde aber in Anlehnung an ModG vom Gesetzgeber ausdrücklich geregelt.[20] Die Parteien können jedoch kraft Vereinbarung den Abgelehnten von der Entscheidung ausschließen, was dem Vertrauen zuträglich sein kann.[21] Bei Stimmengleichheit ist gem. § 1052 Abs. 1 ZPO der Antrag abgelehnt.[22] Beim Einzelschiedsrichter ist der Antrag bereits durch erklärten Nichtrücktritt abgelehnt.[23] Die Ablehnungsentscheidung wirkt *ex nunc*.[24] Vorherige Handlungen des Schiedsgerichts oder konkreten abgelehnten Schiedsrichters verlieren ihre Wirkung also nicht.[25]

D. Staatsgerichtliches, subsidiäres Verfahren

7 Bevor ein Ablehnungsverfahren nach Abs. 1 oder hilfsweise Abs. 2 durchgeführt wurde, ist ein Antrag beim staatlichen Gericht unzulässig[26] (abdingbar, siehe Rn. 3). Dies gilt selbst bei einem Einzelrichter-Schiedsgericht.[27] **Zuständig** ist das nach § 1062 Abs. 1 Nr. 1 ZPO zuständige Oberlandesgericht. Die ausdrücklich disponible **Monats-Frist** gilt selbst vor Zustellung der Schiedsklage.[28] Sie ist auch bei Anrufung eines unzuständigen Oberlandesgericht gewahrt (keine Notfrist).[29] Abs. 3 ist nicht abdingbar (siehe Rn. 3).

8 Der **Gerichtsentscheid** erfolgt als **unanfechtbarer**[30] Beschluss, § 1065 Abs. 1 Satz 2 ZPO, der in materielle Rechtskraft erwächst.[31] Entscheidet das Gericht nach dem Schiedsspruch, dass die Ablehnung begründet war, bleibt der Schiedsspruch wirksam, ist aber gem. § 1059 Abs. 2 Nr. 1 Buchst. d ZPO aufhebbar.[32] Für § 1027 ZPO ist weder Bedarf noch Raum.[33] **Präklusion** verwehrt im Aufhebungs- oder Vollstreckbarerklärungsverfahren Ablehnungsgründe, wenn die Partei erfolglos nach Abs. 3 vorging oder die Frist versäumte,[34] wegen der materiellen Rechtskraft gem. § 1065 Abs. 1 Satz 2 ZPO. Im Ergebnis gilt dasselbe, wenn nicht gem. Abs. 3 vorgegangen wurde.[35] Die Partei kann sich ihre Ablehnungsgründe nicht für ein späteres Verfahrensstadium aufheben. Auch wenn der Wortlaut insoweit nicht eindeutig ist ("kann"), gebietet dies der Telos (schnelle Klärung).[36] Ergeht innerhalb der Monatsfrist ein Schiedsspruch, ist Ablehnung nur noch im Aufhebungsverfahren möglich.[37] Erst nach Erlass des Schiedsspruchs bekannt gewordene Ablehnungsgründe müssen zu Gunsten der Rechtssicherheit besonders schwerwiegend sein,[38] etwa bei Tätigkeit in eigener Sache.[39] Dasselbe gilt, wenn auch

---

16 MK-*Münch*, ZPO, § 1037 Rn. 13–15.
17 MK-*Münch*, ZPO, § 1037 Rn. 16; Beweisrecht § 1042 Rn. 18.
18 OLG München, SchiedsVZ 2015, 309; MK-*Münch*, ZPO, § 1037 Rn. 16.
19 OLG München, MDR 2006, 944 (946); MK-*Münch*, ZPO, § 1037 Rn. 16; Zöller-*Geimer*, ZPO, § 1037 Rn. 2.
20 Sehr kritisch MK-*Münch*, ZPO, § 1037 Rn. 4, 16, ebenso BeckOK-*Wolf/Eslami*, ZPO, § 1037 Rn. 6.
21 MK-*Münch*, ZPO, § 1037 Rn. 17.
22 Zöller-*Geimer*, ZPO, § 1037 Rn. 2.
23 OLG München, SchiedsVZ 2008, 102 (103), II.2.c.; Zöller-*Geimer*, ZPO, § 1037 Rn. 2.
24 *Schwab/Walter*, Schiedsgerichtsbarkeit, Kap. 14 Rn. 3; BeckOK-*Wolf/Eslami*, ZPO, § 1037 Rn. 6.
25 MK-*Münch*, ZPO, § 1037 Rn. 26; Zöller-*Geimer*, ZPO, § 1037 Rn. 3.
26 OLG München v. 28.06.2006, 34 SchH 2/06, juris, II.2.c.; BeckOK-*Wolf/Eslami*, ZPO, § 1037 Rn. 3; a.A. OLG Dresden, BB 2001, 18 (Antrag unbegründet).
27 BeckOK-*Wolf/Eslami*, ZPO, § 1037 Rn. 4; kritisch MK-*Münch*, ZPO, § 1037 Rn. 4.
28 Vgl. OLG Frankfurt a.M., SchiedsVZ 2006, 329, II.
29 OLG München v. 26.01.2016, 34 SchH 13/15, juris, II.2.a.1); OLG München, SchiedsVZ 2008, 102 (103), II.3.
30 BGH v. 27.04.2017, I ZB 20/16. OLG München v. 09.01.2017, 34 SchH 13/16, beck.
31 Zöller-*Geimer*, ZPO, § 1037 Rn. 5.
32 Zöller-*Geimer*, ZPO, § 1037 Rn. 5.
33 Zöller-*Geimer*, ZPO, § 1037 Rn. 6.
34 OLG München v. 28.10.2016, 34 SchH 14/15, juris; OLG München v. 26.01.2016, 34 SchH 13/15, juris, II.2.a.1).
35 Vgl. OLG München, SchiedsVZ 2015, 309, II.2.a.1).
36 BT-Drucks. 13/5274, S. 42; BGH, MDR 2001, 645; Zöller-*Geimer*, ZPO, § 1037 Rn. 6.
37 OLG Stuttgart, SchiedsVZ 2003, 84 (87), II.2.c.; zustimmend Zöller-*Geimer*, ZPO, § 1037 Rn. 6f.
38 BGH, MDR 1999, 755; Zöller-*Geimer*, ZPO, § 1037 Rn. 7 m.w.N.
39 Zöller-*Geimer*, ZPO, § 1037 Rn. 8.

etwas eingeschränkter für den Fall, dass das Schiedsgericht über den Ablehnungsantrag nicht entschied.[40]
Der **Beschleunigung** dient Satz 2, demgemäß ein gerichtliches Verfahren gem. Abs. 3 nicht das schiedsgerichtliche Verfahren hindert. Selbst ein Schiedsspruch kann erlassen werden.[41] 9
Der **Streitwert** im Schiedsrichterablehnungsverfahren vor dem staatlichen Gericht entspricht 10
i.d.R. 1/3 des Hauptsachewerts.[42] Die Schiedsrichter erhalten für ihre Entscheidung gem. Abs. 1 oder 2 kein gesondertes Honorar.[43] Das staatliche Verfahren dagegen löst Kosten aus, Gerichtsgebühren nach Nr. 1624 KV-GKG und Anwaltsgebühren nach Nr. 3327, 3332 VV-RVG.

§ 1038
Untätigkeit oder Unmöglichkeit der Aufgabenerfüllung

(1) ¹Ist ein Schiedsrichter rechtlich oder tatsächlich außerstande, seine Aufgaben zu erfüllen, oder kommt er aus anderen Gründen seinen Aufgaben in angemessener Frist nicht nach, so endet sein Amt, wenn er zurücktritt oder wenn die Parteien die Beendigung seines Amtes vereinbaren. ²Tritt der Schiedsrichter von seinem Amt nicht zurück oder können sich die Parteien über dessen Beendigung nicht einigen, kann jede Partei bei Gericht eine Entscheidung über die Beendigung des Amtes beantragen.

(2) Tritt ein Schiedsrichter in den Fällen des Absatzes 1 oder des § 1037 Abs. 2 zurück oder stimmt eine Partei der Beendigung des Schiedsrichteramtes zu, so bedeutet dies nicht die Anerkennung der in Absatz 1 oder § 1036 Abs. 2 genannten Rücktrittsgründe.

Inhalt:

	Rn.		Rn.
A. Normzweck, Systematik, Genese ...	1	C. Rechtsfolge, Abs. 1 Satz 2	6
B. Tatbestand, Abs. 1	3	D. Ehrenregelung, Abs. 2	8

A. Normzweck, Systematik, Genese

Die Norm regelt drei **Beendigungsgründe** neben den in § 1037 ZPO genannten. Während letz- 1
terer v. a. auf Neutralität zielt, adressiert § 1038 ZPO die faktische-effektive Verfahrensdurchführung und ermöglicht die Beendigung des Schiedsrichteramtes durch dessen Rücktritt und Parteivereinbarung (Abs. 1 Satz 1). Scheitert solch unstreitige Lösung, eröffnet Abs. 1 Satz 2 zudem den Weg zum Staatsgericht. Abs. 2 konstatiert zu Gunsten des Schiedsrichters und damit seiner Entscheidungsbeschleunigung, dass eine Beendigung kein Zugeständnis der in Abs. 1 oder § 1036 Abs. 2 ZPO genannten Gründe ist (sog. Ehrenregelung).[1] Die Norm stellt ein milderes Mittel zur Unwirksamkeit der Schiedsabrede dar.[2]

Die Regelung hat keinen Vorläufer im alten Recht, sie beruht fast wörtlich auf Art. 14 **ModG**. 2

B. Erläuterungen, Abs. 1

Abs. 1 erfasst die vorliegende Untätigkeit und Unmöglichkeit der Tätigkeit, **gleich ob aus** 3
rechtlichen, tatsächlichen oder anderen Gründen, selbst grundlose. Die Gründe sind nachrangig und für die Beendigung nicht notwendig,[3] Schuld[4] sowie der Modus der Schiedsrichterbestellung sind unbeachtlich.[5] Rücktritt[6] oder Beendigung durch Parteivereinbarung sind grund-

---

40 Vgl. OLG Stuttgart, SchiedsVZ 2003, 84 (85), Rn. 53; zustimmend Zöller-*Geimer*, ZPO, § 1037 Rn. 7.
41 Zöller-*Geimer*, ZPO, § 1037 Rn. 5.
42 OLG München, SchiedsVZ 2007, 280; dagegen OLG München v. 28.06.2006, 34 SchH 2/06, juris, III. – voller Wert.
43 Zöller-*Geimer*, ZPO, § 1037 Rn. 5.

Zu § 1038:
1 BeckOK-*Wolf/Eslami*, ZPO, § 1038 Rn. 3; MK-*Münch*, ZPO, § 1038 Rn. 27.
2 Vgl. Zöller-*Geimer*, ZPO, § 1038 Rn. 6.
3 Zöller-*Geimer*, ZPO, § 1038 Rn. 4; BeckOK-*Wolf/Eslami*, ZPO, § 1038 Rn. 3.
4 MK-*Münch*, ZPO, § 1038 Rn. 17; anders aber ggf. wegen etwaiger Folgehaftung, Stein/Jonas-*Schlosser*, ZPO, § 1038 Rn. 1.
5 Zöller-*Geimer*, ZPO, § 1038 Rn. 1.
6 KG Berlin v. 15.03.2010, 20 SchH 4/09, juris, II.; Zöller-*Geimer*, ZPO, § 1038 Rn. 4; BeckOK-*Wolf/Eslami*, ZPO, § 1038 Rn. 3.

wie formlos[7] möglich. Abweichende Vereinbarungen sind möglich.[8] Die Gründe werden erst relevant, wenn keine unstreitige Regelung nach Abs. 1 Satz 1 durch Rücktritt oder Parteivereinbarung gefunden wird, sondern das Staatsgericht entscheiden muss. Schiedsgutachter sind nicht erfasst, bei diesen gilt § 319 Abs. 1 Satz 2 Hs. 2 BGB.[9]

4 **Rechtlich außer Stande** (ModG: *„de jure"*) ist der Schiedsrichter, wenn er geschäftsunfähig (geworden) ist[10] oder wenn er Partei oder deren Vertretungsorgan[11] geworden ist. **Tatsächlich außer Stande** (ModG: *„de facto"*) ist ein Schiedsrichter etwa wegen Todes, schwerer Krankheit oder langer örtlicher Abwesenheit.[12] Die Variante des **aus anderen Gründen seinen Aufgaben nicht Nachkommens** soll nicht i.S. eines Auffangtatbestandes die „anderen Gründe" erfassen, sondern statt dauerhafter die mglw. nur temporäre Untätigkeit. Sie ist z.B. gegeben, wenn der Schiedsrichter die Unterschrift unter den Schiedsspruch trotz angemessener Frist verzögert oder verweigert.[13] Weder fällt aber die fehlende Einigung auf einen gem. der Schiedsvereinbarung zu bestimmenden Obmann darunter (sondern unter § 1035 Abs. 3 und Abs. 4 ZPO), noch die Ablehnung der Sachentscheidung wegen angenommener eigener Unzuständigkeit (sondern unter § 1040 Abs. 3 ZPO).[14] **Zweifelsfälle** sind z.B. die fehlende Eignung oder Qualifikation des Schiedsrichters entgegen einer Parteivereinbarung,[15] sie bemessen sich besser nach dem spezielleren § 1036 Abs. 2 Satz 1 a.E. ZPO. Kam es den Parteien auf die Zugehörigkeit des Schiedsrichters zu einer Organisation an oder sollte er ein bestimmtes Amt innehaben und fällt diese Eigenschaft weg, so kommen rechtliche[16] bzw. tatsächliche[17] Unmöglichkeit oder – am ehesten – § 1036 Abs. 2 Satz 1 ZPO in Betracht. Der Unterschied zeigt sich v.a. wenn die Parteien für diese Fälle Verfahren geregelt haben bzw. in der Frist des § 1037 Abs. 2 und 3 ZPO.

5 Ob die **Frist angemessen** ist, bemisst sich nach dem Einzelfall, insbesondere den Parteivereinbarungen, der Komplexität des Gegenstandes[18] und der geforderten Tätigkeit.

C. Rechtsfolge, Abs. 1 Satz 2

6 **Antragsbefugt** ist jede Partei,[19] nicht aber der Schiedsrichter,[20] eine Frist besteht nicht,[21] allerdings die Möglichkeit der Verwirkung.[22] Der Antrag ist schon nach Telos, Genese (ModG: *„otherwise"*) und Wortlaut nur zulässig, wenn zuvor der Schiedsrichter erfolglos zum Rücktritt und (Wortlaut allerdings: „oder")[23] die andere Partei zur Zustimmung zur Beendigung aufgefordert wurden (str.).[24] Die **Zuständigkeit des Oberlandesgerichts** ergibt sich nach §§ 1062 Abs. 1 Nr. 1, 1063 Abs. 1 und Abs. 4 ZPO; international gem. §§ 1025 Abs. 3, 1062 Abs. 3 ZPO, das durch **unanfechtbaren Beschluss rechtsgestaltend**[25] entscheidet, § 1065 Abs. 1 Satz 2 ZPO. Es beendet das Amt des Schiedsrichters, sodann ist gem. § 1039 ZPO Ersatz zu bestellen.[26] Während des Verfahrens kann das Schiedsverfahren unbeschränkt fortgeführt werden, § 1037

---

7 BeckOK-*Wolf/Eslami*, ZPO, § 1038 Rn. 3.
8 BeckOK-*Wolf/Eslami*, ZPO, § 1038 Rn. 3; Zöller-*Geimer*, ZPO, § 1038 Rn. 4; Saenger-*Saenger*, ZPO, § 1038 Rn. 1; Stein/Jonas-*Schlosser*, ZPO, § 1038 Rn. 5.
9 OLG Hamburg, IBRRS 2015, 2916, II.2.
10 BT-Drucks. 13/5274, S. 42; Zöller-*Geimer*, ZPO, § 1038 Rn. 2; BeckOK-*Wolf/Eslami*, ZPO, § 1038 Rn. 4.
11 BeckOK-*Wolf/Eslami*, ZPO, § 1038 Rn. 4.
12 Zöller-*Geimer*, ZPO, § 1038 Rn. 2.
13 Bereits RGZ 37, 412; BGH, NJW 1954, 1605 (Weigerung ist konkludente Amtsniederlegung); vgl. MK-*Münch*, ZPO, vor § 1034 Rn. 22.
14 Zöller-*Geimer*, ZPO, § 1038 Rn. 2.
15 Für rechtliche Unmöglichkeit: BeckOK-*Wolf/Eslami*, ZPO, § 1038 Rn. 4; Saenger-*Saenger*, ZPO, § 1038 Rn. 2.
16 Musielak/Voit-*Voit*, ZPO, § 1038 Rn. 5.
17 BGHZ 125, 7 = NJW 1994, 1008; MK-*Münch*, ZPO, § 1038 Rn. 16; BeckOK-*Wolf/Eslami*, ZPO, § 1038 Rn. 5.
18 Zöller-*Geimer*, ZPO, § 1038 Rn. 3.
19 MK-*Münch*, ZPO, § 1038 Rn. 25; Musielak/Voit-*Voit*, ZPO, § 1038 Rn. 7.
20 MK-*Münch*, ZPO, § 1038 Rn. 25.
21 MK-*Münch*, ZPO, Rn. 26; Musielak/Voit-*Voit*, ZPO, § 1038 Rn. 7.
22 Musielak/Voit-*Voit*, ZPO, § 1038 Rn. 7; MK-*Münch*, ZPO, § 1038 Rn. 26.
23 Das „oder" ist als „und" zu lesen, MK-*Münch*, ZPO, § 1038 Rn. 25.
24 Musielak/Voit-*Voit*, ZPO, § 1038 Rn. 7 und MK-*Münch*, ZPO, § 1038 Rn. 25 wollen dies über das Rechtsschutzbedürfnis lösen; a.A. KG Berlin, MDR 2013, 933, II.1.; vgl. auch BT-Drucks. 13/5274, S. 42.
25 MK-*Münch*, ZPO, § 1038 Rn. 24.
26 BeckOK-*Wolf/Eslami*, ZPO, § 1038 Rn. 9; MK-*Münch*, ZPO, § 1038 Rn. 24; Zöller-*Geimer*, ZPO, § 1038 Rn. 6.

Abs. 3 Satz 2 ZPO analog.[27] Die Rechtskraft erstreckt sich auch hier nicht auf die als Vorfrage zu klärende Wirksamkeit der Schiedsvereinbarung.[28] Nicht statthaft im Verfahren nach § 1038 ZPO ist ein Antrag auf Feststellung der (Un-) Zulässigkeit des Schiedsverfahrens, da dieses zunächst vom Schiedsgericht zu klären ist, §§ 1032 Abs. 2, 1040 Abs. 3 ZPO.[29]

Gebühren und Kosten richten sich nach § 2 ZPO, § 48 Abs. 1 GKG, § 2 Abs. 1 RVG, der Streitwert bemisst sich regelmäßig nach 1/3 der Hauptsache.[30]   7

D. Ehrenregelung, Abs. 2

Der Schiedsrichter soll nicht mit Blick auf etwaige Haftungs- oder rufschädigenden Eingeständnisse in seiner Rücktrittsentscheidung zögern.[31] Da sich die Norm nicht auf die gerichtliche Beendigung erstreckt, kann jene erzwungene Beendigung im Umkehrschluss zu negativen Rückschlüssen führen.[32] Die Regelung folgt aus Art. 14 Abs. 2 ModG, ist hier allerdings systematisch unglücklich verortet, denn sie gilt hier nur für Abs. 1 Satz 1 und Abs. 2 Satz 1, allerdings auch für § 1038 Abs. 1 ZPO und § 1037 Abs. 2 ZPO.   8

§ 1039
Bestellung eines Ersatzschiedsrichters

(1) ¹Endet das Amt eines Schiedsrichters nach den §§ 1037, 1038 oder wegen seines Rücktritts vom Amt aus einem anderen Grund oder wegen der Aufhebung seines Amtes durch Vereinbarung der Parteien, so ist ein Ersatzschiedsrichter zu bestellen. ²Die Bestellung erfolgt nach den Regeln, die auf die Bestellung des zu ersetzenden Schiedsrichters anzuwenden waren.

(2) Die Parteien können eine abweichende Vereinbarung treffen.

Die Norm will trotz unvorhergesehener Beendigung eines Schiedsrichteramts die Schiedsvereinbarung aufrechterhalten und den **Prozess fortsetzen,**[1] der Kontinuität wegen.[2] Auch der namentlich bereits in der Schiedsvereinbarung gesetzte Schiedsrichter wird nunmehr gem. § 1039 ZPO ersetzt,[3] wenn nicht die Parteivereinbarung etwas anderes ergibt.   1

Abs. 1 gründet auf Art. 15 **ModG**, strukturiert diesen in zwei Sätze und kürzt. Die Änderungen sind rein redaktionell und ändern den Gehalt nicht.[4] Abs. 2 findet kein ausdrückliches Pendant im ModG, wird dort aber inzident vorausgesetzt.[5]   2

Haben die Parteien keine stets vorrangige Regelung für den Fall vorzeitiger Beendigung des Schiedsrichteramtes getroffen (Abs. 2), wird der Ersatzschiedsrichter **im Modus des zu ersetzenden Schiedsrichters** bestimmt (Abs. 1). Besondere Vereinbarungen nach §§ 1034 Abs. 1, 1035 Abs. 1 ZPO gelten also fort. In Ermangelung solcher greift der gesetzliche Bestellungsmodus, §§ 1034 Abs. 1 Satz 2, 1035 Abs. 3 ZPO. Die Einschränkungen gelten entsprechend, so darf es z.B. auch jetzt gem. § 1034 Abs. 2 Satz 1 ZPO nicht zu einem Übergewicht einer Partei kommen.[6] **Anpassungen im Modus** können jedoch nötig sein, wenn der weggefallene Schiedsrichter von einem Dritten gewählt wurde und nun auch der Dritte wegfällt (Tod des Dritten, Auflösung der Institution). Der gewählte Weg ist dann unmöglich, die Unwirksamkeit der Schiedsabrede zu harsch und unnötig, das gesetzliche Bestellungsverfahren offensichtlich nicht von den Parteien gewollt. Die nächste Lösung bringt die Besinnung, was denn wäre, wenn der Dritte von Anfang an gehindert gewesen wäre, dann gälte § 1035 Abs. 4 Var. 3 ZPO. Entsprechend muss es hier sein.[7]   3

---

27 Musielak/Voit-*Voit*, ZPO, § 1038 Rn. 7.
28 § 1035 Rn. 15; Musielak/Voit-*Voit*, ZPO, § 1038 Rn. 7.
29 Musielak/Voit-*Voit*, ZPO, § 1038 Rn. 7.
30 MK-*Münch*, ZPO, § 1038 Rn. 26.
31 MK-*Münch*, ZPO, § 1038 Rn. 27 f.; vgl. BT-Drucks. 13/5274, S. 43; zur Haftung von Schiedsorganistionen, etwa bei Benennung eines ungeeigneten Schiedsrichters *Risse/Reiser*, NJW 2015, 2839.
32 MK-*Münch*, ZPO, § 1038 Rn. 28.

Zu § 1039:
1 BT-Drucks. 13/5274, S. 41; MK-*Münch*, ZPO, § 1039 Rn. 1 f.; BeckOK-*Wolf/Eslami*, ZPO, § 1039 Rn. 1, 3.
2 MK-*Münch*, ZPO, § 1039 Rn. 1; BeckOK-*Wolf/Eslami*, ZPO, § 1039 Rn. 5.
3 *Hilgard*, BB 2015, 456 (462); MK-*Münch*, ZPO, § 1039 Rn. 2 zur Historie.
4 MK-*Münch*, ZPO, § 1039 Rn. 1; BeckOK-*Wolf/Eslami*, ZPO, § 1039 Rn. 2.
5 MK-*Münch*, ZPO, § 1039 Rn. 17; BeckOK-*Wolf/Eslami*, ZPO, § 1039 Rn. 1.
6 Musielak/Voit-*Voit*, ZPO, § 1039 Rn. 3.
7 Im Ergebnis MK-*Münch*, ZPO, § 1039 Rn. 13.

4 Durch Auslegung der Parteivereinbarung (freilich auch direkt aus dieser, s.u. zu Abs. 2) kann die **namentliche Nennung** des Schiedsrichters wieder maßgeblich werden.[8] Dies kann zur Unwirksamkeit der Schiedsabrede führen, wenn der gewählte Schiedsrichter unabdingbare Voraussetzung für ein Schiedsverfahren an sich ist.[9] Meist spricht aber viel für den Versuch einer Einigung auf einen Ersatzschiedsrichter, gleich ob beim Einzel-oder Mehrpersonenschiedsgericht, freilich in gebotener Eile.[10]

5 Ungeachtet, ob ein Einzelschiedsrichter oder ein Schiedsrichter eines Schiedsrichtergremiums ausgetauscht wurde, gilt: Die Ersatzbestellung ermöglicht das **Weiterführen des Schiedsverfahrens**, das bisherige Verfahren bleibt beachtlich, wie sich aus dem Zweck der **Verfahrenskontinuität** ergibt.[11] Eine Wiederholung des Verfahrens ist nicht zwingend.[12] Die Gewährung rechtlichen Gehörs jedoch schon,[13] wofür es aber ausreicht, wenn dem neuen Schiedsrichter die bisherigen Ergebnisse mitgeteilt werden.[14] Das Gericht kann weiter prozessieren, Beweiserhebung und Wesentliches der mündlichen Verhandlung sollen aber nach Augenmaß wiederholt werden.[15]

6 Gem. Abs. 2 können die Parteien das Wie als auch das Ob der Bestellung eines Ersatzschiedsrichters frei und formlos (kein § 1031 ZPO)[16] bestimmen. Sie können den Modus der Ersatzbestellung regeln als auch das Mehrpersonenschiedsgericht inhaltlich umgestalten, den Schiedsrichter ersatzlos streichen, das Ersatzverfahren völlig anders als das der Erstbesetzung regeln und schließlich auch die Schiedsabrede zur Auflösung bringen.[17] Auch geregelt werden kann, inwieweit das bisherige Verfahren inhaltlich zu wiederholen ist. **Praktikertipp**: Eingriffe, die die systematische Zusammensetzung des Gerichts ändern, sind mangels konkreter Vorhersehbarkeit gefährlich, es droht Disbalance.[18] Ratsam kann es zur inhaltlichen Kontinuität und Beschleunigung sein, von vornherein einen Ersatzschiedsrichter zu bestimmen und informatorisch einzubinden.

7 Die **Gebühren** des Gerichts richten sich Nr. 1623 KV-GKG (0,5-Gebühr), die der Anwälte nach Nr. 3327 VV-RVG (0,75-Gebühr), Nr. 3332 VV-RVG (0,5-Gebühr), wenn das Schiedsverfahren dieses Verfahren nicht schon umfasst, zur Angelegenheit siehe § 16 Nr. 8 RVG.

ABSCHNITT 4
Zuständigkeit des Schiedsgerichts

§ 1040
Befugnis des Schiedsgerichts zur Entscheidung über die eigene Zuständigkeit

(1) ¹Das Schiedsgericht kann über die eigene Zuständigkeit und im Zusammenhang hiermit über das Bestehen oder die Gültigkeit der Schiedsvereinbarung entscheiden. ²Hierbei ist eine Schiedsklausel als eine von den übrigen Vertragsbestimmungen unabhängige Vereinbarung zu behandeln.

(2) ¹Die Rüge der Unzuständigkeit des Schiedsgerichts ist spätestens mit der Klagebeantwortung vorzubringen. ²Von der Erhebung einer solchen Rüge ist eine Partei nicht dadurch ausgeschlossen, dass sie einen Schiedsrichter bestellt oder an der Bestellung eines Schiedsrichters mitgewirkt hat. ³Die Rüge, das Schiedsgericht überschreite seine Befugnisse, ist zu erheben, sobald die Angelegenheit, von der dies behauptet wird, im schiedsrichterlichen Verfahren zur Erörterung kommt. ⁴Das Schiedsgericht kann in beiden Fällen eine spätere Rüge zulassen, wenn die Partei die Verspätung genügend entschuldigt.

---

8 Zöller-*Geimer*, ZPO, § 1039 Rn. 1; MK-*Münch*, ZPO, § 1039 Rn. 14; BeckOK-*Wolf/Eslami*, ZPO, § 1039 Rn. 3.
9 MK-*Münch*, ZPO, § 1039 Rn. 14.
10 Vgl. OLG Stuttgart v. 15.11.2007, 1 SchH 4/07, juris, B.III.
11 MK-*Münch*, ZPO, § 1039 Rn. 1; BeckOK-*Wolf/Eslami*, ZPO, § 1039 Rn. 5.
12 BeckOK-*Wolf/Eslami*, ZPO, § 1039 Rn. 5; MK-*Münch*, ZPO, § 1039 Rn. 15.
13 MK-*Münch*, ZPO, § 1039 Rn. 15.
14 BeckOK-*Wolf/Eslami*, ZPO, § 1039 Rn. 5.
15 MK-*Münch*, ZPO, § 1039 Rn. 16 und (abgeschwächter) BeckOK-*Wolf/Eslami*, ZPO, § 1039 Rn. 5, beide mit Blick auf § 1059 Abs. 2 Nr. 1 Buchst. d Hs. 1 Var. 1 ZPO.
16 BeckOK-*Wolf/Eslami*, ZPO, § 1039 Rn. 6.
17 MK-*Münch*, ZPO, § 1039 Rn. 18.
18 Vgl. MK-*Münch*, ZPO, § 1039 Rn. 19.

(3) ¹Hält das Schiedsgericht sich für zuständig, so entscheidet es über eine Rüge nach Absatz 2 in der Regel durch Zwischenentscheid. ²In diesem Fall kann jede Partei innerhalb eines Monats nach schriftlicher Mitteilung des Entscheids eine gerichtliche Entscheidung beantragen. ³Während ein solcher Antrag anhängig ist, kann das Schiedsgericht das schiedsrichterliche Verfahren fortsetzen und einen Schiedsspruch erlassen.

Inhalt:

	Rn.		Rn.
A. Normzweck, Systematik, Genese ...	1	C. Schiedsgerichtliches Verfahren, Abs. 2, Abs. 3 Satz 1, Abs. 3 Satz 3 ..	6
B. Eingeschränkte Kompetenz-Kompetenz, Abs. 1	3	D. Staatsgerichtlicher Vorbehalt, Abs. 3 Satz 2	13

A. Normzweck, Systematik, Genese

Die Überprüfung der **Zuständigkeit** als maßgebliche Prozessvoraussetzung liegt **in der Hand des Schiedsgerichts** selbst. Dies konstituiert die Norm (Abs. 1 Satz 1) und regelt das Verfahren (v.a. Abs. 2) nebst Präklusion – und lässt doch unabdingbar das **letzte Wort beim Staatsgericht** (Abs. 3 Satz 2). Die Norm grenzt zugleich verschiedene Regelungskreise ab: die Schiedsklausel vom Hauptvertrag (Abs. 1 Satz 2), die schiedsgerichtliche Entscheidung von der staatsgerichtlichen (Abs. 3 Satz 2) und das schiedsgerichtliche Verfahren vom staatsgerichtlichen (Abs. 3 Satz 3). Andere Voraussetzungen eines Schiedsverfahrens als die der Zuständigkeit erfasst § 1040 ZPO nicht – also etwa ob ein zwingendes Streitbeilegungsverfahren vorgeschaltet war, denn dies betrifft die Zulässigkeit der Schiedsklage, nicht die Zuständigkeit des Schiedsgerichts.[1]

1

Die Norm folgt Art. 16 **ModG**, ausländischem Vorbild und teilw. der Rechtsprechung,[2] sie beendet damit den langen Streit über die Kompetenz-Kompetenz des Schiedsgerichts.[3]

2

B. Eingeschränkte Kompetenz-Kompetenz, Abs. 1

Abs. 1 Satz 1 gibt positiv (str.)[4] dem Schiedsgericht die Kompetenz über die eigene Zuständigkeit zu entscheiden. Zur Kompetenz-Kompetenz Klausel siehe § 1029 Rn. 24. Für das staatliche Gericht ist diese unbeachtlich, das nach Abs. 3 Satz 2 auf Antrag nachgelagert, selbst und endgültig entscheidet. § 1032 Abs. 2 ZPO schließt einen Antrag auf Feststellung der (Un-) Zulässigkeit des schiedsrichterlichen Verfahrens durch das Staatsgericht aus, sobald das Schiedsgericht gebildet ist.[5] Damit gilt: **Vor Bildung des Schiedsgerichts** kann das Staatsgericht entscheiden. **Nach Bildung des Schiedsgerichts** entscheidet das Schiedsgericht selbst, seine Entscheidung kann vom das Staatsgericht allerdings revidiert werden.[6]

3

Nach **Abs. 1 Satz 2** ist die Schiedsklausel, also die in einen Vertrag inkorporierte Schiedsvereinbarung, von den anderen Vertragsbestimmungen **losgelöste, unabhängige Vereinbarung** zu behandeln, sie ist **autonom**.[7] Dies gilt über den Wortlaut hinaus nicht nur für die Schiedsklausel, sondern auch für andere Arten der Schiedsvereinbarung.[8] Daraus folgt, dass das Schiedsgericht auch dann entscheidet, wenn der Hauptvertrag unwirksam oder beendet ist,[9] und dabei die Schiedsvereinbarung ohne Blick auf den Hauptvertrag beurteilt.[10] § 139 BGB wird ausgeschlossen, der nach der h.M. schon unter altem Recht wegen diesbezüglicher Abreden i.d.R. nicht griff,[11] und nicht, wie andere meinen, nur die Vermutung des § 139 BGB

4

---

1 BGH, WM 2016, 1714, 3.
2 BGH, NJW-RR 1988, 1526 = MDR 1989, 47; Zöller-*Geimer*, ZPO, § 1040 Rn. 1.
3 Vgl. BT-Drucks. 13/5274, S. 44 ff.; zum historischen Streit MK-*Münch*, ZPO, 1. Aufl., § 1032 Rn. 4.
4 *Schütze*, Schiedsrecht, Rn. 260; Zöller-*Geimer*, ZPO, § 1040 Rn. 1; MK-*Münch*, ZPO, § 1040 Rn. 6; nur deklaratorisch: Musielak/Voit-*Voit*, ZPO, § 1040 Rn. 2; *Schwab/Walter*, Schiedsgerichtsbarkeit, Kap. 16 Rn. 10.
5 Vgl. BT-Drucks. 13/5274, S. 38; Zöller-*Geimer*, ZPO, § 1040 Rn. 2.
6 Vgl. Musielak/Voit-*Voit*, ZPO, § 1040 Rn. 8.
7 *Hilgard/Haubner*, BB 2014, 970 (972 f.); Zöller-*Geimer*, ZPO, § 1040 Rn. 3.
8 MK-*Münch*, ZPO, § 1040 Rn. 8.
9 BGH, WM 2016, 1714; vgl. OLG München, MDR 2008, 943 f. – Formnichtigkeit des Hauptvertrages schlägt nur ganz ausnahmsweise durch; vgl. OLG Frankfurt a.M., NJOZ 2007, 5714; OLG Hamburg, SchiedsVZ 2013, 180 (181) – Kündigung des Hauptvertrages; Musielak/Voit-*Voit*, ZPO, § 1040 Rn. 4; Stein/Jonas-*Schlosser*, ZPO, § 1040 Rn. 5 ff.; *Kreindler*, Strafrechtsrelevante und andere anstößige Verträge als Gegenstand von Schiedsverfahren, S. 33.
10 BeckOK-*Wolf/Eslami*, ZPO, § 1040 Rn. 8.
11 MK-*Münch*, ZPO, § 1040 Rn. 8.

auf den Kopf gedreht.[12] Die Regelung ist zwingend[13] und sollte nicht über Auslegungsumwege ausgehebelt werden (str.).[14]

5 Die Schiedsabrede selbst, hier als Schiedsklausel, muss freilich wirksam sein. Der gleiche Nichtigkeitsgrund kann sich auf Schiedsklausel und Hauptvertrag erstrecken (z.B. Geschäftsunfähigkeit).[15] **Unterschiedliche Schicksale von Hauptvertrag und Schiedsvereinbarung** können in folgenden **Fallkonstellationen** vorliegen:[16]
- offener Dissens (§ 154 BGB), bei dem Einigung bzgl. der Schiedsvereinbarung besteht, dies beim Hauptvertrag aber offen bleibt.
- Unwirksamkeit des Hauptvertrags
  - bei gesetzlichem Verstoß, § 134 BGB (es besteht keine Notwendigkeit für die Nichtigkeit der Schiedsvereinbarung, für die zugleich bzgl. der Rückabwicklung etc. Bedarf bestehen kann)
  - wegen Formnichtigkeit, weil die Formvorschriften für den Hauptvertrag strenger als die für die Schiedsvereinbarung (§ 1031 ZPO) waren
  - wegen Willensmängeln, die aber nicht bei der Schiedsvereinbarung vorlagen (und wegen § 1040 Abs. 1 Satz 2 ZPO auch nicht durchschlagen)

Einen anderen Themenkreis berührt die Frage nach **Ausgleichsansprüchen** und ob diese von der Schiedsabrede erfasst sind(was regelmäßig zu bejahen ist).[17]

C. Schiedsgerichtliches Verfahren, Abs. 2, Abs. 3 Satz 1, Abs. 3 Satz 3

6 Auch wenn **Abs. 2 Satz 1** die Frist der **Rüge** regelt, ist die Zuständigkeitsprüfung nicht rügebedürftig. Das Schiedsgericht hat **jederzeitiges Prüfungsrecht bzgl. der Wirksamkeit der Schiedsvereinbarung** und damit der Grundlage seiner Tätigkeit.[18] Denn die Rüge kann zu jedem Zeitpunkt bei genügender Entschuldigung noch zugelassen werden, Abs. 2 Satz 4. Aus diesem Grund droht die Zulässigkeitsfrage im gesamten Verfahren relevant zu werden.[19] Zudem drohte anderenfalls ein später aufhebbares Verfahren, etwa bei nicht schiedsfähigem Verfahrensgegenstand oder fehlender Geschäftsfähigkeit. Denn die fehlende Rüge hindert nicht *per se* die Aufhebbarkeit (Rn. 9). Die Zulässigkeit soll daher frühzeitig und kann jederzeit geprüft werden. In der Praxis sieht es etwas anders aus. Zumindest sollte nach Vorprüfung ein Hinweis ergehen, dass auf Rüge geprüft wird,[20] wenngleich die Praxis oft auf Präklusion setzt oder der Zuständigkeitsmangel schlicht allseits übersehen wird.[21] Der Zuständigkeitsmangel kann ggf. noch **geheilt** werden, dazu ist Gelegenheit zu geben.[22] Die Heilung kann – entsprechendes Erklärungsbewusstsein vorausgesetzt – auch konkludent durch Aufrechterhaltung des Klagantrags und weitere rügelose Einlassung des Beklagten geschehen.[23]

7 Auch aus Beschleunigungsgründen schließt die **Bestellung eines Schiedsrichters** bzw. die Mitwirkung daran die Rüge nicht aus **(Abs. 2 Satz 2)**. Dies soll den Einwand des widersprüchlichen Verhaltens ausschließen und klarstellen, dass dieses Mitwirken an der Konstituierung nicht mit einer rügelosen Einlassung, da nicht zur Sache, zu verwechseln ist. **Widersprüchlich** und treuwidrig ist es allerdings, vor dem staatlichen Gericht die Schiedseinrede gem. § 1032 ZPO zu erheben und vor dem Schiedsgericht die Rüge des § 1040 Abs. 2 zu erheben.[24] Dies gilt selbst bei falscher Beurteilung durch das Staatsgericht oder Klagerücknahme aufgrund der Rüge.[25]

---

12 So aber BeckOK-*Wolf*/*Eslami*, ZPO, § 1040 Rn. 9; Stein/Jonas-*Schlosser*, ZPO, § 1040 Rn. 5.
13 MK-*Münch*, ZPO, § 1040 Rn. 10.
14 MK-*Münch*, ZPO, § 1040 Rn. 10.
15 OLG München, MDR 2008, 943 f. – Formnichtigkeit des Hauptvertrages schlägt nur ganz ausnahmsweise durch; MK-*Münch*, ZPO, § 1040 Rn. 9 f.; OLG Frankfurt a.M., NJOZ 2007, 5714; OLG Hamburg, SchiedsVZ 2013, 180 (181); Stein/Jonas-*Schlosser*, ZPO, § 1040 Rn. 5 ff.; BeckOK-*Wolf*/*Eslami*, ZPO, § 1040 Rn. 10.
16 Stein/Jonas-*Schlosser*, ZPO, § 1040 Rn. 6.
17 Musielak/Voit-*Voit*, ZPO, § 1040 Rn. 4; Zöller-*Geimer*, ZPO, § 1040 Rn. 3 m.w.N.
18 Musielak/Voit-*Voit*, ZPO, § 1040 Rn. 5; *Schwab*/*Walter*, Schiedsgerichtsbarkeit, Kap. 16 Rn. 10.
19 Musielak/Voit-*Voit*, ZPO, § 1040 Rn. 5.
20 Vgl. MK-*Münch*, ZPO, § 1040 Rn. 5; Thomas/Putzo-*Reichold*, ZPO, § 1040 Rn. 2.
21 MK-*Münch*, ZPO, § 1040 Rn. 5.
22 Musielak/Voit-*Voit*, ZPO, § 1040 Rn. 5.
23 Musielak/Voit-*Voit*, ZPO, § 1040 Rn. 5 m.w.N. (Fn. 11) zum im Detail differenzierten Meinungsbild.
24 Musielak/Voit-*Voit*, ZPO, § 1040 Rn. 6; Zöller-*Geimer*, ZPO, § 1040 Rn. 10 f.
25 OLG Frankfurt a.M., BB 2012, 81 (82).

Die **Rügefrist** fällt zur Beschleunigung auf den Moment der Klagebeantwortung (**Abs. 2 Satz 1**). Sie ist Sondernorm zu § 1027 ZPO.[26] Die Rüge muss **erklärt** werden (Abs. 2 Satz 3), dies kann konkludent geschehen (str.),[27] der Wille jedenfalls deutlich zu Tage treten. **Abs. 2 Satz 3** regelt den Fall, dass durch eine Erweiterung des Verfahrensgegenstandes das Schiedsgericht den Bereich seiner Zuständigkeit verlässt (etwa bei der Aufrechnung), betrifft also **partielle Unzuständigkeit**.[28] Dies ist dann zu rügen, sobald die Angelegenheit außerhalb der Zuständigkeit erörtert wird.[29] Zur **Erörterung** reicht es, wenn das Schiedsgericht auffordert zu einer Sache Stellung zu nehmen.[30] Nicht aber, wenn eine Seite nur die Zuständigkeit des Schiedsgerichts für einen Gegenstand behauptet. Auch nicht, wenn eine Seite ein Thema zum Gegenstand macht und die andere Seite ohne Mitwirkung des Schiedsgerichts auffordert,[31] da es dann mangels eigener Aktivität nicht seine Kompetenz überschreitet. „Sobald" meint „**unverzüglich**",[32] was Kenntnis und die nötige Zeit rechtlicher Wertung umfasst.[33] Die Rüge hindert ein vermutetes Einverständnis, auch diesen Prozessstoff zu behandeln und weist das Schiedsgericht in seine Schranken – gibt aber auch Schiedsgericht und Gegner die Chance die Zuständigkeitsfrage zu klären.[34]

8

Die **verspätete Rüge** kann das Schiedsgericht gem. **Abs. 2 Satz 4** bei genügender Entschuldigung der Verspätung (vgl. § 296 ZPO) noch zulassen. Lässt es diese trotz genügend entschuldigter Rüge nicht zu, kann die Partei die Rüge im Verfahren nach Abs. 3 oder einem Aufhebungsverfahren geltend machen.[35] Bei unentschuldigter Verspätung erstreckt sich die **Präklusion** auch auf das Aufhebungsverfahren.[36]

9

Beruht die Unzuständigkeit auf **Formunwirksamkeit** der Schiedsabrede kann **Heilung** nach § 1031 Abs. 6 ZPO eintreten, wofür Gelegenheit zu geben ist. Dies ist auch nach verspäteter Rüge möglich.[37] Auch kann sich der Beklagte gem. § 1040 Abs. 2 ZPO Zuständigkeit begründend einlassen.[38]

10

Die **Entscheidung** des Schiedsgerichts erfolgt, wenn es die **Zuständigkeit bejaht** i. d. R. durch **Zwischenscheid (Abs. 3 Satz 1)**. Dieser ist selbstständig, muss nicht die Form des § 1054 ZPO wahren, jedoch schriftlich erfolgen (Abs. 3 Satz 2: „schriftliche Mitteilung").[39] Der Zwischenentscheid ist entbehrlich (Abweichung von „in der Regel"), wenn er offensichtlich unbegründet und nur verzögerungstaktisch motiviert ist.[40] Gegen den Nicht-Erlass eines Zwischenentscheids ist kein Mittel möglich, weder Antrag nach Abs. 3 Satz 2 noch Aufhebungsantrag (str.).[41] Wenn das Schiedsgericht die **Zuständigkeit verneint**, wird es die Klage in einem **Prozessschiedsspruch** als unzulässig abweisen, der Rechtskraft erlangt (§ 1055 ZPO) und eine Kostengrundlage schafft (§ 1057 ZPO).[42] Die bloße Mitteilung der Einstellung der Tätigkeit reicht daher nicht.[43] Verweisung ist nicht möglich, weil dazu nur staatliche Gerichte ermächtigt sind (§ 281 Abs. 1 ZPO, § 17a Abs. 2 GVG). Gegen den verneinenden Prozessschiedsspruch ist Aufhebungsantrag nach § 1059 ZPO statthaft.[44]

11

Abs. 3 Satz 3 erlaubt aus Beschleunigungsgründen die **Verfahrensparallelität** von staatsgerichtlichem und schiedsgerichtlichem Verfahren. Jedoch kann das Schiedsgericht das Verfahren aussetzen analog § 148 ZPO, um keine Aufhebung gem. § 1059 Abs. 2 Nr. 1 Buchst. a ZPO zu riskieren, und die staatsgerichtliche Entscheidung abwarten.[45]

12

---

26 Stein/Jonas-*Schlosser*, ZPO, § 1040 Rn. 12.
27 Musielak/Voit-*Voit*, ZPO, § 1040 Rn. 6.
28 Stein/Jonas-*Schlosser*, ZPO, § 1040 Rn. 14; MK-*Münch*, ZPO, § 1040 Rn. 22.
29 MK-*Münch*, ZPO, § 1040 Rn. 23; Stein/Jonas-*Schlosser*, ZPO, § 1040 Rn. 14.
30 MK-*Münch*, ZPO, § 1040 Rn. 23.
31 Zöller-*Geimer*, ZPO, § 1040 Rn. 6.
32 MK-*Münch*, ZPO, § 1040 Rn. 24.
33 Musielak/Voit-*Voit*, ZPO, § 1040 Rn. 7, der dies aber unter der Frage der Entschuldigung behandelt.
34 MK-*Münch*, ZPO, § 1040 Rn. 22.
35 Musielak/Voit-*Voit*, ZPO, § 1040 Rn. 7.
36 BT-Drucks. 13/5274, S. 44 – li. Sp.; Zöller-*Geimer*, ZPO, § 1040 Rn. 12.
37 Musielak/Voit-*Voit*, ZPO, § 1040 Rn. 7.
38 Zöller-*Geimer*, ZPO, § 1040 Rn. 10e.
39 MK-*Münch*, ZPO, § 1040 Rn. 25.
40 BT-Drucks. 13/5274, S. 44 – li. Sp.; MK-*Münch*, ZPO, § 1040 Rn. 26.
41 *Schütze*, SchiedsVZ 2009, 241 (245); Zöller-*Geimer*, ZPO, § 1040 Rn. 16; a.A. Musielak/Voit-*Voit*, ZPO, § 1040 Rn. 10, „in engen Ausnahmefällen" soll § 1032 Abs. 2 ZPO analog gelten.
42 OLG Frankfurt a.M., SchiedsVZ 2013, 341, II.a.1.; MK-*Münch*, ZPO, § 1040 Rn. 29; Musielak/Voit-*Voit*, ZPO, § 1040 Rn. 8.
43 So aber früher die Praxis, MK-*Münch*, ZPO, § 1040 Rn. 29.
44 OLG Frankfurt a.M., SchiedsVZ 2013, 341, II.a.1.
45 MK-*Münch*, ZPO, § 1040 Rn. 25.

D. Staatsgerichtlicher Vorbehalt, Abs. 3 Satz 2

13 Abs. 3 Satz 2 behält dem Staatsgericht **zwingend**[46] das **letzte Wort** vor. Umgehungen wie der Vorab-Verzicht auf den Antrag sind nach Abs. 3 Satz 2 unwirksam.[47] Die Unwirksamkeit etwaiger Umgehungsregelung schlägt aber nicht auf Schiedsvereinbarung oder gar Hauptvertrag gem. § 139 BGB durch.[48] Das Gericht ist nicht verpflichtet vor der Entscheidung über die Schiedseinrede die Zuständigkeitsentscheidung nach § 1040 Abs. 1 ZPO abzuwarten.[49]

14 Das Gesetz regelt den Fall der Zuständigkeitsbejahung des Schiedsgerichts (Abs. 3 Satz 1). **Antragsbefugt** sind beide Parteien. Die **Monatsfrist** ist auch bei Antrag an ein unzuständiges Staatsgericht gewahrt, da keine Notfrist.[50] Fristbeginn ist für die antragstellende Partei der Zeitpunkt, an dem sie den Zwischenentscheid mitgeteilt bekam (Zugang).[51] Das **Rechtsschutzbedürfnis** entfällt nach neuer Rechtsprechung des Bundesgerichtshofs nicht, sobald ein Schiedsspruch in der Hauptsache ergangen ist (Verfahrensökonomie).[52] Der bestehende Konflikt zwischen dem eine Zuständigkeit unterstellenden Endschiedsspruch und der Entscheidung des Gerichts ist vermeidbar, indem der Endschiedsspruch nach § 1059 ZPO aufgehoben wird. Der Antrag gem. § 1059 Abs. 2 Nr. 1 Buchst. a ZPO bzw. § 1060 Abs. 2 Satz 1 ZPO kann gestellt werden, wenn das Rechtsbeschwerdegericht die Zuständigkeit des Schiedsgerichts im Verfahren nach § 1040 Abs. 3 Satz 2 ZPO verneint hat. Sofern die Parteien nichts anderes vereinbart haben, muss der Aufhebungsantrag nach § 1059 Abs. 3 Satz 1 ZPO innerhalb einer Frist von drei Monaten bei Gericht eingereicht werden. Die Frist beginnt in entsprechender Anwendung von § 1059 Abs. 3 Satz 2 ZPO mit dem Tag, an dem der Antragsteller die Entscheidung des Rechtsbeschwerdegerichts empfangen hat.[53] Entschied das Schiedsgericht nur über Teile des Streitgegenstands, stand schon nach alter Rechtsprechung § 1040 Abs. 3 Satz 2 ZPO nicht entgegen.[54]

15 Mündliche **Verhandlung** ist entbehrlich.[55] Das gem. § 1062 Abs. 1 Nr. 2 ZPO zuständige Oberlandesgericht **entscheidet** und erklärt das Schiedsgericht dann entweder für unzuständig oder stimmt dem Schiedsgericht zu, das fortfahren bzw. wiederaufnehmen kann. Entsprechendes gilt, wenn das Schiedsgericht sich für unzuständig hält. Stimmt in letzterem Fall das Oberlandesgericht überein, weist das Schiedsgericht letztgültig das Schiedsverfahren ab. Bejaht das Oberlandesgericht aber die Zuständigkeit, wird das Schiedsgericht wieder tätig und entscheidet (so alle weiteren Voraussetzungen gegeben sind).[56] Nicht möglich ist die Zurückverweisung ans Schiedsgericht oder die Aussetzung des schiedsgerichtlichen Verfahrens anzuordnen.[57] Die Entscheidung erwächst in **Rechtskraft** und ist für Aufhebungs- oder Vollstreckbarerklärungsverfahren bindend.[58] Anders bei Zurückweisung eines Antrags gegen den bejahenden Zwischenentscheid als unzulässig.[59] Die Parteien können nach der Entscheidung die Zuständigkeit oder Unzuständigkeit vereinbaren, sich rügelos einlassen oder so verhalten, dass ein Berufen auf die Entscheidung wegen Widersprüchlichkeit verwehrt ist.[60]

16 Wird die Frist des Abs. 3 versäumt, gilt das gleiche wie bei unentschuldigter Fristversäumnis der Fristen des Abs. 2 Satz 1 und Satz 2: Es tritt umfassende **Präklusion** ein, d.h. auch für Aufhebungs- und Vollstreckbarkeitsverfahren, §§ 1059, 1060 ZPO.[61] Dies gilt aber nur für die am Schiedsverfahren Beteiligten. Niemand braucht sich an einem Schiedsverfahren zu beteiligen, nur um das Fehlen einer wirksamen Schiedsvereinbarung vorzutragen.[62]

---

46 Zöller-*Geimer*, ZPO, § 1040 Rn. 1.
47 MK-*Münch*, ZPO, § 1040 Rn. 51–53.
48 MK-*Münch*, ZPO, § 1040 Rn. 52; Musielak/Voit-*Voit*, ZPO, § 1040 Rn. 10.
49 BGHZ 162, 9 = NJW 2005, 1125 = SchiedsVZ 2005, 95 (Anm.).
50 OLG München v. 26.01.2016, 34 SchH 13/15, juris, II.2.a.1); OLG Frankfurt a.M., OLGR 2001, 302, II.; OLG München, SchiedsVZ 2012, 96 (99); Zöller-*Geimer*, ZPO, § 1040 Rn. 11; vgl. BGHZ 97, 155 (161); BGHZ 139, 305.
51 MK-*Münch*, ZPO, § 1040 Rn. 11.
52 BGH, WM 2016, 1714, II.1.a) unter Aufgabe von BGH, SchiedsVZ 2014, 200, Rn. 4–8.
53 BGH, WM 2016, 1714, II.1.b.
54 BGH, NJW 2014, 3655 = SchiedsVZ 2014, 254, II.1.
55 BGHZ 202, 168 = NJW 2014, 3655 = SchiedsVZ 2014, 303, II.1.; Zöller-*Geimer*, ZPO, § 1040 Rn. 11.
56 Zöller-*Geimer*, ZPO, § 1040 Rn. 10c.
57 OLG München, IBR 2015, 172, II.2.2.
58 § 1059 Rn. 3, 5; Zöller-*Geimer*, ZPO, § 1040 Rn. 11.
59 BGH, NJOZ 2015, 893.
60 BGH, NJW 2014, 3655 = SchiedsVZ 2014, 254, II.2.e.
61 BGH, SchiedsVZ 2003, 133; OLG München v. 26.01.2016, 34 SchH 13/15, juris, II.2.a.1); Zöller-*Geimer*, ZPO, § 1040 Rn. 12.
62 OLG Bremen, MDR 2009, 465; Zöller-*Geimer*, ZPO, § 1040 Rn. 12; strenger *Müller/Keilmann*, SchiedsVZ 2007, 113 (119).

Verhältnis zu § 1032 ZPO: Hat das Schiedsgericht im Fall des § 1032 Abs. 1 ZPO bereits einen 17
Zwischenentscheid erlassen, setzt das staatliche Gericht gem. § 148 ZPO aus, damit gem.
§ 1040 Abs. 3 Satz 2 ZPO der Rechtsbehelf eingelegt werden kann. Wurde beim Staatsgericht
vor Bildung des Schiedsgerichts Antrag zur Zulässigkeit gestellt (§ 1032 Abs. 2 ZPO), und hat
das Schiedsgericht nun einen (positiven) Zwischenentscheid erlassen, das staatliche Gericht
aber noch nicht entschieden, ist zu unterscheiden: Ging der Antrag beim Gericht auf positive
Feststellung, fehlt das Feststellungsinteresse. Ging der Antrag beim Staatsgericht auf negative
Feststellung, soll das dortige Verfahren Vorrang haben und fortgeführt werden.[63] Vgl. auch
§ 1032 Rn. 19. Hat der Kläger vor dem Staatsgericht geklagt, dort der Beklagte die Schiedseinrede erhoben, wurde dies dann vom Staatsgericht für begründet erachtet und die Klage daher
durch Prozessurteil abgewiesen, ist dies bindend. Dies hat Relevanz etwa, wenn der Kläger
nun die Schiedsklage erhebt und sich daran ein staatliches Überprüfungverfahren anschließt,
§§ 1040 Abs. 3 Satz 2, 1059 Abs. 2 Nr. 1 Buchst. a ZPO.[64]

Die **Gebühren** des gerichtlichen Verfahrens ergeben sich aus dem Gesetz, nicht der Schieds- 18
vereinbarung, dies gilt auch zwischen Streitgenossen.[65] Gerichtsgebühr ergibt sich aus
Nr. 1622 KV-GKG (2,0-Gebühr), die anwaltliche aus Nr. 3100 ff. VV-RVG,[66] Nr. 3100 VV-RVG
(1,3-Gebühr), Nr. 3104 VV-RVG (1,2-Gebühr). Es ist selbstständige Angelegenheit.[67] Der
Streitwert liegt meist bei 1/2[68] bis 1/3,[69] teils erheblich darunter (1/5).[70] Bei Antragsrücknahme
ergeht Kostenentscheidung gem. § 269 Abs. 3 ZPO, selbst wenn der Antragsteller zwischenzeitlich per Hauptsaches-Schiedsspruch obsiegt hat.[71]

§ 1041
Maßnahmen des einstweiligen Rechtsschutzes

(1) ¹Haben die Parteien nichts anderes vereinbart, so kann das Schiedsgericht auf Antrag
einer Partei vorläufige oder sichernde Maßnahmen anordnen, die es in Bezug auf den Streitgegenstand für erforderlich hält. ²Das Schiedsgericht kann von jeder Partei im Zusammenhang mit einer solchen Maßnahme angemessene Sicherheit verlangen.

(2) ¹Das Gericht kann auf Antrag einer Partei die Vollziehung einer Maßnahme nach
Absatz 1 zulassen, sofern nicht schon eine entsprechende Maßnahme des einstweiligen
Rechtsschutzes bei einem Gericht beantragt worden ist. ²Es kann die Anordnung abweichend
fassen, wenn dies zur Vollziehung der Maßnahme notwendig ist.

(3) Auf Antrag kann das Gericht den Beschluss nach Absatz 2 aufheben oder ändern.

(4) ¹Erweist sich die Anordnung einer Maßnahme nach Absatz 1 als von Anfang an ungerechtfertigt, so ist die Partei, welche ihre Vollziehung erwirkt hat, verpflichtet, dem Gegner
den Schaden zu ersetzen, der ihm aus der Vollziehung der Maßnahme oder dadurch entsteht,
dass er Sicherheit leistet, um die Vollziehung abzuwenden. ²Der Anspruch kann im anhängigen schiedsrichterlichen Verfahren geltend gemacht werden.

Inhalt:

	Rn.		Rn.
A. Normzweck, Systematik, Genese ...	1	D. Aufhebung oder Änderung der	
B. Kompetenz des Schiedsgerichts	4	Vollziehbarkeitserklärung, Abs. 3 ..	16
C. Vollziehbarkeitserklärung durch		E. Schadensersatzpflicht, Abs. 4	17
das staatliche Gericht, Abs. 2	12	F. Gebühren, Kosten	19

---

63 Zöller-*Geimer*, ZPO, § 1040 Rn. 14.
64 Ganz h.M., bei unterschiedlichen Begründungsmodi; BGH, NJW 2014, 3655 = SchiedsVZ 2014,
254, II.2.b.bb) m.w.N.; vgl. Vorinstanz OLG Frankfurt a.M. v. 26.09.2013, 26 SchH 7/12, 26 Sch
1/13, juris, II.A.
65 OLG München v. 04.01.2013, 34 SchH 6/11, juris, II.2.b).
66 Zöller-*Geimer*, ZPO, § 1040 Rn. 18.
67 OLG Hamburg, OLGR 2009, 795 (796).
68 OLG Frankfurt a.M. v. 06.09.2001, 3 Sch 2/00, juris, IV.
69 BayObLG, SchiedsVZ 2004, 45 (46), II.; Musielak/Voit-*Voit*, ZPO, § 1040 Rn. 15.
70 OLG Frankfurt a.M. v. 10.05.2012, 26 SchH 11/10, juris, II.C.; OLG Frankfurt a.M. v. 07.03.2012,
26 SchH 16/11, juris.
71 OLG München, MDR 2014, 1170.

A. Normzweck, Systematik, Genese

1   Das Schiedsgericht hat, **dem staatlichen Gericht gleichrangig** (§ 1033 ZPO), die Kompetenz Maßnahmen des einstweiligen Rechtsschutzes zu erlassen, Abs. 1. Erst zum Vollzug der Maßnahmen bedarf es gerichtlicher Anordnung. Gem. Abs. 2 kann das staatliche Gericht dazu einen Titel schaffen (Vollziehbarkeitserklärung). Abs. 3 regelt den Fortbestand dieser Vollziehbarerklärung. Der Gefahr von Schäden aufgrund unberechtigter Maßnahmen begegnet Abs. 4 und eröffnet dafür optional den Schiedsverfahrensweg. Bei all dem hindert ein laufendes Schiedsverfahren nicht, einstweilige Maßnahmen direkt bei Gericht zu beantragen.

2   Das Schiedsgericht ist in Abkehr von der h.M. zum alten Recht[1] vom Gesetzgeber also ertüchtigt worden. Schiedsordnungen haben in den letzten Jahren zunehmend die Rolle des *emergancy arbitrator* geschaffen.[2] Das **praktische Anwendungsfeld dürfte aber gering bleiben**,[3] da Maßnahmen vor Bildung des Schiedsgerichts unmöglich sind und im Übrigen die staatlichen Gerichte aufgrund Bereitschaftsdienst und Wegfall des Zwischenschrittes zur Vollziehbarerklärung insgesamt schneller sein dürften.[4]

3   Die Norm orientiert sich an Art. 17 **ModG** a.F., während Art. 17–17j ModG n.F. anders gestaltet wurden.

B. Kompetenz des Schiedsgerichts

4   Die Kompetenz des Schiedsgerichts steht wegen der **Parteiautonomie** unter dem Vorbehalt anderer Parteivereinbarung, also beispielsweise ausdrücklichem Ausschluss einstw. Rechtsschutzes (sog. opt-out, vgl. Art. 17 Satz 2 ModG),[5] der auch partiell erfolgen kann.[6] Das Schiedsgericht wird zudem nur **auf Antrag** tätig. Der Antrag ist zu erklären und formlos möglich. Eine deutliche Anregung reicht, wenn sie auf den besonderen Schutz zielt.[7] Der Antrag unterfällt zudem nicht §§ 1044, 1046 ZPO, das Schiedsgericht kann vorher tätig werden.[8]

5   Das Schiedsgericht kann **alle Maßnahmen einstweiligen Rechtsschutzes** erlassen, also orientierend an §§ 916ff., 935ff. ZPO Arreste zur Sicherung von Geldforderungen und einstweilige Verfügungen, ist aber nach dem Wortlaut nicht auf diese beschränkt, „die es ... für erforderlich hält".[9] Es sind auch einstweilige Leistungsverfügungen möglich[10] und andere dem deutschen Recht unbekannte Maßnahmen, etwa *freezing orders (*früher *mareva injunctions)*[11] oder vom *common law* ins deutsche übertragene *undertakings*.[12] Zwar wird das Gericht nur auf Antrag tätig, ist an ihn bei der Wahl der Maßnahmen aber nicht gebunden.[13] Die sprachliche Unterscheidung zwischen „vorläufigen" und „sichernden" Maßnahmen fußt auf dem ModG und ist inhaltlich bedeutungslos.[14] Das staatliche Gericht kann schiedsgerichtliche Maßnahmen vollstrecken müssen, die es selbst nicht erlassen,[15] aber immerhin nach § 1041 Abs. 2 Satz 2 ZPO anpassen kann.[16]

6   **Voraussetzungen** für den Erlass einstweiliger Maßnahmen sind nicht gesetzlich festgelegt. Das Gericht ist in seinem Ermessen jedoch nicht völlig frei, was es „für erforderlich hält" (str.). Die Bandbreite der Meinungen reicht von einer nahezu deckungsgleichen Übertragung der Regelungen für rein staatlichen einstw. Rechtsschutz[17] bis zur Betonung großer Freiheit.[18] Wie auch sonst im deutschen einstw. Rechtsschutz und dem internationalen Standard entsprechend sind

---

1   Zur Historie MK-*Münch*, ZPO, § 1041 Rn. 4f.
2   *Wilske/Markert/Bräuninger*, SchiedsVZ 2015, 49 (50).
3   *Lachmann*, Schiedsgerichtspraxis, Rn. 2933ff.; Zöller-*Geimer*, ZPO, § 1041 Rn. 1.
4   MK-*Münch*, ZPO, § 1041 Rn. 3.
5   *Bandel*, Einstweiliger Rechtsschutz im Schiedsverfahren, S. 16ff.
6   *Schroth*, SchiedsVZ 2003, 102, II. vor 1).
7   MK-*Münch*, ZPO, § 1041 Rn. 4.
8   MK-*Münch*, ZPO, § 1041 Rn. 7.
9   Zöller-*Geimer*, ZPO, § 1041 Rn. 1.
10 Zöller-*Geimer*, ZPO, § 1041 Rn. 1; MK-*Münch*, ZPO, § 1041 Rn. 16.
11 § 1033 Rn. 3; *Boog*, Die Durchsetzung einstweiliger Maßnahmen in internationalen Schiedsverfahren, 2011, Rn. 17ff., 101, 924.
12 *Schlosser*, RIW 2001, 81.
13 MK-*Münch*, ZPO, § 1041 Rn. 7.
14 Kritisch daher MK-*Münch*, ZPO, § 1041 Rn. 11f., dann aber in Rn. 13f., 15f. dennoch danach differenzierend. Zur Abgrenzung von vorläufigem und einstweiligem Rechtsschutz instruktiv MK-*Drescher*, ZPO, vor §§ 916ff. Rn. 6ff.
15 *Schwab/Walter*, Schiedsgerichtsbarkeit, Kap. 17a Rn. 5; BeckOK-*Wolf/Eslami*, ZPO, § 1041 Rn. 3; Musielak/Voit-*Voit*, ZPO, § 1040 Rn. 4; kritisch *Lachmann*, Schiedsgerichtspraxis, Rn. 2891.
16 BeckOK-*Wolf/Eslami*, ZPO, § 1041 Rn. 5.
17 *Schwab/Walter*, Schiedsgerichtsbarkeit, Kap. 17a Rn. 20.
18 Thomas/Putzo-*Reichold*, ZPO, § 1041 Rn. 2.

v. a. abzuwägen: 1. drohender Schaden für den Antragsteller, 2. Eilbedürftigkeit, 3. Wahrscheinlichkeit, dass der zu sichernde Anspruch besteht (Erfolgsaussichten in der Hauptsache).[19] Die Maßnahme darf zudem 4. die Hauptsache nicht vorwegnehmen.[20] Das ModG kennt nur die Punkte 1 und 3, Art. 17a Abs. 1a und b ModG. Liegen die Voraussetzungen vor, ist das Gericht verpflichtet, jedenfalls mit Blick auf die Haftung gut beraten, die Maßnahme zu treffen,[21] wenngleich der Wortlaut anderes nahe legt („kann").

Das **Verfahren** ist frei gestaltbar, es kann für das einstweilige Rechtsschutzverfahren gar ein eigenes Schiedsverfahren vereinbart werden.[22] Vorbehaltlich anderer Regelung gilt: Im Verfahren ist **mündliche Verhandlung** entbehrlich,[23] geboten sind rechtliches Gehör und Gleichbehandlung.[24] Es ist aber zunächst *ex parte*, ohne vorherige Anhörung des Gegners, entsprechend § 921 ZPO möglich.[25] Jedenfalls nachträgliches Gehör ist aber analog § 924 ZPO zu gewähren.[26] In Anlehnung an § 920 Abs. 2 wird Glaubhaftmachung (§ 294 ZPO) der richtige Überzeugungsweg sein. Der Weg der **eidesstattlichen Versicherung** (§ 294 Abs. 1 Hs. 2 ZPO) ist dabei versperrt, da sie vom Schiedsgericht nicht abgenommen werden kann (§ 156 StGB) – ein wesentliches (weiteres) Manko ggü. dem staatlichen Verfahren. Eine notariell aufgenommene Erklärung reicht nicht.[27] Die vor der zuständigen Behörde abgegebene eidesstattliche Versicherung ist aber zu werten.[28] Auch kann § 1050 ZPO helfen. Nimmt das Schiedsgericht selbst Eid oder eidesstattliche Versicherung ab, ist dies keine Amtsanmaßung; der Schiedsspruch ist aufhebbar, wenn das Schiedsgericht sich auf den Eid stützt.[29]

7

Das schiedsrichterliche Verfahren ist anders als das staatliche **unselbstständig**, d. h. es ist notwendigerweise mit dem Hauptsacheverfahren verbunden und betrifft dessen Streitgegenstand.[30] Konsequenterweise ist ein Widerspruch entbehrlich, vgl. § 924 Abs. 1 ZPO ggü. § 1042 Abs. 1 Satz 2 ZPO. Es bleibt aber § 1041 Abs. 3 ZPO. Auch ist keine Klage zur Hauptsache nötig (§ 926 ZPO ggü. § 1044 ZPO).[31]

8

Die Bestimmung über die **Sicherheitsleistung** erscheint in **Abs. 1 Satz 2** auf den ersten Blick überflüssig, kann eine solche doch bereits nach Abs. 1 Satz 1 gefordert werden. Besonders ist aber die Möglichkeit, die Sicherheit über § 921 Abs. 2 Satz 2 ZPO i. V. m. § 936 ZPO hinaus **von beiden Parteien** fordern zu können.[32] Diese Sicherheitsleistung ist aber nicht die Maßnahme, sondern kann sie nur flankieren („im Zusammenhang"). Die Höhe der Sicherheitsleistung ist frei bemessbar. Orientierungsgröße bzgl. des Antragstellers ist i. d. R. der Schaden sein, der entsteht, wenn die Entscheidung über die Maßnahme sich in der Hauptsacheentscheidung als falsch erweist,[33] ggf. mit Rechtsverfolgungskosten, u. U. selbst inkl. *undertakings* des *common law*.[34] Bzgl. der Sicherheitsleistung des Antragsgegners ist dagegen eine Orientierung an § 711 ZPO sinnvoll.[35]

9

Die **Entscheidung** des Schiedsgerichts ergeht im Modus des § 1052 ZPO. Delegation auf den Vorsitzenden nach § 1052 Abs. 3 ZPO ist nicht möglich,[36] außer dies ist vereinbart.[37] Einstwei-

10

---

19 Ähnlich BeckOK-*Wolf/Eslami*, ZPO, § 1041 Rn. 9; MK-*Münch*, ZPO, § 1041 Rn. 22 f.; wohl auch Zöller-*Geimer*, ZPO, § 1041 Rn. 1; vgl. auch BT-Drucks. 13/5274, S. 45.
20 BeckOK-*Wolf/Eslami*, ZPO, § 1041 Rn. 9; Zöller-*Geimer*, ZPO, § 1041 Rn. 1.
21 Zöller-*Geimer*, ZPO, § 1041 Rn. 1 m. w. N.
22 BeckOK-*Wolf/Eslami*, ZPO, § 1041 Rn. 15; Musielak/Voit-*Voit*, ZPO, § 1041 Rn. 3; *Bandel*, Einstweiliger Rechtschutz im Schiedsverfahren, S. 79 f.; a. A. MK-*Münch*, ZPO, § 1041 Rn. 9; Stein/Jonas-*Schlosser*, ZPO, § 1041 Rn. 17 f.; *Schroth*, SchiedsVZ 2003, 102 (103), II. vor 1).
23 OLG Frankfurt a. M. v. 01. 07. 2013, 26 SchH 4/13, juris, II.1.; MK-*Münch*, ZPO, § 1041 Rn. 25.
24 MK-*Münch*, ZPO, § 1041 Rn. 25.
25 OLG Frankfurt a. M. v. 01. 07. 2013, 26 SchH 4/13, juris, II.1; Stein/Jonas-*Schlosser*, ZPO, § 1041 Rn. 21; Zöller-*Geimer*, ZPO, § 1041 Rn. 1; a. A. Eberl-*Eberl*, Beweis im Schiedsverfahren, § 7 Rn. 145.
26 Zöller-*Geimer*, ZPO, § 1041 Rn. 1; Stein/Jonas-*Schlosser*, ZPO, § 1041 Rn. 21; Saenger-*Saenger*, ZPO, § 1041 Rn. 2.
27 Ausführlich MK-*Münch*, ZPO, § 1041 Rn. 24.
28 OLG Frankfurt a. M. v. 31. 07. 2013, 26 SchH 4/13, juris.
29 *Schwab/Walter*, Schiedsgerichtsbarkeit, Kap. 15 Rn. 26; Zöller-*Geimer*, ZPO, § 1041 Rn. 3.
30 MK-*Münch*, ZPO, § 1041 Rn. 26.
31 MK-*Münch*, ZPO, § 1041 Rn. 26.
32 BT-Drucks. 13/5274, S. 45 f.
33 MK-*Münch*, ZPO, § 1041 Rn. 26.
34 MK-*Münch*, ZPO, § 1041 Rn. 28; zu *undertakings* vgl. auch *Schlosser*, RIW 2001, 81.
35 BeckOK-*Wolf/Eslami*, ZPO, § 1041 Rn. 13.
36 *Lachmann*, Schiedsgerichtspraxis, Rn. 2899; BeckOK-*Wolf/Eslami*, ZPO, § 1041 Rn. 13; Musielak/Voit-*Voit*, ZPO, § 1041 Rn. 3; *Bandel*, Einstweiliger Rechtschutz im Schiedsverfahren, S. 79; a. A. *Schwab/Walter*, Schiedsgerichtsbarkeit, Kap. 17a Rn. 17; Stein/Jonas-*Schlosser*, ZPO, § 1041 Rn. 22.
37 Musielak/Voit-*Voit*, ZPO, § 1041 Rn. 3.

lige Maßnahmen benötigen mangels Schiedsspruchqualität (Einstweiligkeit) nicht die **Form** des § 1054 ZPO (§ 1054 Rn. 1),[38] kennen **keine Rechtskraft** (§ 1055 ZPO), daher auch **kein Aufhebungsverfahren** (§ 1059 ZPO).[39]

11 **Interimsschiedssprüche**, also eine endgültige Entscheidung für einen befristeten Zeitraum, sind statt einer einstweiligen Maßnahme möglich,[40] soweit die Parteien dies vorgesehen haben. Sicherheitsleistungen scheiden aus, denn die Entscheidung soll endgültig sein.[41] Einsatzbereich können etwa zeitlich befristete Unterlassungspflichten sein. An Prozedere und Entscheidungsfindung sind uneingeschränkte Anforderungen zu stellen, wirkt die Entscheidung zwar nur zeitweise, aber doch endgültig und ist rechtskräftiger Schiedsspruch (§ 1055 ZPO).[42]

C. Vollziehbarkeitserklärung
durch das staatliche Gericht, Abs. 2

12 **Antragsbefugt** ist jede Partei. **Zuständig** für Anordnungen **inländischer** Schiedsgerichte das Gericht nach § 1062 Abs. 1 Nr. 3 ZPO. **Ausländische** Anordnungen sind in Deutschland nicht vollstreckbar zu erklären, § 1041 ZPO oder § 1061 ZPO helfen nicht,[43] enge Ausnahmen bestehen aber.[44] Der Antrag ist nicht erst dann zulässig, wenn der Gegner der Anordnung nicht nachkommt.[45] Allerdings hindert ein vorheriger Antrag beim staatlichen Gericht den schiedsgerichtlichen (Abs. 1 Satz 1 Hs. 2). Dies gilt selbst dann, wenn zuerst der schiedsgerichtliche Antrag gestellt, aber noch nicht entschieden wurde, außer das Staatsgericht hat irrigerweise deshalb das Rechtsschutzbedürfnis verneint und die Maßnahme verwehrt.[46]

13 Die Vollziehbarerklärung steht im **Ermessen** des Gerichts, bei Vorliegen der Voraussetzungen ist Vollziehbarkeit anzuordnen (sonst Ermessensfehler).[47] Zugleich besteht das **Verbot der** *révision au fond*, also keine inhaltliche Überprüfung der Entscheidung,[48] sondern nur eine auf offensichtliche schiedsrichterliche Ermessensfehler. Erheblicher Zeitablauf seit der Anordnung[49] und Hinzutreten neuer Tatsachen[50] sind zu berücksichtigen. Die Unwirksamkeit der Schiedsvereinbarung ist nur bei Berufen des Antragstellers darauf und vorbehaltlich der Präklusion nach § 1040 ZPO beachtlich (str.).[51] Eine Glaubhaftmachung bzgl. der Schiedsvereinbarung ist aufgrund des Meinungsstandes ratsam,[52] zudem ist zwischen der Frage einerseits, ob und wie tiefgreifend zu prüfen ist, und andererseits, welche Beweismittel (Glaubhaftmachung?) nötig sind, zu unterscheiden.[53]

14 Eine **abweichend gefasste Maßnahme** kann angeordnet werden (Abs. 2 Satz 2), wenn dies zur Vollziehung *notwendig* ist. Das Staatsgericht hat hier wegen des Wortlauts („notwendig") zurückhaltend zu agieren, nicht also die nach eigenem Gutdünken sinnvollen Maßnahmen zu erlassen, sondern die erlassenen zu flankieren, etwa die schiedsgerichtliche Unterlassungsverfügung mittels einer „staatsgerichtlichen" Strafandrohung.[54] Auch können ausländische Maßnahmen ins deutsche „übersetzt" werden (siehe Rn. 5). Das Gericht kann die Vollziehbarkeit **verweigern**, wenn die Maßnahme dem *ordre public* widerspricht.[55]

---

38 Stein/Jonas-*Schlosser*, ZPO, § 1041 Rn. 22, mündlich reicht, nur Vollzug benötigt Schriftform.
39 Zöller-*Geimer*, ZPO, § 1041 Rn. 1.
40 *Bandel*, Einstweiliger Rechtsschutz im Schiedsverfahren, S. 60 f.; Zöller-*Geimer*, ZPO, § 1041 Rn. 6; vgl. Stein/Jonas-*Schlosser*, ZPO, § 1041 Rn. 7 – materieller Zwischenschritt als Teilschiedsspruch.
41 Musielak/Voit-*Voit*, ZPO, § 1041 Rn. 5.
42 So auch Musielak/Voit-*Voit*, ZPO, § 1041 Rn. 5.
43 Musielak/Voit-*Voit*, ZPO, § 1041 Rn. 6.
44 OLG Frankfurt a.M., SchiedsVZ 2013, 126; ausführlich *Solomon*, AG 2006, 832.
45 Musielak/Voit-*Voit*, ZPO, § 1041 Rn. 6; MK-*Münch*, ZPO, § 1041 Rn. 31; a.A. *Schwab/Walter*, Schiedsgerichtsbarkeit, Kap. 17a Rn. 28.
46 Musielak/Voit-*Voit*, ZPO, § 1041 Rn. 6.
47 OLG Frankfurt a.M., IBRRS 2014, 4350, II.
48 Stellv. OLG München, SchiedsVZ 2015, 303, II.2.a.bb.1); BT-Drucks. 13/5274, S. 58 f.; *Laukemann*, ZZP 126, 175; Zöller-*Geimer*, ZPO, § 1041 Rn. 74.
49 MK-*Münch*, ZPO, § 1041 Rn. 40.
50 Zöller-*Geimer*, ZPO, § 1041 Rn. 3.
51 Zöller-*Geimer*, ZPO, § 1041 Rn. 3; OLG Saarbrücken, SchiedsVZ 2007, 323 (325), II.2.c.aa.; eingeschränkt prozessual, nicht vollumfassend materiell-rechtlich, Stein/Jonas-*Schlosser*, ZPO, § 1041 Rn. 14; a.A. Musielak/Voit-*Voit*, ZPO, § 1041 Rn. 7 m.w.N. zum Streitstand.
52 Musielak/Voit-*Voit*, ZPO, § 1041 Rn. 7 a.E.
53 Zutreffend Musielak/Voit-*Voit*, ZPO, § 1041 Rn. 7 und Fn. 27 entgegen *Bandel*, Einstweiliger Rechtsschutz im Schiedsverfahren, S. 89 f., 218.
54 Zöller-*Geimer*, ZPO, § 1041 Rn. 3.
55 OLG Frankfurt a.M., IBRRS 2014, 4350, II.2.; Musielak/Voit-*Voit*, ZPO, § 1041 Rn. 8; MK-*Münch*, ZPO, § 1041 Rn. 40; Stein/Jonas-*Schlosser*, ZPO, § 1041 Rn. 14.

Die Entscheidung ist **nicht anfechtbar**, § 1065 Abs. 1 Satz 2 ZPO i. V. m. § 1062 Abs. 1 Nr. 3 ZPO.[56]

15

D. Aufhebung oder Änderung der Vollziehbarkeitserklärung, Abs. 3

Antragsbefugt ist jede Partei. Eine Änderung der Umstände ist nicht erforderlich. Die erwiesene Ungeeignetheit der Maßnahme reicht daher aus,[57] geänderte Rechtsprechung zur Rechtssicherheit nur bei erheblichen Entwicklungen.[58] Das Gericht hat die teils schwierige Balance zwischen Orientierung an den schiedsgerichtlichen Vorgaben und ggf. geänderten Umständen zu finden. Es wird sich an den schiedsgerichtlichen Vorgaben selbst bei geänderten Umständen orientieren und keine anderen Maßnahmen erlassen, sondern allenfalls die Anordnung verändern.[59] Denn dies ist dem nochmaligen Weg über das Schiedsgericht vorzuziehen.[60] Anderes kann allenfalls gelten, wenn aufgrund absoluter Eilbedürftigkeit der Weg über das Schiedsgericht nicht möglich ist. Wurde das Schiedsgericht angerufen und hat eine Änderung abgelehnt, kann diese grds. nicht über den Weg des Abs. 3 umgangen werden.[61]

16

E. Schadensersatzpflicht, Abs. 4

Der Schadensersatzanspruch orientiert sich an § 945 ZPO und findet kein Vorbild im ModG.[62] Er kann im anhängigen Schiedsverfahren verfolgt werden.[63] Die damit begründete Zuständigkeit des Schiedsgerichts ist zwingend.[64] Allerdings muss dieser Weg nicht beschritten werden („kann").[65] Der Weg zum Staatsgericht kann sinnvoll sein, weil es sich um Schadensersatz wegen einer Maßnahme des Schiedsgerichts handelt.[66] § 1032 ZPO steht dem nicht entgegen, die schadensersatzsuchende Partei hat ein einseitiges Wahlrecht.[67]

17

Nicht die Maßnahme, sondern deren Anordnung muss von Anfang an ungerechtfertigt sein. Schadensersatzpflichtig ist nur die Partei, die die Vollziehung erwirkt hat. Die Vollziehung ist mehr als die Vollziehbarkeitserklärung, sondern die Durchführung, jedenfalls Einleitung der Zwangsvollstreckung, die die andere Partei erleidet oder die sie mit Sicherheitsleistung abwendet.[68] Das Folgeleisten der schiedsgerichtlichen Anordnung ohne diese Vollzugsschritte fällt daher nicht unter Abs. 4. Ein darauf gegründeter Schadensersatz ist möglich. Er fällt nur unter das Schiedsverfahren, wenn dies vereinbart war.

18

F. Gebühren, Kosten

Gerichtsgebühren richten sich nach Nr. 1626 KV-GKG (2,0-Gebühr), der Wert nach § 53 Abs. 1 Nr. 3 GKG i. V. m. § 3 ZPO. Schiedsverfahren und Anordnungsverfahren nach Abs. 1 sind dieselbe Angelegenheit. Das gerichtliche Verfahren gem. Abs. 2 ist davon verschieden (§ 17 Nr. 6 RVG). Damit dieselbe Angelegenheit ist das Verfahren gem. Abs. 3 (§ 16 Nr. 7 RVG).[69] Uneinigkeit besteht dabei, ob für das Verfahren gem. Abs. 2 und 3 nur Nr. 3309 VV-RVG (0,3-Gebühr),[70] Nr. 3332 VV-RVG (0,5-Gebühr) und Nr. 3327 VV-RVG (0,75-Gebühr)[71] oder gar Nr. 3100 VV-RVG (1,3-Gebühr)[72] gelten.

19

---

56 Musielak/Voit-*Voit*, ZPO, § 1041 Rn. 10.
57 Musielak/Voit-*Voit*, ZPO, § 1041 Rn. 11.
58 Vgl. Musielak/Voit-*Voit*, ZPO, § 1041 Rn. 11.
59 Einschränkungslos Zöller-*Geimer*, ZPO, § 1041 Rn. 4 wie auch BT-Drucks. 13/5274, S. 45.
60 Vgl. OLG Jena, BB 2000, 22; ausführlich Interessen abwägend Musielak/Voit-*Voit*, ZPO, § 1041 Rn. 12.
61 Musielak/Voit-*Voit*, ZPO, § 1041 Rn. 12.
62 Vgl. BT-Drucks. 13/5274, S. 46.
63 Zöller-*Geimer*, ZPO, § 1041 Rn. 5.
64 Musielak/Voit-*Voit*, ZPO, § 1041 Rn. 13 f.
65 MK-*Münch*, ZPO, § 1041 Rn. 58; Musielak/Voit-*Voit*, ZPO, § 1041 Rn. 13.
66 *Risse/Frohloff*, SchiedsVZ 2011, 239 (247).
67 Musielak/Voit-*Voit*, ZPO, § 1041 Rn. 13.
68 Vgl. Musielak/Voit-*Voit*, ZPO, § 1041 Rn. 14.
69 Musielak/Voit-*Voit*, ZPO, § 1041 Rn. 15.
70 *Schneider/Wolf*, RVG, § 17 Rn. 197.
71 Gerold/Schmid-*Müller-Rabe*, RVG, VV 3327 Rn. 3, 4.
72 *Enders*, JurBüro 1998, 281 (283).

ABSCHNITT 5
Durchführung des schiedsrichterlichen Verfahrens

§ 1042
Allgemeine Verfahrensregeln

(1) ¹Die Parteien sind gleich zu behandeln. ²Jeder Partei ist rechtliches Gehör zu gewähren.
(2) Rechtsanwälte dürfen als Bevollmächtigte nicht ausgeschlossen werden.
(3) Im Übrigen können die Parteien vorbehaltlich der zwingenden Vorschriften dieses Buches das Verfahren selbst oder durch Bezugnahme auf eine schiedsrichterliche Verfahrensordnung regeln.
(4) ¹Soweit eine Vereinbarung der Parteien nicht vorliegt und dieses Buch keine Regelung enthält, werden die Verfahrensregeln vom Schiedsgericht nach freiem Ermessen bestimmt. ²Das Schiedsgericht ist berechtigt, über die Zulässigkeit einer Beweiserhebung zu entscheiden, diese durchzuführen und das Ergebnis frei zu würdigen.

Inhalt:
	Rn.		Rn.
A. Normzweck, Systematik, Genese	1	E. Subsidiäre Bestimmung der Verfahrensregelung, Abs. 4 Satz 1	17
B. Verfahrensgrundsätze, Abs. 1	3		
C. Anwaltliche Vertretung, Abs. 2	7	F. Beweiserhebung, Abs. 4 Satz 2	18
D. Verfahrensregelung durch Parteivereinbarung, Abs. 3	8		

A. Normzweck, Systematik, Genese

1 Die Norm regelt die **zentralen Verfahrensgrundsätze** des Schiedsverfahrens. Gleichbehandlungsgrundsatz und Garantie rechtlichen Gehörs sind die „bedeutsamsten Verfahrensprinzipien".[1] Die Möglichkeit rechtskundiger Beistandes vervollständigt die Verfahrensprinzipien des Abs. 1.[2] Abs. 1 und 2 sind unabdingbare Grundsätze. Abs. 3 und 4 öffnen den Parteien und subsidiär dem Gericht den Raum für weitere Verfahrensregelungen.

2 Abs. 1 fußt auf Art. 18 **ModG**. Abs. 2 findet keine Entsprechung im ModG, aber in § 1034 Abs. 1 Satz 2 ZPO a.F. Abs. 3 und 4 finden ihr Vorbild in Art. 19 ModG.

B. Verfahrensgrundsätze, Abs. 1

3 Der **Gleichbehandlungsgrundsatz** meint prozessuale, formale Gleichbehandlung im Verfahren, bei naturgemäß möglichem materiell ungleichen Verfahrensausgang.[3] Er gilt positiv wie negativ, d.h. was die eine Partei (nicht) erhält, erhält auch die andere (nicht).[4] Dieser Grundsatz spiegelt sich im 10. Buch wieder, etwa in §§ 1043 Abs. 1 Satz 3, 1046 Abs. 1 und Abs. 2, 1047 Abs. 2 ZPO. Neben dem Gesetz haben auch die Richter die Parteien gleich zu behandeln. Daraus folgt etwa, dass beide Parteien an mündlicher Verhandlung und Beweisaufnahme zu beteiligen, beide gleichermaßen zu informieren sind, Präklusionsregeln -anwendung für beide gleich gelten.[5] Dabei ist keine schematische Gleichmacherei geboten, differenzierte Schriftsatzfristen und Beweiserhebungen sind möglich,[6] naturgemäß nur, solange sie inhaltlich begründet sind. Ebenfalls kann ein einseitiger Geheimnisschutz sinnvoll sein, allerdings nur in Ausnahmefällen.[7] **§ 1034 Abs. 2 ZPO** ist *lex specialis* mit gleichem Ziel, nur anderem Modus. § 1034 ZPO öffnet den präklusionsbedrohten Weg zum Staatsgericht, während hiesige Regelung über § 134 BGB zur **Nichtigkeit** führt.

4 Der Grundsatz **rechtlichen Gehörs** entspricht dem der Staatsgerichtsbarkeit.[8] Er meint wie sonst in zumutbarer Weise Gelegenheit zur Äußerung, wozu i.d.R. schriftliche Äußerung

---
[1] BT-Drucks. 13/5274, S. 46.
[2] MK-*Münch*, ZPO, § 1042 Rn. 1 auch zur Reihenfolge im ModG und GG.
[3] MK-*Münch*, ZPO, § 1042 Rn. 24.
[4] MK-*Münch*, ZPO, § 1042 Rn. 19.
[5] EGMR, NJW 1995, 1413; MK-*Münch*, ZPO, § 1042 Rn. 22.
[6] MK-*Münch*, ZPO, Rn. 22.
[7] *Krapfl*, Dokumentenvorlage, S. 153 ff., 311 ff.; MK-*Münch*, ZPO, § 1042 Rn. 22; *Laumen*, MDR 2015, 1276; *Baumert*, Beweis im Schiedsverfahren, § 9 S. 207 ff.
[8] Bereits BGH, NJW 1983, 866, II.2.; OLG München v. 09.01.2017, 34 Sch 20/16, juris; OLG Frankfurt a.M., SchiedsVZ 2014, 154; OLG Frankfurt a.M., SchiedsVZ 2006, 220; Musielak/Voit-*Voit*, ZPO, § 1042 Rn. 3.

reicht. Präklusion darf das Gehör einschränken, bei schuldloser Versäumnis ist aber abzuhelfen.[9] Die Parteiäußerungen muss das Gericht zur Kenntnis nehmen und in die Erwägung aufnehmen,[10] es braucht sich nicht überzeugen zu lassen, Rechtsansichten zu diskutieren[11] oder die eigene Ansicht mitzuteilen.[12] Einer Partei wurde rechtliches Gehör gewährt, wenn ihrem Verfahrensbevollmächtigen Gehör gewährt wurde.[13] Wurde nur eine reine Beweisaufnahme festgelegt, kann dort nicht in Abwesenheit einer Partei erörtert oder der Themenkreis unabgesprochen ausgedehnt werden.[14]

Zum rechtlichen Gehör zählt auch die **Information** über den Beginn und Fortgang des Verfahrens, Kenntnis der Einlassungen des Gegners sowie der Beweisergebnisse und Schaffung von Gelegenheiten zur Äußerung in jedem Stadium.[15] Hat das Gericht aufgrund seiner Rechtsansichten den Prozessstoff strukturiert und ändert es nun die Rechtsansicht, kann das Gehör verletzt sein, wenn es die Parteien darauf nicht hingewiesen und Gelegenheit zur Stellungnahme gegeben hat – keine überraschende Prozessführung oder Entscheidung.[16] Die interne Beratung eines Mehrpersonengerichts kann ebenfalls geregelt werden (§ 1052 Rn. 2). 5

Die **Verletzung rechtlichen Gehörs** kann Aufhebungsgrund gem. § 1059 Abs. 2 Nr. 1 Buchst. b oder gar Nr. 2 Buchst. b ZPO sein. Verfassungsbeschwerde gegen den Schiedsspruch ist dagegen nicht möglich, allenfalls über den Umweg gegen die Entscheidung des Gerichts etwa nach § 1060 ZPO.[17] 6

C. Anwaltliche Vertretung, Abs. 2

Anwälte können als **Prozessvertreter** nicht unabdingbar ausgeschlossen werden.[18] Ein Verstoß ist Aufhebungsgrund nach § 1059 Abs. 2 Nr. 1 Buchst. b, c ZPO. Auch ausländische Anwälte sind erfasst. Allerdings sind vereinbarte Einschränkungen möglich, sofern die Einschränkung diskriminierungsfrei[19] (gegenüber der anderen Partei, anders gegenüber dem hier nicht vom Schutzzweck erfassten Anwalt) ist. Solange eine ausreichende Zahl an auszuwählenden Anwälten bleibt, können Kriterien positiv wie negativ vereinbart werden (z.B. bezüglich Fachanwalt, BGH-Anwalt, Nationalität, fehlender oder vorhandener Verbandszugehörigkeit).[20] Anwaltszwang herrscht umgekehrt nicht, außer er ist vereinbart.[21] Die Rolle des Schiedsanwalts enthält v.a. praktische Besonderheiten gegenüber den Anwälten vor dem Staatsgericht,[22] Orientierungslinien kann nunmehr der LCIA bieten.[23] 7

D. Verfahrensregelung durch Parteivereinbarung, Abs. 3

Die Parteien können die Verfahrensregeln weitgehend („vorbehaltlich der zwingenden Vorschriften") selbst gestalten **(Parteiautonomie)**. Sie können dazu auf eine Schiedsordnung insg. oder teilweise **Bezug nehmen** oder alle Details **selbst regeln**.[24] Dies kann ausdrücklich, **formlos**, gar konkludent erfolgen (kein § 1031 ZPO).[25] Die Vereinbarung der Zuständigkeit eines ständigen Schiedsgerichts beinhaltet i.d.R. auch deren Verfahrensordnung.[26] Die Bezugnahme spricht nur von schiedsgerichtlichen Verfahrensordnungen, es kann aber auch auf staatsgerichtliche verwiesen werden, etwa auf die ZPO, ausländische oder ungültig gewordene Ver- 8

---

9 Musielak/Voit-*Voit*, ZPO, § 1042 Rn. 5 – Wiedereinsetzung oder Absehen von Zurückweisung.
10 Musielak/Voit-*Voit*, ZPO, § 1042 Rn. 5.
11 OLG München, IBR 2014, 640, II.1.b); OLG München, BauR 2014, 322, II.2.b); wenn, dann nicht zwingend im Konjunktiv OLG München, SchiedsVZ 2015, 309.
12 OLG München, SchiedsVZ 2011, 159, II.2.a.; OLG Frankfurt a.M., SchiedsVZ 2014, 154, II.3.
13 OLG München, SchiedsVZ 2010, 169 ff., II.3.a.
14 Zu letzterem Musielak/Voit-*Voit*, ZPO, § 1042 Rn. 3.
15 BVerfG, NJW 1993, 2229, C.I.; MK-*Münch*, ZPO, § 1042 Rn. 30; Musielak/Voit-*Voit*, ZPO, § 1042 Rn. 3.
16 BGH, BB 2015, 2882, II.1.c.bb); OLG Stuttgart, SchiedsVZ 2011, 49 (53); Musielak/Voit-*Voit*, ZPO, § 1042 Rn. 4.
17 Zöller-*Geimer*, ZPO, § 1042 Rn. 18; ähnlich Musielak/Voit-*Voit*, ZPO, § 1042 Rn. 6.
18 Zum Schiedsverfahren aus Anwaltssicht *Schäfer*, NJW 2015, 3398 ff.
19 Zöller-*Geimer*, ZPO, § 1042 Rn. 20.
20 Musielak/Voit-*Voit*, ZPO, § 1042 Rn. 7.
21 Zöller-*Geimer*, ZPO, § 1042 Rn. 21.
22 Instruktiv *Schäfer*, NJW 2015, 3398.
23 Arbitration Rules des London Court of International Arbitration (LCIA), ausführlich dazu *Meier/Gerhardt*, SchiedsVZ 2015, 10.
24 OLG Frankfurt a.M., SchiedsVZ 2013, 49, II.1.a).
25 BGHZ 96, 40 = NJW 1986, 1436 (1437); OLG Frankfurt a.M., SchiedsVZ 2013, 49, II.1.a); Musielak/Voit-*Voit*, ZPO, § 1042 Rn. 33; MK-*Münch*, ZPO, § 1042 Rn. 79; Zöller-*Geimer*, ZPO, § 1042 Rn. 23.
26 OLG Köln, SchiedsVZ 2014, 203, II.2.c.

Dietrich

fahrensordnungen.[27] Eine globale **Delegation** der Bestimmung ist aber trotz Art. 2d ModG nicht möglich,[28] anders wiederum bei Einzelbestimmungen.

9   In der Praxis entstehen **Mischformen,** wenn sich das Schiedsgericht neben bestehender Parteivereinbarung mit schiedsrichterlichen Verfügungen weiter abstimmt (sog. hybride Verfahrensgestaltung).[29] Die Schiedsrichter haben dazu nur subsidiäre Kompetenz, also zur „Lückenfüllung". Die Konstruktion birgt Abgrenzungsprobleme, die bis zur Aufhebung (§ 1059 Abs. 2 Nr. 1 Buchst. d ZPO) führen können.[30]

10 Die Parteien können, unter Beachtung von § 1025 ZPO, das anwendbare Verfahrensrecht bereits in der ursprünglichen Schiedsvereinbarung oder im Lauf des Schiedsverfahrens bestimmen.[31] Bei **nachträglicher Änderung** ist den Schiedsrichtern jedenfalls ein Kündigungsrecht zuzugestehen.[32]

11 Die Gültigkeit einzelner vereinbarter Verfahrensregeln und der Schiedsvereinbarung insg. sind getrennt voneinander zu betrachten.[33]

12 Der **Verweis** auf eine gängige Schiedsordnung verspricht, dass diese aktuell und erprobt ist[34] und ggf. diesbzgl. kundige Schiedsrichter gewählt werden können. Beim Verweis ist die zum Zeitpunkt der Schiedsvereinbarung gültige Version der Schiedsordnung einbezogen.[35] Teilw. ist in den Schiedsordnungen allerdings wirksam (abdingbar) geregelt, stets die bei Beginn des Verfahrens aktuelle Version solle gelten.[36]

13 **Inhaltlich** besteht innerhalb der dispositiven Regeln Freiheit.[37] Der Regelungsbedarf entspricht dem vor staatlichen Gerichten.[38] Wähl- bzw. änderbar sind die Verfahrensmaximen (umgestaltend oder ausbalancierend), Richteranzahl und -ernennung, Verhandlungsform (z.B. mündlich, nur schriftlich, reiner Urkundenprozess, nur „online"),[39] Zustellungsregelungen, Fristen, Ortsfestlegung etc.[40]

14 **Ist nichts geregelt,** kann sich grds. an der **ZPO** orientiert werden, ohne an diese gebunden zu sein.[41] Ohne nähere Regelung sind subjektive Klagehäufung und Streitverkündung möglich, solange alle der Schiedsvereinbarung bzw. § 1066 ZPO unterworfen sind oder sich unterwerfen.[42] Entsprechend ist Verbindung möglich, wenn alle Parteien und alle Prozessstoffe unter die Schiedsvereinbarung fallen.[43] Partei- und Prozessfähigkeit richten sich nach §§ 50ff. ZPO, Sicherheitsleistung (§ 110 ZPO) ist zu leisten.[44] Dagegen sind Nebenintervention, PKH

---

27 MK-*Münch*, ZPO, § 1042 Rn. 84 f.
28 MK-*Münch*, ZPO, § 1042 Rn. 86.
29 Ausführlich *Wolf/Hasenstab*, RiW 2011, 612.
30 OLG Frankfurt a.M., SchiedsVZ 2013, 49; *Wolf/Hasenstab*, RiW 2011, 612.
31 Böckstiegel/Kröll/Nacimiento-*Sachs/Lörcher*, Arbitration in Germany, § 1042 Rn. 27; MK-*Münch*, ZPO, § 1042 Rn. 81; Zöller-*Geimer*, ZPO, § 1042 Rn. 22; a.A. Musielak/Voit-*Voit*, ZPO, § 1042 Rn. 33 nach dem die Wahl anderer Verfahrensregeln wegen Änderung des Schiedsrichtervertrags zustimmungspflichtig ist.
32 Stein/Jonas-*Schlosser*, ZPO, § 1042 Rn. 14; MK-*Münch*, ZPO, § 1042 Rn. 82; Zöller-*Geimer*, ZPO, § 1042 Rn. 22; a.A. Musielak/Voit-*Voit*, ZPO, § 1042 Rn. 33, nach dem bereits die Wahl anderer Verfahrensregeln wegen Änderung des Schiedsrichtervertrags zustimmungspflichtig ist; zur Beendigung durch den Schiedsrichter ausführlich *Altenkirch*, SchiedsVZ 2014, 113.
33 Vgl. OLG Frankfurt a.M., NJW-RR 2010, 788 (789); Prütting/Gehrlein-*Prütting*, ZPO, § 1042 Rn. 4; Musielak/Voit-*Voit*, ZPO, § 1042 Rn. 33; MK-*Münch*, ZPO, § 1042 Rn. 79; Zöller-*Geimer*, ZPO, § 1042 Rn. 23, 26.
34 BeckOK-*Wolf/Eslami*, ZPO, § 1042 Rn. 18.
35 Zöller-*Geimer*, ZPO, § 1042 Rn. 25; Musielak/Voit-*Voit*, ZPO, § 1042 Rn. 33; MK-*Münch*, ZPO, § 1042 Rn. 90 zu dynamischen, statischen und gemischten Verweistechniken.
36 § 1 Abs. 2 DIS-SchO; Art. 6 Abs. 1 ICC-SchO.
37 Zöller-*Geimer*, ZPO, § 1042 Rn. 25.
38 Musielak/Voit-*Voit*, ZPO, § 1042 Rn. 8.
39 *Kalanke*, Schiedsgerichtsbarkeit im Internet, S. 91 ff.; *Splittgerber*, Online-Schiedsgerichtsbarkeit, S. 40 ff.; *Niedermeier/Damm/Splittgerber*, K&R 2000, 431; *Buchner*, EWS 2000, 147 ff.; *Jung*, K&R 1999, 63.
40 MK-*Münch*, ZPO, § 1042 Rn. 77 f.; Zöller-*Geimer*, ZPO, § 1042 Rn. 24, 37 ff.; ausführlich Musielak/Voit-*Voit*, ZPO, § 1042 Rn. 8.
41 MK-*Münch*, ZPO, § 1042 Rn. 93.
42 Zöller-*Geimer*, ZPO, § 1042 Rn. 37, 42.
43 Zöller-*Geimer*, ZPO, § 1042 Rn. 44 m.w.N.
44 *Nagel/Gottwald*, Internationales Zivilprozessrecht, § 18 Rn. 97; Wieczorek/Schütze-*Schütze*, ZPO, § 110 Rn. 5; *Buchwitz/Schütt*, SchiedsVZ 2015, 2 (3) - § 669 BGB analog bzgl. Schiedsrichtergebühren; siehe dort zugleich zur Durchsetzung der Ansprüche.

(§§ 114 ff. ZPO) und Instanzenzug grds. unbekannt.[45] Eine Regelung dazu kann noch im Verfahren herbeigeführt werden. Mangels Bindung an die ZPO und da hier nicht die staatlichen Ressourcen vor unnötigen Ansprüchen zu schützen sind, ist z.b. ein Feststellungsausspruch nur aufgrund wirtschaftlichen Feststellungsinteresses möglich (str.).[46]

Im Fall des **§ 1066 ZPO** kann der Satzungsgeber/Erblasser Verfahrensanordnungen einseitig vorgeben. Dies hindert im konkreten, durch § 1066 ZPO veranlassten Verfahren die Parteien aber nicht, eine andere Verfahrensordnung zu wählen.[47]

Verstoßfolge gegen solche Regelung kann Aufhebung sein – so nicht ausdrücklich wirksam anders geregelt (dazu bei § 1059 ZPO). Für den Schiedsrichter kann die Folge auch zur berechtigten Ablehnung führen (dazu bei § 1036 ZPO).

E. Subsidiäre Bestimmung der Verfahrensregelung, Abs. 4 Satz 1

Liegen keine Vorgaben der Parteien, keine seitens des 10. Buches und keine gem. § 1066 ZPO vor,[48] kann (nicht: muss) sich das Schiedsgericht selbst Verfahrensregeln geben. Es bestehen **keine Formvorgaben**, möglich sind etwa schriftliche Verfügung, mündlicher Hinweis, tatsächliche Übung.[49] Abstimmung erfolgt durch Mehrheitsbeschluss, Ausnahmeregelung ist möglich.[50] Auch hier sind eigenhändige Regelung, ein Verweis oder Mischformen möglich.[51] Die Regeln sind während des Prozesses abänderbar, unter Beachtung der Gleichbehandlung und ordnungsgemäßer Verfahrensführung,[52] rückwirkend aber nur, wenn dies nicht zur Unwirksamkeit von Prozesshandlungen der Parteien führt.[53] Das Schiedsgericht ist beraten das richtige Maß an Orientierung durch Einbezug von feststehenden Verfahrensordnungen bzw. Regelung einerseits und Zuschnitt auf den konkreten Fall andererseits zu finden.[54]

F. Beweiserhebung, Abs. 4 Satz 2

Die Norm scheint auf den ersten Blick Selbstverständliches zu regeln. Sie fügt sich in das sonstige Gefüge des § 1042 ZPO vor dem **Hintergrund** ein, dass nach *common law* bei der Beweisaufnahme[55] eine anderweitige Praxis besteht (*pre-trial discovery* und *adversary system, discovery* bis zu möglichen ausforschenden *„fishing expeditions"*).[56] *Common law* Grundsätze sind bei internat. Verfahren im Vordringen.[57] Daher erfolgt die Klarstellung, die im deutschen Recht sonst nicht nötig wäre.[58] Der Gesetzgeber wählte die Kompromissformel *disclosure* oder *discovery* um die Ausforschung weder anzuordnen noch auszuschließen.[59] Dessen ungeachtet steht es den Parteien frei, Beweiserhebung nach *common law* zu gestalten[60] oder sich einzelner Elemente daraus zu bedienen.[61] Ohne ausdrückliche Regelung wird sich die zentrale Frage der Beweiserhebung an den berechtigten Erwartungen und Zugehörigkeiten der Parteien orientieren,[62] was freilich schwierig ist, wenn eine aus dem *common law*-System und eine aus

---

45 Zöller-*Geimer*, ZPO, § 1042 Rn. 39 ff., 46; zu PKH vgl. SchiedsG Hamburg v. 05.05.2009, o. Az; zu Tendenzen vgl. rechtsvergleichend *Fröhlingsdorf*, SchiedsVZ 2015, 127.
46 Musielak/Voit-*Voit*, ZPO, § 1042 Rn. 2; auf Feststellungsinteresse verzichtend MK-*Münch*, ZPO, § 1042 Rn. 99.
47 Zöller-*Geimer*, ZPO, § 1042 Rn. 27a, 28.
48 § 1066 ZPO ist nicht ausdrücklich genannt, kann aber in die „zwingenden Vorschriften" gelesen werden; im Ergebnis auch Zöller-*Geimer*, ZPO, § 1042 Rn. 28.
49 MK-*Münch*, ZPO, § 1042 Rn. 92.
50 Böckstiegel/Kröll/Nacimiento-*Sachs/Lörcher*, Arbitration in Germany, § 1042 Rn. 31; BeckOK-*Wolf/Eslami*, ZPO, § 1042 Rn. 23.
51 MK-*Münch*, ZPO, § 1042 Rn. 92.
52 Zöller-*Geimer*, ZPO, § 1042 Rn. 29.
53 BeckOK-*Wolf/Eslami*, ZPO, § 1042 Rn. 22; Zöller-*Geimer*, ZPO, § 1042 Rn. 29.
54 MK-*Münch*, ZPO, § 1042 Rn. 91 ff.
55 Grundlegend zum Beweisrecht des Schiedsrechts MK-*Münch*, ZPO, § 1049 Rn. 1–8, 43 ff.; *Baumert*, Beweis im Schiedsverfahren, S. 25 ff.; *Laumen*, MDR 2015, 1276.
56 MK-*Münch*, ZPO, § 1042 Rn. 113 f.
57 *Trittmann*, SchiedsVZ 2016, 7 ff.
58 BT-Drucks. 13/5274, S. 46; Zöller-*Geimer*, ZPO, § 1042 Rn. 31; BeckOK-*Wolf/Eslami*, ZPO, § 1042 Rn. 24; MK-*Münch*, ZPO, § 1042 Rn. 108 ff.
59 *Kaufmann-Kohler/Bärtsch*, SchiedsVZ 2004, 13 (14 f., insbesondere Ziff. II.) – mit Rechtsvergleich; *Sachs*, SchiedsVZ 2003, 193 (194 f., insbesondere Ziff. II.1.); MK-*Münch*, ZPO, § 1042 Rn. 113; Stein/Jonas-*Schlosser*, ZPO, § 1042 Rn. 42 ff., 48.
60 Böckstiegel/Kröll/Nacimiento-*Sachs/Lörcher*, Arbitration in Germany, § 1042 Rn. 40; *Laumen*, MDR 2015, 1276.
61 *Raeschke-Kessler*, AnwBl 2015, 822 (825).
62 BeckOK-*Wolf/Eslami*, ZPO, § 1042 Rn. 24; *Schütze*, SchiedsVZ 2006, 1.

dem deutschen stammt.[63] Im Gegensatz zum alten Recht fehlt die ausdrückliche Obliegenheit zur Sachverhaltsermittlung, demnach keine „ausufernde Inquisition" durch das Gericht mehr.[64] Es bleibt auch im neuen Recht bei der – abgemilderten – schiedsrichterlichen **Untersuchungspflicht**, § 1042 Abs. 4 Satz 2 ZPO spricht von Beweiserhebungen, nicht nur von -anträgen.[65]

19 Die Parteien sind davon abgesehen in der Definition des Beweisrechts **frei**, vorbehaltlich der Abs. 1 und 2.[66] Sie können auf Schiedsordnungen verweisen, die aber selten detailliere Regelung zur Beweisaufnahme enthalten.[67] Sinnvoller- und üblicherweise definiert dies im Rahmen der parteiseitigen Vorgaben das Schiedsgericht nach Erörterung mit den Parteien frühzeitig in der sog. Verfahrensmanagementkonferenz neben der Verfahrensterminen.[68]

20 **Praxistipp:** Aufgrund der Bedeutung der Beweiserhebung und der sehr unterschiedlichen Gepflogenheiten ist parteiseitige Festlegung zur Beweiserhebung, die durchdacht sein will, zentral, v. a. in internationalen Schiedsvereinbarungen.

21 Bzgl. der **Zulässigkeit der Beweiserhebung** (Var. 1) gilt: Beweise können angeboten oder die Erhebung beantragt werden, Beweisbeschlüsse sind obsolet.[69] Bei Zurückweisung von Beweisanträgen ist jedenfalls eine kurze Anmerkung im Schiedsspruch ausreichend.[70] Das Schiedsgericht urteilt, unüberprüfbar vom Staatsgericht, zur Beweiserheblichkeit, Beweisbedürftigkeit und zur Beweiseignung.[71] Freiheit besteht auch bei der **Beweiserhebung** (Var. 2),[72] namentlich ob nach Streng- oder Freibeweisregeln vorgegangen wird, so sind insbesondere auch schriftliche oder telefonische Zeugenbefragungen und Augenscheinstermine möglich[73] ohne die Parteien zu involvieren – das Ergebnis ist freilich mitzuteilen und rechtliches Gehör zu gewähren. Der Beweismittel der ZPO kann sich bedient werden, aber auch in anderer Form erhoben werden, etwa durch Auskunftseinholung.[74] Das Schiedsgericht kann aufgrund des Untersuchungsgrundsatzes auch Beweise erheben, die nicht angeboten wurden.[75] Mangels Zwangsmitteln kann das Schiedsgericht nur freiwillig erschienene Zeugen und Sachverständige vernehmen.[76] Bei der Belehrung zur Wahrheit ist die mangelnde Strafgewalt zu beachten. Die Falschaussage vor Gericht ist nicht nach § 153 StGB aber u. U. § 263 StGB strafbar.[77] Erhebungsformen sind flexibel möglich, wie etwa gemeinsame Zeugenvernehmung (*witness conferencing*)[78] oder rein schriftliche Vernehmung,[79] letzteres aber nur, wenn die Glaubwürdigkeit außer Frage steht.[80] Beweiserhebung durch nur einen Schiedsrichter ist möglich. Verbreitet ist der angelsächsische Modus, abwechselnd durch die Parteien unter bloßer Leitung und Protokollierung des Vorsitzenden zu befragen.[81] Die Vorbereitung von Zeugen kann ausdrücklich zugelassen werden.[82] Die **Anwesenheit von Zeugen** in der mündlichen Verhandlung über deren Befragung hinaus zu gestatten, unterliegt vorbehaltlich gesonderter parteilicher Regelung dem Ermessen des Gerichts, das regelmäßig dagegen entscheiden dürfte.[83] Die **Beweiswürdigung** (Var. 3) zielt – so nichts anderes geregelt – auf Vollbeweis, Glaubhaftmachung

---

63 *Trittmann*, SchiedsVZ 2016, 7 ff.
64 MK-*Münch*, ZPO, § 1042 Rn. 110, 112.
65 MK-*Münch*, ZPO, § 1042 Rn. 115; *Laumen*, MDR 2015, 1276 (1277).
66 *Laumen*, MDR 2015, 1276.
67 *Balzer*, Beweisaufnahme und Beweiswürdigung im Zivilprozess, Rn. 410.
68 Vgl. Art. 24 ICC SchiedsO; *Raeschke-Kessler*, AnwBl 2015, 822 (824).
69 MK-*Münch*, ZPO, § 1042 Rn. 117 f.
70 BGH, NJW 1992, 2299 a. E.
71 MK-*Münch*, ZPO, § 1042 Rn. 116 f.; Zöller-*Geimer*, ZPO, § 1042 Rn. 30.
72 Böckstiegel/Kröll/Nacimiento-*Sachs/Lörcher*, Arbitration in Germany, § 1047 Rn. 7.
73 MK-*Münch*, ZPO, § 1042 Rn. 118; zur Vernehmung im Ausland vgl. Schiedsgericht der Handelskammer Hamburg v. 08.05.2013, GIX/2/Sch/1112, juris.
74 *Balzer*, Beweisaufnahme und Beweiswürdigung im Zivilprozess, Rn. 410.
75 MK-*Münch*, ZPO, § 1042 Rn. 118.
76 *Balzer*, Beweisaufnahme und Beweiswürdigung im Zivilprozess, Rn. 411 f., insbesondere zur Beweisaufnahme im Ausland, Rn. 412 ff.; zur Abhilfe über § 1050 ZPO dort Rn. 2; Zöller-*Geimer*, ZPO, § 1042 Rn. 2; Art. 4 Abs. 7 ff. IBA-Rules zu möglichen Konsequenzen des Fernbleibens; *Fölsing*, RiW 2013, 340 zu möglicher Abhilfe bei US-Bezug.
77 Zöller-*Geimer*, ZPO, § 1042 Rn. 35; grundlegend *Eckstein-Puhl*, Prozessbetrug im Schiedsverfahren, 2005, 76 ff.
78 *Raeschke-Kessler*, AnwBl 2015, 822 (825).
79 OLG München, IBR 2014, 640 mit Anm. *Weyer*; Zöller-*Geimer*, ZPO, § 1042 Rn. 33; vgl. Art. 4 Abs. 4–6 IBA-Rules.
80 Zöller-*Geimer*, ZPO, § 1042 Rn. 33.
81 *Balzer*, Beweisaufnahme und Beweiswürdigung im Zivilprozess, Rn. 410.
82 *Bertke/Schroeder*, SchiedsVZ 2014, 80; vgl. Art. 4 Abs. 3 IBA-Rules.
83 Vgl. *von Bernuth/Reischl*, SchiedsVZ 2017, 20.

reicht nicht (außer bei § 1041 ZPO).[84] Die Beweiswürdigung richtet sich nach § 286 Abs. 1 Satz 1 ZPO, bezüglich des Schadens gem. § 287 ZPO erleichtert. § 286 Abs. 2 ZPO gilt dagegen nicht, das Schiedsgericht kann eigene Beweisregeln aufstellen, so lange es die Würdigung nicht aus Händen gibt.[85]

Kosten: V.a. Entschädigung von Zeugen erfolgt ohne Begrenzung durch das ZuSEG und durch die benennende Partei, so nichts anderes vereinbart ist.[86] Bei einem gerichtsseitig beauftragten Gutachten ist dieses im Auftrag und in Vollmacht der Parteien beauftragt.[87]

22

§ 1043
Ort des schiedsrichterlichen Verfahrens

(1) ¹Die Parteien können eine Vereinbarung über den Ort des schiedsrichterlichen Verfahrens treffen. ²Fehlt eine solche Vereinbarung, so wird der Ort des schiedsrichterlichen Verfahrens vom Schiedsgericht bestimmt. ³Dabei sind die Umstände des Falles einschließlich der Eignung des Ortes für die Parteien zu berücksichtigen.

(2) Haben die Parteien nichts anderes vereinbart, so kann das Schiedsgericht ungeachtet des Absatzes 1 an jedem ihm geeignet erscheinenden Ort zu einer mündlichen Verhandlung, zur Vernehmung von Zeugen, Sachverständigen oder der Parteien, zur Beratung zwischen seinen Mitgliedern, zur Besichtigung von Sachen oder zur Einsichtnahme in Dokumente zusammentreten.

Die Wahl des Schiedsorts ist rechtlich **bedeutsam für die Geltung des deutschen Schiedsverfahrensrechts** (§ 1025 ZPO) und die Einordnung des **Schiedsspruchs als deutscher oder ausländischer**, damit zugleich Weichenstellung für Aufhebung (§ 1059 ZPO), Anerkennung und Vollstreckbarkeit (§ 1060 ZPO vs. § 1061 ZPO) und zuständiges Oberlandesgericht (§ 1062 Abs. 2 ZPO). Die Norm ist sehr eng an Art. 20 ModG orientiert.

1

Die Parteien können den Schiedsort festlegen **(Abs. 1 Satz 1)**. Dies ist **formlos** möglich und auslegungsfähig.[1] Eine Gerichtsstandvereinbarung ist nicht ohne weiteres mit der Wahl des Schiedsortes gleichzusetzen.[2] Allerdings ergibt eine ausländische AGB-Klausel, die die „jurisdiction Hamburg/Germany all purpose" festlegt keine ausschließliche Zuständigkeit der staatlichen Gerichtsbarkeit, damit die nachrangigen AGB der anderen Partei ein Schiedsgericht festlegen können.[3] Die Delegation der Ortswahl ist möglich (str.)[4] oder auch ein Losentscheid.[5]

2

In Ermangelung einer Parteivereinbarung wählt **subsidiär das Schiedsgericht einen Schiedsort (Abs. 1 Satz 2)** aufgrund der wesentlichen Folgen des § 1025 ZPO alsbald nach Konstituierung.[6] Die Delegation auf den Vorsitzenden ist nicht möglich.[7] Das Schiedsgericht legt den Ort nach freiem Ermessen fest, muss aber insbesondere Zeit- und finanz. Aufwand, Infrastruktur, Anerkenn- und Vollstreckbarkeit wahren (Abs. 1 Satz 3). Ein Verstoß führt zu § 1059 Abs. 2 Nr. 1 Buchst. d ZPO.[8] Das staatliche Gericht führt nur eine Evidenzkontrolle durch.[9] Zur Wahrung der Neutralität ist es möglich bei Parteien aus verschiedenen Ländern den Schiedsort in ein (möglichst örtlich nahes, „rechtlich verwandtes") Drittland zu legen, auch wenn das insg. den Aufwand erhöht. Die Parteien können den schieds-

3

---

84 MK-*Münch*, ZPO, § 1042 Rn. 119; Laumen, MDR 2015, 1276 (1280); *Schütze*, SchiedsVZ 2006, 1.
85 Zöller-*Geimer*, ZPO, § 1042 Rn. 30; MK-*Münch*, ZPO, § 1042 Rn. 120.
86 *Bodungen/Pörnbacher*, Taktik im Schiedsverfahren, S. 136 f.
87 BGHZ 42, 313 = NJW 1965, 298.

Zu § 1043:
1 OLG Hamburg v. 15.06.2009, 6 Sch 2/09, juris, II.2.; Musielak/Voit-*Voit*, ZPO, § 1043 Rn. 2; MK-*Münch*, ZPO, § 1043 Rn. 7.
2 BGH, SchiedsVZ 2007, 274, II.1.b.
3 OLG Hamburg v.15.06.2009, 6 Sch 2/09, juris.
4 Musielak/Voit-*Voit*, ZPO, § 1043 Rn. 2; a.A. MK-*Münch*, ZPO, § 1043 Rn. 8 jeweils m.w.N.
5 So selbst MK-*Münch*, ZPO, § 1043 Rn. 7.
6 MK-*Münch*, ZPO, § 1043 Rn. 9; vgl. BT-Drucks. 13/5274, S. 47.
7 Musielak/Voit-*Voit*, ZPO, § 1043 Rn. 3; MK-*Münch*, ZPO, § 1043 Rn. 9; Zöller-*Geimer*, ZPO, § 1043 Rn. 3; BT-Drucks. 13/5274, S. 47.
8 Zöller-*Geimer*, ZPO, § 1043 Rn. 3.
9 MK-*Münch*, ZPO, § 1043 Rn. 10; Zöller-*Geimer*, ZPO, § 1043 Rn. 3.

gerichtlichen Schiedsort wieder ändern, was der Zustimmung der Schiedsrichter nicht bedarf, aber ein Kündigungsrecht auslöst, wenn dadurch das Verfahrensrecht geändert wird (str.).[10]

4   **Abs. 2** trennt den formalen vom vereinbarten Schiedsort. Der eine ist für die Anwendung des Schiedsverfahrensrechts und Qualifikation des Schiedsspruches als in- oder ausländischer relevant, der andere ist der Ort tatsächlichen Geschehens.[11] Fallen diese auseinander, ist der vereinbarte Schiedsort rein **fiktiver/virtueller Schiedsort**.[12] Diese Aushöhlung der Bedeutung der Ortswahl sowie unsicherer Umgang damit sprechen *de lege ferenda* für Zulassung direkter Verfahrenswahl.[13] Der Wortlaut „ungeachtet" erlaubt aber jedenfalls eine Trennung von rechtlichem und faktischem Ort. Allerdings ist darauf zu achten, ob bei einer Ortsveränderung damit (was selbst unter Wahrung der gegebenen Formvorgaben möglich sein kann) zugleich ein anderes Verfahren gewählt sein soll, woran aber höchste Anforderungen zu stellen sind. Bei der Wahl des faktischen Schiedsorts ist Delegation auf den Vorsitzenden möglich.[14]

§ 1044
Beginn des schiedsrichterlichen Verfahrens

[1]Haben die Parteien nichts anderes vereinbart, so beginnt das schiedsrichterliche Verfahren über eine bestimmte Streitigkeit mit dem Tag, an dem der Beklagte den Antrag, die Streitigkeit einem Schiedsgericht vorzulegen, empfangen hat. [2]Der Antrag muss die Bezeichnung der Parteien, die Angabe des Streitgegenstandes und einen Hinweis auf die Schiedsvereinbarung enthalten.

1   Die Norm definiert den Verfahrensbeginn,[1] der prozessuale und materielle Folgen hat. § 1044 ZPO umgrenzt mit § 1056 ZPO das Verfahren zeitlich. Er leitet sich eng aus Art. 21 ModG ab. Der Ansatzpunkt für rechtliche Folgen (etwa Verjährungsfragen)[2] ist vom ModG übernommen, die daran ansetzende nationale Regelung dagegen nicht.[3] Disponibel ist Satz 1, zwingend ist Satz 2 („muss").[4]

2   Ist nichts anderes bestimmt, was bei einem ständigen Schiedsgericht i.d.R. der Fall ist,[5] gilt: Das Verfahren beginnt mit Empfang des Antrags, die Streitigkeit einem Schiedsgericht vorzulegen **(Vorlegeantrag)**. Das Verfahren ist damit mehrstufig. Nach Vorlageantrag (§ 1044 ZPO), folgen Bildung des Schiedsgerichts (§§ 1034 ff. ZPO) und eine § 243 ZPO vergleichbare Klageschrift (§ 1046 Abs. 1 ZPO). Formvorgaben bestehen nicht.[6] Parteiliche Vorgaben sind aber sinnvoll im Hinblick auf den Beweis des Zugangszeitpunkts[7] bzw. auch ohne Vorgaben auf Beweisbarkeit zu achten.[8] Bei unbekanntem Aufenthalt gilt § 1028 ZPO.[9] Gemäß Satz 2 muss der Antrag die Parteien, den Streitgegenstand und die Schiedsvereinbarung benennen. Entgegen der Motive des Gesetzesentwurfs[10] braucht mangels gesetzlichen Niederschlags der Anspruch nicht schlüssig vorgetragen zu sein.[11] Die Angaben müssen aber dem Gegner die Prüfung ermöglichen, ob der vorgelegte Streit unter die Schiedsvereinbarung fällt.[12] Der Hin

---

10 Vgl. Musielak/Voit-*Voit*, ZPO, § 1043 Rn. 3; *Schütze*, Schiedsrecht, Rn. 302 (wie vorst.: Änderung möglich, aber zustimmungspflichtig, da möglicherweise „Geschäftsgrundlage" für Schiedsrichteramt-Annahme); MK-*Münch*, ZPO, § 1043 Rn. 11 (keine Änderung möglich); zur Beendigung durch den Schiedsrichter ausführlich *Altenkirch*, SchiedsVZ 2014, 113.
11 Zum Haager Übereinkommen *Antomo*, NJW 2015, 2919 ff.
12 Musielak/Voit-*Voit*, ZPO, § 1043 Rn. 4; MK-*Münch*, ZPO, § 1043 Rn. 4, 14 („virtueller Schiedsort").
13 Vgl. *Schütze*, Schiedsrecht, Rn. 307.
14 Musielak/Voit-*Voit*, ZPO, § 1043 Rn. 5.

Zu § 1044:
1 Zum rechtspolitischen Hintergrund Stein/Jonas-*Schlosser*, ZPO, § 1044 Rn. 1.
2 Näher *Riehm*, NJW 2017, 113 (115).
3 MK-*Münch*, ZPO, § 1044 Rn. 2.
4 MK-*Münch*, ZPO, § 1044 Rn. 3.
5 Zöller-*Geimer*, ZPO, § 1044 Rn. 3; *Hilgard*, BB 2014, 1929 (1933) bezüglich DIS.
6 Zöller-*Geimer*, ZPO, § 1044 Rn. 1.
7 Musielak/Voit-*Voit*, ZPO, § 1044 Rn. 2.
8 MK-*Münch*, ZPO, § 1044 Rn. 12.
9 Musielak/Voit-*Voit*, ZPO, § 1044 Rn. 3.
10 BT-Drucks. 13/5274, S. 48.
11 Musielak/Voit-*Voit*, ZPO, § 1044 Rn. 2; Zöller-*Geimer*, ZPO, § 1044 Rn. 2.
12 BT-Drucks. 13/5274, S. 47; Zöller-*Geimer*, ZPO, § 1044 Rn. 2.

weis auf die Schiedsvereinbarung erfordert kein Beifügen der Schiedsvereinbarung, nähere Wiedergabe oder unverwechselbare Benennung (durch Datum o.ä.).[13]

Zugang des Vorlegungsantrages führt zur **Schiedshängigkeit**. Die **Folge** ist bei Geltung deutschen Rechts gem. §§ 204 Abs. 1 Nr. 11, 941 BGB **Verjährungs-** und Ersitzungsfristhemmung.[14] Dies ist schon vor Bildung des Schiedsgerichts möglich.[15] Andersherum reicht das Betreiben der Schiedsgerichtskonstituierung nicht, solange der Zugang des Vorlegungsantrags fehlt, da die gesetzgeberischen Motive auch hier keinen Niederschlag fanden.[16] Es erfolgt **keine Rechtshängigkeit** nach § 261 Abs. 3 Nr. 1 ZPO, die Folgen sind jedoch ähnlich.[17] Weitere Konsequenzen können sich aus §§ 286 Abs. 1 Satz 2 Var. 1, 291 f., 562b, 818 Abs. 4, 864, 941, 987, 989, 994 BGB ergeben.[18] Ist der Verfahrensbeginn abweichend vereinbart, etwa beim DIS-Schiedsverfahren gem. § 6.1 Satz 2 DIS-SchiedsO richten sich die Folgen konsequent danach. Die Verjährungshemmung nach § 204 Abs. 1 Nr. 11 BGB beginnt dann ab Eingang des Vorlegungsantrags bei der Geschäftsstelle. Bei der Schiedswiderklage gilt entsprechendes (str.).[19]

3

§ 1045
Verfahrenssprache

(1) [1]Die Parteien können die Sprache oder die Sprachen, die im schiedsrichterlichen Verfahren zu verwenden sind, vereinbaren. Fehlt eine solche Vereinbarung, so bestimmt hierüber das Schiedsgericht. [2]Die Vereinbarung der Parteien oder die Bestimmung des Schiedsgerichts ist, sofern darin nichts anderes vorgesehen wird, für schriftliche Erklärungen einer Partei, mündliche Verhandlungen, Schiedssprüche, sonstige Entscheidungen und andere Mitteilungen des Schiedsgerichts maßgebend.

(2) Das Schiedsgericht kann anordnen, dass schriftliche Beweismittel mit einer Übersetzung in die Sprache oder die Sprachen versehen sein müssen, die zwischen den Parteien vereinbart oder vom Schiedsgericht bestimmt worden sind.

Insbesondere bei internationalen Schiedsverfahren ist die Wahl der Verfahrenssprache zentral.[1] Die Norm eröffnet entgegen § 184 GVG den Parteien und subsidiär dem Schiedsgericht die **Sprachwahl**. Sie entspricht fast wortgleich Art. 22 ModG (vgl. schon Art. 17 SchO), wurde neu eingeführt, bleibt aber von praktisch geringer Bedeutung, sie bietet v.a. Klarstellung.[2] Denn da § 184 GVG auf Schiedsverfahren ohnehin nicht gilt, wurde bei internationalen Streitigkeiten schon jeher die Sprache vereinbart, bei nationalen war sie i.d.R. deutsch. Von § 1044 ZPO nicht erfasst sind die Korrespondenzsprache zwischen den Parteien und die Gerichtssprache, die i.d.R. national festgelegt ist (vgl. § 184 GVG).[3]

1

Die Parteien können nach **Abs. 1 Satz 1** die Sprache frei und **formlos**[4] festlegen – ein Vorteil des Schiedsverfahrens.[5] Die **explizite Wahl** ist aber nötig, selbst bei rein nationalen Verfah-

2

---

13 MK-*Münch*, ZPO, § 1044 Rn. 27; Musielak/Voit-*Voit*, ZPO, § 1044 Rn. 2.
14 MK-*Münch*, ZPO, § 1044 Rn. 31 ff.; Musielak/Voit-*Voit*, ZPO, § 1044 Rn. 5; Zöller-*Geimer*, ZPO, § 1044 Rn. 4; normkritisch *Wilke*, RiW 2007, 189.
15 *Schroeter*, SchiedsVZ 2004, 288 (292); *Wilke*, RIW 2007, 189 (190).
16 BT-Drucks. 13/5274, S. 47 f.; Musielak/Voit-*Voit*, ZPO, § 1044 Rn. 5.
17 Zöller-*Geimer*, ZPO, § 1044 Rn. 5; *Lachmann*, Schiedsgerichtspraxis, Rn. 762.
18 Musielak/Voit-*Voit*, ZPO, § 1044 Rn. 7 f.; Zöller-*Geimer*, ZPO, § 1044 Rn. 5.
19 *Hilgard*, BB 2014, 1929 (1933); a.A. *Stolzke*, Aufrechnung und Widerklage in der Schiedsgerichtsbarkeit, S. 133.

Zu § 1045:
1 Allgemein zu Sprachfragen im internationalen Zivilverfahrensrecht *Mankowski*, FS Kaissis, S. 607 ff.; Englisch als Schiedsgerichtssprache: *Trittmann*, AnwBl 2012, 35; bei Folgeverfahren vor dem OLG *Ott*, AnwBl 2012, 38; vgl. als Staatsgerichtssprache de lege ferenda *Callies/Hoffmann*, AnwBl 2009, 52; *von Westphalen*, AnwBl 2009, 214; *Prütting*, AnwBl 2010, 113.
2 MK-*Münch*, ZPO, § 1045 Rn. 1.
3 MK-*Münch*, ZPO, § 1045 Rn. 9.
4 Musielak/Voit-*Voit*, ZPO, § 1045 Rn. 2.
5 Vgl. *Raeschke-Kessler/Wiegand*, AnwBl 2007, 396 (397) für Gesellschafterstreits; *Keller/Netzer*, BB 2013, 1347 (1351) für Kapitalmarktstreits; *Birke*, VW 2010, 570, bezüglich Rückversicherungen; zu vergleichbaren Ideen bzgl. der staatlichen Gerichte *Hirtz*, NJW 2014, 2529 (2533). Zu Grenzen, etwa im türkischen Recht *Rumpf*, SchiedsVZ 2017, 11.

ren,⁶ und sollte früh erfolgen.⁷ Die getroffene Wahl kann von den Parteien **abgeändert** werden (str.), auch wenn dies je nach Verfahrensstadium zeit- und kostenaufwändig ist, ermöglicht dies die Parteiautonomie; die Schiedsrichter haben notfalls ein Kündigungsrecht.⁸ Die Wahl **mehrerer Sprachen** ist möglich,⁹ birgt aber Kosten- und Verzögerungsrisiken.¹⁰ Daher sollten mehrere gewählte Sprachen im Zweifel als Alternativen gelten.¹¹

3 Fehlt eine Parteivereinbarung, legt das Schiedsgericht die Sprache fest (Subsidiarität) **(Abs. 1 Satz 2)**, wichtige Orientierung bietet die Sprache des Hauptvertrages,¹² aber auch die der Vertragsparteien und Schiedsrichter. Bewusst kann eine „neutrale Drittsprache" gewählt werden.¹³ Zuletzt ist der Blick auf mögliche nationale Folgeverfahren sinnvoll,¹⁴ weniger auf den Schiedsort.¹⁵ Die Wahl ist auf den Vorsitzenden delegierbar (str.).¹⁶

4 **Folgen der Nichtbeachtung** lehnen sich an die Rechtsprechung zu § 184 GVG an,¹⁷ allerdings hat bei Verfehlung durch die Parteien das Schiedsgericht in besonderem Maße die Gewähr rechtlichen Gehörs und die eigene Sachaufklärungspflicht zu beachten.¹⁸ Insb. ist den Parteien eine Übersetzung aufzugeben.¹⁹ Die Eingabe in „falscher Sprache" kann etwaige Fristen nicht wahren, aber ggf. liegt genügende Entschuldigung vor²⁰ und eine Nachfrist zur Übersetzung ist meist geboten. Die Missachtung seitens des Schiedsgerichts ist i.d.R. Aufhebungsgrund gem. § 1059 Abs. 2 Nr. 1 Buchst. b Var. 2 und Nr. 1 Buchst. d Hs. 1 Var. 2 ZPO.²¹ Der Verstoß ist nicht rügepflichtig gem. § 1027 ZPO,²² aber heilbar durch Wiederholung. Wenn einer Partei der nötige Dolmetscher verweigert wird, gilt dasselbe.²³

5 Sinnvollerweise veranlasst ist eine **Übersetzungsanordnung (Abs. 2)**, wenn nicht alle Parteien der Verfahrenssprache mächtig sind, zumindest ist Zeit zur eigenen Übersetzung zuzugestehen.²⁴ Es reicht im Zweifel die Übersetzung in eine von mehreren gewählten Sprachen (Rn. 2). Diese Kosten sind notwendige gem. § 1057 Abs. 1 ZPO und unabhängig von der Übersetzungsveranlassung Gegenstand der Kostenentscheidung.²⁵ Dagegen sind die Kosten der Übersetzung in die Muttersprache einer Partei keine Verfahrenskosten.²⁶

§ 1046
Klage und Klagebeantwortung

(1) ¹Innerhalb der von den Parteien vereinbarten oder vom Schiedsgericht bestimmten Frist hat der Kläger seinen Anspruch und die Tatsachen, auf die sich dieser Anspruch stützt, darzulegen und der Beklagte hierzu Stellung zu nehmen. ²Die Parteien können dabei alle ihnen erheblich erscheinenden Dokumente vorlegen oder andere Beweismittel bezeichnen, derer sie sich bedienen wollen.

(2) Haben die Parteien nichts anderes vereinbart, so kann jede Partei im Laufe des schiedsrichterlichen Verfahrens ihre Klage oder ihre Angriffs- und Verteidigungsmittel ändern oder

---

6 MK-*Münch*, ZPO, § 1045 Rn. 3.
7 MK-*Münch*, ZPO, § 1045 Rn. 5 zur Wahl durch das Schiedsgericht, was aber genauso für die Wahl der Parteien gilt.
8 Musielak/Voit-*Voit*, ZPO, § 1045 Rn. 2; *Lachmann*, Schiedsgerichtspraxis, Rn. 1402; Böckstiegel/Kröll/Nacimiento-*Sachs*/*Lörcher*, Arbitration in Germany, § 1045 Rn. 2 (Rücktrittsgrund); a.A. MK-*Münch*, ZPO, § 1045 Rn. 4.
9 Zöller-*Geimer*, ZPO, § 1045 Rn. 1.
10 Zöller-*Geimer*, ZPO, § 1045 Rn. 2; MK-*Münch*, ZPO, § 1045 Rn. 4 m.w.N.
11 Musielak/Voit-*Voit*, ZPO, § 1045 Rn. 2.
12 Zöller-*Geimer*, ZPO, § 1045 Rn. 2.
13 MK-*Münch*, ZPO, § 1045 Rn. 6.
14 *Ott*, AnwBl 2012, 38, zu möglichen Problemen von anderssprachigen Folgeverfahren; vgl. *Prütting*, AnwBl 2010, 113.
15 Vgl. beispielhaft BGH, IHR 2006, 130 (131).
16 Musielak/Voit-*Voit*, ZPO, § 1045 Rn. 2; a.A. MK-*Münch*, ZPO, § 1045 Rn. 5.
17 Vgl. BVerfGE 40, 95 (100); BVerfGE 42 120 (126 f.); BVerfGE 86, 280 (284 f.).
18 Vgl. zu § 184 GVG schon BVerwG, NJW 1996, 1553.
19 Vgl. zu § 184 GVG schon OLG Frankfurt a.M., NJW 1980, 1173.
20 MK-*Münch*, ZPO, § 1045 Rn. 15.
21 MK-*Münch*, ZPO, § 1045 Rn. 16.
22 MK-*Münch*, ZPO, § 1045 Rn. 16; aber Musielak/Voit-*Voit*, ZPO, § 1045 Rn. 4.
23 *Schwab/Walter*, Schiedsgerichtsbarkeit, Kap. 16 Rn. 42; Musielak/Voit-*Voit*, ZPO, § 1045 Rn. 4.
24 *Schütze*, Schiedsrecht, Rn. 376; Musielak/Voit-*Voit*, ZPO, § 1045 Rn. 5.
25 BT-Drucks. 13/5274, S. 48; Zöller-*Geimer*, ZPO, § 1045 Rn. 3.
26 *Schütze*, Schiedsrecht, Rn. 378; Stein/Jonas-*Schlosser*, ZPO, § 1045 Rn. 3; Musielak/Voit-*Voit*, ZPO, § 1045 Rn. 5.

ergänzen, es sei denn, das Schiedsgericht lässt dies wegen Verspätung, die nicht genügend entschuldigt wird, nicht zu.
(3) Die Absätze 1 und 2 gelten für die Widerklage entsprechend.

Nachdem nach § 1044 ZPO zum Verfahrensbeginn ein Vorlegeantrag reicht, bedarf die Klageschrift einer Entsprechung zum § 253 ZPO.¹ Im laufenden Verfahren bestehen große Freiheiten zur Änderung oder Ergänzung der Ansprüche und Mittel (Abs. 2 Hs. 1), begrenzt allerdings durch Präklusion (Abs. 2 Hs. 2), was auch für die Widerklage gilt (Abs. 3). 1

Anspruch und zu Grunde liegende Tatsachen sind anzugeben und ergeben den Streitgegenstand.² Nach dem Wortlaut ist **kein bestimmter Antrag** nötig, das Rechtsschutzbegehren muss aber klar werden.³ **Schlüssigkeit** ist nicht gefordert (str.),⁴ da das Gericht selbst aufzuklären hat (siehe § 1042 Rn. 18). Auch ist die Bezeichnung von Beweismitteln bewusst nicht so streng wie sonst in der ZPO.⁵ 2

Frist zur Klagebegründung und -erwiderung kann von den Parteien formlos vereinbart oder subsidiär vom Schiedsgericht (Vorsitzender) bestimmt werden.⁶ Die Fristen müssen angemessen sein und sind sinnvollerweise präklusionsbewehrt. Ist die Frist zu knapp, ist dies präklusionsbedroht zu rügen, § 1027 ZPO.⁷ Die Fristen können verkürzt oder verlängert werden. Die Berechnung orientiert sich an der ZPO (§§ 221ff. ZPO analog, daher Verlängerung nach § 224 ZPO, nicht § 190 BGB).⁸ Unentschuldigt verspätete Klagebegründung führt zur Beendigung durch Beschluss, §§ 1048 Abs. 1, 1056 Abs. 2 Nr. 1 Buchst. a ZPO. Bzgl. der Klageerwiderung gilt § 1048 Abs. 2 ZPO (keine Geständnisfiktion).⁹ 3

Klagänderung ist weiter als bei § 263 ZPO gem. **Abs. 2** ZPO jederzeit möglich, so nicht anders vereinbart bzw. durch § 1066 ZPO bestimmt. Die **Angriffs- und Verteidigungsmittel** verstehen sich wie in § 282 ZPO.¹⁰ **Präklusion** ist in Abs. 2 angesprochen, aber nicht en détail geregelt. Sinnvoll ist eine nähere parteiseitige Ausgestaltung, ggf. auf Anregung des Schiedsgerichts und noch nach Verfahrensbeginn möglich.¹¹ Ohne nähere Regelung orientiert sich das Gericht zwischen den Maximen Verfahrensbeschleunigung und Gewähr rechtlichen Gehörs.¹² Auch an § 296 ZPO und § 296a ZPO kann sich dabei orientiert werden, da die Grundsätze denen im staatsgerichtlichen Verfahren entsprechen.¹³ 4

Widerklage (Abs. 3) ist möglich, wenn der Gegenstand von der Schiedsvereinbarung erfasst ist¹⁴ und sie nicht per Parteivereinbarung ausgeschlossen ist.¹⁵ Der Ausschluss ist in besonderen Fällen selbst konkludent möglich.¹⁶ Die Widerklage gegen Dritte ist über § 1066 ZPO möglich, ansonsten nur, wenn der Dritte auch der Schiedsvereinbarung subjektiv unterfällt, der Widerklage zustimmt und sich dem konstituierten Schiedsgericht unterwirft, um dessen Konstituierungsmitwirkung er sonst beraubt wäre.¹⁷ Haupt- und Widerklage können durch Teil- 5

---

1 BT-Drucks. 13/5274, S. 48; Zöller-*Geimer*, ZPO, § 1046 Rn. 1; Musielak/Voit-*Voit*, ZPO, § 1046 Rn. 1 f.; MK-*Münch*, ZPO, § 1046 Rn. 1 ff.
2 Zöller-*Geimer*, ZPO, § 1046 Rn. 1; MK-*Münch*, ZPO, § 1046 Rn. 4 f.
3 Musielak/Voit-*Voit*, ZPO, § 1046 Rn. 2.
4 Zöller-*Geimer*, ZPO, § 1046 Rn. 2; Musielak/Voit-*Voit*, ZPO, § 1046 Rn. 2; Stein/Jonas-*Schlosser*, ZPO, § 1046 Rn. 5; a.A. MK-*Münch*, ZPO, § 1046 Rn. 5 – jedenfalls „weitgehende Schlüssigkeit" fordernd.
5 BT-Drucks. 13/5274, S. 48.
6 Musielak/Voit-*Voit*, ZPO, § 1046 Rn. 3; MK-*Münch*, ZPO, § 1046 Rn. 12 f.
7 MK-*Münch*, ZPO, § 1046 Rn. 12; Musielak/Voit-*Voit*, ZPO, § 1043 Rn. 6.
8 MK-*Münch*, ZPO, § 1046 Rn. 12.
9 MK-*Münch*, ZPO, § 1046 Rn. 13.
10 Zöller-*Geimer*, ZPO, § 1046 Rn. 2.
11 Zöller-*Geimer*, ZPO, § 1046 Rn. 3.
12 OLG Frankfurt a.M., SchiedsVZ 2014, 154, II.1.; OLG Köln, IBRRS 2012, 4106.
13 § 1042 Rn. 4; OLG Frankfurt a.M., SchiedsVZ 2014, 154, II.1. mit Anm. *Weyer*, IBR 2014, 639; im Ergebnis Musielak/Voit-*Voit*, ZPO, § 1046 Rn. 10; Zöller-*Geimer*, ZPO, § 1046 Rn. 3; OLG Köln v. 15.06.2012, 19 Sch 14/11, juris.
14 Stein/Jonas-*Schlosser*, ZPO, § 1046 Rn. 6; Zöller-*Geimer*, ZPO, § 1046 Rn. 4; ausführlich zu Widerklagen *Hilgard*, BB 2014, 1929.
15 Musielak/Voit-*Voit*, ZPO, § 1046 Rn. 17; Zöller-*Geimer*, ZPO, § 1046 Rn. 7.
16 Zöller-*Geimer*, ZPO, § 1046 Rn. 6.
17 *Schütze*, Schiedsrecht, Rn. 500; vgl. weiter *Geimer*, FS Hay, S. 171; Böckstiegel/Berger/Bredow-*Geimer*, Die Beteiligung Dritter an Schiedsverfahren, S. 71 ff.; *Kleinschmidt*, SchiedsVZ 2006, 141 (148); *Martens*, Wirkungen der Schiedsvereinbarung und des Schiedsverfahrens auf Dritte, 2005.

schiedsspruch gesondert behandelt werden.[18] Die Verjährungshemmung richtet sich nach § 1044 ZPO (Rn. 3) ggf. i. V. m. § 204 Abs. 1 Nr. 1 ZPO.[19]

§ 1047
Mündliche Verhandlung und schriftliches Verfahren

(1) [1]Vorbehaltlich einer Vereinbarung der Parteien entscheidet das Schiedsgericht, ob mündlich verhandelt werden soll oder ob das Verfahren auf der Grundlage von Dokumenten und anderen Unterlagen durchzuführen ist. [2]Haben die Parteien die mündliche Verhandlung nicht ausgeschlossen, hat das Schiedsgericht eine solche Verhandlung in einem geeigneten Abschnitt des Verfahrens durchzuführen, wenn eine Partei es beantragt.
(2) Die Parteien sind von jeder Verhandlung und jedem Zusammentreffen des Schiedsgerichts zu Zwecken der Beweisaufnahme rechtzeitig in Kenntnis zu setzen.
(3) Alle Schriftsätze, Dokumente und sonstigen Mitteilungen, die dem Schiedsgericht von einer Partei vorgelegt werden, sind der anderen Partei, Gutachten und andere schriftliche Beweismittel, auf die sich das Schiedsgericht bei seiner Entscheidung stützen kann, sind beiden Parteien zur Kenntnis zu bringen.

1 Die Norm schafft **Erleichterungen** ggü. dem staatlichen Verfahren, bringt ansonsten für deutsches Recht nur Selbstverständliches und dient v. a. der Vermeidung von Irrtümern ausländischer Rechtsanwender.[1] Sie fußt auf Art. 24 ModG und präzisiert das rechtliche Gehör in Abs. 2 und 3 und das Neutralitätsgebot.[2] Sie entspricht § 28 DIS-SGO.

2 Parteien und subsidiär das Schiedsgericht können zu jedem Zeitpunkt für oder wider die **mündliche Verhandlung** optieren und ihre Entscheidung ändern.[3] Wurde die mündliche Verhandlung nicht ausdrücklich ausgeschlossen, ist sie zugelassen und auf Antrag anzuberaumen.[4] Anderenfalls droht § 1059 Abs. 2 Nr. 1 Buchst. b und d ZPO.[5] Versagung mündlichen Gehörs liegt darin grds. nicht, solange sich schriftlich geäußert werden kann (Telos, Systematik).[6] Wie oft mündlich zu verhandeln ist, ergibt sich aus dem Gebot rechtlichen Gehörs, nicht den Anträgen dazu.[7] Selbst bei Ausschluss der mündlichen Verhandlung kann ausnahmsweise auf Antrag oder von Amts wegen der Grundsatz rechtlichen Gehörs mündliche Verhandlung gebieten.[8] Allgemein gilt kein Mündlichkeitsprinzip, schriftsätzlich Vorgetragenes ist in das Verfahren voll eingeführt.[9] Zu Fragen der Beweisaufnahme in der mündlichen Verhandlung siehe § 1042 Rn. 21.

3 Das Schiedsgericht kann **Dokumentenvorlage** anordnen, vgl. Abs. 1 S. 1 a. E., §§ 1046 Abs. 1, 1048 Abs. 3, 1049 Abs. 1 Satz 2 ZPO. Die Parteien haben einen **Informationsanspruch**, er ist unabdingbar,[10] er kann allenfalls durch „protective orders" zur Vertraulichkeitswahrung geringfügig eingeschränkt werden.[11] Es ist über alle Termine zu informieren **(Abs. 2)**. Weiter ist alles, was eine Partei dem Schiedsgericht mitteilt, auch der anderen mitzuteilen, sowie alles, was von Dritter Seite stammt (Gutachten und andere schriftl. Beweismittel), beiden Par-

---

18 Musielak/Voit-*Voit*, ZPO, § 1046 Rn. 16.
19 *Hilgard*, BB 2014, 1929.

Zu § 1047:
1 Stein/Jonas-*Schlosser*, ZPO, § 1047 Rn. 1.
2 BT-Drucks. 13/5274, S. 48; MK-*Münch*, ZPO, § 1047 Rn. 2; Musielak/Voit-*Voit*, ZPO, § 1047 Rn. 1.
3 MK-*Münch*, ZPO, § 1047 Rn. 3 ff.; Zöller-*Geimer*, ZPO, § 1047 Rn. 3; BGH, NJW 1994, 2155 zum alten Recht.
4 MK-*Münch*, ZPO, § 1047 Rn. 6; OLG München v. 31.08.2015, 34 Sch 11/13, juris, II.3.a.2) zur ausnahmsweisen Pflicht mehrfacher mündlicher Verhandlung.
5 OLG Naumburg, NJW-RR 2003, 71, II.1.
6 OLG Naumburg, NJW-RR 2003, 71, II.2.
7 OLG München v. 31.08.2015, 34 Sch 11/13, juris.
8 BT-Drucks. 13/5274, S. 48; Zöller-*Geimer*, ZPO, § 1047 Rn. 1; MK-*Münch*, ZPO, § 1047 Rn. 7.
9 BT-Drucks. 13/5274, S. 49; Musielak/Voit-*Voit*, ZPO, § 1047 Rn. 3; MK-*Münch*, ZPO, Rn. 3; Zöller-*Geimer*, ZPO, § 1047 Rn. 2.
10 Musielak/Voit-*Voit*, ZPO, § 1047 Rn. 5; MK-*Münch*, ZPO, § 1047 Rn. 11, 15; Stein/Jonas-*Schlosser*, ZPO, § 1047 Rn. 7 (sic).
11 *Haller*, SchiedsVZ 2013, 135.

teien zur Kenntnis zu geben **(Abs. 3)**. Dies gilt nicht, wenn der anderen Seite die Unterlagen schon vorliegen (keine bloße Förmelei).[12] Ansonsten droht § 1059 Abs. 2 Nr. 1 Buchst. b ZPO.[13]

Geheimhaltung im Verfahren ist selbst bei Verfahren der öffentlichen Hand zu wahren. In der Investitionsschiedsgerichtsbarkeit gelten dagegen besondere Transparenzregeln (Art. 48 Abs. 4 der ICSID, Art. 3 UNCITRAL Regeln zur Transparenz[14]). Allerdings böte selbst ein staatliches Gerichtsverfahren keine volle Transparenz, bringt doch § 169 GVG (Öffentliches Verfahren) weder mündlichen Vortrag des Akteninhalts noch öffentliches Akteneinsichtsrecht. Daher bieten die UNCITRAL-Regeln mehr als staatliche Verfahren. Das Informationsfreiheitsgesetz begrenzt sich in § 3 Nr. 1 Buchst. g IFG, wenn das Bekanntwerden der Information für ein laufendes Gerichtsverfahren nachteilig sein kann.   4

§ 1048
Säumnis einer Partei

(1) Versäumt es der Kläger, seine Klage nach § 1046 Abs. 1 einzureichen, so beendet das Schiedsgericht das Verfahren.

(2) Versäumt es der Beklagte, die Klage nach § 1046 Abs. 1 zu beantworten, so setzt das Schiedsgericht das Verfahren fort, ohne die Säumnis als solche als Zugeständnis der Behauptungen des Klägers zu behandeln.

(3) Versäumt es eine Partei, zu einer mündlichen Verhandlung zu erscheinen oder innerhalb einer festgelegten Frist ein Dokument zum Beweis vorzulegen, so kann das Schiedsgericht das Verfahren fortsetzen und den Schiedsspruch nach den vorliegenden Erkenntnissen erlassen.

(4) ¹Wird die Säumnis nach Überzeugung des Schiedsgerichts genügend entschuldigt, bleibt sie außer Betracht. ²Im Übrigen können die Parteien über die Folgen der Säumnis etwas anderes vereinbaren.

Die Norm regelt große, aber nicht alle Teile der **Folgen der Säumnis** neben §§ 1031 Abs. 6, 1040 Abs. 2 ZPO und § 1046 Abs. 2 ZPO. Sie orientiert sich an Art. 25 ModG in Wortlaut und Struktur. Sie spricht von Säumnis und erfasst sowohl Versäumung von Prozesshandlungen als auch Versäumnis von Terminen.[1] Säumnis ist in Schiedsverfahren seltener als in Gerichtsverfahren.[2]   1

Allgemein gilt: **Abs. 1** betrifft die Säumnis bzgl. § 1046 Abs. 1 ZPO seitens des Klägers und ist **abzugrenzen** von Abs. 2, der die Säumnis des Beklagten betrifft. § 1046 Abs. 1 Satz 2 ZPO (Nennung/Vorlage von Beweismitteln) ist schon dem Wortlaut nach nicht von § 1048 Abs. 1 und Abs. 2 ZPO erfasst, das Thema wird über § 1048 Abs. 3 ZPO adressiert. Auch nicht erfasst sind bloße Unvollständigkeiten.[3] Die versäumte **Frist** ergibt sich nicht aus der Norm, sondern nach § 1046 ZPO. Säumnis im Vollstreckbarerklärungsverfahren gibt es dagegen nicht.[4] Die Säumnis führt nicht per Gesetz Rechtsfolge, sondern erst durch **Gerichtsentscheidung**.[5]   2

Säumnis der Klageeinreichung bedeutet Säumnis, den erhobenen Anspruch und die ihn stützenden Tatsachen darzulegen, § 1046 Abs. 1 Satz 1 Var. 1 ZPO. Nachdem nach § 1044 ZPO ein Schiedsverfahren begonnen hat und Schiedshängigkeit besteht, soll schnell Klarheit herrschen. **Folge** dieser unentschuldigten Säumnis ist daher die Verfahrensbeendigung durch Einstellungsbeschluss, § 1056 Abs. 2 Nr. 1 Buchst. a ZPO.   3

Säumnis der Klageerwiderung führt zur Verfahrensfortsetzung (**Abs. 2 Hs. 1**), um Verzögerungstaktik zu vermeiden, ohne aber im Unterschied zu § 331 Abs. 1 Satz 1 ZPO zwingend ein   4

---

12 BGH, NJW-RR 2016 1201.
13 OLG Frankfurt a.M., SchiedsVZ 2014, 154; BGH, NJW 1994, 2155 zum alten Recht; Zöller-*Geimer*, ZPO, § 1047 Rn. 5; MK-*Münch*, ZPO, § 1047 Rn. 1 f., 10, 12.
14 Die Geltung regelt die Mauritius Konvention. Näher insg. *Reith*, Prozessuale Transparenz i.d. Investitionsschiedsgerichtsbarkeit (Diss.), 2015.

Zu § 1048:
1 MK-*Münch*, ZPO, § 1048 Rn. 2 zur Terminologie.
2 Zur grundsätzlichen Bedeutung und Umgang ausführlich *Quinke*, SchiedsVZ 2013, 129.
3 MK-*Münch*, ZPO, § 1048 Rn. 5 f.; Musielak/Voit-*Voit*, ZPO, § 1048 Rn. 2.
4 OLG Hamm, SchiedsVZ 2013, 182, B.1.
5 OLG Köln, IBRRS 2012, 4106.

ZPO § 1048 Durchführung des schiedsrichterlichen Verfahrens

Geständnis zu fingieren (Hs. 2).[6] Schiedsrichterliches Ermessen ermöglicht die Bandbreite der Einordnung als Geständnis bis zur schlichten Weiterverhandlung mit Beweiserhebung.[7]

5 **Säumnis der Verhandlung (Abs. 3 Var. 1)** erfordert mündliche Verhandlung nach rechtzeitiger Ladung (§ 1047 Abs. 2 ZPO)[8] durch ein ordnungsgemäß besetztes Gericht.[9] Auf schriftliches Verfahren findet keine analoge Anwendung statt, allerdings kann das Gericht Fristen setzen, Präklusion festlegen und entsprechend würdigen.[10] §§ 330 ff. ZPO sind weder direkt noch indirekt anwendbar mangels notwendiger mündlicher Verhandlung. Sie können vereinbart werden (str.), ggf. mit Ergänzung durch ein Einspruchsverfahren.[11] **Praktikertipp:** Jedenfalls für die schriftliche Verhandlung sollte die Folge der Fristversäumung inkl. der Frage eines Einspruchsverfahrens geregelt werden, siehe Abs. 4 Satz 2.

6 **Nichterscheinen oder Nichtverhandeln** einer Partei, gleichgültig welcher, reicht.[12] Vertretung ist aber selbstverständlich möglich.[13] **Säumnis beider Parteien** erfasst die Norm nicht.[14] In solchem Fall greift auch keine Variante des § 251a ZPO, vielmehr ist vorbehaltlich anderer Regelung nach Parteiantrag fortzuführen oder das Schiedsgericht stellt ein gem. § 1056 Abs. 2 Nr. 3 Var. 1 ZPO, nachdem es aufforderte das Verfahren weiter zu betreiben (Warnung). **Säumnis der Vorlage (Abs. 3 Var. 2)** bedarf zunächst einer Vorlagepflicht,[15] die wiederum Vorlagemöglichkeit und Vorlagefrist voraussetzt. Letztere folgt i.d.R. aus richterlicher Verfügung, seltener wegen parteilicher Vereinbarung. Der Wortlaut legt nahe das Original sei vorzulegen, dies ist aber zu Gunsten amtlich beglaubigter Kopie i.d.R. entbehrlich, so nicht anders ausdrücklich gefordert.[16] Das Schiedsgericht hat das Dokument empfangen, wenn es beim Vorsitzenden zugeht.[17] **Folge** der Säumnis der Verhandlung wie der Vorlage eröffnet nach Ermessen (str.)[18] des Gerichts die Möglichkeit zur Fortsetzung, ggf. unter Präklusion, sofortiger Entscheidung nach Aktenlage oder auch „normaler" Fortführung und entsprechender Beweiswürdigung.[19] Möglichkeit zur Entschuldigung – nicht zwingend zur Nachholung – ist zu geben.

7 Die Säumnis kann **genügend entschuldigt** werden und ist dann unbeachtlich, **Abs. 4 Satz 1**. Dies leitet sich aus dem Grundsatz rechtlichen Gehörs ab, das keiner Partei schuldlos verwehrt werden kann und ist daher zwingend.[20] Die Entschuldigung muss anders als in den verwandten § 1040 Abs. 2 Satz 4 ZPO und § 1046 Abs. 2 ZPO nach „Überzeugung des Gerichts" sein. Diese Überzeugung verstanden als volle Überzeugung würde Glaubhaftmachung ausschließen. Weder ModG noch Gesetzesbegründung legen aber ein solches Verständnis nahe. Die Gründe müssen letztlich substantiiert und plausibel sein, eine Beweiserhebung ist obsolet, Glaubhaftmachung reicht (str.).[21] Die zu § 296 ZPO bekannten Erwägungen (§§ 296, 296a Rn. 7)[22] können herangezogen werden.[23]

8 Bei **Entscheidungsmängeln** gilt: Hält das Schiedsgericht die Versäumung zu Unrecht für entschuldigt, so kann dies die Aufhebung des Schiedsspruchs nicht rechtfertigen.[24] Andersherum kann die unberechtigte Annahme unentschuldigter Säumnis Verletzung rechtlichen Gehörs

---

6 *Quinke*, SchiedsVZ 2013, 129 (131).
7 MK-*Münch*, ZPO, § 1048 Rn. 10; Zöller-*Geimer*, ZPO, § 1048 Rn. 1; Musielak/Voit-*Voit*, ZPO, § 1048 Rn. 3; vgl. auch BT-Drucks. 13/5274, S. 50.
8 Zöller-*Geimer*, ZPO, § 1048 Rn. 2; Musielak/Voit-*Voit*, ZPO, § 1048 Rn. 4.
9 OLG Karlsruhe v. 08.09.2011, 10 Sch 1/11, juris, II.2.d).
10 MK-*Münch*, ZPO, § 1048 Rn. 18; Musielak/Voit-*Voit*, ZPO, § 1048 Rn. 5.
11 Zöller-*Geimer*, ZPO, § 1048 Rn. 5; Musielak/Voit-*Voit*, ZPO, § 1048 Rn. 9; *Spohnheimer*, Gestaltungsfreiheit bei antezipiertem Legalanerkenntnis des Schiedsspruchs, S. 370 ff.
12 MK-*Münch*, ZPO, § 1048 Rn. 14.
13 MK-*Münch*, ZPO, § 1048 Rn. 12 ff.
14 MK-*Münch*, ZPO, § 1048 Rn. 16.
15 Zöller-*Geimer*, ZPO, § 1048 Rn. 3.
16 MK-*Münch*, ZPO, § 1048 Rn. 33.
17 MK-*Münch*, ZPO, § 1048 Rn. 24.
18 Ermessen: MK-*Münch*, ZPO, § 1048 Rn. 19 ff.; 36 f.; Musielak/Voit-*Voit*, ZPO, § 1048 Rn. 5 f.; differenzierend Stein/Jonas-*Schlosser*, ZPO, § 1048 Rn. 4.
19 MK-*Münch*, ZPO, § 1048 Rn. 19 ff.; 36 f.; Musielak/Voit-*Voit*, ZPO, § 1048 Rn. 5 f.; Stein/Jonas-*Schlosser*, ZPO, § 1048 Rn. 4.
20 Stein/Jonas-*Schlosser*, ZPO, § 1048 Rn. 1; Musielak/Voit-*Voit*, ZPO, § 1048 Rn. 7; MK-*Münch*, ZPO, § 1048 Rn. 39.
21 Sehr weit Musielak/Voit-*Voit*, ZPO, § 1048 Rn. 7; Stein/Jonas-*Schlosser*, ZPO, § 1048 Rn. 7; Böckstiegel/Kröll/Nacimiento-*Sachs/Lörcher*, Arbitration in Germany, § 1048 Rn. 12; strenger MK-*Münch*, ZPO, § 1048 Rn. 44 (überwiegende Wahrscheinlichkeit).
22 *Baudewin/Wegner*, NJW 2014, 1479 (1480 f.).
23 § 1027 Rn. 8; § 1032 Rn. 13; Musielak/Voit-*Voit*, ZPO, § 1048 Rn. 7.
24 Musielak/Voit-*Voit*, ZPO, § 1048 Rn. 2.

und damit Aufhebungsgrund sein.[25] Hat das Schiedsgericht gem. Abs. 1 das Verfahren durch Beendigungsbeschluss abgeschlossen, bemerkt nun aber die genügende Entschuldigung, kann mit Zustimmung der Parteien (Parteiautonomie) das Verfahren doch fortgesetzt bzw. wiederaufgenommen werden.[26] Auf nur einseitigen Antrag ist dies nicht möglich (str.), aber neu zu klagen.[27] Relevanz hat der Unterschied v.a. bzgl. Kosten und (Verjährungs-) Fristen. Um solche Probleme zu vermeiden, ist es sinnvoll Frist zur Entschuldigung und Nachholung der geforderten Handlung zu setzen.[28]

Die Parteien können die **Säumnisfolgen anderweitig vereinbaren, Abs. 4 Satz 2**. Dies ist formlos und jederzeit möglich, selbst nach Eintritt der Säumnis. Nicht aber kann über Entschuldigung und deren volle Beseitigung aller Folgen disponiert werden (Rn. 7). 9

§ 1049
Vom Schiedsgericht bestellter Sachverständiger

(1) [1]**Haben die Parteien nichts anderes vereinbart, so kann das Schiedsgericht einen oder mehrere Sachverständige zur Erstattung eines Gutachtens über bestimmte vom Schiedsgericht festzulegende Fragen bestellen.** [2]**Es kann ferner eine Partei auffordern, dem Sachverständigen jede sachdienliche Auskunft zu erteilen oder alle für das Verfahren erheblichen Dokumente oder Sachen zur Besichtigung vorzulegen oder zugänglich zu machen.**

(2) [1]**Haben die Parteien nichts anderes vereinbart, so hat der Sachverständige, wenn eine Partei dies beantragt oder das Schiedsgericht es für erforderlich hält, nach Erstattung seines schriftlichen oder mündlichen Gutachtens an einer mündlichen Verhandlung teilzunehmen.** [2]**Bei der Verhandlung können die Parteien dem Sachverständigen Fragen stellen und eigene Sachverständige zu den streitigen Fragen aussagen lassen.**

(3) **Auf den vom Schiedsgericht bestellten Sachverständigen sind die §§ 1036, 1037 Abs. 1 und 2 entsprechend anzuwenden.**

Die Norm regelt die **Einbeziehung von Sachverständigen** vorbehaltlich parteilicher Regelung. 1
Abs. 2 Satz 2 (Gehör) und Abs. 3 („Ablehnungsregeln") sind dagegen zwingend. Das **ModG** ist bzgl. des Beweisrechts[1] sehr zurückhaltend, da Schiedsverfahren oft international sind und sich daher das ModG zwischen den sehr unterschiedlichen anglo-amerikanischen/common law und kontinentalen Traditionen[2] entscheiden oder einen schwierigen Kompromiss entwickeln müsste.[3]

Die Parteiautonomie ermöglicht, das **Ob und Wie des Sachverständigenbeweises**[4] zu regeln. 2
Nach **Abs. 1 Satz 1** können etwa aus Kostengründen Sachverständige ganz ausgeschlossen werden oder auf bestimmte Sachverständige individuell/namentlich, nach Branchen, Abschlüssen (Meister, Ing.), Kammerzugehörigkeit, Sachgebieten etc. eingeschränkt oder ausgeschlossen werden.[5] Führt diese Eingrenzung zu einem Übergewicht einer Partei, ist nach § 1034 Abs. 2 ZPO analog zu verfahren.[6] Ist ein Gutachten insg. oder für einen wesentlichen Teil ausgeschlossen, fehlt dem Schiedsgericht die eigene diesbzgl. Sachkunde und stellen die Parteien die Frage nicht unstreitig, ist dies Kündigungsgrund bzgl. des Schiedsrichtervertrags.[7]

---

25 Musielak/Voit-*Voit*, ZPO, § 1048 Rn. 7.
26 Böckstiegel/Kröll/Nacimiento-*Sachs/Lörcher*, Arbitration in Germany, § 1048 Rn. 16; MK-*Münch*, ZPO, § 1048 Rn. 48; Musielak/Voit-*Voit*, ZPO, § 1048 Rn. 8.
27 MK-*Münch*, ZPO, § 1048 Rn. 48; Prütting/Gehrlein-*Prütting*, ZPO, § 1048 Rn. 6; Böckstiegel/Kröll/Nacimiento-*Sachs/Lörcher*, Arbitration in Germany, § 1048 Rn. 14; a.A. Musielak/Voit-*Voit*, ZPO, § 1048 Rn. 8.
28 Böckstiegel/Kröll/Nacimiento-*Sachs/Lörcher*, Arbitration in Germany, § 1048 Rn. 17.

Zu § 1049:
1 § 1042 Rn. 18 zum Beweisrecht. Grundlegend MK-*Münch*, ZPO, § 1049 Rn. 1–8, 43 ff.; *Baumert*, Beweis im Schiedsverfahren, S. 25 ff.; *Laumen*, MDR 2015, 1276.
2 § 1042 Rn. 18; zu den verschiedenen Vorgehensweisen *Demeyere*, SchiedsVZ 2003, 247; zur Beweisaufnahme in internat. Schiedsverfahren *Thümmel*, AG 2006, 842.
3 MK-*Münch*, ZPO, § 1049 Rn. 1 – Aufeinanderprallen der rechtlichen Eigenheiten.
4 Ausführlich *Baumert*, Beweis im Schiedsverfahren, S. 91 ff.; *Laumen*, MDR 2015, 1276 ff.; *Lotz*, SchiedsVZ 2011, 203 ff.
5 Vgl. Zöller-*Geimer*, ZPO, § 1049 Rn. 1.
6 Musielak/Voit-*Voit*, ZPO, § 1049 Rn. 2.
7 Musielak/Voit-*Voit*, ZPO, § 1049 Rn. 2; zur Beendigung durch den Schiedsrichter ausführlich *Altenkirch*, SchiedsVZ 2014, 113.

3 Das Gericht kann von sich aus ohne Antrag einen Sachverständigen als Vertreter der Parteien **beauftragen**.[8] Er ist dann Vertragspartner aller Parteien, nicht nur der beweisbelasteten, womit § 638 Abs. 2 BGB gilt.[9] Die Beauftragung durch die Partei ist möglich (Abs. 2 Satz 2), dann aber nur als Parteisachverständiger.[10] Der Auftrag des Schiedsgerichts hat „bestimmte vom Schiedsgericht festzulegende Fragen" (Abs. 1. S. 1 a.E.) aufzuwerfen. Der Sachverständige kann seinerseits Hilfsgutachter hinzuziehen, solange er die Erstellung des Endgutachtens nicht aus der Hand gibt.[11] Die Beauftragung eines **juristischer Berater** (§ 1035 Rn. 4) durch das Schiedsgericht ist nur unbedenklich, solange sie als Sachverständige Gutachten erstatten und das Schiedsgericht die eigene Verfahrensgestaltung und Entscheidung in der Hand behält (zur Beratungsteilnahme § 1052 Rn. 2).[12]

4 Mit dem Gutachter wird ein privatrechtlicher Werkvertrag (§§ 632ff. BGB) geschlossen, § 407 Abs. 1 ZPO gilt nicht. **Praxistipp**: Klarstellen sollte das Schiedsgericht, dass nur es selbst weisungsbefugt ist, die vertragliche Beziehung (Honorar) aber kraft Vertretung direkt zu den Parteien besteht.[13]

5 Nach **Abs. 1 Satz 2** kann das Schiedsgericht die Parteien zur **umfassenden Unterstützung des Sachverständigen** in Form der Zurverfügungstellung von Informationen und Informationsquellen auffordern.[14] Der Sachverständige hat kein eigenes Forderungsrecht ggü. den Parteien.[15] Kommt eine Partei der Aufforderung nicht nach, gibt es drei Möglichkeiten: Das Verfahren wird fortgesetzt und die Nichtvorlage fließt in die Beweiswürdigung ein, § 1048 Abs. 3 ZPO. Oder, wenn die Schiedsvereinbarung dies ausdrücklich vorsieht, kann per Schiedsspruch und damit vollstreckbar zur Vorlage verpflichtet werden.[16] Ansonsten hilft § 1050 ZPO,[17] das Verfahren kann solange ausgesetzt werden.[18] Er muss vertraulich handeln.[19] Er kann im Einverständnis mit den Parteien selbst Zeugen vernehmen.[20]

6 Der Sachverständige hat gem. **Abs. 2** auf Parteiantrag oder Weisung des Schiedsgerichts an einer mündlichen Verhandlung für Fragen zur Verfügung zu stehen. Zugleich können auch Parteisachverständige Aussagen treffen. Die Norm ist Ausfluss rechtlichen Gehörs. Andere Regelungen sind daher denkbar, aber nur unter Wahrung rechtlichen Gehörs. Der völlige Verzicht auf die Möglichkeit von Nachfragen und Äußerungen ist daher nicht möglich, aber die Beschränkung auf reine Schriftform und/oder den Weg über das Schiedsgericht.[21]

7 **Ablehnungsgründe (Abs. 3)** werden gem. §§ 1036, 1037 Abs. 1 und Abs. 2 ZPO behandelt.[22] Daraus folgt, dass der Gutachter mögliche Ablehnungsgründe, berechtigte Zweifel an seiner Unparteilichkeit oder Unabhängigkeit oder wenn er die zwischen den Parteien vereinbarten Voraussetzungen nicht erfüllt, von sich aus offenlegen muss.[23] Dies ist indisponibel. Die Vorbefassung in einem anderen Verfahren führt nicht ohne Weiteres zur Ablehnbarkeit.[24] Das Ablehnungsverfahren ist disponibel. Mangels Regelung entscheidet das Schiedsgericht. Bei unberechtigter Verweigerung der Gutachterentbindung bleibt kein direktes Rechtsmittel,

---

8 BGHZ 42, 313 = NJW 1965, 298; zur Bestellung *Lotz*, SchiedsVZ 2011, 203 ff.; Musielak/Voit-*Voit*, ZPO, § 1049 Rn. 2.
9 OLG Düsseldorf, BauR 2014, 878.
10 MK-*Münch*, ZPO, § 1049 Rn. 10, 35 ff.
11 MK-*Münch*, ZPO, § 1049 Rn. 16.
12 Stellvertretend nur BGHZ 110, 104 = MDR 1990, 703; Musielak/Voit-*Voit*, ZPO, § 1049 Rn. 3; MK-*Münch*, ZPO, § 1049 Rn. 11 f.; Zöller-*Geimer*, ZPO, § 1049 Rn. 3; Stein/Jonas-*Schlosser*, ZPO, § 1042 Rn. 10.
13 BGHZ 42, 313 = MDR 1965, 124; MK-*Münch*, ZPO, § 1049 Rn. 22; Musielak/Voit-*Voit*, ZPO, § 1049 Rn. 2; *Lotz*, SchiedsVZ 2011, 203 ff.
14 Zur Aufforderung durch das Gericht und zur Discovery *Kaufmann-Kohler/Bärtsch*, SchiedsVZ 2004, 13; zur discovery *Sachs*, SchiedsVZ 2003, 193.
15 MK-*Münch*, ZPO, § 1049 Rn. 17.
16 Musielak/Voit-*Voit*, ZPO, § 1049 Rn. 4.
17 § 1050 Rn. 2; Zöller-*Geimer*, ZPO, § 1049 Rn. 2.
18 Musielak/Voit-*Voit*, ZPO, § 1049 Rn. 4.
19 MK-*Münch*, ZPO, § 1049 Rn. 17; *Baumert*, Beweis im Schiedsverfahren, S. 88 ff., 207 ff.
20 Vgl. BGHZ 23, 207 = ZZP 70, 333.
21 BT-Drucks. 13/5274, S. 50; MK-*Münch*, ZPO, § 1049 Rn. 24 ff.; Musielak/Voit-*Voit*, ZPO, § 1049 Rn. 5.
22 OLG München, IBR 2008, 482, II.A.b.1); zum Beginn der Zweiwochenfrist SchiedsG Uelzen v. 28.09.2015, o. Az.
23 Musielak/Voit-*Voit*, ZPO, § 1049 Rn. 6, spricht zwar nur von Zweifeln, diese müssen aber „berechtigt" sein.
24 SchiedsG Uelzen v. 28.09.2015, o. Az.

allerdings § 1059 Abs. 2 Nr. 1 Buchst. d ZPO.[25] Das Gutachten des zu Recht Abgelehnten ist grds. unverwertbar.[26]

§ 1050
Gerichtliche Unterstützung bei der Beweisaufnahme und sonstige richterliche Handlungen

[1]Das Schiedsgericht oder eine Partei mit Zustimmung des Schiedsgerichts kann bei Gericht Unterstützung bei der Beweisaufnahme oder die Vornahme sonstiger richterlicher Handlungen, zu denen das Schiedsgericht nicht befugt ist, beantragen. [2]Das Gericht erledigt den Antrag, sofern es ihn nicht für unzulässig hält, nach seinen für die Beweisaufnahme oder die sonstige richterliche Handlung geltenden Verfahrensvorschriften. [3]Die Schiedsrichter sind berechtigt, an einer gerichtlichen Beweisaufnahme teilzunehmen und Fragen zu stellen.

Da das Gewaltmonopol richtigerweise beim Staat verbleibt, bedarf das Schiedsgericht **staatsgerichtlicher Unterstützung**,[1] u.a. bei der Beweiserhebung (§ 1042 Rn. 18). Dies gilt gem. § 1025 Abs. 1 und Abs. 2 ZPO für in- und ausländische Schiedsverfahren.[2] 1

Prüfungsgegenstand des staatlichen Gerichts ist nicht die Wirksamkeit der Schiedsvereinbarung, auch nicht die Erforderlichkeit oder Sinnhaftigkeit der Maßnahme und ihr zu Grunde liegenden Wertungen, etwa Beweislastentscheidungen. Geprüft wird dagegen, ob die fragliche Maßnahme vom Schiedsgericht angeordnet wurde, es zur Durchführung nicht befugt ist **(Subsidiarität)**, die Maßnahme nach der Schiedsvereinbarung statthaft und der Antrag zulässig ist.[3] Die beantragende Partei muss für letzteres die Zustimmung des Schiedsgerichts nachweisen.[4] Unzulässige Maßnahmen kann das Schiedsgericht ablehnen,[5] was aber bei Ersuchen **ausländischer Schiedsgerichte** sehr großzügig zu bemessen ist.[6] 2

Die **fehlende Befugnis** des Schiedsgerichts wird für staatliche Flankierung zentral vorausgesetzt.[7] Sie ist vom staatlichen Gericht nur zurückhaltend anzunehmen.[8] Bei rechtlicher Hinderung bedarf diese keiner Erläuterung, die faktische ist im Verfahren glaubhaft zu machen. Bspw. kann das Schiedsgericht nicht Zustellungen im Ausland durchführen,[9] auch hat es insbesondere ggü. Zeugen und Sachverständigen keine Zwangsmittel[10] und darf keine Eide oder eidesstattliche Versicherungen abnehmen, sondern nur bereits erfolgte Versicherungen verwerten.[11] Es kann keinen Vertreter nach § 57 ZPO bestellen[12] oder ein „behördliches" Auskunftsersuchen an Behörden stellen.[13] Bei all dem hilft das Staatsgericht, wie sogar zur Streitwertfestsetzung.[14] 3

---

25 MK-*Münch*, ZPO, § 1049 Rn. 33; Musielak/Voit-*Voit*, ZPO, § 1049 Rn. 7.
26 Ausnahme, wenn Unverwertbarkeit von Partei taktisch und rechtsmissbräuchlich durch Streitverkündung an den Sachverständigen herbeigeführt war, BGH, MDR 2007, 1213; diesen zu eng interpretierend dagegen Musielak/Voit-*Voit*, ZPO, § 1049 Rn. 7 – nicht ohne Weiteres unverwertbar.

Zu § 1050:
1 OLG Frankfurt a.M., SchiedsVZ 2013, 119, II.B.6.; Zöller-*Geimer*, ZPO, § 1049 Rn. 1; *Garbe-Emden*, BauR 2012, 1035 ff.; *Schroeder*, KritV 2012, 145 ff.; Musielak/Voit-*Voit*, ZPO, § 1049 Rn. 1, grundlegend und rechtsvergleichend, *Steinbrück*, Die Unterstützung ausländischer Schiedsgerichte durch staatliche Gerichte, S. 41 ff.; zur Unterstützung durch US-Gerichte *Fölsing*, RIW 2013, 340.
2 Zöller-*Geimer*, ZPO, § 1050 Rn. 2.
3 MK-*Münch*, ZPO, § 1050 Rn. 20 ff.; Zöller-*Geimer*, ZPO, § 1050 Rn. 6; Stein/Jonas-*Schlosser*, ZPO, § 1050 Rn. 13; *Schwab/Walter*, Schiedsgerichtsbarkeit, Kap. 17 Rn. 8.
4 *Schwab/Walter*, Schiedsgerichtsbarkeit, Kap. 17 Rn. 7.
5 BT-Drucks. 13/5274, S. 51; Stein/Jonas-*Schlosser*, ZPO, § 1050 Rn. 13.
6 Zöller-*Geimer*, ZPO, § 1050 Rn. 6, 9 f.; ausführlich *Steinbrück*, Unterstützung ausländischer Schiedsverfahren durch staatliche Gerichte, S. 41 ff., 253 ff.
7 Musielak/Voit-*Voit*, ZPO, § 1050 Rn. 2; MK-*Münch*, ZPO, § 1050 Rn. 8; großzügiger Zöller-*Geimer*, ZPO, § 1050 Rn. 8; *Steinbrück*, Unterstützung ausländischer Schiedsverfahren durch staatliche Gerichte, S. 417; Stein/Jonas-*Schlosser*, ZPO, § 1050 Rn. 6 und 11.
8 Zöller-*Geimer*, ZPO, § 1050 Rn. 8; *Steinbrück*, Unterstützung ausländischer Schiedsverfahren durch staatliche Gerichte, S. 417; MK-*Münch*, ZPO, § 1050 Rn. 26.
9 Stein/Jonas-*Schlosser*, ZPO, § 1050 Rn. 9.
10 § 1042 Rn. 21; *Baumert*, Beweis im Schiedsverfahren, S. 88 ff.
11 § 1041 Rn. 7; OLG Frankfurt a.M. v. 31.07.2013, 26 SchH 4/13, juris.
12 *Lachmann*, Schiedsgerichtspraxis, Rn. 1621; Musielak/Voit-*Voit*, ZPO, § 1050 Rn. 2.
13 MK-*Münch*, ZPO, § 1050 Rn. 9; Stein/Jonas-*Schlosser*, ZPO, § 1050 Rn. 9; Musielak/Voit-*Voit*, ZPO, § 1050 Rn. 2.
14 AG Stuttgart, SchiedsVZ 2012, 54 f.; zustimmend *Winkler*, SchiedsVZ 2012, 55 f.; ablehnend Stein/Jonas-*Schlosser*, ZPO, § 1050 Rn. 9.

4   Auch die **Vorlage an den Europäischen Gerichtshof** nach Art. 267 EUV oder das **Bundesverfassungsgericht** nach Art. 100 GG soll § 1050 ZPO unterfallen.[15] Die direkte Vorlage ist nicht möglich.[16] Sie ist strenggenommen auch nicht nötig, da das Gericht eine als verfassungswidrig angenommene Norm nicht zu beachten braucht. Dennoch ist ein Vorlageverfahren über § 1050 ZPO sinnvoll und möglich, da es Klärung schafft und bei Anwendung verfassungswidriger Norm ein Aufhebungsverfahren droht.[17] Entsprechendes gilt bzgl. **Kartellfragen** nach Art. 15 EG-KartVO. Im Fall obligatorischer Schiedsgerichte ist sogar direkte Vorlage möglich.[18]

5   Schiedsgericht (auch ausländisches, § 1025 Abs. 2 ZPO) und beide Parteien sind **antragsbefugt**,[19] der Parteiantrag ist abhängig von der Zustimmung des Schiedsgerichts (Wortlaut). **Zuständig** ist das **Amtsgericht** gem. § 1062 Abs. 4 ZPO. Das örtlich unzuständige Amtsgericht kann nach § 158 Abs. 2 Satz 2 GVG analog an das zuständige abgeben.[20] Das **Verfahren** ist i.d.R. rein schriftlich. Nur bei einseitigem Parteiantrag ist jedenfalls die andere Partei zu hören, § 1063 Abs. 1 Satz 2 ZPO.[21] Hat das Schiedsgericht (da stets handelnd im Interesse aller Parteien) oder haben beide Parteien gemeinsam den Antrag gestellt, erübrigt sich dies. Die Schiedsrichter haben ein **Teilnahmerecht** an einer gerichtlichen Beweisaufnahme inkl. Fragemöglichkeit (Satz 3). Dieses Recht kann zur Pflicht werden.[22] Über das Teilnahmerecht hinaus sind auch die Hinweise des Schiedsgerichts zu beachten, so sie zpo-konform sind,[23] was bei ausländischem Schiedsgericht wieder großzügig zu bemessen ist.

6   Die Entscheidung erfolgt durch mitzuteilenden **Beschluss**, was formlos gegenüber dem Schiedsgericht und/oder den Parteien erfolgen kann, § 329 Abs. 2 Satz 1 ZPO.[24] Der Beschluss ist mit der Beschwerde **anfechtbar**, gleich ob in Anlehnung an § 159 GVG[25] oder nach arg e § 1065 Abs. 1 Satz 2 ZPO, der sich nur auf § 1062 Abs. 1 ZPO bezieht, womit für § 1062 Abs. 4 ZPO i.V.m. § 1050 ZPO keine Regelung vorliegt.[26] Lehnt das Gericht den Antrag ab und scheidet andere Abhilfe aus, ist das Verfahren notfalls nach § 1059 Abs. 2 Nr. 3 Var. 2 ZPO zu beenden.

7   Die **Gerichtsgebühr** ergibt sich aus Nr. 1625 KV-GKG (0,5-Gebühr), für jeden Antrag und auch wenn ein originäres staatsgerichtliches Handeln ohne Gebühr wäre.[27] Kostenschuldner ist der Antragsteller, § 22 GKG.[28] Schiedsverfahren und Aushilfeverfahren sind für den Anwalt „dieselbe Angelegenheit", § 16 Nr. 8 RVG, isoliert betrachtet sind Nr. 3327 VV-RVG (0,75-Gebühr) und Nr. 3332 VV-RVG (0,5-Gebühr) erfüllt.[29] Das Gericht kann Auslagenvorschuss verlangen.[30]

---

15 Musielak/Voit-*Voit*, ZPO, § 1050 Rn. 2; zur Vorlage an den EuGH: OLG Frankfurt a.M., SchiedsVZ 2013, 119 ff.; *Schütze*, SchiedsVZ 2007, 121.
16 EuGH v. 27.01.2005, C-125/04, juris; EuGH v. 23.03.1982, 102/81, juris; Zöller-*Geimer*, ZPO, § 1051 Rn. 18.
17 Musielak/Voit-*Voit*, ZPO, § 1050 Rn. 2; Zöller-*Geimer*, ZPO, § 1051 Rn. 18.
18 EuGH v. 13.02.2014, C-555/13, juris mit Anm. *Schäfer*, BB 2014, 723; Musielak/Voit-*Voit*, ZPO, § 1050 Rn. 2; Zöller-*Geimer*, ZPO, § 1051 Rn. 18.
19 MK-*Münch*, ZPO, § 1050 Rn. 20 ff.
20 Musielak/Voit-*Voit*, ZPO, § 1050 Rn. 3.
21 MK-*Münch*, ZPO, § 1050 Rn. 28; Musielak/Voit-*Voit*, ZPO, § 1050 Rn. 6; Zöller-*Geimer*, ZPO, § 1050 Rn. 3.
22 Stein/Jonas-*Schlosser*, ZPO, § 1050 Rn. 18.
23 MK-*Münch*, ZPO, § 1050 Rn. 35.
24 MK-*Münch*, ZPO, § 1050 Rn. 28.
25 So MK-*Münch*, ZPO, § 1050 Rn. 28.
26 So Musielak/Voit-*Voit*, ZPO, § 1050 Rn. 6; Stein/Jonas-*Schlosser*, ZPO, § 1050 Rn. 17.
27 *Hartmann*, Kostengesetze, GKG, KV 1620–1627 Rn. 11.
28 Stein/Jonas-*Schlosser*, ZPO, § 1050 Rn. 19.
29 Zöller-*Geimer*, ZPO, § 1050 Rn. 12; MK-*Münch*, ZPO, § 1050 Rn. 36 f.; Musielak/Voit-*Voit*, ZPO, § 1050 Rn. 9.
30 Stein/Jonas-*Schlosser*, ZPO, § 1050 Rn. 16.

ABSCHNITT 6
Schiedsspruch und Beendigung des Verfahrens

§ 1051
Anwendbares Recht

(1) ¹Das Schiedsgericht hat die Streitigkeit in Übereinstimmung mit den Rechtsvorschriften zu entscheiden, die von den Parteien als auf den Inhalt des Rechtsstreits anwendbar bezeichnet worden sind. ²Die Bezeichnung des Rechts oder der Rechtsordnung eines bestimmten Staates ist, sofern die Parteien nicht ausdrücklich etwas anderes vereinbart haben, als unmittelbare Verweisung auf die Sachvorschriften dieses Staates und nicht auf sein Kollisionsrecht zu verstehen.

(2) Haben die Parteien die anzuwendenden Rechtsvorschriften nicht bestimmt, so hat das Schiedsgericht das Recht des Staates anzuwenden, mit dem der Gegenstand des Verfahrens die engsten Verbindungen aufweist.

(3) ¹Das Schiedsgericht hat nur dann nach Billigkeit zu entscheiden, wenn die Parteien es ausdrücklich dazu ermächtigt haben. ²Die Ermächtigung kann bis zur Entscheidung des Schiedsgerichts erteilt werden.

(4) In allen Fällen hat das Schiedsgericht in Übereinstimmung mit den Bestimmungen des Vertrages zu entscheiden und dabei bestehende Handelsbräuche zu berücksichtigen.

Inhalt:

	Rn.		Rn.
A. Normzweck, Systematik, Genese ...	1	D. Vertragliche Bestimmungen und Handelsbräuche, Abs. 4	8
B. Bestimmungsrecht der Parteien, Abs. 1 und Abs. 3	2	E. Bindung des Gerichts	10
C. Fehlen einer Parteivereinbarung, Abs. 2	7		

A. Normzweck, Systematik, Genese

Die Norm regelt welches Recht für die **materielle Entscheidung**, d. h. die Sachentscheidung gilt. Sie regelt nicht, welches Recht auf die Schieds*vereinbarung* (§ 1029 Rn. 30) und welches Schieds*verfahrens*recht (§ 1042 Rn. 8) anzuwenden ist. Die Parteien können eine bestehende Rechtsordnung oder eigene Regelungen vorgeben (Abs. 1) oder gänzlich das Schiedsgericht freistellen, womit es „nach Billigkeit zu entscheiden" hat (Abs. 3). Mangels Vorgabe hat das Schiedsgericht nach dem inhaltlich naheliegendsten staatlichen Recht zu entscheiden (Abs. 2) und in jedem Fall Vertragsbestimmungen und Handelsbräuche zu achten (Abs. 4). Die Norm basiert auf Art. 28 **ModG**.[1]

B. Bestimmungsrecht der Parteien, Abs. 1 und Abs. 3

Das **Bestimmungsrecht der Parteien (Abs. 1)** kann formlos ausgeübt werden. Es besteht große Freiheit. Bestehende oder veraltete Rechtsordnungen, eigene Regelungen oder Mischformen von all dem sind wählbar (vgl. § 1029 Rn. 22; § 1061 Rn. 2)[2] oder auch bestimmte Regelungen ausschließbar, etwa die AGB-Kontrolle.[3] Bestimmen die Parteien, das Schiedsgericht möge das anzuwendende Recht wählen, ist dieses nach Abs. 2 gebunden.[4]

Nach **Abs. 1 Satz 2** gilt die Bestimmung direkt als **„Durchverweisung" auf das materielle Recht**, nicht auf das Kollisionsrecht.[5] Die Verweisung gilt auch für Beweis*last*regeln, nicht aber für Beweisregeln, denn diese sind Verfahrensrecht.[6]

---

1 Zu Reformtendenzen *Wolff*, SchiedsVZ 2016, 293, 301.
2 BT-Drucks. 13/5274, S. 52; *Lachmann*, Schiedsgerichtspraxis, Rn. 1672; *Sandrock*, RIW 2000, 321 (322) – außerstaatliche Regelwerke; *Ritlewski*, SchiedsVZ 2007, 130 – *lex mercatoria*.
3 *Pfeiffer*, NJW 2012, 1169 (1172).
4 Musielak/Voit-*Voit*, ZPO, § 1051 Rn. 2.
5 Vgl. *McGuire*, SchiedsVZ 2011, 257; *Hartenstein*, TranspR 2010, 261; *Mallmann*, NJW 2008, 2953, zum Risiko diesbzgl. Klauseln.
6 Musielak/Voit-*Voit*, ZPO, § 1051 Rn. 2; MK-*Münch*, ZPO, § 1051 Rn. 12; vgl. auch § 1042 Rn. 18.

4 Die **Grenzen** gibt der *ordre public*,[7] insbesondere gebieten der unionsrechtliche Verbraucherschutz,[8] Arbeits-,[9] oder Kartellrecht[10] sowie das Versicherungsrecht[11] Einschränkungen. Diese und weitere Einschränkungen ergeben sich nach dem EGBGB (Art. 29, 34 EGBGB a.F.) und nunmehr den Art. 3 Abs. 3, 6 Abs. 2, 9 Abs. 2 **Rom I–VO** (VO [EG] Nr. 593/2008) und **Rom II–VO** (VO [EG] Nr. 864/2007) (str.).[12] Der Gesetzgeber meinte, diese Grenzen bestünden,[13] versäumte daher diese ausdrücklich einzuziehen, nach dem Telos gelten sie dennoch. Zwar soll auch durch möglichst einfaches, frei zu wählendes Recht die deutsche Schiedsgerichtsbarkeit gestärkt werden,[14] aber nicht zu Lasten des *ordre public* und insbesondere Dritt- und Verbraucherschutzes.[15] Bei Erbfällen wird § 1051 ZPO von EuErbVO verdrängt.[16]

5 Das Bestimmungsrecht der Parteien ermöglicht die Freistellung des Schiedsgerichts von einer materiellen Normbindung und die Entscheidung dessen billigem Ermessen zu unterstellen **(Abs. 3)**.[17] Dies bedarf ausdrücklicher Vereinbarung,[18] nicht notwendigerweise unter Verwendung besonderer Terminologie („**Billigkeit**", *„ex aequo et bono"*), ist formlos und noch im laufenden Verfahren möglich.[19] Liegen für die Schadensschätzung die Voraussetzungen des § 287 ZPO nicht vor, ist sie dennoch keine Billigkeitsentscheidung.[20] Auch die Scharia kann Einzug halten,[21] freilich in den Grenzen des *ordre public*.

6 **Abweichungen**: Trifft das Schiedsgericht bewusst eine Billigkeitsentscheidung ohne ausdrückliche Ermächtigung, ist der Schiedsspruch aufhebbar, § 1059 Abs. 2 Nr. 1 Buchst. d und Abs. 2 Nr. 2 ZPO.[22] Wendet umgekehrt das Schiedsgericht geltendes Recht an, statt nach Billigkeit zu entscheiden, liegt i.d.R. kein Aufhebungsgrund vor, da das geltende Recht grds. Ausgestaltung der Billigkeit ist.[23]

C. Fehlen einer Parteivereinbarung, Abs. 2

7 Fehlt eine Parteivereinbarung oder Anordnung (§ 1066 ZPO), ist das materielle[24] Recht des Staates anzuwenden, zu dem der Streitgegenstand die engsten Verbindungen aufweist. Dies ist nach Art. 4 Rom I–VO (widerlegbare Vermutungen) zu ermitteln (str.).[25] Zu dem anzuwendenden Recht gehören insbesondere anerkannte Handelsbräuche (vgl. Abs. 4).

D. Vertragliche Bestimmungen und Handelsbräuche, Abs. 4

8 Vertraglichen Bestimmungen und Handelsbräuche sind **stets beachtlich**, genießen daher besondere und gesicherte Rolle. Mit den vertraglichen Bestimmungen muss die Entscheidung übereinstimmen, die Handelsbräuche sind (nur) zu berücksichtigen. Entgegen des Wortlauts genießen die vertraglichen Bestimmungen keinen Vorrang vor einer anzuwendenden Rechtsordnung; die Ausnahme bildet Abs. 3 (Billigkeitsentscheidung). Ansonsten hat die Rechtsordnung Vorrang,[26] außer die vertragliche Bestimmung ist dahin auszulegen allgemein oder im

---

7 *Pfeiffer*, NJW 2012, 1169 (1172).
8 Musielak/Voit-*Voit*, ZPO, § 1051 Rn. 2.
9 MK-*Münch*, ZPO, § 1051 Rn. 20.
10 Vgl. *Wagner*, ZVglRWiss 2015, 494 ff.
11 MK-*Münch*, ZPO, § 1051 Rn. 20.
12 Stellvertretend MK-*Münch*, ZPO, § 1051 Rn. 18 ff.; Zöller-*Geimer*, ZPO, § 1051 Rn. 3; a.A. *Schütze*, Schiedsrecht, Rn. 388; Musielak/Voit-*Voit*, ZPO, § 1051 Rn. 3; vgl. *McGuire*, SchiedsVZ 2011, 257 ff.; *Hartenstein*, TranspR 2010, 261.
13 BT-Drucks. 13/5274, S. 52.
14 Stellvertretend Musielak/Voit-*Voit*, ZPO, § 1051 Rn. 3 m.w.N.
15 Vgl. zum Spannungsverhältnis Vorbem. § 1025 Rn. 2, 7.
16 *Lübcke*, GPR 2015, 111; *Mankowski*, ZEV 2014, 395 (399).
17 Ausführlich BGH v. 16.12.2015, I ZB 109/14, juris; ausführlich zum Für und Wider *Stauder*, SchiedsVZ 2014, 287.
18 OLG München, SchiedsVZ 2005, 308 (309).
19 Musielak/Voit-*Voit*, ZPO, § 1051 Rn. 4; MK-*Münch*, ZPO, § 1051 Rn. 16; a.A. Thomas/Putzo-*Reichold*, ZPO, § 1051 Rn. 4 – nachträglich nur gem. § 1031 ZPO möglich.
20 BGH v. 16.12.2015, I ZB 109/14, juris; OLG München, SchiedsVZ 2011, 159, II.2.b.2.
21 Zutreffend *Adolphsen/Schmalenberg*, SchiedsVZ 2007, 57.
22 OLG München, SchiedsVZ 2015, 303, II.2.b.3); OLG München, SchiedsVZ 2005, 308 (309); Zöller-*Geimer*, ZPO, § 1051 Rn. 3; a.A. Stein/Jonas-*Schlosser*, ZPO, § 1051 Rn. 25.
23 *Geimer*, Internationales Zivilprozessrecht, Rn. 3875; Zöller-*Geimer*, ZPO, § 1051 Rn. 8.
24 BT-Drucks. 13/5274, S. 53; *Lachmann*, Schiedsgerichtspraxis, Rn. 1676; a.A. Musielak/Voit-*Voit*, ZPO, § 1051 Rn. 67 für außerhalb auf Vertrag beruhende Streitigkeiten.
25 Zöller-*Geimer*, ZPO, § 1051 Rn. 5; a.A. Musielak/Voit-*Voit*, ZPO, § 1051 Rn. 7.
26 Vgl. BT-Drucks. 13/5274, S. 53; MK-*Münch*, ZPO, § 1051 Rn. 38; Zöller-*Geimer*, ZPO, § 1051 Rn. 10.

speziellen ihr widersprechende Teile der Rechtsordnung für unanwendbar zu erklären,[27] was deutlich zum Ausdruck kommen muss.

Der *lex mercatoria*[28] kommt besondere Bedeutung zu, dennoch bleibt sie in Anwendung, Verortung und Konturierung vage. Eingrenzungsversuche kommen zu einer „systematischen Kreuzstellung" zwischen Rechtswahl und Billigkeitsentscheidung und gleichsam „stillem Wirken im Rahmen von Abs. 3 und. Abs. 4".[29] Die dogmatische Frage, ob eine Billigkeitsentscheidung nach näherer Ausgestaltung oder direkt *lex mercatoria* als ausgestalteter Billigkeitsusus herangezogen ist, schlägt sich in praktischen Anwendungsproblemen nieder. 9

E. Bindung des Gerichts

Die Schiedsrichter dürfen das Recht fortentwickeln.[30] Andere Schiedssprüche müssen sie nicht beachten,[31] allerdings zwischen den Parteien **rechtskräftig geklärte Vorfragen**, gleich ob durch Schiedsspruch oder staatliches Verfahren.[32] Sie haben das Entscheidungsmonopol nach § 107 FamFG zu beachten.[33] 10

Bzgl. Billigkeitsentscheidung vgl. Rn. 6. Bei Abweichung des Schiedsgerichts vom vorgegebenen Entscheidungsmaßstab droht Aufhebbarkeit nach § 1059 Abs. 2 Nr. 1 Buchst. d bzw. Nr. 2 Buchst. b ZPO. Wendet das Schiedsgericht die richtigen Normen falsch an, führt erst ein Verstoß des *ordre public* zur Aufhebbarkeit,[34] ansonsten wäre eine nicht gewünschte Überprüfungsinstanz geschaffen. Dasselbe gilt wenn das Schiedsgericht die richtige Kollisionsnorm falsch anwendet und daher zum falschen materiellen Recht gelangt.[35] Zwingendes deutsches sowie bei Auslandsbezug zwingendes ausländisches Recht können dem *ordre public* unterfallen.[36] Zur Vorlage an EuGH oder BVerfG siehe § 1050 Rn. 4. 11

§ 1052
Entscheidung durch ein Schiedsrichterkollegium

(1) Haben die Parteien nichts anderes vereinbart, so ist in schiedsrichterlichen Verfahren mit mehr als einem Schiedsrichter jede Entscheidung des Schiedsgerichts mit Mehrheit der Stimmen aller Mitglieder zu treffen.

(2) ¹Verweigert ein Schiedsrichter die Teilnahme an einer Abstimmung, können die übrigen Schiedsrichter ohne ihn entscheiden, sofern die Parteien nichts anderes vereinbart haben. ²Die Absicht, ohne den verweigernden Schiedsrichter über den Schiedsspruch abzustimmen, ist den Parteien vorher mitzuteilen. ³Bei anderen Entscheidungen sind die Parteien von der Abstimmungsverweigerung nachträglich in Kenntnis zu setzen.

(3) Über einzelne Verfahrensfragen kann der vorsitzende Schiedsrichter allein entscheiden, wenn die Parteien oder die anderen Mitglieder des Schiedsgerichts ihn dazu ermächtigt haben.

Mangels Anwendbarkeit des GVG sind Regelungen zum **Zusammenspiel bei Mehrpersonenschiedsgerichten** zu treffen. Hier werden die Entscheidung (Abs. 1), der Umgang bei sich weigernden Schiedsrichtern (Abs. 2) und die Rolle des Vorsitzenden erfasst, nicht aber das Beratungsverfahren und das sonstige Zusammenspiel der Schiedsrichter. Die Parteien können grds. Anderes oder Ergänzendes regeln. 1

Das hier nicht erfasste, aber in direktem Zusammenhang stehende **Beratungsverfahren** kann gem. § 1042 Abs. 3 und Abs. 4 ZPO vom Schiedsgericht innerhalb des parteilich vereinbarten Rahmens festgelegt werden.[1] Es kann schriftlich, mündlich, fernmündlich oder per Videokon- 2

---

27 Musielak/Voit-*Voit*, ZPO, § 1051 Rn. 8.
28 Ausführlich *Ritlewski*, SchiedsVZ 2007, 130.
29 MK-*Münch*, ZPO, § 1051 Rn. 61.
30 Zöller-*Geimer*, ZPO, § 1051 Rn. 12; *Ritlewski*, SchiedsVZ 2007, 130 (*lex mercatoria*).
31 Arg e EuGH v. 13.05.2014, C-536/13, juris.
32 Zöller-*Geimer*, ZPO, § 1051 Rn. 15.
33 Zöller-*Geimer*, ZPO, § 1051 Rn. 16.
34 Musielak/Voit-*Voit*, ZPO, § 1051 Rn. 9; Zöller-*Geimer*, ZPO, § 1051 Rn. 9.
35 Musielak/Voit-*Voit*, ZPO, § 1051 Rn. 9; Zöller-*Geimer*, ZPO, § 1051 Rn. 9.
36 Musielak/Voit-*Voit*, ZPO, § 1051 Rn. 9; Zöller-*Geimer*, ZPO, § 1051 Rn. 9.

Zu § 1052:
1 Ausführlich *Nedden/Büstgens*, SchiedsVZ 2015, 169 ff.

ferenz beraten werden.² Für die Beratung kann Parteiöffentlichkeit vereinbart werden, was aber selten sinnvoll ist, da ein unbefangener Austausch, v. a. parteiseits bestimmter Schiedsrichter gehemmt wird.³ Juristische Berater (§ 1035 Rn. 4) und andere **Dritte** können im Einverständnis der Schiedsrichter, unter Wahrung von Stillschweigen nach außen und vorbehaltlich der Abstimmung (§ 1049 Rn. 3), teilnehmen.⁴ Prozedural auch bzgl. des Gebots rechtlichen Gehörs sauberer ist es, wenn für die Zuziehung der Kompetenz Dritter auch bei Rechtsfragen das Beweisverfahren (§ 1042 Rn. 18) gewählt wird, nicht die geheime Beratung.⁵

3 Das **Beratungsgeheimnis** ist zu wahren. Dies erstreckt sich auf den Schiedsrichter als Zeugen vor dem staatlichen Gericht und selbst bei seiner Schweigepflichtsentbindung, da sie auch schiedsrichterliche Interessen (eigene und die der Co-Schiedsrichter) schützt.⁶ Grenze sind schwerwiegende Rechtsverstöße, etwa bei sich ausgewirkter offensichtlicher Befangenheit oder Rechtsbeugung eines Schiedsrichters.⁷ Der Verstoß gegen das Beratungsgeheimnis hat nur Wirkung für den Schiedsspruch, wenn er diesen beeinflusst hat. Beim Verstoß im Nachhinein ist dies ausgeschlossen, so dass eine **dissenting opinion**⁸ insoweit unschädlich ist. § 839 Abs. 2 BGB ist nach getroffener Entscheidung auch nicht analog anwendbar.⁹ Allerdings liegt dann i. d. R. eine Verletzung des Schiedsrichtervertrags vor, was Schadensersatzansprüche auslöst (mit schwieriger Schadensschätzung).¹⁰

4 Gem. **Abs. 1** können **Abstimmungsmodus** und Stimmengewicht von den Parteien festgelegt werden (solange kein Übergewicht einer Partei entsteht, vgl. § 1034 Rn. 2). Es kann sich an den §§ 194 ff. GVG orientieren und/oder beispielsweise Einstimmigkeit gefordert (unpraktikabel) oder dem Vorsitzenden ein Übergewicht (bei ggf. geradzahligen Gremien sinnvoll) gegeben werden. In Ermangelung einer Regelung hat jeder Schiedsrichter eine Stimme, die absolute Mehrheit obsiegt. Ist für den Fall der Stimmgleichheit nichts anderes geregelt, so ist die Schiedsvereinbarung undurchführbar. Dann bleibt dem Schiedsgericht nur der Beendigungsbeschluss gem. § 1056 Abs. 2 Nr. 3 ZPO und damit Eröffnung des staatlichen Gerichtswegs. Aufgrund der Forderung absoluter Mehrheit könnte auch eine einzelne Stimmenthaltung die Entscheidung verhindern. Die Enthaltung ist daher nicht vorgesehen, es handelt sich dann um eine unzulässige Stimmverweigerung, Abs. 2. **Praktikertipp**: Ungerade Schiedsrichteranzahl verhindert Pattsituationen. Kann sich dennoch, etwa bei pot. Mehrparteienverfahren, eine gerade Schiedsrichteranzahl ergeben, sollte Vorsorge getroffen, etwa für diesen Fall dem Vorsitzenden eine Entscheidungsstimme gegeben werden.

5 Bei **Verweigerung der Stimmabgabe, Abs. 2** gilt – so nichts anderes geregelt ist – weiter die nach dem Wortlaut vorgesehene absolute Mehrheit („mit Mehrheit der Stimmen aller Mitglieder"), nicht also die der abgegebenen Stimmen. „[K]önnen die übrigen Schiedsrichter ohne ihn entscheiden" meint nicht, Mehrheitsabstimmung innerhalb der übrigen Schiedsrichter.¹¹ Verweigerung meint **vorsätzliches, unberechtigtes Unterlassen**, nicht entschuldigtes Fernbleiben.¹² Die Weigerung wegen mangelnder Entscheidungsreife ist Verweigerung i. S. d. Norm (str.).¹³ Die Abstimmung oder Zählweise ohne den verweigernden Schiedsrichter bei Schiedsspruchentscheidung (Satz 2) bedarf der vorherigen **Kenntnisgabe** an die Parteien, denen über den Wortlaut hinaus Gelegenheit zur Reaktion (Einflussnahme auf den Schiedsrichter, Abberufung §§ 1038, 1039 ZPO) zu gewähren ist (Telos, Umkehrschluss aus Abs. 2 Satz 3).¹⁴ Bei

---

2 So h. M.: MK-*Münch*, ZPO, § 1052 Rn. 2; Zöller-*Geimer*, ZPO, § 1052 Rn. 2; Musielak/Voit-*Voit*, ZPO, § 1052 Rn. 1.
3 Musielak/Voit-*Voit*, ZPO, § 1052 Rn. 1; MK-*Münch*, ZPO, § 1052 Rn. 5.
4 Musielak/Voit-*Voit*, ZPO, § 1052 Rn. 2; vgl. Stein/Jonas-*Schlosser*, ZPO, § 1042 Rn. 10; krit. Nedden/Büstgens, SchiedsVZ 2015, 169 (177).
5 Musielak/Voit-*Voit*, ZPO, § 1052 Rn. 2.
6 Musielak/Voit-*Voit*, ZPO, § 1052 Rn. 3; § 1035 Rn. 24; *Geiben*, Privatsphäre und Vertraulichkeit im Schiedsverfahren, S. 65 ff.; MK-*Münch*, ZPO, § 1052 Rn. 3; Stein/Jonas-*Schlosser*, ZPO, § 1042 Rn. 121; Zöller-*Geimer*, ZPO, § 1052 Rn. 5.
7 Musielak/Voit-*Voit*, ZPO, § 1052 Rn. 3; MK-*Münch*, ZPO, § 1052 Rn. 7.
8 Zum Meinungsspektrum vgl. *Nedden/Büstgens*, SchiedsVZ 2015, 169 (177 f.); *Wilske*, FS Schütze, S. 729; *Bartels*, SchiedsVZ 2014, 133 ff.; *Westermann*, SchiedsVZ 2009, 102 ff.; *Schütze*, Schiedsrecht, Rn. 436 ff.; Zöller-*Geimer*, ZPO, § 1052 Rn. 5; *Lachmann*, Schiedsgerichtspraxis, Rn. 1775; *Peltzer*, Die Dissenting Opinion in der Schiedsgerichtsbarkeit, 2000.
9 MK-*Münch*, ZPO, § 1052 Rn. 3; Musielak/Voit-*Voit*, ZPO, § 1052 Rn. 3.
10 MK-*Münch*, ZPO, § 1052 Rn. 3; Musielak/Voit-*Voit*, ZPO, § 1052 Rn. 3.
11 BT-Drucks. 13/5274, S. 54; MK-*Münch*, ZPO, § 1052 Rn. 16; Musielak/Voit-*Voit*, ZPO, § 1052 Rn. 7; Zöller-*Geimer*, ZPO, § 1052 Rn. 6.
12 BT-Drucks. 13/5274, S. 54; MK-*Münch*, ZPO, § 1052 Rn. 16.
13 MK-*Münch*, ZPO, § 1052 Rn. 16 und Fn. 62; a. A. Musielak/Voit-*Voit*, ZPO, § 1052 Rn. 7.
14 OLG Saarbrücken, SchiedsVZ 2003, 92, B.; dazu *Aden*, DZWIR 2013, 149.

fehlender Kenntnisgabe droht Aufhebung gem. § 1059 Abs. 2 Nr. 1 Buchst. d ZPO.[15] Bei Verweigerung bzgl. anderer Abstimmungen als über den Schiedsspruch (Satz 3) ist nachträgliche Kenntnisgabe ausreichend, Abs. 2 Satz 3 – zulässigerweise, aber nicht empfehlenswert, auch erst im Schiedsspruch (str.).[16]

Fehler im Abstimmungsmodus können nur bis zur Unterschrift aller Schiedsrichter und Wirksamkeit des Schiedsspruchs vorgebracht werden, nicht aber danach im Aufhebungsverfahren.[17] 6

Die Allein-**Entscheidungskompetenz des Vorsitzenden**[18] (Abs. 3) ist vorab durch die Parteien 7
oder Zustimmung der andere Schiedsrichter bzgl. „einzelner Verfahrensfragen" möglich. Neben der Ermächtigung konkret benannte, einzelne Punkte zu entscheiden, ist auch eine Generalermächtigung möglich (str.), die alle im Verfahren revisiblen Verfahrensentscheidungen erfasst.[19] Vergleichbar dem Vorsitzenden beim staatl. Gericht kann der Vorsitzende verfahrensleitende Entscheidungen wie Terminierung, Sitzungsleitung und Fristen ohnehin selbst treffen, ohne dass es der Ermächtigung gem. Abs. 3 bedarf.[20] Der Gesetzgeber nennt für Fälle des Abs. 3 beispielhaft die Entscheidung über das Ob mündlicher Verhandlung.[21] Nicht erfasst sind zentrale Themen wie Wahl des rechtlichen Schiedsorts (§ 1043 Rn. 3) oder die Sprachwahl (str.) (§ 1045 Rn. 3). Alleinentscheidung ohne Ermächtigung führt zu § 1059 Abs. 2 Nr. 1 Buchst. d ZPO ggf. unter Berücksichtigung von § 1027 ZPO.[22]

§ 1053
Vergleich

(1) ¹Vergleichen sich die Parteien während des schiedsrichterlichen Verfahrens über die Streitigkeit, so beendet das Schiedsgericht das Verfahren. ²Auf Antrag der Parteien hält es den Vergleich in der Form eines Schiedsspruchs mit vereinbartem Wortlaut fest, sofern der Inhalt des Vergleichs nicht gegen die öffentliche Ordnung (ordre public) verstößt.

(2) ¹Ein Schiedsspruch mit vereinbartem Wortlaut ist gemäß § 1054 zu erlassen und muss angeben, dass es sich um einen Schiedsspruch handelt. ²Ein solcher Schiedsspruch hat dieselbe Wirkung wie jeder andere Schiedsspruch zur Sache.

(3) Soweit die Wirksamkeit von Erklärungen eine notarielle Beurkundung erfordert, wird diese bei einem Schiedsspruch mit vereinbartem Wortlaut durch die Aufnahme der Erklärungen der Parteien in den Schiedsspruch ersetzt.

(4) ¹Mit Zustimmung der Parteien kann ein Schiedsspruch mit vereinbartem Wortlaut auch von einem Notar, der seinen Amtssitz im Bezirk des nach § 1062 Abs. 1, 2 für die Vollstreckbarerklärung zuständigen Gerichts hat, für vollstreckbar erklärt werden. ²Der Notar lehnt die Vollstreckbarerklärung ab, wenn die Voraussetzungen des Absatzes 1 Satz 2 nicht vorliegen.

Inhalt:

	Rn.		Rn.
A. Normzweck, Systematik, Genese . . .	1	D. Ersetzung notarieller Beurkundung, Abs. 3	7
B. Vergleich und Verfahrensbeendigung, Abs. 1 Satz 1	3	E. Vollstreckbarerklärung durch einen Notar, Abs. 4	8
C. Schiedsspruch mit vereinbartem Wortlaut, Abs. 1 Satz 2, Abs. 2	5		

---

15 OLG Saarbrücken, SchiedsVZ 2003, 92, B.; BT-Drucks. 13/5274, S. 57; Musielak/Voit-*Voit*, ZPO, § 1052 Rn. 8.
16 BT-Drucks. 13/5274, S. 54; MK-*Münch*, ZPO, § 1052 Rn. 17; Thomas/Putzo-*Reichold*, ZPO, § 1052 Rn. 3; vgl. Baumbach/Lauterbach/Albers/Hartmann, ZPO, § 1052 Rn. 7.
17 *Schwab/Walter*, Schiedsgerichtsbarkeit, Kap. 19 Rn. 5.
18 *Schlosser*, SchiedsVZ 2003, 1.
19 MK-*Münch*, ZPO, § 1052 Rn. 14; sehr weit Thomas/Putzo-*Reichold*, ZPO, § 1052 Rn. 5; a. A. Stein/Jonas-*Schlosser*, ZPO, § 1052 Rn. 8.
20 Musielak/Voit-*Voit*, ZPO, § 1052 Rn. 10.
21 BT-Drucks. 13/5274, S. 54.
22 Vgl. MK-*Münch*, ZPO, § 1052 Rn. 14.

A. Normzweck, Systematik, Genese

1 Wird im staatsgerichtlichen Verfahren die vergleichsweise Einigung protokolliert, schafft die Norm für die gütliche Einigung im Schiedsverfahren zwei alternative Wege: Entweder die Beendigung durch Beschluss gem. § 1056 Abs. 2 Nr. 2 ZPO nach erfolgtem **Parteivergleich** (Abs. 1 Satz 1) oder die Aufnahme des Vergleichs in einen **Schiedsspruch mit vereinbartem Wortlaut** (Abs. 1 Satz 2). Der Vergleich als solcher ist nicht vollstreckbar.[1] Der Schiedsspruch mit vereinbartem Wortlaut ist dagegen voller Schiedsspruch (Abs. 2 Satz 1), hat damit Urteilswirkung gem. § 1055 ZPO, kann auch von einem Notar für vollstreckbar erklärt werden (Abs. 4) und ist im Ausland leichter vollstreckbar,[2] da Schiedsvergleiche nicht unter die UNÜ fallen.[3] Auch Gegenstände, über die die Parteien nicht vergleichsbefugt sind, sind schiedsfähig (§ 1030 Rn. 4), ein diesbezüglicher Vergleich wird aber über den *ordre public* ausgeschieden (str.). Solche Gegenstände müssen daher zwingend streitig entschieden werden,[4] ein Ausweg über § 1051 Abs. 3 ZPO wäre elegant.[5] In arbeitsgerichtlichen Schiedsverfahren gehen §§ 107, 109 ArbGG vor.

2 § 1053 ZPO fußt auf Art. 30 **ModG**, schränkt die schiedsgerichtliche Zurückweisungsmöglichkeit aber auf Verstöße gegen den *ordre public* ein.[6] Abs. 3 und 4 sind ohne Vorbild und durch das deutsche Rechtssystem begründet.

B. Vergleich und Verfahrensbeendigung, Abs. 1 Satz 1

3 **Vergleich**: Abs. 1 erfasst den Vergleich „**während**" des Verfahrens (Schiedshängigkeit, siehe § 1044 Rn. 3). Für eine Ausdehnung auf die Phase vor Schiedsgerichtskonstituierung oder gar Erhebung der Schiedsklage besteht kein Anlass (str.).[7] Insb. würde nicht zu Scheingefechten o.ä. gezwungen werden,[8] da ein gleichwertiger Vergleich gem. §§ 796a ff. ZPO geschlossen werden kann.

4 Bei der **Verfahrensbeendigung ohne Schiedsspruch** prüft das Schiedsgericht nicht die Wirksamkeit des Vergleichs.[9] Hindernisgründe können in §§ 93 Abs. 4 Satz 3, 116 Satz 1 AktG und §§ 9b, 43 Abs. 3 Satz 2 GmbHG liegen.[10] Der Vergleich kann auch Punkte enthalten, die außerhalb der Schiedsabrede und des Schiedsrichtervertrages liegen, da er einverständlich geschlossen wird.[11] **Dritte** können ihm aus demselben Grund (Freiwilligkeit) beitreten, auch wenn sie nicht von der Schiedsabrede erfasst sind.[12] Der Vergleich ist rein materiell-rechtlich, erwächst formell nicht in Rechtskraft, ist nicht *per se* vollstreckbar (außer er erfüllt §§ 796a ff. ZPO) und beendet das Verfahren nicht (Abs. 1 Satz 1 Hs. 2).[13] Mangels **Kostenregelung** trägt jede Partei ihre Kosten selbst und die Schiedsgerichtskosten hälftig.[14] Gegen den (noch) nicht in einen Schiedsspruch aufgenommenen Vergleich ist ein Aufhebungsantrag gem. § 1059 ZPO nicht möglich, das Oberlandesgericht sollte aber den Parteien § 1053 ZPO offen halten, also nicht den Antrag sofort verwerfen.[15]

C. Schiedsspruch mit vereinbartem Wortlaut, Abs. 1 Satz 2, Abs. 2

5 Bei der Verfahrensbeendigung durch **Schiedsspruch mit vereinbartem Wortlaut** (Abs. 1 Satz 2) sind **Anträge von allen Parteien** erforderlich.[16] Bei Teilvergleich im Mehrparteienverfahren

---

1 OLG München, MDR 2007, 854; OLG Frankfurt a.M., SchiedsVZ 2003, 288.
2 BT-Drucks. 13/5274, S. 54 f.; Musielak/Voit-*Voit*, ZPO, § 1053 Rn. 1; Zöller-*Geimer*, ZPO, § 1053 Rn. 2; vgl. MK-*Münch*, ZPO, § 1053 Rn. 6.
3 Vgl. aber die bilateralen Art. 9 Abs. 3 dt-schweizer Abk., Art. 12 dt-österr Vertrag, Art. 13 Abs. 2 dt-ital Abk., Art. 14 Abs. 2 dt-griech Vertrag, Art. 13 Abs. 2 dt-belg Abk., Art. 52 Abs. 2 dt-tunes Vertrag, die zu völkerrechtlicher Anerkennungs- und Vollstreckungspflicht führen können; vgl. Zöller-*Geimer*, ZPO, § 1053 Rn. 2; Musielak/Voit-*Voit*, ZPO, § 1053 Rn. 11.
4 Krit. daher Musielak/Voit-*Voit*, ZPO, § 1053 Rn. 1 mit Streitstand; Zöller-*Geimer*, ZPO, § 1053 Rn. 5; *Scholz/Weiß*, AG 2015, 523 (524).
5 *Scholz/Weiß*, AG 2015, 523 (527).
6 BT-Drucks. 13/5274, S. 55.
7 MK-*Münch*, ZPO, § 1053 Rn. 13 ff.
8 So aber Musielak/Voit-*Voit*, ZPO, § 1053 Rn. 3; krit. *Schroeter*, SchiedsVZ 2006, 298 (301).
9 Musielak/Voit-*Voit*, ZPO, § 1053 Rn. 15 f.; a.A. Stein/Jonas-*Schlosser*, ZPO, § 1053 Rn. 7.
10 *Habersack/Wasserbäch*, AG 2016, 2 (12); *Scholz/Weiß*, AG 2015, 523 ff.
11 Musielak/Voit-*Voit*, ZPO, § 1053 Rn. 4; MK-*Münch*, ZPO, § 1053 Rn. 17.
12 Musielak/Voit-*Voit*, ZPO, § 1053 Rn. 5; Zöller-*Geimer*, ZPO, § 1053 Rn. 4; Böckstiegel/Berger/Bredow-*Geimer*, Die Beteiligung Dritter an Schiedsverfahren, S. 86.
13 *Busse*, SchiedsVZ 2010, 57 ff.
14 Stellv. OLG München v. 27.03.2015, 34 Sch 5/15, juris; Stein/Jonas-*Schlosser*, ZPO, § 1053 Rn. 5.
15 Zöller-*Geimer*, ZPO, § 1053 Rn. 23.
16 *Bredow*, SchiedsVZ 2010, 295 (296), III.1.

reicht der Antrag der diesbezüglich beteiligten Parteien.[17] Formvorgaben bestehen nicht.[18] Der Antrag kann aber ohne Zustimmung des Gegners iErg nicht zurückgenommen werden (str.),[19] denn er verschafft ihm dahingehend Rechtsposition, dass er mit seinem Antrag nun zum Schiedsspruch gelangt. Fehlt ein Antrag, ist trotz vorliegenden Vergleichs ein Schiedsspruch mit vereinbartem Wortlaut nicht möglich.[20] Dagegen besteht auch nach erfolgtem Vergleich keine Pflicht den Antrag zu stellen.[21] Zwar soll dann eine Anfechtung des Vergleichs möglich sein, wenn es diesem auf Vollstreckbarkeit ankam.[22] Doch sicherer ist im Vergleichstext bereits den Antrag zu stellen oder alle Seiten unwiderruflich zur Antragstellung für alle Seiten zu ermächtigen.[23] Ist ein Vergleich geschlossen und wird vom Gegner dann Erfüllung des Vergleichs wie auch Zustimmung zum Schiedsspruch mit vereinbartem Wortlaut verweigert, so ist nicht das Verfahren zu beenden, da § 1056 Abs. 2 ZPO nicht erfüllt ist, sondern es ergeht auf Antrag Schiedsspruch auf Grundlage des Vergleichs.[24]

Das Schiedsgericht erlässt den Schiedsspruch mit vereinbartem Wortlaut als **Beschluss** in Vollbesetzung.[25] Ablehnungsgründe, Nichtgewährung rechtlichen Gehörs und andere Fehler im Verfahren treten dabei i.d.R. zurück. Nur in Ausnahmen kann dies zur Anfechtung (§§ 119, 123 BGB) oder zur Aufhebung oder gar zu § 826 BGB führen,[26] wenn es hierauf ankam, etwa Neutralität weil der Vergleich nicht in erster Linie auf Einigung der Parteien, sondern auf Einfluss des Schiedsgerichts erfolgte.[27] Das Schiedsgericht prüft die Wirksamkeit des Vergleichs und etwaigen Verstoß gegen den *ordre public* wie bei § 1059 Abs. 2 Nr. 2 Buchst. b ZPO (§ 1059 Rn. 12).[28] Der Schiedsspruch ist **als Schiedsspruch zu bezeichnen**, bleibt i.d.R. begründungsfrei und sollte allenfalls aber sinnvollerweise mit dem Hinweis versehen werden, dass es sich um einen Schiedsspruch mit vereinbartem Wortlaut handelt wegen § 1054 Abs. 2 ZPO.[29] Vor Erlass ist Ablauf etwaiger Widerrufsfrist oder etwaiger Bedingungseintritt abzuwarten.[30] **Ausländische Schiedsgerichte** sind nicht erfasst, § 1025 Abs. 1 ZPO, die Vollstreckbarerklärung richtet sich nach § 1061 ZPO. Auch der Schiedsspruch mit vereinbartem Wortlaut steht gem. § 1055 ZPO einem **rechtskräftigen staatlichen Urteil gleich**. Er hat wie der Vergleich keine Doppelnatur.[31] Auch gegen den Schiedsspruch mit vereinbartem Wortlaut ist ein **Aufhebungsantrag** nach § 1059 ZPO möglich.[32] Bzgl. der Vollstreckbarkeit im Ausland sollten Vorkehrungen mit Blick auf §§ 1053 ff. ZPO und Gegebenheiten im voraussichtlichen Vollstreckungsland getroffen werden.[33]

D. Ersetzung notarieller Beurkundung, Abs. 3

Eine ggf. erforderliche notarielle Beurkundung wird gem. **Abs. 3** ersetzt,[34] was erst bei offensichtlichem Missbrauch entfällt.[35] Auch für staatliche Stellen gilt der Gleichlauf mit der notariellen Beurkundung, etwa bei Eintragungen ins Grundbuchamt oder Register (str.).[36]

---

17 Zöller-*Geimer*, ZPO, § 1053 Rn. 2.
18 Musielak/Voit-*Voit*, ZPO, § 1053 Rn. 8.
19 *Schütze*, Schiedsrecht, Rn. 449; diff. Musielak/Voit-*Voit*, ZPO, § 1053 Rn. 8; a.A. Stein/Jonas-*Schlosser*, ZPO, § 1053 Rn. 22.
20 Musielak/Voit-*Voit*, ZPO, § 1053 Rn. 8.
21 *Bredow*, SchiedsVZ 2010, 295 (296); *Mankowski*, ZPP 114 (2001), 37 (72 f.).
22 Musielak/Voit-*Voit*, ZPO, § 1053 Rn. 8.
23 *Bredow*, SchiedsVZ 2010, 295 (296); Musielak/Voit-*Voit*, ZPO, § 1053 Rn. 8.
24 *Busse*, SchiedsVZ 2010, 57 ff.
25 Musielak/Voit-*Voit*, ZPO, § 1053 Rn. 9.
26 *Spohnheimer*, FS Kaissis, S. 933, 942 ff., 946.
27 Musielak/Voit-*Voit*, ZPO, § 1053 Rn. 9 f.; MK-*Münch*, ZPO, § 1053 Rn. 40.
28 OLG München, SchiedsVZ 2012, 217, II.3.a); *Schmidt*, BB 2006, 1397 (1400); Musielak/Voit-*Voit*, ZPO, § 1053 Rn. 9; wohl auch Zöller-*Geimer*, ZPO, § 1053 Rn. 5.
29 OLG München v. 01.12.2015, 34 Sch 26/15, juris, II.2; OLG München, SchiedsVZ 2012, 217; Musielak/Voit-*Voit*, ZPO, § 1053 Rn. 9.
30 *Bredow*, SchiedsVZ 2010, 295 (297), III.1.b); Zöller-*Geimer*, ZPO, § 1053 Rn. 3.
31 *Mankowski*, ZZP 114, 37 (64); *Saenger*, MDR 1999, 662 (663); *Spohnheimer*, FS Kaissis, S. 933 f.; *Schütze*, Schiedsrecht, Rn. 447; Musielak/Voit-*Voit*, ZPO, § 1053 Rn. 12; MK-*Münch*, ZPO, § 1053 Rn. 42; Stein/Jonas-*Schlosser*, ZPO, § 1053 Rn. 4.
32 Zöller-*Geimer* ZPO, § 1053 Rn. 21.
33 *Lörcher*, BB Beilage 2000, Nr. 12, 2 ff.
34 OLG München, FamRZ 2012, 1962, II.2.a); ausführlich *Schroeter*, SchiedsVZ 2006, 298 ff.; krit. Zöller-*Geimer*, ZPO, § 1053 Rn. 7.
35 OLG München, GmbHR 2005, 1568 (Schiedsverfahren offensichtl. als bloße Hülle um kostengünstigere notarielle Wirkung zu erreichen); dazu *Kröll*, SchiedsVZ 2007, 145 (156).
36 BT-Drucks. 13/5274, S. 55; Musielak/Voit-*Voit*, ZPO, § 1053 Rn. 13; a.A. Zöller-*Geimer*, ZPO, § 1053 Rn. 7.

E. Vollstreckbarerklärung durch einen Notar, Abs. 4

8 Nach **Abs. 4** können die Parteien das Vollstreckbarerklärungsverfahren nach § 1060 ZPO durch die Vollstreckbarerklärung eines Notars zur Schaffung eines Vollstreckungstitels ersetzen. Zweck ist Entlastung staatlicher Gerichte.[37] Voraussetzung sind Zustimmungen aller Parteien. Liegen diese nicht vor, ist Antrag beim staatlichen Gericht zu stellen, §§ 1060, 1062 Abs. 1 Nr. 4 ZPO. Die Tätigkeit des Notars hat Bestandteile richterlicher (iErg) und notarieller (Tätigkeit nur auf Antrag beider Parteien) Funktion. Dies führt zu streitigen Zuordnungsfragen. Wegen der bezweckten Ersetzung des Gerichts findet für den Notar das BeurkG insg. keine Anwendung, es gilt v.a. die ZPO, etwa §§ 41 ff. ZPO und § 139 ZPO (str.).[38] Verpflichtet werden kann der Notar nicht, er kann an das zuständige Gericht (§ 1062 Abs. 1 Nr. 4 ZPO) etwa analog § 281 ZPO abgeben (str.) oder die Tätigkeit ablehnen.[39] Den Vergleich prüft er an den Grenzen des *ordre public*.[40] Er entscheidet durch Beschluss. Der positive Beschluss verleiht Vollstreckbarkeit, ist Vollstreckungstitel iSv § 794 Abs. 1 Nr. 4 Buchst. a ZPO (str.) und mit der Vollstreckungsklausel zu versehen.[41] Ein als Schiedsrichter vorbefasster Notar scheidet für die Vollstreckbarkeitserklärung aus (str.).[42] Ein Rechtsbehelf gegen die notarielle Erklärung ist nicht vorgesehen,[43] was auf Kritik stößt,[43] wie der Weg des Abs. 4 insgesamt.[44] Fehlentscheidungen müssen aufgrund des Gleichlaufs wie gerichtliche Entscheidungen behandelt werden und führen daher nicht *per se* zur Nichtigkeit.[45] Das Haftungsprivileg des § 839 Abs. 2 BGB greift (str.).[46] An Kosten entsteht die vergleichsweise niedrige 1/2 Gebühr der Titelsumme, § 148a Abs. 1 Satz 1 Var. 2 KostO.

§ 1054
Form und Inhalt des Schiedsspruchs

(1) ¹Der Schiedsspruch ist schriftlich zu erlassen und durch den Schiedsrichter oder die Schiedsrichter zu unterschreiben. ²In schiedsrichterlichen Verfahren mit mehr als einem Schiedsrichter genügen die Unterschriften der Mehrheit aller Mitglieder des Schiedsgerichts, sofern der Grund für eine fehlende Unterschrift angegeben wird.

(2) Der Schiedsspruch ist zu begründen, es sei denn, die Parteien haben vereinbart, dass keine Begründung gegeben werden muss, oder es handelt sich um einen Schiedsspruch mit vereinbartem Wortlaut im Sinne des § 1053.

(3) ¹Im Schiedsspruch sind der Tag, an dem er erlassen wurde, und der nach § 1043 Abs. 1 bestimmte Ort des schiedsrichterlichen Verfahrens anzugeben. ²Der Schiedsspruch gilt als an diesem Tag und diesem Ort erlassen.

(4) Jeder Partei ist ein von den Schiedsrichtern unterschriebener Schiedsspruch zu übermitteln.

1 Geregelt werden die **Formalia** des Schiedsspruchs bei gleichzeitiger Adressierung der Blockademöglichkeit eines einzelnen Schiedsrichters (Abs. 1 Satz 2). Der **Anwendungsbereich** erstreckt sich nur auf Schiedssprüche, also **endgültige Entscheidungen**,[1] und daher nicht vorläu-

---

37 BT-Drucks. 13/5274, S. 55; Zöller-*Geimer*, ZPO, § 1053 Rn. 8; krit. MK-*Münch*, ZPO, § 1053 Rn. 52.
38 Zöller-*Geimer*, ZPO, § 1053 Rn. 9; a.A. Musielak/Voit-*Voit*, ZPO, § 1053 Rn. 14; diff. *Armbrüster/Greis*, DNot2016, 818 ff.
39 Zöller-*Geimer*, ZPO, § 1053 Rn. 10; Saenger-*Saenger*, ZPO, § 1053 Rn. 7.
40 Zöller-*Geimer*, ZPO, § 1053 Rn. 11.
41 Musielak/Voit-*Voit*, ZPO, § 1053 Rn. 14; Zöller-*Geimer*, ZPO, § 1053 Rn. 15, 17, nach MK-*Münch*, ZPO, § 1053 Rn. 54 komme nur § 794 Abs. 1 Nr. 4 Buchst. b ZPO in Betracht.
42 Zöller-*Geimer*, ZPO, § 1053 Rn. 9; a.A. *Armbrüster/Greis*, DNotZ 2016, 818 ff.
43 Musielak/Voit-*Voit*, ZPO, § 1053 Rn. 14; diff. Zöller-*Geimer*, ZPO, § 1053 Rn. 19 f.; krit. MK-*Münch*, ZPO, § 1053 Rn. 56; vgl. *Geimer*, DNotZ 91, 275; *Lachmann*, Schiedsgerichtspraxis, Rn. 1841; Saenger-*Saenger*, ZPO, § 1053 Rn. 8; Stein/Jonas-*Schlosser*, ZPO, § 1053 Rn. 33 – Abhilfe nach § 796c Abs. 2 Satz 2 bzw. Satz 3 ZPO bzw. außerordentlicher Beschwerde; *Schütze*, SchiedsVZ 2009, 241 (245).
44 Ausführlich MK-*Münch*, ZPO, § 1053 Rn. 51 ff.
45 Zöller-*Geimer*, ZPO, § 1053 Rn. 12 f.; *Schütze*, SchiedsVZ 2009, 241 (245).
46 *Schütze*, Schiedsrecht, Rn. 236; Zöller-*Geimer*, ZPO, § 1053 Rn. 14; a.A. *Lachmann*, Schiedsgerichtspraxis, Rn. 1836; Musielak/Voit-*Voit*, ZPO, § 1053 Rn. 14.

Zu § 1054:
1 Musielak/Voit-*Voit*, ZPO, § 1054 Rn. 2; Zöller-*Geimer*, ZPO, § 1054 Rn. 3; MK-*Münch*, ZPO, § 1054 Rn. 3.

fige oder sichernde Maßnahmen nach § 1041 ZPO,² aber sehr wohl Interimsschiedssprüche. Auch Teilschiedssprüche sind Schiedssprüche.³ Die Abgrenzung, ob es sich um einen **Teilschiedsspruch** oder einen **Zwischenschiedsspruch** handelt, richtet sich danach, ob das Schiedsgericht endgültig eine Frage entschied.⁴ Die Entscheidung über Vorfragen ist daher kein Schiedsspruch. Entscheidungen unter dem Vorbehalt einer noch vom Schiedsgericht zu entscheidenden Aufrechnung sind nicht abschließend, auch wenn bereits für das Schiedsgericht Bindung eintritt.⁵ Im Falle eines schiedsgerichtlichen Instanzenzugs ist nur der letztinstanzliche Schiedsspruch echter Schiedsspruch, sofern er ohne Bezugnahme auf vorherige Schiedssprüche volles Gehalt hat,⁶ ansonsten bilden der bestätigte/aufgehobene Schiedsspruch und der bestätigende/aufgehobene Schiedsspruch eine Einheit (§ 1056 Rn. 2). Nur Schiedssprüche **inländischen** Schiedsorts sind erfasst, § 1025 Abs. 1 ZPO, ungeachtet etwaiger Auslandsbezüge, während ausländische Schiedssprüche sich nach dortigem Statut richten.⁷

Gefordert werden **schriftliche Abfassung, Unterzeichnung** durch die Schiedsrichter und **Übersendung.**⁸ Die **Schriftform** dient der Perpetuierung. Sinnvoll ist eine Bezeichnung als Schiedsspruch, was beim *Schiedsspruch mit vereinbartem Wortlaut* zwingend ist. Ort und Tag (Rn. 7) sind zu nennen sowie der Entscheidungsinhalt, also das „Was" der Entscheidung, während das „Warum" zur Begründung zählt.⁹ All dies in der vereinbarten Verfahrenssprache (§ 1045 ZPO).   2

Ein **Rubrum** ist entbehrlich, bzgl. der Parteien genügt deren Erkennbarkeit.¹⁰ Ein **Tenor** ist   3
nicht gefordert, empfiehlt sich aber mit Blick auf § 1055 ZPO (Urteilswirkung) und etwaige Vollstreckung. Ein unklarer Tenor kann gem. § 1058 Abs. 1 Nr. 2 ZPO (dort Rn. 4) ausgelegt oder im Vollstreckbarerklärungsverfahren nach § 1060 ZPO angepasst werden. Tipp-, Rechen-, Druck- und ähnliche Fehler lassen sich nach § 1058 Abs. 1 Nr. 1, Abs. 4 ZPO berichtigen.

Die Schiedsrichter müssen persönlich und eigenhändig die **Unterschrift** leisten,¹¹ eine elektro-   4
nische Ersetzung nach § 126a BGB i. V. m. § 126 Abs. 3 BGB reicht nicht,¹² ebensowenig mündliche Verkündung.¹³ Die Unterschrift können die Parteien vor dem staatlichen Gericht durchsetzen.¹⁴ Einzelunterschriften auf gleich lautenden Urkunden reichen nicht aus, alle Unterschriften müssen den Schiedsspruch auf einem Dokument räumlich abschließen und (sollen) Rückschluss auf das unterschreibende Individuum geben.¹⁵ Zulässig sind Blankounterschriften¹⁶ ebenso wie die einverständliche Änderung des Textes ohne erneute Unterschrift (zur Abänderbarkeit von Schiedssprüchen siehe Rn. 9).¹⁷

Im **Kollegialgericht** sind die Unterschriften der Schiedsrichterminderheit entbehrlich, **Abs. 1**   5
Satz 2.¹⁸ Die Gesetzesbegründung stützt sich auf § 315 Abs. 1 Satz 2 ZPO.¹⁹ Dies gilt auch für mehrere Unterschriften sowie die Unterschrift des Vorsitzenden,²⁰ solange die Unterschriften der absoluten Mehrheit vorliegen. Das Fehlen der Unterschrift ist unabdingbar²¹ zu begrün-

---

2 Musielak/Voit-*Voit*, ZPO, § 1054 Rn. 2; MK-*Münch*, ZPO, § 1054 Rn. 4; Saenger-*Saenger*, ZPO, § 1054 Rn. 2; a. A. Zöller-*Geimer*, ZPO, § 1054 Rn. 3 – auf einstweiligen Rechtsschutz § 1054 ZPO analog.
3 BGH, NJW-RR 2007, 1008 – Kostenteilschiedsspruch.
4 BGH, NJW-RR 2007, 1008; BGHZ 10, 325 = NJW 1953, 1913; Musielak/Voit-*Voit*, ZPO, § 1054 Rn. 2; *Kremer/Weimann*, SchiedsVZ 2007, 238.
5 Vgl. OLG Frankfurt a. M., SchiedsVZ 2007, 278 (279), II.; Stein/Jonas-*Schlosser*, ZPO, § 1054 Rn. 9; Zöller-*Geimer*, ZPO, § 1054 Rn. 3 und § 1052 Rn. 4; *Kremer/Weimann*, SchiedsVZ 2007, 238.
6 Zöller-*Geimer*, ZPO, § 1054 Rn. 3.
7 Zöller-*Geimer*, ZPO, § 1054 Rn. 3.
8 OLG Düsseldorf, SchiedsVZ 2008, 156.
9 OLG Köln v. 18.09.2015, 19 Sch 7/15, juris, II.2.; MK-*Münch*, ZPO, § 1054 Rn. 6 ff., 25 ff.
10 OLG München, SchiedsVZ 2012, 217 – abgekürzte Bezeichnung der Parteien.
11 OLG München, SchiedsVZ 2013, 231, II.2.; Zöller-*Geimer*, ZPO, § 1054 Rn. 2; MK-*Münch*, ZPO, § 1054 Rn. 8.
12 Zöller-*Geimer*, ZPO, § 1054 Rn. 2; MK-*Münch*, ZPO, § 1054 Rn. 5.
13 Zöller-*Geimer*, ZPO, § 1054 Rn. 2; MK-*Münch*, ZPO, § 1054 Rn. 5.
14 RGZ 59, 248; RGZ 126, 379; Musielak/Voit-*Voit*, ZPO, § 1054 Rn. 6; a. A. *Schwab/Walter*, Schiedsgerichtsbarkeit, Kap. 12 Rn. 2 ff.
15 MK-*Münch*, ZPO, § 1054 Rn. 7 ff.; Musielak/Voit-*Voit*, ZPO, § 1054 Rn. 6; vgl. aber OLG München, SchiedsVZ 2013, 231, II.3.a.
16 OLG München, SchiedsVZ 2013, 230 (233 f.) – *obiter dictum*; MK-*Münch*, ZPO, § 1054 Rn. 12; Musielak/Voit-*Voit*, ZPO, § 1054 Rn. 6.
17 Musielak/Voit-*Voit*, ZPO, § 1054 Rn. 6, 10; vgl. Zöller-*Geimer*, ZPO, § 1054 Rn. 7.
18 OLG München, SchiedsVZ 2011, 167.
19 BT-Drucks. 13/5274, S. 55.
20 *Schütze*, Schiedsrecht, Rn. 430.
21 Musielak/Voit-*Voit*, ZPO, § 1054 Rn. 6.

den. Fehlen mehrere „Minderheits-Unterschriften", muss die Begründung jedes Fehlen erfassen.[22] Die Begründung darf dabei nicht das Beratungsgeheimnis lüften, was der Fall wäre bei: „Unterschrift verweigert, da überstimmt".[23] Fehlende Begründung verhindert wirksamen Schiedsspruch, vgl. Abs. 4.[24] Eine inhaltlich falsche Begründung ist insoweit unschädlich.[25]

6 Die **Begründung** des Schiedsspruchs ist zwingend (**Abs. 2**), außer dies ist durch Parteivereinbarung abbedungen oder es handelt sich um einen Schiedsspruch mit vereinbartem Wortlaut gem. § 1053 ZPO. Der Verzicht auf gerichtliche Nachprüfung ist nicht als Begründungsverzicht auszulegen (h.M.).[26] Die Begründungsanforderungen sind niedrig und nicht mit denen an staatsgerichtliche Entscheidungen vergleichbar.[27] Die Begründung muss Mindestanforderungen entsprechen, d.h. nicht offenbar in sich widersinnig sein oder im Widerspruch zur Entscheidung stehen, sich nicht auf inhaltsleere Wendungen beschränken, sie muss zu den wesentlichen Verteidigungsmitteln der Parteien Stellung nehmen, aber nicht die Rechtsansicht des Schiedsgerichts mitteilen.[28] Die Begründung soll die Parteien über die tragenden Erwägungen des Schiedsgerichts informieren, muss aber nicht dem staatlichen Gericht eine Nachprüfung bzgl. des *ordre public* sicherstellen (str.).[29] Juristische Berater können bei der Begründungsabfassung helfen bis zur vollständigen Formulierung, solange die Letztentscheidung beim Schiedsgericht bleibt.[30] Das **Fehlen** der Begründung führt zur Aufhebbarkeit des Schiedsspruchs nach § 1059 Abs. 2 Nr. 1 Buchst. d ZPO,[31] den man dahin erweiternd lesen muss, dass es auf die Auswirkungsfrage nicht ankommt.[32]

7 **Ort und Datum** sind zwingend anzugeben, Abs. 3. Ort meint den formalen Schiedsort, nicht den faktischen (§ 1043 ZPO). Die Einhaltung ist von Amts wegen zu prüfen.[33] Das Fehlen der Angaben führt nicht *per se* zur Formunwirksamkeit (str.),[34] dies gilt insbesondere bei unstreitigem oder sich aus den Umständen ergebendem Schiedsort.[35] Die Ansicht, die Bezeichnung des Erlasstages diene nur der Identifizierung des Schiedsspruches, ist überholt.[36] Daher ist die Angabe nachzuholen, was wie beim Ort möglich ist.[37] Aufgrund der Relevanz der Angaben

---

22 BT-Drucks. 13/5274, S. 55; Zöller-*Geimer*, ZPO, § 1054 Rn. 5, was aber durch „Sammelbegründung" möglich ist.
23 Bsp. nach Musielak/Voit-*Voit*, ZPO, § 1054 Rn. 6.
24 OLG München, SchiedsVZ 2010, 169 (172), II.2.b., bzgl. spanischem Schiedsspruch mit Verweis auf das deutsche staatliche Gerichtsverfahren dort II.2.b.1.
25 Zöller-*Geimer*, ZPO, § 1054 Rn. 5.
26 BGHZ 96, 40 = JZ 1986, 401; Musielak/Voit-*Voit*, ZPO, § 1054 Rn. 4; a.A. Baumbach/Lauterbach/Albers/Hartmann, ZPO, § 1054 Rn. 3.
27 Schon BGHZ 96, 40 = JZ 1986, 401, III.2.; OLG München, SchiedsVZ 2015, 303, II.2.b.bb.2); OLG München v. 20.12.2006, 34 Sch 16/06, juris, II.2.b.2); Baumbach/Lauterbach/Albers/Hartmann, ZPO, § 1054 Rn. 4; Musielak/Voit-*Voit*, ZPO, § 1054 Rn. 4; MK-*Münch*, ZPO, § 1054 Rn. 28ff.; Zöller-*Geimer*, ZPO, § 1054 Rn. 8.
28 BGHZ 96, 40 = JZ 1986, 401, III.2.; BGH, WM 1983, 1207; OLG München, SchiedsVZ 2015, 303, II.2.b.bb.2); weiter stellv. Baumbach/Lauterbach/Albers/Hartmann, ZPO, § 1054 Rn. 4.
29 BGH, NJW 1986, 1436 (1437f.), III.; OLG München, SchiedsVZ 2011, 159 (167); OLG München v. 20.12.2006, 34 Sch 16/06, juris, II.2.b.2)aa.; MK-*Münch*, ZPO, § 1054 Rn. 29f.; Zöller-*Geimer*, ZPO, § 1054 Rn. 8; Musielak/Voit-*Voit*, ZPO, § 1054 Rn. 4; vgl. auch BGHZ 30, 89 = NJW 1959, 1438; aber OLG München, SchiedsVZ 2015, 303, II.2.b.bb.2), wohl missverständlich formuliert.
30 Musielak/Voit-*Voit*, ZPO, § 1054 Rn. 5; *Stürner*, SchiedsVZ 2013, 322 (323).
31 Musielak/Voit-*Voit*, ZPO, § 1054 Rn. 5; MK-*Münch*, ZPO, § 1054, Rn. 18; Stein/Jonas-*Schlosser*, ZPO, § 1054 Rn. 17; Zöller-*Geimer*, ZPO, § 1054 Rn. 8; zur Beteiligung von juristischen Beratern vgl. § 1049 Rn. 3; § 1052 Rn. 2.
32 Musielak/Voit-*Voit*, ZPO, § 1054 Rn. 5.
33 BGHZ 85, 288 = MDR 1983, 381, I.; OLG München, SchiedsVZ 2011, 167 (168).
34 OLG Köln v. 18.12.2013, 19 Sch 16/13, juris, Rn. 1; Baumbach/Lauterbach/Albers/Hartmann, ZPO, § 1054 Rn. 5; Musielak/Voit-*Voit*, ZPO, § 1054 Rn. 7; Zöller-*Geimer*, ZPO, § 1054 Rn. 9; a.A. MK-*Münch*, ZPO, § 1054 Rn. 35. (andernfalls Nichtschiedsspruch); *Münch*, SchiedsVZ 2013, 235 (236); Stein/Jonas-*Schlosser*, ZPO, § 1054 Rn. 24 (zwingende Voraussetzung, aber spätere Nachholung möglich).
35 OLG München v. 17.11.2016, 34 Sch 13/16, juris; OLG Köln v. 18.12.2013, 19 Sch 16/13, juris, Rn. 1; OLG München, SchiedsVZ 2011, 167; OLG Stuttgart, NJW-RR 2003, 1438 (1439).
36 So aber BGH, JZ 1977, 185, I.2.b.; *Lachmann*, Schiedsgerichtspraxis, Rn. 1759; Baumbach/Lauterbach/Albers/Hartmann, ZPO, § 1054 Rn. 5; Zöller-*Geimer*, ZPO, § 1054 Rn. 9, wie hier: BeckOK-*Wolf/Eslami*, ZPO, § 1054 Rn. 18; MK-*Münch*, ZPO, § 1054 Rn. 37.
37 Stein/Jonas-*Schlosser*, ZPO, § 1054 Rn. 24 (spätere Nachholung möglich); wohl a.A. MK-*Münch*, ZPO, § 1054 Rn. 35.

etwa für das zuständige Gericht ist der Beweis anderen als des angegebenen Schiedstages und -ortes möglich (str.).[38]

Mit **Übermittlung** des unterschriebenen Schiedsspruchs an alle Parteien (§ 1054 Rn. 2) oder deren Vertreter[39] ist der Schiedsspruch final konstituiert, **Abs. 4**.[40] Der Begriff der „Ausfertigung" wurde bewusst vermieden, erfasst sind Original und Kopie.[41] Die Version muss jedoch die Unterschriften der Schiedsrichter tragen, beglaubigte Abschrift reicht nicht.[42] Die Parteien können einen Übersendungsadressaten benennen, aber nicht auf die Bekanntmachung verzichten.[43] Vereinbarung durch Einschreiben mit Rückschein an die bevollmächtigten Rechtsanwälte zuzustellen, ist möglich.[44] Grds. kann der Vorsitzende die Übersendung allein vornehmen.[45] Eine förmliche Zustellung ist entbehrlich, was v.a. bei internationalen Streitigkeiten Beschleunigung bringt.[46] Die Niederlegung ist nach neuem Recht entbehrlich (vgl. § 1039 ZPO a.F.), anderweitige Parteivereinbarung möglich.[47]

8

Mit Zustimmung aller Schiedsrichter kann ein getroffener Schiedsspruch bis zur Übermittlung problemlos **geändert** werden, denn er ist noch bloßes Internum. Problematischer ist es, wenn nur eine Mehrheit ändern will. Dass die Schiedsrichter sich untereinander gebunden hätten und damit eine nur mehrheitliche Änderung ausscheidet, überzeugt nicht.[48] Denn die Unterschrift des in der Minderheit bleibenden Schiedsrichters könnte ohnehin von vornherein gefordert werden, er hat also kein Recht, einen Schiedsspruch nicht zu unterschreiben, weil er ihn nicht befürwortet; Abs. 1 Satz 2 ergibt nichts anderes. Die von vornherein bestehende Verbindung im Schiedsrichtergremium führt dazu, dass eine Änderung in jedem Fall der Kenntnisgabe und Gelegenheit der Beratungsteilnahme aller Schiedsrichter bedarf, eine mehrheitliche Änderung ist danach möglich.[49]

9

§ 1055
Wirkungen des Schiedsspruchs

Der Schiedsspruch hat unter den Parteien die Wirkungen eines rechtskräftigen gerichtlichen Urteils.

Der Gesetzgeber gibt dem Schiedsspruch, gleich ob als „voller Endschiedsspruch" (*final award*), Teilschiedsspruch (*partial award*) oder Zwischenschiedsspruch (*interim award*),[1] **Rang und Wirkung eines staatsgerichtlichen Urteils**. Erst diese materielle Rechtskraftfähigkeit macht die Schiedsgerichtsbarkeit zu einer Alternative staatlicher Gerichtsbarkeit, die den Parteien Rechtssicherheit und -frieden geben kann. Völliger Gleichlauf mit dem staatsgerichtlichen Urteil fehlt aber, denn mangels Titelwirkung bedarf es der Vollstreckbarerklärung (§§ 1060f. ZPO).[2] Wie bei staatlichen Gerichtsurteilen gilt der zweigliedrige Streitgegenstandsbegriff.[3] Die Norm erfasst nur inländische Schiedssprüche, ausländische richten sich

1

---

38 Zöller-*Geimer*, ZPO, § 1054 Rn. 9; *Schütze*, Schiedsrecht, Rn. 431; abw. BT-Drucks. 13/5274, S. 56 (unwiderlegbare Vermutung); a.A. Musielak/Voit-*Voit*, ZPO, § 1054 Rn. 8; BeckOK-*Wolf/Eslami*, ZPO, § 1054 Rn. 20 (nicht widerlegbar, außer im Missbrauchsfall).
39 MK-*Münch*, ZPO, § 1054 Rn. 40.
40 OLG Düsseldorf, SchiedsVZ 2008, 156; MK-*Münch*, ZPO, § 1054 Rn. 38.
41 BT-Drucks. 13/5274, S. 56; MK-*Münch*, ZPO, § 1054 Rn. 41; Zöller-*Geimer*, ZPO, § 1054 Rn. 11.
42 Zöller-*Geimer*, ZPO, § 1054 Rn. 11.
43 OLG München, SchiedsVZ 2012, 217; Musielak/Voit-*Voit*, ZPO, § 1054 Rn. 9; MK-*Münch*, ZPO, § 1054 Rn. 42f.
44 BGH, NJW 2015, 3234; OLG München, NZG 2014, 1351, II.2.a., zum unbeachtlichen fehlenden Empfangswillen.
45 OLG Düsseldorf, WM 1984, 1209.
46 BT-Drucks. 13/5274, S. 56; Musielak/Voit-*Voit*, ZPO, § 1054 Rn. 9; MK-*Münch*, ZPO, § 1054 Rn. 38; Zöller-*Geimer*, ZPO, § 1054 Rn. 11.
47 MK-*Münch*, ZPO, § 1054 Rn. 44; Zöller-*Geimer*, ZPO, § 1054 Rn. 11.
48 So aber Musielak/Voit-*Voit*, ZPO, § 1054 Rn. 10; Saenger-*Saenger*, ZPO, § 1054 Rn. 4; wie hier Zöller-*Geimer*, ZPO, § 1054 Rn. 7.
49 Im Ergebnis Zöller-*Geimer*, ZPO, § 1054 Rn. 7, § 1055 Rn. 11.

Zu § 1055:
1 Ausführlich *Schmidt*, SchiedsVZ 2013, 32.
2 MK-*Münch*, ZPO, § 1055 Rn. 1; Zöller-*Geimer*, ZPO, § 1055 Rn. 1.
3 BGH, NJW-RR 2009, 790; MK-*Münch*, ZPO, § 1055 Rn. 20; Zöller-*Geimer*, ZPO, § 1055 Rn. 1.

ZPO § 1055 Schiedsspruch und Beendigung des Verfahrens

nach dortigem Recht.[4] Sie entspricht § 1040 ZPO a.F. (und § 108 Abs. 4 ArbGG), ohne eine Entsprechung im **ModG** zu kennen.

2 Die **Rechtskraft** tritt mit dem **Zeitpunkt** ein, in dem der letzten der Parteien der Schiedsspruch gem. § 1054 Abs. 4 ZPO zuging.[5] Dies gilt für gestaltende Schiedssprüche **ohne vorherige Vollstreckbarerklärung**[6] (str.; vgl. Rn. 5), aber auch sonst (str.).[7] Denn Vollstreckungserwägungen haben nach denen über die Wirksamkeit des Schiedsspruches stattzufinden und schlagen nicht „rückwärts" auf diese durch.[8] Beim Vergleich ist daher nicht nach dem ersten Schritt des Vergleichsschlusses, dem zweiten des Schiedsspruches mit vereinbartem Wortlaut noch ein dritter, die Vollstreckbarkeitserklärung nötig. Es reicht, wenn das Schiedsgericht seinen Schiedsspruch erlässt, denn auf diesen gibt es keine echte Instanz mehr, die der Rechtskraft entgegenstehen könnte. Dass der Schiedsspruch ausnahmsweise doch noch zu Fall kommen kann, tut dem keinen Abbruch.[9] Etwas anderes kann allenfalls für Willenserklärungen i.S.d. § 894 ZPO gelten (str.).[10] Auch Teilschiedssprüche und Interimsschiedssprüche können rechtskräftig werden, wenn sie abschließend sind (vgl. § 1054 Rn. 1).[11] Abzugrenzen sind der reine Vergleich gem. § 1053 Abs. 1 ZPO, der Beendigungsbeschluss gem. § 1056 Abs. 2 ZPO und der Zwischenentscheid nach § 1040 Abs. 3 ZPO.[12] Die Rechtskraft ist von Amts wegen zu berücksichtigen,[13] wer mit der h.M. Vollstreckbarerklärung verlangt, muss dementsprechend differenzieren.

3 Die **formelle Rechtskraftwirkung** verhindert wie § 705 ZPO sachliche Nachprüfung, vgl. § 1059 ZPO, etwa über den Umweg einstweiligen Rechtsschutzes.[14] Dem steht die Aufhebungsklage des § 1059 ZPO nicht entgegen, die keine instanzielle Überprüfung ist, sondern Wiederaufnahmecharakter hat.[15]

4 Die **materielle Rechtskraftwirkung** bedeutet endgültige Entscheidung des Gegenstands zwischen den Parteien.[16] Die objektiven und subjektiven **Grenzen der Rechtskraft** bestimmen §§ 322 ff. ZPO vorbehaltlich anderer Parteivereinbarung.[17] Die Rechtskraft erfasst alle materiell-rechtlichen Ansprüche nebst etwaiger Aufrechnung.[18] **Inzidentfeststellungen** sind nicht rechtskraftfähig.[19] Die Rechtskraft wirkt **inter partes**.[20] Materielle **Drittbindung** kann über Rechtsnachfolge[21] und Wirkungserstreckung (etwa § 248 Abs. 1 Satz 1 AktG)[22] sowie durch freiwilligen Beitritt bzw. Zustimmung erfolgen.[23] **Zeitliche Grenze** der Rechtskraft im staatlichen Verfahren ist der Schluss der (letzten) mündlichen Verhandlung.[24] Für das Schiedsver-

---

4 *Geimer*, Internationales Zivilprozessrecht, Rn. 3890; a.A. OLG München, SpuRt 2003, 199.
5 BGHZ 85, 288 (290) = MDR 1983, 381; BGH, NJW 1986, 1436; stellv. MK-*Münch*, ZPO, § 1055 Rn. 4.
6 Stein/Jonas-*Schlosser*, ZPO, § 1055 Rn. 7; *Lachmann*, Schiedsgerichtspraxis, Rn. 1787; Musielak/Voit-*Voit*, ZPO, § 1055 Rn. 11; Zöller-*Geimer*, ZPO, § 1055 Rn. 2; a.A. BayObLG, MDR 1984, 496 (zum alten Recht); Baumbach/Lauterbach/Albers/Hartmann, ZPO, § 1055 Rn. 7; diff. MK-*Münch*, ZPO, § 1055 Rn. 32 f.
7 Stellv. zum Streitstand Zöller-*Geimer*, ZPO, § 1055 Rn. 8; diff. MK-*Münch*, ZPO, § 1055 Rn. 32 f. jeweils m.w.N.
8 Vgl. *Lachmann*, Schiedsgerichtspraxis, Rn. 1787.
9 Zöller-*Geimer*, ZPO, § 1055 Rn. 2 f.; a.A. MK-*Münch*, ZPO, § 1055 Rn. 32, gerade aufgrund der Anfechtbarkeit, möglichen Aufhebungsgründe etc.
10 Zöller-*Geimer*, ZPO, § 1055 Rn. 2 f.; aber OLG Dresden v. 08.05.2001, 11 Sch 08/01, juris, keine Vollstreckbarerklärung selbst bei Willenserklärungen nötig.
11 Vgl. BGH, NJW-RR 2009, 790, II.1.b.dd.; MK-*Münch*, ZPO, § 1055 Rn. 6; Prütting/Gehrlein-*Prütting*, ZPO, § 1055 Rn. 2; Zöller-*Geimer*, ZPO, § 1055 Rn. 6.
12 Prütting/Gehrlein-*Prütting*, ZPO, § 1055 Rn. 2.
13 Stellv. Zöller-*Geimer*, ZPO, § 1055 Rn. 8.
14 OLG Frankfurt a.M., SpuRt 2013, 206, II.; MK-*Münch*, ZPO, § 1055 Rn. 2f.; Zöller-*Geimer*, ZPO, § 1055 Rn. 1.
15 Prütting/Gehrlein-*Prütting*, ZPO, § 1055 Rn. 3.
16 *Ne bis in idem*, BGH, NJW-RR 2009, 790; BGH, NJW 2004, 1252 (1253); Musielak/Voit-*Voit*, ZPO, § 1055 Rn. 5; Prütting/Gehrlein-*Prütting*, ZPO, § 1055 Rn. 4; Zöller-*Geimer*, ZPO, § 1055 Rn. 3; im Ergebnis Stein/Jonas-*Schlosser*, ZPO, § 1055 Rn. 6.
17 BGH, SchiedsVZ 2009, 123.
18 MK-*Münch*, ZPO, § 1055 Rn. 20.
19 Prütting/Gehrlein-*Prütting*, ZPO, § 1055 Rn. 6; Zöller-*Geimer*, ZPO, § 1055 Rn. 7.
20 *Habersack/Wasserbäch*, AG 2016, 2 (6); MK-*Münch*, ZPO, § 1055 Rn. 21; Prütting/Gehrlein-*Prütting*, ZPO, § 1055 Rn. 5.
21 OLG München v. 15.04.2015, 34 Sch 7/15, juris, II.3.
22 Ausführlich *Nolting*, GmbHR 2011, 1017; MK-*Münch*, ZPO, § 1055 Rn. 22.
23 Zöller-*Geimer*, ZPO, § 1055 Rn. 7.
24 MK-*Münch*, ZPO, § 1055 Rn. 23 ff.

fahren muss analog die letzte Möglichkeit der Parteien sich zu äußern gelten.[25] § 767 Abs. 2 ZPO gilt konsequent analog.[26] Nach Ablauf der Frist des § 1059 Abs. 3 ZPO ist Wiederaufnahme analog § 578 ZPO, Klage gem. § 826 BGB, § 323 ZPO oder §§ 238 ff. FamFG denkbar.[27] Grds. sind auch diese Verfahren von der Schiedsabrede erfasst, das i.d.R. bereits aufgelöste Schiedsgericht ist neu zu bilden.[28]

Gewillkürte Begrenzungen der Rechtskraft sind möglich (str.). Etwa indem die Parteien im Nachhinein vereinbaren, der Schiedsspruch solle aufgehoben oder geändert werden,[29] was auch konkludent möglich ist.[30] Grenze der einverständlichen Aufhebbarkeit ist der Moment, an dem der Schiedsspruch von Amts wegen zu berücksichtigen und nicht mehr disponibel ist,[31] je nach Ansicht und Schiedsspruchtyp also mit Schiedsspruchübermittlung oder Vollstreckbarerklärung. Die Parteien können danach nur noch Einigungen über die Vollstreckung treffen. Nach der hier vertretenen Ansicht können Schiedssprüche nicht mehr gewillkürt aufgehoben werden, sobald sie übermittelt und damit konstituiert sind (§ 1054 Rn. 8).[32] Neben der Änderung des Schiedsspruchinhalts ist auch die nur bedingte Unterwerfung der Parteien unter den Schiedsspruch möglich.[33]

5

§ 1056
Beendigung des schiedsrichterlichen Verfahrens

(1) Das schiedsrichterliche Verfahren wird mit dem endgültigen Schiedsspruch oder mit einem Beschluss des Schiedsgerichts nach Absatz 2 beendet.

(2) Das Schiedsgericht stellt durch Beschluss die Beendigung des schiedsrichterlichen Verfahrens fest, wenn

1. der Kläger

  a) es versäumt, seine Klage nach § 1046 Abs. 1 einzureichen und kein Fall des § 1048 Abs. 4 vorliegt, oder

  b) seine Klage zurücknimmt, es sei denn, dass der Beklagte dem widerspricht und das Schiedsgericht ein berechtigtes Interesse des Beklagten an der endgültigen Beilegung der Streitigkeit anerkennt; oder

2. die Parteien die Beendigung des Verfahrens vereinbaren; oder

3. die Parteien das schiedsrichterliche Verfahren trotz Aufforderung des Schiedsgerichts nicht weiter betreiben oder die Fortsetzung des Verfahrens aus einem anderen Grund unmöglich geworden ist.

(3) Vorbehaltlich des § 1057 Abs. 2 und der §§ 1058, 1059 Abs. 4 endet das Amt des Schiedsgerichts mit der Beendigung des schiedsrichterlichen Verfahrens.

Die Norm regelt die **Beendigung des schiedsrichterlichen** Verfahrens (Abs. 1 und 2) und richterlichen Amtes (Abs. 3). Sie basiert auf Art. 32 **ModG** und bildet das Gegenüber zu § 1044 ZPO (Verfahrensbeginn).

1

Das Verfahren endet regulär durch **Schiedsspruch (Abs. 1)**, dessen formelle Voraussetzungen sich nach § 1054 ZPO richten. Er wirkt direkt beendend („konstitutiv").[1] Bei schiedsgerichtlichem Instanzenzug endet das Verfahren mit Ablauf der Anrufungsfrist der nächsthöheren Instanz, anderenfalls im Moment des letztinstanzlich-abschließenden Schiedsspruches (§ 1054 Rn. 1, § 1059 Rn. 14).[2] Die **Wiederaufnahme** eines beendeten Verfahrens ist gesetzlich nicht

2

---

25 Prütting/Gehrlein-*Prütting*, ZPO, § 1055 Rn. 7.
26 BayObLG, NZI 2000, 366 (367), 3c; Musielak/Voit-*Voit*, ZPO, § 1055 Rn. 12; MK-*Münch*, ZPO, § 1055 Rn. 27; Prütting/Gehrlein-*Prütting*, ZPO, § 1055 Rn. 7.
27 MK-*Münch*, ZPO, § 1055 Rn. 30 f.; Musielak/Voit-*Voit*, ZPO, § 1055 Rn. 12; Zöller-*Geimer*, ZPO, § 1055 Rn. 11.
28 Musielak/Voit-*Voit*, ZPO, § 1055 Rn. 12; MK-*Münch*, ZPO, § 1055 Rn. 29 und § 1029 Rn. 111; Zöller-*Geimer*, ZPO, § 1055 Rn. 11; vgl. § 1056 Rn. 2.
29 RG, JW 1920, 703 (704); BGH, BB 1961, 264, I.2); Zöller-*Geimer*, ZPO, § 1055 Rn. 10; Garbe-Emden, BauR 2012, 1035 ff.
30 OLG Stuttgart, IBR 2002, 394, II.3.
31 MK-*Münch*, ZPO, § 1055 Rn. 29.
32 Konsequent Musielak/Voit-*Voit*, ZPO, § 1055 Rn. 11.
33 BGHZ 171, 245 = SchiedsVZ 2007, 160; Zöller-*Geimer*, ZPO, § 1055 Rn. 10.

Zu § 1056:
1 MK-*Münch*, ZPO, § 1056 Rn. 3.
2 Musielak/Voit-*Voit*, ZPO, § 1056 Rn. 2.

vorgesehen, aber die Parteien anders als beim Schiedsspruch nicht gehindert, die Möglichkeit dazu zu vereinbaren.³ Nachdem das Schiedsrichteramt gem. Abs. 3 endete, müssen neue Schiedsrichterverträge geschlossen werden und das Verfahren knüpft an die alten Ergebnisse nahtlos an.⁴ Letzteres nur, wenn der Spruchkörper derselbe bleibt.

3   Ob der **Beendigungsbeschluss nach Abs. 2** konstitutiv oder deklaratorisch ist, hat wenig praktische Bedeutung.⁵ Kaum mehr Relevanz hat die Frage, ob die Notwendigkeit der Beendigung des Verfahrens durch Beschluss abdingbar ist.⁶ Denn erfasst die Schiedsabrede schon nicht den Gegenstand, besteht für das Schiedsgericht also kein Boden, kann es das Verfahren nicht durch Beschluss beenden. Auch können die Parteien dem Schiedsgericht den Boden entziehen, etwa durch Parteivereinbarung jedenfalls in Form der übereinstimmenden Erledigterklärung. Ein Beschluss ist dann als klarstellender Akt denkbar und ratsam. Die weitere Bedeutung ist aber gering, ebenso, falls in diesen Fällen kein Beschluss erfolgt. Abs. 2 ist nicht abschließend, weitere Beendigungsgründe denkbar.⁷ Die Aufhebungsklage gem. § 1059 ZPO gegen den Beendigungsbeschluss ist nicht möglich (Wortlaut, Telos).⁸

4   Die **Säumnis des Klägers, Abs. 2 Nr. 1 Buchst. a**, wegen Nichteinreichung der Schiedsklage nach Vorlageantrag gem. § 1044 ZPO ist Beendigungsgrund, wenn diese nicht genügend entschuldigt wurde, § 1048 Abs. 4 Satz 1 ZPO, und die Parteien auch nichts anderes vereinbarten, § 1048 Abs. 4 Satz 2 ZPO. Der Beschluss bedeutet nicht wie bei § 330 ZPO die Aberkennung des Anspruchs und bedarf keines Antrags der Beklagtenseite. Er gewinnt daher nicht die Bedeutung eines Schiedsspruchs gem. § 1055 ZPO, selbst wenn er als solcher bezeichnet wird.⁹ Neue Klage ist möglich. Daher kann der Beklagte gut beraten sein, nunmehr negative Feststellungsklage zu erheben (§ 256 i. V. m. §§ 1044, 1046 ZPO) um die Wirkung des § 1055 ZPO zu erreichen. Das Schiedsgericht ist nicht verpflichtet, die Parteien auf die prozessualen Konsequenzen der Klägersäumnis hinzuweisen, damit diese eine Verfahrensvereinbarung treffen können (str.).¹⁰

5   Die **Klagerücknahme, Abs. 2 Nr. 1 Buchst. b**, beendet das Verfahren, es sei denn der Beklagte widerspricht mit begründetem Interesse (auf widerspruchslose Rücknahmeerklärung folgt deklaratorischer Beendigungsbeschluss; auf begründeten Widerspruch folgt konstitutiver Beendigungsbeschluss, jeweils gem. Abs. 2 Nr. 1 Buchst. b).¹¹ Für die Abwägung des Interesses bei Widerspruch ist insbesondere zu erwägen, ob der Kläger nochmals klagen kann.¹² Die Bejahung dessen alleine reicht aber nicht. Ob bereits mündlich verhandelt wurde, ist anders als bei § 269 Abs. 1 ZPO nebensächlich,¹³ anders ggf. die im Schiedsgericht gewonnenen Erkenntnisse und Beweislagen: kein Entzug des Streitgegenstandes, wenn erkennbar das Schiedsgericht den klägerischen Ausführungen nicht folgt, um vor „günstiger" besetztem Schiedsgericht neu klagen zu können. Auf Widerspruch aus berechtigtem Interesse folgt Verfahrensfortsetzung und Beendigung durch regulären Schiedsspruch.¹⁴ Die Fortsetzung kann das Schiedsgericht in einem Zwischenschiedsspruch begründet bescheiden, ansonsten erfolgt die Begründung im Schiedsspruch.

6   Die **Parteivereinbarung, Abs. 2 Nr. 2,** beendet das Verfahren, der Beschluss ist deklaratorisch.¹⁵ Die Parteivereinbarung eröffnet das Schiedsverfahren, sie kann es daher auch als *actus contrarius* beenden. Sie bedarf keiner Form oder Begründung. Ggf. durch Auslegung ist zu

---

3   Musielak/Voit-*Voit*, ZPO, § 1056 Rn. 8.
4   Vgl. OLG Frankfurt a.M., NJW-RR 2008, 591 (592); OLG Celle v. 04.03.2004, 8 SchH 2/03, juris, 2.c.; MK-*Münch*, ZPO, § 1056 Rn. 34.
5   *Haas*, SchiedsVZ 2010, 286 (288); näher MK-*Münch*, ZPO, § 1056 Rn. 3; Stein/Jonas-*Schlosser*, ZPO, § 1056 Rn. 2.
6   Unabdingbar: MK-*Münch*, ZPO, § 1056 Rn. 3; Stein/Jonas-*Schlosser*, ZPO, § 1056 Rn. 2; a.A. – abdingbar: *Haas*, SchiedsVZ 2010, 286 (288); Musielak/Voit-*Voit*, ZPO, § 1056 Rn. 1; *Moller*, NZG 2000, 57 (63), unter Verweis auf das EuÜ.
7   Musielak/Voit-*Voit*, ZPO, § 1056 Rn. 1; a.A. *Busse*, SchiedsVZ 2010, 57 (58).
8   *Haas*, SchiedsVZ 2010, 286 (289 ff.), V.
9   Musielak/Voit-*Voit*, ZPO, § 1056 Rn. 3.
10 MK-*Münch*, ZPO, § 1056 Rn. 24; a.A. Musielak/Voit-*Voit*, ZPO, § 1056 Rn. 3.
11 Zur Meinungsstand, ob und wann das Verfahren konstitutiv oder deklaratorisch endet vgl. Musielak/Voit-*Voit*, ZPO, § 1056 Rn. 4; MK-*Münch*, ZPO, § 1056 Rn. 19; *Gerstenmeier*, SchiedsVZ 2010, 281 jeweils m.w.N.
12 *Lachmann*, Schiedsgerichtspraxis, Rn. 1460, 1849.
13 *Gerstenmaier*, SchiedsVZ 2010, 281 (283); Zöller-*Geimer*, ZPO, § 1056 Rn. 4; abw. BT-Drucks. 13/5274, S. 57.
14 MK-*Münch*, ZPO, § 1056 Rn. 22; vgl. aber Baumbach/Lauterbach/Albers/Hartmann, ZPO, § 1056 Rn. 4.
15 Musielak/Voit-*Voit*, ZPO, § 1056 Rn. 5; a.A. – konstitutiv: *Gerstenmeier*, SchiedsVZ 2010, 281 (284); *Schütze*, Schiedsrecht, Rn. 419.

ermitteln, ob nur dieses Schiedsverfahren beendet wurde, also neue Schiedsklage möglich ist, oder ob darüber hinaus die Schiedsvereinbarung als solche aufgehoben wurde, also nur der Weg vor das staatliche Gericht offen steht.[16] Es handelt sich um eine Art beiderseitige Erledigungserklärung.[17]

Nichtbetreiben, Abs. 2 Nr. 3 Var. 1, liegt vor, wenn die Parteien trotz ausreichender Fristsetzung durch das Schiedsgericht das Verfahren faktisch nicht fortführen. Ein Hinweis des Schiedsgerichts auf die drohende Folge des Nichtbetreibens ist sinnvoll, aber nicht zwingend.[18] Ein Nichtbetreiben i.S.d. Norm liegt nur bei dauerhaftem Stillstand vor. Vom faktischen Stillstand ist die Parteivereinbarung, das Verfahren zu beenden, abzugrenzen, sie fällt unter Nr. 2. Ebenso abzugrenzen ist eine Vereinbarung das Verfahren temporär ruhen zu lassen. An eine Ruhensvereinbarung ist das Schiedsgericht gebunden und kann nicht das Ende feststellen, allenfalls können die Schiedsrichter kündigen.[19] Führt ein materiell-rechtlicher Vergleich nicht zur Einigung über die Verfahrensbeendigung, gilt § 1053 Abs. 2 ZPO.[20]   7

Die **Unmöglichkeit der Fortsetzung, Abs. 2 Nr. 3 Var. 2,** ist als „anderer Grund", nun aber objektiver, mit dem subjektiven Nichtbetreiben des Verfahrens durch die Parteien systematisch schwierig verbunden. Sie liegt beispielsweise bei Pattsituation (siehe § 1052 Rn. 4) der Schiedsrichter vor,[21] auch entgegenstehende andere Rechtskraft oder Verlust der Schiedseinrede führen zu Abs. 2 Nr. 3 Var. 2. Daneben greift ggf. § 1032 ZPO. Die Unmöglichkeit der Fortsetzung ist nicht zwingend Kündigungsgrund der Schiedsvereinbarung, kann aber zu ihm führen. Denn es liegt nicht stets zwingend Undurchführbarkeit der Schiedsvereinbarung vor, sondern zunächst nur des konkreten Verfahrens.[22] Das Erlöschen der Schiedsvereinbarung, etwa durch Anfechtung oder Aufhebung, fällt dagegen nicht unter Nr. 3 Var. 2 (str.).[23] Möglich, wirkmächtiger und damit sinnvoller ist der in Rechtskraft (§ 1055 ZPO) erwachsende Prozessschiedsspruch gem. § 1040 ZPO, der zugleich Kostengrundlage schafft. Das Schiedsgericht kann bis zur Behebung einer temporären Hinderung das Verfahren ruhen lassen.[24]   8

Das Verfahrensende, gleich ob regulär gem. Abs. 1 oder irregulär nach Abs. 2, führt zugleich zum **Ende des Schiedsrichteramtes,** durchbrochen nach Abs. 3 für die Kostenfestsetzung, § 1057 Abs. 2 Satz 2 ZPO, Berichtigung, Auslegung und Ergänzung des Schiedsspruchs, § 1058 ZPO, und bei etwaiger Zurückverweisung durch das staatliche Gericht gem. § 1059 Abs. 4 ZPO. Das Schiedsgericht besteht unabhängig vom gegenwärtigen Betreiben nicht fort.[25] Es hat sich nach Auflösung neu zu konstituieren.[26] Bei schiedsgerichtlichem Instanzenzug beendet der die erste Instanz abschließende Schiedsspruch das erstinstanzliche Schiedsrichteramt.[27] Der etwaigen Zurückverweisung durch das staatliche Gericht gem. § 1059 ZPO entspricht dann die etwaige Zurückverweisung durch das schiedsgerichtliche Obergericht. Auch möglich, aber nicht geregelt, ist die Erteilung weiterer **Ausfertigungen** des Schiedsspruchs.   9

§ 1057
Entscheidung über die Kosten

(1) ¹**Sofern die Parteien nichts anderes vereinbart haben, hat das Schiedsgericht in einem Schiedsspruch darüber zu entscheiden, zu welchem Anteil die Parteien die Kosten des schiedsrichterlichen Verfahrens einschließlich der den Parteien erwachsenen und zur zweckentsprechenden Rechtsverfolgung notwendigen Kosten zu tragen haben.** ²**Hierbei entscheidet das Schiedsgericht nach pflichtgemäßem Ermessen unter Berücksichtigung der Umstände des Einzelfalles, insbesondere des Ausgangs des Verfahrens.**

---

16 MK-*Münch,* ZPO, § 1056 Rn. 25 f.; Musielak/Voit-*Voit,* ZPO, § 1056 Rn. 5.
17 Zöller-*Geimer,* ZPO, § 1056 Rn. 5.
18 Musielak/Voit-*Voit,* ZPO, § 1056 Rn. 6.
19 Baumbach/Lauterbach/Albers/Hartmann, ZPO, § 1056 Rn. 6; Musielak/Voit-*Voit,* ZPO, § 1056 Rn. 6; MK-*Münch,* ZPO, § 1056 Rn. 31.
20 *Busse,* SchiedsVZ 2010, 57.
21 BT-Drucks. 13/5274, S. 57; *Lachmann,* Schiedsgerichtspraxis, Rn. 1863; Musielak/Voit-*Voit,* ZPO, § 1056 Rn. 7; MK-*Münch,* ZPO, § 1056 Rn. 33; Stein/Jonas-*Schlosser,* ZPO, § 1056 Rn. 9; *Gerstenmeier,* SchiedsVZ 2010, 281 (285).
22 *Gerstenmeier,* SchiedsVZ 2010, 281 (285).
23 *Haas,* SchiedsVZ 2010, 286 (293), V.3.b); MK-*Münch,* ZPO, § 1056 Rn. 33 unter ausdrücklicher Abkehr von Voraufl.; a.A. Musielak/Voit-*Voit,* ZPO, § 1056 Rn. 7.
24 MK-*Münch,* ZPO, § 1056 Rn. 36 ff.
25 OLG Celle v. 04.03.2004, 8 SchH 2/03, juris.
26 OLG Frankfurt a.M., NJW-RR 2008, 591 (592).
27 Musielak/Voit-*Voit,* ZPO, § 1056 Rn. 9.

(2) ¹Soweit die Kosten des schiedsrichterlichen Verfahrens feststehen, hat das Schiedsgericht auch darüber zu entscheiden, in welcher Höhe die Parteien diese zu tragen haben. ²Ist die Festsetzung der Kosten unterblieben oder erst nach Beendigung des schiedsrichterlichen Verfahrens möglich, wird hierüber in einem gesonderten Schiedsspruch entschieden.

1 Zur umfassenden Verfahrensbeendigung gehört auch die Kostenregelung, die aus **Kostenquote bzw. -grund (Abs. 1)** und (daraus folgender) **Kostenfestsetzung bzw. -höhe (Abs. 2)** besteht.[1] Die Norm hat keinen direkten Vorläufer und im ModG keine Entsprechung, erst Art. 38–41 SchO bieten Vergleichbares. Die Neuerung schafft Vereinfachung, nachdem die hiesigen Grundsätze vormals mühsam aus der Schiedsvereinbarung abgeleitet werden mussten.

2 Das Schiedsgericht ist selbst dann für die Kostenregelung **zuständig**, wenn die Schiedsklage als unzulässig abgewiesen wird.[2] Die Kostenentscheidung trifft nur das Verhältnis zwischen den Parteien, nicht etwa ggü. ihren Bevollmächtigten.[3] Das Schiedsgericht hat in der **Form** eines Schiedsspruchs zu entscheiden, nicht aber zwingend im Hauptsacheschiedsspruch,[4] er muss § 1054 ZPO erfüllen. Es kann zudem Kostengrundschiedsspruch (Quote) und Kostenhöheschiedsspruch getrennt erlassen.[5] Der Kostengrundschiedsspruch kann bereits für vollstreckbar erklärt werden,[6] selbst wenn der Kostenhöheschiedsspruch noch nicht vorliegt (h.M.).[7] Auch Teilschiedsspruch zu den Kosten eines Verfahrensabschnittes ist möglich.[8] Der Kostenschiedsspruch ist nach § 1059 ZPO **aufhebbar** und kann nach § 1060 ZPO für **vollstreckbar** erklärt werden. Die Parteien können Näheres regeln, ansonsten gilt als Entscheidungsmaßstab **pflichtgemäßes Ermessen** unter besonderer Berücksichtigung des Verfahrensausgangs.[9] Die Anwendung der §§ 91 ff. ZPO stellt i.d.R. pflichtgemäßes Ermessen dar. Aber auch §§ 91 ff. ZPO fremde Kriterien sind heranziehbar, v.a. wenn diese anderen Rechtsordnungen entsprechen, denen Parteien oder Materie nahestehen.[10] Der Vergleich in einem **nachgelagerten Gerichtsverfahren** erfasst bei Einigung nur zu den „Kosten des Rechtsstreits", erfasst i.d.R. nicht die Kosten des vorherigen Schiedsverfahrens.[11]

3 Da es kein durch den Rechtspfleger flankiertes Kostenfestsetzungsverfahren gibt, muss das Schiedsgericht neben der Kostenquote auch die jeweiligen **Kostensummen** auswerfen, was Abs. 2 regelt.[12] Auch diese Entscheidung erfolgt in **Form** des Schiedsspruchs, nicht etwa durch Festsetzungsbeschluss. Auch hier ist § 1054 ZPO beachtlich und gelten §§ 1059 f. ZPO. Bei Weigerung des Gerichts eine Entscheidung zu treffen, ist die Schiedsvereinbarung insoweit undurchführbar und der Weg zum staatlichen Gericht eröffnet.

4 Die Entscheidung des Schiedsgerichts nach Abs. 2 erfolgt aufgrund **feststehender Kosten**.[13] Denn das Schiedsgericht kann insbesondere nicht über das eigene Honorar entscheiden. Richtet sich die Summe nach dem Streitwert, muss diesen das Schiedsgericht aber festlegen können, dabei handelt es sich nicht unzulässiges Titulieren des eigenen Honorars.[14] Die gerichtlichen Gebühren richten sich nach Nr. 1620–1629 KV-GKG (Nr. 1630–1638 KV-GKG a.F.). Für die Schiedsrichtervergütung gilt auch beim zugelassenen Anwalt nicht das RVG, sondern das vereinbarte Honorar.[15] (Zur Durchsetzung des Honoraranspruchs bedarf es des staatlichen Ge-

---

1 BGH, NJOZ 2014, 390, II.2); OLG Köln, SchiedsVZ 2015, 295, II.2.a.; BT-Drucks. 13/5274, S. 57f.; Schwab/Walter, Schiedsgerichtsbarkeit, Kap. 33 Rn. 3 ff.
2 MK-*Münch*, ZPO, § 1057 Rn. 24; Stein/Jonas-*Schlosser*, ZPO, § 1057 Rn. 4; Zöller-*Geimer*, ZPO, § 1057 Rn. 1; aber Musielak/Voit-*Voit*, ZPO, § 1057 Rn. 2.
3 MK-*Münch*, ZPO, § 1057 Rn. 3; Zöller-*Geimer*, ZPO, § 1057 Rn. 1.
4 Musielak/Voit-*Voit*, ZPO, § 1057 Rn. 4; Zöller-*Geimer*, ZPO, § 1057 Rn. 1a.
5 OLG Köln, SchiedsVZ 2015, 295, II.2.a.; BT-Drucks. 13/5274, S. 58.
6 BGH, SchiedsVZ 2006, 278 (280), II.2.b.cc.
7 Zöller-*Geimer*, ZPO, § 1057 Rn. 1a; MK-*Münch*, ZPO, § 1057 Rn. 10.
8 BGH, NJW-RR 2007, 1008.
9 *Bernuth*, SchiedsVZ 2013, 212.
10 *Risse/Altenkirch*, SchiedsVZ 2012, 5 (6ff.); Musielak/Voit-*Voit*, ZPO, § 1057 Rn. 3, wobei das dortige Beispiel der Kosten erfolgloser Angriffs- und Verteidigungsmittel sich auch in § 96 ZPO findet.
11 OLG Koblenz, MDR 2015, 1322.
12 OLG Köln, SchiedsVZ 2015, 295, II.2.a.; Saenger-*Saenger*, ZPO, § 1057 Rn. 6; MK-*Münch*, § 1057 Rn. 4; BT-Drucks. 13/5274, S. 57.
13 OLG Köln, SchiedsVZ 2015, 295, II.2.a.; BT-Drucks. 13/5274, S. 57.
14 OLG Dresden v. 08.05.2001, 11 Sch 08/01, juris; Musielak/Voit-*Voit*, ZPO, § 1057 Rn. 5; vgl. auch § 1050 Rn. 2; AG Stuttgart, SchiedsVZ 2012, 54f.; zust. *Winkler*, SchiedsVZ 2012, 55f., wonach das staatliche Gericht über § 1050 ZPO aushilft.
15 Vgl. *Risse/Altenkirch*, SchiedsVZ 2012, 5; vgl. zum RDG Dreyer/Lamm/Müller, RDG, § 2 Rn. 56; zur Vergütungsfragen, insbesondere steuerlich *Risse/Kuhli*, SchiedsVZ 2016, 1ff.

richts.) Eine bloße Kostenquote hindert dies nicht.[16] Auch die Höhe des Honorars eines Prozessbevollmächtigten oder der Zeugen- oder Sachverständigenentschädigung kann das Schiedsgericht nicht entscheiden, außer es wurde ausnahmsweise von den Parteien ermächtigt.[17] Im Rahmen der Kostenentscheidung kann das Schiedsgericht auch über die **Notwendigkeit** der Kosten entscheiden.[18] Zu den **erstattungsfähigen Posten** zählen die **Anwaltskosten**[19] (außer bei ganz einfachen Fällen und zugleich in Schiedsverfahren kundiger Partei),[20] aber i.d.R. nicht Kosten für Syndikusanwälte.[21] In komplexen Verfahren sind Stundenhonorare verbreiteter als nach RVG oder ähnlichem Schema und in den üblichen Sätzen angemessen.[22] Notwendige **Reise-** und **Übersetzungskosten** sind erstattungsfähig, aber nicht Parteigutachten. **Rechtsgutachten** sind außerhalb des § 293 ZPO nicht erstattungsfähig, außer anderes ergibt sich aus dem Schiedsverfahren,[23] etwa bei bewusster Wahl eines v.a. sachlich oder jedenfalls nicht in allen Belangen rechtlich versierten Schiedsrichters, was aufgrund der Vielschichtigkeit der Probleme, insbesondere bei komplexen internat. Geschäften schnell der Fall sein kann. Auch im Kostengesichtspunkt ist das Verlassen des Grundsatzes *iura novit curia* und Beiziehung rechtlicher Sachverständiger schwierig (§ 1035 Rn. 4). **Zinsen**, etwa analog § 104 ZPO, können grds. nicht geltend gemacht werden,[24] (Prozess-)**Finanzierungskosten** nur, soweit gerade für den Prozess veranlasst und nachgewiesen.[25] Sämtliche Kostenpositionen stehen unter dem **Vorbehalt der Parteiregelung**, die auch differenziert ausfallen kann, etwa Deckelungen und Pauschalen zu gewissen Positionen etc. Parteiregelungen können in sich abgeschlossen sein und den Rückgriff auf die ZPO sperren.[26]

Die Aufhebung des Schiedsspruchs erfasst auch die Kostenentscheidung also bloße Nebenentscheidung. Dies gilt selbst bei Teilaufhebung, da jedenfalls die Kostenquote sich nach dem nun hinfällig gewordenen Gesamtausgang richtet.[27] Ob der Kostenschiedsspruch formal gesondert oder mit dem Hauptsacheschiedsspruch verbunden war, spielt dabei keine Rolle. 5

§ 1058
Berichtigung, Auslegung und Ergänzung des Schiedsspruchs

(1) Jede Partei kann beim Schiedsgericht beantragen,
1. Rechen-, Schreib- und Druckfehler oder Fehler ähnlicher Art im Schiedsspruch zu berichtigen;
2. bestimmte Teile des Schiedsspruchs auszulegen;
3. einen ergänzenden Schiedsspruch über solche Ansprüche zu erlassen, die im schiedsrichterlichen Verfahren zwar geltend gemacht, im Schiedsspruch aber nicht behandelt worden sind.

(2) Sofern die Parteien keine andere Frist vereinbart haben, ist der Antrag innerhalb eines Monats nach Empfang des Schiedsspruchs zu stellen.

(3) Das Schiedsgericht soll über die Berichtigung oder Auslegung des Schiedsspruchs innerhalb eines Monats und über die Ergänzung des Schiedsspruchs innerhalb von zwei Monaten entscheiden.

(4) Eine Berichtigung des Schiedsspruchs kann das Schiedsgericht auch ohne Antrag vornehmen.

(5) § 1054 ist auf die Berichtigung, Auslegung oder Ergänzung des Schiedsspruchs anzuwenden.

---

16 BGH v. 02.03.2017, 1 Sch 1/16.
17 Musielak/Voit-*Voit*, ZPO, § 1057 Rn. 5; MK-*Münch*, ZPO, § 1057 Rn. 12.
18 OLG Köln, SchiedsVZ 2015, 295, II.2.a.; OLG München, SchiedsVZ 2012, 282, II.4.d.
19 BGH, SchiedsVZ 2014, 31, II.2.; OLG Köln, SchiedsVZ 2015, 295, II.2.a.
20 MK-*Münch*, ZPO, § 1057 Rn. 21.
21 Musielak/Voit-*Voit*, ZPO, § 1057 Rn. 5; vgl. aber *Risse/Altenkirch*, SchiedsVZ 2012, 5 (12).
22 St. Rspr. des OLG München, NZG 2016, 993; diff. *Bernuth*, SchiedsVZ 2013, 212; *Risse/Altenkirch*, SchiedsVZ 2012, 5.
23 MK-*Münch*, ZPO, § 1057 Rn. 23.
24 Wenn, dann nur auf Antrag, vgl. *Gerstenmaier*, SchiedsVZ 2012, 1 (2f.); *Risse/Altenkirch*, SchiedsVZ 2012, 5.
25 *Saenger/Uphoff*, MDR 2014, 192 (196); Musielak/Voit-*Voit*, ZPO, § 1057 Rn. 5; MK-*Münch*, ZPO, § 1057 Rn. 21; *Risse/Altenkirch*, SchiedsVZ 2012, 5 (14).
26 OLG München, SchiedsVZ 2012, 282 (286), II.2.4.a.
27 BGH, NJW 2009, 1747 (1750), II.3.; MK-*Münch*, ZPO, § 1057 Rn. 28.

1 Die Norm gibt dem Schiedsgericht die **Möglichkeit, den Schiedsspruch nachzubessern.**[1] Ansonsten wären Aufhebungsverfahren unter Belastung staatlicher Gerichte nötig.[2] Diese Befugnis ist durch Parteivereinbarung weder einschränkbar,[3] noch bedarf es der Mitwirkung einer Partei (Abs. 4). Entgegen des **ModG** sind selbst Auslegung und Ergänzung nicht durch Parteivereinbarung ausschließbar. Die Norm ist an §§ 319 Abs. 1, 321 Abs. 1 ZPO orientiert.[4]

2 Erfasst sind **Rubrum**,[5] **Tenor,** Kostenentscheidung, **Tatbestand, Begründung,** die Bezeichnung als Schiedsspruch, Datums- und Ortsangabe.[6] Auch der **Schiedsspruch mit vereinbartem Wortlaut** ist erfasst, aber nur bzgl. Modifikationen, etwa bzgl. Mitwirkung der Parteien (str.).[7] Ab dem Zeitpunkt in dem der Schiedsspruch konstituiert ist, also § 1054 Abs. 1 ZPO eingehalten und er mitgeteilt ist, kann § 1058 ZPO greifen. Davor besteht dafür kein Bedürfnis und eine Änderung ist unproblematisch, etwa die eines mitgeteilten, aber noch nicht von allen Schiedsrichtern unterschriebenen Entscheids.[8]

3 **Berichtigung** nach **Abs. 1 Nr. 1** erfasst Rechen-, Schreib-, Druckfehler und Fehler ähnlicher Art.[9] Zur Entscheidung, welche konkreten Fehler erfasst sind, kann, auch wenn der Wortlaut von § 319 Abs. 1 ZPO abweicht, auf die dortigen Grundsätze zurückgegriffen werden.[10] Dort werden „offenbare Unrichtigkeiten" gefordert und auch hier müssen die Fehler „auf der Hand liegen".[11] Die Änderung des Schiedsspruches dahingehend, dass nun ein geänderter inhaltlicher Wille des Schiedsgerichts zum Ausdruck kommt, ist nicht mehr gedeckt. Eine solche Änderung unterliegt der Aufhebung.[12] Allerdings kann der bereits bestehende Inhalt zu einem vollstreckungsfähigen Inhalt geändert werden.[13] Solange klar ist, dass der Wille nicht verändert wird, kann die Entscheidungsformel auch grundlegend verändert und gar in ihr Gegenteil verkehrt werden.[14] Im Zweifelsfall bleibt stets die Auslegung nach Abs. 1 Nr. 2.

4 **Auslegung** nach **Abs. 1 Nr. 2** ist nur klarstellende Auslegung, nicht inhaltsändernde,[15] eine teils schwierige Abgrenzung.[16] Auch Fälle, bei denen der Schiedsspruch nur das wirtschaftliche Ergebnis, aber nicht den rechtlichen Weg zu dessen Erreichung genannt hat, werden unter Zurückstellung von Bedenken erfasst.[17] Der Schiedsspruch muss unklar sein, ansonsten fehlt es am Bedürfnis der Auslegung.[18] Die Unklarheit ist im Zweifel im **Antrag** darzulegen, etwa durch Nennung verschiedener relevanter Auslegungsmöglichkeiten, zwischen denen das Schiedsgericht Klarheit schaffen möge, nicht nötig ist dagegen, dass die Partei das gewünschte Ergebnis nennt.[19]

5 Die **Ergänzung** nach **Abs. 1 Nr. 3** erfasst den „versehentlichen Teilschiedsspruch", während die beabsichtigte Teilentscheidung ohne weiteres die Schlussentscheidung nach sich zieht.[20] Anspruch ist der prozessuale Anspruch, nicht das prozessuale Mittel zu dessen Erreichung. Auch hier ist die Grenze die Änderung des bisherig Entschiedenen: Lücken dürfen gefüllt,

---

1 Ausführlich *Christ*, Berichtigung, Auslegung und Ergänzung des Schiedsspruchs, S. 7 ff.
2 BT-Drucks. 13/5274, S. 58; *Schütze*, SchiedsVZ 2009, 241 (245).
3 MK-*Münch*, ZPO, § 1058 Rn. 3; *Christ*, Berichtigung, Auslegung und Ergänzung des Schiedsspruchs, S. 147 ff.
4 BT-Drucks. 13/5274, S. 58.
5 Zur Rubrumsberichtigung bei Parteibezeichnung als „*joint venture*", BGH, SchiedsVZ 2015, 149 (im Vollstreckbarerklärungsverfahren).
6 *Christ*, Berichtigung, Auslegung und Ergänzung des Schiedsspruchs, S. 167 ff.; MK-*Münch*, ZPO, § 1058 Rn. 4.
7 MK-*Münch*, ZPO, § 1058 Rn. 3 und § 1053 Rn. 47 ff.; Thomas/Putzo-*Reichold*, ZPO, § 1058 Rn. 3 – nur auf Antrag beider Parteien; a.A. Musielak/Voit-*Voit*, ZPO, § 1058 Rn. 2 von Amts wegen berichtigbar; diff. *Christ*, Berichtigung, Auslegung und Ergänzung des Schiedsspruchs, S. 156 ff.
8 MK-*Münch*, ZPO, § 1058 Rn. 5.
9 Ausführlich *Christ*, Berichtigung, Auslegung und Ergänzung des Schiedsspruchs, S. 41 ff.
10 Musielak/Voit-*Voit*, ZPO, § 1058 Rn. 2; *Schütze*, Schiedsrecht, Rn. 457; Thomas/Putzo-*Reichold*, ZPO, § 1058 Rn. 2.
11 Musielak/Voit-*Voit*, ZPO, § 1058 Rn. 2.
12 OLG Stuttgart, IBR 2002, 394; Stein/Jonas-*Schlosser*, ZPO, § 1058 Rn. 21.
13 OLG Frankfurt a.M., SchiedsVZ 2005, 311; im Ergebnis Musielak/Voit-*Voit*, ZPO, § 1058 Rn. 3, der dies aber unter Abs. 1 Nr. 2 fassen will.
14 Musielak/Voit-*Voit*, ZPO, § 1058 Rn. 2; Thomas/Putzo-*Reichold*, ZPO, § 1058 Rn. 3.
15 MK-*Münch*, ZPO, § 1058 Rn. 9; Musielak/Voit-*Voit*, ZPO, § 1058 Rn. 3; zur Auslegung des Rubrums: Schweizerisches Bundesgericht, BGE 130 III 125.
16 MK-*Münch*, ZPO, § 1058 Rn. 8; Stein/Jonas-*Schlosser*, ZPO, § 1058 Rn. 15.
17 Musielak/Voit-*Voit*, ZPO, § 1058 Rn. 3.
18 MK-*Münch*, ZPO, § 1058 Rn. 8.
19 *Christ*, Berichtigung, Auslegung und Ergänzung des Schiedsspruchs, S. 202 ff.
20 Böckstiegel/Kröll/Nacimiento-v. *Schlabrendorff/Sessler*, Arbitration in Germany, § 1058 Rn. 6; Musielak/Voit-*Voit*, ZPO, § 1058 Rn. 4.

aber nicht die bisherige Entscheidung verändert werden.[21] Abzugrenzen ist von der willentlichen aber „abschließenden Teilentscheidung", also wenn das Schiedsgericht etwa unter teilweiser, mglw. irriger Zuständigkeitsverneinung bewusst nur einen Teil entscheidet. Dann wird es konsequent auch nicht ergänzen gem. Abs. 1 Nr. 3, es hilft dann nur § 1038 Abs. 1 ZPO.

Das **Verfahren** ist in Abs. 2–4 geregelt. **Antrag** der Partei ist möglich, aber nicht nötig (Abs. 4), er ist ggf. zu begründen (s. o.). Es gelten im Übrigen die allgemeinen Verfahrensvorschriften der §§ 1042 ff. ZPO, insbesondere sind die Parteien anzuhören.[22] Die **Frist zur Antragstellung (Abs. 2)** steht unter der Disposition der Parteien.[23] Dies gilt auch nach Fristablauf, d. h. der verfristete Antrag kann durch Parteivereinbarung noch zugelassen werden.[24] Ist nach Verfristung wegen § 1056 Abs. 3 ZPO das Schiedsgericht aufgelöst, muss es sich ggf. neu konstituieren.[25] Fristbeginn richtet sich für jede Partei gesondert nach dem Zeitpunkt, in dem sie den Schiedsspruch individuell empfing. Das Schiedsgericht kann zwar auch ohne Antrag entscheiden, aber soll dies nur bis zum Fristende eines Antrags können, danach entfalle seine Kompetenz.[26] Dagegen spricht die weiche Soll-Vorschrift der Entscheidungsfrist (Abs. 3). Ein auf verfristeten Antrag erlassener, korrigierender Schiedsspruch ist aufhebbar nach § 1059 Abs. 2 Nr. 1 Buchst. c ZPO.[27] Die **Entscheidungsfrist** des Abs. 3 ist als Soll-Vorschrift ausgestaltet und zeitlich gestaffelt, Berichtigung und Auslegung (1 Monat) und Ergänzung (2 Monate) insoweit unterschiedlich behandelnd.[28] Die Norm hat wenig Gewicht, was dogmatisch nicht daran liegt, dass eine Fristüberschreitung wegen der Ausgestaltung folgenlos bliebe (Rechtsfolge),[29] sondern daran, dass bei der Soll-Vorgabe i.d.R. schon keine Fristüberschreitung angenommen werden kann (Tatbestand). Die **Form** des § 1054 ZPO ist zu wahren, **Abs. 5**.[30] Berichtigungs- und Auslegungsschiedsspruch sind Teil des ursprünglichen Schiedsspruchs und nicht eigenständig.[31] Der Ergänzungsschiedsspruch ist dagegen eigenständig, denn er erfasst einen noch nicht behandelten Anspruch. Er unterliegt eigener Vollstreckbarerklärung und Aufhebung.[32] Die Korrekturentscheidung hat Bindungswirkung gegenüber dem Schiedsgericht, den Parteien, staatlichen Gerichten, selbst wenn sie wiederum fehlerhaft ist.[33] Der Weg des § 1058 ZPO ist von § 1059 ZPO abzugrenzen, vgl. die Hintereinanderschaltung gem. § 1059 Abs. 3 Satz 3 ZPO, ebenso vom Vollstreckbarerklärungsverfahren.[34]

Für den Kostenerstattungsanspruch kann Sicherheitsleistung im Wege einstweiligen Rechtsschutzes angeordnet werden.[35]

---

21 MK-*Münch*, ZPO, § 1058 Rn. 14; a.A. *Schroth*, SchiedsVZ 2007, 291 (293 f.) – „kleine Berufung".
22 Musielak/Voit-*Voit*, ZPO, § 1058 Rn. 6; Zöller-*Geimer*, ZPO, § 1058 Rn. 2; MK-*Münch*, ZPO, § 1058 Rn. 19.
23 MK-*Münch*, ZPO, § 1058 Rn. 3.
24 Musielak/Voit-*Voit*, ZPO, § 1058 Rn. 5; MK-*Münch*, ZPO, § 1058 Rn. 18; *Christ*, Berichtigung, Auslegung und Ergänzung des Schiedsspruchs, S. 220 f.
25 MK-*Münch*, ZPO, § 1058 Rn. 15.
26 Musielak/Voit-*Voit*, ZPO, § 1058 Rn. 5.
27 Musielak/Voit-*Voit*, ZPO, § 1058 Rn. 5; abweichend MK-*Münch*, ZPO, § 1058 Rn. 21, der Nr. 1 Buchst. d anwenden will.
28 Musielak/Voit-*Voit*, ZPO, § 1058 Rn. 4, sieht dagegen die Ergänzung als nicht von Abs. 3 erfasst.
29 MK-*Münch*, ZPO, § 1058 Rn. 19.
30 Näher *Christ*, Berichtigung, Auslegung und Ergänzung des Schiedsspruchs, S. 287–296.
31 KG Berlin, SchiedsVZ 2011, 110 (112), II.1.; Zöller-*Geimer*, ZPO, § 1058 Rn. 4; MK-*Münch*, ZPO, § 1058 Rn. 21; a.A. OLG Frankfurt a.M., SchiedsVZ 2005, 311.
32 BT-Drucks. 13/5274, S. 58; *Schütze*, SchiedsVZ 2009, 241 (246); Zöller-*Geimer*, ZPO, § 1058 Rn. 4.
33 *Christ*, Berichtigung, Auslegung und Ergänzung des Schiedsspruchs, S. 300 ff.
34 Ausführlich *Christ*, Berichtigung, Auslegung und Ergänzung des Schiedsspruchs, S. 331–343.
35 Ausführlich *Pörnbacher/Thiel*, SchiedsVZ 2010, 14 (17 ff.); *Altenkirch*, Sicherheitsleistung für Prozesskosten, S. 211 ff.; Zöller-*Geimer*, ZPO, § 1058 Rn. 5.

ABSCHNITT 7
Rechtsbehelf gegen den Schiedsspruch

§ 1059
Aufhebungsantrag

(1) Gegen einen Schiedsspruch kann nur der Antrag auf gerichtliche Aufhebung nach den Absätzen 2 und 3 gestellt werden.

(2) Ein Schiedsspruch kann nur aufgehoben werden,

1. wenn der Antragsteller begründet geltend macht, dass

   a) eine der Parteien, die eine Schiedsvereinbarung nach den §§ 1029, 1031 geschlossen haben, nach dem Recht, das für sie persönlich maßgebend ist, hierzu nicht fähig war, oder dass die Schiedsvereinbarung nach dem Recht, dem die Parteien sie unterstellt haben oder, falls die Parteien hierüber nichts bestimmt haben, nach deutschem Recht ungültig ist oder

   b) er von der Bestellung eines Schiedsrichters oder von dem schiedsrichterlichen Verfahren nicht gehörig in Kenntnis gesetzt worden ist oder dass er aus einem anderen Grund seine Angriffs- oder Verteidigungsmittel nicht hat geltend machen können oder

   c) der Schiedsspruch eine Streitigkeit betrifft, die in der Schiedsabrede nicht erwähnt ist oder nicht unter die Bestimmungen der Schiedsklausel fällt, oder dass er Entscheidungen enthält, welche die Grenzen der Schiedsvereinbarung überschreiten; kann jedoch der Teil des Schiedsspruchs, der sich auf Streitpunkte bezieht, die dem schiedsrichterlichen Verfahren unterworfen waren, von dem Teil, der Streitpunkte betrifft, die ihm nicht unterworfen waren, getrennt werden, so kann nur der letztgenannte Teil des Schiedsspruchs aufgehoben werden; oder

   d) die Bildung des Schiedsgerichts oder das schiedsrichterliche Verfahren einer Bestimmung dieses Buches oder einer zulässigen Vereinbarung der Parteien nicht entsprochen hat und anzunehmen ist, dass sich dies auf den Schiedsspruch ausgewirkt hat; oder

2. wenn das Gericht feststellt, dass

   a) der Gegenstand des Streites nach deutschem Recht nicht schiedsfähig ist oder

   b) die Anerkennung oder Vollstreckung des Schiedsspruchs zu einem Ergebnis führt, das der öffentlichen Ordnung (ordre public) widerspricht.

(3) ¹Sofern die Parteien nichts anderes vereinbaren, muss der Aufhebungsantrag innerhalb einer Frist von drei Monaten bei Gericht eingereicht werden. ²Die Frist beginnt mit dem Tag, an dem der Antragsteller den Schiedsspruch empfangen hat. ³Ist ein Antrag nach § 1058 gestellt worden, verlängert sich die Frist um höchstens einen Monat nach Empfang der Entscheidung über diesen Antrag. ⁴Der Antrag auf Aufhebung des Schiedsspruchs kann nicht mehr gestellt werden, wenn der Schiedsspruch von einem deutschen Gericht für vollstreckbar erklärt worden ist.

(4) Ist die Aufhebung beantragt worden, so kann das Gericht in geeigneten Fällen auf Antrag einer Partei unter Aufhebung des Schiedsspruchs die Sache an das Schiedsgericht zurückverweisen.

(5) Die Aufhebung des Schiedsspruchs hat im Zweifel zur Folge, dass wegen des Streitgegenstandes die Schiedsvereinbarung wiederauflebt.

Inhalt:

	Rn.		Rn.
A. Normzweck, Systematik, Genese ...	1	D. Verfahrensfragen, insbesondere Abs. 3	14
B. Vorzubringende Aufhebungsgründe, Abs. 2 Nr. 1	3	E. Aufhebungsfolgen, Abs. 4 und 5 ...	22
C. Von Amts wegen zu beachtende Aufhebungsgründe, Abs. 2 Nr. 2	10		

A. Normzweck, Systematik, Genese

1 Die Parteien beschreiten den Weg des Schiedsverfahrens in Ausübung ihrer Privatautonomie und kehren damit zugleich dem staatlichen Verfahren den Rücken. Das im Ergebnis einem staatlichen gleichkommenden (§ 1055 ZPO) Verfahren hat große Relevanz. Daher will der Gesetzgeber einen Rechtsbehelf zur Verfügung stellen, der die Erfüllung von Mindestvoraussetzungen sicherstellen lässt. Dies ist § 1059 ZPO als **einziger echter Rechtsbehelf**, der den

Schiedsspruch voll beseitigen kann.[1] Eine volle sachliche Überprüfung findet aber nicht statt (Verbot der *révision au fond*), sondern nur anhand des vorgegebenen Prüfkatalogs.[2] Der Behelf ist **unverzichtbar**[3] (anders in anderen Schiedsgesetzen[4]) und beansprucht für sich **Alleinstellung** („nur" in Abs. 1). Auch diesen Rechtsschutz drängt der Staat nicht auf, sondern wird zur Aufhebung nur auf fristgemäßen Antrag tätig, Abs. 3.[5] Fehlt ein solcher Antrag ist auch der die Anforderungen des § 1059 ZPO verfehlende Schiedsspruch nicht staatlicherseits überprüfbar, sondern hat Bestand. Allenfalls kann Gelegenheit zur Durchführung eines Aufhebungsverfahrens gegeben werden.[6] Im Interesse schneller Klärung ist der Aufhebungsantrag zudem fristbewehrt (Abs. 3), danach sind die Aufhebungsgründe des Abs. 2 Nr. 1 unbeachtlich. Allerdings müssen auch ohne parteiseitigen Aufhebungsantrag jedenfalls die Voraussetzungen des Abs. 2 Nr. 2 erfüllt sein, damit staatliche Organe den Schiedsspruch vollstrecken, § 1060 Abs. 2 Satz 3 ZPO. In der Entscheidung der Aufhebung ist das Gericht nicht frei. Liegen die Voraussetzungen vor, „muss" das Gericht aufheben; das „kann" des Abs. 2 meint die Kompetenz.[7] Hebt das staatliche Gericht den Schiedsspruch auf, lebt im Zweifel die Schiedsvereinbarung auf, so dass ein neues Schiedsverfahren eines ggf. neu zu konstituierenden Schiedsgerichts möglich ist (Abs. 5). Auch gangbar ist es, die Sache an das ursprüngliche Schiedsgericht zurück zu verweisen (Abs. 4), das an das ursprüngliche Verfahren und dessen Erkenntnisse anknüpfen kann. In systematischer Hinsicht konstituiert Abs. 1 die Rolle des § 1059 ZPO (exklusiver Rechtsbehelf), Abs. 2 listet die Aufhebungsgründe auf, Abs. 3 regelt das Aufhebungsverfahren (i.V.m. § 1063 Abs. 2 ZPO), Abs. 4 und 5 betreffen die Entscheidungsreichweite. Die Genese der Abs. 1–3 liegt in Art. 34 Abs. 1–3 **ModG**, die Aufhebungsgründe sind wiederum Art. V **UNÜ** entlehnt. Dies sichert Gleichlauf mit den staatlichen Kontrollen der meisten Staaten, denn Abs. 2 ist als Katalog der Aufhebungsgründe zentral.[8]

Zusätzliche **gewillkürte, eigenständige Abhilfeverfahren** sind möglich, denn sie schließen das Verfahren nach § 1059 ZPO nicht aus.[9] Regelungen über besondere Fristen und Präklusion sind im gewillkürten Abhilfeverfahren denkbar. Sie schränken den Rechtsschutz des § 1059 ZPO nicht ein, da auf diesen dieselben Fristen nicht übertragen werden. Eine Präklusion mit Wirkung auch für § 1059 ZPO kann erfolgen, wenn das fristbewehrte Abhilfeverfahren vor ein Aufhebungsverfahren zu schalten war und die Frist dazu abgelaufen ist, selbst wenn die Frist des § 1059 Abs. 3 ZPO noch läuft.[10]   2

B. Vorzubringende Aufhebungsgründe, Abs. 2 Nr. 1

Subjektive Schiedsunfähigkeit, Nr. 1 Buchst. a, Var. 1, liegt vor, wenn die Schiedspartei die   3
Schiedsvereinbarung nicht hat schließen können, etwa wegen mangelnder Rechts- und Geschäftsfähigkeit zum **Zeitpunkt der Erklärung**.[11] Sie ist besonderer Fall mangelnder Schiedsbindung wie er weiter von Var. 2 und Nr. 2 Buchst. a erfasst wird. Dabei kommt es auf das für diese Partei maßgebende Recht an, gemäß des Personalstatuts nach deutschem IPR. Bei natürlichen Personen gelten Art. 7 Abs. 1 Satz 1, 12 EGBGB und Art. VI Abs. 2 Satz 1 EuÜ, bei juristischen Personen gilt das Recht des Sitzes, allerdings ist in der EU und EFTA das Gründungsrecht aufgrund der Niederlassungsfreiheit anzuerkennen.[12] Nicht maßgeblich, da erst Frage des Prozesses, nicht schon der Schiedsvereinbarung, ist die Partei- oder Prozessfähigkeit.[13] Die Berufung auf die Schiedsunfähigkeit der anderen Partei ist möglich (str.),[14] schon um Rechtsklarheit zu schaffen. Die Berufung auf eigene Schiedsunfähigkeit verstößt i.d.R.

---

1 MK-*Münch*, ZPO, § 1058 Rn. 1, 6; Böckstiegel/Kröll/Nacimiento-*Kröll/Kraft*, Arbitration in Germany, § 1058 Rn. 96.
2 Stellv. BGH, NJW 2014, 1597, II.1.b); BGH, SchiedsVZ 2008, 40 (42); OLG Bremen, IBR 2015, 49, II.2.; OLG Frankfurt a.M., SchiedsVZ 2014, 154, II.1. und 3.
3 BGH, NJW 1986, 1436, I.2.
4 Z.B. § 51 schwed. SchiedsVG; Art. 1522 franz. ZPOArt. 1718 belg. ZPO; Art. 192 IPRG, wobei dort – anders als im deutschen Recht – der Vollstreckung meist ein Anerkennungsverfahren und damit staatliche Kontrolle vorgeschaltet ist.
5 OLG München, NJW 2007, 2129.
6 Stellv. Musielak/Voit-*Voit*, ZPO, § 1059 Rn. 1; MK-*Münch*, ZPO, § 1059 Rn. 2 und § 1055 Rn. 31.
7 MK-*Münch*, ZPO, § 1059 Rn. 5.
8 MK-*Münch*, ZPO, § 1059 Rn. 4.
9 BGH, NJW 2015, 3234, II.3.c.
10 BGH, NJW 2015, 3234 (3238), II.3.c.bb).
11 *Kröll*, SchiedsVZ 2010, 213 (218 ff.).
12 EuGH, NJW 2003, 3331; BGH, NJW 2005, 3351; Musielak/Voit-*Voit*, ZPO, § 1059 Rn. 6.
13 MK-*Münch*, ZPO, § 1059 Rn. 10; Musielak/Voit-*Voit*, ZPO, § 1059 Rn. 6.
14 Im Ergebnis Musielak/Voit-*Voit*, ZPO, § 1059 Rn. 6; a.A. *Schwab/Walter*, Schiedsgerichtsbarkeit, Kap. 24 Rn. 5.

nicht gegen Treu und Glauben (str.),[15] denn Schiedsunfähigkeit dient v.a. dem eigenen Schutz. Die Schiedsunfähigkeit hindert die Partei nicht *per se* am Aufhebungsverfahren teilzunehmen, ansonsten wäre das Aufhebungsverfahren aus dem Grund der Schiedsunfähigkeit nie möglich. § 1040 Abs. 2 Satz 1, Abs. 3 Satz 2 ZPO ist zu beachten (Präklusion), denn die subj. Schiedsunfähigkeit führte zur Unwirksamkeit der Schiedsvereinbarung, damit zur Unzuständigkeit der Schiedsgerichts.[16]

4   **Ungültigkeit der Schiedsvereinbarung, Nr. 1 Buchst. a, Var. 2**, erfasst die Fälle mangelnder Schiedsbindung die nicht als *lex specialis* bereits von Nr. 1 Buchst. a Var. 1 oder Nr. 2 Buchst. a erfasst wurden, etwa Formverstöße, § 1031 ZPO, mangelnde freiwillige Unterwerfung (§ 1029 Rn. 14), mangelnde Bestimmtheit (§ 1029 ZPO) oder andere Verstöße gegen das **10. Buch**. Ebenso können **allgemeine materiell-rechtliche** Hindernisse entgegenstehen, insbesondere allgemeine Mängel beim Vertragsschluss, etwa bei Zugang, Widerruf, Anfechtung wegen Willensmängeln, Vertretung, als auch im weiteren Verlauf wegen Kündigung, Aufhebung, Rücktritt nach deutschem Recht oder deren Pendants (§ 1029 Rn. 18). **Heilung** vieler Mängel ist möglich, ausdrücklich und insoweit abschließend bei Formmängeln gem. § 1031 Abs. 6 ZPO.[17] Selbst der konkludente Neuabschluss einer Schiedsvereinbarung durch rügelose Einlassung ist möglich, wie auch die spiegelbildliche Verwehrung des Berufens auf Mängel als **treuwidriges, widersprüchliches** Verhalten, etwa wenn zum Schiedsverfahren gedrängt bzw. dieses selbst betrieben wurde, nun aber der Partei das Ergebnis nicht „passt" oder wenn beim Staatsgericht die Schiedseinrede erhoben wurde, nun aber die Formunwirksamkeit der Schiedsvereinbarung gerügt wird.[18]

5   Das staatliche Gericht kann Bestehen und Reichweite **insgesamt prüfen**, außer das Schiedsgericht hatte in einem Zwischenentscheid die eigene Zuständigkeit bejaht und dagegen wurde nicht gem. § 1040 Abs. 3 ZPO vorgegangen.[19] **Vorentscheidungen** können fortwirken, etwa die Entscheidung des staatlichen Gerichts nach § 1032 Abs. 2 ZPO. Die staatliche Entscheidung nach § 1040 Abs. 3 ZPO gilt ebenso fort, wie auch die Präklusion des § 1040 ZPO, sei es nach Abs. 2 Satz 1 oder Abs. 3 Satz 2 (Rn. 3).

6   **Fehlende Kenntnis von der Bestellung eines Schiedsrichters oder vom Schiedsverfahren, Nr. 1 Buchst. b Var. 1,** liegt bei Missachtung von § 1035 ZPO und § 1047 Abs. 2 und 3 ZPO vor. Nr. 1 Buchst. b ist insgesamt Ausfluss **rechtlichen Gehörs**.[20] Var. 1 ist Sonderfall der Var. 2, da mangelnde Kenntnis vom Verfahren Anwendung prozessualer Mittel naturgemäß verhindert.[21] Eine Mitteilungspflicht der aktuellen Adresse kann sich aus der Schiedsabrede ergeben, aber nicht ohne Weiteres.[22] Allerdings wirkt die Fiktion des § 1028 ZPO hier fort. Einfache Nachforschungen soll das Schiedsgericht aber anstellen, wie sich aus dem Gebot rechtlichen Gehörs ergibt.[23]

7   **Einschränkung der Angriffs- oder Verteidigungsmittel, Nr. 1 Buchst. b Var. 2,** neben der Unkenntnis über das Verfahren (Var. 1) ist die Partei in ihren Angriffs- oder Verteidigungsmitteln auch dann eingeschränkt, wenn das Schiedsgericht ihren **Beweisantrag** willkürlich übergeht, nicht aber bereits, wenn es diesem ohne oder mit falscher Begründung nicht folgt.[24] Die Mängel fallen ebenso unter Nr. 1 Buchst. d (Verfahrensmangel) und Nr. 2 Buchst. b (beachtlicher **ordre public** (Rn. 12) Verstoß).[25] Im Gegensatz zu Nr. 1 Buchst. d ist keine potentielle Auswirkung auf das Verfahrensergebnis nötig, allerdings muss im Gegensatz zu Nr. 2 Buchst. b ein Antrag gestellt werden. Das Konkurrenzverhältnis ist aufzulösen. Nr. 1 Buchst. b sollte als *lex specialis* verstanden werden mit der Konsequenz, dass weder Kausalitätserfordernis besteht

---

15 Musielak/Voit-*Voit*, ZPO, § 1059 Rn. 6 m.w.N.; *Schwab/Walter*, Schiedsgerichtsbarkeit, Kap. 24 Rn. 5 – treuwidrig i.d.R. bzgl. Staaten.
16 Zöller-*Geimer*, ZPO, § 1029 Rn. 19c.
17 MK-*Münch*, ZPO, § 1059 Rn. 16.
18 OLG Düsseldorf, IHR 2015, 18, II.2.b.; OLG Hamm, SchiedsVZ 2013, 182, II.; OLG Frankfurt a.M., BB 2012, 81; MK-*Münch*, ZPO, § 1059 Rn. 16; aber OLG Köln, IBRRS 2015, 0542, II.2.a.dd); vgl. auch § 1040 Rn. 6.
19 OLG München v. 13.05.2013, 34 Sch 13/12, juris, II.3.b).
20 Ausführlich OLG Frankfurt a.M., SchiedsVZ 2014, 154, II.1.
21 OLG Hamburg, BB 1999, 13 (15); *Lachmann*, Schiedsgerichtspraxis, Rn. 2194; *Kröll*, SchiedsVZ 2010, 213 (215).
22 Aber OLG Dresden, SchiedsVZ 2006, 166, Rn. 9; *Lachmann*, Schiedsgerichtspraxis, Rn. 2201.
23 BayObLG, NJW-RR 2001, 431, 2.c.; aber OLG Dresden, SchiedsVZ 2006, 166, Rn. 9.
24 BayObLG, BB 2000, 16; OLG München, SchiedsVZ 2011, 43 (46); aber Österr. OGH, IPRax 1992, 331 – nicht rügefähiger Mangel; zustimmend *Matscher*, IPRax 1992, 335; *Schwab/Walter*, Schiedsgerichtsbarkeit, Kap. 24 Rn. 14.
25 BGH, NJW 2015, 3234, II.3.c.bb); OLG München, SchiedsVZ 2015, 303, II.2.a.; OLG München, SchiedsVZ 2014, 257, II.2.a.6).

noch Prüfung von Amts wegen. Dieses Verständnis entspricht am ehesten der Systematik, da vom Tatbestand die anderen Normen wesentlich weiter sind.[26] Damit würde konsequenterweise Präklusion nach § 1060 Abs. 2 Satz 3 ZPO drohen (str.).[27] Ist eine Auswirkung geradezu ausgeschlossen, ist der Verstoß dennoch unbeachtlich.[28]

Eine **Kompetenzüberschreitung des Schiedsgerichts, Nr. 1 Buchst. c,** ist gegeben, wenn die Streitigkeit von der Schiedsvereinbarung nicht erfasst wird. Der sprachlich drei Varianten darstellende Wortlaut meint in allen letztlich dasselbe. Entscheide außerhalb der Parteianträge, seien sie überschießend oder neben ihnen liegend, sind dagegen nach Nr. 1 Buchst. d zu behandeln.[29] Das Überschreiten einer zeitlichen Befristung der Schiedsabrede unterfällt Nr. 1 Buchst. c, da es keinen Unterschied macht, ob ein Gegenstand inhaltlich oder zeitlich einer Schiedsabrede nicht (mehr) unterfällt.[30] Nr. 1 Buchst. a unterfällt dies dagegen nicht, da die Schiedsabrede gültig ist und den Gegenstand zeitlich oder inhaltlich ausschließt.[31] Bei teilbarem Streitgegenstand ist eine **Teilaufhebung** zulässig.[32] Das irrige Verneinen der Kompetenz, die **Kompetenzunterschreitung, ist Art. 34 ModG folgend im deutschen Recht kein Aufhebungsgrund.**[33]

8

Fehler in der Bildung des Schiedsgerichts, Nr. 1 Buchst. d Var. 1, und **Fehler im Verfahren des Schiedsgerichts, Nr. 1 Buchst. d Var. 2,** messen sich an Verstößen gegen die Bestimmungen des Gesetzes oder der Parteivereinbarung bzw. Anordnung nach § 1066 ZPO. Der Mangel darf nicht bereits nach § 1027 ZPO präkludiert sein.[34] Die Parteivereinbarung muss im Ganzen und in der maßgeblichen Norm zulässig sein, sie kann auch in Verweisen bestehen. Verfügungen des Schiedsgerichts selbst sind dagegen nicht Gesetz oder Vereinbarung i.S.d. Norm.[35] **Fehlgebildet** ist das Schiedsgericht insbesondere, wenn eine Partei oder ihr Vertreter als Schiedsrichter fungiert haben,[36] wenn andere als die vereinbarten Schiedsrichter mitwirken,[37] wenn ein Schiedsrichter mitwirkte, bzgl. dem ein Ausschließungs- oder Befangenheitsgrund vorlag,[38] wenn mit einem erfolgreich abgelehnten Schiedsrichter besetzt wurde,[39] wenn das Ablehnungsrecht verschlossen war,[40] wenn der Schiedsrichter aus einem rechtlichen[41] oder tatsächlichen Grund nicht tätig sein konnte. Das Fehlen einer Nebentätigkeitsgenehmigung ist dagegen kein Aufhebungsgrund.[42] Ein **Verfahrensmangel** liegt vor, wenn Gehör nicht gewährt wurde (soweit nicht von Nr. 1 Buchst. b als *lex specialis* erfasst siehe Rn. 7),[43] Anwälte zurückgewiesen,[44] Dritte an der Rechtsfindung beteiligt waren (§ 1049 Rn. 3), in der falschen Besetzung entschieden,[45] die mündliche Verhandlung fälschlich versagt wurde,[46] fälschlich eine Billigkeitsentscheidung erging,[47] bei Ermessensmissbrauch trotz Beweisregeln,[48] die

9

---

26 BT-Drucks. 13/5274, S. 59, MK-*Münch*, ZPO, § 1059 Rn. 22; aber Zöller-*Geimer*, ZPO, § 1059 Rn. 68.
27 Aber a.A. zur Präklusion Musielak/Voit-*Voit*, ZPO, § 1060 Rn. 11.
28 Vgl. BGH, SchiedsVZ 2009, 126 f., Rn. 7 (zu § 1061 ZPO).
29 MK-*Münch*, ZPO, § 1059 Rn. 19; Musielak/Voit-*Voit*, ZPO, § 1059 Rn. 14; a.A. *Schwab/Walter*, Schiedsgerichtsbarkeit, Kap. 24 Rn. 15.
30 Musielak/Voit-*Voit*, ZPO, § 1059 Rn. 14; *Schwab/Walter*, Schiedsgerichtsbarkeit, Kap. 24 Rn. 16.
31 Aber a.A. MK-*Münch*, ZPO, § 1059 Rn. 20.
32 BGHZ 179, 304 = NJW 2009, 1747 = SchiedsVZ 2009, 176, II.2.d.bb.1.; OLG München, NJW 2007, 2129; Zöller-*Geimer*, ZPO, § 1059 Rn. 6, 91; MK-*Münch*, ZPO, § 1059 Rn. 72 und § 1060 Rn. 25; *Lachmann*, Schiedsgerichtspraxis, Rn. 2389; Musielak/Voit-*Voit*, ZPO, § 1059 Rn. 27.
33 Anders Art. 190 Abs. 2 lib. b IPRG; Art. 1520 Nr. 1 franz. ZPO; § 611 Abs. 2 Ö-ZPO.
34 OLG München, SchiedsVZ 2014, 258 (260), II.2.a.; Zöller-*Geimer*, ZPO, § 1059 Rn. 42 f.; MK-*Münch*, ZPO, § 1059 Rn. 30.
35 MK-*Münch*, ZPO, § 1059 Rn. 32; diff. OLG Frankfurt a.M., SchiedsVZ 2013, 49 (55 f.) – inhaltl. Parteivereinbarung in Form einer SchiedsG-Verfügung.
36 Zöller-*Geimer*, ZPO, § 1059 Rn. 42.
37 BayObLG, NJW-RR 2000, 360 (361), 3.b).
38 BGHZ 24, 1, 4 = ZZP 70, 337.
39 BGH, SchiedsVZ 2016, 41, II.1.; dazu *Schütt*, jurisPR-IWR 3/2015 Anm. 1; *Hangebrauck*, EWiR 2015, 527 (Anm).
40 OLG Köln, ZZP 91, 318 (321), 2.b).
41 Z.B. mangelnde Geschäftsfähigkeit: BGH, NJW 1986, 3077 (3078); Musielak/Voit-*Voit*, ZPO, § 1059 Rn. 16; *Schwab/Walter*, Schiedsgerichtsbarkeit, Kap. 24 Rn. 18.
42 OLG Stuttgart, SchiedsVZ 2003, 84 (87); MK-*Münch*, ZPO, § 1059 Rn. 36 – denn der Schutzzweck der Norm geht woanders hin.
43 MK-*Münch*, ZPO, § 1059 Rn. 37.
44 MK-*Münch*, ZPO, § 1059 Rn. 37, aber OLG Köln, NVwZ 1991, 1116 (1116 f.), II.2.c).
45 BGH, NJW 2008, 2718 = SchiedsVZ 2008, 195 (196), Rn. 10 – bzgl. UNÜ.
46 Vgl. BGH, NJW 1994, 2155, II.2; OLG Naumburg, NJW-RR 2003, 71 (72), II.1.
47 Nachweise bei § 1051 Rn. 6.
48 *Schütze*, SchiedsVZ 2006, 1; vgl. *Baumert*, Beweis im Schiedsverfahren, S. 231 ff.

Schiedsspruch-Korrektur eine Inhaltsänderung war (§ 1058 Rn. 3), die DIS-Widerklage beim Schiedsgericht und nicht der DIS-Geschäftsstelle eingelegt wurde.[49] Mängel der Entscheidungsbegründung unterfallen nur Nr. 1 Buchst. d Var. 2, wenn die Begründung gänzlich fehlt (außer bei § 1054 Abs. 2 ZPO, vgl. § 1054 Rn. 6) oder in sich gänzlich unverständlich ist, Lücken-, Nachvollziehbarkeitsprobleme oder auch inhaltlich falsche Begründung reichen nicht aus, denn dies führte zur Inhaltskontrolle.[50] Der Mangel muss sich **potentiell ausgewirkt** haben, um reine Formfehler auszuscheiden.[51] Dazu reicht es aus, dass ein anderer Ausgang möglich gewesen wäre (str.).[52] Das ist bei einem in einer Person falsch besetzten Dreier-Schiedsgericht selbst bei einstimmiger Entscheidung der Fall, denn ein „richtiger" Schiedsrichter hätte die anderen mglw. umgestimmt.[53]

C. Von Amts wegen zu beachtende Aufhebungsgründe, Abs. 2 Nr. 2

10 Die in Nr. 2 gefassten Mängel sind unabhängig von einer Geltendmachung durch die antragstellende Partei von Amts wegen zu beachten. Auf die Geltendmachung kann weder verzichtet werden,[54] noch kann Präklusion eintreten.[55]

11 **Mangelnde Schiedsfähigkeit** nach deutschem Recht, **Nr. 2 Buchst. a**, ist ungeachtet des Rechts, dem die Schiedsvereinbarung unterliegt, beachtlich. Ist die Schiedsvereinbarung einem anderen Rechtsstatut unterstellt, muss es (auch) diesem gerecht werden, also insbesondere danach Schiedsfähigkeit gegeben sein, sonst ist Nr. 1 Buchst. a erfüllt.[56] Nr. 2 Buchst. a fordert parallel Schiedsfähigkeit nach deutschem Recht, § 1030 ZPO.

12 Der **Verstoß gegen den** *ordre public*, **Nr. 2 Buchst. b**, ist dem Aufhebungsgrund des § 1041 Abs. 1 Nr. 2 ZPO a.F. nebst dessen speziellen Nr. 2, 3 und 6 nah, deren Auslegungsgrundsätze daher herangezogen werden können.[57] Auch ein nicht-offensichtlicher Verstoß reicht aus, anders als nach Art. 16 EVÜ und Art. 21 Rom I–VO, Art. 34 Nr. 1 EuGVVO. Dennoch sollen **nur schwerwiegende Verstöße** erfasst werden, so jedenfalls die etablierte, nicht unumstrittene Praxis.[58] Ansichten des Schiedsgerichts sind für das prüfende staatliche Gericht unbeachtlich. Daher liegt noch kein Verstoß vor, weil etwa das Schiedsgericht eine völlig unvertretbare Rechtsmeinung hat. Selbst dann nicht, wenn es in Widerspruch zu rechtskräftigen Staatsgerichtsentscheidungen setzt.[59] Andersherum hat das staatliche Gericht nicht dem Schiedsgericht einen rechtlichen Beurteilungsspielraum zuzugestehen.[60] Es kommt vielmehr darauf an, ob Verfahren oder Schiedsspruch *objektiv* gegen den *ordre public* verstoßen.[61] Der *ordre public* entspricht den wesentlichen, unabdingbaren Grundsätzen deutschen Rechts[62] als Parallelen zu Art. 6 EGBGB und § 328 Abs. 1 Nr. 4 ZPO, an denen sich daher orientiert werden kann.

---

49 *Hilgard*, BB 2014, 1929.
50 MK-*Münch*, ZPO, § 1059 Rn. 37.
51 BGH, SchiedsVZ 2008, 40 (42); OLG Frankfurt a.M., SchiedsVZ 2014, 154, II.4.; OLG Frankfurt a.M., SchiedsVZ 2013, 341 (343), II.2.c); OLG München, SchiedsVZ 2010, 52 (55), II.2.a.; OLG München, OLGR 2009, 482, II.2.c.u.II.3.; BT-Drucks. 13/5274, S. 59.
52 BGH, MDR 2015, 670, II.2.a. mit Anm. *Schütt*, jurisPR-IWR 3/2015 Anm. 1; a.A. Eberl-*Geimer/Hammer*, Beweis im Schiedsverfahren, S. 231 ff.; weniger streng MK-*Münch*, ZPO, § 1059 Rn. 34 (konkrete Aussicht abweichender Entscheidung).
53 BGH, MDR 2015, 670, II.2.b. mit Anm. *Schütt*, jurisPR-IWR 3/2015 Anm. 1.
54 BT-Drucks. 13/5274, S. 59.
55 BGH, NJW 2001, 373, II.2.b.
56 Musielak/Voit-*Voit*, ZPO, § 1059 Rn. 24.
57 *Schwab/Walter*, Schiedsgerichtsbarkeit, Kap. 24 Rn. 32 ff., mit ausführlich Normgenese.
58 Stellv. ausführlich BGH, NJW 2014, 1597 = SchiedsVZ 2014, 98, II.1.c.; BGH, SchiedsVZ 2014, 151, II.2.b.; OLG Frankfurt a.M., SchiedsVZ 2014, 154, II.1.; w.N. bei MK-*Münch*, ZPO, § 1059 Rn. 39; Zöller-*Geimer*, ZPO, § 1059 Rn. 55 ff.; EuGH, NJW 2000, 1853, Rn. 37; EuGH, NJW 2000, 2185, Rn. 30 (zu Art. 27 Nr. 1 EuGVÜ der im Gegensatz zum jetzigen Art. 34 Nr. 1 EUGVVO keine „Offensichtlichkeit" forderte).
59 OLG München, NZG 2014, 1351, II.3.e.
60 Musielak/Voit-*Voit*, ZPO, § 1059 Rn. 30; *Schwab/Walter*, Schiedsgerichtsbarkeit, Kap. 24 Rn. 44, 46.
61 BGH v. 14.01.2016, I ZB 9/15, juris, II.1.a); BGH, NJW 2014, 1597 = SchiedsVZ 2014, 98 (99), II.1.c.; anders § 110 Abs. 1 Nr. 2 ArbGG.
62 BVerfG v. 18.10.2006, 1 BvR 2505/06, juris, II.2. – bezüglich Grundrechten; BGH v. 14.01.2016, I ZB 9/15, juris, II.1.a); BGH v. 16.12.2015, I ZB 109/14, juris, II.1.a); OLG München, SchiedsVZ 2015, 303, II.2.c); OLG Frankfurt a.M., SchiedsVZ 2014, 154, II.1.; OLG Karlsruhe, OLGR 2002, 94 (95); BT-Drucks. 13/5274, S. 59; Zöller-*Geimer*, ZPO, § 1059 Rn. 47 ff.; MK-*Münch*, ZPO, § 1059 Rn. 38 ff.

Schiedsvereinbarungen mit Verbrauchern sollen daran scheitern.[63] Dabei steht nicht das Einzelinteresse im Vordergrund; vielmehr muss der Rechtsverstoß geeignet sein, das Vertrauen „weiter Kreise"[64] in die allgemeine Rechtssicherheit und die Zuverlässigkeit des schiedsgerichtlichen Verfahrens zu erschüttern.[65] **Elementare Rechtsgrundsätze** des **Verfahrensrechts** i.d.S. sind, die Rechtskraft anderer Entscheidungen zu beachten, Unabhängigkeit und Unparteilichkeit der Schiedsrichter (aber §§ 1027, 1037 ZPO),[66] Zulassung ordnungsgemäßer Vertretung der Parteien, die faire, offene Verfahrensführung, Klarheit der Entscheidung,[67] Verbot der Entscheidung in eigener Sache,[68] die grds. Möglichkeit der Verjährung.[69] Auch Gewährung rechtlichen Gehörs fällt hierunter, wird jedoch von Nr. 1 Buchst. b Var. 2 als *lex specialis* vorrangig erfasst. Keine Verletzung des *ordre public* ist ein abschließender Prozessschiedsspruch, die Geltendmachung im Schiedsverfahren als unzulässig und zugleich die eigene Unzuständigkeit auszusprechen, ohne zuvor Zwischenentscheidung gem. § 1040 Abs. 3 ZPO zu erlassen,[70] ebensowenig die Verletzung vertraglicher (prozessualer) Pflichten.[71] Der *ordre public* des Verfahrensrechts lässt sich – nach wie vor – anhand der Restitutionsgründe der § 580 Nr. 1–6 ZPO i.V.m. §§ 581 f. ZPO konkretisieren,[72] während § 580 Nr. 7 ZPO von der h.M. zu Recht ausgeschieden wird.[73] Die Grundsätze **materiellen Rechts** lassen sich aus den Rechtssätzen destillieren, denen eine staatspolitische oder wirtschaftliche Anschauung und nicht nur eine Zweckmäßigkeitserwägung zu Grunde liegt.[74] Dies umfasst auch das in Deutschland geltende EU-Recht. Nicht jeder Verstoß selbst zu zwingenden deutschen Gesetzen ist ein Verstoß gegen den *ordre public*,[75] – schon nicht gegen den *ordre public interne*, erst recht nicht gegen den weiteren *ordre public international*.[76] Aus der Kasuistik[77] herausgegriffen seien das Verbraucherschutzrecht und (andere) drittschützende Normen wie das Wettbewerbsrecht. Wenngleich nicht jede Abweichung relevant ist, s.o., darf der Weg vor das Schiedsgericht nicht dazu führen, dass Rechte der Allgemeinheit oder Dritter dem staatlichen Regelkanon entzogen werden, dies ergibt sich aus dem Gerechtigkeits- als auch Machtanspruch des Staates.[78]

Daneben erkennt der Bundesgerichtshof noch den **ungeschriebenen Aufhebungsgrund** des § 826 BGB zur einredeweisen Geltendmachung an, aber nur unter engen Voraussetzungen im Fall der **Urteilserschleichung**.[79] Die im Vollstreckbarerklärungsverfahren ergangene Entscheidung ist auf den spiegelbildlichen § 1059 übertragbar, dessen Frist des Abs. 3 dann nicht gilt. 13

D. Verfahrensfragen, insbesondere Abs. 3
Statthaftigkeit und Regelungsbereich: Erfasst sind alle formell wirksamen (§ 1054 ZPO), inländischen (§ 1025 Abs. 1 ZPO) **Schiedssprüche**.[80] Insb. Schiedssprüche mit vereinbartem Wortlaut (§ 1053 Rn. 5), Kostenschiedssprüche (§ 1057 Rn. 5) und Zwischenschiedssprüche (§ 1054 Rn. 1). Zwischenentscheide (§ 1040 ZPO) sind dagegen nicht erfasst.[81] Bei schiedsgerichtlichem **Instanzenzug** endet das Verfahren mit Ablauf der Anrufungsfrist der nächsthöheren Instanz, anderenfalls im Moment des letztinstanzlich-abschließenden Schiedsspruches (§ 1054 Rn. 1, § 1056 Rn. 2), danach ist das Aufhebungsverfahren möglich. Ob ein Schiedsspruch unter 14

---

63 § 1031 Rn. 10; nach v. *Westphalen*, ZIP 2013, 2184, folgt selbst bei Erfüllung von § 1031 Abs. 5 ZPO wegen Art. 3 Abs. 1 RL 93/13/EWG i.V.m. Nr. 1 Buchst. q des Anhangs zur Richtlinie i.d.R. europarechtswidrig und unbeachtlich; dagegen *Bauer/Arnold/Kramer*, AG 2014, 677.
64 So wörtlich OLG München, SchiedsVZ 2015, 303, II.2.c).
65 BGH, NJW 2014, 1597 (1598) = SchiedsVZ 2014, 98 (99); OLG München, SchiedsVZ 2015, 303, II.2.c).
66 OLG München, SchiedsVZ 2014, 257, II.2.a.1); OLG Frankfurt a.M., SchiedsVZ 2010, 52.
67 OLG Frankfurt a.M. v. 06.05.2010, 26 Sch 4/10, juris, II.2.
68 OLG München v. 11.08.2016, 34 Sch 17/16, juris, II.4.a).
69 BGH, NJW-RR 2016, 892, II.5.b, beck.
70 OLG München v. 25.01.2017, 34 Sch 37/1, beck.
71 BGH, NJW-RR 2017, 313, 319, B.3.
72 BGH, NJW 2001, 373 f.; OLG Stuttgart, SchiedsVZ 2003, 84 (85); zust. *Voit*, ZZP 114, 351; MK-*Münch*, ZPO, § 1059 Rn. 45; Zöller-*Geimer*, ZPO, § 1059 Rn. 67; Musielak/Voit-*Voit*, ZPO, § 1059 Rn. 28.
73 Zöller-*Geimer*, ZPO, § 1059 Rn. 67; Stein/Jonas-*Schlosser*, ZPO, Anh. § 1061 Rn. 352; MK-*Münch*, ZPO, § 1059 Rn. 45; abw. Musielak/Voit-*Voit*, ZPO, § 1059 Rn. 28.
74 OLG Dresden, SchiedsVZ 2005, 210 (213), B.II.1.a.
75 BGH, SchiedsVZ 2014, 98, II.1.c.
76 BGH v. 25.04.2016, 1 Sch 1/16.
77 MK-*Münch*, ZPO, § 1059 Rn. 45 ff.; Zöller-*Geimer*, ZPO, § 1059 Rn. 73 ff.
78 Vgl. MK-*Münch*, ZPO, § 1059 Rn. 41.
79 BGH, NJW 2001, 373 (374), II.2.c).
80 OLG München, IBR 2015, 172, C.I.2.b).
81 OLG München, IBR 2015, 172, C.I.2.b); Zöller-*Geimer*, ZPO, § 1059 Rn. 12.

Wahrung der §§ 1025 ff. ZPO, insbesondere des § 1054 ZPO vorliegt, ist als Verfahrensvoraussetzung von Amts wegen vom staatlichen Gericht zu prüfen.[82] Zu sog. **Scheinschiedssprüchen** siehe Rn. 14. Umgekehrt macht die Wahrung der Form des § 1054 ZPO allein noch keinen Schiedsspruch. Bspw. die Entscheidung des Schiedsgerichts, wegen Unwirksamkeit der Schiedsvereinbarung die Sache nicht zu entscheiden, da dies keine Entscheidung in der Sache und daher nicht § 1059 ZPO zugänglich ist (str.).[83] Der umgekehrte Fall (Entscheidung trotz mangelnder Schiedsvereinbarung) führt zur Nichtigkeit (Rn. 16). Anordnungen des einstweiligen Rechtsschutzes sind nicht erfasst.[84]

15 § 1059 ZPO ist **von konkurrierenden Verfahren abzugrenzen**. Eine **Feststellungsklage** auf Unwirksamkeit ist unstatthaft, zudem fehlt ihr das Rechtsschutzbedürfnis. Denn zunächst ist der Schiedsspruch entweder wirksam (wenngleich mglw. aufhebbar), das Ziel der Unwirksamkeit aber kann die Feststellung selbst bei vorliegenden Aufhebungsgründen nicht erreichen. Oder er ist nichtig, dann wäre Feststellung statthaft, aber bedürfnislos, da auch hier § 1059 ZPO offen steht (Rn. 16).[85] Auch bei „Scheinschiedssprüchen", bei denen die Parteien übereinstimmend aber irrig vom Vorliegen eines Schiedsspruches ausgehen, ist weder das Aufhebungsverfahren noch zur Rechtssicherheit die Feststellungsklage auf Unwirksamkeit des Schiedsspruchs möglich (str.).[86] Ebensowenig kommt eine Feststellungsklage auf Wirksamkeit in Betracht, im Zweifel von Wirksamkeit auszugehen ist,[87] zudem steht i.d.R. das Vollstreckbarerklärungsverfahren nach § 1060 offen, indem jedenfalls § 1059 Abs. 2 Nr. 2 ZPO über § 1060 Abs. 2 ZPO von Amts wegen geprüft und die Wirksamkeit insg. „bekräftigt" wird (str.).[88] Eine Feststellungsklage auf Unwirksamkeit ist i.d.R. als Aufhebungsantrag zu deuten, wofür Amtsgericht und Landgericht die Zuständigkeit fehlt, formlose Abgabe an das Oberlandesgericht ist verwehrt.[89]

16 **Nichtige Schiedssprüche** muss § 1059 ZPO nicht erfassen, denn diese sind von vornherein wirkungslos. Aus Klarstellungsgründen ist ein Aufhebungsantrag aber auch bei einem nichtigen Schiedsspruch statthaft.[90] Nichtige Schiedssprüche sind denkbar, vom Vorliegen solch erheblicher Mängel ist aber selten und zurückhaltend auszugehen.[91] Fraglich ist ob die Nichtigkeitsgründe stets zu beachten sind, also auch außerhalb der Frist des Abs. 3. Dies ist nicht der Fall.[92] Denn § 1059 ZPO ist exklusiv, so heißt es in Abs. 1 „nur". Weiter droht sonst ein Unterlaufen dessen Voraussetzungen über den Umweg der Nichtigkeit. Selbst schwerste ordre public Verstöße führen daher nicht zur Nichtigkeit, ebensowenig das Vorliegen von Restitutionsgründen. Nur „Extremkonstellationen" können berücksichtigt werden.[93] Liegt Nichtigkeit vor, ist der Schiedsspruch allseits unbeachtlich, insbesondere für Behörden. Ein Schiedsspruch, der trotz vorheriger Zurückweisung der Schiedseinrede durch ein staatliches Gericht ergeht, ist nichtig, denn das staatliche Gericht hat bereits entschieden, dass das Schiedsverfahren unmöglich ist (h.M.).[94] Erfolgt auf den Schiedsspruch die staatliche Entscheidung der Unzulässigkeit nach § 1032 ZPO, wird der Schiedsspruch nichtig, was nach dem Bundesgerichtshof zur Rechtsklarheit im Verfahren auf Aufhebung oder Vollstreckbarerklärung noch festzustellen ist (str.).[95] Auch die Entscheidung trotz vorherigen staatlichen Urteils, der in seiner Unklarheit unauflösbare Schiedsspruch und die Entscheidung durch ein „Nichtgericht", etwa einen Sekretariats-

---

82 BGH, NJW 2004, 2226 (2228) = SchiedsVZ 2004, 205 (207); Zöller-*Geimer*, ZPO, § 1059 Rn. 1, 12.
83 Musielak/Voit-*Voit*, ZPO, § 1059 Rn. 4; *Voit*, FS Musielak/Voit, S. 595, 597 ff.
84 Zöller-*Geimer*, ZPO, § 1059 Rn. 1.
85 MK-*Münch*, ZPO, § 1059 Rn. 80; Zöller-*Geimer*, ZPO, § 1059 Rn. 1a, 24.
86 BGH, NJW 2004, 2226 (2228) = SchiedsVZ 2004, 205 (207); Zöller-*Geimer*, ZPO, § 1059 Rn. 1; für Aufhebbarkeit: Musielak/Voit-*Voit*, ZPO, § 1059 Rn. 5; *Schroeder*, SchiedsVZ 2005, 244.
87 MK-*Münch*, ZPO, § 1059 Rn. 80; Zöller-*Geimer*, ZPO, § 1059 Rn. 18, 24.
88 Zur strittigen Bedeutung der Vollstreckbarerklärung § 1055 Rn. 2; vgl. aber MK-*Münch*, ZPO, § 1060 Rn. 11.
89 MK-*Münch*, ZPO, § 1059 Rn. 80; Zöller-*Geimer*, ZPO, § 1059 Rn. 24.
90 OLG Stuttgart, SchiedsVZ 2003, 84, II.2.; offen OLG Frankfurt a.M., NJW-RR 2003, 498 (501); Musielak/Voit-*Voit*, ZPO, § 1059 Rn. 5; MK-*Münch*, ZPO, § 1059 Rn. 85; Zöller-*Geimer*, ZPO, § 1059 Rn. 1a, 15 f.; Stein/Jonas-*Schlosser*, ZPO, § 1059 Rn. 7 f.
91 Musielak/Voit-*Voit*, ZPO, § 1059 Rn. 5; MK-*Münch*, ZPO, § 1059 Rn. 85; Zöller-*Geimer*, ZPO, § 1059 Rn. 15.
92 Musielak/Voit-*Voit*, ZPO, § 1059 Rn. 85; wohl auch Zöller-*Geimer*, ZPO, § 1059 Rn. 15 „nach Abs. 3 befristet", aber Rn. 11a „Nichtigkeit kann nach § 256 auch nach Fristablauf festgestellt werden."
93 Zöller-*Geimer*, ZPO, § 1059 Rn. 15.
94 Zöller-*Geimer*, ZPO, § 1059 Rn. 15; Musielak/Voit-*Voit*, ZPO, § 1059 Rn. 4, 26; MK-*Münch*, ZPO, § 1059 Rn. 86.
95 BGH, SchiedsVZ 2014, 200 (201); *Kröll*, NJW 2015, 833; dagegen Nichtigkeit per se: *König*, SchiedsVZ 2012, 129 (133); Musielak/Voit-*Voit*, ZPO, § 1059 Rn. 15; vgl. auch § 1032 Rn. 25.

entwurf sind nichtig.⁹⁶ Schiedsunfähigkeit oder mangelnde Schiedsbindung reichen dagegen nicht, denn sie sollen von Abs. 2 Nr. 2 Buchst. a bzw. Nr. 2 Buchst. b erfasst werden.

Es wurde versucht das Verhältnis der quasi über ihr Spiegelbild eng verwandten Verfahren zur **Aufhebung** und **Vollstreckbarerklärung** zu regeln. Für den bereits **für vollstreckbar erklärten Schiedsspruch** scheidet nach Abs. 3 Satz 4 das Aufhebungsverfahren aus. Einwendungen, die nach Vollstreckbarerklärung entstanden sind, sind nach § 767 ZPO zu behandeln.⁹⁷ Schwieriger ist eine etwaige **Parallelität der Verfahren**. So sind dieselben Aufhebungsgründe beachtlich, § 1060 Abs. 2 Satz 1 ZPO, die Entscheidung im einen Verfahren hat Wirkung für das andere Verfahren, § 1060 Abs. 2 Satz 2 ZPO, zudem sind die Fristen des § 1059 ZPO in § 1060 ZPO beachtlich, wenn auch mit abgeschwächter Folge, § 1060 Abs. 2 Satz 3 ZPO. Korrigierend ist für § 1060 Abs. 2 Satz 2 ZPO der Entscheidungszeitpunkt statt des Zeitpunkts der Zustellung maßgeblich. *De lege ferenda* wäre entweder eine schärfere Trennung oder konsequenter eine noch engere Verschmelzung in ein Verfahren mit spiegelbildlichem Gegenrecht die klarere Lösung. Nun ist ein Nebeneinander zu vermeiden. Dem im laufenden Vollstreckbarerklärungsverfahren erhobenen Aufhebungsantrag soll das Rechtsschutzbedürfnis fehlen, anders herum soll er ausgesetzt werden gem. § 148 ZPO analog, wenn er bereits lief.⁹⁸ Letztlich – und darauf kommt es an – geht es in beiden Verfahren um Abwehr bzw. Erlangung eines titelbegründenden staatlichen Leistungsbefehls, dem dieselben Gründe, nur mit abgestuften Fristen, entgegengehalten werden können.⁹⁹ Zum Verfahren nach **§ 826 BGB** vgl. die Ausführungen bei Rn. 13. 17

Die Klagemöglichkeit des **§ 1032** Abs. 2 ZPO ist mit Bildung des Schiedsgerichts erloschen, konkurriert daher nicht mit § 1059 ZPO.¹⁰⁰ Die Möglichkeit, Antrag nach **§ 1040** Abs. 3 Satz 2 ZPO zu stellen, kann noch bestehen, wenn auf den positiven **Zwischenentscheid** innerhalb der Monatsfrist der Schiedsspruch ergeht. Die inhaltliche Prüfung dürfte aber wegen § 1032 Abs. 3 ZPO und § 1040 Abs. 3 Satz 3 ZPO überholt sein (vgl. § 1040 Rn. 12). Das Oberlandesgericht kann die Verfahren auch miteinander gem. § 147 ZPO verbinden, sie sind formal und inhaltlich nah beieinander, es kann aber auch zuerst die Kompetenz prüfen und den Aufhebungsantrag bis dahin aussetzen, § 148 ZPO. Der sichere Weg für die Partei ist es jedenfalls, nicht mit Blick auf das eine Verfahren das andere schon nicht einzuleiten, sondern im Gegenteil über einen fristgerechten Aufhebungsantrag dieses Verfahren vorsorglich zu ermöglichen.¹⁰¹ 18

Zuständig sind die Oberlandesgerichte (§ 1062 Abs. 1 Nr. 4 ZPO), abweichende Vereinbarungen sind unwirksam (h.M.).¹⁰² Die örtliche Zuständigkeit bestimmt § 1062 Abs. 1 Nr. 4 ZPO (Schiedsort), sie kann abweichend vereinbart oder durch rügelose Einlassung begründet werden.¹⁰³ **Antragsbefugt** ist die Partei bzw. deren **Rechtsnachfolger**, § 727 ZPO analog.¹⁰⁴ **Beschwer** ist nötig (h.M.).¹⁰⁵ **Antragsgegner** ist der Schiedsverfahrensgegner oder dessen Rechtsnachfolger; bei Einzelrechtsnachfolge der Nachfolger.¹⁰⁶ Das Antragserfordernis ist unabdingbar,¹⁰⁷ das Aufhebungsverfahren im Vorfeld unverzichtbar.¹⁰⁸ **Anwaltliche Vertretung** ist noch nicht für den Antrag (§ 1063 Abs. 3 ZPO i.V.m. § 78 Abs. 2 ZPO), sondern erst ab Anordnung mündlicher Verhandlung nötig (§ 78 Abs. 1 ZPO). Anträge auf Teilaufhebung sind möglich. Bzgl. der formellen Voraussetzungen gilt im Übrigen § 551 Abs. 3 ZPO (Revisionsbegründung) entsprechend.¹⁰⁹ 19

---

96 MK-*Münch*, ZPO, § 1059 Rn. 86.
97 Zöller-*Geimer*, ZPO, § 1059 Rn. 1.
98 Nachweise bei MK-*Münch*, ZPO, § 1059 Rn. 81.
99 MK-*Münch*, ZPO, § 1059 Rn. 81.
100 Siehe aber Rn. 16: Schiedsspruch und vorherige/nachträgliche entgegenstehende Entscheidung nach § 1032 ZPO.
101 MK-*Münch*, ZPO, § 1059 Rn. 79; Zöller-*Geimer*, ZPO, § 1059 Rn. 17 und § 1032 Rn. 14.
102 OLG Frankfurt a.M. v. 10.04.2006, 26 Sch 01/06 bzw. 26 Sch 13/05, juris, II.; Zöller-*Geimer*, ZPO § 1062 Rn. 1; a.A. MK-*Münch*, ZPO, § 1059 Rn. 22.
103 OLG Stuttgart, NJW-RR 2003, 495 (496), II.1.
104 OLG München v. 12.11.2009, 34 Sch 17/09, II.2.
105 OLG Saarbrücken, SchiedsVZ 2008, 313 (315), II.1.c); OLG Stuttgart, SchiedsVZ 2003, 84 (85) – Streithelfer; MK-*Münch*, ZPO, § 1059 Rn. 55, Zöller-*Geimer*, ZPO, § 1059 Rn. 3; a.A. Musielak/Voit-*Voit*, ZPO, § 1059 Rn. 32; Baumbach/Lauterbach/Albers/Hartmann, ZPO, § 1059 Rn. 4.
106 BGH, MDR 2007, 851, II.2.c.bb); *Lachmann*, Schiedsgerichtspraxis, Rn. 2374; Stein/Jonas-*Schlosser*, Rn. 9.
107 MK-*Münch*, ZPO, § 1059 Rn. 53; Musielak/Voit-*Voit*, ZPO, § 1059 Rn. 1.
108 BGH, NJW 1986, 1436, II.2); MK-*Münch*, ZPO, § 1059 Rn. 53; Musielak/Voit-*Voit*, ZPO, § 1059 Rn. 39.
109 KG Berlin, SchiedsVZ 2009, 179 (180), II.1.a).

20   Nachrangig zu Parteivereinbarungen ist der Aufhebungsantrag **fristgebunden** (Abs. 3 Satz 1), eine Novelle durch Übernahme von Art. 34 Abs. 3 ModG.[110] Die Frist beginnt mit Empfang des Schiedsspruches, Abs. 3 Satz 2. Sie verlängert sich ggf. gem. Abs. 3 Satz 3, wenn ein Antrag nach § 1058 ZPO (Berichtigung) gestellt wurde, so dass nach Empfang der diesbezüglichen Entscheidung noch ein Monat bleibt. Da es sich nicht um eine Notfrist handelt, § 233 ZPO, findet keine Wiedereinsetzung statt.[111] Nach Fristablauf erwächst der Schiedsspruch in **Bestandskraft**.[112] Die Frist gilt nach ihrer systematischen Stellung und mangels anderer Wortlauts auch für die von Amts wegen beachtlichen Punkte des Abs. 2 Nr. 2. Bei später auftauchenden Gründen sieht der Gesetzgeber das Schadensersatzrecht angesprochen.[113] Zudem führt die Fristversäumnis nicht zur **Präklusion** im Vollstreckbarerklärungsverfahren (§ 1060 ZPO).[114]

21   Die Darlegungs- und **Beweislast** für das Vorliegen des Mangels soll bei Abs. 2 Nr. 1 der Antragsteller der Aufhebung tragen[115] (beim insoweit spiegelbildlichen § 1060 ZPO der Antragsgegner, damit besteht Parteirollenidentität). Dies legt Abs. 2 Nr. 1 „wenn der Antragsteller begründet geltend macht, dass" nahe, wenngleich die Anwendung der Norm bei fehlender Schiedsbindung zweifelhaft ist. Daher gilt: Wo eine Schiedsbindung gänzlich fern liegt, etwa in Fällen der Nichtigkeit, und damit zugleich Abs. 2 Nr. 2 und damit das Verfahren von Amts wegen nahe, sollte allenfalls der sich auf die Schiedsbindung Berufende mit der Beweisführung belastet werden.[116] Entsprechend hat der sich auf die Treuwidrigkeit des Vorbringens von Mängeln Berufende die Treuwidrigkeit nachzuweisen (Rn. 3, 4), dasselbe gilt beim Berufen auf Präklusion.[117] Die Gründe des Abs. 2 Nr. 2 sind dagegen von Amts wegen beachtlich.[118]

E. Aufhebungsfolgen, Abs. 4 und 5

22   Das Gericht hat **keinen Ermessensspielraum**, der Wortlaut „kann" meint Kompetenz, nicht Ermessen.[119] Maßgebender **Bewertungszeitpunkt** ist der, an dem das Schiedsgericht das letzte Mal rechtliches Gehör gewährte (§ 1055 Rn. 4), so die allgemeine Meinung.[120] Bis dahin ist Heilung möglich, vgl. Rn. 4. **Mündliche Verhandlung** ist zwingend, § 1063 Abs. 2 ZPO.[121] Das Gericht kann den Antrag **ablehnen**, dann greift § 1060 Abs. 2 ZPO, dieselben Aufhebungsgründe können nicht mehr im Vollstreckbarerklärungsverfahren nach § 1060 ZPO entgegen gehalten werden, vgl. „umgekehrt" Abs. 3 Satz 4. Anderenfalls kann das Gericht den Schiedsspruch **aufheben**, dies wirkt ex tunc. Die Schiedsvereinbarung lebt dann im Zweifel, d.h. v.a. mangels anderer Vereinbarung wieder auf, Abs. 5.[122] Das u.U. mittlerweile aufgelöste Schiedsgericht muss neu gebildet werden,[123] was nicht sogleich durch das Gericht, sondern aufgrund der Regelungen der Schiedsvereinbarung erfolgt.[124] Eine Abänderung des Schiedsspruches ist nicht möglich.[125] Möglich und geboten ist eine Teilaufhebung, wenn der selbstständig angegriffene Teil vom übrigen Schiedsspruch getrennt werden kann.[126] Die Teilaufhebung reißt die Kostenentscheidung in Gänze mit,[127] aber die teilweise fehlerhafte Kostenentscheidung nicht die gesamte Kostenentscheidung.[128] Auch kann das Gericht **zurückverweisen** und zwar in

---

110 BT-Drucks. 13/5274, S. 60.
111 MK-*Münch*, ZPO, § 1059 Rn. 58.
112 BT-Drucks. 13/5274, S. 60.
113 BT-Drucks. 13/5274, S. 60, vgl. Rn. 13.
114 BGH, NJW 2001, 373, II.2.b.
115 BGH, NJW 2001, 373, II.2.a); Stein/Jonas-*Schlosser*, ZPO, § 1059 Rn. 12; MK-*Münch*, ZPO, § 1059 Rn. 52; Musielak/Voit-*Voit*, ZPO, § 1059 Rn. 10.
116 MK-*Münch*, ZPO, § 1059 Rn. 52; Musielak/Voit-*Voit*, ZPO, § 1059 Rn. 10.
117 OLG Naumburg v. 20.01.2005, 10 SchH 2/04, juris, Rn. 17; MK-*Münch*, ZPO, § 1059 Rn. 50.
118 OLG Naumburg v. 20.01.2005, 10 SchH 2/04, juris, Rn. 17, II.
119 *Lachmann*, Schiedsgerichtspraxis, Rn. 2173; MK-*Münch*, ZPO, § 1059 Rn. 5; zurückhaltender Zöller-*Geimer*, ZPO, § 1059 Rn. 31 f. Im Anglo-Amerikanischen besteht mehr Spielraum.
120 Stein/Jonas-*Schlosser*, ZPO, § 1059 Rn. 34; Musielak/Voit-*Voit*, ZPO, § 1059 Rn. 9; a.A. MK-*Münch*, ZPO, § 1059 Rn. 17 a.E. (maßgebend Erlass des Schiedsspruchs), s.a. Rn. 41.
121 BGH, NJW 1999, 2974 (2975), II.4.; BT-Drucks. 13/5274, S. 64 f.
122 BT-Drucks. 13/5274, S. 60.
123 Baumbach/Lauterbach/Albers/Hartmann, ZPO, § 1059 Rn. 20; Musielak/Voit-*Voit*, ZPO, § 1059 Rn. 43; vgl. § 1056 Rn. 9; § 1058 Rn. 6.
124 OLG Frankfurt a.M., NJW-RR 2008, 590 (591); Musielak/Voit-*Voit*, ZPO, § 1059 Rn. 43.
125 *Lachmann*, Schiedsgerichtspraxis, Rn. 2371.
126 BGHZ 179, 304 = NJW 2009, 1747 = SchiedsVZ 2009, 176, II.2.d.bb.; OLG München, NJW 2007, 2129; Zöller-*Geimer*, ZPO, § 1059 Rn. 6, 91; MK-*Münch*, ZPO, § 1059 Rn. 75 und § 1060 Rn. 25; *Lachmann*, Schiedsgerichtspraxis, Rn. 2389.
127 § 1057 Rn. 5; BGH, NJW 2009, 1747 (1750), II.3.; MK-*Münch*, ZPO, § 1059 Rn. 28.
128 OLG München v. 11.08.2016, 34 Sch 17/16, juris, II.4.a).

"geeigneten Fällen", für die es kaum feststehende Kriterien gibt.[129] Abzuwägen ist insbesondere, wie groß der bisherige Fehler war, ob er behebbar ist, ob das Vertrauen in das Schiedsgericht erschüttert ist und inwieweit an die bisherigen Ergebnisse angeknüpft werden kann. In diesen Fällen ist das Schiedsrichteramt nicht erloschen, § 1056 Abs. 3 ZPO (abdingbar). Die Zurückweisung verpflichtet das Schiedsgericht zur Fortsetzung und Beachtung der staatsgerichtlichen Vorgaben.[130]

Rechtsbeschwerde ist gegen die Entscheidung des Staatsgerichts möglich, § 1065 Abs. 1 Satz 1 ZPO,[131] neue Tatsachen können grds. aber nicht mehr eingeführt werden, § 577 Abs. 2 Satz 4 ZPO i. V. m. § 559 Abs. 1 Satz 1 ZPO.[132] An Kosten entstehen zwei Gerichtsgebühren gem. Nr. 1620 KV-GKG, Anwaltsgebühren nach Nr. 3100, 3104 VV-RVG.

23

ABSCHNITT 8
Voraussetzungen der Anerkennung und Vollstreckung von Schiedssprüchen

§ 1060
Inländische Schiedssprüche

(1) Die Zwangsvollstreckung findet statt, wenn der Schiedsspruch für vollstreckbar erklärt ist.

(2) ¹Der Antrag auf Vollstreckbarerklärung ist unter Aufhebung des Schiedsspruchs abzulehnen, wenn einer der in § 1059 Abs. 2 bezeichneten Aufhebungsgründe vorliegt. ²Aufhebungsgründe sind nicht zu berücksichtigen, soweit im Zeitpunkt der Zustellung des Antrags auf Vollstreckbarerklärung ein auf sie gestützter Aufhebungsantrag rechtskräftig abgewiesen ist. ³Aufhebungsgründe nach § 1059 Abs. 2 Nr. 1 sind auch dann nicht zu berücksichtigen, wenn die in § 1059 Abs. 3 bestimmten Fristen abgelaufen sind, ohne dass der Antragsgegner einen Antrag auf Aufhebung des Schiedsspruchs gestellt hat.

Zur Vollstreckung bedarf der Schiedsspruch trotz § 1055 ZPO der Vollstreckbarerklärung durch das Staatsgericht.[1] Die Norm konstituiert diese Vollstreckbarkeitserklärung (*Exequatur*) als **Zwangsvollstreckungsvoraussetzung** (Abs. 1) und regelt in Abs. 2 mit §§ 1062 ff. ZPO den Weg dorthin für inländische Schiedssprüche, der ggü. ausländischen (§ 1061 ZPO) erleichtert ist. Inländische Schiedssprüche bedürfen keiner gesonderten Anerkennung (anders ausländische), sondern sind bereits gem. § 1055 ZPO Urteilen gleichgestellt, allerdings fehlt ihnen Titelwirkung, § 794 Abs. 1 ZPO. Zwar betreibt der Staat die Aufhebung eines Schiedsspruches nur auf Parteiantrag, § 1059 ZPO, aber prüft von Amts wegen die Kernaufhebungsgründe des § 1059 Abs. 2 ZPO, bei denen allerdings teilw. Präklusion eintreten kann, wenn er seine Zwangsmittel zur Verfügung stellen soll. Die Regelung entspricht § 1042 ZPO a.F. in Abs. 1 und Abs. 2 Satz 1, weicht aber in ihrer Geltung nur für inländische Schiedssprüche von Art. 35, 36 vom **ModG** ab. Sie versucht in Abs. 2 durch inhaltlichen Bezug auf Aufhebungsgründe (hier als „Vollstreckbarkeits-Versagungsgründe) und abgestufte Präklusionsvorschriften sowie Rechtskrafterstreckung Gleichklang mit § 1059 ZPO zu erreichen.

1

Erfasst werden inländische **Schiedssprüche**, Abs. 1, sie müssen also § 1054 ZPO erfüllen, insbesondere abschließend sein. Die Kostengrundentscheidung ist vollstreckbar (s. § 1057 Rn. 2). Zwischenschiedssprüche sollen mangels verfahrensbeendigender Wirkung dagegen nicht vollstreckbar sein.[2] Liegt kein Schiedsspruch vor, kann das Oberlandesgericht i.d.R. nicht nach § 281 verweisen, da es funktional unzuständig ist.[3] Der Inhalt **muss nicht vollstreckungsfähig**

2

---

129 Wolff, SchiedsVZ 2007, 254 mit ausführlich Kategorisierung; MK-*Münch*, ZPO, § 1059 Rn. 78.
130 BT-Drucks. 13/5274, S. 60.
131 BGH, NJW 2001, 3787; Zöller-*Geimer*, ZPO, § 1059 Rn. 1c.
132 Zöller-*Geimer*, ZPO, § 1059 Rn. 1c.; zu Ausnahmen BGHZ 171, 245 = SchiedsVZ 2007, 160, I.2.c.bb.

Zu § 1060:
1 *Garbe-Emden*, BauR 2012, 1035 ff. (Schwäche des Schiedswesens).
2 Stellv. *Schmidt*, SchiedsVZ 2013, 32 (40); offen lassend BGH, NJW-RR 2007, 1008, II.1.
3 OLG Rostock, BauR 2014, 1361, II.2.

sein, da auch ansonsten ein rechtlich anzuerkennendes Interesse besteht (h.M.).[4] Dieses kann etwa in der Immunisierung gegen Aufhebungsverfahren bestehen.[5] **Insolvenz**verfahren des Antragsgegners ist daher unschädlich.[6] **§ 240 ZPO** ist auf §§ 1060ff. ZPO anwendbar.[7] Die Leistung bedarf der Vollstreckung, aber die Fiktion der Abgabe einer Willenserklärung (§ 894 ZPO) und damit oft Grundlage für Eintragung in öffentliches Register (Grundbuch) und die Gestaltungswirkung erhalten ihre Wirkung nicht erst durch die Vollstreckbarkeitserklärung (str.), siehe auch § 1055 Rn. 2. Etwas anderes wäre möglicherweise sinnvoll *(de lege ferenda)*, ergibt sich aber nicht aus der Systematik.

3   Da Vollstreckungsfähigkeit nicht nötig ist, ist auch **Fälligkeit** oder Bewirkung einer **Zug-um-Zug Leistung** entbehrlich.[8] Unnötig ist es auch, die freiwillige Leistung zunächst abzuwarten.[9] Auch ist der Ablauf der 3-Monatsfrist des § 1059 Abs. 3 ZPO nicht Vorbedingung.[10] § 751 ZPO und § 756 ZPO sind erst in der Zwangsvollstreckung relevant.[11] Ist der Schiedsspruch teilbar, kann die Vollstreckbarerklärung auf einen **Teil** begrenzt werden.[12] Die Vollstreckbarerklärung eines Schiedsspruchs unmittelbar für und gegen den **Rechtsnachfolger** ist zulässig,[13] wenn der Schiedsspruch vor der Rechtsnachfolge noch nicht für vollstreckbar erklärt worden war (vgl. Rn. 9). Prozessstandschaft ist möglich.[14]

4   Abs. 2 konstituiert ein **Antragserfordernis** („auf Antrag"). Der Antrag kann im Wege öffentlicher Zustellung erfolgen.[15] Abs. 2 regelt aber v.a. die **Aufhebungsgründe** des § 1059 Abs. 2 ZPO als Ablehnungsgründe des Vollstreckbarerklärungsverfahrens in gestufter Form, deren Vorliegen aber zugleich zur Aufhebung des Schiedsspruches führen. Das Aufhebungsverfahren wird also insoweit inkorporiert, die Folge tritt auch ein, wenn sie nicht beantragt wurde.[16] Dies erspart die Förmelei nach festgestelltem Aufhebungsgrund noch eine Aufhebung beantragen zu müssen. Zugleich wird ein Schiedsspruch verhindert, der in der Welt und doch nicht vollstreckbar ist. Auch diese Volte spricht für ein Zusammenfassen von § 1059 ZPO und § 1060 ZPO (§ 1059 Rn. 17). Der ungeschriebene Aufhebungsgrund des § 826 BGB verbleibt ebenso (§ 1059 Rn. 13). Die **Aufhebungsgründe** sind in inhaltlicher Sicht im Vollstreckbarerklärungsverfahren identisch wie im Aufhebungsverfahren (s. daher dort) zu prüfen.

5   Bei der Prüfung beachtet das Gericht die mögliche Rechtskraft bzw. **Präklusion** der Abs. 2 Satz 2 (entgegenstehende rechtskräftige Abweisung eines Aufhebungsantrags) und Satz 3 (Versäumung der Fristen um einen Aufhebungsantrag zu stellen), wobei letzteres nur bei § 1059 Abs. 2 Nr. 1 ZPO greifen kann. Mit anderen Worten: Die Aufhebungsgründe des § 1059 Abs. 2 Nr. 2 ZPO sind vom Amts wegen stets beachtlich, außer sie wurden bereits staatsgerichtlich überprüft. **Abs. 2 Satz 2** fordert entgegenstehende rechtskräftige Abweisung im Moment der Zustellung des Vollstreckbarerklärungsantrags. Präklusion tritt damit nicht ein, wenn erst nach der Zustellung der Beschluss ergeht oder dessen Rechtskraft eintritt.[17] Nach Abs. 2 Satz 2 erfolgt – entgegen des „spiegelbildlichen" § 1059 Abs. 3 Satz 4 ZPO – **nur Ausschluss mancher Einwände**, nämlich der im Aufhebungsverfahren geltend gemachten („auf sie gestützter") und betrifft alle Aufhebungsgründe, also die der § 1059 Abs. 2 Nr. 1 und 2 ZPO. Da das Gericht die Gründe des Abs. 2 Nr. 2 von Amts wegen prüft, sind auch diese präkludiert,

---

4   BGH, SchiedsVZ 2006, 278, Rn. 9 mit abl. Anm. *Wolff/Falk*, SchiedsVZ 2006, 280; OLG München v. 25.01.2017, 34 Sch 37/16, beck; OLG München v. 30.11.2015, 34 Sch 39/14, juris, II.3.b); OLG München v. 01.12.2015, 34 Sch 26/15, juris, II.2); OLG München v. 07.01.2015, 34 Sch 12/14, juris, II.2.a) – ablehnender Schiedsspruch; OLG Köln v. 18.12.2013, 19 Sch 16/13, juris, Rn. 2; OLG Naumburg, SchiedsVZ 2010, 277 (279); OLG München, OLGR 2006, 906, 3.; Baumbach/Lauterbach/Albers/Hartmann, ZPO, § 1060 Rn. 5; Stein/Jonas-*Schlosser*, ZPO, § 1060 Rn. 9; a.A. MK-*Münch*, ZPO, § 1060 Rn. 11; Musielak/Voit-*Voit*, ZPO, § 1060 Rn. 5.
5   BGH, SchiedsVZ 2006, 278, Rn. 9 mit abl. Anm. *Wolff/Falk*, SchiedsVZ 2006, 280; OLG München v. 07.01.2015, 34 Sch 12/14, juris, II.2.a); OLG München, SchiedsVZ 2015, 205, II.2.; OLG Naumburg, SchiedsVZ 2010, 277 (279).
6   OLG Frankfurt a.M. v. 14.02.2013, 26 Sch 9/12, juris.
7   BGH v. 26.04.2017, I ZB 119/15; OLG Köln, IBRRS 2015, 0542.
8   OLG Naumburg, SchiedsVZ 2010, 277 (278); OLG Koblenz, r+s 2010, 84 (85).
9   OLG München v. 07.01.2015, 34 Sch 12/14, juris, III.1.
10 OLG Koblenz, r+s 2010, 84 (85).
11 OLG Naumburg, SchiedsVZ 2010, 277 (278).
12 OLG München v. 01.12.2015, 34 Sch 26/15, juris, Rn. 21; MK-*Münch*, ZPO, § 1060 Rn. 12; OLG Koblenz, r+s 2010, 84 (85).
13 BGH, MDR 2007, 851; OLG München v. 15.04.2015, 34 Sch 7/15, juris, Rn. 12; OLG Karlsruhe, SchiedsVZ 2015, 145.
14 OLG München v. 08.11.2016, 34 Sch 11/15, juris.
15 OLG Dresden v. 18.07.2016, 3 Sch 6/15, beck.
16 MK-*Münch*, ZPO, § 1060 Rn. 26.
17 Vgl. MK-*Münch*, ZPO, § 1060 Rn. 7; aber einschränkend Musielak/Voit-*Voit*, ZPO, § 1060 Rn. 10.

wenn auf sie der seinerzeitige Aufhebungsantrag nicht gestützt war, wobei streitig ist, ob diese rechtliche Überlegung ausreicht,[18] oder die Gründe tatsächlich, wenn auch „nur" von Amts wegen, Gegenstand des Aufhebungsverfahrens waren,[19] wofür mehr spricht. Ein **bereits anhängiges Aufhebungsverfahren** kann gem. § 148 ZPO, analog ausgesetzt werden, da das Verfahren nach § 1060 ZPO weiter gehend ist.[20] Sinnvoll, auch aufgrund des Meinungsspektrums zum Verhältnis von § 1059 ZPO und § 1060 ZPO ist eine Verfahrensverbindung.[21] Ansonsten ist für den Antragsteller des Aufhebungsverfahrens zu überlegen, für erledigt zu erklären, da sein Rechtsschutzbedürfnis entfallen ist und die Kostenfolge droht, allerdings unter Vermeidung der Präklusion der im Aufhebungsverfahren vorgebrachten Gründe im Vollstreckbarerklärungsverfahren.[22] Wird dann der Schiedsspruch nach § 1060 Abs. 2 ZPO aufgehoben, hat sich spätestens jetzt ein noch laufendes Aufhebungsverfahren erledigt, es folgt dort nur noch die Kostenentscheidung.[23] Ausnahmsweise, v. a. wenn der Aufhebungsprozess weit fortgeschritten ist, ist dessen Fortführung unter Zurückstellung des Vollstreckbarerklärungsverfahrens vorzugswürdig.

Nach **Abs. 2 Satz 3** ist der Antragsgegner weiter mit den nur auf Antrag zu prüfenden Aufhebungsgründen, also denen nach § 1059 Abs. 2 Nr. 1 ZPO, präkludiert, wenn er keinen Aufhebungsantrag in der Frist des § 1059 Abs. 3 ZPO gestellt hat. Läuft bereits ein Vollstreckbarerklärungsverfahren, ist kein Aufhebungsverfahren möglich, da diesem das Rechtsschutzbedürfnis fehlt. Die Frist wirkt auch nicht dahingehend fort, dass der Antragsgegner die Aufhebungsgründe in der Frist des § 1059 Abs. 3 ZPO im Vollstreckbarerklärungsverfahren vorbringen muss[24] (wieder eine Fehlerquelle, die für eine kodifizierte Zusammenführung von § 1059 ZPO und § 1060 ZPO spricht). Präklusion nach Abs. 2 Satz 3 soll ausgeschlossen sein, wenn derselbe Grund unter § 1059 Abs. 2 Nr. 2 ZPO fällt (str.).[25] Eine diesbezüglich vereinbarte Frist ist in § 1059 ZPO und § 1060 ZPO gleichlaufend zu berücksichtigen. Die Frage, ob bzgl. Einwendungen, die zu stellen in einem ausländischen Vollstreckbarerklärungsverfahren möglich gewesen wäre, Präklusion eintritt war mehrfach Gegenstand der BGH-Rechtsprechung,[26] jedoch ohne abschließende Klärung.[27] Dabei gilt grds. die Gleichwertigkeit des ausländischen wie inländischen Rechtsschutzes, was für Präklusion spricht, jedenfalls im Bereich der EuGVO, mit der Möglichkeit extreme Missverhältnisse über die *ordre public* aufzulösen. Außerhalb des EuGVOs ist die Frage nach der Rechtsschutzgleichwertigkeit zu stellen. Die Rechtsprechung geht aber dahin, dass jedenfalls für die Rüge der Unzuständigkeit mangels Schiedsvereinbarung das deutsche Verfahren abgewartet werden kann. Prozesstaktisch ist zwischen ebenso gefährlicher rügeloser Einlassung versus Präklusionsgefahr abzuwägen, wobei auch die rügebehaftete Einlassung insb. aufgrund von Kostenfragen nicht unbedingt den Königsweg darstellt. Bei Vollstreckungsmasse in anderen Ländern ist ein rechtzeitiger Blick auf deren Rechtsprechung in dieser Frage hilfreich.

Auch die Erhebung **materiell-rechtlicher Einwendungen** ist möglich, für die es zwei Wege gibt: Erstens die **Geltendmachung im Vollstreckbarerklärungsverfahren**,[28] denn bzgl. inhaltlicher Einwendungen ist Abs. 2 Satz 1 nicht abschließend, die Verfahrenskonzentration wird gefördert.[29] Zweitens als eigenständige **Vollstreckungsgegenklage** direkt nach **§ 767 ZPO** (Rn. 8). Das Verhältnis von § 767 ZPO und § 1060 ZPO ist schwierig.[30] Denn für das Verfahren nach § 1060 ZPO ist nun das Oberlandesgericht zuständig. Eine Einwendung nach § 767 ZPO bringt die Vollstreckbarerklärung, nicht aber den Schiedsspruch zu Fall.[31] § 767 ZPO setzt einen Titel voraus und führt zur Überprüfung nachträglicher materieller Einwendungen, § 1060 ZPO kennt keine inhaltliche Überprüfung, sondern führt zur formalen Kontrolle der Schiedsunterwerfung und des Verfahrens. Unter neuem Recht ist das Verhältnis neu zu klären, insbesondere bzgl.

---

18 *Lachmann*, Schiedsgerichtspraxis, Rn. 2429; MK-*Münch*, ZPO, § 1059 Rn. 65.
19 Musielak/Voit-*Voit*, ZPO, § 1060 Rn. 10.
20 *Schwab/Walter*, Schiedsgerichtsbarkeit, Kap. 25 Rn. 4; Zöller-*Geimer*, ZPO, § 1059 Rn. 23; *Wighardt*, SchiedsVZ 2010, 252 (253); krit. Musielak/Voit-*Voit*, ZPO, § 1059 Rn. 33.
21 Zöller-*Geimer*, ZPO, § 1059 Rn. 4.
22 Zöller-*Geimer*, ZPO, § 1059 Rn. 23.
23 Zöller-*Geimer*, ZPO, § 1059 Rn. 23; Musielak/Voit-*Voit*, ZPO, § 1059 Rn. 33.
24 Vgl. aber Musielak/Voit-*Voit*, ZPO, § 1060 Rn. 11; BeckOK-*Wolf/Eslami*, ZPO, § 1060 Rn. 8.
25 Musielak/Voit-*Voit*, ZPO, § 1060 Rn. 11; aber § 1059 Rn. 7.
26 BGH v. 16. 12. 2010, III 100/09; BGHZ 188, 1 = NJW 2001, 1290; BGHZ 52, 184; BGHZ 55, 162.
27 Ausf. *Santomauro*, SchiedsVZ 2016, 178.
28 St. Rspr. BGH, SchiedsVZ 2014, 31, II.2.; BGH, SchiedsVZ 2010, 330 (331), II.2.; OLG München v. 01. 12. 2015, 34 Sch 26/15, juris, Rn. 21; MK-*Münch*, ZPO, § 1060 Rn. 33 ff.
29 BGH, SchiedsVZ 2014, 31, II.2.; OLG München v. 19. 05. 2015, 34 Sch 24/14, II.3.b.1.; OLG Bremen v. 25. 06. 2013, 2 Sch 1/13, juris, Rn. II.2.a.
30 MK-*Münch*, ZPO, § 1060 Rn. 33.
31 Zöller-*Geimer*, ZPO, § 1060 Rn. 9; Musielak/Voit-*Voit*, ZPO, § 1060 Rn. 12.

der Zuständigkeit.[32] Die Prüfung im Vollstreckbarerklärungsverfahren materiell-rechtlicher Einwendungen betrifft v. a. Aufrechnung[33] und Erfüllung. **§ 767 Abs. 2 ZPO** ist anzuwenden,[34] maßgeblicher Zeitpunkt das Ende der Gewährung rechtlichen Gehörs.[35] Abzustellen ist darauf, ob zum maßgeblichen Zeitpunkt die objektiven Voraussetzungen für die Einwendungen vorgelegen haben, irrelevant ist dagegen, ob diese dem Schuldner bekannt waren oder hätten bekannt sein müssen.[36] Die Einrede der **Insolvenz**anfechtung kann noch im Vollstreckbarerklärungsverfahren erhoben werden.[37] Aber Anmeldung zur Insolvenztabelle ist unzulässig.[38] Präklusion gem. § 767 Abs. 2 ZPO kann nur insoweit eintreten, wie das Schiedsgericht entscheiden konnte.[39] Dasselbe gilt, wenn das Schiedsgericht – gleichgültig ob zu Recht oder Unrecht – eine Beachtung der Einwendungen, so sie bereits vor ihm geltend gemacht worden sind, mangels Zuständigkeit abgelehnt hätte, oder, so sie erstmals vor dem staatlichen Gericht geltend gemacht worden sind, feststeht, dass das Schiedsgericht sich mit ihnen mangels Zuständigkeit nicht befassen würde.[40] Bzgl. einer schiedsabredebehafteten Einwendung kann wirksam die Schiedseinrede erhoben werden, das Gericht kann dann über die Einwendung nicht entscheiden.[41]

8   Auch die **eigenständige Vollstreckungsabwehrklage** ist möglich. Man braucht also nicht auf die Vollstreckbarerklärung warten, sondern kann, wie bei § 1059 ZPO, selbstständig angreifen.[42] Im Zweifel ist das Schiedsgericht ohnehin bereits durch die ursprüngliche Schiedsvereinbarung zuständig,[43] ggf. auch durch eine Schiedsvereinbarung die gezielt die Einwendung betrifft. Wenn nicht, ist das Oberlandesgericht wie bei § 1060 ZPO aus Gründen der Sachnähe auch hierfür zuständig, selbst wenn dies zum Rechtsmittelverlust führt,[44] nicht aber die staatsgerichtliche Erstinstanz.[45] Vertreter letzterer Ansicht müssen noch entscheiden, ob sich an Streitwert oder Schiedsort ausgerichtet wird und was mit Auslandsfällen geschieht.

9   Dagegen ist eine eigenständige **Leistungsklage** auf Erfüllung des Schiedsspruches i.d.R. unzulässig, da ihr sperrende Rechtskraft und fehlendes Rechtsschutzbedürfnis (vorrangiger § 1060 ZPO) entgegenstehen.[46] Bei einer **Rechtsnachfolge** gilt dies nicht mehr unbedingt (Rn. 2). § 727 ZPO bedarf der Titellegitimation, diese zu erlangen fehlt die Aktivlegitimation, da dafür Vollstreckbarerklärung nötig ist. Hier ist die Leistungsklage prozessökonomischer, freilich i.d.R. bei inhaltlicher Bindung an den Schiedsspruch, der auch hier seine Rechtskraftwirkung gem. § 1055 ZPO entfaltet.[47] Einer positiven Feststellungsklage fehlt i.d.R. das Rechtsschutzbedürfnis (§ 1059 Rn. 15). Dem Schuldner dagegen stehen der Aufhebungsantrag (§ 1059 ZPO) zur Verfügung, weiter die Abänderungsklage gem. § 323 ZPO für Einwendungen gegen regelmäßig wiederkehrende Leistungen offen, wenn eine nachträgliche Veränderung eintritt, es sei denn diese ist selbst schiedsgebunden, i.d.R. aber nicht die negative Feststellungsklage (§ 1059 Rn. 15). Vollstreckungsbehelfe (§ 732 ZPO [Klauselerinnerung], §§ 731, 778 ZPO [Klauselklage], § 766 Abs. 1 ZPO [Vollstreckungserinnerung]) stehen dagegen nicht zu § 1060 ZPO in Konkurrenz, denn sie betreffen nicht die Stufe der Erlangung der Vollstreckbarkeit, sondern erst die nächste Stufe, das Vollstreckungsverfahren selbst.

10 Die **positive Entscheidung** über die Vollstreckbarerklärung ergeht als Beschluss und sollte, muss aber nicht, den Tenor des Schiedsspruches enthalten zur Erleichterung der Zwangsvollstreckung. Dann ist alles aus einem Dokument ersichtlich. Er kann öffentlich zugestellt werden.[48] Der Tenor kann sprachlich umgestaltet, geklärt und präzisiert oder erstmals in vollstreckbare Form gebracht werden. Bei Schiedssprüchen ohne gesonderten Tenor kann er auch erst aus den Gründen extrahiert werden. Freilich ist eine inhaltliche Änderung ausgeschlossen. Es

---

32 BGH, NJOZ 2014, 390 (392), II.2.; MK-*Münch*, ZPO, § 1060 Rn. 33; Musielak/Voit-*Voit*, ZPO, § 1060 Rn. 12; Zöller-*Geimer*, ZPO, § 1060 Rn. 9.
33 OLG München, BB 2015, 1857, II.3.b.1.
34 BGH, SchiedsVZ 2014, 31, II.2.; BGH, SchiedsVZ 2010, 330, Rn. 8; BGH, NJW-RR 2011, 213 (214); OLG München v. 01.12.2015, 34 Sch 26/15, juris, Rn. 21; OLG München, BB 2015, 1857, II.3.b.1.; Zöller-*Geimer*, ZPO, § 1060 Rn. 9 f., 12.
35 § 1055 Rn. 4; § 1059 Rn. 22; Musielak/Voit-*Voit*, ZPO, § 1060 Rn. 12.
36 BGH, SchiedsVZ 2014, 31, II.2.
37 BGH, NJW-RR 2008, 556, Rn. 17 f.; *Heidbrink*, SchiedsVZ 2009, 258.
38 BGH v. 26.4.2017, I ZB 119/15.
39 BGH, SchiedsVZ 2014, 31, II.2.; OLG Köln, SchiedsVZ 2005, 163 (165), II.2.d.
40 BGH, NJOZ 2014, 390 (392), Rn. 10; BGH, SchiedsVZ 2014, 31, II.2.
41 OLG München v. 08.11.2016, 34 Sch 11/15, juris; OLG München, SchiedsVZ 2008, 151 (152); diff. OLG München v. 19.05.2015, 34 Sch 24/14, juris, Rn. 14.
42 *Schwab/Walter*, Schiedsgerichtsbarkeit, Kap. 27 Rn. 13; MK-*Münch*, ZPO, § 1060 Rn. 38 ff.
43 BGH, SchiedsVZ 2008, 40 (43), II.1.d.bb.
44 BGH, SchiedsVZ 2014, 31, II.2.; BGH, SchiedsVZ 2010, 330.
45 Dafür, aber mit Streitstand MK-*Münch*, ZPO, § 1060 Rn. 38.
46 MK-*Münch*, ZPO, § 1060 Rn. 41.
47 MK-*Münch*, ZPO, § 1060 Rn. 42.
48 OLG Dresden v. 18.07.2016, 3 Sch 6/15, juris.

gilt § 1058 ZPO (§ 1058 Rn. 3) Entsprechendes. Der Beschluss bedarf seinerseits der Erklärung für vorläufig vollstreckbar und der Vollstreckungsklausel, obwohl er kein Leistungstitel sondern „nur" gestaltend ist.[48] Die **ablehnende Entscheidung** hebt zugleich von Amts wegen den Schiedsspruch auf, was beim Aufhebungsgrund nach § 1059 Abs. 2 ZPO gesondert auszusprechen ist, ansonsten wird der Schiedsspruch nicht berührt. Besteht nach deutschem Recht ein *ordre public* Verstoß aber nicht nach ausländischem Recht, wäre der Schiedsspruch also dort wirksam und vollstreckbar, ist er dennoch insgesamt aufzuheben. Denn bei einem deutschen Schiedsspruch, nur dieser unterfällt § 1060 ZPO, trägt der Staat auch für Wirkung im Ausland Gewähr, dass er ein Mindestmaß der hiesigen Rechtsordnung erfüllt.[49] Etwas anderes kann nur gelten, wenn es sich beim *ordre public* Verstoß um gänzlich nationale Eigenarten handelt, die einer Vollstreckung im anderen Land nicht entgegenstehen.[50] Auch die Zurückverweisung ist möglich, § 1059 Abs. 4 ZPO analog inkl. Wiederauflebens der Schiedsbindung, § 1059 Abs. 5 ZPO analog.[51]

§ 1061
Ausländische Schiedssprüche

(1) [1]Die Anerkennung und Vollstreckung ausländischer Schiedssprüche richtet sich nach dem Übereinkommen vom 10. Juni 1958 über die Anerkennung und Vollstreckung ausländischer Schiedssprüche (BGBl. 1961 II S. 121). [2]Die Vorschriften in anderen Staatsverträgen über die Anerkennung und Vollstreckung von Schiedssprüchen bleiben unberührt.

(2) Ist die Vollstreckbarerklärung abzulehnen, stellt das Gericht fest, dass der Schiedsspruch im Inland nicht anzuerkennen ist.

(3) Wird der Schiedsspruch, nachdem er für vollstreckbar erklärt worden ist, im Ausland aufgehoben, so kann die Aufhebung der Vollstreckbarerklärung beantragt werden.

Inhalt:

	Rn.		Rn.
A. Normzweck, Systematik, Genese	1	2. Von Amts wegen zu berücksichtigende Ablehnungsgründe (Art. V Abs. 2 UNÜ)	13
B. Anwendungsbereich und anwendbare Vorschriften	2		
C. Ablehnungsgründe (Art. V UNÜ)	5	D. Materiell-rechtliche Versagungsgründe	15
1. Auf Antrag zu berücksichtigende Ablehnungsgründe, Art. V Abs. 2 UNÜ	7	E. Verfahrensfragen	16
		F. Entscheidung	20
		G. Rechtsmittel	21
		H. Kosten	23

A. Normzweck, Systematik, Genese

Die Norm ermöglicht die **Wirkungserstreckung ausländischer Schiedssprüche ins Inland und ihre Vollstreckung (Exequatur)**. Erfasst § 1060 ZPO die Vollstreckung inländischer Schiedssprüche, die keiner Anerkennung bedürfen (§ 1055 ZPO), erfasst dagegen § 1061 ZPO die Vollstreckung und nötige Anerkennung ausländischer Schiedssprüche. Die Anforderungen zur Anerkennung von ausländischen Schiedssprüchen entsprechen denen von ausländischen Gerichtsurteilen.[1] Abs. 1 verweist auf die **UnÜ**. Dagegen wurden Art. 35f. **ModG** bewusst nicht umgesetzt.[2] Abs. 1 Satz 2 stellt klar, dass auch Vorschriften anderer Staatsverträge neben der UnÜ Anwendung finden. Konfligieren diese ist gem. Art. VII Abs. 1 Hs. 2 UNÜ das Meistbegünstigungsprinzip zu berücksichtigen. Die Vollstreckbarerklärung (und ihr Antrag darauf) beinhalten die Anerkennung. Eine **Separatanerkennung** gibt es nicht.[3] Die ablehnende Vollstreckbarerklärung führt zugleich zur inländischen Nichtanerkennung und entspricht § 1060 Abs. 2 Satz 1 ZPO. Eine Gesamtaufhebung ist dagegen nicht möglich. Wird im Inland für vollstreckbar erklärt, dann der Schiedsspruch im Ausland aufgehoben, bietet Abs. 3 den Rechtsbehelf zur Angleichung im Inland.

1

---

48 Musielak/Voit-*Voit*, ZPO, § 1060 Rn. 14; Zöller-*Geimer*, ZPO, § 1060 Rn. 23.
49 Musielak/Voit-*Voit*, ZPO, § 1060 Rn. 14; MK-*Münch*, ZPO, § 1060 Rn. 2, 3.
50 Stein/Jonas-*Schlosser*, ZPO, § 1060 Rn. 23.
51 MK-*Münch*, ZPO, § 1060 Rn. 27.

Zu § 1061:
1 OLG Düsseldorf v. 21.07.2004, VI-Sch (Kart) 1/02, juris.
2 BT-Drucks. 13/5274, S. 61 f.
3 MK-*Münch*, ZPO, § 1061 Rn. 3.

B. Anwendungsbereich und anwendbare Vorschriften

2 Die Unterscheidung zwischen ausländischem oder inländischem **Schiedsspruch** erfolgt nach dem Schiedsort (**Territorialitätsprinzip**) in Abkehr von der Verfahrenstheorie.[4] Die Existenz anationaler Schiedssprüche ist nicht vorgesehen,[5] die nationale Verknüpfung aber schwächer werdend.[6] Ein Schiedsspruch liegt vor, wenn er sowohl nach deutschem Recht inhaltlich (Form des § 1054 ZPO ist nachrangig, str.),[7] auf Basis privater Vereinbarung und prozessual (schiedsrichterliches Verfahren) als auch nach UNÜ (Art. II) ein Schiedsspruch ist.[8] Er muss verbindlich und abschließend sein.[9] Dies liegt nicht vor, wenn er staatlicher Überprüfung oder Bestätigung bedarf, die bloße Möglichkeit einer Aufhebung schadet aber nicht.[10] Ein besonderes **Rechtsschutzbedürfnis** ist nicht erforderlich. Es bedarf weder einer **Inlandsberührung**[11] noch einer gegenseitigen Anerkennung von Schiedssprüchen, aber einer nicht völlig fernliegenden potentiellen Vollstreckung.[12] Der Antrag kann sich auf einen **Teil** beziehen, wenn dieser eigenständig abtrennbar ist; ein **vollstreckungsfähiger Inhalt** ist nicht Voraussetzung,[13] ebensowenig Fälligkeit;[14] auch Leistung Zug-um-Zug wird erfasst (vgl. § 1060 Rn. 2). Im laufenden Verfahren kann eine **Teilerledigung** der Hauptsache widerrufen werden, solange die Gegenseite dieser nicht zugestimmt und das Gericht nicht inhaltlich entschieden hatte.[15] Ausländische Gerichtsentscheidungen, die einen Schiedsspruch für vollstreckbar erklären, können nicht ihrerseits national anerkannt und für vollstreckbar erklärt werden (keine „Doppelexequatur").[16] Die Anerkennung von Schiedssprüchen, die die Unterlassung von Klagen fordern (**anti-suit junction**), richten sich alleine nach dem Vollstreckungsland (Vereinbarkeit mit Brüssel I–VO).[17] Ein Verfahren nach § 1061 ZPO ist unnötig, wenn es um die **Rechtskraftwirkung** als Sperre der Zulässigkeit für die inländische Klage geht.[18] Das UNÜ stellt eigene **formale Antragsvoraussetzungen** auf, etwa Art. IV Abs. 1a UNÜ.[19]

3 Das **UNÜ**[20] alias New Yorker Übereinkommen gilt für alle ausländischen Schiedssprüche,[21] auch für Schiedssprüche aus Nicht-UNÜ-Vertragsstaaten.[22] Ebensowenig wurde es auf Handelssachen beschränkt, Art. I Abs. 3 Satz 2 UNÜ.[23] Die Auslegung des UNÜ erfolgt autonom.[24]

4 Neben dem UNÜ sind auch **andere, unbenannte Staatsverträge** zu beachten, Abs. 1 Satz 2, v.a.[25] das multilaterale EuÜ (Europäisches Übereinkommen über die internationale Handelsschiedsgerichtsbarkeit v. 21.04.1961),[26] ferner das ICSID-Ü (bzgl. Investitionen),[27] deren Vollstreckbarerklärung Art. 2 Abs. 1 Satz 1 InvStreitBeilG regelt unter Rückgriff auf §§ 1062ff. ZPO.[28] Daneben sind auch bilaterale Staatsverträge relevant, die wiederum oft auf o.g. multi-

---

4 § 1025 Rn. 1; MK-*Münch*, ZPO, § 1061 Rn. 7f.
5 *Schwab/Walter*, Schiedsgerichtsbarkeit, Kap. 53 Rn. 2; MK-*Münch*, ZPO, § 1061 Rn. 7; Stein/Jonas-*Schlosser*, vor § 1025 Rn. 4; MK-*Adolphsen*, ZPO, Art. I UNÜ Rn. 5.
6 § 1029 Rn. 31; *Trittmann*, SchiedsVZ 2016, 7ff.
7 OLG Brandenburg, SchiedsVZ 2016, 43; *Lachmann*, Schiedsgerichtspraxis, Rn. 2522.
8 MK-*Münch*, ZPO, § 1061 Rn. 9.
9 BGH, NJW 2001, 1730, II.2.b); OLG Brandenburg, SchiedsVZ 2016, 43, II.; OLG Jena, WuW 2008, 353; OLG Frankfurt a.M. v. 06.10.2008, 26 Sch 13/08, juris, II.; MK-*Münch*, ZPO, § 1061 Rn. 10; *Lachmann*, Schiedsgerichtspraxis, Rn. 2528.
10 St. Rspr. BGH, NJW 2007, 772 (774), II.2.b.aa. = SchiedsVZ 2006, 161; OLG Brandenburg, SchiedsVZ 2016, 43, II.; OLG Hamm, IHR 2010, 84 (85), II.3.1.; *Lachmann*, Schiedsgerichtspraxis, Rn. 2529.
11 Zur einheitlichen Vollstreckungsbedürfnis bei divergierender Inlandsberührung von Mutter- und Tochtergesellschaft im Konzern OLG München v. 12.01.2015, 34 Sch 17/13, juris, II.1.b).
12 KG Berlin, SchiedsVZ 2007, 108, II.2.b).
13 OLG München, IPRspr 2010, Nr. 303, 746, II.2.; OLG Düsseldorf v. 15.12.2009, I-4 Sch 10/09, juris, II.1.d); wohl MK-*Münch*, ZPO, § 1061 Rn. 35; a.A. Zöller-*Geimer*, ZPO, § 1061 Rn. 18, 61.
14 OLG München, SchiedsVZ 2009, 343 (344).
15 BGH, NJW 2014, 2199; OLG München v. 07.01.2015, 34 Sch 12/14, juris, II.2.a).
16 BGH, NJW 2009, 2826 (2827); *Plaßmeier*, SchiedsVZ 2010, 82 (84); MK-*Münch*, ZPO, § 1061 Rn. 33.
17 EuGH, EuZW 2015, 509 (Gazprom/Litauen), dazu v. *Pommern-Peglow*, ZRP 2015, 178 (179).
18 LG Essen v. 24.03.2015, 12 O 37/12, juris.
19 OLG München v. 30.05.2016, 34 Sch 3/15, juris.
20 UN-Übereinkommen v. 10.06.1958, BGBl. 1961 II, S. 122.
21 Zu alternativen Regelungsmodellen MK-*Münch*, ZPO, § 1061 Rn. 4.
22 Dies gilt seit 1999 nach Rücknahme des Vertragsstaatenvorbehalts (BGBl. II, S. 7).
23 BT-Drucks. 13/5274, S. 62.
24 OLG Düsseldorf, IHR 2015, 18, II.2.b.bb.; MK-*Münch*, ZPO, § 1061 Rn. 17; MK-*Adolphsen*, ZPO, Art. II UNÜ Rn. 71.
25 EuGVVO und LugÜ sind dagegen marginalisiert, vgl. MK-*Münch*, ZPO, § 1061 Rn. 21.
26 BGBl. 1964 II, S. 425.
27 BGBl. 1969 II, S. 369.
28 OLG Frankfurt a.M., SchiedsVZ 2013, 126 (128).

laterale verweisen.²⁹ Bei konkurrierenden Regelungen gilt das **Meistbegünstigungsprinzip**, es gilt iZw der anerkennungsfreundlichere Staatsvertrag,³⁰ dieser dann aber als Ganzes (keine „Rosinentheorie"), etwa nach Art. VII Abs. 1 Hs. 2 UNÜ. In diesem Sinne kann auch günstigeres nationales Recht Vorrang vor Art. II UNÜ genießen,³¹ etwa § 1031 ZPO vor Art. II Abs. 2 UNÜ.³²

C. Ablehnungsgründe, Art. V UNÜ

Die Norm nennt selbst keine **Versagungsgründe** für Anerkennung und Vollstreckbarerklärung, da diese in Art. V UNÜ liegen, die § 1059 Abs. 2 ZPO eng entsprechen.³³ Auf Ablehnungsgründe ist teils von Amts wegen zu prüfen, Art. V Abs. 2 UNÜ. Das Gericht trifft eigene Feststellungen zum Sachverhalt und eigene Rechtswertung ohne Bindung an das Schiedsgericht, aber nur im Rahmen der Versagungsgrundprüfung.³⁴ Denn es besteht auch hier das Verbot der *révision au fond*, d.h. eine inhaltliche Prüfung des Schiedsspruchs findet nicht statt.³⁵ Das Vorliegen eines Versagungsgrunds führt zwingend zur Aufhebung (kein Ermessen, h.M.).³⁶   5

Die einzelnen **Ablehnungsgründe** entsprechen § 1059 Abs. 2 ZPO, denn letzterer beruht auf Art. 34 Abs. 2 ModG, dieser wiederum auf Art. V UNÜ.³⁷ An der Auslegung des § 1059 Abs. 2 ZPO kann sich daher orientiert werden, wenngleich in § 1059 Abs. 2 ZPO abweichend v.a. der Verzicht auf die pot. Auswirkung von Verfahrensfehlern bei Nr. 1 Buchst. d und der eigenständige Versagungsgrund fehlender Verbindlichkeit (Art. V Abs. 1e Var. 1 UNÜ) sind.³⁸ In der Folge besteht zudem neben endgültiger Aufhebung die einstweilige Hemmung (Art. V Abs. 1e Var. 2, Anh. 1 Art. VI UNÜ).   6

1. Auf Antrag zu berücksichtigende Ablehnungsgründe, Art. V Abs. 2 UNÜ

Im Übrigen gilt bzgl. der nur **auf Antrag zu berücksichtigenden Ablehnungsgründe, Art. V Abs. 2 UNÜ**: Die **subjektive Schiedsfähigkeit** (Art. V **Abs. 1 Buchst. a Var. 1** UNÜ) richtet sich nach dem Personalstatut, das vom deutschen Gericht anhand dessen Regeln zum IPR zu ermitteln ist.³⁹ Für die **Ungültigkeit der Schiedsvereinbarung** stellt **Buchst. a Var. 2** eine eigene Kollisionsnorm, nach der das von den Parteien gewählte Recht gilt und ohne eine solche Bestimmung das Recht des Schiedsortes.⁴⁰ Die Rechtswahl des Hauptvertrags gilt i.d.R. auch für die Schiedsklausel (str.).⁴¹ Die Meistbegünstigung lässt das Schriftformerfordernis des Art. II Abs. 2 UNÜ zu Gunsten des § 1031 Abs. 2 und 3 ZPO entfallen.⁴² Bei Verbraucherverträgen gilt aber der gleichwertige § 1031 Abs. 5 ZPO.⁴³ Die Rechtswahl ist konkludent möglich (außer Verbraucherverträge), Grenzen bestehen nur im *ordre public*. Bezug zum gewählten Recht ist nicht nötig.⁴⁴ Art. 6 ROM I-VO wird auf die Rechtswahl bzgl. der Vollstreckung nicht angewandt wegen Art. 1 Abs. 2 Buchst. e ROM I-VO. Eine analoge Anwendung scheidet normtechnisch aus, wenngleich der Verbraucherschutz auf die subjektive Schiedsfähigkeit misslich zurückfällt.   7

Fehlende Kenntnis von Schiedsrichterbestellung und Verfahren **(Abs. 1 Buchst. b Var. 1)** ist vermeidbar, wenn in angemessener Form, in vereinbarter oder für den Adressaten verständ-   8

---

29 MK-*Münch*, ZPO, § 1061 Rn. 22.
30 BT-Drucks. 13/5274, S. 62; Zöller-*Geimer*, ZPO, § 1061 Rn. 2; MK-*Münch*, ZPO, § 1061 Rn. 19.
31 BGH, SchiedsVZ 2005, 306 = IPRax 2006, 266; Zöller-*Geimer*, ZPO, § 1061 Rn. 2.
32 OLG Düsseldorf, NJOZ 2015, 636.
33 BGH v. 02.03.2017, I ZB 42/16.
34 OLG Düsseldorf, WuW 2006, 281, II.b).
35 St. Rspr. BGH, NJW 2014, 1597 = SchiedsVZ 2014, 98, II.1.b.; BGH, SchiedsVZ 2012, 41, Rn. 8; OLG Bremen, IBR 2015, 49; OLG Koblenz, NJOZ 2013, 271; OLG Jena, WuW 2008, 353.
36 OLG Düsseldorf, WuW 2006, 281, II.b); MK-*Münch*, ZPO, § 1061 Rn. 18; Musielak/Voit-*Voit*, ZPO, § 1061 Rn. 28; a.A. wegen des englischen „may" im Original des Art. V UNÜ Stein/Jonas-*Schlosser* ZPO, Anh. § 1061 Rn. 147; vgl. BT-Drucks. 3/2160, S. 26.
37 BT-Drucks. 13/5274, S. 58.
38 MK-*Münch*, ZPO, § 1061 Rn. 11, auch zu weiteren Abweichungen.
39 BGH, SchiedsVZ 2011, 46, III.1.a); OLG Düsseldorf v. 07.10.2010, I-6 U 116/09, juris, Rn. 82; MK-*Adolphsen*, ZPO, Anh. § 1061 UNÜ Art. V Rn. 20; zu § 37h WpHG: BGH, NZG 2010, 550 f., II.1.c).
40 OLG Düsseldorf v. 07.01.2010, I-6 U 116/09, juris, Rn. 83; MK-*Adolphsen*, ZPO, Anh. § 1061 UNÜ Art. V Rn. 21.
41 *Wolff/Wilske/Fox*, New York Convention, Art. V UNÜ Rn. 123 f.; *König*, SchiedsVZ 2012, 129; vgl. zum Trennungsprinzip aber BGH, HmbSchRZ 2009, 5; OLG München v. 11.07.2011, 34 Sch 15/10, juris, II.2.a.bb).
42 BGH, SchiedsVZ 2010, 332 f., II.1.; *Quinke*, SchiedsVZ 2011, 169 (172 f.).
43 BGH, NJW-RR 2012, 49 (50), II.1.b.bb).
44 BGH, SchiedsVZ 2010, 332 f. – zur Form; MK-*Adolphsen*, ZPO, Anh. § 1061 UNÜ Art. V Rn. 22.

licher Sprache und zeitnah unterrichtet wird. (Andere) **Einschränkung der Angriffs- oder Verteidigungsmittel (Buchst. b Var. 2)** ist v.a. Ausprägung **rechtlichen Gehörs**,[45] dessen Verständnis dem bei § 1059 ZPO entspricht.[46] Ein einheitliches internationales Verständnis besteht nicht. Die Gerichte wenden ihr Landesrecht unter Beachtung der Besonderheiten internationaler Schiedsverfahren an, was den Schiedsrichtern größere Freiheit gibt.[47] Ein Verstoß gegen den Anspruch auf rechtliches Gehör bedeutet i.d.R. neben Abs. 1 Buchst. b einen Verstoß gegen Abs. 1 Buchst. d, da i.d.R. auch die gewählte Schiedsordnung oder das nationale Schiedsgesetz rechtliches Gehör fordert (**Konkurrenz**). Zudem besteht regelmäßig ein Verstoß gegen den *ordre public* (Art. V Abs. 2 Buchst. b). Wie bei § 1059 ZPO (dort Rn. 7) ist Abs. 1 Buchst. b *lex specialis* (str.), dies führt zu Antragszwang.[48] Der Bundesgerichtshof fordert Kausalität, wofür ein „darauf beruhen können" ausreicht.[49]

9 **Kompetenzüberschreitung des Schiedsgerichts, Abs. 1 Buchst. c,** ist gegeben, wenn die Streitigkeit von der Schiedsvereinbarung nicht erfasst wird oder Regelungsgrenzen (v.a. Aufrechnung und Widerklage) überschritten werden, wobei abtrennbare Teile von der Versagung verschont werden (Hs. 2).[50] Eine Billigkeitsentscheidung ohne Ermächtigung fällt unter Buchst. c.[51]

10 **Fehler in Bildung oder im Verfahren des Schiedsgerichts (Abs. 1 Buchst. d)** richten sich nach dem Recht des Landes, in dem das Schiedsverfahren stattfand. **Konkurrenz** kann zu Abs. 1 Buchst. b und Abs. 2 Buchst. b bestehen. Trifft das Schiedsgericht eine den Antrag überschießende Entscheidung (entgegen *ne ultra petita*) ist Buchst. d erfüllt. Liegt darin zugleich ein Überschreiten der Schiedsvereinbarung ist Buchst. c erfüllt.[52] Abs. 1 Buchst. d erfüllen Schiedsrichterbefangenheit[53] und Abweichung von der vereinbarten Verfahrenssprache.[54] Im Einzelfall kann darin auch ein Verstoß gegen den *ordre public* liegen,[55] was für Antragsbedürfnis und Präklusion relevant ist. Verstoß gegen zeitliche Befristung des Schiedsverfahrens erfüllt Abs. 1 Buchst. d.[56] Trotz fehlenden Niederschlags im Wortlaut verlangt die Praxis mögliche **Auswirkung**,[57] um die Vollstreckung nicht an rein formalen Fehlern scheitern zu lassen.

11 Erst **Abs. 1 Buchst. e** kennt keine Entsprechung in der ZPO. Danach kann die noch **fehlende Verbindlichkeit** oder der **Entfall der Wirksamkeit** wegen behördlicher zumindest zeitweiser Aufhebung im „Ursprungsland" des Schiedsspruches der inländischen Vollstreckung eingewandt werden. Die Frage der Verbindlichkeit bemisst sich nach der Parteivereinbarung,[58] ohne diese nach dem nationalen Verfahrensrecht am Schiedsort.[59] Steht ein echter Instanzenzug offen (nicht bloße Aufhebbarkeit wie bei § 1059 ZPO) liegt i.d.R. keine Verbindlichkeit vor.[60] Ausländischer Wirksamkeitsentfall, ob zeitweise oder endgültig, ist i.d.R. auf gerichtliche Aufhebung oder Hemmung zurück zu führen und kann auch in Deutschland entgegengehalten werden.[61] Ob diese Aufhebungsentscheidung ihrerseits angreifbar ist oder bereits angegriffen wird, ist irrelevant.[62] Die Entscheidung muss den Schiedsspruch als solchen erfas-

---

45 BGH, SchiedsVZ 2009, 126.
46 St. Rspr. BGH, NJW 1992, 2299; BGH, NJW 1990, 2199; OLG Köln v. 06.07.2012, 19 Sch 8/11, juris, Rn. 36; OLG München, SchiedsVZ 2012, 43 (46), II.3.c); OLG Naumburg, SchiedsVZ 2011, 228, II.c.
47 OLG Köln v. 06.07.2012, 19 Sch 8/11, juris, Rn. 42; OLG München, SchiedsVZ 2012, 156, II.3.b.; OLG Naumburg, SchiedsVZ 2011, 228, II. – für inländische und ausländische Schiedsverfahren dieselben Regeln.
48 Aber a.A. OLG Köln v. 06.07.2012, 19 Sch 8/11, juris, Rn. 35 – nebeneinander, kein *lex specialis*, aber MK-*Adolphsen*, ZPO, Anh. § 1061 UNÜ Art. V Rn. 28.
49 BGH, SchiedsVZ 2009, 126, Rn. 7; OLG Köln v. 06.07.2012, 19 Sch 8/11, juris, Rn. 45; OLG Naumburg, SchiedsVZ 2011, 228, II.; vgl aber OLG Köln, SchiedsVZ 2014, 203 (205), Rn. 35.
50 MK-*Adolphsen*, ZPO, Anh. § 1061 UNÜ Art. V Rn. 45.
51 OLG München, SchiedsVZ 2012, 156 (158), Rn. 50.
52 *Eberl*, SchiedsVZ 2003, 109 (112 f.).
53 OLG Dresden, SchiedsVZ 2008, 309 (310), II.4.
54 OLG Köln, SchiedsVZ 2014, 203 (205).
55 BGH, NJW-RR 2001, 1059 (1060).
56 BGH, NJW 1988, 3090, III.3.b); BayObLG v. 23.09.2004, 4Z Sch 5/04, juris, II.3.b).
57 OLG Köln, SchiedsVZ 2014, 203, II.2.d); BayObLG v. 23.09.2004, 4Z Sch 5/04, juris, II.3.b.bb. – strenge Kausalität; OLG Stuttgart v. 14.10.2003, 1 Sch 16/02, juris, II.3.a.bb).
58 Stellv. OLG Frankfurt a.M. v. 06.10.2008, 26 Sch 13/08, juris, Rn. 15.
59 Diff. Musielak/Voit-*Voit*, ZPO, § 1061 Rn. 18; Zöller-*Geimer*, ZPO, § 1061 Rn. 23 f.; vgl. OLG Frankfurt a.M. v. 06.10.2008, 26 Sch 13/08, juris, Rn. 15.
60 OLG Köln v. 06.07.2012, 19 Sch 8/11, juris, Rn. 29; OLG Frankfurt a.M. v. 06.10.2008, 26 Sch 13/08, juris, Rn. 15.
61 BGH, NJW 2008, 2718 = SchiedsVZ 2008, 195 (196), II.a.
62 Vgl. BGH, SchiedsVZ 2013, 229, II.2); OLG Rostock, BB 2000, 20.

sen, eine bloße Unterbrechung seiner Zwangsvollstreckung reicht nicht.[63] Unbeachtlich ist, ob die Aufhebungsentscheidung ihrerseits anerkennungsfähig ist gem. § 328 ZPO (str.).[64]
Im Anwendungsfall des **EuÜ** (Art. 1 Abs. 1 EuÜ, d.h. Parteien sind aus EuÜ- Vertragsstaaten) kann über Abs. 1 Satz 2 und Art. VII Abs. 2 UNÜ der die Zurückweisungsgründe beschränkende Art. IX EuÜ heranzuziehen sein.[65]

2. Von Amts wegen zu berücksichtigende Ablehnungsgründe, Art. V Abs. 2 UNÜ
Vergleichbar zu § 1059 Abs. 2 Nr. 2 ZPO bestehen auch im UNÜ **von Amts wegen zu berücksichtigende Ablehnungsgründe (Abs. V Abs. 2 UNÜ)**. Das Fehlen der objektiven Schiedsfähigkeit, Abs. 2 Buchst. a richtet sich nach dem Recht des Vollstreckungsstaates, es prüft also das deutsche Gericht von Amts wegen nach den Maßgaben des § 1030 ZPO.[66] Dieser wird im Rahmen des UNÜ weit gehandhabt.[67]

Art. **V Abs. 2 Buchst. b (internationaler ordre public)**[68] ist vergleichbar zu § 1059 Abs. 2 Nr. 2 Buchst. b ZPO, jedoch anerkennungsfreundlicher, er beinhaltet die wesentlichen gesetzlich verankerten Wertvorstellungen (materieller *ordre public*) neben den Grundprinzipien des Verfahrensrechts (verfahrensrechtlicher *ordre public*).[69] Nur geradezu untragbare und offensichtliche Verstöße gegen das deutsche Rechtssystem sind erfasst.[70] Die Ablehnung eines nach deutschem Recht zu berücksichtigenden Beweisantrags ist nicht *per se* erheblicher Verstoß.[71] Eine *révision au fond* findet auch hier nicht statt (Rn. 5). Verfehlt ein ausländischer Titel die **Bestimmtheitsanforderungen** des deutschen Vollstreckungsrechts, liegen aber Kriterien zur Mängelbehebung vor, ist es zulässig und geboten, den ausländischen Titel in der Vollstreckbarerklärungsentscheidung zu konkretisieren.[72]

D. Materiell-rechtliche Versagungsgründe

Materiell-rechtliche Einwendungen kann der Antragsgegner im Vollstreckbarerklärungsverfahren erheben und muss nicht erst warten, bis die Zwangsvollstreckung ihm § 767 Abs. 1 ZPO eröffnet.[73] Der Weg ist aber verschlossen, wenn das Schiedsgericht über solche Ansprüche bereits entschieden hat.[74] Anders als im Rahmen von § 1059 ZPO und § 1060 ZPO (vgl. § 1059 Rn. 13) ist bei § 1061 ZPO nicht der Weg über § 826 BGB möglich, um erschlichene Schiedssprüche abzuwehren, da § 826 BGB bei ausländischen Schiedssprüchen i.d.R. nicht anwendbar ist (str.).[75]

E. Verfahrensfragen

Die sachliche **Zuständigkeit** des Oberlandesgericht folgt aus § 1062 Abs. 1 Nr. 4 Var. 2 ZPO, die örtliche aus § 1062 Abs. 2 ZPO, landesrechtliche Zuständigkeitskonzentration sind gem. § 1062 Abs. 5 ZPO möglich. Umdeutung nebst Verweisung gem. § 281 ZPO eines fälschlichen **Antrags** nach § 722 ZPO ist nicht möglich, etwa wenn der Antragsteller den Schiedsspruch als Gerichtsentscheidung verstand, umgekehrt gilt das gleiche,[76] ebenfalls bei Vorliegen eines Nicht-Schiedsspruchs.[77] Die Vollstreckung ausländischer Schiedssprüche bei Rechtsnachfolge entspricht der inländischer, wobei es ratsam ist in Schiedsklauseln Vorkehrung zu treffen, etwa die Titelumschreibung bereits dem Schiedsgericht zu ermöglichen.[78] Auch der **Rechtsnach-**

---

63 MK-*Adolphsen*, ZPO, Anh. § 1061 UNÜ Art. V Rn. 65.
64 Im Ergebnis offenlassend mit ausführlichem Streitstand, BGH, SchiedsVZ 2013, 229, II.2).
65 BGH v. 23.04.2013, III ZB 59/12, juris, Rn. 3; OLG München, SchiedsVZ 2012, 339 (341), II.3.a.
66 OLG München v. 17.12.2008, 34 Sch 18/08, juris, II.2.b.
67 OLG Karlsruhe, SchiedsVZ 2012, 101 (104), II.2.b.aa.
68 Zum Unterschied OLG Karlsruhe, SchiedsVZ 2012, 101 (104), II.2.b.bb.
69 OLG Frankfurt a.M. v. 06.10.2008, 26 Sch 13/08, juris, Rn. 17.
70 BGH, SchiedsVZ 2014, 151, II.2.b; BGH, NJW 2014, 1597 = SchiedsVZ 2014, 98, II.1.b.; bejahend OLG Frankfurt a.M., SchiedsVZ 2014, 206, B.2.; OLG Frankfurt a.M., IPRspr 2008, Nr. 203, 646, II.; OLG Karlsruhe, SchiedsVZ 2012, 101 (104), II.2.b.bb.; OLG Köln, IPRspr 2010, Nr. 302, 743, II.2.c.; OLG Saarbrücken, SchiedsVZ 2012, 47, II.2.b.; KG Berlin, NJW-RR 2007, 1438; *Deißner*, IPRax 2011, 565 (China).
71 OLG Brandenburg, SchiedsVZ 2016, 43, II.
72 OLG Düsseldorf, IHR 2015, 18, II.2.c.; OLG Köln, IBRRS 2015, 0542, II.3.; OLG Celle, IPRspr 2007, Nr. 218, 614, II.3.
73 BGH, NJW-RR 2011, 213 = SchiedsVZ 2010, 330, II.2.
74 OLG Brandenburg, SchiedsVZ 2016, 43, II.
75 Aber a.A. KG Berlin, SchiedsVZ 2013, 112 (115), II.2.b.bb).
76 *Zöller-Geimer*, ZPO, § 1061 Rn. 6; a.A. Musielak/Voit-*Voit*, ZPO, § 1061 Rn. 3.
77 OLG Rostock, BauR 2014, 1361, II.2.
78 *Ventsch/Krauskopf*, IHR 2008, 9.

folger kann den Antrag stellen[79] unter Heranziehung des Rechtsgedankens aus § 727 ZPO, wobei das Gericht über die Rechtsnachfolge Beweis erheben kann. Der Antrag kann sich gegen den Rechtsnachfolger des Antragsgegners richten. Wäre dann ein Verfahren gegen einen Staat zu richten, ist dies nur bei dessen Verzicht auf Immunität möglich, ansonsten entfällt deutsche Gerichtsbarkeit.[80] Bzgl. der **vorzulegenden Akten** gelten die Anforderungen des § 1064 Abs. 1 ZPO (Meistbegünstigungsklausel des Art. VII Abs. 1 UNÜ verdrängt Art. IV Abs. 1 Buchst. b und Abs. 2 UNÜ).[81] Die **Vorlage der Schiedsrichterakten** in Gänze kann mangels Ermächtigungsgrundlage nur mit Zustimmung der Parteien *und* der Schiedsrichter (Beratungsgeheimnis) erfolgen.[82] **Mündliche Verhandlung** ist empfehlenswert, aber erst vorgeschrieben, wenn Versagungsgründe nach § 1061 Abs. 1 ZPO, Art. V UNÜ im Raum stehen, § 1063 Abs. 2 Alt. 2 ZPO entsprechend.[83] **§ 240 ZPO** (Unterbrechung durch Insolvenzverfahren) ist auf §§ 1060 ff. ZPO anwendbar.[84] **Kostensicherheit** ist über § 110 Abs. 1 ZPO oder UNÜ nicht erreichbar.[85]

17 Besteht ein **paralleles ausländisches Verfahren,** kann im Inland solange **Aussetzung** angeordnet werden (Art. VI UNÜ als *lex specialis* zu § 148 ZPO). Ist ein ausländisches Verfahren nur möglich, reicht dies nicht.[86] Bzgl. der Aussetzung besteht weites Ermessen, ohne kodifizierte Leitlinien. Es sind u. a. die Erfolgsaussichten des ausländischen Verfahrens, die dortige Verfahrensdauer und die Folgen von Vollstreckung bzw. gehinderter Vollstreckung, sowie Abmilderung durch Sicherheitsleistung abzuwägen.[87] Dies schließt die Möglichkeit ein, dem Antragsgegner eine Sicherheitsleistung (auf Antrag) aufzuerlegen, Abs. 1, Art. VI UNÜ (str.).[88] Dem Antragsteller Sicherheitsleistung aufzuerlegen ermöglicht Art. VI UNÜ nicht.[89]

18 **Präklusion** kann eintreten unter dem Gesichtspunkt, dass im Schiedsverfahren eine Rüge oder ein fristgebundenes Aufhebungsverfahren am Schiedsort versäumt wurde. Die **rügelose Einlassung** auf das Schiedsverfahren blockiert die Einrede der Unwirksamkeit der Schiedsvereinbarung, etwa wegen Formmangels nach Art. II UNÜ,[90] denn es wäre widersprüchliches, treuwidriges Verhalten.[91] Aus demselben Grund fordert die Praxis Rügen bzgl. während des Verfahrens vorkommenden Fehlern.[92] Dies gilt auch bei **Schiedsrichterbefangenheit.** Am Schiedsort zur Verfügung stehende Rechtsbehelfe müssen ausgeschöpft sein.[93] Ob auch nach der Reform des Schiedsverfahrensrechts stets zwingend am Schiedsort ein Aufhebungsantrag gestellt werden muss, ist umstritten.[94] Die Frage wurde vom Bundesgerichtshof bzgl. der Rüge mangelnder Schiedsvereinbarung verneint.[95] Für den *ordre public* soll Entsprechendes gelten.[96] Die fehlende Ausschöpfung von Rechtsbehelfen kann nur vorgehalten werden, wenn diese nicht wegen geringen Rechtsschutzstandards am Schiedsort ohnehin aussichtslos waren.

19 Die **Beweislast**[97] ist in Art. V Abs. 1 UNÜ für den Antragsgegner („den Beweis erbringt") schärfer als § 1059 Abs. 2 Nr. 1 ZPO „begründet geltend macht" formuliert. Entgegen des Wortlauts ist nach der h. M. der Antragsteller für das Vorliegen der Schiedsvereinbarung

---

79 OLG München, SchiedsVZ 2013, 62 (63), II.2.a. – nach Abtretung.
80 BGH, NJW 2013, 3184 = SchiedsVZ 2013, 110 (111), zu Vollstreckungsproblemen gegen Staaten Rn. 22.
81 OLG Brandenburg, SchiedsVZ 2016, 43, II.
82 *Haller*, SchiedsVZ 2011, 179 (182).
83 Vgl. aber BGH, IBRRS 2013, 0409, II.2.
84 BGH v. 26.04.2017, I ZB 119/15.
85 OLG Hamburg, OLGR 1998, 403, II.
86 KG Berlin, NJW-RR 2007, 1438 (1438 f.), II.2.c).
87 KG Berlin, SchiedsVZ 2013, 112 (114), II.3.; OLG Schleswig v. 16.06.2008, 16 Sch 2/07, juris, II.3. a.E.
88 Stein/Jonas-*Schlosser*, ZPO, Anh. § 1061 Rn. 372 f.; MK-*Adolphsen*, ZPO, Anh. § 1061 UNÜ Art. VI Rn. 2; a.A. Musielak/Voit-*Voit*, ZPO, § 1061 Rn. 12.
89 OLG Frankfurt a.M., RIW 1994, 686 a.E.
90 BGH, SchiedsVZ 2003, 133; OLG München v. 12.01.2015, 34 Sch 17/13, juris, Rn. 25; OLG Hamm, SchiedsVZ 2013, 182, II.
91 Vgl. BGH, NJW 2011, 1290 (1292).
92 BGH, SchiedsVZ 2005, 259; OLG München, OLGR 2006, 404, II.2.a.; vgl. § 1040 Rn. 6.
93 BGH, NJW-RR 2001, 1059 (1060), II.4.b.bb); OLG Hamm, IPRspr 2008, Nr. 206, 654, II.2.1. und 4.2.; OLG Karlsruhe, SchiedsVZ 2006, 281 (282 f.).
94 Verneinend u. a. OLG Karlsruhe, SchiedsVZ 2008, 47 (48); OLG Karlsruhe, SchiedsVZ 2006, 281 (281 f.); OLG Karlsruhe, SchiedsVZ 2006, 335 (336); OLG Frankfurt a.M. v. 08.10.2007, 26 Sch 1/07, juris; OLG Stuttgart v. 14.10.2003, 1 Sch 16/02, juris; bejahend OLG Schleswig, RIW 2000, 706 (708); BayObLG, NJW-RR 2001, 431 (432).
95 BGH, NJW 2011, 1290 (1291) = SchiedsVZ 2011, 105, II.2., mit ausführlichem Streitstand; zust. Anm. *Otto*, IPRax 2012, 223.
96 OLG Karlsruhe v. 04.01.2012, 9 Sch 2/09, juris; in der Rechtsbeschwerde darauf offenlassend BGH v. 20.12.2012, III ZB 8/12, juris; a.A. OLG München, SchiedsVZ 2012, 339 (342), II.3.b.
97 Beweisrecht: § 1042 Rn. 18.

(Art. II UNÜ) beweispflichtig.[98] Nach Art. IV Abs. 1 Buchst. b reicht Vorlage von Urschrift oder beglaubigter Abschrift (*prima facie*).[99] Die Last, dessen Ungültigkeit zu beweisen, obliegt dem Antragsgegner.[100] Art. V Abs. 2 UNÜ werden von Amts wegen beachtet (keine Antragspflicht), die Beweislast des Antragsgegners bleibt davon unberührt.[101]

F. Entscheidung

Die **Entscheidung** des Gerichts ergeht durch **Beschluss**. Ein **Versäumnisbeschluss** ist unbekannt.[102] Von Amts wegen ist die **vorläufige Vollstreckbarkeit** zu **tenorieren**. Fehlt eine Voraussetzung für Anerkennung und Vollstreckung, insbesondere bei Vorliegen eines Versagungsgrundes, wird die **Nichtanerkennung** des Schiedsspruchs in Deutschland festgestellt, Abs. 2. Fehlen lediglich Prozessvoraussetzungen, wird der Antrag nur als unzulässig verworfen. Mangels Entscheidung in der Sache ist nachgebesserter Antrag möglich. Eine Aufhebung des ausländischen Schiedsspruchs wie bei § 1060 Abs. 2 Satz 1 ZPO ist nicht möglich. Ist der Antrag dagegen erfolgreich, wird die **Vollstreckbarkeit festgestellt**. Die Folge ist **Titelwirkung** nach § 794 Abs. 1 Nr. 4 Buchst. a ZPO. Der gerichtliche Tenor wiederholt den schiedsgerichtlichen, ggf. unter Übersetzung ins Deutsche und ggf. unter Konkretisierung dem Gedanken und den Grenzen aus § 1058 ZPO folgend, insbesondere im Hinblick auf die Vollstreckbarkeit,[103] Zinsberechnung und Kosten[104] sowie selbst ungenauen Parteienbezeichnung,[105] oder es wird schlicht auf den schiedsgerichtlichen Tenor verwiesen. Ist **Unterlassung** geschuldet, sind, wenn nicht bereits der Schiedsspruch stets vorgehabe Sanktionen zur Verfügung stellt, Zwangsmittel anzudrohen, § 890 Abs. 1 und 2 ZPO analog. Zwar fehlt eine gesetzliche Zuständigkeitsregelung und stellt dies den Beginn der Zwangsvollstreckung dar,[106] doch bliebe ansonsten der Titel zahnlos und § 1061 ZPO wäre hier wertlos. 20

G. Rechtsmittel

Gegen den Schiedsspruch ist **keine präventive Vollstreckungsgegenklage** nach § **767** Abs. 1 ZPO vor Titelwirkung (§ 794 Abs. 1 Nr. 4 Buchst. a ZPO), d.h. vor Vollstreckbarerklärung nach § 1061 ZPO möglich. Materiellrechtliche Einwendungen können im Verfahren nach § 1061 ZPO vorgebracht werden (Rn. 15). Die Klage auf **Feststellung** der Nicht-Vollstreckbarkeit des Schiedsspruchs in Deutschland ist denkbar, es muss nicht erst abgewartet werden, bis der Gegner das Verfahren nach § 1061 ZPO einleitet.[107] *De lege ferenda* wäre wie bei §§ 1059, 1060 ZPO ein einheitliches Verfahren für und gegen die Vollstreckbarerklärung sinnvoll,[108] was Probleme der Parallelität und divergierender Zuständigkeiten beheben würde. Das Feststellungsinteresse liegt nur vor, wenn konkret mit einem Verfahren nach § 1061 ZPO zu rechnen ist. Die Fragen zur Umdeutung oder Verweisung von Anträgen und bei Antrag nach § 1061 ZPO im laufenden Feststellungsverfahren nach Aussetzung bzw. Wegfall des Feststellungsinteresses sind entsprechend zu §§ 1059, 1060 ZPO zu beantworten (§ 1059 Rn. 7). 21

Gegen die gerichtliche Vollstreckbarerklärung des Schiedsspruchs ist die **Rechtsbeschwerde** nach § 1065 Abs. 1 Satz 1 ZPO statthaft. Gegen die Zwangsvollstreckung kann **Vollstreckungsgegenklage**, § 795 Satz 1 ZPO i.V.m. § 767 Abs. 1 ZPO, vor dem Oberlandesgericht geführt werden.[109] Ist der Vollstreckungsgegner ein Staat, kann dem bei einem hoheitlichen Zweck des Vollstreckungsobjekts die **Staatenimmunität** entgegenstehen.[110] Ein Staat kann sich international nicht darauf berufen, innerstaatlich sei ihm der Immunitätsverzicht verwehrt, denn er handelt widersprüchlich, wenn er im Ursprungsland die Vollstreckbarkeit hinnimmt, im Aus- 22

---

98 OLG München, OLGR 2009, 263, II.2.a.; OLG Celle, SchiedsVZ 2004, 165, II.2.b.bb.
99 Wenn nicht wegen der Meistbegünstigungsklausel ohnehin weniger gefordert, Rn. 16; OLG Köln v. 11.05.2010, 19 Sch 34/09, juris, Rn. 3.
100 OLG München, SchiedsVZ 2011, 337, II.2.a.
101 OLG Brandenburg, SchiedsVZ 2016, 43, II.; OLG Köln, IBRRS 2015, 0542, II.2.; OLG Düsseldorf v. 21.07.2004, VI-Sch (Kart) 1/02, juris, Rn. 23; vgl. aber zur Darlegungslast OLG Saarbrücken, SchiedsVZ 2012, 47 (50), B.II.2.b.; OLG Köln v. 11.05.2010, 19 Sch 34/09, juris, Rn. 12, unter Verweis auf BGH, NJW 2006, 701 (702) zu EuGVÜ.
102 BGH, NJW 2007, 772 = SchiedsVZ 2006, 161; OLG Hamm, SchiedsVZ 2013, 182, B.I.
103 BGH, SchiedsVZ 2012, 41; OLG Düsseldorf, IHR 2015, 18, II.2.c.
104 BGH, SchiedsVZ 2012, 41.
105 OLG München, SchiedsVZ 2013, 62; vgl. Schweizerisches Bundesgericht, BGE 130 III 125.
106 Krit. daher OLG Jena, SchiedsVZ 2008, 44 (46), VI.
107 MK-*Münch*, ZPO, § 1061 Rn. 35; Stein/Jonas-*Schlosser*, ZPO, § 1061 Rn. 7.
108 Vgl. Saenger-*Saenger*, ZPO, § 1061 Rn. 21.
109 St. Rspr. BGH, NJW-RR 2011, 213 (214), II.2.
110 St. Rspr. BVerfG, NJW 2012, 293.

land aber Einwendungen vorbringt.[111] § 767 Abs. 2 ZPO (Präklusion) ist beachtlich (§ 1060 Rn. 7).[112] Wurde bereits für vollstreckbar erklärt, danach im Ausland (gemeint ist der Staat des Schiedsverfahrens)[113] der Schiedsspruch rechtskräftig[114] aufgehoben, kann nach Abs. 3 die **Aufhebung der Vollstreckbarerklärung** betrieben werden. Die ausländische Entscheidung unterliegt keinerlei inländischer Überprüfung, weder inhaltlich noch auf Anerkennungsfähigkeit, sondern setzt diese nur konsequent um.[115] Zuständig ist das Oberlandesgericht beim Antragsgegner oder der belegenen Sache, § 1062 Abs. 1 Nr. 4 Var. 3, Abs. 2 ZPO. Dagegen ist ggf. Rechtsbeschwerde möglich, § 1062 Abs. 1 Nr. 4 Var. 3 ZPO, § 1065 Abs. 1 Satz 1 ZPO oder § 707 ZPO analog.[116] § 717 Abs. 2 bzw. Abs. 3 ZPO analog und § 812 Abs. 1 Satz 2 BGB werden bei erfolgter Vollstreckung angewandt.

H. Kosten

23 **Gerichtskosten** entstehen zu 2,0 (Nr. 1620 KV-GKG), Rücknahme lässt 1,0 Gebühr entfallen (Nr. 1627 KV-GKG). **Anwaltsgebühren** erfolgen nach Nr. 3100, 3104 VV-RVG. Bei Verfahren auf Basis des ICSID-Ü (Rn. 4) greift kein gesetzlicher Gebührentatbestand. Aufgrund des stark vereinfachten gerichtlichen Verfahrens wäre Nr. 1620 KV-GKG analog überhöht, dagegen ist Nr. 1510 KV-GKG analog passender.[117] § 110 ZPO ist nicht möglich (Rn. 16 a.E.).

ABSCHNITT 9
Gerichtliches Verfahren

§ 1062
Zuständigkeit

(1) Das Oberlandesgericht, das in der Schiedsvereinbarung bezeichnet ist oder, wenn eine solche Bezeichnung fehlt, in dessen Bezirk der Ort des schiedsrichterlichen Verfahrens liegt, ist zuständig für Entscheidungen über Anträge betreffend

1. die Bestellung eines Schiedsrichters (§§ 1034, 1035), die Ablehnung eines Schiedsrichters (§ 1037) oder die Beendigung des Schiedsrichteramtes (§ 1038);
2. die Feststellung der Zulässigkeit oder Unzulässigkeit eines schiedsrichterlichen Verfahrens (§ 1032) oder die Entscheidung eines Schiedsgerichts, in der dieses seine Zuständigkeit in einem Zwischenentscheid bejaht hat (§ 1040);
3. die Vollziehung, Aufhebung oder Änderung der Anordnung vorläufiger oder sichernder Maßnahmen des Schiedsgerichts (§ 1041);
4. die Aufhebung (§ 1059) oder die Vollstreckbarerklärung des Schiedsspruchs (§§ 1060 ff.) oder die Aufhebung der Vollstreckbarerklärung (§ 1061).

(2) Besteht in den Fällen des Absatzes 1 Nr. 2 erste Alternative, Nr. 3 oder Nr. 4 kein deutscher Schiedsort, so ist für die Entscheidungen das Oberlandesgericht zuständig, in dessen Bezirk der Antragsgegner seinen Sitz oder gewöhnlichen Aufenthalt hat oder sich Vermögen des Antragsgegners oder der mit der Schiedsklage in Anspruch genommene oder von der Maßnahme betroffene Gegenstand befindet, hilfsweise das Kammergericht.

(3) In den Fällen des § 1025 Abs. 3 ist für die Entscheidung das Oberlandesgericht zuständig, in dessen Bezirk der Kläger oder der Beklagte seinen Sitz oder seinen gewöhnlichen Aufenthalt hat.

(4) Für die Unterstützung bei der Beweisaufnahme und sonstige richterliche Handlungen (§ 1050) ist das Amtsgericht zuständig, in dessen Bezirk die richterliche Handlung vorzunehmen ist.

(5) [1]Sind in einem Land mehrere Oberlandesgerichte errichtet, so kann die Zuständigkeit von der Landesregierung durch Rechtsverordnung einem Oberlandesgericht oder dem obersten Landesgericht übertragen werden; die Landesregierung kann die Ermächtigung

---

111 KG Berlin, SchiedsVZ 2007, 108, II.1.a. und b.dd.
112 BGH, NJW-RR 2011, 213 (214), II.2.
113 MK-*Münch*, ZPO, § 1061 Rn. 30.
114 MK-*Münch*, ZPO, § 1061 Rn. 29, vgl. dagegen Art. V Abs. 1 Buchst. e UNÜ.
115 MK-*Münch*, ZPO, § 1061 Rn. 30.
116 MK-*Münch*, ZPO, § 1061 Rn. 31.
117 OLG Frankfurt a.M., SchiedsVZ 2013, 126 (128), II.2.c. und d.; zustimmend, ausführlich *Nabinger/Lichstein*, SchiedsVZ 2013, 78.

obersten Landesgericht übertragen werden; die Landesregierung kann die Ermächtigung durch Rechtsverordnung auf die Landesjustizverwaltung übertragen. ²Mehrere Länder können die Zuständigkeit eines Oberlandesgerichts über die Ländergrenzen hinaus vereinbaren.

Werden staatliche Gerichte in Schiedsverfahren gem. §§ 1025 ff. ZPO tätig, eröffnet Abs. 1 die sachliche, Abs. 2 und 3 die örtliche Zuständigkeit des Oberlandesgericht. Abs. 4 bestimmt die Unterstützungsfunktion des Amtsgerichts. Abs. 5 eröffnet den Bundesländern die Möglichkeit zur Zuständigkeitskonzentration bei einem Oberlandesgericht. Die Norm hat kein Vorbild im ModG, allenfalls eine Anregung bzgl. Abs. 5 in Art. 6 **ModG**.[1] Sie erfasst nur **Schiedsverfahren**, nicht etwa Schiedsgutachten, auch nicht analog.[2]   1

Abs. 1 Nr. 1–4 bestimmen die **ausschließliche**[3] sachliche Zuständigkeit des Oberlandesgerichts. Die **Zuständigkeitskonzentration beim Oberlandesgericht** dient der Begrenzung von Rechtsmitteln und damit der Beschleunigung, der Spezialisierung sowie der Anerkennung des Schiedsgerichts als umfassende Instanz.[4] Rügelose Einlassung scheitert an der Ausschließlichkeit,[5] Verweisung nach § 281 ZPO am funktionalen Moment der Zuständigkeit.[6] Die **örtliche** Zuständigkeit richtet sich nach dem Gericht, das in der Schiedsvereinbarung bezeichnet wurde, selbst wenn diese ungültig ist.[7] Eine solche Bestimmung ist auch später[8] und formlos möglich. Ausländische Gerichte können nicht vereinbart werden, § 1062 ZPO. Fehlt, wie im Regelfall, eine solche Bestimmung, bestimmt sich die örtliche Zuständigkeit nach dem OLG-Bezirk, in dem das Schiedsverfahren stattfand. Wird nur pauschal Deutschland als Schiedsort benannt, ist dies nur Bestimmung des Schiedsorts nach § 1025 Abs. 3 i.V.m. § 1043 Abs. 1 ZPO zur Etablierung eines inländischen Verfahrens. Zur Bestimmung des Oberlandesgerichts ist Abs. 3 dann nicht eröffnet. Abs. 2 kann entsprechend angewandt werden, wenn nicht auf anderem Weg auf einen vereinbarten Schiedsort geschlossen werden kann.[9] Die Norm wird nicht auf Schiedsgutachter angewandt.[10]   2

Für **ausländische Schiedsorte** benennt **Abs. 2** das zuständige Oberlandesgericht, welches normativ bei Abs. 1 Nr. 3 und 4 relevant wird, praktisch letztlich aber nur für § 1061 ZPO.[11] Die Anknüpfungspunkte des Abs. 2 sind nicht parallel, sondern in einem Stufenverhältnis zu verstehen („hilfsweise") (str.), um Zuständigkeitszersplitterung zu vermeiden.[12] Hilfsweise ist in der Rechtstradition zuletzt das Kammergericht zuständig. Allzuständigkeit wird über das Rechtsschutzbedürfnis vermieden, eine Vollstreckung im Inland muss stets in Frage kommen.[13] Bei der sachlichen Anknüpfung ist die „belegene" Sache gemeint, der Sprachgebrauch „befindet" soll keine Lockerung darstellen (str.).[14] Eine Bewertung im Hinblick auf die Vollstreckungsaussichten ist unnötig.[15]   3

Ist der **Schiedsort noch unbestimmt**, hilft **Abs. 3**, was i.d.R. bis zur Schiedsgerichtsbildung relevant ist (vgl. Abs. 1 Nr. 1).[16] In welchem Verhältnis die Anknüpfung an Sitz/Aufenthaltsort des Klägers zu dem des Beklagten steht, bleibt unklar für Fälle, in denen bei beiden inländische Anknüpfung besteht: Möglich ist die freie Wahl wie bei § 35 ZPO oder der vorrangige   4

---

1 BT-Drucks. 13/5274, S. 63.
2 OLG Hamburg, IBRRS 2015, 2916, II.1.
3 OLG München, IBRRS 2014, 0994, II.1.; OLG München, NJOZ 2014, 449 (450), II.1.; aber OLG Stuttgart, SchiedsVZ 2003, 84, II.1.
4 MK-*Münch*, ZPO, § 1062 Rn. 3.
5 Vgl. aber OLG Stuttgart, SchiedsVZ 2003, 84, II.1.
6 OLG Hamburg, IBRRS 2015, 2916, II.1.; OLG Rostock, IBRRS 2014, 1365.
7 OLG München v. 26.08.2015, 34 SchH 2/14, juris, II.1.
8 OLG München, NJOZ 2011, 727, II.1.b.bb).
9 Vgl. aber BayObLG, SchiedsVZ 2004, 316, II.1. mit krit. Anm. *Wagner*, SchiedsVZ 2004, 317 ff.
10 OLG München v. 26.01.2016, 34 SchH 13/15, juris, II.4.
11 MK-*Münch*, ZPO, § 1062 Rn. 15.
12 KG Berlin, SchiedsVZ 2007, 108, I.; MK-*Münch*, ZPO, § 1062 Rn. 17; ausführlich *Steinbrück*, Die Unterstützung ausländischer Schiedsgerichte durch staatliche Gerichte, S. 360 ff.; OLG München, IPRspr 2011, Nr. 303, 811, II.2., 4.
13 So jedenfalls Teile der Rechtsprechung, vgl. KG Berlin, SchiedsVZ 2007, 108 (112), II.2.a., b.; OLG München, IBRRS 2015, 0349, II.1.b); Musielak/Voit-*Voit*, ZPO, § 1062 Rn. 4.
14 OLG München v. 12.01.2015, 34 Sch 17/13, juris, II.1.a); OLG München, IPRspr 2011, Nr. 303, 811, II.2., gelandetes Flugzeug reicht nicht; a.A. MK-*Münch*, ZPO, § 1062 Rn. 19.
15 OLG München, IBRRS 2015, 0349, II.1.a).
16 Daher sind Schlussfolgerungen auf den gewünschten Schiedsort grds. unnötig, MK-*Münch*, ZPO, § 1062 Rn. 21; entgegen OLG Düsseldorf v. 06.07.1998, 12 Sch 01/98, juris, II.; OLG Brandenburg v. 26.06.2000, 8 SchH 1/00 (1), juris, II.1.c.bb), 2).

Schutz des Beklagten analog § 12 ZPO oder eine bewusste gesetzgeberische Reihung wird angenommen, dies führte zum Ort des erstgenannten Klägers.[17]

5 Weniger zur Entscheidung als zur **praktischen Unterstützung über § 1050 ZPO** sind die örtlich und sachlich näheren **Amtsgerichte gem. Abs. 4** berufen. Örtlich das Amtsgericht, in dem die Handlung auszuführen ist, i.d.R. der Schiedsort bei inländischen Verfahren, § 1043 ZPO. Die Norm erfasst aber auch Fälle noch unbestimmten oder ausländischen Schiedsorts. Die Bestimmung ist nicht dispositiv,[18] aber „fliegend" je nach Hilfshandlung,[19] das Schiedsgericht hat zudem Ermessensspielraum,[20] wenngleich am Ende das staatliche Gericht entscheidet. Das Schiedsgericht ist beraten, eng mit dem Amtsgericht abzustimmen, um Terminsteilnahme sicherzustellen (Anspruch gem. § 1050 Satz 2 und 3 ZPO) und inhaltlich zu profitieren (insbesondere aussagekräftiges Protokoll bei Nichtteilnahme).

6 Die Zuständigkeit über Gewährung von **Prozesskostenhilfe** im Verfahren nach § 1062 ZPO i.V.m. § 127 Abs. 1 Satz 2 ZPO richtet sich nach der Zuständigkeit des Hauptantrags, also bzgl. Abs. 1–3 das Oberlandesgericht, bzgl. Abs. 4 das Amtsgericht.[21] Sofortige Beschwerde auf Entscheidungen des Oberlandesgerichts ist nicht statthaft (§ 127 Abs. 2 Satz 2 ZPO i.V.m. § 567 Abs. 1 ZPO), anders auf Entscheidungen des Amtsgerichts/Landgerichts.[22]

7 Bayern hat die Zuständigkeit nach **Abs. 5** beim OLG München konzentriert, Rheinland-Pfalz beim OLG Koblenz.[23]

§ 1063
Allgemeine Vorschriften

(1) ¹Das Gericht entscheidet durch Beschluss. ²Vor der Entscheidung ist der Gegner zu hören.

(2) Das Gericht hat die mündliche Verhandlung anzuordnen, wenn die Aufhebung des Schiedsspruchs beantragt wird oder wenn bei einem Antrag auf Anerkennung oder Vollstreckbarerklärung des Schiedsspruchs Aufhebungsgründe nach § 1059 Abs. 2 in Betracht kommen.

(3) ¹Der Vorsitzende des Zivilsenats kann ohne vorherige Anhörung des Gegners anordnen, dass der Antragsteller bis zur Entscheidung über den Antrag die Zwangsvollstreckung aus dem Schiedsspruch betreiben oder die vorläufige oder sichernde Maßnahme des Schiedsgerichts nach § 1041 vollziehen darf. ²Die Zwangsvollstreckung aus dem Schiedsspruch darf nicht über Maßnahmen zur Sicherung hinausgehen. ³Der Antragsgegner ist befugt, die Zwangsvollstreckung durch Leistung einer Sicherheit in Höhe des Betrages, wegen dessen der Antragsteller vollstrecken kann, abzuwenden.

(4) Solange eine mündliche Verhandlung nicht angeordnet ist, können zu Protokoll der Geschäftsstelle Anträge gestellt und Erklärungen abgegeben werden.

1 **Normzweck, Antrag:** Geregelt wird das Verfahren vor dem staatlichen Gericht. Es setzt einen **Antrag** beim nach § 1062 ZPO **zuständigen** Gericht voraus, der den Anforderungen an die Klageschrift (§ 253 ZPO) nebst Abschriften folgen soll.[1] Er ist **schriftlich** oder mündlich zu Protokoll der Geschäftsstelle (Abs. 4 i.V.m. § 153 GVG) möglich, auf Deutsch (§ 184 GVG), auch bei anderer Schiedssprache (§ 1045 ZPO).² Zum **Anwaltszwang** siehe Rn. 6. Der klageähnliche Antrag[3] wird an- und rechtshängig, ist nach Zulässigkeit und Begründetheit zu prüfen, kennt Antragshäufung (§ 260 ZPO analog) und Nebenintervention.[4]

---

17 MK-*Münch*, ZPO, § 1062 Rn. 21.
18 MK-*Münch*, ZPO, § 1062 Rn. 11.
19 MK-*Münch*, ZPO, § 1062 Rn. 12.
20 Stein/Jonas-*Schlosser*, ZPO, § 1062 Rn. 17; MK-*Münch*, ZPO, § 1062 Rn. 12.
21 BGH, IBRRS 2014, 4132, II.
22 BGH, IBRRS 2014, 4132, II.
23 § 7 GZVJU v. 11.06.2012 (GVBl. S. 295); OLG München v. 30.11.2015, 34 Sch 39/14, juris, bzw. § 14 Rpfl ZFGGZuVO.

Zu § 1063:
1 MK-*Münch*, ZPO, § 1063 Rn. 1.
2 Krit. *de lege ferenda*, *Illmer*, ZRP 2011, 170; vgl. § 3 Abs. 3 AVAG.
3 OLG Dresden, SchiedsVZ 2005, 159, II.4.a.
4 OLG Frankfurt a.M., SchiedsVZ 2013, 119, II.A.1.

Das **Verfahren** kennt Anerkenntnis,[5] Rücknahme, Erledigung[6] und Änderung nebst schriftsätzlicher rügeloser Einlassung nach § 267 ZPO. § 269 ZPO setzt dagegen mündliche Verhandlung voraus, Abs. 2 (str.).[7] Kostensicherheit, § 110 Abs. 2 ZPO, Gerichtskostenvorschuss, § 12 Abs. 1 GKG oder **Säumnisregeln** nach §§ 330 ff. ZPO sind dagegen nicht eröffnet.[8] 2

Mündliche Verhandlung ist freigestellt (Ermessen nach § 128 Abs. 4 ZPO),[9] bei materiellen Einwendungen ratsam.[10] Dem Gegner gebührt rechtliches Gehör, so Abs. 1 Satz 2 für ausländ. Rechtsanwender klarstellend. **Zwingend** kann mündliche Verhandlung **in drei Fällen** sein: **1.** auf **Antrag** einer Partei. Nach Art. 6 Abs. 1 Satz 1 EMRK und Art. 47 Abs. 2 EuGRCh, ist stets mündlich zu verhandeln, unbeachtlich der Fälle des Abs. 2. Dies erfasst nach der Gesetzesbegründung die Anträge nach § 1032 Abs. 2 ZPO,[11] darüber hinaus aber nicht den gesamten § 1062 Abs. 1 und 4 ZPO.[12] Rein verfahrensrechtliche Entscheidungen unterfallen ohnehin nicht Art. 6 Abs. 1 Satz 1 EMRK, bei ihnen ist mündliche Verhandlung nicht erzwingbar, etwa beim schiedsgerichtlichen Zuständigkeitszwischenentscheid nach § 1040 Abs. 3 Satz 2 ZPO (str.).[13] Abgesehen davon gibt Art. 6 Abs. 1 Satz 1 EMRK i.d.R. Anspruch auf mündliche Verhandlung, uneingeschränkt nur für die erste Instanz. In zweiter Instanz ist dies anders, wenn in der Vorinstanz bereits eine mündliche Verhandlung stattgefunden hat, wobei das Schiedsverfahren der Vorinstanz entspricht.[14] **2.** bei Antrag auf **Aufhebung des Schiedsspruchs** nach § 1059 ZPO, so **Abs. 2 Alt. 1. Und 3.**, wenn **Aufhebungsgründe** nach § 1059 Abs. 2 ZPO in Betracht kommen, so Abs. 2 Alt. 2. Dabei meint Alt. 2 die Anträge nach § 1060 ZPO und § 1061 ZPO, bei letzterem die Ablehnungsgründe nach Art. V UNÜ.[15] In Betracht kommen diese Gründe bei substantiierter Geltendmachung oder Wertung von Amts wegen, dass die Gründe tragen könnten (Schlüssigkeit).[16] 3

Die **Entscheidung** ergeht zwingend durch **Beschluss**.[17] Besteht Rechtsbeschwerdemöglichkeit (§ 1065 Abs. 1 Satz 1 ZPO), ist sie zu begründen.[18] 4

Vorläufige Vollstreckbarkeit und Abwendungsbefugnis regelt **Abs. 3** als *lex specialis* zu §§ 916 ff. ZPO.[19] Bis zum Schiedsspruch greift § 1033 ZPO, danach Abs. 3.[20] V.a. bei internationalen Schiedssachen besteht Bedarf an vorläufiger Vollstreckung. Nach § 1063 Abs. 3 Satz 1 ZPO kann der Vorsitzende bis zur Entscheidung im Vollstreckbarkeitsverfahren („Antrag" meint Abs. 1 Alt. 2) die Anordnung zur Zwangsvollstreckung oder nach § 1041 ZPO treffen. Dies ist seinerseits zu **beantragen**, arg. e § 308 Abs. 1 Satz 1 ZPO.[21] Die Vorschriften über das zivilprozessuale Verfahren gelten entsprechend.[22] Glaubhaftmachung von Anspruch und Anordnungsgrund sind nicht nötig, kein § 920 Abs. 2 ZPO analog,[23] aber es ist darzulegen, weshalb die Vollstreckbarerklärung nicht abgewartet werden kann. Abwägungskriterien sind v.a. die Erfolgsaussichten im Vollstreckbarerklärungsverfahren, die Auswirkung der Vollstreckung auf den Gegner und die Risiken der verzögerten Vollstreckung auf den Antragsteller, etwa 5

---

5 OLG München, NJOZ 2011, 412.
6 OLG München v. 07.01.2015, 34 Sch 12/14, juris, II.2.c).
7 OLG Frankfurt a.M. v. 30.09.2010, 26 Sch 6/10, juris, Rn. 26; OLG Düsseldorf, NJW 1982, 2452 m.w.N. (zu § 920 ZPO).
8 BGHZ 166, 278 (281 f.) = NJW 2007, 772 = SchiedsVZ 2006, 161.
9 OLG München, SchiedsVZ 2013, 287 (289), II.; krit. *de lege ferenda* DAV Stellungnahme 10/2015 (4.).
10 OLG Köln v. 11.09.2009, 19 Sch 10/09, juris, II.3.a).
11 BT-Drucks. 13/5274, S. 65.
12 BGHZ 202, 168 = NJW 2014, 3655 = SchiedsVZ 2014, 303, II.1., zu § 1040 ZPO; a.A. OLG Köln v. 21.02.2014, 19 Sch 18/13, juris; Musielak/Voit-*Voit*, ZPO, § 1063 Rn. 4; Zöller-*Geimer*, ZPO, § 1063 Rn. 2 m.w.N.
13 BGHZ 202, 168 = NJW 2014, 3655 = SchiedsVZ 2014, 303, II.1.b.; krit. *de lege ferenda* DAV Stellungnahme 10/2015 (4.).
14 BGHZ 202, 168 = NJW 2014, 3655 = SchiedsVZ 2014, 303, II.1.b.; vgl. EGMR, EuGRZ 1991, 415, Rn. 31 ff.; EGMR, EuGRZ 1991, 419, Rn. 29; EGMR, EuGRZ 1991, 420, Rn. 33.
15 OLG Köln v. 21.02.2014, 19 Sch 18/13, juris.
16 BGH v. 25.4.2016 – 1 Sch 1/16; OLG Köln v. 21.02.2014, 19 Sch 18/13, juris; BayObLG, SchiedsVZ 2004, 319 (320), I.4.
17 BGH, NJW 2001, 3787, vgl. aber OLG Hamburg, SchiedsVZ 2009, 71 (72).
18 Schon BGH, NJW 1999, 2974.
19 LG Braunschweig v. 04.08.2015, 9 O 1494/15, juris; Stein/Jonas-*Schlosser*, ZPO, § 1063 Rn. 35; ausführlich *Sessler/Schreiber*, SchiedsVZ 2006, 119.
20 LG Braunschweig v. 04.08.2015, 9 O 1494/15, juris, II.1.
21 *Sessler/Schreiber*, SchiedsVZ 2006, 119 (120).
22 Wieczorek/Schütze-*Schütze*, ZPO, § 1063 Rn. 23.
23 Zöller-*Geimer*, ZPO, § 1063 Rn. 4.

wenn der Gegner im Inland nur leicht ins Ausland verbringbares Vermögen hat.[24] Das Interesse entfällt nicht dadurch, dass der Bundesgerichtshof die Vollstreckbarerklärung aufhebt und zurückverweist.[25] Der Gegner muss nicht gehört werden, um ihn nicht zu „warnen".[26] Dies bedarf keines gesonderten Antrags (str.),[27] aber eigenen Ermessens aufgrund der Einschränkung rechtlichen Gehörs.[28] Andere als rein sichernde Maßnahmen sind nicht zulässig, Abs. 3 Satz 2. Die Entscheidung ergeht durch **unanfechtbaren Beschluss**, Gegenvorstellung ist möglich.[29] Der Gegner kann die Vollstreckung durch Sicherheitsleistung **abwehren**, Abs. 3 Satz 3, was zu leisten ihm der Gesetzgeber als zumutbar annimmt.[30] Diesbezüglich kann sich an § 720a Abs. 1 ZPO und §§ 930–932 ZPO orientiert werden. **Kosten** für den verfahrensbegleitenden Abs. 3 sind nicht vorgesehen,[31] dies gilt auch für RA-Gebühren.[32]

6 **Abs. 4** schwächt den Anwaltszwang des § 78 Abs. 1 Satz 1 ZPO bis zur mündlichen Verhandlung ab.[33] Dieser gilt für die Verfahren nach § 1062 Abs. 4 ZPO (Amtsgericht/Landgericht) nicht.

7 Kosten und Gebühren ergeben sich aus §§ 91 ff. ZPO (zu Abs. 3 s. dort), i.V.m. § 3 ZPO.[34] Die Gerichtskosten werden nach Nr. 1620 ff. KV-GKG bemessen, die Anwaltsgebühren nach Nr. 3100 ff., 3327, 3332 VV-RVG.[35]

§ 1064
Besonderheiten bei der Vollstreckbarerklärung von Schiedssprüchen

(1) ¹Mit dem Antrag auf Vollstreckbarerklärung eines Schiedsspruchs ist der Schiedsspruch oder eine beglaubigte Abschrift des Schiedsspruchs vorzulegen. ²Die Beglaubigung kann auch von dem für das gerichtliche Verfahren bevollmächtigten Rechtsanwalt vorgenommen werden.

(2) Der Beschluss, durch den ein Schiedsspruch für vollstreckbar erklärt wird, ist für vorläufig vollstreckbar zu erklären.

(3) Auf ausländische Schiedssprüche sind die Absätze 1 und 2 anzuwenden, soweit Staatsverträge nicht ein anderes bestimmen.

1 **Normzweck, Systematik, Genese:** Die Norm regelt **Details der Vollstreckbarerklärung** von inländischen und ausländischen Schiedssprüchen. Sie deckt auch Schiedssprüche mit vereinbartem Wortlaut ab (§ 1053 Abs. 2 Satz 2 ZPO), falls dies nicht wegen § 1053 Abs. 4 ZPO (Notar) obsolet ist. Vorbild ist Art. 35 Abs. 2 **ModG**, der auf Art. IV UNÜ fußt.

2 Die **Dokumentenvorlage (Abs. 1)** ist **Beweismittelregelung**, nicht Zulässigkeitsvoraussetzung.[1] Sie erfasst nur den Schiedsspruch (§ 1054 Abs. 4 ZPO), weder aber die Schiedsvereinbarung noch eine etwaige Übersetzung des Schiedsspruchs ins Deutsche (h.M.).[2] Für ausländische Schiedssprüche gilt dasselbe gem. § 1061 Abs. 1 Satz 1 ZPO i.V.m. Art. IV Abs. 1 Buchst. b, Abs. 2 UNÜ, über die Meistbegünstigungsklausel des Art. 7 Abs. 1 UNÜ gilt die mildere deutsche Regelung.[3] Der Schiedsspruch kann im Original oder in beglaubigter Abschrift vorgelegt werden. Die begl. Abschrift muss nicht vom Original sein, jedenfalls wenn der Schiedsspruch vollständig unstreitig ist.[4] Grds. aber sind die Schiedsrichter-Unterschriften von der Beglaubi-

---

24 Zu letzterem OLG Frankfurt a.M., SchiedsVZ 2010, 227, Rn. 4; insgesamt *Sessler/Schreiber*, SchiedsVZ 2006, 119 (122).
25 BGH, NJW-RR 2014, 64 = SchiedsVZ 2014, 33.
26 BT-Drucks. 13/5274, S. 65.
27 *Sessler/Schreiber*, SchiedsVZ 2006, 119 (123).
28 Vgl. MK-*Münch*, ZPO, § 1063 Rn. 26.
29 MK-*Münch*, ZPO, § 1063 Rn. 27.
30 BT-Drucks. 13/5274, S. 65.
31 OLG Hamm, SchiedsVZ 2012, 221, II.3.
32 OLG Hamm, SchiedsVZ 2013, 337, II.; a.A. Zöller-*Geimer*, ZPO, § 1063 Rn. 4.
33 OLG Düsseldorf, SchiedsVZ 2005, 214, II.; BT-Drucks. 13/5274, S. 65; Zöller-*Geimer*, ZPO, § 1063 Rn. 5; Stein/Jonas-*Schlosser*, ZPO, § 1063 Rn. 26.
34 OLG Dresden, SchiedsVZ 2005, 159 zu § 92 ZPO; Stein/Jonas-*Schlosser*, ZPO, § 1063 Rn. 36.
35 Saenger-*Saenger*, ZPO, § 1063 Rn. 5; diff. Thomas/Putzo-*Reichold*, ZPO, § 1063 Rn. 5.

Zu § 1064:
1 BGH, NJW 2000, 3650 (3651) zu Art. IV UNÜ; OLG München, SchiedsVZ 2013, 179 (180), II.1.
2 Stellv. BGH, SchiedsVZ 2003, 281, II.2.bb); OLG München, SchiedsVZ 2013, 179 (180), II.1.
3 BGH, SchiedsVZ 2003, 281 (282), II.2.bb).
4 BGH, NJW 2000, 3650 (3651), II.2.

gung zu umfassen.⁵ Der verfahrensbevollmächtigte Rechtsanwalt kann in- und ausländische Schiedssprüche selbst beglaubigen, oft wird dies auch bereits von den Schiedsinstitutionen automatisch erledigt. Das Gericht kann die Vorlage der Schiedsvereinbarung oder eine Übersetzung fordern über § 142 ZPO.⁶

Die **vorläufige Vollstreckbarkeit (Abs. 2)** hat das Gericht von Amts wegen auszusprechen. Der für vollstreckbar erklärende Beschluss, nicht der Schiedsspruch selbst, ist Vollstreckungstitel, § 794 Abs. 1 Nr. 4 Buchst. a ZPO.⁷ Gegen ihn ist dann Rechtsbeschwerde möglich, §§ 1062 Abs. 1 Nr. 4, 1065 Abs. 1 Satz 1 ZPO.⁸ Der Beschluss erklärt den Schiedsspruch einschränkungslos für vollstreckbar und wird selbst für vorläufig vollstreckbar erklärt.⁹ Sicherheitsleistung oder Abwendungsbefugnis sind gesetzlich nicht eröffnet. Denn § 1064 Abs. 2 ZPO bietet nicht die Möglichkeit des § 1063 Abs. 3 Satz 3 ZPO,¹⁰ eine direkte¹¹ Verweisung auf § 711 ZPO findet sich ebenso wenig. Der Gläubiger soll sofortige, nicht-abwendbare Vollstreckungsmöglichkeit im Schiedsrecht haben.¹² Über das Beschwerdegericht besteht nach § 1065 Abs. 2 Satz 2 ZPO nur Zugang zu § 707 ZPO (einstweilige Einstellung) und zu § 717 ZPO (Rechtsbeschwerde beim Bundesgerichtshof zur Beendigung der vorläufigen Vollstreckbarkeit). Dies umschließt § 717 Abs. 2 Satz 1 ZPO, Ersatz des Vollstreckungsschadens (str.).¹³   3

Nach **Abs. 3** gelten für **ausländische Schiedssprüche** die Regelungen entsprechend. Anderweitige Staatsverträge gehen vor, die Meistbegünstigungsklausel aber zu beachten (vgl. Rn. 2 zur Dokumentenvorlage).   4

§ 1065
Rechtsmittel

(1) ¹**Gegen die in § 1062 Abs. 1 Nr. 2 und 4 genannten Entscheidungen findet die Rechtsbeschwerde statt.** ²**Im Übrigen sind die Entscheidungen in den in § 1062 Abs. 1 bezeichneten Verfahren unanfechtbar.**

(2) ¹**Die Rechtsbeschwerde kann auch darauf gestützt werden, dass die Entscheidung auf einer Verletzung eines Staatsvertrages beruht.** ²**Die §§ 707, 717 sind entsprechend anzuwenden.**

Normzweck ist die Eröffnung und Ausgestaltung der **Rechtsbeschwerde** zum Bundesgerichtshof für ausgewählte Entscheidungen des **Oberlandesgerichts** (Abs. 1) bei begrenztem Prüfungsumfang des Bundesgerichtshofs, aber mit Wirkungsmöglichkeit in die Zwangsvollstreckung (Abs. 2 Satz 2). Soweit die Rechtsbeschwerde nicht ausdrücklich gem. Abs. 1 Satz 1 eröffnet ist, ist sie ausgeschlossen, Abs. 1 Satz 2. Die Begrenzung des Rechtsweges beschleunigt und vereinfacht schiedsgebundene Verfahren, dient der Entlastung des Bundesgerichtshofs und ist aufgrund der erstinstanzlichen Zuständigkeit des Oberlandesgerichts unbedenklich.¹ Über § 574 Abs. 1 Nr. 1 ZPO werden die §§ 574 ff. ZPO eröffnet. Bzgl. der Beschwerdegründe gilt § 576 ZPO, ergänzt durch Abs. 2 Satz 1.   1

Rechtsbeschwerde ist nur **statthaft** in den abschließend aufgezählten, bedeutsamen Fällen des Abs. 1 Satz 1, vgl. Abs. 1 Satz 2, also bzgl. Zulässigkeit des schiedsrichterlichen Verfahrens und Zuständigkeitsbejahung des Schiedsgerichts per Zwischenentscheid und Bestand/Vollstreckbarerklärung des Schiedsspruchs. Die Prüfung eines der erfassten Punkte als Vorfrage in einem nicht erfassten Verfahren durch das Oberlandesgericht eröffnet nicht die Rechtsbeschwerdefähigkeit.² Aus Gründen der Verfahrensökonomie und weil dies indirekt Abs. 1 Satz 1 unterfällt, ist über § 280 ZPO analog auch die Zwischenentscheidung des Oberlandes-   2

---

5 BT-Drucks. 13/5274, S. 65.
6 BT-Drucks. 13/5274, S. 65; OLG München, SchiedsVZ 2009, 343 (344), II.3.
7 BGH v. 28.10.1999, III ZB 43/99, II.; Musielak/Voit-*Voit*, ZPO, § 1064 Rn. 3.
8 BT-Drucks. 13/5274, S. 65; Baumbach/Lauterbach/Albers/Hartmann, ZPO, § 1064 Rn. 3.
9 BGH v. 28.10.1999, III ZB 43/99, juris, II.
10 BayObLG, SchiedsVZ 2004, 319 (320), II.6.
11 OLG Hamm v. 28.11.2008, 25 Sch 6/08, juris, III., wendet § 711 ZPO analog an.
12 BayObLG, SchiedsVZ 2004, 319 (320), II.6.
13 OLG Schleswig v. 27.02.2009, 4 U 86/08, juris; a.A. Stein/Jonas-*Schlosser*, ZPO, § 1064 Rn. 6 – § 717 Abs. 3 ZPO.

Zu § 1065:
1 BT-Drucks. 13/5274, S. 66.
2 BGH, SchiedsVZ 2012, 281.

gerichts in o. g. Fällen **selbstständig anfechtbar**.[3] Für Entscheidungen des **Amtsgerichts** (§§ 1050, 1062 Abs. 4 ZPO) gelten mangels besonderer Regelung die allgemeinen Rechtsbehelfe.

3 Die **weitere Zulässigkeit** folgt grds. den §§ 574 ff. ZPO im Hinblick auf die Trias grundsätzliche Bedeutung, Rechtsfortbildung, Sicherung einheitlicher Rechtsprechung, § 574 Abs. 2 ZPO.[4] Zu beachten sind nötige Beschwer des Beschwerdeführers, Frist (ein Monat ab Zustellung des OLG-Beschlusses zur Einreichung beim Bundesgerichtshof, § 133 GVG, § 575 Abs. 1 Satz 1 ZPO, Anwaltszwang (BGH-Anwalt, § 78 Abs. 1 Satz 3 ZPO), Formalia der Beschwerdeschrift (§ 575 Abs. 1 Satz 2 ZPO) nebst ggf. verlängerbarer Begründungspflicht (§ 575 Abs. 2 Satz 1, Abs. 3 ZPO).[5]

4 Im Verfahren ist **mündliche Verhandlung** nicht nötig, §§ 577 Abs. 6 Satz 1, 128 Abs. 4 ZPO (str.).[6] Auch der **Prüfungsmaßstab** richtet sich nach § 576 Abs. 1, Abs. 3 ZPO i. V. m. §§ 546 f. ZPO,[7] allerdings um die Verletzung von Staatsverträgen erweitert, Abs. 2 Satz 1. Neuer Tatsachenvortrag wird grds. nicht berücksichtigt mit Ausnahme von Amts wegen zu berücksichtigender Verfahrensmängel und Änderungen der prozessualen Rechtslage während des Rechtsbeschwerdeverfahrens sowie mittlerweile ergangener Entscheidungen mit direktem Bezug zum Verfahren, etwa ausländischer Aufhebung eines ausländischen Schiedsspruchs.[8] Die *révision au fond* ist auch hier ausgeschlossen. Die Entscheidung ergeht durch **Beschluss**, § 577 Abs. 6 Satz 1 ZPO. Der Bundesgerichtshof verwirft als unzulässig oder weist als unbegründet zurück. Im Erfolgsfalle richtet sich der Entscheidungsinhalt nach der Vorentscheidung, die stets aufzuheben ist. Er verweist zudem entweder zurück ans Oberlandesgericht, § 577 Abs. 4 Satz 1 ZPO oder trifft eine eigene Entscheidung, § 577 Abs. 5 Satz 1 ZPO. Ist Schiedsspruch erfolgt (§ 1032 Abs. 3 ZPO bzw. § 1040 Abs. 3 Satz 2 ZPO), folgt ergänzender Aufhebungsantrag, § 1062 Abs. 1 Nr. 4 Var. 1 ZPO, mit der Folgemöglichkeit der Aufhebung des Schiedsspruchs und (Rück-)verweisung an alte Schiedsgericht bzw. zur Bildung neuen Schiedsgerichts, § 1059 Abs. 4, Abs. 5 ZPO, oder ans staatliche Gericht.

5 Vorab ist **einstweilige Einstellung der Vollstreckung** auf Antrag (vgl. § 1063 Rn. 5) möglich, § 1065 Abs. 2 Satz 2 ZPO i. V. m. **§ 707 ZPO**, bei Abwägung aller Interessen.[9] Ab Rechtsbeschwerdeeinlegung erstreckt sich die Zuständigkeit des Bundesgerichtshofs auf § 707 ZPO. Diese entfällt nicht dadurch, dass der Bundesgerichtshof die Vollstreckbarerklärung aufhebt und zurückverweist.[10] § 707 ZPO dürfte als *lex specialis* § 575 Abs. 3 ZPO i. V. m. § 570 Abs. 3 ZPO verdrängen (str.).[11] Praktischer Unterschied ist bei sonst großer Nähe[12] v. a. das Antragserfordernis.

6 Gebühren und **Kosten** richten sich für den RA nach Nr. 3100 ff. VV-RVG (1,3 Verfahrensgebühr, 1,2 Terminsgebühr),[13] bzgl. der Gerichtskosten nach Nr. 1628 f. KV-GKG (3,0 Gebühren, selbst bei unzulässigem Antrag oder anderer Beendigung ohne Entscheidung, nur bei Rücknahme 1,0).

---

3 H.M., vgl. BGH, NJW 2001, 3787.
4 BGH, SchiedsVZ 2015, 149; BGH, SchiedsVZ 2009, 126, Rn. 4.
5 MK-*Münch*, ZPO, § 1065 Rn. 9.
6 Diff. MK-*Münch*, ZPO, § 1065 Rn. 16 mit Verständnis von § 1063 Abs. 2 ZPO als *lex specialis*.
7 MK-*Münch*, ZPO, § 1065 Rn. 10 ff.
8 BGH, NJW 2001, 1730, II.2.b).
9 BGH v. 21.10.2015, I ZB 50/15, juris.
10 BGH, NJW-RR 2014, 64 = SchiedsVZ 2014, 33, II.; vgl. § 1063 Rn. 5.
11 MK-*Münch*, ZPO, § 1065 Rn. 19; a. A. Baumbach/Lauterbach/Albers/Hartmann, ZPO, § 1065 Rn. 3; vgl. MK-*Götz*, ZPO, § 707 Rn. 3.
12 BGH, NJW-RR 2006, 332 (333), II.1.b.bb).
13 Mayer/Kroiß/Mayer, RVG Vor 3.1, Rn. 8 f.

ABSCHNITT 10
Außervertragliche Schiedsgerichte

§ 1066
Entsprechende Anwendung der Vorschriften des Buches 10

Für Schiedsgerichte, die in gesetzlich statthafter Weise durch letztwillige oder andere nicht auf Vereinbarung beruhende Verfügungen angeordnet werden, gelten die Vorschriften dieses Buches entsprechend.

Normzweck, Systematik, Genese: Die Norm dient der **Ausdehnung des Regelungsbereichs** des Zehnten Buches über Schiedsvereinbarungen gem. § 1029 ZPO hinaus auf solche aufgrund privatrechtlicher Verfügung bzw. Anordnung, mithin auf „einseitige rechtsgestaltende privatrechtliche Rechtsgeschäfte".[1] Sie hat keine Entsprechung im ModG. Die Verfügung muss wirksam, insbesondere privatautonom erfolgt sein. Verfügungen ausländischen Ursprungs sind erfasst, die **Wirksamkeit** beurteilt sich nach dem Recht, auf dem sie beruht, ggf. also **ausländischem** Recht. Der Schiedsort muss jedoch ein deutscher sein, § 1025 Abs. 1 ZPO wird nicht von § 1066 ZPO verdrängt.[2] Nicht erfasst sind gesetzliche Anordnungen, denn diese beruhen nicht auf **Privatautonomie**.[3] Schiedsgerichte öffentlicher juristischer Personen (öffentlich-rechtliche Kammern und Verbände, nicht aber Religionsgemeinschaften)[4] oder privatrechtlicher juristischer Personen (AG, GmbH, Vereinen etc.) sind von § 1066 ZPO nur im Bereich der Privatautonomie erfasst, nicht bei „obrigkeitlich-zwingender" Anordnung. 1

Letztwillige Verfügungen mit Schiedsklauseln sind selten, sie kommen v. a. über § 1937 BGB durch einseitige Erblasserverfügung von Todes wegen vor mit dem Inhalt, Streitigkeiten zwischen Erben und Vermächtnisnehmern könnten schiedsgerichtlich geklärt werden.[5] Die Rechtsprechung dazu bewegt sich im Spannungsfeld der Schiedsverfahrensvorteile und der Rechtsverkürzung der Nachlassbeteiligten.[6] Ungeklärt ist, ob die Verfügung von Amts wegen oder erst nach Rüge (§ 1032 Abs. 1 ZPO) beachtlich ist.[7] Die Schiedsrichterbenennung zu delegieren ist möglich.[8] Die Wirksamkeit bemisst sich nach Erbrecht (str.), insbesondere § 1031 ZPO gilt also nicht.[9] Die EuErbVO ist zu beachten.[10] Bis zur Schiedsgerichtsentscheidung ist der Erbscheinsantrag unzulässig.[11] Erbrechtlich nicht Betroffene kann der Erblasser nicht an ein Schiedsverfahren binden.[12] Erbrechtlich Beteiligte können nicht Schiedsrichter in der Sache sein, da „eigene Sache". Etwas anderes gilt für den Testamentsvollstrecker,[13] außer seine Testamentsvollstreckerrolle ist Verfahrensgegenstand (str.), denn dann ist es wieder „eigene Sache".[14] So diese Sache überhaupt schiedsfähig ist (was bzgl. der Entlassung nicht der Fall ist wegen §§ 2220, 2227 BGB).[15] Der Erblasser bestimmt zugleich über die **Entscheidungskompetenz** des Schiedsgerichts, begrenzt durch § 2065 BGB. Das Schiedsgericht kann den wahren Willen des Erblassers ermitteln, aber nicht ergänzen oder ersetzen.[16] **Pflichtteilsansprüche** können dagegen nicht durch letztwillige Verfügung erfasst werden, um nicht die Mindestrechte des etwaigen Pflichtteilsanspruchsinhabers durch Verfahrensregelungen erschweren zu können 2

---

1 So h. M., stellv. bereits BGHZ 48, 35 = NJW 1967, 2057, II.1.a).
2 MK-*Münch*, ZPO, § 1066 Rn. 2.
3 BGHZ 128, 380 (383) = ZIP 1995, 678, II.1.a.; *Haas*, ZEV 2007, 49.
4 OLG Frankfurt a. M., NJW 1999, 3720.
5 OLG Hamm, NJW-RR 1991, 455; grundlegend zu erbrechtlichen Schiedsverfahren mit Auslandbezug *Mankowski*, ZEV 2014, 395.
6 Vgl. *Lange*, ZEV 2017, 1.
7 Von Amts wegen, so OLG Celle v. 09. 11. 2015, 6 W 204/15, juris, 2.
8 OLG Celle v. 09. 11. 2015, 6 W 204/15, juris, 1.c); vgl. § 1035 Rn. 6.
9 *Schulze*, MDR 2000, 314, MK-*Münch*, ZPO, § 1066 Rn. 5; a. A. *Haas*, ZEV 2007, 49 (50), sowohl §§ 1025 ff. ZPO, als auch Erbrecht.
10 *Lübcke*, GPR 2015, 111 (krit. *de lege ferenda*); *Mankowski*, ZEV 2014, 395; *Kunz*, GPR 2012, 208.
11 OLG Celle v. 09. 11. 2015, 6 W 204/15, juris.
12 Stellv. *Schulze*, MDR 2000, 314 (316).
13 RGZ 100, 76 (78); OLG Frankfurt a. M., ZEV 2012, 665, II.A.2.b.dd., II.B.
14 *Haas*, ZEV 2007, 49 (54); *Schulze*, MDR 2000, 314 (317 f.), will dagegen den Streit dann dem Nachlassgericht überlassen.
15 BGH v. 17. 05. 2017, IV ZB 25/16; OLG Karlsruhe, NJW 2010, 688; *Storz*, SchiedsVZ 2010, 200 (201); MK-*Münch*, ZPO, § 1066 Rn. 7; a. A. noch *Schulze*, MDR 2000, 314 (317 f.); vgl. *Geimer*, FS Schlosser, S. 207.
16 *Schulze*, MDR 2000, 314 (317) mit Streitstand.

(str.).[17] Auf den **Erbvertrag** sind die §§ 1025 ff. ZPO direkt, nicht erst über § 1066 ZPO anzuwenden, daher gilt auch § 1031 ZPO (Form). Die Schiedsabrede zwischen Erbvertrags-Beteiligten erfolgt mit gesondert zu unterzeichnender Vertragsurkunde, die Schiedsgerichtseinsetzung ist beeinträchtigend i.S.d. § 2289 BGB.[18]

3 **Andere nicht auf Vereinbarung beruhende Verfügungen** sind meist satzungsmäßige Verfügungen von **Kapitalgesellschaften**[19] oder **Vereinen**[20] und **Stiftungen**,[21] ungeachtet deren Rechtsfähigkeit. Auch **WEG**-Teilungserklärung, Preisausschreiben (§ 661 BGB) und **Auslobung** (§ 657 BGB)[22] können einseitige Anordnungen nach § 1066 ZPO enthalten. Auf **Personengesellschaften** ist § 1066 ZPO nicht anzuwenden, §§ 1025 ff. ZPO gelten direkt.[23] Voraussetzung ist privatrechtliche Autonomie, deren Fehlen lässt die Anordnung scheitern.[24] Ein Verein kann gar ohne gesonderte Vereinbarung mit dem Mitglied durch Satzung bestimmen, dass über Streitigkeiten mit oder unter Mitgliedern ein Schiedsgericht zuständig ist.[25] Von rein internen Organen oder schiedsähnlichen Institutionen ist abzugrenzen (vgl. Vorbem. zu § 1025 Rn. 5). Die **Formvorschrift** des § 1031 ZPO greift nicht, da die Formvorschriften für Satzungen i.d.R. ausreichende Gewähr für Rechtssicherheit bieten (h.M.),[26] was aber bei konkludenter Satzungsunterwerfung zweifelhaft ist.[27] Die Aufnahme der Schiedsklausel bei Gesellschaftsgründung unterfällt § 1029 ZPO, die nachträgliche Einführung per Mehrheitsbeschluss dagegen § 1066 ZPO. Im Fall des Beitritts/der Rechtsnachfolge gelten bzgl. des Erwerbs der Gesellschafterstellung §§ 1029, 1031 ZPO, für die Mitgliedschaft § 1066 ZPO.[28] § 1031 Abs. 5 ZPO ist aber i.d.R. beachtlich. Die Satzung muss wesentliche Punkte (Zusammensetzung, Auswahl und Bestellung der Schiedsrichter) festlegen, ein Verweis auf eine Schiedsordnung reicht i.d.R. nicht.[29] Bei der Zusammensetzung des Schiedsgerichts ist § 1034 Abs. 2 ZPO besonders zu beachten.[30] Nur Streitigkeiten innerhalb der statuarischen Bindung, also innerhalb des **Bestimmungsbereichs** z.B. der Gesellschafter, können einem Schiedsgericht überantwortet werden,[31] also v.a. Streitigkeiten mit oder unter Mitgliedern. Individualrechtliche Streitigkeiten fasste der Bundesgerichtshof seinerzeit nicht unter § 1066 ZPO, wie etwa Streitigkeiten aus einem satzungsmäßigen Ankaufsrecht,[32] neigt zuletzt aber zu weiterem Geltungsbereich.[33] Eine **Dritterstreckung** ist nicht möglich.[34] Beitritt zu Gesellschaft oder Verein bedeutet aber Unterwerfung unter die Schiedsklausel.[35] **Änderung** der Satzung ist im Hinblick auf die Schiedsklausel mög-

---

17 BGH v. 16.03.2017, I ZB 49/16; zum Streitstand vgl.: BayObLGZ 1956, 186 (189); LG Heidelberg, ErbR 2014, 400; *Große-Wilde*, MDR 2015, 626; *Wendt*, ErbR 2014, 401; Staudinger-*Herzog*, BGB, § 2317 Rn. 94; MK-*Lange*, BGB, § 2317 Rn. 28; MK-*Leipold*, BGB, § 1937 Rn. 34 f.; *Nieder/Kössinger*, Hdb d. Testamentsgestaltung, Rn. 330; Musielak/Voit-*Voit*, ZPO, § 1066 Rn. 3; *Schulze*, MDR 2000, 314 (316); a.A. Zöller-*Geimer*, ZPO, § 1066 Rn. 18; *Schiffer*, ZErb 2014, 293; *Krug/Hähn*, Pflichtteilsprozess, § 15 Rn. 5 ff.; *Crezelius*, FS Westermann, S. 161, 172; *Wegmann*, ZEV 2003, 20; *Haas*, ZEV 2007, 53; *Pawlytta*, ZEV 2003, 89; *Geimer*, FS Schlosser, S. 197, 205.
18 OLG Hamm, NJW-RR 1991, 455.
19 Zu Schiedsabreden in Gesellschafterverträgen ausführlich und diff. *Haas*, SchiedsVZ 2007, 1, zur AG ausführlich *Habersack/Wasserbäch*, AG 2016, 2 ff.
20 OLG Köln v. 16.11.2012, 19 Sch 24/12, juris.
21 *Pitkowitz/Richter*, SchiedsVZ 2009, 226.
22 Musielak/Voit-*Voit*, ZPO, § 1066 Rn. 6.
23 BGH, NJW 1980, 1049; Musielak/Voit-*Voit*, ZPO, § 1066 Rn. 7; Stein/Jonas-*Schlosser*, ZPO, § 1066 Rn. 7; *Rüppell*, BB 2014, 1091 (1099); *Ebbing*, NZG 1999, 754 (755); a.A. *Habersack*, SchiedsVZ 2003, 241; Zöller-*Geimer*, ZPO, § 1066 Rn. 1.
24 BGHZ 48, 35 = NJW 1967, 2057, II.1.a.
25 BGHZ 159, 207 = NJW 2004, 2226 (2227) = SchiedsVZ 2004, 205, II.2.b.bb); Zöller-*Geimer*, ZPO, § 1066 Rn. 2.
26 BGHZ 144, 146 = MDR 2000, 777; BGHZ 38, 155 (162) = MDR 1963, 115; Musielak/Voit-*Voit*, ZPO, § 1066 Rn. 7; *Bosse/Hinderer*, NZG 2011, 601 (602); *Göz/Peitsmeyer*, DB 2009, 1915 (1918); *Habersack*, SchiedsVZ 2003, 241; *Rüppell*, BB 2014, 1091.
27 Vgl. BGHZ 128, 93 = NJW 1995, 583; LG Bremen, SpuRt 2014, 174 – spätere Schiedsgerichtsanrufung bzw. Verfahrensbeteiligung.
28 *Haas*, SchiedsVZ 2007, 1 ff.
29 BGHZ 88, 314 = NJW 1984, 1355; aber *Böttcher/Fischer*, NZG 2011, 601 (605) – notariell beurkundete Satzung verweist dynamisch auf stets aktuelle Schiedsordnung.
30 Zöller-*Geimer*, ZPO, § 1066 Rn. 3.
31 Zöller-*Geimer*, ZPO, § 1066 Rn. 4.
32 BGHZ 38, 155 (160) = NJW 1963, 203; BGHZ 48, 35 (43) = MDR 1967, 915; zweifelnd, ob dies heute Bestand hätte Zöller-*Geimer*, ZPO, § 1066 Rn. 4.
33 BGHZ 160, 127 = NJW 2004, 2898 = SchiedsVZ 2004, 259, II.3.a).
34 Musielak/Voit-*Voit*, ZPO, § 1066 Rn. 7; *Habersack/Wasserbäch*, AG 2016, 2 (3).
35 St. Rspr. BGH, NJW 1979, 2567.

lich, auch für entstandene Streitigkeiten (str.).[36] Dabei ist Mehrheitsentscheidung ausreichend, außer der Verein hat monopolartige Stellung oder aus anderem Grund ist für das Einzelmitglied Austritt praktisch ausgeschlossen, sodass faktisch ein zwanghaftes Unterwerfen vorliegt (str.).[37] In der Streitfrage ist abzuwägen zwischen Praktikabilitätserwägungen zur Satzungsänderung einerseits und Privatautonomie sowie Wahl gesetzlichen Richters andererseits, dies vor dem Hintergrund, dass immerhin § 1059 ZPO ein gewisses Korrektiv bietet.

Rechtsfolge ist entsprechende Anwendung der §§ 1025 ff. ZPO. Der Verweis enthält nicht die Normen, die eine Vereinbarung voraussetzen, etwa § 1029 ZPO, aber auch § 1031 ZPO, denn solche liegt bei § 1066 ZPO ja gerade nicht vor.[38] Bei Staatsvorbehalten oder -verfahren (§§ 1059–1065 ZPO) ist die Entsprechungsfolge des § 1066 ZPO allenfalls deklaratorisch, anders allenfalls bei § 1059 Abs. 2 Nr. 1 Buchst. a. ZPO.[39]

4

---

36 OLG München, NZG 1999, 780 (781); *Ebbing*, NZG 1999, 754 (755); *Habersack*, SchiedsVZ 2003, 241; a.A. BeckOK-*Wolf/Eslami*, ZPO, § 1066 Rn. 7.
37 Vgl. BGHZ 144, 146 (149) = NJW 2000, 1713 (1714), II.2.a. und b.; OLG München, NZG 1999, 780 (781); BGH v. 07.06.2016, KZR 6/15, juris.
38 MK-*Münch*, ZPO, § 1066 Rn. 23.
39 Im Ergebnis MK-*Münch*, ZPO, § 1066 Rn. 24.

BUCH 11
Justizielle Zusammenarbeit in der Europäischen Union
Vorbemerkungen zu §§ 1067–1117 ZPO

Das 11. Buch der ZPO regelt nach seiner Überschrift die justizielle Zusammenarbeit in der europäischen Union in Zivil- und Handelssachen. Entsprechend den im europäischen Bereich üblichen Regelungen geschieht dies nicht allein durch die Vorschriften des 11. Buches der ZPO, sondern in einem Zusammenspiel aus europäischen und deutschen Rechtsakten. Durch europäische Normsetzung werden Verordnungen und Richtlinien vorgegeben, die durch deutsches Recht ausgeführt und umgesetzt werden. Neben den Verordnungen und Richtlinien, auf die in den §§ 1067–1117 ZPO Bezug genommen wird, existieren noch eine Reihe weiterer europäischer und deutscher Normen, die die justizielle Zusammenarbeit in Europa regeln. Mithin bildet das 11. Buch der ZPO keineswegs die vollständige justizielle Zusammenarbeit in Europa im Bereich des Zivilrechts ab, enthält jedoch einige besonders wichtige Regelungsbereiche. 1

EU-Verordnungen haben gemäß Art. 288 Abs. 2 AEUV allgemeine Geltung, sind in allen Teilen verbindlich und finden in allen Mitgliedstaaten unmittelbare Anwendung. Sie sind damit in jedem Mitgliedstaat ohne Weiteres geltendes Recht. Eines Umsetzungsaktes durch Normen der Mitgliedstaaten bedarf es insoweit nicht. Soweit die jeweilige europäische Verordnung den Mitgliedstaaten eigene Regelungsspielräume eröffnet oder gar nationale Regelungen fordert, können oder müssen die Mitgliedstaaten davon durch eigene Regelungen Gebrauch machen. Der deutsche Gesetzgeber hat innerhalb dieser Möglichkeiten die §§ 1067–1069 ZPO (zur VO [EG] Nr. 1393/2007: EuZustVO), 1072–1075 ZPO (zur VO [EG] Nr. 1206/2001: EuBeweisVO), 1079–1086 ZPO (zur VO [EG] Nr. 805/2004: EuVTVO), 1087–1096 (zur VO [EG] Nr. 1896/2006: EuMahnVVO), 1097–1109 (zur VO [EG] Nr. 861/2007: EuGFVO) und 1110–1117 ZPO (zur VO [EU] 1215/2012: EuGVVO) erlassen. Der Bundestag hat am 23.03.2017 in der 3. Lesung einen von der Bundesregierung eingebrachten Gesetzentwurf zur Änderung von Vorschriften im Bereich des internationalen Privat- und Zivilverfahrensrechts beschlossen, durch den neben anderen Vorschriften der ZPO auch die Vorschriften der §§ 1067–1070, 1090, 1095, 1100, 1101 und 1104 ZPO geändert werden. Daneben werden durch das Gesetz die §§ 1092a, 1104a ZPO neu eingefügt. Das Gesetz tritt gemäß seines Art. 7 Abs. 1 am Tag nach der Verkündung in Kraft. Sofern davon §§ 1100, 1101, 1104 und 1104a ZPO betroffen sind, tritt es erst später, nämlich am 14.07.2017, in Kraft. Hier sind bereits die geänderten Vorschriften aufgenommen. 2

EU-Richtlinien stellen grundsätzlich kein in den Mitgliedstaaten unmittelbar geltendes Recht dar, sondern sind nach Art. 288 Abs. 3 AEUV für den jeweiligen Mitgliedstaat nur hinsichtlich des zu erreichenden Ziels verbindlich und überlassen den innerstaatlichen Stellen die Wahl der Formen und Mittel zur Erreichung des Ziels. EU-Richtlinien müssen daher – von für den hiesigen Regelungsbereich irrelevanten Ausnahmen abgesehen – zunächst durch innerstaatliches Recht umgesetzt werden, um im jeweiligen Mitgliedstaat Rechtswirkungen zu entfalten. Dies hat der deutsche Gesetzgeber hinsichtlich der RiL 2003/8/EG (PKH-RiLi) durch die §§ 1076–1078 ZPO getan. 3

Zusammengefasst handelt es sich bei den §§ 1067–1117 ZPO um die entsprechenden Durchführungs-, Ausführungs- und Umsetzungsbestimmungen europäischer Rechtsakte. Die Vorschriften stehen daher nicht für sich alleine, sondern sind immer ergänzend zu den entsprechenden europarechtlichen Vorschriften zu lesen. 4

ABSCHNITT 1
Zustellung nach der Verordnung (EG) Nr. 1393/2007

Vorbemerkungen zu §§ 1067–1071 ZPO

1 §§ 1067–1070 ZPO dienen der Ausführung der VO (EG) Nr. 1393/2007 (EuZustVO), die m. W. v. 13.11.2008 die VO (EG) Nr. 1348/2000 ersetzt hat. Die VO gilt in sämtlichen Mitgliedstaaten mit Ausnahme Dänemarks (Art. 1 Abs. 3 EuZustVO) gemäß Art. 288 Abs. 2 AEUV unmittelbar (vgl. dazu Vorbemerkungen zu §§ 1067–1117 Rn. 2) und wird in einzelnen Bereichen durch §§ 1067–1070 ZPO ergänzt und ausgeführt. Soweit Zustellungen zwischen anderen Mitgliedstaaten und Dänemark betroffen sind, richtet sich die Anwendbarkeit der EuZustVO nach dem Abkommen zwischen der Europäischen Gemeinschaft und dem Königreich Dänemark vom 19.10.2005 über die Zustellung gerichtlicher und außergerichtlicher Schriftstücke in Zivil- oder Handelssachen.

2 Die EuZustVO und §§ 1067–1070 ZPO regeln die staatenübergreifende Zustellung von gerichtlichen und außergerichtlichen Schriftstücken zwischen Mitgliedstaaten in Zivil- und Handelssachen. Außergerichtliche Schriftstücke sind auch private Schriftstücke, deren förmliche Übermittlung an einen ausländischen Empfänger zur Geltendmachung, zum Beweis oder zur Wahrung eines Rechts oder Anspruchs in Zivil- und Handelssachen erforderlich ist.[1] Ist der Empfänger des Schriftstücks in einem anderen Mitgliedstaat wohnhaft, findet die Zustellung des Schriftstücks ausschließlich nach der EuZustVO statt.[2] Dies wird nunmehr auch durch § 183 Abs. 1 Satz 1 ZPO n. F. klargestellt, der durch das Gesetz zur Änderung von Vorschriften im Bereich des internationalen Privat- und Zivilverfahrensrechts geändert wurde (vgl. dazu Vorbemerkungen zu §§ 1067–1117 Rn. 2). Durch dieses Gesetz wurden auch §§ 1067, 1068 und 1069 ZPO geändert sowie § 1070 ZPO neu eingefügt.

§ 1067
Zustellung durch diplomatische oder konsularische Vertretungen

(1) Eine Zustellung nach Artikel 13 der Verordnung (EG) Nr. 1393/2007 durch eine deutsche Auslandsvertretung an eine Person, die nicht die deutsche Staatsangehörigkeit besitzt, wird nur vorgenommen, sofern der Mitgliedstaat, in dem die Zustellung erfolgen soll, dies nicht durch eine Erklärung nach Artikel 23 Absatz 1 der Verordnung (EG) Nr. 1393/2007 ausgeschlossen hat.

(2) Eine Zustellung nach Artikel 13 der Verordnung (EG) Nr. 1393/2007, die in der Bundesrepublik Deutschland bewirkt werden soll, ist nur zulässig, wenn der Adressat des zuzustellenden Schriftstücks Staatsangehöriger des Übermittlungsstaats ist.

1 Art. 13 EuZustVO sieht als alternative Zustellungsmöglichkeit neben dem in Art. 4–11 EuZustVO etablierten System (Zustellung durch Übermittlungs- und Empfangsstellen, vgl. zu diesen Begriffen § 1069 Rn. 2) auch die Zustellung durch die diplomatischen oder konsularischen Vertretungen vor. Dabei gestatten Art. 13 Abs. 2, 23 Abs. 1 EuZustVO jedem Mitgliedstaat, ein Verbot dieser Zustellungsmöglichkeit auf seinem Hoheitsgebiet für den Fall vorzusehen, dass die Zustellung nicht an einen Staatsangehörigen des Übermittlungsstaates erfolgen soll. Von dieser Möglichkeit des Vorbehalts hat Deutschland durch § 1067 Abs. 2 ZPO Gebrauch gemacht. Eine Zustellung durch die diplomatische oder konsularische Vertretung an Deutsche Staatsangehörige oder Staatenlose in Deutschland ist damit unzulässig.

2 § 1067 Abs. 1 ZPO wurde durch das Gesetz zur Änderung von Vorschriften im Bereich des internationalen Privat- und Zivilverfahrensrechts neu eingefügt (vgl. dazu Vorbemerkungen zu §§ 1067–1117 Rn. 2). Der jetzige Abs. 2 war vor dieser Änderung alleiniger Inhalt von § 1067 ZPO. § 1067 Abs. 1 ZPO hat rein klarstellende Funktion dahingehend, dass vor einer Zustellung durch eine diplomatische oder konsularische deutsche Vertretung im Ausland an Nichtdeutsche zu prüfen ist, ob eine derartige Zustellung nicht in dem jeweiligen Mitgliedstaat nach Art. 13 Abs. 2, 23 Abs. 1 EuZustVO ausgeschlossen ist.[1]

---

1 EuGH v. 11.11.2015, C-223/14, juris, Rn. 31–46.
2 Vgl. EuGH, NJW 2013, 443 (443 f.).

Zu § 1067:
1 BT-Drucks. 18/10714, S. 19.

§ 1068
Zustellung durch die Post

(1) Zum Nachweis der Zustellung nach Artikel 14 der Verordnung (EG) Nr. 1393/2007 genügt der Rückschein oder der gleichwertige Beleg.

(2) Sofern die ausländische Übermittlungsstelle keine besondere, im deutschen Recht vorgesehene Form der Zustellung wünscht, kann ein Schriftstück, dessen Zustellung eine deutsche Empfangsstelle im Rahmen von Artikel 7 Abs. 1 der Verordnung (EG) Nr. 1393/2007 zu bewirken oder zu veranlassen hat, ebenfalls durch Einschreiben mit Rückschein zugestellt werden.

§ 1068 Abs. 1 ZPO betrifft die Zustellung von Schriftstücken durch die Übermittlungsstelle[1] (vgl. zum Begriff § 1069 Rn. 2) von Deutschland ins EU-Ausland durch die Post und lässt als Nachweis dafür den Rückschein beim Einschreiben oder den gleichwertigen Beleg und damit jedes andere für den Zustellungsnachweis vorhandene Beweismittel[2] zu. Damit entspricht die Vorschrift Art. 14 EuZustVO, der vorsieht, dass jeder Mitgliedstaat auch direkt durch die Post ins Ausland zustellen kann, ohne den Weg über die Empfangsstelle (vgl. zum Begriff § 1069 Rn. 3) im anderen Mitgliedstaat zu gehen. Der Mitgliedstaat, in den die Zustellung geht, kann gegen dieses Verfahren keinen Vorbehalt erklären. Die direkte Zustellung durch die Post und die Zustellung über die Empfangsstelle sind gleichgestellte Alternativen.[3] Werden beide bewirkt, entscheidet für die Fristwahrung die frühere Zustellung.[4] 1

§ 1068 Abs. 2 ZPO regelt die Zustellung, welche eine deutsche Empfangsstelle in Deutschland zu bewirken hat, nachdem sie von einem anderen Mitgliedstaat um die Zustellung ersucht wurde. Die Vorschrift gestattet insoweit die Zustellung durch Einschreiben mit Rückschein. Durch das Gesetz zur Änderung von Vorschriften im Bereich des internationalen Privat- und Zivilverfahrensrechts (vgl. dazu Vorbemerkungen zu §§ 1067–1117 Rn. 2) wurde in Abs. 2 ergänzend eingefügt, dass dies nur gilt, wenn nicht die ausländische Übermittlungsstelle, auf deren Ersuchen die Zustellung stattfindet, eine andere im deutschen Recht vorgesehene Form der Zustellung gewünscht hat. Die Neuregelung hat letztlich klarstellenden Charakter[5] und passt § 1068 Abs. 2 ZPO an Art. 7 Abs. 1 EuZustVO an, so dass keine Unklarheit mehr dahingehend besteht, dass vorrangig die von der ausländischen Übermittlungsstelle gewünschte Zustellungsform zu wählen ist und nur subsidiär auf das Einschreiben mit Rückschein zurückgegriffen werden darf. 2

§ 1069
Zuständigkeiten; Verordnungsermächtigungen

(1) Für Zustellungen im Ausland sind als deutsche Übermittlungsstelle im Sinne von Artikel 2 Abs. 1 der Verordnung (EG) Nr. 1393/2007 zuständig:
1. für gerichtliche Schriftstücke das die Zustellung betreibende Gericht und
2. für außergerichtliche Schriftstücke dasjenige Amtsgericht, in dessen Bezirk die Person, welche die Zustellung betreibt, ihren Wohnsitz oder gewöhnlichen Aufenthalt hat; bei notariellen Urkunden auch dasjenige Amtsgericht, in dessen Bezirk der beurkundende Notar seinen Amtssitz hat; bei juristischen Personen an die Stelle des Wohnsitzes oder des gewöhnlichen Aufenthalts der Sitz; die Landesregierungen können die Aufgaben der Übermittlungsstelle einem Amtsgericht für die Bezirke mehrerer Amtsgerichte durch Rechtsverordnung zuweisen.

(2) ¹Für Zustellungen in der Bundesrepublik Deutschland ist als deutsche Empfangsstelle im Sinne von Artikel 2 Abs. 2 der Verordnung (EG) Nr. 1393/2007 die Geschäftsstelle desjenigen Amtsgerichts zuständig, in dessen Bezirk das Schriftstück zugestellt werden soll. ²Die Landesregierungen können die Aufgaben der Empfangsstelle einem Amtsgericht für die Bezirke mehrerer Amtsgerichte durch Rechtsverordnung zuweisen.

(3) ¹Die Landesregierungen bestimmen durch Rechtsverordnung die Stelle, die in dem jeweiligen Land als deutsche Zentralstelle im Sinne von Artikel 3 Satz 1 der Verordnung (EG)

---

1 Und nicht etwa bei Parteizustellungen vgl. BeckOK-*Thode*, ZPO, § 1068 Rn. 5.
2 Baumbach/Lauterbach/Albers/Hartmann, ZPO, § 1068 Rn. 7.
3 EuGH, NJW 2006, 975.
4 EuGH, NJW 2006, 975 (975 f.).
5 BT-Drucks. 18/10714, S. 19.

Nr. 1393/2007 zuständig ist. ²Die Aufgaben der Zentralstelle können in jedem Land nur einer Stelle zugewiesen werden.

(4) Die Landesregierungen können die Befugnis zum Erlass einer Rechtsverordnung nach Absatz 1 Nr. 2, Absatz 2 Satz 2 und Absatz 3 Satz 1 einer obersten Landesbehörde übertragen.

1   Art. 2, 3 EuZustVO erlegen den Mitgliedstaaten die Benennung von Übermittlungs-, Empfangs- und zentralen Stellen auf. § 1069 ZPO benennt in Ausführung dieser Vorschriften die entsprechenden örtlich und sachlich zuständigen Stellen.

2   Übermittlungsstellen sind die Behörden, Amtspersonen oder sonstigen Personen, die die Übermittlung in andere Mitgliedstaaten zum Zwecke der Zustellung ausführen. Zustellungen gerichtlicher Schriftstücke durch andere Stellen sind nur zulässig, sofern eine Ausnahme nach Art. 12–15 EuZustVO vorliegt. Übermittlungsstelle ist in Deutschland für gerichtliche Schriftstücke nach § 1069 Abs. 1 Nr. 1 ZPO das die Zustellung betreibende Gericht und für außergerichtliche Schriftstücke (vgl. Vorbemerkungen zu §§ 1067–1071 Rn. 2) nach § 1069 Abs. 1 Nr. 2 ZPO das Amtsgericht, in dessen Bezirk die die Zustellung betreibende Person ihren Wohnsitz, gewöhnlichen Aufenthalt oder Sitz hat. Bei notariellen Urkunden ist außerdem das Amtsgericht zuständig, in dem der beurkundende Notar seinen Amtssitz hat. Die Landesregierungen können für außergerichtliche Schriftstücke die Zuständigkeit bei einzelnen Amtsgerichten durch Rechtsverordnung konzentrieren.

3   Empfangsstellen sind die Behörden, Amtspersonen oder sonstigen Personen, die für die Entgegennahme von gerichtlichen und außergerichtlichen Schriftstücken zuständig sind. Sie nehmen das Ersuchen auf Zustellung aus einem anderen Mitgliedstaat entgegen und sind für die Ausführung der Zustellung an den Adressaten zuständig. Nach § 1069 Abs. 2 ZPO ist zuständige Empfangsstelle das Amtsgericht, in dessen Bezirk die Zustellung erfolgen soll, wobei eine Konzentration für mehrere Amtsgerichtsbezirke bei einzelnen Amtsgerichten erfolgen kann. Durch das Gesetz zur Änderung von Vorschriften im Bereich des internationalen Privat- und Zivilverfahrensrechts (vgl. dazu Vorbemerkungen zu §§ 1067–1117 Rn. 2) wurde in § 1069 Abs. 2 ZPO ergänzend eingefügt, dass beim jeweiligen Amtsgericht die Geschäftsstelle zuständig ist, was über § 29 Nr. 1 RPflG zu einer funktionellen Zuständigkeit des Rechtspflegers führt.

4   Zentralstellen nach Art. 3 EuZustVO erteilen den Übermittlungsstellen Auskünfte, suchen bei Schwierigkeiten der Zustellung nach Lösungen und nehmen im Ausnahmefall auf Ersuchen der Übermittlungsstelle die Übermittlung des Zustellungsantrages an die Empfangsstelle vor. Gemäß § 1069 Abs. 3 ZPO wird die in dem jeweiligen Bundesland zuständige Zentralstelle durch Rechtsverordnung der Landesregierung ernannt.

§ 1070
Zustellung nach dem Abkommen zwischen der
Europäischen Gemeinschaft und dem Königreich Dänemark
vom 19. Oktober 2005 über die Zustellung gerichtlicher und außergerichtlicher
Schriftstücke in Zivil- oder Handelssachen

Wenn die Verordnung (EG) Nr. 1393/2007 im Verhältnis zu Dänemark auf Grund des Artikels 2 Absatz 1 des Abkommens zwischen der Europäischen Gemeinschaft und dem Königreich Dänemark vom 19. Oktober 2005 über die Zustellung gerichtlicher und außergerichtlicher Schriftstücke in Zivil- oder Handelssachen anwendbar ist, gelten die Vorschriften der §§ 1067 bis 1069 entsprechend.

1   § 1070 ZPO wurde durch das Gesetz zur Änderung von Vorschriften im Bereich des internationalen Privat- und Zivilverfahrensrechts neu eingefügt (vgl. dazu Vorbemerkungen zu §§ 1067–1117 Rn. 2). Gemäß Art. 1 Abs. 3 EuZustVO findet die EuZustVO auf Zustellungen im Verhältnis zu Dänemark keine Anwendung. Die Zustellung zwischen einem Mitgliedstaat und Dänemark wird durch das Abkommen zwischen der Europäischen Gemeinschaft und dem Königreich Dänemark vom 19. 10. 2005 über die Zustellung gerichtlicher und außergerichtlicher Schriftstücke in Zivil- oder Handelssachen geregelt. In diesem Abkommen werden die Vorschriften der EuZustVO unter bestimmten Voraussetzungen auch im Verhältnis zu Dänemark für anwendbar erklärt. § 1070 ZPO stellt klar, dass §§ 1067–1069 ZPO auch dann als Durchführungsvorschriften anwendbar sind, wenn aufgrund des genannten Abkommens zwischen der Europäischen Gemeinschaft und Dänemark die EuZustVO auf eine Zustellung zwischen einem anderen Mitgliedstaat und Dänemark Anwendung findet.

§ 1071
(weggefallen)

Anhang zu §§ 1067–1071
Zustellungsverordnung (EuZustVO)

Verordnung (EG) Nr. 1393/2007 des Europäischen Parlaments und des Rates vom 13.11.2007 über die Zustellung gerichtlicher und außergerichtlicher Schriftstücke in Zivil- oder Handelssachen in den Mitgliedstaaten („Zustellung von Schriftstücken") und zur Aufhebung der Verordnung (EG) Nr. 1348/2000 des Rates.
(ABl. EG L 324, S. 79)
In Kraft getreten teilweise am 13.08.2008 (Art. 23), im Wesentlichen am 13.11.2008.
Zuletzt geändert durch Verordnung (EU) Nr. 517/2013 vom 13.05.2013 m.W.v. 01.07.2013.

Das Europäische Parlament und der Rat der Europäischen Union

gestützt auf den Vertrag zur Gründung der Europäischen Gemeinschaft, insbesondere auf Artikel 61 Buchstabe c und Artikel 67 Absatz 5 zweiter Gedankenstrich,

auf Vorschlag der Kommission,[1]

nach Stellungnahme des Europäischen Wirtschafts- und Sozialausschusses,[2]

gemäß dem Verfahren des Artikels 251 des Vertrags,

in Erwägung nachstehender Gründe:

(1) Die Union hat sich zum Ziel gesetzt, einen Raum der Freiheit, der Sicherheit und des Rechts, in dem der freie Personenverkehr gewährleistet ist, zu erhalten und weiterzuentwickeln. Zum schrittweisen Aufbau dieses Raums erlässt die Gemeinschaft unter anderem im Bereich der justiziellen Zusammenarbeit in Zivilsachen die für das reibungslose Funktionieren des Binnenmarkts erforderlichen Maßnahmen.

(2) Für das reibungslose Funktionieren des Binnenmarkts muss die Übermittlung gerichtlicher und außergerichtlicher Schriftstücke in Zivil- oder Handelssachen, die in einem anderen Mitgliedstaat zugestellt werden sollen, zwischen den Mitgliedstaaten verbessert und beschleunigt werden.

(3) Der Rat hat mit Rechtsakt vom 26. Mai 1997[3] ein Übereinkommen über die Zustellung gerichtlicher und außergerichtlicher Schriftstücke in Zivil- oder Handelssachen in den Mitgliedstaaten der Europäischen Union erstellt und das Übereinkommen den Mitgliedstaaten zur Annahme gemäß ihren verfassungsrechtlichen Vorschriften empfohlen. Dieses Übereinkommen ist nicht in Kraft getreten. Die bei der Aushandlung dieses Übereinkommens erzielten Ergebnisse sind zu wahren.

(4) Am 29. Mai 2000 hat der Rat die Verordnung (EG) Nr. 1348/2000 über die Zustellung gerichtlicher und außergerichtlicher Schriftstücke in Zivil- oder Handelssachen in den Mitgliedstaaten[4] angenommen. Der wesentliche Inhalt des Übereinkommens hat in jene Verordnung Eingang gefunden.

(5) Am 1. Oktober 2004 hat die Kommission einen Bericht über die Anwendung der Verordnung (EG) Nr. 1348/2000 angenommen. Diesem Bericht zufolge hat sich die Übermittlung und Zustellung von Schriftstücken in den Mitgliedstaaten seit Anwendung der Verordnung (EG) Nr. 1348/2000 im Allgemeinen verbessert und beschleunigt, doch werden bestimmte Vorschriften nicht gänzlich zufrieden stellend angewandt.

(6) Die Wirksamkeit und Schnelligkeit der gerichtlichen Verfahren in Zivilsachen setzt voraus, dass die Übermittlung gerichtlicher und außergerichtlicher Schriftstücke unmittelbar und auf schnellstmöglichem Wege zwischen den von den Mitgliedstaaten benannten örtlichen Stellen erfolgt. Die Mitgliedstaaten dürfen erklären, dass sie nur eine Übermittlungs- oder Empfangs-

---
1 ABl. EU Nr. C 88 vom 11.4.2006, S. 7.
2 Stellungnahme des Europäischen Parlaments vom 04. Juli 2006 (ABl. EU Nr. C 303 E vom 13.12.2006, S. 69), Gemeinsamer Standpunkt des Rates vom 28. Juni 2007 (ABl. EU Nr. C 193 E vom 21.8.2007, S. 13) und Standpunkt des Europäischen Parlaments vom 24. Oktober 2007.
3 ABl. EU Nr. C 261 vom 27.8.1997, S. 1. Der Rat hat am Tag der Fertigstellung des Übereinkommens von dem erläuternden Bericht zu diesem Übereinkommen Kenntnis genommen. Dieser erläuternde Bericht ist auf Seite 26 des vorstehenden Amtsblatts enthalten.
4 ABl. EU Nr. L 160 vom 30.6.2000, S. 37.

stelle oder eine Stelle, die beide Funktionen zugleich wahrnimmt, für einen Zeitraum von fünf Jahren benennen wollen. Diese Benennung kann jedoch alle fünf Jahre erneuert werden.

(7) Eine schnelle Übermittlung erfordert den Einsatz aller geeigneten Mittel, wobei bestimmte Anforderungen an die Lesbarkeit und die Originaltreue des empfangenen Schriftstücks zu beachten sind. Zur Sicherstellung der Übermittlung muss das zu übermittelnde Schriftstück mit einem Formblatt versehen sein, das in der Amtssprache oder einer der Amtssprachen des Ortes auszufüllen ist, an dem die Zustellung erfolgen soll, oder in einer anderen vom Empfängerstaat anerkannten Sprache.

(8) Diese Verordnung sollte nicht für die Zustellung eines Schriftstücks an den Bevollmächtigten einer Partei in dem Mitgliedstaat gelten, in dem das Verfahren anhängig ist, unabhängig davon, wo die Partei ihren Wohnsitz hat.

(9) Die Zustellung eines Schriftstücks sollte so bald wie möglich, in jedem Fall aber innerhalb eines Monats nach Eingang bei der Empfangsstelle erfolgen.

(10) Um die Wirksamkeit dieser Verordnung zu gewährleisten, sollte die Möglichkeit, die Zustellung von Schriftstücken zu verweigern, auf Ausnahmefälle beschränkt werden.

(11) Um die Übermittlung und Zustellung von Schriftstücken zwischen den Mitgliedstaaten zu erleichtern, sollten die in den Anhängen dieser Verordnung enthaltenen Formblätter verwendet werden.

(12) Die Empfangsstelle sollte den Zustellungsempfänger schriftlich unter Verwendung des Formblatts darüber belehren, dass er die Annahme des Schriftstücks bei der Zustellung oder dadurch verweigern darf, dass er das Schriftstück binnen einer Woche an die Empfangsstelle zurücksendet, wenn es nicht in einer Sprache, die er versteht, oder in der Amtssprache oder einer der Amtssprachen des Zustellungsortes abgefasst ist. Diese Regel sollte auch für später erfolgende Zustellungen gelten, wenn der Empfänger sein Verweigerungsrecht ausgeübt hat. Diese Verweigerungsregeln sollten auch für die Zustellung durch die diplomatischen oder konsularischen Vertretungen, die Zustellung durch Postdienste oder die unmittelbare Zustellung gelten. Die Zustellung eines Schriftstücks, dessen Annahme verweigert wurde, an den Zustellungsempfänger sollte durch die Zustellung einer Übersetzung des zuzustellenden Schriftstücks an den Zustellungsempfänger bewirkt werden können.

(13) Auf eine schnelle Übermittlung muss auch eine schnelle Zustellung des Schriftstücks in den Tagen nach seinem Eingang folgen. Konnte das Schriftstück nach Ablauf eines Monats nicht zugestellt werden, so setzt die Empfangsstelle die Übermittlungsstelle davon in Kenntnis. Der Ablauf dieser Frist bedeutet nicht, dass der Antrag an die Übermittlungsstelle zurückgesandt werden muss, wenn feststeht, dass die Zustellung innerhalb einer angemessenen Frist möglich ist.

(14) Die Empfangsstelle sollte auch in den Fällen weiterhin alle für die Zustellung des Schriftstücks erforderlichen Schritte unternehmen, in denen es nicht möglich war, die Zustellung des Schriftstücks innerhalb eines Monats zu bewirken, beispielsweise weil der Beklagte urlaubsbedingt nicht zuhause war oder sich aus dienstlichen Gründen nicht in seinem Büro aufhielt. Die Übermittlungsstelle sollte jedoch zur Vermeidung einer unbefristeten Pflicht der Empfangsstelle, Schritte zur Zustellung des Schriftstücks zu unternehmen, in dem Formblatt eine Frist festlegen können, nach deren Ablauf die Zustellung nicht mehr erforderlich ist.

(15) Aufgrund der verfahrensrechtlichen Unterschiede zwischen den Mitgliedstaaten bestimmt sich der Zustellungszeitpunkt in den einzelnen Mitgliedstaaten nach unterschiedlichen Kriterien. Unter diesen Umständen und in Anbetracht der möglicherweise daraus entstehenden Schwierigkeiten sollte diese Verordnung deshalb eine Regelung vorsehen, nach der sich der Zustellungszeitpunkt nach dem Recht des Empfangsmitgliedstaats bestimmt. Muss jedoch nach dem Recht eines Mitgliedstaats ein Schriftstück innerhalb einer bestimmten Frist zugestellt werden, so sollte im Verhältnis zum Antragsteller als Datum der Zustellung das Datum gelten, das sich aus dem Recht dieses Mitgliedstaats ergibt. Diese Regelung des doppelten Datums besteht nur in einer begrenzten Zahl von Mitgliedstaaten. Diejenigen Mitgliedstaaten, die diese Regelung anwenden, sollten dies der Kommission mitteilen, die diese Information im Amtsblatt der Europäischen Union veröffentlichen und über das Europäische Justizielle Netz für Zivil- und Handelssachen, das durch die Entscheidung 2001/470/EG des Rates[5] eingerichtet worden ist, zugänglich machen sollte.

(16) Um den Zugang zum Recht zu erleichtern, sollten die Kosten, die dadurch entstehen, dass bei der Zustellung eine Amtsperson oder eine andere nach dem Recht des Empfangsmitgliedstaats zuständige Person mitwirkt, einer von diesem Mitgliedstaat nach den Grundsätzen der Verhältnismäßigkeit und der Nichtdiskriminierung im Voraus festgesetzten einheitlichen Fest-

---

5 ABl. EU Nr. L 174 vom 27. 6. 2001, S. 25.

gebühr entsprechen. Das Erfordernis einer einheitlichen Festgebühr sollte nicht die Möglichkeit ausschließen, dass die Mitgliedstaaten unterschiedliche Festgebühren für unterschiedliche Arten der Zustellung festlegen, sofern sie diese Grundsätze beachten.

(17) Es sollte jedem Mitgliedstaat freistehen, Personen, die ihren Wohnsitz in einem anderen Mitgliedstaat haben, Schriftstücke unmittelbar durch Postdienste per Einschreiben mit Rückschein oder gleichwertigem Beleg zustellen zu lassen.

(18) Jeder an einem gerichtlichen Verfahren Beteiligte sollte Schriftstücke unmittelbar durch Amtspersonen, Beamte oder sonstige zuständige Personen des Empfangsmitgliedstaats zustellen lassen können, wenn eine solche unmittelbare Zustellung nach dem Recht dieses Mitgliedstaats zulässig ist.

(19) Die Kommission sollte ein Handbuch mit Informationen zur ordnungsgemäßen Anwendung dieser Verordnung erstellen, das über das Europäische Justizielle Netz für die Zusammenarbeit in Zivil- und Handelssachen zugänglich gemacht werden sollte. Die Kommission und die Mitgliedstaaten sollten ihr Möglichstes tun, um sicherzustellen, dass diese Informationen aktuell und vollständig sind, insbesondere hinsichtlich der Kontaktinformationen zu den Empfangs- und den Übermittlungsstellen.

(20) Die Berechnung der in dieser Verordnung vorgesehenen Fristen und Termine sollte nach Maßgabe der Verordnung (EWG, Euratom) Nr. 1182/71 des Rates vom 3. Juni 1971 zur Festlegung der Regeln für die Fristen, Daten und Termine[6] erfolgen.

(21) Die zur Durchführung dieser Verordnung erforderlichen Maßnahmen sollten gemäß dem Beschluss 1999/468/EG des Rates vom 28. Juni 1999 zur Festlegung der Modalitäten für die Ausübung der der Kommission übertragenen Durchführungsbefugnisse[7] erlassen werden.

(22) Der Kommission sollte insbesondere die Befugnis zur Aktualisierung oder technischen Anpassung der Formblätter in den Anhängen übertragen werden. Da es sich bei diesen Maßnahmen um Maßnahmen von allgemeiner Tragweite zur Änderung bzw. Streichung nicht wesentlicher Bestimmungen dieser Verordnung handelt, müssen sie nach Artikel 5a des Beschlusses 1999/468/EG im Regelungsverfahren mit Kontrolle erlassen werden.

(23) In den Beziehungen zwischen den Mitgliedstaaten, die Vertragsparteien der von den Mitgliedstaaten geschlossenen bilateralen oder multilateralen Übereinkünfte oder Vereinbarungen sind, insbesondere des Protokolls zum Brüsseler Übereinkommen vom 27. September 1968[8] und des Haager Übereinkommens vom 15. November 1965[9], hat diese Verordnung in ihrem Anwendungsbereich Vorrang vor den Bestimmungen der Übereinkünfte oder Vereinbarungen mit demselben Anwendungsbereich. Es steht den Mitgliedstaaten frei, Übereinkünfte oder Vereinbarungen zur Beschleunigung oder Vereinfachung der Übermittlung von Schriftstücken beizubehalten oder zu schließen, sofern diese Übereinkünfte oder Vereinbarungen mit dieser Verordnung vereinbar sind.

(24) Die nach dieser Verordnung übermittelten Daten sollten angemessen geschützt werden. Diese Frage wird durch die Richtlinie 95/46/EG des Europäischen Parlaments und des Rates vom 24. Oktober 1995 zum Schutz natürlicher Personen bei der Verarbeitung personenbezogener Daten und zum freien Datenverkehr[10] und die Richtlinie 2002/58/EG des Europäischen Parlaments und des Rates vom 12. Juli 2002 über die Verarbeitung personenbezogener Daten und den Schutz der Privatsphäre im Bereich der Telekommunikation (Datenschutzrichtlinie für elektronische Kommunikation)[11] geregelt.

(25) Spätestens am 1. Juni 2011 und danach alle fünf Jahre sollte die Kommission die Anwendung der Verordnung prüfen und gegebenenfalls erforderliche Änderungen vorschlagen.

(26) Da die Ziele dieser Verordnung auf Ebene der Mitgliedstaaten nicht ausreichend erreicht werden können und daher wegen ihres Umfangs und ihrer Wirkungen besser auf Gemeinschaftsebene zu verwirklichen sind, kann die Gemeinschaft im Einklang mit dem in Artikel 5 des Vertrags niedergelegten Subsidiaritätsprinzip tätig werden. Entsprechend dem in demsel-

---

6 ABl. EU Nr. L 124 vom 8.6.1971, S. 1.
7 ABl. EU Nr. L 184 vom 17.7.1999, S. 23. Geändert durch den Beschluss 2006/512/EG (ABl. EU Nr. L 200 vom 22.7.2006, S. 11).
8 Brüsseler Übereinkommen vom 27. September 1968 über die gerichtliche Zuständigkeit und die Vollstreckbarkeit gerichtlicher Entscheidungen in Zivil- und Handelssachen (ABl. EG Nr. L 299 vom 31.12.1972, S. 32. Konsolidierte Fassung im ABl. EG Nr. C 27 vom 26.1.1998, S. 1).
9 Haager Übereinkommen vom 15. November 1965 über die Zustellung gerichtlicher und außergerichtlicher Schriftstücke im Ausland in Zivil- und Handelssachen.
10 ABl. EG Nr. L 281 vom 23.11.1995, S. 31. Geändert durch die Verordnung (EG) Nr. 1882/2003 (ABl. EG Nr. L 284 vom 31.10.2003, S. 1).
11 ABl. EG Nr. L 201 vom 31.7.2002, S. 37. Geändert durch die Richtlinie 2006/24/EG (ABl. EU Nr. L 105 vom 13.4.2006, S. 54).

ben Artikel genannten Grundsatz der Verhältnismäßigkeit geht diese Verordnung nicht über das zur Erreichung dieser Ziele erforderliche Maß hinaus.

(27) Im Interesse einer besseren Übersicht und Verständlichkeit sollte die Verordnung (EG) Nr. 1348/2000 aufgehoben und durch die vorliegende Verordnung ersetzt werden.

(28) Gemäß Artikel 3 des dem Vertrag über die Europäische Union und dem Vertrag zur Gründung der Europäischen Gemeinschaft beigefügten Protokolls über die Position des Vereinigten Königreichs und Irlands beteiligen sich das Vereinigte Königreich und Irland an der Annahme und Anwendung dieser Verordnung.

(29) Gemäß den Artikeln 1 und 2 des dem Vertrag über die Europäische Union und dem Vertrag zur Gründung der Europäischen Gemeinschaft beigefügten Protokolls über die Position Dänemarks beteiligt sich Dänemark nicht an der Annahme dieser Verordnung, die für Dänemark nicht bindend oder anwendbar ist —

haben folgende Verordnung erlassen:

Kapitel I
Allgemeine Bestimmungen

Artikel 1
Anwendungsbereich

(1) [1]Diese Verordnung ist in Zivil- oder Handelssachen anzuwenden, in denen ein gerichtliches oder außergerichtliches Schriftstück von einem in einen anderen Mitgliedstaat zum Zwecke der Zustellung zu übermitteln ist. [2]Sie erfasst insbesondere nicht Steuer- und Zollsachen, verwaltungsrechtliche Angelegenheiten sowie die Haftung des Staates für Handlungen oder Unterlassungen im Rahmen der Ausübung hoheitlicher Rechte („acta iure imperii").

(2) Diese Verordnung findet keine Anwendung, wenn die Anschrift des Empfängers des Schriftstücks unbekannt ist.

(3) Im Sinne dieser Verordnung bezeichnet der Begriff „Mitgliedstaat" alle Mitgliedstaaten mit Ausnahme Dänemarks.

Artikel 2
Übermittlungs- und Empfangsstellen

(1) Jeder Mitgliedstaat benennt die Amtspersonen, Behörden oder sonstigen Personen, die für die Übermittlung gerichtlicher und außergerichtlicher Schriftstücke, die in einem anderen Mitgliedstaat zuzustellen sind, zuständig sind, im Folgenden „Übermittlungsstellen" genannt.

(2) Jeder Mitgliedstaat benennt die Amtspersonen, Behörden oder sonstigen Personen, die für die Entgegennahme gerichtlicher und außergerichtlicher Schriftstücke aus einem anderen Mitgliedstaat zuständig sind, im Folgenden „Empfangsstellen" genannt.

(3) [1]Die Mitgliedstaaten können entweder eine Übermittlungsstelle und eine Empfangsstelle oder eine Stelle für beide Aufgaben benennen. [2]Bundesstaaten, Staaten mit mehreren Rechtssystemen oder Staaten mit autonomen Gebietskörperschaften können mehrere derartige Stellen benennen. [3]Diese Benennung ist für einen Zeitraum von fünf Jahren gültig und kann alle fünf Jahre erneuert werden.

(4) [1]Jeder Mitgliedstaat teilt der Kommission folgende Angaben mit:

a) die Namen und Anschriften der Empfangsstellen nach den Absätzen 2 und 3,

b) den Bereich, für den diese örtlich zuständig sind,

c) die ihnen zur Verfügung stehenden Möglichkeiten für den Empfang von Schriftstücken und

d) die Sprachen, in denen das Formblatt in Anhang I ausgefüllt werden darf.

[2]Die Mitgliedstaaten teilen der Kommission jede Änderung dieser Angaben mit.

Artikel 3
Zentralstelle

[1]Jeder Mitgliedstaat benennt eine Zentralstelle, die

a) den Übermittlungsstellen Auskünfte erteilt;

b) nach Lösungswegen sucht, wenn bei der Übermittlung von Schriftstücken zum Zwecke der Zustellung Schwierigkeiten auftreten;

c) in Ausnahmefällen auf Ersuchen einer Übermittlungsstelle einen Zustellungsantrag an die zuständige Empfangsstelle weiterleitet.

[2]Bundesstaaten, Staaten mit mehreren Rechtssystemen oder Staaten mit autonomen Gebietskörperschaften können mehrere Zentralstellen benennen.

Kapitel II
Gerichtliche Schriftstücke

Abschnitt 1
Übermittlung und Zustellung von gerichtlichen Schriftstücken

Artikel 4
Übermittlung von Schriftstücken

(1) Gerichtliche Schriftstücke sind zwischen den nach Artikel 2 benannten Stellen unmittelbar und so schnell wie möglich zu übermitteln.

(2) Die Übermittlung von Schriftstücken, Anträgen, Zeugnissen, Empfangsbestätigungen, Bescheinigungen und sonstigen Dokumenten zwischen den Übermittlungs- und Empfangsstellen kann auf jedem geeigneten Übermittlungsweg erfolgen, sofern das empfangene Dokument mit dem versandten Dokument inhaltlich genau übereinstimmt und alle darin enthaltenen Angaben mühelos lesbar sind.

(3) ¹Dem zu übermittelnden Schriftstück ist ein Antrag beizufügen, der nach dem Formblatt in Anhang I erstellt wird. ²Das Formblatt ist in der Amtssprache des Empfangsmitgliedstaats oder, wenn es in diesem Mitgliedstaat mehrere Amtssprachen gibt, der Amtssprache oder einer der Amtssprachen des Ortes, an dem die Zustellung erfolgen soll, oder in einer sonstigen Sprache, die der Empfangsmitgliedstaat zugelassen hat, auszufüllen. ³Jeder Mitgliedstaat gibt die Amtssprache oder die Amtssprachen der Organe der Europäischen Union an, die er außer seiner oder seinen eigenen Amtssprache(n) für die Ausfüllung des Formblatts zulässt.

(4) Die Schriftstücke sowie alle Dokumente, die übermittelt werden, bedürfen weder der Beglaubigung noch einer anderen gleichwertigen Formalität.

(5) Wünscht die Übermittlungsstelle die Rücksendung einer Abschrift des Schriftstücks zusammen mit der Bescheinigung nach Artikel 10, so übermittelt sie das betreffende Schriftstück in zweifacher Ausfertigung.

Artikel 5
Übersetzung der Schriftstücke

(1) Der Antragsteller wird von der Übermittlungsstelle, der er das Schriftstück zum Zweck der Übermittlung übergibt, davon in Kenntnis gesetzt, dass der Empfänger die Annahme des Schriftstücks verweigern darf, wenn es nicht in einer der in Artikel 8 genannten Sprachen abgefasst ist.

(2) Der Antragsteller trägt etwaige vor der Übermittlung des Schriftstücks anfallende Übersetzungskosten unbeschadet einer etwaigen späteren Kostenentscheidung des zuständigen Gerichts oder der zuständigen Behörde.

Artikel 6
Entgegennahme der Schriftstücke durch die Empfangsstelle

(1) Nach Erhalt des Schriftstücks übersendet die Empfangsstelle der Übermittlungsstelle auf schnellstmöglichem Wege und so bald wie möglich, auf jeden Fall aber innerhalb von sieben Tagen nach Erhalt des Schriftstücks, eine Empfangsbestätigung unter Verwendung des Formblatts in Anhang I.

(2) Kann der Zustellungsantrag aufgrund der übermittelten Angaben oder Dokumente nicht erledigt werden, so nimmt die Empfangsstelle auf schnellstmöglichem Wege Verbindung zu der Übermittlungsstelle auf, um die fehlenden Angaben oder Schriftstücke zu beschaffen.

(3) Fällt der Zustellungsantrag offenkundig nicht in den Anwendungsbereich dieser Verordnung oder ist die Zustellung wegen Nichtbeachtung der erforderlichen Formvorschriften nicht möglich, sind der Zustellungsantrag und die übermittelten Schriftstücke sofort nach Erhalt unter Verwendung des Formblatts in Anhang I an die Übermittlungsstelle zurückzusenden.

(4) ¹Eine Empfangsstelle, die ein Schriftstück erhält, für dessen Zustellung sie örtlich nicht zuständig ist, leitet dieses Schriftstück zusammen mit dem Zustellungsantrag an die örtlich zuständige Empfangsstelle in demselben Mitgliedstaat weiter, sofern der Antrag den Voraussetzungen in Artikel 4 Absatz 3 entspricht; sie setzt die Übermittlungsstelle unter Verwendung des Formblatts in Anhang I davon in Kenntnis. ²Die örtlich zuständige Empfangsstelle teilt der Übermittlungsstelle gemäß Absatz 1 den Eingang des Schriftstücks mit.

Artikel 7
Zustellung der Schriftstücke

(1) Die Zustellung des Schriftstücks wird von der Empfangsstelle bewirkt oder veranlasst, und zwar entweder nach dem Recht des Empfangsmitgliedstaats oder in einem von der Übermitt-

lungsstelle gewünschten besonderen Verfahren, sofern dieses Verfahren mit dem Recht des Empfangsmitgliedstaats vereinbar ist.

(2) ¹Die Empfangsstelle unternimmt alle erforderlichen Schritte, um die Zustellung des Schriftstücks so rasch wie möglich, in jedem Fall jedoch binnen einem Monat nach Eingang auszuführen. ²Konnte die Zustellung nicht binnen einem Monat nach Eingang vorgenommen werden, verfährt die Empfangsstelle wie folgt:

a) Sie teilt dies der Übermittlungsstelle unverzüglich unter Verwendung der Bescheinigung mit, die in dem Formblatt in Anhang I vorgesehen und gemäß Artikel 10 Absatz 2 auszufüllen ist, und

b) Sie unternimmt weiterhin, sofern die Übermittlungsstelle nichts anderes angibt, alle für die Zustellung des Schriftstücks erforderlichen Schritte, falls die Zustellung innerhalb einer angemessenen Frist möglich scheint.

Artikel 8
Verweigerung der Annahme eines Schriftstücks

(1) Die Empfangsstelle setzt den Empfänger unter Verwendung des Formblatts in Anhang II davon in Kenntnis, dass er die Annahme des zuzustellenden Schriftstücks bei der Zustellung verweigern oder das Schriftstück der Empfangsstelle binnen einer Woche zurücksenden darf, wenn das Schriftstück nicht in einer der folgenden Sprachen abgefasst oder keine Übersetzung in einer der folgenden Sprachen beigefügt ist:

a) einer Sprache, die der Empfänger versteht,

oder

b) der Amtssprache des Empfangsmitgliedstaats oder, wenn es im Empfangsmitgliedstaat mehrere Amtssprachen gibt, der Amtssprache oder einer der Amtssprachen des Ortes, an dem die Zustellung erfolgen soll.

(2) Wird der Empfangsstelle mitgeteilt, dass der Empfänger die Annahme des Schriftstücks gemäß Absatz 1 verweigert hat, so setzt sie die Übermittlungsstelle unter Verwendung der Bescheinigung nach Artikel 10 unverzüglich davon in Kenntnis und sendet den Antrag sowie die Schriftstücke, um deren Übersetzung ersucht wird, zurück.

(3) ¹Hat der Empfänger die Annahme des Schriftstücks gemäß Absatz 1 verweigert, kann die Zustellung dadurch bewirkt werden, dass dem Empfänger im Einklang mit dieser Verordnung das Dokument zusammen mit einer Übersetzung des Schriftstücks in eine der in Absatz 1 vorgesehenen Sprachen zugestellt wird. ²In diesem Fall ist das Datum der Zustellung des Schriftstücks das Datum, an dem die Zustellung des Dokuments zusammen mit der Übersetzung nach dem Recht des Empfangsmitgliedstaats bewirkt wird. ³Muss jedoch nach dem Recht eines Mitgliedstaats ein Schriftstück innerhalb einer bestimmten Frist zugestellt werden, so ist im Verhältnis zum Antragsteller als Datum der Zustellung der nach Artikel 9 Absatz 2 ermittelte Tag maßgeblich, an dem das erste Schriftstück zugestellt worden ist.

(4) Die Absätze 1, 2 und 3 gelten auch für die Übermittlung und Zustellung gerichtlicher Schriftstücke nach Abschnitt 2.

(5) Für die Zwecke von Absatz 1 gilt Folgendes: Erfolgt die Zustellung gemäß Artikel 13 durch diplomatische oder konsularische Vertretungen bzw. gemäß Artikel 14 durch eine Behörde oder Person, so setzen die diplomatischen oder konsularischen Vertretungen bzw. die zustellende Behörde oder Person den Empfänger davon in Kenntnis, dass er die Annahme des Schriftstücks verweigern darf und dass Schriftstücke, deren Annahme verweigert wurden, diesen Vertretungen bzw. dieser Behörde oder Person zu übermitteln sind.

Artikel 9
Datum der Zustellung

(1) Unbeschadet des Artikels 8 ist für das Datum der nach Artikel 7 erfolgten Zustellung eines Schriftstücks das Recht des Empfangsmitgliedstaats maßgeblich.

(2) Muss jedoch nach dem Recht eines Mitgliedstaats ein Schriftstück innerhalb einer bestimmten Frist zugestellt werden, so ist im Verhältnis zum Antragsteller als Datum der Zustellung der Tag maßgeblich, der sich aus dem Recht dieses Mitgliedstaats ergibt.

(3) Die Absätze 1 und 2 gelten auch für die Übermittlung und Zustellung gerichtlicher Schriftstücke nach Abschnitt 2.

Artikel 10
Bescheinigung über die Zustellung und Abschrift des zugestellten Schriftstücks

(1) ¹Nach Erledigung der für die Zustellung des Schriftstücks vorzunehmenden Schritte wird nach dem Formblatt in Anhang I eine entsprechende Bescheinigung ausgestellt, die der Über-

mittlungsstelle übersandt wird. ²Bei Anwendung von Artikel 4 Absatz 5 wird der Bescheinigung eine Abschrift des zugestellten Schriftstücks beigefügt.

(2) ¹Die Bescheinigung ist in der Amtssprache oder in einer der Amtssprachen des Übermittlungsmitgliedstaats oder in einer sonstigen Sprache, die der Übermittlungsmitgliedstaat zugelassen hat, auszustellen. ²Jeder Mitgliedstaat gibt die Amtssprache oder die Amtssprachen der Organe der Europäischen Union an, die er außer seiner oder seinen eigenen Amtssprache(n) für die Ausfüllung des Formblatts zulässt.

Artikel 11
Kosten der Zustellung

(1) Für die Zustellung gerichtlicher Schriftstücke aus einem anderen Mitgliedstaat darf keine Zahlung oder Erstattung von Gebühren und Auslagen für die Tätigkeit des Empfangsmitgliedstaats verlangt werden.

(2) Der Antragsteller hat jedoch die Auslagen zu zahlen oder zu erstatten, die dadurch entstehen,

a) dass bei der Zustellung eine Amtsperson oder eine andere nach dem Recht des Empfangsmitgliedstaats zuständige Person mitwirkt;

b) dass ein besonderes Verfahren der Zustellung gewählt wird.

Auslagen, die dadurch entstehen, dass bei der Zustellung eine Amtsperson oder eine andere nach dem Recht des Empfangsmitgliedstaats zuständige Person mitwirkt, müssen einer von diesem Mitgliedstaat nach den Grundsätzen der Verhältnismäßigkeit und der Nichtdiskriminierung im Voraus festgesetzten einheitlichen Festgebühr entsprechen. Die Mitgliedstaaten teilen der Kommission die jeweiligen Festgebühren mit.

Abschnitt 2
Andere Arten der Zustellung und Zustellung gerichtlicher Schriftstücke

Artikel 12
Übermittlung auf konsularischem oder diplomatischem Weg

Jedem Mitgliedstaat steht es in Ausnahmefällen frei, den nach Artikel 2 oder Artikel 3 benannten Stellen eines anderen Mitgliedstaats gerichtliche Schriftstücke zum Zweck der Zustellung auf konsularischem oder diplomatischem Weg zu übermitteln.

Artikel 13
Zustellung von Schriftstücken durch die diplomatischen oder konsularischen Vertretungen

(1) Jedem Mitgliedstaat steht es frei, Personen, die ihren Wohnsitz in einem anderen Mitgliedstaat haben, gerichtliche Schriftstücke unmittelbar durch seine diplomatischen oder konsularischen Vertretungen ohne Anwendung von Zwang zustellen zu lassen.

(2) Jeder Mitgliedstaat kann nach Artikel 23 Absatz 1 mitteilen, dass er eine solche Zustellung in seinem Hoheitsgebiet nicht zulässt, außer wenn das Schriftstück einem Staatsangehörigen des Übermittlungsmitgliedstaats zuzustellen ist.

Artikel 14
Zustellung durch Postdienste

Jedem Mitgliedstaat steht es frei, Personen, die ihren Wohnsitz in einem anderen Mitgliedstaat haben, gerichtliche Schriftstücke unmittelbar durch Postdienste per Einschreiben mit Rückschein oder gleichwertigem Beleg zustellen zu lassen.

Artikel 15
Unmittelbare Zustellung

Jeder an einem gerichtlichen Verfahren Beteiligte kann gerichtliche Schriftstücke unmittelbar durch Amtspersonen, Beamte oder sonstige zuständige Personen des Empfangsmitgliedstaats zustellen lassen, wenn eine solche unmittelbare Zustellung nach dem Recht dieses Mitgliedstaats zulässig ist.

Kapitel III
Außergerichtliche Schriftstücke

Artikel 16
Übermittlung

Außergerichtliche Schriftstücke können zum Zweck der Zustellung in einem anderen Mitgliedstaat nach Maßgabe dieser Verordnung übermittelt werden.

Kapitel IV
Schlussbestimmungen

Artikel 17
Durchführungsbestimmungen

Die Maßnahmen zur Änderung nicht wesentlicher Elemente dieser Verordnung wie die Aktualisierung oder technische Anpassung der Formblätter in den Anhängen I und II werden nach dem Regelungsverfahren mit Kontrolle gemäß Artikel 18 Absatz 2 erlassen.

Artikel 18
Ausschuss

(1) Die Kommission wird von einem Ausschuss unterstützt.

(2) Wird auf diesen Absatz Bezug genommen, so gelten Artikel 5a Absätze 1 bis 4 und Artikel 7 des Beschlusses 1999/468/EG unter Beachtung von dessen Artikel 8.

Artikel 19
Nichteinlassung des Beklagten

(1) War ein verfahrenseinleitendes Schriftstück oder ein gleichwertiges Schriftstück nach dieser Verordnung zum Zweck der Zustellung in einen anderen Mitgliedstaat zu übermitteln und hat sich der Beklagte nicht auf das Verfahren eingelassen, so hat das Gericht das Verfahren auszusetzen, bis festgestellt ist,

a) dass das Schriftstück in einem Verfahren zugestellt worden ist, das das Recht des Empfangsmitgliedstaats für die Zustellung der in seinem Hoheitsgebiet ausgestellten Schriftstücke an dort befindliche Personen vorschreibt, oder

b) dass das Schriftstück tatsächlich entweder dem Beklagten persönlich ausgehändigt oder nach einem anderen in dieser Verordnung vorgesehenen Verfahren in seiner Wohnung abgegeben worden ist,

und dass in jedem dieser Fälle das Schriftstück so rechtzeitig zugestellt oder ausgehändigt bzw. abgegeben worden ist, dass der Beklagte sich hätte verteidigen können.

(2) Jeder Mitgliedstaat kann nach Artikel 23 Absatz 1 mitteilen, dass seine Gerichte ungeachtet des Absatzes 1 den Rechtsstreit entscheiden können, auch wenn keine Bescheinigung über die Zustellung oder die Aushändigung bzw. Abgabe eingegangen ist, sofern folgende Voraussetzungen gegeben sind:

a) Das Schriftstück ist nach einem in dieser Verordnung vorgesehenen Verfahren übermittelt worden.

b) Seit der Absendung des Schriftstücks ist eine Frist von mindestens sechs Monaten verstrichen, die das Gericht nach den Umständen des Falles als angemessen erachtet.

c) Trotz aller zumutbaren Schritte bei den zuständigen Behörden oder Stellen des Empfangsmitgliedstaats war eine Bescheinigung nicht zu erlangen.

(3) Unbeschadet der Absätze 1 und 2 kann das Gericht in dringenden Fällen einstweilige Maßnahmen oder Sicherungsmaßnahmen anordnen.

(4) War ein verfahrenseinleitendes Schriftstück oder ein gleichwertiges Schriftstück nach dieser Verordnung zum Zweck der Zustellung in einen anderen Mitgliedstaat zu übermitteln und ist eine Entscheidung gegen einen Beklagten ergangen, der sich nicht auf das Verfahren eingelassen hat, so kann ihm das Gericht in Bezug auf Rechtsmittelfristen die Wiedereinsetzung in den vorigen Stand bewilligen, sofern

a) der Beklagte ohne sein Verschulden nicht so rechtzeitig Kenntnis von dem Schriftstück erlangt hat, dass er sich hätte verteidigen können, und nicht so rechtzeitig Kenntnis von der Entscheidung erlangt hat, dass er sie hätte anfechten können, und

b) die Verteidigung des Beklagten nicht von vornherein aussichtslos scheint.

Ein Antrag auf Wiedereinsetzung in den vorigen Stand kann nur innerhalb einer angemessenen Frist, nachdem der Beklagte von der Entscheidung Kenntnis erhalten hat, gestellt werden. Jeder Mitgliedstaat kann nach Artikel 23 Absatz 1 erklären, dass dieser Antrag nach Ablauf einer in seiner Mitteilung anzugebenden Frist unzulässig ist; diese Frist muss jedoch mindestens ein Jahr ab Erlass der Entscheidung betragen.

(5) Absatz 4 gilt nicht für Entscheidungen, die den Personenstand betreffen.

Artikel 20
Verhältnis zu von den Mitgliedstaaten geschlossenen Übereinkünften und Vereinbarungen

(1) Die Verordnung hat in ihrem Anwendungsbereich Vorrang vor den Bestimmungen, die in den von den Mitgliedstaaten geschlossenen bilateralen oder multilateralen Übereinkünften

oder Vereinbarungen enthalten sind, insbesondere vor Artikel IV des Protokolls zum Brüsseler Übereinkommen von 1968 und vor dem Haager Übereinkommen vom 15. November 1965.

(2) Die Verordnung hindert einzelne Mitgliedstaaten nicht daran, Übereinkünfte oder Vereinbarungen zur weiteren Beschleunigung oder Vereinfachung der Übermittlung von Schriftstücken beizubehalten oder zu schließen, sofern sie mit dieser Verordnung vereinbar sind.

(3) Die Mitgliedstaaten übermitteln der Kommission:

a) eine Abschrift der zwischen den Mitgliedstaaten geschlossenen Übereinkünfte oder Vereinbarungen nach Absatz 2 sowie Entwürfe dieser von ihnen geplanten Übereinkünfte oder Vereinbarungen sowie

b) jede Kündigung oder Änderung dieser Übereinkünfte oder Vereinbarungen.

Artikel 21
Prozesskostenhilfe

Artikel 23 des Abkommens über den Zivilprozess vom 17. Juli 1905, Artikel 24 des Übereinkommens über den Zivilprozess vom 1. März 1954 und Artikel 13 des Abkommens über die Erleichterung des internationalen Zugangs zu den Gerichten vom 25. Oktober 1980 bleiben im Verhältnis zwischen den Mitgliedstaaten, die Vertragspartei dieser Übereinkünfte sind, von dieser Verordnung unberührt.

Artikel 22
Datenschutz

(1) Die Empfangsstelle darf die nach dieser Verordnung übermittelten Informationen – einschließlich personenbezogener Daten – nur zu dem Zweck verwenden, zu dem sie übermittelt wurden.

(2) Die Empfangsstelle stellt die Vertraulichkeit derartiger Informationen nach Maßgabe ihres nationalen Rechts sicher.

(3) Die Absätze 1 und 2 berühren nicht das Auskunftsrecht von Betroffenen über die Verwendung der nach dieser Verordnung übermittelten Informationen, das ihnen nach dem einschlägigen nationalen Recht zusteht.

(4) Die Richtlinien 95/46/EG und 2002/58/EG bleiben von dieser Verordnung unberührt.

Artikel 23
Mitteilung und Veröffentlichung

(1) [1]Die Mitgliedstaaten teilen der Kommission die Angaben nach den Artikeln 2, 3, 4, 10, 11, 13, 15 und 19 mit. [2]Die Mitgliedstaaten teilen der Kommission mit, ob nach ihrem innerstaatlichen Recht ein Dokument gemäß Artikel 8 Absatz 3 und Artikel 9 Absatz 2 innerhalb einer bestimmten Frist zugestellt werden muss.

(2) Die Kommission veröffentlicht die gemäß Absatz 1 mitgeteilten Angaben im Amtsblatt der Europäischen Union, mit Ausnahme der Anschriften und sonstigen Kontaktdaten der Stellen und der Zentralstellen und ihrer geografischen Zuständigkeitsgebiete.

(3) Die Kommission sorgt für die Erstellung und regelmäßige Aktualisierung eines Handbuchs, das die Angaben nach Absatz 1 enthält und in elektronischer Form bereitgestellt wird, insbesondere über das Europäische Justizielle Netz für Zivil- und Handelssachen.

Artikel 24
Überprüfung

[1]Die Kommission legt dem Europäischen Parlament, dem Rat und dem Europäischen Wirtschafts- und Sozialausschuss spätestens am 1. Juni 2011 und danach alle fünf Jahre einen Bericht über die Anwendung dieser Verordnung vor, wobei sie insbesondere auf die Effizienz der nach Artikel 2 bezeichneten Stellen und die praktische Anwendung des Artikels 3 Buchstabe c und des Artikels 9 achtet. [2]Diesem Bericht werden erforderlichenfalls Vorschläge zur Anpassung dieser Verordnung an die Entwicklung der Zustellungssysteme beigefügt.

Artikel 25
Aufhebung der Verordnung (EG) Nr. 1348/2000

(1) Die Verordnung (EG) Nr. 1348/2000 wird mit Beginn der Geltung dieser Verordnung aufgehoben.

(2) Jede Bezugnahme auf die aufgehobene Verordnung gilt als Bezugnahme auf die vorliegende Verordnung nach Maßgabe der Entsprechungstabelle in Anhang III.

Artikel 26
Inkrafttreten

Diese Verordnung tritt am zwanzigsten Tag nach ihrer Veröffentlichung im Amtsblatt der Europäischen Union in Kraft.
Sie gilt ab dem 13. November 2008 mit Ausnahme des Artikels 23, der ab dem 13. August 2008 gilt.

Vom Abdruck des Anhangs nebst Formblättern wurde abgesehen.

ABSCHNITT 2
Beweisaufnahme nach der Verordnung (EG) Nr. 1206/2001

Vorbemerkungen zu §§ 1072–1075 ZPO

1 §§ 1072–1075 ZPO enthalten Ausführungsvorschriften für die VO (EG) Nr. 1206/2001 (EuBeweisVO). Die VO gilt in sämtlichen Mitgliedstaaten mit Ausnahme Dänemarks (Art. 1 Abs. 3 EuBeweisVO) gemäß Art. 288 Abs. 2 AEUV unmittelbar (vgl. dazu Vorbem. zu §§ 1067–1117 Rn. 2) und wird in einzelnen Bereichen durch §§ 1072–1075 ZPO ergänzt und ausgeführt. Die EuBeweisVO regelt die Durchführung von grenzüberschreitenden Beweisaufnahmen im europäischen Bereich in Zivil- und Handelssachen. Die EuBeweisVO und die deutschen Ausführungsvorschriften beziehen sich auf alle Beweisverfahren, also auch auf Urkundenprozesse und selbstständige Beweisverfahren[1] sowie auf die förmliche Parteieinvernahme.[2] Sie sind auch im Verfahren der einstweiligen Anordnung anwendbar.[3]

2 §§ 1072, 1073 ZPO betreffen die Beweisaufnahme für deutsche Verfahren im Ausland. §§ 1074, 1075 ZPO regeln Beweisaufnahmen aus ausländischen Verfahren in der Bundesrepublik.

§ 1072
Beweisaufnahme in den Mitgliedstaaten der Europäischen Union

Soll die Beweisaufnahme nach der Verordnung (EG) Nr. 1206/2001 erfolgen, so kann das Gericht
1. unmittelbar das zuständige Gericht eines anderen Mitgliedstaats um Aufnahme des Beweises ersuchen oder
2. unter den Voraussetzungen des Artikels 17 der Verordnung (EG) Nr. 1206/2001 eine unmittelbare Beweisaufnahme in einem anderen Mitgliedstaat beantragen.

1 § 1072 ZPO fasst – ohne eigenen Regelungscharakter zu haben – die von der Verordnung gegebenen zwei Möglichkeiten der Beweiserhebung für ein deutsches Verfahren in einem anderen Mitgliedstaat zusammen. Ein deutsches Gericht kann entweder das Gericht des Mitgliedstaates um Aufnahme des Beweises ersuchen, so dass das ausländische Gericht die Beweisaufnahme selbstständig durchführt (vgl. Art. 1 Abs. 1 Buchst. a, Art. 10–16 EuBeweisVO) oder es kann eine unmittelbare, eigene oder von einem Sachverständigen durchgeführte Beweiserhebung in einem anderen Mitgliedstaat beantragen (Art. 1 Abs. 1 Buchst. b, Art. 17 EuBeweisVO).

§ 1073
Teilnahmerechte

(1) [1]Das ersuchende deutsche Gericht oder ein von diesem beauftragtes Mitglied darf im Geltungsbereich der Verordnung (EG) Nr. 1206/2001 bei der Erledigung des Ersuchens auf Beweisaufnahme durch das ersuchte ausländische Gericht anwesend und beteiligt sein. [2]Parteien, deren Vertreter sowie Sachverständige können sich hierbei in dem Umfang beteiligen, in dem sie in dem betreffenden Verfahren an einer inländischen Beweisaufnahme beteiligt werden dürfen.

---

1 Baumbach/Lauterbach/Albers/Hartmann, ZPO, § 1072 Rn. 3.
2 BeckOK-*Thode*, ZPO, Vorb. § 1072.
3 EuGH v. 21.02.2013, C-332/11, juris, Rn. 35.

(2) Eine unmittelbare Beweisaufnahme im Ausland nach Artikel 17 Abs. 3 der Verordnung (EG) Nr. 1206/2001 dürfen Mitglieder des Gerichts sowie von diesem beauftragte Sachverständige durchführen.

Die Vorschrift des § 1073 ZPO regelt die Teilnahmerechte bei der durchzuführenden Beweisaufnahme. Dabei ist zwischen bloßen Anwesenheitsrechten einerseits und Beteiligungsrechten (z.b. Fragerechten) andererseits zu unterscheiden.[1] Außerdem muss zwischen den verschiedenen Möglichkeiten der Beweiserhebung (siehe § 1072 ZPO) differenziert werden. 1

Wird die Beweiserhebung gemäß § 1072 Nr. 1 ZPO, Art. 1 Abs. 1 Buchst. a EuBeweisVO durch das ausländische Gericht durchgeführt, unterliegt sie gemäß Art. 10 Abs. 2 EuBeweisVO den nationalen Vorschriften des ausländischen Gerichts über die Beweiserhebung. Art. 11 Abs. 1 EuBeweisVO und Art. 12 Abs. 1, 2 EuBeweisVO stellen jedoch klar, dass sich die Anwesenheit und die Beteiligung von Parteien, deren Vertretern, Gerichtsangehörigen und gegebenenfalls Sachverständigen danach richtet, ob dies im Recht des ersuchenden Staates vorgesehen ist. § 1073 Abs. 1 Satz 1 ZPO gestattet dementsprechend dem ersuchenden Gericht oder einem von ihm beauftragten Mitglied die Anwesenheit und Beteiligung an der Beweiserhebung. § 1073 Abs. 1 Satz 2 ZPO ermöglicht den Parteien, deren Vertretern und Sachverständigen die Teilnahme und Beteiligung nach Maßgabe der ZPO. Das ersuchte Gericht kann jedoch gemäß Art. 11 Abs. 3, 4 EuBeweisVO und Art. 12 Abs. 4, 5 EuBeweisVO Bedingungen für die Anwesenheit und Beteiligung der Personen an der Beweiserhebung festlegen. 2

Für den Fall einer unmittelbaren Beweiserhebung nach § 1072 Nr. 2 ZPO, Art. 1 Abs. 1 Buchst. b EuBeweisVO wiederholt § 1073 Abs. 2 ZPO letztlich Art. 17 Abs. 3 EuBeweisVO, wonach die Durchführung der unmittelbaren Beweiserhebung durch das deutsche Gericht den Mitgliedern des Gerichts oder einem von ihm beauftragten Sachverständigen obliegt. Die Beweisaufnahme kann also auch durch einen vom deutschen Gericht beauftragten Sachverständigen z.b. bei einem Ortstermin durchgeführt werden.[2] Parteisachverständigen steht dieses Recht nicht zu.[3] Der gerichtliche Sachverständige darf auch ohne Einhaltung des Verfahrens nach Art. 17 EuBeweisVO Untersuchungen für sein Gutachten im Ausland durchführen, sofern er dazu keine Orte betreten muss, die einen Zusammenhang zur Ausübung hoheitlicher Gewalt haben.[4] 3

§ 1074
Zuständigkeiten nach der Verordnung (EG) Nr. 1206/2001

(1) Für Beweisaufnahmen in der Bundesrepublik Deutschland ist als ersuchtes Gericht im Sinne von Artikel 2 Abs. 1 der Verordnung (EG) Nr. 1206/2001 dasjenige Amtsgericht zuständig, in dessen Bezirk die Verfahrenshandlung durchgeführt werden soll.

(2) Die Landesregierungen können die Aufgaben des ersuchten Gerichts einem Amtsgericht für die Bezirke mehrerer Amtsgerichte durch Rechtsverordnung zuweisen.

(3) ¹Die Landesregierungen bestimmen durch Rechtsverordnung die Stelle, die in dem jeweiligen Land
1. als deutsche Zentralstelle im Sinne von Artikel 3 Abs. 1 der Verordnung (EG) Nr. 1206/2001 zuständig ist,
2. als zuständige Stelle Ersuchen auf unmittelbare Beweisaufnahme im Sinne von Artikel 17 Abs. 1 der Verordnung (EG) Nr. 1206/2001 entgegennimmt.

²Die Aufgaben nach den Nummern 1 und 2 können in jedem Land nur jeweils einer Stelle zugewiesen werden.

(4) Die Landesregierungen können die Befugnis zum Erlass einer Rechtsverordnung nach den Absätzen 2 und 3 Satz 1 einer obersten Landesbehörde übertragen.

§ 1074 ZPO regelt die Zuständigkeiten bei Beweisaufnahmen in Deutschland für Verfahren aus anderen Mitgliedstaaten. § 1074 Abs. 1 ZPO legt das zuständige Amtsgericht fest, das als ersuchtes Gericht die Beweisaufnahme für das ausländische Verfahren durchzuführen hat. Insoweit ist das Amtsgericht zuständig, in dessen Bezirk die Verfahrenshandlung durchgeführt werden soll. § 1074 Abs. 2 ZPO gestattet eine Konzentration für mehrere Amtsgerichtsbezirke 1

---

1 Zöller-*Geimer*, ZPO, § 1073 Rn. 1.
2 Thomas/Putzo-*Reichold*, ZPO, § 1073 Rn. 2.
3 Musielak/Voit-*Stadler*, ZPO, § 1073 Rn. 4.
4 EuGH v. 21.02.2013, C-332/11, juris, Rn. 38–54; a.A. Musielak/Voit-*Stadler*, ZPO, § 1073 Rn. 4.

durch Rechtsverordnung der Landesregierung. § 1074 Abs. 3 ZPO überträgt die Befugnis zur Festlegung einer deutschen Zentralstelle im Sinne von Art. 3 Abs. 1, 2 EuBeweisVO sowie zur Festlegung einer Stelle für Ersuchen auf unmittelbare Beweiserhebung durch das ausländische Gericht nach Art. 3 Abs. 3, Art. 17 EuBeweisVO auf die Landesregierungen.

§ 1075
Sprache eingehender Ersuchen

Aus dem Ausland eingehende Ersuchen auf Beweisaufnahme sowie Mitteilungen nach der Verordnung (EG) Nr. 1206/2001 müssen in deutscher Sprache abgefasst oder von einer Übersetzung in die deutsche Sprache begleitet sein.

1 In Ausführung von Art. 5 EuBeweisVO regelt § 1075 ZPO, dass aus dem Ausland eingehende Ersuchen auf Beweisaufnahme in deutscher Sprache abgefasst oder von einer Übersetzung in die deutsche Sprache begleitet sein müssen.

Anhang zu §§ 1072–1075

Beweisaufnahmeverordnung (EuBeweisVO)

Verordnung (EG) Nr. 1206/2001 des Rates vom 28. 05. 2001 über die Zusammenarbeit zwischen den Gerichten der Mitgliedstaaten auf dem Gebiet der Beweisaufnahme
in Zivil- oder Handelssachen
(ABl. EG L 174, S. 1)
Zuletzt geändert durch VO (EG) Nr. 1103/2008 vom 22. 10. 2008,
berichtigt in Artikel 22 zum 30. 11. 2016 (Abl L 324 S. 19)

Der Rat der Europäischen Union
gestützt auf den Vertrag zur Gründung der Europäischen Gemeinschaft, insbesondere auf Artikel 61 Buchstabe c) und Artikel 67 Absatz 1,
auf Initiative der Bundesrepublik Deutschland,[1]
nach Stellungnahme des Europäischen Parlaments,[2]
nach Stellungnahme des Wirtschafts- und Sozialausschusses,[3]
in Erwägung nachstehender Gründe:
(1) Die Union hat sich zum Ziel gesetzt, einen Raum der Freiheit, der Sicherheit und des Rechts, in dem die Freizügigkeit gewährleistet ist, zu erhalten und weiterzuentwickeln. Zum schrittweisen Aufbau dieses Raums erlässt die Gemeinschaft unter anderem im Bereich der justiziellen Zusammenarbeit in Zivilsachen die für das reibungslose Funktionieren des Binnenmarkts erforderlichen Maßnahmen.
(2) Für das reibungslose Funktionieren des Binnenmarkts sollte die Zusammenarbeit zwischen den Gerichten auf dem Gebiet der Beweisaufnahme verbessert, insbesondere vereinfacht und beschleunigt werden.
(3) Der Europäische Rat hat auf seiner Tagung vom 15. und 16. Oktober 1999 in Tampere daran erinnert, dass neue verfahrensrechtliche Vorschriften für grenzüberschreitende Fälle, insbesondere im Bereich der Beweisaufnahme, auszuarbeiten sind.
(4) Dieser Bereich fällt unter Artikel 65 des Vertrags.
(5) Da die Ziele dieser Verordnung – die Verbesserung der Zusammenarbeit zwischen den Gerichten auf dem Gebiet der Beweisaufnahme in Zivil- oder Handelssachen – auf der Ebene der Mitgliedstaaten nicht ausreichend erreicht werden können und daher besser auf Gemeinschaftsebene erreicht werden können, kann die Gemeinschaft diese Maßnahmen im Einklang mit dem in Artikel 5 des Vertrags niedergelegten Grundsatz der Subsidiarität annehmen. Entsprechend dem in demselben Artikel niedergelegten Verhältnismäßigkeitsprinzip geht diese Verordnung nicht über das für die Erreichung dieser Ziele erforderliche Maß hinaus.

---

1 ABl. EG Nr. C 314 vom 3. 11. 2000, S. 2.
2 Stellungnahme vom 14. März 2001.
3 Stellungnahme vom 28. Februar 2001.

(6) Bislang gibt es auf dem Gebiet der Beweisaufnahme keine alle Mitgliedstaaten bindende Übereinkunft. Das Haager Übereinkommen vom 18. März 1970 über die Beweisaufnahme im Ausland in Zivil- oder Handelssachen gilt nur zwischen elf Mitgliedstaaten der Europäischen Union.

(7) Da es für eine Entscheidung in einem bei einem Gericht eines Mitgliedstaats anhängigen zivil- oder handelsrechtlichen Verfahren oft erforderlich ist, in einem anderen Mitgliedstaat Beweis erheben zu lassen, darf sich die Tätigkeit der Gemeinschaft nicht auf den unter die Verordnung (EG) Nr. 1348/2000 des Rates vom 29. Mai 2000 über die Zustellung gerichtlicher und außergerichtlicher Schriftstücke in Zivil- oder Handelssachen in den Mitgliedstaaten[4] fallenden Bereich der Übermittlung gerichtlicher und außergerichtlicher Schriftstücke in Zivil- und Handelssachen beschränken. Daher muss die Zusammenarbeit der Gerichte der Mitgliedstaaten auf dem Gebiet der Beweisaufnahme weiter verbessert werden.

(8) Eine effiziente Abwicklung gerichtlicher Verfahren in Zivil- oder Handelssachen setzt voraus, dass die Übermittlung der Ersuchen um Beweisaufnahme und deren Erledigung direkt und auf schnellstmöglichem Wege zwischen den Gerichten der Mitgliedstaaten erfolgt.

(9) Eine schnelle Übermittlung der Ersuchen um Beweisaufnahme erfordert den Einsatz aller geeigneten Mittel, wobei bestimmte Bedingungen hinsichtlich der Lesbarkeit und der Zuverlässigkeit des eingegangenen Dokuments zu beachten sind. Damit ein Höchstmaß an Klarheit und Rechtssicherheit gewährleistet ist, müssen die Ersuchen um Beweisaufnahme anhand eines Formblatts übermittelt werden, das in der Sprache des Mitgliedstaats des ersuchten Gerichts oder in einer anderen von diesem Staat anerkannten Sprache auszufüllen ist. Aus denselben Gründen empfiehlt es sich, auch für die weitere Kommunikation zwischen den betreffenden Gerichten nach Möglichkeit Formblätter zu verwenden.

(10) Ein Ersuchen um Beweisaufnahme sollte rasch erledigt werden. Kann das Ersuchen innerhalb von 90 Tagen nach Eingang bei dem ersuchten Gericht nicht erledigt werden, so sollte dieses das ersuchende Gericht hiervon unter Angabe der Gründe, die einer zügigen Erledigung des Ersuchens entgegenstehen, in Kenntnis zu setzen.

(11) Um die Wirksamkeit dieser Verordnung zu gewährleisten, ist die Möglichkeit, die Erledigung eines Ersuchens um Beweisaufnahme abzulehnen, auf eng begrenzte Ausnahmefälle zu beschränken.

(12) Das ersuchte Gericht sollte das Ersuchen nach Maßgabe des Rechts seines Mitgliedstaats erledigen.

(13) Die Parteien und gegebenenfalls ihre Vertreter sollten der Beweisaufnahme beiwohnen können, wenn dies im Recht des Mitgliedstaats des ersuchenden Gerichts vorgesehen ist, damit sie die Verhandlungen wie im Falle einer Beweisaufnahme im Mitgliedstaat des ersuchenden Gerichts verfolgen können. Sie sollten auch das Recht haben, die Beteiligung an den Verhandlungen zu beantragen, damit sie an der Beweisaufnahme aktiver mitwirken können. Die Bedingungen jedoch, unter denen sie teilnehmen dürfen, sollten vom ersuchten Gericht nach Maßgabe des Rechts seines Mitgliedstaats festgelegt werden.

(14) Die Beauftragten des ersuchenden Gerichts sollten der Beweisaufnahme beiwohnen können, wenn dies mit dem Recht des Mitgliedstaats des ersuchenden Gerichts vereinbar ist, damit eine bessere Beweiswürdigung erfolgen kann. Sie sollten ebenfalls das Recht haben, die Beteiligung an den Verhandlungen zu beantragen – wobei die vom ersuchten Gericht nach Maßgabe des Rechts seines Mitgliedstaats festgelegten Bedingungen zu beachten sind –, damit sie an der Beweisaufnahme aktiver mitwirken können.

(15) Damit die Beweisaufnahme erleichtert wird, sollte es einem Gericht in einem Mitgliedstaat möglich sein, nach seinem Recht in einem anderen Mitgliedstaat mit dessen Zustimmung unmittelbar Beweis zu erheben, wobei die von der Zentralstelle oder der zuständigen Behörde des ersuchten Mitgliedstaats festgelegten Bedingungen zu beachten sind.

(16) Für die Erledigung des Ersuchens nach Artikel 10 sollte keine Erstattung von Gebühren und Auslagen verlangt werden dürfen. Falls jedoch das ersuchte Gericht die Erstattung verlangt, sollten die Aufwendungen für Sachverständige und Dolmetscher sowie die aus der Anwendung von Artikel 10 Absätze 3 und 4 entstehenden Auslagen nicht von jenem Gericht getragen werden. In einem solchen Fall hat das ersuchende Gericht die erforderlichen Maßnahmen zu ergreifen, um die unverzügliche Erstattung sicherzustellen. Wird die Stellungnahme eines Sachverständigen verlangt, kann das ersuchte Gericht vor der Erledigung des Ersuchens das ersuchende Gericht um eine angemessene Kaution oder einen angemessenen Vorschuss für die Sachverständigenkosten bitten.

---

[4] ABl. EG Nr. L 160 vom 30.6.2000, S. 37

(17) Diese Verordnung sollte in ihrem Anwendungsbereich Vorrang vor den Bestimmungen zwischen den Mitgliedstaaten geschlossener internationaler Übereinkommen haben. Es sollte den Mitgliedstaaten freistehen, untereinander Übereinkünfte oder Vereinbarungen zur weiteren Vereinfachung der Zusammenarbeit auf dem Gebiet der Beweisaufnahme zu treffen, sofern diese Übereinkünfte oder Vereinbarungen mit dieser Verordnung vereinbar sind.

(18) Die nach dieser Verordnung übermittelten Daten müssen geschützt werden. Da die Richtlinie 95/46/EG des Europäischen Parlaments und des Rates vom 24. Oktober 1995 zum Schutz natürlicher Personen bei der Verarbeitung personenbezogener Daten und zum freien Datenverkehr[5] und die Richtlinie 97/66/EG des Europäischen Parlaments und des Rates vom 15. Dezember 1997 über die Verarbeitung personenbezogener Daten und den Schutz der Privatsphäre im Bereich der Telekommunikation[6] Anwendung finden, sind entsprechende spezielle Bestimmungen in dieser Verordnung über Datenschutz nicht erforderlich.

(19) Die zur Durchführung dieser Verordnung erforderlichen Maßnahmen sollten gemäß dem Beschluss 99/468/EG des Rates vom 28. Juni 1999 zur Festlegung der Modalitäten für die Ausübung der der Kommission übertragenen Durchführungsbefugnisse[7] erlassen werden.

(20) Um eine einwandfreie Anwendung dieser Verordnung sicherzustellen, sollte die Kommission deren Durchführung prüfen und gegebenenfalls die notwendigen Änderungen vorschlagen.

(21) Das Vereinigte Königreich und Irland haben gemäß Artikel 3 des dem Vertrag über die Europäische Union und dem Vertrag zur Gründung der Europäischen Gemeinschaft beigefügten Protokolls über die Position des Vereinigten Königreichs und Irlands mitgeteilt, dass sie sich an der Annahme und Anwendung dieser Verordnung beteiligen möchten.

(22) Dänemark beteiligt sich gemäß den Artikeln 1 und 2 des dem Vertrag über die Europäische Union und dem Vertrag zur Gründung der Europäischen Gemeinschaft beigefügten Protokolls über die Position Dänemarks nicht an der Annahme dieser Verordnung, die daher für Dänemark nicht bindend und Dänemark gegenüber nicht anwendbar ist –

folgende Verordnung erlassen:

Kapitel I
Allgemeine Bestimmungen

Artikel 1
Anwendungsbereich

(1) Diese Verordnung ist in Zivil- oder Handelssachen anzuwenden, wenn das Gericht eines Mitgliedstaats nach seinen interstaatlichen Rechtsvorschriften

a) das zuständige Gericht eines anderen Mitgliedstaats um Beweisaufnahme ersucht, oder

b) darum ersucht, in einem anderen Mitgliedstaat unmittelbar Beweis erheben zu dürfen.

(2) Um Beweisaufnahme darf nicht ersucht werden, wenn die Beweise nicht zur Verwendung in einem bereits eingeleiteten oder zu eröffnenden gerichtlichen Verfahren bestimmt sind.

(3) Im Sinne dieser Verordnung bezeichnet der Ausdruck „Mitgliedstaat" die Mitgliedstaaten mit Ausnahme Dänemarks.

Artikel 2
Unmittelbarer Geschäftsverkehr zwischen den Gerichten

(1) Ersuchen nach Artikel 1 Absatz 1 Buchstabe a) (nachstehend „Ersuchen" genannt) sind von dem Gericht, bei dem das Verfahren eingeleitet wurde oder eröffnet werden soll (nachstehend „ersuchendes Gericht" genannt), unmittelbar dem zuständigen Gericht eines anderen Mitgliedstaats (nachstehend „ersuchtes Gericht" genannt) zur Durchführung der Beweisaufnahme zu übersenden.

(2) [1]Jeder Mitgliedstaat erstellt eine Liste der für die Durchführung von Beweisaufnahmen nach dieser Verordnung zuständigen Gerichte. [2]In dieser Liste ist auch der örtliche Zuständigkeitsbereich und gegebenenfalls die besondere fachliche Zuständigkeit dieser Gerichte anzugeben.

Artikel 3
Zentralstelle

(1) Jeder Mitgliedstaat bestimmt eine Zentralstelle, die

---

5 ABl. EG Nr. L 281 vom 23.11.1995, S. 31.
6 ABl. EG Nr. L 24 vom 30.1.1998, S. 1.
7 ABl. EG Nr. L 184 vom 17.7.1999, S. 23

a) den Gerichten Auskünfte erteilt;
b) nach Lösungswegen sucht, wenn bei einem Ersuchen Schwierigkeiten auftreten;
c) in Ausnahmefällen auf Ersuchen eines ersuchenden Gerichts ein Ersuchen an das zuständige Gericht weiterleitet;

(2) Bundesstaaten, Staaten mit mehreren Rechtssystemen oder Staaten mit autonomen Gebietskörperschaften können mehrere Zentralstellen bestimmten.

(3) Jeder Mitgliedstaat benennt ferner die in Absatz 1 genannte Zentralstelle oder eine oder mehrere zuständige Behörden als verantwortliche Stellen für Entscheidungen über Ersuchen nach Artikel 17.

Kapitel II
Übermittlung und Erledigung der Ersuchen

Abschnitt 1
Übermittlung des Ersuchens

Artikel 4
Form und Inhalt des Ersuchens

(1) ¹Das Ersuchen wird unter Verwendung des im Anhang enthaltenen Formblattes A oder gegebenenfalls des Formblattes I gestellt. ²Es enthält folgende Angaben:

a) das ersuchende und gegebenenfalls das ersuchte Gericht;
b) den Namen und die Anschrift der Parteien gegebenenfalls ihrer Vertreter;
c) die Art und den Gegenstand der Rechtssache sowie eine gedrängte Darstellung des Sachverhalts;
d) die Bezeichnung der durchzuführenden Beweisaufnahme;
e) bei einem Ersuchen um Vernehmung einer Person:
  – Name und Anschrift der zu vernehmenden Personen
  – die Fragen, welche an die zu vernehmenden Personen gerichtet werden sollen, oder den Sachverhalt, über den sie vernommen werden sollen;
  – gegebenenfalls einen Hinweis auf ein nach dem Recht des Mitgliedstaats des ersuchenden Gerichts bestehendes Zeugnisverweigerungsrecht;
  – gegebenenfalls den Antrag, die Vernehmung unter Eid oder eidesstaatlicher Versicherung durchzuführen, und gegebenenfalls die dabei zu verwendende Formel;
  – gegebenenfalls alle anderen Informationen, die das ersuchende Gericht für erforderlich hält.
f) bei einem Ersuchen um eine sonstige Beweisaufnahme die Urkunden oder die anderen Gegenstände, die geprüft werden sollen;
g) gegebenenfalls Anträge nach Artikel 10 Absätze 3 und 4, Artikel 11 und Artikel 12 und für die Anwendung dieser Bestimmungen erforderlichen Erläuterungen.

(2) Die Ersuchen sowie alle dem Ersuchen beigefügten Unterlagen bedürfen weder der Beglaubigung noch einer anderen gleichwertigen Formalität.

(3) Schriftstücke, deren Beifügung das ersuchende Gericht für die Erledigung des Ersuchens für notwendig hält, sind mit einer Übersetzung in die Sprache zu versehen, in der das Ersuchen abgefasst wurde.

Artikel 5
Sprachen

¹Das Ersuchen und die auf Grund dieser Verordnung gemachten Mitteilungen sind in der Amtssprache des ersuchten Mitgliedstaats oder, wenn es in dieser Mitgliedstaat mehrere Amtssprachen gibt, in der Amtssprache oder einer der Amtssprachen des Ortes, an dem die beantragte Beweisaufnahme durchgeführt werden soll, oder in einer anderen Sprache, die der ersuchte Mitgliedstaat zugelassen hat, abzufassen. ²Jeder Mitgliedstaat hat die Amtssprache bzw. die Amtssprachen der Organe der Europäischen Gemeinschaft anzugeben, die er außer seiner bzw. seinen eigenen für die Ausfüllung des Formblatts zulässt.

Artikel 6
Übermittlung der Ersuchen der sonstigen Mitteilungen

¹Ersuchen und Mitteilungen nach dieser Verordnung werden auf dem schnellstmöglichen Wege übermittelt, mit dem der ersuchte Mitgliedstaat sich einverstanden erklärt hat. ²Die Übermittlung kann auf jedem geeigneten Übermittlungsweg erfolgen, sofern das empfangene

Dokument mit dem versandten Dokument inhaltlich genau übereinstimmt und alle darin enthaltenen Angaben lesbar sind.

Abschnitt 2
Entgegennahme des Ersuchens

Artikel 7
Entgegennahme des Ersuchens

(1) Das ersuchte zuständige Gericht übersendet dem ersuchenden Gericht innerhalb von sieben Tagen nach Eingang des Ersuchens eine Empfangsbestätigung unter Verwendung des Formblatts B im Anhang; entspricht das Ersuchen nicht den Bedingungen der Artikel 5 und 6, so bringt das ersuchte Gericht einen entsprechenden Vermerk in der Empfangsbestätigung an.

(2) Fällt die Erledigung eines unter Verwendung des Formblatts A im Anhang gestellten Ersuchens, das die Bedingungen nach Artikel 5 erfüllt, nicht in die Zuständigkeit des Gerichts, an das es übermittelt wurde, so leitet dieses das Ersuchen an das zuständige Gericht seines Mitgliedstaats weiter und unterrichtet das ersuchende Gericht unter Verwendung des Formblatts A im Anhang hiervon.

Artikel 8
Unvollständiges Ersuchen

(1) Kann ein Ersuchen nicht erledigt werden, weil es nicht alle erforderlichen Angaben gemäß Artikel 4 enthält, so setzt das ersuchte Gericht unverzüglich, spätestens innerhalb von 30 Tagen nach Eingang des Ersuchens das ersuchende Gericht unter Verwendung des Formblatts C im Anhang davon in Kenntnis und ersucht es, ihm die fehlenden Angaben, die in möglichst genauer Weise zu bezeichnen sind, zu übermitteln.

(2) [1]Kann eine Ersuchen nicht erledigt werden, weil eine Kaution oder ein Vorschuss nach Artikel 18 Absatz 3 erforderlich ist, teilt das ersuchte Gericht dem ersuchenden Gericht dies unverzüglich, spätestens 30 Tage nach Eingang des Ersuchens unter Verwendung des Formblatts C im Anhang mit; es teilt dem ersuchenden Gericht ferner mit, wie die Kaution oder der Vorschuss geleistet werden sollten. [2]Das ersuchte Gericht bestätigt den Eingang der Kaution oder des Vorschusses unverzüglich, spätestens innerhalb von 10 Tagen nach Erhalt der Kaution oder der Vorschusses unter Verwendung des Formblatts D.

Artikel 9
Vervollständigung des Ersuchens

(1) Hat das ersuchte Gericht gemäß Artikel 7 Absatz 1 auf der Empfangsbestätigung vermerkt, dass das Ersuchen nicht die Bedingungen der Artikel 5 und Artikel 6 erfüllt, oder hat es das ersuchende Gericht gemäß Artikel 8 davon unterrichtet, dass das Ersuchen nicht erledigt werden kann, weil es nicht alle erforderlichen Angaben nach Artikel 4 enthält, beginnt die Frist nach Artikel 10 Absatz 1 erst mit dem Eingang des ordnungsgemäß ausgefüllten Ersuchens beim ersuchten Gericht zu laufen.

(2) Sofern das ersuchte Gericht gemäß Artikel 18 Absatz 3 um eine Kaution oder einen Vorschuss gebeten hat, beginnt diese Frist erst mit der Hinterlegung der Kaution oder dem Eingang des Vorschusses.

Abschnitt 3
Beweisaufnahme durch das ersuchte Gericht

Artikel 10
Allgemeine Bestimmungen über die Erledigung des Ersuchens

(1) Das ersuchte Gericht erledigt das Ersuchen unverzüglich, spätestens aber innerhalb von 90 Tagen nach Eingang des Ersuchens.

(2) Das ersuchte Gericht erledigt das Ersuchen nach Maßgabe des Rechts seines Mitgliedstaats.

(3) [1]Das ersuchende Gericht kann unter Verwendung des Formblatts A im Anhang beantragen, dass das Ersuchen nach einer besonderen Form erledigt wird, die das Recht seines Mitgliedstaats vorsieht. [2]Das ersuchte Gericht entspricht einem solchen Antrag, es sei denn, dass diese Form mit dem Recht des Mitgliedstaats des ersuchten Gerichts unvereinbar oder wegen erheblicher tatsächlicher Schwierigkeiten unmöglich ist. [3]Entspricht das ersuchte Gericht aus einem der oben genannten Gründen nicht dem Antrag, so unterrichtet es das ersuchende Gericht unter Verwendung des Formblatts E im Anhang hiervon.

(4) Das ersuchende Gericht kann das ersuchte Gericht bitten, die Beweisaufnahme unter Verwendung von Kommunikationstechnologien, insbesondere im Wege der Videokonferenz und der Telekonferenz durchzuführen.

Das ersuchte Gericht entspricht einem solchen Antrag, es sei denn, dass dies mit dem Recht des Mitgliedstaats des ersuchten Gerichts unvereinbar oder wegen erheblicher tatsächlicher Schwierigkeiten unmöglich ist.
Entspricht das ersuchte Gericht aus einem dieser Gründe dem Antrag nicht, so unterrichtet es das ersuchende Gericht unter Verwendung des Formblatts E im Anhang hiervon.
Hat das ersuchende oder das ersuchte Gericht keinen Zugang zu den oben genannten technischen Mitteln, können diese von den Gerichten im gegenseitigen Einvernehmen zur Verfügung gestellt werden.

Artikel 11
Erledigung in Anwesenheit und unter Beteiligung der Parteien

(1) Sofern im Recht des Mitgliedstaats des ersuchenden Gerichts vorgesehen, haben die Parteien und gegebenenfalls ihre Vertreter das Recht, bei der Beweisaufnahme durch das ersuchte Gericht zugegen zu sein.

(2) [1]Das ersuchende Gericht teilt in seinem Ersuchen unter Verwendung des Formblatts A im Anhang dem ersuchten Gericht mit, dass die Parteien und gegebenenfalls ihre Vertreter zugegen sein werden und dass gegebenenfalls ihre Beteiligung beantragt wird. [2]Diese Mitteilung kann auch zu jedem anderen geeigneten Zeitpunkt erfolgen.

(3) Wird die Beteiligung der Parteien und gegebenenfalls ihrer Vertreter an der Durchführung der Beweisaufnahme beantragt, so legt das ersuchte Gericht nach Artikel 10 die Bedingungen für ihre Teilnahme fest.

(4) Das ersuchte Gericht teilt den Parteien und gegebenenfalls ihren Vertretern und Verwendung des Formblatts F im Anhang Ort und Zeitpunkt der Verhandlung und gegebenenfalls die Bedingungen mit, unter denen sie teilnehmen können.

(5) Die Absätze 1 bis 4 lassen die Möglichkeit des ersuchten Gerichts unberührt, die Parteien und gegebenenfalls ihre Vertreter zu bitten, der Beweisaufnahme beizuwohnen oder sich daran zu beteiligen, wenn das Recht des Mitgliedstaats des ersuchenden Gerichts dies vorsieht.

Artikel 12
Erledigung in Anwesenheit und unter Beteiligung von Beauftragten des ersuchenden Gerichts

(1) Sofern mit dem Recht des Mitgliedstaats des ersuchenden Gerichts vereinbar, haben die Beauftragten des ersuchenden Gerichts das Recht, bei der Beweisaufnahme durch das ersuchte Gericht zugegen zu sein.

(2) [1]Der Begriff „Beauftragte" im Sinne dieses Artikels umfasst vom ersuchenden Gericht nach Maßgabe des Rechts seines Mitgliedstaats bestimmte Gerichtsangehörige. [2]Das ersuchende Gericht kann nach Maßgabe des Rechts seines Mitgliedstaats auch andere Personen wie etwa Sachverständige bestimmen.

(3) [1]Das ersuchende Gericht teilt in seinem Ersuchen unter Verwendung des Formblatts A im Anhang dem ersuchten Gericht mit, dass seine Beauftragten zugegen sein werden und gegebenenfalls, dass ihre Beteiligung beantragt wird. [2]Diese Mitteilung kann auch zu jedem anderen geeigneten Zeitpunkt erfolgen.

(4) Wird die Beteiligung des Beauftragten des ersuchenden Gerichts an der Beweisaufnahme beantragt, legt das ersuchte Gericht nach Artikel 10 die Bedingungen für ihre Teilnahme fest.

(5) Das ersuchte Gericht teilt dem ersuchenden Gericht unter Verwendung des Formblatts F im Anhang Ort und Zeitpunkt der Verhandlung und gegebenenfalls die Bedingungen mit, unter denen die Beauftragten daran teilnehmen können.

Artikel 13
Zwangsmaßnahmen

Soweit erforderlich, wendet das ersuchte Gericht bei der Erledigung des Ersuchens geeignete Zwangsmaßnahmen in den Fällen und in dem Umfang an, wie sie das Recht des Mitgliedstaats des ersuchten Gerichts für die Erledigung eines zum gleichen Zweck gestellten Ersuchens inländischer Behörden oder einer beteiligten Partei vorsieht.

Artikel 14
Ablehnung der Erledigung

(1) Ein Ersuchen um Vernehmung einer Person wird nicht erledigt, wenn sich die betreffende Person auf ein Recht zur Aussageverweigerung oder auf ein Aussageverbot beruft,

a) das nach dem Recht des Mitgliedstaats des ersuchten Gerichts vorgesehen ist oder

b) das nach dem Recht des Mitgliedstaats des ersuchenden Gerichts vorgesehen und im Ersuchen bezeichnet oder ein erforderlichenfalls auf Verlangen des ersuchten Gerichts von dem ersuchenden Gericht bestätigt worden ist.

(2) Die Erledigung eines Ersuchens kann über die in Absatz 1 genannten Gründe hinaus nur insoweit abgelehnt werden, als

a) das Ersuchen nicht in den Anwendungsbereich dieser Verordnung nach Artikel 1 fällt oder

b) die Erledigung des Ersuchens nach dem Recht des Mitgliedstaats des ersuchten Gerichts nicht in den Bereich der Gerichtsgewalt fällt oder

c) das ersuchende Gericht der Aufforderung des ersuchten Gerichts auf Ergänzung des Ersuchens gemäß Artikel 8 nicht innerhalb von 30 Tagen, nachdem das ersuchte Gericht das ersuchende Gericht um Ergänzung des Ersuchens gebeten hat, nachkommt oder

d) eine Kaution oder ein Vorschuss, die gemäß Artikel 18 Absatz 3 verlangt wurden, nicht innerhalb von 60 Tagen nach dem entsprechenden Verlangen des ersuchten Gerichts hinterlegt bzw. einbezahlt werden.

(3) Die Erledigung darf durch das ersuchte Gericht nicht allein aus dem Grund abgelehnt werden, dass nach dem Recht seines Mitgliedstaats ein Gericht dieses Mitgliedstaats eine ausschließliche Zuständigkeit für die Sache in Anspruch nimmt oder das Recht jenes Mitgliedstaats ein Verfahren nicht kennt, das dem entspricht, für welches das Ersuchen gestellt wird.

(4) Wird die Erledigung des Ersuchens aus einem der in Absatz 2 genannten Gründe abgelehnt, so setzt das ersuchte Gericht unter Verwendung des Formblatts H im Anhang das ersuchende Gericht innerhalb von 60 Tagen nach Eingang des Ersuchens bei dem ersuchten Gericht davon in Kenntnis.

Artikel 15
Mitteilung über Verzögerungen

¹Ist das ersuchte Gericht nicht in der Lage, das Ersuchen innerhalb von 90 Tagen nach Eingang zu erledigen, setzt es das ersuchende Gericht unter Verwendung des Formblatts G im Anhang hiervon in Kenntnis. ²Dabei sind die Gründe für die Verzögerung anzugeben sowie der Zeitraum, der nach Einschätzung des ersuchte Gerichts für die Erledigung des Ersuchens voraussichtlich benötigt wird.

Artikel 16
Verfahren nach Erledigung des Ersuchens

¹Das ersuchte Gericht übermittelt dem ersuchenden Gericht unverzüglich die Schriftstücke, aus denen sich die Erledigung des Ersuchens ergibt, und sendet gegebenenfalls die Schriftstücke, die ihm von dem ersuchenden Gericht zugegangen sind, zurück. ²Den Schriftstücken ist eine Erledigungsbestätigung unter Verwendung des Formblatts H im Anhang beizufügen.

Abschnitt 4
Unmittelbare Beweisaufnahme durch das ersuchende Gericht

Artikel 17

(1) Beauftragt ein Gericht eine unmittelbare Beweisaufnahme in einem anderen Mitgliedstaat, so übermittelt es der nach Artikel 3 Absatz 3 bestimmten Zentralstelle oder zuständigen Behörde in diesem Staat unter Verwendung des Formblatts I im Anhang ein entsprechendes Ersuchen.

(2) Die unmittelbare Beweisaufnahme ist nur statthaft, wenn sie auf freiwilliger Grundlage und ohne Zwangsmaßnahmen erfolgen kann.

Macht die unmittelbare Beweisaufnahme die Vernehmung einer Person erforderlich, so teilt das ersuchende Gericht dieser Person mit, dass die Vernehmung auf freiwilliger Grundlage erfolgt.

(3) Die Beweisaufnahme wird von einem nach Maßgabe des Rechts des Mitgliedstaats des ersuchenden Gerichts bestimmten Gerichtsangehörigen oder von einer anderen Person wie etwa einem Sachverständigen durchgeführt.

(4) Die genannte Zentralstelle oder die zuständige Behörde des ersuchten Mitgliedstaats teilt dem ersuchenden Gericht unter Verwendung des Formblatts J im Anhang innerhalb von 30 Tagen nach Eingang des Ersuchens mit, ob dem Ersuchen stattgegeben werden kann und, soweit erforderlich, unter welchen Bedingungen nach Maßgabe des Rechts ihres Mitgliedstaats die betreffende Handlung vorzunehmen ist.

Die Zentralstelle oder die zuständige Behörde kann insbesondere ein Gericht ihres Mitgliedstaats bestimmten, das an der Beweisaufnahme teilnimmt, um sicherzustellen, dass dieser

Artikel ordnungsgemäß angewandt wird und die festgelegten Bedingungen eingehalten werden.
Die Zentralstelle oder die zuständige Behörde fördert den Einsatz von Kommunikationstechnologie, wie Video- und Telefonkonferenzen.

(5) Die Zentralstelle oder die zuständige Stelle kann die unmittelbare Beweisaufnahme nur insoweit ablehnen, als

a) das Ersuchen nicht in den Anwendungsbereich dieser Verordnung nach Artikel 1 fällt,

b) das Ersuchen nicht alle nach Artikel 4 erforderlichen Angaben enthält oder

c) die beantragte unmittelbare Beweisaufnahme wesentlichen Rechtsgrundsätzen ihres Mitgliedstaats zuwiderläuft.

(6) Unbeschadet der nach Absatz 4 festgelegten Bedingungen erledigt das ersuchende Gericht das Ersuchen nach Maßgabe des Rechts seines Mitgliedstaats.

Abschnitt 5
Kosten

Artikel 18

(1) Für die Erledigung des Ersuchens nach Artikel 10 darf die Erstattung von Gebühren oder Auslagen nicht verlangt werden.

(2) ¹Falls jedoch das ersuchte Gericht dies verlangt, stellt das ersuchende Gericht unverzüglich die Erstattung folgender Beträge sicher:

– der Aufwendung für Sachverständige und Dolmetscher und

– der Auslagen, die durch die Anwendung von Artikel 10 Absätze 3 und 4 entstanden sind.

²Die Pflicht der Parteien, diese Aufwendungen und Auslagen zu tragen, unterliegt dem Recht des Mitgliedstaats des ersuchenden Gerichts.

(3) ¹Wird die Stellungnahme eines Sachverständigen verlangt, kann das ersuchte Gericht vor der Erledigung des Ersuchens das ersuchende Gericht um eine angemessene Kaution oder einen angemessenen Vorschuss für die Sachverständigenkosten bitten. ²In allen übrigen Fällen darf die Erledigung eines Ersuchens nicht von einer Kaution oder einem Vorschuss abhängig gemacht werden.

Die Kaution oder der Vorschuss wird von den Parteien hinterlegt bzw. einbezahlt, falls dies im Recht des Mitgliedstaats des ersuchenden Gerichts vorgesehen ist.

Kapitel III
Schlussbestimmungen

Artikel 19
Durchführungsbestimmungen

(1) Die Kommission sorgt für die Erstellung und regelmäßige Aktualisierung eines Handbuchs, das auch in elektronischer Form bereitgestellt wird und die von den Mitgliedstaaten nach Artikel 22 mitgeteilten Angaben sowie die in Kraft befindlichen Übereinkünfte oder Vereinbarungen nach Artikel 21 enthält.

(2) ¹Die Aktualisierung oder technische Anpassung der im Anhang wiedergegebenen Formblätter wird von der Kommission vorgenommen. ²Diese Maßnahmen zur Änderung nicht wesentlicher Bestimmungen dieser Verordnung werden nach dem in Artikel 20 Absatz 2 genannten Regelungsverfahren mit Kontrolle erlassen.

Artikel 20
Ausschuss

(1) Die Kommission wird von einem Ausschuss unterstützt.

(2) Wird auf diesen Absatz Bezug genommen, so gelten Artikel 5a Absätze 1 bis 4 und Artikel 7 des Beschlusses 1999/468/EG unter Beachtung von dessen Artikel 8.

Artikel 21
Verhältnis zu bestehenden oder künftigen Übereinkünften oder Vereinbarungen zwischen Mitgliedstaaten

(1) In Beziehungen zwischen den Mitgliedstaaten, die Vertragsparteien einschlägiger, von den Mitgliedstaaten geschlossener bilateraler und multilateraler Übereinkünfte oder Vereinbarungen sind, insbesondere des Haager Übereinkommens vom 1. März 1954 über den Zivilprozess und des Haager Übereinkommens vom 18. März 1970 über die Beweisaufnahme im Ausland in Zivil- oder Handelssachen, hat diese Verordnung in ihrem Anwendungsbereich Vorrang vor

den Bestimmungen, die in den genannten Übereinkünften oder Vereinbarungen vereinbar sind.

(2) Diese Verordnung hindert die Mitgliedstaaten nicht daran, dass zwei oder mehr von ihnen untereinander Übereinkünfte oder Vereinbarungen zur weiteren Vereinfachung der Beweisaufnahme schließen oder beibehalten, sofern sie mit dieser Verordnung vereinbar sind.

(3) Die Mitgliedstaaten übermitteln der Kommission

a) zum 1. Juli 2003 eine Abschrift der zwischen den Mitgliedstaaten beibehaltenen angeführten Übereinkünfte oder Vereinbarungen nach Absatz 2,

b) eine Abschrift der zwischen den Mitgliedstaaten geschlossenen Übereinkünfte oder Vereinbarungen nach Absatz 2 und den Entwurf von ihnen geplanter Übereinkünfte oder Vereinbarungen sowie

c) jede Kündigung oder Änderung dieser Übereinkünfte oder Vereinbarungen.

Artikel 22
Mitteilungen

Jeder Mitgliedstaat teilt der Kommission bis zum 1. Juli 2003 Folgendes mit:

a) die Liste nach Artikel 2 Absatz 2 sowie eine Angabe des örtlichen und gegebenenfalls fachlichen Zuständigkeitsbereichs der Gerichte;

b) den Namen und die Anschrift der Zentralstellen und zuständigen Behörden nach Artikel 3 unter Angabe ihres örtlichen Zuständigkeitsbereichs;

c) die technischen Mittel, über die die in der Liste nach Artikel 2 Absatz 2 aufgeführten Gerichte für die Entgegennahme von Ersuchen verfügen;

d) die Sprachen, die für die Ersuchen nach Artikel 5 zugelassen sind.

Die Mitgliedstaaten teilen der Kommission alle späteren Änderungen dieser Angaben mit.

Artikel 23
Überprüfung

Bis zum 1. Januar 2007 und danach alle fünf Jahre legt die Kommission dem Europäischen Parlament, dem Rat und dem Wirtschafts- und Sozialausschuss einen Bericht über die Anwendung dieser Verordnung vor, wobei sie insbesondere auf die praktische Anwendung des Artikels 2 Absatz 1 Buchstabe c) und Absatz 3 und der Artikel 17 und 18 achtet.

Artikel 24
Inkrafttreten

(1) Dieser Verordnung tritt am 1. Juli 2001 in Kraft.

(2) Diese Verordnung gilt ab dem 1. Januar 2004, mit Ausnahme der Artikel 19, 21 und 22, die ab dem 1. Juli 2001 gelten.

Vom Abdruck des Anhangs nebst Formblättern wurde abgesehen.

ABSCHNITT 3
Prozesskostenhilfe nach der Richtlinie 2003/8/EG
Vorbemerkungen zu §§ 1076–1078 ZPO

1 §§ 1076–1078 ZPO dienen der Umsetzung der Richtlinie 2003/8/EG (PKH-RiLi). Nachdem europäische Richtlinien in aller Regel keine unmittelbare Rechtswirkung im jeweiligen Mitgliedstaat entfalten (vgl. Vorbem. zu §§ 1067–1117 Rn. 3), müssen diese erst durch deutsche Rechtsakte in geltendes innerstaatliches Recht umgesetzt werden. Die Richtlinie 2003/8/EG will einheitliche Mindestanforderungen in den Mitgliedstaaten (mit Ausnahme von Dänemark, Art. 1 Abs. 3 PKH-RiLi) für eine angemessene Prozesskostenhilfe in grenzüberschreitenden Zivil- und Handelssachen schaffen.[1] Vor allem soll dabei das Verfahren zur Beantragung der Prozesskostenhilfe im Ausland durch Formblätter und Einrichtung von Übermittlungs- und Empfangsstellen erleichtert werden.[2] Der Bürger soll durch die PKH-RiLi insbesondere die Prozesskostenhilfe für grenzüberschreitende Streitigkeiten in seinem Wohnsitzstaat in eigener Sprache beantragen können.[3] Die innerstaatlichen Vorschriften sind, soweit es möglich ist, richtlinienkonform auszulegen.

---

1 Vgl. BT-Drucks. 15/3281, S. 8.
2 Vgl. BT-Drucks. 15/3281, S. 8.
3 Vgl. BR-Drucks. 267/04, S. 15.

§§ 1076, 1078 ZPO betreffende eingehende Ersuchen, also PKH-Ersuchen, die Personen, die ihren Wohnsitz oder gewöhnlichen Aufenthalt nicht in Deutschland haben, für Verfahren in Deutschland stellen. § 1077 ZPO regelt dagegen ausgehende Ersuchen, also solche, bei denen eine Person, die ihren Wohnsitz oder gewöhnlichen Aufenthalt in Deutschland hat, für ein Verfahren in einem anderen Mitgliedstaat PKH beantragen will.

Antragsteller sind auch, wenn sie dem Anwendungsbereich der Richtlinie unterfallen, nicht verpflichtet, nach der Richtlinie vorzugehen. Sie können auch ohne Berücksichtigung der Richtlinie PKH nach den deutschen Vorschriften beantragen.[4]

§ 1076
Anwendbare Vorschriften

Für die grenzüberschreitende Prozesskostenhilfe innerhalb der Europäischen Union nach der Richtlinie 2003/8/EG des Rates vom 27. Januar 2003 zur Verbesserung des Zugangs zum Recht bei Streitsachen mit grenzüberschreitendem Bezug durch Festlegung gemeinsamer Mindestvorschriften für die Prozesskostenhilfe in derartigen Streitsachen (ABl. EG Nr. L 26 S. 41, ABl. EU Nr. L 32 S. 15) gelten die §§ 114 bis 127a, soweit nachfolgend nichts Abweichendes bestimmt ist.

Regelungssystematisch verweist § 1076 ZPO zur Umsetzung der Richtlinie auf die Vorschriften der ZPO über die Prozesskostenhilfe (§§ 114–127a ZPO). § 114 Abs. 1 Satz 2 ZPO bestimmt, dass für die grenzüberschreitende Prozesskostenhilfe ergänzend §§ 1076–1078 ZPO gelten. §§ 114 ff. ZPO gelten nur insoweit nicht, als in § 1077, 1078 ZPO etwas anderes bestimmt wird. Obwohl § 127a ZPO durch Art. 29 Nr. 7 FGG-Reformgesetz vom 17.12.2008 aufgehoben wurde, wurde der Verweis in § 1076 ZPO bisher nicht angepasst.

§ 1077
Ausgehende Ersuchen

(1) ¹Für die Entgegennahme und Übermittlung von Anträgen natürlicher Personen auf grenzüberschreitende Prozesskostenhilfe ist das Amtsgericht zuständig, in dessen Bezirk der Antragsteller seinen Wohnsitz oder gewöhnlichen Aufenthalt hat (Übermittlungsstelle). ²Die Landesregierungen können die Aufgaben der Übermittlungsstelle einem Amtsgericht für die Bezirke mehrerer Amtsgerichte durch Rechtsverordnung zuweisen. ³Sie können die Ermächtigung durch Rechtsverordnung auf die Landesjustizverwaltungen übertragen. ⁴§ 21 Satz 1 des Auslandsunterhaltsgesetzes bleibt unberührt.

(2) ¹Das Bundesministerium der Justiz und für Verbraucherschutz wird ermächtigt, durch Rechtsverordnung mit Zustimmung des Bundesrates die in Artikel 16 Abs. 1 der Richtlinie 2003/8/EG vorgesehenen Standardformulare für Anträge auf grenzüberschreitende Prozesskostenhilfe und für deren Übermittlung einzuführen. ²Soweit Standardformulare für Anträge auf grenzüberschreitende Prozesskostenhilfe und für deren Übermittlung eingeführt sind, müssen sich der Antragsteller und die Übermittlungsstelle ihrer bedienen.

(3) ¹Die Übermittlungsstelle kann die Übermittlung durch Beschluss vollständig oder teilweise ablehnen, wenn der Antrag offensichtlich unbegründet ist oder offensichtlich nicht in den Anwendungsbereich der Richtlinie 2003/8/EG fällt. ²Sie kann von Amts wegen Übersetzungen von dem Antrag beigefügten fremdsprachigen Anlagen fertigen, soweit dies zur Vorbereitung einer Entscheidung nach Satz 1 erforderlich ist. ³Gegen die ablehnende Entscheidung findet die sofortige Beschwerde nach Maßgabe des § 127 Abs. 2 Satz 2 und 3 statt.

(4) ¹Die Übermittlungsstelle fertigt von Amts wegen Übersetzungen der Eintragungen im Standardformular für Anträge auf Prozesskostenhilfe sowie der beizufügenden Anlagen

a) in eine der Amtssprachen des Mitgliedstaats der zuständigen Empfangsstelle, die zugleich einer der Amtssprachen der Europäischen Union entspricht, oder

b) in eine andere von diesem Mitgliedstaat zugelassene Sprache.

²Die Übermittlungsstelle prüft die Vollständigkeit des Antrags und wirkt darauf hin, dass Anlagen, die nach ihrer Kenntnis zur Entscheidung über den Antrag erforderlich sind, beigefügt werden.

---

4 Musielak/Voit-*Fischer*, ZPO, § 1076 Rn. 2.

(5) ¹Die Übermittlungsstelle übersendet den Antrag und die beizufügenden Anlagen ohne Legalisation oder gleichwertige Förmlichkeiten an die zuständige Empfangsstelle des Mitgliedstaats des Gerichtsstands oder des Vollstreckungsmitgliedstaats. ²Die Übermittlung erfolgt innerhalb von 14 Tagen nach Vorliegen der gemäß Absatz 4 zu fertigenden Übersetzungen.

(6) ¹Hat die zuständige Stelle des anderen Mitgliedstaats das Ersuchen um Prozesskostenhilfe auf Grund der persönlichen und wirtschaftlichen Verhältnisse des Antragstellers abgelehnt oder eine Ablehnung angekündigt, so stellt die Übermittlungsstelle auf Antrag eine Bescheinigung der Bedürftigkeit aus, wenn der Antragsteller in einem entsprechenden deutschen Verfahren nach § 115 Abs. 1 und 2 als bedürftig anzusehen wäre. ²Absatz 4 Satz 1 gilt für die Übersetzung der Bescheinigung entsprechend. ³Die Übermittlungsstelle übersendet der Empfangsstelle des anderen Mitgliedstaats die Bescheinigung der Bedürftigkeit zwecks Ergänzung des ursprünglichen Ersuchens um grenzüberschreitende Prozesskostenhilfe.

1 § 1077 ZPO betrifft ausgehende Anträge auf Prozesskostenhilfe, also solche, die in einem anderen Mitgliedstaat als Deutschland gestellt werden sollen. Die zuständige Stelle für die Entgegennahme und Übermittlung des Antrages in das Ausland (Übermittlungsstelle) ist gemäß § 1077 Abs. 1 Satz 1 ZPO das Amtsgericht, in dessen Bezirk der Antragsteller seinen Wohnsitz oder gewöhnlichen Aufenthalt hat. Durch Rechtsverordnung der Landesregierung kann eine Konzentration für mehrere Amtsgerichtsbezirke erfolgen (§ 1077 Abs. 1 Satz 2 ZPO). Die funktionelle Zuständigkeitsverteilung zwischen Richter und Rechtspfleger ergibt sich aus § 20 Abs. 1 Nr. 6 RPflG.

2 Die Übermittlungsstelle prüft die Vollständigkeit des Antrags und wirkt auf die Beifügung der erforderlichen Anlagen hin (§ 1077 Abs. 4 Satz 2 ZPO). Außerdem lässt sie von Amts wegen Übersetzungen der Eintragungen im Standardformular sowie der dem Antrag beizufügenden Anlagen fertigen (§ 1077 Abs. 4 Satz 1 ZPO). Die notwendigen Formblätter für die persönlichen und wirtschaftlichen Verhältnisse sowie für die Übermittlung der Anträge wurden durch die EG-PKHVV festgelegt. Der Antragsteller muss diese nach § 1077 Abs. 2 Satz 2 ZPO verwenden. Die Übermittlungsstelle nimmt den Antrag entgegen und übermittelt ihn nebst Anlagen an die zuständige Empfangsstelle des anderen Mitgliedstaates innerhalb einer Frist von 14 Tagen nach Fertigung der Übersetzungen (§ 1077 Abs. 1 Satz 1, Abs. 5 ZPO).

3 Die Übermittlungsstelle kann die Übermittlung ablehnen, wenn der Antrag nicht in den Anwendungsbereich der Richtlinie fällt oder offensichtlich unbegründet ist (§ 1077 Abs. 3 Satz 1 ZPO). Dabei handelt es sich nur um eine Vorprüfung. Die eigentliche Prüfungskompetenz hat die Empfangsbehörde inne.[1] Offensichtliche Unbegründetheit liegt insbesondere dann vor, wenn der Antragsteller Belege für die im Standardformular gemachten Angaben überhaupt nicht beifügt, sofern der Antragsteller die Mängel auf Hinweis nicht behebt.[2] Gegen diese Entscheidung ist die sofortige Beschwerde mit einer Notfrist von einem Monat statthaft (§ 1077 Abs. 3 Satz 3 i.V.m. § 127 Abs. 2 Satz 2, Satz 3 ZPO).

4 Der Antragsteller kann bei der Übermittlungsstelle eine Bescheinigung über seine Bedürftigkeit nach deutschem Recht beantragen, wenn die zuständige Stelle des Empfangsmitgliedstaates das Ersuchen auf Grund der persönlichen oder wirtschaftlichen Verhältnisse des Antragstellers ablehnt oder die Ablehnung ankündigt (§ 1077 Abs. 6 Satz 1 ZPO). Nach Art. 5 Abs. 4 PKH-RiL soll dadurch dennoch eine PKH-Gewährung in Betracht kommen, wenn der Antragsteller auf Grund der hohen Lebenshaltungskosten im Übermittlungsstaat die Prozesskosten tatsächlich nicht tragen kann.

§ 1078
Eingehende Ersuchen

(1) ¹Für eingehende Ersuchen um grenzüberschreitende Prozesskostenhilfe ist das Prozessgericht oder das Vollstreckungsgericht zuständig. ²Die Anträge müssen in deutscher Sprache ausgefüllt und die Anlagen von einer Übersetzung in die deutsche Sprache begleitet sein. ³Eine Legalisation oder gleichwertige Förmlichkeiten dürfen nicht verlangt werden.

(2) ¹Das Gericht entscheidet über das Ersuchen nach Maßgabe der §§ 114 bis 116. ²Es übersendet der übermittelnden Stelle eine Abschrift seiner Entscheidung.

---
1 OLG Hamm, FamRZ 2010, 1587 (1588).
2 OLG Hamm, FamRZ 2010, 1587 (1588 f.); in der Entscheidung wird offengelassen, ob auch die Nichtverwendung des Standardformulars einen derartigen Mangel darstellt.

(3) Der Antragsteller erhält auch dann grenzüberschreitende Prozesskostenhilfe, wenn er nachweist, dass er wegen unterschiedlich hoher Lebenshaltungskosten im Mitgliedstaat seines Wohnsitzes oder gewöhnlichen Aufenthalts einerseits und im Geltungsbereich dieses Gesetzes andererseits die Kosten der Prozessführung nicht, nur zum Teil oder nur in Raten aufbringen kann.

(4) ¹Wurde grenzüberschreitende Prozesskostenhilfe bewilligt, so gilt für jeden weiteren Rechtszug, der von dem Antragsteller oder dem Gegner eingeleitet wird, ein neuerliches Ersuchen um grenzüberschreitende Prozesskostenhilfe als gestellt. ²Das Gericht hat dahin zu wirken, dass der Antragsteller die Voraussetzungen für die Bewilligung der grenzüberschreitenden Prozesskostenhilfe für den jeweiligen Rechtszug darlegt.

§ 1078 ZPO befasst sich mit in Deutschland aus einem anderen Mitgliedstaat eingehenden Prozesskostenhilfeersuchen. Gemäß § 1078 Abs. 1 ZPO ist das deutsche Prozess- oder Vollstreckungsgericht, vor dem das Verfahren geführt wird oder geführt werden soll, als Empfangsbehörde zuständig. Die Zuständigkeit für die PKH-Gewährung entspricht damit der Zuständigkeit für die Hauptsache. Da insoweit von der Übermittlungsstelle deutsches Zivilprozessrecht anzuwenden ist, dürfte es auch zu Anträgen an nicht zuständige deutsche Gerichte kommen. Im Fall von Anträgen an ein unzuständiges deutsches Gericht ist § 281 ZPO entsprechend anzuwenden, so dass das unzuständige Gericht das Ersuchen unverzüglich an das zuständige Gericht zu verweisen hat.¹ Die funktionelle Zuständigkeitsverteilung zwischen Richter und Rechtspfleger legt § 20 Abs. 1 Nr. 6 RPflG fest. Der Antrag auf Prozesskostenhilfe muss bei der Empfangsstelle in deutscher Sprache eingehen, wofür die Übermittlungsstelle zu sorgen hat (§ 1078 Abs. 1 Satz 2 ZPO). Wird diese Voraussetzung nicht erfüllt, dann wird der Antrag auf Bewilligung von PKH zurückgewiesen.² 1

Ein einmal gestellter und bewilligter Prozesskostenhilfeantrag, gilt in weiteren Rechtszügen jeweils als neu gestellter Antrag auf Prozesskostenhilfe (§ 1078 Abs. 4 ZPO). Es muss also anders als im rein deutschen PKH-Verfahren nicht für jede Instanz ein neuer PKH-Antrag gestellt werden. Über den PKH-Antrag muss aber für jeden nachfolgenden Rechtszug neu nach § 119 Abs. 1 Satz 1 ZPO entschieden werden. 2

Das deutsche Gericht als Empfangsstelle entscheidet über den Prozesskostenhilfeantrag nach den §§ 114 ff. ZPO und übersendet der Übermittlungsstelle eine Abschrift der Entscheidung (§ 1078 Abs. 2 ZPO). Obwohl in § 1078 Abs. 2 Satz 1 ZPO nur §§ 114–116 ZPO genannt werden, sind für die Entscheidung sämtliche Vorschriften der §§ 114–127 ZPO anwendbar, was sich bereits aus § 1076 ZPO ergibt.³ 3

Nach § 1078 Abs. 3 ZPO ist PKH auch zu gewähren, wenn der Antragsteller zwar nach deutschen Vorschriften nicht bedürftig wäre, er jedoch aufgrund unterschiedlich hoher Lebenshaltungskosten im Übermittlungs- und Empfangsstaat die Kosten der Prozessführung nicht aufbringen kann. Hingegen darf der maßgebliche Vermögensfreibetrag des § 115 Abs. 3 ZPO nicht herabgesetzt werden, wenn der in Deutschland klagende Antragsteller seinen Wohnsitz in einem Mitgliedstaat mit niedrigeren Lebenshaltungskosten hat.⁴ 4

---

1 Musielak/Voit-*Fischer*, ZPO, § 1078 Rn. 2.
2 Vgl. BGH v. 12.11.2014, IV ZR 161/14, juris.
3 Baumbach/Lauterbach/Albers/Hartmann, ZPO, § 1078 Rn. 7.
4 BGH, NJW-RR 2008, 1453 (1454 f.), Rn. 8–13 = FamRZ 2009, 497 (497 f.), Rn. 8–13.

Anhang zu §§ 1076–1078
Prozesskostenhilfe (PKH-RiLi)

Richtlinie 2003/8/EG des Rates vom 27.01.2003 zur Verbesserung des Zugangs zum Recht bei Streitsachen mit grenzüberschreitendem Bezug durch Festlegung gemeinsamer Mindestvorschriften für die Prozesskostenhilfe in derartigen Streitsachen (ABl. EG L 26, S. 41)

Der Rat der Europäischen Union –

gestützt auf den Vertrag zur Gründung der Europäischen Gemeinschaft, insbesondere auf Artikel 61 Buchstabe c und Artikel 67,

auf Vorschlag der Kommission,[1]

nach Stellungnahme des Europäischen Parlaments,[2]

nach Stellungnahme des Wirtschafts- und Sozialausschusses,[3]

in Erwägung nachstehender Gründe:

(1) Die Europäische Union hat sich zum Ziel gesetzt, einen Raum der Freiheit, der Sicherheit und des Rechts, in dem der freie Personenverkehr gewährleistet ist, zu erhalten und weiterzuentwickeln. Zum schrittweisen Aufbau dieses Raums erlässt die Gemeinschaft unter anderem im Bereich der justiziellen Zusammenarbeit in Zivilsachen mit grenzüberschreitendem Bezug die für das reibungslose Funktionieren des Binnenmarkts erforderlichen Maßnahmen.

(2) Gemäß Artikel 65 Buchstabe c des Vertrags schließen diese Maßnahmen die Beseitigung der Hindernisse für eine reibungslose Abwicklung von Zivilverfahren ein, erforderlichenfalls durch Förderung der Vereinbarkeit der in den Mitgliedstaaten geltenden zivilrechtlichen Verfahrensvorschriften.

(3) Der Europäische Rat hat auf seiner Tagung in Tampere vom 15. und 16. Oktober 1999 den Rat ersucht, Mindeststandards zur Gewährleistung eines angemessenen Niveaus der Prozesskostenhilfe bei grenzüberschreitenden Rechtssachen in allen Ländern der Union zu verabschieden.

(4) Alle Mitgliedstaaten sind Vertragsparteien der Europäischen Konvention zum Schutze der Menschenrechte und Grundfreiheiten vom 4. November 1950. Die vorliegende Richtlinie kommt unter Einhaltung dieser Konvention zur Anwendung, insbesondere unter Wahrung des Grundsatzes der Gleichheit beider Streitparteien.

(5) Diese Richtlinie zielt darauf ab, die Anwendung der Prozesskostenhilfe in Streitsachen mit grenzüberschreitendem Bezug für Personen zu fördern, die nicht über ausreichende Mittel verfügen, soweit diese Hilfe erforderlich ist, um den Zugang zu den Gerichten wirksam zu gewährleisten. Das allgemein anerkannte Recht auf Zugang zu den Gerichten wird auch in Artikel 47 der Charta der Grundrechte der Europäischen Union bestätigt.

(6) Unzureichende Mittel einer Partei, die als Klägerin oder Beklagte an einer Streitsache beteiligt ist, dürfen den effektiven Zugang zum Recht ebenso wenig behindern wie Schwierigkeiten aufgrund des grenzüberschreitenden Bezugs einer Streitsache.

(7) Da die Ziele der beabsichtigten Maßnahme auf Ebene der Mitgliedstaaten nicht ausreichend erreicht werden können und daher besser auf Gemeinschaftsebene zu erreichen sind, kann die Gemeinschaft im Einklang mit dem in Artikel 5 des Vertrags niedergelegten Subsidiaritätsprinzip tätig werden. Entsprechend dem in demselben Artikel genannten Verhältnismäßigkeitsprinzip geht diese Richtlinie nicht über das für die Erreichung dieser Ziele erforderliche Maß hinaus.

(8) Diese Richtlinie soll vor allem eine angemessene Prozesskostenhilfe in Streitsachen mit grenzüberschreitendem Bezug gewährleisten, indem gemeinsame Mindestvorschriften für die Prozesskostenhilfe in solchen Streitsachen festgelegt werden. Eine Richtlinie des Rates ist hierfür das geeignetste Rechtsinstrument.

(9) Diese Richtlinie findet in zivil- und handelsrechtlichen Streitsachen mit grenzüberschreitendem Bezug Anwendung.

(10) Jede Person, die an einer unter diese Richtlinie fallenden zivil- oder handelsrechtlichen Streitsache beteiligt ist, muss in der Lage sein, ihre Rechte geltend zu machen, auch wenn sie aufgrund ihrer persönlichen finanziellen Situation die Prozesskosten nicht tragen kann. Die

---

[1] ABl. EG Nr. C 103 E vom 30.4.2002, S. 368.
[2] Stellungnahme vom 25. September 2002.
[3] ABl. EG Nr. C 221 vom 17.9.2002, S. 64.

Prozesskostenhilfe gilt als angemessen, wenn sie dem Empfänger einen effektiven Zugang zum Recht unter den in dieser Richtlinie vorgesehenen Voraussetzungen ermöglicht.

(11) Die Prozesskostenhilfe sollte die vorprozessuale Rechtsberatung zur außergerichtlichen Streitbeilegung, den Rechtsbeistand bei Anrufung eines Gerichts und die rechtliche Vertretung vor Gericht sowie eine Unterstützung oder Befreiung von den Prozesskosten umfassen.

(12) Es bleibt dem Recht des Mitgliedstaats des Gerichtstands oder des Vollstreckungsmitgliedstaats überlassen, ob die Prozesskosten auch die dem Empfänger der Prozesskostenhilfe auferlegten Kosten der Gegenpartei einschließen können.

(13) Unabhängig von ihrem Wohnsitz oder ihrem gewöhnlichen Aufenthalt im Hoheitsgebiet eines Mitgliedstaats müssen alle Unionsbürger Prozesskostenhilfe bei Streitsachen mit grenzüberschreitendem Bezug in Anspruch nehmen können, wenn sie die in dieser Richtlinie genannten Voraussetzungen erfüllen. Gleiches gilt für die Angehörigen von Drittstaaten, die ihren rechtmäßigen gewöhnlichen Aufenthalt in einem Mitgliedstaat haben.

(14) Es sollte den Mitgliedstaaten überlassen bleiben, Schwellenwerte festzulegen, bei deren Überschreiten von einer Person unter den in dieser Richtlinie festgelegten Bedingungen anzunehmen ist, dass sie die Kosten des Verfahrens tragen kann. Derartige Schwellenwerte sind anhand verschiedener objektiver Faktoren wie Einkommen, Vermögen oder familiäre Situation festzulegen.

(15) Das Ziel dieser Richtlinie könnte jedoch nicht erreicht werden, wenn die Personen, die Prozesskostenhilfe beantragen, nicht die Möglichkeit erhielten, nachzuweisen, dass sie nicht für die Prozesskosten aufkommen können, obwohl ihr Vermögen den vom Mitgliedstaat des Gerichtsstands festgelegten Schwellenwert überschreitet. Bei der Bewertung, ob Prozesskostenhilfe auf dieser Grundlage zu gewähren ist, können die Behörden im Mitgliedstaat des Gerichtsstands Informationen darüber berücksichtigen, dass der Antragsteller in dem Mitgliedstaat, in dem er seinen Wohnsitz oder seinen gewöhnlichen Aufenthalt hat, die finanziellen Kriterien für die Gewährung der Hilfe erfüllt.

(16) Die Möglichkeit, im konkreten Fall auf andere Regelungen zurückzugreifen, die einen effektiven Zugang zum Recht gewährleisten, stellt keine Form der Prozesskostenhilfe dar. Sie kann jedoch die Annahme rechtfertigen, dass die betreffende Person trotz ungünstiger finanzieller Verhältnisse die Prozesskosten tragen kann.

(17) Die Mitgliedstaaten sollten die Möglichkeit haben, Anträge auf Prozesskostenhilfe für offensichtlich unbegründete Verfahren, oder aus Gründen, die mit dem Wesen, insbesondere den Erfolgsaussichten der Sache zusammenhängen, abzulehnen, sofern Rechtsberatung vor Prozessbeginn angeboten wird und der Zugang zum Recht gewährleistet ist. Bei ihrer Entscheidung über das Wesen und insbesondere die Erfolgsaussichten eines Antrags können die Mitgliedstaaten Anträge auf Prozesskostenhilfe ablehnen, wenn der Antragsteller eine Rufschädigung geltend macht, jedoch keinen materiellen oder finanziellen Schaden erlitten hat, oder wenn der Antrag einen Rechtsanspruch betrifft, der in unmittelbarem Zusammenhang mit dem Geschäft oder der selbstständigen Erwerbstätigkeit des Antragstellers entstanden ist.

(18) Die Komplexität und die Unterschiede der Gerichtssysteme der Mitgliedstaaten sowie die durch den grenzüberschreitenden Charakter von Streitsachen bedingten Kosten dürfen den Zugang zum Recht nicht behindern. Die Prozesskostenhilfe sollte daher die unmittelbar mit dem grenzüberschreitenden Charakter einer Streitsache verbundenen Kosten decken.

(19) Bei der Prüfung der Frage, ob die persönliche Anwesenheit vor Gericht erforderlich ist, sollten die Gerichte eines Mitgliedstaats in vollem Umfang die Möglichkeiten berücksichtigen, die sich aus der Verordnung (EG) Nr. 1206/2001 des Rates vom 28. Mai 2001 über die Zusammenarbeit zwischen den Gerichten der Mitgliedstaaten auf dem Gebiet der Beweisaufnahme in Zivil- oder Handelssachen[4] ergeben.

(20) Wird Prozesskostenhilfe gewährt, so muss sie sich auf das gesamte Verfahren erstrecken, einschließlich der Kosten für die Vollstreckung eines Urteils; dem Empfänger sollte die Prozesskostenhilfe weiter gewährt werden, wenn ein Rechtsbehelf entweder gegen ihn oder von ihm eingelegt wird, sofern die Voraussetzungen im Hinblick auf die finanziellen Verhältnisse und den Inhalt der Streitsache weiterhin erfüllt sind.

(21) Die Prozesskostenhilfe ist gleichermaßen für herkömmliche Gerichtsverfahren und außergerichtliche Verfahren wie die Schlichtung zu gewähren, wenn ihre Anwendung gesetzlich vorgeschrieben ist oder vom Gericht angeordnet wird.

---

4 ABl. EG Nr. L 174 vom 27. 6. 2001, S. 1.

(22) Die Prozesskostenhilfe sollte unter den in dieser Richtlinie festgelegten Voraussetzungen auch für die Vollstreckung öffentlicher Urkunden in einem anderen Mitgliedstaat gewährt werden.

(23) Da die Prozesskostenhilfe vom Mitgliedstaat des Gerichtsstands oder vom Vollstreckungsmitgliedstaat gewährt wird, mit Ausnahme der vorprozessualen Rechtsberatung, wenn die Person, die Prozesskostenhilfe beantragt, ihren Wohnsitz oder gewöhnlichen Aufenthalt nicht im Mitgliedstaat des Gerichtsstands hat, muss dieser Mitgliedstaat sein eigenes Recht unter Wahrung der in dieser Richtlinie festgeschriebenen Grundsätze anwenden.

(24) Die Prozesskostenhilfe sollte von der zuständigen Behörde des Mitgliedstaats des Gerichtsstands bzw. des Vollstreckungsmitgliedstaats gewährt oder verweigert werden. Dies gilt sowohl für die Verhandlung der Sache als auch für die Entscheidung über die Zuständigkeit.

(25) Die justizielle Zusammenarbeit in Zivilsachen sollte zwischen den Mitgliedstaaten so geregelt werden, dass die Information der Öffentlichkeit und der Fachkreise gefördert und die Übermittlung der Anträge auf Prozesskostenhilfe von einem Mitgliedstaat in einen anderen erleichtert und beschleunigt wird.

(26) Die in dieser Richtlinie vorgesehenen Verfahren der Notifizierung und Übermittlung orientieren sich unmittelbar an denen des am 27. Januar 1977 in Straßburg unterzeichneten Europäischen Übereinkommens über die Übermittlung von Anträgen auf Bewilligung der Prozesskostenhilfe, im Folgenden "Übereinkommen von 1977" genannt. Für die Übermittlung der Anträge auf Prozesskostenhilfe wird eine Frist gesetzt, die im Übereinkommen von 1977 nicht vorgesehen ist. Die Festsetzung einer relativ kurzen Frist trägt zu einer geordneten Rechtspflege bei.

(27) Die nach dieser Verordnung übermittelten Daten sollten geschützt werden. Da die Richtlinie 95/46/EG des Europäischen Parlaments und des Rates vom 24. Oktober 1995 zum Schutz natürlicher Personen bei der Verarbeitung personenbezogener Daten und zum freien Datenverkehr[5] und die Richtlinie 97/66/EG des Europäischen Parlaments und des Rates vom 15. Dezember 1997 über die Verarbeitung personenbezogener Daten und den Schutz der Privatsphäre im Bereich der Telekommunikation[6] Anwendung finden, sind spezielle Bestimmungen zum Datenschutz in der vorliegenden Richtlinie nicht erforderlich.

(28) Die Einführung eines Standardformulars für Anträge auf Prozesskostenhilfe und für die Übermittlung der Anträge auf Prozesskostenhilfe bei Streitsachen mit grenzüberschreitendem Bezug wird die Verfahren vereinfachen und beschleunigen.

(29) Darüber hinaus sollten diese Antragsformulare sowie nationale Antragsformulare auf europäischer Ebene über das Informationssystem des gemäß der Entscheidung 2001/470/EG[7] eingerichteten Europäischen Justiziellen Netzes zur Verfügung gestellt werden.

(30) Die zur Durchführung dieser Richtlinie erforderlichen Maßnahmen sollten gemäß dem Beschluss 1999/468/EG des Rates vom 28. Juni 1999 zur Festlegung der Modalitäten für die Ausübung der der Kommission übertragenen Durchführungsbefugnisse[8] erlassen werden.

(31) Die Festlegung von Mindestnormen für Streitsachen mit grenzüberschreitendem Bezug hindert die Mitgliedstaaten nicht daran, günstigere Bestimmungen für Personen, die Prozesskostenhilfe beantragen und erhalten, vorzusehen.

(32) Das Übereinkommen von 1977 und das 2001 in Moskau unterzeichnete Zusatzprotokoll zum Europäischen Übereinkommen über die Übermittlung von Anträgen auf Bewilligung der Prozesskostenhilfe bleiben auf die Beziehungen zwischen den Mitgliedstaaten und Drittstaaten, die Vertragsparteien des Übereinkommens von 1977 oder des Protokolls sind, anwendbar. In den Beziehungen zwischen den Mitgliedstaaten hingegen hat diese Richtlinie Vorrang vor den Bestimmungen des Übereinkommens von 1977 und des Protokolls.

(33) Das Vereinigte Königreich und Irland haben gemäß Artikel 3 des Protokolls über die Position des Vereinigten Königreichs und Irlands im Anhang zum Vertrag über die Europäische Union und im Anhang zum Vertrag zur Gründung der Europäischen Gemeinschaft mitgeteilt, dass sie sich an der Annahme und Anwendung dieser Richtlinie beteiligen möchten.

(34) Nach den Artikeln 1 und 2 des Protokolls über die Position Dänemarks, das dem Vertrag über die Europäische Union und dem Vertrag zur Gründung der Europäischen Gemeinschaft beigefügt ist, beteiligt sich Dänemark nicht an der Annahme dieser Richtlinie, die für Dänemark demnach nicht bindend oder anwendbar ist –

hat folgende Richtlinie erlassen:

---

5 ABl. EG Nr. L 281 vom 23.11.1995, S. 31.
6 ABl. EG Nr. L 24 vom 30.1.1998, S. 1.
7 ABl. EG Nr. L 174 vom 27.6.2001, S. 25.
8 ABl. EG Nr. L 184 vom 17.7.1999, S. 23.

Kapitel I
Anwendungsbereich und Begriffsbestimmungen

Artikel 1
Ziele und Anwendungsbereich

(1) Ziel dieser Richtlinie ist die Verbesserung des Zugangs zum Recht bei Streitsachen mit grenzüberschreitendem Bezug durch Festlegung gemeinsamer Mindestvorschriften für die Prozesskostenhilfe in derartigen Streitsachen.

(2) ¹Diese Richtlinie gilt für Streitsachen mit grenzüberschreitendem Bezug in Zivil- und Handelssachen, ohne dass es auf die Art der Gerichtsbarkeit ankommt. ²Sie erfasst insbesondere keine Steuer- und Zollsachen und keine verwaltungsrechtlichen Angelegenheiten.

(3) Im Sinne dieser Richtlinie bezeichnet der Ausdruck „Mitgliedstaat" alle Mitgliedstaaten mit Ausnahme Dänemarks.

Artikel 2
Grenzüberschreitende Streitsachen

(1) Eine grenzüberschreitende Streitigkeit im Sinne dieser Richtlinie liegt vor, wenn die im Rahmen dieser Richtlinie Prozesskostenhilfe beantragende Partei ihren Wohnsitz oder gewöhnlichen Aufenthalt in einem anderen Mitgliedstaat als dem Mitgliedstaat des Gerichtsstands oder dem Vollstreckungsmitgliedstaat hat.

(2) Der Wohnsitzmitgliedstaat einer Prozesspartei wird gemäß Artikel 59 der Verordnung (EG) Nr. 44/2001 des Rates vom 22. Dezember 2000 über die gerichtliche Zuständigkeit und die Anerkennung und Vollstreckung von Entscheidungen in Zivil- und Handelssachen bestimmt.

(3) Der maßgebliche Augenblick zur Feststellung, ob eine Streitsache mit grenzüberschreitendem Bezug vorliegt, ist der Zeitpunkt, zu dem der Antrag gemäß dieser Richtlinie eingereicht wird.

Kapitel II
Anspruch auf Prozesskostenhilfe

Artikel 3
Anspruch auf Prozesskostenhilfe

(1) An einer Streitsache im Sinne dieser Richtlinie beteiligte natürliche Personen haben Anspruch auf eine angemessene Prozesskostenhilfe, damit ihr effektiver Zugang zum Recht nach Maßgabe dieser Richtlinie gewährleistet ist.

(2) Die Prozesskostenhilfe gilt als angemessen, wenn sie Folgendes sicherstellt:

a) eine vorprozessuale Rechtsberatung im Hinblick auf eine außergerichtlichen Streitbeilegung;

b) den Rechtsbeistand und die rechtliche Vertretung vor Gericht sowie eine Befreiung von den Gerichtskosten oder eine Unterstützung bei den Gerichtskosten des Empfängers, einschließlich der in Artikel 7 genannten Kosten und der Kosten für Personen, die vom Gericht mit der Wahrnehmung von Aufgaben während des Prozesses beauftragt werden.

In Mitgliedstaaten, in denen die unterliegende Partei die Kosten der Gegenpartei übernehmen muss, umfasst die Prozesskostenhilfe im Falle einer Prozessniederlage des Empfängers auch die Kosten der Gegenpartei, sofern sie diese Kosten umfasst hätte, wenn der Empfänger seinen Wohnsitz oder gewöhnlichen Aufenthalt im Mitgliedstaat des Gerichtsstands gehabt hätte.

(3) Die Mitgliedstaaten sind nicht verpflichtet, einen Rechtsbeistand oder eine rechtliche Vertretung vor Gericht bei Verfahren vorzusehen, die speziell darauf ausgerichtet sind, den Prozessparteien zu ermöglichen, sich selbst zu vertreten; dies gilt nicht, wenn das Gericht oder eine andere zuständige Behörde etwas anderes zur Gewährleistung der Gleichheit der Parteien oder in Anbetracht der Komplexität der Sache beschließt.

(4) Die Mitgliedstaaten können verlangen, dass sich die Empfänger der Prozesskostenhilfe angemessen an den Prozesskosten beteiligen, wobei die Voraussetzungen nach Artikel 5 zu berücksichtigen sind.

(5) Die Mitgliedstaaten können vorsehen, dass die zuständige Behörde die Prozesskostenhilfe von den Empfängern ganz oder teilweise zurückverlangen kann, wenn sich ihre finanziellen Verhältnisse wesentlich verbessert haben, oder wenn die Entscheidung zur Gewährung der Prozesskostenhilfe aufgrund falscher Angaben des Empfängers getroffen wurde.

Artikel 4
Diskriminierungsverbot

Die Mitgliedstaaten gewähren Unionsbürgern und Drittstaatsangehörigen, die sich rechtmäßig in einem Mitgliedstaat aufhalten, die Prozesskostenhilfe ohne jede Diskriminierung.

Kapitel III
Voraussetzungen und Umfang der Prozesskostenhilfe

Artikel 5
Voraussetzungen für die finanziellen Verhältnisse

(1) Die Mitgliedstaaten gewähren den in Artikel 3 Absatz 1 genannten Personen, die aufgrund ihrer persönlichen wirtschaftlichen Lage teilweise oder vollständig außerstande sind, die Prozesskosten nach Artikel 3 Absatz 2 zu tragen, Prozesskostenhilfe zur Gewährleistung ihres effektiven Zugangs zum Recht.

(2) Die wirtschaftliche Lage einer Person wird von der zuständigen Behörde des Mitgliedstaats des Gerichtsstands unter Berücksichtigung verschiedener objektiver Faktoren wie des Einkommens, des Vermögens oder der familiären Situation einschließlich einer Beurteilung der wirtschaftlichen Ressourcen von Personen, die vom Antragsteller finanziell abhängig sind, bewertet.

(3) ^{1}Die Mitgliedstaaten können Schwellenwerte festsetzen, bei deren Überschreiten davon ausgegangen wird, dass der Antragsteller die Prozesskosten nach Artikel 3 Absatz 2 teilweise oder vollständig tragen kann. ^{2}Diese Schwellenwerte werden nach den in Absatz 2 des vorliegenden Artikels genannten Kriterien festgelegt.

(4) Die gemäß Absatz 3 des vorliegenden Artikels festgelegten Schwellenwerte dürfen nicht verhindern, dass Antragstellern, die die Schwellenwerte überschreiten, Prozesskostenhilfe gewährt wird, wenn sie den Nachweis erbringen, dass sie wegen der unterschiedlich hohen Lebenshaltungskosten im Mitgliedstaat ihres Wohnsitzes oder gewöhnlichen Aufenthalts und im Mitgliedstaat des Gerichtsstands die Prozesskosten nach Artikel 3 Absatz 2 nicht tragen können.

(5) Prozesskostenhilfe muss nicht gewährt werden, wenn die Antragsteller im konkreten Fall effektiven Zugang zu anderen Regelungen haben, die die Prozesskosten gemäß Artikel 3 Absatz 2 decken.

Artikel 6
Voraussetzungen für den Inhalt der Streitsache

(1) Die Mitgliedstaaten können vorsehen, dass Anträge auf Prozesskostenhilfe für offensichtlich unbegründete Verfahren von den zuständigen Behörden abgelehnt werden können.

(2) Wird vorprozessuale Rechtsberatung angeboten, so kann die Gewährung weiterer Prozesskostenhilfe aus Gründen, die mit dem Wesen, insbesondere den Erfolgsaussichten der Sache zusammenhängen, abgelehnt oder eingestellt werden, sofern der Zugang zum Recht gewährleistet ist.

(3) Bei der Entscheidung über das Wesen, insbesondere die Erfolgsaussichten, eines Antrags berücksichtigen die Mitgliedstaaten unbeschadet des Artikels 5 die Bedeutung der betreffenden Rechtssache für den Antragsteller, wobei sie jedoch auch der Art der Rechtssache Rechnung tragen können, wenn der Antragsteller eine Rufschädigung geltend macht, jedoch keinen materiellen oder finanziellen Schaden erlitten hat, oder wenn der Antrag einen Rechtsanspruch betrifft, der in unmittelbarem Zusammenhang mit dem Geschäft oder der selbstständigen Erwerbstätigkeit des Antragstellers entstanden ist.

Artikel 7
Durch den grenzüberschreitenden Charakter der Streitsache bedingte Kosten

Die im Mitgliedstaat des Gerichtsstands gewährte Prozesskostenhilfe umfasst folgende unmittelbar mit dem grenzüberschreitenden Charakter der Streitsache verbundenen Kosten:

a) Dolmetschleistungen;

b) Übersetzung der vom Gericht oder von der zuständigen Behörde verlangten und vom Empfänger vorgelegten Schriftstücke, die für die Entscheidung des Rechtsstreits erforderlich sind; und

c) Reisekosten, die vom Antragsteller zu tragen sind, wenn das Gesetz oder das Gericht dieses Mitgliedstaats die Anwesenheit der mit der Darlegung des Falls des Antragstellers befassten Personen bei Gericht verlangen und das Gericht entscheidet, dass die betreffenden Personen nicht auf andere Weise zur Zufriedenheit des Gerichts gehört werden können.

Artikel 8
Vom Mitgliedstaat des Wohnsitzes oder
des gewöhnlichen Aufenthalts zu übernehmende Kosten

Der Mitgliedstaat, in dem die Person, die Prozesskostenhilfe beantragt hat, ihren Wohnsitz oder gewöhnlichen Aufenthalt hat, gewährt die erforderliche Prozesskostenhilfe gemäß Artikel 3 Absatz 2 zur Deckung:

a) der Kosten für die Unterstützung durch einen örtlichen Rechtsanwalt oder eine andere gesetzlich zur Rechtsberatung ermächtigte Person in diesem Mitgliedstaat, bis der Antrag auf Prozesskostenhilfe gemäß dieser Richtlinie im Mitgliedstaat des Gerichtsstands eingegangen ist;

b) der Kosten für die Übersetzung des Antrags und der erforderlichen Anlagen, wenn der Antrag auf Prozesskostenhilfe bei den Behörden dieses Mitgliedstaats eingereicht wird.

Artikel 9
Weitergewährung der Prozesskostenhilfe

(1) Die Prozesskostenhilfe wird den Empfängern in vollem Umfang oder teilweise weitergewährt, um die Kosten für die Vollstreckung eines Urteils im Mitgliedstaat des Gerichtsstands zu decken.

(2) Ein Empfänger, dem im Mitgliedstaat des Gerichtsstands Prozesskostenhilfe gewährt wurde, erhält Prozesskostenhilfe gemäß dem Recht des Mitgliedstaats, in dem die Anerkennung oder Vollstreckung beantragt wird.

(3) Vorbehaltlich der Artikel 5 und 6 wird Prozesskostenhilfe weiter gewährt, wenn ein Rechtsbehelf gegen den oder vom Empfänger eingelegt wird.

(4) Die Mitgliedstaaten können in jeder Phase des Verfahrens auf der Grundlage der Artikel 3 Absätze 3 und 5, Artikel 5 und Artikel 6 eine neuerliche Prüfung des Antrags auf Prozesskostenhilfe vorsehen; dies gilt auch für Verfahren nach den Absätzen 1 bis 3 des vorliegenden Artikels.

Artikel 10
Außergerichtliche Verfahren

Die Prozesskostenhilfe ist unter den in dieser Richtlinie festgelegten Voraussetzungen auf außergerichtliche Verfahren auszudehnen, wenn die Parteien gesetzlich verpflichtet sind, diese anzuwenden, oder den Streitparteien vom Gericht aufgetragen wird, diese in Anspruch zu nehmen.

Artikel 11
Öffentliche Urkunden

Für die Vollstreckung öffentlicher Urkunden in einem anderen Mitgliedstaat wird unter den in dieser Richtlinie festgelegten Voraussetzungen Prozesskostenhilfe gewährt.

Kapitel IV
Verfahren

Artikel 12
Für die Gewährung der Prozesskostenhilfe zuständige Behörde

Unbeschadet des Artikels 8 wird die Prozesskostenhilfe von der zuständigen Behörde des Mitgliedstaats des Gerichtsstands gewährt oder verweigert.

Artikel 13
Einreichung und Übermittlung der Anträge auf Prozesskostenhilfe

(1) Anträge auf Prozesskostenhilfe können eingereicht werden: entweder

a) bei der zuständigen Behörde des Mitgliedstaats, in dem der Antragsteller seinen Wohnsitz oder seinen gewöhnlichen Aufenthalt hat (Übermittlungsbehörde), oder

b) bei der zuständigen Behörde des Mitgliedstaats des Gerichtsstands oder des Vollstreckungsmitgliedstaats (Empfangsbehörde).

(2) Anträge auf Prozesskostenhilfe sind auszufüllen und die beigefügten Anlagen zu übersetzen

a) in der bzw. die Amtssprache oder einer bzw. eine der Amtssprachen des Mitgliedstaats der zuständigen Empfangsbehörde, die zugleich einer der Amtssprachen der Europäischen Gemeinschaft entspricht; oder

b) in einer anderen bzw. eine andere Sprache, mit deren Verwendung sich dieser Mitgliedstaat gemäß Artikel 14 Absatz 3 einverstanden erklärt hat.

(3) Die zuständigen Übermittlungsbehörden können entscheiden, die Übermittlung eines Antrags abzulehnen, wenn dieser offensichtlich
a) unbegründet ist oder
b) nicht in den Anwendungsbereich dieser Richtlinie fällt.
Artikel 15 Absätze 2 und 3 findet auf solche Entscheidungen Anwendung.

(4) [1]Die zuständige Übermittlungsbehörde unterstützt den Antragsteller, indem sie dafür Sorge trägt, dass dem Antrag alle Anlagen beigefügt werden, die ihres Wissens zur Entscheidung über den Antrag erforderlich sind. [2]Ferner unterstützt sie den Antragsteller gemäß Artikel 8 Buchstabe b bei der Beschaffung der erforderlichen Übersetzung der Anlagen. Die zuständige Übermittlungsbehörde leitet der zuständigen Empfangsbehörde in dem anderen Mitgliedstaat den Antrag innerhalb von 15 Tagen nach Erhalt des in einer der Amtssprachen gemäß Absatz 2 ordnungsgemäß ausgefüllten Antrags und der beigefügten, erforderlichenfalls in eine dieser Amtssprachen übersetzten Anlagen zu.

(5) Die nach Maßgabe dieser Richtlinie übermittelten Schriftstücke sind von der Legalisation und gleichwertigen Formalitäten befreit.

(6) [1]Für die nach Absatz 4 erbrachten Leistungen dürfen die Mitgliedstaaten kein Entgelt verlangen. [2]Die Mitgliedstaaten, in denen die Person, die Prozesskostenhilfe beantragt hat, ihren Wohnsitz oder gewöhnlichen Aufenthalt hat, können festlegen, dass der Antragsteller die von der zuständigen Übermittlungsbehörde übernommenen Übersetzungskosten zurückzahlen muss, wenn der Antrag auf Prozesskostenhilfe von der zuständigen Behörde abgelehnt wird.

Artikel 14
Zuständige Behörden und Sprachen

(1) Die Mitgliedstaaten bezeichnen die für die Übermittlung des Antrags ("Übermittlungsbehörden") bzw. den Empfang des Antrags ("Empfangsbehörden") zuständige Behörde oder Behörden.

(2) Jeder Mitgliedstaat übermittelt der Kommission folgende Angaben:
- Name und Anschrift der zuständigen Empfangsbehörden oder Übermittlungsbehörden nach Absatz 1;
- räumlicher Zuständigkeitsbereich dieser Behörden;
- verfügbare Kommunikationsmittel dieser Behörden zum Empfang der Anträge; und
- Sprachen, in denen der Antrag ausgefüllt werden kann.

(3) Die Mitgliedstaaten teilen der Kommission mit, welche Amtssprache(n) der Europäischen Gemeinschaft außer ihrer bzw. ihren eigenen Amtssprache(n) beim Ausfüllen der gemäß dieser Richtlinie eingehenden Anträge auf Prozesskostenhilfe für die zuständige Empfangsbehörde akzeptabel ist bzw. sind.

(4) [1]Die Mitgliedstaaten übermitteln der Kommission die Angaben gemäß den Absätzen 2 und 3 vor dem 30. November 2004. [2]Jede Änderung dieser Angaben wird der Kommission spätestens zwei Monate, bevor die Änderung in dem betreffenden Mitgliedstaat wirksam wird, mitgeteilt.

(5) Die Angaben gemäß den Absätzen 2 und 3 werden im Amtsblatt der Europäischen Gemeinschaften veröffentlicht.

Artikel 15
Bearbeitung der Anträge

(1) Die für die Entscheidung über die Anträge auf Prozesskostenhilfe zuständigen einzelstaatlichen Behörden tragen dafür Sorge, dass der Antragsteller in vollem Umfang über die Bearbeitung des Antrags unterrichtet wird.

(2) Die vollständige oder teilweise Ablehnung der Anträge ist zu begründen.

(3) [1]Die Mitgliedstaaten sehen einen Rechtsbehelf gegen Entscheidungen vor, mit denen Anträge auf Prozesskostenhilfe abgelehnt werden. [2]Die Mitgliedstaaten können Fälle ausnehmen, bei denen ein Antrag auf Prozesskostenhilfe entweder von einem Berufungsgericht oder von einem Gericht abgelehnt wird, gegen dessen Entscheidung in der Hauptsache nach nationalem Recht kein Rechtsbehelf möglich ist.

(4) Ist ein Rechtsbehelf gegen eine Entscheidung über die Ablehnung oder Einstellung der Prozesskostenhilfe aufgrund von Artikel 6 verwaltungsrechtlicher Art, so unterliegt er in allen Fällen der gerichtlichen Überprüfung.

Artikel 16
Standardformular

(1) Zur Erleichterung der Übermittlung der Anträge wird nach dem in Artikel 17 Absatz 2 genannten Verfahren ein Standardformular für Anträge auf Prozesskostenhilfe und für die Übermittlung dieser Anträge erstellt.

(2) Das Standardformular für die Übermittlung von Anträgen auf Prozesskostenhilfe wird spätestens am 30. Mai 2003 erstellt.

Das Standardformular für Anträge auf Prozesskostenhilfe wird spätestens am 30. November 2004 erstellt.

Kapitel V
Schlussbestimmungen

Artikel 17
Ausschuss

(1) Die Kommission wird von einem Ausschuss unterstützt.

(2) Wird auf diesen Absatz Bezug genommen, so gelten die Artikel 3 und 7 des Beschlusses 1999/468/EG.

(3) Der Ausschuss gibt sich eine Geschäftsordnung.

Artikel 18
Information

Die zuständigen einzelstaatlichen Behörden arbeiten zusammen, um die Information der Öffentlichkeit und der Fachkreise über die verschiedenen Systeme der Prozesskostenhilfe insbesondere über das gemäß der Entscheidung 2001/470/EG eingerichtete Europäische Justizielle Netz zu gewährleisten.

Artikel 19
Günstigere Bestimmungen

Diese Richtlinie hindert die Mitgliedstaaten nicht daran, günstigere Bestimmungen für Antragsteller und Empfänger von Prozesskostenhilfe vorzusehen.

Artikel 20
Verhältnis zu anderen Übereinkünften

Diese Richtlinie hat zwischen den Mitgliedstaaten in ihrem Anwendungsbereich Vorrang vor den Bestimmungen, die in den von den Mitgliedstaaten geschlossenen bilateralen und multilateralen Übereinkünften enthalten sind, einschließlich

a) des am 27. Januar 1977 in Straßburg unterzeichneten Europäischen Übereinkommens über die Übermittlung von Anträgen auf Bewilligung der Prozesskostenhilfe geändert durch das 2001 in Moskau unterzeichnete Zusatzprotokoll zum Europäischen Übereinkommen über die Übermittlung von Anträgen auf Bewilligung der Prozesskostenhilfe;

b) des Haager Abkommens von 25. Oktober 1980 über die Erleichterung des internationalen Zugangs zu den Gerichten.

Artikel 21
Umsetzung in innerstaatliches Recht

(1) [1]Die Mitgliedstaaten setzen die Rechts- und Verwaltungsvorschriften in Kraft, die erforderlich sind, um dieser Richtlinie spätestens am 30. November 2004 nachzukommen; dies gilt jedoch nicht für Artikel 3 Absatz 2 Buchstabe a, dessen Umsetzung in nationales Recht spätestens am 30. Mai 2006 erfolgt. [2]Sie setzen die Kommission unverzüglich davon in Kenntnis.

[1]Wenn die Mitgliedstaaten diese Vorschriften erlassen, nehmen sie in den Vorschriften selbst oder durch einen Hinweis bei der amtlichen Veröffentlichung auf diese Richtlinie Bezug. [2]Die Mitgliedstaaten regeln die Einzelheiten der Bezugnahme.

(2) Die Mitgliedstaaten teilen der Kommission den Wortlaut der wichtigsten innerstaatlichen Rechtsvorschriften mit, die sie auf dem unter diese Richtlinie fallenden Gebiet erlassen.

Artikel 22
Inkrafttreten

Diese Richtlinie tritt am Tag ihrer Veröffentlichung im Amtsblatt der Europäischen Gemeinschaften in Kraft.

Artikel 23
Adressaten
Diese Richtlinie ist gemäß dem Vertrag zur Gründung der Europäischen Gemeinschaft an die Mitgliedstaaten gerichtet.

ABSCHNITT 4
Europäische Vollstreckungstitel nach der Verordnung (EG) Nr. 805/2004

Vorbemerkungen zu §§ 1079–1086 ZPO

1 §§ 1079–1086 ZPO stellen Durchführungsbestimmungen zur VO (EG) Nr. 805/2004 über den Europäischen Vollstreckungstitel für unbestrittene Forderungen (EuVTVO) dar. Die Verordnung gilt in sämtlichen Mitgliedstaaten mit Ausnahme Dänemarks (Art. 2 Abs. 3 EuVTVO) gemäß Art. 288 Abs. 2 AEUV unmittelbar (vgl. dazu Vorbem. zu §§ 1067–1117 Rn. 2) und wird in einzelnen Bereichen durch §§ 1079–1086 ZPO ergänzt und ausgeführt.

2 Die Verordnung soll eine erleichterte Vollstreckung für bestimmte Titel aus einem Mitgliedstaat in anderen Mitgliedstaaten im Bereich des Zivil- und Handelsrechts sicherstellen. Sie erfasst nach Art. 3 Abs. 1 EuVTVO nur Titel über sogenannte „unbestrittene Forderungen". Das sind nach dem Katalog des Art. 3 Abs. 1 EuVTVO solche Forderungen, die der Schuldner gerichtlich oder in einer öffentlichen Urkunde anerkannt hat oder die durch einen gerichtlichen Vergleich festgestellt wurden oder Forderungen, denen der Schuldner nicht widersprochen hat oder bei denen der Schuldner in der Verhandlung säumig war, wenn dies nach dem Recht des titelausstellenden Staates ein Zugeständnis der Forderung oder des Sachverhalts bedeutet. Für diese Fälle sieht die Verordnung vor, dass kein Vollstreckbarerklärungsverfahren in den anderen Mitgliedstaaten zu erfolgen hat und diese die Entscheidung ohne ein solches Verfahren anzuerkennen und zu vollstrecken haben (Art. 5 EuVTVO). Voraussetzung dafür ist die Bestätigung des Titels als Europäischer Vollstreckungstitel i.S.d. Verordnung. Die näheren Voraussetzungen für die Bestätigung eines Titels als Europäischer Vollstreckungstitel werden durch die EuVTVO geregelt.

3 §§ 1079–1081 ZPO befassen sich mit der Bestätigung von deutschen Titeln als Europäische Vollstreckungstitel, die in ausländischen Mitgliedstaaten vollstreckt werden sollen. §§ 1082–1086 ZPO regeln im Ausland ergangene Titel, die bereits als Europäische Vollstreckungstitel bestätigt wurden und in Deutschland vollstreckt werden sollen.

Titel 1
Bestätigung inländischer Titel als Europäische Vollstreckungstitel

§ 1079
Zuständigkeit

Für die Ausstellung der Bestätigungen nach
1. Artikel 9 Abs. 1, Artikel 24 Abs. 1, Artikel 25 Abs. 1 und
2. Artikel 6 Abs. 2 und 3

der Verordnung (EG) Nr. 805/2004 sind die Gerichte, Behörden oder Notare zuständig, denen die Erteilung einer vollstreckbaren Ausfertigung des Titels obliegt.

1 Zur Vollstreckung von inländischen Titeln im Ausland ist nach Art. 6, 9, 24, 25 EuVTVO eine Bestätigung als Europäischer Vollstreckungstitel notwendig. § 1079 ZPO regelt die Zuständigkeit für die Bestätigung deutscher Titel als Europäische Vollstreckungstitel und erklärt diejenigen Gerichte, Behörden und Notare für zuständig, denen die Erteilung der vollstreckbaren Ausfertigung des Titels obliegt. Bei gerichtlichen Titeln ist dies gemäß § 724 Abs. 2 ZPO das erstinstanzliche Gericht, außer das Verfahren ist gerade bei einem höheren Gericht anhängig. Die funktionelle Zuständigkeit liegt nach § 20 Abs. 1 Nr. 11 RPflG beim Rechtspfleger. Für sonstige Titel ist die Zuständigkeit dem Notar oder der Behörde zugewiesen, der oder die den Titel geschaffen hat.[1]

---

1 Für Anwaltsvergleiche vgl. §§ 796b, 796c ZPO.

§ 1080
Entscheidung

(1) ¹Bestätigungen nach Artikel 9 Abs. 1, Artikel 24 Abs. 1, Artikel 25 Abs. 1 und Artikel 6 Abs. 3 der Verordnung (EG) Nr. 805/2004 sind ohne Anhörung des Schuldners auszustellen. ²Eine Ausfertigung der Bestätigung ist dem Schuldner von Amts wegen zuzustellen.
(2) Wird der Antrag auf Ausstellung einer Bestätigung zurückgewiesen, so sind die Vorschriften über die Anfechtung der Entscheidung über die Erteilung einer Vollstreckungsklausel entsprechend anzuwenden.

Nach § 1080 Abs. 1 Satz 1 ZPO ist die Bestätigung als Europäischer Vollstreckungstitel nach Art. 9 Abs. 1, Art. 24 Abs. 1, Art. 25 Abs. 1 und Art. 6 Abs. 3 EuVTVO unmittelbar ohne Anhörung des Schuldners auszustellen. Dies entspricht dem Regelungszweck der EuVTVO, wonach dem Schuldner rechtliches Gehör im Rahmen eines Berichtigungs- und Widerrufsantrages gewährt wird (vgl. auch § 1081 ZPO). Die Zustellung einer Ausfertigung der Bestätigung erfolgt nur an den Schuldner förmlich; der Gläubiger erhält diese formlos. Die Bestätigung erfolgt auf den der Verordnung im Anhang beigefügten Formblättern.¹ 1

Da die EuVTVO keine Regelungen über Rechtsbehelfe des Gläubigers gegen Abweisung des Antrags auf Ausstellung einer Bestätigung enthält, sind die nationalen Rechtsbehelfe einschlägig. § 1080 Abs. 2 ZPO verweist diesbezüglich auf die Vorschriften über die Anfechtung der Entscheidung über die Erteilung einer Vollstreckungsklausel. Strittig ist, ob insoweit die sofortige Beschwerde nach § 11 Abs. 1 RPflG, § 567 ZPO, die Klauselerteilungsklage nach § 731 ZPO oder die Klauselerinnerung nach § 732 ZPO statthaft ist.² Bei Nichterteilung durch den Notar ist die Beschwerde nach § 54 BeurkG, §§ 58 ff. FamFG möglich. 2

Für den Schuldner ist kein Rechtsbehelf gegen die Erteilung der Bestätigung statthaft (Art. 10 Abs. 4 EuVTVO). Er kann sich dagegen durch Berichtigungs- bzw. Widerrufsantrag betreffend die Bestätigung wehren (vgl. auch § 1081 ZPO). 3

§ 1081
Berichtigung und Widerruf

(1) ¹Ein Antrag nach Artikel 10 Abs. 1 der Verordnung (EG) Nr. 805/2004 auf Berichtigung oder Widerruf einer gerichtlichen Bestätigung ist bei dem Gericht zu stellen, das die Bestätigung ausgestellt hat. ²Über den Antrag entscheidet dieses Gericht. ³Ein Antrag auf Berichtigung oder Widerruf einer notariellen oder behördlichen Bestätigung ist an die Stelle zu richten, die die Bestätigung ausgestellt hat. ⁴Die Notare oder Behörden leiten den Antrag unverzüglich dem Amtsgericht, in dessen Bezirk sie ihren Sitz haben, zur Entscheidung zu.
(2) ¹Der Antrag auf Widerruf durch den Schuldner ist nur binnen einer Frist von einem Monat zulässig. ²Ist die Bestätigung im Ausland zuzustellen, beträgt die Frist zwei Monate. ³Sie ist eine Notfrist und beginnt mit der Zustellung der Bestätigung, jedoch frühestens mit der Zustellung des Titels, auf den sich die Bestätigung bezieht. ⁴In dem Antrag auf Widerruf sind die Gründe darzulegen, weshalb die Bestätigung eindeutig zu Unrecht erteilt worden ist.
(3) § 319 Abs. 2 und 3 ist auf die Berichtigung und den Widerruf entsprechend anzuwenden.

Art. 10 EuVTVO räumt dem Schuldner die Möglichkeit eines Berichtigungs- oder Widerrufsantrags betreffend die Bestätigung als Europäischer Vollstreckungstitel ein. Ein sonstiger Rechtsbehelf steht dem Schuldner gegen die Erteilung der Bestätigung nicht zu (vgl. § 1080 Rn. 3). § 1081 ZPO regelt Zuständigkeit, Form und Frist eines solchen Antrages sowie die Form der Entscheidung über den Antrag und die Rechtsmittelmöglichkeiten gegen die Entscheidung. Berichtigung meint den Fall, dass Bestätigung und Titel voneinander abweichen, weil 1

---

1 Vom Abdruck des Anhangs nebst Formblättern wurde abgesehen.
2 Ausführlich zusammenfassend zum Meinungsstand mit Nachweisen MK-*Adolphsen*, ZPO, § 1081 Rn. 9–12; für § 732 ZPO: Thomas/Putzo-*Hüßtege*, ZPO, § 1080 Rn. 3; für § 567 ZPO: OLG München v. 17.11.2015, 7 W 1896/15, juris, Rn. 5; OLG München, NJW-RR 2007, 1582 (1583); OLG Düsseldorf, AGS 2010, 415; OLG Stuttgart, OLG Stuttgart, OLGR 2008, 389 (390); Musielak/Voit-*Lackmann*, ZPO, § 1080 Rn. 3.

ZPO § 1082 Europäische Vollstreckungstitel nach VO (EG) Nr. 805/2004

beispielsweise der Name des Gläubigers oder Schuldners falsch übernommen wurde.[1] Ein Widerruf kommt in Betracht, wenn die Bestätigung eindeutig zu Unrecht erteilt wurde.

2 Der Widerrufs-/Berichtigungsantrag ist nach § 1081 Abs. 1 Satz 1 ZPO an das Gericht zu richten, das die Bestätigung als Europäischer Vollstreckungstitel ausgestellt hat. Dieses Gericht entscheidet dann auch über den Antrag. Ein Widerrufs-/Berichtigungsantrag betreffend eine notarielle oder behördliche Bestätigung (vgl. dazu § 1079 Rn. 1) ist an die Stelle zu richten, die die Bestätigung ausgestellt hat, also an den Notar oder die Behörde (§ 1081 Abs. 1 Satz 3 ZPO). Diese leitet gemäß § 1081 Abs. 1 Satz 4 ZPO den Antrag unverzüglich zur Entscheidung an das Amtsgericht weiter, in dessen Bezirk sie ihren Sitz hat. Die funktionelle Zuständigkeit für die Entscheidung liegt gemäß § 20 Abs. 1 Nr. 11 RPflG beim Rechtspfleger. Der Antrag auf Widerruf ist gemäß § 1081 Abs. 2 Satz 4 ZPO zu begründen.

3 § 1081 Abs. 2 Satz 1–3 ZPO bestimmt für den Widerrufsantrag eine Frist von einem Monat ab Zustellung der Bestätigung, frühestens jedoch ab der Zustellung des Titels. Bei Zustellung der Bestätigung im Ausland beträgt die Frist zwei Monate. Da Art. 10 EuVTVO keine Frist vorsieht, ist diese Vorschrift nicht wirksam.[2] Für den Antrag auf Berichtigung besteht keine Frist. Das Formblatt der VO kann, muss aber nicht verwendet werden.

4 Die Entscheidung über den Widerrufs-/Berichtigungsantrag ergeht gemäß §§ 1081 Abs. 3, 319 Abs. 2 ZPO durch Beschluss. Für die Rechtsmittel verweist § 1081 Abs. 3 ZPO auf § 319 Abs. 3 ZPO. Gegen die Stattgabe des Antrags ist die sofortige Beschwerde statthaft.[3] Gegen die Ablehnung des Antrags durch den Rechtspfleger steht nur die befristete Erinnerung nach § 11 Abs. 2 RPflG zur Verfügung.[4] Hilft der Rechtspfleger nicht ab und weist der Richter die Erinnerung zurück, ist dagegen keine sofortige Beschwerde möglich. Widerruft der Richter hingegen die Bestätigung nach Vorlage durch den nicht abhelfenden Rechtspfleger, findet gegen diese Entscheidung die sofortige Beschwerde statt.[5]

Titel 2
Zwangsvollstreckung aus Europäischen Vollstreckungstiteln im Inland

§ 1082
Vollstreckungstitel

Aus einem Titel, der in einem anderen Mitgliedstaat der Europäischen Union nach der Verordnung (EG) Nr. 805/2004 als Europäischer Vollstreckungstitel bestätigt worden ist, findet die Zwangsvollstreckung im Inland statt, ohne dass es einer Vollstreckungsklausel bedarf.

Siehe Kommentierung bei § 1083 ZPO.

§ 1083
Übersetzung

Hat der Gläubiger nach Artikel 20 Abs. 2 Buchstabe c der Verordnung (EG) Nr. 805/2004 eine Übersetzung vorzulegen, so ist diese in deutscher Sprache zu verfassen und von einer hierzu in einem der Mitgliedstaaten der Europäischen Union befugten Person zu beglaubigen.

1 §§ 1082–1086 ZPO betreffen die Vollstreckung ausländischer Europäischer Vollstreckungstitel im Inland (vgl. Vorbem. zu §§ 1079–1086 Rn. 3). Entsprechend der Verordnung stellt § 1082 ZPO klar, dass eine Vollstreckungsklausel bei derartigen Titeln nicht notwendig ist, da die Bestätigung als Europäischer Vollstreckungstitel genügt. Abgesehen von der Voraussetzung der

---

1 Thomas/Putzo-*Hüßtege*, ZPO, § 1081 Rn. 1.
2 Thomas/Putzo-*Hüßtege*, ZPO, § 1081 Rn. 6; Musielak/Voit-*Lackmann*, ZPO, § 1081 Rn. 4 spricht von Zweifeln an der Wirksamkeit.
3 BGH, NJW 2012, 858, Rn. 12 = MDR 2012, 183, Rn. 12.
4 BGH, NJW 2012, 858, Rn. 12 = MDR 2012, 183, Rn. 12; OLG Zweibrücken v. 16.12.2008, juris, Rn. 2–4.
5 BGH, NJW 2012, 858 (859) = MDR 2012, 183.

Vollstreckungsklausel richtet sich jedoch die Vollstreckung nach den Vorschriften der ZPO,[1] soweit die Verordnung keine abweichenden Regeln enthält, Art. 20 Abs. 1 EuVTVO. Das zuständige Vollstreckungsorgan muss überprüfen, ob die nach Art. 20 Abs. 2 EuVTVO erforderlichen Unterlagen vollständig vorhanden sind, also eine Ausfertigung des Titels sowie eine Ausfertigung der Bestätigung als Europäischer Vollstreckungstitel und eine Übersetzung der Bestätigung in die deutsche Sprache gemäß § 1083 ZPO i.V.m. Art. 20 Abs. 2 Buchst. c EuVTVO. Eine Übersetzung der Bestätigung ist nur dann erforderlich, wenn für die Bestätigung nicht lediglich das von der EuVTVO vorgesehene Formblatt ausgefüllt wurde und nicht auch ohne Übersetzung festgestellt werden kann, welche Forderung zu vollstrecken ist.[2] Etwas anderes gilt nur dann, wenn das Formblatt durch zusätzliche individuelle Angaben ergänzt wurde.[3]

§ 1084
Anträge nach den Artikeln 21 und 23 der Verordnung (EG) Nr. 805/2004

(1) [1]Für Anträge auf Verweigerung, Aussetzung oder Beschränkung der Zwangsvollstreckung nach den Artikeln 21 und 23 der Verordnung (EG) Nr. 805/2004 ist das Amtsgericht als Vollstreckungsgericht zuständig. [2]Die Vorschriften des Buches 8 über die örtliche Zuständigkeit des Vollstreckungsgerichts sind entsprechend anzuwenden. [3]Die Zuständigkeit nach den Sätzen 1 und 2 ist ausschließlich.

(2) [1]Die Entscheidung über den Antrag nach Artikel 21 der Verordnung (EG) Nr. 805/2004 ergeht durch Beschluss. [2]Auf die Einstellung der Zwangsvollstreckung und die Aufhebung der bereits getroffenen Vollstreckungsmaßregeln sind § 769 Abs. 1 und 3 sowie § 770 entsprechend anzuwenden. [3]Die Aufhebung einer Vollstreckungsmaßregel ist auch ohne Sicherheitsleistung zulässig.

(3) [1]Über den Antrag auf Aussetzung oder Beschränkung der Vollstreckung nach Artikel 23 der Verordnung (EG) Nr. 805/2004 wird durch einstweilige Anordnung entschieden. [2]Die Entscheidung ist unanfechtbar.

Art. 21 EuVTVO sieht eine Verweigerung, Art. 23 EuVTVO eine Beschränkung oder Aussetzung der Zwangsvollstreckung aus einem Europäischen Vollstreckungstitel unter bestimmten Voraussetzungen vor. § 1084 ZPO regelt die diesbezügliche Zuständigkeit und Teile des Verfahrens.

Nach § 1084 Abs. 1 ZPO ist für Anträge gemäß Art. 21, 23 EuVTVO das Amtsgericht als Vollstreckungsgericht zuständig, wobei für die örtliche Zuständigkeit die Vorschriften des achten Buches der ZPO entsprechend anzuwenden sind und sowohl die sachliche als auch die örtliche Zuständigkeit eine ausschließliche ist. Für die örtliche Zuständigkeit kommen aufgrund der Verweisung §§ 764 Abs. 2, 828 Abs. 2 ZPO in Betracht.[1] Die funktionelle Zuständigkeit liegt beim Richter.[2]

Über die Verweigerung der Zwangsvollstreckung nach Art. 21 EuVTVO entscheidet das Gericht durch Beschluss (§ 1084 Abs. 2 Satz 1 ZPO). Gegen diesen ist die sofortige Beschwerde statthaft.[3] Die § 769 Abs. 1, 3 ZPO sowie § 770 ZPO sind gemäß § 1084 Abs. 2 Satz 2 ZPO entsprechend anzuwenden. Die Aufhebung einer Vollstreckungsmaßregel ist nach § 1084 Abs. 2 Satz 3 ZPO ohne Sicherheitsleistung zulässig.

Die Entscheidung über die Beschränkung oder Aussetzung der Zwangsvollstreckung gemäß Art. 23 EuVTVO ergeht nach § 1084 Abs. 3 Satz 1 ZPO im Wege der einstweiligen Anordnung. Die Entscheidung ist nicht anfechtbar (§ 1084 Abs. 3 Satz 2 ZPO).

---

1 BGH, NJW 2010, 2137 (2137 f.), Rn. 9, 14, 21 zur Frage der Überprüfung der Identität des Vollstreckungsschuldners gem. § 750 Abs. 1 Satz 1 ZPO; LG München II v. 19.01.2010, 6 T 6032/09, juris, Rn. 16–21, zur Bestimmtheit der Zinsforderung; AG Augsburg v. 27.01.2012, 1 M 10281/12, juris, Rn. 2–7 m.w.N. für die Zustellung des Titels gemäß § 750 Abs. 1 Satz 1 ZPO.
2 LG München II v. 19.01.2010, 6 T 6032/09, juris, Rn. 13.
3 Thomas/Putzo-*Hüßtege*, ZPO, § 1083 Rn. 1.

Zu § 1084:
1 Musielak/Voit-*Lackmann*, ZPO, § 1084 Rn. 2.
2 Thomas/Putzo-*Hüßtege*, ZPO, § 1084 Rn. 2.
3 Thomas/Putzo-*Hüßtege*, ZPO, § 1084 Rn. 3.

§ 1085
Einstellung der Zwangsvollstreckung

Die Zwangsvollstreckung ist entsprechend den §§ 775 und 776 auch dann einzustellen oder zu beschränken, wenn die Ausfertigung einer Bestätigung über die Nichtvollstreckbarkeit oder über die Beschränkung der Vollstreckbarkeit nach Artikel 6 Abs. 2 der Verordnung (EG) Nr. 805/2004 vorgelegt wird.

1 Nach § 1085 ZPO ist die Einstellung oder Beschränkung der Zwangsvollstreckung auch gemäß §§ 775, 776 ZPO möglich, wenn die Ausfertigung einer Bestätigung über die Nichtvollstreckbarkeit oder über die Beschränkung der Vollstreckbarkeit nach Art. 6 Abs. 2 EuVTVO vorgelegt wird.

§ 1086
Vollstreckungsabwehrklage

(1) ¹Für Klagen nach § 795 Satz 1 in Verbindung mit § 767 ist das Gericht ausschließlich örtlich zuständig, in dessen Bezirk der Schuldner seinen Wohnsitz hat, oder, wenn er im Inland keinen Wohnsitz hat, das Gericht, in dessen Bezirk die Zwangsvollstreckung stattfinden soll oder stattgefunden hat. ²Der Sitz von Gesellschaften oder juristischen Personen steht dem Wohnsitz gleich.

(2) § 767 Abs. 2 ist entsprechend auf gerichtliche Vergleiche und öffentliche Urkunden anzuwenden.

1 Die Vollstreckungsabwehrklage gemäß § 767 ZPO wird nach überwiegender Meinung auch gegen Europäische Vollstreckungstitel als statthaft angesehen.[1] § 1086 Abs. 1 ZPO statuiert für die Vollstreckungsabwehrklage die ausschließliche örtliche Zuständigkeit des Gerichts, in dessen Bezirk der Schuldner seinen Wohnsitz oder Sitz hat oder, wenn er im Inland keinen Wohnsitz hat, desjenigen Gerichts, in dessen Bezirk die Zwangsvollstreckung stattfinden soll. Die sachliche Zuständigkeit ist nicht in § 1086 ZPO geregelt und richtet sich nach §§ 23, 71 GVG. Die internationale Zuständigkeit beurteilt sich nach Art. 24 Nr. 5 EuGVVO.[2]

2 Nach § 1086 Abs. 2 ZPO ist die Präklusion von Einwendungen gemäß § 767 Abs. 2 ZPO im Gegensatz zum nationalen Recht auf gerichtliche Vergleiche (Art. 24 EuVTVO) und öffentliche Urkunden (Art. 25 EuVTVO), die als Europäische Vollstreckungstitel bestätigt wurden, entsprechend anzuwenden.

Anhang zu §§ 1079–1086

Verordnung (EG) Nr. 805/2004 des Europäischen Parlaments und des Rates vom 21.04.2004 zur Einführung eines europäischen Vollstreckungstitels für unbestrittene Forderungen
(ABl. EG L 143, S. 15)
Zuletzt geändert am 22.10.2008 durch VO (EG) Nr. 1103/2008

Das Europäische Parlament und der Rat der Europäischen Union –
gestützt auf den Vertrag zur Gründung der Europäischen Gemeinschaft, insbesondere auf Artikel 61 Buchstabe c) und Artikel 67 Absatz 5 zweiter Gedankenstrich,

---

[1] OLG Köln v. 21.11.2012, 16 U 126/11, juris, Rn. 54–58 m.w.N. auch zur Gegenansicht; ebenso Zöller-*Geimer*, ZPO, § 1086 Rn. 1 m.w.N. auch zur Gegenansicht.
[2] OLG Köln v. 21.11.2012, 16 U 126/11, juris, Rn. 47–53 zu Art. 22 Nr. 5 EuGVVO a.F., der dem nunmehrigen Art. 24 Nr. 5 EuGVVO n.F. entspricht m.w.N.

auf Vorschlag der Kommission,[1]
nach Stellungnahme des Europäischen Wirtschafts- und Sozialausschusses,[2]
gemäß dem Verfahren des Artikels 251 des Vertrags,[3]
in Erwägung nachstehender Gründe:

(1) Die Gemeinschaft hat sich zum Ziel gesetzt, einen Raum der Freiheit, der Sicherheit und des Rechts, in dem der freie Personenverkehr gewährleistet ist, zu erhalten und weiterzuentwickeln. Dazu erlässt die Gemeinschaft unter anderem im Bereich der justiziellen Zusammenarbeit in Zivilsachen die für das reibungslose Funktionieren des Binnenmarkts erforderlichen Maßnahmen.

(2) Am 3. Dezember 1998 nahm der Rat den Aktionsplan des Rates und der Kommission zur bestmöglichen Umsetzung der Bestimmungen des Amsterdamer Vertrags über den Aufbau eines Raums der Freiheit, der Sicherheit und des Rechts[4] an (Wiener Aktionsplan).

(3) Auf seiner Tagung vom 15. und 16. Oktober 1999 in Tampere bekräftigte der Europäische Rat den Grundsatz der gegenseitigen Anerkennung gerichtlicher Entscheidungen als Eckpfeiler für die Schaffung eines echten europäischen Rechtsraums.

(4) Am 30. November 2000 verabschiedete der Rat ein Programm über Maßnahmen zur Umsetzung des Grundsatzes der gegenseitigen Anerkennung gerichtlicher Entscheidungen in Zivil- und Handelssachen[5]. Dieses Programm sieht in seiner ersten Phase die Abschaffung des Vollstreckbarerklärungsverfahrens, d. h. die Einführung eines Europäischen Vollstreckungstitels für unbestrittene Forderungen vor.

(5) Der Begriff „unbestrittene Forderung" sollte alle Situationen erfassen, in denen der Schuldner Art oder Höhe einer Geldforderung nachweislich nicht bestritten hat und der Gläubiger gegen den Schuldner entweder eine gerichtliche Entscheidung oder einen vollstreckbaren Titel, der die ausdrückliche Zustimmung des Schuldners erfordert, wie einen gerichtlichen Vergleich oder eine öffentliche Urkunde, erwirkt hat.

(6) Ein fehlender Widerspruch seitens des Schuldners im Sinne von Artikel 3 Absatz 1 Buchstabe b) liegt auch dann vor, wenn dieser nicht zur Gerichtsverhandlung erscheint oder einer Aufforderung des Gerichts, schriftlich mitzuteilen, ob er sich zu verteidigen beabsichtigt, nicht nachkommt.

(7) Diese Verordnung sollte auch für Entscheidungen, gerichtliche Vergleiche und öffentliche Urkunden über unbestrittene Forderungen und solche Entscheidungen gelten, die nach Anfechtung von als Europäischer Vollstreckungstitel bestätigten Entscheidungen, gerichtlichen Vergleichen und öffentlichen Urkunden ergangen sind.

(8) Der Europäische Rat hat in seinen Schlussfolgerungen von Tampere die Auffassung vertreten, dass der Zugang zur Vollstreckung einer Entscheidung in einem anderen Mitgliedstaat als dem, in dem die Entscheidung ergangen ist, durch den Verzicht auf die dort als Voraussetzung einer Vollstreckung erforderlichen Zwischenmaßnahmen beschleunigt und vereinfacht werden sollte. Eine Entscheidung, die vom Gericht des Ursprungsmitgliedstaats als Europäischer Vollstreckungstitel bestätigt worden ist, sollte im Hinblick auf die Vollstreckung so behandelt werden, als wäre sie im Vollstreckungsmitgliedstaat ergangen. So erfolgt beispielsweise im Vereinigten Königreich die Registrierung einer bestätigten ausländischen Entscheidung nach den gleichen Vorschriften wie die Registrierung einer Entscheidung aus einem anderen Teil des Vereinigten Königreichs und darf nicht mit einer inhaltlichen Überprüfung der ausländischen Entscheidung verbunden sein. Die Umstände der Vollstreckung dieser Entscheidung sollten sich weiterhin nach innerstaatlichem Recht richten.

(9) Dieses Verfahren sollte gegenüber dem Vollstreckbarerklärungsverfahren der Verordnung (EG) Nr. 44/2001 des Rates vom 22. Dezember 2000 über die gerichtliche Zuständigkeit und die Anerkennung und Vollstreckung von Entscheidungen in Zivil- und Handelssachen[6] einen erheblichen Vorteil bieten, der darin besteht, dass auf die Zustimmung des Gerichts eines zweiten Mitgliedstaats mit den daraus entstehenden Verzögerungen und Kosten verzichtet werden kann.

---

1 ABl. EG Nr. C 203 E vom 27. 8. 2002, S. 86.
2 ABl. EG Nr. C 85 vom 8. 4. 2003, S. 1.
3 Stellungnahme des Europäischen Parlaments vom 8. April 2003 (ABl. EG Nr. C 64 E vom 12. 3. 2004, S. 79). Gemeinsamer Standpunkt des Rates vom 6. Februar 2004 und Standpunkt des Europäischen Parlaments vom 30. März 2004.
4 ABl. EG Nr. C 19 vom 23. 1. 1999, S. 1.
5 ABl. EG Nr. C 12 vom 15. 1. 2001, S. 1.
6 ABl. EG Nr. L 12 vom 16. 1. 2001, S. 1. Zuletzt geändert durch die Verordnung (EG) Nr. 1496/2002 der Kommission (ABl. EG Nr. L 225 vom 22. 8. 2002, S. 13).

(10) Auf die Nachprüfung einer gerichtlichen Entscheidung, die in einem anderen Mitgliedstaat über eine unbestrittene Forderung in einem Verfahren ergangen ist, auf das sich der Schuldner nicht eingelassen hat, kann nur dann verzichtet werden, wenn eine hinreichende Gewähr besteht, dass die Verteidigungsrechte beachtet worden sind.

(11) Diese Verordnung soll der Förderung der Grundrechte dienen und berücksichtigt die Grundsätze, die insbesondere mit der Charta der Grundrechte der Europäischen Union anerkannt wurden. Sie zielt insbesondere darauf ab, die uneingeschränkte Wahrung des Rechts auf ein faires Verfahren, wie es in Artikel 47 der Charta verankert ist, zu gewährleisten.

(12) Für das gerichtliche Verfahren sollten Mindestvorschriften festgelegt werden, um sicherzustellen, dass der Schuldner so rechtzeitig und in einer Weise über das gegen ihn eingeleitete Verfahren, die Notwendigkeit seiner aktiven Teilnahme am Verfahren, wenn er die Forderung bestreiten will, und über die Folgen seiner Nichtteilnahme unterrichtet wird, dass er Vorkehrungen für seine Verteidigung treffen kann.

(13) Wegen der Unterschiede im Zivilprozessrecht der Mitgliedstaaten, insbesondere bei den Zustellungsvorschriften, müssen die Mindestvorschriften präzise und detailliert definiert sein. So kann insbesondere eine Zustellungsform, die auf einer juristischen Fiktion beruht, im Hinblick auf die Einhaltung der Mindestvorschriften nicht als ausreichend für die Bestätigung einer Entscheidung als Europäischer Vollstreckungstitel angesehen werden.

(14) Alle in den Artikeln 13 und 14 aufgeführten Zustellungsformen sind entweder durch eine absolute Gewissheit (Artikel 13) oder ein hohes Maß an Wahrscheinlichkeit (Artikel 14) dafür gekennzeichnet, dass das zugestellte Schriftstück dem Empfänger zugegangen ist. In der zweiten Kategorie sollte eine Entscheidung nur dann als Europäischer Vollstreckungstitel bestätigt werden, wenn der Ursprungsmitgliedstaat über einen geeigneten Mechanismus verfügt, der es dem Schuldner unter bestimmten Voraussetzungen ermöglicht, eine vollständige Überprüfung der Entscheidung gemäß Artikel 19 zu verlangen, und zwar dann, wenn das Schriftstück dem Empfänger trotz Einhaltung des Artikels 14 ausnahmsweise nicht zugegangen ist.

(15) Die persönliche Zustellung an bestimmte andere Personen als den Schuldner selbst gemäß Artikel 14 Absatz 1 Buchstaben a) und b) sollte die Anforderungen der genannten Vorschriften nur dann erfüllen, wenn diese Personen das betreffende Schriftstück auch tatsächlich erhalten haben.

(16) Artikel 15 sollte auf Situationen Anwendung finden, in denen der Schuldner sich nicht selbst vor Gericht vertreten kann, etwa weil er eine juristische Person ist, und in denen er durch eine gesetzlich bestimmte Person vertreten wird, sowie auf Situationen, in denen der Schuldner eine andere Person, insbesondere einen Rechtsanwalt, ermächtigt hat, ihn in dem betreffenden gerichtlichen Verfahren zu vertreten.

(17) Die für die Nachprüfung der Einhaltung der prozessualen Mindestvorschriften zuständigen Gerichte sollten gegebenenfalls eine einheitliche Bestätigung als Europäischer Vollstreckungstitel ausstellen, aus der die Nachprüfung und deren Ergebnis hervorgeht.

(18) Gegenseitiges Vertrauen in die ordnungsgemäße Rechtspflege in den Mitgliedstaaten rechtfertigt es, dass das Gericht nur eines Mitgliedstaats beurteilt, ob alle Voraussetzungen für die Bestätigung der Entscheidung als Europäischer Vollstreckungstitel vorliegen, so dass die Vollstreckung der Entscheidung in allen anderen Mitgliedstaaten möglich ist, ohne dass im Vollstreckungsmitgliedstaat zusätzlich von einem Gericht nachgeprüft werden muss, ob die prozessualen Mindestvorschriften eingehalten worden sind.

(19) Diese Verordnung begründet keine Verpflichtung für die Mitgliedstaaten, ihr innerstaatliches Recht an die prozessualen Mindestvorschriften in dieser Verordnung anzupassen. Entscheidungen werden in anderen Mitgliedstaaten jedoch nur dann effizienter und schneller vollstreckt, wenn diese Mindestvorschriften beachtet werden, so dass hier ein entsprechender Anreiz für die Mitgliedstaaten besteht, ihr Recht dieser Verordnung anzupassen.

(20) Dem Gläubiger sollte es freistehen, eine Bestätigung als Europäischer Vollstreckungstitel für unbestrittene Forderungen zu beantragen oder sich für das Anerkennungs- und Vollstreckungsverfahren nach der Verordnung (EG) Nr. 44/2001 oder für andere Gemeinschaftsrechtsakte zu entscheiden.

(21) Ist ein Schriftstück zum Zwecke der Zustellung von einem Mitgliedstaat in einen anderen Mitgliedstaat zu versenden, so sollte diese Verordnung, insbesondere die darin enthaltenen Zustellungsvorschriften, zusammen mit der Verordnung (EG) Nr. 1348/2000 des Rates vom 29. Mai 2000 über die Zustellung gerichtlicher und außergerichtlicher Schriftstücke in Zivil- oder Handelssachen in den Mitgliedstaaten[7], und insbesondere mit deren Artikel 14 in Verbindung mit den Erklärungen der Mitgliedstaaten nach deren Artikel 23, gelten.

(22) Da die Ziele der beabsichtigten Maßnahmen auf Ebene der Mitgliedstaaten nicht ausreichend erreicht werden können und daher wegen ihres Umfangs und ihrer Wirkungen besser auf Gemeinschaftsebene zu erreichen sind, kann die Gemeinschaft im Einklang mit dem in Artikel 5 des Vertrags niedergelegten Subsidiaritätsprinzip tätig werden. Entsprechend dem in demselben Artikel genannten Verhältnismäßigkeitsprinzip geht diese Verordnung nicht über das zur Erreichung dieser Ziele erforderliche Maß hinaus.

(23) Die zur Durchführung dieser Verordnung erforderlichen Maßnahmen sollten gemäß dem Beschluss 1999/468/EG des Rates vom 28. Juni 1999 zur Festlegung der Modalitäten für die Ausübung der der Kommission übertragenen Durchführungsbefugnisse[8] erlassen werden.

(24) Gemäß Artikel 3 des dem Vertrag über die Europäische Union und dem Vertrag zur Gründung der Europäischen Gemeinschaft beigefügten Protokolls über die Position des Vereinigten Königreichs und Irlands haben diese Mitgliedstaaten mitgeteilt, dass sie sich an der Annahme und Anwendung dieser Verordnung beteiligen möchten.

(25) Dänemark beteiligt sich gemäß den Artikeln 1 und 2 des dem Vertrag über die Europäische Union und dem Vertrag zur Gründung der Europäischen Gemeinschaft beigefügten Protokolls über die Position Dänemarks nicht an der Annahme dieser Verordnung, die für Dänemark somit nicht bindend oder anwendbar ist.

(26) Gemäß Artikel 67 Absatz 5 zweiter Gedankenstrich des Vertrags ist für die in dieser Verordnung geregelten Maßnahmen ab dem 1. Februar 2003 das Mitentscheidungsverfahren anzuwenden –

haben folgende Verordnung erlassen:

Kapitel I
Gegenstand, Anwendungsbereich und Begriffsbestimmungen

Artikel 1
Gegenstand

Mit dieser Verordnung wird ein Europäischer Vollstreckungstitel für unbestrittene Forderungen eingeführt, um durch die Festlegung von Mindestvorschriften den freien Verkehr von Entscheidungen, gerichtlichen Vergleichen und öffentlichen Urkunden in allen Mitgliedstaaten zu ermöglichen, ohne dass im Vollstreckungsmitgliedstaat ein Zwischenverfahren vor der Anerkennung und Vollstreckung angestrengt werden muss.

Artikel 2
Anwendungsbereich

(1) [1]Diese Verordnung ist in Zivil- und Handelssachen anzuwenden, ohne dass es auf die Art der Gerichtsbarkeit ankommt. [2]Sie erfasst insbesondere nicht Steuer- und Zollsachen, verwaltungsrechtliche Angelegenheiten sowie die Haftung des Staates für Handlungen oder Unterlassungen im Rahmen der Ausübung hoheitlicher Rechte („acta jure imperii").

(2) Diese Verordnung ist nicht anzuwenden auf

a) den Personenstand, die Rechts- und Handlungsfähigkeit sowie die gesetzliche Vertretung von natürlichen Personen, die ehelichen Güterstände, das Gebiet des Erbrechts einschließlich des Testamentsrechts;

b) Konkurse, Vergleiche und ähnliche Verfahren;

c) die soziale Sicherheit;

d) die Schiedsgerichtsbarkeit.

(3) In dieser Verordnung bedeutet der Begriff „Mitgliedstaaten" die Mitgliedstaaten mit Ausnahme Dänemarks.

Artikel 3
Vollstreckungstitel, die als Europäischer Vollstreckungstitel bestätigt werden

(1) Diese Verordnung gilt für Entscheidungen, gerichtliche Vergleiche und öffentliche Urkunden über unbestrittene Forderungen.

Eine Forderung gilt als „unbestritten", wenn

a) der Schuldner ihr im gerichtlichen Verfahren ausdrücklich durch Anerkenntnis oder durch einen von einem Gericht gebilligten oder vor einem Gericht im Laufe eines Verfahrens geschlossenen Vergleich zugestimmt hat oder

---

7 ABl. EG Nr. L 160 vom 30.6.2000, S. 37.
8 ABl. EG Nr. L 184 vom 17.7.1999, S. 23.

b) der Schuldner ihr im gerichtlichen Verfahren zu keiner Zeit nach den maßgeblichen Verfahrensvorschriften des Rechts des Ursprungsmitgliedstaats widersprochen hat oder

c) der Schuldner zu einer Gerichtsverhandlung über die Forderung nicht erschienen oder dabei nicht vertreten worden ist, nachdem er zuvor im gerichtlichen Verfahren der Forderung widersprochen hatte, sofern ein solches Verhalten nach dem Recht des Ursprungsmitgliedstaats als stillschweigendes Zugeständnis der Forderung oder des vom Gläubiger behaupteten Sachverhalts anzusehen ist oder

d) der Schuldner die Forderung ausdrücklich in einer öffentlichen Urkunde anerkannt hat.

(2) Diese Verordnung gilt auch für Entscheidungen, die nach Anfechtung von als Europäischer Vollstreckungstitel bestätigten Entscheidungen, gerichtlichen Vergleichen oder öffentlichen Urkunden ergangen sind.

Artikel 4
Begriffsbestimmungen

Im Sinne dieser Verordnung gelten folgende Begriffsbestimmungen:

1. „Entscheidung": jede von einem Gericht eines Mitgliedstaats erlassene Entscheidung ohne Rücksicht auf ihre Bezeichnung wie Urteil, Beschluss, Zahlungsbefehl oder Vollstreckungsbescheid, einschließlich des Kostenfestsetzungsbeschlusses eines Gerichtsbediensteten.

2. „Forderung": eine Forderung auf Zahlung einer bestimmten Geldsumme, die fällig ist oder deren Fälligkeitsdatum in der Entscheidung, dem gerichtlichen Vergleich oder der öffentlichen Urkunde angegeben ist.

3. „Öffentliche Urkunde":

   a) ein Schriftstück, das als öffentliche Urkunde aufgenommen oder registriert worden ist, wobei die Beurkundung

      i) sich auf die Unterschrift und den Inhalt der Urkunde bezieht und

      ii) von einer Behörde oder einer anderen von dem Ursprungsmitgliedstaat hierzu ermächtigten Stelle vorgenommen worden ist;

   oder

   b) eine vor einer Verwaltungsbehörde geschlossene oder von ihr beurkundete Unterhaltsvereinbarung oder -verpflichtung.

4. „Ursprungsmitgliedstaat": der Mitgliedstaat, in dem eine Entscheidung ergangen ist, ein gerichtlicher Vergleich gebilligt oder geschlossen oder eine öffentliche Urkunde ausgestellt wurde und in dem diese als Europäischer Vollstreckungstitel zu bestätigen sind.

5. „Vollstreckungsmitgliedstaat": der Mitgliedstaat, in dem die Vollstreckung der/des als Europäischer Vollstreckungstitel bestätigten Entscheidung, gerichtlichen Vergleichs oder öffentlichen Urkunde betrieben wird.

6. „Ursprungsgericht": das Gericht, das mit dem Verfahren zum Zeitpunkt der Erfüllung der Voraussetzungen nach Artikel 3 Absatz 1 Buchstaben a), b) und c) befasst war.

7. Bei den summarischen Mahnverfahren in Schweden (betalningsföreläggande) umfasst der Begriff „Gericht" auch die schwedische kronofogdemyndighet (Amt für Beitreibung).

Kapitel II
Der europäische Vollstreckungstitel

Artikel 5
Abschaffung des Vollstreckbarerklärungsverfahrens

Eine Entscheidung, die im Ursprungsmitgliedstaat als Europäischer Vollstreckungstitel bestätigt worden ist, wird in den anderen Mitgliedstaaten anerkannt und vollstreckt, ohne dass es einer Vollstreckbarerklärung bedarf und ohne dass die Anerkennung angefochten werden kann.

Artikel 6
Voraussetzungen für die Bestätigung als Europäischer Vollstreckungstitel

(1) Eine in einem Mitgliedstaat über eine unbestrittene Forderung ergangene Entscheidung wird auf jederzeitigen Antrag an das Ursprungsgericht als Europäischer Vollstreckungstitel bestätigt, wenn

a) die Entscheidung im Ursprungsmitgliedstaat vollstreckbar ist, und

b) die Entscheidung nicht im Widerspruch zu den Zuständigkeitsregeln in Kapitel II Abschnitte 3 und 6 der Verordnung (EG) Nr. 44/2001 steht, und

c) das gerichtliche Verfahren im Ursprungsmitgliedstaat im Fall einer unbestrittenen Forderung im Sinne von Artikel 3 Absatz 1 Buchstabe b) oder c) den Voraussetzungen des Kapitels III entsprochen hat, und

d) die Entscheidung in dem Mitgliedstaat ergangen ist, in dem der Schuldner seinen Wohnsitz im Sinne von Artikel 59 der Verordnung (EG) Nr. 44/2001 hat, sofern
- die Forderung unbestritten im Sinne von Artikel 3 Absatz 1 Buchstabe b) oder c) ist,
- sie einen Vertrag betrifft, den eine Person, der Verbraucher, zu einem Zweck geschlossen hat, der nicht der beruflichen oder gewerblichen Tätigkeit dieser Person zugerechnet werden kann und
- der Schuldner der Verbraucher ist.

(2) Ist eine als Europäischer Vollstreckungstitel bestätigte Entscheidung nicht mehr vollstreckbar oder wurde ihre Vollstreckbarkeit ausgesetzt oder eingeschränkt, so wird auf jederzeitigen Antrag an das Ursprungsgericht unter Verwendung des Formblatts in Anhang IV eine Bestätigung der Nichtvollstreckbarkeit bzw. der Beschränkung der Vollstreckbarkeit ausgestellt.

(3) Ist nach Anfechtung einer Entscheidung, die als Europäischer Vollstreckungstitel gemäß Absatz 1 bestätigt worden ist, eine Entscheidung ergangen, so wird auf jederzeitigen Antrag unter Verwendung des Formblatts in Anhang V eine Ersatzbestätigung ausgestellt, wenn diese Entscheidung im Ursprungsmitgliedstaat vollstreckbar ist; Artikel 12 Absatz 2 bleibt davon unberührt.

Artikel 7
Kosten in Verbindung mit dem gerichtlichen Verfahren

Umfasst eine Entscheidung eine vollstreckbare Entscheidung über die Höhe der mit dem gerichtlichen Verfahren verbundenen Kosten, einschließlich Zinsen, wird sie auch hinsichtlich dieser Kosten als Europäischer Vollstreckungstitel bestätigt, es sei denn, der Schuldner hat im gerichtlichen Verfahren nach den Rechtsvorschriften des Ursprungsmitgliedstaats der Verpflichtung zum Kostenersatz ausdrücklich widersprochen.

Artikel 8
Teilbarkeit der Bestätigung als Europäischer Vollstreckungstitel

Wenn die Entscheidung die Voraussetzungen dieser Verordnung nur in Teilen erfüllt, so wird die Bestätigung als Europäischer Vollstreckungstitel nur für diese Teile ausgestellt.

Artikel 9
Ausstellung der Bestätigung als Europäischer Vollstreckungstitel

(1) Die Bestätigung als Europäischer Vollstreckungstitel wird unter Verwendung des Formblatts in Anhang I ausgestellt.

(2) Die Bestätigung als Europäischer Vollstreckungstitel wird in der Sprache ausgestellt, in der die Entscheidung abgefasst ist.

Artikel 10
Berichtigung oder Widerruf oder Bestätigung als Europäischer Vollstreckungstitel

(1) Die Bestätigung als Europäischer Vollstreckungstitel wird auf Antrag an das Ursprungsgericht
a) berichtigt, wenn die Entscheidung und die Bestätigung aufgrund eines materiellen Fehlers voneinander abweichen;
b) widerrufen, wenn sie hinsichtlich der in dieser Verordnung festgelegten Voraussetzungen eindeutig zu Unrecht erteilt wurde.

(2) Für die Berichtigung oder den Widerruf der Bestätigung als Europäischer Vollstreckungstitel ist das Recht des Ursprungsmitgliedstaats maßgebend.

(3) Die Berichtigung oder der Widerruf der Bestätigung als Europäischer Vollstreckungstitel können unter Verwendung des Formblatts in Anhang VI beantragt werden.

(4) Gegen die Ausstellung einer Bestätigung als Europäischer Vollstreckungstitel ist kein Rechtsbehelf möglich.

Artikel 11
Wirkung der Bestätigung als Europäischer Vollstreckungstitel

Die Bestätigung als Europäischer Vollstreckungstitel entfaltet Wirkung nur im Rahmen der Vollstreckbarkeit der Entscheidung.

Kapitel III
Mindestvorschriften für Verfahren über unbestrittene Forderungen

Artikel 12
Anwendungsbereich der Mindestvorschriften

(1) Eine Entscheidung über eine unbestrittene Forderung im Sinne von Artikel 3 Absatz 1 Buchstabe b) oder c) kann nur dann als Europäischer Vollstreckungstitel bestätigt werden, wenn das gerichtliche Verfahren im Ursprungsmitgliedstaat den verfahrensrechtlichen Erfordernissen nach diesem Kapitel genügt hat.

(2) Dieselben Erfordernisse gelten auch für die Ausstellung der Bestätigung als Europäischer Vollstreckungstitel oder einer Ersatzbestätigung im Sinne des Artikels 6 Absatz 3 für eine Entscheidung, die nach Anfechtung einer Entscheidung ergangen ist, wenn zum Zeitpunkt dieser Entscheidung die Bedingungen nach Artikel 3 Absatz 1 Buchstabe b) oder c) erfüllt sind.

Artikel 13
Zustellung mit Nachweis des Empfangs durch den Schuldner

(1) Das verfahrenseinleitende Schriftstück oder ein gleichwertiges Schriftstück kann dem Schuldner wie folgt zugestellt worden sein:

a) durch persönliche Zustellung, bei der der Schuldner eine Empfangsbestätigung unter Angabe des Empfangsdatums unterzeichnet, oder

b) durch persönliche Zustellung, bei der die zuständige Person, die die Zustellung vorgenommen hat, ein Dokument unterzeichnet, in dem angegeben ist, dass der Schuldner das Schriftstück erhalten hat oder dessen Annahme unberechtigt verweigert hat und an welchem Datum die Zustellung erfolgt ist, oder

c) durch postalische Zustellung, bei der der Schuldner die Empfangsbestätigung unter Angabe des Empfangsdatums unterzeichnet und zurückschickt, oder

d) durch elektronische Zustellung wie beispielsweise per Fax oder E-Mail, bei der der Schuldner eine Empfangsbestätigung unter Angabe des Empfangsdatums unterzeichnet und zurückschickt.

(2) Eine Ladung zu einer Gerichtsverhandlung kann dem Schuldner gemäß Absatz 1 zugestellt oder mündlich in einer vorausgehenden Verhandlung über dieselbe Forderung bekannt gemacht worden sein, wobei dies im Protokoll dieser Verhandlung festgehalten sein muss.

Artikel 14
Zustellung ohne Nachweis des Empfangs durch den Schuldner

(1) Das verfahrenseinleitende Schriftstück oder ein gleichwertiges Schriftstück sowie eine Ladung zu einer Gerichtsverhandlung kann dem Schuldner auch in einer der folgenden Formen zugestellt worden sein:

a) persönliche Zustellung unter der Privatanschrift des Schuldners an eine in derselben Wohnung wie der Schuldner lebende Person oder an eine dort beschäftigte Person;

b) wenn der Schuldner Selbstständiger oder eine juristische Person ist, persönliche Zustellung in den Geschäftsräumen des Schuldners an eine Person, die vom Schuldner beschäftigt wird;

c) Hinterlegung des Schriftstücks im Briefkasten des Schuldners;

d) Hinterlegung des Schriftstücks beim Postamt oder bei den zuständigen Behörden mit entsprechender schriftlicher Benachrichtigung im Briefkasten des Schuldners, sofern in der schriftlichen Benachrichtigung das Schriftstück eindeutig als gerichtliches Schriftstück bezeichnet oder darauf hingewiesen wird, dass die Zustellung durch die Benachrichtigung als erfolgt gilt und damit Fristen zu laufen beginnen;

e) postalisch ohne Nachweis gemäß Absatz 3, wenn der Schuldner seine Anschrift im Ursprungsmitgliedstaat hat;

f) elektronisch, mit automatisch erstellter Sendebestätigung, sofern sich der Schuldner vorab ausdrücklich mit dieser Art der Zustellung einverstanden erklärt hat.

(2) Für die Zwecke dieser Verordnung ist eine Zustellung gemäß Absatz 1 nicht zulässig, wenn die Anschrift des Schuldners nicht mit Sicherheit ermittelt werden kann.

(3) Die Zustellung nach Absatz 1 Buchstaben a) bis d) wird bescheinigt durch

a) ein von der zuständigen Person, die die Zustellung vorgenommen hat, unterzeichnetes Schriftstück mit den folgenden Angaben:
    i) die gewählte Form der Zustellung und
    ii) das Datum der Zustellung sowie,

iii) falls das Schriftstück einer anderen Person als dem Schuldner zustellt wurde, der Name dieser Person und die Angabe ihres Verhältnisses zum Schuldner,

oder

b) eine Empfangsbestätigung der Person, der das Schriftstück zugestellt wurde, für die Zwecke von Absatz 1 Buchstaben a) und b).

Artikel 15
Zustellung an die Vertreter des Schuldners

Die Zustellung gemäß Artikel 13 oder Artikel 14 kann auch an den Vertreter des Schuldners bewirkt worden sein.

Artikel 16
Ordnungsgemäße Unterrichtung des Schuldners über die Forderung

Um sicherzustellen, dass der Schuldner ordnungsgemäß über die Forderung unterrichtet worden ist, muss das verfahrenseinleitende Schriftstück oder das gleichwertige Schriftstück folgende Angaben enthalten haben:

a) den Namen und die Anschrift der Parteien;

b) die Höhe der Forderung;

c) wenn Zinsen gefordert werden, den Zinssatz und den Zeitraum, für den Zinsen gefordert werden, es sei denn, die Rechtsvorschriften des Ursprungsmitgliedstaats sehen vor, dass auf die Hauptforderung automatisch ein gesetzlicher Zinssatz angerechnet wird;

d) die Bezeichnung des Forderungsgrundes.

Artikel 17
Ordnungsgemäße Unterrichtung des Schuldners über die Verfahrensschritte zum Bestreiten der Forderung

In dem verfahrenseinleitenden Schriftstück, einem gleichwertigen Schriftstück oder einer Ladung zu einer Gerichtsverhandlung oder in einer zusammen mit diesem Schriftstück oder dieser Ladung zugestellten Belehrung muss deutlich auf Folgendes hingewiesen worden sein:

a) auf die verfahrensrechtlichen Erfordernisse für das Bestreiten der Forderung; dazu gehören insbesondere die Frist, innerhalb deren die Forderung schriftlich bestritten werden kann bzw. gegebenenfalls der Termin der Gerichtsverhandlung, die Bezeichnung und die Anschrift der Stelle, an die die Antwort zu richten bzw. vor der gegebenenfalls zu erscheinen ist, sowie die Information darüber, ob die Vertretung durch einen Rechtsanwalt vorgeschrieben ist;

b) auf die Konsequenzen des Nichtbestreitens oder des Nichterscheinens, insbesondere die etwaige Möglichkeit einer Entscheidung oder ihrer Vollstreckung gegen den Schuldner und der Verpflichtung zum Kostenersatz.

Artikel 18
Heilung der Nichteinhaltung von Mindestvorschriften

(1) Genügte das Verfahren im Ursprungsmitgliedstaat nicht den in den Artikeln 13 bis 17 festgelegten verfahrensrechtlichen Erfordernissen, so sind eine Heilung der Verfahrensmängel und eine Bestätigung der Entscheidung als Europäischer Vollstreckungstitel möglich, wenn

a) die Entscheidung dem Schuldner unter Einhaltung der verfahrensrechtlichen Erfordernisse nach Artikel 13 oder Artikel 14 zugestellt worden ist, und

b) der Schuldner die Möglichkeit hatte, einen eine uneingeschränkte Überprüfung umfassenden Rechtsbehelf gegen die Entscheidung einzulegen, und er in oder zusammen mit der Entscheidung ordnungsgemäß über die verfahrensrechtlichen Erfordernisse für die Einlegung eines solchen Rechtsbehelfs, einschließlich der Bezeichnung und der Anschrift der Stelle, bei der der Rechtsbehelf einzulegen ist, und gegebenenfalls der Frist unterrichtet wurde, und

c) der Schuldner es versäumt hat, einen Rechtsbehelf gegen die Entscheidung gemäß den einschlägigen verfahrensrechtlichen Erfordernissen einzulegen.

(2) Genügte das Verfahren im Ursprungsmitgliedstaat nicht den verfahrensrechtlichen Erfordernissen nach Artikel 13 oder Artikel 14, so ist eine Heilung dieser Verfahrensmängel möglich, wenn durch das Verhalten des Schuldners im gerichtlichen Verfahren nachgewiesen ist, dass er das zuzustellende Schriftstück so rechtzeitig persönlich bekommen hat, dass er Vorkehrungen für seine Verteidigung treffen konnte.

Artikel 19
Mindestvorschriften für eine Überprüfung in Ausnahmefällen

(1) Ergänzend zu den Artikeln 13 bis 18 kann eine Entscheidung nur dann als Europäischer Vollstreckungstitel bestätigt werden, wenn der Schuldner nach dem Recht des Ursprungsmitgliedstaats berechtigt ist, eine Überprüfung der Entscheidung zu beantragen, falls

a) i) das verfahrenseinleitende oder ein gleichwertiges Schriftstück oder gegebenenfalls die Ladung zu einer Gerichtsverhandlung in einer der in Artikel 14 genannten Formen zugestellt wurden, und

ii) die Zustellung ohne Verschulden des Schuldners nicht so rechtzeitig erfolgt ist, dass er Vorkehrungen für seine Verteidigung hätte treffen können,

oder

b) der Schuldner aufgrund höherer Gewalt oder aufgrund außergewöhnlicher Umstände ohne eigenes Verschulden der Forderung nicht widersprechen konnte,

wobei in beiden Fällen jeweils vorausgesetzt wird, dass er unverzüglich tätig wird.

(2) Dieser Artikel berührt nicht die Möglichkeit der Mitgliedstaaten, eine Überprüfung der Entscheidung unter großzügigeren Bedingungen als nach Absatz 1 zu ermöglichen.

Kapitel IV
Vollstreckung

Artikel 20
Vollstreckungsverfahren

(1) Unbeschadet der Bestimmungen dieses Kapitels gilt für das Vollstreckungsverfahren das Recht des Vollstreckungsmitgliedstaats.

Eine als Europäischer Vollstreckungstitel bestätigte Entscheidung wird unter den gleichen Bedingungen vollstreckt wie eine im Vollstreckungsmitgliedstaat ergangene Entscheidung.

(2) Der Gläubiger ist verpflichtet, den zuständigen Vollstreckungsbehörden des Vollstreckungsmitgliedstaats Folgendes zu übermitteln:

a) eine Ausfertigung der Entscheidung, die die für ihre Beweiskraft erforderlichen Voraussetzungen erfüllt, und

b) eine Ausfertigung der Bestätigung als Europäischer Vollstreckungstitel, die die für ihre Beweiskraft erforderlichen Voraussetzungen erfüllt, und

c) gegebenenfalls eine Transkription der Bestätigung als Europäischer Vollstreckungstitel oder eine Übersetzung dieser Bestätigung in die Amtssprache des Vollstreckungsmitgliedstaats oder – falls es in diesem Mitgliedstaat mehrere Amtssprachen gibt – nach Maßgabe der Rechtsvorschriften dieses Mitgliedstaats in die Verfahrenssprache oder eine der Verfahrenssprachen des Ortes, an dem die Vollstreckung betrieben wird, oder in eine sonstige Sprache, die der Vollstreckungsmitgliedstaat zulässt. Jeder Mitgliedstaat kann angeben, welche Amtssprache oder Amtssprachen der Organe der Europäischen Gemeinschaft er neben seiner oder seinen eigenen für die Ausstellung der Bestätigung zulässt. Die Übersetzung ist von einer hierzu in einem der Mitgliedstaaten befugten Person zu beglaubigen.

(3) Der Partei, die in einem Mitgliedstaat eine Entscheidung vollstrecken will, die in einem anderen Mitgliedstaat als Europäischer Vollstreckungstitel bestätigt wurde, darf wegen ihrer Eigenschaft als Ausländer oder wegen Fehlens eines inländischen Wohnsitzes oder Aufenthaltsorts eine Sicherheitsleistung oder Hinterlegung, unter welcher Bezeichnung es auch sei, nicht auferlegt werden.

Artikel 21
Verweigerung der Vollstreckung

(1) Auf Antrag des Schuldners wird die Vollstreckung vom zuständigen Gericht im Vollstreckungsmitgliedstaat verweigert, wenn die als Europäischer Vollstreckungstitel bestätigte Entscheidung mit einer früheren Entscheidung unvereinbar ist, die in einem Mitgliedstaat oder einem Drittland ergangen ist, sofern

a) die frühere Entscheidung zwischen denselben Parteien wegen desselben Streitgegenstands ergangen ist und

b) die frühere Entscheidung im Vollstreckungsmitgliedstaat ergangen ist oder die notwendigen Voraussetzungen für ihre Anerkennung im Vollstreckungsmitgliedstaat erfüllt und

c) die Unvereinbarkeit im gerichtlichen Verfahren des Ursprungsmitgliedstaats nicht geltend gemacht worden ist und nicht geltend gemacht werden konnte.

(2) Weder die Entscheidung noch ihre Bestätigung als Europäischer Vollstreckungstitel dürfen im Vollstreckungsmitgliedstaat in der Sache selbst nachgeprüft werden.

Artikel 22
Vereinbarungen mit Drittländern

Diese Verordnung lässt Vereinbarungen unberührt, durch die sich die Mitgliedstaaten vor Inkrafttreten der Verordnung (EG) Nr. 44/2001 im Einklang mit Artikel 59 des Brüsseler Übereinkommens über die gerichtliche Zuständigkeit und die Vollstreckung gerichtlicher Entscheidungen in Zivil- und Handelssachen verpflichtet haben, Entscheidungen insbesondere der Gerichte eines anderen Vertragsstaats des genannten Übereinkommens gegen Beklagte, die ihren Wohnsitz oder gewöhnlichen Aufenthalt im Hoheitsgebiet eines Drittlands haben, nicht anzuerkennen, wenn die Entscheidungen in den Fällen des Artikels 4 des genannten Übereinkommens nur in einem der in Artikel 3 Absatz 2 des genannten Übereinkommens angeführten Gerichtsstände ergehen können.

Artikel 23
Aussetzung oder Beschränkung der Vollstreckung

Hat der Schuldner
- einen Rechtsbehelf gegen eine als Europäischer Vollstreckungstitel bestätigte Entscheidung eingelegt, wozu auch ein Antrag auf Überprüfung im Sinne des Artikels 19 gehört, oder
- die Berichtigung oder den Widerruf einer Bestätigung als Europäischer Vollstreckungstitel gemäß Artikel 10 beantragt,

so kann das zuständige Gericht oder die befugte Stelle im Vollstreckungsmitgliedstaat auf Antrag des Schuldners
a) das Vollstreckungsverfahren auf Sicherungsmaßnahmen beschränken oder
b) die Vollstreckung von der Leistung einer von dem Gericht oder der befugten Stelle zu bestimmenden Sicherheit abhängig machen oder
c) unter außergewöhnlichen Umständen das Vollstreckungsverfahren aussetzen.

Kapitel V
Gerichtliche Vergleiche und öffentliche Urkunden

Artikel 24
Gerichtliche Vergleiche

(1) Ein Vergleich über eine Forderung im Sinne von Artikel 4 Nummer 2, der von einem Gericht gebilligt oder vor einem Gericht im Laufe eines Verfahrens geschlossen wurde, und der in dem Mitgliedstaat, in dem er gebilligt oder geschlossen wurde, vollstreckbar ist, wird auf Antrag an das Gericht, das ihn gebilligt hat oder vor dem er geschlossen wurde, unter Verwendung des Formblatts in Anhang II als Europäischer Vollstreckungstitel bestätigt.

(2) Ein Vergleich, der im Ursprungsmitgliedstaat als Europäischer Vollstreckungstitel bestätigt worden ist, wird in den anderen Mitgliedstaaten vollstreckt, ohne dass es einer Vollstreckbarerklärung bedarf und ohne dass seine Vollstreckbarkeit angefochten werden kann.

(3) Die Bestimmungen von Kapitel II (mit Ausnahme von Artikel 5, Artikel 6 Absatz 1 und Artikel 9 Absatz 1) sowie von Kapitel IV (mit Ausnahme von Artikel 21 Absatz 1 und Artikel 22) finden entsprechende Anwendung.

Artikel 25
Öffentliche Urkunden

(1) Eine öffentliche Urkunde über eine Forderung im Sinne von Artikel 4 Absatz 2, die in einem Mitgliedstaat vollstreckbar ist, wird auf Antrag an die vom Ursprungsmitgliedstaat bestimmte Stelle unter Verwendung des Formblatts in Anhang III als Europäischer Vollstreckungstitel bestätigt.

(2) Eine öffentliche Urkunde, die im Ursprungsmitgliedstaat als Europäischer Vollstreckungstitel bestätigt worden ist, wird in den anderen Mitgliedstaaten vollstreckt, ohne dass es einer Vollstreckbarerklärung bedarf und ohne dass ihre Vollstreckbarkeit angefochten werden kann.

(3) Die Bestimmungen von Kapitel II (mit Ausnahme von Artikel 5, Artikel 6 Absatz 1 und Artikel 9 Absatz 1) sowie von Kapitel IV (mit Ausnahme von Artikel 21 Absatz 1 und Artikel 22) finden entsprechende Anwendung.

Kapitel VI
Übergangsbestimmungen

Artikel 26
Übergangsbestimmungen

Diese Verordnung gilt nur für nach ihrem Inkrafttreten ergangene Entscheidungen, gerichtlich gebilligte oder geschlossene Vergleiche und aufgenommene oder registrierte öffentliche Urkunden.

Kapitel VII
Verhältnis zu anderen Rechtsakten der Gemeinschaft

Artikel 27
Verhältnis zur Verordnung (EG) Nr. 44/2001

Diese Verordnung berührt nicht die Möglichkeit, die Anerkennung und Vollstreckung einer Entscheidung über eine unbestrittene Forderung, eines gerichtlichen Vergleichs oder einer öffentlichen Urkunde gemäß der Verordnung (EG) Nr. 44/2001 zu betreiben.

Artikel 28
Verhältnis zur Verordnung (EG) Nr. 1348/2000

Diese Verordnung lässt die Anwendung der Verordnung (EG) Nr. 1348/2000 unberührt.

Kapitel VIII
Allgemeine und Schlussbestimmungen

Artikel 29
Informationen über Vollstreckungsverfahren und -behörden

Die Mitgliedstaaten arbeiten zusammen, um der Öffentlichkeit und den Fachkreisen folgende Informationen zur Verfügung zu stellen:

a) Informationen über die Vollstreckungsverfahren und -methoden in den Mitgliedstaaten und

b) Informationen über die zuständigen Vollstreckungsbehörden in den Mitgliedstaaten,

insbesondere über das mit der Entscheidung 2001/470/EG des Rates eingerichtete Europäische Justizielle Netz für Zivil- und Handelssachen.

Artikel 30
Angaben zu den Rechtsbehelfen, Sprachen und Stellen

(1) Die Mitgliedstaaten teilen der Kommission Folgendes mit:

a) das in Artikel 10 Absatz 2 genannte Berichtigungs- und Widerrufsverfahren sowie das in Artikel 19 Absatz 1 genannte Überprüfungsverfahren;

b) die gemäß Artikel 20 Absatz 2 Buchstabe c) zugelassenen Sprachen;

c) die Listen der in Artikel 25 genannten Stellen;

sowie alle nachfolgenden Änderungen.

(2) Die Kommission macht die nach Absatz 1 mitgeteilten Informationen durch Veröffentlichung im Amtsblatt der Europäischen Union und durch andere geeignete Mittel öffentlich zugänglich.

Artikel 31
Änderungen der Anhänge

[1]Die Kommission ändert die in den Anhängen enthaltenen Formblätter. [2]Diese Maßnahmen zur Änderung nicht wesentlicher Bestimmungen dieser Verordnung werden nach dem in Artikel 32 Absatz 2 genannten Regelungsverfahren mit Kontrolle erlassen.

Artikel 32
Ausschuss

(1) Die Kommission wird von dem in Artikel 75 der Verordnung (EG) Nr. 44/2001 genannten Ausschuss unterstützt.

(2) Wird auf diesen Absatz Bezug genommen, so gelten Artikel 5a Absätze 1 bis 4 und Artikel 7 des Beschlusses 1999/468/EG unter Beachtung von dessen Artikel 8.

Artikel 33
Inkrafttreten

Diese Verordnung tritt am 21. Januar 2005 in Kraft.

Sie gilt ab dem 21. Oktober 2005 mit Ausnahme der Artikel 30, 31 und 32, die ab dem 21. Januar 2005 gelten.

Vom Abdruck des Anhangs zur Verordnung nebst Formblättern wurde abgesehen.

ABSCHNITT 5
Europäisches Mahnverfahren nach der Verordnung (EG) Nr. 1896/2006

Vorbemerkungen zu §§ 1087–1096 ZPO

In den §§ 1087–1096 ZPO werden nationale Regelungen zur Ausführung der VO (EG) Nr. 1896/2006 über ein Europäisches Mahnverfahren (im Folgenden: EuMahnVVO) getroffen. Die Verordnung wurde zuletzt durch die VO (EU) 2015/2421 vom 16.12.2015 geändert. Die dadurch erfolgten Änderungen der Art. 7 Abs. 4, 17, 25 Abs. 1, 30 und 31 treten zum 14.07.2017 in Kraft.[1] Die Verordnung gilt in sämtlichen Mitgliedstaaten mit Ausnahme Dänemarks (Art. 2 Abs. 3 EuMahnVVO) gemäß Art. 288 Abs. 2 AEUV unmittelbar (vgl. dazu Vorbemerkungen zu §§ 1067–1117 Rn. 2) und wird in einzelnen Bereichen durch §§ 1087–1096 ZPO ergänzt und ausgeführt. Durch das Gesetz zur Änderung von Vorschriften im Bereich des internationalen Privat- und Zivilverfahrensrechts (vgl. Vorbemerkungen zu §§ 1067–1117 Rn. 2) wurden die §§ 1090 und 1095 ZPO geändert und § 1092a ZPO neu eingefügt.

Gegenstand der Verordnung ist nach Art. 1 EuMahnVVO die Einführung eines Europäischen Mahnverfahrens sowie die Ermöglichung des freien Verkehrs aus dem Europäischen Mahnverfahren hervorgegangener Europäischer Zahlungsbefehle in den einzelnen Mitgliedstaaten ohne vorherige Anerkennung. Die Verordnung findet in grenzüberschreitenden Sachverhalten des Zivil- und Handelsrechts Anwendung (Art. 2 Abs. 1 EuMahnVVO). Die EuMahnVVO verdrängt das Mahnverfahren nach §§ 688 ff. ZPO nicht. Das Verfahren nach der EuMahnVVO steht neben dem nationalen Mahnverfahren, Art. 1 Abs. 2 EuMahnVVO, so dass der Antragsteller wählen kann, nach welchem Verfahren er vorgehen möchte.

Die EuMahnVVO schafft ein eigenes Erkenntnisverfahren für bezifferte, im Zeitpunkt der Einreichung des Antrags auf Erlass des Europäischen Zahlungsbefehls fällige Geldforderungen (Art. 4 EuMahnVVO) in grenzüberschreitenden Rechtssachen (Art. 3 EuMahnVVO). Für außervertragliche Ansprüche bestehen erhebliche Einschränkungen der Zulässigkeit des Verfahrens (Art. 2 Abs. 2 Buchst. d EuMahnVVO). Am Ende des Verfahrens steht ein Europäischer Zahlungsbefehl, der nach Ablauf der Einspruchsfrist in allen Mitgliedstaaten der EU (mit Ausnahme Dänemarks) für vollstreckbar erklärt werden kann. Das Verfahren zur Erlangung eines Europäischen Zahlungsbefehls wird hauptsächlich durch Anwendung der im Anhang der VO enthaltenen Formblätter[2] geführt. Eine mündliche Verhandlung ist dabei grundsätzlich nicht vorgesehen. Anders als beim deutschen Mahnverfahren handelt es sich beim Europäischen Mahnverfahren lediglich um ein einstufiges Verfahren, bei dem der Europäische Zahlungsbefehl dem Mahnbescheid entspricht, gegen den Einspruch eingelegt werden kann. Eine Entsprechung zum deutschen Vollstreckungsbescheid gibt es nicht. Es herrscht weder bei Antragstellung noch bei Einspruchseinlegung Anwaltszwang, Art. 24 EuMahnVVO.

§§ 1087–1089 ZPO enthalten allgemeine Vorschriften zur Ergänzung und Ausführung der EuMahnVVO. §§ 1090, 1091 ZPO regeln das Verfahren nach Einspruch gegen den Europäischen Zahlungsbefehl. In § 1092 ZPO wird das Verfahren zur Überprüfung eines Europäischen Zahlungsbefehls nach Art. 20 Abs. 1, 2 EuMahnVVO näher ausgestaltet. Das Gesetz zur Änderung von Vorschriften im Bereich des internationalen Privat- und Zivilverfahrensrechts (vgl. Vorbemerkungen zu §§ 1067–1117 Rn. 2) hat in § 1092a ZPO auch einen Rechtsbehelf bei Nichtzustellung oder nicht ordnungsgemäßer Zustellung des Europäischen Zahlungsbefehls neu eingefügt. §§ 1093–1096 ZPO betreffen die Zwangsvollstreckung aus einem Europäischen Zahlungsbefehl in Deutschland.

---

1 Im Anhang sind die Vorschriften sowohl in der bisherigen als auch in der neuen Fassung abgedruckt.
2 Vom Abdruck dieser Formblätter wurde abgesehen.

Titel 1
Allgemeine Vorschriften

§ 1087
Zuständigkeit

Für die Bearbeitung von Anträgen auf Erlass und Überprüfung sowie die Vollstreckbarerklärung eines Europäischen Zahlungsbefehls nach der Verordnung (EG) Nr. 1896/2006 ist das Amtsgericht Wedding in Berlin ausschließlich zuständig.

1 § 1087 ZPO bestimmt als ausschließlich sachlich und örtlich zuständiges Gericht für die Bearbeitung von Anträgen auf Erlass, Überprüfung und Vollstreckbarerklärung eines Europäischen Zahlungsbefehls das Amtsgericht Wedding in Berlin, sofern die deutschen Gerichte zuständig sind (vgl. dazu Rn. 2). Die Vorschrift dient damit der Konzentration der Zuständigkeit für Europäische Zahlungsbefehle in Deutschland. Funktionell ist nach § 20 Abs. 1 Nr. 7 RPflG der Rechtspfleger zuständig.

2 Die internationale Zuständigkeit für das Europäische Mahnverfahren ergibt sich aus Art. 6 EuMahnVVO. Nach Art. 6 Abs. 1 EuMahnVVO richtet sich diese Zuständigkeit grundsätzlich nach der EuGVVO. Etwas anders gilt, wenn der Antragsgegner Verbraucher ist und die Forderung einen Vertrag betrifft, den dieser in seiner Eigenschaft als Verbraucher geschlossen hat (Art. 6 Abs. 2 EuMahnVVO).

§ 1088
Maschinelle Bearbeitung
[Fassung bis 31. 12. 2017]

(1) ¹Der Antrag auf Erlass des Europäischen Zahlungsbefehls und der Einspruch können in einer nur maschinell lesbaren Form bei Gericht eingereicht werden, wenn diese dem Gericht für seine maschinelle Bearbeitung geeignet erscheint. ²§ 130a Abs. 3 gilt entsprechend.

(2) Der Senat des Landes Berlin bestimmt durch Rechtsverordnung, die nicht der Zustimmung des Bundesrates bedarf, den Zeitpunkt, in dem beim Amtsgericht Wedding die maschinelle Bearbeitung der Mahnverfahren eingeführt wird; er kann die Ermächtigung durch Rechtsverordnung auf die Senatsverwaltung für Justiz des Landes Berlin übertragen.

§ 1088
Maschinelle Bearbeitung
[Fassung ab 01. 01. 2018]

(1) ¹Der Antrag auf Erlass des Europäischen Zahlungsbefehls und der Einspruch können in einer nur maschinell lesbaren Form bei Gericht eingereicht werden, wenn diese dem Gericht für seine maschinelle Bearbeitung geeignet erscheint. ²§ 130a Absatz 5 Satz 1 gilt entsprechend.

(2) Der Senat des Landes Berlin bestimmt durch Rechtsverordnung, die nicht der Zustimmung des Bundesrates bedarf, den Zeitpunkt, in dem beim Amtsgericht Wedding die maschinelle Bearbeitung der Mahnverfahren eingeführt wird; er kann die Ermächtigung durch Rechtsverordnung auf die Senatsverwaltung für Justiz des Landes Berlin übertragen.

1 Art. 7 Abs. 5, 6 EuMahnVVO sieht für den Antrag auf Erlass eines Europäischen Zahlungsbefehls, Art. 16 Abs. 4, 5 EuMahnVVO für den Einspruch gegen einen Europäischen Zahlungsbefehl die Möglichkeit der elektronischen Einlegung vor. § 1088 Abs. 1 ZPO gestattet diese Form der Einreichung des Antrags und des Einspruchs. So können der Antrag und der Einspruch außer mit den durch die Verordnung bestimmten Formblättern auch elektronisch gestellt werden, wenn sich die zu übermittelnde Datei dafür eignet. Eine Pflicht zur Nutzung dieser Einreichungsform ist nicht vorgeschrieben. Für Fristberechnungen kommt es in diesem Fall nach §§ 1088 Abs. 1 Satz 2, 130a Abs. 3 ZPO auf den Empfang der Datei durch die Empfangseinrichtung des Gerichts an. Der Zeitpunkt des Ausdrucks ist nicht entscheidend.[1]

2 § 1088 Abs. 2 ZPO macht die Zulässigkeit der maschinellen Bearbeitung des Verfahrens, die in Art. 8 Satz 2 EuMahnVVO vorgesehen ist, von der Einführung derselben durch den Senat des Landes Berlin mittels Rechtsverordnung abhängig. Eine solche gibt es bislang nicht.

---

1 Thomas/Putzo-*Hüßtege*, ZPO, § 1088 Rn. 2.

§ 1089
Zustellung

(1) ¹Ist der Europäische Zahlungsbefehl im Inland zuzustellen, gelten die Vorschriften über das Verfahren bei Zustellungen von Amts wegen entsprechend. ²Die §§ 185 bis 188 sind nicht anzuwenden.

(2) Ist der Europäische Zahlungsbefehl in einem anderen Mitgliedstaat der Europäischen Union zuzustellen, gelten die Vorschriften der Verordnung (EG) Nr. 1393/2007 sowie für die Durchführung § 1068 Abs. 1 und § 1069 Abs. 1 entsprechend.

§ 1089 ZPO regelt die Zustellung eines europäischen Zahlungsbefehls. Nach § 1089 Abs. 1 ZPO sind im Inland zuzustellende Europäische Zahlungsbefehle nach §§ 166–182 ZPO und §§ 189–190 ZPO zuzustellen. Die öffentliche Zustellung nach §§ 185–188 ZPO ist ausgeschlossen. *1*

Gemäß § 1089 Abs. 2 ZPO müssen im europäischen Ausland zuzustellende Europäische Zahlungsbefehle nach der VO (EG) Nr. 1393/2007 (EuZustVO, vgl. dazu §§ 1067–1070 ZPO) zugestellt werden. §§ 183, 184 ZPO sind nicht anwendbar. *2*

Titel 2
Einspruch gegen den Europäischen Zahlungsbefehl

§ 1090
Verfahren nach Einspruch

(1) ¹Im Fall des Artikels 17 Abs. 1 der Verordnung (EG) Nr. 1896/2006 fordert das Gericht den Antragsteller mit der Mitteilung nach Artikel 17 Abs. 3 der Verordnung (EG) Nr. 1896/2006 auf, das Gericht zu bezeichnen, das für die Durchführung des streitigen Verfahrens zuständig ist. ²Das Gericht setzt dem Antragsteller hierfür eine nach den Umständen angemessene Frist und weist ihn darauf hin, dass dem für die Durchführung des streitigen Verfahrens bezeichneten Gericht die Prüfung seiner Zuständigkeit vorbehalten bleibt. ³Die Aufforderung ist dem Antragsgegner mitzuteilen. ⁴Für den Fall, dass der Antragsteller nicht innerhalb der ihm hierfür nach Satz 2 gesetzten Frist das für die Durchführung des streitigen Verfahrens zuständige Gericht benennt, ist der Europäische Zahlungsbefehl aufzuheben. ⁵Hierdurch endet das Verfahren nach der Verordnung (EG) Nr. 1896/2006.

(2) ¹Nach Eingang der Mitteilung des Antragstellers nach Absatz 1 Satz 1 gibt das Gericht, das den Europäischen Zahlungsbefehl erlassen hat, das Verfahren von Amts wegen an das vom Antragsteller bezeichnete Gericht ab. ²§ 696 Abs. 1 Satz 3 bis 5, Abs. 2, 4 und 5 sowie § 698 gelten entsprechend.

(3) Die Streitsache gilt als mit Zustellung des Europäischen Zahlungsbefehls rechtshängig geworden, wenn sie nach Übersendung der Aufforderung nach Absatz 1 Satz 1 und unter Berücksichtigung der Frist nach Absatz 1 Satz 2 alsbald abgegeben wird.

Gegen den Europäischen Zahlungsbefehl kann gemäß Art. 16 EuMahnVVO Einspruch eingelegt werden. Die Wirkung der Einspruchseinlegung sowie das im Streitverfahren anwendbare Verfahrensrecht regelt Art. 17 EuMahnVVO, der mit Wirkung zum 14.07.2017 geändert wurde. Insoweit sieht die Neuregelung in Art. 7 Abs. 4, 17 Abs. 1 Satz 2, Abs. 2 EuMahnVVO ein Streitverfahren nach den Regelungen der VO (EG) Nr. 861/2007 (EuGFVO) oder des nationalen Zivilverfahrensrechts vor (vgl. auch § 1091 Rn. 1). § 1090 ZPO regelt in Ausführung von Art. 17 Abs. 4 EuMahnVVO das Verfahren zur Überleitung ins Streitverfahren. *1*

Nach rechtzeitiger Einspruchseinlegung (vgl. dazu Art. 16 EuMahnVVO) unterrichtet das Gericht den Antragsteller über die Einlegung des Einspruchs und fordert ihn unter Setzung einer angemessenen Frist auf, das zuständige Gericht für die Durchführung des streitigen Verfahrens zu bezeichnen (§ 1090 Abs. 1 Satz 1, 2 ZPO). Die Aufforderung wird gemäß § 1090 Abs. 1 Satz 3 ZPO auch dem Antragsgegner mitgeteilt. Die Prüfung der Zuständigkeit des für das streitige Verfahren bezeichneten Gerichts bleibt diesem vorbehalten (vgl. Rn. 4), worauf der Antragsteller nach § 1090 Abs. 1 Satz 2 ZPO hinzuweisen ist. Ein Streit über die Zuständigkeit ist vor dem Streit- und nicht vor dem Mahngericht zu führen. Durch das Gesetz zur Änderung von Vorschriften im Bereich des internationalen Privat- und Zivilverfahrensrechts (vgl. Vorbemerkungen zu §§ 1067–1117 Rn. 2) wurde zusätzlich geregelt, dass bei nicht fristgerechter Be- *2* nennung des für das Streitverfahren zuständigen Gerichts der Europäische Zahlungsbefehl aufgehoben wird und damit das Verfahren nach der EuMahnVVO endet (§ 1090 Abs. 1 Satz 4, 5 ZPO). Dadurch soll verhindert werden, dass bei fehlender Reaktion des Antragstellers das Verfahren weiterhin beim Mahnverfahrensgericht anhängig bleibt.[1]

3 Nach der Mitteilung des für das Streitverfahren zuständigen Gerichts durch den Antragsteller gibt das Gericht das den Europäischen Zahlungsbefehl erlassen hat, das Verfahren von Amts wegen an das bezeichnete Gericht ab (§ 1090 Abs. 2 Satz 1 ZPO). Gemäß § 1090 Abs. 2 Satz 2 ZPO sind §§ 696 Abs. 1 Satz 3–5, Abs. 2, 4, 5 und 698 ZPO entsprechend anwendbar. Durch die Verweisung in § 1090 Abs. 2 ZPO auf § 696 Abs. 4 ZPO ist die Rücknahme des Antrags auf Durchführung des streitigen Verfahrens bis zur mündlichen Verhandlung möglich.[2]

4 Das ausgewählte Gericht prüft in eigener Verantwortung seine internationale, sachliche und örtliche Zuständigkeit. Es kann nach den allgemeinen Vorschriften das Verfahren an das tatsächlich zuständige Gericht verweisen, da die Abgabeverfügung für das Streitgericht nicht bindend ist (§ 1090 Abs. 1 Satz 2, Abs. 2 Satz 2 i.V.m. § 696 Abs. 5 ZPO).

5 Die Anhängigkeit beim Streitgericht tritt nach §§ 1090 Abs. 2, 696 Abs. 1 Satz 4 ZPO mit Eingang der Akten beim Streitgericht ein. Das Gleiche gilt für die Rechtshängigkeit, sofern die Sache nicht alsbald i.S.d. § 1090 Abs. 3 ZPO abgegeben wird.[3] Zur Rückwirkung der Rechtshängigkeit auf den Zeitpunkt der Zustellung des Europäischen Zahlungsbefehls nach § 1090 Abs. 3 ZPO kann auf die Ausführungen zu § 696 Abs. 3 ZPO verwiesen werden.

§ 1091
Einleitung des Streitverfahrens

§ 697 Abs. 1 bis 3 gilt entsprechend.

1 Für die Einleitung des Streitverfahrens verweist § 1091 ZPO auf § 697 Abs. 1–3 ZPO, da die EuMahnVVO jedenfalls in der bis 13.07.2017 geltenden Fassung dafür keine Regelungen enthält bzw. in Art. 17 Abs. 2 EuMahnVVO insoweit auf das nationale Verfahrensrecht verweist. Das Europäische Mahnverfahren findet somit sein Ende in der Überleitung in das streitige Verfahren an das zuständige nationale Gericht. Nach der Änderung von Art. 17 EuMahnVVO mit Wirkung von 14.07.2017 kommt für das Streitverfahren nach Art. 17 Abs. 1 Satz 2 Buchst. a) nunmehr neben dem nationalen Zivilverfahrensrecht aber auch die Anwendung der VO (EG) Nr. 861/2007 (EuGFVO) in Betracht. Darin sind eigene Regelungen für das Verfahren enthalten. Insoweit ist das Verhältnis zu § 1091 ZPO nach der Änderung von Art. 17 EuMahnVVO unklar. Richtigerweise findet § 1091 ZPO keine Anwendung, wenn das Streitverfahren nach den Regelungen der EuGFVO geführt wird. In diesem Fall ist direkt auf die Regelungen der EuGFVO zurückzugreifen.[1] Dies sollte in § 1091 ZPO klarstellend aufgenommen werden. Eine Rücknahme des Einspruchs kommt nicht in Betracht, da § 1091 ZPO explizit nicht auf § 697 Abs. 4 ZPO verweist.[2]

Titel 3
Überprüfung des Europäischen Zahlungsbefehls in Ausnahmefällen

§ 1092
Verfahren

(1) [1]**Die Entscheidung über einen Antrag auf Überprüfung des Europäischen Zahlungsbefehls nach Artikel 20 Abs. 1 oder Abs. 2 der Verordnung (EG) Nr. 1896/2006 ergeht durch Beschluss.** [2]**Der Beschluss ist unanfechtbar.**

(2) Der Antragsgegner hat die Tatsachen, die eine Aufhebung des Europäischen Zahlungsbefehls begründen, glaubhaft zu machen.

---

1 BT-Drucks. 18/10714, S. 20.
2 Zöller-*Geimer*, ZPO, § 1090 Rn. 5; Musielak/Voit-*Voit*, ZPO, VO (EG) Nr. 1896/2006 Rn. 26.
3 Vgl. dazu im Bereich des nationalen Mahnverfahrens BGHZ 179, 329 (332 ff.), Rn. 12–19 = NJW 2009, 1213 (1214 f.), Rn. 12–19.

Zu § 1091:
1 Vgl. dazu *Ulrici*, EuZW 2016, 369 (371), der allerdings keinen Änderungsbedarf der nationalen Vorschriften sieht.
2 Musielak/Voit-*Voit*, ZPO, VO (EG) Nr. 1896/2006, Rn. 26.

(3) Erklärt das Gericht den Europäischen Zahlungsbefehl für nichtig, endet das Verfahren nach der Verordnung (EG) Nr. 1896/2006.
(4) Eine Wiedereinsetzung in die Frist nach Artikel 16 Abs. 2 der Verordnung (EG) Nr. 1896/2006 findet nicht statt.

Art. 20 EuMahnVVO stellt dem Antragsgegner unter bestimmten Voraussetzungen in enumerativ aufgelisteten Fällen nach Ablauf der Einspruchsfrist eine weitere Überprüfungsmöglichkeit hinsichtlich des Europäischen Zahlungsbefehls zur Verfügung. § 1092 ZPO ergänzt diese Regelung hinsichtlich des Verfahrens der Überprüfung. Eine Wiedereinsetzung in die Einspruchsfrist nach Art. 16 Abs. 2 EuMahnVVO findet nicht statt (§ 1092 Abs. 4 ZPO), da bei unverschuldet versäumter Einspruchsfrist gerade die Überprüfung nach Art. 20 Abs. 1 Buchst. b EuMahnVVO möglich ist. 1

Zuständig für die Überprüfung eines inländisch ergangenen Zahlungsbefehls ist nach § 1092 Abs. 1 ZPO das Gericht, das den Europäischen Zahlungsbefehl erlassen hat. Der Antrag auf Überprüfung des Zahlungsbefehls ist schriftlich oder zu Protokoll der Geschäftsstelle zu stellen.[1] Nach § 1095 ZPO kann gemeinsam mit dem Antrag auch die einstweilige Einstellung der Zwangsvollstreckung nach § 707 ZPO beantragt werden (vgl. § 1095 Rn. 2). In dem Antrag müssen die Tatsachen glaubhaft gemacht werden, die die Aufhebung des Zahlungsbefehls begründen (§ 1092 Abs. 2 ZPO). Das Gericht entscheidet gemäß § 1092 Abs. 1 Satz 1 ZPO durch Beschluss, der nach § 1092 Abs. 1 Satz 2 ZPO unanfechtbar ist. Funktionell ist dafür der Richter zuständig (§ 20 Abs. 1 Nr. 7 RPflG a.E.). 2

Erklärt das Gericht den Zahlungsbefehl für nichtig, so ist das Europäische Mahnverfahren nach § 1092 Abs. 3 ZPO beendet. Es erfolgt keine Überleitung in ein gewöhnliches Verfahren. Der Antragssteller ist durch die Nichtigerklärung nicht an der Geltendmachung des Anspruchs in einem weiteren Erkenntnisverfahren gehindert.[2] Wird der Antrag zurückgewiesen, so bleibt der Zahlungsbefehl in Kraft (Art. 20 Abs. 3 EuMahnVVO). Die Zwangsvollstreckung kann daraus nach Art. 21 EuMahnVVO betrieben werden. 3

§ 1092a
Rechtsbehelf bei Nichtzustellung oder bei nicht ordnungsgemäßer Zustellung des Europäischen Zahlungsbefehls

(1) [1]Der Antragsgegner kann die Aufhebung des Europäischen Zahlungsbefehls beantragen, wenn ihm der Europäische Zahlungsbefehl
1. nicht zugestellt wurde oder
2. in einer nicht den Anforderungen der Artikel 13 bis 15 der Verordnung (EG) Nr. 1896/2006 genügenden Weise zugestellt wurde.

[2]Der Antrag muss innerhalb eines Monats ab dem Zeitpunkt gestellt werden, zu dem der Antragsgegner Kenntnis vom Erlass des Europäischen Zahlungsbefehls oder des Zustellungsmangels gehabt hat oder hätte haben können. [3]Gibt das Gericht dem Antrag aus einem der in Satz 1 genannten Gründe statt, wird der Europäische Zahlungsbefehl für nichtig erklärt.
(2) [1]Hat das Gericht zum Zeitpunkt der Antragstellung nach Absatz 1 Satz 1 den Europäischen Zahlungsbefehl bereits nach Artikel 18 der Verordnung (EG) Nr. 1896/2006 für vollstreckbar erklärt und gibt es dem Antrag nunmehr statt, so erklärt es die Zwangsvollstreckung aus dem Zahlungsbefehl für unzulässig. [2]Absatz 1 Satz 3 gilt entsprechend.
(3) [1]Die Entscheidung ergeht durch Beschluss. [2]Der Beschluss ist unanfechtbar. [3]§ 1092 Absatz 2 bis 4 findet entsprechende Anwendung.

§ 1092a ZPO wurde durch das Gesetz zur Änderung von Vorschriften im Bereich des internationalen Privat- und Zivilverfahrensrechts neu eingeführt (vgl. dazu Vorbemerkungen zu §§ 1067–1117 Rn. 2). Hintergrund der Einführung war eine Entscheidung des EuGH.[1] Der EuGH hat dort entschieden, dass die EuMahnVVO keinen Rechtsbehelf für den Fall vorsieht, dass der Europäische Zahlungsbefehl nicht oder nicht in einer Weise zugestellt wurde, die den 1

---
1 Thomas/Putzo-*Hüßtege*, ZPO, § 1092 Rn. 9.
2 BeckOK-*Thode*, ZPO, § 1092 Rn. 8.

Zu § 1092a:
1 EuGH v. 04.09.2014, C-119/13, juris = EuZW 2014, 916 m. Anm. *Sujecki*.

Mindestvorschriften der Art. 13–15 EuMahnVVO genügt, und dass sich deswegen der statthafte Rechtsbehelf nach den nationalen Vorschriften beurteilt.[2] Nachdem das AG Wedding, das für das Verfahren nach der EuMahnVVO gemäß § 1087 ZPO ausschließlich zuständig ist, in diesem Fall bislang eine analoge Anwendung von § 732 ZPO befürwortete[3], wurde nunmehr mit § 1092a ZPO ein eigenständiger nationaler Rechtsbehelf geschaffen. Der Rechtsbehelf ist Art. 20 EuMahnVVO nachgebildet und soll insbesondere auch für Antragtsgegner aus anderen Mitgliedstaaten Rechtsklarheit schaffen.[4]

2 Der Rechtsbehelf ist statthaft, wenn der Europäische Zahlungsbefehl nicht oder nicht in einer Art. 13–15 EuMahnVVO genügenden Weise an den Antragsgegner zugestellt wurde (§ 1092a Abs. 1 Satz 1 ZPO). Der Antrag ist fristgebunden. Die Frist beträgt nach § 1092a Abs. 1 Satz 2 ZPO einen Monat und beginnt, wenn der Antragsgegner Kenntnis vom Erlass des Europäischen Zahlungsbefehls oder vom Zustellungsmangel hatte oder hätte haben können. Der den Rechtsbehelf Einlegende muss gemäß §§ 1092a Abs. 3 Satz 3, 1092 Abs. 2 ZPO die Tatsachen betreffend die Nichtzustellung oder die nicht ordnungsgemäße Zustellung glaubhaft machen.

3 Die Entscheidung des Gerichts ergeht durch unanfechtbaren Beschluss (§ 1092a Abs. 3 Satz 1, 2 ZPO). Gibt das Gericht dem Antrag statt, wird der Europäische Zahlungsbefehl nach § 1092a Abs. 1 Satz 3 ZPO für nichtig erklärt. War er bereits zuvor nach Art. 18 EuMahnVVO für vollstreckbar erklärt worden, wird gemäß § 1092a Abs. 2 Satz 1 ZPO zusätzlich festgestellt, dass die Zwangsvollstreckung aus dem Europäischen Zahlungsbefehl unzulässig ist. Mit der Nichtigerklärung des Europäischen Zahlungsbefehls endet das Verfahren nach der EuMahnVVO (§§ 1092a Abs. 3 Satz 3, 1092 Abs. 3 ZPO).

Titel 4
Zwangsvollstreckung aus dem Europäischen Zahlungsbefehl

§ 1093
Vollstreckungsklausel

Aus einem nach der Verordnung (EG) Nr. 1896/2006 erlassenen und für vollstreckbar erklärten Europäischen Zahlungsbefehl findet die Zwangsvollstreckung im Inland statt, ohne dass es einer Vollstreckungsklausel bedarf.

1 Die Zwangsvollstreckung aus einem Europäischen Zahlungsbefehl richtet sich nach dem Recht des Vollstreckungsstaates, sofern nicht in der EuMahnVVO etwas Abweichendes bestimmt ist (Art. 21 EuMahnVVO). §§ 1093–1096 ZPO ergänzen die Bestimmungen der ZPO zur Zwangsvollstreckung bei Vollstreckung aus Europäischen Zahlungsbefehlen. Der für vollstreckbar erklärte Europäische Zahlungsbefehl (Art. 18 EuMahnVVO) ist nach § 794 Abs. 1 Nr. 6 ZPO ein sonstiger Vollstreckungstitel.

2 § 1093 ZPO bestimmt, dass es für die Zwangsvollstreckung aus einem Europäischen Zahlungsbefehl in Deutschland keiner Vollstreckungsklausel bedarf.

§ 1094
Übersetzung

Hat der Gläubiger nach Artikel 21 Abs. 2 Buchstabe b der Verordnung (EG) Nr. 1896/2006 eine Übersetzung vorzulegen, so ist diese in deutscher Sprache zu verfassen und von einer in einem der Mitgliedstaaten der Europäischen Union hierzu befugten Person zu beglaubigen.

1 Nach § 1094 ZPO muss eine Übersetzung, wenn sie nach Art. 21 Abs. 2 Buchst. b EuMahnVVO erforderlich ist, in die deutsche Sprache erfolgen und diese von einer hierzu befugten Person beglaubigt werden.

---

2 EuGH v. 04.09.2015, C-119/13, juris, Rn. 46–49 = EuZW 2014, 916 (917), Rn. 46–49.
3 AG Berlin-Wedding v. 22.10.2014, 70b C 17/14, juris, Rn. 5–43.
4 BT-Drucks. 18/10714, S. 20.

§ 1095
Vollstreckungsschutz und Vollstreckungsabwehrklage gegen den im Inland erlassenen Europäischen Zahlungsbefehl

(1) ¹Wird die Überprüfung eines im Inland erlassenen Europäischen Zahlungsbefehls nach Artikel 20 der Verordnung (EG) Nr. 1896/2006 oder dessen Aufhebung nach § 1092a beantragt, gilt § 707 entsprechend. ²Für die Entscheidung über den Antrag nach § 707 ist das Gericht zuständig, das über den Antrag nach Artikel 20 der Verordnung (EG) Nr. 1896/2006 entscheidet.

(2) Einwendungen, die den Anspruch selbst betreffen, sind nur insoweit zulässig, als die Gründe, auf denen sie beruhen, nach Zustellung des Europäischen Zahlungsbefehls entstanden sind und durch Einspruch nach Artikel 16 der Verordnung (EG) Nr. 1896/2006 nicht mehr geltend gemacht werden können.

Da sich die Zwangsvollstreckung nach dem Recht des Vollstreckungsstaates richtet (§ 1093 Rn. 1), stehen dem Schuldner einer in Deutschland betriebenen Zwangsvollstreckung aus einem Europäischen Zahlungsbefehl die gleichen Rechtsbehelfe zu, wie gegen sonstige Zwangsvollstreckungstitel nach deutschem Recht. Eine Beschränkung der Rechtsbehelfe auf Art. 22, 23 EuMahnVVO existiert nicht.¹   **1**

Wurde ein Antrag nach Art. 20 EuMahnVVO auf Überprüfung eines inländischen Zahlungsbefehls gestellt (vgl. dazu auch § 1092 ZPO), kann nach § 1095 Abs. 1 i.V.m. § 707 ZPO auch der Antrag auf einstweilige Einstellung der Zwangsvollstreckung aus dem inländischen Europäischen Zahlungsbefehl ohne oder gegen Sicherheitsleistung gestellt werden. Für die Entscheidung ist das Gericht zuständig, das über den Antrag nach Art. 20 EuMahnVVO entscheidet (vgl. dazu § 1092 Rn. 2). Die Vorschrift betrifft nur im Inland erlassene Europäische Zahlungsbefehle. Bei ausländischen Europäischen Zahlungsbefehlen, die in Deutschland vollstreckt werden, kommt im Falle der Überprüfung nach Art. 20 EuMahnVVO nur ein einstweiliger Rechtsschutz über Art. 23 EuMahnVVO in Betracht (vgl. dazu auch § 1096 Abs. 1 Satz 2 ZPO).² Durch das Gesetz zur Änderung von Vorschriften im Bereich des internationalen Privat- und Zivilverfahrensrechts (vgl. Vorbemerkungen zu §§ 1067–1117 Rn. 2) wurde die Anwendbarkeit von § 707 ZPO auch auf den Fall des neu geschaffenen Rechtsbehelfs nach § 1092a ZPO ausgedehnt.   **2**

Materielle Einwendungen gegen den Anspruch können gegen die Vollstreckbarkeit des inländischen Zahlungsbefehls nur geltend gemacht werden, wenn sie nach Zustellung des Zahlungsbefehls entstanden sind und durch Einspruch nach Art. 16 EuMahnVVO nicht mehr geltend gemacht werden können. Statthafter Rechtsbehelf ist die Vollstreckungsabwehrklage nach § 767 ZPO. Die Präklusion von Einwendungen erfolgt allein nach § 1095 Abs. 2 ZPO. Insoweit ist es unerheblich, ob der Schuldner die Einwendung nicht geltend gemacht hat, weil sie erst nach Ablauf der Einspruchsfrist entstanden ist oder weil er trotz Entstehung der Einwendung nach Zustellung des Europäischen Zahlungsbefehls und vor Ablauf der Einspruchsfrist lediglich keinen Einspruch einlegt.³ Diesbezüglich sollte in gemeinschaftsrechtskonformer Auslegung anders entschieden werden als bei § 796 ZPO.   **3**

§ 1096
Anträge nach den Artikeln 22 und 23 der Verordnung (EG) Nr. 1896/2006; Vollstreckungsabwehrklage

(1) ¹Für Anträge auf Verweigerung der Zwangsvollstreckung nach Artikel 22 Abs. 1 der Verordnung (EG) Nr. 1896/2006 gilt § 1084 Abs. 1 und 2 entsprechend. ²Für Anträge auf Aussetzung oder Beschränkung der Zwangsvollstreckung nach Artikel 23 der Verordnung (EG) Nr. 1896/2006 ist § 1084 Abs. 1 und 3 entsprechend anzuwenden.

---

1 Thomas/Putzo-*Hüßtege*, ZPO, § 1093 Rn. 5; Zöller-*Geimer*, ZPO, § 1095 Rn. 1.
2 Thomas/Putzo-*Hüßtege*, ZPO, § 1095 Rn. 1.
3 Str.; wie hier Thomas/Putzo-*Hüßtege*, ZPO, § 1095 Rn. 6; Zöller-*Geimer*, ZPO, § 1095 Rn. 4; *Vollkommer/Huber*, NJW 2009, 1105 (1107); a.A. MK-*Ulrici*, ZPO, § 1095 Rn. 27 m.w.N., der zum Schließung der Schutzlücke bei Zahlungen vor Ablauf der Einspruchsfrist § 1096 Abs. 2 Satz 1 ZPO entsprechend anwenden will; so wohl auch Musielak/Voit-*Voit*, ZPO, VO (EG) Nr. 1896/2006 Rn. 31, 33 m.w.N., der von einer Präklusion wie bei der gewöhnlichen Vollstreckungsgegenklage ausgeht und bei Art. 22 Abs. 2 VO (EG) Nr. 1896/2006 den Zahlungseinwand unbeschränkt zulassen will; vgl. auch MK-*Schmidt/Birkmann*, ZPO, § 767 Rn. 15 zum Meinungsstand.

(2) ¹Für Anträge auf Verweigerung der Zwangsvollstreckung nach Artikel 22 Abs. 2 der Verordnung (EG) Nr. 1896/2006 gilt § 1086 Abs. 1 entsprechend. ²Für Klagen nach § 795 Satz 1 in Verbindung mit § 767 sind § 1086 Abs. 1 und § 1095 Abs. 2 entsprechend anzuwenden.

1   Art. 22 EuMahnVVO gestattet unter bestimmten Voraussetzungen auf Antrag die Verweigerung der Vollstreckung. Art. 23 EuMahnVVO ermöglicht die Aussetzung oder Beschränkung der Vollstreckung aus dem Europäischen Zahlungsbefehl. § 1096 ZPO enthält dazu ergänzende Bestimmungen. Diese Vorschriften betreffen ausländische Europäische Zahlungsbefehle. Der Schutz gegen die Vollstreckung aus deutschen Europäischen Zahlungsbefehlen ist in § 1095 ZPO geregelt.[1]
2   § 1096 Abs. 1 ZPO erklärt für Anträge nach Art. 22 Abs. 1 EuMahnVVO hinsichtlich der Zuständigkeit, der Entscheidungsart und möglicher einstweiliger Anordnungen § 1084 Abs. 1, 2 ZPO für entsprechend anwendbar. Für Anträge nach Art. 23 EuMahnVVO wird § 1084 Abs. 1, 3 ZPO für entsprechend anwendbar erklärt, so dass sich die Zuständigkeit für diese Entscheidung und die Entscheidungsart aus dieser Vorschrift ergeben.
3   Bei Anträgen nach Art. 22 Abs. 2 EuMahnVVO, der den Fall betrifft, dass der Anspruch erfüllt wird, wird nach § 1096 Abs. 2 Satz 1 ZPO die Vorschrift des § 1086 Abs. 1 ZPO für entsprechend anwendbar erklärt. Art. 22 Abs. 2 EuMahnVVO gilt jedoch nur für die Einwendung, der Schuldner habe den Anspruch durch Zahlung befriedigt. Sonstige Einwendungen, dass der Antragsteller befriedigt wurde, z.B. durch Aufrechnung, muss der Antragsgegner im Wege der Vollstreckungsabwehrklage nach § 767 ZPO geltend machen.[2]
4   § 1096 Abs. 2 Satz 2 ZPO verweist für die Vollstreckungsabwehrklage gegen ausländische Europäische Zahlungsbefehle auf §§ 1086 Abs. 1, 1095 Abs. 2 ZPO.

Anhang zu §§ 1087–1096
Mahnverordnung (EuMahnVVO)

Verordnung (EG) Nr. 1896/2006 des Europäischen Parlaments und des Rates vom 12.12.2006
zur Einführung eines Europäischen Mahnverfahrens
(ABl. L 399, S. 1)
In Kraft getreten am 31.12.2006, Art. 28–31 EuMahnVVO anwendbar ab 12.06.2008,
im Übrigen ab 12.12.2008.
Zuletzt geändert durch Art. 2 Verordnung (EU) Nr. 2015/2421
vom 16.12.2015 (ABl. L 341, S. 1) m.W.v. 14.07.2017

Das Europäische Parlament und der Rat der Europäischen Union –

gestützt auf den Vertrag zur Gründung der Europäischen Gemeinschaft, insbesondere auf Artikel 61 Buchstabe c,

auf Vorschlag der Kommission,

nach Stellungnahme des Europäischen Wirtschafts- und Sozialausschusses,[1]

gemäß dem Verfahren des Artikels 251 des Vertrages,[2]

in Erwägung nachstehender Gründe:

(1) Die Gemeinschaft hat sich zum Ziel gesetzt, einen Raum der Freiheit, der Sicherheit und des Rechts, in dem der freie Personenverkehr gewährleistet ist, zu erhalten und weiterzuentwickeln. Zur schrittweisen Schaffung eines solchen Raums erlässt die Gemeinschaft unter anderem im Bereich der justiziellen Zusammenarbeit in Zivilsachen mit grenzüberschreitendem Bezug die für das reibungslose Funktionieren des Binnenmarkts erforderlichen Maßnahmen.

---

1   BeckOK-*Thode*, ZPO, Vorbem. zu § 1096.
2   Str.; wie hier: Thomas/Putzo-*Hüßtege*, ZPO, § 1096 Rn. 6; Zöller-*Geimer*, ZPO, § 1096 Rn. 3; BeckOK-*Thode*, ZPO, § 1096 Rn. 15f.; MK-*Ulrici*, ZPO, § 1096 Rn. 23; *Vollkommer/Huber*, NJW 2009, 1105 (1107); a.A. Musielak/Voit-*Voit*, ZPO, VO (EG) Nr. 1896/2006 Rn. 33a.

Zu Anhang zu §§ 1087–1096:
1   ABl. EU Nr. C 221 vom 8.9.2005, S. 77.
2   Stellungnahme des Europäischen Parlaments vom 13. Dezember 2005, Gemeinsamer Standpunkt des Rates vom 30. Juni 2006, Standpunkt des Europäischen Parlaments vom 25. Oktober 2006. Beschluss des Rates vom 11. Dezember 2006.

(2) Gemäß Artikel 65 Buchstabe c des Vertrags schließen diese Maßnahmen die Beseitigung der Hindernisse für eine reibungslose Abwicklung von Zivilverfahren ein, erforderlichenfalls durch Förderung der Vereinbarkeit der in den Mitgliedstaaten geltenden zivilrechtlichen Verfahrensvorschriften.

(3) Auf seiner Tagung am 15. und 16. Oktober 1999 in Tampere forderte der Europäische Rat den Rat und die Kommission auf, neue Vorschriften zu jenen Aspekten auszuarbeiten, die unabdingbar für eine reibungslose justizielle Zusammenarbeit und einen verbesserten Zugang zum Recht sind, und nannte in diesem Zusammenhang ausdrücklich auch das Mahnverfahren.

(4) Am 30. November 2000 verabschiedete der Rat ein gemeinsames Programm der Kommission und des Rates über Maßnahmen zur Umsetzung des Grundsatzes der gegenseitigen Anerkennung gerichtlicher Entscheidungen in Zivil- und Handelssachen.[3] Darin wird die Schaffung eines besonderen, gemeinschaftsweit einheitlichen oder harmonisierten Verfahrens zur Erwirkung einer gerichtlichen Entscheidung in speziellen Bereichen, darunter die Beitreibung unbestrittener Forderungen, in Erwägung gezogen. Dies wurde durch das vom Europäischen Rat am 5. November 2004 angenommene Haager Programm, in dem eine zügige Durchführung der Arbeiten am Europäischen Zahlungsbefehl gefordert wird, weiter vorangebracht.

(5) Am 20. Dezember 2002 nahm die Kommission ein Grünbuch über ein Europäisches Mahnverfahren und über Maßnahmen zur einfacheren und schnelleren Beilegung von Streitigkeiten mit geringem Streitwert an. Mit dem Grünbuch wurde eine Anhörung zu den möglichen Zielen und Merkmalen eines einheitlichen oder harmonisierten Europäischen Mahnverfahrens zur Beitreibung unbestrittener Forderungen eingeleitet.

(6) Für die Wirtschaftsbeteiligten der Europäischen Union ist die rasche und effiziente Beitreibung ausstehender Forderungen, die nicht Gegenstand eines Rechtsstreits sind, von größter Bedeutung, da Zahlungsverzug eine der Hauptursachen für Zahlungsunfähigkeit ist, die vor allem die Existenz von kleinen und mittleren Unternehmen bedroht und für den Verlust zahlreicher Arbeitsplätze verantwortlich ist.

(7) Alle Mitgliedstaaten versuchen, dem Problem der Beitreibung unzähliger unbestrittener Forderungen beizukommen, die meisten Mitgliedstaaten im Wege eines vereinfachten Mahnverfahrens, doch gibt es bei der inhaltlichen Ausgestaltung der einzelstaatlichen Vorschriften und der Effizienz der Verfahren erhebliche Unterschiede. Überdies sind die derzeitigen Verfahren in grenzüberschreitenden Rechtssachen häufig entweder unzulässig oder praktisch undurchführbar.

(8) Der daraus resultierende erschwerte Zugang zu einer effizienten Rechtsprechung bei grenzüberschreitenden Rechtssachen und die Verfälschung des Wettbewerbs im Binnenmarkt aufgrund des unterschiedlichen Funktionierens der verfahrensrechtlichen Instrumente, die den Gläubigern in den einzelnen Mitgliedstaaten zur Verfügung stehen, machen eine Gemeinschaftsregelung erforderlich, die für Gläubiger und Schuldner in der gesamten Europäischen Union gleiche Bedingungen gewährleistet.

(9) Diese Verordnung hat Folgendes zum Ziel: die Vereinfachung und Beschleunigung grenzüberschreitender Verfahren im Zusammenhang mit unbestrittenen Geldforderungen und die Verringerung der Verfahrenskosten durch Einführung eines Europäischen Mahnverfahrens sowie die Ermöglichung des freien Verkehrs Europäischer Zahlungsbefehle in den Mitgliedstaaten durch Festlegung von Mindestvorschriften, bei deren Einhaltung die Zwischenverfahren im Vollstreckungsmitgliedstaat, die bisher für die Anerkennung und Vollstreckung erforderlich waren, entfallen.

(10) Das durch diese Verordnung geschaffene Verfahren sollte eine zusätzliche und fakultative Alternative für den Antragsteller darstellen, dem es nach wie vor freisteht, sich für die im nationalen Recht vorgesehenen Verfahren zu entscheiden. Durch diese Verordnung sollen mithin die nach nationalem Recht vorgesehenen Mechanismen zur Beitreibung unbestrittener Forderungen weder ersetzt noch harmonisiert werden.

(11) Der Schriftverkehr zwischen dem Gericht und den Parteien sollte soweit wie möglich mit Hilfe von Formblättern abgewickelt werden, um die Abwicklung der Verfahren zu erleichtern und eine automatisierte Verarbeitung der Daten zu ermöglichen.

(12) Bei der Entscheidung darüber, welche Gerichte dafür zuständig sind, einen Europäischen Zahlungsbefehl zu erlassen, sollten die Mitgliedstaaten dem Erfordernis, den Zugang der Bürger zur Justiz zu gewährleisten, gebührend Rechnung tragen.

(13) Der Antragsteller sollte verpflichtet sein, in dem Antrag auf Erlass eines Europäischen Zahlungsbefehls Angaben zu machen, aus denen die geltend gemachte Forderung und ihre Begründung klar zu entnehmen sind, damit der Antragsgegner anhand fundierter Informatio-

---

3 ABl. EG Nr. C 12 vom 15. 1. 2001, S. 1.

nen entscheiden kann, ob er Einspruch einlegen oder die Forderung nicht bestreiten will.

(14) Dabei muss der Antragsteller auch eine Bezeichnung der Beweise, der zum Nachweis der Forderung herangezogen wird, beifügen. Zu diesem Zweck sollte in dem Antragsformular eine möglichst erschöpfende Liste der Arten von Beweisen enthalten sein, die üblicherweise zur Geltendmachung von Geldforderungen angeboten werden.

(15) Die Einreichung eines Antrags auf Erlass eines Europäischen Zahlungsbefehls sollte mit der Entrichtung der gegebenenfalls fälligen Gerichtsgebühren verbunden sein.

(16) Das Gericht sollte den Antrag, einschließlich der Frage der gerichtlichen Zuständigkeit und der Bezeichnung der Beweise, auf der Grundlage der im Antragsformular enthaltenen Angaben prüfen. Dies ermöglicht es dem Gericht, schlüssig zu prüfen, ob die Forderung begründet ist, und unter anderem offensichtlich unbegründete Forderungen oder unzulässige Anträge auszuschließen. Die Prüfung muss nicht von einem Richter durchgeführt werden.

(17) Gegen die Zurückweisung des Antrags kann kein Rechtsmittel eingelegt werden. Dies schließt allerdings eine mögliche Überprüfung der zurückweisenden Entscheidung in derselben Instanz im Einklang mit dem nationalen Recht nicht aus.

(18) Der Europäische Zahlungsbefehl sollte den Antragsgegner darüber aufklären, dass er entweder den zuerkannten Betrag an den Antragsteller zu zahlen hat oder, wenn er die Forderung bestreiten will, innerhalb von 30 Tagen eine Einspruchsschrift versenden muss. Neben der vollen Aufklärung über die vom Antragsteller geltend gemachte Forderung sollte der Antragsgegner auf die rechtliche Bedeutung des Europäischen Zahlungsbefehls und die Folgen eines Verzichts auf Einspruch hingewiesen werden.

(19) Wegen der Unterschiede im Zivilprozessrecht der Mitgliedstaaten, insbesondere bei den Zustellungsvorschriften, ist es notwendig, die im Rahmen des Europäischen Mahnverfahrens anzuwendenden Mindestvorschriften präzise und detailliert zu definieren. So sollte insbesondere eine Zustellungsform, die auf einer juristischen Fiktion beruht, im Hinblick auf die Einhaltung der Mindestvorschriften nicht als ausreichend für die Zustellung eines Europäischen Zahlungsbefehls angesehen werden.

(20) Alle in den Artikeln 13 und 14 aufgeführten Zustellungsformen gewähren entweder eine absolute Gewissheit (Artikel 13) oder ein hohes Maß an Wahrscheinlichkeit (Artikel 14) dafür, dass das zugestellte Schriftstück dem Empfänger zugegangen ist.

(21) Die persönliche Zustellung an bestimmte andere Personen als den Antragsgegner selbst gemäß Artikel 14 Absatz 1 Buchstaben a und b sollte die Anforderungen der genannten Vorschriften nur dann erfüllen, wenn diese Personen den Europäischen Zahlungsbefehl auch tatsächlich erhalten haben.

(22) Artikel 15 sollte auf Situationen Anwendung finden, in denen der Antragsgegner sich nicht selbst vor Gericht vertreten kann, etwa weil er eine juristische Person ist, und in denen er durch einen gesetzlichen Vertreter vertreten wird, sowie auf Situationen, in denen der Antragsgegner eine andere Person, insbesondere einen Rechtsanwalt, ermächtigt hat, ihn in dem betreffenden gerichtlichen Verfahren zu vertreten.

(23) Der Antragsgegner kann seinen Einspruch unter Verwendung des in dieser Verordnung enthaltenen Formblatts einreichen. Die Gerichte sollten allerdings auch einen in anderer Form eingereichten schriftlichen Einspruch berücksichtigen, sofern dieser klar erklärt ist.

(24) Ein fristgerecht eingereichter Einspruch sollte das Europäische Mahnverfahren beenden und zur automatischen Überleitung der Sache in einen ordentlichen Zivilprozess führen, es sei denn, der Antragsteller hat ausdrücklich erklärt, dass das Verfahren in diesem Fall beendet sein soll. Für die Zwecke dieser Verordnung sollte der Begriff „ordentlicher Zivilprozess" nicht notwendigerweise im Sinne des nationalen Rechts ausgelegt werden.

(25) Nach Ablauf der Frist für die Einreichung des Einspruchs sollte der Antragsgegner in bestimmten Ausnahmefällen berechtigt sein, eine Überprüfung des Europäischen Zahlungsbefehls zu beantragen. Die Überprüfung in Ausnahmefällen sollte nicht bedeuten, dass der Antragsgegner eine zweite Möglichkeit hat, Einspruch gegen die Forderung einzulegen. Während des Überprüfungsverfahrens sollte die Frage, ob die Forderung begründet ist, nur im Rahmen der sich aus den vom Antragsgegner angeführten außergewöhnlichen Umständen ergebenden Begründungen geprüft werden. Zu den anderen außergewöhnlichen Umständen könnte auch der Fall zählen, dass der Europäische Zahlungsbefehl auf falschen Angaben im Antragsformular beruht.

(26) Gerichtsgebühren nach Artikel 25 sollten beispielsweise keine Anwaltshonorare oder Zustellungskosten einer außergerichtlichen Stelle enthalten.

(27) Ein Europäischer Zahlungsbefehl, der in einem Mitgliedstaat ausgestellt wurde und der vollstreckbar geworden ist, sollte für die Zwecke der Vollstreckung so behandelt werden, als ob er in dem Mitgliedstaat ausgestellt worden wäre, in dem die Vollstreckung betrieben wird.

Gegenseitiges Vertrauen in die ordnungsgemäße Rechtspflege in den Mitgliedstaaten rechtfertigt es, dass das Gericht nur eines Mitgliedstaats beurteilt, ob alle Voraussetzungen für den Erlass eines Europäischen Zahlungsbefehls vorliegen und der Zahlungsbefehl in allen anderen Mitgliedstaaten vollstreckbar ist, ohne dass im Vollstreckungsmitgliedstaat zusätzlich von einem Gericht geprüft werden muss, ob die prozessualen Mindestvorschriften eingehalten worden sind. Unbeschadet der in dieser Verordnung enthaltenen Vorschriften, insbesondere der in Artikel 22 Absätze 1 und 2 und in Artikel 23 enthaltenen Mindestvorschriften, sollte das Verfahren der Vollstreckung des Europäischen Zahlungsbefehls nach wie vor im nationalen Recht geregelt bleiben.

(28) Die Berechnung der Fristen sollte nach Maßgabe der Verordnung (EWG, Euratom) Nr. 1182/71 des Rates vom 3. Juni 1971 zur Festlegung der Regeln für die Fristen, Daten und Termine[4] erfolgen. Der Antragsgegner sollte darüber unterrichtet sowie darauf hingewiesen werden, dass dabei die gesetzlichen Feiertage in dem Mitgliedstaat des Gerichts, das den Europäischen Zahlungsbefehl erlässt, berücksichtigt werden.

(29) Da die Ziele dieser Verordnung, nämlich die Schaffung eines einheitlichen, zeitsparenden und effizienten Instruments zur Beitreibung unbestrittener Geldforderungen in der Europäischen Union, auf Ebene der Mitgliedstaaten nicht ausreichend verwirklicht werden können und wegen ihres Umfangs und ihrer Wirkung daher besser auf Gemeinschaftsebene zu verwirklichen sind, kann die Gemeinschaft im Einklang mit dem in Artikel 5 des Vertrags niedergelegten Subsidiaritätsprinzip tätig werden. Entsprechend dem in demselben Artikel genannten Grundsatz der Verhältnismäßigkeit geht diese Verordnung nicht über das für die Erreichung dieser Ziele erforderliche Maß hinaus.

(30) Die zur Durchführung dieser Verordnung erforderlichen Maßnahmen sind nach Maßgabe des Beschlusses 1999/468/EG des Rates vom 28. Juni 1999 zur Festlegung der Modalitäten für die Ausübung der der Kommission übertragenen Durchführungsbefugnisse[5] (5) zu erlassen.

(31) Das Vereinigte Königreich und Irland haben gemäß Artikel 3 des dem Vertrag über die Europäische Union und dem Vertrag zur Gründung der Europäischen Gemeinschaft beigefügten Protokolls über die Position des Vereinigten Königreichs und Irlands mitgeteilt, dass sie sich an der Annahme und Anwendung der vorliegenden Verordnung beteiligen möchten.

(32) Gemäß den Artikeln 1 und 2 des dem Vertrag über die Europäische Union und dem Vertrag zur Gründung der Europäischen Gemeinschaft beigefügten Protokolls über die Position Dänemarks beteiligt sich Dänemark nicht an der Annahme dieses Beschlusses, der für Dänemark nicht bindend und nicht auf Dänemark anwendbar ist –

folgende Verordnung beschlossen:

Artikel 1
Gegenstand

(1) Diese Verordnung hat Folgendes zum Ziel:

a) Vereinfachung und Beschleunigung der grenzüberschreitenden Verfahren im Zusammenhang mit unbestrittenen Geldforderungen und Verringerung der Verfahrenskosten durch Einführung eines Europäischen Mahnverfahrens,
und

b) Ermöglichung des freien Verkehrs Europäischer Zahlungsbefehle in den Mitgliedstaaten durch Festlegung von Mindestvorschriften, bei deren Einhaltung die Zwischenverfahren im Vollstreckungsmitgliedstaat, die bisher für die Anerkennung und Vollstreckung erforderlich waren, entfallen.

(2) Diese Verordnung stellt es dem Antragsteller frei, eine Forderung im Sinne von Artikel 4 im Wege eines anderen Verfahrens nach dem Recht eines Mitgliedstaats oder nach Gemeinschaftsrecht durchzusetzen.

Artikel 2
Anwendungsbereich

(1) [1]Diese Verordnung ist in grenzüberschreitenden Rechtssachen in Zivil- und Handelssachen anzuwenden, ohne dass es auf die Art der Gerichtsbarkeit ankommt. [2]Sie erfasst insbesondere nicht Steuer- und Zollsachen, verwaltungsrechtliche Angelegenheiten sowie die Haftung des

---

4 ABl. EG Nr. L 124 vom 8.6.1971, S. 1.
5 ABl. EG Nr. L 184 vom 17.7.1999, S. 23. Geändert durch den Beschluss 2006/512/EG (ABl. EG Nr. L 200 vom 22.7.2006, S. 11).

Staates für Handlungen oder Unterlassungen im Rahmen der Ausübung hoheitlicher Rechte („acta jure imperii").

(2) Diese Verordnung ist nicht anzuwenden auf
a) die ehelichen Güterstände, das Gebiet des Erbrechts einschließlich des Testamentsrechts,
b) Konkurse, Verfahren im Zusammenhang mit dem Abwickeln zahlungsunfähiger Unternehmen oder anderer juristischer Personen, gerichtliche Vergleiche, Vergleiche und ähnliche Verfahren,
c) die soziale Sicherheit,
d) Ansprüche aus außervertraglichen Schuldverhältnissen, soweit
  i) diese nicht Gegenstand einer Vereinbarung zwischen den Parteien oder eines Schuldanerkenntnisses sind, oder
  ii) diese sich nicht auf bezifferte Schuldbeträge beziehen, die sich aus gemeinsamem Eigentum an unbeweglichen Sachen ergeben.

(3) In dieser Verordnung bedeutet der Begriff „Mitgliedstaat" die Mitgliedstaaten mit Ausnahme Dänemarks.

Artikel 3
Grenzüberschreitende Rechtssachen

(1) Eine grenzüberschreitende Rechtssache im Sinne dieser Verordnung liegt vor, wenn mindestens eine der Parteien ihren Wohnsitz oder gewöhnlichen Aufenthalt in einem anderen Mitgliedstaat als dem des befassten Gerichts hat.

(2) Der Wohnsitz wird nach den Artikeln 59 und 60 der Verordnung (EG) Nr. 44/2001 des Rates vom 22. Dezember 2000 über die gerichtliche Zuständigkeit und die Anerkennung und Vollstreckung von Entscheidungen in Zivil- und Handelssachen bestimmt.

(3) Der maßgebliche Augenblick zur Feststellung, ob eine grenzüberschreitende Rechtssache vorliegt, ist der Zeitpunkt, zu dem der Antrag auf Erlass eines Europäischen Zahlungsbefehls nach dieser Verordnung eingereicht wird.

Artikel 4
Europäisches Mahnverfahren

Das Europäische Mahnverfahren gilt für die Beitreibung bezifferter Geldforderungen, die zum Zeitpunkt der Einreichung des Antrags auf Erlass eines Europäischen Zahlungsbefehls fällig sind.

Artikel 5
Begriffsbestimmungen

Im Sinne dieser Verordnung bezeichnet der Ausdruck
1. „Ursprungsmitgliedstaat" den Mitgliedstaat, in dem ein Europäischer Zahlungsbefehl erlassen wird,
2. „Vollstreckungsmitgliedstaat" den Mitgliedstaat, in dem die Vollstreckung eines Europäischen Zahlungsbefehls betrieben wird,
3. „Gericht" alle Behörden der Mitgliedstaaten, die für einen Europäischen Zahlungsbefehl oder jede andere damit zusammenhängende Angelegenheit zuständig sind,
4. „Ursprungsgericht" das Gericht, das einen Europäischen Zahlungsbefehl erlässt.

Artikel 6
Zuständigkeit

(1) Für die Zwecke der Anwendung dieser Verordnung wird die Zuständigkeit nach den hierfür geltenden Vorschriften des Gemeinschaftsrechts bestimmt, insbesondere der Verordnung (EG) Nr. 44/2001.

(2) Betrifft die Forderung jedoch einen Vertrag, den eine Person, der Verbraucher, zu einem Zweck geschlossen hat, der nicht der beruflichen oder gewerblichen Tätigkeit dieser Person zugerechnet werden kann, und ist der Verbraucher Antragsgegner, so sind nur die Gerichte des Mitgliedstaats zuständig, in welchem der Antragsgegner seinen Wohnsitz im Sinne des Artikels 59 der Verordnung (EG) Nr. 44/2001 hat.

Artikel 7
Antrag auf Erlass eines Europäischen Zahlungsbefehls

(1) Der Antrag auf Erlass eines Europäischen Zahlungsbefehls ist unter Verwendung des Formblatts A gemäß Anhang I zu stellen.

(2) Der Antrag muss Folgendes beinhalten:
a) die Namen und Anschriften der Verfahrensbeteiligten und gegebenenfalls ihrer Vertreter sowie des Gerichts, bei dem der Antrag eingereicht wird;
b) die Höhe der Forderung einschließlich der Hauptforderung und gegebenenfalls der Zinsen, Vertragsstrafen und Kosten;
c) bei Geltendmachung von Zinsen der Zinssatz und der Zeitraum, für den Zinsen verlangt werden, es sei denn, gesetzliche Zinsen werden nach dem Recht des Ursprungsmitgliedstaats automatisch zur Hauptforderung hinzugerechnet;
d) den Streitgegenstand einschließlich einer Beschreibung des Sachverhalts, der der Hauptforderung und gegebenenfalls der Zinsforderung zugrunde liegt;
e) eine Bezeichnung der Beweise, die zur Begründung der Forderung herangezogen werden;
f) die Gründe für die Zuständigkeit,
und
g) den grenzüberschreitenden Charakter der Rechtssache im Sinne von Artikel 3.

(3) In dem Antrag hat der Antragsteller zu erklären, dass er die Angaben nach bestem Wissen und Gewissen gemacht hat, und anzuerkennen, dass jede vorsätzliche falsche Auskunft angemessene Sanktionen nach dem Recht des Ursprungsmitgliedstaats nach sich ziehen kann.

(4) *[Fassung bis 13.07.2017]*
[1]Der Antragsteller kann in einer Anlage zu dem Antrag dem Gericht gegenüber erklären, dass er die Überleitung in ein ordentliches Verfahren im Sinne des Artikels 17 für den Fall ablehnt, dass der Antragsgegner Einspruch einlegt. [2]Dies hindert den Antragsteller nicht daran, das Gericht zu einem späteren Zeitpunkt, in jedem Fall aber vor Erlass des Zahlungsbefehls, hierüber zu informieren.

(4) *[Fassung ab 14.07.2017]*
Der Antragsteller kann in einer Anlage zum Antrag dem Gericht gegenüber erklären, welches der in Artikel 17 Absatz 1 Buchstaben a und b aufgeführten Verfahren gegebenenfalls auf seine Forderung in dem späteren Zivilverfahren angewendet werden soll, falls der Antragsgegner gegen den Europäischen Zahlungsbefehl einlegt.
[1]Der Antragsteller kann in der im ersten Unterabsatz vorgesehenen Anlage dem Gericht gegenüber auch erklären, dass er die Überleitung in ein Zivilverfahren im Sinne des Artikels 17 Absatz 1 Buchstabe a oder Buchstabe b für den Fall ablehnt, dass der Antragsgegner Einspruch einlegt. [2]Dies hindert den Antragsteller nicht daran, das Gericht zu einem späteren Zeitpunkt, in jedem Fall aber vor Erlass des Zahlungsbefehls, hierüber zu informieren.

(5) Die Einreichung des Antrags erfolgt in Papierform oder durch andere – auch elektronische – Kommunikationsmittel, die im Ursprungsmitgliedstaat zulässig sind und dem Ursprungsgericht zur Verfügung stehen.

(6) [1]Der Antrag ist vom Antragsteller oder gegebenenfalls von seinem Vertreter zu unterzeichnen. [2]Wird der Antrag gemäß Absatz 5 auf elektronischem Weg eingereicht, so ist er nach Artikel 2 Nummer 2 der Richtlinie 1999/93/EG des Europäischen Parlaments und des Rates vom 13. Dezember 1999 über gemeinschaftliche Rahmenbedingungen für elektronische Signaturen zu unterzeichnen. [3]Diese Signatur wird im Ursprungsmitgliedstaat anerkannt, ohne dass weitere Bedingungen festgelegt werden können.
[1]Eine solche elektronische Signatur ist jedoch nicht erforderlich, wenn und insoweit es bei den Gerichten des Ursprungsmitgliedstaats ein alternatives elektronisches Kommunikationssystem gibt, das einer bestimmten Gruppe von vorab registrierten und authentifizierten Nutzern zur Verfügung steht und die sichere Identifizierung dieser Nutzer ermöglicht. [2]Die Mitgliedstaaten unterrichten die Kommission über derartige Kommunikationssysteme.

Artikel 8
Prüfung des Antrags

[1]Das mit einem Antrag auf Erlass eines Europäischen Zahlungsbefehls befasste Gericht prüft so bald wie möglich anhand des Antragsformulars, ob die in den Artikeln 2, 3, 4, 6 und 7 genannten Voraussetzungen erfüllt sind und ob die Forderung begründet erscheint. [2]Diese Prüfung kann im Rahmen eines automatisierten Verfahrens erfolgen.

Artikel 9
Vervollständigung und Berichtigung des Antrags

(1) [1]Das Gericht räumt dem Antragsteller die Möglichkeit ein, den Antrag zu vervollständigen oder zu berichtigen, wenn die in Artikel 7 genannten Voraussetzungen nicht erfüllt sind und die Forderung nicht offensichtlich unbegründet oder der Antrag unzulässig ist. [2]Das Gericht

verwendet dazu das Formblatt B gemäß Anhang II.

(2) ¹Fordert das Gericht den Antragsteller auf, den Antrag zu vervollständigen oder zu berichtigen, so legt es dafür eine Frist fest, die ihm den Umständen nach angemessen erscheint. ²Das Gericht kann diese Frist nach eigenem Ermessen verlängern.

Artikel 10
Änderung des Antrags

(1) ¹Sind die in Artikel 8 genannten Voraussetzungen nur für einen Teil der Forderung erfüllt, so unterrichtet das Gericht den Antragsteller hiervon unter Verwendung des Formblatts C gemäß Anhang III. ²Der Antragsteller wird aufgefordert, den Europäischen Zahlungsbefehl über den von dem Gericht angegebenen Betrag anzunehmen oder abzulehnen; er wird zugleich über die Folgen seiner Entscheidung belehrt. ³Die Antwort des Antragstellers erfolgt durch Rücksendung des von dem Gericht übermittelten Formblatts C innerhalb der von dem Gericht gemäß Artikel 9 Absatz 2 festgelegten Frist.

(2) ¹Nimmt der Antragsteller den Vorschlag des Gerichts an, so erlässt das Gericht gemäß Artikel 12 einen Europäischen Zahlungsbefehl für den Teil der Forderung, dem der Antragsteller zugestimmt hat. ²Die Folgen hinsichtlich des verbleibenden Teils der ursprünglichen Forderung unterliegen nationalem Recht.

(3) Antwortet der Antragsteller nicht innerhalb der von dem Gericht festgelegten Frist oder lehnt er den Vorschlag des Gerichts ab, so weist das Gericht den Antrag auf Erlass eines Europäischen Zahlungsbefehls insgesamt zurück.

Artikel 11
Zurückweisung des Antrags

(1) ¹Das Gericht weist den Antrag zurück,

a) wenn die in den Artikeln 2, 3, 4, 6 und 7 genannten Voraussetzungen nicht erfüllt sind, oder

b) wenn die Forderung offensichtlich unbegründet ist, oder

c) wenn der Antragsteller nicht innerhalb der von dem Gericht gemäß Artikel 9 Absatz 2 gesetzten Frist seine Antwort übermittelt, oder

d) wenn der Antragsteller gemäß Artikel 10 nicht innerhalb der von dem Gericht gesetzten Frist antwortet oder den Vorschlag des Gerichts ablehnt.

²Der Antragsteller wird anhand des Formblatts D gemäß Anhang IV von den Gründen der Zurückweisung in Kenntnis gesetzt.

(2) Gegen die Zurückweisung des Antrags kann kein Rechtsmittel eingelegt werden.

(3) Die Zurückweisung des Antrags hindert den Antragsteller nicht, die Forderung mittels eines neuen Antrags auf Erlass eines Europäischen Zahlungsbefehls oder eines anderen Verfahrens nach dem Recht eines Mitgliedstaats geltend zu machen.

Artikel 12
Erlass eines Europäischen Zahlungsbefehls

(1) ¹Sind die in Artikel 8 genannten Voraussetzungen erfüllt, so erlässt das Gericht so bald wie möglich und in der Regel binnen 30 Tagen nach Einreichung eines entsprechenden Antrags einen Europäischen Zahlungsbefehl unter Verwendung des Formblatts E gemäß Anhang V. ²Bei der Berechnung der 30-tägigen Frist wird die Zeit, die der Antragsteller zur Vervollständigung, Berichtigung oder Änderung des Antrags benötigt, nicht berücksichtigt.

(2) ¹Der Europäische Zahlungsbefehl wird zusammen mit einer Abschrift des Antragsformulars ausgestellt. ²Er enthält nicht die vom Antragsteller in den Anlagen 1 und 2 des Formblatts A gemachten Angaben.

(3) In dem Europäischen Zahlungsbefehl wird der Antragsgegner davon in Kenntnis gesetzt, dass er

a) entweder den im Zahlungsbefehl aufgeführten Betrag an den Antragsteller zahlen kann, oder

b) gegen den Europäischen Zahlungsbefehl bei dem Ursprungsgericht Einspruch einlegen kann, indem er innerhalb von 30 Tagen ab dem Zeitpunkt der Zustellung des Zahlungsbefehls an ihn seinen Einspruch versendet.

(4) In dem Europäischen Zahlungsbefehl wird der Antragsgegner davon unterrichtet, dass

a) der Zahlungsbefehl ausschließlich auf der Grundlage der Angaben des Antragstellers erlassen und vom Gericht nicht nachgeprüft wurde,

b) der Zahlungsbefehl vollstreckbar wird, wenn nicht bei dem Gericht nach Artikel 16 Einspruch eingelegt wird,

c) im Falle eines Einspruchs das Verfahren von den zuständigen Gerichten des Ursprungsmitgliedstaats gemäß den Regeln eines ordentlichen Zivilprozesses weitergeführt wird, es sei denn, der Antragsteller hat ausdrücklich beantragt, das Verfahren in diesem Fall zu beenden.

(5) Das Gericht stellt sicher, dass der Zahlungsbefehl dem Antragsgegner gemäß den nationalen Rechtsvorschriften in einer Weise zugestellt wird, die den Mindestvorschriften der Artikel 13, 14 und 15 genügen muss.

Artikel 13
Zustellung mit Nachweis des Empfangs durch den Antragsgegner

Der Europäische Zahlungsbefehl kann nach dem Recht des Staats, in dem die Zustellung erfolgen soll, dem Antragsgegner in einer der folgenden Formen zugestellt werden:

a) durch persönliche Zustellung, bei der der Antragsgegner eine Empfangsbestätigung unter Angabe des Empfangsdatums unterzeichnet,

b) durch persönliche Zustellung, bei der die zuständige Person, die die Zustellung vorgenommen hat, ein Dokument unterzeichnet, in dem angegeben ist, dass der Antragsgegner das Schriftstück erhalten hat oder dessen Annahme unberechtigt verweigert hat und an welchem Datum die Zustellung erfolgt ist,

c) durch postalische Zustellung, bei der der Antragsgegner die Empfangsbestätigung unter Angabe des Empfangsdatums unterzeichnet und zurückschickt,

d) durch elektronische Zustellung wie beispielsweise per Fax oder E-Mail, bei der der Antragsgegner eine Empfangsbestätigung unter Angabe des Empfangsdatums unterzeichnet und zurückschickt.

Artikel 14
Zustellung ohne Nachweis des Empfangs durch den Antragsgegner

(1) Der Europäische Zahlungsbefehl kann nach dem Recht des Staats, in dem die Zustellung erfolgen soll, dem Antragsgegner auch in einer der folgenden Formen zugestellt werden:

a) persönliche Zustellung unter der Privatanschrift des Antragsgegners an eine in derselben Wohnung wie der Antragsgegner lebende Person oder an eine dort beschäftigte Person;

b) wenn der Antragsgegner Selbstständiger oder eine juristische Person ist, persönliche Zustellung in den Geschäftsräumen des Antragsgegners an eine Person, die vom Antragsgegner beschäftigt wird;

c) Hinterlegung des Zahlungsbefehls im Briefkasten des Antragsgegners;

d) Hinterlegung des Zahlungsbefehls beim Postamt oder bei den zuständigen Behörden mit entsprechender schriftlicher Benachrichtigung im Briefkasten des Antragsgegners, sofern in der schriftlichen Benachrichtigung das Schriftstück eindeutig als gerichtliches Schriftstück bezeichnet oder darauf hingewiesen wird, dass die Zustellung durch die Benachrichtigung als erfolgt gilt und damit Fristen zu laufen beginnen;

e) postalisch ohne Nachweis gemäß Absatz 3, wenn der Antragsgegner seine Anschrift im Ursprungsmitgliedstaat hat;

f) elektronisch, mit automatisch erstellter Sendebestätigung, sofern sich der Antragsgegner vorab ausdrücklich mit dieser Art der Zustellung einverstanden erklärt hat.

(2) Für die Zwecke dieser Verordnung ist eine Zustellung nach Absatz 1 nicht zulässig, wenn die Anschrift des Antragsgegners nicht mit Sicherheit ermittelt werden kann.

(3) Die Zustellung nach Absatz 1 Buchstaben a, b, c und d wird bescheinigt durch

a) ein von der zuständigen Person, die die Zustellung vorgenommen hat, unterzeichnetes Schriftstück mit den folgenden Angaben:
  i) die gewählte Form der Zustellung,
     und
  ii) das Datum der Zustellung sowie,
      und
  iii) falls der Zahlungsbefehl einer anderen Person als dem Antragsgegner zustellt wurde, der Name dieser Person und die Angabe ihres Verhältnisses zum Antragsgegner,

oder

b) eine Empfangsbestätigung der Person, der der Zahlungsbefehl zugestellt wurde, für die Zwecke von Absatz 1 Buchstaben a und b.

Artikel 15
Zustellung an einen Vertreter

Die Zustellung nach den Artikeln 13 oder 14 kann auch an den Vertreter des Antragsgegners bewirkt werden.

Artikel 16
Einspruch gegen den Europäischen Zahlungsbefehl

(1) Der Antragsgegner kann beim Ursprungsgericht Einspruch gegen den Europäischen Zahlungsbefehl unter Verwendung des Formblatts F gemäß Anhang VI einlegen, das dem Antragsgegner zusammen mit dem Europäischen Zahlungsbefehl zugestellt wird.

(2) Der Einspruch muss innerhalb von 30 Tagen ab dem Tag der Zustellung des Zahlungsbefehls an den Antragsgegner versandt werden.

(3) Der Antragsgegner gibt in dem Einspruch an, dass er die Forderung bestreitet, ohne dass er dafür eine Begründung liefern muss.

(4) Der Einspruch ist in Papierform oder durch andere – auch elektronische – Kommunikationsmittel, die im Ursprungsmitgliedstaat zulässig sind und dem Ursprungsgericht zur Verfügung stehen, einzulegen.

(5) [1]Der Einspruch ist vom Antragsgegner oder gegebenenfalls von seinem Vertreter zu unterzeichnen. [2]Wird der Einspruch gemäß Absatz 4 auf elektronischem Weg eingelegt, so ist er nach Artikel 2 Nummer 2 der Richtlinie 1999/93/EG zu unterzeichnen. [3]Diese Signatur wird im Ursprungsmitgliedstaat anerkannt, ohne dass weitere Bedingungen festgelegt werden können.

[1]Eine solche elektronische Signatur ist jedoch nicht erforderlich, wenn und insoweit es bei den Gerichten des Ursprungsmitgliedstaats ein alternatives elektronisches Kommunikationssystem gibt, das einer bestimmten Gruppe von vorab registrierten und authentifizierten Nutzern zur Verfügung steht und die sichere Identifizierung dieser Nutzer ermöglicht. [2]Die Mitgliedstaaten unterrichten die Kommission über derartige Kommunikationssysteme.

Artikel 17
Wirkungen der Einlegung eines Einspruchs
[Fassung bis 13. 07. 2017]

(1) Wird innerhalb der in Artikel 16 Absatz 2 genannten Frist Einspruch eingelegt, so wird das Verfahren vor den zuständigen Gerichten des Ursprungsmitgliedstaats gemäß den Regeln eines ordentlichen Zivilprozesses weitergeführt, es sei denn, der Antragsteller hat ausdrücklich beantragt, das Verfahren in einem solchen Fall zu beenden.

Hat der Antragsteller seine Forderung im Wege des Europäischen Mahnverfahrens geltend gemacht, so wird seine Stellung in nachfolgenden ordentlichen Zivilprozessen durch keine Maßnahme nach nationalem Recht präjudiziert.

(2) Die Überleitung in ein ordentliches Zivilverfahren im Sinne des Absatzes 1 erfolgt nach dem Recht des Ursprungsmitgliedstaats.

(3) Dem Antragsteller wird mitgeteilt, ob der Antragsgegner Einspruch eingelegt hat und ob das Verfahren als ordentlicher Zivilprozess weitergeführt wird.

[Fassung ab 14. 07. 2017]

(1) [1]Wird innerhalb der in Artikel 16 Absatz 2 genannten Frist Einspruch eingelegt, so wird das Verfahren vor den zuständigen Gerichten des Ursprungsmitgliedstaats weitergeführt, es sei denn, der Antragsteller hat ausdrücklich beantragt, das Verfahren in einem solchen Fall zu beenden. [2]Das Verfahren wird weitergeführt gemäß den Regeln

a) des in der Verordnung (EG) Nr. 861/2007 festgelegten europäischen Verfahrens für geringfügige Forderungen, falls diese anwendbar ist, oder

b) eines entsprechenden nationalen Zivilverfahrens.

(2) Hat der Antragsteller nicht angegeben, welches der in Absatz 1 Buchstaben a und b genannten Verfahren auf seine Forderung in dem Verfahren angewandt werden soll, das sich an die Einlegung eines Einspruchs anschließt, oder hat der Antragsteller beantragt, das europäische Verfahren für geringfügige Forderungen nach der Verordnung (EG) Nr. 861/2007 auf eine Forderung anzuwenden, die nicht in den Geltungsbereich der Verordnung (EG) Nr. 861/2007 fällt, so wird das Verfahren in das entsprechende einzelstaatliche Zivilverfahren übergeleitet,

es sei denn, der Antragsteller hat ausdrücklich beantragt, dass diese Überleitung nicht vorgenommen wird.

(3) Hat der Antragsteller seine Forderung im Wege des Europäischen Mahnverfahrens geltend gemacht, so wird seine Stellung im nachfolgenden Zivilverfahren durch keine Maßnahme nach nationalem Recht präjudiziert.

(4) Die Überleitung in ein Zivilverfahren im Sinne von Absatz 1 Buchstaben a und b erfolgt nach dem Recht des Ursprungsmitgliedstaats.

(5) Dem Antragsteller wird mitgeteilt, ob der Antragsgegner Einspruch eingelegt hat und ob das Verfahren als Zivilverfahren im Sinne des Absatzes 1 weitergeführt wird.

Artikel 18
Vollstreckbarkeit

(1) ^{1}Wurde innerhalb der Frist des Artikels 16 Absatz 2 unter Berücksichtigung eines angemessenen Zeitraums für die Übermittlung kein Einspruch beim Ursprungsgericht eingelegt, so erklärt das Gericht den Europäischen Zahlungsbefehl unter Verwendung des Formblatts G gemäß Anhang VII unverzüglich für vollstreckbar. ^{2}Das Ursprungsgericht überprüft das Zustellungsdatum des Europäischen Zahlungsbefehls.

(2) Unbeschadet des Absatzes 1 richten sich die Voraussetzungen der Zwangsvollstreckung für die Vollstreckbarkeit nach den Rechtsvorschriften des Ursprungsmitgliedstaats.

(3) Das Gericht übersendet dem Antragsteller den vollstreckbaren Europäischen Zahlungsbefehl.

Artikel 19
Abschaffung des Exequaturverfahrens

Der im Ursprungsmitgliedstaat vollstreckbar gewordene Europäische Zahlungsbefehl wird in den anderen Mitgliedstaaten anerkannt und vollstreckt, ohne dass es einer Vollstreckbarerklärung bedarf und ohne dass seine Anerkennung angefochten werden kann.

Artikel 20
Überprüfung in Ausnahmefällen

(1) Nach Ablauf der in Artikel 16 Absatz 2 genannten Frist ist der Antragsgegner berechtigt, bei dem zuständigen Gericht des Ursprungsmitgliedstaats eine Überprüfung des Europäischen Zahlungsbefehls zu beantragen, falls

a) i) der Zahlungsbefehl in einer der in Artikel 14 genannten Formen zugestellt wurde, und

ii) die Zustellung ohne Verschulden des Antragsgegners nicht so rechtzeitig erfolgt ist, dass er Vorkehrungen für seine Verteidigung hätte treffen können,

oder

b) der Antragsgegner aufgrund höherer Gewalt oder aufgrund außergewöhnlicher Umstände ohne eigenes Verschulden keinen Einspruch gegen die Forderung einlegen konnte,

wobei in beiden Fällen vorausgesetzt wird, dass er unverzüglich tätig wird.

(2) Ferner ist der Antragsgegner nach Ablauf der in Artikel 16 Absatz 2 genannten Frist berechtigt, bei dem zuständigen Gericht des Ursprungsmitgliedstaats eine Überprüfung des Europäischen Zahlungsbefehls zu beantragen, falls der Europäische Zahlungsbefehl gemessen an den in dieser Verordnung festgelegten Voraussetzungen oder aufgrund von anderen außergewöhnlichen Umständen offensichtlich zu Unrecht erlassen worden ist.

(3) Weist das Gericht den Antrag des Antragsgegners mit der Begründung zurück, dass keine der Voraussetzungen für die Überprüfung nach den Absätzen 1 und 2 gegeben ist, bleibt der Europäische Zahlungsbefehl in Kraft.

Entscheidet das Gericht, dass die Überprüfung aus einem der in den Absätzen 1 und 2 genannten Gründe gerechtfertigt ist, wird der Europäische Zahlungsbefehl für nichtig erklärt.

Artikel 21
Vollstreckung

(1) Unbeschadet der Bestimmungen dieser Verordnung gilt für das Vollstreckungsverfahren das Recht des Vollstreckungsmitgliedstaats.

Ein vollstreckbar gewordener Europäischer Zahlungsbefehl wird unter den gleichen Bedingungen vollstreckt wie eine im Vollstreckungsmitgliedstaat vollstreckbar gewordene Entscheidung.

(2) Zur Vollstreckung in einem anderen Mitgliedstaat legt der Antragsteller den zuständigen Vollstreckungsbehörden dieses Mitgliedstaats folgende Dokumente vor:

a) eine Ausfertigung des von dem Ursprungsgericht für vollstreckbar erklärten Europäischen Zahlungsbefehls, die die für seine Beweiskraft erforderlichen Voraussetzungen erfüllt, und

b) gegebenenfalls eine Übersetzung des Europäischen Zahlungsbefehls in die Amtssprache des Vollstreckungsmitgliedstaats oder – falls es in diesem Mitgliedstaat mehrere Amtssprachen gibt – nach Maßgabe der Rechtsvorschriften dieses Mitgliedstaats in die Verfahrenssprache oder eine der Verfahrenssprachen des Ortes, an dem die Vollstreckung betrieben wird, oder in eine sonstige Sprache, die der Vollstreckungsmitgliedstaat zulässt. Jeder Mitgliedstaat kann angeben, welche Amtssprache oder Amtssprachen der Organe der Europäischen Union er neben seiner oder seinen eigenen für den Europäischen Zahlungsbefehl zulässt. Die Übersetzung ist von einer hierzu in einem der Mitgliedstaaten befugten Person zu beglaubigen.

(3) Einem Antragsteller, der in einem Mitgliedstaat die Vollstreckung eines in einem anderen Mitgliedstaat erlassenen Europäischen Zahlungsbefehls beantragt, darf wegen seiner Eigenschaft als Ausländer oder wegen Fehlens eines inländischen Wohnsitzes oder Aufenthaltsorts im Vollstreckungsmitgliedstaat eine Sicherheitsleistung oder Hinterlegung, unter welcher Bezeichnung es auch sei, nicht auferlegt werden.

Artikel 22
Verweigerung der Vollstreckung

(1) Auf Antrag des Antragsgegners wird die Vollstreckung vom zuständigen Gericht im Vollstreckungsmitgliedstaat verweigert, wenn der Europäische Zahlungsbefehl mit einer früheren Entscheidung oder einem früheren Zahlungsbefehl unvereinbar ist, die bzw. der in einem Mitgliedstaat oder einem Drittland ergangen ist, sofern

a) die frühere Entscheidung oder der frühere Zahlungsbefehl zwischen denselben Parteien wegen desselben Streitgegenstands ergangen ist, und

b) die frühere Entscheidung oder der frühere Zahlungsbefehl die notwendigen Voraussetzungen für die Anerkennung im Vollstreckungsmitgliedstaat erfüllt, und

c) die Unvereinbarkeit im gerichtlichen Verfahren des Ursprungsmitgliedstaats nicht geltend gemacht werden konnte.

(2) Auf Antrag wird die Vollstreckung ebenfalls verweigert, sofern und insoweit der Antragsgegner den Betrag, der dem Antragsteller in einem Europäischen Zahlungsbefehl zuerkannt worden ist, an diesen entrichtet hat.

(3) Ein Europäischer Zahlungsbefehl darf im Vollstreckungsmitgliedstaat in der Sache selbst nicht nachgeprüft werden.

Artikel 23
Aussetzung oder Beschränkung der Vollstreckung

Hat der Antragsgegner eine Überprüfung nach Artikel 20 beantragt, so kann das zuständige Gericht im Vollstreckungsmitgliedstaat auf Antrag des Antragsgegners

a) das Vollstreckungsverfahren auf Sicherungsmaßnahmen beschränken, oder

b) die Vollstreckung von der Leistung einer von dem Gericht zu bestimmenden Sicherheit abhängig machen, oder

c) unter außergewöhnlichen Umständen das Vollstreckungsverfahren aussetzen.

Artikel 24
Rechtliche Vertretung

Die Vertretung durch einen Rechtsanwalt oder sonstigen Rechtsbeistand ist nicht zwingend

a) für den Antragsteller im Hinblick auf die Beantragung eines Europäischen Zahlungsbefehls,

b) für den Antragsgegner bei Einlegung des Einspruchs gegen einen Europäischen Zahlungsbefehl.

Artikel 25
Gerichtsgebühren

(1) *[Fassung bis 13.07.2017]*
Die Gerichtsgebühren eines Europäischen Mahnverfahrens und eines ordentlichen Zivilprozesses, der sich an die Einlegung eines Einspruchs gegen den Europäischen Zahlungsbefehl

in einem Mitgliedstaat anschließt, dürfen insgesamt nicht höher sein als die Gerichtsgebühren eines ordentlichen Zivilprozesses ohne vorausgehendes Europäisches Mahnverfahren in diesem Mitgliedstaat.

(1) *[Fassung ab 14.07.2017]*
Sind in einem Mitgliedstaat die Gerichtsgebühren für Zivilverfahren im Sinne des Artikels 17 Absatz 1 Buchstabe a beziehungsweise Buchstabe b genauso hoch oder höher als die Gerichtsgebühren für das Europäische Mahnverfahren, so dürfen die Gerichtsgebühren für ein Europäisches Mahnverfahren und das sich daran im Falle eines Einspruchs gemäß Artikel 17 Absatz 1 anschließende Zivilverfahren insgesamt nicht höher sein als die Gebühren für solche Verfahren ohne vorausgehendes Europäisches Mahnverfahren in diesem Mitgliedstaat.

Für Zivilverfahren, die sich im Falle eines Einspruchs gemäß Artikel 17 Absatz 1 Buchstabe a beziehungsweise Buchstabe b anschließen, dürfen in einem Mitgliedstaat keine zusätzlichen Gerichtsgebühren erhoben werden, wenn die Gerichtsgebühren für diese Art von Verfahren in diesem Mitgliedstaat niedriger sind als die Gerichtsgebühren für das Europäische Mahnverfahren.

(2) Für die Zwecke dieser Verordnung umfassen die Gerichtsgebühren die dem Gericht zu entrichtenden Gebühren und Abgaben, deren Höhe nach dem nationalen Recht festgelegt wird.

Artikel 26
Verhältnis zum nationalen Prozessrecht

Sämtliche verfahrensrechtlichen Fragen, die in dieser Verordnung nicht ausdrücklich geregelt sind, richten sich nach den nationalen Rechtsvorschriften.

Artikel 27
Verhältnis zur Verordnung (EG) Nr. 1348/2000

Diese Verordnung berührt nicht die Anwendung der Verordnung (EG) Nr. 1348/2000 des Rates vom 29. Mai 2000 über die Zustellung gerichtlicher und außergerichtlicher Schriftstücke in Zivil- und Handelssachen in den Mitgliedstaaten.

Artikel 28
Informationen zu den Zustellungskosten und zur Vollstreckung

Die Mitgliedstaaten arbeiten zusammen, um der Öffentlichkeit und den Fachkreisen folgende Informationen zur Verfügung zu stellen:

a) Informationen zu den Zustellungskosten,
   und
b) Information darüber, welche Behörden im Zusammenhang mit der Vollstreckung für die Anwendung der Artikel 21, 22 und 23 zuständig sind,

insbesondere über das mit der Entscheidung 2001/470/EG des Rates eingerichtete Europäische Justizielle Netz für Zivil- und Handelssachen.

Artikel 29
Angaben zu den zuständigen Gerichten, den Überprüfungsverfahren, den Kommunikationsmitteln und den Sprachen

(1) Die Mitgliedstaaten teilen der Kommission bis zum 12. Juni 2008 Folgendes mit:
a) die Gerichte, die dafür zuständig sind, einen Europäischen Zahlungsbefehl zu erlassen;
b) Informationen über das Überprüfungsverfahren und die für die Anwendung des Artikels 20 zuständigen Gerichte;
c) die Kommunikationsmittel, die im Hinblick auf das Europäische Mahnverfahren zulässig sind und den Gerichten zur Verfügung stehen;
d) die nach Artikel 21 Absatz 2 Buchstabe b zulässigen Sprachen.

Die Mitgliedstaaten unterrichten die Kommission über alle späteren Änderungen dieser Angaben.

(2) Die Kommission macht die nach Absatz 1 mitgeteilten Angaben durch Veröffentlichung im Amtsblatt der Europäischen Union und durch andere geeignete Mittel öffentlich zugänglich.

Artikel 30
Änderung der Anhänge
[Fassung bis 13.07.2017]

Die Formblätter in den Anhängen werden nach dem in Artikel 31 Absatz 2 vorgesehenen Verfahren aktualisiert oder in technischer Hinsicht angepasst; solche Änderungen müssen den

Vorschriften dieser Verordnung vollständig entsprechen.

[Fassung ab 14. 07. 2017]
Der Kommission wird die Befugnis übetragen, gemäß Artikel 31 in Bezug auf die Änderung der Anhänge I bis VII delegierte Rechtsakte zu erlassen.

Artikel 31
Ausschuss
[Fassung bis 13. 07. 2017]

(1) Die Kommission wird von dem nach Artikel 75 der Verordnung (EG) Nr. 44/2001 eingesetzten Ausschuss unterstützt.

(2) Wird auf diesen Absatz Bezug genommen, so gelten Artikel 5a Absätze 1 bis 4 und Artikel 7 des Beschlusses 1999/468/EG, unter Beachtung von dessen Artikel 8.

(3) Der Ausschuss gibt sich eine Geschäftsordnung.

Artikel 31
Ausübung der Befugnisübetragung
[Fassung ab 14. 07. 2017]

(1) Die Befugnis zum Erlass delegierter Rechtsakte wird der Kommission unter den in diesem Artikel festgelegten Bedingungen übertragen.

(2) Die Befugnis zum Erlass delegierter Rechtsakte gemäß Artikel 30 wird der Kommission auf unbestimmte Zeit ab dem 13. Januar 2016 übertragen.

(3) [1]Die Befugnisübertragung gemäß Artikel 30 kann vom Europäischen Parlament oder vom Rat jederzeit widerrufen werden. [2]Der Beschluss über den Widerruf beendet die Übertragung der in diesem Beschluss angegebenen Befugnis. [3]Er wird am Tag nach seiner Veröffentlichung im Amtsblatt der Europäischen Union oder zu einem im Beschluss über den Widerruf angegebenen späteren Zeitpunkt wirksam. [4]Die Gültigkeit von delegierten Rechtsakten, die bereits in Kraft sind, wird von dem Beschluss über den Widerruf nicht berührt.

(4) Sobald die Kommission einen delegierten Rechtsakt erlässt, übermittelt sie ihn gleichzeitig dem Europäischen Parlament und dem Rat.

(5) [1]Ein delegierter Rechtsakt, der gemäß Artikel 30 erlassen wurde, tritt nur in Kraft, wenn weder das Europäische Parlament noch der Rat innerhalb einer Frist von zwei Monaten nach Übermittlung dieses Rechtsakts an das Europäische Parlament und den Rat Einwände erhoben haben oder wenn vor Ablauf dieser Frist das Europäische Parlament und der Rat beide der Kommission mitgeteilt haben, dass sie keine Einwände erheben werden. [2]Auf Initiative des Europäischen Parlaments oder des Rates wird diese Frist um zwei Monate verlängert.

Artikel 32
Überprüfung

[1]Die Kommission legt dem Europäischen Parlament, dem Rat und dem Europäischen Wirtschafts- und Sozialausschuss bis zum 12. Dezember 2013 einen detaillierten Bericht über die Überprüfung des Funktionierens des Europäischen Mahnverfahrens vor. [2]Dieser Bericht enthält eine Bewertung des Funktionierens des Verfahrens und eine erweiterte Folgenabschätzung für jeden Mitgliedstaat.

[1]Zu diesem Zweck und damit gewährleistet ist, dass die vorbildliche Praxis in der Europäischen Union gebührend berücksichtigt wird und die Grundsätze der besseren Rechtsetzung zum Tragen kommen, stellen die Mitgliedstaaten der Kommission Angaben zum grenzüberschreitenden Funktionieren des Europäischen Zahlungsbefehls zur Verfügung. [2]Diese Angaben beziehen sich auf die Gerichtsgebühren, die Schnelligkeit des Verfahrens, die Effizienz, die Benutzerfreundlichkeit und die internen Mahnverfahren der Mitgliedstaaten.

Dem Bericht der Kommission werden gegebenenfalls Vorschläge zur Anpassung der Verordnung beigefügt.

Artikel 33
Inkrafttreten

Diese Verordnung tritt am Tag nach ihrer Veröffentlichung im Amtsblatt der Europäischen Union in Kraft.

Sie gilt ab dem 12. Dezember 2008 mit Ausnahme der Artikel 28, 29, 30 und 31, die ab dem 12. Juni 2008 gelten.

Vom Abdruck des Anhangs nebst Formblättern wurde abgesehen.

ABSCHNITT 6
Europäisches Verfahren für geringfügige Forderungen nach der Verordnung (EG) Nr. 861/2007

Vorbemerkungen zu §§ 1097–1109 ZPO

Die VO (EG) Nr. 861/2007 über das Europäische Verfahren für geringfügige Forderungen (EuGFVO) gilt in sämtlichen Mitgliedstaaten mit Ausnahme Dänemarks (Art. 2 Abs. 3 EuGFVO)[1] gemäß Art. 288 Abs. 2 AEUV unmittelbar (vgl. dazu Vorbemerkungen zu §§ 1067–1117 Rn. 2) und wird in einzelnen Bereichen durch §§ 1097–1109 ZPO ergänzt und ausgeführt. Die Verordnung trat am 01.01.2009 in Kraft und wurde durch Art. 1 VO (EU) Nr. 2015/2421 weitgehend geändert. Diese Änderungen treten überwiegend zum 14.07.2017 in Kraft.[2] Soweit Art. 25 der EuGFVO geändert wurde, trat diese Änderung bereits am 14.01.2017 in Kraft. Durch das Gesetz zur Änderung von Vorschriften im Bereich des internationalen Privat- und Zivilverfahrensrechts (vgl. Vorbemerkungen zu §§ 1067–1117 Rn. 2) wurden die §§ 1100, 1101 sowie § 1104 ZPO geändert und wurde § 1104a ZPO neu eingefügt. Diese Änderungen sowie § 1104a ZPO treten mit Wirkung vom 14.07.2017 in Kraft. 1

Die Verordnung implementiert ein europäisches Verfahren für geringfügige Forderungen in grenzüberschreitenden (Art. 3 EuGFVO) Zivil- und Handelssachen zur schnellen und einfachen Streitbeilegung und Kostenreduzierung. Eine geringfügige Forderung liegt nach Art. 2 Abs. 1 EuGFVO vor, wenn der Streitwert der Klage ohne Zinsen, Kosten und Auslagen zum Zeitpunkt des Eingangs bei Gericht 2.000,00 € (ab 14.07.2017: 5.000 €) nicht übersteigt und kein Ausschlussgrund nach Art. 2 Abs. 1 Satz 2, Abs. 2 EuGFVO vorliegt. Gemäß Art. 1 EuGFVO steht es einem Kläger frei, ob er das Verfahren nach der Verordnung oder das jeweilige innerstaatliche Verfahren wählt. 2

§§ 1097–1104a ZPO enthalten Ausführungsbestimmungen zum Erkenntnisverfahren. §§ 1105–1109 ZPO betreffen die Zwangsvollstreckung von Entscheidungen aus derartigen Verfahren. 3

Titel 1
Erkenntnisverfahren

§ 1097
Einleitung und Durchführung des Verfahrens

(1) Die Formblätter gemäß der Verordnung (EG) Nr. 861/2007 und andere Anträge oder Erklärungen können als Schriftsatz, als Telekopie oder nach Maßgabe des § 130a als elektronisches Dokument bei Gericht eingereicht werden.

(2) Im Fall des Artikels 4 Abs. 3 der Verordnung (EG) Nr. 861/2007 wird das Verfahren über die Klage ohne Anwendung der Vorschriften der Verordnung (EG) Nr. 861/2007 fortgeführt.

§ 1097 Abs. 1 ZPO bestimmt, dass die nach der EuGFVO vorgeschriebenen Formblätter[1] sowie weitere Anträge und Erklärungen entweder als Schriftsatz, Telefax oder nach Maßgabe des 1

---

1 Art. 2 Abs. 3 EuGFVO wurde zwar im Rahmen der Änderung mit Wirkung vom 14.07.2017 ersatzlos gestrichen. Gleichwohl findet die EuGFVO auch in ihrer neuen Fassung keine Anwendung auf Dänemark, vgl. Erwägungsgrund 26 VO (EU) 2015/2421.
2 Im Anhang sind die Vorschriften sowohl in der bisherigen als auch in der neuen Fassung abgedruckt.

Zu § 1097:
1 Von deren Abdruck wurde abgesehen.

§ 130a ZPO als elektronisches Dokument beim zuständigen Gericht eingereicht werden können. Eine Stellung zu Protokoll der Geschäftsstelle ist nicht möglich.[2] Die Rechtshängigkeit der Klage tritt dabei nicht erst mit Zustellung der Klage, sondern bereits mit Eingang der Klage ein.[3] Die sachliche Zuständigkeit für das Verfahren über geringfügige Forderungen bestimmt sich nach nationalem Recht.[4] Die internationale und örtliche Zuständigkeit ergibt sich dagegen grundsätzlich aus der EuGVVO. Ist diese nicht anwendbar, dann richten sich die örtliche und internationale Zuständigkeit nach den Vorschriften der ZPO.

2   § 1097 Abs. 2 ZPO stellt im Zusammenhang mit Art. 4 Abs. 3 EuGFVO klar, dass im Falle einer Klage außerhalb des Anwendungsbereich der EuGFVO das Verfahren nach Erteilung eines diesbezüglichen Hinweises durch das Gericht als ordentliches Verfahren nach der ZPO weitergeführt wird, wenn der Kläger nach dem Hinweis die Klage nicht zurücknimmt.

§ 1098
Annahmeverweigerung auf Grund der verwendeten Sprache

[1]Die Frist zur Erklärung der Annahmeverweigerung nach Artikel 6 Abs. 3 der Verordnung (EG) Nr. 861/2007 beträgt eine Woche. [2]Sie ist eine Notfrist und beginnt mit der Zustellung des Schriftstücks. [3]Der Empfänger ist über die Folgen einer Versäumung der Frist zu belehren.

1   Art. 6 Abs. 1 EuGFVO bestimmt, dass das Klageformblatt, die Klageerwiderung, etwaige Widerklagen, eine Antwort auf eine Widerklage und eine Beschreibung von Beweisunterlagen in der Sprache des Gerichts vorzulegen sind. Die Partei kann nach Art. 6 EuGFVO die Annahme eines Schriftstücks verweigern, wenn es nicht in der Amtssprache des Empfangsmitgliedstaates abgefasst ist oder sie die Sprache nicht versteht.[1] § 1098 ZPO legt in diesem Fall eine Notfrist von einer Woche zur Verweigerung der Annahme fest, die mit der Zustellung des Schriftstücks an die Partei beginnt. Der Empfänger ist über die Rechtsfolgen der Versäumung der Frist, nämlich den Verlust des Verweigerungsrechts, zu belehren. Eine Wiedereinsetzung in den vorigen Stand nach §§ 233 ff. ZPO ist unter den entsprechenden Voraussetzungen möglich.

§ 1099
Widerklage

(1) Eine Widerklage, die nicht den Vorschriften der Verordnung (EG) Nr. 861/2007 entspricht, ist außer im Fall des Artikels 5 Abs. 7 Satz 1 der Verordnung (EG) Nr. 861/2007 als unzulässig abzuweisen.

(2) [1]Im Fall des Artikels 5 Abs. 7 Satz 1 der Verordnung (EG) Nr. 861/2007 wird das Verfahren über die Klage und die Widerklage ohne Anwendung der Vorschriften der Verordnung (EG) Nr. 861/2007 fortgeführt. [2]Das Verfahren wird in der Lage übernommen, in der es sich zur Zeit der Erhebung der Widerklage befunden hat.

1   Nach der EuGFVO können auch Widerklagen erhoben werden (Art. 5 Abs. 6, 7 EuGFVO). Die Vorschriften der Art. 2, 4, 5 Abs. 3, 4, 5 EuGFVO gelten für die Widerklage entsprechend (Art. 5 Abs. 7 Satz 2 EuGFVO). Auch für die Widerklage ist ein Formblatt zu verwenden. Voraussetzung für die Widerklage ist ein Zusammenhang mit der Klage entsprechend Art. 8 Nr. 3 EuGVVO. § 1099 ZPO enthält Ausführungsbestimmungen betreffend die Widerklage.

2   Gemäß § 1099 Abs. 1, Abs. 2 ZPO i. V. m. Art. 5 Abs. 7 EuGFVO ist eine Widerklage, die die Wertgrenze von 2.000,00 € (ab 14.07.2017 5.000,00 €) übersteigt, zusammen mit der ursprünglichen Klage in ein Verfahren nach der ZPO überzuleiten. Die Vorschriften der EuGFVO finden danach keine Anwendung mehr. Das Verfahren wird in dem Stand übergeleitet, den es zum Zeitpunkt der Erhebung der Widerklage hatte. Entspricht die Widerklage dagegen nicht den sonstigen Vorschriften der EuGFVO (Art. 2, 4, 5 Abs. 6 EuGFVO), ist diese nach § 1099 Abs. 1 ZPO als unzulässig abzuweisen.

---

2 Zöller-*Geimer*, ZPO, § 1097 Rn. 2; Musielak/Voit-*Voit*, ZPO, EG (VO) Nr. 861/2007 Rn. 7.
3 MK-*Hau*, ZPO, Anhang §§ 1097 ff. Art. 4 Rn. 22.
4 Thomas/Putzo-*Reichold*, ZPO, Vorbem. zu §§ 1097 ff. Rn. 4.

Zu § 1098:
1 Vgl. dazu auch EuGH, NJW 2008, 1721 zum Annahmeverweigerungsrecht wegen der Sprache bei Art. 8 EuVTVO.

§ 1100
Mündliche Verhandlung

(1) ¹Das Gericht kann den Parteien sowie ihren Bevollmächtigten und Beiständen gestatten, sich während einer Verhandlung an einem anderen Ort aufzuhalten und dort Verfahrenshandlungen vorzunehmen. ²§ 128a Abs. 1 Satz 2 und Abs. 3 [ab 14.07.2017: Abs. 3 Satz 1] bleibt unberührt.
(2) Die Bestimmung eines frühen ersten Termins zur mündlichen Verhandlung (§ 275) ist ausgeschlossen.

Das Verfahren nach der EuGFVO findet gemäß Art. 5 Abs. 1, 1a EuGFVO schriftlich statt, wenn nicht das Gericht die schriftlichen Beweismittel für ein Urteil nicht als ausreichend erachtet oder eine der Parteien die mündliche Verhandlung beantragt und das Gericht diesen Antrag nicht ablehnt. Eine mündliche Verhandlung sollte stattfinden, wenn ihre Durchführung von einer Partei beantragt wird.¹ Für die mündliche Verhandlung eröffnet Art. 8 EuGFVO, der mit Wirkung zum 14.07.2017 geändert wurde, die Möglichkeit, die Verhandlung im Wege einer Video- oder Telekonferenz oder durch Einsatz anderweitiger technischer Mittel durchzuführen. Dafür ist kein Einverständnis der Parteien erforderlich. § 1100 Abs. 1 ZPO gibt den Gerichten dementsprechend die Möglichkeit, den Parteien und ihren Bevollmächtigten den Aufenthalt an einem anderen Ort zum Zeitpunkt der Verhandlung und die Vornahme von Verfahrenshandlungen an diesem Ort zu gestatten. Das Gericht kann aber auch die persönliche Anwesenheit der Parteien anordnen. Die Parteien können die jeweils andere Art der Durchführung der mündlichen Verhandlung beantragen. Das Gericht entscheidet nach pflichtgemäßem Ermessen.² Diese Entscheidung ist nach Art. 8 Abs. 4 EuGFVO nur gemeinsam mit dem Urteil anfechtbar. 1

Durch das Gesetz zur Änderung von Vorschriften im Bereich des internationalen Privat- und Zivilverfahrensrechts (vgl. Vorbemerkungen §§ 1067–1117 Rn. 2) wurde in § 1100 Abs. 1 Satz 2 ZPO mit Wirkung ab 14.07.2017 klarstellend aufgenommen, dass sich die Verweisung auf § 128a Abs. 3 ZPO nur auf dessen Satz 1 bezieht. Die in § 128a Abs. 3 Satz 2 ZPO angeordnete Unanfechtbarkeit ergibt sich i.S. einer isolierten Unanfechtbarkeit bereits direkt aus Art. 8 Abs. 4 EuGFVO. 2

Gemäß § 1100 Abs. 2 ZPO ist eine Bestimmung und Durchführung eines frühen ersten Termins i.S.v. § 275 ZPO unzulässig. 3

§ 1101
Beweisaufnahme

(1) Das Gericht kann die Beweise in der ihm geeignet erscheinenden Art aufnehmen, soweit Artikel 9 Abs. 2 und 3 [ab 14.07.2017: Artikel 9 Nr. 2 bis 4] der Verordnung (EG) Nr. 861/2007 nichts anderes bestimmt.
(2) ¹Das Gericht kann einem Zeugen, Sachverständigen oder einer Partei gestatten, sich während einer Vernehmung an einem anderen Ort aufzuhalten. ²§ 128a Abs. 2 Satz 2, 3 und Abs. 3 [ab 14.07.2017: Abs. 3 Satz 1] bleibt unberührt.

Art. 9 EuGFVO regelt die Beweisaufnahme in einem Verfahren nach der EuGFVO. Die Vorschrift wurde mit Wirkung zum 14.07.2017 geändert. Das Gericht soll die einfachsten und am wenigsten aufwändigen Beweismittel auswählen. Die Aufnahme des Beweises, insbesondere von Zeugenaussagen und Sachverständigenangaben kann schriftlich oder per Video-/Telekonferenz sowie mündlich erfolgen. Es handelt sich dabei um ein gegenüber dem Strengbeweisverfahren der ZPO deutlich gelockertes Beweisverfahren. Das deutsche Gericht entscheidet nach dem Beweismaß und den Regeln der freien Beweiswürdigung der ZPO.¹ 1

§ 1101 Abs. 1 ZPO, der durch das Gesetz zur Änderung von Vorschriften im Bereich des internationalen Privat- und Zivilverfahrensrechts (vgl. Vorbemerkungen §§ 1067–1117 Rn. 2) mit Wirkung vom 14.07.2017 redaktionell an die Änderungen der EuGFVO angepasst wurde, bekräftigt nochmals, dass die Beweisaufnahme auf die dem Gericht geeignet erscheinende Art 2

---

1 BeckOK-*Thode*, ZPO, Vorbem. zu § 1100; Musielak/Voit-*Voit*, ZPO, EG (VO) Nr. 861/2007, Rn. 22 m.w.N.
2 Zöller-*Geimer*, ZPO, § 1100 Rn. 3.

Zu § 1101:
1 BeckOK-*Thode*, ZPO, § 1101 Rn. 4 f.

erfolgen kann, soweit nicht zwingende Vorgaben aus Art. 9 Abs. 2–4 EuGFVO entgegenstehen. Grenzüberschreitende Beweisaufnahmen erfolgen nach der EuBeweisVO i.V.m. §§ 1072–1075 ZPO.

3 § 1101 Abs. 2 ZPO regelt zudem in Ausführung von Art. 9, 8 EuGFVO, dass das Gericht Zeugen, Sachverständigen oder den Parteien auch gestatten kann, der Beweisaufnahme mittels Videokonferenz oder anderen technischen Mitteln beizuwohnen und Aussagen auf diesem Wege zu machen. Eines Einverständnisses der Parteien mit diesem Vorgehen bedarf es nicht.[2] Derartige Anordnungen des Gerichts sind gemäß Art. 9 Abs. 3, 8 Abs. 4 EuGFVO nur gemeinsam mit dem Urteil anfechtbar. Durch das Gesetz zur Änderung von Vorschriften im Bereich des internationalen Privat- und Zivilverfahrensrechts (vgl. Vorbemerkungen §§ 1067–1117 Rn. 2) wurde in § 1101 Abs. 2 Satz 2 ZPO mit Wirkung ab 14.07.2017 klarstellend aufgenommen, dass sich die Verweisung auf § 128a Abs. 3 ZPO nur auf dessen Satz 1 bezieht, da sich die in § 128a Abs. 3 Satz 2 ZPO angeordnete Unanfechtbarkeit i.S. einer isolierten Unanfechtbarkeit bereits direkt aus Art. 8 Abs. 4 EuGFVO ergibt.

§ 1102
Urteil

[1]Urteile bedürfen keiner Verkündung. [2]Die Verkündung eines Urteils wird durch die Zustellung ersetzt.

1 Nach § 1102 ZPO bedarf ein Urteil in einem Verfahren nach der EuGFVO keiner Verkündung. Die Zustellung des Urteils genügt. Damit wird Art. 7 Abs. 2 EuGFVO umgesetzt. Eine Verkündung ist jedoch nicht unzulässig.

§ 1103
Säumnis

[1]Äußert sich eine Partei binnen der für sie geltenden Frist nicht oder erscheint sie nicht zur mündlichen Verhandlung, kann das Gericht eine Entscheidung nach Lage der Akten erlassen. [2]§ 251a ist nicht anzuwenden.

1 Anders als nach der ZPO wird im Rahmen eines Verfahrens nach der EuGFVO im Falle der Säumnis einer Partei bei einer Äußerungsfrist oder im Falle des Nichterscheinens zu einer mündlichen Verhandlung kein Versäumnisurteil erlassen. Nach Art. 7 Abs. 3 EuGFVO wird im Falle der Versäumung der Klageerwiderungs- oder der Widerklageerwiderungsfrist über die Klage oder die Widerklage durch Urteil entschieden. Zuvor muss das Gericht über die Folgen der Fristversäumung belehrt haben (Art. 14 Abs. 1 EuGFVO). § 1103 ZPO stellt klar, dass es sich bei dem Urteil um eine Entscheidung nach Lage der Akten handelt, wobei § 251a ZPO keine Anwendung findet. Eine Geständnisfiktion wie in § 331 Abs. 1 Satz 1 ZPO findet nicht statt. Außerdem erweitert § 1103 ZPO diese Vorgehensmöglichkeit auch auf das Nichterscheinen zur mündlichen Verhandlung und die Versäumung sonstiger Schriftsatzfristen.

§ 1104
Abhilfe bei unverschuldeter Säumnis des Beklagten

(1) [1]Liegen die Voraussetzungen des Artikels 18 Abs. 1 [ab 14.07.2017: und Abs. 2] der Verordnung (EG) Nr. 861/2007 vor, wird das Verfahren fortgeführt; es wird in die Lage zurückversetzt, in der es sich vor Erlass des Urteils befand. [2]Auf Antrag stellt das Gericht die Nichtigkeit des Urteils durch Beschluss fest.
(2) Der Beklagte hat die tatsächlichen Voraussetzungen des Artikels 18 Abs. 1 [ab 14.07. 2017: und Abs. 2] der Verordnung (EG) Nr. 861/2007 glaubhaft zu machen.

1 Art. 18 EuGFVO sieht in bestimmten Fällen der unverschuldeten Säumnis für den Beklagten oder den Widerbeklagten die Möglichkeit vor, ein Urteil, das im Rahmen des Verfahrens nach Art. 7 Abs. 3 EuGFVO ergangen ist, überprüfen und damit nichtig werden zu lassen. § 1104

---

2 Zöller-*Geimer*, ZPO, § 1101 Rn. 2.

ZPO sieht für diesen Fall die deklaratorische Feststellung der Nichtigkeit des Urteils auf Antrag vor und bestimmt, dass das Verfahren in die Lage zurückversetzt wird, in der es sich vor Erlass des Urteils befand. Das Urteil wird nicht inhaltlich überprüft, sondern nur daraufhin, ob die Voraussetzungen des Art. 18 EuGFVO vorlagen und damit die Verteidigungsrechte eingeschränkt waren. Der Antragsteller hat die Voraussetzungen des Art. 18 EuGFVO glaubhaft zu machen (§ 1104 Abs. 2 ZPO). Mit Wirkung vom 14.07.2017 wurde Art. 18 EuGFVO geändert und unter anderem eine dreißigtägige Frist für den Antrag bestimmt (Art. 18 Abs. 2 EuGFVO n.F.). An diese Änderung wurde § 1104 ZPO durch das Gesetz zur Änderung von Vorschriften im Bereich des internationalen Privat- und Zivilverfahrensrechts (vgl. Vorbemerkungen zu §§ 1067–1117 Rn. 2) mit Wirkung vom 14.07.2017 redaktionell angepasst, indem außer auf Art. 18 Abs. 1 EuGFVO auch auf Art. 18 Abs. 2 EuGFVO Bezug genommen wird.

[neu eingefügt mit Wirkung zum 14.07.2017]
§ 1104a
Gemeinsame Gerichte

¹Die Landesregierungen werden ermächtigt, durch Rechtsverordnung einem Amtsgericht für die Bezirke mehrerer Amtsgerichte und einem Landgericht für die Bezirke mehrerer Landgerichte die Angelegenheiten in europäischen Verfahren für geringfügige Forderungen nach der Verordnung (EG) Nr. 861/2007 zuzuweisen, wenn dies der sachlichen Förderung der Verfahren dient. ²Die Landesregierungen können die Ermächtigung auf die Landesjustizverwaltungen übertragen.

§ 1104a ZPO wurde durch das Gesetz zur Änderung von Vorschriften im Bereich des internationalen Privat- und Zivilverfahrensrechts (vgl. Vorbemerkungen zu §§ 1067–1117 Rn. 2) mit Wirkung zum 14.07.2017 neu eingefügt. Durch die Regelung kann mittels Rechtsverordnung eine Konzentration der Verfahren nach der EuGFVO bei einzelnen Gerichten stattfinden. Durch eine Konzentration bei für derartigen Verfahren spezialisierten Gerichten, die zudem die für die Durchführung von mündlichen Verhandlungen und Beweisaufnahmen mittels Fernkommunikationsmitteln (vgl. Art. 8, 9 EuGFVO) notwendigen technischen Möglichkeiten bereits vorhalten, soll eine Qualitäts- und Effizienzsteigerung sowie eine Verfahrensbeschleunigung erreicht werden.[1]

Titel 2
Zwangsvollstreckung

§ 1105
Zwangsvollstreckung inländischer Titel

(1) ¹Urteile sind für vorläufig vollstreckbar ohne Sicherheitsleistung zu erklären. ²Die §§ 712 und 719 Abs. 1 Satz 1 in Verbindung mit § 707 sind nicht anzuwenden.
(2) ¹Für Anträge auf Beschränkung der Zwangsvollstreckung nach Artikel 15 Abs. 2 in Verbindung mit Artikel 23 der Verordnung (EG) Nr. 861/2007 ist das Gericht der Hauptsache zuständig. ²Die Entscheidung ergeht im Wege einstweiliger Anordnung. ³Sie ist unanfechtbar. ⁴Die tatsächlichen Voraussetzungen des Artikels 23 der Verordnung (EG) Nr. 861/2007 sind glaubhaft zu machen.

In Ausführung von Art. 15 Abs. 1 EuGFVO sieht § 1105 Abs. 1 Satz 1 ZPO vor, dass inländisch ergangene Urteile im Verfahren nach der EuGFVO ohne Sicherheitsleistung für vorläufig vollstreckbar zu erklären sind. Nachdem Sicherheitsleistungen für die Vollstreckung nach der Verordnung unzulässig sind, finden gemäß § 1105 Abs. 1 Satz 2 ZPO die Vorschriften der §§ 712, 719 Abs. 1 Satz 1 ZPO i.V.m. § 707 ZPO keine Anwendung. § 711 ZPO findet ebenfalls keine Anwendung.[1] Der Schuldnerschutz bei Urteilen, die noch nicht rechtskräftig sind oder nach Art. 18 EuGFVO zur Überprüfung gestellt werden, wird durch Art. 15 Abs. 2 EuGFVO i.V.m.

---
1 BT-Drucks. 18/10714, S. 21 f.

Zu § 1105:
1 Thomas/Putzo-*Reichold/Hüßtege*, ZPO, § 1105 Rn. 1.

Art. 23 EuGFVO verwirklicht. Eine Sicherheitsleistung kommt nur im Rahmen der Aussetzung oder Beschränkung der Vollstreckung nach Art. 15 Abs. 2 i.V.m. Art. 23 Buchst. b EuGFVO in Betracht. Wird eine solche festgelegt, wird ihre Höhe nach § 709 Satz 2 ZPO berechnet.[2]

2 Die Aussetzung oder Beschränkung der Vollstreckung nach Art. 15 Abs. 2 i.V.m. Art. 23 EuGFVO ist für inländische Titel beim Gericht der Hauptsache zu beantragen (§ 1105 Abs. 2 Satz 1 ZPO). Dieses entscheidet im Wege der einstweiligen Anordnung, die unanfechtbar ist (§ 1105 Abs. 2 Satz 2, 3 ZPO). Der Antragsteller muss die Voraussetzungen des Art. 23 EuGFVO gemäß § 1105 Abs. 2 Satz 4 ZPO glaubhaft machen.

§ 1106
Bestätigung inländischer Titel

(1) Für die Ausstellung der Bestätigung nach Artikel 20 Abs. 2 der Verordnung (EG) Nr. 861/2007 ist das Gericht zuständig, dem die Erteilung einer vollstreckbaren Ausfertigung des Titels obliegt.

(2) [1]Vor Ausfertigung der Bestätigung ist der Schuldner anzuhören. [2]Wird der Antrag auf Ausstellung einer Bestätigung zurückgewiesen, so sind die Vorschriften über die Anfechtung der Entscheidung über die Erteilung einer Vollstreckungsklausel entsprechend anzuwenden.

Siehe Kommentierung zu § 1107 ZPO.

§ 1107
Ausländische Vollstreckungstitel

Aus einem Titel, der in einem Mitgliedstaat der Europäischen Union nach der Verordnung (EG) Nr. 861/2007 ergangen ist, findet die Zwangsvollstreckung im Inland statt, ohne dass es einer Vollstreckungsklausel bedarf.

1 Nach Art. 20 Abs. 1 EuGFVO ist ein Urteil, das im Verfahren nach der EuGFVO erlassen wurde, ohne Vollstreckbarerklärung in einem anderen Mitgliedstaat anzuerkennen und zu vollstrecken. Über die Vollstreckbarkeit erteilt das Gericht auf Antrag eine Bestätigung nach Art. 20 Abs. 2 EuGFVO, ohne dass dafür zusätzliche Kosten anfallen. Die Bestätigung ersetzt die Vollstreckungsklausel. § 1107 ZPO stellt insoweit klar, dass es einer Vollstreckungsklausel für die Inlandsvollstreckung aus ausländischen Titeln nicht bedarf. Die übrigen Voraussetzungen für die Vollstreckung im Inland richten sich nach der ZPO (Art. 21 Abs. 1 EuGFVO).

2 Für die Erteilung der Bestätigung nach Art. 20 Abs. 2 EuGFVO ist bei inländischen Titeln nach § 1106 Abs. 1 ZPO das Gericht zuständig, dem die Erteilung einer vollstreckbaren Ausfertigung des Titels obliegt. Die sachliche und örtliche Zuständigkeit ergibt sich aus § 724 Abs. 2 ZPO. Funktionell ist nach § 20 Abs. 1 Nr. 11 RPflG der Rechtspfleger zuständig. Gemäß § 1106 Abs. 2 Satz 1 ZPO ist der Schuldner vor Ausfertigung der Bestätigung anzuhören.[1] Nach § 1106 Abs. 2 Satz 2 ZPO kann die Zurückweisung des Antrags ebenso angefochten werden, wie die Entscheidung über die Erteilung der Vollstreckungsklausel nach den Vorschriften der ZPO. Statthaft ist daher nach § 11 Abs. 1 RPflG, § 567 Abs. 1 Nr. 1 ZPO die sofortige Beschwerde.[2] Die Erteilung der Bestätigung kann nicht angefochten werden. Sofern das Urteil noch nicht rechtskräftig ist, kann der Schuldner nach Art. 23 EuGFVO vorgehen.[3]

---

2 Zöller-*Geimer*, ZPO, § 1105 Rn. 3.

Zu § 1107:
1 Die Regelung für unwirksam erachtend *Mayer/Lindemann*, NJW 2012, 2317 (2320f.); vgl. dazu auch MK-*Hau*, ZPO, Anhang §§ 1097ff. Art. 20 Rn. 12 m.w.N. sowie Musielak/Voit-*Voit*, ZPO, EG (VO) Nr. 861/2007, Rn. 36 m.w.N.
2 Zum Streitstand über den statthaften Rechtsbehelf bei der gleichlautenden Bestimmung des § 1080 Abs. 2 ZPO vgl. dort Rn. 2.
3 Thomas/Putzo-*Hüßtege*, ZPO, § 1106 Rn. 7.

§ 1108
Übersetzung

Hat der Gläubiger nach Artikel 21 Abs. 2 Buchstabe b der Verordnung (EG) Nr. 861/2007 eine Übersetzung vorzulegen, so ist diese in deutscher Sprache zu verfassen und von einer in einem der Mitgliedstaaten der Europäischen Union hierzu befugten Person zu erstellen.

Sofern nach Artikel 21 Abs. 2 Buchst. b EuGFVO eine Übersetzung der Bestätigung über die Vollstreckbarkeit notwendig ist, ist diese gemäß § 1108 ZPO in deutscher Sprache zu verfassen und von einer hierzu in einem Mitgliedstaat befugten Person zu erstellen. Die Übersetzung wird aufgrund des Formblattzwangs und der Verständlichkeit des Formblatts aus sich heraus nur notwendig sein, wenn im Formblatt individuelle fremdsprachige Angaben gemacht werden.[1]   1

§ 1109
Anträge nach den Artikeln 22 und 23 der Verordnung (EG) Nr. 861/2007; Vollstreckungsabwehrklage

(1) ¹Auf Anträge nach Artikel 22 der Verordnung (EG) Nr. 861/2007 ist § 1084 Abs. 1 und 2 entsprechend anzuwenden. ²Auf Anträge nach Artikel 23 der Verordnung (EG) Nr. 861/2007 ist § 1084 Abs. 1 und 3 entsprechend anzuwenden.

(2) § 1086 gilt entsprechend.

Art. 22 EuGFVO sieht die Ablehnung der Vollstreckung, Art. 23 EuGFVO die Aussetzung und   1
Beschränkung der Vollstreckung aus einem Titel, der in dem Verfahren nach der EuGFVO ergangen ist, vor. Die Zuständigkeit für Anträge nach diesen Vorschriften richtet sich gemäß § 1109 Abs. 1 ZPO nach § 1084 Abs. 1 ZPO (siehe dazu § 1084 Rn. 2). § 1109 Abs. 1 ZPO gilt betreffend Art. 23 EuGFVO nur für ausländische Urteile. Für inländische Urteile ist insoweit § 1105 ZPO einschlägig.

Über den Antrag auf Ablehnung der Vollstreckung nach Art. 22 EuGFVO wird gemäß § 1109   2
Abs. 1 Satz 1 ZPO i.V. m. § 1084 Abs. 2 ZPO durch Beschluss entschieden. §§ 769 Abs. 1, 3 und 770 ZPO sind entsprechend anwendbar (§§ 1109 Abs. 1 Satz 1, 1084 Abs. 2 Satz 2 ZPO). Über die Aussetzung oder Beschränkung der Vollstreckung nach Art. 23 EuGFVO wird gemäß §§ 1109 Abs. 1 Satz 2, 1084 Abs. 3 ZPO im Wege einer einstweiligen Anordnung entschieden, die unanfechtbar ist.

§ 1109 Abs. 2 ZPO ermöglicht durch die Verweisung auf § 1086 ZPO die Vollstreckungsab-   3
wehrklage gemäß § 767 ZPO gegen ausländische Urteile.

Anhang zu §§ 1097–1109
Verordnung über geringfügige Forderungen (EuGFVO)

Verordnung (EG) Nr. 861/2007 des Europäischen Parlaments und des Rates vom 11. 07. 2007
zur Einführung eines europäischen Verfahrens für geringfügige Forderungen
(ABl. EG L199, S. 1)
In Kraft getreten teilweise (Art. 25) am 01. 01. 2008, im Wesentlichen am 01. 01. 2009
Zuletzt geändert durch Verordnung (EU) 2015/2421
vom 16. 12. 2015 m.W.v. 14. 01. 2017 und 14. 07. 2017

Das Europäische Parlament und der Rat der Europäischen Union –
gestützt auf den Vertrag zur Gründung der Europäischen Gemeinschaft, insbesondere auf Artikel 61 Buchstabe c und Artikel 67,
auf Vorschlag der Kommission,

---

1 Zöller-*Geimer*, ZPO, § 1108 Rn. 1; *Vollkommer/Huber*, NJW 2009, 1105 (1108).

nach Stellungnahme des Europäischen Wirtschafts- und Sozialausschusses,[1]
gemäß dem Verfahren des Artikels 251 des Vertrags,[2]
in Erwägung nachstehender Gründe:

(1) Die Gemeinschaft hat sich zum Ziel gesetzt, einen Raum der Freiheit, der Sicherheit und des Rechts, in dem der freie Personenverkehr gewährleistet ist, zu erhalten und weiterzuentwickeln. Zur schrittweisen Schaffung eines solchen Raums erlässt die Gemeinschaft unter anderem im Bereich der justiziellen Zusammenarbeit in Zivilsachen mit grenzüberschreitendem Bezug die für das reibungslose Funktionieren des Binnenmarkts erforderlichen Maßnahmen.

(2) Gemäß Artikel 65 Buchstabe c des Vertrags schließen diese Maßnahmen die Beseitigung der Hindernisse für eine reibungslose Abwicklung von Zivilverfahren ein, erforderlichenfalls durch Förderung der Vereinbarkeit der in den Mitgliedstaaten geltenden zivilrechtlichen Verfahrensvorschriften.

(3) Bisher hat die Gemeinschaft in diesem Bereich unter anderem bereits folgende Maßnahmen erlassen: Verordnung (EG) Nr. 1348/2000 des Rates vom 29. Mai 2000 über die Zustellung gerichtlicher und außergerichtlicher Schriftstücke in Zivil- oder Handelssachen in den Mitgliedstaaten,[3] Verordnung (EG) Nr. 44/2001 des Rates vom 22. Dezember 2000 über die gerichtliche Zuständigkeit und die Anerkennung und Vollstreckung von Entscheidungen in Zivil- und Handelssachen,[4] Entscheidung 2001/470/EG des Rates vom 28. Mai 2001 über die Einrichtung eines Europäischen Justiziellen Netzes für Zivil- und Handelssachen,[5] Verordnung (EG) Nr. 805/2004 des Europäischen Parlaments und des Rates vom 21. April 2004 zur Einführung eines europäischen Vollstreckungstitels für unbestrittene Forderungen[6] und Verordnung (EG) Nr. 1896/2006 des Europäischen Parlaments und des Rates vom 12. Dezember 2006 zur Einführung eines Europäischen Mahnverfahrens.[7]

(4) Der Europäische Rat forderte auf seiner Tagung vom 15. und 16. Oktober 1999 in Tampere den Rat und die Kommission auf, gemeinsame Verfahrensregeln für vereinfachte und beschleunigte grenzüberschreitende Gerichtsverfahren bei verbraucher- und handelsrechtlichen Ansprüchen mit geringem Streitwert zu verabschieden.

(5) Am 30. November 2000 verabschiedete der Rat ein gemeinsames Programm der Kommission und des Rates über Maßnahmen zur Umsetzung des Grundsatzes der gegenseitigen Anerkennung gerichtlicher Entscheidungen in Zivil- und Handelssachen.[8] In dem Programm wird auf die Vereinfachung und Beschleunigung der Beilegung grenzüberschreitender Streitigkeiten Bezug genommen. Dies wurde durch das vom Europäischen Rat am 5. November 2004 angenommene Haager Programm,[9] in dem eine aktive Durchführung der Arbeiten zu geringfügigen Forderungen gefordert wird, weiter vorangebracht.

(6) Am 20. Dezember 2002 nahm die Kommission ein Grünbuch über ein Europäisches Mahnverfahren und über Maßnahmen zur einfacheren und schnelleren Beilegung von Streitigkeiten mit geringem Streitwert an. Mit dem Grünbuch wurde eine Konsultation über Maßnahmen zur Vereinfachung und Beschleunigung von Streitigkeiten mit geringem Streitwert eingeleitet.

(7) Viele Mitgliedstaaten haben vereinfachte zivilrechtliche Verfahren für Bagatellsachen eingeführt, da der Zeit-/Kostenaufwand und die Schwierigkeiten, die mit der Rechtsverfolgung verbunden sind, nicht unbedingt proportional zum Wert der Forderung abnehmen. Die Hindernisse für ein schnelles Urteil mit geringen Kosten verschärfen sich in grenzüberschreitenden Fällen. Es ist daher erforderlich, ein europäisches Verfahren für geringfügige Forderungen einzuführen. Ziel eines solchen europäischen Verfahrens sollte der erleichterte Zugang zur Justiz sein. Die Verzerrung des Wettbewerbs im Binnenmarkt aufgrund der unterschiedlichen Funktionierens der verfahrensrechtlichen Instrumente, die den Gläubigern in den einzelnen Mitgliedstaaten zur Verfügung stehen, machen eine Gemeinschaftsregelung erforderlich, die für Gläubiger und Schuldner in der gesamten Europäischen Union gleiche Bedingungen gewährleistet. Bei der Festsetzung der Kosten für die Behandlung von Klagen im Rahmen des

---

1 ABl. EU Nr. C 88 vom 11.4.2006, S. 61.
2 Stellungnahme des Europäischen Parlaments vom 14. Dezember 2006 und Beschluss des Rates vom 13. Juni 2007.
3 ABl. EG Nr. L 160 vom 30.6.2000, S. 37.
4 ABl. EG Nr. L 12 vom 16.1.2001, S. 1. Geändert durch die Verordnung (EG) Nr. 1791/2006 (ABl. EU Nr. L 363 vom 20.12.2006, S. 1).
5 ABl. EU Nr. L 174 vom 27.6.2001, S. 25.
6 ABl. EU Nr. L 143 vom 30.4.2004, S. 15. Geändert durch die Verordnung (EG) Nr. 1869/2005 der Kommission (ABl. EU Nr. L 300 vom 17.11.2005, S. 6).
7 ABl. EU Nr. L 399 vom 30.12.2006, S. 1.
8 ABl. EG Nr. C 12 vom 15.1.2001, S. 1.
9 ABl. EU Nr. C 53 vom 3.3.2005, S. 1.

europäischen Verfahrens für geringfügige Forderungen sollten die Grundsätze der Einfachheit, der Schnelligkeit und der Verhältnismäßigkeit berücksichtigt werden müssen. Zweckdienlicherweise sollten die Einzelheiten zu den zu erhebenden Gebühren veröffentlicht werden und die Modalitäten zur Festsetzung dieser Gebühren transparent sein.

(8) Mit dem europäischen Verfahren für geringfügige Forderungen sollten Streitigkeiten mit geringem Streitwert in grenzüberschreitenden Fällen vereinfacht und beschleunigt und die Kosten verringert werden, indem ein fakultatives Instrument zusätzlich zu den Möglichkeiten geboten wird, die nach dem Recht der Mitgliedstaaten bestehen und unberührt bleiben. Mit dieser Verordnung sollte es außerdem einfacher werden, die Anerkennung und Vollstreckung eines Urteils zu erwirken, das im europäischen Verfahren für geringfügige Forderungen in einem anderen Mitgliedstaat ergangen ist.

(9) Diese Verordnung soll der Förderung der Grundrechte dienen und berücksichtigt insbesondere die Grundsätze, die mit der Charta der Grundrechte der Europäischen Union anerkannt wurden. Das Gericht sollte das Recht auf ein faires Verfahren sowie den Grundsatz des kontradiktorischen Verfahrens wahren, insbesondere wenn es über das Erfordernis einer mündlichen Verhandlung und über die Erhebung von Beweisen und den Umfang der Beweisaufnahme entscheidet.

(10) Zur Vereinfachung der Berechnung des Streitwertes sollten dabei Zinsen, Ausgaben und Auslagen unberücksichtigt bleiben. Dies sollte weder die Befugnis des Gerichts, diese in seinem Urteil zuzusprechen, noch die nationalen Zinsberechnungsvorschriften berühren.

(11) Zur Erleichterung der Einleitung des europäischen Verfahrens für geringfügige Forderungen sollte der Kläger ein Klageformblatt ausfüllen und beim zuständigen Gericht einreichen. Das Klageformblatt sollte nur bei einem zuständigen Gericht eingereicht werden.

(12) Dem Klageformblatt sollten gegebenenfalls zweckdienliche Beweisunterlagen beigefügt werden. Dies steht der Einreichung weiterer Beweisstücke durch den Kläger während des Verfahrens jedoch nicht entgegen. Der gleiche Grundsatz sollte für die Antwort des Beklagten gelten.

(13) Die Begriffe „offensichtlich unbegründet" im Zusammenhang mit der Zurückweisung einer Forderung und „unzulässig" im Zusammenhang mit der Abweisung einer Klage sollten nach Maßgabe des nationalen Rechts bestimmt werden.

(14) Das europäische Verfahren für geringfügige Forderungen sollte schriftlich durchgeführt werden, sofern nicht das Gericht eine mündliche Verhandlung für erforderlich hält oder eine der Parteien einen entsprechenden Antrag stellt. Das Gericht kann einen solchen Antrag ablehnen. Diese Ablehnung kann nicht separat angefochten werden.

(15) Die Parteien sollten nicht verpflichtet sein, sich durch einen Rechtsanwalt oder sonstigen Rechtsbeistand vertreten zu lassen.

(16) Der Begriff der „Widerklage" sollte im Sinne des Artikels 6 Absatz 3 der Verordnung (EG) Nr. 44/2001 als Widerklage verstanden werden, die auf denselben Vertrag oder Sachverhalt wie die Klage selbst gestützt wird. Die Artikel 2 und 4 sowie Artikel 5 Absätze 3, 4 und 5 sollten entsprechend für Widerklagen gelten.

(17) Macht der Beklagte während des Verfahrens ein Recht auf Aufrechnung geltend, so sollte diese Forderung nicht als Widerklage im Sinne dieser Verordnung gelten. Daher sollte der Beklagte nicht verpflichtet sein, das in Anhang I vorgegebene Klageformblatt A für die Inanspruchnahme eines solchen Rechts zu verwenden.

(18) Der Empfangsmitgliedstaat für die Zwecke der Anwendung des Artikels 6 sollte der Mitgliedstaat sein, in dem die Zustellung oder in den die Versendung eines Schriftstücks erfolgt. Damit die Kosten verringert und die Fristen verkürzt werden, sollten Unterlagen den Parteien vorzugsweise durch Postdienste mit Empfangsbestätigung zugestellt werden, aus der das Datum des Empfangs hervorgeht.

(19) Eine Partei kann die Annahme eines Schriftstücks zum Zeitpunkt der Zustellung oder durch Rücksendung innerhalb einer Woche verweigern, wenn dieses nicht in einer Sprache abgefasst ist, die die Partei versteht oder die Amtssprache des Empfangsmitgliedstaates ist, (wenn es in diesem Mitgliedstaat mehrere Amtssprachen gibt, der Amtssprache oder einer der Amtssprachen des Ortes, an dem die Zustellung erfolgen soll oder an den das Schriftstück gesandt werden soll) und ihm auch keine Übersetzung in diese Sprache beiliegt.

(20) Bei der mündlichen Verhandlung und der Beweisaufnahme sollten die Mitgliedstaaten vorbehaltlich der nationalen Rechtsvorschriften des Mitgliedstaats, in dem das Gericht seinen Sitz hat ist, den Einsatz moderner Kommunikationsmittel fördern. Das Gericht sollte sich für die einfachste und kostengünstigste Art und Weise der Beweisaufnahme entscheiden.

(21) Die praktische Hilfestellung, die die Parteien beim Ausfüllen der Formblätter erhalten sollen, sollte Informationen zur technischen Verfügbarkeit und zum Ausfüllen der Formblätter umfassen.

(22) Informationen zu Verfahrensfragen können auch vom Gerichtspersonal nach Maßgabe des einzelstaatlichen Rechts erteilt werden.

(23) Angesichts des Ziels dieser Verordnung, Streitigkeiten mit geringem Streitwert in grenzüberschreitenden Rechtssachen zu vereinfachen und zu beschleunigen, sollte das Gericht auch in den Fällen, in denen diese Verordnung keine Frist für einen bestimmten Verfahrensabschnitt vorsieht, so schnell wie möglich tätig werden.

(24) Die Berechnung der in dieser Verordnung vorgesehenen Fristen sollte nach Maßgabe der Verordnung (EWG, Euratom) Nr. 1182/71 des Rates vom 3. Juni 1971 zur Festlegung der Regeln für die Fristen, Daten und Termine[10] erfolgen.

(25) Zur schnelleren Durchsetzung geringfügiger Forderungen sollte das Urteil ohne Rücksicht auf seine Anfechtbarkeit und ohne Sicherheitsleistung vollstreckbar sein, sofern in dieser Verordnung nichts anderes bestimmt ist.

(26) Immer wenn in dieser Verordnung auf Rechtsmittel Bezug genommen wird, sollten alle nach dem einzelstaatlichen Recht möglichen Rechtsmittel umfasst sein.

(27) Dem Gericht muss eine Person angehören, die nach nationalem Recht dazu ermächtigt ist, als Richter tätig zu sein.

(28) Wenn das Gericht eine Frist setzt, sollte es die betroffene Partei über die Folgen der Nichtbeachtung dieser Frist informieren.

(29) Die unterlegene Partei sollte die Kosten des Verfahrens tragen. Die Kosten des Verfahrens sollten nach einzelstaatlichem Recht festgesetzt werden. Angesichts der Ziele der Einfachheit und der Kosteneffizienz sollte das Gericht anordnen, dass eine unterlegene Partei lediglich die Kosten des Verfahrens tragen muss, einschließlich beispielsweise sämtlicher Kosten, die aufgrund der Tatsache anfallen, dass sich die Gegenpartei durch einen Rechtsanwalt oder sonstigen Rechtsbeistand hat vertreten lassen, oder sämtlicher Kosten für die Zustellung oder Übersetzung von Dokumenten, die im Verhältnis zum Streitwert stehen oder die notwendig waren.

(30) Um die Anerkennung und Vollstreckung zu erleichtern, sollte ein im europäischen Verfahren für geringfügige Forderungen ergangenes Urteil in einem anderen Mitgliedstaat anerkannt werden und vollstreckbar sein, ohne dass es einer Vollstreckbarerklärung bedarf und ohne dass die Anerkennung angefochten werden kann.

(31) Es sollte Mindeststandards für die Überprüfung eines Urteils in den Fällen geben, in denen der Beklagte nicht imstande war, die Forderung zu bestreiten.

(32) Im Hinblick auf die Ziele der Einfachheit und Kosteneffizienz sollte die Partei, die ein Urteil vollstrecken lassen will, in dem Vollstreckungsmitgliedstaat — außer bei den Stellen, die gemäß dem einzelstaatlichen Recht dieses Mitgliedstaats für das Vollstreckungsverfahren zuständig sind — keine Postanschrift nachweisen und auch keinen bevollmächtigten Vertreter haben müssen.

(33) Kapitel III dieser Verordnung sollte auch auf die Kostenfestsetzungsbeschlüsse durch Gerichtsbedienstete aufgrund eines im Verfahren nach dieser Verordnung ergangenen Urteils Anwendung finden.

(34) Die zur Durchführung dieser Verordnung erforderlichen Maßnahmen sollten gemäß dem Beschluss 1999/468/EG des Rates vom 28. Juni 1999 zur Festlegung der Modalitäten für die Ausübung der der Kommission übertragenen Durchführungsbefugnisse[11] erlassen werden.

(35) Insbesondere sollte die Kommission die Befugnis erhalten, die zur Durchführung dieser Verordnung erforderlichen Maßnahmen im Zusammenhang mit Aktualisierungen oder technischen Änderungen der in den Anhängen vorgegebenen Formblätter zu erlassen. Da es sich hierbei um Maßnahmen von allgemeiner Tragweite handelt, die eine Änderung bzw. Streichung von nicht wesentlichen Bestimmungen und eine Hinzufügung neuer nicht wesentlicher Bestimmungen der vorliegenden Verordnung bewirken, sind diese Maßnahmen gemäß dem Regelungsverfahren mit Kontrolle des Artikels 5a des Beschlusses 1999/468/EG zu erlassen.

(36) Da die Ziele dieser Verordnung, nämlich die Schaffung eines Verfahrens zur Vereinfachung und Beschleunigung von Streitigkeiten mit geringem Streitwert in grenzüberschreitenden Rechtssachen und die Reduzierung der Kosten, auf Ebene der Mitgliedstaaten nicht ausreichend verwirklicht werden können und daher wegen ihres Umfangs und ihrer Wirkung besser auf Gemeinschaftsebene zu verwirklichen sind, kann die Gemeinschaft im Einklang mit dem in Artikel 5 des Vertrags niedergelegten Subsidiaritätsprinzip tätig werden. Entsprechend

---

10 ABl. EG Nr. L 124 vom 8.6.1971, S. 1.
11 ABl. EG Nr. L 184 vom 17.7.1999, S. 23. Geändert durch den Beschluss 2006/512/EG (ABl. EU Nr. L 200 vom 22.7.2006, S. 11).

dem in demselben Artikel genannten Grundsatz der Verhältnismäßigkeit geht diese Verordnung nicht über das zur Erreichung dieser Ziele erforderliche Maß hinaus.

(37) Das Vereinigte Königreich und Irland haben gemäß Artikel 3 des dem Vertrag über die Europäische Union und dem Vertrag zur Gründung der Europäischen Gemeinschaft beigefügten Protokolls über die Position des Vereinigten Königreichs und Irlands mitgeteilt, dass sie sich an der Annahme und Anwendung dieser Verordnung beteiligen möchten.

(38) Gemäß den Artikeln 1 und 2 des dem Vertrag über die Europäische Union und dem Vertrag zur Gründung der Europäischen Gemeinschaft beigefügten Protokolls über die Position Dänemarks beteiligt sich Dänemark nicht an der Annahme dieser Verordnung, die für Dänemark nicht bindend und nicht auf Dänemark anwendbar ist –

haben folgende Verordnung erlassen:

Kapitel I
Gegenstand und Anwendungsbereich

Artikel 1
Gegenstand

¹Mit dieser Verordnung wird ein europäisches Verfahren für geringfügige Forderungen eingeführt, damit Streitigkeiten in grenzüberschreitenden Rechtssachen mit geringem Streitwert einfacher und schneller beigelegt und die Kosten hierfür reduziert werden können. ²Das europäische Verfahren für geringfügige Forderungen steht den Rechtssuchenden als eine Alternative zu den in den Mitgliedstaaten bestehenden innerstaatlichen Verfahren zur Verfügung.

Mit dieser Verordnung wird außerdem die Notwendigkeit von Zwischenverfahren zur Anerkennung und Vollstreckung der in anderen Mitgliedstaaten im Verfahren für geringfügige Forderungen ergangenen Urteile beseitigt.

Artikel 2
Anwendungsbereich
[Fassung bis 13.07.2017]

(1) ¹Diese Verordnung gilt für grenzüberschreitende Rechtssachen in Zivil- und Handelssachen, ohne dass es auf die Art der Gerichtsbarkeit ankommt, wenn der Streitwert der Klage ohne Zinsen, Kosten und Auslagen zum Zeitpunkt des Eingangs beim zuständigen Gericht 2000 EUR nicht überschreitet. ²Sie erfasst insbesondere nicht Steuer- und Zollsachen, verwaltungsrechtliche Angelegenheiten sowie die Haftung des Staates für Handlungen oder Unterlassungen im Rahmen der Ausübung hoheitlicher Rechte („acta iure imperii").

(2) Diese Verordnung ist nicht anzuwenden auf:
a) den Personenstand, die Rechts- und Handlungsfähigkeit sowie die gesetzliche Vertretung von natürlichen Personen,
b) die ehelichen Güterstände, das Unterhaltsrecht und das Gebiet des Erbrechts einschließlich des Testamentsrechts,
c) Konkurse, Verfahren im Zusammenhang mit der Abwicklung zahlungsunfähiger Unternehmen oder anderer juristischer Personen, gerichtliche Vergleiche, Vergleiche und ähnliche Verfahren,
d) die soziale Sicherheit,
e) die Schiedsgerichtsbarkeit,
f) das Arbeitsrecht,
g) die Miete oder Pacht unbeweglicher Sachen, mit Ausnahme von Klagen wegen Geldforderungen, oder
h) die Verletzung der Privatsphäre oder der Persönlichkeitsrechte, einschließlich der Verletzung der Ehre.

(3) In dieser Verordnung bedeutet der Begriff „Mitgliedstaat" die Mitgliedstaaten mit Ausnahme Dänemarks.

[Fassung ab 14.07.2017]

(1) ¹Diese Verordnung gilt in Zivil- und Handelssachen für grenzüberschreitende Rechtssachen im Sinne des Artikels 3, ohne dass es auf die Art der Gerichtsbarkeit ankommt, wenn der Streitwert der Klage ohne Zinsen, Kosten und Auslagen zum Zeitpunkt des Eingangs beim zuständigen Gericht 5 000 EUR nicht überschreitet. ²Sie erfasst insbesondere nicht Steuer- und Zollsachen, verwaltungsrechtliche Angelegenheiten sowie die Haftung des Staates für Hand-

lungen oder Unterlassungen im Rahmen der Ausübung hoheitlicher Rechte (acta iure imperii).
(2) Diese Verordnung ist nicht anzuwenden auf:
a) den Personenstand, die Rechts- und Handlungsfähigkeit sowie die gesetzliche Vertretung von natürlichen Personen,
b) die ehelichen Güterstände oder Güterstände aufgrund von Verhältnissen, die nach dem auf diese Verhältnisse anzuwendenden Recht mit der Ehe vergleichbare Wirkungen entfalten,
c) Unterhaltspflichten, die auf einem Familien-, Verwandtschafts- oder eherechtlichen Verhältnis oder auf Schwägerschaft beruhen,
d) das Testaments- und Erbrecht, einschließlich Unterhaltspflichten, die mit dem Tod entstehen,
e) Konkurse, Vergleiche und ähnliche Verfahren,
f) die soziale Sicherheit,
g) die Schiedsgerichtsbarkeit
h) das Arbeitsrecht
i) die Miete oder Pacht unbeweglicher Sachen, mit Ausnahme von Klagen wegen Geldforderungen, oder
j) die Verletzung der Privatsphäre oder der Persönlichkeitsrechte, einschließlich der Verletzung der Ehre.

Artikel 3
Grenzüberschreitende Rechtssachen

(1) Eine grenzüberschreitende Rechtssache im Sinne dieser Verordnung liegt vor, wenn mindestens eine der Parteien ihren Wohnsitz oder gewöhnlichen Aufenthalt in einem anderen Mitgliedstaat als dem des angerufenen Gerichts hat.

[Fassung bis 13.07.2017]

(2) Der Wohnsitz bestimmt sich nach den Artikeln 59 und 60 der Verordnung (EG) Nr. 44/2001.
(3) Maßgeblicher Augenblick zur Feststellung, ob eine grenzüberschreitende Rechtssache vorliegt, ist der Zeitpunkt, zu dem das Klageformblatt beim zuständigen Gericht eingeht.

[Fassung ab 14.07.2017]

(2) Der Wohnsitz bestimmt sich nach den Artikeln 62 und 63 der Verordnung (EU) Nr. 1215/2012 des Europäischen Parlaments und des Rates.
(3) Maßgeblicher Zeitpunkt zur Feststellung, ob eine grenzüberschreitende Rechtssache vorliegt, ist der Tag, an dem das Klageformblatt bei dem zuständigen Gericht eingeht.

Kapitel II
Das Europäische Verfahren für geringfügige Forderungen

Artikel 4
Einleitung des Verfahrens

(1) ¹Der Kläger leitet das europäische Verfahren für geringfügige Forderungen ein, indem er das in Anhang I vorgegebene Klageformblatt A ausgefüllt direkt beim zuständigen Gericht einreicht oder diesem auf dem Postweg übersendet oder auf anderem Wege übermittelt, der in dem Mitgliedstaat, in dem das Verfahren eingeleitet wird, zulässig ist, beispielsweise per Fax oder e-Mail. ²Das Klageformblatt muss eine Beschreibung der Beweise zur Begründung der Forderung enthalten; gegebenenfalls können ihm als Beweismittel geeignete Unterlagen beigefügt werden.
(2) ¹Die Mitgliedstaaten teilen der Kommission mit, welche Übermittlungsarten sie zulassen. ²Diese Mitteilung wird von der Kommission bekannt gemacht.
(3) ¹Fällt die erhobene Klage nicht in den Anwendungsbereich dieser Verordnung, so unterrichtet das Gericht den Kläger darüber. ²Nimmt der Kläger die Klage daraufhin nicht zurück, so verfährt das Gericht mit ihr nach Maßgabe des Verfahrensrechts des Mitgliedstaats, in dem das Verfahren durchgeführt wird.
(4) ¹Sind die Angaben des Klägers nach Ansicht des Gerichts unzureichend oder nicht klar genug, oder ist das Klageformblatt nicht ordnungsgemäß ausgefüllt und ist die Klage nicht offensichtlich unbegründet oder nicht offensichtlich unzulässig, so gibt das Gericht dem Kläger Gelegenheit, das Klageformblatt zu vervollständigen oder zu berichtigen oder ergänzende Angaben zu machen oder Unterlagen vorzulegen oder die Klage zurückzunehmen, und setzt hier-

für eine Frist fest. ²Das Gericht verwendet dafür das in Anhang II vorgegebene Formblatt B.

[Fassung bis 13.07.2017]

Ist die Klage offensichtlich unbegründet oder offensichtlich unzulässig oder versäumt es der Kläger, das Klageformblatt fristgerecht zu vervollständigen oder zu berichtigen, so wird die Klage zurück- bzw. abgewiesen.

(5) Die Mitgliedstaaten sorgen dafür, dass das Klageformblatt bei allen Gerichten, in denen das europäische Verfahren für geringfügige Forderungen eingeleitet werden kann, erhältlich ist.

[Fassung ab 14.07.2017]

¹Ist die Klage offensichtlich unbegründet oder offensichtlich unzulässig oder versäumt es der Kläger, das Klageformblatt fristgerecht zu vervollständigen oder zu berichtigen, so wird die Klage zurück- bzw. abgewiesen. ²Das Gericht setzt den Kläger von der Zurück- bzw. Abweisung in Kenntnis und teilt ihm mit, ob ein Rechtsmittel gegen die Zurück- bzw. Abweisung zur Verfügung steht.

(5) Die Mitgliedstaaten sorgen dafür, dass das Klageformblatt A bei allen Gerichten, bei denen das europäische Verfahren für geringfügige Forderungen eingeleitet werden kann, erhältlich und über die einschlägigen nationalen Internetseiten zugänglich ist.

Artikel 5
Durchführung des Verfahrens

(1) *[Fassung bis 13.07.2017]*

¹Das europäische Verfahren für geringfügige Forderungen wird schriftlich durchgeführt. ²Das Gericht hält eine mündliche Verhandlung ab, wenn es diese für erforderlich hält oder wenn eine der Parteien einen entsprechenden Antrag stellt. ³Das Gericht kann einen solchen Antrag ablehnen, wenn es der Auffassung ist, dass in Anbetracht der Umstände des Falles ein faires Verfahren offensichtlich auch ohne mündliche Verhandlung sichergestellt werden kann. ⁴Die Ablehnung ist schriftlich zu begründen. ⁵Gegen die Abweisung des Antrags ist kein gesondertes Rechtsmittel zulässig.

(1) *[Fassung ab 14.07.2017]*

Das europäische Verfahren für geringfügige Forderungen wird schriftlich durchgeführt.

(1a) *[Fassung ab 14.07.2017]*

¹Das Gericht hält eine mündliche Verhandlung nur dann ab, wenn es der Auffassung ist, dass es auf der Grundlage der schriftlichen Beweismittel kein Urteil fällen kann, oder wenn eine der Parteien einen entsprechenden Antrag stellt. ²Das Gericht kann einen solchen Antrag ablehnen, wenn es der Auffassung ist, dass in Anbetracht der Umstände des Falles ein faires Verfahren auch ohne mündliche Verhandlung sichergestellt werden kann. ³Die Ablehnung ist schriftlich zu begründen. ⁴Gegen die Abweisung des Antrags ist ohne Anfechtung des Urteils selbst kein gesondertes Rechtsmittel zulässig.

(2) Nach Eingang des ordnungsgemäß ausgefüllten Klageformblatts füllt das Gericht Teil I des in Anhang III vorgegebenen Standardantwortformblatts C aus.

¹Es stellt dem Beklagten gemäß Artikel 13 eine Kopie des Klageformblatts und gegebenenfalls der Beweisunterlagen zusammen mit dem entsprechend ausgefüllte n Antwortformblatt zu. ²Diese sind innerhalb von 14 Tagen nach Eingang des ordnungsgemäß ausgefüllten Klageformblatts abzusenden.

(3) Der Beklagte hat innerhalb von 30 Tagen nach Zustellung des Klageformblatts und des Antwortformblatts zu antworten, indem er Teil II des Formblatts C ausfüllt und es gegebenenfalls mit als Beweismittel geeigneten Unterlagen an das Gericht zurücksendet oder indem er auf andere geeignete Weise ohne Verwendung des Antwortformblatts antwortet.

(4) Innerhalb von 14 Tagen nach Eingang der Antwort des Beklagten ist eine Kopie der Antwort gegebenenfalls zusammen mit etwaigen als Beweismittel geeigneten Unterlagen an den Kläger abzusenden.

(5) ¹Macht der Beklagte in seiner Antwort geltend, dass der Wert einer nicht lediglich auf eine Geldzahlung gerichteten Klage die in Artikel 2 Absatz 1 festgesetzten Wertgrenze übersteigt, so entscheidet das Gericht innerhalb von 30 Tagen nach Absendung der Antwort an den Kläger, ob die Forderung in den Anwendungsbereich dieser Verordnung fällt. ²Gegen diese Entscheidung ist ein gesondertes Rechtsmittel nicht zulässig.

(6) Etwaige Widerklagen, die mittels Formblatt A zu erheben sind, sowie etwaige Beweisunterlagen werden dem Kläger gemäß Artikel 13 zugestellt. ²Die Unterlagen sind innerhalb von 14 Tagen nach deren Eingang bei Gericht abzusenden.

Der Kläger hat auf eine etwaige Widerklage innerhalb von 30 Tagen nach Zustellung zu antworten.

(7) Überschreitet die Widerklage die in Artikel 2 Absatz 1 festgesetzte Wertgrenze, so werden die Klage und die Widerklage nicht nach dem europäischen Verfahren für geringfügige Forderungen, sondern nach Maßgabe des Verfahrensrechts des Mitgliedstaats, in dem das Verfahren durchgeführt wird, behandelt.

Artikel 2 und Artikel 4 sowie die Absätze 3, 4 und 5 des vorliegenden Artikels gelten entsprechend für Widerklagen.

Artikel 6
Sprachen

(1) Das Klageformblatt, die Antwort, etwaige Widerklagen, die etwaige Antwort auf eine Widerklage und eine etwaige Beschreibung etwaiger Beweisunterlagen sind in der Sprache oder einer der Sprachen des Gerichts vorzulegen.

(2) Werden dem Gericht weitere Unterlagen nicht in der Verfahrenssprache vorgelegt, so kann das Gericht eine Übersetzung der betreffenden Unterlagen nur dann anfordern, wenn die Übersetzung für den Erlass des Urteils erforderlich erscheint.

(3) Hat eine Partei die Annahme eines Schriftstücks abgelehnt, weil es nicht in

a) der Amtssprache des Empfangsmitgliedstaats oder – wenn es in diesem Mitgliedstaat mehrere Amtssprachen gibt – der Amtssprache oder einer der Amtssprachen des Ortes, an dem die Zustellung erfolgen soll oder an den das Schriftstück gesandt werden soll, oder

b) einer Sprache, die der Empfänger versteht,

abgefasst ist, so setzt das Gericht die andere Partei davon in Kenntnis, damit diese eine Übersetzung des Schriftstücks vorlegt.

Artikel 7
Abschluss des Verfahrens

(1) Innerhalb von 30 Tagen, nachdem die Antworten des Beklagten oder des Klägers unter Einhaltung der Frist des Artikels 5 Absatz 3 oder Absatz 6 eingegangen sind, erlässt das Gericht ein Urteil oder verfährt wie folgt:

a) Es fordert die Parteien innerhalb einer bestimmten Frist, die 30 Tage nicht überschreiten darf, zu weiteren die Klage betreffenden Angaben auf,

b) es führt eine Beweisaufnahme nach Artikel 9 durch,

c) es lädt die Parteien zu einer mündlichen Verhandlung vor, die innerhalb von 30 Tagen nach der Vorladung stattzufinden hat.

(2) ^{1}Das Gericht erlässt sein Urteil entweder innerhalb von 30 Tagen nach einer etwaigen mündlichen Verhandlung oder nach Vorliegen sämtlicher Entscheidungsgrundlagen. ^{2}Das Urteil wird den Parteien gemäß Artikel 13 zugestellt.

(3) Ist bei dem Gericht innerhalb der in Artikel 5 Absatz 3 oder Absatz 6 gesetzten Frist keine Antwort der betreffenden Partei eingegangen, so erlässt das Gericht zu der Klage oder der Widerklage ein Urteil.

Artikel 8
Mündliche Verhandlung
[Fassung bis 13. 07. 2017]

Das Gericht kann eine mündliche Verhandlung über Video-Konferenz oder unter Zuhilfenahme anderer Mittel der Kommunikationstechnologie abhalten, wenn die entsprechenden technischen Mittel verfügbar sind.

[Fassung ab 14. 07. 2017]

(1) Wird gemäß Artikel 5 Absatz 1a eine mündliche Verhandlung für erforderlich gehalten, so werden hierfür dem Gericht zur Verfügung stehende geeignete Mittel der Fernkommunikationstechnologie wie etwa die Video- oder Telekonferenz genutzt, es sei denn, deren Verwendung ist in Anbetracht der besonderen Umstände des Falles für den fairen Ablauf des Verfahrens nicht angemessen.

Hat die anzuhörende Person ihren Wohnsitz oder ihren gewöhnlichen Aufenthalt in einem anderen Mitgliedstaat als dem Mitgliedstaat des angerufenen Gerichts, so wird die Teilnahme dieser Person an einer mündlichen Verhandlung per Videokonferenz, per Telekonferenz oder mithilfe anderer geeigneter Mittel der Fernkommunikationstechnologie in Anwendung der in der Verordnung (EG) Nr. 1206/2001 des Rates vorgesehenen Verfahren veranlasst.

(2) Eine Partei, die geladen wurde, bei einer mündlichen Verhandlung persönlich anwesend zu sein, kann, sofern derartige Mittel dem Gericht zur Verfügung stehen, die Nutzung von Mitteln der Fernkommunikationstechnologie mit der Begründung beantragen, dass die für ihre persönliche Anwesenheit erforderlichen Vorkehrungen, insbesondere in Anbetracht der ihr dadurch möglicherweise entstehenden Kosten, in keinem angemessenen Verhältnis zu der Klage stehen würden.

(3) [1]Eine Partei, die geladen wurde, unter Verwendung eines Mittels der Fernkommunikationstechnologie an einer mündlichen Verhandlung teilzunehmen, kann ihre persönliche Anwesenheit bei der Verhandlung beantragen. [2]Mit Klageformblatt A und Antwortformblatt C, die nach dem Verfahren gemäß Artikel 27 Absatz 2 erstellt werden, werden die Parteien darüber unterrichtet, dass die Rückerstattung der Kosten, die einer Partei aufgrund der von ihr selbst beantragten persönlichen Anwesenheit bei der mündlichen Verhandlung entstehen, den Bedingungen des Artikels 16 unterliegt.

(4) Gegen die Entscheidung des Gerichts über einen Antrag gemäß den Absätzen 2 und 3 ist ohne Anfechtung des Urteils selbst kein gesondertes Rechtsmittel zulässig.

Artikel 9
Beweisaufnahme
[Fassung bis 13. 07. 2017]

(1) [1]Das Gericht bestimmt die Beweismittel und den Umfang der Beweisaufnahme, die im Rahmen der für die Zulässigkeit von Beweisen geltenden Bestimmungen für sein Urteil erforderlich sind. [2]Es kann die Beweisaufnahme mittels schriftlicher Aussagen von Zeugen oder Sachverständigen oder schriftlicher Parteivernehmung zulassen. [3]Des Weiteren kann es die Beweisaufnahme über Video-Konferenz oder mit anderen Mitteln der Kommunikationstechnologie zulassen, wenn die entsprechenden technischen Mittel verfügbar sind.

(2) [1]Das Gericht kann Sachverständigenbeweise oder mündliche Aussagen nur dann zulassen, wenn dies für sein Urteil erforderlich ist. [2]Dabei trägt es den Kosten Rechnung.

(3) Das Gericht wählt das einfachste und am wenigsten aufwändige Beweismittel.

[Fassung ab 14. 07. 2017]

(1) [1]Das Gericht bestimmt die Beweismittel und den Umfang der Beweisaufnahme, die im Rahmen der für die Zulässigkeit von Beweisen geltenden Bestimmungen für sein Urteil erforderlich sind. [2]Es wählt die einfachste und am wenigsten aufwendige Art der Beweisaufnahme.

(2) Das Gericht kann die Beweisaufnahme mittels schriftlicher Aussagen von Zeugen oder Sachverständigen oder schriftlicher Parteivernehmung zulassen.

(3) Ist eine Person im Rahmen der Beweisaufnahme anzuhören, so findet die Anhörung nach Maßgabe des Artikels 8 statt.

(4) Das Gericht darf Sachverständigenbeweise oder mündliche Aussagen nur dann zulassen, wenn es nicht möglich ist, aufgrund anderer Beweismittel ein Urteil zu fällen.

Artikel 10
Vertretung der Parteien

Die Vertretung durch einen Rechtsanwalt oder einen sonstigen Rechtsbeistand ist nicht verpflichtend.

Artikel 11
Hilfestellung für die Parteien
[Fassung bis 13. 07. 2017]

Die Mitgliedstaaten gewährleisten, dass die Parteien beim Ausfüllen der Formblätter praktische Hilfestellung erhalten können.

[Fassung ab 14. 07. 2017]

(1) [1]Die Mitgliedstaaten gewährleisten, dass es den Parteien möglich ist, sowohl praktische Hilfestellung beim Ausfüllen der Formblätter als auch allgemeine Informationen über den Anwendungsbereich des europäischen Verfahrens für geringfügige Forderungen sowie allgemeine Informationen darüber zu erhalten, welche Gerichte in dem betreffenden Mitgliedstaat dafür zuständig sind, ein Urteil in dem europäischen Verfahren für geringfügige Forderungen zu erlassen. [2]Diese Hilfestellung wird unentgeltlich gewährt. [3]Dieser Absatz verpflichtet die Mitgliedstaaten nicht zur Gewährung von Prozesskostenhilfe oder rechtlicher Beratung in Form einer rechtlichen Prüfung im Einzelfall.

(2) Die Mitgliedstaaten gewährleisten, dass Angaben zu den Behörden oder Organisationen, die im Sinne des Absatzes 1 Hilfestellung geben können, bei allen Gerichten, bei denen das

europäische Verfahren für geringfügige Forderungen eingeleitet werden kann, zur Verfügung stehen und über die einschlägigen nationalen Internetseiten zugänglich sind.

Artikel 12
Aufgaben des Gerichts

(1) Das Gericht verpflichtet die Parteien nicht zu einer rechtlichen Würdigung der Klage.
(2) Das Gericht unterrichtet die Parteien erforderlichenfalls über Verfahrensfragen.
(3) Soweit angemessen, bemüht sich das Gericht um eine gütliche Einigung der Parteien.

Artikel 13
Zustellung von Unterlagen
[Fassung bis 13. 07. 2017]

(1) Unterlagen werden durch Postdienste mit Empfangsbestätigung zugestellt, aus der das Datum des Empfangs hervorgeht.
(2) Ist eine Zustellung gemäß Absatz 1 nicht möglich, so kann die Zustellung auf eine der Arten bewirkt werden, die in den Artikeln 13 und 14 der Verordnung (EG) Nr. 805/2004 festgelegt sind.

Artikel 13
Zustellung von Schriftstücken und sonstiger Schriftverkehr
[Fassung ab 14. 07. 2017]

(1) Die in Artikel 5 Absätze 2 und 6 genannten Schriftstücke und gemäß Artikel 7 ergangene Urteile werden wie folgt zugestellt:
a) durch Postdienste oder
b) durch elektronische Übermittlung

> i) wenn die Mittel hierfür technisch verfügbar und gemäß den Verfahrensvorschriften des Mitgliedstaats zulässig sind, in dem das europäische Verfahren für geringfügige Forderungen durchgeführt wird, sowie wenn die Partei, der Schriftstücke zuzustellen sind, ihren Wohnsitz oder gewöhnlichen Aufenthalt in einem anderen Mitgliedstaat hat, gemäß den Verfahrensvorschriften jenes Mitgliedstaats zulässig sind und
>
> ii) wenn die Partei, der Schriftstücke zuzustellen sind, der Zustellung durch elektronische Übermittlung vorher ausdrücklich zugestimmt hat oder wenn sie nach den Verfahrensvorschriften des Mitgliedstaats, in dem jene Partei ihren Wohnsitz oder gewöhnlichen Aufenthalt hat, rechtlich dazu verpflichtet ist, diese besondere Art der Zustellung zu akzeptieren.

²Die Zustellung wird durch eine Empfangsbestätigung, aus der das Datum des Empfangs hervorgeht, nachgewiesen.
(2) Der gesamte nicht in Absatz 1 genannte Schriftverkehr zwischen dem Gericht und den Parteien oder anderen an dem Verfahren beteiligten Personen erfolgt durch elektronische Übermittlung mit Empfangsbestätigung, wenn die Mittel hierfür technisch verfügbar und nach den Verfahrensvorschriften des Mitgliedstaats, in dem das europäische Verfahren für geringfügige Forderungen durchgeführt wird, zulässig sind, sofern die betreffende Partei oder Person dieser Form der Übermittlung zuvor zugestimmt hat oder sie nach den Verfahrensvorschriften des Mitgliedstaats, in dem betreffende Partei oder Person ihren Wohnsitz oder gewöhnlichen Aufenthalt hat, rechtlich dazu verpflichtet ist, eine solche Form der Übermittlung zu akzeptieren.
(3) Neben anderen Mitteln, die nach den Verfahrensvorschriften der Mitgliedstaaten zur Verfügung stehen und mit denen die nach den Absätzen 1 und 2 erforderliche vorherige Zustimmung zur Verwendung der elektronischen Übermittlung zum Ausdruck gebracht wird, kann diese Zustimmung auch mittels Klageformblatt A und Antwortformblatt C bekundet werden.
(4) Ist eine Zustellung gemäß Absatz 1 nicht möglich, so kann die Zustellung auf eine der Arten bewirkt werden, die in den Artikeln 13 und 14 der Verordnung (EG) Nr. 1896/2006 festgelegt sind.
Ist eine Übermittlung des Schriftverkehrs nach Maßgabe des Absatzes 2 nicht möglich oder in Anbetracht der besonderen Umstände des Falles nicht angezeigt, so kann jede sonstige Art der Übermittlung genutzt werden, die nach dem Recht des Mitgliedstaats, in dem das europäische Verfahren für geringfügige Forderungen durchgeführt wird, zulässig ist.

Artikel 14
Fristen

(1) Setzt das Gericht eine Frist fest, so ist die betroffene Partei über die Folgen der Nichteinhaltung dieser Frist zu informieren.

(2) Das Gericht kann die Fristen nach Artikel 4 Absatz 4, Artikel 5 Absätze 3 und 6 und Artikel 7 Absatz 1 ausnahmsweise verlängern, wenn dies notwendig ist, um die Rechte der Parteien zu wahren.

(3) Kann das Gericht die Fristen nach Artikel 5 Absätze 2 bis 6 sowie Artikel 7 ausnahmsweise nicht einhalten, veranlasst es so bald wie möglich die nach diesen Vorschriften erforderlichen Verfahrensschritte.

Artikel 15
Vollstreckbarkeit des Urteils

(1) ¹Das Urteil ist ungeachtet eines möglichen Rechtsmittels vollstreckbar. ²Es darf keine Sicherheitsleistung verlangt werden.

(2) Artikel 23 ist auch anzuwenden, wenn das Urteil in dem Mitgliedstaat zu vollstrecken ist, in dem es ergangen ist.

Artikel 15a
Gerichtsgebühren und Zahlungsmethoden
[Fassung ab 14. 07. 2017]

(1) Die in einem Mitgliedstaat für das europäische Verfahren für geringfügige Forderungen erhobenen Gerichtsgebühren dürfen nicht unverhältnismäßig hoch sein und die Gerichtsgebühren, die in dem betreffenden Mitgliedstaat für nationale vereinfachte Verfahren erhoben werden, nicht überschreiten.

(2) Die Mitgliedstaaten stellen sicher, dass die Parteien die Gerichtsgebühren mittels Fernzahlungsmöglichkeiten begleichen können, mit deren Hilfe sie die Zahlung auch aus einem anderen als dem Mitgliedstaat vornehmen können, in dem das Gericht seinen Sitz hat, wobei mindestens eine der folgenden Zahlungsmöglichkeiten anzubieten ist:

a) Banküberweisung

b) Zahlung mit Kredit- oder Debitkarte oder

c) Einzug mittels Lastschrift vom Bankkonto des Klägers.

Artikel 16
Kosten

¹Die unterlegene Partei trägt die Kosten des Verfahrens. ²Das Gericht spricht der obsiegenden Partei jedoch keine Erstattung für Kosten zu, soweit sie nicht notwendig waren oder in keinem Verhältnis zu der Klage stehen.

Artikel 17
Rechtsmittel

(1) ¹Die Mitgliedstaaten teilen der Kommission mit, ob ihr Verfahrensrecht ein Rechtsmittel gegen ein im europäischen Verfahren für geringfügige Forderungen ergangenes Urteil zulässt und innerhalb welcher Frist das Rechtsmittel einzulegen ist. ²Diese Mitteilung wird von der Kommission bekannt gemacht.

[Fassung bis 13. 07. 2017]

(2) Artikel 16 gilt auch für das Rechtsmittelverfahren.

[Fassung ab 14. 07. 2017]

(2) Die Artikel 15a und 16 gelten auch für das Rechtsmittelverfahren.

Artikel 18
Mindeststandards für die Überprüfung des Urteils
[Fassung bis 13. 07. 2017]

(1) Der Beklagte ist berechtigt, beim zuständigen Gericht des Mitgliedstaats, in dem das Urteil im europäischen Verfahren für geringfügige Forderungen ergangen ist, eine Überprüfung des Urteils zu beantragen, sofern

a) i) ihm das Klageformblatt oder die Ladung zur Verhandlung ohne persönliche Empfangsbestätigung gemäß Artikel 14 der Verordnung (EG) Nr. 805/2004 zugestellt wurde und

ii) die Zustellung ohne sein Verschulden nicht so rechtzeitig erfolgt ist, dass er Vorkehrungen für seine Verteidigung hätte treffen können,

oder

b) der Beklagte aufgrund höherer Gewalt oder aufgrund außergewöhnlicher Umstände ohne eigenes Verschulden daran gehindert war, das Bestehen der Forderung zu bestreiten, wobei in beiden Fällen vorausgesetzt wird, dass er unverzüglich tätig wird.

(2) Lehnt das Gericht die Überprüfung mit der Begründung ab, dass keiner der in Absatz 1 genannten Gründe zutrifft, so bleibt das Urteil in Kraft.
Entscheidet das Gericht, dass die Überprüfung aus einem der in Absatz 1 genannten Gründe gerechtfertigt ist, so ist das im europäischen Verfahren für geringfügige Forderungen ergangene Urteil nichtig.

Artikel 18
Überprüfung des Urteils in Ausnahmefällen
[Fassung ab 14.07.2017]

(1) Der Beklagte, der sich auf das Verfahren nicht eingelassen hat, ist berechtigt, beim zuständigen Gericht des Mitgliedstaats, in dem das Urteil im europäischen Verfahren für geringfügige Forderungen ergangen ist, eine Überprüfung des Urteils zu beantragen, wenn

a) ihm das Klageformblatt oder im Falle einer mündlichen Verhandlung die Ladung zu dieser Verhandlung nicht so rechtzeitig und in einer Weise zugestellt worden ist, dass er Vorkehrungen für seine Verteidigung hätte treffen können, oder

b) er aufgrund höherer Gewalt oder aufgrund außergewöhnlicher Umstände ohne eigenes Verschulden daran gehindert war, das Bestehen der Forderung zu bestreiten,

es sei denn, der Beklagte hat gegen das Urteil kein Rechtsmittel eingelegt, obwohl er die Möglichkeit dazu hatte.

(2) ¹Die Frist für den Antrag auf Überprüfung des Urteils beträgt 30 Tage. ²Sie beginnt mit dem Tag, an dem der Beklagte vom Inhalt des Urteils tatsächlich Kenntnis genommen hat und in der Lage war, entsprechend tätig zu werden, spätestens aber mit dem Tag der ersten Vollstreckungsmaßnahme, die zur Folge hatte, dass die Vermögensgegenstände des Beklagten ganz oder teilweise seiner Verfügung entzogen wurden. ³Eine Verlängerung dieser Frist ist ausgeschlossen.

(3) Weist das Gericht den Antrag auf Überprüfung nach Absatz 1 mit der Begründung zurück, dass keine der Voraussetzungen für eine Überprüfung nach jenem Absatz erfüllt ist, bleibt das Urteil in Kraft.

¹Entscheidet das Gericht, dass eine Überprüfung aus einem der in Absatz 1 genannten Gründe gerechtfertigt ist, so ist das im europäischen Verfahren für geringfügige Forderungen ergangene Urteil nichtig. ²Der Kläger verliert jedoch nicht die Vorteile, die sich aus einer Unterbrechung der Verjährungs- oder Ausschlussfristen ergeben, sofern eine derartige Unterbrechung nach nationalem Recht gilt.

Artikel 19
Anwendbares Verfahrensrecht

Sofern diese Verordnung nichts anderes bestimmt, gilt für das europäische Verfahren für geringfügige Forderungen das Verfahrensrecht des Mitgliedstaats, in dem das Verfahren durchgeführt wird.

Kapitel III
Anerkennung und Vollstreckung in einem anderen Mitgliedstaat

Artikel 20
Anerkennung und Vollstreckung

(1) Ein im europäischen Verfahren für geringfügige Forderungen ergangenes Urteil wird in einem anderen Mitgliedstaat anerkannt und vollstreckt, ohne dass es einer Vollstreckbarerklärung bedarf und ohne dass die Anerkennung angefochten werden kann.

[Fassung bis 13.07.2017]

(2) Auf Antrag einer Partei fertigt das Gericht eine Bestätigung unter Verwendung des in Anhang IV vorgegebenen Formblatts D zu einem im europäischen Verfahren für geringfügige Forderungen ergangenen Urteil ohne zusätzliche Kosten aus.

[Fassung ab 14.07.2017]

(2) ¹Auf Antrag einer Partei fertigt das Gericht ohne zusätzliche Kosten unter Verwendung des in Anhang IV vorgegebenen Formblatts D eine Bestätigung zu einem im europäischen Verfahren für geringfügige Forderungen ergangenen Urteil aus. ²Auf Antrag stellt das Gericht dieser Partei die Bestätigung in jeder anderen Amtssprache der Organe der Union zur Verfügung, unter Verwendung des über das Europäische Justizportal in allen Amtssprachen der Organe der Union zur Verfügung stehenden dynamischen Standardformblatts. ³Diese Verordnung verpflichtet das Gericht nicht dazu, eine Übersetzung und/oder Transliteration des in die Freitext-

felder der Bestätigung eingetragenen Texts zur Verfügung zu stellen.

Artikel 21
Vollstreckungsverfahren

(1) ¹Unbeschadet der Bestimmungen dieses Kapitels gilt für das Vollstreckungsverfahren das Recht des Vollstreckungsmitgliedstaats. ²Jedes im europäischen Verfahren für geringfügige Forderungen ergangene Urteil wird unter den gleichen Bedingungen vollstreckt wie ein im Vollstreckungsmitgliedstaat ergangenes Urteil.

(2) Die Partei, die die Vollstreckung beantragt, muss Folgendes vorlegen:

a) eine Ausfertigung des Urteils, die die Voraussetzungen für den Nachweis seiner Echtheit erfüllt; und

b) *[Fassung bis 13.07.2017]*
eine Ausfertigung der Bestätigung im Sinne des Artikels 20 Absatz 2 sowie, falls erforderlich, eine Übersetzung davon in die Amtssprache des Vollstreckungsmitgliedstaats oder – falls es in diesem Mitgliedstaat mehrere Amtssprachen gibt – nach Maßgabe der Rechtsvorschriften dieses Mitgliedstaats in die Verfahrenssprache oder eine der Verfahrenssprachen des Ortes, an dem die Vollstreckung betrieben wird, oder in eine sonstige Sprache, die der Vollstreckungsmitgliedstaat zulässt. Jeder Mitgliedstaat kann angeben, welche Amtssprache oder Amtssprachen der Organe der Europäischen Union er neben seiner oder seinen eigenen für das europäische Verfahren für geringfügige Forderungen zulässt. Der Inhalt des Formblatts D ist von einer Person zu übersetzen, die zur Anfertigung von Übersetzungen in einem der Mitgliedstaaten befugt ist.

b) *[Fassung ab 14.07.2017]*
die Bestätigung im Sinne des Artikels 20 Absatz 2 sowie, falls erforderlich, ihre Übersetzung in die Amtssprache des Vollstreckungsmitgliedstaats oder – falls es in diesem Mitgliedstaat mehrere Amtssprachen gibt – nach Maßgabe der Rechtsvorschriften dieses Mitgliedstaats in die Verfahrenssprache oder eine der Verfahrenssprachen des Ortes, an dem die Vollstreckung betrieben wird, oder in eine sonstige Sprache, die der Vollstreckungsmitgliedstaat zulässt.

(3) Für die Vollstreckung eines Urteils, das in dem europäischen Verfahren für geringfügige Forderungen in einem anderen Mitgliedstaat erlassen worden ist, darf von der Partei, die die Vollstreckung beantragt, nicht verlangt werden, dass sie im Vollstreckungsstaat über

a) einen bevollmächtigten Vertreter oder

b) eine Postanschrift

außer bei den Vollstreckungsagenten verfügt.

(4) Von einer Partei, die in einem Mitgliedstaat die Vollstreckung eines im europäischen Verfahren für geringfügige Forderungen in einem anderen Mitgliedstaat ergangenen Urteils beantragt, darf weder wegen ihrer Eigenschaft als Ausländer noch wegen Fehlens eines inländischen Wohnsitzes oder Aufenthaltsorts im Vollstreckungsmitgliedstaat eine Sicherheitsleistung oder Hinterlegung, unter welcher Bezeichnung auch immer, verlangt werden.

[Fassung ab 14.07.2017]
Artikel 21a
Sprache der Bestätigung

(1) Jeder Mitgliedstaat kann angeben, welche Amtssprache oder Amtssprachen der Organe der Union er neben seiner oder seinen eigenen für die Bestätigung nach Artikel 20 Absatz 2 zulässt.

(2) Jede Übersetzung von Informationen über den Inhalt eines Urteils, die in einer Bestätigung nach Artikel 20 Absatz 2 erteilt werden, ist von einer Person vorzunehmen, die zur Anfertigung von Übersetzungen in einem der Mitgliedstaaten befugt ist.

Artikel 22
Ablehnung der Vollstreckung

(1) Auf Antrag der Person, gegen die die Vollstreckung gerichtet ist, wird die Vollstreckung vom zuständigen Gericht im Vollstreckungsmitgliedstaat abgelehnt, wenn das im europäischen Verfahren für geringfügige Forderungen ergangene Urteil mit einem früheren in einem Mitgliedstaat oder einem Drittland ergangenen Urteil unvereinbar ist, sofern

a) das frühere Urteil zwischen denselben Parteien wegen desselben Streitgegenstandes ergangen ist,

b) das frühere Urteil im Vollstreckungsmitgliedstaat ergangen ist oder die Voraussetzungen für die Anerkennung im Vollstreckungsmitgliedstaat erfüllt und

c) die Unvereinbarkeit im gerichtlichen Verfahren des Mitgliedstaats, in dem das Urteil im europäischen Verfahren für geringfügige Forderungen ergangen ist, nicht geltend gemacht wurde und nicht geltend gemacht werden konnte.

(2) Keinesfalls darf ein im europäischen Verfahren für geringfügige Forderungen ergangenes Urteil im Vollstreckungsmitgliedstaat in der Sache selbst nachgeprüft werden.

Artikel 23
Aussetzung oder Beschränkung der Vollstreckung

Hat eine Partei ein im europäischen Verfahren für geringfügige Forderungen ergangenes Urteil angefochten oder ist eine solche Anfechtung noch möglich oder hat eine Partei eine Überprüfung nach Artikel 18 beantragt, so kann das zuständige Gericht oder die zuständige Behörde im Vollstreckungsmitgliedstaat auf Antrag der Partei, gegen die sich die Vollstreckung richtet,

a) das Vollstreckungsverfahren auf Sicherungsmaßnahmen beschränken

b) die Vollstreckung von der Leistung einer von dem Gericht zu bestimmenden Sicherheit abhängig machen oder

c) unter außergewöhnlichen Umständen das Vollstreckungsverfahren aussetzen.

[Fassung ab 14. 07. 2017]
Artikel 23a
Gerichtliche Vergleiche

Ein im Laufe des europäischen Verfahrens für geringfügige Forderungen von einem Gericht gebilligter oder vor einem Gericht geschlossener gerichtlicher Vergleich, der in dem Mitgliedstaat, in dem das Verfahren durchgeführt wurde, vollstreckbar ist, wird in einem anderen Mitgliedstaat unter denselben Bedingungen anerkannt und vollstreckt wie ein im europäischen Verfahren für geringfügige Forderungen ergangenes Urteil.

Die Bestimmungen des Kapitels III gelten entsprechend für gerichtliche Vergleiche.

Kapitel IV
Schlussbestimmungen

Artikel 24
Information

Die Mitgliedstaaten arbeiten insbesondere im Rahmen des gemäß der Entscheidung 2001/470/EG eingerichteten Europäischen Justiziellen Netzes für Zivil- und Handelssachen zusammen, um die Öffentlichkeit und die Fachwelt über das europäische Verfahren für geringfügige Forderungen, einschließlich der Kosten, zu informieren.

Artikel 25
Von den Mitgliedstaaten bereitzustellende Informationen

(1) ¹Die Mitgliedstaaten teilen der Kommission bis zum 13. 01. 2017 Folgendes mit:

a) die Gerichte, die für den Erlass von Urteilen im europäischen Verfahren für geringfügige Forderungen zuständig sind;

b) die Kommunikationsmittel, die für die Zwecke des europäischen Verfahrens für geringfügige Forderungen zulässig sind und den Gerichten nach Artikel 4 Absatz 1 zur Verfügung stehen;

c) die Behörden oder Organisationen, die für die Erteilung praktischer Hilfe nach Artikel 11 zuständig sind;

d) die elektronischen Zustellungs- und Kommunikationsmittel, die technisch verfügbar und nach ihren Verfahrensvorschriften gemäß Artikel 13 Absätze 1, 2 und 3 zulässig sind und die nach Artikel 13 Absätze 1 und 2 erforderlichen Mittel, die für die vorherige Zustimmung zur Verwendung der elektronischen Übermittlung im Rahmen ihres nationalen Rechts zur Verfügung stehen;

e) die Personen oder Berufsgruppen, die gegebenenfalls rechtlich verpflichtet sind, die Zustellung von Schriftstücken durch elektronische Übermittlung oder andere Arten des elektronischen Schriftverkehrs gemäß Artikel 13 Absätze 1 und 2 zu akzeptieren;

f) die Gerichtsgebühren, die für das europäische Verfahren für geringfügige Forderungen erhoben werden oder wie sie berechnet werden und welche Zahlungsweise gemäß Artikel 15a anerkannt wird;

g) jegliche Rechtsmittel, die im Sinne des Artikels 17 nach ihrem Verfahrensrecht eingelegt werden können, innerhalb welchen Zeitraums diese Rechtsmittel einzulegen sind und die für diese Rechtsmittel zuständigen Gerichte;

h) die Verfahren für die Beantragung einer Überprüfung gemäß Artikel 18 und die Gerichte, die für eine derartige Überprüfung zuständig sind;

i) die Sprachen, die sie nach Artikel 21a Absatz 1 zulassen und

j) die Behörden, die für die Vollstreckung und die Behörden, die für die Zwecke der Anwendung des Artikels 23 zuständig sind.

²Die Mitgliedstaaten unterrichten die Kommission über alle späteren Änderungen dieser Angaben.

(2) Die Kommission macht die nach Absatz 1 mitgeteilten Angaben auf geeignete Weise, beispielsweise über das Europäische Justizportal, öffentlich zugänglich.

[Fassung bis 13. 07. 2017]
Artikel 26
Durchführungsmaßnahmen

Die Maßnahmen zur Änderung nicht wesentlicher Bestimmungen dieser Verordnung, einschließlich durch Hinzufügung neuer nicht wesentlicher Bestimmungen, die eine Aktualisierung oder eine technische Änderung der Formblätter in den Anhängen bewirken, werden nach dem in Artikel 27 Absatz 2 genannten Regelungsverfahren mit Kontrolle erlassen.

[Fassung ab 14. 07. 2017]
Artikel 26
Änderung der Anhänge

Der Kommission wird die Befugnis übertragen, gemäß Artikel 27 in Bezug auf die Änderung der Anhänge I bis IV delegierte Rechtsakte zu erlassen.

[Fassung bis 13. 07. 2017]
Artikel 27
Ausschuss

(1) Die Kommission wird von einem Ausschuss unterstützt.

(2) Wird auf diesen Absatz Bezug genommen, so gelten Artikel 5a Absätze 1 bis 4 und Artikel 7 des Beschlusses 1999/468/EG unter Beachtung von dessen Artikel 8.

[Fassung bis 14. 07. 2017]
Artikel 27
Ausübung der Beufgnisübertragung

(1) Die Befugnis zum Erlass delegierter Rechtsakte wird der Kommission unter den in diesem Artikel festgelegten Bedingungen übertragen.

(2) Die Befugnis zum Erlass delegierter Rechtsakte gemäß Artikel 26 wird der Kommission auf unbestimmte Zeit ab dem 13. Januar 2016 übertragen.

(3) ¹Die Befugnisübertragung gemäß Artikel 26 kann vom Europäischen Parlament oder vom Rat jederzeit widerrufen werden. ²Der Beschluss über den Widerruf beendet die Übertragung der in diesem Beschluss angegebenen Befugnis. ³Er wird am Tag nach seiner Veröffentlichung im *Amtsblatt der Europäischen Union* oder zu einem im Beschluss über den Widerruf angegebenen späteren Zeitpunkt wirksam. ⁴Die Gültigkeit von delegierten Rechtsakten, die bereits in Kraft sind, wird von dem Beschluss über den Widerruf nicht berührt.

(4) Sobald die Kommission einen delegierten Rechtsakt erlässt, übermittelt sie ihn gleichzeitig dem Europäischen Parlament und dem Rat.

(5) ¹Ein delegierter Rechtsakt, der gemäß Artikel 26 erlassen wurde, tritt nur in Kraft, wenn weder das Europäische Parlament noch der Rat innerhalb einer Frist von zwei Monaten nach Übermittlung dieses Rechtsakts an das Europäische Parlament und den Rat Einwände erhoben haben oder wenn vor Ablauf dieser Frist das Europäische Parlament und der Rat beide der Kommission mitgeteilt haben, dass sie keine Einwände erheben werden. ²Auf Initiative des Europäischen Parlaments oder des Rates wird diese Frist um zwei Monate verlängert.

[Fassung bis 13. 07. 2017]
Artikel 28
Überprüfung

¹Die Kommission legt dem Europäischen Parlament, dem Rat und dem Europäischen Wirtschafts- und Sozialausschuss bis zum 1. Januar 2014 einen detaillierten Bericht über die Überprüfung des Funktionierens des europäischen Verfahrens für geringfügige Forderungen, ein-

schließlich der Wertgrenze einer Klage gemäß Artikel 2 Absatz 1, vor. ²Dieser Bericht enthält eine Bewertung des Funktionierens des Verfahrens und eine erweiterte Folgenabschätzung für jeden Mitgliedstaat.

¹Zu diesem Zweck, und damit gewährleistet ist, dass die vorbildliche Praxis in der Europäischen Union gebührend berücksichtigt wird und die Grundsätze der besseren Rechtsetzung zum Tragen kommen, stellen die Mitgliedstaaten der Kommission Angaben zum grenzüberschreitenden Funktionieren des europäischen Verfahrens für geringfügige Forderungen zur Verfügung. ²Diese Angaben beziehen sich auf die Gerichtsgebühren, die Schnelligkeit des Verfahrens, die Effizienz, die Benutzerfreundlichkeit und die internen Verfahren für geringfügige Forderungen der Mitgliedstaaten.

Dem Bericht der Kommission werden gegebenenfalls Vorschläge zur Anpassung der Verordnung beigefügt.

[Fassung ab 14.07.2017]
Überprüfung

(1) ¹Die Kommission legt dem Europäischen Parlament, dem Rat und dem Europäischen Wirtschafts- und Sozialausschuss bis zum 15. Juli 2022 einen Bericht über die Anwendung dieser Verordnung vor, der auch eine Bewertung dahingehend enthält, ob

a) eine weitere Anhebung der in Artikel 2 Absatz 1 genannten Wertgrenze angemessen ist, um das Ziel dieser Verordnung zu erreichen, nämlich Bürgern und kleinen und mittleren Unternehmen den Zugang zur Justiz bei grenzüberschreitenden Rechtssachen zu erleichtern, und

b) eine Ausweitung des Anwendungsbereichs des europäischen Verfahrens für geringfügige Forderungen, insbesondere über Gehaltsansprüche, angemessen ist, um Arbeitnehmern den Zugang zur Justiz bei grenzüberschreitenden arbeitsrechtlichen Streitigkeiten mit ihrem Arbeitgeber zu erleichtern, wobei die gesamten Auswirkungen einer solchen Ausweitung zu berücksichtigen sind.

²Dem Bericht werden gegebenenfalls Gesetzgebungsvorschläge beigefügt.

Zu diesem Zweck übermitteln die Mitgliedstaaten der Kommission bis zum 15. Juli 2021 Angaben über die Anzahl der nach dem europäischen Verfahren für geringfügige Forderungen gestellten Anträge sowie über die Anzahl der Anträge auf Vollstreckung von in diesen Verfahren ergangenen Urteilen.

(2) Bis zum 15. Juli 2019 legt die Kommission dem Europäischen Parlament, dem Rat und dem Europäischen Wirtschafts- und Sozialausschuss einen Bericht über die Verbreitung der Information über das europäische Verfahren für geringfügige Forderungen in den Mitgliedstaaten vor und kann Empfehlungen in Bezug auf die Verbesserung der Bekanntheit des Verfahrens erarbeiten.

Artikel 29
Inkrafttreten

Diese Verordnung tritt am Tag nach ihrer Veröffentlichung im Amtsblatt der Europäischen Union in Kraft.

Sie gilt ab dem 1. Januar 2009, mit Ausnahme des Artikels 25, der ab dem 1. Januar 2008 gilt.

Vom Abdruck des Anhangs nebst Formblättern wurde abgesehen.

ABSCHNITT 7
Anerkennung und Vollstreckung nach der Verordnung (EU) Nr. 1215/2012

Vorbemerkungen zu §§ 1110–1117 ZPO

Die §§ 1110–1117 ZPO enthalten Durchführungsbestimmungen für die VO (EU) Nr. 1215/2012 über die gerichtliche Zuständigkeit und die Anerkennung und Vollstreckung von Entscheidungen in Zivil- und Handelssachen (EuGVVO). Die Verordnung, die auch als Brüssel Ia-VO bezeichnet wird, trat in ihrer aktuellen Fassung am 10.01.2015 in Kraft. Gleichzeitig wurden die Durchführungsbestimmungen zur EuGVVO a.F. aus dem bis dahin geltenden AVAG (Anerkennungs- und Vollstreckungsausführungsgesetz) in die §§ 1110–1117 ZPO überführt. Die Verordnung gilt in sämtlichen Mitgliedstaaten gemäß Art. 288 Abs. 2 AEUV unmittelbar (vgl. dazu Vorbem. zu §§ 1067–1117 Rn. 2) und wird in einzelnen Bereichen durch §§ 1110–1117 ZPO ergänzt und ausgeführt. Dänemark ist zwar kein Mitgliedstaat i.S.d. Verordnung. Diese findet dort jedoch aufgrund einer Verpflichtungserklärung Dänemarks ebenfalls Anwendung. 1

§§ 1110, 1111 ZPO befassen sich mit der Ausstellung der Bescheinigung über inländische Titel nach Art. 53, 60 EuGVVO. In §§ 1112–1117 ZPO werden Regelungen über die Anerkennung und Vollstreckung ausländischer Titel im Inland nach der EuGVVO getroffen. 2

Titel 1
Bescheinigung über inländische Titel

§ 1110
Zuständigkeit

Für die Ausstellung der Bescheinigung nach den Artikeln 53 und 60 der Verordnung (EU) Nr. 1215/2012 sind die Gerichte oder Notare zuständig, denen die Erteilung einer vollstreckbaren Ausfertigung des Titels obliegt.

Gemäß § 1110 ZPO ist für die Ausstellung der Bestätigung nach Art. 53 EuGVVO das Gericht örtlich und sachlich zuständig, welches für die vollstreckbare Ausfertigung des Titels nach nationalem Recht zuständig wäre. Dabei handelt es sich um das Gericht erster Instanz, außer der Rechtsstreit ist bei einem höheren Gericht anhängig (§ 724 ZPO). Funktionell ist für die Ausstellung der Rechtspfleger nach § 20 Abs. 1 Nr. 11 RPflG zuständig. 1

Dasselbe gilt bei gerichtlichen Vergleichen nach Art. 60 EuGVVO (§§ 1110, 795b, 724 ZPO). Art. 60 EuGVVO betrifft darüber hinaus auch die Bestätigungsausstellung für öffentliche Urkunden. Dafür ist nach §§ 1110, 797 Abs. 2 Satz 1 ZPO der Notar zuständig, der die Urkunde verwahrt. 2

Die Bescheinigung dient der Klarstellung nach Art. 37 Abs. 1 Buchst. b, 42 Abs. 1 Buchst. b, Abs. 2 Buchst. b, 58 Abs. 1, 59 EuGVVO, dass die Entscheidung auch in einem anderen Mitgliedstaat vollstreckbar ist, da grundsätzlich nach Art. 52 EuGVVO im Vollstreckungsstaat keine Prüfung in der Sache mehr erfolgt. 3

§ 1111
Verfahren

(1) ¹Bescheinigungen nach den Artikeln 53 und 60 der Verordnung (EU) Nr. 1215/2012 sind ohne Anhörung des Schuldners auszustellen. ²In den Fällen des § 726 Absatz 1 und der §§ 727 bis 729 kann der Schuldner vor der Ausstellung der Bescheinigung gehört werden. ³Eine Ausfertigung der Bescheinigung ist dem Schuldner von Amts wegen zuzustellen.

(2) Für die Anfechtbarkeit der Entscheidung über die Ausstellung der Bescheinigung nach Absatz 1 gelten die Vorschriften über die Anfechtbarkeit der Entscheidung über die Erteilung der Vollstreckungsklausel entsprechend.

1 Die Ausstellung der Bescheinigung nach Art. 53, 60 EuGVVO erfolgt nach § 1111 Abs. 1 Satz 1 ZPO ohne Anhörung des Schuldners. Nur in den Fällen, in denen eine Titelergänzung nach § 726 Abs. 1 ZPO oder der Titelumschreibung nach §§ 727–729 ZPO erforderlich ist, kann eine Anhörung des Schuldners erfolgen (§ 1111 Abs. 1 Satz 2 ZPO). Die Durchführung der Anhörung steht im Ermessen des Gerichts. Eine Ausfertigung der Bescheinigung wird dem Schuldner von Amts wegen zugestellt (§ 1111 Abs. 1 Satz 3 ZPO), wodurch Art. 43 Abs. 1 Satz 1 EuGVVO Rechnung getragen wird.

2 Gemäß § 1111 Abs. 2 ZPO kann die Entscheidung über die Ausstellung der Bescheinigung nach den Vorschriften über die Anfechtbarkeit der Entscheidung über die Erteilung einer Vollstreckungsklausel angefochten werden. Für den Schuldner sind daher §§ 732, 768 ZPO entsprechend anwendbar. Wird der Antrag auf Ausstellung der Bescheinigung abgelehnt, kann der Gläubiger dagegen im Wege der sofortigen Beschwerde vorgehen (§ 11 Abs. 1 RPflG, § 567 ZPO bzw. § 54 BeurkG, §§ 58 ff. FamFG).[1]

Titel 2
Anerkennung und Vollstreckung ausländischer Titel im Inland

§ 1112
Entbehrlichkeit der Vollstreckungsklausel

Aus einem Titel, der in einem anderen Mitgliedstaat der Europäischen Union vollstreckbar ist, findet die Zwangsvollstreckung im Inland statt, ohne dass es einer Vollstreckungsklausel bedarf.

1 Ursprünglich benötigte man für die Zwangsvollstreckung aus einem ausländischen Titel dessen Vollstreckbarerklärung durch ein inländisches Gericht. Diese Vollstreckbarerklärung wurde in Deutschland in Form einer Vollstreckungsklausel erteilt (vgl. § 9 AVAG). Art. 39 EuGVVO n.F. schafft die Vollstreckbarerklärung ab,[1] sodass § 1112 ZPO als logische Folge die Abschaffung der Vollstreckungsklausel für ausländische Titel klarstellt, um so die grenzüberschreitende Vollstreckung von ausländischen Titeln zu erleichtern und zu beschleunigen.[2]

2 Art. 41 Abs. 1 EuGVVO bestimmt, dass für die Vollstreckung das nationale Recht des Mitgliedstaates anwendbar ist, in dessen Geltungsbereich der Titel vollstreckt werden soll, soweit sich nicht aus der EuGVVO abweichende Bestimmungen ergeben. Damit gelten für die Vollstreckung in Deutschland grundsätzlich die Normen der ZPO.

§ 1113
Übersetzung oder Transliteration

Hat eine Partei nach Artikel 57 der Verordnung (EU) Nr. 1215/2012 eine Übersetzung oder eine Transliteration vorzulegen, so ist diese in deutscher Sprache abzufassen und von einer in einem Mitgliedstaat der Europäischen Union hierzu befugten Person zu erstellen.

1 § 1113 ZPO regelt, dass eine Übersetzung oder Transliteration, wenn sie nach Art. 57 EuGVVO vorzulegen ist, für eine Vollstreckung in Deutschland von einer dazu in einem Mitgliedstaat befugten Person in deutscher Sprache erstellt werden muss.

---

1 Str.; wie hier Musielak/Voit-*Lackmann*, ZPO, § 1111 Rn. 3; a.A. § 731 ZPO analog: Thomas/Putzo-*Hüßtege*, ZPO, § 1111 Rn. 4; beides für möglich haltend BeckOK-*Ulrici*, ZPO, § 1111 Rn. 35.

Zu § 1112:
1 Für Altfälle vgl. Zöller-*Geimer*, ZPO, Vorbem. §§ 1110–1117 Rn. 2.
2 BT-Drucks. 18/823, S. 21.

§ 1114
Anfechtung der Anpassung eines Titels

Für die Anfechtung der Anpassung eines Titels (Artikel 54 der Verordnung (EU) Nr. 1215/2012) sind folgende Rechtsgrundlagen entsprechend anzuwenden:
1. im Fall von Maßnahmen des Gerichtsvollziehers oder des Vollstreckungsgerichts § 766,
2. im Fall von Entscheidungen des Vollstreckungsgerichts oder von Vollstreckungsmaßnahmen des Prozessgerichts § 793 und
3. im Fall von Vollstreckungsmaßnahmen des Grundbuchamts § 71 der Grundbuchordnung.

Nach Art. 54 Abs. 1 EuGVVO sind Maßnahmen oder Anordnungen, die vom ursprünglichen Gericht erlassen wurden, aber im Vollstreckungsstaat nicht bekannt sind, vom Vollstreckungsstaat an eine in seinem nationalen Recht vorhandene Anordnung oder Maßnahme, mit der vergleichbare Wirkungen verbunden sind und ähnliche Ziele und Interessen verfolgt werden, soweit möglich, anzupassen. Diese Anpassung darf aber nicht zu einer über die ursprüngliche Wirkung hinausgehenden Wirkung führen. Die Anpassung wird durch das zuständige Vollstreckungsorgan vorgenommen. 1

Besteht mit der Anpassung kein Einverständnis, so besteht die Möglichkeit der Anfechtung der Anpassung gemäß Art. 54 Abs. 2 EuGVVO. § 1114 ZPO bestimmt dabei als für die Anfechtung anzuwendende Vorschriften § 766 ZPO bei Maßnahmen des Gerichtsvollziehers oder des Vollstreckungsgerichts, § 793 ZPO bei Entscheidungen des Vollstreckungsgerichts oder Vollstreckungsmaßnahmen des Prozessgerichts und § 71 GBO bei Vollstreckungsmaßnahmen des Grundbuchamts. 2

§ 1115
Versagung der Anerkennung oder der Vollstreckung

(1) Für Anträge auf Versagung der Anerkennung oder der Vollstreckung (Artikel 45 Absatz 4 und Artikel 47 Absatz 1 der Verordnung (EU) Nr. 1215/2012) ist das Landgericht ausschließlich zuständig.

(2) ¹Örtlich zuständig ist ausschließlich das Landgericht, in dessen Bezirk der Schuldner seinen Wohnsitz hat. ²Hat der Schuldner im Inland keinen Wohnsitz, ist ausschließlich das Landgericht zuständig, in dessen Bezirk die Zwangsvollstreckung durchgeführt werden soll. ³Der Sitz von Gesellschaften und juristischen Personen steht dem Wohnsitz gleich.

(3) Der Antrag auf Versagung kann bei dem zuständigen Landgericht schriftlich eingereicht oder mündlich zu Protokoll der Geschäftsstelle erklärt werden.

(4) ¹Über den Antrag auf Versagung entscheidet der Vorsitzende einer Zivilkammer durch Beschluss. ²Der Beschluss ist zu begründen und kann ohne mündliche Verhandlung ergehen. ³Der Antragsgegner ist vor der Entscheidung zu hören.

(5) ¹Gegen die Entscheidung findet die sofortige Beschwerde statt. ²Die Notfrist des § 569 Absatz 1 Satz 1 beträgt einen Monat und beginnt mit der Zustellung der Entscheidung. ³Gegen den Beschluss des Beschwerdegerichts findet die Rechtsbeschwerde statt.

(6) ¹Über den Antrag auf Aussetzung oder Beschränkung der Vollstreckung und den Antrag, die Vollstreckung von der Leistung einer Sicherheit abhängig zu machen (Artikel 44 Absatz 1 der Verordnung (EU) Nr. 1215/2012), wird durch einstweilige Anordnung entschieden. ²Die Entscheidung ist unanfechtbar.

Der Schuldner hat nach Art. 45 EuGVVO die Möglichkeit, sich gegen die Anerkennung einer ausländischen Entscheidung zu wehren und nach Art. 46 EuGVVO, die Vollstreckung der ausländischen Entscheidung aus einem der in Art. 45 EuGVVO genannten Gründe versagen zu lassen. Es handelt sich hierbei um Antragsverfahren (Art. 45 Abs. 1, 46 EuGVVO). § 1115 ZPO gestaltet das entsprechende Verfahren näher aus. 1

Für den Antrag des Schuldners auf Versagung der Anerkennung oder der Vollstreckung ist nach § 1115 Abs. 1 ZPO das Landgericht ausschließlich sachlich zuständig. Örtlich zuständig ist gemäß § 1115 Abs. 2 ZPO ausschließlich dasjenige Landgericht, in dessen Bezirk der Schuldner seinen Wohnsitz oder Sitz hat. Wenn der Schuldner in Deutschland keinen Wohnsitz hat, dann ist das Landgericht zuständig, in dessen Bezirk die Zwangsvollstreckung stattfinden soll. 2

3 Nach § 1115 Abs. 3 ZPO kann der Antrag beim Landgericht schriftlich oder mündlich zu Protokoll der Geschäftsstelle gestellt werden. Dadurch unterliegt die Antragsstellung keinem Anwaltszwang (vgl. § 78 Abs. 3 ZPO).

4 Über den Antrag auf Versagung der Anerkennung oder Vollstreckung wird nach § 1115 Abs. 4 Satz 1 ZPO durch den Vorsitzenden einer Zivilkammer durch Beschluss entschieden. Er ist zu begründen und kann ohne mündliche Verhandlung ergehen (§ 1115 Abs. 4 Satz 2 ZPO). Der Antragsgegner ist in jedem Fall vor der Entscheidung zu hören (§ 1115 Abs. 4 Satz 3 ZPO). Der Beschluss ist wegen der Möglichkeit der sofortigen Beschwerde (§ 1115 Abs. 5 Satz 1 ZPO) zur Auslösung der Rechtsbehelfsfrist gemäß § 329 Abs. 1, 2 Satz 2 i.V.m. §§ 166 ff. ZPO dem Antragsgegner zuzustellen.[1] Die Versagung der Anerkennung und Vollstreckung habt ex tunc-Wirkung.[2]

5 Die beschwerte Partei kann den Beschluss mit der sofortigen Beschwerde gemäß § 1115 Abs. 5 Satz 1 i.V.m. § 567 Abs. 1 Nr. 1 ZPO anfechten. Die Beschwerdefrist beträgt entgegen § 569 Abs. 1 Satz 1 ZPO einen Monat ab Zustellung des Beschlusses (§ 1115 Abs. 5 Satz 2 ZPO). Die Abhilfe durch das Erstgericht gemäß § 572 Abs. 1 Satz 1 ZPO ist möglich, da uneingeschränkt auf §§ 567 ff. ZPO verwiesen wird.[3] Gegen den Beschluss des Beschwerdegerichts findet nach § 1115 Abs. 5 Satz 3 ZPO die Rechtsbeschwerde statt.

6 Das Gericht entscheidet im Wege der einstweiligen Anordnung neben dem Antrag auf Versagung der Vollstreckung auf Antrag auch über eine Aussetzung oder Beschränkung der Vollstreckung oder darüber, die Vollstreckung von einer Sicherheitsleistung abhängig zu machen (Art. 44 Abs. 1 EuGVVO, § 1115 Abs. 6 Satz 1 ZPO). Diese Entscheidung ist gemäß § 1115 Abs. 6 Satz 2 ZPO nicht anfechtbar.

§ 1116
Wegfall oder Beschränkung der Vollstreckbarkeit im Ursprungsmitgliedstaat

[1]Auf Antrag des Schuldners (Artikel 44 Absatz 2 der Verordnung (EU) Nr. 1215/2012) ist die Zwangsvollstreckung entsprechend § 775 Nummer 1 und 2 und § 776 auch dann einzustellen oder zu beschränken, wenn der Schuldner eine Entscheidung eines Gerichts des Ursprungsmitgliedstaats über die Nichtvollstreckbarkeit oder über die Beschränkung der Vollstreckbarkeit vorlegt. [2]Auf Verlangen des Vollstreckungsorgans ist eine Übersetzung der Entscheidung vorzulegen. [3]§ 1108 gilt entsprechend.

1 Die Aussetzung der Vollstreckbarkeit des Titels durch ein Gericht des Ursprungsmitgliedstaats führt im Vollstreckungsmitgliedstaat zur Aussetzung des Vollstreckungsverfahrens, wenn der Schuldner das beantragt (Art. 44 Abs. 2 EuGVVO). In Ergänzung dazu regelt § 1116 ZPO, dass bei Vorlage einer Entscheidung des Ursprungsmitgliedstaates über die Nichtvollstreckbarkeit oder Beschränkung der Vollstreckbarkeit auf Antrag des Schuldners die Zwangsvollstreckung im ersuchten Mitgliedstaat entsprechend § 775 Nr. 1, 2 ZPO und § 776 ZPO einzustellen oder zu beschränken ist. Die Entscheidung nach § 1116 Satz 1 ZPO fällt das zuständige Vollstreckungsorgan. Verlangt das zuständige Vollstreckungsorgan nach eigenem Ermessen eine Übersetzung der Entscheidung, so ist diese vorzulegen, wobei § 1108 ZPO entsprechend gilt (§ 1116 Satz 2, 3 ZPO).

§ 1117
Vollstreckungsabwehrklage

(1) Für Klagen nach § 795 Satz 1 in Verbindung mit § 767 gilt § 1086 Absatz 1 entsprechend.

(2) Richtet sich die Klage gegen die Vollstreckung aus einem gerichtlichen Vergleich oder einer öffentlichen Urkunde, ist § 767 Absatz 2 nicht anzuwenden.

1 § 1117 ZPO ermöglicht es dem Schuldner, sich gegen ausländische Titel mit der Vollstreckungsabwehrklage gemäß §§ 794 Abs. 1 Nr. 9, 795, 767 ZPO zur Wehr zu setzen. § 1086 Abs. 1 ZPO wird von § 1117 Abs. 1 ZPO für entsprechend anwendbar erklärt, so dass die örtliche Zuständigkeit sich nach dieser Vorschrift richtet. Die sachliche Zuständigkeit folgt aus den allgemei-

---

1 Thomas/Putzo-*Hüßtege*, ZPO, § 1115 Rn. 3.
2 Zöller-*Geimer*, ZPO, § 1115 Rn. 1.
3 Thomas/Putzo-*Hüßtege*, ZPO, § 1115 Rn. 4 m.w.N.

nen nationalen Vorschriften.¹ Die internationale Zuständigkeit beurteilt sich nach Art. 24 Nr. 5 EuGVVO.

§ 1117 Abs. 2 ZPO stellt klar, dass – im Unterschied zu § 1086 Abs. 2 ZPO – bei einer Vollstreckung aus einem gerichtlichen Vergleich oder aus einer öffentlichen Urkunde keine Präklusion nach § 767 Abs. 2 ZPO gilt. Betreffend sonstige Vollstreckungstitel findet § 767 Abs. 2 ZPO Anwendung.

Anhang zu §§ 1110–1117
EuGVVO

Verordnung (EU) Nr. 1215/2012 des Europäischen Parlaments und des Rates vom 12.12.2012 über die gerichtliche Zuständigkeit und die Anerkennung und Vollstreckung von Entscheidungen in Zivil- und Handelssachen.

Zuletzt geändert durch die Verordnung (EU) 2015/281 vom 26.11.2014 zur Ersetzung der Anhänge I und II der Verordnung (EU) Nr. 1215/2012 (ABl. EG L 54, S. 1), berichtigt in Art. 25 Abs. 1 am 30.09.2016 (Abl. L 264 S. 43)

Das Europäische Parlament und der Rat der Europäischen Union –

gestützt auf den Vertrag über die Arbeitsweise der Europäischen Union, insbesondere auf Artikel 67 Absatz 4 und Artikel 81 Absatz 2 Buchstaben a, c und e,

auf Vorschlag der Europäischen Kommission,

nach Zuleitung des Entwurfs des Gesetzgebungsakts an die nationalen Parlamente,

nach Stellungnahme des Europäischen Wirtschafts- und Sozialausschusses,¹

gemäß dem ordentlichen Gesetzgebungsverfahren,²

in Erwägung nachstehender Gründe:

(1) Am 21. April 2009 hat die Kommission einen Bericht über die Anwendung der Verordnung (EG) Nr. 44/2001 des Rates vom 22. Dezember 2000 über die gerichtliche Zuständigkeit und die Anerkennung und Vollstreckung von Entscheidungen in Zivil- und Handelssachen³ angenommen. Dem Bericht zufolge herrscht allgemein Zufriedenheit mit der Funktionsweise der genannten Verordnung, doch könnten die Anwendung bestimmter Vorschriften, der freie Verkehr gerichtlicher Entscheidungen sowie der Zugang zum Recht noch weiter verbessert werden. Da einige weitere Änderungen erfolgen sollen, sollte die genannte Verordnung aus Gründen der Klarheit neu gefasst werden.

(2) Der Europäische Rat hat auf seiner Tagung vom 10./11. Dezember 2009 in Brüssel ein neues mehrjähriges Programm mit dem Titel „Das Stockholmer Programm — Ein offenes und sicheres Europa im Dienste und zum Schutz der Bürger"⁴ angenommen. Im Stockholmer Programm vertritt der Europäische Rat die Auffassung, dass der Prozess der Abschaffung aller zwischengeschalteten Maßnahmen (Exequaturverfahren) während des von dem Programm abgedeckten Zeitraums fortgeführt werden sollte. Gleichzeitig sollte die Abschaffung der Exequaturverfahren von einer Reihe von Schutzvorkehrungen begleitet werden.

(3) Die Union hat sich zum Ziel gesetzt, einen Raum der Freiheit, der Sicherheit und des Rechts zu erhalten und weiterzuentwickeln, indem unter anderem der Zugang zum Recht, insbesondere durch den Grundsatz der gegenseitigen Anerkennung gerichtlicher und außergerichtlicher Entscheidungen in Zivilsachen, erleichtert wird. Zum schrittweisen Aufbau eines solchen Raums hat die Union im Bereich der justiziellen Zusammenarbeit in Zivilsachen, die einen grenzüberschreitenden Bezug aufweisen, Maßnahmen zu erlassen, insbesondere wenn dies für das reibungslose Funktionieren des Binnenmarkts erforderlich ist.

(4) Die Unterschiede zwischen bestimmten einzelstaatlichen Vorschriften über die gerichtliche Zuständigkeit und die Anerkennung von Entscheidungen erschweren das reibungslose Funktionieren des Binnenmarkts. Es ist daher unerlässlich, Bestimmungen zu erlassen, um die Vor-

---

1 BT-Drucks. 18/823, S. 23.

Zu Anhang zu §§ 1110–1117:
1 ABl. EU Nr. C 218 vom 23.7.2011, S. 78.
2 Standpunkt des Europäischen Parlaments vom 20. November 2012 und Beschluss des Rates vom 6. Dezember 2012.
3 ABl. EG Nr. L 12 vom 16.1.2001, S. 1.
4 ABl. EU Nr. C 115 vom 4.5.2010, S. 1.

schriften über die internationale Zuständigkeit in Zivil- und Handelssachen zu vereinheitlichen und eine rasche und unkomplizierte Anerkennung und Vollstreckung von Entscheidungen zu gewährleisten, die in einem Mitgliedstaat ergangen sind.

(5) Diese Bestimmungen fallen in den Bereich der justiziellen Zusammenarbeit in Zivilsachen im Sinne von Artikel 81 des Vertrags über die Arbeitsweise der Europäischen Union (AEUV).

(6) Um den angestrebten freien Verkehr der Entscheidungen in Zivil- und Handelssachen zu verwirklichen, ist es erforderlich und angemessen, dass die Vorschriften über die gerichtliche Zuständigkeit und die Anerkennung und Vollstreckung von Entscheidungen im Wege eines Unionsrechtsakts festgelegt werden, der verbindlich und unmittelbar anwendbar ist.

(7) Am 27. September 1968 schlossen die seinerzeitigen Mitgliedstaaten der Europäischen Gemeinschaften auf der Grundlage von Artikel 220 vierter Gedankenstrich des Vertrags zur Gründung der Europäischen Wirtschaftsgemeinschaft das Übereinkommen von Brüssel über die gerichtliche Zuständigkeit und die Vollstreckung gerichtlicher Entscheidungen in Zivil- und Handelssachen, dessen Fassung danach durch die Übereinkommen über den Beitritt neuer Mitgliedstaaten zu diesem Übereinkommen[5] geändert wurde („Brüsseler Übereinkommen von 1968"). Am 16. September 1988 schlossen die seinerzeitigen Mitgliedstaaten der Europäischen Gemeinschaften und bestimmte EFTA-Staaten das Übereinkommen von Lugano über die gerichtliche Zuständigkeit und die Vollstreckung gerichtlicher Entscheidungen in Zivil- und Handelssachen[6] („Übereinkommen von Lugano von 1988"), das ein Parallelübereinkommen zu dem Brüsseler Übereinkommen von 1968 darstellt. Am 1. Februar 2000 wurde das Übereinkommen von Lugano von 1988 auf Polen anwendbar.

(8) Am 22. Dezember 2000 nahm der Rat die Verordnung (EG) Nr. 44/2001 an, die das Brüsseler Übereinkommen von 1968 im Verhältnis zwischen den Mitgliedstaaten zueinander mit Ausnahme Dänemarks hinsichtlich der Hoheitsgebiete der Mitgliedstaaten ersetzt, die in den Anwendungsbereich des AEUV fallen. Mit dem Beschluss 2006/325/EG des Rates[7] schloss die Gemeinschaft mit Dänemark ein Abkommen über die Anwendung der Bestimmungen der Verordnung (EG) Nr. 44/2001 in Dänemark. Das Übereinkommen von Lugano von 1988 wurde durch das am 30. Oktober 2007 von der Gemeinschaft, Dänemark, Island, Norwegen und der Schweiz in Lugano unterzeichnete Übereinkommen über die gerichtliche Zuständigkeit und die Anerkennung und Vollstreckung von Entscheidungen in Zivil- und Handelssachen[8] („Übereinkommen von Lugano von 2007") geändert.

(9) Das Brüsseler Übereinkommen von 1968 gilt weiter hinsichtlich der Hoheitsgebiete der Mitgliedstaaten, die in seinen territorialen Anwendungsbereich fallen und die aufgrund der Anwendung von Artikel 355 AEUV von der vorliegenden Verordnung ausgeschlossen sind.

(10) Der sachliche Anwendungsbereich dieser Verordnung sollte sich, von einigen genau festgelegten Rechtsgebieten abgesehen, auf den wesentlichen Teil des Zivil- und Handelsrechts erstrecken; aufgrund der Annahme der Verordnung (EG) Nr. 4/2009 des Rates vom 18. Dezember 2008 über die Zuständigkeit, das anwendbare Recht, die Anerkennung und Vollstreckung von Entscheidungen und die Zusammenarbeit in Unterhaltssachen[9] sollten insbesondere die Unterhaltspflichten vom Anwendungsbereich dieser Verordnung ausgenommen werden.

(11) Für die Zwecke dieser Verordnung sollten zu den Gerichten der Mitgliedstaaten auch gemeinsame Gerichte mehrerer Mitgliedstaaten gehören, wie der Benelux-Gerichtshof, wenn er seine Zuständigkeit in Angelegenheiten ausübt, die in den Anwendungsbereich dieser Verordnung fallen. Daher sollten Entscheidungen dieser Gerichte gemäß dieser Verordnung anerkannt und vollstreckt werden.

(12) Diese Verordnung sollte nicht für die Schiedsgerichtsbarkeit gelten. Sie sollte die Gerichte eines Mitgliedstaats nicht daran hindern, die Parteien gemäß dem einzelstaatlichen Recht an die Schiedsgerichtsbarkeit zu verweisen, das Verfahren auszusetzen oder einzustellen oder zu prüfen, ob die Schiedsvereinbarung hinfällig, unwirksam oder nicht erfüllbar ist, wenn sie wegen eines Streitgegenstands angerufen werden, hinsichtlich dessen die Parteien eine Schiedsvereinbarung getroffen haben.

Entscheidet ein Gericht eines Mitgliedstaats, ob eine Schiedsvereinbarung hinfällig, unwirksam oder nicht erfüllbar ist, so sollte diese Entscheidung ungeachtet dessen, ob das Gericht darüber in der Hauptsache oder als Vorfrage entschieden hat, nicht den Vorschriften dieser

---

5 ABl. EG Nr. L 299 vom 31.12.1972, S. 32; ABl. EG Nr. L 304 vom 30.10.1978, S. 1; ABl. EG Nr. L 388 vom 31.12.1982, S. 1; ABl. EG Nr. L 285 vom 3.10.1989, S. 1; ABl. EG Nr. C 15 vom 15.1.1997, S. 1. Siehe konsolidierte Fassung in ABl. EG Nr. C 27 vom 26.1.1998, S. 1.
6 ABl. EG Nr. L 319 vom 25.11.1988, S. 9.
7 ABl. EU Nr. L 120 vom 5.5.2006, S. 22.
8 ABl. EU Nr. L 147 vom 10.6.2009, S. 5.
9 ABl. EU Nr. L 7 vom 10.1.2009, S. 1.

Verordnung über die Anerkennung und Vollstreckung unterliegen.

Hat hingegen ein nach dieser Verordnung oder nach einzelstaatlichem Recht zuständiges Gericht eines Mitgliedstaats festgestellt, dass eine Schiedsvereinbarung hinfällig, unwirksam oder nicht erfüllbar ist, so sollte die Entscheidung des Gerichts in der Hauptsache dennoch gemäß dieser Verordnung anerkannt oder vollstreckt werden können. Hiervon unberührt bleiben sollte die Zuständigkeit der Gerichte der Mitgliedstaaten, über die Anerkennung und Vollstreckung von Schiedssprüchen im Einklang mit dem am 10. Juni 1958 in New York unterzeichneten Übereinkommen über die Anerkennung und Vollstreckung ausländischer Schiedssprüche („Übereinkommen von New York von 1958") zu entscheiden, das Vorrang vor dieser Verordnung hat.

Diese Verordnung sollte nicht für Klagen oder Nebenverfahren insbesondere im Zusammenhang mit der Bildung eines Schiedsgerichts, den Befugnissen von Schiedsrichtern, der Durchführung eines Schiedsverfahrens oder sonstigen Aspekten eines solchen Verfahrens oder für eine Klage oder eine Entscheidung in Bezug auf die Aufhebung, die Überprüfung, die Anfechtung, die Anerkennung oder die Vollstreckung eines Schiedsspruchs gelten.

(13) Zwischen den Verfahren, die unter diese Verordnung fallen, und dem Hoheitsgebiet der Mitgliedstaaten muss ein Anknüpfungspunkt bestehen. Gemeinsame Zuständigkeitsvorschriften sollten demnach grundsätzlich dann Anwendung finden, wenn der Beklagte seinen Wohnsitz in einem Mitgliedstaat hat.

(14) Beklagte ohne Wohnsitz in einem Mitgliedstaat sollten im Allgemeinen den einzelstaatlichen Zuständigkeitsvorschriften unterliegen, die im Hoheitsgebiet des Mitgliedstaats gelten, in dem sich das angerufene Gericht befindet. Allerdings sollten einige Zuständigkeitsvorschriften in dieser Verordnung unabhängig vom Wohnsitz des Beklagten gelten, um den Schutz der Verbraucher und der Arbeitnehmer zu gewährleisten, um die Zuständigkeit der Gerichte der Mitgliedstaaten in Fällen zu schützen, in denen sie ausschließlich zuständig sind, und um die Parteiautonomie zu achten.

(15) Die Zuständigkeitsvorschriften sollten in hohem Maße vorhersehbar sein und sich grundsätzlich nach dem Wohnsitz des Beklagten richten. Diese Zuständigkeit sollte stets gegeben sein außer in einigen genau festgelegten Fällen, in denen aufgrund des Streitgegenstands oder der Vertragsfreiheit der Parteien ein anderes Anknüpfungskriterium gerechtfertigt ist. Der Sitz juristischer Personen muss in der Verordnung selbst definiert sein, um die Transparenz der gemeinsamen Vorschriften zu stärken und Kompetenzkonflikte zu vermeiden.

(16) Der Gerichtsstand des Wohnsitzes des Beklagten sollte durch alternative Gerichtsstände ergänzt werden, die entweder aufgrund der engen Verbindung zwischen Gericht und Rechtsstreit oder im Interesse einer geordneten Rechtspflege zuzulassen sind. Das Erfordernis der engen Verbindung soll Rechtssicherheit schaffen und verhindern, dass die Gegenpartei vor einem Gericht eines Mitgliedstaats verklagt werden kann, mit dem sie vernünftigerweise nicht rechnen konnte. Dies ist besonders wichtig bei Rechtsstreitigkeiten, die außervertragliche Schuldverhältnisse infolge der Verletzung der Privatsphäre oder der Persönlichkeitsrechte einschließlich Verleumdung betreffen.

(17) Der Eigentümer eines Kulturguts im Sinne des Artikels 1 Nummer 1 der Richtlinie 93/7/EWG des Rates vom 15. März 1993 über die Rückgabe von unrechtmäßig aus dem Hoheitsgebiet eines Mitgliedstaats verbrachten Kulturgütern[10] sollte eine auf Eigentum gestützte Zivilklage gemäß dieser Verordnung zur Wiedererlangung dieses Gutes vor dem Gericht des Ortes, an dem sich das Kulturgut zum Zeitpunkt der Anrufung des Gerichts befindet, erheben können. Solche Klagen sollten nach der Richtlinie 93/7/EWG eingeleitete Verfahren unberührt lassen.

(18) Bei Versicherungs-, Verbraucher- und Arbeitsverträgen sollte die schwächere Partei durch Zuständigkeitsvorschriften geschützt werden, die für sie günstiger sind als die allgemeine Regelung.

(19) Vorbehaltlich der in dieser Verordnung festgelegten ausschließlichen Zuständigkeiten sollte die Vertragsfreiheit der Parteien hinsichtlich der Wahl des Gerichtsstands, außer bei Versicherungs-, Verbraucher- und Arbeitsverträgen, wo nur eine begrenztere Vertragsfreiheit zulässig ist, gewahrt werden.

(20) Stellt sich die Frage, ob eine Gerichtsstandsvereinbarung zugunsten eines Gerichts oder der Gerichte eines Mitgliedstaats materiell nichtig ist, so sollte sie nach dem Recht einschließlich des Kollisionsrechts des Mitgliedstaats des Gerichts oder der Gerichte entschieden werden, die in der Vereinbarung bezeichnet sind.

---

10 ABl. EU Nr. L 74 vom 27. 3. 1993, S. 74.

(21) Im Interesse einer abgestimmten Rechtspflege müssen Parallelverfahren so weit wie möglich vermieden werden, damit nicht in verschiedenen Mitgliedstaaten miteinander unvereinbare Entscheidungen ergehen. Es sollte eine klare und wirksame Regelung zur Klärung von Fragen der Rechtshängigkeit und der im Zusammenhang stehenden Verfahren sowie zur Verhinderung von Problemen vorgesehen werden, die sich aus der einzelstaatlich unterschiedlichen Festlegung des Zeitpunkts ergeben, von dem an ein Verfahren als rechtshängig gilt. Für die Zwecke dieser Verordnung sollte dieser Zeitpunkt autonom festgelegt werden.

(22) Um allerdings die Wirksamkeit von ausschließlichen Gerichtsstandsvereinbarungen zu verbessern und missbräuchliche Prozesstaktiken zu vermeiden, ist es erforderlich, eine Ausnahme von der allgemeinen Rechtshängigkeitsregel vorzusehen, um eine befriedigende Regelung in einem Sonderfall zu erreichen, in dem es zu Parallelverfahren kommen kann. Dabei handelt es sich um den Fall, dass ein Verfahren bei einem Gericht, das nicht in einer ausschließlichen Gerichtsstandsvereinbarung vereinbart wurde, anhängig gemacht wird und später das vereinbarte Gericht wegen desselben Anspruchs zwischen denselben Parteien angerufen wird. In einem solchen Fall muss das zuerst angerufene Gericht das Verfahren aussetzen, sobald das vereinbarte Gericht angerufen wurde, und zwar so lange, bis das letztere Gericht erklärt, dass es gemäß der ausschließlichen Gerichtsstandsvereinbarung nicht zuständig ist. Hierdurch soll in einem solchen Fall sichergestellt werden, dass das vereinbarte Gericht vorrangig über die Gültigkeit der Vereinbarung und darüber entscheidet, inwieweit die Vereinbarung auf den bei ihm anhängigen Rechtsstreit Anwendung findet. Das vereinbarte Gericht sollte das Verfahren unabhängig davon fortsetzen können, ob das nicht vereinbarte Gericht bereits entschieden hat, das Verfahren auszusetzen.

Diese Ausnahmeregelung sollte nicht für Fälle gelten, in denen die Parteien widersprüchliche ausschließliche Gerichtsstandsvereinbarungen geschlossen haben oder in denen ein in einer ausschließlichen Gerichtsstandsvereinbarung vereinbartes Gericht zuerst angerufen wurde. In solchen Fällen sollte die allgemeine Rechtshängigkeitsregel dieser Verordnung Anwendung finden.

(23) Diese Verordnung sollte eine flexible Regelung enthalten, die es den Gerichten der Mitgliedstaaten ermöglicht, vor den Gerichten von Drittstaaten anhängige Verfahren zu berücksichtigen, wobei insbesondere die Frage, ob eine in einem Drittstaat ergangene Entscheidung in dem betreffenden Mitgliedstaat nach dem Recht dieses Mitgliedstaats anerkannt und vollstreckt werden kann, sowie die geordnete Rechtspflege zu berücksichtigen sind.

(24) Bei der Berücksichtigung der geordneten Rechtspflege sollte das Gericht des betreffenden Mitgliedstaats alle Umstände des bei ihm anhängigen Falles prüfen. Hierzu können Verbindungen des Streitgegenstands und der Parteien zu dem betreffenden Drittstaat zählen wie auch die Frage, wie weit das Verfahren im Drittstaat zu dem Zeitpunkt, an dem ein Verfahren vor dem Gericht des Mitgliedstaats eingeleitet wird, bereits fortgeschritten ist, sowie die Frage, ob zu erwarten ist, dass das Gericht des Drittstaats innerhalb einer angemessenen Frist eine Entscheidung erlassen wird.

Dabei kann auch die Frage geprüft werden, ob das Gericht des Drittstaats unter Umständen, unter denen ein Gericht eines Mitgliedstaats ausschließlich zuständig wäre, im betreffenden Fall ausschließlich zuständig ist.

(25) Unter den Begriff einstweilige Maßnahmen einschließlich Sicherungsmaßnahmen sollten zum Beispiel Anordnungen zur Beweiserhebung oder Beweissicherung im Sinne der Artikel 6 und 7 der Richtlinie 2004/48/EG des Europäischen Parlaments und des Rates vom 29. April 2004 zur Durchsetzung der Rechte des geistigen Eigentums[11] fallen. Nicht mit eingeschlossen sein sollten Maßnahmen, die nicht auf Sicherung gerichtet sind, wie Anordnungen zur Zeugenvernehmung. Die Anwendung der Verordnung (EG) Nr. 1206/2001 des Rates vom 28. Mai 2001 über die Zusammenarbeit zwischen den Gerichten der Mitgliedstaaten auf dem Gebiet der Beweisaufnahme in Zivil- oder Handelssachen[12] sollte hiervon unberührt bleiben.

(26) Das gegenseitige Vertrauen in die Rechtspflege innerhalb der Union rechtfertigt den Grundsatz, dass eine in einem Mitgliedstaat ergangene Entscheidung in allen Mitgliedstaaten anerkannt wird, ohne dass es hierfür eines besonderen Verfahrens bedarf. Außerdem rechtfertigt die angestrebte Reduzierung des Zeit- und Kostenaufwands bei grenzüberschreitenden Rechtsstreitigkeiten die Abschaffung der Vollstreckbarerklärung, die der Vollstreckung im ersuchten Mitgliedstaat bisher vorausgehen musste. Eine von den Gerichten eines Mitgliedstaats erlassene Entscheidung sollte daher so behandelt werden, als sei sie im ersuchten Mitgliedstaat ergangen.

---

11 ABl. EU Nr. L 157 vom 30.4.2004, S. 45.
12 ABl. EU Nr. L 174 vom 27.6.2001, S. 1.

(27) Für die Zwecke des freien Verkehrs von gerichtlichen Entscheidungen sollte eine in einem Mitgliedstaat ergangene Entscheidung in einem anderen Mitgliedstaat selbst dann anerkannt und vollstreckt werden, wenn sie gegen eine Person ohne Wohnsitz in einem Mitgliedstaat ergangen ist.

(28) Enthält eine Entscheidung eine Maßnahme oder Anordnung, die im Recht des ersuchten Mitgliedstaats nicht bekannt ist, so wird diese Maßnahme oder Anordnung, einschließlich des in ihr bezeichneten Rechts, soweit möglich an eine Maßnahme oder Anordnung angepasst, mit der nach dem Recht dieses Mitgliedstaats vergleichbare Wirkungen verbunden sind und die ähnliche Ziele verfolgt. Wie und durch wen diese Anpassung zu erfolgen hat, sollte durch die einzelnen Mitgliedstaaten bestimmt werden.

(29) Die unmittelbare Vollstreckung ohne Vollstreckbarerklärung einer in einem anderen Mitgliedstaat ergangenen Entscheidung im ersuchten Mitgliedstaat sollte nicht die Achtung der Verteidigungsrechte beeinträchtigen. Deshalb sollte der Schuldner die Versagung der Anerkennung oder der Vollstreckung einer Entscheidung beantragen können, wenn er der Auffassung ist, dass einer der Gründe für die Versagung der Anerkennung vorliegt. Hierzu sollte der Grund gehören, dass ihm nicht die Gelegenheit gegeben wurde, seine Verteidigung vorzubereiten, wenn die Entscheidung in einer Zivilklage innerhalb eines Strafverfahrens in Abwesenheit ergangen ist. Auch sollten hierzu die Gründe gehören, die auf der Grundlage eines Abkommens zwischen dem ersuchten Mitgliedstaat und einem Drittstaat geltend gemacht werden könnten, das nach Artikel 59 des Brüsseler Übereinkommens von 1968 geschlossen wurde.

(30) Eine Partei, die die Vollstreckung einer in einem anderen Mitgliedstaat ergangenen Entscheidung anficht, sollte so weit wie möglich im Einklang mit dem Rechtssystem des ersuchten Mitgliedstaats in der Lage sein, im selben Verfahren außer den in dieser Verordnung genannten Versagungsgründen auch die im einzelstaatlichen Recht vorgesehenen Versagungsgründe innerhalb der nach diesem Recht vorgeschriebenen Fristen geltend zu machen. Allerdings sollte die Anerkennung einer Entscheidung nur versagt werden, wenn mindestens einer der in dieser Verordnung genannten Versagungsgründe gegeben ist.

(31) Solange ein Verfahren zur Anfechtung der Vollstreckung einer Entscheidung anhängig ist, sollten die Gerichte des ersuchten Mitgliedstaats während des gesamten Verfahrens aufgrund einer solchen Anfechtung, einschließlich dagegen gerichteter Rechtsbehelfe, den Fortgang der Vollstreckung unter der Voraussetzung zulassen können, dass die Vollstreckung einer Beschränkung unterliegt oder eine Sicherheit geleistet wird.

(32) Um den Schuldner über die Vollstreckung einer in einem anderen Mitgliedstaat ergangenen Entscheidung zu unterrichten, sollte die gemäß dieser Verordnung ausgestellte Bescheinigung – erforderlichenfalls zusammen mit der Entscheidung – dem Schuldner innerhalb einer angemessenen Frist vor der ersten Vollstreckungsmaßnahme zugestellt werden. In diesem Zusammenhang sollte als erste Vollstreckungsmaßnahme die erste Vollstreckungsmaßnahme nach einer solchen Zustellung gelten.

(33) Werden einstweilige Maßnahmen, einschließlich Sicherungsmaßnahmen, von einem Gericht angeordnet, das in der Hauptsache zuständig ist, so sollte ihr freier Verkehr nach dieser Verordnung gewährleistet sein. Allerdings sollten einstweilige Maßnahmen, einschließlich Sicherungsmaßnahmen, die angeordnet wurden, ohne dass der Beklagte vorgeladen wurde, nicht gemäß dieser Verordnung anerkannt und vollstreckt werden, es sei denn, die die Maßnahme enthaltende Entscheidung ist dem Beklagten vor der Vollstreckung zugestellt worden. Dies sollte die Anerkennung und Vollstreckung solcher Maßnahmen gemäß einzelstaatlichem Recht nicht ausschließen. Werden einstweilige Maßnahmen, einschließlich Sicherungsmaßnahmen, von einem Gericht eines Mitgliedstaats angeordnet, das für die Entscheidung in der Hauptsache nicht zuständig ist, sollte die Wirkung dieser Maßnahmen auf das Hoheitsgebiet des betreffenden Mitgliedstaats gemäß dieser Verordnung beschränkt werden.

(34) Um die Kontinuität zwischen dem Brüsseler Übereinkommen von 1968, der Verordnung (EG) Nr. 44/2001 und dieser Verordnung zu wahren, sollten Übergangsvorschriften vorgesehen werden. Dies gilt auch für die Auslegung des Brüsseler Übereinkommens von 1968 und der es ersetzenden Verordnungen durch den Gerichtshof der Europäischen Union.

(35) Um die internationalen Verpflichtungen, die die Mitgliedstaaten eingegangen sind, zu wahren, darf sich diese Verordnung nicht auf von den Mitgliedstaaten geschlossene Übereinkommen in besonderen Rechtsgebieten auswirken.

(36) Unbeschadet der Pflichten der Mitgliedstaaten nach den Verträgen sollte diese Verordnung nicht die Anwendung der bilateralen Übereinkünfte und Vereinbarungen berühren, die vor dem Inkrafttreten der Verordnung (EG) Nr. 44/2001 zwischen einem Drittstaat und einem Mitgliedstaat geschlossen wurden und in dieser Verordnung geregelte Angelegenheiten betreffen.

(37) Um sicherzustellen, dass die im Zusammenhang mit der Anerkennung oder Vollstreckung von Entscheidungen, öffentlichen Urkunden und gerichtlichen Vergleichen nach dieser Verordnung zu verwendenden Bescheinigungen stets auf dem neuesten Stand sind, sollte der Kommission die Befugnis übertragen werden, gemäß Artikel 290 AEUV Rechtsakte hinsichtlich Änderungen der Anhänge I und II dieser Verordnung zu erlassen. Es ist besonders wichtig, dass die Kommission bei ihren vorbereitenden Arbeiten angemessene Konsultationen auch auf Expertenebene durchführt. Bei der Vorbereitung und Ausarbeitung delegierter Rechtsakte sollte die Kommission dafür sorgen, dass die einschlägigen Dokumente dem Europäischen Parlament und dem Rat gleichzeitig, rechtzeitig und auf angemessene Weise übermittelt werden.

(38) Diese Verordnung steht im Einklang mit den Grundrechten und Grundsätzen, die mit der Charta der Grundrechte der Europäischen Union anerkannt wurden, insbesondere mit dem in Artikel 47 der Charta verbürgten Recht auf einen wirksamen Rechtsbehelf und ein unparteiisches Gericht.

(39) Da das Ziel dieser Verordnung auf der Ebene der Mitgliedstaaten nicht hinreichend verwirklicht werden kann und besser auf Unionsebene zu erreichen ist, kann die Union im Einklang mit dem Subsidiaritätsprinzip nach Artikel 5 des Vertrags über die Europäische Union (EUV) tätig werden. In Übereinstimmung mit dem in demselben Artikel genannten Grundsatz der Verhältnismäßigkeit geht diese Verordnung nicht über das zur Erreichung dieses Ziels erforderliche Maß hinaus.

(40) Das Vereinigte Königreich und Irland haben sich gemäß Artikel 3 des dem EUV und dem seinerzeitigen Vertrag zur Gründung der Europäischen Gemeinschaft beigefügten Protokolls über die Position des Vereinigten Königreichs und Irlands an der Annahme und Anwendung der Verordnung (EG) Nr. 44/2001 beteiligt. Gemäß Artikel 3 des dem EUV und dem AEUV beigefügten Protokolls Nr. 21 über die Position des Vereinigten Königreichs und Irlands hinsichtlich des Raums der Freiheit, der Sicherheit und des Rechts haben das Vereinigte Königreich und Irland mitgeteilt, dass sie sich an der Annahme und Anwendung dieser Verordnung beteiligen möchten.

(41) Gemäß den Artikeln 1 und 2 des dem EUV und dem AEUV beigefügten Protokolls Nr. 22 über die Position Dänemarks beteiligt sich Dänemark nicht an der Annahme dieser Verordnung und ist weder durch diese Verordnung gebunden noch zu ihrer Anwendung verpflichtet; dabei steht es Dänemark jedoch gemäß Artikel 3 des Abkommens vom 19. Oktober 2005 zwischen der Europäischen Gemeinschaft und dem Königreich Dänemark über die gerichtliche Zuständigkeit und die Anerkennung und Vollstreckung von Entscheidungen in Zivil- und Handelssachen[13] frei, die Änderungen der Verordnung (EG) Nr. 44/2001 anzuwenden —

haben folgende Verordnung erlassen:

Kapitel I
Anwendungsbereich

Artikel 1

(1) ¹Diese Verordnung ist in Zivil- und Handelssachen anzuwenden, ohne dass es auf die Art der Gerichtsbarkeit ankommt. ²Sie gilt insbesondere nicht für Steuer- und Zollsachen sowie verwaltungsrechtliche Angelegenheiten oder die Haftung des Staates für Handlungen oder Unterlassungen im Rahmen der Ausübung hoheitlicher Rechte (acta iure imperii).

(2) Sie ist nicht anzuwenden auf:

a) den Personenstand, die Rechts- und Handlungsfähigkeit sowie die gesetzliche Vertretung von natürlichen Personen, die ehelichen Güterstände oder Güterstände aufgrund von Verhältnissen, die nach dem auf diese Verhältnisse anzuwendenden Recht mit der Ehe vergleichbare Wirkungen entfalten,

b) Konkurse, Vergleiche und ähnliche Verfahren,

c) die soziale Sicherheit,

d) die Schiedsgerichtsbarkeit,

e) Unterhaltspflichten, die auf einem Familien-, Verwandtschafts- oder eherechtlichen Verhältnis oder auf Schwägerschaft beruhen,

f) das Gebiet des Testaments- und Erbrechts, einschließlich Unterhaltspflichten, die mit dem Tod entstehen.

---

13 ABl. EU Nr. L 299 vom 16.11.2005, S. 62.

Artikel 2
Für die Zwecke dieser Verordnung bezeichnet der Ausdruck

a) „Entscheidung" jede von einem Gericht eines Mitgliedstaats erlassene Entscheidung ohne Rücksicht auf ihre Bezeichnung wie Urteil, Beschluss, Zahlungsbefehl oder Vollstreckungsbescheid, einschließlich des Kostenfestsetzungsbeschlusses eines Gerichtsbediensteten.

[1]Für die Zwecke von Kapitel III umfasst der Ausdruck „Entscheidung" auch einstweilige Maßnahmen einschließlich Sicherungsmaßnahmen, die von einem nach dieser Verordnung in der Hauptsache zuständigen Gericht angeordnet wurden. [2]Hierzu gehören keine einstweiligen Maßnahmen einschließlich Sicherungsmaßnahmen, die von einem solchen Gericht angeordnet wurden, ohne dass der Beklagte vorgeladen wurde, es sei denn, die Entscheidung, welche die Maßnahme enthält, wird ihm vor der Vollstreckung zugestellt;

b) „gerichtlicher Vergleich" einen Vergleich, der von einem Gericht eines Mitgliedstaats gebilligt oder vor einem Gericht eines Mitgliedstaats im Laufe eines Verfahrens geschlossen worden ist;

c) „öffentliche Urkunde" ein Schriftstück, das als öffentliche Urkunde im Ursprungsmitgliedstaat förmlich errichtet oder eingetragen worden ist und dessen Beweiskraft

  i) sich auf die Unterschrift und den Inhalt der öffentlichen Urkunde bezieht und

  ii) durch eine Behörde oder eine andere hierzu ermächtigte Stelle festgestellt worden ist;

d) „Ursprungsmitgliedstaat" den Mitgliedstaat, in dem die Entscheidung ergangen, der gerichtliche Vergleich gebilligt oder geschlossen oder die öffentliche Urkunde förmlich errichtet oder eingetragen worden ist;

e) „ersuchter Mitgliedstaat" den Mitgliedstaat, in dem die Anerkennung der Entscheidung geltend gemacht oder die Vollstreckung der Entscheidung, des gerichtlichen Vergleichs oder der öffentlichen Urkunde beantragt wird;

f) „Ursprungsgericht" das Gericht, das die Entscheidung erlassen hat, deren Anerkennung geltend gemacht oder deren Vollstreckung beantragt wird.

Artikel 3
Für die Zwecke dieser Verordnung umfasst der Begriff „Gericht" die folgenden Behörden, soweit und sofern sie für eine in den Anwendungsbereich dieser Verordnung fallende Angelegenheit zuständig sind:

a) in Ungarn, bei summarischen Mahnverfahren (fizetési meghagyásos eljárás), den Notar (közjegyzö),

b) in Schweden, bei summarischen Mahnverfahren (betalningsföreläggande) und Beistandsverfahren (handräckning), das Amt für Beitreibung (Kronofogdemyndigheten).

Kapitel II
Zuständigkeiten

Abschnitt 1. Allgemeine Vorschriften

Artikel 4
(1) Vorbehaltlich der Vorschriften dieser Verordnung sind Personen, die ihren Wohnsitz im Hoheitsgebiet eines Mitgliedstaats haben, ohne Rücksicht auf ihre Staatsangehörigkeit vor den Gerichten dieses Mitgliedstaats zu verklagen.

(2) Auf Personen, die nicht dem Mitgliedstaat, in dem sie ihren Wohnsitz haben, angehören, sind die für Staatsangehörige dieses Mitgliedstaats maßgebenden Zuständigkeitsvorschriften anzuwenden.

Artikel 5
(1) Personen, die ihren Wohnsitz im Hoheitsgebiet eines Mitgliedstaats haben, können vor den Gerichten eines anderen Mitgliedstaats nur gemäß den Vorschriften der Abschnitte 2 bis 7 dieses Kapitels verklagt werden.

(2) Gegen die in Absatz 1 genannten Personen können insbesondere nicht die innerstaatlichen Zuständigkeitsvorschriften, welche die Mitgliedstaaten der Kommission gemäß Artikel 76 Absatz 1 Buchstabe a notifizieren, geltend gemacht werden.

Artikel 6
(1) Hat der Beklagte keinen Wohnsitz im Hoheitsgebiet eines Mitgliedstaats, so bestimmt sich vorbehaltlich des Artikels 18 Absatz 1, des Artikels 21 Absatz 2 und der Artikel 24 und 25 die Zuständigkeit der Gerichte eines jeden Mitgliedstaats nach dessen eigenem Recht.

(2) Gegenüber einem Beklagten, der keinen Wohnsitz im Hoheitsgebiet eines Mitgliedstaats hat, kann sich unabhängig von ihrer Staatsangehörigkeit jede Person, die ihren Wohnsitz im Hoheitsgebiet eines Mitgliedstaats hat, in diesem Mitgliedstaat auf die dort geltenden Zuständigkeitsvorschriften, insbesondere auf diejenigen, welche die Mitgliedstaaten der Kommission gemäß Artikel 76 Absatz 1 Buchstabe a notifizieren, wie ein Staatsangehöriger dieses Mitgliedstaats berufen.

Abschnitt 2. Besondere Zuständigkeiten

Artikel 7

Eine Person, die ihren Wohnsitz im Hoheitsgebiet eines Mitgliedstaats hat, kann in einem anderen Mitgliedstaat verklagt werden:

1. a) wenn ein Vertrag oder Ansprüche aus einem Vertrag den Gegenstand des Verfahrens bilden, vor dem Gericht des Ortes, an dem die Verpflichtung erfüllt worden ist oder zu erfüllen wäre;

   b) im Sinne dieser Vorschrift – und sofern nichts anderes vereinbart worden ist – ist der Erfüllungsort der Verpflichtung

   – für den Verkauf beweglicher Sachen der Ort in einem Mitgliedstaat, an dem sie nach dem Vertrag geliefert worden sind oder hätten geliefert werden müssen;

   – für die Erbringung von Dienstleistungen der Ort in einem Mitgliedstaat, an dem sie nach dem Vertrag erbracht worden sind oder hätten erbracht werden müssen;

   c) ist Buchstabe b nicht anwendbar, so gilt Buchstabe a;

2. wenn eine unerlaubte Handlung oder eine Handlung, die einer unerlaubten Handlung gleichgestellt ist, oder wenn Ansprüche aus einer solchen Handlung den Gegenstand des Verfahrens bilden, vor dem Gericht des Ortes, an dem das schädigende Ereignis eingetreten ist oder einzutreten droht;

3. wenn es sich um eine Klage auf Schadensersatz oder auf Wiederherstellung des früheren Zustands handelt, die auf eine mit Strafe bedrohte Handlung gestützt wird, vor dem Strafgericht, bei dem die öffentliche Klage erhoben ist, soweit dieses Gericht nach seinem Recht über zivilrechtliche Ansprüche erkennen kann;

4. wenn es sich um einen auf Eigentum gestützten zivilrechtlichen Anspruch zur Wiedererlangung eines Kulturguts im Sinne des Artikels 1 Nummer 1 der Richtlinie 93/7/EWG handelt, der von der Person geltend gemacht wurde, die das Recht auf Wiedererlangung eines solchen Gutes für sich in Anspruch nimmt, vor dem Gericht des Ortes, an dem sich das Kulturgut zum Zeitpunkt der Anrufung des Gerichts befindet;

5. wenn es sich um Streitigkeiten aus dem Betrieb einer Zweigniederlassung, einer Agentur oder einer sonstigen Niederlassung handelt, vor dem Gericht des Ortes, an dem sich diese befindet;

6. wenn es sich um eine Klage gegen einen Begründer, Trustee oder Begünstigten eines Trust handelt, der aufgrund eines Gesetzes oder durch schriftlich vorgenommenes oder schriftlich bestätigtes Rechtsgeschäft errichtet worden ist, vor den Gerichten des Mitgliedstaats, in dessen Hoheitsgebiet der Trust seinen Sitz hat;

7. wenn es sich um eine Streitigkeit wegen der Zahlung von Berge- und Hilfslohn handelt, der für Bergungs- oder Hilfe- leistungsarbeiten gefordert wird, die zugunsten einer Ladung oder einer Frachtforderung erbracht worden sind, vor dem Gericht, in dessen Zuständigkeitsbereich diese Ladung oder die entsprechende Frachtforderung

   a) mit Arrest belegt worden ist, um die Zahlung zu gewährleisten, oder

   b) mit Arrest hätte belegt werden können, jedoch dafür eine Bürgschaft oder eine andere Sicherheit geleistet worden ist;

   diese Vorschrift ist nur anzuwenden, wenn behauptet wird, dass der Beklagte Rechte an der Ladung oder an der Frachtforderung hat oder zur Zeit der Bergungs- oder Hilfeleistungsarbeiten hatte.

Artikel 8

Eine Person, die ihren Wohnsitz im Hoheitsgebiet eines Mitgliedstaats hat, kann auch verklagt werden:

1. wenn mehrere Personen zusammen verklagt werden, vor dem Gericht des Ortes, an dem einer der Beklagten seinen Wohnsitz hat, sofern zwischen den Klagen eine so enge Beziehung gegeben ist, dass eine gemeinsame Verhandlung und Entscheidung geboten erscheint, um zu vermeiden, dass in getrennten Verfahren widersprechende Entscheidungen ergehen könnten;

2. wenn es sich um eine Klage auf Gewährleistung oder um eine Interventionsklage handelt, vor dem Gericht des Hauptprozesses, es sei denn, dass die Klage nur erhoben worden ist, um diese Person dem für sie zuständigen Gericht zu entziehen;
3. wenn es sich um eine Widerklage handelt, die auf denselben Vertrag oder Sachverhalt wie die Klage selbst gestützt wird, vor dem Gericht, bei dem die Klage selbst anhängig ist;
4. wenn ein Vertrag oder Ansprüche aus einem Vertrag den Gegenstand des Verfahrens bilden und die Klage mit einer Klage wegen dinglicher Rechte an unbeweglichen Sachen gegen denselben Beklagten verbunden werden kann, vor dem Gericht des Mitgliedstaats, in dessen Hoheitsgebiet die unbewegliche Sache belegen ist.

Artikel 9

Ist ein Gericht eines Mitgliedstaats nach dieser Verordnung zur Entscheidung in Verfahren wegen einer Haftpflicht aufgrund der Verwendung oder des Betriebs eines Schiffes zuständig, so entscheidet dieses oder ein anderes an seiner Stelle durch das Recht dieses Mitgliedstaats bestimmtes Gericht auch über Klagen auf Beschränkung dieser Haftung.

Abschnitt 3. Zuständigkeit für Versicherungssachen

Artikel 10

Für Klagen in Versicherungssachen bestimmt sich die Zuständigkeit unbeschadet des Artikels 6 und des Artikels 7 Nummer 5 nach diesem Abschnitt.

Artikel 11

(1) Ein Versicherer, der seinen Wohnsitz im Hoheitsgebiet eines Mitgliedstaats hat, kann verklagt werden:

a) vor den Gerichten des Mitgliedstaats, in dem er seinen Wohnsitz hat,

b) in einem anderen Mitgliedstaat bei Klagen des Versicherungsnehmers, des Versicherten oder des Begünstigten vor dem Gericht des Ortes, an dem der Kläger seinen Wohnsitz hat, oder

c) falls es sich um einen Mitversicherer handelt, vor dem Gericht eines Mitgliedstaats, bei dem der federführende Versicherer verklagt wird.

(2) Hat der Versicherer im Hoheitsgebiet eines Mitgliedstaats keinen Wohnsitz, besitzt er aber in einem Mitgliedstaat eine Zweigniederlassung, Agentur oder sonstige Niederlassung, so wird er für Streitigkeiten aus ihrem Betrieb so behandelt, wie wenn er seinen Wohnsitz im Hoheitsgebiet dieses Mitgliedstaats hätte.

Artikel 12

¹Bei der Haftpflichtversicherung oder bei der Versicherung von unbeweglichen Sachen kann der Versicherer außerdem vor dem Gericht des Ortes, an dem das schädigende Ereignis eingetreten ist, verklagt werden. ²Das Gleiche gilt, wenn sowohl bewegliche als auch unbewegliche Sachen in ein und demselben Versicherungsvertrag versichert und von demselben Schadensfall betroffen sind.

Artikel 13

(1) Bei der Haftpflichtversicherung kann der Versicherer auch vor das Gericht, bei dem die Klage des Geschädigten gegen den Versicherten anhängig ist, geladen werden, sofern dies nach dem Recht des angerufenen Gerichts zulässig ist.

(2) Auf eine Klage, die der Geschädigte unmittelbar gegen den Versicherer erhebt, sind die Artikel 10, 11 und 12 anzuwenden, sofern eine solche unmittelbare Klage zulässig ist.

(3) Sieht das für die unmittelbare Klage maßgebliche Recht die Streitverkündung gegen den Versicherungsnehmer oder den Versicherten vor, so ist dasselbe Gericht auch für diese Personen zuständig.

Artikel 14

(1) Vorbehaltlich der Bestimmungen des Artikels 13 Absatz 3 kann der Versicherer nur vor den Gerichten des Mitgliedstaats klagen, in dessen Hoheitsgebiet der Beklagte seinen Wohnsitz hat, ohne Rücksicht darauf, ob dieser Versicherungsnehmer, Versicherter oder Begünstigter ist.

(2) Die Vorschriften dieses Abschnitts lassen das Recht unberührt, eine Widerklage vor dem Gericht zu erheben, bei dem die Klage selbst gemäß den Bestimmungen dieses Abschnitts anhängig ist.

Artikel 15

Von den Vorschriften dieses Abschnitts kann im Wege der Vereinbarung nur abgewichen werden,

1. wenn die Vereinbarung nach der Entstehung der Streitigkeit getroffen wird,
2. wenn sie dem Versicherungsnehmer, Versicherten oder Begünstigten die Befugnis einräumt, andere als die in diesem Abschnitt angeführten Gerichte anzurufen,
3. wenn sie zwischen einem Versicherungsnehmer und einem Versicherer, die zum Zeitpunkt des Vertragsabschlusses ihren Wohnsitz oder gewöhnlichen Aufenthalt in demselben Mitgliedstaat haben, getroffen ist, um die Zuständigkeit der Gerichte dieses Mitgliedstaats auch für den Fall zu begründen, dass das schädigende Ereignis im Ausland eintritt, es sei denn, dass eine solche Vereinbarung nach dem Recht dieses Mitgliedstaats nicht zulässig ist,
4. wenn sie von einem Versicherungsnehmer geschlossen ist, der seinen Wohnsitz nicht in einem Mitgliedstaat hat, ausgenommen soweit sie eine Versicherung, zu deren Abschluss eine gesetzliche Verpflichtung besteht, oder die Versicherung von unbeweglichen Sachen in einem Mitgliedstaat betrifft, oder
5. wenn sie einen Versicherungsvertrag betrifft, soweit dieser eines oder mehrere der in Artikel 16 aufgeführten Risiken deckt.

Artikel 16

Die in Artikel 15 Nummer 5 erwähnten Risiken sind die folgenden:
1. sämtliche Schäden
   a) an Seeschiffen, Anlagen vor der Küste und auf hoher See oder Luftfahrzeugen aus Gefahren, die mit ihrer Verwendung zu gewerblichen Zwecken verbunden sind,
   b) an Transportgütern, ausgenommen Reisegepäck der Passagiere, wenn diese Güter ausschließlich oder zum Teil mit diesen Schiffen oder Luftfahrzeugen befördert werden;
2. Haftpflicht aller Art mit Ausnahme der Haftung für Personenschäden an Passagieren oder Schäden an deren Reisegepäck,
   a) aus der Verwendung oder dem Betrieb von Seeschiffen, Anlagen oder Luftfahrzeugen gemäß Nummer 1 Buchstabe a, es sei denn, dass – was die letztgenannten betrifft – nach den Rechtsvorschriften des Mitgliedstaats, in dem das Luftfahrzeug eingetragen ist, Gerichtsstandsvereinbarungen für die Versicherung solcher Risiken untersagt sind,
   b) für Schäden, die durch Transportgüter während einer Beförderung im Sinne von Nummer 1 Buchstabe b verursacht werden;
3. finanzielle Verluste im Zusammenhang mit der Verwendung oder dem Betrieb von Seeschiffen, Anlagen oder Luftfahrzeugen gemäß Nummer 1 Buchstabe a, insbesondere Fracht- oder Charterverlust;
4. irgendein zusätzliches Risiko, das mit einem der unter den Nummern 1 bis 3 genannten Risiken in Zusammenhang steht;
5. unbeschadet der Nummern 1 bis 4 alle „Großrisiken" entsprechend der Begriffsbestimmung in der Richtlinie 2009/138/EG des Europäischen Parlaments und des Rates vom 25. November 2009 betreffend die Aufnahme und Ausübung der Versicherungs- und der Rückversicherungstätigkeit (Solvabilität II).

Abschnitt 4. Zuständigkeit bei Verbrauchersachen

Artikel 17

(1) Bilden ein Vertrag oder Ansprüche aus einem Vertrag, den eine Person, der Verbraucher, zu einem Zweck geschlossen hat, der nicht der beruflichen oder gewerblichen Tätigkeit dieser Person zugerechnet werden kann, den Gegenstand des Verfahrens, so bestimmt sich die Zuständigkeit unbeschadet des Artikels 6 und des Artikels 7 Nummer 5 nach diesem Abschnitt,
a) wenn es sich um den Kauf beweglicher Sachen auf Teilzahlung handelt,
b) wenn es sich um ein in Raten zurückzuzahlendes Darlehen oder ein anderes Kreditgeschäft handelt, das zur Finanzierung eines Kaufs derartiger Sachen bestimmt ist, oder
c) in allen anderen Fällen, wenn der andere Vertragspartner in dem Mitgliedstaat, in dessen Hoheitsgebiet der Verbraucher seinen Wohnsitz hat, eine berufliche oder gewerbliche Tätigkeit ausübt oder eine solche auf irgendeinem Wege auf diesen Mitgliedstaat oder auf mehrere Staaten, einschließlich dieses Mitgliedstaats, ausrichtet und der Vertrag in den Bereich dieser Tätigkeit fällt.

(2) Hat der Vertragspartner des Verbrauchers im Hoheitsgebiet eines Mitgliedstaats keinen Wohnsitz, besitzt er aber in einem Mitgliedstaat eine Zweigniederlassung, Agentur oder sons-

tige Niederlassung, so wird er für Streitigkeiten aus ihrem Betrieb so behandelt, wie wenn er seinen Wohnsitz im Hoheitsgebiet dieses Mitgliedstaats hätte.

(3) Dieser Abschnitt ist nicht auf Beförderungsverträge mit Ausnahme von Reiseverträgen, die für einen Pauschalpreis kombinierte Beförderungs- und Unterbringungsleistungen vorsehen, anzuwenden.

Artikel 18

(1) Die Klage eines Verbrauchers gegen den anderen Vertragspartner kann entweder vor den Gerichten des Mitgliedstaats erhoben werden, in dessen Hoheitsgebiet dieser Vertragspartner seinen Wohnsitz hat, oder ohne Rücksicht auf den Wohnsitz des anderen Vertragspartners vor dem Gericht des Ortes, an dem der Verbraucher seinen Wohnsitz hat.

(2) Die Klage des anderen Vertragspartners gegen den Verbraucher kann nur vor den Gerichten des Mitgliedstaats erhoben werden, in dessen Hoheitsgebiet der Verbraucher seinen Wohnsitz hat.

(3) Die Vorschriften dieses Artikels lassen das Recht unberührt, eine Widerklage vor dem Gericht zu erheben, bei dem die Klage selbst gemäß den Bestimmungen dieses Abschnitts anhängig ist.

Artikel 19

Von den Vorschriften dieses Abschnitts kann im Wege der Vereinbarung nur abgewichen werden,

1. wenn die Vereinbarung nach der Entstehung der Streitigkeit getroffen wird,
2. wenn sie dem Verbraucher die Befugnis einräumt, andere als die in diesem Abschnitt angeführten Gerichte anzurufen, oder
3. wenn sie zwischen einem Verbraucher und seinem Vertragspartner, die zum Zeitpunkt des Vertragsabschlusses ihren Wohnsitz oder gewöhnlichen Aufenthalt in demselben Mitgliedstaat haben, getroffen ist und die Zuständigkeit der Gerichte dieses Mitgliedstaats begründet, es sei denn, dass eine solche Vereinbarung nach dem Recht dieses Mitgliedstaats nicht zulässig ist.

Abschnitt 5. Zuständigkeit für individuelle Arbeitsverträge

Artikel 20

(1) Bilden ein individueller Arbeitsvertrag oder Ansprüche aus einem individuellen Arbeitsvertrag den Gegenstand des Verfahrens, so bestimmt sich die Zuständigkeit unbeschadet des Artikels 6, des Artikels 7 Nummer 5 und, wenn die Klage gegen den Arbeitgeber erhoben wurde, des Artikels 8 Nummer 1 nach diesem Abschnitt.

(2) Hat der Arbeitgeber, mit dem der Arbeitnehmer einen individuellen Arbeitsvertrag geschlossen hat, im Hoheitsgebiet eines Mitgliedstaats keinen Wohnsitz, besitzt er aber in einem Mitgliedstaat eine Zweigniederlassung, Agentur oder sonstige Niederlassung, so wird er für Streitigkeiten aus ihrem Betrieb so behandelt, wie wenn er seinen Wohnsitz im Hoheitsgebiet dieses Mitgliedstaats hätte.

Artikel 21

(1) Ein Arbeitgeber, der seinen Wohnsitz im Hoheitsgebiet eines Mitgliedstaats hat, kann verklagt werden:

a) vor den Gerichten des Mitgliedstaats, in dem er seinen Wohnsitz hat, oder
b) in einem anderen Mitgliedstaat
   i) vor dem Gericht des Ortes, an dem oder von dem aus der Arbeitnehmer gewöhnlich seine Arbeit verrichtet oder zuletzt gewöhnlich verrichtet hat, oder
   ii) wenn der Arbeitnehmer seine Arbeit gewöhnlich nicht in ein und demselben Staat verrichtet oder verrichtet hat, vor dem Gericht des Ortes, an dem sich die Niederlassung, die den Arbeitnehmer eingestellt hat, befindet oder befand.

(2) Ein Arbeitgeber, der seinen Wohnsitz nicht im Hoheitsgebiet eines Mitgliedstaats hat, kann vor dem Gericht eines Mitgliedstaats gemäß Absatz 1 Buchstabe b verklagt werden.

Artikel 22

(1) Die Klage des Arbeitgebers kann nur vor den Gerichten des Mitgliedstaats erhoben werden, in dessen Hoheitsgebiet der Arbeitnehmer seinen Wohnsitz hat.

(2) Die Vorschriften dieses Abschnitts lassen das Recht unberührt, eine Widerklage vor dem Gericht zu erheben, bei dem die Klage selbst gemäß den Bestimmungen dieses Abschnitts anhängig ist.

Artikel 23
Von den Vorschriften dieses Abschnitts kann im Wege der Vereinbarung nur abgewichen werden,
1. wenn die Vereinbarung nach der Entstehung der Streitigkeit getroffen wird oder
2. wenn sie dem Arbeitnehmer die Befugnis einräumt, andere als die in diesem Abschnitt angeführten Gerichte anzurufen.

Abschnitt 6. Ausschließliche Zuständigkeiten

Artikel 24
Ohne Rücksicht auf den Wohnsitz der Parteien sind folgende Gerichte eines Mitgliedstaats ausschließlich zuständig:
1. für Verfahren, welche dingliche Rechte an unbeweglichen Sachen sowie die Miete oder Pacht von unbeweglichen Sachen zum Gegenstand haben, die Gerichte des Mitgliedstaats, in dem die unbewegliche Sache belegen ist.

   Jedoch sind für Verfahren betreffend die Miete oder Pacht unbeweglicher Sachen zum vorübergehenden privaten Gebrauch für höchstens sechs aufeinander folgende Monate auch die Gerichte des Mitgliedstaats zuständig, in dem der Beklagte seinen Wohnsitz hat, sofern es sich bei dem Mieter oder Pächter um eine natürliche Person handelt und der Eigentümer sowie der Mieter oder Pächter ihren Wohnsitz in demselben Mitgliedstaat haben;
2. [1]für Verfahren, welche die Gültigkeit, die Nichtigkeit oder die Auflösung einer Gesellschaft oder juristischen Person oder die Gültigkeit der Beschlüsse ihrer Organe zum Gegenstand haben, die Gerichte des Mitgliedstaats, in dessen Hoheitsgebiet die Gesellschaft oder juristische Person ihren Sitz hat. [2]Bei der Entscheidung darüber, wo der Sitz sich befindet, wendet das Gericht die Vorschriften seines Internationalen Privatrechts an;
3. für Verfahren, welche die Gültigkeit von Eintragungen in öffentliche Register zum Gegenstand haben, die Gerichte des Mitgliedstaats, in dessen Hoheitsgebiet die Register geführt werden;
4. für Verfahren, welche die Eintragung oder die Gültigkeit von Patenten, Marken, Mustern und Modellen sowie ähnlicher Rechte, die einer Hinterlegung oder Registrierung bedürfen, zum Gegenstand haben, unabhängig davon, ob die Frage im Wege der Klage oder der Einrede aufgeworfen wird, die Gerichte des Mitgliedstaats, in dessen Hoheitsgebiet die Hinterlegung oder Registrierung beantragt oder vorgenommen worden ist oder aufgrund eines Unionsrechtsakts oder eines zwischenstaatlichen Übereinkommens als vorgenommen gilt.

   Unbeschadet der Zuständigkeit des Europäischen Patentamts nach dem am 5. Oktober 1973 in München unterzeichneten Übereinkommen über die Erteilung europäischer Patente sind die Gerichte eines jeden Mitgliedstaats für alle Verfahren ausschließlich zuständig, welche die Erteilung oder die Gültigkeit eines europäischen Patents zum Gegenstand haben, das für diesen Mitgliedstaat erteilt wurde.
5. für Verfahren, welche die Zwangsvollstreckung aus Entscheidungen zum Gegenstand haben, die Gerichte des Mitgliedstaats, in dessen Hoheitsgebiet die Zwangsvollstreckung durchgeführt werden soll oder durchgeführt worden ist.

Abschnitt 7. Vereinbarung über die Zuständigkeit

Artikel 25
(1) [1]Haben die Parteien unabhängig von ihrem Wohnsitz vereinbart, dass ein Gericht oder die Gerichte eines Mitgliedstaats über eine bereits entstandene Rechtsstreitigkeit oder über eine künftige aus einem bestimmten Rechtsverhältnis entspringende Rechtsstreitigkeit entscheiden sollen, so sind dieses Gericht oder die Gerichte dieses Mitgliedstaats zuständig, es sei denn, die Vereinbarung ist nach dem Recht dieses Mitgliedstaats materiell ungültig. [2]Dieses Gericht oder die Gerichte dieses Mitgliedstaats sind ausschließlich zuständig, sofern die Parteien nichts anderes vereinbart haben. [3]Die Gerichtsstandsvereinbarung muss geschlossen werden:
a) schriftlich oder mündlich mit schriftlicher Bestätigung,
b) in einer Form, welche den Gepflogenheiten entspricht, die zwischen den Parteien entstanden sind, oder
c) im internationalen Handel in einer Form, die einem Handelsbrauch entspricht, den die Parteien kannten oder kennen mussten und den Parteien von Verträgen dieser Art in dem be-

treffenden Geschäftszweig allgemein kennen und regelmäßig beachten.

(2) Elektronische Übermittlungen, die eine dauerhafte Aufzeichnung der Vereinbarung ermöglichen, sind der Schriftform gleichgestellt.

(3) Ist in schriftlich niedergelegten Trust-Bedingungen bestimmt, dass über Klagen gegen einen Begründer, Trustee oder Begünstigten eines Trust ein Gericht oder die Gerichte eines Mitgliedstaats entscheiden sollen, so ist dieses Gericht oder sind diese Gerichte ausschließlich zuständig, wenn es sich um Beziehungen zwischen diesen Personen oder ihre Rechte oder Pflichten im Rahmen des Trust handelt.

(4) Gerichtsstandsvereinbarungen und entsprechende Bestimmungen in Trust-Bedingungen haben keine rechtliche Wirkung, wenn sie den Vorschriften der Artikel 15, 19 oder 23 zuwiderlaufen oder wenn die Gerichte, deren Zuständigkeit abbedungen wird, aufgrund des Artikels 24 ausschließlich zuständig sind.

(5) Eine Gerichtsstandsvereinbarung, die Teil eines Vertrags ist, ist als eine von den übrigen Vertragsbestimmungen unabhängige Vereinbarung zu behandeln.

Die Gültigkeit der Gerichtsstandsvereinbarung kann nicht allein mit der Begründung in Frage gestellt werden, dass der Vertrag nicht gültig ist.

Artikel 26

(1) ¹Sofern das Gericht eines Mitgliedstaats nicht bereits nach anderen Vorschriften dieser Verordnung zuständig ist, wird es zuständig, wenn sich der Beklagte vor ihm auf das Verfahren einlässt. ²Dies gilt nicht, wenn der Beklagte sich einlässt, um den Mangel der Zuständigkeit geltend zu machen oder wenn ein anderes Gericht aufgrund des Artikels 24 ausschließlich zuständig ist.

(2) In Streitigkeiten nach den Abschnitten 3, 4 oder 5, in denen der Beklagte Versicherungsnehmer, Versicherter, Begünstigter eines Versicherungsvertrags, Geschädigter, Verbraucher oder Arbeitnehmer ist, stellt das Gericht, bevor es sich nach Absatz 1 für zuständig erklärt, sicher, dass der Beklagte über sein Recht, die Unzuständigkeit des Gerichts geltend zu machen, und über die Folgen der Einlassung oder Nichteinlassung auf das Verfahren belehrt wird.

Abschnitt 8. Prüfung der Zuständigkeit und der Zulässigkeit des Verfahrens

Artikel 27

Das Gericht eines Mitgliedstaats hat sich von Amts wegen für unzuständig zu erklären, wenn es wegen einer Streitigkeit angerufen wird, für die das Gericht eines anderen Mitgliedstaats aufgrund des Artikels 24 ausschließlich zuständig ist.

Artikel 28

(1) Lässt sich der Beklagte, der seinen Wohnsitz im Hoheitsgebiet eines Mitgliedstaats hat und der vor dem Gericht eines anderen Mitgliedstaats verklagt wird, auf das Verfahren nicht ein, so hat sich das Gericht von Amts wegen für unzuständig zu erklären, wenn seine Zuständigkeit nicht nach dieser Verordnung begründet ist.

(2) Das Gericht hat das Verfahren so lange auszusetzen, bis festgestellt ist, dass es dem Beklagten möglich war, das verfahrenseinleitende Schriftstück oder ein gleichwertiges Schriftstück so rechtzeitig zu empfangen, dass er sich verteidigen konnte oder dass alle hierzu erforderlichen Maßnahmen getroffen worden sind.

(3) An die Stelle von Absatz 2 tritt Artikel 19 der Verordnung (EG) Nr. 1393/2007 des Europäischen Parlaments und des Rates vom 13. November 2007 über die Zustellung gerichtlicher und außergerichtlicher Schriftstücke in Zivil- oder Handelssachen in den Mitgliedstaaten (Zustellung von Schriftstücken), wenn das verfahrenseinleitende Schriftstück oder ein gleichwertiges Schriftstück nach der genannten Verordnung von einem Mitgliedstaat in einen anderen zu übermitteln war.

(4) Ist die Verordnung (EG) Nr. 1393/2007 nicht anwendbar, so gilt Artikel 15 des Haager Übereinkommens vom 15. November 1965 über die Zustellung gerichtlicher und außergerichtlicher Schriftstücke im Ausland in Zivil- und Handelssachen, wenn das verfahrenseinleitende Schriftstück oder ein gleichwertiges Schriftstück nach dem genannten Übereinkommen im Ausland zu übermitteln war.

Abschnitt 9. Anhängigkeit und im Zusammenhang stehende Verfahren

Artikel 29

(1) Werden bei Gerichten verschiedener Mitgliedstaaten Klagen wegen desselben Anspruchs zwischen denselben Parteien anhängig gemacht, so setzt das später angerufene Gericht unbeschadet des Artikels 31 Absatz 2 das Verfahren von Amts wegen aus, bis die Zuständigkeit des zuerst angerufenen Gerichts feststeht.

(2) In den in Absatz 1 genannten Fällen teilt das angerufene Gericht auf Antrag eines anderen angerufenen Gerichts diesem unverzüglich mit, wann es gemäß Artikel 32 angerufen wurde.

(3) Sobald die Zuständigkeit des zuerst angerufenen Gerichts feststeht, erklärt sich das später angerufene Gericht zugunsten dieses Gerichts für unzuständig.

Artikel 30

(1) Sind bei Gerichten verschiedener Mitgliedstaaten Verfahren, die im Zusammenhang stehen, anhängig, so kann jedes später angerufene Gericht das Verfahren aussetzen.

(2) Ist das beim zuerst angerufenen Gericht anhängige Verfahren in erster Instanz anhängig, so kann sich jedes später angerufene Gericht auf Antrag einer Partei auch für unzuständig erklären, wenn das zuerst angerufene Gericht für die betreffenden Verfahren zuständig ist und die Verbindung der Verfahren nach seinem Recht zulässig ist.

(3) Verfahren stehen im Sinne dieses Artikels im Zusammenhang, wenn zwischen ihnen eine so enge Beziehung gegeben ist, dass eine gemeinsame Verhandlung und Entscheidung geboten erscheint, um zu vermeiden, dass in getrennten Verfahren widersprechende Entscheidungen ergehen könnten.

Artikel 31

(1) Ist für die Verfahren die ausschließliche Zuständigkeit mehrerer Gerichte gegeben, so hat sich das zuletzt angerufene Gericht zugunsten des zuerst angerufenen Gerichts für unzuständig zu erklären.

(2) Wird ein Gericht eines Mitgliedstaats angerufen, das gemäß einer Vereinbarung nach Artikel 25 ausschließlich zuständig ist, so setzt das Gericht des anderen Mitgliedstaats unbeschadet des Artikels 26 das Verfahren so lange aus, bis das auf der Grundlage der Vereinbarung angerufene Gericht erklärt hat, dass es gemäß der Vereinbarung nicht zuständig ist.

(3) Sobald das in der Vereinbarung bezeichnete Gericht die Zuständigkeit gemäß der Vereinbarung festgestellt hat, erklären sich die Gerichte des anderen Mitgliedstaats zugunsten dieses Gerichts für unzuständig.

(4) Die Absätze 2 und 3 gelten nicht für Streitigkeiten, die in den Abschnitten 3, 4 oder 5 genannt werden, wenn der Kläger Versicherungsnehmer, Versicherter, Begünstigter des Versicherungsvertrags, Geschädigter, Verbraucher oder Arbeitnehmer ist und die Vereinbarung nach einer in den genannten Abschnitten enthaltenen Bestimmung nicht gültig ist.

Artikel 32

(1) Für die Zwecke dieses Abschnitts gilt ein Gericht als angerufen:
a) zu dem Zeitpunkt, zu dem das verfahrenseinleitende Schriftstück oder ein gleichwertiges Schriftstück bei Gericht eingereicht worden ist, vorausgesetzt, dass der Kläger es in der Folge nicht versäumt hat, die ihm obliegenden Maßnahmen zu treffen, um die Zustellung des Schriftstücks an den Beklagten zu bewirken, oder
b) falls die Zustellung an den Beklagten vor Einreichung des Schriftstücks bei Gericht zu bewirken ist, zu dem Zeitpunkt, zu dem die für die Zustellung verantwortliche Stelle das Schriftstück erhalten hat, vorausgesetzt, dass der Kläger es in der Folge nicht versäumt hat, die ihm obliegenden Maßnahmen zu treffen, um das Schriftstück bei Gericht einzureichen.

Die für die Zustellung verantwortliche Stelle im Sinne von Buchstabe b ist die Stelle, die die zuzustellenden Schriftstücke zuerst erhält.

(2) Das Gericht oder die für die Zustellung verantwortliche Stelle gemäß Absatz 1 vermerkt das Datum der Einreichung des verfahrenseinleitenden Schriftstücks oder gleichwertigen Schriftstücks beziehungsweise das Datum des Eingangs der zuzustellenden Schriftstücke.

Artikel 33

(1) Beruht die Zuständigkeit auf Artikel 4 oder auf den Artikeln 7, 8 oder 9 und ist bei Anrufung eines Gerichts eines Mitgliedstaats wegen desselben Anspruchs zwischen denselben Parteien ein Verfahren vor dem Gericht eines Drittstaats anhängig, so kann das Gericht des Mitgliedstaats das Verfahren aussetzen, wenn

a) zu erwarten ist, dass das Gericht des Drittstaats eine Entscheidung erlassen wird, die in dem betreffenden Mitgliedstaat anerkannt und gegebenenfalls vollstreckt werden kann, und

b) das Gericht des Mitgliedstaats davon überzeugt ist, dass eine Aussetzung des Verfahrens im Interesse einer geordneten Rechtspflege erforderlich ist.

(2) Das Gericht des Mitgliedstaats kann das Verfahren jederzeit fortsetzen, wenn

a) das Verfahren vor dem Gericht des Drittstaats ebenfalls ausgesetzt oder eingestellt wurde,

b) das Gericht des Mitgliedstaats es für unwahrscheinlich hält, dass das vor dem Gericht des Drittstaats anhängige Verfahren innerhalb einer angemessenen Frist abgeschlossen wird, oder

c) die Fortsetzung des Verfahrens im Interesse einer geordneten Rechtspflege erforderlich ist.

(3) Das Gericht des Mitgliedstaats stellt das Verfahren ein, wenn das vor dem Gericht des Drittstaats anhängige Verfahren abgeschlossen ist und eine Entscheidung ergangen ist, die in diesem Mitgliedstaat anerkannt und gegebenenfalls vollstreckt werden kann.

(4) Das Gericht des Mitgliedstaats wendet diesen Artikel auf Antrag einer der Parteien oder, wenn dies nach einzelstaatlichem Recht möglich ist, von Amts wegen an.

Artikel 34

(1) Beruht die Zuständigkeit auf Artikel 4 oder auf den Artikeln 7, 8 oder 9 und ist bei Anrufung eines Gerichts eines Mitgliedstaats vor einem Gericht eines Drittstaats ein Verfahren anhängig, das mit dem Verfahren vor dem Gericht des Mitgliedstaats in Zusammenhang steht, so kann das Gericht des Mitgliedstaats das Verfahren aussetzen, wenn

a) eine gemeinsame Verhandlung und Entscheidung der in Zusammenhang stehenden Verfahren geboten erscheint, um zu vermeiden, dass in getrennten Verfahren widersprechende Entscheidungen ergehen könnten,

b) zu erwarten ist, dass das Gericht des Drittstaats eine Entscheidung erlassen wird, die in dem betreffenden Mitgliedstaat anerkannt und gegebenenfalls vollstreckt werden kann, und

c) das Gericht des Mitgliedstaats davon überzeugt ist, dass die Aussetzung im Interesse einer geordneten Rechtspflege erforderlich ist.

(2) Das Gericht des Mitgliedstaats kann das Verfahren jederzeit fortsetzen, wenn

a) das Gericht des Mitgliedstaats es für wahrscheinlich hält, dass die Gefahr widersprechender Entscheidungen nicht mehr besteht,

b) das Verfahren vor dem Gericht des Drittstaats ebenfalls ausgesetzt oder eingestellt wurde,

c) das Gericht des Mitgliedstaats es für unwahrscheinlich hält, dass das vor dem Gericht des Drittstaats anhängige Verfahren innerhalb einer angemessenen Frist abgeschlossen wird, oder

d) die Fortsetzung des Verfahrens im Interesse einer geordneten Rechtspflege erforderlich ist.

(3) Das Gericht des Mitgliedstaats kann das Verfahren einstellen, wenn das vor dem Gericht des Drittstaats anhängige Verfahren abgeschlossen ist und eine Entscheidung ergangen ist, die in diesem Mitgliedstaat anerkannt und gegebenenfalls vollstreckt werden kann.

(4) Das Gericht des Mitgliedstaats wendet diesen Artikel auf Antrag einer der Parteien oder, wenn dies nach einzelstaatlichem Recht möglich ist, von Amts wegen an.

Abschnitt 10. Einstweilige Maßnahmen einschließlich Sicherungsmaßnahmen

Artikel 35

Die im Recht eines Mitgliedstaats vorgesehenen einstweiligen Maßnahmen einschließlich Sicherungsmaßnahmen können bei den Gerichten dieses Mitgliedstaats auch dann beantragt werden, wenn für die Entscheidung in der Hauptsache das Gericht eines anderen Mitgliedstaats zuständig ist.

Kapitel III
Anerkennung und Vollstreckung

Abschnitt 1. Anerkennung

Artikel 36

(1) Die in einem Mitgliedstaat ergangenen Entscheidungen werden in den anderen Mitgliedstaaten anerkannt, ohne dass es hierfür eines besonderen Verfahrens bedarf.

(2) Jeder Berechtigte kann gemäß dem Verfahren nach Abschnitt 3 Unterabschnitt 2 die Feststellung beantragen, dass keiner der in Artikel 45 genannten Gründe für eine Versagung der Anerkennung gegeben ist.

(3) Wird die Anerkennung in einem Rechtsstreit vor dem Gericht eines Mitgliedstaats, dessen Entscheidung von der Versagung der Anerkennung abhängt, verlangt, so kann dieses Gericht über die Anerkennung entscheiden.

Artikel 37

(1) Eine Partei, die in einem Mitgliedstaat eine in einem anderen Mitgliedstaat ergangene Entscheidung geltend machen will, hat Folgendes vorzulegen:
a) eine Ausfertigung der Entscheidung, die die für ihre Beweiskraft erforderlichen Voraussetzungen erfüllt, und
b) die nach Artikel 53 ausgestellte Bescheinigung.

(2) [1]Das Gericht oder die Behörde, bei dem oder der eine in einem anderen Mitgliedstaat ergangene Entscheidung geltend gemacht wird, kann die Partei, die sie geltend macht, gegebenenfalls auffordern, eine Übersetzung oder eine Transliteration des Inhalts der in Absatz 1 Buchstabe b genannten Bescheinigung nach Artikel 57 zur Verfügung zu stellen. [2]Kann das Gericht oder die Behörde das Verfahren ohne eine Übersetzung der eigentlichen Entscheidung nicht fortsetzen, so kann es oder sie die Partei auffordern, eine Übersetzung der Entscheidung statt der Übersetzung des Inhalts der Bescheinigung zur Verfügung zu stellen.

Artikel 38

Das Gericht oder die Behörde, bei dem bzw. der eine in einem anderen Mitgliedstaat ergangene Entscheidung geltend gemacht wird, kann das Verfahren ganz oder teilweise aussetzen, wenn
a) die Entscheidung im Ursprungsmitgliedstaat angefochten wird oder
b) die Feststellung, dass keiner der in Artikel 45 genannten Gründe für eine Versagung der Anerkennung gegeben ist, oder die Feststellung, dass die Anerkennung aus einem dieser Gründe zu versagen ist, beantragt worden ist.

Abschnitt 2. Vollstreckung

Artikel 39

Eine in einem Mitgliedstaat ergangene Entscheidung, die in diesem Mitgliedstaat vollstreckbar ist, ist in den anderen Mitgliedstaaten vollstreckbar, ohne dass es einer Vollstreckbarerklärung bedarf.

Artikel 40

Eine vollstreckbare Entscheidung umfasst von Rechts wegen die Befugnis, jede Sicherungsmaßnahme zu veranlassen, die im Recht des ersuchten Mitgliedstaats vorgesehen ist.

Artikel 41

(1) [1]Vorbehaltlich der Bestimmungen dieses Abschnitts gilt für das Verfahren zur Vollstreckung der in einem anderen Mitgliedstaat ergangenen Entscheidungen das Recht des ersuchten Mitgliedstaats. [2]Eine in einem Mitgliedstaat ergangene Entscheidung, die im ersuchten Mitgliedstaat vollstreckbar ist, wird dort unter den gleichen Bedingungen vollstreckt wie eine im ersuchten Mitgliedstaat ergangene Entscheidung.

(2) Ungeachtet des Absatzes 1 gelten die im Recht des ersuchten Mitgliedstaats für die Verweigerung oder Aussetzung der Vollstreckung vorgesehenen Gründe, soweit sie nicht mit den in Artikel 45 aufgeführten Gründen unvereinbar sind.

(3) [1]Von der Partei, die die Vollstreckung einer in einem anderen Mitgliedstaat ergangenen Entscheidung beantragt, kann nicht verlangt werden, dass sie im ersuchten Mitgliedstaat über eine Postanschrift verfügt. [2]Es kann von ihr auch nicht verlangt werden, dass sie im ersuchten Mitgliedstaat über einen bevollmächtigten Vertreter verfügt, es sei denn, ein solcher Vertreter ist ungeachtet der Staatsangehörigkeit oder des Wohnsitzes der Parteien vorgeschrieben.

Artikel 42

(1) Soll in einem Mitgliedstaat eine in einem anderen Mitgliedstaat ergangene Entscheidung vollstreckt werden, hat der Antragsteller der zuständigen Vollstreckungsbehörde Folgendes vorzulegen:
a) eine Ausfertigung der Entscheidung, die die für ihre Beweiskraft erforderlichen Voraussetzungen erfüllt, und
b) die nach Artikel 53 ausgestellte Bescheinigung, mit der bestätigt wird, dass die Entscheidung vollstreckbar ist, und die einen Auszug aus der Entscheidung sowie gegebenenfalls

relevante Angaben zu den erstattungsfähigen Kosten des Verfahrens und der Berechnung der Zinsen enthält.

(2) Soll in einem Mitgliedstaat eine in einem anderen Mitgliedstaat ergangene Entscheidung vollstreckt werden, mit der eine einstweilige Maßnahme einschließlich einer Sicherungsmaßnahme angeordnet wird, hat der Antragsteller der zuständigen Vollstreckungsbehörde Folgendes vorzulegen:

a) eine Ausfertigung der Entscheidung, die die für ihre Beweiskraft erforderlichen Voraussetzungen erfüllt,

b) die nach Artikel 53 ausgestellte Bescheinigung, die eine Beschreibung der Maßnahme enthält und mit der bestätigt wird, dass

   i) das Gericht in der Hauptsache zuständig ist,

   ii) die Entscheidung im Ursprungsmitgliedstaat vollstreckbar ist, und

c) wenn die Maßnahme ohne Vorladung des Beklagten angeordnet wurde, den Nachweis der Zustellung der Entscheidung.

(3) Die zuständige Vollstreckungsbehörde kann gegebenenfalls vom Antragsteller gemäß Artikel 57 eine Übersetzung oder Transliteration des Inhalts der Bescheinigung verlangen.

(4) Die zuständige Vollstreckungsbehörde darf vom Antragsteller eine Übersetzung der Entscheidung nur verlangen, wenn sie das Verfahren ohne eine solche Übersetzung nicht fortsetzen kann.

Artikel 43

(1) ¹Soll eine in einem anderen Mitgliedstaat ergangene Entscheidung vollstreckt werden, so wird die gemäß Artikel 53 ausgestellte Bescheinigung dem Schuldner vor der ersten Vollstreckungsmaßnahme zugestellt. ²Der Bescheinigung wird die Entscheidung beigefügt, sofern sie dem Schuldner noch nicht zugestellt wurde.

(2) Hat der Schuldner seinen Wohnsitz in einem anderen Mitgliedstaat als dem Ursprungsmitgliedstaat, so kann er eine Übersetzung der Entscheidung verlangen, um ihre Vollstreckung anfechten zu können, wenn die Entscheidung nicht in einer der folgenden Sprachen abgefasst ist oder ihr keine Übersetzung in einer der folgenden Sprachen beigefügt ist:

a) einer Sprache, die er versteht, oder

b) der Amtssprache des Mitgliedstaats, in dem er seinen Wohnsitz hat, oder, wenn es in diesem Mitgliedstaat mehrere Amtssprachen gibt, in der Amtssprache oder einer der Amtssprachen des Ortes, an dem er seinen Wohnsitz hat.

Wird die Übersetzung der Entscheidung gemäß Unterabsatz 1 verlangt, so darf die Zwangsvollstreckung nicht über Sicherungsmaßnahmen hinausgehen, solange der Schuldner die Übersetzung nicht erhalten hat.

Dieser Absatz gilt nicht, wenn die Entscheidung dem Schuldner bereits in einer der in Unterabsatz 1 genannten Sprachen oder zusammen mit einer Übersetzung in eine dieser Sprachen zugestellt worden ist.

(3) Dieser Artikel gilt nicht für die Vollstreckung einer in einer Entscheidung enthaltenen Sicherungsmaßnahme oder wenn der Antragsteller Sicherungsmaßnahmen gemäß Artikel 40 erwirkt.

Artikel 44

(1) Wurde eine Versagung der Vollstreckung einer Entscheidung gemäß Abschnitt 3 Unterabschnitt 2 beantragt, so kann das Gericht im ersuchten Mitgliedstaat auf Antrag des Schuldners

a) das Vollstreckungsverfahren auf Sicherungsmaßnahmen beschränken,

b) die Vollstreckung von der Leistung einer vom Gericht zu bestimmenden Sicherheit abhängig machen oder

c) das Vollstreckungsverfahren insgesamt oder teilweise aussetzen.

(2) Die zuständige Behörde des ersuchten Mitgliedstaats setzt das Vollstreckungsverfahren auf Antrag des Schuldners aus, wenn die Vollstreckbarkeit der Entscheidung im Ursprungsmitgliedstaat ausgesetzt ist.

Abschnitt 3. Versagung der Anerkennung und Vollstreckung

Unterabschnitt 1. Versagung der Anerkennung

Artikel 45

(1) Die Anerkennung einer Entscheidung wird auf Antrag eines Berechtigten versagt, wenn

a) die Anerkennung der öffentlichen Ordnung (ordre public) des ersuchten Mitgliedstaats offensichtlich widersprechen würde;

b) dem Beklagten, der sich auf das Verfahren nicht eingelassen hat, das verfahrenseinleitende Schriftstück oder ein gleichwertiges Schriftstück nicht so rechtzeitig und in einer Weise zugestellt worden ist, dass er sich verteidigen konnte, es sei denn, der Beklagte hat gegen die Entscheidung keinen Rechtsbehelf eingelegt, obwohl er die Möglichkeit dazu hatte;

c) die Entscheidung mit einer Entscheidung unvereinbar ist, die zwischen denselben Parteien im ersuchten Mitgliedstaat ergangen ist;

d) die Entscheidung mit einer früheren Entscheidung unvereinbar ist, die in einem anderen Mitgliedstaat oder in einem Drittstaat in einem Rechtsstreit wegen desselben Anspruchs zwischen denselben Parteien ergangen ist, sofern die frühere Entscheidung die notwendigen Voraussetzungen für ihre Anerkennung im ersuchten Mitgliedstaat erfüllt, oder

e) die Entscheidung unvereinbar ist
  i) mit Kapitel II Abschnitte 3, 4 oder 5, sofern der Beklagte Versicherungsnehmer, Versicherter, Begünstigter des Versicherungsvertrags, Geschädigter, Verbraucher oder Arbeitnehmer ist, oder
  ii) mit Kapitel II Abschnitt 6.

(2) Das mit dem Antrag befasste Gericht ist bei der Prüfung, ob eine der in Absatz 1 Buchstabe e angeführten Zuständigkeiten gegeben ist, an die tatsächlichen Feststellungen gebunden, aufgrund deren das Ursprungsgericht seine Zuständigkeit angenommen hat.

(3) ¹Die Zuständigkeit des Ursprungsgerichts darf, unbeschadet des Absatzes 1 Buchstabe e, nicht nachgeprüft werden. ²Die Vorschriften über die Zuständigkeit gehören nicht zur öffentlichen Ordnung (ordre public) im Sinne des Absatzes 1 Buchstabe a.

(4) Der Antrag auf Versagung der Anerkennung ist gemäß den Verfahren des Unterabschnitts 2 und gegebenenfalls des Abschnitts 4 zu stellen.

Unterabschnitt 2. Versagung der Vollstreckung

Artikel 46

Die Vollstreckung einer Entscheidung wird auf Antrag des Schuldners versagt, wenn festgestellt wird, dass einer der in Artikel 45 genannten Gründe gegeben ist.

Artikel 47

(1) Der Antrag auf Versagung der Vollstreckung ist an das Gericht zu richten, das der Kommission von dem betreffenden Mitgliedstaat gemäß Artikel 75 Buchstabe a mitgeteilt wurde.

(2) Für das Verfahren zur Versagung der Vollstreckung ist, soweit es nicht durch diese Verordnung geregelt ist, das Recht des ersuchten Mitgliedstaats maßgebend.

(3) Der Antragsteller legt dem Gericht eine Ausfertigung der Entscheidung und gegebenenfalls eine Übersetzung oder Transliteration der Entscheidung vor.
¹Das Gericht kann auf die Vorlage der in Unterabsatz 1 genannten Schriftstücke verzichten, wenn ihm die Schriftstücke bereits vorliegen oder wenn es das Gericht für unzumutbar hält, vom Antragsteller die Vorlage der Schriftstücke zu verlangen. ²Im letztgenannten Fall kann das Gericht von der anderen Partei verlangen, diese Schriftstücke vorzulegen.

(4) ¹Von der Partei, die die Versagung der Vollstreckung einer in einem anderen Mitgliedstaat ergangenen Entscheidung beantragt, kann nicht verlangt werden, dass sie im ersuchten Mitgliedstaat über eine Postanschrift verfügt. ²Es kann von ihr auch nicht verlangt werden, dass sie im ersuchten Mitgliedstaat über einen bevollmächtigten Vertreter verfügt, es sei denn, ein solcher Vertreter ist ungeachtet der Staatsangehörigkeit oder des Wohnsitzes der Parteien vorgeschrieben.

Artikel 48

Das Gericht entscheidet unverzüglich über den Antrag auf Versagung der Vollstreckung.

Artikel 49

(1) Gegen die Entscheidung über den Antrag auf Versagung der Vollstreckung kann jede Partei einen Rechtsbehelf einlegen.

(2) Der Rechtsbehelf ist bei dem Gericht einzulegen, das der Kommission von dem betreffenden Mitgliedstaat gemäß Artikel 75 Buchstabe b mitgeteilt wurde.

Artikel 50

Gegen die Entscheidung, die über den Rechtsbehelf ergangen ist, kann nur ein Rechtsbehelf eingelegt werden, wenn der betreffende Mitgliedstaat der Kommission gemäß Artikel 75 Buchstabe c mitgeteilt hat, bei welchen Gerichten ein weiterer Rechtsbehelf einzulegen ist.

Artikel 51

(1) ^{1}Das mit einem Antrag auf Verweigerung der Vollstreckung befasste Gericht oder das nach Artikel 49 oder Artikel 50 mit einem Rechtsbehelf befasste Gericht kann das Verfahren aussetzen, wenn gegen die Entscheidung im Ursprungsmitgliedstaat ein ordentlicher Rechtsbehelf eingelegt wurde oder die Frist für einen solchen Rechtsbehelf noch nicht verstrichen ist. ^{2}Im letztgenannten Fall kann das Gericht eine Frist bestimmen, innerhalb derer der Rechtsbehelf einzulegen ist.

(2) Ist die Entscheidung in Irland, Zypern oder im Vereinigten Königreich ergangen, so gilt jeder im Ursprungsmitgliedstaat statthafte Rechtsbehelf als ordentlicher Rechtsbehelf im Sinne des Absatzes 1.

Abschnitt 4. Gemeinsame Vorschriften

Artikel 52

Eine in einem Mitgliedstaat ergangene Entscheidung darf im ersuchten Mitgliedstaat keinesfalls in der Sache selbst nachgeprüft werden.

Artikel 53

Das Ursprungsgericht stellt auf Antrag eines Berechtigten die Bescheinigung unter Verwendung des Formblatts in Anhang I aus.

Artikel 54

(1) Enthält eine Entscheidung eine Maßnahme oder Anordnung, die im Recht des ersuchten Mitgliedstaats nicht bekannt ist, so ist diese Maßnahme oder Anordnung soweit möglich an eine im Recht dieses Mitgliedstaats bekannte Maßnahme oder Anordnung anzupassen, mit der vergleichbare Wirkungen verbunden sind und die ähnliche Ziele und Interessen verfolgt.

Eine solche Anpassung darf nicht dazu führen, dass Wirkungen entstehen, die über die im Recht des Ursprungsmitgliedstaats vorgesehenen Wirkungen hinausgehen.

(2) Jede Partei kann die Anpassung der Maßnahme oder Anordnung vor einem Gericht anfechten.

(3) Die Partei, die die Entscheidung geltend macht oder deren Vollstreckung beantragt, kann erforderlichenfalls aufgefordert werden, eine Übersetzung oder Transliteration der Entscheidung zur Verfügung zu stellen.

Artikel 55

In einem Mitgliedstaat ergangene Entscheidungen, die auf Zahlung eines Zwangsgelds lauten, sind im ersuchten Mitgliedstaat nur vollstreckbar, wenn die Höhe des Zwangsgelds durch das Ursprungsgericht endgültig festgesetzt ist.

Artikel 56

Der Partei, die in einem Mitgliedstaat eine in einem anderen Mitgliedstaat ergangene Entscheidung vollstrecken will, darf wegen ihrer Eigenschaft als Ausländer oder wegen Fehlens eines Wohnsitzes oder Aufenthalts im ersuchten Mitgliedstaat eine Sicherheitsleistung oder Hinterlegung, unter welcher Bezeichnung es auch sei, nicht auferlegt werden.

Artikel 57

(1) Ist nach dieser Verordnung eine Übersetzung oder Transliteration erforderlich, so erfolgt die Übersetzung oder Transliteration in die Amtssprache des betreffenden Mitgliedstaats oder, wenn es in diesem Mitgliedstaat mehrere Amtssprachen gibt, nach Maßgabe des Rechts dieses Mitgliedstaats in die oder in eine der Verfahrenssprachen des Ortes, an dem eine in einem anderen Mitgliedstaat ergangene Entscheidung geltend gemacht oder ein Antrag gestellt wird.

(2) Bei den in den Artikeln 53 und 60 genannten Formblättern kann eine Übersetzung oder Transliteration auch in eine oder mehrere andere Amtssprachen der Organe der Union erfolgen, die der betreffende Mitgliedstaat für diese Formblätter zugelassen hat.

(3) Eine Übersetzung aufgrund dieser Verordnung ist von einer Person zu erstellen, die zur Anfertigung von Übersetzungen in einem der Mitgliedstaaten befugt ist.

Kapitel IV
Öffentliche Urkunden und gerichtliche Vergleiche

Artikel 58

(1) ¹Öffentliche Urkunden, die im Ursprungsmitgliedstaat vollstreckbar sind, sind in den anderen Mitgliedstaaten vollstreckbar, ohne dass es einer Vollstreckbarerklärung bedarf. ²Die Zwangsvollstreckung aus der öffentlichen Urkunde kann nur versagt werden, wenn sie der öffentlichen Ordnung (ordre public) des ersuchten Mitgliedstaats offensichtlich widersprechen würde.

Die Vorschriften des Kapitels III Abschnitt 2, des Abschnitts 3 Unterabschnitt 2 und des Abschnitts 4 sind auf öffentlichen Urkunden sinngemäß anzuwenden.

(2) Die vorgelegte öffentliche Urkunde muss die Voraussetzungen für ihre Beweiskraft erfüllen, die im Ursprungsmitgliedstaat erforderlich sind.

Artikel 59

Gerichtliche Vergleiche, die im Ursprungsmitgliedstaat vollstreckbar sind, werden in den anderen Mitgliedstaaten unter denselben Bedingungen wie öffentliche Urkunden vollstreckt.

Artikel 60

Die zuständige Behörde oder das Gericht des Ursprungsmitgliedstaats stellt auf Antrag eines Berechtigten die Bescheinigung mit einer Zusammenfassung der in der öffentlichen Urkunde beurkundeten vollstreckbaren Verpflichtung oder der in dem gerichtlichen Vergleich beurkundeten Parteivereinbarung unter Verwendung des Formblatts in Anhang II aus.

Kapitel V
Allgemeine Vorschriften

Artikel 61

Im Rahmen dieser Verordnung bedarf es hinsichtlich Urkunden, die in einem Mitgliedstaat ausgestellt werden, weder der Legalisation noch einer ähnlichen Förmlichkeit.

Artikel 62

(1) Ist zu entscheiden, ob eine Partei im Hoheitsgebiet des Mitgliedstaats, dessen Gerichte angerufen sind, einen Wohnsitz hat, so wendet das Gericht sein Recht an.

(2) Hat eine Partei keinen Wohnsitz in dem Mitgliedstaat, dessen Gerichte angerufen sind, so wendet das Gericht, wenn es zu entscheiden hat, ob die Partei einen Wohnsitz in einem anderen Mitgliedstaat hat, das Recht dieses Mitgliedstaats an.

Artikel 63

(1) Gesellschaften und juristische Personen haben für die Anwendung dieser Verordnung ihren Wohnsitz an dem Ort, an dem sich

a) ihr satzungsmäßiger Sitz,

b) ihre Hauptverwaltung oder

c) ihre Hauptniederlassung befindet.

(2) Im Falle Irlands, Zyperns und des Vereinigten Königreichs ist unter dem Ausdruck „satzungsmäßiger Sitz" das registered office oder, wenn ein solches nirgendwo besteht, der place of incorporation (Ort der Erlangung der Rechtsfähigkeit) oder, wenn auch ein solcher nirgendwo besteht, der Ort, nach dessen Recht die formation (Gründung) erfolgt ist, zu verstehen.

(3) Um zu bestimmen, ob ein Trust seinen Sitz in dem Mitgliedstaat hat, bei dessen Gerichten die Klage anhängig ist, wendet das Gericht sein Internationales Privatrecht an.

Artikel 64

¹Unbeschadet günstigerer innerstaatlicher Vorschriften können Personen, die ihren Wohnsitz im Hoheitsgebiet eines Mitgliedstaats haben und die vor den Strafgerichten eines anderen Mitgliedstaats, dessen Staatsangehörigkeit sie nicht besitzen, wegen einer fahrlässig begangenen Straftat verfolgt werden, sich von hierzu befugten Personen vertreten lassen, selbst wenn sie persönlich nicht erscheinen. ²Das Gericht kann jedoch das persönliche Erscheinen anordnen; wird diese Anordnung nicht befolgt, so braucht die Entscheidung, die über den Anspruch aus einem Rechtsverhältnis des Zivilrechts ergangen ist, ohne dass sich der Angeklagte verteidigen konnte, in den anderen Mitgliedstaaten weder anerkannt noch vollstreckt zu werden.

Artikel 65

(1) ¹Die in Artikel 8 Nummer 2 und Artikel 13 für eine Gewährleistungs- oder Interventionsklage vorgesehene Zuständigkeit kann in den Mitgliedstaaten, die in der von der Kommission nach Artikel 76 Absatz 1 Buchstabe b und Artikel 76 Absatz 2 festgelegten Liste aufgeführt sind, nur geltend gemacht werden, soweit das einzelstaatliche Recht dies zulässt. ²Eine Person, die ihren Wohnsitz in einem anderen Mitgliedstaat hat, kann aufgefordert werden, nach den Vorschriften über die Streitverkündung gemäß der genannten Liste einem Verfahren vor einem Gericht dieser Mitgliedstaaten beizutreten.

(2) ¹Entscheidungen, die in einem Mitgliedstaat aufgrund des Artikels 8 Nummer 2 oder des Artikels 13 ergangen sind, werden nach Kapitel III in allen anderen Mitgliedstaaten anerkannt und vollstreckt. ²Die Wirkungen, welche die Entscheidungen, die in den in der Liste nach Absatz 1 aufgeführten Mitgliedstaaten ergangen sind, gemäß dem Recht dieser Mitgliedstaaten infolge der Anwendung von Absatz 1 gegenüber Dritten haben, werden in den allen Mitgliedstaaten anerkannt.

(3) Die in der Liste nach Absatz 1 aufgeführten Mitgliedstaaten übermitteln im Rahmen des durch die Entscheidung 2001/470/EG des Rates errichteten Europäischen Justiziellen Netzes für Zivil- und Handelssachen („Europäisches Justizielles Netz") Informationen darüber, wie nach Maßgabe ihres innerstaatlichen Rechts die in Absatz 2 Satz 2 genannten Wirkungen der Entscheidungen bestimmt werden können.

Kapitel VI
Übergangsvorschriften

Artikel 66

(1) Diese Verordnung ist nur auf Verfahren, öffentliche Urkunden oder gerichtliche Vergleiche anzuwenden, die am 10. Januar 2015 oder danach eingeleitet, förmlich errichtet oder eingetragen bzw. gebilligt oder geschlossen worden sind.

(2) Ungeachtet des Artikels 80 gilt die Verordnung (EG) Nr. 44/2001 weiterhin für Entscheidungen, die in vor dem 10. Januar 2015 eingeleiteten gerichtlichen Verfahren ergangen sind, für vor diesem Zeitpunkt förmlich errichtete oder eingetragene öffentliche Urkunden sowie für vor diesem Zeitpunkt gebilligte oder geschlossene gerichtliche Vergleiche, sofern sie in den Anwendungsbereich der genannten Verordnung fallen.

Kapitel VII
Verhältnis zu anderen Rechtsinstrumenten

Artikel 67

Diese Verordnung berührt nicht die Anwendung der Bestimmungen, die für besondere Rechtsgebiete die gerichtliche Zuständigkeit oder die Anerkennung und Vollstreckung von Entscheidungen regeln und in Unionsrechtsakten oder in dem in Ausführung dieser Rechtsakte harmonisierten einzelstaatlichen Recht enthalten sind.

Artikel 68

(1) Diese Verordnung tritt im Verhältnis zwischen den Mitgliedstaaten an die Stelle des Brüsseler Übereinkommens von 1968, außer hinsichtlich der Hoheitsgebiete der Mitgliedstaaten, die in den territorialen Anwendungsbereich des genannten Übereinkommens fallen und aufgrund der Anwendung von Artikel 355 AEUV von dieser Verordnung ausgeschlossen sind.

(2) Soweit diese Verordnung die Bestimmungen des Brüsseler Übereinkommens von 1968 zwischen den Mitgliedstaaten ersetzt, gelten Verweise auf dieses Übereinkommen als Verweise auf die vorliegende Verordnung.

Artikel 69

¹Diese Verordnung ersetzt unbeschadet der Artikel 70 und 71 im Verhältnis zwischen den Mitgliedstaaten die Übereinkünfte, die sich auf dieselben Rechtsgebiete erstrecken wie diese Verordnung. ²Ersetzt werden insbesondere die Übereinkünfte, die in der von der Kommission nach Artikel 76 Absatz 1 Buchstabe c und Artikel 76 Absatz 2 festgelegten Liste aufgeführt sind.

Artikel 70

(1) Die in Artikel 69 genannten Übereinkünfte behalten ihre Wirksamkeit für die Rechtsgebiete, auf die diese Verordnung nicht anzuwenden ist.

(2) Sie bleiben auch weiterhin für die Entscheidungen, öffentlichen Urkunden und gerichtlichen Vergleiche wirksam, die vor dem Inkrafttreten der Verordnung (EG) Nr. 44/2001 ergangen, förmlich errichtet oder eingetragen bzw. gebilligt oder geschlossen worden sind.

Artikel 71

(1) Diese Verordnung lässt Übereinkünfte unberührt, denen die Mitgliedstaaten angehören und die für besondere Rechtsgebiete die gerichtliche Zuständigkeit, die Anerkennung oder die Vollstreckung von Entscheidungen regeln.

(2) Um eine einheitliche Auslegung des Absatzes 1 zu sichern, wird er in folgender Weise angewandt:

a) Diese Verordnung schließt nicht aus, dass ein Gericht eines Mitgliedstaats, der Vertragspartei einer Übereinkunft über ein besonderes Rechtsgebiet ist, seine Zuständigkeit auf eine solche Übereinkunft stützt, und zwar auch dann, wenn der Beklagte seinen Wohnsitz im Hoheitsgebiet eines Mitgliedstaats hat, der nicht Vertragspartei einer solchen Übereinkunft ist. In jedem Fall wendet dieses Gericht Artikel 28 dieser Verordnung an.

b) Entscheidungen, die in einem Mitgliedstaat von einem Gericht erlassen worden sind, das seine Zuständigkeit auf eine Übereinkunft über ein besonderes Rechtsgebiet gestützt hat, werden in den anderen Mitgliedstaaten nach dieser Verordnung anerkannt und vollstreckt.

¹Sind der Ursprungsmitgliedstaat und der ersuchte Mitgliedstaat Vertragsparteien einer Übereinkunft über ein besonderes Rechtsgebiet, welche die Voraussetzungen für die Anerkennung und Vollstreckung von Entscheidungen regelt, so gelten diese Voraussetzungen. ²In jedem Fall können die Bestimmungen dieser Verordnung über die Anerkennung und Vollstreckung von Entscheidungen angewandt werden.

Artikel 71a

(1) Für die Zwecke dieser Verordnung gilt ein gemeinsames Gericht mehrerer Mitgliedstaaten gemäß Absatz 2 („gemeinsames Gericht") als ein Gericht eines Mitgliedstaats, wenn das gemeinsame Gericht gemäß der zu seiner Errichtung geschlossenen Übereinkunft eine gerichtliche Zuständigkeit in Angelegenheiten ausübt, die in den Anwendungsbereich dieser Verordnung fallen.

(2) Jedes der folgenden Gerichte ist für die Zwecke dieser Verordnung ein gemeinsames Gericht:

a) das mit dem am 19. Februar 2013 unterzeichneten Übereinkommen zur Schaffung eines Einheitlichen Patentgerichts („EPG-Übereinkommen") errichtete Einheitliche Patentgericht und

b) der mit dem Vertrag vom 31. März 1965 über die Gründung und die Satzung des Benelux-Gerichtshofs (im Folgenden „Benelux-Gerichtshof-Vertrag") errichtete Benelux-Gerichtshof.

Artikel 71b

Die Zuständigkeit eines gemeinsamen Gerichts wird wie folgt bestimmt:

1. Ein gemeinsames Gericht ist zuständig, wenn die Gerichte eines Mitgliedstaats, der Partei der Übereinkunft zur Errichtung des gemeinsamen Gerichts ist, nach Maßgabe dieser Verordnung in einem unter die betreffende Übereinkunft fallenden Rechtsgebiet zuständig wären.

2. In Fällen, in denen der Beklagte seinen Wohnsitz nicht in einem Mitgliedstaat hat und diese Verordnung die ihn betreffende gerichtliche Zuständigkeit nicht anderweitig begründet, findet Kapitel II, soweit einschlägig, ungeachtet des Wohnsitzes des Beklagten Anwendung. Einstweilige Maßnahmen einschließlich Sicherungsmaßnahmen können bei einem gemeinsamen Gericht auch dann beantragt werden, wenn für die Entscheidung in der Hauptsache die Gerichte eines Drittstaats zuständig sind.

3. Ist ein gemeinsames Gericht hinsichtlich eines Beklagten nach Nummer 2 in einem Rechtsstreit über eine Verletzung eines Europäischen Patents, die zu einem Schaden innerhalb der Union geführt hat, zuständig, kann dieses Gericht seine Zuständigkeit auch hinsichtlich eines aufgrund einer solchen Verletzung außerhalb der Union entstandenen Schadens ausüben.

Diese Zuständigkeit kann nur begründet werden, wenn dem Beklagten gehörendes Vermögen in einem Mitgliedstaat belegen ist, der Vertragspartei der Übereinkunft zur Errichtung des gemeinsamen Gerichts ist und der Rechtsstreit einen hinreichenden Bezug zu einem solchen Mitgliedstaat aufweist.

Artikel 71c

(1) Die Artikel 29 bis 32 finden Anwendung, wenn ein gemeinsames Gericht und ein Gericht eines Mitgliedstaats, der nicht Vertragspartei der Übereinkunft zur Errichtung des gemeinsamen Gerichts ist, angerufen werden.

(2) Die Artikel 29 bis 32 finden Anwendung, wenn während des Übergangszeitraums gemäß Artikel 83 des EPG-Übereinkommens das Einheitliche Patentgericht und ein Gericht eines Mitgliedstaats angerufen werden, der Vertragspartei des EPG-Übereinkommens ist.

Artikel 71d

Diese Verordnung findet Anwendung auf die Anerkennung und Vollstreckung von

a) Entscheidungen eines gemeinsamen Gerichts, die in einem Mitgliedstaat, der nicht Vertragspartei der Übereinkunft zur Errichtung des gemeinsamen Gerichts ist, anerkannt und vollstreckt werden müssen, und

b) Entscheidungen der Gerichte eines Mitgliedstaats, der nicht Vertragspartei der Übereinkunft zur Errichtung des gemeinsamen Gerichts ist, die in einem Mitgliedstaat, der Vertragspartei dieser Übereinkunft ist, anerkannt und vollstreckt werden müssen.

Wird die Anerkennung und Vollstreckung einer Entscheidung eines gemeinsamen Gerichts jedoch in einem Mitgliedstaat beantragt, der Vertragspartei der Übereinkunft zur Errichtung des gemeinsamen Gerichts ist, gelten anstelle dieser Verordnung alle die Anerkennung und Vollstreckung betreffenden Bestimmungen der Übereinkunft.

Artikel 72

Diese Verordnung lässt Vereinbarungen unberührt, durch die sich die Mitgliedstaaten vor Inkrafttreten der Verordnung (EG) Nr. 44/2001 nach Artikel 59 des Brüsseler Übereinkommens von 1968 verpflichtet haben, Entscheidungen der Gerichte eines anderen Vertragsstaats des genannten Übereinkommens gegen Beklagte, die ihren Wohnsitz oder gewöhnlichen Aufenthalt im Hoheitsgebiet eines Drittstaats haben, nicht anzuerkennen, wenn die Entscheidungen in den Fällen des Artikels 4 des genannten Übereinkommens nur in einem der in Artikel 3 Absatz 2 des genannten Übereinkommens angeführten Gerichtsstände ergehen können.

Artikel 73

(1) Diese Verordnung lässt die Anwendung des Übereinkommens von Lugano von 2007 unberührt.

(2) Diese Verordnung lässt die Anwendung des Übereinkommens von New York von 1958 unberührt.

(3) Diese Verordnung lässt die Anwendung der bilateralen Übereinkünfte und Vereinbarungen zwischen einem Drittstaat und einem Mitgliedstaat unberührt, die vor dem Inkrafttreten der Verordnung (EG) Nr. 44/2001 geschlossen wurden und in dieser Verordnung geregelte Angelegenheiten betreffen.

Kapitel VIII
Schlussvorschriften

Artikel 74

Die Mitgliedstaaten übermitteln im Rahmen des Europäischen Justiziellen Netzes für Zivil- und Handelssachen eine Beschreibung der einzelstaatlichen Vollstreckungsvorschriften und -verfahren, einschließlich Angaben über die Vollstreckungsbehörden, sowie Informationen über alle Vollstreckungsbeschränkungen, insbesondere über Schuldnerschutzvorschriften und Verjährungsfristen, im Hinblick auf die Bereitstellung dieser Informationen für die Öffentlichkeit.

Die Mitgliedstaaten halten diese Informationen stets auf dem neuesten Stand.

Artikel 75

Die Mitgliedstaaten teilen der Kommission bis zum 10. Januar 2014 mit,

a) an welches Gericht der Antrag auf Versagung der Vollstreckung gemäß Artikel 47 Absatz 1 zu richten ist;

b) bei welchen Gerichten der Rechtsbehelf gegen die Entscheidung über den Antrag auf Versagung der Vollstreckung gemäß Artikel 49 Absatz 2 einzulegen ist;

c) bei welchen Gerichten ein weiterer Rechtsbehelf gemäß Artikel 50 einzulegen ist und

d) welche Sprachen für die Übersetzung der Formblätter nach Artikel 57 Absatz 2 zugelassen sind.

Die Angaben werden von der Kommission in geeigneter Weise, insbesondere über das Europäische Justizielle Netz für Zivil- und Handelssachen, der Öffentlichkeit zur Verfügung gestellt.

Artikel 76

(1) Die Mitgliedstaaten notifizieren der Kommission
a) die Zuständigkeitsvorschriften nach Artikel 5 Absatz 2 und Artikel 6 Absatz 2,
b) die Regeln für die Streitverkündung nach Artikel 65 und
c) die Übereinkünfte nach Artikel 69.
(2) Die Kommission legt anhand der in Absatz 1 genannten Notifizierungen der Mitgliedstaaten die jeweiligen Listen fest.
(3) ¹Die Mitgliedstaaten notifizieren der Kommission alle späteren Änderungen, die an diesen Listen vorgenommen werden müssen. ²Die Kommission passt diese Listen entsprechend an.
(4) Die Kommission veröffentlicht die Listen und alle späteren Änderungen dieser Listen im Amtsblatt der Europäischen Union.
(5) Die Kommission stellt der Öffentlichkeit alle nach den Absätzen 1 und 3 notifizierten Informationen auf andere geeignete Weise, insbesondere über das Europäische Justizielle Netz, zur Verfügung.

Artikel 77

Der Kommission wird die Befugnis übertragen, gemäß Artikel 78 in Bezug auf die Änderung der Anhänge I und II delegierte Rechtsakte zu erlassen.

Artikel 78

(1) Die der Kommission übertragene Befugnis zum Erlass delegierter Rechtsakte unterliegt den Bedingungen dieses Artikels.
(2) Die Befugnis zum Erlass delegierter Rechtsakte gemäß Artikel 77 wird der Kommission auf unbestimmte Zeit ab dem 9. Januar 2013 übertragen.
(3) ¹Die Befugnisübertragung gemäß Artikel 77 kann vom Europäischen Parlament oder vom Rat jederzeit widerrufen werden. ²Der Beschluss über den Widerruf beendet die Übertragung der darin genannten Befugnisse. ³Der Beschluss tritt am Tag nach Veröffentlichung des Beschlusses im Amtsblatt der Europäischen Union oder zu einem späteren, in dem Beschluss festgelegten Zeitpunkt in Kraft. ⁴Er berührt nicht die Gültigkeit bereits in Kraft getretener delegierter Rechtsakte.
(4) Sobald die Kommission einen delegierten Rechtsakt erlässt, übermittelt sie ihn gleichzeitig dem Europäischen Parlament und dem Rat.
(5) ¹Ein gemäß Artikel 77 erlassener delegierter Rechtsakt tritt nur in Kraft, wenn weder das Europäische Parlament noch der Rat innerhalb einer Frist von zwei Monaten nach Übermittlung dieses Rechtsakts an das Europäische Parlament und den Rat Einwände erhoben hat oder wenn vor Ablauf dieser Frist sowohl das Europäische Parlament als auch der Rat der Kommission mitgeteilt haben, dass sie keine Einwände zu erheben beabsichtigen. ²Diese Frist wird auf Initiative des Europäischen Parlaments oder des Rates um zwei Monate verlängert.

Artikel 79

¹Die Kommission legt dem Europäischen Parlament, dem Rat und dem Europäischen Wirtschafts- und Sozialausschuss bis zum 11. Januar 2022 einen Bericht über die Anwendung dieser Verordnung vor. ²Dieser Bericht enthält auch eine Bewertung der Frage, ob die Zuständigkeitsvorschriften weiter ausgedehnt werden sollten auf Beklagte, die ihren Wohnsitz nicht in einem Mitgliedstaat haben, wobei der Funktionsweise dieser Verordnung und möglichen Entwicklungen auf internationaler Ebene Rechnung zu tragen ist. ³Dem Bericht wird gegebenenfalls ein Vorschlag zur Änderung dieser Verordnung beigefügt.

Artikel 80

¹Die Verordnung (EG) Nr. 44/2001 wird durch diese Verordnung aufgehoben. ²Bezugnahmen auf die aufgehobene Verordnung gelten als Bezugnahmen auf die vorliegende Verordnung und sind nach Maßgabe der Entsprechungstabelle in Anhang III zu lesen.

Artikel 81

Diese Verordnung tritt am zwanzigsten Tag nach ihrer Veröffentlichung im Amtsblatt der Europäischen Union in Kraft.
Sie gilt ab dem 10. Januar 2015, mit Ausnahme der Artikel 75 und 76, die ab dem 10. Januar 2014 gelten.

Die Anhänge der Verordnung sind nicht abgedruckt.

Gesetz, betreffend die Einführung der Zivilprozeßordnung (EGZPO)

vom 30. Januar 1877 (RGBl. S. 244)
zuletzt geändert durch Art. 4 des Gesetzes zur Änderung der Insolvenzordnung und zur Änderung des Einführungsgesetzes zur Zivilprozessordnung vom 22.12.2016 (BGBl. I S. 3147)

§ 1
[weggefallen]

§ 2
[weggefallen]

§ 3
[Geltungsbereich der ZPO]

(1) Die Zivilprozeßordnung findet auf alle bürgerlichen Rechtsstreitigkeiten Anwendung, welche vor die ordentlichen Gerichte gehören.

(2) Insoweit die Gerichtsbarkeit in bürgerlichen Rechtsstreitigkeiten, für welche besondere Gerichte zugelassen sind, durch die Landesgesetzgebung den ordentlichen Gerichten übertragen wird, kann dieselbe ein abweichendes Verfahren gestatten.

Abs. 1 sieht vor, dass für alle **bürgerlichen Streitigkeiten** die ZPO zur Anwendung kommt. Bürgerliche Streitigkeiten werden neben den Strafverfahren über § 13 GVG den Gerichten der ordentlichen Gerichtsbarkeit zugewiesen. Der Begriff der bürgerlichen Rechtsstreitigkeiten in § 13 GVG und § 4 EGZPO ist identisch.[1] 1

Durch § 3 Abs. 1 EGZPO wird für bürgerliche Rechtsstreitigkeiten sodann die Anwendbarkeit der **Zivilprozessordnung** vom Gesetzgeber vorgegeben, nachdem die ZPO selbst hierzu keine Regelung enthält. Fehlt es an „spezielleren" Anwendungsregeln wie etwa der des § 1 FamFG, durch die für Verfahren in Familiensachen (§ 111 FamFG)[2] sowie für im FamFG nicht näher definierte Angelegenheiten der freiwilligen Gerichtsbarkeit[3] vorrangig das FamFG als Verfahrensordnung Anwendung findet, verbleibt es allein bei der Geltung der ZPO. Legitimiert durch die verfassungsrechtliche Regelungskompetenz des Bundes nach Art. 74 Abs. 1 Nr. 1 GG kann das Bundesgesetz des § 3 Abs. 1 EGZPO dabei die ZPO auch für alle von den Ländern einzurichtenden Gerichte der ordentlichen Gerichtsbarkeit erstrecken.[4] Soweit durch ein Bundesgesetz – für Landesgesetze ist Abs. 2 zu beachten – eine Streitigkeit den ordentlichen Gerichten zugewiesen wird, gilt für das Verfahren dann ebenfalls die ZPO. 2

Abs. 2 eröffnet den Ländern im Falle einer Zuweisung von Rechtsstreitigkeiten mittels Landesgesetz an die ordentliche Gerichtsbarkeit, für die dem Grunde nach durch ein Bundesgesetz die Einrichtung besonderer Gerichte vorgesehen ist, eine abweichende Regelung hinsichtlich des Geltungsbereichs der ZPO. Als besondere Gerichte kommen derzeit die Schifffahrtsgerichte nach § 14 GVG in Betracht. In diesem Zusammenhang sind dann aber wiederum die – bundesgesetzlichen – Vorgaben des BinSchGerG[5] sowie der MA-Akte zu beachten.[6] 3

---

1 BGHZ 9, 399 (343) = NJW 1953, 1141; BGHZ 31, 115 (116) = NJW 1960, 242.
2 Weiterführend Bahrenfuss-*Bahrenfuss*, FamFG, § 1 Rn. 3.
3 Hierzu Bahrenfuss-*Bahrenfuss*, FamFG, § 1 Rn. 4 ff.
4 Vgl. MK-*Gruber*, ZPO, § 3 EGZPO Rn. 1.
5 Etwa § 8 BinSchGerG: Ausschluss der Anwendbarkeit von § 495a ZPO.
6 Vgl. MK-*Gruber*, ZPO, § 3 EGZPO Rn. 2.

§ 4
[Kein Ausschluss des Rechtsweges]

Für bürgerliche Rechtsstreitigkeiten, für welche nach dem Gegenstand oder der Art des Anspruchs der Rechtsweg zulässig ist, darf aus dem Grund, weil als Partei der Fiskus, eine Gemeinde oder eine andere öffentliche Korporation beteiligt ist, der Rechtsweg durch die Landesgesetzgebung nicht ausgeschlossen werden.

1 § 4 EGZPO hat mit dem Inkrafttreten des Grundgesetzes und dessen Art. 19 Abs. 4 GG faktisch einen Teil seiner Bedeutung verloren. Denn das Grundrecht auf Zugang zu den Gerichten verbietet sowohl dem Bundes- als auch den Landesgesetzgebern von vornherein den Ausschluss jeglichen Zugangs zu den Gerichten respektive verlangt grundsätzlich für jede Rechtsfrage und jede Streitigkeit hierüber und erst Recht bei etwaigen Verletzungen eigener subjektiver Rechte durch die öffentliche Gewalt[1] die Eröffnung eines gerichtlichen Rechtsschutzes zu Gunsten des Einzelnen.[2] Gleiches gilt für den allgemeinen Justizgewährungsanspruch sowie die einzelnen Rechtsschutzgarantien der Art. 14 Abs. 3 und Art. 34 Satz 3 GG.[3]

2 Der verbleibende Anwendungsbereich von § 4 EGZPO erstreckt sich dahin, dass durch Landesgesetz keine bürgerliche Rechtsstreitigkeit, bei der eine Partei der Fiskus, eine Gemeinde oder eine anderweitige öffentlich-rechtliche Körperschaft (Landkreis, Bezirk, Landschaftsverband, etc.) ist, einem anderen Gerichtszweig zugewiesen werden darf.[4] Demgegenüber sind **Erschwerungen** des Bestreitens des Rechtswegs, etwa durch Vorbefassung bestimmter Behörden, zulässig.[5]

§§ 5–6
[weggefallen]

§ 7
[Oberstes Landesgericht; Rechtsmitteleinlegung]

(1) ¹Ist in einem Land auf Grund des § 8 des Einführungsgesetzes zum Gerichtsverfassungsgesetz für bürgerliche Rechtsstreitigkeiten ein oberstes Landesgericht eingerichtet, so entscheidet das Berufungsgericht, wenn es die Revision zulässt, oder das Gericht, das die Rechtsbeschwerde zulässt, gleichzeitig über die Zuständigkeit für die Verhandlung und Entscheidung über das Rechtsmittel. ²Die Entscheidung ist für das oberste Landesgericht und den Bundesgerichtshof bindend.

(2) ¹Die Nichtzulassungsbeschwerde, der Antrag auf Zulassung der Sprungrevision oder die Rechtsbeschwerde im Falle des § 574 Abs. 1 Nr. 1 der Zivilprozessordnung ist bei dem Bundesgerichtshof einzureichen. ²Betreffen die Gründe für die Zulassung der Revision oder der Rechtsbeschwerde im Wesentlichen Rechtsnormen, die in den Landesgesetzen enthalten sind, so erklärt sich der Bundesgerichtshof durch Beschluss zur Entscheidung über die Beschwerde oder den Antrag für unzuständig und übersendet dem obersten Landesgericht die Prozessakten. ³Das oberste Landesgericht ist an die Entscheidung des Bundesgerichtshofes über die Zuständigkeit gebunden. ⁴Es gibt Gelegenheit zu einer Änderung oder Ergänzung der Begründung der Beschwerde oder des Antrags.

1 Seit der Auflösung des Bayerischen Obersten Landesgerichts mit Ablauf des 30.06.2006[1] als bis dahin einzigem obersten Landesgericht hat § 7 EGZPO keinen praktischen Anwendungsbereich mehr.

2 Bis zur Auflösung regelte die Vorschrift, dass bei der Zulassungsentscheidung von Rechtsmittel gegen die Entscheidungen der drei bayerischen Oberlandesgerichte, des OLG Bamberg, des OLG München und OLG Nürnberg, durch diese auch über die Zuständigkeit des

---

1 Vgl. BVerfGE 116, 1 (9f.) = NJW 2006, 2613 = ZIP 2006, 1355 (1357), Rn. 23.
2 So etwa BVerfGE 136, 382 (392), Rn. 32 = NJW 2014, 2853 (2856), Rn. 32 = FamRZ 2014, 1435 (1438), Rn. 32.
3 MK-Gruber, ZPO, § 4 EGZPO Rn. 1.
4 BGHZ 31, 115 (117) = NJW 1960, 242; Zöller-*Heßler*, ZPO, § 4 EGZPO Rn. 1.
5 BVerfGE 8, 240 = NJW 1959, 139, zu den §§ 3 und 5 des früheren bayerischen Gesetzes über die Bereinigung von Kraftfahrzeugzuweisungen (KfzBG).

Zu § 7:
1 § 10 BayObLGAuflG.

Rechtsmittelgerichts, BGH oder BayObLG, mitzuentscheiden gewesen ist (§ 7 **Abs. 1 Satz 1** EGZPO). Die Zuständigkeitszuweisung war sowohl für den BGH als auch für das BayObLG bindend (§ 7 **Abs. 1 Satz 2** EGZPO).

Die Einlegung der Nichtzulassungsbeschwerde (§ 544 Abs. 1 Satz 1 ZPO), des Antrags auf Zulassung der Sprungrevision (§ 566 Abs. 1 Satz 1 ZPO) wie auch der Rechtsbeschwerde (§ 574 Abs. 1 Nr. 1 ZPO) waren indessen jeweils beim BGH vorzunehmen (§ 7 **Abs. 2 Satz 1** EGZPO). Von diesem war sodann gegebenenfalls zu prüfen, ob überwiegend Landesgesetze zur Entscheidung des Rechtsstreits heranzuziehen waren, worauf dann gegebenenfalls der Rechtsstreit dem BayObLG zuzuweisen war (§ 7 **Abs. 2 Satz 2** EGZPO). Für dieses war die Unzuständigkeitserklärung des BGH bindend (§ 7 **Abs. 2 Satz 3** EGZPO). Im Falle der Verweisung an das BayObLG hatte dieses sodann Gelegenheit zu einer Antragsänderung oder Begründungsergänzung des jeweiligen Rechtsmittels zu gewähren (§ 7 **Abs. 2 Satz 4** EGZPO).

3

§ 8
[weggefallen]

§ 9
[Bestimmung des zuständigen Gerichts]

Das oberste Landesgericht für bürgerliche Rechtsstreitigkeiten bestimmt das zuständige Gericht auch dann, wenn nach § 36 Abs. 2 der Zivilprozeßordnung ein in seinem Bezirk gelegenes Oberlandesgericht zu entscheiden hätte.

Wie auch § 7 EGZPO hat § 9 EGZPO mit der Auflösung des einzigen obersten Landesgerichts, des BayObLG mit Ablauf des 30.06.2006, seine Bedeutung verloren. Bis zur Auflösung des BayObLG waren Zuständigkeitsstreitigkeiten, die dem Grunde nach vom BGH nach § 36 Abs. 1 ZPO zu entscheiden gewesen wären, nach § 36 Abs. 2 ZPO aber dem OLG vorbehalten blieben, in dessen Bezirk das zuerst mit dem Rechtsstreit befasste Gericht seinen Sitz hat (vgl. § 36 ZPO Rn. 29 ff.), nicht von dem jeweiligen OLG (in Bayern: Bamberg, München, Nürnberg), sondern vom BayObLG zu entscheiden.

1

§ 10
[gegenstandslos]

§ 11
[weggefallen]

§ 12
[Begriff des Gesetzes]

Gesetz im Sinne der Zivilprozeßordnung und dieses Gesetzes ist jede Rechtsnorm.

Ebenso wie Art. 2 EGBGB den Begriff des Gesetzes für das BGB und das EGBGB definiert, regelt § 12 EGZO den Begriff des Gesetzes in der ZPO als auch in dem EGZPO dahingehend, dass jede Rechtsnorm, gleich welcher Rangstufe (insb. Verfassung, Parlamentsgesetz, Rechtsverordnung, Satzung, Tarifverträge, Staatsverträge, etc.) und Herkunft (EG- und EU-Recht, sonstiges supranationales oder internationales Recht),[1] Gesetz im Sinne der jeweiligen Vorschrift ist. Auch das Gewohnheitsrecht als nicht kodifiziertes Recht ist Rechtsnorm i.S.d. § 12 EGZPO und damit Gesetz im Sinne der ZPO und des EGZPO.[2]

1

§ 13
[weggefallen]

---

1 BAGE 46, 206 (212) = NJW 1985, 1238 (1239) = ZIP 1984, 1517 (1518).
2 BPatGE 7, 255 (260) = NJW 1965, 1862 (1864); BGH, NJW 1958, 709.

§ 14
[Aufhebung landesrechtlicher Vorschriften]

(1) Die prozeßrechtlichen Vorschriften der Landesgesetze treten für alle bürgerlichen Rechtsstreitigkeiten, deren Entscheidung in Gemäßheit des § 3 nach den Vorschriften der Zivilprozeßordnung zu erfolgen hat, außer Kraft, soweit nicht in der Zivilprozeßordnung auf sie verwiesen oder soweit nicht bestimmt ist, daß sie nicht berührt werden.

(2) (gegenstandslos)

1 § 14 Abs. 1 EGZPO bestimmt das Verhältnis von Vorschriften der ZPO gegenüber landesrechtlichen Bestimmungen über den Zivilprozess. Korrespondierend zu § 3 Abs. 2 EGZPO, der den Landesgesetzgebern bei der Zuweisung von Rechtsstreitigkeiten zu den Zivilgerichten die Einführung eigener Verfahrensbestimmungen erlaubt (vgl. § 3 EGZPO Rn. 3), bleiben landesrechtliche Sonderbestimmungen erhalten, wenn die ZPO entsprechende Öffnungsklauseln enthält. Dies ist etwa in den Bestimmungen über die Beweiskraft öffentlicher Urkunden (§ 418 Abs. 2 und Abs. 3 ZPO; vgl. § 418 ZPO Rn. 3f.) oder der Bestimmung über die Zwangsvollstreckung bei Eisenbahnen (§ 871 ZPO; vgl. § 871 ZPO Rn. 1) sowie schließlich im Aufgebotsverfahren (vormals §§ 1006 Abs. 3, 1009 Abs. 3, 1023, 1024 ZPO a.F.; nunmehr § 490 FamFG[1]) der Fall.

§ 15
[Landesrechtliche Vorbehalte]

(1) Unberührt bleiben:
1. die landesgesetzlichen Vorschriften über die Einstellung des Verfahrens für den Fall, daß ein Kompetenzkonflikt zwischen den Gerichten und den Verwaltungsbehörden oder Verwaltungsgerichten entsteht;
2. die landesgesetzlichen Vorschriften über das Verfahren bei Streitigkeiten, welche die Zwangsenteignung und die Entschädigung wegen derselben betreffen;
3. die landesgesetzlichen Vorschriften über die Zwangsvollstreckung wegen Geldforderungen gegen einen Gemeindeverband oder eine Gemeinde, soweit nicht dingliche Rechte verfolgt werden;
4. die landesgesetzlichen Vorschriften, nach welchen auf die Zwangsvollstreckung gegen einen Rechtsnachfolger des Schuldners, soweit sie in das zu einem Lehen, mit Einschluß eines allodifizierten Lehens, zu einem Stammgut, Familienfideikommiß oder Anerbengut gehörende Vermögen stattfinden soll, die Vorschriften über die Zwangsvollstreckung gegen einen Erben des Schuldners entsprechende Anwendung finden.

(2) (gegenstandslos)

§ 15a
[Zulässigkeit der Klage nach Einigungsversuch vor Gütestelle]

(1) [1]Durch Landesgesetz kann bestimmt werden, dass die Erhebung der Klage erst zulässig ist, nachdem von einer durch die Landesjustizverwaltung eingerichteten oder anerkannten Gütestelle versucht worden ist, die Streitigkeit einvernehmlich beizulegen
1. in vermögensrechtlichen Streitigkeiten vor dem Amtsgericht über Ansprüche, deren Gegenstand an Geld oder Geldeswert die Summe von 750 Euro nicht übersteigt,
2. in Streitigkeiten über Ansprüche aus dem Nachbarrecht nach den §§ 910, 911, 923 des Bürgerlichen Gesetzbuchs und nach § 906 des Bürgerlichen Gesetzbuchs sowie nach den landesgesetzlichen Vorschriften im Sinne des Artikels 124 des Einführungsgesetzes zum Bürgerlichen Gesetzbuche, sofern es sich nicht um Einwirkungen von einem gewerblichen Betrieb handelt,
3. in Streitigkeiten über Ansprüche wegen Verletzung der persönlichen Ehre, die nicht in Presse oder Rundfunk begangen worden sind,
4. in Streitigkeiten über Ansprüche nach Abschnitt 3 des Allgemeinen Gleichbehandlungsgesetzes.

---

1 Vgl. Bahrenfuss-*Bahrenfuss*, FamFG, § 490 Rn. 1.

²Der Kläger hat eine von der Gütestelle ausgestellte Bescheinigung über einen erfolglosen Einigungsversuch mit der Klage einzureichen. ³Diese Bescheinigung ist ihm auf Antrag auch auszustellen, wenn binnen einer Frist von drei Monaten das von ihm beantragte Einigungsverfahren nicht durchgeführt worden ist.

(2) ¹Absatz 1 findet keine Anwendung auf

1. Klagen nach den §§ 323, 323a, 324, 328 der Zivilprozessordnung, Widerklagen und Klagen, die binnen einer gesetzlichen oder gerichtlich angeordneten Frist zu erheben sind,
2. (weggefallen)
3. Wiederaufnahmeverfahren,
4. Ansprüche, die im Urkunden- oder Wechselprozess geltend gemacht werden,
5. die Durchführung des streitigen Verfahrens, wenn ein Anspruch im Mahnverfahren geltend gemacht worden ist,
6. Klagen wegen vollstreckungsrechtlicher Maßnahmen, insbesondere nach dem Achten Buch der Zivilprozessordnung.

²Das Gleiche gilt, wenn die Parteien nicht in demselben Land wohnen oder ihren Sitz oder eine Niederlassung haben.

(3) ¹Das Erfordernis eines Einigungsversuchs vor einer von der Landesjustizverwaltung eingerichteten oder anerkannten Gütestelle entfällt, wenn die Parteien einvernehmlich einen Einigungsversuch vor einer sonstigen Gütestelle, die Streitbeilegungen betreibt, unternommen haben. ²Das Einvernehmen nach Satz 1 wird unwiderleglich vermutet, wenn ein Verbraucher eine Verbraucherschlichtungsstelle, eine branchengebundene andere Gütestelle oder eine andere Gütestelle der Industrie- und Handelskammer, der Handwerkskammer oder der Innung angerufen hat. ³Absatz 1 Satz 2 gilt entsprechend.

(4) Zu den Kosten des Rechtsstreits im Sinne des § 91 Abs. 1, 2 Zivilprozessordnung gehören die Kosten der Gütestelle, die durch das Einigungsverfahren nach Absatz 1 entstanden sind.

(5) Das Nähere regelt das Landesrecht; es kann auch den Anwendungsbereich des Absatzes 1 einschränken, die Ausschlussgründe des Absatzes 2 erweitern und bestimmen, dass die Gütestelle ihre Tätigkeit von der Einzahlung eines angemessenen Kostenvorschusses abhängig machen und gegen eine im Gütetermin nicht erschienene Partei ein Ordnungsgeld festsetzen darf.

(6) ¹Gütestellen im Sinne dieser Bestimmung können auch durch Landesrecht anerkannt werden. ²Die vor diesen Gütestellen geschlossenen Vergleiche gelten als Vergleiche im Sinne des § 794 Abs. 1 Nr. 1 der Zivilprozessordnung.

Inhalt:

	Rn.		Rn.
A. Allgemeines	1	II. Ausnahmen, Abs. 2	8
B. Erläuterungen	3	III. Einzelfragen	9
I. Obligatorische Streitschlichtung, Abs. 1	3	1. Schlichtung erforderlich	10
1. Wert bis 750 €, Nr. 1	4	2. Schlichtung nicht erforderlich	11
2. Nachbarrecht, Nr. 2	5	IV. Sonstige Gütestellen; Kosten; Anerkennung von Gütestellen	
3. Ehre, Nr. 3	6	durch Landesrecht, Abs. 3 bis 6	14
4. Allgemeines Gleichbehandlungsgesetz, Nr. 4	7		

A. Allgemeines

§ 15a EGZPO eröffnet dem Landesgesetzgeber die Möglichkeit, die Zulässigkeit der Klageerhebung in bestimmten bürgerlich-rechtlichen Streitigkeiten von der Durchführung eines Schlichtungsverfahrens abhängig zu machen.[1] Verfassungsrechtliche Bedenken bestehen nicht.[2] Es handelt sich um eine von Amts wegen zu prüfende **Prozessvoraussetzung**, die bereits im Zeitpunkt der Klageerhebung vorliegen muss.[3] Eine ohne erforderlichen Einigungsversuch erhobene Klage ist als unzulässig abzuweisen; der Einigungsversuch kann nicht nach

1

---

1 BGH, BeckRS 2013, 09813, Rn. 7 = VersR 2014, 601, Rn. 7.
2 BVerfG, NJW-RR 2007, 1073 = WuM 2007, 500 zum Gütestellen- und Schlichtungsgesetz NRW.
3 BGH, NJW-RR 2014, 1358, Rn. 5 = NZM 2014, 797, Rn. 5; BGH, BeckRS 2013, 09813, Rn. 4 = VersR 2014, 601, Rn. 4.

Klageerhebung nachgeholt werden.[4] **Ziel** ist die Entlastung der Justiz; durch Inanspruchnahme von Schlichtungsstellen sollen Konflikte rascher und kostengünstiger bereinigt werden.[5] Außerdem soll im Interesse der Parteien eine einvernehmliche Beendigung eines Streits gefördert werden.[6] An der Vorschrift wird vielfach Kritik geübt („Zwangsschlichtung").[7]

2 Von der **Öffnungsklausel** haben Gebrauch gemacht Bayern, Brandenburg, Hessen, Mecklenburg-Vorpommern, Niedersachsen, Nordrhein-Westfalen, Rheinland-Pfalz, Saarland, Sachsen, Sachsen-Anhalt, Schleswig-Holstein, Thüringen.[8] Die Vorschrift gilt nur im Klageverfahren, nicht im einstweiligen Rechtsschutz.[9] Ein Schlichtungsverfahren ist aber auch nach einem selbstständigen Beweisverfahren notwendig.[10] Bereits die Einleitung des Schlichtungsverfahrens hemmt die Verjährung, vgl. § 204 Abs. 1 Nr. 4 BGB. Ausreichend für die **Hemmung** ist die Einreichung des Güteantrags, wenn die Bekanntgabe demnächst erfolgt.[11] Hemmung tritt auch ein durch Einreichung eines Güteantrages bei einer unzuständigen Gütestelle.[12]

B. Erläuterungen
I. Obligatorische Streitschlichtung, Abs. 1

3 § 15a Abs. 1 EGZPO bestimmt, in welchen Fällen durch Landesgesetz das Erfordernis einer obligatorischen Streitschlichtung festgelegt werden kann.

1. Wert bis 750,00 €, Nr. 1

4 Es geht um vermögensrechtliche Streitigkeiten, deren Wert die Summe von **750,00 €** nicht **übersteigt** (§ 15a Abs. 1 Satz 1 **Nr. 1** EGZPO). Vermögensrechtlich sind alle Ansprüche, die auf Geld oder geldwerte Leistungen gerichtet sind.[13] Zweck dieser Regelung ist es, bei Streitigkeiten, deren wirtschaftliche Bedeutung in keinem angemessenen Verhältnis zu Kosten und Zeitaufwand eines gerichtlichen Verfahrens steht, die Möglichkeit einer außergerichtlichen Streitschlichtung zu einer raschen und kostengünstigen Konfliktlösung zu nutzen und dadurch die Justiz zu entlasten.[14] Die Zulässigkeit einer Klage, mit der ein Insolvenzgläubiger die Feststellung einer Forderung zur Insolvenztabelle betreibt, ist nicht von der vorherigen Streitschlichtung abhängig, da dieses für Bagatellstreitigkeiten vorgesehen und nicht für die Behandlung von nominal hohen Forderungen konzipiert ist.[15]

2. Nachbarrecht, Nr. 2

5 Umfasst sind nach § 15a Abs. 1 Satz 1 **Nr. 2** EGZPO bestimmte Ansprüche aus dem **Nachbarrecht**, wobei gewerblich verursachte Einwirkungen ausgeschlossen sind. Anders als bei § 15a Abs. 1 Nr. 1 EGZPO kommen auch Verfahren vor dem Landgericht in Betracht. Der Bestimmung liegt die Vorstellung zugrunde, dass sich nachbarrechtliche Streitigkeiten besonders für konsensuale Lösungen eignen[16] (auch wenn die Praxis häufig anderes zeigt). Eine Rechtsstreitigkeit über Ansprüche wegen im Nachbarrechtsgesetz geregelter Rechte ist gegeben, wenn dieses Gesetz Regelungen enthält, die für den Interessenkonflikt der Nachbarn im konkreten Fall von Bedeutung sind. Es reicht also nicht aus, dass eine Streitigkeit zwischen Nachbarn vorliegt; erforderlich ist vielmehr, dass sich die Klage auf spezifisch nachbarrechtliche Regelungen stützt.[17] Der Regelung unterfallen auch Beseitigungs-, Bereicherungs- und Schadensersatzansprüche, soweit diese geltend gemachten Ansprüche darin ihre Grundlage finden, dass Äste oder Wurzeln über eine Grundstücksgrenze hinausgewachsen sind.[18] Eine Klage auf Zahlung eines angemessenen Ausgleichs in Geld entsprechend § 906 Abs. 2 Satz 2 BGB ist keine Streitigkeit wegen der in § 906 BGB geregelten Einwirkungen nach § 10 Abs. 1 Nr. 1

---

4 BGH, NJW-RR 2010, 1725, Rn. 9 = MDR 2010, 1143, Rn. 9; BGH, NJW 2005, 437, Rn. 4 ff. = FamRZ 2005, 264, Rn. 4 ff.; LG Frankfurt a.M., NJW-RR 2016, 302.
5 BGH, NJW-RR 2010, 1725, Rn. 9 = MDR 2010, 1143, Rn. 9.
6 Zöller-*Heßler*, ZPO, § 15a EGZPO Rn. 1.
7 Vgl. etwa MK-*Gruber*, ZPO, § 15a EGZPO Rn. 3 m.w.N.
8 Vgl. etwa die Auflistung in Zöller-*Heßler*, ZPO, § 15a EGZPO Rn. 27 sowie in MK-*Gruber*, ZPO, § 15a EGZPO Rn. 1; zu der Regelung in Rheinland-Pfalz vgl. BGH, NJW-RR 2016, 823 = MDR 2016, 583.
9 Thomas/Putzo-*Hüßtege*, ZPO, § 15a EGZPO Rn. 3.
10 LG Wiesbaden, BeckRS 2016, 08630.
11 Zöller-*Heßler*, ZPO, § 15a EGZPO Rn. 20.
12 MK-*Gruber*, ZPO, § 15a EGZPO Rn. 53.
13 Zöller-*Heßler*, ZPO, § 15a EGZPO Rn. 4.
14 BGH, NZI 2011, 687, Rn. 7 = MDR 2011, 1253, Rn. 7.
15 BGH, NZI 2011, 687, Rn. 8 ff. = MDR 2011, 1253, Rn. 8 ff. (zu § 1 Abs. 1 Satz 1 Nr. 1 SchlG BW).
16 Zöller-*Heßler*, ZPO, § 15a EGZPO Rn. 5.
17 MK-*Gruber*, ZPO, § 15a EGZPO Rn. 31.
18 BGH, NJW-RR 2009, 1238, Rn. 9 = WuM 2009, 537, Rn. 9.

Buchst. a GüSchlG NRW (bzw. § 53 JustG NRW).[19] Der Norm unterfallen auch deliktische Ansprüche, die mit nachbarrechtlichen Streitigkeiten eng verbunden sind (streitig).[20] Streitig ist auch, ob Zahlungsansprüche, die auf Beseitigungs- und Unterlassungsansprüche nach den landesgesetzlichen Vorschriften i.S.d. Art. 124 EGBGB gestützt werden, unter § 15a Abs. 1 Nr. 2 EGZPO fallen.[21] Im Saarland unterliegen Zahlungsansprüche nicht der obligatorischen Streitschlichtung für Nachbarrechtsstreitigkeiten nachz § 37a Abs. 1 Nr. 1 AGJusG SL.[22] Auch die Bestimmungen des hessischen (§ 1 Abs. 1 Nr. 1 LSchlG HE),[23] nordrhein-westfälischen (§ 53 Abs. 1 Nr. 1 JustG)[24] und rheinland-pfälzischen (§ 1 Abs. 1 Nr. 1 LSchlG RP)[25] Landesrechts werden eng ausgelegt in dem Sinne, dass ein Schlichtungsversuch in diesen Bundesländern für eine auf Zahlung gerichtete Klage selbst dann nicht vorgeschrieben ist, wenn der Anspruch aus dem Nachbarrecht hergeleitet wird.[26]

Für das Zulässigkeitserfordernis des § 15a EGZPO zählt die gefestigte höchstrichterliche Rechtsprechung, auch wenn die Klage deren Änderung herbeiführen soll (siehe dazu auch Rn. 11), so dass die Abwehr negativer Einwirkungen (Entzug von Licht und Luft durch Anpflanzungen auf dem Nachbargrundstück) keine Einwirkung i.S.v. § 906 BGB bildet.[27] Im einzelnen ist die Reichweite streitig.[28]

3. Ehre, Nr. 3
Erfasst sind gemäß § 15a Abs. 2 Satz 1 **Nr. 3** EGZPO Streitigkeiten über Ansprüche wegen Verletzung der persönlichen **Ehre**; eine Begrenzung des Streitwertes liegt nicht vor. Ausgenommen sind Verletzungen in Presse und Rundfunk; entscheidend ist, ob die Ehrverletzung durch Medien einer weiten Öffentlichkeit bekannt geworden ist,[29] so dass auch Ehrverletzungen über das Internet erfasst sind.[30]

6

4. Allgemeines Gleichbehandlungsgesetz, Nr. 4
Umfasst von § 15a Abs. 2 Satz 1 **Nr. 4** EGZPO sind Ansprüche nach §§ 19 bis 21 **AGG** betreffenden Schutz vor Benachteiligung im Zivilrechtsverkehr.

7

II. Ausnahmen, Abs. 2
§ 15a **Abs. 2** EGZPO nimmt bestimmte Klagen vom Erfordernis der vorgerichtlichen Streitschlichtung aus. Hauptsächlich von Bedeutung ist § 15a Abs. 2 Satz 1 Nr. 5 EGZPO; das Erfordernis einer vorgerichtlichen Streitschlichtung kann nicht eingeführt werden, wenn dem gerichtlichen Verfahren ein **Mahnverfahren** vorgeschaltet ist (dies eröffnet die Möglichkeit der Umgehung des Streitschlichtungsverfahrens). Gleiches gilt, wenn die Parteien ihren (Wohn-)Sitz nicht im selben Land haben, § 15a Abs. 2 Satz 2 EGZPO i.V.m. §§ 13, 17 ZPO.

8

III. Einzelfragen
Im Einzelnen bestehen vielfältige Fragen, die noch nicht voll umfänglich geklärt sind. Auch eine Tendenz, ob das Schlichtungserfordernis eher bejaht oder eher verneint wird, ist schwer zu erkennen; es finden sich Entscheidungen mit weiter ebenso wie Entscheidungen mit enger Auslegung.

9

1. Schlichtung erforderlich
Die Schlichtungsbedürftigkeit eines Klageantrags entfällt nicht deshalb, weil er im Wege der **objektiven Klagehäufung** mit einem nicht schlichtungsbedürftigen Antrag verbunden wird; ansonsten bestünde die Gefahr der Umgehung.[31] Gleiches gilt bei der **subjektiven Klagehäufung**: Wird der im Mahnverfahren nur gegen den Kfz-Haftpflichtversicherer geltend gemachte

10

---

19 BGH, NZM 2012, 435, Rn. 6 ff. = MDR 2012, 579, Rn. 6 ff.
20 LG Bückeburg, BeckRS 2012, 23323 m.w.N.; a.A. Zöller-*Heßler*, ZPO, § 15a EGZPO Rn. 5.
21 Vgl. dazu – offenlassend – BGH, NJW-RR 2016, 823 (824) = MDR 2016, 583, Rn. 10.
22 BGH, BeckRS 2017, 102707 = NSW EGZPO § 15a (BGH-intern).
23 BGH, NJW-RR 2009, 1238, Rn. 10 = WuM 2009, 537, Rn. 10.
24 BGH, BeckRS 2012, 08197, Rn. 8 = MDR 2012, 579, Rn. 8.
25 BGH, MDR 2016, 583, Rn. 11 = NJW-RR 2016, 823 (824).
26 BGH, BeckRS 2017, 102707, Rn. 10 = NSW EGZPO § 15a (BGH-intern), R. 10.
27 BGH, NJW-RR 2015, 1425, Rn. 5 ff. = MDR 2015, 1175, Rn. 5 ff.
28 Vgl. dazu Zöller-*Heßler*, ZPO, § 15a EGZPO, Rn. 5 m.w.N.; MK-*Gruber*, ZPO, § 15a EGZPO, Rn. 31 f.
29 Zöller-*Heßler*, ZPO, § 15a EGZPO Rn. 6.
30 Zöller-*Heßler*, ZPO, § 15a EGZPO Rn. 6; Thomas/Putzo-*Hüßtege*, ZPO, § 15a EGZPO Rn. 3.
31 BGH, NJW-RR 2010, 1725, Rn. 9 = MDR 2010, 1143, Rn. 9; BGH, NJW-RR 2009, 1239, Rn. 10 f. = WuM 2009, 536, Rn. 10 f.

Anspruch mit der Anspruchsbegründung im Klageverfahren auf den Versicherungsnehmer erweitert, ist die gegen diesen erhobene Klage als unzulässig abzuweisen, wenn vor der Parteierweiterung das grundsätzlich erforderliche Schlichtungsverfahren nicht durchgeführt worden ist.[32] Anders ist dies bei zulässiger Klageerweiterung oder -änderung im Laufe des Rechtsstreits (siehe dazu unten Rn. 13).

2. Schlichtung nicht erforderlich

11 Inhalt und Reichweite des Zulässigkeitserfordernisses i.S.v. § 15a EGZPO müssen bei Klageerhebung **verlässlich** und vorhersehbar festzustellen sein.[33] Dabei kommt es auf die bisherige gefestigte höchstrichterliche Rechtsprechung an, und zwar selbst dann, wenn die Klage gerade deren Änderung herbeiführen soll.[34]

Wird ein vorheriger Güteversuch aufgrund einer **Gesetzesänderung** entbehrlich, so ist auch für die noch nicht abgeschlossenen Verfahren keine Schlichtung mehr erforderlich; in diesem Falle wird die eigentlich unzulässige Klage nachträglich zulässig.[35]

12 Eine beim Landgericht ohne vorherige Durchführung eines Schlichtungsverfahrens zulässig erhobene Klage wird nicht nachträglich dadurch unzulässig, dass der Rechtsstreit vom Landgericht wegen fehlender sachlicher Zuständigkeit an das Amtsgericht verwiesen wird;[36] bei der **Verweisung** wirken frühere Prozesshandlungen wegen des Grundsatzes der Einheit des Verfahrens fort.[37] Gerade bei Fällen der Ehrverletzung (vgl. § 15a Abs. 1 Nr. 3 EGZPO) ist der „richtige" Streitwert nicht immer klar erkennbar.[38] Dass die Klage nicht unzulässig wird, gilt auch, wenn von einem Gericht in einem Land ohne obligatorisches Schlichtungsverfahren in ein Land mit obligatorischem Schlichtungsverfahren verwiesen wird.[39] Etwas anderes mag möglicherweise gelten bei Rechtsmissbrauch.[40] Auch wenn der Klage kein Schlichtungsverfahren vorausgegangen ist, kann ein **Anerkenntnisurteil** erlassen werden;[41] zwar können die Parteien nicht über die Prozess- und Rechtsmittelvoraussetzungen disponieren; aber die fehlende Prozessvoraussetzung steht dem Sinn und Zweck des § 307 ZPO nicht entgegen.[42] In jeder Lage des Verfahrens muss die Möglichkeit bestehen, dieses durch Anerkenntnisurteil unmittelbar zu beenden,[43] zumal dies der Verfahrensbeschleunigung dient[44] und für die Durchführung eines Streitschlichtungsverfahrens im Falle eines Anerkenntnisses kein Bedürfnis besteht.[45]

13 Im Falle eines **Parteiwechsels auf Klägerseite** ist ein weiteres Schlichtungsverfahren nicht erforderlich, wenn der vormalige Kläger dieses bereits durchgeführt hat; ansonsten käme es zu einer nicht gewünschten Verdopplung der gerichtlichen Verfahren.[46] Ist ein Schlichtungsverfahren durchgeführt worden, macht eine **Klageerweiterung oder -änderung** im Laufe des Rechtsstreits einen erneuten außergerichtlichen Schlichtungsversuch nicht erforderlich,[47] weil es bereits schon einen Versuch der Streitschlichtung gab und weil eine andere Auslegung letztlich nur zu Zeitverzug und Kosten durch einen weiteren Schlichtungsversuch führte.[48]

---

32 BGH, NJW-RR 2010, 1725, Rn. 10 = MDR 2010, 1143, Rn. 10.
33 BGH, NJW-RR 2015, 1425, Rn. 7 = MDR 2015, 1175, Rn. 7.
34 BGH, NJW-RR 2015, 1425, Rn. 6 ff. = MDR 2015, 1175, Rn. 6 ff. zu § 53 Abs. 1 Nr. 1 Buchst. a JustG NRW (Abwehr negativer Einwirkungen durch den Grundstückseigentümer – Entzug von Luft und Licht i.S.v. § 906 BGB).
35 BGH, NJW 2007, 519, Rn. 11 ff. = WuM 2007, 80, Rn. 11 ff.
36 BGH, BeckRS 2013, 09813, Rn. 8 = VersR 2014, 601, Rn. 8 zu § 1 Abs. 1 Satz 1 SchlG BW.
37 BGH, BeckRS 2013, 09813, Rn. 8 = VersR 2014, 601, Rn. 8.
38 BGH, BeckRS 2013, 09813, Rn. 9 = VersR 2014, 601, Rn. 9.
39 BGH, BeckRS 2013, 09813, Rn. 8 = VersR 2014, 601, Rn. 8.
40 In diese Richtung BGH, BeckRS 2013, 09813, Rn. 10 = VersR 2014, 601, Rn. 10.
41 BGH, NJW-RR 2014, 1358, Rn. 6 ff. = NZM 2014, 797, Rn. 6 ff.
42 BGH, NJW-RR 2014, 1358, Rn. 7 = NZM 2014, 797, Rn. 7.
43 BGH, NJW-RR 2014, 1358, Rn. 9 = NZM 2014, 797, Rn. 9.
44 BGH, NJW-RR 2014, 1358, Rn. 9 = NZM 2014, 797, Rn. 9.
45 BGH, NJW-RR 2014, 1358, Rn. 12 = NZM 2014, 797, Rn. 12.
46 BGH, MDR 2010, 1075, Rn. 9 ff. = NJW-RR 2010, 1726, Rn. 9 ff.; vgl. zum Parteiwechsel auf Beklagtenseite MK-*Gruber*, ZPO, § 15a EGZPO Rn. 20.
47 BGH, NJW-RR 2010, 1725, Rn. 11 = MDR 2010, 1143, Rn. 11; BGH, NJW-RR 2005, 501, Rn. 22 ff. = MDR 2005, 265, Rn. 22 ff.
48 BGH, NJW-RR 2010, 1725, Rn. 11 = MDR 2010, 1143, Rn. 11; BGH, NJW-RR 2005, 501, Rn. 22 ff. = MDR 2005, 265, Rn. 22 ff.

IV. Sonstige Gütestellen; Kosten; Anerkennung von Gütestellen durch Landesrecht, Abs. 3 bis 6

§ 15a **Abs. 3** EGZPO regelt den Einigungsversuch vor einer sonstigen Gütestelle, wenn die Parteien diesen einvernehmlich unternommen haben. Das Einvernehmen wird unwiderleglich vermutet bei branchengebundenen Gütestellen sowie bei Gütestellen der IHK, Handwerkskammer und Innung. Die unwiderlegliche Vermutung des Einvernehmens findet bei den von den Ärztekammern eingerichteten Schlichtungsstellen auch im Rahmen von § 204 Abs. 1 Nr. 4 BGB Anwendung.[49] Die Kosten der Gütestelle zählen zu den Kosten des Rechtsstreits, § 15a **Abs. 4** EGZPO. § 15a **Abs. 5** EGZPO macht nähere Ausführungen zur denkbaren Reichweite des Landesgesetzes. § 15a **Abs. 6** EGZPO eröffnet die Möglichkeit, Gütestellen i.S.d. § 15a EGZPO – und damit auch i.S.d. § 794 Abs. 1 Nr. 1 ZPO – durch Landesrecht anzuerkennen.[50]

14

§§ 16–17
[weggefallen]

§ 18
[gegenstandslos]

§ 19
[Begriff der Rechtskraft]

(1) Rechtskräftig im Sinne dieses Gesetzes sind Endurteile, welche mit einem ordentlichen Rechtsmittel nicht mehr angefochten werden können.

(2) Als ordentliche Rechtsmittel im Sinne des vorstehenden Absatzes sind diejenigen Rechtsmittel anzusehen, welche an eine von dem Tag der Verkündung oder Zustellung des Urteils laufende Notfrist gebunden sind.

Inhaltlich entspricht die Definition des Begriffs der Rechtskraft in **Abs. 1** dem Grunde nach derjenigen nach § 705 ZPO (vgl. § 705 ZPO Rn. 1). Rechtskraft i.S.d. § 19 Abs. 1 EGZPO tritt demnach ein, wenn gegen ein Endurteil (§ 300 Abs. 1 ZPO) kein ordentliches Rechtsmittel (vgl. Rn. 2) mehr eingelegt werden kann. Ausweislich des Wortlauts „in diesem Sinne" regelt § 19 Abs. 1 EGZPO den Begriff der Rechtskraft aber nur für das EGZPO, nicht auch für die ZPO. Die Vorschrift gehört zu den Übergangsvorschriften und ist nur im Zusammenhang mit den mittlerweile gegenstandslos gewordenen § 18 EGZPO und § 20 EGZPO a.F., welche die beim Inkrafttreten der ZPO am 01.10.1879 bereits anhängig gewesen Verfahren betroffen haben, von Bedeutung gewesen.

1

Anders als § 705 Satz 1 ZPO und der dort vorgesehenen Einlegung des zulässigen Rechtsmittels (vgl. § 705 ZPO Rn. 4f.) sieht **Abs. 2** als ordentliches Rechtsmittel i.S.d. Abs. 1 nur diejenigen Rechtsmittel vor, die an eine Notfrist (§ 224 Abs. 2 Satz 1 ZPO) gebunden sind.

2

§ 20
[Übergangsvorschriften zum Sechsten Gesetz zur Änderung der Pfändungsfreigrenzen]

(1) ¹Eine vor dem Inkrafttreten des Sechsten Gesetzes zur Änderung der Pfändungsfreigrenzen vom 1. April 1992 (BGBl. I S. 745) am 1. Juli 1992 ausgebrachte Pfändung, die nach den Pfändungsfreigrenzen des bis zu diesem Zeitpunkt geltenden Rechts bemessen worden ist, richtet sich hinsichtlich der Leistungen, die nach dem 1. Juli 1992 fällig werden, nach den seit diesem Zeitpunkt geltenden Vorschriften. ²Auf Antrag des Gläubigers, des Schuldners oder des Drittschuldners hat das Vollstreckungsgericht den Pfändungsbeschluss entsprechend zu berichtigen. ³Der Drittschuldner kann nach dem Inhalt des früheren Pfändungsbeschlusses mit befreiender Wirkung leisten, bis ihm der Berichtigungsbeschluss zugestellt wird.

(2) ¹Soweit die Wirksamkeit einer Verfügung über Arbeitseinkommen davon abhängt, dass die Forderung der Pfändung unterworfen ist, sind die Vorschriften des Artikels 1 des Sechsten Gesetzes zur Änderung der Pfändungsfreigrenzen vom 1. April 1992 (BGBl. I S. 745) auch dann anzuwenden, wenn die Verfügung vor dem 1. Juli 1992 erfolgt ist. ²Der Schuldner der

---

49 BGH, MDR 2017, 395, Rn. 11 ff. = BeckRS 2017, 101485, Rn. 11 ff.
50 BGH, BeckRS 2013, 09697, Rn. 7 = ZKM 2013, 131, Rn. 7.

Forderung kann nach Maßgabe der bis zu diesem Zeitpunkt geltenden Vorschriften so lange mit befreiender Wirkung leisten, bis ihm eine entgegenstehende vollstreckbare gerichtliche Entscheidung zugestellt wird oder eine Verzichtserklärung desjenigen zugeht, an den der Schuldner auf Grund dieses Gesetzes weniger als bisher zu leisten hat.

(3) Die Absätze 1 und 2 gelten entsprechend, wenn sich die unpfändbaren Beträge zum 1. Juli des jeweiligen Jahres ändern.

§ 21
[Übergangsvorschriften zum Siebten Gesetz
zur Änderung der Pfändungsfreigrenzen]

(1) ¹Für eine vor dem 1. Januar 2002 ausgebrachte Pfändung sind hinsichtlich der nach diesem Zeitpunkt fälligen Leistungen die Vorschriften des § 850a Nr. 4, § 850b Abs. 1 Nr. 4, § 850c und § 850f Abs. 3 der Zivilprozessordnung in der ab diesem Zeitpunkt geltenden Fassung anzuwenden. Auf Antrag des Gläubigers, des Schuldners oder des Drittschuldners hat das Vollstreckungsgericht den Pfändungsbeschluss entsprechend zu berichtigen. ²Der Drittschuldner kann nach dem Inhalt des früheren Pfändungsbeschlusses mit befreiender Wirkung leisten, bis ihm der Berichtigungsbeschluss zugestellt wird.

(2) ¹Soweit die Wirksamkeit eine Verfügung über Arbeitseinkommen davon abhängt, dass die Forderung der Pfändung unterworfen ist, sind die Vorschriften des § 850a Nr. 4, § 850b Abs. 1 Nr. 4, § 850c und § 850f Abs. 3 der Zivilprozessordnung in der ab dem 1. Januar 2002 geltenden Fassung hinsichtlich der Leistungen, die nach diesem Zeitpunkt fällig werden, auch anzuwenden, wenn die Verfügung vor diesem Zeitpunkt erfolgt ist. ²Der Drittschuldner kann nach den bis zum 1. Januar 2002 geltenden Vorschriften so lange mit befreiender Wirkung leisten, bis ihm eine entgegenstehende vollstreckbare gerichtliche Entscheidung zugestellt wird oder eine Verzichtserklärung desjenigen zugeht, an den der Schuldner nach den ab diesem Zeitpunkt geltenden Vorschriften weniger zu leisten hat.

§ 22
[Überleitungsvorschriften zum Zweiten Gesetz zur Änderung zwangsvollstreckungsrechtlicher Vorschriften (2. Zwangsvollstreckungsnovelle)]

(1) ¹§ 708 Nr. 11 der Zivilprozessordnung ist in seiner bis zum 1. Januar 1999 geltenden Fassung (Inkrafttreten der 2. Zwangsvollstreckungsnovelle vom 17. Dezember 1997 (BGBl. I S. 3039, 1998 I S. 583), die durch Artikel 8 des Gesetzes vom 19. Dezember 1998 (BGBl. I S. 3836) geändert worden ist) anzuwenden, wenn die mündliche Verhandlung, auf die das Urteil ergeht, vor dem 1. Januar 1999 geschlossen worden ist. ²Im schriftlichen Verfahren tritt an die Stelle des Schlusses der mündlichen Verhandlung der Zeitpunkt, bis zu dem Schriftsätze eingereicht werden können.

(2) § 765a Abs. 3 der Zivilprozessordnung in der Fassung des Artikels 1 Nr. 9 Buchstabe c der 2. Zwangsvollstreckungsnovelle gilt nicht, wenn die Räumung binnen einem Monat seit Inkrafttreten der 2. Zwangsvollstreckungsnovelle am 1. Januar 1999 stattfinden soll.

(3) § 788 Abs. 1 Satz 3 der Zivilprozessordnung in der Fassung des Artikels 1 Nr. 11 Buchstabe a der 2. Zwangsvollstreckungsnovelle gilt nur für Kosten, die nach Inkrafttreten der 2. Zwangsvollstreckungsnovelle am 1. Januar 1999 entstehen.

(4) § 794 Abs. 1 Nr. 5 der Zivilprozessordnung ist in seiner bis zum 1. Januar 1999 geltenden Fassung anzuwenden, wenn die Urkunde vor dem Inkrafttreten der 2. Zwangsvollstreckungsnovelle am 1. Januar 1999 errichtet wurde.

(5) § 807 Abs. 1 Nr. 3 und 4 der Zivilprozessordnung in der Fassung des Artikels 1 Nr. 14 Buchstabe a der 2. Zwangsvollstreckungsnovelle gilt nicht für die Verfahren, in denen der Gerichtsvollzieher die Vollstreckung vor dem Inkrafttreten der 2. Zwangsvollstreckungsnovelle am 1. Januar 1999 versucht hatte.

(6) § 833 Abs. 2 der Zivilprozessordnung in der Fassung des Artikels 1 Nr. 23 Buchstabe a der 2. Zwangsvollstreckungsnovelle gilt nicht für Arbeits- oder Dienstverhältnisse, die vor dem Inkrafttreten der 2. Zwangsvollstreckungsnovelle am 1. Januar 1999 beendet waren.

(7) § 866 Abs. 3 Satz 1 und § 867 Abs. 2 der Zivilprozessordnung in der Fassung des Artikels 1 Nr. 26 und 27 Buchstabe a der 2. Zwangsvollstreckungsnovelle gelten nicht für Eintragungen, die vor dem Inkrafttreten der 2. Zwangsvollstreckungsnovelle am 1. Januar 1999 beantragt worden sind.

(8) *(weggefallen)*

(9) Auf Anträge auf Bestimmung eines Termins zur Abnahme der eidesstattlichen Versicherung, die vor dem 1. Januar 1999 gestellt worden sind, finden die §§ 807, 899, 900 der Zivilprozessordnung und § 20 Nr. 17 des Rechtspflegergesetzes in der jeweils bis zum 1. Januar 1999 geltenden Fassung Anwendung.

§ 23
[weggefallen]

§ 24
[Übergangsvorschrift
für vor dem 01. 09. 2001 rechtshängig gewordene Räumungsprozesse]

Auf einen Räumungsrechtsstreit, der vor dem 1. September 2001 rechtshängig geworden ist, finden § 93b Abs. 1 und 2, § 721 Abs. 7 sowie § 794a Abs. 5 der Zivilprozessordnung in der bis zu diesem Zeitpunkt geltenden Fassung Anwendung.

§ 25
[weggefallen]

§ 26
[Übergangsregelung zum Zivilprozessreformgesetz]

Für das Gesetz zur Reform des Zivilprozesses vom 27. Juli 2001 gelten folgende Übergangsvorschriften:

1. *(weggefallen)*
2. ¹Für am 1. Januar 2002 anhängige Verfahren finden die §§ 23, 105 Abs. 3 des Gerichtsverfassungsgesetzes und § 92 Abs. 2, §§ 128, 269 Abs. 3, §§ 278, 313a, 495a der Zivilprozessordnung sowie die Vorschriften über das Verfahren im ersten Rechtszug vor dem Einzelrichter in der am 31. Dezember 2001 geltenden Fassung weiter Anwendung. ²Für das Ordnungsgeld gilt § 178 des Gerichtsverfassungsgesetzes in der am 31. Dezember 2001 geltenden Fassung, wenn der Beschluss, der es festsetzt, vor dem 1. Januar 2002 verkündet oder, soweit eine Verkündung nicht stattgefunden hat, der Geschäftsstelle übergeben worden ist.
3 ¹Das Bundesministerium der Justiz gibt die nach § 115 Abs. 3 Nr. 2 Satz 1 vom Einkommen abzusetzenden Beträge für die Zeit vom 1. Januar 2002 bis zum 30. Juni 2002 neu bekannt. ²Die Prozesskostenhilfebekanntmachung 2001 ist insoweit nicht mehr anzuwenden.
4. Ist die Prozesskostenhilfe vor dem 1. Januar 2002 bewilligt worden, gilt § 115 Abs. 1 Satz 4 der Zivilprozessordnung für den Rechtszug in der im Zeitpunkt der Bewilligung geltenden Fassung weiter.
5. ¹Für die Berufung gelten die am 31. Dezember 2001 geltenden Vorschriften weiter, wenn die mündliche Verhandlung, auf die das anzufechtende Urteil ergeht, vor dem 1. Januar 2002 geschlossen worden ist. ²In schriftlichen Verfahren tritt an die Stelle des Schlusses der mündlichen Verhandlung der Zeitpunkt, bis zu dem Schriftsätze eingereicht werden können.
6. § 541 der Zivilprozessordnung in der am 31. Dezember 2001 geltenden Fassung ist nur noch anzuwenden, soweit nach Nummer 5 Satz 1 über die Berufung nach den bisherigen Vorschriften zu entscheiden ist, am 1. Januar 2002 Rechtsfragen zur Vorabentscheidung dem übergeordneten Oberlandesgericht oder dem Bundesgerichtshof vorliegen oder nach diesem Zeitpunkt noch vorzulegen sind.
7. ¹Für die Revision gelten die am 31. Dezember 2001 geltenden Vorschriften weiter, wenn die mündliche Verhandlung auf die das anzufechtende Urteil ergeht, vor dem 1. Januar 2002 geschlossen worden ist. ²In schriftlichen Verfahren tritt an die Stelle des Schlusses der mündlichen Verhandlung der Zeitpunkt, bis zu dem Schriftsätze eingereicht werden können.
8. ¹§ 544 der Zivilprozessordnung in der Fassung des Gesetzes zur Reform des Zivilprozesses vom 27. Juli 2001 (BGBl. I S. 1887) ist bis einschließlich 30. Juni 2018 mit der Maßgabe anzuwenden, dass die Beschwerde gegen die Nichtzulassung der Revision durch das Berufungsgericht nur zulässig ist, wenn der Wert der mit der Revision geltend zu machenden Beschwer zwanzigtausend Euro übersteigt. ²Dies gilt nicht, wenn das Berufungsgericht die Berufung verworfen hat.
9. *(weggefallen)*

10. Für Beschwerden und für die Erinnerung finden die am 31. Dezember 2001 geltenden Vorschriften weiter Anwendung, wenn die anzufechtende Entscheidung vor dem 1. Januar 2002 verkündet oder, soweit eine Verkündung nicht stattgefunden hat, der Geschäftsstelle übergeben worden ist.

11. Soweit nach den Nummern 2 bis 5, 7 und 9 in der vor dem 1. Januar 2002 geltenden Fassung Vorschriften weiter anzuwenden sind, die auf Geldbeträge in Deutscher Mark Bezug nehmen, sind diese Vorschriften vom 1. Januar 2002 an mit der Maßgabe anzuwenden, dass die Beträge nach dem Umrechnungskurs 1 Euro = 1,95583 Deutsche Mark und den Rundungsregeln der Verordnung (EG) Nr. 1103/97 des Rates vom 17. Juni 1997 über bestimmte Vorschriften im Zusammenhang mit der Einführung des Euro (ABl. EG Nr. L 162 S. 1) in die Euro-Einheit umgerechnet werden.

1 In der Praxis ist infolge von Zeitablauf fast nur noch die Bestimmung der **Nr. 8** relevant. **Satz 1** der Vorschrift enthält, in wiederholter Fortschreibung durch den Gesetzgeber und derzeit mit Geltung bis zum 30.06.2018[1], die für die Statthaftigkeit der Nichtzulassungsbeschwerde (§ 544 ZPO) relevante Beschwer von mindestens 20.000,00 €. Ausweislich von **Satz 2** betrifft die Beschwerdegrenze nicht die **Verwerfung einer Berufung** durch entsprechendes Urteil. Gleiches gilt, soweit die Berufung durch Beschluss nach § 522 Abs. 1 Satz 2 ZPO zurückgewiesen wird, da gegen diesen Beschluss nach § 522 Abs. 1 Satz 4 die Rechtsbeschwerde (§ 574 ZPO) eröffnet ist (vgl. § 522 ZPO Rn. 15).

2 Die nach § 26 Nr. 8 Satz 1 EGZPO maßgebliche **Beschwer** entspricht infolge der Formulierung „der mit der Revision geltend zu machenden Beschwer" nicht der objektiven Beschwer aus dem Berufungsurteil, sondern der subjektiven Beschwer in Gestalt des Rechtsschutzziels, das der Beschwerdeführer der Nichtzulassungsbeschwerde verfolgt.[2] Entscheidend ist somit nicht die Differenz zwischen dem Antrag in der Berufungsinstanz und dem Berufungsurteil, sondern der Wert des Beschwerdegegenstandes, den der Rechtsmittelführer in dem beabsichtigten Revisionsverfahren zu verfolgen gedenkt.[3] Als **relevanter Zeitpunkt** ist gem. § 4 Abs. 1 ZPO auf die Einlegung des Rechtsmittels, also der Nichtzulassungsbeschwerde, abzustellen.[4] Hinsichtlich der konkreten Berechnung der Beschwer gelten die allgemeinen Grundsätze (vgl. hierzu Vorbem. zu §§ 511–577 ZPO Rn. 20 ff.). Mehrere Beschwerdegegenstände sind gem. § 5 ZPO zusammenzurechnen, wobei auch hier der der **Grundsatz des Additionsverbotes** bei wirtschaftlicher Einheit gilt.[5] Erheben mehrere **einfache Streitgenossen** wirtschaftlich verschiedene Forderungen, so werden diese bei dem Beschwerdewert ebenfalls zusammengerechnet, sofern keine wirtschaftliche Einheit vorliegt.[6]

3 Das Erreichen der nach § 26 Nr. 8 Satz 1 EGZPO erforderlichen Beschwer muss **innerhalb der Begründungsfrist** (§ 544 Abs. 2 Satz 1 ZPO; vgl. hierzu § 544 ZPO Rn. 24) für die Nichtzulassungsbeschwerde dargelegt werden.[7] Eine **Bindung** für das im Falle der Zulassung der Revision dann verfolgbare Rechtsschutzziel folgt hieraus nicht, insbesondere kann der spätere Revisionsführer seine Revision betragsmäßig auch noch auf ein Rechtsschutzziel mit einem Wert unterhalb des Schwellenwertes des § 26 Nr. 8 Satz 1 EGZPO nach erfolgter Revisionszulassung herabsetzen.[8] Die Beschwer ist zudem **glaubhaft** zu machen,[9] wobei insoweit auch noch in der Nichtzulassungsbeschwerde ein höherer Beschwerdewert durch neuen Sachvortrag geltend gemacht werden kann,[10] soweit dieser hinreichend glaubhaft gemacht wird.[11] Bei hinreichender Darlegung von Gründen[12] für die Zulassung einer Revision bei gleichzeitigem Überschrei-

---

1 Art. 4 des Gesetzes zur Änderung der Insolvenzordnung und zur Änderung des Gesetzes, betreffend die Einführung der Zivilprozessordnung vom 22. Dezember 2016, BGBl. I S. 3147 (3148).
2 BGHZ 206, 276 (278), Rn. 10 = NJW 2015, 2816 (2817), Rn. 10 = ZIP 2015, 1754 (1755), Rn. 10, jeweils m.w.N.; BGH, NJW 2006, 1142, Rn. 4 = VersR 2006, Rn. 4.
3 BGHZ 206, 276 (278), Rn. 10 = NJW 2015, 2816 (2817), Rn. 10 = ZIP 2015, 1754 (1755), Rn. 10, jeweils m.w.N.
4 BGH, WM 2017, S. 804, Rn. 4; BGH, NJW 2016, 2428, Rn. 3 = ZIP 2016, 642, Rn. 3.
5 BGHZ 206, 276 (277), Rn. 6 ff. = NJW 2015, 2816 (2817), Rn. 6 ff. = ZIP 2015, 1754 (1755), Rn. 6 ff., jeweils m.w.N.
6 BGHZ 206, 276 (278), Rn. 10 = NJW 2015, 2816 (2817), Rn. 10 = ZIP 2015, 1754 (1755), Rn. 10, jeweils m.w.N.
7 BGH, ZfIR 2014, 492; NJW-RR 2012, 1087, Rn. 2 = WM 2012, 1427, Rn. 2; BGH, NJW 2002, 2720 (2721) = VersR 2003, 260.
8 BGH, NJW 2006, 1142, Rn. 4 = VersR 2006, 388, Rn. 4.
9 BGH, NJW 2002, 3180 = 2003, 342.
10 BGH, Beschl. v. 14.01.2016, V ZR 92/15, Rn. 7.
11 BGH, ZfBR 2010, 64, Rn. 7.
12 Vgl. hierzu BGHZ 154, 288 (291) = NJW 2003, 1943 (1944) = WM 2003, 987 (988).

ten der Wertgrenze von 20.000,00 € kommt im Falle einer nach Ansicht des BGH nur teilweise begründeten Zulassung abtrennbarer Teile unbeschadet eines damit einhergehenden „Abfallens" der diesbezüglichen Beschwer unter die Wertgrenze gleichwohl eine Teil-Zulassung der Revision in Betracht.[13]

§ 27
[Vereinfachtes Unterhaltsverfahren]

Auf vereinfachte Verfahren über den Unterhalt Minderjähriger (§§ 645 bis 660 der Zivilprozessordnung), in denen der Antrag auf Festsetzung von Unterhalt vor dem 1. Januar 2002 eingereicht wurde, finden die Vorschriften über das vereinfachte Verfahren über den Unterhalt Minderjähriger in der am 31. Dezember 2001 geltenden Fassung weiter Anwendung.

§ 28
[Mahnverfahren und Verbraucherkreditverträge]

(1) Das Mahnverfahren findet nicht statt für Ansprüche eines Unternehmers aus einem Vertrag, für den das Verbraucherkreditgesetz gilt, wenn der nach dem Verbraucherkreditgesetz anzugebende effektive oder anfängliche effektive Jahreszins den bei Vertragsschluss geltenden Basiszinssatz nach § 247 des Bürgerlichen Gesetzbuchs um mehr als zwölf Prozentpunkte übersteigt.

(2) § 690 Abs. 1 Nr. 3 der Zivilprozessordnung findet auf Verträge, für die das Verbraucherkreditgesetz gilt, mit der Maßgabe Anwendung, dass an die Stelle der Angabe des nach den §§ 492, 502 des Bürgerlichen Gesetzbuchs anzugebenden effektiven oder anfänglichen effektiven Jahreszinses die Angabe des nach dem Verbraucherkreditgesetz anzugebenden effektiven oder anfänglichen effektiven Jahreszinses tritt.

§ 29
[Übergangsvorschrift zum 1. Justizmodernisierungsgesetz]

¹Für das 1. Justizmodernisierungsgesetz vom 24. August 2004 (BGBl. I S. 2198) gelten folgende Übergangsvorschriften:
1. Auf Verfahren, die am 1. September 2004 anhängig sind, findet § 91a der Zivilprozessordnung in der vor dem 1. September 2004 geltenden Fassung Anwendung.
2. § 91 in der seit dem 1. September 2004 geltenden Fassung ist auch auf Verfahren anzuwenden, die zu diesem Zeitpunkt anhängig oder rechtskräftig abgeschlossen worden sind; einer Kostenrückfestsetzung steht nicht entgegen, dass sie vor dem 1. September 2004 abgelehnt worden ist. ²Haben die Parteien etwas anderes vereinbart, bleibt es dabei.
3. Auf Verfahren, die am 1. September 2004 anhängig sind, findet § 411a der Zivilprozessordnung keine Anwendung.

§ 30
[Übergangsvorschrift zum Justizkommunikationsgesetz]

¹Für Artikel 1 Nr. 2a und 3a des Justizkommunikationsgesetzes vom 22. März 2005 (BGBl. I S. 837) gilt folgende Übergangsvorschrift:
²Ist einer Partei vor dem Inkrafttreten dieses Gesetzes für einen Rechtszug Prozesskostenhilfe bewilligt worden, so ist für diesen Rechtszug insoweit das bisherige Recht anzuwenden. ³Maßgebend ist das Datum des Bewilligungsbeschlusses. Eine Maßnahme der Zwangsvollstreckung gilt als besonderer Rechtszug.

---

13 BGH, MMR 2011, 390 (391); BGHZ 166, 327 (328), Rn. 3 = NJW-RR 2006, 717, Rn. 3 = MDR 2006, 1366 (1367).

§ 31
**[Übergangsvorschrift
zum Gesetz zur Einführung des Kapitalanleger-Musterverfahren]**

¹Für das Gesetz zur Einführung von Kapitalanleger-Musterverfahren vom 16. August 2005 (BGBl. I S. 2437) gilt folgende Übergangsvorschrift: ²Auf Verfahren, die nach dem 31. Oktober 2005 anhängig werden, findet § 32b der Zivilprozessordnung keine Anwendung, wenn zu diesem Zeitpunkt bereits bei einem anderen Gericht mindestens zehn Verfahren anhängig sind, in denen die Voraussetzungen für ein Musterverfahren ebenso wie bei dem neu anhängig werdenden Verfahren vorliegen. In den Verfahren nach Satz 1 richtet sich die Zuständigkeit der Gerichte nach den bisher geltenden Vorschriften.

§ 32
[Überleitungsvorschriften zum Gesetz zur Entlastung der Rechtspflege]

(1) ¹Wenn vor dem Inkrafttreten des Gesetzes zur Entlastung der Rechtspflege vom 11. Januar 1993 (BGBl. I S. 50) am 1. März 1993 die mündliche Verhandlung, auf die das anzufechtende Urteil ergeht, geschlossen worden ist, gelten für die Zulässigkeit der Berufungen die bis dahin geltenden Vorschriften. ²Im schriftlichen Verfahren tritt an die Stelle des Schlusses der mündlichen Verhandlung in den Fällen des § 128 Abs. 2 der Zivilprozessordnung der Zeitpunkt, bis zu dem Schriftsätze eingereicht werden können, im Übrigen der Zeitpunkt, zu dem die Geschäftsstelle zum Zwecke der Zustellung die anzufechtende Entscheidung an die Parteien hinausgegeben hat.

(2) Für anhängige Verfahren in der Zivilgerichtsbarkeit gelten die Vorschriften über das Verfahren vor dem Einzelrichter, die §§ 9, 29a Abs. 1, § 128 Abs. 3 Satz 1 und § 495a Abs. 1 Satz 1 der Zivilprozessordnung, § 23 Nr. 1 und 2 Buchstabe a und § 23b Abs. 3 Satz 2 des Gerichtsverfassungsgesetzes in der bis zum 1. März 1993 geltenden Fassung.

§ 33
[Überleitungsvorschriften zum Schiedsverfahrens-Neuregelungsgesetz]

(1) Die Wirksamkeit von Schiedsvereinbarungen, die vor dem Inkrafttreten des Schiedsverfahrens-Neuregelungsgesetzes vom 22. Dezember 1997 (BGBl. I S. 3224) am 1. Januar 1998 geschlossen worden sind, beurteilt sich nach dem bis zu diesem Zeitpunkt geltenden Recht.

(2) ¹Für schiedsrichterliche Verfahren, die am 1. Januar 1998 noch nicht beendet waren, ist das bis zu diesem Zeitpunkt geltende Recht mit der Maßgabe anzuwenden, dass an die Stelle des schiedsrichterlichen Vergleichs der Schiedsspruch mit vereinbartem Wortlaut tritt. ²Die Parteien können jedoch die Anwendung des neuen Rechts vereinbaren.

(3) Für gerichtliche Verfahren, die bis zum 1. Januar 1998 anhängig geworden sind, ist das bis zu diesem Zeitpunkt geltende Recht weiter anzuwenden.

(4) ¹Aus für vollstreckbar erklärten schiedsrichterlichen Vergleichen, die vor dem 1. Januar 1998 geschlossen worden sind, findet die Zwangsvollstreckung statt, sofern die Entscheidung über die Vollstreckbarkeit rechtskräftig oder für vorläufig vollstreckbar erklärt worden ist. ²Für die Entscheidung über die Vollstreckbarkeit gilt das bis zum Inkrafttreten des Schiedsverfahrens-Neuregelungsgesetzes vom 22. Dezember 1997 (BGBl. I S. 3224) geltende Recht.

§ 34
**[Überleitungsvorschriften
zum Gesetz zur Vereinfachung und Beschleunigung gerichtlicher Verfahren]**

¹In ihrer bis zum Inkrafttreten des Gesetzes zur Vereinfachung und Beschleunigung gerichtlicher Verfahren vom 3. Dezember 1976 (BGBl. I S. 3281) geltenden Fassung sind weiter anzuwenden:

1. Vorschriften über die Aufforderung an den Beklagten, es dem Gericht anzuzeigen, wenn er sich gegen die Klage verteidigen wolle, über die Fristen zur schriftlichen Klageerwiderung, zur schriftlichen Berufungserwiderung und zur schriftlichen Stellungnahme auf diese, über die Begründung des Einspruchs gegen ein Versäumnisurteil sowie über die Folgen einer Verletzung dieser Vorschriften durch die Parteien, wenn vor dem 1. Juli 1977 die Klage oder das Versäumnisurteil zugestellt oder die Berufung eingelegt wurde;

2. sonstige Vorschriften über die Nichtzulassung nicht rechtzeitig vorgebrachter Angriffs- und Verteidigungsmittel, wenn das Angriffs- oder Verteidigungsmittel in einer vor dem 1. Juli 1977 abgehaltenen mündlichen Verhandlung vorgebracht wurde;
3. Vorschriften über die Nichtzulassung neuer Angriffs- und Verteidigungsmittel im Berufungsrechtszug, die bereits in der ersten Instanz vorzubringen waren, wenn die mündliche Verhandlung im ersten Rechtszug vor dem 1. Juli 1977 geschlossen wurde;
4. Vorschriften über das Urteil, wenn der Termin, in dem die mündliche Verhandlung geschlossen wurde, vor dem 1. Juli 1977 stattgefunden hat;
5. Vorschriften über die Zustellung und Ausfertigung der Urteile, wenn das Urteil vor dem 1. Juli 1977 verkündet worden ist oder, wenn es ohne mündliche Verhandlung ergangen ist, der Geschäftsstelle übergeben wurde;
6. Vorschriften über die Fristen zur Einlegung von Rechtsmitteln und des Einspruchs, wenn die anzufechtende Entscheidung vor dem 1. Juli 1977 verkündet oder statt einer Verkündung zugestellt worden ist;
7. Vorschriften über das Mahnverfahren, wenn der Mahnantrag vor dem 1. Juli 1977 gestellt wurde.

§ 35
[Übergangsvorschrift zum 2. Justizmodernisierungsgesetz]

Auf Verfahren, die vor dem 31. Dezember 2006 rechtskräftig abgeschlossen worden sind, ist § 580 Nr. 8 der Zivilprozessordnung nicht anzuwenden.

§ 36
[Übergangsvorschrift zum Gesetz zur Änderung des Unterhaltsrechts]

¹Für das Gesetz zur Änderung des Unterhaltsrechts vom 21. Dezember 2007 (BGBl. I S. 3189) gelten folgende Übergangsvorschriften:
1. Ist über den Unterhaltsanspruch vor dem 1. Januar 2008 rechtskräftig entschieden, ein vollstreckbarer Titel errichtet oder eine Unterhaltsvereinbarung getroffen worden, sind Umstände, die vor diesem Tag entstanden und durch das Gesetz zur Änderung des Unterhaltsrechts erheblich geworden sind, nur zu berücksichtigen, soweit eine wesentliche Änderung der Unterhaltsverpflichtung eintritt und die Änderung dem anderen Teil unter Berücksichtigung seines Vertrauens in die getroffene Regelung zumutbar ist.
2. Die in Nummer 1 genannten Umstände können bei der erstmaligen Änderung eines vollstreckbaren Unterhaltstitels nach dem 1. Januar 2008 ohne die Beschränkungen des § 323 Abs. 2 und des § 767 Abs. 2 der Zivilprozessordnung geltend gemacht werden.
3. Ist einem Kind der Unterhalt aufgrund eines vollstreckbaren Titels oder einer Unterhaltsvereinbarung als Prozentsatz des jeweiligen Regelbetrags nach der Regelbetrag-Verordnung zu leisten, gilt der Titel oder die Unterhaltsvereinbarung fort. ²An die Stelle des Regelbetrags tritt der Mindestunterhalt. ³An die Stelle des bisherigen Prozentsatzes tritt ein neuer Prozentsatz. Hierbei gilt:
   a) Sieht der Titel oder die Vereinbarung die Anrechnung des hälftigen oder eines Teils des hälftigen Kindergelds vor, ergibt sich der neue Prozentsatz, indem dem bisher zu zahlenden Unterhaltsbetrag das hälftige Kindergeld hinzugerechnet wird und der sich so ergebende Betrag in Verhältnis zu dem bei Inkrafttreten des Gesetzes zur Änderung des Unterhaltsrechts geltenden Mindestunterhalt gesetzt wird; der zukünftig zu zahlende Unterhaltsbetrag ergibt sich, indem der neue Prozentsatz mit dem Mindestunterhalt vervielfältigt und von dem Ergebnis das hälftige Kindergeld abgezogen wird.
   b) Sieht der Titel oder die Vereinbarung die Hinzurechnung des hälftigen Kindergelds vor, ergibt sich der neue Prozentsatz, indem vom bisher zu zahlenden Unterhaltsbetrag das hälftige Kindergeld abgezogen wird und der sich so ergebende Betrag in Verhältnis zu dem bei Inkrafttreten des Gesetzes zur Änderung des Unterhaltsrechts geltenden Mindestunterhalt gesetzt wird; der zukünftig zu zahlende Unterhaltsbetrag ergibt sich, indem der neue Prozentsatz mit dem Mindestunterhalt vervielfältigt und dem Ergebnis das hälftige Kindergeld hinzugerechnet wird.
   c) Sieht der Titel oder die Vereinbarung die Anrechnung des vollen Kindergelds vor, ist Buchstabe a anzuwenden, wobei an die Stelle des hälftigen Kindergelds das volle Kindergeld tritt.

d) Sieht der Titel oder die Vereinbarung weder eine Anrechnung noch eine Hinzurechnung des Kindergelds oder eines Teils des Kindergelds vor, ist Buchstabe a anzuwenden. Der sich ergebende Prozentsatz ist auf eine Dezimalstelle zu begrenzen. Die Nummern 1 und 2 bleiben unberührt.

4. Der Mindestunterhalt minderjähriger Kinder im Sinne des § 1612a Abs. 1 des Bürgerlichen Gesetzbuchs beträgt
   a) für die Zeit bis zur Vollendung des sechsten Lebensjahrs (erste Altersstufe) 279 Euro,
   b) für die Zeit vom siebten bis zur Vollendung des zwölften Lebensjahrs (zweite Altersstufe) 322 Euro,
   c) für die Zeit vom 13. Lebensjahr an (dritte Altersstufe) 365 Euro
   jeweils bis zu dem Zeitpunkt, in dem der Mindestunterhalt nach Maßgabe des § 1612a Abs. 1 des Bürgerlichen Gesetzbuchs den hier festgelegten Betrag übersteigt.

5. In einem Verfahren nach § 621 Abs. 1 Nr. 4, 5 oder Nr. 11 der Zivilprozessordnung können die in Nummer 1 genannten Umstände noch in der Revisionsinstanz vorgebracht werden. Das Revisionsgericht kann die Sache an das Berufungsgericht zurückverweisen, wenn bezüglich der neuen Tatsachen eine Beweisaufnahme erforderlich wird.

6. In den in Nummer 5 genannten Verfahren ist eine vor dem 1. Januar 2008 geschlossene mündliche Verhandlung auf Antrag wieder zu eröffnen.

7. Unterhaltsleistungen, die vor dem 1. Januar 2008 fällig geworden sind oder den Unterhalt für Ehegatten betreffen, die nach dem bis zum 30. Juni 1977 geltenden Recht geschieden worden sind, bleiben unberührt.

---

1 Durch die Einführung des gegenwärtigen Unterhaltsrechts im Jahre 2007 bedurfte es umfangreicher Übergangsregelungen für bestehende Unterhaltsansprüche und -regelungen. Die entsprechenden Bestimmungen finden sich in Art. 36 EGZPO. Soweit nicht auf über dreißig Jahre zurückliegende Unterhaltsansprüche und -titel, die nach dem Recht bis zum 30.06.1977 entstanden oder errichtet worden sind, das bis dahin geltende Recht maßgeblich bleibt (**Nr. 7**), sind alle „jüngeren" Unterhaltstitel und -vereinbarungen nach Maßgabe der Nr. 1–3 (vgl Rn. 2–4) an das seit dem 01.01.2008 geltende Recht anzupassen.[1]

2 **Nr. 1** sieht bei einer wesentlichen Änderung derjenigen Umstände, die vor dem 01.01.2008 entstanden und nach dem neuen Unterhaltsrecht nunmehr erheblich geworden sind, eine Berücksichtigung bei der Änderung von vorhandenen Unterhaltstiteln oder Unterhaltsvereinbarungen vor, soweit hierdurch wiederum auch eine wesentliche Änderung der Unterhaltspflicht selbst eintritt und diese Abänderung dem anderen Teil auch unter Vertrauensgesichtspunkten **zugemutet** werden kann.[2] Die Änderung selbst erfolgt nach § 323 ZPO oder § 767 Nr. 1 ZPO.

3 Durch **Nr. 2** werden bei der erstmaligen Änderung eines Unterhaltstitels die nach § 323 Abs. 2 und § 767 Abs. 2 ZPO vorhandenen Einschränkungen der Präklusion für die erst nach neuem Recht erheblich gewordenen Umstände beseitigt. Liegen allerdings Umstände vor, die auch schon unter der Geltung des alten Rechts erheblich waren und damit der Präklusion unterliegen, verhindert auch § 36 Nr. 2 EGZPO nicht den Ausschluss deren Berücksichtigung.

4 Dynamische Unterhaltstitel für Kindesunterhalt werden nach Vorgabe der **Nr. 3** ohne besonderes Verfahren dem neuen Recht unterworfen, wobei sie ihre Geltung beibehalten. Lediglich ein etwaiger Regelunterhalt wird durch den Mindestunterhalt nach Nr. 4 sowie vorhandene Prozentsätze nach Maßgabe der Vorgaben von Nr. 3 entsprechend angepasst.[3]

5 Für den in Nr. 3 vorgesehenen Mindestunterhalt sieht **Nr. 4** altersgestaffelte Mindestsätze vor, die solange maßgeblich sind, bis die in § 1612a Abs. 1 Satz 3 BGB in prozentualer Relation zu der Höhe des sächlichen Existenzminimums vorgesehenen Werte infolge der allgemeinen Preissteigerung und damit auch der Anpassung des Existenzminimums zu einer Überschreitung der absoluten Werte in § 36 Nr. 4 EGZPO führt. Der 11. Existenzminimumsbericht hat dieses für 2017 mit 4.716 € und für 2018 mit 4.788 € festgelegt,[4] woraus auch weiterhin eine Unbeachtlichkeit der Werte in § 36 Nr. 4 EGZPO folgt.

6 Von verfahrensrechtlicher Bedeutung sind sodann wieder die Bestimmungen der **Nr. 5** und **Nr. 6**, indem insbesondere neuer Sachvortrag im Zusammenhang mit dem neuen Unterhalts-

---

1 BGH, NJW 2010, 2953, Rn. 12 = FamRZ 2010, 1414, Rn. 12.
2 Vgl. BGH, NJW 2012, 1356 (1357), Rn. 37 = FamRZ 2012, 699 (702), Rn. 37; BGH, NJW 2011, 2512 (2513), Rn. 21f. = FamRZ 2011, 1381 (1383), Rn. 21f.
3 Im Einelnen *Vossenkämper*, FamRZ 2008, 201ff.
4 BT-Drs. 18/10220, S. 9.

recht in die jeweiligen Verfahren eingeführt werden kann und gegebenenfalls erneut in eine mündliche Verhandlung einzutreten ist.

§ 37
[Übergangsvorschrift zum Risikobegrenzungsgesetz]

§ 799a der Zivilprozessordnung ist nicht anzuwenden, wenn die Vollstreckung aus der Urkunde vor dem 19. August 2008 für unzulässig erklärt worden ist.

§ 37a
[Übergangsbestimmung zur Prozesskostenhilfe]

Führt die Änderung der nach § 115 Absatz 1 Satz 3 der Zivilprozessordnung maßgebenden Beträge durch Artikel 6 des Gesetzes zur Ermittlung von Regelbedarfen und zur Änderung des Zweiten und Zwölften Buches Sozialgesetzbuch vom 24. März 2011 (BGBl. I S. 453) dazu, dass keine Monatsrate zu zahlen ist, so ist dies auf Antrag bereits ab dem 1. Januar 2011 zu berücksichtigen.

§ 38
[Informationspflicht aus Anlass des Gesetzes zur Reform des Kontopfändungsschutzes]

¹Die Kreditinstitute haben die Inhaber der bei ihnen geführten Konten darüber zu unterrichten, dass Pfändungsschutz für Kontoguthaben und Verrechnungsschutz für Sozialleistungen und Kindergeld ab dem 1. Januar 2012 nur für Pfändungsschutzkonten nach § 850k der Zivilprozessordnung in der Fassung des Gesetzes (zur Reform des Kontopfändungsschutzes vom 7. Juli 2009 (BGBl. I S. 1707) gewährt wird. ²Die Unterrichtung hat in Textform spätestens bis zum 30. November 2011 zu erfolgen.

§ 38a
[Übergangsvorschrift für Zurückweisungsbeschlüsse]

(1) Für Zurückweisungsbeschlüsse, die vor dem 27. Oktober 2011 erlassen wurden, ist § 522 Absatz 3 in der vor dem 27. Oktober 2011 geltenden Fassung weiter anzuwenden.

(2) Auf Urteile, bei denen die Frist des § 586 Absatz 2 Satz 2 der Zivilprozessordnung am 27. Oktober 2011 abgelaufen ist, ist § 586 Absatz 4 der Zivilprozessordnung nicht anzuwenden.

§ 39
[Übergangsvorschrift zum Gesetz zur Reform der Sachaufklärung in der Zwangsvollstreckung]

¹Für das Gesetz zur Reform der Sachaufklärung in der Zwangsvollstreckung vom 29. Juli 2009 (BGBl. I S. 2258) gelten folgende Übergangsvorschriften:
1. Für Vollstreckungsaufträge, die vor dem 1. Januar 2013 beim Gerichtsvollzieher eingegangen sind, sind anstelle der §§ 754, 755, 758a Abs. 2, von § 788 Abs. 4, der §§ 802a bis 802l, 807, 836 Abs. 3, der §§ 851b, 882b bis 882h, 883 Abs. 2 und von § 933 Satz 1 der Zivilprozessordnung die §§ 754, 806b, 807, 813a, 813b, 836 Abs. 3, der § 845 Abs. 1 Satz 3, die §§ 851b, 883 Abs. 2 und 4, der § 888 Abs. 1 Satz 3, die §§ 899 bis 915h und § 933 Satz 1 der Zivilprozessordnung in der bis zum 31. Dezember 2012 geltenden Fassung weiter anzuwenden.
2. Für Vollstreckungsaufträge, die vor dem 1. Januar 2013 beim Vollziehungsbeamten eingegangen sind, sind die §§ 6 und 7 der Justizbeitreibungsordnung und die darin genannten Bestimmungen der Zivilprozessordnung in der bis zum 31. Dezember 2012 geltenden Fassung weiter anzuwenden.
3. § 16 Abs. 3 des Verwaltungs-Vollstreckungsgesetzes, § 15 Satz 1 des Ausführungsgesetzes zum deutschösterreichischen Konkursvertrag, § 98 Abs. 3 der Insolvenzordnung, § 463b Abs. 3 der Strafprozessordnung, § 35 Abs. 3, § 89 Abs. 3, § 91 Abs. 2 und § 94 des Gesetzes über das Verfahren in Familiensachen und in den Angelegenheiten der freiwilligen Gerichtsbarkeit, § 90 Abs. 3 des Gesetzes über Ordnungswidrigkeiten, §§ 284, 326 Abs. 3,

§ 334 Abs. 3 der Abgabenordnung und § 25 Abs. 4 des Straßenverkehrsgesetzes sowie die darin genannten Bestimmungen der Zivilprozessordnung sind in der bis zum 31. Dezember 2012 geltenden Fassung weiter anzuwenden, wenn die Auskunftserteilung oder die Haft vor dem 1. Januar 2013 angeordnet worden ist.

4. Im Rahmen des § 802d Abs. 1 Satz 1 der Zivilprozessordnung und des § 284 Abs. 4 Satz 1 der Abgabenordnung steht die Abgabe einer eidesstattlichen Versicherung nach § 807 der Zivilprozessordnung oder nach § 284 der Abgabenordnung in der bis zum 31. Dezember 2012 geltenden Fassung der Abgabe einer Vermögensauskunft nach § 802c der Zivilprozessordnung oder nach § 284 der Abgabenordnung in der ab dem 1. Januar 2013 geltenden Fassung gleich. Kann ein Gläubiger aus diesem Grund keine Vermögensauskunft verlangen, ist er nach Maßgabe des § 299 Abs. 1 der Zivilprozessordnung dazu befugt, das beim Vollstreckungsgericht verwahrte Vermögensverzeichnis einzusehen, das der eidesstattlichen Versicherung zu Grunde liegt, und sich aus ihm Abschriften erteilen zu lassen. [2]Insoweit sind die bis zum 31. Dezember 2012 geltenden Vorschriften des Gerichtskostengesetzes über die Erteilung einer Ablichtung oder eines Ausdrucks des mit eidesstattlicher Versicherung abgegebenen Vermögensverzeichnisses oder den Antrag auf Gewährung der Einsicht in dieses Vermögensverzeichnis weiter anzuwenden.

5. Das Schuldnerverzeichnis nach § 915 der Zivilprozessordnung in der bis zum 31. Dezember 2012 geltenden Fassung wird hinsichtlich der Eintragungen fortgeführt, die vor dem 1. Januar 2013 vorzunehmen waren oder die nach den Nummern 1 bis 3 nach dem 31. Dezember 2012 vorzunehmen sind. [2]Die §§ 915 bis 915h der Zivilprozessordnung sowie § 26 Absatz 2 der Insolvenzordnung jeweils in der bis zum 31. Dezember 2012 geltenden Fassung sind insoweit weiter anzuwenden. [3]Unbeschadet des § 915a Abs. 2 der Zivilprozessordnung in der bis zum 31. Dezember 2012 geltenden Fassung ist eine Eintragung in dem nach Satz 1 fortgeführten Schuldnerverzeichnis vorzeitig zu löschen, wenn der Schuldner in das Schuldnerverzeichnis nach § 882b der Zivilprozessordnung in der ab dem 1. Januar 2013 geltenden Fassung eingetragen wird.

6. Soweit eine gesetzliche Bestimmung die Eintragung in das Schuldnerverzeichnis nach § 882b der Zivilprozessordnung in der ab dem 1. Januar 2013 geltenden Fassung voraussetzt, steht dem die Eintragung bin das nach Nummer 5 fortgeführte Schuldnerverzeichnis gleich.

§ 40
[Übergangsvorschrift
zum Gesetz zur Änderung des Prozesskostenhilfe- und Beratungshilferechts]

[1]Hat eine Partei vor dem 1. Januar 2014 für einen Rechtszug Prozesskostenhilfe beantragt, so sind für diesen Rechtszug die §§ 114 bis 127 der Zivilprozessordnung, § 48 Absatz 1 Nummer 1 der Bundesrechtsanwaltsordnung, § 4b der Insolvenzordnung, § 11a des Arbeitsgerichtsgesetzes, § 397a der Strafprozessordnung, § 77 Absatz 1 Satz 2 und § 168 Absatz 2 Satz 2 des Gesetzes über das Verfahren in Familiensachen und in Angelegenheiten der freiwilligen Gerichtsbarkeit, § 12 Satz 1 des Rechtsanwaltsvergütungsgesetzes sowie die §§ 136 und 137 des Patentgesetzes in der bis zum 31. Dezember 2013 geltenden Fassung anzuwenden. [2]Eine Maßnahme der Zwangsvollstreckung gilt als besonderer Rechtszug.

§ 41
[Übergangsvorschrift zum Gesetz zur Änderung des Sachverständigenrechts und zur weiteren Änderung des Gesetzes über das Verfahren in Familiensachen und in den Angelegenheiten der freiwilligen Gerichtsbarkeit sowie zur Änderung des Sozialgerichtsgesetzes, der Verwaltungsgerichtsordnung, der Finanzgerichtsordnung und des Gerichtskostengesetzes]

Wurde der Sachverständige vor dem 15. Oktober 2016 ernannt, ist § 411 Absatz 1 und 2 der Zivilprozessordnung in der bis zum 15. Oktober 2016 geltenden Fassung anzuwenden.

§ 42
[Informationspflichten aus Anlass des Gesetzes zur Durchführung der Verordnung (EU) Nr. 655/2014 sowie zur Änderung sonstiger zivilprozessualer, grundbuchrechtlicher und vermögensrechtlicher Vorschriften und zur Änderung der Justizbeitreibungsordnung]

Die Länder übermitteln dem Bundesministerium der Justiz und für Verbraucherschutz auf Anfrage die Informationen nach Artikel 53 Absatz 2 der Verordnung (EU) Nr. 655/2014 des Europäischen Parlaments und des Rates vom 15. Mai 2014 zur Einführung eines Verfahrens für einen Europäischen Beschluss zur vorläufigen Kontenpfändung im Hinblick auf die Erleichterung der grenzüberschreitenden Eintreibung von Forderungen in Zivil- und Handelssachen (ABl. L 189 vom 27. 6. 2014, S. 59).

§ 43
[Verordnungsermächtigung für die Länder aus Anlass des Gesetzes zur Durchführung der Verordnung (EU) Nr. 655/2014 sowie zur Änderung sonstiger zivilprozessualer, grundbuchrechtlicher und vermögensrechtlicher Vorschriften und zur Änderung der Justizbeitreibungsordnung]

(1) Die Landesregierungen können für ihren Bereich durch Rechtsverordnung bestimmen, dass § 753 Absatz 4, § 754a Absatz 3 und § 829a Absatz 3 der Zivilprozessordnung in der bis zum 31. Dezember 2017 geltenden Fassung bis zum 31. Dezember entweder des Jahres 2018 oder des Jahres 2019 weiterhin Anwendung finden und die in den Artikeln 2 und 14 Nummer 4 des Gesetzes zur Durchführung der Verordnung (EU) Nr. 655/2014 sowie zur Änderung sonstiger zivilprozessualer, grundbuchrechtlicher und vermögensrechtlicher Vorschriften und zur Änderung der Justizbeitreibungsordnung genannten Bestimmungen ganz oder teilweise erst am 1. Januar entweder des Jahres 2019 oder des Jahres 2020 in Kraft treten.

(2) ¹Die Landesregierungen können für ihren Bereich durch Rechtsverordnung bestimmen, dass die in den Artikeln 3 und 14 Nummer 5 des Gesetzes zur Durchführung der Verordnung (EU) Nr. 655/2014 sowie zur Änderung sonstiger zivilprozessualer, grundbuchrechtlicher und vermögensrechtlicher Vorschriften und zur Änderung der Justizbeitreibungsordnung genannten Bestimmungen ganz oder teilweise bereits am 1. Januar entweder des Jahres 2020 oder des Jahres 2021 in Kraft treten. ²Sofern die Landesregierung von der Ermächtigung in Absatz 1 Gebrauch gemacht hat, kommt nur ein Inkrafttreten am 1. Januar 2021 in Betracht.

(3) Die Landesregierungen können die Ermächtigungen nach den Absätzen 1 und 2 durch Rechtsverordnung auf die Landesjustizverwaltung übertragen.

Gerichtsverfassungsgesetz (GVG)

in der Fassung der Bekanntmachung vom 9. Mai 1975 (BGBl. I S. 1077), zuletzt geändert durch Art. 6 des Neunten Gesetzes zur Änderung des Gesetzes gegen Wettbewerbsbeschränkungen vom 01.06.2017 (BGBl. I S. 1416)

Erster Titel
Gerichtsbarkeit

§ 1
[Richterliche Unabhängigkeit]

Die richterliche Gewalt wird durch unabhängige, nur dem Gesetz unterworfene Gerichte ausgeübt.

§§ 2–9
[weggefallen]

§ 10
[Referendare]

[1]Unter Aufsicht des Richters können Referendare Rechtshilfeersuchen erledigen und außer in Strafsachen Verfahrensbeteiligte anhören, Beweise erheben und die mündliche Verhandlung leiten. [2]Referendare sind nicht befugt, eine Beeidigung anzuordnen oder einen Eid abzunehmen.

§ 11
[weggefallen]

§ 12
[Ordentliche Gerichtsbarkeit]

Die ordentliche Gerichtsbarkeit wird durch Amtsgerichte, Landgerichte, Oberlandesgerichte und durch den Bundesgerichtshof (den obersten Gerichtshof des Bundes für das Gebiet der ordentlichen Gerichtsbarkeit) ausgeübt.

§ 13
[Zuständigkeit der ordentlichen Gerichte]

Vor die ordentlichen Gerichte gehören die bürgerlichen Rechtsstreitigkeiten, die Familiensachen und die Angelegenheiten der freiwilligen Gerichtsbarkeit (Zivilsachen) sowie die Strafsachen, für die nicht entweder die Zuständigkeit von Verwaltungsbehörden oder Verwaltungsgerichten begründet ist oder auf Grund von Vorschriften des Bundesrechts besondere Gerichte bestellt oder zugelassen sind.

§ 13a
[Konzentrationsermächtigung durch Landesrecht]

Durch Landesrecht können einem Gericht für die Bezirke mehrerer Gerichte Sachen aller Art ganz oder teilweise zugewiesen sowie auswärtige Spruchkörper von Gerichten eingerichtet werden.

§ 14
[Schifffahrtsgerichte]

Als besondere Gerichte werden Gerichte der Schifffahrt für die in den Staatsverträgen bezeichneten Angelegenheiten zugelassen.

§ 15
[weggefallen]

§ 16
[Ausnahmegerichte]

¹Ausnahmegerichte sind unstatthaft. ²Niemand darf seinem gesetzlichen Richter entzogen werden.

§ 17
[Zulässigkeit nach Rechtshängigkeit]

(1) ¹Die Zulässigkeit des beschrittenen Rechtsweges wird durch eine nach Rechtshängigkeit eintretende Veränderung der sie begründenden Umstände nicht berührt. ²Während der Rechtshängigkeit kann die Sache von keiner Partei anderweitig anhängig gemacht werden.

(2) ¹Das Gericht des zulässigen Rechtsweges entscheidet den Rechtsstreit unter allen in Betracht kommenden rechtlichen Gesichtspunkten. ²Artikel 14 Abs. 3 Satz 4 und Artikel 34 Satz 3 des Grundgesetzes bleiben unberührt.

Inhalt:

	Rn.		Rn.
A. Allgemeines	1	II. Anderweitige Rechtshängigkeit, Abs. 1 Satz 2	4
B. Erläuterungen	3	III. Allzuständigkeit, Abs. 2 Satz 1	5
I. Perpetuatio fori, Abs. 1 Satz 1	3	IV. Verfassungsrecht, Abs. 2 Satz 2	9

A. Allgemeines

1 § 17 Abs. 1 Satz 1 GVG entspricht § 261 Abs. 3 Nr. 2 ZPO – *perpetuatio fori*. § 17 Abs. 1 Satz 2 GVG entspricht § 261 Abs. 3 Nr. 1 ZPO (anderweitige Rechtshängigkeit). § 17 Abs. 2 Satz 1 GVG eröffnet eine rechtswegüberschreitende Sach- und Entscheidungskompetenz, aber nur im Rahmen eines einheitlichen Streitgegenstands;¹ das Gericht ist also nicht auf die Prüfung von Anspruchsgrundlagen, die der eigenen Gerichtsbarkeit zugeordnet sind, beschränkt. Dies gilt nicht für Ansprüche, deren Rechtsweg in der Verfassung geregelt ist (Art. 14 Abs. 3 Satz 4 und Art. 34 Satz 4 GG), § 17 Abs. 2 Satz 2 GVG. Aus § 17 GVG folgt die Gleichwertigkeit aller Gerichtszweige.² Die Vorschrift dient der Vermeidung von Rechtswegstreitigkeiten und der Entscheidungskonzentration bei einem Gericht.³

2 § 17 GVG gilt nicht nur für die ordentliche Gerichtsbarkeit, sondern auch für Verwaltungs- (§ 173 VwGO), Finanz- (§ 155 FGO), Sozial- (§§ 51, 202 SGG) und Arbeitsgerichtsbarkeit (§ 48 Abs. 1 ArbGG), und zwar auch für die sachliche und örtliche Zuständigkeit (§§ 83 Satz 1 VwGO, 70 Satz 1 FGO, 98 Satz 1 SGG, 48 Abs. 1 ArbGG). § 17 GVG gilt auch für das Verhältnis zwischen ordentlicher streitiger und freiwilliger Gerichtsbarkeit.⁴ Erfasst sind auch Mahnverfahren, selbstständige Beweisverfahren,⁵ vorläufiger Rechtsschutz. § 17 GVG gilt dagegen nicht für das Prozesskostenhilfeverfahren und im Verhältnis zum Bundesverfassungsgericht.⁶

B. Erläuterungen
I. Perpetuatio fori, Abs. 1 Satz 1

3 Eine einmal begründete Zuständigkeit bleibt bestehen,⁷ sog. *perpetuatio fori*. Dies gilt nicht nur für die örtliche und sachliche Zuständigkeit des angerufenen Gerichts – § 261 Abs. 3 Nr. 2 ZPO –, sondern auch für die Zulässigkeit des Rechtswegs, § 17 **Abs. 1 Satz 1 GVG**. Ist also der beschrittene Rechtsweg einmal eröffnet, so bleibt es dabei, auch wenn es zu Änderungen nach Eintritt der Rechtshängigkeit kommt. Erfasst sind tatsächliche und rechtliche Änderungen.⁸ Dieser Grundsatz wirkt aber nur rechtswegerhaltend; umgekehrt sind alle bis zur letzten Tatsachenverhandlung eintretenden Umstände, die die zunächst bestehende Unzulässigkeit des

---

1 BGH, BeckRS 2013, 22405, Rn. 13 f. = MDR 2014, 294, Rn. 13 f.
2 Musielak/Voit-*Wittschier*, ZPO, § 17 GVG Rn. 1.
3 MK-*Zimmermann*, ZPO, § 17 GVG Rn. 1, 2.
4 Musielak/Voit-*Wittschier*, ZPO, § 17 GVG Rn. 2; dort auch zu weiteren Anwendungsbereichen.
5 OLG Nürnberg, NVwZ-RR 2014, 80, II. = MDR 2013, 1369, Rn. 9 f.
6 Thomas/Putzo-*Hüßtege*, ZPO, § 17 GVG Rn. 2; Musielak/Voit-*Wittschier*, ZPO, § 17 GVG Rn. 3.
7 BPatGE 49, 238, Rn. 45 f. = BPatG, GRUR 2007, 907, Rn. 45 f.
8 Zöller-*Lückemann*, ZPO, § 17 GVG Rn. 1.

Rechtswegs beseitigen, zu berücksichtigen (es sei denn vorher ergeht ein rechtskräftiger Verweisungsbeschluss).[9]

II. Anderweitige Rechtshängigkeit, Abs. 1 Satz 2

Während der Dauer der Rechtshängigkeit kann die Streitsache von keiner Partei anderweitig anhängig gemacht werden, § 261 Abs. 3 Nr. 1 ZPO; Rechtshängigkeit ist ein Verfahrenshindernis für jede neue Klage.[10] Auch die Rechtshängigkeit einer Streitsache bei einem Gericht einer anderen Gerichtsbarkeit führt dazu, dass eine neue Klage hinsichtlich desselben Streitgegenstands unzulässig ist, § 17 **Abs. 1 Satz 2 GVG**, und zwar auch dann, wenn das zuerst angerufene Gericht unzuständig und das zuletzt angerufene Gericht zuständig ist.[11] In sachlicher Hinsicht ist derselbe Streitgegenstand erforderlich; ausreichend ist, wenn der Streitgegenstand sich nur teilweise deckt.[12] In zeitlicher Hinsicht kommt es darauf an, welches Gericht zuerst angerufen wurde; maßgeblich ist die Zustellung der Klage i.S.v. § 261 ZPO. Ein anhängiges Mahnverfahren vor Durchführung des streitigen Verfahrens führt nicht zu dem Prozesshindernis der anderweitigen Rechtshängigkeit des § 17 Abs. 1 Satz 2 GVG.[13] Zu Auslandsklagen vgl. Art. 27 EuGVO.[14] Die fehlende **anderweitige Rechtshängigkeit** ist Prozessvoraussetzung und muss von Amts wegen in jedem Stadium des Verfahrens geprüft werden.[15]

4

III. Allzuständigkeit, Abs. 2 Satz 1

Nach § 17 **Abs. 2 Satz 1 GVG** entscheidet das Gericht des zulässigen Rechtswegs den Rechtsstreit **unter allen** in Betracht kommenden rechtlichen **Gesichtspunkten**. Es ist also nicht auf die Prüfung von Anspruchsgrundlagen, die der eigenen Gerichtsbarkeit zugeordnet sind, beschränkt. Vielmehr fällt ihm eine rechtswegüberschreitende Sach- und Entscheidungskompetenz zu.[16] Es darf auch Vorfragen, die nicht der eigenen Gerichtsbarkeit unterliegen, klären.[17] Dabei findet die jeweils eigene Verfahrensordnung des Gerichts Anwendung.[18] Ziel ist es, in Fällen, in denen der Klageanspruch auf mehrere, verschiedenen Rechtswegen zugeordnete Grundlagen gestützt ist, das angerufene Gericht zur Entscheidung über sämtliche Klagegründe zu verpflichten, sofern nur der Rechtsweg für einen von ihnen gegeben ist.[19] Bei Haupt- und Hilfsbegründung kommt es allein auf die Hauptbegründung an.[20]

5

Die umfassende Entscheidungskompetenz des § 17 Abs. 2 Satz 1 GVG gilt aber nur, wenn Gegenstand des Verfahrens ein **einheitlicher Streitgegenstand** im Sinne eines einheitlichen prozessualen Anspruchs ist.[21] Liegt eine Mehrheit prozessualer Ansprüche (im Sinne einer objektiven Klagehäufung)[22] vor, ist für jeden dieser Ansprüche die Rechtswegzuständigkeit gesondert zu prüfen, da ansonsten nicht gewünschte Rechtswegmanipulation durch beliebige Klagehäufungen möglich wäre.[23] Der Streitgegenstand wird bestimmt durch den Klageantrag (Rechtsfolge) und den Lebenssachverhalt (Klagegrund), aus dem der Kläger die begehrte Rechtsfolge herleitet (sogenannter **zweigliedriger Streitgegenstandsbegriff**, vgl. auch Einl. Rn. 22).[24] Eine Entscheidungsbefugnis nach § 17 Abs. 2 Satz 1 GVG besteht nicht in den Fällen der Widerklage[25] und der einfachen Streitgenossenschaft i.S.v. § 61 ZPO (anders bei notwendiger Streitgenossenschaft i.S.v. § 62 ZPO).[26] Hier kann nach § 145 ZPO, § 17a Abs. 2 GVG verfahren werden.[27]

6

---

9 BAG, NJW 2015, 570, Rn. 27 = ZIP 2015, 98, Rn. 27.
10 OLG Köln, BeckRS 2013, 13124, II.
11 OLG Köln, BeckRS 2013, 13124, II.
12 Thomas/Putzo-Hüßtege, ZPO, § 17 GVG Rn. 4.
13 VGH Kassel, BeckRS 2005, 23633 = BImSchG-Rspr, § 42 Nr. 10.
14 Vgl. dazu MK-Zimmermann, ZPO, § 17 GVG Rn. 9.
15 OLG Köln, BeckRS 2013, 13124, II.
16 BGH, NZG 2014, 110, Rn. 13 = MDR 2014, 294, Rn. 13.
17 Thomas/Putzo-Hüßtege, ZPO, § 17 GVG Rn. 6.
18 Thomas/Putzo-Hüßtege, ZPO, § 17 GVG Rn. 6; MK-Zimmermann, ZPO, § 17 GVG Rn. 12.
19 Vgl. BGH, NZG 2014, 110, Rn. 14 = MDR 2014, 294, Rn. 14.
20 Musielak/Voit-Wittschier, ZPO, § 17 GVG Rn. 7; Zöller-Lückemann, ZPO, § 17 GVG Rn. 7.
21 BGH, NZG 2014, 110, Rn. 13f. = MDR 2014, 294, Rn. 13f.
22 OLG Jena, NJW-RR 2010, 153, Rn. 75.
23 BGH, NZG 2014, 110, Rn. 14 = MDR 2014, 294, Rn. 14.
24 BGH, NZG 2014, 110, Rn. 16 = MDR 2014, 294, Rn. 16.
25 OLG Jena, NJW-RR 2010, 153, Rn. 75 = FamRZ 2009, 1340, Rn. 75.
26 VG Neustadt, BeckRS 2015, 43662, III.; Musielak/Voit-Wittschier, ZPO, § 17 GVG Rn. 9.
27 Thomas/Putzo-Hüßtege, ZPO, § 17 GVG Rn. 8.

7 Eine **Aufrechnung mit einer rechtswegfremden Gegenforderung** darf jedenfalls dann berücksichtigt werden, wenn diese Forderung rechtskräftig oder bestandskräftig festgestellt oder unbestritten ist.[28] Im Übrigen wird die Frage sehr kontrovers diskutiert. Richtigerweise wird man wohl folgendes annehmen müssen: Die Befugnis zur Entscheidung über eine zur Aufrechnung gestellte Forderung, für die originär ein anderer Rechtsweg vorgesehen ist, ergibt sich aus § 17 Abs. 2 Satz 1 GVG nicht; bei der Aufrechnung handelt es sich nicht um einen „rechtlichen Gesichtspunkt" des Rechtsstreits, sondern um ein selbstständiges Gegenrecht, das dem durch die Klage bestimmten Streitgegenstand einen weiteren Gegenstand hinzufügt.[29] Die Problematik der Aufrechnung mit rechtswegfremden Gegenforderungen war bei der Änderung der §§ 17 ff. GVG im Jahre 1990[30] seit langem bekannt; in den Gesetzesmaterialien werden aber allein die Fälle alternativer und kumulativer Klagebegründungen durch verschiedene Anspruchsgrundlagen behandelt.[31]

8 Erfolgt eine Aufrechnung mit einer rechtswegfremden Gegenforderung, so kann das Gericht aussetzen.[32] Denkbar ist auch ein Vorbehaltsurteil;[33] nach dessen Rechtskraft kann das Gericht wegen der Gegenforderung an das zuständige Gericht verweisen; dieses muss dann – anders als bei der Aussetzung – das Nachverfahren gem. § 302 Abs. 4 ZPO durchführen; es entscheidet dann über die Aufrechterhaltung oder Aufhebung des Vorbehaltsurteils und über einen geltend gemachten Anspruch auf Schadensersatz, also damit nicht über eine rechtswegfremde Forderung.[34]

IV. Verfassungsrecht, Abs. 2 Satz 2

9 Ein einfaches Gesetz kann **Verfassungsrecht** nicht abändern. Das Gericht des zulässigen Rechtswegs entscheidet den Rechtsstreit zwar unter allen in Betracht kommenden Gesichtspunkten (§ 17 Abs. 2 Satz 1 GVG); dies gilt aber nicht für Ansprüche nach Art. 14 Abs. 3 Satz 4 GG (Höhe der Enteignungsentschädigung) und Art. 34 Satz 3 GG (Schadensersatz und Rückgriff bei Amtspflichtverletzung); hier bleibt es bei der verfassungsrechtlich normierten Zuständigkeit der ordentlichen Gerichte, § 17 **Abs. 2 Satz 2 GVG**. Dies gilt auch für die Aufrechnung mit solchen Ansprüchen vor einem anderen als einem ordentlichen Gericht, es sei denn diese Ansprüche sind rechtskräftig oder bestandskräftig festgestellt oder unbestritten;[35] dann darf auch ein anderes als ein ordentliches Gericht sie berücksichtigen. Dass das Gericht über derartige Ansprüche nicht entscheiden darf, gilt auch bei fehlerhafter – und trotzdem bindender – Verweisung.[36]

---

28 BGH, NZI 2013, 200 (202 f.) = MDR 2013, 454, II.A.1.c)aa); OLG Nürnberg, BeckRS 2015, 15037, Rn. 26 = MDR 2015, 1202 (1202 f.); FG Berlin-Brandenburg, BeckRS 2015, 94539, I.2.a) = DStRE 2015, 1079, Rn. 29; LG Saarbrücken, BeckRS 2012, 02832, II.2.a) = MDR 2012, 669, Rn. 11; Thomas/Putzo-*Hüßtege*, ZPO, § 17 GVG Rn. 9.
29 BAG, NJW 2008, 1020, II.1. = MDR 2008, 464, Rn. 7; BAG, NJW 2002, 317, Rn. 8 = MDR 2002, 52, Rn. 8; BFH, NJW 2002, 3126, Rn. 17 = BB 2002, 1358, Rn. 17; BVerwG, NJW 1999, 160, 2. = DVBl. 1999, 472, 2.; OLG Nürnberg, BeckRS 2015, 15037, Rn. 27 = MDR 2015, 1202; OLG Jena, NJW-RR 2010, 153, Rn. 75; OVG Lüneburg, NVwZ 2004, 1513, Rn. 35 = JA 2005, 340, Rn. 35; FG Berlin-Brandenburg, BeckRS 2015, 94539, I.2.a) = DStRE 2015, 1079, Rn. 29; LG Saarbrücken, BeckRS 2012, 02832, II.2.b) = MDR 2012, 669, Rn. 12; ebenso Thomas/Putzo-*Hüßtege*, ZPO, § 17 GVG Rn. 9; Musielak/Voit-*Wittschier*, ZPO, § 17 GVG Rn. 10; Zöller-*Lückemann*, ZPO, § 17 GVG Rn. 10; a. A. VGH Kassel, NJW 1995, 1107, Rn. 23 f. = MDR 1995, 203, Rn. 23 f.: „Gleichwertigkeit aller Rechtswege", „Prozessökonomie", „Rechtsschutzeffektivität"; LAG München, BeckRS 1998, 30464085, II. = MDR 1998, 783, Rn. 9: „jedenfalls" Zuständigkeit der Arbeitsgerichte hinsichtlich Aufrechnung mit streitigen Gegenforderungen aus der Rechtswegzuständigkeit der ordentlichen Gerichte; ArbG Passau, NZA 1992, 428 = BB 1992, 359 (für Verhältnis Arbeitsgerichte – ordentliche Gerichte. Offen gelassen in BGH, BeckRS 2014, 16532, Rn. 29 = AuR 2014, 460, Rn. 29; BGH, NZI 2013, 200, II.A.1.c)aa) = MDR 2013, 454, II.A.1.c)aa); BGH, NJW-RR 2005, 1138, II.2.b)bb) = MDR 2005, 1304, II.2.b)bb); BGH, NJW 2000, 2428, Rn. 12 = MDR 2000, 1099, Rn. 12.
30 BGBl. I, S. 2809.
31 BAG, NJW 2002, 317, Rn. 8 = MDR 2002, 52, Rn. 8.
32 BFH, BeckRS 2005, 25008420 = BFH/NV 2005, 1759: mit der Aussetzung Frist zur Klageerhebung im zuständigen Rechtsweg, bei Fristablauf Gegenforderung als nicht erwiesen behandeln; vgl. auch OLG Nürnberg, BeckRS 2015, 15037, Rn. 30 = MDR 2015, 1202 (1202 f.); FG Berlin-Brandenburg, BeckRS 2015, 94539, I.2. = DStRE 2015, 1079, Rn. 29; MK-*Zimmermann*, ZPO, § 17 GVG Rn. 15.
33 BAG, NJW 2008, 1020, Rn. 12 = MDR 2008, 464, Rn. 12; OLG Nürnberg, BeckRS 2015, 15037, Rn. 30 = MDR 2015, 1202; LG Saarbrücken, BeckRS 2012, 02832, II.2.b) = MDR 2012, 669, Rn. 20.
34 BAG, NJW 2008, 1020, Rn. 12 = MDR 2008, 464, Rn. 12.
35 VG Gießen, NVwZ 2001, 464, Rn. 22; Musielak/Voit-*Wittschier*, ZPO, § 17 GVG Rn. 12.
36 Musielak/Voit-*Wittschier*, ZPO, § 17 GVG Rn. 11.

§ 17a
[Rechtsweg]

(1) Hat ein Gericht den zu ihm beschrittenen Rechtsweg rechtskräftig für zulässig erklärt, sind andere Gerichte an diese Entscheidung gebunden.

(2) ¹Ist der beschrittene Rechtsweg unzulässig, spricht das Gericht dies nach Anhörung der Parteien von Amts wegen aus und verweist den Rechtsstreit zugleich an das zuständige Gericht des zulässigen Rechtsweges. ²Sind mehrere Gerichte zuständig, wird an das vom Kläger oder Antragsteller auszuwählende Gericht verwiesen oder, wenn die Wahl unterbleibt, an das vom Gericht bestimmte. ³Der Beschluss ist für das Gericht, an das der Rechtsstreit verwiesen worden ist, hinsichtlich des Rechtsweges bindend.

(3) ¹Ist der beschrittene Rechtsweg zulässig, kann das Gericht dies vorab aussprechen. ²Es hat vorab zu entscheiden, wenn eine Partei die Zulässigkeit des Rechtsweges rügt.

(4) ¹Der Beschluss nach den Absätzen 2 und 3 kann ohne mündliche Verhandlung ergehen. ²Er ist zu begründen. ³Gegen den Beschluss ist die sofortige Beschwerde nach den Vorschriften der jeweils anzuwendenden Verfahrensordnung gegeben. ⁴Den Beteiligten steht die Beschwerde gegen einen Beschluss des oberen Landesgerichts an den obersten Gerichtshof des Bundes nur zu, wenn sie in dem Beschluss zugelassen worden ist. ⁵Die Beschwerde ist zuzulassen, wenn die Rechtsfrage grundsätzliche Bedeutung hat oder wenn das Gericht von der Entscheidung eines obersten Gerichtshofes des Bundes oder des Gemeinsamen Senats der obersten Gerichtshöfe des Bundes abweicht. ⁶Der oberste Gerichtshof des Bundes ist an die Zulassung der Beschwerde gebunden.

(5) Das Gericht, das über ein Rechtsmittel gegen eine Entscheidung in der Hauptsache entscheidet, prüft nicht, ob der beschrittene Rechtsweg zulässig ist.

(6) Die Absätze 1 bis 5 gelten für die in bürgerlichen Rechtsstreitigkeiten, Familiensachen und Angelegenheiten der freiwilligen Gerichtsbarkeit zuständigen Spruchkörper in ihrem Verhältnis zueinander entsprechend.

Inhalt:

	Rn.
A. Allgemeines	1
B. Erläuterungen	3
I. Positiv-Annahme, Abs. 1	3
II. Negativ-Annahme, Abs. 2	5
1. Grundsatz: Bindungswirkung der Negativ-Annahme	6
2. Korrektiv bei „außerordentlich schweren Fehlern" bzw. „extremen Verstößen"	8
3. Zeitpunkt des Beschlusses nach § 17a Abs. 2 GVG	9
III. Vorabentscheidung, Abs. 3	10
IV. Verfahren, Abs. 4	11
1. Beschlussfassung	11
2. Überprüfbarkeit, Abs. 4 Satz 3 bis 6	14
a) Sofortige Beschwerde und Rechtsbeschwerde	14
b) Weitere Möglichkeit der Überprüfung in Ausnahmefällen	15
V. Rechtsmittelgericht, Abs. 5	17
1. Grundsatz: Keine Überprüfung des Rechtsweges durch das Rechtsmittelgericht	17
2. Ausnahme: Bei Verstoß gegen § 17a Abs. 3 Satz 2 GVG und bei fehlendem rechtlichen Gehör	18
VI. Reichweite, Abs. 6	19
C. Formulierungsvorschlag	20
I. Für Positiv-Annahme i.S.v. Abs. 1 und 3	20
II. Für Negativ-Annahme i.S.v. Abs. 2 Satz 1	21

A. Allgemeines

§ 17a GVG regelt vielfältige und komplexe Fragen zu dem Themenkreis der **Zulässigkeit des Rechtswegs**. Die hierzu ergangene Rechtsprechung ist kaum noch überschaubar[1] und verästelt sich in eine Vielzahl von Einzelproblemen. Ziel der Vorschrift ist Vereinfachung und Beschleunigung. Über die Zulässigkeit des Rechtswegs soll möglichst frühzeitig entschieden werden, vgl. § 17a Abs. 3 Satz 2 GVG. Mehrfaches Verweisen soll vermieden werden, indem der Verweisungsbeschluss für das empfangende Gericht bindend ist, § 17a Abs. 2 Satz 3 GVG. Zuständigkeitsfragen dürfen nicht auf dem Rücken des Rechtsuchenden ausgetragen werden.[2]

1

---

[1] Bei juris erscheinen unter dem Suchbegriff § 17a GVG über 2.780 Treffer im Bereich Rechtsprechung (Stand: Mai 2017).
[2] BVerfG, BeckRS 2016, 49833, Rn. 18 = GesR 2016, 580, Rn. 18; OLG Dresden, BeckRS 2016, 12288, II.1. = MDR 2016, 1113, II.1.

2 § 17a **Abs. 1** GVG regelt den einfachsten Fall: dass das angerufene Gericht den beschrittenen Rechtsweg für zulässig hält. Dann sind alle anderen Gerichte an diese Entscheidung gebunden (Positiv-Annahme). § 17a **Abs. 2** GVG regelt den umgekehrten Fall, dass nämlich das angerufene Gericht den beschrittenen Rechtsweg gerade nicht für zulässig hält. In diesem Falle wird es – nach zwingender vorheriger Anhörung – den Rechtstreit verweisen (Negativ-Annahme). Das Empfangsgericht ist in Bezug auf den Rechtsweg gebunden, § 17a Abs. 2 Satz 3 GVG. § 17a **Abs. 3 und 4** GVG befassen sich mit verfahrensrechtlichen Problemen. Ein Gericht, das den beschrittenen Rechtsweg für zulässig hält, kann – bzw. im Falle der Rüge einer Partei muss – dies vorab aussprechen, § 17a Abs. 3 GVG. Beschlüsse, mit denen der Rechtsstreit in einen anderen Rechtsweg verwiesen wird (Abs. 2) oder umgekehrt in denen der beschrittene Rechtsweg für zulässig erklärt wird (Abs. 3), bedürfen keiner mündlichen Verhandlung, sind begründungspflichtig und unterliegen der sofortigen Beschwerde, § 17a Abs. 4 GVG. Die Zulässigkeit des Rechtswegs wird durch das Rechtsmittelgericht – grundsätzlich – nicht mehr geprüft, § 17a **Abs. 5** GVG. § 17a **Abs. 6** GVG befasst sich mit der Reichweite der Norm. Diese ist im Übrigen deckungsgleich mit den Ausführungen zu § 17 GVG Rn. 1; vgl. dort.

B. Erläuterungen
I. Positiv-Annahme, Abs. 1

3 Das zuerst mit der Sache befasste Gericht entscheidet selbstständig über den eingeschlagenen Rechtsweg und die eigene Zuständigkeit (Grundsatz der Priorität und der Kompetenzautonomie).[3] Hält das Gericht den beschrittenen Rechtsweg für zulässig **(Positiv-Annahme)**, so gilt dies für alle anderen Gerichte, § 17a **Abs. 1** GVG, gleich welchen Rechtswegs und gleich welchen Rechtszugs.[4] Voraussetzung für die Bindungswirkung ist die formelle Rechtskraft der den Rechtsweg bejahenden Entscheidung, dagegen nicht, dass die den Rechtsweg bejahende Entscheidung richtig ist.[5]

4 Eine derart bejahende Entscheidung kann ergehen im Wege der **Vorabentscheidung** i.S.v. § 17a Abs. 3 GVG; diese ist formell rechtskräftig, wenn sie durch das Beschwerdegericht (§ 17a Abs. 4 Satz 3 GVG) bestätigt oder erst gar nicht (fristgerecht) angefochten wurde.[6] Eine den Rechtsweg bejahende Entscheidung kann – ausdrücklich oder stillschweigend[7] – auch im (Sach-)**Urteil** getroffen werden; hier tritt die Bindungswirkung bereits mit Erlass der erstinstanzlichen Entscheidung ein, da diese grundsätzlich gemäß § 17a Abs. 5 GVG vom Rechtsmittelgericht hingenommen werden muss.[8] Zu Ausnahmen im Rahmen von § 17a Abs. 5 GVG siehe unten Rn. 18. Auch eine den Rechtsweg bejahende Entscheidung im Arrest- oder einstweiligen Verfügungsverfahren entfaltet Bindungswirkung für das anschließende Klageverfahren (streitig).[9]

II. Negativ-Annahme, Abs. 2

5 Wenn der beschrittene Rechtsweg unzulässig ist, spricht das Gericht dies aus und **verweist** den Rechtsstreit an das zuständige Gericht des zulässigen Rechtsweges, § 17a Abs. 2 Satz 1 GVG. Die Zulässigkeit des Rechtswegs bestimmt sich nach § 13 GVG bzw. § 40 VwGO, § 51 SGG, § 33 FGO, § 2 ArbGG. Auch nach rechtsweginterner Verweisung nach § 281 ZPO (z.B. vom Amtsgericht an das Landgericht) darf noch rechtswegübergreifend verwiesen werden (z.B. von der ordentlichen Gerichtsbarkeit zum Arbeitsgericht).[10]

---

3 MK-*Zimmermann*, ZPO, § 17a GVG Rn. 1 f.; vgl. auch *Könen*, WuW 2015, 848 (854).
4 Thomas/Putzo-*Hüßtege*, ZPO, § 17a GVG Rn. 5.
5 Die grundsätzliche Bindungswirkung auch im Falle einer falschen Entscheidung – vgl. dazu unten Rn. 6 ff. – gilt auch im Rahmen des § 17a Abs. 1 GVG, vgl. Thomas/Putzo-*Hüßtege*, ZPO, § 17a GVG Rn. 5.
6 Musielak/Voit-*Wittschier*, ZPO, § 17a GVG Rn. 3.
7 VGH München, NVwZ-RR 2003, 74, Rn. 8 = BayVBl. 2003, 246, Rn. 8.
8 OLG Dresden, NZA-RR 2012, 210, Rn. 7 = MDR 2012, 246, Rn. 7.
9 OLG Dresden, NZA-RR 2012, 210, Rn. 8 = MDR 2012, 246, Rn. 8: formal zwar unterschiedliche Streitgegenstände, aber vorläufig v. endgültige Regelung hat für die Zuständigkeitsbestimmung keine Bedeutung, da derselbe Lebenssachverhalt zugrunde liegt. Dagegen differenzierend VGH München, NVwZ-RR 2003, 74, Rn. 9 f. = BayVBl. 2003, 246, Rn. 9 f.: grundsätzlich Bindung, es sei denn große Eilbedürftigkeit erfordert lediglich vorläufige bzw. prognostische Bejahung der Rechtswegprüfung.
10 Thomas/Putzo-*Hüßtege*, ZPO, § 17a GVG Rn. 9a.

1. Grundsatz: Bindungswirkung der Negativ-Annahme

Eine Verweisung, mit der ein Gericht den zu ihm beschrittenen Rechtsweg für unzulässig erklärt und den Rechtsstreit an ein Gericht eines anderen Rechtswegs verwiesen hat, ist einer weiteren Überprüfung entzogen und gem. § 17a Abs. 2 Satz 3 GVG **bindend**, sobald sie unanfechtbar geworden ist.[11] Das Gericht, an das verwiesen wurde, darf also weder zurückverweisen noch in einen dritten Rechtszug weiterverweisen, so dass der Verweisungsbeschluss nicht nur „abdrängende", sondern auch „aufdrängende" Wirkung hat.[12] Davon zu unterscheiden ist die Frage, welche Wirkung einem gleichwohl erlassenen **Rückverweisungsbeschluss** zukommt: Auch ein – entgegen § 17a Abs. 2 Satz 3 GVG ergangener und damit gesetzeswidriger – Rückverweisungsbeschluss entfaltet Bindungswirkung, sobald er unanfechtbar ist; die Unanfechtbarkeit des Rückverweisungsbeschlusses hat also Vorrang vor der Bindungswirkung der ursprünglichen Verweisung.[13] Die Bindung umfasst nur den Rechtsweg selbst; innerhalb des Rechtsweges – etwa wegen sachlicher oder örtlicher Unzuständigkeit – kann weiterverwiesen werden.[14] Zur Bindungswirkung innerhalb des Prozesskostenhilfeverfahrens vgl. Rn. 9.

6

Der Beschluss ist erst bindend, wenn er unanfechtbar geworden ist. Zu dieser Überprüfung ist nicht das Gericht des von dem verweisenden Gericht für zulässig erachteten Rechtswegs, sondern allein ein von einer Partei angerufenes Rechtsmittelgericht berufen.[15] Die Überprüfung erfolgt im Wege der sofortigen Beschwerde, vgl. dazu § 17a Abs. 4 Satz 3 GVG und unten Rn. 14. Ohne dieses Rechtsmittel gilt der Beschluss, und zwar selbst dann, wenn er falsch oder sogar unter Verletzung rechtlichen Gehörs[16] zustande gekommen ist; denn die Parteien könnten ihn ja im Wege der sofortigen Beschwerde nach § 17a Abs. 4 Satz 3 GVG überprüfen lassen; nehmen sie ihn hin, gilt er grundsätzlich. Die **Bindungswirkung** entfällt noch nicht einmal zwingend dann, wenn sich die Verweisung als objektiv **willkürlich** erweist.[17] Denn hier, im Rahmen des § 17a Abs. 4 GVG, haben die Parteien – anders als bei § 281 ZPO – die Möglichkeit der sofortigen Beschwerde.[18]

7

2. Korrektiv bei „außerordentlich schweren Fehlern" bzw. „extremen Verstößen"

Eine **Korrektur** wird nur **bei „außerordentlich schweren Fehlern"**[19] bzw. **„extremen Verstößen"**[20] angenommen. I.d.S. besteht nur dann keine Bindungswirkung, wenn die Verweisung auf so schwerwiegenden Rechtsfehlern beruht, dass dies zu einer im Hinblick auf das Gebot des gesetzlichen Richters gemäß Art. 101 Abs. 1 Satz 2 GG nicht mehr hinnehmbaren Verletzung der Rechtswegordnung führen würde.[21] Dies ist nur der Fall, wenn die Verweisung nach objektiven Maßstäben sachlich unter keinem Gesichtspunkt mehr zu rechtfertigen, daher willkürlich und der Rechtsfehler als extremer Verstoß gegen die den Rechtsweg und seine Bestimmung regelnden materiell- und verfahrensrechtlichen Vorschriften zu qualifizieren ist[22] bzw. wenn sich die Verweisungsentscheidung bei der Auslegung und Anwendung der Zuständigkeitsnormen so weit von dem diese beherrschenden verfassungsrechtlichen Grundsatz des gesetzlichen Richters (Art. 101 Abs. 1 Satz 2 GG) entfernt hat, dass sie schlechthin nicht mehr zu rechtfertigen ist, d.h. wenn sie unverständlich und offensichtlich unhaltbar ist.[23]

8

3. Zeitpunkt des Beschlusses nach § 17a Abs. 2 GVG

Eines Beschlusses nach § 17a Abs. 2 GVG bedarf es **nicht vor Rechtshängigkeit**, d.h. vor der Zustellung, insbesondere im Prozesskostenhilfeverfahren; hier kommt vielmehr die Abgabe der Sache an ein anderes Gericht in Betracht, wenn der Kläger darum bittet, weil er nunmehr dieses andere Gericht anrufen will. Mit der Abgabe wird dem Willen des Klägers Rechnung getragen, der entscheiden kann, welches Gericht er anrufen will.[24] Hat aber ein Gericht in einem Prozesskostenhilfeverfahren die Unzulässigkeit des Rechtswegs ausgesprochen und die

9

---

11 BGH, NZA-RR 2015, 552, Rn. 9; BGH, NZS 2014, 675, Rn. 8.
12 Zöller-*Lückemann*, ZPO, § 17b GVG Rn. 12.
13 BGH, BeckRS 2010, 30936, Rn. 15f. = MDR 2011, 253, Rn. 15f.; MK-*Zimmermann*, ZPO, § 17b GVG Rn. 18.
14 MK-*Zimmermann*, ZPO, § 17b GVG Rn. 18; Thomas/Putzo-*Hüßtege*, ZPO, § 17b GVG Rn. 12.
15 BGH, NZA-RR 2015, 552, Rn. 9; BGH, NZS 2014, 675, Rn. 10.
16 BGH, NZA-RR 2015, 552, Rn. 13f.
17 BGH, NJW-RR 2015, 957, Rn. 9 = MDR 2015, 909, Rn. 9; BGH, NZS 2014, 675, Rn. 11; BGH, BeckRS 2013, 10091 = MDR 2013, 1242, Rn. 9, 12.
18 BGH, NZA-RR 2015, 552, Rn. 11; BGH, NZS 2014, 675, Rn. 10.
19 BGH, NZA-RR 2015, 552, Rn. 9.
20 BGH, NZS 2014, 675, Rn. 12; BGH, NJW-RR 2011, 1497, Rn. 9 = MDR 2011, 1134, Rn. 9.
21 BGH, NZA-RR 2015, 552, Rn. 11.
22 BGH, NZA-RR 2015, 552, Rn. 11.
23 BGH, NJW-RR 2011, 1497, Rn. 9 = MDR 2011, 1134, Rn. 9.
24 BGH, BeckRS 2011, 21282, Rn. 9, 13 = GuT 2013, 150, Rn. 9, 13.

Sache an ein anderes Gericht verwiesen, so darf das andere Gericht die Rechtswegzuständigkeit im Rahmen der Entscheidung über das Prozesskostenhilfegesuch nicht abweichend beurteilen.[25] Diese Bindungswirkung gilt nur für das Verfahren über die Gewährung der beantragten Prozesskostenhilfe, nicht auch für ein darauf folgendes Hauptsacheverfahren.[26]

III. Vorabentscheidung, Abs. 3

10   Im Rahmen der **Vorabentscheidung** nach § 17a **Abs. 3 GVG** kann das angerufene Gericht aussprechen, dass der beschrittene Rechtsweg zulässig ist. Dieser Beschluss ist grundsätzlich für alle Gerichte bindend, wenn er (formell) rechtskräftig ist, § 17a Abs. 1 GVG. Ob ein derartiger Ausspruch erfolgt, liegt im Ermessen des Gerichts, § 17a Abs. 3 Satz 1 GVG („kann"). Anders ist dies, wenn eine Partei rechtzeitig (vgl. § 282 Abs. 3 ZPO)[27] die Zulässigkeit des Rechtsweges rügt, § 17a Abs. 3 Satz 2 GVG (...) hat vorab zu entscheiden"). Unterlässt das Gericht trotz rechtzeitiger Rüge die Vorabentscheidung nach § 17a Abs. 3 Satz 2 GVG, gilt § 17a Abs. 5 GVG nicht,[28] das heißt dann kann das Rechtsmittelgericht noch die Zulässigkeit des beschrittenen Rechtsweges prüfen. Der Partei soll nicht die Überprüfungsmöglichkeit genommen werden, die ihr sonst über § 17a Abs. 3 Satz 2 (Beschluss des Gerichts) i.V.m. § 17a Abs. 4 Satz 3 GVG (sofortige Beschwerde) zugestanden hätte. Vgl. auch § 17a GVG Rn. 17 f.

IV. Verfahren, Abs. 4

1. Beschlussfassung

11   Das Gericht kann den beschrittenen Rechtsweg für zulässig erklären (§ 17a Abs. 3 GVG) oder es kann den beschrittenen Rechtsweg für unzulässig erklären und an das zuständige Gericht des zulässigen Rechtswegs verweisen (§ 17a Abs. 2 GVG). In beiden Fällen wird die Entscheidung in Form eines **Beschlusses** getroffen (§ 17a Abs. 4 Satz 1 GVG), der begründet werden muss (§ 17a Abs. 4 Satz 2 GVG). Einer mündlichen Verhandlung bedarf es nicht (§ 17a Abs. 4 Satz 1 GVG), wohl aber der vorherigen Anhörung beider Parteien. Ergeht der Beschluss aufgrund (fakultativer) mündlicher Verhandlung, wird er verkündet (§ 329 Abs. 1 ZPO), ansonsten wird er förmlich zugestellt (§ 329 Abs. 2 Satz 2 ZPO), um die Frist der sofortigen Beschwerde i.S.v. § 17a Abs. 4 Satz 3 GVG in Lauf zu setzen. Eine Kostenentscheidung wird nicht gefällt (vgl. § 17b Abs. 2 GVG).

12   Bei der Prüfung der Rechtswegzuständigkeit bedürfen die zuständigkeitsbegründenden Tatsachen dann keines Beweises, wenn sie gleichzeitig notwendige Tatbestandsmerkmale des Anspruchs selbst sind (**doppelrelevante Tatsachen**); dann ist für die Zuständigkeitsfrage die Richtigkeit des Klagevortrags zu unterstellen.[29] Liegen dagegen keine doppelrelevanten Tatsachen vor, so ist nicht allein der klägerische Vortrag entscheidend; vielmehr hat dann der Kläger die für die Begründung der Rechtswegzuständigkeit maßgeblichen Tatsachen zu beweisen, sofern der Beklagte diese bestreitet (streitig).[30]

13   Die **Prüfung** der Rechtswegzuständigkeit nach § 17a GVG und auch die entsprechende Beschlussfassung erfolgen **von Amts wegen**, im Falle des § 17a Abs. 3 Satz 1 GVG Ermessen hinsichtlich des Beschlusses, nicht aber hinsichtlich der Prüfung. Unterlässt das Gericht erster Instanz die Prüfung der Zulässigkeit des Rechtsweges – weil keine Rüge erfolgt ist und es sich auch sonst nicht damit befasst hat –, so hat das Berufungsgericht diese Prüfung nachzuholen und ggf. den Rechtsstreit an ein Gericht eines anderen Rechtsweges zu verweisen.[31]

2. Überprüfbarkeit, Abs. 4 Satz 3 bis 6

a) Sofortige Beschwerde und Rechtsbeschwerde

14   Sowohl gegen den Beschluss nach § 17a Abs. 2 GVG (Negativ-Annahme) als auch den nach § 17a Abs. 3 GVG (Positiv-Annahme) ist die **sofortige Beschwerde** eröffnet, § 17a Abs. 4 Satz 3 GVG. Sofortige Beschwerde einlegen kann nicht das Gericht, an das verwiesen wurde; dazu sind nur die Parteien befugt.[32] Hintergrund ist deren Interesse an einer Entscheidung der Hauptsache durch das Gericht des richtigen Rechtswegs.[33] Für die sofortige Beschwerde i.S.v.

---

25 BGH, NJW-RR 2010, 209, Rn. 13, 15 = MDR 2009, 1295, Rn. 13, 15.
26 BGH, NJW-RR 2010, 209, Rn. 15 = MDR 2009, 1295, Rn. 15.
27 § 282 Abs. 3 ZPO gilt hier auch für den Kläger, sofern er die Rüge erhebt; Thomas/Putzo-*Hüßtege*, ZPO, § 17a GVG Rn. 16.
28 BGH, NJW-RR 2005, 142, Rn. 12 = BGHReport 2005, 50, Rn. 12.
29 BGH, NJW 2010, 873, Rn. 14 f. = WM 2010, 281, Rn. 14 f.
30 BGH, NJW 2010, 873, Rn. 18 = WM 2010, 281, Rn. 18; ebenso Thomas/Putzo-*Hüßtege*, ZPO, § 17a GVG Rn. 8a, auch m.w.N. zur a.A.
31 OLG Rostock, NJW 2006, 2563, Rn. 6 = OLGR 2006, 681, Rn. 6.
32 BGH, NZA-RR 2015, 552, Rn. 9.
33 BGH, BeckRS 2016, 05284, Rn. 11 = MDR 2016, 478, Rn. 11.

§ 17a Abs. 4 Satz 3 GVG finden für den Zivilprozess die §§ 567 ff. ZPO Anwendung.[34] Für die Kosten gelten § 91 bzw. § 97 ZPO, nicht § 17b Abs. 2 GVG.[35] Zur **Rechtsbeschwerde** (in der Regel vor den jeweiligen obersten Bundesgerichten) vgl. § 17a Abs. 4 Satz 4 bis 6 GVG.[36] Die Beschwerdemöglichkeit des § 17a Abs. 4 Satz 3 und 4 GVG gilt weder unmittelbar noch entsprechend im Prozesskostenhilfeverfahren.[37] Die unmittelbare Anwendung scheidet aus, da das Verfahren noch nicht rechtshängig ist.[38] Für eine entsprechende Anwendung besteht kein Bedürfnis, da die Rechtsmittel des Prozesskostenhilfeverfahrens ausreichen.[39]

b) Weitere Möglichkeit der Überprüfung in Ausnahmefällen
Wird kein Rechtsmittel eingelegt, so greift die Bindungswirkung, es sei denn es liegt ein derart schwerer Rechtsfehler vor, dass dies zu einer im Hinblick auf das Gebot des gesetzlichen Richters gemäß Art. 101 Abs. 1 Satz 2 GG nicht mehr hinnehmbaren Verletzung der Rechtswegordnung führen würde.[40] Dies ist der Fall in den unter Rn. 8 beschriebenen Fällen (**„außerordentlich schwere Fehler"** bzw. **„extreme Verstöße"**). 15

Trotz Unanfechtbarkeit des verweisenden Beschlusses und damit an sich nicht vorgesehener weiterer Überprüfung[41] wird eine – regelmäßig deklaratorische – Zuständigkeitsbestimmung **entsprechend § 36 Abs. 1 Nr. 6 ZPO** im Interesse einer funktionierenden Rechtspflege und der Rechtssicherheit zugelassen, wenn es innerhalb eines Verfahrens zu Zweifeln über die Bindungswirkung der Verweisung kommt und deshalb keines der in Frage kommenden Gerichte bereit ist, die Sache zu bearbeiten, oder die Verfahrensweise eines Gerichts die Annahme rechtfertigt, dass der Rechtsstreit von diesem nicht prozessordnungsgemäß gefördert werden wird, obwohl er gemäß § 17b Abs. 1 GVG vor ihm anhängig ist.[42] 16

V. Rechtsmittelgericht, Abs. 5
1. Grundsatz: keine Überprüfung des Rechtsweges durch das Rechtsmittelgericht
Nach § 17a **Abs. 5** GVG prüft das Gericht, das über ein Rechtsmittel gegen eine Entscheidung in der Hauptsache befindet, nicht, ob der beschrittene Rechtsweg zulässig ist. Es prüft auch nicht die Ermessensentscheidung des erstinstanzlichen Gerichts im Rahmen des § 17a Abs. 3 Satz 1 GVG (ob eine Vorabentscheidung über die Zulässigkeit des beschrittenen Rechtswegs getroffen wird).[43] Es ist an die Einschätzung des erstinstanzlichen Gerichts gebunden, welcher Rechtsweg eröffnet ist. Dies gilt auch, wenn das Gericht im angefochtenen Urteil die Zulässigkeit des Rechtsweges stillschweigend bejaht hat.[44] 17

2. Ausnahme: Bei Verstoß gegen § 17a Abs. 3 Satz 2 GVG und bei fehlendem rechtlichem Gehör
§ 17a Abs. 5 GVG gilt nicht, wenn das erstinstanzliche Gericht eine nach § 17a Abs. 3 Satz 2 GVG **notwendige Vorabentscheidung unterlassen** hat (keine Vorabentscheidung i.S.v. § 17a Abs. 3 Satz 1 GVG trotz Rechtswegrüge der Partei).[45] In diesem Falle darf das Rechtsmittelgericht den Rechtsweg mit überprüfen; anderenfalls wäre die Möglichkeit, die Zuständigkeit auch im Falle ihrer Bejahung vom Rechtsmittelgericht überprüfen zu lassen, aufgrund eines Verfahrensfehlers des Gerichts abgeschnitten.[46] Die unterlassene Vorabentscheidung nach § 17a Abs. 3 GVG wird dann vom Rechtsmittelgericht nachgeholt.[47] Gegen die unterlassene Vorabentscheidung trotz Rüge im Rahmen von § 17a Abs. 3 Satz 2 GVG ist dagegen die sofortige Beschwerde nach § 17a Abs. 4 Satz 3 GVG nicht eröffnet. Es liegt ein Urteil vor, nicht aber eine Vorabentscheidung über die Zulässigkeit des beschrittenen Rechtsweges durch Be- 18

---
34 Zu weiteren Verfahrensordnungen vgl. MK-*Zimmermann*, ZPO, § 17a GVG Rn. 31.
35 Thomas/Putzo-*Hüßtege*, ZPO, § 17a GVG Rn. 19.
36 Vgl. MK-*Zimmermann*, ZPO, § 17a GVG Rn. 35; Musielak/Voit-*Wittschier*, ZPO, § 17a GVG Rn. 16 f.
37 BGH, BeckRS 2016, 05284, Rn. 8 ff. = MDR 2016, 478, Rn. 8 ff.
38 BGH, BeckRS 2016, 05284, Rn. 9 = MDR 2016, 478, Rn. 9.
39 BGH, BeckRS 2016, 05284, Rn. 10 = MDR 2016, 478, Rn. 10.
40 BGH, NZA-RR 2015, 552, Rn. 5.
41 BGH, NZA-RR 2015, 552, Rn. 5; BGH, NJW 2014, 2125, Rn. 9 = HFR 2014, 948, Rn. 9.
42 BGH, NZA-RR 2015, 552, Rn. 5; BGH, NJW 2014, 2125, Rn. 5 = HFR 2014, 948, Rn. 5; BGH, NJW-RR 2010, 209, Rn. 9 = MDR 2009, 1295, Rn. 9.
43 BGH, NJW-RR 2005, 142, Rn. 12 = BGHReport 2005, 50, Rn. 12.
44 BGH, NJW 2008, 3572, Rn. 13 ff. = MDR 2008, 1412, Rn. 13 ff.
45 BGH, NJW-RR 2005, 142, Rn. 12 = BGHReport 2005, 50, Rn. 12; OLG Dresden, NZA-RR 2012, 210, Rn. 7 = MDR 2012, 246, Rn. 7.
46 OLG Frankfurt a.M., NJW 2008, 3796, Rn. 6 = OLGR 2009, 184, Rn. 6.
47 OLG Köln, NJW-RR 2005, 1096, Rn. 5 = FGPrax 2005, 204, Rn. 5.

schluss.⁴⁸ Der Meistbegünstigungsgrundsatz gilt nicht, da weder eine falsche Form der Entscheidung gewählt wurde noch Unsicherheit hinsichtlich des einzulegenden Rechtsmittels besteht.⁴⁹ Eine Bindungswirkung nach § 17a Abs. 5 GVG entfällt weiter auch dann, wenn dem Gegner vor der erstinstanzlichen Sachentscheidung **kein rechtliches Gehör** gewährt worden ist.⁵⁰

VI. Reichweite, Abs. 6

19 Wegen § 17a **Abs. 6** GVG kann im Rahmen des § 17a GVG etwa ein Streitgericht an das Familiengericht oder umgekehrt verweisen.⁵¹ Ein diesbezüglicher Streit wird nicht durch das Präsidium oder nach § 36 ZPO/§ 5 FamFG entschieden, vielmehr ist § 17a GVG anzuwenden.⁵² Nicht darunter fällt die Verweisung von der Zivilkammer an die Kammer für Handelssachen und umgekehrt, da sich insoweit in §§ 97 ff. GVG ein spezielles Instrumentarium findet.

C. Formulierungsvorschlag
I. Für Positiv-Annahme i.S.v. Abs. 1 und 3

20 *Der ordentliche Rechtsweg ist zulässig.*

II. Für Negativ-Annahme i.S.v. Abs. 2 Satz 1

21 *Der ordentliche Rechtsweg ist unzulässig.*
Der Rechtsstreit wird an das [zuständiges Gericht des anderen Rechtswegs] verwiesen.

§ 17b
[Anhängigkeit nach Verweisung]

(1) ¹Nach Eintritt der Rechtskraft des Verweisungsbeschlusses wird der Rechtsstreit mit Eingang der Akten bei dem im Beschluss bezeichneten Gericht anhängig. ²Die Wirkungen der Rechtshängigkeit bleiben bestehen.

(2) ¹Wird ein Rechtsstreit an ein anderes Gericht verwiesen, so werden die Kosten im Verfahren vor dem angegangenen Gericht als Teil der Kosten behandelt, die bei dem Gericht erwachsen, an das der Rechtsstreit verwiesen wurde. ²Dem Kläger sind die entstandenen Mehrkosten auch dann aufzuerlegen, wenn er in der Hauptsache obsiegt.

(3) Absatz 2 Satz 2 gilt nicht in Familiensachen und in Angelegenheiten der freiwilligen Gerichtsbarkeit.

Inhalt:

	Rn.		Rn.
A. Allgemeines	1	II. Kosten nach Verweisung, Abs. 2 und 3	4
B. Erläuterungen	2		
I. Anhängigkeit nach Verweisung, Abs. 1	2	C. Formulierungsvorschlag für eine Kostenentscheidung nach Abs. 2 Satz 2	5

A. Allgemeines

1 § 17b GVG befasst sich mit den Wirkungen des Verweisungsbeschlusses nach § 17a GVG. Die Vorschrift dient der Rechtssicherheit sowie der Verfahrensbeschleunigung und soll **verhindern**, dass der Rechtsuchende durch die Anrufung eines unzuständigen Gerichts **Nachteile** erleidet.¹ Die Reichweite entspricht der von § 17 GVG (vgl. § 17 GVG Rn. 2).

---

48 OLG Frankfurt a.M., NJW 2008, 3796, Rn. 4 = OLGR 2009, 184, Rn. 4; a.A. Thomas/Putzo-*Hüßtege*, ZPO, § 17b GVG Rn. 21.
49 OLG Frankfurt a.M., NJW 2008, 3796, Rn. 5 = OLGR 2009, 184, Rn. 5; ebenso Musielak/Voit-*Wittschier*, ZPO, § 17a GVG Rn. 18; a.A. Thomas/Putzo-*Hüßtege*, ZPO, § 17a GVG Rn. 21.
50 Vgl. BGH, NJW-RR 2005, 142, Rn. 13 = BGHReport 2005, 50, Rn. 13.
51 Thomas/Putzo-*Hüßtege*, ZPO, § 17a GVG Rn. 1.
52 MK-*Zimmermann*, ZPO, § 17a GVG Rn. 40.6

Zu § 17b:
1 OVG Berlin-Brandenburg, BeckRS 2013, 55958, II.1.; KG Berlin, NJW-RR 2008, 744, Rn. 22 = FamRZ 2008, 1005, Rn. 22: Anrufung eines falschen Gerichts darf im Hinblick auf die Gleichrangigkeit der einzelnen Gerichtsbarkeiten nicht zu Lasten des Klägers gehen.

A. Erläuterungen
I. Anhängigkeit nach Verweisung, Abs. 1

Der Rechtsstreit wird beim neuen Gericht nicht bereits **anhängig**, wenn die Akten dorthin übersandt wurden; erforderlich ist vielmehr zusätzlich die Rechtskraft des Verweisungsbeschlusses, § 17b **Abs. 1 Satz 1** GVG.[2] „Anhängigwerden" bildet keine Vorstufe zur Rechtshängigkeit, sondern bezeichnet die bloße prozessuale Zuordnung zu dem neuen Gericht.[3] Ab diesem Zeitpunkt ist das neue Gericht zuständig für das Verfahren, wobei durch das ursprüngliche Gericht getroffene Entscheidungen, etwa Gewährung von Prozesskostenhilfe, wirksam bleiben.[4] Das Empfangsgericht darf nicht in einen anderen Rechtszug weiterverweisen, ist also hinsichtlich des Rechtswegs gebunden (vgl. § 17a Abs. 2 Satz 3 GVG).[5]

Die klagende Partei erleidet durch die Verweisung keine Nachteile: § 17b **Abs. 1 Satz 2** GVG bestimmt, dass die **Wirkungen der Rechtshängigkeit** bestehen bleiben. Fristen werden also auch durch die (rechtzeitige) Anrufung eines unzuständigen Gerichts gewahrt;[6] es kommt zur Hemmung der Verjährung nach § 204 BGB,[7] die Folgen der §§ 292, 818 Abs. 4, 987, 989 BGB treten ein.[8] Zu den Wirkungen der Rechtshängigkeit vgl. weiter §§ 261 Abs. 3, 262 ZPO. Die Grenze bildet der Rechtsmissbrauch.[9]

II. Kosten nach Verweisung, Abs. 2 und 3

Der Verweisungsbeschluss beinhaltet keine Kostenentscheidung und keine Streitwertentscheidung;[10] vielmehr werden die Kosten, die bei dem zunächst angerufenen Gericht entstanden sind, als Teil der Kosten des Adressatengerichts behandelt, § 17b **Abs. 2 Satz 1** GVG. Die Vorschrift entspricht § 281 Abs. 3 Satz 1 ZPO und bringt die Einheitlichkeit der Kostenentscheidung zum Ausdruck. Eine Ausnahme dazu – Kostentrennung – findet sich in § 17b **Abs. 2 Satz 2** GVG (gleichlautend zu § 281 Abs. 3 Satz 2 ZPO), wonach der Kläger, der das unzuständige Gericht angerufen hat, die Mehrkosten in jedem Falle zu tragen hat. Diese Ausnahme findet keine Anwendung in Familiensachen und Angelegenheiten der freiwilligen Gerichtsbarkeit, § 17b Abs. 3 GVG. Dort gilt § 6 Abs. 3 Satz 1 FamGKG bzw. § 5 Abs. 2 Satz 1 GNotKG;[11] danach werden Mehrkosten durch Anrufung eines Gerichts des unzuständigen Rechtsweges nur dann erhoben, wenn die Anrufung auf verschuldeter Unkenntnis der tatsächlichen oder rechtlichen Verhältnisse beruht. Bei Anfechtung des Verweisungsbeschlusses nach § 17a Abs. 4 GVG gilt nicht § 17b Abs. 2 GVG;[12] vielmehr finden die §§ 91 ff. ZPO Anwendung.[13]

B. Formulierungsvorschlag
für eine Kostenentscheidung nach Abs. 2 Satz 2

Die Kosten des Rechtsstreits trägt der Beklagte, mit Ausnahme der durch die Anrufung des [unzuständigen Gerichts] entstandenen Kosten; diese werden dem Kläger auferlegt.

---

2 VGH München, BeckRS 2014, 52575, Rn. 5; vgl. dazu auch MK-*Zimmermann*, ZPO, § 17b GVG Rn. 3; Musielak/Voit-*Wittschier*, ZPO, § 17b GVG Rn. 2: Die Akten dürfen erst mit Rechtskraft des Verweisungsbeschlusses versandt werden.
3 Musielak/Voit-*Wittschier*, ZPO, § 17b GVG Rn. 2.
4 MK-*Zimmermann*, ZPO, § 17b GVG Rn. 5.
5 Thomas/Putzo-*Hüßtege*, ZPO, § 17b GVG Rn. 4; zur evtl. Anwendung der Verfahrensvorschriften des anderen Rechtswegs analog bei fehlerhafter, aber bindender Verweisung vgl. Zöller-*Lückemann*, ZPO, § 17b GVG Rn. 2.
6 OVG Berlin-Brandenburg, BeckRS 2013, 55958, II.1.
7 BSG, BeckRS 2012, 75930, Rn. 11; BSG, BeckRS 2011, 68710, Rn. 24 = SozR 4-1500 § 153 Nr. 11.
8 MK-*Zimmermann*, ZPO, § 17b GVG Rn. 6.
9 Vgl. KG Berlin, NJW-RR 2008, 744, Rn. 22 ff. = FamRZ 2008, 1005, Rn. 22 ff.: kein § 17 Abs. 2 Satz 1 GVG, wenn es dem Kläger um die Verschaffung eines prozessualen Vorteils durch Einschaltung eines offenkundig unzuständigen Gerichts geht. Vgl. aber auch Musielak/Voit-*Wittschier*, ZPO, § 17b GVG Rn. 4: Klageerhebung in anderem Rechtsweg nicht rechtsmissbräuchlich.
10 Zöller-*Lückemann*, ZPO, § 17b GVG Rn. 4.
11 Zöller-*Lückemann*, ZPO, § 17b GVG Rn. 4; anders MK-*Zimmermann*, ZPO, § 17b GVG Rn. 12, der § 81 FamFG anwendet; § 6 Abs. 3 Satz 1 FamGKG bzw. § 5 Abs. 2 Satz 1 GNotKG treffen aber eine speziellere Regelung.
12 OVG Koblenz, NJW 2002, 3724, Rn. 10: keine Kostenentscheidung, weil Kosten des Beschwerdeverfahrens zu den Kosten des Rechtsstreits insgesamt zählen.
13 Musielak/Voit-*Wittschier*, ZPO, § 17b GVG Rn. 5 m.w.N.

§ 18
[Befreiung für Mitglieder diplomatischer Missionen]

[1]Die Mitglieder der im Geltungsbereich dieses Gesetzes errichteten diplomatischen Missionen, ihre Familienmitglieder und ihre privaten Hausangestellten sind nach Maßgabe des Wiener Übereinkommens über diplomatische Beziehungen vom 18. April 1961 (Bundesgesetzbl. 1964 II S. 957 ff.) von der deutschen Gerichtsbarkeit befreit. [2]Dies gilt auch, wenn ihr Entsendestaat nicht Vertragspartei dieses Übereinkommens ist; in diesem Falle findet Artikel 2 des Gesetzes vom 6. August 1964 zu dem Wiener Übereinkommen vom 18. April 1961 über diplomatische Beziehungen (Bundesgesetzbl. 1964 II S. 957) entsprechende Anwendung.

§ 19
[Befreiung für Mitglieder konsularischer Vertretungen]

(1) [1]Die Mitglieder der im Geltungsbereich dieses Gesetzes errichteten konsularischen Vertretungen einschließlich der Wahlkonsularbeamten sind nach Maßgabe des Wiener Übereinkommens über konsularische Beziehungen vom 24. April 1963 (Bundesgesetzbl. 1969 II S. 1585 ff.) von der deutschen Gerichtsbarkeit befreit. [2]Dies gilt auch, wenn ihr Entsendestaat nicht Vertragspartei dieses Übereinkommens ist; in diesem Falle findet Artikel 2 des Gesetzes vom 26. August 1969 zu dem Wiener Übereinkommen vom 24. April 1963 über konsularische Beziehungen (Bundesgesetzbl. 1969 II S. 1585) entsprechende Anwendung.

(2) Besondere völkerrechtliche Vereinbarungen über die Befreiung der in Absatz 1 genannten Personen von der deutschen Gerichtsbarkeit bleiben unberührt.

§ 20
[Weitere Befreiungen]

(1) Die deutsche Gerichtsbarkeit erstreckt sich auch nicht auf Repräsentanten anderer Staaten und deren Begleitung, die sich auf amtliche Einladung der Bundesrepublik Deutschland im Geltungsbereich dieses Gesetzes aufhalten.

(2) Im übrigen erstreckt sich die deutsche Gerichtsbarkeit auch nicht auf andere als die in Absatz 1 und in den §§ 18 und 19 genannten Personen, soweit sie nach den allgemeinen Regeln des Völkerrechts, auf Grund völkerrechtlicher Vereinbarungen oder sonstiger Rechtsvorschriften von ihr befreit sind.

§ 21
[Ersuchen des Strafgerichtshofes trotz Befreiung]

Die §§ 18 bis 20 stehen der Erledigung eines Ersuchens um Überstellung und Rechtshilfe eines internationalen Strafgerichtshofes, der durch einen für die Bundesrepublik Deutschland verbindlichen Rechtsakt errichtet wurde, nicht entgegen.

Zweiter Titel
Allgemeine Vorschriften über das Präsidium und die Geschäftsverteilung

§ 21a
[Präsidium]

(1) Bei jedem Gericht wird ein Präsidium gebildet.

(2) Das Präsidium besteht aus dem Präsidenten oder aufsichtführenden Richter als Vorsitzenden und
1. bei Gerichten mit mindestens achtzig Richterplanstellen aus zehn gewählten Richtern,
2. bei Gerichten mit mindestens vierzig Richterplanstellen aus acht gewählten Richtern,
3. bei Gerichten mit mindestens zwanzig Richterplanstellen aus sechs gewählten Richtern,
4. bei Gerichten mit mindestens acht Richterplanstellen aus vier gewählten Richtern,
5. bei den anderen Gerichten aus den nach § 21b Abs. 1 wählbaren Richtern.

§ 21b
[Wahl des Präsidiums]

(1) ¹Wahlberechtigt sind die Richter auf Lebenszeit und die Richter auf Zeit, denen bei dem Gericht ein Richteramt übertragen ist, sowie die bei dem Gericht tätigen Richter auf Probe, die Richter kraft Auftrags und die für eine Dauer von mindestens drei Monaten abgeordneten Richter, die Aufgaben der Rechtsprechung wahrnehmen. ²Wählbar sind die Richter auf Lebenszeit und die Richter auf Zeit, denen bei dem Gericht ein Richteramt übertragen ist. ³Nicht wahlberechtigt und nicht wählbar sind Richter, die für mehr als drei Monate an ein anderes Gericht abgeordnet, für mehr als drei Monate beurlaubt oder an eine Verwaltungsbehörde abgeordnet sind.

(2) Jeder Wahlberechtigte wählt höchstens die vorgeschriebene Zahl von Richtern.

(3) ¹Die Wahl ist unmittelbar und geheim. ²Gewählt ist, wer die meisten Stimmen auf sich vereint. ³Durch Landesgesetz können andere Wahlverfahren für die Wahl zum Präsidium bestimmt werden; in diesem Fall erlässt die Landesregierung durch Rechtsverordnung die erforderlichen Wahlordnungsvorschriften; sie kann die Ermächtigung hierzu auf die Landesjustizverwaltung übertragen. ⁴Bei Stimmengleichheit entscheidet das Los.

(4) ¹Die Mitglieder werden für vier Jahre gewählt. ²Alle zwei Jahre scheidet die Hälfte aus. ³Die zum ersten Mal ausscheidenden Mitglieder werden durch das Los bestimmt.

(5) Das Wahlverfahren wird durch eine Rechtsverordnung geregelt, die von der Bundesregierung mit Zustimmung des Bundesrates erlassen wird.

(6) ¹Ist bei der Wahl ein Gesetz verletzt worden, so kann die Wahl von den in Absatz 1 Satz 1 bezeichneten Richtern angefochten werden. ²Über die Wahlanfechtung entscheidet ein Senat des zuständigen Oberlandesgerichts, bei dem Bundesgerichtshof ein Senat dieses Gerichts. ³Wird die Anfechtung für begründet erklärt, so kann ein Rechtsmittel gegen eine gerichtliche Entscheidung nicht darauf gestützt werden, das Präsidium sei deswegen nicht ordnungsgemäß zusammengesetzt gewesen. ⁴Im Übrigen sind auf das Verfahren die Vorschriften des Gesetzes über das Verfahren in Familiensachen und in den Angelegenheiten der freiwilligen Gerichtsbarkeit entsprechend anzuwenden.

§ 21c
[Vertretung der Mitglieder des Präsidiums]

(1) ¹Bei einer Verhinderung des Präsidenten oder aufsichtführenden Richters tritt sein Vertreter (§ 21h) an seine Stelle. ²Ist der Präsident oder aufsichtführende Richter anwesend, so kann sein Vertreter, wenn er nicht selbst gewählt ist, an den Sitzungen des Präsidiums mit beratender Stimme teilnehmen. ³Die gewählten Mitglieder des Präsidiums werden nicht vertreten.

(2) Scheidet ein gewähltes Mitglied des Präsidiums aus dem Gericht aus, wird es für mehr als drei Monate an ein anderes Gericht abgeordnet oder für mehr als drei Monate beurlaubt, wird es an eine Verwaltungsbehörde abgeordnet oder wird es kraft Gesetzes Mitglied des Präsidiums, so tritt an seine Stelle der durch die letzte Wahl Nächstberufene.

§ 21d
[Größe des Präsidiums]

(1) Für die Größe des Präsidiums ist die Zahl der Richterplanstellen am Ablauf des Tages maßgebend, der dem Tage, an dem das Geschäftsjahr beginnt, um sechs Monate vorhergeht.

(2) ¹Ist die Zahl der Richterplanstellen bei einem Gericht mit einem Präsidium nach § 21a Abs. 2 Nr. 1 bis 3 unter die jeweils genannte Mindestzahl gefallen, so ist bei der nächsten Wahl, die nach § 21b Abs. 4 stattfindet, die folgende Zahl von Richtern zu wählen:
1. bei einem Gericht mit einem Präsidium nach § 21a Abs. 2 Nr. 1 vier Richter,
2. bei einem Gericht mit einem Präsidium nach § 21a Abs. 2 Nr. 2 drei Richter,
3. bei einem Gericht mit einem Präsidium nach § 21a Abs. 2 Nr. 3 zwei Richter.

²Neben den nach § 21b Abs. 4 ausscheidenden Mitgliedern scheidet jeweils ein weiteres Mitglied, das durch das Los bestimmt wird, aus.

(3) ¹Ist die Zahl der Richterplanstellen bei einem Gericht mit einem Präsidium nach § 21a Abs. 2 Nr. 2 bis 4 über die für die bisherige Größe des Präsidiums maßgebende Höchstzahl gestiegen, so ist bei der nächsten Wahl, die nach § 21b Abs. 4 stattfindet, die folgende Zahl von Richtern zu wählen:

1. bei einem Gericht mit einem Präsidium nach § 21a Abs. 2 Nr. 2 sechs Richter,
2. bei einem Gericht mit einem Präsidium nach § 21a Abs. 2 Nr. 3 fünf Richter,
3. bei einem Gericht mit einem Präsidium nach § 21a Abs. 2 Nr. 4 vier Richter.

²Hiervon scheidet jeweils ein Mitglied, das durch das Los bestimmt wird, nach zwei Jahren aus.

§ 21e
[Aufgaben und Befugnisse des Präsidiums; Geschäftsverteilung]

(1) ¹Das Präsidium bestimmt die Besetzung der Spruchkörper, bestellt die Ermittlungsrichter, regelt die Vertretung und verteilt die Geschäfte. ²Es trifft diese Anordnungen vor dem Beginn des Geschäftsjahres für dessen Dauer. ³Der Präsident bestimmt, welche richterlichen Aufgaben er wahrnimmt. ⁴Jeder Richter kann mehreren Spruchkörpern angehören.

(2) Vor der Geschäftsverteilung ist den Richtern, die nicht Mitglied des Präsidiums sind, Gelegenheit zur Äußerung zu geben.

(3) ¹Die Anordnungen nach Absatz 1 dürfen im Laufe des Geschäftsjahres nur geändert werden, wenn dies wegen Überlastung oder ungenügender Auslastung eines Richters oder Spruchkörpers oder infolge Wechsels oder dauernder Verhinderung einzelner Richter nötig wird. ²Vor der Änderung ist den Vorsitzenden Richtern, deren Spruchkörper von der Änderung der Geschäftsverteilung berührt wird, Gelegenheit zu einer Äußerung zu geben.

(4) Das Präsidium kann anordnen, daß ein Richter oder Spruchkörper, der in einer Sache tätig geworden ist, für diese nach einer Änderung der Geschäftsverteilung zuständig bleibt.

(5) Soll ein Richter einem anderen Spruchkörper zugeteilt oder soll sein Zuständigkeitsbereich geändert werden, so ist ihm, außer in Eilfällen, vorher Gelegenheit zu einer Äußerung zu geben.

(6) Soll ein Richter für Aufgaben der Justizverwaltung ganz oder teilweise freigestellt werden, so ist das Präsidium vorher zu hören.

(7) ¹Das Präsidium entscheidet mit Stimmenmehrheit. ²§ 21i Abs. 2 gilt entsprechend.

(8) ¹Das Präsidium kann beschließen, dass Richter des Gerichts bei den Beratungen und Abstimmungen des Präsidiums für die gesamte Dauer oder zeitweise zugegen sein können. ²§ 171b gilt entsprechend.

(9) Der Geschäftsverteilungsplan des Gerichts ist in der von dem Präsidenten oder aufsichtführenden Richter bestimmten Geschäftsstelle des Gerichts zur Einsichtnahme aufzulegen; einer Veröffentlichung bedarf es nicht.

§ 21f
[Vorsitz in den Spruchkörpern]

(1) Den Vorsitz in den Spruchkörpern bei den Landgerichten, bei den Oberlandesgerichten sowie bei dem Bundesgerichtshof führen der Präsident und die Vorsitzenden Richter.

(2) ¹Bei Verhinderung des Vorsitzenden führt den Vorsitz das vom Präsidium bestimmte Mitglied des Spruchkörpers. ²Ist auch dieser Vertreter verhindert, führt das dienstälteste, bei gleichem Dienstalter das lebensälteste Mitglied des Spruchkörpers den Vorsitz.

§ 21g
[Geschäftsverteilung innerhalb der Spruchkörper]

(1) ¹Innerhalb des mit mehreren Richtern besetzten Spruchkörpers werden die Geschäfte durch Beschluss aller dem Spruchkörper angehörenden Berufsrichter auf die Mitglieder verteilt. ²Bei Stimmengleichheit entscheidet das Präsidium.

(2) Der Beschluss bestimmt vor Beginn des Geschäftsjahres für dessen Dauer, nach welchen Grundsätzen die Mitglieder an den Verfahren mitwirken; er kann nur geändert werden, wenn es wegen Überlastung, ungenügender Auslastung, Wechsels oder dauernder Verhinderung einzelner Mitglieder des Spruchkörpers nötig wird.

(3) Absatz 2 gilt entsprechend, soweit nach den Vorschriften der Prozessordnungen die Verfahren durch den Spruchkörper einem seiner Mitglieder zur Entscheidung als Einzelrichter übertragen werden können.

(4) Ist ein Berufsrichter an der Beschlussfassung verhindert, tritt der durch den Geschäftsverteilungsplan bestimmte Vertreter an seine Stelle.

(5) § 21i Abs. 2 findet mit der Maßgabe entsprechende Anwendung, dass die Bestimmung durch den Vorsitzenden getroffen wird.
(6) Vor der Beschlussfassung ist den Berufsrichtern, die von dem Beschluss betroffen werden, Gelegenheit zur Äußerung zu geben.
(7) § 21e Abs. 9 findet entsprechend Anwendung.

§ 21h
[Vertretung des Präsidenten und des aufsichtführenden Richters]

[1]Der Präsident oder aufsichtführende Richter wird in seinen durch dieses Gesetz bestimmten Geschäften, die nicht durch das Präsidium zu verteilen sind, durch seinen ständigen Vertreter, bei mehreren ständigen Vertretern durch den dienstältesten, bei gleichem Dienstalter durch den lebensältesten von ihnen vertreten. [2]Ist ein ständiger Vertreter nicht bestellt oder ist er verhindert, wird der Präsident oder aufsichtführende Richter durch den dienstältesten, bei gleichem Dienstalter durch den lebensältesten Richter vertreten.

§ 21i
[Beschlussfähigkeit des Präsidiums]

(1) Das Präsidium ist beschlußfähig, wenn mindestens die Hälfte seiner gewählten Mitglieder anwesend ist.
(2) [1]Sofern eine Entscheidung des Präsidiums nicht rechtzeitig ergehen kann, werden die in § 21e bezeichneten Anordnungen von dem Präsidenten oder aufsichtführenden Richter getroffen. [2]Die Gründe für die getroffene Anordnung sind schriftlich niederzulegen. [3]Die Anordnung ist dem Präsidium unverzüglich zur Genehmigung vorzulegen. [4]Sie bleibt in Kraft, solange das Präsidium nicht anderweit beschließt.

§ 21j
[Neuerrichtung des Präsidiums; Frist]

(1) [1]Wird ein Gericht errichtet und ist das Präsidium nach § 21a Abs. 2 Nr. 1 bis 4 zu bilden, so werden die in § 21e bezeichneten Anordnungen bis zur Bildung des Präsidiums von dem Präsidenten oder aufsichtführenden Richter getroffen. [2]§ 21i Abs. 2 Satz 2 bis 4 gilt entsprechend.
(2) [1]Ein Präsidium nach § 21a Abs. 2 Nr. 1 bis 4 ist innerhalb von drei Monaten nach der Errichtung des Gerichts zu bilden. [2]Die in § 21b Abs. 4 Satz 1 bestimmte Frist beginnt mit dem auf die Bildung des Präsidiums folgenden Geschäftsjahr, wenn das Präsidium nicht zu Beginn eines Geschäftsjahres gebildet wird.
(3) An die Stelle des in § 21d Abs. 1 bezeichneten Zeitpunkts tritt der Tag der Errichtung des Gerichts.
(4) [1]Die Aufgaben nach § 1 Abs. 2 Satz 2 und 3 und Abs. 3 der Wahlordnung für die Präsidien der Gerichte vom 19. September 1972 (BGBl. I S. 1821) nimmt bei der erstmaligen Bestellung des Wahlvorstandes der Präsident oder aufsichtführende Richter wahr. [2]Als Ablauf des Geschäftsjahres in § 1 Abs. 2 Satz 2 und § 3 Satz 1 der Wahlordnung für die Präsidien der Gerichte gilt der Ablauf der in Absatz 2 Satz 1 genannten Frist.

Dritter Titel
Amtsgerichte

§ 22
[Richter beim Amtsgericht]

(1) Den Amtsgerichten stehen Einzelrichter vor.
(2) Einem Richter beim Amtsgericht kann zugleich ein weiteres Richteramt bei einem anderen Amtsgericht oder bei einem Landgericht übertragen werden.
(3) [1]Die allgemeine Dienstaufsicht kann von der Landesjustizverwaltung dem Präsidenten des übergeordneten Landgerichts übertragen werden. [2]Geschieht dies nicht, so ist, wenn das Amtsgericht mit mehreren Richtern besetzt ist, einem von ihnen von der Landesjustizverwaltung die allgemeine Dienstaufsicht zu übertragen.

(4) Jeder Richter beim Amtsgericht erledigt die ihm obliegenden Geschäfte, soweit dieses Gesetz nichts anderes bestimmt, als Einzelrichter.

(5) ¹Es können Richter kraft Auftrags verwendet werden. ²Richter auf Probe können verwendet werden, soweit sich aus Absatz 6, § 23b Abs. 3 Satz 2, § 23c Abs. 2 oder § 29 Abs. 1 Satz 2 nichts anderes ergibt.

(6) ¹Ein Richter auf Probe darf im ersten Jahr nach seiner Ernennung Geschäfte in Insolvenzsachen nicht wahrnehmen. ²Richter in Insolvenzsachen sollen über belegbare Kenntnisse auf den Gebieten des Insolvenzrechts, des Handels- und Gesellschaftsrechts sowie über Grundkenntnisse der für das Insolvenzverfahren notwendigen Teile des Arbeits-, Sozial- und Steuerrechts und des Rechnungswesens verfügen. ³Einem Richter, dessen Kenntnisse auf diesen Gebieten nicht belegt sind, dürfen die Aufgaben eines Insolvenzrichters nur zugewiesen werden, wenn der Erwerb der Kenntnisse alsbald zu erwarten ist.

§ 22a
[Vorsitzender des Präsidiums]

Bei Amtsgerichten mit einem aus allen wählbaren Richtern bestehenden Präsidium (§ 21a Abs. 2 Nr. 5) gehört der Präsident des übergeordneten Landgerichts oder, wenn der Präsident eines anderen Amtsgerichts die Dienstaufsicht ausübt, dieser Präsident dem Präsidium als Vorsitzender an.

§ 22b
[Vertretung der Richter]

(1) Ist ein Amtsgericht nur mit einem Richter besetzt, so beauftragt das Präsidium des Landgerichts einen Richter seines Bezirks mit der ständigen Vertretung dieses Richters.

(2) Wird an einem Amtsgericht die vorübergehende Vertretung durch einen Richter eines anderen Gerichts nötig, so beauftragt das Präsidium des Landgerichts einen Richter seines Bezirks längstens für zwei Monate mit der Vertretung.

(3) ¹In Eilfällen kann der Präsident des Landgerichts einen zeitweiligen Vertreter bestellen. ²Die Gründe für die getroffene Anordnung sind schriftlich niederzulegen.

(4) Bei Amtsgerichten, über die der Präsident eines anderen Amtsgerichts die Dienstaufsicht ausübt, ist in den Fällen der Absätze 1 und 2 das Präsidium des anderen Amtsgerichts und im Falle des Absatzes 3 dessen Präsident zuständig.

§ 22c
[Bereitschaftsdienst]

(1) ¹Die Landesregierungen werden ermächtigt, durch Rechtsverordnung zu bestimmen, dass für mehrere Amtsgerichte im Bezirk eines Landgerichts ein gemeinsamer Bereitschaftsdienstplan aufgestellt wird oder ein Amtsgericht Geschäfte des Bereitschaftsdienstes ganz oder teilweise wahrnimmt, wenn dies zur Sicherstellung einer gleichmäßigeren Belastung der Richter mit Bereitschaftsdiensten angezeigt ist. ²Zu dem Bereitschaftsdienst sind die Richter der in Satz 1 bezeichneten Amtsgerichte heranzuziehen.

³In der Verordnung nach Satz 1 kann bestimmt werden, dass auch die Richter des Landgerichts heranzuziehen sind. ⁴Über die Verteilung der Geschäfte des Bereitschaftsdienstes beschließt nach Maßgabe des § 21e das Präsidium des Landgerichts im Einvernehmen mit den Präsidien der betroffenen Amtsgerichte. ⁵Kommt eine Einigung nicht zustande, obliegt die Beschlussfassung dem Präsidium des Oberlandesgerichts, zu dessen Bezirk das Landgericht gehört.

(2) Die Landesregierungen können die Ermächtigung nach Absatz 1 auf die Landesjustizverwaltungen übertragen.

§ 22d
[Handlung eines unzuständigen Richters]

Die Gültigkeit der Handlung eines Richters beim Amtsgericht wird nicht dadurch berührt, daß die Handlung nach der Geschäftsverteilung von einem anderen Richter wahrzunehmen gewesen wäre.

§ 23
[Sachliche Zuständigkeit in bürgerlichen Rechtsstreitigkeiten]

Die Zuständigkeit der Amtsgerichte umfasst in bürgerlichen Rechtsstreitigkeiten, soweit sie nicht ohne Rücksicht auf den Wert des Streitgegenstandes den Landgerichten zugewiesen sind:
1. Streitigkeiten über Ansprüche, deren Gegenstand an Geld oder Geldeswert die Summe von fünftausend Euro nicht übersteigt;
2. ohne Rücksicht auf den Wert des Streitgegenstandes:
   a) Streitigkeiten über Ansprüche aus einem Mietverhältnis über Wohnraum oder über den Bestand eines solchen Mietverhältnisses; diese Zuständigkeit ist ausschließlich;
   b) Streitigkeiten zwischen Reisenden und Wirten, Fuhrleuten, Schiffern oder Auswanderungsexpedienten in den Einschiffungshäfen, die über Wirtszechen, Fuhrlohn, Überfahrtsgelder, Beförderung der Reisenden und ihrer Habe und über Verlust und Beschädigung der letzteren, sowie Streitigkeiten zwischen Reisenden und Handwerkern, die aus Anlaß der Reise entstanden sind;
   c) Streitigkeiten nach § 43 Nr. 1 bis 4 und 6 des Wohnungseigentumsgesetzes; diese Zuständigkeit ist ausschließlich;
   d) Streitigkeiten wegen Wildschadens;
   e) (weggefallen)
   f) (weggefallen)
   g) Ansprüche aus einem mit der Überlassung eines Grundstücks in Verbindung stehenden Leibgedings-, Leibzuchts-, Altenteils- oder Auszugsvertrag.

Inhalt:

	Rn.		Rn.
A. Allgemeines	1	1. Wohnraummietverhältnis, Buchst. a	6
B. Erläuterungen	2	2. Reisende pp., Buchst. b	13
I. Zuständigkeit abhängig vom Streitwert, Nr. 1	2	3. WEG, Buchst. c	14
II. Zuständigkeit unabhängig vom Streitwert, Nr. 2	5	4. Wildschaden, Buchst. d	18
		5. Altenteilsvertrag pp., Buchst. g	19

A. Allgemeines

Die **Abgrenzung** der Zuständigkeit zwischen **Amtsgericht und Landgericht** richtet sich grundsätzlich nach dem Streitwert (§ 23 Nr. 1 GVG), es sei denn es liegt eine streitwertunabhängige Zuweisung an das Amtsgericht (§ 23 Nr. 2 GVG) oder an das Landgericht (§ 71 Nr. 2 GVG) vor. **Weitere Zuweisungen an das Amtsgericht** finden sich etwa in § 23a GVG (Familiensachen und Angelegenheiten der freiwilligen Gerichtsbarkeit), § 23b GVG (Familiengericht), § 23c GVG (Betreuungsgericht); § 689 ZPO (Mahnverfahren); § 2 InsO (Insolvenzgericht); § 919 Alt. 2 ZPO (Arrestgericht); § 942 Abs. 1 ZPO (Amtsgericht der belegenen Sache bei einstweiliger Verfügung in besonders dringenden Fällen), § 55 BGB (Registereintragung eines Vereins); § 157 GVG (Rechtshilfeersuchen); § 764 ZPO (Vollstreckungsgericht); § 1 ZVG (für Zwangsversteigerung und Zwangsverwaltung als Vollstreckungsgericht).[1] Es gilt das Enumerationsprinzip.[2] Amts- und Landgericht unterscheiden sich – wegen §§ 348, 348a ZPO (originärer Einzelrichter) – in der Regel nicht mehr in der Anzahl der entscheidenden Richter; wesentlich ist vielmehr, dass sich die Partei vor dem Amtsgericht nicht durch einen Rechtsanwalt vertreten lassen muss (§ 78 ZPO) und dass das Amtsgericht häufig ortsnäher ist.[3]

1

B. Erläuterungen
I. Zuständigkeit abhängig vom Streitwert, Nr. 1

Die Amtsgerichte sind grundsätzlich zuständig in bürgerlichen Streitigkeiten (vgl. § 13 GVG) über Ansprüche, deren Gegenstand an Geld oder Geldeswert 5.000,00 € nicht übersteigt, **§ 23 Nr. 1 GVG**; ansonsten – ab 5.000,01 € ist grundsätzlich das Landgericht zuständig, § 71 Abs. 1 GVG. Der **Zuständigkeitsstreitwert** bestimmt sich gemäß § 2 ZPO ausschließlich nach §§ 3 bis 9

2

---

[1] Vgl. Musielak/Voit-*Wittschier*, ZPO, § 23 GVG Rn. 15; MK-*Zimmermann*, ZPO, § 23 GVG Rn. 19; jeweils mit weiteren Zuständigkeitsnormen.
[2] MK-*Zimmermann*, ZPO, § 23 GVG Rn. 1.
[3] MK-*Zimmermann*, ZPO, § 23 GVG Rn. 1.

ZPO.[4] Bewertungsmaßstab bildet allein das nach objektiven Maßstäben zu beurteilende individuelle Interesse des Klägers,[5] wobei nicht die Rechtsauffassung der Parteien, sondern die wahre Natur des Anspruchs maßgeblich ist.[6] Die normativen Vorgaben der §§ 4 sowie 6 bis 9 ZPO sind zu beachten.[7] Insbesondere sind **mehrere Ansprüche** in einer Klage zusammenzurechnen (§ 5 Hs. 1 ZPO); anders bei Klage und **Widerklage** (§ 5 Hs. 2 ZPO), hier gilt der jeweils höhere Streitwert. § 23 Nr. 1 GVG greift bei vermögensrechtlichen ebenso wie bei nichtvermögensrechtlichen Streitigkeiten.[8] Eine **Teilklage** eines Anspruchs beim Amtsgericht, der in voller Höhe beim Landgericht anhängig zu machen wäre, ist nicht rechtsmissbräuchlich;[9] anders ist dies, wenn mehrere gleichzeitige Teilklagen bis zur Höhe des Gesamtanspruchs eingereicht werden.[10]

3 **Erhöht** sich beim Amtsgericht der Streitwert von ursprünglich bis 5.000,00 € auf einen darüber liegenden Wert – sei es durch Widerklage oder Erweiterung des Klageantrages oder durch Antrag auf Feststellung eines Rechtsverhältnisses i.S.v. § 256 Abs. 2 ZPO, für das die Landgerichte zuständig sind –, so hat sich das Amtsgericht durch Beschluss für unzuständig zu erklären und den Rechtsstreit an das Landgericht zu verweisen; vgl. § 506 ZPO. **Verringert** sich dagegen beim Amtsgericht der Streitwert von über 5.000,00 € auf einen geringeren Wert, so gilt grundsätzlich § 261 Abs. 3 Nr. 2 ZPO (*perpetuatio fori*), das heißt das Landgericht bleibt weiter zuständig. Maßgeblicher **Zeitpunkt** für die Höhe des Streitwertes ist die Zustellung der Klageschrift[11] (§ 253 ZPO). Verringert sich also vor diesem Zeitpunkt der Gegenstandswert auf 5.000,00 € oder weniger, so ist das Amtsgericht zuständig.[12] Ergibt sich dagegen ein Wert von 5.000,00 € oder weniger erst nach Zustellung der Klageschrift, so bleibt das Landgericht sachlich zuständig.[13] Maßgeblicher Zeitpunkt bei vorgeschaltetem **Mahnverfahren** ist der Akteneingang beim jeweiligen Gericht.[14] Liegt der Wert zu diesem Zeitpunkt über 5.000,00 €, ist das Landgericht zuständig, auch dann, wenn danach der Antrag auf einen Wert von 5.000,00 € oder weniger reduziert wird.[15] Liegt zu diesem Zeitpunkt dagegen der Antrag bei maximal 5.000,00 €, ist das Amtsgericht zuständig.[16]

4 Werden ein Anspruch nach **§ 23 Nr. 1 GVG** und ein Anspruch nach **§ 23 Nr. 2 GVG** (streitwertunabhängig) im Wege der **objektiven Klagehäufung** eingeklagt, und liegt der Anspruch nach § 23 Nr. 1 GVG unter 5.000,00 €, so ist das Amtsgericht zuständig.[17] Liegt dagegen der Anspruch nach § 23 Nr. 1 GVG über 5.000,00 €, so gilt nicht § 5 ZPO und ggf. Zuständigkeit des Landgerichts; erforderlich sind vielmehr Trennung (§ 145 ZPO) und Teilverweisung bei Antrag gemäß § 281 ZPO (bei fehlendem Antrag Teilklageabweisung mangels Zulässigkeit);[18] vgl. auch Rn. 10. Denkbar ist auch eine Prorogation oder eine rügelose Einlassung, aber nur nach entsprechendem Hinweis, § 504 ZPO.[19]

II. Zuständigkeit unabhängig vom Streitwert, Nr. 2

5 In bestimmten Streitigkeiten ist das **Amtsgericht unabhängig vom Streitwert** zuständig, § 23 Nr. 2 GVG; diese Zuständigkeit ist – nur – in den Fällen von § 23 Nr. 2 Buchst. a und c GVG ausschließlich.

---

4 OLG Schleswig, BeckRS 2015, 08575, Rn. 9 = SchlHA 2016, 36: Auf die Streit- bzw. Gegenstandswerte der Kostengesetze (§§ 3, 48 GKG; §§ 2 Abs. 1, 23 Abs. 1 RVG) kommt es nicht an. Für §§ 2, 3 ff. ZPO auch OLG Naumburg, BeckRS 2014, 19289, Rn. 2; dagegen MK-*Zimmermann*, ZPO, § 23 GVG Rn. 4: §§ 48 ff. GKG; Thomas/Putzo-*Hüßtege*, ZPO, § 23 GVG Rn. 8: Zuständigkeits- und Gebührenstreitwert sollten nicht unterschiedlich sein; Wert der nichtvermögensrechtlichen Streitigkeiten nach § 48 Abs. 2 GKG zu bestimmen.
5 OLG Schleswig, BeckRS 2015, 08575, Rn. 10 = SchlHA 2016, 36.
6 Musielak/Voit-*Wittschier*, ZPO, § 23 GVG Rn. 7.
7 OLG Schleswig, BeckRS 2015, 08575, Rn. 10 = SchlHA 2016, 36.
8 Musielak/Voit-*Wittschier*, ZPO, § 23 GVG Rn. 1; Zöller-*Lückemann*, ZPO, § 23 GVG Rn. 3.
9 Thomas/Putzo-*Hüßtege*, ZPO, § 23 GVG Rn. 5.
10 Musielak/Voit-*Wittschier*, ZPO, § 23 GVG Rn. 5.
11 OLG Naumburg, BeckRS 2014, 19289, Rn. 2.
12 OLG Naumburg, BeckRS 2014, 19289, Rn. 2.
13 OLG Naumburg, BeckRS 2014, 19289, Rn. 2.
14 OLG München, BeckRS 2014, 17244, Rn. 8.
15 OLG München, BeckRS 2014, 17244, Rn. 8.
16 OLG München, BeckRS 2014, 17244, Rn. 8.
17 Zöller-*Lückemann*, ZPO, § 23 GVG Rn. 4.
18 Thomas/Putzo-*Hüßtege*, ZPO, § 23 GVG Rn. 4; Musielak/Voit-*Wittschier*, ZPO, § 23 GVG Rn. 7.
19 Musielak/Voit-*Wittschier*, ZPO, § 23 GVG Rn. 7.

1. Wohnraummietverhältnis, Buchst. a
Ohne Rücksicht auf den Streitwert ist das Amtsgericht **ausschließlich** zuständig bei Streitig- 6
keiten über Ansprüche aus einem **Mietverhältnis über Wohnraum** oder über den Bestand
eines solchen Mietverhältnisses, § 23 Nr. 2 **Buchst. a** GVG.[20] Bei Gewerbemiete ist das Amtsgericht dagegen nur zuständig bis zu einem Streitwert von 5.000,00 € (§ 23 Nr. 1 GVG). Hintergrund ist der Schutzgedanke des sozialen Mietrechts, das Verfahren möglichst am Wohnort
des Mieters zu führen, durch einen zweistufigen Prozess eine kürzere Verfahrensdauer zu bewirken sowie eine größere Sach- und Ortsnähe des zuständigen Gerichts herzustellen.[21] Zur
Erreichung dieser **Ziele** ist die Norm weit auszulegen.[22] Hinsichtlich der örtlichen Zuständigkeit im Falle des § 23 Nr. 2 Buchst. a GVG vgl. § 29a ZPO (ausschließlicher Gerichtsstand bei
Miet- oder Pachträumen bei dem Gericht, in dessen Bezirk sich die Räume befinden).

Wohnraum ist jeder zum Wohnen, also zum Schlafen, Essen, Kochen und zu sonstiger dauern- 7
der privater Benutzung bestimmte Raum,[23] der Vorkehrungen gegen das beliebige Betreten
durch jeden aufweist.[24] Eine feste Verbindung mit Grund und Boden ist nicht erforderlich; erfasst ist darum auch ein Wohnwagen oder Wohncontainer (streitig).[25] Zum Wohnraum gehören
auch die Nebenräume, etwa Keller oder Garage.[26] Wohnung ist die Gesamtheit der Räume,
welche die Führung eines Haushalts ermöglicht.[27] Erfasst sind auch Wohnräume nach § 549
Abs. 2 BGB, sofern sie zum dauernden Aufenthalt bestimmt sind (also nicht Hotelzimmer oder
Ferienwohnung).[28] Für die Einordnung als Wohnraummietverhältnis ist nicht die Eignung der
Räume zur Wohnnutzung, sondern der vereinbarte Nutzungszweck entscheidend.[29]

Ein **Mischmietverhältnis** (Wohn- und Gewerberaummiete) wird nicht in seine verschiedenen 8
Bestandteile unter gesonderter rechtlicher Bewertung der unterschiedlichen Nutzungszwecke
aufgespalten; dies liefe der von den Parteien gewollten rechtlichen Einheit des Vertrags zuwider.[30] Entscheidend ist vielmehr, ob der Schwerpunkt auf dem Wohnzweck liegt – dann § 23
Nr. 2 Buchst. a GVG – oder nicht – dann §§ 23 Nr. 1, 71 GVG –,[31] also welche Nutzungsart
nach den getroffenen Vereinbarungen überwiegt,[32] sogenannte **Übergewichtstheorie**.[33] Entscheidend sind die Umstände des Einzelfalls.[34] Aus dem Umstand, dass die Vermietung nicht
nur zu Wohnzwecken, sondern auch zur Ausübung einer gewerblichen/freiberuflichen Tätigkeit vorgenommen wird, durch die der Mieter seinen Lebensunterhalt bestreitet, lässt sich
nicht auf einen Vertragsschwerpunkt im Bereich der Geschäftsraummiete schließen.[35] Kann
ein Überwiegen der gewerblichen Nutzung nicht festgestellt werden, gelten wegen des
Schutzbedürfnisses des Mieters die Vorschriften der Wohnraummiete.[36] Ein Wohnraummiet-

---

20 Zum Umfang: Spielbauer/Schneider-*Kern*, Mietrecht, § 535 Rn. 58 ff.
21 BGH, NJW 2014, 2864, Rn. 20 = MDR 2014, 1017, Rn. 20; OLG Brandenburg, BeckRS 2015, 10407
 = WuM 2015, 367, Rn. 14: insoweit größere Sachnähe und fachliche Kompetenz des Amtsgerichts;
 OLG Düsseldorf, BeckRS 2007, 19901, I.1. = ZMR 2008, 127, Rn. 2.
22 OLG Düsseldorf, BeckRS 2007, 199091, I.2. = ZMR 2008, 127, Rn. 3.
23 OLG Frankfurt a.M., BeckRS 2008, 17162, II. = ZMR 2009, 198, Rn. 13.
24 MK-*Zimmermann*, ZPO, § 23 GVG Rn. 9.
25 MK-*Zimmermann*, ZPO, § 23 GVG Rn. 9; a.A. Thomas/Putzo-*Hüßtege*, ZPO, § 23 GVG Rn. 12:
 Wohnwagen oder Wohncontainer nicht erfasst, da nicht Innenraum eines Gebäudes; Musielak/
 Voit-*Wittschier*, ZPO, § 23 GVG Rn. 9, stellt darauf ab, dass der Raum Innenteil eines Gebäudes
 (aber nicht notwendigerweise wesentlicher Bestandteil eines Grundstücks) sein muss.
26 OLG Frankfurt a.M., BeckRS 2008, 17162, II. = ZMR 2009, 198, Rn. 13; MK-*Zimmermann*, ZPO,
 § 23 GVG Rn. 9; Spielbauer/Schneider-*Kern*, Mietrecht, § 535 Rn. 55 m.w. Beispielen.
27 OLG Frankfurt a.M., BeckRS 2008, 17162, II. = ZMR 2009, 198, Rn. 13.
28 MK-*Zimmermann*, ZPO, § 23 GVG Rn. 9; dagegen Thomas/Putzo-*Hüßtege*, ZPO, § 23 GVG
 Rn. 12: sämtliche Wohnräume nach § 549 Abs. 2 BGB erfasst.
29 BGH, NJW 2014, 2864, Rn. 21 = MDR 2014, 1017, Rn. 21.
30 BGH, NJW 2014, 2864, Rn. 24 = MDR 2014, 1017, Rn. 24.
31 OLG München, BeckRS 2010, 29620 = ZMR 2010, 962, Rn. 1.
32 BGH, NJW 2014, 2864, Rn. 26 = MDR 2014, 1017, Rn. 26.
33 OLG München, BeckRS 2006, 52126, 1. = ZMR 2007, 119, Rn. 7.
34 BGH, NJW 2014, 2864 = MDR 2014, 1017.
35 BGH, NJW 2014, 2864 = MDR 2014, 1017: Nutzung zu Wohnzwecken und zum Betrieb einer Hyp-
 nosepraxis; in dieser Entscheidung ausdrückliche Aufgabe der vormaligen Rechtsprechung, bei
 der bei Vermietung eines Einfamilienhauses an einen Anwalt zur Nutzung als Kanzlei und zugleich als Wohnung von gewerblichen Zwecken ausgegangen war, da der Anwalt die Kanzlei benötige, um seinen Lebensunterhalt zu bestreiten, und zwar auch dann, wenn die Kanzleifläche
 geringer sei als die zu Wohnzwecken gedachte; damit ausdrücklich anders als die Vorinstanz –
 KG Berlin, BeckRS 2013, 17021, II.2.b) = Grundeigentum 2013, 1202, II.2.b) –, die noch die vormalige BGH-Rechtsprechung zitiert hatte.
36 BGH, NJW 2014, 2864 = MDR 2014, 1017.

verhältnis bleibt auch ein solches, wenn der Mieter in der vermieteten Wohnung – vertragswidrig – eine gewerbliche Tätigkeit ausübt.[37]

9 § 23 Nr. 2 Buchst. a GVG ist nicht eröffnet, wenn ein Partner einer beendeten **nichtehelichen Lebensgemeinschaft** im Wege des Gesamtschuldnerausgleichs gegen den anderen Partner einen Anteil an der Wohnraummiete geltend macht, und zwar auch dann nicht, wenn für eine ordentliche Kündigung des Mietvertrags die Mitwirkung des Lebensgefährten erforderlich ist; es handelt sich um ein gesellschaftsrechtliches Verhältnis, außerdem werden nur Streitigkeiten erfasst, bei denen sich die Parteien des Mietverhältnisses gegenüberstehen; hier aber stehen beide Parteien auf derselben Seite.[38] § 23 Nr. 2 Buchst. a GVG gilt weiter nicht bei der **Heimaufnahme**, da der Schwerpunkt des Vertrags wegen der überwiegend medizinischen und pflegerischen Betreuung regelmäßig auf dem dienstvertraglichen Charakter und nicht in der Raumüberlassung liegt.[39]

10 Zu den Ansprüchen aus einem Mietverhältnis über Wohnraum zählen auch Ansprüche wegen Verletzung von Pflichten nach der Kündigung, insbesondere **Schadensersatzansprüche** und Ansprüche im Zusammenhang mit der Räumung einer Wohnung.[40] Die Tätigkeit des Amtsgerichts ist nicht auf mietrechtliche Anspruchsgrundlagen beschränkt, sondern erfasst auch konkurrierende Ansprüche, insbesondere aus § 823 BGB,[41] auch dann, wenn die Klage nur auf § 823 BGB gestützt wird.[42] Der Kläger muss ein Wohnraummietverhältnis schlüssig behaupten;[43] wenn sich nur der Beklagte darauf bezieht, reicht dies nicht. Eine Wohnraummietstreitigkeit liegt darum nicht vor, wenn der Anspruch des Klägers nicht auf Rechtsgrundlagen des Wohnraummietrechts gestützt ist und sich nur der Beklagte mit – jedenfalls schlüssig dargelegten – Gegenrechten aus einem wohnraummietrechtlichen Vertragsverhältnis verteidigt; denn sonst könnte der Beklagte dem Kläger durch – ggf. bewusst falsche – Behauptung einen Gerichtsstand aufzwingen (streitig).[44]

11 Betrifft die Klage vor dem Amtsgericht ein Wohnraummietverhältnis i.S.v. § 23 Nr. 2 Buchst. a GVG – mit ausschließlicher Zuständigkeit des Amtsgerichts – und die **Widerklage** einen in den Zuständigkeitsbereich des Landgerichts fallenden Anspruch, so findet § 506 ZPO keine Anwendung. Vielmehr ist die Widerklage auf Antrag nach § 145 ZPO abzutrennen und dann an das Landgericht zu verweisen; ansonsten könnte die ausschließliche Zuständigkeit des Amtsgerichts durch Erhebung einer entsprechenden Widerklage ausgehebelt werden.[45]

12 Gehen die Ansprüche aus Mietverhältnis kraft Gesetzes oder durch Abtretung auf einen **Dritten** über, verbleibt es bei der ausschließlichen Zuständigkeit des Amtsgerichts.[46] Dies gilt auch für Mieteforderungen, die im Wege der Überweisung eines Gläubigers des Vermieters zur Einziehung zustehen; durch die Überweisung gem. § 835 ZPO wird der Forderungsbestand nicht verändert, auch bleibt der Mieter Prozessgegner.[47] Nicht unter § 23a Nr. 2 Buchst. a GVG fallen Ansprüche des Vermieters aufgrund eines selbstständigen Gewähr-, Garantie- oder Bürgschaftsvertrages gegen einen Dritten, der nicht Partei eines Miet- oder Pachtvertrages über Räume, dessen Anbahnung oder Abwicklung ist; es handelt sich um Ansprüche aus einem selbstständigen Rechtsverhältnis.[48] Ist Vertragszweck die Weitervermietung durch den Mieter an Dritte – auch zu Wohnzwecken –, sind die Vorschriften des Wohnraummietrechts auf das (Haupt-) Mietverhältnis nicht anwendbar.[49]

---

37 OLG Düsseldorf, BeckRS 2007, 14300 = ZMR 2008, 121, Rn. 2.
38 OLG München, NJW-RR 2014, 80, Rn. 7 = FamRZ 2014, 329, Rn. 7.
39 LG Kleve, BeckRS 2016, 04511 = Sozialrecht aktuell 2012, 259.
40 OLG Köln, BeckRS 2009, 09722, II.1. = WuM 2010, 95, Rn. 5.
41 OLG Brandenburg, BeckRS 2015, 10407, Rn. 14 = WuM 2015, 367, Rn. 14; OLG Köln, BeckRS 2009, 09722, II.1. = WuM 2010, 95, Rn. 5.
42 OLG Köln, BeckRS 2009, 09722, II.1. = WuM 2010, 95, Rn. 5.
43 Musielak/Voit-*Wittschier*, ZPO, § 23 GVG Rn. 9.
44 OLG Köln, BeckRS 2015, 14328, Rn. 22 = ZMR 2016, 250, Rn. 22; a.A. OLG Düsseldorf, BeckRS 2007, 19901, I.2.a) = ZMR 2008, 127, Rn. 4: auch hier muss das behauptete Wohnraummietverhältnis geprüft werden.
45 OLG München, BeckRS 2014, 22332, Rn. 12; allerdings gleichwohl ergangener Verweisungsbeschluss nicht willkürlich.
46 OLG Karlsruhe, NJW-RR 2002, 1167, Rn. 7.
47 OLG Karlsruhe, NJW-RR 2002, 1167, Rn. 7.
48 BGH, NJW 2004, 1239, Rn. 4 = MDR 2004, 769, Rn. 4 zu § 29a ZPO; dies muss auch für § 23 Nr. 2 Buchst. a GVG gelten, siehe BGH, NJW 2014, 2864, Rn. 22 = MDR 2014, 1017, Rn. 22; Verknüpfung von § 23 Nr. 2 Buchst. a GVG und § 29a ZPO auch durch OLG Karlsruhe, NJW-RR 2002, 1167, Rn. 7; OLG München, NJW-RR 2014, 80, Rn. 7 = FamRZ 2014, 329, Rn. 7; BayObLG, NJW-RR 2000, 1734, Rn. 20 = WuM 2000, 137, Rn. 20: § 29a ZPO gilt nicht für den Bürgen.
49 BGH, NJW 2008, 3361, Rn. 11 = MDR 2008, 1329, Rn. 11 zu § 580a Abs. 2 BGB.

2. Reisende pp., Buchst. b

Der Vorschrift des § 23 Nr. 2 **Buchst. b** GVG kommt heute keine Relevanz mehr zu. Die Vorschrift erfasst etwa Zechschulden, nicht aber Klagen auf entgangenen Gewinn nach Zimmerabsage[50] oder Reisestreitigkeiten nach BGB.[51] 13

3. WEG, Buchst. c

Das Amtsgericht ist nach § 23 Nr. 2 **Buchst. c** GVG ohne Rücksicht auf den Wert des Streitgegenstands **ausschließlich** zuständig für Streitigkeiten nach **§ 43 Nr. 1 bis 4 und 6 WEG** („Binnenstreitigkeiten").[52] 14

Bei § 43 Nr. 1 WEG müssen die anspruchsbegründenden Tatsachen einen inneren Zusammenhang mit dem Gemeinschaftsverhältnis der Wohnungseigentümer und der sich hieraus ergebenden Rechte und Pflichten aufweisen[53] **(Gemeinschaftsbezogenheit)**.[54] Die Zuständigkeitszuweisung ist weit auszulegen.[55] Ziel ist die Konzentration aller Streitfragen aus dem Gemeinschaftsverhältnis und ein effizienterer Rechtsschutz.[56] Der Verweis des § 23 Nr. 2 Buchst. c GVG auf § 43 Nr. 6 WEG für die sachliche Zuständigkeit ist deklaratorisch, weil das Amtsgericht für Mahnverfahren ohnehin zuständig ist, § 689 Abs. 1 Satz 1 ZPO.[57] 15

Auf die Anspruchsgrundlage kommt es nicht an; erfasst sind auch Streitigkeiten über Beeinträchtigungen, die sich aus einem unzulässigen Gebrauch des Sonder- oder des Gemeinschaftseigentums ergeben und bei denen der Anspruch auf sachenrechtliche oder deliktische Normen gestützt wird.[58] Gleichermaßen wenn ein Wohnungseigentümer von einem anderen aus unerlaubter Handlung Schadensersatz verlangt, sofern ein innerer Zusammenhang zu einer Angelegenheit aus dem Gemeinschaftsverhältnis der Wohnungseigentümer besteht.[59] Streitigkeiten aus dem Gemeinschaftsverhältnis liegen in der Regel vor, wenn diese die Kosten- und Lastentragung betreffen, einschließlich der durch Beschluss der Wohnungseigentümer umgelegten Kosten des individuellen Gebrauchs von Sondereigentum, wenn sie über die Gemeinschaft abgerechnet werden und nur ein gemeinschaftliches Vertragsverhältnis mit einem Versorgungsunternehmen besteht.[60] Rechtsstreitigkeiten zwischen Wohnungseigentümern wegen Entziehung des Wohnungseigentums unterfallen § 43 Nr. 1 bzw. Nr. 2 WEG.[61] Der Gemeinschaftsbezug fehlt, wenn über die sachenrechtlichen Grundlagen der Gemeinschaft gestritten wird,[62] sowie, wenn der Streit auf einer Sonderrechtsbeziehung der Wohnungseigentümer untereinander beruht.[63] 16

Von der ausschließlichen Zuständigkeit des Amtsgerichts für Streitigkeiten nach **§ 43 WEG** ist dessen **Nr. 5** ausgenommen; geht es um Klagen Dritter, die sich gegen die Gemeinschaft der Wohnungseigentümer oder gegen Wohnungseigentümer richten und sich auf das gemeinschaftliche Eigentum, seine Verwaltung oder das Sondereigentum beziehen, so ist das Landgericht zuständig, wenn der Streitwert über 5.000,00 € liegt. Wohnungseigentümer sind Mitglied der WEG und darum grundsätzlich nicht „Dritte".[64] Entscheidender Zeitpunkt ist die Entstehung des Anspruchs.[65] Die Abtretung eines WEG-Anspruchs an einen Dritten ist unbeachtlich;[66] § 43 Nr. 5 WEG greift auch, wenn der Kläger zwar der Wohnungseigentümergemeinschaft angehört, aber nicht aus dem Gemeinschaftsverhältnis selbst, sondern aufgrund von Leistungen eines Dritten gegenüber der Gemeinschaft vorgeht.[67] 17

---

50 Musielak/Voit-*Wittschier*, ZPO, § 23 GVG Rn. 11.
51 MK-*Zimmermann*, ZPO, § 23 GVG Rn. 11.
52 Musielak/Voit-*Wittschier*, ZPO, § 23 GVG Rn. 11a.
53 OLG München, BeckRS 2011, 11166, II.1.) 1.1. = ZWE 2011, 261, II.1.) 1.1; OLG Oldenburg, ZWE 2011, 335, Rn. 6 = IMR 2011, 437; OLG Köln, BeckRS 2011, 05123, II. = ZMR 2011, 226, Rn. 5.
54 OLG Oldenburg, ZWE 2011, 335, Rn. 6 = IMR 2011, 437.
55 OLG Oldenburg, ZWE 2011, 335, Rn. 6 = IMR 2011, 437.
56 OLG Oldenburg, ZWE 2011, 335, Rn. 6 = IMR 2011, 437.
57 Zöller-*Lückemann*, ZPO, § 23 GVG Rn. 14.
58 OLG Oldenburg, ZWE 2011, 335, Rn. 6 = IMR 2011, 437.
59 OLG Köln, BeckRS 2011, 05123, II. = ZMR 2011, 226, Rn. 5.
60 OLG München, BeckRS 2011, 11166, II.1.) 1.1. = ZWE 2011, 261, II.1.) 1.1.
61 BGH, NJW-RR 2014, 452, Rn. 4 = MDR 2014, 335, Rn. 4.
62 BGH, NJW-RR 2014, 452, Rn. 6 = MDR 2014, 335, Rn. 6; OLG Köln, BeckRS 2011, 05123, II. = ZMR 2011, 226, Rn. 5.
63 OLG München, BeckRS 2011, 11166, II.1.) 1.1. = ZWE 2011, 261, II.1.) 1.1.
64 LG Nürnberg-Fürth, NZM 2008, 494, Rn. 17.
65 LG Nürnberg-Fürth, NZM 2008, 494, Rn. 18.
66 LG Nürnberg-Fürth, NZM 2008, 494, Rn. 18.
67 LG Nürnberg-Fürth, NZM 2008, 494, Rn. 20.

4. Wildschaden, Buchst. d

18 Zum Wildschaden vgl. §§ 29 bis 32 BJagdG. Jagdschäden (§ 33 BJagdG) sind nicht erfasst. Hintergrund der Zuständigkeit des Amtsgerichts für Wildschäden – § 23 Nr. 2 **Buchst. d** GVG – ist dessen Sachnähe und Sachkunde sowie Prozessökonomie.[68]

5. Altenteilsvertrag pp., Buchst. g

19 Die Vorschrift des § 23 Nr. 2 **Buchst. g** GVG (vgl. auch Art. 96 EGBGB) erfasst Primär-, nicht dagegen Sekundäransprüche.[69] Beim Leibgedinge (auch Leibzucht) werden Naturalleistungen gegenüber einer Person bis zu deren Tod erbracht; eine spezielle Form ist das Altenteil ebenso wie der Auszugsvertrag. Eine gesetzliche Definition des Altenteils- oder Leibgedingsvertrags gibt es nicht.[70] Entscheidend ist in der Regel die Gewährung von Unterhalt, wobei dem Übergeber ein Wohnrecht an einem bestimmten Teil eines überlassenen Grundstücks gewährt wird; dem Übernehmer soll ein Gut oder ein Grundstück überlassen werden, kraft dessen Nutzung er sich eine eigene Lebensgrundlage schaffen und gleichzeitig den dem Altenteiler geschuldeten Unterhalt gewinnen kann.[71] Voraussetzung ist, dass die Existenzgrundlage vom Übergeber bereits geschaffen war und der Übernehmer in diese eintritt.[72]

§ 23a
[Zuständigkeit für Familiensachen und Angelegenheiten der freiwilligen Gerichtsbarkeit]

(1) ¹Die Amtsgerichte sind ferner zuständig für
1. Familiensachen;
2. Angelegenheiten der freiwilligen Gerichtsbarkeit, soweit nicht durch gesetzliche Vorschriften eine anderweitige Zuständigkeit begründet ist.

²Die Zuständigkeit nach Satz 1 Nummer 1 ist eine ausschließliche.

(2) Angelegenheiten der freiwilligen Gerichtsbarkeit sind
1. Betreuungssachen, Unterbringungssachen sowie betreuungsgerichtliche Zuweisungssachen,
2. Nachlass- und Teilungssachen,
3. Registersachen,
4. unternehmensrechtliche Verfahren nach § 375 des Gesetzes über das Verfahren in Familiensachen und in den Angelegenheiten der freiwilligen Gerichtsbarkeit,
5. die weiteren Angelegenheiten der freiwilligen Gerichtsbarkeit nach § 410 des Gesetzes über das Verfahren in Familiensachen und in den Angelegenheiten der freiwilligen Gerichtsbarkeit,
6. Verfahren in Freiheitsentziehungssachen nach § 415 des Gesetzes über das Verfahren in Familiensachen und in den Angelegenheiten der freiwilligen Gerichtsbarkeit,
7. Aufgebotsverfahren,
8. Grundbuchsachen,
9. Verfahren nach § 1 Nr. 1 und 2 bis 6 des Gesetzes über das gerichtliche Verfahren in Landwirtschaftssachen,
10. Schiffsregistersachen sowie
11. sonstige Angelegenheiten der freiwilligen Gerichtsbarkeit, soweit sie durch Bundesgesetz den Gerichten zugewiesen sind.

(3) Abweichend von Absatz 1 Satz 1 Nummer 2 sind für die den Amtsgerichten obliegenden Verrichtungen in Teilungssachen im Sinne von § 342 Absatz 2 Nummer 1 des Gesetzes über das Verfahren in Familiensachen und in den Angelegenheiten der freiwilligen Gerichtsbarkeit anstelle der Amtsgerichte die Notare zuständig.

---

68 VG Freiburg, BeckRS 2011, 51589.
69 Musielak/Voit-*Wittschier*, ZPO, § 23 GVG Rn. 13.
70 BGH, BeckRS 2016, 05221, Rn. 18 = MDR 2016, 506, Rn. 18.
71 BGH, BeckRS 2016, 05221, Rn. 18 = MDR 2016, 506, Rn. 18.
72 BGH, BeckRS 2016, 05221, Rn. 18 = MDR 2016, 506, Rn. 18.

§ 23b
[Familiengerichte]

(1) Bei den Amtsgerichten werden Abteilungen für Familiensachen (Familiengerichte) gebildet.

(2) ¹Werden mehrere Abteilungen für Familiensachen gebildet, so sollen alle Familiensachen, die denselben Personenkreis betreffen, derselben Abteilung zugewiesen werden. ²Wird eine Ehesache rechtshängig, während eine andere Familiensache, die denselben Personenkreis oder ein gemeinschaftliches Kind der Ehegatten betrifft, bei einer anderen Abteilung im ersten Rechtszug anhängig ist, ist diese von Amts wegen an die Abteilung der Ehesache abzugeben. ³Wird bei einer Abteilung ein Antrag in einem Verfahren nach den §§ 10 bis 12 des Internationalen Familienrechtsverfahrensgesetzes vom 26. Januar 2005 (BGBl. I S. 162) anhängig, während eine andere Familiensache, die dasselbe Kind betrifft, bei einer anderen Abteilung im ersten Rechtszug anhängig ist, ist diese von Amts wegen an die erstgenannte Abteilung abzugeben; dies gilt nicht, wenn der Antrag offensichtlich unzulässig ist. ⁴Auf übereinstimmenden Antrag beider Elternteile sind die Regelungen des Satzes 3 auch auf andere Familiensachen anzuwenden, an denen diese beteiligt sind.

(3) ¹Die Abteilungen für Familiensachen werden mit Familienrichtern besetzt. ²Ein Richter auf Probe darf im ersten Jahr nach seiner Ernennung Geschäfte des Familienrichters nicht wahrnehmen.

§ 23c
[Betreuungsgerichte]

(1) Bei den Amtsgerichten werden Abteilungen für Betreuungssachen, Unterbringungssachen und betreuungsgerichtliche Zuweisungssachen (Betreuungsgerichte) gebildet.

(2) ¹Die Betreuungsgerichte werden mit Betreuungsrichtern besetzt. ²Ein Richter auf Probe darf im ersten Jahr nach seiner Ernennung Geschäfte des Betreuungsrichters nicht wahrnehmen.

§ 23d
[Gemeinsames Amtsgericht in Familien- und Handelssachen sowie Angelegenheiten der freiwilligen Gerichtsbarkeit]

¹Die Landesregierungen werden ermächtigt, durch Rechtsverordnung einem Amtsgericht für die Bezirke mehrerer Amtsgerichte die Familiensachen sowie ganz oder teilweise die Handelssachen und die Angelegenheiten der freiwilligen Gerichtsbarkeit zuzuweisen, sofern die Zusammenfassung der sachlichen Förderung der Verfahren dient oder zur Sicherung einer einheitlichen Rechtsprechung geboten erscheint. ²Die Landesregierungen können die Ermächtigungen auf die Landesjustizverwaltungen übertragen.

§§ 24–26
[betrifft Strafsachen]

§ 26a
[weggefallen]

§ 27
[Sonstige Zuständigkeit und Geschäftskreis]

Im übrigen wird die Zuständigkeit und der Geschäftskreis der Amtsgerichte durch die Vorschriften dieses Gesetzes und der Prozeßordnungen bestimmt.

Vierter Titel
Schöffengerichte

§§ 28–58
[betrifft Strafsachen]

Fünfter Titel
Landgerichte

§ 59
[Besetzung der Landgerichte]

(1) Die Landgerichte werden mit einem Präsidenten sowie mit Vorsitzenden Richtern und weiteren Richtern besetzt.

(2) Den Richtern kann gleichzeitig ein weiteres Richteramt bei einem Amtsgericht übertragen werden.

(3) Es können Richter auf Probe und Richter kraft Auftrags verwendet werden.

§ 60
[Bildung von Zivil- und Strafkammern]

Bei den Landgerichten werden Zivil- und Strafkammern gebildet.

§§ 61–69
[weggefallen]

§ 70
[Vertretung der Mitglieder]

(1) Soweit die Vertretung eines Mitgliedes nicht durch ein Mitglied desselben Gerichts möglich ist, wird sie auf den Antrag des Präsidiums durch die Landesjustizverwaltung geordnet.

(2) Die Beiordnung eines Richters auf Probe oder eines Richters kraft Auftrags ist auf eine bestimmte Zeit auszusprechen und darf vor Ablauf dieser Zeit nicht widerrufen werden.

(3) Unberührt bleiben die landesgesetzlichen Vorschriften, nach denen richterliche Geschäfte nur von auf Lebenszeit ernannten Richtern wahrgenommen werden können, sowie die, welche die Vertretung durch auf Lebenszeit ernannte Richter regeln.

§ 71
[Sachliche Zuständigkeit in bürgerlichen Rechtsstreitigkeiten in 1. Instanz]

(1) Vor die Zivilkammern, einschließlich der Kammern für Handelssachen, gehören alle bürgerlichen Rechtsstreitigkeiten, die nicht den Amtsgerichten zugewiesen sind.

(2) Die Landgerichte sind ohne Rücksicht auf den Wert des Streitgegenstandes ausschließlich zuständig

1. für die Ansprüche, die auf Grund der Beamtengesetze gegen den Fiskus erhoben werden;
2. für die Ansprüche gegen Richter und Beamte wegen Überschreitung ihrer amtlichen Befugnisse oder wegen pflichtwidriger Unterlassung von Amtshandlungen;
3. für Ansprüche, die auf eine falsche, irreführende oder unterlassene öffentliche Kapitalmarktinformation, auf die Verwendung einer falschen oder irreführenden öffentlichen Kapitalmarktinformation oder auf die Unterlassung der gebotenen Aufklärung darüber, dass eine öffentliche Kapitalmarktinformation falsch oder irreführend ist, gestützt werden;
4. für Verfahren nach
    a) (weggefallen)
    b) den §§ 98, 99, 132, 142, 145, 258, 260, 293c und 315 des Aktiengesetzes,
    c) § 26 des SE-Ausführungsgesetzes,
    d) § 10 des Umwandlungsgesetzes,
    e) dem Spruchverfahrensgesetz,
    f) den §§ 39a und 39b des Wertpapiererwerbs- und Übernahmegesetzes.

(3) Der Landesgesetzgebung bleibt überlassen, Ansprüche gegen den Staat oder eine Körperschaft des öffentlichen Rechts wegen Verfügungen der Verwaltungsbehörden sowie Ansprüche wegen öffentlicher Abgaben ohne Rücksicht auf den Wert des Streitgegenstandes den Landgerichten ausschließlich zuzuweisen.

(4) ¹Die Landesregierungen werden ermächtigt, durch Rechtsverordnung die Entscheidungen in Verfahren nach Absatz 2 Nr. 4 Buchstabe a bis e einem Landgericht für die Bezirke mehrerer Landgerichte zu übertragen, wenn dies der Sicherung einer einheitlichen Rechtsprechung dient. ²Sie können die Ermächtigung auf die Landesjustizverwaltungen übertragen.

Inhalt:

	Rn.		Rn.
A. Allgemeines	1	3. Falsche, irreführende oder unterlassene öffentliche Kapitalmarktinformation, Nr. 3	11
B. Erläuterungen	3		
I. Grundsätzlich Landgericht, es sei denn Amtsgericht, Abs. 1	4	4. Weitere Nebengesetze, Nr. 4 Buchst. a bis f	12
II. Ausschließliche Zuständigkeit unabhängig vom Streitwert, Abs. 2	6	III. Landesgesetze, Abs. 3	13
1. Ansprüche aus Beamtengesetz gegen Fiskus, Nr. 1	7	IV. Ermächtigung der Landesregierungen/Landesjustizverwaltungen zum Zwecke der Konzentration in Verfahren nach § 71 Abs. 2 Nr. 4 Buchst. a bis e GVG, Abs. 4	15
2. Ansprüche gegen Richter und Beamte, Nr. 2	8		

A. Allgemeines

In bürgerlichen Rechtsstreitigkeiten (§ 13 GVG) ist das Landgericht immer dann zuständig, wenn der Rechtsstreit nicht den Amtsgerichten zugewiesen ist, § 71 Abs. 1 GVG; grundsätzlich ab einem Streitwert von **5.000,01 €**. In den Fällen des § 71 Abs. 2 GVG ist das Landgericht unabhängig vom Streitwert ausschließlich zuständig. § 71 Abs. 3 und Abs. 4 GVG bilden **Öffnungsklauseln** zugunsten der Landesgesetzgebers (§ 71 Abs. 3 GVG) und der Landesregierungen (§ 71 Abs. 4 Satz 1 GVG) bzw. der Landesjustizverwaltungen (§ 71 Abs. 4 Satz 2 GVG). 1

§ 71 GVG ist **nicht abschließend**; eine (ausschließliche) Zuständigkeit des Landgerichts folgt etwa auch aus § 246 Abs. 3 AktG, § 217 Abs. 1 Satz 4 BauGB (Kammer für Baulandsachen), § 13 Abs. 1 Satz 3 StrEG, § 52 Abs. 1 DesignG, § 27 Abs. 1 GebrMG, § 87 GWB, § 140 Abs. 1 MarkenG, § 19 Abs. 3 BNotO, § 6 Abs. 1 UKlaG, § 13 Abs. 1 UWG, § 102 EnWG.[1] Dabei ist das Landgericht aber nicht ausschließlich zuständig nach § 102 Abs. 1 EnWG für den Anspruch des Energieversorgungsunternehmens auf Duldung des Zutritts zu Räumlichkeiten zum Zwecke der Einstellung der Energieversorgung sowie des Ausbaus der Stromzähler wegen Zahlungsrückständen;[2] vielmehr gelten die allgemeinen Vorschriften (§ 23 Nr. 1 GVG oder § 71 GVG). § 102 EnWG gilt auch nicht bei Streitigkeiten über Zahlungs- bzw. Rückzahlungsansprüche aus Gaslieferungsverträgen mit Normsonderkunden.[3] 2

B. Erläuterungen

§ 71 GVG unterscheidet zwischen der grundsätzlichen Zuständigkeit des Landgerichts, wenn eine Zuständigkeit des Amtsgerichts nicht begründet ist (§ 71 Abs. 1 GVG), und der ausschließlichen Zuständigkeit des Landgerichts in den Fällen des § 71 Abs. 2 GVG. **Grundlage** der Abgrenzung der Zuständigkeit zwischen Amtsgericht und Landgericht ist nicht die Rechtsauffassung der Parteien, sondern die Rechtsnatur des Klageanspruchs und des zugrundeliegenden Tatsachenvortrags.[4] Wird vor dem Amtsgericht **Widerklage** erhoben, die der ausschließlichen Zuständigkeit des Landgerichts nach § 71 Abs. 2 GVG unterfällt, so muss Hinweis nach § 504 ZPO erteilt werden und bei Antrag der gesamte Rechtsstreit an das Landgericht verwiesen werden; ohne Antrag wird die Widerklage als unzulässig abgewiesen.[5] Unterfällt die Widerklage nicht der ausschließlichen Zuständigkeit des Landgerichts, ist – nach Hinweis gemäß § 504 ZPO – rügelose Einlassung möglich.[6] Das Amtsgericht bleibt zuständig, wenn mit einer Forderung **aufgerechnet** wird, für die das Landgericht – ggf. auch ausschließlich – zuständig ist.[7] 3

I. Grundsätzlich Landgericht, es sei denn Amtsgericht, Abs. 1

Das **Landgericht** ist in bürgerlichen Rechtsstreitigkeiten (§ 13 GVG) zuständig, **es sei denn** der Rechtsstreit ist den **Amtsgerichten** zugewiesen, § 71 Abs. 1 GVG. Amtsgerichte sind immer – unabhängig vom Streitwert – zuständig in den Fällen des § 23 Nr. 2 GVG, weiter in den sonstigen Fällen bei einem Streitwert bis 5.000,00 €, § 23 Nr. 1 GVG (zu weiteren Zuständigkeitsbereichen des Amtsgerichts vgl. die – nicht abschließende – Auflistung in § 23 GVG 4

---

1 Weitere Beispiele siehe Thomas/Putzo-*Hüßtege*, ZPO, § 71 GVG Rn. 6; MK-*Zimmermann*, ZPO, § 71 GVG Rn. 13 ff.; Zöller-*Lückemann*, ZPO, § 71 GVG Rn. 7.
2 OLG Köln, NJW-RR 2009, 987, Rn. 17 ff. = WuM 2009, 364, Rn. 17 ff.; LG Kassel, NJW-RR 2007, 1651, Rn. 5 f. = RdE 2008, 257, Rn. 5 f.
3 OLG Oldenburg, BeckRS 2011, 00759, III. = MDR 2011, 505, Rn. 6 ff.
4 MK-*Zimmermann*, ZPO, § 71 GVG Rn. 3; Musielak/Voit-*Wittschier*, ZPO, § 71 GVG Rn. 3.
5 Musielak/Voit-*Wittschier*, ZPO, § 71 GVG Rn. 3.
6 Musielak/Voit-*Wittschier*, ZPO, § 71 GVG Rn. 3.
7 Musielak/Voit-*Wittschier*, ZPO, § 71 GVG Rn. 3.

Rn. 1). Damit ist das Landgericht grundsätzlich bei einem Streitwert ab 5.000,01 € zuständig. Erfasst sind vermögensrechtliche ebenso wie nichtvermögensrechtliche Ansprüche. Zum Zuständigkeitsstreitwert sowie zur Erhöhung bzw. Reduzierung des Streitwerts vgl. im Einzelnen die Ausführungen zu § 23 GVG, Rn. 1 ff.

5 Wird **Prozesskostenhilfe beim Landgericht** beantragt und fehlt es an der Zuständigkeit des Landgerichts, ist die Bewilligung von Prozesskostenhilfe insgesamt zu verweigern.[8] Sind die Erfolgsaussichten der beabsichtigten Klage nur für eine Teilforderung zu bejahen, für deren Geltendmachung die sachliche Zuständigkeit des Amtsgerichts begründet ist, hat das Landgericht die Bewilligung von Prozesskostenhilfe insgesamt zu verweigern, sofern nicht die Klage in einem die sachliche Zuständigkeit des Landgerichts begründenden Umfang (wegen des Restbetrages auf eigene Kosten des Antragstellers) erhoben werden soll.[9] Zunächst ist eine etwaige Abgabe des Prozesskostenhilfeverfahrens an das Amtsgericht zu prüfen.[10]

II. Ausschließliche Zuständigkeit unabhängig vom Streitwert, Abs. 2

6 In den enumerativ genannten Fällen des § 71 Abs. 2 GVG ist das Landgericht ausschließlich und unabhängig vom Streitwert zuständig.

1. Ansprüche aus Beamtengesetz gegen Fiskus, Nr. 1

7 § 71 Abs. 2 Nr. 1 GVG ist gegenstandslos: Für alle Klagen von Beamten und Richtern aus dem Beamten- bzw. Richterverhältnis ist der Verwaltungsrechtsweg eröffnet; vgl. §§ 126 BRRG, 126 BBG, 46, 71 Abs. 3 DRiG, 54 BeamtStG.[11]

2. Ansprüche gegen Richter und Beamte, Nr. 2 GVG

8 Das Landgericht ist zuständig nach § 71 **Abs. 2 Nr. 2** GVG, wenn eine **Amtspflichtverletzung** i.S.v. § 839 BGB in Betracht kommt. Diese muss nicht tatsächlich vorliegen; ausreichend ist, wenn sie **schlüssig dargelegt** wird.[12] Dies ist dann der Fall, wenn Tatsachen behauptet werden, die bei zutreffender rechtlicher Würdigung den Tatbestand eines Amtshaftungsanspruchs erfüllen.[13] Für diesen Fall ist das Landgericht entsprechend § 17 Abs. 2 GVG zur Entscheidung des Rechtsstreits unter jedem rechtlichen Gesichtspunkt berufen.[14] **Ziel** der Zuständigkeit des Landgerichts in den Fällen des § 71 Abs. 2 Nr. 2 GVG ist ein Instanzenzug über das Oberlandesgericht bis zum Bundesgerichtshof, weil Amtshaftungsansprüchen besondere Bedeutung zukommt.[15] Ob die Klage gegen den Staat bzw. die öffentlich-rechtliche Körperschaft (vgl. Art. 34 Satz 1 GG) oder gegen den Beamten selbst (vor allem im Wege des Rückgriffs durch den Staat) gerichtet ist, spielt für die Anwendbarkeit des § 71 Abs. 2 Nr. 2 GVG keine Rolle.[16]

9 Unter § 71 Abs. 2 Nr. 2 GVG fallen insbesondere Streitigkeiten wegen Verletzung einer **Straßenverkehrssicherungspflicht**, wenn diese – wie in den meisten Landesstraßengesetzen – öffentlich-rechtlich ausgestaltet ist.[17] Die Landgerichte sind auch für die Entscheidung in einer bürgerlichen Rechtsstreitigkeit, in welcher der Beklagte hilfsweise mit einer bestrittenen Forderung aus Amtspflichtverletzung **aufrechnet**, ohne Rücksicht auf den Wert des Streitgegenstandes gemäß § 71 Abs. 2 Nr. 2 GVG ausschließlich zuständig, wenn die angebliche Amtspflichtverletzung auf denselben Lebenssachverhalt gestützt wird wie die Klage.[18]

10 § 71 Abs. 2 Nr. 2 GVG greift grundsätzlich **nicht** bei Amtspflichtverletzung eines **Notars**; dieser ist kein Beamter, sondern unabhängiger Träger eines öffentlichen Amts, § 1 BNotO (vgl. aber ausschließliche Zuständigkeit des Landgerichts nach § 19 Abs. 3 BNotO);[19] anders nur bei den Notaren in Baden, soweit diese beamtet sind. § 71 Abs. 2 Nr. 2 GVG ist auch nicht an-

---

8 BGH, NJW-RR 2004, 1437 = MDR 2004, 1435; LG Dresden, BeckRS 2011, 09948, II.2. = ZInsO 2006, 1000, Rn. 39.
9 BGH, NJW-RR 2004, 1437 = MDR 2004, 1435; LG Dresden, BeckRS 2011, 09948, II.2. = ZInsO 2006, 1000, Rn. 39.
10 BGH, NJW-RR 2004, 1437 = MDR 2004, 1435; LG Dresden, BeckRS 2011, 09948, II.2. = ZInsO 2006, 1000, Rn. 39.
11 Beck-Online, Anmerk. 2 zu § 71 GVG.
12 LG Potsdam, BeckRS 2001, 17063, Rn. 1.
13 LG Potsdam, BeckRS 2001, 17063, Rn. 1.
14 LG Potsdam, BeckRS 2001, 17063, Rn. 1.
15 AG Meldorf, NJW-RR 2011, 142, Rn. 3; dem weiteren Ziel – Entscheidung durch Kollegialspruchkörper – kommt wegen §§ 348, 348a ZPO kein großes Gewicht zu.
16 Thomas/Putzo-*Hüßtege*, ZPO, § 71 GVG Rn. 4.
17 Musielak/Voit-*Wittschier*, ZPO, § 71 GVG Rn. 7.
18 AG Meldorf, NJW-RR 2011, 142, Rn. 3 f.
19 Musielak/Voit-*Wittschier*, ZPO, § 71 GVG Rn. 7.

wendbar bei Verletzung der allgemeinen Verkehrssicherungspflicht der Kommunen;[20] ferner nicht bei Ansprüchen gegen den Fiskus, für die dieser nur aufgrund der Gefährdungshaftung als Kraftfahrzeughalter gemäß § 7 StVG haftet, falls der Klageanspruch nicht gleichzeitig auch auf Amtspflichtverletzung gestützt, sondern vielmehr wirksam auf diese eine Anspruchsgrundlage beschränkt wird.[21]

3. Falsche, irreführende oder unterlassene öffentliche Kapitalmarktinformation, Nr. 3
Die Landgerichte sind weiter nach § 71 **Abs. 2 Nr. 3** GVG ausschließlich zuständig im Zusammenhang mit falschen, irreführenden oder unterlassenen öffentlichen **Kapitalmarktinformationen** (vgl. die Legaldefinition in § 1 Abs. 2 KapMuG). Die Vorschrift entspricht § 1 Abs. 1 Nr. 1 und Nr. 2 KapMuG. Zur örtlichen Zuständigkeit vgl. § 32b ZPO (ausschließlicher Gerichtsstand bei falschen, irreführenden oder unterlassenen öffentlichen Kapitalmarktinformationen). Dagegen sind die Oberlandesgerichte im ersten Rechtszug zuständig für die Verhandlung und Entscheidung über Musterverfahren nach dem Kapitalanleger-Musterverfahrensgesetz, § 118 GVG.   11

4. Weitere Nebengesetze, Nr. 4 Buchst. a bis f
Auch die Zuständigkeit der Landgerichte in den in § 71 **Abs. 2 Nr. 4 Buchst. a bis f** GVG genannten Fällen ist ausschließlich. In Verfahren nach § 71 Abs. 2 Nr. 4 Buchst. f GVG (Verfahren nach §§ 39a und 39b WpÜG) ist ausschließlich das Landgericht Frankfurt a.M. zuständig, vgl. § 39a Abs. 5 WpÜG.   12

III. Landesgesetze, Abs. 3

Nach § 71 **Abs. 3** GVG darf die Landesgesetzgebung Ansprüche gegen den Staat oder eine Körperschaft des öffentlichen Rechts wegen Verfügungen der Verwaltungsbehörden sowie Ansprüche wegen öffentlicher Abgaben streitwertunabhängig den Landgerichten ausschließlich zuweisen.[22] Ziel ist es, unabhängig vom Streitwert letztinstanzlich die Zuständigkeit des obersten Gerichtshofs zu sichern.[23]   13

Ansprüche gegen den Staat oder eine Körperschaft des öffentlichen Rechts **wegen Verfügungen der Verwaltungsbehörde** betreffen insbesondere Ansprüche wegen Enteignungsentschädigung, wobei sich der Anspruch unmittelbar auf die Verfügung und nicht auf ein sonstiges Rechtsverhältnis stützen muss.[24] **Ansprüche wegen öffentlicher Abgaben** betreffen Ansprüche wegen Steuern, Gebühren und Beiträgen.[25] Grundvoraussetzung bleibt, dass der Zivilrechtsweg eröffnet ist.[26] Unter § 71 Abs. 3 GVG fällt auch der Insolvenzanfechtungsanspruch, wenn ihm die Begleichung einer Steuerschuld zugrunde liegt; maßgebend ist, dass Ansprüche gegen den Staat "wegen" öffentlicher Abgaben geltend gemacht werden; denn eine Steuerforderung unterfällt dem Begriff der Abgaben.[27]   14

IV. Ermächtigung der Landesregierungen/Landesjustizverwaltungen zum Zwecke der Konzentration in Verfahren nach § 71 Abs. 2 Nr. 4 Buchst. a bis e GVG, Abs. 4

Nach § 71 **Abs. 4** GVG dürfen die Landesregierungen Entscheidungen in Verfahren nach § 71 Abs. 2 Nr. 4 Buchst. a bis e GVG einem Landgericht für die Bezirke mehrerer Landgerichte übertragen, wenn dies der Sicherung einer einheitlichen Rechtsprechung dient (§ 71 Abs. 4 Satz 1 GVG).[28] Die Landesregierungen ihrerseits können die Ermächtigung auf die Landesjustizverwaltungen übertragen (§ 71 Abs. 4 Satz 2 GVG).[29] Eine ähnliche Ermächtigung zwecks Konzentration findet sich in § 105 Abs. 1 UrhG, § 219 Abs. 1 BauGB, § 143 Abs. 2 PatG.[30]   15

---

20 Musielak/Voit-*Wittschier*, ZPO, § 71 GVG Rn. 7.
21 AG Ludwigslust, NZV 2013, 127, I.
22 Zu Ausführungsgesetzen der Bundesländer vgl. Zöller-*Lückemann*, ZPO, § 71 GVG Rn. 6. Vgl. insbesondere zu § 16 SächsJG vom 24.11.2000: LG Dresden, BeckRS 2012, 06920, II.2.a)bb) = MDR 2012, 678, II.2.a)bb).
23 So LG Dresden, BeckRS 2012, 06920, II.2.a)bb) = MDR 2012, 678, II.2.a)bb) in Bezug auf Streitigkeiten für öffentliche Abgaben.
24 MK-*Zimmermann*, ZPO, § 71 GVG Rn. 11.
25 Vgl. etwa auf kommunalem Bereich BGH, NJW 2014, 2730, Rn. 18 = MDR 2014, 1142, Rn. 18.
26 MK-*Zimmermann*, ZPO, § 71 GVG Rn. 12.
27 LG Dresden, BeckRS 2012, 06920, II.2.a)bb) = MDR 2012, 678, II.2.a)bb).
28 Etwa § 37 der GZVJu vom 11.06.2012: Entschädigungssachen in Bayern an das Landgericht München I (Entschädigungskammer) übertragen.
29 Etwa § 2 DelV vom 28.01.2014: Ermächtigung nach § 71 Abs. 4 Satz 1 GVG auf das Staatsministerium der Justiz übertragen.
30 Zu weiteren speziellen Ermächtigungen zwecks Konzentration vgl. Zöller-*Lückemann*, ZPO, § 71 GVG Rn. 8.

§ 72
[Berufungs- und Beschwerdegerichte]

(1) ¹Die Zivilkammern, einschließlich der Kammern für Handelssachen, sind die Berufungs- und Beschwerdegerichte in den vor den Amtsgerichten verhandelten bürgerlichen Rechtsstreitigkeiten, soweit nicht die Zuständigkeit der Oberlandesgerichte begründet ist. ²Die Landgerichte sind ferner die Beschwerdegerichte in Freiheitsentziehungssachen und in den von den Betreuungsgerichten entschiedenen Sachen.

(2) ¹In Streitigkeiten nach § 43 Nr. 1 bis 4 und 6 des Wohnungseigentumsgesetzes ist das für den Sitz des Oberlandesgerichts zuständige Landgericht gemeinsames Berufungs- und Beschwerdegericht für den Bezirk des Oberlandesgerichts, in dem das Amtsgericht seinen Sitz hat. ²Die Landesregierungen werden ermächtigt, durch Rechtsverordnung anstelle dieses Gerichts ein anderes Landgericht im Bezirk des Oberlandesgerichts zu bestimmen. ³Sie können die Ermächtigung auf die Landesjustizverwaltungen übertragen.

§§ 73–74f
[betrifft Strafsachen]

§ 75
[Besetzung der Zivilkammern]

Die Zivilkammern sind, soweit nicht nach den Vorschriften der Prozeßgesetze an Stelle der Kammer der Einzelrichter zu entscheiden hat, mit drei Mitgliedern einschließlich des Vorsitzenden besetzt.

§§ 76–78
[betrifft Strafsachen]

5a. Titel
Strafvollstreckungskammern

§§ 76a–78b
[betrifft Strafsachen]

Sechster Titel
Schwurgerichte *(weggefallen)*

§§ 79–92
[weggefallen]

Siebenter Titel
Kammern für Handelssachen

§ 93
[Bildung und Sitz]

(1) ¹Die Landesregierungen werden ermächtigt, durch Rechtsverordnung bei den Landgerichten für deren Bezirke oder für örtlich abgegrenzte Teile davon Kammern für Handelssachen zu bilden. ²Solche Kammern können ihren Sitz innerhalb des Landgerichtsbezirks auch an Orten haben, an denen das Landgericht seinen Sitz nicht hat.

(2) Die Landesregierungen können die Ermächtigung nach Absatz 1 auf die Landesjustizverwaltungen übertragen.

§ 94
[Zuständigkeit]

Ist bei einem Landgericht eine Kammer für Handelssachen gebildet, so tritt für Handelssachen diese Kammer an die Stelle der Zivilkammern nach Maßgabe der folgenden Vorschriften.

§ 95
[Begriff der Handelssachen]

(1) Handelssachen im Sinne dieses Gesetzes sind die bürgerlichen Rechtsstreitigkeiten, in denen durch die Klage ein Anspruch geltend gemacht wird:

1. gegen einen Kaufmann im Sinne des Handelsgesetzbuches, sofern er in das Handelsregister oder Genossenschaftsregister eingetragen ist oder auf Grund einer gesetzlichen Sonderregelung für juristische Personen des öffentlichen Rechts nicht eingetragen zu werden braucht, aus Geschäften, die für beide Teile Handelsgeschäfte sind;
2. aus einem Wechsel im Sinne des Wechselgesetzes oder aus einer der im § 363 des Handelsgesetzbuchs bezeichneten Urkunden;
3. auf Grund des Scheckgesetzes;
4. aus einem der nachstehend bezeichneten Rechtsverhältnisse:

    a) aus dem Rechtsverhältnis zwischen den Mitgliedern einer Handelsgesellschaft oder Genossenschaft oder zwischen dieser und ihren Mitgliedern oder zwischen dem stillen Gesellschafter und dem Inhaber des Handelsgeschäfts, sowohl während des Bestehens als auch nach Auflösung des Gesellschaftsverhältnisses, und aus dem Rechtsverhältnis zwischen den Vorstehern oder den Liquidatoren einer Handelsgesellschaft oder Genossenschaft und der Gesellschaft oder deren Mitgliedern;

    b) aus dem Rechtsverhältnis, welches das Recht zum Gebrauch der Handelsfirma betrifft;

    c) den Rechtsverhältnissen, die sich auf den Schutz der Marken und sonstigen Kennzeichen sowie der eingetragenen Designs beziehen;

    d) aus dem Rechtsverhältnis, das durch den Erwerb eines bestehenden Handelsgeschäfts unter Lebenden zwischen dem bisherigen Inhaber und dem Erwerber entsteht;

    e) aus dem Rechtsverhältnis zwischen einem Dritten und dem, der wegen mangelnden Nachweises der Prokura oder Handlungsvollmacht haftet;

    f) aus den Rechtsverhältnissen des Seerechts, insbesondere aus denen, die sich auf die Reederei, auf die Rechte und Pflichten des Reeders oder Schiffseigners, des Korrespondentreeders und der Schiffsbesatzung, auf die Haverei, auf den Schadensersatz im Falle des Zusammenstoßes von Schiffen, auf die Bergung und auf die Ansprüche der Schiffsgläubiger beziehen;

5. auf Grund des Gesetzes gegen den unlauteren Wettbewerb;
6. aus den §§ 21, 22 und 24 des Wertpapierprospektgesetzes oder den §§ 20 bis 22 des Vermögensanlagengesetzes.

(2) Handelssachen im Sinne dieses Gesetzes sind ferner
1. die Rechtsstreitigkeiten, in denen sich die Zuständigkeit des Landgerichts nach § 246 Abs. 3 Satz 1, § 396 Abs. 1 Satz 2 des Aktiengesetzes, § 51 Abs. 3 Satz 3 und § 81 Abs. 1 Satz 2 des Genossenschaftsgesetzes, § 87 des Gesetzes gegen Wettbewerbsbeschränkungen, es sei denn, es handelt sich um kartellrechtliche Auskunfts- oder Schadensersatzansprüche, und § 13 Abs. 4 des EG-Verbraucherschutzdurchsetzungsgesetzes richtet,
2. die in § 71 Abs. 2 Nr. 4 Buchstabe b bis f genannten Verfahren.

Inhalt:

	Rn.		Rn.
A. Allgemeines	1	c) Weitere Rechtsverhältnisse, Nr. 4	11
B. Erläuterungen	2	aa) Mitglieder einer Handels-	
I. Streitigkeiten in Handelssachen, Abs. 1	4	gesellschaft/Genossenschaft, Buchst. a	11
1. Bürgerliche Rechtsstreitigkeit	5	bb) Gebrauch der Handelsfirma,	
2. Katalog des Absatzes 1	6	Buchst. b	13
a) Klage gegen Kaufmann, Nr. 1	6	cc) Markenschutz, Prokura,	
aa) Kaufmann	7	Seerecht, Buchst. c bis f	14
bb) Eintragung	8	d) Unlauterer Wettbewerb, Nr. 5	15
cc) Beiderseitiges Handelsgeschäft	9	e) Wertpapierprospektgesetz/	
b) Klage aus Wechsel/Scheckgesetz, Nr. 2 und Nr. 3	10	Vermögensanlagengesetz, Nr. 6	16
		II. Weitere Handelssachen, Abs. 2	17

A. Allgemeines

Zweck des § 95 GVG ist es, die gerichtliche Bearbeitung eines Verfahrens nach Maßgabe einer typisierenden Einschätzung seines Streitgegenstandes einem fachlich möglichst passend

1

besetzten Spruchkörper zuzuordnen.[1] Die besondere Sachkunde und Erfahrung der Kammer für Handelssachen ist der Entscheidungsfindung in Bezug auf Handelssachen gemäß § 95 GVG dienlich.[2]

B. Erläuterungen

2   Die Kammern für Handelssachen sind zuständig, wenn eine Handelssache vorliegt, § 94 GVG. § 95 GVG definiert den Begriff der Handelssachen. Die Zuständigkeit der Kammer für Handelssachen in einer Nichthandelssache lässt sich durch Prorogation nicht begründen, da §§ 96–99 GVG abschließend sind.[3]

3   Bei **objektiver Klagehäufung** setzt die Zuständigkeit der Kammer für Handelssachen voraus, dass – vorbehaltlich einer Trennung nach § 145 ZPO – jeder prozessuale Anspruch Handelssache im Sinn des § 95 GVG ist.[4] Gleiches gilt bei **subjektiver Klagehäufung**: Eine gemeinschaftliche Klage gegen mehrere Beklagte, die nur im Verhältnis zu einem Prozessgegner eine Handelssache darstellt, kann nicht vor der Kammer für Handelssachen, sondern nur vor der Zivilkammer erhoben werden; damit die Zuständigkeit der Kammer für Handelssachen gegeben ist, muss die ganze Streitsache die Eigenschaft als Handelssache gemäß § 95 GVG haben.[5] Bei fehlender Zuständigkeit kann die Kammer für Handelssachen verweisen, und zwar ganz oder nach Trennung zum Teil.[6]

I. Streitigkeiten in Handelssachen, Abs. 1

4   § 95 GVG erfordert eine bürgerliche Rechtsstreitigkeit, die dem sodann folgenden Katalog unterfällt.

1. Bürgerliche Rechtsstreitigkeit

5   Der Begriff der **bürgerlichen Rechtsstreitigkeit** dient nicht der Abgrenzung zwischen Zivilkammer und Kammer für Handelssachen; denn beide sind in bürgerlichen Rechtsstreitigkeiten zuständig, vgl. § 13 GVG.[7]

2. Katalog des Absatzes 1
a) Klage gegen Kaufmann, Nr. 1

6   § 95 Abs. 1 Nr. 1 GVG erfordert, dass der Beklagte Kaufmann i.S.d. HGB ist (aa); dass der Beklagte (grundsätzlich) ins Handelsregister oder Genossenschaftsregister eingetragen ist (bb); und dass es sich um ein Geschäft handelt, das für beide Teile ein Handelsgeschäft ist (cc).

aa) Kaufmann

7   **Kaufmann** ist, wer ein Handelsgewerbe betreibt, § 1 Abs. 1 HGB. Handelsgewerbe ist grundsätzlich jeder Gewerbebetrieb, § 1 Abs. 2 HGB (zu Art und Umfang des Geschäftsbetriebs vgl. Rn. 8). Gewerbe ist eine Tätigkeit, die auf Gewinnerzielung ausgerichtet ist.[8] Unter den Begriff des Kaufmannes fallen auch öffentlich-rechtliche Körperschaften, wenn sie die Voraussetzungen der §§ 1 ff. HGB erfüllen.[9] Für die Beurteilung der Kaufmannseigenschaft einer ausländischen Partei ist das Recht des Landes maßgeblich, in dem die Partei ihren Geschäftssitz hat (streitig).[10] Klagt ein Insolvenzverwalter, so kommt es nicht auf dessen Person an, sondern ausschließlich auf die Personen des der Anfechtung zugrunde liegenden Geschäfts an.[11] Die Kaufmannseigenschaft des Beklagten muss im Zeitpunkt des Eintritts der Rechtshängigkeit gegeben sein.[12] Anders als der Beklagte muss der Kläger im Zeitpunkt der Klageerhebung nicht Kaufmann sein (wohl aber muss ein beiderseitiges Handelsgeschäft geschlossen worden sein, siehe unten).[13]

---

1 KG Berlin, KGR 2008, 951, Rn. 9 = BeckRS 2008, 20697, II.2.a)aa).
2 LG Bonn, ZIP 2003, 2160, Rn. 4.
3 Musielak/*Wittschier*, ZPO, § 95 GVG Rn. 1.
4 LG Mannheim, GRUR-RR 2015, 454, II.2.
5 OLG Köln, OLGR 2008, 572, Rn. 2 = BeckRS 2008, 22155.
6 Thomas/Putzo-*Hüßtege*, ZPO, § 95 GVG Rn. 1; Zöller-*Lückemann*, ZPO, § 95 GVG Rn. 2: i.d.R. durch Abtrennung nur Verweisung von der Kammer für Handelssachen zur Zivilkammer, nicht umgekehrt.
7 OLG München, BeckRS 2007, 16067, Rn. 9 = MDR 2007, 1334, Rn. 9.
8 KG Berlin, KGR 2008, 951, Rn. 25 = BeckRS 2008, 20697, II.2.a)bb)(2).
9 KG Berlin, KGR 2008, 951, Rn. 19 = BeckRS 2008, 20697, II.2.a)bb)(1)(b)(bb).
10 OLG München, NJW-RR 2013, 412, Rn. 8 = MDR 2012, 1153, Rn. 8; a.A. Thomas/Putzo-*Hüßtege*, ZPO, § 96 GVG Rn. 2: *lex fori*.
11 LG Dortmund, NZI 2015, 894.
12 Thomas/Putzo-*Hüßtege*, ZPO, § 95 GVG Rn. 2.
13 Musielak/Voit-*Wittschier*, ZPO, § 95 GVG Rn. 7.

bb) Eintragung
Der Beklagte muss als Kaufmann im Handelsregister oder Genossenschaftsregister **einge- 8
tragen** sein (bzw. eine Eintragung nicht erforderlich sein aufgrund einer gesetzlichen Sonderregelung für juristische Personen des öffentlichen Rechts, etwa Sparkasse, Verkehrsbetrieb).[14] Ob das Unternehmen nach Art oder Umfang einen in kaufmännischer Weise eingerichteten Geschäftsbetrieb erfordert (vgl. § 1 Abs. 2 HGB), ist aufgrund des Eingetragenseins nicht von Belang, vgl. § 2 Satz 1 HGB.[15] § 95 Abs. 1 Nr. 1 GVG lässt sich auf nichteingetragene Kaufleute nicht entsprechend anwenden; die Feststellung der Kaufmannseigenschaft erfordert – im Gegensatz zur Feststellung der Eintragung im Handelsregister – nicht selten die Klärung von schwierigen Tatsachenfragen und von Fragen der rechtlichen Bewertung; der damit verbundene Aufwand steht in keinem angemessenen Verhältnis zu der im Einzelfall möglicherweise passenderen Bestimmung der funktionellen Zuständigkeit innerhalb des Gerichts.[16]

cc) Beiderseitiges Handelsgeschäft
Das Geschäft muss für beide Teile – Kläger wie Beklagter – ein Handelsgeschäft sein **(= bei- 9
derseitiges Handelsgeschäft)**. Handelsgeschäfte sind nach § 343 HGB alle Geschäfte eines Kaufmanns, die zum Betrieb seines Handelsgewerbes gehören. Auch juristische Personen des öffentlichen Rechts werden durch Betrieb eines Handelsgewerbes oder durch Eintragung Kaufleute (streitig), sofern sie ein Gewerbe in Form eines wirtschaftlichen Unternehmens (in Abgrenzung zur Zielrichtung einer öffentlichen Aufgabe wie etwa Abwasserbeseitigung oder Erhaltung von Kunstsammlungen für die öffentliche Nutzung) betreiben.[17] Ansprüche aus einem Handelsgeschäft liegen auch dann vor, wenn die zum Betrieb eines Handelsgewerbes gehörenden Rechtshandlungen insolvenzrechtliche Rückgewähransprüche auslösen und der Insolvenzverwalter Rückgewähransprüche aus Insolvenzanfechtung geltend macht (streitig).[18] Dagegen ist kein beiderseitiges Handelsgeschäft gegeben, wenn es nicht um ein vom Schuldner abgeschlossenes Geschäft geht, sondern um die Verwertung der Insolvenzmasse.[19] Entscheidender Zeitpunkt für das Vorliegen eines beiderseitigen Handelsgeschäfts ist (abweichend von der Kaufmannseigenschaft) der Vertragsschluss.[20]

b) Klage aus Wechsel/Scheckgesetz, Nr. 2 und Nr. 3
Erfasst sind Ansprüche aus Wechsel i.S.d. WG (**Nr. 2**) sowie Ansprüche auf der Grundlage des 10
ScheckG (**Nr. 3**).[21]

c) Weitere Rechtsverhältnisse, Nr. 4
aa) Mitglieder einer Handelsgesellschaft/Genossenschaft, Buchst. a
Unter § 95 Abs. 1 **Nr. 4 Buchst. a** GVG fallen die dort genannten Ansprüche im Zusammenhang 11
mit Handelsgesellschaften. Die Vorschrift wird weit ausgelegt.[22] Gemeinsames Merkmal der **Handelsgesellschaften** ist, dass "sie eine selbstständige Firma haben, unter welcher sie Rechte erwerben und Verbindlichkeiten eingehen, klagen und verklagt werden können".[23] Handelsgesellschaften i.S.d. § 95 Abs. 1 Nr. 4 Buchst. a GVG sind Gesellschaften, die auf Grund besonderer Vorschrift als solche in das Handelsregister eingetragen werden;[24] so die privatrechtlichen Personenzusammenschlüsse der OHG und KG (als Personenhandelsgesellschaften) sowie der GmbH, AG, KGaA, SE und EWIV (als Kapitalhandelsgesellschaften).[25] Bei öffentlichrechtlichen Körperschaften und Anstalten, die ein Handelsgewerbe betreiben und im Handels-

---

14 Zöller-*Lückemann*, ZPO, § 95 GVG Rn. 3.
15 KG Berlin, KGR 2008, 951, Rn. 26 = BeckRS 2008, 20697, II.2.a)bb)(2).
16 KG Berlin, KGR 2008, 626, Rn. 4 = NJW-RR 2008, 1023, Rn. 4.
17 OLG München, NJW-RR 2013, 412, Rn. 9f. = MDR 2012, 1153, Rn. 9f.
18 LG Duisburg, BeckRS 2016, 05977, 1. = ZIP 2016, 2139, 1.: es zählt das der Anfechtung zugrundeliegende Rechtsgeschäft; LG Dortmund, NZI 2015, 894; a.A. LG Wuppertal, BeckRS 2016, 06204: Anspruch auf Rückgewähr von Leistungen nach Insolvenzanfechtung keine Handelssache i.S.v. § 95 GVG, da wesensverschieden vom zugrundeliegenden Rechtsverhältnis; ebenso LG Dresden, InVo 2005, 146, Rn. 2: anfechtungsrechtlicher Rückgewähranspruch nicht im angefochtenen Rechtsgeschäft, sondern unmittelbar im Gesetz begründet.
19 Thomas/Putzo-*Hüßtege*, ZPO, § 95 GVG Rn. 2.
20 Zöller-*Lückemann*, ZPO, § 95 GVG Rn. 5.
21 Vgl. OLG Stuttgart, OLGR 2002, 455, Rn. 12.
22 OLG München, NZG 2014, 231, II.3.
23 KG Berlin, KGR 2008, 951, Rn. 13 = BeckRS 2008, 20697, II.2.a)(bb)(1)(a), unter Bezug auf das Gesetzgebungsverfahren zum HGB.
24 KG Berlin, BeckRS 2008, 20697, II.2.a) bb) (1) (a) = KGR Berlin 2008, 951, Rn. 12.
25 KG Berlin, KGR 2008, 951, Rn. 12 = BeckRS 2008, 20697, II.2.a)bb)(1)(a).

register eingetragen sind, greift § 95 Abs. 1 Nr. 4 Buchst. a GVG jedenfalls analog (streitig).[26] Umfasst ist auch die Genossenschaft, dagegen nicht der Versicherungsverein aG.[27] Ausreichend ist eine Beziehung des Rechtsstreits auf die Handelsgesellschaft; es kann genügen, dass bei dem geltend gemachten Anspruch Aspekte einfließen, die auf gesellschaftsspezifischen Rechten und Pflichten beruhen.[28] Ansprüche auf Kaufpreiszahlung aus Verkauf und Abtretung von Gesellschaftsanteilen unterfallen aber nicht § 95 Abs. 1 Nr. 4 Buchst. a GVG.[29]

12 **Vorsteher** sind die gesetzlichen Vertreter einer Gesellschaft. Besteht das Vertretungsorgan einer Gesellschaft aus mehreren Personen, kann jedes einzelne Mitglied als Vorsteher angesehen werden, und zwar auch dann, wenn das Mitglied nicht alleinvertretungsberechtigt ist.[30] Vorsteher bei der AG ist der Vorstand, aber auch der Aufsichtsrat;[31] bei sonstigen Gesellschaften der Geschäftsführer.[32]

bb) Gebrauch der Handelsfirma, Buchst. b

13 Es geht um Streitigkeiten betreffend das Recht zum Gebrauch der **Handelsfirma** (§ 95 Abs. 1 Nr. 4 **Buchst. b** GVG); vgl. §§ 17 bis 37 HGB. Erfasst sind vertragliche und gesetzliche Ansprüche.[33]

cc) Markenschutz, Prokura, Seerecht pp, Buchst. c bis f

14 Unter § 95 Abs. 1 **Nr. 4 Buchst. c** GVG fallen Streitigkeiten nach § 52 DesignG, §§ 125e, 140 MarkenG; nicht nach § 27 GebrMG (Zuständigkeit der Zivilkammern der Landgerichte) und nicht Patentstreitsachen, § 143 Abs. 1 PatG (Zuständigkeit der Zivilkammern der Landgerichte).[34] § 95 Abs. 1 **Nr. 4 Buchst. d** GVG umfasst nur die aus einem Erwerbsgeschäft entstehenden Ansprüche (etwa §§ 22, 25 HGB), nicht Ansprüche aus einem Vertrag, der den Erwerb eines Handelsgeschäfts regelt.[35] § 95 Abs. 1 **Nr. 4 Buchst. e** GVG umfasst Ansprüche nach §§ 48 ff. HGB. § 95 Abs. 1 **Nr. 4 Buchst. f** GVG umfasst §§ 476 ff. HGB ohne Binnenschifffahrts- und Rheinschifffahrtssachen.[36]

d) Unlauterer Wettbewerb, Nr. 5

15 Vor die Kammer für Handelssachen gehören nach § 95 Abs. 1 **Nr. 5 GVG** bürgerliche Rechtsstreitigkeiten, in denen durch die Klage ein Anspruch auf Grund des Gesetzes gegen den unlauteren Wettbewerb geltend gemacht wird, wobei der Klagegegenstand nach den auch für § 13 **UWG** geltenden Maßstäben zu qualifizieren ist.[37] Ansprüche auf Zahlung einer Vertragsstrafe aus einem Unterlassungsvertrag, der zum Zweck der Unterwerfung gegenüber Ansprüchen wegen unlauteren Wettbewerbs geschlossen worden ist, sind Ansprüche „auf Grund des Gesetzes gegen den unlauteren Wettbewerb" i.d.S. (streitig, da Grund der Klage die vertragliche Vereinbarung ist).[38] Auch wenn der Kläger seinen Schadensersatzanspruch in der Klagebegründung ausdrücklich auf §§ 823, 249 ff. BGB stützt, ist die Kammer für Handelssachen nach § 95 Abs. 1 Nr. 5 GVG funktionell zuständig, wenn der Kläger zur Haftung des Beklagten dem Grunde nach auf das Urteil in dem zwischen den Parteien geführten Vorprozess Bezug nimmt, in dem eine Schadensersatzpflicht des Beklagten unter Hinweis auf § 9 UWG angenommen worden ist.[39]

e) Wertpapierprospektgesetz/Vermögensanlagengesetz, Nr. 6

16 Unter **§ 95 Abs. 1 Nr. 6 GVG** fallen Streitigkeiten nach §§ 20 bis 22 VermAnlG, 21, 22, 24 WpPG.

II. Weitere Handelssachen, Abs. 2

17 Weitere Handelssachen finden sich in § 95 Abs. 2 GVG.

---

26 KG Berlin, KGR 2008, 951, Rn. 11 = BeckRS 2008, 20697, II.2.a)bb)(1).
27 Thomas/Putzo-*Hüßtege*, ZPO, § 95 GVG Rn. 4.
28 OLG München, NZG 2014, 231, II.3.
29 OLG München, NZG 2014, 231, II.3.
30 KG Berlin, KGR 2008, 951, Rn. 8 = BeckRS 2008, 20697, II.2.a)aa).
31 OLG München, NZG 2010, 668, II.2.a)bb) = MDR 2010, 103, Rn. 11.
32 OLG München, NZG 2010, 668, II.2.a)bb) = MDR 2010, 103, Rn. 12.
33 Zöller-*Lückemann*, ZPO, § 95 GVG Rn. 9.
34 Zöller-*Lückemann*, ZPO, § 95 GVG Rn. 10.
35 OLG Nürnberg, NJW-RR 2012, 559, Rn. 18 = FamRZ 2012, 896, Rn. 18.
36 Zöller-*Lückemann*, ZPO, § 95 GVG Rn. 12 f.; Musielak/Voit-*Wittschier*, ZPO, § 95 GVG Rn. 15.
37 LG Mannheim, GRUR-RR 2015, 454, II.
38 LG Mannheim, GRUR-RR 2015, 454, II.2.
39 OLG Köln, BeckRS 2012, 07353, II.3.b).

§ 96
[Antrag des Klägers zur Verhandlung]

(1) Der Rechtsstreit wird vor der Kammer für Handelssachen verhandelt, wenn der Kläger dies in der Klageschrift beantragt hat.

(2) Ist ein Rechtsstreit nach den Vorschriften der §§ 281, 506 der Zivilprozeßordnung vom Amtsgericht an das Landgericht zu verweisen, so hat der Kläger den Antrag auf Verhandlung vor der Kammer für Handelssachen vor dem Amtsgericht zu stellen.

Inhalt:

	Rn.		Rn.
A. Allgemeines	1	II. Inhaltlich	9
B. Erläuterungen	2	**C. Praxistipps**	10
I. Zeitlich	3	I. Rechtsanwalt	10
1. Erste Instanz	4	II. Gericht	12
2. Nach vorangegangenem Mahnverfahren	5	1. Wenn feststeht, dass es sich um eine Handelssache handelt	13
3. Zweite Instanz	6	2. Wenn eine Handelssache in Betracht kommt, dies aber noch nicht feststeht	14
4. Bei Verweisung vom Amts- an das Landgericht, Abs. 2	7		
5. Bei Verweisung an ein anderes Landgericht	8		

A. Allgemeines

Eine Handelssache i.S.v. § 95 GVG wird nicht zwangsläufig vor der Kammer für Handelssachen verhandelt, sondern nur, wenn der Kläger dies beantragt, § 96 GVG. Dieses Antragsrecht des Klägers im Rahmen des § 96 GVG unterscheidet sich vom Recht des Klägers, Verweisungsantrag nach § 281 ZPO zu stellen, in zweierlei Weise. Zum einen ist das Antragsrecht nach § 96 GVG zeitlich nur beschränkt ausübbar (siehe dazu Rn. 2 ff.);[1] will der Kläger, dass der Rechtsstreit vor der Kammer für Handelssachen verhandelt wird, so hat er dies bereits in der Klageschrift zu beantragen. Ziel ist die Wahrung des **gesetzlichen Richters**. Zum anderen ist – anders als bei einer Klage vor dem sachlich oder örtlich unzuständigen Gericht – die Zivilkammer gleichwohl funktionell zuständig, wenn der Antrag an das Landgericht gerichtet ist, ohne dass ausdrücklich die Kammer für Handelssachen genannt wird.[2] § 96 GVG ist Ausdruck der grundsätzlichen Zuständigkeitsvermutung der Zivilkammern innerhalb der Landgerichte.[3] Der Antrag nach § 96 GVG ist Prozesshandlung und unwiderruflich.[4] **1**

B. Erläuterungen

Der Antrag des Klägers, den Rechtsstreit vor der Kammer für Handelssachen zu verhandeln, ist zeitlich nur befristet möglich (I.), aber der Auslegung zugänglich (II.). **2**

I. Zeitlich

Der Kläger muss Verhandlung vor der Kammer für Handelssachen **bereits in der Klageschrift** beantragen, § 96 Abs. 1 GVG. Damit soll vermieden werden, dass sich der Kläger nachträglich noch eine andere Kammer aussucht, etwa weil ihm die ordentliche Zivilkammer durch richterliche Hinweise zu erkennen gegeben hat, dass er dort keine große Erfolgsaussicht hat, und er es daher lieber bei der Kammer für Handelssachen versuchen will.[5] **3**

1. Erste Instanz

In der **ersten Instanz** muss der Kläger den Antrag auf Verhandlung vor der Kammer für Handelssachen bereits in der Klageschrift beantragen. Möglich ist auch die Antragstellung in einem gleichzeitig zur Klageschrift eingereichten weiteren Schriftsatz.[6] **4**

2. Nach vorangegangenem Mahnverfahren

§ 96 GVG fordert die Antragstellung in der Klageschrift. Ist ein **Mahnverfahren** vorgeschaltet, gibt es keine Klageschrift. In diesem Falle steht die Anspruchsbegründungsschrift mit der An- **5**

---

1 LG Hannover, NJW 2011, 834, 2.
2 LG München, BeckRS 2010, 01768, II.
3 Musielak/Voit-*Wittschier*, ZPO, § 96 GVG Rn. 1.
4 Thomas/Putzo-*Hüßtege*, ZPO, § 96 Rn. 1.
5 LG Berlin, BeckRS 2003, 17146, Rn. 4.
6 Thomas/Putzo-*Hüßtege*, ZPO, § 96 GVG Rn. 1.

tragsstellung einer Klageschrift gleich.[7] Ob diese Anspruchsbegründung in der Frist des § 697 Abs. 1 ZPO eingereicht ist, ist dagegen ohne Bedeutung (streitig).[8] Der Antrag kann aber auch vorher – bereits im Mahnantrag (vgl. § 690 Abs. 1 Nr. 5 ZPO) oder im Antrag nach § 696 Abs. 1 Satz 1 ZPO – gestellt werden.[9]

3. Zweite Instanz

6 In der **zweiten Instanz** gilt § 96 GVG über § 100 GVG; auch hier muss der Kläger – wenn er dies möchte – beantragen, den Rechtsstreit vor der Kammer für Handelssachen zu verhandeln, und zwar bereits in der Berufungsschrift, die in zweiter Instanz das Pendant zur Klageschrift bildet.[10] Wird der Antrag erst in der Berufungsbegründung gestellt, so reicht dies nicht aus.[11] Bereits durch die Berufungsschrift muss für den Gegner klar sein, ob die allgemeine Zivilkammer oder die Kammer für Handelssachen zuständig ist.[12] Wird der Verweisungsantrag nicht rechtzeitig mit der Berufungsschrift gestellt, ist die (allgemeine) (Berufungs-)Zivilkammer funktionell zuständig und eine Abgabe des Rechtsstreits an die Kammer für Handelssachen unzulässig.[13]

4. Bei Verweisung vom Amts- an das Landgericht, Abs. 2

7 Beim **Amtsgericht** gibt es keine Kammern für Handelssachen. Wird der Rechtsstreit gemäß § 281 ZPO vom Amtsgericht an das Landgericht verwiesen, so wird dem Kläger die Möglichkeit der Verhandlung vor der Kammer für Handelssachen nicht genommen; den entsprechenden Antrag muss er dann aber bereits vor dem Amtsgericht stellen, § 96 Abs. 2 GVG, und zwar auch noch nach Schluss der mündlichen Verhandlung.[14] Das Amtsgericht muss nicht prüfen, ob tatsächlich eine Handelssache vorliegt, sollte aber im Verweisungsbeschluss die Kammer für Handelssachen nennen.[15]

5. Bei Verweisung an ein anderes Landgericht

8 Wird der Rechtsstreit gemäß § 281 ZPO von einem **Landgericht** ohne Kammer für Handelssachen **an** ein **Landgericht** mit Kammer für Handelssachen verwiesen, so kann der Kläger auch dann noch – in entsprechender Anwendung des § 96 Abs. 2 GVG – den Antrag nach § 96 GVG stellen (streitig),[16] wegen des Rechtsgedankens des § 96 Abs. 2 GVG und wegen des Sinn und Zwecks der Vorschrift (keine gewillkürte Zuständigkeitsverschiebung) aber nur beim verweisenden Landgericht und nicht mehr bei dem Landgericht, an das verwiesen wurde; dagegen ist nicht erforderlich, dass der Antrag spätestens mit dem Antrag auf Verweisung gestellt wird.[17]

II. Inhaltlich

9 Der Antrag auf Verhandlung vor der Kammer für Handelssachen i.S.v. § 96 Abs. 1 GVG muss nicht ausdrücklich gestellt werden;[18] es reicht aus, wenn der Wunsch des Klägers, vor der Kammer für Handelssachen zu verhandeln, in sonstiger Weise **unmissverständlich** und eindeutig zum Ausdruck gebracht wird,[19] etwa indem die Klageschrift an die Kammer für Handelssachen adressiert wird;[20] dagegen nicht, indem in der Klageschrift das Aktenzeichen eines dem Hauptsacheverfahren vorangegangenen einstweiligen Verfügungsverfahrens mitgeteilt

---

7 LG Berlin, BeckRS 2003, 17146, Rn. 3.
8 LG Berlin, BeckRS 2003, 17146, Rn. 4; Zöller-*Lückemann*, ZPO, § 96 GVG Rn. 3; a.A. Thomas/Putzo-*Hüßtege*, ZPO, § 96 GVG Rn. 3; Musielak/Voit-*Wittschier*, ZPO, § 96 GVG Rn. 4.
9 Thomas/Putzo-*Hüßtege*, ZPO, § 96 GVG Rn. 3.
10 OLG Brandenburg, BeckRS 2004, 10104, II.3. = MDR 2005, 231, Rn. 8f.
11 OLG Brandenburg, BeckRS 2004, 10104, II.3. = MDR 2005, 231, Rn. 8f.
12 OLG Brandenburg, BeckRS 2004, 10104, II.3. = MDR 2005, 231, Rn. 8ff.
13 OLG Brandenburg, BeckRS 2004, 10104, II.3. = MDR 2005, 231, Rn. 7.
14 MK-*Zimmermann*, ZPO, § 96 GVG Rn. 10; a.A. – bis Schluss der mündlichen Verhandlung – Musielak/Voit-*Wittschier*, ZPO, § 96 GVG Rn. 6.
15 Zöller-*Lückemann*, ZPO, § 96 GVG Rn. 4.
16 Thomas/Putzo-*Hüßtege*, ZPO, § 96 GVG Rn. 1; Zöller-*Lückemann*, ZPO, § 96 GVG Rn. 1 m.w.N. zur a.A.
17 Thomas/Putzo-*Hüßtege*, ZPO, § 96 GVG Rn. 1; a.A. Musielak/Voit-*Wittschier*, ZPO, § 96 GVG Rn. 5; MK-*Zimmermann*, ZPO, § 96 GVG Rn. 4.
18 OLG Celle, BeckRS 2008, 03780; OLG Brandenburg, NJW-RR 2001, 429, Rn. 8 = MDR 2000, 1029, Rn. 8.
19 OLG Celle, BeckRS 2008, 03780; OLG Brandenburg, NJW-RR 2001, 429, Rn. 8 = MDR 2000, 1029, Rn. 8.
20 OLG Celle, BeckRS 2008, 03780; OLG Brandenburg, NJW-RR 2001, 429, Rn. 8 = MDR 2000, 1029, Rn. 8.

wird, das durch die Kammer für Handelssachen entschieden worden ist.[21] Ausreichend ist es dagegen, wenn nicht nur auf vorangegangene, vor der Kammer für Handelssachen geführte Verfahren der Parteien Bezug genommen, sondern zusätzlich in der Klageschrift ausgeführt wird: „Die Sache ist eine Handelssache."[22]

C. Praxistipps
I. Rechtsanwalt

Klägerseite: Der Antrag nach § 96 Abs. 1 GVG ist zeitlich befristet und kann nicht nachgeholt werden; darum ist sogleich zu überlegen, ob eine Handelssache vorliegt und ob Verhandlung vor der Kammer für Handelssachen beantragt werden soll.   10

Beklagtenseite: Wurde eine Handelssache vor der Zivilkammer eingeklagt, kann der Beklagte Verweisung an die Kammer für Handelssachen beantragen, vgl. § 98 Abs. 1 GVG. Der Antrag kann nur innerhalb der Frist des § 101 Abs. 1 GVG gestellt werden. Der Beklagte hat durchaus einen Vorteil: Er weiß, welche Zivilkammer mit dem Rechtsstreit befasst ist, und hat dann die Wahl, ob er den Antrag nach § 98 Abs. 1 GVG stellt und die Zuständigkeit der Kammer für Handelssachen herbeiführt oder nicht.   11

II. Gericht

Ist eine Handelssache vor der Zivilkammer eingeklagt, kann die Zivilkammer von Amts wegen nicht an die Kammer für Handelssachen verweisen, § 98 Abs. 3 GVG (anders im umgekehrten Fall, vgl. § 97 Abs. 2 GVG). Es kann aber den Beklagten darauf hinweisen, dass er Verweisung an die Kammer für Handelssachen beantragen kann, vgl. § 98 Abs. 1 GVG. Der Hinweis sollte auch beinhalten, dass der Antrag nur innerhalb der Frist des § 101 Abs. 1 GVG gestellt werden kann.   12

1. Wenn feststeht, dass es sich um eine Handelssache handelt

Es handelt sich um eine Handelssache.   13

Auf Antrag des Beklagten ist der Rechtsstreit darum an die Kammer für Handelssachen zu verweisen. Es wird darauf hingewiesen, dass der Antrag nur innerhalb der Frist des § 101 GVG gestellt werden kann.

2. Wenn eine Handelssache in Betracht kommt, dies aber noch nicht feststeht

Für den Fall, dass eine Handelssache vorliegt, ist der Rechtsstreit auf Antrag des Beklagten an die Kammer für Handelssachen zu verweisen. Es wird darauf hingewiesen, dass der Antrag nur innerhalb der Frist des § 101 GVG gestellt werden kann.   14

§ 97
[Verweisung wegen ursprünglicher sachlicher Unzuständigkeit an die Zivilkammer]

(1) Wird vor der Kammer für Handelssachen eine nicht vor sie gehörige Klage zur Verhandlung gebracht, so ist der Rechtsstreit auf Antrag des Beklagten an die Zivilkammer zu verweisen.

(2) ¹Gehört die Klage oder die im Falle des § 506 der Zivilprozeßordnung erhobene Widerklage als Klage nicht vor die Kammer für Handelssachen, so ist diese auch von Amts wegen befugt, den Rechtsstreit an die Zivilkammer zu verweisen, solange nicht eine Verhandlung zur Hauptsache erfolgt und darauf ein Beschluß verkündet ist. ²Die Verweisung von Amts wegen kann nicht aus dem Grund erfolgen, daß der Beklagte nicht Kaufmann ist.

Inhalt:

	Rn.		Rn.
A. Allgemeines	1	II. Verweisung von Amts wegen, Abs. 2 .	3
B. Erläuterungen	2	1. Zeitpunkt, Abs. 2 Satz 1	4
I. Verweisung auf Antrag des Beklagten, Abs. 1	2	2. Keine Verweisung, Abs. 2 Satz 2 .	5
		C. Formulierungsvorschlag	6

---

21 OLG Celle, BeckRS 2008, 03780; OLG Brandenburg, NJW-RR 2001, 429, Rn. 8 = MDR 2000, 1029, Rn. 8.
22 OLG Celle, BeckRS 2008, 03780.

A. Allgemeines

1 § 97 GVG eröffnet verschiedene Möglichkeiten, wenn der Kläger bei der Kammer für Handelssachen klagt, obwohl die Zivilkammer zuständig wäre. Zum einen kann der Beklagte beantragen, dass der Rechtsstreit an die Zivilkammer verwiesen wird, § 97 Abs. 1 GVG. Zum anderen kann die Kammer für Handelssachen von Amts wegen den Rechtsstreit an die Zivilkammer verweisen (nicht umgekehrt, vgl. § 98 Abs. 3 GVG), aber nur unter den – einschränkenden – Voraussetzungen des § 97 Abs. 2 GVG. Im ersten Fall (Antrag des Beklagten) hat die Kammer für Handelssachen die **Pflicht** zur Verweisung an die Zivilkammer; im zweiten Fall (Verweisung von Amts wegen) besteht die bloße Möglichkeit im Rahmen pflichtgemäßen **Ermessens** („befugt") (streitig).[1] Der Kläger hat keine Möglichkeit, Verweisungsantrag zu stellen, selbst wenn er sich geirrt hat;[2] wohl aber kann er Anregung auf Verweisung nach § 97 Abs. 2 GVG stellen.[3] Die Verweisung ist nicht anfechtbar, § 102 Satz 1 GVG; für die Zivilkammer – grundsätzlich – bindend, § 102 Satz 2 GVG; und im Falle eines negativen Kompetenzkonfliktes vorrangig vor der Zuständigkeitsbestimmung nach § 36 Abs. 1 Nr. 6 ZPO analog.[4] Verwiesen nach § 97 GVG wird einheitlich das ganze Verfahren oder – nach Abtrennung gemäß § 145 ZPO – nur der Teil, der nicht vor die Kammer für Handelssachen gehört.[5] Die Kammer für Handelssachen ist aber insgesamt, ohne Möglichkeit der Abtrennung, zuständig, wenn ein einheitlicher prozessualer Anspruch auf verschiedene **Anspruchsgrundlagen** gestützt wird, von denen – für sich betrachtet – nur eine Handelssache ist (streitig).[6]

B. Erläuterungen
I. Verweisung auf Antrag des Beklagten, Abs. 1

2 Der **Antrag des Beklagten** auf Verweisung an die Zivilkammer ist Prozesshandlung. Das Antragsrecht ist zeitlich nur beschränkt ausübbar, vgl. § 101 Abs. 1 GVG. Wegen § 102 Satz 2 GVG steht dem Beklagten das Antragsrecht nicht zu, wenn die Sache auf seinen Antrag nach § 98 GVG hin erst vor die Kammer für Handelssachen gekommen ist.[7]

II. Verweisung von Amts wegen, Abs. 2

3 Die Kammer für Handelssachen kann eine vor sie nicht gehörige Klage **von Amts wegen** an die Zivilkammer verweisen, aber nur unter zwei Einschränkungen (siehe Rn. 4 f.). Zudem unterliegt auch die Verweisung nach § 97 Abs. 2 GVG der Frist des § 101 GVG.[8] Bei einer Verweisung von Amts wegen nach § 97 Abs. 2 GVG hat die Kammer für Handelssachen besonders sorgfältig zu prüfen, ob nicht doch eine Handelssache vorliegt, wenn beide Parteien den Vertrag, auf den die Klage gestützt wird, als Handelsgeschäft beschreiben und eine Entscheidung durch die Kammer für Handelssachen übereinstimmend begehren.[9]

1. Zeitpunkt, Abs. 2 Satz 1

4 Die Kammer für Handelssachen kann nur von Amts wegen an die Zivilkammer verweisen, **solange nicht** eine Verhandlung zur Hauptsache erfolgt und darauf ein Beschluss verkündet ist (§ 97 Abs. 2 **Satz 1** GVG), etwa Beweis- oder Aufklärungsbeschluss; unschädlich ist dagegen die Anordnung nach § 273 ZPO, Beschlüsse über Prozesskostenhilfe und Streitwert sowie bloße Verhandlung zur Hauptsache ohne Beschluss.[10]

2. Keine Verweisung, Abs. 2 Satz 2

5 Die Verweisung der Kammer für Handelssachen an die Zivilkammer von Amts wegen **kann nicht** aus dem Grund erfolgen, dass der Beklagte nicht Kaufmann ist (§ 97 Abs. 2 **Satz 2** GVG). Die Verweisung kann auch nicht mit der Begründung erfolgen, dass der Beklagte nicht

---

1 OLG München, OLGR 2008, 695, Rn. 5 = BeckRS 2008, 13511, Rn. 5; Musielak/Voit-*Wittschier*, ZPO, § 97 GVG Rn. 3; MK-*Zimmermann*, ZPO, § 97 GVG Rn. 11; a.A. Zöller-*Lückemann*, ZPO, § 97 GVG Rn. 5: Verpflichtung der Kammer für Handelssachen zur Verweisung auch in diesem Fall, weil kein gesetzlicher Richter.
2 Thomas/Putzo-*Hüßtege*, ZPO, § 97 GVG Rn. 2.
3 MK-*Zimmermann*, ZPO, § 97 GVG Rn. 3.
4 OLG München, OLGR 2008, 695, Rn. 2 ff. = BeckRS 2008, 13511, Rn. 2 ff.
5 Zöller-*Lückemann*, ZPO, § 97 GVG Rn. 8.
6 Musielak/Voit-*Wittschier*, ZPO, § 97 GVG Rn. 5; a.A. MK-*Zimmermann*, ZPO, § 97 GVG Rn. 5.
7 Musielak/Voit-*Wittschier*, ZPO, § 97 GVG Rn. 2.
8 Thomas/Putzo-*Hüßtege*, ZPO, § 97 GVG Rn. 3 und § 101 GVG Rn. 1.
9 OLG Frankfurt a.M., BeckRS 2005, 00674 = OLGR 2005, 257, Rn. 13.
10 Thomas/Putzo-*Hüßtege*, ZPO, § 97 GVG Rn. 5.

als Kaufmann in das Handelsregister eingetragen ist (streitig).[11] Die Handelsregistereintragung ist gerade kein weiteres, neben den Kaufmannsbegriff tretendes Tatbestandsmerkmal für die Zuständigkeit der Kammer für Handelssachen.[12]

C. Formulierungsvorschlag

Das Landgericht [Ort] – Kammer für Handelssachen – erklärt sich für funktionell unzuständig und verweist den Rechtsstreit auf Antrag des Beklagten vom [Datum] nach Anhörung des Klägers gemäß § 97 Abs. 1 i. V. m. § 95 GVG an das Landgericht [Ort] – Zivilkammer –.

6

§ 98
[Verweisung wegen ursprünglicher sachlicher Unzuständigkeit an die Kammer für Handelssachen]

(1) ¹Wird vor der Zivilkammer eine vor die Kammer für Handelssachen gehörige Klage zur Verhandlung gebracht, so ist der Rechtsstreit auf Antrag des Beklagten an die Kammer für Handelssachen zu verweisen. ²Ein Beklagter, der nicht in das Handelsregister oder Genossenschaftsregister eingetragen ist, kann den Antrag nicht darauf stützen, daß er Kaufmann ist.
(2) Der Antrag ist zurückzuweisen, wenn die im Falle des § 506 der Zivilprozeßordnung erhobene Widerklage als Klage vor die Kammer für Handelssachen nicht gehören würde.
(3) Zu einer Verweisung von Amts wegen ist die Zivilkammer nicht befugt.
(4) Die Zivilkammer ist zur Verwerfung des Antrags auch dann befugt, wenn der Kläger ihm zugestimmt hat.

Inhalt:

	Rn.		Rn.
A. Allgemeines	1	III. Befugnisse der Zivilkammer,	
B. Erläuterungen	2	Abs. 3, 4	5
I. Befugnisse des Beklagten, Abs. 1	2	IV. Sonderfall der Widerklage, Abs. 2	6
II. Befugnisse des Klägers	4	C. Formulierungsvorschlag	7

A. Allgemeines

§ 98 GVG befasst sich mit dem Fall, dass eine **vor die Kammer für Handelssachen gehörige Klage bei der Zivilkammer** eingeklagt wird. Diese kann den Rechtsstreit nicht von Amts wegen an die Kammer für Handelssachen verweisen, § 98 Abs. 3 GVG. Verweisung hat zu erfolgen auf Antrag des Beklagten, wobei dieser Antrag zeitlich limitiert ist (§ 101 GVG). In § 98 Abs. 2 GVG geht es um den Sonderfall der Widerklage. § 98 Abs. 4 GVG zeigt, dass die Zuständigkeitsregeln insoweit nicht zur Disposition der Parteien stehen.

1

B. Erläuterungen
I. Befugnisse des Beklagten, Abs. 1

Das Antragsrecht des Beklagten nach § 98 **Abs. 1** GVG ist **zeitlich** nur beschränkt ausübbar.[1] Sein Verweisungsantrag von der Zivilkammer an die Kammer für Handelssachen muss zeitlich in der Frist des § 101 Abs. 1 GVG gestellt werden. Die inhaltliche Limitierung des § 98 Abs. 1 Satz 2 GVG ist bedeutungslos, da die Kammer für Handelssachen ohnehin nach § 95 GVG nur zuständig ist, wenn der Beklagte in das Handels- oder Genossenschaftsregister eingetragen ist.[2] Hinsichtlich nicht eintragungspflichtiger juristischer Personen des öffentlichen Rechts (vgl. § 95 Abs. 1 Nr. 1 GVG) ist von einem redaktionellen Versehen des Gesetzgebers auszugehen; diese sind in § 95 Abs. 1 Nr. 1 und § 98 Abs. 1 Satz 2 GVG gleich zu behandeln.[3]

2

---

11 OLG Düsseldorf, NJW-RR 2001, 1220 (1221); Zöller-*Lückemann*, ZPO, § 97 GVG Rn. 4; a.A. KG Berlin, KGR 2009, 100, Rn. 4 ff. = NJW-RR 2009, 469, Rn. 4 ff.; OLG Nürnberg, NJW-RR 2000, 568 = MDR 1999, 1219; Thomas/Putzo-*Hüßtege*, ZPO, § 97 GVG Rn. 4; Musielak/Voit-*Wittschier*, ZPO, § 97 GVG Rn. 4.
12 OLG Düsseldorf, NJW-RR 2001, 1220 (1221).

Zu § 98:
1 LG Hannover, NJW-RR 2011, 834, Rn. 4.
2 MK-*Zimmermann*, ZPO, § 98 GVG Rn. 3; Zöller-*Lückemann*, ZPO, § 98 GVG Rn. 2.
3 MK-*Zimmermann*, ZPO, § 98 GVG Rn. 3; Zöller-*Lückemann*, ZPO, § 98 GVG Rn. 2.

3   Der Antrag des Beklagten ist Prozesshandlung. Ausreichend für den Verweisungsantrag ist **bereits die Zuständigkeitsrüge** (streitig).[4] Dies folgt aus einer Auslegung der (prozessualen) Erklärung: eine Rüge der Unzuständigkeit der Zivilkammer wäre sinnentleert, wenn in ihr nicht zugleich ein Antrag auf Verweisung an die Kammer für Handelssachen gesehen würde; mit ihr wird die Absicht kund getan, den Rechtsstreit vor der Kammer für Handelssachen führen zu wollen.[5] Konstruieren lässt sich dies auch, indem man in der Rüge der Unzuständigkeit der Zivilkammer zugleich einen konkludent gestellten Antrag auf Verweisung des Rechtsstreits an die Kammer für Handelssachen sieht.[6]

II. Befugnisse des Klägers

4   Klagt der **Kläger** einen Anspruch vor der Zivilkammer ein, obwohl dieser vor die Kammer für Handelssachen gehört, hat er **keine Möglichkeit**, Verweisung an die Kammer für Handelssachen zu beantragen. Sein Wahlrecht muss er bereits in der Klage ausüben, § 96 GVG.[7]

III. Befugnisse der Zivilkammer, Abs. 3, 4

5   Die Zivilkammer kann von Amts wegen nicht an die Kammer für Handelssachen verweisen, § 98 **Abs. 3** GVG.[8] Sie bedarf des Antrags des Beklagten i.S.v. § 98 Abs. 1 GVG. Stellt der Beklagte den Antrag nicht oder nicht fristgerecht, bleibt die Zivilkammer zuständig und entscheidet in der Sache[9] („Grundzuständigkeit der Zivilkammer").[10] Stellt der Beklagte den Antrag fristgerecht, und liegen die Voraussetzungen für eine Verweisung an die Kammer für Handelssachen vor, so muss die Zivilkammer verweisen, sie hat kein Ermessen (vgl. § 98 Abs. 1 Satz 1 GVG: „(...) so ist (...) zu verweisen"). Die Verweisung ist unanfechtbar (§ 102 Satz 1 GVG) und bindend (§ 102 Satz 2 GVG). Stellt der Beklagte den Antrag fristgerecht, liegen aber die Voraussetzungen für eine Verweisung an die Kammer für Handelssachen nicht vor, so weist die Zivilkammer den Verweisungsantrag des Beklagten zurück,[11] und zwar selbst dann, wenn der Kläger ihm zugestimmt hat (§ 98 **Abs. 4** GVG). Gleiches – keine Verweisung trotz Einverständnis beider Parteien – gilt, wenn der Beklagte den Antrag nach § 98 GVG verspätet (vgl. § 101 GVG) gestellt hat.[12]

IV. Sonderfall der Widerklage, Abs. 2

6   Der Verweisungsantrag des Beklagten wird auch zurückgewiesen,[13] wenn das Amtsgericht wegen einer Widerklage an das Landgericht verwiesen und der Beklagte Verweisungsantrag an die Kammer für Handelssachen gestellt hat, die Widerklage aber keine Handelssache ist, § 98 **Abs. 2** GVG. Denkbar ist Verweisung der Klage an die Kammer für Handelssachen nach vorheriger Abtrennung der Widerklage gemäß § 145 ZPO (streitig).[14]

C. Formulierungsvorschlag

7   Falls der Verweisungsantrag Erfolg hat:

Das Landgericht [Ort] – Zivilkammer – erklärt sich für funktionell unzuständig und verweist den Rechtsstreit auf Antrag des Beklagten vom [Datum] nach Anhörung des Klägers gemäß § 98 Abs. 1 Satz 1 i.V.m. § 95 GVG an das Landgericht [Ort] – Kammer für Handelssachen –.

8   Bei Antragstellung, obwohl keine Handelssache vorliegt:

Der Verweisungsantrag des Beklagten vom [Datum] wird zurückgewiesen.

---

4   OLG München, BeckRS 2008, 08694, Rn. 5f.; a.A. LG Mainz, BeckRS 2012, 23887: Rüge der Unzuständigkeit der Zivilkammer kein Verweisungsantrag i.S.v. § 98 GVG; zögerlich Zöller-*Lückemann*, ZPO, § 98 GVG Rn. 2.
5   OLG München, BeckRS 2008, 08694, Rn. 6.
6   Musielak/Voit-*Wittschier*, ZPO, § 101 GVG Rn. 2.
7   Thomas/Putzo-*Hüßtege*, ZPO, § 98 GVG Rn. 2.
8   Vgl. OLG Celle, BeckRS 2009, 86278, II.2.a)bb) = NdsRpfl 2010, 59, II.2.a)bb): Verweisung des Rechtsstreits ohne Antrag – von Amts wegen – von der Zivilkammer an die Kammer für Handelssachen wäre objektiv willkürlich.
9   LG Mannheim, BeckRS 2010, 03809, II.1.
10 MK-*Zimmermann*, ZPO, § 98 GVG Rn. 1.
11 Vgl. Thomas/Putzo-*Hüßtege*, ZPO, § 98 GVG Rn. 4: Zurückweisung des Antrags trotz Wortlauts Verwerfung. Ebenso Musielak/Voit-*Wittschier*, ZPO, § 98 GVG Rn. 5.
12 Thomas/Putzo-*Hüßtege*, ZPO, § 98 GVG Rn. 4.
13 Vgl. Thomas/Putzo-*Hüßtege*, ZPO, § 98 GVG Rn. 4: Zurückweisung des Antrags trotz Wortlauts Verwerfung. Ebenso Musielak/Voit-*Wittschier*, ZPO, § 98 GVG Rn. 5.
14 Zöller-*Lückemann*, ZPO, § 98 GVG Rn. 3; a.A. Musielak/Voit-*Wittschier*, ZPO, § 98 GVG Rn. 5.

§ 99
[Verweisung wegen nachträglicher sachlicher Unzuständigkeit]

(1) Wird in einem bei der Kammer für Handelssachen anhängigen Rechtsstreit die Klage nach § 256 Abs. 2 der Zivilprozeßordnung durch den Antrag auf Feststellung eines Rechtsverhältnisses erweitert oder eine Widerklage erhoben und gehört die erweiterte Klage oder die Widerklage als Klage nicht vor die Kammer für Handelssachen, so ist der Rechtsstreit auf Antrag des Gegners an die Zivilkammer zu verweisen.

(2) ¹Unter der Beschränkung des § 97 Abs. 2 ist die Kammer zu der Verweisung auch von Amts wegen befugt. ²Diese Befugnis tritt auch dann ein, wenn durch eine Klageänderung ein Anspruch geltend gemacht wird, der nicht vor die Kammer für Handelssachen gehört.

Inhalt:

	Rnh.		Rn.
A. Allgemeines	1	II. Verweisung von Amts wegen,	
B. Erläuterungen	2	Abs. 2	3
I. Verweisung auf Antrag, Abs. 1	2	III. Wirkung der Verweisung	4

A. Allgemeines

Die Kammer für Handelssachen muss für alle prozessualen Ansprüche zuständig sein.[1] Tritt im Laufe des Prozesses Unzuständigkeit auch nur für einen prozessualen Anspruch ein, so regelt § 99 GVG die Verweisung an die Zivilkammer, und zwar entweder auf Antrag des Gegners (§ 99 Abs. 1 GVG) oder – unter den Voraussetzungen des § 97 Abs. 2 GVG – von Amts wegen (§ 99 Abs. 2 GVG).

B. Erläuterungen
I. Verweisung auf Antrag, Abs. 1

Wird die Kammer für Handelssachen nachträglich für einen oder mehreren Ansprüchen unzuständig, so kann sie auf Antrag des Gegners an die Zivilkammer verweisen, und zwar in drei Fällen: wenn die Klage um eine Zwischenfeststellungsklage erweitert wird, die nicht vor die Kammer für Handelssachen gehört, § 99 **Abs. 1 Alt. 1** GVG i.V.m. § 256 Abs. 2 ZPO; wenn Widerklage (auch Zwischenfeststellungswiderklage des Beklagten)[2] erhoben wird, die nicht vor die Kammer für Handelssachen gehört, § 99 **Abs. 1 Alt. 2** GVG i.V.m. § 33 ZPO; und wenn durch Klageänderung ein Anspruch geltend gemacht wird, der nicht vor die Kammer für Handelssachen gehört, § 99 **Abs. 2 Satz 2** GVG i.V.m. § 263 ZPO. Auch in letzterem Falle besteht das Antragsrecht des Gegners nach § 99 Abs. 1 GVG und nicht nur die Befugnis der Kammer für Handelssachen nach § 99 Abs. 2 GVG.[3] § 99 Abs. 1 GVG gilt entsprechend bei Parteierweiterung;[4] nicht dagegen bei Aufrechnung mit einer Forderung, die keine Handelssache bildet.[5] **Antragsbefugt** ist „der Gegner", das bedeutet grundsätzlich im Falle der Widerklage der Widerbeklagte, also der Kläger gemeint. Die jeweils andere Partei ist nicht antragsbefugt. Der Antrag ist Prozesshandlung und muss in der Frist des § 101 GVG gestellt werden. Liegen die Voraussetzungen vor, so muss die Kammer für Handelssachen verweisen („ […] so ist […] zu verweisen.").

II. Verweisung von Amts wegen, Abs. 2

Auch die Kammer für Handelssachen kann im Falle nachträglicher Unzuständigkeit von Amts wegen an die Zivilkammer verweisen, **§ 99 Abs. 2 GVG**, und zwar unter den Voraussetzungen des § 97 Abs. 2 GVG (siehe dazu § 97 GVG, Rn. 3 bis 5). Die Kammer für Handelssachen hat Ermessen („ […] ist […] befugt").

III. Wirkung der Verweisung

Die Kammer für Handelssachen verweist grundsätzlich den gesamten Rechtsstreit (denkbar aber auch § 145 ZPO). Die Entscheidung über die Verweisung ist unanfechtbar (**§ 102 Satz 1 GVG**) und grundsätzlich bindend (**§ 102 Satz 2 GVG**); zu den Ausnahmen vgl. die Kommentierung zu § 102 GVG.

---

1 Thomas/Putzo-*Hüßtege*, ZPO, § 99 GVG Rn. 1.
2 Musielak/Voit-*Wittschier*, ZPO, § 99 GVG Rn. 2.
3 Musielak/Voit-*Wittschier*, ZPO, § 99 GVG Rn. 2; Thomas/Putzo-*Hüßtege*, ZPO, § 99 GVG Rn. 2.
4 Thomas/Putzo-*Hüßtege*, ZPO, § 99 GVG Rn. 2.
5 Musielak/Voit-*Wittschier*, ZPO, § 99 GVG Rn. 1; MK-*Zimmermann*, ZPO, § 99 GVG Rn. 6.

§ 100
[Zuständigkeit der Kammer für Handelssachen in 2. Instanz]

Die §§ 96 bis 99 sind auf das Verfahren im zweiten Rechtszuge vor den Kammern für Handelssachen entsprechend anzuwenden.

Inhalt:

	Rn.		Rn.
A. Allgemeines	1	I. Parteirollen	2
B. Erläuterungen	2	II. Anträge	3

A. Allgemeines

1 Liegt eine Berufung gegen ein amtsgerichtliches Urteil vor, kann – wenn die Voraussetzungen vorliegen – die Kammer für Handelssachen Berufungsgericht sein, vgl. § 72 Abs. 1 Satz 1 GVG. § 100 GVG verweist für das Verfahren im zweiten Rechtszug vor den Kammern für Handelssachen auf §§ 96–99 GVG. Es gelten aber auch die §§ 101 und 102 GVG.[1]

B. Erläuterungen
I. Parteirollen

2 Soweit die §§ 96 ff. GVG von **Kläger und Beklagtem** sprechen, sind grundsätzlich Berufungskläger und Berufungsbeklagter gemeint. Abweichend hiervon ist jedoch auf den Beklagten in der ersten Instanz abzustellen, wenn es um den Begriff des Kaufmanns geht, das heißt bei §§ 95 Abs. 1 Nr. 1, 97 Abs. 2 Satz 2, 98 Abs. 1 Satz 2 GVG.[2] Ist also der Kläger Berufungsbeklagter, so kann er auch dann Verweisung an die Kammer für Handelssachen nach § 98 Abs. 1 Satz 1 GVG verlangen, wenn er und/oder der Beklagte (und Berufungskläger) nicht als Kaufmann eingetragen sind.[3]

II. Anträge

3 Der Rechtsstreit wird vor der Kammer für Handelssachen verhandelt, wenn der Kläger dies in der Klageschrift beantragt, § 96 GVG. Dem entspricht in zweiter Instanz die **Berufungsschrift**; hier muss der Berufungskläger bereits den Antrag auf Verhandlung vor der Kammer für Handelssachen stellen, um eine Verweisung erreichen zu können.[4] Ein Antrag in der Berufungsbegründung reicht nicht mehr aus (vgl. auch § 96 GVG, dort Rn. 6).[5]

4 Wenn eine Partei Berufung bei der Kammer für Handelssachen und die andere Partei Berufung bei der Zivilkammer einlegt, kommt es nicht darauf an, welche Berufung zunächst eingelegt wurde; zuständig für **beide Berufungen** ist vielmehr die Kammer für Handelssachen (streitig).[6] Denn der Berufungsbeklagte bei der Zivilkammer könnte ohnehin über § 100 GVG i.V.m. § 98 Abs. 1 Satz 1 GVG Verweisung an die Kammer für Handelssachen erreichen.[7]

§ 101
[Zeitpunkt der Antragsstellung]

(1) ¹Der Antrag auf Verweisung des Rechtsstreits an eine andere Kammer ist nur vor der Verhandlung des Antragstellers zur Sache zulässig. ²Ist dem Antragsteller vor der mündlichen Verhandlung eine Frist zur Klageerwiderung oder Berufungserwiderung gesetzt, so hat er den Antrag innerhalb der Frist zu stellen. ³§ 296 Abs. 3 der Zivilprozessordnung gilt entsprechend; der Entschuldigungsgrund ist auf Verlangen des Gerichts glaubhaft zu machen.

(2) ¹Über den Antrag ist vorab zu entscheiden. ²Die Entscheidung kann ohne mündliche Verhandlung ergehen.

---

1 Musielak/Voit-*Wittschier*, ZPO, § 100 GVG Rn. 1: „aus der Natur der Sache"; ebenso Thomas/Putzo-*Hüßtege*, ZPO, § 100 GVG Rn. 1.
2 Musielak/Voit-*Wittschier*, ZPO, § 100 GVG Rn. 5; Zöller-*Lückemann*, ZPO, § 100 GVG Rn. 2.
3 Thomas/Putzo-*Hüßtege*, ZPO, § 100 GVG Rn. 2.
4 OLG Brandenburg, BeckRS 2004, 10104, II.3. = MDR 2005, 231, Rn. 8 f.; OLG Brandenburg, BeckRS 2004, 10105 = MDR 2005, 177.
5 OLG Brandenburg, BeckRS 2004, 10104, II.3. = MDR 2005, 231, Rn. 8 f.
6 Musielak/Voit-*Wittschier*, ZPO, § 100 GVG Rn. 6; Zöller-*Lückemann*, ZPO, § 100 GVG Rn. 3; a.A. – zunächst eingelegte Berufung zählt – Thomas/Putzo-*Hüßtege*, ZPO, § 100 GVG Rn. 4 sowie MK-*Zimmermann*, ZPO, § 100 GVG Rn. 3.
7 Musielak/Voit-*Wittschier*, ZPO, § 100 GVG Rn. 6; Zöller-*Lückemann*, ZPO, § 100 GVG Rn. 3.

Inhalt:

	Rn.		Rn.
A. Allgemeines	1	2. Innerhalb der Frist, Satz 2	4
B. Erläuterungen	2	3. Möglichkeit der Entschuldigung,	
I. Zeitliche Grenzen, Abs. 1	3	Satz 3 i.V.m. § 296 Abs. 3 ZPO	5
1. Bis zur Verhandlung des Antragstellers zur Sache, Satz 1	3	II. Verfahren, Abs. 2	6

A. Allgemeines

Um Klarheit über das erkennende Gericht zu schaffen und nachträgliche Zuständigkeitsverschiebungen zu vermeiden, **befristet** § 101 GVG die Möglichkeit des Beklagten, Verweisung des Rechtsstreits an eine andere Kammer zu beantragen. Erfasst sind sämtliche Verweisungsanträge nach §§ 97–100 GVG.[1]   1

B. Erläuterungen

Der Antrag auf Verweisung an eine andere Kammer kann zeitlich nur limitiert erfolgen, nämlich bis zur Verhandlung des Antragstellers zur Sache (§ 101 Abs. 1 Satz 1 GVG) bzw. – wenn dem Antragsteller vor der mündlichen Verhandlung eine Frist zur Klageerwiderung oder Berufungserwiderung gesetzt ist – nur innerhalb der Frist (§ 101 Abs. 1 Satz 2 GVG).   2

I. Zeitliche Grenzen, Abs. 1

1. Bis zur Verhandlung des Antragstellers zur Sache, Satz 1

Verhandlung des Antragstellers **zur Sache** i.S.v. § 101 Abs. 1 Satz 1 GVG ist etwas anderes als Verhandlung zur Hauptsache i.S.v. § 39 ZPO.[2] Sie ist in einem weiten Sinne zu verstehen und erfasst auch die Erörterung von Vorfragen, z.B. die Frage der Zuständigkeit.[3] Ein Verweisungsantrag kann unabhängig vom Begriff der mündlichen Verhandlung jedenfalls nur so lange gestellt werden, bis das zur Entscheidung berufene Gericht den Parteien in der mündlichen Verhandlung seine rechtliche Einschätzung, und sei es nur in Teilbereichen, bekannt gegeben hat.[4] Ein Verhandeln in der Güteverhandlung führt jedoch nicht zum Verlust von Zuständigkeitsrügen, da diese nicht Teil der mündlichen Verhandlung bzw. Verhandlung zur Sache über den Rechtsstreit i.S.v. § 101 Abs. 1 Satz 1 GVG ist.[5] Bei Eintritt in die mündliche Verhandlung nach der Güteverhandlung wird aber die Rechtsauffassung durch konkludente Bezugnahme auf die Ausführungen in der unmittelbar vorangegangenen Güteverhandlung offenbart.[6]   3

2. Innerhalb der Frist, Satz 2

Ist dem Antragsteller vor der mündlichen Verhandlung eine **Frist zur Klageerwiderung** (§§ 275 Abs. 1 Satz 1, 275 Abs. 3, 276 Abs. 1 Satz 2 ZPO) **oder Berufungserwiderung** (§ 521 Abs. 2 Satz 1 ZPO) gesetzt, so hat er den Antrag innerhalb der Frist zu stellen, § 101 Abs. 1 Satz 2 GVG. Der Antrag in der mündlichen Verhandlung wäre grundsätzlich – vorbehaltlich einer etwaigen Entschuldigung – verspätet. Der Antrag ist auch dann bis zum Ablauf der Klageerwiderungsfrist möglich, wenn diese auf Antrag **verlängert** wurde (streitig).[7] Es handelt sich um ein und dieselbe Klageerwiderungsfrist, deren Ablauf durch die Verlängerung nur hinausgeschoben wird;[8] § 101 Abs. 1 GVG verknüpft die Frist für die Stellung des Verweisungsantrags mit der zur Klageerwiderung gesetzten Frist.[9] Wird dagegen, etwa nach ergänzendem Klagevorbringen, erneut eine Frist zur Erwiderung gesetzt, dann handelt es sich nicht mehr um die ursprüngliche Klageerwiderungsfrist, und kann Verweisung nicht mehr beantragt werden.[10]   4

---

1 Thomas/Putzo-*Hüßtege*, ZPO, § 101 GVG Rn. 1.
2 Thomas/Putzo-*Hüßtege*, ZPO, § 101 GVG Rn. 2.
3 OLG Hamburg, NJW-RR 2012, 634, Rn. 8.
4 OLG Hamburg, NJW-RR 2012, 634, Rn. 14.
5 OLG Hamburg, NJW-RR 2012, 634, Rn. 16.
6 OLG Hamburg, NJW-RR 2012, 634, Rn. 18 f.
7 OLG München, BeckRS 2009, 23779, II. = MDR 2009, 946, Rn. 3; OLG München, BeckRS 2008, 08694, Rn. 5; LG Düsseldorf, BeckRS 9998, 05244 = MDR 2005, 709, Rn. 2; MK-*Zimmermann*, ZPO, § 101 GVG Rn. 4; a.A. LG Heilbronn, MDR 2003, 231: es zählt die erste Klageerwiderungsfrist ohne Verlängerung, aber ggf. Entschuldigung für verspätetes Vorbringen gemäß § 101 Abs. 1 Satz 3 GVG i.V. m. § 269 Abs. 3 ZPO; ebenso LG München I, BeckRS 2009, 08564, 2. = MDR 2009, 647, 2.: verlängerte Klageerwiderungsfrist nicht relevant „zur Vermeidung von Missbräuchen".
8 OLG München, BeckRS 2009, 23779, II. = MDR 2009, 946, Rn. 4.
9 OLG München, BeckRS 2009, 23779, II. = MDR 2009, 946, Rn. 4.
10 OLG München, BeckRS 2009, 23779, II. = MDR 2009, 946, Rn. 5; LG Bonn, MDR 2000, 724.

Dies gilt auch, wenn die Klageerwiderungsfrist fälschlich verlängert wird, obwohl der Antrag auf Verlängerung erst nach Ablauf der zu verlängernden Frist gestellt wird.

3. Möglichkeit der Entschuldigung, Satz 3 i. V. m. § 296 Abs. 3 ZPO

5 Das Erfordernis, den Verweisungsantrag innerhalb einer bestimmten Frist zu stellen, wird durch § 101 **Abs. 1 Satz 3** GVG i. V. m. § 296 Abs. 3 ZPO eingeschränkt; es besteht die Möglichkeit der – ggf. nachträglichen – Entschuldigung der Verspätung.[11] Das Gericht kann Glaubhaftmachung des Entschuldigungsgrunds verlangen; dann gilt § 294 ZPO.

II. Verfahren, Abs. 2

6 Nach § 101 **Abs. 2 Satz 1** GVG ist über den Antrag vorab zu entscheiden. Damit ist gemeint, dass die Entscheidung über den Verweisungsantrag vor der Verhandlung über die Zulässigkeit und Begründetheit der Klage getroffen werden muss.[12] Das Gericht (vgl. auch § 349 Abs. 2 Nr. 1 ZPO) entscheidet im Wege des Beschlusses entsprechend § 281 Abs. 1 ZPO; dieser muss nicht begründet werden,[13] ist unanfechtbar (§ 102 Satz 1 GVG) und grundsätzlich bindend (§ 102 Satz 2 GVG). Ob auch die Verweisung auf verspäteten Antrag hin bindende Wirkung entfaltet, ist streitig.[14] Einer mündlichen Verhandlung bedarf es nicht, § 101 **Abs. 2 Satz 2** GVG. Dem Gegner ist aber vor der Entscheidung rechtliches Gehör zu gewähren.[15]

§ 102
[Unanfechtbarkeit der Verweisung]

[1]Die Entscheidung über Verweisung eines Rechtsstreits an die Zivilkammer oder an die Kammer für Handelssachen ist nicht anfechtbar. [2]Erfolgt die Verweisung an eine andere Kammer, so ist diese Entscheidung für die Kammer, an die der Rechtsstreit verwiesen wird, bindend. [3]Der Termin zur weiteren mündlichen Verhandlung wird von Amts wegen bestimmt und den Parteien bekanntgemacht.

Inhalt:
	Rn.		Rn.
A. Allgemeines	1	2. Reichweite der Bindung	7
B. Erläuterungen	2	III. Terminsbestimmung von Amts	
I. Unanfechtbarkeit, Satz 1	2	wegen, Satz 3	8
II. Bindungswirkung, Satz 2	3	IV. Überprüfbarkeit	9
1. Grundsatz (Bindung) und Ausnahme (keine Bindung)	3		

A. Allgemeines

1 Die Verweisung eines Rechtsstreits führt zu einer Verzögerung der Erledigung. Um mehrfache Verweisungen innerhalb eines Gerichts zu vermeiden, bestimmt § 102 GVG, dass die **Verweisung** – sei sie nun von der Zivilkammer an die Kammer für Handelssachen oder umgekehrt – **grundsätzlich verbindlich** ist: Weder können die Parteien die verweisende Entscheidung anfechten (§ 102 Satz 1 GVG), noch kann die Kammer, an die der Rechtsstreit verwiesen wurde, die Verweisung ablehnen (§ 102 Satz 2 GVG). Der Verfahrensförderung dient auch § 102 Satz 3 GVG. § 102 GVG gilt für Beschlüsse im Verhältnis zwischen Zivilkammer und Kammer für Handelssachen (§§ 97–100, 104 GVG), ob sie nun von Amts wegen oder auf Antrag erfolgen;[1] dagegen nicht bei Verweisung des Amtsgerichts nach §§ 281, 506 ZPO und nicht bei formloser Abgabe.[2]

---

11 OLG Brandenburg, NJW-RR 2001, 63, II.2. = OLG-NL 2000, 112, II.2.
12 Thomas/Putzo-*Hüßtege*, ZPO, § 101 GVG Rn. 4; vgl. dazu auch BGH, BeckRS 2000, 08151: keine Rede davon, dass „diese allgemein vertretene Meinung jeder rechtlichen Grundlage entbehrt oder mit der geltenden Rechtsordnung schlechthin unvereinbar" sei.
13 Thomas/Putzo-*Hüßtege*, ZPO, § 101 GVG Rn. 3.
14 Zöller-*Lückemann*, ZPO, § 101 GVG Rn. 2; vgl. dazu auch die Kommentierung zu § 102 GVG.
15 MK-*Zimmermann*, ZPO, § 101 GVG Rn. 5.

Zu § 102:
1 Musielak/Voit-*Wittschier*, ZPO, § 102 GVG Rn. 1.
2 Thomas/Putzo-*Hüßtege*, ZPO, § 102 GVG Rn. 1; Zöller-*Lückemann*, ZPO, § 102 GVG Rn. 1.

B. Erläuterungen
I. Unanfechtbarkeit, Satz 1
Wird ein Rechtsstreit an die Zivilkammer oder an die Kammer für Handelssachen verwiesen, so ist diese Entscheidung nicht anfechtbar, § 102 Satz 1 GVG. Dies gilt für die Verweisungsentscheidung, gleichermaßen aber auch für die Entscheidung, mit der ein Verweisungsantrag zurückgewiesen wird.[3]

2

II. Bindungswirkung, Satz 2
1. Grundsatz (Bindung) und Ausnahme (keine Bindung)
Auch für die Kammer, an die verwiesen wird, ist der Verweisungsbeschluss grundsätzlich bindend, § 102 Satz 2 GVG. Die Bindungswirkung des Verweisungsbeschlusses tritt **ausnahmsweise** nur dann **nicht** ein, wenn die Verweisung unter Verletzung des rechtlichen Gehörs zustande gekommen ist oder sich so weit von der gesetzlichen Grundlage entfernt, dass sie im Hinblick auf das Gebot des gesetzlichen Richters und das **Willkürverbot** des Grundgesetzes nicht hingenommen werden kann.[4] Diese zu § 281 ZPO entwickelte Rechtsprechung ist auf den Fall einer Verweisung nach §§ 97 ff. GVG übertragbar.[5]

3

Willkür ist nicht allein deshalb anzunehmen, weil die Frage der Zuständigkeit – aus Sicht des nach § 36 Abs. 1 ZPO zur Entscheidung berufenen höheren Gerichts oder aus Sicht der herrschenden Meinung in der Rechtsprechung – unzutreffend beantwortet wurde.[6] Auch die Abweichung von einer höchstrichterlichen oder obergerichtlichen Rechtsprechung vermag den Vorwurf der Willkür nicht zu begründen, weil dem deutschen Recht eine Präjudizienbindung grundsätzlich fremd ist.[7] Ausreichend ist auch nicht, dass der Verweisungsbeschluss inhaltlich unrichtig oder sonst fehlerhaft ist.[8] Es bedarf vielmehr **zusätzlicher Umstände**, die die getroffene Entscheidung als schlechterdings nicht mehr nachvollziehbar erscheinen lassen.[9] Dies ist der Fall, wenn die Verweisungsentscheidung nicht bloß unrichtig ist, sondern sich bei der Auslegung und Anwendung der Zuständigkeitsnormen so weit von dem diese beherrschenden Grundsatz des gesetzlichen Richters (Art. 101 Abs. 1 Satz 2 GG) entfernt hat, dass sie nicht mehr zu rechtfertigen ist, das heißt wenn sie nicht mehr verständlich erscheint und offensichtlich unhaltbar ist.[10]

4

Nicht ausreichend für Willkür ist die dürftige, lediglich rudimentäre Begründung einer Auffassung;[11] die bloße etwaige Unrichtigkeit der Beurteilung der Zuständigkeitsfrage infolge eines einfachen Rechtsirrtums des verweisenden Gerichts;[12] die bloß unrichtige Anwendung einer Zuständigkeitsnorm;[13] das schlichte Übersehen der Notwendigkeit der rechtlichen Einordnung eines altrechtlichen Vereins als (Nicht-) Handelsgesellschaft für die Frage der funktionellen Zuständigkeit;[14] das Abweichen von höchstrichterlicher oder obergerichtlicher Rechtsprechung, es sei denn es liegen weitere Umstände vor.[15]

5

---

3 Thomas/Putzo-*Hüßtege*, ZPO, § 102 GVG Rn. 2; Zöller-*Lückemann*, ZPO, § 102 GVG Rn. 2; Musielak/Voit-*Wittschier*, ZPO, § 102 GVG Rn. 2.
4 OLG Bremen, BeckRS 2015, 16981, Rn. 5 = ZInsO 2015, 2196, Rn. 5; OLG Brandenburg, BeckRS 2011, 14319, II.; OLG München, NZG 2010, 668, II.2. = MDR 2010, 103, Rn. 4; OLG München, BeckRS 2008, 08694, Rn. 4. Insgesamt finden sich vielfach ähnliche, nicht ganz identische Formulierungen; etwa: OLG München, NZG 2014, 231, Rn. 6: Verweisungsbeschluss ausnahmsweise dann nicht bindend, wenn ihm jegliche Rechtsgrundlage fehlt und er sich, jedenfalls in objektiver Hinsicht, als willkürlich erweist; OLG Hamm, BeckRS 2014, 04380, C.II.1.: keine Bindungswirkung, wenn der Beschluss auf einer Verletzung rechtlichen Gehörs beruht oder wenn er schwere offensichtliche Rechtsmängel aufweist oder gar jeder Rechtsgrundlage entbehrt und aus diesen Gründen objektiv willkürlich ist; OLG Hamburg, NJW-RR 2012, 634, Rn. 10: lediglich ausnahmsweise in besonders schweren Fällen, insbesondere bei Verstößen gegen das Willkürverbot bzw. das Gebot der Wahrung des gesetzlichen Richters aus Art. 101 Abs. 1 Satz 2 GG.
5 Vgl. OLG Bremen, BeckRS 2015, 16981, Rn. 5 = ZInsO 2015, 2196, Rn. 5; OLG Hamm, BeckRS 2014, 04380, C.II.1.; OLG München, NZG 2014, 231, Rn. 6; KG Berlin, KGR 2008, 951 (954) = BeckRS 2008, 20697, II.2.a)cc).
6 OLG Bremen, BeckRS 2015, 16981, Rn. 6 = ZInsO 2015, 2196, Rn. 6.
7 OLG Bremen, BeckRS 2015, 16981, Rn. 6 = ZInsO 2015, 2196, Rn. 6.
8 OLG Brandenburg, BeckRS 2011, 14319, II.4.a); KG Berlin, IBR 2008, 487 (red. Leitsatz und Kurzwiedergabe; Volltext bei juris, 2 AR 3/08, dort. Rn. 5).
9 OLG Bremen, BeckRS 2015, 16981, Rn. 6 = ZInsO 2015, 2196, Rn. 6.
10 KG Berlin, KGR 2008, 963, Rn. 9 = BeckRS 2008, 20559, II.
11 OLG Bremen, BeckRS 2015, 16981, Rn. 6 = ZInsO 2015, 2196, Rn. 6.
12 OLG Hamm, BeckRS 2014, 04380, C.II.1.
13 OLG Brandenburg, BeckRS 2011, 14319, II.4.c).
14 OLG Brandenburg, BeckRS 2011, 14319, II.4.b).

6 **Ausreichend für Willkür** ist, wenn die zuständige Zivilkammer unter Übergehung einer eindeutigen Zuständigkeitsvorschrift den Rechtsstreit ohne Rechtsgrundlage an die Kammer für Handelssachen verweist;[16] wenn die Anhörung vor der Entscheidung fehlt, also rechtliches Gehör versagt wurde;[17] wenn der Verweisungsbeschluss bei verständiger Würdigung der das Grundgesetz beherrschenden Gedanken nicht mehr verständlich erscheint und offensichtlich unhaltbar ist;[18] wenn der Antrag des Beklagten auf Verweisung erst nach Ablauf der Frist des § 101 GVG gestellt wurde (streitig);[19] wenn nach § 98 GVG verwiesen wird, obwohl kein Antrag des Beklagten vorliegt;[20] wenn sich der Beschluss nicht mit dem offenkundigen und der Kammer bekannten Problem auseinandersetzt, dass nicht alle Beklagten einen Antrag auf Verweisung des Rechtsstreits an die Kammer für Handelssachen gestellt haben;[21] wenn von Amts wegen nach § 97 Abs. 2 GVG verwiesen wird, obwohl eindeutig ein Handelsgeschäft i.S.v. § 95 GVG vorliegt und beide Parteien den Vertrag, auf den die Klage gestützt wird, als Handelsgeschäft beschreiben und eine Entscheidung durch die Kammer für Handelssachen übereinstimmend begehren;[22] wenn die Kammer für Handelssachen an die Zivilkammer im Nachverfahren verweist, nachdem sie im Scheckverfahren ein Vorbehaltsurteil erlassen hat.[23]

2. Reichweite der Bindung

7 Der Verweisungsbeschluss **bindet** nicht nur hinsichtlich derjenigen Zuständigkeitsfrage, derentwegen verwiesen worden ist (Konkurrenz zwischen Zivilkammer und Kammer für Handelssachen), sondern auch hinsichtlich sonstiger Zuständigkeitsfragen, aber nur, soweit das verweisende Gericht die Zuständigkeit auch in dieser Hinsicht geprüft und bejaht hat.[24]

III. Terminsbestimmung von Amts wegen, Satz 3

8 § 102 **Satz 3** GVG normiert die Selbstverständlichkeit, dass nach Verweisung Termin zur weiteren mündlichen Verhandlung zu bestimmen und den Parteien bekannt zu geben ist. Fristen, die die bisherige Kammer gesetzt hat, bestehen fort.[25]

IV. Überprüfbarkeit

9 Einwände gegen den Verweisungsbeschluss mögen erhoben werden durch die Kammer, an die verwiesen wird, aber auch durch eine oder mehrere Parteien des Rechtsstreits, die von der Verweisung betroffen sind.

10 Soweit Streit zwischen der Kammer für Handelssachen und der Zivilkammer desselben Gerichts besteht, geht es um den Regelungsbereich des § 102 Satz 2 GVG (Bindungswirkung des

---

15 OLG Bremen, BeckRS 2015, 16981, Rn. 6 = ZInsO 2015, 2196, Rn. 6.
16 OLG Hamm, BeckRS 2014, 04380, C.II.2.: keine Handelssache, da keine Anspruchsgrundlage aus dem UWG.
17 OLG München, NZG 2014, 231, Rn. 6; KG Berlin, BeckRS 2008, 20697, II.2.a)cc) = KGR 2008, 951 (954); KG Berlin, BeckRS 2014, 03109, II.2. = KGR 2000, 127, Rn. 6: „...elementares Gebot".
18 OLG Brandenburg, BeckRS 2011, 14319, II.4.a).
19 OLG Hamburg, NJW-RR 2012, 634, Rn. 6, 12, 14: Antrag auf Verweisung erst nach Verhandlung des Antragstellers zur Sache begründet den Verdacht, der Rechtsstreit könne dem gesetzlichen Richter i.S.v. Art. 101 Abs. 1 Satz 2 GG entzogen werden; KG Berlin, BeckRS 2008, 20559, II. = KGR 2008, 963, Rn. 10: eklatante Missachtung des Erfordernisses, dass der Beklagte den Antrag rechtzeitig i.S.v. § 101 GVG stellt; a.A.: OLG Brandenburg, OLG-NL 2000, 112, II.2. = NJW-RR 2001, 63, Rn. 5: zu spät gestellter Antrag (entgegen § 101 Abs. 1 Satz 2 GVG) steht der Bindungswirkung des Verweisungsbeschlusses regelmäßig nicht entgegen – kein übermäßiges Gewicht der formalen Erfordernisse gegenüber der besonderen Sachnähe und Fachkompetenz der Kammer für Handelssachen, anders aber bei Anhalt, dass sich die Zivilkammer leichtfertig der Erkenntnis verschlossen hat, dass die Antragsfrist nach § 101 Abs. 1 Satz 2 GVG unentschuldigt versäumt worden ist; ebenso Thomas/Putzo-*Hüßtege*, ZPO, § 102 GVG Rn. 4: Bindung bejaht, wenn Verweisungsantrag nach § 101 Abs. 1 Satz 2 GVG verspätet war; ebenso MK-*Zimmermann*, ZPO, § 102 GVG Rn. 4: Verweisung trotz verspäteten Antrags nach § 101 Abs. 1 GVG ist nicht willkürlich, es sei denn Aufforderung der Partei zur Antragstellung trotz Fristablauf.
20 MK-*Zimmermann*, ZPO, § 102 GVG Rn. 4; a.A. Thomas/Putzo-*Hüßtege*, ZPO, § 102 GVG Rn. 4: Bindungswirkung.
21 OLG Celle, BeckRS 2009, 86278, II.2.a)aa) = NdsRpfl 2010, 59, II.2.a)aa).
22 OLG Frankfurt a.M., OLG 2005, 257, Rn. 13 = BeckRS 2005, 00674.
23 OLG Stuttgart, OLGR 2002, 455, Rn. 10 ff.
24 BayObLG, NJW-RR 2003, 356, Rn. 14 f.; dort: Beschluss nach § 98 Abs. 1 Satz 1 GVG und in den Gründen wirksame Vereinbarung über den Erfüllungsort mitgeprüft und bejaht; OLG Düsseldorf, OLGR 2000, 203, Rn. 4. Bei fehlender Prüfung keine Bindungswirkung, Musielak/Voit-*Wittschier*, ZPO, § 102 GVG Rn. 6.
25 Musielak/Voit-*Wittschier*, ZPO, § 102 GVG Rn. 7.

Verweisungsbeschlusses). Bei einem derartigen **negativen Kompetenzkonflikt** (Streitigkeit über die funktionelle Zuständigkeit) ist **§ 36 Abs. 1 Nr. 6 ZPO entsprechend** anzuwenden.[26] Ausreichend ist eine beiderseitige Kompetenzleugnung.[27] Der negative Kompetenzkonflikt wird zugunsten der Kammer, an die verwiesen wurde, entschieden, wenn der Verweisungsbeschluss willkürlich war (siehe dazu Rn. 3 ff.). Zuvor ist indes das Instrumentarium der §§ 97 ff. GVG auszuschöpfen, sonst fehlt es an einer Regelungslücke;[28] so ist etwa eine Bestimmung durch das Oberlandesgericht nicht möglich, solange nicht die Handelskammer von der Möglichkeit der Verweisung des Rechtsstreits an die Zivilkammer i. S. v. § 97 GVG Gebrauch gemacht hat.[29]

Soweit die Parteien mit dem Verweisungsbeschluss nicht einverstanden sind, geht es um den Regelungsbereich des § 102 Satz 1 GVG. Ein Anfechtungsrecht besteht in diesem Falle nicht. Dies gilt auch im Falle der Willkür (streitig).[30] Auch die Endentscheidung kann nicht nur wegen Verletzung der Zuständigkeitsvorschriften mit der Berufung oder mit der Revision angefochten werden (streitig);[31] hier muss der Rechtsgedanke des § 513 Abs. 2 ZPO gelten.

11

§ 103
[Hauptintervention]

Bei der Kammer für Handelssachen kann ein Anspruch nach § 64 der Zivilprozeßordnung nur dann geltend gemacht werden, wenn der Rechtsstreit nach den Vorschriften der §§ 94, 95 vor die Kammer für Handelssachen gehört.

§ 104
[Verweisung wegen Unzuständigkeit in Beschwerdesachen]

(1) ¹Wird die Kammer für Handelssachen als Beschwerdegericht mit einer vor sie nicht gehörenden Beschwerde befaßt, so ist die Beschwerde von Amts wegen an die Zivilkammer zu verweisen. ²Ebenso hat die Zivilkammer, wenn sie als Beschwerdegericht in einer Handelssache mit einer Beschwerde befaßt wird, diese von Amts wegen an die Kammer für Handelssachen zu verweisen. ³Die Vorschriften des § 102 Satz 1, 2 sind entsprechend anzuwenden.

(2) Eine Beschwerde kann nicht an eine andere Kammer verwiesen werden, wenn bei der Kammer, die mit der Beschwerde befaßt wird, die Hauptsache anhängig ist oder diese Kammer bereits eine Entscheidung in der Hauptsache erlassen hat.

§ 105
[Besetzung]

(1) Die Kammern für Handelssachen entscheiden in der Besetzung mit einem Mitglied des Landgerichts als Vorsitzenden und zwei ehrenamtlichen Richtern, soweit nicht nach den Vorschriften der Prozeßgesetze an Stelle der Kammer der Vorsitzende zu entscheiden hat.

(2) Sämtliche Mitglieder der Kammer für Handelssachen haben gleiches Stimmrecht.

(3) *(weggefallen)*

---

26 OLG Bremen, BeckRS 2015, 16981, Rn. 4 = ZInsO 2015, 2196, Rn. 4; OLG Hamm, BeckRS 2014, 04380, B.I.; OLG München, NZG 2014, 231, Rn. 5; OLG Brandenburg, BeckRS 2011, 14319, II.2.; OLG München, NZG 2010, 668, II.1. = MDR 2010, 103, Rn. 3; KG Berlin, KGR 2008, 626, Rn. 2 = NJW-RR 2008, 1023, Rn. 2; OLG Brandenburg, NJW-RR 2001, 429, Rn. 5 = MDR 2000, 1029, Rn. 5, dort auch zu dem Spezialfall, dass beide Gerichte ihre Kompetenz tatsächlich leugnen, aber hierüber keine förmlichen Beschlüsse erlassen haben.
27 OLG Brandenburg, BeckRS 2011, 14319, II.3.
28 OLG München, OLGR 2008, 695, Rn. 4 = BeckRS 2008, 13511, Rn. 4.
29 OLG München, OLGR 2008, 695, Rn. 2 = BeckRS 2008, 13511, Rn. 2.
30 OLG Koblenz, OLGR 2009, 967, Rn. 4 ff. = BeckRS 2010, 00003, II.: Beschwerde gegen Verweisungsbeschluss nicht statthaft wegen Rechtsmittelklarheit; ebenso Zöller-*Lückemann*, ZPO, § 102 GVG Rn. 2: Unanfechtbarkeit gilt auch bei willkürlicher Verweisung; a. A. OLG Hamburg, NJW-RR 2012, 634, Rn. 3: Bei Willkür Möglichkeit der außerordentlichen Beschwerde; denn dann nachvollziehbares Interesse der Partei, die fehlende Bindungswirkung festgestellt zu wissen, und zwar unabhängig davon, ob bzw. wann einer der beteiligten Spruchkörper diese Frage gem. § 36 Abs. 1 Nr. 6 ZPO dem gemeinsamen höheren Gericht vorlegt. Vgl. auch Thomas/Putzo-*Hüßtege*, ZPO, § 102 GVG Rn. 2: Anfechtbarkeit (insbesondere der Endentscheidung) bejaht bei Willkür.
31 MK-*Zimmermann*, ZPO, § 102 GVG Rn. 7; a. A. Thomas/Putzo-*Hüßtege*, ZPO, § 102 GVG Rn. 2: Anfechtbarkeit (insbesondere der Endentscheidung) bejaht bei Willkür.

§ 106
[Vorsitz bei auswärtigen Kammern für Handelssachen]

Im Falle des § 93 Abs. 1 Satz 2 kann ein Richter beim Amtsgericht Vorsitzender der Kammer für Handelssachen sein.

§ 107
[Entschädigung der ehrenamtlichen Richter]

(1) Die ehrenamtlichen Richter, die weder ihren Wohnsitz noch ihre gewerbliche Niederlassung am Sitz der Kammer für Handelssachen haben, erhalten Tage- und Übernachtungsgelder nach den für Richter am Landgericht geltenden Vorschriften.

(2) Den ehrenamtlichen Richtern werden die Fahrtkosten in entsprechender Anwendung des § 5 des Justizvergütungs- und -entschädigungsgesetzes ersetzt.

§ 108
[Ernennung zum ehrenamtlichen Richter]

Die ehrenamtlichen Richter werden auf gutachtlichen Vorschlag der Industrie- und Handelskammern für die Dauer von fünf Jahren ernannt; eine wiederholte Ernennung ist nicht ausgeschlossen.

§ 109
[Voraussetzung der Ernennung]

(1) Zum ehrenamtlichen Richter kann ernannt werden, wer
1. Deutscher ist,
2. das dreißigste Lebensjahr vollendet hat und
3. als Kaufmann, Vorstandsmitglied oder Geschäftsführer einer juristischen Person oder als Prokurist in das Handelsregister oder das Genossenschaftsregister eingetragen ist oder eingetragen war oder als Vorstandsmitglied einer juristischen Person des öffentlichen Rechts aufgrund einer gesetzlichen Sonderregelung für diese juristische Person nicht eingetragen zu werden braucht.

(2) [2]Wer diese Voraussetzungen erfüllt, soll nur ernannt werden, wenn er
1. in dem Bezirk der Kammer für Handelssachen wohnt oder
2. in diesem Bezirk eine Handelsniederlassung hat oder
3. einem Unternehmen angehört, das in diesem Bezirk seinen Sitz oder seine Niederlassung hat.

[2]Darüber hinaus soll nur ernannt werden
1. ein Prokurist, wenn er im Unternehmen eine der eigenverantwortlichen Tätigkeit des Unternehmers vergleichbare selbständige Stellung einnimmt,
2. ein Vorstandsmitglied einer Genossenschaft, wenn es hauptberuflich in einer Genossenschaft tätig ist, die in ähnliche Weise wie eine Handelsgesellschaft am Handelsverkehr teilnimmt.

(3) [1]Zum ehrenamtlichen Richter kann nicht ernannt werden, wer zu dem Amt eines Schöffen unfähig ist oder nach § 33 Nr. 4 zu dem Amt eines Schöffen nicht berufen werden soll. [2]Zum ehrenamtlichen Richter soll nicht ernannt werden, wer nach § 33 Nr. 6 zu dem Amt eines Schöffen nicht berufen werden soll.

§ 110
[Ehrenamtliche Richter an Seeplätzen]

An Seeplätzen können ehrenamtliche Richter auch aus dem Kreis der Schiffahrtskundigen ernannt werden.

§ 111
[weggefallen]

§ 112

[Rechte und Pflichten]

Die ehrenamtlichen Richter haben während der Dauer ihres Amts in Beziehung auf dasselbe alle Rechte und Pflichten eines Richters.

§ 113

[Enthebung aus dem Amt]

(1) Ein ehrenamtlicher Richter ist seines Amtes zu entheben, wenn er
1. eine der für seine Ernennung erforderlichen Eigenschaften verliert oder Umstände eintreten oder nachträglich bekanntwerden, die einer Ernennung nach § 109 entgegenstehen, oder
2. seine Amtspflichten gröblich verletzt hat.

(2) Ein ehrenamtlicher Richter soll seines Amtes enthoben werden, wenn Umstände eintreten oder bekannt werden, bei deren Vorhandensein eine Ernennung nach § 109 Abs. 3 Satz 2 nicht erfolgen soll.

(3) ^{1}Die Entscheidung trifft der erste Zivilsenat des Oberlandesgerichts durch Beschluß nach Anhörung des Beteiligten. ^{2}Sie ist unanfechtbar.

(4) Beantragt der ehrenamtliche Richter selbst die Entbindung von seinem Amt, so trifft die Entscheidung die Landesjustizverwaltung.

§ 114

[Entscheidung aufgrund eigener Sachkunde]

Über Gegenstände, zu deren Beurteilung eine kaufmännische Begutachtung genügt, sowie über das Bestehen von Handelsgebräuchen kann die Kammer für Handelssachen auf Grund eigener Sachkunde und Wissenschaft entscheiden.

Achter Titel
Oberlandesgerichte

§ 115

[Besetzung]

Die Oberlandesgerichte werden mit einem Präsidenten sowie mit Vorsitzenden Richtern und weiteren Richtern besetzt.

§ 115a

[weggefallen]

§ 116

[Zivil- und Strafsenate; Ermittlungsrichter]

(1) ^{1}Bei den Oberlandesgerichten werden Zivil- und Strafsenate gebildet. ^{2}Bei den nach § 120 zuständigen Oberlandesgerichten werden Ermittlungsrichter bestellt; zum Ermittlungsrichter kann auch jedes Mitglied eines anderen Oberlandesgerichts, das in dem in § 120 bezeichneten Gebiet seinen Sitz hat, bestellt werden.

(2) ^{1}Die Landesregierungen werden ermächtigt, durch Rechtsverordnung außerhalb des Sitzes des Oberlandesgerichts für den Bezirk eines oder mehrerer Landgerichte Zivil- oder Strafsenate zu bilden und ihnen für diesen Bezirk die gesamte Tätigkeit des Zivil- oder Strafsenats des Oberlandesgerichts oder einen Teil dieser Tätigkeit zuzuweisen. ^{2}Ein auswärtiger Senat für Familiensachen kann für die Bezirke mehrerer Familiengerichte gebildet werden.

(3) Die Landesregierungen können die Ermächtigung nach Absatz 2 auf die Landesjustizverwaltungen übertragen.

§ 117

[Vertretung]

Die Vorschrift des § 70 Abs. 1 ist entsprechend anzuwenden.

§ 118
[Sachliche Zuständigkeit in 1. Instanz]

Die Oberlandesgerichte sind in bürgerlichen Rechtsstreitigkeiten im ersten Rechtszug zuständig für die Verhandlung und Entscheidung über Musterverfahren nach dem Kapitalanleger-Musterverfahrensgesetz.

§ 119
[Zuständigkeit in Zivilsachen]

(1) Die Oberlandesgerichte sind in Zivilsachen zuständig für die Verhandlung und Entscheidung über die Rechtsmittel:
1. der Beschwerde gegen Entscheidungen der Amtsgerichte
   a) in den von den Familiengerichten entschiedenen Sachen;
   b) in den Angelegenheiten der freiwilligen Gerichtsbarkeit mit Ausnahme der Freiheitsentziehungssachen und der von den Betreuungsgerichten entschiedenen Sachen;
2. der Berufung und der Beschwerde gegen Entscheidungen der Landgerichte.

(2) § 23b Abs. 1 und 2 gilt entsprechend.

(3) *(weggefallen)*

(4) *(weggefallen)*

(5) *(weggefallen)*

(6) *(weggefallen)*

§§ 120–121
[betrifft Strafsachen]

§ 122
[Besetzung der Senate]

(1) Die Senate der Oberlandesgerichte entscheiden, soweit nicht nach den Vorschriften der Prozeßgesetze an Stelle des Senats der Einzelrichter zu entscheiden hat, in der Besetzung von drei Mitgliedern mit Einschluß des Vorsitzenden.

(2) ¹Die Strafsenate entscheiden über die Eröffnung des Hauptverfahrens des ersten Rechtszuges mit einer Besetzung von fünf Richtern einschließlich des Vorsitzenden. ²Bei der Eröffnung des Hauptverfahrens beschließt der Strafsenat, daß er in der Hauptverhandlung mit drei Richtern einschließlich des Vorsitzenden besetzt ist, wenn nicht nach dem Umfang oder der Schwierigkeit der Sache die Mitwirkung zweier weiterer Richter notwendig erscheint. ³Über die Einstellung des Hauptverfahrens wegen eines Verfahrenshindernisses entscheidet der Strafsenat in der für die Hauptverhandlung bestimmten Besetzung. ⁴Ist eine Sache vom Revisionsgericht zurückverwiesen worden, kann der nunmehr zuständige Strafsenat erneut nach Satz 2 über seine Besetzung beschließen.

Neunter Titel
Bundesgerichtshof

§ 123
[Sitz]

Sitz des Bundesgerichtshofes ist Karlsruhe.

§ 124
[Besetzung]

Der Bundesgerichtshof wird mit einem Präsidenten sowie mit Vorsitzenden Richtern und weiteren Richtern besetzt.

§ 125
[Ernennung der Mitglieder]

(1) Die Mitglieder des Bundesgerichtshofes werden durch den Bundesminister der Justiz und für Verbraucherschutz gemeinsam mit dem Richterwahlausschuß gemäß dem Richterwahlgesetz berufen und vom Bundespräsidenten ernannt.

(2) Zum Mitglied des Bundesgerichtshofes kann nur berufen werden, wer das fünfunddreißigste Lebensjahr vollendet hat.

§§ 126–129
[weggefallen]

§ 130
[Zivil- und Strafsenate; Ermittlungsrichter]

(1) [1]Bei dem Bundesgerichtshof werden Zivil- und Strafsenate gebildet und Ermittlungsrichter bestellt. [2]Ihre Zahl bestimmt der Bundesminister der Justiz und für Verbraucherschutz.

(2) Der Bundesminister der Justiz und für Verbraucherschutz wird ermächtigt, Zivil- und Strafsenate auch außerhalb des Sitzes des Bundesgerichtshofes zu bilden und die Dienstsitze für Ermittlungsrichter des Bundesgerichtshofes zu bestimmen.

§§ 131–131a
[weggefallen]

§ 132
[Große Senate]

(1) [1]Beim Bundesgerichtshof werden ein Großer Senat für Zivilsachen und ein Großer Senat für Strafsachen gebildet. [2]Die Großen Senate bilden die Vereinigten Großen Senate.

(2) Will ein Senat in einer Rechtsfrage von der Entscheidung eines anderen Senats abweichen, so entscheiden der Große Senat für Zivilsachen, wenn ein Zivilsenat von einem anderen Zivilsenat oder von dem Großen Zivilsenat, der Große Senat für Strafsachen, wenn ein Strafsenat von einem anderen Strafsenat oder von dem Großen Senat für Strafsachen, die Vereinigten Großen Senate, wenn ein Zivilsenat von einem anderen Zivilsenat oder von dem Großen Senat für Strafsachen oder ein Strafsenat von einem Zivilsenat oder von dem Großen Senat für Zivilsachen oder ein Senat von den Vereinigten Großen Senaten abweichen will.

(3) [1]Eine Vorlage an den Großen Senat oder die Vereinigten Großen Senate ist nur zulässig, wenn der Senat, von dessen Entscheidung abgewichen werden soll, auf Anfrage des erkennenden Senats erklärt hat, daß er an seiner Rechtsauffassung festhält. [2]Kann der Senat, von dessen Entscheidung abgewichen werden soll, wegen einer Änderung des Geschäftsverteilungsplanes mit der Rechtsfrage nicht mehr befaßt werden, tritt der Senat an seine Stelle, der nach dem Geschäftsverteilungsplan für den Fall, in dem abweichend entschieden wurde, zuständig wäre. [3]Über die Anfrage und die Antwort entscheidet der jeweilige Senat durch Beschluß in der für Urteile erforderlichen Besetzung; § 97 Abs. 2 Satz 1 des Steuerberatungsgesetzes und § 74 Abs. 2 Satz 1 der Wirtschaftsprüferordnung bleiben unberührt.

(4) Der erkennende Senat kann eine Frage von grundsätzlicher Bedeutung dem Großen Senat zur Entscheidung vorlegen, wenn das nach seiner Auffassung zur Fortbildung des Rechts oder zur Sicherung einer einheitlichen Rechtsprechung erforderlich ist.

(5) [1]Der Große Senat für Zivilsachen besteht aus dem Präsidenten und je einem Mitglied der Zivilsenate, der Große Senate für Strafsachen aus dem Präsidenten und je zwei Mitgliedern der Strafsenate. Legt ein anderer Senat vor oder soll von dessen Entscheidung abgewichen werden, ist auch ein Mitglied dieses Senats im Großen Senat vertreten. [2]Die Vereinigten Großen Senate bestehen aus dem Präsidenten und den Mitgliedern der Großen Senate.

(6) [1]Die Mitglieder und die Vertreter werden durch das Präsidium für ein Geschäftsjahr bestellt. [2]Dies gilt auch für das Mitglied eines anderen Senats nach Absatz 5 Satz 2 und für seinen Vertreter. [3]Den Vorsitz in den Großen Senaten und den Vereinigten Großen Senaten führt der Präsident, bei Verhinderung das dienstälteste Mitglied. [4]Bei Stimmengleichheit gibt die Stimme des Vorsitzenden den Ausschlag.

§ 133
[Zuständigkeit in Zivilsachen]

In Zivilsachen ist der Bundesgerichtshof zuständig für die Verhandlung und Entscheidung über die Rechtsmittel der Revision, der Sprungrevision, der Rechtsbeschwerde und der Sprungrechtsbeschwerde.

§§ 134–134a
[weggefallen]

§ 135
[betrifft Strafsachen]

§§ 136–137
[weggefallen]

§ 138
[Entscheidung der Senate]

(1) ¹Die Großen Senate und die Vereinigten Großen Senate entscheiden nur über die Rechtsfrage. ²Sie können ohne mündliche Verhandlung entscheiden. ³Die Entscheidung ist in der vorliegenden Sache für den erkennenden Senat bindend.

(2) ¹Vor der Entscheidung des Großen Senats für Strafsachen oder der Vereinigten Großen Senate und in Rechtsstreitigkeiten, welche die Anfechtung einer Todeserklärung zum Gegenstand haben, ist der Generalbundesanwalt zu hören. ²Der Generalbundesanwalt kann auch in der Sitzung seine Auffassung darlegen.

(3) Erfordert die Entscheidung der Sache eine erneute mündliche Verhandlung vor dem erkennenden Senat, so sind die Beteiligten unter Mitteilung der ergangenen Entscheidung der Rechtsfrage zu der Verhandlung zu laden.

§ 139
[Besetzung]

(1) Die Senate des Bundesgerichtshofes entscheiden in der Besetzung von fünf Mitgliedern einschließlich des Vorsitzenden.

(2) *(betrifft Strafsachen)*

§ 140
[Geschäftsordnung]

Der Geschäftsgang wird durch eine Geschäftsordnung geregelt, die das Plenum beschließt.

9a. Titel
Zuständigkeit für Wiederaufnahmeverfahren in Strafsachen

§ 140a
[betrifft Strafsachen]

Zehnter Titel
Staatsanwaltschaft

§§ 141–152
[betrifft Strafsachen]

Elfter Titel
Geschäftsstelle

§ 153
[Geschäftsstelle, Urkundsbeamten]

(1) Bei jedem Gericht und jeder Staatsanwaltschaft wird eine Geschäftsstelle eingerichtet, die mit der erforderlichen Zahl von Urkundsbeamten besetzt wird.

(2) ¹Mit den Aufgaben eines Urkundsbeamten der Geschäftsstelle kann betraut werden, wer einen Vorbereitungsdienst von zwei Jahren abgeleistet und die Prüfung für den mittleren Justizdienst oder für den mittleren Dienst bei der Arbeitsgerichtsbarkeit bestanden hat. ²Sechs Monate des Vorbereitungsdienstes sollen auf einen Fachlehrgang entfallen.

(3) Mit den Aufgaben eines Urkundsbeamten der Geschäftsstelle kann auch betraut werden,
1. wer die Rechtspflegerprüfung oder die Prüfung für den gehobenen Dienst bei der Arbeitsgerichtsbarkeit bestanden hat,
2. wer nach den Vorschriften über den Laufbahnwechsel die Befähigung für die Laufbahn des mittleren Justizdienstes erhalten hat,
3. wer als anderer Bewerber nach den landesrechtlichen Vorschriften in die Laufbahn des mittleren Justizdienstes übernommen worden ist.

(4) ¹Die näheren Vorschriften zur Ausführung der Absätze 1 bis 3 erlassen der Bund und die Länder für ihren Bereich. ²Sie können auch bestimmen, ob und inwieweit Zeiten einer dem Ausbildungsziel förderlichen sonstigen Ausbildung oder Tätigkeit auf den Vorbereitungsdienst angerechnet werden können.

(5) ¹Der Bund und die Länder können ferner bestimmen, daß mit Aufgaben eines Urkundsbeamten der Geschäftsstelle auch betraut werden kann, wer auf dem Sachgebiet, das ihm übertragen werden soll, einen Wissens- und Leistungsstand aufweist, der dem durch die Ausbildung nach Absatz 2 vermittelten Stand gleichwertig ist. ²In den Ländern Brandenburg, Mecklenburg-Vorpommern, Sachsen, Sachsen- Anhalt und Thüringen dürfen solche Personen weiterhin mit den Aufgaben eines Urkundsbeamten der Geschäftsstelle betraut werden, die bis zum 25. April 2006 gemäß Anlage I Kapitel III Sachgebiet A Abschnitt III Nr. 1 Buchstabe q Abs. 1 zum Einigungsvertrag vom 31. August 1990 (BGBl. 1990 II S. 889, 922) mit diesen Aufgaben betraut worden sind.

Zwölfter Titel
Zustellungs- u. Vollstreckungsbeamte

§ 154
[Gerichtsvollzieher]

Die Dienst- und Geschäftsverhältnisse der mit den Zustellungen, Ladungen und Vollstreckungen zu betrauenden Beamten (Gerichtsvollzieher) werden bei dem Bundesgerichtshof durch den Bundesminister der Justiz und für Verbraucherschutz, bei den Landesgerichten durch die Landesjustizverwaltung bestimmt.

§ 155
[Ausschließung des Gerichtsvollziehers]

Der Gerichtsvollzieher ist von der Ausübung seines Amts kraft Gesetzes ausgeschlossen:
I. in bürgerlichen Rechtsstreitigkeiten:
1. wenn er selbst Partei oder gesetzlicher Vertreter einer Partei ist oder zu einer Partei in dem Verhältnis eines Mitberechtigten, Mitverpflichteten oder Schadensersatzpflichtigen steht;
2. wenn sein Ehegatte oder Lebenspartner Partei ist, auch wenn die Ehe oder Lebenspartnerschaft nicht mehr besteht;
3. wenn eine Person Partei ist, mit der er in gerader Linie verwandt oder verschwägert, in der Seitenlinie bis zum dritten Grad verwandt oder bis zum zweiten Grad verschwägert ist oder war;
II. *(betrifft Strafsachen)*

Dreizehnter Titel
Rechtshilfe

§ 156
[Rechtshilfepflicht in Zivil- und Strafsachen]

Die Gerichte haben sich in Zivilsachen und in Strafsachen Rechtshilfe zu leisten.

§ 157
[Rechtshilfeersuchen beim Amtsgericht]

(1) Das Ersuchen um Rechtshilfe ist an das Amtsgericht zu richten, in dessen Bezirk die Amtshandlung vorgenommen werden soll.

(2) [1]Die Landesregierungen werden ermächtigt, durch Rechtsverordnung die Erledigung von Rechtshilfeersuchen für die Bezirke mehrerer Amtsgerichte einem von ihnen ganz oder teilweise zuzuweisen, sofern dadurch der Rechtshilfeverkehr erleichtert oder beschleunigt wird. [2]Die Landesregierungen können diese Ermächtigung durch Rechtsverordnung auf die Landesjustizverwaltungen übertragen.

§ 158
[Ablehnung des Ersuchens]

(1) Das Ersuchen darf nicht abgelehnt werden.

(2) [1]Das Ersuchen eines nicht im Rechtszuge vorgesetzten Gerichts ist jedoch abzulehnen, wenn die vorzunehmende Handlung nach dem Recht des ersuchten Gerichts verboten ist. [2]Ist das ersuchte Gericht örtlich nicht zuständig, so gibt es das Ersuchen an das zuständige Gericht ab.

§ 159
[Entscheidung bei Ablehnung der Rechtshilfe]

(1) [1]Wird das Ersuchen abgelehnt oder wird der Vorschrift des § 158 Abs. 2 zuwider dem Ersuchen stattgegeben, so entscheidet das Oberlandesgericht, zu dessen Bezirk das ersuchte Gericht gehört. [2]Die Entscheidung ist nur anfechtbar, wenn sie die Rechtshilfe für unzulässig erklärt und das ersuchende und das ersuchte Gericht den Bezirken verschiedener Oberlandesgerichte angehören. [3]Über die Beschwerde entscheidet der Bundesgerichtshof.

(2) Die Entscheidungen ergehen auf Antrag der Beteiligten oder des ersuchenden Gerichts ohne mündliche Verhandlung.

§ 160
[Vollstreckungen, Ladungen und Zustellungen]

Vollstreckungen, Ladungen und Zustellungen werden nach Vorschrift der Prozeßordnungen bewirkt ohne Rücksicht darauf, ob sie in dem Land, dem das Prozeßgericht angehört, oder in einem anderen deutschen Land vorzunehmen sind.

§ 161
[Mitwirkung der Geschäftsstelle
bei Beauftragung eines Gerichtsvollziehers]

[1]Gerichte, Staatsanwaltschaften und Geschäftsstellen der Gerichte können wegen Erteilung eines Auftrags an einen Gerichtsvollzieher die Mitwirkung der Geschäftsstelle des Amtsgerichts in Anspruch nehmen, in dessen Bezirk der Auftrag ausgeführt werden soll. [2]Der von der Geschäftsstelle beauftragte Gerichtsvollzieher gilt als unmittelbar beauftragt.

§ 162
[Strafvollstreckung]

Hält sich ein zu einer Freiheitsstrafe Verurteilter außerhalb des Bezirks der Strafvollstreckungsbehörde auf, so kann diese Behörde die Staatsanwaltschaft des Landgerichts, in dessen Bezirk sich der Verurteilte befindet, um die Vollstreckung der Strafe ersuchen.

§ 163
[Vollstreckung und Ergreifung außerhalb des Bezirks]
Soll eine Freiheitsstrafe in dem Bezirk eines anderen Gerichts vollstreckt oder ein in dem Bezirk eines anderen Gerichts befindlicher Verurteilter zum Zwecke der Strafverbüßung ergriffen und abgeliefert werden, so ist die Staatsanwaltschaft bei dem Landgericht des Bezirks um die Ausführung zu ersuchen.

§ 164
[Erstattungsfreiheit]
(1) Kosten und Auslagen der Rechtshilfe werden von der ersuchenden Behörde nicht erstattet.
(2) Gebühren oder andere öffentliche Abgaben, denen die von der ersuchenden Behörde übersendeten Schriftstücke (Urkunden, Protokolle) nach dem Recht der ersuchten Behörde unterliegen, bleiben außer Ansatz.

§ 165
[weggefallen]

§ 166
[Amtshandlungen außerhalb des Bezirks]
Ein Gericht darf Amtshandlungen im Geltungsbereich dieses Gesetzes auch außerhalb seines Bezirks vornehmen.

§ 167
[betrifft Strafsachen]

§ 168
[Mitteilung von Akten]
Die in einem deutschen Land bestehenden Vorschriften über die Mitteilung von Akten einer öffentlichen Behörde an ein Gericht dieses Landes sind auch dann anzuwenden, wenn das ersuchende Gericht einem anderen deutschen Land angehört.

Vierzehnter Titel
Öffentlichkeit und Sitzungspolizei

§ 169
[Grundsatz der Öffentlichkeit der Verhandlung]
[1]Die Verhandlung vor dem erkennenden Gericht einschließlich der Verkündung der Urteile und Beschlüsse ist öffentlich. [2]Ton- und Fernseh-Rundfunkaufnahmen sowie Ton- und Filmaufnahmen zum Zwecke der öffentlichen Vorführung oder Veröffentlichung ihres Inhalts sind unzulässig.

§ 170
[Ausschluss der Öffentlichkeit in Familiensachen sowie in Angelegenheiten der freiwilligen Gerichtsbarkeit]
(1) [1]Verhandlungen, Erörterungen und Anhörungen in Familiensachen sowie in Angelegenheiten der freiwilligen Gerichtsbarkeit sind nicht öffentlich. [2]Das Gericht kann die Öffentlichkeit zulassen, jedoch nicht gegen den Willen eines Beteiligten. [3]In Betreuungs- und Unterbringungssachen ist auf Verlangen des Betroffenen einer Person seines Vertrauens die Anwesenheit zu gestatten.
(2) Das Rechtsbeschwerdegericht kann die Öffentlichkeit zulassen, soweit nicht das Interesse eines Beteiligten an der nicht öffentlichen Erörterung überwiegt.

§ 171
[weggefallen]

§ 171a

[betrifft Strafsachen]

§ 171b

[Ausschluss der Öffentlichkeit bei Verletzung von schutzwürdigen Interessen]

(1) ¹Die Öffentlichkeit kann ausgeschlossen werden, soweit Umstände aus dem persönlichen Lebensbereich eines Prozessbeteiligten, eines Zeugen oder eines durch eine rechtswidrige Tat (§ 11 Absatz 1 Nummer 5 des Strafgesetzbuchs) Verletzten zur Sprache kommen, deren öffentliche Erörterung schutzwürdige Interessen verletzen würde. ²Das gilt nicht, soweit das Interesse an der öffentlichen Erörterung dieser Umstände überwiegt. ³Die besonderen Belastungen, die für Kinder und Jugendliche mit einer öffentlichen Hauptverhandlung verbunden sein können, sind dabei zu berücksichtigen. ⁴Entsprechendes gilt bei volljährigen Personen, die als Kinder oder Jugendliche durch die Straftat verletzt worden sind.

(2) ¹Die Öffentlichkeit soll ausgeschlossen werden, soweit in Verfahren wegen Straftaten gegen die sexuelle Selbstbestimmung (§§ 174 bis 184j des Strafgesetzbuchs) oder gegen das Leben (§§ 211 bis 222 des Strafgesetzbuchs), wegen Misshandlung von Schutzbefohlenen (§ 225 des Strafgesetzbuchs) oder wegen Straftaten gegen die persönliche Freiheit nach den §§ 232 bis 233a des Strafgesetzbuchs ein Zeuge unter 18 Jahren vernommen wird. ²Absatz 1 Satz 4 gilt entsprechend.

(3) ¹Die Öffentlichkeit ist auszuschließen, wenn die Voraussetzungen der Absätze 1 oder 2 vorliegen und der Ausschluss von der Person, deren Lebensbereich betroffen ist, beantragt wird. ²Für die Schlussanträge in Verfahren wegen der in Absatz 2 genannten Straftaten ist die Öffentlichkeit auszuschließen, ohne dass es eines hierauf gerichteten Antrags bedarf, wenn die Verhandlung unter den Voraussetzungen der Absätze 1 oder 2 oder des § 172 Nummer 4 ganz oder zum Teil unter Ausschluss der Öffentlichkeit stattgefunden hat.

(4) Abweichend von den Absätzen 1 und 2 darf die Öffentlichkeit nicht ausgeschlossen werden, soweit die Personen, deren Lebensbereiche betroffen sind, dem Ausschluss der Öffentlichkeit widersprechen.

(5) Die Entscheidungen nach den Absätzen 1 bis 4 sind unanfechtbar.

§ 172

[Weitere Ausschließungsgründe]

Das Gericht kann für die Verhandlung oder für einen Teil davon die Öffentlichkeit ausschließen, wenn

1. eine Gefährdung der Staatssicherheit, der öffentlichen Ordnung oder der Sittlichkeit zu besorgen ist,
1a. eine Gefährdung des Lebens, des Leibes oder der Freiheit eines Zeugen oder einer anderen Person zu besorgen ist,
2. ein wichtiges Geschäfts-, Betriebs-, Erfindungs- oder Steuergeheimnis zur Sprache kommt, durch dessen öffentliche Erörterung überwiegende schutzwürdige Interessen verletzt würden,
3. ein privates Geheimnis erörtert wird, dessen unbefugte Offenbarung durch den Zeugen oder Sachverständigen mit Strafe bedroht ist,
4. eine Person unter 18 Jahren vernommen wird.

§ 173

[Öffentliche Urteilsverkündung]

(1) Die Verkündung des Urteils sowie der Endentscheidung in Ehesachen und Familienstreitsachen erfolgt in jedem Falle öffentlich.

(2) Durch einen besonderen Beschluß des Gerichts kann unter den Voraussetzungen der §§ 171b und 172 auch für die Verkündung der Entscheidungsgründe oder eines Teiles davon die Öffentlichkeit ausgeschlossen werden.

§ 174

[Verhandlung und Verkündung über den Ausschluss der Öffentlichkeit]

(1) ¹Über die Ausschließung der Öffentlichkeit ist in nicht öffentlicher Sitzung zu verhandeln, wenn ein Beteiligter es beantragt oder das Gericht es für angemessen erachtet. ²Der Beschluß, der die Öffentlichkeit ausschließt, muß öffentlich verkündet werden; er kann in

nicht öffentlicher Sitzung verkündet werden, wenn zu befürchten ist, daß seine öffentliche Verkündung eine erhebliche Störung der Ordnung in der Sitzung zur Folge haben würde. ³Bei der Verkündung ist in den Fällen der §§ 171b, 172 und 173 anzugeben, aus welchem Grund die Öffentlichkeit ausgeschlossen worden ist.

(2) Soweit die Öffentlichkeit wegen Gefährdung der Staatssicherheit ausgeschlossen wird, dürfen Presse, Rundfunk und Fernsehen keine Berichte über die Verhandlung und den Inhalt eines die Sache betreffenden amtlichen Schriftstücks veröffentlichen.

(3) ¹Ist die Öffentlichkeit wegen Gefährdung der Staatssicherheit oder aus den in §§ 171b und 172 Nr. 2 und 3 bezeichneten Gründen ausgeschlossen, so kann das Gericht den anwesenden Personen die Geheimhaltung von Tatsachen, die durch die Verhandlung oder durch ein die Sache betreffendes amtliches Schriftstück zu ihrer Kenntnis gelangen, zur Pflicht machen. ²Der Beschluß ist in das Sitzungsprotokoll aufzunehmen. ³Er ist anfechtbar. ⁴Die Beschwerde hat keine aufschiebende Wirkung.

§ 175
[Zutritt zur Verhandlung]

(1) Der Zutritt zu öffentlichen Verhandlungen kann unerwachsenen und solchen Personen versagt werden, die in einer der Würde des Gerichts nicht entsprechenden Weise erscheinen.

(2) ¹Zu nicht öffentlichen Verhandlungen kann der Zutritt einzelnen Personen vom Gericht gestattet werden. ²In Strafsachen soll dem Verletzten der Zutritt gestattet werden. ³Einer Anhörung der Beteiligten bedarf es nicht.

(3) Die Ausschließung der Öffentlichkeit steht der Anwesenheit der die Dienstaufsicht führenden Beamten der Justizverwaltung bei den Verhandlungen vor dem erkennenden Gericht nicht entgegen.

§ 176
[Weisungsbefugnis des Vorsitzenden; Sitzungspolizei]

Die Aufrechterhaltung der Ordnung in der Sitzung obliegt dem Vorsitzenden.

§ 177
[Aufrechterhaltung der Ordnung]

¹Parteien, Beschuldigte, Zeugen, Sachverständige oder bei der Verhandlung nicht beteiligte Personen, die den zur Aufrechterhaltung der Ordnung getroffenen Anordnungen nicht Folge leisten, können aus dem Sitzungszimmer entfernt sowie zur Ordnungshaft abgeführt und während einer zu bestimmenden Zeit, die vierundzwanzig Stunden nicht übersteigen darf, festgehalten werden. ²Über Maßnahmen nach Satz 1 entscheidet gegenüber Personen, die bei der Verhandlung nicht beteiligt sind, der Vorsitzende, in den übrigen Fällen das Gericht.

§ 178
[Verhängung von Ordnungsmittel wegen Ungebühr]

(1) ¹Gegen Parteien, Beschuldigte, Zeugen, Sachverständige oder bei der Verhandlung nicht beteiligte Personen, die sich in der Sitzung einer Ungebühr schuldig machen, kann vorbehaltlich der strafgerichtlichen Verfolgung ein Ordnungsgeld bis zu eintausend Euro oder Ordnungshaft bis zu einer Woche festgesetzt und sofort vollstreckt werden. ²Bei der Festsetzung von Ordnungsgeld ist zugleich für den Fall, daß dieses nicht beigetrieben werden kann, zu bestimmen, in welchem Maße Ordnungshaft an seine Stelle tritt.

(2) Über die Festsetzung von Ordnungsmitteln entscheidet gegenüber Personen, die bei der Verhandlung nicht beteiligt sind, der Vorsitzende, in den übrigen Fällen das Gericht.

(3) Wird wegen derselben Tat später auf Strafe erkannt, so sind das Ordnungsgeld oder die Ordnungshaft auf die Strafe anzurechnen.

§ 179
[Vollstreckung der Ordnungsmittel]

Die Vollstreckung der vorstehend bezeichneten Ordnungsmittel hat der Vorsitzende unmittelbar zu veranlassen.

§ 180
[Richterliche Befugnisse außerhalb der Sitzung]

Die in den §§ 176 bis 179 bezeichneten Befugnisse stehen auch einem einzelnen Richter bei der Vornahme von Amtshandlungen außerhalb der Sitzung zu.

§ 181
[Beschwerde gegen Ordnungsmittel]

(1) Ist in den Fällen der §§ 178, 180 ein Ordnungsmittel festgesetzt, so kann gegen die Entscheidung binnen der Frist von einer Woche nach ihrer Bekanntmachung Beschwerde eingelegt werden, sofern sie nicht von dem Bundesgerichtshof oder einem Oberlandesgericht getroffen ist.

(2) Die Beschwerde hat in dem Falle des § 178 keine aufschiebende Wirkung, in dem Falle des § 180 aufschiebende Wirkung.

(3) Über die Beschwerde entscheidet das Oberlandesgericht.

§ 182
[Protokollierung]

Ist ein Ordnungsmittel wegen Ungebühr festgesetzt oder eine Person zur Ordnungshaft abgeführt oder eine bei der Verhandlung beteiligte Person entfernt worden, so ist der Beschluß des Gerichts und dessen Veranlassung in das Protokoll aufzunehmen.

§ 183
[Straftat in der Sitzung]

[1]Wird eine Straftat in der Sitzung begangen, so hat das Gericht den Tatbestand festzustellen und der zuständigen Behörde das darüber aufgenommene Protokoll mitzuteilen. [2]In geeigneten Fällen ist die vorläufige Festnahme des Täters zu verfügen.

Fünfzehnter Titel
Gerichtssprache

§ 184
[Gerichtssprache]

[1]Die Gerichtssprache ist deutsch. [2]Das Recht der Sorben, in den Heimatkreisen der sorbischen Bevölkerung vor Gericht sorbisch zu sprechen, ist gewährleistet.

§ 185
[Zuziehung eines Dolmetschers]

(1) [1]Wird unter Beteiligung von Personen verhandelt, die der deutschen Sprache nicht mächtig sind, so ist ein Dolmetscher zuzuziehen. [2]Ein Nebenprotokoll in der fremden Sprache wird nicht geführt; jedoch sollen Aussagen und Erklärungen in fremder Sprache, wenn und soweit der Richter dies mit Rücksicht auf die Wichtigkeit der Sache für erforderlich erachtet, auch in der fremden Sprache in das Protokoll oder in eine Anlage niedergeschrieben werden. [3]In den dazu geeigneten Fällen soll dem Protokoll eine durch den Dolmetscher zu beglaubigende Übersetzung beigefügt werden.

(1a) [1]Das Gericht kann gestatten, dass sich der Dolmetscher während der Verhandlung, Anhörung oder Vernehmung an einem anderen Ort aufhält. [2]Die Verhandlung, Anhörung oder Vernehmung wird zeitgleich in Bild und Ton an diesen Ort und in das Sitzungszimmer übertragen.

(2) Die Zuziehung eines Dolmetschers kann unterbleiben, wenn die beteiligten Personen sämtlich der fremden Sprache mächtig sind.

(3) In Familiensachen und in Angelegenheiten der freiwilligen Gerichtsbarkeit bedarf es der Zuziehung eines Dolmetschers nicht, wenn der Richter der Sprache, in der sich die beteiligten Personen erklären, mächtig ist.

§ 186
[Hör- oder sprachbehinderte Personen]

(1) ¹Die Verständigung mit einer hör- oder sprachbehinderten Person in der Verhandlung erfolgt nach ihrer Wahl mündlich, schriftlich oder mit Hilfe einer die Verständigung ermöglichenden Person, die vom Gericht hinzuzuziehen ist. ²Für die mündliche und schriftliche Verständigung hat das Gericht die geeigneten technischen Hilfsmittel bereitzustellen. ³Die hör- oder sprachbehinderte Person ist auf ihr Wahlrecht hinzuweisen.

(2) Das Gericht kann eine schriftliche Verständigung verlangen oder die Hinzuziehung einer Person als Dolmetscher anordnen, wenn die hör- oder sprachbehinderte Person von ihrem Wahlrecht nach Absatz 1 keinen Gebrauch gemacht hat oder eine ausreichende Verständigung in der nach Absatz 1 gewählten Form nicht oder nur mit unverhältnismäßigem Aufwand möglich ist.

§ 187
[betrifft Strafsachen]

§ 188
[Eide in fremder Sprache]

Personen, die der deutschen Sprache nicht mächtig sind, leisten Eide in der ihnen geläufigen Sprache.

§ 189
[Dolmetschervereidigung]

(1) ¹Der Dolmetscher hat einen Eid dahin zu leisten, daß er treu und gewissenhaft übertragen werde. ²Gibt der Dolmetscher an, daß er aus Glaubens- oder Gewissensgründen keinen Eid leisten wolle, so hat er eine Bekräftigung abzugeben. ³Diese Bekräftigung steht dem Eid gleich; hierauf ist der Dolmetscher hinzuweisen.

(2) Ist der Dolmetscher für Übertragungen der betreffenden Art in einem Land nach den landesrechtlichen Vorschriften allgemein beeidigt, so genügt vor allen Gerichten des Bundes und der Länder die Berufung auf diesen Eid.

(3) In Familiensachen und in Angelegenheiten der freiwilligen Gerichtsbarkeit ist die Beeidigung des Dolmetschers nicht erforderlich, wenn die beteiligten Personen darauf verzichten.

(4) ¹Der Dolmetscher oder Übersetzer soll über Umstände, die ihm bei seiner Tätigkeit zur Kenntnis gelangen, Verschwiegenheit wahren. ²Hierauf weist ihn das Gericht hin.

§ 190
[Urkundsbeamter als Dolmetscher]

¹Der Dienst des Dolmetschers kann von dem Urkundsbeamten der Geschäftsstelle wahrgenommen werden. ²Einer besonderen Beeidigung bedarf es nicht.

§ 191
[Ausschließung und Ablehnung eines Dolmetschers]

¹Auf den Dolmetscher sind die Vorschriften über Ausschließung und Ablehnung der Sachverständigen entsprechend anzuwenden. ²Es entscheidet das Gericht oder der Richter, von dem der Dolmetscher zugezogen ist.

§ 191a
[Wahrnehmung gerichtlicher Dokumente für Blinde oder Sehbehinderte]

(1) ¹Eine blinde oder sehbehinderte Person kann Schriftsätze und andere Dokumente in einer für sie wahrnehmbaren Form bei Gericht einreichen. ²Sie kann nach Maßgabe der Rechtsverordnung nach Absatz 2 verlangen, dass ihr Schriftsätze und andere Dokumente eines gerichtlichen Verfahrens barrierefrei zugänglich gemacht werden. ³Ist der blinden oder sehbehinderten Person Akteneinsicht zu gewähren, so kann sie verlangen, dass ihr die Akteneinsicht nach Maßgabe der Rechtsverordnung nach Absatz 2 barrierefrei gewährt wird. ⁴Ein Anspruch im Sinne der Sätze 1 bis 3 steht auch einer blinden oder sehbehinderten Person zu, die von einer anderen Person mit der Wahrnehmung ihrer Rechte beauftragt oder hierfür bestellt worden ist. ⁵Auslagen für die barrierefreie Zugänglichmachung nach diesen Vorschriften werden nicht erhoben.

(2) Das Bundesministerium der Justiz und für Verbraucherschutz bestimmt durch Rechtsverordnung, die der Zustimmung des Bundesrates bedarf, unter welchen Voraussetzungen und in welcher Weise die in Absatz 1 genannten Dokumente und Dokumente, die von den Parteien zur Akte gereicht werden, einer blinden oder sehbehinderten Person zugänglich gemacht werden, sowie ob und wie diese Person bei der Wahrnehmung ihrer Rechte mitzuwirken hat.

(3) ¹Sind elektronische Formulare eingeführt (§ 130c der Zivilprozessordnung, § 14a des Gesetzes über das Verfahren in Familiensachen und in den Angelegenheiten der freiwilligen Gerichtsbarkeit, § 46f des Arbeitsgerichtsgesetzes, § 65c des Sozialgerichtsgesetzes, § 55c der Verwaltungsgerichtsordnung, § 52c der Finanzgerichtsordnung), sind diese blinden oder sehbehinderten Personen barrierefrei zugänglich zu machen. ²Dabei sind die Standards von § 3 der Barrierefreie-Informationstechnik-Verordnung vom 12. September 2011 (BGBl. I S. 1843) in der jeweils geltenden Fassung maßgebend.

Sechzehnter Titel
Beratung und Abstimmung

§ 192
[Ergänzungsrichter]

(1) Bei Entscheidungen dürfen Richter nur in der gesetzlich bestimmten Anzahl mitwirken.

(2) Bei Verhandlungen von längerer Dauer kann der Vorsitzende die Zuziehung von Ergänzungsrichtern anordnen, die der Verhandlung beizuwohnen und im Falle der Verhinderung eines Richters für ihn einzutreten haben.

(3) Diese Vorschriften sind auch auf Schöffen anzuwenden.

§ 193
[Anwesenheit bei Beratungen und Abstimmungen; Geheimhaltungspflicht]

(1) Bei der Beratung und Abstimmung dürfen außer den zur Entscheidung berufenen Richtern nur die bei demselben Gericht zu ihrer juristischen Ausbildung beschäftigten Personen und die dort beschäftigten wissenschaftlichen Hilfskräfte zugegen sein, soweit der Vorsitzende deren Anwesenheit gestattet.

(2) ¹Ausländische Berufsrichter, Staatsanwälte und Anwälte, die einem Gericht zur Ableistung eines Studienaufenthaltes zugewiesen worden sind, können bei demselben Gericht bei der Beratung und Abstimmung zugegen sein, soweit der Vorsitzende deren Anwesenheit gestattet und sie gemäß den Absätzen 3 und 4 verpflichtet sind. ²Satz 1 gilt entsprechend für ausländische Juristen, die im Entsendestaat in einem Ausbildungsverhältnis stehen.

(3) ¹Die in Absatz 2 genannten Personen sind auf ihren Antrag zur Geheimhaltung besonders zu verpflichten. ²§ 1 Abs. 2 und 3 des Verpflichtungsgesetzes vom 2. März 1974 (BGBl. I S. 469, 547 – Artikel 42) gilt entsprechend. ³Personen, die nach Satz 1 besonders verpflichtet worden sind, stehen für die Anwendung der Vorschriften des Strafgesetzbuches über die Verletzung von Privatgeheimnissen (§ 203 Abs. 2 Satz 1 Nr. 2, Satz 2, Abs. 4 und 5, § 205), Verwertung fremder Geheimnisse (§§ 204, 205), Verletzung des Dienstgeheimnisses (§ 353b Abs. 1 Satz 1 Nr. 2, Satz 2, Abs. 3 und 4) sowie Verletzung des Steuergeheimnisses (§ 355) den für den öffentlichen Dienst besonders Verpflichteten gleich.

(4) ¹Die Verpflichtung wird vom Präsidenten oder vom aufsichtsführenden Richter des Gerichts vorgenommen. ²Er kann diese Befugnis auf den Vorsitzenden des Spruchkörpers oder auf den Richter übertragen, dem die in Absatz 2 genannten Personen zugewiesen sind. ³Einer erneuten Verpflichtung bedarf es während der Dauer des Studienaufenthaltes nicht. ⁴In den Fällen des § 355 des Strafgesetzbuches ist der Richter, der die Verpflichtung vorgenommen hat, neben dem Verletzten antragsberechtigt.

§ 194
[Beratung]

(1) Der Vorsitzende leitet die Beratung, stellt die Fragen und sammelt die Stimmen.

(2) Meinungsverschiedenheiten über den Gegenstand, die Fassung und die Reihenfolge der Fragen oder über das Ergebnis der Abstimmung entscheidet das Gericht.

§ 195
[Abstimmungspflicht]

Kein Richter oder Schöffe darf die Abstimmung über eine Frage verweigern, weil er bei der Abstimmung über eine vorhergegangene Frage in der Minderheit geblieben ist.

§ 196
[Stimmenmehrheit]

(1) Das Gericht entscheidet, soweit das Gesetz nicht ein anderes bestimmt, mit der absoluten Mehrheit der Stimmen.

(2) Bilden sich in Beziehung auf Summen, über die zu entscheiden ist, mehr als zwei Meinungen, deren keine die Mehrheit für sich hat, so werden die für die größte Summe abgegebenen Stimmen den für die zunächst geringere abgegebenen so lange hinzugerechnet, bis sich eine Mehrheit ergibt.

(3) ¹Bilden sich in einer Strafsache, von der Schuldfrage abgesehen, mehr als zwei Meinungen, deren keine die erforderliche Mehrheit für sich hat, so werden die dem Beschuldigten nachteiligsten Stimmen den zunächst minder nachteiligen so lange hinzugerechnet, bis sich die erforderliche Mehrheit ergibt. ²Bilden sich in der Straffrage zwei Meinungen, ohne daß eine die erforderliche Mehrheit für sich hat, so gilt die mildere Meinung.

(4) Ergibt sich in dem mit zwei Richtern und zwei Schöffen besetzten Gericht in einer Frage, über die mit einfacher Mehrheit zu entscheiden ist, Stimmengleichheit, so gibt die Stimme des Vorsitzenden den Ausschlag.

§ 197
[Stimmabgabe]

¹Die Richter stimmen nach dem Dienstalter, bei gleichem Dienstalter nach dem Lebensalter, ehrenamtliche Richter und Schöffen nach dem Lebensalter; der jüngere stimmt vor dem älteren. ²Die Schöffen stimmen vor den Richtern. ³Wenn ein Berichterstatter ernannt ist, so stimmt er zuerst. ⁴Zuletzt stimmt der Vorsitzende.

Siebzehnter Titel
Rechtsschutz bei überlangen Gerichtsverfahren und strafrechtlichen Ermittlungsverfahren

§ 198
[Entschädigungsanspruch, Verzögerungsrüge]

(1) ¹Wer infolge unangemessener Dauer eines Gerichtsverfahrens als Verfahrensbeteiligter einen Nachteil erleidet, wird angemessen entschädigt. ²Die Angemessenheit der Verfahrensdauer richtet sich nach den Umständen des Einzelfalles, insbesondere nach der Schwierigkeit und Bedeutung des Verfahrens und nach dem Verhalten der Verfahrensbeteiligten und Dritter.

(2) ¹Ein Nachteil, der nicht Vermögensnachteil ist, wird vermutet, wenn ein Gerichtsverfahren unangemessen lange gedauert hat. ²Hierfür kann Entschädigung nur beansprucht werden, soweit nicht nach den Umständen des Einzelfalles Wiedergutmachung auf andere Weise gemäß Absatz 4 ausreichend ist. ³Die Entschädigung gemäß Satz 2 beträgt 1 200 Euro für jedes Jahr der Verzögerung. ⁴Ist der Betrag gemäß Satz 3 nach den Umständen des Einzelfalles unbillig, kann das Gericht einen höheren oder niedrigeren Betrag festsetzen.

(3) ¹Entschädigung erhält ein Verfahrensbeteiligter nur, wenn er bei dem mit der Sache befassten Gericht die Dauer des Verfahrens gerügt hat (Verzögerungsrüge). ²Die Verzögerungsrüge kann erst erhoben werden, wenn Anlass zur Besorgnis besteht, dass das Verfahren nicht in einer angemessenen Zeit abgeschlossen wird; eine Wiederholung der Verzögerungsrüge ist frühestens nach sechs Monaten möglich, außer wenn ausnahmsweise eine kürzere Frist geboten ist. ³Kommt es für die Verfahrensförderung auf Umstände an, die noch nicht in das Verfahren eingeführt worden sind, muss die Rüge hierauf hinweisen. ⁴Anderenfalls werden sie von dem Gericht, das über die Entschädigung zu entscheiden hat (Entschädigungsgericht), bei der Bestimmung der angemessenen Verfahrensdauer nicht berücksichtigt. ⁵Verzögert sich das Verfahren bei einem anderen Gericht weiter, bedarf es einer erneuten Verzögerungsrüge.

(4) ¹Wiedergutmachung auf andere Weise ist insbesondere möglich durch die Feststellung des Entschädigungsgerichts, dass die Verfahrensdauer unangemessen war. ²Die Feststellung setzt keinen Antrag voraus. ³Sie kann in schwerwiegenden Fällen neben der Entschädigung ausgesprochen werden; ebenso kann sie ausgesprochen werden, wenn eine oder mehrere Voraussetzungen des Absatzes 3 nicht erfüllt sind.

(5) ¹Eine Klage zur Durchsetzung eines Anspruchs nach Absatz 1 kann frühestens sechs Monate nach Erhebung der Verzögerungsrüge erhoben werden. ²Die Klage muss spätestens sechs Monate nach Eintritt der Rechtskraft der Entscheidung, die das Verfahren beendet, oder einer anderen Erledigung des Verfahrens erhoben werden. ³Bis zur rechtskräftigen Entscheidung über die Klage ist der Anspruch nicht übertragbar.

(6) Im Sinne dieser Vorschrift ist
1. ein Gerichtsverfahren jedes Verfahren von der Einleitung bis zum rechtskräftigen Abschluss einschließlich eines Verfahrens auf Gewährung vorläufigen Rechtsschutzes und zur Bewilligung von Prozess oder Verfahrenskostenhilfe; ausgenommen ist das Insolvenzverfahren nach dessen Eröffnung; im eröffneten Insolvenzverfahren gilt die Herbeiführung einer Entscheidung als Gerichtsverfahren;
2. ein Verfahrensbeteiligter jede Partei und jeder Beteiligte eines Gerichtsverfahrens mit Ausnahme der Verfassungsorgane, der Träger öffentlicher Verwaltung und sonstiger öffentlicher Stellen, soweit diese nicht in Wahrnehmung eines Selbstverwaltungsrechts an einem Verfahren beteiligt sind.

§ 199
[betrifft Strafsachen]

§ 200
[Haftung bei Verzögerung]

¹Für Nachteile, die auf Grund von Verzögerungen bei Gerichten eines Landes eingetreten sind, haftet das Land. ²Für Nachteile, die auf Grund von Verzögerungen bei Gerichten des Bundes eingetreten sind, haftet der Bund. ³Für Staatsanwaltschaften und Finanzbehörden in Fällen des § 386 Absatz 2 der Abgabenordnung gelten die Sätze 1 und 2 entsprechend.

§ 201
[Zuständigkeit der Entschädigungsklage]

(1) ¹Zuständig für die Klage auf Entschädigung gegen ein Land ist das Oberlandesgericht, in dessen Bezirk das streitgegenständliche Verfahren durchgeführt wurde. ²Zuständig für die Klage auf Entschädigung gegen den Bund ist der Bundesgerichtshof. ³Diese Zuständigkeiten sind ausschließliche.

(2) ¹Die Vorschriften der Zivilprozessordnung über das Verfahren vor den Landgerichten im ersten Rechtszug sind entsprechend anzuwenden. ²Eine Entscheidung durch den Einzelrichter ist ausgeschlossen. ³Gegen die Entscheidung des Oberlandesgerichts findet die Revision nach Maßgabe des § 543 der Zivilprozessordnung statt; § 544 der Zivilprozessordnung ist entsprechend anzuwenden.

(3) ¹Das Entschädigungsgericht kann das Verfahren aussetzen, wenn das Gerichtsverfahren, von dessen Dauer ein Anspruch nach § 198 abhängt, noch andauert. ²In Strafverfahren, einschließlich des Verfahrens auf Vorbereitung der öffentlichen Klage, hat das Entschädigungsgericht das Verfahren auszusetzen, solange das Strafverfahren noch nicht abgeschlossen ist.

(4) Besteht ein Entschädigungsanspruch nicht oder nicht in der geltend gemachten Höhe, wird aber eine unangemessene Verfahrensdauer festgestellt, entscheidet das Gericht über die Kosten nach billigem Ermessen.

Einführungsgesetz zum Gerichtsverfassungsgesetz (EGGVG)

vom 27. Januar 1877 (RGBl. S. 77)
zuletzt geändert durch Art. 2 des Gesetzes zur Änderung von Vorschriften
im Bereich des Internationalen Privat- und Zivilverfahrensrechts
vom 11.06.2017 (BGBl. I S. 1607)

Erster Abschnitt
Allgemeine Vorschriften

§ 1
[weggefallen]

§ 2
[Anwendungsbereich auf Verfahren der ordentlichen Gerichte]

Die Vorschriften des Gerichtsverfassungsgesetzes finden auf die ordentliche Gerichtsbarkeit und deren Ausübung Anwendung.

Im Zuge der Reform der Vorschriften über die frühere freiwillige Gerichtsbarkeit und das vormalige FGG zum heutigen FamFG wurde auch der Anwendungsbereich des GVG über § 2 GVG neu gefasst. Nunmehr gilt dieses auch in den Verfahren der freiwilligen Gerichtsbarkeit sowie im Verfahren über Familiensachen. 1

Durch entsprechende Verweisungsnormen findet das GVG zudem auch, zumindest subsidiär, in den Verfahrensordnungen der Fachgerichtsbarkeiten, wie sie in Art. 95 GG vorgesehen sind, Anwendung: Über § 9 Abs. 2 und § 13 Abs. 2 ArbGG innerhalb der arbeitsgerichtlichen Verfahren, über § 52 FGO im finanzgerichtlichen Verfahren, über § 61 SGG im sozialgerichtlichen Verfahren und schließlich über § 55 VwGO im verwaltungsgerichtlichen Verfahren. 2

§ 3
[Übertragung der Gerichtsbarkeit in bürgerlichen Rechtsstreitigkeiten und Strafsachen]

(1) ¹Die Gerichtsbarkeit in bürgerlichen Rechtsstreitigkeiten und Strafsachen, für welche besondere Gerichte zugelassen sind, kann den ordentlichen Landesgerichten durch die Landesgesetzgebung übertragen werden. ²Die Übertragung darf nach anderen als den durch das Gerichtsverfassungsgesetz vorgeschriebenen Zuständigkeitsnormen erfolgen.

(2) *(weggefallen)*

(3) Insoweit für bürgerliche Rechtsstreitigkeiten ein von den Vorschriften der Zivilprozeßordnung abweichendes Verfahren gestattet ist, kann die Zuständigkeit der ordentlichen Landesgerichte durch die Landesgesetzgebung nach anderen als den durch das Gerichtsverfassungsgesetz vorgeschriebenen Normen bestimmt werden.

§ 4
[weggefallen]

§ 4a
[Ermächtigung der Länder Berlin und Hamburg]

(1) ¹Die Länder Berlin und Hamburg bestimmen, welche Stellen die Aufgaben erfüllen, die im Gerichtsverfassungsgesetz den Landesbehörden, den Gemeinden oder den unteren Verwaltungsbezirken sowie deren Vertretungen zugewiesen sind. ²Das Land Berlin kann bestimmen, dass die Wahl der Schöffen und Jugendschöffen bei einem gemeinsamen Amtsgericht stattfindet, bei diesem mehrere Schöffenwahlausschüsse gebildet werden und deren Zuständigkeit sich nach den Grenzen der Verwaltungsbezirke bestimmt.

(2) *(weggefallen)*

§ 5
[weggefallen]

§ 6
[Anwendbare Vorschriften für ehrenamtliche Richter]

(1) Vorschriften über die Wahl oder Ernennung ehrenamtlicher Richter in der ordentlichen Gerichtsbarkeit einschließlich ihrer Vorbereitung, über die Voraussetzung hierfür, die Zuständigkeit und das dabei einzuschlagende Verfahren sowie über die allgemeinen Regeln über Auswahl und Zuziehung dieser ehrenamtlichen Richter zu den einzelnen Sitzungen sind erstmals auf die erste Amtsperiode der ehrenamtlichen Richter anzuwenden, die nicht früher als am ersten Tag des auf ihr Inkrafttreten folgenden zwölften Kalendermonats beginnt.

(2) Vorschriften über die Dauer der Amtsperiode ehrenamtlicher Richter in der ordentlichen Gerichtsbarkeit sind erstmals auf die erste nach ihrem Inkrafttreten beginnende Amtsperiode anzuwenden.

§ 7
[weggefallen]

§ 8
[Zuweisung von Rechtsmitteln in bürgerlichen Rechtsstreitigkeiten an oberste Landgerichte]

(1) Durch die Gesetzgebung eines Landes, in dem mehrere Oberlandesgerichte errichtet werden, kann die Verhandlung und Entscheidung der zur Zuständigkeit des Bundesgerichtshofes gehörenden Revisionen und Rechtsbeschwerden in bürgerlichen Rechtsstreitigkeiten einem obersten Landesgericht zugewiesen werden.

(2) Diese Vorschrift findet jedoch auf bürgerliche Rechtsstreitigkeiten, in denen für die Entscheidung Bundesrecht in Betracht kommt, keine Anwendung, es sei denn, daß es sich im wesentlichen um Rechtsnormen handelt, die in den Landesgesetzen enthalten sind.

§ 9
[Zuweisung von Rechtsmitteln in Strafsachen an oberste Landgerichte und Oberlandesgerichte]

[betrifft Strafsachen]

§ 10
[Anwendbare Vorschriften auf oberste Landgerichte]

(1) Die allgemeinen sowie die in § 116 Abs. 1 Satz 2, §§ 124, 130 Abs. 1 und § 181 Abs. 1 enthaltenen besonderen Vorschriften des Gerichtsverfassungsgesetzes finden auf die obersten Landesgerichte der ordentlichen Gerichtsbarkeit entsprechende Anwendung; ferner sind die Vorschriften der §§ 132, 138 des Gerichtsverfassungsgesetzes mit der Maßgabe entsprechend anzuwenden, daß durch Landesgesetz die Zahl der Mitglieder der Großen Senate anderweitig geregelt oder die Bildung eines einzigen Großen Senats angeordnet werden kann, der aus dem Präsidenten und mindestens acht Mitgliedern zu bestehen hat und an die Stelle der Großen Senate für Zivilsachen und für Strafsachen sowie der Vereinigten Großen Senate tritt.

(2) Die Besetzung der Senate bestimmt sich in Strafsachen, in Grundbuchsachen und in Angelegenheiten der freiwilligen Gerichtsbarkeit nach den Vorschriften über die Oberlandesgerichte, im übrigen nach den Vorschriften über den Bundesgerichtshof.

---

1 Seit der Auflösung des Bayerischen Obersten Landesgerichts mit Ablauf des 30.06.2006[1] als bis dahin einzigem obersten Landesgericht hat § 7 EGZPO keinen praktischen Anwendungsbereich mehr.

---

1 § 10 BayObLGAuflG.

§ 11
[weggefallen]

Zweiter Abschnitt
Verfahrensübergreifende Mitteilungen von Amts wegen

§ 12
[Übermittlung personenbezogener Daten]

(1) ¹Die Vorschriften dieses Abschnitts gelten für die Übermittlung personenbezogener Daten von Amts wegen durch Gerichte der ordentlichen Gerichtsbarkeit und Staatsanwaltschaften an öffentliche Stellen des Bundes oder eines Landes für andere Zwecke als die des Verfahrens, für die die Daten erhoben worden sind. ²Besondere Rechtsvorschriften des Bundes oder, wenn die Daten aus einem landesrechtlich geregelten Verfahren übermittelt werden, eines Landes, die von den §§ 18 bis 22 abweichen, gehen diesen Vorschriften vor.

(2) Absatz 1 gilt entsprechend für die Übermittlung personenbezogener Daten an Stellen der öffentlichrechtlichen Religionsgesellschaften, sofern sichergestellt ist, daß bei dem Empfänger ausreichende Datenschutzmaßnahmen getroffen werden.

(3) Eine Übermittlung unterbleibt, wenn ihr eine besondere bundes- oder entsprechende landesgesetzliche Verwendungsregelung entgegensteht.

(4) Die Verantwortung für die Zulässigkeit der Übermittlung trägt die übermittelnde Stelle.

(5) ¹Das Bundesministerium der Justiz und für Verbraucherschutz kann mit Zustimmung des Bundesrates allgemeine Verwaltungsvorschriften zu den nach diesem Abschnitt zulässigen Mitteilungen erlassen. ²Ermächtigungen zum Erlaß von Verwaltungsvorschriften über Mitteilungen in besonderen Rechtsvorschriften bleiben unberührt.

§ 13
[Gründe der Übermittlung]

(1) Gerichte und Staatsanwaltschaften dürfen personenbezogene Daten zur Erfüllung der in der Zuständigkeit des Empfängers liegenden Aufgaben übermitteln, wenn

1. eine besondere Rechtsvorschrift dies vorsieht oder zwingend voraussetzt,
2. der Betroffene eingewilligt hat,
3. offensichtlich ist, daß die Übermittlung im Interesse des Betroffenen liegt, und kein Grund zu der Annahme besteht, daß er in Kenntnis dieses Zwecks seine Einwilligung verweigern würde,
4. die Daten auf Grund einer Rechtsvorschrift von Amts wegen öffentlich bekanntzumachen sind oder in ein von einem Gericht geführtes, für jedermann unbeschränkt einsehbares öffentliches Register einzutragen sind oder es sich um die Abweisung des Antrags auf Eröffnung des Insolvenzverfahrens mangels Masse handelt oder
5. auf Grund einer Entscheidung

    a) bestimmte Rechtsfolgen eingetreten sind, insbesondere der Verlust der Rechtsstellung aus einem öffentlich-rechtlichen Amts- oder Dienstverhältnis, der Ausschluß vom Wehr- oder Zivildienst, der Verlust des Wahlrechts oder der Wählbarkeit oder der Wegfall von Leistungen aus öffentlichen Kassen, und

    b) die Kenntnis der Daten aus der Sicht der übermittelnden Stelle für die Verwirklichung der Rechtsfolgen erforderlich ist;

dies gilt auch, wenn auf Grund der Entscheidung der Erlaß eines Verwaltungsaktes vorgeschrieben ist, ein Verwaltungsakt nicht erlassen werden darf oder wenn der Betroffene ihm durch Verwaltungsakt gewährte Rechte auch nur vorläufig nicht wahrnehmen darf.

(2) ¹In anderen als in den in Absatz 1 genannten Fällen dürfen Gerichte und Staatsanwaltschaften personenbezogene Daten zur Erfüllung der in der Zuständigkeit des Empfängers liegenden Aufgaben einschließlich der Wahrnehmung personalrechtlicher Befugnisse übermitteln, wenn eine Übermittlung nach den §§ 14 bis 17 zulässig ist und soweit nicht für die übermittelnde Stelle offensichtlich ist, daß schutzwürdige Interessen des Betroffenen an dem Ausschluß der Übermittlung überwiegen. ²Übermittelte Daten dürfen auch für die Wahrnehmung der Aufgaben nach dem Sicherheitsüberprüfungsgesetz oder einem entsprechenden Landesgesetz verwendet werden.

§ 14
Übermittlung in Strafverfahren
[betrifft Strafsachen]

§ 15
[Zulässigkeit der Datenübermittlung in Zivilsachen]

In Zivilsachen einschließlich der Angelegenheiten der freiwilligen Gerichtsbarkeit ist die Übermittlung personenbezogener Daten zulässig, wenn die Kenntnis der Daten aus der Sicht der übermittelnden Stelle erforderlich ist

1. zur Berichtigung oder Ergänzung des Grundbuchs oder eines von einem Gericht geführten Registers oder Verzeichnisses, dessen Führung durch eine Rechtsvorschrift angeordnet ist, und wenn die Daten Gegenstand des Verfahrens sind, oder
2. zur Führung des in § 2 Abs. 2 der Grundbuchordnung bezeichneten amtlichen Verzeichnisses und wenn Grenzstreitigkeiten Gegenstand eines Urteils, eines Vergleichs oder eines dem Gericht mitgeteilten außergerichtlichen Vergleichs sind.

§ 16
[Datenübermittlung an ausländische öffentliche Stellen]

Werden personenbezogene Daten an ausländische öffentliche Stellen oder an über- oder zwischenstaatliche Stellen nach den hierfür geltenden Rechtsvorschriften übermittelt, so ist eine Übermittlung dieser Daten auch zulässig

1. an das Bundesministerium der Justiz und für Verbraucherschutz und das Auswärtige Amt,
2. in Strafsachen gegen Mitglieder einer ausländischen konsularischen Vertretung zusätzlich an die Staats- oder Senatskanzlei des Landes, in dem die konsularische Vertretung ihren Sitz hat.

§ 16a
[Kontaktstellen]

(1) Das Bundesamt für Justiz nach Maßgabe des Absatzes 2 und die von den Landesregierungen durch Rechtsverordnung bestimmten weiteren Stellen nehmen die Aufgaben der Kontaktstellen im Sinne des Artikels 2 der Entscheidung 2001/470/EG des Rates vom 28. Mai 2001 über die Einrichtung eines Europäischen Justiziellen Netzes für Zivil- und Handelssachen (ABl. EG Nr. L 174 S. 25), die durch die Entscheidung 568/2009/EG (ABl. L 168 vom 30.6.2009, S. 35) geändert worden ist, wahr.

(2) Das Bundesamt für Justiz stellt die Koordinierung zwischen den Kontaktstellen sicher.

(3) [1]Die Landesregierungen werden ermächtigt, durch Rechtsverordnung die Aufgaben der Kontaktstelle einer Landesbehörde zuzuweisen. [2]Sie können die Befugnis zum Erlass einer Rechtsverordnung nach Absatz 1 einer obersten Landesbehörde übertragen.

§ 17
[Sonstige Gründe der Datenübermittlung]

Die Übermittlung personenbezogener Daten ist ferner zulässig, wenn die Kenntnis der Daten aus der Sicht der übermittelnden Stelle

1. zur Verfolgung von Straftaten oder Ordnungswidrigkeiten,
2. für ein Verfahren der internationalen Rechtshilfe,
3. zur Abwehr erheblicher Nachteile für das Gemeinwohl oder einer Gefahr für die öffentliche Sicherheit,
4. zur Abwehr einer schwerwiegenden Beeinträchtigung der Rechte einer anderen Person oder
5. zur Abwehr einer erheblichen Gefährdung Minderjähriger erforderlich ist.

§ 18
[Verbindung und Trennung]

(1) [1]Sind mit personenbezogenen Daten, die nach diesem Abschnitt übermittelt werden dürfen, weitere personenbezogene Daten des Betroffenen oder eines Dritten so verbunden, daß

eine Trennung nicht oder nur mit unvertretbarem Aufwand möglich ist, so ist die Übermittlung auch dieser Daten zulässig, soweit nicht berechtigte Interessen des Betroffenen oder eines Dritten an deren Geheimhaltung offensichtlich überwiegen. ²Eine Verwendung der Daten durch den Empfänger ist unzulässig; für Daten des Betroffenen gilt § 19 Abs. 1 Satz 2 entsprechend.

(2) ¹Die übermittelnde Stelle bestimmt die Form der Übermittlung nach pflichtgemäßem Ermessen. ²Soweit dies nach der Art der zu übermittelnden Daten und der Organisation des Empfängers geboten ist, trifft sie angemessene Vorkehrungen, um sicherzustellen, daß die Daten unmittelbar den beim Empfänger funktionell zuständigen Bediensteten erreichen.

§ 19
[Zweck der Datenverwendung]

(1) ¹Die übermittelten Daten dürfen nur zu dem Zweck verwendet werden, zu dessen Erfüllung sie übermittelt worden sind. ²Eine Verwendung für andere Zwecke ist zulässig, soweit die Daten auch dafür hätten übermittelt werden dürfen.

(2) ¹Der Empfänger prüft, ob die übermittelten Daten für die in Absatz 1 genannten Zwecke erforderlich sind. ²Sind die Daten hierfür nicht erforderlich, so schickt er die Unterlagen an die übermittelnde Stelle zurück. ³Ist der Empfänger nicht zuständig und ist ihm die für die Verwendung der Daten zuständige Stelle bekannt, so leitet er die übermittelten Unterlagen dorthin weiter und benachrichtigt hiervon die übermittelnde Stelle.

§ 20
[Unterrichtungsanspruch des Empfängers]

(1) ¹Betreffen Daten, die vor Beendigung eines Verfahrens übermittelt worden sind, den Gegenstand dieses Verfahrens, so ist der Empfänger vom Ausgang des Verfahrens zu unterrichten; das gleiche gilt, wenn eine übermittelte Entscheidung abgeändert oder aufgehoben wird, das Verfahren, außer in den Fällen des § 153a der Strafprozeßordnung, auch nur vorläufig eingestellt worden ist oder nach den Umständen angenommen werden kann, daß das Verfahren auch nur vorläufig nicht weiter betrieben wird. ²Der Empfänger ist über neue Erkenntnisse unverzüglich zu unterrichten, wenn dies erforderlich erscheint, um bis zu einer Unterrichtung nach Satz 1 drohende Nachteile für den Betroffenen zu vermeiden.

(2) ¹Erweist sich, daß unrichtige Daten übermittelt worden sind, so ist der Empfänger unverzüglich zu unterrichten. ²Der Empfänger berichtigt die Daten oder vermerkt ihre Unrichtigkeit in den Akten.

(3) Die Unterrichtung nach Absatz 1 oder 2 Satz 1 kann unterbleiben, wenn sie erkennbar weder zur Wahrung der schutzwürdigen Interessen des Betroffenen noch zur Erfüllung der Aufgaben des Empfängers erforderlich ist.

§ 21
[Auskunftserteilung an den Betroffenen; Unterrichtung]

(1) ¹Dem Betroffenen ist auf Antrag Auskunft über die übermittelten Daten und deren Empfänger zu erteilen. ²Der Antrag ist schriftlich zu stellen. ³Die Auskunft wird nur erteilt, soweit der Betroffene Angaben macht, das Auffinden der Daten ermöglichen, und der für die Erteilung der Auskunft erforderliche nicht außer Verhältnis zu dem geltend gemachten Informationsinteresse steht. ⁴Die übermittelnde Stelle bestimmt das Verfahren, insbesondere die Form der Auskunftserteilung, nach pflichtgemäßem Ermessen.

(2) ¹Ist der Betroffene bei Mitteilungen in Strafsachen nicht zugleich der Beschuldigte oder in Zivilsachen nicht zugleich Partei oder Beteiligter, ist er gleichzeitig mit der Übermittlung personenbezogener Daten über den Inhalt und den Empfänger zu unterrichten. ²Die Unterrichtung des gesetzlichen Vertreters eines Minderjährigen, des Bevollmächtigten oder Verteidigers reicht aus. ³Die übermittelnde Stelle bestimmt die Form der Unterrichtung nach pflichtgemäßem Ermessen. ⁴Eine Pflicht zur Unterrichtung besteht nicht, wenn die Anschrift des zu Unterrichtenden nur mit unvertretbarem Aufwand festgestellt werden kann.

(3) Bezieht sich die Auskunftserteilung oder die Unterrichtung auf die Übermittlung personenbezogener Daten an Verfassungsschutzbehörden, den Bundesnachrichtendienst, den Militärischen Abschirmdienst oder, soweit die Sicherheit des Bundes berührt wird, andere Behörden des Bundesministers der Verteidigung, ist sie nur mit Zustimmung dieser Stellen zulässig.

(4) ¹Die Auskunftserteilung und die Unterrichtung unterbleiben, soweit
1. sie die ordnungsgemäße Erfüllung der Aufgaben der übermittelnden Stelle oder des Empfängers gefährden würden,
2. sie die öffentliche Sicherheit oder Ordnung gefährden oder sonst dem Wohle des Bundes oder eines Landes Nachteile bereiten würden oder
3. die Daten oder die Tatsache ihrer Übermittlung nach einer Rechtsvorschrift oder ihrem Wesen nach, insbesondere wegen der überwiegenden berechtigten Interessen eines Dritten, geheimgehalten werden müssen und deswegen das Interesse des Betroffenen an der Auskunftserteilung oder Unterrichtung zurücktreten muß. ²Die Unterrichtung des Betroffenen unterbleibt ferner, wenn erhebliche Nachteile für seine Gesundheit zu befürchten sind.

(5) Die Ablehnung der Auskunftserteilung bedarf keiner Begründung, soweit durch die Mitteilung der tatsächlichen und rechtlichen Gründe, auf die die Entscheidung gestützt wird, der mit der Auskunftsverweigerung verfolgte Zweck gefährdet würde.

§ 22
[Rechtmäßigkeit der Übermittlung aus sonstigen Gründen]

(1) ¹Ist die Rechtsgrundlage für die Übermittlung personenbezogener Daten nicht in den Vorschriften enthalten, die das Verfahren der übermittelnden Stelle regeln, sind für die Überprüfung der Rechtmäßigkeit der Übermittlung die §§ 23 bis 30 nach Maßgabe der Absätze 2 und 3 anzuwenden. ²Hat der Empfänger auf Grund der übermittelten Daten eine Entscheidung oder andere Maßnahme getroffen und dies dem Betroffenen bekanntgegeben, bevor ein Antrag auf gerichtliche Entscheidung gestellt worden ist, so wird die Rechtmäßigkeit der Übermittlung ausschließlich von dem Gericht, das gegen die Entscheidung oder Maßnahme des Empfängers angerufen werden kann, in der dafür vorgesehenen Verfahrensart überprüft.

(2) ¹Wird ein Antrag auf gerichtliche Entscheidung gestellt, ist der Empfänger zu unterrichten. ²Dieser teilt dem nach § 25 zuständigen Gericht mit, ob die Voraussetzungen des Absatzes 1 Satz 2 vorliegen.

(3) ¹War die Übermittlung rechtswidrig, so spricht das Gericht dies aus. ²Die Entscheidung ist auch für den Empfänger bindend und ist ihm bekanntzumachen. ³Die Verwendung der übermittelten Daten ist unzulässig, wenn die Rechtswidrigkeit der Übermittlung festgestellt worden ist.

Dritter Abschnitt
Anfechtung von Justizverwaltungsakten

§ 23
[Anfechtung von Anordnungen, Verfügungen oder sonstigen Maßnahmen]

(1) ¹Über die Rechtmäßigkeit der Anordnungen, Verfügungen oder sonstigen Maßnahmen, die von den Justizbehörden zur Regelung einzelner Angelegenheiten auf den Gebieten des bürgerlichen Rechts einschließlich des Handelsrechts, des Zivilprozesses, der freiwilligen Gerichtsbarkeit und der Strafrechtspflege getroffen werden, entscheiden auf Antrag die ordentlichen Gerichte. ²Das gleiche gilt für Anordnungen, Verfügungen oder sonstige Maßnahmen der Vollzugsbehörden im Vollzug der Untersuchungshaft sowie derjenigen Freiheitsstrafen und Maßregeln der Besserung und Sicherung, die außerhalb des Justizvollzuges vollzogen werden.

(2) Mit dem Antrag auf gerichtliche Entscheidung kann auch die Verpflichtung der Justiz- oder Vollzugsbehörde zum Erlaß eines abgelehnten oder unterlassenen Verwaltungsaktes begehrt werden.

(3) Soweit die ordentlichen Gerichte bereits auf Grund anderer Vorschriften angerufen werden können, behält es hierbei sein Bewenden.

1 § 23 Abs. 1 Satz 1 EGGVG enthält eine generalklauselartige Rechtswegeröffnung für alle Justizverwaltungsakte, soweit diese auf dem Gebiet der ordentlichen Gerichtsbarkeit ergangen sind. Die Aufzählung der Angelegenheiten auf dem Gebiet des (gesamten) Zivilrechts durch die Bezugnahme auf das bürgerliche Recht sowie das Handelsrecht, den damit jeweils in engem Zusammenhang stehenden Zivilprozeß sowie die freiwillige Gerichtsbarkeit, und

schließlich die Strafrechtspflege, die in **Satz 2** ausdrücklich auch auf alle Anordnungen, Verfügungen und sonstige Maßnahmen der Vollzugsbehörden im Vollzug der Untersuchungshaft sowie im Vollzug von Freiheitsstrafen und Maßregeln der Besserung und Sicherung, auch außerhalb des Justizvollzugs, vollzogen werden, erstreckt wird, verdeutlicht dies. Justizverwaltungsakte (vgl. Rn. 3) der **Arbeitsgerichtsbarkeit** sind demnach von einer Überprüfbarkeit nach § 23 EGGVG ebenso ausgeschlossen[1] wie diejenigen der **Finanzgerichtsbarkeit**[2]. Bei Entscheidungen im Zusammenhang mit dem **maschinellen oder automatisierten Mahnverfahren** scheidet eine Anwendbarkeit von § 23 EGGVG aus, soweit entweder eine Entscheidung im Sinne einer richterlichen Entscheidung über konkrete Rechtsfragen vorliegt oder die Bestimmungen des Mahnverfahrens anderweitig als speziellere Regelung anzusehen sind.[3]

Abs. 3 schließt demgegenüber einen redundanten Rechtsschutz aus. Soweit bereits anderweitige Bestimmungen einen Rechtsweg gegen Entscheidungen auf den vorgenannten Gebieten des Abs. 1 eröffnen, kommt ein ergänzender Rückgriff auch auf die Anfechtung nach § 23 EGGVG nicht mehr in Betracht. 2

Der durch § 23 EGGVG eröffnete Rechtsschutz zielt auf die Überprüfung von **Justizverwaltungsakten** ab, stellt also weder einen ordentlichen noch einen außerordentlichen Rechtsbehelf gegenüber gerichtlichen Entscheidungen dar, die als Ausdruck der rechtsprechenden Gewalt den jeweiligen in den Verfahrensordnungen hierfür vorbehaltenen Rechtsmitteln und Rechtsbehelfen unterliegen.[4] Soweit in **Abs. 2** der Begriff der Justizverwaltungsakte verwendet und in **Abs. 1 Satz 1** demgegenüber von **Anordnungen, Verfügungen oder sonstigen Maßnahmen** gesprochen wird, ist zumindest aus Gründen der Kohärenz des Rechtsschutzes i.S. einer teleologischen Auslegung beider Begriffe eine inhaltliche Übereinstimmung anzunehmen.[5] Der Begriff der **Justizbehörde** im Sinne des Abs. 1 Satz 1 ist nach einhelliger Ansicht funktionell zu verstehen.[6] Als Justizbehörde sind demnach nicht nur die ordentlichen Gerichte mit all ihren Organen, also neben den Richtern auch allen Rechtspflegern, Urkundsbeamten, Gerichtsvollziehern und Justizwachtmeistern zu sehen, sondern auch die „übergeordneten" Stellen der Landesjustizverwaltungen bis hin zum jeweiligen Justizminister.[7] 3

Regelmäßig in den Anwendungsbereich[8] von § 23 EGGVG fallen Entscheidungen über **Auskunftsgesuche**, allen voran **Akteneinsichtsgesuche** nach § 299 ZPO.[9] Dagegen ist gegen die Entscheidung über die **Streichung eines Dolmetschers oder Übersetzers** aus der jeweiligen Liste bei einem Gericht der Rechtsweg zu den Verwaltungsgerichten eröffnet.[10] Nach § 23 EGGVG anfechtbar ist indessen die Ablehnung der **Aufnahme in die Vorauswahlliste für die Bestellung zum Insolvenzverwalter**.[11] 4

Hinsichtlich des Verfahrens stehen, insoweit dem Verwaltungsprozess und den entsprechenden Regelungen der VwGO hierüber nicht unähnlich, die Erhebung eines **Anfechtungsantrags** nach § 23 Abs. 1 EGGVG, die Erhebung eines Versagungsgegenantrags nach § 23 Abs. 2 EGGVG sowie eines **Untätigkeitsantrags** nach § 23 Abs. 2 i.V.m. § 27 EGGVG und schließlich die nicht ausdrücklich geregelten Feststellungs- und Leistungsanträge zur Verfügung.[12] **§ 24 Abs. 1** EGGVG verlangt eine der Klagebefugnis des § 42 Abs. 2 VwGO entsprechende substantiierte Darlegung der Möglichkeit der Verletzung eigener Rechte durch die angegriffene Maßnahme oder deren Unterlassung. **§ 24 Abs. 2** EGGVG regelt, dass in den Fällen eines sogenannten Vorschaltverfahrens zunächst dieses durchlaufen und für den Antragsteller erfolglos abgeschlossen sein muss, was von Amts wegen zu prüfen ist. **§ 26 Abs. 1** EGGVG sieht als einzuhaltende Frist eine Monatsfrist ab der Zustellung oder schriftlichen Bekanntgabe der erlassenen Maßnahme respektive der Ablehnung einer solchen vor und bestimmt zugleich, dass der Antrag schriftlich oder zur Protokoll der Geschäftsstelle des zuständigen Oberlandesge- 5

---

1 BGH, NJW 2003, 2989.
2 BFH, BFH/NV 2016, 936 (938), Rn. 13;
3 OLG Frankfurt a.M., OLGR Frankfurt 2006, 411 (411f.) = NJW-RR 2006, 68 (68f.).
4 Vgl. MK-*Pabst*, ZPO, § 23 EGGVG Rn. 5.
5 Vgl. MK-*Pabst*, ZPO, § 23 EGGVG Rn. 3.
6 BGH, NJW-RR 2012, 1363 Rn. 7 = ZIP 2012, 2125 (2126), Rn. 7; BGH, NJW-RR 2008, 717 (718), Rn. 11 = ZIP 2008, 515 (517), Rn. 11.
7 OVG Münster, NJW 1977, 1790.
8 Weiterführend zu einer Aufstellung verschiedener bereits obergerichtlich geklärter Anwendungsfragen siehe MK-*Pabst*, ZPO, § 23 EGGVG Rn. 17 ff.
9 OLG Hamm, FamRZ 2012, 51. A.A. KG Berlin, NJW-RR 2011, 1025 = FamRZ 2011, 1415 (1416): Akt der Rechtsprechung.
10 BGH, NJW 2007, 3070 (3071), Rn. 8 = VersR 2008, 376 (377), Rn. 8.
11 BGH, NJW-RR 2008, 717 (718), Rn. 10f. = ZIP 2008, 515 (516), Rn. 10f.; OLG Bamberg, OLGR Bamberg 2008, 234 (234) = NJW-RR 2008, 719 = ZIP 2008, 82 (84).
12 Vgl. MK-*Pabst*, ZPO, § 23 EGGVG Rn. 13.

richts (§ 25 Abs. 1 Satz 1 oder Satz 2 EGGVG) oder eines – beliebigen – Amtsgerichts zu stellen ist. § 26 Abs. 2 bis Abs. 4 EGGVG regeln die Wiedereinsetzung in die Monatsfrist. Für den Fall einer Untätigkeit einer Justizbehörde nach erfolgter Antragstellung auf Erlass eines Justizverwaltungsaktes sieht § 27 Abs. 1 Satz 1 EGGVG eine Antragsmöglichkeit auf gerichtliche Überprüfung einer mehr als dreimonatigen Untätigkeit vor. Das in diesen Fällen angerufene Oberlandesgericht kann hierauf insbesondere nach § 27 Abs. 2 Satz 1 EGGVG eine Erledigungsfrist setzen.

6 § 28 EGGVG sieht schließlich die **Entscheidungsmöglichkeiten**, in Abhängigkeit des vom Antragsteller verfolgten Rechtsschutzbegehrens, vor: Aufhebung der beanstandeten Maßnahme nach **Abs. 1 Satz 1**, gegebenenfalls unter gleichzeitiger Aufhebung der dieser nachfolgenden Beschwerdeentscheidung sowie erforderlichenfalls Ausspruch der Rückgängigmachung deren Vollzugs nach **Abs. 1 Satz 2**. Dies setzt nach **Abs. 1 Satz 3** allerdings jeweils Spruchreife voraus, wofür alle tatsächlichen und rechtlichen Voraussetzungen der Folgenbeseitigung geklärt sein müssen. **Abs. 1 Satz 4** kodifiziert die Entscheidungsmöglichkeit im Falle eines Fortsetzungsfeststellungsinteresses nach vorheriger Zurücknahme oder anderweitiger Erledigung der angegriffenen Maßnahme. **Abs. 2** regelt die Fälle der Ablehnung oder Unterlassung einer begehrten Justizverwaltungsmaßnahme, deren Vornahme bei Spruchreife entweder direkt vom Oberlandesgericht anzuordnen ist, **Satz 1**, oder nach Maßgabe der Rechtsauffassung des Gerichts den Justizbehörden zur erneuten Überprüfung vorzulegen ist, **Satz 2**. **Abs. 3** setzt schließlich der gerichtlichen Überprüfbarkeit von Justizverwaltungsakten durch die Oberlandesgerichte Grenzen, wenn die erlassende oder verweigerte Maßnahme im justizbehördlichen Ermessen steht, da dann nur die allgemein anerkannten Ermessensfehler Gegenstand der gerichtlichen Überprüfung sein können.

§ 24
[Antragsbefugnis]

(1) Der Antrag auf gerichtliche Entscheidung ist nur zulässig, wenn der Antragsteller geltend macht, durch die Maßnahme oder ihre Ablehnung oder Unterlassung in seinen Rechten verletzt zu sein.
(2) Soweit Maßnahmen der Justiz- oder Vollzugsbehörden der Beschwerde oder einem anderen förmlichen Rechtsbehelf im Verwaltungsverfahren unterliegen, kann der Antrag auf gerichtliche Entscheidung erst nach vorausgegangenem Beschwerdeverfahren gestellt werden.

§ 25
[Zuständigkeit der OLG oder der Obersten Landgerichte]

(1) ¹Über den Antrag entscheidet ein Zivilsenat oder, wenn der Antrag eine Angelegenheit der Strafrechtspflege oder des Vollzugs betrifft, ein Strafsenat des Oberlandesgerichts, in dessen Bezirk die Justiz oder Vollzugsbehörde ihren Sitz hat. ²Ist ein Beschwerdeverfahren (§ 24 Abs. 2) vorausgegangen, so ist das Oberlandesgericht zuständig, in dessen Bezirk die Beschwerdebehörde ihren Sitz hat.
(2) Ein Land, in dem mehrere Oberlandesgerichte errichtet sind, kann durch Gesetz die nach Absatz 1 zur Zuständigkeit des Zivilsenats oder des Strafsenats gehörenden Entscheidungen ausschließlich einem der Oberlandesgerichte oder dem Obersten Landesgericht zuweisen.

§ 26
[Form und Frist]

(1) Der Antrag auf gerichtliche Entscheidung muß innerhalb eines Monats nach Zustellung oder schriftlicher Bekanntgabe des Bescheides oder, soweit ein Beschwerdeverfahren (§ 24 Abs. 2) vorausgegangen ist, nach Zustellung des Beschwerdebescheides schriftlich oder zur Niederschrift der Geschäftsstelle des Oberlandesgerichts oder eines Amtsgerichts gestellt werden.
(2) ¹War der Antragsteller ohne Verschulden verhindert, die Frist einzuhalten, so ist ihm auf Antrag Wiedereinsetzung in den vorigen Stand zu gewähren. ²Ein Fehlen des Verschuldens wird vermutet, wenn in dem Bescheid oder, soweit ein Beschwerdeverfahren (§ 24 Absatz 2) vorausgegangen ist, in dem Beschwerdebescheid eine Belehrung über die Zulässigkeit des Antrags auf gerichtliche Entscheidung sowie über das Gericht, bei dem er zu stellen ist, dessen Sitz und die einzuhaltende Form und Frist unterblieben oder unrichtig erteilt ist.
(3) ¹Der Antrag auf Wiedereinsetzung ist binnen zwei Wochen nach Wegfall des Hindernisses zu stellen. ²Die Tatsachen zur Begründung des Antrags sind bei der Antragstellung oder im Verfahren über den Antrag glaubhaft zu machen. ³Innerhalb der Antragsfrist ist die ver-

säumte Rechtshandlung nachzuholen. ⁴Ist dies geschehen, so kann die Wiedereinsetzung auch ohne Antrag gewährt werden.

(4) Nach einem Jahr seit dem Ende der versäumten Frist ist der Antrag auf Wiedereinsetzung unzulässig, außer wenn der Antrag vor Ablauf der Jahresfrist infolge höherer Gewalt unmöglich war.

§ 27
[Antrag bei Untätigkeit]

(1) ¹Ein Antrag auf gerichtliche Entscheidung kann auch gestellt werden, wenn über einen Antrag, eine Maßnahme zu treffen, oder über eine Beschwerde oder einen anderen förmlichen Rechtsbehelf ohne zureichenden Grund nicht innerhalb von drei Monaten entschieden ist. ²Das Gericht kann vor Ablauf dieser Frist angerufen werden, wenn dies wegen besonderer Umstände des Falles geboten ist.

(2) ¹Liegt ein zureichender Grund dafür vor, daß über die Beschwerde oder den förmlichen Rechtsbehelf noch nicht entschieden oder die beantragte Maßnahme noch nicht erlassen ist, so setzt das Gericht das Verfahren bis zum Ablauf einer von ihm bestimmten Frist, die verlängert werden kann, aus. ²Wird der Beschwerde innerhalb der vom Gericht gesetzten Frist stattgegeben oder der Verwaltungsakt innerhalb dieser Frist erlassen, so ist die Hauptsache für erledigt zu erklären.

(3) Der Antrag nach Absatz 1 ist nur bis zum Ablauf eines Jahres seit der Einlegung der Beschwerde oder seit der Stellung des Antrags auf Vornahme der Maßnahme zulässig, außer wenn die Antragstellung vor Ablauf der Jahresfrist infolge höherer Gewalt unmöglich war oder unter den besonderen Verhältnissen des Einzelfalles unterblieben ist.

§ 28
[Entscheidung des Gerichts]

(1) ¹Soweit die Maßnahme rechtswidrig und der Antragsteller dadurch in seinen Rechten verletzt ist, hebt das Gericht die Maßnahme und, soweit ein Beschwerdeverfahren (§ 24 Abs. 2) vorausgegangen ist, den Beschwerdebescheid auf. ²Ist die Maßnahme schon vollzogen, so kann das Gericht auf Antrag auch aussprechen, daß und wie die Justiz- oder Vollzugsbehörde die Vollziehung rückgängig zu machen hat. ³Dieser Ausspruch ist nur zulässig, wenn die Behörde dazu in der Lage und diese Frage spruchreif ist. ⁴Hat sich die Maßnahme vorher durch Zurücknahme oder anders erledigt, so spricht das Gericht auf Antrag aus, daß die Maßnahme rechtswidrig gewesen ist, wenn der Antragsteller ein berechtigtes Interesse an dieser Feststellung hat.

(2) ¹Soweit die Ablehnung oder Unterlassung der Maßnahme rechtswidrig und der Antragsteller dadurch in seinen Rechten verletzt ist, spricht das Gericht die Verpflichtung der Justiz- oder Vollzugsbehörde aus, die beantragte Amtshandlung vorzunehmen, wenn die Sache spruchreif ist. ²Andernfalls spricht es die Verpflichtung aus, den Antragsteller unter Beachtung der Rechtsauffassung des Gerichts zu bescheiden.

(3) Soweit die Justiz- oder Vollzugsbehörde ermächtigt ist, nach ihrem Ermessen zu handeln, prüft das Gericht auch, ob die Maßnahme oder ihre Ablehnung oder Unterlassung rechtswidrig ist, weil die gesetzlichen Grenzen des Ermessens überschritten sind oder von dem Ermessen in einer dem Zweck der Ermächtigung nicht entsprechenden Weise Gebrauch gemacht ist.

(4) Hat das Gericht die Rechtsbeschwerde gegen seine Entscheidung zugelassen (§ 29), ist dem Beschluss eine Belehrung über das Rechtsmittel sowie über das Gericht, bei dem es einzulegen ist, dessen Sitz und über die einzuhaltende Form und Frist beizufügen.

§ 29
[Rechtsmittel]

(1) Gegen einen Beschluss des Oberlandesgerichts ist die Rechtsbeschwerde statthaft, wenn sie das Oberlandesgericht im ersten Rechtszug in dem Beschluss zugelassen hat.

(2) ¹Die Rechtsbeschwerde ist zuzulassen, wenn
1. die Rechtssache grundsätzliche Bedeutung hat oder
2. die Fortbildung des Rechts oder die Sicherung einer einheitlichen Rechtsprechung eine Entscheidung des Rechtsbeschwerdegerichts erfordert.

²Das Rechtsbeschwerdegericht ist an die Zulassung gebunden.

(3) Auf das weitere Verfahren sind § 17 sowie die §§ 71 bis 74a des Gesetzes über das Verfahren in Familiensachen und in den Angelegenheiten der freiwilligen Gerichtsbarkeit entsprechend anzuwenden.
(4) Auf die Bewilligung der Prozesskostenhilfe sind die Vorschriften der Zivilprozessordnung entsprechend anzuwenden.

§ 30
[Kosten]

[1]Das Oberlandesgericht kann nach billigem Ermessen bestimmen, daß die außergerichtlichen Kosten des Antragstellers, die zur zweckentsprechenden Rechtsverfolgung notwendig waren, ganz oder teilweise aus der Staatskasse zu erstatten sind. [2]Die Vorschriften des § 91 Abs. 1 Satz 2 und der §§ 103 bis 107 der Zivilprozeßordnung gelten entsprechend. [3]Die Entscheidung des Oberlandesgerichts kann nicht angefochten werden.

§ 30a
[Sonstige Anfechtungsgründe]

(1) [1]Verwaltungsakte, die im Bereich der Justizverwaltung beim Vollzug des Gerichtskostengesetzes, des Gesetzes über Kosten in Familiensachen, des Gerichts- und Notarkostengesetzes, des Gerichtsvollzieherkostengesetzes, des Justizvergütungs- und -entschädigungsgesetzes oder sonstiger für gerichtliche Verfahren oder Verfahren der Justizverwaltung geltender Kostenvorschriften, insbesondere hinsichtlich der Einforderung oder Zurückzahlung ergehen, können durch einen Antrag auf gerichtliche Entscheidung auch dann angefochten werden, wenn es nicht ausdrücklich bestimmt ist. [2]Der Antrag kann nur darauf gestützt werden, dass der Verwaltungsakt den Antragsteller in seinen Rechten beeinträchtige, weil er rechtswidrig sei. [3]Soweit die Verwaltungsbehörde ermächtigt ist, nach ihrem Ermessen zu befinden, kann der Antrag nur darauf gestützt werden, dass die gesetzlichen Grenzen des Ermessens überschritten seien, oder dass von dem Ermessen in einer dem Zweck der Ermächtigung nicht entsprechenden Weise Gebrauch gemacht worden sei.
(2) [1]Über den Antrag entscheidet das Amtsgericht, in dessen Bezirk die für die Einziehung oder Befriedigung des Anspruchs zuständige Kasse ihren Sitz hat. [2]In dem Verfahren ist die Staatskasse zu hören. [3]Die §§ 7a, 81 Absatz 2 bis 8 und § 84 des Gerichts- und Notarkostengesetzes gelten entsprechend.
(3) [1]Durch die Gesetzgebung eines Landes, in dem mehrere Oberlandesgerichte errichtet sind, kann die Entscheidung über das Rechtsmittel der weiteren Beschwerde nach Absatz 1 und 2 sowie nach § 81 des Gerichts- und Notarkostengesetzes, über den Antrag nach § 127 des Gerichts- und Notarkostengesetzes, über das Rechtsmittel der Beschwerde nach § 66 des Gerichtskostengesetzes, nach § 57 des Gesetzes über Kosten in Familiensachen, nach § 81 des Gerichts- und Notarkostengesetzes und nach § 4 des Justizvergütungs- und -entschädigungsgesetzes einem der mehreren Oberlandesgerichte oder anstelle eines solchen Oberlandesgerichts einem obersten Landesgericht zugewiesen werden. [2]Dies gilt auch für die Entscheidung über das Rechtsmittel der weiteren Beschwerde nach § 33 des Rechtsanwaltsvergütungsgesetzes, soweit nach dieser Vorschrift das Oberlandesgericht zuständig ist.
(4) Für die Beschwerde finden die vor dem Inkrafttreten des Kostenrechtsmodernisierungsgesetzes vom 5. Mai 2004 (BGBl. I S. 718) am 1. Juli 2004 geltenden Vorschriften weiter Anwendung, wenn die anzufechtende Entscheidung vor dem 1. Juli 2004 der Geschäftsstelle übermittelt worden ist.

Vierter Abschnitt
Kontaktsperre

§§ 31–38a
[betrifft Strafsachen]

Fünfter Abschnitt
Insolvenzstatistik

§§ 32
[weggefallen]

Sechster Abschnitt
Übergangsvorschriften

§ 33
[Anwendbarkeit des § 119 GVG
auf Berufungs- und Beschwerdeverfahren]

§ 119 findet im Fall einer Entscheidung über Ansprüche, die von einer oder gegen eine Partei erhoben worden sind, die ihren allgemeinen Gerichtsstand im Zeitpunkt der Rechtshängigkeit in erster Instanz außerhalb des Geltungsbereichs des Gerichtsverfassungsgesetzes hatte, sowie im Fall einer Entscheidung, in der das Amtsgericht ausländisches Recht angewendet und dies in den Entscheidungsgründen ausdrücklich festgestellt hat, in der bis zum 31. August 2009 geltenden Fassung auf Berufungs- und Beschwerdeverfahren Anwendung, wenn die anzufechtende Entscheidung vor dem 1. September 2009 erlassen wurde.

§ 34
[betrifft Strafsachen]

§ 35
[Anwendung des § 30a
bei Verwaltungsakten im Bereich der Kostenordnung]

§ 30a ist auf Verwaltungsakte im Bereich der Kostenordnung auch nach dem Inkrafttreten des 2. Kostenrechtsmodernisierungsgesetzes vom 23. Juli 2013 (BGBl. I S. 2586) weiter anzuwenden.

ANHANG 1
Gesetz über die Vergütung von Sachverständigen, Dolmetscherinnen, Dolmetschern, Übersetzerinnen und Übersetzern sowie die Entschädigung von ehrenamtlichen Richterinnen, ehrenamtlichen Richtern, Zeuginnen, Zeugen und Dritten

(Justizvergütungs- und -entschädigungsgesetz – JVEG)

vom 05.05.2004 (BGBl. I, S. 718, 776),
zuletzt geändert durch Art. 5 Abs. 2 des Gesetzes
vom 11.10.2016 (BGBl. I, S. 2222).

– Auszug –

ABSCHNITT 1
Allgemeine Vorschriften

§ 1
Geltungsbereich und Anspruchsberechtigte

(1) ^{1}Dieses Gesetz regelt

1. die Vergütung der Sachverständigen, Dolmetscherinnen, Dolmetscher, Übersetzerinnen und Übersetzer, die von dem Gericht, der Staatsanwaltschaft, der Finanzbehörde in den Fällen, in denen diese das Ermittlungsverfahren selbstständig durchführt, der Verwaltungsbehörde im Verfahren nach dem Gesetz über Ordnungswidrigkeiten oder dem Gerichtsvollzieher herangezogen werden;
2. die Entschädigung der ehrenamtlichen Richterinnen und Richter bei den ordentlichen Gerichten und den Gerichten für Arbeitssachen sowie bei den Gerichten der Verwaltungs-, der Finanz- und der Sozialgerichtsbarkeit mit Ausnahme der ehrenamtlichen Richterinnen und Richter in Handelssachen, in berufsgerichtlichen Verfahren oder bei Dienstgerichten sowie
3. die Entschädigung der Zeuginnen, Zeugen und Dritten (§ 23), die von den in Nummer 1 genannten Stellen herangezogen werden.

^{2}Eine Vergütung oder Entschädigung wird nur nach diesem Gesetz gewährt. ^{3}Der Anspruch auf Vergütung nach Satz 1 Nr. 1 steht demjenigen zu, der beauftragt worden ist; dies gilt auch, wenn der Mitarbeiter einer Unternehmung die Leistung erbringt, der Auftrag jedoch der Unternehmung erteilt worden ist.

(2) ^{1}Dieses Gesetz gilt auch, wenn Behörden oder sonstige öffentliche Stellen von den in Absatz 1 Satz 1 Nr. 1 genannten Stellen zu Sachverständigenleistungen herangezogen werden. ^{2}Für Angehörige einer Behörde oder einer sonstigen öffentlichen Stelle, die weder Ehrenbeamte noch ehrenamtlich tätig sind, gilt dieses Gesetz nicht, wenn sie ein Gutachten in Erfüllung ihrer Dienstaufgaben erstatten, vertreten oder erläutern.

(3) ^{1}Einer Heranziehung durch die Staatsanwaltschaft oder durch die Finanzbehörde in den Fällen des Absatzes 1 Satz 1 Nr. 1 steht eine Heranziehung durch die Polizei oder eine andere Strafverfolgungsbehörde im Auftrag oder mit vorheriger Billigung der Staatsanwaltschaft oder der Finanzbehörde gleich. ^{2}Satz 1 gilt im Verfahren der Verwaltungsbehörde nach dem Gesetz über Ordnungswidrigkeiten entsprechend.

(4) Die Vertrauenspersonen in den Ausschüssen zur Wahl der Schöffen und die Vertrauensleute in den Ausschüssen zur Wahl der ehrenamtlichen Richter bei den Gerichten der Verwaltungs- und der Finanzgerichtsbarkeit werden wie ehrenamtliche Richter entschädigt.

(5) Die Vorschriften dieses Gesetzes über die gerichtliche Festsetzung und die Beschwerde gehen den Regelungen der für das zugrunde liegende Verfahren geltenden Verfahrensvorschriften vor.

§ 2
Geltendmachung und Erlöschen des Anspruchs, Verjährung

(1) [1]Der Anspruch auf Vergütung oder Entschädigung erlischt, wenn er nicht binnen drei Monaten bei der Stelle, die den Berechtigten herangezogen oder beauftragt hat, geltend gemacht wird; hierüber und über den Beginn der Frist ist der Berechtigte zu belehren. [2]Die Frist beginnt

1. im Fall der schriftlichen Begutachtung oder der Anfertigung einer Übersetzung mit Eingang des Gutachtens oder der Übersetzung bei der Stelle, die den Berechtigten beauftragt hat,
2. im Fall der Vernehmung als Sachverständiger oder Zeuge oder der Zuziehung als Dolmetscher mit Beendigung der Vernehmung oder Zuziehung,
3. bei vorzeitiger Beendigung der Heranziehung oder des Auftrags in den Fällen der Nummern 1 und 2 mit der Bekanntgabe der Erledigung an den Berechtigten,
4. in den Fällen des § 23 mit Beendigung der Maßnahme und
5. im Fall der Dienstleistung als ehrenamtlicher Richter oder Mitglied eines Ausschusses im Sinne des § 1 Abs. 4 mit Beendigung der Amtsperiode, jedoch nicht vor dem Ende der Amtstätigkeit.

[3]Wird der Berechtigte in den Fällen des Satzes 2 Nummer 1 und 2 in demselben Verfahren, im gerichtlichen Verfahren in demselben Rechtszug, mehrfach herangezogen, ist für den Beginn aller Fristen die letzte Heranziehung maßgebend. [4]Die Frist kann auf begründeten Antrag von der in Satz 1 genannten Stelle verlängert werden; lehnt sie eine Verlängerung ab, hat sie den Antrag unverzüglich dem nach § 4 Abs. 1 für die Festsetzung der Vergütung oder Entschädigung zuständigen Gericht vorzulegen, das durch unanfechtbaren Beschluss entscheidet. [5]Weist das Gericht den Antrag zurück, erlischt der Anspruch, wenn die Frist nach Satz 1 abgelaufen und der Anspruch nicht binnen zwei Wochen ab Bekanntgabe der Entscheidung bei der in Satz 1 genannten Stelle geltend gemacht worden ist.

(2) [1]War der Berechtigte ohne sein Verschulden an der Einhaltung einer Frist nach Absatz 1 gehindert, gewährt ihm das Gericht auf Antrag Wiedereinsetzung in den vorigen Stand, wenn er innerhalb von zwei Wochen nach Beseitigung des Hindernisses den Anspruch beziffert und die Tatsachen glaubhaft macht, welche die Wiedereinsetzung begründen. [2]Ein Fehlen des Verschuldens wird vermutet, wenn eine Belehrung nach Absatz 1 Satz 1 unterblieben oder fehlerhaft ist. [3]Nach Ablauf eines Jahres, von dem Ende der versäumten Frist an gerechnet, kann die Wiedereinsetzung nicht mehr beantragt werden. [4]Gegen die Ablehnung der Wiedereinsetzung findet die Beschwerde statt. [5]Sie ist nur zulässig, wenn sie innerhalb von zwei Wochen eingelegt wird. [6]Die Frist beginnt mit der Zustellung der Entscheidung. § 4 Abs. 4 Satz 1 bis 3 und Abs. 6 bis 8 ist entsprechend anzuwenden.

(3) [1]Der Anspruch auf Vergütung oder Entschädigung verjährt in drei Jahren nach Ablauf des Kalenderjahrs, in dem der nach Absatz 1 Satz 2 Nr. 1 bis 4 maßgebliche Zeitpunkt eingetreten ist. [2]Auf die Verjährung sind die Vorschriften des Bürgerlichen Gesetzbuchs anzuwenden. [3]Durch den Antrag auf gerichtliche Festsetzung (§ 4) wird die Verjährung wie durch Klageerhebung gehemmt. [4]Die Verjährung wird nicht von Amts wegen berücksichtigt.

(4) Der Anspruch auf Erstattung zu viel gezahlter Vergütung oder Entschädigung verjährt in drei Jahren nach Ablauf des Kalenderjahrs, in dem die Zahlung erfolgt ist. § 5 Abs. 3 des Gerichtskostengesetzes gilt entsprechend.

§ 3
Vorschuss

Auf Antrag ist ein angemessener Vorschuss zu bewilligen, wenn dem Berechtigten erhebliche Fahrtkosten oder sonstige Aufwendungen entstanden sind oder voraussichtlich entstehen werden oder wenn die zu erwartende Vergütung für bereits erbrachte Teilleistungen einen Betrag von 2 000 Euro übersteigt.

§§ 4–4c
(Von einem Abdruck wird abgesehen)

ABSCHNITT 2
Gemeinsame Vorschriften

§ 5
Fahrtkostenersatz

(1) Bei Benutzung von öffentlichen, regelmäßig verkehrenden Beförderungsmitteln werden die tatsächlich entstandenen Auslagen bis zur Höhe der entsprechenden Kosten für die Benutzung der ersten Wagenklasse der Bahn einschließlich der Auslagen für Platzreservierung und Beförderung des notwendigen Gepäcks ersetzt.

(2) ¹Bei Benutzung eines eigenen oder unentgeltlich zur Nutzung überlassenen Kraftfahrzeugs werden
1. dem Zeugen oder dem Dritten (§ 23) zur Abgeltung der Betriebskosten sowie zur Abgeltung der Abnutzung des Kraftfahrzeugs 0,25 Euro,
2. den in § 1 Abs. 1 Satz 1 Nr. 1 und 2 genannten Anspruchsberechtigten zur Abgeltung der Anschaffungs-, Unterhaltungs- und Betriebskosten sowie zur Abgeltung der Abnutzung des Kraftfahrzeugs 0,30 Euro

für jeden gefahrenen Kilometer ersetzt zuzüglich der durch die Benutzung des Kraftfahrzeugs aus Anlass der Reise regelmäßig anfallenden baren Auslagen, insbesondere der Parkentgelte. ²Bei der Benutzung durch mehrere Personen kann die Pauschale nur einmal geltend gemacht werden. ³Bei der Benutzung eines Kraftfahrzeugs, das nicht zu den Fahrzeugen nach Absatz 1 oder Satz 1 zählt, werden die tatsächlich entstandenen Auslagen bis zur Höhe der in Satz 1 genannten Fahrtkosten ersetzt; zusätzlich werden die durch die Benutzung des Kraftfahrzeugs aus Anlass der Reise angefallenen regelmäßigen baren Auslagen, insbesondere die Parkentgelte, ersetzt, soweit sie der Berechtigte zu tragen hat.

(3) Höhere als die in Absatz 1 oder Absatz 2 bezeichneten Fahrtkosten werden ersetzt, soweit dadurch Mehrbeträge an Vergütung oder Entschädigung erspart werden oder höhere Fahrtkosten wegen besonderer Umstände notwendig sind.

(4) Für Reisen während der Terminsdauer werden die Fahrtkosten nur insoweit ersetzt, als dadurch Mehrbeträge an Vergütung oder Entschädigung erspart werden, die beim Verbleiben an der Terminsstelle gewährt werden müssten.

(5) Wird die Reise zum Ort des Termins von einem anderen als dem in der Ladung oder Terminsmitteilung bezeichneten oder der zuständigen Stelle unverzüglich angezeigten Ort angetreten oder wird zu einem anderen als zu diesem Ort zurückgefahren, werden Mehrkosten nach billigem Ermessen nur dann ersetzt, wenn der Berechtigte zu diesen Fahrten durch besondere Umstände genötigt war.

§ 6
Entschädigung für Aufwand

(1) Wer innerhalb der Gemeinde, in der der Termin stattfindet, weder wohnt noch berufstätig ist, erhält für die Zeit, während der er aus Anlass der Wahrnehmung des Termins von seiner Wohnung und seinem Tätigkeitsmittelpunkt abwesend sein muss, ein Tagegeld, dessen Höhe sich nach der Verpflegungspauschale zur Abgeltung tatsächlich entstandener, beruflich veranlasster Mehraufwendungen im Inland nach dem Einkommensteuergesetz bemisst.

(2) Ist eine auswärtige Übernachtung notwendig, wird ein Übernachtungsgeld nach den Bestimmungen des Bundesreisekostengesetzes gewährt.

§ 7
Ersatz für sonstige Aufwendungen

(1) ¹Auch die in den §§ 5, 6 und 12 nicht besonders genannten baren Auslagen werden ersetzt, soweit sie notwendig sind. ²Dies gilt insbesondere für die Kosten notwendiger Vertretungen und notwendiger Begleitpersonen.

(2) ¹Für die Anfertigung von Kopien und Ausdrucken werden ersetzt
1. bis zu einer Größe von DIN A3 0,50 Euro je Seite für die ersten 50 Seiten und 0,15 Euro für jede weitere Seite,
2. in einer Größe von mehr als DIN A3 3 Euro je Seite und
3. für Farbkopien und -ausdrucke jeweils das Doppelte der Beträge nach Nummer 1 oder Nummer 2.

²Die Höhe der Pauschalen ist in derselben Angelegenheit einheitlich zu berechnen. ³Die Pauschale wird nur für Kopien und Ausdrucke aus Behörden- und Gerichtsakten gewährt, soweit

deren Herstellung zur sachgemäßen Vorbereitung oder Bearbeitung der Angelegenheit geboten war, sowie für Kopien und zusätzliche Ausdrucke, die nach Aufforderung durch die heranziehende Stelle angefertigt worden sind. [4]Werden Kopien oder Ausdrucke in einer Größe von mehr als DIN A3 gegen Entgelt von einem Dritten angefertigt, kann der Berechtigte anstelle der Pauschale die baren Auslagen ersetzt verlangen.

(3) [1]Für die Überlassung von elektronisch gespeicherten Dateien anstelle der in Absatz 2 genannten Kopien und Ausdrucke werden 1,50 Euro je Datei ersetzt. [2]Für die in einem Arbeitsgang überlassenen oder in einem Arbeitsgang auf denselben Datenträger übertragenen Dokumente werden höchstens 5 Euro ersetzt.

ABSCHNITT 3
Vergütung von Sachverständigen, Dolmetschern und Übersetzern

§ 8
Grundsatz der Vergütung

(1) Sachverständige, Dolmetscher und Übersetzer erhalten als Vergütung

1. ein Honorar für ihre Leistungen (§§ 9 bis 11),
2. Fahrtkostenersatz (§ 5),
3. Entschädigung für Aufwand (§ 6) sowie
4. Ersatz für sonstige und für besondere Aufwendungen (§§ 7 und 12).

(2) [1]Soweit das Honorar nach Stundensätzen zu bemessen ist, wird es für jede Stunde der erforderlichen Zeit einschließlich notwendiger Reise- und Wartezeiten gewährt. [2]Die letzte bereits begonnene Stunde wird voll gerechnet, wenn sie zu mehr als 30 Minuten für die Erbringung der Leistung erforderlich war; anderenfalls beträgt das Honorar die Hälfte des sich für eine volle Stunde ergebenden Betrags.

(3) Soweit vergütungspflichtige Leistungen oder Aufwendungen auf die gleichzeitige Erledigung mehrerer Angelegenheiten entfallen, ist die Vergütung nach der Anzahl der Angelegenheiten aufzuteilen.

(4) Den Sachverständigen, Dolmetschern und Übersetzern, die ihren gewöhnlichen Aufenthalt im Ausland haben, kann unter Berücksichtigung ihrer persönlichen Verhältnisse, insbesondere ihres regelmäßigen Erwerbseinkommens, nach billigem Ermessen eine höhere als die in Absatz 1 bestimmte Vergütung gewährt werden.

§ 8a
Wegfall oder Beschränkung des Vergütungsanspruchs

(1) Der Anspruch auf Vergütung entfällt, wenn der Berechtigte es unterlässt, der heranziehenden Stelle unverzüglich solche Umstände anzuzeigen, die zu seiner Ablehnung durch einen Beteiligten berechtigen, es sei denn, er hat die Unterlassung nicht zu vertreten.

(2) [1]Der Berechtigte erhält eine Vergütung nur insoweit, als seine Leistung bestimmungsgemäß verwertbar ist, wenn er

1. gegen die Verpflichtung aus § 407a Absatz 1 bis 4 Satz 1 der Zivilprozessordnung verstoßen hat, es sei denn, er hat den Verstoß nicht zu vertreten;
2. eine mangelhafte Leistung erbracht hat;
3. im Rahmen der Leistungserbringung grob fahrlässig oder vorsätzlich Gründe geschaffen hat, die einen Beteiligten zur Ablehnung wegen der Besorgnis der Befangenheit berechtigen; oder
4. trotz Festsetzung eines weiteren Ordnungsgeldes seine Leistung nicht vollständig erbracht hat.

[2]Soweit das Gericht die Leistung berücksichtigt, gilt sie als verwertbar.

(3) Steht die geltend gemachte Vergütung erheblich außer Verhältnis zum Wert des Streitgegenstands und hat der Berechtigte nicht rechtzeitig nach § 407a Absatz 2 der Zivilprozessordnung auf diesen Umstand hingewiesen, bestimmt das Gericht nach Anhörung der Beteiligten nach billigem Ermessen eine Vergütung, die in einem angemessenen Verhältnis zum Wert des Streitgegenstands steht.

(4) Übersteigt die Vergütung den angeforderten Auslagenvorschuss erheblich und hat der Berechtigte nicht rechtzeitig nach § 407a Absatz 4 Satz 2 der Zivilprozessordnung auf diesen Um-

stand hingewiesen, erhält er die Vergütung nur in Höhe des Auslagenvorschusses.
(5) Die Absätze 3 und 4 sind nicht anzuwenden, wenn der Berechtigte die Verletzung der ihm obliegenden Hinweispflicht nicht zu vertreten hat.

§ 9
Honorar für die Leistung der Sachverständigen und Dolmetscher

(1) ¹Der Sachverständige erhält für jede Stunde ein Honorar

in der Honorargruppe ...	in Höhe von ... Euro
1	65
2	70
3	75
4	80
5	85
6	90
7	95
8	100
9	105
10	110
11	115
12	120
13	125
M 1	65
M 2	75
M 3	100

²Die Zuordnung der Leistungen zu einer Honorargruppe bestimmt sich entsprechend der Entscheidung über die Heranziehung nach der Anlage 1. ³Ist die Leistung auf einem Sachgebiet zu erbringen, das in keiner Honorargruppe genannt wird, ist sie unter Berücksichtigung der allgemein für Leistungen dieser Art außergerichtlich und außerbehördlich vereinbarten Stundensätze einer Honorargruppe nach billigem Ermessen zuzuordnen; dies gilt entsprechend, wenn ein medizinisches oder psychologisches Gutachten einen Gegenstand betrifft, der in keiner Honorargruppe genannt wird. ⁴Ist die Leistung auf mehreren Sachgebieten zu erbringen oder betrifft das medizinische oder psychologische Gutachten mehrere Gegenstände und sind die Sachgebiete oder Gegenstände verschiedenen Honorargruppen zugeordnet, bemisst sich das Honorar einheitlich für die gesamte erforderliche Zeit nach der höchsten dieser Honorargruppen; jedoch gilt Satz 3 entsprechend, wenn dies mit Rücksicht auf den Schwerpunkt der Leistung zu einem unbilligen Ergebnis führen würde. ⁵§ 4 gilt entsprechend mit der Maßgabe, dass die Beschwerde auch zulässig ist, wenn der Wert des Beschwerdegegenstands 200 Euro nicht übersteigt. ⁶Die Beschwerde ist nur zulässig, solange der Anspruch auf Vergütung noch nicht geltend gemacht worden ist.

(2) Beauftragt das Gericht den vorläufigen Insolvenzverwalter, als Sachverständiger zu prüfen, ob ein Eröffnungsgrund vorliegt und welche Aussichten für eine Fortführung des Unternehmens des Schuldners bestehen (§ 22 Absatz 1 Satz 2 Nummer 3 der Insolvenzordnung, auch in Verbindung mit § 22 Absatz 2 der Insolvenzordnung), beträgt das Honorar in diesem Fall abweichend von Absatz 1 für jede Stunde 80 Euro.

(3) ¹Das Honorar des Dolmetschers beträgt für jede Stunde 70 Euro und, wenn er ausdrücklich für simultanes Dolmetschen herangezogen worden ist, 75 Euro; maßgebend ist ausschließlich die bei der Heranziehung im Voraus mitgeteilte Art des Dolmetschens. ²Ein ausschließlich als Dolmetscher Tätiger erhält eine Ausfallentschädigung, soweit er durch die Aufhebung eines Termins, zu dem er geladen war und dessen Aufhebung nicht durch einen in seiner Person liegenden Grund veranlasst war, einen Einkommensverlust erlitten hat und ihm die Aufhebung erst am Terminstag oder an einem der beiden vorhergehenden Tage mitgeteilt worden ist. ³Die Ausfallentschädigung wird bis zu einem Betrag gewährt, der dem Honorar für zwei Stunden entspricht.

§ 10
Honorar für besondere Leistungen

(1) Soweit ein Sachverständiger oder ein sachverständiger Zeuge Leistungen erbringt, die in der Anlage 2 bezeichnet sind, bemisst sich das Honorar oder die Entschädigung nach dieser Anlage.

(2) [1]Für Leistungen der in Abschnitt O des Gebührenverzeichnisses für ärztliche Leistungen (Anlage zur Gebührenordnung für Ärzte) bezeichneten Art bemisst sich das Honorar in entsprechender Anwendung dieses Gebührenverzeichnisses nach dem 1,3fachen Gebührensatz. [2]§ 4 Absatz 2 Satz 1, Absatz 2a Satz 1, Absatz 3 und 4 Satz 1 und § 10 der Gebührenordnung für Ärzte gelten entsprechend; im Übrigen bleiben die §§ 7 und 12 unberührt.

(3) Soweit für die Erbringung einer Leistung nach Absatz 1 oder Absatz 2 zusätzliche Zeit erforderlich ist, erhält der Berechtigte ein Honorar nach der Honorargruppe 1.

§ 11
Honorar für Übersetzungen

(1) [1]Das Honorar für eine Übersetzung beträgt 1,55 Euro für jeweils angefangene 55 Anschläge des schriftlichen Textes (Grundhonorar). [2]Bei nicht elektronisch zur Verfügung gestellten editierbaren Texten erhöht sich das Honorar auf 1,75 Euro für jeweils angefangene 55 Anschläge (erhöhtes Honorar). [3]Ist die Übersetzung wegen der besonderen Umstände des Einzelfalls, insbesondere wegen der häufigen Verwendung von Fachausdrücken, der schweren Lesbarkeit des Textes, einer besonderen Eilbedürftigkeit oder weil es sich um eine in Deutschland selten vorkommende Fremdsprache handelt, besonders erschwert, beträgt das Grundhonorar 1,85 Euro und das erhöhte Honorar 2,05 Euro. [4]Maßgebend für die Anzahl der Anschläge ist der Text in der Zielsprache; werden jedoch nur in der Ausgangssprache lateinische Schriftzeichen verwendet, ist die Anzahl der Anschläge des Textes in der Ausgangssprache maßgebend. [5]Wäre eine Zählung der Anschläge mit unverhältnismäßigem Aufwand verbunden, wird deren Anzahl unter Berücksichtigung der durchschnittlichen Anzahl der Anschläge je Zeile nach der Anzahl der Zeilen bestimmt.

(2) Für eine oder für mehrere Übersetzungen aufgrund desselben Auftrags beträgt das Honorar mindestens 15 Euro.

(3) Soweit die Leistung des Übersetzers in der Überprüfung von Schriftstücken oder Aufzeichnungen der Telekommunikation auf bestimmte Inhalte besteht, ohne dass er insoweit eine schriftliche Übersetzung anfertigen muss, erhält er ein Honorar wie ein Dolmetscher.

§ 12
Ersatz für besondere Aufwendungen

(1) [1]Soweit in diesem Gesetz nichts anderes bestimmt ist, sind mit der Vergütung nach den §§ 9 bis 11 auch die üblichen Gemeinkosten sowie der mit der Erstattung des Gutachtens oder der Übersetzung üblicherweise verbundene Aufwand abgegolten. [2]Es werden jedoch gesondert ersetzt

1. die für die Vorbereitung und Erstattung des Gutachtens oder der Übersetzung aufgewendeten notwendigen besonderen Kosten, einschließlich der insoweit notwendigen Aufwendungen für Hilfskräfte, sowie die für eine Untersuchung verbrauchten Stoffe und Werkzeuge;
2. für jedes zur Vorbereitung und Erstattung des Gutachtens erforderliche Foto 2 Euro und, wenn die Fotos nicht Teil des schriftlichen Gutachtens sind (§ 7 Absatz 2), 0,50 Euro für den zweiten und jeden weiteren Abzug oder Ausdruck eines Fotos;
3. für die Erstellung des schriftlichen Gutachtens 0,90 Euro je angefangene 1 000 Anschläge; ist die Zahl der Anschläge nicht bekannt, ist diese zu schätzen;
4. die auf die Vergütung entfallende Umsatzsteuer, sofern diese nicht nach § 19 Abs. 1 des Umsatzsteuergesetzes unerhoben bleibt.

(2) Ein auf die Hilfskräfte (Absatz 1 Satz 2 Nr. 1) entfallender Teil der Gemeinkosten wird durch einen Zuschlag von 15 Prozent auf den Betrag abgegolten, der als notwendige Aufwendung für die Hilfskräfte zu ersetzen ist, es sei denn, die Hinzuziehung der Hilfskräfte hat keine oder nur unwesentlich erhöhte Gemeinkosten veranlasst.

§ 13
Besondere Vergütung

(1) ¹Haben sich die Parteien oder Beteiligten dem Gericht gegenüber mit einer bestimmten oder einer von der gesetzlichen Regelung abweichenden Vergütung einverstanden erklärt, wird der Sachverständige, Dolmetscher oder Übersetzer unter Gewährung dieser Vergütung erst herangezogen, wenn ein ausreichender Betrag für die gesamte Vergütung an die Staatskasse gezahlt ist. ²Hat in einem Verfahren nach dem Gesetz über Ordnungswidrigkeiten die Verfolgungsbehörde eine entsprechende Erklärung abgegeben, bedarf es auch dann keiner Vorschusszahlung, wenn die Verfolgungsbehörde nicht von der Zahlung der Kosten befreit ist. ³In einem Verfahren, in dem Gerichtskosten in keinem Fall erhoben werden, genügt es, wenn ein die Mehrkosten deckender Betrag gezahlt worden ist, für den die Parteien oder Beteiligten nach Absatz 6 haften.

(2) ¹Die Erklärung nur einer Partei oder eines Beteiligten oder die Erklärung der Strafverfolgungsbehörde oder der Verfolgungsbehörde genügt, soweit sie sich auf den Stundensatz nach § 9 oder bei schriftlichen Übersetzungen auf ein Honorar für jeweils angefangene 55 Anschläge nach § 11 bezieht und das Gericht zustimmt. ²Die Zustimmung soll nur erteilt werden, wenn das Doppelte des nach § 9 oder § 11 zulässigen Honorars nicht überschritten wird und wenn sich zu dem gesetzlich bestimmten Honorar keine geeignete Person zur Übernahme der Tätigkeit bereit erklärt. ³Vor der Zustimmung hat das Gericht die andere Partei oder die anderen Beteiligten zu hören. ⁴Die Zustimmung und die Ablehnung der Zustimmung sind unanfechtbar.

(3) ¹Derjenige, dem Prozess- oder Verfahrenskostenhilfe bewilligt worden ist, kann eine Erklärung nach Absatz 1 nur abgeben, die sich auf den Stundensatz nach § 9 oder bei schriftlichen Übersetzungen auf ein Honorar für jeweils angefangene 55 Anschläge nach § 11 bezieht. ²Wäre er ohne Rücksicht auf die Prozess- oder Verfahrenskostenhilfe zur vorschussweisen Zahlung der Vergütung verpflichtet, hat er einen ausreichenden Betrag für das gegenüber der gesetzlichen Regelung oder der vereinbarten Vergütung (§ 14) zu erwartende zusätzliche Honorar an die Staatskasse zu zahlen; § 122 Abs. 1 Nr. 1 Buchstabe a der Zivilprozessordnung ist insoweit nicht anzuwenden. ³Der Betrag wird durch unanfechtbaren Beschluss festgesetzt. ⁴Zugleich bestimmt das Gericht, welcher Honorargruppe die Leistung des Sachverständigen ohne Berücksichtigung der Erklärungen der Parteien oder Beteiligten zuzuordnen oder mit welchem Betrag für 55 Anschläge in diesem Fall eine Übersetzung zu honorieren wäre.

(4) ¹Ist eine Vereinbarung nach den Absätzen 1 und 3 zur zweckentsprechenden Rechtsverfolgung notwendig und ist derjenige, dem Prozess- oder Verfahrenskostenhilfe bewilligt worden ist, zur Zahlung des nach Absatz 3 Satz 2 erforderlichen Betrags außerstande, bedarf es der Zahlung nicht, wenn das Gericht seiner Erklärung zustimmt. ²Die Zustimmung soll nur erteilt werden, wenn das Doppelte des nach § 9 oder § 11 zulässigen Honorars nicht überschritten wird. ³Die Zustimmung und die Ablehnung der Zustimmung sind unanfechtbar.

(5) ¹Im Musterverfahren nach dem Kapitalanleger-Musterverfahrensgesetz ist die Vergütung unabhängig davon zu gewähren, ob ein ausreichender Betrag an die Staatskasse gezahlt ist. ²Im Fall des Absatzes 2 genügt die Erklärung eines Beteiligten des Musterverfahrens. ³Die Absätze 3 und 4 sind nicht anzuwenden. ⁴Die Anhörung der übrigen Beteiligten des Musterverfahrens kann dadurch ersetzt werden, dass die Vergütungshöhe, für die die Zustimmung des Gerichts erteilt werden soll, öffentlich bekannt gemacht wird. ⁵Die öffentliche Bekanntmachung wird durch Eintragung in das Klageregister nach § 4 des Kapitalanleger-Musterverfahrensgesetzes bewirkt. ⁶Zwischen der öffentlichen Bekanntmachung und der Entscheidung über die Zustimmung müssen mindestens vier Wochen liegen.

(6) ¹Schuldet nach den kostenrechtlichen Vorschriften keine Partei oder kein Beteiligter die Vergütung, haften die Parteien oder Beteiligten, die eine Erklärung nach Absatz 1 oder Absatz 3 abgegeben haben, für die hierdurch entstandenen Mehrkosten als Gesamtschuldner, im Innenverhältnis nach Kopfteilen. ²Für die Strafverfolgungs- oder Verfolgungsbehörde haftet diejenige Körperschaft, der die Behörde angehört, wenn die Körperschaft nicht von der Zahlung der Kosten befreit ist. ³Der auf eine Partei oder einen Beteiligten entfallende Anteil bleibt unberücksichtigt, wenn das Gericht der Erklärung nach Absatz 4 zugestimmt hat. ⁴Der Sachverständige, Dolmetscher oder Übersetzer hat eine Berechnung der gesetzlichen Vergütung einzureichen.

(7) (weggefallen)

§ 14
Vereinbarung der Vergütung

Mit Sachverständigen, Dolmetschern und Übersetzern, die häufiger herangezogen werden, kann die oberste Landesbehörde, für die Gerichte und Behörden des Bundes die obersten Bundesbehörde, oder eine von diesen bestimmte Stelle eine Vereinbarung über die zu gewährende Vergütung treffen, deren Höhe die nach diesem Gesetz vorgesehene Vergütung nicht überschreiten darf.

§§ 15–18
(Von einem Abdruck wird abgesehen)

ABSCHNITT 5
Entschädigung von Zeugen und Dritten

§ 19
Grundsatz der Entschädigung

(1) [1]Zeugen erhalten als Entschädigung
1. Fahrtkostenersatz (§ 5),
2. Entschädigung für Aufwand (§ 6),
3. Ersatz für sonstige Aufwendungen (§ 7),
4. Entschädigung für Zeitversäumnis (§ 20),
5. Entschädigung für Nachteile bei der Haushaltsführung (§ 21) sowie
6. Entschädigung für Verdienstausfall (§ 22).

[2]Dies gilt auch bei schriftlicher Beantwortung der Beweisfrage.

(2) [1]Soweit die Entschädigung nach Stunden bemessen ist, wird sie für die gesamte Dauer der Heranziehung einschließlich notwendiger Reise- und Wartezeiten, jedoch für nicht mehr als zehn Stunden je Tag, gewährt. [2]Die letzte bereits begonnene Stunde wird voll gerechnet, wenn insgesamt mehr als 30 Minuten auf die Heranziehung entfallen; anderenfalls beträgt die Entschädigung die Hälfte des sich für eine volle Stunde ergebenden Betrags.

(3) Soweit die Entschädigung durch die gleichzeitige Heranziehung in verschiedenen Angelegenheiten veranlasst ist, ist sie auf diese Angelegenheiten nach dem Verhältnis der Entschädigungen zu verteilen, die bei gesonderter Heranziehung begründet wären.

(4) Den Zeugen, die ihren gewöhnlichen Aufenthalt im Ausland haben, kann unter Berücksichtigung ihrer persönlichen Verhältnisse, insbesondere ihres regelmäßigen Erwerbseinkommens, nach billigem Ermessen eine höhere als die in den §§ 20 bis 22 bestimmte Entschädigung gewährt werden.

§ 20
Entschädigung für Zeitversäumnis

Die Entschädigung für Zeitversäumnis beträgt 3,50 Euro je Stunde, soweit weder für einen Verdienstausfall noch für Nachteile bei der Haushaltsführung eine Entschädigung zu gewähren ist, es sei denn, dem Zeugen ist durch seine Heranziehung ersichtlich kein Nachteil entstanden.

§ 21
Entschädigung für Nachteile bei der Haushaltsführung

[1]Zeugen, die einen eigenen Haushalt für mehrere Personen führen, erhalten eine Entschädigung für Nachteile bei der Haushaltsführung von 14 Euro je Stunde, wenn sie nicht erwerbstätig sind oder wenn sie teilzeitbeschäftigt sind und außerhalb ihrer vereinbarten regelmäßigen täglichen Arbeitszeit herangezogen werden. [2]Zeugen, die ein Erwerbsersatzeinkommen beziehen, stehen erwerbstätigen Zeugen gleich. [3]Die Entschädigung von Teilzeitbeschäftigten wird für höchstens zehn Stunden je Tag gewährt abzüglich der Zahl an Stunden, die der vereinbarten regelmäßigen täglichen Arbeitszeit entspricht. [4]Die Entschädigung wird nicht gewährt, soweit Kosten einer notwendigen Vertretung erstattet werden.

§ 22
Entschädigung für Verdienstausfall

¹Zeugen, denen ein Verdienstausfall entsteht, erhalten eine Entschädigung, die sich nach dem regelmäßigen Bruttoverdienst einschließlich der vom Arbeitgeber zu tragenden Sozialversicherungsbeiträge richtet und für jede Stunde höchstens 21 Euro beträgt. ²Gefangene, die keinen Verdienstausfall aus einem privatrechtlichen Arbeitsverhältnis haben, erhalten Ersatz in Höhe der entgangenen Zuwendung der Vollzugsbehörde.

§ 23
Entschädigung Dritter

(1) Soweit von denjenigen, die Telekommunikationsdienste erbringen oder daran mitwirken (Telekommunikationsunternehmen), Anordnungen zur Überwachung der Telekommunikation umgesetzt oder Auskünfte erteilt werden, für die in der Anlage 3 zu diesem Gesetz besondere Entschädigungen bestimmt sind, bemisst sich die Entschädigung ausschließlich nach dieser Anlage.

(2) ¹Dritte, die aufgrund einer gerichtlichen Anordnung nach § 142 Abs. 1 Satz 1 oder § 144 Abs. 1 der Zivilprozessordnung Urkunden, sonstige Unterlagen oder andere Gegenstände vorlegen oder deren Inaugenscheinnahme dulden, sowie Dritte, die aufgrund eines Beweiszwecken dienenden Ersuchens der Strafverfolgungs- oder Verfolgungsbehörde

1. Gegenstände herausgeben (§ 95 Abs. 1, § 98a der Strafprozessordnung) oder die Pflicht zur Herausgabe entsprechend einer Anheimgabe der Strafverfolgungs- oder Verfolgungsbehörde abwenden oder

2. in anderen als den in Absatz 1 genannten Fällen Auskunft erteilen,

werden wie Zeugen entschädigt. ²Bedient sich der Dritte eines Arbeitnehmers oder einer anderen Person, werden ihm die Aufwendungen dafür (§ 7) im Rahmen des § 22 ersetzt; § 19 Abs. 2 und 3 gilt entsprechend.

(3) ¹Die notwendige Benutzung einer eigenen Datenverarbeitungsanlage für Zwecke der Rasterfahndung wird entschädigt, wenn die Investitionssumme für die im Einzelfall benutzte Hard- und Software zusammen mehr als 10 000 Euro beträgt. ²Die Entschädigung beträgt

1. bei einer Investitionssumme von mehr als 10 000 bis 25 000 Euro für jede Stunde der Benutzung 5 Euro; die gesamte Benutzungsdauer ist auf volle Stunden aufzurunden;

2. bei sonstigen Datenverarbeitungsanlagen

    a) neben der Entschädigung nach Absatz 2 für jede Stunde der Benutzung der Anlage bei der Entwicklung eines für den Einzelfall erforderlichen, besonderen Anwendungsprogramms 10 Euro und

    b) für die übrige Dauer der Benutzung einschließlich des hierbei erforderlichen Personalaufwands ein Zehnmillionstel der Investitionssumme je Sekunde für die Zeit, in der die Zentraleinheit belegt ist (CPU-Sekunde), höchstens 0,30 Euro je CPU-Sekunde.

³Die Investitionssumme und die verbrauchte CPU-Zeit sind glaubhaft zu machen.

(4) Der eigenen elektronischen Datenverarbeitungsanlage steht eine fremde gleich, wenn die durch die Auskunftserteilung entstandenen direkt zurechenbaren Kosten (§ 7) nicht sicher feststellbar sind.

§§ 24–25
(Von einem Abdruck wird abgesehen)

Anlage 1 (zu § 9 Abs. 1)

Nr.	Sachgebietsbezeichnung	Honorar-gruppe
1	Abfallstoffe – soweit nicht Sachgebiet 3 oder 18 – einschließlich Altfahrzeuge und -geräte	11
2	Akustik, Lärmschutz – soweit nicht Sachgebiet 4	4
3	Altlasten und Bodenschutz	4
4	Bauwesen – soweit nicht Sachgebiet 13 – einschließlich technische Gebäudeausrüstung	
4.1	Planung	4
4.2	handwerklich-technische Ausführung	2
4.3	Schadensfeststellung, -ursachenermittlung und -bewertung – soweit nicht Sachgebiet 4.1 oder 4.2 –, Bauvertragswesen, Baubetrieb und Abrechnung von Bauleistungen	5
4.4	Baustoffe	6
5	Berufskunde und Tätigkeitsanalyse	10
6	Betriebswirtschaft	
6.1	Unternehmensbewertung, Betriebsunterbrechungs- und -verlagerungsschäden	11
6.2	Kapitalanlagen und private Finanzplanung	13
6.3	Besteuerung	3
7	Bewertung von Immobilien	6
8	Brandursachenermittlung	4
9	Briefmarken und Münzen	2
10	Datenverarbeitung, Elektronik und Telekommunikation	
10.1	Datenverarbeitung (Hardware und Software)	8
10.2	Elektronik – soweit nicht Sachgebiet 38 – (insbesondere Mess-, Steuerungs- und Regelungselektronik)	9
10.3	Telekommunikation (insbesondere Telefonanlagen, Mobilfunk, Übertragungstechnik)	8
11	Elektrotechnische Anlagen und Geräte – soweit nicht Sachgebiet 4 oder 10	4
12	Fahrzeugbau	3
13	Garten- und Landschaftsbau einschließlich Sportanlagenbau	
13.1	Planung	3
13.2	handwerklich-technische Ausführung	3
13.3	Schadensfeststellung, -ursachenermittlung und -bewertung – soweit nicht Sachgebiet 13.1 oder 13.2	4
14	Gesundheitshandwerk	2
15	Grafisches Gewerbe	6
16	Hausrat und Inneneinrichtung	3
17	Honorarabrechnungen von Architekten und Ingenieuren	9
18	Immissionen	2
19	Kältetechnik – soweit nicht Sachgebiet 4	5
20	Kraftfahrzeugschäden und -bewertung	8
21	Kunst und Antiquitäten	3
22	Lebensmittelchemie und -technologie	6
23	Maschinen und Anlagen – soweit nicht Sachgebiet 4, 10 oder 11	6
24	Medizintechnik	7

Nr.	Sachgebietsbezeichnung	Honorargruppe
25	Mieten und Pachten	10
26	Möbel – soweit nicht Sachgebiet 21	2
27	Musikinstrumente	2
28	Rundfunk- und Fernsehtechnik	2
29	Schiffe, Wassersportfahrzeuge	4
30	Schmuck, Juwelen, Perlen, Gold- und Silberwaren	2
31	Schrift- und Urkundenuntersuchung	8
32	Schweißtechnik	5
33	Spedition, Transport, Lagerwirtschaft	5
34	Sprengtechnik	2
35	Textilien, Leder und Pelze	2
36	Tiere	2
37	Ursachenermittlung und Rekonstruktion bei Fahrzeugunfällen	12
38	Verkehrsregelungs- und -überwachungstechnik	5
39	Vermessungs- und Katasterwesen	
39.1	Vermessungstechnik	1
39.2	Vermessungs- und Katasterwesen im Übrigen	9
40	Versicherungsmathematik	10

Gegenstand medizinischer und psychologischer Gutachten	Honorargruppe
Einfache gutachtliche Beurteilungen, insbesondere – in Gebührenrechtsfragen, – zur Minderung der Erwerbsfähigkeit nach einer Monoverletzung, – zur Haft-, Verhandlungs- oder Vernehmungsfähigkeit, – zur Verlängerung einer Betreuung.	M 1
Beschreibende (Ist-Zustands-)Begutachtung nach standardisiertem Schema ohne Erörterung spezieller Kausalzusammenhänge mit einfacher medizinischer Verlaufsprognose und mit durchschnittlichem Schwierigkeitsgrad, insbesondere Gutachten – in Verfahren nach dem SGB IX, – zur Minderung der Erwerbsfähigkeit und zur Invalidität, – zu rechtsmedizinischen und toxikologischen Fragestellungen im Zusammenhang mit der Feststellung einer Beeinträchtigung der Fahrtüchtigkeit durch Alkohol, Drogen, Medikamente oder Krankheiten, – zu spurenkundlichen oder rechtsmedizinischen Fragestellungen mit Befunderhebungen (z.B. bei Verletzungen und anderen Unfallfolgen), – zu einfachen Fragestellungen zur Schuldfähigkeit ohne besondere Schwierigkeiten der Persönlichkeitsdiagnostik, – zur Einrichtung oder Aufhebung einer Betreuung und der Anordnung eines Einwilligungsvorbehalts gemäß § 1903 BGB – zu Unterhaltsstreitigkeiten aufgrund einer Erwerbs- oder Arbeitsunfähigkeit, – zu neurologisch-psychologischen Fragestellungen in Verfahren nach der FeV.	M 2

Gegenstand medizinischer und psychologischer Gutachten	Honorar-gruppe
Gutachten mit hohem Schwierigkeitsgrad (Begutachtungen spezieller Kausalzusammenhänge und/oder differenzialdiagnostischer Probleme und/oder Beurteilung der Prognose und/oder Beurteilung strittiger Kausalitätsfragen), insbesondere Gutachten	M 3
– zum Kausalzusammenhang bei problematischen Verletzungsfolgen, – zu ärztlichen Behandlungsfehlern, – in Verfahren nach dem OEG, – in Verfahren nach dem HHG, – zur Schuldfähigkeit bei Schwierigkeiten der Persönlichkeitsdiagnostik, – in Verfahren zur Anordnung einer Maßregel der Besserung und Sicherung (in Verfahren zur Entziehung der Fahrerlaubnis zu neurologisch/psychologischen Fragestellungen), – zur Kriminalprognose, – zur Aussagetüchtigkeit, – zur Widerstandsfähigkeit, – in Verfahren nach den §§ 3, 10, 17 und 105 JGG, – in Unterbringungsverfahren, – in Verfahren nach § 1905 BGB, – in Verfahren nach dem TSG, – in Verfahren zur Regelung von Sorge- oder Umgangsrechten, – zur Geschäfts-, Testier- oder Prozessfähigkeit, – zu Berufskrankheiten und zur Minderung der Erwerbsfähigkeit bei besonderen Schwierigkeiten, – zu rechtsmedizinischen, toxikologischen und spurenkundlichen Fragestellungen im Zusammenhang mit einer abschließenden Todesursachenklärung, ärztlichen Behandlungsfehlern oder einer Beurteilung der Schuldfähigkeit.	

Anlage 2 (zu § 10 Abs. 1)

Nr.	Bezeichnung der Leistung	Honorar
	Abschnitt 1 **Leichenschau und Obduktion**	
	Vorbemerkung 1: (1) ¹Das Honorar in den Fällen der Nummern 100, 102 bis 106 umfasst den zur Niederschrift gegebenen Bericht; in den Fällen der Nummern 102 bis 106 umfasst das Honorar auch das vorläufige Gutachten. ²Das Honorar nach den Nummern 102 bis 106 enthält jeder Obduzent gesondert. (2) Aufwendungen für die Nutzung fremder Kühlzellen, Sektionssäle und sonstiger Einrichtungen werden bis zu einem Betrag von 300 ? gesondert erstattet, wenn die Nutzung wegen der großen Entfernung zwischen dem Fundort der Leiche und dem rechtsmedizinischen Institut geboten ist.	
100	Besichtigung einer Leiche, von Teilen einer Leiche, eines Embryos oder eines Fetus oder Mitwirkung bei einer richterlichen Leichenschau	60,00 €
	für mehrere Leistungen bei derselben Gelegenheit jedoch höchstens	140,00 €
101	Fertigung eines Berichts, der schriftlich zu erstatten oder nachträglich zur Niederschrift zu geben ist	30,00 €
	für mehrere Leistungen bei derselben Gelegenheit jedoch höchstens	100,00 €
102	Obduktion	380,00 €
103	Obduktion unter besonders ungünstigen äußeren Bedingungen: Das Honorar 102 beträgt	500,00 €

Justizvergütungs- und -entschädigungsgesetz – JVEG

Nr.	Bezeichnung der Leistung	Honorar
104	Obduktion unter anderen besonders ungünstigen Bedingungen (Zustand der Leiche etc.): Das Honorar 102 beträgt	670,00 €
105	Sektion von Teilen einer Leiche oder Öffnung eines Embryos oder nicht lebensfähigen Fetus	100,00 €
106	Sektion oder Öffnung unter besonders ungünstigen Bedingungen: Das Honorar 105 beträgt	140,00 €
	Abschnitt 2 **Befund**	
200	Ausstellung eines Befundscheins oder Erteilung einer schriftlichen Auskunft ohne nähere gutachtliche Äußerung	21,00 €
201	Die Leistung der in Nummer 200 genannten Art ist außergewöhnlich umfangreich: Das Honorar 200 beträgt	bis zu 44,00 €
202	Zeugnis über einen ärztlichen Befund mit von der heranziehenden Stelle geforderter kurzer gutachtlicher Äußerung oder Formbogengutachten, wenn sich die Fragen auf Vorgeschichte, Angaben und Befund beschränken und nur ein kurzes Gutachten erfordern	38,00 €
203	Die Leistung der in Nummer 202 genannten Art ist außergewöhnlich umfangreich: Das Honorar 202 beträgt	bis zu 75,00 €
	Abschnitt 3 **Untersuchungen, Blutentnahme**	
300	Untersuchung eines Lebensmittels, Bedarfsgegenstands, Arzneimittels, von Luft, Gasen, Böden, Klärschlämmen, Wässern oder Abwässern und dgl. und eine kurze schriftliche gutachtliche Äußerung: Das Honorar beträgt für jede Einzelbestimmung je Probe	5,00 bis 60,00 €
301	Die Leistung der in Nummer 300 genannten Art ist außergewöhnlich umfangreich oder schwierig: Das Honorar 300 beträgt	bis zu 1 000,00 €
302	Mikroskopische, physikalische, chemische, toxikologische, bakteriologische, serologische Untersuchung, wenn das Untersuchungsmaterial von Menschen oder Tieren stammt: .... Das Honorar beträgt je Organ oder Körperflüssigkeit Das Honorar umfasst das verbrauchte Material, soweit es sich um geringwertige Stoffe handelt, und eine kurze gutachtliche Äußerung.	5,00 bis 60,00 €
303	Die Leistung der in Nummer 302 genannten Art ist außergewöhnlich umfangreich oder schwierig: Das Honorar 302 beträgt	bis zu 1 000,00 €
304	Herstellung einer DNA-Probe und ihre Überprüfung auf Geeignetheit (z.B. Hochmolekularität, humane Herkunft, Ausmaß der Degradation, Kontrolle des Verdaus) .... Das Honorar umfasst das verbrauchte Material, soweit es sich um geringwertige Stoffe handelt, und eine kurze gutachtliche Äußerung.	bis zu 205,00
305	Elektrophysiologische Untersuchung eines Menschen .... Das Honorar umfasst eine kurze gutachtliche Äußerung und den mit der Untersuchung verbundenen Aufwand.	15,00 bis 135,00 €

Nr.	Bezeichnung der Leistung	Honorar
306	Raster-elektronische Untersuchung eines Menschen oder einer Leiche, auch mit Analysenzusatz .... Das Honorar umfasst eine kurze gutachtliche Äußerung und den mit der Untersuchung verbundenen Aufwand.	15,00 bis 355,00 €
307	Blutentnahme .... Das Honorar umfasst eine Niederschrift über die Feststellung der Identität.	9,00 €

Abschnitt 4

Abstammungsgutachten

Vorbemerkung 4:
(1) [1]Das Honorar umfasst die gesamte Tätigkeit des Sachverständigen einschließlich aller Aufwendungen mit Ausnahme der Umsatzsteuer und mit Ausnahme der Auslagen für Probenentnahmen durch vom Sachverständigen beauftragte Personen, soweit nichts anderes bestimmt ist. [2]Das Honorar umfasst ferner den Aufwand für die Anfertigung des schriftlichen Gutachtens und von drei Überstücken.
(2) [1]Das Honorar für Leistungen der in Abschnitt M III 13 des Gebührenverzeichnisses für ärztliche Leistungen (Anlage zur GOÄ) bezeichneten Art bemisst sich in entsprechender Anwendung dieses Gebührenverzeichnisses nach dem 1,15fachen Gebührensatz. [2]§ 4 Abs. 2 Satz 1, Abs. 2a Satz 1, Abs. 3 und 4 Satz 1 und § 10 GOÄ gelten entsprechend.

Nr.	Bezeichnung der Leistung	Honorar
400	Erstellung des Gutachtens .... Das Honorar umfasst 1. die administrative Abwicklung, insbesondere die Organisation der Probenentnahmen, und 2. das schriftliche Gutachten, erforderlichenfalls mit biostatistischer Auswertung.	140,00 €
401	Biostatistische Auswertung, wenn der mögliche Vater für die Untersuchungen nicht zur Verfügung steht und andere mit ihm verwandte Personen an seiner Stelle in die Begutachtung einbezogen werden (Defizienzfall): je Person .... Beauftragt der Sachverständige eine andere Person mit der biostatistischen Auswertung in einem Defizienzfall, werden ihm abweichend von Vorbemerkung 4 Absatz 1 Satz 1 die hierfür anfallenden Auslagen ersetzt.	25,00 €

402	Entnahme einer genetischen Probe einschließlich der Niederschrift sowie der qualifizierten Aufklärung nach dem GenDG:
	je Person ....
	Untersuchung mittels
	1. Short Tandem Repeat Systemen (STR) oder
	2. diallelischer Polymorphismen:
	  – diallelischer Polymorphismen:
	  – Deletions-/Insertionspolymorphismen (DIP)
		25,00 €

403	— bis zu 20 Systeme: je Person	120,00 €
404	— 21 bis zu 30 Systeme: je Person	170,00 €
405	— mehr als 30 Systeme: je Person	220,00 €

Nr.	Bezeichnung der Leistung	Honorar
406	Mindestens zwei Testkits werden eingesetzt, die Untersuchungen erfolgen aus voneinander unabhängigen DNA-Präparationen und die eingesetzten parallelen Analysemethoden sind im Gutachten ausdrücklich dargelegt: Die Honorare nach den Nummern 403 bis 405 erhöhen sich um jeweils	80,00 €
407	Herstellung einer DNA-Probe aus anderem Untersuchungsmaterial als Blut oder Mundschleimhautabstrichen einschließlich Durchführung des Tests auf Eignung: je Person	bis zu 120,00 €

Anlage 3 (zu § 23 Abs. 1)

Nr.	Tätigkeit	Höhe
	Allgemeine Vorbemerkung: (1) Die Entschädigung nach dieser Anlage schließt alle mit der Erledigung des Ersuchens der Strafverfolgungsbehörde verbundenen Tätigkeiten des Telekommunikationsunternehmens sowie etwa anfallende sonstige Aufwendungen (§ 7 JVEG) ein. (2) Für Leistungen, die die Strafverfolgungsbehörden über eine zentrale Kontaktstelle des Generalbundesanwalts, des Bundeskriminalamtes, der Bundespolizei oder des Zollkriminalamtes oder über entsprechende für ein Bundesland oder für mehrere Bundesländer zuständige Kontaktstellen anfordern und abrechnen, ermäßigen sich die Entschädigungsbeträge nach den Nummern 100, 101, 300 bis 321 und 400 bis 402 um 20 Prozent, wenn bei der Anforderung darauf hingewiesen worden ist, dass es sich bei der anfordernden Stelle um eine zentrale Kontaktstelle handelt.	
	Abschnitt 1 **Überwachung der Telekommunikation**	
	Vorbemerkung 1: (1) Die Vorschriften dieses Abschnitts gelten für die Heranziehung im Zusammenhang mit Funktionsprüfungen der Aufzeichnungs- und Auswertungseinrichtungen der berechtigten Stellen entsprechend. (2) Leitungskosten werden nur entschädigt, wenn die betreffende Leitung innerhalb des Überwachungszeitraums mindestens einmal zur Übermittlung überwachter Telekommunikation an die Strafverfolgungsbehörde genutzt worden ist. (3) [1]Für die Überwachung eines Voice-over-IP-Anschlusses oder eines Zugangs zu einem elektronischen Postfach richtet sich die Entschädigung für die Leitungskosten nach den Nummern 102 bis 104. [2]Dies gilt auch für die Überwachung eines Mobilfunkanschlusses, es sei denn, dass auch die Überwachung des über diesen Anschluss abgewickelten Datenverkehrs angeordnet worden ist und für die Übermittlung von Daten Leitungen mit Übertragungsgeschwindigkeiten von mehr als 144 kbit/s genutzt werden müssen und auch genutzt worden sind. [3]In diesem Fall richtet sich die Entschädigung einheitlich nach den Nummern 111 bis 113.	
100	Umsetzung einer Anordnung zur Überwachung der Telekommunikation, unabhängig von der Zahl der dem Anschluss zugeordneten Kennungen: je Anschluss.......... Mit der Entschädigung ist auch der Aufwand für die Abschaltung der Maßnahme entgolten.	100,00 €
101	Verlängerung einer Maßnahme zur Überwachung der Telekommunikation oder Umschaltung einer solchen Maßnahme auf Veranlassung der Strafverfolgungsbehörde auf einen anderen Anschluss dieser Stelle .... Leitungskosten für die Übermittlung der zu überwachenden Telekommunikation: für jeden überwachten Anschluss,	35,00 €
102	– wenn die Überwachungsmaßnahme nicht länger als eine Woche dauert	24,00 €

Nr.	Tätigkeit	Höhe
103	– wenn die Überwachungsmaßnahme länger als eine Woche, jedoch nicht länger als zwei Wochen dauert	42,00 €
104	– wenn die Überwachungsmaßnahme länger als zwei Wochen dauert: je angefangenen Monat	75,00 €
	Der überwachte Anschluss ist ein ISDN-Basisanschluss:	
105	– Die Entschädigung nach Nummer 102 beträgt	40,00 €
106	– Die Entschädigung nach Nummer 103 beträgt	70,00 €
107	– Die Entschädigung nach Nummer 104 beträgt	125,00 €
	Der überwachte Anschluss ist ein ISDN-Primärmultiplexanschluss:	
108	– Die Entschädigung nach Nummer 102 beträgt	490,00 €
109	– Die Entschädigung nach Nummer 103 beträgt	855,00 €
110	– Die Entschädigung nach Nummer 104 beträgt	1 525,00 €
	Der überwachte Anschluss ist ein digitaler Teilnehmeranschluss mit einer Übertragungsgeschwindigkeit von mehr als 144 kbit/s, aber kein ISDN-Primärmultiplexanschluss:	
111	– Die Entschädigung nach Nummer 102 beträgt	65,00 €
112	– Die Entschädigung nach Nummer 103 beträgt	110,00 €
113	– Die Entschädigung nach Nummer 104 beträgt	200,00 €
	Abschnitt 2 **Auskünfte über Bestandsdaten**	
200	Auskunft über Bestandsdaten nach § 3 Nr. 3 TKG, sofern	
	1. die Auskunft nicht über das automatisierte Auskunftsverfahren nach § 112 TKG erteilt werden kann und die Unmöglichkeit der Auskunftserteilung auf diesem Wege nicht vom Unternehmen zu vertreten ist und	
	2. für die Erteilung der Auskunft nicht auf Verkehrsdaten zurückgegriffen werden muss:	
	je angefragten Kundendatensatz	18,00 €
201	Auskunft über Bestandsdaten, zu deren Erteilung auf Verkehrsdaten zurückgegriffen werden muss:	
	für bis zu 10 in demselben Verfahren gleichzeitig angefragte Kennungen, die der Auskunftserteilung zugrunde liegen	35,00 €
	Bei mehr als 10 angefragten Kennungen wird die Pauschale für jeweils bis zu 10 weitere Kennungen erneut gewährt. Kennung ist auch eine IP-Adresse.	
202	Es muss auf Verkehrsdaten nach § 113b Abs. 2 bis 4 TKG zurückgegriffen werden:	
	Die Pauschale 201 beträgt	40,00 €
	Abschnitt 3 **Auskünfte über Verkehrsdaten**	
300	Auskunft über gespeicherte Verkehrsdaten: für jede Kennung, die der Auskunftserteilung zugrunde liegt	30,00 €
	Die Mitteilung der die Kennung betreffenden Standortdaten ist mit abgegolten.	
301	Für die Auskunft muss auf Verkehrsdaten nach § 113b Abs. 2 bis 4 TKG zurückgegriffen werden:	
	Die Pauschale 300 beträgt	35,00 €

Justizvergütungs- und -entschädigungsgesetz – JVEG

Nr.	Tätigkeit	Höhe
302	Die Auskunft wird im Fall der Nummer 300 aufgrund eines einheitlichen Ersuchens auch oder ausschließlich für künftig anfallende Verkehrsdaten zu bestimmten Zeitpunkten erteilt: für die zweite und jede weitere in dem Ersuchen verlangte Teilauskunft	10,00 €
303	Auskunft über gespeicherte Verkehrsdaten zu Verbindungen, die zu einer bestimmten Zieladresse hergestellt wurden, durch Suche in allen Datensätzen der abgehenden Verbindungen eines Betreibers (Zielwahlsuche): je Zieladresse .... Die Mitteilung der Standortdaten der Zieladresse ist mit abgegolten.	90,00 €
304	Für die Auskunft muss auf Verkehrsdaten nach § 113b Abs. 2 bis 4 TKG zurückgegriffen werden: Die Pauschale 303 beträgt	110,00 €
305	Die Auskunft wird im Fall der Nummer 303 aufgrund eines einheitlichen Ersuchens auch oder ausschließlich für künftig anfallende Verkehrsdaten zu bestimmten Zeitpunkten erteilt: für die zweite und jede weitere in dem Ersuchen verlangte Teilauskunft	70,00 €
306	Auskunft über gespeicherte Verkehrsdaten für eine von der Strafverfolgungsbehörde benannte Funkzelle (Funkzellenabfrage)	30,00 €
307	Für die Auskunft muss auf Verkehrsdaten nach § 113b Abs. 2 bis 4 TKG zurückgegriffen werden: Die Pauschale 306 beträgt	35,00 €
308	Auskunft über gespeicherte Verkehrsdaten für mehr als eine von der Strafverfolgungsbehörde benannte Funkzelle: Die Pauschale 306 erhöht sich für jede weitere Funkzelle um	4,00 €
309	Auskunft über gespeicherte Verkehrsdaten für mehr als eine von der Strafverfolgungsbehörde benannte Funkzelle und für die Auskunft muss auf Verkehrsdaten nach § 113b Abs. 2 bis 4 TKG zurückgegriffen werden: Die Pauschale 306 erhöht sich für jede weitere Funkzelle um	5,00 €
310	Auskunft über gespeicherte Verkehrsdaten in Fällen, in denen lediglich Ort und Zeitraum bekannt sind: Die Abfrage erfolgt für einen bestimmten, durch eine Adresse bezeichneten Standort	60,00 €
311	Für die Auskunft muss auf Verkehrsdaten nach § 113b Abs. 2 bis 4 TKG zurückgegriffen werden: Die Pauschale 310 beträgt .... Die Auskunft erfolgt für eine Fläche:	70,00 €
312	– Die Entfernung der am weitesten voneinander entfernten Punkte beträgt nicht mehr als 10 Kilometer: Die Pauschale 310 beträgt	190,00 €
313	– Die Entfernung der am weitesten voneinander entfernten Punkte beträgt mehr als 10, aber nicht mehr als 25 Kilometer: Die Pauschale 310 beträgt	490,00 €
314	– Die Entfernung der am weitesten voneinander entfernten Punkte beträgt mehr als 25, aber nicht mehr als 45 Kilometer: Die Pauschale 310 beträgt	930,00 €

Nr.	Tätigkeit	Höhe
	Liegen die am weitesten voneinander entfernten Punkte mehr als 45 Kilometer auseinander, ist für den darüber hinausgehenden Abstand die Entschädigung nach den Nummern 312 bis 314 gesondert zu berechnen.	
	Die Auskunft erfolgt für eine Fläche und es muss auf Verkehrsdaten nach § 113b Abs. 2 bis 4 TKG zurückgegriffen werden:	
315	– Die Entfernung der am weitesten voneinander entfernten Punkte beträgt nicht mehr als 10 Kilometer: Die Pauschale 310 beträgt	230,00 €
316	– Die Entfernung der am weitesten voneinander entfernten Punkte beträgt mehr als 10, aber nicht mehr als 25 Kilometer: Die Pauschale 310 beträgt	590,00 €
317	– Die Entfernung der am weitesten voneinander entfernten Punkte beträgt mehr als 25, aber nicht mehr als 45 Kilometer: Die Pauschale 310 beträgt	1 120,00 €
	Liegen die am weitesten voneinander entfernten Punkte mehr als 45 Kilometer auseinander, ist für den darüber hinausgehenden Abstand die Entschädigung nach den Nummern 315 bis 317 gesondert zu berechnen.	
318	Die Auskunft erfolgt für eine bestimmte Wegstrecke: Die Pauschale 310 beträgt für jeweils angefangene 10 Kilometer Länge	110,00 €
319	Die Auskunft erfolgt für eine bestimmte Wegstrecke und es muss auf Verkehrsdaten nach § 113b Abs. 2 bis 4 TKG zurückgegriffen werden: Die Pauschale 310 beträgt für jeweils angefangene 10 Kilometer Länge	130,00 €
320	Umsetzung einer Anordnung zur Übermittlung künftig anfallender Verkehrsdaten in Echtzeit: je Anschluss	100,00 €
	Mit der Entschädigung ist auch der Aufwand für die Abschaltung der Übermittlung und die Mitteilung der den Anschluss betreffenden Standortdaten entgolten.	
321	Verlängerung der Maßnahme im Fall der Nummer 320	35,00 €
	Leitungskosten für die Übermittlung der Verkehrsdaten in den Fällen der Nummern 320 und 321:	
322	– wenn die angeordnete Übermittlung nicht länger als eine Woche dauert	8,00 €
323	– wenn die angeordnete Übermittlung länger als eine Woche, aber nicht länger als zwei Wochen dauert	14,00 €
324	– wenn die angeordnete Übermittlung länger als zwei Wochen dauert: je angefangenen Monat	25,00 €
325	Übermittlung der Verkehrsdaten auf einem Datenträger	10,00 €
	**Abschnitt 4 Sonstige Auskünfte**	
400	Auskunft über den letzten dem Netz bekannten Standort eines Mobiltelefons (Standortabfrage)	90,00 €
401	Im Fall der Nummer 400 muss auf Verkehrsdaten nach § 113b Abs. 2 bis 4 TKG zurückgegriffen werden: Die Pauschale 400 beträgt	110,00 €
402	Auskunft über die Struktur von Funkzellen: je Funkzelle	35,00 €

ANHANG 2
Verordnung über das elektronische Schutzschriftenregister

vom 24. 11. 2015 (BGBl. I S. 2135)

Auf Grund des § 945b der Zivilprozessordnung, der durch Artikel 1 Nummer 27 des Gesetzes vom 10. Oktober 2013 (BGBl. I S. 3786) eingefügt worden ist, in Verbindung mit § 62 Absatz 2 Satz 3 und § 85 Absatz 2 Satz 3 des Arbeitsgerichtsgesetzes, die durch Artikel 3 Nummer 6 und 7 des Gesetzes vom 10. Oktober 2013 (BGBl. I S. 3786) eingefügt worden sind, sowie in Verbindung mit § 1 Absatz 2 des Zuständigkeitsanpassungsgesetzes vom 16. August 2002 (BGBl. I S. 3165) und dem Organisationserlass vom 17. Dezember 2013 (BGBl. I S. 4310) verordnet das Bundesministerium der Justiz und für Verbraucherschutz:

§ 1
Inhalt und Aufbau des Registers

(1) Das Register enthält die Schutzschriften, die ihm gemäß § 945a Absatz 1 Satz 1 der Zivilprozessordnung übermittelt worden sind.

(2) Das Register hat über jede eingestellte Schutzschrift folgende Angaben zu enthalten:

1. die Bezeichnung der Parteien,
2. die bestimmte Angabe des Gegenstands,
3. das Datum und die Uhrzeit der Einstellung der Schutzschrift.

(3) [1]Das Register enthält eine Suchfunktion, die es dem Gericht ermöglicht, nach der Bezeichnung der Parteien zu suchen. [2]Auf Grundlage des nach Satz 1 ermittelten Suchergebnisses kann die Suche durch Angabe des Gegenstands und des Zeitraums der Einreichung eingeschränkt werden.

(4) Die Suchfunktion stellt sicher, dass auch ähnliche Ergebnisse angezeigt und Eingabefehler sowie ungenaue Parteibezeichnungen toleriert werden.

§ 2
Einreichung

(1) [1]Zur Einreichung einer Schutzschrift bei dem Register ist jeder berechtigt, der eine Schutzschrift gemäß § 945a Absatz 1 Satz 2 der Zivilprozessordnung bei Gericht einreichen kann. [2]Der Schutzschrift ist ein einheitlich strukturierter Datensatz beizufügen, der mindestens die Angaben nach § 1 Absatz 2 Nummer 1 und 2 enthält. [3]Der Schutzschrift können Anlagen beigefügt werden.

(2) Die Schutzschrift, ihre Anlagen und der strukturierte Datensatz sind nach Maßgabe der folgenden Absätze als elektronisches Dokument bei dem Register einzureichen.

(3) [1]Das elektronische Dokument muss für die Bearbeitung durch das Register geeignet sein. [2]Der Betreiber des Registers bestimmt die technischen Rahmenbedingungen der Einreichung. [3]Die Bestimmungen müssen in angemessener Weise den Zugang zum Register sicherstellen und regelmäßig an den jeweiligen Stand der Technik angepasst werden. [4]Sie sind vom Betreiber des Registers auf seiner Internetseite zu veröffentlichen.

(4) [1]Das elektronische Dokument, das die Schutzschrift enthält, muss mit einer qualifizierten elektronischen Signatur der verantwortenden Person versehen sein. [2]Wird das elektronische Dokument auf einem sicheren Übermittlungsweg eingereicht, genügt es, wenn die Schutzschrift durch die verantwortende Person signiert wird.

(5) Sichere Übermittlungswege sind

[ab 01.01.2018] 1. der Postfach- und Versanddienst eines De-Mail-Kontos, wenn der Absender bei Versand der Nachricht sicher im Sinne des § 4 Absatz 1 Satz 2 des De-Mail-Gesetzes angemeldet ist und er sich die sichere Anmeldung gemäß § 5 Absatz 5 des De-Mail-Gesetzes bestätigen lässt,
2. der Übermittlungsweg zwischen dem besonderen elektronischen Anwaltspostfach nach § 31a der Bundesrechtsanwaltsordnung und dem Register,

3. der Übermittlungsweg zwischen einem auf gesetzlicher Grundlage errichteten elektronischen Postfach, das dem Anwaltspostfach nach Nummer 2 entspricht, und dem Register.

(6) Ist ein elektronisches Dokument für das Register zur Bearbeitung nicht geeignet, hat der Betreiber des Registers dies dem Absender unter Hinweis auf die Unwirksamkeit des Eingangs und auf die geltenden technischen Rahmenbedingungen unverzüglich mitzuteilen.

§ 3
Einstellung

(1) Eine dem Register elektronisch übermittelte Schutzschrift ist unverzüglich nach ihrer ordnungsgemäßen Einreichung zum elektronischen Abruf und Ausdruck in das Register einzustellen.

(2) Eine Schutzschrift ist in das Register eingestellt, wenn sie auf der für den Abruf bestimmten Einrichtung des Registers elektronisch gespeichert und für die Gerichte der Länder abrufbar ist.

(3) [1]Einstellungen im Register erfolgen ohne inhaltliche Überprüfung der Angaben. [2]Eine Berichtigung von Schutzschriften findet nicht statt.

(4) Dem Absender ist eine automatisiert erstellte Bestätigung über den Zeitpunkt der Einstellung zu erteilen.

§ 4
Abruf

(1) Abruf ist jede Suchanfrage bei dem Register.

(2) [1]Der Abruf des Registers ist nur den zuständigen Gerichten der Länder in elektronischer Form zur Nutzung in anhängigen Verfahren gestattet. [2]Die Befugnis nach Satz 1 ist bei jedem Verbindungsaufbau anhand einer Benutzerkennung und eines geheim zu haltenden Passworts oder in einem automatisierten Identifizierungsverfahren elektronisch zu prüfen.

(3) Bei jedem Abruf sind die Bezeichnung der Parteien und das gerichtliche Aktenzeichen, sofern ein solches bereits vergeben wurde, anzugeben.

(4) [1]Der Betreiber des Registers stellt die jederzeitige elektronische Abrufbarkeit des Registers sicher. [2]Störungen werden dem abrufenden Gericht unverzüglich mitgeteilt.

§ 5
Protokollierungs- und Mitteilungspflichten

(1) [1]Jeder Abruf ist unter Angabe des Gerichts, des gerichtlichen Aktenzeichens, sofern ein solches bereits vergeben wurde, der Suchbegriffe, des Zeitpunkts des Abrufes, des Ergebnisses der Suchanfrage und der übermittelten Daten elektronisch zu protokollieren. [2]Das Protokoll wird elektronisch an das abrufende Gericht übersandt; eine Einstellung des Protokolls in das Register erfolgt nicht.

(2) [1]Das abrufende Gericht und das gerichtliche Aktenzeichen, sofern ein solches bereits vergeben wurde, werden im Register bei der abgerufenen Schutzschrift gespeichert, wenn der Abruf zum Auffinden einer Schutzschrift führte. [2]Als aufgefunden gilt eine Schutzschrift, wenn sie auf eine Suchanfrage in einer Trefferliste angezeigt wird.

(3) Wird eine aufgefundene Schutzschrift vom abrufenden Gericht als sachlich einschlägig gekennzeichnet, erhält der Absender drei Monate nach dieser Kennzeichnung eine automatisiert erstellte Mitteilung, die das abrufende Gericht und das gerichtliche Aktenzeichen enthält.

§ 6
Löschung

(1) [1]Der Betreiber des Registers stellt sicher, dass Schutzschriften sechs Monate nach ihrer Einstellung gelöscht werden. [2]Die gemäß § 2 Absatz 1 Satz 2 und § 5 Absatz 2 zu dieser Schutzschrift gespeicherten Daten sind nach weiteren drei Monaten zu löschen.

(2) [1]Auf Antrag des Absenders hat der Betreiber des Registers die Schutzschrift und die zu ihr gemäß § 2 Absatz 1 Satz 2 und § 5 Absatz 2 gespeicherten Daten unverzüglich zu löschen. [2]Der Antrag ist als elektronisches Dokument nach Maßgabe des § 2 zu stellen. [3]Der Absender erhält eine automatisiert erstellte Bestätigung über die Löschung. [4]Eine Mitteilung nach § 5 Absatz 3 erfolgt nach der Löschung nicht mehr.

(3) Unzulässigerweise in das Register eingestellte Daten sind nach Feststellung der Unzulässigkeit unverzüglich zu löschen.

§ 7
Datensicherheit

Der Betreiber des Registers hat durch organisatorische und technische Vorkehrungen sicherzustellen, dass die eingereichten Daten während ihrer Übermittlung und Abrufbarkeit unversehrt und vollständig bleiben sowie gegen unbefugte Kenntnisnahme Dritter geschützt sind.

§ 8
Störungen

^{1}Der Betreiber des Registers hat durch organisatorische und technische Vorkehrungen sicherzustellen, dass er von auftretenden Störungen unverzüglich Kenntnis erlangt. ^{2}Störungen sind unverzüglich zu beheben.

§ 9
Barrierefreiheit

^{1}Der Betreiber des Registers hat durch organisatorische und technische Vorkehrungen sicherzustellen, dass für blinde und sehbehinderte Personen ein barrierefreier Zugang zum Register gewährleistet ist. ^{2}Für die Gestaltung des Registers ist die Barrierefreie-Informationstechnik-Verordnung vom 12. September 2011 (BGBl. I S. 1843) in der jeweils geltenden Fassung entsprechend anzuwenden.

§ 10
Inkrafttreten

(1) § 2 Absatz 4 Satz 2, Absatz 5 Nummer 2 und 3 dieser Verordnung tritt am 1. Januar 2017 in Kraft.

(2) § 2 Absatz 5 Nummer 1 dieser Verordnung tritt am 1. Januar 2018 in Kraft.

(3) Im Übrigen tritt diese Verordnung am 1. Januar 2016 in Kraft.

ANHANG 3
Pfändungsfreigrenzen bei monatlicher Auszahlung (Nettolohn) gem. Pfändungsfreigrenzenbekanntmachung 2017

vom 28. 03. 2017 (BGBl. I S. 750)

Nettolohn monatlich	Pfändbarer Betrag bei Unterhaltspflicht für ... Personen					
	0	1	2	3	4	5 und mehr
	in Euro					
bis 1139,99	–	–	–	–	–	–
1140,00 bis 1149,99	4,34	–	–	–	–	–
1150,00 bis 1159,99	11,34	–	–	–	–	–
1160,00 bis 1169,99	18,34	–	–	–	–	–
1170,00 bis 1179,99	25,34	–	–	–	–	–
1180,00 bis 1189,99	32,34	–	–	–	–	–
1190,00 bis 1199,99	39,34	–	–	–	–	–
1200,00 bis 1209,99	46,34	–	–	–	–	–
1210,00 bis 1219,99	53,34	–	–	–	–	–
1220,00 bis 1229,99	60,34	–	–	–	–	–
1230,00 bis 1239,99	67,34	–	–	–	–	–
1240,00 bis 1249,99	74,34	–	–	–	–	–
1250,00 bis 1259,99	81,34	–	–	–	–	–
1260,00 bis 1269,99	88,34	–	–	–	–	–
1270,00 bis 1279,99	95,34	–	–	–	–	–
1280,00 bis 1289,99	102,34	–	–	–	–	–
1290,00 bis 1299,99	109,34	–	–	–	–	–
1300,00 bis 1309,99	116,34	–	–	–	–	–
1310,00 bis 1319,99	123,34	–	–	–	–	–
1320,00 bis 1329,99	130,34	–	–	–	–	–
1330,00 bis 1339,99	137,34	–	–	–	–	–
1340,00 bis 1349,99	144,34	–	–	–	–	–
1350,00 bis 1359,99	151,34	–	–	–	–	–
1360,00 bis 1369,99	158,34	–	–	–	–	–
1370,00 bis 1379,99	165,34	–	–	–	–	–
1380,00 bis 1389,99	172,34	–	–	–	–	–
1390,00 bis 1399,99	179,34	–	–	–	–	–
1400,00 bis 1409,99	186,34	–	–	–	–	–
1410,00 bis 1419,99	193,34	–	–	–	–	–
1420,00 bis 1429,99	200,34	–	–	–	–	–
1430,00 bis 1439,99	207,34	–	–	–	–	–
1440,00 bis 1449,99	214,34	–	–	–	–	–
1450,00 bis 1459,99	221,34	–	–	–	–	–
1460,00 bis 1469,99	228,34	–	–	–	–	–
1470,00 bis 1479,99	235,34	–	–	–	–	–
1480,00 bis 1489,99	242,34	–	–	–	–	–

Anhang 3

Nettolohn monatlich	Pfändbarer Betrag bei Unterhaltspflicht für ... Personen					
	0	1	2	3	4	5 und mehr
	in Euro					
1490,00 bis 1499,99	249,34	–	–	–	–	–
1500,00 bis 1509,99	256,34	–	–	–	–	–
1510,00 bis 1519,99	263,34	–	–	–	–	–
1520,00 bis 1529,99	270,34	–	–	–	–	–
1530,00 bis 1539,99	277,34	–	–	–	–	–
1540,00 bis 1549,99	284,34	–	–	–	–	–
1550,00 bis 1559,99	291,34	–	–	–	–	–
1560,00 bis 1569,99	298,34	–	–	–	–	–
1570,00 bis 1579,99	305,34	4,75	–	–	–	–
1580,00 bis 1589,99	312,34	9,75	–	–	–	–
1590,00 bis 1599,99	319,34	14,75	–	–	–	–
1600,00 bis 1609,99	326,34	19,75	–	–	–	–
1610,00 bis 1619,99	333,34	24,75	–	–	–	–
1620,00 bis 1629,99	340,34	29,75	–	–	–	–
1630,00 bis 1639,99	347,34	34,75	–	–	–	–
1640,00 bis 1649,99	354,34	39,75	–	–	–	–
1650,00 bis 1659,99	361,34	44,75	–	–	–	–
1660,00 bis 1669,99	368,34	49,75	–	–	–	–
1670,00 bis 1679,99	375,34	54,75	–	–	–	–
1680,00 bis 1689,99	382,34	59,75	–	–	–	–
1690,00 bis 1699,99	389,34	64,75	–	–	–	–
1700,00 bis 1709,99	396,34	69,75	–	–	–	–
1710,00 bis 1719,99	403,34	74,75	–	–	–	–
1720,00 bis 1729,99	410,34	79,75	–	–	–	–
1730,00 bis 1739,99	417,34	84,75	–	–	–	–
1740,00 bis 1749,99	424,34	89,75	–	–	–	–
1750,00 bis 1759,99	431,34	94,75	–	–	–	–
1760,00 bis 1769,99	438,34	99,75	–	–	–	–
1770,00 bis 1779,99	445,34	104,75	–	–	–	–
1780,00 bis 1789,99	452,34	109,75	–	–	–	–
1790,00 bis 1799,99	459,34	114,75	–	–	–	–
1800,00 bis 1809,99	466,34	119,75	0,70	–	–	–
1810,00 bis 1819,99	473,34	124,75	4,70	–	–	–
1820,00 bis 1829,99	480,34	129,75	8,70	–	–	–
1830,00 bis 1839,99	487,34	134,75	12,70	–	–	–
1840,00 bis 1849,99	494,34	139,75	16,70	–	–	–
1850,00 bis 1859,99	501,34	144,75	20,70	–	–	–
1860,00 bis 1869,99	508,34	149,75	24,70	–	–	–
1870,00 bis 1879,99	515,34	154,75	28,70	–	–	–
1880,00 bis 1889,99	522,34	159,75	32,70	–	–	–
1890,00 bis 1899,99	529,34	164,75	36,70	–	–	–
1900,00 bis 1909,99	536,34	169,75	40,70	–	–	–
1910,00 bis 1919,99	543,34	174,75	44,70	–	–	–
1920,00 bis 1929,99	550,34	179,75	48,70	–	–	–
1930,00 bis 1939,99	557,34	184,75	52,70	–	–	–
1940,00 bis 1949,99	564,34	189,75	56,70	–	–	–
1950,00 bis 1959,99	571,34	194,75	60,70	–	–	–

Pfändungsfreigrenzen bei monatlicher Auszahlung (Nettolohn)

Nettolohn monatlich	Pfändbarer Betrag bei Unterhaltspflicht für ... Personen					
	0	1	2	3	4	5 und mehr
	in Euro					
1960,00 bis 1969,99	578,34	199,75	64,70	–	–	–
1970,00 bis 1979,99	585,34	204,75	68,70	–	–	–
1980,00 bis 1989,99	592,34	209,75	72,70	–	–	–
1990,00 bis 1999,99	599,34	214,75	76,70	–	–	–
2000,00 bis 2009,99	606,34	219,75	80,70	–	–	–
2010,00 bis 2019,99	613,34	224,75	84,70	–	–	–
2020,00 bis 2029,99	620,34	229,75	88,70	–	–	–
2030,00 bis 2039,99	627,34	234,75	92,70	–	–	–
2040,00 bis 2049,99	634,34	239,75	96,70	1,21	–	–
2050,00 bis 2059,99	641,34	244,75	100,70	4,21	–	–
2060,00 bis 2069,99	648,34	249,75	104,70	7,21	–	–
2070,00 bis 2079,99	655,34	254,75	108,70	10,21	–	–
2080,00 bis 2089,99	662,34	259,75	112,70	13,21	–	–
2090,00 bis 2099,99	669,34	264,75	116,70	16,21	–	–
2100,00 bis 2109,99	676,34	269,75	120,70	19,21	–	–
2110,00 bis 2119,99	683,34	274,75	124,70	22,21	–	–
2120,00 bis 2129,99	690,34	279,75	128,70	25,21	–	–
2130,00 bis 2139,99	697,34	284,75	132,70	28,21	–	–
2140,00 bis 2149,99	704,34	289,75	136,70	31,21	–	–
2150,00 bis 2159,99	711,34	294,75	140,70	34,21	–	–
2160,00 bis 2169,99	718,34	299,75	144,70	37,21	–	–
2170,00 bis 2179,99	725,34	304,75	148,70	40,21	–	–
2180,00 bis 2189,99	732,34	309,75	152,70	43,21	–	–
2190,00 bis 2199,99	739,34	314,75	156,70	46,21	–	–
2200,00 bis 2209,99	746,34	319,75	160,70	49,21	–	–
2210,00 bis 2219,99	753,34	324,75	164,70	52,21	–	–
2220,00 bis 2229,99	760,34	329,75	168,70	55,21	–	–
2230,00 bis 2239,99	767,34	334,75	172,70	58,21	–	–
2240,00 bis 2249,99	774,34	339,75	176,70	61,21	–	–
2250,00 bis 2259,99	781,34	344,75	180,70	64,21	–	–
2260,00 bis 2269,99	788,34	349,75	184,70	67,21	–	–
2270,00 bis 2279,99	795,34	354,75	188,70	70,21	–	–
2280,00 bis 2289,99	802,34	359,75	192,70	73,21	1,26	–
2290,00 bis 2299,99	809,34	364,75	196,70	76,21	3,26	–
2300,00 bis 2309,99	816,34	369,75	200,70	79,21	5,26	–
2310,00 bis 2319,99	823,34	374,75	204,70	82,21	7,26	–
2320,00 bis 2329,99	830,34	379,75	208,70	85,21	9,26	–
2330,00 bis 2339,99	837,34	384,75	212,70	88,21	11,26	–
2340,00 bis 2349,99	844,34	389,75	216,70	91,21	13,26	–
2350,00 bis 2359,99	851,34	394,75	220,70	94,21	15,26	–
2360,00 bis 2369,99	858,34	399,75	224,70	97,21	17,26	–
2370,00 bis 2379,99	865,34	404,75	228,70	100,21	19,26	–
2380,00 bis 2389,99	872,34	409,75	232,70	103,21	21,26	–
2390,00 bis 2399,99	879,34	414,75	236,70	106,21	23,26	–
2400,00 bis 2409,99	886,34	419,75	240,70	109,21	25,26	–
2410,00 bis 2419,99	893,34	424,75	244,70	112,21	27,26	–
2420,00 bis 2429,99	900,34	429,75	248,70	115,21	29,26	–

Anhang 3

Nettolohn monatlich	Pfändbarer Betrag bei Unterhaltspflicht für ... Personen					
	0	1	2	3	4	5 und mehr
	in Euro					
2430,00 bis 2439,99	907,34	434,75	252,70	118,21	31,26	–
2440,00 bis 2449,99	914,34	439,75	256,70	121,21	33,26	–
2450,00 bis 2459,99	921,34	444,75	260,70	124,21	35,26	–
2460,00 bis 2469,99	928,34	449,75	264,70	127,21	37,26	–
2470,00 bis 2479,99	935,34	454,75	268,70	130,21	39,26	–
2480,00 bis 2489,99	942,34	459,75	272,70	133,21	41,26	–
2490,00 bis 2499,99	949,34	464,75	276,70	136,21	43,26	–
2500,00 bis 2509,99	956,34	469,75	280,70	139,21	45,26	–
2510,00 bis 2519,99	963,34	474,75	284,70	142,21	47,26	–
2520,00 bis 2529,99	970,34	479,75	288,70	145,21	49,26	0,86
2530,00 bis 2539,99	977,34	484,75	292,70	148,21	51,26	1,86
2540,00 bis 2549,99	984,34	489,75	296,70	151,21	53,26	2,86
2550,00 bis 2559,99	991,34	494,75	300,70	154,21	55,26	3,86
2560,00 bis 2569,99	998,34	499,75	304,70	157,21	57,26	4,86
2570,00 bis 2579,99	1005,34	504,75	308,70	160,21	59,26	5,86
2580,00 bis 2589,99	1012,34	509,75	312,70	163,21	61,26	6,86
2590,00 bis 2599,99	1019,34	514,75	316,70	166,21	63,26	7,86
2600,00 bis 2609,99	1026,34	519,75	320,70	169,21	65,26	8,86
2610,00 bis 2619,99	1033,34	524,75	324,70	172,21	67,26	9,86
2620,00 bis 2629,99	1040,34	529,75	328,70	175,21	69,26	10,86
2630,00 bis 2639,99	1047,34	534,75	332,70	178,21	71,26	11,86
2640,00 bis 2649,99	1054,34	539,75	336,70	181,21	73,26	12,86
2650,00 bis 2659,99	1061,34	544,75	340,70	184,21	75,26	13,86
2660,00 bis 2669,99	1068,34	549,75	344,70	187,21	77,26	14,86
2670,00 bis 2679,99	1075,34	554,75	348,70	190,21	79,26	15,86
2680,00 bis 2689,99	1082,34	559,75	352,70	193,21	81,26	16,86
2690,00 bis 2699,99	1089,34	564,75	356,70	196,21	83,26	17,86
2700,00 bis 2709,99	1096,34	569,75	360,70	199,21	85,26	18,86
2710,00 bis 2719,99	1103,34	574,75	364,70	202,21	87,26	19,86
2720,00 bis 2729,99	1110,34	579,75	368,70	205,21	89,26	20,86
2730,00 bis 2739,99	1117,34	584,75	372,70	208,21	91,26	21,86
2740,00 bis 2749,99	1124,34	589,75	376,70	211,21	93,26	22,86
2750,00 bis 2759,99	1131,34	594,75	380,70	214,21	95,26	23,86
2760,00 bis 2769,99	1138,34	599,75	384,70	217,21	97,26	24,86
2770,00 bis 2779,99	1145,34	604,75	388,70	220,21	99,26	25,86
2780,00 bis 2789,99	1152,34	609,75	392,70	223,21	101,26	26,86
2790,00 bis 2799,99	1159,34	614,75	396,70	226,21	103,26	27,86
2800,00 bis 2809,99	1166,34	619,75	400,70	229,21	105,26	28,86
2810,00 bis 2819,99	1173,34	624,75	404,70	232,21	107,26	29,86
2820,00 bis 2829,99	1180,34	629,75	408,70	235,21	109,26	30,86
2830,00 bis 2839,99	1187,34	634,75	412,70	238,21	111,26	31,86
2840,00 bis 2849,99	1194,34	639,75	416,70	241,21	113,26	32,86
2850,00 bis 2859,99	1201,34	644,75	420,70	244,21	115,26	33,86
2860,00 bis 2869,99	1208,34	649,75	424,70	247,21	117,26	34,86
2870,00 bis 2879,99	1215,34	654,75	428,70	250,21	119,26	35,86
2880,00 bis 2889,99	1222,34	659,75	432,70	253,21	121,26	36,86
2890,00 bis 2899,99	1229,34	664,75	436,70	256,21	123,26	37,86

Pfändungsfreigrenzen bei monatlicher Auszahlung (Nettolohn)

Nettolohn monatlich	Pfändbarer Betrag bei Unterhaltspflicht für ... Personen					
	0	1	2	3	4	5 und mehr
	in Euro					
2900,00 bis 2909,99	1236,34	669,75	440,70	259,21	125,26	38,86
2910,00 bis 2919,99	1243,34	674,75	444,70	262,21	127,26	39,86
2920,00 bis 2929,99	1250,34	679,75	448,70	265,21	129,26	40,86
2930,00 bis 2939,99	1257,34	684,75	452,70	268,21	131,26	41,86
2940,00 bis 2949,99	1264,34	689,75	456,70	271,21	133,26	42,86
2950,00 bis 2959,99	1271,34	694,75	460,70	274,21	135,26	43,86
2960,00 bis 2969,99	1278,34	699,75	464,70	277,21	137,26	44,86
2970,00 bis 2979,99	1285,34	704,75	468,70	280,21	139,26	45,86
2980,00 bis 2989,99	1292,34	709,75	472,70	283,21	141,26	46,86
2990,00 bis 2999,99	1299,34	714,75	476,70	286,21	143,26	47,86
3000,00 bis 3009,99	1306,34	719,75	480,70	289,21	145,26	48,86
3010,00 bis 3019,99	1313,34	724,75	484,70	292,21	147,26	49,86
3020,00 bis 3029,99	1320,34	729,75	488,70	295,21	149,26	50,86
3030,00 bis 3039,99	1327,34	734,75	492,70	298,21	151,26	51,86
3040,00 bis 3049,99	1334,34	739,75	496,70	301,21	153,26	52,86
3050,00 bis 3059,99	1341,34	744,75	500,70	304,21	155,26	53,86
3060,00 bis 3069,99	1348,34	749,75	504,70	307,21	157,26	54,86
3070,00 bis 3079,99	1355,34	754,75	508,70	310,21	159,26	55,86
3080,00 bis 3089,99	1362,34	759,75	512,70	313,21	161,26	56,86
3090,00 bis 3099,99	1369,34	764,75	516,70	316,21	163,26	57,86
3100,00 bis 3109,99	1376,34	769,75	520,70	319,21	165,26	58,86
3110,00 bis 3119,99	1383,34	774,75	524,70	322,21	167,26	59,86
3120,00 bis 3129,99	1390,34	779,75	528,70	325,21	169,26	60,86
3130,00 bis 3139,99	1397,34	784,75	532,70	328,21	171,26	61,86
3140,00 bis 3149,99	1404,34	789,75	536,70	331,21	173,26	62,86
3150,00 bis 3159,99	1411,34	794,75	540,70	334,21	175,26	63,86
3160,00 bis 3169,99	1418,34	799,75	544,70	337,21	177,26	64,86
3170,00 bis 3179,99	1425,34	804,75	548,70	340,21	179,26	65,86
3180,00 bis 3189,99	1432,34	809,75	552,70	343,21	181,26	66,86
3190,00 bis 3199,99	1439,34	814,75	556,70	346,21	183,26	67,86
3200,00 bis 3209,99	1446,34	819,75	560,70	349,21	185,26	68,86
3210,00 bis 3219,99	1453,34	824,75	564,70	352,21	187,26	69,86
3220,00 bis 3229,99	1460,34	829,75	568,70	355,21	189,26	70,86
3230,00 bis 3239,99	1467,34	834,75	572,70	358,21	191,26	71,86
3240,00 bis 3249,99	1474,34	839,75	576,70	361,21	193,26	72,86
3250,00 bis 3259,99	1481,34	844,75	580,70	364,21	195,26	73,86
3260,00 bis 3269,99	1488,34	849,75	584,70	367,21	197,26	74,86
3270,00 bis 3279,99	1495,34	854,75	588,70	370,21	199,26	75,86
3280,00 bis 3289,99	1502,34	859,75	592,70	373,21	201,26	76,86
3290,00 bis 3299,99	1509,34	864,75	596,70	376,21	203,26	77,86
3300,00 bis 3309,99	1516,34	869,75	600,70	379,21	205,26	78,86
3310,00 bis 3319,99	1523,34	874,75	604,70	382,21	207,26	79,86
3320,00 bis 3329,99	1530,34	879,75	608,70	385,21	209,26	80,86
3330,00 bis 3339,99	1537,34	884,75	612,70	388,21	211,26	81,86
3340,00 bis 3349,99	1544,34	889,75	616,70	391,21	213,26	82,86
3350,00 bis 3359,99	1551,34	894,75	620,70	394,21	215,26	83,86
3360,00 bis 3369,99	1558,34	899,75	624,70	397,21	217,26	84,86

	Pfändbarer Betrag bei Unterhaltspflicht für ... Personen					
Nettolohn monatlich	**0**	**1**	**2**	**3**	**4**	**5 und mehr**
	in Euro					
3370,00 bis 3379,99	1565,34	904,75	628,70	400,21	219,26	85,86
3380,00 bis 3389,99	1572,34	909,75	632,70	403,21	221,26	86,86
3390,00 bis 3399,99	1579,34	914,75	636,70	406,21	223,26	87,86
3400,00 bis 3409,99	1586,34	919,75	640,70	409,21	225,26	88,86
3410,00 bis 3419,99	1593,34	924,75	644,70	412,21	227,26	89,86
3420,00 bis 3429,99	1600,34	929,75	648,70	415,21	229,26	90,86
3430,00 bis 3439,99	1607,34	934,75	652,70	418,21	231,26	91,86
3440,00 bis 3449,99	1614,34	939,75	656,70	421,21	233,26	92,86
3450,00 bis 3459,99	1621,34	944,75	660,70	424,21	235,26	93,86
3460,00 bis 3469,99	1628,34	949,75	664,70	427,21	237,26	94,86
3470,00 bis 3475,79	1635,34	954,75	668,70	430,21	239,26	95,86
Der Mehrbetrag über 3475,79 EURO ist voll pfändbar.						

Stichwortverzeichnis

Die **fett** gedruckten Zahlen benennen den Paragrafen der ZPO bzw. der **EGZPO** und des **GVG** im Anhang bzw. die **Einl.**; die normal gedruckten Zahlen die Randnummern.

A

Abänderungsklage **259**/13
- Streitwert **3**/16

Abänderungsverfahren **323**/1
Abdrängende Wirkung **17a GVG**/6
Abfindung **253**/15
- Unpfändbarkeit **850**/3

Abfindungsverträge **385**/3
Abgaben **71 GVG**/14
Abhilfeverfahren **1059**/2
Abholungsfrist *siehe* Ersatzzustellung
Abkürzung
- von Zwischenfristen **226**/1 ff.

Ablehnung von Richtern, Streitwert **3**/17
Ablehnungsverfahren **1035**/17; **1037**/1 ff.; **1049**/7
Ablieferungsort **30**/7
Abmahnkosten **4**/15
Abmahnung **91**/50
- Anerkenntnis **93**/17
- Entbehrlichkeit **93**/17
- Zugang **93**/17

Abschlusserklärung **93**/18
- im Verfahren einer einstweiligen Anordnung **935**/25

Abschlussschreiben **91**/51; **93**/18
Abschriften **166**/4; **253**/6, 20 ff.; **271**/4
Absoluter Revisionsgrund **547**/2
- Sicherung einer einheitlichen Rechtsprechung **543**/30

Absoluter Verfahrensmangel **557**/7 f.
Absoluter Verzögerungsbegriff **296a**/7
Abstammungssachen, Streitwert **3**/18
Abtrennung **260**/5
Abtretung **29**/6, 9; **91**/52; **256**/13; **264**/6; **266**/1 ff.; **1031**/3
Abwehrschreiben **91**/53
Abweisung **256**/1
Abwendungsbefugnis **711**/1
- Überweisung **839**/1

Abwicklungsgesellschaft
- gesetzliche Vertretung **51**/4 ff.
- Parteifähigkeit **50**/13 f.
- Tod eines Gesellschafters **50**/16

Adressenwechsel **1028**/2
AGB **1034**/5
Agent **31**/3

Akteneinsicht **299**/2, 7; 12; **299a**/1; **357**/1
- kurzfristige als Grund für Terminsänderung mangelnde Vorbereitung **227**/24

Aktenversendung **299**/2
Aktien **23**/13 ff.
- in Sammelverwahrung, Zwangsvollstreckung **886**/1

Akzessorietät, Revision **554**/3
Akzessorische
- Haftung **22**/10; **29a**/13
- Verbindlichkeit, subjektive Rechtskraftwirkung **325**/5

Allgemeines Gleichbehandlungsgesetz **15a EGZPO**/7
Allgemeines Persönlichkeitsrecht **32**/5
Allzuständigkeit **17 GVG**/5
Altenteilsvertrag **23 GVG**/19
Alternative Begründungen **260**/6
Altersversorgungsvertrag, Unpfändbarkeit **851c**/1
Alttatsachen, Abänderungsverfahren **323**/16
Amtliche Auskunft **273**/9; **358a**/3
Amtsbetrieb **368**/1
Amtsermittlungsgrundsatz **Einl.**/7; **293**/1, 6
- Prozessvoraussetzungen **56**/2

Amtsgericht **269**/4; **23 GVG**/1
Amtshaftungsanspruch **269**/26
Amtshilfe **293**/1; **299**/8; **360**/4; **432**/1
- in der Zwangsvollstreckung **789**/1

Amtspflichtverletzung **271**/7; **17 GVG**/9; **71 GVG**/8
- Notar **32**/7

Amtstheorie **51**/7 ff.
Amtsverschwiegenheit **376**/1
Analogie **Einl.**/20
Anbeweis **445**/3; **448**/3
Anbieter **32b**/17
Anerkenntnis **290**/1; **296a**/21
- Abmahnung **93**/17
- amtsgerichtliches Verfahren **499**/3
- Anfechtung der Kostenentscheidung **99**/17; **307**/13
- Anwaltszwang **307**/3
- Begriff **93**/23
- bei frühem ersten Termin **93**/29
- Beweislast **93**/22

2021

Stichwortverzeichnis

- Bindungswirkung **307**/5
- Haftpflichtprozess **93**/14
- im schriftlichen Vorverfahren **93**/30
- Klageänderung **93**/33
- Klageveranlassung **93**/4
- nach Mahnverfahren **93**/11
- negative Feststellungsklage **93**/10
- Protokollierung **307**/4
- Räumungsanspruch **93b**/9
- Räumungsprozess **93**/12
- Sofortigkeit **93**/28
- Stufenklage **93**/34
- Teilanerkenntnis **93**/26; 39
- Urkundsverfahren **307**/7

Anerkenntnis-Grundurteil **307**/8
Anerkenntnisurteil **307**/1; **15a EGZPO**/12
- Anfechtung **99**/18
- Revision **555**/7

Anfallwirkung, Revision **557**/2
- Umfang **557**/3

Anfechtung **12**/6; **32**/7; **272**/8; **278a**/24; **282**/7
Anfechtungsklage **26**/7
- Insolvenzverwalter **22**/9

Anforderungen
- an die Anspruchsbegründung **697**/2
- an die Begründung, Sprungrevision **566**/5

Angemessenheit **255**/2
Angriffs- oder Verteidigungsmittel
- Kosten **96**/3

Angriffs- und Verteidigungsmittel **282**/4; 11; **290**/8; **296a**/16; 21

Anhängigkeit **253**/4; **254**/12; **256**/18; **262**/16; **283a**/6; **17b GVG**/2

Anhörung
- des Schuldners im Vollstreckungsrecht **730**/1
- des Vollstreckungsschuldners vor Pfändung **834**/1

Anknüpfungstatsachen **287**/4 f.
Anlage **32a**/1; 8; **253**/21
Anlageberatung **29**/40; **32b**/12; 19
Anlagevermittlung **32b**/12; 19
Anmeldung zur Insolvenztabelle **262**/7
Annahme **295**/2
- der Erbschaft im Vollstreckungsrecht **778**/1

Anordnung
- Begründungspflicht oder Entbehrlichkeit **922**/7
- des persönlichen Erscheinens **141**/8
- Verfahren nach billigem Ermessen **495a**/4

Anregung **256**/13
Anrufbeantworter, Pfändbarkeit **811**/3
Anscheinsbeweis **286**/2; **292**/3; **371a**/2

Anschlussbeschwerde **104**/74; *siehe auch* Sofortige Beschwerde
Anschlusserinnerung **104**/75
Anschlussrechtsbeschwerde *siehe* Rechtsbeschwerde
Anschlussrevision **554**/4; 6
Anschrift **1027**/1; **1028**/1
Anspruch
- betagter **916**/3 f.
- prozessualer **Einl.**/24
- Streitwertaddition **5**/3
- Vollidentität **5**/6

Anspruchsbegründung **296a**/5
Anspruchsgrund, Grundurteil **304**/5
Anspruchshäufung **260**/3
Anspruchshöhe **256**/5
Anspruchspfändung, Ingewahrsamnahme der zugrundeliegenden Sache **847**/1
Anstalt des öffentlichen Rechts, Zwangsvollstreckung **882a**/2
Anstifter **32**/11
Anteilsrecht, Pfändung **857**/4
anti-suit junction **1061**/2
Antrag **253**/14; **255**/1; **296a**/2; **297**/1; **696**/2
- auf mündliche Verhandlung im Verfahren nach billigem Ermessen **495a**/5
- Klage auf Vornahme einer Handlung im amtsgerichtlichen Verfahren **510b**/3

Antragsänderung **259**/2
Antragsbegründung **825**/
Antragspflicht **696**/1
Antragsrecht nach § 96 GVG **96 GVG**/1
Antragstellung **262**/4
Anwaltliche Versicherung **294**/4
Anwaltskosten **4**/15
- Prozesskostenhilfe **114**/7; **123**/2

Anwaltsprozess **78**/1 f.; **87**/14; **88**/4; **253**/9; **274**/2; **277**/6; **290**/6 f.
- Postulationsbefugnis/Postulationsfähigkeit **78**/2

Anwaltsvergleich
- Prozesskostenhilfe **114**/4
- Vollstreckbarkeit **796a**/1

Anwaltsvertrag **29**/41
Anwaltswechsel, mangelnde Vorbereitung **227**/23
Anwaltszwang
- Ablehnungsgesuch **78**/6
- amtsgerichtliches Verfahren **499**/1 f.
- Anerkenntnis **78**/5
- Anspruchsbegründung bei Mahnverfahren **78**/5
- Antrag auf Notanwaltsbestellung **78c**/3
- Arrestantrag **78**/6
- außergerichtliche Rechtsmittelverzichtsvereinbarungen **78**/5

Stichwortverzeichnis

- außergerichtliche Vereinbarung zur Vornahme von Prozesshandlungen **78**/8
- außergerichtlicher Vergleich **78**/8
- beauftragter/ersuchter Richter **78**/6
- Begriff **78**/1
- Behörden **78**/9
- Belehrung durch das Gericht **78**/10
- Berufungsrücknahme **78**/5
- Einspruchsrücknahme nach Vollstreckungsbescheid **78**/6
- einstweilige Verfügung **78**/6
- Erledigungserklärung **78**/6
- Festsetzungsverfahren **78**/6
- Fragerecht **78**/7
- Fristverlängerungsantrag **78**/5
- Gehörsrüge **321a**/12
- Geständnis **78**/7
  - Widerruf **78**/7
- Inkassoermächtigung **79**/5
- Inkassozession **79**/5
- juristische Personen des öffentlichen Rechts **78**/9
- Klagerücknahme **78**/5
- Kostenfestsetzung **78**/6
- Nebenintervenient **70**/1; **78**/4
- Nichtzulassungsbeschwerde **78**/9
- notwendige Streitgenossenschaft **78**/4
- Parteimehrheit **78**/4
- persönliche
  - Anhörung **78**/7
  - Reichweite **78**/4
- Prozessaufnahme nach Unterbrechung **78**/5
- Prozesskostenhilfeantrag **78**/6
- Prozessvergleich **78**/5; 8
  - vor beauftragtem/ersuchten Richter **78**/6
- Rechtsmittelbegründung **78**/5
- Rechtsmitteleinlegung **78**/5
- Rechtsmittelrücknahme **78**/5 ff.
- Rechtsmittelverzicht **78**/5 ff.
- Revisionsrücknahme **78**/5
- Rücknahme Antrag streitiges Verfahren **78**/6
- sachliche Reichweite **78**/3
- selbstständiges Beweisverfahren, Antrag **78**/6
- sofortige Beschwerde **78**/6
- Streitverkündung **78**/4 f.
- Urkundeneinreichung **78**/7
- Urkundsbeamter der Geschäftsstelle **78**/6
- Verfahren vor dem Rechtspfleger **78**/6
- Verfahrensaussetzungsgesuch **78**/6
- Vergleich
  - im PKH-Bewilligungsverfahren **78**/5 f.
- vor beauftragtem/ersuchten Richter **78**/5 f.
- vor Güterichter **78**/6
- Vergleichsbeitritt Dritter **78**/4 f.
- Vergleichswiderruf **78**/5
- Verweisung an anderes Gericht **78**/3
- Verweisungsantrag wegen Unzuständigkeit **78**/6
- Verzicht **78**/5
- Zustimmung zur Erledigungserklärung **78**/6

Anwartschaftsrecht **23**/13; **24**/3, 8
- Pfändung **848**/2; **857**/4
- Pfändungswirkung **848**/8

Apotheker, Pfändungsschutz **811**/11

Arbeitseinkommen
- Begriff in der Zwangsvollstreckung **850**/3
- Berechnung des pfändbaren Betrages **850e**/1
- Pfändung **833**/1
- Unpfändbarkeit **850a**/1
  - allgemein **850**/1

Arbeitsgemeinschaft von Bauunternehmen **21**/7

Arbeitsgericht **253**/5; **255**/1; **282**/2
- Zuständigkeit, Revision **545**/12

Arbeitsgerichtsentscheidung, Vollstreckbarkeit **794**/11

Arbeitsgerichtsverfahren **91**/58

Arbeitsrecht **256**/15

Arbeitsverhältnis **23**/19

Arbeitsvertrag **29**/42

Arbeitszeugnis, Streitwert **3**/19

Architektenvertrag **29**/43

Archivierung **299a**/2

Arglist **28**/10

Arrest **23**/14; **24**/6; **29**/22; **29a**/11; **32**/9; **259**/17; **262**/3; **270**/3; **274**/4; **17a GVG**/4
- Anwendungsbereich **916**/2
- Ausschluss durch gleichwertige Sicherung **917**/4
- Besonderheiten
  - im Arbeitsrecht **916**/5
  - im Familienrecht **916**/5
  - im Finanzrecht **916**/5
  - im Verwaltungsrecht **916**/5
- Erlassgrund **917**/2
- Familienrecht **917**/8
- Indizien für Vereitelungshandlungen des Schuldners **917**/3
- Lösungssumme **923**/1
- persönlicher **918**/1, 4; **933**/2
- Prozessvollmacht **82**/8
- Schutzschrift **922**/3
- Streitwert **3**/20
- Vollstreckung im Ausland **917**/5

2023

Arrestanordnung
- Antragstenor 920/2
- Aufhebung 927/9
  - wegen Erbringung der Sicherheitsleistung durch den Schuldner 927/4
  - wegen fehlender Erhebung der Hauptsacheklage 926/10
  - wegen Rechtskräftigkeit der Leistungsklage 927/3
  - wegen veränderter Umstände 927/1
- ausnahmsweise Erforderlichkeit einer Vollstreckungsklausel 929/3
- durch Beschluss 924/1 f.
- Entfallen der Vollstreckbarkeit 929/4
- Frist zur Erhebung der Hauptsacheklage 926/5
- Glaubhaftmachung 920/4
- internationale Zuständigkeit 919/3
- Möglichkeiten der Verhinderung der Anordnung einer Sicherheitsleistung 921/6
- mündliche Verhandlung 921/8
- nachträgliches Entfallen 927/3
- Pflicht zur Hauptsacheklage 926/2, 9
- Rechtskraft 922/15
- Rücknahme des Antrages 920/8
- Sicherheitsleistung trotz ausreichender Glaubhaftmachung 921/4
- trotz fehlender Glaubhaftmachung 920/1
- Vollstreckbarkeit 922/8; 929/2
- Vollstreckungsfrist 929/5
- Vollziehung vor Zustellung 929/10
- Wahlmöglichkeit des Gerichtsstandes 919/1
- Widerspruch 925/1, 5
- Wirkungen der Rechtshängigkeit 920/7
- Zuständigkeit bei Berufung oder Revision 919/5
- Zuständigkeit bei Zwischen- und Vorbehaltsurteil 919/5
- Zuständigkeit im Bereich der EuGVVO 919/3

Arrestanordnungsverfahren, mündliche Verhandlung 922/3

Arrestaufhebung
- durch anderweitige Sicherung 934/2
- durch Hinterlegung 934/2
- nach Vollziehung 934/1
- wegen Nichtleistung der Sicherheitsleistung durch den Gläubiger 927/3
- wegen unbezahlter Aufwendungen 934/2

Arrestgericht 23 GVG/1

Arrestgrund
- Bedeutung im Prozess 917/1
- Handlungen Dritter 917/3
- Naturereignisse 917/3
- Vereitelung durch den Schuldner 917/3

Arrestverfahren
- Anerkenntnis 93/2
- Kosten 91/59

Arrestvollziehung
- abweichende Vorschriften von der Zwangsvollstreckung 928/3
- in bewegliches Vermögen und Forderungen
  - Anwendung der Pfändungsvorschriften 930/2
  - ausnahmsweise Möglichkeit zur Verwertung 930/6
  - Hauptsacheurteil 930/7
  - Umwandlung in Vollpfandrecht 930/7
  - Wirkungen 930/4
- in unbewegliches Vermögen
  - Anwendung der Zwangsvollstreckungsregeln 932/2
  - grundbuchrechtliche Mängel 932/4
  - Umwandlung in Zwangshypothek auf Antrag 932/7
  - vollstreckungsrechtliche Mängel 932/4
- Zuständigkeit 919/2

Arzthaftungsprozess, Revision 546/11
Athener Übereinkommen 30/15
Aufbau
- Beschluss 313/1
- Urteil 313/1
Aufbewahrung 299a/5
Aufbewahrungspflicht 298a/6
Aufdrängende Wirkung 17a GVG/6
Aufenthalt einer Partei 1028/2
Aufenthaltsermittlung 91/60
Aufenthaltsort 20/3; 1025/8; 1035/15; 1062/4
Aufforderung zur Bestellung eines Rechtsanwalts, Ladung 215/6
Aufgabe 256/13
Aufgebotsverfahren 24/22
Aufgrund der letzten mündlichen Verhandlung, Sicherung einer einheitlichen Rechtsprechung, Revision 543/30
Aufhebung 765a/1
- beschränkbar auf alle Teile des Berufungsurteils
  - Aufhebung des angefochtenen Urteils 562/5
- Eheaufhebungsantrag 152/1
- Verzögerung 155/1
Aufhebung/Abänderung 717/2
Aufhebungsverfahren 1059/15; 1060/4
Aufhebungsvertrag 1029/15
Aufklärungspflicht 29/65
Auflagen 27/9; 255/7; 272/12
Auflassung 24/8; 260/8
- Streitwert 3/21

Auflassungskosten 4/15
Auflösung der Gesellschaft 22/14
Auflösungsklage 22/2
Aufopfergleicher Eingriff 32/7
Aufrechnung 29a/11; 254/8; 259/3; 262/15; 269/20; 282/7; 283a/14; 290/8; 1029/25; 27; 1030/31; 1032/8; 1040/8; 1054/1; 1055/4; 1060/7; 1061/9; 17 GVG/9; 71 GVG/3, 9
– Berufung 533/3
– familiengerichtliche Zuständigkeit 302/9
– Grundurteil 304/7
– internationale Zuständigkeit 302/9
– mit rechtswegfremder Gegenforderung 17 GVG/7 f.
– Prozesskostenhilfe 126/4
– rechtswegfremde Forderung 302/9
– Streitwert 3/22
Aufruf der Sache 137/2; 220/1
– Anforderungen 220/4
– Heilung 220/6
– Säumnisentscheidung 220/6
– Zeitpunkt 220/5
Aufsichtsperson 32/11
Aufsichtsrat 95 GVG/12
Auftrag 29/44; 31/4
Aufwandsentschädigungen
– für unentgeltliche Tätigkeiten, Unpfändbarkeit 850a/5
– Unpfändbarkeit 850a/5
Augenschein 285/2
– Abgrenzung zum Urkundenbeweis 371/3
– Augenscheinsgehilfe 372/3; 402/3
– Beweisantritt 371/4; 6
– Beweisvereitelung 371/6
– elektronische Dokumente 371a/1
– Hinzuziehung Sachverständiger 372/1
– kommissarischer Richter 372/4
– körperlicher Eingriff 371/6
– Schriftvergleichung 441/1
– Untersuchungen zur Feststellung der Abstammung 372a/1
Ausbildungsvertrag 29/45
Ausbreitung 32a/5
Auseinandersetzung der Erbengemeinschaft 28/11
Auseinandersetzungsguthaben 22/14
– GbR 29/22
Auseinandersetzungsplan 27/11
Ausfertigungen 169/6; 299a/1
– Beglaubigungsvermerk 169/7
Ausforschungsbeweis 285/7; 362/2
Ausgewechselter Richter, Revision 547/5
Aushändigungsvermerk siehe Zustellung
Auskunft 23/13; 27/4, 7, 10; 254/1 ff.; 264/23; 273/9; 293/6

Auskunfteien 383/7
Auskunftsanspruch, Teilurteil 301/3
Auskunftserteilung, Zwangsvollstreckung 888/2
Auskunftsklage 32a/12
– Streitwert 3/23
Auskunftsverfahren 91/61
Auslagen 287/5; 299/2
– Prozesskostenhilfe 122/5
Auslagenersatz des Provisionsreisenden, Unpfändbarkeit 850a/5
Auslagenpauschale 91/54
Auslagenvorschuss 273/12; 296a/13; 359/5; 379/1
Ausland 262/2; 276/9
Ausländer 253/4; 294/2
Ausländersicherheit 282/17
Ausländische
– Partei 91/62
– Rechtspraxis, Revision 560/6
– Schiedsverfahren 1025/6; 1050/1
– Staaten, Zwangsvollstreckung 882a/2
Ausländischer
– Anwalt 91/63
– Fiskus 23/7
– Verkehrsanwalt 91/62
Ausländisches Recht 290/4; 293/2; 6
– Ermittlung, Revision 560/6
Auslandsaufenthalt 247/1
Auslandsschule 23/7
Auslandszustellung siehe Zustellung im Ausland
Auslassungen 254/6; 320/3
Auslegung 253/14; 293/2
– laiengünstige Einl./37
– rechtsgeschäftlicher Willenserklärungen und Verträge, Revision 546/4
– von Allgemeinen Geschäftsbedingungen (AGB), Revision 546/5
– von Entscheidungen der Exekutive und der Judikative, Revision 546/7
– von Prozesserklärungen, Revision 546/6
– von Recht bzw. Rechtsnormen, Revision 546/3
– von unbestimmten Rechtsbegriffen und Generalklauseln, Revision 546/15
Auslegungsgrundsätze Einl./20
Auslegungsregeln 292/3
Auslobung 29/14
Ausprägung des Willkürverbots, Sicherung einer einheitlichen Rechtsprechung, Revision 543/23
Aussage 296a/7
– eines Zeugen, Revision 546/12
Ausscheiden eines Richters aus dem Spruchkörper 309/3
Ausschlagungsfrist 239/1

Ausschließlicher Gerichtsstand   24/2;
   29a/2; 29c/3; 32a/2; 32b/3
Ausschluss von Revisionsrügen, Revision
   560/4
Ausschlussfrist, Gehörsrüge   321a/13
Ausschlussgründe   918/4
Aussetzung   148/2; 239/2; 260/9; 262/6, 11;
   269/3; 270/4; 1061/17; 17 GVG/8
— Ehestreit   154/1
— Eltern-Kind-Streit   154/1
— Lebenspartnerschaftsstreit   154/1
— Vaterschaftsanfechtungsklage   153/1
— Verdacht einer Straftat   149/2
— Vorgreiflichkeit   148/5
Aussonderungsberechtigung   24/8
Aussteller   256/11
Austauschort   29/61
Austauschpfändung   811a/1
— vorläufige   811b/1
Außergerichtliche Kosten   vor 91–107/13
— Parteikosten   vor 91–107/13
— Vertretungskosten   vor 91–107/13
— Vorbereitungskosten   vor 91–107/13, 19;
   91/8
Außergerichtlicher Vergleich   98/11
— Kostenfestsetzungsverfahren   103/6
— Nebenintervention   101/27
Außerordentliche Beschwerde *siehe* Sofortige Beschwerde

B
Bagatellstreitigkeiten   15a EGZPO/4
Bagatellstreitwert   2/6; 5/1; 8/1
Banken   29/34; 256/5
Bankgeheimnis   383/7
Bankgeschäfte   29/46
Bankguthaben   23/12
Bargeld, Pfändungsschutz   811/10
Basisrentenversicherung, Unpfändbarkeit
   851d/1
Bauhandwerkerhypothek   26/7
Bauhandwerkersicherung, Streitwert   3/24
Baumbach'sche Formel   100/14 ff.
Bauteilöffnung   91/65; 404a/2
Bauwerkvertrag   29/47
Beamte   71 GVG/7
— Pfändungsschutz   811/9
Beamteneinkommen, Unpfändbarkeit
   850/3
Bearbeitungsgebühren   4/15; 29/46
Beauftragter Richter   355/8; 358/2; 360/4;
   361/1; 365/1; 368/2; 370/3; 375/1; 380/4;
   389/1; 398/4; 400/1; 434/1; 479/1;
   siehe auch Kommissarischer Richter
Bedeutung   293/6
Bedingte Rechte   23/13
Bedingung   Einl./36; 259/14; 16; 260/8;
   290/7

Bedürftigkeit, Berechnung   114/6
Beerdigungskosten   28/7
Befangenheit   41/4; 278a/9
— Ablehnungen, querulatorische   42/13
— Ablehnungsberechtigung   42/4
— Ablehnungsgesuch   42/2
— Ablehnungsgrund   44/4
— Kenntnis von   43/4
— Akteneinsicht, verweigerte   42/13
— Amtsgericht, Verfahren bei   45/4
— Anfechtbarkeit   46/3
— Antrag   43/7; 44/2
— Antragsberechtigung   42/3
— aufschiebende Wirkung, keine   46/10
— Äußerung
   — beleidigende   42/13
   — ironische   44/5
— Begründetheit   42/10
— Darstellung   44/4
— Ehegatte als Rechtsanwalt   42/12
— Einlassung   43/6; 44/7
— Einschätzung, vorläufige   42/10
— Entscheidung   46/1
   — Begründung der   46/5
   — missfallende   42/13
— erneutes Gesuch   42/8
— Form   44/2; 46/9
— Frist   46/9
— Gegenvorstellung   47/4
— Gehör, rechtliches   44/6; 46/3
— Geltendmachung   43/5
— Gesuch, förmliches   44/2
— Gewerkschaftszugehörigkeit   42/12
— Glaubhaftmachung   42/16; 44/5
— Handlungen, unaufschiebbare   47/2
— Kettenablehnungen   45/3
— Kosten   91/121
— Liebesverhältnis   42/12
— Maßstab   42/10
— Mediationsverfahren   41/12
— Mobiltelefon, Nutzung   42/13
— Nichtigkeitsklage   47/9
— Parteizugehörigkeit   42/12
— Pressetätigkeit   42/13
— Privatgutachten   42/13
— Protokollinhalt, über   42/13
— Rechtsfolge   41/13; 47/7
— Rechtsmittel   46/8
— Rechtspfleger   49/1
— Rechtsschutzbedürfnis   46/6
— Rechtsstreitigkeiten von Verwandten
   41/7
— Richter
   — als gewillkürter Vertreter   41/8
   — als Partei   41/5
— Richterwechsel   42/7
— Sachanträge   43/7
— sachfremde Erwägungen   42/9

Stichwortverzeichnis

- Sachverständiger **41/9**
- Selbstablehnung **48/2**; *siehe auch* Selbstanzeige
- Selbstanzeige **42/12**
- Sitzordnung **44/5**
- Stellungnahme, dienstliche **44/6**
- Strafanzeige **42/14**
- Tenorierung **42/15**
- Terminsbestimmung zur Unzeit **42/13**
- Terminsverlegung **43/7**
- Terminsverlegungsantrag **42/13**
- unaufschiebbare Handlungen **47/3**
  - Wirksamkeit der **47/5**
- Urkundsbeamter der Geschäftsstelle **49/1**
- Vereinszugehörigkeit **42/12**
- Verfahrensdauer, überlange **41/11**
- Verfassungsbeschwerde **46/7**
- Verhalten **42/13**
  - einer Partei **42/14**
- Verlust des Ablehnungsrechts **43/3**
- Verschleppungsabsicht **45/3**
- Verwandtschaftsverhältnis **41/6**
- Vorbefassung **41/10**
- Vorschusszahlung, wegen **42/13**
- Wartepflicht **47/3**
- wissenschaftliche Meinung **42/13**
- Zeitpunkt **42/5**; **47/8**
- Zuständigkeit **45/3**; 6
- Zuständigkeitsregelung **45/1**

Befangenheitsantrag **295/7**
Beförderungsvertrag **29/48**
Befriedigung des Vollstreckungsgläubigers **775/5**
Befristete Rechte **23/13**
Befristung **Einl.**/36
Befundtatsachen **404a/5**
Begehungsgefahr **259/14**
Beginn der Unterbrechung **241/4**
Beglaubigte Abschrift **295/7**; **298a/4**
Beglaubigung **169/1**; **270/5**
- Beglaubigungsbefugnis **169/1**
- Beglaubigungsvermerk **253/9**
Begrenzung des Instanzenzuges **542/5**
Begründetheit **255/3**; **262/2**; **264/26**; **280/5**; **282/18**; **290/3**
Begründung **281/7**; **286/8**
- der Anschlussrevision, Revision **554/7**
- der NZB **544/16**
- der Revision **551/6**
Begründungsfrist, NZB, Revision **544/16**
Begründungszwang, Revision **551/2**
Begutachtungskosten **4/15**
Behandlungsfehler **32/14**
Behandlungsvertrag **29/49**
Behauptung ins Blaue hinein **138/4**
Behebbarer Verfahrensmangel, Versäumnisurteil **335/2**

Beherbergungsvertrag **29/50**
Behörde **253/9**; **273/6**; **299/4** ff.
- Begriff **415/3**
Beiakten **273/8**
Beibringung **294/4**
Beibringungsfrist **356/1**; **364/2**
Beibringungsgrundsatz **Einl.**/4; **273/5**, 14; **282/6**; **285/1**; **291/1**; **448/1**
Beiderseitiges Handelsgeschäft **95 GVG/9**
Beiordnung
- Anwaltsprozess **121/2**
- Beweisterminsanwalt **121/10**
- Entpflichtung **121/3**
- Erforderlichkeit **121/6**
- Notanwalt **121/13**
- Parteiprozess **121/4**
- Prozesskostenhilfe **121/1**
- Rechtsmittel **121/15**
- Sozietät **121/1**
- Verkehrsanwalt **121/11**
- Verpflichtung **121/14**
- Waffengleichheit **121/7**

Beisitzer **136/5**
Beistand **90/1**
- Kosten **90/4**
- Prozesshandlungen **90/3**
Beitreibung, Prozesskostenhilfe **126/2**
Beitritt **299/9**
Bekanntgabe **166/3**
Belegenheitsort **29/61**; **29a/14**
Belehrung **277/6**; **295/7**
- Prozesskostenhilfe **120a/10**
- über Säumnisfolgen *siehe* Ladung
Belehrungspflicht, amtsgerichtliches Verfahren **499/1**
Benachrichtigung **273/15**
Beratungsgeheimnis **1052/3**; **1054/5**; **1061/16**
Beratungshilfe **vor 114–127/3**
Berechtigtes Interesse **256/3**
Bereicherungsansprüche **28/5**; **32/8**
Bereicherungsrecht **29/11**; **264/7**
Bereicherungsrechtliche Ansprüche **1029/26**
- im Verteilungsverfahren **878/10**
Bergelohn **30a/5**
Bergung **30a/1**, 3
Bergungskosten **30a/5**
Bergwerkseigentum **24/4**
Berichtigung **254/9**; **264/10**, 20
- Beschluss **319/2**
- materielle Rechtskraft **319/17**
- Parteibezeichnung **50/4**; 6
- Rechtsmittelfristbeginn **319/16**
- Vergleich **319/2**; 15
Berichtigungsverfahren gem. § 320 ZPO, Revision **551/10**

2027

Berliner Räumung, Umsetzung in der Zwangsvollstreckung **885a/1**
Berücksichtigung **292/2**
Berufsgeheimnisträger **385/5**
Berufsgenossenschaft **21/8**
Berufsständige Kammern, Berechtigung zur Beziehung von Abdrucken des Schuldnerverzeichnisses **882g/2**
Berufung **259/2; 282/21; 293/7; 296a/2; 297/12; 511/1; 1031/12; 1032/17; 1059/3; 100 GVG/1 ff.**
– Anerkenntnisurteil **307/13**
– Anschlussberufung **524/1**
– Begründungszwang **520/3**
– Berufungsantrag **520/19**
– Berufungsbegründung **520/1**
  – Inhalt **520/17**
– Berufungsbeschränkung **520/23**
– Berufungseinlegung **519/8**
– Berufungserweiterung **520/24**
– Berufungsfrist **517/1**
– Berufungsgründe **513/1; 520/25**
– Berufungsschrift **519/1**
– Beschwerdegegenstand **511/19**
– Endurteil **300/9**
– Ergänzungsurteil **518/1**
– Fußstapfentheorie **518/3**
– Kosten **91/68**
– neue Angriffs- und Verteidigungsmittel **520/35**
– offensichtlich fehlende Erfolgsaussichten **522/22**
– Rechtsverletzung **513/5**
– Rücknahme **516/1**
– Statthaftigkeit **511/4**
– Streitwert **3/25**
– Teilurteil **301/10**
– Teilverzicht **515/4**
– Terminsbestimmung **523/1**
– Verfahren nach billigem Ermessen **495a/9**
– Versäumnisurteil **345/8; 514/1**
– Verwerfung **522/6**
– Verzicht **515/1**
– Verzichtserklärung **515/7**
– Verzichtsurteil **306/8**
– Vollstreckungsbescheid **514/8**
– Vorbehaltsurteil **302/7, 13**
– Zulässigkeitsfragen **513/10**
– Zulässigkeitsprüfung **522/3**
– Zulassungsberufung **511/31**
– Zurückweisung durch Beschluss **522/19**
– Zustellung Berufungsschrift **521/1**
– Zwischenentscheidungen **512/1**
– Zwischenurteil **303/4**
Berufungsanträge, Bindung **528/1**
Berufungserwiderung **101 GVG/2, 4**

Berufungsgericht als Adressat der Zurückverweisung, Revision **563/4**
Berufungsinstanz **256/18**
Berufungsschrift **96 GVG/6; 100 GVG/3**
Berufungssumme **254/1**
Berufungsurteil **540/1**
– Abkürzungsmöglichkeiten **540/1, 20**
– Aufbau **540/3**
– Beweiswürdigung **540/12**
– Kostenentscheidung **540/14**
– Protokollurteil **540/18**
– rechtliche Erwägungen **540/9**
– Tatsachenfeststellungen **540/5**
– vorläufige Vollstreckbarkeit **540/16**
Berufungsverfahren **525/1**
– Änderung der Kostenentscheidung **528/11**
– Anforderung der Prozessakten durch das Berufungsgericht **541/3**
– Anwendbarkeit erstinstanzlichen Verfahrensrechts **525/2**
– Beeidigungsbeschränkung in zweiter Instanz **536/6**
– Erforderlichkeit einer Tatbestandsberichtigung **529/4**
– Grenzen der Abänderungsbefugnis **528/2**
– neue Angriffs- und Verteidigungsmittel in zweiter Instanz **531/9**
– Parteivernehmung nach Weigerung in erster Instanz **536/2**
– Prüfungsumfang **529/2**
  – festgestellte Tatsachen **529/2**
  – konkrete Anhaltspunkte für Unrichtigkeiten **529/5**
– Verfahrensfehler erster Instanz **529/11**
– Rückübertragung auf die Kammer/Senat **526/11**
– Rüge der Unzulässigkeit der Klage **532/1**
– Rüge von Verfahrensfehlern erster Instanz **534/2**
– Tatsacheninstanz **529/1**
– Übertragung auf den Einzelrichter **526/3**
– Widerruf des erstinstanzlichen Geständnisses **535/3**
– Zweifel an den erstinstanzlichen Feststellungen **529/7**
Beruhen
– auf einer Rechtsverletzung, Aufhebung des angefochtenen Urteils **562/3**
– der angefochtenen Entscheidung auf Verfahrensmängeln, Revisionszurückweisung **561/4**
– Gehörsrüge **321a/10**
Beschäftigung in der Familie *siehe* Ersatzzustellung

Beschleunigung **17a GVG**/1; **17b GVG**/1
Beschleunigungsgrundsatz **271**/1 ff.;
272/1 ff.; **296a**/1 ff.; **375**/6; **379**/3; **399**/1
Beschluss **262**/6; **281**/7; **283**/6; **329**/1
– äußere Form **329**/6
– Begründung **329**/9
– Berichtigung **329**/14
– Gerichtsbesetzung **329**/5
– Parteiantrag **329**/5
– Prozesskostenhilfe **127**/2
– Tatbestandsberichtigung **329**/15
– Unterschriftserfordernis **329**/12
– Vollstreckbarkeit **329**/18
Beschlussergänzung **329**/16
Beschlussformel **329**/8
Beschränkung
– der Rechtsmittelzulassung **543**/5
– der Revision **543**/6
– des Rechtsmittels **543**/7
Beschwer **2**/4; **vor 511–577**/14; **542**/3
– Antragsüberschreitung **vor 511–577**/26
– Aufrechnungserklärung **vor 511–577**/27
– Auskunftsklage **vor 511–577**/28
– des Revisionsbeklagten, Revision **554**/5
– formelle Beschwer **vor 511–577**/21
– Grundurteil **vor 511–577**/29
– materielle Beschwer **vor 511–577**/22
– NZB, Revision **544**/5, 8
– Streitwert, NZB, Revision **544**/8
– Unterlassungsklage **vor 511–577**/30
– Zug-um-Zug **vor 511–577**/31
Beschwerde, sofortige siehe Sofortige Beschwerde
Beschwerdefähige Entscheidungen, Vollstreckbarkeit **794**/4
Beschwerdegegenstand **2**/3
Beschwerdewert **3**/2
– NZB, Revision **544**/6
Beseitigung **256**/3
Beseitigungsklage **7**/1
Beseitigungskosten **7**/3
Besetzungsfehler, Revision **547**/7
Besichtigung **26**/6
Besitz **26**/4; **256**/16; **259**/8; **292**/4
– Streitwert **3**/26
Besitzer **32**/7; **266**/9
– bei Drittwiderspruchsklage **771**/5
Besitzmittlungsverhältnis siehe Urheberbenennung
Besitzrecht **256**/16
Besitzstörungen, Zwangsvollstreckung **890**/1
Besonderer Gerichtsstand **30a**/2
Besorgnis **259**/15
Bestattungsgegenstände, Pfändungsschutz **811**/15
Bestimmtheit **254**/11; **256**/3; **285**/4
Bestimmtheitserfordernis **253**/14

Bestimmtheitsgrundsatz **Einl.**/27; **253**/2; **297**/1
Bestimmung
– der Parteien **50**/2
– Termin siehe Terminsbestimmung
Bestimmung durch das Gericht **888**/9
Bestreiten **256**/13; **259**/15; **277**/3; **282**/3; **290**/2; **291**/3
– mit Nichtwissen **138**/11
Betagtes Rechtsgeschäft **256**/10
Beteiligte **253**/13
Betrag **254**/11
Betreuung **291**/5
Betreuungsgericht **23 GVG**/1
Betriebs- und Geschäftsgeheimnis **142**/6; **446**/3
Betriebsübergang, subjektive Rechtskraftwirkung **325**/13
Betriebsvereinbarungen **293**/4
Beugehaft **390**/4
– Höchstdauer **802j**/1
Beurteilung **254**/8
Bevollmächtigter; siehe auch Prozessvollmacht
– abschließende Regelung über Zulässigkeit **79**/1
– Abwickler **87**/8
– Assessor **79**/4
– Beschäftigte der Partei **79**/6
– Bestellung durch Haftpflichtversicherer **80**/7; **85**/7
– Büroangestellte **79**/4
– einstweilige Zulassung bei fehlender Vollmacht **89**/5
– Einzelvertretungsmacht mehrerer Prozessbevollmächtigter **84**/3
– Familienangehörige **79**/7
– Genehmigung Handeln vollmachtloser Vertreter **82**/7; **89**/11
– Haftpflichtversicherung **79**/7
– Inkassodienstleister **79**/9
– Inkassoermächtigung **79**/5
– Inkassozession **79**/5
– Mangel der Vollmacht **88**/3
– Mehrheit von Prozessbevollmächtigten **84**/1
– Prozessunfähigkeit **87**/8
– Rechtsanwalt **79**/4
– rechtsgeschäftliche Vertretung **79**/1
– Referendar **79**/4
– Streitgenossen **79**/7
– Tod **87**/8
– Unterbevollmächtigter **82**/7; **83**/2; **88**/2
– Untervollmacht **82**/7; **83**/2; **85**/7; **88**/2
– Verbraucherzentrale **79**/8
– Verfassungsmäßigkeit der Zulässigkeitsbeschränkung **79**/1
– Verlust Postulationsbefugnis **87**/9

2029

- Verschuldenszurechnung 85/3 ff.; 87/1; 14 f.
- Vertretungseinschränkung für Richter 79/10
- Vertretungsmacht 79/2
- Vollmachtsmangel 88/3
- Voraussetzungen Verschuldenszurechnung 85/4 ff.
- Wirksamkeit der Handlung vor Zurückweisung 79/12
- Zulassungsverlust 87/9
- Zurückweisung 79/11; 79/13

Bevollmächtigung *siehe* Bevollmächtigter *und* Prozessvollmacht

Bewegliche Sachen 259/9

Beweis 293/1

Beweisantrag 270/4; 285/6; 356/3

Beweisantritt 285/4

Beweisaufnahme 264/13; 279/5; 280/1; 283/8; 285/1 ff.; 286/1; 287/8; 290/10; 291/1; 294/6; 296a/7; 13; 297/5
- Europäisches Ausland **vor 1072–1075**/1; *siehe auch* Europäische Beweisaufnahme
- Kosten 91/73
- Prozesskostenhilfe 118/4
- Verfahren nach billigem Ermessen 495a/3, 5

Beweisaufnahme im Ausland 358/2; 363/1; 369/1

Beweisbedürftigkeit 294/4

Beweisbeschluss 295/7; 358/1; 361/2; 362/2; 363/2; 377/7; 404/2; 411a/4; 426/3; 448/5; 450/1
- Änderung 360/1; 366/2

Beweiseinreden 296a/4

Beweiserhebung, Vorsitzender der Kammer für Handelssachen 349/3

Beweiserleichterungen 285/1; 286/2

Beweisfälligkeit 372a/4

Beweisführer 296a/10; 359/4; 364/2; 379/2

Beweisführung 294/1

Beweisführungslast 293/6

Beweiskraft, Beschluss 329/9

Beweislast 256/1; 269/20; 273/14; 280/4; 285/1; 287/4; 290/10; 292/2; 359/4; 364/2; 379/2; 945/7

Beweismaß 294/1
- Revision 546/8

Beweismittel **Einl.**/4; 277/3; 282/5; 296a/4
- rechtwidrige **Einl.**/4

Beweisnot 448/4

Beweisregeln, Revision 546/9

Beweissicherung 296a/2

Beweisthema 296a/13

Beweisunmittelbarkeit 355/1

Beweisurkunden 299/5

Beweisvereitelung 356/3; 357/6; 372a/4; 444/1

Beweisverfahren, selbstständiges *siehe* Selbstständiges Beweisverfahren

Beweisverwertungsverbot 295/7; 356/7

Beweiswürdigung 279/7; 283a/7; 285/5, 7, 15; 286/1 ff.; 290/2; 296a/22
- Revision 546/9 f.

Beweiszeichen 415/2

Beweiszweck 298a/10

Bewertungen 294/5

Bewertungsfreiheit zur Streitwertfestsetzung, Revision 546/17

Bewirkungshandlung
- Anerkenntnis 307/1
- Verzicht 306/1

Bezeichnung der Umstände, konkret und präzise, Revision 551/6

Beziehung 256/7

Bezifferung 254/4; 256/5

Bezüge für Hinterbliebene, Unpfändbarkeit 850/3

Bezugnahme 253/8; 267/3; 273/9; 282/20; 285/3; 290/6; 294/5; 297/2

BGB-Gesellschaft
- Anteilspfändung 859/2
- im Vollstreckungsrecht 736/1

Bilaterale Verträge 23/20

Bild und Ton 128a/1

Bindung 254/5; 256/19; 102 GVG/7
- des Berufungsgerichts, Revision 563/7
- des Gerichts, Vorbehaltsurteil 302/12
- des Zivilgerichts 322/2
- Verweisung 99 GVG/4

Bindungswirkung 255/2; 269/5; 280/1; 281/1 f.; 286/11; 290/1; 17a GVG/3; 102 GVG/3
- Abänderungsverfahren 323/19
- amtsgerichtliches Verfahren 506/6
- Beschluss 329/13
- Durchbrechung 320/1; 321/1
- eines Urteils
  - Ausnahmen 319/1
  - Richterwechsel 318/1
- Grundurteil 304/11
- Musterbescheid 325a/2
- rechtliche Würdigung der Partei 308/5
- Revision 563/7 f.
- Verfügung/Beschluss 318/2

Binnengewässer 30/1; 30a/2

Blankettmissbrauch 440/2

Blanko-Unterschrift 440/2

Blindenzulage, Unpfändbarkeit 850a/10

Börsengeschäfte 1030/9

Böswilligkeit 259/15

Brief 32/13

Briefhypothek, Pfändung 830/2

Briefkasten *siehe* Ersatzzustellung

Briefübergabe 266/4

Bruchteilseigentümer, bei Drittwiderspruchsklage **771**/5
Brüssel-I, EuGVVO **328**/2
Brüssel-Ia, EuGVVO 2012 **328**/2
Bücher **291**/4
Buchhypothek, Pfändung **830**/3
Bügeleisen, Unpfändbarkeit **811**/3
Bundesjagdgesetz **24**/4
Bundesland, Zwangsvollstreckung **882a**/2
Bundespräsident **376**/6; **479**/1
– Vernehmung siehe Terminsort
Bundestagsabgeordnete **376**/4
Bundesverfassungsgericht **17 GVG**/2
Bürge **29**/6; **29c**/12; **1029**/11
Bürgerliche Rechtsstreitigkeit **95 GVG**/4
Bürgschaft **23**/10; **29**/51; **23 GVG**/12
– Streitwert **3**/28
Bürogelder, Unpfändbarkeit **850a**/5

C
cif-Klausel **29**/27
CIM **30**/15
Clubmitgliedschaft **29**/68
CMR **30**/3
common law **1042**/18
Computer, Unpfändbarkeit **811**/3
contempt of court **328**/25
culpa in contrahendo **29**/52

D
Darlegung
– der Zulassungsgründe, NZB, Revision **544**/19
– des Wertes der Beschwer, NZB, Revision **544**/10
– des Wertes der mit der Revision geltend zu machende Beschwer, NZB, Revision **544**/24
Darlegungs- und Beweislast **256**/1; **292**/2
Darlegungslast **287**/1
Darlegungspflicht **254**/9
Darlehen **28**/5; **259**/7
Darlehensvertrag, Streitwert **3**/29
Daseinsvorsorge **29**/53
Datenbanken **291**/4
Datenbankrecherche **91**/74
Datenträger **299**/1
Dauerpfändung, bei Zwangsvollstreckung wegen Unterhaltsansprüchen **850d**/10
Deckungsprozess **4**/16
Deckungszusage **91**/75
Definition **943**/1
– bzw. Abgrenzung des Prozessstoffs, Revision **559**/3
Delikt **29**/9; **1029**/26
De-Mail **371a**/3
Demnächst
– 14-Tage-Frist **167**/9

– Gerichtskostenvorschuss **167**/10
– Prozesskostenhilfe **167**/10
– Rückwirkung **167**/13
– Säumnis **167**/9
Derogation vor **1025**/1; **1026**/1; **1029**/19; siehe auch Gerichtsstandsvereinbarung
Derzeit unbegründet **259**/18
Detekteien **383**/7
Detektivkosten **91**/8, 17, 76
Deutsche **294**/2
Deutsche Post AG **415**/3
Deutsch-türkischer Konsularvertrag **27**/13
Devolutiveffekt **338**/1; **342**/1; **vor 511–577**/3
– NZB, Revision **544**/3
Diagonalverweisung, amtsgerichtliches Verfahren **506**/4
Diensteinkommen, Pfändung **833**/1
Dienstvertrag **29**/54
– Streitwert **3**/30
Dingliche Ansprüche **26**/4
Direktanspruch **32**/11
Disclaimer **32**/14
Dispositionsfreiheit **254**/11
Dispositionsgrundsatz **308**/1
– subjektive Rechtskraftwirkung **325**/19
– Verzicht **306**/1
Dispositionsmaxime **Einl.**/6; **253**/1; **290**/5; **291**/6
– FamFG-Verfahren **Einl.**/7
– Revision **557**/1
Divergenz, Sicherung einer einheitlichen Rechtsprechung, Revision **543**/18
Dokumentenvorlage **1047**/3
Dolmetscher **295**/7
– Kosten **91**/77
– Schwurpflicht **478**/1
Doppelfunktionalität **20**/7; **21**/16; **22**/17; **23**/18; **24**/23; **25**/10; **26**/12; **27**/12; **28**/12; **29**/37; **29a**/14; **29c**/19; **30**/15; **30a**/10; **31**/7; **32**/15; **32a**/16; **32b**/24
Doppelnatur **1029**/3
Doppelrelevante Tatsachen **vor 1–37**/15; **12**/2; **23**/2; **24**/1; **28**/2; **29**/5; **29a**/3; **29c**/4; **30a**/2; **31**/1; **32**/2; **32a**/3; **32b**/5; **328**/13; **17a GVG**/12
Doppelte Gutgläubigkeit, subjektive Rechtskraftwirkung **325**/15
Doppelte Rechtshängigkeit **262**/8
Doppelte Subsidiarität **918**/4
Dreimonatsfrist **128**/5
Dringlichkeit **280**/9; **293**/6
Dritte **256**/7, 11; **259**/3; **293**/3; **299**/8
Dritte im Schiedsverfahren **1029**/9, 13; **1030**/8; **1031**/3; **1039**/3; **1046**/5; **1052**/2; **1053**/4; **1059**/9
Drittgewahrsam, Pfändbarkeit **809**/3

Drittschuldner
- Aufrechnung 836/3
- Auskunftspflicht 836/5 f.; 840/1
- eigenmächtige Ermittlung durch Gerichtsvollzieher 806a/1
- Einwendungen 836/3
- guter Glaube an Wirksamkeit des PÜB 836/4
- Kosten durch Erklärungspflicht 840/5
- Leistungsrichtung nach Überweisung 836/3
- Schadensersatzpflicht bei Verweigerung der Auskunft 840/2

Drittwiderklage *siehe* Widerklage

Drittwiderspruchsklage
- Anerkenntnis 93/16
- Streitwert 3/32

Drohung 1029/18
Druckerzeugnis 32/13
Duldung des Zutritts 71 GVG/2
Duldungsanspruch 24/8
Dunkelheit 320/3
Durchlauftermin 296a/2

E
Echtes Versäumnisurteil
- gegen Beklagten 331/1
- gegen Kläger 330/1
- Rechtsmittel 336/1

Echtheit 256/21
- der Urkunde 298a/10

Effektiver Rechtsschutz 296a/1; 299/9; 356/1

Ehe, im Vollstreckungsrecht 739/1
Eheaufhebungsantrag *siehe* Aussetzung
Ehegatte, bei Drittwiderspruchsklage 774/1
(Nicht)eheliche Lebensgemeinschaft
- Räumungsverfügung 940a/4

Ehestreit *siehe* Aussetzung
Ehewohnungszuweisung, Anwendung der Zwangsvollstreckungsvorschriften 885/2 f.

Ehre 15a EGZPO/6, 12
Ehrenamtliche Richter 402/1
- Kammer für Handelssachen 349/1

Eidesbelehrung 480/1
Eidesformel 481/1
Eidesgleiche Bekräftigung 484/1
Eidesstattliche Versicherung 27/7; 254/1, 9; 294/7
- bei Abgabe der Vermögensauskunft 802c/5
- bei Nichtvorfinden einer Sache deren Herausgabe geschuldet ist 883/8

Eigene Beschwer, Revision 554/2
Eigentum 26/4; 256/16

Eigentümer 255/6; 266/9; 292/4
- bei Drittwiderspruchsklage 771/5

Eigentümer-Besitzer-Verhältnis 26/6; 259/7
Eigentumsstörungen, Zwangsvollstreckung 890/1
Eigenverwaltungsverfahren 240/2
Eilbedürftigkeit 293/2
Ein-Euro-Job Entgelt, Unpfändbarkeit 850a/5
Einfache Streitgenossenschaft 17 GVG/6

Eingang
- elektronisch übermittelte Schriftsätze 167/7
- unzuständiges Gericht 167/5
- zuständiges Gericht 167/5

Eingangsvermerk 418/2
Eingescannte öffentliche Urkunden 371b/1
Eingriffskondiktion 32/7
Einheitliche Entscheidung 254/3

Einheitlichkeit
- der Kostenentscheidung 17b GVG/4
- der mündlichen Verhandlung 332/1

Einigungsstellen vor 1025/4

Einkommen 115/2
- Änderung 120/5
- Arbeitsförderungsgeld 115/10
- Bedarfsgemeinschaft 115/15
- besondere Belastungen 115/17
- Einkommensteuer 115/5
- fiktives 115/3
- Geldstrafe 115/17
- Gesundheitsschäden 115/17
- Sozialleistungen 115/3
- Sozialversicherungsbeiträge 115/6
- Unterhaltsleistungen 115/17
- Unterkunft und Heizung 115/15
- Versicherungsbeiträge 115/7
- Werbungskosten 115/9

Einkünfte, sonstige 850i/1
Einlage 22/10
Einlassungsfrist 295/7
- Revision 553/1

Einlegung der NZB, Revision 544/13
Einmischungsklage *siehe* Hauptintervention
Einrede 262/7; 277/3; 282/3; 283/15; 296a/4; 1029/28; 1032/2, 4, 11; 1060/7; 1061/18
- der beschränkten Erbenhaftung 305/1
- des Erben im Vollstreckungsrecht 782/1; 783/1
- Prozesskostenhilfe 126/3

Einreichung 253/20; 262/2
- der Klageschrift 253/4
- einer Anschlussschrift, Revision 554/6
- eines Antrages auf Prozesskostenhilfe 926/9

Einschätzung 279/7
Einschreiben mit Rückschein 175/3
- Privaturkunde 175/5
Einseitige Prozesshandlung 295/2
Einsicht in die vorinstanzlichen Verfahrensakten, Revision, Begründungsfrist 551/3
Einspruch 295/4
- Auslegung/Umdeutung 340/4
- Versäumnisurteil 338/1
Einspruchsbegründung 296a/5
- Frist 340/7
Einspruchsform, Versäumnisurteil 340/1
Einspruchsfrist
- Versäumnisurteil 339/1
Einspruchstermin 341a/2
Einspruchszulässigkeit
- Versäumnisurteil 341/1
- Zwischenurteil 341a/4
Einsturz 26/9
Einstweilige Anordnung
- Abänderungsverfahren 323/22
- Abschlusserklärung 935/25
- anwendbare Arrestvorschriften 936/2
- bedingter Anspruch 935/4
- betagter Anspruch 935/4
- existenzsichernde Leistungen 938/4
- nicht anwendbare Arrestvorschriften 935/3
- Notzuständigkeit 942/1
- Sicherungs-, Regelungs-, Leistungsverfügung 935/2
- Verfügungsgrund 935/5
 - wegen dauerhafter Entziehung eines Gegenstandes 935/5
 - wegen wiederholter untersagter Handlung 935/5
- vor Fälligkeit 935/4
- Widerverfügungsantrag 935/10
- Zweck 935/1
Einstweilige Verfügung 23/14; 24/6; 29/22; 29a/11; 32/9; 262/3; 270/3; 17a GVG/4
- Alleinentscheidungsrecht des Vorsitzenden bei Dringlichkeit 944/1
- anfänglich unberechtigte 945/5
- Arten der Anordnung 935/8
- Aufhebung bei unberechtigter Eilverfügung 942/9
- Entscheidung nach freiem Ermessen 938/1
- Entscheidung ohne mündliche Verhandlung 937/5
- Gerichtsstand 937/1
- Hauptsachegericht 943/1
- Leistungsverfügung 938/4
- mündliche Verhandlung 937/4
- Nichterhebung der Hauptsacheklage 945/8

- Nichtersetzbarkeit des Anordnungsschadens 945/10
- Prozessvollmacht 82/8
- Schadensersatzpflicht des Gläubigers 945/3, 7, 9
- Schadensersatzpflicht des Gläubigers bei Nichterhebung der Hauptsacheklage 945/8
- Schutzschrift 937/7; 945a/1
- Schutzschriftenregister 945a/2
- Verfügungsgrund 940/3
- Verwirkung 940/3
- Voraussetzung 940/2
- Widerspruch 99/35
- Zuständigkeit bei besonderer Dringlichkeit 942/2
- Zuständigkeit bei Widerspruch gegen die Richtigkeit des Grundbuchs 942/4
Einstweilige Zulassung vollmachtloser Vertreter
- durch Beschluss 89/5
- Ermessen 89/5
- Frist zur Genehmigungsbeibringung 89/6
- Kosten des Rechtsstreits 89/13
- Kostentrennung 89/13
- Schadensersatzansprüche 89/17
- Sicherheitsleistung 89/7
- stillschweigende Zulassung 89/5
Einstweiliger Rechtsschutz 6/9; 253/4; 256/15; 260/12; 269/3; 283/2, 8; 293/2; 1025/6; 1026/2; 1032/7; 1033/1; 1041/1; 1059/4
Einstweiliger Rechtsschutz 1033/1
Einstweiliges Verfügungsverfahren
- Anerkenntnis 93/2
- Kosten 91/59
Eintragung 292/4; 95 GVG/8
Einverständnis 290/10
Einwendungen 254/8; 259/3; 277/3; 282/3; 296a/2
- des Erben im Vollstreckungsrecht 785/1
- Präklusion 767/8
Einwilligung 264/15; 268/2; 269/3
Einwilligungserklärung, Sprungrevision 566/4
Einzelrechtsnachfolge, subjektive Rechtskraftwirkung 325/11
Einzelrichter 253/18; 272/5; 277/5; 281/3; 348/1
- obligatorisch 348a/1
- originär 348/3
- Proberichter 348/5
Einzelrichterprinzip 495/1
Einzeltatsachen in der Revisionsbegründung, Revision 551/8
Einzelwert 260/3

2033

Elektronisch übermittelte Schriftsätze, Eingang 167/7
Elektronische Akte 298a/7
– Einsicht in die ~ 299/12
Elektronische Dokumente 130b/1; 298a/1; 371a/1; 416a/1; 417/1
Elektronische Einreichung 253/22
Eltern-Kind-Streit siehe Aussetzung
E-Mail 253/20; 285/9
Emittent 32b/17
Empfangsbekenntnis 174/3; 269/7; 270/11
Ende 802b/7
– der Unterbrechung 241/4
Endurteil 264/14; 275/8; 276/13; 280/3; 281/7; 283/18; 285/12
– als Vollstreckungsvoraussetzung 704/2
Energielieferungsvertrag 29/35
Energieversorgungsunternehmen 71 GVG/2
Enteignungsentschädigung 26/11; 17 GVG/9
Enteignungsgleicher Eingriff 26/11; 32/7
Entgeltfortzahlung, Unpfändbarkeit 850/3
Entlastung 296a/2
– des Revisionsgerichts 564/1
Entschädigung 253/15; 255/1; 287/3
Entscheidung 925/1
– des Revisionsgerichts 544/26
– nach Lage der Akten 367/2
Entscheidungserheblicher Sachverhalt, Revision 563/11
Entscheidungserheblichkeit der Zulassungsfrage 543/8
Entscheidungsgründe 300/2; 313/10
– Absehen von der Fertigung 313b/1
– Verfahren nach § 495a ZPO 313/13
– Verfahren nach billigem Ermessen 495a/6
– vollständiges Fehlen 313/12
Entscheidungskausalität, Revision, obiter dictum 563/8
Entscheidungsreife 114/2; 279/4; 283/20; 296a/2; 300/5
– Grundurteil 304/4
– Revision 563/11
– teilweise 301/2
Entscheidungsspielraum 253/14
Entschuldigung 283/16; 296a/12
– der Verspätung 101 GVG/5
Entwurf 253/9; 299/13
Erbbaurecht 24/4
– Zwangsvollstreckung 864/3
ErbbauVO 24/4
Erben 1029/9; 1066/2
Erbengemeinschaft
– im Vollstreckungsrecht 747/3
– Kosten 91/78
Erbhaftung, beschränkte 780/1; 781/1

Erbfall 27/3
Erbfallschulden 28/6
Erbfolge 27/5
Erblasser 27/2; 255/7
Erblasserschulden 28/4
Erbrecht 29/19
Erbschaftsbesitzer 27/7
Erbschaftskauf, im Vollstreckungsrecht 729/1
Erbschaftskäufer 27/6; 28/8
Erbschaftsklage 24/8
Erbschaftssteuerschulden 28/7
Erbschaftsverwaltungsschulden 28/6
Erbschein 91/79; 417/1
– Beantragung durch Vollstreckungsgläubiger 792/1
Erbunwürdigkeitsklage 27/5
Erbvertrag 29/19
Erbverzicht 27/5; 29/19
Erfahrungssatz **Einl.**/5; 285/16; 286/12
Erfolg 253/14
Erfolgsort 32/12; 32b/25
Erfolgsprämien, Unpfändbarkeit 850/3
Erfüllung 254/6; 256/1; 259/6
Erfüllungsort 29/24
Ergänzung 254/9; 264/13
Ergänzungsurteil 321/6
Erheblicher Grund 227/10
– allgemeine Anforderungen 227/11
– Arbeitssuche 227/18
– Auslandsaufenthalt 227/16
– Beschleunigungsbedürfnis 227/11
– Betriebsausflug 227/18
– Beweismittel (Ankündigung von) 227/30
– Einlassungsfrist 227/27
– Erkrankung
   – des Prozessbevollmächtigten 227/15
   – des Richters 227/27
– Erkrankung der Partei 227/15
– Familienfeier 227/18
– Fortbildungsveranstaltung 227/17
– Friständerung siehe Friständerung
– Gerichtskostenvorschuss 227/27
– Glaubhaftmachung 227/31
– Hindernisse bei der Anreise 227/18
– Klageerweiterung (Ankündigung von) 227/30
– Klagerücknahme (Ankündigung von) 227/30
– Ladungsfrist 227/27
– Lehrverpflichtung 227/17
– mangelnde Vorbereitung siehe Mangelnde Vorbereitung
– mangelnder Fristablauf 227/27
– Negativkatalog 227/12
– Pflege eines nahen Angehörigen 227/18

- Pflicht zur Vertretung 227/14
- Prozessverschleppung 227/29
- rechtliches Gehör 227/11
- religiöse Feiertage 227/18
- Streitverkündung (Ankündigung von) 227/30
- Tod eines nahen Angehörigen 227/18
- Urlaub 227/16
- Vergleichsverhandlungen 227/28
- Verhinderung
  - der Partei 227/13
  - des Prozessbevollmächtigten 227/14
  - Sachverständiger 227/21
  - Streitgenosse 227/21
  - Streithelfer 227/21
  - Zeuge 227/21
- verspätete Terminsdurchführung 227/20
- Vertretung durch einen Sozius 227/14
- Zwischenfristen 227/27

Erhöhung Streitwert 23 GVG/3

Erinnerung 299/14; 573/1
- Aussetzung der Vollziehung 573/5
- Erinnerungsbefugnis 104/68
- Erinnerungsfrist 104/70
- Form 573/3
- Frist 573/4
- Kostenfestsetzungsbeschluss 104/67
- sofortige Beschwerde 573/6
- Spruchkörper 573/9
- Statthaftigkeit 573/2

Erkenntnisse 286/7

Erkenntnisverfahren Einl./2; 1025/6

Erkrankung
- der Partei siehe Erheblicher Grund
- des Prozessbevollmächtigten siehe Erheblicher Grund

Erkundigungen 282/8; 296a/16

Erlass 29/9

Erledigterklärung, Revision 559/4

Erledigung 254/5 f.; 264/14; 269/12; 296a/22
- der Hauptsache, Streitwert 3/35
- Teilerledigung 1061/2

Erledigungserklärung 262/6; 270/3; 297/6
- Anfechtung 91a/17
- Anwaltsgebühren 91a/37
- Anwendungsbereich 91a/4
- Berufung 91a/65
  - gegen Schlussurteil 91a/41
- Beweisaufnahme 91a/23
- billiges Ermessen 91a/25
- bisheriger Sach- und Streitstand 91a/22
- des Beklagten 91a/69
- einseitige
  - teilweise 91a/68
  - vollumfänglich 91a/44
- Erfüllung 91a/27
- erledigendes Ereignis 91a/5, 56
- Feststellungsinteresse 91a/54
- Feststellungsklage 91a/45
- Fiktion der Zustimmung 91a/13
- Gebühren 92/73
- Gerichtsgebühren 91a/36, 43
- hilfsweise 91a/14, 47
- Klageänderungstheorie 91a/45
- Rechtsbeschwerde 91a/33
- Rechtsmittelerledigung 91a/48, 70
- Schlussurteil 91a/39
- sofortige Beschwerde 91a/28, 40
- streitgenössische Nebenintervention 101/23
- Streitwert 91a/35, 42, 66, 73
- übereinstimmende
  - teilweise 91a/38
  - vollumfänglich 91a/6
- Wirkung 91a/18
- Widerruf 91a/17, 51
- Wirkung, einseitige 91a/52
- Zeitpunkt 91a/16, 50

Erlös 254/10

Ermessen 255/2; 264/16; 268/2; 269/14; 272/5; 276/12; 278a/3; 279/3; 280/4, 13; 283/5; 283a/2; 285/8; 287/6; 293/1, 6; 296a/1; 298a/3; 299/12

Ermessen des Gerichts
- Grundurteil 304/9
- Teilurteil 301/8
- Vorbehaltsurteil 302/5
- Zwischenurteil 303/1

Ermessensentscheidung, Revision 546/17

Ermessensfehlgebrauch 293/7

Ermessensreduktion auf Null, Revision 546/12

Ermittlung 293/7
- des ausländischen Rechts, Revision 560/6
- des Gewohnheitsrechts, Revision 560/6

Erörterungstermin 118/3

Erreichen der Wertgrenze, Revision 544/11

Ersatzschiedsrichter 1039/4

Ersatzzustellung 178/1; 179/1; 180/1; 181/1; siehe auch Zustellung
- Abholungsfrist 181/7
- Beschäftigung in der Familie 178/7
- Briefkasten 180/3
- Erwachsener 178/7
- Familienangehöriger 178/6
- Gemeinschaftseinrichtung 178/9
- Geschäftsraum 178/8
- Mitbewohner 178/6
- Niederlegung 181/3
- Postfach 181/5
- Rücksendung 181/7
- Verbot 178/10
- Verweigerung 179/3

2035

- Wohnung 178/5
- Zustellungsfiktion 176/5; 179/6

Erstattung 254/10

Erstbeschwerde siehe Sofortige Beschwerde

Erstellung der Nebenkostenabrechnung, Zwangsvollstreckung 888/2

Ersuchter Richter 355/8; 358/2; 360/4; 362/1; 365/1; 368/2; 370/3; 375/1; 380/4; 389/1; 398/4; 400/1; 434/1; 479/1; siehe auch Kommissarischer Richter

Erteilung eines Zeugnisses, Zwangsvollstreckung 888/2

Erwachsener siehe Ersatzzustellung

Erwachsenheitssumme 591/3

Erweiterung
- der Rechtskraft 256/16
- der Revisionsanträge, Revision 551/5

Erwerbstätigkeit 287/4

EU 256/5; 293/3

EuBeweisVO 363/1

EuEheVO vor 1–37/5

EuGVO 20/7; 21/18; 22/18; 23/20; 25/11; 26/13; 27/13; 28/13; 29/38; 29a/14; 30/15; 30a/10; 31/7; 32/17; 32a/18; 32b/25

EuGVVO/LugÜ-II vor 1–37/5

Europäische Beweisaufnahme
- Anwesenheitsrechte 1073/1
- Ersuchtes Gericht 1072/1
- Fragerechte 1073/1
- Möglichkeiten 1072/1
- Teilnahmerechte 1073/1
- Unmittelbare Beweisaufnahme 1072/1
- Zuständigkeit bei Beweisaufnahme in Deutschland 1074/1

Europäische Beweisverordnung vor 1072–1075/1

Europäische Prozesskostenhilfe
- Antragsfiktion für weitere Instanzen 1078/2
- Ausgehende Ersuchen 1077/1
- Bescheinigung über Bedürftigkeit 1077/4
- eingehendes Ersuchen 1078/1
- PKH-Richtlinie vor 1076–1078/1
- Übermittlungsstelle 1077/2
- unterschiedliche Lebenshaltungskosten 1077/4; 1078/4
- Verweisung auf nationales Recht 1076/1

Europäische Richtlinie, Verhältnis zum nationalen Recht vor 1067–1117/3

Europäische Verordnung, Verhältnis zum nationalen Recht vor 1067–1117/2

Europäische wirtschaftliche Interessenvereinigung, Anteilspfändung 859/2

Europäische Zustellungsverordnung vor 1067–1071/1

Europäischer Vollstreckungstitel für unbestrittene Forderungen vor 1079–1086/1
- Aussetzung der Zwangsvollstreckung 1084/1
- Berichtigung der Bestätigung 1081/1
- Beschränkung der Zwangsvollstreckung 1084/1
- Bestätigung als Europäischer Vollstreckungstitel 1079/1; 1083/1
- Einstellung/Beschränkung der Zwangsvollstreckung 1085/1
- Übersetzung ausländischer Europäischer Vollstreckungstitel 1083/2
- Verweigerung der Zwangsvollstreckung 1084/1
- Vollstreckungsabwehrklage 1086/1
- Widerruf der Bestätigung 1081/1
- Zuständigkeit für Bestätigung 1079/1

Europäischer Zahlungsbefehl siehe Europäisches Mahnverfahren

Europäisches Mahnverfahren 688/7; vor 1087–1096/1
- Aussetzung der Vollstreckung 1096/1
- Beschränkung der Vollstreckung Anh. zu §§ 1087ff./1
- Einspruch 1090/1
- Einspruchsrücknahme 1091/1
- elektronische Antragseinreichung 1088/1
- maschinelle Bearbeitung 1088/2
- Nichtigerklärung Zahlungsbefehl 1092/3
- Rechtshängigkeit 1090/5
- Rücknahme des Antrags auf streitiges Verfahren 1090/3
- Streitverfahren 1090/2 f.; 1091/1
- Überprüfung Zahlungsbefehl nach Ablauf Einspruchsfrist 1092/1
- Verweigerung der Vollstreckung 1096/1
- Vollstreckungsabwehrklage 1095/3; 1096/3 f.
- Vollstreckungsschutz gegen Zahlungsbefehl 1095/1
- Zuständigkeit 1087/1
- Zustellung 1089/1
- Zwangsvollstreckung aus Zahlungsbefehl 1093/1

Europäisches Unionsrecht, Revision 545/1

Europäisches Verfahren für geringfügige Forderungen vor 1097–1109/1
- Annahmeverweigerung 1098/1
- Beweisaufnahme 1101/1
- Beweismaß 1101/1
- Einleitung 1097/1
- Einreichung Formblätter 1097/1
- früher erster Termin 1100/3
- mündliche Verhandlung 1100/1
- Säumnis 1103/1; 1104/1

- Titelbestätigung **1107/2**
- Übersetzung Titelbestätigung **1108/1**
- Urteilsverkündung **1102/1**
- Vollstreckungsablehnung **1109/1**
- Vollstreckungsabwehrklage **1109/3**
- Vollstreckungsaussetzung **1109/1**
- Vollstreckungsbeschränkung **1109/1**
- Weiterführung des Verfahrens nach ZPO **1097/2**
- Widerklage **1099/1**
- Zwangsvollstreckung **1105/1; 1107/1**

EuUntVO **vor 1–37/5**
EuZVO **328/19**
Eventualvorbringen **138/5**
Eventualwiderklage siehe Widerklage
Existenz
- der Partei (gerichtliche Prüfung und Beweiserhebung) **56/1**
- ~gefährdung durch Zwangsvollstreckung **712/3**

Existenzminimum **vor 114–127/1**
- Relevanz für die Zwangsvollstreckung **850c/1**

Exterritoriale Deutsche **15/1**
Exterritorialität **24/2**

F
Fachkunde **291/3**
Fahrgastbeförderung **30/11**
Fahrlässigkeit **296a/11**
Fair Trial siehe Faires Verfahren
Faires Verfahren **Einl./17; 448/4**
- Prozessgrundrecht **Einl./17**
- Verfahrensdauer, überlange **Einl./19**

Faksimile-Stempel **416/3**
Fakultative Zurückverweisung, Revision **563/13**
Fälligkeit **259/1, 18**
- einer Forderung, Rechtskraft **322/12**
Familien- und Freiwillige Gerichtsbarkeitsentscheidung, Vollstreckbarkeit **794/11**
Familiengericht **253/5; 23 GVG/1**
- besonderer Gerichtsstand des Hauptprozesses **34/1**
- Zuständigkeit im Vollstreckungsrecht **731/3**

Familienrecht **29/18**
Familiensache, Revision **545/11**
favor validitatis **1029/4**
Fehlen von Entscheidungsgründen im Berufungsurteil, Revision **547/12**
Fehlende Entscheidung **716/2**
Fehlende inhaltliche Mindeststandards, Revision **547/13**
Fehlende Substantiierung **139/2**
Fehler **295/1; 298a/5**
- bei der Rechtsanwendung, Revision **546/1**

Fehlvorstellung **290/13**
Feiertage, Fristablauf siehe Fristende
Ferienanlage **24/24**
Ferienhaus **29a/12**
Ferienwohnung **29a/12**
Fernabsatzvertrag **29c/6**
Fernunterricht **29/45**
Feststellung **254/5**
- des erstinstanzlichen Gerichts zur nationalen örtlichen, sachlichen und funktionellen Zuständigkeit, Revision **545/7**

Feststellungsinteresse **256/4, 12**
- vorweggenommener Prätendentenstreit **75/3**

Feststellungsklage **Einl./25; 23/14; 24/6; 27/5; 29/23; 29c/8; 32/9; 32a/12; 254/11; 256/1, 11; 262/11; 1059/15**
- auf Erteilung der Vollstreckungsklausel **731/2**
- positive **6/9; 7/5; 8/9; 9/7**
- Streitwert **3/37**

Feststellungsurteil **300/3**
- Abänderungsverfahren **323/5**
- Rechtskraft **322/21**
- Vollstreckbarkeit **704/5**
- Zwischenurteil **303/1**

Fiktion **286/2; 292/6; 296a/22**
- der Existenz/Parteifähigkeit **50/8**
- der Parteifähigkeit **56/7**
  - einer juristischen Person **50/14**
- der Prozessvoraussetzungen (insb. Zulassungsstreit) **56/4**
- des Geständnisses **138/9**

Finanzierungshilfe, Ausschuss des Mahnverfahrens **688/3**
Finanzierungskosten **91/80**
Fischereirecht, Zwangsvollstreckung **864/3**
Flucht in die Säumnis **340/8**
Fluggast **29/48**
Fluggesellschaft **21/8**
fob-Klausel **29/27**
Folgebeweis **296a/7**
Folgesachen, Begrenzung des Instanzenzuges **542/5**
Forderungen bezüglich unbeweglicher Sachen, Pfändung **848/1**
Forderungsinhaber, bei Drittwiderspruchsklage **771/5**
Forderungsverwertung, alternative **844/1**
Formalia der Schiedsvereinbarung **1031/5**
Formelle Beschwer siehe Beschwer
Formelle Rechtskraft **705/3**
- als Vollstreckungsvoraussetzung **704/3**
Formelle Unmittelbarkeit **355/1; 361/1; 371/2; 372/2; 375/1**
Formelle Voraussetzungen **694/2**
Formeller Beweiswert **298a/5**

2037

Förmlichkeiten **297/5**
Formstrenge **295/1**
Formular, Prozesskostenhilfe **117/10**
Fortbildung des Rechts, Revision **543/16**
Fortgesetzte Gütergemeinschaft **27/11**
Fortlaufende Bezüge
– Pfändung **832/1**
– Teilungsplan **874/1**
Fotografien **91/81**
Fotokopien **91/49, 82; 415/2**
Frachtführer **30/4**
Frachtvertrag **30/3**
Fragerecht der Parteien **397/1**
Frauenhaus **20/4**
Freiberufler **29c/11**
– Pfändungsschutz **811/7**
– Unpfändbarkeit der Vergütung **850/4**
Freibetrag **115/11**
– Beschäftigte **115/12**
– Ehegatte **115/13**
– Lebenspartner **115/13**
Freibeweis **285/8, 11; 418/3**
– Prozessvoraussetzungen **56/2**
– Revision **559/14**
Freie Berufe **21/9**
Freie Beweiswürdigung **294/1**
Freie Überzeugung **296a/7**
Freifläche **29a/6**
Freihandelsabkommen **vor 1025/9**
Freihändiger Verkauf, im Rahmen der Zwangsvollstreckung **825/1**
Fremdwährung, Streitwert **3/38**
Frist **255/1; 273/4; 283/8; 283a/11; 295/3; 296a/1**
– Abkürzung *siehe* Friständerung
– Beginn *siehe* Fristbeginn
– Begriff **221/2**
– Berechnung *siehe* Fristberechnung
– eigentliche **221/4**
– Einhaltung *siehe* Fristwahrung
– Ende *siehe* Fristende
– gesetzliche **221/5**
– Ladung *siehe* Ladungsfrist
– materielle **221/3**
– Notfrist *siehe* Notfrist
– prozessuale **221/3**
– richterliche **221/5**
– uneigentliche **221/4**
– Verlängerung *siehe* Friständerung
– Wahrung *siehe* Fristwahrung
– Wiedereinsetzung in den vorherigen Stand **234/2**
– Wochenfrist *siehe* Fristende
Fristablauf **296a/3**; *siehe auch* Fristende
Friständerung **224/1**
– Anhörung des Gegners **225/3**
– Antrag *siehe* Friständerungsantrag

– Bekanntmachung der Entscheidung **225/5**
– Berechnung **224/16**
– durch Parteivereinbarung **224/2**
– Entscheidung **224/15**
– erheblicher Grund **224/13**
– gerichtliche **224/7**
– gesetzliche Fristen **224/7**
– Inhalt der Entscheidung **225/6**
– mündliche Verhandlung **225/2**
– Prozessvergleich **224/3**
– Rechtsmittelbegründungsfristen **224/7**
– richterliche Fristen **224/7**
– Umfang **224/14**
– Verfahren **225/1**
– Widerrufsfrist **224/3**
– Zeitpunkt der Entscheidung **225/8**
– Zuständigkeit **225/4**
Friständerungsantrag **224/8**
– Antragsbefugnis **224/9**
– Form **224/10**
– Inhalt **224/11**
– Zeitpunkt der Antragstellung **224/12**
Fristbeginn **221/6**
– Nebenintervenient **221/11**
– Verkündung als Anknüpfungspunkt **221/8**
– Zustellung als Anknüpfungspunkt **221/9**
Fristbemessung **255/2**
Fristberechnung **222/2**
– Fristende *siehe* Fristende
– Ladung *siehe* Ladungsfrist
Fristen **272/11; 282/11, 19**
Fristende **222/5**
– Jahresfrist **222/6**
– Monatsfrist **222/6**
– Sonderfälle **222/8**
– Sonn- und Feiertage **222/9**
– Stundenfristen **222/13**
– Vergleichswiderrufsfrist **222/14**
– Wochenfrist **222/6**
Fristkürzung *siehe* Friständerung
Fristsetzung **259/10; 282/6; 296a/2**
Fristüberschreitungen **296a/5**
Fristverlängerung **255/2; 270/4**; *siehe auch* Friständerung
Fristversäumung **283/6; 296a/2** f., **10**
Fristwahrung
– Handlungsfrist **222/15**
– Zwischenfrist **222/16**
Früchte; *siehe auch* Wertberechnung
– Pfändbarkeit vor Trennung **810/1**
– Pfändung und Immobiliarbeschlagnahme **824/3**
– Verwertung im Zwangsvollstreckungsverfahren **824/1**
Früher erster Termin **272/2; 296a/2, 16**

Frühere Berufungsverfahren, Wiedereröffnung, Revision 563/5
Fürsorgepflicht
– gerichtliche Einl./27
– Grenzen Einl./27
Fußstapfentheorie *siehe* Berufung

G
Garanten 1029/11
Garantie des gesetzlichen Richters gem. Art. 101 Abs. 1 Satz 2 GG, Revision 547/4
Garantievertrag 23 GVG/12
Gaslieferungsvertrag 71 GVG/2
Gastwirt 32/11
GbR 1029/5, 9; 1031/10
Gebäudeeinsturz 26/6
Gebrauchsrecht 23/15
Gebühren 264/2; 270/1; 278a/4; 280/2
Gebührenstreitwert 2/6; 3/2
Gefährdungshaftung 21/12; 32/5 f.; 32a/12; 71 GVG/10
Gefahrübergang 292/5
Gefängnisverwaltung 21/8
Gegenabmahnung 93/19
Gegenbeweis 256/11; 291/1; 292/2; 294/1; 416/5; 417/2; 418/3; 445/2; 448/2
Gegendarstellung 32/8
– Zwangsvollstreckung 888/2
Gegenleistung 259/6
Gegenrechte 259/3
Gegenseitigkeitsverhältnis 259/4
Gegenstand 253/12
Gegenstandswert 2/1
Gegenvorstellung; *siehe auch* Sofortige Beschwerde
– Tatbestandsberichtigung 320/17
– Urteilsergänzung 321/2
Gegenwart 256/10
Gegenwärtiges Rechtsverhältnis 256/10
Gegenwert 259/7
Gegenzeugen 296a/7, 13
Gegner 296a/16
Geheimhaltung 299/11
Geheimhaltungspflicht, Durchbrechung im Zwangsvollstreckungsverfahren 840/1
Gehilfe 32/11
Gehör, rechtliches *siehe* Rechtliches Gehör
Gehörhilfen, Pfändungsschutz 811/14
Gehörsrüge 270/9
– NZB, Revision 544/33
Geistliche 385/6
Geld 259/11
– Verwertung in der Zwangsvollstreckung 815/1
Geldforderung 259/5
– Begriff in der Zwangsvollstreckung 829/1

Geldforderung, Pfändung 829/1
Geldschuld 29/55
Geltendmachung im Teilungsverfahren 878/6
Gemeinden, Zwangsvollstreckung 882a/2
Gemeindeverbände, Zwangsvollstreckung 882a/2
Gemeinschaftsbezogenheit 23 GVG/15 f.
Gemeinschaftseinrichtung *siehe* Ersatzzustellung
Gemeinschaftsverhältnis 29/6
Genehmigung 297/9
– ex-tunc-Wirkung bei vollmachtlosem Vertreter 89/12
– Prozessvollmacht für Genehmigung vollmachtloser Vertreter 82/7
– Rechtsmittelverzicht vollmachtloser Vertreter 89/11
– Verjährungshemmung bei vollmachtlosem Vertreter 89/12
– vollmachtloser Vertreter 89/11 f.
– Zulässigkeit Rechtsmittel vollmachtloser Vertreter 89/12
Generalklausel 259/1
Genossenschaft 22/2; 95 GVG/11
– Anteilspfändung 859/2
Genossenschaftsregister 98 GVG/2
Gepäckschaden 30/11
Gerichtlicher Vergleich, Vollstreckbarkeit 795b/1
Gerichtsbarkeit, ordentliche Einl./1
Gerichtsbekannt 291/5
Gerichtsbezirk vor 1–37/4
Gerichtsgebühren 264/2; 269/1; 280/2
Gerichtskosten vor 91–107/12
– Prozesskostenhilfe 122/3; 124/3
– Verfahren nach billigem Ermessen 495a/8
Gerichtskostenvorschuss
– demnächst 167/10
– Nichteinzahlung als erheblicher Grund für Terminsänderung *siehe* Erheblicher Grund
Gerichtskundigkeit
– Revision 559/12
Gerichtsstand 12/1; *siehe auch* Zuständigkeit, örtliche
– Ausschließlichkeit 802/1
– des Hauptprozesses 34/1
– einstweilige Verfügung 937/1
– Rechtsmissbrauch bei Wahl unter mehreren 35/1
– Verbrauch des Wahlrechts 35/3
– Wahlrecht
  – bei einstweiliger Verfügung 35/2
  – bei Klageerweiterung 35/3
  – bei Widerklage 35/2

2039

- im selbstständigen Beweisverfahren 35/2
- unter mehreren Gerichtsständen 35/1
- Widerruf der Wahl unter mehreren Gerichtsständen 35/3
Gerichtsstand des Hauptprozesses 34/1
- Arbeitsgerichtsbarkeit 34/1
- besonderer Gerichtsstand 34/1
- erstinstanzliches Gericht 34/1
- Familiengericht 34/1
- Kammer für Handelssachen 34/1
- örtliche Zuständigkeit 34/1
- Prozessbevollmächtigte 34/3
- Rechtsnachfolger 34/3
- sachliche Zuständigkeit 34/1
- Unterbevollmächtigte 34/3
- vereinbarte Gebühren 34/2
Gerichtsstand des Vermögens, Anerkennung ausländischer Urteile 328/30
Gerichtsstandsbestimmung 25/5
- Abänderungsklage 36/2
- Anhörung des Gegners 37/4
- Antragsberechtigung 37/1
- Antragsbindung 36/19; 37/1
- Antragsinhalt 37/3
- Antragsrücknahme 37/8
- Anwaltszwang 37/2
- ausschließliche Zuständigkeit/Gerichtsstand 36/3
- Auswahl des zuständigen Gerichts 36/19
- Begründetheit der Hauptsacheklage 36/13; 37/4
- Begründung der Entscheidung 37/4
- bei Ablehnung des gesamten Gerichts 36/10
- Bestimmung eines unbeteiligten Drittgerichts 36/25
- Bindungswirkung
  - Verweisung 36/23
  - Zuständigkeitsbestimmung 37/32
- dinglicher Gerichtsstand 36/20
- Divergenzvorlage 36/31
- Drittwiderklage 36/15
- Ehe- und Familienstreitsachen 36/2
- einstweiliger Rechtsschutz 36/2
- Entscheidung durch Beschluss 37/4
- Entscheidungsmöglichkeiten 37/5
- Ermittlungen im Bestimmungsverfahren 36/25 f.; 37/4
- Familiengericht in Abgrenzung zum gewöhnlichen Prozessgericht 36/4, 6
- Forderungspfändung 36/24
- Form des Antrags 37/3
- freiwillige Gerichtsbarkeit 36/2
- funktionelle Zuständigkeit 36/4
- gemeinsamer Gerichtsstand von Streitgenossen 36/17

- Gerichtsstandsvereinbarung 36/16
- Gerichtsvorlage 37/1
- Grundstück 36/20
- hypothetische BGH-Zuständigkeit 36/29
- Insolvenzverfahren 36/2
- internationale Zuständigkeit 36/16
- interne gerichtliche Entscheidungen/Verfügungen 36/23
- Kammer für Handelssachen 36/5, 16
- Kartellsenat 36/29
- Klägermehrheit 36/14
- Kosten 37/8
- Kostenentscheidung 37/8
- Kostenfestsetzungsverfahren 36/2
- Krankheit 36/10
- Mahnverfahren 36/2 ff.
- mehrere Streitgegenstände 36/11
- mündliche Verhandlung 37/4
- negativer Kompetenzkonflikt 36/22
- objektive Klagenhäufung 36/11
- örtliche Zuständigkeit 36/3
- Parteifähigkeit 37/2
- PKH-Verfahren 36/2, 24
- positiver Kompetenzkonflikt 36/21
- Prorogation 36/16, 19
- Prozessarten 36/2
- Prozessfähigkeit 37/2
- Prozesshandlungsvoraussetzungen 37/2
- Prozessurteil 36/23
- Prüfungsumfang im Bestimmungsverfahren 36/9; 37/2
- rechtliche oder tatsächliche Verhinderung des Gerichts 36/10
- Rechtsbehelfe gegen Gerichtsstandsbestimmung 37/6 f.
- Rechtsbeschwerde 37/7
- Rechtshängigkeit 36/8, 18, 21, 24, 32
- Rechtsmittelzuständigkeit 36/7, 29
- Rechtspflegervorlage 37/1
- Rechtswegbestimmung bei Streitgenossen 36/6
- Rechtswegzuständigkeit 36/6
- Reichweite Bindungswirkung Bestimmung 36/32
- Reichweite Bindungswirkung Verweisung 36/26
- Rückgabe an Ausgangsgericht 36/26
- sachliche Zuständigkeit 36/3, 16
- Schlüssigkeit 36/13; 37/4
- selbstständiges Beweisverfahren 36/2, 18, 24
- Spruchkörper desselben Gerichts 36/5
- Streit innerhalb einer Kammer/eines Senats 36/5
- Streit über Wirksamkeit Zurückverweisung durch das Rechtsmittelgericht 36/7

- Streitgenossenschaft 36/12
- ungewisse Grenzen des Gerichtsbezirks 36/11
- Ungewissheit über Lokalisierung zuständigkeitsbegründender Umstände 36/11
- Unterbrechung 36/8
- Unzuständigerklärung durch Prozessurteil 36/23
- Unzuständigkeitserklärung 36/23
- Verfahren 37/4
- Verjährungshemmung durch Antrag auf Bestimmung 36/32
- Vorlage durch ein Gericht 37/1
- Vorlage durch Rechtspfleger 37/1
- vorläufige Gerichtsstandsbestimmung 36/24
- Wirkung der Bestimmung 36/32
- Zeitraum zulässiger Gerichtsstandsbestimmung 36/8, 18, 21, 24
- Zulässigkeit der Hauptsacheklage 36/13; 37/4
- Zuständigkeit für Gerichtsstandsbestimmung 36/27
- Zwangsvollstreckung 36/2
- Zweck 36/1
- Zwischenurteil 36/21
Gerichtsstandsvereinbarung 29c/18; 30/14; 32b/3; 328/12
- Allgemeine Geschäftsbedingungen 38/11, 13
- Aufrechnungsverbot 38/34
- Ausdrücklichkeit 38/12
- Auslegung 38/33
- ausschließlicher Gerichtsstand 38/33
- besonderer Gerichtsstand 38/33
- Bestimmtheit/Bestimmbarkeit 38/6
- bestimmtes Rechtsverhältnis 40/2
- Beweislast 38/20
- Bindung von Dritten 38/35
- Darlegungs- und Beweislast 38/4
- Dauerschuldverhältnis 40/2
- deliktische Ansprüche 38/34
- Derogation 38/1
- Eindeutigkeit 38/33
- Erste Instanz 38/3
- Form 38/7 ff.
- Formanforderungen des Hauptvertrages 38/9
- freie Berufe 38/18
- funktionelle Zuständigkeit 38/6, 32
- Gerichtsstandsbestimmung 36/16
- Gerichtsstandsverbote 38/1; 40/1
- Geschäftsverteilung 38/6
- Gesellschafterhaftung 38/35
- Gesellschaftssatzung 40/2
- halbe Schriftlichkeit 38/11
- Insolvenzverwalter 38/18
- internationale Zuständigkeit 38/6

- juristische Personen des öffentlichen Rechts 38/21
- Kaufleute 38/10
- Kaufmann in Existenzgründung 38/17
- Mahnverfahren 38/14
- Mehrdeutigkeit 38/33
- nichtvermögensrechtliche Streitigkeit 40/3
- öffentlich-rechtliche Sondervermögen 38/21
- Orte mit mehreren Gerichten 38/33
- örtliche Zuständigkeit 38/6
- Perpetuatio Fori 38/14
- Postulationsbefugnis 38/5
- Prorogation 38/1
- Prorogationsbefugnis 38/8
  - Wegfall 38/17
- Prozessvertrag 38/5
- Rechtsmissbräuchlichkeit 38/7
- Rechtsnachfolger 38/8
- Rechtsnatur 38/5
- Rechtsvorgänger 38/8
- Rechtswahl 38/22
- Rechtsweg 38/6, 32
- rügeloses Verhandeln 38/1, 14; 39/1
- sachliche Zuständigkeit 38/6, 22, 32
- Säumnisverfahren 38/4, 20
- Schiedsvereinbarung 38/7
- Schriftform 38/11 f., 24, 28, 31
- schriftliche Bestätigung 38/11, 24
- Schriftwechsel 38/11
- selbstständiges Beweisverfahren 38/6
- unangemessene Benachteiligung 38/13
- Unwirksamkeit Hauptvertrag 38/7
- Verfahrensteile 38/6
- Wahl zwischen mehreren Gerichtsständen 38/33
- Wegfall der Prorogationsbefugnis 38/17
- Widerklagegerichtsstand, Abbedingung 38/34
- Wirkung 38/32 ff.
- Zeitpunkt 38/14, 17, 23, 29, 33
- Zulässigkeit 38/16
- Zustandekommen 38/7, 22
- Zuständigkeitsbestimmung 36/16, 19
Gerichtsstandswahl
- einstweilige Verfügung 35/2
- Klageerweiterung 35/3
- Rechtsmissbrauch 35/1
- selbstständiges Beweisverfahren 35/2
- Verbrauch des Wahlrechts 35/3
- Widerklage 35/2
- Widerruf der Gerichtsstandswahl 35/3
Gerichtsverwaltung 299/8
Gerichtsvollzieher
- als Besitzmittler 808/6
- mehrere 827/1
- Zustellung 168/4

2041

Gerichtsvollzieherprotokoll 418/2
Gerichtszweige 17 GVG/2
Gesamtgläubigerschaft 724/4
Gesamtgut, Pfändbarkeit 859/1
Gesamthandseigentümer, bei Drittwiderspruchsklage 771/5
Gesamthandsgläubigerschaft 724/4
Gesamtrechtsnachfolge, subjektive Rechtskraftwirkung 325/12
Gesamtschuldner 28/11; 29/13, 56
– streitgenössische Kostenhaftung 100/9
– Streitwert 3/39
Gesamtschuldnerausgleich 32/7
Gesamtschuldnerschaft, bei Rückgabe einer Sicherheitsleistung 715/3
Geschäftsbesorgung 29/44
Geschäftsbesorgungsvertrag 31/4
Geschäftsfähigkeit 418/2; 1029/5
Geschäftsführer 95 GVG/12
Geschäftsführung 28/7
– ohne Auftrag 32/8
Geschäftsgebühr 91/83
Geschäftsgeheimnis 357/7; 446/3
Geschäftsraum *siehe* Ersatzzustellung
Geschäftsreise 20/3
Geschäftsstelle 168/1; 298a/2; 299/6, 12
Geschäftsverteilungsplan, Revision 547/3 f.
Geschirrspülmaschine, Pfändbarkeit 811/3
Gesellschaft vor 1025/5; 1029/23; 1030/8; 1066/3
Gesellschaft bürgerlichen Rechts 22/3
– Kosten 91/84
Gesellschafterrechte, Unpfändbarkeit 851/2
Gesellschafterversammlung 1029/23
Gesellschaftsvertrag 1029/25
Gesetzesänderung 15a EGZPO/11
Gesetzgeber 295/1; 296a/1
Gesetzliche Pflicht zur eigenen Sachentscheidung, Revision 563/11
Gesetzliche Unterhaltsansprüche, vereinfachte Zwangsvollstreckung 850d/1
Gesetzliche Unterhaltszahlungen, Unpfändbarkeit 850b/4
Gesetzliche Vertretung
– Ausländische Partei 55/1
– Bedeutung 51/2
– Bevollmächtigung durch volljährigen Prozessunfähigen 51/11
– Europäische Wirtschaftliche Interessenvereinigung (EWIV) 51/6
– gerichtliche Prüfung und Beweiserhebung 56/1
– Gesellschaft bürgerlichen Rechts 51/6
– GmbH & Co. KG 51/6
– juristische Personen
– des öffentlichen Rechts 51/5
– des Privatrechts 51/4

– natürliche Personen 51/3
– Offene Handelsgesellschaft, Kommanditgesellschaft 51/6
– Partnerschaft 51/6
– Personengesellschaften 51/6
– rechtliche Wirkungen 51/9
– Verschuldenszurechnung 51/10
– Voraussetzungen und Umfang 51/8
– Wohnungseigentümergemeinschaft 51/6
Gesetzlicher Richter 295/9; 309/1; 17a GVG/8; 96 GVG/1; 102 GVG/4
Gestaltungsklage Einl./25; 254/10
Gestaltungsrecht
– Pfändbarkeit 851/2
– Rechtskraft 322/13
Gestaltungsurteil 300/3
– Abänderungsverfahren 323/2
– Rechtskraft 322/23
Geständnis 290/1; 291/3
Geständnisfiktion 331/8
– amtsgerichtliches Verfahren 510/1, 3
Gesundheitsgefährdung, als Hafthinderung 802h/3
Getrennte Erzeugnisse, Zwangsvollstreckung 865/2
Gewahrsam, als Pfändungsvoraussetzung 808/3
Gewährung rechtlichen Gehörs, Sicherung einer einheitlichen Rechtsprechung, Revision 543/25
Gewalt, durch Gerichtsvollzieher 758/7
Gewaltenteilung 296a/10
Gewaltschutzgesetz, Zwangsvollstreckung 890/1
Gewaltschutzsachen, Streitwert 3/40
Gewerbe 21/9
Gewerbemiete 283a/3
Gewerberegister 21/3
Gewerbetreibende, Pfändungsschutz 811/7
Gewinnzusage 29/14, 57; 29c/10; 32/8
Gewohnheitsrecht 290/4; 293/1, 4
– Revision 560/6
Glaubhaftigkeit 286/6
Glaubhaftmachung 283a/8; 294/1; 296a/20
– der Vollstreckungsgefährdung 917/8
– des Wertes der Beschwer, NZB, Revision 544/12
– erheblicher Grund für Terminsänderung *siehe* Erheblicher Grund
– Terminsänderung *siehe* Erheblicher Grund
Gläubiger 255/1; 256/1; 292/4
– Schwurpflicht 478/1
Gläubigeranfechtungsklage 24/8
Gläubigerstreit
– Anwaltszwang für Eintritt des Dritten 75/7

Stichwortverzeichnis

- Begriffe **75**/2
- Bindung an bisherige Prozessergebnisse **75**/9
- Eintritt des Dritten **75**/7
- Entlassung durch Endurteil **75**/10
- Entlassungsantrag **75**/8
- Erstprätendent **75**/2
- Feststellungsinteresse für Feststellungsklage **75**/3
- Feststellungsklage **75**/3 f.
- Forderungsidentität **75**/5
- Fortsetzung Rechtsstreit **75**/9
- Hauptintervention **75**/1, 7
- Hinterlegung unter Rücknahmeverzicht **75**/8
- Klageantragsänderung **75**/11
- Kosten **75**/13
- Leistungsklage **75**/4
- Prätendenten **75**/2
- Prätendentenstreit **75**/9
- Streitverkündung **75**/6
- Teilentlassung **75**/8
- Teilhinterlegung **75**/8
- Urbeklagter **75**/2
- Urkläger **75**/2
- vorweggenommener Prätendentenstreit **75**/3
- Wirkungen **75**/9 ff.
- Zurückweisung Eintritt durch Zwischenurteil **75**/10
- Zweitprätendent **75**/2

Glaubwürdigkeit **286**/3, 6; **355**/1; **377**/6; **395**/1; **398**/3
Gleichbehandlungsgrundsatz **272**/12
Grauer Kapitalmarkt **32b**/11
Grenzanlage **26**/6
Grenzen der Ermessensausübung, Revision **546**/17
Grenzen der Überprüfung tatrichterlichen Ermessens, Revision **546**/17
Grenzscheidungsklage **24**/15
Grenzüberschreitende Prozesskostenhilfe **114**/18
Grobe Nachlässigkeit **296a**/1, 18, 25
Grobe Rechtsanwendungsfehler, Sicherung einer einheitlichen Rechtsprechung, Revision **543**/33
Grund **253**/13
Grundbuch **292**/4
Grundbuchberichtigung **24**/7, 13
- Anspruch **25**/8
Grundbucheintragung **266**/4
Grunddienstbarkeit **7**/1; **24**/3; **266**/9
- Streitwert **3**/41
Grundlagen der Beweiswürdigung
- Revision **546**/8
Grundpfandrechte **7**/2; **25**/7

Grundsatz
- der freien Beweiswürdigung gem. § 286 ZPO, Revision **546**/13
- der Meistbegünstigung **vor 511–577**/36
- der Mündlichkeit **128**/1
- der Unterliegenshaftung **vor 91–107**/5
- einheitlicher Kostenentscheidung **vor 91–107**/9

Grundsatzbedeutung, NZB, Revision **544**/20
Grundsätzliche Bedeutung **543**/10
- der Rechtssache **543**/14
- Revision **543**/14 f.
- Revision **543**/10
Grundschuld **23**/9; **24**/5; **25**/7; **259**/7; **266**/9
Grundschuldbrief **23**/10
Grundsteuer **26**/6
Grundstück **259**/8
- Begriff in der Zwangsvollstreckung **864**/2
Grundstücksscheinbestandteil
- Zwangsvollstreckung **864**/2
Grundstücksgleiche Rechte **24**/4
- Zwangsvollstreckung **864**/3
Grundstücksgrenze **15a EGZPO**/5
Grundstückszubehör, Zwangsvollstreckung **864**/2
Grundurteil **260**/9; **296a**/9; **304**/1
- Berufung, Kosten **97**/5
Gutachten **285**/14; **291**/5; **293**/1, 6; **296a**/7
Güteantrag **15a EGZPO**/2
Güterbeförderung **30**/3
Gütergemeinschaft **31**/4
- beendete **743**/1; **744**/1
- bei Drittwiderspruchsklage **774**/3
- im Vollstreckungsrecht **740**/2; **741**/1; **742**/2
Güterichter **278a**/1
- Prozesskostenhilfe **114**/3
Güterichterverfahren **91**/86
Güterichter **278a**/14
Gütestelle
- Entbehrlichkeit wegen Mahnantrag **vor 688–703d**/1
Gütestellen **vor 1025**/4
Gütestellenvergleich, Vollstreckbarkeit **797a**/1
Güteverfahren **91**/10, 46, 87
Güteverhandlung **272**/2; **361**/2; **101 GVG**/3
Gutgläubiger Erwerb **266**/13

H

Haager Übereinkommen **363**/1
Haft **20**/4
Haftbefehl, Unzulässigkeit der Vollstreckung **802h**/1

2043

Haftentlassung, nach Abgabe der Vermögensauskunft **802i**/5
Haftfähigkeit, Irrelevanz für Erlass eines Haftbefehls **802g**/4
Haftpflichtversicherung, Pfändbarkeit der Ansprüche **851**/2
Handelsbrauch **29**/30; **290**/4
Handelsfirma **95 GVG**/13
Handelsgeschäft **95 GVG**/9; **102 GVG**/6
Handelsregister **21**/3; **95 GVG**/8; **98 GVG**/2
Handelsrichter **402**/1
Handelssache **95 GVG**/2
Handelsvertretervertrag **29**/58
Handlung, Klage auf Vornahme im amtsgerichtlichen Verfahren **510b**/2
Handlungsfrist, Einhaltung siehe Fristwahrung
Handlungsort **32**/12; **32b**/25
Handwerker **29c**/11
– Pfändungsschutz **811**/7
Handwerkskammer **15a EGZPO**/14
Handzeichen **416**/3; **440**/1
Haupt- und Hilfsbegründung **17 GVG**/5
Hauptintervention **266**/6
– Anhängigkeit Hauptprozess **65**/5
– Arrest **65**/5
– Aussetzung
  – Hauptprozess **65**/12
  – Interventionsprozess **65**/12
– Eigenständigkeit Interventionsprozess **65**/10
– Einmischungsklage **65**/1
– einstweilige Verfügung **65**/5
– Gläubigerstreit **75**/7
– Hauptprozess **65**/1
– Interventionsgrund **65**/7
– Interventionsprozess **65**/1
– Kosten **65**/13
– Mahnverfahren **65**/5
– örtliche Zuständigkeit **65**/8
– Prozessvollmacht **65**/1; **82**/8
– Rechtshängigkeit Hauptprozess **65**/5
– sachliche Zuständigkeit **65**/8
– Schlüssigkeit des Interventionsgrundes **65**/7
– Veräußerung der streitbefangenen Sache **65**/2
– Verbindung von Haupt- und Interventionsprozess **65**/1
– Verweisung der Prozesse **65**/8
– Wirkungen **65**/10 f.
– Zuständigkeit, ausschließliche **65**/8
– Zustellung an Prozessbevollmächtigte des Hauptprozesses **65**/9
Hausrat
– Pfändbarkeit **812**/1
Haustiere, Unpfändbarkeit **811c**/1

Haustürgeschäfte **29c**/1
Hebegebühr **91**/89
Heilung **253**/8; **269**/7; **273**/15; **274**/5; **276**/7; **277**/7; **295**/1; **297**/5; **298a**/5
– einer Vollstreckungsmaßnahme **766**/10
Heimunterbringung **20**/4
Heimvertrag **29a**/8; **23 GVG**/9
Hemmung **254**/1; **256**/6; **262**/15
– der Verjährung **15a EGZPO**/2; **17b GVG**/3
Herausgabe **24**/7; **254**/1; **299**/6, 13
– Begriff in der Zwangsvollstreckung **883**/3
Herausgabeanspruch, Pfändung **829**/1
Herausgabeberechtigter, bei Drittwiderspruchsklage **771**/5
Herausgabeklage **254**/8
Herausgabepflicht **256**/16
Herausgabetitel, Vollstreckbarkeit **704**/7
Hilfsanspruch **254**/1
Hilfsantrag **253**/14; **260**/1; **262**/15; **264**/6
Hilfsaufrechnung **259**/15
Hilfsgerichtsstand **16**/1
Hilfstatsachen **285**/4
Hilfsverweisungsantrag **vor 1–37**/16
Hilfsweise **256**/18
– erklärtes Anerkenntnis **307**/2
Hinterbliebenenleistung, Unpfändbarkeit **850a**/9
Hinterlegung **23**/16; **91**/91; **264**/23; **283a**/2
– einer Sicherheitsleistung
  – bei der einstweiligen Verfügung **939**/1
– für Abwendungsbefugnis **711**/2
– in der Zwangsvollstreckung **853**/2; **854**/1; **855**/1; **856**/1; **872**/3
– Kosten **4**/15
– Zuständigkeit bei Zwangsvollstreckung **853**/3
Hinweis **271**/7; **273**/4; **276**/1; **281**/4; **282**/6; **283**/9; **286**/7; **291**/6; **295**/4; **296a**/1; **23 GVG**/4
– Sicherung einer einheitlichen Rechtsprechung, Revision **543**/26
Hinweispflicht, amtsgerichtliches Verfahren **504**/1
Hirntod **27**/3
Hochschullehrer **91**/92
Höchstpersönliche Dienstleistungen, Unpfändbarkeit **851**/2
Höchstpersönliche Gegenstände, Pfändungsschutz **811**/13
Honorar
– Arzt **29**/34
– Steuerberater **29**/34
Honorarkonsul **15**/2
Honorarvereinbarung **91**/93
Hotelanlage **29**/68
Hotelzimmer **29a**/12

Hypothek 24/5; 25/7; 259/7; 266/9
– Pfändung 830/1
– Verwertung 837/1
– Zwangsvollstreckung 865/1
Hypothekenbrief 292/4
HZÜ 328/19

I
Identität 262/9
IHK 15a EGZPO/14
Immaterialgüterrechte 23/9, 15
– Pfändung 857/4
Immobiliarvollstreckung 864/1
– Vollstreckungsbeschränkung 765a/11
Immobiliarzwangsvollstreckung, Wahlrecht des Gläubigers 866/1
Immobiliendarlehensvertrag, Ausschuss des Mahnverfahrens 688/3
Immunität 24/2; 1061/22
Immunitätsträger *siehe* Zustellung im Ausland
Indiz 290/2, 6
Indizienbeweis 285/4
– Revision 546/10
Indizwirkung 286/3
Indossable Papiere, Pfändung 831/1
Industrie- und Handelskammer 273/6
– Berechtigung zur Beziehung von Abdrucken des Schuldnerverzeichnisses 882g/2
Informationelle Selbstbestimmung 299/9
Informationsrecht 254/8
Informatorische
– Anhörung 445/1; 448/4
– Besichtigung 371/2
Informierter und bevollmächtigter Vertreter 141/10
Inhaber 21/14; 32a/14; 298a/4
Inhaberpapiere 23/15
Inhaberschuldverschreibung 29/9
Inhaltliche Richtigkeit 298a/6
Inkassoermächtigung 79/5
Inkassokosten 91/94
Inkassozession 79/5
Inlandsbezug 23/19
Innerprozessuale Bedingungen 253/14; 260/9
Innung 15a EGZPO/14
Insichprozess 50/1
Insolvenz 283a/8; 287/8; 291/5; 1029/10
– Unzulässigkeit einer Haftvollstreckung 802h/1
Insolvenzanfechtung 29a/8; 1030/9; 1060/7; 71 GVG/14; 95 GVG/9
Insolvenzgericht 23 GVG/1
Insolvenzplan, Vollstreckbarkeit 794/11
Insolvenzrecht 299/3
Insolvenztabelle 15a EGZPO/4

Insolvenzverfahren 19a/2; 1029/15; 1030/9
Insolvenzverwalter 256/5; 1029/6; 95 GVG/7
Instanzenzug 295/9; 1054/1; 1059/14; 1061/11
– Begrenzung 542/5
– im Wiederaufnahmeverfahren 591/1
Instanzvertreter 82/4, 7
Interesse 264/28
Interessenlage 253/14
Internationales Privatrecht 293/3
Internet 29/59; 15a EGZPO/6
Internet-Anschluss 29/60
Internetdelikte 32/14; 32/16
Internetrecherchen 291/4
Internetversteigerung, im Rahmen der Zwangsvollstreckung 816/1; 825/1
Interventionswirkung 299/9;
siehe auch Nebeninterventionswirkung
Inzidentprüfung des Revisionsgerichts, Revision 557/6
Irrevisibles Recht, Nachprüfung, Revision 560/5
Irrtum 254/9; 290/10 f., 13; 296a/2
Isolierte Auskunftsklage 254/11
iudex ad quem, NZB, Revision 544/13

J
Jagdrecht 24/4
Jagdschaden 26/9
Jahresfrist *siehe* Fristende
joint venture 1029/5
Juristische Person 253/10
– allgemeine Interessen 116/11
– Begriff 116/8
– des öffentlichen Rechts 98 GVG/2
– Besonderheiten in der Zwangsvollstreckung 882a/1
– eines ausländischen Staates, Zwangsvollstreckung 882a/2
– Vermögenslosigkeit 116/10
Justizielle Zusammenarbeit in der europäischen Union **vor 1067–1117/1**
Justizverwaltung 299a/2, 5
Justizverwaltungsangelegenheiten, Kosten **vor 114–127/3**
Justizvollzugsanstalt 20/4

K
Kahlpfändung, Unzulässigkeit 811/1
Kalender 291/4
Kalendertag 259/10
Kammer für Baulandsachen 71 GVG/2
Kammer für Handelssachen 253/11; 260/11; 277/5; 280/4; 281/3; 95 GVG/1; 97 GVG/2; 98 GVG/1; 99 GVG/1
– besonderer Gerichtsstand des Hauptprozesses 34/1

2045

Kanzlei 22/3
Kapital-Anlegermusterverfahren 32b/1
Kapitalanleger-Musterverfahrensgesetz 325a/1
Kapitalhandelsgesellschaft 95 GVG/11
Kapitallebensversicherungen
- Pfändbarkeit 850/5
- Unpfändbarkeit 851c/1
Kapitalmarktinformation 32b/7; 71 GVG/11
KapMuG 32b/1; 71 GVG/11
Karenzzeit, Unpfändbarkeit der Entschädigung 850/5
Kaufmann 30/14; 95 GVG/6 f.; 97 GVG/5; 100 GVG/2
Kaufmännisches Bestätigungsschreiben 29/27
Kaufvertrag 29/61
Kausalität 287/4; 296a/10, 26
Kenntnis 290/6; 291/4; 293/1; 299/13
Kerntheorie 253/14
KFZ-Haftpflichtversicherer 21/7; 15a EGZPO/10
Kilometergeld, Unpfändbarkeit 850a/5
Kindergeld 115/14
- Pfändungsschutz 811/10
Kirchliche Bücher, Pfändungsschutz 811/12
Klage 260/12; 296a/4; 856/1
Klageabweisung 254/5; 256/18; 270/3; 297/1
- Abänderungsverfahren 323/6
- Rechtskraft 322/18
Klageänderung 254/4; 256/4; 260/1; 262/5; 264/1 ff.; 267/1; 268/2 f.; 270/3; 274/6; 15a EGZPO/13; 99 GVG/2
- im Berufungsverfahren 533/3
Klageantrag Einl./23
- Auslegung Einl./27
Klagebeschränkung 264/21
Klageerhebung 253/7
Klageerweiterung 256/4; 262/5; 264/21; 270/3; 283a/4; 285/11; 15a EGZPO/10, 13
Klageerwiderung 276/13; 282/19; 296a/5; 358a/2; 101 GVG/2, 4
Klageerwiderungsfrist 101 GVG/4
Klagegrund 253/13
Klagehäufung 29/4; 254/3; 262/5
- Klage auf Vornahme einer Handlung im amtsgerichtlichen Verfahren 510b/4
Klagemotivation 253/7
Klagerecht 50/1
Klagerücknahme 262/6; 269/1; 270/3; 290/10; 297/6
- Kosten 91/96
- Verfahren nach billigem Ermessen 495a/8
- Wiederaufnahmeverfahren 585/2

Klageschrift 253/7; 262/4; 96 GVG/3
Klagezustellung, amtsgerichtliches Verfahren 498/1; 499/2
Klärungsbedürftigkeit
- NZB, Revision 544/20
Kommanditgesellschaft
- Anteilspfändung 859/2
Kommissarischer Richter
- Befugnisse 227/1
- Begriff 227/1
- Rechtsmittel gegen Entscheidungen des 229/2
Kompetenz-Kompetenz 1029/24; 1032/1; 1040/2
Konkludenter Antrag auf Verlängerung der Revisionsbegründungsfrist
- NZB, Revision 544/18
Konkretisierung 253/13; 254/1
Konnexität *siehe* Widerklage
Konsularbeamte 415/3
Konto des Schuldners
- Unpfändbarkeit 850l/1
Kontoguthaben
- Pfändung 833a/1
Kontradiktatorisches Gegenteil 322/5
Kontradiktatorisches Urteil 300/2
Kontrahierungszwang 29/7; 78c/1
Konzern 1029/12
Konzernhaftung 32/7
Kopierkosten 299/7
Körperliche oder geistige Gebrechen des Richters
- Revision 547/6
Körperliche Sachen
- Pfändbarkeit 808/2
Körperliche Untersuchung 357/5
Körperschaft 95 GVG/7
Körperschaft des öffentlichen Rechts
- Zwangsvollstreckung 882a/2
Kosten 269/11; *siehe auch* Wertberechnung
- allgemeiner Prozessaufwand 91/15, 55
- Anwalt in eigener Sache 91/56
- Anwaltswechsel 91/57
- Baumbach'sche Formel 100/14, 17
- bei Säumnis 95/1
- bei übergegangenem Anspruch 94/1
- bei Verschulden 95/1
- der Zwangsvollstreckung 788/1
- des Anwalts in eigener Sache 91/45
- des Rechtsanwalts 91/23
- des Rechtsstreits
  - bei vollmachtlosem Vertreter 89/13
  - Veranlassungsprinzip 89/13, 23
- des Terminvertreters 91/39
- des Unterbevollmächtigten 91/39
- des Verkehrsanwalts 91/39

- erfolgloser Angriffs- oder Verteidigungsmittel **96**/1
- ex ante Betrachtung **91**/13
- mehrerer Anwälte **91**/37
- mehrerer parallel tätiger Anwälte **91**/38
- Mehrheitskonstellation **91**/16
- Mehrheitskonstellationen **104**/20
- nach Anwaltswechsel **91**/40
- nicht notwendige **788**/2
- notwendige **788**/2
- Notwendigkeit **91**/12; **104**/34
- Prozessbezogenheit **91**/9
- Quotelung **106**/2
- Rückfestsetzung **91**/48
- Umsatzsteuer **104**/12
- Wiedereinsetzungsverfahren **238**/11

Kostenaufhebung **92**/3; **92**/7
Kosteneinheit **vor 91–107**/9
Kostenentscheidung **255**/1; **925**/5
- Anfechtung **99**/1
- Urteilsergänzung **321**/2
- Verbot der isolierten Anfechtung **99**/1

Kostenerstattung, Prozesskostenhilfe **124**/1
Kostenerstattungsanspruch **23**/11
- Erfüllung **104**/26
- Konkurrenzverhältnis **vor 91–107**/18
- materiell-rechtlicher **vor 91–107**/16; **104**/26
- prozessualer **vor 91–107**/15
  - Verjährung **91**/144

Kostenfestsetzungsbeschluss **104**/43
- Änderung des Streitwerts **107**/1
- Änderungsbeschluss **107**/5
- Anfechtung **104**/51
- Begründung **104**/45
- bei Kostenquotelung **106**/6
- Berichtigung **104**/49
- Beschwerdeverfahren **104**/60
- elektronische Signatur **105**/9
- Ergänzung **104**/50
- Erinnerung **104**/67
- Form **104**/44
- Gang des Erinnerungsverfahrens **104**/72
- Inhalt **104**/44
- Nichtabhilfebeschluss **104**/61
- Rechtsbehelf **104**/51
- Rechtsbehelfsbelehrung **104**/48
- Rechtsbeschwerde **104**/66
- Rechtskraft **103**/21; **104**/77
- sofortige Beschwerde **104**/53
- vereinfachter **105**/1
- Vollstreckbarkeit **103**/11; **104**/41; **704**/5; **794**/3; **795a**/1; **798**/1
- Zustellung **104**/46

Kostenfestsetzungsverfahren **4**/16; **298a**/6
- Abtretung **104**/25
- Akzessorietät **103**/8
- allgemein **103**/1; **104**/1
- Antrag **103**/14
- Antragsbefugnis **103**/16
- Antragsgrundsatz **104**/22
- Anwaltswechsel **104**/25
- Aufrechnung **104**/25
- Auslagen für Post- und Telekommunikationsdienstleistungen **104**/11
- Aussetzung **103**/9
- Austausch von Kostenpositionen **104**/22
- Belege **103**/23
- Beweismaß **104**/8
- Bindung an Kostengrundentscheidung **104**/17
- Bindung an Streitwertfestsetzung **104**/21
- Darlegungs- und Beweislast **104**/7
- Dispositionsgrundsatz **104**/7
- Entbehrlichkeit eines Festsetzungsantrags **105**/13
- Frist **103**/19
- Gebühren **104**/78
- Glaubhaftmachung **104**/8
- Hinweispflicht **104**/5
- Kostenberechnung **103**/22
- Kostenfestsetzungsbeschluss **104**/43
- materiell-rechtliche Einwendungen **104**/24
- Nachfestsetzungsverfahren **103**/25
- Prüfung durch den Rechtspfleger **104**/29
- rechtliches Gehör **104**/3
- Rechtsmissbrauch **104**/26
- Rechtsnachfolge **103**/17
- Rechtsschutzbedürfnis **103**/20
- Rücknahme **103**/24
- Titel **103**/4
- Umsatzsteuer **104**/12
- Unterbrechung **103**/9
- Verteilung nach Quoten **106**/1
- Vertretung **103**/18
- Verwirkung **103**/19; **104**/27
- Zinsen **104**/36
- Zinsschaden **104**/39
- Zuständigkeit **103**/13; **104**/2

Kostengerechtigkeit **vor 91–107**/7
Kostengrundentscheidung **vor 91–107**/22
- Auslegung **vor 91–107**/22; **104**/18
- Bindungswirkung **vor 91–107**/22; **104**/17

Kostenhaftung
- Antragsprinzip **vor 91–107**/3
- nach Kopfteilen **100**/3
- Nebenintervention **101**/1
- System **vor 91–107**/1

Kostenpflicht **927**/9
Kostenteilung **92**/3; **92**/11

2047

Kostentrennung vor 91–107/9; 94/1; 95/1; 96/1; 97/1; 106/3
Kostenvorschuss 264/6
Kraftfahrzeughalter 71 GVG/10
Krankenbehandlung 28/5
Krankenhaus 29c/15
Krankenhausaufenthalt 20/4
Krankheit 294/5
Kreditinstitut 21/7
– ausländisches 21/7
Krieg 244/1
Küchenherd
– Unpfändbarkeit 811/3
Kulturelle Einrichtungen 23/7
Kumulative Klagehäufung 260/5
Kündigung 256/9 f.; 1029/4; 1030/7; 1032/10; 1059/4
Künftige Leistung 259/1
Kunstauktionskauf 29/61
Künstler, Pfändungsschutz 811/7

L
Ladengeschäft des täglichen Lebens 29/35
Ladung 270/6; 279/2
– amtsgerichtliches Verfahren 497/1 f.
– Aufforderung zur Bestellung eines Rechtsanwalts 215/6
– Begriff 214/3
– Belehrung über Säumnisfolgen 215/3
– Bundeswehr 214/12
– Entbehrlichkeit 218/1
– Form 214/5
– Frist siehe Ladungsfrist
– Heilung 214/11
– Inhalt 214/8
– Mängel 214/10
– mündliche Verhandlung 215/1
– NATO-Truppenangehörige 214/13
– Verkündung der Terminsbestimmung 218/3
– von Amts wegen 214/4
– Zustellung 214/5
Ladungsfähige Anschrift 253/10; 296a/8
Ladungsfrist 217/1; 295/7; 377/5; 380/2
– Abkürzung 217/2
– Aufnahme nach Unterbrechung 217/3
– Berechnung 217/4
– Dauer 217/2
– Entbehrlichkeit der Einhaltung 218/4
– Heilung 217/6
– Nichteinhaltung als erheblicher Grund für Terminsänderung siehe Erheblicher Grund
– Scheckprozess 217/3
– Verlängerung (keine) 217/2
– Wechselprozess 217/3
Laienhaften Parallelwertung 290/4

Landbeschaffungsgesetz 26/11
Landesärztekammer 404/2
Landesjustizverwaltung 71 GVG/15
Landesregierung 71 GVG/15
Landgericht 23 GVG/1; 71 GVG/1
Landkarten 291/4
Landwirte, Pfändungsschutz 811/5; 851a/1
Landwirtschaft 21/10
Laudatio Auctoris siehe Urheberbenennung
Lautere Motive 253/7
Lebenspartnerschaft, im Vollstreckungsrecht 739/1
Lebenspartnerschaftsstreit siehe Aussetzung
Lebenssachverhalt 253/13; 260/4; 264/5; 290/9; 293/4
– klagebegründender Einl./29
– neuer Einl./31
Legalisation 438/1
Leibgedinge 23 GVG/19
Leihe 8/4; 29/62
Leistung 259/2
– des Schuldners an den Gerichtsvollzieher 754/2
Leistungsklage Einl./25; 23/14; 24/6; 29/21; 29c/8; 32/9; 32a/12; 259/1; 262/11
– Abänderungsverfahren 323/2
– bei Verweigerung von Auskünften durch Drittschuldner 840/2
– Streitwert 3/46
Leistungsort 29/27
Leistungsurteil 300/3
– Abänderungsverfahren 323/4
– Vollstreckbarkeit 704/5
Leistungsverfügung 938/4
Leistungsverweigerungsrecht 259/3
letter of intent 1029/7
Letztwillige Verfügung 1029/14; 1031/2; 1066/2
lex mercatoria 1051/9
Lichtverhältnisse 291/4
Liquidationsgesellschaft siehe Abwicklungsgesellschaft
Löschung 292/4
– im Handelsregister 239/5
Löschungsbewilligung 259/7
Loyalitätspflicht 1029/28
Luftfahrzeuge 266/12
Luftgast 29/66
Lugano-Übereinkommen 256/5
LugÜ II 20/7; 21/18; 22/18; 23/20; 25/11; 26/13; 27/13; 28/13; 29/38; 29a/14; 29c/20; 30/15; 30a/10; 31/7; 32/17; 32a/18; 32b/25

M
Machtbereich 253/20
Mahnbescheid 262/15 f.; 269/4; 272/7; 296a/5
– Erlass nach Zulässigkeitsprüfung 692/1

Stichwortverzeichnis

- Rechtsbehelf **694**/1
- teilweiser Widerspruch **694**/6
- Wegfall der Wirkung bei Zurückweisung des Antrages auf Erlass eines Vollstreckungsbescheides **701**/2
- Widerspruch **694**/2; **695**/1
- Widerspruchsfrist **694**/4

Mahnschreiben **4**/15; **91**/101

Mahnverfahren **21**/1; **29a**/11; **29c**/16; **256**/15; **262**/2; **269**/4; **274**/5; **276**/3; **281**/3; **15a EGZPO**/8; **17 GVG**/2; **23 GVG**/3; **96 GVG**/5
- Abgabeverfügung **696**/7 f.
- Antrag auf Durchführung des streitigen Verfahren **696**/2
- Antrag auf Durchführung des streitigen Verfahrens **696**/9 ff.
- Antrag auf Terminsbestimmung durch Antragsgegner **697**/6
- Ausnahmen wegen Verbraucherschutz **688**/3
- Ausschluss bei öffentlicher Zustellung **688**/5
- Ausschlussfrist **701**/1
- automatisches streitiges Verfahren bei Widerspruch **696**/3
- Beiordnung **121**/5
- Besonderheiten bei Anwaltsprozess **697**/4
- Besonderheiten im Urkunden-, Wechsel- und Scheckmahnverfahren **703a**/1
- Bevollmächtigung **703**/3
- Entfall der verjährungshemmenden Wirkung **696**/4
- Erfüllung Zug um Zug **688**/4
- Erledigterklärung als nicht ausreichender Antrag auf Überleitung in das streitige Verfahren **696**/1
- Europäisches Mahnverfahren *siehe* Europäisches Mahnverfahren
- Fälligkeit des Anspruches **688**/2
- Finanzierungshilfe **688**/3
- formelle Vorschriften für Anträge und Erklärungen **702**/1
- Fremdwährung **688**/2
- funktionelle Zuständigkeit **689**/3
- Gehör vor Zurückweisung **691**/3
- Gerichtsgebühren **vor 688–703d**/6
- Gewillkürter Gerichtsstand **696**/5
- Hinweispflicht bei Unzuständigkeit **689**/5
- Immobiliendarlehensvertrag **688**/3
- Kosten **91**/10, 102
- maschinelle Bearbeitung **689**/4
- Nachteile bei Widerspruch **vor 688–703d**/1
- Notwendigkeit der allgemeinen Prozessvoraussetzungen **688**/1
- örtliche Zuständigkeit **689**/2
- bei ausländischem Schuldner **703d**/1
- Präklusion der Anspruchsbegründung **697**/6
- Prozesskostenhilfeantrag als Antrag auf Überleitung in das streitige Verfahren **696**/1
- Rechtsanwaltsvergütung **vor 688–703**/7
- Rechtsbehelf **694**/1
- Rechtsfolgen bei fehlender Bevollmächtigung **703**/1
- Rechtsfolgen der Unzuständigkeit **689**/5
- Rechtshängigkeit **vor 688–703d**/2
- Rücknahme des Widerspruchs **697**/7 f.
- sachliche Zuständigkeit **689**/1
- Schuldnermehrheit **vor 688–703d**/4
- Sonderregelung
  - im Arbeitsrecht **697**/1
  - im Sozialrecht **697**/1
- Sondervorschriften **vor 688–703d**/5
- Stillstand wegen fehlender Begründung **697**/3
- streitiges Verfahren **696**/1, 6; **697**/2
- Streitwertgrenze **688**/2
- teilweise Unzulässigkeit des Antrages **691**/1
- Verbraucherdarlehensvertrag **688**/3
- Verfahrensstillstand **696**/4
- Verjährungshemmung **vor 688–703d**/3; **693**/2
- Verweisung auf Begründung durch den Rechtsanwalt **697**/4
- Vollmacht **703**/1
- Vordruck **703**/1
  - für den Widerspruch **703**/2
- Vordrucke **vor 688–703d**/4
- Vorteile **vor 688–703d**/1
- Wegfall der Wirkung des Mahnbescheides nach sechs Monaten **699**/3
- Widerspruchsfrist **692**/5
- Zeitpunkt der Rechtshängigkeit **696**/8
- Zulässigkeit
  - einer Klageänderung **697**/2
  - einer Klageerweiterung **697**/2
- Zuständigkeit des Urkundsbeamten für die Entgegennahme von Anträgen und Erklärungen **702**/2
- Zustellung als Wirsamkeitsvoraussetzung **693**/1
- Zustellung im Ausland **688**/6

Makler **1029**/11

Mängel **262**/2; **271**/4; **292**/5; **295**/1; **297**/5

Mängelbeseitigung **9**/2

Mängelgewährleistung, bei Zwangsvollstreckungsverwertung **806**/1

Mangelnde Vorbereitung **227**/22
- Anwaltswechsel **227**/23
- kurfristige Akteneinsicht **227**/24

2049

- kurzfristige Entscheidung über Prozesskostenhilfe **227**/26
- kurzfristiger Schriftsatz **227**/25
- kurzfristiges Sachverständigengutachten **227**/25

Mängelrechte, bei Austauschpfändung **811a**/6

Mangels Wiedergabe der tatsächlichen Feststellungen, Sicherung einer einheitlichen Rechtsprechung, Revision **543**/31

Mankogeld, Unpfändbarkeit **850a**/5

Markenrecht **23**/15

Markenregister **291**/4

Markt **21**/3

Massenvereine, überregionale **22**/4

Maßgeblicher Zeitpunkt, Zulassungsvoraussetzungen, NZB, Revision **544**/29

Materielle Beschwer *siehe* Beschwer

Materielle oder formelle Fehler bei der Auslegung oder Anwendung revisiblen Rechts, Revision **543**/19

Materielle Prozessleitung **136**/4

Materielle Rechtsfragen, Sprungrevision **566**/2

Materielle Rechtskraft **253**/14; **262**/10

Materielle Unmittelbarkeit **355**/1

Materiell-rechtlicher Schadensersatzanspruch **254**/5

Mediation **253**/16; **278a**/1; **vor 1025**/4; **1032**/5
- Prozesskostenhilfe **114**/3

Mediatoren **383**/7

Medien **291**/4

Medienschaffende **383**/9

Mehraufwandsentschädigung, Unpfändbarkeit **850a**/5

Mehrbedarfe **115**/16

Mehrfachpfändung
- eines Anspruches auf eine unbewegliche Sache
  - Hinterlegung **855**/1
  - Erlösverteilung **827**/3
  - Hinterlegungsrecht/-pflicht **853**/1
- von Herausgabe- oder Leistungsansprüchen
  - Hinterlegung **854**/1

Mehrkosten **282**/13

Mehrkostenmethode **92**/23

Mehrparteienschiedsgericht **1035**/19

Mehrvertretungszuschlag **91**/104

Meinungsumfrage **91**/106

Meistbegünstigungsgrundsatz
- Versäumnisurteil **338**/2
- Zwischenurteil **303**/4

Meistbegünstigungsprinzip **1061**/4

Messe **21**/3

Messestand **21**/8

Mietausfall **283a**/1

Miete **29**/63; **259**/6; **283a**/9; **290**/4

Mieteinnahmen, Unpfändbarkeit **851b**/1

Mieterhöhung **29a**/9

Mieterhöhungsklagen **9**/2

Mieterschutz, im Vollstreckungsrecht **721**/1

Mietforderung, Zwangsvollstreckung **865**/4

Mietminderung **253**/15

Mietpreisspiegel **287**/4; **291**/4

Mietrückstand **259**/17

Mietverhältnis **29a**/1

Mietvertrag **1029**/9; **1030**/7

Mietzahlungsverzug, Zulässigkeit der einstweiligen Räumungsverfügung **940a**/6

Mikrofilm **299a**/1

Minderjährige **20**/2

Minderung **259**/15; **260**/8; **264**/6

Mindestbetrag **253**/15; **254**/7

Mindestschaden **287**/4

Mindestvoraussetzungen tatbestandlicher Darlegungen, Sicherung einer einheitlichen Rechtsprechung, Revision **543**/30

Mischentscheidung **99**/26

Mischmietverhältnis **23 GVG**/8

Missbrauchsverbot **vor 1–37**/18

Missverständnis der höchstrichterlichen Rechtsprechung, Sicherung einer einheitlichen Rechtsprechung, Revision **543**/33

Mitbewohner *siehe* Ersatzzustellung

Miteigentümer, bei Drittwiderspruchsklage **771**/5

Miteigentümergemeinschaft, Vorgehen in der Zwangsvollstreckung **864**/5

Miteigentumsanteile **24**/4

Miterben **27**/11; **28**/1

Miterbschaft, im Vollstreckungsrecht **778**/2

Mitgewahrsam, Pfändbarkeit **809**/1

Mitgliedsbeiträge **22**/9

Mitgliedschaft **256**/8

Mittäter **32**/11

Mitteilung **296a**/16
- an den Antragsteller **695**/1
- Termin *siehe* Ladung *und* Terminsmitteilung

Mitteilungspflicht, Verletzung der ~ **124**/7

Mittelbarer Beweis **355**/2, 5; **357**/7; **371**/2

Mitverschulden/Mitverursachung
- Grundurteil **304**/8
- Teilurteil **301**/2

Mitwirkung **293**/6; **295**/9
- eines gem. § 41 ZPO ausgeschlossenen Richters, Revision **547**/8
- eines Richters beim Urteil, Revision **547**/5
- eines wegen Besorgnis der Befangenheit abgelehnten Richters, Revision **547**/9

Mobilfunk 29/64
Mobilfunkanbieter 21/7
Mobilfunksendenanlage 29a/7
Mobiltelefon, Unpfändbarkeit 811/3
Möbliertes Zimmer 29a/12
Monatsfrist; *siehe auch* Fristende
- Sprungrevision 566/5
Montrealer Übereinkommen 30/3, 15
Mündliche Verhandlung 137/2; 259/11; 290/6; 296a/21
- obligatorische 300/1
Mündlicher Parteivortrag in einem Sitzungsprotokoll, Revision 559/8
Mündlichkeit der Verhandlung 357/1
Mündlichkeitsgrundsatz **Einl.**/9; 309/1
Musterentscheid 32b/1
Mutterschutzbezüge, Unpfändbarkeit 850/3
Mutwilligkeit 114/14
- Anforderungen 114/14
- einfacher Rechtsbehelf 114/15
- Mahnverfahren 114/15
- Rechtsmissbrauch 114/15
- Rechtsmittel 114/17
- Rechtsverfolgung 114/15
- Rechtsverteidigung 114/16
- Widerklage 114/16

N
Nachbarrecht 24/7; **15a EGZPO**/5
Nachbarrechtlicher Ausgleichsanspruch 260/7
Nachbarrechtsgesetz **15a EGZPO**/5
Nachbesserung 264/7
Nacherbe 255/6
- bei Drittwiderspruchsklage 773/1
Nacherbschaft, im Vollstreckungsrecht 728/1
Nacherfüllungskosten 4/15
Nacherfüllungspflicht 29/61
Nachfestsetzungsverfahren 103/25
Nachforderungsklage 323/20
Nachfrage 253/14; 281/6; 282/11; 285/9
Nachgelassener Schriftsatz 296a/22
Nachholung 253/8; 295/8
Nachlass 24/8; 28/10; 255/6
Nachlasserbenschulden 28/6
Nachlassgegenstände 27/3
Nachlässige Prozessführung 97/15
Nachlässigkeit 296a/1
Nachlassinsolvenzverfahren, im Vollstreckungsrecht 784/2
Nachlasspfleger 28/7
Nachlassverbindlichkeit 28/1, 3
Nachlassverwaltung 31/4
Nachlassverwaltung, im Vollstreckungsrecht 784/2

Nachlassverzeichnis, Zwangsvollstreckung 888/2
Nachliquidation 103/25
Nachprüfbarkeit von Kollisionsnormen, Revision 545/5
Nachschusspflicht 22/9
Nachteile 293/6; 296a/26
Nachträgliche Änderung 802a/3
Nachverfahren 32/6; 256/15; 290/14
- Vorbehaltsurteil 302/1
Nachweise 293/1; 299a/6
Name 253/9 f.
Namen 256/11
Namenspapiere
- Umschreibung im Zwangsvollstreckungsverfahren 822/2
- Verwertung 822/1
Natur des Schuldverhältnisses 29/30
Naturgesetze 286/1
Naturkatastrophe 244/1
Naturpartei 296a/3
ne ultra petita 264/21
Nebenforderungen, Streitwert 3/10
Nebenintervenient 285/9; *siehe auch* Nebenintervention
- als Partei 50/1
- Fristbeginn gegenüber Fristbeginn
- Prozesskostenhilfe 114/5
Nebenintervention 266/7; 269/9; 270/3
- Ablehnungsantrag Richter/Sachverständiger 67/4
- Akzessorietät der Haftung 66/8
- Anerkenntnis 67/10
- Anfechtung 67/7
- Anhängigkeit Rechtsstreit 66/4
- Anschlussrechtsmittel 67/11
- Anwaltszwang 67/6; 70/1; 78/4
- Arrestverfahren 66/5
- Aufrechnung 67/7
- Auslegung Beitrittserklärung 70/3
- Ausscheiden unterstützte Partei 66/2
- Ausschlussfristen 66/4
- Aussetzung 67/3
- Bedingungsfeindlichkeit des Beitritts 70/1
- Befugnisse Nebenintervenient 67/1; 71/1
- Beitritt mit Rechtsmitteleinlegung 67/11; 70/2
- Beitrittsbeschränkung 70/3
- Beitrittserklärung 66/2; 70/1
- Beitrittszeitpunkt 66/4
- beschränkte 101/6
- Beschwer 71/9
- für Rechtsmittel 67/11
- Bestreiten von Tatsachen 67/9
- Beteiligung am Rechtsstreit 67/2; 71/1
- Beweisantragsstellung 67/4

- Bindungswirkung *siehe* Nebeninterventionswirkung
- Bürge 66/8
- Dauer 66/2; 67/5; 71/1
- Deckungsprozess 66/8
- Einredeerhebung 67/7
- einstweilige Verfügung 66/5
- Entscheidung über Zulässigkeit 66/10 f.; 70/5; 71/1
- Erklärung zu Protokoll 70/2
- Erledigung des Rechtsstreits 66/4; 71/5
- Folgeprozess 68/1
- Forderungsabtretung 66/8
- Fortdauer Prozesshandlungen nach Zurückweisung 67/5; 71/1
- Fristverlängerung Rechtsmittelbegründung 67/11
- Fristverlängerungsantrag 67/11
- Gehörsrüge 67/2; 321a/2
- Gesamtschuldner 66/8
- Gesellschafter 66/8
- gesetzlicher Vertreter als Nebenintervenient 66/6
- Gestaltungserklärungen 67/7
- Gestaltungswirkung eines Urteils 66/8
- Geständnis 67/9
- Geständniswiderruf 67/9
- Glaubhaftmachung Interventionsgrund 70/3; 71/4
- Grundsatz der Kostenparallelität 101/3
- Grundurteil 68/5
- Haftpflichtprozess 66/8
- Haftpflichtversicherer 66/8
- Handeln im eigenen Namen 66/1; 67/2
- Heilung von Mängeln 66/12; 70/5; 71/2
- Insolvenzverwalter 66/6
- Interventionsgrund 66/7 f.; 70/3
  - als Ausprägung Rechtsschutzbedürfnis 66/7
- Interventionsvertrag 68/2
- Interventionswirkung *siehe* Nebeninterventionswirkung
- Klageänderung 67/10
- Klageerweiterung 67/10; 70/3
- Klagerücknahme 66/4; 67/10 f.; 71/5
- Kommittent 66/8
- Kosten 66/13; 101/1
  - der Rechtsmittelinstanz 101/28
  - des Zwischenstreits 71/6 f.
- Kostenfestsetzungsverfahren 66/5
- Ladung zu Terminen 67/2
- Mahnverfahren 66/5
- materiell-rechtliche
  - Einreden 67/7
  - Erklärungen 67/7
  - Rechtsgeschäfte 67/7
- Nebeninterventionswirkung *siehe* Nebeninterventionswirkung

- Partei kraft Amtes 66/6
- Parteifähigkeit des Nebenintervenienten 66/3
- Parteistellung des Nebenintervenienten 67/1
- Parteiverschiedenheit des Nebenintervenienten 66/6; 67/2
- Postulationsfähigkeit des Nebenintervenienten 66/3
- Präjudizwirkung, faktische 66/7
- Präklusionsabwendung 67/9
- Präzedenzfall 66/7
- Prozessfähigkeit des Nebenintervenienten 66/3
- Prozesshandlungen, Vornahme/Entgegennahme 67/4
- Prozesshandlungsvoraussetzungen 66/3; 68/3; 71/1
- Prozessstandschafter 66/8
- Prozessvollmacht 82/4
- Prüfung auf Rüge 66/11; 70/5; 71/1
- Prüfung von Amts wegen 66/10; 70/5; 71/1
- rechtliches Gehör 67/2
- rechtliches Interesse 66/7; 70/3
- Rechtsbeschwerde bei Zwischenstreit 71/9
- Rechtshängigkeit Rechtsstreit 66/4
- Rechtshängigkeitsbeendigung, Zwischenstreit 71/5
- Rechtskraft 66/4
- Rechtskrafterstreckung 66/8
- Rechtsmittelbegründung 67/4
- Rechtsmittelbeschränkung 67/11
- Rechtsmitteleinlegung 67/4, 11
  - bei verschiedenen Gerichten 67/11
- Rechtsmittelfrist 67/11
- Rechtsmittelrücknahme 67/11
- Rechtsmittelverzicht 67/11
- Rechtsnachfolger 68/12
- Rechtsschutzbedürfnis für sofortige Beschwerde 71/9
- Rechtsschutzbedürnis für Zwischenstreit 71/5
- Rechtsstellung Nebenintervenient 67/1 f.
- Rechtswegidentität 68/7
- Reduzierung Schuldnervermögen 66/8
- Regressanspruch 66/8
- Rücknahme des Beitritts 66/2; 67/5; 68/3
- Rüge als Sachantrag 71/2
- Rügezeitpunkt 71/2
- Säumnis 67/2
- Säumnisabwendung 67/4
- Schriftsatzübermittlung 67/2
- selbstständiger Nebenintervenient 69/1
- selbstständiger Streithelfer 69/1

- selbstständiges Beweisverfahren 66/2; 67/4; 68/11; 70/2; 71/5; 101/30
- Selbstständigkeit des Nebenintervenienten 67/2
- sofortige Beschwerde 71/8 f.
- stillschweigende Zulassung 71/5
- Streitgegenstandsänderung 67/10
- Streitgegenstandsteil 66/7
- Streitgenosse als Nebenintervenient 61/3; 66/6
- streitgenössische 101/21
- Streitverkündung 67/4
- Streitwert 3/49
- Tatbestandsberichtigungsantrag 67/11
- Tatsachenvortrag 67/4
- Teilbeitritt 66/7; 70/3
- Teilklage 68/10
- Teilurteil 68/5
- Teilzulassung 71/5
- Terminsladung 71/1
- Testamentsvollstrecker 66/6
- Umdeutung Rechtsmitteleinlegung 70/4
- Unterbrechung 67/3
- Untermieter 66/8
- Vergleich 67/7; 68/5; 101/24
- Verjährungseinrede 67/7
- Versäumnisurteil 67/2; 71/5
- Verschuldenszurechnung 67/2
- Vertreter der Hauptpartei 67/2
- Verzicht 67/10
- Vorprozess 68/1
- Widerklageerhebung 67/10
  - gegen Streithelfer 67/10
- Widerspruch/Widersprüchlichkeit zur Hauptpartei 67/1 f.; 68/6
- Wiederaufnahmeantrag 66/4; 67/11
- Wiedereinsetzung in den vorigen Stand 66/4; 67/11
- Zedent 66/8
- zeitliche Beschränkung 66/2
- Zeugenstellung 67/2
- Zugestehen von Tatsachen 67/9
- Zulassung 71/6
- Zurückbehaltungsrecht Geltendmachung 67/7
- Zurückweisung 66/2; 68/3; 71/1
- Zurückweisungsantrag 66/11; 71/2
- Zustellung 67/2, 11
- Zuziehung zum Hauptverfahren 67/2; 71/1
- Zweck 66/1
- Zwischenfeststellungsklage 67/10
- Zwischenstreit 66/11; 70/5; 74/10
  - Antrag 71/2
  - mündliche Verhandlung 71/3
  - Rechtsmittel 71/9
  - Rechtsschutzbedürfnis 71/5
  - stillschweigende Entscheidung 71/5
- Verbindung mit Endurteil 71/5
- Verfahren 71/3
- Versäumnisurteil 71/5
- Zwischenurteil 71/5
- Zwischenurteil 71/5; 303/3

Nebeninterventionskosten
- Urteilsergänzung 321/2

Nebeninterventionswirkung
- Abbedingung 68/2
- Anhörungsrüge 68/5
- Auslegung 68/10
- Ausnahme 68/1, 6 f.
- Beachtung von Amts wegen 68/8
- Begriff 68/1
- Beweislastentscheidung 68/10
- Einreden des Nebenintervenienten 68/6
- Entscheidungserheblichkeit 68/9
- Folgeprozess 68/1
- Grundurteil 68/5
- Interventionsvertrag 68/2
- mangelhafte Prozessführung der Hauptpartei 68/6
- Mehrfachbegründung 68/9
- Nichtaufklärbarkeit von Tatsachen 68/10
- Non-Liquet-Entscheidung 68/10
- Obiter Dictum 68/9
- Prozesshandlungsvoraussetzungen 68/3
- Prozessurteil 68/5
- Prozessvergleich 68/5
- Prozessvoraussetzungen 68/10
- Rechtsnachfolger 68/12
- Rechtswegidentität 68/7
- Rücknahme der Nebenintervention 68/3
- selbstständiges Beweisverfahren 68/11
- Streitverkündung 68/1, 4
- Teilklage 68/10
- Teilurteil 68/5
- überschießende Feststellungen 68/9
- Umfang 68/8 ff.
- Unteilbarkeit 68/8
- unterlassen von Feststellungen 68/9
- unzumutbare Erschwerung der Rechtsverfolgung 68/6
- Verfassungsbeschwerde 68/5
- Vergleich 68/5
- Vorprozess 68/1
- Widerspruch/Widersprüchlichkeit zur Hauptpartei 68/6
- Wirkrichtung 68/8
- Zurückweisung der Nebenintervention 68/3

Nebenkosten 283a/9
Nebenpflichten 29/65
Negativ-Annahme 17a GVG/2
Negative Bindungswirkung des Grundurteils 304/12

2053

Negative Feststellungsklage 256/1
Negative Feststellungswiderklage 260/13
Negativer Kompetenzkonflikt 97 GVG/1; 102 GVG/10
Negatives Feststellungsurteil, Rechtskraft 322/22
Negativkatalog, erheblicher Grund 227/12
Nettomethode 850e/2
Neubeginn 262/16
Neue Angriffs- oder Verteidigungsmittel 297/5
Neue Bundesländer 24/4
Neue Sachanträge, Revision 559/3
Neue Tatsachenbehauptungen 296a/16
Neuer Parteivortrag, Revision 559/3
Neuer Termin 297/5
Neues Vorbringen 97/13
– Kosten des Rechtsmittelverfahrens 97/12
– Revision 557/8
Neugierde 299/10
Neutralitätspflicht 269/25; 297/6
Nicht amtswegig zu berücksichtigende Verfahrensmängel, Revision 557/9
Nicht angefochtener Teil des Urteils, Aufhebung des angefochtenen Urteils 562/6
Nicht ordnungsgemäße Vertretung einer Partei, Revision 547/10
Nicht verpflichtend 703/2
Nichteheliche Lebensgemeinschaft 29/18; 383/3; 23 GVG/9
Nichtexistenter Beklagter 91/2
Nichtigerklärung 22/2
Nichtigkeitsklage 22/2; 56/4; siehe auch Wiederaufnahmeverfahren
– Rechtsmittel 591/1
Nicht-Partei 50/7
Nichtrechtsfähige Verein 1029/5
Nichtrechtsfähiger Verein
– Anteilspfändung 859/2
Nichtstreitiges Urteil 300/2
Nichtverhandeln
– Anträge nach Schluss der mündlichen Verhandlung 220/11
– bis zum Schluss 220/10
– Säumnis durch 220/9
– Säumnisfolgen 220/12
Nichtvermögensrechtliche Ansprüche 1030/6
Nichtvermögensrechtliche Streitigkeiten, Streitwert 3/51
Nichtvermögensschaden 287/3
Nichtwissen 138/11
Nichtzulassungsbeschwerde vor 542/2
Nichtzulassungsbeschwerdeverfahren 5/2
Niederlassung 21/3
– Aufhebung 21/12
– Begründung 21/12

Nießbrauch 7/2; 8/4; 26/6; 255/6
– Pfändung 857/4
Nominatio Auctoris siehe Urheberbenennung
Notanwalt
– Anstrengungen, notwendige/ausreichende 78c/5
– Antragsanforderungen 78c/3
– Anwaltsprozess 78c/3
– Anwaltszwang 78c/3
– Aufhebungsantrag 78c/11
– Aussichtslosigkeit der Rechtsverfolgung/-verteidigung 78c/6
– Beiordnung Sozietät 78c/8
– Beteiligung des Gegners 78c/7
– Darlegungspflicht 78c/5
– Grundentscheidung 78c/2, 7
– Kontrahierungszwang 78c/1
– Mandatsverhältnis nach Beiordnung 78c/1 f.
– Mutwilligkeit der Rechtsverfolgung/-verteidigung 78c/6
– Nachweispflicht 78c/5
– Nichtfinden eines zur Vertretung bereiten Rechtsanwalts 78c/5
– Prozesskostenhilfe 121/13
– Rechtsmittel 78c/10 f.
– sofortige Beschwerde 78c/10 f.
– Stundenhonorar 78c/5
– Verantwortung der Partei für die Notlage 78c/5
– Verfassungsmäßigkeit 78c/1
– Vorschusszahlung 78c/5
– wichtiger Grund für Aufhebung 78c/11
– Wiedereinsetzung in den vorigen Stand 78c/3
– Zuständigkeit für Entscheidung 78c/7
– Zweiteilung des Beiordnungsverfahrens 78c/2
Notar 383/7; 415/3; 416a/2; 417/1; 418/2; 71 GVG/10
Notarielle Urkunde 415/5
Notarielles Nachlassverzeichnis 254/6
Notfrist 224/4; 276/5
– außerhalb der ZPO 224/5
– Unabänderlichkeit 224/6
– Wiedereinsetzung 224/6
Notfristen 295/7, 9
Notfristzeugnis 706/6
Notweg-/Überbaurente 7/3
Notwendige Streitgenossenschaft 17 GVG/6
– Teilurteil 301/3
– Widerruf eines Anerkenntnisses 307/5
Notwendiger Inhalt 253/8
Notwendigkeit der Versicherung 703/3
Notwendigkeit einer eigenständigen Revisionsbegründung, Revision 551/2

Nukleares Ereignis **32a**/11
Nullhypothese **286**/6
Nutznießer **21**/14
Nutzungen; *siehe auch* Wertberechnung
- Rente **9**/4
- wiederkehrende **9**/3
Nutzungsausfall **4**/15
Nutzungsersatz **287**/3
Nutzungsrecht
- Pfändung **857**/4
- Zwangsvollstreckung **864**/3

O

obiter dictum, Entscheidungskausalität, Revision **563**/8
Objektive Klagehäufung **25**/3; **254**/1; **256**/18; **260**/1; **15a EGZPO**/10; **17 GVG**/6; **23 GVG**/4; **95 GVG**/3
- Grundurteil **304**/2
Objektive Schiedsfähigkeit **1030**/1
Obliegenheit **256**/8; **277**/2
Obligatorische Streitschlichtung **15a EGZPO**/3
Offenbare Unrichtigkeit
- Kostenentscheidung **319**/10
- Rechtsmittelzulassung **319**/11
- Rubrum **319**/8
- Urteilsformel **319**/9
Offene Handelsgesellschaft, Anteilspfändung **859**/2
Offene Teilklage **259**/13; **301**/4
- Rechtskraft **322**/24
Offenkundig **285**/1; **290**/7; **291**/3
Offenkundige Tatsache **291**/1; **294**/4
Offensichtliche Unrichtigkeit, Sicherung einer einheitlichen Rechtsprechung, Revision **543**/33
Öffentliche Anstalten **253**/9
Öffentliche elektronische Dokumente **371a**/4
Öffentliche Versteigerung, in der Zwangsvollstreckung **814**/3
Öffentliche Zustellung **185**/1
- Anspruch auf rechtliches Gehör **185**/1
- Aufenthaltsort **185**/4
- Ausland **185**/6
- Benachrichtigung **187**/3
- Bewilligung **186**/3
- Durchführung **186**/5
- Immunität **185**/7
- ultima ratio **185**/1
- Zustellungsfiktion **188**/3
Öffentliches Interesse **253**/8; **295**/8
Öffentlichkeitsgrundsatz **Einl.**/10; **357**/1
Öffentlich-rechtliche Ansprüche **1030**/5
Öffentlich-rechtlicher Vertrag **29**/15
Öffentlich-rechtliches Sondervermögen, Zwangsvollstreckung **882a**/2

Öffnungsklausel **15a EGZPO**/2; **71 GVG**/1
Orderpapiere **23**/15
Ordnungsgeld **278a**/8, 15; **380**/5; **390**/3
- praktischer Hinweis bei Antrag auf Erlass **891**/3
Ordnungsgemäße Rüge, Revision **547**/2; **551**/9
ordre public **1059**/12
- international **328**/23
- materiell **328**/27
- prozessual **328**/25
Organstreitverfahren **50**/1
Original **299a**/5
Originaldokument **298a**/6
Ort **253**/13; **295**/5
Ortstermin **357**/6; **370**/2; *siehe auch* Terminsort
Ortsverlegung **1025**/3
Ortswahl **1025**/8; **1034**/5; **1043**/2

P

Pachteinnahmen, Unpfändbarkeit **851b**/1
Pächter **21**/14
Pachtforderung, Zwangsvollstreckung **865**/4
Pachtverhältnis **29a**/1
Pachtzinsen **259**/6
Papierform **298a**/1, 10
Parabolantenne, Streitwert **3**/52
Paraphe **273**/4; **277**/6; **296a**/6; **416**/3
Pariser Atomhaftungs-Übereinkommen **32a**/19
Parkplatz **29a**/6
Parlamentarischer Untersuchungsausschuss **383**/7
Partei **253**/10; **256**/7; **293**/3
- im Zivilprozess **50**/1
- kraft Amtes **27**/3; **383**/2
- Vermögenslosigkeit **116**/3
- Nichtexistenz **50**/8 f.
Parteiänderung **264**/1, 13; **267**/2
Parteibegriff, formeller **50**/1
Parteibetrieb **364**/1
Parteibezeichnung **50**/2
- Auslegung **50**/2 ff.
- und Berichtigung bei GbR **50**/16
- Berichtigung **50**/4
- bei Zustellungsfehler **50**/6
Parteierweiterung **256**/18; **264**/9
Parteifähigkeit **295**/9
- ausländische Partei **55**/1
- Bedeutung **50**/9
- Beendigung bei juristischen Personen **50**/14
- Beginn bei juristischen Personen **50**/13
- Bruchteils-, Güter-, Erbengemeinschaft **50**/18
- Firma des Einzelkaufmanns **50**/21

2055

- gerichtliche Prüfung und Beweiserhebung 56/1
- Gesellschaft bürgerlichen Rechts 50/16
- Gewerkschaft, Arbeitgebervereinigung 50/20
- Insolvenzmasse, Nachlass, Treuhand, Trust 50/19
- juristische Personen
  - des öffentlichen Rechts 50/11
  - des Privatrechts 50/12
- natürliche Personen 50/10
- nicht rechtsfähiger Verein 50/22
- Offene Handelsgesellschaft, Kommanditgesellschaft 50/15
- Partnerschaft, Europäische Wirtschaftliche Interessenvereinigung 50/17
- Personengesellschaften 50/15
- Politische Partei 50/20
- Stille Gesellschaft 50/16

Parteiherrschaft Einl./4
Parteiidentität
- Abänderungsverfahren 323/11
- fehlende 50/4 f.
- rechtliche 50/4
- zweifelhafte 50/7

Parteimehrheit 1029/8
Parteiöffentlichkeit 357/1; 367/1
Parteiprozess 78/2; 79/1; 87/14; 88/4
- Postulationsbefugnis 78/2

Parteivereinbarung 29/25
Parteivernehmung 285/2; 290/2; 358/1; 359/1
- Abgrenzung zum Zeugenbeweis 373/4
- Abgrenzung zur informatorischen Anhörung 445/1
- Anbeweis 445/3; 448/3
- Antragsrücknahme 445/4
- Ausbleiben einer Partei 454/1
- Ausführung der Vernehmung 451/1
- Aussageverweigerung 446/2; 453/2
- Beeidigung 452/1
- Beweisbeschluss 448/5; 450/1
- Beweisnot 448/4
- Beweiswürdigung 453/1
- Eidesverweigerung 453/2
- Gegenbeweis 418/3; 445/2; 448/2
- Minderjährige 455/1
- prozessuale Waffengleichheit 448/4
- prozessunfähige 455/1
- Schwurpflicht 478/1
- Streitgenossen 449/1
- Subsidiarität 445/3; 450/2
- Vernehmung der beweispflichtigen Partei 447/1
- Vernehmung des Gegners 445/1
- Vernehmung durch kommissarischen Richter 451/1; 453/1; 455/2

- Vier-Augen-Gespräch 448/4
- Weigerung des Gegners 446/2

Parteivertreter 296a/2; 297/1
Parteivortrag 559/9
- unrichtig wiedergegebener, Revision 559/9

Parteiwechsel 264/9; 15a EGZPO/13
- Prozesskostenhilfe 114/5

Parteizustellung
- Ersatzzustellung 193/4
- Zustellungsauftrag 191/4
- Zustellungsnachweis 193/5
- Zustellungsorgan 192/3

Partnergesellschaft
- Anteilspfändung 859/2

Passivlegitimation 260/10; 266/1 f.
Patent 1030/4
Patentanwalt 383/7
- Kosten 91/107
- Pfändungsschutz 811/9

Patentrecht 23/15
Pendler 20/3
perpetuatio fori 23/3; 25/4; 17 GVG/1; 23 GVG/3
Personalreferent 299/11
Personengesellschaften 253/10
Personenhandelsgesellschaft 1029/9; 95 GVG/11
Personenidentität 260/10
Personenschaden 30/11
Personenvereinigung 22/1
Persönliche Gebrauchsstücke, Unpfändbarkeit 811/3
Persönlicher Anhörung 290/2
Persönliches Erscheinen 278a/10
Persönlichkeitsrecht 32/16; 357/5
Petitorische Klage 24/20
Pfand 292/4
Pfändbarkeit, baldige 811d/1
Pfandrecht 6/7
Pfandrecht, an Hinterlegungsbetrag im Vollstreckungsverfahren 709/2
Pfändung
- Anschluss- 826/1
- Begriff 803/1
- Durchführung 808/4

Pfändungsgegenstand, Wertschätzung 813/1
Pfändungspfandrecht
- einstweilige Anordnung 805/3
- Entstehung 804/1
- Erlöschen 804/2
- im Falle der Insolvenz 804/1, 3
- nachträgliche Entstehung 804/2
- Rechtsfolgen 804/3
- Voraussetzung der Entstehung 803/4
- Vorrang 804/4

Pferdebox 29a/5

Stichwortverzeichnis

Pflegschaft 31/4
Pflicht
– zum erneuten Hinweis 139/6
– zur amtswegigen Aufklärung, Revision 546/11
– zur Vollständigkeit 138/2
Pflichtteil 254/6
Pflichtteilsanspruch 27/10; 28/6
– Pfändung 852/1
– Vollstreckungsvoraussetzungen 748/5
Pflichtteilsergänzung 27/10
Pflichtversicherer 32/11
PKH-Antrag, Abänderungsverfahren 323/18
Platzgewinnung 299a/5
Positiv-Annahme 17a GVG/2 f.
Positive Feststellungsklage 256/2; 262/15
Possessorische Klage 24/19
Postamt 21/7
Postfach siehe Zustellung
Postulationsbefugnis
– Abwickler 78/11
– allgemeiner Vertreter 78/11
– Anwaltsprozess 78/2
– Beginn bei Rechtsanwalt 78/12
– Begriff 78/2
– Bezugnahme 78/18
– Einvernehmensanwalt 78/14
– Ende bei Rechtsanwalt 78/12
– Europäischer Rechtsanwalt 78/14
– für Streit über Postulationsbefugnis 78/2
– Genehmigung 78/18
– Gerichtsstandsvereinbarung 38/5
– Heilung 78/18
– Hochschullehrer 78/13
– kammerbestellter Vertreter 78/11
– Kanzleiabwickler 78/11
– materiell-rechtliches Rechtsgeschäft 78/8, 17
– Parteiprozess 78/2
– Prozesshandlungsvoraussetzung 78/16
– Prozessvoraussetzung 78/16
– Prüfung von Amts wegen 78/16
– Rechtsanwalt 78/11 f.
– Rechtsanwaltsgesellschaft 78/15
– Rechtsreferendar 78/11
– Selbstvertretungsrecht des Rechtsanwalts 78/19
– Sozietät 78/15
– Untervertretung 78/11
– Verlust 78/12; 87/9
Postulationsfähigkeit 295/9; siehe auch Postulationsbefugnis
Postzustellungsurkunde siehe Zustellungsurkunde
praeter legem 296a/10

Präjudizialität
– Rechtskraft 322/3, 6
– Teilurteil 301/7
Präjudizienbindung 102 GVG/4
Präklusion 269/20; 271/8; 273/4; 275/1; 276/1; 277/4; 282/13; 283/10; 285/13; 296a/1 f.; 1027/5; 1032/4.; 1035/13; 1037/4; 1040/1; 1041/13; 1046/1; 1048/5 f.; 1059/2 f.; 1060/1; 1061/10
– Abänderungsgründe 323/15
– Gestaltungsrecht siehe Gestaltungsrecht Rechtskraft
– Tatsache 322/4
Präklusionshinweis 296a/23
Praktischer Hinweis 935/10
Präsente
– Beweismittel 294/6; 296a/7
– Zeugen 296a/13
Prätendentenstreit siehe Gläubigerstreit
Praxisrelevanz 918/1
Preisausschreiben 29/14
Presse 15a EGZPO/6
Pressedelikte 32/14
Presseveröffentlichung 32/13
prima facie-Beweis 416/4
Prinzip der Prozesswirtschaftlichkeit vor 91–107/10
Prioritätsprinzip 328/21
Privatgutachten 402/3; 411/2
– Kosten 91/108
Privatsachverständiger, Kosten 91/108
Privaturkunde 292/3; 416/2
– amtsgerichtliches Verfahren 510/1
Privatverzeichnis 254/6
Produkthaftung 32/13
Prognose 259/12; 287/4
Prognoserisiko 323/1
Prorogation 30/14; 23 GVG/4; 95 GVG/2; siehe auch Gerichtsstandsvereinbarung
Prorogationsbefugnis siehe Gerichtsstandsvereinbarung
Prorogationsverbot 29/2
Prospekt 32b/8
Prospekthaftung 32b/9
Prospekthaftungsansprüche 22/5
protective orders 1047/3
Protokoll 159/1; 162/2; 253/7; 276/3; 285/3; 290/12; 291/5; 297/2
– amtsgerichtliches Verfahren 504/3; 510/2; 510a/1
– Anlagen 160/17
– Berichtigung 164/2
– Beweiskraft 165/2
– der Geschäftsstelle 253/7
– der Geschäftsstelle im amtsgerichtlichen Verfahren 496/1; 498/1; 499/2
– Entbehrlichkeit einer Protokollierung 161/2

2057

- Genehmigung 161/2
- Güteverhandlung 159/8
- informatorische Anhörung 160/4
- Inhalt 160/2
- nachträgliche Herstellung 160a/3
- Unterschrift 163/2
- Urkundsbeamter 167/6
- Verfahren nach billigem Ermessen 495a/3
- Verhinderung 163/3
- vorläufige Aufzeichnung 160a/2
- wesentliche Vorgänge 160/4

Protokollberichtigung 297/5
Protokollführer 159/4
Protokollierung 278a/22; 295/7
Protokollierungsantrag 160/16
Protokollurteil 310/2; 315/2
- Protokollierung 311/6
Prozessakten 299/4; 299a/3
- Revision 566/6
Prozessantrag 270/4; 297/3
- Säumnis 333/3
Prozessaufrechnung 145/6; 262/7
Prozessbevollmächtigter 253/21; 296a/18
Prozessfähigkeit 271/5; 295/9; 1029/5
- Allgemeines 52/1
- ausländische Partei 55/1
- Bedeutung 51/1
- bei Betreuung oder Pflegschaft 53/1
- beschränkte 52/3
- Betreuung mit Einwilligungsvorbehalt 52/3
- Erlöschen 53/3
- gerichtliche Prüfung und Beweiserhebung 56/1
- geschäftsunfähige 52/2
- Minderjährige 52/3
- Rechtsmitteleinlegung durch Betreuten/Pflegebefohlenen 53/3
- Staatenlose 55/2
- Verfahrensrechtliches 53/3
- verfahrensrechtliches 52/4
Prozessfinanzierung 1029/25
Prozessförderungspflicht 253/4; 282/1; 296a/14
Prozessfortsetzungsbedingungen, Revision 557/7; 559/5
Prozessführungsbefugnis
- Bedeutung 51/12
- gerichtliche Prüfung und Beweiserhebung 56/1
Prozesshandlung Einl./33; 253/14; 269/2; 96 GVG/1; 98 GVG/3; 99 GVG/2
- durch notwendige Streitgenossen siehe Streitgenossen, notwendige
- Heilung Einl./37
- Nachholung 231/3
- Neuvornahme Einl./37

- Veräumung, der 230/4
- Widerruf Einl./34
- Widerruf bei Prozesshandlung durch notwendigen Streitgenossen 62/12
- widersprüchliche Einl./37
Prozesshandlungsvoraussetzung Einl./35
- Postulationsbefugnis 78/16
Prozesshindernis 262/8; 280/4; 17 GVG/4
Prozesskosten 4/16; vor 91–107/11; 91/6
Prozesskosten-Bewilligung
- Ratenzahlung 120/3
- Rechtsbehelfsbelehrung 120/10
Prozesskostenhilfe 253/7, 14; 254/15; 269/9; 278a/19; 281/2; 299/5; 1062/6; 17a GVG/6; 71 GVG/5; 97 GVG/4
- Ablehnung 118/7
- Amtsermittlung 118/5
- anderer Kostenschuldner 120/9
- anderweitige Rechtshängigkeit 114/10
- Auslagenvorschuss 379/2
- ausländisches Recht 114/13
- Ausschlussfrist 120a/6
- Bedürftigkeit 114/6
- Beitreibung durch Rechtsanwalt 126/2
- Beschwerde
  - des Antragstellers 127/17
  - des Anwalts 127/18
  - des Gegners 127/19
- Beweisantizipation 114/12
- Europäische Prozesskostenhilfe siehe Europäische Prozesskostenhilfe
- Freibeweisverfahren 114/10
- funktionelle Zuständigkeit 118/6
- Gegneranhörung 118/2
- Geltungsbereich vor 114–127/2
- hinreichende Erfolgsaussicht 114/9; 119/5
- Inanspruchnahmeverbot 122/3
- internationale Zuständigkeit 114/10
- juristische Person 116/8
- Kosten 91/113; 118/9; 127/20
- Kosteneinziehung 125/2
- Mitteilungspflicht 120a/7
- offene Rechtsfragen 114/13
- Partei 114/5
  - kraft Amtes 116/2
- parteifähige Vereinigung 116/8
- Prüfungsverfahren 114/4
- rechtliche Erfolgsaussicht 114/13
- Rechtsmittel 127/9
- Rechtsschutzbedürfnis 114/10
- Rechtsweg 114/10
- Rückzahlungspflicht 122/4
- Sachverständigengutachten 114/13
- tatsächliche Erfolgsaussicht 114/12
- Unschlüssigkeit der Klage 114/11
- Unzulässigkeit der Klage 114/10
- Wirkung 122/2

Stichwortverzeichnis

- wirtschaftlich Beteiligte **116/4**
- Zuständigkeit **114**/10; **127/4**
Prozesskostenhilfe-Antrag **117/2**
- Bedingung **117/6**
- Belege **117/8**
- Beteiligung des Gegners **117/9**
- Erklärung über persönliche und wirtschaftliche Verhältnisse **117/8**
- falsche Angaben **119/5**
- Form **117/4**
- Formular **117/10**
- Inhalt **117/7**
- juristische Person **117/12**
- Partei kraft Amtes **117/12**
- Sozialleistungsempfänger **117/12**
- Übermaßverbot **117/8**
- Unvollständigkeit **117/13**
- Wiedereinsetzung **119/6**
- Zeitraum **117/5**
- Zuständigkeit **117/2**
Prozesskostenhilfe-Aufhebung **124/1**
- Anschrift **124/7**
- Bedürftigkeit **124/8**
- Bestandskraft **124/13**
- Erfolgsaussicht **124/10**
- Gründe **124/4**
- Mutwilligkeit **124/10**
- Rechtsfolge **124/11**
- Rechtsmittel **124/12**
- Teilaufhebung **124/13**
- unrichtige Angaben **124/5**
- Verfahren **124/2**
- Verzug **124/9**
Prozesskostenhilfe-Bewilligung **119/1**
- Änderungsbeschluss **120a/2**
- Anschrift **120a/7**
- Begründung **127/7**
- Beschwerderecht der Staatskasse **127/12**
- Bewilligungsbeschluss **120/2**
- Einkommensverbesserung **120a/8**
- Erklärungspflicht **120a/5**
- Formular **120a/14**
- höherer Rechtszug **119/5**
- Kostenerstattung **120a/11**
- Mitteilung **127/8**
- Rechtszug **119/3**
- Sicherheitsleistung **122/7**
- übergegangene Ansprüche **122/6**
- Vermögensbeiträge **120/4**
- Vorschuss **122/5**, 10
- Wegfall von Belastungen **120a/9**
- wesentliche Änderung **120a/3**
Prozesskostenhilfegesuch, NZB, Revision **544/14**
Prozesskostenhilfe-Prüfungsverfahren vor **114–127/2**
- Kostenfreiheit **114/21**

Prozesskostenhilfeverfahren **262/3**; **17 GVG/2**
Prozesskostensicherheit **110/1**
- Anfechtbarkeit **110/26**
- Anwendungsbereich **110/5**
- Ausnahmen **110/16**
- Darlegungs- und Beweislast **110/3**
- Entscheidung **110/22**
- Fristbestimmung **113/1**
- Grundvermögen **110/19**
- Höhe **112/1**
- Kosten **111/28**
- nachträgliche **111/1**
  - Erhöhung **112/2**
- Verfahren **110/22**
- Verlangen des Beklagten **110/13**
- völkerrechtlicher Vertrag **110/17**
- Voraussetzungen **110/7**
- Widerklage **110/20**
- Zwischenurteil **303/2**
Prozesskostenvorschuss
- Ehegatte **115/24**
- Eltern **115/24**
- Großeltern **115/24**
- Kinder **115/24**
- Lebenspartner **115/24**
- Wirtschaftlich Beteiligte **116/5**
- Zumutbarkeit **116/6**
Prozessökonomie **256/4**; **260/2**; **262/12**; **264/1**; **266/1**; **267/1**; **268/1** f.; **269/7**; **280/1**; **281/1**; **287/1**; **291/1**; **365/1**; **367/1**
- Sprungrevision **566/1**
Prozesspfleger
- Allgemeines **57/1**
- Amtsbeendigung **57/5**
- bei herrenlosem Grundstück (Allgemeines) **58/1**
- bei herrenlosem Grundstück (rechtliche Wirkungen, Verfahrensrechtliches, Kosten) **58/3**
- bei herrenlosem Grundstück (Voraussetzungen) **58/2**
- bei herrenlosem Schiff oder Schiffsbauwerk **58/2**
- Kosten **57/6**
- rechtliche Wirkungen der Bestellung **57/5**
- Verfahrensrechtliches **57/6**
- Voraussetzungen **57/2** ff.
Prozessrechtliche Verträge **29/20**
Prozessrechtsverhältnis **50/1**
Prozessreste, Revision, Zurückverweisung **563/4**
Prozessstandschaft **260/10**; **262/10**; **266/5**
- Bedeutung **51/12**
- gerichtliche Prüfung und Beweiserhebung **56/3**
- gesetzliche (Allgemeines) **51/13**

2059

- gewillkürte (Allgemeines) 51/14
- gewillkürte (rechtliche Wirkungen) 51/19
- gewillkürte (Voraussetzungen) 51/15 ff.
- Wohnungseigentümergemeinschaft 51/13, 17

Prozessstandschafter, Prozesskostenhilfe 114/5

Prozesstaktik 296a/13

Prozesstrennung 145/1; 262/13; 270/4; 23 GVG/4, 11; 95 GVG/3
- Prozessaufrechnung 145/6

Prozessuale Erklärungen, Revision, Erledigterklärung 559/4

Prozessuale Fürsorgepflicht, Sicherung einer einheitlichen Rechtsprechung, Revision 543/26

Prozessuale Normen, Revision 546/2

Prozessuale Rechte des Beklagten unzulässig verkürzt, Revisionszurückweisung 561/5

Prozessuale Waffengleichheit 448/4

Prozessualer Kostenerstattungsanspruch, materiell-rechtliche Einwendungen 104/23

Prozessunfähigkeit
- im Rahmen einer Vermögensauskunft 802c/2
- partielle 52/5; 53/2
- relative 52/5

Prozessurteil 253/13; 300/2
- Anerkennung 328/6
- Rechtskraft 322/19

Prozessverbindung 270/4

Prozessvergleich Einl./38; 262/6; 361/2
- Änderung Widerrufsfrist *siehe* Friständerung
- Kostenentscheidung 98/1
- Kostenfestsetzungsverfahren 103/6
- Nebenintervention 101/24
- streitgenössische Nebenintervention 101/23
- Vollstreckbarkeit 794/2

Prozessverhältnis 253/4

Prozessverschleppung 277/2

Prozessvertrag Einl./38

Prozessvertreter 1042/7

Prozessvollmacht 282/17; 1029/6
- Abstraktheit gegenüber Grundverhältnis 87/3
- Abwickler 87/8
- Anerkenntnis 82/5
- Anfechtbarkeit 80/7
- Anwaltsprozess 83/1 f.; 87/14; 88/4
- Anwendbarkeit allgemeiner Stellvertretungsvorschriften 80/4
- Anzeige Erlöschen 87/14
- Arrest 82/8; 88/4

- Auftragserledigung 87/5
- Ausübung Gestaltungsrechte 82/3
- Außenverhältnis 80/5; 82/1; 83/1 f.; 85/4; 87/1
- außergerichtliche Handlungen 82/2
- Bedingungsfeindlichkeit 80/7
- Beendigung Instanz 87/6
- Begriff 80/1; 82/2
- Beiordnung 80/7; 85/4
- Beratungsmandat 85/4
- Beschränkung auf einzelne Instanzen 82/4, 7
- Beschränkung bei Interessenkollision 83/2
- Bestellung eines Bevollmächtigten für die höhere Instanz 82/7
- Bezugnahme auf Vollmacht aus anderem Verfahren 80/10
- Bürogemeinschaft 84/2; 85/8
- einstweilige Verfügung 82/8; 88/4
- Einzelvertretungsmacht mehrerer Prozessbevollmächtigter 84/3
- Empfangnahme
  - Hauptsache 82/6
  - Kosten 82/6
- Erben 86/2
- Erlöschen juristische Person 86/3
- erneute Klage 82/4
- Erteilung durch Haftpflichtversicherer 80/7; 85/7
- Erteilung zu Protokoll 80/9
- Formbedürftigkeit 80/6
- fremdsprachige Urkunden 80/9
- Fristsetzung zur Beibringung 80/11
- Genehmigung Handeln vollmachtloser Vertreter 82/7; 89/11 f.
- gesetzliches Verbot 87/7
- Geständnis 82/4; 85/2
- Hauptintervention 82/8
- Innenverhältnis 80/5; 82/1; 83/1; 85/4; 87/13
- Insolvenzverfahren 82/4; 85/17; 87/11
- Instanzvollmacht 82/4, 7
- Klage 82/4
- Klageänderung 82/4
- Klagerücknahme 82/5
- konkludente Erteilung 80/6
- Kostenfestsetzungsverfahren 82/4; 88/4
- Mandatsniederlegung zur Unzeit 85/4
- Mangel 89/2
  - behebbarer 89/2
  - bewusster 89/2
  - unbehebbarer 89/2, 20
- materiell-rechtliche Erklärungen 82/3; 85/2
- Mehrheit von Prozessbevollmächtigten 84/1
- Missbrauch 83/2

Stichwortverzeichnis

- mündliche Erteilung   80/6; 85/4
- Nachholung Nachweis   80/11
- Nachreichung   80/11
- Nachverfahren   82/4
- Nachweis   80/9; 89/12
  - im Mahnverfahren   80/3
- Nebenintervenient   82/4
- Parteiprozess   83/1, 3; 87/14; 88/4
- Prozessfähigkeit   80/8
- Prozesshandlungsvoraussetzung   80/1; 89/4
- Prozesskostenhilfeüberprüfungsverfahren   82/4
- Prozesskostenhilfeverfahren   82/4; 88/4
- Prozessunfähigkeit Bevollmächtigter   87/8
- Prozessvoraussetzung   80/1; 89/4
- Rechtsanwaltsgesellschaft   80/7; 84/2; 85/8
- Rechtsmittel vollmachtloser Vertreter   89/4
- Rechtsmittelbegründung   82/4
- Rechtsmitteleinlegung   82/4
- Rechtsmittelrücknahme   82/4
- Rechtsnachfolge juristische Person   86/3
- Rüge ordnungsgemäßer Vollmacht   88/6 f.
- Schadenersatz bei Missbrauch   83/4
- Schadenersatzansprüche nach §§ 600 Abs. 2, 717 Abs. 2, 945 ZPO   82/4
- selbstständiges Beweisverfahren   82/4
- Sittenwidrigkeit   87/7
- Sozietät   80/7; 84/2; 85/8
- Stellvertretung   85/2
- Streitwertbeschwerde   82/4
- Tatsachenerklärung   85/2, 14
- Terminsvertreter   82/7; 83/2
- Tod Bevollmächtigter   87/8
- Tod Vollmachtgeber   86/2
- Umfang   82/1; 83/1
- Umfangseinschränkung   82/1; 83/1
- Umfangserweiterung   82/1
- Unterbevollmächtigter   82/7; 83/2; 85/7; 88/2
- Unterwerfungserklärung   80/1; 82/2
- Veränderung gesetzliche Vertretung Vollmachtgeber   86/4
- Vergleichsabschluss   82/5
- Verlust Postulationsfähigkeit   87/9
- Verlust Prozessfähigkeit Vollmachtgeber   86/4
- Verstoß gegen berufsrechtliche Vorschriften   87/7
- Verstoß gegen Tätigkeitsverbot   87/7
- Verzicht   82/5
- Vollmachtsmangel   88/3
- Widerklage   82/4
- Widerruf   84/1
- der Vollmacht   87/3 f.
- durch Erben Vollmachtgeber   86/2
- Wiederaufnahmeverfahren   82/4; 85/4; 87/6
- Zulassungsverlust Bevollmächtigter   87/9
- Zwangsversteigerungsverfahren   88/4
- Zwangsvollstreckung   82/4
- Zweckerreichung   87/5

Prozessvoraussetzungen   vor 1–37/5; 254/3; 256/12; 259/15; 260/9, 11; 271/4; 280/4 f.; 290/7; 15a EGZPO/1; 17 GVG/4
- gerichtliche Prüfung und Beweiserhebung   56/1
- Postulationsbefugnis   78/16
- prozessuale Folgen bei Mangel (anfänglicher, behebbarer)   56/6
- prozessuale Folgen bei Mangel (anfänglicher, nicht behebbarer)   56/5
- prozessuale Folgen bei Mangel (Genehmigung der Verfahrensführung)   56/9
- prozessuale Folgen bei Mangel (nachträglicher)   56/7
- prozessuale Folgen bei Mangel (nicht erkannter)   56/8
- Revision   557/7; 559/5
- vorläufige Zulassung zur Prozessführung   56/10 f.

Prozesswahrheit   Einl./4
Prüfung von Sachmängeln des Berufungsurteils, Revision   557/10
Prüfungsausschluss, Revision   545/8
Prüfungsbefugnis des Gerichts   308/5
Psychologe   383/7
punitive damages   328/28
pVV   32/8

Q

Qualifizierte elektronische Signatur   371a/2; 416a/2
Qualitätskontrolle   285/5
Quarantäne   247/1
Querulant   253/7
Querulantenwahn, Prozessfähigkeit   52/2
Quittung   23/13; 29/9; 259/7; 298a/10
Quotenmethode   92/23

R

Ratenzahlung
- Anzahl   115/20
- Begrenzung   115/41
- Einstellung   120/7
- Höhe   115/19
- Kostendeckung   120/8
- Mindestanzahl   115/20
- Verschlechterung der Verhältnisse   120a/3

- Wiederaufnahme 120/10
- Zahlungsempfänger 120/6

Ratsgebühr 91/114
Räume 29a/1; 259/9
Räumung 259/1; 23 GVG/10
- im Vollstreckungsrecht 765a/8
- Vollstreckung 721/2
- von Wohnraum
  - Schadensersatzansprüche des Schuldners 885a/6
  - vereinfachte Zwangsvollstreckung 885a/1

Räumungsklage 283a/1
- Anerkenntnis 93b/9
- Kosten 93b/1
- Obsiegen
  - des Mieters 93b/7
  - des Vermieters 93b/4

Räumungssachen 272/14
Räumungsvergleich, Vollstreckbarkeit 794a/1
Reaktion 296a/22
Realgläubiger, Vorrang 810/4
Realkennzeichen 286/6
Reallast 24/5; 25/9; 26/7; 266/9
Recherchekosten 91/115
Recherchen 283/2
Rechnung 23/13
Rechnungslegung 254/1, 8
- Zwangsvollstreckung 888/2

Recht auf eine gerichtliche Entscheidung ohne Verfahrensverzögerung, Sicherung einer einheitlichen Rechtsprechung, Revision 543/32
Rechtfertigungsverfahren 942/8
Rechtliche Beurteilung des BGH, Revision 563/7
Rechtliche Nachprüfung des vorinstanzlichen Urteils vor 542/1
Rechtliches Gehör Einl./11; 44/6; 99/22; 273/17; 279/6 f., 9; 281/12; 285/13; 286/7; 291/1; 296a/1; 299/1; 356/1; 357/1; 360/1; 397/1; 448/4; 17a GVG/7; 101 GVG/6; 102 GVG/3, 6
- Eilentscheidungen Einl./11
- Gehörsrüge 321a/5
- Heilung Einl./16
- Schriftsatzfrist, fristgebundene Einl./12
- Versäumnisverfahren 337/1

Rechtliches Interesse 256/12; 299/6
Rechtsanwalt 290/6; 296a/1; 383/7
- Kostenhaftung 91/4

Rechtsanwaltsgebühren 254/2
- Verfahren nach billigem Ermessen 495a/8

Rechtsanwaltshonorar 29/34
Rechtsanwaltssozietät 22/3

Rechtsanwaltsvergütung, Prozesskostenhilfe 122/8
Rechtsanwaltszulassung 291/5
Rechtsanwendungsfehler, NZB, Revision 544/22
Rechtsanwendungsfehler, Verfahrensmängel, Sicherung einer einheitlichen Rechtsprechung, Revision 543/19
Rechtsausführungen 293/6; 296a/4
Rechtsbegriffe 290/4
Rechtsbehelf vor 511–577/2; 696/7 f.; 699/6; 785/1; 924/1 f.
Rechtsbehelfsbelehrung 232/2; vor 511–577/5
- im Wiederaufnahmeverfahren 591/4

Rechtsberatung, Prozesskostenhilfe 114/4
Rechtsbeschwerde 283a/16; 574/1; 17a GVG/14; siehe auch Sofortige Beschwerde
- Anschlussrechtsbeschwerde 574/13
- Aufhebung und Zurückverweisung 577/5
- Begründung 575/10
- Beschränkung der Überprüfbarkeit 576/2
- Beschwerdegründe 576/4
- eigene Sachentscheidung 577/6
- Einlegung 575/4
- Entscheidungsform 577/7
- Fortbildung des Rechts 574/9
- Frist 575/2
- grundsätzliche Bedeutung 574/7
- Inhalt 575/5
- Rechtsbeschwerdeprüfung 577/3
- Sprungrechtsbeschwerde 574/3
- Statthaftigkeit 574/3
- Unselbstständigkeit der Anschlussrechtsbeschwerde 575/15
- Verfahren über einstweiligen Rechtsschutz 574/5
- Zulassung durch Beschwerdegericht 574/10
- Zuständigkeitsrüge 576/3

Rechtschutzbedürfnis 254/7
Rechtsfähigkeit 1029/5
Rechtsgrund 259/9
Rechtsgutachten 91/116
Rechtshängigkeit 253/4; 254/1; 260/8; 262/1, 16; 264/25; 269/1; 281/1; 282/17; 283a/1; 1032/4; 1044/3; 17a GVG/9; 17b GVG/3
- anderweitige 17 GVG/4

Rechtshemmende Einwendungen, Rechtsbehelf im Vollstreckungsverfahren 767/1
Rechtshilfe 273/9; 293/1, 6; 363/1
Rechtshilfeordnung für Zivilsachen 363/1

Rechtskraft   254/5; 255/1; 256/1; 266/8
- Beschluss   322/16; 329/17
- Durchbrechung   321a/1; 322/25; 323/1
- einstweilige Verfügung   329/17
- formelle   705/1
- Grundurteil   304/11
- Hemmung   705/6
- Kostenfestsetzungsbeschluss   329/17
- Nachweis durch Rechtkraftzeugnis   706/2
- objektive Grenze   322/18
- subjektive Reichweite   322/1; 325/1
- Teil   705/6
- Umfang   322/1
- Urteil   322/16
- Vergleich   322/16
- Versäumnisurteil gegen Kläger   330/11
- Zurückweisungsbeschluss   329/17
Rechtskrafterstreckung   325/3
- Nacherbfolge   326/1
- Testamentsvollstreckung   327/1
Rechtskraftzeugnis   706/1
- als Voraussetzung der Rückgabe der Sicherheitsleistung   715/2
Rechtsmissbrauch   23/2; 254/6; 262/2; 264/12; 299/7; **15a EGZPO**/12; **17b GVG**/3
Rechtsmittel   254/13; 255/8; 295/10; **vor 511–577**/2; 591/1
Rechtsmittel gegen versäumte Prozesshandlung   230/5
Rechtsmittelbegründungsfristen, Änderung siehe Friständerung
Rechtsmittelbelehrung, Beschluss   329/11
Rechtsmittelinstanz   6/9
Rechtsmittelstreitwert   2/6; 3/2; 5/8; 7/6; 8/1
Rechtsmittelsumme   **vor 511–577**/15
Rechtsmittelverzicht   269/26
Rechtsmittelzulassung, Urteilsergänzung   321/2
Rechtsnachfolge   29a/13; 30a/8; 262/10; 1060/3
- im Vollstreckungsrecht   727/1; 800/1
Rechtsnachfolger   29/6; 262/15; 266/7, 13; 1029/9; 1031/3; 1059/19; 1061/16
Rechtsnormen   285/1; 290/5; 293/2 f.
Rechtsordnung   253/14
Rechtspflege(r)   48/1; 295/8
Rechtsprechung   256/3, 5; 262/13; 273/4; 275/8; 276/13; 277/6; 281/12; 282/2; 283/1; 286/5; 296a/10
Rechtsprüfungscharakter der Revisionsinstanz   559/2
Rechtsschein   21/4, 14
Rechtsschutzbedürfnis   253/7; 254/11; 256/12; 259/1; 269/16; 276/6
- für die Drittwiderspruchsklage   771/3

- für die Vollstreckungsabwehrklage   767/4
Rechtsschutzgarantie   **Einl.**/3
Rechtsschutzgleichheit   **vor 114–127**/1
Rechtsschutzinteresse   256/4
- bei der Vollstreckungserinnerung   766/7
Rechtssicherheit   253/2; 268/1; 270/1; 281/11; 296a/1
Rechtsstaatsprinzip   253/2; 272/9
Rechtsstreit   296a/9
Rechtstatsachen   292/3
Rechtsverhältnis   256/2, 7; 259/11
Rechtsvermutungen   292/4
Rechtsvernichtende Einwendungen, Rechtsbehelf im Vollstreckungsverfahren   767/1
Rechtswahl   1025/5; 1029/31; 1051/9; 1061/7
Rechtsweg   262/2; 280/4; 295/9; **17a GVG**/1
Rechtswegzuständigkeit   **vor 1–37**/14
Rechtswidrigkeit   256/9
Rechtzeitiger Vortrag   296a/1, 7
Referendare, Pfändungsschutz   811/7
reformatio in peius
- Gehörsrüge   321a/18
- Revision   557/4
- Revisionszurückweisung   561/5
Regelungslücke   295/4
Reichweite der Schiedsvereinbarung   1029/24
Reisekosten
- Bahnfahrt   91/36
- der Partei   91/117
- des Anwalts   91/28
- des auswärtigen Anwalts   91/30
- des Unterbevollmächtigten   91/34
- fiktive Reisekosten des Anwalts   91/33
- Flugkosten   91/36, 118
- Rechtsanwalt am dritten Ort   91/33
- Übernachtungskosten   91/36, 119
- Verkehrsmittel   91/36
Reisende   23 **GVG**/13
Reiseveranstalter   21/7
Reisevergütung, Unpfändbarkeit   850a/5
Reisevertrag   29/66
Religionsfreiheit   484/1
Religiöse Gegenstände, Pfändungsschutz   811/12
Rente   9/4
Rentenschuld   24/5; 25/7
Replik   275/6; 296a/5
Restitutionsklage   262/8; 290/14; 591/1; siehe auch Wiederaufnahmeverfahren
Restitutionsverfahren   290/14
Revision   293/7; 297/12; 560/3; 1032/17
- Anerkenntnisurteil   307/13
- Begründetheitsprüfung, Umfang   557/3

2063

- Begründung
  - bei Verfahrensfehlern 559/6
  - klar formulierte 551/4
- Beschränkung 551/4
- Einlegung 549/1
- Endurteil 300/9
- Frist 548/1; 551/7
- Kausalität 547/1
- révision au fond 328/23; 1065/4
- Revisionsinstanz 256/18
- Revisionsrügen, Ausschluss 560/4
- sich widersprechende Gutachten 546/11
- sittenwidriges Verhalten eines Gutachters 546/16
- Teilurteil 301/10
- Urteil im Wiederaufnahmeverfahren 591/1
- Verfahren 259/2
- Versäumnisurteil 345/8
- Verzichtsurteil 306/8
- Vorbehaltsurteil 302/7
- Zulassung durch Einzelrichter 526/16
- Zurückweisung, spezieller Fall der Unbegründetheit 561/1
- Zwischenurteil 303/4

Revisionsbegründungsfrist 551/7
Revolution 244/1
Richter 298a/2; 71 GVG/7
- auf Probe
  - Urteilsunterschrift 315/3
- Ausschlussgrund siehe Befangenheit
- gesetzlicher 41/2
- Pfändungsschutz 811/9

Richterliche Hinweispflicht, Gehörsrüge 321a/9
Richterwechsel 128/2; 297/9; 355/4; 398/3
- Revision 547/5
Riesterrente, Unpfändbarkeit 851d/1
Risiken 296a/26
Rollstuhl, Pfändungsschutz 811/14
Rubrum 313/2
- Berichtigung der Parteibezeichnung 50/2
- Beschluss 329/7
- Verfahren nach billigem Ermessen 495a/6
Rückbelastungskosten 4/15
Rückfestsetzung 91/48; 103/12
Rückfragen 282/9
Rückgabe 292/4
- der Sicherheit 109/1
  - Anfechtung 109/16
  - Anordnung 109/13
Rückgewähr 256/1
Rücknahme 696/9 ff.
Rücksprache 271/12; 296a/12

Rücktritt 255/4; 264/6; 282/7; 1029/15; 1038/1; 1059/4
Rückverweisung 17a GVG/6
Rückwirkung 283a/6; siehe auch Zustellung
Rückzahlung 260/8
Rüge 295/1
- gegen die Unzulässigkeit der Klage, Revision 565/5
Rügelose Einlassung/Verhandeln 32b/3; 253/8; 266/6; 281/4; 23 GVG/4
- amtsgerichtliches Verfahren 504/2
- Kammer für Handelssachen 349/6
- zur Sache
  - Anerkenntnis 39/5
  - Antrag Erlass Prozessurteil 39/5
  - Antrag Erlass Versäumnisurteil 39/5
  - Antragsstellung 39/6
  - Anwaltszwang für Rüge 39/4
  - ausschließlicher Gerichtsstand 39/1; 39/9
  - Erörterung von Verfahrensfragen 39/5
  - Gerichtsstandsvereinbarung 39/9; 39/11
  - hilfsweise Rüge 39/4
  - hilfsweises Verhandeln zur Sache 39/4
  - internationale Zuständigkeit 39/2
  - Klageerwiderungsfrist 39/6
  - konkludente Rüge 39/4
  - Mahnverfahren 39/6
  - Nachweis der Rüge 39/10
  - örtliche Zuständigkeit 39/2
  - Rechtsmissbrauch 39/11
  - Rechtswegbegründung 39/2
  - Rechtzeitigkeit der Rüge 39/6 f.
  - Rücknahme der Rüge 39/4, 6
  - sachliche Zuständigkeit 39/2
  - schriftliches Verfahren 39/7
  - selbstständiges Beweisverfahren 39/5
  - Vergleichsverhandlungen 39/5
  - Verzicht 39/6
  - Widerklageerhebung 39/5
  - Wirkung 39/11
Rügen 282/17; 296a/19
Rügepflicht 285/1; 286/1
Rügeverlust 355/9
Rügeverzicht, amtsgerichtliches Verfahren 504/4
Ruhegehaltsansprüche 23/12
Ruhen 270/4
- des Verfahrens 239/2; 251/1; 278a/22; 297/5
  - Parallelverfahren 251/1
  - Pilotverfahren 251/1
Rundfunk 15a EGZPO/6

S
Sachanträge 270/2; 295/4; 297/3
Sachdienlichkeit 264/11, 16, 29; 268/2

Sachen 256/7
Sachenrecht 29/17
Sachentscheidungsbefugnis 297/5
Sachkunde 282/8; 287/6; 291/5
Sachlegitimation 266/1
Sachliche Zuständigkeit 253/3
Sachurteil 300/2 f.
Sachurteilsvoraussetzungen vor 1–37/15
– Revision 557/7
Sachverständige 272/3; 273/11, 13; 283/1, 19; 285/2; 286/8; 294/6; 1049/1
Sachverständigenbeweis
– Abgrenzung zum Zeugen 402/3
– Ablehnung 406/1
– Ablehnungsgesuch 366/2
– alternative Tatsachengrundlage 404a/4
– Anhörung der Parteien 404/3
– Ausbleiben des Sachverständigen 409/1
– Bauteilöffnung 404a/2
– Beamte 408/2
– Beeidigung 410/1
– Befundstatsachen 404a/5; 414/2
– Behörden 402/2; 406/1
– Berufsverbände 404/2
– Beweisantritt 403/1; 404a/3
– Einwedungen der Parteien 411/6
– Ergänzungsfragen 411/6
– Ergänzungsgutachten 411/4
– Fristsetzung 411/2
– Gruppe von Einzelsachverständigen 402/2
– Gutachtenverweigerung 409/1
– Gutachtenverweigerungsrecht 408/1
– Herausgabe von Akten, Unterlagen und Untersuchungsergebnissen 407a/4
– Hilfskräfte 407a/5
– Hilfspersonen 406/1
– Inhalt des Beweisbeschlusses 359/3
– Kostenvorschuss 407a/3
– Leitungs- und Weisungsbefugnis 404a/2
– mündliche Erläuterung 411/4; 411a/5
– Obergutachten 412/1
– öffentlich bestellte Sachverständige 404/4; 407/2
– Parlamentarier 408/2
– Pflicht zur Erstattung des Gutachtens 407/1; 408/1
– Privatgutachten/Privatgutachter 402/3; 411a/2
– Richter 408/2
– sachverständige Zeugen 414/1
– Sachverständigenauswahl 404/1; 405/1
– Sachverständigenvergütung 413/1
– Schriftvergleichung 441/1
– Schwurpflicht 478/1
– ungenügendes Gutachten 412/1

– Urheberschutz 411a/7
– Weitergabe des Auftrags 407a/5
Sachverständigengutachten
– Kosten 4/15
– Revision 546/11
– zur Wertermittlung eines Pfändungsgegenstandes 813/2
Sachvortrag 294/5; 296a/21
Sachzusammenhang 25/1
Saldotheorie 29/11
Sanierungskosten 26/6
Satzung 290/4; 293/4
Säumnis 254/5; 267/4; 269/11; 278a/13; 280/5; 291/3; 295/4; 296a/26 f.; 297/1; 330/5; 331/5; 331a/3
– des Revisionsbeklagten, Revision 555/5
– des Revisionsklägers, Revision 555/4
– durch Nichtverhandeln siehe Nichtverhandeln
– Folgen bei Nichtverhandeln siehe Nichtverhandeln
– notwendiger Streitgenosse 330/5; 331/5; 331a/3
– Streithelfer 330/5; 331/5; 331a/3
– wiederholte Antragstellung 332/2; 333/2
Säumnisfall, Revision 555/3
Säumnisverfahren 29/5
– Teilurteil 301/8
Scannen 298a/10
Schaden 287/1 f.
Schadensermittlung gem. § 287 ZPO, Revision 546/17
Schadensersatz 254/10; 255/2, 4; 256/1; 260/5, 8; 262/11; 264/6 f., 26 f.; 283a/1, 13 f.; 287/3
– Grundurteil 304/2, 4
– im Vollstreckungsrecht 717/4
– Tatsachenpräklusion 322/4
– Vorbehaltsurteil 302/11
Schadensatzanspruch 254/8; 260/7
– des Vollstreckungsschuldners 799a/1
– Teilurteil 301/4
Schadensminderungspflicht, Grundurteil 304/8
Schadensort 32/12
Schadenspositionen, Teilurteil 301/3
Schadenswahrscheinlichkeitsprognose, Grundurteil 304/4
Schätzung 254/2; 287/1, 4; 287/6, 9
Schaukasten 29a/6
Scheck 29/72; 95 GVG/10
Scheckklage 29/3
Scheckprozess 605a/1
Scheidung 291/5
Scheidungsverfahren 298a/8
Scheinbeklagter 91/2
Scheinpartei 50/6

2065

Scheinurteil 310/10; 322/17;
   vor 511–577/34
Schenkung 259/7
Schenkungsrechtlicher Rückgabeanspruch,
   Pfändung 852/1
Schenkungsversprechen von Todes wegen
   27/9
Schiedsabreden 281/2
Schiedseinrede 1029/22; 1032/2, 4, 7 ff.,
   12 ff.; 1033/1, 5; 1040/7, 13, 17; 1056/8;
   1059/4, 16; 1060/7
Schiedsfähigkeit 1029/5; 1030/4 f., 8 f.;
   1059/11; 1061/7, 13
Schiedsgericht
– ad hoc vor 1025/6
– institutionalisiertes vor 1025/6
– Kompetenz 1059/8
– Konstituierung 1025/8; 1026/2;
   1032/19 ff.; 1034/1; 1035/1; 1040/3, 7, 17;
   1041/2; 1044/3; 1059/9; 1061/10
– Zuständigkeit 1026/2; 1027/2; 1029/16,
   22, 24; 1030/9; 1032/2, 7, 11; 1033/4;
   1038/4; 1040/1, 11; 1042/8; 1059/3, 5;
   1060/7
Schiedsgerichtsorganisation 1029/15
Schiedsgutachten 91/10; 91/122; 278a/21;
   vor 1025/4; 1032/5
Schiedsgutachtervertrag 1029/19
Schiedshängigkeit 1045/3
Schiedsklausel 24/2
Schiedsordnung 1029/7
Schiedsort 1025/4, 6; 1032/5, 22; 1033/3;
   1043/1; 1045/3; 1052/7; 1054/7; 1061/2;
   1062/2; 1066/1
Schiedsrichter 383/7; vor 1025/4
– Anzahl 1034/3; 1052/4
– Beendigung 1038/1
– Ehrenregelung 1038/8
– Ernennung 1029/24; 1031/12
– Ersatz 1039/4
– Haftung 1036/3; 1038/8; 1053/8
– Neutralität vor 1025/7; 1034/7; 1035/5,
   12, 17; 1036/1 f., 6; 1038/1; 1043/3;
   1047/1; 1049/7; 1059/12; 1061/10, 18
– Rücktritt 1038/1
– Vertrag 1035/4
Schiedsrichtervertrag 1053/4
Schiedssekretär vor 1025/6
Schiedsspruch
– Formalia 1054/3
– Nichtigkeit 1059/16
– Rechtsbehelf 1059/1
– Rechtskraft 1059/20
– Rubrum 1054/3; 1058/2
– Scheinschiedsspruch 1059/14 f.
– Vollstreckbarkeit 794/6
– Vollstreckungsgegenklage 1061/21

– vorläufige Vollstreckbarkeit 1061/20;
   1063/5; 1064/3
– Wirkung 1055/1
Schiedsstellen vor 1025/4
Schiedsunfähigkeit 1059/3
Schiedsvereinbarung
– Arglisteinwand 1032/11
– arglistige Täuschung 1029/14
– Aufhebungsverfahren 1029/14; 1037/8;
   1040/9; 1041/10; 1050/4; 1052/6; 1058/1;
   1059/1 ff., 14; 1060/2; 1061/18
– Drohung 1029/14
– Form 1040/10
– Formanforderungen 1031/4
– Inhalt 1029/1
– Irrtum 1029/14
– Mängel 1032/10
– nachträgliche 1029/22
– Statut 1029/24
– vergleichsfähige Ansprüche 1030/1 f., 4,
   6
Schiedsverfahren 91/123
– Bedingung 1029/15, 20; 1055/5
– Beendigungsbeschluss 1048/8; 1052/4;
   1053/1, 5; 1055/2; 1056/3, 5
– Beginn 1044/1
– Berufung 1031/12; 1032/17; 1059/3
– Beweis 1027/6; 1033/2; 1036/4; 1039/5;
   1042/3, 18; 1044/2; 1046/2; 1047/3;
   1048/6 f.; 1049/2; 1050/2, 5; 1052/2;
   1056/5; 1059/9; 1061/19; 1064/2
– Beweislast 1027/6; 1032/6; 1059/21;
   1061/19
– einstweiliger Rechtsschutz 1026/2;
   1032/7; 1033/1; 1041/1; 1059/14
– Informationsanspruch 1047/3
– Klagänderung 1046/4
– mündliche Verhandlung 1027/2, 4;
   1032/13; 1039/5; 1040/15; 1041/7; 1042/3;
   1047/2
– Nichtverhandeln/Nichterscheinen einer
   Partei 1048/6
– ordre public 1035/17; 1041/14; 1051/4 f.;
   1051/11; 1053/1 f., 6; 1053/8; 1054/6;
   1059/7, 16; 1060/10; 1061/7 f., 10, 14, 18
– Revision 1032/17
– Sachverständige 1035/4; 1036/4;
   1049/5; 1050/2
– Säumnis 1034/5; 1048/1; 1056/4
– Schlüssigkeit 1046/2; 1063/3
– Sprache vor 1025/1; 1027/2; 1045/1, 5;
   1054/2; 1061/10; 1063/1
– Vertraulichkeit 1029/28; 1042/3
– Vollstreckungsabwehrklage 1060/8
– Vorlage an den EuGH 1050/4
– Widerklage 1032/12, 21; 1046/1, 5;
   1059/9; 1061/9

- Zwischenentscheid 1032/19; 1040/11, 14 f., 17; 1055/2; 1059/5, 18; 1065/2
Schiedsvertrag 29/20; 282/17
Schiedsvorvertrag 1032/5
Schiffe 30/11; 259/9
Schifffahrt 30a/2
Schifffahrtsrechtliche Haftungsbeschränkungen 305a/1
Schiffsbauwerke 266/12
Schlichtungsstellen vor 1025/4
Schlichtungsvereinbarung 1029/19; 1032/5
Schlichtungsverfahren 91/124; 271/5; vor 1025/4; 15a EGZPO/1
Schluss der mündlichen Verhandlung 137/7; 256/12; 262/4; 283/7; 286/7; 296a/21 f.; siehe auch Nichtverhandeln
Schlüssigkeitsprüfung 285/16; 293/2
Schlussrechnung 264/7; 287/8
Schlussurteil 254/3, 13
- Anfechtung der Kostenentscheidung 99/14
- Teilurteil 301/1
- Vorbehaltsurteil 302/1
Schmerzensgeld 253/15
- Grundurteil 304/2
- Kostenverteilung 92/19
- Rechtskraft 322/20
- Teilurteil 301/4
- Versäumnisurteil 331/11
Schmierzettel 299/13
Schonvermögen
- öffentliche Leistungen 115/29
- sozialrechtliches 115/27
Schriftform 1031/11
Schriftgutaufbewahrungsgesetz 298a/6
Schriftliches Verfahren 128/3; 272/4; 283/11, 14, 20; 285/13; 286/7; 295/3; 297/4 f.
Schriftliches Vorbringen 128/2
Schriftliches Vorverfahren 272/8; 296a/2
Schriftsatz 295/3
- amtsgerichtliches Verfahren 496/1 f.
- kurzfristige Einreichung als Grund für Termisänderung siehe mangelnde Vorbereitung
Schriftsatzfrist 274/6
Schriftsatznachlass 275/6; 279/6; 282/13, 22 f.; 283/1, 3, 6 ff., 11 f., 19 f.; 285/13; 296a/22
Schriftvergleichung 440/1; 441/1; 442/1
Schufa, Berechtigung zur Beziehung von Abdrucken des Schuldnerverzeichnisses 882g/3
Schulderverzeichnis
- Berichtigung 882e/6
- Eintragungslöschung 882e/1
- Eintragungsverfahren 882c/5

- Hemmung der Eintragung im Verfahren 882d/2
- Widerspruch gegen Eintragung 882d/2
Schuldner 255/1; 256/1; 259/6, 15
Schuldnerkonto, Pfändbarkeit 850k/1
Schuldnerschutz, Erweiterung in der Zwangsvollstreckung 850f/2
Schuldnerschutzantrag 712/3
Schuldnerverzeichnis
- Abdruckserteilung 882g/1
- Einsicht 882f/1
- Eintragungsanordnung 882c/1
- Eintragungsvoraussetzung 852b/2
- Internetadresse 882b/1
Schuldnerverzug 256/9
Schuldrechtsmodernisierungsgesetz 29c/2
Schuldschein 29/9
Schuldübernahme 1029/9, 11; 1035/14; 1038/3
Schuldverhältnis 29/8
Schüler, Pfändungsschutz 811/7
Schulische Bücher, Pfändungsschutz 811/12
Schutzbedürfnis 290/13
Schutzbereichsgesetz 26/11
Schutzgesetz 32/5; 292/3
Schutzschrift 253/4; 299/5; 937/7
- Begriff 945a/7
- Kosten 91/125
- Prozesskostenhilfe 114/3
- Zugangsfiktion 945a/4
- Zulässigkeit 945a/1
Schutzschriftenregister, Erreichbarkeit 945a/2
Schwägerschaft 383/4
Schwarzarbeitserträge, Unpfändbarkeit 850/3
Schweigen des Berufungsurteils 543/4
Schweigepflicht 383/7 f.; 385/5
Schwierigkeit 296a/2
Sehhilfen, Pfändungsschutz 811/14
Sekundäre Darlegungslast 138/8
Selbstablehnung Richter, Revision 547/9
Selbstbindung des Revisionsgerichts 563/10
Selbstständig abtrennbare Teile, NZB, Revision 544/10
Selbstständige, Unpfändbarkeit der Vergütung 850/4
Selbstständiges Beweisverfahren 91/10; 262/3; 269/12, 19; 270/3; 296a/2, 5, 24; 1032/7, 13; 17 GVG/2
- Antrag 487/2
- Beendigung 494a/2
- Begutachtung, erneute 485/8
- Beweisaufnahme 492/2
- Eilzuständigkeit 485/4
- Gegner, unbekannter 494/1

2067

- gerichtliche Entscheidung 490/2
- Hauptsacheverfahren 494/2
- Klageerhebung, Anordnung zur 494a/3
- Klageerhebungsfrist 494a/1
- Kosten 91/126; 96/5; 494a/4
- Kostenentscheidung 308/6
- Ladung des Gegners 491/1
- Nebenintervention 101/30
- Rechtsmittel 490/5
- Sachverständigengutachten 485/5
- Streitwert 3/54
- Zulässigkeit 485/1
- Zuständigkeit 485/2

Selbstvertretungsrecht
- Partei 79/3
- Rechtsanwalt 78/19

Sequester
- Notwendigkeit in der Zwangsvollstreckung 848/4
- rechtliche Stellung 848/4

Sequestration, Kosten 91/127
Server 21/5; 29/59
Sicherheit 259/11
Sicherheitsanordnungen, Ausnahme 710/1
Sicherheitsleistung 255/6; 283a/11; 709/2
- Abwendungssicherheit 108/5; 109/7
- Änderung 108/18
- Anfechtung 108/19
- Art und Höhe 108/1
- Austausch von Sicherheiten 108/12
- Bankbürgschaft 108/10
- Bestimmung des Gerichts 108/8
- Einstellungssicherheit 108/5; 109/8
- für Abwendungsbefugnis 711/2
- Hinterlegung von Geld und Wertpapieren 108/11
- Höhe 108/3
- Kosten 91/128
- nachträgliche Prozesskostensicherheit 111/1
- Parteivereinbarung 108/7
- Prozesskostenhilfe 122/7
- Prozesskostensicherheit 110/1
- Rechtsfolgen 108/13
- Rückgabe 109/1
- Rückgabeanordnung 109/13
- Verfahren 108/17
- Vollstreckungssicherheit 108/5; 109/6
- Wegfall des Sicherheitsanlasses 109/5
- zur Einstellung der Zwangsvollstreckung 707/6

Sicherung durch Arrest 916/3 f.
Sicherungsanordnung 283a/11
Sicherungsgeber bei Drittwiderspruchsklage 771/5
Sicherungshypothek
- als Abwendungsbefugnis 720a/6
- Überweisung 837/4

- Verwertung 848/7
- Voraussetzung 866/2
Signatur 298a/4, 11
Signaturprüfung 416a/2
Sittenwidrige Härte im Vollstreckungsrecht 765a/4
Sitz 22/16; 32b/16; 1025/3, 8; 1029/31; 1062/4
Sitzungsniederschrift 290/12
Sitzungspolizei 366/2
Sitzungsprotokoll 418/2
- mündlicher Parteivortrag, Revision 559/8
Sofortige Beschwerde 269/19; 278a/20; 283a/10, 16; 299/14; 567/1; 17a GVG/7; 14
- Abhilfe 572/2
- Angriffs- und Verteidigungsmittel, neue 571/3
- Anschlussbeschwerde 567/10
- Anwaltszwang 571/6
- außerordentliche Beschwerde 567/4
- Begründung 571/2
- Beschwer 567/7
- Beschwerdeentscheidung 572/10
- Beschwerdeprüfung 572/7
- Bindungswirkung der Beschwerdeentscheidung 572/13
- Einlegung 569/3
- einstweilige Anordnung 570/6
- Einzelrichter 568/2
- Entscheidungsform 572/16
- Erstbeschwerde 567/3
- Form 569/5
- Gegenvorstellung 567/5
- greifbare Gesetzeswidrigkeit 89/15
- im Vollstreckungsrecht 793/1
- Inhalt 569/6
- Kollegialgericht 568/5
- Kostenentscheidung 567/9
- Kostenfestsetzungsbeschluss 104/53
- Nichtabhilfe 572/5
- Nichtabhilfebeschluss 104/61
- Präklusion 571/5
- Prozesskostenhilfe 127/9
- Rechtsbeschwerde 567/3
- reformatio in peius 572/15
- Statthaftigkeit 567/6
- Suspensiveffekt 570/2
- Untätigkeitsbeschwerde 567/5
- Verzicht 572/8
- vorläufige Außervollzugsetzung 570/4
- weitere Beschwerde 567/3
- wiederholte Einlegung 567/8
- Zuständigkeitsrüge 571/4
- Zwischenurteil 303/5
Software 29/59
Soldat 20/4

Sondereigentum 24/22
Sonderfall 254/3
Sonstige Bestandteile, Zwangsvollstreckung 865/2
Sorgfalt 293/2; 296a/11, 18
Sorgfaltsanforderungen 294/2
Sozialabgaben als Berechnungsfaktor in der Zwangsvollstreckung 850e/3
Sozialarbeiter 383/7
Sozialhilfebedürftigkeit als Voraussetzung für weitergehenden Schuldnerschutz in der Zwangsvollstreckung 850f/2
Sozialleistungen, Pfändungsschutz 811/10
Sozialpädagogen 383/7
Sparkasse 95 GVG/8
Spiegelbildprinzip 328/12
Sprungrevision 566/6
Staatenimmunität 1061/22
Staatliche Beihilfen an Landwirte, Unpfändbarkeit 851a/2
Staatsangehörigkeit 23/1; 418/2; 918/1
Staatskasse
– Beschwerdefrist 127/15
– Beschwerderecht 127/12
Stammeinlage 22/9
Statuten 290/4; 293/1, 4
Stellungnahme 296a/20, 22
Stellvertretung 1029/6
Stereoanlage, Pfändbarkeit 811/3
Steuerberater 29/67; 383/7
– Kosten 91/129
Steuerzahler 253/22
Stiftung des öffentlichen Rechts, Zwangsvollstreckung 882a/2
Stiftungen 293/4
Stille Gesellschaft 22/6
Strafanstalt 29c/15
Strafanzeige, Kosten 91/130
Strafbefehl 417/1
Strafurteil 286/10 f.
Straßenverkehrssicherungspflicht 71 GVG/9
Streikvergütungen, Unpfändbarkeit 850/3
Streitbefangen 266/2
Streitgegenstand Einl./21; vor 1–37/15; 2/2; 253/2, 14; 256/16; 262/11; 278a/3; 297/1, 6; 1029/22; 1032/13, 18; 1041/8; 1044/2; 1046/2; 1051/7; 1059/3; 17 GVG/6
– Identität 322/5
– teilbar 301/1
– Verfahren nach billigem Ermessen 495a/2
Streitgenossen 383/2
– Anwaltskosten 91/131
– Ausscheiden während des Verfahrens 100/19
– einfache 542/3
– Gesamtschuldner 104/28
– Haftung als Gesamtschuldner 100/9
– Haftung bei unterschiedlicher Beteiligung 100/4
– Haftung für besondere Angriffs- oder Verteidigungsmittel 100/7
– Haftung nach Kopfteilen 100/3
– Kostenhaftung 100/1
– Obsiegen mehrerer 100/12
– Parteivernehmung 449/1
– subjektive Rechtskraftwirkung 325/2
– Unterliegen einzelner 100/13
– Vorlegung von Urkunden 421/2
Streitgenossenschaft, einfache
– Abgrenzung zur notwendigen Streitgenossenschaft 60/1; 62/2
– Ablehnungsrecht 61/8
– Anerkenntnis 61/1, 10
– anfängliche Streitgenossenschaft 60/1
– Anschlussberufung 61/9
– Arrest 60/3
– Arten der Streitgenossenschaft 60/1
– Aussetzung des Rechtsstreits 61/5
– Bedingungsfeindlichkeit 60/5
– Begriff 60/1
– Beschwer für Rechtsmittel 61/9
– Beweisaufnahme und -würdigung, einheitliche 61/6
– Bürge 60/8
– Eigenständigkeit der Prozessrechtsverhältnisse 60/10; 61/1
– einstweilige Verfügung 60/3
– Einzelwirkung 61/1; 62/10
– Ende 60/4
– Eventualstreitgenossenschaft 60/5
– Fristen 61/9
– Gerichtsstandsbestimmung 36/12
– Gesamtgläubiger 60/8
– Gesamtschuldner 60/8
– Gesellschaftsschuldprozess 60/8
– Geständnis 61/6
– Gleichartigkeit von Ansprüchen 60/7
– Gründe für Streitgenossenschaft 60/7 f.
– Haftpflichtprozess 60/8
– Heilung 60/12
– Identität des tatsächlichen und rechtlichen Grundes 60/7
– Insolvenz eines Streitgenossen 61/10
– Insolvenzanfechtung gegenüber mehreren Gläubigern 60/7
– Klagerücknahme 61/1, 5
– Kosten 60/13
– Ladung 63/2
– Mahnverfahren 60/3
– Miteigentümer 60/8; 62/8 f.
– nachträgliche Streitgenossenschaft 60/1
– Nebenintervention bei Streitgenossen 61/3
– objektive Klagenhäufung 60/6

2069

- Parteistellung 61/3
- Prozessartenidentität 60/9
- Prozessbevollmächtigter des Streitgenossen 63/3
- Prozessgerichtsidentität 60/9
- Rechtsgemeinschaft 60/7
- Rechtshängigkeit, Eintritt und Ende 61/5
- Rechtskraft 61/9
- Rechtsmissbräuchlichkeit getrennter Prozesse 60/11
- Rechtsmittel 61/9
- Rechtsmittelbegründung 61/1
- Rechtsmitteleinlegung 61/1, 9
- Rechtsmittelfrist 61/9
- Reduzierung Prozesskosten 60/11, 13
- Ruhen des Verfahrens 61/5
- Säumnis 61/6 f., 10
- schriftliches Verfahren 60/9
- Schuldmitübernehmer 60/8
- selbstständige Prüfung Zulässigkeit und Begründetheit 61/4
- Selbstständigkeit der Streitgenossen 60/10; 61/1
- Streitverkündung an Streitgenossen 61/3
- subjektive Klagenhäufung 60/1
- Tatsachenvortrag 61/6
- Teilurteil 60/4; 61/4, 10
- Tod eines Streitgenossen 61/10
- Trennung 60/10, 12
- Umdeutung in Streitverkündung 60/5
- Unterbrechung des Rechtsstreits 61/5
- unterschiedliche Anspruchsgrundlagen 60/7
- unterschiedliche Klageanträge 60/7
- unterschiedliche Klagearten 60/7
- unterschiedliche Vertragsverhältnisse 60/8
- unzulässige Streitgenossenschaft, Wirkungen 60/12
- Verbot der Widersprüchlichkeit von Entscheidungen 61/10
- Vergleich 61/1, 5
- Verjährungshemmung 61/5
- Versäumnisurteil 61/10; 63/2
- Verzicht 61/10
- Voraussetzungen objektive Klagenhäufung 60/6, 9
- vorläufige Vollstreckbarkeit 61/10
- widersprüchlicher Sachvortrag 61/6
- Zedent 60/8
- Zessionar 60/8
- Zeugenfähigkeit 61/3
- Zuständigkeitsbestimmung 36/12
- Zuständigkeitswechsel durch Prozesstrennung 60/12
- Zustellung 63/2
- Zwangsvollstreckungsverfahren 60/3
- Zweckmäßigkeit als Zulässigkeitskriterium 60/7

Streitgenossenschaft, notwendige
- Abgrenzung zur einfachen Streitgenossenschaft 60/1; 62/2
- actio pro socio 62/8
- Anerkenntnis 62/12, 20
- Anschlussrechtsmittel 62/14
- Ausschließung eines Gesellschafters 62/8
- Aussetzung des Rechtsstreits 62/21
- Eigenständigkeit der Streitgenossen 62/10
- einheitliches Beweisergebnis 62/17
- Einredeerstreckung 62/15
- Entziehung der Geschäftsführungsbefugnis 62/8
- Entziehung der Vertretungsmacht 62/8
- Erbunwürdigkeitsklage 62/6
- Erledigungserklärung 62/19
- Feststellungsklage Ausscheiden Mitgesellschafter 62/9
- Feststellungsklage Unwirksamkeit Mietvertrag 62/8
- Fristen 62/10 ff.
- Fristlauf 62/13
- Fristverlängerung 62/13
- Gebot der Einheitlichkeit der Sachentscheidung 62/3, 23 f.
- Gerichtsstandsbestimmung 36/12
- Gesamthandsgemeinschaften, Aktivprozesse 62/8
- Gesamthandsgemeinschaften, Passivprozesse 62/8
- Gesamthandsklage 62/8
- Gesamtschuldklage 62/8
- Gesellschafterbeschlüsse Anfechtungsklage 62/6
- Gestaltungswirkung 62/5
- Geständnis 62/17
- Gütergemeinschaft 62/8
- Insolvenzgläubiger 62/6
- Klageänderung 62/12, 20
- Klagerücknahme 62/12, 19
- Ladung 63/2
- materiell-rechtlich notwendige Streitgenossenschaft 62/4, 7 f.
- materiell-rechtliche Fristen 62/15
- Miteigentümer 60/8; 62/8 f.
- Miterben 62/8 f.
- Nacherbe 62/6
- Nachlassgläubiger 62/8
- Nichtigkeitsklage GmbH 62/6
- Parteistellung im Rechtsmittelverfahren 62/14
- Parteivereinbarung 62/4
- Prozessführungsbefugnis 62/7

Stichwortverzeichnis

- prozessual notwendige Streitgenossenschaft **62**/4 ff.
- Rechtskraft unzulässiges Teilurteil **62**/23
- Rechtskrafteintritt **62**/14
- Rechtskrafterstreckung **62**/5
- Rechtsmittel des Prozessgegners **62**/22
- Rechtsmittelfristen **62**/14
- Rechtsmittelrücknahme **62**/14
- Säumnis **62**/10, 12, 16
- Selbstständigkeit der Streitgenossen **62**/10
- Tatsachenvortrag **62**/17
- Teilurteil **62**/23
- Testamentsvollstrecker **62**/6
- Unterbrechung des Rechtsstreits **62**/21
- Vereinbarung **62**/4
- Vergleich **62**/12, 20
- Verjährungshemmung **62**/15
- Versäumnisurteil **62**/16; **63**/2
- Vertretungsfiktion **62**/10, 12, 14 ff.
- Verzicht **62**/20
- Vorerbe **62**/6
- Widerruf von Prozesshandlungen **62**/12
- Wirksamkeit von Prozesshandlungen **62**/10
- Wohnungseigentümer **62**/6
- Wohnungseigentumsgemeinschaft Verwalter **62**/6
- Zulässigkeit Klage **62**/5, 7, 11, 24
- Zuständigkeitsbestimmung **36**/12
- Zustellung an Streitgenossen **62**/13; **63**/2
- Zustimmung Auszahlung Hinterlegungsbetrag **62**/8

Streitgenössische Nebenintervention **101**/21
- Anerkenntnis **69**/10
- Anfechtungsprozess im Gesellschaftsrecht **69**/3
- Aussetzung des Prozesses **69**/5
- Beiladungspflicht **69**/4
- Beschwer **69**/9
- Bindung an die Lage des Rechtsstreits **69**/6
- Doppelstellung **69**/1, 7
- eigenes Recht zur Prozessführung **69**/1
- Erledigungserklärung **69**/10
- erweiterte Vollstreckbarkeit **69**/3
- Gesamtschuldner **69**/3
- Gestaltungswirkung **69**/3
- Geständnis **69**/8
- Haftpflichtversicherer **69**/3
- Klageabweisungsantrag **69**/10
- Klageänderung **69**/10
- Klagerücknahme **69**/10
- Kosten **69**/12
- Nebeninterventionswirkung **69**/11

- Prozesshandlungen **69**/7
- Rechtskrafterstreckung für und gegen alle **69**/3
- Rechtskrafterstreckung/Rechtskraftwirkung **69**/3
- Rechtsmittel **69**/9
- Rechtsmittelfrist **69**/9
- Rechtsmittelverzicht **69**/9
- Rechtsverhältnis zum Prozessgegner **69**/3
- selbstständiger Streithelfer **69**/1
- Unterbrechung des Prozesses **69**/5
- Urteilszustellung **69**/9
- Verfügung über den Streitgegenstand **69**/10
- Vernehmung des Nebenintervenienten als Partei **69**/4
- Verzicht **69**/10
- Weiterführung Prozess nach Klagerücknahme **69**/10
- Widerklage **69**/10
- Widerruf Geständnis Hauptpartei **69**/8
- widersprechender Sachvortrag **69**/8
- Widerspruch gegen Erledigungserklärung **69**/10
- Widerspruch gegen Klagerücknahme **69**/10
- Widerspruch/Widersprüchlichkeit zur unterstützten Partei **69**/7
- Wiedereinsetzung in den vorigen Stand **69**/9
- Zeugenstellung **69**/4
- Zustimmung zum schriftlichen Verfahren **69**/4
- Zustimmung zur Erledigungserklärung **69**/10
- Zustimmung zur Klagerücknahme **69**/10
- Zwischenfeststellungsklage **69**/10

Streithelfer **290**/6; **383**/2; **421**/2; *siehe auch* Nebenintervention
Streithilfe *siehe* Nebenintervention
Streitigkeiten
- nicht vermögensrechtliche **vor 1–37**/13
- vermögensrechtliche **vor 1–37**/13

Streitstoff **253**/13
- rechtlich selbstständiger, abtrennbarer Teil **543**/6

Streitverkünder **72**/1
Streitverkündete **285**/9
Streitverkündeter **72**/1
- Prozesskostenhilfe **114**/5

Streitverkündung **262**/15; **269**/9; **270**/3; **299**/9
- abgetretenes Recht **73**/2; **74**/12
- alternative Vertragspartnerschaft **72**/12
- Alternativhaftung **72**/12
- Amtshaftung **72**/12

2071

- Anhängigkeit Vorprozess **72**/8
- Anhörungsrüge **74**/12
- Anwaltszwang **73**/1; **74**/7
- Aussetzung Folgeprozess **72**/1
- Bedingungsfeindlichkeit **73**/1
- Beitritt beim Prozessgegner **74**/10
- Beitritt beim Streitverkünder **74**/7
- Bürge **72**/11 f.
- doppelte Streitverkündung **72**/6; **74**/11
- Dritter **72**/9
- einstweilige Verfügung **72**/7
- Folgeprozess **72**/1
- Form der Streitverkündung **72**/14; **73**/1 f.
- Gericht als Streitverkündeter **72**/10, 15
- Gesamtschuldner **72**/11 f.
- gesetzlicher Vertreter als Streitverkündeter **72**/9, 15
- Gewährleistungsanspruch **72**/11
- Heilung von Mängeln **72**/14; **73**/4
- Inhalt Streitverkündungsschrift **73**/2
- Klagerücknahme **74**/2
- Kosten **74**/14 f.; **91**/135
- Mitteilung Streitverkündung an Gegner **73**/5
- nach Schluss der mündlichen Verhandlung **74**/5
- Nebeninterventionswirkung **72**/1; **74**/3
- Nichtbeitritt **74**/9
- Non-Liquet **72**/13
- Notarhaftung **72**/12
- Parteiverschiedenheit Streitverkündeter **72**/9
- Privatgutachter als Streitverkündeter **72**/10, 15
- Prozessbevollmächtigter als Streitverkündeter **72**/10, 15
- Prozesshandlung **73**/1
- Prozesshandlungsvoraussetzungen **73**/1
- Prozesskostenhilfeverfahren **74**/12
- Prüfung der Zulässigkeitsvoraussetzungen **72**/15; **73**/3; **74**/9
- Rechtshängigkeit Vorprozess **72**/8
- Rechtsmissbräuchlichkeit **72**/9
- Rechtsmittelinstanz **72**/8
- Rechtswegidentität **72**/7; **74**/6, 13
- Regressanspruch **72**/11
- Rückgriffsansprüche **72**/11
- Rücknahme Streitverkündung **73**/1
- Sachverständiger als Streitverkündeter **72**/10, 15
- Sachverständiger Zeuge als Streitverkündeter **72**/10, 15
- Schriftform **73**/2
- selbstständiges Beweisverfahren **72**/5, 7; **74**/7, 12
- sofortige Beschwerde gegen Streitverkündung **72**/10; **73**/5
- Streitgenossen als Streitverkündete **72**/9
- Streitverkündungsgrund **72**/11 f.; **73**/2; **74**/13
- Streitverkündungsvereinbarung **72**/4
- subsidiäre Haftung **72**/12
- Teilklage **74**/12
- unklare Beweislage **72**/13
- Verfassungsbeschwerde **74**/12
- Verjährungshemmung **72**/1; **74**/12 f.
- Vorprozess **72**/1
- weitere Streitverkündung **72**/5
- Wirkungen **72**/1
  - materiell-rechtliche **74**/12
  - prozessuale **74**/3
- Zustellung Streitverkündung **72**/10; **73**/5
- Zweck **72**/1

Streitverkündungsempfänger **72**/1
Streitverkündungsgegner **72**/1
Streitwert **2**/1; **253**/3, 6; **254**/2; **255**/1; **256**/2, 17; **260**/3; **262**/13; **264**/2; **271**/6; **280**/3; **23 GVG**/1; **71 GVG**/1; **97 GVG**/4
- Altenteil **9**/4
- Anstellungsverhältnis eines GmbH-Geschäftsführers **9**/4
- Antragsidentität **5**/6
- Anwartschaftsrecht **6**/3
- Apothekenpachtvertrag **8**/3
- Aufrechnung **5**/9
- Bagatellstreitwert **2**/6; **8**/1; **9**/1
- Beamtenbeförderung, unterlassene **9**/4
- Beherbergungsvertrag **8**/3
- Beratervertrag **9**/4
- Beseitigungsklage **7**/1
- Beseitigungskosten **7**/3
- Besitzform **6**/3
- Bürgschaft **6**/6
- Campingvertrag **8**/3
- Darlehen **9**/4
- Duldung **6**/3
- Erbbauwohnrecht **8**/4
- Erbbauzinsen **9**/4
- Feststellungsklage, positive **6**/9
- Filmverleih **8**/3
- Fitnessstudiovertrag **8**/3
- Forderungssicherstellung **6**/1
- Franchisevertrag **8**/3
- Garagenplatz, Überlassung von **8**/3
- Gebührenstreitwert **2**/6
- Gegenstandswert **2**/6
- Grundbuchberichtigung **6**/3
- Grunddienstbarkeit **7**/1
- Grundpfandrecht **7**/2
- Haupt- und Hilfsantrag **5**/4
- Hausmeistervertrag **8**/3
- Heimvertrag **8**/3
- Herausgabeklage **6**/3

Stichwortverzeichnis

- Hilfwiderklage   5/11
- Insolvenzanfechtung   6/6
- Jagdpacht   8/3
- Klage und Widerklage   5/7
- Klagehäufung   5/1
- Kleingartenpachtvertrag   8/3
- Krankenversicherungsvertrag   9/4
- Leasingvertrag   8/3
- Leibrente   9/4
- Leihe   8/4
- Lohn/Gehalt   9/4
- Löschungsbewilligung einer Grundschuld   6/3
- Maklercourtage   9/4
- Mängelbeseitigung   9/2
- Mieterhöhungsklage   9/2
- Mietkauf   8/3
- Mietverhältnis   8/3
- Nießbrauch   7/2; 8/4
- Notweg-/Überbaurente   7/3
- Pacht-/Mieterhöhung   9/4
- Pachtverhältnis   8/3
- Pfandrecht   6/1, 7
- Pferdeboxen, Überlassung von   8/3
- Räumung   6/3
- Reallasten   9/4
- Rechtsmittel   8/10
- Rechtsmittelstreitwert   2/6; 5/8; 8/1; 9/1
- Rente   9/4
- Sicherungseigentum   6/6
- Sondervorschriften   2/8
- Stromeinspeisungsvertrag   9/4
- Stromzähler   3/56
- Stufenklage   5/5
- Teilidentität von Anträgen   5/7
- Überbau- oder Notwegrente   9/4
- Überlassung von Räumlichkeiten   8/3
- Unterhaltsanspruch   9/4
- Unternehmenspacht   8/3
- Verkehrswert, objektiver   6/4
- Verringerung   23 GVG/3
- Verurteilungsstreitwert   8/1; 9/1
- Vollstreckungsgegenklage   4/19; 6/9
- Vollstreckungsstreitwert   2/6
- Vorabentscheidung   2/9
- Vorkaufsrecht   7/2
- Vorsorgebezüge   9/4
- Wärmelieferungsvertrag   8/4
- Wertverlust, Ermittlung des ~s   7/6
- Widerklage   5/7
- Wiedererlangung   6/3
- Wohnrecht, dingliches   8/4
- Wohnungseigentum   8/4
- Zurückbehaltungsrecht, persönliches   6/7
- Zuständigkeitsstreitwert   2/6

Streitwertangabe   253/17
Streitwertbegünstigung   vor 114–127/3

Streitwertfestsetzung
- Änderung   3/15
- Auffangstreitwert   3/7
- Ermessen   3/3
- fiktiver Streitwert   3/10
- innerhalb Gebührenstufe   3/6
- nach Zeitabschnitten   3/9
- Verfahren   3/11
  - nach billigem Ermessen   495a/9

Strengbeweis   285/8; 293/1
Studenten, Pfändungsschutz   811/7
Studentenwohnheim   29a/12
Stufenklage   254/8; 262/15; 1029/19
- Streitwert   3/57
- Teilurteil   301/3
Stufenverfahren   1035/5
Stuhlurteil   310/2; 313a/3, 5; 315/2, 4
Stundenfristen   siehe Fristende
Stundung im Vollstreckungsrecht   775/5
Subjektiv-dingliche Rechte   24/21
Subjektive Klagenhäufung   60/1;
   15a EGZPO/10; 95 GVG/3; siehe auch Streitgenossenschaft
Subjektive Schiedsfähigkeit   1029/5
Subjektives Rechtsschutzziel, NZB, Revision   544/8
Subsidiarität   1050/2
Substantiierung
- substantiierte Darlegung der Zulassungsgründe, NZB, Revision   544/19
- Substantiierungslast   285/4
- Substantiierungspflicht, Sicherung einer einheitlichen Rechtsprechung, Revision   543/28
Subsumtion, fehlerhafte oder unterbliebene, Revision   563/11
Suchmaschinen   291/4
Suchtberater   383/7
Suggestivfragen   397/2
Summarische Prüfung   293/2
Suspensiveffekt   vor 511–577/3
- NZB, Revision   544/3
Synallagma   259/6

T

Tagegeld, Unpfändbarkeit   850a/5
Tarifverträge   293/4
Tatbestand
- Absehen von der Fertigung   313b/1
- Bedeutung für Rechtsmittelinstanz   314/5
- Berichtigung   299a/6; 313/11; 320/1
- Beweiskraft   314/1
- lückenhaft, unklar oder widersprüchlich, Revision   559/10
- Tatbestandsmerkmal   292/4
- Tatbestandswirkung   328/9
- unvollständiger, Revision   559/10

2073

- Urteilsbestandteil 313/7
- Verfahren nach billigem Ermessen 495a/6
- Verzicht 313a/2
Tatsachen 256/1; 277/2; 282/18; 283/17, 20; 285/1, 4, 7; 290/1, 3 ff., 7 f., 10, 12; 291/1, 3; 292/3; 293/1; 294/1, 3; 296a/18
- nach Schluss der mündlichen Berufungsverhandlung, Revision 559/7
- Tatsachenbehauptung 256/9; 290/1
- Tatsachenvermutung 292/4
- Tatsachenvortrag der 1. und 2. Instanz, Revision 559/8
Teilanerkenntnis, Kosten 92/22
Teileinspruch 338/3
Teilgrundurteil 304/6
Teilklage 23 GVG/2
- Streitwert 3/59
Teilkostenentscheidung 301/3
Teilrücknahme, Kosten 92/22
Teilungsklage 24/17
Teilungsplan
- Fiktion der Zustimmung bei Nichterscheinen 877/1
- Voraussetzung zur Ausführung 876/4
- Voraussetzung zur teilweisen Ausführung 876/5
- vorläufiger 874/1
Teilungsrecht, Zwangsvollstreckung 864/4
Teilungsverfahren
- Geltendmachung von Einreden des Schuldners durch Gläubiger 878/7
- Nichterscheinen im Termin 877/1
- Widerspruchsklage 878/1
Teilurteil 254/1, 13; 256/16, 20; 260/5, 9; 296a/9; 301/1
- einfache Streitgenossen 61/10
- notwendige Streitgenossen 62/23
Teilverweisung 23 GVG/4
Teil-Verzichtsurteil 306/6
Teilvollstreckbarerklärung erstinstanzlicher Urteile 537/3
- Antrag 537/6
- nicht unbedingt vollstreckbares Urteil 537/4
- nur teilweise Anfechtung des Ersturteils 537/5
Teilzahlung 253/3
Teilzurückweisung, Revision 552a/3
Telefax-Ausdruck 416/3
Telefon 253/20; 285/9
Telekommunikation 32/13
Termin
- Änderung siehe Terminsänderung
- Augenscheinstermin 219/5
- Beginn siehe Aufruf der Sache
- Begriff 214/2
- Ende des ~s siehe Terminsende

- Örtlichkeit siehe Terminsort
- Verlegung siehe Terminsänderung
- Vertagung siehe Terminsänderung
Terminierung siehe Terminsbestimmung
Terminsänderung 227/1
- Anfechtbarkeit der Entscheidung 227/54
- Anhörung des Gegners vor Entscheidung über 227/50
- Anspruch auf 227/33
- Antragserfordernis siehe Terminsänderungsantrag
- Begründung der Entscheidung 227/53
- Bekanntmachung der Entscheidung 227/52
- Entscheidung 227/48
- erheblicher Grund erheblicher Grund
- Ermessen 227/46
- Ermessensbindung 227/46
- Form der Entscheidung 227/51
- Gerichtsferien (frühere) 227/33
- mündliche Verhandlung vor Entscheidung über 227/49
- Prozessverschleppung erheblicher Grund
- Sommersache 227/33
- von Amts wegen siehe Terminsänderungsantrag
- Zuständigkeit 227/51
- zwingende 227/33
- Ausnahmen 227/35
Terminsänderungsantrag 227/4
- Antragsberechtigung 227/5
- Begründungserfordernis 227/8
- Form 227/5
- Frist 227/6
Terminsbeginn siehe Aufruf der Sache
Terminsbestimmung 216/1; 270/4; 361/2; 362/3
- Ablehnung 216/19
- Ausführung 216/15
- Auswahl des Termins 216/12
- Ermessen 216/12
- Form 216/14
- Gerichtskostenvorschuss 216/9
- Gesuch um 216/5
- Hindernisse 216/7
- Inhalt 216/14
- Rechtsbehelfe 216/16
- Revision 551/1
- unterlassene 216/17
- unverzüglich 216/10
- von Amts wegen 216/3
- Voraussetzungen 216/4
- Zuständigkeit 216/13
Terminsende 220/7
- Abgrenzung mündliche Verhandlung 220/8

Terminskollision 227/19
- besondere Beschleunigungsbedürftigkeit 227/19
- Beweistermin 227/19
- einstweiliger Rechtsschutz 227/19
- Fortsetzungstermin 227/19
- Kindschaftssache 227/19
- Priorität des früher anberaumten Termins 227/19
- Vertretung durch Sozius 227/19
- Vorrang des später anberaumten Termins 227/19
Terminsladung 357/4
Terminsmitteilung
- Begriff 214/3
- statt Ladung 214/6
Terminsort 219/1
- Anhörungstermin 219/6
- Außentermin 219/4
- Gerichtsstelle 219/2
- Ortstermin 219/3
- regelmäßiger 219/2
- Verlegung außerhalb der Gerichtsstelle 219/7
- Vernehmung des Bundespräsidenten 219/11
Terminsverlegung *siehe* Terminsänderung
Terminsvertreter 82/7
Terminvertreter, Kosten 91/139
Territorialitätsprinzip 1025/1, 7; 1061/2
Testamentsanfechtung 27/5
Testamentsvollstrecker 28/7; 253/10; 1029/9; 1066/2
Testamentsvollstreckung 31/4
- im Vollstreckungsrecht 748/2; 749/2
Testierfähigkeit 383/8; 385/5; 418/2
Testkaufkosten 91/8, 136
Tiefkühlgerät, Pfändbarkeit 811/3
Tierarzt 383/7
- Pfändungsschutz 811/9
Tiere, Besonderheiten im Vollstreckungsrecht 765a/5
Time-Sharing-Recht 24/24
Time-Sharing-Vertrag 29/68
Tod 264/10
- einer Partei 239/1
Todeseintritt 27/3
Transfervermerk 298a/4, 11; 416a/2
Trennung des Prozesses *siehe* Prozesstrennung
Trennungsentschädigung, Unpfändbarkeit 850a/5
Treuhand 22/10
Treuhänder 22/9; 29c/12
Trinkgeld, Pfändbarkeit 850/3

U
Überbau- oder Notwegrenten 9/4
Überbaurente 26/6

Überbeschleunigung 296a/7
Übergabe 292/4; *siehe auch* Zustellung
Übergabekosten 4/15
Übergabeverträge 385/3
Übergang 256/4
Übergangsregelung und Wertgrenze, NZB, Revision 544/5
Übergewichtstheorie 29a/8; 23 GVG/8
Überlastung 299/7
Übernahme des Rechtsstreits 281/13
Übernahmeort 30/6
Überpfändung 803/5
Überraschungsentscheidung, Gehörsrüge 321a/9
Überraschungsmoment 29c/5
Übersendungskosten 4/15
Übersetzung 294/2; 295/7
- Kosten 91/137
- von fremdsprachigen Urkunden 142/7
Überstundenentgelt, Unpfändbarkeit 850a/3
Übertragung 266/3
Übertriebene Vorstellungen 254/2
Überweisung einer Geldforderung 835/1
- Ausschluss 835/1
- Übergang der Nebenrechte 835/6
- Wirkungen 836/1
- zur Einziehung, Wirkung 835/5
Überweisungsbeschluss, Kombination mit Pfändungsbeschluss 835/2
Überzeugung 285/4; 286/1 f., 5 f., 10 f.; 290/10; 293/4; 296a/23 f.
Übung 293/4
ultima ratio 286/2
Umdeutung 254/8; 256/3
Umfang 296a/2; 945/9
Umgehungen 253/14
Umgrenzungsfunktion 297/1
Umsatzsteuer 91/138; 104/12
Umwelteinwirkung 32a/1, 35
UmweltHG 32a/5
Umzug 253/3
Umzugskostenvergütung, Unpfändbarkeit 850a/5
Umzugsvertrag 30/3
Unabhängigkeit, Teilurteil 301/1, 7
Unanfechtbarkeit 268/2; 281/10
- Verweisung 99 GVG/4
- Verweisungsbeschluss 102 GVG/1
Unangemesse Benachteiligung, Revision 546/16
Unangemessener Zeitaufwand 296a/10
Unangemessenheit 256/9
Unbekannte 253/10
Unberechtigte Untervermietung, Räumungsverfügung 940a/4
Unbeschränkte Zulässigkeit der Anschlussrevision, Revision 554/4

2075

Unbewegliche Sachen 24/3; 26/3; 259/9
Unbezifferte Zahlungsanträge, Streitwert 3/60
Unbezifferter Klageantrag, Kostenverteilung 92/19
Unechtes Versäumnisurteil 313b/2
- gegen Kläger 330/2
- gegen Kläger bei Säumnis Beklagter 331/2
Unechtheit 256/11
Unerlaubte Handlung 32/1
Unerledigte Beweisangebote, Tatbestand 313/8
Ungerechtfertigte Bereicherung 259/7
- im Vollstreckungsrecht 717/6
Ungewissheit 256/3
UN-Kaufrecht 29/39, 61
Unklare Gutachten, Revision 546/11
Unklarheiten 253/14
Unkostenpauschalen 4/15
Unmittelbarer rechtlicher oder wirtschaftlicher Zusammenhang, Streitgegenstand, Revision 554/4
Unmittelbarkeitsgrundsatz **Einl.**/8; 309/1
- Sachverständigengutachten, schriftliches **Einl.**/8
Unpfändbarkeit 850i/1
Unpfändbarkeitgrenze, Anpassung **850g**/1
Unrichtigkeit 254/6; **286**/10; **298a**/5; 319/3; 320/2
- des Urteils, offensichtliche 543/9
- offenbar 319/6
- tatbestandlicher Darstellungen, Sicherung einer einheitlichen Rechtsprechung, Revision 543/29
- Unvollständigkeit 319/5
Unschlüssigkeit 253/13
Unsicherheit 253/15; 254/7; 256/13; 285/5
Unstreitige Tatsachen 294/4
Unstreitiger Vortrag 296a/7
Untätigkeit 275/8
Untätigkeitsbeschwerde siehe Sofortige Beschwerde
Unterbevollmächtigter, Kosten 91/139
Unterbrechung 239/2
- des Verfahrens
  - Prozessunfähigkeit Vollmachtgeber 86/5
  - Tod Vollmachtgeber 86/5
  - gesetzliche Prozessstandschaft 239/3
  - gewillkürte Prozessstandschaft 239/3
  - zwischen den Instanzen 239/12
Unterhalt 1030/4
- der werdenden Mutter 28/7
- Unterhaltsansprüche 385/3
- Unterhaltsvereinbarung 29/18
Unterlassen des Gerichtsvollziehers, Rechtsbehelf 766/6

Unterlassung 29/65, 69; **264**/6
- Unterlassungsansprüche 259/14
- Unterlassungsanträge 253/14
- Unterlassungsklage **Einl.**/26; 32/9; 32a/12
- Rechtskraft 322/20
- Streitwert 3/61
- Unterlassungstitel 253/14
- Unterlassungsvertrag 95 **GVG**/15
Unternehmensvertrag 22/9
Untersagung 765a/1
Unterscheidung zwischen revisiblem und nicht revisiblem Recht, Revision 560/3
Unterschrift 253/9; 256/11; 271/4; 273/4; 277/6; 294/7; 295/9; 296a/6; 298a/4
- Anforderungen 315/2
- Unterschriftsbeglaubigung 415/5
Untersuchungsgrundsatz **Einl.**/5
Untervertretung, Rechtsreferendar 157/1
Untervollmacht
- Nachweis 80/3
- Prozessvollmacht 82/7; 83/2
Unübertragbarkeit einer Forderung, Unpfändbarkeit 851/1
Unverwertbarkeit 294/6
Unverzüglich 271/6
Unvollständigkeit 254/9
Unwiderlegbarkeit 292/6
Unwiderruflich 295/2
Unwirksame AGB-Klauseln, Zwangsvollstreckung 890/1
Unwirksamkeit 262/6
Unzulässigkeit 253/8; 254/8; 269/2
Unzumutbarkeit 253/15
Unzuständiges Gericht, Weiterleitung 167/5
Unzuständigkeit
- amtsgerichtliche Hinweispflicht 504/1
- amtsgerichtliches Verfahren 506/1
Unzuständigkeitsrüge
- amtsgerichtliches Verfahren 504/2
- missbräuchliche siehe Zuständigkeit, Arglisteinrede
Urbeklagter siehe Gläubigerstreit
Urheberbenennung
- absolute Rechte 77/2
- Anerkennung durch den mittelbaren Besitzer 77/7
- Anwaltszwang 77/4
- Besitzdiener 77/3
- Besitzmittlungsverhältnis 77/1, 3
- Bestreiten des mittelbaren Besitzes 77/6
- Form 77/4
- Haftungsfreistellung des Beklagten 77/6
- Hauptintervention 77/9
- Heilung von Mängeln 77/4
- Kostenentscheidung 77/10

Stichwortverzeichnis

- Laudatio Auctoris **77**/1
- Leistungsklage **77**/3
- Nichterklärung zum mittelbaren Besitz **77**/6
- Nominatio Auctoris **77**/1
- schuldrechtlicher Herausgabeanspruch **77**/3
- Streitgenossen **77**/2, 8
- Streithilfe **77**/8
- Verhandlungsverweigerungsrecht des Beklagten **77**/5
- Zustellung der Streitverkündung **77**/5
- Zustimmung zur Prozessübernahme **77**/7

Urhebergesetz **32**/7
Urkläger *siehe* Gläubigerstreit
Urkunde **142**/2; **256**/11, 221; **270**/4; **273**/8; **285**/2
- Pfändbarkeit **808**/2

Urkundenbeweis
- Abgrenzung zum Augenschein **371**/3
- Abschrift **415**/2
- beglaubigte Abschrift **435**/1
- Beweisantritt **420**/1; **421**/1; **432**/1
- Beweiskraft öffentlicher Urkunden **415**/5; **417**/1; **418**/1
- Beweiskraft privater Urkunden **416**/4
- Beweisvereitelung **444**/1
- Beweiszeichen **415**/2
- Blankettmissbruch **440**/2
- Blanko-Unterschrift **440**/2
- Blindenschrift **415**/2
- Echtheit ausländischer öffentlicher Urkunden **438**/1
- Echtheit inländischer öffentlicher Urkunden **437**/1
- Echtheit von Privaturkunden **439**/1; **440**/1
- eingescannte öffentliche Urkunden **371b**/1
- elektronische Dokumente **415**/2
- Erbschein **417**/1
- Faksimile-Stempel **416**/3
- Fotokopie **415**/2
- fremdsprachige Dokumente **415**/2
- Gegenbeweis **416**/5; **417**/2
- Handzeichen **416**/3; **440**/1
- Kurzschrift **415**/2
- Legalisation **438**/1
- Mängel der Urkunde **419**/2
- notarielle Urkunden **415**/5
- öffentliche elektronische Dokumente **416a**/1
- Paraphe **416**/3
- Privaturkunde **416**/2
- Schriftvergleichung **440**/1; **441**/1; **442**/1
- Telefax-Ausdrucke **416**/3
- Unterschriftsbeglaubigung **415**/3

- Urkundenbegriff **415**/2
- Urteil **417**/1
- Vernehmung über den Verbleib **426**/3
- Verwahrung verdächtigter Urkunden **443**/1
- Verzicht **436**/1
- Vorlegung durch Dritte **428**/1; **429**/1
- Vorlegungsfrist **431**/1
- Vorlegungspflicht **421**/1; **423**/1; **424**/1
- Zustellungsurkunden **415**/3

Urkundenprozess **256**/15; **260**/12; **264**/4; **277**/2
- Abstandnahme **596**/1
- Anerkenntnis-Vorbehaltsurteil **599**/4
- Beweisantritt **595**/3
- Beweismittel, Mitteilung der **593**/2
- Beweismittelbeschränkung **595**/2
- Einwendungen **598**/1
- Klageinhalt **593**/1
- Kosten **91**/141
- Nachverfahren **600**/1
- Prozessvoraussetzungen, besondere **592**/7
- Tenor **597**/1
  - im Nachverfahren **600**/4
  - im Vorbehaltsurteil **599**/2
- Vorbehaltsurteil **599**/1
- Widerklage, Ausschluss der **595**/1
- Zulässigkeit **592**/4
- Zwangsvollstreckung **599**/3

Urkundsbeamter **299**/12
- der Geschäftsstelle **48**/1
- Protokoll **167**/6

Urlaub **20**/3
Urlaubsanspruch, Unpfändbarkeit **851**/2
Urlaubsgeld, Unpfändbarkeit **850**/3
Urlaubsgratifikation, Unpfändbarkeit **850a**/4
Urproduktion **21**/9
Ursachenvermutung **32a**/6
Urschrift **166**/4; **299a**/6
Urteil **255**/2; **256**/1; **262**/6; **283**/20; **285**/5; **291**/4; **296a**/1; **298a**/4
- ausländische Anerkennung **724**/3
- ausländisches **328**/4
- Urteilsart **300**/2
- Urteilsausfertigung **317**/4
- Urteilsergänzung **262**/6; **281**/14; **295**/7; **321**/1
- Urteilserschleichung **1059**/13
- Urteilsformel **313**/1, 6
  - Auslegung **313**/6
  - Verkündung **310**/2; **311**/3
- Urteilsinhalt **300**/2
- Verfahren nach billigem Ermessen **495a**/6 f.

Urteilserschleichung **1059**/13
UWG **95 GVG**/15

V

Vaterschaftsanfechtungsklage *siehe* Aussetzung
Verallgemeinerung 253/14
Veränderungen 259/13
Veranlasserprinzip 299/2
Veranlassungsprinzip 89/13 f., 23; vor 91–107/6
– Klagerücknahme 89/14
– Rechtsmittelrücknahme 89/14
Veräußerung 254/10; 266/9
– hinderndes Recht 771/3
Veräußerungsverbot als die Vollstreckung hinderndes Recht 772/1
Verband 256/8; 1032/5
Verbesserungs- und Verschlechterungsverbot, Revision 557/4
Verbindung 24/3; 254/1
– von Prozessen, Streitwert 3/62
Verbotene Eigenmacht 24/19; 32/7
Verbraucher 29c/12, 214; 1030/9; 1031/9 ff.
Verbraucherdarlehensvertrag, Ausschlus des Mahnverfahrens 688/3
Verbrauchersachen 21/18; 29c/20
Verbrauchsgüterkauf 292/5
Verdacht einer Straftat *siehe* Aussetzung
Verdeckte Teilklage, Rechtskraft 322/24
Verdienstausfall 91/20, 142
Verein 256/8; 1029/23; 1035/3; 1066/3
– nicht rechtsfähig 735/1
Vereinbarung des Erfüllungsorts 29/2
Vereinfachungsgrundsatz vor 91–107/8
Vereinsgericht vor 1025/5
Vereinsorgan 1029/23
Verfahren
– amtsgerichtliches 495/1; 495a/1
– fördern 296a/1
– rechtsstaatliches 495a/3
– Verfahrensabschluss 296a/2
– Verfahrensbeschleunigung 253/3; 276/1; 277/1; 278a/5; 280/1, 9; 293/6; 294/1; 296a/2; 358a/1
– Verfahrensdauer 256/9
– überlange Einl./19
– Verfahrensfehler gem. § 547 Nr. 1 ZPO, Revision 547/4
– Verfahrensfehler, Aufhebung des angefochtenen Urteils 562/4
– Verfahrenshindernis 17 GVG/4
– Verfahrenskosten, Prozesskostenhilfe 114/7
– Verfahrensmangel 295/10
– Revision 557/9
– Verfahrensrecht 1025/4, 6; 1059/12; 1061/14
– Verfahrensrüge, Revisionszurückweisung 561/4

– Verfahrensrügen gem. § 551 Abs. 3 Satz 1 Nr. 2 Buchst. b ZPO, Revision 551/8
– Verfahrenstheorie 1025/1
– Verfahrensvereinfachung, amtsgerichtliches Verfahren 495/2; 495a/1
– Verfahrensvertreter 1027/5
– Verfahrensvorschriften 295/5
– Verfahrenswahl 1025/6; 1043/4
Verfasser 253/9
Verfassung 17 GVG/1, 9
– der Amtsgerichte 495/1
Verfassungsbeschwerde, Kostenentscheidung vor 91–107/4
Verfügbarkeit 298a/6
Verfügung 296a/6; 329/1
– der Verwaltungsbehörde 71 GVG/14
Vergleich 278a/3; 282/17
– Auslegung 98/9
– außergerichtlicher 98/11; 101/27
– durch einstweilen zugelassenen Vertreter 89/8
– Kosten 98/4
– Prozesskostenhilfe 118/10
– Teilvergleich 98/19
– Vergleichsmehrwert 3/8, 63
– Vergleichsverhandlungen als erheblicher Grund für Terminsänderung *siehe* Erheblicher Grund
– Vergleichswiderruf, Frist *siehe* Fristende
Verhandeln
– teilweises 333/1
– unvollständiges 333/1
Verhandlung zur Sache 101 GVG/2
Verhandlungsgrundsatz Einl./4; 399/1
Verhandlungsmaxime 142/3
Verhinderung
– der Partei *siehe* Erheblicher Grund
– des Prozessbevollmächtigten *siehe* Erheblicher Grund
– Partei *siehe* Erheblicher Grund
– Prozessbevollmächtigter *siehe* Erheblicher Grund
– Sachverständiger *siehe* Erheblicher Grund
– Streitgenosse *siehe* Erheblicher Grund
– Streithelfer *siehe* Erheblicher Grund
– Zeuge *siehe* Erheblicher Grund
Verhinderungsgrund, Prüfung durch Rechtsmittelgericht 315/3
Verinfachte Übermittlung eines Zwangsvollstreckungsantrag 745a/2; 829/1
Verjährung 254/1, 11; 256/6, 13; 262/15 f.; 270/1; 271/1, 13; 282/7; 945/3
Verjährungshemmung 253/10; 279/23
– durch Rechtshängigkeit des Antrages auf Arrestanordnung 920/7

Verkehrsanwalt
- Kosten **91**/145
- Prozesskostenhilfe **121**/11
Verkehrsbetrieb **95 GVG**/8
Verkehrskreise **293**/4
Verkehrssicherungspflicht **29a**/9
Verkehrssitte **29**/30; **290**/4
Verkehrsunfälle **287**/5
Verkehrsunfallhaftpflichtprozess **4**/15
Verkündung **296a**/6; **310**/1
- Beschluss **329**/4
- Protokollierung **311**/6
- Urteil/Beschluss **311**/1
- Verkündungsprotokoll **310**/3
- Verkündungstermin **270**/6; **283**/12; **296a**/1, 7; **310**/2 f.
- nicht bekanntgegeben **310**/9; **312**/2
Verkürzen **255**/2
Verkürzung der Rechtsmittelmöglichkeiten, NZB, Revision **544**/6
Verlängerung **255**/2
- der NZB-Begründungsfrist, NZB, Revision **544**/17
- der Revisionsbegründungsfrist, NZB, Revision **544**/18
- Frist *siehe* Friständerung
Verlautbarung **310**/1
- Mindestanforderungen **310**/10
Verlautbarungsalternativen **311**/6
Verlegung **262**/13
Verlesung **270**/4; **297**/2
Verletzung
- der Vorschriften über die Öffentlichkeit des Verfahrens, Revision **547**/11
- materiellen Rechts, Revisionszurückweisung **561**/4
- rechtlichen Gehörs, NZB, Revision **544**/33
- revisibler Rechtsnormen, Revision **545**/1
- von Verfahrensgrundrechten
  - NZB, Revision **544**/23
  - Sicherung einer einheitlichen Rechtsprechung, Revision **543**/22
Verlöbnis **29**/18; **383**/3
Verlust des Rügerechts **295**/10
- Revision **556**/1
Vermächtnis **27**/8; **28**/6
VermAnlG **95 GVG**/16
Vermeidung **259**/1
Vermerke **299a**/6
Vermieter **283a**/1
Vermischung **294**/5
Vermögen
- Abfindungen **115**/23
- Altersvorsorgekapital **115**/30
- Änderung **120**/5

- Ausbildung **115**/33
- Bargeld **115**/37
- Begriff **115**/21
- Darlehen **115**/26
- Geldbeträge **115**/25
- Grundstückskapital **115**/31
- Härtefall **115**/38
- Hausgrundstück **115**/36
- Haushalt **115**/32
- Kapital **115**/40
- Kostenerstattungsanspruch **115**/21
- persönliche Gegenstände **115**/34
- Realisierbarkeit **115**/21
- Unterhaltsanspruch **115**/24
- Versicherung **115**/22
- Vorschussanspruch **115**/24
- Zumutbarkeit **115**/40
Vermögensauskunft **802c**/1
- Abschrift **802d**/2
- Dritteinkünfte **802l**/1
- eines verhafteten Schuldners **802i**/1
- eines zu verhaftenden Schuldners **802i**/1
- erneute Abgabe **802d**/1
- Erzwingungshaft **802g**/1
- Nachbesserung **802c**/6
- Ort der Abgabe **802f**/3
- sofortige Abnahme **807**/1
- Zuständigkeit **802e**/1
Vermögenslosigkeit des Schuldners **918**/4
Vermögensnießbrauch im Vollstreckungsrecht **737**/1
Vermögensrechte, Pfändung **829**/1; **857**/1
Vermögensrechtliche Ansprüche **20**/6; **21**/9; **23**/8; **1030**/4
Vermögenssorge **31**/4
Vermögensveränderung
- als Voraussetzung einer erneuten Vermögensauskunft **802d**/3
- Anhaltspunkte **802d**/4
Vermögensverwaltung **31**/1 f.
Vermögensverzeichnis, Verwaltung **802k**/1
Vermutung **259**/17; **286**/2; **292**/1 f.; **296a**/11
Vernehmung **296a**/7
Vernichtung **299a**/5
Verpflichtender Gebrauch **703**/1
verpflichtete Verwendung **vor 688–703d**/4
Verrechnungsstelle **383**/7
Verrichtungsgehilfe **32**/11
Versagung rechtlichen Gehörs, Sicherung einer einheitlichen Rechtsprechung, Revision **543**/27
Versandhandel **29**/61
Versäumniskosten **344**/1
Versäumnisurteil **254**/5; **266**/11; **269**/20; **270**/7; **271**/8; **272**/3, 8 f., 12, 18; **274**/5;

2079

276/1, 3f., 6; **278a**/16; 280/5; 282/19; 293/2; **296a**/5; 367/2; 370/2; 542/4
- Aufhebung 343/4
- Aufrechterhaltung 343/3
- Einspruch 99/34
- im Verteilungsverfahren 881/1
- Verfahren nach billigem Ermessen **495a**/7, 9
- Vollstreckung 709/5

Versäumnisverfahren in zweiter Instanz 539/2
- allgemeine Voraussetzungen 539/2
- gegen den Berufungsbeklagten 539/9
- gegen den Berufungskläger 539/6
- Rechtsbehelfe 539/17

Versäumungsfolge 230/3
- Androhung, der 231/2

Verschlechterungsverbot, Revision 557/4 f.
Verschleppungsabsicht **296a**/18
Verschollensein 239/3
Verschulden 233/5; 254/9; 295/5; **296a**/1, 8, 10f., 13, 18f., 26
Verschuldensvermutung 292/3
Verschuldenszurechnung Prozessbevollmächtigter; *siehe auch* Bevollmächtigter
- Abwickler 85/7
- allgemeiner Vertreter 85/7
- beigeordneter Rechtsanwalt 85/4, 8
- Beratungsmandat 85/4
- Berufsverbot 85/6
- Bürogemeinschaft 85/8
- Büropersonal 85/9
- deliktisches Handeln 85/12
- Exkulpation 85/15
- Hilfskräfte des Bevollmächtigten 85/9
- höchstpersönliches Verschulden 85/17
- Insolvenzverfahren 85/17
- Kanzleiabwickler 85/7
- Klagefristen 85/16
- Kollusion mit Prozessgegner 85/12
- Mandatsbeendigung 87/1, 14 f.
- nach Tod des Bevollmächtigten 85/7
- Niederlegung zur Unzeit 85/4
- Organisationsverschulden 85/10
- persönliches Erscheinen 85/17
- Postulationsfähigkeit des Bevollmächtigten 85/4
- Referendar 85/7
- Sozietät 85/8
- Überwachungsverschulden 85/10
- übliche Sorgfalt 85/18
- Unterbevollmächtigter 85/7
- Unterlassungsanordnung 85/17
- Urlaubsvertreter 85/7
- Verjährungsfrist 85/16
- Verkehrsanwalt 85/7
- Verschulden des gesetzlichen Vertreters 85/15

- Verschuldensformen 85/15
- Verschuldensmaßstab 85/18
- Vertretungsverbot 85/6
- weisungswidrige Handlung 85/12
- Widerruf Zulassung 85/6
- Wiederaufnahmeverfahren 85/4

Versendung 299/6
Versicherung an Eides Statt 294/4
Versicherungen 256/5
Versicherungssachen 21/18
Versicherungsunternehmen 383/7
Versicherungsverein aG 95 GVG/11
Versicherungsvertrag **29c**/9
Versorgungsausgleich, Streitwert 3/64
Verspätete Angriffs- und Verteidigungsmittel in der Berufungsinstanz, Rechtsfolgen der Verspätung 530/8
Verspätung 283/13; **296a**/1
Verspätungsschaden 30/11
Verständigungsschwierigkeiten 290/12
Verständlichkeit 253/8
Versteigerung
- Einstellung 818/1
- Verfahrensvorschriften 817/1; **817a**/1
- vorzeitige Erlösdeckung 818/1

Versteigerungskosten 4/15
Verstoß gegen das Willkürverbot
- NZB, Revision 544/23
- Sicherung einer einheitlichen Rechtsprechung, Revision 543/22

Verstoß gegen Treu und Glauben, Revision 546/16
Verstrickung
- Ende der Wirkung 803/3
- Wirkung 803/2

Vertagung 283/1, 9; 294/6; *siehe auch* Terminsänderung
Verteidigung 253/14
Verteidigungsanzeige 276/3
Verteilungsplan, Widerspruch 876/2
Verteilungsverfahren 872/3
- Versäumnisurteil 881/1
- Voraussetzung 872/1
- Widerspruchsklage 879/1

Vertrag 29/8
- zu Gunsten Dritter 29/6; 1029/9
- Abänderungsverfahren **323a**/4
- subjektive Rechtskraftwirkung 325/2

Vertragscharakteristische Leistung 29/33
Vertragsnichtigkeit 24/8
Vertragsstrafe 29/70; 32/8
Vertragsübernahme 1029/9
Vertragsverhältnis 29/8
Vertragsverletzung 287/3
Vertrauensschaden 287/3
Vertraulichkeitswahrung, Geheimhaltung 1047/3

Stichwortverzeichnis

Vertretung durch Rechtsanwalt, Ausschluss bei Vermögensauskunft **802c/2**
Vertretungsunfähigkeit **244/2**
Verursacherprinzip **269/9**
Verurteilung **255/1; 259/12**
Verurteilungsstreitwert **8/1**
Verwahrungskosten **91/148**
Verwahrungsvertrag **29/71**
Verwaltungsrechtsweg **71 GVG/7**
Verwaltungsvorschriften, Kostenerhebung vor **114–127/3**
Verwandtschaft **383/4**
Verweigerung **299/14**
Verweisung **262/6; 270/4; 278a/15; 15a EGZPO/12; 95 GVG/3; 96 GVG/6 f.; 97 GVG/1; 98 GVG/5; 99 GVG/1**
- Kosten **91/149**
Verweisungsantrag **281/6; 96 GVG/1; 98 GVG/1 ff.; 101 GVG/1**
- amtsgerichtliches Verfahren **506/4**
Verweisungsbeschluss **17 GVG/3; 17a GVG/1**
- amtsgerichtliches Verfahren **504/4; 506/4**
Verwerfung der Revision als unzulässig, Revision **552/2**
Verwertung
- alternative **825/1**
- durch Dritten **825/4**
- durch Versteigerung **814/1**
- geringer Verwertungserlös **803/6**
- vorrangige Befriedigung **805/1**
Verwertungsart, alternative **825/**
Verwertungsverbot **299/13**
Verzicht **256/14; 269/1, 5, 25; 290/1; 295/2**
- Anwaltszwang **306/2**
- Berufungsinstanz **306/2**
- Bindungswirkung **306/**
- Protokollierung **306/3**
- Umdeutung **306/5**
Verzicht und Rücknahme der Revision **565/4**
Verzichtsurteil **306/1**
Verzögerung **283/10; 296a/7, 13, 19, 26**
Verzögerungsgebühr **282/13, 22 f.; 296a/27**
Verzug **271/1**
Videokonferenz **128a/5**
Vier-Augen-Gespräch **448/4**
Völkerrecht **293/3**
Vollbeendigung, Verlust der Parteifähigkeit **50/14 f.**
Vollbeweis **286/2; 287/4, 6**
Vollmacht **262/2;** siehe auch Prozessvollmacht
Vollmachtloser Vertreter **29/12; 1029/6**
- Kostenhaftung **91/4; 99/7**
Vollständigkeit **254/6**

Vollstreckbarerklärung **1025/6; 1032/25; 1037/8; 1059/17; 1063/5; 1064/1; 1065/2**
- durch Notar **796/1**
- einer Urkunde **797/1**
Vollstreckbarkeit, vorläufige **704/4; 709/2; 715/1; 716/2; 717/2**
Vollstreckbarkeitsverfahren **1040/16**
Vollstreckung **735/1; 743/1; 744/1; 888/12**
- gegen ausländischen Schuldner **828/3**
Vollstreckungsabwehrklage **1060/8**
- Abänderungsverfahren **323/7**
- Anerkenntnis **93/15**
- Europäischer Vollstreckungstitel für unbestrittene Forderungen **1086/1**
- Europäischer Zahlungsbefehl siehe Europäisches Mahnverfahren
Vollstreckungsaufschub **765a/6**
- durch Zahlungsvereinbarung **802b/7**
Vollstreckungsbescheid **272/7**
- Ablauf der Widerspruchsfrist **699/3**
- als Vollstreckungstitel **699/1**
- Antragsberechtigte **699/3**
- Ausschlussfrist **699/3**
- Bevollmächtigung bei Antragsstellung **699/4**
- Formularzwang bei Antragsstellung **699/4**
- inhaltliche Bestimmtheit der Antragsstellung **699/5**
- Kostenentscheidung **699/6, 8**
- Nichterlass bei (verspätetem) (Teil-)widerspruch **699/2**
- Rechtsbehelf **699/5, 7**
- Unterschrift als Wirksamkeitsvoraussetzung **699/7**
- Vollstreckbarkeit **705/2; 796/1**
- Zurückweisung des Antrages **699/6**
- Zustellung **699/10**
Vollstreckungsbescheid im Mahnverfahren
- als vorläufig vollstreckbares Versäumnisurteil **700/2**
- Einspruchsfrist **700/6**
- Rechtsbehelf **700/4**
- rückwirkende Rechtshängigkeit **700/3**
- Widerspruchsverfahren **700/1**
Vollstreckungsfähigkeit **1060/2**
Vollstreckungsgegenklage **6/9; 259/3; 264/4; 1061/22**
- Wert der **4/19**
Vollstreckungsgericht **764/1; 23 GVG/1**
- Zuständigkeit **828/1**
Vollstreckungshemmung durch Räumungsfrist **721/7**
Vollstreckungsimmunität **23/7**
Vollstreckungsklausel **724/1**
- formelle Fehler **732/5**
- Gründe für weiter Ausfertigung **733/4**
- Inhalt **725/3**

2081

- qualifizierte 726/1
- Rechtsbehelf 768/1
- gegen Erteilung 732/3
Vollstreckungsmaßnahme
- Aufhebung 776/2
- Rechtsbehelf 766/6
Vollstreckungsmaßregeln, Aufhebung 765a/13
Vollstreckungsorgane 753/1
Vollstreckungsrecht 780/1; 781/1
Vollstreckungsschutzantrag
- NZB, Revision 544/4
- Zeitpunkt 714/1
Vollstreckungsstreitwert 2/6
Vollstreckungstitel 256/2; 278a/3; 283a/11
Vollstreckungsvereitelung 259/17
Vollstreckungsverfahren Einl./2
- Streitwert 3/66
Vollziehung durch Haft 933/2
Vollziehungsberechtigter 255/7
vor 486/4
Vorabentscheidung 17a GVG/4, 10, 18
Vorbehalt 259/14
Vorbehaltseigentümer bei Drittwiderspruchsklage 771/5
Vorbehaltskäufer bei Drittwiderspruchsklage 771/5
Vorbehaltsurteil 32/6; 302/1; 599/1, 3; 17 GVG/8
- Zwangsvollstreckung 599/3
Vorbehaltsverfahren 290/14
Vorbehaltsverkäufer, Pfändungsschutz 811/16
Vorbereitende Schriftsätze 129/1
Vorbereitender Einzelrichter im Berufungsverfahren 527/1
- Befugnisse 527/6
- kein Rechtsmittel gegen Übertragung 527/14
Vorbereitungshandlung 32/13
Vorentscheidungen des Berufungsgerichts, Revision 557/6
Vorerbe 24/8
Vorfragen 256/9, 16; 262/11
- Rechtskraft 322/8
Vorgesellschaft
- gesetzliche Vertretung 51/4
- Parteifähigkeit 50/13
Vorgreifliche Rechtsfrage, Revision 559/7
Vorgreiflichkeit 256/16; *siehe auch* Aussetzung
Vorherige Anhörung des Gegners, § 544 Abs. 3 ZPO, NZB, Revision 544/28
Vorkaufsrecht 7/2; 24/3, 5
Vorläufige Vollstreckbarkeit 280/3
- Revision 558/1
Vorläufiger Insolvenzverwalter 240/2
Vorläufiger Rechtsschutz 17 GVG/2

Vorlegeantrag 1044/2; 1046/1
Vormerkung 24/8 f.; 26/7
Vormund 1029/6
Vorname 253/10
Vorpfändung 845/1
- praktische Sinnhaftigkeit 845/1
- Wirkung 845/6
Vorprozess 282/17
Vorrang der Leistungsklage 256/4
Vorratspfändung bei Zwangsvollstreckung wegen Unterhaltsansprüchen 850d/9
Vorsatz 259/15
Vorschriften über die Revision, Sprungrevision 566/7
Vorschriftsmäßige Besetzung des Gerichts, Revision 547/3
Vorschuss 264/2; 271/1; 293/1; 296a/2
Vorschusspflicht 296a/10
- Befreiung vor 114–127/3
Vorsitzender 136/2; 299a/5
Vorsorgliche Verteidigungsanzeige 253/4
Vorsorgliche Zuständigkeitsvereinbarung 1029/16
Vorstand des Gerichts 299/11
Vorsteher 95 GVG/12
Vorterminlicher Beweisbeschluss 358/1; 358a/1; 359/1
Vorvertrag 1029/7
Vorwegpfändung 811d/1
Vorwirkung 253/17
Vorwissen 291/6
Voten 299/13
VVaG 22/9

W

Waffengleichheit 20/1; 21/1; 259/3
Wahlgerichtsstand 20/1; 21/1; 22/1; 23/4; 25/2; 26/1; 27/2; 28/2; 29/3; 29c/3; 30/1; 31/1; 32/3
Wahlrecht des Gläubigers 887/10
Wahlschuld, Streitwert 3/67
Wahrheit 256/9
Wahrheitspflicht 138/3; 383/1
Wahrnehmung 294/5
Wahrscheinlichkeit 283a/7; 286/2; 287/4, 7; 294/1
Warenlager 31/3
Warschauer Abkommen 30/15
- über die Beförderung im internationen Luftverkehr 30/3
Wartezeiten 259/1
Waschmaschine, Unpfändbarkeit 811/3
Wechsel 23/15; 29/72; 254/4; 256/2; 95 GVG/10
Wechselklage 29/3
Wechselprozess 256/15; 274/4; 281/2; 602/1
- Beweisvorschriften 605/1

- Klageinhalt 604/1
- Zuständigkeit 603/1
WEG 23 GVG/14
- NZB, Revision 544/7
Weglegen 254/3; 262/6
Wehrdienst 20/4
Weihnachtsgeld, Unpfändbarkeit 850a/6
Weitere Beschwerde *siehe* Sofortige Beschwerde
Weitervermietung 23 GVG/12
Weiterverweisung 17a GVG/6; 17b GVG/2
Werbeunternehmen 22/5
Werkdienstwohnung 29a/8
Werklohn 264/7
Werkmängel 256/10
Werkmietwohnung 29a/8
Werkswohnung 29a/8
Werkvertrag 29/73
Wert des Beschwerdegegenstands, NZB, Revision 544/8
Wertaddition 5/7
Wertbemessung, eingeschränkte 6/5
Wertberechnung 4/1
- Früchte 4/1, 12
- Grundsatz der Wertkonstanz 4/3
- Hauptforderung, selbstständige 4/10
- Klagearten 4/1
- Kosten 4/15
  - vorprozessuale 4/15
- Mahnverfahren 4/5, 11
- Nebenforderungen 4/9
- Nutzungen 4/13
- Prozesskostenhilfe 4/8
- Rechtsmittelverfahren 4/5
- Zeitpunkt 4/3
- Zinsen 4/14
Wertermittlung 254/1
Wertgrenze 20.000,00 € 542/3
Wertminderung 264/7
- vor Verwertung eines Pfändungsgegenstandes 816/1
Wertpapier
- Pfändung 821/2
- Verwertung 821/1
Wertpapiererwerbs- und Übernahmegesetz 71 GVG/12
Werturteil 290/5
Wesensgleiches Minus 262/11
Wesentliche Grundstücksbestandteile, Zwangsvollstreckung 864/2
Wesentlicher Verfahrensmangel 296a/25
Wettbewerbssachen 21/2
Wettbewerbsverletzung 21/12
Wettbewerbsverstöße, Zwangsvollstreckung 890/1
Widerklage 24/2; 29c/17; 33/1; 254/11; 256/18; 262/5, 7, 13, 17; 264/9, 11;

269/8 f.; 274/6; 283a/14; 285/11; 296a/4, 21, 27; 17 GVG/6; 23 GVG/2, 11; 71 GVG/3; 98 GVG/1, 6; 99 GVG/2
- anderweitige Rechtshängigkeit 33/18
- Angriffs- und Verteidigungsmittel 33/1
- Anschlussberufung und Widerklage 33/22
- Aufrechnung 33/14, 333
- ausschließlicher Gerichtsstand 33/9 ff.
- besonderer Gerichtsstand 33/3, 10 ff.
- Derogation des Widerklagegerichtsstands 33/11, 17
- Drittwiderklage 33/15, 28 ff.
  - Arten und Begriffe 33/32
  - bedingte 33/33
  - besonderer Gerichtsstand der Widerklage 33/15
  - durch Streithelfer 33/29
  - gegen Streitgenossen des Beklagten 33/28
  - gegen Streithelfer 33/28
  - isolierte 33/28, 31 f.
  - streitgenössische 33/30
- einstweiliger Rechtsschutz 33/26
- Erhebung 33/6
  - durch Dritte 33/29
  - durch Streithelfer 33/29
  - im schriftlichen Verfahren 33/21
  - in der Berufungsinstanz 33/22
  - nach Schluss der mündlichen Verhandlung 33/21
- Erledigung der Hauptklage 33/20
- Eventualwiderklage 33/33
- Flucht in die Widerklage 33/1, 37
- funktionelle Zuständigkeit 33/16
- Gebühren 33/4
- Gebührenstreitwert 33/4
- Gegenangriff 33/1
- Gerichtskostenvorschuss 33/4
- Gerichtsstandsbestimmung bei Drittwiderklage 36/15
- Heilung bei fehlender Konnexität 33/24
- im Berufungsverfahren 533/3
- Kammer für Handelssachen 33/16
- Klagerücknahme Hauptklage 33/20
- Konnexität 33/1, 10 ff., 23 f.
  - als eigenständige Prozessvoraussetzung 33/23
  - Begriff 33/13
  - bei Gewährleistungsrechten 33/13
  - bei laufender Geschäftsbeziehung 33/13
  - mit Klageanspruch 33/13
  - mit Verteidigungsmittel 33/13
- kontradiktorisches Gegenteil 33/18
- Kosten 33/4, 38
- Kostenentscheidung 33/38
- Mahnverfahren 33/20

2083

- Nachverfahren 33/20, 26
- negative Feststellungswiderklage 33/18, 27
- örtliche Zuständigkeit 33/10
- parteierweiternde Widerklage 33/28
- Parteiidentität 33/25
- petitorische Widerklage gegen possessorische Klage 33/35
- PKH-Verfahren 33/20
- Präklusion 33/1
- Prozessartenidentität 33/26
- Prozessvollmacht 33/6
- Rechtshängigkeit Hauptklage 33/20
- Rechtshängigkeitsbeendigung Hauptklage 33/20
- Rechtswegzuständigkeit 33/8
- Revisionsinstanz 33/22
- sachliche Zuständigkeit 33/9
- Scheckverfahren 33/26
- Schlichtungsverfahren 33/5
- Schluss der mündlichen Verhandlung 33/21
- schriftliches Verfahren 33/21
- Selbstständigkeit 33/1
- Streitwert 3/68
- Teilklage 33/18, 27
- Teilurteil 33/37
- Tenorierung 33/38
- Trennung von Klage und Widerklage 33/8 f., 36
- Umdeutung in neue Hauptklage 33/20
- Urkundsprozess 33/26
- Wechselprozess 33/26
- Wegfall Rechtshängigkeit der Hauptklage 33/20
- Wesen 33/1
- Widerklage
  - durch Dritte 33/1
  - durch Kläger 33/34
  - durch Streithelfer 33/29
- Wider-Widerklage 33/34
- Zeitpunkt der Widerklageerhebung 33/20 ff.
- Zulässigkeit der Hauptklage 33/20
- Zusammenhang
  - mit Klageanspruch 33/13
  - mit Verteidigungsmittel 33/13
- Zuständigkeit
  - des Amtsgerichts 33/9
  - des Landgerichts 33/9
- Zuständigkeitsstreitwert 33/4, 9
- Zweck 33/1
- Zwischenfeststellungswiderklage 33/27
Widerlegbarkeit 292/1
Widerruf 278a/19; 285/11; 290/2, 10 f., 15
- Zwangsvollstreckung 888/2

Widerrufsfrist
- Abkürzung *siehe* Friständerung
- Verlängerung *siehe* Friständerung
Widerrufsvergleich, Fristberechnung *siehe* Fristende
Widerspruch 262/16; 266/7, 11; 267/3; 269/4; 285/5; 286/6; 294/5; 296a/5
- zwischen Schriftsätzen und im Tatbestand wiedergegebenem Parteivorbringen, Revision 559/11
- zwischen unrichtigem Tatbestand und Sitzungsprotokoll, Revision 559/11
Wiederaufnahmeverfahren
- Anerkenntnis 585/3
- Dreistufigkeitsprüfung vor 578–591/3
- Gerichtskosten vor 578–591/10
- Geständnis 585/3
- Klagerücknahme 584/2
- Prozesskostenhilfe 585/2
- Rechtsmittel 591/1
- Verfahrensgrundsätze 585/3
- Zulässigkeit vor 578–591/4
Wiedereinsetzung 269/7; 274/6; 276/6; 295/9
- Notfrist *siehe* Notfrist
- von Amts 236/10
Wiedereinsetzung in den vorigen Stand 233/2
- Antrag 233/2; 236/1
- Form 236/1
- Anwaltstätigkeit 233/5
- Ausschlussfrist 234/7
- Briefkasten 233/5
- Fahrlässigkeit 233/5
- Freibeweis 233/4
- Frist 233/2; 234/2
- Fristausreizung 233/6
- Fristbeginn 234/6
- Fristberechnung 234/4
- Gehörsrüge 321a/4
- Glaubhaftmachung 236/6
- Inhalt des Antrags 236/3
- Kosten 238/11
- Mitverursachung 233/5
- Nachholung der Prozesshandlung 236/9
- NZB, Revision 544/14, 16; 565/3
- Organisationsmaßnahmen 233/3
- Partei 233/2
- Sorgfaltsanforderungen 233/5
- Tatbestandsberichtigungsfrist 320/6
- Ursächlichkeit 233/7
- Urteilsergänzungsfrist 321/5
- Verfahren 238/2
- Verschulden 233/5
- von Amts wegen 236/10
- Zuständigkeit 237/2
- Zwischenurteil 303/2

Wiedereröffnung 283/15
- der Verhandlung 156/1
- Ermessen 156/2
- Pflicht 156/4
- des Verfahrens 296a/22
- früherer Berufungsverfahren
- Verfahren nach Zurückverweisung 563/5
Wiederholung von Anträgen 297/5
Wiederholungsgefahr 259/14
- Sicherung einer einheitlichen Rechtsprechung, Revision 543/33
Wiederkehrende Leistungen 259/11
Wildschaden 23 GVG/18
Wildschadensersatz 32/8
Willenserklärung 269/2
- prozessuale 50/3
- Streitwert (Klage auf Abgabe) 3/69
Willkür 281/12; 102 GVG/4
- Sicherung einer einheitlichen Rechtsprechung, Revision 543/24
Willkürverbot 102 GVG/3
- Sicherung einer einheitlichen Rechtsprechung, Revision 543/33
Wirksame Beschränkung der Revision, Revision 551/4
Wirksamkeit, gerichtliche Entscheidung 329/3
Wirkungserstreckung 328/9
Wirtschaftsprüfer 383/7
Wohlfahrtspflege 29a/12
Wohltat 296a/1
Wohngemeinschaften, Räumungsverfügung 940a/4
Wohnraum 24/22; 259/9; 283a/3; 23 GVG/7
- Vollstreckungsbeschränkung 765a/11
Wohnraummietverhältnis 23 GVG/6
Wohnraumräumung 940a/1
Wohnschiff 29a/5
Wohnsitz 29c/15; 262/13
- des Schuldners 29/31
Wohnsitzlosigkeit 16/2
Wohnung 758/2; siehe auch Ersatzzustellung
- Durchsuchung zum Zwecke der Zwangsvollstreckung 758/3
- Schutz im Vollstreckungsrecht 758a/1
Wohnungsaufgabe siehe Ersatzzustellung
Wohnungsrecht, Zwangsvollstreckung 864/4
Wohnwagen 29a/6; 259/9
Wortlaut 253/7
- des Gesetzes Einl./20
WpHG 32b/9
WpPG 95 GVG/16
WpÜG 32b/14
Würdigung 296a/18

Z

Zahlungen auf Grund einer Verletzung des Körpers oder der Gesundheit, Unpfändbarkeit 850b/3
Zahlungsanspruch 254/1
Zahlungsfrist 802b/4
Zahlungsunfähigkeit 259/17
Zahlungsvereinbarung
- im Rahmen der Zwangsvollstreckung 802b/1
- in der Zwangsvollstreckung 802b/4
Zahnarzt 383/7
- Pfändungsschutz 811/9
Zeit 253/13; 293/6; 295/5
Zeitablauf 259/11
Zeitpunkt 255/2
Zeitpunkt der Entscheidung des Revisionsgerichts, Revision 552a/2
Zeiträume 259/11
Zeitungen 291/4
Zeitversäumnis 91/18
Zessionar 1029/9
Zeugen 270/11; 272/3; 273/4, 11, 13; 278a/22; 279/5; 282/6, 11; 283/1, 14; 285/2, 4, 6f., 10; 286/3f., 6, 8; 294/2, 6; 296a/2, 7, 10, 13, 16, 18
- als Partei 50/1
- Auslagen 91/151
- der einer Prozesspartei nahesteht, Revision 546/13
- Prozesskostenhilfe 114/5
- vom Hörensagen 355/2
- Zeugenaussage 295/7
- Revision 546/12
- Zeugenbenennung mit N.N. 282/6
Zeugenbeweis
- Abgrenzung zum Sachverständigen 373/3
- Abgrenzung zur Parteivernehmung 373/4
- Amtsverschwiegenheit 376/1
- Arzt 383/7f.
- Ausbleiben des Zeugen 380/1; 381/1
- Ausforschungsfragen 397/2
- Auskunfteien 383/7
- Auslagenvorschuss 379/1
- aussageerleichternde Unterlagen 378/1
- Bankgeheimnis 383/7
- Beeidigung 391/1; 398/4
- Begriff des Zeugen 373/2
- Berufsgeheimnisträger 385/5
- Beugehaft 390/4
- Beweisantrag 373/1, 6
- Beweisaufnahme im Ausland 363/2
- Beweisführer 379/2; 387/3
- Bundespräsident 376/6
- Bundestagsabgeordnete 376/4
- Detekteien 383/7

2085

- Dolmetscher 383/7
- Eidesmündigkeit 393/1
- Eidesnorm 392/1
- Entbindung von der Schweigepflicht 383/8
- Erkrankung des Zeugen 381/2
- Fragerecht der Parteien 377/8; 397/1
- Fraktionsangestellte 376/4
- Geistliche 385/6
- Geschäftsunfähige 373/4
- Gesellschafter 373/4
- Glaubwürdigkeit 355/1, 4; 375/2; 377/6; 395/1; 398/3
- güterrechtliche Vereinbarungen 385/3
- inhaftierte Zeugen 375/4
- Inhalt des Beweisbeschlusses 359/2
- juristische Personen 373/4
- kommissarischer Richter 375/1
- Ladung 359/2; 380/2
  - im Ausland 377/3
- Mediatoren 383/7
- Medienschaffende 383/9
- Minderjährige 373/4; 377/4; 380/6; 383/5
- Mitglieder der Bundesregierung 376/4; 382/2
- Nacheid 392/1
- nachträgliche Vernehmung 398/1
- nachträgliche Vernehmung 400/2
- Nebenintervenient 373/4
- nichteheliche Lebensgemeinschaft 383/3
- Notar 383/7
- Ordnungsgeld 380/5; 390/3
- Parlamentarier 376/4; 382/2
- parlamentarische Staatssekretäre 376/4
- parlamentarische Untersuchungsausschüsse 383/7
- Partei kraft Amtes 373/4; 383/2
- Patentanwalt 383/7
- Personenstandsangelegenheiten 385/3
- Psychologe 383/7
- Rechtsanwalt 383/7
- Sachverständige 383/7
- Schiedsrichter 383/7
- schriftliche Beantwortung der Beweisfrage 377/6; 398/2
- Schwägerschaft 383/4
- Schweigepflicht 383/7; 385/5
- Schwurpflicht 478/1
- Sozialarbeiter/Sozialpädagoge 383/7
- Steuerberater 383/7
- Streitgenossen 373/4; 383/2
- Streithelfer 383/2
- Suchtberater 383/7
- Suggestivfragen 397/2
- Testierfähigkeit 383/8; 385/3
- Tierarzt 383/7

- unberechtigte Zeugnisverweigerung 390/1
- uneidliche Vernehmung 393/1
- Verhinderung des Zeugen 375/4
- Verlöbnis 383/3
- Vernehmung zur Sache 273/9; 395/1
- Vernehmungsfähigkeit 380/3
- Verrechnungsstellen 383/7
- Versicherungsunternehmen 383/7
- Verwandtschaft 383/4
- Verzicht auf Zeugen 359/4; 387/2; 399/1
- Wahrheitspflicht 383/1
- wiederholte Vernehmung 398/1
- Wirtschaftsprüfer 383/7
- Zahnarzt 383/7
- Zeugenentschädigung 401/1
- Zeugenladung 377/1
- Zeugnisfähigkeit 373/5
- Zeugnisverweigerungsrecht 278a/16; 366/2; 383/1; 384/1
- Zulässigkeit von Fragen 366/2
- Zwischenstreit 400/2
Zielgesellschaft 32b/17
Zimmerabsage 23 GVG/13
Zinsen 253/14; 271/1; 283a/13, 15; siehe auch Wertberechnung
- Streitwert 3/70
Zinsschaden 104/39
Zivilkammer 98 GVG/1, 3
Zivilprozeßordnung, Entwicklung Einl./1
Zubehör 24/5
- Zwangsvollstreckung 865/3
Zugang 293/5
Zugangsvermutung 270/10
Zugewinnausgleichsanspruch, Pfändung 852/1
Zug-um-Zug 253/14; 259/6, 14; 264/23
- im Vollstreckungsrecht 756/2
- Verurteilung, Streitwert 3/71
Zukunft 256/10
Zukünftige Vermögensrechte, Pfändbarkeit 857/5
Zulässigkeit 255/3, 5; 262/2; 290/3; 295/6, 9; 296a/19; 945a/1
- der Klage, Zweifel 300/7
- der Revision, neuer Vortrag, Revision 559/2
- eines Rechtsmittels, Zwischenstreit 303/2
- Streitwert (Streit nur über Zulässigkeit) 3/72
- und Fortführung des Hauptrechtsmittels, Revision 554/3
- Zulässigkeitsprüfung
  - NZB, Revision 544/26
  - Revision 552/1
Zulassungsgründe, Sprungrevision 566/5

Zulassungsrevision, System der   vor 542/2
Zulassungsschrift, Sprungrevision   566/3
Zulassungsstreit
– Prozessfähigkeit   52/3
– Prozessvoraussetzungen   56/4
Zumutbarkeit   282/7; **296a**/10
Zuordnung   253/13; **299a**/5
Zurechenbar   **296a**/10
Zurückbehaltungsrecht   259/7; 272/14
Zurückhalten   **296a**/18
Zurückverweisung   283/18
– an das Berufungsgericht gem. § 563 Abs. 1 ZPO, Revision   563/3
– durch das Berufungsgericht   **538**/1
  – Entscheidung des Berufungsgerichts   **538**/23
  – Fehler im Urteil   **538**/9
  – Prozessurteil in erster Instanz   **538**/13
  – Rechtsmittel gegen Zurückverweisung   **538**/24
  – Teilurteil in erster Instanz   **538**/22
  – Wirkung   **538**/25
  – Zurückverweisungsfälle   **538**/5
– gem. § 563 Abs. 1 Satz 1 ZPO
  – Verfahren nach Zurückverweisung   563/5
Zurückweisung   295/9; **296a**/2; **296a**/25; 297/5, 12
– als Bevollmächtigter   79/11, 13
  – Ermessenszurückweisung   79/13
  – Freibeweisverfahren   79/11
  – Wirksamkeit von Handlungen des Bevollmächtigten   79/12
  – zwingende Zurückweisung   79/11
Zusatzklage   323/20
Zusätzlicher Termin   **296a**/7
Zuständigkeit   253/3, 11; 256/5, 17; 260/5, 11; 262/12 f.; 271/3; 281/4, 9 f., 12; 290/7; 295/9; **298a**/2; 299/12; 797/1; 879/1
– aktienrechtliches Auskunftsrecht   1/3
– allgemeine   **vor 1–37**/11
– Altenteil   1/2
– Amtsgericht   1/2
– Amtsgericht Schöneberg   19/1
– amtsgerichtliche   495/1
– Amtshaftungssachen   **vor 1–37**/13
– Amtsprüfung   12/2
– Anfechtungsklage nach AktG   **vor 1–37**/12
– Anfechtungsklage nach GenG   **vor 1–37**/12
– Anspruchsgrundlagen, mehrere   12/5
– Anwaltsprozess   1/4
– Arbeitsgerichte   **vor 1–37**/14
– Arglisteinrede   **vor 1–37**/18
  – Beweislast   **vor 1–37**/21
– Aufenthalt, gewöhnlicher   13/2
– Aufrechnung   5/9

– Ausland   13/3
– ausschließliche   **vor 1–37**/12
– Auszugsvertrag   1/2
– Behörde
  – gesetzliche Vertreter   18/2
  – Sitz   **18**/2
– Behörde mit Doppelsitz   19/1
– bei Veränderung des Streitwerts   696/6
– Berufskonsul   15/2
– Beschäftigte im Ausland   15/2
– Beschlussanfechtung nach GenG   **vor 1–37**/12
– besondere   **vor 1–37**/11
– doppelrelevante Tatsache   12/2
– Doppelsitz   17/8
– durch gerichtliche Bestimmung siehe Gerichtsstandsbestimmung
– durch Gerichtsstandsvereinbarung siehe Gerichtsstandsvereinbarung
– Durchreise   16/3
– Einlassung, rügelose   12/4
– Einziehung der Vorschüsse   **vor 1–37**/12
– Entziehungsanstalt   13/3
– Erschleichen von   **vor 1–37**/18
– exterritoriale Deutsche   16/1
– Fernunterrichtsschutzgesetz   **vor 1–37**/12
– Finanzgerichte   **vor 1–37**/14
– Fiskus   18/1
– Frauenhaus   13/3; 16/3
– funktionelle   **vor 1–37**/3
– Gerichtsstand   12/1
– Gesamthandsgemeinschaft   17/5
– Geschäftsverteilung   **vor 1–37**/8
– Gesellschaftsauflösung   **vor 1–37**/12
– Gewerkschaften   17/5
– grenzüberschreitende Anfechtungsklagen des Insolvenzverwalters   **19a**/1
– Haft   13/3; 16/3
– Haupt- und Hilfsantrag   5/4
– Hauptintervention   **vor 1–37**/4
– Hilfsgerichtsstand   16/1
– Hilfsverweisungsantrag   **vor 1–37**/16
– Hilfwiderklage   6/11
– Honorarkonsul   16/2
– Infolge rügelosen Verhandelns siehe Rügeloses Verhandeln
– Inland, Begriff   16/4
– Insolvenzgericht, Sitz des   **19a**/5
– Insolvenzmasse   **19a**/4
– Insolvenzverfahren   **19a**/2
– Insolvenzverwalter   **19a**/3
– internationale   **vor 1–37**/5
– juristische Personen   17/4
– Kapitalmarktinformation, unterlassene   1/3
– Klageerweiterung   1/5
– Klinikaufenthalt   16/3

2087

- Kommanditgesellschaft **17/5**
- kraft Sachzusammenhangs **vor 1–37**/6
- Landgericht **vor 1–37**/2 f.
- Landpachtvertrag **1**/2
- Landwirtschaftsgericht **1**/2
- Leibgeding **1**/2
- Leibzucht **1**/2
- Mahnverfahren **vor 1–37**/13
- Mahnverfahren in Insolvenz **19a**/7
- Mehrfachverfolgung, unzulässig **1**/5
- Mietstreitigkeit **1**/2
- nach Bundesland oder Bezirk **689**/4
- Nichtigkeitsklage nach AktG **vor 1–37**/12
- Offene Handelsgesellschaft **17**/5
- Ort **13**/2
- örtliche **vor 1–37**/4; **12**/2
- Parteien, politische **17**/5
- Parteienprozess **1**/4
- Parteivereinbarung **vor 1–37**/10, 13
- Partnerschaftsgesellschaft **17**/5
- Person, natürliche **12**/1
- Personenhandelsgesellschaften, nicht rechtsfähige **17**/5
- Pflegewohnheim **13**/3
- Rangverhältnis **vor 1–37**/11
- Rechtsmittel **vor 1–37**/16
- Rechtswegzuständigkeit **vor 1–37**/14
- Rüge **vor 1–37**/16
- sachliche **vor 1–37**/2; **1**/1
- Sachurteilsvoraussetzung **vor 1–37**/15
- SE-Verwaltungsrat **1**/3
- Sicherungsanstalt **13**/3
- Sitz **17**/6
- Sonderprüfer nach AktG **1**/3
- Sozialgericht **vor 1–37**/14
- Spruchverfahrensgesetz **1**/3
- Staatsangehörigkeit **vor 1–37**/5
- Strafhaft **13**/3
- Streitgegenstand **1**/1
- Streitigkeit
  - zwischen Fuhrleuten, Handwerkern, Reisenden, Schiffern oder Wirten **1**/2
- Streitwert **1**/1; **2**/1
- Streitwertermäßigung im Prozess **1**/5
- Studienort **13**/3
- Studienzeit **16**/3
- Untersuchungshaft **13**/3
- Urhebergesetz **vor 1–37**/12
- Verein, nicht rechtsfähiger **17**/5
- verschiedene **5**/10
- Versicherungsvertrag, Klagen aus **17**/1
- Verwaltungsgerichte **vor 1–37**/14
- Verwaltungssitz, tatsächlicher **17**/7
- Verweisungsantrag **1**/4
- Verweisungsbeschluss **1**/4
- Vorrang **vor 1–37**/12
- Wechselprozess **vor 1–37**/4
- Widerklage *siehe* Widerklage
- Wohnsitz **vor 1–37**/11; **13**/2
  - letzter **16**/3
- Wohnsitzaufgabe **13**/4; **16**/5
- Wohnsitzlosigkeit **16**/2
- Wohnungseigentum **1**/2
- Zeitpunkt **13**/5; **17**/6
  - der Beurteilung **vor 1–37**/15
- Zusammensetzung des Aufsichtsrats nach AktG **1**/3
- Zwischenurteil **12**/6

Zuständigkeitsbestimmung **17a GVG**/16; *siehe auch* Gerichtsstandsbestimmung
Zuständigkeitsentscheidung **11**/2
- Bindungswirkung **11**/3
Zuständigkeitsrüge **98 GVG**/3
Zuständigkeitsstreitigkeit **11**/1
Zuständigkeitsstreitwert **2**/6; **3**/2; **23 GVG**/2
- Verfahren nach billigem Ermessen **495a**/2
Zustellung **253**/4, 7, 10, 21; **262**/2, 4, 16; **264**/3; **269**/7, 15; **270**/1 ff., 11; **271**/1 ff., 7 f., 11, 13; **274**/5, 7 f.; **275**/2; **276**/5, 7, 9; **281**/2, 20; **295**/1, 7; **296a**/6
- Abschrift **166**/4
- Abweichungen **166**/4
- Amtszustellung **166**/4
- Anerkenntnisurteil **310**/7
- Anlagen **166**/3
- Aufgabe zur Post **166**/6
- Aufhebung **vor 166**/6
- Ausfertigung **169**/6
- Aushändigung **173**/3
- Bekanntgabe **166**/3
- demnächst **167**/8
- der Revisionsschrift **550**/1
- diplomatische Vertretung **1067**/1
- Durchführung **vor 166**/4
- Ehesachen **166**/6
- Eingang **167**/4
- Einschreiben mit Rückschein **175**/3
- Empfangsbekenntnis **174**/3
- Empfangsstellen **1069**/3
- Ersatzzustellung **vor 166**/3
- EU **166**/5
- Europäische Zustellungsverordnung **vor 1067–1071**/1
- Familienstreitsachen **166**/6
- freiwillige Gerichtsbarkeit **166**/6
- Gerichtsvollzieher **168**/4
- Geschäftsstelle **168**/3
- gesetzlicher Vertreter **vor 166**/5
- Heilung **vor 166**/7
- Heilung bei HZÜ **328**/19
- Heilung von Mängeln **188**/1

- im Ausland 183/2
  - Antrag 183/4
  - Behördenweg 183/5
  - diplomatischer Weg 183/6
  - EU-Ausland 183/3
  - Immunitätsträger 183/7
  - Nachweis 183/8
  - Verweigerung 183/8
- Immunitätsträger 183/7
- konsularische Vertretung 1067/1
- Kosten 91/152
- Legaldefinition 166/2
- mehrere Prozessbevollmächtigte 84/5
- Parteizustellung 191/2
- Postfach 167/4
- Postzustellung Europäisches Ausland 1068/1
- Prozessbevollmächtigter vor 166/5; 172/1
- Rückwirkung 167/1
- rügeloses Einlassen 170/3
- Übergabe *siehe* Zustellung
- Übermittlungsstellen 1069/2
- unheilbare Mängel 189/4
- Unwirksamkeit vor 166/6
- Urschrift 166/4
- Urteil 317/2
- Verfügungsgewalt 167/4
- Versäumnisurteil 310/7
- Vertretung 170/5
- Weiterleitung 167/5
- Wirksamkeit vor 166/6
- Wohnungseigentümer 170/3
- Zuständigkeit für Zustellung ins europäische Ausland 1069/1
- Zusteller vor 166/3
- Zustellungsabsicht vor 166/3
- Zustellungsadressat vor 166/3
- Zustellungsanschrift 167/10
- Zustellungsauftrag 176/3
- Zustellungsbescheiniung 169/3
- Zustellungsbevollmächtigter vor 166/5; 171/3; 184/2
  - Anordnung 184/3
  - Fiktion 184/5
  - Nachweis 171/4
- Zustellungsempfänger vor 166/3
- Zustellungsfiktion vor 166/3; 179/6
- Zustellungsformen vor 166/4
- Zustellungsformular 190/1
- Zustellungsmangel 170/3
  - Heilung 171/3
- Zustellungsort 177/3
- Zustellungsveranlasser vor 166/3
- Zustellungsvermerk 173/4
- Zustellungswille vor 166/3
- Zustellungszeit 178/4
- Zweck vor 166/2

Zustellungsbescheinigung
- Erinnerung 169/4
- sofortige Beschwerde 169/4
Zustellungsbevollmächtigter *siehe* Zustellung
Zustellungsfehler, Parteieigenschaft 50/6
Zustellungsreformgesetz vor 166/1
Zustellungsurkunde 182/1; 269/7; 270/5, 11; 415/3; 418/2
- Beweiskraft 182/3
- notwendiger Inhalt 182/5
- öffentliche Urkunde 182/1
Zustimmung 264/8, 10 ff., 29; 266/6, 10; 267/1; 269/1; 278a/19, 22; 285/9 f.
Zustimmungserfordernis, Revision 565/1
Zuweisung an andere Person im Rahmen der Zwangsvollstreckung 825/1
ZVG 869/1
Zwangshypothek 866/1
- Entstehung 867/8
- praktische Bedeutung 867/1
- Übergang bei Aufhebung der Zwangsvollstreckung 868/5
- Wirkung 867/9
Zwangsversteigerung 866/1
Zwangsverwaltung 866/1
Zwangsvollstreckung 25/7; 253/14; 254/6; 259/5; 283a/11
- Antrag 802a/3
- Beendigung durch Verzicht 843/1
- bei Hausbesetzung 885/5
- Einstellung 765a/1
- Einstellung/Beschränkung 775/1
- einstweilige Einstellung 707/6
- Formularzwang 802a/2; 829/1
- Grundsatz der Effektivität 802a/1
- Grundsatz der gütlichen Einigung 802b/1
- in Bruchteile
  - Immobiliarzwangsvollstreckung 864/4
- Rangverhältnis 878/6
- Streitwert 3/73
- trotz Abwendungsbefugnis 711/4
- vor Erbringung einer Sicherheitsleistung 720a/1
- wegen Abgabe einer eidesstattlichen Versicherung 889/1
- wegen Abgabe einer Willenserklärung 894/1
  - Anspruch auf Erteilung von Urkunden 896/1
  - einstweilige Verfügung 894/4
  - fehlende Geschäftsfähigkeit des Schuldners 894/3
  - Fiktion der Abgabe 894/6
  - Fiktion des der Übergabe 897/1
  - Formvorschriften 894/3

- gutgläubiger Erwerb **898**/1
- vorläufig vollstreckbares Urteil **895**/1
- wegen fortlaufender Handlungspflichten **887**/2
- wegen Herausgabe einer Person **883**/1
- wegen Herausgabe einer Sache **883**/1
- wegen Herausgabe von Sachgesamtheiten **883**/5
- wegen Herausgabe, Überlassung und Räumung von unbeweglichen Sachen **885**/1
- wegen unbeweglichen Sachen, bewegliche Sachen des Schuldners **885**/8
- wegen unbeweglicher Sachen
  - (Mit-)gewahrsam eines Dritten **886**/1
  - Durchführung **885**/7
  - mehrere Gewahrsamsinhaber **885**/4
  - Untervermietung **885**/4
- wegen unvertretbaren Handlungen **888**/1
  - Subsidiarität **888**/1
- wegen unvertretbarer Handlungen
  - Zwangshaft **888**/9
  - Zwangsmittel **888**/9, 12
- wegen vertretbarer Handlungen
  - Widerstand bei Ersatzvornahme **892**/1
- wegen Vornahme einer rechtsgeschäftlichen Handlung **894**/2
- wegen Vornahme einer vertretbaren Handlung **887**/1
  - Begriff **887**/3
  - Ersatzvornahme **887**/10
  - Ersatzvornahme auf Kosten des Schuldners **887**/8
  - materielle Einwendungen des Schuldners **887**/12
- zur Erwirkung einer Duldung, Widerstand des Schuldners **892**/1
- zur Erwirkung eines Unterlassens oder Duldung **890**/1

Zwangsvollstreckungseinstellung, Gehörsrüge **321a**/19
Zwangsvollstreckungsgläubiger
- Schadensersatzpflicht bei fehlender Streitverkündung **841**/2
- Schadensersatzpflicht bei verspäteter Beitreibung von überwiesenen Forderungen **842**/1
- Verzicht auf Rechte der Überweisung **843**/1

Zwangsvollstreckungssachen, Beiordnung **121**/5
Zwangsvollstreckungsverfahren **23**/14
Zweigniederlassung **21**/6; **23**/9
Zweiparteienprinzip **50**/1
Zweites Versäumnisurteil **345**/1
- Gesetzmäßigkeit des ersten Versäumnisurteils **345**/7; *siehe auch* Versäumnisurteil in zweiter Instanz

Zwingender Anwaltswechsel nach § 78 Abs. 1 Satz 4 ZPO, Revision, Begründungsfrist **551**/3
Zwischenfeststellungsklage **256**/15, 20
- Rechtskraft **322**/8
Zwischenfeststellungswiderklage **99 GVG**/2
Zwischenfrist
- Abkürzung *siehe* Abkürzung von Zwischenfristen
- Einhaltung *siehe* Fristwahrung
- Nichteinhaltung als erheblicher Grund für Terminsänderung *siehe* Erheblicher Grund

Zwischenstreit **264**/14; **366**/1; **387**/1; **389**/1; **400**/2
Zwischenurteil **264**/1; **266**/15; **280**/2, 7; **303**/1; **366**/3; **367**/4; **387**/4; **425**/3; **426**/1
- im Wiederaufnahmeverfahren **591**/2
- Vollstreckbarkeit **705**/2
Zwischenzeitliche Gesetzesänderung, Revisionszurückweisung **561**/5